ENNA
BRATISLAVA
BUDAPEST
Balaton
Danubio
GABRIA
Drava
Mures
ROMA
OAZIA
Sava
BELGRADO
Danubio
BOSNIA-
ERZEGOVINA
IUGOSLAVIA
SARAJEVO
Serbia
Morava
Montenegro
Curzola
SOFIA
BULGARIA
SKOPJE
MACEDONIA
TIRANA
Bari
Puglia
Bradano
ilicata
G. di
Taranto
Canale d'Otranto
ALBANIA
Taso
Lesbo
Mar Egeo
Sporadi Sett.
GRECIA
Eubea
Chio
Catanzaro
alabria
Mar
Ionio
Isole Ionie
ATENE
Cicladi
RRANEO
Creta
sardo
sloveno
tedesco
Isole linguistiche:
albanese
catalano
franco-provenzale
greco
ligure
serbo-croato
tedesco
Area della Svizzera
di lingua italiana

DIZIONARI GARZANTI

ITALIANO

DIZIONARIO GARZANTI di ITALIANO

con una grammatica essenziale in appendice

REDAZIONI GARZANTI

Prima edizione: settembre 1994

ISBN 88-11-10210-3

- *L'opera è stata realizzata dalla* Lexis Ricerche *di Roma sotto la direzione di* Pasquale Stoppelli con il contributo delle Redazioni Garzanti

- *Revisione e coordinamento*: Angelo Pagliardini

  Stesura delle voci: Claudio Costa, Antonio Rainone, Marina Stoppelli, Maurizio Trifone,
- Giandaniele Zannino

- *Coordinamento tecnico*: Rita Marrocco

- *Appendici*: Marina Stoppelli

- *Coordinamento lettura bozze e uniformazione grafica*: Silvana Violi
- *Coordinamento EDP e fotocomposizione*: Annino Stoppa, Mario Tremolada

Quest'opera si affianca al *Grande dizionario Garzanti della lingua italiana*, riconosciuto da decenni come il repertorio più completo, aperto e sensibile all'evoluzione della nostra lingua. Pratico ed essenziale – accanto ai Dizionari di Tedesco, di Inglese, di Francese e dei Sinonimi e dei Contrari – il volume inaugura una nuova serie di Dizionari Garzanti, ultimo frutto di un trentennale lavoro di ricerca linguistica, lessicografica e culturale che ha dato vita, oltre che ai Grandi Dizionari Garzanti, alle diffusissime enciclopedie monografiche – note come «garzantine» – e alla prestigiosa Enciclopedia Europea.
Offrendo il vantaggio di un ingombro contenuto e di un formato maneggevole i nuovi dizionari Garzanti mantengono intatta la qualità editoriale delle opere che li hanno preceduti. Le Redazioni Garzanti si sono impegnate a conservare sia la chiarezza espositiva sia la ricchezza e la razionalità dell'articolazione interna, adottando criteri grafici che favoriscono una consultazione rapida ed efficace.
Come le altre nuove opere, anche il DIZIONARIO GARZANTI di ITALIANO tiene conto soprattutto delle necessità di chi è studente. Nel volume viene dato ampio spazio all'informazione grammaticale (ortografia e ortoepia, femminili, plurali, coniugazioni irregolari, reggenze ecc.).
Vengono inoltre trattate con ampiezza tutte le voci del lessico corrente, con aperture verso il linguaggio letterario e l'aggiornata registrazione dei più usati termini tecnici, scientifici, giuridici ed economici. Anche le appendici sono state studiate per rispondere a specifiche esigenze della scuola. Le tavole illustrate infine – per la scelta dei soggetti e per la loro struttura – permettono di integrare, attraverso la precisione della nomenclatura, molte informazioni contenute nelle voci.

struttura delle voci Lo schema che organizza e struttura le voci in tutta l'opera è articolato nei punti seguenti: lemma, sillabazione e/o indicazioni di pronuncia, varianti, categoria grammaticale, precisazioni morfologiche, indicatori d'uso, definizione, esempi, alterati, avverbi in *-mente* (per gli aggettivi).

lemmi Sono elencati in ordine alfabetico. Il lemma compare in carattere bastone nero e tutto in lettere minuscole (tranne nel caso in cui si tratti di nomi propri usati anche come nomi comuni (p.e. *Cristo*). I lemmi sono trascritti esattamente come prescritto dall'ortografia, cioè senza accento tonico e senza precisare se *s* e *z* siano sorde o sonore. L'accento tonico compare solo nei casi in cui l'ortografia lo prescriva (p.e. *bontà*, *virtù*). I verbi sono dati all'infinito, i sostantivi e gli aggettivi al singolare e al maschile (nel caso in cui vi sia differenza tra la forma del maschile e quella del femminile). I nomi relativi alle classificazioni botaniche o zoologiche (dalla famiglia in su) sono invece dati, secondo la tradizione, nella forma plurale. I lemmi omografi sono distinti da un esponente numerico progressivo.

pronuncia e divisione delle parole Le informazioni relative alla divisione sillabica e alla pronuncia delle parole sono riportate tra parentesi quadre. Se il lemma è una parola italiana, nella parentesi sono indicati la divisione sillabica, l'accento tonico, l'eventuale apertura o chiusura di *e* e *o*, il carattere sordo o sonoro di *s* e *z*; la trascrizione fonematica, secondo il sistema dell'AFI (Associazione Fonetica Internazionale), è aggiunta solo in casi particolari (p.e. *glicine* / 'glitʃine /). Se il lemma è invece una parola di un'altra lingua usata nell'italiano, tra parentesi quadre sarà riportata non la sillabazione ma la trascrizione fonematica. La trascrizione è conforme alla pronuncia corrente italiana e non alla pronuncia originale. Se infine il lemma è una parola ibrida, composta cioè da due elementi di cui il primo è una parola straniera che conserva la pronuncia originaria (p.e. *shakespeariano*), nella parentesi si riportano sia la sillabazione sia la trascrizione fonematica.

forme secondarie Sono considerate forme secondarie le varianti grafiche o fonetiche del lemma (p.e. *nickel* e *nichel*; *annaffiare* e *innaffiare*). Sono date in bastone nero, come il lemma, se nell'ordine alfabetico precedono o seguono immediatamente il lemma. Sono invece date in bastone chiaro se cadono a distanza (e in questo caso costituiranno un'entrata a sé da cui si rinvia alla forma principale) o se sono più d'una.

categoria grammaticale Di ogni lemma viene indicata la categoria grammaticale e, per sostantivi, aggettivi, pronomi e articoli, anche il genere. Se non è data alcuna indicazione del numero, si sottintende il singolare. Dei verbi si indica la costruzione transitiva, intransitiva, intransitiva pronominale o riflessiva.

indicazioni fono-morfologiche Sono racchiuse in parentesi quadre subito dopo la categoria grammaticale; riguardano ver-

bi, aggettivi e sostantivi. Per i verbi, si indicano le forme irregolari della coniugazione. Nel caso di verbi dalla coniugazione regolare, si indicano altre forme solo per indicare il grado di apertura di *e* e *o* toniche; indicare la natura sorda o sonora della *s* nel passato remoto e nel participio; segnalare un'alternanza fonetica o grafica del tema della prima e seconda persona del presente indicativo (*io dico, tu dici*); segnalare che la prima persona dell'indicativo presente è sdrucciola.
Per quanto riguarda gli aggettivi, le indicazioni segnalano: l'alternanza fonetica o grafica del tema nel passaggio dal singolare al plurale (p.e. *desertico, -ci*); il passaggio dal maschile in *-tore* al femminile in *-trice*; il femminile plurale degli aggettivi che hanno il maschile singolare in *-cio, -gio, -scio* (p.e. *malvagio, -gie* o *-ge*); le forme irregolari dei comparativi e dei superlativi, accanto a quelle regolari (p.e. *buono, più buono* o *migliore, buonissimo* o *ottimo*).
Nel caso dei sostantivi, fra parentesi quadre sono riportati: i plurali irregolari (*dio, dei*); il plurale dei sostantivi maschili in *-a* (*asceta, -ti*); i plurali di genere diverso che si riferiscono alla stessa forma del singolare (*muro, mura, muri*); l'alternanza grafica o fonetica del tema nel passaggio dal singolare al plurale (*cardiologo, -gi*); i plurali dei sostantivi femminili in *-gia, -cia, -scia* con *i* non accentata, e in *-o* e *-ie* (*pancia, -e*; *mano, mani*); i plurali dei nomi composti per cui potrebbe esservi qualche incertezza (*capostazione, capistazione*); i plurali di parole straniere non invariabili (*lied, lieder*); i femminili dei nomi mobili (*dottore, -essa*).

indicatori Per indicatori si intendono quelle informazioni, racchiuse tra parentesi tonde e in carattere corsivo, relative a: il registro espressivo del lemma (*fam., com.* ecc); il settore di appartenenza (*zool., fis.* ecc.); l'ambito geografico (*region., tosc.* ecc.). Tra parentesi tonde sono anche segnalati i significati nati come estensione o come traslati del significato principale del lemma (*estens., fig.*).

definizioni I significati delle voci sono dati in genere da una perifrasi, seguita talvolta da uno o più sinonimi. Nel caso si incontri una definizione solo sinonimica, la definizione estesa si troverà sotto la voce a cui si rimanda. Se una parola ha più accezioni, queste sono ordinate da un numero progressivo in bastone nero; le sfumature diverse all'interno di una stessa accezione sono invece distinte da una barretta verticale.

esempi La funzione degli esempi è quella di precisare un determinato uso a fini grammaticali (costrutti, reggenze ecc.) o di arricchire la definizione. L'uso degli esempi è particolarmente utile per le voci grammaticali (preposizioni, congiunzioni ecc.).

alterati Le forme alterate dei sostantivi e degli aggettivi sono date alla fine della trattazione del primo significato a cui si riferiscono e sono introdotte da un indicatore in maiuscoletto (DIM., ACCR. ecc.). Gli alterati che hanno significato indipendente da quello originale hanno un'entrata autonoma (p.e. *fanale* e *fanalino*).

avverbi Gli avverbi in *-mente* sono dati come sottolemmi alla fine della trattazione dell'aggettivo a cui si riferiscono. Se il loro significato è immediatamente ricavabile da quello dell'aggettivo, non viene data alcuna definizione (*astuto* e *astutamente*). Negli altri casi, l'avverbio è seguito da una breve definizione e, ove sia necessario, da un esempio per contestualizzarne l'uso. Gli avverbi autonomi o non immediatamente riconducibili a un aggettivo sono trattati come voci indipendenti.

prefissoidi e suffissoidi Hanno un'entrata autonoma tutti quegli elementi che, pur essendo in origine parole indipendenti, si comportano come dei prefissi e dei suffissi e concorrono, come primo o secondo elemento, alla formazione di parole composte (*mega-*, *zoo-*, *-crazia*, *-patia*).

parole straniere Il dizionario registra le parole straniere entrate e affermatesi nella lingua italiana.

iconografia Le illustrazioni sono di tipo rigorosamente lessicografico: scelta dei soggetti e struttura delle tavole sono subordinate all'esigenza di offrire nomenclature che facciano da supporto alla consultazione delle voci e completino le informazioni specie di carattere tecnico e scientifico.

appendici Il volume si conclude con alcune importanti appendici: sigle e abbreviazioni; motti e frasi latine; città per cui il nome degli abitanti si forma da una base diversa da quella del nome della città ecc.

caratteri Nel dizionario sono utilizzati i seguenti caratteri: bastone nero e chiaro; romano chiaro tondo, corsivo, maiuscoletto. Il bastone nero si adopera per il lemma e le varianti che lo seguono o precedono immediatamente; negli altri casi le varianti appaiono in bastone chiaro. Il bastone nero in corpo minore si usa per gli avverbi in *-mente*, registrati come sottolemmi, e per i rimandi secchi. Il romano tondo è riservato al testo; il corsivo agli esempi, alle forme e agli indicatori d'uso tra parentesi tonde. Il maiuscoletto si usa per specificare il tipo di alterato (DIM., ACCR. ecc.).

segni speciali

| introduce definizioni o locuzioni che si discostano dal significato di base per particolarità di contenuto o di tono.

♦ distingue le categorie grammaticali all'interno della stessa voce e l'uso transitivo del verbo da quello intransitivo o intransitivo pronominale ecc.

□ introduce l'avverbio in *-mente*.

→ rinvia dal lemma di una variante a quello della variante principale.

® si appone ai nomi coperti da brevetto o marchio.

l'esponente numerico distingue gli omografi

i numeri in neretto distinguono le varie accezioni

sono segnalate le varianti con entrate autonome nel dizionario

si indicano sillabazione, accento e *s* sonora (ʃ)

sillabazione, accento e *z* sorda (z)

la pronuncia delle parole straniere nel sistema AFI

affettare[1] [af-fet-tà-re] *v.tr.* [*io affètto ecc.*] tagliare a fette: — *il salame* | (*iperb.*) fare a pezzi, trucidare.
affettare[2] *v.tr.* [*io affètto ecc.*] ostentare sentimenti che non si provano o qualità che non si possiedono: — *ammirazione, eleganza.*
affettato[1] [af-fet-tà-to] *s.m.* salume insaccato tagliato a fette: *un etto di* —.
affettato[2] *agg.* artefatto, ostentato, lezioso: *pose affettate* □ **affettatamente** *avv.*
affascinare [af-fa-sci-nà-re] *v.tr.* [*io affàscino ecc.*] **1** avvincere col fascino; ammaliare: *il canto delle sirene affascinava i naviganti* **2** (*fig.*) attrarre, sedurre, conquistare: *una storia che affascina.*
afferrare [af-fer-rà-re] *v.tr.* [*io affèrro ecc.*] **1** prendere e tenere con forza: — *qlcu. per il bavero*; — *un pugnale* **2** (*fig.*) capire: — *un'idea* ♦ **afferrarsi** *v.rifl.* attaccarsi con forza a qlco.; appigliarsi (anche *fig.*): — *a un sostegno, a un pretesto.*
afrikander [/ afri'kander /], o africander o afrikaner, *s.m.* e *f.invar.* persona di razza bianca nativa del Sudafrica e discendente dai coloni olandesi.
afrikaner → **afrikander**.
afro- primo elemento di parole composte che significa 'africano'.
affusolare [af-fu-so-là-re *o* affuʃolàre] *v.tr.* [*io affùsolo* o *affùʃolo ecc.*] dare forma di fuso, assottigliare.
affusolato [af-fu-so-là-to *o* affuʃolàto] *agg.* **1** sottile e ben tornito; snello: *dita affusolate* **2** in sartoria, si dice di abito diritto e aderente.
affusto [af-fù-sto] *s.m.* la base su cui poggia una bocca da fuoco: — *di cannone.*
affluente [af-flu-èn-te] *s.m.* torrente o fiume che si immette in un fiume maggiore.
affluenza [af-flu-èn-za] *s.f.* **1** l'affluire **2** (*fig.*) grande concorso di persone; afflusso: *l'— estiva nelle località marine.*
affluire [af-flu-ì-re] *v.intr.* [*io affluisco, tu affluisci ecc.*] scorrere verso un luogo, riversarsi (detto di liquidi): *l'acqua affluiva scarsa* | (*estens.*)...
afflusso [af-flùs-so] *s.m.* l'affluire verso un dato luogo: *l'— del sangue al cervello.*
affogamento [af-fo-ga-mén-to] *s.m.* l'affogare, l'affogarsi, l'essere affogato.
aficionado [/ afisjo'nado /] *s.m.* [pl. *aficionados*] (*sp.*) acceso ammiratore; fanatico, tifoso | frequentatore abituale.
afrikaans [/ afri'kans /] *s.m.invar.* (*ol.*) la lingua degli afrikander.

affanno [af-fàn-no] *s.m.* **1** respirazione difficoltosa o troppo frequente, dovuta ad affaticamento, malattia o emozione **2** (*fig.*) inquietudine profonda; ansia, pena: *vivere in —.*

affannoso [af-fan-nó-so] *agg.* **1** che rivela affanno: *respiro —* **2** (*fig.*) pieno di affanni; penoso, faticoso: *condurre un'esistenza affannosa* □ **affannosamente** *avv.*

africanista [a-fri-ca-nì-sta] *s.m.* e *f.* [pl.m. *-sti*] studioso di africanistica.

affarista [af-fa-rì-sta] *s.m.* e *f.* [pl.m. *-sti*] chi pensa soltanto a fare affari, a guadagnare.

affaristico [af-fa-rì-sti-co] *agg.* [pl.m. *-ci*] degli affari; dell'affarista: *manovre affaristiche.*

aforisma [a-fo-rì-ʃma] [pl. *-smi*] breve massima che enuncia una regola pratica o una norma di saggezza.

affossatore [af-fos-sa-tó-re] *s.m.* **1** chi scava fosse, specialmente nel cimitero **2** [f. *-trice*] (*fig.*) chi affossa (iniziative, proposte, progetti).

affossatura [af-fos-sa-tù-ra] *s.f.* affossamento.

afferire [af-fe-rì-re] *v.intr.* [*io afferisco, tu afferisci ecc.*; aus. *avere*] concernere, riguardare.

affermabile [af-fer-mà-bi-le] *agg.* che si può affermare.

affermare [af-fer-mà-re] *v.tr.* [*io affèrmo ecc.*]...

affardellare [af-far-del-là-re] *v.tr.* [*io affardèllo ecc.*] **1** (*non com.*) ridurre, avvolgere qlco. in un fardello | (*estens.*) riunire in qualche modo più cose **2** (*mil.*) disporre il corredo personale nel modo regolamentare, per ottenere un bagaglio poco ingombrante: *— lo zaino.*

affondo [af-fón-do] *s.m.* (*sport*) **1** nella ginnastica, lo spostarsi in avanti, appoggiandosi su una gamba piegata **2** nella scherma, colpo portato distendendo in avanti il braccio armato e la gamba corrispondente.

affarsi [af-fàr-si] *v.rifl.* [si usano soltanto le forme: *si affà, si affacéva, si affacésse*] (*lett.*) confarsi, convenire.

affollato [af-fol-là-to] *agg.* fitto di folla, gremito: *uno stadio —.*

affogare [af-fo-gà-re] *v.tr.* [*io affógo, tu affóghi ecc.*] **1** uccidere qlcu. immergendolo in acqua o altro liquido; annegare **2** (*fig.*) soffocare, spegnere: *— una delusione nell'alcol*, bere per dimenticarla ♦ *v.intr.* [aus. *essere*] morire per soffocamento in acqua o altro liquido; annegare ♦ **affogarsi** *v.rifl.* **1** togliersi la vita per annegamento **2** (*fig. fam.*) immergersi totalmente: *— nel lavoro.*

- le categorie grammaticali
- si danno informazioni sul plurale
- informazioni sul femminile
- informazioni sulla coniugazione del verbo
- settore lessicale di appartenenza in corsivo, tra parentesi tonde
- il livello d'uso in corsivo, tra parentesi tonde
- significato figurato

affetto[1] [af-fèt-to] *s.m.* **1** sentimento di vivo attaccamento a una persona o a una cosa; bene, affezione: *avere, nutrire — per* (o *verso*) *qlcu., qlco.* | (*estens.*) l'oggetto di tale sentimento: *il figlio era il suo unico —* **2** ogni sentimento intenso: *eccitare, muovere gli affetti.*

significato estensivo rispetto al precedente

africo [à-fri-co] *s.m.* vento che spira da sud-ovest; libeccio | (*estens.*) vento caldo.

affare [af-fà-re] *s.m.* **1** faccenda, impegno: *sbrigare un —; affari privati, pubblici* | *— di stato,* (*fig.*) cosa a cui si dà eccessiva importanza **2** operazione economica, di solito proficua: *concludere un —; uomo d'affari.* DIM. *affaruccio* ACCR. *affarone* PEGG. *affaraccio* **3** caso politico o giudiziario di grande rilievo **4** (*fam.*) cosa, faccenda che non si vuole specificare: *un brutto —* | *farsi gli affari propri,* (*fam.*) non occuparsi delle faccende altrui **5** *di mal —* (o più com. *malaffare*), si dice di chi vive in modo disonesto: *gente, donna di mal —* **6** (*fam.*) arnese, oggetto: *prendi un — e apri la scatola.*

alterato introdotto da un indicatore in maiuscoletto

affarismo [af-fa-rì-ʃmo] *s.m.* la mentalità, l'attività di chi è affarista.

affermativo [af-fer-ma-tì-vo] *agg.* che afferma, che esprime un'approvazione: *responso —* □ **affermativamente** *avv.*

affettivo [af-fet-tì-vo] *agg.* che riguarda gli affetti, che deriva da affetto: *rapporto —* □ **affettivamente** *avv.* dal punto di vista affettivo.

l'avverbio in *-mente* non è definito quando il suo significato corrisponde esattamente a quello dell'aggettivo corrispondente

afferrabile [af-fer-rà-bi-le] *agg.* che si può afferrare (anche *fig.*): *un concetto difficilmente —.*

gli esempi, in corsivo

affaticare [af-fa-ti-cà-re] *v.tr.* [*io affatico, tu affatichi ecc.*] sottoporre a sforzo o a fatica; stancare: *— la vista* ♦ **affaticarsi** *v.rifl.* **1** stancarsi: *— a studiare* **2** darsi da fare, adoperarsi: *— per procurarsi da vivere.*

nell'esempio un trattino sostituisce il lemma

affermare [af-fer-mà-re] *v.tr.* [*io affèrmo ecc.*] **1** asserire, dichiarare apertamente: *— la propria innocenza* | (*assol.*) dire, rispondere di sì: *— con un cenno del capo* **2** sostenere con decisione: *— un diritto* ♦ **affermarsi** *v.rifl.* imporsi, avere...

affastellare [af-fa-stel-là-re] *v.tr.* [*io affastèllo ecc.*] ammassare, mettere insieme confusamente (anche *fig.*): *— carte, menzogne.*

afflusso [af-flùs-so] *s.m.* l'affluire verso un dato luogo: *l'— del sangue al cervello.*

affettatrice [af-fet-ta-trì-ce] *s.f.* macchina per affettare salumi o altri prodotti | Anche *agg.*: *macchina —.*

affossamento [af-fos-sa-mén-to] *s.m.* l'affossare o l'affossarsi (anche *fig.*): *l'— di un progetto* | fossato o avvallamento del terreno.

la barretta introduce significati o locuzioni particolari all'interno della accezione

Simboli	Esempi
/a/	m**a**re / 'mare / m**a**ss**a** / 'massa /
/b/	**b**ile / 'bile / ra**bb**ia / 'rabbja /
/d/	**d**ono / 'dono / a**dd**urre / ad'durre /
/dz/	**z**ero / 'dzɛro / or**z**o / 'ɔrdzo / a**zz**ardo / ad'dzardo / ro**zz**o / 'roddzo /
/dʒ/	**gi**ro / 'dʒiro / **gi**acca / 'dʒakka / fa**gg**eto / fad'dʒeto / pa**ggi**o / 'paddʒo /
/e/	n**e**v**e** / 'neve / m**e**nto / 'mento /
/ɛ/	t**e**rra / 'tɛrra / pi**e**de / 'pjɛde /
/f/	**f**ilo / 'filo / ba**ff**o / 'baffo /
/g/	**g**allo / 'gallo / a**gg**uato / ag'gwato / **gh**etto / 'getto / **gh**iro / 'giro /
/i/	r**i**ga / 'riga / f**i**tt**i** / 'fitti /
/j/	f**i**ore / 'fjore / pa**i**o / 'pajo /
/k/	**c**asa / 'kasa / a**cq**ua / 'akkwa / **ch**e / ke / **ch**iave / 'kjave /
/l/	**l**ino / 'lino / pa**ll**a / 'palla /
/ʎ/	**gli** / ʎi / pa**gli**a / 'paʎʎa /
/m/	**m**ano / 'mano / **m**a**mm**a / 'mamma /
/n/	**n**a**n**o / 'nano / pa**nn**o / 'panno / ca**n**to / 'kanto / fa**n**go / 'fango /
/ŋ/	(*ingl.*) footi**ng** / 'futiŋg /
/ɲ/	**gn**occo / 'ɲɔkko / ba**gn**o / 'baɲɲo /
/o/	s**o**l**o** / 'solo / s**o**gn**o** / 'soɲɲo /
/ɔ/	fu**o**co / 'fuɔko / c**o**rpo / 'kɔrpo /
/ø/	(*fr.*) dorm**eu**se / dɔr'møz /
/p/	**p**ane / 'pane / za**pp**a / 'tsappa /
/r/	**r**ana / 'rana / bu**rr**o / 'burro /
/s/	**s**era / 'sera / ba**ss**o / 'basso / **s**pia / 'spia /
/ʃ/	**sc**immia / 'ʃimmja / **sc**iame / 'ʃame / pe**sc**e / 'peʃʃe / sfa**sc**io / 'sfaʃʃo /
/t/	**t**ana / 'tana / fa**tt**o / 'fatto /
/ts/	**z**eppa / 'tseppa / sfor**z**o / 'sfɔrtso / a**z**ione / at'tsjone / ma**zz**a / 'mattsa /
/tʃ/	**c**era / 'tʃera / **ci**ò / tʃɔ / fa**cc**enda / fat'tʃɛnda / bra**cci**o / 'brattʃo /
/u/	l**u**na / 'luna / t**u**tti / 'tutti /
/v/	**v**ino / 'vino / e**vv**iva / ev'viva /
/w/	b**u**ono / 'bwɔno / eq**u**o / 'ɛkwo /
/y/	(*fr.*) par**u**re / pa'ryr /
/z/	ro**s**a / 'rɔza / o**s**are / o'zare / **s**battere / 'zbattere /
/'/	L'apice è collocato dinanzi alla sillaba tonica (*p.e.* mare / 'mare /); per i monosillabi è omesso (*p.e.* chi / ki /).

Nella presente tabella i simboli sono disposti secondo un ordine che segue per quanto possibile quello dell'alfabeto, al puro scopo di agevolare la consultazione per il lettore non pratico di fonetica.

abbr. abbreviato, abbreviazione
a.C. avanti Cristo
accr. accrescitivo
aer. aeronautica
agg. aggettivo, aggettivale
agr. agricoltura
ammin. amministrazione, amministrativo.
anat. anatomia
ant. antico, anticamente
antifr. antifrasi, antifrastico
antiq. antiquato
antrop. antropologia
ar. arabo
arald. araldica
arch. architettura
archeol. archeologia
art. articolo, articolato
assol. assoluto, assolutamente
astr. astronomia
aus. ausiliare
aut. automobile, automobilismo
avv. avverbio, avverbiale, avverbialmente
banc. banca, bancario
biol. biologia, biologico
bot. botanica
burocr. burocratico
ca circa
card. cardinale
chim. chimica
cin. cinese
cine. cinematografia
class. classico
com. comune, comunemente
comm. commercio, commerciale
comp. composto
compar. comparativo
compl. complemento
cond. condizionale
cong. congiunzione
congiunt. congiuntivo
d.C. dopo Cristo
deriv. derivato
determ. determinativo
dial. dialettale
dif. difettivo
dim. diminutivo
dimostr. dimostrativo
dir. diritto
ebr. ebraico
ecc. eccetera
eccl. ecclesiastico
ecol. ecologia
econ. economia, economico
edil. edilizia
elettr. elettrologia, elettrotecnica
elettron. elettronica
escl. esclamazione, esclamativo
estens. estensione, estensivamente
etnol. etnologia
eufem. eufemismo, eufemistico
f. femminile
fam. familiare, familiarmente
farm. farmacia, farmacologia
fig. figurato, figuratamente
filol. filologia
filos. filosofia
fin. finanza
fis. fisica
fisiol. fisiologia
foto. fotografia
fr. francese
fut. futuro
gastr. gastronomia
geog. geografia
geol. geologia
geom. geometria
ger. gerundio
gerg. gergale, gergalmente
giapp. giapponese
giorn. giornalismo
gramm. grammatica
imp. imperativo
imperf. imperfetto
impers. impersonale, impersonalmente
ind. industria, industriale
indef. indefinito
indeterm. indeterminativo
indic. indicativo
inf. infinito
inform. informatica
ing. ingegneria
ingl. inglese
inter. interiezione, interiettivo.
interr. interrogativo
intr. intransitivo
invar. invariabile
iperb. iperbolico, iperbolicamente
iron. ironico, ironicamente
it. italiano, italianizzato

lat.	latino
lett.	letterario
ling.	linguistica
lit.	liturgia
loc.	locuzione
lomb.	lombardo
m.	maschile
mar.	marina, marinaresco
mat.	matematica
mecc.	meccanica
med.	medicina
merid.	meridionale
metall.	metallurgia
meteor.	meteorologia
metr.	metrica
mil.	militare
min.	mineralogia
mit.	mitologia
mus.	musica, musicale
napol.	napoletano
nord.	nordico
num.	numerale
ogg.	oggetto
ol.	olandese
onom.	onomatopea, onomatopeico
ord.	ordinale
paleogr.	paleografia
part.	participio
partic.	particolare, particolarmente
pass.	passato
p.e.	per esempio
pedag.	pedagogia
pegg.	peggiorativo
pers.	persona, personale
pitt.	pittura
pl.	plurale
poet.	poetico
polit.	politica
pop.	popolare
port.	portoghese
poss.	possessivo
prep.	preposizione, prepositivo
pres.	presente
pron.	pronome, pronominale, pronominalmente
prop.	proposizione
prov.	proverbio
provenz.	provenzale
psich.	psichiatria
psicoan.	psicoanalisi
psicol.	psicologia
qlco.	qualcosa
qlcu.	qualcuno
rec.	reciproco
region.	regionale
rel.	relativo
relig.	religione
rem.	remoto
ret.	retorica
rifl.	riflessivo, riflessivamente
roman.	romanesco
s.	sostantivo
scherz.	scherzoso, scherzosamente
scient.	scientifico
scult.	scultura
sec., secc.	secolo, secoli
sett.	settentrionale
sign.	significato
sim.	simile, similmente
sing.	singolare
sociol.	sociologia
sogg.	soggetto
sost.	sostantivato, sostantivo
sp.	spagnolo
spec.	specialmente
spreg.	spregiativo
st.	storia, storico
stat.	statistica
superl.	superlativo
sved.	svedese
teat.	teatro, teatrale
tecn.	tecnica, tecnologia
ted.	tedesco
telecom.	telecomunicazioni
teol.	teologia
tess.	tessile
tip.	tipografia
tosc.	toscano
tr.	transitivo
tronc.	troncamento, troncato
tv	televisione
urban.	urbanistica, urbanistico
v.	verbo
vet.	veterinaria
vezz.	vezzeggiativo
volg.	volgare, volgarmente
zool.	zoologia
zootec.	zootecnia

A

a¹ *s.f.* o *m.* prima lettera dell'alfabeto, che rappresenta la vocale di massima apertura | *dalla a alla z*, dal principio alla fine | A, (*mus.*) nome della nota *la* nei paesi anglosassoni.

a² *prep.* [davanti a parola che comincia con *a-* si ha nell'uso scritto normalmente **ad**] **1** esprime una relazione di termine o di destinazione, il punto di arrivo di un'azione: *scrivere una lettera a un amico*; *ordinare il vestito al sarto*; *fate attenzione ai pericoli!* **2** introduce una specificazione di luogo; moto a luogo: *vado ad Ancona*; *girare a destra*; *arrivare alle stesse conclusioni* | stato in luogo: *stare a casa*; *restare a pranzo* | introduce una distanza: *il paese è a tre chilometri*; *la vetta è a due ore* | in correlazione con *da*: *da qui a lì*; *da una parte all'altra* **3** con valore temporale: *a settembre*; *al pomeriggio* | indica l'età: *si diventa maggiorenni a diciott'anni* **4** esprime la modalità in cui un'azione si compie: *pagare a rate*; *sognare a occhi aperti* | il modo in cui qlco. si presenta o è fatta: *strumento a corde*; *palazzo a tre piani* | riferito a cosa, esprime somiglianza, rispondenza, similarità con qualcos'altro: *bicchiere a calice*; *testa a pera* | indica l'attenersi a mode, fogge, abitudini tipiche: *vestire alla marinara*; *ossobuco alla milanese*; *giardino all'italiana* | in locuzioni di derivazione francese: *spaghetti al sugo, uova al pomodoro, bistecca ai ferri* **5** con valore strumentale: *barca a vela*; *motore a benzina*; *andare a piedi* **6** indica la causa: *svegliarsi a un rumore*; *riconoscere alla voce* **7** ha valore limitativo o di semplice relazione: *essere coraggioso a parole* **8** introduce il fine o lo scopo: *restare a guardia*; *andare a caccia* **9** introduce una pena: *condannare a un'ammenda* **10** stabilisce una relazione di paragone: *quel vestito è simile al mio* **11** ha funzione distributiva: *a due a due*; *due volte al giorno* **12** introduce una funzione predicativa: *prendere a esempio* **13** seguita da un verbo all'infinito, introduce una prop. causale: *ho fatto male a mangiare tanto* | condizionale: *a dire il vero, non mi pare possibile* | finale: *mandare a lavorare*; *mi hanno invitato a esser presente* | temporale: *a vederlo, mi si riempie il cuore di gioia* | relativa: *siamo stati gli ultimi a saperlo* **14** concorre alla formazione di loc.: *a mano a mano*; *a poco a poco*; *alla rinfusa* | prepositive: *a causa di*; *in mezzo a*; *oltre a*; *davanti a*.

a-¹, davanti a vocale **an-**, prefisso che indica 'mancanza, privazione' (*amorale, analgesico*).

a-², davanti a vocale **ad-**, prefisso che esprime 'avvicinamento, direzione, addizione' (*affluire, aggregare*); ha anche funzione intensiva (*adornare*) o derivativa (*addolcire*).

abaco [à-ba-co] *s.m.* [pl. *-chi*] libretto che tratta i primi elementi di aritmetica | strumento per calcoli elementari.

abate [a-bà-te] *s.m.* il superiore di un'abbazia o di un monastero.

abat-jour [/ abaˈʒur /] *s.m.invar.* (*fr.*) paralume | lampada con paralume.

abbacchiamento [ab-bac-chia-mén-to] *s.m.* (*fam.*) avvilimento, stato di depressione.

abbacchiarsi [ab-bac-chiàr-si] *v.intr.pron.* (*fam.*) abbattersi, avvilirsi.

abbacchiato [ab-bac-chià-to] *agg.* (*fam.*) abbattuto, avvilito.

abbacchio [ab-bàc-chio] *s.m.* (*region.*) agnello da latte macellato.

abbacinare [ab-ba-ci-nà-re] *v.tr.* [*io abbàcino ecc.*] **1** (*lett.*) offendere la vista con luce troppo viva; abbagliare: *un sole che abbacina* **2** (*fig.*, *lett.*) attrarre ingannevolmente, illudere: *farsi — dalle lusinghe*.

abbagliante [ab-ba-gliàn-te] *agg.* **1** che abbaglia | *fari abbaglianti*, (*aut.*) quelli che illuminano la strada in profondità **2** (*fig.*) sfolgorante: *un sorriso —*.

abbagliare [ab-ba-glià-re] *v.tr.* [*io abbàglio ecc.*] offendere la vista con luce troppo viva | (*fig.*) ingannare, illudere: *— con false promesse*.

abbaglio [ab-bà-glio] *s.m.* errore, svista: *prendere un —*.

abbaiare [ab-ba-ià-re] *v.intr.* [*io abbàio ecc.*; aus. *avere*] **1** detto del cane, emettere il proprio verso | *prov.*: *can che abbaia non morde*, chi minaccia e strepita non fa danno **2** (*fig.*) urlare protestando o minacciando.

abbaiata [ab-ba-ià-ta] *s.f.* **1** un abbaiare prolungato **2** (*fig.*) il gridare contro qlcu. per rimproverarlo, beffarlo o sim.

abbaino [ab-ba-ì-no] *s.m.* **1** piccola costruzione sopra il tetto dotata di finestra **2** soffitta abitabile.

abbandonare [ab-ban-do-nà-re] *v.tr.* [*io abbandóno ecc.*] **1** lasciare definitivamente o per lungo tempo (anche *fig.*): *— il proprio paese*; *— le speranze* | disfarsi di qlco.: *— la refurtiva* **2** lasciare senza aiuto: *non mi abbandonare!* **3** interrompere, ritirarsi: *— un'attività* | (*sport*) riti-

rarsi da una competizione: *il tennista ha abbandonato la gara* ♦ **abbandonarsi** *v.rifl.* **1** lasciarsi andare (anche *fig.*): *— alle fantasie* **2** distendersi, rilassarsi: *— sulla sedia.*
abbandonato [ab-ban-do-nà-to] *agg.* **1** lasciato definitivamente | privo di aiuto, di assistenza: *infanzia abbandonata* **2** non frequentato; incolto: *luogo, terreno —.*
abbandono [ab-ban-dó-no] *s.m.* **1** l'abbandonare, l'essere abbandonato: *l'— di una nave* **2** (*estens.*) incuria: *una casa in —* **3** rinuncia a portare a termine: *— degli studi* **4** (*sport*) il ritirarsi da una competizione: *vincere per — dell'avversario.*
abbarbagliamento [ab-bar-ba-glia-mén-to] *s.m.* (*non com.*) l'abbarbagliare, l'essere abbarbagliato | (*fig.*) errore; frastornamento.
abbarbagliare [ab-bar-ba-glià-re] *v.tr.* [*io abbarbàglio ecc.*] (*non com.*) **1** abbagliare intensamente o all'improvviso **2** (*fig.*) confondere, frastornare: *— la mente* ♦ **abbarbagliarsi** *v.intr.pron.* (*non com.*) **1** rimanere abbagliato **2** (*fig.*) confondersi, smarrirsi.
abbarbicamento [ab-bar-bi-ca-mén-to] *s.m.* l'abbarbicare, l'abbarbicarsi.
abbarbicare [ab-bar-bi-cà-re] *v.intr.* [*io abbàrbico, tu abbàrbichi ecc.*; aus. *avere*], **abbarbicarsi** *v.intr.pron.* attaccarsi con radici al terreno o ad altro sostegno (detto di piante) | (*estens.*) fissarsi saldamente a qlco.: *si abbarbicò alla sponda.*
abbassalingua [ab-bas-sa-lìn-gua] *s.m.invar.* (*med.*) strumento per tenere abbassata la lingua nell'osservazione della gola.
abbassamento [ab-bas-sa-mén-to] *s.m.* l'abbassare, l'abbassarsi; diminuzione: *— del livello delle acque*; *— di voce.*
abbassare [ab-bas-sà-re] *v.tr.* **1** mettere qlco. più in basso **2** ridurre, diminuire: *— un muro, i prezzi* **3** chinare: *— la testa* ♦ **abbassarsi** *v.rifl.* o *intr.pron.* **1** chinarsi: *— a raccogliere qlco.* **2** (*fig.*) umiliarsi: *— a chiedere scusa* **3** diminuire: *la febbre si è abbassata.*
abbasso [ab-bàs-so] *inter.* espressione di avversione (nelle scritte murali è rappresentata da ʍ): *— gli sfruttatori!*
abbastanza [ab-ba-stàn-za] *avv.* **1** a sufficienza: *hai mangiato —?* | *averne —*, essere stufo **2** alquanto, piuttosto: *è — bravo* | in correlazione con *da* o *per* introduce una prop. consecutiva: *è — astuto per cavarsela* ♦ Usato come *agg.invar.* sufficiente: *non ho — tempo.*
abbattere [ab-bàt-te-re] *v.tr.* **1** far cadere: *— un albero* | (*estens.*) uccidere: *— un animale* **2** demolire, distruggere (anche *fig.*): *— un edificio, un regime* **3** (*fig.*) deprimere, avvilire: *la notizia lo ha abbattuto* ♦ **abbattersi** *v.intr. pron.* **1** cadere: *sulla città si è abbattuto un temporale* **2** (*fig.*) scoraggiarsi: *si abbatte per un nonnulla.*
abbattimento [ab-bat-ti-mén-to] *s.m.* **1** l'abbattere **2** (*fig.*) avvilimento.
abbattuto [ab-bat-tù-to] *agg.* scoraggiato, avvilito.
abbazia [ab-ba-zì-a] *s.f.* comunità monastica retta da un abate o da una badessa | il complesso degli edifici occupati da tale comunità.
abbaziale [ab-ba-zià-le] *agg.* proprio di un'abbazia, di un abate o di una badessa: *chiesa —.*
abbecedario [ab-be-ce-dà-rio] *s.m.* libretto usato un tempo per imparare a leggere apprendendo le singole lettere | (*estens.*) sillabario.
abbellimento [ab-bel-li-mén-to] *s.m.* ornamento.
abbellire [ab-bel-lì-re] *v.tr.* [*io abbellisco, tu abbellisci ecc.*] **1** far bello; adornare **2** far sembrare più bello.
abbeveraggio [ab-be-ve-ràg-gio] *s.m.* l'abbeverare.
abbeverare [ab-be-ve-rà-re] *v.tr.* [*io abbévero ecc.*] far bere il bestiame ♦ **abbeverarsi** *v.rifl.* (*lett.*) dissetarsi (anche *fig.*): *— alle sorgenti del sapere.*
abbeverata [ab-be-ve-rà-ta] *s.f.* l'abbeverare, l'abbeverarsi | (*estens.*) luogo dove gli animali si dissetano: *portare le bestie all'—.*
abbeveratoio [ab-be-ve-ra-tó-io] *s.m.* vasca per abbeverare il bestiame.
abbevilliano [ab-be-vil-lià-no] *agg.* e *s.m.* si dice della più antica cultura preistorica dell'età paleolitica: *reperto —.*
abbiccì [ab-bic-cì] *s.m.* le prime nozioni di una disciplina, di una tecnica.
abbiente [ab-bièn-te] *agg.* e *s.m.* e *f.* che/chi possiede una certa ricchezza; benestante.
abbigliamento [ab-bi-glia-mén-to] *s.m.* l'abbigliare, l'abbigliarsi; le cose usate per abbigliarsi: *negozio di —* | settore dell'industria e dell'artigianato che produce e distribuisce indumenti.
abbigliare [ab-bi-glià-re] *v.tr.* [*io abbìglio ecc.*] vestire con cura e raffinatezza ♦ **abbigliarsi** *v.rifl.* vestirsi con cura.
abbinamento [ab-bi-na-mén-to] *s.m.* l'abbinare | (*sport*) accoppiamento di concorrenti o squadre che dovranno gareggiare fra loro.
abbinare [ab-bi-nà-re] *v.tr.* unire, associare due a due.
abbinata [ab-bi-nà-ta] *s.f.* accoppiata.
abbindolamento [ab-bin-do-la-mén-to] *s.m.* l'abbindolare, l'essere abbindolato; raggiro.
abbindolare [ab-bin-do-là-re] *v.tr.* [*io abbìndolo ecc.*] raggirare, imbrogliare.
abbioccato [ab-bioc-cà-to] *agg.* (*region.*) stanco, sfinito; avvilito.
abbiosciarsi [ab-bio-sciàr-si] *v.intr.pron.* [*io mi abbiòscio ecc.*] **1** (*fam.*) accasciarsi, avvilirsi **2** detto di piante, appassire.
abboccamento [ab-boc-ca-mén-to] *s.m.* **1** colloquio importante o riservato **2** (*tecn.*) accostamento bocca a bocca di tubi o condutture | (*med.*) intervento chirurgico che mette in comunicazione due organi cavi interni o un organo cavo interno con l'esterno.
abboccare [ab-boc-cà-re] *v.intr.* [*io abbócco, tu abbócchi ecc.*; aus. *avere*] **1** afferrare l'esca con la bocca (detto di pesci) **2** (*fig.*) cadere in un ingan-

no 3 combaciare (detto di due tubi) ♦ *v.tr.* far combaciare (tubi, condotti e sim.) ♦ **abboccarsi** *v.rifl.rec.* (*non com.*) incontrarsi per un colloquio.
abboccato [ab-boc-cà-to] *agg.* si dice di vino che tende al dolce; amabile.
abbonacciare [ab-bo-nac-cià-re] *v.tr.* [*io abbonàccio ecc.*] rendere tranquillo, placare (il mare) ♦ **abbonacciarsi** *v.intr. pron.* detto del mare, calmarsi.
abbonamento [ab-bo-na-mén-to] *s.m.* pagamento anticipato di un servizio che dura nel tempo o di una pubblicazione periodica | (*estens.*) l'importo dell'abbonamento; tessera che ne comprova il pagamento.
abbonare1 [ab-bo-nà-re], o **abbuonare**, *v.tr.* [*io abbuòno ecc., noi abboniamo ecc.*] condonare un debito, per intero o in parte.
abbonare2 *v.tr.* [*io abbòno ecc.*] fare un abbonamento a favore di qlcu. ♦ **abbonarsi** *v.rifl.* contrarre un abbonamento.
abbonato [ab-bo-nà-to] *agg.* e *s.m.* [f. *-a*] che/chi ha contratto un abbonamento.
abbondante [ab-bon-dàn-te] *agg.* 1 che è in grande quantità: *porzione —* 2 che ha gran quantità di qlco.: *un libro — di citazioni* □ **abbondantemente** *avv.*
abbondanza [ab-bon-dàn-za] *s.f.* grande quantità | *nuotare nell'—*, essere molto agiato.
abbondare [ab-bon-dà-re] *v.intr.* [*io abbóndo ecc.*; aus. *essere* se ciò che abbonda è espresso come soggetto, *avere* se è espresso come complemento] essere abbondante, in gran quantità: *l'acqua qui è sempre abbondata*; *questa zona ha sempre abbondato d'acqua.*
abbordabile [ab-bor-dà-bi-le] *agg.* che si può abbordare: *una curva facilmente —* | (*fig.*) avvicinabile, affrontabile: *una persona, un problema —.*
abbordaggio [ab-bor-dàg-gio] *s.m.* l'abbordare | *andare all'—*, (*mar.*) attaccare una nave nemica accostandone il bordo.
abbordare [ab-bor-dà-re] *v.tr.* [*io abbórdo ecc.*] 1 avvicinarsi con una nave al bordo di un'altra 2 (*fig. fam.*) avvicinare qlcu. per parlargli o proporgli qlco. 3 — *una curva*, imboccarla.
abborracciamento [ab-bor-rac-cia-mén-to] *s.m.* l'abborracciare | lavoro eseguito male e in fretta.
abborracciare [ab-bor-rac-cià-re] *v.tr.* [*io abborràccio ecc.*] fare qlco. in fretta o senza impegno.
abborracciato [ab-bor-rac-cià-to] *agg.* mal fatto, pasticciato.
abbottonare [ab-bot-to-nà-re] *v.tr.* [*io abbottóno ecc.*] infilare i bottoni nei corrispondenti occhielli: — *la giacca* ♦ **abbottonarsi** *v.intr.pron.* chiudersi per mezzo di bottoni: *il golf si abbottona sulla spalla* ♦ *v.rifl.* 1 chiudere per mezzo di bottoni l'indumento indossato 2 (*fig., fam.*) assumere un atteggiamento riservato.
abbottonato [ab-bot-to-nà-to] *agg.* 1 chiuso con bottoni 2 (*fig., fam.*) riservato: *un tipo —.*
abbottonatura [ab-bot-to-na-tù-ra] *s.f.* 1 l'abbottonare 2 serie di bottoni e occhielli; la parte dell'abito dove si trovano i bottoni.
abbozzare1 [ab-boz-zà-re] *v.tr.* [*io abbòzzo ecc.*] 1 dare una prima forma a un lavoro, un disegno, uno scritto 2 formulare a grandi linee: — *un progetto* | accennare: — *un sorriso.*
abbozzare2 *v.intr.* [*io abbòzzo ecc.*; aus. *avere*] (*fam.*) subire senza reagire: *non gli rimase che —.*
abbozzo [ab-bòz-zo] *s.m.* 1 prima forma o stesura di un lavoro, di uno scritto, di un'opera 2 accenno: *un — di saluto.*
abbracciare [ab-brac-cià-re] *v.tr.* [*io abbràccio ecc.*] 1 cingere con le braccia, per affetto o per trattenere 2 (*fig.*) comprendere, contenere: — *con lo sguardo* 3 (*fig.*) dedicarsi a qlco.: *abbracciare una fede* ♦ **abbracciarsi** *v.intr.pron.* stringersi con le braccia: *s'abbracciò al padre* ♦ *v.rifl.rec.* cingersi l'un l'altro con le braccia: *si abbracciarono a lungo.*
abbraccio [ab-bràc-cio] *s.m.* l'abbracciare o l'abbracciarsi.
abbrancare1 [ab-bran-cà-re] *v.tr.* [*io abbranco, tu abbranchi ecc.*] 1 afferrare con gli artigli, con le zampe 2 (*estens.*) afferrare e tenere saldamente: *il ladro fu abbrancato da un poliziotto* ♦ **abbrancarsi** *v.rifl.* attaccarsi con forza: — *a uno scoglio.*
abbrancare2 *v.tr.* [*io abbranco, tu abbranchi ecc.*] mettere in branco ♦ **abbrancarsi** *v.rifl.* unirsi in branco.
abbreviare [ab-bre-vià-re] *v.tr.* [*io abbrèvio ecc.*] rendere breve; accorciare, ridurre: — *un discorso.*
abbreviazione [ab-bre-via-zió-ne] *s.f.* l'abbreviare | forma accorciata di una parola.
abbrivare [ab-bri-và-re] *v.tr.* (*mar.*) mettere in movimento un natante o accelerarne il moto ♦ *v.intr.* [aus. *avere*] (*mar.*) mettersi in moto, prendere l'abbrivo.
abbrivo [ab-brì-vo], o **abbrivio**, *s.m.* 1 (*mar.*) velocità che un natante acquista appena iniziata la spinta dei suoi mezzi di propulsione 2 (*estens.*) impulso iniziale dato a un veicolo per metterlo in movimento 3 (*fig.*) inizio, avvio deciso.
abbronzante [ab-bron-ʒàn-te] *agg.* che abbronza ♦ *s.m.* prodotto che favorisce l'abbronzatura della pelle.
abbronzare [ab-bron-ʒà-re] *v.tr.* [*io abbrónʒo ecc.*] dare un colore bruno | (*estens.*) rendere bruna la pelle (anche *assol.*): *un sole che abbronza* ♦ **abbronzarsi** *v.rifl.* o *intr.pron.* assumere il colore bruno | esporsi al sole per rendere scura la pelle.
abbronzato [ab-bron-ʒà-to] *agg.* reso scuro dai raggi solari (detto della pelle o di persona).
abbronzatura [ab-bron-ʒa-tù-ra] *s.f.* l'abbronzare o l'abbronzarsi; l'aspetto di chi è abbronzato: *avere una bella —.*
abbrunare [ab-bru-nà-re] *v.tr.* contrassegnare con un segno di lutto: *bandiere abbrunate* ♦ **abbrunarsi** *v.rifl.* o *intr.pron.* diventare scuro, imbrunire.

abbrunire [ab-bru-nì-re] *v.tr.* [*io abbrunisco, tu abbrunisci ecc.*] sottoporre a brunitura oggetti metallici.
abbrustolimento [ab-bru-sto-li-mén-to] *s.m.* l'operazione dell'abbrustolire; tostatura.
abbrustolire [ab-bru-sto-lì-re] *v.tr.* [*io abbrustolisco, tu abbrustolisci ecc.*] bruciare leggermente un alimento; tostare: — *il pane* ♦ **abbrustolirsi** *v.rifl.* (*scherz.*) esporsi lungamente al sole.
abbrutimento [ab-bru-ti-mén-to] *s.m.* l'abbrutire, l'abbrutirsi.
abbrutire [ab-bru-tì-re] *v.tr.* [*io abbrutisco, tu abbrutisci ecc.*] rendere simile a un bruto ♦ *v.intr.* [aus. *essere*], **abbrutirsi** *v.intr.pron.* ridursi come un bruto: *lavora fino ad* —.
abbuffarsi [ab-buf-fàr-si] *v.rifl.* mangiare voracemente e in abbondanza.
abbuffata [ab-buf-fà-ta] *s.f.* l'abbuffarsi; grande mangiata.
abbuiare [ab-bu-ià-re] *v.tr.* [*io abbùio ecc.*] oscurare ♦ *v.intr.impers.* [aus. *essere*] divenire buio: *d'inverno abbuia presto* ♦ **abbuiarsi** *v.intr.pron.* divenire buio | (*fig.*) farsi scuro in volto, rattristarsi.
abbuonare → **abbonare**[1].
abbuono [ab-buò-no] *s.m.* **1** riduzione su una prestazione, un prezzo, un debito **2** (*sport*) riduzione di tempo concessa ai primi arrivati in corse ciclistiche a tappe | nelle gare ippiche, riduzione della distanza o del peso concessa ai concorrenti più deboli (si contrappone a *handicap*).
abburattamento [ab-bu-rat-ta-mén-to] *s.m.* **1** l'operazione di abburattare **2** (*med.*) disturbo del linguaggio per cui le parole si pronunciano precipitosamente e balbettando.
abburattare [ab-bu-rat-tà-re] *v.tr.* separare la farina dalla crusca col buratto o con lo staccio.
abdicare [ab-di-cà-re] *v.intr.* [*io àbdico, tu àbdichi ecc.*; aus. *avere*] **1** rinunciare volontariamente al potere sovrano: *Edoardo VIII abdicò nel 1936* **2** (*estens.*) rinunciare a qlco.; sottrarsi: — *a un diritto, al trono.*
abdicatario [ab-di-ca-tà-rio] *agg.* che abdica o ha abdicato.
abdicazione [ab-di-ca-zió-ne] *s.f.* l'abdicare.
abduano [ab-du-à-no] *agg.* (*lett.*) del fiume Adda.
abduttore [ab-dut-tó-re] *agg.* e *s.m.* (*anat.*) si dice di muscolo che determina i movimenti di abduzione.
abduzione [ab-du-zió-ne] *s.f.* (*fisiol.*) il movimento di allontanamento di un arto dall'asse mediano del corpo.
abelmosco [a-bel-mò-sco] *s.m.* [pl. *-schi*] erba tropicale che dà frutti e semi commestibili dotati di proprietà medicinali.
aberrante [a-ber-ràn-te] *agg.* anormale: *comportamento* —.
aberrazione [a-ber-ra-zió-ne] *s.f.* **1** deviazione dalla norma: — *sessuale* **2** (*med.*) anomalia, disfunzione **3** (*astr.*) spostamento apparente della posizione di un astro **4** (*fis.*) in un sistema ottico, difetto nella formazione delle immagini.
abetaia [a-be-tà-ia] *s.f.* bosco d'abeti.
abete [a-bé-te] *s.m.* albero di alto fusto resinoso, a chioma piramidale, con foglie aghiformi sempreverdi | il legname che se ne ricava.
abetella [a-be-tèl-la] *s.f.* tronco d'abete mondato dei rami e della corteccia, usato in edilizia.
abietto [a-bièt-to] *agg.* spregevole, ignobile: *persona abietta.*
abiezione [a-bie-zió-ne] *s.f.* **1** l'essere abietto **2** condizione degradante: *vivere nell'*—.
abigeato [a-bi-ge-à-to] *s.m.* (*dir.*) furto di bestiame.
abile [à-bi-le] *agg.* **1** idoneo: — *al servizio militare* **2** esperto, capace: *un — artigiano* **3** scaltro: *un — politico* | fatto con astuzia: *un'— mossa* □ **abilmente** *avv.*
-abile → **-bile**.
abilità [a-bi-li-tà] *s.f.* **1** l'essere abile; bravura **2** scaltrezza.
abilitare [a-bi-li-tà-re] *v.tr.* [*io abìlito ecc.*] **1** rendere abile **2** riconoscere legalmente idoneo a una funzione, a una professione, a un'attività: — *un impianto*; — *all'insegnamento* ♦ **abilitarsi** *v.rifl.* conseguire un'abilitazione.
abilitato [a-bi-li-tà-to] *agg.* e *s.m.* [f. *-a*] che/chi ha conseguito un'abilitazione.
abilitazione [a-bi-li-ta-zió-ne] *s.f.* (*dir.*) riconoscimento legale a svolgere una data funzione o esercitare una professione, un'attività | il documento che attesta tale capacità.
abio- primo elemento di parole composte della terminologia scientifica, che significa 'senza vita' (*abiosfera*).
abiogenesi [a-bi-o-gè-ne-ʃi] *s.f.* (*biol.*) teoria secondo la quale gli esseri viventi avrebbero origine dalla materia inorganica.
abiosfera [a-bi-o-sfè-ra] *s.f.* (*geog.*) le parti della Terra dove non è possibile alcuna forma di vita (si contrappone a *biosfera*).
abiotico [a-bi-ò-ti-co] *agg.* [pl.m. *-ci*] (*biol.*) che non consente alcuna forma di vita: *condizioni abiotiche.*
abissale [a-bis-sà-le] *agg.* **1** degli abissi marini: *profondità abissali*; *regione* —, zona di profondità marina superiore ai 2000 m **2** (*fig.*) enorme, spropositato: *ignoranza* —.
abissino [a-bis-sì-no] *agg.* dell'Abissinia (odierna Etiopia) ♦ *s.m.* [f. *-a*] abitante, nativo dell'Abissinia.
abisso [a-bìs-so] *s.m.* **1** profondità grandissima; baratro, voragine: *gli abissi dell'oceano* | *essere sull'orlo dell'*—, (*fig.*) vicino alla rovina **2** (*fig.*) enorme distanza o differenza: *tra noi c'è un* — **3** (*fig.*) quantità grandissima: *un — di errori.*
abitabile [a-bi-tà-bi-le] *agg.* che si può abitare; che ha i requisiti per essere abitato: *una casa* —.
abitabilità [a-bi-ta-bi-li-tà] *s.f.* l'essere abitabile | l'insieme dei requisiti previsti dalla legge che rendono abitabile un edificio o una casa.
abitacolo [a-bi-tà-co-lo] *s.m.* negli autoveicoli,

lo spazio destinato alle persone; negli aeromobili, la cabina di pilotaggio.
abitante [a-bi-tàn-te] *s.m.* e *f.* chi abita in un luogo: *l'Italia ha 56 milioni di abitanti.*
abitare [a-bi-tà-re] *v.tr.* [*io àbito ecc.*] **1** avere come dimora: *un quartiere abitato da immigrati* **2** avere come ambiente naturale: *gli animali che abitano la giungla* ♦ *v.intr.* [aus. *avere*] risiedere: *— in città* | alloggiare: *— al secondo piano.*
abitativo [a-bi-ta-tì-vo] *agg.* che riguarda le abitazioni.
abitato [a-bi-tà-to] *agg.* popolato, frequentato: *luoghi abitati* ♦ *s.m.* l'area dove si addensano le abitazioni (di una città, di un paese): *fuori dell'—.*
abitatore [a-bi-ta-tó-re] *s.m.* [f. *-trice*] (*lett.*) chi abita: *gli abitatori delle caverne.*
abitazione [a-bi-ta-zió-ne] *s.f.* edificio, o parte di esso, in cui si abita; casa, dimora.
abito [à-bi-to] *s.m.* **1** vestito, veste: *— da sera* | *— talare*, quello degli ecclesiastici | *prov.*: *l'— non fa il monaco*, l'apparenza inganna. DIM. *abitino* **2** disposizione, atteggiamento: *— mentale.*
abituale [a-bi-tu-à-le] *agg.* **1** che si fa per abitudine; consueto: *contegno —* **2** che è tale per abitudine: *cliente —* □ **abitualmente** *avv.*
abituare [a-bi-tu-à-re] *v.tr.* [*io abìtuo ecc.*] far prendere un'abitudine: *— alla pulizia* ♦ **abituarsi** *v.rifl.* prendere un'abitudine: *— a leggere.*
abituato [a-bi-tu-à-to] *agg.* che ha l'abitudine a fare qlco.: *non è — a viaggiare.*
abitudinario [a-bi-tu-di-nà-rio] *agg.* e *s.m.* [f. *-a*] che/chi è attaccato alle proprie abitudini.
abitudine [a-bi-tù-di-ne] *s.f.* **1** tendenza acquisita; consuetudine: *fare qlco. per —* **2** disposizione stabile, modo costante di operare: *l'— del fumo.*
abituro [a-bi-tù-ro] *s.m.* (*lett.*) abitazione piccola e miserevole.
abiura [a-biù-ra] *s.f.* ripudio pubblico e ufficiale di una religione o di una dottrina.
abiurare [a-biu-rà-re] *v.tr.* fare abiura di qlco.
ablativo [a-bla-tì-vo] *agg.* e *s.m.* si dice del sesto caso della declinazione latina, che indica il luogo in cui o da cui avviene l'azione, oppure il modo, lo strumento, la causa.
ablazione [a-bla-zió-ne] *s.f.* **1** (*geol.*) asportazione di materiale dal suolo terrestre a opera del vento o delle acque **2** (*med.*) asportazione chirurgica: *— di un rene* | *— del tartaro*, la sua rimozione dai denti.
abluzione [a-blu-zió-ne] *s.f.* **1** lavaggio del corpo o di una sua parte per motivi igienici o terapeutici **2** (*lit.*) lavacro purificatorio.
abnegazione [ab-ne-ga-zió-ne] *s.f.* rinuncia al piacere o all'utile per il bene altrui.
abnorme [ab-nòr-me] *agg.* fuori della norma, anomalo: *uno sviluppo —.*
abolire [a-bo-lì-re] *v.tr.* [*io abolisco, tu abolisci ecc.*] sopprimere, abrogare: *— una legge* | (*estens.*) eliminare, rinunciare a qlco.: *ha abolito le sigarette.*
abolizione [a-bo-li-zió-ne] *s.f.* l'abolire, l'essere abolito; soppressione: *l'— della schiavitù.*
abolizionismo [a-bo-li-zio-nì-ʃmo] *s.m.* movimento tendente ad abolire norme, leggi o consuetudini non più ritenute valide.
abolizionista [a-bo-li-zio-nì-sta] *agg.* e *s.m.* e *f.* [pl.m. *-sti*] sostenitore dell'abolizionismo.
abolizionistico [a-bo-li-zio-nì-sti-co] *agg.* [pl.m. *-ci*] relativo all'abolizionismo.
abomaso [a-bo-mà-ʃo] *s.m.* (*zool.*) l'ultima delle quattro sacche dello stomaco dei ruminanti.
abominevole [a-bo-mi-né-vo-le] *agg.* **1** che suscita forte riprovazione; detestabile: *delitto —* | *l'— uomo delle nevi*, lo yeti **2** disgustoso, ripugnante: *un cibo —.*
abominio [a-bo-mì-nio] *s.m.* **1** sentimento di grande avversione e disprezzo **2** condizione moralmente detestabile: *cadere nell'—.*
aborigeno [a-bo-rì-ge-no] *agg.* e *s.m.* [f. *-a*] (spec. *pl.*) che/chi è originario del paese o del luogo in cui abita; indigeno, autoctono: *gli aborigeni d'Australia.*
ab origine [/ abo'ridʒine /] *loc.avv.* (*lat.*) originariamente, dal principio.
aborrire [a-bor-rì-re] *v.tr.* [*io aborrisco* (o *abòrro*), *tu aborrisci* (o *abòrri*) *ecc.*] (*lett.*) avere in orrore; detestare: *— la violenza* ♦ *v.intr.* rifuggire con orrore da qlco.: *— dal sangue.*
abortire [a-bor-tì-re] *v.intr.* [*io abortisco, tu abortisci ecc.*; aus. *avere* nel sign. proprio, *essere* in quello fig.] **1** avere un aborto | partorire un feto immaturo **2** (*fig.*) fallire sul nascere: *l'impresa è abortita.*
abortista [a-bor-tì-sta] *agg.* e *s.m.* e *f.* [pl.m. *-sti*] favorevole alla legalizzazione dell'aborto volontario.
abortivo [a-bor-tì-vo] *agg.* che provoca l'aborto; relativo all'aborto: *pratiche abortive* ♦ *s.m.* sostanza che provoca l'aborto.
aborto [a-bòr-to] *s.m.* **1** interruzione della gravidanza: *— spontaneo, terapeutico* **2** (*fig.*, *spreg.*) persona o cosa fatta male, imperfetta.
ab ovo [/ a'bɔvo /] *loc.avv.* (*lat.*) dalle origini, dagli inizi: *cominciare — una narrazione.*
abracadabra [a-bra-ca-dà-bra] *s.m.invar.* antica parola magica a cui si attribuiva la proprietà di guarire dalle malattie.
abradere [a-brà-de-re] *v.tr.* [part.pass. *abraʃo*] (*non com.*) togliere via raschiando | levigare.
abrasione [a-bra-ʃió-ne] *s.f.* **1** cancellatura, raschiatura **2** (*geol.*) azione di erosione esercitata sulle coste dalle onde marine **3** (*tecn.*) asportazione superficiale di materiale mediante abrasivi **4** (*med.*) escoriazione superficiale della cute.
abrasivo [a-bra-ʃì-vo] *agg.* che provoca l'abrasione: *pasta abrasiva* ♦ *s.m.* ogni materiale granuloso di elevata durezza usato per levigare.
abrogabile [a-bro-gà-bi-le] *agg.* che si può abrogare.
abrogare [a-bro-gà-re] *v.tr.* [*io àbrogo, tu àbroghi ecc.*] (*dir.*) annullare, revocare una legge, un decreto, un regolamento.

abrogativo [a-bro-ga-tì-vo] *agg.* che ha il fine di abrogare: *referendum* —.
abrogazione [a-bro-ga-zió-ne] *s.f.* (*dir.*) l'abrogare, l'essere abrogato.
abrogazionista [a-bro-ga-zio-nì-sta] *s.m.* e *f.* [pl.m. *-sti*] chi sostiene la necessità di abrogare una legge | Anche *agg.*: *propaganda* —.
abrostine [a-brò-sti-ne] *s.m.* specie di vite americana.
abruzzese [a-bruz-zé-se] *agg.* dell'Abruzzo ♦ *s.m.* 1 [anche *f.*] chi è nato, chi abita in Abruzzo 2 dialetto dell'Abruzzo.
absidale [ab-si-dà-le] *agg.* (*arch.*) dell'abside.
absidato [ab-si-dà-to] *agg.* (*arch.*) a forma di abside; provvisto di abside: *cappella absidata.*
abside [àb-si-de] *s.f.* (*arch.*) nelle basiliche romane, struttura semicircolare o poligonale in fondo alla navata; nelle chiese cristiane, costruzione analoga alla fine della navata centrale e contenente il coro.
abstract [/ 'abstrakt /] *s.m.invar.* (*ingl.*) breve sunto (anche in un'altra lingua) del contenuto di un libro o di un articolo scientifico.
abulia [a-bu-lì-a] *s.f.* 1 debolezza di volontà; irresolutezza 2 (*psicol.*) forma patologica di mancanza di volontà.
abulico [a-bù-li-co] *agg.* [pl.m. *-ci*] privo di volontà; pigro, irresoluto.
abusare [a-bu-ʃà-re] *v.intr.* [aus. *avere*] 1 fare un uso cattivo, illecito o smodato: — *del potere, dell'alcol* 2 approfittarsi: — *della buona fede altrui* | — *di una donna*, violentarla.
abusato [a-bu-ʃà-to] *agg.* troppo usato, logorato dall'uso: *un termine* —.
abusivismo [a-bu-ʃi-vì-ʃmo] *s.m.* pratica sistematica dell'abuso | — *edilizio*, costruzione illegale di edifici.
abusivista [a-bu-ʃi-vì-sta] *s.m.* e *f.* [pl.m. *-sti*] chi pratica sistematicamente l'abuso; chi è responsabile di abusi edilizi.
abusività [a-bu-ʃi-vi-tà] *s.f.* l'essere abusivo: *l'— di una costruzione.*
abusivo [a-bu-ʃì-vo] *agg.* 1 fatto con abuso, senza averne il diritto; che rappresenta un abuso: *pascolo* — 2 che esercita un'attività senza esserne autorizzato: *posteggiatore* — □ **abusivamente** *avv.*
abuso [a-bù-ʃo] *s.m.* 1 uso cattivo, smodato di qlco.: — *del cibo, di farmaci* 2 uso di un diritto o di un potere oltre i limiti stabiliti dalla legge.
acacia [a-cà-cia] *s.f.* [pl. *-cie*] pianta arborea spinosa, con foglie imparipennate e fiori bianchi.
acagiù [a-ca-giù] *s.m.* (*bot.*) nome di due diversi alberi, il mogano e l'anacardio.
acaico [a-cài-co] *agg.* [pl.m. *-ci*] dell'Acaia, regione dell'antica Grecia; acheo.
acantacee [a-can-tà-ce-e] *s.f.pl.* (*bot.*) famiglia di piante dicotiledoni, erbacee o arbustive, a cui appartiene l'acanto.
acanto [a-càn-to] *s.m.* 1 pianta erbacea perenne, dalle foglie larghe pennate e lobate, diffusa nelle regioni tropicali e mediterranee 2 motivo ornamentale del capitello corinzio, che imita la foglia di acanto.
acardia [a-car-dì-a] *s.f.* (*med.*) anomalia embrionale consistente nell'assenza del cuore.
acari [à-ca-ri] *s.m.pl.* (*zool.*) ordine di aracnidi di piccole dimensioni, parassiti di uomini, animali e piante.
acariasi [a-ca-rì-a-ʃi] *s.f.* (*med., vet.*) malattia della pelle provocata da acari.
acariosi [a-ca-riò-ʃi] *s.f.* (*bot.*) malattia della vite provocata da acari.
acarpo [a-càr-po] *agg.* (*bot.*) si dice di ogni vegetale che manca di frutto.
acattolico [a-cat-tò-li-co] *agg.* e *s.m.* [f. *-a*; pl.m. *-ci*] non cattolico (detto soprattutto di altre confessioni cristiane).
acca [àc-ca] *s.m.invar.* o *f.* [*pl.invar.* o *acche*] nome dell'ottava lettera dell'alfabeto | *non capire, non valere un'*—, (*fig.*) nulla.
accademia [ac-ca-dè-mia] *s.f.* 1 istituzione volta a incrementare lo studio delle lettere, delle arti o delle scienze: *Accademia della Crusca, dei Lincei, di Francia* 2 istituto d'insegnamento superiore: — *militare, d'arte drammatica* | — *di belle arti*, scuola dove si insegnano il disegno, la pittura e la scultura 3 esercitazione scolastica; pura esibizione di stile 4 (*pitt.*) disegno o dipinto che si esegue dal vero a scopo di studio.
accademico [ac-ca-dè-mi-co] *agg.* [pl.m. *-ci*] 1 relativo a un'accademia 2 che si riferisce all'università | *corpo accademico*, l'insieme dei professori di un'università 3 astratto, ozioso: *discorso* — 4 di opera o artista troppo rispettosi dei modelli tradizionali ♦ *s.m.* 1 (*filos.*) seguace di Platone 2 [f. *-a*] membro di un'accademia letteraria, artistica o scientifica □ **accademicamente** *avv.* 1 secondo l'uso delle accademie 2 in modo astratto, ozioso: *parlare* —.
accademismo [ac-ca-de-mì-ʃmo] *s.m.* osservanza scrupolosa delle norme tramandate dalla tradizione, specialmente nelle arti figurative.
accademista [ac-ca-de-mì-sta] *s.m.* e *f.* [pl.m. *-sti*] allievo di un'accademia militare.
accadere [ac-ca-dé-re] *v.intr.* [coniugato come *cadere*; aus. *essere*] capitare, succedere.
accadico [ac-cà-di-co] *agg.* [pl.m. *-ci*] degli Accadi, antico popolo semitico della Babilonia, che con i Sumeri dette vita alla prima civiltà mesopotamica ♦ *s.m.* 1 [f. *-a*] chi apparteneva al popolo degli Accadi 2 la lingua degli Accadi.
accadimento [ac-ca-di-mén-to] *s.m.* (*lett.*) avvenimento, evento: *gli accadimenti storici.*
accaduto [ac-ca-dù-to] *s.m.* ciò che è avvenuto: *raccontò l'*—.
accalappiacani [ac-ca-lap-pia-cà-ni] *s.m.invar.* addetto alla cattura di cani randagi o pericolosi.
accalappiamento [ac-ca-lap-pia-mén-to] *s.m.* 1 l'accalappiare 2 (*fig.*) inganno, raggiro.
accalappiare [ac-ca-lap-pià-re] *v.tr.* [*io accalàppio ecc.*] 1 prendere con un laccio; acchiappare 2 (*fig.*) ingannare, circuire: *farsi* —.

accalcarsi [ac-cal-càr-si] *v.intr.pron.* [*io mi accalco, tu ti accalchi ecc.*] affollarsi, far ressa.
accaldarsi [ac-cal-dàr-si] *v.intr.pron.* **1** prendere molto caldo **2** (*fig.*) accalorarsi, infiammarsi: *si è accaldato nel discorso.*
accaldato [ac-cal-dà-to] *agg.* che ha preso molto caldo; sudato.
accaloramento [ac-ca-lo-ra-mén-to] *s.m.* l'accalorarsi, l'essere accalorato.
accalorarsi [ac-ca-lo-ràr-si] *v.rifl.* [*io mi accalóro ecc.*] infervorarsi: *— nel discutere.*
accalorato [ac-ca-lo-rà-to] *agg.* infervorato, animato.
accampamento [ac-cam-pa-mén-to] *s.m.* **1** alloggiamento di truppe al riparo di tende; campo militare **2** qualsiasi alloggiamento all'aperto di persone: *un — di zingari.*
accampare [ac-cam-pà-re] *v.tr.* **1** far alloggiare truppe o gruppi di persone sotto tende o all'aperto **2** (*fig.*) mettere innanzi, addurre: *— pretese* ♦ **accamparsi** *v.rifl.* disporsi in un accampamento | (*estens.*) alloggiare provvisoriamente.
accanimento [ac-ca-ni-mén-to] *s.m.* l'accanirsi; applicazione tenace: *studiare con —* | (*estens.*) ostinazione rabbiosa: *lo perseguitò con —.*
accanirsi [ac-ca-nìr-si] *v.intr.pron.* [*io mi accanisco, tu ti accanisci ecc.*] perseverare fermamente in un'attività: *— nello studio* | (*estens.*) infierire con rabbia: *— contro il nemico.*
accanito [ac-ca-nì-to] *agg.* furioso, violento: *odio —* | (*fig.*) ostinato, tenace: *fumatore, giocatore —.*
accanto [ac-càn-to] *avv.* vicino, di fianco: *Carlo abita qui —* | *— a,* vicino a: *siedi — a me* ♦ Anche *agg.invar.*: *l'edificio —.*
accantonamento [ac-can-to-na-mén-to] *s.m.* **1** l'accantonare | somma accantonata **2** alloggiamento temporaneo di truppe in baracche o edifici coperti.
accantonare [ac-can-to-nà-re] *v.tr.* [*io accantóno ecc.*] **1** lasciar da parte, rinviare: *— un progetto* **2** metter da parte: *— una somma* **3** sistemare truppe al coperto.
accaparramento [ac-ca-par-ra-mén-to] *s.m.* l'accaparrare; incetta, procacciamento.
accaparrare [ac-ca-par-rà-re] *v.tr.* **1** acquistare prodotti in gran quantità in vista di aumenti di prezzo o per provocarne il rincaro **2** (*estens.*) procacciare, fare incetta: *— voti.*
accaparratore [ac-ca-par-ra-tó-re] *s.m.* [f. *-trice*] chi accaparra, chi fa incetta.
accapigliarsi [ac-ca-pi-gliàr-si] *v.rifl.rec.* [*io mi accapìglio ecc.*] prendersi per i capelli | (*fig.*) litigare.
accapo [ac-cà-po] *avv.* a capo, all'inizio di una riga: *andare —* | Come *s.m.invar.* capoverso: *una pagina con due —.*
accappatoio [ac-cap-pa-tó-io] *s.m.* indumento di spugna che si indossa dopo il bagno.
accapponare [ac-cap-po-nà-re] *v.tr.* [*io accappóno ecc.*] castrare un galletto o togliere le ovaie a una gallina per farli ingrassare ♦ **accapponarsi** *v.intr.pron.* detto della pelle, incresparsi per freddo o per paura.
accarezzare [ac-ca-rez-zà-re] *v.tr.* [*io accarézzo ecc.*] **1** fare carezze, per lo più in segno d'affetto: *— un bambino, un cane* | (*estens.*) sfiorare leggermente: *la brezza le accarezzava il viso* **2** (*fig.*) vagheggiare: *— una speranza.*
accartocciamento [ac-car-toc-cia-mén-to] *s.m.* **1** l'accartocciare, l'accartocciarsi **2** (*bot.*) deformazione di una foglia provocata da insetti o funghi parassiti.
accartocciare [ac-car-toc-cià-re] *v.tr.* [*io accartòccio ecc.*] piegare a forma di cartoccio: *— una pagina* ♦ **accartocciarsi** *v.intr.pron.* diventare simile a un cartoccio: *le foglie si accartocciano per la siccità* | raggrinzirsi, spiegazzarsi.
accartocciato [ac-car-toc-cià-to] *agg.* piegato a cartoccio.
accasare [ac-ca-sà-re] *v.tr.* far sposare un figlio o una figlia ♦ **accasarsi** *v.rifl.* metter su casa, sposarsi.
accasato [ac-ca-sà-to] *agg.* che ha messo su casa, sposato.
accasciamento [ac-ca-scia-mén-to] *s.m.* l'accasciarsi; abbattimento.
accasciare [ac-ca-scià-re] *v.tr.* [*io accàscio ecc.*] abbattere fisicamente o moralmente ♦ **accasciarsi** *v.rifl.* **1** lasciarsi cadere per mancanza di forze, per disperazione: *— al suolo* **2** (*fig.*) avvilirsi, abbattersi.
accasciato [ac-ca-scià-to] *agg.* abbattuto, prostrato.
accasermare [ac-ca-ser-mà-re *o* accaʃermàre] *v.tr.* [*io accasèrmo* o *accaʃèrmo ecc.*] alloggiare i soldati in caserma.
accastellare [ac-ca-stel-là-re] *v.tr.* [*io accastèllo ecc.*] ammonticchiare in forma di castello.
accatastamento[1] [ac-ca-ta-sta-mén-to] *s.m.* **1** l'accatastare **2** mucchio, ammasso disordinato: *un — di legnami.*
accatastamento[2] *s.m.* iscrizione al catasto di un nuovo fabbricato.
accatastare[1] [ac-ca-ta-stà-re] *v.tr.* fare una catasta, ammucchiare | (*estens.*) disporre le cose una sull'altra: *— la legna.*
accatastare[2] *v.tr.* iscrivere nei registri catastali: *— un immobile.*
accattare [ac-cat-tà-re] *v.tr.* cercare di ottenere a qualunque costo; mendicare: *— soldi* | (*spreg.*) prendere a prestito, copiare: *— idee* | (*assol.*) chiedere l'elemosina.
accattivante [ac-cat-ti-vàn-te] *agg.* che mira a ottenere od ottiene benevolenza, simpatia: *un atteggiamento —.*
accattivare [ac-cat-ti-và-re] *v.tr.* guadagnare, conquistare la stima altrui (sempre con la particella pron.): *accattivarsi le simpatie di qlcu.*
accatto [ac-càt-to] *s.m.* l'accattare; elemosina: *vivere d'—* | *d'—,* (*fig.*) preso da altri, di seconda mano: *idee d'—.*
accattonaggio [ac-cat-to-nàg-gio] *s.m.* pratica di chi vive accattando, elemosinando.

accattone [ac-cat-tó-ne] *s.m.* [f. *-a*] chi pratica l'accattonaggio; chi vive di elemosine.
accattoneria [ac-cat-to-ne-rì-a] *s.f.* (*non com.*) accattonaggio.
accavallamento [ac-ca-val-la-mén-to] *s.m.* l'accavallare, l'accavallarsi.
accavallare [ac-ca-val-là-re] *v.tr.* mettere una cosa su un'altra; sovrapporre (anche *fig.*): — *le gambe*; — *gli argomenti* ♦ **accavallarsi** *v.intr.pron.* **1** addensarsi, accumularsi (anche *fig.*): *l'— dei ricordi* **2** sovrapporsi attorcigliandosi.
accecamento [ac-ce-ca-mén-to] *s.m.* l'accecare | (*fig.*) offuscamento: — *della mente.*
accecante [ac-ce-càn-te] *agg.* abbagliante: *luce, riflesso* —.
accecare [ac-ce-cà-re] *v.tr.* [*io accièco, tu accièchi ecc.*; in posizione tonica *-cie-*, in posizione atona *-ce-*] **1** rendere cieco **2** (*iperb.*) abbagliare: *una luce che acceca* **3** (*fig.*) offuscare, ottenebrare: *essere accecato dall'ira* ♦ **accecarsi** *v.rifl.* o *intr.pron.* perdere la vista | (*iperb.*) sforzare gli occhi: — *sui libri.*
accedere [ac-cè-de-re] *v.intr.* [pres. *io accèdo ecc.*; pass.rem. *io accedètti*; aus. *essere*] entrare, avere accesso: *da dove si accede al salone?*
acceleramento [ac-ce-le-ra-mén-to] *s.m.* l'accelerare; accelerazione.
accelerare [ac-ce-le-rà-re] *v.tr.* [*io accèlero ecc.*] rendere più veloce: — *la marcia, il passo* ♦ *v.intr.* [aus. *avere*] aumentare di velocità o la velocità: *il treno stava accelerando*; *il pilota accelerò in curva.*
accelerata [ac-ce-le-rà-ta] *s.f.* **1** accelerazione improvvisa **2** intervento sull'acceleratore di un veicolo, per provocare un rapido aumento di velocità; l'aumento stesso.
accelerato [ac-ce-le-rà-to] *agg.* più veloce del normale: *passo, polso* — | *moto* —, (*fis.*) con velocità crescente o decrescente; *moto uniformemente* —, con accelerazione costante | *treno* —, vecchio nome dei treni che fermavano in tutte le stazioni.
acceleratore [ac-ce-le-ra-tó-re] *agg.* [f. *-trice*] che accelera ♦ *s.m.* **1** dispositivo che determina un'accelerazione **2** (*mecc.*) negli autoveicoli, il pedale che regola il numero di giri del motore e di conseguenza la velocità del veicolo; nei motoveicoli, manopola che ha la stessa funzione **3** — *di particelle*, (*fis.*) dispositivo che permette di aumentare la velocità di particelle atomiche o subatomiche.
accelerazione [ac-ce-le-ra-zió-ne] *s.f.* **1** l'accelerare | (*fis.*) variazione di velocità nell'unità di tempo **2** (*cine.*) effetto speciale ottenuto proiettando a velocità normale una pellicola impressionata a velocità rallentata.
accelerometro [ac-ce-le-rò-me-tro] *s.m.* (*fis.*) strumento per misurare la variazione di velocità nell'unità di tempo.
accendere [ac-cèn-de-re] *v.tr.* [pres. *io accèndo ecc.*; pass.rem. *io accési, tu accendésti ecc.*; part.pass. *accéso*] **1** suscitare, applicare la fiamma: — *un fiammifero* **2** trasmettere energia elettrica a un apparecchio o un dispositivo per farlo funzionare: — *il televisore* **3** (*fig.*) suscitare: — *l'odio* **4** avviare un'operazione contabile o un atto giuridico: — *un'ipoteca* ♦ **accendersi** *v.intr.pron.* **1** prendere fuoco, incendiarsi: *la legna si accende* **2** (*estens.*) diventare rosso: — *in volto* | illuminarsi: *la strada si accese di luci* **3** detto di un dispositivo elettrico, cominciare a funzionare: *la radio non si accende* **4** (*fig.*) infiammarsi, eccitarsi: — *d'ira.*
accendigas [ac-cen-di-gàs] *s.m.invar.* strumento elettrico o elettronico per accendere fiamme a gas.
accendino [ac-cen-dì-no] *s.m.* (*fam.*) accendisigaro | apparecchio per accendere.
accendisigaro [ac-cen-di-sì-ga-ro], o **accendisigari** [pl. *-ri* o *invar.*] *s.m.* apparecchio con fiamma a benzina o a gas di petrolio liquefatto per accendere sigari o sigarette.
accenditoio [ac-cen-di-tó-io] *s.m.* canna con in cima uno stoppino, usata per accendere candele o lumi.
accenditore [ac-cen-di-tó-re] *s.m.* dispositivo che serve per accendere.
accennare [ac-cen-nà-re] *v.tr.* e *intr.* [*io accénno ecc.*; aus. dell'intr. *avere*] **1** esprimere con cenni: — *di sì col capo* **2** trattare in modo sommario, rapido: — *un progetto, a un argomento* | alludere: *a chi accennavi?* **3** compiere l'atto di voler fare qlco.: — *uno schiaffo* **4** abbozzare, delineare: — *un disegno* **5** dar segno di: *la pioggia non accenna a smettere.*
accenno [ac-cén-no] *s.m.* **1** l'accennare brevemente; cenno, allusione: *fare un — a qlco.* **2** indizio, traccia: *non vi era — di miglioramento.*
accensione [ac-cen-sió-ne] *s.f.* **1** l'accendere, l'accendersi **2** (*dir.*) costituzione di un'operazione o di un contratto giuridico: — *di un mutuo.*
accentare [ac-cen-tà-re] *v.tr.* [*io accènto ecc.*] segnare l'accento su una parola per indicare la sillaba tonica.
accentato [ac-cen-tà-to] *agg.* che ha il segno dell'accento; che si pronuncia facendo sentire l'accento tonico: *vocale accentata.*
accentazione [ac-cen-ta-zió-ne] *s.f.* il modo in cui si segnano o si fanno sentire gli accenti.
accento [ac-cèn-to] *s.m.* **1** (*ling.*) rafforzamento della voce nella pronuncia di una sillaba | — *principale*, quello proprio della parola (detto anche *accento tonico*); — *secondario*, nelle parole di almeno quattro sillabe, quello semitonico (p.e. in *marmellata* l'accento principale cade su *-lá-*, quello secondario su *már-*) | *porre l'— su qlco.*, (*fig.*) metterla in evidenza, sottolinearne l'importanza **2** il segno grafico usato per indicare l'accento | — *grave* [ˋ], in italiano si segna su *e* e *o* aperte e su *a, i* e *u* | — *acuto* [ˊ], si segna su *e* e *o* chiuse | — *circonflesso* [ˆ], si può trovare solo sulla *-i* finale delle parole con sing. in *-io*, special-

mente negli omografi (p.e. *parlatorî*, pl. di *parlatorio*; *parlatori*, pl. di *parlatore*) **3** intonazione, cadenza nel modo di parlare: — *milanese*, *inglese*; *un — nasale*.

accentramento [ac-cen-tra-mén-to] *s.m.* **1** l'accentrare, l'accentrarsi **2** (*dir.*) sistema amministrativo in cui le decisioni spettano agli organi centrali, mentre quelli locali hanno solo funzioni esecutive (si contrappone a *decentramento*).

accentrare [ac-cen-trà-re] *v.tr.* [*io accèntro ecc.*] **1** radunare insieme in un luogo; concentrare: — *gli uffici in un'unica sede* **2** (*fig.*) riunire nelle proprie mani: *il presidente vuole — tutte le attività* ♦ **accentrarsi** *v.intr.pron.* radunarsi, concentrarsi.

accentratore [ac-cen-tra-tó-re] *agg.* e *s.m.* [f. *-trice*] che/chi accentra: *sistema* —; *nel lavoro è un vero* —.

accentuare [ac-cen-tu-à-re] *v.tr.* [*io accèntuo ecc.*] **1** dare risalto a una parola o a una frase pronunciandole con accento più marcato | (*estens.*) dare rilievo, marcare: — *i contorni di un disegno* **2** (*fig.*) accrescere; aggravare: — *una crisi* ♦ **accentuarsi** *v.intr.pron.* accrescersi, aumentare.

accentuativo [ac-cen-tua-tì-vo] *agg.* che riguarda l'accento, fondato sull'accento | *metrica accentuativa*, la metrica delle lingue neolatine, fondata sull'alternanza di sillabe toniche e atone.

accentuato [ac-cen-tu-à-to] *agg.* evidente, marcato: *un rosso troppo* — □ **accentuatamente** *avv.*

accerchiamento [ac-cer-chia-mén-to] *s.m.* **1** l'accerchiare, l'essere accerchiato **2** (*mil.*) manovra di truppe tendente a circondare lo schieramento nemico | (*fig.*) azione tendente a indebolire l'avversario determinandone l'isolamento: *politica di* —.

accerchiante [ac-cer-chiàn-te] *agg.* che accerchia, che tende ad accerchiare: *manovra* —.

accerchiare [ac-cer-chià-re] *v.tr.* [*io accérchio ecc.*] eseguire una manovra di accerchiamento.

accertabile [ac-cer-tà-bi-le] *agg.* che si può accertare.

accertabilità [ac-cer-ta-bi-li-tà] *s.f.* possibilità di essere accertato, verificato: — *di una notizia*.

accertamento [ac-cer-ta-mén-to] *s.m.* **1** l'accertare; verifica, controllo **2** — *d'imposta*, determinazione da parte dell'autorità finanziaria dell'ammontare dell'imposta a carico del contribuente | *accertamenti sanitari*, serie di analisi e controlli clinici eseguiti a scopo diagnostico.

accertare [ac-cer-tà-re] *v.tr.* [*io accèrto ecc.*] verificare, controllare: — *la verità* ♦ **accertarsi** *v.rifl.* assicurarsi: — *della realtà dei fatti*.

acceso [ac-cé-so] *agg.* **1** che brucia: *legna accesa* **2** (*fig.*) eccitato, infiammato; animato, appassionato: *sguardo — d'ira*; *dibattito* — **3** che è in funzione: *motore* — **4** si dice di colore o colorito intenso, vivace: *rosso* —; — *in volto*.

accessibile [ac-ces-sì-bi-le] *agg.* **1** a cui si può accedere; raggiungibile: *luogo* — | *prezzo* —, (*fig.*) modico **2** (*fig.*) comprensibile: *libro* —.

accessibilità [ac-ces-si-bi-li-tà] *s.f.* l'essere accessibile.

accessione [ac-ces-sió-ne] *s.f.* **1** l'accedere | adesione, partecipazione: *l'— di un nuovo stato all'ONU* **2** (*estens.*) ciò che costituisce un incremento: *catalogo delle nuove accessioni*, nelle biblioteche, quello dei libri acquisiti di recente.

accesso [ac-cès-so] *s.m.* **1** l'accedere; ingresso, entrata (anche *fig.*): *divieto di* —; — *a una carica* **2** (*med.*) insorgenza improvvisa di una forma patologica: — *di tosse* **3** impulso violento, impeto: — *d'ira* **4** (*inform.*) insieme di operazioni necessarie per entrare in collegamento con una memoria, un archivio, un'unità periferica.

accessoriato [ac-ces-so-rià-to] *agg.* dotato di accessori: *automobile ben accessoriata*.

accessorio [ac-ces-sò-rio] *agg.* secondario, complementare: *questioni accessorie* ♦ *s.m.* ciò che serve a completare qlco. migliorandone la funzionalità o l'aspetto: *accessori per auto* | nell'abbigliamento, elemento che completa gli abiti, come le scarpe, la borsetta ecc. | nell'edilizia, i locali non considerati stanze, e cioè la cucina, i servizi igienici ecc. □ **accessoriamente** *avv.*

accessorista [ac-ces-so-rì-sta] *s.m.* e *f.* [pl.m. *-sti*] chi vende o fabbrica accessori.

accessoristica [ac-ces-so-rì-sti-ca] *s.f.* **1** insieme di accessori: *negozio di* — **2** settore industriale specializzato nella produzione di accessori.

accestimento [ac-ce-sti-mén-to] *s.m.* (*bot.*) fase vegetativa di molte piante erbacee, durante la quale la pianta assume la forma di cespo o cespuglio.

accestire [ac-ce-stì-re] *v.intr.* [*io accestisco, tu accestisci ecc.*; aus. *avere* o *essere*] far cesto, detto di piante erbacee che moltiplicano i rami alla base del fusto.

accetta [ac-cét-ta] *s.f.* attrezzo costituito da un ferro trapezoidale con bordo tagliente e da un manico di legno | *fatto con l'*—, (*fig.*) si dice di lavoro grossolano o di persona dai tratti rozzi.

accettabile [ac-cet-tà-bi-le] *agg.* **1** che si può accettare: *una proposta* — **2** discreto, passabile: *una cucina* —.

accettabilità [ac-cet-ta-bi-li-tà] *s.f.* l'essere accettabile.

accettante [ac-cet-tàn-te] *agg.* e *s.m.* e *f.* **1** che, chi accetta **2** (*dir.*) che, chi compie un atto di accettazione: *ufficio* —.

accettare [ac-cet-tà-re] *v.tr.* [*io accètto ecc.*] **1** acconsentire a ricevere qlco. o qlcu. oppure a fare qlco. | (*estens.*) accogliere, ammettere: — *un invito*; — *come socio* **2** approvare: — *una proposta* | sopportare con serenità: — *la malattia* **3** (*dir.*) compiere un atto di accettazione: — *un'eredità*.

accettata [ac-cet-tà-ta] *s.f.* colpo d'accetta.

accettazione [ac-cet-ta-zió-ne] *s.f.* **1** l'accettare: — *di una proposta* **2** locale in cui si accettano domande, si ricevono visitatori, clienti, ammalati.

accetto [ac-cèt-to] *agg.* ricevuto volentieri; gradito, caro: *persona bene accetta*.

accezione [ac-ce-zió-ne] *s.f.* (*ling.*) ciascuno dei diversi significati che può assumere un vocabolo.
acchiappafarfalle [ac-chiap-pa-far-fàl-le] *s.m. invar.* **1** retino per catturare le farfalle **2** persona inconcludente.
acchiappamosche [ac-chiap-pa-mó-sche] *s.m.* e *f.invar.* **1** dispositivo o arnese usato per prendere o uccidere le mosche **2** (*bot.*) nome comune di piante che invischiano e catturano gli insetti **3** (*fig.*) persona inconcludente.
acchiappare [ac-chiap-pà-re] *v.tr.* **1** afferrare rapidamente; acciuffare: — *la palla al volo* **2** (*fam.*) sorprendere sul fatto: *l'acchiapparono mentre rubava* ♦ **acchiapparsi** *v.rifl.* afferrarsi, tenersi: — *a un ramo* ♦ *v.rifl.rec.* prendersi l'un l'altro: *giocare ad* —.
-acchiare suffisso alterativo di verbi, che attribuisce al significato di base un valore insieme frequentativo e diminutivo, o anche peggiorativo (*ridacchiare, rubacchiare, scribacchiare*).
-acchio suffisso alterativo di per sé poco diffuso, ma che contribuisce alla formazione dei suffissi composti *-acchione, -acchiotto*.
-acchione suffisso alterativo di nomi e di aggettivi, formato per accumulo dei suff. *-acchio* e *-one*[1]; ha valore accrescitivo, quasi sempre con una connotazione ironica, spregiativa o anche vezzeggiativa (*fratacchione, furbacchione, mattacchione*).
-acchiotto suffisso alterativo di nomi e di aggettivi, formato per accumulo dei suff. *-acchio* e *-otto*; ha valore diminutivo e vezzeggiativo (*fessacchiotto, lupacchiotto*).
acchitare [ac-chi-tà-re] *v.tr.* nel gioco del biliardo, iniziare il gioco mandando la palla o il pallino in un punto svantaggioso per l'avversario.
acchito [ac-chì-to] *s.m.* nel gioco del biliardo, la mossa con cui un giocatore acchita la palla | *d'*—, *di primo* —, (*fig.*) al primo tentativo, subito.
acchittarsi [ac-chit-tàr-si] *v.rifl.* (*region.*) abbigliarsi ricercatamente (per lo più *iron.*).
acchittato [ac-chit-tà-to] *agg.* (*region.*) vestito con ricercatezza leziosa; agghindato.
acciaccare [ac-ciac-cà-re] *v.tr.* [*io acciacco, tu acciacchi ecc.*] (*fam.*) sformare una cosa comprimendola; schiacciare: — *un cappello.*
acciaccato [ac-ciac-cà-to] *agg.* (*fam.*) pieno d'acciacchi.
acciaccatura [ac-ciac-ca-tù-ra] *s.f.* **1** (*fam.*) l'acciaccare, l'essere acciaccato; ammaccatura **2** (*mus.*) rapida esecuzione di una o più note accessorie a ridosso della nota principale o di un accordo.
acciacco [ac-ciàc-co] *s.m.* [pl. *-chi*] disturbo fisico cronico: *gli acciacchi della vecchiaia.*
acciaieria [ac-cia-ie-rì-a] *s.f.* impianto industriale per la produzione dell'acciaio.
acciaio [ac-cià-io] *s.m.* **1** lega di ferro e carbonio ottenuta dalla ghisa allo stato fuso | — *inossidabile*, legato anche con cromo e nichel, resistente alla corrosione e all'ossidazione **2** come simbolo di resistenza, tenacia o freddezza, insensibilità: *volontà d'*—; *nervi d'*—, saldissimi; *sguardo d'*—, penetrante, duro.
acciaiolo [ac-cia-iò-lo] *s.m.* arnese con cui si affilano gli strumenti da taglio.
acciambellarsi [ac-ciam-bel-làr-si] *v.rifl.* [*io mi acciambèllo ecc.*] disporsi a ciambella; raggomitolarsi: *il gatto si acciambellò in un angolo.*
acciarino [ac-cia-rì-no] *s.m.* **1** piccolo strumento d'acciaio da battere sulla pietra focaia per accendere l'esca **2** nome generico di strumenti che servono a provocare un'accensione **3** pezzo di ferro infilato nel mozzo della ruota di un carro per impedire che questa si sfili.
acciarpare [ac-ciar-pà-re] *v.tr.* e *intr.* [aus. dell'intr. *avere*] eseguire male un lavoro; abborracciare.
accidempoli [ac-ci-dèm-po-li] *inter.* (*fam.*) eufemismo per *accidenti.*
accidentale [ac-ci-den-tà-le] *agg.* **1** dovuto al caso; fortuito: *errore* — **2** (*filos.*) non essenziale: *qualità accidentali* **3** (*dir.*) si dice di elemento non essenziale al negozio giuridico □ **accidentalmente** *avv.*
accidentalità [ac-ci-den-ta-li-tà] *s.f.* l'essere accidentale; casualità.
accidentato [ac-ci-den-tà-to] *agg.* **1** irregolare, pieno di ostacoli, disuguale: *terreno* — **2** (*fig.*) pieno di imprevisti, difficoltà: *un viaggio* —.
accidente [ac-ci-dèn-te] *s.m.* **1** avvenimento imprevisto e spiacevole: *gli accidenti della vita* | *per* —, per caso **2** (*med.*) manifestazione morbosa improvvisa| (*fam.*) colpo apoplettico; malanno: *prendersi un* —! **3** (*filos.*) caratteristica, qualità accessoria di qlco. (si contrappone a *sostanza*) | (*estens.*) dettaglio insignificante: *non capire, non vedere un* —, non capire, non vedere nulla **4** (*mus.*) segno che, posto davanti a una nota, indica un'alterazione di altezza.
accidenti [ac-ci-dèn-ti] *inter.* espressione di meraviglia, ira, dispetto: —, *ho fatto tardi!*
accidia [ac-cì-dia] *s.f.* **1** pigrizia a cui si accompagna uno stato di tedio **2** (*teol.*) indolenza nell'operare il bene, che costituisce uno dei sette peccati capitali.
accidioso [ac-ci-dió-so] *agg.* **1** che pecca di accidia | (*estens.*) pigro, indolente **2** triste, tetro; tedioso, uggioso: *pensieri accidiosi* □ **accidiosamente** *avv.*
accigliarsi [ac-ci-gliàr-si] *v.intr.pron.* aggrottare le sopracciglia per preoccupazione, tristezza ecc.; oscurarsi in volto.
accigliato [ac-ci-glià-to] *agg.* con le sopracciglia aggrottate; scuro in volto.
accingersi [ac-cìn-ger-si] *v.rifl.* prepararsi, apprestarsi a fare qlco.: — *a un'impresa*; — *a partire.*
-accino suffisso derivativo o alterativo formato per accumulo dei suffissi *-accio* e *-ino*; ha valore affettivo o intensivo (*spadaccino*).
-accio suffisso usato per formare sostantivi e aggettivi alterati con valore peggiorativo (*avaraccio, ragazzaccio*).
acciocché [ac-cioc-ché] *cong.* (*lett.*) affinché.

-accione suffisso alterativo formato per accumulo dei suff. *-accio* e *-one*[1]; ha valore insieme accrescitivo e peggiorativo, talora con sfumatura scherzosa (*birbaccione, omaccione, spendaccione*).
acciottolare [ac-ciot-to-là-re] *v.tr.* [*io acciòttolo ecc.*] selciare, pavimentare con ciottoli: — *una strada.*
acciottolato [ac-ciot-to-là-to] *s.m.* selciato di ciottoli.
acciottolio [ac-ciot-to-lì-o] *s.m.* rumore prodotto da stoviglie o altri oggetti che cozzano insieme.
accipicchia [ac-ci-pìc-chia] *inter.* (*fam.*) eufemismo per *accidenti.*
accipitridi [ac-ci-pì-tri-di] *s.m.pl.* (*zool.*) famiglia di uccelli rapaci diurni con becco arcuato (rostro), forti artigli e vista acutissima; vi appartengono, tra gli altri, il nibbio e l'aquila.
acciuffare [ac-ciuf-fà-re] *v.tr.* prendere chi cerca di fuggire; acchiappare, agguantare: — *un ladro.*
acciuga [ac-ciù-ga] *s.f.* **1** pesce di mare di piccole dimensioni, con corpo affusolato, dorso azzurro e ventre argenteo; alice: *acciughe sott'olio*; *pasta d'acciughe* | *stretti come acciughe*, (*fig.*) pigiati **2** (*fig.*) persona magra.
acclamare [ac-cla-mà-re] *v.tr.* **1** approvare ad alta voce; applaudire: — *una proposta* **2** eleggere per acclamazione: *fu acclamato presidente* ♦ *v.intr.* [aus. *avere*] approvare ad alta voce: *alla fine tutti acclamarono.*
acclamatore [ac-cla-ma-tó-re] *agg.* e *s.m.* [f. *-trice*] (*non com.*) che/chi acclama.
acclamazione [ac-cla-ma-zió-ne] *s.f.* **1** l'acclamare; manifestazione collettiva di consenso, plauso **2** consenso unanime espresso da un organo collegiale senza votazione: *eleggere per* —.
acclarare [ac-cla-rà-re] *v.tr.* nel linguaggio giuridico, chiarire, mettere in chiaro; accertare.
acclimatamento [ac-cli-ma-ta-mén-to] *s.m.* acclimatazione.
acclimatare [ac-cli-ma-tà-re] *v.tr.* [*io acclìmato ecc.*] abituare uomini, animali o piante a vivere in ambienti diversi da quelli di origine ♦ **acclimatarsi** *v.rifl.* abituarsi ad ambienti diversi da quelli di origine | (*fig.*) assuefarsi, familiarizzarsi.
acclimatazione [ac-cli-ma-ta-zió-ne] *s.f.* processo di adattamento di un essere vivente a un ambiente geografico e climatico diverso da quello originario.
acclive [ac-clì-ve] *agg.* in salita, ripido: *terreno* —.
accludere [ac-clù-de-re] *v.tr.* [pass.rem. *io acclusi, tu accludésti ecc.*; part.pass. *accluso*] includere, allegare: — *i documenti alla domanda.*
accluso [ac-clù-so] *agg.* allegato: *si prega di rispedire il modulo* —.
accoccare [ac-coc-cà-re] *v.tr.* [*io accòcco, tu accòcchi ecc.*] **1** sistemare la cocca della freccia sulla corda dell'arco per lanciarla **2** fissare il filo alla cocca del fuso **3** riunire le quattro cocche di un fazzoletto, di un tovagliolo ecc.
accoccolarsi [ac-coc-co-làr-si] *v.rifl.* [*io mi accòccolo ecc.*] piegarsi sulle ginocchia fin quasi a sedersi sui calcagni: — *in un angolo.*
accodamento [ac-co-da-mén-to] *s.m.* l'accodare, l'accodarsi.
accodare [ac-co-dà-re] *v.tr.* [*io accódo ecc.*] mettere le bestie da soma una in coda all'altra | disporre cose una dietro l'altra; riferito a persone, metterle in fila ♦ **accodarsi** *v.rifl.* mettersi in fila dietro ad altri: *ci accodammo davanti alla cassa.*
accogliente [ac-co-glièn-te] *agg.* ospitale: *una persona* — | comodo, piacevole: *una stanza* —.
accoglienza [ac-co-glièn-za] *s.f.* l'accogliere; il modo di accogliere: — *affettuosa, fredda.*
accogliere [ac-cò-glie-re] *v.tr.* [coniugato come *cogliere*] **1** ricevere; ospitare: — *con gioia*; *un asilo che accoglie gli orfani* **2** accettare, esaudire: — *una domanda* | seguire: — *un consiglio.*
accoglimento [ac-co-gli-mén-to] *s.m.* accettazione: *l'— di un ricorso.*
accolita [ac-cò-li-ta] *s.f.* (*spreg.*) riunione, gruppo di persone: *un'— di canaglie.*
accolito [ac-cò-li-to] *s.m.* **1** (*eccl.*) chi serve all'altare **2** (*estens.*) chi fa parte del seguito di un personaggio o frequenta abitualmente un gruppo (per lo più *spreg.*).
accollacciato [ac-col-lac-cià-to] *agg.* si dice di abito chiuso sino al collo; accollato | di persona, che porta un abito accollato.
accollante [ac-col-làn-te] *s.m.* e *f.* (*dir.*) chi si assume il debito di un altro.
accollare [ac-col-là-re] *v.tr.* [*io accòllo ecc.*] addossare: — *le spese a qlcu.*
accollato [ac-col-là-to] *agg.* si dice di abito chiuso fino al collo o di scarpa che copre il collo del piede.
accollatura [ac-col-la-tù-ra] *s.f.* parte del vestito che si chiude attorno al collo.
accollo [ac-còl-lo] *s.m.* assunzione volontaria di un obbligo | (*dir.*) contratto con il quale un terzo si assume un debito altrui.
accoltellamento [ac-col-tel-la-mén-to] *s.m.* l'accoltellare, l'accoltellarsi, l'essere accoltellato.
accoltellare [ac-col-tel-là-re] *v.tr.* [*io accoltèllo ecc.*] ferire a colpi di coltello.
accoltellato [ac-col-tel-là-to] *s.m.* muro o pavimento di mattoni disposti a coltello, cioè di taglio, per ritto.
accomandante [ac-co-man-dàn-te] *s.m.* e *f.* socio di società in accomandita, che è responsabile nei limiti del capitale versato.
accomandatario [ac-co-man-da-tà-rio] *s.m.* [f. *-a*] (*dir.*) socio di società in accomandita con responsabilità illimitata riguardo agli obblighi societari.
accomandita [ac-co-màn-di-ta] *s.f.* tipo di società commerciale i cui soci si distinguono in due categorie (accomandatari e accomandanti), con responsabilità diverse: *società in* —.
accomiatare [ac-co-mia-tà-re] *v.tr.* dare commiato, congedare ♦ **accomiatarsi** *v.rifl.* prendere commiato, congedarsi: — *da qlcu.*

accomodabile [ac-co-mo-dà-bi-le] *agg.* che si può accomodare.

accomodamento [ac-co-mo-da-mén-to] *s.m.* **1** l'accomodare **2** accordo a cui giungono due parti in contrasto; conciliazione: *venire a un —.*

accomodante [ac-co-mo-dàn-te] *agg.* accondiscendente, conciliante: *mostrarsi —.*

accomodare [ac-co-mo-dà-re] *v.tr.* [*io accòmodo ecc.*] **1** mettere o rimettere in buono stato; aggiustare: — *un orologio, un vestito* **2** (*fig.*) appianare, conciliare: — *una controversia* ♦ **accomodarsi** *v.rifl.* **1** mettersi a proprio agio; mettersi a sedere: — *in una poltrona* | *prego, si accomodi!*, formula di cortesia per invitare qlcu. a entrare o a sedersi **2** adattarsi: *la stanza è piccola, ma mi accomoderò* ♦ *v.rifl.rec.* mettersi d'accordo: *sul prezzo ci accomoderemo.*

accomodatura [ac-co-mo-da-tù-ra] *s.f.* l'accomodare; riparazione.

accomodazione [ac-co-mo-da-zió-ne] *s.f.* (*fisiol.*) proprietà dell'occhio di mettere a fuoco oggetti a diverse distanze.

accompagnamento [ac-com-pa-gna-mén-to] *s.m.* **1** l'accompagnare | il gruppo di persone che accompagnano; seguito: — *funebre* **2** ciò che si allega a una cosa: *stampe con lettera d'—* **3** (*mus.*) in una composizione, l'insieme degli elementi che danno ambientazione armonica alla parte principale.

accompagnare [ac-com-pa-gnà-re] *v.tr.* **1** seguire per amicizia, cortesia o protezione: — *qlcu. a scuola, in chiesa, dal medico* **2** (*fig.*) seguire: — *qlcu. con lo sguardo* **3** unire una cosa a un'altra: — *un dono con un biglietto* **4** (*mus.*) eseguire un accompagnamento: — *al pianoforte* ♦ **accompagnarsi** *v.rifl.* o *intr.pron.* **1** unirsi come compagno: — *a* (o *con*) *qlcu.* **2** armonizzarsi, intonarsi: *due colori che si accompagnano bene* **3** (*mus.*) sostenere il proprio canto col suono di uno strumento: — *con la chitarra.*

accompagnatore [ac-com-pa-gna-tó-re] *s.m.* [f. *-trice*] **1** chi accompagna: — *turistico* **2** (*mus.*) chi esegue l'accompagnamento.

accompagno [ac-com-pà-gno] *s.m.* (*burocr.*) accompagnamento: *bolletta d'—.*

accomunabile [ac-co-mu-nà-bi-le] *agg.* che si può accomunare.

accomunare [ac-co-mu-nà-re] *v.tr.* **1** mettere in comune: — *i beni, le forze* **2** rendere simile; unire spiritualmente: *li accomuna l'amore per la musica.*

acconciare [ac-con-cià-re] *v.tr.* accomodare con arte o eleganza; adornare: — *i capelli* ♦ **acconciarsi** *v.rifl.* accomodarsi i capelli; abbigliarsi, abbellirsi.

acconciatore [ac-con-cia-tó-re] *s.m.* [f. *-trice*] chi acconcia, specialmente i capelli.

acconciatura [ac-con-cia-tù-ra] *s.f.* modo di acconciare o di ornare i capelli; pettinatura fatta con arte | ornamento femminile del capo: — *da sposa.*

acconcio [ac-cón-cio] *agg.* [pl.f. *-ce*] (*lett.*) opportuno, conveniente, idoneo: *parole acconce; luogo, tempo —.*

accondiscendente [ac-con-di-scen-dèn-te] *agg.* condiscendente: *una persona —.*

accondiscendenza [ac-con-di-scen-dèn-za] *s.f.* condiscendenza.

accondiscendere [ac-con-di-scén-de-re] *v.intr.* [coniugato come *scendere*; aus. *avere*] condiscendere; acconsentire: — *a una richiesta.*

acconsentire [ac-con-sen-tì-re] *v.intr.* [*io acconsènto ecc.*; aus. *avere*] dare il proprio consenso, consentire | *prov.*: *chi tace acconsente*, chi non rifiuta apertamente mostra di accettare.

accontentamento [ac-con-ten-ta-mén-to] *s.m.* l'accontentare, l'accontentarsi.

accontentare [ac-con-ten-tà-re] *v.tr.* [*io accontènto ecc.*] rendere contento; soddisfare, appagare: *lo accontentano in tutto* ♦ **accontentarsi** *v. intr.pron.* ritenersi pago, soddisfatto; limitarsi nei desideri: — *di poco.*

acconto [ac-cón-to] *s.m.* pagamento parziale anticipato di un dato prezzo: *versare un —.*

accoppare [ac-cop-pà-re] *v.tr.* [*io accòppo ecc.*] (*pop.*) colpire a morte, uccidere | (*iperb.*) ridurre a mal partito: — *qlcu. di botte.*

accoppiamento [ac-cop-pia-mén-to] *s.m.* **1** l'accoppiare, l'accoppiarsi (anche *fig.*) **2** (*biol.*) unione di individui di sesso opposto per la riproduzione sessuale.

accoppiare [ac-cop-pià-re] *v.tr.* [*io accòppio ecc.*] **1** congiungere, unire in coppia (anche *fig.*): — *pregi e difetti* **2** far unire il maschio di un animale con la femmina ♦ **accoppiarsi** *v.rifl.* unirsi in coppia ♦ *v.rifl.rec.* congiungersi sessualmente (detto di animali).

accoppiata [ac-cop-pià-ta] *s.f.* nell'ippica, scommessa che si effettua su due cavalli per la vittoria di uno e il secondo posto dell'altro: — *vincente.*

accoppiato [ac-cop-pià-to] *agg.* unito in coppia; appaiato | *rima accoppiata*, la rima fra due versi consecutivi, detta anche *rima baciata.*

accoramento [ac-co-ra-mén-to] *s.m.* afflizione, tristezza.

accorare [ac-co-rà-re] *v.tr.* [*io accòro ecc.*] **1** colpire al cuore **2** (*fig.*) addolorare profondamente, rattristare: *la notizia accorò tutti* ♦ **accorarsi** *v.rifl.* addolorarsi profondamente.

accorato [ac-co-rà-to] *agg.* addolorato, afflitto: *discorso* — □ **accoratamente** *avv.* tristemente, con sofferenza.

accorciabile [ac-cor-cià-bi-le] *agg.* che si può accorciare.

accorciamento [ac-cor-cia-mén-to] *s.m.* l'accorciare, l'accorciarsi, l'essere accorciato.

accorciare [ac-cor-cià-re] *v.tr.* [*io accórcio ecc.*] rendere più corto; abbreviare (anche *fig.*): — *una gonna, un discorso* ♦ **accorciarsi** *v.intr.pron.* diventare più corto.

accorciativo [ac-cor-cia-tì-vo] *agg.* che serve ad accorciare ♦ *s.m.* forma abbreviata di una parola: *"auto" è — di "automobile".*

accorciatura [ac-cor-cia-tù-ra] *s.f.* accorciamento.
accordare [ac-cor-dà-re] *v.tr.* **1** mettere d'accordo, conciliare: — *la fede con la ragione* **2** (*mus.*) portare uno strumento all'intonazione esatta: — *il violino* **3** (*estens.*) armonizzare: — *i colori* **4** concedere: — *una grazia* **5** (*gramm.*) concordare i vari elementi di una proposizione: — *il predicato con il soggetto* ♦ **accordarsi** *v. rifl.rec.* mettersi d'accordo: — *sul prezzo* ♦ *v. intr.pron.* essere conforme, armonizzarsi: *il blu si accorda col giallo.*
accordato [ac-cor-dà-to] *agg.* (*mus.*) portato alla giusta intonazione: *uno strumento ben* —.
accordatore [ac-cor-da-tó-re] *s.m.* [f. *-trice*] chi accorda strumenti musicali.
accordatura [ac-cor-da-tù-ra] *s.f.* (*mus.*) l'operazione di dare la giusta intonazione alle corde o alle altre parti che producono i suoni negli strumenti.
accordo [ac-còr-do] *s.m.* **1** concordia; armonia di volontà, di sentimenti: *mettersi d'*— | *andare d'amore e d'*—, essere in perfetta armonia **2** (*mus.*) combinazione armonica di più suoni **3** (*dir.*) incontro di due o più volontà per dar vita a un rapporto giuridico **4** (*gramm.*) concordanza: *l'*— *di soggetto e predicato.*
accorgersi [ac-còr-ger-si] *v.intr.pron.* [pres. *io mi accòrgo, tu ti accòrgi ecc.*; pass.rem. *io mi accòrsi, tu ti accorgésti ecc.*; part.pass. *accòrto*] scorgere improvvisamente, avvedersi: *non si era accorto di me* | (*fig.*) rendersi conto: — *di un errore.*
accorgimento [ac-cor-gi-mén-to] *s.m.* **1** prontezza nell'accorgersi; intuito, accortezza **2** espediente ingegnoso: *usare un* —.
accorpamento [ac-cor-pa-mén-to] *s.m.* l'accorpare, l'essere accorpato.
accorpare [ac-cor-pà-re] *v.tr.* [*io accòrpo ecc.*] riunire cose, strutture, organizzazioni prima separate; unificare: — *due uffici.*
accorrere [ac-cór-re-re] *v.intr.* [coniugato come *correre*; aus. *essere*] correre verso un luogo, specialmente per portare aiuto: — *sul luogo dell'incidente.*
accortezza [ac-cor-téz-za] *s.f.* qualità di chi è accorto; astuzia, cautela: *agire con* —.
accorto [ac-còr-to] *agg.* prudente, avveduto: *persona accorta*; *parole accorte* | *essere, stare* —, fare molta attenzione.
accosciarsi [ac-co-sciàr-si] *v.rifl.* [*io mi accòscio ecc.*] abbassarsi piegandosi sulle gambe.
accostamento [ac-co-sta-mén-to] *s.m.* l'accostare, l'accostarsi (anche *fig.*): — *di colori.*
accostare [ac-co-stà-re] *v.tr.* [*io accòsto ecc.*] avvicinare: — *l'automobile al marciapiede*; *mi accostò per parlarmi* | — *la porta*, socchiuderla ♦ *v.intr.* [aus. *avere*] **1** stare vicino, aderire: *l'armadio accosta bene alla parete* **2** avvicinare il fianco di un'imbarcazione a quello di un'altra o a una struttura fissa ♦ **accostarsi** *v.rifl.* o *intr. pron.* avvicinarsi (anche *fig.*): — *a un'ideologia*, aderirvi almeno in parte; — *ai sacramenti*, riceverli.
accosto [ac-cò-sto] *avv.* vicino, da presso, a lato: *gli stava* — | *farsi* —, avvicinarsi, accostarsi | — *a*, vicino a: — *al muro.*
accotonare [ac-co-to-nà-re] *v.tr.* [*io accotóno ecc.*] arricciare il pelo ai pannilani | foderare di cotone | — *i capelli*, cotonarli.
accovacciarsi [ac-co-vac-ciàr-si] *v.rifl.* [*io mi accovàccio ecc.*] di animale, ritirarsi nel covo | di persona, rannicchiarsi.
accozzaglia [ac-coz-zà-glia] *s.f.* insieme disordinato di persone o cose: *un'*— *di oggetti.*
accozzame [ac-coz-zà-me] *s.m.* (*non com.*) accozzaglia.
accozzamento [ac-coz-za-mén-to] *s.m.* l'accozzare, l'accozzarsi; insieme di cose accozzate.
accozzare [ac-coz-zà-re] *v.tr.* [*io accòzzo ecc.*] mettere insieme senza ordine: — *colori.*
accozzo [ac-còz-zo] *s.m.* l'accozzare; accozzamento: *un* — *di stili diversi.*
accreditabile [ac-cre-di-tà-bi-le] *agg.* che si può accreditare.
accreditamento [ac-cre-di-ta-mén-to] *s.m.* **1** l'accreditare **2** (*comm.*, *banc.*) operazione contabile con cui una banca o un altro ente mette a disposizione di qlcu. una determinata somma.
accreditare [ac-cre-di-tà-re] *v.tr.* [*io accrédito ecc.*] **1** dare credito, avvalorare: — *una notizia* **2** provvedere un agente diplomatico di lettere credenziali **3** (*comm.*, *banc.*) operare un accreditamento.
accreditato [ac-cre-di-tà-to] *agg.* **1** che gode credito e fiducia **2** munito di lettere credenziali: *ambasciatore* — | *giornalista* —, autorizzato ad accedere a determinati enti o uffici per averne informazioni ♦ *s.m.* [f. *-a*] (*banc.*) chi ha un credito bancario aperto.
accredito [ac-cré-di-to] *s.m.* (*comm.*, *banc.*) accreditamento.
accrescere [ac-cré-sce-re] *v.tr.* [coniugato come *crescere*] rendere maggiore di quantità o di numero; aumentare: — *il patrimonio* ♦ **accrescersi** *v.intr.pron.* aumentare.
accrescimento [ac-cre-sci-mén-to] *s.m.* **1** l'accrescere, l'accrescersi; incremento, aumento **2** (*biol.*) aumento nel tempo delle dimensioni di un organismo.
accrescitivo [ac-cre-sci-ti-vo] *agg.* che accresce, che ha capacità di accrescere ♦ *s.m.* (*gramm.*) forma alterata di un sostantivo o di un aggettivo, che esprime un'idea di grande, maggiore del normale o anche di importante, di miglior qualità; si ottiene mediante aggiunta del suffisso *-one* per il m., *-ona* per il f. (p.e. *libro / librone*, *casa / casona*), a volte anche con cambiamento di genere (p.e. *la stanza / lo stanzone*).
accrochage [/ akkrɔʃ'ʃaʒ /] *s.m.invar.* (*fr.*) negli sport nautici, collisione.
accucciarsi [ac-cuc-ciàr-si] *v.rifl.* [*io mi accùccio ecc.*] detto di cani, mettersi nella cuccia | riferito a persona, rannicchiarsi.

accudire [ac-cu-dì-re] *v.intr.* [*io accudisco, tu accudisci ecc.*; aus. *avere*] attendere con cura a un lavoro: — *alle faccende domestiche* ♦ *v.tr.* assistere; aver cura di: — *un malato.*
accularsi [ac-cu-làr-si] *v.rifl.* detto di un animale quadrupede, mettersi a sedere poggiando la parte anteriore del corpo sulle zampe anteriori ritte.
acculturamento [ac-cul-tu-ra-mén-to] *s.m.* acculturazione.
acculturare [ac-cul-tu-rà-re] *v.tr.* (*etnol., sociol.*) far compiere un processo di acculturazione ♦ **acculturarsi** *v.rifl.* compiere un processo di acculturazione.
acculturazione [ac-cul-tu-ra-zió-ne] *s.f.* (*sociol.*) processo d'integrazione a una cultura dominante.
accumulabile [ac-cu-mu-là-bi-le] *agg.* che si può accumulare.
accumulare [ac-cu-mu-là-re] *v.tr.* **1** mettere in cumulo; mettere più cose l'una sull'altra **2** (*fig.*) raccogliere in quantità: — *denaro, esperienza* | (*assol.*) mettere da parte denaro: *ha accumulato tutta la vita* ♦ **accumularsi** *v.intr.pron.* ammucchiarsi, ammassarsi (anche *fig.*).
accumulatore [ac-cu-mu-la-tó-re] *s.m.* (*tecn.*) apparecchio che accumula e conserva energia elettrica, meccanica o termica in modo che si possa poi utilizzare.
accumulazione [ac-cu-mu-la-zió-ne] *s.f.* **1** l'accumulare, l'accumularsi **2** (*econ.*) in un sistema economico, destinazione di parte del prodotto all'accrescimento dei mezzi di produzione **3** (*geol.*) processo di formazione di depositi detritici di varia natura (alpini, glaciali ecc.) **4** *bacino di* —, lago artificiale.
accumulo [ac-cù-mu-lo] *s.m.* accumulazione; insieme di cose accumulate: — *di materiali, di conoscenze.*
accuratezza [ac-cu-ra-téz-za] *s.f.* attenzione scrupolosa nel fare qlco.; cura, diligenza: *lavorare con* — | esecuzione accurata: *l'— di una ricerca.*
accurato [ac-cu-rà-to] *agg.* **1** fatto con cura, con attenzione: *lavoro* — **2** che opera con diligenza e precisione: *un — esecutore di ordini* □ **accuratamente** *avv.*
accusa [ac-cù-ʃa] *s.f.* **1** attribuzione di una colpa: *rivolgere un'— a qlcu.*; *provare, confutare un'—* **2** (*relig.*) nella confessione, la denuncia dei peccati **3** (*dir.*) imputazione: *intentare un'—* | *stato d'—*, condizione di chi è imputato di reato | *capo d'—*, descrizione del fatto per cui l'imputato è citato in giudizio | *pubblica* —, il magistrato che sostiene il ruolo di pubblico ministero.
accusabile [ac-cu-ʃà-bi-le] *agg.* che si può accusare.
accusare [ac-cu-ʃà-re] *v.tr.* **1** rivolgere un'accusa a qlcu. **2** denunciare all'autorità giudiziaria: — *qlcu. di omicidio* **3** rivelare, manifestare: *un volto che accusa stanchezza* | dichiarare di provare, di sentire: — *un dolore al capo* | — *il colpo*, trovarsi in difficoltà a causa di un colpo ricevuto (spec. *fig.*) **4** in alcuni giochi di carte, dichiarare una certa combinazione: — *tre assi* ♦ **accusarsi** *v.rifl.* dichiararsi colpevole.
accusativo [ac-cu-ʃa-tì-vo] *agg.* e *s.m.* si dice del caso grammaticale che in alcune lingue antiche (*p.e.* latino, greco, sanscrito) e moderne (*p.e.* tedesco, russo) indica il complemento oggetto.
accusato [ac-cu-ʃà-to] *s.m.* [f. *-a*] chi è in stato di accusa; imputato.
accusatore [ac-cu-ʃa-tó-re] *s.m.* **1** [f. *-trice*] chi accusa **2** (*dir.*) pubblico ufficiale che esercita l'azione penale nell'interesse dello stato | *pubblico* —, pubblico ministero.
accusatorio [ac-cu-ʃa-tò-rio] *agg.* che accusa, che contiene un'accusa: *discorso* —.
ace [/ eis /] *s.m.invar.* (*ingl.*) nel tennis, battuta di servizio imprendibile.
-ace suffisso di aggettivi che esprimono attitudine, capacità (*audace, loquace*).
-acee suffisso usato nella terminologia della moderna sistematica botanica per formare i nomi che designano le piante.
acefalia [a-ce-fa-lì-a] *s.f.* (*med.*) mancanza congenita della testa.
acefalo [a-cè-fa-lo] *agg.* senza capo: *busto* — | *manoscritto* —, (*filol.*) mancante della prima pagina.
acellulare [a-cel-lu-là-re] *agg.* (*biol.*) privo di struttura cellulare.
-aceo suffisso presente in aggettivi che esprimono relazione, somiglianza (*cartaceo, erbaceo*).
aceracee [a-ce-rà-ce-e] *s.f.pl.* (*bot.*) famiglia di piante dicotiledoni, arboree o arbustive, a cui appartiene l'acero.
acerbità [a-cer-bi-tà] *s.f.* l'essere acerbo (spec. *fig.*).
acerbo [a-cèr-bo] *agg.* **1** non maturo (anche *fig.*): *un frutto, un giovane* — **2** acre, aspro (anche *fig.*): *sapore, rimprovero* — □ **acerbamente** *avv.* **1** con asprezza di modi: *rimproverare* — **2** dolorosamente: *rimpiangere* —.
acereta [a-ce-ré-ta] *s.f.*, o **acereto** *s.m.*, terreno piantato ad aceri.
acero [à-ce-ro] *s.m.* genere di piante arboree con fusto alto, foglie palmate, fiori verdognoli e frutti alati | il legno dell'acero.
aceroso [a-ce-ró-so] *agg.* (*bot.*) aghiforme.
acerrimo [a-cèr-ri-mo] *agg.* [superl. di *acre*] accanito, implacabile: *nemico* — □ **acerrimamente** *avv.*
acescente [a-ce-scèn-te] *agg.* che può inacidire.
acescenza [a-ce-scèn-za] *s.f.* inacidimento del vino o di altri liquidi a bassa gradazione alcolica.
acetabolo [a-ce-tà-bo-lo] *s.m.* (*anat.*) cavità sferoidale dell'osso iliaco in cui ruota la testa del femore.
acetaldeide [a-ce-tal-dèi-de] *s.f.* (*chim.*) aldeide acetica utilizzata in varie industrie chimiche; è un liquido incolore, volatile, di odore pungente.
acetammide [a-ce-tam-mì-de] *s.f.* (*chim.*) ammide dell'acido acetico; si usa in farmacia e nella produzione di materie plastiche.
acetato [a-ce-tà-to] *s.m.* **1** (*chim.*) sale o estere

derivante dalla reazione tra l'acido acetico e una base o un alcol **2** filato artificiale simile alla seta, ottenuto per filatura di soluzioni concentrate di acetilcellulosa.

acetico [a-cè-ti-co] *agg.* [pl.m. *-ci*] dell'aceto | *acido —*, (*chim.*) liquido incolore, di odore pungente, che si trova nell'aceto; è usato nelle industrie di materie plastiche e medicinali.

acetificare [a-ce-ti-fi-cà-re] *v.tr.* [*io acetìfico, tu acetìfichi ecc.*] (*chim.*) trasformare l'alcol in acido acetico.

acetificazione [a-ce-ti-fi-ca-zió-ne] *s.f.* (*chim.*) l'acetificare; trasformazione del vino o di altri liquidi alcolici in aceto a opera di microrganismi.

acetificio [a-ce-ti-fi-cio] *s.m.* fabbrica di aceto.

acetil- primo elemento di nomi composti della terminologia chimica, che indica il radicale *acetile*.

acetilato [a-ce-ti-là-to] *s.m.* (*chim.*) composto organico che ha subito un processo di acetilazione.

acetilazione [a-ce-ti-la-zió-ne] *s.f.* (*chim.*) introduzione di uno o più radicali acetile in un composto organico.

acetilcellulosa [a-ce-til-cel-lu-ló-sa] *s.f.* (*chim.*) estere acetico della cellulosa usato per la fabbricazione di fibre artificiali, vernici e pellicole.

acetile [a-ce-tì-le] *s.m.* (*chim.*) radicale dell'acido acetico.

acetilene [a-ce-ti-lè-ne] *s.m.* (*chim.*) idrocarburo gassoso incolore, usato come combustibile per la saldatura autogena e per l'illuminazione: *lampada ad —*.

acetilico [a-ce-tì-li-co] *agg.* [pl.m. *-ci*] (*chim.*) che deriva da acetile.

acetilsalicilico [a-ce-til-sa-li-cì-li-co] *agg.* [pl.m. *-ci*] (*chim.*) si dice di acido largamente usato in farmacia come analgesico, antinfiammatorio e antifebbrile.

acetimetro [a-ce-tì-me-tro] *s.m.* strumento che misura il grado di concentrazione di acido acetico nell'aceto.

aceto [a-cé-to] *s.m.* prodotto della fermentazione del vino o di altri alcolici, usato come condimento, nella conservazione di prodotti alimentari e in farmacia: *condire con olio e —*; *conservare sott'—* | *prendere d'—*, si dice del vino che comincia a inacidire.

acet(o)- primo elemento di nomi composti della terminologia chimica, indicante che in un composto organico è presente il radicale acetile.

acetone [a-ce-tó-ne] *s.m.* **1** (*chim.*) liquido etereo, incolore, infiammabile, usato come solvente **2** (*med.*) prodotto del metabolismo dei grassi, eliminato nelle urine o nell'aria espirata.

acetosa [a-ce-tó-sa] *s.f.* pianta erbacea perenne, con foglie a saetta, fiori verdi e rossi raccolti in pannocchia; erba brusca.

acetosella [a-ce-to-sèl-la] *s.f.* pianta erbacea con foglie simili a quelle del trifoglio, da cui si estrae il *sale di —*, usato per togliere le macchie di inchiostro e di ruggine.

acetosità [a-ce-to-si-tà] *s.f.* sapore acido, d'aceto.

acetoso [a-ce-tó-so] *agg.* che sa di aceto.

achenio [a-chè-nio] *s.m.* (*bot.*) frutto secco indeiscente, con pericarpo sottile, che racchiude un unico seme.

acheo [a-chè-o] *agg.* dell'Acaia, regione della Grecia antica e moderna ♦ *agg.* e *s.m.* [f. *-a*] che/chi abitava o era nativo dell'antica Acaia | (*estens., lett.*) greco.

acheronteo [a-che-ron-tè-o] *agg.* (*lett.*) dell'Acheronte; infernale.

acheronzia [a-che-ròn-zia] *s.f.* farfalla notturna più nota come *testa di morto*.

achillea [a-chil-lè-a] *s.f.* pianta erbacea perenne con numerosi capolini bianchi o rosa e foglie finemente suddivise.

achiria [a-chi-rì-a] *s.f.* (*med.*) assenza congenita di una o di entrambe le mani.

aciclico [a-cì-cli-co] *agg.* [pl.m. *-ci*] **1** (*fis.*) si dice di fenomeno non periodico **2** (*bot.*) si dice di fiore con i petali disposti a spirale.

acidificante [a-ci-di-fi-càn-te] *agg.* e *s.m.* si dice di additivo chimico usato per acidificare prodotti alimentari.

acidificare [a-ci-di-fi-cà-re] *v.tr.* [*io acidìfico, tu acidìfichi ecc.*] rendere acido.

acidificazione [a-ci-di-fi-ca-zió-ne] *s.f.* (*chim.*) l'acidificare, l'essere acidificato.

acidità [a-ci-di-tà] *s.f.* **1** l'essere acido | *— di stomaco*, eccesso di secrezione acida **2** (*fig.*) acredine, asprezza **3** (*chim.*) presenza di ioni idrogeno in una soluzione.

acido [à-ci-do] *agg.* **1** di sapore aspro, pungente | (*fig.*) astioso e malevolo: *risposta acida* **2** (*chim.*) proprio degli acidi, che ne presenta le caratteristiche: *reazione acida* ♦ *s.m.* **1** (*chim.*) sostanza solida, liquida o gassosa di sapore pungente che, combinandosi con una base, dà un sale: *— solforico*, *solfidrico* **2** sapore acre: *sapere d'—* **3** (*gerg.*) droga allucinogena; LSD □ **acidamente** *avv.* con astio e malevolmente.

acidosi [a-ci-dò-ʃi] *s.f.* (*med.*) aumento dell'acidità del sangue; è caratteristico del diabete.

acidulo [a-cì-du-lo] *agg.* **1** di sapore leggermente acido: *acqua acidula* **2** (*fig.*) un poco pungente, aspro: *tono —*.

acidume [a-ci-dù-me] *s.m.* sostanza acida; insieme di sostanze acide; sapore acido.

aciniforme [a-ci-ni-fór-me] *agg.* che è a forma d'acino: *organo —*.

acino [à-ci-no] *s.m.* **1** chicco dell'uva o di frutto simile **2** (*anat.*) elemento costitutivo di certe ghiandole, formato da cellule secernenti e da un condotto escretore.

aclassismo [a-clas-si-ʃmo] *s.m.* teoria e pratica politica che prescindono dall'esistenza o dalla contrapposizione delle classi sociali.

acme [àc-me] *s.f.* **1** punto culminante: *l'— del successo* **2** (*med.*) lo stadio più acuto di una malattia: *— febbrile*.

acne [àc-ne] *s.f.* (*med.*) malattia della pelle caratterizzata dalla formazione di piccole pustole in corrispondenza dei bulbi piliferi e delle ghiandole sebacee: — *giovanile.*

acneico [ac-nèi-co] *agg.* [pl.m. *-ci*] (*med.*) dell'acne; affetto da acne.

aconfessionale [a-con-fes-sio-nà-le] *agg.* indipendente da ogni confessione religiosa: *movimento —.*

aconito [a-cò-ni-to] *s.m.* pianta erbacea medicinale, con fiori di color azzurro cupo.

acotiledone [a-co-ti-lè-do-ne] *agg.* e *s.f.* (*bot.*) si dice di pianta i cui semi mancano di cotiledoni.

acqua [àc-qua] *s.f.* **1** liquido trasparente inodore, insapore e incolore, composto di idrogeno e ossigeno, presente in natura anche allo stato solido e gassoso: — *distillata,* priva di impurità; — *naturale,* quella presente in natura e contenente una certa quantità di sali disciolti; — *minerale,* quella contenente una quantità maggiore di sali e talvolta gas disciolti; — *salata,* di mare; — *dolce,* di fiume o di lago | — *potabile,* batteriologicamente pura | — *santa, benedetta,* usata per benedire | *fare —,* si dice di natante che imbarca acqua; (*fig.*) non funzionare, versare in cattive condizioni: *un'azienda che fa —* **2** (*estens.*) pioggia: — *a catinelle* **3** distesa, massa d'acqua: *corso, specchio d'—* **4** *pl.* sorgenti termali: *fare la cura delle acque* **5** liquido in genere; umore acquoso: *l'— del cocomero* | — *di rose, di Colonia,* soluzioni idroalcoliche di essenze profumate **6** *pl.* il liquido amniotico: *perdita, rottura delle acque,* sua emissione all'inizio del parto **7** in locuzioni fig.: *essere con l'— alla gola,* essere in difficoltà; anche, disporre di pochissimo tempo | *trovarsi in cattive acque,* essere nei guai, in difficoltà economiche | *fare un buco nell'—,* operare invano, senza frutto | — *in bocca!,* non parlare, non rivelare nulla | *gettare — sul fuoco,* sdrammatizzare una situazione | *scoprire l'— calda,* dire o fare una cosa ovvia, scontata.

acqua-aria [àc-qua à-ria] *loc.agg.invar.* si dice di missile lanciato da un sommergibile in immersione contro un bersaglio aereo.

acquacedrata [ac-qua-ce-drà-ta] *s.f.* bevanda a base di sciroppo di cedro.

acquacoltura → **acquicoltura.**

acquaforte [ac-qua-fòr-te] *s.f.* [pl. *acqueforti*] tecnica di incisione su lastre di rame o di zinco | la riproduzione a stampa così ottenuta.

acquafortista [ac-qua-for-tì-sta] *s.m.* e *f.* [pl.m. *-sti*] incisore di acqueforti.

acquaio *s.m.* impianto della cucina, formato da una o due vaschette, con acqua corrente e condotto di scolo, per la lavatura delle stoviglie.

acquaiolo [ac-qua-iò-lo] *agg.* che vive nell'acqua: *serpe acquaiola* ♦ *s.m.* [f. *-a*] chi vende o porta acqua potabile.

acquamarina [ac-qua-ma-ri-na] *s.f.* [pl. *acquemarine*] **1** pietra preziosa di colore verde-azzurrino **2** colore azzurro chiaro.

acquaplano [ac-qua-plà-no] *s.m.* sorta di largo sci sul quale ci si regge in equilibrio mentre si viene trascinati da un motoscafo.

acquaragia [ac-qua-rà-gia] *s.f.* liquido costituito da essenza di trementina greggia, usato come solvente.

acquario[1] [ac-quà-rio] *s.m.* vasca o sistema di vasche in cui si tengono in vita piante o animali acquatici | (*estens.*) l'edificio in cui si trovano tali vasche: *l'— dello zoo.*

Acquario[2] → **Aquario.**

acquartieramento [ac-quar-tie-ra-mén-to] *s.m.* alloggiamento di truppe in quartieri.

acquartierare [ac-quar-tie-rà-re] *v.tr.* [*io acquartièro ecc.*] (*mil.*) alloggiare le truppe in quartieri ♦ **acquartierarsi** *v.rifl.* prendere alloggio in quartieri.

acquasanta [ac-qua-sàn-ta], o **acqua santa,** *s.f.* acqua benedetta.

acquasantiera [ac-qua-san-tiè-ra] *s.f.* pila nella quale si conserva l'acqua santa per l'uso dei fedeli.

acquascivolo [ac-qua-scì-vo-lo] *s.m.* scivolo per bambini che finisce in una piscina.

acquascooter [ac-qua-scoo-ter / akkwas'kuter /] *s.m.invar.* moto d'acqua.

acqua-terra [àc-qua tèr-ra] *loc.agg.invar.* si dice di missile lanciato da un sommergibile in immersione contro un bersaglio in superficie.

acquaticità [ac-qua-ti-ci-tà] *s.f.* (*sport*) attitudine, che varia da individuo a individuo, a muoversi nell'acqua, sia in superficie sia in immersione.

acquatico [ac-quà-ti-co] *agg.* [pl.m. *-ci*] che nasce o vive nell'acqua o in prossimità dell'acqua: *flora, fauna acquatica.*

acquatinta [ac-qua-tìn-ta] *s.f.* [pl. *acquetinte*] tecnica di incisione su metallo simile all'acquaforte, ma che consente più delicate gradazioni e sfumature | la riproduzione a stampa ottenuta con tale tecnica.

acquattarsi [ac-quat-tàr-si] *v.rifl.* rannicchiarsi, nascondersi: — *dietro un cespuglio.*

acquavite [ac-qua-vì-te] *s.f.* [pl. *acquaviti, acqueviti*] nome generico di bevande fortemente alcoliche ottenute mediante distillazione di mosti, frutta o cereali fermentati.

acquazzone [ac-quaz-zó-ne] *s.m.* pioggia improvvisa e impetuosa, ma di breve durata.

acquedotto [ac-que-dót-to] *s.m.* l'insieme delle strutture e delle opere necessarie per la raccolta, il trasporto e la distribuzione di acqua potabile; conduttura d'acqua.

acqueo [àc-que-o] *agg.* di acqua, della stessa natura dell'acqua: *vapore —* | *umore —,* (*anat.*) liquido incolore che riempie la camera anteriore dell'occhio.

acquerella [ac-que-rèl-la] *s.f.* pioggerellina.

acquerellista [ac-que-rel-lì-sta] *s.m.* e *f.* [pl.m. *-sti*] artista che dipinge all'acquerello.

acquerello [ac-que-rèl-lo] *s.m.* tecnica pittorica che usa colori preparati con la gomma arabica e diluiti con acqua: *dipingere all'—* | il dipinto che si esegue con tale tecnica.

acquerugiola [ac-que-rù-gio-la] *s.f.* pioggia minuta.

acquetta [ac-quét-ta] *s.f.* **1** pioggerella **2** (*fam.*) caffè, vino, brodo o altra bevanda fortemente diluiti con acqua.
acquicolo [ac-quì-co-lo] *agg.* si dice di organismo animale o vegetale che vive nell'acqua.
acquicoltura [ac-qui-col-tù-ra], o acquacoltura, *s.f.* **1** allevamento di pesci o molluschi in acque dolci o marine **2** tecnica di coltivazione delle piante tenendone immerse le radici nell'acqua; idrocoltura.
acquiescente [ac-quie-scèn-te] *agg.* incline ad accettare le decisioni altrui; remissivo, accondiscendente.
acquiescenza [ac-quie-scèn-za] *s.f.* l'essere acquiescente; arrendevolezza.
acquietamento [ac-quie-ta-mén-to] *s.m.* l'acquietare, l'acquietarsi.
acquietare [ac-quie-tà-re] *v.tr.* [*io acquièto ecc.*] rendere quieto; calmare, placare: — *la collera* ♦ **acquietarsi** *v.rifl.* calmarsi, placarsi.
acquifero [ac-quì-fe-ro] *agg.* (*scient.*) che porta acqua; che consente il passaggio dell'acqua: *falda acquifera.*
acquirente [ac-qui-rèn-te] *s.m.* e *f.* chi acquista; compratore.
acquisire [ac-qui-ʃi-re] *v.tr.* [*io acquiʃisco, tu acquiʃisci ecc.*] venire in possesso di qlco.; acquistare (spec. *fig.*): — *una proprietà*; — *esperienza.*
acquisito [ac-qui-ʃi-to] *agg.* **1** acquistato, fatto proprio (anche *fig.*): *parente* —, non consanguineo | *un fatto* —, certo **2** (*med.*) non congenito: *malattia acquisita.*
acquisizione [ac-qui-ʃi-zió-ne] *s.f.* il fatto di acquisire, il suo risultato (spec. *fig.*).
acquistabile [ac-qui-stà-bi-le] *agg.* che si può acquistare.
acquistare [ac-qui-stà-re] *v.tr.* **1** venire in possesso di qlco. dietro pagamento; comperare: — *una casa* **2** (*fig.*) ottenere, conseguire: — *meriti, fama* | — *terreno*, affermarsi: *una moda che acquista terreno* **3** (*sport*) ingaggiare: — *un calciatore* ♦ *v.intr.* [aus. *avere*] migliorare: — *in simpatia.*
acquisto [ac-quì-sto] *s.m.* **1** l'acquistare, il fare proprio: *l'— di un appartamento* | *fare acquisti*, fare compere **2** la cosa acquistata: *mostrami il nuovo —!*
acquitrino [ac-qui-trì-no] *s.m.* terreno con acqua stagnante.
acquitrinoso [ac-qui-tri-nó-so] *agg.* con acquitrini; paludoso.
acquolina [ac-quo-lì-na] *s.f.* la salivazione provocata dalla vista, dal profumo o anche dal pensiero di un cibo appetitoso; solo nelle loc. *far venire, avere l'— in bocca.*
acquosità [ac-quo-si-tà] *s.f.* l'essere acquoso; parte acquosa, umore.
acquoso [ac-quó-so] *agg.* che contiene acqua; impregnato d'acqua: *frutto, terreno* —.
acre [à-cre] *agg.* [superl. *acerrimo*] agro, penetrante, pungente al gusto o all'odorato: *sapore, fumo* — □ **acremente** *avv.* con asprezza.
acredine [a-crè-di-ne] *s.f.* **1** l'essere acre **2** (*fig.*) acrimonia, astio, malevolenza.
acribia [a-cri-bì-a] *s.f.* (*lett.*) scrupolosa accuratezza nell'indagine critica.
acrilico [a-crì-li-co] *agg.* [pl.m. *-ci*] (*chim.*) si dice di un acido organico insaturo liquido ottenuto da idrocarburi | *filato* —, ottenuto dalla polimerizzazione di tale acido | *colori acrilici*, fabbricati con resine acriliche.
acrimonia [a-cri-mò-nia] *s.f.* (*lett.*) acredine, asprezza: *rispondere con* —.
acrimonioso [a-cri-mo-nió-so] *agg.* (*lett.*) pieno di acrimonia; malevolo.
acritico [a-crì-ti-co] *agg.* [pl.m. *-ci*] privo di senso critico; dogmatico □ **acriticamente** *avv.*
acro [à-cro] *s.m.* misura inglese di superficie, pari a 4047 m^2.
acro- primo elemento di parole composte, che significa 'punto più alto, estremità' (*acropoli*).
acrobata [a-crò-ba-ta] *s.m.* e *f.* [pl.m. *-ti*] chi, nei circhi e nei varietà, si esibisce in esercizi di agilità ed equilibrio.
acrobatica [a-cro-bà-ti-ca] *s.f.* l'arte del compiere acrobazie; l'insieme degli esercizi acrobatici.
acrobatico [a-cro-bà-ti-co] *agg.* [pl.m. *-ci*] di acrobata, da acrobata; che riguarda le acrobazie: *spettacolo* — □ **acrobaticamente** *avv.*
acrobatismo [a-cro-ba-tì-ʃmo] *s.m.* **1** arte, attività degli acrobati; esercizio acrobatico **2** (*fig.*) il destreggiarsi avventurosamente in una situazione difficile; funambolismo.
acrobazia [a-cro-ba-zì-a] *s.f.* **1** esercizio di acrobata **2** movimento o manovra di eccezionale difficoltà: — *aerea*, evoluzione di grande abilità e rischio di un aereo | *fare acrobazie*, (*fig.*) destreggiarsi nelle difficoltà.
acrocefalia [a-cro-ce-fa-lì-a] *s.f.* (*med.*) malformazione del cranio, che presenta elevazione eccessiva nella regione parietale e arretramento della fronte.
acrocoro [a-cro-cò-ro] *s.m.* (*geog.*) altopiano circondato da catene montuose; complesso di altipiani e massicci montuosi.
acrofobia [a-cro-fo-bì-a] *s.f.* (*psicol.*) paura patologica di affacciarsi da un luogo elevato.
acromatico [a-cro-mà-ti-co] *agg.* [pl.m. *-ci*] (*fis.*) si dice di sistema ottico che presenta acromatismo: *lenti acromatiche.*
acromatismo [a-cro-ma-tì-ʃmo] *s.m.* (*fis.*) in un sistema ottico, proprietà di ridurre al minimo l'aberrazione cromatica, cioè la scomposizione nei colori dell'iride.
acromatopsia [a-cro-ma-to-psì-a] *s.f.* (*med.*) incapacità di percepire i colori.
acromia [a-cro-mì-a] *s.f.* (*med.*) mancanza del pigmento cutaneo che determina la colorazione della pelle.
acronimo [a-crò-ni-mo] *s.m.* parola formata da una o più lettere iniziali di altre parole; sigla (p.e. *BOT* 'Buono Ordinario del Tesoro').
acropoli [a-crò-po-li] *s.f.* la parte più alta e forti-

ficata delle antiche città greche: *l'— di Atene.*
acrostico [a-crò-sti-co] *s.m.* [pl. *-ci*] (*lett.*) componimento poetico in cui le prime lettere dei singoli versi formano un nome o una frase | (*estens.*) nome formato con le iniziali di altre parole (p.e. *LUCE* 'L'Unione Cinematografica Educativa').
acroterio [a-cro-tè-rio] *s.m.* (*archeol.*) piedistallo per elementi ornamentali (vasi, statue ecc.) posto alla sommità del frontone di un tempio | l'ornamento stesso.
actinia → **attinia**.
actinidia [ac-ti-nì-dia] *s.f.* genere di piante cui appartiene il kiwi.
actinomiceti [ac-ti-no-mi-cè-ti], o attinomiceti, *s.m.pl.* (*bot.*) ordine di batteri schizomiceti, di forma bacillare o filamentosa.
actinopterigi → **attinopterigi**.
acuire [a-cu-ì-re] *v.tr.* [*io acuisco, tu acuisci ecc.*] rendere acuto o più acuto (spec. *fig.*): *— il desiderio, l'ingegno* ♦ **acuirsi** *v.intr.pron.* farsi acuto o più acuto: *il dolore si è acuito.*
acuità [a-cui-tà] *s.f.* acutezza: *— visiva.*
aculeati [a-cu-le-à-ti] *s.m.pl.* (*zool.*) ordine di insetti imenotteri con l'addome unito al torace per mezzo di un peduncolo, provvisto nelle femmine di aculeo velenifero (*p.e.* le api).
aculeato [a-cu-le-à-to] *agg.* fornito di aculeo.
aculeo [a-cù-leo] *s.m.* **1** (*zool.*) organo difensivo e offensivo che si trova in alcuni animali (*p.e.* le vespe, l'istrice); pungiglione **2** (*bot.*) sporgenza legnosa e aguzza che si forma sul fusto di alcune piante.
acume [a-cù-me] *s.m.* acutezza d'ingegno, perspicacia: *un osservatore di grande —.*
acuminare [a-cu-mi-nà-re] *v.tr.* [*io acùmino ecc.*] rendere acuto, appuntito: *— un palo.*
acuminato [a-cu-mi-nà-to] *agg.* appuntito, acuto, aguzzo.
acustica [a-cù-sti-ca] *s.f.* **1** parte della fisica che studia la generazione, la propagazione e la ricezione del suono **2** proprietà di un ambiente di propagare suoni senza alterarli: *teatro con ottima —.*
acustico [a-cù-sti-co] *agg.* [pl.m. *-ci*] **1** relativo all'acustica; che riguarda l'udito o il suono: *fenomeno —* | *meato —*, (*anat.*) canale interno dell'orecchio | *nervo —*, (*anat.*) ciascuno dei nervi cranici dell'ottavo paio, che portano al cervello le sensazioni sonore **2** nella musica leggera, si dice di strumento non elettrico né elettronico: *chitarra acustica* □ **acusticamente** *avv.*
acutangolo [a-cu-tàn-go-lo] *agg.* (*geom.*) si dice di triangolo che ha tutti gli angoli acuti.
acutezza [a-cu-téz-za] *s.f.* **1** l'essere acuto **2** (*fig.*) prontezza d'intelligenza, perspicacia: *— d'ingegno.*
acutizzare [a-cu-tiʒ-ʒà-re] *v.tr.* rendere acuto ♦ **acutizzarsi** *v.intr.pron.* passare allo stadio acuto, detto di malattia | (*fig.*) acuirsi: *la crisi si è acutizzata.*
acutizzazione [a-cu-tiʒ-ʒa-zió-ne] *s.f.* l'acutizzare, l'acutizzarsi.
acuto [a-cù-to] *agg.* **1** che ha la punta sottile; appuntito, acuminato: *spigolo, palo —* **2** (*fig.*) sottile, perspicace: *mente acuta; giudizio —* **3** (*fig.*) penetrante, intenso: *dolore, desiderio —* **4** (*geom.*) si dice di angolo minore di un angolo retto **5** *accento —*, (*gramm.*) segno grafico (´) usato in italiano per indicare il timbro chiuso delle vocali *e* e *o* toniche (p.e. *scégliere, rómpere*) **6** (*fis.*) si dice di suono che abbia alta frequenza **7** (*mus.*) si dice di nota alta **8** (*med.*) si dice di malattia che insorge con violenza e ha decorso rapido ♦ *s.m.* (*mus.*) nota alta | suono emesso da un cantante al limite superiore del proprio registro □ **acutamente** *avv.* **1** con acutezza, intensamente: *soffrire —* **2** con acume: *gli fece — notare la differenza.*
ad → **a²**.
ad- → **a-²**.
adacquamento [a-dac-qua-mén-to] *s.m.* (*agr.*) irrigazione di un terreno.
adacquare [a-dac-quà-re] *v.tr.* [*io adàcquo ecc.*] (*agr.*) irrigare.
adagiamento [a-da-gia-mén-to] *s.m.* (*non com.*) l'adagiare, l'adagiarsi (anche *fig.*).
adagiare [a-da-già-re] *v.tr.* [*io adàgio ecc.*] collocare, posare con riguardo; deporre con cura: *— un bambino sul letto* ♦ **adagiarsi** *v.rifl.* **1** distendersi, sdraiarsi: *— sul divano* **2** (*fig.*) lasciarsi andare, abbandonarsi: *— nell'ozio.*
adagio¹ [a-dà-gio] *avv.* **1** piano, lentamente, senza fretta: *camminare, parlare —* | *— —*, con molta lentezza; (*fig.*) a poco a poco **2** con cautela, delicatamente: *posare — un oggetto fragile* ♦ *inter.* esortazione alla riflessione, alla calma: *—! Non è così semplice* ♦ *s.m.invar.* (*mus.*) movimento o singolo brano di andamento intermedio tra il largo (più lento) e l'andante (un po' più veloce): *— sostenuto, cantabile.*
adagio² *s.m.* proverbio; massima.
adamantino [a-da-man-tì-no] *agg.* (*lett.*) **1** di diamante; brillante, puro e terso come diamante **2** di ferro, d'acciaio | (*fig.*) duro, inattaccabile, puro: *carattere —.*
adamitico [a-da-mì-ti-co] *agg.* [pl.m. *-ci*] di Adamo | (*estens.*) primitivo | *in costume —*, (*scherz.*) nudo.
adattabile [a-dat-tà-bi-le] *agg.* che si può adattare.
adattabilità [a-dat-ta-bi-li-tà] *s.f.* l'essere adattabile; capacità di adattarsi.
adattamento [a-dat-ta-mén-to] *s.m.* **1** l'adattare o l'adattarsi a un ambiente: *— sociale* | *— teatrale, cinematografico*, rielaborazione di un'opera per una rappresentazione scenica o un film **2** (*biol.*) processo per cui gli esseri viventi si adeguano morfologicamente e fisiologicamente alle condizioni ambientali.
adattare [a-dat-tà-re] *v.tr.* **1** rendere adatto a un uso o a uno scopo: *— una camera a studio* **2** adeguare una cosa a un'altra: *— gli occhiali al naso* ♦ **adattarsi** *v.rifl.* conformarsi, adeguarsi (a una situazione, all'ambiente) ♦ *v.intr.pron.* essere

adatto; addirsi: *la tappezzeria si adatta ai mobili.*

adattativo [a-dat-ta-tì-vo] *agg.* (*biol.*) adattivo.

adattatore [a-dat-ta-tó-re] *s.m.* (*tecn.*) dispositivo che consente di collegare due strumenti o due parti di uno strumento.

adattivo [a-dat-tì-vo] *agg.* (*biol.*) che consente l'adattamento di un organismo all'ambiente: *comportamento —.*

adatto [a-dàt-to] *agg.* che ha i requisiti necessari per un determinato scopo; idoneo: *un luogo poco — per viverci.*

addebitare [ad-de-bi-tà-re] *v.tr.* [*io addébito ecc.*] ascrivere a debito (si contrappone ad *accreditare*): *— una spesa a qlcu.* | (*fig.*) attribuire, addossare: *— una responsabilità.*

addebito [ad-dé-bi-to] *s.m.* **1** attribuzione a debito: *— di un milione* **2** (*fig.*) attribuzione di responsabilità: *muovere un — a qlcu.*

addenda [ad-dèn-da] *s.m.pl.* aggiunte | l'elenco delle aggiunte da fare a un testo.

addendo [ad-dèn-do] *s.m.* (*mat.*) ogni termine di una somma.

addensamento [ad-den-sa-mén-to] *s.m.* l'addensare, l'addensarsi: *un — di nuvole, di persone.*

addensare [ad-den-sà-re] *v.tr.* [*io addènso ecc.*] (*non com.*) rendere denso ♦ **addensarsi** *v.rifl.* o *intr.pron.* divenire denso o più denso; accalcarsi, infittirsi: *la nebbia si è addensata sulla valle; la folla comincia ad — nella piazza.*

addentare [ad-den-tà-re] *v.tr.* [*io addènto ecc.*] afferrare con i denti; mordere.

addentatura [ad-den-ta-tù-ra] *s.f.* **1** l'addentare; il segno lasciato dai denti **2** parte sagomata di un legno che si incastra nell'intaccatura di un altro.

addentellare [ad-den-tel-là-re] *v.tr.* [*io addentèllo ecc.*] munire di dentelli | (*edil.*) fare l'addentellato a un muro.

addentellato [ad-den-tel-là-to] *agg.* che ha dentelli o sporgenze; dentellato ♦ *s.m.* **1** (*edil.*) insieme di risalti che si lasciano sul lato di un muro per collegarlo a un altro **2** (*fig.*) possibilità di connessione: *fra i due problemi c'è un —.*

addentrare [ad-den-trà-re] *v.tr.* [*io addéntro ecc.*] mandare dentro, inserire ♦ **addentrarsi** *v.rifl.* penetrare, inoltrarsi (anche *fig.*).

addentro [ad-dén-tro] *avv.* nell'interno; in profondità, a fondo: *scavare più —.*

addestramento [ad-de-stra-mén-to] *s.m.* l'addestrare, l'addestrarsi, l'essere addestrato: *— militare.*

addestrare *v.tr.* [*io addèstro ecc.*] rendere abile; ammaestrare, esercitare: *— qlcu. nella corsa, alla lotta* ♦ **addestrarsi** *v.rifl.* esercitarsi in modo da diventare abile: *— nell'uso delle armi.*

addestratore [ad-de-stra-tó-re] *agg.* e *s.m.* [f. *-trice*] che/chi addestra.

addetto [ad-dét-to] *agg.* **1** assegnato a un ufficio, incaricato di un lavoro: *— alla segreteria* **2** adibito: *autocarro — al trasporto del bestiame* ♦ *s.m.* [f. *-a*] persona assegnata a un ufficio o a un lavoro | in diplomazia, chi esercita una particolare competenza presso una rappresentanza diplomatica: *— culturale* | *— stampa*, in un'azienda, un ufficio, chi cura i rapporti con la stampa.

addì [ad-dì] *avv.* (*burocr.*) nel giorno: *— 25 ottobre 1993.*

addiaccio [ad-diàc-cio] *s.m.* tratto di terreno scoperto e cinto da una rete, nel quale i pastori chiudono il bestiame di notte | *all'—*, per terra e all'aperto: *dormire all'—.*

addietro [ad-diè-tro] *avv.* avanti, prima: *alcuni anni —* | Come *s.m.* nelle loc.avv. *in —, per l'—*, in passato.

addio [ad-dì-o] *inter.* **1** espressione di saluto in un commiato definitivo: *dire — a qlcu.* | *dire — a qlco.*, rinunciarvi **2** espressione di rammarico per qlco. che si perde o a cui si deve rinunciare: *— vacanze!* ♦ *s.m.* (pl. *addìi*) saluto definitivo, distacco: *dare l'ultimo, l'estremo —*, rendere l'estremo omaggio a chi viene sepolto.

addirittura [ad-di-rit-tù-ra] *avv.* nientedimeno, persino.

addirizzare [ad-di-riz-zà-re], o **addrizzare** [ad-driz-zà-re], *v.tr.* rendere diritto; raddrizzare (anche *fig.*).

addirsi [ad-dìr-si] *v.intr.pron.* [coniugato come *dire*; si usa solo la terza persona sing. e pl. del pres. e imperf. indic. e congiunt.] confarsi, convenire: *questo colore non ti si addice.*

additare [ad-di-tà-re] *v.tr.* indicare con il dito | (*fig.*) mostrare, esporre.

additivo [ad-di-tì-vo] *s.m.* sostanza che si aggiunge a prodotti industriali per migliorarne certe caratteristiche o come conservante.

addivenire [ad-di-ve-nì-re] *v.intr.* [coniugato come *venire*; aus. *essere*] giungere alla conclusione di qlco.: *— a un accordo.*

addizionale [ad-di-zio-nà-le] *agg.* aggiuntivo; accessorio: *lente —* ♦ *s.f.* (*fin.*) imposta straordinaria che si aggiunge ad altra già esistente.

addizionare [ad-di-zio-nà-re] *v.tr.* [*io addizióno ecc.*] **1** (*mat.*) fare l'addizione **2** (*estens.*) aggiungere, sommare.

addizionatrice [ad-di-zio-na-trì-ce] *s.f.* macchina calcolatrice per eseguire addizioni e sottrazioni.

addizione [ad-di-zió-ne] *s.f.* **1** operazione aritmetica con cui si calcola la somma di due o più numeri (addendi) **2** (*chim.*) reazione in cui le molecole dei reagenti si combinano formando una singola molecola di prodotto.

addobbare [ad-dob-bà-re] *v.tr.* [*io addòbbo ecc.*] **1** adornare con paramenti; parare a festa: *— una chiesa, una strada* **2** (*scherz.*) vestire con abiti solenni o ricercati.

addobbo [ad-dòb-bo] *s.m.* l'addobbare; paramento, decorazione.

addolcimento [ad-dol-ci-mén-to] *s.m.* l'addolcire, l'addolcirsi, l'essere addolcito.

addolcire [ad-dol-cì-re] *v.tr.* [*io addolcisco, tu addolcisci ecc.*] **1** rendere dolce: *— una bevanda* | *— l'acciaio*, (*metall.*) renderlo più malleabile **2** (*fig.*) attenuare, mitigare: *— un rimprovero* ♦ **ad-**

dolcirsi *v.intr.pron.* diventare più dolce (spec. *fig.*): *il clima si è addolcito.*
addolorare [ad-do-lo-rà-re] *v.tr.* [*io addolóro ecc.*] dare, procurare dolore (in senso morale); affliggere, rattristare ♦ **addolorarsi** *v.intr.pron.* provare dolore.
addolorato [ad-do-lo-rà-to] *agg.* afflitto, triste | Come *s.f.*: *l'Addolorata*, nome dato a Maria Vergine, in quanto sofferente per la passione e la morte di Cristo.
addome [ad-dò-me] *s.m.* nell'uomo, regione del corpo contenente l'apparato digerente, compresa fra il torace e il bacino | in molti animali, la parte inferiore del corpo.
addomesticabile [ad-do-me-sti-cà-bi-le] *agg.* che si può addomesticare (anche *fig.*): *un carattere poco —.*
addomesticare [ad-do-me-sti-cà-re] *v.tr.* [*io addomèstico, tu addomèstichi ecc.*] **1** rendere domestico un animale selvatico **2** (*estens.*) abituare a certe regole una persona **3** (*fig.*) manipolare con l'inganno; falsare: *— un risultato sportivo.*
addomesticato [ad-do-me-sti-cà-to] *agg.* **1** reso domestico; ammaestrato **2** (*fig.*) manipolato; falsificato: *elezioni addomesticate.*
addominale [ad-do-mi-nà-le] *agg.* dell'addome: *muscoli addominali.*
addormentare [ad-dor-men-tà-re] *v.tr.* [*io addorménto ecc.*] **1** far dormire: *— un bimbo* | (*estens.*) anestetizzare: *— un paziente* | (*fig.*) annoiare: *un spettacolo che fa —* **2** (*fig.*) svigorire, intorpidire: *— la volontà* ♦ **addormentarsi** *v.intr.pron.* **1** prendere sonno **2** (*fam.*) intorpidirsi (detto di parti del corpo): *mi si è addormentata una gamba* **3** (*fig.*) procedere con lentezza e senza energia: *— su un lavoro.*
addormentato [ad-dor-men-tà-to] *agg.* **1** che dorme (anche *fig.*): *il villaggio taceva —* **2** (*fam.*) intorpidito: *ho un piede —* **3** (*fig.*) fiacco, dai riflessi lenti: *un ragazzo —.*
addossare [ad-dos-sà-re] *v.tr.* [*io addòsso ecc.*] **1** mettere addosso, appoggiare una cosa a un'altra: *— un mobile alla parete* **2** (*fig.*) imputare, attribuire: *— a qlcu. una colpa* ♦ **addossarsi** *v.rifl.* accostarsi, appoggiarsi: *— alla parete.*
addossato [ad-dos-sà-to] *agg.* **1** appoggiato **2** (*arald.*) si dice di due animali o figure con i dorsi contrapposti.
addosso [ad-dòs-so] *avv.* sulla persona, sulle spalle: *che cosa porti —?* | *avere —*, indossare; (*fig.*) sentire, avvertire: *avere — una grande paura* | *farsela —*, fare i bisogni corporali nei vestiti; (*fig.*) farsi prendere dalla paura ♦ In unione con *a* forma la loc. prep. *— a* **1** assai vicino: *le case sono una — all'altra* **2** su, sopra: *piombare — a qlcu.* | *mettere le mani — a qlcu.*, colpirlo, picchiarlo; toccarlo molestandolo sessualmente | *mettere gli occhi — a qlcu., a qlco.*, (*fig.*) farne oggetto di desiderio | *stare — a uno*, (*fig.*) sollecitarlo, opprimerlo **3** contro: *gettarsi — a qlcu.* | *dare — a qlcu.*, assalirlo; (*fig.*) perseguitarlo ♦ *inter.* per incitare ad assalire qlcu.: *ecco il ladro, —!*
addottoramento [ad-dot-to-ra-mén-to] *s.m.* (*non com.*) l'addottorare o l'addottorarsi.
addottorare [ad-dot-to-rà-re] *v.tr.* [*io addottóro ecc.*] (*non com.*) conferire il titolo di dottore ♦ **addottorarsi** *v.rifl.* divenire dottore, laurearsi: *— in fisica.*
addottrinamento [ad-dot-tri-na-mén-to] *s.m.* l'addottrinare, l'addottrinarsi, l'essere addottrinato.
addottrinare [ad-dot-tri-nà-re] *v.tr.* ammaestrare in una dottrina o in un'arte; istruire.
addottrinato [ad-dot-tri-nà-to] *agg.* (*lett.*) istruito, dotto.
addrizzare → **addirizzare.**
addurre [ad-dùr-re] *v.tr.* [pres.indic. *io adduco, tu adduci ecc.*; fut. *io addurrò ecc.*; pass.rem. *io addussi, tu adducésti ecc.*; cond. *io addurrèi ecc.*; part.pass. *addótto*] **1** produrre, allegare; presentare a sostegno: *— una prova, un documento* **2** (*fisiol.*) detto di muscolo, avvicinare un arto o una parte mobile del corpo all'asse mediano di questo o a un altro punto di riferimento.
adduttore [ad-dut-tó-re] *agg.* e *s.m.* [f. *-trice*] **1** (*tecn.*) si dice di ciò che porta, conduce: *condotta adduttrice*, che porta l'acqua al luogo di utilizzo **2** (*anat.*) si dice di muscolo che consente i movimenti di adduzione: *adduttori della coscia.*
adduzione [ad-du-zió-ne] *s.f.* (*fisiol.*) il movimento dell'addurre.
Ade [A'-de] *s.m.* nella religione greco-romana, il mondo sotterraneo dell'oltretomba.
adeguamento [a-de-gua-mén-to] *s.m.* l'adeguare, l'adeguarsi: *l'— degli stipendi al costo della vita.*
adeguare [a-de-guà-re] *v.tr.* [*io adéguo ecc.*] rendere congruo, adatto, proporzionato; conformare: *— il comportamento alle circostanze*; *— i prezzi al mercato* ♦ **adeguarsi** *v.rifl.* conformarsi, adattarsi (anche *assol.*): *— alla situazione*; *non rimane che —.*
adeguatezza [a-de-gua-téz-za] *s.f.* l'essere adeguato.
adeguato [a-de-guà-to] *agg.* proporzionato; idoneo, opportuno: *premio — ai risultati*; *trovare le parole adeguate* □ **adeguatamente** *avv.*
adeguazione [a-de-gua-zió-ne] *s.f.* l'adeguare, l'adeguarsi.
adempiere [a-dém-pie-re] *v.tr.* [*io adémpio ecc.*] compiere, eseguire appieno: *— un dovere, una promessa* | esaudire: *— una preghiera* ♦ *v.intr.* [aus. *avere*] eseguire: *— a un ufficio* ♦ **adempiersi** *v.intr.pron.* compiersi, avverarsi: *la profezia si adempì.*
adempimento [a-dem-pi-mén-to] *s.m.* **1** l'adempiere; compimento: *morire nell'— del proprio dovere* **2** (*dir.*) il compimento della prestazione a cui si è tenuti.
adenia [a-de-nì-a] *s.f.* (*med.*) malattia delle ghiandole linfatiche.
adenite [a-de-nì-te] *s.f.* (*med.*) infiammazione di ghiandole linfatiche.
adeno- primo elemento di parole composte del-

la terminologia medica, che significa 'ghiandola' (*adenopatia*).
adenoide [a-de-nòi-de] *agg.* (*med.*) si dice dello sviluppo ipertrofico del tessuto linfatico nelle cavità nasali o nella faringe ♦ *s.f.* (spec. *pl.*) escrescenza che ostruisce in parte la cavità del naso o della faringe.
adenoideo [a-de-noi-dè-o] *agg.* (*med.*) delle adenoidi | *soggetto* —, persona che soffre di adenoidi.
adenoma [a-de-nò-ma] *s.m.* [pl. *-mi*] (*med.*) tumore epiteliale a struttura ghiandolare, in genere benigno.
adenopatia [a-de-no-pa-tì-a] *s.f.* (*med.*) qualsiasi malattia delle ghiandole.
adenotomia [a-de-no-to-mì-a] *s.f.* (*med.*) asportazione chirurgica delle adenoidi.
adenovirus [a-de-no-vì-rus] *s.m.invar.* (*med.*) nome di un gruppo di virus che provocano gravi disturbi delle vie respiratorie.
adepto [a-dèp-to] *s.m.* seguace di una dottrina, di un'ideologia, di una setta.
aderente [a-de-rèn-te] *agg.* che aderisce: *abito — al corpo* | (*fig.*) pertinente: *svolgimento — al tema* ♦ *s.m.* e *f.* chi partecipa a un'iniziativa, aderisce a un'associazione.
aderenza [a-de-rèn-za] *s.f.* **1** l'essere aderente (anche *fig.*) **2** *pl.* (*fig.*) amicizie altolocate: *ha molte aderenze* **3** (*med.*) formazione fibrosa che collega organi e tessuti normalmente disgiunti: *aderenze intestinali*.
aderire [a-de-rì-re] *v.intr.* [*io aderisco, tu aderisci ecc.*; aus. *avere*] **1** essere strettamente unito, restare attaccato: *la tappezzeria aderisce alla parete* **2** (*fig.*) farsi seguace o sostenitore; accettare: — *a un partito, a un invito*.
adescamento [a-de-sca-mén-to] *s.m.* **1** l'adescare **2** (*dir.*) reato commesso da chi si offre esplicitamente per atti sessuali mercenari.
adescare [a-de-scà-re] *v.tr.* [*io adésco, tu adéschi ecc.*] **1** (*non com.*) attirare con l'esca: — *i pesci* **2** (*fig.*) attirare qlcu. con lusinghe; allettare: — *con false promesse* | commettere il reato di adescamento.
adescatore [a-de-sca-tó-re] *s.m.* [f. *-trice*] chi adesca.
adesione [a-de-ʃió-ne] *s.f.* **1** l'aderire **2** (*fig.*) consenso, partecipazione: *dare la propria — a un'iniziativa*.
adesività [a-de-ʃi-vi-tà] *s.f.* l'essere adesivo.
adesivo [a-de-ʃì-vo] *agg.* che aderisce, che attacca; che serve a far aderire: *nastro* — ♦ *s.m.* sostanza che ha la proprietà di tenere unite due superfici in contatto | autoadesivo.
adesso [a-dès-so] *avv.* **1** in questo momento, ora: — *vengo*; *l'ho visto* — | *per* —, per il momento | *da — in poi*, d'ora in poi, per il futuro | *fino* —, finora | — —, proprio in questo momento **2** poco fa, or ora: *ho mangiato proprio* — **3** fra poco: *parto* —.
ad hoc [/ a'dɔk /] *loc.avv.* (*lat.*) opportunamente, appositamente: *fare qlco.* — ♦ *loc.agg.invar.* ideato o predisposto alle necessità del caso: *un provvedimento* —.
ad honorem [/ ado'nɔrem /] *loc.agg.invar.* (*lat.*) si dice di cariche o titoli conferiti a titolo onorario: *laurea* —.
adiabatico [a-dia-bà-ti-co] *agg.* [pl.m. *-ci*] (*fis.*) si dice di una trasformazione termodinamica nel corso della quale un sistema fisico si modifica senza scambiare calore con l'ambiente che lo circonda.
adiacente [a-dia-cèn-te] *agg.* **1** che sta vicino, in prossimità; limitrofo, contiguo: *vie adiacenti* **2** (*geom.*) si dice di angoli che hanno un vertice e un lato in comune e gli altri due lati giacenti sulla stessa retta, così da formare, insieme, un angolo piatto.
adiacenza [a-dia-cèn-za] *s.f.* (spec. *pl.*) l'essere adiacente; luogo adiacente, vicino: *nelle adiacenze del centro*.
adibire [a-di-bì-re] *v.tr.* [*io adibisco, tu adibisci ecc.*] riservare a un determinato uso; impiegare per uno scopo, destinare a un'attività: — *un locale a deposito*; — *il personale ad altre mansioni*.
adinamia [a-di-na-mì-a] *s.f.* (*med.*) stato di estremo indebolimento dell'organismo; astenia.
adipe [à-di-pe] *s.m.* eccesso di grasso accumulato nel corpo.
adiposità [a-di-po-si-tà] *s.f.* l'essere adiposo; abnorme accumulo di grasso.
adiposo [a-di-pó-so] *agg.* ricco di adipe; grasso: *tessuto* —.
adirarsi [a-di-ràr-si] *v.intr.pron.* lasciarsi prendere dall'ira; incollerirsi: — *con qlcu. per qlco.*
adirato [a-di-rà-to] *agg.* preso dall'ira, sdegnato; che esprime ira: *sguardo, gesto* — □ **adiratamente** *avv.*
adire [a-dì-re] *v.tr.* [*io adisco, tu adisci ecc.*; part.pass. *adìto*] (*dir.*) intraprendere (un'azione giudiziaria): — *le vie legali*.
adito [à-di-to] *s.m.* (*lett.*) passaggio, accesso | *dare — a*, provocare, destare: *un comportamento che dà — a sospetti*.
ad libitum [/ ad'libitum /] *loc.avv.* (*lat.*) a piacere, a volontà.
adocchiare [a-doc-chià-re] *v.tr.* [*io adòcchio ecc.*] **1** guardare con interesse o desiderio **2** scorgere con un'occhiata, ravvisare, individuare.
adolescente [a-do-le-scèn-te] *agg.* proprio dell'adolescenza: *amore* — ♦ *s.m.* e *f.* chi è nell'adolescenza.
adolescenza [a-do-le-scèn-za] *s.f.* **1** periodo della vita umana, compreso tra i dodici e i diciotto anni circa, in cui si compie la fase dello sviluppo **2** l'insieme dei giovani che si trovano in tale età: *i problemi dell'*—.
adolescenziale [a-do-le-scen-zià-le] *agg.* relativo all'adolescenza o agli adolescenti: *età* —.
adombramento [a-dom-bra-mén-to] *s.m.* l'adombrare, l'adombrarsi | (*fig.*) accenno, indizio.
adombrare [a-dom-brà-re] *v.tr.* [*io adómbro ecc.*] **1** (*lett.*) coprire d'ombra; oscurare: *il monte adombra tutta la valle* **2** (*fig.*) esprimere velata-

mente: *sentimenti appena adombrati* ♦ **adombrarsi** *v.intr.pron.* **1** (*lett.*) oscurarsi **2** detto di cavallo, spaventarsi davanti a un'ombra | (*fig.*) di persona, offendersi: — *per un nonnulla.*
adone [a-dó-ne] *s.m.* giovane bellissimo e fatuo.
adontamento [a-don-ta-mén-to] *s.m.* (*lett.*) l'adontare, l'adontarsi.
adontarsi [a-don-tàr-si] *v.intr.pron.* [*io mi adónto ecc.*] offendersi, sdegnarsi.
adoperabile [a-do-pe-rà-bi-le] *agg.* che si può adoperare.
adoperare [a-do-pe-rà-re], o **adoprare**, *v.tr.* [*io adòpero ecc.*] fare uso, impiegare, utilizzare: — *un coltello, le forbici*; — *le mani, il bastone*, picchiare, bastonare; — *il cervello*, ragionare, riflettere ♦ **adoperarsi** *v.rifl.* ingegnarsi, darsi da fare per riuscire in un intento: — *in favore di qlcu., per qlco.*
adorabile [a-do-rà-bi-le] *agg.* degno di essere adorato | (*estens.*) si dice di persona o cosa molto amabile □ **adorabilmente** *avv.*
adorante [a-do-ràn-te] *agg.* si dice di figura rappresentata nell'atto di adorare la divinità: *Angelo* —.
adorare [a-do-rà-re] *v.tr.* [*io adóro ecc.*] **1** tributare adorazione; riconoscere come divinità, venerare: — *Dio*; *gli egizi adoravano il sole* **2** (*estens.*) fare oggetto di grandissimo amore: — *i propri figli* | (*fig.*) avere passione per qlcu. o qlco.: — *una musica* | (*iperb.*) apprezzare moltissimo: *adoro i gelati.*
adoratore [a-do-ra-tó-re] *s.m.* [f. *-trice*] **1** chi adora **2** (*scherz.*) ammiratore, corteggiatore.
adorazione [a-do-ra-zió-ne] *s.f.* **1** atto del venerare la divinità prostrandosi o inginocchiandosi davanti a essa o a ciò che la rappresenta **2** (*estens.*) amore grandissimo: *ha un'— per la madre.*
adornare [a-dor-nà-re] *v.tr.* [*io adórno ecc.*] rendere più bello con ornamenti; ornare: — *di rose l'altare.*
adorno [a-dór-no] *agg.* abbellito con ornamenti: *un balcone — di fiori.*
adottabile [a-dot-tà-bi-le] *agg.* che si può adottare.
adottando [a-dot-tàn-do] *agg.* e *s.m.* [f. *-a*] (*dir.*) che/chi deve essere adottato.
adottante [a-dot-tàn-te] *agg.* e *s.m.* e *f.* (*dir.*) che/chi adotta; chi compie un'adozione.
adottare [a-dot-tà-re] *v.tr.* [*io adòtto ecc.*] **1** (*dir.*) assumere un figlio altrui in qualità di figlio legittimo **2** (*fig.*) far proprio; seguire: — *un sistema di vita* | — *un libro di testo*, sceglierlo come testo scolastico **3** (*fig.*) prendere, attuare: — *un provvedimento.*
adottato [a-dot-tà-to] *agg.* e *s.m.* [f. *-a*] che/chi è assunto come figlio adottivo da persona diversa dal padre o dalla madre.
adottivo [a-dot-tì-vo] *agg.* si dice di chi è stato adottato: *figlio* —.
adozione [a-do-zió-ne] *s.f.* **1** (*dir.*) istituto giuridico con cui si riconosce come figlio legittimo un figlio altrui **2** (*fig.*) scelta: — *dei libri di testo* | *patria, paese di* —, che si è scelto, non di origine.
adrenalina [a-dre-na-li-na] *s.f.* (*med.*) ormone secreto dalla sostanza midollare delle ghiandole surrenali, che stimola la circolazione, la respirazione e il metabolismo.
adriatico [a-dri-à-ti-co] *agg.* [pl.m. *-ci*] del mare Adriatico: *il litorale* —.
aduggiare [a-dug-già-re] *v.tr.* [*io adùggio ecc.*] (*lett.*) **1** nuocere con la propria ombra **2** (*fig.*) inaridire, danneggiare; rattristare ♦ **aduggiarsi** *v.intr.pron.* (*lett.*) inaridirsi | (*fig.*) rattristarsi.
adulare [a-du-là-re] *v.tr.* [*io adùlo ecc.*] lodare in modo esagerato e insincero, per interesse o servile compiacenza: — *i potenti*; — *la vanità di qlcu.*
adulatore [a-du-la-tó-re] *agg.* e *s.m.* [f. *-trice*] che/chi adula.
adulatorio [a-du-la-tò-rio] *agg.* proprio dell'adulatore; che ha l'intento di adulare: *atteggiamento* — □ **adulatoriamente** *avv.*
adulazione [a-du-la-zió-ne] *s.f.* l'adulare; le parole con cui si adula.
adulterabile [a-dul-te-rà-bi-le] *agg.* che può essere adulterato.
adulteramento [a-dul-te-ra-mén-to] *s.m.* adulterazione.
adulterante [a-dul-te-ràn-te] *agg.* e *s.m.* si dice di sostanza che, aggiunta a un prodotto, lo adultera.
adulterare [a-dul-te-rà-re] *v.tr.* [*io adùltero ecc.*] **1** mutare fraudolentemente e a fini di lucro la qualità di un prodotto alimentare, aggiungendovi sostanze di minor valore; alterare, sofisticare **2** (*fig.*) falsare, corrompere: — *una lingua.*
adulterato [a-dul-te-rà-to] *agg.* alterato, guastato; contraffatto: *cibo, vino* —.
adulterazione [a-dul-te-ra-zió-ne] *s.f.* l'adulterare, l'essere adulterato: — *alimentare.*
adulterino [a-dul-te-rì-no] *agg.* di adulterio, conseguente ad adulterio: *figlio* —.
adulterio [a-dul-tè-rio] *s.m.* infedeltà sessuale del coniuge: *commettere* —.
adultero [a-dùl-te-ro] *agg.* e *s.m.* [f. *-a*] che/chi commette adulterio.
adulto [a-dùl-to] *agg.* **1** detto di persona, che ha raggiunto la piena maturità fisica e psichica | di animale o vegetale, che è pervenuto al completo sviluppo **2** (*fig.*) maturo, sviluppato, progredito: *una società adulta* ♦ *s.m.* [f. *-a*] persona adulta.
adunanza [a-du-nàn-za] *s.f.* riunione di persone per discutere e deliberare su argomenti di interesse comune: *indire, sciogliere un'*—.
adunare [a-du-nà-re] *v.tr.* raccogliere in adunata, riunire: — *i soldati in campo* ♦ **adunarsi** *v.intr.pron.* raccogliersi, riunirsi: — *in piazza.*
adunata [a-du-nà-ta] *s.f.* **1** (*mil.*) convocazione dei componenti di uno o più reparti in un luogo determinato: *ordinare l'*— | il comando o il segnale che la indica: *suonare l'*— **2** (*estens.*) raduno di massa, per lo più disposto da un'autorità o un'organizzazione politica.

adunco [a-dùn-co] *agg.* [pl.m. *-chi*] ricurvo come un uncino: *becco, naso —.*

adunghiare [a-dun-ghià-re] *v.tr.* [*io adùnghio ecc.*] afferrare con le unghie, ghermire: *il rapace adunghiò la preda.*

adunque [a-dùn-que] *cong.* (*lett.*) dunque.

adusare [a-du-ʃà-re] *v.tr.* (*lett.*) abituare, assuefare ♦ **adusarsi** *v.rifl.* (*lett.*) abituarsi, avvezzarsi.

aduso [a-dù-ʃo] *agg.* (*lett.*) adusato, avvezzo, assuefatto: *essere — alle fatiche.*

advertisement [/ ad'vertizment /] *s.m.invar.* (*ingl.*) annuncio pubblicitario.

adynaton [/ a'dynaton /] *s.m.* [pl. *adýnata*] figura retorica consistente nel subordinare l'avverarsi di un fatto a una condizione impossibile, affermando così la sua irrealizzabilità (p.e. *Ti pagherò quando la settimana avrà due giovedì*).

aedo [a-è-do] *s.m.* nella Grecia antica, poeta che cantava le gesta degli dei e degli eroi accompagnandosi con la lira.

aerare [a-e-rà-re], o **areare**, *v.tr.* [*io àero ecc.*] dare aria, arieggiare, ventilare: *— una stanza.*

aeratore [a-e-ra-tó-re] *s.m.* apparecchio che favorisce la circolazione dell'aria in ambienti chiusi.

aerazione [a-e-ra-zió-ne] *s.f.* **1** l'aerare **2** procedimento che consiste nel sottoporre sostanze od oggetti all'azione dell'aria o di un gas.

aere [à-e-re] *s.m.* (*poet.*) aria.

aereo[1] [a-è-reo] *agg.* **1** che vive nell'aria o sta in aria; che si eleva in aria | *radici aeree*, (*bot.*) radici che si sviluppano fuori del terreno **2** che è costituito di aria: *spazio —* **3** che avviene nell'aria: *navigazione aerea* **4** relativo all'aeronautica; di aeroplano o altro aeromobile: *flotta aerea* | *posta aerea*, che viaggia su aeromobili **5** (*anat.*) relativo al primo tratto delle vie respiratorie: *vie aeree superiori*, cavità nasale, laringe e faringe.

aereo[2] *s.m.* forma abbreviata e più diffusa di *aeroplano*: *viaggiare in —.*

aereonavale → **aeronavale.**

aeri- → **aero-**[1].

aeriforme [a-e-ri-fór-me] *agg.* che ha caratteristiche fisiche analoghe a quelle dell'aria; gassoso ♦ *s.m.* (*fis.*) sostanza allo stato gassoso.

aero-[1], o aeri-, primo elemento di parole composte della terminologia tecnica e scientifica, che significa 'aria' (*aerofagia, aeriforme*).

aero-[2] primo elemento che in alcuni termini rappresenta una forma accorciata di *aeromobile, aeroplano* o *aeronautica* (*aeroporto, aeroscalo*).

aerobica [a-e-rò-bi-ca] *s.f.* tipo di danza-ginnastica i cui movimenti, che si succedono a tempo di musica, sono strettamente connessi con la respirazione.

aerobico [a-e-rò-bi-co] *agg.* [pl.m. *-ci*] **1** (*biol.*) relativo ad aerobiosi **2** relativo all'aerobica: *ginnastica aerobica.*

aerobio [a-e-rò-bio] *agg.* e *s.m.* (*biol.*) si dice di organismo che può svolgere le funzioni vitali solo utilizzando l'ossigeno dell'aria o dell'acqua: *batteri aerobi.*

aerobiosi [a-e-ro-bi-ò-ʃi] *s.f.* (*biol.*) condizione per cui la vita è possibile solo in presenza di ossigeno.

aerobus [à-e-ro-bus *o* a-è-ro-bus] *s.m.* aeroplano per il trasporto di passeggeri su percorsi brevi.

aerocentro [a-e-ro-cèn-tro] *s.m.* luogo in cui viene concentrato il personale e il materiale aeronautico.

aerocisterna [a-e-ro-ci-stèr-na] *s.f.* aeroplano adibito al trasporto di carburante o al rifornimento in volo di altri aeroplani.

aeroclub [a-e-ro-club; / aero'klab /] *s.m.* associazione di dilettanti che si dedicano al volo sportivo.

aerodina [a-e-ro-dì-na] *s.f.* qualsiasi aeromobile più pesante dell'aria, che si sostenga in volo utilizzando principalmente forze aerodinamiche.

aerodinamica [a-e-ro-di-nà-mi-ca] *s.f.* (*fis.*) parte della meccanica che studia le forze agenti in una massa gassosa.

aerodinamicità [a-e-ro-di-na-mi-ci-tà] *s.f.* proprietà di ciò che è aerodinamico.

aerodinamico [a-e-ro-di-nà-mi-co] *agg.* [pl.m. *-ci*] **1** relativo all'aerodinamica: *principio —* **2** costruito in modo da offrire la minima resistenza all'aria | (*estens.*) slanciato, affusolato: *linea aerodinamica* **3** che sfrutta la forza del vento: *elica aerodinamica* □ **aerodinamicamente** *avv.*

aerodromo [a-e-rò-dro-mo] *s.m.* distesa di terreno o specchio d'acqua destinato all'arrivo, alla partenza e al movimento di aeromobili.

aerofagia [a-e-ro-fa-gì-a] *s.f.* (*med.*) eccessiva deglutizione di aria.

aerofaro [a-e-ro-fà-ro] *s.m.* luce aeronautica di superficie che consente di individuare un particolare punto di riferimento durante il volo notturno.

aerofobia [a-e-ro-fo-bì-a] *s.f.* (*med.*) intolleranza patologica alle correnti d'aria.

aerofono [a-e-rò-fo-no] *s.m.* **1** (*fis.*) apparecchio per determinare la provenienza di un suono e la distanza della sorgente sonora **2** (*mus.*) ogni strumento che produca il suono con la vibrazione di una colonna d'aria (*p.e.* la tromba, il flauto) | Come *agg.*: *strumenti aerofoni.*

aeroforo [a-e-rò-fo-ro] *s.m.* apparecchio che serve ad aerare un ambiente privo di aria respirabile.

aerofotografia [a-e-ro-fo-to-gra-fì-a] *s.f.* tecnica della ripresa fotografica della superficie terrestre da aerei | la fotografia così ottenuta.

aerogiro [a-e-ro-gì-ro] *s.m.* qualsiasi aeromobile con superfici sostentatrici rotanti (*p.e.* l'elicottero).

aerografia [a-e-ro-gra-fì-a] *s.f.* verniciatura mediante aerografo | la tecnica di decorare o dipingere con l'aerografo.

aerografo [a-e-rò-gra-fo] *s.m.* apparecchio ad aria compressa usato per la verniciatura; pistola a spruzzo.

aerogramma [a-e-ro-gràm-ma] *s.m.* [pl. *-mi*] lettera o cartolina spedita per via aerea.

aerolinea [a-e-ro-lì-nea] *s.f.* linea di navigazione aerea; aviolinea.

aeromarittimo [a-e-ro-ma-rìt-ti-mo] *agg.* si dice di ogni operazione o attività di carattere aereo che si svolga sul mare: *soccorso* —.
aeromeccanica [a-e-ro-mec-cà-ni-ca] *s.f.* (*fis.*) parte della meccanica che studia gli stati di quiete e di moto delle sostanze gassose.
aeromobile [a-e-ro-mò-bi-le] *s.m.* veicolo che può sostenersi e muoversi nell'aria.
aeromodellismo [a-e-ro-mo-del-lì-ʃmo] *s.m.* l'attività di chi progetta, costruisce e sperimenta aeromodelli, di solito a scopo ricreativo.
aeromodellistica [a-e-ro-mo-del-lì-sti-ca] *s.f.* aeromodellismo.
aeromodello [a-e-ro-mo-dèl-lo] *s.m.* **1** piccolo aeromobile volante, con o senza motore **2** riproduzione in scala ridotta di aeromobili in progetto.
aeronautica [a-e-ro-nàu-ti-ca] *s.f.* **1** la scienza e la tecnica della progettazione, costruzione e impiego degli aeromobili **2** corpo civile o militare addetto alla navigazione aerea; aviazione.
aeronautico [a-e-ro-nàu-ti-co] *agg.* [pl.m. *-ci*] relativo all'aeronautica.
aeronavale [a-e-ro-na-và-le], o **aereonavale**, *agg.* si dice di attività o di operazione a cui partecipino aerei e navi: *battaglia* —.
aeronave [a-e-ro-nà-ve] *s.f.* **1** dirigibile **2** astronave.
aeronavigazione [a-e-ro-na-vi-ga-zió-ne] *s.f.* navigazione aerea.
aeroplano [a-e-ro-plà-no], o **areoplano**, *s.m.* velivolo a motore costituito da un elemento portante (di solito un'ala divisa in due semiali simmetriche), da un corpo centrale per il trasporto del carico (fusoliera), dagli impennaggi o piani di coda, dagli organi di decollo e atterraggio e dal gruppo propulsore.
aeroporto [a-e-ro-pòr-to], o **areoporto**, *s.m.* l'insieme delle superfici e degli impianti predisposti per il decollo, l'atterraggio, il rifornimento e la manutenzione degli aerei, e per il movimento dei passeggeri e delle merci: — *civile, militare*.
aeroportuale [a-e-ro-por-tu-à-le] *agg.* relativo a un aeroporto: *servizi aeroportuali* ♦ *s.m.* e *f.* chi lavora in un aeroporto.
aeropostale [a-e-ro-po-stà-le] *agg.* che riguarda la posta aerea ♦ *s.m.* aereo per il trasporto della posta.
aerorazzo [a-e-ro-ràʒ-ʒo] *s.m.* (*aer.*) velivolo con propulsione a razzi.
aerorimessa [a-e-ro-ri-més-sa] *s.f.* locale destinato al ricovero degli aeromobili.
aerosbarco [a-e-ro-ʃbàr-co] *s.m.* [pl. *-chi*] sbarco da aerei: — *di truppe*.
aeroscalo [a-e-ro-scà-lo] *s.m.* **1** aeroporto per dirigibili **2** località dove un aeromobile può sostare, rifornirsi e imbarcare o sbarcare passeggeri, posta e merci; aerostazione.
aeroscivolante [a-e-ro-sci-vo-làn-te] *s.m.* veicolo a cuscino d'aria, più noto come *hovercraft*.
aerosilurante [a-e-ro-si-lu-ràn-te] *s.m.* aereo con uno o più siluri come armamento principale.
aerosiluro [a-e-ro-si-lù-ro] *s.m.* siluro lanciato da aerei.
aerosol [a-e-ro-sòl] *s.m.invar.* **1** (*fis.*) sospensione colloidale di particelle microscopiche liquide (nebbia) o solide (fumo) in un gas **2** (*med.*) sospensione colloidale di sostanze medicamentose nell'aria | (*estens.*) aerosolterapia: *apparecchio per* — **3** (*estens.*) confezione spray: *deodorante in* —.
aerosolterapia [a-e-ro-sol-te-ra-pì-a] *s.f.* (*med.*) terapia per la quale il medicamento viene somministrato allo stato di aerosol.
aerosostentazione [a-e-ro-so-sten-ta-zió-ne] *s.f.* sostentazione in volo di un aeromobile dovuta a forze aerostatiche o aerodinamiche.
aerospaziale [a-e-ro-spa-zià-le] *agg.* relativo alla navigazione nello spazio: *ingegneria* —.
aerostatica [a-e-ro-stà-ti-ca] *s.f.* lo studio dell'equilibrio dei corpi immersi nell'aria.
aerostatico [a-e-ro-stà-ti-co] *agg.* [pl.m. *-ci*] **1** relativo agli aerostati e all'aerostatica **2** che si libra nell'aria: *pallone* —, aerostato senza motore.
aerostato [a-e-rò-sta-to] *s.m.* aeromobile a sostentazione statica, cioè più leggero dell'aria; può essere senza motore (pallone) o con motore (dirigibile).
aerostazione [a-e-ro-sta-zió-ne] *s.f.* negli aeroporti civili, complesso di edifici in cui hanno sede i servizi (dogana, sale di attesa, biglietterie ecc.): — *urbana*, air terminal.
aerotaxi [a-e-ro-tà-xi], o **aerotassì** [a-e-ro-tas-sì], *s.m.* piccolo aeroplano privato per il trasporto di passeggeri.
aeroterapia [a-e-ro-te-ra-pì-a] *s.f.* (*med.*) cura degli organi della respirazione mediante apparecchi ad aria compressa o rarefatta.
aerotermo [a-e-ro-tèr-mo] *s.m.* apparecchio di riscaldamento che immette aria calda in un ambiente.
aeroterrestre [a-e-ro-ter-rè-stre] *agg.* (*mil.*) d'aria e di terra: *forze aeroterrestri*.
aerotrainare [a-e-ro-trai-nà-re] *v.tr.* [*io aerotràino ecc.*] trainare un aeromobile per mezzo di un altro aeromobile.
aerotraino [a-e-ro-trài-no] *s.m.* traino di uno o più aeromobili da parte di un altro aeromobile.
aerotrasportare [a-e-ro-tra-spor-tà-re] *v.tr.* [*io aerotraspòrto ecc.*] trasportare per via aerea: *truppe aerotrasportate*.
aerotrasporto [a-e-ro-tra-spòr-to] *s.m.* trasporto per via aerea.
aerotreno [a-e-ro-trè-no] *s.m.* **1** tipo particolare di treno che si muove su un cuscino d'aria **2** aerotraino.
aeroturbina [a-e-ro-tur-bì-na] *s.f.* dispositivo o impianto atto a trasformare la forza dei venti in energia elettrica.
aerovia [a-e-ro-vì-a] *s.f.* corridoio aereo lungo il quale è assicurato agli aeromobili il continuo collegamento radio con le basi a terra.
afa [à-fa] *s.f.* caldo umido e opprimente; aria soffocante.

afanitteri [a-fa-nìt-te-ri] *s.m.pl.* (*zool.*) ordine di insetti parassiti, senza ali, a cui appartengono le pulci.
afasia [a-fa-ʃì-a] *s.f.* (*med., psicol.*) perdita della capacità di parlare o di comprendere le parole.
afasico [a-fà-ʃi-co] *agg.* [pl.m. *-ci*] (*med., psicol.*) relativo all'afasia: *disturbo* — ♦ *agg.* e *s.m.* [f. *-a*] che/chi è affetto da afasia.
afelio [a-fè-lio] *s.m.* (*astr.*) il punto di massima distanza dal Sole nell'orbita descritta da un pianeta.
aferesi [a-fè-re-ʃi] *s.f.* 1 (*ling.*) caduta di un suono o di un gruppo di suoni all'inizio di una parola (p.e. *verno* per *inverno*) 2 in enigmistica, il gioco consistente nel ricavare una parola togliendo a una parola data la lettera o la sillaba iniziale (p.e. *oro* da *coro*) 3 (*med.*) asportazione chirurgica di un organo o di una sua parte.
affabile [af-fà-bi-le] *agg.* che tratta con familiarità e cortesia; cordiale, gentile: *persona* —; *modi affabili* □ **affabilmente** *avv.*
affabilità [af-fa-bi-li-tà] *s.f.* l'essere affabile; cordialità, cortesia.
affabulazione [af-fa-bu-la-zió-ne] *s.f.* (*lett.*) la costruzione, l'intreccio di un romanzo o di un racconto.
affaccendamento [af-fac-cen-da-mén-to] *s.m.* l'affaccendarsi.
affaccendarsi [af-fac-cen-dàr-si] *v.rifl.* darsi molto da fare, occuparsi attivamente: — *per la partenza.*
affaccendato [af-fac-cen-dà-to] *agg.* che è molto occupato: *essere — nello studio.*
affacciare [af-fac-cià-re] *v.tr.* [*io affàccio ecc.*] 1 (*non com.*) mettere in vista, far vedere 2 (*fig.*) avanzare: — *un dubbio* ♦ *v.intr.* [non usato nei tempi composti] essere esposto, essere rivolto verso: *la finestra affaccia sul parco* ♦ **affacciarsi** *v.rifl.* 1 accostarsi a una finestra, a una porta per farsi vedere 2 (*fig.*) presentarsi alla mente: *mi si affacciò un sospetto.*
affacciato [af-fac-cià-to] *agg.* che è posto faccia a faccia: *due muri affacciati.*
affaccio [af-fàc-cio] *s.m.* (*region.*) la vista, il panorama su cui affacciano le finestre o i balconi di un edificio: *appartamento con — sul parco.*
affaire [/ afˈfɛr /] *s.m.invar.* (*fr.*) caso politico o giudiziario di vasta risonanza; affare: *l'— Dreyfus.*
affamare [af-fa-mà-re] *v.tr.* ridurre alla fame | (*estens.*) impoverire.
affamato [af-fa-mà-to] *agg.* 1 che ha fame, che soffre la fame 2 (*fig.*) avido: — *di potere* ♦ *s.m.* [f. *-a*] chi ha fame | (*estens.*) miserabile.
affamatore [af-fa-ma-tó-re] *s.m.* [f. *-trice*] chi affama, chi sfrutta impoverendo: *gli affamatori del popolo.*
affannare [af-fan-nà-re] *v.tr.* 1 dare, procurare affanno 2 (*fig.*) angustiare, affliggere ♦ **affannarsi** *v.intr.pron.* 1 provare affanno 2 (*fig.*) affaticarsi, darsi molto da fare: — *a convincere qlcu.*
affannato [af-fan-nà-to] *agg.* ansante, affannoso: *respiro* —.
affanno [af-fàn-no] *s.m.* 1 respirazione difficoltosa o troppo frequente, dovuta ad affaticamento, malattia o emozione 2 (*fig.*) inquietudine profonda; ansia, pena: *vivere in* —.
affannoso [af-fan-nó-so] *agg.* 1 che rivela affanno: *respiro* — 2 (*fig.*) pieno di affanni; penoso, faticoso: *condurre un'esistenza affannosa* □ **affannosamente** *avv.*
affardellare [af-far-del-là-re] *v.tr.* [*io affardèllo ecc.*] 1 (*non com.*) ridurre, avvolgere qlco. in un fardello | (*estens.*) riunire in qualche modo più cose 2 (*mil.*) disporre il corredo personale nel modo regolamentare, per ottenere un bagaglio poco ingombrante: — *lo zaino.*
affare [af-fà-re] *s.m.* 1 faccenda, impegno: *sbrigare un* —; *affari privati, pubblici* | — *di stato,* (*fig.*) cosa a cui si dà eccessiva importanza 2 operazione economica, di solito proficua: *concludere un* —; *uomo d'affari.* DIM. *affaruccio* ACCR. *affarone* PEGG. *affaraccio* 3 caso politico o giudiziario di grande rilievo 4 (*fam.*) cosa, faccenda che non si vuole specificare: *un brutto* — | *farsi gli affari propri,* (*fam.*) non occuparsi delle faccende altrui 5 *di mal* — (o più com. *malaffare*), si dice di chi vive in modó disonesto: *gente, donna di mal* — 6 (*fam.*) arnese, oggetto: *prendi un — e apri la scatola.*
affarismo [af-fa-rì-ʃmo] *s.m.* la mentalità, l'attività di chi è affarista.
affarista [af-fa-rì-sta] *s.m.* e *f.* [pl.m. *-sti*] chi pensa soltanto a fare affari, a guadagnare.
affaristico [af-fa-rì-sti-co] *agg.* [pl.m. *-ci*] degli affari; dell'affarista: *manovre affaristiche.*
affarsi [af-fàr-si] *v.rifl.* [si usano soltanto le forme: *si affà, si affacéva, si affacésse*] (*lett.*) confarsi, convenire.
affascinante [af-fa-sci-nàn-te] *agg.* attraente, seducente, incantevole: *una donna* —.
affascinare [af-fa-sci-nà-re] *v.tr.* [*io affàscino ecc.*] 1 avvincere col fascino; ammaliare: *il canto delle sirene affascinava i naviganti* 2 (*fig.*) attrarre, sedurre, conquistare: *una storia che affascina.*
affastellare [af-fa-stel-là-re] *v.tr.* [*io affastèllo ecc.*] ammassare, mettere insieme confusamente (anche *fig.*): — *carte, menzogne.*
affaticamento [af-fa-ti-ca-mén-to] *s.m.* l'affaticare, l'affaticarsi, l'essere affaticato.
affaticare [af-fa-ti-cà-re] *v.tr.* [*io affatico, tu affatichi ecc.*] sottoporre a sforzo o a fatica; stancare: — *la vista* ♦ **affaticarsi** *v.rifl.* 1 stancarsi: — *a studiare* 2 darsi da fare, adoperarsi: — *per procurarsi da vivere.*
affaticato [af-fa-ti-cà-to] *agg.* stanco.
affatto [af-fàt-to] *avv.* 1 del tutto, interamente: *un uomo — sordo* 2 come rafforzativo in una negazione significa *per nulla*: *non ho — voglia di discutere*; *niente* —, assolutamente no | (*assol.*) no, per nulla: *"Hai fame?"*, *"Affatto"*.
affatturare [af-fat-tu-rà-re] *v.tr.* ammaliare con una fattura; stregare.
afferente [af-fe-rèn-te] *agg.* (*anat.*) si dice di

qualsiasi organo con funzione conduttiva: *vasi, fibre afferenti.*

afferire [af-fe-rì-re] *v.intr.* [*io afferisco, tu afferisci ecc.*; aus. *avere*] (*dir., burocr.*) concernere, riguardare.

affermabile [af-fer-mà-bi-le] *agg.* che si può affermare.

affermare [af-fer-mà-re] *v.tr.* [*io afférmo ecc.*] **1** asserire, dichiarare apertamente: — *la propria innocenza* | (*assol.*) dire, rispondere di sì: — *con un cenno del capo* **2** sostenere con decisione: — *un diritto* ♦ **affermarsi** *v.rifl.* imporsi, avere successo: — *nella professione.*

affermativo [af-fer-ma-tì-vo] *agg.* che afferma, che esprime un'approvazione: *responso* — □ **affermativamente** *avv.*

affermato [af-fer-mà-to] *agg.* che ha raggiunto la notorietà: *un attore* —.

affermazione [af-fer-ma-zió-ne] *s.f.* **1** l'affermare; parola o frase affermativa **2** l'affermarsi; successo: *una grande — sportiva.*

afferrabile [af-fer-rà-bi-le] *agg.* che si può afferrare (anche *fig.*): *un concetto difficilmente* —.

afferrare [af-fer-rà-re] *v.tr.* [*io affèrro ecc.*] **1** prendere e tenere con forza: — *qlcu. per il bavero*; — *un pugnale* **2** (*fig.*) capire: — *un'idea* ♦ **afferrarsi** *v.rifl.* attaccarsi con forza a qlco.; appigliarsi (anche *fig.*): — *a un sostegno, a un pretesto.*

affettare[1] [af-fet-tà-re] *v.tr.* [*io affétto ecc.*] tagliare a fette: — *il salame* | (*iperb.*) fare a pezzi, trucidare.

affettare[2] *v.tr.* [*io affètto ecc.*] ostentare sentimenti che non si provano o qualità che non si possiedono: — *ammirazione, eleganza.*

affettato[1] [af-fet-tà-to] *s.m.* salume insaccato tagliato a fette: *un etto di* —.

affettato[2] *agg.* artefatto, ostentato, lezioso: *pose affettate* □ **affettatamente** *avv.*

affettatrice [af-fet-ta-trì-ce] *s.f.* macchina per affettare salumi o altri prodotti | Anche *agg.*: *macchina* —.

affettatura [af-fet-ta-tù-ra] *s.f.* operazione del tagliare a fette.

affettazione [af-fet-ta-zió-ne] *s.f.* ostentazione artificiosa nel parlare e nel comportamento; leziosaggine.

affettività [af-fet-ti-vi-tà] *s.f.* **1** capacità affettiva; disposizione agli affetti **2** l'insieme dei sentimenti, delle emozioni.

affettivo [af-fet-tì-vo] *agg.* che riguarda gli affetti, che deriva da affetto: *rapporto* — □ **affettivamente** *avv.* dal punto di vista affettivo.

affetto[1] [af-fèt-to] *s.m.* **1** sentimento di vivo attaccamento a una persona o a una cosa; bene, affezione: *avere, nutrire — per* (o *verso*) *qlcu., qlco.* | (*estens.*) l'oggetto di tale sentimento: *il figlio era il suo unico* — **2** ogni sentimento intenso: *eccitare, muovere gli affetti.*

affetto[2] *agg.* colto, preso (da un sentimento): — *da malinconia, da stupore* | colpito (da una malattia): — *da reumatismi.*

affettuosità [af-fet-tu-o-si-tà] *s.f.* **1** l'essere affettuoso **2** atto, parola affettuosa: *lo riempì di* —.

affettuoso [af-fet-tu-ó-so] *agg.* che sente o esprime affetto; incline all'affetto: *una lettera affettuosa*; *un ragazzo molto* — □ **affettuosamente** *avv.*

affezionare [af-fe-zio-nà-re] *v.tr.* [*io affezióno ecc.*] destare affetto o anche interesse in qlcu.: *cercò di affezionarlo allo studio* ♦ **affezionarsi** *v.rifl.* legarsi affettivamente a qlcu. o qlco.; appassionarsi: — *al proprio maestro, a un lavoro.*

affezionato [af-fe-zio-nà-to] *agg.* che sente affetto; legato da vincoli di affetto: *essere — alle proprie cose* □ **affezionatamente** *avv.*

affezione [af-fe-zió-ne] *s.f.* **1** disposizione d'animo affettuosa, ma meno intensa dell'affetto; tendenza ad amare o a prediligere; attaccamento: *mostrare — per qlcu.* **2** (*med.*) malattia, stato morboso di un organo o dell'intero organismo: — *bronchiale.*

affiancare [af-fian-cà-re] *v.tr.* [*io affianco, tu affianchi ecc.*] **1** disporre fianco a fianco **2** (*fig.*) fiancheggiare, aiutare: *essere affiancato da validi collaboratori* ♦ **affiancarsi** *v.rifl.* mettersi a fianco di qlcu. o di qlco. ♦ *v.rifl.rec.* porsi a fianco l'uno dell'altro; (*fig.*) sostenersi a vicenda.

affiatamento [af-fia-ta-mén-to] *s.m.* accordo, armonia fra persone impegnate nella stessa attività.

affiatare [af-fia-tà-re] *v.tr.* creare intesa, affiatamento ♦ **affiatarsi** *v.rifl.* e *rifl.rec.* trovare l'intesa, acquistare affiatamento | (*estens.*) acquistare familiarità, confidenza.

affiatato [af-fia-tà-to] *agg.* che ha affiatamento, che procede d'intesa e in armonia con altri.

affibbiare [af-fib-bià-re] *v.tr.* [*io affibbio ecc.*] **1** unire o fermare insieme mediante fibbie, stringhe ecc.: *affibbiarsi le scarpe, la cintura* **2** (*fig. fam.*) appioppare, assestare; dare, attribuire (qlco. di sgradito): — *un pugno, un soprannome.*

affiche [/ af'fiʃ /] *s.f.invar.* (*fr.*) manifesto, locandina.

affidabile [af-fi-dà-bi-le] *agg.* su cui si può fare affidamento, che dà buone garanzie.

affidabilità [af-fi-da-bi-li-tà] *s.f.* grado di fiducia che si può riporre in qlcu. o in qlco.: *l'— di una ditta* | (*tecn.*) sicurezza di funzionamento: *l'— di un impianto.*

affidamento [af-fi-da-mén-to] *s.m.* **1** l'affidare, il dare in custodia: *l'— di una somma* | (*dir.*) istituto giuridico con cui si assicura il mantenimento e l'educazione dei minori temporaneamente privi di assistenza familiare **2** fiducia: *quel ragazzo non dà* — | assegnamento: *fare — su qlcu.*

affidare [af-fi-dà-re] *v.tr.* dare, consegnare qlco. alla custodia di qlcu.: — *una lettera*; — *un bimbo alle cure di qlcu.* ♦ **affidarsi** *v.rifl.* abbandonarsi alla protezione, alla benignità di qlcu.; confidare in qlcu. o in qlco.: — *alla generosità degli amici.*

affidatario [af-fi-da-tà-rio] *agg.* e *s.m.* [f. *-a*] (*dir.*) che/chi ha in affidamento qlcu. o qlco.

affido [af-fi-do] *s.m.* (*dir.*) affidamento di un minore.
affievolimento [af-fie-vo-li-mén-to] *s.m.* indebolimento, attenuazione: — *della vista, di un suono.*
affievolire [af-fie-vo-lì-re] *v.tr.* [*io affievolisco, tu affievolisci ecc.*] rendere fievole, indebolire; attenuare ♦ **affievolirsi** *v.intr.pron.* diventare fievole o debole: *gli si è affievolita la voce* | (*fig.*) diminuire, venire meno: *la speranza si era affievolita.*
affievolito [af-fie-vo-lì-to] *agg.* **1** indebolito **2** (*dir.*) si dice di un diritto (*p.e.* di proprietà) che viene meno quando entra in contrasto con la pubblica utilità.
affiggere [af-fig-ge-re] *v.tr.* [pres. *io affiggo, tu affiggi ecc.*; pass.rem. *io affissi, tu affiggésti ecc.*; part.pass. *affisso*] attaccare, apporre in luogo pubblico: — *un avviso.*
affilacoltelli [af-fi-la-col-tèl-li] *s.m.invar.* attrezzo o dispositivo per affilare la lama dei coltelli.
affilare [af-fi-là-re] *v.tr.* **1** rendere tagliente il filo di una lama: — *un coltello* | (*estens.*) aguzzare, appuntire (anche *fig.*): — *una matita, lo sguardo* **2** (*fig.*) assottigliare, far dimagrire: *la malattia gli ha affilato il viso* ♦ **affilarsi** *v.intr.pron.* assottigliarsi, smagrire.
affilato [af-fi-là-to] *agg.* **1** molto tagliente: *un coltello* — **2** (*estens.*) magro, sottile: *un volto* —.
affilatoio [af-fi-la-tó-io] *s.m.* arnese per affilare.
affilatrice [af-fi-la-trì-ce] *s.f.* macchina a mole rotanti per l'affilatura di utensili metallici.
affilatura [af-fi-la-tù-ra] *s.f.* l'operazione e il risultato dell'affilare; la parte affilata.
affiliando [af-fi-liàn-do] *agg.* e *s.m.* [f. *-a*] che/chi sta per essere affiliato.
affiliante [af-fi-liàn-te] *agg.* e *s.m.* e *f.* (*dir.*) che/chi opera un'affiliazione.
affiliare [af-fi-lià-re] *v.tr.* [*io affilio ecc.*] iscrivere qlcu. a un'organizzazione, un'associazione, soprattutto riservata o segreta ♦ **affiliarsi** *v.rifl.* iscriversi, associarsi a un'organizzazione, a una setta: — *alla massoneria.*
affiliato [af-fi-lià-to] *agg.* e *s.m.* [f. *-a*] che/chi è iscritto a organizzazioni, associazioni: *gli affiliati alla Carboneria.*
affiliazione [af-fi-lia-zió-ne] *s.f.* iscrizione, adesione a un'associazione, un'organizzazione, una setta.
affinamento [af-fi-na-mén-to] *s.m.* l'affinare, l'affinarsi; l'essere affinato (spec. *fig.*): — *del gusto.*
affinare [af-fi-nà-re] *v.tr.* **1** rendere fino, aguzzo; affilare: — *un coltello* | — *l'ingegno*, (*fig.*) renderlo più acuto e penetrante **2** digrossare, raffinare (soprattutto metalli) **3** (*fig.*) perfezionare: — *lo stile* ♦ **affinarsi** *v.rifl.* perfezionarsi, migliorare: *la sua educazione si è affinata.*
affinché [af-fin-ché] *cong.* al fine di, con lo scopo che (introduce una prop. finale, con verbo al congiunt.): *te lo ripeto — lo ricordi.*
affine [af-fi-ne] *agg.* che ha affinità; analogo, simile ♦ *s.m.* e *f.* ciascuno dei parenti di uno dei coniugi nei confronti dell'altro.
affinità [af-fi-ni-tà] *s.f.* **1** attinenza, somiglianza: — *di gusti, di sentimenti* **2** simpatia, attrazione | — *elettiva*, quella che si stabilisce tra persone di sentimenti e idee simili **3** (*dir.*) vincolo giuridico che, con il matrimonio, si instaura tra una persona e i parenti del coniuge.
affiochimento [af-fio-chi-mén-to] *s.m.* l'affiochire, l'affiochirsi.
affiochire [af-fio-chì-re] *v.tr.* [*io affiochisco, tu affiochisci ecc.*] rendere fioco (spec. *fig.*): *voce, immagine affiochita* ♦ *v.intr.* [aus. *essere*], **affiochirsi** *v.intr.pron.* divenire fioco, smorzarsi: *il suono si affiochì.*
affioramento [af-fio-ra-mén-to] *s.m.* **1** l'affiorare; l'emergere **2** (*geol.*) parte di roccia o di giacimento minerario che affiora.
affiorare [af-fio-rà-re] *v.intr.* [*io affióro ecc.*; aus. *essere*] **1** apparire alla superficie, emergere: — *dall'acqua* **2** (*fig.*) trapelare, mostrarsi: *sul suo volto affiorò un'espressione di dolore.*
affissione [af-fis-sió-ne] *s.f.* l'affiggere un manifesto, un avviso, un'insegna: — *pubblicitaria; divieto d'*—.
affisso [af-fis-so] *s.m.* (*ling.*) elemento che, incorporandosi in una parola, ne forma un'altra di significato diverso; gli affissi si distinguono in *prefissi, infissi* e *suffissi.*
affittacamere [af-fit-ta-cà-me-re] *s.m.* e *f.invar.* chi dà in affitto camere ammobiliate.
affittare [af-fit-tà-re] *v.tr.* **1** dare in affitto, in locazione: — *una casa, una camera* | dare a nolo: — *una barca* **2** prendere in affitto, prendere a nolo.
affitto [af-fit-to] *s.m.* **1** cessione temporanea del godimento di un bene mobile o immobile in cambio del pagamento di un canone; locazione: *dare, prendere in — una casa* | (*estens.*) noleggio: *prendere in — un'automobile* **2** il canone convenuto per tale cessione: *pagare l'*—.
affittuario [af-fit-tu-à-rio] *s.m.* [f. *-a*] chi ha in affitto un bene immobile.
afflato [af-flà-to] *s.m.* (*lett.*) alito, soffio | (*fig.*) ispirazione: — *poetico.*
affliggente [af-flig-gèn-te] *agg.* che affligge; tormentoso: *un dolore* —.
affliggere [af-flìg-ge-re] *v.tr.* [pres. *io affliggo, tu affliggi ecc.*; pass.rem. *io afflissi, tu affliggésti ecc.*; part.pass. *afflitto*] **1** procurare dolore; addolorare: *la morte del padre lo afflisse molto* **2** tormentare: *è afflitto dal mal di testa* ♦ **affliggersi** *v.rifl.* rattristarsi, addolorarsi: — *per cose di poco conto.*
affliggimento [af-flig-gi-mén-to] *s.m.* (*non com.*) afflizione.
afflitto [af-flìt-to] *agg.* che soffre; triste, addolorato ♦ *s.m.* [f. *-a*] persona afflitta: *aiutare gli afflitti.*
afflizione [af-fli-zió-ne] *s.f.* tristezza, abbattimento, angoscia.
afflosciare [af-flo-scià-re] *v.tr.* [*io afflòscio ecc.*] rendere floscio | (*fig.*) svigorire, accasciare: *la malattia l'ha afflosciato* ♦ **afflosciarsi** *v.rifl.* o *intr.pron.* diventare floscio: *un pneumatico afflosciato* | (*fig.*) accasciarsi, svenire.

affluente [af-flu-èn-te] *s.m.* torrente o fiume che si immette in un fiume maggiore.
affluenza [af-flu-èn-za] *s.f.* **1** l'affluire **2** (*fig.*) grande concorso di persone; afflusso: *l'— estiva nelle località marine.*
affluire [af-flu-i-re] *v.intr.* [*io affluisco, tu affluisci ecc.*] scorrere verso un luogo, riversarsi (detto di liquidi): *l'acqua affluiva scarsa* | (*estens.*) giungere in gran quantità e in modo continuato: *le merci affluiscono sul mercato.*
afflusso [af-flùs-so] *s.m.* l'affluire verso un dato luogo: *l'— del sangue al cervello.*
affogamento [af-fo-ga-mén-to] *s.m.* l'affogare, l'affogarsi, l'essere affogato.
affogare [af-fo-gà-re] *v.tr.* [*io affógo, tu affóghi ecc.*] **1** uccidere qlcu. immergendolo in acqua o altro liquido; annegare **2** (*fig.*) soffocare, spegnere: — *una delusione nell'alcol,* bere per dimenticarla ♦ *v.intr.* [aus. *essere*] morire per soffocamento in acqua o altro liquido; annegare ♦ **affogarsi** *v.rifl.* **1** togliersi la vita per annegamento **2** (*fig. fam.*) immergersi totalmente: *— nel lavoro.*
affogato [af-fo-gà-to] *agg.* ucciso, morto per affogamento | in usi fig.: *uova affogate,* sgusciate e cotte in acqua bollente; *gelato —,* con liquore o caffè ♦ *s.m.* [f. *-a*] persona morta per affogamento.
affollamento [af-fol-la-mén-to] *s.m.* ressa, folla.
affollare [af-fol-là-re] *v.tr.* [*io affóllo* o *affòllo ecc.*] riempire di folla un luogo; gremire: — *una piazza* ♦ **affollarsi** *v.intr.pron.* radunarsi in folla; ammassarsi (anche *fig.*): *le idee gli si affollavano nella mente.*
affollato [af-fol-là-to] *agg.* fitto di folla, gremito: *uno stadio —.*
affondamento [af-fon-da-mén-to] *s.m.* l'affondare: *l'— di una nave.*
affondamine [af-fon-da-mì-ne] *s.m.invar.* nave militare destinata alla posa delle mine; posamine.
affondare [af-fon-dà-re] *v.tr.* [*io affóndo ecc.*] **1** mandare a fondo: — *una nave* **2** far penetrare profondamente: — *la vanga nel terreno* | — *i colpi,* nel pugilato, colpire con particolare forza ♦ *v.intr.* [aus. *essere*] andare a fondo; sprofondare (anche *fig.*): — *nel torpore.*
affondo [af-fón-do] *s.m.* (*sport*) **1** nella ginnastica, lo spostarsi in avanti, appoggiandosi su una gamba piegata **2** nella scherma, colpo portato distendendo in avanti il braccio armato e la gamba corrispondente.
affossamento [af-fos-sa-mén-to] *s.m.* l'affossare o l'affossarsi (anche *fig.*): *l'— di un progetto* | fossato o avvallamento del terreno.
affossare [af-fos-sà-re] *v.tr.* [*io affòsso ecc.*] **1** scavare con fosse **2** (*fig.*) non lasciar procedere; insabbiare: — *un'iniziativa* **3** incavare: *i carri pesanti affossano la strada* ♦ **affossarsi** *v.intr.pron.* divenire incavato.
affossatore [af-fos-sa-tó-re] *s.m.* **1** chi scava fosse, specialmente nel cimitero **2** [f. *-trice*] (*fig.*) chi affossa (iniziative, proposte, progetti).
affossatura [af-fos-sa-tù-ra] *s.f.* affossamento.
affrancamento [af-fran-ca-mén-to] *s.m.* l'affrancare, l'affrancarsi, l'essere affrancato.
affrancare [af-fran-cà-re] *v.tr.* [*io affranco, tu affranchi ecc.*] **1** rendere franco, libero (anche *fig.*): — *l'animo dalle passioni* **2** (*dir.*) rendere libero un bene da pesi od oneri che gravano su esso: — *un terreno* **3** apporre l'affrancatura (su una lettera, un plico postale) ♦ **affrancarsi** *v.rifl.* liberarsi, svincolarsi (anche *fig.*): — *da un pregiudizio.*
affrancatura [af-fran-ca-tù-ra] *s.f.* apposizione di un francobollo sulla corrispondenza | il francobollo stesso: *lettera senza —.*
affranto [af-fràn-to] *agg.* sfinito dalla fatica o prostrato dal dolore.
affratellamento [af-fra-tel-la-mén-to] *s.m.* l'affratellare, l'affratellarsi.
affratellare [af-fra-tel-là-re] *v.tr.* [*io affratèllo ecc.*] far sentire come fratelli, unire in stretta amicizia ♦ **affratellarsi** *v.rifl.rec.* unirsi in fraterna amicizia.
affrescare [af-fre-scà-re] *v.tr.* [*io affrésco, tu affréschi ecc.*] dipingere o decorare con affreschi.
affreschista [af-fre-schì-sta] *s.m.* e *f.* [pl.m. *-sti*] pittore di affreschi.
affresco [af-fré-sco] *s.m.* [pl. *-schi*] **1** tecnica di pittura murale che si esegue su uno strato di intonaco ancora fresco | dipinto eseguito con tale tecnica **2** (*fig.*) rappresentazione letteraria o storica di ampio respiro: *un — della società del Trecento.*
affrettare [af-fret-tà-re] *v.tr.* [*io affrétto ecc.*] compiere o far compiere qlco. con maggiore sollecitudine; accelerare: — *il passo, un lavoro* ♦ **affrettarsi** *v.rifl.* **1** far presto; camminare, muoversi rapidamente **2** farsi premura: — *a dare una notizia.*
affrettato [af-fret-tà-to] *agg.* eseguito in fretta, accelerato: *passo —* | (*estens.*) fatto con poca cura: *lavoro —* □ **affrettatamente** *avv.*
affricato [af-fri-cà-to] *agg.* (*ling.*) si dice di suono consonantico risultante dalla combinazione di una occlusiva con una fricativa (*p.e.* il suono *z*).
affrontare [af-fron-tà-re] *v.tr.* [*io affrónto ecc.*] **1** andare incontro a qlcu. per misurarsi con lui; fronteggiare con decisione: — *il nemico* **2** andare incontro a qlco. che comporta difficoltà, rischio: — *un pericolo* ♦ **affrontarsi** *v.rifl.rec.* scontrarsi in combattimento; azzuffarsi.
affrontato [af-fron-tà-to] *agg.* (*arald.*) si dice di due animali o figure posti l'uno di fronte all'altro: *leoni affrontati.*
affronto [af-frón-to] *s.m.* atto o parola che offende; ingiuria: *ricevere un —.*
affumicare [af-fu-mi-cà-re] *v.tr.* [*io affùmico, tu affùmichi ecc.*] **1** riempire di fumo, annerire col fumo: — *il soffitto* **2** esporre al fumo alimenti per conservarli o dar loro un sapore particolare.
affumicato [af-fu-mi-cà-to] *agg.* **1** annerito dal fumo: *un muro —* **2** sottoposto ad affumicatura (detto di cibi): *prosciutto —* **3** (*estens.*) oscurato,

colorato in bruno (detto di vetri e simili): *lenti affumicate*.
affumicatura [af-fu-mi-ca-tù-ra] *s.f.* operazione, effetto dell'affumicare.
affusolare [af-fu-so-là-re *o* affuʃolàre] *v.tr.* [*io affùsolo* o *affùʃolo ecc.*] dare forma di fuso, assottigliare.
affusolato [af-fu-so-là-to *o* affuʃolàto] *agg.* **1** sottile e ben tornito; snello: *dita affusolate* **2** in sartoria, si dice di abito diritto e aderente.
affusto [af-fù-sto] *s.m.* la base su cui poggia una bocca da fuoco: *— di cannone*.
afgano [af-gà-no], o **afghano**, *agg.* dell'Afghanistan: *popolo —* ♦ *s.m.* [f. *-a*] chi è nato, chi abita nell'Afghanistan.
aficionado [/ afisjo'nado /] *s.m.* [pl. *aficionados*] (*sp.*) acceso ammiratore; fanatico, tifoso | frequentatore abituale.
afide [à-fi-de] *s.m.* nome comune di varie specie di insetti parassiti delle piante, detti anche *pidocchi delle piante*.
afillo [a-fil-lo] *agg.* (*bot.*) privo di foglie: *piante afille*.
afnio [àf-nio] *s.m.* elemento chimico di simbolo *Hf*; è un metallo affine allo zirconio.
afonia [a-fo-nì-a] *s.f.* perdita della voce.
afono [à-fo-no] *agg.* colpito da afonia | *voce afona*, fioca e quasi senza suono.
aforisma [a-fo-rì-ʃma] [pl. *-smi*] breve massima che enuncia una regola pratica o una norma di saggezza.
aforistico [a-fo-rì-sti-co] *agg.* [pl.m. *-ci*] che ha forma di aforisma | (*estens.*) sentenzioso e conciso: *stile —* □ **aforisticamente** *avv.*
a fortiori [/ afor'tsjɔri /] *loc.avv.* (*lat.*) a maggior ragione.
afosità [a-fo-si-tà] *s.f.* l'essere afoso.
afoso [a-fó-so] *agg.* soffocante, opprimente: *giornata afosa*.
africander → **afrikander**.
africanismo [a-fri-ca-nì-ʃmo] *s.m.* **1** (*st.*) tendenza favorevole all'espansione coloniale in Africa **2** azione politica volta all'autonomia nazionale dei paesi africani.
africanista [a-fri-ca-nì-sta] *s.m.* e *f.* [pl.m. *-sti*] studioso di africanistica.
africanistica [a-fri-ca-nì-sti-ca] *s.f.* studio dei gruppi etnici, delle lingue, delle culture africane.
africano [a-fri-cà-no] *agg.* dell'Africa ♦ *s.m.* **1** [f. *-a*] chi è nato, chi abita in Africa **2** dolce o pasticcino ricoperto di cioccolato.
africo [à-fri-co] *s.m.* vento che spira da sudovest; libeccio | (*estens.*) vento caldo.
afrikaans [/ afri'kans /] *s.m.invar.* (*ol.*) la lingua degli afrikander.
afrikander [/ afri'kander /], o africander o afrikaner, *s.m.* e *f.invar.* persona di razza bianca nativa del Sudafrica e discendente dai coloni olandesi.
afrikaner → **afrikander**.
afro- primo elemento di parole composte che significa 'africano'.
afroamericano [a-fro-a-me-ri-cà-no] *agg.* e *s.m.* [f. *-a*] della popolazione americana di origine africana: *musica afroamericana*.
afroasiatico [a-fro-a-ʃià-ti-co] *agg.* [pl.m. *-ci*] dell'Africa e dell'Asia: *le minoranze afroasiatiche* ♦ *s.m.pl.* gli abitanti dell'Africa e dell'Asia nel loro insieme.
afrocubano [a-fro-cu-bà-no] *agg.* e *s.m.* [f. *-a*] della popolazione cubana di origine africana: *musica afrocubana*.
afrodisiaco [a-fro-di-ʃì-a-co] *agg.* e *s.m.* [pl.m. *-ci*] si dice di sostanza che stimola il desiderio sessuale.
afrore [a-fró-re] *s.m.* l'odore penetrante dell'uva in fermentazione | (*estens.*) odore acre di sudore.
afrosità [a-fro-si-tà] *s.f.* proprietà del vino di formare schiuma.
afta [àf-ta] *s.f.* (*med.*) ulcerazione biancastra delle mucose degli occhi, della bocca o dei genitali | *— epizootica*, malattia virale che colpisce bovini, suini e ovini e può trasmettersi all'uomo.
after-shave [/ after'ʃeiv /] *agg.* e *s.m.invar.* (*ingl.*) dopobarba.
agalassia [a-ga-las-sì-a], o **agalattia**, *s.f.* (*med.*) mancanza di secrezione lattea.
agamia [a-ga-mì-a] *s.f.* (*biol.*) forma di riproduzione asessuata di animali inferiori e vegetali.
agamico [a-gà-mi-co] *agg.* [pl.m. *-ci*] (*biol.*) che si riproduce per agamia □ **agamicamente** *avv.*
agape [à-ga-pe] *s.f.* (*relig.*) il banchetto comune che, nel ricordo dell'ultima cena, univa insieme i componenti delle prime comunità cristiane.
agar-agar [a-gar-à-gar] *s.m.invar.* sostanza colloidale estratta da talune alghe marine.
agaricacee [a-ga-ri-cà-ce-e] *s.f.pl.* (*bot.*) famiglia di funghi basidiomiceti comprendente alcune migliaia di specie.
agata [à-ga-ta] *s.f.* (*min.*) pietra dura traslucida e a strati concentrici, costituita da calcedonio.
agave [à-ga-ve] *s.f.* (*bot.*) genere di piante erbacee perenni con foglie carnose e aculeate e fiori raccolti in pannocchie o a grappoli.
agemina [a-gè-mi-na] *s.f.* tecnica di decorazione dei metalli consistente nell'intarsio di lamine o fili d'argento, d'oro o di rame su altro metallo.
ageminatura [a-ge-mi-na-tù-ra] *s.f.* decorazione ad agemina.
agenda [a-gèn-da] *s.f.* **1** libro o taccuino d'appunti con calendario. DIM. *agendina* **2** (*fig.*) l'insieme delle cose da fare o delle questioni da discutere: *avere un'— molto fitta*.
agente [a-gèn-te] *s.m.* e *f.* **1** chi agisce; chi compie una data azione | *complemento di —*, (*gramm.*) quello che, in una proposizione passiva, indica chi compie l'azione (*p.e.* è stimato *da tutti*) **2** chi compie determinati servizi per conto di altri: *— di cambio*, operatore che agisce nella borsa valori come mediatore autorizzato a negoziare titoli per conto di clienti | *— teatrale*, chi cura gli interessi di un attore o di una compagnia | *— di polizia*, poliziotto | *— di custodia*, guardia carceraria, secondino | *— segreto*, chi appartiene

a un'organizzazione di spionaggio **3** (*scient.*) si dice di corpo o sostanza provvisti di particolari proprietà attive: — *chimico, fisico, patogeno* | *agenti atmosferici*, i fenomeni dell'atmosfera (vento, pioggia, irradiamento solare) in quanto capaci di modificare la struttura o la morfologia di formazioni geologiche.

agenzia [a-gen-zì-a] *s.f.* **1** impresa che tratta affari come intermediaria: — *immobiliare* **2** ufficio staccato di un ente; succursale: *l'— di una banca* **3** organizzazione che fornisce determinati servizi: — *di viaggi*; — *d'informazioni, giornalistica*, che raccoglie notizie e le fornisce ai giornali.

agevolare [a-ge-vo-là-re] *v.tr.* [*io agévolo ecc.*] rendere agevole; facilitare: — *un compito* | favorire rispetto ad altri: — *un concorrente.*

agevolato *agg.* nel linguaggio bancario, si dice di credito concesso a un tasso d'interesse passivo particolarmente vantaggioso per il cliente: *mutuo, prestito —.*

agevolazione [a-ge-vo-la-zió-ne] *s.f.* l'agevolare, l'essere agevolato | aiuto, trattamento di favore; facilitazione: *concedere un'— di pagamento.*

agevole [a-gé-vo-le] *agg.* che non presenta difficoltà; facile, comodo: *lettura, compito* — □ **agevolmente** *avv.*

agganciamento [ag-gan-cia-mén-to] *s.m.* **1** l'agganciare, l'agganciarsi | *manovra di* —, (*mil.*) quella che costringe il nemico ad accettare il combattimento **2** modo in cui sono agganciate due parti meccaniche.

agganciare [ag-gan-cià-re] *v.tr.* [*io aggàncio ecc.*] **1** unire tramite gancio; collegare: — *due carri ferroviari* | — *il nemico*, (*mil.*) compiere una manovra di agganciamento **2** (*fig., fam.*) fermare o contattare qlcu.: — *una ragazza* **3** nel gioco del calcio: — *la palla*, bloccarla a mezz'aria col piede; — *un avversario*, sgambettarlo ♦ **agganciarsi** *v.rifl.* **1** collegarsi tramite un gancio **2** (*fig., fam.*) collegarsi, far riferimento (a un argomento, a un discorso precedente).

aggancio [ag-gàn-cio] *s.m.* **1** agganciamento **2** dispositivo meccanico che consente di collegare due veicoli o due loro parti **3** (*fig.*) contatti, rapporti, aderenze: *avere agganci politici.*

aggeggio [ag-gég-gio] *s.m.* oggetto di poco valore | oggetto o arnese che non si sa ben definire: *uno strano —.*

aggettare [ag-get-tà-re] *v.intr.* [*io aggètto ecc.*; aus. *essere*] (*arch.*) sporgere in fuori, fare aggetto.

aggettivale [ag-get-ti-và-le] *agg.* di aggettivo: *valore —*; *locuzione —*, che ha valore di aggettivo (p.e.: un uomo *di parola*).

aggettivare [ag-get-ti-và-re] *v.tr.* (*gramm.*) conferire valore aggettivale: — *un participio.*

aggettivazione [ag-get-ti-va-zió-ne] *s.f.* **1** (*gramm.*) l'aggettivare **2** il modo di usare gli aggettivi: *un'— scarna, ricca.*

aggettivo [ag-get-tì-vo] *s.m.* (*gramm.*) parte variabile del discorso che, unita a un sostantivo col quale si accorda in genere e numero, lo qualifica o lo determina | *i gradi dell'—*, positivo, comparativo, superlativo.

aggetto [ag-gèt-to] *s.m.* **1** (*arch.*) sporgenza di un elemento rispetto al profilo della costruzione (cornice, mensola, balcone): *fare —*, sporgere | (*estens.*) l'elemento stesso **2** in alpinismo, sporgenza rocciosa.

agghiacciante [ag-ghiac-ciàn-te] *agg.* **1** che fa agghiacciare **2** (*fig.*) spaventoso, terribile: *una scena —.*

agghiacciare [ag-ghiac-cià-re] *v.tr.* [*io agghiàccio ecc.*] **1** rendere di ghiaccio, gelare **2** (*fig.*) raggelare, paralizzare per lo spavento: — *con uno sguardo* ♦ *v.intr.* [aus. *essere*], **agghiacciarsi** *v.intr.pron.* diventare di ghiaccio (spec. *fig.*): — *dallo spavento.*

agghindamento [ag-ghin-da-mén-to] *s.m.* l'agghindare, l'agghindarsi, l'essere agghindato.

agghindare [ag-ghin-dà-re] *v.tr.* vestire, adornare con eleganza ricercata | (*fig.*) abbellire ♦ **agghindarsi** *v.rifl.* ornarsi, farsi bello con leziosità e affettazione.

agghindato [ag-ghin-dà-to] *agg.* abbigliato con ricercatezza (anche *fig.*): *una dama tutta agghindata.*

-aggine suffisso di nomi astratti che indicano una condizione, una qualità negativa, formati da altri nomi o da aggettivi (*fanciullaggine, testardaggine*).

aggio [àg-gio] *s.m.* (*fin.*) maggior valore di una moneta nei confronti di un'altra rispetto al cambio ufficiale.

-aggio suffisso presente in nomi derivati dal francese o formati direttamente in italiano da altri nomi o da verbi (*lavaggio, metraggio, saggio, spionaggio*).

aggiogare [ag-gio-gà-re] *v.tr.* [*io aggiógo, tu aggióghi ecc.*] **1** sottomettere al giogo: — *i buoi all'aratro* **2** (*fig.*) soggiogare, sottomettere: — *una persona al proprio volere.*

aggiornamento [ag-gior-na-mén-to] *s.m.* **1** l'aggiornare, l'aggiornarsi; l'essere aggiornato: *corso di —* | serie di aggiunte o modifiche con cui si aggiorna un'opera: *volume di —* **2** rinvio, posticipazione ad altra data: — *di una riunione.*

aggiornare [ag-gior-nà-re] *v.tr.* [*io aggiórno ecc.*] **1** adeguare alle conoscenze o notizie più recenti: — *un'enciclopedia* **2** adeguare l'ammontare di un canone, di un prezzo: — *le tariffe postali* **3** rimandare ad altra data la prosecuzione di una riunione ♦ **aggiornarsi** *v.rifl.* **1** tenersi al corrente, rinnovare la propria preparazione | (*estens.*) adeguarsi ai tempi **2** detto di un organismo collettivo, sospendere una riunione per continuarla in altra data: *il consiglio si aggiorna al 2 settembre.*

aggiornato [ag-gior-nà-to] *agg.* **1** riveduto, rielaborato secondo le conoscenze più recenti: *un'enciclopedia aggiornata* **2** si dice di chi è bene informato su fatti e notizie recenti; anche, di chi sa adattarsi ai tempi e alle situazioni.

aggiotaggio [ag-gio-tàg-gio] *s.m.* (*dir.*) reato

commesso da chi, con false notizie o con altri mezzi, tende a far variare i prezzi delle merci al fine di trarre profitti illeciti.

aggiramento [ag-gi-ra-mén-to] *s.m.* l'aggirare, l'essere aggirato.

aggirare [ag-gi-rà-re] *v.tr.* circondare, accerchiare: — *lo schieramento nemico* | (*fig.*) cercare di superare qlco. che non si può o non si vuole affrontare direttamente: — *un ostacolo* ♦ **aggirarsi** *v.intr.pron.* **1** vagare, andare attorno: — *per vie solitarie* **2** (*fig.*) approssimarsi: *il deficit si aggira sui cento milioni.*

aggiudicare [ag-giu-di-cà-re] *v.tr.* [*io aggiùdico, tu aggiùdichi ecc.*] **1** assegnare una cosa a qlcu. (per sentenza, concorso, asta pubblica): — *un appalto* | *aggiudicato!*, formula in uso nelle aste **2** conseguire (con la particella pron.): *aggiudicarsi la vittoria.*

aggiudicatario [ag-giu-di-ca-tà-rio] *s.m.* [f. *-a*] (*dir.*) colui al quale si aggiudica qlco.

aggiungere [ag-giùn-ge-re] *v.tr.* [*io aggiungo, tu aggiungi ecc.*] mettere, dare, dire in più: — *un posto a tavola*; *aggiunse poche parole* ♦ **aggiungersi** *v.rifl.* o *intr.pron.* congiungersi, unirsi; sopravvenire in aggiunta: *a questa si aggiunsero altre novità.*

aggiunta [ag-giùn-ta] *s.f.* ciò che si aggiunge: *un'— indispensabile.*

aggiuntivo [ag-giun-tì-vo] *agg.* **1** che viene aggiunto: *comma —* **2** che serve ad aggiungere | *congiunzioni aggiuntive*, (*gramm.*) quelle che (come *anche, pure, inoltre*) aggiungono un nuovo termine a quelli già enunciati.

aggiunto [ag-giùn-to] *agg.* si dice di chi aiuta o sostituisce qlcu. in un ufficio: *capostazione —* ♦ *s.m.* delegato: — *del sindaco.*

aggiustabile [ag-giu-stà-bi-le] *agg.* che si può aggiustare | (*fam.*) a cui si può porre rimedio: *la situazione non è —.*

aggiustaggio [ag-giu-stàg-gio] *s.m.* (*tecn.*) rifinitura di elementi meccanici.

aggiustamento [ag-giu-sta-mén-to] *s.m.* l'aggiustare, l'aggiustarsi; accordo, accomodamento: *venire a un —* | *tiri di —*, (*mil.*) in artiglieria, tiri per regolare il puntamento dell'arma.

aggiustare [ag-giu-stà-re] *v.tr.* rimettere qlco. in grado di funzionare, in buono stato; riparare: — *un motore, un vestito* | assestare: — *gli abiti* | — *il tiro*, (*mil.*) fare tiri d'aggiustamento per correggere la mira (anche *fig.*): — *il tiro delle risposte* | *ora t'aggiusto io!*, ti do la punizione che meriti ♦ **aggiustarsi** *v.rifl.* (*fam.*) sistemarsi alla meglio, adattarsi ♦ *v.rifl.rec.* (*fam.*) venire a un accordo: *sul prezzo ci aggiusteremo.*

aggiustata [ag-giu-stà-ta] *s.f.* riparazione fatta alla meglio.

aggiustatura [ag-giu-sta-tù-ra] *s.f.* operazione dell'aggiustare, riparazione | il punto in cui un oggetto è stato aggiustato.

agglomeramento [ag-glo-me-ra-mén-to] *s.m.* ammasso di cose o assembramento molto fitto di persone.

agglomerante [ag-glo-me-ràn-te] *s.m.* (*edil.*) materiale cementizio usato come legante idraulico.

agglomerare [ag-glo-me-rà-re] *v.tr.* [*io agglòmero ecc.*] ammassare, ammucchiare insieme cose diverse e di varia origine ♦ **agglomerarsi** *v.rifl.* o *intr.pron.* ammassarsi.

agglomerato [ag-glo-me-rà-to] *s.m.* **1** insieme di edifici e di strutture che formano un centro abitato: — *urbano* **2** (*geol.*) blocco di frammenti rocciosi; conglomerato.

agglomerazione [ag-glo-me-ra-zió-ne] *s.f.* l'agglomerare, l'agglomerarsi: *procedimento di —.*

agglutinare [ag-glu-ti-nà-re] *v.tr.* [*io agglùtino ecc.*] **1** unire con il glutine o con sostanze adesive **2** produrre agglutinazione ♦ **agglutinarsi** *v.intr.pron.* agglomerarsi.

agglutinazione [ag-glu-ti-na-zió-ne] *s.f.* **1** (*biol.*) fenomeno per cui elementi corpuscolari sospesi in un liquido si radunano in ammassi e precipitano **2** (*ling.*) fenomeno per cui a un tema invariato si aggiunge un affisso o un altro elemento grammaticale (*p.e.* una desinenza).

aggomitolare [ag-go-mi-to-là-re] *v.tr.* [*io aggomìtolo ecc.*] avvolgere in forma di gomitolo ♦ **aggomitolarsi** *v.rifl.* raggomitolarsi; rannicchiarsi.

aggradare [ag-gra-dà-re] *v.intr.* [solo nella terza pers. sing. del pres. indic. *aggrada*] (*lett.*) riuscir gradito: *fate come vi aggrada.*

aggraffare [ag-graf-fà-re] *v.tr.* **1** agganciare, fissare con graffe **2** (*tecn.*) unire mediante aggraffatura **3** nell'industria del tabacco, zigrinare.

aggraffatura [ag-graf-fa-tù-ra] *s.f.* **1** agganciatura con graffe **2** (*tecn.*) unione di due lamiere o di due bordi della stessa lamiera eseguita sovrapponendo i lembi e ripiegandoli due volte assieme.

aggranchiare [ag-gran-chià-re] *v.intr.* [*io aggrànchio ecc.*; aus. *essere*] intirizzire per il freddo, rattrappirsi.

aggranchire [ag-gran-chì-re] *v.tr.* [*io aggranchisco, tu aggranchisci ecc.*] rattrappire, intirizzire: *il freddo aggranchisce i muscoli* ♦ *v.intr.* [aus. *essere*] aggranchiare.

aggrapparsi [ag-grap-pàr-si] *v.rifl.* appigliarsi, afferrarsi fortemente (anche *fig.*): — *a una speranza.*

aggravamento [ag-gra-va-mén-to] *s.m.* l'aggravare o l'aggravarsi; peggioramento.

aggravante [ag-gra-vàn-te] *agg.* che aggrava | *circostanza —*, (*dir.*) elemento che rende più grave un reato determinando un aumento della pena (si contrappone ad *attenuante*).

aggravare [ag-gra-và-re] *v.tr.* **1** rendere più grave, più difficile o più fastidioso; peggiorare | — *la pena*, aumentarla **2** (*lett.*) appesantire, gravare; opprimere (anche *fig.*) ♦ **aggravarsi** *v.intr.pron.* divenire più grave; peggiorare: *la malattia si è aggravata*; *la crisi tende ad —.*

aggravato [ag-gra-và-to] *agg.* peggiorato | *furto —*, commesso con aggravanti.

aggravio [ag-grà-vio] *s.m.* peso che aggrava |

(*estens.*) aumento di oneri, tributi; inasprimento: — *fiscale*.
aggraziato [ag-gra-zià-to] *agg.* **1** pieno di grazia e d'armonia: *un movimento* — | (*estens.*) grazioso, bello: *un volto* — **2** di belle maniere; garbato, cortese: *un fare* —.
aggredire [ag-gre-dì-re] *v.tr.* [*io aggredisco, tu aggredisci ecc.*] **1** assalire con violenza e improvvisamente: — *qlcu. alle spalle* | (*estens.*) investire qlcu. con ingiurie o minacce | — *un problema*, affrontarlo con decisione **2** (*med.*) intervenire chirurgicamente in profondità: — *un tumore*.
aggregabile [ag-gre-gà-bi-le] *agg.* che si può aggregare; passibile di aggregazione.
aggregare [ag-gre-gà-re] *v.tr.* [*io aggrègo, tu aggrèghi ecc.*] unire a un gruppo, a una serie ♦ **aggregarsi** *v.rifl.* o *intr.pron.* **1** associarsi, unirsi: — *a una spedizione* **2** ammassarsi: *atomi che si aggregano*.
aggregato [ag-gre-gà-to] *agg.* **1** unito a un gruppo, a una serie; associato: *socio* — **2** si dice di funzionario o militare che presta servizio temporaneo presso un ufficio o un corpo di cui non fa parte; aggiunto ♦ *s.m.* **1** complesso, insieme: — *urbano* **2** (*econ.*) grandezza globale che risulta dalla somma di grandezze individuali (*p.e.* la spesa pubblica).
aggregazione [ag-gre-ga-zió-ne] *s.f.* **1** l'aggregare, l'aggregarsi, l'essere aggregato **2** (*fis.*) attrazione molecolare da cui dipende lo stato fisico (solido, liquido o gassoso) della materia.
aggressione [ag-gres-sió-ne] *s.f.* l'aggredire; attacco, assalto improvviso: *subire un'* —; — *a mano armata*.
aggressività [ag-gres-si-vi-tà] *s.f.* l'essere aggressivo; violenza, irruenza.
aggressivo [ag-gres-sì-vo] *agg.* che aggredisce o è pronto ad aggredire; irruente, violento: *carattere* —; *uomo* —, battagliero, combattivo ♦ *s.m.* **1** [f. *-a*] persona aggressiva **2** — *chimico*, liquido o gas tossico usato in genere come mezzo d'offesa □ **aggressivamente** *avv.*
aggressore [ag-gres-só-re] *agg.* e *s.m.* [f. non com. *aggreditrice*] che/chi aggredisce o ha aggredito; assalitore.
aggrinzire [ag-grin-zì-re] *v.tr.* [*io aggrinzo* (o *aggrinzisco*), *tu aggrinzi* (o *aggrinzisci*) *ecc.*] rendere grinzoso; raggrinzire ♦ **aggrinzirsi** *v.intr.pron.* diventare grinzoso.
aggrottare [ag-grot-tà-re] *v.tr.* [*io aggròtto ecc.*] corrugare le sopracciglia (o la fronte, il volto) per esprimere minaccia, severità, o preoccupazione.
aggrottato [ag-grot-tà-to] *agg.* corrugato; accigliato; *mostrarsi* —, scuro in volto.
aggrovigliamento [ag-gro-vi-glia-mén-to] *s.m.* l'aggrovigliare, l'aggrovigliarsi; groviglio.
aggrovigliare [ag-gro-vi-glià-re] *v.tr.* [*io aggroviglio ecc.*] fare un groviglio, intrecciare: — *una matassa* ♦ **aggrovigliarsi** *v.rifl.* o *intr.pron.* avvilupparsi, intrecciarsi; ingarbugliarsi (anche *fig.*).
aggrovigliato [ag-gro-vi-glià-to] *agg.* **1** intrecciato; ingarbugliato **2** (*fig.*) complicato, confuso.
aggrumare [ag-gru-mà-re] *v.tr.* far coagulare; rapprendere in grumi ♦ **aggrumarsi** *v.intr.pron.* coagularsi, rapprendersi; raggrumarsi.
agguantare [ag-guan-tà-re] *v.tr.* **1** afferrare **2** (*estens.*) colpire: *lo agguantò con un pugno* **3** (*mar.*) afferrare e tenere saldamente con la mano un cavo che scorre: *agguanta la cima!*
agguato [ag-guà-to] *s.m.* **1** attacco improvviso contro un nemico o un avversario; imboscata: *cadere in un* — **2** il luogo, l'appostamento da cui si tende l'agguato: *stare in* —.
agguerrire [ag-guer-rì-re] *v.tr.* [*io agguerrisco, tu agguerrisci ecc.*] preparare, allenare alle fatiche e ai rischi della guerra | (*estens.*) temprare alla lotta; fortificare ♦ **agguerrirsi** *v.rifl.* prepararsi alla guerra, alla lotta; temprarsi.
agguerrito [ag-guer-rì-to] *agg.* forte, resistente: *animo* — | preparato, ferrato: *uno studente* —.
aghetto [a-ghét-to] *s.m.* cordoncino con punta rigida che, passando in fori predisposti, allaccia scarpe, stivaletti o busti; stringa.
aghifoglio [a-ghi-fò-glio] *agg.* si dice di pianta con foglie a forma di aghi (come il pino e l'abete).
aghiforme [a-ghi-fór-me] *agg.* che ha forma di ago: *foglia* —.
agiatezza [a-gia-téz-za] *s.f.* condizione di benessere; comodità di vita: *vivere nell'* —.
agiato [a-già-to] *agg.* che vive nell'agiatezza, nel benessere economico; benestante: *famiglia agiata* □ **agiatamente** *avv.*
agibile [a-gì-bi-le] *agg.* si dice di costruzione o impianto che possieda i requisiti di sicurezza previsti dalla legge: *dichiarare* — *un palazzo*.
agibilità [a-gi-bi-li-tà] *s.f.* l'insieme dei requisiti che rendono agibile un edificio o un impianto | il riconoscimento formale di questi requisiti da parte dell'autorità competente: *richiedere l'* —.
agile [à-gi-le] *agg.* **1** che si muove con scioltezza e disinvoltura; svelto: — *nei movimenti* **2** snello, flessuoso; lieve, leggero: *un corpo* — **3** (*fig.*) vivace, pronto; disinvolto, spigliato: *un'intelligenza* — | — *di mano*, abile nel rubare □ **agilmente** *avv.*
agilità [a-gi-li-tà] *s.f.* **1** l'essere agile; scioltezza e facilità nei movimenti: — *nella corsa* **2** (*fig.*) prontezza, vivacità: — *di mente*.
agio [à-gio] *s.m.* **1** comodità: *sentirsi a proprio* —; *vivere negli agi* **2** il tempo necessario per fare qlco.; opportunità, possibilità: *aver* — *di meditare* **3** (*mecc.*) piccolo spazio che si lascia fra due pezzi per facilitarne il movimento; gioco.
agiografia [a-gio-gra-fì-a] *s.f.* **1** biografia di un santo | lo studio critico delle vite dei santi **2** (*spreg.*) biografia celebrativa.
agiografico [a-gio-grà-fi-co] *agg.* [pl.m. *-ci*] **1** che si riferisce all'agiografia **2** (*spreg.*) acriticamente elogiativo; celebrativo.
agiografo [a-giò-gra-fo] *s.m.* [f. *-a*] chi scrive o studia le vite dei santi.
agiologia [a-gio-lo-gìa] *s.f.* studio documentato della vita e delle opere dei santi.

agiologo [a-giò-lo-go] *s.m.* [f. *-a*; pl.m. *-gi*] studioso di agiologia.

agire [a-gì-re] *v.intr.* [*io agisco, tu agisci ecc.*; aus. *avere*] **1** fare, operare; comportarsi: — *bene, male*; *occorre —!* **2** esercitare un'azione; produrre un effetto; funzionare: *un sedativo che agisce rapidamente* **3** (*dir.*) intraprendere un'azione legale contro qlcu.

agitamento [a-gi-ta-mén-to] *s.m.* l'operazione dell'agitare: *l'— di un liquido, di un flacone*.

agitare [a-gi-tà-re] *v.tr.* [*io àgito ecc.*] **1** muovere rapidamente, scuotere con energia: — *una bottiglia*; — *il fazzoletto*, in segno di saluto **2** (*fig.*) turbare, eccitare: *quei sogni gli agitavano la fantasia* | — *le masse*, incitarle all'azione, istigarle **3** (*fig., lett.*) prospettare, promuovere o propagandare: — *idee nuove* | discutere, trattare: — *un problema* ♦ **agitarsi** *v.rifl.* o *intr.pron.* **1** muoversi con vivacità, con violenza: *il mare comincia ad* — | (*fig.*) turbarsi, eccitarsi: *non è il caso di — per così poco* **2** unirsi in un'agitazione politica o sociale: *i contadini cominciarono ad —*.

agitato [a-gi-tà-to] *agg.* **1** mosso (detto del mare) | (*fig.*) inquieto, turbato: *è molto — per l'accaduto* **2** (*mus.*) indicazione dinamica che conferisce al tempo mosso un carattere concitato: *allegro —* ♦ *s.m.* [f. *-a*] (*psich.*) malato di mente in preda a forte eccitazione.

agitatore [a-gi-ta-tó-re] *s.m.* **1** [f. *-trice*] chi incita ad azioni politiche di protesta **2** qualsiasi strumento usato in laboratorio o nell'industria per agitare e mescolare.

agitazione [a-gi-ta-zió-ne] *s.f.* **1** l'agitare, l'agitarsi; stato di eccitazione, turbamento: *essere in* — **2** azione sindacale o politica di protesta o rivendicazione.

agli [à-gli] *prep.art.m.pl.* composta da *a* e *gli*.

-aglia suffisso che forma sostantivi che hanno valore collettivo (*boscaglia*), talora spregiativo (*ferraglia*).

agliaceo [a-glià-ce-o] *agg.* di aglio: *odore, sapore —*.

aglianico [a-glià-ni-co] *s.m.* [pl. *-ci*] vitigno tipico dell'Italia meridionale | il vino, rosso e di media gradazione, che se ne ricava.

agliata [a-glià-ta] *s.f.* salsa a base di aglio e aceto.

aglio [à-glio] *s.m.* pianta erbacea il cui bulbo diviso in spicchi si usa come condimento | (*estens.*) il bulbo della pianta o i suoi spicchi.

-aglio suffisso presente in sostantivi derivati dal francese, dal provenzale o da voci dell'italiano settentrionale (*spiraglio, ventaglio*), oppure formati in italiano da verbi (*conguaglio, raggua-glio*).

agnati [a-gnà-ti] *s.m.pl.* (*zool.*) gruppo di vertebrati privi di mascelle.

agnatizio [a-gna-tì-zio] *agg.* (*dir.*) che riguarda l'agnazione.

agnato [a-gnà-to] *s.m.* (*dir.*) congiunto in linea maschile.

agnazione [a-gna-zió-ne] *s.f.* (*dir.*) parentela in linea maschile.

agnello [a-gnèl-lo] *s.m.* [f. *-a*] **1** il nato della pecora fino all'età di un anno | (*estens.*) la carne dell'animale macellato | — *di Dio*, (*relig.*) appellativo evangelico di Cristo in quanto vittima sacrificale. DIM. *agnellino* **2** (*fig.*) persona mite, inoffensiva **3** pelliccia di agnello.

agnellone [a-gnel-ló-ne] *s.m.* **1** ovino dai due ai sei mesi destinato alla macellazione | (*estens.*) la carne dell'animale macellato **2** pelliccia di agnello adulto.

agnizione [a-gni-zió-ne] *s.f.* nella letteratura teatrale e romanzesca, la rivelazione finale della vera identità di uno o più personaggi.

agnocasto [a-gno-cà-sto] *s.m.* arbusto con fiori violacei e foglie vellutate.

agnolotto [a-gno-lòt-to] *s.m.* (spec. *pl.*) in gastronomia, involucro di pasta all'uovo ripieno di carne e altri ingredienti.

agnosticismo [a-gno-sti-cì-ʃmo] *s.m.* l'astenersi dal prendere posizione di fronte a un problema.

agnostico [a-gnò-sti-co] *agg.* [pl.m. *-ci*] si dice di persona che si astiene dal prendere posizione su problemi religiosi, politici o sociali.

ago [à-go] *s.m.* [pl. *aghi*] **1** asticciola d'acciaio appuntita a un'estremità e fornita all'altra di un foro (cruna) attraverso il quale si fa passare il filo per cucire o per ricamare: — *da macchina*, usato nelle macchine per cucire; — *da sutura*, per cuciture chirurgiche; *infilare l'—*, passare il filo nella cruna **2** (*estens.*) utensile di forma allungata e appuntito da un lato: *aghi da calza, da lana*; — *da siringa*, per iniezioni | — *magnetico*, lamina d'acciaio magnetizzata che costituisce l'elemento sensibile della bussola | — *della bilancia*, l'organo mobile che indica il peso sulla scala graduata **3** (*inform.*) nelle stampanti elettroniche, elemento della testina che, premendo contro un nastro inchiostrato, imprime il segno di un punto sulla carta; la forma intera del carattere è data dall'insieme di questi punti: *stampante ad aghi*.

agognare [a-go-gnà-re] *v.tr.* e *intr.* [*io agógno ecc.*; aus. dell'intr. *avere*] (*lett.*) desiderare ardentemente; bramare.

à gogo [/ ago'go /] *loc.avv.* e *agg.invar.* (*fr.*) in abbondanza, a volontà: *bere —*.

agone [a-gó-ne] *s.m.* **1** presso gli antichi greci, il luogo in cui si svolgeva una gara, un combattimento | (*estens.*) la gara, il combattimento stesso **2** (*lett.*) lotta, competizione.

agonia [a-go-nì-a] *s.f.* **1** la fase che precede immediatamente la morte, caratterizzata dalla progressiva perdita delle funzioni vitali: *entrare in* — **2** (*fig.*) attesa angosciosa.

agonico [a-gò-ni-co] *agg.* [pl.m. *-ci*] di agonia, proprio dell'agonia: *stato —*.

agonismo [a-go-nì-ʃmo] *s.m.* grande impegno e spirito combattivo di cui danno prova atleti e squadre nello svolgimento di una gara.

agonistica [a-go-nì-sti-ca] *s.f.* arte e tecnica del gareggiare.

agonistico [a-go-nì-sti-co] *agg.* [pl.m. *-ci*] **1** che

si riferisce all'agonismo o a competizione sportiva: *attività agonistica* 2 (*fig.*) battagliero, combattivo: *spirito* — □ **agonisticamente** *avv.*
agonizzante [a-go-niʒ-ʒàn-te] *agg.* e *s.m.* e *f.* che/chi è in agonia; moribondo | (*fig.*) prossimo alla fine: *un regime* —.
agonizzare [a-go-niʒ-ʒà-re] *v.intr.* [aus. *avere*] 1 essere in agonia 2 (*fig.*) sopravvivere a stento.
agopuntura [a-go-pun-tù-ra] *s.f.* (*med.*) pratica terapeutica di antica origine cinese, consistente nell'infissione di sottili aghi in determinati punti del corpo.
agorà [a-go-rà], o **agora** [àgora], *s.f.* nelle antiche città greche, la piazza dove si teneva mercato e si riunivano i cittadini in assemblea | (*estens.*) l'assemblea stessa.
agorafobia [a-go-ra-fo-bì-a] *s.f.* (*psicol.*) paura patologica degli spazi aperti (si contrappone a claustrofobia).
agoraio [a-go-rà-io] *s.m.* piccolo astuccio per gli aghi.
agostano [a-go-stà-no] *agg.* di agosto; che matura o si semina in agosto: *fieno* —.
agostiniano [a-go-sti-nià-no] *agg.* 1 del filosofo e padre della chiesa sant'Agostino (354-430): *il pensiero* — 2 che appartiene all'ordine eremitico di sant'Agostino: *frate* — ♦ *s.m.* [f. *-a*] religioso agostiniano.
agosto [a-gó-sto] *s.m.* ottavo mese dell'anno.
agra [à-gra] *s.f.* siero inacidito del latte utilizzato per la preparazione della ricotta.
agraria [a-grà-ria] *s.f.* la scienza e la pratica dell'agricoltura: *dottore in* —.
agrario [a-grà-rio] *agg.* che riguarda l'agricoltura ♦ *s.m.* [f. *-a*] 1 proprietario terriero 2 esperto di agraria.
agresta [a-grè-sta] *s.f.* varietà di uva che, non raggiungendo mai la piena maturazione, ha sapore acidulo.
agreste [a-grè-ste] *agg.* di campagna; rustico, campestre: *canto, pace* —.
agresto [a-grè-sto] *agg.* agro ♦ *s.m.* agresta | succo aspro che se ne ricava.
agretto [a-grét-to] *s.m.* 1 sapore piuttosto agro ma non spiacevole 2 pianta erbacea delle crocifere con foglie dal sapore asprigno.
agrezza [a-gréz-za] *s.f.* 1 sapore agro; acidità 2 (*fig. lett.*) acredine.
agri-, o agro-, primo elemento di parole composte, che si riferisce all'agricoltura o ai prodotti agricoli.
agricolo [a-grì-co-lo] *agg.* che concerne l'agricoltura; agrario: *prodotti agricoli.*
agricoltore [a-gri-col-tó-re] *s.m.* 1 chi coltiva la terra; contadino 2 chi possiede o dirige un'azienda agricola.
agricoltura [a-gri-col-tù-ra] *s.f.* l'arte e la pratica di coltivare la terra per ricavarne prodotti destinati all'alimentazione.
agrifoglio [a-gri-fò-glio] *s.m.* piccolo albero sempreverde con foglie coriacee spinose e bacche rosse.
agrimensore [a-gri-men-só-re] *s.m.* chi esercita l'agrimensura.
agrimensura [a-gri-men-sù-ra] *s.f.* parte della topografia che si occupa della misurazione e della rappresentazione cartografica di campi e terreni.
agriotta [a-gri-òt-ta] *s.f.* il frutto dell'agriotto; visciola.
agriotto [a-gri-òt-to] *s.m.* varietà di ciliegio; visciola.
agrippina [a-grip-pì-na] *s.f.* divano con una sola spalliera e un solo bracciolo.
agriturismo [a-gri-tu-rì-ʃmo] *s.m.* forma di turismo che consiste nel soggiornare presso un'azienda agricola.
agrituristico [a-gri-tu-rì-sti-co] *agg.* (pl.m. *-ci*) di agriturismo, relativo all'agriturismo: *settore* —.
agro[1] [à-gro] *agg.* che ha il sapore acido caratteristico del limone o della frutta acerba ♦ *s.m.* sapore agro, acidulo: *l'— del limone* | *all'—*, si dice di cibo preparato con aceto o limone: *salsa all'—*.
agro[2] *s.m.* campagna intorno a una città: *l'— romano.*
agro- → **agri-**.
agroalimentare [a-gro-a-li-men-tà-re] *agg.* che concerne l'agricoltura e l'industria di trasformazione dei suoi prodotti in generi alimentari.
agrobiologia [a-gro-bio-lo-gì-a] *s.f.* scienza che studia i rapporti fra terreno agrario e organismi animali e vegetali che in esso vivono.
agrodolce [a-gro-dól-ce] *agg.* 1 di sapore fra l'agro e il dolce: *salsa* — 2 (*fig.*) che cela, sotto un'apparenza cortese, un intento mordace, ironico: *parlare in tono* — ♦ *s.m.* modo di cucinare che fonde l'agro (*p.e.* limone, aceto ecc.) col dolce (*p.e.* zucchero, uva passa ecc.): *maiale in* —.
agroecosistema [a-gro-e-co-si-stè-ma] *s.m.* ecosistema artificiale dovuto all'attività agricola dell'uomo, la quale ha modificato l'ecosistema originario con l'inserimento di nuove colture.
agroindustria [a-gro-in-dù-stria] *s.f.* industria agricola.
agroindustriale [a-gro-in-du-strià-le] *agg.* che riguarda l'industria agricola.
agronica [a-grò-ni-ca] *s.f.* disciplina che studia l'applicazione all'agricoltura dei prodotti e dei metodi dell'elettronica, al fine di razionalizzare la produzione.
agronomia [a-gro-no-mì-a] *s.f.* scienza che studia la coltivazione razionale delle piante e l'assetto e lo sfruttamento più redditizi del terreno.
agronomo [a-grò-no-mo] *s.m.* [f. *-a*] esperto di agronomia.
agropastorale [a-gro-pa-sto-rà-le] *agg.* che concerne l'agricoltura e la pastorizia, che si fonda su di esse: *civiltà* —.
agrosistema [a-gro-si-stè-ma] *s.f.* l'insieme delle condizioni che caratterizzano un ambiente agricolo.
agrume [a-grù-me] *s.m.* nome comune di un genere di piante sempreverdi con fiori bianchi e

frutti ricchi di vitamine e oli essenziali, dal caratteristico sapore acre | il frutto di tali piante (l'arancia, il limone, il pompelmo, il bergamotto ecc.).

agrumeto [a-gru-mé-to] *s.m.* terreno coltivato ad agrumi.

agrumicolo [a-gru-mì-co-lo] *agg.* relativo alla coltivazione e al commercio degli agrumi: *produzione agrumicola.*

agrumicoltore [a-gru-mi-col-tò-re] *s.m.* coltivatore di agrumi.

agrumicoltura [a-gru-mi-col-tù-ra] *s.f.* coltivazione degli agrumi.

aguglia *s.f.* pesce di mare commestibile, col muso aghiforme e il corpo sottile lungo fino a un metro.

aguglione [a-gu-glió-ne] *s.m.* grosso ago da materassaio.

aguzzare [a-guz-zà-re] *v.tr.* **1** rendere aguzzo, appuntire: *— un palo* **2** (*fig.*) stimolare, eccitare, acuire: *il bisogno aguzza l'ingegno* | *— la vista,* cercare di renderla più penetrante ♦ **aguzzarsi** *v.intr.pron.* diventare aguzzo, più aguzzo.

aguzzino [a-guʒ-ʒì-no] *s.m.* **1** sulle antiche galere, il sorvegliante dei galeotti | (*estens.*) sorvegliante particolarmente severo **2** (*fig.*) persecutore; vessatore.

aguzzo [a-gùz-zo] *agg.* **1** acuminato, appuntito: *palo —* **2** (*fig.*) intenso, penetrante: *sguardo, ingegno —.*

ah *inter.* esprime, a seconda del tono, dolore, meraviglia, ira, sdegno, sollievo: *ah, che terribile notizia!* | *ah! ah!*, espressione onomatopeica di riso.

ahi [àhi] *inter.* esprime dolore fisico o morale: *—, che male!*

ahimè [ahi-mè], o aimè, *inter.* esprime compassione, dolore, rimpianto, pentimento: *—, che sciagura!*

ai [ài] *prep.art.m.pl.* composta da *a* e *i.*

aia [à-ia] *s.f.* spazio piano situato davanti alla casa colonica, usato per la battitura e l'essiccamento dei cereali e di altri prodotti | *menare il can per l'—*, (*fig.*) tirarla per le lunghe, tergiversare.

-aia suffisso che compare in sostantivi indicanti presenza di cose in grande quantità (*legnaia*) o luogo che abbonda di qlco., terreno destinato a una coltura (*risaia, piccionaia*).

AIDS [/ aidi'ɛsse / o / 'aids /] *s.f.* e *m.* grave affezione virale che lede il sistema immunitario.

aikido [/ ai'kido /] *s.m.invar.* (*giapp.*) tecnica di difesa personale che insegna a sottrarsi alla presa e a parare i colpi.

aimè → **ahimè**.

aio [à-io] *s.m.* [f. *-a*] (*ant.*) precettore.

-aio suffisso che compare in sostantivi che indicano mestiere (*orologiaio*) oppure luogo, ambiente pieno di qlco. o destinato a contenere o accogliere qlco. (*letamaio, bagagliaio*).

aiola → **aiuola**.

aiolo [a-iò-lo] *s.m.* rete stesa sull'aia per catturare uccelli.

-aiolo suffisso presente in sostantivi indicanti chi esercita un mestiere (*legnaiolo, vignaiolo*) o chi ha inclinazione per qualcosa (*donnaiolo*), oppure in aggettivi che stabiliscono una relazione di tempo o di luogo (*marzaiolo, prataiolo*).

air bag [/ 'ɛrbag /] *s.m.invar.* (*ingl.*) sulle automobili, sistema di sicurezza costituito da un palloncino che si gonfia istantaneamente in caso d'urto, in modo da impedire lo schiacciamento del guidatore contro il volante.

airbus® [/ ɛr'bus /] *s.m.invar.* (*fr.*) grande aereo per il trasporto di passeggeri su brevi percorsi.

airglow [/ 'ɛrglou /] *s.m.* (*ingl.*) in geofisica, luminescenza diffusa nel cielo notturno.

air mail [/ ɛr'meil /] *loc.sost.f.invar.* (*ingl.*) posta aerea.

airone [ai-ró-ne] *s.m.* grosso uccello acquatico con lungo becco e collo incurvato.

air terminal [/ ɛr'tɛrminal /] *loc.sost.m.invar.* (*ingl.*) aerostazione urbana collegata all'aeroporto da un servizio di trasporto terrestre.

aitante [ai-tàn-te] *agg.* robusto, prestante: *un giovane —.*

aiuola [a-iuò-la], o aiola, *s.f.* striscia di terreno delimitata da siepi, mattoni o altro, coltivata a scopo ornamentale.

aiutante [a-iu-tàn-te] *s.m.* e *f.* chi aiuta o assiste qlcu. in un lavoro o in un ufficio.

aiutare [a-iu-tà-re] *v.tr.* **1** dare, prestare aiuto, soccorso: *— un amico* **2** rendere agevole, favorire: *un caffè aiuta la digestione* ♦ **aiutarsi** *v.rifl.* adoperarsi, ingegnarsi: *si è aiutato con tutti i mezzi* ♦ *v.rifl.rec.* darsi aiuto, soccorrersi a vicenda: *— tra amici.*

aiuto [a-iù-to] *s.m.* **1** opera o servigio che si presta a chi è in difficoltà; appoggio, collaborazione: *chiedere, dare —; correre in —; essere d'—* | *—!*, invocazione di soccorso **2** persona che presta aiuto in un lavoro o in ufficio: *— regista* **3** negli ospedali, il medico di più alto grado dopo il primario.

aizzare [aiz-zà-re] *v.tr.* incitare all'offesa o alla violenza; istigare: *— alla rivolta.*

aizzatore [aiz-za-tó-re] *s.m.* [f. *-trice*] chi aizza.

al *prep.art.m.sing.* composta da *a* e *il.*

ala [à-la] *s.f.* [pl. *ali*] **1** organo del volo di animali o di esseri mitici o fantastici: *ali chiuse, aperte, spiegate; apertura d'ali; le ali degli angeli* | *battere le ali*, volare | *in un batter d'ali*, (*fig.*) in brevissimo tempo | *raccogliersi sotto le ali di qlcu.*, (*fig.*) affidarsi alla sua protezione | *tarpare le ali*, (*fig.*) frenare la libera espressione o attività. DIM. *aletta* VEZZ. *aluccia* **2** (*estens.*) qualunque cosa che ricordi la forma o la funzione di tale organo: *l'— del mulino a vento*, la pala; *l'— del cappello*, la falda **3** (*aer.*) superficie di sostentamento delle aerodine, divisa in due semiali disposte lateralmente alla fusoliera **4** parte laterale: *l'— di un edificio* **5** ciascuno dei lati di uno schieramento: *l'— destra dell'esercito; passare tra due ali di folla* **6** nel calcio, l'attaccante che opera all'estremità destra o sinistra.

alabarda [a-la-bàr-da] *s.f.* arma bianca costituita

da un'asta di legno terminante con una scure sormontata da una lama appuntita.

alabardato [a-la-bar-dà-to] *agg.* armato, munito di alabarda; a forma di alabarda | *giglio* —, il simbolo di Trieste.

alabardiere [a-la-bar-diè-re] *s.m.* soldato armato di alabarda.

alabastrino [a-la-ba-strì-no] *agg.* **1** di alabastro: *statua alabastrina* **2** (*fig. lett.*) del colore dell'alabastro; chiaro, pallido: *viso* —.

alabastro [a-la-bà-stro] *s.m.* **1** (*min.*) varietà traslucida e compatta di calcare o di gesso, a zone di color bianco o giallognolo **2** oggetto di alabastro.

alacre [à-la-cre, *o* alàcre] *agg.* (*lett.*) pronto, svelto nell'operare; volenteroso, solerte □ **alacremente** *avv.*

alacrità [a-la-cri-tà] *s.f.* prontezza e rapidità nell'operare; solerzia.

alalonga [a-la-lòn-ga], o **alalunga**, *s.f.* pesce osseo commestibile simile al tonno, con pinne pettorali molto lunghe.

alamaro [a-la-mà-ro] *s.m.* (spec. *pl.*) **1** allacciatura formata da due cordoncini, l'uno terminante a cappio, l'altro con un bottone a botticella **2** mostrina di carabinieri e granatieri.

alambicco [a-lam-bìc-co] *s.m.* [pl. *-chi*] apparecchio per la distillazione dei liquidi costituito da una caldaia di vetro o di metallo e da una serpentina che consente la condensazione per raffreddamento del vapore.

alano [a-là-no] *s.m.* grosso cane da guardia e da caccia con pelo rasato, orecchie corte e dritte, muso tozzo e incisivi superiori sporgenti.

à la page [/ ala'paʒ /] *loc.avv.* e *agg.invar.* (*fr.*) al corrente delle ultime novità; alla moda, di moda: *essere* —; *un locale* —.

alare¹ [a-là-re] *s.m.* ciascuno dei due arnesi di ferro, o anche di pietra o terracotta, che sostengono la legna sul focolare.

alare² *agg.* dell'ala o delle ali.

alato [a-là-to] *agg.* **1** provvisto di ali | *il dio* —, Mercurio **2** (*fig.*, *lett.*) sublime, ispirato: *parole alate* **3** (*bot.*) si dice di organi forniti di espansioni a forma di ali.

alaudidi [a-làu-di-di] *s.m.pl.* (*zool.*) famiglia di uccelli passeriformi con ali lunghe e alluce munito di una lunga unghia diritta; ne fa parte l'allodola.

alba [àl-ba] *s.f.* **1** la prima luce che compare in cielo tra la fine della notte e l'aurora| (*estens.*) l'ora che precede la levata del sole: *levarsi all'* — **2** (*fig.*) inizio: *l'— della civiltà.*

albagia [al-ba-gì-a] *s.f.* (*lett.*) boria, presunzione.

albagio [al-bà-gio] *s.m.* rozzo panno di lana, usato per tende e rivestimenti.

albana [al-bà-na] *s.f.* varietà di uva bianca coltivata in Emilia e in Romagna | il vino che se ne ricava.

albanella [al-ba-nèl-la] *s.f.* uccello di palude simile al falco.

albanese [al-ba-né-se] *agg.* dell'Albania: *popolo* — ♦ *s.m.* **1** [anche *f.*] chi è nato o vive in Albania **2** la lingua degli albanesi.

albastrello [al-ba-strèl-lo] *s.m.* uccello di palude, grigio superiormente e bianco inferiormente, con lunghe zampe verdastre e becco sottile, di passo in Italia.

albatro [àl-ba-tro] *s.m.* uccello oceanico con becco robusto e uncinato, piedi palmati e grande apertura alare.

albeggiare [al-beg-già-re] *v.intr.impers.* [*albéggia*; aus. *essere*] spuntare l'alba, farsi giorno: *albeggiava quando uscimmo* ♦ *v.intr.* [aus. *essere*] essere agli inizi; cominciare ad apparire.

alberare [al-be-rà-re] *v.tr.* [*io àlbero ecc.*] **1** piantare ad alberi un terreno **2** (*mar.*) munire di alberi una nave.

alberata [al-be-rà-ta] *s.f.* **1** fila di alberi lungo una strada o un corso d'acqua **2** (*agr.*) sistema di coltivazione della vite, consistente nell'appoggiarla ad alberi vivi disposti in filari **3** (*mar.*) alberatura di una nave.

alberato [al-be-rà-to] *agg.*: fornito di alberi: *viale* —.

alberatura [al-be-ra-tù-ra] *s.f.* (*mar.*) l'insieme degli alberi di una nave.

albereta [al-be-ré-ta] *s.f.*, anche **albereto** *s.m.*, terreno piantato ad alberi.

alberetto [al-be-rét-to] *s.m.* (*mar.*) nei velieri, l'estremità superiore degli alberi a vele quadre.

albergare [al-ber-gà-re] *v.tr.* [*io albèrgo, tu albèrghi ecc.*] dare albergo, ospitare ♦ *v.intr.* [aus. *avere*] alloggiare, aver dimora (anche *fig.*): *nel suo animo alberga l'invidia.*

albergatore [al-ber-ga-tó-re] *s.m.* [f. *-trice*] proprietario o gestore di un albergo.

alberghiero [al-ber-ghiè-ro] *agg.* d'albergo, relativo agli alberghi: *industria alberghiera.*

albergo [al-bèr-go] *s.m.* [pl. *-ghi*] edificio attrezzato per dare alloggio, ed eventualmente vitto, a pagamento: *alloggiare in* — | — *diurno*, locale in cui persone di passaggio possono trovare, di giorno, vari servizi (bagni, parrucchiere ecc.) | *casa* —, albergo in cui è possibile risiedere a lungo; residence | — *per la gioventù*, che alloggia con poca spesa i giovani che viaggiano; ostello.

albero [àl-be-ro] *s.m.* **1** (*bot.*) pianta perenne con fusto eretto, legnoso, che a una certa distanza dal suolo si diparte in rami provvisti di foglie: *piantare, potare un* —; — *di Natale*, abete che a Natale si adorna e al quale si appendono doni. DIM. *alberello, alberino* ACCR. *alberone* **2** (*estens.*) qualsiasi struttura costituita da un asse principale con diramazioni: — *bronchiale* **3** (*fig.*) rappresentazione grafica a forma di albero stilizzato che illustra strutture, rapporti di derivazione o discendenza: — *genealogico* **4** (*mar.*) antenna verticale fissa, di legno o d'acciaio, che regge i pennoni con le vele e tutta l'attrezzatura **5** (*mecc.*) organo rotante, di forma allungata e di solito a sezione circolare, che trasmette moto e potenza in macchine motrici od operatrici: —

di trasmissione; — *motore*, che esce da una macchina motrice.
albertino [al-ber-tì-no] *agg.* relativo a Carlo Alberto re di Sardegna (1798-1849): *statuto* —.
albicatura [al-bi-ca-tù-ra] *s.f.* (*bot.*) presenza di macchie bianche sulle foglie per mancanza di clorofilla.
albicocca [al-bi-còc-ca] *s.f.* [pl. *-che*] frutto dell'albicocco | Come *agg.invar.* del colore giallo-arancione tipico dell'albicocca.
albicoccheto [al-bi-coc-ché-to] *s.m.* terreno coltivato ad albicocchi.
albicocco [al-bi-còc-co] *s.m.* [pl. *-chi*] albero con frutti dolci di color giallo aranciato.
albigese [al-bi-gé-se] *agg.* e *s.m.* e *f.* **1** della città francese di Albi **2** (*st.*) che/chi seguiva l'eresia catara, diffusasi nei secc. XII e XIII dalla città di Albi: *la crociata contro gli albigesi*.
albinismo [al-bi-nì-ʃmo] *s.m.* (*biol.*) nell'uomo e negli animali, mancanza congenita, totale o parziale, della pigmentazione di pelle, peli, piume, squame, iridi, che risultano perciò chiarissimi | in organi di piante (foglie, fiori), decolorazione parziale o totale del tessuto.
albino [al-bì-no] *agg.* e *s.m.* [f. *-a*] che/chi è affetto da albinismo.
albionico [al-biò-ni-co] *agg.* e *s.m.* [f. *-a*; pl.m. *-ci*] (*lett.*) inglese, britannico.
albo[1] [àl-bo] *s.m.* **1** quadro per l'affissione di atti o avvisi di carattere pubblico: — *scolastico, comunale* **2** (*dir.*) elenco ufficiale degli appartenenti a un'associazione o di coloro che sono abilitati all'esercizio di una professione: — *degli avvocati* **3** fascicolo contenente storie illustrate a fumetti: *gli albi di Topolino*.
albo[2] *agg.* **1** (*lett.*) bianco **2** (*bot.*) si dice di foglia, fiore o frutto tendente al bianco.
albore [al-bó-re] *s.m.* **1** (*lett.*) il primo biancheggiare della luce dell'alba **2** *pl.* (*fig.*) fase iniziale di un periodo o di una vicenda storica: *gli albori del Risorgimento*.
albugine [al-bù-gi-ne] *s.f.* **1** (*bot.*) muffa bianca che si forma sui vegetali; è detta anche *nebbia* **2** (*med.*) leucoma.
album [àl-bum] *s.m.invar.* **1** quaderno o volume rilegato in cui si raccolgono fotografie, francobolli ecc. | — *da disegno*, con fogli per disegnare **2** confezione di uno o più dischi a 33 giri | (*estens.*) il disco o i dischi stessi.
albume [al-bù-me] *s.m.* **1** (*biol.*) sostanza gelatinosa che riveste la cellula uovo matura, alimentando l'embrione | (*estens.*) il bianco dell'uovo, come sostanza commestibile **2** (*bot.*) riserva nutritiva contenuta nel seme di alcune piante.
albumina [al-bu-mì-na] *s.f.* (*biol.*) sostanza organica proteica, solubile in acqua, che è componente dei tessuti animali e vegetali.
albuminoso [al-bu-mi-nó-so] *agg.* **1** ricco di albumina **2** simile all'albumina.
alburno [al-bùr-no] *s.m.* (*bot.*) negli alberi a legno duro, la parte più esterna del legno.
alcalescente [al-ca-le-scèn-te] *agg.* (*chim.*) che comincia a divenire alcalino.
alcali [àl-ca-li] *s.m.* (*chim.*) idrossido metallico con azione caustica e comportamento proprio di una base forte (*p.e.* soda, potassa).
alcalinità [al-ca-li-ni-tà] *s.f.* (*chim.*) l'essere alcalino; basicità.
alcalino [al-ca-lì-no] *agg.* **1** (*chim.*) che ha qualità di alcali; basico **2** (*geol.*) si dice di roccia eruttiva ricca di metalli alcalini.
alcaloide [al-ca-lòi-de] *s.m.* (*chim.*) sostanza organica azotata di origine vegetale e carattere basico, con proprietà medicamentose o tossiche a seconda del tipo e della dose (*p.e.* caffeina, morfina, stricnina).
alcalosi [al-ca-lò-ʃi] *s.f.* (*med.*) aumento patologico delle sostanze alcaline rispetto a quelle acide nel sangue.
alce [àl-ce] *s.m.* grosso ruminante tozzo e robusto, con muso allungato e corna palmate, che vive in branchi nelle regioni nordiche.
alchemico [al-chè-mi-co] *agg.* [pl.m. *-ci*] **1** che riguarda l'alchimia, che si produce per alchimia **2** (*fig.*) misterioso, complicato.
alchermes [al-chèr-mes] *s.m.invar.* liquore dolce di colore rosso a base di erbe aromatiche.
alchimia [al-chi-mìa] *s.f.* **1** dalla tarda antichità e fino ai primi secoli dell'età moderna, complesso di dottrine e pratiche magiche volte alla ricerca della pietra filosofale, ossia del principio in grado di spiegare i segreti della natura e di trasformare in oro gli altri metalli **2** (*fig.*) manovra sottile, capziosa, non chiara: *le alchimie parlamentari*.
alchimilla [al-chi-mìl-la] *s.f.* pianta erbacea con foglie palmate e piccoli fiori a petali verdastri.
alchimista [al-chi-mì-sta] *s.m.* e *f.* [pl.m. *-sti*] chi esercitava l'alchimia.
alchimistico [al-chi-mì-sti-co] *agg.* [pl.m. *-ci*] che si riferisce all'alchimia e agli alchimisti.
alcionari [al-cio-nà-ri] *s.m.pl.* (*zool.*) sottoclasse di celenterati a forma di polipo con otto tentacoli; vi appartengono i coralli.
alcione [al-ció-ne] *s.m.* (*lett.*) nome di derivazione classica di un uccello marino che si suole identificare o col martin pescatore o col gabbiano.
alcol [àl-col], o **alcool**, *s.m.* [pl. *-li*] **1** (*chim.*) composto organico caratterizzato dalla presenza nella molecola di uno o più ossidrili: — *etilico*, etanolo; — *metilico*, metanolo **2** (*fam.*) alcol etilico: — *rettificato*, puro al 94-96%, usato nell'industria dei liquori e in quella dei profumi; — *denaturato*, rettificato, per ragioni fiscali, mediante l'aggiunta di sostanze di odore e sapore sgradevoli e quindi reso inutilizzabile per liquori e profumi **3** (*estens.*) bevande alcoliche: *darsi all'*—.
alcolemia [al-co-le-mì-a] *s.f.* (*med.*) percentuale di alcol presente nel sangue.
alcolicità [al-co-li-ci-tà] *s.f.* (*chim.*) percentuale di alcol etilico presente in un liquido.
alcolico [al-cò-li-co] *agg.* [pl.m. *-ci*] **1** di alcol: *gradazione alcolica*, alcolicità **2** che contiene al-

col: *bevanda alcolica* ♦ *s.m.* bevanda contenente alcol.
alcolimetro [al-co-lì-me-tro] *s.m.* strumento per la misurazione dell'alcolicità.
alcolismo [al-co-lì-ʃmo] *s.m.* intossicazione da abuso continuato di bevande alcoliche; etilismo.
alcolista [al-co-lì-sta] *s.m.* e *f.* [pl.m. *-sti*] persona che fa abuso abituale di bevande alcoliche; alcolizzato, etilista.
alcolizzare [al-co-liʒ-ʒà-re] *v.tr.* **1** rendere alcolico **2** intossicare con abuso di bevande alcoliche ♦ **alcolizzarsi** *v.rifl.* diventare alcolizzato.
alcolizzato [al-co-liʒ-ʒà-to] *agg.* e *s.m.* [f. *-a*] che/chi è affetto da alcolismo.
alcool→ **alcol**.
alcova [al-cò-va] *s.f.* **1** parte di una stanza, separata da un arco e chiusa da tendaggi, ove si collocava il letto **2** (*fig.*, *lett.*) la camera da letto, il letto stesso, come luogo d'intimità amorosa.
alcunché [al-cun-ché] *pron.indef.* (*lett.*) qualche cosa | (*in frasi negative*) nulla: *non c'è — di sospetto.*
alcuno [al-cù-no] *agg.* e *pron.indef.* [al sing. si usa solo in frasi negative] indica una quantità indeterminata ma limitata, talora in correlazione con *altri, altre*: *alcuni di voi*; *alcuni sono morti, altri si sono salvati* | (*in frasi negative*) nessuno: *senza alcun timore*; *non c'era —*.
aldeide [al-dèi-de] *s.f.* (*chim.*) composto organico derivante da taluni alcoli.
aldilà [al-di-là] *s.m.* ciò che sta oltre questo mondo, dopo la morte; vita ultraterrena: *credere nell'—*.
alé [a-lé] *inter.* (*fam.*) espressione di incoraggiamento e di esortazione.
alea [à-lea] *s.f.* **1** (*lett.*) sorte incerta, rischio: *correre l'—* **2** (*dir.*) margine di rischio insito in ogni contratto.
aleatico [a-le-à-ti-co] *s.m.* [pl. *-ci*] varietà di uva nera a grossi acini | il vino rosso, dolce e liquoroso che se ne ricava.
aleatorietà [a-le-a-to-rie-tà] *s.f.* carattere aleatorio.
aleatorio [a-le-a-tò-rio] *agg.* che è soggetto alla sorte; incerto, imprevedibile: *un progetto —* | *contratto —*, (*dir.*) quello le cui le parti, nell'atto di stipularlo, sanno che comporta un margine di rischio non prevedibile.
aleggiare [a-leg-già-re] *v.intr.* [*io aléggio ecc.*; aus. *avere*] (*lett.*) **1** battere le ali leggermente **2** essere diffuso, manifestarsi in modo indefinibile: *aleggia un senso di mistero.*
alemanno [a-le-màn-no] *agg.* e *s.m.* [f. *-a*] **1** appartenente a un'antica popolazione germanica **2** (*lett.*) tedesco, germanico.
alerione [a-le-rió-ne] *s.m.* (*arald.*) aquilotto privo di artigli e di rostro.
alesaggio [a-le-ʃàg-gio] *s.m.* (*mecc.*) **1** diametro interno del cilindro dei motori alternativi **2** alesatura.
alesare [a-le-ʃà-re] *v.tr.* [*io alèʃo ecc.*] (*mecc.*) lavorare la superficie di un foro con l'alesatore, manualmente o su una macchina utensile (alesatrice, tornio, trapano).
alesatore [a-le-ʃa-tó-re] *s.m.* **1** [f. *-trice*] operaio addetto all'alesatura **2** (*mecc.*) utensile a taglienti multipli usato per la finitura superficiale di fori.
alesatrice [a-le-ʃa-trì-ce] *s.f.* (*mecc.*) macchina usata per alesare.
alesatura [a-le-ʃa-tù-ra] *s.f.* (*mecc.*) operazione dell'alesare.
alessandrino [a-les-san-drì-no] *agg.* **1** di Alessandria d'Egitto; in particolare, della civiltà ellenistica che ebbe come centro Alessandria (secc. IV-I a.C.): *età alessandrina* **2** (*estens.*) si dice di stile preziosamente ricercato.
aletta [a-lét-ta] *s.f.* **1** piccolo ciuffo di penne dietro l'angolo dell'ala degli uccelli **2** pinna dei pesci **3** elemento a forma di ala che sporge dalla superficie di una macchina o di un altro oggetto: *le alette di una bomba.*
alettare [a-let-tà-re] *v.tr.* [*io alétto ecc.*] fornire di alette un pezzo meccanico.
alettatura [a-let-ta-tù-ra] *s.f.* **1** operazione dell'alettare **2** l'insieme delle alette disposte intorno a un pezzo meccanico.
alettone [a-let-tó-ne] *s.m.* **1** (*aer.*) nell'ala, parte mobile e manovrabile che regola l'assetto trasversale del velivolo **2** (*aut.*) piano orizzontale applicato a castello sulla parte posteriore delle automobili da corsa per migliorarne l'aderenza al suolo.
aleurone [a-leu-ró-ne] *s.m.* (*chim.*) sostanza di natura proteica presente in molti semi; glutine.
alfa [àl-fa] *s.m.invar.* nome della prima lettera dell'alfabeto greco, corrispondente ad *a* nell'alfabeto latino: *l'— e l'omega*, (*fig.*) il principio e la fine | *— privativo*, (*gramm.*) la vocale greca in funzione di prefisso, che dà senso negativo alla parola cui si unisce | Usato come *agg.invar.*: *particelle, raggi —*, (*fis.*) nuclei di elio emessi da sostanze radioattive.
alfabeta [al-fa-bè-ta] *agg.* e *s.m.* e *f.* [pl.m. *-ti*] che/chi sa leggere e scrivere.
alfabetario [al-fa-be-tà-rio] *s.m.* serie di tavolette che recano stampate le lettere dell'alfabeto (usate in passato a scopo didattico).
alfabetico [al-fa-bè-ti-co] *agg.* [pl.m. *-ci*] dell'alfabeto: *lettera alfabetica*; *ordine —*, disposto secondo le lettere dell'alfabeto □ **alfabeticamente** *avv.* in ordine alfabetico: *schede disposte —*.
alfabetismo [al-fa-be-tì-ʃmo] *s.m.* (*non com.*) il saper leggere e scrivere.
alfabetizzare [al-fa-be-tiʒ-ʒà-re] *v.tr.* **1** istruire qlcu. a leggere e scrivere | diffondere l'alfabetismo **2** mettere in ordine alfabetico.
alfabetizzazione [al-fa-be-tiʒ-ʒa-zió-ne] *s.f.* azione dell'alfabetizzare.
alfabeto [al-fa-bè-to] *s.m.* serie di segni grafici (lettere), elencati in un ordine preciso, che rappresentano ognuno un suono di una determinata lingua: *— latino, greco* | *— Morse*, alfabeto costi-

tuito da punti e linee, usato per trasmissioni radiotelegrafiche.

alfana [al-fà-na] *s.f.* cavallo arabo robusto e focoso.

alfanumerico [al-fa-nu-mè-ri-co] *agg.* [pl.m. *-ci*] (*inform.*) si dice di codice o messaggio costituito da lettere e numeri contemporaneamente.

alfiere[1] [al-fiè-re] *s.m.* **1** portabandiera **2** (*fig.*) chi sostiene per primo o con più impegno una dottrina: *Mazzini fu l'— dell'europeismo.*

alfiere[2] *s.m.* uno dei pezzi del gioco degli scacchi.

alfine [al-fì-ne] *avv.* (*lett.*) alla fine, finalmente.

alga [àl-ga] *s.f.* forma vegetale di struttura cellulare molto semplice, che vive nell'acqua o in ambienti umidi.

algebra [àl-ge-bra] *s.f.* **1** branca della matematica nella quale le operazioni e le relazioni aritmetiche sono generalizzate mediante simboli che rappresentano numeri **2** (*fig. fam.*) cosa complicata, astrusa: *questo libro è — per me!*

algebrico [al-gè-bri-co] *agg.* [pl.m. *-ci*] proprio dell'algebra; che richiede l'impiego dell'algebra: *equazione algebrica*, quella riducibile a un polinomio eguagliato a zero □ **algebricamente** *avv.* con i procedimenti dell'algebra.

algerino [al-ge-rì-no] *agg.* dell'Algeria o di Algeri ♦ *s.m.* [f. *-a*] chi è nato nell'Algeria o in Algeri.

algesia [al-ge-ʃì-a] *s.f.* (*med.*) sensibilità al dolore.

alghicida [al-ghi-cì-da] *s.m.* [pl. *-di*] prodotto chimico che distrugge le alghe | Anche *agg.*: *prodotto —.*

algia [al-gì-a] *s.f.* (*med.*) dolore circoscritto, localizzato.

-algia secondo elemento di composti della terminologia medica, che significa 'dolore' (*nevralgia*).

algido [àl-gi-do] *agg.* **1** (*lett.*) freddo, gelato **2** (*med.*) si dice di stato patologico che comporta forte abbassamento della temperatura superficiale.

algina [al-gì-na] *s.f.* (*chim.*) colloide ricavato dalle alghe.

algo-[1] primo elemento di composti della terminologia botanica, che significa 'alga' (*algocoltura*).

algo-[2] primo elemento di composti della terminologia medica, che significa 'dolore, doloroso' (*algofilia*).

algocoltura [al-go-col-tù-ra] *s.f.* coltura industrializzata delle alghe.

algofilia [al-go-fi-lì-a] *s.f.* (*psicol.*) tendenza patologica a ricercare il piacere in sensazioni fisiche dolorose.

algologia[1] [al-go-lo-gì-a] *s.f.* ramo della botanica che studia le alghe.

algologia[2] *s.f.* disciplina medica che studia le cause e le terapie del dolore.

algonchiano [al-gon-chià-no] *agg.* (*geol.*) si dice del più recente dei due periodi in cui si suddivide l'era archeozoica, e di ciò che risale a esso: *roccia algonchiana* ♦ *s.m.* periodo algonchiano.

algonchino [al-gòn-chi-no *o* algonchìno] *agg.* e *s.m.* [f. *-a*] che/chi appartiene a una delle più grandi famiglie linguistiche indigene dell'America settentrionale.

algoritmico [al-go-rìt-mi-co] *agg.* [pl.m. *-ci*] (*mat.*) relativo ad algoritmo.

algoritmo [al-go-rìt-mo] *s.m.* (*mat.*) procedimento sistematico di calcolo | (*inform.*) serie di operazioni logiche e algebriche, espresse in linguaggio comprensibile all'elaboratore, la cui sequenza costituisce un programma.

algoso [al-gó-so] *agg.* ricoperto, pieno di alghe: *il fondo — di uno stagno.*

aliante [a-li-àn-te] *s.m.* velivolo senza motore, che decolla al traino di un aeroplano o di un autoveicolo e sale in quota sfruttando correnti d'aria ascendenti.

aliantista [a-li-an-tì-sta] *s.m.* e *f.* [pl.m. *-sti*] chi vola in aliante.

alias [/ 'aljas /] *avv.* (*lat.*) altrimenti detto: *Giuseppe Balsamo, — Cagliostro.*

alibi [à-li-bi] *s.m.* **1** (*dir.*) argomento di difesa con cui un accusato cerca di provare di essersi trovato, al momento del reato, in un luogo diverso da quello in cui il reato stesso veniva compiuto **2** (*fig.*) scusa, pretesto: *— morale.*

alice [a-lì-ce] *s.f.* acciuga: *alici sott'olio.*

alidada [a-li-dà-da] *s.f.* indice mobile che, scorrendo sul cerchio graduato di un goniometro, permette di misurare l'apertura di un angolo.

alienabile [a-lie-nà-bi-le] *agg.* (*dir.*) che si può alienare.

alienabilità [a-lie-na-bi-li-tà] *s.f.* (*dir.*) l'essere alienabile.

alienante [a-lie-nàn-te] *s.m.* e *f.* (*dir.*) chi aliena.

alienare [a-lie-nà-re] *v.tr.* [*io alièno ecc.*] **1** (*dir.*) trasmettere ad altri la titolarità di un bene o di un diritto; vendere **2** (*fig.*) allontanare da sé, perdere (qlco. di positivo): *alienarsi le simpatie di tutti* ♦ **alienarsi** *v.rifl.* estraniarsi: *— dalla realtà* | (*sociol.*) vivere in una condizione di alienazione.

alienato [a-lie-nà-to] *s.m.* [f. *-a*] (*psich.*) persona affetta da alienazione mentale.

alienazione [a-lie-na-zió-ne] *s.f.* **1** (*dir.*) trasferimento ad altri della titolarità di un bene; vendita **2** *— mentale*, (*psich.*) infermità mentale **3** (*sociol.*) lo stato di disagio di cui soffrirebbe l'uomo nelle moderne società industriali.

alienista [a-lie-nì-sta] *s.m.* e *f.* [pl.m. *-sti*] medico specialista di malattie mentali.

alieno [a-liè-no] *agg.* **1** contrario, avverso: *un uomo — da compromessi* **2** (*lett.*) che appartiene ad altri; estraneo ♦ *s.m.* [f. *-a*] nel linguaggio della fantascienza, extraterrestre.

alifatico [a-li-fà-ti-co] *agg.* [pl.m. *-ci*] (*chim.*) si dice di idrocarburo saturo i cui atomi di carbonio sono legati fra loro in catena aperta lineare o ramificata.

aligero [a-lì-ge-ro] *agg.* (*lett.*) che ha le ali, alato.

alighiero [a-li-ghiè-ro] *s.m.* (*mar.*) asta di legno fornita di un gancio per l'attracco manuale delle imbarcazioni.

alimentare[1] [a-li-men-tà-re] *v.tr.* [*io alimènto ecc.*] **1** nutrire, cibare: *— un bambino* | (*fig.*) tener vivo, fomentare: — *l'odio, la speranza* 2 fornire a una macchina o a un congegno l'energia, il materiale o il combustibile necessari per il funzionamento: — *una radio con le pile*; — *il fuoco*, mantenerlo vivo ♦ **alimentarsi** *v.rifl.* nutrirsi (anche *fig.*): — *con cibi sani*; — *di speranze.*

alimentare[2] *agg.* 1 che serve al nutrimento: *sostanza* — 2 relativo agli alimenti: *sofisticazione* — ♦ *s.m.pl.* generi di alimentazione (cibi e bevande): *negozio di alimentari.*

alimentarista [a-li-men-ta-rì-sta] *s.m.* e *f.* [pl.m. *-sti*] 1 commerciante di generi alimentari 2 studioso dell'alimentazione.

alimentatore [a-li-men-ta-tó-re] *agg.* [f. *-trice*] che alimenta ♦ *s.m.* dispositivo che regola l'afflusso di combustibile, energia o di altro materiale a caldaie, motori, macchine operatrici.

alimentazione [a-li-men-ta-zió-ne] *s.f.* 1 l'alimentare, l'alimentarsi; il modo di alimentarsi: — *abbondante, povera* 2 erogazione di energia, carburante o altro materiale per il funzionamento di macchine operatrici o motrici: — *a benzina, elettrica.*

alimento [a-li-mén-to] *s.m.* 1 sostanza utilizzabile da un organismo vivente per il proprio sostentamento; cibo: — *ricco di proteine* | *trarre* —, alimentarsi 2 (*fig.*) ciò che vivifica, dà forza: — *dello spirito* 3 *pl.* (*dir.*) mezzi di sussistenza dovuti per legge da parenti o affini a persone non in grado di mantenersi da sole.

alinea [a-lì-nea] *s.m.invar.* (*dir.*) capoverso di un articolo di legge | (*estens.*) comma.

aliquota [a-lì-quo-ta] *s.f.* 1 una delle porzioni in cui è stata divisa una quantità; quota parte 2 nel linguaggio fiscale, misura dell'imposta espressa in percentuale dell'imponibile: *un'— del 31%*; — *progressiva*, che aumenta in proporzione all'aumento dell'imponibile.

aliscafo [a-li-scà-fo] *s.m.* imbarcazione a motore provvista di ali portanti immerse, che oltre una data velocità consentono allo scafo di sollevarsi sul pelo dell'acqua.

aliseo [a-li-ʃè-o] *agg.* e *s.m.* (spec. *pl.*) vento costante che spira dai tropici verso l'equatore.

alitare [a-li-tà-re] *v.intr.* [*io àlito ecc.*; aus. *avere*] (*lett.*) 1 emettere l'alito, il fiato | (*fig.*) articolare parola: *nessuno alitava* 2 (*estens.*) soffiare lievemente, detto del vento.

alito [à-li-to] *s.m.* 1 fiato emesso in modo leggero; respiro: — *cattivo, pesante* 2 (*fig.*) lieve soffio: *un — di vento.*

alitosi [a-li-tò-ʃi] *s.f.* (*med.*) cattivo odore dell'alito.

alla [àl-la] *prep.art.f.sing.* composta da *a* e *la.*

allacciamento [al-lac-cia-mén-to] *s.m.* 1 l'allacciare (anche *fig.*) 2 collegamento alla rete di un servizio pubblico: — *telefonico.*

allacciare [al-lac-cià-re] *v.tr.* [*io allàccio ecc.*] 1 stringere con lacci; legare insieme: — *le scarpe* | (*estens.*) affibbiare: — *le cinture di sicurezza* 2 (*tecn.*) effettuare un allacciamento: — *la corrente* 3 (*fig.*) stringere rapporti o relazioni umane: — *un'amicizia.*

allacciatura [al-lac-cia-tù-ra] *s.f.* 1 l'allacciare 2 chiusura di un abito con lacci, bottoni o altro tipo di fermagli.

allaccio [al-làc-cio] *s.m.* allacciamento di linee telefoniche, condutture e altri servizi pubblici.

allagamento [al-la-ga-mén-to] *s.m.* l'allagare, l'essere allagato; inondazione.

allagare [al-la-gà-re] *v.tr.* [*io allago, tu allaghi ecc.*] invadere d'acqua una superficie; inondare: *il fiume ha allagato i campi* ♦ **allagarsi** *v.intr.pron.* riempirsi d'acqua: *si è allagata la cantina.*

allampanato [al-lam-pa-nà-to] *agg.* si dice di persona alta e magrissima.

allantoide [al-lan-tòi-de] *s.f.* (*biol.*) annesso embrionale di mammiferi, uccelli e rettili, con funzione respiratoria o escretoria.

allappare [al-lap-pà-re] *v.tr.* (*region.*) di frutti aspri o acerbi, allegare i denti, la lingua, il palato (anche *assol.*).

allargamento [al-lar-ga-mén-to] *s.m.* l'allargare, l'allargarsi; ampliamento.

allargare [al-lar-gà-re] *v.tr.* [*io allargo, tu allarghi ecc.*] 1 rendere largo o più largo: — *un foro, un abito* | disporre a maggior distanza: — *i vasi sul davanzale* 2 (*fig.*) estendere, ampliare: — *le ricerche* ♦ *v.intr.* [aus. *avere*] tenersi largo, scostarsi da qlco. ♦ **allargarsi** *v.rifl.* o *intr.pron.* 1 diventare più largo (anche *fig.*): *qui la strada si allarga*; *mi si allarga il cuore*, provo consolazione, sollievo 2 estendere gli spazi a propria disposizione: *potete allargarvi a tavola.*

allargatubi [al-lar-ga-tù-bi] *s.m.* (*mecc.*) attrezzo usato per allargare l'imboccatura di tubi metallici; mandrino.

allargatura [al-lar-ga-tù-ra] *s.f.* l'allargare; il punto in cui una cosa è stata o si è allargata.

allarmante [al-lar-màn-te] *agg.* che suscita apprensione; preoccupante: *notizia* —.

allarmare [al-lar-mà-re] *v.tr.* mettere in allarme, in apprensione ♦ **allarmarsi** *v.rifl.* mettersi in ansia, spaventarsi: — *per un ritardo.*

allarme [al-làr-me] *s.m.* 1 (*mil.*) ordine gridato ai soldati perché prendano le armi; segnale con cui si dà quest'ordine: *dare, suonare l'*— | *stato di* —, predisposizione all'intervento operativo in casi di pericolo militare o civile 2 (*fig.*) timore, ansia: *mettere in* —.

allarmismo [al-lar-mì-ʃmo] *s.m.* tendenza ad allarmarsi, anche senza fondamento.

allarmista [al-lar-mì-sta] *s.m.* e *f.* [pl.m. *-sti*] chi diffonde notizie allarmanti.

allarmistico [al-lar-mì-sti-co] *agg.* [pl.m. *-ci*] che allarma, che mira ad allarmare.

allascare [al-la-scà-re] *v.tr.* [*io allasco, tu allaschi ecc.*] (*mar.*) allentare un cavo, una corda o altro che sia teso.

allato [al-là-to], o a lato, *avv.* (*lett.*) accanto, di fianco.

allattamento [al-lat-ta-mén-to] *s.m.* l'allattare,

l'essere allattato: — *materno*; — *artificiale*, con latte animale fresco o con farine lattee da sciogliere in acqua.
allattare [al-lat-tà-re] *v.tr.* nutrire un neonato col proprio latte (detto anche di animali).
alle [àl-le] *prep.art.f.pl.* composta da *a* e *le*.
alleanza [al-le-àn-za] *s.f.* **1** patto di aiuto reciproco tra due o più stati in caso di guerra: *stringere, rompere un'*— **2** (*estens.*) accordo, coalizione: *l'— delle forze democratiche*.
allearsi [al-le-à-r-si] *v.tr.* [*io mi allèo ecc.*] *v.rifl.* o *rifl.rec.* fare alleanza, unirsi in alleanza: — *con* (o *a*) *qlcu.*
alleato [al-le-à-to] *agg.* che ha stretto un patto di alleanza: *eserciti alleati* ♦ *s.m.* [f. *-a*] chi ha fatto un'alleanza: *un — leale* | *gli Alleati*, nell'ultima guerra mondiale, francesi, inglesi, sovietici, statunitensi e gli altri popoli uniti contro la Germania nazista.
allegare [al-le-gà-re] *v.tr.* [*io allégo, tu alléghi ecc.*] **1** unire, accludere: — *un documento a una lettera* **2** produrre una sensazione spiacevole per cui sembra di avere i denti legati; allappare: *il limone allega i denti* ♦ *v.intr.* [aus. *avere*] (*bot.*) trasformarsi in frutto, detto di fiore.
allegato [al-le-gà-to] *agg.* accluso, unito ♦ *s.m.* documento unito a una pratica, a una lettera.
alleggerimento [al-leg-ge-ri-mén-to] *s.m.* l'alleggerire, l'essere alleggerito.
alleggerire [al-leg-ge-rì-re] *v.tr.* [*io alleggerisco, tu alleggerisci ecc.*] **1** rendere leggero o più leggero: — *un carico* | (*fig.*) rendere più sopportabile: — *un dolore* **2** sgravare in parte di un carico o di un compito oneroso: — *di una parte di lavoro* | (*scherz.*) derubare: — *qlcu. del portafoglio* ♦ **alleggerirsi** *v.rifl.* **1** svestirsi degli indumenti più pesanti **2** sgravarsi (spec. *fig.*): *confessando si alleggerì dei rimorsi*.
allegoria [al-le-go-rì-a] *s.f.* **1** procedimento retorico consistente nell'esprimere un concetto mediante un'immagine simbolica **2** (*estens.*) quadro o statua che raffigura un'idea astratta; personificazione.
allegorico [al-le-gò-ri-co] *agg.* [pl.m. *-ci*] relativo all'allegoria, contenente un'allegoria; espresso per allegoria: *significato* — □ **allegoricamente** *avv.*
allegorismo [al-le-go-rì-ʃmo] *s.m.* **1** il sistema delle allegorie presenti in un'opera: *l'— della Divina Commedia* **2** uso frequente dell'allegoria.
allegorizzare [al-le-go-riʒ-ʒà-re] *v.tr.* esprimere, rappresentare mediante allegoria ♦ *v.intr.* [aus. *avere*] usare allegorie.
allegretto [al-le-grét-to] *s.m.* (*mus.*) movimento un po' più lento dell'allegro, ma più rapido dell'andante.
allegrezza [al-le-gréz-za] *s.f.* sentimento di letizia che traspare negli atti e nelle parole.
allegria [al-le-grì-a] *s.f.* gioia, gaiezza; manifestazione di uno stato d'animo felice: *mettere* — | —*!*, esclamazione di gioia o di buon augurio.
allegro [al-lé-gro] *agg.* **1** che ha, che dimostra allegria; lieto, gioioso: *un bambino sempre* — | che dà allegria, vivace: *musica allegra* **2** leggero, irresponsabile: *finanza allegra*, cattiva amministrazione **3** (*scherz.*) brillo, alticcio ♦ *s.m.* (*mus.*) movimento piuttosto veloce, ma non rapido □ **allegramente** *avv.*
allegrone [al-le-gró-ne] *s.m.* [f. *-a*] (*fam.*) persona solitamente allegra e che ispira allegria; buontempone.
alleluia [al-le-lù-ia] *inter.* esclamazione di giubilo, di gioia ♦ *s.m.invar.* (*lit.*) espressione o canto di gioia, di lode a Dio: *intonare l'—*.
allenamento [al-le-na-mén-to] *s.m.* l'allenare, l'allenarsi, specialmente in uno sport: *essere, mantenersi in* —, in forma atletica; *essere fuori* —, aver perso la forma.
allenare [al-le-nà-re] *v.tr.* [*io alléno ecc.*] **1** rendere adatto, con l'esercizio, a determinate prove; addestrare, preparare: — *la memoria, i muscoli* **2** (*sport*) preparare a una competizione con esercizi sistematici: — *una squadra* ♦ **allenarsi** *v.rifl.* **1** tenersi in esercizio; addestrarsi **2** (*sport*) prepararsi fisicamente e tecnicamente a una competizione: — *nella corsa*.
allenatore [al-le-na-tó-re] *s.m.* (*sport*) [f. *-trice*] chi per professione allena una squadra o un atleta.
allentamento [al-len-ta-mén-to] *s.m.* l'allentare, l'allentarsi.
allentare [al-len-tà-re] *v.tr.* [*io allènto ecc.*] **1** rendere più lento, meno teso, meno stretto: — *una vite, un nodo* | — *i cordoni della borsa*, (*fig.*) mostrarsi generoso | — *il freno*, (*fig.*) la disciplina **2** attenuare, mitigare: — *la sorveglianza* **3** (*fam.*) dare, sferrare: — *un calcio* ♦ **allentarsi** *v.intr.pron.* divenire meno stretto (anche *fig.*): *i loro rapporti si sono allentati*.
allergene [al-ler-gè-ne] *s.m.* (*med.*) ogni sostanza che provoca uno stato di allergia.
allergia [al-ler-gì-a] *s.f.* **1** (*med.*) ipersensibilità di un organismo a determinate sostanze, che si manifesta con reazioni patologiche: — *alla polvere, per il latte* **2** (*fig. scherz.*) insofferenza, avversione.
allergico [al-lèr-gi-co] *agg.* [pl.m. *-ci*] **1** (*med.*) che ha attinenza con l'allergia, provocato da allergia: *raffreddore* — **2** (*fig. scherz.*) insofferente, intollerante: *essere — allo studio* ♦ *agg.* e *s.m.* [f. *-a*] che/chi soffre d'allergia □ **allergicamente** *avv.*
allergo- primo elemento di composti della terminologia medica, che significa 'allergia' o che ha relazione con essa.
allergologia [al-ler-go-lo-gì-a] *s.f.* (*med.*) disciplina che studia i fenomeni allergici.
allergologo [al-ler-gò-lo-go] *s.m.* [f. *-a*; pl.m. *-gi*] (*med.*) specialista in allergologia.
allergopatia [al-ler-go-pa-tì-a] *s.f.* (*med.*) malattia allergica.
allerta [al-lér-ta *o* allèrta], o **all'erta**, *inter.* (*mil.*) grido con cui le sentinelle si esortavano vicendevolmente a stare in guardia | (*estens.*) esortazione

a stare attenti ♦ *avv.* in condizioni di vigilanza, di attenzione: *stare —.*
allertamento *s.m.* [al-ler-ta-mén-to] l'allertare, la messa in stato di all'erta.
allertare [al-ler-tà-re] *v.tr.* [*io allérto* o *allèrto ecc.*] mettere in stato di allerta: *— le truppe.*
allestimento [al-le-sti-mén-to] *s.m.* l'operazione di allestire e il suo risultato | *— scenico*, l'insieme delle scene di una rappresentazione teatrale.
allestire [al-le-stì-re] *v.tr.* [*io allestisco, tu allestisci ecc.*] preparare, approntare: *— una spedizione* | *— una nave*, corredarla delle attrezzature di bordo; armarla.
allettamento [al-let-ta-mén-to] *s.m.* l'allettare, l'essere allettato | ciò che alletta; richiamo, lusinga: *gli allettamenti dei sensi.*
allettante [al-let-tàn-te] *agg.* che alletta, che attira; invitante: *offerta —.*
allettare[1] [al-let-tà-re] *v.tr.* [*io allètto ecc.*] attrarre, sedurre; invogliare: *— qlcu. con false promesse.*
allettare[2] *v.tr.* [*io allètto ecc.*] **1** costringere a letto: *la febbre lo ha allettato* **2** (*edil.*) stendere uno strato di malta su una superficie per potervi disporre piastrelle o mattonelle.
allevamento [al-le-va-mén-to] *s.m.* **1** il complesso delle cure per far crescere un bambino **2** (*zootec.*) l'insieme delle pratiche con cui si allevano specie animali: *polli d'—* | (*estens.*) luogo, impianto destinato a un allevamento; l'insieme degli animali allevati: *l'epidemia ha decimato l'—.*
allevare [al-le-và-re] *v.tr.* [*io allèvo ecc.*] **1** prestare a un bambino le cure necessarie al nutrimento e alla crescita | (*fig.*) educare: *— bene i propri figli* **2** curare la crescita e la riproduzione di specie animali: *— bachi da seta.*
allevatore [al-le-va-tó-re] *s.m.* [f. *-trice*] chi alleva bestiame.
alleviamento [al-le-via-mén-to] *s.m.* alleggerimento, attenuazione: *— del dolore.*
alleviare [al-le-vià-re] *v.tr.* [*io allèvio ecc.*] rendere più lieve; attenuare: *— una sofferenza.*
allibire [al-li-bì-re] *v.intr.* [*io allibisco, tu allibisci ecc.*; aus. *essere*] impallidire per paura, stupore ecc.; restare sbalordito, sconcertato.
allibito [al-li-bì-to] *agg.* sbalordito, sconcertato: *restare —.*
allibramento [al-li-bra-mén-to] *s.m.* (*fin.*) registrazione su un libro di un'operazione finanziaria.
allibrare [al-li-brà-re] *v.tr.* (*fin.*) registrare su un libro di conti.
allibratore [al-li-bra-tó-re] *s.m.* [f. *-trice*] chi, negli ippodromi e nei cinodromi, accetta scommesse sul risultato delle corse; bookmaker.
allietare [al-lie-tà-re] *v.tr.* [*io allièto ecc.*] rendere lieto, rallegrare ♦ **allietarsi** *v.rifl.* o *intr.pron.* divenire lieto, rallegrarsi.
allievo [al-liè-vo] *s.m.* chi viene educato, ammaestrato in un'arte o in una disciplina | militare che viene addestrato a una specialità o che frequenta un corso di preparazione a un grado: *— ufficiale.*
alligatore [al-li-ga-tó-re] *s.m.* rettile anfibio simile al coccodrillo, ma con muso più schiacciato, che vive nei fiumi nordamericani e asiatici.
allignare [al-li-gnà-re] *v.intr.* [aus. *avere*] mettere radici, attecchire, radicarsi (anche *fig.*): *la palma alligna nei paesi caldi*; *un'usanza che non ha allignato.*
allineamento [al-li-ne-a-mén-to] *s.m.* l'allineare, l'allinearsi, l'essere allineato; l'insieme degli elementi allineati: *un — di soldati* | *— dei prezzi, dei salari*, il loro adeguamento a una situazione economica variata.
allineare [al-li-ne-à-re] *v.tr.* [*io allìneo ecc.*] **1** disporre in fila sulla stessa linea; schierare: *— i soldati per la sfilata* **2** portare a uno stesso livello; pareggiare ♦ **allinearsi** *v.rifl.* **1** mettersi in fila; schierarsi **2** (*fig.*) adeguarsi, conformarsi: *— a una direttiva.*
allineato [al-li-ne-à-to] *agg.* che è in fila, in linea; schierato □ **allineatamente** *avv.*
allitterazione [al-lit-te-ra-zió-ne] *s.f.* (*ling.*) procedimento stilistico che consiste nella ripetizione di suoni o sillabe uguali o simili all'inizio di due o più parole successive (p.e.: *luce lucente*).
allo [àl-lo] *prep.art.m.sing.* composta da *a* e *lo*.
allo- primo elemento di parole composte, che significa diversità o differenziazione (*alloglotto*).
allobrogo [al-lò-bro-go] *agg.* [pl.m. *-gi* o *-ghi*] dell'antico popolo celtico stanziato nella Gallia Narbonese ♦ *s.m.* [f. *-a*] appartenente alla popolazione allobroga.
allocare [al-lo-cà-re] *v.tr.* [*io allòco ecc.*] nel linguaggio economico e tecnico, assegnare, ripartire.
allocazione[1] [al-lo-ca-zió-ne] *s.f.* somma stanziata per premiare i vincitori di una gara ippica.
allocazione[2] *s.f.* **1** (*econ.*) ripartizione di beni, risorse per usi diversi **2** (*inform.*) assegnazione di aree di memoria a un programma.
allocco [al-lòc-co] *s.m.* [pl. *-chi*] **1** uccello rapace notturno con occhi grandi e rotondi e piumaggio bruno **2** [f. *-a*] (*fig.*) persona stupida | *rimanere come un —*, stupito e attonito.
alloctono [al-lòc-to-no] *agg.* (*geol.*) si dice di rocce o depositi minerali che non si sono formati nel luogo dove si trovano, ma vi sono stati trasportati da agenti esterni.
allocutivo [al-lo-cu-tì-vo] *agg.* proprio dell'allocuzione | *pronomi allocutivi*, (*ling.*) i pronomi con cui ci si rivolge all'interlocutore.
allocutorio [al-lo-cu-tò-rio] *agg.* (*ling.*) allocutivo.
allocuzione [al-lo-cu-zió-ne] *s.f.* (*lett.*) discorso solenne.
allodiale [al-lo-dià-le] *agg.* (*dir.*) incluso nell'allodio: *beni allodiali.*
allodio [al-lò-dio] *s.m.* (*dir.*) nel Medioevo, proprietà libera da vincoli e tributi feudali.
allodola [al-lò-do-la] *s.f.* piccolo uccello canoro con piumaggio color terra, becco appuntito e lunga unghia posteriore.
allogeno [al-lò-ge-no] *agg.* e *s.m.* [f. *-a*] che/chi appartiene a un diverso gruppo etnico.

alloggiamento [al-log-gia-mén-to] *s.m.* **1** (*mil.*) luogo in cui prendono dimora i militari; alloggio | accampamento **2** (*mecc.*) incavo, foro, scanalatura entro cui deve trovare posto un pezzo.

alloggiare [al-log-già-re] *v.tr.* [*io allòggio ecc.*] dare alloggio a qlcu.; ospitare: — *i parenti in casa propria*; *essere bene, male alloggiato* | (*mil.*) accantonare, sistemare in un luogo: — *la truppa nei cascinali*.

alloggio [al-lòg-gio] *s.m.* **1** luogo in cui si dimora; abitazione, casa: *cercare, trovare* — **2** (*mil.*) dimora stabile od occasionale di militari: *requisire alloggi per le truppe* **3** (*mar.*) cabina: — *di terza classe*.

alloglotto [al-lo-glòt-to] *agg.* di lingua diversa da quella ufficiale o prevalente in un paese: *popolazioni alloglotte* ♦ *s.m.* [f. *-a*] chi è alloglotto.

allontanamento [al-lon-ta-na-mén-to] *s.m.* l'allontanare, l'allontanarsi, l'essere allontanato.

allontanare [al-lon-ta-nà-re] *v.tr.* **1** mandare via, portare lontano; tenere distante: — *una persona, un pericolo*; *un atteggiamento che allontana* **2** esonerare da un incarico: — *qlcu. dal lavoro* | — *un allievo da scuola*, sospenderlo ♦ **allontanarsi** *v.intr.pron.* andare lontano; distaccarsi: — *dagli affetti familiari* | assentarsi: — *un momento*.

allopatia [al-lo-pa-tì-a] *s.f.* (*med.*) terapia basata su rimedi che provocano effetti contrari a quelli causati dalla malattia (si contrappone a *omeopatia*).

allopatico [al-lo-pà-ti-co] *agg.* [pl.m. *-ci*] (*med.*) relativo all'allopatia | *medico* —, che pratica cure allopatiche.

allora [al-ló-ra] *avv.* in quel momento (riferito al passato o al futuro): — *non me ne resi conto*; *devi vederlo, solo* — *capirai* | — —, proprio in quel momento: *era arrivato* — — | — *come* —, sul momento: — *come* — *non seppi rispondere* | *d'*—, di quel tempo: *dove sono gli amici d'*—? | *da* —, *da* — *in poi*, da quel momento | *fino ad* —, *fino* —, fino a quel momento | *fin da* —, fin da quel momento ♦ Come *agg.invar.* di quel tempo, di quell'epoca (si premette al nome): *l'*— *presidente respinse l'istanza* ♦ *cong.* in tal caso: *se pensi questo,* — *è inutile discutere*.

allorché [al-lor-ché] *cong.* (*lett.*) quando, nel momento in cui (introduce prop. temporali con il verbo all'indicativo): — *lo vide, si commosse*.

alloro [al-lò-ro] *s.m.* **1** albero alto fino a dieci metri con foglie aromatiche sempreverdi; è simbolo di fama e gloria **2** le fronde e le foglie dell'albero: *cucinare il maiale con l'*—; *corona d'*— | (*fig.*) vittoria, trionfo; gloria: *conquistare l'*— *olimpico* | *riposare sugli allori*, adagiarsi su un successo.

allorquando [al-lor-quàn-do] *cong.* (*lett.*) allorché.

allotrapianto [al-lo-tra-piàn-to] *s.m.* (*med.*) trapianto di tessuti appartenenti ad altra specie animale.

allotropia [al-lo-tro-pì-a] *s.f.* **1** (*chim.*) proprietà degli allotropi **2** (*ling.*) presenza nella lingua di parole che sono diverse per forma o significato, ma hanno lo stesso etimo.

allotropo [al-lò-tro-po] *s.m.* **1** (*chim.*) elemento o composto che può assumere forme diverse e manifestare differenti proprietà fisiche e chimiche **2** (*ling.*) parola che dà luogo a un'allotropia.

all right [/ ol'rait /] *avv.* (*ingl.*) d'accordo.

alluce [àl-lu-ce] *s.m.* il primo e più grosso dito del piede.

allucinante [al-lu-ci-nàn-te] *agg.* **1** che abbaglia **2** (*fig.*) che provoca una violenta impressione; spaventoso: *visione* — | (*gerg.*) straordinario.

allucinare [al-lu-ci-nà-re] *v.tr.* [*io allùcino ecc.*] **1** abbagliare, alterare la facoltà visiva sino a far vedere ciò che non è **2** (*fig.*) ingannare, indurre in errore.

allucinato [al-lu-ci-nà-to] *agg.* e *s.m.* [f. *-a*] che/chi soffre di allucinazioni; visionario, esaltato.

allucinatorio [al-lu-ci-na-tò-rio] *agg.* (*psich.*) di allucinazione; che dà luogo ad allucinazione: *stato* —.

allucinazione [al-lu-ci-na-zió-ne] *s.f.* **1** (*psich.*) percezione di oggetti o segnali che non esistono **2** (*estens.*) inganno, abbaglio: *avere un'*—.

allucinogeno [al-lu-ci-nò-ge-no] *s.m.* sostanza che, ingerita, iniettata o fumata, agisce sul sistema nervoso centrale, provocando allucinazioni | Anche *agg.*: *sostanze allucinogene*.

alludere [al-lù-de-re] *v.intr.* [pass.rem. *io allusi, tu alludésti ecc.*; part.pass. *alluso*; aus. *avere*] riferirsi a qlco. o a qlcu. in modo coperto o indiretto: *a che cosa vuoi* —?

allume [al-lù-me] *s.m.* (*chim.*) miscela isomorfa di un solfato di metallo trivalente con uno di metallo monovalente | — *di rocca*, solfato di alluminio e potassio cristallizzato in massa vetrosa, usato come astringente in medicina e come mordente in conceria e tintoria.

alluminio [al-lu-mì-nio] *s.m.* elemento chimico di simbolo *Al*; è un metallo grigio argenteo, leggerissimo, duttile e malleabile, ottimo conduttore termico ed elettrico.

allunaggio [al-lu-nàg-gio] *s.m.* atterraggio sul suolo lunare.

allunare[1] [al-lu-nà-re] *v.tr.* (*mar.*) tagliare o curvare a forma di mezzaluna.

allunare[2] *v.intr.* [aus. *avere*] atterrare sul suolo lunare.

allungabile [al-lun-gà-bi-le] *agg.* che si può allungare.

allungamento [al-lun-ga-mén-to] *s.m.* **1** l'allungare, l'allungarsi; estensione **2** (*ling.*) accrescimento della durata di un suono **3** diluizione di una sostanza liquida con acqua o altro liquido.

allungare [al-lun-gà-re] *v.tr.* [*io allungo, tu allunghi ecc.*] **1** rendere lungo o più lungo: — *un vestito*; — *la strada*, percorrere la via più lunga | — *la mano*, (*fig.*) chiedere l'elemosina; — *le mani*, mettere le mani addosso a qlcu. per toccarlo, picchiarlo o derubarlo | — *il collo*, protenderlo per sbirciare | — *gli orecchi*, (*fig.*) ascoltare con attenzione; origliare | — *le gambe*, stenderle **2** (*fam.*) dare, passare: *allungami quel libro* | (*fam.*) sferrare, tirare: — *uno schiaffo* **3** prolungare la durata di qlco.: — *le vacanze* **4** diluire, annacquare: — *il vino* ♦ *v.intr.* [aus. *avere*] (*sport*) effettuare un allungo ♦ **allungarsi** *v.intr.pron.* diventare più lungo: *le giornate si allungano* | (*fam.*) aumentare di statura: *tua figlia si è allungata molto* ♦ *v.rifl.* distendersi, sdraiarsi: — *sul letto*.

allungatura [al-lun-ga-tù-ra] *s.f.* l'operazione dell'allungare | la parte che si aggiunge per allungare.

allungo [al-lùn-go] *s.m.* [pl. *-ghi*] (*sport*) nelle gare di corsa, aumento di velocità effettuato dal corridore | nel calcio, passaggio della palla in avanti | nel pugilato, lunghezza del braccio completamente disteso, quindi colpo vibrato distendendo al massimo il braccio | nella scherma, affondo.

allupato [al-lu-pà-to] *agg.* (*fam.*) affamato (di cibo o di sesso).

allusione [al-lu-ʃió-ne] *s.f.* l'alludere | le parole con cui si allude: — *oscura, chiara*.

allusività [al-lu-ʃi-vi-tà] *s.f.* **1** l'essere allusivo: *l'— di uno sguardo* **2** carattere simbolico, analogico: *l'— di una parabola*.

allusivo [al-lu-ʃì-vo] *agg.* che allude, che contiene allusione: *linguaggio* — □ **allusivamente** *avv.*

alluvionale [al-lu-vio-nà-le] *agg.* **1** di alluvione, relativo ad alluvione **2** (*geol.*) si dice di terreno formato dai depositi lasciati dai fiumi: *pianure alluvionali*.

alluvionato [al-lu-vio-nà-to] *agg.* colpito, danneggiato da alluvione: *territorio* — ♦ *s.m.* [f. *-a*] chi è vittima di un'alluvione.

alluvione [al-lu-vió-ne] *s.f.* **1** vasto allagamento causato dallo straripamento di acque **2** (*geol.*) deposito di detriti trasportati da una corrente fluviale.

alma [àl-ma] *s.f.* (*poet.*) anima.

almanaccare [al-ma-nac-cà-re] *v.intr.* [*io almanàcco, tu almanàcchi ecc.*; aus. *avere*] lambiccarsi il cervello cercando di trovare una soluzione a qlco. | fantasticare, fare castelli in aria.

almanacco [al-ma-nàc-co] *s.m.* [pl. *-chi*] **1** sorta di calendario con informazioni sui principali fenomeni astronomici, notizie e consigli vari **2** (*estens.*) pubblicazione annuale contenente notizie statistiche e di cronaca su una data materia; annuario.

almeno [al-mé-no] *avv.* se non altro, per lo meno: *dovevi — dirmelo*.

alno [àl-no] *s.m.* altro nome dell'ontano | — *nero*, frangola.

alo- primo elemento di composti della terminologia scientifica, che significa 'sale' (*alogeno*) o 'mare' (*alofauna*).

aloe [à-loe] *s.m.invar.* **1** (*bot.*) genere di piante esotiche perenni con foglie carnose, fiori gialli o scarlatti a pannocchia **2** il succo amaro ricavato dalle foglie di alcune di queste piante, usato come medicinale.

alofauna [a-lo-fàu-na] *s.f.* (*biol.*) il complesso degli animali viventi nelle acque salate.

aloflora [a-lo-flò-ra] *s.f.* (*biol.*) il complesso dei vegetali viventi nelle acque salate.

alogeno [a-lò-ge-no] *s.m.* (*chim.*) ognuno dei cinque metalloidi (fluoro, cloro, bromo, iodio e astato) che, combinandosi con metalli, danno sali e, con idrogeno, acidi forti | Come *agg.*: *lampada alogena*, lampada a vapori di iodio ad altissimo potere illuminante.

alogico [a-lò-gi-co] *agg.* [pl.m. *-ci*] (*filos.*) estraneo, ma non necessariamente contrario, ai principi della logica.

alone [a-ló-ne] *s.m.* **1** cerchio luminoso che appare talvolta intorno al Sole o alla Luna | (*estens.*) contorno sfumato (anche *fig.*): *un — di mistero* **2** sfumatura che rende meno nitida un'immagine fotografica **3** zona sbiadita che può formarsi su un tessuto in seguito a una smacchiatura.

alopecia [a-lo-pe-cì-a *o* a-lo-pè-cia] *s.f.* (*med.*) perdita totale o parziale dei capelli o dei peli.

alosa [a-lò-ʃa] *s.f.* grosso pesce marino commestibile, azzurro sul dorso e argenteo sul ventre.

alpaca [àl-pa-ca *o* alpàca] *s.m.invar.* ruminante domestico andino delle dimensioni di una pecora | la lana che se ne ricava.

alpacca [al-pàc-ca] *s.f.* lega di rame, zinco e nichel, di aspetto simile all'argento.

alpe [àl-pe] *s.f.* **1** (*lett.*) montagna; zona di alta montagna **2** alpeggio.

alpeggiare [al-peg-già-re] *v.tr.* [*io alpéggio ecc.*] condurre il gregge all'alpeggio ♦ *v.intr.* [aus. *avere*] stare all'alpeggio.

alpeggio [al-pég-gio] *s.m.* pascolo estivo in alta montagna.

alpenstock [/ alpen'stɔk /] *s.m.invar.* (*ted.*) bastone da montagna con punta ferrata.

alpestre [al-pè-stre] *agg.* proprio dell'alpe o a essa appartenente; montano ♦ *s.m.* liquore a base di erbe aromatiche.

alphorn [/ 'alphɔrn /] *s.m.invar.* (*mus.*; *ted.*) strumento aerofono della famiglia dei corni, costituito da un tubo conico lungo fino a 4 m con padiglione ripiegato ad angolo.

alpicoltura [al-pi-col-tù-ra] *s.f.* studio dello sfruttamento razionale delle zone di alta montagna per il pascolo e la coltivazione.

alpigiano [al-pi-già-no] *agg.* proprio di chi abita le regioni alpine ♦ *s.m.* [f. *-a*] montanaro.

alpinismo [al-pi-nì-ʃmo] *s.m.* lo sport e la tecnica dell'ascensione in montagna.

alpinista [al-pi-nì-sta] *s.m.* e *f.* [pl.m. *-sti*] chi pratica l'alpinismo.

alpinistico [al-pi-nì-sti-co] *agg.* [pl.m. *-ci*] relativo all'alpinismo.

alpino [al-pì-no] *agg.* **1** delle Alpi, che appartiene alle Alpi: *regione alpina* **2** (*estens.*) d'alta montagna, montano | tipico della montagna: *chiesetta alpina* | *sci* —, (*sport*) denominazione complessiva delle tre specialità olimpiche di discesa (discesa libera, slalom speciale e gigante) ♦ *s.m.* militare appartenente al corpo dell'esercito italiano addestrato per operazioni in alta montagna.

alquanto [al-quàn-to] *agg.indef.* che è più di poco e meno di parecchio: *dopo — tempo*; *ci sono alquante persone* ♦ *pron.indef.pl.* un certo numero, diversi: *ne ho comperati alquanti* ♦ *avv.* piuttosto, molto: *sto — meglio.*

alt *inter.* espressione usata per ordinare l'interruzione o l'arresto di un'azione ♦ *s.m.* ordine di arrestarsi, di fermarsi: *intimare l'—.*

alta fedeltà [àl-ta fe-del-tà] *loc.sost.f.* l'insieme delle apparecchiature che consentono la registrazione e la riproduzione del suono riducendo al minimo le distorsioni.

altaico [al-tài-co] *agg.* [pl.m. *-ci*] dei monti Altai | *lingue altaiche*, famiglia di lingue asiatiche a cui appartengono il turco e il mongolo ♦ *s.m.* [f. *-a*] chi è nato, chi abita nella regione degli Altai.

altalena [al-ta-lé-na] *s.f.* 1 gioco che si fa stando seduti su un'asse che oscilla attaccato a due funi sospese in alto | gioco tra due persone che, sedute alle estremità di un asse posto in bilico su un fulcro, lo fanno alternatamente alzare e abbassare 2 l'attrezzo usato per fare l'altalena 3 (*fig.*) l'alternarsi di stati, di condizioni contrastanti: *un' — di gioie e dolori.*

altalenare [al-ta-le-nà-re] *v.intr.* [*io altaléno ecc.*; aus. *avere*] oscillare tra stati d'animo o comportamenti contrastanti.

altana [al-tà-na] *s.f.* terrazza coperta al di sopra di un tetto.

altare [al-tà-re] *s.m.* 1 nel mondo pagano, cippo o piano, in genere di pietra, sul quale si offrivano sacrifici alla divinità 2 nelle chiese cattoliche, la mensa su cui si celebra la messa: *accostarsi all'—*, ricevere i sacramenti; *condurre una donna all'—*, sposarla; *il sacrificio dell'—*, la messa | *levare all'onore degli altari*, proclamare santo o beato; *mettere, porre sugli altari* (*fig.*), esaltare con grandi lodi. DIM. *altarino.*

altarino [al-ta-rì-no] *s.m.* piccolo altare in una casa privata | *scoprire gli altarini*, (*scherz.*) svelare piccoli segreti o sotterfugi altrui.

altea [al-tè-a] *s.f.* genere di piante erbacee medicinali, con foglie coperte da peluria e fiori rosa chiaro.

alterabile [al-te-rà-bi-le] *agg.* 1 soggetto ad alterazione: *colori alterabili* 2 (*fig.*) irritabile, irascibile: *una persona facilmente —.*

alterabilità [al-te-ra-bi-li-tà] *s.f.* l'essere facilmente alterabile.

alterare [al-te-rà-re] *v.tr.* [*io àltero ecc.*] 1 rendere diversa una cosa peggiorandola; rovinare: *l'umidità altera i colori* 2 contraffare, falsificare: *— una firma, la voce* 3 (*fig.*) turbare, sconvolgere: *il trauma gli alterò la mente* | irritare: *la notizia lo alterò* ♦ **alterarsi** *v.rifl.* o *intr.pron.* 1 cambiare aspetto peggiorando 2 (*fig.*) irritarsi.

alterato [al-te-rà-to] *agg.* 1 che ha subito alterazione: *vino —*; *voce alterata* | *polso —*, che denota febbre 2 (*ling.*) si dice di sostantivo o aggettivo derivato da un altro sostantivo o aggettivo per mezzo di un suffisso che ne modifica il significato (p.e. *gatto*: *gattaccio, gattone, gattino*) ♦ *s.m.* (*ling.*) nome o aggettivo alterato: *i diminutivi e gli accrescitivi sono degli alterati* □ **alteratamente** *avv.* con irritazione.

alterazione [al-te-ra-zió-ne] *s.f.* 1 l'alterare, l'alterarsi, l'essere alterato (anche *fig.*) 2 (*med.*) stato fisico o psichico anormale: *— del polso* | febbre leggera 3 (*chim.*) mutamento delle caratteristiche di una sostanza provocato da agenti esterni (calore, umidità ecc.) 4 (*mus.*) nota che in un brano musicale è innalzata o abbassata di un semitono.

altercare [al-ter-cà-re] *v.intr.* [*io altèrco, tu altèrchi ecc.*; aus. *avere*] litigare scambiandosi parole offensive.

altercazione [al-ter-ca-zió-ne] *s.f.* (*lett.*) alterco.

alterco [al-tèr-co] *s.m.* [pl. *-chi*] litigio: *venire a un —.*

alter ego [/ alte'rɛgo /] *loc.sost.m.invar.* (*lat.*) persona che fa le veci di un'altra; sostituto.

alterigia [al-te-rì-gia] *s.f.* sprezzante ostentazione di superiorità; superbia.

alternanza [al-ter-nàn-za] *s.f.* 1 l'alternare, l'alternarsi 2 (*agr.*) la rotazione delle colture sullo stesso terreno in un dato periodo di anni.

alternare [al-ter-nà-re] *v.tr.* [*io altèrno ecc.*] disporre due o più cose in modo che l'una succeda all'altra; avvicendare nello spazio o nel tempo: *— il lavoro col* (o *al*) *riposo* ♦ **alternarsi** *v.rifl.rec.* avvicendarsi: *l'— delle stagioni.*

alternativa [al-ter-na-tì-va] *s.f.* 1 l'alternarsi; avvicendamento 2 scelta possibile tra due diverse soluzioni: *non avere —.*

alternativo [al-ter-na-tì-vo] *agg.* 1 che si alterna; alternato 2 che pone un'alternativa, una scelta: *soluzioni alternative* 3 si dice di espressione o manifestazione culturale, politica, sociale che si contrappone a quelle correnti o dominanti: *cinema —*; *medicina alternativa* □ **alternativamente** *avv.*

alternato [al-ter-nà-to] *agg.* che si alterna, che si avvicenda: *colori alternati* | *rima alternata*, (*metr.*) rima di una strofa in cui i versi dispari rimano con i dispari e i pari con i pari | *corrente alternata*, (*elettr.*) di verso e intensità periodicamente variabili □ **alternatamente** *avv.*

alternatore [al-ter-na-tó-re] *s.m.* (*elettr.*) macchina rotante che trasforma energia meccanica in energia elettrica a corrente alternata.

alterno [al-tèr-no] *agg.* 1 che si alterna a intervalli regolari: *l'— susseguirsi delle stagioni* | *a giorni alterni*, un giorno sì e uno no 2 (*estens.*) mutevole, variabile: *umore —.*

altero [al-tè-ro] *agg.* superbo, altezzoso: *sguardo —* | fiero, orgoglioso: *portamento —.*

altezza [al-téz-za] *s.f.* 1 dimensione di un corpo dalla base o dal punto d'appoggio alla cima: *— di un monte*, la sua elevazione rispetto al livello del mare; *— di una persona*, la sua statura; —

dell'acqua, profondità **2** luogo alto; posizione elevata: *guardare da una grande* — **3** (*fig.*) nobiltà, eccellenza: — *d'animo* | *essere all'— di qlco.*, essere in grado di farla **4** *all'*—, in prossimità, in vicinanza: *incontrarsi all'— del bar* **5** (*geom.*) distanza di un punto da una retta o da un piano **6** (*fis.*) livello della frequenza di vibrazione di un suono | (*mus.*) grado di intonazione di un suono in rapporto all'acuto o al grave **7** titolo di principi o illustri personaggi di casa reale.

altezzosità [al-tez-zo-si-tà] *s.f.* l'essere altezzoso.

altezzoso [al-tez-zó-so] *agg.* superbo, borioso: *piglio, contegno* — □ **altezzosamente** *avv.*

alticcio [al-tìc-cio] *agg.* [pl.f. *-ce*] si dice di persona che ha bevuto un po' troppo; brillo.

altimetria [al-ti-me-trì-a] *s.f.* parte della topografia che studia la conformazione del suolo e i metodi per determinare la quota di un punto del terreno rispetto a un livello stabilito.

altimetrico [al-ti-mè-tri-co] *agg.* [pl.m. *-ci*] relativo all'altimetria o all'altimetro: *rilievo* —.

altimetro [al-tì-me-tro] *s.m.* strumento per determinare l'altezza di un luogo rispetto al livello del mare o al terreno sottostante.

altipiano → **altopiano**.

altisonante [al-ti-so-nàn-te] *agg.* che ha suono forte e solenne: *voce* — | (*iron.*) sonoro ma vuoto, vacuo: *discorso* —.

altissimo [al-tìs-si-mo] *agg.* attributo cristiano di Dio | Anche come *s.m.*: *l'Altissimo*.

altitudine [al-ti-tù-di-ne] *s.f.* altezza di un luogo rispetto al livello del mare; quota.

alto [àl-to] *agg.* [compar. *più alto* o *superiore*; superl. *altissimo* o *supremo* o *sommo*] **1** che si eleva verticalmente dal suolo o da un altro piano di riferimento in misura più o meno grande: *un edificio — 20 metri*; *un uomo molto* —, di statura elevata | che si trova in posizione elevata: *la parte alta del villaggio* | che ha un certo spessore: *una bistecca alta due dita* | *a testa alta*, con la testa eretta; (*fig.*) con la coscienza tranquilla: *andare, camminare a testa alta* | *avere, tenere — il morale*, essere fiducioso del futuro, infondere fiducia **2** profondo, detto di massa liquida: *acqua alta molti metri*; *alta marea* | *acqua alta*, nella laguna veneta, alta marea | — *mare*, aperto e lontano dalla riva: *essere in — mare*, al largo; (*fig.*) essere ancora lontano dalla soluzione di un problema **3** acuto, detto di nota o suono | forte, intenso, detto solo di suono: *parlare ad alta voce* **4** grande, elevato, detto di numero o grandezza: *prezzi alti* | *alta stagione*, periodo di maggior afflenza turistica **5** settentrionale: *l'alta Italia* | vicino alla sorgente: *l'— corso di un fiume* | (*fig.*) vicino alle sue origini: — *Medioevo*, l'inizio del Medioevo **6** avanzato nel tempo: *notte alta*, inoltrata, profonda | *Pasqua alta*, che cade tardi **7** (*fig.*) nobile, sublime: *uomo di alti sentimenti* | (*lett.*) arduo, difficile: *immergersi in alti studi* **8** (*fig.*) importante, di classe: *l'alta società*; *alta moda* | — *patrocinio*, quello di importanti autorità | *alta uniforme*, uniforme di gala | — *magistrato*, di grado elevato ♦ *s.m.* la parte più alta di qlco. | (*assol.*) il cielo: *Dio ci guarda dall'—* | *gli alti e bassi*, (*fig.*) le alterne vicende: *gli alti e bassi della fortuna* | *guardare dall'— in basso*, (*fig.*) con disprezzo e alterigia | Nella loc.avv. *in* —, verso l'alto (anche *fig.*): *mani in —!*; *puntare in* —, avere grandi ambizioni ♦ *avv.* **1** in su, in luogo elevato: *volare* — **2** *parlare* —, con voce forte □ **altamente** *avv.* notevolmente: *un insegnante — qualificato*.

altoatesino [al-to-a-te-ʃì-no] *agg.* [pl. *altoatesini*] dell'Alto Adige ♦ *s.m.* [f. *-a*] chi abita, chi è nato in Alto Adige.

altocumulo [al-to-cù-mu-lo] *s.m.* [pl. *altocumuli*] (*meteor.*) nube chiara a forma di strato fioccoso, che dà al cielo l'aspetto detto di *cielo a pecorelle*.

altoforno [al-to-fór-no] *s.m.* [pl. *altiforni*] forno per la produzione della ghisa.

altolà [al-to-là] *inter.* intimazione di arresto da parte di una sentinella ♦ *s.m.invar.* l'ordine stesso di arresto: *intimare l'*—.

altolocato [al-to-lo-cà-to] *agg.* [pl. *altolocati*] che occupa un'alta posizione sociale: *un personaggio* —.

altoparlante [al-to-par-làn-te] *s.m.* [pl. *altoparlanti*] apparecchio elettromagnetico che converte segnali elettrici in segnali acustici | (*estens.*) apparecchio che amplifica voci e suoni.

altopiano [al-to-pià-no], anche **altipiano**, *s.m.* [pl. *altipiani*, anche *altopiani*] (*geog.*) regione estesa e pianeggiante situata a un'altitudine superiore ai 300 metri sul livello del mare.

altorilievo [al-to-ri-liè-vo] *s.m.* [pl. *altorilievi*] tecnica e opera scultorea nella quale le figure si distaccano dal fondo, con cui però fanno blocco unico.

altostrato [al-to-strà-to] *s.m.* [pl. *altostrati*] (*meteor.*) nube scura stratificata di aspetto fibroso.

altresì [al-tre-sì] *avv.* (*lett.*) anche, inoltre.

altrettale [al-tret-tà-le] *agg.* (*lett.*) tale e quale; uguale.

altrettanto [al-tret-tàn-to] *agg.indef.* **1** quanto l'altro, nella stessa misura: *venti uomini e altrettante donne* **2** tanto (in correlazione con *quanto*): *ho altrettanti libri quanti ne hai tu* ♦ *pron.indef.* **1** la stessa quantità, la stessa misura: *di quella stoffa ci sono rimasti dieci metri, di questa* — **2** la stessa cosa: *io feci* — | come risposta a un augurio: *"Buona giornata" "Grazie, —"* ♦ *avv.* nella stessa misura; nello stesso modo: *non mi è riuscito — bene*.

altri [àl-tri] *pron.indef.sing.invar.* (*lett.*) **1** un'altra persona (si usa per lo più come soggetto): *chi — potrebbe essere?* | *non — che*, nessun altro che: *non c'è — che lui a pensare questo* **2** qualcuno (anche in correlazione con *taluno, alcuno, uno*): *non voglio che — mi ritenga colpevole*; *taluno dice una cosa, — un'altra*.

altrieri [al-triè-ri] *s.m.* (*lett.*) l'altro ieri.

altrimenti [al-tri-mén-ti], *avv.* **1** in altro modo,

diversamente: *in quel momento non potevo fare — | — detto*, chiamato anche **2** in caso contrario, se no: *fa' presto, — perdi il treno.*

altro [àl-tro] *agg.indef.* **1** diverso, differente: *scegliere un — oggetto* | *l'— mondo*, l'oltretomba **2** restante, rimanente: *che ne fai dell'altra lana?* **3** nuovo, in più rispetto a ciò che precede: *comperare un — televisore* **4** con riferimento a tempo scorso, precedente: *l'altr'anno*; *l'— ieri* | seguente, successivo: *l'— lunedì*; *quest'altr'anno*; *da un momento all'—*, fra breve; *da un giorno all'—*, prossimamente **5** in correlazione con *uno* indica cosa o persona diversa: *l'uno e l'— nonno ormai sono morti*; *l'una e l'altra volta* ♦ *pron.indef.* **1** un'altra persona o cosa: *un — non lo farebbe*; *ho letto il libro, puoi darmene un —?*; *non lo dirò ad altri* **2** in espressioni con valore partitivo: *ne vuoi dell'—?*, ne vuoi ancora? **3** in correlazione con *uno*, *alcuno*: *alcuni vennero, altri no*; *gli uni acconsentirono, gli altri rifiutarono* | *l'un l'—*, reciprocamente: *aiutarsi l'un l'—* ♦ *s.m.* **1** altra cosa: *che — ti manca?*; *pensavo ad —*, *a tutt'—* | *bugiardo che non sei —!*, sei solo un gran bugiardo | *ci vuol —!*, occorre ben di più: *ci vuol — per stancarmi!* | *non ci mancava —!*, ci voleva anche questa! | usato correlativamente, indica opposizione, forte diversità: *— è dire, — è fare* | Usato in varie loc.avv.: *per —*, del resto, però; *più che —*, soprattutto; *senz'—*, certamente; *se non —*, almeno; *non foss'—*, senza aggiungere altro; *tra l'—*, tra le altre cose, inoltre; *tutt'—*, all'opposto, niente affatto **2** *pl.* l'altra gente, il prossimo: *pensa a ciò che diranno gli altri.*

altroché [al-tro-ché] *avv.* certamente sì (usato in risposte affermative): *"Hai dormito bene?" "Altroché!"*.

altronde [al-trón-de] nella *loc.avv. d'—*, del resto, d'altra parte: *mi dispiace, d'— non sapevo nulla.*

altrove [al-tró-ve] *avv.* in altro luogo: *l'esser diretto —*; *avere la testa —*, (*fig.*) essere distratto.

altrui [al-trùi] *agg.poss.invar.* di altri, degli altri (con riferimento a persone indeterminate): *sacrificarsi per il bene —.*

altruismo [al-tru-ì-ʃmo] *s.m.* amore per il prossimo, dedizione per gli altri (si contrappone a *egoismo*).

altruista [al-tru-ì-sta] *agg.* e *s.m.* e *f.* [pl.m. *-sti*] che/chi opera con altruismo.

altruistico [al-tru-ì-sti-co] *agg.* [pl.m. *-ci*] che è proprio dell'altruista, dell'altruismo: *comportamento, gesto —* □ **altruisticamente** *avv.*

altura [al-tù-ra] *s.f.* luogo più elevato rispetto al terreno circostante; colle, monte.

alunno [a-lùn-no] *s.m.* [f. *-a*] scolaro.

alveare [al-ve-à-re] *s.m.* **1** nido naturale delle api o cassetta costruita dall'uomo per il loro allevamento; arnia **2** (*fig.*) grande caseggiato popolare molto affollato.

alveo [àl-veo] *s.m.* solco naturale o artificiale entro cui scorre un corso d'acqua; letto.

alveolare [al-ve-o-là-re] *agg.* **1** (*med.*) di alveolo, che si riferisce agli alveoli: *cavità —* **2** (*ling.*) si dice di suono articolato avvicinando e appoggiando la lingua all'arcata degli alveoli degli incisivi superiori.

alveolato [al-ve-o-là-to] *agg.* dotato di alveoli.

alveolo [al-vè-o-lo] *s.m.* **1** piccola cavità | *alveoli dentari*, (*anat.*) cavità delle ossa mascellari in cui sono impiantati i denti | *alveoli polmonari*, (*anat.*) piccole cavità del polmone in cui avvengono gli scambi gassosi tra sangue e aria inspirata **2** ciascuna delle cellette in cui le api depongono il miele.

alvo [àl-vo] *s.m.* **1** (*lett.*) ventre; utero **2** (*anat.*) canale intestinale.

alzabandiera [al-za-ban-diè-ra] *s.m.invar.* la cerimonia dell'alzare la bandiera.

alzacristallo [al-za-cri-stàl-lo] *s.m.* [pl. *invar.* o *-li*] dispositivo per alzare e abbassare i vetri dei finestrini di un autoveicolo.

alzare [al-zà-re] *v.tr.* **1** portare, levare in alto o più in alto: *— la mano* | *— le carte*, tagliare il mazzo | *— le mani su qlcu.*, picchiarlo; *— le mani al cielo*, in atto di preghiera o di sconforto | *— il gomito*, (*fig.*) bere troppo | *— le spalle*, in segno di noncuranza | *— i tacchi*, (*fig.*) fuggire | *— i bicchieri*, brindare | *— la cresta*, (*fig.*) diventare superbo **2** costruire, erigere: *— un muro* **3** rendere più alto, aumentare: *— i prezzi*; *— il volume* | *— la voce*, parlare a voce più alta ♦ **alzarsi** *v.intr.pron.* **1** diventare più alto, crescere: *il livello del fiume si è alzato* **2** levarsi: *si è alzato un forte vento* ♦ *v.rifl.* **1** mettersi in piedi: *— da terra* | (*assol.*) levarsi dal letto: *— presto* **2** levarsi in volo.

alzata [al-zà-ta] *s.f.* **1** l'alzare, l'alzarsi: *l'— di un peso* | *— di spalle*, atto di noncuranza, disinteresse | *votazione per — di mano*, quella in cui chi approva alza un braccio | *— d'ingegno*, trovata ingegnosa. DIM. *alzatina* PEGG. *alzataccia* **2** vassoio a più ripiani per frutta o dolci **3** parte rialzata di un mobile **4** nel linguaggio venatorio, l'alzarsi in volo degli uccelli.

alzataccia [al-za-tàc-cia] *s.f.* (*fam.*) faticosa levata di buon'ora dal letto; levataccia.

alzato [al-zà-to] *s.m.* (*arch.*) rappresentazione verticale della facciata di un edificio; prospetto.

alzavola [al-zà-vo-la] *s.f.* uccello di palude simile all'anatra.

alzo [àl-zo] *s.m.* parte mobile del dispositivo di puntamento delle armi da fuoco, che può assumere diverse altezze determinando una diversa inclinazione dell'arma.

AM [/ a'ɛmme /] *s.f. invar.* tecnica di trasmissioni radio in cui l'ampiezza delle onde portanti viene variata in funzione del segnale da trasmettere.

amabile [a-mà-bi-le] *agg.* **1** degno di essere amato | (*estens.*) che ispira simpatia; cordiale: *una persona —* **2** si dice di vino dal gusto leggermente dolce; abboccato □ **amabilmente** *avv.* piacevolmente, cortesemente.

amabilità [a-ma-bi-li-tà] *s.f.* l'essere amabile; piacevolezza, affabilità.

amaca [a-mà-ca] *s.f.* giaciglio pensile costituito da una rete o da un telo che viene sospeso tra due alberi.

amadriade [a-ma-drì-a-de] *s.f.* **1** (*mit.*) ninfa dei boschi **2** (*zool.*) scimmia africana con lunga criniera, muso canino, coda corta terminante in un pennacchio.

amalgama [a-màl-ga-ma] *s.m.* [pl. *-mi*] **1** (*chim.*) lega a freddo di uno o più metalli con mercurio **2** (*estens.*) miscuglio, impasto (anche *fig.*): *un — di idee confuse.*

amalgamare [a-mal-ga-mà-re] *v.tr.* [*io amàlgamo ecc.*] **1** (*chim.*) fare un amalgama **2** (*estens.*) impastare, legare insieme: *— la farina con l'acqua* **3** (*fig.*) mettere insieme, fondere: *— elementi eterogenei* ♦ **amalgamarsi** *v.rifl.* o *intr.pron.* **1** impastarsi **2** fondersi (anche *fig.*): *la squadra si è ben amalgamata.*

amanita [a-ma-nì-ta] *s.f.* (*bot.*) genere di funghi comprendente specie commestibili (l'ovolo buono) e velenose (la tignosa verdognola).

amante[1] [a-màn-te] *agg.* amatore, appassionato: *— della musica* ♦ *s.m.* e *f.* chi ha una relazione amorosa extraconiugale o ritenuta illecita.

amante[2] *s.m.* (*mar.*) sistema di funi e carrucole per sollevare o spostare vele e pennoni.

amanuense [a-ma-nu-èn-se] *s.m.* **1** chi copiava libri manoscritti **2** impiegato che scrive a mano atti o documenti; scrivano.

amarantacee [a-ma-ran-tà-ce-e] *s.f.pl.* (*bot.*) famiglia di piante dicotiledoni erbacee o arbustive, con fiori a spiga e frutto a pisside.

amaranto [a-ma-ràn-to] *s.m.* **1** pianta erbacea con infiorescenze a spiga color rosso porpora **2** colore rosso scuro, tipico di tali piante | Come *agg.invar.*: *un'automobile —.*

amarasca → **marasca**.

amarascato [a-ma-ra-scà-to] *agg.* si dice di bevanda con aroma di marasca.

amarasco → **marasco**.

amare [a-mà-re] *v.tr.* **1** nutrire profondo affetto, voler bene: *— i propri figli* | sentire propensione, attaccamento per qlco.: *— gli animali*; *— la musica* | gradire; desiderare: *amo viaggiare*; *amerei vederti* **2** provare inclinazione affettiva e attrazione fisica per qlcu.: *— una donna* | fare l'amore: *l'amò con grande trasporto* **3** nutrire un sentimento religioso di amore, di carità: *— Dio, il prossimo* **4** mostrare inclinazione istintiva: *i gatti amano il caldo* ♦ **amarsi** *v.rifl.rec.* **1** volersi bene **2** avere una relazione amorosa o rapporti sessuali ♦ *v.rifl.* voler bene a sé stesso.

amareggiare [a-ma-reg-già-re] *v.tr.* [*io amaréggio ecc.*] rattristare, affliggere ♦ **amareggiarsi** *v.rifl.* provare amarezza, rattristarsi.

amareggiato [a-ma-reg-già-to] *agg.* rattristato, in pena.

amarena [a-ma-rè-na] *s.f.* **1** frutto dell'amareno **2** sciroppo, bevanda o confettura ricavati dai frutti dell'amareno.

amareno [a-ma-rè-no] *s.m.* varietà di ciliegio dai frutti di sapore acidulo; visciolo.

amaretto [a-ma-rét-to] *s.m.* **1** pasticcino di forma tonda e schiacciata, a base di mandorle **2** liquore di sapore simile a quello del pasticcino.

amarezza [a-ma-réz-za] *s.f.* tristezza profonda | contrarietà, dispiacere: *una vita piena di amarezze.*

amarilli [a-ma-rìl-li], o **amarillide** [a-ma-rìl-li-de], *s.f.* pianta erbacea ornamentale con grandi fiori a imbuto dai colori vivaci.

amaro [a-mà-ro] *agg.* **1** di sapore contrario al dolce: *— come il fiele* | *avere la bocca amara*, avere cattivo sapore in bocca; (*fig.*) provare una delusione | *inghiottire un boccone —*, (*fig.*) subire impotenti un torto **2** (*fig.*) che dà dolore o pena: *è stata un'amara sorpresa* | che rivela dolore, amarezza: *prorompere in una risata amara* ♦ *s.m.* **1** sapore amaro: *l'— del caffè* | *masticare —*, (*fig.*) provare risentimento senza poterlo manifestare **2** liquore aromatico a base di estratti vegetali, bevuto come digestivo □ **amaramente** *avv.* con amarezza; con dispiacere, rimpianto.

amarognolo [a-ma-ró-gno-lo *o* amarògnolo] *agg.* si dice di sapore tendente all'amaro, ma non spiacevole | (*fig.*) leggermente amaro, un po' astioso: *tono —* ♦ Anche *s.m.*: *sapere di —.*

amarra [a-màr-ra] *s.f.* (*mar.*) corda per ormeggiare.

amastia [a-ma-stì-a] *s.f.* (*med.*) assenza della ghiandola mammaria.

amateur [/ ama'tœr /] *s.m.invar.* (*fr.*) dilettante, amatore.

amato [a-mà-to] *agg.* e *s.m.* [f. *-a*] che/chi è amato: *l'— figlio.*

amatore [a-ma-tó-re] *s.m.* [f. *-trice*] **1** (*iron.*) seduttore, donnaiolo **2** appassionato, intenditore | (*estens.*) collezionista: *un — di armi antiche* **3** (*sport*) atleta non professionista.

amatoriale [a-ma-to-rià-le] *agg.* da amatore: *prezzo —*, che solo un intenditore può pagare; *sport —*, dilettantistico.

amatorio [a-ma-tò-rio] *agg.* (*lett.*) che riguarda l'amore, che lo stimola: *filtro —.*

amatriciano [a-ma-tri-cià-no] *agg.* di Amatrice, cittadina della provincia di Rieti | *bucatini all'amatriciana*, conditi con sugo di pomodoro, guanciale, cipolla e formaggio pecorino.

amaurosi [a-mau-rò-ʃi] *s.f.* (*med.*) perdita totale della vista dovuta a lesioni nervose.

amazzone [a-màʒ-ʒo-ne] *s.f.* **1** (*mit.*) nome di mitiche donne guerriere dell'Asia Minore **2** (*estens.*) donna che pratica l'equitazione; cavallerizza **3** abito da cavallerizza ♦ Anche *agg.*: *formica —*, (*zool.*) quella che rende schiave altre formiche per sfruttarne il lavoro.

amazzonico [a-maʒ-ʒò-ni-co] *agg.* (*geog.*) del Rio delle Amazzoni | proprio dei territori attraversati dal Rio delle Amazzoni: *foresta amazzonica.*

ambage [am-bà-ge] *s.f.* (*lett.*) **1** percorso tortuoso **2** (*fig.*) oscuro giro di parole | *senz'ambagi*, in modo chiaro e diretto.

ambasceria [am-ba-sce-rì-a] *s.f.* l'incarico di

compiere una missione diplomatica; le persone incaricate di compierlo.
ambascia [am-bà-scia] *s.f.* [pl. *-sce*] (*fig.*) dolore morale, angoscia.
ambasciare [am-ba-scià-re] *v.tr.* [*io ambàscio ecc.*] (*lett.*) addolorare, angosciare ♦ **ambasciarsi** *v.intr.pron.* (*lett.*) provare ambascia.
ambasciata [am-ba-scià-ta] *s.f.* **1** rappresentanza diplomatica di uno stato presso un altro | la residenza della medesima **2** l'incarico di portare un messaggio: *affidare un'—* | il messaggio stesso: *portare un'—*.
ambasciatore [am-ba-scia-tó-re] *s.m.* [f. *-trice*] **1** rappresentante diplomatico di uno stato presso un altro **2** chi porta un'ambasciata; messaggero.
ambasso [am-bàs-so], o **ambassi**, *s.m.* nel gioco dei dadi, il doppio asso.
ambata [am-bà-ta] *s.f.* nel lotto, giocata di una serie di ambi in cui uno dei due numeri è fisso.
ambedue [am-be-dù-e] *agg.num.invar.* (*lett.*) tutti e due, entrambi: *— le sorelle* ♦ *pron.invar.* tutti e due: *uscimmo — dalla stanza.*
ambi- primo elemento di composti in cui significa 'tutt'e due, entrambi' (*ambidestro*).
ambidestrismo [am-bi-de-strì-ʃmo] *s.m.* l'essere ambidestro.
ambidestro [am-bi-dè-stro] *agg.* che si serve di entrambe le mani con uguale abilità | detto di calciatore, che sa usare altrettanto bene entrambi i piedi.
ambientale [am-bien-tà-le] *agg.* dell'ambiente, di un determinato ambiente: *tutela —*.
ambientalismo [am-bien-ta-lì-ʃmo] *s.m.* ecologismo.
ambientalista [am-bien-ta-lì-sta] *agg.* e *s.m.* e *f.* [pl.m. *-sti*] che/chi opera per la difesa dell'ambiente; ecologista.
ambientamento [am-bien-ta-mén-to] *s.m.* l'ambientare, l'ambientarsi.
ambientare [am-bien-tà-re] *v.tr.* [*io ambiènto ecc.*] adattare all'ambiente; collocare in un ambiente: *— un mobile*; *— un racconto nella Toscana dell'Ottocento* ♦ **ambientarsi** *v.rifl.* adattarsi a un ambiente (anche *assol.*): *non riuscire ad —*.
ambientazione [am-bien-ta-zió-ne] *s.f.* **1** ambientamento | nel teatro e nel cinema, l'allestimento scenico **2** il tipo di ambientamento: *un racconto di — storica.*
ambiente [am-bièn-te] *s.m.* **1** il luogo, le condizioni biologiche in cui vive un organismo (uomo, animale, pianta): *— naturale, artificiale*; *— marino, montano*; *tutela dell'—*, insieme di leggi e misure volte a proteggere l'ambiente naturale dall'inquinamento | Come *agg.* nella loc. *temperatura —*, quella dell'ambiente circostante **2** (*estens.*) insieme di persone accomunate da una stessa condizione sociale, culturale, professionale ecc.: *sentirsi nel proprio —*; *frequentare un — equivoco*; *l'— universitario* **3** stanza, locale: *una casa con tre ambienti* **4** (*inform.*) software operativo che permette l'utilizzazione di specifici programmi applicativi: — DOS.
ambientista [am-bien-tì-sta] *s.m.* e *f.* [pl.m. *-sti*] pittore o fotografo di ambienti.
ambigenere [am-bi-gè-ne-re] *agg.* (*gramm.*) si dice di sostantivo che può essere sia maschile sia femminile (come *artista*, *cantante*).
ambiguità [am-bi-gui-tà] *s.f.* l'essere ambiguo, doppio.
ambiguo [am-bì-guo] *agg.* **1** privo di significato univoco, variamente interpretabile: *un discorso —* **2** che dà luogo a dubbi e sospetti: *comportamento —* □ **ambiguamente** *avv.*
ambio [àm-bio] *s.m.* andatura di taluni quadrupedi (giraffe, cammelli, cavalli) che nel correre portano avanti contemporaneamente la gamba anteriore e quella posteriore dello stesso lato, alternandole con quelle dell'altro lato.
ambire [am-bì-re] *v.tr.* [*io ambisco, tu ambisci ecc.*], *v.intr.* [aus. *avere*] desiderare ardentemente: *— un premio, a un titolo.*
ambito[1] [àm-bi-to] *s.m.* ambiente circoscritto; spazio in cui si verifica qlco. (spec. *fig.*): *l'— delle mura domestiche*; *in — medico.*
ambito[2] [am-bì-to] *agg.* desiderato: *un posto molto —*.
ambivalente [am-bi-va-lèn-te] *agg.* che presenta una duplicità di aspetti, significati ecc.: *argomento, sentimento —*.
ambivalenza [am-bi-va-lèn-za] *s.f.* carattere di ciò che è ambivalente.
ambizione [am-bi-zió-ne] *s.f.* **1** volontà di ottenere qlco. che si desidera ardentemente: *— di riuscire* **2** (*assol.*) viva aspirazione ad affermarsi, a eccellere: *un giovane pieno di —*.
ambizioso [am-bi-zió-so] *agg.* che rivela ambizione: *un progetto —* ♦ *agg.* e *s.m.* [f. *-a*] che/chi ha ambizione o agisce per ambizione □ **ambiziosamente** *avv.*
ambliopia [am-bli-o-pì-a] *s.f.* (*med.*) diminuzione dell'acutezza visiva.
ambo [àm-bo] *agg.num.* (*lett.*) [pl. *invar.*; ma anche m. *ambi*, f. *ambe*] tutti e due, entrambi: *in — i casi* ♦ *s.m.* nel gioco del lotto, due numeri estratti sulla stessa ruota | nella tombola, due numeri nella stessa fila di una cartella.
ambone [am-bó-ne] *s.m.* tribuna posta a lato dell'altare, destinata alle letture liturgiche e alla predicazione.
ambosessi [am-bo-sès-si], o **ambosesso**, *agg.invar.* nel linguaggio degli annunci pubblicitari, di entrambi i sessi; sia maschio sia femmina.
ambra [àm-bra] *s.f.* **1** resina fossile di conifere, di aspetto vetroso e colore giallo; è usata per fabbricare oggetti ornamentali: *una collana d'—* **2** color giallo intenso, caratteristico dell'ambra | Come *agg.invar.*: *color —* **3** *— grigia*, sostanza grigia ricavata dal ventre del capodoglio; si usa in profumeria.
ambrato [am-brà-to] *agg.* che ha il colore o il profumo dell'ambra: *vino —*.
ambrogetta [am-bro-gét-ta] *s.f.* mattonella di terracotta smaltata o di marmo usata per rivestimento di pavimenti e pareti.

ambrosia [am-brò-ʃia] *s.f.* 1 (*mit.*) il cibo degli dei, che rendeva immortale 2 (*estens.*) cibo o bevanda squisita: *questo liquore è un'—* 3 pianta erbacea aromatica simile alla ruta.

ambrosiano [am-bro-ʃià-no] *agg.* 1 di sant'Ambrogio, vescovo di Milano dal 369 al 397: *rito —*, liturgia osservata nell'archidiocesi milanese 2 (*estens.*) milanese, dei milanesi: *il carnevale —*.

ambulacro [am-bu-là-cro] *s.m.* 1 (*arch.*) corridoio coperto a portico (in palazzi, teatri, templi ecc.); deambulatorio 2 (*zool.*) negli echinodermi, appendice retrattile che serve come organo di tatto e di locomozione.

ambulante [am-bu-làn-te] *agg.* che si sposta di continuo, privo di sede fissa: *venditore —* ♦ *s.m.* [anche *f.*] venditore ambulante.

ambulanza [am-bu-làn-za] *s.f.* 1 veicolo per il trasporto di malati e feriti 2 (*mil.*) infermeria da campo.

ambulatoriale [am-bu-la-to-rià-le] *agg.* che si pratica in ambulatorio: *intervento —* □ **ambulatorialmente** *avv.* in modo ambulatoriale: *curarsi —*.

ambulatorio [am-bu-la-tò-rio] *s.m.* sala dove si effettuano visite o altre prestazioni mediche che non richiedono degenza: *— dentistico*.

-ame suffisso di sostantivi di valore collettivo (*legname, vasellame, pollame*); spesso ha valore spregiativo (*gentame*).

ameba [a-mè-ba] *s.f.* (*zool.*) protozoo unicellulare di cui alcune specie sono parassiti intestinali dell'uomo e degli animali.

amebeo [a-me-bè-o] *agg.* si dice di componimento poetico formato da versi alterni, a dialogo | *carme —*, nella poesia greca e latina, componimento pastorale.

amen [à-men] *inter.* 1 espressione liturgica che conclude una preghiera; equivale a 'così sia' 2 (*fam.*) esprime scherzosa rassegnazione: *e allora —, fai come ti pare* ♦ *s.m.invar.* attimo, momento: *in un —*.

amenità [a-me-ni-tà] *s.f.* 1 l'essere ameno: *l'— del paesaggio* 2 cosa o detto piacevole; facezia | (*iron.*) sciocchezza: *dire un mucchio di —*.

ameno [a-mè-no] *agg.* piacevole alla vista; che diverte: *luogo —; lettura amena* | strano, bizzarro: *un tipo —* □ **amenamente** *avv.*

amenorrea [a-me-nor-rè-a] *s.f.* (*med.*) mancanza del flusso mestruale nella donna in età feconda.

amenza [a-mèn-za] *s.f.* (*psich.*) disturbo caratterizzato da confusione mentale, deliri e allucinazioni.

americana [a-me-ri-cà-na] *s.f.* (*sport*) gara ciclistica a coppie, disputata su pista da corridori che si alternano nella prova.

americanata [a-me-ri-ca-nà-ta] *s.f.* (*spreg.*) comportamento o manifestazione ingenuamente grandiosi, quale si suole attribuire agli americani.

americanismo [a-me-ri-ca-nì-ʃmo] *s.m.* 1 (*ling.*) parola o espressione propria dell'inglese degli Stati Uniti d'America 2 adesione alla politica, allo stile di vita propri degli Stati Uniti d'America.

americanista [a-me-ri-ca-nì-sta] *s.m.* e *f.* [pl.m. *-sti*] 1 studioso di americanistica 2 (*sport*) ciclista che partecipa a un'americana.

americanistica [a-me-ri-ca-nì-sti-ca] *s.f.* lo studio storico ed etnologico del continente americano | lo studio della lingua e della letteratura degli Stati Uniti d'America.

americanizzare [a-me-ri-ca-niʒ-ʒà-re] *v.tr.* improntare agli usi e ai costumi degli Stati Uniti ♦ **americanizzarsi** *v.intr.pron.* assumere i gusti e le abitudini degli americani.

americano [a-me-ri-cà-no] *agg.* 1 delle Americhe: *il continente —* 2 statunitense: *l'esercito —* ♦ *s.m.* 1 [f. *-a*] abitante, nativo delle Americhe, in particolare degli Stati Uniti d'America 2 l'inglese parlato e scritto in America.

americio [a-me-rì-cio] *s.m.* elemento chimico artificiale di simbolo *Am*; si ottiene dal plutonio ed è altamente radioattivo.

amerindio [a-me-rìn-dio] *agg.* degli indiani d'America: *popolazione amerindia* ♦ *s.m.* [f. *-a*] indigeno delle Americhe.

ametista [a-me-tì-sta] *s.f.* 1 pietra preziosa di colore violetto; è una varietà del quarzo 2 colore violetto come quello della pietra | Come *agg.invar.*: *una stoffa —*.

ametropia [a-me-tro-pì-a] *s.f.* (*med.*) denominazione comune dei difetti di rifrazione dell'occhio (miopia, ipermetropia e astigmatismo).

amfetamina [am-fe-ta-mì-na], o **anfetamina**, *s.f.* farmaco sintetico stimolante del sistema nervoso centrale.

amfi- → **anfi-**.

amianto [a-miàn-to] *s.m.* nome comune ad alcune varietà fibrose di silicati impiegati per tessuti e rivestimenti antincendio: *tuta di —*.

amichevole [a-mi-ché-vo-le] *agg.* 1 da amico, confidenziale: *comportamento —* | *in via —*, confidenzialmente: *risolvere una lite in via —*, senza adire le vie legali | *incontro —*, (*sport*) competizione non ufficiale 2 (*inform.*) si dice di programma che guida passo passo l'utente nelle sue operazioni □ **amichevolmente** *avv.*

amichevolezza [a-mi-che-vo-lèz-za] *s.f.* l'essere amichevole.

amicizia [a-mi-cì-zia] *s.f.* 1 legame tra persone basato su affinità di sentimenti, schiettezza e reciproca stima | (*estens.*) buone relazioni: *l'— tra due stati* 2 (*eufem.*) relazione amorosa | *— particolare*, relazione omosessuale 3 (spec. *pl.*) persona con cui si ha un legame di amicizia: *la cerchia delle mie amicizie*.

amico [a-mì-co] *agg.* [pl.m. *-ci*] 1 animato da amicizia, benevolo: *persona amica* 2 alleato: *l'esercito —* ♦ *s.m.* [f. *-a*] 1 chi ha legami di amicizia con un'altra persona: *— d'infanzia, fraterno*. DIM. *amichetto* ACCR. *amicone* 2 (*eufem.*) amante: *avere l'amica* 3 amante, appassionato: *società degli amici della musica*.

amidaceo → **amilaceo**.

amidatura [a-mi-da-tù-ra] *s.f.* (*ind. tessile*) procedimento consistente nell'impregnare di sostanze amidacee o gommose i tessuti di cotone per aumentarne resistenza e rigidezza.
amido [à-mi-do] *s.m.* sostanza di riserva di molti vegetali, chimicamente analoga agli zuccheri; è usata nell'industria per le sue proprietà collanti.
amigdala [a-mìg-da-la] *s.f.* 1 (*anat.*) ghiandola del retrobocca a forma di mandorla; tonsilla 2 manufatto preistorico di pietra scheggiata, a forma di mandorla, usato come strumento di lavoro o come arma.
amigdalite [a-mig-da-lì-te] *s.f.* (*med.*) infiammazione delle amigdale; tonsillite.
amilaceo [a-mi-là-ceo], o **amidaceo**, *agg.* si dice di sostanza che contiene amido o che ha natura di amido.
amilasi [a-mi-là-ʃi] *s.f.* (*chim.*) enzima che scinde l'amido in destrine e maltosio.
amimia [a-mi-mì-a] *s.f.* (*med.*) assenza o riduzione dell'espressività del viso per rigidità dei muscoli.
amina → **ammina**.
amino- → **ammino-**.
amistà [a-mi-stà] *s.f.* (*lett.*) amicizia.
amitosi [a-mi-tò-ʃi] *s.f.* (*biol.*) divisione della cellula per sdoppiamento, senza modificazioni numeriche dei cromosomi del nucleo.
amitto [a-mìt-to] *s.m.* (*lit.*) panno di lino che il sacerdote indossa sulle spalle sotto il camice.
amletico [am-lè-ti-co] *agg.* [pl.m. *-ci*] di Amleto, protagonista dell'omonima tragedia di Shakespeare | (*estens.*) irresoluto, contraddittorio: *carattere —*; *dubbio —*, difficile da risolvere □ **amleticamente** *avv.*
ammaccare [am-mac-cà-re] *v.tr.* [*io ammacco, tu ammacchi ecc.*] produrre una deformazione sulla superficie di un corpo, colpendolo o premendolo ♦ **ammaccarsi** *v.intr.pron.* ricevere un'ammaccatura, prendere una botta.
ammaccato [am-mac-cà-to] *agg.* che ha subito un'ammaccatura; pesto, acciaccato.
ammaccatura [am-mac-ca-tù-ra] *s.f.* deformazione prodotta su una superficie da un colpo | (*estens.*) lesione superficiale, segno di un colpo.
ammaestrabile [am-ma-e-strà-bi-le] *agg.* che si può ammaestrare.
ammaestramento [am-ma-e-stra-mén-to] *s.m.* 1 l'ammaestrare, l'essere ammaestrato 2 ciò che si insegna; precetto: — *evangelico* 3 addestramento di animali.
ammaestrare [am-ma-e-strà-re] *v.tr.* [*io ammaèstro* o *ammaéstro ecc.*] 1 istruire; impartire un insegnamento: — *nel canto* | dare precetti morali: *i fatti ammaestrano più che le parole* | rendere esperto; scaltrire 2 addestrare un animale a compiere certi atti o esercizi: — *foche, orsi.*
ammaestrato [am-ma-e-strà-to] *agg.* addestrato, detto di animale.
ammaestratore [am-ma-e-stra-tó-re] *s.m.* [f. *-trice*] chi addestra animali: — *di cavalli.*
ammagliare [am-ma-glià-re] *v.tr.* [*io ammàglio ecc.*] 1 legare balle o casse con funi incrociate a forma di rete 2 fare il bordo a un materasso.
ammainabandiera [am-mai-na-ban-diè-ra] *s.m.invar.* la cerimonia di ammainare la bandiera.
ammainare [am-mai-nà-re] *v.tr.* [*io ammàino ecc.*] far scendere una vela, una bandiera, un carico mediante un cavo a cui sono legati.
ammalarsi [am-ma-làr-si] *v. intr.pron.* contrarre una malattia: — *di bronchite.*
ammalato [am-ma-là-to] *agg.* malato: — *di tifo* ♦ *s.m.* [f. *-a*] chi è infermo, malato.
ammaliante [am-ma-liàn-te] *agg.* seducente, affascinante: *sguardo —*.
ammaliare [am-ma-lià-re] *v.tr.* [*io ammàlio ecc.*] 1 far la malia a qlcu.; affatturare 2 (*fig.*) sedurre, affascinare: *la sua bellezza lo ammaliò.*
ammaliato [am-ma-lià-to] *agg.* colpito da malia; incantato, affascinato.
ammaliatore [am-ma-lia-tó-re] *agg.* e *s.m.* [f. *-trice*] che/chi ammalia; seducente: *sorriso —*.
ammanco [am-màn-co] *s.m.* [pl. *-chi*] somma di denaro mancante a causa di un errore contabile o appropriazione indebita.
ammanettare [am-ma-net-tà-re] *v.tr.* [*io ammanétto ecc.*] bloccare con le manette | (*estens.*) arrestare.
ammanicarsi [am-ma-ni-càr-si] *v.intr.pron.* (*fam.*) ammanigliarsi.
ammanicato [am-ma-ni-cà-to] *agg.* (*fam.*) ammanigliato: *è — con personaggi influenti.*
ammanigliare [am-ma-ni-glià-re] *v.tr.* [*io ammaniglio ecc.*] (*mar.*) congiungere o agganciare (cavi, catene) mediante una maniglia di metallo ♦ **ammanigliarsi** *v.intr.pron.* (*fam.*) stringere relazioni con persone importanti in vista di raccomandazioni e appoggi; ammanicarsi.
ammanigliato [am-ma-ni-glià-to] *agg.* che ha una rete di rapporti influenti; ammanicato.
ammannare [am-man-nà-re] *v.tr.* riunire in covoni: — *il grano.*
ammannire [am-man-nì-re] *v.tr.* [*io ammannisco, tu ammannisci ecc.*] 1 allestire, preparare, soprattutto cibi: — *un pranzo* 2 (*scherz.*) propinare: *ci ammannirono una cerimonia di tre ore.*
ammansire [am-man-sì-re] *v.tr.* [*io ammansisco, tu ammansisci ecc.*] rendere mansueto (un animale) | (*estens.*) calmare, rabbonire (una persona) ♦ **ammansirsi** *v.intr.pron.* divenire mansueto | (*estens.*) calmarsi.
ammantare [am-man-tà-re] *v.tr.* avvolgere con un manto | (*fig.*) ricoprire: *la campagna è ammantata di neve* ♦ **ammantarsi** *v.rifl.* avvolgersi in un manto | (*fig.*) ostentare qlco. che non si possiede: — *di dignità.*
ammaraggio [am-ma-ràg-gio] *s.m.* (*aer.*) discesa di un aeromobile su uno specchio d'acqua.
ammarare [am-ma-rà-re] *v.intr.* [aus. *avere*] posarsi sul mare, detto di velivoli.
ammarraggio [am-mar-ràg-gio] *s.m.* (*mar.*) ormeggio, attracco.
ammarrare [am-mar-rà-re] *v.tr.* 1 (*mar.*) or-

meggiare | (*assol.*) attraccare **2** (*estens.*) assicurare a un sostegno.

ammassamento [am-mas-sa-mén-to] *s.m.* **1** accumulo, ammasso **2** raggruppamento, assembramento di persone | (*mil.*) concentramento di forze e mezzi.

ammassare [am-mas-sà-re] *v.tr.* **1** radunare in massa; accumulare: — *legname, ricchezze* | (*mil.*) concentrare forze e mezzi in un luogo: — *le truppe al confine* **2** portare all'ammasso: — *il grano* ♦ **ammassarsi** *v.rifl.* o *intr.pron.* **1** divenire una massa compatta: *la polenta si è ammassata* **2** affollarsi in gran numero, stiparsi: — *in piazza.*

ammassicciare [am-mas-sic-cià-re] *v.tr.* [*io ammassìccio ecc.*] ridurre in massa dura e compatta: — *un metallo.*

ammasso [am-màs-so] *s.m.* **1** mucchio, cumulo: — *di macerie* **2** (*scient.*) aggregato di elementi simili: — *cellulare, stellare* **3** raccolta di prodotti agricoli in appositi magazzini; il luogo in cui i prodotti si ammassano: *portare il grano all'—.*

ammatassare [am-ma-tas-sà-re] *v.tr.* avvolgere in matassa.

ammattimento [am-mat-ti-mén-to] *s.m.* cosa che fa ammattire; rompicapo.

ammattire [am-mat-tì-re] *v.intr.* [*io ammattisco, tu ammattisci ecc.*; aus. *essere*], **ammattirsi** *v.intr.pron.* **1** diventare matto, impazzire **2** (*fig.*) spazientirsi | scervellarsi: — *su un problema.*

ammattonare [am-mat-to-nà-re] *v.tr.* [*io ammattóno ecc.*] pavimentare con mattoni; mattonare: — *il cortile.*

ammattonato [am-mat-to-nà-to] *agg.* e *s.m.* si dice di pavimento lastricato a mattoni; mattonato.

ammazzacaffè [am-maz-za-caf-fè] *s.m.invar.* (*fam.*) bevanda alcolica che si beve a fine pasto dopo il caffè.

ammazzamento [am-maz-za-mén-to] *s.m.* **1** l'ammazzare; uccisione **2** (*fig.*) grande fatica.

ammazzare [am-maz-zà-re] *v.tr.* **1** uccidere in modo violento: *li ammazzarono come cani* | far morire: *la polmonite lo ha ammazzato* **2** (*fig.*) logorare: *un lavoro che ammazza* | avvilire: *il teppismo sta ammazzando lo sport* | — *il tempo, la noia*, farli passare con un'occupazione momentanea ♦ **ammazzarsi** *v.rifl.* o *intr.pron.* **1** suicidarsi | — *di lavoro*, (*fig.*) caricarsene eccessivamente **2** perdere la vita accidentalmente: — *in un incidente d'auto.*

ammazzasette [am-maz-za-sèt-te] *s.m.invar.* (*fam.*) smargiasso, fanfarone.

ammazzata [am-maz-zà-ta] *s.f.* (*fam.*) sfacchinata, faticata.

ammazzato [am-maz-zà-to] *agg.* ucciso, assassinato.

ammazzatoio [am-maz-za-tó-io] *s.m.* macello, mattatoio.

ammenda [am-mèn-da] *s.f.* **1** (*dir.*) pena pecuniaria fissata per le contravvenzioni **2** (*fig.*) riconoscimento e riparazione di un male commesso: *fare — delle proprie colpe.*

ammendamento [am-men-da-mén-to] *s.m.* (*agr.*) operazione di miglioramento dello stato del terreno | il fertilizzante usato in tale operazione.

ammennicolo [am-men-nì-co-lo] *s.m.* **1** pretesto, cavillo **2** accessorio; cosa di poco conto.

ammesso [am-més-so] *agg.* e *s.m.* [f -*a*] che/chi può accedere | che/chi è stato riconosciuto idoneo, ha superato una data prova: *gli ammessi a un concorso* ♦ nella loc. cong. — *che*, concesso che, posto che: — *che tu abbia ragione, non devi farlo.*

ammettenza [am-met-tèn-za] *s.f.* (*fis.*) in un circuito a corrente alternata, grandezza elettrica inversa all'impedenza.

ammettere [am-mét-te-re] *v.tr.* [coniugato come *mettere*] **1** lasciar entrare; accogliere, ricevere: — *alla presenza, tra i soci* **2** riconoscere idoneo: — *agli esami* **3** riconoscere: *una verità ammessa da tutti* **4** supporre: *ammettiamo che tu abbia ragione.*

ammezzare [am-meʒ-ʒà-re] *v.tr.* [*io ammèʒʒo ecc.*] dividere a metà; smezzare | riferito a un recipiente, lasciarlo pieno solo per metà: — *un fiasco.*

ammezzato [am-meʒ-ʒà-to] *agg.* e *s.m.* si dice del piano di un edificio posto tra il piano terreno e il primo piano; mezzanino.

ammezzimento [am-mez-zi-mén-to] *s.m.* processo di maturazione della frutta che provoca l'imbrunimento della polpa.

ammezzire [am-mez-zì-re] *v.intr.* [*io ammezzisco, tu ammezzisci ecc.*; aus. *essere*], **ammezzirsi** *v.intr.pron.* diventare mézzo, quasi marcio.

ammiccamento [am-mic-ca-mén-to] *s.m.* **1** l'ammiccare **2** (*fisiol.*) il battito delle palpebre.

ammiccare [am-mic-cà-re] *v.intr.* [*io ammicco, tu ammicchi ecc.*; aus. *avere*] fare cenni, per lo più di soppiatto | (*fig.*) dar segni di intesa a qlcu.

ammide [am-mì-de] *s.f.* (*chim.*) composto derivante dall'ammoniaca, impiegato nella produzione di materie plastiche, fertilizzanti ecc.

ammidico [am-mì-di-co] *agg.* [pl.m. -*ci*] (*chim.*) relativo all'ammide.

ammina [am-mì-na], o **amina**, *s.f.* (*chim.*) composto derivato dall'ammoniaca, impiegato nella produzione di resine e fibre sintetiche.

amminico [am-mì-ni-co] *agg.* [pl.m. -*ci*] (*chim.*) relativo all'ammina.

amministrare [am-mi-ni-strà-re] *v.tr.* avere cura dell'organizzazione, della gestione di un ente, di un bene, di un'attività: — *un comune, un'azienda*; — *la giustizia* | — *i sacramenti*, (*lit.*) impartirli.

amministrativista [am-mi-ni-stra-ti-vì-sta] *s.m.* e *f.* [pl.m. -*sti*] studioso di diritto amministrativo.

amministrativo [am-mi-ni-stra-tì-vo] *agg.* di amministrazione; che riguarda l'amministrazione o un'amministrazione: *impiegato* — | *diritto* —, ramo del diritto pubblico che riguarda l'organizzazione e l'attività della pubblica amministrazione | *decentramento* —, attribuzione a organi periferici di funzioni prima esercitate da organi centrali | *elezioni amministrative*, quelle che riguardano comuni, province e regioni ♦ *s.m.* [f. *-a*] chi lavora in un'amministrazione □ **amministrativamente** *avv.* dal punto di vista amministrativo.

amministratore [am-mi-ni-stra-tó-re] *s.m.* [f. *-trice*] chi amministra: *l'— del condominio* | — *delegato*, (*dir.*) in una società per azioni, colui al quale il consiglio di amministrazione delega le proprie funzioni.

amministrazione [am-mi-ni-stra-zió-ne] *s.f.* **1** attività di chi amministra: — *di un fondo agricolo* **2** attività di organizzazione e controllo di un'azienda, un ente o un organo pubblico o privato **3** ente o ufficio amministrativo; il complesso degli amministratori: *l'— delle ferrovie dello stato* | *consiglio di* —, organo collegiale per la direzione amministrativa di un'azienda | *pubblica* —, complesso degli uffici centrali e periferici dell'amministrazione dello stato | *amministrazioni locali*, le regioni, le province e i comuni **5** la sede in cui si svolge l'attività di chi amministra.

ammino-, o amino-, primo elemento di nomi indicanti composti chimici che contengono il radicale amminico monovalente —NH_2.

amminoacido [am-mi-no-à-ci-do] *s.m.* (*chim.*) composto organico azotato costituente delle proteine.

ammiraglia [am-mi-rà-glia] *s.f.* nave su cui si trova imbarcato un ammiraglio | (*estens.*) la nave di maggior prestigio di una compagnia di navigazione | il modello di automobile più prestigioso di una casa automobilistica.

ammiragliato [am-mi-ra-glià-to] *s.m.* **1** grado e ufficio di ammiraglio **2** sede degli uffici di un ammiraglio.

ammiraglio [am-mi-rà-glio] *s.m.* (*mil.*) alto ufficiale della marina il cui grado corrisponde a quello di generale nell'esercito | capo di stato maggiore della marina di uno stato.

ammirare [am-mi-rà-re] *v.tr.* **1** guardare con compiacimento, contemplare: — *un paesaggio* **2** stimare, apprezzare: — *qlcu. per la sua cultura.*

ammirato [am-mi-rà-to] *agg.* pieno di ammirazione, di meraviglia: *essere, restare* —.

ammiratore [am-mi-ra-tó-re] *s.m.* [f. *-trice*] chi ammira | (*estens.*) corteggiatore: *una ragazza che ha molti ammiratori.*

ammirazione [am-mi-ra-zió-ne] *s.f.* **1** l'ammirare: *stare in — di qlcu., di qlco.* **2** grande stima per una persona o una cosa: *nutrire* —; *destare l'— di qlcu.*

ammirevole [am-mi-ré-vo-le] *agg.* degno di ammirazione: *sopportò con — pazienza* □ **ammirevolmente** *avv.*

ammissibile [am-mis-sì-bi-le] *agg.* che si può ammettere; accettabile: *un'ipotesi* —.

ammissibilità [am-mis-si-bi-li-tà] *s.f.* l'essere ammissibile.

ammissione [am-mis-sió-ne] *s.f.* **1** l'ammettere, l'essere ammesso | *esame, prova d'*—, quelli che si devono sostenere per accedere a una scuola o a un impiego **2** riconoscimento: *l'— di un errore.*

ammobiliare [am-mo-bi-lià-re] *v.tr.* [*io ammobìlio ecc.*] fornire di mobili: — *un appartamento.*

ammobiliato [am-mo-bi-lià-to] *agg.* fornito di mobili; arredato: *appartamento* —.

ammodernamento [am-mo-der-na-mén-to] *s.m.* l'ammodernare; rinnovo: *l'— degli impianti.*

ammodernare [am-mo-der-nà-re] *v.tr.* [*io ammodèrno ecc.*] rimodernare: — *un appartamento.*

ammodo [am-mò-do], o **a modo**, *avv.* per bene, come si deve: *fare le cose* — ♦ *agg.invar.* corretto, educato: *una persona* —.

ammogliare [am-mo-glià-re] *v.tr.* [*io ammóglio ecc.*] far sposare, dare moglie ♦ **ammogliarsi** *v.rifl.* prendere moglie.

ammogliato [am-mo-glià-to] *agg.* e *s.m.* coniugato, sposato.

ammollamento [am-mol-la-mén-to] *s.m.* l'ammollare, l'ammollarsi; il divenire molle, umido.

ammollare[1] [am-mol-là-re] *v.tr.* [*io ammòllo ecc.*] rendere molle immergendo in un liquido; mettere a mollo: — *il pane nel latte*; — *la biancheria* ♦ **ammollarsi** *v.intr.pron.* ammorbidirsi, diventare molle, umido.

ammollare[2] *v.tr.* [*io ammòllo ecc.*] **1** allentare, mollare: — *una fune* **2** (*fig.*) appioppare: — *un ceffone.*

ammollimento [am-mol-li-mén-to] *s.m.* ammorbidimento, rammollimento.

ammollire [am-mol-lì-re] *v.tr.* [*io ammollisco, tu ammollisci ecc.*] **1** rendere molle, morbido; ammorbidire: — *il pane, la malta* **2** indebolire, render fiacco; rammollire: — *il fisico, il carattere* ♦ **ammollirsi** *v.intr.pron.* diventare molle, ammorbidirsi | (*estens.*) rammollirsi.

ammollo [am-mòl-lo] *s.m.* prolungata immersione della biancheria in acqua saponata: *mettere i panni in* (o *all'*) —.

ammoniaca [am-mo-nì-a-ca] *s.f.* (*chim.*) gas incolore, tossico, composto di azoto e idrogeno, usato in soluzione come detergente domestico.

ammoniacale [am-mo-ni-a-cà-le] *agg.* (*chim.*) di ammoniaca: *composto* —.

ammoniaco [am-mo-nì-a-co] *agg.* [pl.m. *-ci*] (*chim.*) **1** di ammoniaca **2** di ammonio: *sale* —.

ammonico [am-mò-ni-co] *agg.* [pl.m. *-ci*] (*chim.*) dell'ammonio, che contiene ammonio: *composto* —.

ammonimento [am-mo-ni-mén-to] *s.m.* **1** l'ammonire; avvertimento, consiglio: *dare un* — **2** richiamo, rimprovero.

ammonio [am-mò-ni-o] *s.m.* (*chim.*) radicale monovalente presente nelle soluzioni acquose di ammoniaca | *sali di* —, formati da ammoniaca in combinazione con acidi.

ammonire [am-mo-nì-re] *v.tr.* [*io ammonisco, tu ammonisci ecc.*] **1** consigliare con autorità; esortare | essere di ammaestramento (anche *assol.*): *l'esperienza ammonisce* **2** richiamare, riprendere: — *qlcu. a comportarsi meglio* **3** infliggere una sanzione disciplinare.
ammonito [am-mo-nì-to] *agg.* e *s.m.* [f. *-a*] che/chi ha subito un'ammonizione.
ammonizione [am-mo-ni-zió-ne] *s.f.* **1** richiamo, rimprovero, riprensione | monito, ammaestramento: *il suo esempio è un'— per tutti* **2** nel pubblico impiego, sanzione disciplinare non grave inflitta al dipendente che abbia trascurato l'osservanza di un dovere | analogo provvedimento preso dalle autorità sportive verso atleti che abbiano commesso infrazioni.
ammonizzazione [am-mo-niʒ-ʒa-zió-ne] *s.f.* (*chim., agr.*) trasformazione, a opera di microrganismi, della riserva azotata organica del terreno in composti ammoniacali, che possono in tal modo essere assimilati dalle piante.
ammontare[1] [am-mon-tà-re] *v.intr.* [*io ammónto ecc.*; aus. *essere*] raggiungere una certa cifra complessiva: *il capitale ammonta a un miliardo.*
ammontare[2] *s.m.* totale: *l'— delle spese.*
ammonticchiare [am-mon-tic-chià-re] *v.tr.* [*io ammontìcchio ecc.*] ammucchiare ♦ **ammonticchiarsi** *v.rifl.* o *intr.pron.* ammassarsi.
ammorbamento [am-mor-ba-mén-to] *s.m.* l'ammorbare, l'ammorbarsi.
ammorbare [am-mor-bà-re] *v.tr.* [*io ammòrbo ecc.*] **1** rendere infetto, contaminare | inquinare: *aria ammorbata*, irrespirabile **2** (*fig. fam.*) annoiare, infastidire: *ci ha ammorbato per due ore con le sue chiacchiere.*
ammorbidente [am-mor-bi-dèn-te] *agg.* che ammorbidisce: *soluzione* — ♦ *s.m.* **1** (*ind. tessile*) additivo dell'appretto che ammorbidisce il tessuto **2** additivo per il bucato che evita l'indurirsi dei capi lavati.
ammorbidimento [am-mor-bi-di-mén-to] *s.m.* l'ammorbidire, l'ammorbidirsi.
ammorbidire [am-mor-bi-dì-re] *v.tr.* [*io ammorbidisco, tu ammorbidisci ecc.*] **1** rendere morbido **2** (*fig.*) mitigare, addolcire: — *un contrasto* | — *una persona*, renderla comprensiva, indurla alla benevolenza **3** sfumare: — *i contorni, i colori* ♦ **ammorbidirsi** *v.intr.pron.* **1** diventare morbido **2** (*fig.*) addolcirsi, mitigarsi: *un carattere che si è ammorbidito col tempo.*
ammorsare [am-mor-sà-re] *v.tr.* [*io ammòrso ecc.*] **1** (*tecn.*) chiudere nella morsa **2** (*edil.*) fornire di morse un muro; addentellare.
ammortamento [am-mor-ta-mén-to] *s.m.* estinzione rateale di un debito: — *di un prestito.*
ammortare [am-mor-tà-re] *v.tr.* [*io ammòrto ecc.*] eseguire un ammortamento.
ammortizzabile [am-mor-tiʒ-ʒà-bi-le] *agg.* che si può ammortizzare.
ammortizzamento [am-mor-tiʒ-ʒa-mén-to] *s.m.* l'ammortizzare, l'essere ammortizzato: *l'— di un prestito.*
ammortizzare [am-mor-tiʒ-ʒà-re] *v.tr.* **1** ammortare: — *un debito* **2** attutire urti o vibrazioni mediante ammortizzatore.
ammortizzatore [am-mor-tiʒ-ʒa-tó-re] *s.m.* (*mecc.*) dispositivo idraulico o a frizione che attutisce urti e vibrazioni.
ammortizzazione [am-mor-tiʒ-ʒa-zió-ne] *s.f.* ammortizzamento.
ammosciare [am-mo-scià-re] *v.tr.* [*io ammóscio ecc.*] (*fam.*) rendere moscio, floscio | (*region.*) deprimere; annoiare ♦ **ammosciarsi** *v.intr.pron.* (*fam.*) **1** diventare moscio **2** (*fig.*) deprimersi; annoiarsi.
ammosciato [am-mo-scià-to] *agg.* (*fam.*) **1** reso, divenuto moscio **2** (*fig.*) abbattuto, annoiato.
ammostare [am-mo-stà-re] *v.tr.* [*io ammósto ecc.*] pigiare l'uva per ricavarne mosto ♦ *v.intr.* [aus. *avere*] diventare mosto.
ammostatoio [am-mo-sta-tó-io] *s.m.* strumento di legno che serve per ammostare e rimestare l'uva nel tino.
ammostatura [am-mo-sta-tù-ra] *s.f.* operazione con cui si separa il mosto dalle parti solide del grappolo d'uva.
ammucchiare [am-muc-chià-re] *v.tr.* [*io ammùcchio ecc.*] mettere, riunire in mucchio: — *i libri* | accumulare: — *soldi* ♦ **ammucchiarsi** *v.rifl.* o *intr.pron.* stiparsi, affollarsi, ammassarsi.
ammucchiata [am-muc-chià-ta] *s.f.* (*fam.*) **1** ammassamento di cose o persone disparate **2** (*gerg.*) rapporto sessuale di gruppo; orgia.
ammuffimento [am-muf-fi-mén-to] *s.m.* **1** l'ammuffire, l'ammuffirsi **2** muffa.
ammuffire [am-muf-fì-re] *v.intr.* [*io ammuffisco, tu ammuffisci ecc.*; aus. *essere*] **1** fare la muffa; guastarsi per muffa **2** (*fig.*) vivere isolato: — *in casa, sui libri.*
ammuffito [am-muf-fì-to] *agg.* **1** muffo: *pane* — **2** (*fig.*) invecchiato, sorpassato: *idee ammuffite.*
ammutinamento [am-mu-ti-na-mén-to] *s.m.* (*dir.*) reato di insubordinazione di marinai o soldati che disubbidiscono agli ordini dei superiori | (*estens.*) rifiuto collettivo di obbedire a un ordine.
ammutinarsi [am-mu-ti-nàr-si] *v.intr.pron.* [*io mi ammùtino* o *ammutìno ecc.*] fare un ammutinamento: *l'equipaggio si è ammutinato.*
ammutinato [am-mu-ti-nà-to] *agg.* e *s.m.* che/chi partecipa a un ammutinamento.
ammutolire [am-mu-to-lì-re] *v.intr.* [*io ammutolisco, tu ammutolisci ecc.*; aus. *essere*], **ammutolirsi** *v.intr.pron.* diventare muto | (*estens.*) tacere d'improvviso: — *per lo spavento.*
amnesia [am-ne-ʃi-a] *s.f.* **1** (*med.*) perdita parziale o totale della memoria **2** dimenticanza momentanea: *avere un'—.*
amnio [àm-nio] *s.m.* (*biol.*) membrana a forma di sacco contenente un liquido sieroso che avvol-

ge e protegge l'embrione di mammiferi, rettili e uccelli.

amniocentesi [am-nio-cèn-te-ʃi] *s.f.* (*med.*) prelievo di liquido amniotico dall'addome, per la diagnosi precoce di malformazioni fetali e la determinazione del sesso del nascituro.

amniotico [am-niò-ti-co] *agg.* [pl.m. *-ci*] (*biol.*) dell'amnio: *liquido, sacco* —.

amnistia [am-ni-stì-a] *s.f.* (*dir.*) provvedimento legislativo con cui lo stato rinuncia ad applicare la pena nei confronti di determinate categorie di reati.

amnistiare [am-ni-sti-à-re] *v.tr.* [*io amnìstio* o *amnistìo ecc.*] (*dir.*) applicare un'amnistia.

amo [à-mo] *s.m.* strumento per pescare a forma di piccolo uncino, sul quale si infila l'esca | *abboccare all'*—, (*fig.*) farsi raggirare.

amorale [a-mo-rà-le] *agg.* **1** che è estraneo alla legge morale **2** privo di senso morale: *una persona* — | Come *s.m.* e *f.* persona amorale □ **amoralmente** *avv.*

amoralismo [a-mo-ra-lì-ʃmo] *s.m.* carattere amorale; atteggiamento di amoralità.

amoralità [a-mo-ra-li-tà] *s.f.* l'essere amorale.

amorazzo [a-mo-ràz-zo] *s.m.* amore superficiale, volgare; tresca.

amore [a-mó-re] *s.m.* **1** affetto intenso, sentimento di profonda tenerezza o devozione: — *paterno, materno; sentire, provare — per* (o *verso*) *qlcu.* | *per — di qlcu.*, per fargli piacere: *fallo per amor mio!* | *d'— e d'accordo*, in perfetto accordo | *amor proprio*, legittimo orgoglio di sé **2** attrazione fisica tra due persone di sesso diverso: *dichiarare il proprio — a qlcu.* | *fare l'—, all'—*, avere rapporti sessuali; anche, amoreggiare, essere fidanzato **3** (*estens.*) la persona amata: *tu sei il mio* — | cosa o persona graziosa: *un — di bambina; questo vestito è un* — **4** *pl.* vicende amorose: *gli amori di Paolo e Francesca* **5** negli animali, istinto che li porta all'accoppiamento; calore: *il periodo degli amori* **6** (*teol.*) affezione infinita di Dio per le sue creature | il senso di carità dell'uomo verso gli altri uomini: — *cristiano del prossimo* | *per (l') — di Dio!, del cielo!*, esclamazioni che accompagnano invocazioni o raccomandazioni **7** passione per qlco.: — *per lo studio* | *con* —, accuratamente: *lavorare con* — | *per — di qlco.*, per il piacere, il gusto di qlco.: *per — di discussione* **8** ciò che è oggetto di passione: *il suo — sono i cani.*

amoreggiamento [a-mo-reg-gia-mén-to] *s.m.* l'amoreggiare; relazione amorosa.

amoreggiare [a-mo-reg-già-re] *v.intr.* [*io amoréggio ecc.*; aus. *avere*] avere rapporti amorosi superficiali.

amorevole [a-mo-ré-vo-le] *agg.* che dimostra amore, affetto: *madre —; parole amorevoli* □ **amorevolmente** *avv.*

amorevolezza [a-mo-re-vo-léz-za] *s.f.* l'essere amorevole | (spec. *pl.*) atto amorevole.

amorfismo [a-mor-fi-ʃmo] *s.m.* **1** (*fis., chim.*) proprietà di una sostanza amorfa **2** (*lett.*) l'essere amorfo, anonimo, privo di personalità.

amorfo [a-mòr-fo] *agg.* **1** privo di forma determinata **2** (*fig. spreg.*) privo di personalità: *un individuo* — **3** (*fis., chim.*) si dice di sostanza priva di struttura cristallina.

amorino [a-mo-rì-no] *s.m.* **1** bambino nudo alato raffigurante il dio dell'amore **2** (*pop.*) reseda.

amoroso [a-mo-ró-so] *agg.* **1** che prova amore; affettuoso: *figlio* — **2** ispirato da amore; premuroso: *parole, cure amorose* **3** proprio dell'amore, che riguarda l'amore: *vicende amorose* ♦ *s.m.* [f. *-a*] (*fam.*) fidanzato □ **amorosamente** *avv.*

amovibile [a-mo-vì-bi-le] *agg.* (*non com.*) che si può rimuovere, trasferire.

amovibilità [a-mo-vi-bi-li-tà] *s.f.* l'essere amovibile.

ampelidacee [am-pe-li-dà-ce-e] *s.f.pl.* (*bot.*) vitacee.

amperaggio [am-pe-ràg-gio] *s.m.* (*fis.*) valore dell'intensità di una corrente elettrica.

ampere [/ amˈpɛr /] *s.m.invar.* (*fr.*) (*fis.*) unità di misura dell'intensità di una corrente elettrica.

amperometro [am-pe-rò-me-tro] *s.m.* (*fis.*) strumento che misura l'intensità di una corrente elettrica.

amperora [am-pe-ró-ra] *s.m.* (*fis.*) unità di misura di carica elettrica, corrispondente alla carica trasportata in 1 ora da una corrente di 1 ampere.

ampex® [àm-pex] *s.m.invar.* sistema di registrazione di immagini su nastro magnetico| registrazione videomagnetica televisiva.

ampiezza [am-piéz-za] *s.f.* **1** l'essere ampio: *l'— di una stanza* **2** (*geom.*) misura di un angolo o di un arco.

ampio [àm-pio] *agg.* [superl. *amplissimo*] **1** largo e lungo, vasto; spazioso: *una valle ampia; un — salone* **2** (*fig.*) abbondante, copioso: *dare ampie garanzie; nel significato — del termine*, estensivo, comprensivo; *essere di ampie vedute*, di mentalità aperta □ **ampiamente** *avv.* abbondantemente: *trattare — un argomento.*

amplesso [am-plès-so] *s.m.* **1** (*lett.*) abbraccio | (*estens.*) avvinghiamento, stretta **2** rapporto sessuale, coito.

ampliamento [am-pli-a-mén-to] *s.m.* l'ampliare, l'ampliarsi, l'essere ampliato: *lavori di* —.

ampliare [am-pli-à-re] *v.tr.* [*io àmplio ecc.*] rendere più ampio; aumentare (anche *fig.*): — *le proprie cognizioni* ♦ **ampliarsi** *v.intr.pron.* ingrandirsi, estendersi: *il paese si è molto ampliato.*

amplidina [am-pli-dì-na] *s.f.* (*elettr.*) macchina generatrice di corrente continua, usata come amplificatore di potenza.

amplificare [am-pli-fi-cà-re] *v.tr.* [*io amplìfico, tu amplìfichi ecc.*] **1** rendere più ampio | (*fig.*) esagerare: — *il valore di qlco.* **2** (*tecn.*) accrescere il valore di una grandezza fisica: — *un suono.*

amplificatore [am-pli-fi-ca-tó-re] *s.m.* (*tecn.*) dispositivo che accresce il valore di una grandezza fisica; in particolare, quello che amplifica il segnale acustico di apparecchi per la riproduzione del suono (registratori, giradischi ecc.).

amplificazione [am-pli-fi-ca-zió-ne] *s.f.* l'amplificare, l'essere amplificato.

ampolla [am-pól-la] *s.f.* **1** boccetta a collo stretto e ventre largo, con piccolo manico e beccuccio: — *dell'olio, dell'aceto.* DIM. *ampollina* **2** (*tecn.*) recipiente di vetro speciale a tenuta di vuoto, in cui si introduce un gas inerte per sperimentarvi fenomeni in assenza d'aria **3** (*lit.*) piccolo vaso di metallo in cui viene tenuto l'olio santo **4** (*anat.*) parte dilatata di un condotto.

ampollina [am-pol-lì-na] *s.f.* (*lit.*) ciascuna delle due piccole ampolle che contengono l'acqua e il vino per la messa.

ampollosità [am-pol-lo-si-tà] *s.f.* l'essere ampolloso.

ampolloso [am-pol-ló-so] *agg.* magniloquente, retorico: *stile* — □ **ampollosamente** *avv.*

amputare [am-pu-tà-re] *v.tr.* [*io àmputo ecc.*] **1** (*med.*) asportare chirurgicamente un arto o sua parte **2** (*fig.*) tagliare, ridurre (detto di scritti, discorsi).

amputazione [am-pu-ta-zió-ne] *s.f.* l'amputare, l'essere amputato.

amuleto [a-mu-lé-to *o* amulèto] *s.m.* oggetto a cui si attribuisce per superstizione il potere di tener lontani mali o pericoli.

an- → **a-**[1].

ana- prefisso di parole composte, che significa 'sopra, in alto' (*anabolismo*), 'contro' (*anacronismo*), 'di nuovo' (*analogia*) o 'inversamente' (*anagramma*).

anabattismo [a-na-bat-tì-ʃmo] *s.m.* (*relig.*) movimento protestante, sorto in Germania nel sec. XVI, che negava validità al battesimo dei neonati.

anabattista [a-na-bat-tì-sta] *s.m.* e *f.* [pl.m. *-sti*] (*relig.*) seguace dell'anabattismo.

anabbagliante [a-nab-ba-gliàn-te] *agg.* si dice di schermo atto a diminuire l'intensità di una sorgente luminosa ♦ *s.m.* (*aut.*) proiettore che illumina la strada in modo da non abbagliare chi proviene dal senso opposto.

anabolismo [a-na-bo-lì-ʃmo] *s.m.* (*biol.*) fase del metabolismo consistente nella trasformazione e utilizzazione delle sostanze nutritive nell'organismo.

anabolizzante [a-na-bo-liʒ-ʒàn-te] *agg.* e *s.m.* (*med.*) sostanza che favorisce l'anabolismo.

anacardio [a-na-càr-dio] *s.m.* albero, detto anche *acagiù*, che produce un frutto con seme commestibile (mandorla d'acagiù).

anacoluto [a-na-co-lù-to] *s.m.* (*ret.*) il susseguirsi nello stesso periodo di due diversi costrutti, dei quali il primo rimane incompiuto.

anaconda [a-na-còn-da] *s.m.invar.* grosso serpente non velenoso dell'America meridionale.

anacoreta [a-na-co-rè-ta] *s.m.* [pl. *-ti*] chi si ritirava nel deserto per dedicarsi alla preghiera.

anacronismo [a-na-cro-nì-ʃmo] *s.m.* l'attribuzione a un'epoca di usi, costumi e fatti propri di un'altra.

anacronistico [a-na-cro-nì-sti-co] *agg.* [pl.m. *-ci*] che costituisce anacronismo | fuori tempo, superato: *idee anacronistiche* □ **anacronisticamente** *avv.*

anadiplosi [a-na-di-plò-ʃi] *s.f.* (*ret.*) ripresa di una o più parole dalla frase precedente, per dare enfasi all'espressione.

anaelettrico [a-na-e-lèt-tri-co] *agg.* [pl.m. *-ci*] (*fis.*) si dice di corpo che non si elettrizza per strofinamento.

anaerobico [a-na-e-rò-bi-co] *agg.* [pl.m. *-ci*] (*biol.*) che si riferisce all'anaerobiosi.

anaerobio [a-na-e-rò-bio] *agg.* e *s.m.* (*biol.*) si dice di microrganismo che vive in assenza di ossigeno: *batterio* —.

anaerobiosi [a-na-e-ro-bi-ò-ʃi] *s.f.* (*biol.*) vita in assenza di ossigeno.

anafilassi [a-na-fi-làs-si] *s.f.* (*med.*) esagerata reattività immunitaria, da parte di un organismo sensibilizzato a una sostanza proteica, a una successiva introduzione della stessa sostanza.

anafilattico [a-na-fi-làt-ti-co] *agg.* [pl.m. *-ci*] (*med.*) di anafilassi, da anafilassi: *shock* —.

anafora [a-nà-fo-ra] *s.f.* (*ret.*) ripetizione della stessa parola o espressione all'inizio di frasi o versi consecutivi.

anaforesi [a-na-fo-rè-ʃi] *s.f.* (*fis.*) migrazione verso l'anodo di particelle cariche negativamente e sospese in un liquido, sotto l'azione di un campo elettrico.

anaforico [a-na-fò-ri-co] *agg.* [pl.m. *-ci*] (*ret.*) che è proprio dell'anafora, che contiene un'anafora: *costrutto* —.

anagogia [a-na-go-gì-a] *s.f.* [pl. *-gie*] nello studio delle Sacre scritture, l'interpretazione dei fatti biblici in senso mistico.

anagogico [a-na-gò-gi-co] *agg.* [pl.m. *-ci*] dell'anagogia, relativo all'anagogia: *interpretazione anagogica.*

anagrafe [a-nà-gra-fe] *s.f.* registro che documenta il numero e lo stato civile della popolazione di un comune | ufficio comunale in cui si tiene tale registro | — *tributaria*, ufficio del ministero delle finanze che raccoglie i dati relativi ai contribuenti.

anagrafico [a-na-grà-fi-co] *agg.* [pl.m. *-ci*] dell'anagrafe; registrato all'anagrafe: *dati anagrafici* □ **anagraficamente** *avv.*

anagramma [a-na-gràm-ma] *s.m.* [pl. *-mi*] procedimento consistente nell'ottenere, con le lettere di una parola o di una frase, parole o frasi di senso diverso (p.e. *ramo, mora*) | parola o frase così ricavata: *"alto" è l'— di "lato".*

anagrammare [a-na-gram-mà-re] *v.tr.* fare un'anagramma.

analcolico [a-nal-cò-li-co], o **analcoolico**, *agg.* [pl.m. *-ci*] che non contiene alcol: *bibite analcoliche* ♦ *s.m.* bevanda priva di alcol.

anale [a-nà-le] *agg.* (*med.*) dell'ano, localizzato all'ano.

analfabeta [a-nal-fa-bè-ta] *agg.* e *s.m.* e *f.* [pl.m. -*ti*] **1** che/chi non sa leggere e scrivere **2** (*estens.*) persona ignorante.
analfabetismo [a-nal-fa-be-tì-ʃmo] *s.m.* la condizione di chi è analfabeta.
analgesico [a-nal-gè-ʃi-co] *agg.* e *s.m.* [pl. -*ci*] si dice di farmaco che attenua o elimina il dolore.
analisi [a-nà-li-ʃi] *s.f.* **1** metodo di indagine in cui l'oggetto di studio viene scomposto ed esaminato negli elementi costitutivi (si contrappone a *sintesi*) | — *clinica*, (*med.*) effettuata a scopo diagnostico | — *grammaticale*, *logica*, scomposizione della proposizione al fine di indicare rispettivamente la natura grammaticale o sintattica dei suoi elementi | — *matematica*, parte della matematica che studia il calcolo differenziale e integrale **2** (*estens.*) esame accurato: *un'attenta — dei fatti* | *in ultima* —, in definitiva **3** trattamento psicoanalitico: *essere in* — **4** (*inform.*) fase di studio di un programma in cui viene approntato un modello per la gestione dei dati.
analista [a-na-lì-sta] *s.m.* e *f.* [pl.m. -*sti*] **1** chi effettua analisi cliniche **2** psicoanalista.
analiticità [a-na-li-ti-ci-tà] *s.f.* l'essere analitico.
analitico [a-na-lì-ti-co] *agg.* [pl.m. -*ci*] **1** di analisi, fondato sull'analisi | incline, portato all'analisi: *mentalità analitica* | *indice* —, elenco in ordine alfabetico degli argomenti trattati in un libro **2** (*mat.*) fondato essenzialmente sul calcolo: *geometria analitica* □ **analiticamente** *avv.*
analizzabile [a-na-liʒ-ʒà-bi-le] *agg.* che si può analizzare.
analizzare [a-na-liʒ-ʒà-re] *v.tr.* **1** sottoporre ad analisi **2** (*estens.*) esaminare accuratamente: — *un problema*.
analizzatore [a-na-liʒ-ʒa-tó-re] *s.m.* **1** [f. -*trice*] chi effettua analisi **2** (*tecn.*) dispositivo per effettuare un'analisi.
anallergico [a-nal-lèr-gi-co] *agg.* [pl.m. -*ci*] (*med.*) che non produce allergia.
analogia [a-na-lo-gì-a] *s.f.* **1** rapporto di somiglianza fra due o più cose **2** (*ling.*) influenza che una forma esercita su un'altra, per cui questa tende ad assimilarsi a quella.
analogico [a-na-lò-gi-co] *agg.* [pl.m. -*ci*] **1** che procede per analogia, che si fonda sull'analogia: *procedimento* — **2** si dice di strumento che registra il variare di un fenomeno fisico mediante un modello analogo di grandezze, p.e. il variare della temperatura con il variare dell'altezza del mercurio nel termometro (si contrappone a *digitale*): *calcolatore* — □ **analogicamente** *avv.* per analogia.
analogo [a-nà-lo-go] *agg.* [pl.m. -*ghi*] che presenta analogia con un'altra cosa; simile: *caso* — □ **analogamente** *avv.*
anamnesi [a-nam-nè-ʃi *o* anàmneʃi] *s.f.* (*med.*) raccolta a fini diagnostici delle notizie riguardanti i precedenti fisiologici e patologici, personali ed ereditari, di un paziente.
anamnestico [a-nam-nè-sti-co] *agg.* [pl.m. -*ci*] (*med.*) relativo all'anamnesi.
anamorfico [a-na-mòr-fi-co] *agg.* [pl.m. -*ci*] di anamorfosi, caratterizzato da anamorfosi.
anamorfosi [a-na-mor-fò-ʃi *o* anamòrfoʃi] *s.f.* **1** nelle arti figurative, deformazione prospettica di un'immagine, che può essere percepita correttamente solo da un particolare punto di osservazione **2** (*cine.*) deformazione di un'immagine realizzata con uno speciale sistema ottico.
ananas [à-na-nas *o* ananàs] *s.m.invar.* **1** pianta arbustacea tropicale con foglie lunghe e aculeate e frutti commestibili **2** il frutto di tale pianta.
anarchia [a-nar-chì-a] *s.f.* **1** mancanza di governo **2** (*estens.*) situazione di caos politico | disordine, confusione: *in quella casa regna l'*— **3** dottrina anarchica; anarchismo.
anarchico [a-nàr-chi-co] *agg.* [pl.m. -*ci*] **1** di anarchia, relativo all'anarchia: *idee anarchiche* **2** (*estens.*) insofferente di ogni imposizione | disordinato, caotico ♦ *s.m.* [f. -*a*] chi sostiene l'anarchia □ **anarchicamente** *avv.*
anarchismo [a-nar-chì-ʃmo] *s.m.* dottrina e movimento politico che propugnano l'abolizione di ogni istituzione o potere costituito | atteggiamento anarchico.
anarcoide [a-nar-còi-de] *agg.* e *s.m.* e *f.* che/chi ha tendenze vagamente anarchiche | (*estens.*) che/chi è insofferente di ogni regola; ribelle.
anasarca [a-na-sàr-ca] *s.m.* [pl. -*chi*] (*med.*) edema esteso a tutto il tessuto sottocutaneo con versamenti nelle cavità sierose (pleura, peritoneo).
anastatico [a-na-stà-ti-co] *agg.* [pl.m. -*ci*] (*tip.*) si dice del procedimento fotografico con cui da un testo stampato si ottiene una matrice litografica che consente una nuova stampa: *ristampa anastatica* □ **anastaticamente** *avv.*
anastigmatico [a-na-stig-ma-ti-co] *agg.* [pl.m. -*ci*] (*fis.*) si dice di lente o sistema ottico che corregge l'astigmatismo.
anastomosi [a-na-sto-mò-ʃi] *s.f.* (*anat.*) comunicazione tra due vasi o tra due organi cavi.
anastrofe [a-nà-stro-fe] *s.f.* (*ret.*) inversione dell'ordine abituale delle parole di un discorso.
anatema [a-na-tè-ma] *s.m.* [pl. -*mi*] **1** nella religione cattolica, scomunica solenne **2** (*fig.*) maledizione: *lanciare un* —.
anatematizzare [a-na-te-ma-tiʒ-ʒà-re], o **anatemizzare** [a-na-te-miʒ-ʒà-re], *v.tr.* colpire con anatema.
anatidi [a-nà-ti-di] *s.m.pl.* (*zool.*) famiglia di uccelli acquatici dal becco largo e dalle gambe corte con piedi palmati, a cui appartiene l'anatra.
anatomia [a-na-to-mì-a] *s.f.* **1** scienza che studia gli organismi viventi nella loro struttura esterna e interna: — *umana*, *animale* **2** dissezione di un organismo nelle parti che lo compongono **3** (*fig.*) analisi fredda e minuziosa: — *di un testo*.
anatomico [a-na-tò-mi-co] *agg.* [pl.m. -*ci*] **1** che riguarda l'anatomia: *esame* — | che si utilizza per l'anatomia: *tavolo* — **2** (*fig.*) minuzioso, analitico **3** modellato in modo da conformarsi

alle forme umane: *plantare* — □ **anatomicamente** *avv.* dal punto di vista anatomico.

anatomista [a-na-to-mì-sta] *s.m.* e *f.* [pl.m. *-sti*] chi studia, insegna o pratica l'anatomia.

anatomizzare [a-na-to-miʒ-ʒà-re] *v.tr.* **1** studiare la struttura di organismi animali tramite dissezione **2** (*fig.*) sottoporre ad analisi minuziosa.

anatomopatologo [a-na-to-mo-pa-tò-lo-go] *s.m.* [pl. *-gi*] (*med.*) **1** studioso di anatomia patologica **2** medico legale.

anatra [à-na-tra], o **anitra**, *s.f.* (*zool.*) nome comune di diversi uccelli acquatici con corpo largo, zampe corte, piedi palmati, becco largo e appiattito.

anatroccolo [a-na-tròc-co-lo] *s.m.* il pulcino dell'anatra.

anca [àn-ca] *s.f.* (*anat.*) articolazione che unisce il femore al bacino: *lussazione dell'* — | (*fam.*) parte superiore della coscia; fianco: *dimenare le anche.*

ancella [an-cèl-la] *s.f.* nel mondo romano, schiava al servizio di una matrona | (*lett.*) donna al servizio di qlcu.

ancestrale [an-ce-strà-le] *agg.* **1** che si riferisce agli antenati, che è trasmesso dagli antenati | (*estens.*) atavico: *il timore — del buio* **2** (*biol.*) si dice di organo presente in fossili ma che risulti atrofizzato o diversamente conformato nelle specie viventi.

anche [àn-che] *cong.* **1** pure: — *oggi piove*; *c'era — la zia* | per di più: *non voglio venire e sono — offeso* | persino: *ho aspettato — troppo* **2** sebbene, seppure: — *correndo, non ce la farebbe*; — *se partissi ora, non arriverei in tempo* | *quand'*—, ammesso pure che, pure se.

ancheggiare [an-cheg-già-re] *v.intr.* [*io anchéggio ecc.*; aus. *avere*] dimenare le anche camminando o danzando.

anchilosare [an-chi-lo-ʃà-re] *v.tr.* [*io anchilòʃo* o *anchìloʃo ecc.*] paralizzare per anchilosi ♦ **anchilosarsi** *v.intr.pron.* paralizzarsi per anchilosi | (*estens.*) intorpidirsi.

anchilosato [an-chi-lo-ʃà-to] *agg.* si dice di articolazione colpita da anchilosi | (*estens.*) anche dell'arto interessato: *avere un piede* —.

anchilosi [an-chi-lò-ʃi *o* anchìloʃi] *s.f.* (*med.*) perdita totale o parziale dei movimenti di un'articolazione.

anchorman [/ 'aŋkorman /] *s.m.invar.* (*ingl.*) chi conduce programmi radiofonici o televisivi che prevedono frequenti collegamenti esterni.

ancia [àn-cia] *s.f.* [pl. *-ce*] (*mus.*) lamella flessibile di metallo o di legno che, posta all'imboccatura di taluni strumenti a fiato, determina la vibrazione della colonna d'aria in essi contenuta producendo il suono.

ancillare [an-cil-là-re] *agg.* di ancella, delle ancelle.

ancona [an-có-na] *s.f.* tavola dipinta, di soggetto sacro, posta a decorazione di un altare.

ancora[1] [àn-co-ra] *s.f.* **1** (*mar.*) pesante arnese di ferro che, facendo presa sul fondo marino, consente di trattenere il natante a cui è collegato mediante una catena o una gomena: *gettare l'*—; *dar fondo all'*—, ormeggiarsi | — *di salvezza*, (*fig.*) persona o cosa a cui si ricorre in caso di estrema necessità **2** oggetto che richiami la forma di un'ancora **3** (*elettr.*) sbarretta di ferro dolce che serve ad aprire o chiudere un circuito elettrico.

ancora[2] [an-có-ra] *avv.* **1** anche ora (indica la continuità di un'azione): *ci pensi —?*; *sto — scrivendo* **2** finora: *non è — venuto* | fino ad allora: *non l'avevo — saputo* **3** un'altra volta: *occorre dirlo* — | in più, in aggiunta: *c'è — vino?* **4** bene o male (spesso ripetuto): *lui — — ci riuscirà, ma gli altri...* ♦ *cong.* persino (come rafforzativo di un comparativo): *questo film è — più bello dell'altro.*

ancoraggio [an-co-ràg-gio] *s.m.* **1** l'ancorare, l'ancorarsi: *manovra di* — | (*estens.*) collegamento di un elemento a un punto stabile **2** specchio d'acqua in cui le navi possono ormeggiare | somma pagata da una nave per ormeggiare in un porto.

ancorare [an-co-rà-re] *v.tr.* [*io àncoro ecc.*] **1** (*mar.*) ormeggiare un natante gettando l'ancora **2** (*estens.*) assicurare, fissare: — *al suolo un pallone aerostatico* | — *una moneta*, (*econ.*) mantenerne costante il valore rispetto a una valuta estera: — *la lira al marco* ♦ **ancorarsi** *v. rifl.* gettare l'ancora, ormeggiarsi.

ancorato [an-co-rà-to] *agg.* a forma di ancora, di uncino.

ancorché [an-cor-ché] *cong.* (*lett.*) benché, sebbene (introduce una prop. concessiva): *ancorché fosse ferito, riuscì a fuggire.*

ancorotto [an-co-ròt-to] *s.m.* (*mar.*) ancora leggera per imbarcazioni di piccole o medie dimensioni | attrezzo da pesca formato da tre ami con le punte rivolte all'esterno.

andaluso [an-da-lù-ʃo] *agg.* dell'Andalusia ♦ *s.m.* [f. *-a*] nativo, abitante dell'Andalusia.

andamento [an-da-mén-to] *s.m.* **1** l'atto e il modo di andare, di procedere; andatura, portamento: *un — altero* | (*mus.*) carattere dinamico di un brano **2** modo di succedersi delle fasi di un fenomeno: *l'— degli affari.*

andante [an-dàn-te] *agg.* ordinario, mediocre: *prodotto* — ♦ *s.m.* (*mus.*) movimento di media velocità, meno lento dell'adagio, più lento dell'allegretto.

andantino [an-dan-tì-no] *s.m.* (*mus.*) movimento piuttosto moderato più lento dell'andante.

andare[1] [an-dà-re] *v.intr.* [pres. *io vado, tu vai, egli va, noi andiamo, voi andate, essi vanno*; imperf. *io andavo ecc.*; fut. *io andrò ecc.*; congiunt.pres. *io, tu, egli vada, noi andiamo, voi andiate, essi vàdano*; cond. *io andrèi ecc.*; imp. *va* o *va'* o *vai*, *andate*; le altre forme, dal tema *and-*, sono regolari; aus. *essere*] **1** spostarsi verso un luogo, o anche senza una meta: — *avanti, indietro*; — *veloce, di fretta*; — *a piedi, in bicicletta*; — *in strada, nei campi, per mare*; — *a scuola, al lavoro, in vacanza, a caccia*; — *a funghi, per legna*;

— *da Milano a Napoli*; — *a zonzo, a spasso*; — *dal medico*; — *a* (o *per*) *terra*, cadere; — *all'altro mondo, al Creatore*, morire; — *addosso a qlcu.*, *a qlco.*, investirli, urtare | — *dentro*, all'interno di qlco.; (*eufem.*) essere arrestato; — *fuori*, uscire; — *su*, salire, aumentare; — *giù*, scendere, diminuire, peggiorare; — *via*, allontanarsi; anche, scomparire: *una macchia che non va più via*; — *oltre*, (*fig.*) esagerare; — *sotto*, sott'acqua; (*fig.*) in passivo | — *dietro*, seguire: — *dietro a uno*, (*fig.*) comportarsi come lui, imitarlo; anche, corteggiarlo; — *dietro a qlco.*, (*fig.*) seguirla, perseguirla; anche, credervi, prestarvi fede | — *per la propria strada*, tendere al proprio scopo | —, *andarci per il sottile*, (*fig.*) comportarsi con delicatezza | — *a naso, a fiuto*, (*fig.*) comportarsi secondo l'istinto, l'esperienza | — *per i vent' anni*, avvicinarsi a quell'età | *va', vai all'inferno, al diavolo, in malora, a farti friggere!*, imprecazione di rabbia contro qlcu. o qlco. | *vai!, andiamo!*, espressioni di incitamento | *ma va' là!*, espressione di incredulità | — *di male in peggio, di bene in meglio*, peggiorare, migliorare sempre più | — *per le lunghe*, dilungarsi | —, *andarci di mezzo*, essere coinvolto in una vicenda subendone conseguenze spiacevoli | — *a male*, guastarsi | — *a fuoco*, incendiarsi, bruciarsi | — *sul sicuro*, non rischiare | — *di corpo*, defecare | — *a letto con qlcu.*, avere rapporti sessuali | — *con qlcu.*, frequentarlo | — *con lo sguardo, la memoria a qlcu.*, *a qlco.*, guardare, ricordare qlcu., qlco. | *andarne*, essere in gioco: *ne va la vita*; *ne va del mio onore* | *andarsene*, partire, allontanarsi; (*fig.*) morire | *lasciar* —, lasciar correre, passare sopra | *lasciarsi* —, abbandonarsi; (*fig.*) scoraggiarsi | *va da sé che*, è ovvio che **2** trasformarsi, ridursi: — *in cenere, in fiamme*, bruciarsi; — *in fumo*, (*fig.*) sfumare, svanire; — *in pezzi, in frantumi*, rompersi **3** essere, sentirsi: — *fiero* **4** essere adeguato, necessario: *sul pesce ci va molto sale* | essere destinato a stare in un certo luogo: *questa sedia va in giardino* | entrare, entrarci; esser compreso: *questa chiave non va nella toppa*; *il tre nel sei ci va due volte* | calzare, star bene: *questa giacca mi va a pennello* **6** procedere, svolgersi: *come va?*, come stai? | *il lavoro non va*, non è fatto bene | — *a buon fine*, concludersi bene | — *a finire*, concludersi, finire: *quella storia è andata a finir male* | *è andata!*, si dice di cosa riuscita; *se la va, la va*, se (la cosa) riesce, bene; con valore concessivo: *e vada, per questa volta!*, e sia, passi **7** funzionare: *l'orologio non va più*; *quell'autocarro va a nafta* | raggiungere una certa velocità: *a quanto va questa moto?* **8** essere gradito, soddisfare: *il tuo comportamento non mi va* | — *per la maggiore*, essere in voga; — *di moda*, essere molto diffuso, apprezzato (anche *assol.*): *quest'anno va il bianco* **9** seguito da un part. pass., vale *dover essere*: *il prodotto va conservato al fresco* | con valore fraseologico o copulativo: — *errato*, errare; — *perduto*, essere, venire perduto | seguito dal gerundio di un verbo, indica durata e frequenza del concetto espresso da quel verbo: *andava dicendo a tutti la stessa cosa*; *il male va peggiorando* | seguito da un infinito introdotto da *a*, ha valore fraseologico: *il camion andò a finire fuori strada*, finì fuori strada **10** — *in macchina*, (*tip.*) iniziare a essere stampato | — *in onda*, di programma radiotelevisivo, iniziare a venir trasmesso | — *in scena*, (*teat.*) essere rappresentato | — *a tempo*, (*mus.*) seguire il ritmo; (*estens.*) essere sincronizzato **11** in locuzioni del linguaggio sportivo: — *a rete, a canestro*, segnare, realizzare una rete, un canestro; — *in fuga*, nel ciclismo, iniziare una fuga; — *al tappeto*, nel pugilato, venire atterrato.

andare[2] *s.m.* l'atto dell'andare, del muoversi: *era tutto un — e venire*, un viavai, un andirivieni.

andata [an-dà-ta] *s.f.* **1** l'andare, il recarsi in un luogo: *all'— è passato per Bologna*; *biglietto di — e ritorno* **2** *girone di* —, o semplicemente —, (*sport*) nei tornei in cui le squadre concorrenti gareggiano tra loro due volte, il primo dei due gruppi di partite.

andatura [an-da-tù-ra] *s.f.* modo di camminare | (*sport*) ritmo, velocità di corsa di un atleta.

andazzo [an-dàz-zo] *s.m.* abitudine, moda deteriore.

andirivieni [an-di-ri-viè-ni] *s.m.invar.* viavai.

andito [àn-di-to] *s.m.* ambiente di passaggio o disimpegno; corridoio, vestibolo.

-ando suffisso che indica dovere, necessità (*esaminando, venerando*).

-andria secondo elemento di parole composte, che nella terminologia dotta significa 'uomo' (*poliandria*); in botanica indica 'elemento maschile, stame'.

andro-, **-andro** primo e secondo elemento di parole composte, che significa 'uomo, maschio, maschile' (*androgino*); in botanica indica 'elemento maschile, stame' (*androceo*).

androceo [an-dro-cè-o] *s.m.* **1** nella Grecia antica, parte della casa riservata agli uomini **2** (*bot.*) complesso degli stami di un fiore.

androgeno [an-drò-ge-no] *agg.* e *s.m.* (*biol.*) si dice di ormone maschile che controlla la funzione degli organi sessuali e lo sviluppo dei caratteri sessuali secondari.

androginia [an-dro-gi-nì-a] *s.f.* ermafroditismo.

androgino [an-drò-gi-no] *agg.* e *s.m.* **1** che presenta insieme caratteristiche del sesso maschile e di quello femminile; ermafrodito **2** (*fig.*) si dice di donna dai tratti vagamente maschili.

androide [an-dròi-de] *s.m.* e *f.* nella letteratura e nei film di fantascienza, sorta di robot dalle sembianze umane.

andrologia [an-dro-lo-gì-a] *s.f.* (*med.*) disciplina che studia e cura le malattie dell'apparato sessuale maschile.

andrologo [an-drò-lo-go] *s.m.* [f. *-a*; pl.m. *-gi*] medico specializzato in andrologia.

androne [an-dró-ne] *s.m.* ambiente di passaggio che dal portone esterno di un edificio immette nella scala o nel cortile interno.

andropausa [an-dro-pàu-ʃa] *s.f.* nell'uomo, progressiva riduzione e cessazione delle facoltà generatrici.

androsterone [an-dro-ste-ró-ne] *s.m.* (*biol.*) ormone sessuale maschile che favorisce la comparsa dei caratteri sessuali secondari.

anecoico [a-ne-còi-co] *agg.* [pl.m. *-ci*] (*fis.*) privo di echi o di riflessione sonora: *camera anecoica.*

aneddotica [a-ned-dò-ti-ca] *s.f.* **1** arte di scrivere aneddoti **2** insieme di aneddoti relativi a un personaggio o a un'epoca: *intorno a Napoleone fiorì una ricca —.*

aneddotico [a-ned-dò-ti-co] *agg.* [pl.m. *-ci*] **1** che contiene o riguarda aneddoti: *volume —; letteratura aneddotica* **2** che ha carattere di aneddoto: *un fatto —.*

aneddoto [a-nèd-do-to] *s.m.* episodio curioso della storia o della vita di un personaggio importante | (*estens.*) breve racconto arguto e piacevole.

anelare [a-ne-là-re] *v.intr.* [*io anèlo ecc.*; aus. *avere*] (*lett.*) **1** ansimare **2** (*fig.*) aspirare ardentemente a qlco.: *— alla gloria* ♦ *v.tr.* desiderare intensamente, bramare.

anelastico [a-ne-là-sti-co] *agg.* [pl.m. *-ci*] (*fis.*) si dice di corpo privo di elasticità.

anelito [a-nè-li-to] *s.m.* (*lett.*) **1** respiro affannoso **2** (*fig.*) desiderio ardente: *— di libertà.*

anellidi [a-nèl-li-di] *s.m.pl.* (*zool.*) tipo di invertebrati vermiformi (*p.e.* il lombrico e la sanguisuga) dal corpo diviso in segmenti (metameri *o* anelli).

anello [a-nèl-lo] *s.m.* **1** cerchietto di metallo che si porta al dito per ornamento o come simbolo di una condizione, di una dignità: *— d'oro; — matrimoniale.* DIM. *anellino* **2** ciascuno degli elementi di una catena **3** costruzione a forma di cerchio: *l'— delle mura* | *gli anelli*, attrezzo ginnico composto di due cerchi di legno sospesi a due funi; vi si eseguono esercizi di sospensione e volteggio | *ad —*, di forma circolare **4** (*zool.*) metamero **5** (*bot.*) cerchio che si forma nel fusto delle piante legnose nello spazio di un anno.

anemia [a-ne-mì-a] *s.f.* **1** (*med.*) diminuzione dell'emoglobina nel sangue, spesso dovuta a diminuzione dei globuli rossi: *— mediterranea*, talassemia **2** (*fig.*) fiacchezza, snervatezza.

anemico [a-nè-mi-co] *agg.* [pl.m. *-ci*] **1** (*med.*) che soffre di anemia: *un soggetto —* **2** (*estens.*) pallido: *un viso —* **3** (*fig.*) privo di vigore: *uno stile —* □ **anemicamente** *avv.* debolmente, senza vigore.

anemo- primo elemento di composti della terminologia scientifica, che significa 'vento' (*anemometro*).

anemofilia [a-ne-mo-fi-lì-a] *s.f.* (*bot.*) impollinazione operata dal vento.

anemofilo [a-ne-mò-fi-lo] *agg.* si dice di pianta in cui l'impollinazione avviene per opera del vento.

anemografo [a-ne-mò-gra-fo] *s.m.* (*meteor.*) anemometro che consente di registrare la direzione e la velocità del vento.

anemometro [a-ne-mò-me-tro] *s.m.* (*meteor.*) mulinello con cui si misura la velocità del vento.

anemone [a-né-mo-ne] *s.m.*, raro *s.f.* pianta erbacea ornamentale perenne con fiori rossi, violacei o bianchi e foglie frastagliate.

anestesia [a-ne-ste-ʃì-a] *s.f.* (*med.*) assenza o perdita della sensibilità | eliminazione artificiale della sensibilità al dolore per eseguire interventi chirurgici: *— totale, parziale.*

anestesiologia [a-ne-ste-ʃio-lo-gì-a] *s.f.* (*med.*) lo studio dell'azione e delle conseguenze prodotte sull'organismo dai farmaci anestetici.

anestesista [a-ne-ste-ʃì-sta] *s.m.* e *f.* [pl.m. *-sti*] medico specializzato in anestesia.

anestetico [a-ne-stè-ti-co] *agg.* [pl.m. *-ci*] di anestesia; che procura anestesia ♦ *s.m.* **1** (*farm.*) sostanza atta a diminuire o a eliminare la sensibilità **2** (*fig.*) qualunque cosa attenui l'ansia.

anestetizzare [a-ne-ste-tiʒ-ʒà-re] *v.tr.* sottoporre ad anestesia.

aneurina [a-neu-rì-na] *s.f.* vitamina B_1.

aneurisma [a-neu-rì-ʃma] *s.m.* [pl. *-smi*] (*med.*) dilatazione anomala (congenita o patologica) di un'arteria.

anfetamina → **amfetamina**.

anfi-, o amfi-, primo elemento di parole composte in cui vale 'intorno, da entrambe le parti, doppio' (*anfiteatro, anfibio*).

anfibi [an-fi-bi] *s.m.pl.* (*zool.*) classe di vertebrati di piccole dimensioni e con pelle viscida, respirazione branchiale nella fase larvale acquatica e polmonare in quella terrestre adulta.

anfibio [an-fi-bio] *agg.* che può vivere od operare sia sulla terra sia nell'acqua: *animale —; pianta anfibia; mezzo —* | *guerra anfibia*, combattuta con azioni terrestri, marittime e aeree ♦ *s.m.* **1** veicolo in grado di muoversi sia su acqua sia su terra | velivolo che può decollare e posarsi su terra o su acqua **2** scarpone impermeabile.

anfibologia [an-fi-bo-lo-gì-a] *s.f.* (*lett.*) ambiguità di significato di una frase (p.e.: *ho visto mangiare un topo*).

anfigonia [an-fi-go-nì-a] *s.f.* (*biol.*) il tipo di riproduzione sessuale in cui il il gamete femminile viene fecondato dal gamete maschile.

anfiteatro [an-fi-te-à-tro] *s.m.* **1** (*archeol.*) teatro romano all'aperto di forma ovale o circolare **2** (*estens.*) qualsiasi edificio o costruzione simile agli anfiteatri romani.

anfitrione [an-fi-tri-ó-ne] *s.m.* padrone di casa e ospite generoso.

anfora [àn-fo-ra] *s.f.* vaso a due anse, più stretto all'imboccatura e al piede.

anfratto [an-fràt-to] *s.m.* cavità angusta di una roccia; luogo stretto, scosceso e tortuoso.

anfrattuoso [an-frat-tu-ó-so] *agg.* (*non com.*) pieno di anfratti, accidentato, scosceso.

angariare [an-ga-rià-re] *v.tr.* [*io angàrio ecc.*] fare angherie, opprimere, tormentare.

angelicato [an-ge-li-cà-to] *agg.* (*lett.*) considerato simile ad angelo | *donna angelicata*, nei poeti dello Stilnovo e soprattutto in Dante, la donna in quanto ritenuta tramite tra l'uomo e Dio.

angelico [an-gè-li-co] *agg.* [pl.m. *-ci*] **1** di angelo, degli angeli: *cori angelici* **2** (*fig.*) che ha l'aspetto di un angelo: *persona angelica* | dolce e delicato: *viso* — □ **angelicamente** *avv.*

angelo [àn-ge-lo] *s.m.* **1** nella religione ebraica e cristiana, puro spirito creato da Dio, suo messaggero presso gli uomini, rappresentato per lo più in figura di giovane bellissimo, alato e circonfuso di luce | *l'— del male, delle tenebre*, il demonio | *— custode*, quello che assiste ogni uomo durante la vita terrena | *lunedì dell'—*, quello seguente la domenica di Pasqua | *discutere sul sesso degli angeli*, (*fig.*) di argomenti oziosi. DIM. *angioletto* **2** (*fig.*) persona di grande bellezza o bontà: *quella donna è un —*.

angheria [an-ghe-rì-a] *s.f.* prepotenza, sopruso, vessazione: *subire angherie*.

angina [an-gì-na] *s.f.* (*med.*) affezione infiammatoria della gola e delle tonsille.

angina pectoris [/ an'dʒina 'pɛktoris /] *loc. sost.f.* (*lat.*) complesso di sintomi di affezioni cardiache caratterizzati da dolore dietro lo sterno che si irradia al braccio sinistro; stenocardia.

angio-, **-angio** primo e secondo elemento di parole composte della terminologia botanica, che significa 'ricettacolo dei semi' (*angiosperma, spermatangio*) | in medicina, usato solo come primo elemento, significa 'vaso sanguigno', 'vascolare' (*angioma*).

angiografia [an-gio-gra-fì-a] *s.f.* (*med.*) indagine radiografica dei vasi sanguigni e linfatici.

angioino [an-gio-ì-no] *agg.* degli Angiò, casata nobiliare francese i cui membri regnarono sull'Italia meridionale (secc. XIII-XV).

angiologia [an-gio-lo-gì-a] *s.f.* (*med.*) disciplina che studia gli organi preposti alla circolazione del sangue e della linfa.

angiologo [an-giò-lo-go] *s.m.* [f. *-a*; pl.m. *-gi*] (*med.*) medico specialista di angiologia.

angioma [an-giò-ma] *s.m.* [pl. *-mi*] (*med.*) tumore benigno costituito da neoformazioni di vasi sanguigni.

angiopatia [an-gio-pa-tì-a] *s.f.* (*med.*) ogni malattia del sistema vascolare e linfatico.

angiosperme [an-gio-spèr-me] *s.f.pl.* (*bot.*) sottodivisione di piante spermatofite con ovulo racchiuso nell'ovario.

angiporto [an-gi-pòr-to] *s.m.* stradetta angusta, vicolo.

anglicanesimo [an-gli-ca-ne-ʃi-mo; / anglika'nezimo /], o **anglicanismo** [an-gli-ca-nì-ʃmo], *s.m.* movimento religioso che fa capo alla chiesa anglicana; la dottrina della chiesa stessa.

anglicano [an-gli-ca-no; / angli'kano /] *agg.* si dice della chiesa nazionale d'Inghilterra, nata con il distacco di Enrico VIII dalla chiesa cattolica (1534) ♦ *agg.* e *s.m.* [f. *-a*] che/chi appartiene alla chiesa d'Inghilterra: *il clero —*.

anglicismo [an-gli-ci-ʃmo; / angli'tʃizmo /] *s.m.* parola o costrutto della lingua inglese entrato in un'altra lingua.

anglicizzare [an-gli-ciʒ-ʒa-re; / anglitʃid'dzare /] *v.tr.* adattare, improntare agli usi e ai costumi inglesi ♦ **anglicizzarsi** *v.intr.pron.* assumere gusti e usi tipici degli inglesi | detto di lingua, assorbire voci e locuzioni inglesi.

anglico [an-gli-co; / 'angliko /] *agg.* [pl.m. *-ci*] **1** degli antichi angli **2** (*lett.*) inglese; anglosassone.

anglismo [an-gli-ʃmo; / an'glizmo /] *s.m.* anglicismo.

anglista [an-gli-sta; / an'glista /] *s.m.* e *f.* [pl.m. *-sti*] studioso di lingua e letteratura inglese.

anglistica [an-gli-sti-ca; / an'glistika /] *s.f.* studio della lingua, della letteratura e della cultura inglesi.

anglo [àn-glo] *s.m.* appartenente all'antica popolazione germanica stanziata nell'attuale Inghilterra.

anglo- primo elemento di parole composte usato con riferimento all'Inghilterra e più in generale alla Gran Bretagna (*anglosassone*).

angloamericano [an-glo-a-me-ri-cà-no] *agg.* che si riferisce insieme all'Inghilterra e agli Stati Uniti: *truppe angloamericane* | relativo alle tradizioni linguistiche e culturali inglesi negli Stati Uniti: *letteratura angloamericana*.

anglofilo [an-glò-fi-lo] *agg.* e *s.m.* [f. *-a*] che/chi simpatizza per gli inglesi e per tutto ciò che è inglese.

anglofobo [an-glò-fo-bo] *agg.* e *s.m.* [f. *-a*] che/chi ha avversione per gli inglesi e per tutto ciò che è inglese.

anglofono [an-glò-fo-no] *agg.* e *s.m.* [f. *-a*] che/chi parla la lingua inglese.

anglosassone [an-glo-sàs-so-ne] *agg.* e *s.m.* e *f.* **1** che/chi apparteneva agli antichi popoli germanici degli angli e dei sassoni, stanziatisi in Britannia nei secc. V-VI **2** che/chi appartiene ai paesi e ai popoli di lingua inglese.

angolano [an-go-là-no] *agg.* dell'Angola ♦ *s.m.* [f. *-a*] nativo, abitante dell'Angola.

angolare[1] [an-go-là-re] *agg.* relativo a un angolo: *velocità —*, (*fis.*) nei moti rotatori, l'angolo percorso nell'unità di tempo | posto in un angolo: *pietra —*, quella da cui si originano e su cui gravano due muri; (*fig.*) il fondamento di qlco.: *la pietra — di una scienza* ♦ *s.m.* profilato metallico con sezione a L.

angolare[2] *v.tr.* [*io àngolo ecc.*] **1** disporre ad angolo; mettere in angolo **2** nel calcio e in altri sport, indirizzare la palla verso un angolo della porta o del campo **3** (*foto., cine.*) riprendere qlco. da una determinata angolazione.

angolarità [an-go-la-ri-tà] *s.f.* l'essere angolare.

angolato [an-go-là-to] *agg.* nel calcio e in altri sport con la palla, si dice di tiro indirizzato verso l'angolo della porta.

angolazione [an-go-la-zió-ne] *s.f.* **1** (*cine., foto.*) ripresa di una scena da un determinato angolo visuale. **2** (*fig.*) punto di vista da cui si considera un argomento, un problema.

angoliera [an-go-liè-ra] *s.f.* mobile a ripiani destinato a occupare un angolo; cantoniera.

angolo [àn-go-lo] *s.m.* **1** (*geom.*) parte di piano compresa tra due semirette (lati) uscenti da uno stesso punto (vertice): *piatto, retto, ottuso, acuto* | *— visuale*, quello dal quale gli occhi vedono un oggetto; (*fig.*) punto di vista **2** (*estens.*) spigolo; canto, cantonata: *l'— dell'armadio*; *voltare, girare l'—* | *— cottura*, piccolo spazio adibito a cucina in un locale di soggiorno. DIM. *angolino, angoletto* **3** (*estens.*) estremità: *gli angoli della bocca* **4** *calcio d'—*, nel gioco del calcio, tiro piazzato battuto da un angolo della linea di fondo avversaria **5** (*fig.*) luogo appartato: *vive in un — tranquillo*; *cercare in ogni —*, dappertutto.

angolosità [an-go-lo-si-tà] *s.f.* l'essere angoloso; spigolosità.

angoloso [an-go-ló-so] *agg.* **1** che ha molti angoli | *un viso, un corpo —*, ossuto **2** (*fig.*) poco condiscendente, scontroso: *carattere —*.

angora [àn-go-ra] *s.f.* nome di alcune razze di capre, conigli e gatti dal pelo lungo e soffice | *lana d'—*, filato ricavato dal pelo delle capre e dei conigli d'angora.

angoscia [an-gò-scia] *s.f.* [pl. *-sce*] stato d'ansia, di inquietudine accentuate: *passare ore di —* | (*psicol.*) stato nevrotico caratterizzato da timore di pericoli imminenti, senso di impotenza e di costrizione.

angosciare [an-go-scià-re] *v.tr.* [*io angòscio ecc.*] dare angoscia ♦ **angosciarsi** *v.rifl.* provare angoscia: *— per il futuro.*

angosciato [an-go-scià-to] *agg.* tormentato, afflitto dall'angoscia: *animo —*.

angoscioso [an-go-sció-so] *agg.* **1** che dà angoscia: *un sogno —* **2** pieno d'angoscia: *parole angosciose* □ **angosciosamente** *avv.*

angstrom [/ˈaɔgstrom /] *s.m.* (*sved.*) (*fis.*) unità di lunghezza pari a un decimilionesimo di millimetro.

anguidi [àn-gui-di] *s.m.pl.* (*zool.*) famiglia di rettili squamati, con arti ridotti o mancanti, comprendente vari generi di lucertole.

anguilla [an-guìl-la] *s.f.* **1** pesce teleosteo commestibile, serpentiforme, viscido; vive in acqua dolce e salata **2** (*fig.*) persona che compie movimenti agili e scattanti: *sgusciare come un'—* | persona che sfugge di fronte alle responsabilità.

anguilliformi [an-guil-li-fór-mi] *s.m.pl.* (*zool.*) ordine di pesci dal corpo serpentiforme, privo di pinne ventrali, la cui pinna caudale forma un nastro continuo con la pinna dorsale e con quella anale; vi appartengono l'anguilla e la murena.

anguria [an-gù-ria] *s.f.* (*region.*) cocomero.

angustia [an-gù-stia] *s.f.* **1** strettezza, scarsità (anche *fig.*): *— di spazio, di tempo*; *— di mente* | *trovarsi in angustie*, dibattersi in difficoltà finanziarie **2** ansia, pena: *essere in — per qlco.*

angustiare [an-gu-stià-re] *v.tr.* [*io angùstio ecc.*] causare sofferenza, preoccupazione ♦ **angustiarsi** *v.rifl.* preoccuparsi, tormentarsi.

angusticlavio [an-gu-sti-clà-vio] *s.m.* (*st.*) **1** fascia stretta purpurea disposta sulla toga dei cavalieri romani per distinguerli dai senatori **2** la toga stessa.

angusto [an-gù-sto] *agg.* stretto, limitato (anche *fig.*): *mente angusta* □ **angustamente** *avv.*

anice [à-ni-ce] *s.m.* **1** pianta erbacea originaria dell'oriente, con frutti aromatici usati in farmacia, pasticceria e liquoreria **2** liquore distillato dai frutti dell'anice.

anicino [a-ni-cì-no] *s.m.* **1** specie di biscotto con semi di anice **2** piccolo confetto dal sapore di anice.

anidride [a-ni-drì-de] *s.f.* (*chim.*) composto formato da un non metallo e da ossigeno, il quale, idratandosi, forma un acido: *— carbonica.*

anidrosi [a-ni-drò-ʃi] *s.f.* (*med.*) diminuzione o assenza della sudorazione.

anilina [a-ni-lì-na] *s.f.* (*chim.*) composto organico azotato, liquido, incolore, usato nell'industria farmaceutica e chimica.

anima [à-ni-ma] *s.f.* **1** principio vitale proprio dell'uomo che, in opposizione al corpo, viene identificato con le facoltà spirituali; animo | nella concezione cristiana, entità immateriale e immortale infusa da Dio nell'uomo: *salvezza, dannazione dell'—*; *rendere l'—*, morire; *raccomandarsi l'— a Dio*, prepararsi a morire | *buon'—*, (*fam.*) si dice di persona defunta: *suo padre buon'—* (o *la buon'— di suo padre*) | *— candida*, (*fig.*) persona ingenua | *essere un'— in pena*, (*fig.*) essere inquieto | *dare, dannarsi l'— per qlcu.*, (*fig.*) fare per lui qualsiasi sacrificio | *vendere l'— al diavolo*, (*fig.*) scendere a qualunque compromesso pur di ottenere qlco. | *rompere l'— a qlcu.*, (*fig. fam.*) infastidirlo **3** la totalità degli affetti e dei sentimenti: *amare qlcu. con tutta l'—* | *toccar l'—*, commuovere **4** persona, individuo: *un villaggio di poche anime* | *non c'è — viva*, non c'è nessuno | *anime gemelle*, si dice di due persone che hanno sentimenti, idee e gusti simili **5** parte interna di un oggetto: *— di un bottone*, il dischetto intorno a cui si avvolge la stoffa o la pelle **6** (*fig.*) persona o cosa che rappresenta un elemento essenziale, che vivifica: *essere l'— della festa* **7** (*metall.*) parte di un modello di fonderia che genera una cavità nel getto | cavità interna delle canne e delle bocche da fuoco.

animale[1] [a-ni-mà-le] *s.m.* **1** ogni organismo vivente dotato di sensi e di movimento autonomo: *— ragionevole*, l'uomo **2** in contrapposizione a uomo, il termine è sinonimo di *bestia*: *animali domestici*, *selvatici*. DIM. *animaletto* ACCR. *animalone* **3** (*fig.*) persona grossolana e volgare.

animale[2] *agg.* **1** proprio degli animali: *regno —* | che ha origine, che si ricava da animali: *grasso —* **2** animalesco, da animale: *istinto —*.

animalesco [a-ni-ma-lé-sco] *agg.* [pl.m. *-schi*] proprio di un animale | bestiale, indegno di un uomo: *amore, istinto —* □ **animalescamente** *avv.*

animalismo [a-ni-ma-lì-ʃmo] *s.m.* movimento ecologista che ha come fine la tutela degli animali e la salvaguardia del loro ambiente naturale.

animalista [a-ni-ma-lì-sta] *agg.* e *s.m.* e *f.* [pl.m. *-sti*] **1** che/chi dipinge o scolpisce soggetti animali **2** che/chi aderisce al movimento ecologista dell'animalismo.
animalità [a-ni-ma-li-tà] *s.f.* l'insieme delle qualità proprie degli animali, in contrapposizione a quelle spirituali dell'uomo.
animare [a-ni-mà-re] *v.tr.* [*io ànimo ecc.*] **1** infondere l'anima, la vita; dare vivezza d'espressione: — *il marmo, una tela* **2** dare vivacità, brio: — *la conversazione* **3** stimolare, incitare: *essere animato dall'odio* ♦ **animarsi** *v.intr.pron.* **1** acquistare vivacità, calore: *le vie si andavano animando* **2** infervorarsi: *la discussione si animò.*
animato [a-ni-mà-to] *agg.* **1** dotato di anima, di vita: *l'uomo e gli altri esseri animati* | *cartoni animati*, film i cui fotogrammi sono ripresi da disegni che riproducono in successione le fasi del movimento **2** (*fig.*) movimentato, acceso: *un dibattito* — □ **animatamente** *avv.*
animatore [a-ni-ma-tó-re] *agg.* [f. *-trice*] che anima: *principio* — ♦ *s.m.* [f. *-trice*] **1** chi anima; chi dà vivacità a un'attività, uno spettacolo ecc. **2** disegnatore di cartoni animati.
animazione [a-ni-ma-zió-ne] *s.f.* **1** vivacità, calore: *parlare con* — **2** affollamento, movimento: *c'era grande — in paese* **3** *cinema d'*—, quello che utilizza cartoni animati.
animelle [a-ni-mèl-le] *s.f.pl.* parti commestibili delle interiora dell'agnello o del vitello.
animismo [a-ni-mì-ʃmo] *s.m.* credenza primitiva che tutte le cose siano animate da principi vitali (anime, spiriti).
animista [a-ni-mì-sta] *s.m.* e *f.* [pl. *-sti*] seguace dell'animismo | Usato anche come *agg.* nel sign. di *animistico*: *teoria* —.
animistico [a-ni-mì-sti-co] *agg.* [pl.m. *-ci*] che riguarda l'animismo: *credenze animistiche.*
animo [à-ni-mo] *s.m.* **1** l'anima dell'uomo in quanto sede dei sentimenti, dell'intelletto e della volontà: — *sensibile*; *forza d'*—; *stato d'*—, disposizione di spirito | *serbare, conservare nell'*—, ricordare, tenere sempre a mente | *aprire l'*—, confidarsi | *avere in — di fare qlco.*, proporsi di farla | *di buon —, di mal* —, volentieri, malvolentieri | *mettersi l'— in pace*, rassegnarsi | *toccare l'— di qlcu.*, commuoverlo **2** (*estens.*) intenzione, proposito: *scoprire il proprio* — **3** coraggio: *farsi —, perdersi d'*— | Come incitazione a non abbattersi, ad avere coraggio: —, *non lasciarti andare!*
animosità [a-ni-mo-si-tà] *s.f.* malanimo, rancore.
animoso [a-ni-mó-so] *agg.* **1** (*lett.*) coraggioso, audace **2** focoso (detto di animali): *un cavallo* — **3** ostile, polemico □ **animosamente** *avv.*
anione [a-nió-ne] *s.m.* (*fis.*) ione dotato di carica negativa, che nel processo elettrolitico migra verso l'anodo.
anisetta [a-ni-ʃét-ta] *s.f.* liquore dolce all'anice, molto aromatico.
aniso- primo elemento di composti di parole composte della terminologia scientifica; indica disuguaglianza, differenza (*anisotropia*).
anisotropia [a-ni-ʃo-tro-pì-a] *s.f.* (*min.*) caratteristica di un cristallo che non presenta le medesime proprietà fisiche (conducibilità elettrica, rifrazione ecc.) in tutte le direzioni.
anitra e *deriv.* → **anatra** e *deriv.*
annacquamento [an-nac-qua-mén-to] *s.m.* l'annacquare (anche *fig.*) | — *del capitale*, (*econ., fin.*) in una società per azioni, emissione di azioni per un importo eccessivo rispetto al valore del patrimonio.
annacquare [an-nac-quà-re] *v.tr.* [*io annàcquo ecc.*] **1** aggiungere acqua a un liquido; diluire: — *il vino* **2** (*fig.*) temperare, mitigare; svigorire: — *un rimprovero.*
annacquato [an-nac-quà-to] *agg.* **1** diluito, allungato con acqua **2** (*fig.*) sbiadito, fioco: *un colore* —; *un resoconto* —, attenuato, falsato.
annacquatura [an-nac-qua-tù-ra] *s.f.* l'annacquare; la cosa annacquata.
annaffiamento [an-naf-fia-mén-to], o **innaffiamento**, *s.m.* l'annaffiare, l'essere annaffiato.
annaffiare [an-naf-fià-re], o **innaffiare**, *v.tr.* [*io annàffio ecc.*] bagnare con l'acqua allargando il getto in una specie di pioggia leggera (anche *fig.*): — *l'orto*; — *i cibi con dell'ottimo vino.*
annaffiata [an-naf-fià-ta], o **innaffiata**, *s.f.* **1** l'annaffiare un poco, leggermente **2** (*estens.*) breve pioggia.
annaffiatoio [an-naf-fia-tó-io], o **innaffiatoio**, *s.m.* recipiente per annaffiare provvisto di un manico e un lungo beccuccio terminante in una bocchetta traforata.
annali [an-nà-li] *s.m.pl.* **1** elenchi di fatti disposti anno per anno **2** (*estens.*) annuario: *gli — dello sport italiano* | (*fig.*) memoria, ricordo: *un fatto che resterà negli* — **3** titolo di pubblicazioni periodiche accademiche.
annalista [an-na-lì-sta] *s.m.* [pl. *-sti*] scrittore di annali.
annalistica [an-na-lì-sti-ca] *s.f.* il genere storiografico degli annali.
annalistico [an-na-lì-sti-co] *agg.* [pl.m. *-ci*] che si riferisce agli annalisti, all'annalistica | scritto col criterio degli annali.
annaspare [an-na-spà-re] *v.intr.* [aus. *avere*] **1** agitare le braccia come per afferrare qlco.; gesticolare affannosamente: *annaspava per tenersi a galla* **2** (*fig.*) affaticarsi inutilmente: — *intorno al motore* | (*assol.*) esprimersi con difficoltà ♦ *v. tr.* avvolgere il filo sull'aspo per fare la matassa.
annata [an-nà-ta] *s.f.* **1** lo spazio di un anno, soprattutto con riferimento alle condizioni meteorologiche e ai raccolti; anche, il raccolto di un anno: *un'— piovosa*; *una buona* —. PEGG. *annataccia* **2** insieme di manifestazioni, attività di uno stesso tipo avvenuti nel corso di un anno: *l'— cinematografica* **3** importo per un anno di affitto, stipendio ecc. **4** l'insieme dei numeri di un periodico usciti in un anno.
annebbiamento [an-neb-bia-mén-to] *s.m.* l'an-

nebbiare, l'annebbiarsi, l'essere annebbiato (anche *fig.*): — *della vista, delle coscienze.*
annebbiare [an-neb-bià-re] *v.tr.* [*io annébbio ecc.*] offuscare con nebbia, oscurare, ottenebrare (anche *fig.*): *le passioni annebbiano la ragione* ♦ **annebbiarsi** *v.intr.pron.* offuscarsi per la nebbia, velarsi (anche *fig.*): *gli si annebbiò la vista.*
annebbiato [an-neb-bià-to] *agg.* **1** velato di nebbia **2** (*fig.*) oscurato, ottenebrato: *mente annebbiata.*
annegamento [an-ne-ga-mén-to] *s.m.* l'annegare; morte per affogamento.
annegare [an-ne-gà-re] *v.tr.* [*io annégo, tu annéghi ecc.*] far morire per affogamento | — *i dispiaceri nell'alcol*, (*fig.*) bere per dimenticare ♦ *v.intr.* [aus. *essere*] morire per soffocamento in acqua | (*fig.*) sprofondare: — *in un mare di guai* ♦ **annegarsi** *v.rifl.* uccidersi per affogamento.
annegato [an-ne-gà-to] *agg.* e *s.m.* [f. *-a*] che/chi è morto per annegamento.
annerimento [an-ne-ri-mén-to] *s.m.* l'annerire, l'annerirsi.
annerire [an-ne-rì-re] *v.tr.* [*io annerisco, tu annerisci ecc.*] far diventare nero, tingere di nero: *il fumo annerisce le pareti* ♦ *v.intr.* [aus. *essere*], **annerirsi** *v.intr.pron.* divenire nero; oscurarsi.
annessione [an-nes-sió-ne] *s.f.* **1** l'annettere; unione stretta di una cosa con un'altra **2** atto con cui uno stato estende la propria sovranità su un altro.
annessionismo [an-nes-sio-nì-ʃmo] *s.m.* la politica di uno stato che tende a compiere annessioni.
annesso [an-nès-so, *anche* annésso] unito in rapporto organico e funzionale; congiunto: *il parco — al castello* ♦ *s.m.pl.* **1** parti accessorie di una costruzione | *annessi e connessi*, (*fig.*) insieme di fatti attinenti a qlco. **2** (*anat.*) formazioni strettamente collegate con un organo principale: *annessi uterini*, le tube e le ovaie.
annettere [an-nèt-te-re *o* annéttere] *v.tr.* [pres. *io annètto* o *annétto ecc.*; pass.rem. *io annettéi, tu annettésti ecc.*; part.pass. *annèsso* o *annésso*] **1** unire, collegare; allegare: — *un documento a una lettera* | — *importanza a qlco.*, attribuirvene **2** detto di uno stato, compiere un'annessione.
annibalico [an-ni-bà-li-co] *agg.* [pl.m. *-ci*] relativo ad Annibale, condottiero cartaginese (247-183 a.C.).
annichilimento [an-ni-chi-li-mén-to] *s.m.* l'annichilire, l'annichilirsi; annientamento: — *della volontà.*
annichilire [an-ni-chi-lì-re] *v.tr.* [*io annìchilo* o *annichilisco, tu annìchili* o *annichilisci ecc.*] ridurre al nulla, distruggere | (*fig.*) umiliare, togliere ogni volontà di reazione: *la sventura lo annichilì* ♦ **annichilirsi** *v.rifl.* ridursi al nulla, distruggersi.
annidamento [an-ni-da-mén-to] *s.m.* **1** l'annidare, l'annidarsi **2** (*biol.*) fissazione dell'uovo fecondato nella mucosa dell'utero.
annidare [an-ni-dà-re] *v.tr.* **1** (*non com.*) porre nel nido **2** (*fig.*) accogliere, dare asilo: — *nell'animo sentimenti d'ira* ♦ **annidarsi** *v.rifl.* o *intr.pron.* **1** fare il nido **2** (*estens.*) nascondersi in un luogo **3** (*fig.*) trovare asilo, radicarsi: *l'odio si era annidato nel suo cuore.*
annientamento [an-nien-ta-mén-to] *s.m.* l'annientare, l'annientarsi, l'essere annientato (anche *fig.*): *l'— del nemico*; — *della personalità.*
annientare [an-nien-tà-re] *v.tr.* [*io anniènto ecc.*] **1** ridurre a niente, distruggere: — *il nemico* **2** (*fig.*) abbattere; prostrare, umiliare: *l'improvvisa disgrazia lo ha annientato* ♦ **annientarsi** *v.rifl.* ridursi a niente | prostrarsi, umiliarsi profondamente.
anniversario [an-ni-ver-sà-rio] *agg.* (*non com.*) che ricorre ogni anno ♦ *s.m.* **1** ricorrenza annuale di un giorno degno di essere ricordato: *il 4 novembre è l'— della vittoria* **2** (*non com.*) compleanno.
anno [àn-no] *s.m.* **1** (*astr.*) tempo impiegato dal Sole per il suo ritorno apparente all'equinozio di primavera, uguale a 365 giorni, 5 ore, 48 minuti, 46 secondi | — *civile*, anno di 365 o 366 giorni interi (nel secondo caso si dice *bisestile*) | — *luce*, la distanza percorsa dalla luce in un anno solare, equivalente a 9460 miliardi di km circa **2** periodo di dodici mesi, compreso tra un primo gennaio e il successivo, in base a cui si determinano le date: *Dante nacque nell'anno 1265*; *l'— scorso*; *l'— prossimo*; *fra due anni*; *tre anni fa* **3** l'unità di tempo per indicare l'età di una persona o l'epoca da cui qlco. esiste: *Maria ha vent'anni*; *un palazzo di cento anni*; *compiere gli anni.* DIM. *annetto* **4** arco di tempo non coincidente con l'anno civile, durante il quale si svolge un ciclo di attività: — *scolastico*; — *commerciale*, di 360 giorni, in cui ogni mese è composto di 30 giorni **5** periodo della durata di un anno destinato a una celebrazione o a sensibilizzare l'opinione pubblica su questioni civili, sociali ecc.: *l'— dell'infanzia* | — *santo*, quello del giubileo, che si celebra ogni 25 anni **6** corso di studi della durata di un anno: *iscrizione al terzo — di medicina.*
annodare [an-no-dà-re] *v.tr.* [*io annòdo ecc.*] **1** legare con uno o più nodi | *annodarsi la cravatta*, mettersela al collo con un nodo **2** (*fig.*) stringere con un vincolo: — *un'amicizia* ♦ **annodarsi** *v.intr.pron.* formare dei nodi.
annodatura [an-no-da-tù-ra] *s.f.* l'annodare; il nodo stesso o il punto in cui il nodo è fatto.
annoiare [an-no-ià-re] *v.tr.* [*io annòio ecc.*] recar noia, seccare: *un lavoro che annoia*; — *qlcu. con chiacchiere* ♦ **annoiarsi** *v.intr.pron.* provare noia; tediarsi: — *a una cerimonia.*
annoiato [an-no-ià-to] *agg.* che prova noia, fastidio; che denota noia: *essere —*; *sguardo —.*
annona [an-nò-na] *s.f.* ufficio pubblico che sovrintende ai rifornimenti di alimentari o altri generi essenziali e ne controlla la qualità e i prezzi.
annonario [an-no-nà-rio] *agg.* che riguarda l'annona: *tessera, carta annonaria*, documento personale che consente di acquistare viveri razionati.

annosità [an-no-si-tà] *s.f.* l'essere annoso.
annoso [an-nó-so] *agg.* 1 che esiste da anni, carico d'anni; vecchissimo: *una quercia annosa* 2 che si protrae da anni: *una questione* —.
annotare [an-no-tà-re] *v.tr.* [*io annòto ecc.*] 1 prendere nota di qlco.: — *un appuntamento, le spese* 2 chiosare, postillare: — *un contratto* | corredare un testo di note: — *la Bibbia*.
annotazione [an-no-ta-zió-ne] *s.f.* 1 nota, appunto 2 postilla, commento; chiosa.
annoverare [an-no-ve-rà-re] *v.tr.* [*io annòvero ecc.*] 1 (*lett.*) enumerare, elencare: — *le malefatte altrui* 2 considerare nel numero di, contare tra: — *qlcu. tra i propri amici*.
annuale [an-nu-à-le] *agg.* 1 che ricorre ogni anno: *festività* — 2 della durata di un anno; annuo: *contratto* —; *corso* — *di francese* □ **annualmente** *avv.*
annualità [an-nu-a-li-tà] *s.f.* 1 rata annuale di una rendita o di un prestito 2 esame universitario sul corso annuale di una materia: *un'— di fisica teorica*.
annuario [an-nu-à-rio] *s.m.* pubblicazione annuale in cui sono registrate notizie su determinati settori o attività relativamente all'anno indicato.
annuire [an-nu-ì-re], *v.intr.* [*io annuisco, tu annuisci ecc.*; aus. *avere*] (*lett.*) fare cenno di assenso.
annullabile [an-nul-là-bi-le] *agg.* che si può annullare.
annullamento [an-nul-la-mén-to] *s.m.* 1 l'annullare; il dichiarare non valido: — *del matrimonio* 2 annullo postale.
annullare [an-nul-là-re] *v.tr.* 1 dichiarare nullo: — *un ordine, una gara*; — *un progetto*, rinunciarvi | (*dir.*) togliere valore a un atto dichiarandone giudizialmente la nullità: — *un contratto* 2 (*estens.*) privare di validità o efficacia; vanificare: *la ricaduta annullò tutti i benefici della cura* 3 (*mat.*) rendere uguale, ridurre a zero 4 timbrare, sottoporre ad annullo postale: — *la corrispondenza* ♦ **annullarsi** *v.rifl.* ridursi a nulla ♦ *v.rifl.rec.* 1 escludersi a vicenda: *due forze che si annullano* 2 (*mat.*) divenire uguale a zero.
annullo [an-nùl-lo] *s.m.* timbro o altro contrassegno apposto sul francobollo per impedirne una ulteriore utilizzazione.
annunciare [an-nun-cià-re], o annunziare, *v.tr.* [*io annùncio ecc.*] 1 dare notizia, informare di qlco.: — *la morte di qlcu.* 2 (*fig.*) lasciar prevedere, promettere: *il suo tono non annuncia nulla di buono* 3 riferire a un personaggio autorevole il nome di chi desidera essere da lui ricevuto: — *un ospite*; *farsi* — *al direttore*.
annunciato [an-nun-cià-to] *agg.* previsto: *un omicidio* —.
annunciatore [an-nun-cia-tó-re] *s.m.* [f. *-trice*] 1 chi annuncia 2 chi per professione legge annunci alla radio o alla televisione.
annunciazione [an-nun-cia-zió-ne] *s.f.* 1 (*relig.*) l'annuncio dell'incarnazione del Verbo portato a Maria Vergine dall'arcangelo Gabriele, di cui raccontano i Vangeli | rappresentazione pittorica o scultorea di tale evento 2 festa liturgica che celebra l'annunciazione a Maria (25 marzo).
annuncio [an-nùn-cio] *s.m.* 1 l'annunciare: *la radio diede l'— dell'accaduto* 2 breve scritto con cui si comunica una notizia: — *di nascita, di morte*; — *pubblicitario*.
annunziare e *deriv.* → **annunciare** e *deriv.*
Annunziata [An-nun-zià-ta] *s.f.* 1 appellativo di Maria Vergine, con riferimento all'annunciazione 2 (*estens.*) la festa dell'Annunciazione (25 marzo).
annuo [àn-nu-o] *agg.* della durata di un anno; che si riferisce al periodo di un anno: *stipendio* — | *pianta annua*, il cui ciclo vitale si compie entro un anno.
annurca [an-nùr-ca] *s.f.* [pl. *-che*] varietà di mela di piccole dimensioni, buccia rosso-violacea e polpa bianca di sapore asprigno | Usata come *agg.f.* solo in *mela annurca*.
annusare [an-nu-sà-re] *v.tr.* 1 aspirare con forza dal naso; odorare, fiutare: — *il tabacco* 2 (*fig.*) intuire, aver sentore di qlco.: — *un tranello*.
annuvolamento [an-nu-vo-la-mén-to] *s.m.* l'annuvolarsi; formazione, massa di nuvole | (*fig.*) oscuramento, turbamento: — *del volto*.
annuvolare [an-nu-vo-là-re] *v.tr.* [*io annùvolo ecc.*] 1 coprire di nuvole 2 (*fig.*) annebbiare, offuscare: *la stanchezza gli annuvola le idee* ♦ **annuvolarsi** *v.intr.pron.* 1 coprirsi di nuvole 2 (*fig.*) adombrarsi, rabbuiarsi: *il suo viso si annuvolò*.
ano [à-no] *s.m.* (*anat.*) orifizio terminale esterno dell'intestino retto.
anodino [a-nò-di-no] *agg.* 1 (*med.*) che toglie il dolore, calmante 2 (*fig.*, *lett.*) privo di un carattere definito: *una risposta anodina*.
anodizzare [a-no-diʒ-ʒà-re] *v.tr.* (*chim. fis.*) ricoprire una superficie metallica con una pellicola protettiva di ossido: *alluminio anodizzato*.
anodo [à-no-do] *s.m.* (*fis.*) polo positivo di un apparecchio elettrico o elettronico che raccoglie cariche elettriche negative.
anofele [a-nò-fe-le] *s.m.* genere di zanzare la cui puntura può provocare la malaria.
anomalia [a-no-ma-lì-a] *s.f.* 1 deviazione dalla norma; irregolarità | (*med.*, *biol.*) irregolarità morfologica o funzionale 2 (*astr.*) variabilità dell'orbita di un corpo celeste.
anomalo [a-nò-ma-lo] *agg.* non conforme alla norma; irregolare | *verbi anomali*, (*gramm.*) quelli le cui forme derivano da più temi diversi (p.e. *andare, essere*).
anomia [a-no-mì-a] *s.f.* (*sociol.*) situazione in cui le norme sociali risultano inadeguate o inefficaci.
anonimato [a-no-ni-mà-to] *s.m.* l'essere anonimo; condizione di chi è anonimo: *mantenere l'—*.
anonimo [a-nò-ni-mo] *agg.* 1 senza nome d'autore; non firmato, non identificabile: *lettera anonima* 2 (*fig.*) impersonale: *una prosa anonima* ♦ *s.m.* 1 autore il cui nome è ignoto: *un affresco di*

— *del '700* **2** scritto di autore sconosciuto □ **anonimamente** *avv.*
anoressia [a-no-res-sì-a] *s.f.* (*med.*) mancanza patologica di appetito.
anoressico [a-no-rès-si-co] *agg.* [pl.m. *-ci*] (*med.*) di anoressia, relativo ad anoressia ♦ *s.m.* [f. *-a*] chi soffre di anoressia.
anormale [a-nor-mà-le] *agg.* **1** non normale, al di fuori della norma **2** (*psich.*) che non è psichicamente normale ♦ *s.m.* e *f.* (*psich.*) soggetto dal livello mentale inferiore alla norma.
anormalità [a-nor-ma-li-tà] *s.f.* l'essere anormale | cosa o fatto anormale; anomalia.
ansa [àn-sa] *s.f.* **1** manico di vaso o di bicchiere **2** forte sinuosità di un corso d'acqua; meandro **3** (*anat.*) struttura anatomica a forma di U: — *intestinale.*
ansante [an-sàn-te] *agg.* affannato.
ansare [an-sà-re] *v.intr.* [aus. *avere*] ansimare.
anseatico [an-se-à-ti-co] *agg.* [pl.m. *-ci*] (*st.*) della Hansa, lega di carattere mercantile che univa le città marinare della Germania settentrionale e del Baltico (secc. XIII-XVII).
anseriformi [an-se-ri-fór-mi] *s.m.pl.* (*zool.*) ordine di uccelli acquatici con becco piatto, tronco robusto, piedi palmati e ali ben sviluppate.
anserino [an-se-rì-no] *agg.* (*scient.*) di oca, da oca: *andatura anserina*; *cute anserina*, pelle d'oca.
ansia [àn-sia] *s.f.* stato di agitazione motivato da incertezza, trepidazione: *essere, stare in* —; *attendere con* — | (*psicol.*) stato nevrotico analogo all'angoscia.
ansietà [an-sie-tà] *s.f.* l'essere in ansia; stato di chi è ansioso.
ansimante [an-si-màn-te] *agg.* ansante, affannato.
ansimare [an-si-mà-re] *v.intr.* [*io ànsimo ecc.*; aus. *avere*] respirare affannosamente.
ansiogeno [an-siò-ge-no] *agg.* che è causa di ansia.
ansiolitico [an-sio-lì-ti-co] *agg.* e *s.m.* [pl.m. *-ci*] si dice di farmaco che attenua gli stati di ansia e la tensione nervosa.
ansioso [an-sió-so] *agg.* **1** caratteristico dell'ansia: *stato* — **2** che esprime o sente ansia; desideroso, impaziente: *essere — di conoscere i risultati* ♦ *s.m.* [f. *-a*] chi tende a mettersi in ansia | (*psicol.*) persona affetta da ansia □ **ansiosamente** *avv.*
anta [àn-ta] *s.f.* battente di finestra che si apre internamente; sportello di mobile: *un armadio a sei ante.* DIM. *antina.*
antagonismo [an-ta-go-nì-ʃmo] *s.m.* contrasto fra due persone o fazioni; rivalità.
antagonista [an-ta-go-nì-sta] *agg.* e *s.m.* e *f.* [pl.m. *-sti*] che/chi è in antagonismo con altri; rivale.
antagonistico [an-ta-go-nì-sti-co] *agg.* [pl.m. *-ci*] di antagonismo, che è in antagonismo □ **antagonisticamente** *avv.*
antalgico [an-tàl-gi-co] *agg.* e *s.m.* [pl. *-ci*] (*med.*) si dice di farmaco che allevia il dolore.
antartico [an-tàr-ti-co] *agg.* [pl.m. *-ci*] concernente l'Antartide e, più in generale, tutta la regione che si stende intorno al polo Sud della Terra: *clima, fauna antartica* ♦ *s.m.* il polo Sud e la zona geografica intorno a esso.
ante- → **anti-**[2].
antebellico [an-te-bèl-li-co] *agg.* prebellico.
antecedente [an-te-ce-dèn-te] *agg.* che viene prima, che precede: *fatti antecedenti* ♦ *s.m.* **1** evento che ne precede un altro con cui ha un qualche rapporto **2** (*mat.*) ciascuno dei due dividendi in una proporzione □ **antecedentemente** *avv.* prima, in precedenza.
antefatto [an-te-fàt-to] *s.m.* ciò che è avvenuto prima: *l'— di una lite* | nelle opere teatrali o narrative, ciò che precede l'azione rappresentata o narrata.
antefissa [an-te-fìs-sa] *s.f.* (*archeol.*) negli edifici greci, etruschi e romani, elemento ornamentale in pietra o terracotta collocato lungo la linea di gronda.
anteguerra [an-te-guèr-ra] *s.m.invar.* periodo anteriore a una guerra.
ante litteram [/ 'ante'litteram /] *loc.agg.invar.* (*lat.*) che anticipa i caratteri di un fenomeno posteriore: *Vico fu uno storicista* —.
antelucano [an-te-lu-cà-no] *agg.* (*lett.*) che precede la luce del giorno: *ore antelucane.*
antenato [an-te-nà-to] *s.m.* [f. *-a*] progenitore, ascendente.
antenna [an-tèn-na] *s.f.* **1** (*mar.*) lunga asta di legno, trasversale all'albero della nave, che sostiene le vele quadre e latine **2** (*telecom.*) dispositivo emettitore o ricevitore di onde elettromagnetiche: — *televisiva* **3** (*edil.*) elemento verticale portante di ponti o incastellature **4** (*zool.*) appendici articolate sul capo di crostacei, miriapodi e insetti, con funzione di organi di senso.
antennista [an-ten-nì-sta] *s.m.* [pl. *-sti*] chi installa e ripara antenne televisive.
antennula [an-tén-nu-la] *s.f.* (*zool.*) nei crostacei, ciascuna delle antenne del primo paio.
anteporre [an-te-pór-re] *v.tr.* [coniugato come *porre*] porre avanti; preferire.
anteposizione [an-te-po-ʃi-zió-ne] *s.f.* (*lett.*) l'anteporre, l'essere anteposto.
anteprima [an-te-prì-ma] *s.f.* presentazione di uno spettacolo cinematografico o teatrale a un gruppo di invitati, prima della rappresentazione pubblica: *proiettare un film in* —.
anteriore [an-te-rió-re] *agg.* **1** situato, posto davanti: *la ruota — della bicicletta* **2** che precede nel tempo: *gli avvenimenti anteriori alla guerra* □ **anteriormente** *avv.* **1** davanti **2** prima, in precedenza.
anteriorità [an-te-rio-ri-tà] *s.f.* l'essere anteriore in ordine cronologico o logico.
antero- primo elemento di parole composte della terminologia scientifica, che significa 'anteriore'.
antesignano [an-te-si-gnà-no] *s.m.* [f. *-a*] chi per

primo abbraccia idee nuove o è precursore di un movimento; pioniere: *un — del socialismo.*
anti-[1] prefisso che in parole composte esprime opposizione, avversione, inversione (*antidemocratico, antifurto, antipodi*).
anti-[2], o ante-, prefisso che indica anteriorità nel tempo o nello spazio (*anteguerra; anticamera*).
antiabbagliante [an-ti-ab-ba-gliàn-te] *agg.* e *s.m.* si dice di struttura o dispositivo atto a evitare l'abbagliamento: *spartitraffico a siepe* — | anabbagliante.
antiabortista [an-ti-a-bor-tì-sta] *agg.* e *s.m.* e *f.* [pl.m. *-sti*] che/chi è contrario alla legalizzazione dell'aborto.
antiacustico [an-ti-a-cù-sti-co] *agg.* [pl.m. *-ci*] che attutisce i rumori: *dispositivo* —.
antiaerea [an-ti-a-è-rea] *s.f.* (*mil.*) l'insieme delle misure e dei mezzi difensivi atti a contrastare le incursioni aeree; difesa antiaerea.
antiaereo [an-ti-a-è-reo] *agg.* (*mil.*) atto a contrastare le incursioni aeree e le loro conseguenze: *artiglieria antiaerea; rifugio* —.
antialcolico [an-ti-al-cò-li-co] *agg.* [pl.m. *-ci*] che combatte l'alcolismo: *campagna antialcolica.*
antialiseo [an-ti-ali-ʃè-o] *s.m.* controaliseo.
antiallergico [an-ti-al-lèr-gi-co] *agg.* e *s.m.* [pl.m. *-ci*] si dice di trattamento o medicamento che combatte le manifestazioni allergiche.
antiappannante [an-ti-ap-pan-nàn-te] *agg.* e *s.m.* si dice di sostanza o dispositivo che impedisce l'appannamento dei vetri.
antiatomico [an-ti-a-tò-mi-co] *agg.* [pl.m. *-ci*] **1** destinato a difendere dalle armi atomiche: *rifugio* — **2** che si oppone all'uso delle armi atomiche: *campagna antiatomica.*
antibagno [an-ti-bà-gno] *s.m.* ambiente che separa il bagno dal resto della casa.
antibatterico [an-ti-bat-tè-ri-co] *agg.* e *s.m.* [pl.m. *-ci*] (*med.*) si dice di farmaco che combatte o previene le affezioni batteriche.
antibiotico [an-ti-bi-ò-ti-co] *agg.* e *s.m.* (*med.*) si dice di sostanza prodotta naturalmente (da muffe, batteri) o sintetizzata artificialmente, capace di impedire lo sviluppo di microrganismi patogeni: *farmaco —; curare con antibiotici.*
anticaglia [an-ti-cà-glia] *s.f.* **1** (*lett.*) oggetto antico, pezzo d'antiquariato **2** (*spreg.*) oggetto vecchio o passato di moda **3** (*estens.*) uso o costume antiquato.
anticamera [an-ti-cà-me-ra] *s.f.* vano d'ingresso di un appartamento o di un ufficio | *fare* —, attendere di essere ricevuti | *non passare neppure per l'— del cervello,* (*fam.*) non venire affatto in mente.
anticancro [an-ti-càn-cro] *agg.invar.* destinato a prevenire o a combattere il cancro.
anticarie [an-ti-cà-rie] *agg.* e *s.m.invar.* si dice di sostanza che previene o combatte la carie: *dentifricio* —.
anticarro [an-ti-càr-ro] *agg.invar.* (*mil.*) che serve a impedire l'avanzata dei carri armati: *mina* —.
anticatarrale [an-ti-ca-tar-rà-le] *agg.* e *s.m.* si dice di farmaco o altro medicamento che combatte il catarro.
antichista [an-ti-chì-sta] *s.m.* e *f.* studioso di storia antica, in particolare greca e romana.
antichità [an-ti-chi-tà] *s.f.* **1** l'essere antico: *l'— di un monumento* **2** l'età antica, soprattutto quella greco-romana **3** (spec. *pl.*) cose, oggetti antichi: *negozio di* —.
anticiclone [an-ti-ci-cló-ne] *s.m.* (*meteor.*) area di alta pressione che determina condizioni di tempo generalmente buone.
anticiclonico [an-ti-ci-clò-ni-co] *agg.* [pl.m. *-ci*] (*meteor.*) di un anticiclone: *area anticiclonica.*
anticipare [an-ti-ci-pà-re] *v.tr.* [*io antìcipo ecc.*] **1** fare qlco. prima del tempo stabilito: *— la partenza* | *— i tempi*, rendere più veloce l'esecuzione di qlco.; anche, precorrere il futuro **2** (*assol.*) essere avanti rispetto al tempo dovuto o previsto: *il treno ha anticipato di otto minuti* **3** pagare una somma prima di quando si dovrebbe: *— una rata* **4** dare informazioni su cose non ancora divulgate: *— il contenuto di un colloquio.*
anticipato [an-ti-ci-pà-to] *agg.* fatto prima del tempo stabilito | Anche come *avv.*: *pagare* —, prima del ricevimento della merce o dell'esecuzione del lavoro □ **anticipatamente** *avv.* prima del dovuto o del previsto.
anticipatore [an-ti-ci-pa-tò-re] *s.m.* [f. *-trice*] chi anticipa; chi precorre i tempi.
anticipazione [an-ti-ci-pa-zió-ne] *s.f.* **1** l'anticipare, l'essere anticipato **2** somma di denaro anticipata **3** previsione: *anticipazioni sul futuro* **4** (*mus.*) nota o un gruppo di note emesse in anticipo rispetto all'accordo di appartenenza.
anticipo [an-tì-ci-po] *s.m.* **1** anticipazione; il tempo di cui si anticipa: *un — di tre ore* | *in* —, anticipatamente | *scattare in —, battere sull'—, giocare sull'—* o *d'—*, (*sport*) precedere l'azione dell'avversario; (*fig.*) prevenire l'azione di qlcu. **2** versamento di denaro anticipato: *chiedere un — sullo stipendio* **3** (*mecc.*) nei motori a scoppio, differenza di tempo fra l'inizio della combustione e il momento di massima compressione.
anticlericale [an-ti-cle-ri-cà-le] *agg.* e *s.m.* che/chi si oppone a ogni influenza del clero nella vita politica, sociale e culturale.
antico [an-tì-co] *agg.* [pl.m. *-chi*] **1** del lontano passato, risalente a tempi remoti: *leggi antiche* | *storia antica*, dalle origini della civiltà greco-romana alla caduta dell'impero romano d'Occidente **2** di vecchia data, e perciò consueto, abituale: *un vizio* — | *all'antica*, secondo le vecchie tradizioni, le vecchie maniere: *un uomo all'antica; pensare all'antica* **3** appartenente a un'epoca passata, detto di oggetti d'arte, edifici: *mobili, quadri antichi* □ **anticamente** *avv.* nei tempi antichi.
anticoagulante [an-ti-co-a-gu-làn-te] *agg.* e *s.m.* (*med.*) si dice di sostanza che ritarda o impedisce la coagulazione del sangue.

anticomunismo [an-ti-co-mu-nì-ʃmo] *s.m.* atteggiamento contrario, ostile al comunismo.
anticomunista [an-ti-co-mu-ni-sta] *agg.* e *s.m.* e *f.* [pl.m. *-sti*] che/chi si oppone al comunismo.
anticoncezionale [an-ti-con-ce-zio-nà-le] *agg.* e *s.m.* si dice di farmaco o sostanza che previene la fecondazione; contraccettivo, antifecondativo.
anticonformismo [an-ti-con-for-mì-ʃmo] *s.m.* atteggiamento di rifiuto delle idee e delle consuetudini correnti.
anticonformista [an-ti-con-for-mì-sta] *s.m.* e *f.* [pl.m. *-sti*] chi pensa o si comporta in modo opposto alle opinioni e ai costumi correnti.
anticonformistico [an-ti-con-for-mì-sti-co] *agg.* [pl.m. *-ci*] proprio dell'anticonformismo; da anticonformista.
anticongelante [an-ti-con-ge-làn-te] *agg.* e *s.m.* (*chim.*) si dice di sostanza che, aggiunta a un liquido, ne abbassa il punto di congelamento; antigelo.
anticorpo [an-ti-còr-po] *s.m.* (*med.*) sostanza prodotta dall'organismo come reazione difensiva all'introduzione di antigeni (batteri, tossine ecc.).
anticostituzionale [an-ti-co-sti-tu-zio-nà-le] *agg.* che è in contrasto con la costituzione dello stato: *atto, procedura —.*
anticrimine [an-ti-crì-mi-ne] *agg.invar.* finalizzato alla difesa contro i crimini o alla loro prevenzione: *squadra —.*
anticristo [an-ti-crì-sto] *s.m.* **1** nell'Apocalisse, l'essere diabolico che alla fine dei secoli combatterà contro Cristo e perseguiterà i credenti, ma sarà definitivamente sconfitto **2** (*estens.*) ogni oppositore di Cristo o della chiesa.
anticrittogamico [an-ti-crit-to-gà-mi-co] *agg.* e *s.m.* [pl.m. *-ci*] si dice di composto o trattamento chimico usato per combattere le crittogame parassite delle piante.
anticucina [an-ti-cu-cì-na] *s.f.* piccolo ambiente che separa la cucina dal resto della casa.
antidatare [an-ti-da-tà-re] *v.tr.* retrodatare.
antidemocratico [an-ti-de-mo-crà-ti-co] *agg.* e *s.m.* [f. *-a*; pl.m. *-ci*] che/chi è contrario alla democrazia: *regime —.*
antidepressivo [an-ti-de-pres-sì-vo] *agg.* e *s.m.* si dice di farmaco che agisce contro la depressione.
antidetonante [an-ti-de-to-nàn-te] *agg.* e *s.m.* si dice di composto chimico aggiunto alle benzine per impedire la detonazione spontanea della miscela di aria carburata nei motori a combustione interna.
antidiarroico [an-ti-di-ar-rò-i-co] *agg.* e *s.m.* [pl.m. *-ci*] si dice di farmaco che combatte la diarrea.
antidiluviano [an-ti-di-lu-vià-no] *agg.* **1** che esisteva prima del diluvio universale: *rettile* — **2** (*scherz.*) vecchissimo, antiquato: *un'automobile antidiluviana.*
antidivo [an-ti-dì-vo] *s.m.* [f. *-a*] personaggio che, pur essendo molto popolare, rifugge da atteggiamenti divistici.
antidivorzismo [an-ti-di-vor-zì-ʃmo] *s.m.* atteggiamento contrario al divorzio o alla legislazione che lo consente.
antidogmatismo [an-ti-dog-mà-ti-ʃmo] *s.m.* la posizione di chi avversa il dogmatismo.
antidolorifico [an-ti-do-lo-rì-fi-co] *agg.* e *s.m.* [pl.m *-ci*] (*med.*) si dice di farmaco che attenua o elimina il dolore.
antidoping [an-ti-dò-ping] *agg.* e *s.m.invar.* (*sport*) si dice di controllo con cui, mediante analisi chimiche dei liquidi organici, si accerta se un atleta (o un animale) ha assunto droghe o stimolanti vietati: *test —.*
antidoto [an-tì-do-to] *s.m.* **1** sostanza che neutralizza l'azione di un veleno **2** (*fig.*) rimedio: *trovare un — alla violenza.*
antidroga [an-ti-drò-ga] *agg.invar.* finalizzato alla lotta contro la droga: *squadra —.*
antieconomico [an-ti-e-co-nò-mi-co] *agg.* [pl.m. *-ci*] contrario alle leggi, ai principi dell'economia | (*estens.*) svantaggioso: *metodo di lavoro —.*
antiemetico [an-ti-e-mè-ti-co] *agg.* e *s.m.* [pl.m. *-ci*] (*med.*) si dice di farmaco atto a prevenire o a far cessare il vomito.
antiemorragico [an-ti-e-mor-rà-gi-co] *agg.* e *s.m.* [pl.m. *-ci*] (*med.*) si dice di farmaco che previene o arresta le emorragie.
antiestetico [an-ti-e-stè-ti-co] *agg.* [pl.m. *-ci*] non rispondente a criteri estetici | (*estens.*) brutto, sgraziato: *pettinatura antiestetica.*
antifascismo [an-ti-fa-scì-ʃmo] *s.m.* movimento di opposizione al fascismo | posizione contraria ai principi e ai metodi fascisti.
antifascista [an-ti-fa-scì-sta] *agg.* e *s.m.* e *f.* [pl.m. *-sti*] che/chi è o è stato contrario al fascismo.
antifebbrile [an-ti-feb-brì-le] *agg.* e *s.m.* (*med.*) antipiretico.
antifecondativo [an-ti-fe-con-da-tì-vo] *agg.* e *s.m.* anticoncezionale, contraccettivo.
antifemminismo [an-ti-fem-mi-nì-ʃmo] *s.m.* atteggiamento di chi è contrario al femminismo.
antiflogistico [an-ti-flo-gì-sti-co] *agg.* e *s.m.* [pl.m. *-ci*] (*med.*) antinfiammatorio.
antifona [an-tì-fo-na] *s.f.* **1** (*mus.*) canto a cori alternati di un salmo **2** (*lit.*) ritornello cantato o recitato all'inizio e alla fine di un salmo **3** (*estens.*) discorso lungo e noioso | *capire l'—,* (*fig.*) cogliere il senso di un'allusione.
antifonario [an-ti-fo-nà-rio] *s.m.* (*lit.*) libro che raccoglie le antifone; anche, libro che contiene tutti i canti dell'ufficio divino e della messa.
antiforfora [an-ti-fór-fo-ra] *agg.invar.* che combatte la forfora: *shampoo —.*
antifrasi [an-tì-fra-ʃi] *s.f.* (*ret.*) uso di un'espressione con significato opposto a quello proprio (p.e. *è un genio*, per dire 'è uno stupido').
antifrastico [an-ti-frà-sti-co] *agg.* [pl.m. *-ci*] (*ret.*) relativo all'antifrasi; che ha valore di antifrasi.
antifurto [an-ti-fùr-to] *agg.* e *s.m.invar.* si dice di dispositivo o impianto destinato a impedi-

re un furto o a segnalare un tentativo di furto.
antigas [an-ti-gàs] *agg.invar.* che protegge dagli effetti dei gas nocivi: *maschera —*.
antigelo [an-ti-gè-lo] *agg.* e *s.m.invar.* anticongelante.
antigene [an-tì-ge-ne] *s.m.* (*biol.*) sostanza che, immessa nell'organismo, provoca la formazione di anticorpi.
antigienico [an-ti-giè-ni-co] *agg.* [pl.m. *-ci*] contrario alle norme igieniche; dannoso alla salute.
antilocapra [an-ti-lo-cà-pra] *s.f.* (*zool.*) ruminante americano simile a un'antilope, con lunghe corna nere incurvate alle estremità, zoccoli neri e mantello nocciola.
antilogaritmo [an-ti-lo-ga-rìt-mo] *s.m.* (*mat.*) dato un numero N, è il numero di cui N è il logaritmo: *posto che 3 è il logaritmo di 1000, l'— di 3 è 1000.*
antilope [an-tì-lo-pe] *s.f.* [pl. *-pi*] **1** (*zool.*) genere di mammiferi ruminanti, snelli e agili nella corsa, con occhi grandi, pelo liscio, corna di varia foggia, indole mansueta **2** la pelle dell'animale usata per confezionare capi di abbigliamento.
antimafia [an-ti-mà-fia] *agg.invar.* finalizzato a combattere la mafia: *legge —*.
antimagnetico [an-ti-ma-gnè-ti-co] *agg.* [pl.m. *-ci*] che non subisce l'influsso di un campo magnetico: *orologio —*.
antimateria [an-ti-ma-tè-ria] *s.f.* (*fis.*) l'insieme delle antiparticelle.
antimeridiano¹ [an-ti-me-ri-dià-no] *agg.* che precede il mezzogiorno: *ore antimeridiane.*
antimeridiano² *s.m.* (*geog.*) meridiano opposto a quello considerato.
antimilitarismo [an-ti-mi-li-ta-rì-ʃmo] *s.m.* corrente d'opinione e movimento che avversa le istituzioni militari come strumento di guerra.
antimilitarista [an-ti-mi-li-ta-rì-sta] *agg.* e *s.m.* e *f.* [pl.m. *-sti*] che/chi è contrario al militarismo.
antimine [an-ti-mì-ne] *agg.invar.* atto a proteggere dallo scoppio delle mine o a individuarle e impedirne l'esplosione.
antimissile [an-ti-mìs-si-le] *agg.invar.* destinato a intercettare i missili o a neutralizzarne gli effetti: *missile —*.
antimonio [an-ti-mò-nio] *s.m.* elemento chimico di simbolo *Sb*; è un semimetallo di colore argenteo, usato come componente di leghe metalliche e nell'industria farmaceutica.
antimonite [an-ti-mo-nì-te] *s.f.* minerale grigio piombo, costituito da solfuro di antimonio.
antimonopolista [an-ti-mo-no-po-lì-sta] *agg.* e *s.m.* e *f.* [pl.m. *-sti*] che/chi è contrario ai monopoli.
antimonopolistico [an-ti-mo-no-po-lì-sti-co] *agg.* [pl.m. *-ci*] contrario ai monopoli.
antimuffa [an-ti-mùf-fa] *agg.* e *s.m.invar.* si dice di sostanza che previene la formazione della muffa o la combatte; anche, di materiale inattaccabile dalla muffa.
antinazionale [an-ti-na-zio-nà-le] *agg.* contrario alla nazione, al sentimento nazionale; che lede gli interessi nazionali.
antincendio [an-tin-cèn-dio] *agg.invar.* che serve a prevenire o a spegnere gli incendi: *servizio —*.
antinebbia [an-ti-néb-bia] *agg.* e *s.m.invar.* si dice di dispositivo che migliora la visibilità in caso di nebbia; fendinebbia: *faro —*.
antineutrino [an-ti-neu-trì-no] *s.m.* (*fis.*) antiparticella del neutrino.
antineutrone [an-ti-neu-tró-ne] *s.m.* (*fis.*) antiparticella del neutrone.
antineve [an-ti-né-ve] *agg.invar.* si dice di ciò che agisce contro gli effetti dannosi della neve: *pneumatici, occhiali —*.
antinevralgico [an-ti-ne-vràl-gi-co] *agg.* e *s.m.* [pl.m. *-ci*] (*med.*) si dice di farmaco che combatte i dolori nevralgici; antalgico.
antinfiammatorio [an-tin-fiam-ma-tò-rio] *agg.* e *s.m.* (*med.*) si dice di farmaco o trattamento che combatte le infiammazioni.
antinflativo [an-tin-fla-tì-vo] *agg.* (*econ.*) che combatte o previene l'inflazione; antinflazionistico.
antinflazionistico [an-tin-fla-zio-nì-sti-co] *agg.* (*econ.*) antinflativo.
antinfluenzale [an-tin-fluen-zà-le] *agg.* e *s.m.* (*med.*) si dice di farmaco che previene o combatte l'influenza: *vaccino —*.
antinfortunistico [an-tin-for-tu-nì-sti-co] *agg.* [pl.m. *-ci*] atto a prevenire gli infortuni.
antinomia [an-ti-no-mì-a] *s.f.* **1** (*filos.*) contraddizione tra due proposizioni ognuna delle quali è dimostrabile come vera **2** (*estens.*) contraddizione evidente.
antinquinamento [an-tin-qui-na-mén-to] *agg. invar.* che previene o combatte l'inquinamento.
antinucleare [an-ti-nu-cle-à-re] *agg.* **1** contrario all'uso bellico dell'energia nucleare **2** contrario all'installazione di centrali nucleari per la produzione di energia elettrica.
antinucleo [an-ti-nù-cleo] *s.m.* (*fis.*) nucleo composto di antineutroni e antiprotoni.
antinucleone [an-ti-nu-cle-ó-ne] *s.m.* (*fis.*) antiparticella del nucleone.
antiofidico [an-ti-o-fi-di-co] *agg.* [pl.m. *-ci*] (*med.*) che combatte l'effetto del veleno dei serpenti: *siero —*.
antiopa [an-ti-o-pa] *s.f.* farfalla diurna con ali vistose di color castano bordate di giallo.
antiorario [an-ti-o-rà-rio] *agg.* di senso contrario a quello delle lancette dell'orologio.
antiossidante [an-ti-os-si-dàn-te] *agg.* e *s.m.* (*chim.*) si dice di sostanza che impedisce o rallenta l'ossidazione.
antipapa [an-ti-pà-pa] *s.m.* [pl. *-pi*] papa eletto illegittimamente in contrapposizione a quello legittimo.
antipapale [an-ti-pa-pà-le] *agg.* **1** proprio di un antipapa **2** che si oppone all'autorità del papa.
antiparassitario [an-ti-pa-ras-si-tà-rio] *agg.* e

s.m. (*chim.*) si dice di sostanza o preparato che distrugge i parassiti animali o vegetali.

antiparlamentare [an-ti-par-la-men-tà-re] *agg.* contrario al regime parlamentare.

antiparticella [an-ti-par-ti-cèl-la] *s.f.* (*fis.*) particella di carica elettrica e proprietà magnetiche opposte a quelle della particella ordinaria a cui corrisponde.

antipastiera [an-ti-pa-stiè-ra] *s.f.* vassoio a scompartimenti sul quale si servono gli antipasti.

antipasto [an-ti-pà-sto] *s.m.* portata che si serve all'inizio di un pasto per stuzzicare l'appetito: *un — misto.*

antipatia [an-ti-pa-tì-a] *s.f.* moto istintivo di avversione nei confronti di persone o cose; si contrappone a *simpatia*: *provare — per* (o *verso*) *qlcu.*; *suscitare, ispirare —.*

antipatico [an-ti-pà-ti-co] *agg.* [pl.m. *-ci*] che suscita antipatia: *essere —*; *atteggiamento —* | increscioso, molesto: *un malinteso —* ♦ *s.m.* [f. *-a*] persona antipatica □ **antipaticamente** *avv.*

antipatriottico [an-ti-pa-tri-òt-ti-co] *agg.* [pl.m. *-ci*] contrario all'amor di patria; che nuoce agli interessi della patria.

antipiega [an-ti-piè-ga] *agg.invar.* resistente alle pieghe; ingualcibile: *tessuto —.*

antipiretico [an-ti-pi-rè-ti-co] *agg.* e *s.m.* [pl.m. *-ci*] (*med.*) si dice di farmaco che combatte la febbre.

antipode [an-tì-po-de] *s.m.* (*geog.*) si dice di luogo della superficie terrestre diametralmente opposto a un altro: *l'Italia è l'— della Nuova Zelanda* | *essere agli antipodi*, (*fig.*) essere di idee o abitudini opposte.

antipolio [an-ti-pò-lio] *agg.invar.* e *s.f.* (*med.*) si dice di vaccino che immunizza contro la poliomielite: *fare l'—.*

antipopolare [an-ti-po-po-là-re] *agg.* contrario agli interessi popolari; impopolare: *legge —.*

antiporta [an-ti-pòr-ta] *s.f.* **1** porta che sta davanti a un'altra; andito tra due porte **2** (*arch.*) opera di fortificazione che protegge la porta di città o fortezze.

antiproibizionismo [an-ti-proi-bi-zio-nì-ʃmo] *s.m.* **1** opposizione al proibizionismo **2** movimento politico e d'opinione contrario alla penalizzazione della vendita e dell'assunzione di droga.

antiproiettile [an-ti-pro-ièt-ti-le] *agg.invar.* resistente ai proiettili: *vetro —.*

antiprotone [an-ti-pro-tó-ne] *s.m.* (*fis.*) antiparticella del protone.

antiquariato [an-ti-qua-rià-to] *s.m.* raccolta e commercio di oggetti e opere d'arte, libri antichi ecc.; il settore di attività degli antiquari: *un pezzo d'—.*

antiquario [an-ti-quà-rio] *agg.* relativo all'antichità; archeologico: *ricerche antiquarie* ♦ *s.m.* [f. *-a*] chi commercia in oggetti antichi.

antiquarium [/ anti'kwarjum /] *s.m.* raccolta di materiale archeologico allestita sul luogo stesso del ritrovamento.

antiquato [an-ti-quà-to] *agg.* caduto in disuso; sorpassato: *metodo —.*

antirabbico [an-ti-ràb-bi-co], o **antirabico**, *agg.* [pl.m. *-ci*] (*med.*) che previene e combatte la rabbia: *siero —.*

antiracket [an-ti-ràc-ket] *agg.invar.* nell'uso giornalistico, che ha il compito di combattere il racket: *reparto di polizia —.*

antiradar [an-ti-rà-dar] *agg.invar.* si dice di dispositivo volto a neutralizzare o disturbare la ricezione radar.

antireferendario [an-ti-re-fe-ren-dà-rio] *agg.* contrario al referendum come metodo di democrazia diretta.

antireligioso [an-ti-re-li-gió-so] *agg.* contrario, avverso alla religione.

antireumatico [an-ti-reu-mà-ti-co] *agg.* e *s.m.* [pl.m. *-ci*] (*med.*) si dice di farmaco o altro mezzo che previene e cura le affezioni reumatiche.

antirivoluzionario [an-ti-ri-vo-lu-zio-nà-rio] *agg.* e *s.m.* [f. *-a*] che/chi si oppone a una rivoluzione o all'idea stessa di rivoluzione.

antirollante [an-ti-rol-làn-te] *agg.* (*mar.*) si dice di apparecchiatura di bordo atta a ridurre i movimenti di rollio | anche, di dispositivo installato sugli autoveicoli: *barre antirollanti.*

antirollio [an-ti-rol-lì-o] *agg.invar.* antirollante.

antiruggine [an-ti-rùg-gi-ne] *agg.* e *s.m.invar.* si dice di vernice o trattamento che impedisce la formazione della ruggine su materiali ferrosi.

antirughe [an-ti-rù-ghe] *agg.invar.* di prodotto cosmetico che attenua le rughe della pelle: *crema —.*

antisala [an-ti-sà-la] *s.f.* ambiente che serve di passaggio a una sala; anticamera.

antiscasso [an-ti-scàs-so] *agg. invar.* dotato di un sistema di sicurezza che ne impedisce lo scasso: *serratura —.*

antisciopero [an-ti-sciò-pe-ro] *agg.invar.* volto a impedire o a scoraggiare lo sciopero: *leggi —.*

antiscippo [an-ti-scìp-po] *agg.invar.* fatto in modo da non poter essere scippato: *borsa —* | volto a prevenire e combattere il reato di scippo: *squadra —.*

antiscivolo [an-ti-scì-vo-lo] *agg.invar.* antisdrucciolevole.

antisdrucciolevole [an-ti-sdruc-cio-lé-vo-le] *agg.* che non fa scivolare; antiscivolo.

antisemita [an-ti-se-mì-ta] *agg.* e *s.m.* e *f.* [pl.m. *-ti*] che/chi è ostile agli ebrei.

antisemitico [an-ti-se-mì-ti-co] *agg.* [pl.m. *-ci*] ostile agli ebrei.

antisemitismo [an-ti-se-mi-tì-ʃmo] *s.m.* ostilità per gli ebrei.

antisepsi [an-ti-sè-psi] *s.f.* (*med.*) distruzione dei germi patogeni mediante disinfezione o disinfestazione; sterilizzazione.

antisettico [an-ti-sèt-ti-co] *agg.* e *s.m.* [pl.m. *-ci*] (*med.*) si dice di sostanza o trattamento che uccide i germi patogeni e previene le infezioni.

antisfondamento [an-ti-sfon-da-mén-to] *agg.*

invar. fatto in modo che non può essere sfondato: *vetri* —.
antisindacale [an-ti-sin-da-cà-le] *agg.* contrario al sindacato | che ostacola o impedisce l'esercizio delle attività sindacali: *comportamento* —.
antisismico [an-ti-sì-ʃmi-co] *agg.* [pl.m. *-ci*] costruito in modo da resistere alle scosse di terremoto.
antismog [an-ti-ʃmòg] *agg.invar.* volto a prevenire lo smog oppure a eliminarne o attenuarne le conseguenze: *misure* —.
antisociale [an-ti-so-cià-le] *agg.* ribelle alle norme del vivere sociale | Anche come *s.m.* e *f.*: *un* —.
antisocialista [an-ti-so-cia-lì-sta] *agg.* e *s.m.* e *f.* [pl.m. *-sti*] che/chi è contrario al socialismo.
antisolare [an-ti-so-là-re] *agg.* e *s.m.* che protegge dalle conseguenze di un'esposizione prolungata ai raggi del sole: *crema* —.
antispastico [an-ti-spà-sti-co] *agg.* e *s.m.* [pl.m. *-ci*] si dice di sostanza che inibisce gli spasmi muscolari.
antisportivo [an-ti-spor-tì-vo] *agg.* contrario allo spirito e agli ideali dello sport: *gesto* —.
antistaminico [an-ti-sta-mì-ni-co] *agg.* e *s.m.* (*med.*) si dice di farmaco che cura le sindromi allergiche.
antistante [an-ti-stàn-te] *agg.* situato di fronte: *la piazza — alla* (o *la*) *scuola.*
antistatico [an-ti-stà-ti-co] *agg.* [pl.m. *-ci*] che impedisce l'elettrizzazione per strofinio o scarica l'elettricità statica: *panno* —.
antistoricismo [an-ti-sto-ri-cì-smo] *s.m.* opposizione allo storicismo.
antistorico [an-ti-stò-ri-co] *agg.* [pl.m. *-ci*] che trascura l'aspetto storico di qlco.: *giudizio* —.
antitarlo [an-ti-tàr-lo] *agg.* e *s.m.invar.* si dice di prodotto che protegge il legno dai tarli.
antitarmico [an-ti-tàr-mi-co] *agg.* e *s.m.* [pl.m. *-ci*] si dice di prodotto che protegge i tessuti dalle tarme.
antitartaro [an-ti-tàr-ta-ro] *agg. invar.* detto di prodotto per l'igiene orale che previene la formazione del tartaro: *dentifricio* —.
antiterrorismo [an-ti-ter-ro-rì-ʃmo] *agg.invar.* volto a prevenire e combattere il terrorismo: *provvedimento* — | Come *s.m.invar.* reparto di polizia che opera nella lotta al terrorismo.
antiterroristico [an-ti-ter-ro-rì-sti-co] *agg.* [pl.m. *-ci*] di antiterrorismo; che previene, combatte il terrorismo: *misure antiterroristiche.*
antitesi [an-tì-te-ʃi] *s.f.* **1** (*ret.*) accostamento di due parole o frasi di significato contrario **2** (*filos.*) proposizione in contraddizione con un'altra assunta come tesi **3** (*estens.*) contrasto irriducibile: *idee in — tra loro.*
antitetanico [an-ti-te-tà-ni-co] *agg.* [pl.m. *-ci*] (*med.*) che previene o combatte il tetano: *vaccino* —.
antitetico [an-ti-tè-ti-co] *agg.* [pl.m. *-ci*] che è in antitesi, in contrasto: *opinioni antitetiche* □ **antiteticamente** *avv.*
antitossico [an-ti-tòs-si-co] *agg.* e *s.m.* [pl.m. *-ci*] (*med.*) si dice di sostanza disintossicante.
antitrinitarismo [an-ti-tri-ni-ta-rì-ʃmo] *s.m.* (*relig.*) eresia cristiana che nega il dogma trinitario.
antitrust [an-ti-trust; / anti'trast /] *agg.invar.* (*econ.*) si dice di provvedimento che tende a impedire o a scoraggiare la costituzione di monopoli: *legge* —.
antitubercolare [an-ti-tu-ber-co-là-re] *agg.* (*med.*) che cura e combatte la tubercolosi.
antitumorale [an-ti-tu-mo-rà-le] *agg.* e *s.m.* (*med.*) si dice di farmaco o trattamento che contrasta lo sviluppo dei tumori.
antiuomo [an-ti-uò-mo] *agg.invar.* (*mil.*) si dice di arma diretta a mettere fuori combattimento le unità che combattono a piedi, o a impedirne l'avanzata: *mina* —.
antiurico [an-ti-ù-ri-co] *agg.* [pl.m. *-ci*] (*med.*) che agevola l'eliminazione dell'acido urico.
antiurto [an-ti-ùr-to] *agg.* e *s.m.invar.* si dice di dispositivo che riduce gli effetti degli urti; anche, di ciò che è dotato di tale dispositivo: *orologio* —.
antivedere [an-ti-ve-dé-re] *v.tr.* [coniugato come *vedere*; part.pass. *antiveduto*] (*lett.*) prevedere, presagire.
antivigilia [an-ti-vi-gì-lia] *s.f.* giorno che precede la vigilia: *l'— di Natale.*
antivipera [an-ti-vì-pe-ra] *agg.* e *s.m.invar.* (*med.*) si dice del siero che neutralizza il veleno della vipera.
antivirale [an-ti-vi-rà-le] *agg.* (*med.*) che previene o combatte le malattie virali.
anto- primo elemento di parole composte, che indica 'fiore' o 'relazione con i fiori' (*antofillo*).
antofillo [an-to-fìl-lo] *s.m.* (*bot.*) foglia modificata che interviene nella formazione del fiore.
antologia [an-to-lo-gì-a] *s.f.* raccolta di scritti scelti di uno o più autori.
antologico [an-to-lò-gi-co] *agg.* [pl.m. *-ci*] di antologia, da antologia: *raccolta antologica* □ **antologicamente** *avv.* in forma antologica.
antologizzare [an-to-lo-giʒ-ʒà-re] *v.tr.* scegliere passi di uno o più autori, di una o più opere, per farne un'antologia: — *i "Promessi sposi".*
antonimia [an-to-ni-mì-a] *s.f.* il rapporto che esiste tra parole antonime.
antonimo [an-tò-ni-mo] *agg.* e *s.m.* (*ling.*) si dice di parola con significato opposto a un'altra; contrario (si contrappone a *sinonimo*): *'buono' è — di 'cattivo'.*
antonomasia [an-to-no-mà-ʃia] *s.f.* (*ret.*) designazione di una persona o una cosa particolare con il nome comune invece che con quello proprio, per sottolinearne l'eccellenza (p.e. *il Poeta* per dire 'Dante'); o, viceversa, designazione con il nome di un personaggio proverbiale di una persona che presenta le stesse sue qualità (p.e. *un Don Giovanni*, per 'un conquistatore di donne') | *per* —, per eccellenza.
antozoi [an-to-ʒò-i] *s.m.pl.* (*zool.*) classe di celenterati marini che vivono isolati (attinie) o in co-

lonie fissate a uno scheletro calcareo (coralli, madrepore ecc.).
antrace [an-trà-ce] *s.m.* (*med.*) infezione del bulbo pilifero che si manifesta come un agglomerato doloroso di pustole o foruncoli.
antracene [an-tra-cè-ne] *s.m.* (*chim.*) composto organico ricavato dal catrame del carbon fossile e usato come materia prima per molti coloranti.
antracite [an-tra-cì-te] *s.f.* varietà di carbon fossile nero e lucente ad alto potere calorifico | Usato come *agg.invar.* grigio scurissimo ma brillante: *color —*.
antro [àn-tro] *s.m.* **1** (*lett.*) caverna, grotta: *l'— della Sibilla* **2** (*fig.*) ambiente buio e squallido; stamberga: *abitare in un —* **3** (*anat.*) nome di alcune cavità del corpo: *— del piloro*.
antropico [an-trò-pi-co] *agg.* [pl.m. *-ci*] che riguarda l'uomo: *geografia antropica*.
antropizzazione [an-tro-piʒ-ʒa-zió-ne] *s.f.* trasformazione delle caratteristiche di un territorio o di un paesaggio per effetto dell'intervento umano.
antropo-, **-antropo** primo e secondo elemento di parole composte, che significa 'uomo, essere umano' (*antropocentrico, misantropo*).
antropocentrico [an-tro-po-cèn-tri-co] *agg.* [pl.m. *-ci*] (*filos.*) relativo o conforme all'antropocentrismo: *concezione antropocentrica*.
antropocentrismo [an-tro-po-cen-trì-ʃmo] *s.m.* concezione filosofica che considera l'uomo come centro e fine ultimo dell'universo.
antropofagia [an-tro-po-fa-gì-a] *s.f.* cannibalismo.
antropofago [an-tro-pò-fa-go] *agg.* e *s.m.* [f. *-a*; pl.m. *-gi*] cannibale.
antropogeografia [an-tro-po-ge-o-gra-fi-a] *s.f.* ramo della geografia che studia la distribuzione e le attività dell'uomo in rapporto all'ambiente geografico.
antropoide [an-tro-pòi-de] *agg.* e *s.m.* si dice di scimmia antropomorfa o di ominide di tipo primitivo.
antropologia [an-tro-po-lo-gì-a] *s.f.* [pl. *-gie*] disciplina che studia l'uomo nei suoi aspetti fisici e organici (*— fisica*) o le caratteristiche culturali dei vari gruppi (*— culturale*).
antropologico [an-tro-po-lò-gi-co] *agg.* [pl.m. *-ci*] di antropologia □ **antropologicamente** *avv.* con metodo antropologico; dal punto di vista antropologico.
antropologo [an-tro-pò-lo-go] *s.m.* [f. *-a*; pl.m. *-gi*] studioso di antropologia.
antropometria [an-tro-po-me-trì-a] *s.f.* parte dell'antropologia fisica che si occupa della misurazione del corpo umano e delle sue parti.
antropomorfico [an-tro-po-mòr-fi-co] *agg.* [pl.m. *-ci*] tipico dell'antropomorfismo: *raffigurazione antropomorfica di una divinità*.
antropomorfismo [an-tro-po-mor-fi-ʃmo] *s.m.* l'avere aspetto umano | l'attribuire a una divinità aspetto e sentimenti umani: *l'— della religione*.
antropomorfo [an-tro-po-mòr-fo] *agg.* che ha aspetto umano: *divinità antropomorfe*.
antroposfera [an-tro-po-sfè-ra] *s.f.* (*ecol.*) la parte della biosfera costituita dalla collettività umana e dalle opere da essa prodotte.
antropozoico [an-tro-po-ʒòi-co] *agg.* [pl.m. *-ci*] si dice dell'era geologica quaternaria, caratterizzata dalla comparsa dell'uomo; neozoico.
anulare [a-nu-là-re] *agg.* che ha forma di anello ♦ *s.m.* quarto dito della mano, al quale si porta l'anello.
anuresi [a-nu-rè-ʃi] *s.f.* (*med.*) anuria.
anuri [a-nù-ri] *s.m.pl.* (*zool.*) ordine di anfibi privi di coda allo stato adulto, con arti posteriori idonei al salto; vi appartengono la rana e il rospo.
anuria[1] [a-nù-ria] *s.f.* (*med.*) mancanza della secrezione delle urine.
anuria[2] [a-nu-rì-a] *s.f.* (*zool.*) mancanza di coda.
anuro [a-nù-ro] *agg.* (*zool.*) privo di coda.
-anza suffisso di sostantivi astratti che indicano condizione, stato, modo di essere (*eleganza, vicinanza*).
anzi [àn-zi] *cong.* **1** invece, al contrario: *non ero in ritardo, — ero in anticipo* | in espressioni ellittiche: *"Disturbo?" "Anzi!"* | o meglio: *ti telefonerò, — verrò* **2** con valore rafforzativo: *hai parlato male, — malissimo* | *— che no*, piuttosto, alquanto: *è antipatico — che no* ♦ *prep.* (*ant.*) prima di | *— tempo, — tutto, — detto*, anzitempo, anzitutto, anzidetto ♦ *avv.* (*lett.*) prima: *poc'—*, poco fa.
anzianità [an-zia-ni-tà] *s.f.* **1** l'essere anziano **2** periodo di tempo trascorso in un'attività, in un ufficio o in un grado: *— di servizio*.
anziano [an-zià-no] *agg.* **1** che è in età avanzata: *un uomo —*. DIM. e ACCR. *anzianotto*, piuttosto anziano **2** che ricopre una carica da molto tempo: *consigliere —* ♦ *s.m.* [f. *-a*] persona che è avanti con gli anni.
anziché [an-zi-ché] *cong.* piuttosto che, invece che: *agisci, — parlare*.
anzidetto [an-zi-dét-to] *agg.* (*burocr.*) menzionato prima; suddetto: *ripetere le cose anzidette*.
anzitempo [an-zi-tèm-po] *avv.* (*lett.*) **1** prima del tempo: *venire, partire —* **2** prematuramente: *morire —*.
anzitutto [an-zi-tùt-to] *avv.* prima di tutto; innanzitutto.
aoristo [a-o-rì-sto] *s.m.* (*gramm.*) tempo della coniugazione greca e di altre lingue indoeuropee che indica l'aspetto momentaneo e puntuale di un'azione.
aorta [a-òr-ta] *s.f.* (*anat.*) la più grande arteria del corpo umano, che parte dal ventricolo sinistro del cuore e si estende fino all'altezza della quarta vertebra lombare.
apache [/ a'patʃe /] *agg.* e *s.m.* e *f.* (*sp.*) [pl. *apaches*] appartenente a una tribù indiana dell'America settentrionale.
apartheid [/ apar'taid /] *s.f.invar.* (*ol.*) segregazione razziale, in particolare quella che vigeva in Sudafrica.
apartitico [a-par-tì-ti-co] *agg.* [pl.m. *-ci*] che non

ha legami con alcun partito politico: *movimento* —.

apatia [a-pa-tì-a] *s.f.* stato di indifferenza verso il mondo circostante.

apatico [a-pà-ti-co] *agg.* [pl.m. *-ci*] soggetto ad apatia; che dimostra apatia: *uno sguardo* — □ **apaticamente** *avv.*

ape [à-pe] *s.f.* insetto imenottero con corpo nero dorato, antenne corte, addome con aculeo velenifero nella femmina; si alleva per il miele e la cera che produce.

aperiodico [a-pe-ri-ò-di-co] *agg.* [pl.m. *-ci*] (*scient.*) non periodico: *fenomeno* —.

aperitivo *s.m.* bevanda alcolica o analcolica che si beve prima dei pasti per stimolare l'appetito.

aperto [a-pèr-to] *agg.* **1** non chiuso: *il portone è* — | (*estens.*) ampio, spazioso: *un luogo* — | *mare* —, alto mare | *all'aria aperta*, in campagna o in altro luogo non chiuso da pareti né riparato | *combattere in campo* —, in un luogo non delimitato né recintato | *lettera aperta*, resa pubblica attraverso la stampa | *vocale aperta*, (*ling.*) quella nella cui articolazione il grado di apertura è maggiore che in altre considerate chiuse o più chiuse **2** (*fig.*) manifesto, dichiarato | *essere un libro* —, non avere niente da nascondere **3** sincero, schietto: *temperamento, carattere* — | *parlare a cuore, a viso* —, con sincerità | di ampie vedute: *mente aperta* **4** non concluso, passibile di ulteriori sviluppi: *una questione aperta* ♦ *s.m.* nella loc. avv. *all'*—, in luogo non chiuso, non coperto: *vivere all'*—, all'aria libera; *dormire all'*—, senza riparo □ **apertamente** *avv.* in modo aperto; con franchezza, con chiarezza; pubblicamente.

apertura [a-per-tù-ra] *s.f.* **1** l'aprire o l'aprirsi (anche *fig.*): *l'— di un pacco, di un negozio*; *l'— della caccia* | *titolo, articolo d'*—, quelli con cui si apre la pagina di un giornale **2** fenditura che consente il passaggio: *praticare un'— in una parete* **3** ampiezza fra due estremità: — *alare*, di un uccello o di un aeroplano | — *mentale*, (*fig.*) ampiezza di vedute, mentalità libera da pregiudizi **4** (*foto.*) rapporto fra il diametro di una lente o di un obiettivo e la sua distanza focale.

apetalo [a-pè-ta-lo] *agg.* (*bot.*) senza petali: *fiore* —.

apicale [a-pi-cà-le] *agg.* (*scient.*) dell'apice, relativo all'apice di un organo.

apice [à-pi-ce] *s.m.* **1** punta, cima: *l'— di un monte* | (*fig.*) punto culminante: *essere all'— della carriera* **2** (*scient.*) estremità di un organo: *l'— del polmone, di un dente* **3** segno simile a un accento che si pone in alto a destra di alcune lettere o numeri, con diverse funzioni (*p.e.* in matematica, in ortografia, nella trascrizione fonetica).

apicoltore [a-pi-col-tó-re] *s.m.* [f. *-trice*] chi esercita l'apicoltura.

apicoltura [a-pi-col-tù-ra] *s.f.* allevamento di api.

apidi [à-pi-di] *s.m.pl.* (*zool.*) famiglia di insetti imenotteri aculeati a cui appartengono le api.

apina [a-pì-na] *s.f.* il veleno delle api.

apireno [a-pi-rè-no] *agg.* e *s.m.* (*bot.*) si dice di frutto senza semi, come la banana.

apiressia [a-pi-res-sì-a] *s.f.* (*med.*) assenza di febbre.

apiretico [a-pi-rè-ti-co] *agg.* [pl.m. *-ci*] (*med.*) privo di febbre.

aplacentato [a-pla-cen-tà-to] *agg.* e *s.m.* (*zool.*) si dice di animale sprovvisto di placenta.

aplasia [a-pla-ʃì-a] *s.f.* (*biol.*) mancato sviluppo di un organo o di un tessuto.

aplo- primo elemento di parole composte di origine dotta, vale 'singolo, semplice' (*aplologia*).

aplologia [a-plo-lo-gì-a] *s.f.* (*ling.*) caduta di una sillaba all'interno di una parola che dovrebbe presentare, in base alla sua etimologia, due sillabe consecutive identiche o simili (p.e. *mineralogia* per *mineralologia*).

aplomb [/ a'plɔm /] *s.m.invar.* (*fr.*) **1** caduta a piombo del tessuto di un abito; appiombo **2** (*fig.*) disinvoltura, sicurezza di sé: *avere* —.

apnea [a-pnè-a] *s.f.* (*scient.*) cessazione o sospensione dell'attività respiratoria | *in* —, senza respirare, riferito alle immersioni subacquee.

apo- prefisso che indica 'separazione, allontanamento, differenziazione' (*apostasia*).

apocalisse [a-po-ca-lìs-se] *s.f.* sconvolgimento immane, catastrofe.

apocalittico [a-po-ca-lìt-ti-co] *agg.* [pl.m. *-ci*] sconvolgente, catastrofico: *scena apocalittica.*

apocope [a-pò-co-pe] *s.f.* (*ling.*) caduta di uno o più suoni in fine di parola; troncamento (p.e. *san* per *santo*).

apocrifo [a-pò-cri-fo] *agg.* e *s.m.* di scritto che non è dell'epoca o dell'autore a cui è attribuito; non autentico: *documento* —.

apodi [à-po-di] *s.m.pl.* (*zool.*) ordine di anfibi e di pesci teleostei dal corpo serpentiforme, a cui appartengono le anguille e le murene.

apodittico [a-po-dìt-ti-co] *agg.* [pl.m. *-ci*] evidente, irrefutabile: *verità apodittica.*

apodo [à-po-do] *agg.* privo di piedi, di zampe: *animale* —.

apodosi [a-pò-do-ʃi] *s.f.* (*gramm.*) nel periodo ipotetico, la proposizione principale, che esprime la conseguenza della condizione posta nella protasi (p.e. *se pioverà* [protasi], *non pranzeremo all'aperto* [apodosi]).

apofisi [a-pò-fi-ʃi] *s.f.* (*anat.*) parte sporgente di un osso: — *mastoide.*

apoftegma [a-pof-tèg-ma] *s.m.* [pl. *-mi*] (*lett.*) breve sentenza proverbiale; massima.

apogeo [a-po-gè-o] *s.m.* **1** (*astr.*) posizione di un corpo celeste quando si trova alla massima distanza dalla Terra **2** (*fig.*) punto culminante, apice: *essere all'— della fama.*

apolide [a-pò-li-de] *agg.* e *s.m.* e *f.* si dice di chi non ha cittadinanza in nessuno stato.

apoliticità [a-po-li-ti-ci-tà] *s.f.* l'essere apolitico.

apolitico [a-po-lì-ti-co] *agg.* [pl.m. *-ci*] estraneo alla politica.

apollineo [a-pol-lì-ne-o] *agg.* (*lett.*) di Apollo, de-

gno di Apollo | (*estens.*) di forme armoniose, classicamente perfette: *bellezza apollinea.*
apollo [a-pòl-lo] *s.m.* uomo di grande bellezza: *credersi un —.*
apologeta [a-po-lo-gè-ta] *s.m.* [pl. *-ti*] **1** nei primi secoli dell'era cristiana, chi si dedicava alla difesa della fede con scritti e discorsi **2** (*estens.*) chi si atteggia a difensore di un personaggio, di una dottrina.
apologetica [a-po-lo-gè-ti-ca] *s.f.* **1** (*teol.*) nel cristianesimo, disciplina che mira a difendere le verità di fede sostenendone la credibilità storica e razionale **2** l'attività e l'opera degli apologisti cristiani **3** (*estens.*) letteratura volta alla difesa o all'esaltazione di una dottrina, di un personaggio ecc.
apologetico [a-po-lo-gè-ti-co] *agg.* [pl.m. *-ci*] volto a difendere, a esaltare qlcu. o qlco.: *discorso —.*
apologia [a-po-lo-gì-a] *s.f.* [pl. *-gie*] **1** discorso o scritto in difesa di qlcu. o qlco. **2** (*estens.*) elogio, celebrazione: *— di un regime* | *— di reato,* (*dir.*) delitto che consiste nell'esaltare pubblicamente un reato o il suo autore.
apologistico [a-po-lo-gì-sti-co] *agg.* [pl.m. *-ci*] (*non com.*) che mira a difendere o a esaltare.
apologo [a-pò-lo-go] *s.m.* [pl. *-ghi*] narrazione con intenti morali: *l'— di Menenio Agrippa.*
aponeurosi [a-po-neu-rò-ʃi] *s.f.* (*anat.*) membrana fibrosa che avvolge muscoli e riunisce tendini.
apoplessia [a-po-ples-sì-a] *s.f.* (*med.*) istantaneo arresto delle funzioni cerebrali causato da emorragia, con effetti paralizzanti; colpo apoplettico.
apoplettico [a-po-plèt-ti-co] *agg.* [pl.m. *-ci*] (*med.*) che deriva da apoplessia o ne presenta i sintomi: *colpo —.*
aporia [a-po-rì-a] *s.f.* (*filos.*) difficoltà logica di fronte a due argomenti opposti entrambi possibili.
apostasia [a-po-sta-ʃì-a] *s.f.* ripudio pubblico della propria religione | (*estens.*) ripudio delle proprie opinioni, abbandono del proprio partito ecc.
apostata [a-pò-sta-ta] *s.m.* e *f.* [pl.m. *-ti*] chi compie apostasia.
a posteriori [/ aposteˈrjɔri /] *loc.agg.invar.* e *avv.* (*lat.*) a fatti già avvenuti (è il contrario di *a priori*): *giudizio —; intervenire —.*
apostolato [a-po-sto-là-to] *s.m.* **1** la missione e l'attività degli apostoli di Gesù e dei loro successori: *l'— di san Pietro* **2** (*estens.*) attività politica o professionale praticata con dedizione assoluta.
apostolico [a-po-stò-li-co] *agg.* [pl.m. *-ci*] **1** proprio degli apostoli: *predicazione apostolica* **2** che deriva la sua autorità direttamente dagli apostoli: *chiesa apostolica* **3** (*estens.*) proprio del pontefice, papale: *benedizione apostolica* □ **apostolicamente** *avv.*
apostolo [a-pò-sto-lo] *s.m.* **1** ciascuno dei dodici discepoli scelti da Cristo per diffondere il suo vangelo **2** (*estens.*) chi si dedica con ardore alla diffusione di una dottrina, di una causa: *un — della libertà.*
apostrofare¹ [a-po-stro-fà-re] *v.tr.* [*io apòstrofo ecc.*] segnare con l'apostrofo.
apostrofare² *v.tr.* [*io apòstrofo ecc.*] rivolgersi a qlcu. all'improvviso e con durezza di tono: *"Chi sei tu?", l'apostrofò.*
apostrofe [a-pò-stro-fe] *s.f.* (*ret.*) il rivolgersi improvvisamente e concitatamente a persona o a cosa personificata.
apostrofo [a-pò-stro-fo] *s.m.* (*gramm.*) segno ['] che indica l'elisione (p.e. *l'anima, sant'Agostino*) o, in certi casi, il troncamento (p.e. *po'* per *poco*).
apotema [a-po-tè-ma] *s.m.* [pl. *-mi*] (*geom.*) nei poligoni circoscrivibili a un cerchio, il raggio del cerchio stesso; nella piramide retta, l'altezza delle facce laterali.
apoteosi [a-po-te-ò-ʃi] *s.f.* **1** solenne cerimonia con cui gli antichi elevavano agli onori divini l'eroe morto e talvolta anche l'imperatore vivente **2** (*fig.*) esaltazione, glorificazione: *fare l'— di una persona.*
apotropaico [a-po-tro-pài-co] *agg.* [pl.m. *-ci*] che allontana gli influssi malefici: *oggetto —.*
appagabile [ap-pa-gà-bi-le] *agg.* che si può appagare: *un desiderio —.*
appagamento [ap-pa-ga-mén-to] *s.m.* l'appagare, l'essere appagato; soddisfazione.
appagare [ap-pa-gà-re] *v.tr.* [*io appago, tu appaghi ecc.*] **1** render pago, soddisfare: *— un desiderio* **2** saziare: *— la sete* ♦ **appagarsi** *v.intr.pron.* accontentarsi, essere soddisfatto: *— di poco.*
appaiare [ap-pa-ià-re] *v.tr.* [*io appàio ecc.*] unire insieme due cose o persone; accoppiare ♦ **appaiarsi** *v.rifl.* unirsi in coppia.
appallottolare [ap-pal-lot-to-là-re] *v.tr.* [*io appallòttolo ecc.*] ridurre in pallottola: *— un foglietto di carta* ♦ **appallottolarsi** *v.rifl.* o *intr.pron.* avvolgersi formando una pallottola | (*fig.*) raggomitolarsi.
appaltante [ap-pal-tàn-te] *agg.* e *s.m.* che/chi dà in appalto.
appaltare [ap-pal-tà-re] *v.tr.* prendere o dare in appalto: *— la costruzione di un ponte.*
appaltatore [ap-pal-ta-tó-re] *agg.* e *s.m.* [f. *-trice*] che/chi prende in appalto: *ditta appaltatrice.*
appalto [ap-pàl-to] *s.m.* contratto con cui un'impresa (appaltatore) assume l'esercizio di un'attività o l'esecuzione di un lavoro affidatale da un'altra impresa o ente (appaltante), in cambio di un corrispettivo in denaro: *gara di —.*
appannaggio [ap-pan-nàg-gio] *s.m.* **1** assegno annuo spettante a sovrani, capi di stato, membri di famiglie regnanti **2** (*fig.*) prerogativa: *l'umiltà è — dei santi.*
appannamento [ap-pan-na-mén-to] *s.m.* l'appannare, l'appannarsi, l'essere appannato.
appannare [ap-pan-nà-re] *v.tr.* rendere opaca una cosa lucida; velare, offuscare (anche *fig.*): *l'ira appanna la ragione* ♦ **appannarsi** *v.intr.pron.* **1** velarsi, soprattutto per il vapore: *lo specchio si è appannato* **2** (*fig.*) offuscarsi: *mi*

si appanna la vista | perdere la lucidità, la prontezza: *con l'età i riflessi si appannano.*

appannato [ap-pan-nà-to] *agg.* opaco; offuscato: *vetro —.*

apparato [ap-pa-rà-to] *s.m.* **1** addobbo, ornamento solenne: *un — di fiori e luci* **2** insieme di congegni o di organi che svolgono una funzione: *— elettrico, digerente*; *— di forze*, spiegamento di truppe e mezzi militari **3** il gruppo dei dirigenti di un'amministrazione, di un'organizzazione: *l'— statale.*

apparecchiare [ap-pa-rec-chià-re] *v.tr.* [*io apparécchio ecc.*] mettere in ordine; preparare | (*assol.*) preparare la tavola per il pasto: *— per due.*

apparecchiatura [ap-pa-rec-chia-tù-ra] *s.f.* insieme di apparecchi, impianti e strumenti preordinati per una data utilizzazione; attrezzatura: *— meccanica, elettrica.*

apparecchio [ap-pa-réc-chio] *s.m.* **1** congegno, dispositivo destinato a una certa funzione; macchina: *— fotografico* **2** (*pop.*) aeroplano.

apparentamento [ap-pa-ren-ta-mén-to] *s.m.* l'apparentare, l'apparentarsi.

apparentare [ap-pa-ren-tà-re] *v.tr.* [*io apparènto ecc.*] legare con vincoli di parentela | (*fig.*) collegare, mettere in relazione ♦ **apparentarsi** *v.rifl.* imparentarsi con qlcu. | (*fig.*) collegarsi, associarsi.

apparente [ap-pa-rèn-te] *agg.* **1** evidente, manifesto: *senza ragione —* **2** che mostra certi caratteri senza possederli; che non è reale, che sembra ma non è: *calma —* □ **apparentemente** *avv.* in apparenza.

apparenza [ap-pa-rèn-za] *s.f.* **1** aspetto esterno, presenza: *uomo di bell'—* **2** manifestazione esteriore non corrispondente alla realtà: *giudicare dalle apparenze* | *salvare le apparenze*, rispettare le convenienze, le forme | *in —, all'—*, per quanto appare; a prima vista | *prov.*: *l'— inganna.*

apparire [ap-pa-rì-re] *v.intr.* [pres. *io appàio, tu appari, egli appare, noi appariamo, voi apparite, essi appàiono*; fut. *io apparirò ecc.*; pass.rem. *io apparvi, tu apparisti ecc.*; congiunt. pres. *io appàia ecc., noi appariamo, voi appariate, essi appàiano*; part.pres. *apparènte*; part.pass. *apparso*; aus. *essere*] **1** comparire all'improvviso: *un uomo apparve nel buio* | divenire visibile: *il sole comincia ad —* **2** sembrare: *la questione appare complicata.*

appariscente [ap-pa-ri-scèn-te] *agg.* vistoso; che attira l'attenzione: *vestito, trucco —.*

apparizione [ap-pa-ri-zió-ne] *s.f.* l'apparire di cose soprannaturali o fantastiche: *l'— della Madonna, di un fantasma* | ciò che appare, visione.

appartamento [ap-par-ta-mén-to] *s.m.* abitazione indipendente all'interno di un edificio. DIM. *appartamentino.*

appartarsi [ap-par-tàr-si] *v.rifl.* separarsi dagli altri: *— per discutere.*

appartato [ap-par-tà-to] *agg.* fuori mano, solitario: *un luogo —.*

appartenenza [ap-par-te-nèn-za] *s.f.* l'appartenere, il far parte: *gruppo di —.*

appartenere [ap-par-te-né-re] *v.intr.* [coniugato come *tenere*; aus. *essere* o *avere*] **1** essere di proprietà di qlcu.: *questa casa mi appartiene* **2** spettare, competere: *non appartiene a lui giudicare* **3** far parte: *— a una famiglia nobile.*

appassimento [ap-pas-si-mén-to] *s.m.* l'appassire, l'appassirsi.

appassionante [ap-pas-sio-nàn-te] *agg.* interessante; avvincente: *una lettura —.*

appassionare [ap-pas-sio-nà-re] *v.tr.* [*io appassióno ecc.*] destare passione, forte interesse: *una vicenda che appassiona l'opinione pubblica* ♦ **appassionarsi** *v.intr.pron.* essere preso da passione, vivo interesse per qlco.: *— alla musica.*

appassionato [ap-pas-sio-nà-to] *agg.* che ha il carattere di una passione: *amore —* | che sente, esprime una passione: *animo —*; *parole appassionate* ♦ *agg.* e *s.m.* [f. *-a*] che/chi coltiva un interesse particolare per qlco.: *— di cinema* □ **appassionatamente** *avv.* con passione.

appassire [ap-pas-sì-re] *v.intr.* [*io appassisco, tu appassisci ecc.*; aus. *essere*], **appassirsi** *v.intr.pron.* **1** detto di piante, perdere la freschezza; avvizzire **2** (*fig.*) sfiorire: *una bellezza che appassisce.*

appeal [/ ap'pil /] *s.m.invar.* (*ingl.*) richiamo, attrazione, fascino.

appellabile [ap-pel-là-bi-le] *agg.* (*dir.*) che può essere impugnato mediante appello: *sentenza —.*

appellante [ap-pel-làn-te] *agg.* e *s.m.* e *f.* (*dir.*) che/chi ricorre in appello.

appellare [ap-pel-là-re] *v.tr.* [*io appèllo ecc.*] (*lett.*) chiamare, denominare ♦ **appellarsi** *v. intr.pron.* **1** fare appello, ricorrere: *— ai testimoni* **2** (*dir.*) impugnare una sentenza mediante appello.

appellativo [ap-pel-la-tì-vo] *agg.* **1** (*dir.*) d'appello: *atto —* **2** *nome —*, (*gramm.*) nome comune ♦ *s.m.* soprannome, epiteto.

appellatorio [ap-pel-la-tò-rio] *agg.* (*dir.*) d'appello.

appello [ap-pèl-lo] *s.m.* **1** il chiamare uno per volta, generalmente in ordine alfabetico, i componenti di un gruppo, di una classe: *fare l'—*; *rispondere all'—* | *fare — alle proprie forze*, (*fig.*) raccoglierle in uno sforzo supremo | *votazione per — nominale*, quella nella quale ogni votante, chiamato per nome, dichiara apertamente il proprio voto | *primo, secondo —*, nelle università, tornata d'esami **2** manifesto o dichiarazione pubblica per sollecitare voti, prese di posizione: *l'— dei partiti agli elettori* **3** (*dir.*) mezzo d'impugnazione per ottenere che la sentenza di primo grado sia riesaminata da un giudice di grado superiore: *ricorrere in —* | *corte d'—*, organo giudiziario di secondo grado.

appena [ap-pé-na] *avv.* **1** a stento, a fatica: *ci si vede —* **2** soltanto, solo un poco: *sono — le dieci*; *mi guardò —* **3** da pochissimo tempo, or ora: *siamo — arrivati* | spesso in correlazione con *che* o *quando*: *ero — tornato che* (o *quando*) *squillò il telefono* ♦ *cong.* subito dopo che (spesso precedu-

to da *non* pleonastico): *non — avrò finito, uscirò.*
appendere [ap-pèn-de-re] *v.tr.* [pres. *io appèndo ecc.*; pass.rem. *io appési, tu appendésti ecc.*; part.pass. *appéso*] fissare in alto qlco. in modo che resti sospesa: — *i quadri alle pareti* ♦ **appendersi** *v.rifl.* attaccarsi, abbracciarsi strettamente: — *al braccio di qlcu.*
appendiabiti [ap-pen-di-à-bi-ti] *s.m.* attaccapanni.
appendice [ap-pen-dì-ce] *s.f.* **1** parte a sé stante aggiunta a qlco. | aggiunta alla fine di un libro; volume di aggiornamento di un'enciclopedia **2** un tempo, parte dei giornali in cui si pubblicavano articoli letterari, rassegne ecc. | *romanzo d'—*, romanzo pubblicato a puntate sull'appendice di un giornale; (*estens.*) romanzo popolare **3** (*anat.*) prolungamento vermiforme dell'intestino cieco.
appendicectomia [ap-pen-di-cec-to-mì-a] *s.f.* (*med.*) asportazione chirurgica dell'appendice.
appendicite [ap-pen-di-cì-te] *s.f.* (*med.*) infiammazione acuta o cronica dell'appendice.
appendicolare [ap-pen-di-co-là-re] *agg.* (*med.*) dell'appendice: *infiammazione —.*
appendigonne [ap-pen-di-gòn-ne] *s.m.* tipo di gruccia per appendere le gonne nell'armadio.
appenninico [ap-pen-nì-ni-co] *agg.* [pl.m. *-ci*] dell'Appennino: *passo —.*
appesantimento [ap-pe-san-ti-mén-to] *s.m.* l'appesantire, l'appesantirsi, l'essere appesantito.
appesantire [ap-pe-san-tì-re] *v.tr.* [*io appesantisco, tu appesantisci ecc.*] rendere pesante o più pesante (anche *fig.*): — *un carico, la coscienza* ♦ **appesantirsi** *v.intr.pron.* diventare pesante o più pesante.
appestare [ap-pe-stà-re] *v.tr.* [*io appèsto ecc.*] **1** infettare di peste **2** riempire di cattivo odore, ammorbare **3** (*fig.*) corrompere, condurre al degrado morale.
appestato [ap-pe-stà-to] *agg.* e *s.m.* [f. *-a*] malato di peste.
appetibile [ap-pe-tì-bi-le] *agg.* desiderabile | (*scherz.*) piacente: *una donna ancora —.*
appetito [ap-pe-tì-to] *s.m.* **1** desiderio naturale di cibo; fame moderata: *mangiare con —* | *buon —!*, formula augurale all'inizio di un pasto **2** forte desiderio di soddisfare un bisogno dei sensi: — *sessuale* | (*estens.*) avidità.
appetitoso [ap-pe-ti-tó-so] *agg.* **1** che stimola l'appetito; gustoso: *un cibo —* **2** (*scherz.*) attraente, allettante: *una prospettiva appetitosa.*
appezzamento [ap-pez-za-mén-to] *s.m.* porzione di un podere | (*estens.*) porzione di terreno agricolo o edificabile.
appianabile [ap-pia-nà-bi-le] *agg.* che si può appianare.
appianamento [ap-pia-na-mén-to] *s.m.* l'appianare, l'appianarsi, l'essere appianato.
appianare [ap-pia-nà-re] *v.tr.* **1** (*non com.*) rendere piano, spianare: — *una strada* **2** (*fig.*) risolvere, comporre: — *una lite* ♦ **appianarsi** *v.intr.pron.* risolversi, accomodarsi: *le cose finiranno per —.*
appiattarsi *v.rifl.* nascondersi rannicchiandosi: — *dietro un cespuglio.*
appiattimento [ap-piat-ti-mén-to] *s.m.* **1** l'appiattire, l'essere appiattito (anche *fig.*): — *delle retribuzioni* **2** schiacciamento ai poli di un corpo celeste.
appiattire [ap-piat-tì-re] *v.tr.* [*io appiattisco, tu appiattisci ecc.*] **1** rendere piatto **2** (*fig.*) livellare, ridurre la differenza tra due o più elementi: — *gli stipendi* ♦ **appiattirsi** *v.rifl.* o *intr.pron.* **1** schiacciarsi; farsi piatto: — *contro la parete* **2** (*fig.*) uniformarsi, livellarsi: *salari che tendono ad —.*
appiccare [ap-pic-cà-re] *v.tr.* [*io appicco, tu appicchi ecc.*] (*region.*) attaccare, congiungere | — *il fuoco*, dar fuoco.
appiccicare [ap-pic-ci-cà-re] *v.tr.* [*io appìccico, tu appìccichi ecc.*] (*fam.*) **1** incollare: — *un francobollo* **2** (*fig.*) appioppare: — *uno schiaffo* | attribuire: — *un soprannome* ♦ *v.intr.* [aus. *avere*] essere attaccaticcio: *questa resina appiccica* ♦ **appiccicarsi** *v. rifl.* o *intr.pron.* attaccarsi (anche *fig.*): *un individuo che si appiccica a tutti.*
appiccicaticcio [ap-pic-ci-ca-tìc-cio] *agg.* [pl.f. *-ce*] **1** che appiccica, che si appiccica; viscoso **2** (*fig.*) detto di persona, appiccicoso.
appiccicatura [ap-pic-ci-ca-tù-ra] *s.f.* (*fam.*) l'appiccicare, l'appiccicarsi; ciò che è appiccicato.
appiccicoso [ap-pic-ci-có-so] *agg.* (*fam.*) **1** che appiccica o si appiccica: *mani appiccicose* **2** (*fig.*) di persona molestamente importuna, di cui è difficile liberarsi.
appicco *s.m.* [pl. *-chi*] parete di roccia o di ghiaccio perfettamente verticale.
appiè [ap-piè], o **a piè** (*lett.*) usato nella loc. prep. — *di*, al piede di, sotto: — *di pagina*, in calce alla pagina.
appiedare [ap-pie-dà-re] *v.tr.* [*io appièdo ecc.*] costringere qlcu. a scendere da un veicolo: *il ciclista fu appiedato da una foratura.*
appieno [ap-piè-no] *avv.* completamente, del tutto: *comprendere —.*
appigionare [ap-pi-gio-nà-re] *v.tr.* [*io appigióno ecc.*] dare a pigione, affittare: — *una casa.*
appigliarsi [ap-pi-gliàr-si] *v.rifl.* [*io mi appìglio ecc.*] attaccarsi, aggrapparsi (anche *fig.*): — *a un ramo, a un pretesto* ♦ *v.intr. pron.* appiccarsi, abbarbicarsi, attecchire: *il fuoco si appiglia facilmente alla legna secca.*
appiglio [ap-pì-glio] *s.m.* **1** punto d'appoggio o di sostegno | in alpinismo, ogni sporgenza della roccia a cui appoggiare mani e piedi **2** (*fig.*) occasione, pretesto: *cercare un — per difendersi.*
appiombo [ap-pióm-bo] *s.m.* direzione verticale, come quella del filo a piombo usato dai muratori | caduta a piombo del tessuto di un abito; aplomb ♦ *avv.* perpendicolarmente.
appioppare [ap-piop-pà-re] *v.tr.* [*io appiòppo ecc.*] **1** (*agr.*) legare la vite al pioppo perché la sostenga | piantare un terreno a pioppi **2** (*fig.*

fam.) attribuire: — *un soprannome* | affibbiare: — *un ceffone*.
appisolarsi [ap-pi-ʃo-làr-si] *v.intr.pron.* [*io mi appìʃolo ecc.*] (*fam.*) assopirsi: — *sulla poltrona*.
applaudire [ap-plau-dì-re] *v.tr.* e *intr.* [*io applàudo, tu applàudi ecc.*; aus. dell'intr. *avere*] **1** esprimere consenso e ammirazione con battimani: — *un cantante, a uno spettacolo* **2** (*estens.*) approvare, lodare.
applauso [ap-plàu-ʃo] *s.m.* **1** manifestazione di consenso e ammirazione espressa con battimani **2** (*estens.*) approvazione, lode.
applausometro [ap-plau-ʃò-me-tro] *s.m.* apparecchio che misura l'intensità degli applausi durante uno spettacolo.
applicabile [ap-pli-cà-bi-le] *agg.* che si può applicare.
applicabilità [ap-pli-ca-bi-li-tà] *s.f.* l'essere applicabile: *l'— di una legge*.
applicare [ap-pli-cà-re] *v.tr.* [*io àpplico, tu àpplichi ecc.*] **1** fare aderire una cosa a un'altra; apporre, attaccare (anche *fig.*): — *un'etichetta, una pomata*; — *la mente a qlco.*, rivolgerla intensamente a essa **2** mettere in atto, imporre: — *una legge* ♦ **applicarsi** *v.rifl.* dedicarsi intensamente a qlco.: — *allo studio* | (*assol.*) impegnarsi: — *molto*.
applicativo [ap-pli-ca-tì-vo] *agg.* che concerne l'applicazione | *programma* —, (*inform.*) programma finalizzato a svolgere operazioni molto specifiche.
applicato [ap-pli-cà-to] *agg.* si dice di scienza utilizzata per la soluzione di problemi pratici: *matematica applicata* ♦ *s.m.* [f. *-a*] impiegato con mansioni esecutive: — *di segreteria*.
applicatore [ap-pli-ca-tó-re] *s.m.* **1** [f. *-trice*] chi applica **2** (*tecn.*) strumento che serve ad applicare qlco.
applicazione [ap-pli-ca-zió-ne] *s.f.* **1** l'applicare, l'applicarsi, l'essere applicato **2** guarnizione applicata ad abiti o a biancheria **3** (*fig.*) cura, concentrazione: *lavorare con* — **4** (*inform.*) finalità specifica a cui è dedicato un programma o un sistema di elaborazione.
applique [/ ap'plik /] *s.f.invar.* (*fr.*) portalampada fissato alla parete.
appoggiabraccio [ap-pog-gia-bràc-cio] *s.m.invar.* bracciolo mobile posto su sedili di automobili e vetture ferroviarie.
appoggiare [ap-pog-già-re] *v.tr.* [*io appòggio ecc.*] **1** avvicinare una cosa a un'altra che la sorregga: — *la scala alla parete* **2** posare qlco. delicatamente o temporaneamente: — *un vaso sul tavolo* **3** (*fig.*) aiutare, favorire: — *una persona, un'istanza* ♦ *v.intr.* [aus. *avere*] poggiare, reggersi: *la statua appoggia su una base di marmo* ♦ **appoggiarsi** *v.rifl.* **1** sostenersi a qlco.: — *al braccio di qlcu.* **2** (*fig.*) basarsi sull'aiuto di qlcu.: — *alla famiglia*.
appoggiatesta [ap-pog-gia-tè-sta] *s.m.invar.* poggiatesta.
appoggio [ap-pòg-gio] *s.m.* **1** cosa che serve come sostegno: *camminare con l'— del bastone* **2** (*fig.*) aiuto, protezione: *contare sull'— di qlcu.*; *godere di appoggi politici* **3** attrezzo ginnico a forma di zoccolo: *esercizi di* —, con gli appoggi.
appollaiarsi [ap-pol-la-iàr-si] *v.rifl.* [*io mi appollàio ecc.*] **1** detto di polli o uccelli, posarsi su un ramo o su un altro sostegno **2** (*fig.*) accovacciarsi.
appollaiato [ap-pol-la-ià-to] *agg.* situato su un'altura: *un paese — sulla montagna*.
appontaggio [ap-pon-tàg-gio] *s.m.* (*aer.*) l'appontare.
appontare [ap-pon-tà-re] *v.intr.* [*io appónto ecc.*; aus. *essere*] (*aer.*) atterrare sul ponte di volo di una portaerei.
apporre [ap-pór-re] *v.tr.* [coniugato come *porre*] porre accanto, mettere sopra o sotto; aggiungere: — *una data, la firma*.
apportare [ap-por-tà-re] *v.tr.* [*io appòrto ecc.*] causare, provocare: — *danni alle colture*.
apportatore [ap-por-ta-tó-re] *agg.* e *s.m.* [f. *-trice*] che/chi apporta.
apporto [ap-pòr-to] *s.m.* l'apportare, la cosa apportata; contributo: *dare il proprio — a una causa*.
appositivo [ap-po-ʃi-tì-vo] *agg.* **1** si dice di ciò che serve a completare qlco. **2** (*gramm.*) che vale da apposizione; che concerne l'apposizione.
apposito [ap-pò-ʃi-to] *agg.* fatto espressamente per uno scopo; appropriato □ **appositamente** *avv.* di proposito, apposta.
apposizione [ap-po-ʃi-zió-ne] *s.f.* **1** l'apporre o l'essere apposto: — *della firma* **2** (*gramm.*) sostantivo o sintagma nominale che si unisce a un nome per determinarlo (p.e.: *il fiume* Arno; Giacomo Leopardi, *poeta italiano*).
apposta [ap-pò-sta] *avv.* **1** di proposito, intenzionalmente: *l'ho detto* — | *neanche a farlo* —, per sottolineare una coincidenza **2** proprio, espressamente: *siamo venuti — per te* ♦ Come *agg.invar.*: idoneo, adatto: *ci vorrebbero degli arnesi* —.
appostamento [ap-po-sta-mén-to] *s.m.* **1** l'appostare, l'appostarsi; agguato **2** il luogo dove ci si apposta | (*mil.*) scavo o riparo per uno o più tiratori.
appostare [ap-po-stà-re] *v.tr.* [*io appòsto ecc.*] **1** spiare una persona o un animale per tendergli un agguato **2** (*mil.*) mettere in appostamento ♦ **appostarsi** *v.rifl.* nascondersi per tendere un agguato.
apprendere [ap-prèn-de-re] *v.tr.* [coniugato come *prendere*] **1** far proprio con la mente, imparare (anche *assol.*): — *delle nozioni*; *un bambino che non apprende* **2** venire a sapere: — *una notizia*.
apprendimento [ap-pren-di-mén-to] *s.m.* l'apprendere; il venire a conoscere: — *di una regola*.
apprendista [ap-pren-dì-sta] *s.m.* e *f.* [pl.m. *-sti*] chi svolge l'apprendistato.
apprendistato [ap-pren-di-stà-to] *s.m.* **1** addestramento necessario a compiere un dato lavoro;

tirocinio | il periodo dell'addestramento 2 la categoria degli apprendisti.

apprensione [ap-pren-sió-ne] *s.f.* 1 aspettativa ansiosa di un evento che si teme; ansia, inquietudine: *destare —; mettere in —* 2 (*lett.*) l'atto, la facoltà di apprendere.

apprensivo [ap-pren-sì-vo] *agg.* che si impressiona facilmente: *un carattere —*.

appresso [ap-près-so] *avv.* 1 vicino, accanto: *restare —* 2 dietro: *andare —* 3 in seguito, dopo: *come si dirà —* ♦ *prep.* 1 vicino, accanto: *stare — a qlcu.* 2 dietro: *andare — a qlco.* ♦ *agg.invar.* vicino, successivo: *la casa —* | seguente: *il giorno —*.

apprestare [ap-pre-stà-re] *v.tr.* [*io apprèsto ecc.*] (*lett.*) 1 preparare, allestire 2 porgere, apportare: *— aiuto* ♦ **apprestarsi** *v.rifl.* accingersi, prepararsi: *— a uscire*.

apprettare [ap-pret-tà-re] *v.tr.* [*io apprètto ecc.*] 1 stendere l'appretto sui tessuti 2 dare l'appretto alle pelli.

apprettatura [ap-pret-ta-tù-ra] *s.f.* la tecnica o l'operazione dell'apprettare tessuti o pelli.

appretto [ap-prèt-to] *s.m.* 1 miscela di varie sostanze stesa in forma di pasta fluida sui tessuti perché acquisiscano particolari proprietà: *— impermeabilizzante* | miscela di pigmenti, plastificanti e leganti che si dà alle pelli conciate per migliorarne l'aspetto 2 apprettatura.

apprezzabile [ap-prez-zà-bi-le] *agg.* 1 che si può apprezzare; degno di considerazione 2 notevole, rilevante: *differenza —* □ **apprezzabilmente** *avv.*

apprezzamento [ap-prez-za-mén-to] *s.m.* 1 giudizio, valutazione: *fare degli apprezzamenti* 2 considerazione, stima 3 (*econ.*) aumento del valore di un bene rispetto ad altri.

apprezzare [ap-prez-zà-re] *v.tr.* [*io apprèzzo ecc.*] 1 valutare il prezzo di qlco.: *far — una casa* 2 riconoscere il pregio di qlcu. o di qlco.; stimare: *— l'opera altrui; — un complimento*, gradirlo.

apprezzato [ap-prez-zà-to] *agg.* stimato: *un — professionista*.

approccio [ap-pròc-cio] *s.m.* 1 primo contatto con una persona per stabilire con essa un rapporto: *tentare un —* 2 (*estens.*) punto di vista da cui si affronta o si studia qlco.: *— interdisciplinare*.

approdare [ap-pro-dà-re] *v.intr.* [*io appròdo ecc.*; aus. *essere* o *avere*] di imbarcazione, giungere a riva | *non — a nulla*, (*fig.*) non conseguire alcun risultato, fallire.

approdo [ap-prò-do] *s.m.* 1 l'approdare 2 luogo dove si può approdare: *cercare un —* | (*fig.*) conclusione di una ricerca, di un'attività ecc.

approfittare [ap-pro-fit-tà-re] *v.intr.* [aus. *avere*], **approfittarsi** *v. intr.pron.* trarre vantaggio, profitto: *— della fiducia altrui*.

approfittatore [ap-pro-fit-ta-tó-re] *s.m.* [f. *-trice*] profittatore.

approfondimento [ap-pro-fon-di-mén-to] *s.m.* l'approfondire, l'essere approfondito (spec. *fig.*): *l'— di un'indagine*.

approfondire [ap-pro-fon-dì-re] *v.tr.* [*io approfondisco, tu approfondisci ecc.*] 1 rendere profondo o più profondo: *— uno scavo* 2 (*fig.*) studiare, esaminare a fondo: *— una questione*.

approfondito *agg.* condotto in profondità: *uno studio —* □ **approfonditamente** *avv.*

approntamento [ap-pron-ta-mén-to] *s.m.* l'approntare, l'essere approntato; allestimento: *l'— di un reparto*.

approntare [ap-pron-tà-re] *v.tr.* [*io appróntο ecc.*] allestire, preparare.

appropinquarsi [ap-pro-pin-quàr-si] *v.rifl.* (*scherz.*) avvicinarsi.

appropriamento [ap-pro-pria-mén-to] *s.m.* l'appropriare o l'appropriarsi.

appropriare [ap-pro-prià-re] *v.tr.* [*io appròprio ecc.*] 1 fare proprio; attribuirsi in proprietà (sempre con la particella pron.): *appropriarsi un bene* 2 rendere adatto, conveniente: *— l'abito alle circostanze* ♦ **appropriarsi** *v.intr.pron.* impadronirsi: *— di una cosa altrui*.

appropriato [ap-pro-prià-to] *agg.* adatto: *un discorso — alla circostanza; vocabolo —* □ **appropriatamente** *avv.*

appropriazione [ap-pro-pria-zió-ne] *s.f.* l'appropriarsi | *— indebita*, (*dir.*) reato commesso da chi si appropria di un bene altrui di cui abbia disponibilità.

approssimare [ap-pros-si-mà-re] *v.tr.* [*io appròssimo ecc.*] (*non com.*) rendere prossimo, avvicinare ♦ **approssimarsi** *v.rifl.* o *intr.pron.* avvicinarsi, accostarsi (anche *fig.*): *— al vero*.

approssimativo [ap-pros-si-ma-tì-vo] *agg.* 1 che si avvicina al giusto, all'esatto: *fare un calcolo —* 2 (*estens.*) generico, superficiale: *giudizio —* □ **approssimativamente** *avv.*

approssimato [ap-pros-si-mà-to] *agg.* che si avvicina alla misura esatta: *un risultato —*.

approssimazione [ap-pros-si-ma-zió-ne] *s.f.* 1 l'approssimare o l'approssimarsi 2 (*mat., fis.*) avvicinamento al valore reale di una grandezza: *— per eccesso, per difetto*.

approvabile [ap-pro-và-bi-le] *agg.* che si può approvare.

approvare [ap-pro-và-re] *v.tr.* [*io appròvo ecc.*] valutare in modo positivo; considerare valido: *— un progetto* | ratificare: *— una legge*.

approvazione [ap-pro-va-zió-ne] *s.f.* l'approvare, l'essere approvato; consenso: *dare la propria —*.

approvvigionamento [ap-prov-vi-gio-na-mén-to] *s.m.* l'approvvigionare, l'approvvigionarsi | insieme di viveri di prima necessità.

approvvigionare [ap-prov-vi-gio-nà-re] *v.tr.* [*io approvvigióno ecc.*] 1 fornire dei viveri di prima necessità: *— una città* 2 (*mil.*) rifornire un esercito di viveri e munizioni ♦ **approvvigionarsi** *v.rifl.* rifornirsi di viveri.

appuntamento *s.m.* accordo con cui due o più persone decidono di incontrarsi in un dato luogo

e in un dato tempo; l'incontro stesso: *fissare un —; ricevere per* (o *su*) *—*.
appuntare[1] [ap-pun-tà-re] *v.tr.* **1** fare la punta a qlco.; aguzzare: *— una matita* **2** attaccare con un oggetto a punta: *— un nastro con gli spilli.*
appuntare[2] *v.tr.* annotare, prendere appunti: *— l'indirizzo su un'agenda.*
appuntato *s.m.* grado dell'arma dei carabinieri e della guardia di finanza corrispondente a quello di caporal maggiore nell'esercito.
appuntino [ap-pun-tì-no], o a **puntino**, *avv.* con precisione, scrupolosamente: *fare, eseguire qlco. —.*
appuntire [ap-pun-tì-re] *v.tr.* [*io appuntisco, tu appuntisci ecc.*] fare a punta, aguzzare: *— una matita.*
appuntito [ap-pun-tì-to] *agg.* a punta, aguzzo: *becco, mento —.*
appunto[1] [ap-pùn-to] *s.m.* **1** annotazione rapida e concisa: *prendere appunti* **2** (*fig.*) osservazione, obiezione: *fare, muovere un —.*
appunto[2] *avv.* **1** proprio, precisamente: *le cose stanno — così; cercavo — te* | in forma rafforzata: *per l'—* **2** nelle risposte, al pari di *per l'appunto*, vale come affermazione recisa: *"È una nuova disposizione?" "Appunto!".*
appuramento [ap-pu-ra-mén-to] *s.m.* l'appurare, l'essere appurato; accertamento: *— della verità.*
appurare [ap-pu-rà-re] *v.tr.* ricercare la verità di qlco., controllarne l'esattezza; accertare: *— una notizia.*
apribile [a-prì-bi-le] *agg.* che si può aprire.
apribocca [a-pri-bóc-ca] *s.m.invar.* (*med.*) strumento chirurgico per aprire o tenere aperta la bocca del paziente.
apribottiglie [a-pri-bot-tì-glie] *s.m.invar.* arnese per togliere i tappi a corona dalle bottiglie.
aprico [a-prì-co] *agg.* [pl.m. *-chi*] (*poet.*) esposto all'aria e al sole; solatio.
aprile [a-prì-le] *s.m.* quarto mese dell'anno | *prov.*: *—, dolce dormire.*
a priori [/ apri'ɔri /] *loc.agg.invar.* e *avv.* (*lat.*) senza conoscere o verificare i fatti (è il contrario di *a posteriori*): *giudicare —; una valutazione —.*
apriorismo [a-pri-o-rì-ʃmo] *s.m.* l'atteggiamento di chi giudica in base a schemi precostituiti.
aprioristico [a-pri-o-rì-sti-co] *agg.* [pl.m. *-ci*] non verificato, preconcetto: *giudizio —.*
apripista [a-pri-pì-sta] *s.m.invar.* **1** (*sport*) sciatore incaricato di battere la pista prima di una gara **2** mezzo cingolato munito di una lama di scavo per lo spianamento del terreno.
aprire [a-prì-re] *v.tr.* [pass.rem. *io aprìi, tu apristi ecc.*; part.pass. *apèrto*] **1** dischiudere, disserrare: *— una porta, una valigia; — una bottiglia*, stapparla | *— le braccia*, allargarle; (*fig.*) mostrarsi rassegnato | *— gli occhi*, svegliarsi; (*fig.*) stare in guardia | *— gli occhi a qlcu.*, (*fig.*) metterlo in guardia | *— bocca*, parlare; *non — bocca*, stare zitto, non rivelare nulla | *— l'animo a qlcu.*, confidarsi **2** praticare un'apertura: *— una finestra in un muro* **3** fondare, indire: *— una scuola, una sottoscrizione* | *— un locale pubblico*, iniziarne l'attività **4** cominciare: *— le trattative, l'anno scolastico* | *— il fuoco*, cominciare a sparare **5** (*fam.*) mettere in funzione: *— la radio* ♦ *v.intr.* [aus. *avere*] **1** iniziare un'attività: *i negozi aprono alle nove* **2** nei giochi di carte, avviare il gioco ♦ **aprirsi** *v.rifl.* o *intr.pron.* **1** spaccarsi, fendersi: *la terra si aprì* | *apriti cielo!*, esclamazione che allude a un improvviso scoppio d'ira **2** schiudersi: *la porta si aprì lentamente* **3** rischiararsi, rasserenarsi: *il cielo si è aperto all'improvviso* **4** (*fig.*) confidarsi: *— con qlcu.* **5** incominciare: *le scuole si aprono a settembre.*
apriscatole [a-pri-scà-to-le] *s.m.invar.* attrezzo per aprire scatole di latta.
apterigiformi [a-pte-ri-gi-fór-mi] *s.m.pl.* (*zool.*) ordine di uccelli della Nuova Zelanda, con corpo tozzo privo di coda, ali ridotte, becco lungo e penne setolose.
aptero → **attero**.
aquaplaning [/ 'akua'planiŋg /] *s.m.invar.* (*ingl.*) in automobilismo, slittamento dei pneumatici sul velo d'acqua del fondo stradale bagnato.
Aquario [A-quà-rio], meno com. **Acquario** [Ac-quà-rio], *s.m.* costellazione e segno dello zodiaco in cui il Sole transita tra il 21 gennaio e il 19 febbraio.
aquila [à-qui-la] *s.f.* **1** grosso uccello rapace diurno, con piumaggio scuro, becco adunco, vista acutissima, artigli robusti; vive in alta montagna **2** (*fig.*) persona di eccezionale intelligenza.
aquilino [a-qui-lì-no] *agg.* da aquila, proprio dell'aquila | *naso —*, adunco, simile al becco di un'aquila.
aquilone[1] [a-qui-ló-ne] *s.m.* (*lett.*) **1** vento di tramontana **2** (*estens.*) settentrione.
aquilone[2] *s.m.* **1** giocattolo costituito da una leggera intelaiatura ricoperta di carta che, legato a un filo, si solleva e si libra nell'aria **2** deltaplano.
aquilotto [a-qui-lòt-to] *s.m.* il piccolo dell'aquila.
ara[1] [à-ra] *s.f.* presso gli antichi romani, altare destinato ai sacrifici.
ara[2] *s.f.* unità di misura di superficie, corrispondente a 100 m^2; ha come simbolo *a*.
arabescare [a-ra-be-scà-re] *v.tr.* [*io arabésco, tu arabéschi ecc.*] ornare con arabeschi: *una volta arabescata* | (*estens.*) coprire di ghirigori, di figure bizzarre.
arabesco [a-ra-bé-sco] *s.m.* [pl.m. *-schi*] decorazione a motivi geometrici o vegetali stilizzati che si avvolgono su sé stessi a formare dei ghirigori.
arabico [a-rà-bi-co] *agg.* [pl.m. *-ci*] dell'Arabia | *cifre arabiche*, numeri arabi | *gomma arabica*, resina prodotta da alcune specie di acacia.
arabile [a-rà-bi-le] *agg.* che si può arare.
arabismo [a-ra-bì-ʃmo] *s.m.* locuzione o parola araba introdotta in un'altra lingua.

arabista [a-ra-bì-sta] *s.m.* e *f.* [pl.m. *-sti*] studioso della lingua e della civiltà araba.

arabizzare [a-ra-biʒ-ʒà-re] *v.tr.* convertire alla cultura e ai costumi arabi ♦ **arabizzarsi** *v.intr.pron.* accogliere la cultura e i costumi arabi.

arabo [à-ra-bo] *agg.* dell'Arabia e delle popolazioni arabizzate: *lingua, cultura araba* | *numeri arabi*, le cifre usate nel nostro sistema di scrittura dei numeri (in contrapposizione a *numeri romani*) ♦ *s.m.* **1** [f. *-a*] chi è nato, chi abita in Arabia o in uno dei paesi di lingua araba **2** la lingua degli arabi | *parlare* —, (*fig.*) in modo incomprensibile.

arachide [a-rà-chi-de] *s.f.* **1** pianta erbacea annuale con frutti oblunghi che contengono semi commestibili ricchi di sostanza oleosa **2** il seme tostato della pianta, detto comunemente *nocciolina americana*.

aracnidi [a-ràc-ni-di] *s.m.pl.* (*zool.*) classe di artropodi con capo saldato al torace, otto zampe, occhi semplici; vi appartengono il ragno e lo scorpione.

aracnoide [a-rac-nòi-de] *s.f.* (*anat.*) la seconda meninge.

aragonese [a-ra-go-né-se] *agg.* **1** dell'Aragona, regione della Spagna settentrionale **2** del regno, della dinastia d'Aragona ♦ *s.m.* e *f.* chi è nato o abita nell'Aragona.

aragosta [a-ra-gó-sta] *s.f.* grosso crostaceo marino commestibile, con tegumento rossastro, cinque paia di zampe, addome allungato, antenne lunghe e durissima corazza che ricopre capo e torace | Usato come *agg.invar.*, del colore rosso aranciato dell'aragosta.

araldica [a-ràl-di-ca] *s.f.* disciplina che studia gli stemmi e gli emblemi nobiliari.

araldico [a-ràl-di-co] *agg.* [pl.m. *-ci*] che si riferisce all'araldica.

araldista [a-ral-dì-sta] *s.m.* e *f.* [pl.m. *-sti*] studioso, esperto di araldica.

araldo [a-ràl-do] *s.m.* messaggero, ambasciatore | banditore.

araliacee [a-ra-lià-ce-e] *s.f.pl.* (*bot.*) famiglia di piante dicotiledoni a cui appartiene l'edera.

aramaico [a-ra-mài-co] *agg.* [pl.m. *-ci*] che appartiene agli Aramei: *testo* — ♦ *s.m.* lingua semitica degli Aramei.

arancera → **aranciera**.

aranceto [a-ran-cé-to] *s.m.* terreno piantato ad aranci.

arancia [a-ràn-cia] *s.f.* [pl. *-ce*] il frutto dell'arancio.

aranciata [a-ran-cià-ta] *s.f.* bevanda a base di succo d'arancia.

aranciato [a-ran-cià-to] *agg.* di colore tendente all'arancio; arancione.

aranciera [a-ran-ciè-ra], o **arancera**, *s.f.* serra in cui si custodiscono le piante di agrumi durante l'inverno.

arancino [a-ran-cì-no] *s.m.* **1** frutto dell'arancio caduto dalla pianta non ancora maturo e seccato al sole **2** (*gastr.*) crocchetta di riso in forma di arancia.

arancio [a-ràn-cio] *s.m.* albero sempreverde con frutti di color giallo oro, dalla polpa dolce e succosa e fiori bianchi profumati | *fiori d'*—, portati tradizionalmente dalla sposa il giorno delle nozze come simbolo di purezza ♦ *agg.invar.* che ha il colore dell'arancia.

arancione [a-ran-ció-ne] *agg.invar.* di colore simile a quello dell'arancia matura ♦ *s.m.* il colore arancione: *colorare di* —.

araneidi [a-ra-nèi-di] *s.m.pl.* (*zool.*) ordine di aracnidi a cui appartengono i ragni.

arare [a-rà-re] *v.tr.* rivoltare, dissodare la terra con l'aratro.

arativo [a-ra-tì-vo] *agg.* si dice di terreno che si presta all'aratura.

aratore [a-ra-tó-re] *agg.* e *s.m.* [f. *-trice*] che/chi ara.

aratro [a-rà-tro] *s.m.* macchina agricola per arare il terreno, costituita dal coltro, che taglia il terreno verticalmente, e dal vomere, che lo taglia orizzontalmente.

aratura [a-ra-tù-ra] *s.f.* l'arare, l'essere arato | il periodo in cui si ara.

arazzeria [a-raz-ze-rì-a] *s.f.* **1** arte di fare gli arazzi **2** insieme di arazzi.

arazziere [a-raz-ziè-re] *s.m.* chi fabbrica o vende arazzi.

arazzo [a-ràz-zo] *s.m.* tessuto ornamentale con figure, appeso con funzione decorativa alla parete.

arbitraggio [ar-bi-tràg-gio] *s.m.* **1** (*sport*) l'arbitrare **2** (*comm.*) operazione di acquisto di titoli o valuta a fini di lucro.

arbitrale [ar-bi-trà-le] *agg.* dell'arbitro, degli arbitri: *decisione* —.

arbitrare [ar-bi-trà-re] *v.intr.* [*io àrbitro ecc.*; aus. *avere*] risolvere una vertenza in qualità di arbitro ♦ *v.tr.* (*sport*) dirigere un incontro come arbitro.

arbitrarietà [ar-bi-tra-rie-tà] *s.f.* l'essere arbitrario.

arbitrario [ar-bi-trà-rio] *agg.* fatto ad arbitrio, senza una ragione logica; illegittimo, ingiustificato: *decisione arbitraria* □ **arbitrariamente** *avv.*

arbitrato [ar-bi-trà-to] *s.m.* decisione arbitrale | (*dir.*) risoluzione di una controversia civile mediante il ricorso a uno o più arbitri nominati dalle parti, anziché in sede giudiziale.

arbitrio [ar-bì-trio] *s.m.* **1** facoltà di valutare e operare secondo la propria volontà: *agire secondo il proprio* — | *libero* —, (*filos.*) la libertà di volere, come fondamento della responsabilità morale **2** abuso, sopruso: *commettere un* —.

arbitro [àr-bi-tro] *s.m.* [f. *-a*] **1** chi è libero di scegliere e agire secondo il proprio giudizio: *essere — delle proprie azioni* **2** chi domina o detta legge in un dato campo: *un — del gusto* **3** (*dir.*) persona diversa dal giudice che, designata dalle parti, risolve una controversia **4** (*sport*) chi è ufficialmente designato a dirigere una competizione: *— di calcio*.

arboreo [ar-bò-re-o] *agg.* di albero, che ha forma o natura di albero: *vegetazione arborea.*
arborescente [ar-bo-re-scèn-te] *agg.* **1** che ha l'aspetto di rami d'albero **2** (*bot.*) si dice di arbusto che prende forma d'albero.
arborescenza [ar-bo-re-scèn-za] *s.f.* **1** l'essere arborescente **2** (*bot.*) lo sviluppo complessivo di un albero.
arboricoltura [ar-bo-ri-col-tù-ra] *s.f.* scienza e tecnica della coltivazione degli alberi.
arboscello [ar-bo-scèl-lo] *s.m.* albero piccolo o giovane.
arbustaceo [ar-bu-stà-ce-o] *agg.* si dice di pianta classificata come arbusto | costituito da arbusti: *vegetazione arbustacea.*
arbusto [ar-bù-sto] *s.m.* pianta legnosa, di breve fusto, ramificata fin dalla base; frutice.
arca [àr-ca] *s.f.* **1** sarcofago monumentale di marmo o pietra **2** cassa di legno usata in passato per contenere oggetti vari | *— di Noè*, secondo la Bibbia, l'imbarcazione costruita dal patriarca Noè per salvare la propria famiglia e una coppia di ciascuna specie animale dal diluvio universale.
-arca secondo elemento di parole composte, che significa 'capo, chi comanda' (*patriarca*).
arcade [àr-ca-de] *agg.* dell'antica Arcadia, regione della Grecia: *pastore —* ♦ *s.m.* e *f.* **1** abitante dell'antica Arcadia **2** membro dell'accademia dell'Arcadia; poeta seguace della maniera arcadica.
arcadia [ar-cà-dia] *s.f.* **1** (*lett.*) luogo dove si svolge una vita amena, idillica **2** *Arcadia*, nome di un'accademia letteraria fondata a Roma nel 1690 | la corrente letteraria nata da questa accademia.
arcadico [ar-cà-di-co] *agg.* [pl.m. *-ci*] **1** dell'Arcadia | (*fig.*) idillico, agreste: *paesaggio —* **2** dell'accademia d'Arcadia: *poeta —* **3** (*fig.*) lezioso, manierato.
arcaicità [ar-cai-ci-tà] *s.f.* l'essere arcaico; carattere arcaico.
arcaico [ar-cài-co] *agg.* [pl.m. *-ci*] di remota antichità; risalente alla fase più antica (di un periodo storico, di una cultura): *età arcaica* | *era arcaica*, (*geol.*) archeozoico □ **arcaicamente** *avv.*
arcaismo [ar-ca-ì-ʃmo] *s.m.* elemento linguistico scomparso dall'uso: *usare un —.*
arcaizzante [ar-caiʒ-ʒàn-te] *agg.* che si ispira a uno stile arcaico: *prosa —.*
arcangelo [ar-càn-ge-lo] *s.m.* (*teol.*) spirito celeste di grado più elevato dell'angelo.
arcano [ar-cà-no] *agg.* misterioso, occulto: *parole arcane* ♦ *s.m.* enigma, mistero: *svelare l'—.*
arcata [ar-cà-ta] *s.f.* **1** (*arch.*) apertura ad arco | ordine di archi sorretti da colonne o piedritti: *le arcate di un ponte* **2** (*anat.*) formazione a forma di arco: *— orbitale.*
arce [àr-ce] *s.f.* (*lett.*) rocca; acropoli.
archaeopteryx [/ arke'ɔpteriks /] *s.m.invar.* animale preistorico, probabilmente intermedio fra uccello e rettile.
archeggio [ar-chég-gio] *s.m.* (*mus.*) la tecnica, lo stile con cui si eseguono i movimenti dell'arco su uno strumento.
archegoniate [ar-che-go-nià-te] *s.f.pl.* (*bot.*) gruppo di piante che comprende le briofite, le pteridofite, le gimnosperme.
archegonio [ar-che-gò-nio] *s.m.* (*bot.*) piccolo organo delle archegoniate, a forma di fiasco, contenente una cellula riproduttrice femminile detta *oosfera.*
archeo- primo elemento di parole composte, che significa 'antico, antichità, primitivo' (*archeologia*).
archeologia [ar-che-o-lo-gì-a] *s.f.* scienza che studia le civiltà antiche attraverso i monumenti, le iscrizioni e gli oggetti rinvenuti negli scavi.
archeologico [ar-che-o-lò-gi-co] *agg.* [pl.m. *-ci*] che si riferisce all'archeologia: *reperto —* □ **archeologicamente** *avv.* dal punto di vista archeologico.
archeologo [ar-che-ò-lo-go] *s.m.* [f. *-a*; pl.m. *-gi*] studioso di archeologia.
archeozoico [ar-che-o-ʒòi-co] *agg.* e *s.m.* [pl.m. *-ci*] si dice dell'era geologica, succeduta al precambriano, nella quale si sono trovate le prime tracce di forme viventi; protozoico.
archetipico [ar-che-tì-pi-co] *agg.* [pl.m. *-ci*] che costituisce un archetipo.
archetipo [ar-chè-ti-po] *s.m.* modello originario che ha valore esemplare.
archetto [ar-chét-to] *s.m.* **1** (*arch.*) arco di piccola apertura **2** (*mus.*) arco per suonare strumenti a corda.
archi- primo elemento di parole composte, che significa 'primato, principio, comando' (*archiatra, archidiocesi*).
-archia secondo elemento di parole composte, che significa 'dominio, governo' (*monarchia, oligarchia*).
archiacuto [ar-chi-a-cù-to] *agg.* (*arch.*) ad arco acuto.
archiatra [ar-chià-tra] *s.m.* [pl. *-tri*] il medico principale della corte pontificia.
archibugiata [ar-chi-bu-già-ta] *s.f.* colpo d'archibugio; ferita prodotta da un colpo d'archibugio.
archibugiere [ar-chi-bu-giè-re] *s.m.* soldato armato di archibugio.
archibugio [ar-chi-bù-gio] *s.m.* antica arma da fuoco portatile con canna lunga e accensione a pietra focaia.
archidiocesi [ar-chi-di-ò-ce-ʃi], o **arcidiocesi**, *s.f.* diocesi retta da un arcivescovo; diocesi metropolitana.
archimandrita [ar-chi-man-drì-ta] *s.m.* [pl. *-ti*] (*eccl.*) capo di un ordine religioso o di un monastero di rito cristiano orientale.
archipendolo [ar-chi-pèn-do-lo] *s.m.* squadra a bracci uguali dal cui vertice pende un filo a piombo; serve a verificare se un piano è orizzontale.
architettare [ar-chi-tet-tà-re] *v.tr.* [*io architétto ecc.*] concepire, ordire, macchinare: *— un piano.*

architetto [ar-chi-tét-to] *s.m.* 1 chi progetta, disegna, realizza edifici e altre grandi costruzioni 2 (*fig.*) ideatore, creatore: *l'— di un piano.*
architettonico [ar-chi-tet-tò-ni-co] *agg.* [pl.m. *-ci*] 1 che è proprio dell'architettura: *struttura architettonica* 2 (*fig.*) armonicamente strutturato: *la composizione architettonica di un brano musicale* □ **architettonicamente** *avv.* dal punto di vista architettonico; secondo i principi dell'architettura.
architettura [ar-chi-tet-tù-ra] *s.f.* 1 arte e tecnica del progettare, disegnare, realizzare edifici o altre grandi opere: *— civile, navale* 2 singola opera architettonica | insieme di opere architettoniche di un periodo, di una località: *l'— romanica, ravennate* 3 (*fig.*) struttura, schema: *l'— di un poema.*
architravato [ar-chi-tra-và-to] *agg.* munito di architrave.
architrave [ar-chi-trà-ve] *s.m.* (*edil.*) in un edificio, trave orizzontale sostenuta da colonne, pilastri o stipiti.
archiviare [ar-chi-vià-re] *v.tr.* [*io archìvio ecc.*] 1 mettere in archivio, passare agli archivi (un documento, una pratica ecc.) 2 (*fig.*) abbandonare: *— un progetto* | *— un'istruttoria*, (*dir.*) non dar luogo ad azione penale per l'infondatezza del reato.
archiviazione [ar-chi-via-zió-ne] *s.f.* l'archiviare, l'essere archiviato.
archivio [ar-chì-vio] *s.m.* 1 raccolta di documenti pubblici o privati; il luogo in cui si conserva tale raccolta: *— di stato, privato*; *ricerche di —* 2 (*inform.*) file.
archivista [ar-chi-vì-sta] *s.m.* e *f.* [pl.m. *-sti*] chi è addetto a un archivio.
archivistica [ar-chi-vì-sti-ca] *s.f.* insieme di norme per la sistemazione e il funzionamento degli archivi.
archivistico [ar-chi-vì-sti-co] *agg.* [pl.m. *-ci*] d'archivio; che concerne gli archivi, gli archivisti: *ricerca archivistica.*
archivolto [ar-chi-vòl-to] *s.m.* (*arch.*) fascia decorativa che si svolge frontalmente lungo la curva di un arco.
arci- primo elemento di parole composte che corrisponde ad *archi-* (*arcivescovo*); talora è impiegato nella formazione di aggettivi superlativi (*arcicontento*).
arcibasilica [ar-ci-ba-ʃì-li-ca] *s.f.* basilica maggiore.
arciconfraternita [ar-ci-con-fra-tèr-ni-ta] *s.f.* confraternita principale alla quale se ne aggregano altre.
arcicontento [ar-ci-con-tèn-to] *agg.* (*fam.*) contentissimo.
arcidiacono [ar-ci-di-à-co-no] *s.m.* (*eccl.*) nel capitolo di una chiesa cattedrale, il primo dei diaconi.
arcidiavolo [ar-ci-dià-vo-lo] *s.m.* (*scherz.*) capo dei diavoli.
arcidiocesi → **archidiocesi**.
arciduca [ar-ci-dù-ca] *s.m.* [pl. *-chi*] titolo riservato ai principi della casa d'Austria.
arciducato [ar-ci-du-cà-to] *s.m.* dignità, dominio di un arciduca.
arciere [ar-ciè-re] *s.m.* tiratore d'arco | soldato armato d'arco.
arcigno [ar-cì-gno] *agg.* severo, duro, scostante: *volto —.*
arciliuto [ar-ci-li-ù-to] *s.m.* (*mus.*) sorta di liuto di grandi dimensioni.
arcione [ar-ció-ne] *s.m.* la parte alta di certi tipi di sella, a forma di arco.
arcipelago [ar-ci-pè-la-go] *s.m.* [pl. *-ghi*] (*geog.*) gruppo di isole vicine tra loro.
arciprete [ar-ci-prè-te] *s.m.* 1 titolo onorifico del parroco di una chiesa preminente su altre 2 nel capitolo di una chiesa cattedrale, il primo dei preti.
arcivescovado [ar-ci-ve-sco-và-do], o **arcivescovato**, *s.m.* 1 palazzo in cui risiede l'arcivescovo 2 ufficio, dignità dell'arcivescovo; territorio della sua giurisdizione.
arcivescovile [ar-ci-ve-sco-vì-le] *agg.* dell'arcivescovo.
arcivescovo [ar-ci-vé-sco-vo] *s.m.* vescovo titolare di archidiocesi.
arco [àr-co] *s.m.* [pl. *-chi*] 1 arma da lancio consistente in una bacchetta flessibile che, curvata da una corda legata alle due estremità, permette di scagliare una freccia: *tirare con l'—* 2 (*mus.*) bacchetta di legno lungo la quale è tesa una fascia di crini di cavallo, usata per mettere in vibrazione le corde del violino, della viola, del violoncello e del contrabbasso | *pl.* l'insieme degli strumenti ad arco: *orchestra d'archi* 3 (*arch.*) struttura curva, con funzione portante e decorativa, impostata su due piedritti; è applicata a ponti, viadotti ecc. DIM. *archetto* 4 (*geom.*) parte di una curva (in particolare di una circonferenza) compresa fra due suoi punti 5 (*estens.*) qualsiasi cosa simile a un arco: *l'— delle sopracciglia*; *piegare ad —*, a forma d'arco 6 (*fig.*) periodo di tempo: *l'— della vita* | serie, insieme: *un ampio — di possibilità* 7 *— voltaico, elettrico*, (*elettr.*) fenomeno luminoso che si genera al passaggio di corrente elettrica fra due elettrodi immersi in atmosfera gassosa.
arcobaleno [ar-co-ba-lé-no] *s.m.* grande arco con i colori dello spettro solare, visibile in cielo dopo la pioggia e dovuto alla rifrazione dei raggi del sole nelle gocce d'acqua sospese nell'atmosfera.
arcocosecante [ar-co-co-se-càn-te] *s.f.* (*mat.*) funzione trigonometrica inversa della cosecante.
arcocoseno [ar-co-co-sé-no] *s.m.* (*mat.*) funzione trigonometrica inversa del coseno.
arcocotangente [ar-co-co-tan-gèn-te] *s.f.* (*mat.*) funzione trigonometrica inversa della cotangente.
arcolaio [ar-co-là-io] *s.m.* strumento girevole su un perno che serve per dipanare matasse.

arconte [ar-cón-te] *s.m.* nella Grecia arcaica, il più alto magistrato.
arcosecante [ar-co-se-càn-te] *s.f.* (*mat.*) funzione trigonometrica inversa della secante.
arcoseno [ar-co-sé-no] *s.m.* (*mat.*) funzione trigonometrica inversa del seno.
arcosolio [ar-co-sò-lio] *s.m.* (*archeol.*) nicchia ad arco scavata nel tufo delle catacombe e usata come sepolcro.
arcotangente [ar-co-tan-gèn-te] *s.f.* (*mat.*) funzione trigonometrica inversa della tangente.
arcuare [ar-cu-à-re] *v.tr.* [*io àrcuo ecc.*] piegare, curvare ad arco; inarcare: *— la schiena* ♦ **arcuarsi** *v.rifl.* piegarsi ad arco.
arcuato [ar-cu-à-to] ricurvo.
ardente [ar-dèn-te] *agg.* **1** che arde; infocato: *sole —; carbone —* | *camera —*, stanza con ceri accesi in cui si espone la salma prima della sepoltura **2** (*fig.*) vivace, impetuoso; acceso, appassionato: *temperamento —* □ **ardentemente** *avv.* con ardore.
ardere [àr-de-re] *v.tr.* [pass.rem. *io arsi, tu ardésti ecc.*; part.pass. *arso*] **1** bruciare, consumare col fuoco **2** (*estens.*) inaridire, seccare: *il sole ardeva la campagna* ♦ *v.intr.* [aus. *essere*] **1** bruciare: *la legna arde* **2** (*estens.*) essere molto caldo; inaridirsi, disseccarsi: *la campagna ardeva sotto il sole* | *— dalla febbre*, scottare a causa della febbre **3** (*fig.*) provare un forte sentimento: *— di passione.*
ardesia [ar-dè-ʃia] *s.f.* roccia argillosa grigio-nerastra che si sfalda in lastre sottili, usata per tegole, lavagne ecc.
ardimento [ar-di-mén-to] *s.m.* **1** coraggio, audacia **2** atto ardito.
ardimentoso [ar-di-men-tó-so] *agg.* che ha, dimostra ardimento: *soldato, atto —* □ **ardimentosamente** *avv.*
ardire[1] [ar-dì-re] *v.intr.* [*io ardisco, tu ardisci ecc.*] aver coraggio, baldanza; arrischiarsi, osare: *non ardiva parlare* (o *di parlare*).
ardire[2] *s.m.* **1** coraggio: *prendere, infondere —* **2** sfrontatezza, impudenza: *ebbe l'— di rispondermi.*
arditezza [ar-di-téz-za] *s.f.* l'essere ardito.
arditismo [ar-di-tì-ʃmo] *s.m.* (*st.*) movimento sorto in Italia dopo la prima guerra mondiale per iniziativa di reduci che avevano militato nei reparti degli arditi.
ardito [ar-dì-to] *agg.* **1** pieno di ardire; coraggioso **2** che richiede ardimento; rischioso: *un'impresa ardita* | (*fig.*) originale, fuori dalla norma: *un pensiero —* ♦ *s.m.* soldato dei reparti d'assalto italiani istituiti durante la prima guerra mondiale □ **arditamente** *avv.*
-ardo suffisso presente in aggettivi e sostantivi di origine germanica, spesso giunti in italiano attraverso il francese (*gagliardo, vegliardo*); nei derivati italiani ha assunto di frequente valore negativo (*beffardo, bugiardo, testardo*).
ardore [ar-dó-re] *s.m.* **1** (*lett.*) fiamma, incendio | (*estens.*) calore intenso; calura **2** (*fig.*) viva passione: *amare con —* **3** (*fig.*) entusiasmo, alacrità: *— di vita.*
arduo [àr-du-o] *agg.* **1** (*non com.*) ripido, difficile a salire: *un — sentiero* **2** (*fig.*) difficile, che esige sforzo e fatica: *un problema —.*
area [à-re-a] *s.f.* **1** superficie circoscritta di terreno: *— fabbricabile*, destinata a costruzioni | *— di servizio*, nelle autostrade, spazio fornito di attrezzature per l'assistenza agli automobilisti | *— metropolitana*, zona comprendente una grande città e il territorio circostante **2** (*geom.*) misura dell'estensione di una superficie: *— del quadrato* **3** regione in cui si verifica un dato fenomeno: *— ciclonica* **4** (*sport*) settore di un campo di gioco che assolve a una determinata funzione: *— di rigore*, ciascuna delle due zone del campo di calcio vicine alla porta.
areale [a-re-à-le] *agg.* che concerne un'area: *diagramma —*, areogramma | *velocità —*, (*fis.*) rapporto fra l'area descritta da un segmento che si muove in un piano e l'intervallo di tempo impiegato per descriverla ♦ *s.m.* in biogeografia, zona di insediamento e mantenimento di una specie.
areare e *deriv.* → **aerare** e *deriv.*
areca [a-rè-ca] *s.f.* palma coltivata in India dai cui semi si ricava il betel.
arella [a-rèl-la] *s.f.* tavola o graticcio su cui si allevano i bachi da seta.
arem → **harem.**
arena[1] [a-ré-na *o* arèna] *s.f.* (*lett.*) sabbia, rena: *granelli d'—.*
arena[2] [a-rè-na] *s.f.* **1** nell'antichità, spazio libero e coperto di sabbia situato al centro di anfiteatri o stadi | *scendere nell'—*, (*fig.*) affrontare la lotta, scendere in lizza **2** luogo di spettacolo all'aperto; pista centrale di un circo.
arenaria [a-re-nà-ria] *s.f.* **1** roccia sedimentaria costituita da sabbia cementata **2** pianta erbacea con fiorellini bianchi dai petali più corti dei sepali.
arenario [a-re-nà-rio] *agg.* di arena: *roccia arenaria.*
arenarsi [a-re-nàr-si] *v.intr.pron.* **1** detto di imbarcazioni, incagliarsi su un fondo sabbioso **2** (*fig.*) fermarsi, bloccarsi: *la pratica si è arenata.*
arengo [a-rén-go *o* arèngo] *s.m.* [pl. *-ghi*] (*st.*) nel comune medievale, l'assemblea della popolazione cittadina | il luogo in cui essa si teneva.
arenicolo [a-re-nì-co-lo] *agg.* (*scient.*) che vive nella sabbia: *flora, fauna arenicola.*
arenile [a-re-nì-le] *s.m.* distesa di sabbia sulla riva del mare, o anche di fiumi e laghi.
arenoso [a-re-nó-so] *agg.* ricco di arena: *terreno —* | simile ad arena.
areo- → **aero-**[1], **aero-**[2].
areola [a-rè-o-la] *s.f.* (*scient.*) piccola area | (*anat.*) zona pigmentata circostante il capezzolo: *— mammaria.*
areolare [a-re-o-là-re] *agg.* (*scient.*) relativo a un'areola o a un'area.
areometro [a-re-ò-me-tro] *s.m.* (*fis.*) strumento graduato per determinare il peso specifico di un fluido o di un solido; densimetro.

areopagita [a-re-o-pa-gì-ta] *s.m.* [pl. *-ti*] (*st.*) giudice membro dell'Areopago.
areopagitico [a-re-o-pa-gì-ti-co] *agg.* [pl.m. *-ci*] (*st.*) concernente l'Areopago o gli areopagiti.
areopago [a-re-ò-pa-go *o* areopàgo] *s.m.* [pl. *-ghi*] **1** *Areopago*, (*st.*) il tribunale supremo di Atene antica **2** (*fig.*) autorevole e importante consesso.
areoplano → aeroplano.
areoporto → aeroporto.
argano [àr-ga-no] *s.m.* macchina sollevatrice costituita da un tamburo che, girando, avvolge intorno a sé la fune a cui è legato il peso.
argentana [ar-gen-tà-na] *s.f.* lega di rame, nichel e zinco, di aspetto simile all'argento.
argentare [ar-gen-tà-re] *v.tr.* [*io argènto ecc.*] **1** rivestire d'argento **2** rendere di colore argenteo.
argentato [ar-gen-tà-to] *agg.* **1** ricoperto di uno strato d'argento; ornato d'argento: *vasellame* — **2** simile all'argento per colore e lucentezza.
argentatura [ar-gen-ta-tù-ra] *s.f.* **1** procedimento con cui si ricopre un oggetto di uno strato d'argento: *l'— degli specchi* **2** rivestimento d'argento.
argenteo [ar-gèn-te-o] *agg.* **1** d'argento **2** che ha colore e brillantezza d'argento: *luce argentea.*
argenteria [ar-gen-te-rì-a] *s.f.* insieme di oggetti d'argento, in particolare posateria, vasellame: — *da tavola.*
argentiere [ar-gen-tiè-re] *s.m.* [f. *-a*] chi lavora l'argento o vende oggetti d'argento.
argentifero [ar-gen-tì-fe-ro] *agg.* che contiene argento, ricco d'argento.
argentino[1] [ar-gen-tì-no] *agg.* che ha il timbro limpido e squillante dell'argento percosso: *voce argentina.*
argentino[2] *agg.* dell'Argentina ♦ *s.m.* [f. *-a*] nativo, abitante dell'Argentina.
argento [ar-gèn-to] *s.m.* **1** elemento chimico di simbolo *Ag*; è un metallo nobile, prezioso, bianco lucente, usato per fabbricare monete e oggetti di lusso | con riferimento al colore, alla lucentezza e al valore dell'argento: *capelli d'—*, canuti; *nozze d'—*, il venticinquesimo anniversario del matrimonio **2** oggetto d'argento: *una mostra di argenti* **3** — *vivo*, (*antiq.*) mercurio | *aver l'— vivo addosso*, (*fig.*) essere molto vivace.
argentone [ar-gen-tó-ne] *s.m.* lega di rame, nichel e zinco, di aspetto simile all'argento.
argilla [ar-gìl-la] *s.f.* roccia sedimentaria formata dal consolidamento di fanghiglie marine o lacustri; impastata con acqua è usata per fabbricare mattoni, vasi ecc.
argillaceo [ar-gil-là-ceo] *agg.* di argilla; argilloso.
argilloso [ar-gil-ló-so] *agg.* che contiene argilla: *terreno* — | simile ad argilla.
arginare [ar-gi-nà-re] *v.tr.* [*io àrgino ecc.*] munire, difendere con argini: — *un fiume* | (*fig.*) contenere, bloccare: — *l'offensiva nemica.*
arginatura [ar-gi-na-tù-ra] *s.f.* **1** allestimento di argini **2** complesso di argini.
argine [àr-gi-ne] *s.m.* **1** rialzo naturale o artificiale che delimita le rive di un corso d'acqua e ne contiene le piene | (*estens.*) terrapieno di una ferrovia, di una strada **2** (*fig.*) riparo, difesa: *porre un — al malcostume.*
argivo [ar-gì-vo] *agg.* dell'antica città greca di Argo o della sua regione, l'Argolide | (*estens.*) greco antico ♦ *s.m.* [f. *-a*] abitante di Argo, dell'Argolide o della Grecia antica.
argo [àr-go] *s.m.* elemento chimico di simbolo *Ar*; è un gas nobile usato per riempire i bulbi delle lampade elettriche.
argolico [ar-gò-li-co] *agg.* [pl.m. *-ci*] dell'Argolide | (*estens.*) greco antico.
argomentare [ar-go-men-tà-re] *v.intr.* [*io argoménto ecc.*; aus. *avere*] addurre argomenti, ragionare: — *con sottigliezza.*
argomentazione [ar-go-men-ta-zió-ne] *s.f.* l'argomentare | insieme di argomenti con cui si dimostra o si confuta una tesi.
argomento [ar-go-mén-to] *s.m.* **1** prova o ragionamento a sostegno di una tesi: — *fondato*; *confutare un* — **2** materia, tema, questione: *l'— di una conversazione*; *un film di — storico* **3** (*mat.*) variabile indipendente di una funzione.
argonauta [ar-go-nàu-ta] *s.m.* [pl. *-ti*] **1** ciascuno dei navigatori della mitica nave Argo, che Giasone guidò alla conquista del vello d'oro **2** (*zool.*) cefalopode marino provvisto di otto tentacoli.
argot [/ ar′go /] *s.m.invar.* (*fr.*) gergo: *l'— parigino.*
arguire [ar-gu-ì-re] *v.tr.* [*io arguisco, tu arguisci ecc.*] dedurre, desumere da indizi: — *i motivi di un comportamento.*
argutezza [ar-gu-téz-za] *s.f.* **1** l'essere arguto **2** parola, frase arguta; arguzia.
arguto [ar-gù-to] *agg.* che ha ingegno vivace, acuto, spirito penetrante: *scrittore* — | che rivela arguzia, spirito; brioso: *risposta arguta* □ **argutamente** *avv.*
arguzia [ar-gù-zia] *s.f.* **1** acutezza e vivacità di ingegno, di espressione; spirito: *rispondere con* — **2** parola, espressione spiritosa: *arguzie contadinesche.*
aria [à-ria] *s.f.* **1** miscuglio di più gas che costituisce l'atmosfera della Terra: — *pura, viziata* | — *condizionata*, che, grazie a speciali dispositivi, presenta temperatura e umidità costanti | *corrente d'—*, quella provocata in un ambiente da due o più porte o finestre aperte; *colpo d'—*, malanno causato da una corrente d'aria | *buttare per —*, mettere in disordine; (*fig.*) disfare, disorganizzare | *a mezz'—*, né in alto né in basso; (*fig.*) indefinito, indeciso | *mandare qlcu. a gambe all'—*, farlo cadere | *andare, mandare all'—*, (*fig.*) fallire, far fallire | *fare castelli in —*, (*fig.*) fantasticare | *campare d'—*, (*fig.*) mangiare pochissimo | *discorsi campati in —*, (*fig.*) senza fondamento. PEGG. *ariaccia* **2** clima: *l'— di montagna* | *cambiare —*, andare altrove; (*fig.*) cambiare ambiente, lavoro **3** vento: *non c'era un filo d'—* | *tira*

una brutta —, (*fig.*) la situazione non è favorevole. DIM. *arietta* **4** (*fig.*) aspetto; espressione: *avere un'— stanca* | *avere l'— di*, sembrare: *ha l'— d'essere una persona per bene* | *darsi arie di*, atteggiarsi a: *darsi arie di superuomo*; *darsi delle arie*, assumere un atteggiamento di superiorità **5** brano musicale melodico di tipo strofico, di solito vocale | (*estens.*) motivo melodico: *un'— popolare, orecchiabile.*

aria-aria [à-ria à-ria] *agg.invar.* si dice di missili destinati a essere lanciati da un veicolo aereo contro un obiettivo aereo.

arianesimo [a-ria-né-ʃi-mo] *s.m.* eresia promossa dal prete africano Ario (256-336), secondo cui nella trinità la piena divinità spetta solo al Padre.

ariano[1] [a-rià-no] *agg.* che si riferisce all'arianesimo: *eresia ariana* ♦ *s.m.* [f. *-a*] seguace dell'arianesimo.

ariano[2] *agg.* e *s.m.* [f. *-a*] appartenente alla supposta razza portatrice delle lingue indoeuropee, intesa dai nazisti come razza eletta rispetto alle altre.

aria-terra [à-ria-tèr-ra] *agg.invar.* si dice di missili destinati a essere lanciati da un veicolo aereo contro un obiettivo terrestre.

aridità [a-ri-di-tà] *s.f.* **1** l'essere arido; secchezza: *— del suolo* **2** (*fig.*) povertà di sentimenti, di fantasia, di idee: *— di cuore, di mente.*

arido [à-ri-do] *agg.* **1** povero di acqua, di umidità; secco, asciutto: *terra arida*; *clima* —, con scarse precipitazioni **2** (*fig.*) privo di sentimento, di sensibilità: *un uomo* — ♦ *s.m.pl.* sostanze solide, incoerenti, misurabili con le stesse misure di capacità dei liquidi (*p.e.* sabbia, frumento) □ **aridamente** *avv.* con aridità; senza sentimento, senza idee.

arieggiare [a-rieg-già-re] *v.tr.* [*io ariéggio ecc.*] **1** dare aria a qlco.: *— un ambiente, un locale* **2** (*fig.*) rassomigliare a qlcu. o a qlco.; imitare: *— lo stile di Petrarca.*

arieggiato [a-rieg-già-to] *agg.* ventilato, bene aerato; arioso: *un locale* —.

ariete [a-riè-te] *s.m.* **1** maschio della pecora; montone **2** *Ariete*, costellazione e segno dello zodiaco in cui il Sole transita dal 21 marzo al 20 aprile **3** antica macchina da assedio per sfondare mura o porte, costituita da una trave provvista all'estremità di una testa d'ariete in bronzo.

arietta [a-riét-ta] *s.f.* **1** leggera brezza, venticello **2** (*mus.*) brano musicale melodico, di solito vocale, più breve dell'aria.

aringa [a-rìn-ga] *s.f.* pesce marino commestibile di medie dimensioni, con squame verdastre sul dorso, argentee sul ventre.

arinia [a-ri-nì-a] *s.f.* (*med.*) mancanza congenita del naso.

-ario suffisso che forma aggettivi e sostantivi che stabiliscono una relazione oppure indicano nomi collettivi, nomi di mestiere ecc. (*ferroviario, necessario*; *bibliotecario, lampadario*).

arioso [a-rió-so] *agg.* **1** pieno di aria; largo, spazioso: *appartamento* — **2** (*fig.*) di ampio respiro: *stile* —.

arista[1] [a-rì-sta] *s.f.* **1** (*bot.*) prolungamento filiforme della glumetta inferiore di alcune graminacee; resta **2** (*lett.*) spiga.

arista[2] [à-ri-sta] *s.f.* schiena del maiale macellato, comprendente la lombata con le costole; l'arrosto preparato con tale parte.

aristocratico [a-ri-sto-crà-ti-co] *agg.* [pl.m. *-ci*] **1** che appartiene all'aristocrazia: *una famiglia aristocratica* **2** (*estens.*) raffinato, signorile: *modi aristocratici* ♦ *s.m.* [f. *-a*] chi appartiene per nascita all'aristocrazia □ **aristocraticamente** *avv.*

aristocrazia [a-ri-sto-cra-zì-a] *s.f.* **1** la classe che predomina o esercita il potere per privilegio ereditario; nobiltà | (*estens.*) il complesso delle famiglie nobili di una nazione, di una città: *l'— spagnola* **2** forma di governo in cui il potere è esercitato dalla nobiltà o da una minoranza privilegiata **3** (*fig.*) l'insieme di coloro che eccellono in un dato campo; élite: *l'— della moda.*

aristotelico [a-ri-sto-tè-li-co] *agg.* [pl.m. *-ci*] del filosofo greco Aristotele (384-322 a.C.), conforme al suo pensiero ♦ *s.m.* seguace della filosofia di Aristotele.

aristotelismo [a-ri-sto-te-lì-ʃmo] *s.m.* (*filos.*) il complesso delle dottrine di Aristotele | la tradizione filosofica ispirata all'opera di Aristotele.

aritmetica [a-rit-mè-ti-ca] *s.f.* ramo della matematica che studia le proprietà dei numeri positivi interi e frazionari e le operazioni su di essi.

aritmetico [a-rit-mè-ti-co] *agg.* [pl.m. *-ci*] relativo all'aritmetica: *calcolo* — □ **aritmeticamente** *avv.* secondo le regole, il metodo dell'aritmetica.

aritmia [a-rit-mì-a] *s.f.* **1** mancanza di ritmo **2** (*med.*) irregolarità del ritmo cardiaco.

aritmico [a-rìt-mi-co] *agg.* [pl.m. *-ci*] **1** privo di ritmo: *verso* — **2** (*med.*) che non ha il ritmo normale: *polso* —.

arlecchinata [ar-lec-chi-nà-ta] *s.f.* buffonata.

arlecchino [ar-lec-chì-no] *s.m.* persona poco seria, che cambia facilmente di opinione o manca di parola.

arma [àr-ma] *s.f.* [pl. *armi*] **1** qualunque oggetto usato dall'uomo per offesa o difesa: *armi da fuoco, da taglio*; *armi atomiche, nucleari* | *armi bianche*, che presentano una o più lame (spada, pugnale ecc.) | *— impropria*, (*dir.*) qualsiasi oggetto (bastone, catena ecc.) usato occasionalmente come arma **2** (*fig.*) qualsiasi mezzo, anche non materiale, di offesa o di difesa: *la calma è la sua migliore* — | *— a doppio taglio*, argomento che può recare danno anche a chi lo usa **3** (*pl.*) come simbolo della guerra, del combattimento, della vita militare: *compagno d'armi*, commilitone | *fatto d'armi*, combattimento | *piazza d'armi*, grande spiazzo per esercitazioni militari | *affilare le armi*, prepararsi a una lotta (anche *fig.*) | *prendere, deporre le armi*, iniziare, cessare le ostilità (anche *fig.*) | *chiamare, andare sotto le armi*, a fare il servizio militare | *levarsi in armi*, insorgere | *essere alle prime armi*, (*fig.*) essere agli inizi di un'attività; essere inesperto **4** corpo dell'esercito dotato di particolari caratteristiche d'impiego e d'armamento: *l'— di fanteria.*

armadillo [ar-ma-dìl-lo] *s.m.* mammifero americano di medie dimensioni, ricoperto da una corazza di grosse squame cornee articolate che gli permettono di avvolgersi a palla in caso di pericolo.

armadio [ar-mà-dio] *s.m.* mobile chiuso da uno o più sportelli, con ripiani o cassetti interni; serve a contenere indumenti e oggetti vari | *— a muro*, ricavato nel vano di una parete. DIM. *armadietto.*

armaiolo [ar-ma-iò-lo] *s.m.* **1** [f. *-a*] chi fabbrica, vende o ripara armi **2** (*mil.*) sottufficiale addetto alla manutenzione delle armi portatili.

armamentario [ar-ma-men-tà-rio] *s.m.* l'insieme degli oggetti necessari per compiere un lavoro, un'attività; attrezzatura | (*fig.*) complesso di idee, conoscenze (spec. *spreg.*): *— ideologico.*

armamento [ar-ma-mén-to] *s.m.* **1** l'armare, l'armarsi **2** insieme delle armi; dotazione di armi: *la corsa agli armamenti* **3** il complesso dei materiali e dei marinai necessari a mettere una nave in condizioni di navigare.

armare [ar-mà-re] *v.tr.* **1** fornire, dotare di armi: *— un esercito* | *— la mano di qlcu.*, dargli un'arma per commettere un delitto (anche *fig.*) **2** provvedere una nave dell'occorrente per navigare | *— i remi*, disporli negli scalmi, pronti alla voga **3** (*tecn.*) mettere puntelli, travi e centine a sostegno di opere murarie in costruzione, scavi ecc. ♦ **armarsi** *v.rifl.* **1** prendere le armi, fornirsi di armi: *— contro il nemico*; *— di bastone* **2** (*fig.*) provvedersi di qlco.: *— di pazienza.*

armata [ar-mà-ta] *s.f.* **1** insieme di più unità militari alle dipendenze di un solo comandante; genericamente, esercito | *corpo d'—*, unità militare dotata di totale autonomia logistica e operativa **2** il complesso delle navi da guerra di una nazione | *— aerea*, il complesso delle forze aeree di una nazione.

armato [ar-mà-to] *agg.* **1** fornito di armi: *andare in giro —*; *carro —* | *forze armate*, l'esercito, l'aviazione e la marina | *rapina a mano armata*, effettuata con la minaccia delle armi **2** (*estens.*) provvisto, fornito di qlco. (anche *fig.*): *essere — di buoni propositi* **3** (*tecn.*) provvisto di un'armatura atta a rendere più resistente la struttura: *cemento —* ♦ *s.m.* (spec. *pl.*) soldato: *un esercito di diecimila armati.*

armatore [ar-ma-tó-re] *s.m.* **1** la persona o la compagnia che arma una nave | Anche come *agg.* [f. *-trice*]: *società armatrice* **2** carpentiere che costruisce le opere di sostegno nei lavori sotterranei.

armatoriale [ar-ma-to-rià-le] *agg.* che riguarda gli armatori navali: *società —.*

armatura [ar-ma-tù-ra] *s.f.* **1** complesso di armi difensive indossate dai guerrieri antichi e medievali **2** (*edil.*) struttura di legno o di ferro per sostenere una qualsiasi struttura.

arme [àr-me] *s.f.* (*arald.*) lo scudo considerato con le pezze araldiche e gli smalti.

armeggiare [ar-meg-già-re] *v.intr.* [*io arméggio ecc.*; aus. *avere*] darsi da fare, affaccendarsi, per lo più in modo confuso o sconclusionato: *— intorno ai fornelli* | brigare: *— per ottenere un favore.*

armeggione [ar-meg-gió-ne] *s.m.* [f. *-a*] chi armeggia; maneggione, intrigante.

armeno [ar-mè-no] *agg.* dell'Armenia, stato dell'Asia Minore ♦ *s.m.* **1** [f. *-a*] chi è nato, chi abita in Armenia **2** lingua della famiglia indoeuropea parlata dagli armeni.

armento [ar-mén-to] *s.m.* branco di grossi quadrupedi domestici da pascolo (buoi, cavalli ecc.).

armeria [ar-me-rì-a] *s.f.* **1** luogo dove si custodiscono le armi dei reparti militari **2** collezione di armi e il luogo in cui si conservano **3** negozio di armi.

armiere [ar-miè-re] *s.m.* (*mil.*) sottufficiale addetto alla manutenzione delle armi portatili | aviere addetto alle armi di bordo.

armigero [ar-mì-ge-ro] *s.m.* (*lett.*) uomo d'armi; soldato.

armilla [ar-mìl-la] *s.f.* nell'antica Roma, bracciale portato come ornamento o come ricompensa militare.

armistizio [ar-mi-stì-zio] *s.m.* accordo per la sospensione delle ostilità tra due o più belligeranti.

armo [àr-mo] *s.m.* nel canottaggio, l'insieme di imbarcazione ed equipaggio per una regata.

armonia [ar-mo-nì-a] *s.f.* **1** consonanza di suoni vocali o strumentali che producono un effetto gradevole **2** (*mus.*) arte della combinazione simultanea di più suoni **3** (*fig.*) accordo di più elementi o parti: *— di colori, di stile* | *in — con*, in conformità a: *agire in — con un principio* **4** (*fig.*) accordo, concordia: *vivere in buona —.*

armonica [ar-mò-ni-ca] *s.f.* strumento musicale, in uso nel sec. XVIII, composto da lamelle di vetro messe in vibrazione con lo sfregamento delle dita umide o con un martellino | *— a bocca*, strumento costituito da una piccola scatola contenente una serie di ance libere che si fanno vibrare col fiato.

armonico [ar-mò-ni-co] *agg.* [pl.m. *-ci*] **1** relativo all'armonia; conforme alle leggi dell'armonia: *principi armonici* **2** (*mus.*) che produce armonia: *cassa armonica*, in alcuni strumenti, la parte che, sfruttando il fenomeno della risonanza, amplifica e migliora il suono **3** (*fig.*) armonioso, ben proporzionato: *una struttura armonica* □ **armonicamente** *avv.*

armonioso [ar-mo-nió-so] *agg.* **1** che produce una piacevole armonia: *voce armoniosa* **2** (*fig.*) armonico, ben proporzionato □ **armoniosamente** *avv.*

armonium [ar-mò-nium] *s.m.invar.* (*mus.*) strumento aerofono ad ancia libera e a tastiera azionato da mantici messi in moto da pedali.

armonizzare [ar-mo-niʒ-ʒà-re] *v.tr.* **1** (*mus.*) corredare di accordi una melodia secondo le leggi dell'armonia **2** (*fig.*) mettere d'accordo, rendere armonioso: — *le diverse parti di un'opera* ♦ **armonizzarsi** *v.intr.pron.* essere in armonia, accordarsi.

armonizzazione [ar-mo-niʒ-ʒa-zió-ne] *s.f.* l'armonizzare, l'essere armonizzato.

arnese [ar-né-se] *s.m.* **1** attrezzo, strumento di lavoro: *gli arnesi del fabbro* **2** (*fam.*) ogni oggetto non specificato o di cui non si conosca il nome: *dammi quell'—!* **3** *essere bene, male in —*, in buone, in cattive condizioni.

arnia [àr-nia] *s.f.* cassetta destinata all'allevamento delle api.

-aro variante di *-aio*, comune soprattutto nelle regioni centromeridionali (*calamaro, zampognaro*).

aroma [a-rò-ma] *s.m.* [pl. *-mi*] **1** sostanza odorosa d'origine vegetale usata come condimento o come profumo **2** il profumo emanato da tali sostanze; anche, quello di taluni alimenti o bevande: *l'— del caffè.*

aromatico [a-ro-mà-ti-co] *agg.* [pl.m. *-ci*] di aroma, che ha aroma: *pastiglia aromatica* | *piante aromatiche*, dalle quali si ricavano aromi □ **aromaticamente** *avv.* in modo aromatico.

aromatizzante [a-ro-ma-tiʒ-ʒàn-te] *s.m.* sostanza naturale che si aggiunge a prodotti alimentari per renderli aromatici.

aromatizzare [a-ro-ma-tiʒ-ʒà-re] *v.tr.* profumare con aromi; rendere aromatico: *— l'arrosto.*

aromatizzazione [a-ro-ma-tiʒ-ʒa-zió-ne] *s.f.* l'aromatizzare, l'essere aromatizzato.

arpa [àr-pa] *s.f.* strumento musicale costituito da un grande telaio triangolare su cui sono tese verticalmente corde di diversa lunghezza; si suona pizzicando le corde con le dita di entrambe le mani.

arpeggiare [ar-peg-già-re] *v.intr.* [*io arpéggio ecc.*; aus. *avere*] suonare l'arpa o altri strumenti a corda | fare arpeggi ♦ *v.tr.* eseguire ad arpeggio, con arpeggi: *— un accordo.*

arpeggio [ar-pég-gio] *s.m.* esecuzione successiva delle singole note di un accordo musicale, dal grave all'acuto o viceversa.

arpese [ar-pé-ʃe] *s.m.* (*edil.*) grappa di ferro usata per tenere insieme le pietre nelle costruzioni.

arpia [ar-pì-a] *s.f.* **1** mostro favoloso con corpo di uccello e volto di donna **2** (*fig.*) persona avara, malevola, bisbetica | donna brutta e intrattabile.

arpionare [ar-pio-nà-re] *v.tr.* [*io arpióno ecc.*] colpire con l'arpione: *— un pesce.*

arpione [ar-pió-ne] *s.m.* **1** ferro uncinato che si conficca nel muro e in cui entrano le bandelle delle porte e delle finestre **2** gancio a cui si appende qlco. **3** arma usata nella caccia ai mammiferi acquatici e ai grossi pesci, costituita da un'asta terminante in un uncino | in alpinismo, attrezzo a punta per afferrarsi al ghiaccio.

arpionismo [ar-pio-nì-ʃmo] *s.m.* (*mecc.*) meccanismo che permette la rotazione di una ruota dentata in un solo senso.

arpista [ar-pì-sta] *s.m.* e *f.* [pl.m. *-sti*] suonatore o suonatrice di arpa.

arrabattarsi [ar-ra-bat-tàr-si] *v.intr.pron.* darsi da fare per riuscire in qlco., per lo più con scarsi risultati: *— per trovare lavoro.*

arrabbiare [ar-rab-bià-re] *v.intr.* [*io arràbbio ecc.*; aus. *essere*] ammalarsi di rabbia (detto di cani) ♦ **arrabbiarsi** *v.intr.pron.* irritarsi violentemente, adirarsi: *— con qlcu., per qlco.*

arrabbiata [ar-rab-bià-ta] *s.f.* (*fam.*) arrabbiatura violenta ma passeggera.

arrabbiato [ar-rab-bià-to] *agg.* **1** affetto da rabbia: *cane —* **2** (*fig.*) incollerito, adirato: *essere — con qlcu., per qlco.* | *all'arrabbiata*, (*gastr.*) si dice di cibi conditi con sugo molto piccante **3** (*fig.*) accanito: *fumatore —.*

arrabbiatura [ar-rab-bia-tù-ra] *s.f.* l'arrabbiarsi; rabbia, collera: *prendersi un'—.*

arraffare [ar-raf-fà-re] *v.tr.* afferrare con violenza o in fretta: *arraffò l'ombrello e uscì* | portar via in fretta e indiscriminatamente, senza scegliere; rubare: *i ladri arraffarono tutto quello che trovarono.*

arraffatore [ar-raf-fa-tó-re] *agg.* e *s.m.* [pl.f. *-trice*] si dice di chi arraffa.

arrampicarsi [ar-ram-pi-càr-si] *v.intr.pron.* [*io mi arràmpico, tu ti arràmpichi ecc.*] **1** salire aggrappandosi: *— sull'albero* | *— sui vetri, sugli specchi*, (*fig.*) sostenere una tesi a tutti i costi, con ragioni non convincenti **2** (*estens.*) procedere in salita con fatica: *il pullman s'arrampicava su per la collina* **3** (*assol.*) nel linguaggio sportivo, fare ascensioni in montagna | procedere in salita (detto di un corridore ciclista).

arrampicata [ar-ram-pi-cà-ta] *s.f.* **1** l'arrampicarsi: *— alla fune, alla pertica* **2** (*sport*) in alpinismo, salita su roccia o su ghiaccio: *— libera*, compiuta sfruttando solo gli appigli della roccia; *— in artificiale*, con l'uso di chiodi, moschettoni, staffe.

arrampicatore [ar-ram-pi-ca-tó-re] *s.m.* [f. *-trice*] **1** chi si arrampica | *— sociale*, chi si dà da fare per raggiungere a ogni costo una posizione sociale preminente **2** (*sport*) alpinista che compie salite su roccia o su ghiaccio | corridore ciclista molto forte in salita.

arrancare [ar-ran-cà-re] *v.intr.* [*io arranco, tu arranchi ecc.*; aus. *avere*] camminare zoppicando | (*estens.*) procedere con fatica: *— sulla salita.*

arrangiamento [ar-ran-gia-mén-to] *s.m.* **1** accordo, accomodamento **2** adattamento per l'esecuzione di un brano musicale; rielaborazione di una composizione per l'esecuzione con strumenti diversi da quelli previsti dalla partitura originale.

arrangiare [ar-ran-già-re] *v.tr.* [*io arràngio ecc.*] **1** sistemare, accomodare alla meglio **2** (*fam.*) mettere insieme in qualche modo; rimediare: *— il pranzo* **3** adattare liberamente un pezzo musicale: *— una canzone* ♦ **arrangiarsi** *v.intr.pron.* **1** raggiungere un accordo: *— sul prezzo* **2** darsi da fare come si può: *— facendo*

piccoli lavori; *arrangiati!*, cavatela da solo | sistemarsi alla meglio: — *tutti in una stanza.*
arrangiatore [ar-ran-gia-tó-re] *s.m.* [f. *-trice*] chi fa arrangiamenti musicali.
arrecare [ar-re-cà-re] *v.tr.* [*io arrèco, tu arrèchi ecc.*] **1** (*lett.*) recare, portare **2** (*fig.*) causare, provocare: — *un danno.*
arredamento [ar-re-da-mén-to] *s.m.* **1** l'arredare; l'arte, la maniera di arredare: *rivista di* — **2** l'insieme dei mobili e degli altri oggetti con cui è arredato un locale: *un — raffinato.*
arredare [ar-re-dà-re] *v.tr.* [*io arrèdo ecc.*] fornire un ambiente o un locale di mobili, suppellettili, oggetti ornamentali: — *una villa.*
arredatore [ar-re-da-tó-re] *s.m.* [f. *-trice*] chi progetta un arredamento e ne cura l'esecuzione.
arredo [ar-rè-do] *s.m.* insieme di oggetti che servono ad arredare un locale | — *urbano*, (*arch.*) tutto ciò che costituisce il completamento funzionale dello spazio urbano (pensiline, panchine ecc.) | *arredi sacri*, quelli usati per il culto (paramenti del sacerdote, vasi sacri ecc.).
arrembaggio [ar-rem-bàg-gio] *s.m.* assalto a una nave nemica dopo averla abbordata | *andare, gettarsi all'*—, (*fig.*) cercare di impadronirsi di qlco. con grande foga.
arrembare [ar-rem-bà-re] *v.tr.* [*io arrèmbo ecc.*] andare all'arrembaggio (di una nave).
arrendersi [ar-rèn-der-si] *v.rifl.* [coniugato come *rendere*] **1** consegnarsi al nemico, darsi vinto **2** (*fig.*) cedere, piegarsi: — *all'evidenza dei fatti.*
arrendevole [ar-ren-dé-vo-le] *agg.* che si arrende, che cede facilmente: *carattere* — □ **arrendevolmente** *avv.*
arrendevolezza [ar-ren-de-vo-léz-za] *s.f.* l'essere arrendevole.
arrestare [ar-re-stà-re] *v.tr.* [*io arrèsto ecc.*] **1** fermare, far cessare (anche *fig.*): — *l'avanzata nemica* **2** fermare e trattenere su mandato dell'autorità giudiziaria; imprigionare ♦ **arrestarsi** *v. rifl.* fermarsi, bloccarsi.
arrestato [ar-re-stà-to] *s.m.* [f. *-a*] persona in stato di arresto.
arresto [ar-rè-sto] *s.m.* **1** l'arrestare, l'arrestarsi | — *cardiaco*, (*med.*) cessazione improvvisa dei battiti del cuore | *linea di* —, limite su cui si debbono fermare i veicoli a un segnale di stop | *battuta d'*—, pausa, sosta **2** (*dir.*) provvedimento limitativo della libertà personale (come misura di polizia o pena detentiva): *dichiarare in* —; *arresti domiciliari*, reclusione nella propria abitazione concessa come alternativa al carcere | *pl.* punizione militare inflitta agli ufficiali: *mettere agli arresti.*
arretramento [ar-re-tra-mén-to] *s.m.* l'arretrare, l'essere arretrato.
arretrare [ar-re-trà-re] *v.tr.* [*io arrètro ecc.*] collocare più indietro: — *le truppe* ♦ *v.intr.* [aus. *essere*] tirarsi indietro, indietreggiare (anche *fig.*): — *da un proposito.*
arretratezza [ar-re-tra-téz-za] *s.f.* l'essere arretrato: — *culturale.*
arretrato [ar-re-trà-to] *agg.* **1** che si trova indietro o più indietro: *rimanere* — | *lavoro* —, non eseguito a tempo e accumulatosi | *numero* —, qualsiasi numero di un giornale o una rivista precedente l'ultimo uscito **2** sottosviluppato: *paese* — ♦ *s.m.* pagamento non saldato alla scadenza dovuta.
arricchimento [ar-ric-chi-mén-to] *s.m.* **1** l'arricchire, l'arricchirsi **2** (*chim.*) processo di concentrazione di una miscela per aumentare la quantità di una sostanza che vi è contenuta.
arricchire [ar-ric-chì-re] *v.tr.* [*io arricchisco, tu arricchisci ecc.*] **1** far diventare ricco: — *le casse dello stato* **2** (*fig.*) rendere più ricco, più completo: — *una biblioteca di nuovi libri* | adornare: — *un abito* ♦ *v.intr.* [aus. *essere*], **arricchirsi** *v.rifl.* o *intr.pron.* diventare ricco (anche *fig.*): — *in breve tempo*; — *con la lettura.*
arricchito [ar-ric-chì-to] *agg.* **1** che in breve tempo e dal nulla si è creato una solida posizione finanziaria: *gente arricchita* | Anche come *s.m.* [f. *-a*]: *un volgare* — **2** (*chim.*) che ha subito un processo di arricchimento: *uranio* —.
arricciaburro [ar-ric-cia-bùr-ro] *s.m.invar.* utensile di cucina che serve per preparare riccioli di burro.
arricciare [ar-ric-cià-re] *v.tr.* [*io arrìccio ecc.*] **1** piegare in forma di riccio: — *i baffi* | (*estens.*) accartocciare, increspare: — *un foglio*; — *il naso*, aggrinzirlo per disgusto o disapprovazione **2** (*edil.*) stendere su un muro l'arricciato ♦ **arricciarsi** *v.intr.pron.* farsi riccio.
arricciato [ar-ric-cià-to] *agg.* **1** piegato a forma di riccio; ricciuto: *capelli arricciati* **2** (*estens.*) increspato, corrugato ♦ *s.m.* (*edil.*) strato preparatorio di intonaco che si dà su un rustico.
arricciatura [ar-ric-cia-tù-ra] *s.f.* **1** arricciamento: — *dei capelli* **2** insieme di ondulazioni naturali di una fibra tessile **3** (*edil.*) arricciato.
arridere [ar-rì-de-re] *v.intr.* [coniugato come *ridere*; aus. *avere*] essere favorevole, propizio: *la sorte gli arride.*
arringa [ar-rìn-ga] *s.f.* **1** discorso pubblico ampio e solenne **2** (*dir.*) il discorso finale pronunciato dalla difesa in un processo penale.
arringare [ar-rin-gà-re] *v.tr.* [*io arringo, tu arringhi ecc.*] rivolgere un'arringa a qlcu.: — *la folla.*
arrischiare [ar-ri-schià-re] *v.tr.* [*io arrìschio ecc.*] **1** mettere in pericolo, rischiare: — *la vita* | (*assol.*) correre rischi **2** fare o dire qlco. con incertezza; azzardare: — *un giudizio* ♦ **arrischiarsi** *v.rifl.* esporsi a un rischio, osare.
arrischiato [ar-ri-schià-to] *agg.* azzardato: *tentativo* —.
arrivare [ar-ri-và-re] *v.intr.* [aus. *essere*] **1** giungere in un luogo stabilito, a destinazione (anche *fig.*): — *al traguardo*; — *in orario*; — *a un accordo* | — *a qlcu.*, (*fig.*) riuscire a contattare una persona importante **2** giungere a un determinato punto o livello (di quantità, età, grado ecc.): — *ai novant'anni*; — *al grado di colonnello* | — *a dire,*

osare **3** (*assol.*) conquistare il successo: *uno scrittore smanioso di —*.

arrivato [ar-ri-và-to] *agg.* e *s.m.* [f. *-a*] **1** che/chi è giunto, pervenuto: *un nuovo —*; *ben —!*, saluto che si dà a chi arriva **2** che/chi si è affermato in un campo: *un professionista —*.

arrivederci [ar-ri-ve-dér-ci] *inter.* (*fam.*) formula di saluto usata nell'accomiatarsi da qlcu.: *— a presto!* ♦ *s.m.* saluto che presuppone o auspica un nuovo incontro a breve scadenza: *lasciarsi con un —*.

arrivederla [ar-ri-ve-dér-la] *inter.* formula di saluto equivalente ad *arrivederci*, ma usata rivolgendosi a persone a cui si dà del lei.

arrivismo [ar-ri-vì-ʃmo] *s.m.* atteggiamento di chi vuol raggiungere il successo o il potere a tutti i costi.

arrivista [ar-ri-vì-sta] *s.m.* e *f.* [pl.m. *-sti*] chi dimostra arrivismo.

arrivo [ar-rì-vo] *s.m.* **1** l'arrivare; il luogo in cui si arriva: *l'— di un amico*; *all'—*, al momento o al luogo dell'arrivo | *in —*, sul punto di arrivare **2** *pl.* la merce arrivata: *esporre i nuovi arrivi* **3** (*sport*) luogo in cui termina una gara di corsa; traguardo.

arroccamento [ar-roc-ca-mén-to] *s.m.* **1** l'arroccare, l'arroccarsi | (*fig.*) il chiudersi in sé stesso **2** nel gioco degli scacchi, arrocco **3** *linea di —*, (*mil.*) linea di difesa parallela all'andamento del fronte.

arroccare [ar-roc-cà-re] *v.tr.* [*io arròcco, tu arròcchi ecc.*] **1** nel gioco degli scacchi, fare la mossa di arrocco **2** (*mil.*) muovere le truppe lungo linee interne al fronte **3** (*fig.*) mettere al riparo, al sicuro ♦ **arroccarsi** *v.rifl.* mettersi in una posizione ben protetta (anche *fig.*): *— in un ostinato silenzio*.

arrocco [ar-ròc-co] *s.m.* [pl. *-chi*] nel gioco degli scacchi, mossa simultanea della torre e del re.

arrochito [ar-ro-chì-to] *agg.* roco, rauco.

arrogante [ar-ro-gàn-te] *agg.* e *s.m.* e *f.* che/chi dimostra arroganza □ **arrogantemente** *avv.*

arroganza [ar-ro-gàn-za] *s.f.* atteggiamento insolente e presuntuoso; tracotanza: *parlare con —*.

arrogare [ar-ro-gà-re] *v.tr.* [*io arrògo, tu arròghi ecc.*] rivendicare qlco. che non spetta (costruito sempre con la particella pron.): *arrogarsi un diritto*.

arronzare [ar-ron-ʒà-re] *v.tr.* [*io arronʒo ecc.*] (*region.*) fare un lavoro male, in fretta e senza impegno.

arrossamento [ar-ros-sa-mén-to] *s.m.* l'arrossare, l'arrossarsi.

arrossare [ar-ros-sà-re] *v.tr.* [*io arrósso ecc.*] far diventare rosso ♦ **arrossarsi** *v.intr.pron.* diventare rosso: *mi si è arrossata la gola*.

arrossire [ar-ros-sì-re] *v.intr.* [*io arrossisco, tu arrossisci ecc.*; aus. *essere*] divenire rosso in volto: *— di vergogna, dalla vergogna*.

arrostimento [ar-ro-sti-mén-to] *s.m.* **1** l'arrostire, l'arrostirsi, l'essere arrostito **2** (*metall.*) riscaldamento di minerali in presenza d'aria per eliminare parti volatili.

arrostire [ar-ro-stì-re] *v.tr.* [*io arrostisco, tu arrostisci ecc.*] **1** cuocere cibi a fuoco vivo **2** sottoporre minerali ad arrostimento ♦ *v.intr.* [aus. *essere*], **arrostirsi** *v. intr.pron.* diventare arrostito | *— al sole*, esporsi al sole cocente per lungo tempo.

arrostito [ar-ro-stì-to] *agg.* cotto arrosto: *carne arrostita*.

arrosto [ar-rò-sto] *s.m.* carne cotta direttamente sulla fiamma o sulle braci o in forno | *molto fumo e poco —*, (*fig.*) molta apparenza ma poca sostanza ♦ *avv.* mediante arrostimento: *carne cotta —* | Come *agg.invar.* arrostito: *patate —*.

arrotare [ar-ro-tà-re] *v.tr.* [*io arròto ecc.*] **1** affilare mediante una mola: *— una lama* | *— le unghie, gli artigli*, detto di animali, sfregarli su una superficie ruvida per renderli acuminati **2** levigare mediante il tornio o l'arrotatrice: *— il pavimento* | *— la erre*, (*fig.*) avere la erre moscia.

arrotatrice [ar-ro-ta-trì-ce] *s.f.* (*tecn.*) macchina per levigare pavimenti o altre superfici dure.

arrotatura [ar-ro-ta-tù-ra] *s.f.* l'arrotare, l'essere arrotato.

arrotino [ar-ro-tì-no] *s.m.* chi per mestiere arrota coltelli, forbici o altre lame.

arrotolamento [ar-ro-to-la-mén-to] *s.m.* l'arrotolare, l'arrotolarsi, l'essere arrotolato.

arrotolare [ar-ro-to-là-re] *v.tr.* [*io arròtolo ecc.*] avvolgere formando un rotolo: *— un foglio di carta* ♦ **arrotolarsi** *v.rifl.* o *intr.pron.* avvolgersi a forma di rotolo.

arrotondamento [ar-ro-ton-da-mén-to] *s.m.* l'arrotondare, l'arrotondarsi, l'essere arrotondato (anche *fig.*): *— dello stipendio*.

arrotondare [ar-ro-ton-dà-re] *v.tr.* [*io arrotóndo ecc.*] **1** dare forma rotonda o più rotonda a qlco.: *— uno spigolo* **2** (*fig.*) sostituire un numero dato con un altro più semplice, approssimato per eccesso o per difetto, al fine di facilitare i calcoli | *— lo stipendio*, integrarlo con altri guadagni ♦ **arrotondarsi** *v. intr.pron.* diventare rotondo | (*fam.*) ingrassare.

arrovellamento [ar-ro-vel-la-mén-to] *s.m.* l'arrovellarsi.

arrovellare [ar-ro-vel-là-re] *v.tr.* [*io arrovèllo ecc.*] tormentare, angustiare | *arrovellarsi il cervello*, (*fig.*) scervellarsi ♦ **arrovellarsi** *v.rifl.* **1** tormentarsi **2** accanirsi con puntiglio: *— per risolvere un problema*.

arroventare [ar-ro-ven-tà-re] *v.tr.* [*io arrovènto ecc.*] rendere rovente (anche *fig.*): *— un ferro sul fuoco*; *la discussione arroventò gli animi* ♦ **arroventarsi** *v.intr.pron.* diventare rovente (anche *fig.*): *l'atmosfera si arroventò*.

arruffapopoli [ar-ruf-fa-pò-po-li], o **arruffapopolo**, *s.m.* e *f.invar.* chi sobilla le masse per interesse proprio; sobillatore.

arruffare [ar-ruf-fà-re] *v.tr.* **1** mettere in disordine, scompigliare: *il vento arruffa i capelli* | *— il pelo*, detto di animale, rizzarlo in segno di paura o minaccia | *— la matassa*, imbrogliarne i fili **2**

(*fig.*) complicare, confondere: — *le idee* ♦ **arruffarsi** *v.intr. pron.* divenire scompigliato, disordinato.
arruffato [ar-ruf-fà-to] *agg.* **1** disordinato, scompigliato **2** (*fig.*) confuso, imbrogliato.
arruffianamento [ar-ruf-fia-na-mén-to] *s.m.* (*pop.*) l'arruffianare, l'arruffianarsi.
arruffianare [ar-ruf-fia-nà-re] *v.tr.* (*pop.*) indurre a cedere ai desideri amorosi altrui | *arruffianarsi qlcu.*, (*fig.*) ingraziarselo con modi servili ♦ **arruffianarsi** *v.rifl.* (*pop.*) comportarsi in modo servile per ottenere dei favori: — *con qlcu.*
arruffone [ar-ruf-fó-ne] *s.m.* [f. *-a*] persona disordinata, confusionaria | imbroglione.
arrugginimento [ar-rug-gi-ni-mén-to] *s.m.* l'arrugginire, l'arrugginirsi, l'essere arrugginito.
arrugginire [ar-rug-gi-nì-re] *v.intr.* [*io arrugginisco, tu arrugginisci ecc.*; aus. *essere*], **arrugginirsi** *v.intr.pron.* **1** prendere la ruggine **2** (*fig.*) perdere l'agilità fisica o mentale: *con l'età si è arrugginito* ♦ *v.tr.* **1** far prendere la ruggine a qlco.: *l'umidità ha arrugginito la lamiera* **2** (*fig.*) intorpidire, indebolire: *l'inattività arrugginisce i muscoli.*
arruolamento [ar-ruo-la-mén-to] *s.m.* l'arruolare, l'arruolarsi, l'essere arruolato: — *di volontari.*
arruolare [ar-ruo-là-re] *v.tr.* [*io arruòlo ecc.*] chiamare alle armi, reclutare: — *i giovani di leva* ♦ **arruolarsi** *v.rifl.* entrare a far parte delle forze armate: — *in marina.*
arsenale [ar-se-nà-le] *s.m.* **1** il complesso dei cantieri e delle officine in cui si costruiscono e riparano le navi da guerra **2** fabbrica, deposito di armi ed esplosivi.
arsenico [ar-sè-ni-co] *s.m.* elemento chimico di simbolo *As*; è un non-metallo bianco, lucente, fragile, usato come indurente per leghe metalliche e in medicina ♦ *agg.* [pl.m. *-ci*] contenente arsenico pentavalente: *acido* —.
arso [àr-so] *agg.* bruciato; inaridito, secco: *volto — dal sole.*
arsura [ar-sù-ra] *s.f.* **1** calore insopportabile: — *estiva* **2** sensazione di aridità e di bruciore nella gola: *l'— della febbre.*
artato [ar-tà-to] *agg.* (*lett.*) costretto, sforzato □ **artatamente** *avv.*
art director [/ art 'dirɛktor /] *loc.sost.m.invar.* (*ingl.*) il responsabile della parte tecnico-grafica di un ufficio o agenzia di pubblicità.
arte [àr-te] *s.f.* **1** attività umana che si compie con l'ingegno e secondo regole dettate dall'esperienza e dallo studio | — *militare*, quella che applica i principi della scienza della guerra | *arti marziali*, tecniche di difesa personale di origine orientale **2** insieme di tecniche per svolgere determinate operazioni o attività; mestiere, professione: *l'— del fabbro*, *del falegname*; *eseguito a regola d'*—, fatto benissimo, come si deve **3** attività volta alla creazione di opere di valore estetico: *l'— della scultura*; *opera d'*— | il complesso delle opere artistiche prodotte in una determinata epoca: *l'— greca*, *medievale* **4** l'insieme delle tecniche e l'attività di chi lavora nello spettacolo: — *drammatica*, *cinematografica* | *figlio d'*—, figlio di attori che continua l'attività dei genitori | *nome d'*—, pseudonimo di uno scrittore, un attore, un cantante ecc. **5** nel Medioevo, corporazione professionale.
artefatto [ar-te-fàt-to] *agg.* fatto con artificio; modificato ad arte, contraffatto: *voce artefatta.*
artefice [ar-té-fi-ce] *s.m.* e *f.* **1** chi svolge un lavoro che esige ingegno e abilità **2** autore, creatore: — *della propria fortuna.*
artemisia [ar-te-mì-ʃia] *s.f.* pianta erbacea aromatica con foglie frastagliate e fiori gialli.
arteria [ar-tè-ria] *s.f.* **1** (*anat.*) vaso membranoso elastico lungo il quale il sangue fluisce dal cuore ai tessuti | — *venosa*, quella polmonare, in cui scorre sangue venoso **2** (*fig.*) importante via di comunicazione.
arteriografia [ar-te-rio-gra-fì-a] *s.f.* (*med.*) visualizzazione radiologica delle arterie.
arteriopatia [ar-te-rio-pa-tì-a] *s.f.* (*med.*) qualsiasi processo patologico localizzato in un'arteria.
arteriosclerosi [ar-te-rio-scle-rò-ʃi, *anche* arteriosclèroʃi] *s.f.* (*med.*) ispessimento delle pareti delle arterie, frequente nell'età avanzata.
arteriosclerotico [ar-te-rio-scle-rò-ti-co] *agg.* [pl.m. *-ci*] (*med.*) relativo all'arteriosclerosi ♦ *agg.* e *s.m.* [f. *-a*] che/chi è affetto da arteriosclerosi | (*fig. fam.*) rimbambito.
arterioso [ar-te-rió-so] *agg.* delle arterie: *sangue* —; *pressione arteriosa*, quella del sangue nelle arterie | *vaso* —, arteria.
artesiano [ar-te-ʃià-no] *agg.* si dice di pozzo da cui l'acqua zampilla in quanto la falda a cui attinge scorre da livelli più alti.
artico [àr-ti-co] *agg.* [pl.m *-ci*] del Nord, settentrionale: *emisfero* —; *polo* —, polo Nord | che concerne la regione intorno al polo Nord della Terra: *fauna artica.*
articolare[1] [ar-ti-co-là-re] *v.tr.* [*io artìcolo ecc.*] **1** muovere gli arti o le parti del corpo attorno alle articolazioni: — *un dito* **2** pronunciare in modo chiaro e distinto suoni o parole **3** (*fig.*) svolgere in più parti distinte; suddividere ♦ **articolarsi** *v.rifl.* o *intr.pron.* **1** di parti del corpo, congiungersi in una articolazione: *l'omero si articola con la clavicola* **2** (*fig.*) suddividersi in parti; strutturarsi: *il libro si articola in sei capitoli.*
articolare[2] *agg.* delle articolazioni del corpo: *dolore* —.
articolato[1] [ar-ti-co-là-to] *agg.* **1** dotato di articolazioni, libero di muoversi; riferito a un organo meccanico, dotato di cerniere, snodato: *le parti articolate del corpo*; *il braccio — di un escavatore* **2** (*fig.*) collegato e sviluppato nelle sue parti: *ragionamento ben* — | *sciopero* —, che avviene in tempi diversi per zone territoriali o per reparti di un'impresa **3** pronunciato distintamente: *suono* — **4** frastagliato: *coste articolate.*
articolato[2] *agg.* (*gramm.*) si dice di preposizione unita con un articolo in un'unica parola (p.e. *al*, *del*, *col*).

articolatorio [ar-ti-co-la-tò-rio] *agg.* (*ling.*) relativo all'articolazione.

articolazione [ar-ti-co-la-zió-ne] *s.f.* **1** l'articolare, l'articolarsi, l'essere articolato **2** (*anat.*) giuntura con diverso grado di mobilità fra due capi ossei contigui **3** collegamento mobile di due parti meccaniche contigue.

articolista [ar-ti-co-lì-sta] *s.m.* e *f.* [pl.m. *-sti*] chi scrive articoli di giornale.

articolo [ar-tì-co-lo] *s.m.* **1** (*gramm.*) parte variabile del discorso che distingue il nome a cui è unito e ne determina il genere e il numero: *articoli determinativi*, il, lo, la, i, gli, le; *articoli indeterminativi*, un, uno, una; *articoli partitivi*, del, dello, della, dei, degli, delle (p.e. *prestami* del *denaro*) **2** suddivisione di un testo normativo, di una legge, di un contratto: *gli articoli del codice civile* **3** parte di una dottrina, di una religione: *— di fede*, verità di fede **4** scritto di vario argomento per un giornale o una rivista: *— sportivo* **5** tipo di merce posta in vendita: *negozio di articoli casalinghi*.

artificiale [ar-ti-fi-cià-le] *agg.* che è prodotto dall'opera umana e non dalla natura: *lago —*; *fiori artificiali* | *fuochi artificiali*, fuochi d'artificio □ **artificialmente** *avv.*

artificialità [ar-ti-fi-cia-li-tà] *s.f.* carattere artificiale, non spontaneo; artificiosità: *— di comportamento*.

artificiere [ar-ti-fi-ciè-re] *s.m.* **1** militare o tecnico civile addetto alla preparazione e alla custodia degli esplosivi o al disinnesco di ordigni inesplosi **2** chi prepara fuochi di artificio.

artificio [ar-ti-fì-cio] *s.m.* **1** uso dell'arte; maestria, abilità nell'operare | (*estens.*) espediente, accorgimento **2** (*fig.*) ricercatezza, affettazione **3** (*mil.*) congegno che produce l'accensione della polvere da sparo | *fuochi d'—*, fuochi di vari colori realizzati con polvere pirica, fatti esplodere a scopo spettacolare.

artificiosità [ar-ti-fi-cio-si-tà] *s.f.* l'essere artificioso.

artificioso [ar-ti-fi-ció-so] *agg.* privo di naturalezza e spontaneità; affettato: *maniere artificiose* □ **artificiosamente** *avv.*

artigianale [ar-ti-gia-nà-le] *agg.* di artigiano, di artigiani: *produzione —* | (*estens.*) fatto senza grandi mezzi: *un film —* □ **artigianalmente** *avv.*

artigianalità [ar-ti-gia-na-li-tà] *s.f.* l'essere artigianale; carattere artigianale.

artigianato [ar-ti-gia-nà-to] *s.m.* l'attività degli artigiani: *i prodotti dell'— italiano* | l'insieme dei prodotti artigiani: *mostra dell'—* **2** stato e condizione dell'artigiano.

artigiano [ar-ti-già-no] *s.m.* [f. *-a*] chi, in proprio o con l'aiuto di pochi dipendenti, produce oggetti d'uso o di ornamento la cui realizzazione richiede capacità tecniche o un certo gusto artistico ♦ *agg.* artigianale: *bottega artigiana*.

artigliato [ar-ti-glià-to] *agg.* **1** munito di artigli: *zampe artigliate* **2** a forma, a guisa di artiglio: *mano artigliata*.

artigliere [ar-ti-gliè-re] *s.m.* soldato d'artiglieria.

artiglieria [ar-ti-glie-rì-a] *s.f.* **1** il complesso delle armi da fuoco pesanti montate su affusto: *— da campagna, da montagna*; *pezzo d'—*, cannone, obice o mortaio **2** ripartizione dell'esercito specializzata nell'uso di tali armi.

artiglio [ar-tì-glio] *s.m.* unghia adunca di animali predatori, quali gli uccelli rapaci e i felini | *tirar fuori gli artigli*, (*fig.*) diventare aggressivo, farsi valere.

artiodattili [ar-ti-o-dàt-ti-li] *s.m.pl.* (*zool.*) ordine di mammiferi muniti di zoccoli in numero pari per ogni piede.

artista [ar-tì-sta] *s.m.* e *f.* [pl.m. *-sti*] **1** chi si dedica abitualmente a un'arte (pittura, scultura, musica ecc.) **2** chi per professione si esibisce in spettacoli teatrali, musicali o televisivi **3** chi è abilissimo in un'attività: *è un — nel raccontar bugie*.

artisticità [ar-ti-sti-ci-tà] *s.f.* l'essere artistico, l'avere valore artistico: *l'— di monumento*.

artistico [ar-tì-sti-co] *agg.* [pl.m. *-ci*] che riguarda l'arte o gli artisti: *educazione artistica* | che è fatto con arte: *lavoro —* | da artista: *gusto —* □ **artisticamente** *avv.*

arto [àr-to] *s.m.* (*anat.*) membro articolato del corpo: *arti superiori*, le braccia; *arti inferiori*, le gambe.

artrite [ar-trì-te] *s.f.* (*med.*) infiammazione delle articolazioni.

artritico [ar-trì-ti-co] *agg.* [pl.m. *-ci*] (*med.*) relativo ad artrite: *dolori artritici* ♦ *agg.* e *s.m.* [f. *-a*] che/chi è affetto da artrite.

artritismo [ar-tri-tì-ſmo] *s.m.* (*med.*) predisposizione costituzionale a determinate malattie del ricambio (gotta, diabete, obesità ecc.) che causano lesioni alle articolazioni e ai tessuti circostanti.

artro- primo elemento di composti scientifici, che significa 'articolazione, arto' (*artroplastica*, *artropodi*).

artrologia [ar-tro-lo-gì-a] *s.f.* (*med.*) parte dell'anatomia che studia le articolazioni.

artropatia [ar-tro-pa-tì-a] *s.f.* (*med.*) qualsiasi processo patologico delle articolazioni.

artroplastica [ar-tro-plà-sti-ca] *s.f.* (*med.*) ricostruzione chirurgica di un'articolazione.

artropodi [ar-trò-po-di] *s.m.pl.* (*zool.*) tipo di invertebrati con corpo rivestito di uno strato di chitina e diviso in segmenti, ciascuno con appendici locomotorie e prensili articolate (*p.e.* crostacei, insetti, aracnidi).

artroscopia [ar-tro-sco-pì-a] *s.f.* (*med.*) metodo chirurgico che consiste nel praticare una piccola incisione nelle articolazioni e nell'eseguire con mezzi ottici un intervento: *— diagnostica*.

artrosi [ar-trò-ſi] *s.f.* (*med.*) affezione cronica degenerativa di una cartilagine articolare.

artrotomia [ar-tro-to-mì-a] *s.f.* (*med.*) incisione chirurgica di un'articolazione.

aruspice [a-rù-spi-ce] *s.m.* presso gli etruschi e i romani, sacerdote che prediceva il futuro esaminando le viscere degli animali sacrificati.

arvicola [ar-vì-co-la] *s.f.* piccolo topo di campagna dannoso alle coltivazioni.
arzigogolare [ar-ʒi-go-go-là-re] *v.intr.* [*io arʒigògolo ecc.*; aus. *avere*] fare arzigogoli, fantasticare | fare discorsi astrusi ed eccessivamente sottili; cavillare.
arzigogolato [ar-ʒi-go-go-là-to] *agg.* astruso, artificioso: *frasi arzigogolate.*
arzigogolo [ar-ʒi-gò-go-lo] *s.m.* **1** fantasticheria; cavillo **2** espediente, trovata ingegnosa.
arzillo [ar-ʒil-lo] *agg.* vivace, vispo; si dice per lo più di persona anziana ancora vitale.
asburgico [a-ʃbùr-gi-co] *agg.* [pl.m. *-ci*] degli Asburgo; dell'impero degli Asburgo.
ascella [a-scèl-la] *s.f.* **1** (*anat.*) cavità sotto il braccio nel punto in cui questo si articola con la spalla **2** (*bot.*) l'angolo compreso tra la foglia e il ramo a cui si attacca.
ascellare [a-scel-là-re] *agg.* **1** dell'ascella: *temperatura* —, quella corporea misurata con il termometro nel cavo dell'ascella **2** (*bot.*) si dice di un organo vegetale situato all'ascella di una foglia o di una brattea: *gemma* —.
ascendente [a-scen-dèn-te] *agg.* che sale: *movimento* — | *scala* —, (*mus.*) che va da suoni più gravi a suoni più acuti ♦ *s.m.* **1** autorità morale, influenza: *avere, esercitare un — su qlcu.* **2** in astrologia, segno zodiacale presente all'orizzonte orientale al momento della nascita di una persona: *Aquario con — Capricorno* **3** (spec. *pl.*) antenato.
ascendenza [a-scen-dèn-za] *s.f.* **1** l'insieme degli antenati **2** (*fig.*) il modello a cui risale un prodotto artistico o culturale: *scultura di — michelangiolesca.*
ascendere [a-scén-de-re] *v.intr.* [coniugato come *scendere*; aus. *essere*] (*lett.*) salire (anche *fig.*): *— ai sommi onori.*
ascensionale [a-scen-sio-nà-le] *agg.* che sale o tende a salire: *corrente* — | *forza* —, quella che permette a una aerodina di sollevarsi.
ascensione [a-scen-sió-ne] *s.f.* **1** l'ascendere | *— alpinistica,* salita in alta montagna compiuta con attrezzi speciali **2** (*relig.*) l'ascesa di Cristo al cielo dopo la resurrezione.
ascensore [a-scen-só-re] *s.m.* cabina azionata da un argano a motore elettrico, per il sollevamento di persone fra i piani di un edificio o fra i livelli di una miniera.
ascensorista [a-scen-so-rì-sta] *s.m.* e *f.* [pl.m. *-sti*] addetto alla manutenzione o al servizio di ascensori.
ascesa [a-scé-sa] *s.f.* salita (spec. *fig.*): *— al trono.*
ascesi [a-scè-ʃi] *s.f.* pratica di vita che mira all'elevazione spirituale attraverso il dominio degli istinti e il distacco dal mondo.
ascesso [a-scès-so] *s.m.* (*med.*) raccolta di pus che si forma in una qualunque parte del corpo in seguito a infezione.
asceta [a-scè-ta] *s.m.* e *f.* [pl.m. *-ti*] chi pratica l'ascesi | (*estens.*) chi vive con austerità.
ascetico [a-scè-ti-co] *agg.* [pl.m. *-ci*] di asceta, da asceta; che concerne l'ascesi o l'ascetismo: *vita ascetica* □ **asceticamente** *avv.*
ascetismo [a-sce-tì-ʃmo] *s.m.* sistema di vita fondato sull'ascesi | (*estens.*) modo di vivere austero.
ascia [à-scia] *s.f.* [pl. *asce*] utensile per lo sgrossamento del legno, costituito da una lama ricurva inserita perpendicolarmente su un manico di legno.
ascidio [a-scì-dio] *s.m.* (*bot.*) foglia di alcune piante carnivore che si trasforma in una sacca in cui vengono catturate le prede.
ascissa [a-scìs-sa] *s.f.* (*mat.*) nel piano cartesiano, il numero che indica la distanza di un punto dall'asse delle ordinate.
asciugabiancheria [a-sciu-ga-bian-che-rì-a] *s.m.* **1** attrezzo su cui si stende la biancheria da asciugare; stenditoio **2** elettrodomestico per asciugare la biancheria.
asciugacapelli [a-sciu-ga-ca-pél-li] *s.m.invar.* apparecchio elettrico che asciuga i capelli per mezzo di un getto d'aria calda.
asciugamano [a-sciu-ga-mà-no] *s.m.* [pl. *-ni*] capo di biancheria di tela che serve per asciugarsi dopo essersi lavati.
asciugare [a-sciu-gà-re] *v.tr.* [*io asciugo, tu asciughi ecc.*] togliere umidità alle cose bagnate: *— le posate*; *asciugarsi le mani* | pulire, detergere: *— le lacrime* | prosciugare, disseccare: *— il fieno* ♦ *v.intr.* [aus. *essere*], **asciugarsi** *v.intr.pron.* diventare asciutto: *stendere i panni ad* — | (*fig.*) dimagrire ♦ *v.rifl.* togliersi il bagnato: *— con un telo di spugna.*
asciugatoio [a-sciu-ga-tó-io] *s.m.* (*ind.*) essiccatoio.
asciugatore [a-sciu-ga-tó-re] *s.m.* apparecchio elettrico che emette aria calda per asciugare le mani.
asciugatrice [a-sciu-ga-trì-ce] *s.f.* macchina per asciugare i panni.
asciugatura [a-sciu-ga-tù-ra] *s.f.* l'asciugare, l'asciugarsi, l'essere asciugato.
asciuttezza [a-sciut-téz-za] *s.f.* l'essere asciutto.
asciutto [a-sciùt-to] *agg.* **1** privo di umidità, non bagnato; secco | *pasta asciutta,* senza brodo | *rimanere a bocca asciutta,* senza mangiare o bere; (*fig.*) non riuscire a ottenere ciò che si desiderava **2** (*fig.*) magro e muscoloso: *un fisico* — **3** (*fig.*) brusco, secco: *una risposta asciutta* | conciso: *stile* — ♦ *s.m.* terreno non bagnato: *camminare sull'* — | *essere all'*—, (*fig.*) senza quattrini □ **asciuttamente** *avv.* bruscamente; concisamente.
asclepiadacee [a-scle-pia-dà-ce-e] *s.f.pl.* (*bot.*) famiglia di piante tropicali dicotiledoni erbacee o arbustacee.
asco [à-sco] *s.m.* [pl. *-schi*] (*bot.*) sporangio tipico dei funghi ascomiceti, a forma di sacco, contenente le spore.
ascocarpo [a-sco-càr-po] *s.m.* (*bot.*) corpo fruttifero caratteristico dei funghi ascomiceti, contenente gli aschi.

ascogonio [a-sco-gò-nio] *s.m.* (*bot.*) organo riproduttore femminile degli ascomiceti.
ascoltabile [a-scol-tà-bi-le] *agg.* che si può ascoltare.
ascoltare [a-scol-tà-re] *v.tr.* [*io ascólto ecc.*] **1** stare a sentire (anche *assol.*): — *una canzone*; — *una lezione, la messa*, assistervi **2** dar retta, seguire: — *i consigli di qlcu.* | esaudire: — *una preghiera* **3** (*med.*) auscultare.
ascoltatore [a-scol-ta-tó-re] *s.m.* [f. *-trice*] chi ascolta una conferenza o una trasmissione radiofonica.
ascoltazione [a-scol-ta-zió-ne] *s.f.* (*med.*) auscultazione.
ascolto [a-scól-to] *s.m.* l'atto, il fatto di ascoltare: *mettersi in* —; *dare, prestare* —, dar retta, prestare attenzione | *indice di* — *radiofonico, televisivo*, percentuale di utenti sintonizzati su una frequenza o una rete in un determinato momento.
ascomiceti [a-sco-mi-cè-ti] *s.m.pl.* (*bot.*) classe di funghi che si riproducono mediante spore contenute in aschi.
ascondere [a-scón-de-re] *v.tr.* [*io ascóndo ecc.*; pass.rem. *io ascósi, tu ascondésti ecc.*; part.pass. *ascóso*] (*lett.*) nascondere, celare.
ascorbico [a-scòr-bi-co] *agg.* [pl.m. *-ci*] (*chim.*) si dice dell'acido organico più noto come vitamina C, presente in sostanze animali e vegetali, in particolare nel succo degli agrumi.
ascospora [a-sco-spò-ra] *s.f.* (*bot.*) spora caratteristica dei funghi ascomiceti; si forma all'interno di un asco ed è destinata alla riproduzione.
ascrivere [a-scrì-ve-re] *v.tr.* [coniugato come *scrivere*] (*lett.*) **1** annoverare, scrivere nel numero: — *fra i soci* **2** attribuire, imputare: — *una responsabilità a qlcu.*
asepsi [a-sèp-si] *s.f.* (*med.*) **1** insieme delle tecniche per sterilizzare il materiale chirurgico **2** condizione di non contaminazione da germi.
asessuale [a-ses-su-à-le] *agg.* (*biol.*) si dice di riproduzione che avviene senza il concorso degli organi sessuali; agamico.
asessuato [a-ses-su-à-to] *agg.* **1** (*biol.*) che non presenta differenziazioni di sesso: *organismo* — | asessuale **2** (*fig.*) non caratterizzato in modo specifico; neutro □ **asessuatamente** *avv.*
asettico [a-sèt-ti-co] *agg.* [pl.m. *-ci*] **1** (*med.*) in condizione di asepsi; sterilizzato: *ferri chirurgici asettici* **2** (*fig.*) freddo, impersonale: *stile* — □ **asetticamente** *avv.*
asfaltare [a-sfal-tà-re] *v.tr.* ricoprire, pavimentare con asfalto: *strada asfaltata.*
asfaltatore [a-sfal-ta-tó-re] *s.m.* operaio addetto all'asfaltatura.
asfaltatura [a-sfal-ta-tù-ra] *s.f.* l'operazione dell'asfaltare | la pavimentazione stradale così ottenuta.
asfaltista [a-sfal-tì-sta] *s.m.* [pl. *-sti*] asfaltatore.
asfalto [a-sfàl-to] *s.m.* **1** pietrisco impastato con bitume o catrame, usato per impermeabilizzare e pavimentare strade, tetti, terrazze ecc. **2** (*estens.*) strada asfaltata: *l'automobile frenò sull'*—.
asfissia [a-sfis-sì-a] *s.f.* (*med.*) impedimento dell'attività respiratoria.
asfissiante [a-sfis-si-àn-te] *agg.* **1** che provoca asfissia, che soffoca: *gas* — **2** (*fig.*) noioso, fastidioso: *una persona* —.
asfissiare [a-sfis-si-à-re] *v.tr.* [*io asfissio ecc.*] **1** provocare asfissia: *morire asfissiato* **2** (*fig.*) infastidire: — *qlcu. con le chiacchiere* ♦ *v.intr.* [aus. *essere*] **1** essere colto da asfissia; sentirsi soffocare: — *per il caldo* **2** (*fig.*) sentirsi oppresso.
asfittico [a-sfìt-ti-co] *agg.* [pl.m. *-ci*] **1** provocato da asfissia: *stato* — **2** colpito da asfissia: *neonato* — **3** (*fig.*) senza vitalità: *ambiente culturale* —.
asfodelo [a-sfo-dè-lo] *s.m.* pianta erbacea con fiori bianchi a grappolo e foglie lineari.
ashkenazita [a-shke-na-zi-ta; / aʃkenad'dzita /], o **askenazita**, *agg.* e *s.m.* e *f.* [pl.m. *-ti*] ebreo originario della Germania o discendente da ebrei tedeschi emigrati nell'Europa orientale e in America.
-asi suffisso usato in parole composte della terminologia chimica per indicare gli enzimi (*amilasi, lipasi*).
asiago [a-ʃi-à-go] *s.m.* formaggio semicotto di latte vaccino.
asianesimo [a-ʃia-né-ʃi-mo], o **asianismo** [a-ʃia-nì-ʃmo], *s.m.* nell'antichità greco-romana, stile oratorio e indirizzo letterario che propugnava un linguaggio esuberante, ricco di artifici retorici; si contrapponeva all'*atticismo* | (*estens.*) eccessiva ricercatezza di stile.
asiatico [a-ʃià-ti-co] *agg.* dell'Asia: *popoli asiatici* | *febbre asiatica*, influenza provocata da un virus proveniente dall'Asia ♦ *s.m.* [f. *-a*] abitante, nativo dell'Asia.
asilo [a-ʃì-lo] *s.m.* **1** rifugio, protezione: *cercare, dare* — | — *politico*, ospitalità concessa da uno stato a profughi politici stranieri **2** luogo che accoglie chi è bisognoso di assistenza; dormitorio pubblico **3** istituto in cui si mandano i bambini in età prescolare: — *infantile*, scuola materna; — *nido*, che accoglie i bambini fino ai tre anni.
asimmetria [a-sim-me-trì-a] *s.f.* mancanza di simmetria.
asimmetricità [a-sim-me-tri-ci-tà] *s.f.* l'essere asimmetrico.
asimmetrico [a-sim-mè-tri-co] *agg.* [pl.m. *-ci*] non simmetrico, privo di simmetria: *disposizione asimmetrica* □ **asimmetricamente** *avv.*
asinaggine [a-si-nàg-gi-ne] *s.f.* grande ignoranza.
asinaio [a-si-nà-io] *s.m.* [f. *-a*] chi conduce un asino; chi custodisce asini.
asinata [a-si-nà-ta] *s.f.* (*fam.*) azione, discorso che rivela ignoranza e grossolanità.
asincronismo [a-sin-cro-nì-ʃmo] *s.m.* mancanza di sincronismo.
asincrono [a-sìn-cro-no] *agg.* non sincrono, non simultaneo.

asindeto [a-sìn-de-to] *s.m.* (*ling.*) giustapposizione di parole o proposizioni senza congiunzioni coordinanti (si contrappone a *polisindeto*).
asineria [a-si-ne-rì-a] *s.f.* asinaggine.
asinesco [a-si-né-sco] *agg.* [pl.m. *-schi*] da asino, da persona ignorante, villana: *comportamento* —.
asinino [a-si-nì-no] *agg.* di asino o da asino: *orecchie asinine*; *ignoranza asinina* | *tosse asinina*, (*pop.*) pertosse.
asinità [a-si-ni-tà] *s.f.* asinaggine.
asino [à-si-no] *s.m.* [f. *-a*] quadrupede domestico con testa grande, orecchie lunghe e diritte, mantello grigio e un fiocco di peli all'estremità della coda | con riferimento alla cocciutaggine o all'ignoranza attribuite all'asino: *pezzo d'—!*; *un — calzato e vestito* | in loc. partic.: *a schiena d'—*, detto di strada a profilo convesso molto pronunciato; *qui casca l'—*, qui è la difficoltà; *legare l'— dove vuole il padrone*, obbedire docilmente, per quieto vivere, a chi comanda. DIM. *asinello*.
asintattico [a-sin-tàt-ti-co] *agg.* [pl.m. - *ci*] (*gramm.*) non sintattico, che non rispetta la sintassi: *periodo* —.
asintomatico [a-sin-to-mà-ti-co] *agg.* [pl.m. *-ci*] che non presenta sintomi: *malattia asintomatica*.
asintoto [a-sìn-to-to] *s.m.* (*mat.*) retta a cui una curva si avvicina indefinitamente senza mai toccarla.
asismico [a-sì-ʃmi-co] *agg.* [pl.m. *-ci*] **1** che non è soggetto a terremoti: *località asismica* **2** antisismico: *edificio* —.
asistematico [a-si-ste-mà-ti-co] *agg.* [pl.m. *-ci*] che manca di sistematicità; casuale.
askenazita → **ashkenazita**.
asma [à-ʃma] *s.f.* (*med.*) forma patologica caratterizzata da spasmi bronchiali che causano difficoltà intensa del respiro: — *bronchiale, cardiaca*.
asmatico [a-ʃmà-ti-co] *agg.* [pl.m. *-ci*] (*med.*) relativo all'asma ♦ *agg.* e *s.m.* [f. *-a*] che/chi soffre d'asma.
asociale [a-so-cià-le] *agg.* che rifiuta di conformarsi alle regole della società organizzata; che è privo di coscienza sociale ♦ *s.m.* e *f.* individuo asociale.
asola [à-ʃo-la] *s.f.* orlatura di filo fatta ai bordi di un occhiello per rinforzare il tessuto | l'occhiello stesso.
aspa [à-spa] *s.f.* **1** (*ind.*) macchina usata per l'aspatura **2** (*mar.*) asta metallica o di legno impiegata come leva nella manovra dell'argano.
asparagacee [a-spa-ra-gà-ce-e] *s.f.pl.* (*bot.*) sottofamiglia di piante monocotiledoni a cui appartiene l'asparago.
asparagiaia [a-spa-ra-già-ia] *s.f.* terreno coltivato ad asparagi.
asparagina [a-spa-ra-gì-na] *s.f.* **1** (*bot.*) pianta asparagacea dalla sottile ramificazione in piccole foglie perenni, coltivata a uso ornamentale **2** (*chim.*) derivato azotato di un amminoacido con azione diuretica, che si trova nei germogli dell'asparago.
asparago [a-spà-ra-go] *s.m.* [pl. *-gi*] pianta erbacea a foglioline finissime, lineari, dal cui rizoma spuntano germogli (turioni) carnosi e commestibili.
aspatoio [a-spa-tó-io] *s.m.* aspo industriale.
aspatura [a-spa-tù-ra] *s.f.* l'operazione di avvolgere in matasse su aspi un filato di fibra tessile.
aspecifico [a-spe-cì-fi-co] *agg.* [pl.m. *-ci*] (*scient.*) si dice di tutto ciò che non caratterizza in maniera propria qlco.; generico.
aspergere [a-spèr-ge-re] *v.tr.* [*io aspèrgo, tu aspèrgi ecc.*; pass.rem. *io aspèrsi, tu aspergésti ecc.*; part.pass. *aspèrso*] spruzzare, bagnare leggermente, soprattutto d'acqua benedetta.
aspergillacee [a-sper-gil-là-ce-e] *s.f.pl.* (*bot.*) famiglia di funghi ascomiceti, noti con il nome di *muffe verdi*.
aspergillo [a-sper-gìl-lo] *s.m.* (*bot.*) genere di funghi ascomiceti a forma di aspersorio.
asperità [a-spe-ri-tà] *s.f.* (spec. *pl.*) **1** asprezza, irregolarità: *le — del terreno* **2** (*fig.*) difficoltà, ostacoli: *le — della vita*.
asperrimo [a-spèr-ri-mo] *agg. superl.* di *aspro*.
aspersione [a-sper-sió-ne] *s.f.* l'aspergere, l'essere asperso | (*lit.*) rito che consiste nello spruzzare con acqua benedetta persone o cose per benedirle o purificarle.
aspersorio [a-sper-sò-rio] *s.m.* strumento per aspergere con acqua benedetta.
aspettare [a-spet-tà-re] *v.tr.* [*io aspètto ecc.*] **1** attendere; stare in attesa di qlcu. o di qlco.: — *un amico, una telefonata* | *farsi* —, ritardare | — *un bambino*, si dice di donna incinta **2** prevedere qlco. (usato anche con la particella pron.): *un dono così bello non me l'aspettavo*; *c'era da aspettarselo!*, detto di cosa prevista **3** (*estens.*) indugiare: — *l'occasione favorevole*.
aspettativa [a-spet-ta-tì-va] *s.f.* **1** attesa: *stare in — di buone notizie* **2** (*estens.*) quello che ci si aspetta; speranza: *deludere un'—* | previsione: *le aspettative sull'andamento dell'economia* **3** (*dir.*) condizione giuridica del pubblico dipendente temporaneamente esentato dal prestare la propria attività: *mettersi in* —.
aspettazione [a-spet-ta-zió-ne] *s.f.* (*lett.*) **1** l'aspettare; lo stato d'ansia in cui si aspetta **2** aspettativa.
aspetto[1] [a-spèt-to] *s.m.* (*non com.*) l'aspettare; attesa | *sala d'—*, nelle stazioni, negli uffici, negli studi professionali, quella in cui si resta in attesa (di partire o di essere ricevuto).
aspetto[2] *s.m.* **1** ciò che appare allo sguardo; apparenza esteriore: *persona d'— giovanile* **2** punto di vista: *esaminare un problema sotto l'— giuridico*.
aspide [à-spi-de] *s.m.* varietà di cobra con dorso bruno, ventre bianco e macchie scure sul corpo.
aspirante [a-spi-ràn-te] *agg.* **1** che aspira un fluido: *pompa* — **2** che aspira a qlco., che cerca di conseguire qlco.: *gli studenti aspiranti al diploma* ♦ *s.m.* e *f.* **1** chi aspira al conseguimento di qlco.: — *a una carica* **2** (*mar.*) grado dell'allievo

dell'accademia navale ammesso all'ultimo corso, in attesa della nomina a ufficiale.
aspirapolvere [a-spi-ra-pól-ve-re] *s.m.invar.* elettrodomestico che aspira detriti e polvere e li raccoglie in un contenitore.
aspirare [a-spi-rà-re] *v.tr.* **1** inspirare immettendo nei polmoni attraverso la bocca o il naso (aria, fumo, profumi ecc.) **2** (*estens.*) trarre a sé, detto di apparecchi che risucchiano gas, liquidi o altro: — *il fumo da una stanza* **3** (*ling.*) pronunciare un suono con aspirazione ♦ *v.intr.* [aus. *avere*] desiderare vivamente qlco.: — *alla fama.*
aspiratore [a-spi-ra-tó-re] *s.m.* **1** macchina aspirante per eliminare gas o esalazioni nocive da un ambiente **2** (*med.*) strumento chirurgico per aspirare sangue o altri liquidi.
aspirazione [a-spi-ra-zió-ne] *s.f.* **1** l'aspirare; l'essere aspirato **2** (*fig.*) desiderio vivo di conseguire qlco.: — *alla libertà*; *nutrire delle aspirazioni* **3** (*ling.*) soffio espiratorio che accompagna l'emissione di certi suoni in talune lingue e dialetti.
aspirina® [a-spi-rì-na] *s.f.* nome commerciale dell'acido acetilsalicilico, farmaco ad azione antipiretica, analgesica e antireumatica.
aspo [à-spo] *s.m.* **1** strumento girevole che avvolge in matassa un filato **2** organo della mietitrebbiatrice che raccoglie gli steli sul trasportatore **3** nel giardinaggio, asticella di legno su cui è avvolto un gomitolo di spago per tracciare aiuole o vialetti.
asportabile [a-spor-tà-bi-le] *agg.* che si può asportare.
asportare [a-spor-tà-re] *v.tr.* [*io aspòrto ecc.*] **1** portare via da un luogo: *materiale da* — **2** (*med.*) rimuovere chirurgicamente: — *un tumore.*
asportazione [a-spor-ta-zió-ne] *s.f.* l'asportare, il rimuovere: — *chirurgica.*
asporto [a-spòr-to] *s.m.* l'asportare, il portare via.
asprezza [a-spréz-za] *s.f.* **1** l'essere aspro; caratteristica di ciò che è aspro (anche *fig.*): *l'— dell'aceto*; — *di carattere*, durezza; *l'— dell'inverno*, la sua rigidità **2** ruvidezza, scabrosità: *l'— di un terreno* | (*estens.*) difficoltà, impraticabilità di un percorso: *l'— di un sentiero.*
asprigno [a-sprì-gno] *agg.* di sapore tendente all'aspro: *uva asprigna.*
aspro [à-spro] *agg.* [superl. *asperrimo* o *asprissimo*] **1** di sapore agro, acidulo: *il limone è* — **2** di odore pungente, penetrante **3** ruvido al tatto | (*estens.*) impervio, scosceso; brullo, selvaggio: *l'— paesaggio del deserto* **4** (*fig.*) rigido, inclemente: *un clima* — | severo, duro: *parole aspre* **5** (*fig.*) violento, accanito: *una contesa aspra* | difficile, tormentoso: *l'* — *cammino della virtù* □ **aspramente** *avv.* con asprezza; duramente.
assafetida [as-sa-fè-ti-da] *s.f.* **1** pianta ombrellifera asiatica da cui si ricava una gomma resinosa dallo sgradevole odore agliaceo **2** (*farm.*) la sostanza che si ricava dalla pianta, che ha proprietà sedative e antispastiche.
assaggiare [as-sag-già-re] *v.tr.* [*io assàggio ecc.*] gustare un cibo o una bevanda in quantità molto piccola per controllarne il sapore, la qualità; mangiare o bere poco: — *il dolce*; — *appena la cena* | in usi ironici: — *i pugni di qlcu.*
assaggiatore [as-sag-gia-tó-re] *s.m.* [f. *-trice*] chi per professione assaggia vini o prodotti alimentari per controllarne la qualità.
assaggio [as-sàg-gio] *s.m.* l'assaggiare: *dare in* — | ciò che si assaggia: *un* — *di formaggio.*
assai [as-sài] *avv.* [superl. *assaissimo*] **1** a sufficienza, abbastanza: *i guadagni non sembrano mai* — **2** molto: *è* — *interessante* | in usi antifrastici: *m'importa* —, non mi importa nulla ♦ *agg.invar.* molto: *c'era* — *gente in piazza.*
assale [as-sà-le] *s.m.* asse che nei veicoli trasferisce il carico dal telaio alle ruote.
assalire [as-sa-lì-re] *v.tr.* [*io assalgo, tu assali ecc.*; pass.rem. *io assalìi, tu assalisti ecc.*] **1** assaltare, investire con impeto; aggredire, sorprendere (anche *fig.*): — *alle spalle*; — *con male parole* **2** (*fig.*) cogliere, invadere con forza: *essere assalito dalla noia.*
assalitore [as-sa-li-tó-re] *agg.* e *s.m.* [f. *-trice*] **1** che/chi assale: *resistere agli assalitori* **2** (*sport*) schermitore impegnato in un assalto.
assaltare [as-sal-tà-re] *v.tr.* assalire: — *la postazione nemica*; — *qlcu. con ingiurie* | far ressa intorno a qlcu. o a qlco.: *la folla assaltò il botteghino.*
assaltatore [as-sal-ta-tó-re] *s.m.* [f. *-trice*] chi assalta.
assalto [as-sàl-to] *s.m.* **1** l'azione di chi o di ciò che assalta; l'effetto che ne deriva: — *alla diligenza* | *prendere d'— qlcu.* o *qlco.*, (*iperb.*) accalcarvisi intorno **2** (*mil.*) attacco decisivo delle posizioni nemiche: *reparti d'—* | *all'—!*, grido di battaglia **3** (*sport*) nella scherma, fase del combattimento tra due schermitori; nel pugilato e nella lotta, ripresa, round.
assaporare [as-sa-po-rà-re] *v.tr.* [*io assapóro ecc.*] **1** gustare con lentezza un cibo o una bevanda per goderne il sapore **2** (*fig.*) godere, gustare il piacere di qlco.: — *le dolcezze della vita.*
assassinare [as-sas-si-nà-re] *v.tr.* **1** uccidere un essere umano **2** (*fig.*) danneggiare, rovinare: — *un brano musicale*, eseguirlo pessimamente.
assassinio [as-sas-sì-nio] *s.m.* l'assassinare, l'essere assassinato (anche *fig.*): *commettere un* —; *l'— della libertà.*
assassino [as-sas-sì-no] *s.m.* [f. *-a*] **1** chi commette un assassinio **2** (*estens.*) persona malvagia | (*iperb.*) chi arreca danni gravi: *quel dentista è un* — ♦ *agg.* **1** che assassina: *mano assassina* | criminale: *istinto* — **2** (*fig.*) seducente: *sguardo* —.
assatanato [as-sa-ta-nà-to] *agg.* indemoniato | (*estens.*) in stato di forte eccitamento.
asse[1] [às-se] *s.f.* [pl. *assi*] tavola di legno lunga e stretta: *le assi di un'impalcatura* | — *da stiro*, tavola di legno su cui si stirano indumenti. DIM. *assicella.*
asse[2] *s.m.* [pl. *assi*] **1** (*geom.*) retta perpendicolare a un segmento nel suo punto medio; ciascu-

na delle rette di riferimento in un sistema di coordinate cartesiane: *— delle ascisse, delle ordinate* | *— di simmetria*, la retta rispetto alla quale una figura piana è simmetrica | *— terrestre*, (*geog.*) linea immaginaria che unisce i due poli passando per il centro della Terra e attorno a cui la Terra stessa ruota **2** (*mecc.*) organo di una macchina che sostiene elementi rotanti (ruote, eliche ecc.).

asse³ *s.m.* complesso di beni di una persona o di un ente: *— ereditario*, (*dir.*) il patrimonio su cui si calcolano le quote spettanti agli eredi.

assecondare [as-se-con-dà-re] *v.tr.* [*io assecóndo ecc.*] aiutare, favorire: *— un tentativo* | accontentare, esaudire: *— un capriccio.*

assediante [as-se-diàn-te] *agg.* e *s.m.* e *f.* che/chi assedia.

assediare [as-se-dià-re] *v.tr.* [*io assèdio ecc.*] **1** circondare con truppe una località fortificata per costringere i difensori alla resa: *— una città* **2** (*fig.*) attorniare facendo ressa: *l'attrice era assediata dai fotografi* | importunare: *— qlcu. di domande.*

assedio [as-sè-dio] *s.m.* l'assediare, l'essere assediato (anche *fig.*): *cingere d'— una persona* | *stato d'—*, provvedimento eccezionale con cui si sospendono le garanzie costituzionali, delegando i poteri civili ai militari.

assegnamento [as-se-gna-mén-to] *s.m.* fiducia, affidamento: *fare — su qlcu., su qlco.*, confidare nell'aiuto di qlcu., contare sull'efficacia di qlco.

assegnare [as-se-gnà-re] *v.tr.* [*io asségno ecc.*] **1** attribuire qlco. a qlcu.: *— i compiti* | conferire, aggiudicare: *— un premio* **2** affidare: *— un lavoro* **3** destinare: *— a un nuovo impiego.*

assegnatario [as-se-gna-tà-rio] *s.m.* [f. *-a*] persona a cui viene assegnato qlco.: *— di un alloggio.*

assegnazione [as-se-gna-zió-ne] *s.f.* l'assegnare, l'essere assegnato: *l'— di un premio.*

assegno [as-sé-gno] *s.m.* **1** somma assegnata a qlcu. a titolo retributivo o previdenziale **2** *— bancario*, titolo di credito emesso dall'intestatario di un conto corrente presso una banca, contenente l'ordine alla banca di pagare una certa somma al beneficiario: *emettere, riscuotere un —* | *— postale*, vaglia | *spedire contro —*, si dice di merce consegnata contro pagamento alla consegna.

assemblaggio [as-sem-blàg-gio] *s.m.* montaggio delle parti costituenti un prodotto industriale.

assemblare [as-sem-blà-re] *v.tr.* [*io assémblo ecc.*] sottoporre ad assemblaggio.

assemblatore [as-sem-bla-tó-re] *s.m.* [f. *-trice*] operaio addetto all'assemblaggio | imprenditore che monta le parti di un prodotto industriale senza fabbricarle da sé.

assemblea [as-sem-blè-a] *s.f.* **1** riunione organizzata di più persone per discutere e prendere decisioni su problemi di interesse comune: *convocare un' —* **2** (*dir.*) l'insieme dei componenti l'organo deliberativo di società, enti ecc. | organo legislativo di stati, enti locali, organismi internazionali: *— regionale*; *— legislativa*, il parlamento | *— costituente*, che ha il compito di preparare una nuova costituzione **3** (*mar.*) sulle navi da guerra e nelle caserme di marina, l'adunata del personale.

assembleare [as-sem-ble-à-re] *agg.* di un'assemblea: *decisione —.*

assemblearismo [as-sem-ble-a-rì-ʃmo] *s.m.* sistema politico in cui le decisioni politiche sono prese da assemblee di cittadini.

assembramento [as-sem-bra-mén-to] *s.m.* riunione, affollamento disordinato di persone in luogo aperto: *un — di curiosi.*

assennatezza [as-sen-na-téz-za] *s.f.* l'essere assennato; senno.

assennato [as-sen-nà-to] *agg.* che ha, dimostra senno; avveduto: *un ragazzo, un discorso —* □ **assennatamente** *avv.*

assenso [as-sèn-so] *s.m.* l'assentire; approvazione, consenso: *dare, negare l'—.*

assentarsi [as-sen-tàr-si] *v.intr.pron.* [*io mi assènto ecc.*] allontanarsi per un breve periodo di tempo: *— da casa.*

assente [as-sèn-te] *agg.* **1** che non si trova dove dovrebbe essere; che non è presente **2** (*fig.*) distratto: *una persona —* ♦ *s.m.* e *f.* chi è assente.

assenteismo [as-sen-te-ì-ʃmo] *s.m.* l'assentarsi dal lavoro, soprattutto per leggerezza e disonestà.

assenteista [as-sen-te-ì-sta] *agg.* e *s.m.* e *f.* [pl.m. *-sti*] che/chi si assenta spesso dal luogo di lavoro senza validi motivi.

assenteistico [as-sen-te-ì-sti-co] *agg.* [pl.m. *-ci*] di assenteismo, che rivela assenteismo.

assentire [as-sen-tì-re] *v.intr.* [*io assènto ecc.*; part.pres. *assenziènte*; aus. *avere*] dare il proprio assenso; approvare: *— a una richiesta.*

assenza [as-sèn-za] *s.f.* **1** l'essere assente: *— dal lavoro* **2** mancanza: *— di luce.*

assenziente [as-sen-zièn-te] *agg.* che assente, che approva; consenziente.

assenzio [as-sèn-zio] *s.m.* pianta erbacea da cui si ricava un'essenza amara con proprietà toniche e stimolanti | il liquore che se ne ricava.

asserire [as-se-rì-re] *v.tr.* [*io asserisco, tu asserisci ecc.*] affermare, sostenere come vero: *asserì di non essere stato presente.*

asserragliare [as-ser-ra-glià-re] *v.tr.* [*io asserràglio ecc.*] (*non com.*) chiudere, rinchiudere ♦ **asserragliarsi** *v.rifl.* barricarsi in un luogo chiuso; rifugiarsi in un luogo riparato: *— in casa, sulle alture* | (*fig.*) chiudersi: *— in un ostinato silenzio.*

asserto [as-sèr-to] *s.m.* asserzione, affermazione.

assertore [as-ser-tó-re] *s.m.* [f. *-trice*] chi asserisce, sostiene con vigore qlco., in particolare un principio o una dottrina.

asservimento [as-ser-vi-mén-to] *s.m.* l'asservire, l'asservirsi, l'essere asservito (anche *fig.*): *l'— dell'uomo alla macchina.*

asservire [as-ser-vì-re] *v.tr.* [*io asservisco, tu asservisci ecc.*] rendere soggetto, servo; sottomettere (anche *fig.*): *— un popolo.*

asserzione [as-ser-zió-ne] *s.f.* l'asserire, l'affermare; la cosa asserita: *l'— di un principio*; *confutare un'—*.

assessorato [as-ses-so-rà-to] *s.m.* 1 la carica di assessore; la durata dell'incarico 2 gli uffici e il personale dipendenti da un assessore; la loro sede.

assessore [as-ses-só-re] *s.m.* chi fa parte di una giunta comunale, provinciale o regionale, con responsabilità di un settore amministrativo: *— al bilancio, al turismo*.

assestamento [as-se-sta-mén-to] *s.m.* l'assestare, l'assestarsi; riordinamento, sistemazione: *— della situazione finanziaria* | *scosse di —*, (*geol.*) lievi movimenti tellurici dopo un terremoto, dovuti a spostamenti di strati rocciosi profondi che tendono a rimettersi in equilibrio.

assestare [as-se-stà-re] *v.tr.* [*io assèsto ecc.*] 1 mettere in sesto, in ordine; sistemare: *— il bilancio di un'azienda* 2 regolare con cura: *— la mira* ♦ **assestarsi** *v.rifl.* o *intr.pron.* 1 sistemarsi; mettersi in ordine, a posto 2 detto di terreno o di costruzione, raggiungere un assetto stabile.

assestata [as-se-stà-ta] *s.f.* il mettere o il mettersi in ordine alla meglio e in fretta: *dare un'— alla casa*.

assetare [as-se-tà-re] *v.tr.* [*io asséto ecc.*] far venire sete.

assetato [as-se-tà-to] *agg.* 1 che ha sete: *sentirsi —* 2 bisognoso di acqua; arido (detto di suolo, piante) 3 (*fig.*) avido, bramoso: *— di potere* ♦ *s.m.* [f. *-a*] chi ha sete.

assettare [as-set-tà-re] *v.tr.* [*io assètto ecc.*] mettere in assetto; sistemare con cura ♦ **assettarsi** *v.rifl.* mettersi in assetto, in ordine.

assetto [as-sèt-to] *s.m.* 1 sistemazione, buon ordine (di un ambiente, della propria persona ecc.) | (*estens.*) ordinamento, struttura: *l'— economico di un ente* 2 equipaggiamento: *essere in — di guerra* 3 (*aer., mar.*) giusta distribuzione dei pesi in un aeromobile o in un natante.

asseverare [as-se-ve-rà-re] *v.tr.* [*io assèvero ecc.*] affermare con sicurezza.

asseverativo [as-se-ve-ra-tì-vo] *agg.* che assevera, che afferma: *tono —*.

assiale [as-si-à-le] *agg.* relativo all'asse; che è in direzione di un asse.

assicurante [as-si-cu-ràn-te] *s.m.* (*dir.*) chi stipula un contratto di assicurazione.

assicurare [as-si-cu-rà-re] *v.tr.* 1 rendere sicuro, garantire: *— l'avvenire della famiglia*; *assicurarsi qlco.*, ottenerla | *— qlcu. alla giustizia*, arrestarlo 2 fissare saldamente: *— un cavo* 3 affermare con sicurezza: *ti assicuro che verrò* 4 proteggere un bene da determinati rischi stipulando un contratto di assicurazione: *— la casa contro gli incendi* ♦ **assicurarsi** *v.rifl.* 1 accertarsi di qlco.: *— che nessuno ascolti* 2 stipulare un contratto di assicurazione.

assicurata [as-si-cu-rà-ta] *s.f.* lettera o plico postale per i quali le poste stipulano con l'utente un'assicurazione contro eventuali rischi di danneggiamento o smarrimento.

assicurativo [as-si-cu-ra-tì-vo] *agg.* che si riferisce ad assicurazione: *quota assicurativa*.

assicurato [as-si-cu-rà-to] *agg.* e *s.m.* [f. *-a*] si dice della persona o della cosa rispetto alla quale è stata stipulata un'assicurazione.

assicuratore [as-si-cu-ra-tó-re] *agg.* e *s.m.* [f. *-trice*] che/chi esercita attività assicurativa: *compagnia assicuratrice*.

assicurazione [as-si-cu-ra-zió-ne] *s.f.* 1 l'assicurare, l'assicurarsi; conferma: *ricevere assicurazioni* 2 (*dir.*) contratto in base al quale un assicuratore, dopo aver percepito anticipatamente un premio, garantisce all'assicurato il risarcimento di un danno, nel caso esso si verifichi: *— contro il furto, sulla vita*; *stipulare un'—* 3 società che esercita attività assicurativa; l'ufficio dove ha sede.

assideramento [as-si-de-ra-mén-to] *s.m.* (*med.*) sindrome da eccessiva esposizione a freddo; congelamento: *morire per —*.

assiderare [as-si-de-rà-re] *v.intr.* [*io assìdero ecc.*; aus. *essere*], **assiderarsi** *v.intr. pron.* 1 (*med.*) essere colpito da assideramento 2 (*estens.*) essere intirizzito per il freddo.

assiderato [as-si-de-rà-to] *agg.* 1 (*med.*) colpito da assideramento 2 (*estens.*) intirizzito, gelato.

assidersi [as-sì-der-si] *v.intr.pron.* [pass.rem. *io mi assisi*, *tu ti assidésti ecc.*; part.pass. *assiso*] (*lett.*) porsi a sedere.

assiduità [as-si-du-i-tà] *s.f.* l'essere assiduo: *— alle lezioni*.

assiduo [as-sì-du-o] *agg.* 1 fatto in modo continuo e costante; incessante: *cure assidue* 2 che si applica con diligenza e costanza a qlco.: *un lettore —* | regolare, abituale: *cliente —* □ **assiduamente** *avv.*

assieme [as-siè-me] *avv.* insieme ♦ *s.m.* gruppo in cui ci sia accordo e coesione: *un —*, detto di complessi orchestrali; *gioco d'—*, di squadra.

assiepamento [as-sie-pa-mén-to] *s.m.* l'assiepare o l'assieparsi | affollamento, calca: *un — di gente*.

assiepare [as-sie-pà-re] *v.tr.* [*io assièpo ecc.*] 1 (*lett.*) circondare, chiudere con siepi 2 (*fig.*) affollare, gremire: *i dimostranti assiepavano la piazza* ♦ **assieparsi** *v.rifl.* affollarsi, stringersi intorno a qlcu. o qlco.

assillante [as-sil-làn-te] *agg.* che assilla; insistente, fastidioso: *un pensiero —*.

assillare [as-sil-là-re] *v.tr.* molestare con insistenza; tormentare: *— qlcu. con richieste* ♦ **assillarsi** *v.rifl.* tormentarsi.

assillo [as-sìl-lo] *s.m.* 1 (*zool.*) genere di insetti (estri, tafani) che tormentano con la loro puntura gli animali domestici 2 (*fig.*) pensiero continuo, preoccupazione: *l'— dei debiti*.

assimilabile [as-si-mi-là-bi-le] *agg.* che si può assimilare.

assimilare [as-si-mi-là-re] *v.tr.* [*io assìmilo ecc.*] 1 rendere simile, considerare simile: *— un fatto a un altro* 2 (*fisiol.*) trasformare le sostanze nutri-

tive in parti integranti di un organismo vivente (anche *assol.*): *mangia molto, ma non assimila* 3 (*fig.*) far propri concetti, idee, valori: — *un metodo.*
assimilatore [as-si-mi-la-tó-re] *agg.* [f. *-trice*] che assimila; che ha la capacità di assimilare: *mente assimilatrice.*
assimilazione [as-si-mi-la-zió-ne] *s.f.* l'assimilare, l'assimilarsi, l'essere assimilato: *l'— di un'idea.*
assiolo [as-si-ò-lo] *s.m.* piccolo uccello rapace notturno di color bruno-rossiccio, con due ciuffetti di penne ai lati della testa.
assioma [as-siò-ma] *s.m.* [pl. *-mi*] (*filos.*, *mat.*) verità evidente e indiscutibile, che sta alla base di ogni dimostrazione.
assiomatico [as-sio-mà-ti-co] *agg.* [pl.m. *-ci*] di assioma, che ha carattere di assioma | (*estens.*) vero ed evidente come un assioma; indiscutibile.
assiro [as-sì-ro] *agg.* dell'Assiria, regione della Mesopotamia ♦ *s.m.* [f. *-a*] 1 appartenente all'antica popolazione dell'Assiria 2 lingua semitica parlata dagli Assiri.
assise [as-sì-ʃe] *s.f.pl.* 1 nel Medioevo, grande assemblea giudiziale 2 oggi, assemblea generale; riunione, convegno di grande importanza: *le — di un partito* 3 *corte d'—*, nell'attuale ordinamento giudiziario, organo competente a giudicare dei reati più gravi in primo e in secondo grado.
assist [/ 'assist /] *s.m.invar.* (*ingl.*) nel calcio e in altri sport con la palla, passaggio a un giocatore in posizione di segnare una rete o far punto.
assistentato [as-si-sten-tà-to] *s.m.* l'ufficio di assistente e la sua durata.
assistente [as-si-stèn-te] *s.m.* e *f.* 1 qualifica di chi aiuta il titolare o il responsabile di un'attività: — *ai lavori, alla regia* | — *ospedaliero*, il terzo livello del personale medico, subordinato al primario e all'aiuto | — *sociale*, esperto in psicologia e legislazione sociale che presta la sua opera presso enti pubblici, istituti assistenziali, aziende | — *di volo*, (*aer.*) denominazione ufficiale italiana di steward e hostess 2 grado della polizia di stato immediatamente superiore a quello di guardia.
assistenza [as-si-stèn-za] *s.f.* 1 l'assistere, l'essere assistito | — *giudiziaria*, (*dir.*) istituto che consente, a chi è privo di mezzi economici sufficienti, di tutelare giudiziariamente i propri diritti 2 soccorso: *prestare — ai feriti* 3 attività svolta da organi o enti a favore di determinate categorie sociali: — *ospedaliera* 4 — *tecnica*, servizio di riparazione di prodotti industriali prestato dal produttore o dal rivenditore.
assistenziale [as-si-sten-zià-le] *agg.* di assistenza, che ha per scopo l'assistenza, soprattutto sociale e previdenziale: *ente —* | *stato —*, sistema sociale in cui lo stato garantisce a tutti i cittadini un livello minimo di reddito e i servizi socialmente indispensabili (abitazione, tutela della salute, istruzione ecc.).
assistenzialismo [as-si-sten-zia-lì-ʃmo] *s.m.* degenerazione in forme clientelari dell'assistenza pubblica.
assistere [as-sì-ste-re] *v.intr.* [pass.rem. *io assistéi, tu assistésti ecc.*; part.pass. *assistito*; aus. *avere*] essere presente, presenziare: — *a uno spettacolo* ♦ *v.tr.* stare vicino a qlcu. per soccorrerlo, dargli aiuto; difendere, proteggere: — *un vecchio*; *farsi — da un legale.*
assistito [as-si-stì-to] *s.m.* [f. *-a*] chi gode dell'assistenza di un ente pubblico.
assito [as-sì-to] *s.m.* struttura di assi affiancate, usata come pavimento, tramezza o riparo.
asso [às-so] *s.m.* 1 nelle carte da gioco, la prima carta di ogni seme (in molti giochi quella di maggior valore): — *di denari, di picche*; *poker d'assi* | *avere l'— nella manica*, (*fig.*) disporre di risorse efficaci| *piantare, lasciare in —*, (*fig.*) abbandonare in tronco 2 (*fig.*) chi eccelle in qualche attività; campione: *un — del calcio.*
associabile [as-so-cià-bi-le] *agg.* che può essere associato.
associare [as-so-cià-re] *v.tr.* [*io assòcio ecc.*] 1 ammettere qlcu. come socio 2 mettere insieme, riunire: — *i capitali* | mettere in relazione: — *una voce a un volto* ♦ **associarsi** *v.rifl.* 1 entrare in società 2 iscriversi come socio a un'associazione: — *a un circolo* 3 (*fig.*) prender parte, essere solidale: — *al lutto* | condividere: — *a una decisione.*
associativo [as-so-cia-tì-vo] *agg.* che associa, capace di associare | *proprietà associativa*, (*mat.*) nell'addizione e nella moltiplicazione, quella per cui, sostituendo a due o più addendi la loro somma, o a due o più fattori il loro prodotto, il risultato non cambia.
associato [as-so-cià-to] *agg.* e *s.m.* [f. *-a*] che/chi fa parte di un'associazione.
associazione [as-so-cia-zió-ne] *s.f.* 1 l'atto di associare, di associarsi 2 unione organizzata di più persone che operano per un fine non di lucro: — *sportiva*; *libertà di —* | — *per delinquere*, (*dir.*) associazione di tre o più persone a fini illegali 3 processo mentale che stabilisce un nesso fra immagini o pensieri: — *di idee.*
associazionismo [as-so-cia-zio-nì-smo] *s.m.* la tendenza a riunirsi in associazioni; l'insieme delle associazioni aventi un indirizzo ideologico comune: *l'— cattolico.*
assodamento [as-so-da-mén-to] *s.m.* l'assodare, l'assodarsi, l'essere assodato.
assodare [as-so-dà-re] *v.tr.* [*io assòdo ecc.*] 1 (*non com.*) rendere sodo: — *il pavimento stradale* 2 (*fig.*) accertare: — *la verità di una notizia.*
assoggettabile [as-sog-get-tà-bi-le] *agg.* che può essere assoggettato.
assoggettamento [as-sog-get-ta-mén-to] *s.m.* l'assoggettare, l'assoggettarsi, l'essere assoggettato.
assoggettare [as-sog-get-tà-re] *v.tr.* [*io assoggètto ecc.*] 1 rendere soggetto, sottomettere: — *un popolo* 2 sottoporre a degli obblighi: — *un*

reddito all'imposta ♦ **assoggettarsi** *v.rifl.* sottomettersi.
assolato [as-so-là-to] *agg.* esposto al sole; pieno di sole: *campagna assolata.*
assoldare [as-sol-dà-re] *v.tr.* [*io assòldo ecc.*] pagare una persona perché compia un'azione illecita; prezzolare: — *un sicario.*
assolo [as-só-lo], o a solo, *s.m.invar.* **1** (*mus.*) brano eseguito da un solo strumento o da una sola voce: — *di violino, del soprano* **2** (*estens.*) prestazione individuale di spicco, soprattutto sportiva.
assolutezza [as-so-lu-téz-za] *s.f.* l'essere assoluto: *l'— di un giudizio.*
assolutismo [as-so-lu-tì-ʃmo] *s.m.* sistema politico in cui il sovrano è libero da vincoli giuridici e controlli parlamentari.
assolutista [as-so-lu-tì-sta] *agg.* [pl.m. *-sti*] relativo all'assolutismo ♦ *s.m.* e *f.* **1** fautore dell'assolutismo **2** (*fig.*) chi impone agli altri la propria volontà.
assolutistico [as-so-lu-tì-sti-co] *agg.* [pl.m. *-ci*] proprio dell'assolutismo: *princìpi assolutistici.*
assolutizzare [as-so-lu-tiʒ-ʒà-re] *v.tr.* rendere assoluto; portare all'estremo, irrigidire: — *un'ideologia.*
assolutizzazione [as-so-lu-tiʒ-ʒa-zió-ne] *s.f.* l'assolutizzare, l'essere assolutizzato.
assoluto [as-so-lù-to] *agg.* **1** che è libero da ogni condizione; che non comporta eccezioni: *verità assoluta* | *stato, regime* —, in cui i poteri sono concentrati in un'unica autorità **2** (*fig.*) autoritario, dispotico: *padrone* — **3** completo, totale: *assoluta parità di diritti*; *essere il primo* —, il vincitore indiscusso (in gare, concorsi ecc.) | *maggioranza assoluta*, riferito a un insieme, numero di unità superiore al 50% | *in* —, assolutamente **4** (*gramm.*) si dice di costruzione non legata sintatticamente con il resto del periodo: *ablativo* — | *superlativo* —, grado dell'aggettivo che esprime superiorità indipendentemente da qualsiasi paragone **5** *valore* —, (*mat.*) il valore numerico indipendentemente dal segno positivo o negativo □ **assolutamente** *avv.* **1** in modo assoluto; a ogni costo: *bisogna — farlo* | affatto: *non intendevo — offenderti* | *costruire — un verbo*, (*gramm.*) senza farlo seguire dal complemento **2** del tutto, completamente: *è — improbabile che venga.*
assolutore [as-so-lu-tó-re] *s.m.* [f. *-trice*] chi assolve.
assolutorio [as-so-lu-tò-rio] *agg.* che assolve: *sentenza assolutoria.*
assoluzione [as-so-lu-zió-ne] *s.f.* **1** l'assolvere, l'essere assolto **2** (*dir.*) sentenza con cui si esclude la responsabilità dell'accusato nelle imputazioni mossegli **3** nella liturgia cattolica, remissione dei peccati concessa dal sacerdote mediante la confessione.
assolvere [as-sòl-ve-re] *v.tr.* [*io assòlvo ecc.*; pass.rem. *io assolvéi* o *assolvètti* o *assòlsi*, *tu assolvésti ecc.*; part.pass. *assòlto*] **1** sciogliere, esentare dall'adempimento di un impegno; liberare da un obbligo morale, da una promessa: — *un debitore*; — *qlcu. da un giuramento* **2** (*dir.*) prosciogliere da un'imputazione di reato **3** (*relig.*) nel sacramento della confessione, concedere al penitente l'assoluzione dei peccati **4** adempiere: — *un* (o *a un*) *obbligo.*
assolvimento [as-sol-vi-mén-to] *s.m.* l'assolvere; adempimento: *l'— dei propri doveri.*
assomigliare [as-so-mi-glià-re] *v.intr.* [*io assomìglio ecc.*; aus. *avere*] essere simile, somigliare: — *al padre* ♦ **assomigliarsi** *v.rifl.rec.* presentare aspetto, caratteri simili: — *come gemelli.*
assommare [as-som-mà-re] *v.intr.* [*io assómmo ecc.*; aus. *essere*] ammontare: *il debito assomma a vari milioni.*
assonanza [as-so-nàn-za] *s.f.* (*metr.*) sorta di rima in cui si ripetono le vocali finali a cominciare dalla vocale accentata, mentre differiscono le consonanti (p.e. *amóre / sóle*; *córto / mólto*).
assonnato [as-son-nà-to] *agg.* che ha, dimostra sonno; sonnolento: *viso* —.
assonometria [as-so-no-me-trì-a] *s.f.* procedimento geometrico per la rappresentazione di oggetti a tre dimensioni.
assopimento [as-so-pi-mén-to] *s.m.* l'assopire, l'assopirsi; sonnolenza.
assopire [as-so-pì-re] *v.tr.* [*io assopisco, tu assopisci ecc.*] **1** dare sopore, addormentare leggermente: *una cantilena che assopisce* **2** (*estens.*) calmare, lenire: — *il dolore* ♦ **assopirsi** *v.intr.pron.* **1** esser preso da sopore; addormentarsi non profondamente **2** (*estens.*) calmarsi, acquietarsi: *le discordie si sono assopite.*
assorbente [as-sor-bèn-te] *agg.* che assorbe: *carta* — ♦ *s.m.* **1** sostanza adatta ad assorbire **2** tampone assorbente per l'igiene intima femminile.
assorbimento [as-sor-bi-mén-to] *s.m.* **1** l'assorbire, l'essere assorbito **2** (*chim.*) fenomeno per cui alcune sostanze solide o liquide penetrano in altre sostanze liquide o gassose **3** (*biol.*) assimilazione da parte delle cellule dei prodotti della digestione.
assorbire [as-sor-bì-re] *v.tr.* [*io assòrbo ecc.*; part.pass. *assorbito*] **1** imbeversi, impregnarsi: *la spugna assorbe l'acqua* **2** (*fig.*) assimilare: *i romani assorbirono la cultura greca* **3** (*fig.*) consumare: *l'affitto assorbe metà del suo stipendio* | occupare, impegnare: *essere assorbito dallo studio.*
assordamento [as-sor-da-mén-to] *s.m.* l'assordare, l'essere assordato.
assordante [as-sor-dàn-te] *agg.* che assorda, stordisce: *rumore* —, fortissimo.
assordare [as-sor-dà-re] *v.tr.* [*io assórdo ecc.*] **1** far diventare sordo | (*estens.*) stordire con un rumore eccessivo o molesto: *una musica che assorda* **2** (*fig.*) frastornare: — *il pubblico con troppa propaganda.*
assortimento [as-sor-ti-mén-to] *s.m.* gamma di oggetti o merci dello stesso genere, ma diversi per forma, dimensioni ecc.: *un — di bicchieri.*

assortire [as-sor-tì-re] *v.tr.* [*io assortisco, tu assortisci ecc.*] **1** disporre insieme più cose di uno stesso genere ma diverse per forma, colore o qualità | abbinare: *colori ben assortiti* **2** (*estens.*) rifornire un negozio di merci di vario genere.

assortito [as-sor-tì-to] *agg.* di varia forma, colore, qualità: *una coppia ben assortita*, in cui regna armonia.

assorto [as-sòr-to] *agg.* intento, immerso: *— nello studio* | meditabondo: *rimanere —*.

assottigliamento [as-sot-ti-glia-mén-to] *s.m.* l'assottigliare, l'assottigliarsi, l'essere assottigliato.

assottigliare [as-sot-ti-glià-re] *v.tr.* [*io assottìglio ecc.*] **1** rendere sottile o più sottile; aguzzare: *— la punta di un bastone* | far apparire più sottile: *un vestito che assottiglia* **2** diminuire, ridurre: *— le scorte* ♦ **assottigliarsi** *v.intr.pron.* **1** diventare sottile; dimagrire **2** (*fig.*) diminuire di numero, di densità.

assuefare [as-su-e-fà-re] *v.tr.* [coniugato come *fare*] abituare: *— l'occhio al buio* ♦ **assuefarsi** *v.rifl.* o *intr.pron.* abituarsi: *— alle fatiche* | (*med.*) subire assuefazione: *— a un farmaco.*

assuefazione [as-su-e-fa-zió-ne] *s.f.* **1** l'assuefarsi, l'essere assuefatto; abitudine: *— al clima* **2** (*med.*) abitudine dell'organismo a un farmaco, tale da ridurne o annullarne l'efficacia | stato di dipendenza: *— alla droga.*

assumere [as-sù-me-re] *v.tr.* [pass.rem. *io assunsi, tu assuméstì ecc.*; part.pass. *assunto*] **1** addossare a sé: *— un incarico*; *—* (o *assumersi*) *una responsabilità* **2** prendere: *— un atteggiamento* | introdurre nell'organismo: *— un farmaco* **3** prendere alle proprie dipendenze: *— una segretaria* **4** (*lett.*) elevare, far salire: *la Madonna fu assunta in cielo* | (*estens.*) innalzare a una dignità: *essere assunto al cardinalato.*

assunto[1] [as-sùn-to] *s.m.* [f. *-a*] **1** chi è stato immesso in un rapporto di lavoro dipendente: *il nuovo —* **2** *l'Assunta*, Maria, madre di Gesù, in quanto elevata da Dio al cielo in anima e corpo | (*pop.*) la festa dell'Assunzione.

assunto[2] *s.m.* ciò che ci si propone di fare o dimostrare.

assunzione [as-sun-zió-ne] *s.f.* **1** l'assumere, l'assumersi, l'essere assunto: *— di un compito*; *l'— di un operaio* **2** *Assunzione*, elevazione di Maria, madre di Gesù, dalla terra al cielo in anima e corpo.

assurdità [as-sur-di-tà] *s.f.* **1** l'essere assurdo: *l'— di una richiesta* **2** fatto, giudizio assurdo: *le — della vita.*

assurdo [as-sùr-do] *agg.* contrario alla ragione, alla logica: *un discorso —* | (*estens.*) ingiustificato, infondato: *un sospetto —* | strano: *comportarsi in modo —* ♦ *s.m.* discorso, affermazione illogica: *sostenere un —* | *dimostrazione per —*, che prova la verità di una tesi mostrando che la tesi opposta porta a contraddizione □ **assurdamente** *avv.*

assurgere [as-sùr-ge-re] *v.intr.* [pres. *io assurgo, tu assurgi ecc.*; pass.rem. *io assursi, tu assurgésti ecc.*; part.pass. *assurto*; aus. *essere*] innalzarsi, elevarsi: *— a simbolo.*

asta [à-sta] *s.f.* **1** barra lunga, diritta e sottile: *l'— degli occhiali.* DIM. *asticella, asticciola* **2** (*sport*) attrezzo tubolare di materiale elastico su cui si fa leva per effettuare il salto con l'asta **3** antica arma con un'estremità metallica appuntita; lancia **4** linea verticale delle lettere di una scrittura: *l'— della "p"* **5** (*dir.*) vendita pubblica di beni al migliore offerente: *mettere all'—.*

astante [a-stàn-te] *s.m.* (spec. *pl.*) chi è presente in un luogo: *rivolgersi agli astanti.*

astanteria [a-stan-te-rì-a] *s.f.* sezione di un ospedale in cui si prestano i primi soccorsi ai ricoverati.

astato [à-sta-to] *s.m.* elemento chimico artificiale di simbolo *At*; appartiene al gruppo degli alogeni.

astemio [a-stè-mio] *agg.* e *s.m.* [f. *-a*] che/chi non beve bevande alcoliche.

astenersi [a-ste-nér-si] *v.rifl.* evitare di fare o dire qlco.: *— dal manifestare opinioni.*

astenia [a-ste-nì-a] *s.f.* (*med.*) debolezza generale dell'organismo.

astenico [a-stè-ni-co] *agg.* [pl.m. *-ci*] che concerne l'astenia ♦ *s.m.* [f. *-a*] chi soffre d'astenia.

astensione [a-sten-sió-ne] *s.f.* l'astenersi: *— dal cibo, dal voto.*

astensionismo [a-sten-sio-nì-ʃmo] *s.m.* l'atteggiamento di chi si astiene dall'esprimere il proprio voto.

astensionista [a-sten-sio-nì-sta] *agg.* e *s.m.* e *f.* [pl.m. *-sti*] che/chi pratica l'astensionismo.

astensionistico [a-sten-sio-nì-sti-co] *agg.* [pl.m. *-ci*] di astensionismo; proprio dell'astensionista.

astenuto [a-ste-nù-to] *s.m.* [f. *-a*] chi non ha votato.

astergere [a-stèr-ge-re] *v.tr.* [coniugato come *tergere*] (*lett.*) **1** detergere, pulire **2** (*fig.*) cancellare.

asterisco [a-ste-rì-sco] *s.m.* [pl. *-schi*] segno tipografico a forma di stella [*].

asteroide [a-ste-ròi-de] *s.m.* (*astr.*) ciascuno dei piccoli pianeti che ruotano intorno al Sole tra l'orbita di Marte e quella di Giove.

asteroidei [a-ste-roi-dè-i] *s.m.pl.* (*zool.*) classe di echinodermi a cui appartengono le stelle di mare.

asticciola [a-stic-ciò-la] *s.f.* impugnatura della penna o del pennello.

astice [à-sti-ce] *s.m.* grosso crostaceo marino con corpo ricoperto di chiazze gialle e con grosse pinze; ha carni prelibate.

asticella [a-sti-cèl-la] *s.f.* (*sport*) nel salto in alto, listello di metallo o di legno sorretto orizzontalmente da due supporti che l'atleta deve superare.

astigmatico [a-stig-mà-ti-co] *agg.* [pl.m. *-ci*] si dice di lente atta a correggere l'astigmatismo ♦ *agg.* e *s.m.* [f. *-a*] che/chi è affetto da astigmatismo.

astigmatismo [a-stig-ma-tì-ʃmo] *s.m.* (*fis.*) aberrazione di un sistema ottico per la quale un'immagine puntiforme appare dilatata a forma di macchia | (*med.*) difetto della vista dalle medesime caratteristiche, dovuto a irregolare curvatura della cornea.

astile [a-stì-le] *agg.* si dice di croce sorretta da un'asta, usata nelle processioni ♦ *s.m.* (*lett.*) **1** l'asta di legno della lancia; la lancia stessa **2** ramo | bacchetta | manico di legno.

astinenza [a-sti-nèn-za] *s.f.* l'astenersi dall'assumere determinati cibi o bevande o dal compiere atti sessuali: *fare —* | *crisi di —*, (*med.*) il complesso dei sintomi (nausea, vomito ecc.) che compaiono nelle tossicodipendenze quando è interrotta la somministrazione della droga.

astio [à-stio] *s.m.* rancore, malanimo: *nutrire — verso, contro qlcu.*

astiosità [a-stio-si-tà] *s.f.* l'essere astioso, carattere astioso: *l'— di una risposta.*

astioso [a-stió-so] *agg.* che ha o dimostra astio; pieno di astio: *tono —.*

astracan → **astrakan**.

astragalo [a-strà-ga-lo] *s.m.* **1** (*anat.*) l'osso più elevato del tarso, che si articola con la tibia e gravita sul calcagno **2** dado da gioco usato nell'antichità, fatto in origine con l'osso del tarso di alcuni animali **3** (*arch.*) modanatura che separa il fusto della colonna dal capitello o dalla base.

astrakan [à-stra-kan *o* astrakàn], o **astracan**, *s.m.* pelliccia nera e ricciuta fornita da agnelli di una varietà originaria della Persia.

astrale [a-strà-le] *agg.* **1** degli astri: *influsso —* **2** (*fig.*) eccezionale, smisurato: *una distanza —.*

astrarre [a-stràr-re] *v.tr.* [coniugato come *trarre*] **1** compiere l'operazione mentale dell'astrazione: *— l'universale dal particolare* **2** allontanare, distogliere: *— la mente dal lavoro* ♦ *v.intr.* [aus. *avere*] prescindere, non considerare: *— dalle apparenze* ♦ **astrarsi** *v.rifl.* distogliersi mentalmente dalla realtà circostante: *quando legge si astrae.*

astrattezza [a-strat-téz-za] *s.f.* l'essere astratto: *l'— di un ragionamento.*

astrattismo [a-strat-tì-ʃmo] *s.m.* tendenza artistica del '900 che privilegia la pittura e la scultura non figurative.

astrattista [a-strat-tì-sta] *s.m.* e *f.* [pl.m. *-sti*] seguace dell'astrattismo | Usato anche come *agg.*: *un pittore —.*

astratto [a-stràt-to] *agg.* **1** che è frutto di astrazione; che non ha contatto diretto con la realtà, che non è concreto: *concetto, giudizio —* **2** (*gramm.*) si dice di un sostantivo che indica un concetto, una qualità (p.e. *virtù, onore*) **3** che segue l'astrattismo: *pittore —* ♦ *s.m.* **1** ciò che è frutto di astrazione **2** (*estens.*) ciò che è teorico | *in —*, prescindendo dalla situazione reale: *parlare in —* □ **astrattamente** *avv.*

astrazione [a-stra-zió-ne] *s.f.* **1** il prescindere dalle particolarità degli oggetti per ricavarne le caratteristiche universali **2** separazione, isolamento di un concetto da altri | *fare —*, prescindere **3** (*estens.*) idea che non ha rispondenza nella realtà.

astringente [a-strin-gèn-te] *agg.* e *s.m.* (*med.*) si dice di sostanza che ha il potere di astringere | di sostanza che riduce l'evacuazione intestinale.

astringere [a-strìn-ge-re] *v.tr.* [coniugato come *stringere*] (*med.*) ridurre certe funzioni dei tessuti organici (*p.e.* secrezione, assorbimento).

astro [à-stro] *s.m.* **1** corpo celeste **2** (*fig.*) chi eccelle in un campo, soprattutto nello spettacolo o nello sport; stella, star: *un — della lirica.*

astro- primo elemento di parole composte in cui indica relazione con gli astri (*astrofisica*) o con la navigazione spaziale (*astronave*).

-astro suffisso alterativo di aggettivi e di sostantivi che conferisce valore peggiorativo (*poetastro*); in parole che indicano colori dà il senso di 'impuro, misto ad altro colore' (*grigiastro*).

astrofisica [a-stro-fì-ʃi-ca] *s.f.* scienza che studia i fenomeni fisici che si verificano sugli astri e negli spazi interstellari.

astrofisico [a-stro-fì-ʃi-co] *agg.* [pl.m. *-ci*] che concerne l'astrofisica ♦ *s.m.* [f. *-a*] studioso di astrofisica.

astrofotografia [a-stro-fo-to-gra-fì-a] *s.f.* fotografia astronomica.

astrolabio [a-stro-là-bio] *s.m.* antico strumento per misurare l'altezza apparente degli astri sull'orizzonte.

astrologia [a-stro-lo-gì-a] *s.f.* [pl. *-gie*] arte divinatoria che mira a predire gli eventi futuri in base al presunto influsso degli astri sulle vicende umane.

astrologico [a-stro-lò-gi-co] *agg.* [pl.m. *-ci*] che concerne l'astrologia: *previsioni astrologiche.*

astrologo [a-strò-lo-go] *s.m.* [f. *-a*; pl.m. *-gi*] chi studia e pratica l'astrologia | (*estens.*) indovino.

astronauta [a-stro-nàu-ta] *s.m.* e *f.* [pl.m. *-ti*] pilota, navigatore spaziale.

astronautica [a-stro-nàu-ti-ca] *s.f.* scienza e tecnica della navigazione spaziale.

astronautico [a-stro-nàu-ti-co] *agg.* [pl.m. *-ci*] che riguarda l'astronautica.

astronave [a-stro-nà-ve] *s.f.* veicolo per la navigazione nello spazio.

astronomia [a-stro-no-mì-a] *s.f.* scienza che studia i moti dei corpi celesti e la natura chimico-fisica degli astri e dello spazio interstellare.

astronomico [a-stro-nò-mi-co] *agg.* [pl.m. *-ci*] **1** che concerne l'astronomia: *studi astronomici* | utilizzato per l'astronomia: *osservatorio —* **2** (*fig.*) esagerato: *prezzo —* □ **astronomicamente** *avv.* **1** secondo i principi dell'astronomia **2** (*fig.*) esageratamente.

astronomo [a-strò-no-mo] *s.m.* [f. *-a*] studioso d'astronomia.

astrusaggine [a-stru-ʃàg-gi-ne] *s.f.* (*non com.*) astruseria.

astruseria [a-stru-ʃe-rì-a] *s.f.* **1** l'essere astruso **2** ciò che è astruso: *dire delle astruserie.*

astrusità [a-stru-ʃi-tà] *s.f.* astruseria.

astruso [a-strù-ʃo] *agg.* che è difficile a capirsi perché troppo sottile, complicato: *ragionamento —* □ **astrusamente** *avv.*

astuccio [a-stùc-cio] *s.m.* scatola o fodero per la custodia di un oggetto: — *degli occhiali.*
astuto [a-stù-to] *agg.* **1** dotato di astuzia; furbo, scaltro **2** che denota astuzia; detto, fatto con astuzia: *risposta astuta* □ **astutamente** *avv.*
astuzia [a-stù-zia] *s.f.* **1** abilità nel raggiungere uno scopo; furbizia, scaltrezza **2** idea, azione astuta: *astuzie sottili.*
atabagico [a-ta-bà-gi-co] *s.m.* [pl. *-ci*] (*med.*) preparato che si somministra ai fumatori per disabituarli a fumare.
atarassia [a-ta-ras-sì-a] *s.f.* nella filosofia epicurea e stoica, imperturbabilità dell'animo.
atavico [a-tà-vi-co] *agg.* [pl.m. *-ci*] **1** ereditato dagli antenati; ancestrale: *abitudine atavica* **2** (*biol.*) relativo all'atavismo □ **atavicamente** *avv.*
atavismo [a-ta-vì-ʃmo] *s.m.* (*biol.*) presenza in un individuo di caratteri assenti sia nei genitori sia negli immediati ascendenti, ma ritenuti esistenti in antenati remoti.
ateismo [a-te-ì-ʃmo] *s.m.* negazione dell'esistenza di Dio o di qualunque realtà trascendente l'uomo.
ateistico [a-te-ì-sti-co] *agg.* [pl.m. *-ci*] che si riferisce all'ateismo.
atelier [/ atə'lje /] *s.m.invar.* (*fr.*) **1** studio d'artista o per attività di tipo artistico; laboratorio **2** sartoria d'alta moda.
atellana [a-tel-là-na] *s.f.* antica farsa popolare osca a personaggi fissi, introdotta nella letteratura latina nel sec. I a.C.
atemporale [a-tem-po-rà-le] *agg.* che è o è pensato fuori del tempo.
ateneo [a-te-nè-o] *s.m.* (*lett.*) università.
ateniese [a-te-nié-se] *agg.* di Atene ♦ *s.m.* e *f.* abitante di Atene.
ateo [à-te-o] *agg.* e *s.m.* [f. *-a*] che/chi professa l'ateismo: *dottrina atea.*
atermico [a-tèr-mi-co] *agg.* [pl.m. *-ci*] (*fis.*) che non trasmette calore: *vetri atermici.*
atesino [a-te-ʃì-no] *agg.* dell'Adige, della val d'Adige ♦ *s.m.* [f. *-a*] nativo, abitante della val d'Adige.
atipicità [a-ti-pi-ci-tà] *s.f.* l'essere atipico; originalità.
atipico [a-tì-pi-co] *agg.* [pl.m. *-ci*] non tipico; anormale: *polmonite atipica* □ **atipicamente** *avv.*
atlante [a-tlàn-te] *s.m.* **1** volume che raccoglie carte geografiche | — *storico,* le cui carte illustrano le variazioni politico-territoriali degli stati attraverso il tempo **2** raccolta di tavole illustrate relative a una determinata disciplina: — *di anatomia.*
atlantico [a-tlàn-ti-co] *agg.* [pl.m. *-ci*] **1** dell'oceano Atlantico: *fauna atlantica* **2** (*st.*) si dice del patto politico-militare stipulato nel 1949 tra gli Stati Uniti e i paesi dell'Europa occidentale, e di ciò che lo concerne: *alleanza atlantica.*
atlantismo [a-tlan-tì-ʃmo] *s.m.* politica e ideologia ispirate al patto atlantico.
atleta [a-tlè-ta] *s.m.* e *f.* [pl.m. *-ti*] chi pratica regolarmente uno sport | (*estens.*) persona robusta, aitante.
atletica [a-tlè-ti-ca] *s.f.* l'insieme delle discipline sportive che impegnano gli atleti in gare individuali o a squadre: — *leggera,* marcia, lancio, salto, corsa; — *pesante,* lotta e sollevamento pesi.
atletico [a-tlè-ti-co] *agg.* [pl.m. *-ci*] **1** che si riferisce o appartiene all'atletica: *gara atletica* **2** da atleta, proprio di un atleta: *fisico* —; *forza atletica* □ **atleticamente** *avv.* in modo atletico; dal punto di vista atletico.
atletismo [a-tle-tì-ʃmo] *s.m.* qualità di atleta; l'essere atletico.
atmosfera [at-mo-sfè-ra] *s.f.* **1** involucro gassoso che circonda la Terra e i corpi celesti: — *terrestre* **2** (*estens.*) l'aria che si respira | (*fig.*) condizione psicologica presente in un ambiente: *un'— di nervosismo* **3** (*fis.*) unità di misura della pressione.
atmosferico [at-mo-sfè-ri-co] *agg.* [pl.m. *-ci*] dell'atmosfera: *condizioni atmosferiche.*
atollo [a-tòl-lo] *s.m.* (*geog.*) isolotto corallino o madreporico a forma di anello, con una laguna interna.
atomica [a-tò-mi-ca] *s.f.* bomba atomica.
atomico [a-tò-mi-co] *agg.* [pl.m. *-ci*] **1** (*fis., chim.*) dell'atomo, che concerne l'atomo: *fisica atomica* | *numero* —, numero dei protoni contenuti nel nucleo di un atomo **2** (*estens.*) di tutto ciò che è connesso con l'energia liberata dai nuclei atomici: *bomba, guerra, centrale atomica* **3** (*fig. scherz.*) straordinario, stupefacente.
atomismo [a-to-mì-ʃmo] *s.m.* **1** antica dottrina filosofica greca secondo cui ogni realtà è costituita da un aggregato di atomi **2** (*fig.*) tendenza a una frammentazione eccessiva; dispersione: — *sociale.*
atomizzare [a-to-miʒ-ʒà-re] *v.tr.* ridurre un liquido in piccolissime goccioline; nebulizzare.
atomo [à-to-mo] *s.m.* **1** (*chim., fis.*) la particella più piccola della materia, costituita da un nucleo positivo intorno a cui ruotano delle cariche negative (elettroni) **2** particella o quantità piccolissima, non divisibile.
atonale [a-to-nà-le] *agg.* si dice di musica basata sull'atonalità.
atonalità [a-to-na-li-tà] *s.f.* (*mus.*) caratteristica di ogni musica che non segua i principi della tonalità.
atonia [a-to-nì-a] *s.f.* **1** (*med.*) indebolimento del tono muscolare **2** (*ling.*) mancanza di accento tonico.
atonico [a-tò-ni-co] *agg.* [pl.m. *-ci*] (*med.*) affetto da atonia: *muscoli atonici.*
atono [à-to-no] *agg.* **1** (*ling.*) si dice di vocale o sillaba sprovvista di accento tonico **2** (*estens.*) privo di espressione: *sguardo* —.
atossico [a-tòs-si-co] *agg.* [pl.m. *-ci*] che non è tossico.
atout [/ a'tu /] *s.m.invar.* (*fr.*) nel bridge e in altri giochi di carte, il seme che domina sugli altri e dà vantaggi nelle prese.

atrabile [a-tra-bì-le] *s.f.* **1** nella medicina antica, umore denso e aspro che era considerato causa dell'ipocondria **2** (*lett.*) malumore.
atrabiliare [a-tra-bi-lià-re] *agg.* (*lett.*) bilioso, collerico.
atrazina [a-tra-ʒi-na] *s.f.* erbicida usato per diserbare le coltivazioni di mais.
atriale [a-tri-à-le] *agg.* (*med.*) dell'atrio cardiaco.
atrio [à-tri-o] *s.m.* **1** in un edificio, l'ambiente a cui si accede direttamente dall'esterno e dal quale si entra negli altri locali: *l'— della stazione* **2** (*archeol.*) il cortile centrale dell'antica casa romana; vestibolo **3** (*anat.*) ognuna delle due cavità superiori del cuore; orecchietta.
atroce [a-tró-ce] *agg.* **1** orrendo, efferato: *un delitto —* **2** (*estens.*) terribile, intenso: *dolore —* □ **atrocemente** *avv.*
atrocità [a-tro-ci-tà] *s.f.* l'essere atroce; efferatezza, ferocia: *un delitto di inumana —* | atto atroce: *le — della guerra.*
atrofia [a-tro-fì-a] *s.f.* (*med.*) ridotto sviluppo o diminuzione di volume di un organo o di un tessuto: *— muscolare.*
atrofico [a-trò-fi-co] *agg.* [pl.m. *-ci*] (*med.*) di atrofia, affetto da atrofia.
atrofizzare [a-tro-fiʒ-ʒà-re] *v.tr.* **1** rendere atrofico **2** (*fig.*) privare di capacità, di energie: *— la mente* ♦ **atrofizzarsi** *v.intr.pron.* divenire atrofico, paralizzarsi.
atropa [à-tro-pa] *s.f.* (*bot.*) belladonna.
atropina [a-tro-pì-na] *s.f.* (*chim.*) alcaloide velenoso estratto dalla belladonna; è usato come antispastico e dilatatore della pupilla.
atropo [à-tro-po] *s.m.* (*zool.*) grossa farfalla notturna gialla e nerastra, detta anche *testa di morto.*
attaccabile [at-tac-cà-bi-le] *agg.* che si può attaccare | (*fig.*) criticabile, discutibile.
attaccabottoni [at-tac-ca-bot-tó-ni] *s.m.* e *f.invar.* (*fam.*) chi attacca facilmente discorso, dilungandosi poi in chiacchiere.
attaccabrighe [at-tac-ca-brì-ghe] *s.m.* e *f.invar.* (*fam.*) persona litigiosa.
attaccamento [at-tac-ca-mén-to] *s.m.* (*fig.*) vincolo affettivo; dedizione, affezione: *— alla famiglia, al dovere.*
attaccante [at-tac-càn-te] *agg.* che attacca: *l'esercito —* ♦ *s.m.* [anche *f.*] **1** chi attacca: *respingere gli attaccanti* **2** nel calcio e in altri giochi di squadra, chi è schierato in posizione avanzata, col compito di segnare una rete o far punto; punta.
attaccapanni [at-tac-ca-pàn-ni] *s.m.invar.* pezzo d'arredamento al quale si appendono cappotti, giacche e altri indumenti; appendiabiti.
attaccare [at-tac-cà-re] *v.tr.* [*io attacco, tu attacchi ecc.*] **1** unire fra loro due o più cose per mezzo di cuciture, legature, sostanze adesive: *— le maniche a un abito* **2** appendere: *— un quadro alla parete* **3** assalire: *— il nemico* | intaccare, ledere: *la ruggine attacca il ferro* | (*fig.*) criticare: *— il governo* **4** dare inizio a: *— un brano musicale* **5** collegare un apparecchio elettrico alla rete di distribuzione: *— il ferro da stiro* ♦ *v.intr.* [aus. *avere*] **1** aderire: *un francobollo che non attacca* **2** attecchire: *quella pianta non ha attaccato* | *non attacca!*, (*fam.*) si dice di proposta a cui non si presta fede **3** iniziare a lavorare: *— alle nove* **4** (*mil.*, *sport*) andare all'attacco ♦ **attaccarsi** *v.rifl.* o *intr.pron.* **1** appiccicarsi: *il sugo si è attaccato* **2** appigliarsi: *— a una scusa* **3** comunicarsi per contagio: *il raffreddore si attacca facilmente* **4** affezionarsi a una persona ♦ *v.rifl.rec.* muovere all'attacco l'uno contro l'altro.
attaccaticcio [at-tac-ca-tìc-cio] *agg.* [pl.f. *-ce*] **1** che si attacca facilmente; appiccicoso **2** (*fig.*) si dice di persona invadente, di cui è difficile liberarsi.
attaccato [at-tac-cà-to] *agg.* **1** unito da affetto o interesse: *essere — al denaro* | (*fig.*) appiccicato: *stare sempre — a qlcu.* **2** ligio, ossequente: *— al dovere.*
attaccatura [at-tac-ca-tù-ra] *s.f.* **1** (*non com.*) l'attaccare; la cosa attaccata **2** punto in cui una cosa s'attacca a un'altra: *l'— della manica.*
attacchinaggio [at-tac-chi-nàg-gio] *s.m.* nel gergo degli attivisti politici e sindacali, l'operazione di attaccare manifesti.
attacchino [at-tac-chì-no] *s.m.* [f. *-a*] chi attacca manifesti per mestiere.
attacco [at-tàc-co] *s.m.* [pl. *-chi*] **1** il punto in cui due cose si congiungono; attaccatura **2** dispositivo che serve a congiungere due cose: *l'— dello sci*, fissa lo scarpone allo sci | (*elettr.*) dispositivo per collegare un apparecchio alla rete di alimentazione **3** (*mil.*, *sport*) assalto, azione offensiva: *— aereo*; *andare all'—* | (*sport*) linea più avanzata di una squadra (di calcio, pallacanestro ecc.) **4** (*fig.*) critica aspra o violenta: *gli attacchi della stampa* **5** (*med.*) improvvisa manifestazione di una malattia; accesso: *— febbrile* **6** avvio, inizio: *— musicale.*
attache [/ at'taʃ /] *s.m.invar.* (*fr.*) fermaglio per tenere insieme più fogli di carta; graffetta.
attaché [/ attaʃ'ʃe /] *s.m.invar.* (*fr.*) nel linguaggio diplomatico, addetto.
attagliarsi [at-ta-gliàr-si] *v.intr.pron.* (*non com.*) adattarsi, addirsi: *questo comportamento non ti si attaglia.*
attanagliare [at-ta-na-glià-re] *v.tr.* [*io attanàglio ecc.*] **1** stringere con tenaglie **2** (*estens.*) stringere con forza, serrare **3** (*fig.*) tormentare: *essere attanagliato dai rimorsi.*
attardarsi [at-tar-dàr-si] *v.intr.pron.* indugiare, far tardi: *— ad ascoltare qlcu.*
attardato [at-tar-dà-to] *agg.* **1** ritardatario **2** (*fig.*) arretrato, anacronistico: *posizioni attardate.*
attecchimento [at-tec-chi-mén-to] *s.m.* l'attecchire.
attecchire [at-tec-chì-re] *v.intr.* [*io attecchisco, tu attecchisci ecc.*; aus. *avere*] **1** di piante, mettere radici e crescere dopo trapianto o innesto; allignare, radicarsi **2** (*fig.*) prender piede; diffondersi: *un uso che attecchirà facilmente.*
atteggiamento [at-teg-gia-mén-to] *s.m.* **1** modo di atteggiarsi, di disporsi; movenza, gesto: *as-*

sumere un — composto 2 (*estens.*) modo di comportarsi: *un — da diva* | disposizione mentale di fronte a un determinato problema: *— positivo.*
atteggiare [at-teg-già-re] *v.tr.* [*io attéggio ecc.*] disporre la persona o parte di essa in un determinato modo: *— il viso a tristezza* ♦ **atteggiarsi** *v.rifl.* 1 ostentare un atteggiamento: *— a martire* 2 (*assol.*) darsi delle arie; posare: *smettila di atteggiarti!*
attempato [at-tem-pà-to] *agg.* che è avanti negli anni, ma non vecchio.
attendamento [at-ten-da-mén-to] *s.m.* l'attendarsi; accampamento in tende.
attendarsi [at-ten-dàr-si] *v.intr.pron.* [*io mi attèndo ecc.*] piantare, innalzare una o più tende; accamparsi in tende.
attendente [at-ten-dèn-te] *s.m.* 1 militare di truppa un tempo assegnato al servizio personale di un ufficiale 2 (*spreg.*) segretario, factotum.
attendere [at-tèn-de-re] *v.tr.* [coniugato come *tendere*] aspettare (anche *assol.*): *— una risposta* ♦ *v.intr.* [aus. *avere*] dedicarsi, applicarsi a qlco.: *— agli studi.*
attendibile [at-ten-dì-bi-le] *agg.* credibile, degno di fede: *testimone —.*
attendibilità [at-ten-di-bi-li-tà] *s.f.* l'essere attendibile: *l'— di una notizia.*
attendismo [at-ten-dì-ʃmo] *s.m.* politica o atteggiamento da attendista.
attendista [at-ten-dì-sta] *s.m.* e *f.* [pl.m. *-sti*] chi non prende posizione in attesa dell'evolversi degli eventi | Usato anche come *agg.*: *atteggiamento —.*
attenere [at-te-né-re] *v.intr.* [coniugato come *tenere*; aus. *essere*] concernere, riguardare ♦ **attenersi** *v.rifl.* seguire con piena conformità: *— alle istruzioni.*
attentare [at-ten-tà-re] *v.intr.* [*io attènto ecc.*; aus. *avere*] compiere un attentato: *— alla vita di qlcu.* | (*fig.*) cercare di portare offesa o danno: *— all'onore di qlcu.*
attentato [at-ten-tà-to] *s.m.* 1 tentativo criminoso di recare offesa alla vita o all'incolumità altrui: *— terroristico*; *compiere, rivendicare un —* 2 (*fig.*) offesa grave: *— alla libertà.*
attentatore [at-ten-ta-tó-re] *s.m.* [f. *-trice*] chi compie un attentato.
attenti [at-tèn-ti] *inter.* comando rivolto a soldati, alunni o ginnasti perché assumano posizione eretta, braccia tese e appoggiate lungo i fianchi ♦ *s.m.* 1 il comando stesso: *dare l'—* 2 la posizione che si assume: *stare, scattare sull'—, sugli —* | *mettere qlcu. sull'—*, (*fig.*) farlo rigare dritto.
attento [at-tèn-to] *agg.* 1 che è concentrato su qlco.; che si impegna in ciò che fa: *stare — a evitare errori* | che dimostra attenzione; vigile: *sguardo —* | Con valore esclamativo, per avvertire di un pericolo o esortare all'attenzione: *ragazzi, attenti!* 2 fatto con attenzione, accurato: *lettura attenta* □ **attentamente** *avv.*
attenuamento [at-te-nu-a-mén-to] *s.m.* l'attenuare, l'attenuarsi.
attenuante [at-te-nu-àn-te] *agg.* che attenua | *circostanza —*, (*dir.*) quella che rende meno grave il reato, comportando una diminuzione della pena ♦ *s.f.* (*dir.*) circostanza attenuante.
attenuare [at-te-nu-à-re] *v.tr.* [*io attènuo ecc.*] 1 rendere più tenue; attutire: *— la luce, un colpo* 2 (*fig.*) diminuire di gravità o d'importanza: *— una responsabilità* | lenire: *— una sofferenza* ♦ **attenuarsi** *v.intr.pron.* diminuire di intensità, indebolirsi.
attenuazione [at-te-nu-a-zió-ne] *s.f.* l'attenuare, l'attenuarsi; riduzione.
attenzione [at-ten-zió-ne] *s.f.* 1 intensa applicazione su un dato oggetto: *ascoltare con —*; *prestare, fare —*, badare, stare attento | cura, diligenza: *mettere — nel compiere un lavoro* | Usato anche come *inter.* per avvertire di un pericolo o esortare a essere attento: *ragazzi, —!*; *—, si scivola!* 2 *pl.* premure, riguardi: *colmare qlcu. di attenzioni.*
atterige [at-tè-ri-ge] *s.m.* (*zool.*) uccello noto anche come *kiwi.*
attero [àt-te-ro], o **aptero**, *agg.* 1 (*zool.*) privo di ali: *insetto —* 2 (*arch.*) detto di tempio, senza colonne sui lati.
atterraggio [at-ter-ràg-gio] *s.m.* manovra con cui un aeromobile prende contatto con il suolo: *— di fortuna, forzato*, quello compiuto fuori di un aeroporto in condizioni di emergenza.
atterramento [at-ter-ra-mén-to] *s.m.* (*sport*) l'atterrare, l'essere atterrato in seguito ad azione consentita (nella lotta, pugilato, judo ecc.) o fallosa (nel calcio, nel basket ecc.).
atterrare [at-ter-rà-re] *v.tr.* [*io attèrro ecc.*] gettare, far cadere a terra: *— un nemico* | (*sport*) mettere a terra un avversario ♦ *v.intr.* [aus. *avere*; meno com. *essere*] (*aer.*) compiere un atterraggio.
atterrimento [at-ter-ri-mén-to] *s.m.* l'atterrire, l'essere atterrito; terrore.
atterrire [at-ter-rì-re] *v.tr.* [*io atterrisco, tu atterrisci ecc.*] terrorizzare: *— con minacce.*
atterrito [at-ter-rì-to] *agg.* terrorizzato.
attesa [at-té-sa] *s.f.* 1 l'attendere; il tempo che trascorre nell'attendere: *— lunga, breve*; *l'— del ritorno* | *sala d'—*, sala d'aspetto | *lista d'—*, elenco di persone che attendono (di imbarcarsi, di essere ricevute ecc.) | *nell'—, in —*, aspettando: *essere, rimanere in —* 2 (spec. *pl.*) ciò che ci si attende; aspettativa: *deludere le attese.*
atteso [at-té-so] *agg.* 1 aspettato: *un ritorno tanto —* | previsto: *un risultato —* 2 *— che*, (*burocr.*) dato che.
attestare[1] [at-te-stà-re] *v.tr.* [*io attèsto ecc.*] 1 asserire per conoscenza diretta: *— una verità* 2 (*fig.*) provare, dimostrare: *i fatti attestano la sua innocenza* | documentare: *l'anno di nascita di C. Colombo non è attestato.*
attestare[2] *v.tr.* [*io attèsto ecc.*] 1 mettere due cose testa a testa: *— due travi* 2 (*mil.*) schierare le truppe su posizioni idonee all'attacco o alla di-

fesa ♦ **attestarsi** *v.rifl.* (*mil.*) schierarsi su una data linea per far fronte al nemico (anche *fig.*): — *su posizioni antiquate.*

attestato [at-te-stà-to] *s.m.* 1 certificato, dichiarazione scritta 2 (*fig.*) dimostrazione, prova: *un — di generosità.*

attestazione [at-te-sta-zió-ne] *s.f.* 1 testimonianza, asserzione della verità di qlco.: *falsa —* 2 il documento che attesta; attestato: *rilasciare un'—* 3 (*fig.*) dimostrazione, prova: *ricevere un'— di stima.*

atticismo [at-ti-cì-ʃmo] *s.m.* 1 (*ling.*) vocabolo, forma o costrutto tipico del dialetto attico 2 nell'antichità greco-romana (sec. I a.C.), indirizzo letterario e retorico che propugnava uno stile sobrio e limpido; si contrappone ad *asianesimo* | (*estens.*) limpidezza e sobrietà di linguaggio.

attico[1] [àt-ti-co] *agg.* [pl.m. *-ci*] 1 dell'Attica: *vaso —* ♦ *s.m.* 1 [f. *-a*] abitante, nativo dell'Attica 2 il dialetto greco antico parlato nell'Attica.

attico[2] *s.m.* [pl. *-ci*] 1 (*arch.*) rialzo a parete piena o a balaustri eretto a scopo decorativo sopra il cornicione di un edificio 2 (*edil.*) piano abitabile di un edificio, costruito al di sopra della cornice di coronamento.

attiguo [at-tì-guo] *agg.* vicino, contiguo: *il giardino — alla casa.*

attillato [at-til-là-to] *agg.* si dice di abito aderente, che si adatta bene al corpo.

attimo [àt-ti-mo] *s.m.* 1 brevissimo spazio di tempo; momento, istante: *accadde in un —* | *un —!*, richiesta di attendere momentaneamente 2 (*fam.*) breve spazio: *tirati un — più in qua.*

attinente [at-ti-nèn-te] *agg.* che ha attinenza con qlco.; pertinente.

attinenza [at-ti-nèn-za] *s.f.* 1 relazione, connessione: *fra i due casi non c'è —* 2 *pl.* accessori, annessi: *un palazzo e le sue attinenze.*

attingere [at-tìn-ge-re] *v.tr.* [coniugato come *tingere*] 1 prendere con un recipiente, raccogliere (acqua o altro liquido) 2 (*fig.*) prendere, trarre: *— notizie.*

attinia [at-tì-nia], o **actinia**, *s.f.* animale marino dal corpo molle a forma di sacco, con tentacoli urticanti che lo rendono simile a un fiore dai bei colori; garofano di mare.

attinico [at-tì-ni-co] *agg.* [pl.m. *-ci*] (*fis.*) si dice di radiazione elettromagnetica dotata di particolare azione fotochimica (*p.e.* la radiazione ultravioletta): *luce attinica*, quella atta a impressionare un'emulsione fotografica.

attinide [at-tì-ni-de] *s.m.* (*chim.*) ognuno dei quindici elementi radioattivi, compresi fra l'attinio e il laurenzio, che hanno strette analogie di comportamento chimico.

attinio [at-tì-nio] *s.m.* elemento chimico di simbolo *Ac*; è un metallo radioattivo.

attinomiceti → **actinomiceti**.

attinopterigi [at-ti-nop-te-rì-gi], o **actinopterigi**, *s.m.pl.* (*zool.*) sottoclasse di pesci ossei con cartilagini rudimentali nelle pinne e raggi dermici prominenti.

attirare [at-ti-rà-re] *v.tr.* 1 tirare qlco. verso di sé; attrarre: *la calamita attira il ferro* 2 (*fig.*) richiamare, attrarre: *— l'attenzione di qlcu.*

attitudinale [at-ti-tu-di-nà-le] *agg.* che si riferisce all'attitudine | *esame, test —*, volto a valutare l'attitudine di una persona a svolgere una certa attività.

attitudine [at-ti-tù-di-ne] *s.f.* disposizione, inclinazione naturale per un'attività: *avere — per la musica.*

attivare [at-ti-và-re] *v.tr.* 1 mettere in azione, far funzionare: *— una macchina* | predisporre per il funzionamento: *— una mina* 2 (*chim.*) dar luogo a un processo di attivazione.

attivazione [at-ti-va-zió-ne] *s.f.* l'attivare, l'essere attivato: *l'— di un tronco ferroviario* | (*chim.*) condizione che mette degli elementi reattivi in grado di reagire.

attivismo [at-ti-vì-ʃmo] *s.m.* 1 l'essere in continua attività, il vivere attivamente: *dimostrare grande —* 2 partecipazione attiva a un'organizzazione politica o sindacale.

attivista [at-ti-vì-sta] *s.m.* e *f.* [pl.m. *-sti*] chi svolge una sistematica attività in un'organizzazione politica o sindacale.

attivistico [at-ti-vì-sti-co] *agg.* [pl.m. *-ci*] dell'attivismo, fondato sull'attivismo.

attività [at-ti-vi-tà] *s.f.* 1 l'essere attivo | *essere in —*, lavorare, essere in funzione: *la fabbrica è in piena —* 2 lavoro, occupazione: *svolgere un'—* 3 (*econ.*) qualsiasi bene o credito appartenente a un soggetto economico 4 (*geol.*) fase di eruzione di un vulcano: *l'Etna è in —.*

attivizzare [at-ti-viʒ-ʒà-re] *v.tr.* attivare; rendere attivo.

attivo [at-tì-vo] *agg.* 1 che agisce; operoso, laborioso: *un uomo —* | *vita attiva*, dedita all'azione, al lavoro 2 che ha una funzione specifica e determinante: *i principi attivi di un alimento* 3 in funzione, operante: *l'impianto è —* | *vulcano —*, non quiescente 4 (*gramm.*) si dice di verbo transitivo quando l'azione è compiuta dal soggetto della proposizione (p.e. *il padre ama i figli*) 5 (*econ.*) che registra un utile: *bilancio —* ♦ *s.m.* 1 (*gramm.*) il complesso delle forme attive di un verbo transitivo 2 (*econ.*) parte del bilancio di un'azienda in cui si registrano i beni e i crediti | *in —*, si dice di azienda che realizza degli utili 3 il complesso dei funzionari e degli attivisti di un organo politico o sindacale □ **attivamente** *avv.*

attizzare [at-tiz-zà-re] *v.tr.* 1 ravvivare il fuoco accostando i tizzi, smuovendo la brace, soffiandovi aria | *— un incendio*, farlo divampare 2 (*fig.*) eccitare, aizzare: *— gli odi, le passioni.*

attizzatoio [at-tiz-za-tó-io] *s.m.* arnese che serve per attizzare.

atto[1] [àt-to] *s.m.* 1 azione: *— di coraggio* | *all'— pratico*, in pratica | *all'— di*, al momento di | *nell'—*, nel momento stesso dell'azione: *fu sorpreso nell'— di rubare* | *tradurre, mettere in —*, realizzare 2 gesto, atteggiamento: *lo raffigurò nell'—*

di scrivere | *fare — di presenza*, essere presente solo per formalità **3** (*lit.*) dichiarazione orale in forma di preghiera: *— di fede, di dolore* **4** nella filosofia aristotelica, lo stato di piena realizzazione di quanto era in potenza **5** (*dir.*) documento con valore legale: *— notarile*; *atti processuali* | *— d'accusa*, quello con cui vengono contestati a un imputato i capi d'accusa | *prendere — di qlco.*, tenerla in adeguato conto | *dare —*, riconoscere, ammettere **6** ciascuna delle suddivisioni principali di un'opera teatrale: *commedia in tre atti* **7** *pl.* pubblicazione contenente il resoconto di assemblee, convegni ecc.: *atti parlamentari.*

atto² *agg.* adatto, appropriato: *mezzi atti allo scopo.*

atto- primo elemento della terminologia scientifica, che anteposto a un'unità di misura ne moltiplica il valore per 10^{-18} (p.e. *attosecondo*, misura di tempo equivalente a un miliardesimo di miliardesimo di secondo).

attonito [at-tò-ni-to] *agg.* sbalordito, sbigottito: *rimanere —.*

attorcigliamento [at-tor-ci-glia-mén-to] *s.m.* l'attorcigliare, l'attorcigliarsi; avvolgimento.

attorcigliare [at-tor-ci-glià-re] *v.tr.* [*io attorcìglio ecc.*] attorcere più volte una cosa su sé stessa: *— una fune* ♦ **attorcigliarsi** *v.rifl.* o *intr.pron.* avvolgersi su sé stesso o attorno a un oggetto: *le serpi si attorcigliano.*

attore [at-tó-re] *s.m.* [f. *-trice*] **1** chi recita in uno spettacolo: *— di prosa, cinematografico* | (*estens.*) chi tende a simulare e dissimulare. PEGG. *attorucolo* **2** (*fig.*) chi prende parte attiva a un evento: *essere — di gravi avvenimenti* **3** (*sociol.*) l'individuo in quanto soggetto sociale **4** (*dir.*) chi intraprende un processo civile.

attorniare [at-tor-nià-re] *v.tr.* [*io attórnio ecc.*] circondare, farsi attorno: *lo attorniarono per festeggiarlo* ♦ **attorniarsi** *v.rifl.* circondarsi (di persone).

attorno [at-tór-no] *avv.* intorno; in giro: *non c'era nessuno —*; *andare —*, girare, andare qua e là | *darsi d'—*, (*fig.*) darsi da fare, brigare | *avere qlcu., qlco. sempre —*, tra i piedi, in mezzo | *levarsi qlco., qlcu. d'—*, liberarsene | *guardarsi —*, (*fig.*) darsi da fare per trovare qlco. che interessa; agire con circospezione | Usato nella loc.prep. *— a*: *sedere — al fuoco.*

attraccare [at-trac-cà-re] *v.tr.* [*io attracco, tu attracchi ecc.*] accostare il fianco di un natante alla banchina o a un altro natante: *— la nave* ♦ *v.intr.* [aus. *essere*] detto di natante, accostare: *il piroscafo attraccò al molo.*

attracco [at-tràc-co] *s.m.* [pl. *-chi*] **1** manovra per attraccare **2** luogo in cui si attracca: *accostarsi all'—.*

attraente [at-tra-èn-te] *agg.* che attrae; affascinante, seducente: *una ragazza —*; *una prospettiva poco —.*

attrarre [at-tràr-re] *v.tr.* [coniugato come *trarre*] **1** attirare con forza, tirare a sé: *il magnete attrae il ferro* **2** (*fig.*) attirare, allettare: *essere attratto da uno spettacolo* | affascinare: *la sua grazia lo attrae* ♦ **attrarsi** *v.rifl.rec.* **1** attirarsi reciprocamente: *i poli opposti si attraggono* **2** (*fig.*) piacersi l'un l'altro.

attrattiva [at-trat-tì-va] *s.f.* **1** capacità di attrarre su di sé l'interesse, la simpatia degli altri; fascino **2** *pl.* insieme di qualità o cose che allettano, attirano: *le attrattive di una carriera.*

attraversamento [at-tra-ver-sa-mén-to] *s.m.* **1** l'attraversare: *l'— di un fiume* **2** il luogo dove si può attraversare: *— pedonale.*

attraversare [at-tra-ver-sà-re] *v.tr.* [*io attravèrso ecc.*] **1** passare da una parte all'altra, varcare (anche *fig.*): *— una strada*; *un'idea gli attraversò la mente* | (*assol.*) passare da una parte all'altra di una strada: *aiutare qlcu. ad —* **2** (*fig.*) passare, vivere: *— un periodo difficile.*

attraverso [at-tra-vèr-so] *avv.* **1** (*lett.*) trasversalmente **2** da parte a parte: *passare —* ♦ *prep.* **1** da una parte all'altra; in mezzo a: *la luce penetra — le imposte*; *correre — i campi* **2** trasversalmente, di traverso: *misero l'automobile — la strada* **3** mediante: *— indagini.*

attrazione [at-tra-zió-ne] *s.f.* **1** l'attrarre, l'attrarsi, l'essere attratto | (*fis.*) forza che tende ad avvicinare due corpi: *— magnetica* **2** (*fig.*) attrattiva, fascino: *— fisica* **3** numero sensazionale di uno spettacolo.

attrezzare [at-trez-zà-re] *v.tr.* [*io attrézzo ecc.*] **1** fornire di attrezzi, di attrezzatura: *— un'officina, una nave* **2** (*estens.*) fornire del necessario: *— un laboratorio* ♦ **attrezzarsi** *v.rifl.* equipaggiarsi: *— per il mare.*

attrezzatura [at-trez-za-tù-ra] *s.f.* **1** operazione dell'attrezzare, dell'attrezzarsi **2** dispositivo che svolge una determinata funzione: *— di bloccaggio* | insieme di attrezzi e impianti indispensabili per una determinata attività: *— industriale.*

attrezzeria [at-trez-ze-rì-a] *s.f.* **1** (*teat.*) l'insieme degli oggetti portatili necessari sulla scena **2** reparto di un'officina o di un'industria destinato alla manutenzione o alla costruzione delle varie attrezzature.

attrezzista [at-trez-zì-sta] *s.m.* e *f.* [pl.m. *-sti*] **1** (*sport*) ginnasta che esegue esercizi agli attrezzi **2** (*teat.*) chi procura e dispone sulla scena l'attrezzeria **3** operaio addetto all'attrezzeria.

attrezzistica [at-trez-zì-sti-ca] *s.f.* (*sport*) ginnastica con gli attrezzi.

attrezzo [at-trézzo] *s.m.* **1** oggetto adatto a un determinato uso; arnese, utensile: *gli attrezzi del falegname* **2** (*sport*) ogni strumento utilizzato per esercizi atletici e ginnici (*p.e.* sbarra, anelli, parallele).

attribuibile [at-tri-bu-ì-bi-le] *agg.* che può essere attribuito: *un dipinto — a Modigliani.*

attribuire [at-tri-bu-ì-re] *v.tr.* [*io attribuisco, tu attribuisci ecc.*] **1** conferire; riconoscere come proprio di qlcu. o di qlco.: *— un premio, un merito a qlcu.* | ascrivere, assegnare: *— valore a un oggetto* **2** far dipendere; imputare: *la svista va attribuita alla fretta.*

attributivo [at-tri-bu-tì-vo] *agg.* che serve ad attribuire | (*gramm.*) che ha funzione di attributo: *aggettivo —*; *proposizione attributiva*, proposizione relativa che aggiunge una specificazione necessaria (*p.e.* le cose *che hai detto* sono inesatte).
attributo [at-tri-bù-to] *s.m.* **1** qualità propria di qlcu. o di qlco.: *l'astuzia era — di Ulisse* **2** (spec. *pl.*) carattere sessuale, qualità, caratteristica maschile o femminile **3** (*gramm.*) aggettivo che esprime una qualità del sostantivo a cui si riferisce e con cui concorda in genere e numero (*p.e.* vestito *bianco*, case *moderne*).
attribuzione [at-tri-bu-zió-ne] *s.f.* **1** l'attribuire, l'essere attribuito: *opera d'incerta —*, di autore incerto **2** (spec. *pl.*) le funzioni e i doveri propri di chi svolge un determinato compito.
attrito [at-trì-to] *s.m.* **1** (*fis.*) resistenza passiva che ostacola il movimento di un corpo su di un altro e provoca una dissipazione di energia | (*estens.*) sfregamento, logorio: *consumarsi per l'—* **2** (*fig.*) contrasto: *un — profondo divide le due famiglie.*
attruppare [at-trup-pà-re] *v.tr.* ammassare confusamente, raccogliere in folla ♦ **attrupparsi** *v.rifl.* radunarsi in folla, ammassarsi confusamente.
attuabile [at-tu-à-bi-le] *agg.* che si può attuare.
attuale [at-tu-à-le] *agg.* del tempo presente; odierno: *la situazione —* | che ha valore ancora oggi: *i classici sono sempre attuali* □ **attualmente** *avv.* nel momento attuale, al presente: *— non sono previste modifiche.*
attualismo [at-tua-lì-ʃmo] *s.m.* la dottrina filosofica di G. Gentile (1875-1944), che pone nello spirito, inteso come atto puro, il principio assoluto della realtà.
attualità [at-tu-a-li-tà] *s.f.* **1** qualità di ciò che è attuale: *l'— di un problema* | *di —*, di interesse nel presente: *essere, tornare di —*; *questione di viva —* **2** (spec. *pl.*) fatto recente, attuale: *settimanale di —* | *film, documentario di —*, su avvenimenti recenti.
attualizzare [at-tu-a-liʒ-ʒà-re] *v.tr.* rendere attuale, moderno: *— un problema*, riproporlo in termini attuali.
attualizzazione [at-tua-liʒ-ʒa-zió-ne] *s.f.* l'attualizzare, l'essere attualizzato.
attuare [at-tu-à-re] *v.tr.* [*io àttuo ecc.*] mettere in atto, realizzare: *— una riforma* ♦ **attuarsi** *v.intr.pron.* tradursi in atto, realizzarsi: *il suo progetto si è attuato.*
attuariale [at-tu-a-rià-le] *agg.* che studia la tecnica delle assicurazioni su basi statistiche: *scienze attuariali.*
attuativo [at-tua-tì-vo] (*burocr.*) che attua, che mette in atto; che realizza.
attuazione [at-tua-zió-ne] *s.f.* realizzazione, esecuzione: *— di un piano.*
attutimento [at-tu-ti-mén-to] *s.m.* l'attutire, l'essere attutito; attenuamento.
attutire [at-tu-tì-re] *v.tr.* [*io attutisco, tu attutisci ecc.*] rendere meno intenso; attenuare: *— un colpo, il dolore* ♦ **attutirsi** *v.intr.pron.* attenuarsi.
audace [au-dà-ce] *agg.* **1** che non esita ad affrontare il pericolo; coraggioso: *un — navigatore* **2** temerario, arrischiato: *un'impresa —* | (*estens.*) che è arditamente nuovo, originale: *un progetto —* **3** irriguardoso; provocante: *parole audaci*; *una scollatura —* ♦ *s.m.* e *f.* chi ha audacia: *la fortuna aiuta gli audaci* □ **audacemente** *avv.*
audacia [au-dà-cia] *s.f.* [pl. *-cie*] **1** ardimento, coraggio spinto fino al disprezzo del pericolo; temerarietà: *combattere con —* **2** novità ardita: *l'— di una soluzione* **3** sfrontatezza, insolenza: *ha avuto l'— di insultarmi.*
audience [/ ˈɔdjens /] *s.f.invar.* (*ingl.*) insieme di persone che seguono un programma televisivo o radiofonico in un dato momento.
audio [àu-dio] *s.m.invar.* **1** apparato di riproduzione sonora: *l'— di un televisore* **2** il suono riprodotto da apposite apparecchiature | Usato anche come *agg.invar.*: *registrazione —.*
audio- primo elemento di parole composte che significa 'percezione acustica' (*audiometria*).
audiocassetta [au-dio-cas-sét-ta] *s.f.* nastro magnetico in cassetta per la registrazione di suoni.
audiofrequenza [au-dio-fre-quèn-za] *s.f.* (*fis.*) frequenza di oscillazione acustica percepibile dall'orecchio umano.
audioleso [au-dio-lé-so *o* audiolèʃo] *agg.* e *s.m.* [f. *-a*] (*med.*) che/chi ha difetti di udito.
audiologia [au-dio-lo-gì-a] *s.f.* branca della medicina che studia l'orecchio e le sue malattie.
audiometria [au-dio-me-trì-a] *s.f.* (*med.*) misurazione della sensibilità uditiva.
audiometrico [au-dio-mè-tri-co] *agg.* [pl.m. *-ci*] relativo all'audiometria: *esame —.*
audiovisivo [au-dio-vi-ʃì-vo] *agg.* che riproduce contemporaneamente suoni e immagini ♦ *s.m.* (spec. *pl.*) qualsiasi mezzo (film, televisione, radio, videocassetta ecc.) che riproduce suoni e immagini.
auditing [/ ˈɔditiŋ /] *s.m.invar.* (*ingl.*) (*fin.*) revisione ufficiale dei conti di società quotate in borsa: *società di —.*
auditorio [au-di-tò-rio], o **auditorium**, *s.m.* sala in cui si tengono concerti o conferenze.
audizione [au-di-zió-ne] *s.f.* **1** ascolto a fini di prova tecnica: *— musicale, radiofonica* | *fare un'— a un cantante*, vagliarne le capacità ascoltando una sua esecuzione **2** *— di un teste*, (*dir.*) ascolto della deposizione.
auge [àu-ge] *s.f.invar.* solo nella loc. *in —*, al culmine del successo: *essere, tornare in —.*
augello [au-gèl-lo] *s.m.* (*poet.*) uccello.
augnatura [au-gna-tù-ra] *s.f.* (*tecn.*) taglio obliquo di due pezzi da collegare secondo un certo angolo; unghiatura | il punto in cui i due pezzi si collegano.
augurabile [au-gu-rà-bi-le] *agg.* che ci si può augurare, che è da augurarsi; auspicabile: *è — che si arrivi a un accordo.*
augurale [au-gu-rà-le] *agg.* **1** degli àuguri **2** che porta o esprime augurio: *saluto, discorso —.*

augurare [au-gu-rà-re] *v.tr.* [*io àuguro ecc.*] manifestare il desiderio che accadano eventi lieti o riesca a buon fine qlco.; esprimere un augurio, fare gli auguri: — *buon viaggio, il buon giorno* | *augurarsi*, sperare bene per sé o per altri: *mi auguro di riuscire, che tu riesca.*

augure [àu-gu-re] *s.m.* presso i romani, sacerdote che prediceva il futuro osservando il volo degli uccelli o altri fenomeni | (*lett.*) profeta, indovino.

augurio [au-gù-rio] *s.m.* **1** desiderio manifestato a qlcu. che si realizzi un evento positivo: *un — di pronta guarigione* | (spec. *pl.*) espressione augurale rivolta in occasione di festività o ricorrenze: *fare gli auguri di Natale, per il compleanno* **2** (*estens.*) auspicio: *essere di buon —.*

augusteo [au-gu-stè-o] *agg.* dell'imperatore Augusto: *età augustea.*

augusto [au-gù-sto] *agg.* venerabile, maestoso, soprattutto come titolo onorifico di altissimi personaggi: *l'augusta maestà del sovrano.*

aula [àu-la] *s.f.* **1** locale in cui si tengono lezioni scolastiche: — *di disegno*; — *magna*, la più grande di un istituto scolastico o di un'università. DIM. *auletta* **2** sala di edifici pubblici adibita a riunioni e manifestazioni solenni: — *del tribunale.*

aulente [au-lèn-te] *agg.* (*lett.*) odoroso, profumato.

aulico [àu-li-co] *agg.* [pl.m. *-ci*] (*lett.*) **1** di corte: *poeta —* **2** (*fig.*) illustre, nobile: *lingua aulica* □ **aulicamente** *avv.*

aumentabile [au-men-tà-bi-le] *agg.* che si può aumentare.

aumentare [au-men-tà-re] *v.tr.* [*io auménto ecc.*] **1** rendere più grande, più intenso, più numeroso; accrescere: — *il patrimonio, lo stipendio* **2** (*fam.*) aumentare il prezzo di qlco.; rincarare: — *la carne* ♦ *v.intr.* [aus. *essere*] accrescersi: *la popolazione è aumentata* | salire di prezzo: *gli affitti sono aumentati.*

aumento [au-mén-to] *s.m.* l'aumentare, l'essere aumentato; crescita, accrescimento: — *delle spese*; — *di peso* | rincaro, rialzo del prezzo: *è previsto un — della benzina.*

aura [àu-ra] *s.f.* **1** (*poet.*) aria in lieve movimento; venticello, brezza **2** (*fig. lett.*) atmosfera spirituale: *un'— di pace* | atmosfera suggestiva che emana dall'opera d'arte.

aureo [àu-re-o] *agg.* **1** d'oro: *anello —* | *riserva aurea*, (*econ.*) scorta d'oro di uno stato a copertura della cartamoneta circolante **2** (*lett.*) che ha il colore dell'oro **3** (*fig.*) eccellente, prezioso: *un — consiglio* | *periodo —*, quello di maggior splendore di un'epoca.

aureola [au-rè-o-la] *s.f.* **1** cerchio splendente raffigurato attorno al capo dei santi a simbolo della loro dignità **2** (*fig.*) splendore di virtù: *crearsi un'— di bontà* **3** (*estens.*) contorno di luce intorno a un corpo; alone.

auricola [au-rì-co-la] *s.f.* (*anat.*) orecchietta, atrio del cuore.

auricolare [au-ri-co-là-re] *agg.* **1** (*anat.*) dell'orecchio, che si riferisce all'orecchio: *padiglione —* **2** che ha forma di orecchio: *cavità —* **3** che ha relazione con l'atto di ascoltare | *testimone —*, (*dir.*) quello che ha udito direttamente ♦ *s.m.* dispositivo per l'ascolto individuale di un segnale acustico: — *della cuffia.*

aurifero [au-rì-fe-ro] *agg.* che contiene oro: *sabbia aurifera.*

auriga [au-rì-ga] *s.m.* [pl. *-ghi*] presso gli antichi, chi guidava il carro da guerra o il cocchio.

aurora [au-rò-ra] *s.f.* **1** il chiarore che precede il sorgere del sole | — *polare*, fenomeno luminoso che si manifesta nell'atmosfera delle regioni polari; — *boreale, australe*, a seconda dell'emisfero in cui si verifica **2** (*fig.*) fase iniziale: *l'— della civiltà.*

aurorale [au-ro-rà-le] *agg.* (*lett.*) **1** dell'aurora **2** (*fig.*) iniziale: *fase —.*

auscultare [au-scul-tà-re] *v.tr.* (*med.*) ascoltare direttamente con l'orecchio, o con appositi apparecchi, i rumori provenienti dagli organi interni del corpo.

auscultazione [au-scul-ta-zió-ne] *s.f.* (*med.*) l'auscultare.

ausiliare [au-ʃi-lià-re] *agg.* che dà, che può dare aiuto | *verbo —*, (*gramm.*) verbo che serve a formare i tempi composti e il passivo degli altri verbi; in italiano i verbi ausiliari sono *essere* e *avere* ♦ *s.m.* **1** [anche *f.*] chi collabora; collaboratore **2** (*gramm.*) verbo ausiliare.

ausiliaria [au-ʃi-lià-ria] *s.f.* donna arruolata in un esercito, per lo più con mansioni assistenziali o amministrative.

ausiliario [au-ʃi-lià-rio] *agg.* ausiliare, che aiuta | *forze ausiliarie*, (*mil.*) i reparti che si occupano dei servizi amministrativi, assistenziali ecc. ♦ *s.m.* (*mil.*) ufficiale non più in servizio che può venir richiamato in caso di bisogno.

ausilio [au-ʃì-lio] *s.m.* aiuto.

ausonio [au-ʃò-nio] *agg.* **1** dell'Ausonia, antico nome della Campania, poi esteso dai poeti latini a indicare tutta l'Italia **2** (*lett.*) italico.

auspicabile [au-spi-cà-bi-le] *agg.* augurabile.

auspicare [au-spi-cà-re] *v.tr.* [*io àuspico, tu àuspichi ecc.*] augurare, desiderare vivamente: *auspico la tua riuscita.*

auspice [àu-spi-ce] *s.m.* **1** presso i romani, sacerdote che traeva gli auspìci; augure **2** chi promuove, favorisce o sostiene qualche iniziativa.

auspicio [au-spì-cio] *s.m.* **1** presagio tratto da un augure | (*estens.*) presagio, pronostico: *trarre auspici da qlco.* **2** (*lett.*) augurio: *essere di buon —* **3** (*fig.*) patrocinio: *un'iniziativa sorta sotto gli auspici del comune.*

austerità [au-ste-ri-tà] *s.f.* **1** l'essere austero **2** politica economica di restrizione dei consumi ed eliminazione degli sprechi.

austerity [/ os'teriti /] *s.f.invar.* (*ingl.*) austerità, restrizione dei consumi.

austero [au-stè-ro] *agg.* rigoroso; severo, rigido: *disciplina austera* | che non concede nulla al su-

perfluo: *arredamento* — | grave, solenne: *volto* —.
australe [au-strà-le] *agg.* dell'emisfero meridionale della Terra o della zona celeste che lo sovrasta; si contrappone a *boreale*: *polo* —.
australiano [au-stra-lià-no] *agg.* dell'Australia ♦ *s.m.* [f. *-a*] nativo, abitante dell'Australia.
australoide [au-stra-lòi-de] *agg.* e *s.m.* e *f.* si dice di tipo umano originario del continente australiano, caratterizzato da pelle bruna, naso largo e capelli crespi.
australopiteco [au-stra-lo-pi-tè-co] *s.m.* scimmia fossile morfologicamente molto simile all'uomo.
austriacante [au-stri-a-càn-te] *agg.* e *s.m.* e *f.* (*spreg.*) che/chi era fautore della dominazione austriaca in Italia.
austriaco [au-strì-a-co] *agg.* [pl.m *-ci*] dell'Austria ♦ *s.m.* [f. *-a*] nativo, abitante dell'Austria.
austro [àu-stro] *s.m.* (*lett.*) vento caldo che soffia da sud | (*estens.*) il Sud stesso.
austro- primo elemento di parole composte che significa 'austriaco' (*austroungarico*).
austroungarico [au-stro-un-gà-ri-co] *agg.* [pl.m. *-ci*] (*st.*) della formazione statale costituita dall'Impero d'Austria e dal Regno di Ungheria (1867-1918).
autarchia¹ [au-tar-chì-a] *s.f.* (*econ.*) indipendenza del mercato nazionale dai mercati esteri per la produzione di ogni specie di bene.
autarchia² *s.f.* (*dir.*) facoltà degli enti pubblici di amministrarsi in modo autonomo.
autarchico¹ [au-tàr-chi-co] *agg.* [pl.m. *-ci*] di autarchia, dell'autarchia; indipendente dai mercati esteri: *politica autarchica* | *prodotto* —, quello di produzione nazionale, che ne sostituisce un altro importato dall'estero □ **autarchicamente** *avv.*
autarchico² *agg.* [pl.m. *-ci*] (*dir.*) che gode di autonomia amministrativa: *ente* —.
aut aut [/ aut'aut /] *loc.sost.m.invar.* (*lat.*) si usa per indicare una scelta alternativa obbligatoria: *imporre un* —.
autentica [au-tèn-ti-ca] *s.f.* (*burocr.*) autenticazione.
autenticare [au-ten-ti-cà-re] *v.tr.* [*io autèntico, tu autèntichi ecc.*] dichiarare o dimostrare autentico: — *una firma*, (*burocr.*) certificare che sia autografa; — *un'opera d'arte*, testimoniare che appartiene all'artista a cui è attribuita.
autenticazione [au-ten-ti-ca-zió-ne] *s.f.* (*burocr.*) dichiarazione di autenticità di un documento o di una firma.
autenticità [au-ten-ti-ci-tà] *s.f.* l'essere autentico; veridicità, originalità, genuinità.
autentico [au-tèn-ti-co] *agg.* [pl.m. *-ci*] **1** che è vero e dimostrato come tale: *documento* — **2** (*fig.*) originale: *un mobile — inglese* | genuino, schietto: *sentimento* — | (*fam.*) vero e proprio: *un — imbecille!* □ **autenticamente** *avv.*
autiere [au-tiè-re] *s.m.* (*mil.*) soldato assegnato alla guida di automezzi.
autismo [au-tì-ʃmo] *s.m.* (*psich.*) ripiegamento dell'individuo su sé stesso, per cui risulta ridotto o addirittura mancante il rapporto psichico con gli altri e con la realtà esterna.
autista¹ [au-tì-sta] *s.m.* e *f.* [pl.m. *-sti*] chi conduce autoveicoli per mestiere | (*estens.*) chi guida un'automobile.
autista² *s.m.* e *f.* [pl.m. *-sti*] (*psich.*) chi è affetto da autismo.
autistico [au-tì-sti-co] *agg.* [pl.m. *-ci*] (*psich.*) proprio di chi è affetto da autismo: *comportamento* —.
auto [àu-to] *s.f.invar.* forma abbreviata di *automobile* | *auto-bomba*, automobile carica di esplosivo che si fa esplodere per compiere un attentato.
auto-¹ primo elemento di parole composte che può valere 'di sé stesso' (*autoeducazione*) oppure 'spontaneamente, da sé' (*autocombustione*).
auto-² forma abbreviata di *automobile*, usata come primo elemento di parole composte che designano veicoli a motore o che si riferiscono alla motorizzazione (*autobus, autocisterna*).
autoabbronzante [au-to-ab-bron-ʒàn-te] *agg.* e *s.m.* si dice di prodotto cosmetico che procura l'abbronzatura senza esposizione ai raggi solari.
autoaccensione [au-to-ac-cen-sió-ne] *s.f.* accensione spontanea di masse combustibili | nei motori a combustione interna, accensione della miscela aria-combustibile.
autoadesivo [au-to-a-de-ʃí-vo] *agg.* e *s.m.* si dice di oggetto provvisto di una superficie ricoperta di sostanza adesiva: *talloncino* —; *un — pubblicitario.*
autoaffermazione [au-to-af-fer-ma-zió-ne] *s.f.* affermazione di sé, del proprio ruolo.
autoaffondamento [au-to-af-fon-da-mén-to] *s.m.* affondamento di una nave a opera del suo stesso equipaggio, al fine di evitarne la cattura da parte del nemico.
autoambulanza [au-to-am-bu-làn-za] *s.f.* autoveicolo attrezzato per il trasporto di feriti o ammalati.
autoanalisi [au-to-a-nà-li-ʃi] *s.f.* analisi introspettiva di sé stesso; indagine di sé stesso con metodi psicoanalitici.
autoarticolato [au-to-ar-ti-co-là-to] *s.m.* autoveicolo formato da una motrice con sola cabina di guida e da un semirimorchio.
autoassoluzione [au-to-as-so-lu-zió-ne] *s.f.* l'atto di autoassolversi.
autoassolversi [au-to-as-sòl-ver-si] *v.intr.pron.* proclamare la legittimità del proprio operato, giustificando azioni e comportamenti scorretti.
autobiografia [au-to-bi-o-gra-fì-a] *s.f.* opera in cui l'autore narra la propria vita.
autobiografico [au-to-bi-o-grà-fi-co] *agg.* [pl.m. *-ci*] dell'autobiografia; che ha carattere di autobiografia: *romanzo* —; *un particolare* — □ **autobiograficamente** *avv.*
autobiografismo [au-to-bi-o-gra-fi-ʃmo] *s.m.* in uno scrittore o in un artista, tendenza a porre sé

stesso e la propria vita alla base della propria opera.
autoblinda [au-to-blìn-da], o **autoblindata** [au-to-blin-dà-ta], *s.f.* autoblindo.
autoblindato [au-to-blin-dà-to] *agg.* si dice di automezzo corazzato e armato.
autoblindo [au-to-blìn-do] *s.m.invar.* autoveicolo gommato, corazzato e armato di mitragliatrici o piccoli cannoni.
autobotte [au-to-bót-te] *s.f.* autocisterna con il serbatoio diviso in più scomparti.
autobus [àu-to-bus] *s.m.invar.* autoveicolo adibito al trasporto collettivo di persone, con più di nove posti: *— urbano, interurbano.*
autocamionale [au-to-ca-mio-nà-le] *s.f.* strada adatta al transito di autoveicoli pesanti.
autocaravan [au-to-cà-ra-van] *s.f.invar.* autofurgone sul cui telaio è montata una struttura tipo caravan; camper.
autocarro [au-to-càr-ro] *s.m.* autoveicolo per il trasporto di merci, costituito da una cabina di guida e da un cassone di carico.
autocensura [au-to-cen-sù-ra] *s.f.* censura esercitata su sé stesso o sulla propria opera.
autocentro [au-to-cèn-tro] *s.m.* centro di riparazione e vendita di automobili.
autocertificazione [au-to-cer-ti-fi-ca-zió-ne] *s.f.* (*burocr.*) dichiarazione del cittadino che certifica, sotto responsabilità penale, i propri dati anagrafici.
autocingolato [au-to-cin-go-là-to] *s.m.* autoveicolo con cingoli.
autocisterna [au-to-ci-stèr-na] *s.f.* autoveicolo che porta sul telaio un serbatoio per il trasporto di liquidi.
autoclave [au-to-clà-ve] *s.f.* recipiente cilindrico a chiusura ermetica capace di resistere a pressioni superiori a quella atmosferica; è usato come sterilizzatore e regolatore di pressione.
autocolonna [au-to-co-lón-na] *s.f.* colonna di autoveicoli.
autocombustione [au-to-com-bu-stió-ne] *s.f.* combustione provocata da un'autoaccensione.
autocommiserazione [au-to-com-mi-ʃe-ra-zió-ne] *s.f.* il fare sé stesso oggetto della propria commiserazione; il compiangersi.
autocompiacimento [au-to-com-pia-ci-mén-to] *s.m.* l'essere soddisfatto e compiaciuto di sé stesso.
autoconcessionario [au-to-con-ces-sio-nà-rio] *s.m.* concessionario per la vendita di automobili.
autocontrollo [au-to-con-tròl-lo] *s.m.* controllo di sé stesso: *mantenere l'—.*
autoconvinzione [au-to-con-vin-zió-ne] *s.f.* persuasione raggiunta con un ragionamento del tutto soggettivo e che coincide con ciò che si ha interesse a credere.
autocoria [au-to-co-rì-a] *s.f.* (*bot.*) disseminazione spontanea (*p.e.* in piante i cui frutti si aprono lanciando lontano i semi); autodisseminazione.
autocorriera [au-to-cor-riè-ra] *s.f.* autobus interurbano; corriera.
autocoscienza [au-to-co-scièn-za] *s.f.* **1** (*filos.*) coscienza di sé **2** (*psicol.*) esperienza analitica o genericamente psicologica del proprio io.
autocrate [au-tò-cra-te] *s.m.* e *f.* chi esercita la propria autorità in modo assoluto; despota.
autocratico [au-to-crà-ti-co] *agg.* [pl.m. *-ci*] che è proprio di un autocrate: *governo —*, assoluto.
autocrazia [au-to-cra-zì-a] *s.f.* governo assoluto; dispotismo.
autocritica [au-to-crì-ti-ca] *s.f.* critica di sé stesso, del proprio operato.
autocritico [au-to-crì-ti-co] *agg.* [pl.m. *-ci*] di autocritica: *atteggiamento —.*
autocross [au-to-cròss] *s.m.invar.* (*sport*) gara automobilistica su un percorso molto accidentato.
autoctono [au-tò-cto-no] *agg.* **1** nativo del luogo stesso in cui vive: *popolazione autoctona* **2** (*geol.*) si dice di rocce formatesi nello stesso luogo dove affiorano ♦ *s.m.* [f. *-a*] indigeno.
autodafé [au-to-da-fé], o **auto da fe**, *s.m.invar.* **1** (*st.*) all'epoca dell'Inquisizione, atto d'abiura di un eretico processato e pentito; anche, l'esecuzione sul rogo di un eretico che avesse rifiutato di pronunciare l'abiura **2** (*estens.*) rogo con cui si distrugge polemicamente qlco.: *fare un — di libri.*
autodecisione [au-to-de-ci-ʃió-ne] *s.f.* facoltà di volere e agire liberamente.
autodemolitore [au-to-de-mo-li-tó-re] *s.m.* chi demolisce le vecchie automobili.
autodenuncia [au-to-de-nùn-cia] *s.f.* denuncia di sé stesso, delle proprie colpe, dei propri errori | (*dir.*) l'azione di chi si denuncia a un'autorità per una propria infrazione.
autodeterminazione [au-to-de-ter-mi-na-zió-ne] *s.f.* **1** autodecisione | *— dei popoli*, il diritto di ciascun popolo di scegliere la propria condizione politica.
autodidatta [au-to-di-dàt-ta] *s.m.* e *f.* [pl.m. *-ti*] chi si è istruito da sé, senza compiere studi regolari.
autodidattico [au-to-di-dàt-ti-co] *agg.* [pl.m. *-ci*] di autodidatta, da autodidatta; che serve a far imparare da sé.
autodifesa [au-to-di-fé-sa] *s.f.* difesa di sé stesso | (*dir.*) difesa da parte di un imputato senza l'assistenza di un legale.
autodisciplina [au-to-di-sci-plì-na] *s.f.* controllo, padronanza di sé: *imporsi una severa —.*
autodisseminazione [au-to-dis-se-mi-na-zió-ne] *s.f.* (*bot.*) autocoria.
autodistruttivo [au-to-di-strut-tì-vo] *agg.* che si distrugge da sé | (*estens.*) di atteggiamento, comportamento gravemente dannoso per la persona che lo attua: *mania autodistruttiva.*
autodistruzione [au-to-di-stru-zió-ne] *s.f.* l'autodistruggersi.
autodromo [au-tò-dro-mo] *s.m.* pista attrezzata per competizioni automobilistiche.
autoerotismo [au-to-e-ro-ti-ʃmo] *s.m.* erotismo di tipo narcisistico | (*estens.*) masturbazione.

autoesaltazione [au-to-e-sal-ta-zió-ne] *s.f.* esaltazione di sé, dei propri meriti.
autoestinguente [au-to-e-stin-guèn-te] *agg.* si dice di materiale che al contatto con la fiamma non prende fuoco.
autofecondazione [au-to-fe-con-da-zió-ne] *s.f.* (*biol.*) fecondazione, frequente nei vegetali, tra organi dei due sessi presenti nel medesimo individuo.
autoferrotranviario [au-to-fer-ro-tran-vià-rio] *agg.* che riguarda i trasporti pubblici su autobus, ferrovie e tranvie, considerati unitariamente: *il sistema* —.
autoferrotranvieri [au-to-fer-ro-tran-viè-ri] *s. m.pl.* i lavoratori delle aziende autoferrotranviarie.
autofficina [au-tof-fi-cì-na] *s.f.* **1** officina trasportabile, sistemata su autocarri **2** officina dove si riparano autoveicoli.
autofilettante [au-to-fi-let-tàn-te] *agg.* si dice di vite d'acciaio per lamiere che filetta il foro della sua sede nel momento stesso in cui si avvita.
autofilotranviario [au-to-fi-lo-tran-vià-rio] *agg.* che riguarda i trasporti pubblici su autobus, filovie e tranvie, considerati unitariamente: *rete autofilotranviaria.*
autofinanziamento [au-to-fi-nan-zia-mén-to] *s.m.* l'operazione dell'autofinanziarsi; l'importo di tale operazione.
autofinanziarsi [au-to-fi-nan-ziàr-si] *v.rifl.* [*io mi autofinànzio ecc.*] provvedere al finanziamento di un'azienda mediante i suoi stessi utili | (*estens.*) impiegare denaro proprio per finanziare un'attività di cui si è promotori o a cui si partecipa.
autofocus [au-to-fò-cus] *s.m.* e *f.* obiettivo di macchina fotografica che è in grado di eseguire automaticamente la messa a fuoco | (*estens.*) la macchina fotografica dotata di tale obiettivo.
autofurgone [au-to-fur-gó-ne] *s.m.* autoveicolo attrezzato a furgone chiuso.
autogenesi [au-to-gè-ne-ʃi] *s.f.* (*biol.*) generazione spontanea.
autogeno [au-tò-ge-no] *agg.* che si produce da sé | *saldatura autogena,* (*tecn.*) operata senza impiego di lega saldante | *training* —, (*psicol.*) tecnica di rilassamento con effetti psicoterapeutici, praticabile dal paziente stesso.
autogestione [au-to-ge-stió-ne] *s.f.* conduzione di un'impresa da parte dei suoi stessi dipendenti.
autogestire [au-to-ge-stì-re] *v.tr.* [*io autogestisco, tu autogestisci ecc.*] provvedere alla conduzione di un'impresa, di un'attività mediante autogestione ♦ **autogestirsi** *v.rifl.* gestirsi autonomamente.
autogiro [au-to-gì-ro] *s.m.* aeromobile, oggi disusato, del tipo dell'elicottero, in cui la sostentazione è assicurata da pale che girano in folle per effetto del moto di avanzamento, dovuto a un motore a elica.
autogol [au-to-gòl] *s.m.invar.* (*sport*) autorete.
autogoverno [au-to-go-vèr-no] *s.m.* **1** il governarsi da sé **2** facoltà data a un ente, a un gruppo sociale di provvedere autonomamente al proprio governo.
autografo [au-tò-gra-fo] *agg.* scritto di propria mano dall'autore: *lettera autografa* ♦ *s.m.* **1** qualsiasi documento scritto da una persona di propria mano | (*estens.*) firma: *chiedere l'— a un'attrice* **2** (*filol.*) manoscritto di un'opera scritto dall'autore stesso: *un — leopardiano.*
autogrill® [au-to-grìll] *s.m.invar.* posto di ristoro situato sulle autostrade.
autogrù [au-to-grù] *s.f.* autoveicolo su cui è montata una gru.
autoguidato [au-to-gui-dà-to] *agg.* dotato di dispositivi di guida automatica: *missile* —.
autoironia [au-to-i-ro-nì-a] *s.f.* ironia esercitata su di sé, sui propri comportamenti.
autolavaggio [au-to-la-vàg-gio] *s.m.* impianto per il lavaggio di autoveicoli.
autolegittimazione [au-to-le-git-ti-ma-zió-ne] *s.f.* affermazione della legittimità o della liceità di un atto giuridicamente o moralmente dubbio da parte della persona che gode i benefici di quell'atto.
autolesionismo [au-to-le-ʃio-nì-ʃmo] *s.m.* il procurarsi volontariamente ferite o mutilazioni | (*estens.*) comportamento di chi danneggia sé stesso.
autolesionista [au-to-le-ʃio-nì-sta] *s.m.* e *f.* [pl.m. *-sti*] chi agisce con autolesionismo.
autolinea [au-to-lì-ne-a] *s.f.* linea interurbana percorsa da autoveicoli di trasporto pubblico.
automa [au-tò-ma] *s.m.* [pl. *-mi*] **1** macchina in grado di imitare i movimenti dell'uomo o degli animali; robot **2** (*fig.*) chi agisce senza rendersi conto di ciò che fa.
automatica [au-to-mà-ti-ca] *s.f.* scienza e tecnologia dell'automazione.
automaticità [au-to-ma-ti-ci-tà] *s.f.* l'essere automatico; il funzionare automaticamente.
automatico [au-to-mà-ti-co] *agg.* [pl.m. *-ci*] **1** che funziona o esegue una serie determinata di operazioni senza l'intervento diretto dell'uomo: *cambio* — | *arma automatica,* arma da fuoco che può sparare più colpi senza essere ricaricata | *bottone* —, composto da due elementi metallici che si incastrano l'uno nell'altro **2** (*estens.*) che si compie meccanicamente, senza l'intervento della volontà: *gesto* — ♦ *s.m.* bottone automatico □ **automaticamente** *avv.*
automatismo [au-to-ma-tì-ʃmo] *s.m.* **1** l'essere automatico: *l'— di un congegno* **2** insieme di dispositivi che danno luogo a funzionamento automatico.
automatizzare [au-to-ma-tiʒ-ʒà-re] *v.tr.* rendere automatico: — *i processi produttivi.*
automatizzazione [au-to-ma-tiʒ-ʒa-zió-ne] *s.f.* l'automatizzare, l'essere automatizzato; automazione.
automazione [au-to-ma-zió-ne] *s.f.* introduzio-

ne di processi produttivi automatici: — *industriale.*
automezzo [au-to-mè-zo] *s.m.* autoveicolo.
automobile [au-to-mò-bi-le] *s.f.* veicolo a motore a quattro ruote, adibito al trasporto su strada di un numero limitato di persone: *l'industria dell'—.* DIM. *automobilina.*
automobilismo [au-to-mo-bi-lì-ʃmo] *s.m.* **1** lo sport delle corse automobilistiche **2** tutto ciò che riguarda le automobili e il loro impiego.
automobilista [au-to-mo-bi-lì-sta] *s.m.* e *f.* [pl.m. *-sti*] chi guida un'automobile.
automobilistico [au-to-mo-bi-lì-sti-co] *agg.* [pl.m. *-ci*] che riguarda l'automobile o l'automobilismo: *corse automobilistiche.*
automodellismo [au-to-mo-del-lì-ʃmo] *s.m.* attività o passatempo di chi costruisce o colleziona modellini di automobili.
automodellista [au-to-mo-del-lì-sta] *s.m.* e *f.* [pl.m. *-sti*] chi si dedica all'automodellismo.
automotrice [au-to-mo-trì-ce] *s.f.* vettura ferroviaria o tranviaria provvista di motore.
autonoleggiatore [au-to-no-leg-gia-tó-re] *s.m.* chi possiede o gestisce un noleggio di automobili.
autonoleggio [au-to-no-lég-gio] *s.m.* noleggio di automobili; azienda che gestisce tale noleggio.
autonomia [au-to-no-mì-a] *s.f.* **1** il governarsi da sé, sulla base di leggi proprie: *l'— degli stati* | (*dir.*) facoltà di autogoverno su determinate questioni riconosciuta dallo stato a regioni, province e comuni **2** libertà di pensiero e d'azione **3** durata di funzionamento o distanza percorribile da un mezzo di trasporto con il serbatoio pieno di combustibile.
autonomismo [au-to-no-mì-ʃmo] *s.m.* movimento tendente all'autonomia politica o amministrativa: — *sardo.*
autonomista [au-to-no-mì-sta] *s.m.* e *f.* [pl.m. *-sti*] chi sostiene e promuove l'autonomia.
autonomo [au-tò-no-mo] *agg.* che gode di autonomia: *lavoro —*, non dipendente; *sindacato —*, staccato dai sindacati confederali; *ente —*, *azienda autonoma*, di carattere pubblico ma dotati di autonomia finanziaria ♦ *s.m.* [f. *-a*] lavoratore iscritto a un sindacato autonomo □ **autonomamente** *avv.*
autoparco [au-to-pàr-co] *s.m.* [pl. *-chi*] insieme di autoveicoli adibiti a un servizio: *l'— della polizia.*
autopattuglia [au-to-pat-tù-glia] *s.f.* pattuglia che svolge servizio di vigilanza in automobile.
autopista [au-to-pì-sta] *s.f.* **1** strada formatasi naturalmente in una zona desertica percorsa da autoveicoli **2** nei parchi di divertimento, pista su cui circolano piccole autovetture.
autoplastia [au-to-pla-stì-a] *s.f.* (*med.*) in chirurgia, innesto o trapianto di tessuto prelevato dal paziente stesso.
autopompa [au-to-póm-pa] *s.f.* autocarro munito di una pompa per spegnere gli incendi.
autoporto [au-to-pòr-to] *s.m.* grande parcheggio in prossimità di un valico di frontiera, destinato alla sosta dei veicoli in attesa del controllo doganale.
autopsia [au-to-psì-a] *s.f.* (*med.*) sezione ed esame di un cadavere a scopo di studio o di indagini giudiziarie.
autoptico [au-tòp-ti-co] *agg.* [pl.m. *-ci*] eseguito mediante autopsia; relativo ad autopsia: *esame —.*
autopulente [au-to-pu-lèn-te] *agg.* (*tecn.*) di impianto che elimina da sé i residui dei materiali che lavora.
autopullman [au-to-pùll-man] *s.m.invar.* autobus di linea o per gite turistiche; pullman.
autopunitivo [au-to-pu-ni-tì-vo] *agg.* di autopunizione; volto a punire sé stesso: *gesto —.*
autopunizione [au-to-pu-ni-zió-ne] *s.f.* comportamento che riflette la volontà di punirsi di una colpa, reale o presunta.
autoradio [au-to-rà-dio] *s.f.invar.* apparecchio radiofonico che si installa a bordo di autoveicoli.
autoraduno [au-to-ra-dù-no] *s.m.* raduno di automobili, soprattutto come manifestazione sportiva.
autore [au-tó-re] *s.m.* [f. *-trice*] **1** chi è origine, causa di qlco.; creatore: *l'— di un delitto* **2** chi crea un'opera letteraria, artistica, scientifica: *l'— di un romanzo* | *film d'—*, con intenti artistici | *diritto d'—*, diritto di esclusiva proprietà riconosciuto all'autore di opere letterarie, scientifiche o musicali; il compenso che ne deriva.
autoreattore [au-to-re-at-tó-re] *s.m.* tipo di reattore in cui la compressione dell'aria avviene per effetto del moto.
autoregolamentazione [au-to-re-go-la-men-ta-zió-ne] *s.f.* disciplina che un'organizzazione sindacale dà alle proprie forme di lotta.
autorespiratore [au-to-re-spi-ra-tó-re] *s.m.* apparecchio che consente la respirazione subacquea senza collegamenti con la superficie.
autorete [au-to-ré-te] *s.f.* nel calcio, la rete segnata da un giocatore che ha inviato la palla nella propria porta; autogol.
autoreverse [/ autore'vɛrs /] *s.m. invar.* (*ingl.*) dispositivo del registratore che alla fine del nastro cambia automaticamente il lato d'ascolto della cassetta.
autorevole [au-to-ré-vo-le] *agg.* si dice di persona che possiede un'autorità, un prestigio che gli deriva da capacità e meriti effettivi: *uno studioso —* | che proviene da persona a cui si riconosce autorità: *parere —* □ **autorevolmente** *avv.*
autorevolezza [au-to-re-vo-léz-za] *s.f.* l'essere autorevole; atteggiamento di chi è autorevole; prestigio.
autoribaltabile [au-to-ri-bal-tà-bi-le] *s.m.* autocarro che ha il cassone ribaltabile.
autorimessa [au-to-ri-més-sa] *s.f.* edificio per il ricovero e per il servizio di manutenzione degli autoveicoli.
autorità [au-to-ri-tà] *s.f.* **1** facoltà di esercitare un pubblico potere; il potere stesso e la persona,

l'ente che ha la facoltà di esercitarlo: *l'— del parlamento; le — cittadine* | *agire d' —*, imponendo il proprio potere **2** (*estens.*) influenza esercitata da una persona in virtù del suo ruolo: *l'— paterna* **3** prestigio, stima di cui gode una persona per qualità, meriti; la persona stessa: *l'— di uno scienziato.*
autoritario [au-to-ri-tà-rio] *agg.* **1** che esercita con fermezza e intransigenza la propria autorità: *capo, padre —* | *stato, governo —*, in cui vige una forte limitazione delle libertà civili **2** (*estens.*) dispotico, prepotente: *carattere —* □ **autoritariamente** *avv.*
autoritarismo [au-to-ri-ta-rì-ʃmo] *s.m.* l'essere autoritario, detto in particolare di sistema o regime politico.
autoritratto [au-to-ri-tràt-to] *s.m.* ritratto di sé stesso eseguito da un pittore | (*estens.*) descrizione di sé stesso, della propria personalità.
autorizzare [au-to-riʒ-ʒà-re] *v.tr.* **1** consentire, permettere: *— una manifestazione* **2** giustificare: *la critica non autorizza le offese.*
autorizzazione [au-to-riʒ-ʒa-zió-ne] *s.f.* l'autorizzare; documento che comprova il permesso dato da un'autorità competente: *ottenere, mostrare l'—.*
autosalone [au-to-sa-ló-ne] *s.m.* luogo adibito all'esposizione e alla vendita degli autoveicoli.
autoscatto [au-to-scàt-to] *s.m.* congegno dell'apparecchio fotografico che permette lo scatto di fotografie senza intervento dell'operatore.
autoscontro [au-to-scón-tro] *s.m.* nei parchi di divertimento, pista su cui circolano piccole automobili azionate elettricamente e provviste di respingenti di gomma per attutire gli urti.
autoscuola [au-to-scuò-la] *s.f.* scuola in cui si insegna a guidare autoveicoli.
autoservizio [au-to-ser-vì-zio] *s.m.* servizio di trasporto pubblico per mezzo di autobus.
autosilo [au-to-sì-lo] *s.m.* edificio a più piani per il parcheggio urbano degli autoveicoli.
autosnodato [au-to-ʃno-dà-to] *s.m.* autoveicolo per il trasporto di persone o merci, formato da parti collegate fra loro mediante elementi non rigidi.
autosoccorso [au-to-soc-cór-so] *s.m.* autoveicolo per la rimozione e il trasporto di autoveicoli che hanno subito guasti o incidenti.
autostarter [au-to-stàr-ter] *s.m.invar.* nell'ippica, autoveicolo munito di una barriera che costringe i cavalli a schierarsi sulla stessa linea eliminando così le false partenze.
autostazione [au-to-sta-zió-ne] *s.f.* stazione per gli autobus di linea | stazione per rifornimento e manutenzione degli autoveicoli.
autostop [au-to-stòp] *s.m.invar.* il fermare autoveicoli privati in transito per farsi trasportare gratuitamente: *fare l'—.*
autostoppismo [au-to-stop-pì-smo] *s.m.* la pratica dell'autostop.
autostoppista [au-to-stop-pì-sta] *s.m.* e *f.* [pl.m. *-sti*] chi pratica l'autostop.
autostrada [au-to-strà-da] *s.f.* strada a due carreggiate separate, priva di attraversamenti e riservata alla circolazione veloce di autoveicoli e motoveicoli superiori a una certa cilindrata.
autostradale [au-to-stra-dà-le] *agg.* che si riferisce alle autostrade: *pedaggio, rete —.*
autosufficiente [au-to-suf-fi-cièn-te] *agg.* che basta a sé stesso; che è indipendente economicamente.
autosufficienza [au-to-suf-fi-ciè̀n-za] *s.f.* l'essere autosufficiente: *— economica.*
autosuggestione [au-to-sug-ge-stió-ne] *s.f.* suggestione che si esercita su sé stessi.
autotassazione [au-to-tas-sa-zió-ne] *s.f.* versamento da parte del contribuente dell'imposta dovuta in base alla dichiarazione dei redditi.
autotelaio [au-to-te-là-io] *s.m.* parte di un autoveicolo comprendente il telaio, il motore, la cabina di guida e tutti gli altri organi meccanici.
autotrasportare [au-to-tra-spor-tà-re] *v.tr.* [*io autotraspòrto ecc.*] trasportare persone o cose per mezzo di autoveicoli.
autotrasportatore [au-to-tra-spor-ta-tó-re] *s.m.* [f. *-trice*] imprenditore o lavoratore del settore degli autotrasporti.
autotrasporto [au-to-tra-spòr-to] *s.m.* trasporto di cose o persone mediante autoveicoli.
autotrazione [au-to-tra-zió-ne] *s.f.* la trazione degli autoveicoli: *gasolio per —.*
autotreno [au-to-trè-no] *s.m.* autoveicolo per il trasporto di merci costituito da una motrice e un rimorchio.
autoveicolo [au-to-ve-ì-co-lo] *s.m.* mezzo di trasporto su strada, a quattro o più ruote, azionato da motore proprio.
autovelox® [au-to-vè-lox] *s.m. invar.* dispositivo radar in grado di rilevare la velocità di un auto in corsa e di registrarne fotograficamente il passaggio.
autovettura [au-to-vet-tù-ra] *s.f.* autoveicolo destinato al trasporto di persone; automobile.
autunnale [au-tun-nà-le] *agg.* di autunno, proprio dell'autunno: *piogge autunnali* | che ha luogo in autunno: *sessione —.*
autunno [au-tùn-no] *s.m.* stagione intermedia fra l'estate e l'inverno; nel nostro emisfero inizia il 23 settembre e termina il 21 dicembre | *l'— della vita*, (*fig.*) la maturità, che lascia presagire la vecchiaia.
auxologia [au-xo-lo-gì-a] *s.f.* (*biol.*) scienza che studia l'accrescimento e lo sviluppo degli organismi, in particolare di quello umano.
avallare [a-val-là-re] *v.tr.* **1** garantire con un avallo: *— una cambiale* **2** (*fig.*) confermare, accreditare: *— una tesi.*
avallo [a-vàl-lo] *s.m.* **1** impegno di chi garantisce in proprio il pagamento di una cambiale altrui, sottoscrivendola a questo fine **2** (*fig.*) approvazione: *dare il proprio — a qlco.*
avam- → **avan-**.
avambraccio [a-vam-bràc-cio] *s.m.* la parte dell'arto superiore che va dal gomito al polso.

avamposto [a-vam-pó-sto] *s.m.* posto avanzato di uno schieramento militare con compiti di difesa e osservazione.

avan-, davanti a *p* e *b* **avam-**, forma abbreviata di *avanti*, usata come primo elemento di composti in cui indica precedenza nel tempo o nello spazio (*avanspettacolo, avamposto*).

avana [a-và-na] *s.m.invar.* **1** tipo pregiato di tabacco, originario dell'Avana, capitale di Cuba, con cui si confezionano i sigari omonimi **2** color nocciola scuro, simile a quello di tali sigari | Usato anche come *agg.*: *un cappotto —*.

avancarica [a-van-cà-ri-ca] solo nella loc. agg. *ad —*, indicante un'arma che si carica dalla parte anteriore della canna.

avance [/ a'vans /] *s.f.invar.* (*fr.*) proposta, tentativo di approccio, soprattutto in campo amoroso: *fare delle —*.

avancorpo [a-van-còr-po] *s.m.* (*arch.*) parte di un edificio che sporge dalla facciata.

avanguardia [a-van-guàr-dia] *s.f.* **1** (*mil.*) reparto che precede il grosso delle truppe per proteggerle da attacchi di sorpresa | *all'—*, (*fig.*) in posizione avanzata, che precorre i tempi per concezioni, progetti ecc.: *un'azienda all'—* **2** movimento artistico che mira alla ricerca e alla sperimentazione di nuove forme espressive: *musicista d'—*.

avanguardismo [a-van-guar-dì-ʃmo] *s.m.* in arte e in letteratura, tendenza a proporsi come avanguardia.

avanguardista [a-van-guar-dì-sta] *s.m.* e *f.* [pl.m. *-sti*] chi fa parte di scuole letterarie o artistiche d'avanguardia.

avanscoperta [a-van-sco-pèr-ta] *s.f.* (*mil.*) ricognizione a largo raggio volta a scoprire le posizioni e i movimenti del nemico.

avanspettacolo [a-van-spet-tà-co-lo] *s.m.* spettacolo teatrale di rivista o varietà in voga in Italia tra il 1930 e il 1960, che si rappresentava prima di una proiezione cinematografica.

avanti [a-vàn-ti] *avv.* **1** davanti, innanzi (indica anteriorità nello spazio): *guardare —, in —* | *andare —*, (*fig.*) procedere, continuare | *tirare —*, (*fig.*) vivere, campare alla meglio | *essere — negli anni*, avere un'età avanzata | *essere — negli studi, in un lavoro*, a buon punto | *farsi —*, avanzare; (*fig.*) farsi valere; affermarsi | *mandare — un'azienda*, gestirla **2** poi (esprime posteriorità nel tempo): *d'ora in —* ♦ *prep.* **1** (*non com.*) davanti: *ti aspetto — casa* **2** prima: *— Cristo* ♦ *inter.* ordine di avanzare o invito rivolto a chi chiede di entrare: *"Permesso?" "Avanti!"* ♦ *s.m.* (*sport*) in giochi di squadra, attaccante.

avantieri [a-van-tiè-ri] *avv.* il giorno prima di ieri; ieri l'altro.

avantreno [a-van-trè-no] *s.m.* complesso dell'assale, delle ruote e delle sospensioni anteriori di un autoveicolo.

avanzamento [a-van-za-mén-to] *s.m.* **1** l'avanzare, il procedere innanzi: *stato di — dei lavori*, nelle opere in corso di esecuzione, l'entità dei lavori compiuti | (*fig.*) progresso: *— sociale* **2** promozione: *— di grado*.

avanzare[1] [a-van-zà-re] *v.intr.* [aus. *essere*] procedere, andare avanti; progredire: *— a gran velocità; — di grado* ♦ *v.tr.* **1** superare: *— qlcu. per intelligenza* **2** portare in avanti: *— i paletti di un reticolato* **3** presentare, porgere: *— delle scuse* ♦ **avanzarsi** *v.intr.pron.* farsi avanti; farsi vicino: *l'estate s'avanza*.

avanzare[2] *v.tr.* essere creditore: *— denaro da qlcu.* ♦ *v.intr.* [aus. *essere*] essere in più, sovrabbondare; rimanere: *il vino basta e avanza; è avanzato del pane*.

avanzata [a-van-zà-ta] *s.f.* l'avanzare, il procedere innanzi: *fermare l'— nemica* | (*fig.*) il progredire: *l'— dei partiti di centro*.

avanzato [a-van-zà-to] *agg.* **1** che si trova avanti: *essere in posizione avanzata* **2** (*fig.*) innovatore: *un progetto —* **3** inoltrato: *età avanzata*.

avanzo [a-vàn-zo] *s.m.* **1** ciò che rimane di qlco. che è stata consumata, danneggiata, distrutta; resto: *gli avanzi del pranzo; un — di stoffa; avanzi archeologici* | *— di galera*, persona che è stata per lungo tempo in galera **2** (*comm.*) eccedenza delle entrate sulle uscite; guadagno **3** nelle operazioni aritmetiche, il resto.

avaria [a-va-rì-a] *s.f.* **1** danno subito da una nave durante la navigazione | (*estens.*) guasto meccanico: *un'— al motore* **2** deterioramento di una merce durante il trasporto o la sosta in magazzino.

avariare [a-va-rià-re] *v.tr.* [*io avàrio ecc.*] danneggiare, guastare ♦ **avariarsi** *v.intr.pron.* guastarsi, andare a male.

avariato [a-va-rià-to] *agg.* che ha subito danno | guasto, andato a male: *merci avariate*.

avarizia [a-va-rì-zia] *s.f.* **1** esagerato attaccamento al denaro che si manifesta come ritegno eccessivo nello spendere; tirchieria, spilorceria **2** (*estens.*) avidità di denaro, di guadagno.

avaro [a-và-ro] *agg.* **1** che dimostra avarizia; gretto, tirchio (anche *fig.*): *un uomo —; essere — di parole* **2** che è proprio o tipico di persona avara: *donare con mano avara* | (*estens.*) che è concesso a malincuore, senza generosità: *lodi avare* ♦ *s.m.* [f. *-a*] persona avara. PEGG. *avaraccio* □ **avaramente** *avv.*

ave [à-ve] *s.f.invar.* forma abbreviata di *avemaria*: *recitare un'—*.

avellana [a-vel-là-na] *s.f.* **1** nocciola **2** (*arald.*) figurazione composta da quattro nocciole riunite in forma di croce.

avellano [a-vel-là-no] *s.m.* la pianta del nocciolo.

avello [a-vèl-lo] *s.m.* (*lett.*) sepolcro, tomba.

avemaria [a-ve-ma-rì-a], o Ave Maria, *s.f.* **1** preghiera alla Madonna che comincia con le parole del saluto che, secondo il racconto evangelico, le rivolse l'arcangelo Gabriele **2** il suono delle campane che invita i fedeli alla preghiera; in particolare, quello del tramonto | (*estens.*) l'ora del tramonto **3** ciascuno dei grani piccoli del rosario.

avena [a-vé-na] *s.f.* pianta erbacea con fiori in pannocchia e cariossidi allungate, da cui si ottiene foraggio e una farina alimentare.

aventiniano [a-ven-ti-nià-no] *s.m.* oppositore politico che manifesta il suo dissenso non partecipando.

aventinismo [a-ven-ti-nì-ʃmo] *s.m.* ogni forma di protesta politica che si esprima come non partecipazione.

avere[1] [a-vé-re] *v.tr.* [pres. *io ho, tu hai, egli ha, noi abbiamo, voi avéte, essi hanno*; pass.rem. *io èbbi, tu avésti, egli èbbe, noi avémmo, voi avéste, essi èbbero*; fut. *io avrò ecc.*; condiz. *io avrèi ecc.*; congiunt.pres. *io àbbia..., noi abbiamo, voi abbiate, essi abbiano*; imp. *abbi, abbiate*; part.pass. *avuto*; le altre forme sono regolari; come verbo ausiliare forma i tempi composti dei verbi transitivi attivi (*io ho amato*) e di gran parte di quelli intransitivi (*io ho camminato*)] **1** possedere beni materiali, o anche doti morali, qualità, titoli ecc.: *— molti libri*; *— coraggio*; *— un'intelligenza pronta*; *— la laurea* | (*assol.*) essere ricco: *una famiglia che ha molto* | seguito da un compl. oggetto che esprime un'estensione di tempo, indica età, oppure stabilisce quanto manca a una scadenza, al verificarsi di qlco.: *mia figlia ha vent'anni*; *ho ancora una settimana di ferie*; *ha solo pochi giorni*, è nato da pochi giorni, oppure gli restano pochi giorni | se il compl. oggetto è riferito a persona, indica appartenenza: *ha solo suo figlio*; *ha moglie e figli* | in loc. partic.: *— qlco. di qlcu., di qlco.*, rassomigliargli un po'; *— qlcu. dalla propria*, goderne il favore **2** quando la cosa o la persona che appartiene è accompagnata da un predicato, ne specifica la particolare condizione o qualità: *ha i capelli bianchi*; *ho un cugino medico* | *— caro qlcu., qlco.*, esservi affezionato | con determinazioni di luogo, indica collocazione nello spazio: *avevo mio fratello accanto*; *ha un neo sulla guancia* **3** tenere: *— qlco. in mano, in tasca* **4** contenere, comprendere: *Roma ha tre milioni di abitanti* **5** indossare: *aveva un abito molto elegante* **6** conseguire, ottenere; ricevere; entrare in possesso: *— un incarico, un premio*; *— notizie da qlcu.* **7** acquistare, comperare; percepire, riscuotere: *ha avuto quel mobile per poco* **8** sentire, provare; soffrire: *— simpatia per qlcu.*; *— un peso sullo stomaco* **9** in talune loc. il significato del verbo è precisato dal sostantivo che lo segue: *— una notte insonne*, passare; *— una vita difficile*, vivere; *— luogo*, avvenire; *— parte*, partecipare; *— timore*, temere | talora il sostantivo è introdotto da *a* o *in*: *— a mente*, ricordare; *— a cuore*, essere interessato; *— in animo*, essere intenzionato **10** seguito da *da* e un infinito, vale *dovere*: *ho da lavorare tutto il giorno* | il concetto di *dovere* è implicito in talune loc. costituite da *avere* e un sostantivo, che si riferiscono a un'azione che si svolgerà nel futuro: *— gli esami*, dover sostenerli; *— una riunione*, dovere parteciparvi **11** costruito con *da* e il verbo all'infinito, può anche esprimere la possibilità di compiere un'azione: *— poco da vivere*; *non — da mangiare* **12** seguito dall'infinito introdotto da *a*, ha valore fraseologico: *temo che abbia a essere un insuccesso*, che possa essere; *ebbe ad ammalarsi per il dolore*, si ammalò | *—, averci a che fare con qlcu.*, essere in rapporto con qlcu.; vedersela | *— a che dire con qlcu.*, litigare, avere dei contrasti | *non — a che fare, a che vedere con qlcu.* o *qlco.*, non aver somiglianza, rapporto, relazione.

avere[2] *s.m.* **1** (spec. *pl.*) ricchezza, patrimonio: *essere attaccato ai propri averi* **2** ciò che si deve avere: *a quanto ammonta il mio —?* | nella contabilità a partita doppia, si contrappone a *dare*.

averno [a-vèr-no] *s.m.* (*lett.*) l'oltretomba, l'inferno.

averroismo [a-ver-ro-ì-ʃmo] *s.m.* il pensiero filosofico e scientifico dell'arabo Averroè (1126-1198) e della sua scuola.

averroista [a-ver-ro-ì-sta] *s.m.* [pl. *-sti*] seguace di Averroè, dell'averroismo.

avestico [a-vè-sti-co] *agg.* [pl.m. *-ci*] dell'Avesta, l'insieme dei libri sacri dell'antica religione iranica di Zoroastro ♦ *s.m.* antica lingua iranica usata nell'Avesta.

avi- primo elemento di parole composte moderne che significa 'uccello' (*avicoltura, avifauna*).

aviario [a-vià-rio] *agg.* di uccelli, che concerne gli uccelli: *allevamento —* ♦ *s.m.* luogo dove si allevano uccelli; voliera.

aviatore [a-via-tó-re] *s.m.* [f. *-trice*] chi pilota un aeroplano o fa parte del suo equipaggio.

aviatorio [a-via-tò-rio] *agg.* che si riferisce all'aviazione.

aviazione [a-via-zió-ne] *s.f.* **1** la scienza, la tecnica, le attività che concernono il volo degli aeroplani **2** il complesso degli aviatori e dei mezzi aerei: *l'— civile, militare* | l'arma aeronautica: *arruolarsi nell'—*.

avicolo [a-vì-co-lo] *agg.* che riguarda l'avicoltura o gli avicoltori: *mostra avicola*.

avicoltore [a-vi-col-tó-re] *s.m.* [f. *-trice*] chi esercita l'avicoltura.

avicoltura [a-vi-col-tù-ra] *s.f.* allevamento di uccelli, in particolare di pollame.

avidità [a-vi-di-tà] *s.f.* l'essere avido; desiderio ardente e smodato.

avido [à-vi-do] *agg.* che desidera qlco. con eccessiva intensità; bramoso: *essere — di ricchezze* □ **avidamente** *avv.*

aviere [a-viè-re] *s.m.* militare di truppa appartenente all'aviazione.

avifauna [a-vi-fàu-na] *s.f.* l'insieme degli uccelli di una regione.

avio- primo elemento di parole composte che indica attinenza con gli aeromobili o con la navigazione aerea (*aviolinea, aviorimessa*).

aviogetto [a-vio-gèt-to] *s.m.* aeroplano con motore a getto.

aviolinea [a-vio-lì-nea] *s.f.* linea percorsa da aerei che effettuano servizio di trasporto civile.

avionica [a-viò-ni-ca] *s.f.* settore dell'elettronica relativo alla progettazione e alla produzione di apparecchiature aeronautiche.
avioraduno [a-vio-ra-dù-no] *s.m.* raduno aviatorio.
aviorimessa [a-vio-ri-més-sa] *s.f.* capannone per il ricovero degli aeromobili; hangar.
aviosbarco [a-vio-ʃbàr-co] *s.m.* (*mil.*) sbarco in territorio nemico di reparti paracadutisti o di altre truppe aviotrasportate.
aviotrasportare [a-vio-tra-spor-tà-re] *v.tr.* [*io aviotraspòrto ecc.*] aerotrasportare.
aviotrasporto [a-vio-tra-spòr-to] *s.m.* aerotrasporto.
avitaminosi [a-vi-ta-mi-nò-ʃi] *s.f.* (*med.*) stato morboso determinato da carenza di vitamine nell'organismo.
avito [a-vì-to] *agg.* degli avi; ereditato dagli avi: *dimora avita.*
avo [à-vo] *s.m.* [f. *-a*] **1** (*lett.*) nonno **2** (spec. *pl.*) antenato.
avocado [a-vo-cà-do] *s.m.invar.* albero tropicale che produce frutti commestibili a forma di pera | il frutto stesso.
avocare [a-vo-cà-re] *v.tr.* [*io àvoco, tu àvochi ecc.*] **1** chiamare a sé, assumersi, detto soprattutto di organi giurisdizionali e amministrativi: *la procura ha avocato a sé l'inchiesta* **2** riferito allo stato, devolvere a sé un bene; confiscare.
avorio [a-vò-rio] *s.m.* **1** sostanza ossea di colore vicino al bianco, che costituisce le zanne di elefanti, trichechi, ippopotami, usata per la fabbricazione dei tasti di pianoforte, palle di biliardo, braccialetti ecc. | *d'*—, candido: *carnagione d'*— **2** *pl.* oggetti artistici d'avorio: *avori bizantini* **3** il colore tipico dell'avorio | Usato anche come *agg.invar.*: *bianco* —.
avulsione [a-vul-sió-ne] *s.f.* (*med.*) estirpazione, asportazione per strappamento: — *di un dente.*
avulso [a-vùl-so] *agg.* **1** (*lett.*) strappato **2** (*fig.*) isolato: *una frase avulsa dal contesto.*
avvalersi [av-va-lér-si] *v.intr.pron.* [coniugato come *valére*] valersi, servirsi, giovarsi: — *dell'aiuto di qlcu.*
avvallamento [av-val-la-mén-to] *s.m.* l'avvallarsi; abbassamento, depressione del terreno.
avvallarsi [av-val-làr-si] *v.intr.pron.* abbassarsi, affondarsi, sprofondare.
avvallato [av-val-là-to] *agg.* che presenta avvallamenti: *pavimento* —.
avvalorare [av-va-lo-rà-re] *v.tr.* [*io avvalóro ecc.*] dare, accrescere valore o forza; comprovare: *i documenti avvalorano la sua tesi* ♦ **avvalorarsi** *v.intr.pron.* acquistare valore, rinforzarsi.
avvampare [av-vam-pà-re] *v.intr.* [aus. *essere*] **1** accendersi, bruciare divampando **2** (*estens.*) risplendere come fiamma: *al tramonto il cielo avvampa* | arrossire: — *per la vergogna.*
avvantaggiare [av-van-tag-già-re] *v.tr.* [*io avvantàggio ecc.*] arrecare vantaggio, profitto ♦ **avvantaggiarsi** *v.rifl.* **1** trarre vantaggio, profitto: — *di una situazione* **2** guadagnare tempo o spazio: — *nel lavoro.*
avvedersi [av-ve-dér-si] *v.intr.pron.* [coniugato come *vedere*] accorgersi: — *di un errore.*
avvedutezza [av-ve-du-téz-za] *s.f.* l'essere avveduto; accortezza, prudenza: *agire con* —.
avveduto [av-ve-dù-to] *agg.* accorto, assennato: *una persona avveduta* □ **avvedutamente** *avv.*
avvelenamento [av-ve-le-na-mén-to] *s.m.* l'avvelenare, l'avvelenarsi, l'essere avvelenato.
avvelenare [av-ve-le-nà-re] *v.tr.* [*io avveléno ecc.*] **1** dare il veleno, uccidere col veleno | rendere velenoso: — *un cibo* **2** (*fig.*) amareggiare, rovinare: *la gelosia le avvelena la vita* ♦ **avvelenarsi** *v.rifl.* ingerire sostanze velenose; uccidersi con il veleno.
avvelenato [av-ve-le-nà-to] *agg.* che è stato avvelenato | *avere il dente* —, (*fig.*) portare astio, rancore.
avvenente [av-ve-nèn-te] *agg.* bello, attraente: *una ragazza* —.
avvenenza [av-ve-nèn-za] *s.f.* l'essere avvenente.
avvenimento [av-ve-ni-mén-to] *s.m.* **1** fatto, accadimento: *i principali avvenimenti dell'anno* **2** evento di grande rilievo: *il suo arrivo fu un* —.
avvenire[1] [av-ve-nì-re] *v.intr.* [coniugato come *venire*; aus. *essere*] accadere, succedere: *è avvenuta una disgrazia.*
avvenire[2] *agg.* futuro: *gli anni* — ♦ *s.m.invar.* il futuro; le condizioni, l'esistenza futura: *un ragazzo dal sicuro* —; *in* —, *per l'*—, in futuro.
avvenirismo [av-ve-ni-rì-ʃmo] *s.m.* fiducia ottimistica nella realizzazione di progetti futuri.
avveniristico [av-ve-ni-rì-sti-co] *agg.* [pl.m. *-ci*] che precorre il futuro: *opera avveniristica.*
avventare [av-ven-tà-re] *v.tr.* [*io avvènto ecc.*] **1** (*lett.*) scagliare con violenza **2** (*fig.*) esprimere senza la dovuta ponderazione: — *giudizi* ♦ **avventarsi** *v.rifl.* gettarsi con impeto contro qlcu. o qlco.: — *sul nemico.*
avventatezza [av-ven-ta-téz-za] *s.f.* **1** l'essere avventato **2** atto, discorso avventato.
avventato [av-ven-tà-to] *agg.* **1** che agisce o parla senza riflettere: *un ragazzo* — **2** che è fatto o detto senza riflettere: *giudizio* — □ **avventatamente** *avv.*
avventista [av-ven-tì-sta] *agg.* e *s.m.* e *f.* [pl.m. *-sti*] (*relig.*) si dice di membro di una setta protestante caratterizzata dalla fede nell'imminente ritorno di Cristo sulla terra.
avventizio [av-ven-tì-zio] *agg.* **1** che viene di fuori: *popolazione avventizia* **2** non stabile, provvisorio: *personale, guadagno* — ♦ *s.m.* [f. *-a*] nel pubblico impiego, chi è assunto in via temporanea; precario.
avvento [av-vèn-to] *s.m.* **1** venuta, arrivo: *l'— di una nuova era* **2** ascesa a un'alta carica: — *al pontificato* **3** (*relig.*) periodo iniziale dell'anno liturgico, che comprende le quattro settimane prima del Natale.

avventore [av-ven-tó-re] *s.m.* [f. *-trice*] cliente di un negozio o di un locale pubblico.
avventura [av-ven-tù-ra] *s.f.* **1** avvenimento singolare o straordinario; anche, impresa rischiosa e affascinante: *una vita piena d'avventure*; *romanzo, film d'avventure* | (*estens.*) situazione rischiosa e problematica in cui ci si viene a trovare: *l'azienda fu trascinata in un'—* | *per —*, per caso **2** breve relazione amorosa: *avere un'—*. DIM. *avventuretta*.
avventurarsi [av-ven-tu-ràr-si] *v.rifl.* esporsi a un pericolo; arrischiarsi (anche *fig.*): *— in mare aperto, in un'impresa pericolosa*.
avventuriero [av-ven-tu-riè-ro] *agg.* e *s.m.* [f. *-a*] **1** (*lett.*) che/chi va incontro ad avventure o ama la vita avventurosa **2** si dice di chi è privo di scrupoli e va a caccia di fortuna senza badare a rischi.
avventurismo [av-ven-tu-rì-ʃmo] *s.m.* in politica, tendenza a intraprendere azioni spregiudicate e rischiose.
avventuristico [av-ven-tu-rì-sti-co] *agg.* [pl. m. *-ci*] improntato ad avventurismo; irresponsabile: *politica avventuristica*.
avventuroso [av-ven-tu-ró-so] *agg.* **1** pieno di avventure: *gita avventurosa* **2** che ama l'avventura: *un giovane —* □ **avventurosamente** *avv.*
avveramento [av-ve-ra-mén-to] *s.m.* l'avverarsi.
avverare [av-ve-rà-re] *v.tr.* [*io avvéro ecc.*] (*non com.*) rendere vero, reale ♦ **avverarsi** *v.intr.pron.* diventare vero, reale; realizzarsi: *il sogno si è avverato*.
avverbiale [av-ver-bià-le] *agg.* dell'avverbio; che ha funzione d'avverbio: *uso, locuzione —* □ **avverbialmente** *avv.* con valore avverbiale.
avverbio [av-vèr-bio] *s.m.* (*gramm.*) parte invariabile del discorso che serve a determinare un verbo, un aggettivo o un altro avverbio in rapporto a tempo, luogo, quantità, modo ecc. (*p.e.*: sto *bene*, *poco* intelligente, *troppo* crudamente).
avversare [av-ver-sà-re] *v.tr.* [*io avvèrso ecc.*] essere avverso, contrario; ostacolare: *— un progetto*.
avversario [av-ver-sà-rio] *agg.* che si oppone; contrario, avverso: *la squadra avversaria* ♦ *s.m.* [f. *-a*] la persona o la parte avversa in una contesa, in una gara: *battere l'—*.
avversativo [av-ver-sa-tì-vo] *agg.* che serve ad avversare | *congiunzione avversativa*, (*gramm.*) quella che introduce una proposizione che si oppone a un'altra (p.e. *ma, però, tuttavia*).
avversione [av-ver-sió-ne] *s.f.* **1** disposizione d'animo ostile; forte antipatia: *avere, nutrire — per qlcu.* **2** ripugnanza: *provare — per un cibo*.
avversità [av-ver-si-tà] *s.f.* l'essere avverso: *l'— del clima* | (spec. *pl.*) disgrazia, calamità: *le — della vita*.
avverso[1] [av-vèr-so] *agg.* contrario, sfavorevole, ostile: *tempo —*.
avverso[2] *prep.* (*burocr.*) contro, in opposizione: *ricorrere — la sentenza*.
avvertenza [av-ver-tèn-za] *s.f.* **1** prudenza, attenzione: *abbiate l'— di chiudere la porta* **2** consiglio, avviso **3** *pl.* istruzioni per l'uso: *leggere attentamente le avvertenze*.
avvertibile [av-ver-tì-bi-le] *agg.* che può essere avvertito, percepibile: *un suono a malapena —*.
avvertimento [av-ver-ti-mén-to] *s.m.* l'avvertire; consiglio, avviso: *dare, ricevere un —* | (*eufem.*) intimidazione, minaccia: *per — gli incendiarono l'auto*.
avvertire [av-ver-tì-re] *v.tr.* [*io avvèrto ecc.*] **1** richiamare l'attenzione di qlcu. su qlco.: *lo avvertì della sua partenza* **2** consigliare, ammonire (talvolta in senso di minaccia): *ti avverto di non scherzare troppo* **3** sentire, percepire: *— un dolore*.
avvezzare [av-vez-zà-re] *v.tr.* [*io avvézzo ecc.*] abituare, educare ♦ **avvezzarsi** *v.rifl.* abituarsi, assuefarsi.
avvezzo [av-véz-zo] *agg.* abituato: *— ai sacrifici*.
avviamento [av-vi-a-mén-to] *s.m.* l'avviare, l'avviarsi | l'indirizzare verso uno studio, un'attività, un lavoro: *corsi di — professionale*.
avviare [av-vi-à-re] *v.tr.* [*io avvìo ecc.*] **1** mettere su una via, indirizzare verso un luogo: *— i passeggeri all'uscita* | (*fig.*) indirizzare verso un'attività: *— a una professione* **2** mettere in moto; incominciare: *— il motore, un discorso* | *— un'azienda, un negozio*, portarli in condizioni di produttività economica ♦ **avviarsi** *v.intr.pron.* mettersi in via, incamminarsi: *— all'uscita* | (*fig.*) stare per: *si avvia a diventare un bravo attore*.
avviato [av-vi-à-to] *agg.* detto di impresa commerciale o di esercizio professionale, attivo, prospero: *un'azienda ben avviata*.
avvicendamento [av-vi-cen-da-mén-to] *s.m.* **1** l'avvicendare, l'avvicendarsi: *l'— delle stagioni* **2** (*agr.*) il succedersi ciclico di determinate colture sullo stesso terreno; rotazione.
avvicendare [av-vi-cen-dà-re] *v.tr.* [*io avvicèndo ecc.*] alternare periodicamente: *— lo studio con lo sport* ♦ **avvicendarsi** *v.rifl.rec.* succedersi, darsi il cambio: *— nei turni di guardia*.
avvicinabile [av-vi-ci-nà-bi-le] *agg.* che si può avvicinare, detto soprattutto di persona con cui si può agevolmente entrare in rapporti.
avvicinamento [av-vi-ci-na-mén-to] *s.m.* l'avvicinare, l'avvicinarsi.
avvicinare [av-vi-ci-nà-re] *v.tr.* **1** mettere una cosa vicino a un'altra; accostare: *— la sedia al tavolo* **2** farsi vicino a qlcu. | (*estens.*) fare la conoscenza di qlcu., entrare in rapporto con qlcu.: *— lui non è facile* ♦ **avvicinarsi** *v.rifl.* o *intr.pron.* farsi vicino, approssimarsi (in senso spaziale o temporale): *— a qlcu.*; *si avvicina l'inverno*.
avvilente [av-vi-lèn-te] *agg.* che avvilisce, che umilia o rattrista: *situazione —*.
avvilimento [av-vi-li-mén-to] *s.m.* l'avvilire, l'avvilirsi; la situazione di chi è avvilito.
avvilire [av-vi-lì-re] *v.tr.* [*io avvilisco, tu avvilisci ecc.*] **1** rendere vile, spregevole; degradare: *i tifosi spesso avviliscono lo sport* **2** mortificare; sco-

raggiare: *l'insuccesso lo ha avvilito* ♦ **avvilirsi** *v. intr.pron.* abbattersi, scoraggiarsi.
avvilito [av-vi-lì-to] *agg.* scoraggiato, depresso: *sentirsi —.*
avviluppare [av-vi-lup-pà-re] *v.tr.* 1 (*non com.*) aggrovigliare 2 avvolgere tutt'intorno: *essere avviluppati dalle fiamme* ♦ **avvilupparsi** *v.rifl.* o *intr.pron.* 1 avvolgersi: — *in un mantello* 2 aggrovigliarsi, ingarbugliarsi.
avvinazzarsi [av-vi-naz-zàr-si] *v.rifl.* ubriacarsi.
avvinazzato [av-vi-naz-zà-to] *agg.* che ha bevuto troppo vino ♦ *s.m.* [f. *-a*] ubriaco.
avvincente [av-vin-cèn-te] *agg.* che avvince, affascina: *romanzo —.*
avvincere [av-vìn-ce-re] *v.tr.* [coniugato come *vincere*] 1 (*lett.*) stringere, legare 2 (*fig.*) affascinare, attrarre: *un film che avvince.*
avvinghiare [av-vin-ghià-re] *v.tr.* [*io avvìnghio ecc.*] stringere, afferrare con forza: *l'aquila avvinghia la preda* ♦ **avvinghiarsi** *v.rifl.* e *rifl.rec.* stringersi con forza: — *al collo di qlcu.*; *i due lottatori si avvinghiarono.*
avvio [av-vì-o] *s.m.* avviamento, inizio: *avere un buon —* | *dare l'—*, mettere in movimento; (*fig.*) dare inizio | *prendere l'—*, mettersi in movimento; (*fig.*) avere inizio.
avvisaglia [av-vi-ʃà-glia] *s.f.* scontro tra pochi armati, scaramuccia: *prime avvisaglie*, inizio delle ostilità | (*estens.*) primi segni, sintomi: *le prime avvisaglie di una malattia.*
avvisare [av-vi-ʃà-re] *v.tr.* 1 dare avviso di qlco.; avvertire, informare: — *un amico del proprio arrivo* 2 ammonire, consigliare: *ti avviso di stare attento.*
avvisatore [av-vi-ʃa-tó-re] *s.m.* 1 [f. *-trice*] chi avvisa 2 qualsiasi apparecchio che dia segnali d'avvertimento: — *acustico, elettrico* 3 (*mil.*) vedetta.
avviso [av-vì-ʃo] *s.m.* 1 avvertimento, informazione, notizia: *dare — a qlcu. di qlco.*; *mettere, stare sull'—*, mettere, stare in guardia 2 foglio che contiene notizie, ordini di carattere ufficiale: — *di pagamento* 3 parere, opinione: *a mio —.*
avvistamento [av-vi-sta-mén-to] *s.m.* l'avvistare, l'essere avvistato.
avvistare [av-vi-stà-re] *v.tr.* vedere da lontano: — *il nemico.*
avvitamento [av-vi-ta-mén-to] *s.m.* 1 l'avvitare, l'avvitarsi 2 (*aer.*) rotazione su sé stesso di un aereo in picchiata 3 (*sport*) rotazione del corpo intorno al suo asse longitudinale: *tuffo con —.*
avvitare [av-vi-tà-re] *v.tr.* 1 girare nel senso del serraggio una vite; anche, fissare mediante un collegamento a vite: — *una lampadina* 2 fissare con viti: — *una targhetta alla porta* ♦ **avvitarsi** *v.rifl.* avvolgersi su sé stesso | (*aer.*, *sport*) eseguire un avvitamento.
avvitato [av-vi-tà-to] *agg.* stretto, aderente in vita: *una giacca avvitata.*
avvitatrice [av-vi-ta-trì-ce] *s.f.* macchina utensile portatile per avvitare e svitare.
avviticchiare [av-vi-tic-chià-re] *v.tr.* [*io avvitìcchio ecc.*] stringere intorno strettamente, come fanno i viticchi; avvinghiare ♦ **avviticchiarsi** *v.rifl.* o *intr.pron.* avvinghiarsi: *l'edera si avviticchia.*
avvivare [av-vi-và-re] *v.tr.* animare, rendere più vivo: — *una festa* | — *il fuoco*, riattizzarlo.
avvizzimento [av-viz-zi-mén-to] *s.m.* l'avvizzire.
avvizzire [av-viz-zì-re] *v.intr.* [*io avvizzisco, tu avvizzisci ecc.*; aus. *essere*] diventare vizzo, appassire: *una bellezza che comincia ad —* ♦ *v.tr.* rendere vizzo, far appassire.
avvizzito [av-viz-zì-to] *agg.* vizzo, appassito, sfiorito: *pelle avvizzita.*
avvocatesco [av-vo-ca-té-sco] *agg.* [pl.m. *-schi*] (*spreg.*) da avvocato: *cavillo —.*
avvocatessa [av-vo-ca-tés-sa] *s.f.* 1 donna avvocato 2 donna ciarliera e intrigante.
avvocato [av-vo-cà-to] *s.m.* [f. *-a* e *-essa*] 1 laureato in giurisprudenza abilitato ad assistere una parte nei giudizi civili e penali: *rivolgersi a un —* | *— delle cause perse*, (*scherz.*) chi sostiene tesi insostenibili | — *del diavolo*, ecclesiastico che nei processi di canonizzazione ha il compito di sollevare dubbi sui meriti spirituali di colui di cui si discute la santificazione; (*fig.*) chi sostiene il contrario di una tesi generalmente accettata. DIM. *avvocatino* 2 (*estens.*) difensore, protettore.
avvocatura [av-vo-ca-tù-ra] *s.f.* 1 la professione dell'avvocato: *esercitare l'—* 2 l'insieme degli avvocati che esercitano in un determinato circondario: *l'— di Torino* | *Avvocatura dello stato*, collegio degli avvocati che difendono la pubblica amministrazione in giudizio.
avvolgente [av-vol-gèn-te] *agg.* 1 che aggira: *manovra —*, che tende ad accerchiare il nemico 2 (*fig.*) che affascina; che inganna.
avvolgere [av-vòl-ge-re] *v.tr.* [coniugato come *volgere*] 1 volgere intorno, arrotolare: — *un filo* 2 avviluppare, ricoprire (anche *fig.*): *una vicenda avvolta nel mistero* ♦ **avvolgersi** *v.rifl.* 1 arrotolarsi, attorcigliarsi 2 coprirsi tutto intorno, avvilupparsi: — *in un mantello.*
avvolgibile [av-vol-gì-bi-le] *agg.* che si può avvolgere ♦ *s.m.* tipo di serranda o persiana a stecche parallele articolate, che si alza avvolgendosi intorno a un rullo.
avvolgimento [av-vol-gi-mén-to] *s.m.* 1 l'avvolgere, l'avvolgersi; l'essere avvolto 2 (*mil.*) manovra tendente a sorprendere il nemico alle spalle 3 (*elettr.*) filo o cavo conduttore isolato avvolto su una bobina.
avvolgitore [av-vol-gi-tó-re] *agg.* [f. *-trice*] che avvolge ♦ *s.m.* dispositivo per avvolgere la pellicola cinematografica intorno alla bobina.
avvolgitrice [av-vol-gi-trì-ce] *s.f.* macchina per la costruzione degli avvolgimenti delle macchine elettriche.
avvoltoio [av-vol-tó-io] *s.m.* 1 nome di vari uccelli rapaci diurni, grandi e voraci, con testa piccola, collo senza piume, becco ricurvo 2 (*fig.*) persona avida e rapace.

ayatollah [/ ajatol'la /] *s.m.invar.* (*persiano*) capo religioso dei musulmani sciiti.
azalea [a-ʒa-lè-a] *s.f.* pianta ornamentale sempreverde dai fiori bianchi, rossi o rosa.
azerbaigiano [a-ʒer-bai-già-no] *agg.* dell'Azerbaigian, stato asiatico ♦ *s.m.* **1** [f. *-a*] abitante, nativo dell'Azerbaigian **2** lingua affine al turco parlata in Azerbaigian.
azero [a-ʒè-ro] *s.m.* [f. *-a*] abitante, nativo dell'Azerbaigian.
azienda [a-ʒièn-da] *s.f.* **1** complesso di beni, capitali e forza lavoro organizzati da un imprenditore per svolgere una determinata attività con fini economici: *— agricola*; *— familiare* **2** ente pubblico dotato di autonomia economica e finanziaria: *— autonoma per il turismo.*
aziendale [a-ʒien-dà-le] *agg.* dell'azienda, che riguarda un'azienda e i suoi dipendenti: *mensa —.*
aziendalismo [a-ʒien-da-lì-ʃmo] *s.m.* tendenza a dare importanza primaria agli interessi dell'azienda.
aziendalista [a-ʒien-da-lì-sta] *s.m.* e *f.* [pl.m. *-sti*] **1** esperto di economia aziendale **2** chi ispira il proprio comportamento ad aziendalismo.
azima → **azzima**.
azimo → **azzimo**.
azimut [à-ʒi-mut] *s.m.invar.* (*astr.*) angolo fra il piano verticale passante per un astro e il piano meridiano del luogo d'osservazione.
azionabile [a-zio-nà-bi-le] *agg.* che si può azionare: *meccanismo — elettricamente.*
azionare [a-zio-nà-re] *v.tr.* [*io azióno ecc.*] mettere in azione, far funzionare: *— un dispositivo.*
azionariato [a-zio-na-rià-to] *s.m.* (*fin.*) **1** partecipazione nel possesso di azioni industriali **2** l'insieme degli azionisti di una società.
azionario [a-zio-nà-rio] *agg.* (*fin.*) che riguarda le azioni: *mercato —.*
azione [a-zió-ne] *s.f.* **1** l'agire, l'operare: *libertà d'—*; *uomo d'—*, attivo; *entrare in —*, *passare all'—*, cominciare ad agire; *verbi d'—*, (*gramm.*) quelli esprimenti attività (p.e. *fare*) **2** atto, gesto (considerato nel suo valore morale): *commettere una cattiva —.* DIM. *azioncina* PEGG. *azionaccia* **3** movimento: *mettere in — un dispositivo* | *—!*, (*cine.*) ordine con cui il regista comanda l'inizio di una ripresa **4** attitudine a produrre un effetto: *l'— dell'aria sui metalli* **5** l'insieme delle vicende di un'opera drammatica o narrativa: *l'— si svolge in Sicilia* | (*estens.*) il ritmo incalzante delle vicende stesse: *film d'—* **6** (*mil.*) scontro, combattimento; manovra tattica: *iniziare un'— di ripiegamento* **7** negli sport di squadra, manovra di gioco: *— d'attacco* **8** (*dir.*) causa, processo: *— civile, penale* **9** (*fin.*) titolo di credito che rappresenta una quota del capitale nominale di una società: *società per azioni.*
azionista [a-zio-nì-sta] *s.m.* e *f.* [pl.m. *-sti*] chi possiede azioni di una società commerciale.
azo- primo elemento di parole della terminologia chimica, che indica la presenza del gruppo azoico (*azocomposto*).
azocomposto [a-ʒo-com-pó-sto] *s.m.* (*chim.*) denominazione comune a una classe di composti organici contenenti il gruppo azoico; sono usati nella fabbricazione di coloranti.
azoospermia [a-ʒo-o-sper-mì-a] *s.f.* (*biol.*) mancanza di spermatozoi nel liquido seminale.
azotato [a-ʒo-tà-to] *agg.* contenente azoto.
azotemia [a-ʒo-te-mì-a] *s.f.* (*med.*) tasso dell'azoto ureico nel sangue.
azoto [a-ʒò-to] *s.m.* elemento chimico di simbolo *N*; gas incoloro, inodoro, è il costituente principale dell'atmosfera ed entra nella composizione dei tessuti animali e vegetali.
azteco [az-te-co; / as'tɛko /] *agg.* e *s.m.* [f. *-a*; pl.m. *-chi*] appartenente a un'antica popolazione amerindia che era stanziata nell'attuale Messico ♦ *s.m.* lingua azteca.
azulene [a-ʒu-lè-ne] *s.m.* (*chim.*) idrocarburo liquido, azzurro, presente in molti oli essenziali e usato per cosmetici.
azza [àz-za] *s.f.* antica arma costituita da un manico di legno e da una parte metallica a forma di accetta da una parte e di martello dall'altra.
azzannare [az-zan-nà-re] *v.tr.* afferrare con le zanne: *— la preda.*
azzardare [aʒ-ʒar-dà-re] *v.tr.* **1** mettere a rischio, avventurare: *— le proprie sostanze* | (*assol.*) rischiare: *non azzardate troppo!* **2** (*estens.*) trovare il coraggio di fare o dire qlco.: *— un tentativo* | formulare con esitazione: *— un'ipotesi* ♦ **azzardarsi** *v.intr.pron.* osare: *non azzardarti a insistere.*
azzardato [aʒ-ʒar-dà-to] *agg.* avventato; imprudente, temerario: *giudizio —* □ **azzardatamente** *avv.*
azzardo [aʒ-ʒàr-do] *s.m.* avventura pericolosa; rischio: *quell'impresa è un —* | *giochi d'—*, quelli a fine di lucro in cui il risultato dipende dal caso (dadi, roulette ecc.).
azzardoso [aʒ-ʒar-dó-so] *agg.* che si espone facilmente al rischio; che comporta azzardo, rischio: *tentativo —.*
-azzare suffisso alterativo di verbi, che conferisce al significato di base un valore attenuativo, peggiorativo o frequentativo (*scopiazzare*, *sbevazzare*).
azzeccagarbugli [az-zec-ca-gar-bù-gli] *s.m.* avvocato da strapazzo e disonesto.
azzeccare [az-zec-cà-re] *v.tr.* [*io azzécco, tu azzécchi ecc.*] colpire nel segno: *— il bersaglio* | (*fig.*) indovinare: *una risposta azzeccata* | *non azzeccarne una*, (*fam.*) non riuscire a combinare nulla di buono.
azzeccato [az-zec-cà-to] *agg.* ben scelto, ben riuscito, indovinato.
azzeramento [aʒ-ʒe-ra-mén-to] *s.m.* l'azzerare, l'essere azzerato.
azzerare [aʒ-ʒe-rà-re] *v.tr.* [*io aʒʒèro ecc.*] **1** ridurre a zero una grandezza variabile; portare a zero l'indice della scala graduata di uno strumen-

to: — *il contachilometri* **2** (*estens.*) annullare: — *un debito* | riportare alla situazione di partenza.
azzima [àʒ-ʒi-ma], o **azima**, *s.f.* pane azzimo.
azzimare [aʒ-ʒi-mà-re] *v.tr.* [*io àʒʒimo ecc.*] abbellire, abbigliare con molta ricercatezza ♦ **azzimarsi** *v.rifl.* agghindarsi.
azzimato [aʒ-ʒi-mà-to] *agg.* vestito con grande ricercatezza; lisciato.
azzimo [àʒ-ʒi-mo], o **azimo**, *agg.* si dice del pane non lievitato, usato dagli ebrei durante la Pasqua e dai cristiani di rito latino nella celebrazione della messa.
azzittire [az-zit-tì-re] *v.tr.* [*io azzittisco, tu azzittisci ecc.*] far tacere, zittire: *lo azzittì con uno sguardo* ♦ *v.intr.* [aus. *essere*], **azzittirsi** *v. intr.pron.* smettere di parlare; tacere.
-azzo suffisso che forma sostantivi che hanno per lo più valore spregiativo (*amorazzo, codazzo*).
azzoppamento [az-zop-pa-mén-to] *s.m.* l'azzoppare, l'azzopparsi, l'essere azzoppato.
azzoppare [az-zop-pà-re] *v.tr.* [*io azzòppo ecc.*] rendere zoppo: *la caduta ha azzoppato il cavallo* ♦ **azzopparsi** *v. intr.pron.* divenire zoppo: — *scivolando.*
azzuffarsi [az-zuf-fàr-si] *v.rifl.* e *rifl.rec.* venire alle mani, accapigliarsi.
azzurrato [aʒ-ʒur-rà-to] *agg.* colorato d'azzurro | *lenti azzurrate,* con sfumature azzurrine antiriflesso.
azzurrino [aʒ-ʒur-rì-no] *agg.* di colore azzurro piuttosto chiaro: *cielo* —.
azzurro [aʒ-ʒùr-ro] *agg.* **1** del colore del cielo sereno (tra il celeste e il turchino): *occhi azzurri* | *pesce* —, denominazione di varie specie di pesci dalla colorazione azzurro-argentea (acciughe, sardine ecc.) **2** (*sport*) si dice di atleta che rappresenta l'Italia in una competizione sportiva internazionale (dal colore della maglia della squadra nazionale) ♦ *s.m.* **1** colore azzurro: *l'— del mare* **2** [f. *-a*] (*sport*) atleta della squadra nazionale italiana.
azzurrognolo [aʒ-ʒur-ró-gno-lo *o* aʒʒurrògnolo] *agg.* di colore azzurro spento o sbiadito.

B

b *s.f.* o *m.* seconda lettera dell'alfabeto, il cui nome è *bi*; rappresenta la consonante occlusiva bilabiale sonora | *B*, (*mus.*) nome della nota *si* nei paesi anglosassoni.
babà [ba-bà] *s.m.* dolce di pasta soffice e lievitata, intrisa di rum.
babau [ba-bàu] *s.m.invar.* mostro immaginario che si nomina ai bambini per impaurirli | (*scherz.*) persona che incute paura.
babbeo [bab-bè-o] *agg.* e *s.m.* [f. *-a*] sciocco, tonto.
babbione [bab-bió-ne] *agg.* e *s.m.* [f. *-a*] (*tosc.*) babbeo.
babbo [bàb-bo] *s.m.* padre, papà | *— Natale*, personaggio immaginario che, nella credenza dei bambini, porta doni la notte di Natale.
babbuccia [bab-bùc-cia] *s.f.* [pl. *-ce*] **1** calzatura orientale con la punta rialzata **2** (*estens.*) pianella, pantofola.
babbuino [bab-bu-ì-no] *s.m.* **1** scimmia africana con muso canino, pelame verdognolo e coda lunga **2** (*fig.*) persona sciocca.
babele [ba-bè-le] *s.f.* luogo di grande confusione o disordine.
babelico [ba-bè-li-co] *agg.* [pl.m. *-ci*] (*lett.*) **1** di Babele **2** (*fig.*) caotico, disordinato.
babilonese [ba-bi-lo-né-se] *agg.* di Babilonia: *civiltà —* ♦ *s.m.* [anche *f.*] abitante di Babilonia.
babilonia [ba-bi-lò-nia] *s.f.* confusione, disordine.
babilonico [ba-bi-lò-ni-co] *agg.* [pl.m. *-ci*] **1** di Babilonia, babilonese **2** (*fig.*, *lett.*) fastoso e corrotto.
babordo [ba-bór-do] *s.m.* il fianco sinistro della nave, guardando verso prua; manca.
baby [/ 'bɛbi /] *s.m.* e *f.invar.* (*ingl.*) bambino, bambina ♦ *agg.invar.* infantile: *moda —*.
baby-doll [/ bɛbi'dɔl /] *s.m.invar.* (*ingl.*) indumento femminile da notte composto da camicia corta e mutandine.
baby-sitter [/ bɛbi'sitter /] *loc.sost.f.* e *m.invar.* (*ingl.*) persona che si prende cura dei bambini durante l'assenza dei genitori.
bacare [ba-cà-re] *v.tr.* [*io baco, tu bachi ecc.*] (*non com.*) guastare fisicamente o moralmente: *— la mente, l'anima* ♦ **bacarsi** *v.intr.pron.* guastarsi per opera di bachi.
bacato [ba-cà-to] *agg.* **1** che ha il baco, guastato dai bachi: *frutto —* **2** (*fig.*) guasto, corrotto: *una persona bacata.*
bacca [bàc-ca] *s.f.* [pl. *-che*] (*bot.*) frutto tondeggiante e polposo contenente numerosi semi (*p.e.* pomodoro, peperone, uva) | (*estens.*) piccoli frutti tondeggianti di varie piante, quali il ginepro e l'alloro.
baccalà [bac-ca-là] *s.m.* **1** merluzzo essiccato e conservato sotto sale **2** (*fig.*) persona molto magra | persona stupida, maldestra.
baccalaureato [bac-ca-lau-re-à-to] *s.m.* **1** in Gran Bretagna e negli Stati Uniti, titolo accademico inferiore a quello di dottore; in Francia, titolo di licenza media superiore **2** [f. *-a*] chi ha conseguito tale titolo.
baccanale [bac-ca-nà-le] *s.m.* **1** [pl. *-li* e *-lia*] in Roma antica, rito orgiastico in onore del dio Bacco **2** (*estens.*) gozzoviglia, orgia.
baccano [bac-cà-no] *s.m.* strepito assordante fatto da più persone che parlano a voce alta; chiasso.
baccante [bac-càn-te] *s.f.* **1** nell'antichità greco-romana, donna iniziata al culto di Dioniso (a Roma, Bacco) che celebrava riti orgiastici in onore del dio **2** (*estens.*) donna in preda a sensualità sfrenata.
baccarà [bac-ca-rà] *s.m.* gioco d'azzardo fatto con le carte tra un certo numero di giocatori e il banco.
baccellierato [bac-cel-lie-rà-to] *s.m.* (*lett.*) grado di baccelliere.
baccelliere [bac-cel-liè-re] *s.m.* **1** nell'ordinamento cavalleresco medievale, giovane gentiluomo aspirante cavaliere **2** nel Medioevo, chi aveva conseguito il primo grado accademico.
baccello [bac-cèl-lo] *s.m.* frutto oblungo delle leguminose, contenente più semi (*p.e.* piselli, fagioli).
bacchetta [bac-chét-ta] *s.f.* bastoncino diritto di legno o altro materiale: *la — del direttore d'orchestra* | *comandare a —*, (*fig.*) con autorità. DIM. *bacchettina.*
bacchettare [bac-chet-tà-re] *v.tr.* [*io bacchétto ecc.*] battere con una bacchetta indumenti, tappeti per scuoterne via la polvere.
bacchettata [bac-chet-tà-ta] *s.f.* colpo di bacchetta.
bacchetto [bac-chét-to] *s.m.* grossa bacchetta: *— della frusta*, il manico.
bacchettone [bac-chet-tó-ne] *s.m.* [f. *-a*] (*spreg.*) chi si dedica a pratiche religiose con zelo esagerato.

bacchiare [bac-chià-re] *v.tr.* [*io bàcchio ecc.*] percuotere con il bacchio i rami di un albero (il noce, l'ulivo) per farne cadere i frutti maturi.
bacchiata [bac-chià-ta] *s.f.* colpo dato col bacchio.
bacchiatura [bac-chia-tù-ra] *s.f.* l'operazione, il lavoro del bacchiare.
bacchico [bàc-chi-co] *agg.* [pl.m. *-ci*] di Bacco, in onore di Bacco: *riti bacchici.*
bacchio [bàc-chio] *s.m.* lunga pertica usata per bacchiare.
bacco [bàc-co] *s.m.* **1** vizio del bere: *essere dedito a —* **2** in loc. fam.: *per —!*, *corpo di —!*, per esprimere meraviglia o stizza.
bacheca [ba-chè-ca] *s.f.* **1** contenitore con anta di vetro in cui sono esposti oggetti preziosi, libri rari ecc.: *le bacheche di un museo* **2** albo, vetrinetta che si appende al muro per esporre comunicati, avvisi, giornali.
bachelite [ba-che-lì-te], o **bakelite**, *s.f.* nome commerciale di un gruppo di resine sintetiche, usate per la fabbricazione di interruttori, spine, isolatori.
bachicoltura [ba-chi-col-tù-ra] *s.f.* allevamento del baco da seta.
baciamano [ba-cia-mà-no] *s.m.* [pl. *-ni*] atto del baciare la mano in segno di rispetto o per galanteria.
baciapile [ba-cia-pì-le] *s.m.* e *f.invar.* persona bigotta e ipocrita.
baciare [ba-cià-re] *v.tr.* [*io bàcio ecc.*] dare un bacio, dei baci: — *sulle guance*; — *un'immagine* | *essere baciato dalla fortuna*, essere molto fortunato ♦ **baciarsi** *v.rifl.rec.* darsi un bacio, dei baci.
baciato [ba-cià-to] *agg.* che ha ricevuto un bacio | *rima* —, (*metr.*) rima tra due versi consecutivi.
bacile [ba-cì-le] *s.m.* largo recipiente di forma circolare destinato a contenere acqua o altri liquidi; catino.
bacillare [ba-cil-là-re] *agg.* (*med.*, *biol.*) relativo a bacilli; causato da bacilli: *propagazione —.*
bacillifero [ba-cil-lì-fe-ro] *agg.* (*med.*, *biol.*) che porta bacilli.
bacilliforme [ba-cil-li-fór-me] *agg.* (*biol.*) a forma di bacillo.
bacillo [ba-cìl-lo] *s.m.* **1** (*biol.*) batterio a forma di bastoncino, diritto o ricurvo **2** — *del Rossi*, (*zool.*) insetto dal corpo cilindrico, privo di ali e con lunghe gambe.
bacillosi [ba-cil-lò-ʃi] *s.f.* (*med.*) qualsiasi malattia provocata da bacilli.
bacinella [ba-ci-nèl-la] *s.f.* recipiente di piccole dimensioni, largo e basso, per uso domestico o di laboratorio.
bacinetto [ba-ci-nét-to] *s.m.* (*anat.*) pelvi renale.
bacino [ba-cì-no] *s.m.* **1** recipiente di forma rotonda, largo e basso, usato per contenere acqua o altri liquidi **2** depressione naturale o artificiale del terreno con funzioni di raccolta: — *lacustre*, *glaciale* | grande avvallamento della crosta terrestre invaso da acque marine: *il — del Mediterraneo* **3** (*geog.*) zona della superficie terrestre dalle caratteristiche uniformi: — *idrografico*, le cui acque confluiscono nello stesso fiume | — *carbonifero*, *petrolifero*, nel cui sottosuolo si trovano carbone, petrolio | — *d'utenza*, (*burocr.*) area da cui provengono gli utenti di un determinato servizio pubblico (scuola, ospedale ecc.) **4** (*mar.*) specchio d'acqua di mare ristretto e riparato con moli o altre opere | — *di carenaggio*, grande vasca in muratura che accoglie navi da riparare **5** (*anat.*) la parte inferiore del tronco umano.
bacio [bà-cio] *s.m.* atto di amore, di affetto, di devozione o deferenza che si compie accostando le labbra a qlcu. o a qlco., talvolta facendole schioccare | in formule di saluto nella corrispondenza: *baci e abbracci* | — *di Giuda*, (*fig.*) lusinga che nasconde il tradimento | *al* —, (*fig. fam.*) si dice di cosa riuscita alla perfezione. DIM. *bacino*, *bacetto* ACCR. *bacione.*
background [/ bɛk'graund /] *s.m.invar.* (*ingl.*) il retroterra, lo sfondo da cui trae origine un fenomeno culturale o che è caratteristico della personalità culturale di un individuo: *il — popolare del jazz.*
backup [/ bɛ'kap /] *s.m.invar.* (*ingl.*) (*inform.*) procedura per la duplicazione di dati su un supporto esterno all'elaboratore.
baco [bà-co] *s.m.* [pl. *-chi*] **1** stadio larvale degli insetti lepidotteri caratterizzati da metamorfosi; bruco | — *da seta*, larva del bombice del gelso, che tesse il bozzolo da cui si ricava la seta **2** (*fig.*) tarlo, rodimento interiore: *il — della gelosia* **3** (*inform.*) bug.
bacon [/ 'bɛkon /] *s.m.invar.* (*ingl.*) pancetta di maiale affumicata: *uova al —.*
bacucco [ba-cùc-co] *agg.* [pl.m. *-chi*] solo nella loc. *vecchio* —, persona decrepita, rimbambita per l'età.
bada [bà-da] *s.f.* solo nella loc. *tenere a — qlcu.*, controllarlo, sorvegliarlo.
badare [ba-dà-re] *v.intr.* [aus. *avere*] **1** stare attento, aver cura, occuparsi: — *alla casa*, *ai fatti propri* **2** fare attenzione: *bada di non scivolare!*; *bada!*, *badate!*, con valore esortativo o di richiamo **3** dar peso, importanza: *non — a spese.*
badessa [ba-dés-sa] *s.f.* superiora di un monastero femminile: *madre —.*
badge [/ bɛdʒ /] *s.m.invar.* (*ingl.*) targhetta o distintivo da applicare all'abito con una spilla.
badia [ba-dì-a] *s.f.* abbazia.
badilante [ba-di-làn-te] *s.m.* manovale addetto a lavori di sterro col badile.
badilata [ba-di-là-ta] *s.f.* quantità di materiale contenuta da un badile.
badile [ba-dì-le] *s.m.* pala da sterratore, a punta pronunciata e lati rialzati.
badminton [/ 'bɛdminton /] *s.m.invar.* (*ingl.*) gioco simile al tennis che si gioca lanciandosi il volano.
Baedeker [/ 'bɛdeker /] *s.m.invar.* (*ted.*) volumetto di itinerari e informazioni turistiche; guida.
baffo [bàf-fo] *s.m.* **1** (spec. *pl.*) l'insieme dei peli

che crescono sopra ciascun lato del labbro superiore dell'uomo e di taluni animali: *baffi folti*; *i baffi dei gatti* | *cosa da leccarsi i baffi*, (*fig.*) squisita | *ridere sotto i baffi*, (*fig.*) di nascosto, sogghignare | *mi fa un* —, (*fig. fam.*) non me ne importa niente | *coi baffi*, (*fig. fam.*) detto di cosa, eccellente. DIM. *baffetto* ACCR. *baffone* **2** (*fig.*) macchia allungata e sfumata; frego a forma di baffo: — *di inchiostro*.

baffone [baf-fó-ne] *s.m.* (*scherz.*) uomo con baffi lunghi e folti (soprattutto come soprannome).

baffuto [baf-fù-to] *agg.* provvisto di baffi.

bagagliaio [ba-ga-glià-io] *s.m.* **1** vagone ferroviario per il trasporto dei bagagli ingombranti | nelle automobili, il vano per il bagaglio **2** nelle stazioni ferroviarie, deposito dei bagagli.

bagaglio [ba-gà-glio] *s.m.* l'insieme degli oggetti che un viaggiatore reca con sé: *preparare i bagagli*; — *a mano*, quello, poco ingombrante, che si può tenere con sé in aereo, in pullman ecc. | *partire con armi e bagagli*, (*fig.*) portando via tutte le proprie cose | (*fig.*) complesso di conoscenze: — *culturale*.

bagarinaggio [ba-ga-ri-nàg-gio] *s.m.* incetta di biglietti d'ingresso a pubblici spettacoli e manifestazioni sportive per rivenderli a prezzo maggiorato.

bagarino [ba-ga-rì-no] *s.m.* chi esercita il bagarinaggio.

bagarre [/ ba'gar /] *s.f.invar.* (*fr.*) **1** disputa, controversia | tumulto, trambusto: *si scatenò una* — **2** (*sport*) fase concitata di una gara, in cui l'agonismo si fa esasperato.

bagascia [ba-gà-scia] *s.f.* [pl. *-sce*] (*spreg.*) prostituta.

bagattella [ba-gat-tèl-la], o **bagatella**, *s.f.* **1** cosa da nulla, bazzecola **2** (*mus.*) componimento musicale da camera di struttura semplice e di breve durata.

baggianata [bag-gia-nà-ta] *s.f.* sciocchezza, stupidaggine.

baggiano [bag-già-no] *agg.* e *s.m.* [f. *-a*] sciocco, credulone.

bagliore [ba-glió-re] *s.m.* **1** luce improvvisa che abbaglia; luminosità, splendore (anche *fig.*): *il* — *dei proiettori*; *il* — *di un sorriso* **2** *pl.* (*fig.*) segni, manifestazioni di qlco. di splendido: *i bagliori della civiltà*.

bagnacauda [ba-gna-càu-da], o **bagna cauda**, *s.f.* (*gastr.*) salsa a base di olio, burro, aglio e acciughe; è una specialità del Piemonte.

bagnante [ba-gnàn-te] *s.m.* e *f.* chi fa il bagno nel mare, in un lago o in un fiume | chi è in vacanza al mare.

bagnare [ba-gnà-re] *v.tr.* **1** cospargere qlco. o qlcu. con acqua o altro liquido oppure immergervelo: — *i panni*; *bagnarsi le mani*; — *le labbra*, inumidirle | *bagnarsi la gola*, bere **2** detto di mare o fiume, toccare una costa, una città: *l'Arno bagna Firenze* **3** (*scherz.*) festeggiare bevendo vino o liquori: — *una promozione* ♦ **bagnarsi** *v.rifl.* fare il bagno: — *nel lago* ♦ *v.intr.pron.* inumidirsi, inzupparsi di un liquido: — *per la pioggia*.

bagnarola [ba-gna-rò-la] *s.f.* (*region.*) **1** tinozza per bagno **2** (*scherz.*) automobile o imbarcazione vecchia, in cattive condizioni.

bagnasciuga [ba-gna-sciù-ga] *s.m.invar.* **1** parte dello scafo di un natante compresa tra le linee di minima e di massima immersione, che perciò è bagnata o asciutta a seconda del carico o dello stato del mare **2** battigia.

bagnata [ba-gnà-ta] *s.f.* il bagnare o il bagnarsi: *prendersi una bella* —. DIM. *bagnatina*.

bagnato [ba-gnà-to] *agg.* cosparso, inzuppato di acqua o altro liquido: *scivolare sul terreno* — ♦ *s.m.* terreno bagnato; parte bagnata di qlco. | *piovere sul* —, (*fig.*) si dice per significare che le disgrazie o le fortune non vengono mai sole.

bagnatura [ba-gna-tù-ra] *s.f.* il bagnare o il bagnarsi.

bagnino [ba-gnì-no] *s.m.* [f. *-a*] chi assiste i bagnanti negli stabilimenti balneari o termali e nelle spiagge controllate.

bagno [bà-gno] *s.m.* **1** il bagnare o il bagnarsi: *mettere a* —, in ammollo | immersione del corpo nell'acqua o in un'altra sostanza a scopo igienico, curativo o ricreativo: — *di mare*; — *termale*, in acque termali; — *di fango*, fangatura; — *di sabbia*, sabbiatura | *da* —, che serve per il bagno: *costume da* — | *essere in un* — *di sudore*, (*iperb.*) molto sudato. DIM. *bagnetto* **2** (*estens.*) esposizione prolungata del corpo o di una sua parte al sole, alla luce, all'aria, a scopo terapeutico: — *di sole* | — *turco*, bagno d'aria calda per provocare un'abbondante sudorazione **3** stanza con vasca da bagno e servizi igienici; anche, il locale con i soli servizi igienici **4** (*foto.*) soluzione chimica in cui si immergono i negativi o le copie per lo sviluppo, il fissaggio e altri processi fotografici.

bagnolo [ba-gnò-lo] *s.m.* **1** impacco **2** (*edil.*) vasca usata nei cantieri per spegnere la calce viva.

bagnomaria [ba-gno-ma-rì-a] *s.m.invar.* solo nelle loc. *mettere*, *scaldare a* —, immergere in acqua calda il recipiente che contiene ciò che deve essere riscaldato.

bagnoschiuma [ba-gno-schiù-ma] *s.m.invar.* prodotto da toilette che, sciolto nell'acqua, produce una schiuma profumata; schiuma da bagno.

bagordo [ba-gór-do] *s.m.* (spec. *pl.*) gozzoviglia, crapula: *darsi ai bagordi*.

baguette [/ ba'gɛt /] *s.f.invar.* (*fr.*) **1** taglio di una pietra preziosa a forma di rettangolo allungato | la pietra di tale forma **2** pane francese a forma di bastone.

bah *inter.* usata per esprimere rassegnazione, incertezza: —, *non pensiamoci più!*

baia [bà-ia] *s.f.* **1** (*geog.*) insenatura marina o lacustre larga al centro e ristretta all'imboccatura **2** (*aer.*) parte di un hangar dove si esegue la manutenzione degli aeromobili.

baiadera [ba-ia-dè-ra] *s.f.* danzatrice indiana.

bailamme [bai-làm-me] *s.m.* grande confusione, baccano.
baio [bà-io] *agg.* e *s.m.* si dice di cavallo dal mantello rosso-bruno, con criniera e coda nere.
baiocco [ba-iòc-co] *s.m.* [pl. *-chi*] **1** antica moneta dello Stato Pontificio **2** *pl.* (*scherz.*) soldi, quattrini.
baionetta [ba-io-nét-ta] *s.f.* arma bianca da punta che si innesta sul fucile: *assalto alla —* | *innesto a —*, (*tecn.*) l'unione di due pezzi infilati per un tratto l'uno nell'altro e fissati mediante una breve rotazione.
baionettata [ba-io-net-tà-ta] *s.f.* colpo di baionetta.
baita [bài-ta] *s.f.* piccola costruzione di sassi o di legno, usata come rifugio in alta montagna.
bakelite → **bachelite**.
balafon [ba-la-fòn] *s.m.* (*mus.*) tipo di xilofono africano costituito di tavolette di legno munite di risuonatori.
balalaica [ba-la-lài-ca], o **balalaika**, *s.f.* (*mus.*) strumento russo simile alla chitarra ma con cassa triangolare.
balanite [ba-la-nì-te] *s.f.* (*med.*) infiammazione del glande.
balausta [ba-la-ù-sta] *s.f.* (*bot.*) frutto e fiore del melograno.
balaustra [ba-la-ù-stra] *s.f.* balaustrata.
balaustrata [ba-lau-strà-ta] *s.f.* parapetto costituito da balaustri collegati da una base e da una cimasa, per delimitare altari, terrazze e scalinate.
balaustrato [ba-lau-strà-to] *agg.* (*non com.*) fornito di balaustri: *balcone —*.
balaustrino [ba-lau-strì-no] *s.m.* compasso di precisione per tracciare circonferenze di raggio molto piccolo.
balaustro [ba-la-ù-stro] *s.m.* (*arch.*) **1** colonnina di forma varia impiegata a scopo ornamentale in parapetti, terrazze, scalinate **2** elemento ornamentale del capitello ionico.
balbettamento [bal-bet-ta-mén-to] *s.m.* il balbettare; le parole balbettate: *un confuso —*.
balbettare [bal-bet-tà-re] *v.intr.* [*io balbétto ecc.*; aus. *avere*] **1** parlare articolando stentatamente le sillabe e ripetendole più volte, per difetto naturale o per ragioni psicologiche; tartagliare, farfugliare **2** (*estens.*) detto dei bambini, cominciare a parlare ♦ *v.tr.* pronunciare in modo stentato e faticoso: *— scuse* | parlare con stento una lingua straniera: *balbetta un po' d'inglese.*
balbettio [bal-bet-tì-o] *s.m.* un balbettare ripetuto.
balbuzie [bal-bù-zie] *s.f.* il difetto di balbettare, determinato da spasmo intermittente della muscolatura dell'apparato vocale.
balbuziente [bal-bu-zièn-te] *agg.* e *s.m.* e *f.* che/chi ha il difetto di balbettare.
balcanico [bal-cà-ni-co] *agg.* [pl.m. *-ci*] che si riferisce ai Balcani, alla regione dei Balcani: *penisola balcanica.*
balcanizzare [bal-ca-niʒ-ʒà-re] *v.tr.* ridurre un paese alle condizioni di caos in cui si trovavano all'inizio del Novecento i paesi balcanici | (*estens.*) smembrare uno stato in tanti piccoli stati.
balcanizzazione [bal-ca-niʒ-ʒa-zió-ne] *s.f.* il balcanizzare, l'essere balcanizzato.
balconata [bal-co-nà-ta] *s.f.* **1** balcone allungato sul quale si aprono diverse finestre **2** nei teatri, ordine di posti sovrastante la platea; galleria.
balcone [bal-có-ne] *s.m.* ripiano in pietra o cemento armato, chiuso da un parapetto, sporgente dal muro esterno di un edificio in corrispondenza di una porta-finestra: *affacciarsi al —*. DIM. *balconcino.*
baldacchino [bal-dac-chì-no] *s.m.* **1** drappo quadrangolare, ornato di fregi e frange pendenti ai lati, sostenuto da quattro o più aste, sotto cui si porta in processione il SS. Sacramento o reliquie particolarmente venerate | drappo analogo che sta sopra gli altari o i troni; un tempo faceva anche da copertura ai letti **2** (*arch.*) sovrastruttura in marmo o pietra di edicole e tombe.
baldanza [bal-dàn-za] *s.f.* ferma fiducia in sé stessi: *— giovanile* | risolutezza spavalda: *essere pieno di —.*
baldanzoso [bal-dan-zó-so] *agg.* che ha, che mostra baldanza; spavaldo: *passo —* □ **baldanzosamente** *avv.*
baldo [bàl-do] *agg.* che dimostra sicurezza di sé; ardito, baldanzoso: *un — giovane.*
baldoria [bal-dò-ria] *s.f.* allegria rumorosa e spensierata di più persone; festa chiassosa: *far —.*
baldracca [bal-dràc-ca] *s.f.* (*spreg.*) prostituta.
balena [ba-lé-na] *s.f.* **1** enorme mammifero cetaceo dei mari artici, con gli arti anteriori a forma di pinne, i posteriori rudimentali, e la mascella superiore munita di lunghe lamine cornee (fanoni): *grasso, olio di —* | *stecche di —*, quelle ricavate dai fanoni, usate un tempo per intelaiature di ombrelli e per irrigidire busti e colletti. DIM. *balenotto* (*m.*), *balenottero* (*m.*) **2** (*fig.*) donna molto grassa.
balenamento [ba-le-na-mén-to] *s.m.* il balenare.
balenare [ba-le-nà-re] *v.intr.* [*io baléno ecc.*; aus. *avere* nei sign. 1 e 2, *essere* nel sign. 3] **1** (usato *impers.*) lampeggiare **2** (*estens.*) splendere, brillare per un istante **3** (*fig.*) passare improvvisamente per la mente: *mi è balenato un sospetto.*
baleniera [ba-le-niè-ra] *s.f.* nave attrezzata per la caccia alle balene.
baleniere [ba-le-niè-re] *s.m.* cacciatore di balene; marinaio di una baleniera.
baleniero [ba-le-niè-ro] *agg.* che si riferisce alle balene, alla loro caccia.
balenio [ba-le-nì-o] *s.m.* un balenare continuo e frequente.
baleno [ba-lé-no] *s.m.* lampo; guizzo di luce vivida (anche *fig.*): *il — degli occhi* | *in un —*, in un attimo.
balenottera [ba-le-nòt-te-ra] *s.f.* enorme mammifero marino simile alla balena, da cui differisce per la presenza di una grossa pinna dorsale e di numerose pieghe longitudinali sulla gola e sul petto.

balera [ba-lè-ra] *s.f.* (*sett.*) locale popolare da ballo | pista da ballo all'aperto.
balestra [ba-lè-stra] *s.f.* 1 antica arma per scagliare dardi, costituita da un arco e da un dispositivo in grado di tendere e far scattare la corda dell'arco 2 (spec. *pl.*) sospensione elastica a lamine metalliche sovrapposte, tipica di veicoli stradali e ferroviari.
balì [ba-lì] *s.m.* alto grado di alcuni ordini cavallereschi.
balia[1] [bà-lia] *s.f.* donna che allatta bambini altrui: *prendere, mandare a* — | — *asciutta*, donna che si cura dei bambini altrui senza allattarli.
balia[2] [ba-lì-a] *s.f.* solo nella loc. *in — di*, in potere, alla mercé di: *in — delle onde, degli eventi*.
balilla [ba-lìl-la] *s.m.invar.* (*st.*) nome dato ai ragazzi dagli otto ai quattordici anni iscritti alle associazioni paramilitari fasciste ♦ *s.f.invar.* nome commerciale di un'autovettura italiana prodotta a partire dal 1932.
balinese [ba-li-né-se] *agg.* dell'isola di Bali, in Indonesia ♦ *s.m.* e *f.* chi è nato, chi vive a Bali.
balipedio [ba-li-pè-dio] *s.m.* (*mil.*) campo per le prove di tiro di bocche da fuoco e altri esperimenti con proiettili ed esplosivi.
balista [ba-lì-sta] *s.f.* nell'antichità greco-romana, macchina da assedio consistente in una specie di grossa balestra per scagliare pietre.
balistica [ba-lì-sti-ca] *s.f.* scienza che studia il moto dei proiettili.
balistico [ba-lì-sti-co] *agg.* [pl.m. *-ci*] che si riferisce alla balistica | *perizia balistica*, quella che accerta il calibro e la traiettoria di un proiettile partito da un'arma da fuoco.
balistite [ba-li-stì-te] *s.f.* esplosivo impiegato come polvere di lancio, costituito da nitroglicerina e nitrocellulosa.
balivo [ba-lì-vo] *s.m.* nel Medioevo, funzionario regio o magistrato a cui era affidato il governo di città o circoscrizioni.
balla[1] [bàl-la] *s.f.* involto di merci apprestato per il trasporto: — *di stracci*; — *di cotone*, pacco di fibre grezze di cotone fortemente pressato.
balla[2] *s.f.* (*fam.*) grossa bugia, fandonia: *raccontar balle*.
ballabile [bal-là-bi-le] *agg.* adatto alla danza, che si può ballare: *canzone* — ♦ *s.m.* canzone o motivo da ballo.
ballare [bal-là-re] *v.intr.* [aus. *avere*] 1 muoversi a ritmo di musica; danzare 2 (*estens.*) agitarsi, saltellare: — *per la contentezza* 3 sobbalzare, oscillare: *la barca ballava sulle onde* ♦ *v.tr.* eseguire ballando: — *un tango*.
ballata [bal-là-ta] *s.f.* 1 nell'antica poesia italiana, componimento di carattere popolare destinato in origine al canto e alla danza, costituito da una o più strofe intervallate da un ritornello | nella poesia romantica, componimento poetico di contenuto epico-leggendario 2 (*mus.*) composizione da camera per pianoforte o per voce e pianoforte, fiorita in epoca romantica: *le ballate di Chopin* | canzone su un testo di carattere narrativo.
ballatoio [bal-la-tó-io] *s.m.* 1 terrazzino con ringhiera che si sviluppa lungo il perimetro interno o esterno di un edificio | pianerottolo con funzioni di disimpegno 2 nell'alpinismo, piccolo ripiano aggettante su una parete di roccia.
ballerina [bal-le-rì-na] *s.f.* 1 donna che esercita la professione della danza o che balla con maestria; danzatrice 2 (spec. *pl.*) scarpa bassa da donna con suola molto flessibile.
ballerino [bal-le-rì-no] *s.m.* 1 uomo che esercita la professione della danza o che balla con maestria; danzatore 2 nome di un tipo di orchidea il cui labello richiama una sagoma umana ♦ *agg.* che balla: *cavalli ballerini*, quelli dei circhi equestri.
ballettistico [bal-let-tì-sti-co] *agg.* [pl.m. *-ci*] di balletti: *stagione ballettistica*.
balletto [bal-lét-to] *s.m.* 1 spettacolo di danza che segue uno schema prestabilito di figurazioni, gesti e movimenti 2 il corpo di ballo di un teatro.
ballista [bal-lì-sta] *s.m.* e *f.* [pl.m. *-sti*] (*fam.*) chi racconta balle, fandonie.
ballo [bàl-lo] *s.m.* 1 movimento regolato del corpo e degli arti che asseconda il ritmo di una musica; danza: *scuola, corpo di* — | *essere, entrare in* —, (*fig.*) di persona, essere coinvolto in una situazione; detto di cosa, andare di mezzo, essere in questione: *è in — il mio onore* | *tirare, chiamare in — qlcu., qlco.*, (*fig.*) farne oggetto di discussione; coinvolgere in una situazione 2 musica ballabile: *il valzer è un — più veloce del tango* 3 giro di ballo: *fare un* — | festa in cui si balla: — *di fine d'anno* 4 (*fig.*) serie di sussulti di un veicolo, di una nave, di un aereo: *il viaggio è stato tutto un* — | — *di san Vito*, (*fam.*) corea.
ballon d'essai [/ bal'lɔn des'sɛ /] *loc.sost.m.invar.* (*fr.*) notizia diffusa allo scopo di sondare l'opinione pubblica su un dato argomento.
ballonzolare [bal-lon-zo-là-re] *v.intr.* [*io ballónzolo ecc.*; aus. *avere*] 1 ballare senza grazia e svogliatamente | camminare saltellando 2 muoversi sussultando, agitarsi: *il ciuffo gli ballonzolava sulla fronte*.
ballotta [bal-lòt-ta] *s.f.* castagna lessata con la buccia.
ballottaggio [bal-lot-tàg-gio] *s.m.* 1 scrutinio supplementare e decisivo fra i due candidati che hanno ottenuto più voti degli altri, ma in numero inferiore a quello prescritto 2 (*sport*) spareggio finale fra due concorrenti.
balneabile [bal-ne-à-bi-le] *agg.* (*burocr.*) si dice di acque in cui è consentito fare i bagni.
balneare [bal-ne-à-re] *agg.* dei bagni di mare: *stagione, stabilimento* —.
balneazione [bal-ne-a-zió-ne] *s.f.* (*med.*) la pratica della balneoterapia | (*burocr.*) il fare il bagno in acque aperte: *divieto di* —.
balneoterapia [bal-ne-o-te-ra-pì-a] *s.f.* (*med.*) cura effettuata mediante bagni.

baloccamento [ba-loc-ca-mén-to] *s.m.* il baloccare, il baloccarsi.

baloccare [ba-loc-cà-re] *v.tr.* [*io balòcco, tu balòcchi ecc.*] divertire, far giocare; trastullare ♦ **baloccarsi** *v.intr.pron.* **1** divertirsi, giocare **2** (*estens.*) gingillarsi, perdere tempo.

balocco [ba-lòc-co] *s.m.* [pl. *-chi*] giocattolo; trastullo, passatempo.

balordaggine [ba-lor-dàg-gi-ne] *s.f.* **1** l'essere balordo **2** detto o atto da balordo; sciocchezza.

balordo [ba-lór-do] *agg.* **1** sciocco, stolido | stordito, smemorato **2** sciocco, senza senso: *ragionamento* — ♦ *s.m.* [f. *-a*] **1** persona sciocca o molto sbadata **2** malvivente di mezza tacca □ **balordamente** *avv.*

balsamico [bal-sà-mi-co] *agg.* [pl.m. *-ci*] **1** di balsamo, che ha le proprietà di un balsamo: *pomata balsamica* **2** (*fig.*) profumato; salubre: *l'aria balsamica della montagna* ♦ *s.m.* (*med.*) medicamento per curare le infiammazioni delle vie respiratorie e le affezioni cutanee.

balsamina [bal-sa-mì-na] *s.f.* pianta erbacea ornamentale con fiori variamente colorati e foglie lanceolate.

balsaminacee [bal-sa-mi-nà-ce-e] *s.f.pl.* (*bot.*) famiglia di piante dicotiledoni a cui appartiene la balsamina.

balsamo [bàl-sa-mo] *s.m.* **1** sostanza oleosa profumata che si ricava dalle resine di alcune piante; ha proprietà medicinali **2** (*estens.*) rimedio che lenisce un dolore.

balteo [bàl-te-o] *s.m.* nell'antichità greco-romana, cinturone di cuoio portato a tracolla, al quale i soldati appendevano la spada.

baltico [bàl-ti-co] *agg.* [pl.m. *-ci*] relativo ai paesi e ai popoli che si affacciano sul mar Baltico.

baluardo [ba-lu-àr-do] *s.m.* **1** terrapieno fortificato, bastione **2** (*fig.*) difesa, protezione: *un — naturale.*

baluginare [ba-lu-gi-nà-re] *v.intr.* [*io balùgino ecc.*; aus. *essere*] apparire e sparire d'un tratto o apparire in modo incerto, poco percepibile: *baluginava un raggio di sole.*

baluginio [ba-lu-gi-nì-o] *s.m.* un baluginare intermittente.

balza [bàl-za] *s.f.* **1** luogo scosceso, dirupato; striscia di terreno pianeggiante che s'affaccia su uno scoscendimento **2** striscia di stoffa posta per ornamento in fondo ad abiti, tende ecc. **3** la balzana del cavallo.

balzana [bal-zà-na] *s.f.* **1** guarnizione all'orlo di un abito o di una tenda; balza **2** striscia biancastra sopra lo zoccolo dei cavalli.

balzano [bal-zà-no] *agg.* **1** si dice di cavallo che ha una o più balzane **2** (*fig.*) stravagante, bizzarro: *discorso, tipo* —.

balzare [bal-zà-re] *v.intr.* [aus. *essere*] **1** saltar su con elasticità e rapidità: — *in piedi* | sussultare: *il cuore le balzò in petto* **2** (*fig.*) apparire d'un tratto con evidenza: — *agli occhi*; — *in primo piano*, acquisire importanza primaria.

balzellare [bal-zel-là-re] *v.intr.* [*io balzèllo ecc.*; aus. *essere* e *avere*] saltellare, avanzare a piccoli balzi.

balzello [bal-zèl-lo] *s.m.* (*lett.*) tributo, pedaggio.

balzelloni [bal-zel-ló-ni] *avv.* a balzi, saltellando (più com. *a* —): *correre a* —.

balzo [bàl-zo] *s.m.* salto di un corpo elastico dopo aver battuto in terra o contro una superficie rigida: *la palla fece un — altissimo*; *cogliere la palla al* —, (*fig.*) cogliere il momento opportuno| scatto, sussulto: *vedendola ebbe un* —.

bambagia [bam-bà-gia] *s.f.* [pl. *-gie*] cascame della filatura del cotone | cotone a fiocchi, non filato | *tenere, crescere nella* —, (*fig.*) con eccessive cure e riguardi.

bambagino [bam-ba-gì-no] *agg.* di bambagia, fatto di bambagia: *tela bambagina.*

bambinaia [bam-bi-nà-ia] *s.f.* donna che per professione si prende cura di bambini.

bambinata [bam-bi-nà-ta] *s.f.* azione, discorso da bambini.

bambineggiare [bam-bi-neg-già-re] *v.intr.* [*io bambinéggio ecc.*; aus. *avere*] comportarsi da bambino, atteggiarsi a bambino.

bambinello [bam-bi-nèl-lo] *s.m.* (*lett.*) bambino molto piccolo | per antonomasia, Gesù Bambino.

bambinesco [bam-bi-né-sco] *agg.* [pl.m. *-schi*] che è proprio di un bambino; puerile (per lo più *spreg.*): *discorsi bambineschi.*

bambino [bam-bì-no] *s.m.* [f. *-a*] **1** l'essere umano dalla nascita all'inizio della fanciullezza: *allevare un* — | — *prodigio*, che ha qualità o capacità fuori del comune in rapporto all'età | *cosa, gioco da bambini*, (*fig.*) molto facile. DIM. *bambinetto* ACCR. *bambinone* **2** *il Bambino*, Gesù Bambino **3** (*estens.*) figlio: *aspettare un* — **4** (*fig.*) persona adulta che si comporta puerilmente ♦ *agg.* di età molto giovane: *re* —; *sposa bambina.*

bambinone [bam-bi-nó-ne] *s.m.* [f. *-a*] adulto che si comporta da bambino.

bambocciata [bam-boc-cià-ta] *s.f.* azione, discorso da bamboccio; stupidata.

bamboccio [bam-bòc-cio] *s.m.* **1** [f. *-a*] bambino grassoccio **2** (*fig.*) uomo sciocco, goffo, immaturo **3** pupazzo fatto per lo più di cenci.

bambola [bàm-bo-la] *s.f.* **1** pupazzo in forma di bambina o di donna, usato dalle bambine per giocare. DIM. *bambolina* **2** (*fig.*) ragazza dal viso bello ma inespressivo | giovane donna di bellezza vistosa ACCR. *bambolona* **3** nel gergo sportivo, stato di intontimento, di stanchezza improvvisa: *andare in* —.

bamboleggiamento [bam-bo-leg-gia-mén-to] *s.m.* il bamboleggiare.

bamboleggiare [bam-bo-leg-già-re] *v.intr.* [*io bamboléggio ecc.*; aus. *avere*] **1** comportarsi da bambini **2** prendere atteggiamenti affettati, sdolcinati.

bambolificio [bam-bo-li-fì-cio] *s.m.* fabbrica di bambole.

bambolina [bam-bo-lì-na] *s.f.* bambina o ragazza molto carina, che sembra una bambola.
bambolotto [bam-bo-lòt-to] *s.m.* **1** pupazzo che rappresenta un bambino **2** (*estens.*) bambino grassottello.
bambù [bam-bù] *s.m.* **1** gigantesca pianta sempreverde propria dei paesi caldi, dal fusto diritto, nodoso, simile alla canna **2** il fusto della pianta, tubolare ed elastico, con cui si fabbricano vari oggetti d'uso (bastoni, mobili ecc.).
banale [ba-nà-le] *agg.* privo di originalità; ovvio, scontato: *frase, scusa* — □ **banalmente** *avv.*
banalità [ba-na-li-tà] *s.f.* **1** l'essere banale **2** atto o detto banale: *dire una* —.
banalizzare [ba-na-liʒ-ʒà-re] *v.tr.* rendere banale: — *un problema* ♦ **banalizzarsi** *v.intr.pron.* diventare banale, comune; scadere nella banalità.
banalizzazione [ba-na-liʒ-ʒa-zió-ne] *s.f.* il banalizzare, il rendere troppo semplice: *la — di un concetto.*
banana [ba-nà-na] *s.f.* **1** frutto del banano **2** (*estens.*) pettinatura con un rotolo di capelli **3** (*elettr.*) spina a un solo polo per collegamenti provvisori.
bananeto [ba-na-né-to] *s.m.* piantagione di banani.
bananicoltura [ba-na-ni-col-tù-ra] *s.f.* coltivazione delle banane.
bananiera [ba-na-niè-ra] *s.f.* nave da carico per il trasporto di banane.
bananiero [ba-na-niè-ro] *agg.* di banane, relativo alle banane: *commercio* —.
banano [ba-nà-no] *s.m.* pianta tropicale con foglie molto larghe, lunghe oltre due metri, e frutti gialli saporosi di forma allungata.
banca[1] [bàn-ca] *s.f.* [pl. *-che*] terrapieno a gradini per rinforzare l'argine di un fiume.
banca[2] [pl. *-che*] **1** azienda che riceve in deposito e presta denaro, e compie varie altre operazioni finanziarie; istituto di credito: *impiegato di* —; *avere un conto in* — | *biglietto di* —, banconota | — *centrale*, l'istituto che controlla e regola il credito in un paese e che stampa moneta legale **2** l'edificio dove ha sede una banca: *andare in* — **3** (*estens.*) istituzione che cura la raccolta di organi e materiale biologico per trapianti e interventi vari: — *degli occhi, del seme* **4** — *dati*, (*inform.*) insieme di dati raccolti e immagazzinati ordinatamente da un elaboratore elettronico.
bancale [ban-cà-le] *s.m.* **1** banco lungo, a più posti, con schienale **2** struttura portante di una macchina, su cui sono montate le parti mobili, il motore ecc.: *il — del tornio.*
bancarella [ban-ca-rèl-la] *s.f.* banco o carretto dei venditori ambulanti di merci varie.
bancarellista [ban-ca-rel-lì-sta] *s.m.* e *f.* [pl.m. *-sti*] chi vende merci su una bancarella.
bancario [ban-cà-rio] *agg.* di banca, che si riferisce alla banca: *operazione bancaria* ♦ *s.m.* impiegato di banca.
bancarotta [ban-ca-rót-ta] *s.f.* (*dir.*) condizione di insolvibilità di un imprenditore dichiarato fallito: — *semplice, fraudolenta*, a seconda che sia colposa o dolosa.
bancarottiere [ban-ca-rot-tiè-re] *s.m.* [f. *-a*] chi è colpevole del reato di bancarotta.
banchettare [ban-chet-tà-re] *v.intr.* [*io banchétto ecc.*] partecipare a un banchetto | (*estens.*) mangiare e bere lautamente.
banchetto [ban-chét-to] *s.m.* lauto pranzo con molti convitati, di solito in onore di qlcu. o per festeggiare un avvenimento: — *di nozze.*
banchiere [ban-chiè-re] *s.m.* proprietario o grande azionista di una banca | responsabile della gestione di una banca.
banchina [ban-chì-na] *s.f.* **1** lungo i porti e i binari delle stazioni ferroviarie, pavimento rialzato su cui si svolge il movimento dei passeggeri e delle merci **2** striscia di terreno ai lati di una strada rotabile, riservata a pedoni e ciclisti **3** (*edil.*) trave ad appoggio continuo che serve per ripartire i carichi sulle murature.
banchisa [ban-chì-ʃa] *s.f.* massa galleggiante di ghiaccio che ricopre i mari delle regioni polari.
banco[1] [bàn-co] *s.m.* [pl. *-chi*] **1** mobile a forma di sedile, generalmente in legno, di varia foggia a seconda degli usi: — *di scuola, di chiesa* **2** negli esercizi commerciali, mobile a forma di tavolo allungato che separa i venditori dai compratori | *sotto* —, si dice di merce tenuta nascosta; (*fig.*) di nascosto. DIM. *banchetto* ACCR. *bancone* **3** tavolo di lavoro in alcune attività artigianali: — *da falegname* | — *di prova*, impianto per il collaudo di macchine o strumenti (anche *fig.*): *la legge finanziaria sarà un — di prova per il governo* **4** ammasso di elementi naturali secondo una disposizione orizzontale: — *di nebbia, di nuvole.*
banco[2] *s.m.* [pl. *-chi*] **1** (*ant.*) azienda di credito, banca (oggi solo nel nome di alcune banche): *Banco di Napoli* | — *del lotto*, ricevitoria del lotto | — *dei pegni*, azienda di credito che esercita l'attività del prestito su pegno di beni mobili **2** nei giochi d'azzardo, il giocatore che conduce il gioco, il quale riceve le puntate e paga le vincite: *tenere il* —.
bancomat® [bàn-co-mat] *s.m.invar.* (*banc.*) sistema di distribuzione di denaro, da uno qualsiasi degli sportelli automatici della rete, ai clienti di una banca muniti di apposita tessera magnetica personalizzata.
bancone [ban-có-ne] *s.m.* in uffici, esercizi pubblici, biglietterie, banco che separa il pubblico dagli impiegati o dai venditori.
banconota [ban-co-nò-ta] *s.f.* [pl. *-te*] biglietto di banca con valore legale emesso dalla banca centrale: *una — da diecimila lire.*
bancoposta [ban-co-pò-sta] *s.m.invar.* servizio di deposito e trasferimento di denaro effettuato dalle poste italiane mediante operazioni di tipo bancario.
band [/ bɛnd /] *s.f.invar.* (*ingl.*) orchestra o gruppo di musica jazz o rock.
banda[1] [bàn-da] *s.f.* **1** (*ant.*) drappo che distingueva un esercito da un altro **2** compagnia di ar-

mati che esercita la guerriglia: *le bande partigiane* **3** gruppo organizzato di malviventi: *una — di rapinatori* | (*scherz.*) brigata, compagnia di amici: *una — di ragazzi* **4** complesso di sonatori di strumenti a fiato e a percussione: *— militare*.

banda[2] *s.f.* **1** striscia di stoffa di colore contrastante, applicata a un abito **2** larga striscia di stoffa con emblemi sacri che nelle processioni si porta attaccata a un'asta **3** (*arald.*) pezza posta diagonalmente nello scudo, dal cantone superiore destro all'inferiore sinistro **4** in usi tecnici: *— magnetica*, ciascuno dei due lati di un nastro magnetico; *— di frequenza*, (*telecom.*) intervallo di frequenze occupato da un segnale; *— sonora*, (*cine.*) colonna sonora.

banda[3] *s.f.* **1** parte: *accorrere da ogni —* **2** (*mar.*) fiancata della nave.

bandeau [/ ban'do /] *s.m.invar.* (*fr.*) striscia, nastro | *a —*, si dice di acconciatura femminile con due ciocche di capelli che ricadono ai lati del viso.

bandella [ban-dèl-la] *s.f.* **1** piastra di metallo terminante con un anello che si fissa alle imposte per innestarle nei cardini **2** parte ribaltabile del piano di un tavolo.

banderilla [/ bande'rija /] *s.f.* [pl. *banderillas*] (*sp.*) piccola lancia con ciuffo di strisce colorate che viene piantata nel collo del toro nella corrida.

banderuola [ban-de-ruò-la] *s.f.* **1** bandierina metallica girevole intorno a un perno verticale, che serve a indicare la direzione del vento **2** (*fig.*) persona che muta facilmente opinione.

bandiera [ban-diè-ra] *s.f.* **1** drappo di uno o più colori disposti a bande o secondo un disegno, attaccato a un'asta, simbolo di uno stato, un corpo militare, un'associazione, un partito ecc.; anche, drappo di tipo simile usato come strumento di segnalazione: *alzare, ammainare la —*; *a —*, a forma di bandiera | *— bianca*, segnale di resa | *— a mezz'asta*, in segno di lutto | *battere —*, si dice di navi o aeromobili che innalzano o portano raffigurata la bandiera del paese a cui appartengono | *mutare —*, (*fig.*) cambiare opinione | *portare la —*, (*fig.*) essere al primo posto in qlco. | *tenere alta la —*, (*fig.*) fare onore al proprio paese o partito. DIM. *bandierina* ACCR. *bandierona, bandierone* (m.) **2** (*fig.*) principio, ideale: *la — della libertà*.

bandierina [ban-die-rì-na] *s.f.* piccola bandiera usata per compiere segnalazioni o posta come segnale di riconoscimento di un punto.

bandinella [ban-di-nèl-la] *s.f.* **1** asciugamano costituito da una lunga striscia di tela girevole attorno a due rulli fissati al muro **2** tessuto leggero usato per imballare altri tessuti o per ritagliarvi modelli di sartoria.

bandire [ban-dì-re] *v.tr.* [*io bandisco, tu bandisci ecc.*] **1** annunciare con un pubblico bando: *— un concorso* **2** mettere al bando, esiliare | (*fig.*) allontanare, scacciare: *— la malinconia*.

bandista [ban-dì-sta] *s.m.* e *f.* [pl.m. *-sti*] chi suona in una banda.

bandistico [ban-dì-sti-co] *agg.* [pl.m. *-ci*] di banda musicale: *concerto —*.

bandita [ban-dì-ta] *s.f.* territorio su cui, per pubblico bando, sono proibiti la caccia, la pesca o il pascolo; riserva.

banditesco [ban-di-té-sco] *agg.* [pl.m. *-schi*] da bandito, criminale: *comportamento —*.

banditismo [ban-di-tì-ʃmo] *s.m.* attività di banditi: *atti di —* | il fenomeno sociale costituito dalle attività dei banditi: *la repressione del —*.

bandito [ban-dì-to] *s.m.* chi, soprattutto un tempo, commetteva atti criminali (omicidi, rapine), da solo o in bande organizzate, giustificando la sua azione come forma di protesta sociale o politica.

banditore [ban-di-tó-re] *s.m.* [f. *-trice*] **1** un tempo, chi rendeva note le disposizioni delle autorità leggendole ad alta voce per strada **2** nelle aste pubbliche, chi grida i prezzi di base, le offerte, le aggiudicazioni.

bando [bàn-do] *s.m.* **1** ordine o comunicazione di un'autorità: *— di concorso* **2** (*ant.*) allontanamento dal territorio dello stato; esilio | *— a*, esortazione a scacciare, escludere qlco.: *— alle chiacchiere*.

bandola [ban-dò-la] *s.f.* strumento spagnolo a corde che si suona con il plettro.

bandoliera [ban-do-liè-ra] *s.f.* striscia di cuoio portata a tracolla da militari e cacciatori per sostenere armi e munizioni.

bandolo [bàn-do-lo] *s.m.* il capo della matassa | *perdere, trovare il —*, (*fig.*) confondersi, raccapezzarsi.

bandone [ban-dó-ne] *s.m.* **1** lamiera di grandi dimensioni **2** saracinesca di lamiera ondulata.

bang [/ bang /] *inter.* (*ingl.*) imita il rumore provocato da un colpo secco, da un'esplosione o dallo sparo di un'arma da fuoco ♦ *s.m.invar.* il rumore stesso | *— sonico*, (*aer.*) il rumore che si produce quando un aereo supera la velocità del suono.

banjo [/ 'bɛndʒo /] *s.m.invar.* (*ingl.*) strumento musicale a corde, con manico lungo e cassa armonica costituita da una cornice circolare su cui è tesa una pergamena.

banteng [bàn-teng] *s.m.invar.* bue selvatico di colore nero, con corna ricurve e zampe bianche; vive in Indonesia.

baobab [ba-o-bàb] *s.m.invar.* albero tropicale con fusto di grande diametro, che produce un frutto commestibile detto *pane delle scimmie*.

bar[1] *s.m.invar.* locale pubblico in cui si consumano, al banco o ai tavoli, caffè, bibite, liquori ecc. DIM. *baretto* | Usato come *agg.* nella loc. *mobile —*, piccolo mobile in cui si tengono liquori e bevande.

bar[2] *s.m.invar.* (*fis.*) unità di misura della pressione, pari a 0,986 atmosfere.

bara [bà-ra] *s.f.* cassa da morto, feretro | *avere un piede nella —*, (*fig.*) essere prossimo a morire.

baracano → **barracano**.

baracca [ba-ràc-ca] *s.f.* [pl. *-che*] **1** costruzione di legno o di altro materiale leggero per il ricovero provvisorio di uomini e animali, o per il deposito di merce | *piantare — e burattini*, (*fig.*) abbandonare tutto. ACCR. *baraccone* (*m.*) **2** (*fig. fam.*) qualsiasi organizzazione o attività dall'andamento difficoltoso, precario: *mandare avanti la —.*

baraccato [ba-rac-cà-to] *agg.* e *s.m.* [f. *-a*] si dice di chi alloggia in una baracca o è sistemato in una baraccopoli.

baracchino [ba-rac-chì-no] *s.m.* **1** piccolo rifugio di montagna **2** (*pop.*) chiosco per la rivendita di bibite **3** nel gergo dei radioamatori, apparecchio ricetrasmittente che opera sulle frequenze della banda cittadina.

baraccone [ba-rac-có-ne] *s.m.* **1** grossa costruzione smontabile che ospita attrazioni nei lunapark e nei circhi | *fenomeno da —,* (*spreg.*) persona di fattezze o capacità fuori del comune, che suscita molta curiosità **2** (*fig.*) amministrazione disorganizzata e inefficiente.

baraccopoli [ba-rac-cò-po-li] *s.f.* agglomerato di baracche alla periferia di una grande città | gruppo di baracche che ospitano i senzatetto in situazioni di emergenza.

baraonda [ba-ra-ón-da] *s.f.* **1** confuso e rumoroso movimento di gente che va e viene **2** grande confusione.

barare [ba-rà-re] *v.intr.* [aus. *avere*] **1** truffare giocando a carte **2** (*estens.*) essere sleali, tessere inganni: *— in amore.*

baratro [bà-ra-tro] *s.m.* luogo profondo e oscuro; voragine: *precipitare in un —* | (*fig.*) perdizione, rovina irreparabile: *il — del vizio.*

barattare [ba-rat-tà-re] *v.tr.* scambiare una cosa con un'altra senza far uso di moneta.

baratteria [ba-rat-te-rì-a] *s.f.* (*ant.*) il trarre profitti illeciti nell'esercizio di un pubblico ufficio | (*estens.*) truffa, frode.

barattiere [ba-rat-tiè-re] *s.m.* (*ant.*) chi commetteva atti di baratteria.

baratto [ba-ràt-to] *s.m.* **1** il barattare, lo scambiare una cosa con un'altra: *l'economia primitiva era fondata sul —* **2** (*dir.*) permuta.

barattolo [ba-ràt-to-lo] *s.m.* piccolo contenitore di vetro, latta o altro materiale, di forma cilindrica, munito di tappo o di coperchio. DIM. *barattolino.*

barba [bàr-ba] *s.f.* **1** l'insieme dei peli che crescono sulle guance e sul mento dell'uomo; i peli del muso di alcuni animali: *— lunga, corta; lasciarsi crescere, tagliarsi la —* | in loc. fig.: *farla in — a uno,* ingannarlo; *una — d'uomo,* una persona autorevole; *che —!,* che noia; *far venire la —,* annoiare. DIM. *barbetta, barbina* ACCR. *barbona, barbone* (m.) **2** filamento delle radici delle piante; la radice stessa | *mettere le barbe,* mettere radici, attecchire.

barbabietola [bar-ba-biè-to-la] *s.f.* pianta erbacea a radice carnosa, color rosso sanguigno | *— da zucchero,* varietà a radice bianca da cui si ricava zucchero.

barbacane [bar-ba-cà-ne] *s.m.* **1** opera muraria di rinforzo davanti ad antiche fortificazioni; terrapieno difensivo **2** foro lasciato nei muri di sostegno per consentire lo scolo delle acque.

barbaforte [bar-ba-fòr-te] *s.m.* pianta erbacea con radice di sapore piccante; rafano.

barbagianni [bar-ba-giàn-ni] *s.m.* **1** uccello rapace notturno, con piumaggio fulvo chiaro macchiettato di grigio **2** (*fig.*) persona sciocca e pedante.

barbaglio[1] [bar-bà-glio] *s.m.* bagliore improvviso; l'abbagliamento che ne deriva.

barbaglio[2] [bar-ba-glì-o] *s.m.* bagliore intenso e frequente.

barbaresco[1] *agg.* [pl.m. *-schi*] di Barberia, antica denominazione dell'Africa nordoccidentale: *pirati barbareschi* ♦ *s.m.* **1** [f. *-a*] nativo, abitante della Barberia | (*estens.*) saraceno **2** cavallo da corsa della Barberia.

barbaresco[2] *s.m.* vino piemontese rosso, asciutto e corposo, prodotto nella zona di Barbaresco (Cuneo).

barbaricino [bar-ba-ri-cì-no] *agg.* della Barbagia, regione della Sardegna ♦ *s.m.* [f. *-a*] nativo, abitante della Barbagia.

barbarico [bar-bà-ri-co] *agg.* [pl.m. *-ci*] **1** dei barbari: *le invasioni barbariche* **2** da barbaro; incivile: *usanze barbariche* □ **barbaricamente** *avv.*

barbarie [bar-bà-rie] *s.f.invar.* **1** condizione di popolo barbaro | (*estens.*) condizione sociale e culturale non progredita: *vivere nella —* **2** atto crudele e disumano: *le — naziste.*

barbarismo [bar-ba-rì-ʃmo] *s.m.* (*ling.*) parola, locuzione introdotta in una lingua da un'altra lingua; forestierismo.

barbaro [bàr-ba-ro] *agg.* **1** nell'antichità greco-romana, straniero; poi, appartenente a una delle popolazioni stanziate in origine oltre i confini dell'impero romano, stabilitesi nel corso dei secc. V-VI nell'impero stesso | (*estens.*) incivile, selvaggio | (*fig.*) crudele, feroce: *un delitto —* **2** (*fig.*) rozzo, di cattivo gusto: *vestirsi in modo —* ♦ *s.m.* [f. *-a*] (*st.*) **1** nell'antichità greco-romana, chi era straniero **2** chi apparteneva a un popolo barbaro: *le invasioni dei barbari* □ **barbaramente** *avv.* crudelmente, ferocemente | rozzamente.

barbasso [bar-bàs-so] *s.m.* (*bot.*) tassobarbasso.

barbato [bar-bà-to] *agg.* (*bot.*) che ha messo barbe, radici.

barbazzale [bar-baz-zà-le] *s.m.* **1** catenella che passa sotto la barbozza del cavallo e si fissa per i capi al morso **2** ciascuna delle due appendici cutanee pendenti ai lati del collo di alcune razze di capre.

barbecue [/ barbe'kju /] *s.m.invar.* (*ingl.*) fornello per la cottura sulla brace di carni e altri cibi | i cibi così cucinati.

barbera [bar-bè-ra] *s.m.* e *f.invar.* vitigno del Piemonte e dell'Oltrepò pavese | il vino rosso asciutto che da esso si produce.

barbero [bàr-be-ro] *agg.* e *s.m.* si dice di cavallo allevato per correre un palio, in particolare quello di Siena.

barbetta [bar-bét-ta] *s.f.* **1** ciuffo di peli sulla

parte posteriore dello stinco degli equini **2** parte terminale del ferro di cavallo che si ribatte sullo zoccolo **3** (*mar.*) cavo per l'ormeggio o il rimorchio delle imbarcazioni.
barbiere [bar-biè-re] *s.m.* chi per mestiere rade la barba e taglia i capelli.
barbieria [bar-bie-rì-a] *s.f.* (*region.*) negozio di barbiere.
barbificare [bar-bi-fi-cà-re] *v.intr.* [*io barbìfico, tu barbìfichi ecc.*; aus. *avere*] di pianta, mettere le barbe, le radici.
barbiglio [bar-bì-glio] *s.m.* **1** (*zool.*) appendice cutanea con funzione sensoriale, posta sotto il mascellare e agli angoli della bocca di alcuni pesci **2** ciascuna delle due alette laterali nella punta delle frecce e degli ami, che ne impediscono la fuoruscita una volta conficcati.
barbino [bar-bì-no] *agg.* (*fam.*) **1** si dice di persona gretta, meschina, avara **2** si dice di cosa dura a sopportarsi: *un lavoro —* | *fare una figura barbina*, una figuraccia.
barbiturico [bar-bi-tù-ri-co] *agg.* [pl.m. *-ci*] solo nella loc. sost. *acido —*, (*chim.*) composto organico azotato dotato di azione ipnotica e sedativa ♦ *s.m.* derivato dell'acido barbiturico: *avvelenarsi con i barbiturici.*
barbiturismo [bar-bi-tu-rì-ʃmo] *s.m.* (*med.*) intossicazione da barbiturici.
barbogio [bar-bò-gio] *agg.* e *s.m.* [f. *-a*; pl.f. *-ge*] si dice di persona molto avanti con gli anni, noiosa e brontolona: *un vecchio —.*
barbone [bar-bó-ne] *s.m.* **1** barba lunga e folta | (*estens.*) uomo barbuto **2** vagabondo che vive di espedienti | (*estens.*) mendicante **3** razza di cane dal pelo lungo e riccio. DIM. *barboncino.*
barboso [bar-bó-so] *agg.* noioso: *discorso —* □ **barbosamente** *avv.*
barbozza [bar-bòz-za] *s.f.* **1** la parte posteriore del labbro inferiore del cavallo, intorno a cui gira il barbazzale **2** parte dell'armatura che proteggeva la zona inferiore del viso.
barbuta [bar-bù-ta] *s.f.* elmo antico senza cimiero, prolungato nella parte anteriore in modo che coprisse il volto e il collo.
barbuto [bar-bù-to] *agg.* provvisto di barba; che ha una barba abbondante: *un uomo —.*
barca[1] [bàr-ca] *s.f.* [pl. *-che*] **1** imbarcazione di piccole dimensioni: *— a remi, a vela, a motore* | *mandare avanti la —*, (*fig.*) la famiglia, l'impresa | *essere tutti nella stessa —*, (*fig.*) trovarsi nella stessa situazione e, quindi, avere interessi comuni. DIM. *barchetta, barchina, barchino* (m.) ACCR. *barcona, barcone* (m.) PEGG. *barcaccia* **2** (*estens.*) qualsiasi natante da diporto, anche di grandi dimensioni.
barca[2] *s.f.* mucchio di covoni di cereali o di foraggi | (*estens.*) gran quantità: *una — di quattrini.*
barcaccia [bar-càc-cia] *s.f.* [pl. *-ce*] **1** imbarcazione di servizio delle navi mercantili **2** nei teatri, palco di proscenio, più grande degli altri.
barcaiolo [bar-ca-iò-lo] *s.m.* [f. *-a*] chi conduce una barca; traghettatore | noleggiatore di barche.
barcamenarsi [bar-ca-me-nàr-si] *v.intr.pron.* [*io mi barcaméno ecc.*] destreggiarsi tra varie difficoltà, senza assumere una posizione decisa.
barcarizzo [bar-ca-rìz-zo] *s.m.* (*mar.*) apertura sulla fiancata di una nave a cui vengono applicate le scale per accedere dall'esterno al ponte di coperta.
barcarola [bar-ca-rò-la] *s.f.* (*mus.*) composizione vocale o strumentale di ritmo ternario e di forma libera, ispirata ad antiche canzoni di gondolieri.
barcata [bar-cà-ta] *s.f.* il carico di una barca.
barchessa [bar-chés-sa] *s.f.* tettoia annessa alla casa colonica per il deposito di fieno e cereali.
barchetta [bar-chét-ta] *s.f.* **1** nome generico di cose a forma di piccola barca **2** involucro metallico disposto sotto la chiglia dei sommergibili e contenente la zavorra.
barchetto [bar-chét-to] *s.m.* **1** piccola barca per la caccia in palude **2** veliero a due alberi usato per la pesca.
barchettone [bar-chet-tó-ne] *s.m.* letto a cassone stile impero, sormontato da spalliere ricurve.
barchino [bar-chì-no] *s.m.* (*mar.*) veloce motoscafo d'assalto armato di siluri.
barco [bàr-co] *s.m.* [pl. *-chi*] (*mar.*) veliero da trasporto con più di un albero.
barcollamento [bar-col-la-mén-to] *s.m.* il barcollare.
barcollare [bar-col-là-re] *v.intr.* [*io barcòllo ecc.*; aus. *avere*] **1** non riuscire a reggersi bene in piedi; vacillare: *— come un ubriaco* **2** (*fig.*) essere sul punto di perdere stabilità, autorità o prestigio: *il regime barcolla.*
barcollio [bar-col-lì-o] *s.m.* un barcollare continuato.
barcolloni [bar-col-ló-ni], o **barcollone**, *avv.* in modo barcollante, barcollando: *avanzò —.*
barcone[1] [bar-có-ne] *s.m.* **1** grossa imbarcazione per il trasporto di merci **2** barca piatta impiegata nella costruzione di ponti provvisori.
barcone[2] *s.m.* mucchio di covoni; anche, il luogo dove vengono ammucchiati.
barda [bàr-da] *s.f.* **1** armatura in cuoio o in ferro del cavallo d'arme **2** sella senza arcioni.
bardana [bar-dà-na] *s.f.* pianta erbacea con piccoli fiori rosa o porporini raccolti in capolini sferici muniti di squamette uncinate.
bardare [bar-dà-re] *v.tr.* **1** mettere i finimenti a un cavallo; munirlo di barda **2** (*estens.*) adornare in modo vistoso e ricercato ♦ **bardarsi** *v.rifl.* vestirsi con pretenziosità e cattivo gusto: *— a festa.*
bardato [bar-dà-to] *agg.* **1** si dice del cavallo munito di finimenti o di barda **2** (*scherz.*) vestito in modo ricercato e vistoso.
bardatura [bar-da-tù-ra] *s.f.* **1** il bardare, l'essere bardato; l'insieme dei finimenti o dell'armatura di un cavallo **2** (*scherz.*) abbigliamento vistoso, ricercato.
bardiglio [bar-dì-glio] *s.m.* varietà di marmo di colore variante dal grigio al turchino.

bardo [bàr-do] *s.m.* **1** presso gli antichi celti, cantore di imprese eroiche **2** (*lett.*) vate, poeta.
bardolino [bar-do-lì-no] *s.m.* vino rosso chiaro, di sapore secco, prodotto nella zona di Bardolino (Verona).
bardotto [bar-dòt-to] *s.m.* animale ibrido risultante dall'incrocio di un cavallo con un'asina.
barella [ba-rèl-la] *s.f.* **1** lettuccio leggero impiegato per il trasporto a braccia di malati o di feriti; lettiga **2** larga tavola con stanghe infisse ai lati, per il trasporto a mano di sassi, terra o altri materiali.
barelliere [ba-rel-liè-re] *s.m.* [f. *-a*] **1** chi effettua il trasporto di feriti o ammalati con una barella **2** manovale addetto al trasporto di materiali.
barena[1] [ba-ré-na] *s.f.* bassofondo o dosso sabbioso delle lagune, che emerge dall'acqua con la bassa marea.
barena[2] [ba-rè-na] *s.f.* (*mecc.*) barenatrice.
barenatrice [ba-re-na-trì-ce] *s.f.* (*mecc.*) macchina simile a un'alesatrice che impiega come utensile un bareno.
barenatura [ba-re-na-tù-ra] *s.f.* (*mecc.*) alesatura mediante un bareno.
bareno [ba-rè-no] *s.m.* (*mecc.*) utensile impiegato per eseguire l'alesatura di fori molto lunghi.
barestesia [ba-re-ste-ʃì-a] *s.f.* (*fisiol.*) sensibilità dell'organismo alla pressione esercitata sulle sue varie parti.
bargello [bar-gèl-lo] *s.m.* (*st.*) in età comunale, magistrato preposto alla tutela dell'ordine pubblico.
bargiglio [bar-gì-glio] *s.m.* escrescenza carnosa allungata che pende sotto il becco di galli, tacchini e altri uccelli.
bargiglione [bar-gi-glió-ne] *s.m.* escrescenza del collo dei suini.
bargigliuto [bar-gi-gliù-to] *agg.* fornito di bargigli: *gallo —*.
bari- primo elemento di parole composte, che significa 'pesante, grave' (*baricentro*).
baria [ba-rì-a] *s.f.* (*fis.*) unità di misura della pressione; equivale a una dina per centimetro quadrato.
baribal [bà-ri-bal] *s.m.invar.* orso americano dalla folta pelliccia bruna o nera.
baricentrico [ba-ri-cèn-tri-co] *agg.* [pl.m. *-ci*] relativo al baricentro.
baricentro [ba-ri-cèn-tro] *s.m.* (*fis.*) il punto in cui può immaginarsi concentrato tutto il peso di un corpo o di un sistema fisico; centro di gravità | *— di un triangolo*, (*geom.*) il punto d'intersezione delle mediane.
barico[1] [bà-ri-co] *agg.* [pl.m. *-ci*] **1** (*fis.*) relativo alla pressione atmosferica **2** che si riferisce al peso di un corpo | *indice —*, in antropometria, il rapporto tra il peso e la statura.
barico[2] *agg.* [pl.m. *-ci*] (*chim.*) relativo al bario.
barile [ba-rì-le] *s.m.* **1** recipiente simile a una piccola botte, fatto di doghe di legno tenute assieme da cerchi di ferro, usato per la conservazione di liquidi o altri prodotti | *essere un —*, (*fig.*) molto grasso. DIM. *bariletto, barilotto* **2** ciò che è contenuto in un barile: *un — d'olio* **3** misura di capacità per liquidi, di valore variabile a seconda delle epoche e dei luoghi | unità di misura del petrolio greggio pari a circa 159 litri.
bariletto [ba-ri-lét-to] *s.m.* **1** piccolo barile; fiasca da viaggio **2** contenitore metallico, generalmente chiuso da un coperchio, che racchiude la molla dell'orologio.
barilotto [ba-ri-lòt-to] *s.m.* **1** piccolo barile di forma larga e tozza **2** (*scherz.*) persona piccola e grassa **3** nel tiro a segno, cerchietto posto al centro del bersaglio: *far —*, far centro.
barimetria [ba-ri-me-trì-a] *s.f.* **1** misura approssimata del peso degli animali ricavata dalle dimensioni del corpo **2** (*fis.*) l'insieme dei metodi per misurare la pressione atmosferica.
bario [bà-rio] *s.m.* elemento chimico di simbolo *Ba*; è un metallo alcalino-terroso di colore bianco argenteo.
barione [ba-rió-ne] *s.m.* (*fis.*) ogni particella elementare pesante (nucleone, iperone e loro antiparticelle).
barisfera [ba-ri-sfè-ra] *s.f.* il nucleo della Terra, formato da materiale a densità e temperatura elevate.
barista [ba-rì-sta] *s.m.* e *f.* [pl.m. *-sti*] chi serve al banco di un bar.
barite [ba-rì-te] *s.f.* (*chim.*) **1** *— caustica*, idrossido di bario, polvere cristallina che in soluzione viene usata come reagente in chimica analitica **2** baritina.
baritina [ba-ri-tì-na] *s.f.* (*chim.*) solfato di bario, che è una polvere bianca insolubile, usata come pigmento e, in radiologia, come sostanza radiopaca.
baritonale [ba-ri-to-nà-le] *agg.* di baritono, da baritono: *voce —*.
baritono [ba-rì-to-no] *s.m.* nel canto, voce intermedia tra il tenore e il basso; il cantante che la possiede ♦ *agg.* (*ling.*) si dice di sillaba non accentata o di parola la cui ultima sillaba non è accentata.
barlume [bar-lù-me] *s.m.* **1** luce debole; bagliore incerto: *il — di una candela* **2** (*fig.*) parvenza, segno evanescente: *un — di speranza*.
barman [/ ˈbarman /] *s.m.invar.* (*ingl.*) chi prepara cocktail in un bar | (*estens.*) barista.
barnabita [bar-na-bì-ta] *s.m.* [pl. *-ti*] religioso appartenente alla congregazione di san Paolo, fondata a Milano nel 1530 da sant'Antonio Maria Zaccaria.
baro [bà-ro] *s.m.* **1** chi bara al gioco **2** (*estens.*) truffatore, imbroglione.
baro-, **-baro** primo e secondo elemento di parole composte della terminologia scientifica, che significa 'pressione, gravità, intensità' (*barometro, isobaro*).
barocchismo [ba-roc-chì-ʃmo] *s.m.* la maniera barocca.
barocco [ba-ròc-co] *s.m.* gusto affermatosi nel

Seicento, caratterizzato in letteratura dall'uso di metafore inusitate, in architettura e nelle arti figurative dalla ricerca dello scenografico e del monumentale ♦ *agg.* [pl.m. *-chi*] **1** del barocco, dell'età del barocco: *arte, epoca barocca* **2** (*fig.*) bizzarro, stravagante; di cattivo gusto □ **baroccamente** *avv.*

barolo [ba-rò-lo] *s.m.* vino rosso di alta gradazione, che si produce nella zona di Barolo (Cuneo).

barometrico [ba-ro-mè-tri-co] *agg.* [pl.m. *-ci*] del barometro; relativo al barometro o alle variazioni della pressione atmosferica misurate con il barometro.

barometro [ba-rò-me-tro] *s.m.* **1** strumento per misurare la pressione atmosferica: *— a mercurio* **2** (*fig.*) fenomeno o evento che rispecchia una situazione e i suoi mutamenti: *la borsa è un — dello stato dell'economia.*

baronaggio [ba-ro-nàg-gio] *s.m.* **1** dignità, titolo di barone **2** la giurisdizione di un barone.

baronale [ba-ro-nà-le] *agg.* che è proprio del barone o della baronia: *stemma, titolo —.*

baronato [ba-ro-nà-to] *s.m.* baronia, baronaggio.

barone [ba-ró-ne] *s.m.* [f. *-essa*] **1** nel Medioevo, grande feudatario dotato di larga autonomia **2** titolo nobiliare che nella gerarchia araldica segue quello di visconte. DIM. *baroncino, baronetto* **3** chi detiene un grande potere: *i baroni della finanza.*

baronessa [ba-ro-nés-sa] *s.f.* donna investita del titolo baronale | moglie di un barone. DIM. *baronessina.*

baronetto [ba-ro-nét-to] *s.m.* in Gran Bretagna, titolo nobiliare ereditario di grado inferiore a quello di barone; anche, titolo onorifico non ereditario attribuito dalla corona a chi si sia distinto in qualche campo.

baronia [ba-ro-nì-a] *s.f.* **1** dignità, titolo e giurisdizione di un barone **2** (*estens.*) potere economico o politico esteso e incontrollato: *le baronie dell'industria.*

barra [bàr-ra] *s.f.* **1** asta di legno, di metallo o altro materiale usata come elemento di collegamento o come leva di comando in macchine, apparecchi, dispositivi vari; sbarra: *la — del timone* | *— di manovra*, asta verticale che serve a governare il timone di quota e gli alettoni degli aeroplani; cloche. DIM. *barretta* **2** (*metall.*) verga metallica a sezione poligonale o tonda: *— di rame*; *— d'oro*, lingotto **3** (*mar.*) intersezione orizzontale nella parte alta degli alberi dei velieri **4** segno grafico che indica separazione; in matematica vale come segno di frazione (*p.e.* 3/5).

barracano [bar-ra-cà-no], o **baracano** *s.m.* **1** tessuto di lana di capra o di pelo di cammello **2** veste caratteristica dell'Africa settentrionale costituita da una lunga pezza drappeggiata intorno al corpo.

barracuda [bar-ra-cù-da] *s.m.invar.* pesce molto vorace dei mari tropicali, simile al luccio.

barrage [/ bar'raʒ /] *s.m.invar.* (*fr.*; *sport*) gara di selezione fra concorrenti che hanno riportato la medesima classifica; spareggio.

barramina [bar-ra-mì-na] *s.f.* asta d'acciaio con punta a scalpello per praticare fori da mina nelle rocce.

barranco [bar-ràn-co] *s.m.* [pl. *-chi*] solco profondo che si forma lungo i fianchi di un cono vulcanico.

barrare [bar-rà-re] *v.tr.* sbarrare, contrassegnare con barre.

barrato [bar-rà-to] *agg.* segnato con barra; sbarrato | *assegno —*, quello segnato con due barre trasversali, che può essere incassato solo dalla persona a cui è intestato.

barricadiero [bar-ri-ca-diè-ro] *agg.* e *s.m.* [f. *-a*] rivoluzionario, estremista: *atteggiamento —.*

barricamento [bar-ri-ca-mén-to] *s.m.* **1** il barricare, il barricarsi **2** barricata.

barricare [bar-ri-cà-re] *v.tr.* [*io bàrrico, tu bàrrichi ecc.*] sbarrare, ostruire con una barricata: *— una strada* ♦ **barricarsi** *v.rifl.* **1** asserragliarsi, difendersi con barricate: *gli insorti si barricarono oltre il ponte*; *— in casa*, (*fig.*) rinchiudervisi **2** (*fig.*) assumere un atteggiamento di chiusura: *— in un silenzio impenetrabile.*

barricata [bar-ri-cà-ta] *s.f.* sbarramento di strade o altri passaggi approntato con materiali occasionali (massi, suppellettili, veicoli ecc.), soprattutto durante rivolte o moti popolari | *essere dall'altra parte della —*, (*fig.*) avere idee opposte.

barriera [bar-riè-ra] *s.f.* **1** sbarramento, steccato che limita o chiude un passaggio o segna un confine | *— doganale*, al confine fra due stati, luogo di controllo delle persone e delle merci che l'attraversano; (*fig.*) ostacolo al commercio internazionale derivante dall'uso di dazi e altre restrizioni | *— di protezione*, guardrail **2** (*fig.*) elemento di divisione di natura ideologica o sociale: *— razziale, di classe* **3** (*geog.*) formazione naturale che rappresenta un ostacolo: *— corallina* **4** nel calcio, lo schieramento difensivo dei giocatori che si dispongono davanti all'avversario che batte un calcio di punizione **5** (*fis.*) limite in prossimità del quale aumenta di molto la resistenza al verificarsi di un determinato fenomeno | *— del suono*, muro del suono.

barrire [bar-rì-re] *v.intr.* [*io barrisco, tu barrisci ecc.*; aus. *avere*] emettere barriti.

barrito [bar-rì-to] *s.m.* **1** il verso potente e vibrante dell'elefante **2** (*estens.*) urlo, rumore potente.

barrocciaio [bar-roc-cià-io] *s.m.* [f. *-a*] chi guida un barroccio.

barroccino [bar-roc-cì-no] *s.m.* **1** carretto a mano per piccoli trasporti **2** calesse.

barroccio [bar-ròc-cio] *s.m.* carro a due ruote per trasportare materiali.

baruffa [ba-rùf-fa] *s.f.* zuffa con gran confusione e grida; rissa, tafferuglio.

baruffare [ba-ruf-fà-re] *v.intr.* [aus. *avere*] far baruffa.

barzelletta [bar-ʒel-lét-ta] *s.f.* **1** storiella con finale umoristico: *raccontare barzellette*; *una — spinta*, di argomento scurrile | *mettere in —*, presentare qlco. o qlcu. in modo ridicolo **2** (*estens.*) cosa di poco conto, bazzecola: *scalare quella parete non è una —* **3** composizione poetico-musicale del sec. XV affine alla ballata.

basale [ba-ʃà-le] *agg.* **1** di base, relativo alla base **2** (*med.*) essenziale al mantenimento delle attività primarie di un organismo: *metabolismo —* | *temperatura —*, interna all'organismo.

basaltico [ba-ʃàl-ti-co] *agg.* [pl.m. *-ci*] di roccia che presenta la struttura e la composizione del basalto.

basalto [ba-ʃàl-to] *s.m.* (*min.*) roccia scura formata dalla solidificazione di lava molto fluida.

basamento [ba-ʃa-mén-to] *s.m.* **1** la parte inferiore, a contatto del suolo, di un edificio, di un monumento ecc. **2** (*mecc.*) la parte inferiore, con funzione di sostegno, di un motore o di una macchina; bancale.

basare [ba-ʃà-re] *v.tr.* collocare, mettere su una base; fondare (anche *fig.*): *un'ipotesi basata su dati di fatto* ♦ **basarsi** *v.rifl.* fondarsi: *— su prove sicure.*

basco [bà-sco] *agg.* [pl.m. *-schi*] della popolazione che occupa la regione dei Pirenei occidentali, lungo il golfo di Biscaglia ♦ *s.m.* **1** [f. *-a*] nativo, abitante della regione basca **2** lingua basca **3** copricapo di panno, tondo e floscio, senza visiera né falde.

bascula [bà-scu-la] *s.f.* bilancia con ampio piano di carico, in grado di equilibrare con piccoli pesi carichi decine di volte maggiori.

basculante [ba-scu-làn-te] *agg.* che ha movimento oscillante analogo a quello della bascula.

base [bà-ʃe] *s.f.* **1** la parte inferiore di qualsiasi oggetto con funzione di appoggio e sostegno di quella sovrastante: *la — di una statua*; *poggiare su una solida —* **2** (*fig.*) fondamento, presupposto: *porre le basi di un accordo* | *in — a, sulla — di*, in considerazione di, sul fondamento di: *in — ai nuovi risultati* **3** (*estens.*) elemento fondamentale: *l'acqua è la — della vita* | *a — di*, composto specialmente di: *un dolce a — di frutta* | Usato come *agg.invar.* che costituisce la parte fondamentale: *stipendio —*; *prezzo —*, nelle aste, il prezzo a partire dal quale si fanno le offerte **4** area per lo stanziamento di truppe e mezzi militari, da cui si parte e a cui si fa ritorno dopo un'operazione: *— aerea, navale* | *— di lancio*, località con attrezzature necessarie per il lancio di missili **5** la massa degli iscritti a un partito politico, a un sindacato, in contrapposizione alla direzione centrale **6** in cosmesi, crema che si applica sul viso prima del trucco **7** (*geom.*) il lato su cui poggia una figura piana o il poligono su cui poggia un solido: *la — del triangolo, del cono* **8** *— musicale*, nella tecnica di incisione, pista musicale preregistrata utilizzabile per ulteriori registrazioni o per esibizioni dal vivo **9** (*chim.*) composto che reagendo con un acido dà un sale **10** (*sport*) nel baseball, ciascuno dei vertici del rombo tracciato sul campo di gioco.

baseball [/ ˈbɛzbol /] *s.m.invar.* (*ingl.*) gioco che si svolge tra due squadre di nove giocatori su un campo dove è tracciato un quadrato, i cui vertici si chiamano basi; consiste nel lanciare con una mano una palla durissima che l'avversario ribatte con una mazza.

basetta [ba-ʃét-ta] *s.f.* striscia di barba che si fa crescere sulla guancia in continuazione dei capelli; fedina.

basettone [ba-ʃet-tó-ne] *s.m.* chi porta grandi basette.

basicità [ba-ʃi-ci-tà] *s.f.* (*chim.*) proprietà di una sostanza di comportarsi come base in una reazione chimica.

basico [bà-ʃi-co] *agg.* [pl.m. *-ci*] **1** (*chim.*) che ha le proprietà di una base o si comporta come una base: *sale —* **2** (*min.*) si dice di roccia eruttiva di colore scuro, relativamente povera di silicio.

basidio [ba-ʃì-dio] *s.m.* (*bot.*) organo che produce le basidiospore nei funghi basidiomiceti.

basidiomiceti [ba-ʃi-dio-mi-cè-ti] *s.m.pl.* (*bot.*) classe di funghi caratterizzati da una riproduzione sessuale semplificata, che avviene per mezzo di basidiospore.

basidiospora [ba-ʃi-dio-spò-ra] *s.f.* (*bot.*) cellula caratteristica dei funghi basidiomiceti, destinata a produrre un nuovo individuo.

basificare [ba-ʃi-fi-cà-re] *v.tr.* [*io baʃifico, tu baʃifichi ecc.*] (*chim.*) rendere basica una soluzione o neutralizzarne l'acidità aggiungendo una base.

basificazione [ba-ʃi-fi-ca-zió-ne] *s.f.* (*chim.*) il basificare, l'essere basificato.

basilare [ba-ʃi-là-re] *agg.* **1** che funge da base **2** (*fig.*) fondamentale, principale: *i principi basilari di una dottrina.*

basilarità [ba-si-la-ri-tà] *s.f.* l'essere basilare, fondamentale.

basiliano [ba-ʃi-lià-no] *agg.* che si riferisce a san Basilio (330 ca-379) o a una qualsiasi istituzione monastica di rito orientale ♦ *s.m.* monaco che segue la regola di san Basilio.

basilica [ba-ʃì-li-ca] *s.f.* **1** nell'antichità romana, edificio a pianta rettangolare, diviso in tre o cinque navate, dove si amministrava la giustizia e si trattavano gli affari **2** nell'antichità cristiana, tempio con struttura architettonica derivante da quella dell'antica basilica romana: *— paleocristiana* **3** chiesa importante alla quale viene attribuito dalla Santa Sede il titolo di basilica.

basilicale [ba-ʃi-li-cà-le] *agg.* proprio delle basiliche o relativo a esse.

basilico [ba-ʃì-li-co] *s.m.* pianta erbacea con fiori bianchi raccolti in spighe e foglie aromatiche usate per condimento.

basilisco [ba-ʃi-lì-sco] *s.m.* [pl. *-schi*] **1** grosso rettile innocuo dell'America centro-meridionale, munito di lunghissima coda, con una cresta a corona sul capo e una sul dorso **2** animale leggendario che dava la morte con lo sguardo.

basilissa [ba-ʃi-lìs-sa] *s.f.* (*st.*) titolo delle imperatrici bizantine.
basire [ba-ʃì-re] *v.intr.* [*io baʃisco, tu baʃisci ecc.*; aus. *essere*] (*lett.*) perdere le forze, sentirsi venir meno.
basista [ba-ʃì-sta] *s.m.* e *f.* [pl.m. *-sti*] chi fornisce le basi logistiche e le informazioni necessarie per un furto o una rapina.
basito [ba-ʃì-to] *agg.* (*lett.*) attonito, sbalordito: *rimanere* —.
basket [ba-sket] *s.m.invar.* (*sport*) pallacanestro.
basofobia [ba-ʃo-fo-bì-a] *s.f.* (*med.*) paura morbosa di stare in posizione eretta o di cadere mentre si cammina.
basola → **basolo**.
basolato [ba-ʃo-là-to] *s.m.* tipo di pavimentazione stradale ottenuta per mezzo di basoli.
basolatura [ba-ʃo-la-tù-ra] *s.f.* il pavimentare strade con basoli.
basolo [bà-ʃo-lo] *s.m.*, o **basola** *s.f.*, grossa lastra di pietra usata nelle pavimentazioni stradali.
bassa [bàs-sa] *s.f.* nome che si dà alle zone più basse e piatte della pianura padana: *la — milanese*.
bassezza [bas-séz-za] *s.f.* **1** l'essere basso **2** (*fig.*) pochezza, miseria; meschinità, viltà: — *d'animo* | azione abietta: *una persona capace di ogni* —.
basso [bàs-so] *agg.* [compar. *più basso* o *inferiore*; superl. *bassissimo* o *infimo*] **1** poco elevato; che si trova in posizione poco elevata: *tacchi bassi*; *soffitto* — | *bassa statura*, inferiore alla media | *tenere gli occhi bassi*, rivolti verso terra | *avere il morale* —, essere depresso | *fare man bassa*, rubare, razziare quanto si può | *colpo* —, nel pugilato e nella lotta, sferrato al di sotto della cintura; (*fig.*) azione sleale | poco profondo: *mare* —. DIM. *bassino, bassetto* **2** detto di regione, che è situata a mezzogiorno; di zona, priva di rilievi montuosi; di fiume, vicino alla foce; di catena montuosa, la sua parte meno elevata: *bassa Italia*; *il — Po*; *bassi Pirenei* **3** sommesso, piano: *parlare a voce bassa* | grave, profondo (detto di nota, di suono o di voce nel canto): *il registro — dell'organo* **4** esiguo: *prezzo, stipendio* — **5** (*fig.*) abietto, vile: *un — istinto* **6** (*fig.*) umile, modesto: *gente di — rango* **7** tardo (di periodo storico): — *Medioevo*, gli ultimi secoli del Medioevo **8** si dice di festa mobile quando cade più presto del solito: *Pasqua bassa* | *bassa stagione*, (*fig.*) il periodo meno frequentato in una stagione turistica ♦ *avv.* **1** in giù, verso terra: *mirare* —; *volare* —, a bassa quota **2** a voce bassa: *parlare* — ♦ *s.m.* **1** la parte o la zona più bassa di qlco.: *il — della pagina* | *in* —, *da* —, giù, nella parte inferiore: *scendere da* —, al pianterreno; *cadere in* —, (*fig.*) perdere ricchezze, reputazione | *procedere ad alti e bassi*, in modo discontinuo | *guardare qlcu. dall'alto in* —, con superiorità, con disprezzo **2** (*mus.*) il cantante che ha la voce del registro più grave; la parte più grave di una composizione | *pl.* l'insieme dei violoncelli e dei contrabbassi **3** (*napol.*) abitazione molto misera, costituita da un locale al livello della strada □ **bassamente** *avv.* in modo vile, spregevole: *agire* —.
bassofondo [bas-so-fón-do] *s.m.* [pl. *bassifondi*] **1** zona poco profonda di mare **2** *pl.* (*fig.*) gli strati più poveri e miseri della società.
bassopiano [bas-so-pià-no] *s.m.* [pl. *bassopiani* o *bassipiani*] pianura poco elevata sul livello del mare.
bassorilievo [bas-so-ri-liè-vo] *s.m.* [pl. *bassorilievi*] scultura nella quale le figure emergono dal fondo con poco stacco.
bassotto [bas-sòt-to] *agg.* piuttosto basso e tarchiato ♦ *s.m.* cane dal corpo lungo e basso, con zampe storte e cortissime.
bassotuba [bas-so-tù-ba] *s.m.* grosso strumento a fiato, di ottone, dal suono grave e maestoso.
bassoventre [bas-so-vèn-tre] *s.m.* parte inferiore dell'addome | (*eufem.*) i genitali.
basta[1] [bà-sta], o **bastia** [bà-stia], *s.f.* **1** imbastitura, cucitura a punti lunghi e larghi **2** orlo alto fatto a un indumento per poterlo all'occorrenza allungare.
basta[2] *inter.* si usa per imporre silenzio, per porre fine a qlco.: — *con queste storie!*; *ho detto troppo, —!*
bastante [ba-stàn-te] *agg.* che basta, sufficiente □ **bastantemente** *avv.* a sufficienza.
bastardata [ba-star-dà-ta] *s.f.* azione da bastardo, mascalzonata.
bastardo [ba-stàr-do] *agg.* **1** (*spreg.*) si dice di persona di nascita illegittima | come ingiuria: *—!* **2** detto di animali o piante, ibrido: *cane* — ♦ *s.m.* [f. *-a*] **1** (*spreg.*) persona di nascita illegittima **2** animale bastardo; nell'uso corrente, cane bastardo. DIM. *bastardino*.
bastare [ba-stà-re] *v.intr.* [aus. *essere*] **1** essere sufficiente: *mi bastano pochi soldi*; *basta chiedere* | *quanto basta*, la quantità sufficiente per un dato scopo | *basta che*, purché, a patto che **2** (*estens.*) durare: *i soldi devono — per l'intero mese*.
bastia[1] → **basta**[1].
bastia[2] [ba-stì-a] *s.f.* fortificazione intorno a una città o a un accampamento.
bastiano [ba-stià-no] *s.m.* solo nella loc.sost. *bastian contrario*, chi contraddice per il gusto di contraddire.
bastimento [ba-sti-mén-to] *s.m.* **1** termine generico per indicare una nave da trasporto **2** quantità di merce trasportata da un bastimento: *un — di banane*.
bastione [ba-stió-ne] *s.m.* **1** terrapieno sostenuto da grosse mura, usato anticamente per rafforzare la difesa di una piazzaforte **2** (*fig.*) difesa.
basto [bà-sto] *s.m.* rozza sella di legno, usata per cavalcare asini e muli o per assicurarvi i carichi.
bastonare [ba-sto-nà-re] *v.tr.* [*io bastóno ecc.*] **1** percuotere, colpire con un bastone | (*estens.*) battere, picchiare **2** (*fig.*) maltrattare; criticare aspramente.
bastonata [ba-sto-nà-ta] *s.f.* **1** colpo di bastone; legnata: *ricevere una* — **2** (*fig.*) danno rilevante; batosta.

bastonatura [ba-sto-na-tù-ra] *s.f.* il bastonare, l'essere bastonato.

bastoncello [ba-ston-cèl-lo] *s.m.* **1** panino o biscotto di forma lunga e sottile **2** (*tip.*) carattere più piccolo del bastone **3** (*biol.*) cellula nervosa della retina sensibile alla luce.

bastoncino [ba-ston-cì-no] *s.m.* **1** qualsiasi oggetto di piccole dimensioni a forma allungata e cilindrica: *— di liquerizia, di rossetto* **2** (*edil.*) tondino nelle armature **3** (*sport*) nelle corse a staffetta, testimone.

bastone [ba-stó-ne] *s.m.* **1** ramo d'albero lavorato, usato come appoggio o arma: *— da passeggio; minacciare, difendersi col —* | *— animato*, che racchiude una lama | *usare il — e la carota*, (*fig.*) alternare le maniere forti a quelle dolci | *mettere il — tra le ruote*, (*fig.*) frapporre ostacoli. DIM. *bastoncello, bastoncino* **2** insegna di comando; simbolo di autorità: *— di maresciallo* | *avere il — del comando*, (*fig.*) comandare **3** attrezzo usato in vari sport: *— da golf, da hockey* | nelle corse a staffetta, testimone **4** carattere tipografico ad asta, uniforme e senza filetti **5** *pl.* uno dei quattro semi delle carte da gioco italiane.

batacchiare [ba-tac-chià-re] *v.tr.* [*io batàcchio ecc.*] percuotere col batacchio.

batacchio [ba-tàc-chio] *s.m.* **1** bastone per bacchiare; bacchio **2** battaglio di campana **3** battiporta, battente.

batata [ba-tà-ta] *s.f.* pianta erbacea dell'America centrale, coltivata per i tuberi dolci e commestibili, simili a patate; patata americana.

bati-, o bato-, primo elemento di parole composte, che significa 'profondo, profondità' (*batisfera, batoscopico*).

batigrafia [ba-ti-gra-fì-a] *s.f.* batimetria.

batimetria [ba-ti-me-trì-a], o **batometria**, *s.f.* parte dell'oceanografia che si occupa della misurazione delle profondità marine o lacustri e ne studia la configurazione.

batimetro [ba-tì-me-tro], o **batometro** [ba-tò-me-tro], *s.m.* apparecchio per la misurazione delle profondità marine o lacustri; scandaglio.

batiscafo [ba-ti-scà-fo] *s.m.* scafo sommergibile per l'esplorazione sottomarina.

batisfera [ba-ti-sfè-ra] *s.f.* apparecchio sommergibile a forma di sfera, appeso per un cavo a un battello di superficie che ne regola l'immersione.

batista [ba-tì-sta] *s.f.* tela di lino finissima e trasparente usata per biancheria e guarnizioni: *fazzoletto di —*.

bato- → **bati-**.

batocchio [ba-tòc-chio] *s.m.* **1** grosso bastone, in particolare quello dei ciechi **2** battaglio di campana.

batofobia [ba-to-fo-bì-a] *s.f.* (*med.*) paura del vuoto.

batoidei [ba-toi-dèi] *s.m.pl.* (*zool.*) ordine di pesci cartilaginei di profondità a cui appartengono la razza e la torpedine.

batolite [ba-to-lì-te] *s.f.* (*geol.*) massiccio di roccia cristallina situato in profondità nella crosta terrestre.

batometro e *deriv.* → **batimetro** e *deriv.*

batoscopico [ba-to-scò-pi-co] *agg.* [pl.m. *-ci*] che serve a esplorare le profondità marine: *sfera batoscopica*, batisfera.

batosta [ba-tò-sta] *s.f.* **1** percossa, legnata **2** (*fig.*) grave danno fisico, morale o economico | sonora sconfitta.

battage [/ ba'taʒ /] *s.m.* (*fr.*) campagna pubblicitaria o propagandistica martellante e clamorosa: *— giornalistico, elettorale*.

battaglia [bat-tà-glia] *s.f.* **1** scontro armato di grandi proporzioni fra truppe di eserciti contrapposti: *— aerea, navale; vincere, perdere una —* **2** (*fig.*) contrasto di idee, di interessi: *— politica* | *nome di —*, pseudonimo adottato nelle lotte clandestine **3** insieme di attività volte a raggiungere un particolare obiettivo: *la — contro la droga*.

battagliare [bat-ta-glià-re] *v.intr.* [*io battàglio ecc.*; aus. *avere*] **1** partecipare a una battaglia; combattere **2** (*estens.*) lottare tenacemente per un obiettivo.

battagliero [bat-ta-gliè-ro] *agg.* che ama la battaglia, la lotta; combattivo: *temperamento —*.

battaglio [bat-tà-glio] *s.m.* **1** grosso ferro pendente al centro della campana, che serve a farla risonare **2** battiporta, battente.

battaglione [bat-ta-glió-ne] *s.m.* nell'esercito italiano, unità tattica della fanteria, costituita da diverse compagnie.

battana [bat-tà-na] *s.f.* (*mar.*) imbarcazione a fondo piatto, mossa con un remo a due pale.

battelliere [bat-tel-liè-re] *s.m.* chi conduce un battello.

battello [bat-tèl-lo] *s.m.* **1** imbarcazione a remi o dotata di un piccolo motore: *— da pesca, di salvataggio* **2** grossa motobarca per la navigazione fluviale, lacustre o costiera: *— a vapore*.

battente [bat-tèn-te] *agg.* che batte | *pioggia —*, abbondante e violenta; *rispondere a tamburo —*, con rapidità e senza indugio ♦ *s.m.* **1** ciascuna delle due metà di una finestra o di una porta | *chiudere i battenti*, (*fig.*) cessare ogni attività **2** anello o martello metallico applicato all'uscio, che serve per bussare; battiporta **3** dispositivo a forma di martelletto che batte su una superficie (*p.e.* nella suoneria di orologi) | parte interna della campana contro cui picchia il battaglio **4** parte della cornice su cui si incastra e si fissa un quadro o uno specchio **5** in sartoria, piccola patta esterna che chiude la tasca.

battere [bàt-te-re] *v.tr.* [pass.rem. *io battéi ecc.*; part.pass. *battuto*] **1** picchiare, colpire, percuotere con le mani o con un arnese; urtare con forza: *— un chiodo col martello* | *— i denti*, per un tremito delle mascelle, dovuto a freddo o paura | *— a macchina*, dattilografare | *— le ore*, sonarle, detto di orologi | *— le mani*, applaudire | *— il naso*, (*fig.*) imbattersi in qlcu. o in qlco. | *battersi il petto*, (*fig.*) pentirsi | *non saper dove — il capo*, (*fig.*) non sapere come risolvere un problema | — *sempre sullo stesso tasto*, (*fig.*) ripetere con insistenza qlco. | *non — ciglio*, (*fig.*) rimanere impassibile | *essere battuto dal vento*, si dice di un luogo dove il vento spira spesso e con forza | — *moneta*, coniarla | — *il tempo*, in musica, scandire il ritmo | — *cassa*, chiedere denaro | — *la fiacca*, lavorare poco e malvolentieri | — *il marciapiede*, esercitare la prostituzione per strada | — *in ritirata*, ritirarsi in fretta | *battersela*, (*fam.*) svignarsela, andarsene | *in un batter d'occhio*, in un attimo **2** percorrere in lungo e in largo, perlustrare: — *la campagna* **3** (*sport*) nel baseball, nel tennis e in altri giochi con la palla, effettuare una battuta; nel calcio e nel rugby, tirare di piede: — *un calcio di rigore* **4** vincere, sconfiggere: — *un avversario* | — *un primato*, migliorarlo ♦ *v.intr.* [aus. *avere*] **1** cadere, picchiare su qlco.: *la pioggia batte sui vetri*; *hanno battuto alla porta* **2** (*fig.*) insistere: *batte sempre sulla disciplina* | *batti e ribatti*, a forza di tentare, di insistere **3** pulsare: *il cuore batte* | *far — il cuore a qlcu.*, (*fig.*) farlo innamorare **4** (*pop.*) prostituirsi per strada ♦ **battersi** *v.intr.pron.* lottare, combattere: — *per un ideale*; — *con* (o *contro*) *un avversario* ♦ *v.rifl.rec.* combattere l'uno contro l'altro.

batteria [bat-te-rì-a] *s.f.* **1** unità fondamentale dell'artiglieria, costituita da quattro o sei bocche da fuoco del medesimo calibro e dal personale in grado di metterle in funzione **2** (*mar.*) insieme di artiglierie in dotazione a una nave **3** (*elettr.*) insieme di più pile o accumulatori o condensatori collegati tra loro | — *solare*, apparecchio che trasforma un flusso luminoso in energia elettrica **4** (*mus.*) complesso di strumenti a percussione suonati da un unico esecutore **5** — *da cucina*, serie completa di pentole, tegami e padelle **6** (*sport*) gara eliminatoria per la qualificazione alle fasi successive.

battericida [bat-te-ri-cì-da] *s.m.* [pl.m. *-di*] qualsiasi sostanza in grado di distruggere i batteri.

batterico [bat-tè-ri-co] *agg.* [pl.m. *-ci*] di batteri, relativo ai batteri: *coltura batterica*.

batterio [bat-tè-rio] *s.m.* (*biol.*) microrganismo unicellulare che si riproduce per scissione: — *patogeno*, che produce malattie.

batteriofago [bat-te-riò-fa-go] *s.m.* [pl. *-gi*] (*biol.*) particella di sostanza vivente, simile ai virus, in grado di distruggere i batteri.

batteriologia [bat-te-rio-lo-gì-a] *s.f.* parte della microbiologia che studia i batteri.

batteriologico [bat-te-rio-lò-gi-co] *agg.* [pl.m. *-ci*] che si riferisce alla batteriologia | *guerra batteriologica*, in cui vengono usati microrganismi patogeni per l'uomo □ **batteriologicamente** *avv.* dal punto di vista batteriologico.

batteriologo [bat-te-riò-lo-go] *s.m.* [f. *-a*; pl.m. *-gi*] studioso di batteriologia.

batteriosi [bat-te-riò-ʃi] *s.f.* (*bot.*) ogni malattia delle piante provocata da batteri.

batterioterapia [bat-te-rio-te-ra-pì-a] *s.f.* (*med.*) terapia basata sull'impiego di colture batteriche.

batteriotossina [bat-te-rio-tos-sì-na] *s.f.* (*biol.*) tossina di origine batterica.

batterista [bat-te-rì-sta] *s.m.* e *f.* [pl.m. *-sti*] chi suona la batteria.

battesimale [bat-te-ʃi-mà-le] *agg.* del battesimo, che si impiega nel battesimo: *acqua*, *fonte* —.

battesimo [bat-té-ʃi-mo] *s.m.* **1** nel cristianesimo, il primo dei sacramenti, con cui si entra a far parte della chiesa, amministrato versando acqua sul capo del battezzando; la cerimonia con cui si amministra tale sacramento | *nome di* —, il nome imposto all'atto del battesimo | *tenere a* —, fare da padrino o madrina al battezzando **2** (*estens.*) cerimonia con cui si inaugura o consacra qlco.: *il — di una nave* | *ricevere il — dell'aria*, salire per la prima volta su un mezzo aereo.

battezzando [bat-teʒ-ʒàn-do] *s.m.* [f. *-a*] persona che deve essere battezzata.

battezzare [bat-teʒ-ʒà-re] *v.tr.* [*io battéʒʒo ecc.*] **1** amministrare il battesimo a una persona | — *il vino*, (*scherz.*) annacquarlo **2** (*fam.*) tenere a battesimo qlcu.; far da padrino **3** dare il nome; chiamare, soprannominare ♦ **battezzarsi** *v. intr.pron.* ricevere il battesimo.

battezzato [bat-teʒ-ʒà-to] *s.m.* [f. *-a*] chi ha ricevuto il battesimo.

battezzatoio [bat-teʒ-ʒa-tó-io] *s.m.* fonte battesimale; bacile che contiene l'acqua per il battesimo.

battibaleno [bat-ti-ba-lé-no] *s.m.* solo nella loc. *in un* —, in un attimo, fulmineamente.

battibeccare [bat-ti-bec-cà-re] *v.intr.* [*io battibécco ecc.*; aus. *avere*] avere un battibecco; bisticciare.

battibecco [bat-ti-béc-co] *s.m.* [pl. *-chi*] diverbio di breve durata per motivi futili.

batticarne [bat-ti-càr-ne] *s.m.invar.* arnese da cucina a testa piatta che serve per assottigliare e sfibrare le fette di carne.

batticoda [bat-ti-có-da] *s.f.invar.* (*zool.*) cutrettola.

batticuore [bat-ti-cuò-re] *s.m.* [pl. *-ri*] **1** battito frequente del cuore (per emozione, sforzo ecc.); palpitazione **2** (*fig.*) trepidazione, ansia: *aspettare col* —.

battifalce [bat-ti-fàl-ce] *s.m.invar.* (*agr.*) attrezzo agricolo consistente in una piccola incudine, su cui si batte con un martello la lama della falce per rifarle il filo.

battifiacca [bat-ti-fiàc-ca] *s.m.* e *f.invar.* fannullone, scansafatiche.

battifianco [bat-ti-fiàn-co] *s.m.* [pl. *-chi*] stanga orizzontale che nelle scuderie separa i cavalli l'uno dall'altro.

battigia [bat-tì-gia] *s.f.* [pl. *-gie*] striscia di spiaggia lungo la quale salgono e si smorzano le onde.

battilardo [bat-ti-làr-do] *s.m.invar.* tagliere di legno per battere e tritare il lardo, la carne o altri cibi.

battilastra [bat-ti-là-stra] *s.m.invar.* (*metall.*) operaio addetto alla formatura delle lamiere sottili.

battiloro [bat-ti-lò-ro] *s.m.invar.* operaio che lavora i metalli preziosi riducendoli in sottili lamine o foglie.
battimano [bat-ti-mà-no], o **battimani**, *s.m.* [pl. *-ni*] (spec. *pl.*) approvazione manifestata battendo le mani; applauso.
battimuro [bat-ti-mù-ro] *s.m.invar.* gioco di ragazzi che consiste nel gettare una moneta o qlco. di simile contro un muro, cercando di farla ricadere il più vicino possibile a un punto determinato.
battipalo [bat-ti-pà-lo] *s.m.* [pl. *-li*] macchina a maglio usata per infiggere nel terreno i pali per fondazioni.
battipanni [bat-ti-pàn-ni] *s.m.invar.* attrezzo di vimini o altro materiale, a forma di spatola con lungo manico, usato per battere panni, tappeti ecc. e farne uscire la polvere.
battipista [bat-ti-pì-sta] *s.m.invar.* **1** lo sciatore che prepara una pista battendola con gli sci **2** il mezzo cingolato che compie la stessa operazione.
battiporta [bat-ti-pòr-ta] *s.f.invar.* **1** seconda porta di rinforzo alla prima **2** battente, batacchio.
battirame [bat-ti-rà-me] *s.m.invar.* **1** artigiano che lavora il rame **2** officina dove si lavora il rame.
battiscopa [bat-ti-scó-pa] *s.m.invar.* zoccolo di protezione che corre lungo la base delle pareti interne di un ambiente.
battista [bat-tì-sta] *agg.* [pl.m. *-sti*] (*lett.*) che battezza | *il Battista*, per antonomasia, san Giovanni Battista, che secondo il racconto evangelico battezzò Gesù Cristo.
battistero [bat-ti-stè-ro] *s.m.* **1** edificio minore costruito in prossimità di una chiesa per amministrarvi il battesimo **2** il fonte battesimale; la parte della chiesa dove esso è collocato.
battistrada [bat-ti-strà-da] *s.m.invar.* **1** staffetta che precede un corteo, una sfilata **2** nelle gare di corsa, chi è in testa e regola l'andatura **3** (*aut.*) parte del pneumatico che viene a contatto con la strada.
battitacco [bat-ti-tàc-co] *s.m.* [pl. *-chi*] fettuccia di rinforzo applicata all'interno dell'orlo dei calzoni; salvapantaloni.
battitappeto [bat-ti-tap-pé-to] *s.m.* [pl. *-ti*] aspirapolvere integrato da un dispositivo battente per la pulizia di tappeti e moquette.
battito [bàt-ti-to] *s.m.* **1** il battere; pulsazione, palpitazione: *un lieve — di ciglia* **2** (*estens.*) rumore continuo e regolare prodotto da una cosa che batte: *il — della pioggia sul tetto.*
battitoio [bat-ti-tó-io] *s.m.* **1** parte dell'imposta o dello stipite che combacia con l'altra nel chiudersi; battente **2** parte della cornice in cui si incastra il vetro o il quadro.
battitore [bat-ti-tó-re] *s.m.* [f. *-trice*] **1** chi, durante la caccia, è incaricato di battere i cespugli e far rumore per stanare la selvaggina **2** (*agr.*) chi batte il grano; chi bacchia le castagne, le noci **3** chi, nelle aste, raccoglie le offerte e batte col martello quando aggiudica gli oggetti **4** nel tennis, nella pallavolo ecc., il giocatore che batte la palla per primo; nel baseball, il giocatore fornito di mazza che tenta di colpire la palla lanciata dall'avversario | *— libero*, nel calcio, difensore libero da impegni di marcatura.
battitura [bat-ti-tù-ra] *s.f.* **1** il battere **2** percossa: *i segni delle battiture* **3** (*agr.*) trebbiatura.
battola [bàt-to-la] *s.f.* **1** tavoletta di legno con maniglie mobili di ferro che, agitata, produce un rumore sordo crepitante; è usata nelle funzioni religiose della settimana santa al posto delle campane | attrezzo analogo che i cacciatori usano per stanare la selvaggina **2** (*edil.*) utensile per spianare la superficie dei getti di cemento.
battuta [bat-tù-ta] *s.f.* **1** colpo, percossa **2** ciascun colpo che si dà sui tasti della macchina per scrivere o di altre analoghe: *duecento battute al minuto* | (*estens.*) ogni carattere battuto, compreso lo spazio di intervallo fra le parole: *cartella di duemila battute* **3** (*mus.*) porzione del rigo musicale, delimitata da due barrette verticali, che contiene le unità di tempo indicate dalla frazione posta all'inizio del pezzo | *— d'arresto*, che segna una pausa, in cui la voce o lo strumento tacciono; (*fig.*) sospensione momentanea di un'attività | *essere alle prime battute*, (*fig.*) all'inizio di un lavoro **4** in un dialogo teatrale, le frasi pronunciate da ciascun attore | *dare la —*, suggerirla **5** frase, risposta spiritosa ed efficace | *avere la — pronta*, essere pronto e arguto nel rispondere **6** caccia a cui partecipano numerosi cacciatori, coadiuvati dai battitori e dai cani: *— al cinghiale* | (*estens.*) vasta azione delle forze di polizia per rintracciare o catturare persone ricercate **7** (*sport*) nella pallavolo, nel tennis e nel ping pong, il colpo di chi mette in gioco la palla.
battuto [bat-tù-to] *agg.* **1** lavorato con percussione: *terra battuta*, costipata e spianata con un rullo compressore o con un ceppo di legno; *ferro —*, fucinato a caldo **2** molto frequentato: *sentiero —* **3** (*fig.*) sconfitto, vinto: *dichiararsi —* ♦ *s.m.* **1** condimento preparato triturando lardo, verdure o altri ingredienti: *un — di cipolla e prezzemolo* **2** pavimento costituito da uno strato di terra battuta o di cemento.
batuffolo [ba-tùf-fo-lo] *s.m.* **1** piccolo ammasso di un materiale soffice: *— di lana, di cotone* **2** (*fig.*) bambino o animaletto piccolo, tenero. DIM. *batuffolino, batuffoletto.*
bau bau [bàu bàu] *inter.* voce onom. che imita l'abbaiare del cane.
baud [/ bod /] *s.m.invar.* (*fr.*; *telecom.*) unità di misura del flusso di informazione di dati, pari a 1 bit al secondo.
baule [ba-ù-le] *s.m.* **1** cassa che serve per contenere o trasportare abiti, biancheria ecc. DIM. *bauletto* **2** nelle automobili, bagagliaio.
bauletto [bau-lét-to] *s.m.* borsetta a forma di piccolo baule.
bautta [ba-ùt-ta] *s.f.* **1** costume veneziano del sec. XVIII, costituito da una mantellina di seta ne-

ra provvista di cappuccio e da una mascherina nera che lasciava visibile la parte inferiore del volto 2 mascherina che ricopre soltanto la parte superiore del volto.

bauxite [bau-xì-te] *s.f.* (*min.*) minerale di alluminio, in masse terrose bianco-giallastre o rosso-brune.

bava [bà-va] *s.f.* 1 liquido viscoso che cola dalla bocca di animali o di vecchi e bambini | *avere la — alla bocca*, (*fig.*) essere infuriato 2 sostanza viscosa secreta da taluni molluschi: *la — delle lumache* 3 filo di sostanza serica che forma il bozzolo del baco da seta.

bavaglino [ba-va-glì-no] *s.m.* piccolo tovagliolo che si allaccia al collo dei bambini.

bavaglio [ba-và-glio] *s.m.* fazzoletto o striscia di stoffa che si applica alla bocca di persone a cui si vuole impedire di gridare | *mettere il — a qlcu.*, (*fig.*) impedirgli di esprimere la propria opinione.

bavarese [ba-va-ré-se] *agg.* della Baviera ♦ *s.m.* e *f.* chi è nato o abita in Baviera ♦ *s.f.* 1 dolce a base di panna, uova, zucchero e aromi 2 bevanda a base di latte e cioccolato (o tè), tuorlo d'uovo e liquore.

bavero [bà-ve-ro] *s.m.* parte del mantello o del vestito che sta intorno al collo e si porta ripiegata: *cappotto col — di pelliccia* | *prendere per il — qlcu.*, aggredirlo; (*fig.*) prenderlo in giro.

bavetta [ba-vét-ta] *s.f.* 1 bavaglino 2 (*metall.*) sbavatura dei metalli lavorati 3 *pl.* tipo di pasta alimentare lunga come lo spaghetto ma di forma appiattita.

bavoso [ba-vó-so] *agg.* pieno di bava; che perde bava dalla bocca.

bazar [ba-ʒàr] *s.m.invar.* 1 mercato caratteristico dei paesi orientali e dell'Africa settentrionale 2 negozio in cui si vendono le merci più svariate; emporio.

bazooka [/ bad'dzuka /] *s.m.invar.* (*ingl.*) 1 arma leggera e maneggevole che lancia proiettili a razzo 2 (*cine.*) cavalletto a un solo piede utilizzato per sostenere la macchina da presa in spazi ristretti.

bazza[1] [bàʒ-ʒa] *s.f.* mento molto sporgente.

bazza[2] *s.f.* fortuna, guadagno, pacchia: *che —!*

bazzecola [baʒ-ʒè-co-la] *s.f.* cosa da nulla; inezia: *costa una —!*

bazzica [bàz-zi-ca] *s.f.* 1 gioco di carte simile alla briscola 2 gioco fatto col biliardo.

bazzicare [baz-zi-cà-re] *v.tr.* [*io bàzzico, tu bàzzichi ecc.*] (*fam.*) frequentare assiduamente: *— cattive compagnie* ♦ *v.intr.* [aus. *avere*] recarsi frequentemente in un luogo: *— in un bar.*

bazzotto [baʒ-ʒòt-to] *agg.* si dice di uovo cotto col guscio, più sodo dell'uovo alla coque ma più tenero dell'uovo sodo.

bè, o bee, *inter.* verso che imita il belato della pecora e della capra.

beagle [/ bigl /] *s.m.invar.* (*ingl.*) bracchetto.

bearsi [be-ar-si] *v.intr.pron.* godere, compiacersi: *— della solitudine.*

beat[1] [/ bit /] *s.m.invar.* (*ingl.*) forza ritmica di un'esecuzione di musica jazz.

beat[2] *agg.invar.* (*mus.*) si dice di un movimento musicale sviluppatosi in Inghilterra negli anni Sessanta, ispirato al blues e al primo rock americano ♦ *s.m.* musica beat.

beatificare [be-a-ti-fi-cà-re] *v.tr.* [*io beatìfico, tu beatìfichi ecc.*] 1 (*lett.*) riempire di beatitudine 2 (*eccl.*) proclamare beato.

beatificazione [be-a-ti-fi-ca-zió-ne] *s.f.* il beatificare | la funzione religiosa con cui il papa proclama un beato.

beatifico [be-a-tì-fi-co] *agg.* [pl.m. *-ci*] (*lett.*) che dà beatitudine.

beatitudine [be-a-ti-tù-di-ne] *s.f.* 1 felicità perfetta e assoluta: *vivere in —* 2 (*relig.*) felicità soprannaturale derivante all'anima dalla visione di Dio.

beato [be-à-to] *agg.* 1 che gode perfetta felicità: *vivere —* | che dà gioia: *un giorno —* | in usi enfatici ed espressivi: *— te, — lui!*, per indicare la buona sorte di qlcu. 2 che gode della visione beatifica di Dio: *la beata Vergine* ♦ *s.m.* [f. *-a*] 1 chi gode della visione di Dio in cielo: *i beati del paradiso* 2 chi è venerato dalla chiesa con culto pubblico pur non essendo ancora canonizzato □ **beatamente** *avv.* tranquillamente, senza pensieri.

beaujolais [/ boʒo'lɛ /] *s.m.invar.* (*fr.*) il vino dell'omonima regione della Francia centrale.

beauty-case [/ 'bjuti 'keiz /] *s.m.invar.* (*ingl.*) bauletto che contiene il necessario per il trucco femminile.

beauty center [/ 'bjuti 'senter] *loc.sost.m.invar.* (*ingl.*) istituto di bellezza.

bebè [be-bè] *s.m.* bambino molto piccolo.

beccaccia [bec-càc-cia] *s.f.* [pl. *-ce*] uccello di color bruno rossiccio a linee trasversali giallognole, con becco lungo e sottile e zampe corte.

beccaccino [bec-cac-cì-no] *s.m.* uccello di palude più piccolo della beccaccia.

beccafico [bec-ca-fì-co] *s.m.* [pl. *-chi*] uccellino canoro, di colore grigio, con becco diritto e sottile.

beccamorto [bec-ca-mòr-to] *s.m.* (*spreg.*) becchino.

beccare [bec-cà-re] *v.tr.* [*io bécco, tu bécchi ecc.*] 1 afferrare il cibo col becco 2 colpire col becco 3 (*fig. fam.*) prendere, ottenere: *s'è beccato il primo premio*; *beccarsi un ceffone*, buscarlo | sorprendere, cogliere sul fatto: *l'hanno beccato a rubare* ♦ **beccarsi** *v.rifl.rec.* 1 colpirsi a vicenda col becco 2 (*fig.*) bisticciare; polemizzare di continuo.

beccata [bec-cà-ta] *s.f.* 1 colpo dato col becco | quantità di cibo che l'uccello prende col becco 2 (*fig.*) battuta pungente, commento offensivo.

beccatoio [bec-ca-tó-io] *s.m.* recipiente per contenere il becchime nelle gabbie degli uccelli.

beccheggiare [bec-cheg-già-re] *v.intr.* [*io becchéggio ecc.*; aus. *avere*] detto di natanti o di aeromobili, oscillare in senso longitudinale.

beccheggio [bec-chég-gio] *s.m.* il beccheggiare.

beccheria [bec-che-rì-a] *s.f.* (*region.*) macelleria.

becchetto [bec-chét-to] *s.m.* ciascuno dei due finimenti delle scarpe, forniti di buchi per passarvi le stringhe.
becchime [bec-chì-me] *s.m.* mangime per uccelli, soprattutto per i volatili da cortile.
becchino [bec-chì-no] *s.m.* chi per mestiere seppellisce i morti; necroforo.
becco[1] [béc-co] *s.m.* [pl. *-chi*] **1** (*zool.*) guaina cornea prominente che costituisce l'estremità della bocca degli uccelli, di qualche rettile e dei mammiferi monotremi **2** (*fam.*) bocca dell'uomo: *chiudere, aprire il* —, tacere, parlare | *mettere il — in qlco.*, (*fig.*) immischiarsi | *restare a — asciutto*, (*fig.*) restare esclusi dal godimento di qlco. **3** terminazione appuntita simile a un becco; parte sporgente, punta: *cappello a —; il — della brocca*, il beccuccio | *non avere il — di un quattrino*, (*scherz.*) neanche un soldo. DIM. *beccuccio* **4** (*tecn.*) bruciatore per gas o vapori che termina con un cannello **5** (*edil.*) piastrella con spigolo sagomato che termina una fascia di rivestimento **6** (*mus.*) tipo di imboccatura di strumenti a fiato; bocchino **7** — *d'oca* o *di cicogna*, beccuccio per mantenere in piega i capelli.
becco[2] *s.m.* [pl. *-chi*] **1** il maschio della capra o della pecora; caprone, montone **2** (*volg.*) marito tradito; cornuto.
beccuccio [bec-cùc-cio] *s.m.* **1** sporgenza dell'orlo di ampolle, anfore, brocche, attraverso cui si versa il liquido **2** pinzetta per mantenere in piega i capelli.
beceraggine [be-ce-ràg-gi-ne] *s.f.* (*region.*) azione, espressione da becero.
becerata [be-ce-rà-ta] *s.f.* (*region.*) azione becera.
becero [bé-ce-ro] *agg.* e *s.m.* [f. *-a*] (*region.*) si dice di persona di modi volgari | cafone, zotico.
béchamel [/ beʃa'mɛl /] *s.f.invar.* (*fr.*) besciamella.
becher [/ 'bɛker /] *s.m.invar.* (*ted.*) (*chim.*) recipiente cilindrico di vetro o altro materiale, usato in laboratorio.
bedanatrice [be-da-na-trì-ce] *s.f.* macchina per praticare fori su tavole di legno.
bedano [be-dà-no] *s.m.* scalpello da falegname con lama stretta e molto spessa.
beduino [be-du-ì-no] *s.m.* [f. *-a*] **1** nel mondo arabo, nomade del deserto **2** (*fig.*) persona dall'aspetto incolto, o vestita in modo bizzarro: *sembrare un* —.
bee → **bè**.
befana [be-fà-na] *s.f.* **1** (*pop.*) Epifania **2** personaggio fantastico raffigurato come una vecchia brutta ma benefica che porta doni ai bambini la notte dell'Epifania | i regali dell'Epifania: *ricevere la* — **3** (*estens.*) donna brutta.
beffa [bèf-fa] *s.f.* **1** inganno ordito contro qlcu. per schernirlo; burla **2** parola o gesto di scherno; canzonatura | *farsi beffe*, prendersi gioco | *avere il danno e le beffe*, rimanere danneggiato e deriso.
beffardo [bef-fàr-do] *agg.* **1** che si compiace di beffare: *uomo* — **2** che dimostra scherno, sarcasmo, ironia: *risata beffarda* □ **beffardamente** *avv.*
beffare [bef-fà-re] *v.tr.* [*io bèffo ecc.*] fare, giocare una beffa a qlcu. | canzonare, deridere ♦ **beffarsi** *v.intr.pron.* farsi beffe di qlcu. o qlco. | dimostrare disprezzo o noncuranza: — *di una legge.*
beffeggiare [bef-feg-già-re] *v.tr.* [*io befféggio ecc.*] beffare con insistenza, con accanimento.
beffeggiatore [bef-feg-gia-tó-re] *agg.* e *s.m.* [f. *-trice*] che/chi beffeggia o suole beffeggiare.
bega [bè-ga *o* béga] *s.f.* [pl. *-ghe*] **1** bisticcio futile: *avere delle beghe con qlcu.* **2** grattacapo.
beghina [be-ghì-na] *s.f.* donna bigotta, bacchettona.
begonia [be-gò-nia] *s.f.* pianta erbacea o arbustiva ornamentale con foglie eleganti e fiori variamente colorati.
begoniacee [be-go-nià-ce-e] *s.f.pl.* (*bot.*) famiglia di piante dicotiledoni a cui appartiene la begonia.
beguine [/ be'gin /] *s.f.invar.* (*ingl.*) ballo popolare giamaicano dal ritmo lento, ripreso dalla musica leggera moderna.
beh [bèh] *inter.* ebbene, dunque: —, *fai come vuoi.*
beige [/ bɛʒ /] *s.m.invar.* (*fr.*) colore tra il nocciola e l'avana | Come *agg.*: *tessuto* —.
bel [bèl] *s.m.invar.* (*fis.*) unità di misura della potenza o della intensità di un'oscillazione (elettrica o sonora) | unità di misura della sensazione uditiva, della quale è sottomultiplo il *decibel.*
belare [be-là-re] *v.intr.* [*io bèlo ecc.*; aus. *avere*] **1** emettere belati **2** (*estens.*) esprimersi con voce lamentosa e tremula.
belato [be-là-to] *s.m.* **1** verso caratteristico delle pecore e delle capre **2** (*estens.*) lamento piagnucoloso | voce, canto queruli.
belga [bèl-ga] *agg.* [pl.m. *-gi*; pl.f. *-ghe*] del Belgio ♦ *s.m.* e *f.* chi abita, chi è nato nel Belgio.
bella [bèl-la] *s.f.* **1** donna bella e che gode di tale fama: *la — del paese* | (*fam.*) l'innamorata, la fidanzata: *l'ho visto con la sua* — | con valore fraseologico: — *mia, ora devo andare* | — *di notte*, (*eufem.*) prostituta. ACCR. *bellona* **2** cosa bella: *dirne, sentirne, vederne delle belle*, cose curiose, strane; cose spiacevoli, sgradevoli | *alla bell'e meglio*, in modo approssimativo **3** bella copia, stesura definitiva di uno scritto: *copiare il compito in* — **4** in molti giochi e sport, partita di spareggio **5** (*bot.*) — *di giorno*, pianta erbacea con fiori che si aprono al mattino e si chiudono la sera | — *di notte*, pianta erbacea i cui fiori si aprono la sera e si chiudono all'alba.
belladonna [bel-la-dòn-na] *s.f.* [pl. *belledonne*] pianta erbacea medicinale dai fiori di color bruno, foglie lanceolate e bacche lucide di colore nerastro.
bellavista [bel-la-vì-sta], o **bella vista**, *s.f.* (pl. *belleviste*) belvedere, panorama | *in* —, in mostra, ben visibile.
belletto [bel-lét-to] *s.m.* qualsiasi cosmetico usato dalle donne per il trucco.
bellezza [bel-léz-za] *s.f.* **1** qualità di ciò che è bello: *la — di un panorama*; — *fisica*, quella del

corpo | *prodotto, istituto, cura di* —, che mira a preservare e curare la bellezza fisica | *finire, chiudere in* —, finire bene l'opera intrapresa **2** persona o cosa bella: *le bellezze della natura* | *bellezze naturali, ambientali*, luoghi in cui la natura è bella di per sé o per l'azione dell'uomo | *che* — *!*, per esprimere gioia, soddisfazione **3** in espressioni enfatiche: *il bimbo cresce che è una* —, bene e rapidamente | con valore ironico, per indicare grande quantità: *mi è costato la — di mezzo stipendio.*

bellicismo [bel-li-cì-ʃmo] *s.m.* politica degli stati che mirano a risolvere i problemi internazionali con il ricorso alla guerra.

bellicista [bel-li-cì-sta] *agg.* e *s.m.* e *f.* [pl.m. *-sti*] fautore del bellicismo.

bellicistico [bel-li-cì-sti-co] *agg.* [pl.m. *-ci*] relativo al bellicismo; da bellicista.

bellico [bèl-li-co] *agg.* [pl.m. *-ci*] che riguarda la guerra: *ordigno* —.

bellicosità [bel-li-co-si-tà] *s.f.* l'essere bellicoso.

bellicoso [bel-li-có-so] *agg.* **1** che ama la guerra: *un popolo* — **2** (*estens.*) combattivo, battagliero: *spirito* — □ **bellicosamente** *avv.*

belligerante [bel-li-ge-ràn-te] *agg.* e *s.m.* e *f.* che/chi è in stato di belligeranza: *le potenze belligeranti.*

belligeranza [bel-li-ge-ràn-za] *s.f.* condizione giuridica di uno stato che si trova in guerra | *non* —, condizione di uno stato che non è belligerante, ma non si è ufficialmente dichiarato neutrale.

belligero [bel-lì-ge-ro] *agg.* (*lett.*) bellicoso, battagliero.

bellimbusto [bel-lim-bù-sto] *s.m.* [pl. *-sti*] uomo galante e di eleganza ricercata, ma fatuo; damerino.

bello [bèl-lo] *agg.* [davanti a *s* impura, *gn, ps, x, z*, sing. *bello*, pl. *begli*; davanti ad altre consonanti sing. *bel*, pl. *bei*; davanti a vocale sing. *bell'*, pl. *begli*] **1** che suscita ammirazione per la perfezione, l'eleganza del suo aspetto, delle sue forme: *un bel ragazzo*; *un bell'anello*; *belle musiche*; *che —!*, con ellissi del sostantivo; *farsi — di qlco.*, (*fig.*) vantarsene | ben fatto: *un bel lavoro* | in loc. particolari: *belle arti*, arti figurative; *belle lettere*, letteratura; *bel mondo*, alta società; *belle maniere*, modi cortesi, gentilezza; *bella copia*, copia definitiva; *bella vita*, agiata, comoda; *una bella intelligenza, un bell'ingegno*, vivaci, acuti. DIM. *bellino* **2** moralmente buono; apprezzabile: *un bel gesto* **3** buono, sereno, calmo: *bella giornata*; *la bella stagione*, primavera o estate **4** notevole, consistente: *un milione è una bella cifra*; *non ti dico un bel niente*, proprio niente | *a bella posta*, intenzionalmente | *bell'e buono*, vero e proprio: *è una canaglia bell'e buona* | *un bel giorno*, un certo giorno | *bel* —, tranquillamente, piano piano: *se ne veniva bel* — ♦ *s.m.* **1** ciò che è bello; l'insieme delle cose belle: *avere il senso del* — | *adesso viene il* —, la cosa più difficile; *sul più* —, nel momento culminante; *il — è che*, lo strano è che; *avere di — che*, per indicare un aspetto apprezzabile, una qualità **2** tempo buono: *è tornato il* — **3** uomo bello: *il — del paese* □ **bellamente** *avv.* **1** con garbo, con belle maniere **2** tranquillamente, beatamente.

belloccio [bel-lòc-cio] *agg.* [pl.f. *-ce*] si dice di persona dalla bellezza non raffinata, ma fresca e piacevole: *una ragazza belloccia.*

belluino [bel-lu-ì-no] *agg.* (*lett.*) proprio di belva; bestiale, ferino | (*estens.*) feroce, disumano.

belodonte [be-lo-dón-te] *s.m.* (*zool.*) genere di rettili fossili del triassico superiore.

belpaese® [bel-pa-é-ʃe] *s.m.invar.* formaggio molle di pasta color giallo-crema prodotto in Lombardia.

beltà [bel-tà] *s.f.* (*lett.*) bellezza.

beluga [be-lù-ga] *s.m.invar.* (*zool.*) grosso cetaceo dei mari artici privo di pinna dorsale; delfino bianco.

belva [bél-va] *s.f.* **1** animale feroce, fiera **2** (*fig.*) persona che agisce con ferocia disumana.

belvedere [bel-ve-dé-re] *s.m.* [pl. *-ri* o *invar.*] luogo elevato da cui si scorge un ampio panorama.

Belzebù [Bel-ʒe-bù] *s.m.* secondo la Bibbia, nome del principe degli spiriti maligni | (*estens.*) demonio, diavolo.

bemolle [be-mòl-le] *s.m.* (*mus.*) segno di alterazione che, posto davanti a una nota, indica che essa va abbassata di un semitono | l'alterazione stessa.

benaccetto [be-nac-cèt-to] *agg.* (*lett.*) gradito: *omaggio* —.

benamato [be-na-mà-to], o **beneamato**, *agg.* (*lett.*) particolarmente amato; caro, diletto.

benarrivato [be-nar-ri-và-to] *agg.* si dice a chi arriva in segno di buona accoglienza: *benarrivati a casa nostra!* ♦ *s.m.* il saluto espresso con questa formula: *dare il — a qlcu.*

benaugurato [be-nau-gu-rà-to] *agg.* (*non com.*) sperato, atteso; fausto, fortunato □ **beneauguratamente** *avv.*

benché [ben-ché] *cong.* sebbene, quantunque (si usa con il verbo al congiuntivo per introdurre prop. concessive): — *lo desideri, non può partire.*

benda [bèn-da] *s.f.* **1** striscia o fascia di garza, tela o stoffa che si usa nelle medicazioni di ferite o per immobilizzare un arto **2** striscia di tela con cui si coprono gli occhi di qlcu. perché non veda.

bendaggio [ben-dàg-gio] *s.m.* **1** insieme di bende **2** fasciatura.

bendare [ben-dà-re] *v.tr.* [*io bèndo ecc.*] **1** coprire, fasciare con bende: — *una mano* **2** coprire gli occhi con una benda (per impedire di vedere): *avere gli occhi bendati* o *bendarsi gli occhi*, (*fig.*) non rendersi conto o non volersi rendere conto della realtà | *la dea bendata*, la Fortuna.

bendatura [ben-da-tù-ra] *s.f.* il bendare; fasciatura.

bendisposto [ben-di-spó-sto] *agg.* favorevole a qlcu. o qlco.: *essere — verso qlcu., a fare qlco.*

bene [bè-ne] *avv.* [compar. *meglio*; superl. *benissimo* od *ottimamente*] **1** in modo buono, giusto; in modo corretto, educato: *comportarsi, parlare* —; *trattare* —, con riguardo; *non sta* —, è riprovevole | *persona per* —, onesta; *sistemare per* —, a puntino **2** in modo soddisfacente, vantaggioso, conveniente, piacevole: *mangiare* —; *stare* —, in buona salute; *un abito che sta* —, che si addice a chi lo indossa; *ti sta* —!, *ben ti sta!*, te lo meritavi; *vestire* —, elegantemente; *gli è andata* —, ha avuto fortuna | — *o male*, in qualche modo | *di* — *in meglio*, sempre meglio. DIM. *benino* ACCR. *benone* **3** con valore rafforzativo: *dovrà ben capirlo prima o poi!*; *vorrei ben vedere!*; *ha sborsato ben cento milioni*; *ben* —, con ogni cura; *ben altro*, tutt'altro **4** in espressioni esclamative, può esprimere plauso, entusiasmo, consenso: —, *bravo!*; *va* —!; *sta* —!; —, *non parliamone più*, per concludere un discorso ♦ *agg.invar.* di alta levatura sociale: *gente, locale* — ♦ *s.m.* **1** tutto ciò che è buono, giusto, onesto **2** nella visione cristiana, Dio: *il sommo* — **3** cosa, opera buona: *fare del* —; *opere di* —, di carità **4** affetto, amore: *voler* — *a qlcu.*, amarlo; *volersi* —, amarsi; *un* — *dell'anima*, grandissimo | la persona amata: *l'amato* — **5** utilità, vantaggio: *lo faccio per il tuo* — | *far* —, essere salutare: *una medicina che fa* — | *a fin di* —, con buone intenzioni, per scopi buoni **6** (*econ.*) tutto ciò che è atto a soddisfare un bisogno: *beni di prima necessità*; — *di consumo*, destinato al consumo; — *di rifugio*, che non si svaluta col tempo **7** ciò che si possiede e ha un valore: — *immobile*, proprietà non trasportabile (*p.e.* casa, terreno); — *mobile*, proprietà trasportabile (*p.e.* denaro) | — *ambientale*, area territoriale di interesse rilevante per ragioni naturali e paesaggistiche | — *culturale*, bene mobile o immobile di interesse storico, artistico o scientifico **8** (spec. *pl.*) averi, ricchezze, proprietà: *beni di famiglia* | *il ben di Dio, ogni ben di Dio*, straordinaria abbondanza e varietà di beni materiali, vivande ecc.

beneamato → **benamato**.

benedettino [be-ne-det-tì-no] *agg.* di san Benedetto da Norcia (480-547): *ordine* —, ordine monastico fondato da san Benedetto; *regola benedettina*, quella che disciplina l'ordine ♦ *s.m.* monaco che segue la regola di san Benedetto.

benedetto [be-ne-dét-to] *agg.* **1** (*teol.*) che è stato oggetto di particolare favore divino: *la Vergine benedetta* | (*fig.*) felice, fortunato: *una terra benedetta* **2** che ha ricevuto la benedizione ecclesiastica: *acqua benedetta* **3** venerato, sacro: *la memoria benedetta di mio padre* **4** in espressioni di lode, di ringraziamento: — *il giorno che ti ho incontrato* | in espressioni di rimprovero benevolo o anche affettuoso: — *figliolo!*

benedicente [be-ne-di-cèn-te] *agg.* (*lett.*) che benedice; in atto di benedire: *il Cristo* —.

benedire [be-ne-dì-re] *v.tr.* [imperf. *io benedicévo*, pop. *benedivo ecc.*; pass.rem. *io benedissi*, pop. *benedii ecc.*; imp. *benedici*; nelle altre forme è coniugato come *dire*] **1** (*teol.*) invocare solennemente la protezione di Dio su persone o cose: *il sacerdote benedice i fedeli* | *andare, mandare a farsi* —, (*fig.*) andare, mandare via; anche, andare, mandare in malora **2** lodare, esaltare, ricordare con amore e gratitudine: *lo benedico per il bene che mi ha fatto.*

benedizione [be-ne-di-zió-ne] *s.f.* **1** (*relig.*) rito con cui si invoca la protezione e il favore di Dio su qlcu. o qlco.: *impartire, ricevere la* —; *la* — *della casa* | — *eucaristica*, funzione religiosa durante la quale i fedeli sono benedetti con il SS. Sacramento **2** (*fig.*) persona o cosa che arreca gioia, che rappresenta un bene: *quel figlio è la* — *della famiglia.*

beneducato [be-ne-du-cà-to] *agg.* che dimostra negli atti e nelle parole di aver ricevuto una buona educazione.

benefattore [be-ne-fat-tó-re] *s.m.* [f. *-trice*] chi fa del bene al prossimo, moralmente o materialmente | chi compie opere di beneficenza.

beneficare [be-ne-fi-cà-re] *v.tr.* [*io benèfico, tu benèfichi ecc.*] fare del bene a qlcu. | fare beneficenza.

beneficenza [be-ne-fi-cèn-za] *s.f.* la virtù e l'atto del beneficare; carità: *fare della* —; *opera di* — | *spettacolo di* —, quello il cui incasso viene devoluto a opere assistenziali.

beneficiare [be-ne-fi-cià-re] *v.intr.* [*io beneficio ecc.*; aus. *avere*] ricevere un beneficio, un vantaggio; godere: — *di un'amnistia.*

beneficiario [be-ne-fi-cià-rio] *agg.* che fruisce di un beneficio: *ente* — ♦ *s.m.* [f. *-a*] **1** (*dir.*) persona a favore della quale si compie un atto o si rilascia un titolo **2** titolare di un beneficio.

beneficiato [be-ne-fi-cià-to] *agg.* che ha ricevuto un beneficio e ne gode ♦ *s.m.* [f. *-a*] beneficiario.

beneficio [be-ne-fì-cio], meno com. **benefizio** [be-ne-fì-zio], *s.m.* l'atto del beneficare: *ricevere, ricambiare un* — | vantaggio, giovamento: *i benefici del riposo* | — *ecclesiastico*, (*dir.*) fondo patrimoniale il cui reddito serviva al mantenimento del titolare di un ufficio ecclesiastico | *benefici di legge*, (*dir.*) vantaggi riconosciuti per legge a chi si trovi in una determinata situazione | *con* — *d'inventario*, (*fig.*) con riserva di fare una valutazione precisa.

benefico [be-nè-fi-co] *agg.* [pl.m. *-ci*; dif. del superl. per cui si usa *molto benefico* o *beneficentissimo*] **1** che fa bene; che arreca beneficio, giovamento: *cura benefica* **2** dedito a opere di bene; fatto a fine di beneficenza: *associazione benefica* □ **beneficamente** *avv.*

benefit [/ ˈbenefit /] *s.m. invar.* (*ingl.*; *econ.*) **1** retribuzione aggiuntiva data sotto forma di concessioni, privilegi, servizi | indennità accessoria **2** vantaggio, facilitazione offerti a un cliente per l'acquisto di un determinato prodotto.

benefizio → **beneficio**.

benemerenza [be-ne-me-rèn-za] *s.f.* atto che rende benemerito; il merito acquisito: *attestato di* —.

benemerito [be-ne-mè-ri-to] *agg.* e *s.m.* [f. *-a*]

che/chi si è acquistato meriti con opere buone o utili: *cittadino —* | *l'arma benemerita*, o *la Benemerita*, l'arma dei carabinieri.
beneplacito [be-ne-plà-ci-to] *s.m.* **1** approvazione, consenso, permesso: *dare il —* **2** volere, arbitrio: *agire a proprio —*.
benessere [be-nès-se-re] *s.m.* **1** stato prospero di salute, vigore fisico: *senso di —* **2** florida condizione economica; agiatezza: *vivere nel —*.
benestante [be-ne-stàn-te] *agg.* e *s.m.* e *f.* che/chi possiede mezzi economici tali da poter vivere agiatamente; abbiente.
benestare [be-ne-stà-re] *s.m.invar.* autorizzazione, consenso: *il — delle autorità*.
benevolente [be-ne-vo-lèn-te] *agg.* (*lett.*) benevolo, ben disposto.
benevolenza [be-ne-vo-lèn-za] *s.f.* buona disposizione d'animo verso altri: *trattare qlcu. con —* | indulgenza, favore: *affidarsi alla — di qlcu.*
benevolo [be-nè-vo-lo] *agg.* [dif. del superl., per cui si usa *molto benevolo* o *benevolentissimo*] **1** ben disposto verso qlcu. | che dimostra benevolenza: *parole benevole* **2** favorevole, indulgente: *giudizio —* □ **benevolmente** *avv.*
bengala [ben-gà-la] *s.m.invar.* **1** fuoco d'artificio che produce luci di vario colore **2** razzo luminoso per segnalazioni | (*mil.*) dispositivo di illuminazione lanciato col paracadute per individuare bersagli da bombardare.
bengalese [ben-ga-lé-se] *agg.* del Bengala, regione divisa tra India e Bangla Desh ♦ *s.m.* **1** [anche *f.*] chi abita o è nato nel Bengala **2** bengali.
bengali [ben-gà-li] *s.m.* lingua indiana moderna, parlata nel Bengala e nel bacino del Gange-Brahmaputra.
bengalina [ben-ga-lì-na] *s.f.* stoffa di lana o di seta cordonata, originaria del Bengala.
bengalino [ben-ga-lì-no] *s.m.* **1** [f. *-a*] bengalese (anche *agg.*) **2** piccolo uccello tropicale con becco rosso e piumaggio dai colori vivacissimi.
bengodi [ben-gò-di] *s.m.* nome di un immaginario paese dove regnano allegria e abbondanza; cuccagna: *il paese di —*.
beniamino [be-nia-mì-no] *s.m.* [f. *-a*] **1** figlio prediletto **2** (*estens.*) persona preferita tra altre: *il — del pubblico*.
benignità [be-ni-gni-tà] *s.f.* **1** naturale disposizione a fare del bene **2** indulgenza, cortesia: *trattare con —* **3** mitezza, clemenza: *— del clima*.
benigno [be-nì-gno] *agg.* **1** naturalmente disposto a fare del bene; benevolo | che dimostra benignità, cortesia: *sorriso —* **2** indulgente, clemente: *un giudizio —* **3** (*med.*) di malattia non letale: *tumore —* □ **benignamente** *avv.* con benignità, benevolmente.
beninformato [be-nin-for-mà-to] *agg.* e *s.m.* [f. *-a*] che/chi possiede e dà informazioni attendibili.
benintenzionato [be-nin-ten-zio-nà-to] *agg.* e *s.m.* [f. *-a*] che/chi ha buone intenzioni.
beninteso [be-nin-té-so] *avv.* certamente, ovviamente (usato per confermare, rispondendo o precisando): *ci vedremo dopo la scuola, —!* | *— che*, purché, a patto che: *vinceremo, — che vi facciate valere.*
benna [bèn-na] *s.f.* dispositivo formato da due valve incernierate, che serve per lo scavo, la raccolta e il sollevamento di materiale incoerente (sabbia, ghiaia ecc.).
bennato [ben-nà-to] *agg.* (*lett.*) **1** che possiede buone doti naturali | beneducato **2** nato da famiglia agiata, nobile.
benpensante [ben-pen-sàn-te] *agg.* e *s.m.* e *f.* che/chi pensa nella maniera ritenuta più giusta dalla maggioranza delle persone | (*spreg.*) si dice di persona di idee conservatrici, conformista.
benservito [ben-ser-vì-to] *s.m.* attestato rilasciato a chi cessa un'attività lavorativa, per comprovare che ha servito bene | *dare il — a qlcu.*, (*eufem.*) licenziarlo.
bensì [ben-sì] *cong.* ma piuttosto, ma anzi: *non mi pare sciocco, — svogliato.*
benthos → **bentos**.
bentornato [ben-tor-nà-to] *agg.* usato per salutare chi torna dopo un'assenza, un viaggio: *bentornata tra noi* ♦ *s.m.* il saluto che si porge al ritorno di qlcu.: *dare il —*.
bentos [bèn-tos], o **benthos**, *s.m.invar.* (*biol.*) il complesso degli organismi che vivono a contatto con il fondo marino o lacustre.
benvenuto [ben-ve-nù-to] *agg.* usato per salutare chi giunge in un luogo: *— a casa mia!* ♦ *s.m.* il saluto di buona accoglienza: *dare il — a qlcu.*
benvisto [ben-vì-sto] *agg.* visto di buon occhio; che gode la stima e la simpatia di altri: *essere — da tutti.*
benvolere [ben-vo-lé-re] *v.tr.* [dif.; usati solo l'inf. pres. e il part. pass. *benvoluto*] voler bene; nutrire stima, simpatia: *farsi —*; *essere benvoluto da tutti.*
benzaldeide [ben-ʒal-dèi-de] *s.f.* (*chim.*) aldeide benzoica; è un composto liquido incolore usato nella produzione di solventi, materie plastiche, coloranti e profumi.
benzene [ben-ʒè-ne] *s.m.* (*chim.*) idrocarburo ciclico aromatico usato come solvente, carburante e nella preparazione di coloranti e materie plastiche.
benzenico [ben-ʒè-ni-co] *agg.* [pl.m. *-ci*] (*chim.*) relativo o derivato dal benzene.
benzina [ben-ʒì-na] *s.f.* liquido trasparente infiammabile, costituito da una miscela di idrocarburi ottenuta per raffinazione del petrolio greggio e usata come carburante e come solvente | *fare —*, rifornirne il proprio veicolo.
benzinaio [ben-ʒi-nà-io] *s.m.* [f. *-a*] addetto o gestore di un distributore di benzina.
benzoico [ben-ʒòi-co] *agg.* [pl.m. *-ci*] (*chim.*) si dice di un acido solido bianco, usato in medicina, in profumeria e nell'industria alimentare e chimica.
benzoile [ben-ʒo-ì-le] *s.m.* (*chim.*) radicale aromatico monovalente formato da un radicale

benzenico legato a un gruppo chetonico: *cloruro di —*.

beola [bè-o-la] *s.f.* (*min.*) varietà di gneiss usata in edilizia per rivestimenti e pavimentazioni.

beone [be-ó-ne] *s.m.* [f. *-a*] chi ha il vizio di bere; ubriacone.

beota [be-ò-ta] *s.m.* e *f.* [pl. *-ti*] persona ottusa ♦ *agg.* da idiota: *un riso —*.

bequadro [be-quà-dro], o **beqquadro**, *s.m.* (*mus.*) segno che, posto davanti a una nota, annulla le alterazioni precedenti.

berbero *agg.* **1** proprio di una popolazione dell'Africa settentrionale: *lingua berbera* **2** dell'antica regione africana detta Barberia ♦ *s.m.* **1** [f. *-a*] chi appartiene alla popolazione berbera o viveva nell'antica Barberia **2** (*zool.*) cavallo arabo purosangue da corsa.

berceuse [/ bɛr'søz /] *s.f.invar.* (*fr.*) ninnananna | (*mus.*) componimento ispirato alle ninnenanne popolari: *una — di Chopin*.

berciare [ber-cià-re] *v.intr.* [*io bèrcio ecc.*; aus. *avere*] (*tosc.*) urlare in modo sguaiato.

bere [bé-re] *v.tr.* [pres. *io bévo ecc.*; pass.rem. *io bévvi* o *bevétti*, *tu bevésti ecc.*; fut. *io berrò* o *beverò ecc.*; cond. *io berrèi* o *beverèi ecc.*; le altre forme derivano regolarmente dal tema *bev-*] **1** mandar giù un liquido per la bocca: *— acqua*, *un bicchiere di vino*; *— a sorsi* | *è come — un bicchiere d'acqua*, si dice di cosa facilissima a farsi **2** (*assol.*) bere vino o alcolici: *— come una spugna*, moltissimo; *non —*, essere astemio | *— alla salute*, brindare; *berci su*, *sopra*, per dimenticare **3** (*estens.*) assorbire: *la terra arida beve la pioggia* | consumare: *una moto che beve molta benzina* **4** (*fig.*) credere ingenuamente: *s'è bevuto tutte quelle panzane*; *darla a —*, darla a intendere.

bergamotta [ber-ga-mòt-ta] *agg.* e *s.f.* si dice di una varietà pregiata di pera dal profumo di cedro.

bergamotto [ber-ga-mòt-to] *s.m.* **1** albero simile all'arancio, con foglie ovali e fiori bianchi odorosissimi **2** frutto del bergamotto, simile a un'arancia ma non commestibile, dalla cui buccia si estrae un'essenza usata in profumeria.

bergère [/ bɛr'ʒɛr /] *s.f.invar.* (*fr.*) ampia e comoda poltrona da riposo, con spalliera e braccioli imbottiti.

beri beri [bè-ri bè-ri], o **beriberi**, *s.m.* malattia causata da carenza di vitamina B_1, diffusa nei paesi dell'Estremo Oriente e legata a un'alimentazione basata solamente su riso brillato.

berillio [be-rìl-lio] *s.m.* elemento chimico di simbolo *Be*; è un metallo usato in leghe leggere e nell'industria del nucleare.

berillo [be-rìl-lo] *s.m.* (*min.*) silicato di alluminio e berillio in cristalli, di cui sono varietà preziose lo smeraldo e l'acquamarina.

beriolo [be-ri-ò-lo] *s.m.* piccolo recipiente che si tiene nelle gabbie per far bere gli uccelli; beverino.

berkelio [ber-kè-lio] *s.m.* elemento chimico artificiale di simbolo *Bk*; è ottenuto dall'americio per reazione nucleare.

berlina[1] [ber-lì-na] *s.f.* **1** antica pena consistente nell'esporre a pubblico ludibrio il condannato **2** (*fig.*) scherno, derisione: *mettere in* (o *alla*) *—*, esporre allo scherno di tutti.

berlina[2] *s.f.* **1** carrozza di gala a quattro posti **2** (*aut.*) tipo di carrozzeria chiusa, a due o quattro porte | l'automobile stessa dotata di tale carrozzeria. DIM. *berlinetta*.

berlusconiano [ber-lu-sco-nià-no] *agg.* dell'imprenditore e uomo politico Silvio Berlusconi (1936), che a lui si riferisce ♦ *s.m.* [f. *-a*] simpatizzante del movimento politico denominato "Forza Italia", fondato da Berlusconi.

berlusconismo [ber-lu-sco-nì-ʃmo] *s.m.* stile di vita e ideologia politica ispirati agli ideali di efficienza, successo e redditività propugnati da Silvio Berlusconi.

berma [bèr-ma] *s.f.* (*edil.*) gradino in calcestruzzo che si costruisce ai piedi di un argine o di un terrapieno per contenerlo.

bermuda [ber-mù-da] *s.m.pl.* calzoni che arrivano al ginocchio.

bermudiana [ber-mu-dià-na] *s.f.* **1** (*mar.*) tipo di vela triangolare per imbarcazioni da diporto **2** (*bot.*) albero simile al ginepro con legno bianco e fiori lilla.

bernardo l'eremita [ber-nàr-do l'e-re-mì-ta] *loc.sost.m.invar.* (*zool.*) paguro.

bernesco [ber-né-sco] *agg.* [pl.m. *-schi*] **1** del poeta italiano Francesco Berni (1497-1535) | alla maniera del Berni **2** (*estens.*) burlesco, parodistico: *poema —*.

bernoccolo [ber-nòc-co-lo] *s.m.* **1** protuberanza della testa, in genere causata da un colpo **2** (*fig.*) disposizione naturale a fare qlco.: *avere il — della matematica*.

bernoccoluto [ber-noc-co-lù-to] *agg.* pieno di bernoccoli: *testa bernoccoluta*.

berretta [ber-rét-ta] *s.f.* copricapo di varie forme, in genere senza tese: *— da notte*, di maglia, molto aderente | *— da prete*, rigida a tre spicchi e nappina sul centro.

berrettaio [ber-ret-tà-io] *s.m.* [f. *-a*] chi fa o vende berretti.

berrettificio [ber-ret-ti-fi-cio] *s.m.* fabbrica di berretti.

berretto [ber-rét-to] *s.m.* copricapo di varie forme, per lo più con tesa sulla fronte: *— da ciclista*, *da fantino*; *— frigio*, a corno con la punta piegata in avanti. DIM. *berrettino* ACCR. *berrettone*.

bersagliare [ber-sa-glià-re] *v.tr.* [*io bersàglio ecc.*] **1** tirare a un bersaglio colpendolo ripetutamente: *— le postazioni nemiche* **2** (*fig.*) perseguitare: *essere bersagliato dalla sfortuna*.

bersagliere [ber-sa-gliè-re] *s.m.* **1** (*mil.*) militare appartenente a una specialità tradizionale della fanteria italiana, impiegata come truppa celere nell'ambito dei corpi corazzati | Usato come *agg.*: *alla bersagliera*, alla maniera dei bersaglieri, con slancio ed energia **2** (*scherz.*) persona energica e decisa.

bersaglieresco [ber-sa-glie-ré-sco] *agg.* [pl.m.

-schi] **1** da bersagliere **2** (*fig.*) pronto, energico; anche, spavaldo, impulsivo.

bersaglio [ber-sà-glio] *s.m.* **1** l'obiettivo da colpire con un'arma **2** (*estens.*) oggetto o persona che si vuole colpire: *essere — di critiche* | *centrare il —*, (*fig.*) raggiungere lo scopo.

berta[1] [bèr-ta] *s.f.* uccello marino di color cinerino sul dorso, bianco sul ventre, con piedi palmati e ali lunghe; puffino.

berta[2] *s.f.* (*mecc.*) macchina per conficcare pali nel terreno; battipalo.

bertesca [ber-té-sca] *s.f.* opera difensiva in muratura o in legno costruita fra i merli delle antiche fortificazioni o posta in aggetto alle mura.

bertuccia [ber-tùc-cia] *s.f.* [pl. *-ce*] **1** piccola scimmia grigio-giallognola priva di coda, con testa tondeggiante **2** (*fig.*) persona brutta, sgraziata; anche, persona dispettosa o curiosa.

besciamella [be-scia-mèl-la] *s.f.* salsa tipica della cucina francese, composta di burro, farina e latte.

bestemmia [be-stém-mia] *s.f.* **1** espressione ingiuriosa contro la divinità o ciò che è sacro: *dire una —* **2** (*estens.*) offesa violenta contro persone, istituzioni o cose a cui si deve rispetto | (*fig.*) grosso sproposito; assurdità.

bestemmiare [be-stem-mià-re] *v.tr.* [*io bestémmio ecc.*] **1** offendere con una bestemmia: *— Dio* **2** (*estens.*) maledire: *— la propria sorte* ♦ *v.intr.* [aus. *avere*] pronunciare bestemmie: *— per ogni contrarietà.*

bestemmiatore [be-stem-mia-tó-re] *s.m.* [f. *-trice*] chi ha l'abitudine di bestemmiare.

bestia [bé-stia] *s.f.* **1** ogni animale, in quanto privo di coscienza e ragione | *bestie feroci*, fiere, belve | *bestie da soma*, che servono a portare carichi | *bestie da tiro*, che servono a tirare carri | *bestie da macello*, che si allevano per essere macellate | *bestie da cortile*, conigli e pollame | *brutta —*, (*fig.*) cosa o persona che si teme | *— nera*, (*fig.*) cosa o persona che non si riesce a sopportare, a dominare | *— rara*, (*fig.*) persona fuori dal comune, insolita | *andare, montare in —*, imbestialirsi, infuriarsi. DIM. *bestiola, bestiolina* ACCR. *bestione* (m.) PEGG. *bestiaccia* **2** (*assol.*) grosso animale da lavoro: *condurre le bestie all'abbeveratoio* | *lavorare, faticare come una —*, fare un lavoro, una fatica enorme | *vivere come una —*, in maniera più adatta a una bestia che a un uomo **3** (*fig.*) persona ignorante, maleducata; anche, persona che si comporta con violenza e brutalità.

bestiale [be-stià-le] *agg.* **1** da bestia, proprio di bestia: *istinto —* **2** (*estens.*) brutale, disumano: *crudeltà, fatica —* | (*fam.*) insopportabile: *caldo —* **3** (*gerg.*) eccezionale, straordinario: *divertimento —* □ **bestialmente** *avv.*

bestialità [be-stia-li-tà] *s.f.* **1** l'essere bestiale **2** atto, parola, discorso di persona ignorante; sproposito enorme: *dire, commettere una —.*

bestiame [be-stià-me] *s.m.* l'insieme degli animali allevati per il lavoro e l'alimentazione.

bestiario[1] [be-stià-rio] *s.m.* **1** (*st.*) schiavo romano addestrato a combattere con le belve nel circo **2** chi in uno zoo ha in custodia animali feroci.

bestiario[2] *s.m.* **1** titolo di opere didascaliche medievali che trattavano in modi leggendari, e con intento moraleggiante, delle qualità degli animali **2** decorazione scultorea a base di animali reali o fantastici.

bestione [be-stió-ne] *s.m.* persona grande e grossa, ma di poco cervello.

best seller [/ bɛst 'sɛller /] *loc.sost.m.invar.* (*ingl.*) libro, disco o altro prodotto di cui, in un dato arco di tempo, si sia venduto un altissimo numero di copie o esemplari.

beta [bè-ta] *s.m.invar.* nome della seconda lettera dell'alfabeto greco, corrispondente a *b* nell'alfabeto latino ♦ *s.f.* (*astr.*) nome della stella che, in una costellazione, è la seconda in ordine decrescente di luminosità ♦ Usato come *agg.invar.* in fisica: *particelle, raggi —*, elettroni emessi dai nuclei di atomi radioattivi.

betatrone [be-ta-tró-ne] *s.m.* (*fis.*) acceleratore elettromagnetico di elettroni.

betel [bè-tel] *s.m.invar.* **1** (*bot.*) arbusto rampicante coltivato in Asia meridionale per le foglie dotate di lieve azione eccitante **2** bolo da masticare preparato con una foglia di tale pianta.

beton [be-tòn] *s.m.invar.* (*edil.*) conglomerato costituito di ghiaia, sabbia e cemento misti ad acqua; calcestruzzo.

betonaggio [be-to-nàg-gio] *s.m.* (*edil.*) l'insieme delle operazioni necessarie per la preparazione dei vari tipi di calcestruzzo.

betonica → **bettonica**.

betoniera [be-to-niè-ra] *s.f.* (*edil.*) macchina rotante per l'impasto di calcestruzzo.

betta[1] [bét-ta] *s.f.* (*mar.*) piccola nave sussidiaria da trasporto.

betta[2] [bèt-ta] *s.m.* pesce osseo di piccole dimensioni che vive nelle acque dolci tropicali; per la sua aggressività è detto anche *pesce combattente.*

bettola[1] [bét-to-la] *s.f.* osteria di infimo ordine; taverna: *linguaggio, discorsi da —*, volgari.

bettola[2] *s.f.* (*mar.*) chiatta con tramogge usata per il trasporto di sabbia, ghiaia ecc.

bettolina [bet-to-lì-na] *s.f.* (*mar.*) chiatta molto ampia e capace usata per trasportare materiali, per lo più all'interno dei porti.

bettonica [bet-tò-ni-ca], o **betonica**, *s.f.* pianta erbacea medicinale con foglie rugose e fiori porporini in spighe | Usato anche come *agg.*: *erba —.*

betulacee [be-tu-là-ce-e] *s.f.pl.* (*bot.*) famiglia di piante dicotiledoni a cui appartengono la betulla, l'ontano e il nocciolo.

betulla [be-tùl-la] *s.f.* albero dai rami sottili con foglie a forma di rombo, legno flessibile e corteccia biancastra.

beuta [bèu-ta] *s.f.* recipiente conico di vetro, usato nei laboratori chimici per riscaldare liquidi.

bevanda [be-vàn-da] *s.f.* qualsiasi liquido che si beve: *— analcolica.*

beveraggio [be-ve-ràg-gio] *s.m.* bevanda, in particolare quella che si dà alle bestie; beverone | pozione preparata con vari ingredienti; intruglio.
beverino [be-ve-rì-no] *s.m.* beriolo.
beverone [be-ve-ró-ne] *s.m.* **1** bevanda per le bestie, fatta di acqua e farina o semola **2** (*spreg.*) bevanda abbondante e disgustosa.
bevibile [be-vì-bi-le] *agg.* che si può bere | di qualità passabile: *un vino —*.
bevicchiare [be-vic-chià-re], o **bevucchiare**, *v.tr.* [*io bevìcchio ecc.*] **1** bere poco, a sorsi, di tanto in tanto **2** bere abitualmente vino o altri alcolici.
bevitore [be-vi-tó-re] *s.m.* [f. *-trice*] chi beve abbondantemente alcolici.
bevucchiare → **bevicchiare**.
bevuta [be-vù-ta] *s.f.* il bere; la quantità di liquido bevuta in una volta: *fare una bella —*, bere abbondantemente.
bi *s.m.* o *f.* nome della lettera *b*.
bi- primo elemento di parole composte, che significa 'due, composto di due, doppio' o 'due volte' (*bicarbonato, bipolare, bisettimanale*).
biacca [biàc-ca] *s.f.* carbonato basico di piombo; è una polvere pesante e velenosa, usata nella fabbricazione delle vernici | (*estens.*) sostanza colorante bianca.
biacco [biàc-co] *s.m.* [pl. *-chi*] serpente non velenoso, lungo circa un metro, di colore giallo verdastro con macchie scure sul dorso.
biada [bià-da] *s.f.* termine che indica genericamente i cereali usati per l'alimentazione del bestiame; foraggio: *dare la — al cavallo*.
biadare [bia-dà-re] *v.tr.* dare la biada agli animali.
bianca [biàn-ca] *s.f.* **1** primo sonno dei bachi da seta **2** (*tip.*) facciata del foglio di stampa che viene impressa per prima.
biancastro [bian-cà-stro] *agg.* di colore quasi bianco.
biancheggiare [bian-cheg-già-re] *v.intr.* [*io bianchéggio ecc.*; aus. *avere*] (*lett.*) apparire, mostrarsi bianco ♦ *v.tr.* imbiancare: *— le pareti*.
biancheria [bian-che-rì-a] *s.f.* il complesso dei panni, tradizionalmente bianchi, per uso domestico (lenzuola, tovaglie, asciugamani ecc.) o personale (camicie, indumenti intimi).
bianchetto [bian-chét-to] *s.m.* sostanza imbiancante a base di biacca, che a seconda delle combinazioni può servire come cosmetico, come prodotto sbiancante, per cancellare uno scritto ecc.
bianchezza [bian-chéz-za] *s.f.* l'essere bianco; candore.
bianchiccio [bian-chìc-cio] *agg.* [pl.f. *-ce*] e *s.m.* che tende al bianco: *cielo —*.
bianchire [bian-chì-re] *v.tr.* [*io bianchisco, tu bianchisci ecc.*] **1** (*tecn.*) far diventare bianco; imbiancare **2** pulire i metalli preziosi.
bianco [biàn-co] *agg.* [pl.m. *-chi*] **1** del colore del latte, della spuma del mare, della neve fresca: *— avorio*, tendente al giallo; *— sporco*, tendente al grigio **2** che ha colore chiaro, in contrapposizione a un'altra varietà di colore scuro: *pane, vino —*; *capelli bianchi* **3** pulito, senza macchie: *tovaglia bianca* | privo di segni, non scritto: *foglio —* **4** pallido: *diventare — per la paura* ♦ *s.m.* **1** il colore bianco | *in — e nero*, si dice di disegno, fotografia, film non a colori | *di punto in —*, all'improvviso **2** la parte bianca o più chiara di qlco.: *il — dell'uovo*, l'albume; *il — dell'occhio*, la sclerotica **3** foglio o parte di esso su cui non è scritto o segnato nulla: *mettere nero su —*, scrivere | *in —*, non scritto: *lasciare in — una data*; *assegno in —*, firmato, ma senza l'indicazione dell'importo; *firmare in —*, (*fig.*) assumere un impegno senza conoscerne le modalità e le condizioni | *in —*, si dice di cibi cucinati con poco o senza condimento: *mangiare in —* | *in —*, (*fig.*) si dice di situazione in cui non si realizza ciò che è usuale o che si vorrebbe: *notte in —*, passata senza dormire; *matrimonio in —*, non consumato **4** vino bianco: *un — frizzante* **5** [f. *-a*] uomo di pelle bianca **6** (spec. *pl.*) pezzo bianco del gioco della dama o degli scacchi.
biancomangiare [bian-co-man-già-re] *s.m.invar.* budino dolce a base di latte di mandorle, farina e zucchero, tipico della cucina francese.
bianconato [bian-co-nà-to] *agg.* si dice del frumento a grano duro affetto da bianconatura.
bianconatura [bian-co-na-tù-ra] *s.f.* (*agr.*) malattia del frumento i cui chicchi presentano zone bianche farinose e minor contenuto di glutine.
biancone [bian-có-ne] *s.m.* **1** grosso uccello rapace diurno, con piumaggio bruno sul dorso e bianco nelle parti inferiori **2** vernice bianca densa solubile in acqua.
biancore [bian-có-re] *s.m.* (*lett.*) luce bianca diffusa: *il — delle nevi*.
biancosegno [bian-co-sé-gno] *s.m.* (*dir.*) contratto che uno dei contraenti firma in bianco, lasciando che l'altro lo compili e lo firmi in seguito.
biancospino [bian-co-spì-no] *s.m.* arbusto a rami spinosi e fiori bianchi raccolti in corimbi.
biancovestito [bian-co-ve-stì-to] *agg.* (*lett.*) vestito di bianco.
biancume [bian-cù-me] *s.m.* insieme di cose bianche; biancore diffuso.
biascicamento [bia-sci-ca-mén-to] *s.m.* il biascicare.
biascicare [bia-sci-cà-re] *v.tr.* [*io biàscico, tu biàscichi ecc.*] **1** tenere a lungo il cibo in bocca, senza masticarlo e producendo un'abbondante salivazione | (*estens.*) mangiare di mala voglia **2** (*fig.*) pronunciare male e a stento: *— le orazioni*.
biasimare [bia-ʃi-mà-re] *v.tr.* [*io biàʃimo ecc.*] criticare aspramente; disapprovare.
biasimevole [bia-ʃi-mé-vo-le] *agg.* meritevole di biasimo; riprovevole □ **biasimevolmente** *avv.*
biasimo [bià-ʃi-mo] *s.m.* critica aspra, disapprovazione.
biassiale [bi-as-sià-le] *agg.* (*fis.*) biassico.
biassico [bi-às-si-co] *agg.* [pl.m. *-ci*] (*fis.*) che ha due assi ottici: *cristalli biassici*.
Bibbia [Bìb-bia] *s.f.* **1** (*relig.*) raccolta dei libri riconosciuti sacri dalla tradizione ebraico-cri-

stiana 2 volume che contiene la Bibbia: *comprare la —* 3 (*fig.*) testo di base, insieme di regole fondamentali: *quel libro è diventato la mia bibbia.*
bibelot [/ bibeˈlɔ /] *s.m.invar.* (*fr.*) piccolo soprammobile grazioso, ma di poco valore; ninnolo, cianfrusaglia.
biberon [/ bibeˈrɔn /] *s.m.invar.* (*fr.*) poppatoio | *avere ancora bisogno del —,* (*fam.*) essere molto ingenuo o inesperto.
bibita [bì-bi-ta] *s.f.* bevanda dissetante non alcolica.
biblico [bi-blì-co] *agg.* [pl.m. *-ci*] 1 della Bibbia, che riguarda la Bibbia: *studi biblici* 2 (*fig.*) solenne, grandioso, tragico, come certi episodi della Bibbia: *catastrofe biblica* □ **biblicamente** *avv.* secondo la Bibbia.
biblio- primo elemento di parole composte, che significa 'libro' (*biblioteca, bibliografia*).
bibliofilia [bi-blio-fi-lì-a] *s.f.* amore dei libri, soprattutto antichi e rari.
bibliofilo [bi-bli-ò-fi-lo] *s.m.* [f. *-a*] amatore, collezionista di libri, soprattutto antichi e rari.
bibliografia [bi-blio-gra-fì-a] *s.f.* 1 elenco degli scritti su un argomento o su un autore: *la — dantesca* 2 scienza della descrizione e della catalogazione dei libri.
bibliografico [bi-blio-grà-fi-co] *agg.* [pl.m. *-ci*] relativo alla bibliografia o ai libri in generale: *repertorio —.*
bibliografo [bi-bli-ò-gra-fo] *s.m.* [f. *-a*] studioso di bibliografia.
bibliologia [bi-blio-lo-gì-a] *s.f.* scienza che si occupa dei libri a stampa e della loro storia e diffusione.
bibliologo [bi-bli-ò-lo-go] *s.m.* [pl.m. *-gi*; f. *-a*] studioso, esperto di bibliologia.
bibliomane [bi-bli-ò-ma-ne] *s.m.* e *f.* chi ha la mania di possedere libri.
bibliomania [bi-blio-ma-nì-a] *s.f.* mania di collezionare libri, soprattutto rari o con caratteristiche particolari.
biblioteca [bi-blio-tè-ca] *s.f.* 1 edificio o sala in cui sono raccolti dei libri a disposizione di chi intende leggerli o consultarli; l'insieme dei libri raccolti: *— pubblica, privata; far ricerche in —.* DIM. *bibliotechina* 2 collezione di libri dello stesso genere e formato pubblicati da un editore; collana.
bibliotecario [bi-blio-te-cà-rio] *s.m.* [f. *-a*] chi è addetto a una biblioteca o a essa soprintende.
biblioteconomia [bi-blio-te-co-no-mì-a] *s.f.* scienza che stabilisce metodi e criteri per l'organizzazione e il funzionamento delle biblioteche.
biblista [bi-blì-sta] *s.m.* e *f.* [pl.m. *-sti*] studioso di problemi biblici.
biblistica [bi-blì-sti-ca] *s.f.* lo studio scientifico della Bibbia.
bica [bi-ca] *s.f.* 1 mucchio di covoni di grano 2 (*estens.*) mucchio di cose in genere.
bicamerale [bi-ca-me-rà-le] *agg.* di sistema parlamentare in cui esistono due distinte camere di rappresentanza | (*estens.*) delle due camere, relativo a entrambe le camere: *commissione —.*
bicameralismo [bi-ca-me-ra-lì-ʃmo] *s.m.* sistema parlamentare bicamerale.
bicamere [bi-cà-me-re] *agg.* e *s.m.invar.* si dice di appartamento di due camere.
bicarbonato [bi-car-bo-nà-to] *s.m.* (*chim.*) sale dell'acido carbonico | *— di sodio,* sale usato per preparare acqua effervescente e come medicinale.
bicchierata [bic-chie-rà-ta] *s.f.* 1 quantità di liquido corrispondente al contenuto di un bicchiere 2 bevuta fatta in compagnia.
bicchiere [bic-chiè-re] *s.m.* 1 piccolo recipiente usato per bere: *— da vino; — di cristallo* | *affogare in un — d'acqua,* (*fig.*) perdersi per un nonnulla | *tempesta in un — d'acqua,* (*fig.*) evento molto meno grave del previsto | *fondo di —,* (*fig.*) diamante falso 2 (*estens.*) la quantità di liquido contenuta in un bicchiere: *bere un — di vino.* DIM. *bicchierino.*
bicchierino [bic-chie-rì-no] *s.m.* bicchiere piccolo, da liquore o da vini di alta gradazione; anche, la quantità di vino o di liquore in esso contenuta: *— da rosolio; bere un — di cognac.*
bicefalo [bi-cè-fa-lo] *agg.* che ha due teste: *mostro —.*
bicentenario [bi-cen-te-nà-rio] *s.m.* secondo centenario di un avvenimento.
bici [bì-ci] *s.f.invar.* (*fam.*) bicicletta.
bicicletta [bi-ci-clét-ta] *s.f.* veicolo a due ruote di uguale diametro azionato a pedali.
biciclo [bi-cì-clo] *s.m.* veicolo a due ruote, di cui l'anteriore di diametro notevolmente maggiore di quella posteriore; velocipede.
bicilindrico [bi-ci-lìn-dri-co] *agg.* [pl.m. *-ci*] (*mecc.*) dotato di due cilindri: *motore —.*
bicipattino [bi-ci-pat-tì-no] *s.m.* pattino acquatico a pedali; pedalò.
bicipite [bi-cì-pi-te] *agg.* 1 che ha due teste | *aquila —,* emblema costituito da un'aquila a due teste volte in senso contrario 2 (*anat.*) si dice di muscolo che presenta due capi confluenti in un'unica massa ♦ *s.m.* (*anat.*) muscolo bicipite: *— della coscia.*
bicocca [bi-còc-ca] *s.f.* catapecchia, casa diroccata.
bicolore [bi-co-ló-re] *agg.* a due colori: *matita —.*
biconcavo [bi-còn-ca-vo] *agg.* concavo da entrambi i lati: *lente biconcava,* divergente.
biconvesso [bi-con-vès-so] *agg.* convesso da entrambi i lati: *lente biconvessa,* convergente.
bicorne [bi-còr-ne] *agg.* che ha due corna, due punte.
bicornia [bi-còr-nia] *s.f.* incudine d'acciaio con due espansioni opposte, una piramidale e una conica.
bicorno [bi-còr-no] *s.m.* 1 cappello maschile del sec. XVIII, con falde arrotolate 2 cappello femminile del sec. XIII, con due punte alte sopra le orecchie, da cui partiva il velo 3 cappello mi-

litare, come quello dell'alta uniforme dei carabinieri.
bicromia [bi-cro-mì-a] *s.f.* procedimento di stampa a due colori.
bicuspidale [bi-cu-spi-dà-le] *agg.* (*arch.*) che ha due cuspidi: *facciata* — | *valvola* —, (*anat.*) valvola bicuspide.
bicuspide [bi-cù-spi-de] *agg.* che ha due cuspidi, che termina in due punte | *valvola* —, (*anat.*) valvola del cuore che mette in comunicazione l'atrio sinistro col ventricolo corrispondente.
bidè [bi-dè] *s.m.* apparecchio igienico di forma stretta e allungata, per lavare le parti intime del corpo.
bidello [bi-dèl-lo] *s.m.* [f. *-a*] chi è addetto alla custodia e alla pulizia di una scuola.
bidente [bi-dèn-te] *s.m.* **1** arnese agricolo simile alla zappa, con lungo manico di legno e due denti metallici; serve a rompere la crosta del terreno arido **2** forca a due denti.
bidimensionale [bi-di-men-sio-nà-le] *agg.* a due dimensioni.
bidirezionale [bi-di-re-zio-nà-le] *agg.* che è attivo o si muove in direzioni opposte: *antenna* — | *stampante* —, (*inform.*) stampante in cui la testina imprime il foglio alternativamente da sinistra a destra e da destra a sinistra.
bidonare [bi-do-nà-re] *v.tr.* [*io bidóno ecc.*] (*fam.*) ingannare, truffare.
bidonata [bi-do-nà-ta] *s.f.* (*fam.*) imbroglio, truffa.
bidone [bi-dó-ne] *s.m.* **1** grosso recipiente di lamiera o di plastica, di forma cilindrica: — *del latte*. DIM. *bidoncino* **2** (*fig., fam.*) imbroglio, truffa: *prendere un* — | impegno, appuntamento mancato.
bidonvia [bi-don-vì-a] *s.f.* cabinovia.
bidonville [/ bidon'vil /] *s.f.invar.* (*fr.*) agglomerato di abitazioni costruite con mezzi di fortuna, alla periferia di una grande città.
bieco [biè-co] *agg.* [pl.m. *-chi*] (*lett.*) **1** obliquo, torvo; che esprime malanimo: *sguardo* — | Usato come *avv.*: *guardar* —, di traverso, male **2** (*fig.*) malvagio, minaccioso: *animo, atto* — □ **biecamente** *avv.*
bielica [bi-è-li-ca] *agg.invar.* fornito di due eliche: *motoscafo* —.
biella [bièl-la] *s.f.* (*mecc.*) asta di collegamento tra due parti di una macchina, che trasforma il moto rotatorio continuo in rettilineo alternativo, o viceversa.
bielorusso [bie-lo-rùs-so] *agg.* della Russia Bianca o Bielorussia ♦ *s.m.* **1** [f. *-a*] nativo, abitante della Russia Bianca **2** la lingua parlata nella Russia Bianca.
biennale [bi-en-nà-le] *agg.* **1** che dura due anni: *corso* — | *piante biennali*, (*bot.*) il cui ciclo si compie in due anni **2** che avviene ogni due anni: *fiera* — ♦ *s.f.* manifestazione che si organizza ogni due anni: *la Biennale di Venezia*.
biennio [bi-èn-nio] *s.m.* periodo di due anni | corso di studi, o parte di esso, che dura due anni: *il — d'ingegneria*.
bieta → **bietola**.
bieticolo [bie-tì-co-lo] *agg.* che concerne la bieticoltura.
bieticoltore [bie-ti-col-tó-re] *s.m.* [f. *-trice*] chi coltiva barbabietole da zucchero.
bieticoltura [bie-ti-col-tù-ra] *s.f.* coltivazione delle barbabietole da zucchero.
bietola [biè-to-la], o **bieta**, *s.f.* varietà di barbabietola coltivata come ortaggio.
bietolone [bie-to-ló-ne] *s.m.* pianta erbacea con foglie triangolari commestibili.
bietta [biét-ta] *s.f.* **1** cuneo inserito tra due pezzi per impedire che scorrano o ruotino **2** pezzetto di legno che si inserisce sotto il piede di un mobile perché non traballi; zeppa **3** (*mus.*) negli strumenti a corda, pezzo di ebano incastrato nell'impugnatura dell'arco, a cui sono fissati i crini.
bifacciale [bi-fac-cià-le] *agg.* (*scient.*) che ha due facce.
bifase [bi-fà-ʃe] *agg.invar.* (*fis.*) che ha due fasi: *sistema* —.
biffa [bìf-fa] *s.f.* **1** asta che reca in cima un segno ben visibile, usata per operazioni topografiche e per allineamenti; palina **2** segnale a forma di X posto alle crepe dei muri, per controllarne l'evoluzione.
biffare [bif-fà-re] *v.tr.* **1** segnare con biffe per fare dei rilevamenti **2** cancellare con segni a forma di X.
bifido [bì-fi-do] *agg.* diviso in due, biforcuto: *lingua bifida*, quella dei serpenti | *spina bifida*, (*med.*) rachischisi.
bifocale [bi-fo-cà-le] *agg.* (*fis.*) che ha due fuochi | si dice di lente divisa in due sezioni a raggio di curvatura diverso, per mettere a fuoco alternativamente gli oggetti vicini e quelli lontani.
bifolco [bi-fól-co] *s.m.* [f. *-a*; pl.m. *-chi*] **1** chi cura e impiega bovini da lavoro **2** (*fig.*) uomo rozzo, villano.
bifora [bi-fo-ra] *agg.* e *s.f.* (*arch.*) si dice di finestra a due aperture divise da una colonnina.
biforcamento [bi-for-ca-mén-to] *s.m.* biforcazione.
biforcare [bi-for-cà-re] *v.tr.* [*io bifórco, tu bifórchi ecc.*] dividere qlco. in due come una forca ♦ **biforcarsi** *v.intr.pron.* dividersi in due: *la via si biforca*.
biforcatura [bi-for-ca-tù-ra] *s.f.* biforcazione.
biforcazione [bi-for-ca-zió-ne] *s.f.* il biforcare, il biforcarsi; il punto in cui qlco. si biforca: *la — di una strada*.
biforcuto [bi-for-cù-to] *agg.* che ha due punte, che è diviso in due; bifido | *lingua biforcuta*, quella dei serpenti; (*fig.*) persona incline a dire malignità.
biforme [bi-fór-me] *agg.* (*lett.*) che ha in sé due forme diverse: *il centauro è un essere* —.
bifronte [bi-frón-te] *agg.* **1** che ha due facce, due fronti: *Giano* — | *verso* —, che rimane identico anche se letto alla rovescia **2** (*fig.*) che presen-

ta due aspetti contrastanti; ambiguo: *comportamento —*.

big [/ big /] *s.m.* e *f.invar.* (*ingl.*) personaggio importante, influente: *i — della finanza.*

biga [bì-ga] *s.f.* cocchio a due ruote tirato da due cavalli, usato nell'antichità greco-romana.

bigamia [bi-ga-mì-a] *s.f.* la condizione di chi ha due mogli o due mariti contemporaneamente.

bigamo [bì-ga-mo] *agg.* e *s.m.* [f. *-a*] si dice di chi si trova in condizione di bigamia.

bigattiera [bi-gat-tiè-ra] *s.f.* locale per l'allevamento dei bachi da seta.

bigattiere [bi-gat-tiè-re] *s.m.* [f. *-a*] persona addetta all'allevamento dei bachi da seta.

bigattino [bi-gat-tì-no] *s.m.* larva di mosca usata come esca nella pesca con l'amo.

bigatto [bi-gàt-to] *s.m.* baco da seta; bruco delle farfalle.

big bang [/ big'bɛŋg /] *loc.sost.m.invar.* (*ingl.*) secondo alcune teorie astrofisiche, l'esplosione primordiale che avrebbe dato origine all'universo.

bigello [bi-gèl-lo] *s.m.* panno grossolano col pelo lungo e di colore grigiastro.

bigemino [bi-gè-mi-no] *agg.* (*med.*) gemellare: *parto —*.

bighellonare [bi-ghel-lo-nà-re] *v.intr.* [*io bighellóno ecc.*; aus. *avere*] andare in giro oziando.

bighellone [bi-ghel-ló-ne] *s.m.* [f. *-a*] chi perde il tempo andando in giro; fannullone.

bighelloni [bi-ghel-ló-ni] *avv.* (*lett.*) bighellonando, oziando: *andare —*.

bigiare [bi-già-re] *v.tr.* [*io bìgio ecc.*] (*region.*) marinare la scuola.

bigino [bi-gì-no] *s.m.* (*fam.*) libretto con la traduzione letterale degli autori greci e latini | (*estens.*) manualetto riassuntivo di una materia scolastica.

bigio [bì-gio] *agg.* [pl.f. *-gie* o *-ge*] di colore grigio | cupo, nuvoloso: *cielo —* ♦ *s.m.* il colore bigio.

bigiotteria [bi-giot-te-rì-a] *s.f.* **1** insieme di oggetti ornamentali (collane, orecchini ecc.) realizzati con materiali non preziosi **2** il negozio dove si vendono.

biglia → **bilia**.

bigliardo e *deriv.* → **biliardo** e *deriv.*

bigliettaio [bi-gliet-tà-io] *s.m.* [f. *-a*] chi vende biglietti per mezzi di trasporto, spettacoli ecc.

biglietteria [bi-gliet-te-rì-a] *s.f.* in stazioni ferroviarie, teatri, cinema ecc., luogo dove si vendono i biglietti.

biglietto [bi-gliét-to] *s.m.* **1** cartoncino o foglietto usato per brevi comunicazioni o per saluti: *— d'auguri*, *d'invito* | *— da visita*, cartoncino su cui sono stampati nome, cognome, indirizzo e numero telefonico di una persona. DIM. *bigliettino* **2** foglietto o cartoncino che attesta un pagamento e dà diritto a usufruire di un servizio o a entrare in un pubblico locale: *— di viaggio*, *d'ingresso* | *— di una lotteria*, con cui si partecipa a un'estrazione a premi **3** *— di banca*, *di stato*, cartamoneta.

bigliettone [bi-gliet-tó-ne] *s.m.* (*gerg.*) banconota di grosso taglio.

big match [/ big'mɛtʃ / *loc.sost.invar.* (*ingl.*) (*sport*) l'incontro più importante tra quelli di un torneo.

bignè [bi-gnè] *s.m.* dolce di pasta cotta in forno, ripieno di crema, cioccolato o zabaione.

bignonia [bi-gnò-nia] *s.f.* arbusto rampicante ornamentale, con fiori a campanula di color rosso salmone.

bigodino [bi-go-dì-no] *s.m.* piccolo cilindro su cui si avvolgono i capelli per metterli in piega.

bigoncia [bi-gón-cia] *s.f.* [pl. *-ce*] recipiente di legno fatto a doghe, a forma di tronco di cono rovesciato, usato per il trasporto e la pigiatura dell'uva.

bigoncio [bi-gón-cio] *s.m.* recipiente simile alla bigoncia, ma più basso e più largo.

bigotteria [bi-got-te-rì-a] *s.f.* l'essere bigotto; azione da bigotto.

bigotto [bi-gòt-to] *agg.* e *s.m.* [f. *-a*] si dice di persona che bada alle pratiche esterne della religione più che al suo spirito □ **bigottamente** *avv.*

biiettivo [bi-iet-tì-vo] *agg.* (*mat.*) che soddisfa alle condizioni di biiezione.

biiezione [bi-ie-zió-ne] *s.f.* (*mat.*) corrispondenza biunivoca.

bijou [/ bi'ʒu /] *s.m.invar.* (*fr.*) **1** gioiello; oggetto prezioso **2** (*estens.*) persona o cosa molto graziosa.

bikini [bi-kì-ni] *s.m.invar.* costume da bagno per donna, in due pezzi succinti.

bilabiale [bi-la-bià-le] *agg.* e *s.f.* (*ling.*) si dice di consonante articolata mediante l'azione combinata delle due labbra (*p.e.* in italiano: *p*, *b*, *m*).

bilama [bi-là-ma] *agg.invar.* si dice di rasoio a due lame sovrapposte.

bilancia [bi-làn-cia] *s.f.* [pl. *-ce*] **1** strumento per misurare il peso di un corpo: *— a piatti*, *automatica*, *elettronica* | *mettere qlco. sulla —*, (*fig.*) valutarla, tenerne conto. DIM. *bilancina*, *bilancino* (m.) **2** *Bilancia*, (*astr.*) costellazione e segno dello zodiaco in cui il Sole transita dal 23 settembre al 22 ottobre **3** in economia: *— commerciale*, registra in entrata le importazioni e in uscita le esportazioni di merci; *— dei pagamenti*, lo stesso tipo di rilevazione estesa a tutte le transazioni internazionali effettuate **4** rete quadrata da pesca tenuta aperta da due aste ricurve incrociate e munita di una pertica per calarla e sollevarla.

bilanciamento [bi-lan-cia-mén-to] *s.m.* il bilanciare, il bilanciarsi, l'essere bilanciato.

bilanciare [bi-lan-cià-re] *v.tr.* [*io bilàncio ecc.*] **1** mettere, tenere in equilibrio: *— il carico*, *il peso*, distribuirlo in modo uniforme **2** (*estens.*) essere di pari valore; pareggiare: *il guadagno non bilancia la spesa* ♦ **bilanciarsi** *v.rifl.* mettersi, tenersi in equilibrio ♦ *v.rifl.rec.* essere di pari valore: *le forze dei due avversari si bilanciano.*

bilanciato [bi-lan-cià-to] *agg.* che è in equilibrio; equilibrato (anche *fig.*): *dieta bilanciata.*

bilanciatura [bi-lan-cia-tù-ra] *s.f.* (*aut.*) operazione con cui si individuano e correggono squilibri di peso nelle ruote degli autoveicoli.

bilanciere [bi-lan-ciè-re] *s.m.* **1** (*mecc.*) parte di un meccanismo costituita da una leva che oscilla producendo brevi moti alternativi | elemento dell'orologio che oscilla in modo isocrono, regolando il moto delle lancette **2** asta con cui i funamboli si aiutano per mantenere l'equilibrio **3** (*sport*) nel sollevamento pesi, sbarra di acciaio alle cui estremità sono infilati dischi di ferro di vario peso **4** macchina per coniare monete e medaglie.

bilancino [bi-lan-cì-no] *s.m.* bilancia di precisione: *il — del farmacista.*

bilancio [bi-làn-cio] *s.m.* **1** conteggio relativo alle entrate e alle uscite di una gestione, o dei guadagni e delle spese di una persona, di una famiglia; il prospetto che riassume tale conteggio: *il — dello stato, di una società*; *— in attivo, in passivo* | *ministero del —*, quello che coordina la politica economica e finanziaria dello stato **2** (*fig.*) valutazione comparata degli aspetti positivi e negativi di una situazione: *fare il — della propria vita* **3** (*scient.*) equilibrio, pareggiamento: *— termico.*

bilarzia [bi-làr-zia] *s.f.* piccolo verme parassita dei vasi sanguigni degli animali e dell'uomo; schistosoma.

bilarziosi [bi-lar-ziò-ʃi] *s.f.* malattia provocata dalla bilarzia; schistosomiasi.

bilaterale [bi-la-te-rà-le] *agg.* che riguarda due lati o due parti: *accordo —* | *simmetria —*, (*biol.*) propria di organi o organismi che presentano due parti simmetriche □ **bilateralmente** *avv.* da tutti e due i lati.

bilatero [bi-là-te-ro] *agg.* (*geom.*) che ha due lati o facce | (*biol.*) che è dotato di simmetria bilaterale.

bile [bì-le] *s.f.* **1** (*biol.*) liquido giallo-verdastro secreto principalmente dal fegato, che si raccoglie nella cistifellea e che concorre alla digestione **2** (*fig.*) rabbia, livore: *rodersi dalla —.*

-bile suffisso che in aggettivi derivati da verbi esprime 'possibilità'; se ne distinguono due varietà: *-abile*, con cui si formano aggettivi tratti da verbi in *-are* (*amabile*, *ballabile*), e *-ibile*, con cui si formano aggettivi tratti da verbi in *-ere* e *-ire* (*bevibile*, *deperibile*).

bilia [bì-lia], o biglia, *s.f.* **1** palla d'avorio per giocare al biliardo | (*estens.*) ciascuna delle sei buche della tavola da biliardo in cui si mandano le palle **2** pallina di vetro con cui giocano i bambini.

biliardino [bi-liar-dì-no], o bigliardino, *s.m.* biliardo di dimensioni ridotte, spesso munito di dispositivi meccanici per azionare le bilie | *— elettrico*, flipper.

biliardo [bi-liàr-do], o bigliardo, *s.m.* **1** gioco che consiste nel colpire, con apposite stecche e secondo determinate regole, delle bilie d'avorio che si fanno correre e scontrare su un tavolo rettangolare delimitato da sponde e ricoperto di un panno verde **2** il tavolo su cui si pratica il gioco | il locale, la sala in cui si gioca.

biliare [bi-lià-re] *agg.* (*anat.*, *med.*) della bile, relativo alla bile: *calcolo —* | *vescichetta* o *vescicola —*, la cistifellea.

bilico [bì-li-co] *s.m.* [pl. *-chi*] **1** punto o zona su cui poggia un corpo in equilibrio instabile; il sistema stesso di appoggio: *il — della bilancia* **2** nella loc. *in —*, per indicare la posizione di un corpo in equilibrio instabile (anche *fig.*): *stare in —*; *essere in — tra la vita e la morte*, in pericolo di vita **3** ciascuno dei due perni di ferro su cui poggia una campana.

bilingue [bi-lìn-gue] *agg.* **1** scritto in due lingue: *testo —* | *dizionario —*, quello in cui i vocaboli di una lingua sono affiancati dalla corrispondente traduzione in un'altra lingua **2** che parla o usa correntemente due lingue: *popolazione —* | *zona —*, dove sono parlate due lingue ♦ *s.m.* e *f.* persona bilingue.

bilinguismo [bi-lin-guì-ʃmo] *s.m.* **1** l'essere bilingue **2** compresenza in una nazione o in una regione di due distinti gruppi linguistici: *il — del Belgio.*

bilione [bi-lió-ne] *s.m.* (*non com.*) numero cardinale che equivale a mille miliardi.

bilioso [bi-lió-so] *agg.* collerico, irascibile: *carattere —.*

bilirubina [bi-li-ru-bì-na] *s.f.* (*biol.*) pigmento organico di colore giallo-rossastro che si trova nella bile e nel siero del sangue.

bilocale [bi-lo-cà-le] *s.m.* unità immobiliare costituita da due locali e servizi.

bilocazione [bi-lo-ca-zió-ne] *s.f.* presenza simultanea di una persona in due luoghi diversi, asserita in racconti della tradizione religiosa o in testi di parapsicologia.

bimbo [bìm-bo] *s.m.* [f. *-a*] bambino. DIM. *bimbetto*, *bimbino.*

bimensile [bi-men-sì-le] *agg.* che avviene, si pubblica, si paga due volte al mese: *rivista*, *rata —.*

bimestrale [bi-me-strà-le] *agg.* **1** che dura un bimestre: *corso di studi —* **2** che ricorre, che scade ogni bimestre: *pagamento —* □ **bimestralmente** *avv.* ogni due mesi.

bimestre [bi-mè-stre] *s.m.* periodo di due mesi.

bimetallico [bi-me-tàl-li-co] *agg.* [pl.m. *-ci*] fatto di due metalli diversi: *lega bimetallica.*

bimetallo [bi-me-tàl-lo] *s.m.* (*tecn.*) dispositivo formato da due lamine di metallo diverso saldate insieme, usato come elemento sensibile nei termoregolatori; è detto anche coppia bimetallica.

bimillenario [bi-mil-le-nà-rio] *s.m.* ricorrenza, commemorazione di un fatto accaduto duemila anni prima: *il — virgiliano.*

bimotore [bi-mo-tó-re] *agg.* che ha due motori ♦ *s.m.* aeroplano fornito di due motori.

binario[1] [bi-nà-rio] *agg.* di due elementi; costituito da due elementi: *ritmo*, *tempo —*, (*mus.*) a due misure | *composto —*, (*chim.*) contenente due soli elementi | *sistema —*, (*mat.*) sistema di numerazione a base 2, in cui si impiegano le cifre

0 e 1, usato soprattutto nell'elaborazione elettronica dei dati.
binario² *s.m.* coppia di rotaie o guide parallele su cui scorrono le ruote di treni, tram, funicolari ecc.: — *unico*; *doppio* —, per la circolazione contemporanea dei veicoli in entrambi i sensi di marcia | — *morto*, tronco ferroviario senza sbocco da uno dei capi.
binatura [bi-na-tù-ra] *s.f.* (*ind. tessile*) operazione dell'accoppiare e torcere due o più fili.
binda [bìn-da] *s.f.* apparecchio di sollevamento azionato a mano; cricco, martinetto.
bindello [bin-dèl-lo] *s.m.* striscia di latta stretta e sottile che chiude ermeticamente il coperchio di scatole di prodotti alimentari.
bindolo [bìn-do-lo] *s.m.* **1** macchina per sollevare acqua dai pozzi, azionata da bestie da soma **2** aspo, arcolaio **3** (*fig.*) raggiro, truffa.
bingo [bin-go] *s.m.invar.* gioco simile alla tombola, molto in voga negli Stati Uniti e in Gran Bretagna.
bino [bì-no] *agg.* (*lett.*) doppio, accoppiato.
binocolo [bi-nò-co-lo] *s.m.* strumento ottico costituito da due cannocchiali gemelli e destinato alla visione binoculare di oggetti lontani.
binoculare [bi-no-cu-là-re] *agg.* si dice di visione che avviene mediante tutti e due gli occhi.
binomiale [bi-no-mià-le] *agg.* (*mat.*) di binomio, relativo a un binomio.
binomio [bi-nò-mio] *s.m.* **1** (*mat.*) espressione algebrica costituita dalla somma di due monomi **2** (*estens.*) accostamento di due concetti o due persone: *il — giustizia e libertà*.
bio-, **-bio** primo e secondo elemento di parole composte, che significa 'vita', oppure 'che vive, vivente' (*biologia, biografia, microbio*).
bioagricoltura [bi-o-a-gri-col-tù-ra] *s.f.* agricoltura basata sul rispetto dell'equilibrio ambientale e sull'impiego esclusivo di prodotti organici.
biobibliografico [bi-o-bi-blio-grà-fi-co] *agg.* [pl.m. *-ci*] riguardante la vita e le opere di un autore: *repertorio* —.
bioccolo [biòc-co-lo] *s.m.* **1** fiocco di lana o di cotone, prima della filatura **2** fiocco, batuffolo: — *di neve* | colaticcio della candela.
biocenosi [bi-o-ce-nò-ʃi] *s.f.* (*biol.*) associazione di diverse specie animali e vegetali che convivono in un determinato ambiente ecologico.
biochimica [bi-o-chì-mi-ca] *s.f.* scienza che studia la composizione chimica degli organismi viventi e i fenomeni chimici e chimico-fisici che in essi si svolgono.
biochimico [bi-o-chì-mi-co] *agg.* [pl.m. *-ci*] che riguarda la biochimica ♦ *s.m.* [f. *-a*] studioso, esperto di biochimica.
biochip [/ bio'tʃip /] *s.m. invar.* (*ingl.*; *elettron.*) microchip contenente materiali organici, come grosse molecole proteiche.
bioclimatologia [bi-o-cli-ma-to-lo-gì-a] *s.f.* scienza che studia i rapporti fra clima ed esseri viventi.
bioclimatologo [bi-o-cli-ma-tò-lo-go] *s.m.* [f. *-a*] studioso, esperto di bioclimatologia.
bioculare [bi-o-cu-là-re] *agg.* si dice di microscopio che ha due oculari; binoculare.
biodegradabile [bi-o-de-gra-dà-bi-le] *agg.* (*biol.*, *chim.*) che va soggetto a biodegradazione.
biodegradabilità [bi-o-de-gra-da-bi-li-tà] *s.f.* l'essere biodegradabile.
biodegradazione [bi-o-de-gra-da-zió-ne] *s.f.* la scomposizione di un materiale in composti chimici semplici per azione di agenti biofisici naturali (batteri, luce solare, umidità).
biodinamica [bi-o-di-nà-mi-ca] *s.f.* **1** (*fisiol.*) disciplina che studia l'aspetto dinamico dei processi vitali sulla base delle leggi della meccanica **2** (*geol.*) disciplina che studia i fenomeni di modellamento geomorfologico dovuti all'azione degli organismi viventi.
biodinamico [bi-o-di-nà-mi-co] *agg.* [pl.m. *-ci*] **1** della biodinamica, relativo alla biodinamica **2** *agricoltura biodinamica*, bioagricoltura.
bioelettricità [bi-o-e-let-tri-ci-tà] *s.f.* (*fis.*) elettricità di origine animale.
bioelettrico [bi-o-e-lèt-tri-co] *agg.* [pl.m. *-ci*] (*fis.*) relativo alla bioelettricità.
bioelettronica [bi-o-e-let-trò-ni-ca] *s.f.* disciplina che studia l'applicazione delle tecniche elettroniche alla biologia.
bioenergetica [bi-o-e-ner-gè-ti-ca] *s.f.* **1** settore della biologia che studia le trasformazioni di energia negli organismi viventi **2** (*fisiol.*) biodinamica.
bioenergetico [bi-o-e-ner-gè-ti-co] *agg.* [pl.m. *-ci*] della bioenergetica, che concerne la bioenergetica.
bioetica [bi-o-è-ti-ca] *s.f.* lo studio dei problemi etici connessi all'applicazione delle più recenti scoperte biologiche e mediche (in particolare dell'ingegneria genetica e della neurobiologia).
biofisica [bi-o-fì-ʃi-ca] *s.f.* scienza che studia l'influsso degli agenti fisici sui fenomeni biologici.
biofisico [bio-fì-ʃi-co] *agg.* [pl.m. *-ci*] che riguarda la biofisica ♦ *s.m.* [f. *-a*] studioso di biofisica.
biogas [bi-o-gàs] *s.m.invar.* gas combustibile prodotto dalla fermentazione di materiale organico.
biogenesi [bi-o-gè-ne-ʃi] *s.f.* teoria secondo cui tutti gli esseri viventi discendono da altri esseri viventi.
biogenetica [bi-o-ge-nè-ti-ca] *s.f.* teoria sull'origine della vita e sull'evoluzione degli esseri viventi.
biogeografia [bi-o-ge-o-gra-fì-a] *s.f.* settore della geografia che studia la distribuzione degli esseri viventi sulla Terra in relazione alle condizioni ambientali.
biografia [bi-o-gra-fì-a] *s.f.* **1** narrazione della vita di una persona illustre **2** il genere letterario delle biografie.
biografico [bi-o-grà-fi-co] *agg.* [pl.m. *-ci*] che concerne la biografia: *fonti biografiche* □ **biograficamente** *avv.* dal punto di vista biografico.

biografismo [bi-o-gra-fì-ʃmo] *s.m.* in un testo critico o narrativo, tendenza a sviluppare eccessivamente gli elementi biografici.
biografo [bi-ò-gra-fo] *s.m.* [f. *-a*] autore di una biografia: *Plutarco fu un grande —.*
bioingegnere [bi-o-in-ge-gnè-re] *s.m.* studioso, esperto di bioingegneria.
bioingegneria [bi-o-in-ge-gne-rì-a] *s.f.* disciplina che applica nozioni di ingegneria nella realizzazione di strumenti utilizzati in medicina e biologia.
biologia [bi-o-lo-gì-a] *s.f.* [pl. *-gie*] scienza che studia gli organismi viventi e i fenomeni, i processi che in essi avvengono: *— umana*; *— animale*, zoologia.
biologico [bi-o-lò-gi-co] *agg.* [pl.m. *-ci*] **1** della biologia, relativo alla biologia: *ciclo —* **2** che concerne materiale organico: *fossa biologica* **3** (*estens.*) naturale, non sintetico: *fertilizzanti biologici* □ **biologicamente** *avv.* dal punto di vista biologico; secondo la biologia.
biologo [bi-ò-lo-go] *s.m.* [f. *-a*; pl.m. *-gi*] studioso di biologia.
bioluminescenza [bi-o-lu-mi-ne-scèn-za] *s.f.* luminescenza di origine animale: *la — delle lucciole.*
biomassa [bi-o-màs-sa] *s.f.* (*scient.*) la massa totale di tutti gli organismi viventi presenti in un determinato volume d'acqua o di terreno in un periodo definito.
biomeccanica [bi-o-mec-cà-ni-ca] *s.f.* disciplina che studia il complesso delle leggi meccaniche che regolano gli organismi viventi.
biomedicina [bi-o-me-di-cì-na] *s.f.* le scienze mediche e biologiche considerate unitariamente.
biometeorologia [bi-o-me-te-o-ro-lo-gì-a] *s.f.* ramo della meteorologia che studia l'influenza delle condizioni meteorologiche sugli esseri viventi.
bionda [bión-da] *s.f.* **1** donna dai capelli biondi. DIM. *biondina* ACCR. *biondona* **2** (*gerg.*) sigaretta.
biondastro [bion-dà-stro] *agg.* che tende al biondo: *capelli biondastri.*
biondeggiare [bion-deg-già-re] *v.intr.* [*io biondéggio ecc.*; aus. *avere*] (*lett.*) essere, apparire di colore biondo: *il grano biondeggia.*
biondella [bion-dèl-la] *s.f.* pianta erbacea medicinale con fiori rosei disposti in cime terminali e foglie lanceolate.
biondiccio [bion-dìc-cio] *agg.* [pl.f. *-ce*] che tende al biondo; biondo pallido: *barba biondiccia.*
biondo [bión-do] *agg.* **1** di colore tra il giallo oro e il castano chiaro (si dice soprattutto di capelli, barba e baffi) **2** riferito a persona, che ha i capelli biondi ♦ *s.m.* **1** il colore biondo **2** uomo che ha i capelli biondi. DIM. *biondino* ACCR. *biondone.*
bionica [bi-ò-ni-ca] *s.f.* scienza che studia sistemi elettronici capaci di simulare il comportamento di organismi viventi o di loro parti.
bionico [bi-ò-ni-co] *agg.* [pl.m. *-ci*] che riguarda la bionica | ottenuto con applicazioni della bionica.
biopsia [bi-o-psì-a] *s.f.* (*med.*) prelievo a scopo diagnostico di frammenti di tessuti da un organismo vivente.
bioritmo [bi-o-rìt-mo] *s.m.* **1** (*biol.*) ciclo di un fenomeno vitale **2** (*med.*) diagramma dei ritmi relativi alla condizione psicofisica di un individuo.
bioscia [biò-scia] *s.f.* [pl. *-sce*] (*tosc.*) neve molle che si scioglie appena caduta; pioggia nevosa.
bioscopia [bi-o-sco-pì-a] *s.f.* indagine medico-legale per accertare se la morte di un individuo sia reale o apparente.
biosfera [bi-o-sfè-ra] *s.f.* l'insieme delle zone della Terra (comprese l'atmosfera e l'idrosfera) in cui esistono le condizioni essenziali per lo sviluppo della vita animale e vegetale | (*estens.*) l'insieme degli organismi viventi.
biosintesi [bi-o-sìn-te-ʃi] *s.f.* (*biol.*) sintesi chimica operata da organismi viventi.
biosistema [bi-o-si-stè-ma] *s.m.* [pl. *-mi*] (*biol.*) ecosistema.
biossido [bi-òs-si-do] *s.m.* (*chim.*) composto formato da un atomo di un metallo o di un non metallo e da due atomi di ossigeno.
biostratigrafia [bi-o-stra-ti-gra-fì-a] *s.f.* (*geol.*) studio stratigrafico della successione delle rocce sedimentarie, effettuato per mezzo dei fossili in esse contenuti.
biotecnologia [bi-o-tec-no-lo-gì-a] *s.f.* applicazione della tecnologia ai processi biologici.
bioterapia [bi-o-te-ra-pì-a] *s.f.* (*med.*) trattamento curativo basato sull'impiego di colture viventi (*p.e.* lieviti, yogurt) o di prodotti organici (*p.e.* bile, succo gastrico).
biotina [bi-o-tì-na] *s.f.* (*chim.*) vitamina H.
biotipo [bi-ò-ti-po, *anche* biotìpo] *s.m.* **1** (*biol.*) insieme di individui aventi lo stesso genotipo **2** (*med.*) complesso dei caratteri, ereditari e no, che fanno parte del patrimonio costituzionale di un individuo.
biotipologia [bi-o-ti-po-lo-gì-a] *s.f.* scienza che studia i tipi individuali umani, classificati a seconda delle caratteristiche somatiche, fisiologiche e psichiche.
biotite [bio-tì-te] *s.f.* (*min.*) varietà di mica in lamelle nere.
biottico [bi-òt-ti-co] *agg.* [pl.m. *-ci*] in ottica, si dice di strumento o apparecchio costituito da due gruppi di lenti ad assi paralleli (*p.e.* il cannocchiale bioculare).
biovulare [bi-o-vu-là-re] *agg.* (*biol.*) derivante dalla fecondazione di due uova distinte da parte di due distinti spermatozoi: *gemelli biovulari.*
bip *s.m.invar.* il segnale acustico tipico di certi congegni elettronici (sveglia, videogioco).
biparietale [bi-pa-rie-tà-le] *agg.* (*anat.*) che riguarda le due ossa parietali del cranio: *sutura —.*
bipartire [bi-par-tì-re] *v.tr.* [*io bipartisco, tu bipartisci ecc.*] (*non com.*) dividere in due parti ♦ **bi-**

partirsi *v.intr.pron.* biforcarsi: *il fiume si bipartisce.*
bipartitico [bi-par-tì-ti-co] *agg.* [pl.m. *-ci*] che è formato da due partiti; relativo al bipartitismo: *il sistema — americano.*
bipartitismo [bi-par-ti-tì-ʃmo] *s.m.* sistema politico in cui due soli partiti si alternano al governo e all'opposizione: *il — inglese.*
bipartito¹ [bi-par-tì-to] *agg.* diviso in due: *foglia bipartita.*
bipartito² *s.m.* governo costituito da due partiti.
bipartizione [bi-par-ti-zió-ne] *s.f.* divisione in due parti.
bipasso [bi-pàs-so] *agg.invar.* si dice di proiettore cinematografico in grado di funzionare con pellicole sia a passo normale sia a passo ridotto.
bipede [bì-pe-de] *agg.* che è fornito di due piedi ♦ *s.m.* animale che ha due piedi | (*scherz.*) l'uomo.
bipennato [bi-pen-nà-to] *agg.* (*bot.*) si dice di foglia munita di un picciolo comune che porta tanti piccioli minori terminanti in foglioline.
bipenne [bi-pèn-ne, *anche* bipénne] *s.f.* scure a due tagli | (*estens.*) scure, mannaia.
biplano [bi-plà-no] *agg.* (*aer.*) che ha due piani alari sovrapposti ♦ *s.m.* velivolo biplano.
bipolare [bi-po-là-re] *agg.* (*elettr.*) che ha due poli: *spina —.*
bipolarismo [bi-po-la-rì-ʃmo] *s.m.* sistema o assetto politico fondato su due blocchi contrapposti.
bipolarità [bi-po-la-ri-tà] *s.f.* (*fis.*) proprietà di ciò che è bipolare.
bipolo [bi-pò-lo] *s.m.* (*elettr.*) elemento di un circuito elettrico che è collegato mediante due poli.
biposto [bi-pó-sto] *agg.invar.* si dice di mezzo di locomozione a due posti: *aereo, automobile —* ♦ *s.m.invar.* aeroplano a due posti ♦ *s.f.invar.* automobile a due posti.
birba [bìr-ba] *s.f.* **1** (*lett.*) persona scaltra e malvagia. ACCR. *birbone* (m.) PEGG. *birbaccione* (m.) **2** (*scherz.*) ragazzo molto furbo e vivace; monello.
birbantaggine [bir-ban-tàg-gi-ne] *s.f.* birbanteria.
birbante [bir-bàn-te] *s.m.* **1** uomo poco onesto e molto astuto; furfante **2** (*scherz.*) ragazzo vivace e un po' scapestrato. DIM. *birbantello* ♦ Usato anche come *agg.*: *un ragazzo —.*
birbanteria [bir-ban-te-rì-a] *s.f.* **1** l'essere birbante **2** detto o azione da birbante (anche *scherz.*).
birberia [bir-be-rì-a] *s.f.* **1** l'essere birba **2** azione da birba.
birbo [bìr-bo] *agg.* e *s.m.* [f. *-a*] birbante.
birbonaggine [bir-bo-nàg-gi-ne] *s.f.* birboneria.
birbonata [bir-bo-nà-ta] *s.f.* azione da birbone; bricconata.
birbone [bir-bó-ne] *s.m.* [f. *-a*] **1** briccone, canaglia **2** (*scherz.*) monello, discolo. DIM. *birboncello* ♦ *agg.* malvagio, maligno: *giocare un tiro —.*
birboneria [bir-bo-ne-rì-a] *s.f.* **1** l'essere birbone **2** azione da birbone.
bird watching [/ 'bird'wɔtt∫iŋ /] *loc.sost.m.invar.* (*ingl.*) attività ricreativa e sportiva che consiste nell'osservare la vita degli uccelli nel loro ambiente naturale.
bireattore [bi-re-at-tó-re] *s.m.* aeroplano azionato da due motori a getto.
bireme [bi-rè-me] *s.f.* antica nave con due ordini di remi.
birichinata [bi-ri-chi-nà-ta] *s.f.* azione da birichino; monelleria.
birichino [bi-ri-chì-no] *agg.* vivace e impertinente: *un bambino —* | (*estens.*) furbo, malizioso: *occhi birichini* ♦ *s.m.* [f. *-a*] monello.
birifrangenza [bi-ri-fran-gèn-za] *s.f.* (*fis.*) proprietà di alcuni cristalli di scindere un raggio luminoso in due raggi di luce polarizzata.
birignao [bi-ri-gnà-o] *s.m.invar.* il parlare strascicato e nasale degli attori che esagerano le intonazioni o deformano la dizione.
birillo [bi-rìl-lo] *s.m.* ognuno dei pezzi, con base circolare e variamente sagomati, che in vari giochi (biliardo, bowling ecc.) si dispongono su un piano per essere abbattuti con palle fatte rotolare da lontano.
birmano [bir-mà-no] *agg.* della Birmania, stato dell'Asia meridionale ♦ *s.m.* **1** [f. *-a*] nativo, abitante della Birmania **2** lingua parlata dai birmani.
biro® [bì-ro] *agg.* e *s.f.invar.* si dice del tipo di penna in cui il pennino è sostituito da una piccola sfera rotante che trasporta un inchiostro denso.
birra [bìr-ra] *s.f.* bevanda alcolica ottenuta dalla fermentazione del malto di orzo e altri cereali, e aromatizzata con il luppolo | *a tutta —,* (*fig.*) con la maggior vigoria o velocità possibile.
birraio [bir-rà-io] *s.m.* [f. *-a*] **1** venditore di birra **2** operaio addetto alla produzione della birra.
birrario [bir-rà-rio] *agg.* che concerne la produzione e il consumo della birra: *mercato —.*
birreria [bir-re-rì-a] *s.f.* luogo di mescita o anche di vendita della birra.
birrificio [bir-ri-fì-cio] *s.m.* stabilimento dove si produce birra.
birro [bìr-ro] *s.m.* in età medievale e rinascimentale, guardia armata addetta all'ordine pubblico; sbirro.
bis *inter.* in spettacoli e concerti, esclamazione con cui, dopo un'esecuzione, se ne chiede la ripetizione: *bravo, —!* ♦ *s.m.invar.* ripetizione, replica: *chiedere, concedere un —* ♦ *agg.invar.* **1** supplementare, aggiuntivo: *treno —* **2** in numerazioni progressive distingue numeri aggiunti in un secondo tempo: *via Nazionale 16 —.*
bis- primo elemento di parole composte, che significa 'due volte, doppio' (*biscotto*); nei nomi di parentela indica grado più remoto (*bisnonno*); in altri casi ha valore genericamente negativo (*bislungo, bistrattare*).
bisaccia [bi-ʃàc-cia] *s.f.* [pl. *-ce*] sacca doppia che

si porta a cavalcioni su una spalla o di traverso sulle bestie da soma, in modo che i due pesi si bilancino | (*estens.*) grossa sacca che si porta a tracolla.
bisante [bi-ʃàn-te] *s.m.* antica moneta aurea dell'impero bizantino.
bisarca [bi-ʃàr-ca] *s.f.* grosso autotreno a due piani per trasportare automobili.
bisavo [bi-ʃà-vo], o **bisavolo** [bi-ʃà-vo-lo], *s.m.* [f. *-a*] bisnonno | (*estens.*) antenato.
bisbetico [bi-ʃbè-ti-co] *agg.* [pl.m. *-ci*] che cambia spesso di umore, lunatico; litigioso: *carattere* — ♦ *s.m.* [f. *-a*] chi ha carattere lunatico, litigioso □ **bisbeticamente** *avv.*
bisbigliamento [bi-ʃbi-glia-mén-to] *s.m.* (*non com.*) un bisbigliare continuato.
bisbigliare [bi-ʃbi-glià-re] *v.intr.* [*io bisbìglio ecc.*; aus. *avere*] **1** parlare sommessamente, sussurrare **2** (*estens.*) fare pettegolezzi, sparlare ♦ *v.tr.* **1** dire sottovoce: — *qlco. all'orecchio* **2** (*estens.*) mormorare, insinuare: — *una malignità.*
bisbiglio[1] [bi-ʃbì-glio] *s.m.* **1** il bisbigliare; mormorio **2** (*estens.*) cosa detta in segreto; pettegolezzo.
bisbiglio[2] [bi-ʃbi-glì-o] *s.m.* un bisbigliare continuato e insistente; brusio.
bisboccia [bi-ʃbòc-cia] *s.f.* [pl. *-ce*] allegra riunione fra amici per mangiare e bere in compagnia; baldoria: *far* —.
bisbocciare [bi-ʃboc-cià-re] *v.intr.* [*io biʃbòccio ecc.*; aus. *avere*] far bisboccia, baldoria; gozzovigliare.
bisca [bì-sca] *s.f.* locale nel quale si gioca d'azzardo: — *clandestina.*
biscaglina [bi-sca-glì-na] *s.f.* (*mar.*) scaletta di corda a pioli.
biscazziere [bi-scaz-ziè-re] *s.m.* [f. *-a*] **1** chi gestisce o lavora in una bisca **2** nel gioco del biliardo, chi segna i punti dei giocatori.
bischerata [bi-sche-rà-ta] *s.f.* (*tosc.*) detto o atto da sciocco | (*estens.*) cosa da nulla, facilissima a farsi: *non preoccuparti, è una* —.
bischero [bi-sche-ro] *s.m.* asticciola di legno o di metallo infissa nel manico degli strumenti a corda, su cui è avvolta un'estremità della corda.
biscia [bì-scia] *s.f.* [pl. *-sce*] serpente piccolo e non velenoso | — *d'acqua*, natrice. ACCR. *biscione* (m.).
biscottare [bi-scot-tà-re] *v.tr.* [*io biscòtto ecc.*] cuocere qlco. come un biscotto: — *il pane.*
biscottato [bi-scot-tà-to] *agg.* cotto come un biscotto: *fette biscottate.*
biscotteria [bi-scot-te-rì-a] *s.f.* **1** fabbrica di biscotti; negozio in cui si vendono biscotti **2** assortimento di biscotti e altri dolciumi: — *da tè.*
biscottiera [bi-scot-tiè-ra] *s.f.* contenitore per biscotti.
biscottificio [bi-scot-ti-fi-cio] *s.m.* fabbrica di biscotti.
biscotto [bi-scòt-to] *s.m.* tipo di pasta dolce a base di farina, zucchero, uova e vari altri ingredienti, cotta a lungo in forno perché risulti asciutta e croccante. DIM. *biscottino.*
biscroma [bi-scrò-ma] *s.f.* (*mus.*) valore di una nota o di una pausa corrispondente a 1/32 della semibreve.
bisdrucciolo [bi-ʃdrùc-cio-lo] *agg.* si dice di parola che porta l'accento tonico sulla quartultima sillaba (p.e. *dìtemelo*).
bisecante [bi-se-càn-te] *agg.* e *s.f.* (*geom.*) si dice di retta passante per due punti distinti qualsiasi di una curva sghemba.
bisegolo [bi-sé-go-lo] *s.m.* arnese da calzolaio che serve a levigare e lucidare le suole e i tacchi.
bisellare [bi-ʃel-là-re] *v.tr.* [*io biʃèllo ecc.*] (*tecn.*) eseguire un bisello.
bisello [bi-ʃèl-lo] *s.m.* **1** (*tecn.*) taglio obliquo dello spigolo di lamiere che devono essere saldate di costa | assottigliamento del bordo di pannelli di legno o di vetro da collocare in scanalature, o di lenti che devono adattarsi alla montatura degli occhiali **2** (*arch.*) modanatura formata da un piano inclinato che collega due superfici parallele.
bisenso [bi-sèn-so] *s.m.* parola che ha due significati.
bisessuale [bi-ses-su-à-le] *agg.* che ha i caratteri di ambo i sessi; ermafrodito | (*bot.*) si dice di fiore che ha sia stami sia pistilli ♦ *agg.* e *s.m.* e *f.* si dice di chi si comporta sia da omosessuale sia da eterosessuale.
bisessualità [bi-ses-su-a-li-tà] *s.f.* l'essere bisessuale.
bisessuato [bi-ses-su-à-to] *agg.* bisessuale.
bisestile [bi-ʃe-stì-le] *agg.* si dice dell'anno di 366 giorni, in cui il mese di febbraio è di 29 giorni.
bisesto [bi-ʃè-sto] *s.m.* il giorno che si aggiunge al mese di febbraio ogni quattro anni.
bisettimanale [bi-set-ti-ma-nà-le] *agg.* che avviene due volte la settimana: *partenza* — □ **bisettimanalmente** *avv.*
bisettrice [bi-set-trì-ce] *s.f.* (*geom.*) semiretta che divide un angolo in due parti uguali.
bisex [bi-sèx] *agg.* e *s.m.* e *f.invar.* si dice di persona bisessuale.
bisezione [bi-se-zió-ne] *s.f.* (*geom.*) divisione in due parti uguali di un angolo.
bisillabico [bi-sil-là-bi-co] *agg.* [pl.m. *-ci*] bisillabo.
bisillabo [bi-sìl-la-bo] *agg.* di due sillabe ♦ *s.m.* (*ling.*) parola formata da due sillabe.
bislaccheria [bi-ʃlac-che-rì-a] *s.f.* azione o idea bislacca; stramberia.
bislacco [bi-ʃlàc-co] *agg.* [pl.m. *-chi*] stravagante, strambo, bizzarro.
bislungo [bi-ʃlùn-go] *agg.* [pl.m. *-ghi*] di forma allungata, oblungo: *vaso* —.
bismuto [bi-ʃmù-to] *s.m.* elemento chimico di simbolo *Bi*; è un metallo bianco-roseo, fragile, lucente, usato per la preparazione di leghe.
bisnipote [bi-ʃni-pó-te] *s.m.* e *f.* pronipote.
bisnonno [bi-ʃnòn-no] *s.m.* [f. *-a*] padre del nonno o della nonna.

bisogna [bi-ʃó-gna] *s.f.* (*lett.*) necessità, occorrenza.
bisognare [bi-ʃo-gnà-re] *v.intr.* [usato solo nelle terze persone sing. e pl.; pres.indic. *biʃógna ecc.*; aus. *essere*] essere necessario, conveniente, utile: *ci bisognerebbe il tuo aiuto* ♦ *v.intr.impers.* occorrere, essere necessario: *bisogna partire*; *non bisogna dire bugie*, non si deve.
bisogno [bi-ʃó-gno] *s.m.* **1** il mancare, il non disporre di una cosa necessaria; necessità: *non avere — di nulla* **2** ciò che occorre, che è necessario: *provvedere ai bisogni dei figli* | *lavorare per* —, per necessità | *trovarsi nel* —, in difficoltà economiche | *in caso di* —, se occorre **3** (*fam.*) necessità corporale: *fare i propri bisogni.* DIM. *bisognino.*
bisognoso [bi-ʃo-gnó-so] *agg.* e *s.m.* [f. *-a*] si dice di chi ha bisogno di qlco. o vive nel bisogno: *essere — di cure*; *aiutare i bisognosi.*
bisolfito [bi-sol-fì-to] *s.m.* (*chim.*) solfito acido, usato come riducente e sbiancante.
bisonte [bi-ʃón-te] *s.m.* grosso ruminante selvatico con fronte larghissima e convessa armata di piccole corna arcuate, mento barbuto, pelame bruno.
bissare [bis-sà-re] *v.tr.* eseguire un bis; ripetere su richiesta una parte di uno spettacolo | (*estens.*) replicare, ripetere.
bisso [bìs-so] *s.m.* **1** nome di una tela finissima di lino: *tovaglia di* — **2** filo corneo che taluni molluschi acquatici secernono per fissarsi agli oggetti sommersi.
bistecca [bi-stéc-ca] *s.f.* fetta di carne di manzo o di vitello tagliata dalla costa o dal lombo e cotta sui ferri o in padella: — *al sangue*, poco cotta; — *alla Bismarck*, cotta alla griglia e guarnita con un uovo.
bistecchiera [bi-stec-chiè-ra] *s.f.* graticola o piastra su cui si cuociono le bistecche.
bisticciare [bi-stic-cià-re] *v.intr.* [*io bistìccio ecc.*; aus. *avere*] litigare a parole per motivi non gravi ♦ **bisticciarsi** *v.rifl.* e *rifl.rec.* litigarsi.
bisticcio [bi-stìc-cio] *s.m.* **1** il bisticciare; litigio breve, non grave: *un — di ragazzi* **2** accostamento di due o più parole di suono simile e diverso significato, fatto per gioco o involontariamente.
bistorta [bi-stòr-ta] *s.f.* (*bot.*) pianta erbacea con foglie grandi oblunghe e fiori rosei raccolti in dense spighe.
bistrato [bi-strà-to] *agg.* tinto, truccato con il bistro: *occhi bistrati.*
bistrattare [bi-strat-tà-re] *v.tr.* adoperare malamente, sciupare, rovinare (riferito a cosa) | maltrattare, strapazzare (riferito a persona): *essere bistrattato da tutti.*
bistro [bì-stro] *s.m.* **1** polvere nera ricavata dalla fuliggine di faggio, usata in pittura e come cosmetico **2** colore nero-bluastro.
bistrot [/ bis'tro /] *s.m.invar.* (*fr.*) caffè parigino.
bisturi [bì-stu-ri] *s.m.* strumento chirurgico usato per incidere i tessuti molli.
bisunto [bi-ʃùn-to] *agg.* molto unto, sporco: *unto e* —, (*fam.*) sporchissimo.
bit [/ bit /] *s.m.invar.* (*ingl.*) (*inform.*) unità elementare d'informazione, che può avere il valore zero o uno.
bitonale [bi-to-nà-le] *agg.* **1** (*mus.*) che ha due toni: *scala* — **2** si dice di clacson a due note.
bitonalità [bi-to-na-li-tà] *s.f.* (*mus.*) duplicità di scale tonali all'interno di una composizione.
bitorzolo [bi-tór-zo-lo] *s.m.* piccolo rigonfiamento o protuberanza sulla pelle o su un'altra superficie. DIM. *bitorzolino* ACCR. *bitorzolone.*
bitorzoluto [bi-tor-zo-lù-to] *agg.* pieno di bitorzoli.
bitta [bìt-ta] *s.f.* (*mar.*) colonnetta bassa e robusta posta sulla prua delle navi o sulle banchine dei porti per avvolgervi cavi o catene di ormeggio.
bitter [bìt-ter] *s.m.invar.* aperitivo amaro, alcolico o analcolico.
bitumare [bi-tu-mà-re] *v.tr.* ricoprire con uno strato di bitume: — *una strada.*
bitumatrice [bi-tu-ma-trì-ce] *s.f.* macchina per eseguire la bitumatura.
bitumatura [bi-tu-ma-tù-ra] *s.f.* operazione del bitumare | strato di bitume.
bitume [bi-tù-me] *s.m.* **1** miscela di idrocarburi usata per pavimentare le strade **2** miscela di catrame, zolfo, sego e olio di pesce che viene spalmata a scopo protettivo sulle imbarcazioni.
bituminoso [bi-tu-mi-nó-so] *agg.* **1** di bitume; che contiene bitume **2** (*estens.*) che ha il colore del bitume.
biunivocità [bi-u-ni-vo-ci-tà] *s.f.* (*mat.*) corrispondenza secondo cui a ogni elemento di un insieme corrisponde uno e un solo elemento di un altro insieme e viceversa.
biunivoco [bi-u-nì-vo-co] *agg.* [pl.m. *-ci*] (*mat.*) si dice di relazione tale che a ogni elemento di un insieme corrisponde uno e un solo elemento di un altro insieme e viceversa: *corrispondenza biunivoca* □ **biunivocamente** *avv.*
bivaccare [bi-vac-cà-re] *v.intr.* [*io bivacco, tu bivacchi ecc.*; aus. *avere*] accamparsi all'aperto per passare la notte **2** (*estens.*) sistemarsi provvisoriamente e alla meglio in un luogo.
bivacco [bi-vàc-co] *s.m.* [pl. *-chi*] stazionamento notturno all'aperto | (*estens.*) sistemazione provvisoria e alla meglio in un luogo.
bivalente [bi-va-lèn-te] *agg.* **1** (*chim.*) si dice di atomo o radicale che abbia due valenze libere e possa combinarsi con due atomi di un altro elemento o radicale monovalente **2** (*fig.*) che presenta duplice valore; che ha due possibilità di soluzione o di applicazione.
bivalenza [bi-va-lèn-za] *s.f.* l'essere bivalente.
bivalve [bi-vàl-ve] *agg.* **1** (*zool.*) si dice di conchiglia di mollusco formata da due valve incernierate **2** (*bot.*) si dice di frutto che può essere diviso longitudinalmente in due valve.
bivalvi [bi-vàl-vi] *s.m.pl.* (*zool.*) classe di molluschi acquatici, per lo più marini, con conchiglia

formata da due valve; vi appartengono ostriche, mitili, vongole ecc.

bivio [bì-vio] *s.m.* **1** punto in cui una strada si biforca | (*fig.*) scelta decisiva: *trovarsi a un — della vita* **2** (*tecn.*) dispositivo di deviazione che permette di passare da una linea ferroviaria a un'altra.

bizantina [bi-ʒan-tì-na] *s.f.* **1** moneta d'oro coniata a Bisanzio dagli ultimi imperatori cristiani **2** ricca sopravveste femminile, corta e ornata di gemme, in uso nell'impero romano d'Oriente.

bizantinismo [bi-ʒan-ti-nì-ʃmo] *s.m.* **1** in arte, tendenza a imitare lo stile bizantino | (*estens.*) preziosismo formale **2** (*fig.*) sottigliezza nell'argomentare.

bizantinista [bi-ʒan-ti-nì-sta] *s.m.* e *f.* [pl.m. *-sti*] studioso della civiltà bizantina.

bizantino [bi-ʒan-tì-no] *agg.* **1** di Bisanzio; relativo all'impero romano d'Oriente e alla sua civiltà: *arte bizantina* **2** (*estens.*) in arte e in letteratura, estremamente raffinato, decadente: *gusto —* **3** (*fig.*) cavilloso, capzioso: *questioni bizantine* ♦ *s.m.* [f. *-a*] suddito dell'impero romano d'Oriente.

bizza [bìʒ-ʒa] *s.f.* breve stizza, capriccio: *far le bizze.*

bizzarria [biʒ-ʒar-rì-a] *s.f.* **1** l'essere bizzarro **2** atto o detto bizzarro.

bizzarro [biʒ-ʒàr-ro] *agg.* **1** singolare, stravagante: *persona bizzarra* **2** di cavallo, che s'adombra o imbizzarrisce facilmente □ **bizzarramente** *avv.*

bizzeffe [biʒ-ʒèf-fe] solo nella loc. avv. *a —*, in grande quantità.

bizzoso [biʒ-ʒó-so] *agg.* incline alle bizze; stizzoso, capriccioso: *bambino —* | di cavallo, facile a imbizzarrirsi □ **bizzosamente** *avv.*

bla bla *loc.sost.m.invar.* discorso futile e privo di senso; chiacchiericcio inconcludente.

black-jack [/ ˈblɛkdʒɛk /] *loc.sost.m.invar.* (*ingl.*) gioco d'azzardo del tipo del sette e mezzo, fatto con due mazzi di carte.

blackout [/ blɛkˈkaut /] *s.m.invar.* (*ingl.*) **1** interruzione dell'erogazione dell'energia elettrica con conseguente mancanza di illuminazione e fermata degli impianti che l'utilizzano **2** (*fig.*) silenzio stampa su un determinato argomento.

blandire [blan-dì-re] *v.tr.* [*io blandisco, tu blandisci ecc.*] **1** (*lett.*) accarezzare | trattare amorevolmente **2** (*fig.*) lusingare: *— gli animi.*

blandizia [blan-dì-zia] *s.f.* (*lett.*) carezza, lusinga, moina (spec. *pl.*).

blando [blàn-do] *agg.* che non è energico, non è vigoroso: *un'azione blanda*; *medicinale —*, che agisce delicatamente | (*estens.*) tenue, smorzato: *una luce blanda* | (*fig.*) dolce, carezzevole: *voce blanda* □ **blandamente** *avv.*

blasé [/ blaˈze /] *agg.* e *s.m.* e *f.invar.* (*fr.*) si dice di chi è o si mostra indifferente, scettico, disincantato.

blasfemo [bla-sfè-mo] *agg.* che costituisce bestemmia, che contiene una bestemmia: *parole blasfeme.*

blasonato [bla-ʃo-nà-to] *agg.* fornito di blasone; nobile | (*estens.*) che vanta molti titoli o primati: *una squadra blasonata* ♦ *s.m.* [f. *-a*] persona nobile, titolata.

blasone [bla-ʃó-ne] *s.m.* **1** arme, stemma gentilizio | (*estens.*) nobiltà di natali **2** scienza dell'arme e di tutto ciò che ha rapporto con l'araldica.

blastico [blà-sti-co] *agg.* [pl.m. *-ci*] **1** (*biol.*) di cellula o tessuto embrionale immaturi **2** (*med.*) che causa la formazione di un tumore: *attività blastica* | tumorale: *tessuto —.*

blasto-, **-blasto** primo e secondo elemento di parole composte, che significa 'embrione, sviluppo embrionale', oppure 'germe, germoglio, gemma' (*blastomero, eritroblasto*).

blastomicosi [bla-sto-mi-cò-ʃi] *s.f.* (*med.*) micosi prodotta da blastomiceti delle regioni tropicali.

blastula [blà-stu-la] *s.f.* (*biol.*) primo stadio di sviluppo dell'embrione, in cui le cellule della parete (blastomeri) delimitano una cavità centrale.

blaterare [bla-te-rà-re] *v.tr.* e *intr.* [*io blàtero ecc.*; aus. dell'intr. *avere*] parlare a sproposito, dire cose senza senso: *cosa vai blaterando?*

blatta [blàt-ta] *s.f.* scarafaggio.

blatta [blàt-ta] *s.f.* scarafaggio.

blattoidei [blat-toi-dè-i] *s.m.pl.* ordine di insetti alati o sprovvisti di ali, a cui appartengono gli scarafaggi e le piattole.

blattoidei [blat-toi-dè-i] *s.m.pl.* ordine di insetti alati o sprovvisti di ali, a cui appartengono gli scarafaggi e le piattole.

blazer [/ ˈblɛzer /] *s.m.invar.* (*ingl.*) giacca sportiva con bottoni di metallo, tasche a toppa e taschino su cui è ricamato uno stemma.

blazer [/ ˈblɛzer /] *s.m.invar.* (*ingl.*) giacca sportiva con bottoni di metallo, tasche a toppa e taschino su cui è ricamato uno stemma.

blé *agg.* e *s.m.invar.* blu.

blé *agg.* e *s.m.invar.* blu.

blefarite [ble-fa-rì-te] *s.f.* (*med.*) infiammazione delle palpebre.

blefarite [ble-fa-rì-te] *s.f.* (*med.*) infiammazione delle palpebre.

blefaro- primo elemento di parole composte della terminologia medica, che significa 'palpebra'.

blefaroplastica [ble-fa-ro-plà-sti-ca] *s.f.* (*med.*) intervento di chirurgia plastica mediante cui si ricostruiscono o correggono le palpebre.

blefaroplastica [ble-fa-ro-plà-sti-ca] *s.f.* (*med.*) intervento di chirurgia plastica mediante cui si ricostruiscono o correggono le palpebre.

bleno- primo elemento di parole composte, che significa 'muco, pus' (*blenorragia*).

bleno- primo elemento di parole composte, che significa 'muco, pus' (*blenorragia*).

blenorragia [ble-nor-ra-gì-a] *s.f.* (*med.*) malattia venerea contagiosa dovuta a infezione da gonococco.

blenorragia [ble-nor-ra-gì-a] *s.f.* (*med.*) malattia venerea contagiosa dovuta a infezione da gonococco.
blenorragico [blee si forma nell'embrione per mettere l'intestino in comunicazione con l'esterno.
blenorragico [ble-nor-rà-gi-co] *agg.* [pl.m. *-ci*] (*med.*) di blenorragia; che concerne la blenorragia ♦ *s.m.* [f. *-a*] chi è affetto da blenorragia.
blenorrea [ble-nor-rè-a] *s.f.* (*med.*) blenorragia.
blesità [ble-ʃi-tà] *s.f.* pronuncia imperfetta di alcune consonanti dovuta a un difetto dell'apparato di fonazione.
bleso [blè-ʃo] *agg.* che è affetto, caratterizzato da blesità: *pronuncia blesa.*
bleu [/ blø /] *agg.* e *s.m.invar.* (*fr.*) blu.
blinda [blìn-da] *s.f.* rinforzo in terra o in muratura per proteggere un'opera fortificata.
blindaggio [blin-dàg-gio] *s.m.* il blindare, l'essere blindato; blindatura.
blindare [blin-dà-re] *v.tr.* rivestire con strutture in muratura o in acciaio per proteggere da colpi d'arma da fuoco, da tentativi di scassinamento ecc.
blindato [blin-dà-to] *agg.* munito di corazza protettiva: *auto, porta blindata* | *reparto* —, (*mil.*) che dispone di mezzi blindati | *vetro* —, atto a resistere alle pallottole o all'urto di corpi contundenti ♦ *s.m.* veicolo blindato: *un — della polizia.*
blindatura [blin-da-tù-ra] *s.f.* blindaggio.
blindo [blìn-do] *s.f.invar.* autoblindo.
blindosbarra [blin-do-sbàr-ra] *s.f.* denominazione commerciale di un sistema per l'alimentazione elettrica di impianti industriali costituito da un insieme di barre di rame o di alluminio racchiuse in un involucro metallico sospeso al soffitto.
blinker [/ 'bliŋker /] *s.m.invar.* (*ingl.*) dispositivo per il lampeggiamento intermittente e contemporaneo di tutte le luci direzionali di un autoveicolo.
blister [/ 'blister /] *s.m.invar.* (*ingl.*) confezione farmaceutica costituita da un fondo rigido di plastica su cui sono incollati involucri trasparenti contenenti le unità del prodotto (compresse, fiale ecc.).
blitz [/ blits /] *s.m.invar.* (*ingl.*) azione militare o di polizia fulminea e improvvisa.
bloccaggio [bloc-càg-gio] *s.m.* il bloccare, il bloccarsi, l'essere bloccato: *vite di* —.
bloccare [bloc-cà-re] *v.tr.* [*io blòcco, tu blòcchi ecc.*] **1** arrestare un oggetto, un meccanismo in movimento: *— la palla*; *— il motore* | (*estens.*) interrompere lo svolgimento di qlco.: *— un'iniziativa* **2** immobilizzare una persona o un arto: *la polizia bloccò il ladro*; *gamba bloccata da un'ingessatura* | (*estens.*) impedire a qlcu. di spostarsi, di uscire: *essere bloccato dalla pioggia* | (*fig.*) provocare un blocco emotivo: *l'emozione lo ha bloccato* **3** (*fig.*) vincolare, mantenere inalterato: *— i prezzi* **4** ostruire: *la frana blocca la strada* ♦ **bloccarsi** *v.rifl.* o *intr.pron.* **1** arrestarsi improvvisamente: *il treno si bloccò* **2** (*estens.*) smettere improvvisamente di parlare | (*psicol.*) avere un blocco emotivo.
bloccasterzo [bloc-ca-stèr-zo] *s.m.* [pl. *invar.* o *-zi*] in un autoveicolo, dispositivo antifurto che agisce bloccando lo sterzo.
bloccato [bloc-cà-to] *agg.* (*fam.*) detto di persona, inibito, complessato.
blocchetto [bloc-chét-to] *s.m.* **1** piccolo taccuino con fogli staccabili; insieme di biglietti o tagliandi ancora uniti alla loro matrice **2** in alpinismo, attrezzo metallico che si incastra nelle fessure della roccia come sostegno.
blocco[1] [blòc-co] *s.m.* [pl. *-chi*] **1** massa compatta di notevoli dimensioni: *— di marmo* | *in* —, (*estens.*) tutto insieme: *comprare, vendere in* — **2** (*estens.*) insieme di dati, di materiali, gruppi di persone ecc., considerati unitariamente **3** bloc-notes. DIM. *blocchetto* **4** *blocchi di partenza*, (*sport*) nel nuoto e nell'atletica leggera, attrezzi da cui l'atleta prende lo slancio alla partenza.
blocco[2] *s.m.* [pl. *-chi*] **1** interruzione di una via di comunicazione o di accesso imposta con la forza: *— navale, stradale* | *posto di* —, sbarramento di una carreggiata disposto da forze di polizia o militari per il controllo del traffico **2** dispositivo per arrestare una macchina o un meccanismo in movimento o per impedire che si muova **3** limite imposto per legge: *— dei prezzi, dei salari* **4** (*med.*) arresto di una funzione fisiologica: *— renale, cardiaco* | *— emotivo*, (*psicol.*) momentanea amnesia o arresto della facoltà di pensare.
bloc-notes [/ blɔk'nɔtes /], o **block-notes**, *s.m.invar.* blocco per note; taccuino, quaderno per appunti a fogli staccabili.
blu *agg.invar.* di colore azzurro scuro | *avere sangue* —, (*fig.*) appartenere a famiglia nobile ♦ *s.m.invar.* colore blu: *vestire di* —.
bluastro [blu-à-stro] *agg.* di colore tendente al blu.
blue chips [/ 'blutʃips /] *loc.sost.f.pl.* (*ingl.*; *borsa*) titoli azionari il cui valore tende a crescere e che costituiscono perciò un investimento sicuro.
blue-jeans [/ blu'dʒins /] *s.m.pl.* (*ingl.*) calzoni di tela jeans, in genere di colore azzurro, con tasche posteriori esterne e cuciture impunturate; jeans.
blues [/ bluz /] *s.m.invar.* (*ingl.*) canto popolare dei neri degli Stati Uniti, caratterizzato da ritmo lento e toni malinconici.
bluff [/ blɛf /] *s.m.invar.* (*ingl.*) l'atto di chi bluffa.
bluffare [bluf-fa-re; / blɛf'fare /] *v.intr.* [aus. *avere*] **1** nel poker e in altri giochi di carte, fingere di avere buone carte per ingannare l'avversario **2** (*fig.*) fingere di avere possibilità, qualità che non si posseggono.
bluffatore [bluf-fa-to-re; / blɛffa'tore /] *s.m.* [f. *-trice*] chi bluffa, soprattutto al gioco.
blusa [blù-ʃa] *s.f.* **1** sorta di camicia corta e non aderente. DIM. *blusina, blusetta* **2** camiciotto da lavoro.

blusotto [blu-ʃòt-to] *s.m.* sorta di blusa che si porta sopra altri indumenti più leggeri.
boa[1] [bò-a] *s.m.invar.* **1** genere di grossi serpenti non velenosi dell'America tropicale **2** (*estens.*) sorta di lunga sciarpa femminile, di pelliccia o di piume di struzzo.
boa[2] *s.f.* galleggiante ancorato al fondo del mare o di un lago, usato per segnalazione o per ormeggio.
boario [bo-à-rio] *agg.* che riguarda i bovini: *mercato —.*
boato [bo-à-to] *s.m.* rumore forte e cupo; rimbombo.
boat-people [/ ˈbɔtˈpipol /] *loc.sost.m.invar.* (*ingl.*) gente che vive su imbarcazioni, come avviene in alcuni paesi dell'Estremo Oriente | nell'uso giornalistico, profughi affollati su imbarcazioni di fortuna.
bob [bòb] *s.m.invar.* slitta montata su due treni di pattini, usata in competizioni che si svolgono su piste di neve ghiacciata: *— a due, a quattro,* con equipaggio di due, quattro persone.
bobbista [bob-bì-sta] *s.m.* e *f.* [pl.m. *-sti*] chi pratica lo sport del bob.
bobina [bo-bì-na] *s.f.* **1** avvolgimento di un materiale, in forma di filo o nastro, su un supporto; il supporto stesso: *— cinematografica* **2** (*elettr.*) avvolgimento di un filo conduttore in spire isolate fra loro, in modo da creare un'induttanza.
bobinatrice [bo-bi-na-trì-ce] *s.f.* macchina usata per avvolgere in bobine fili conduttori, filati, pellicole ecc.
bocca [bóc-ca] *s.f.* **1** (*anat.*) cavità nel viso dell'uomo, delimitata dalle labbra, che è organo della respirazione, della nutrizione e della fonazione: *prendere una medicina per —* | *avere la — buona, cattiva,* sentire ancora il sapore buono o cattivo di ciò che si è mangiato | *restare a — asciutta,* senza mangiare; (*fig.*) non ottenere nulla | *fare la — a qlco.,* (*fig.*) abituarvisi | *essere di — buona,* mangiare di tutto; (*fig.*) accontentarsi facilmente | *togliersi il pane di — per qlcu.,* (*fig.*) aiutarlo con grave sacrificio | *fare la — storta,* in segno di disgusto o disapprovazione | *restare a — aperta,* per meraviglia, stupore | *non aprire, non chiudere —,* non dire una parola, non smettere di parlare | *tenere la — chiusa,* tacere | *chiudere, tappare la — a qlcu.,* impedirgli di parlare | *passare di — in —,* si dice di notizia riferita da una persona all'altra | *essere sulla — di tutti,* di cosa o persona che costituisce argomento di conversazione o pettegolezzo | *cavare di — qlco. a qlcu.,* fargliela dire con gran fatica | *acqua in —!,* invito a mantenere un segreto. DIM. *bocchina* VEZZ. *boccuccia* PEGG. *boccaccia* **2** le labbra: *pulirsi la —; baciare sulla —* **3** (*estens.*) apertura, orifizio di un recipiente, un contenitore, un organo cavo: *la — della bottiglia, del forno; la — dello stomaco* | *— da fuoco,* pezzo d'artiglieria **4** (*geog.*) stretto di mare: *le Bocche di Bonifacio* **5** (*bot.*) entra come componente nel nome di diverse piante, i cui fiori hanno forme che richiamano quelle di una bocca: *— di leone,* pianta ornamentale con foglie lanceolate e fiori di vari colori; *— di lupo,* erbacea perenne con foglie cuoriformi e fiori rossi e bianchi.
boccaccesco [boc-cac-cé-sco] *agg.* [pl.m. *-schi*] **1** proprio dello scrittore G. Boccaccio (1315-1375) o relativo alla sua opera: *stile —* **2** (*estens.*) licenzioso, scurrile: *vicenda boccaccesca.*
boccaccia [boc-càc-cia] *s.f.* [pl. *-ce*] **1** smorfia del volto per scherzo o per disgusto: *fare le boccacce* **2** (*fig.*) persona maldicente.
boccaglio [boc-cà-glio] *s.m.* **1** parte estrema di un tubo di scarico **2** parte terminale di vari strumenti o dispositivi che si applica alla bocca: *il — del respiratore subacqueo.*
boccale[1] [boc-cà-le] *agg.* (*anat., zool.*) che riguarda la bocca: *apparato —.*
boccale[2] *s.m.* **1** recipiente simile a un grande bicchiere, con manico e talvolta anche un beccuccio **2** il liquido contenuto in un boccale: *un — di birra.*
boccaporto [boc-ca-pòr-to] *s.m.* [pl. *boccaporti*] (*mar.*) apertura sul ponte delle navi per accedere ai locali interni e alle stive.
boccascena [boc-ca-scè-na] *s.m.invar.* l'insieme delle quinte laterali e del telo orizzontale che incorniciano la scena in teatro | la parte di palcoscenico visibile dagli spettatori.
boccata [boc-cà-ta] *s.f.* quantità che può essere contenuta nella bocca: *una — di fumo; prendere una — d'aria,* uscire all'aperto.
boccetta [boc-cét-ta] *s.f.* **1** bottiglietta: *una — di profumo* **2** piccola palla d'avorio usata nel gioco del biliardo.
boccheggiante [boc-cheg-giàn-te] *agg.* che boccheggia | (*estens.*) agonizzante, moribondo | (*fig.*) che è in gravi difficoltà: *un'economia —.*
boccheggiare [boc-cheg-già-re] *v.intr.* [*io bocchéggio ecc.*; aus. *avere*] respirare con affanno, aprendo e chiudendo ripetutamente la bocca: *— per il caldo* | (*estens.*) esalare gli ultimi respiri, essere moribondo | (*fig.*) essere in gravi difficoltà.
bocchetta [boc-chét-ta] *s.f.* **1** imboccatura di un recipiente, di un condotto, di uno strumento a fiato ecc.: *— dell'innaffiatoio, del clarino* **2** apertura praticata per far defluire acqua di scolo o per captare aria | *— stradale,* chiusino.
bocchettone [boc-chet-tó-ne] *s.m.* **1** imboccatura dei serbatoi e delle tubazioni munita di chiusura ermetica **2** elemento metallico per collegare due tubi.
bocchino [boc-chì-no] *s.m.* **1** piccolo cannello con filtro interno, nel quale s'infila la sigaretta o il sigaro **2** imboccatura della pipa o degli strumenti a fiato.
boccia [bòc-cia] *s.f.* [pl. *-ce*] **1** vaso panciuto di vetro o cristallo con collo lungo. DIM. *boccetta* ACCR. *bocciona, boccione* (m.) **2** palla di legno, di metallo o altro materiale rigido | *gioco delle bocce,* gioco che si fa tra due giocatori o due squadre, in cui vince chi avvicina di più la propria boccia a un boccino lanciato a distanza per primo.

bocciarda [boc-ciàr-da] *s.f.* (*tecn.*) **1** arnese di ferro a forma di pestello usato per zigrinare la superficie delle pavimentazioni in battuto di cemento **2** grosso martello con bocca munita di punte piramidali, usato per lavorare la pietra.
bocciare [boc-cià-re] *v.tr.* [*io bòccio ecc.*] **1** nel gioco delle bocce, colpire con la propria un'altra boccia **2** non approvare, respingere: — *una proposta* | respingere agli esami o al termine di un anno scolastico.
bocciata [boc-cià-ta] *s.f.* nel gioco delle bocce, colpo con cui si manda la propria boccia contro un'altra o contro il boccino per spostarli.
bocciatura [boc-cia-tù-ra] *s.f.* il bocciare, l'essere bocciato: *la — di un alunno.*
boccino [boc-cì-no] *s.m.* nel gioco delle bocce, il pallino al quale si devono accostare le bocce.
boccio [bòc-cio] *s.m.* calice di fiore non ancora sbocciato; bocciolo: *rosa in —.*
bocciodromo [boc-ciò-dro-mo] *s.m.* impianto sportivo attrezzato per il gioco delle bocce.
bocciofilo [boc-ciò-fi-lo] *agg.* che si riferisce al gioco delle bocce: *associazione bocciofila* ♦ *s.m.* [f. *-a*] chi pratica il gioco delle bocce.
bocciolo [boc-ciò-lo] *s.m.* fiore non ancora sbocciato.
boccola [bóc-co-la] *s.f.* **1** borchia da affibbiare che si porta per ornamento **2** (*mecc.*) supporto degli assi dei veicoli ferroviari o tranviari **3** (*elettr.*) presa unipolare in cui si infila una spina unipolare (banana).
boccolo [bóc-co-lo] *s.m.* ricciolo di capelli. DIM. *boccoletto.*
bocconcino [boc-con-cì-no] *s.m.* **1** piccola quantità di cibo appetitoso **2** *pl.* (*gastr.*) spezzatino **3** piccola mozzarella.
boccone [boc-có-ne] *s.m.* **1** la quantità di cibo che si può mettere in bocca in una sola volta: *un — di pane* | *mangiare un —*, poco e in fretta | — *amaro*, (*fig.*) cosa che dispiace, delude o umilia | *togliersi il — di bocca per qlcu.*, (*fig.*) fare grandi sacrifici | *a pezzi e bocconi*, (*fig.*) frammentariamente. DIM. *bocconcino* **2** cibo prelibato, cosa appetitosa (anche *fig.*): *un — che fa gola a tutti.*
bocconi [boc-có-ni] *avv.* in posizione distesa con la faccia in giù: *dormire —.*
body [/ 'bɔdi /] *s.m.invar.* (*ingl.*) indumento intimo femminile costituito da corpino e mutandine in un unico pezzo.
body building [/ 'bɔdi 'bildiŋ /] *loc.sost.m.invar.* (*ingl.*) ginnastica che stimola l'accrescimento delle masse muscolari; culturismo.
boemo [bo-è-mo] *agg.* della Boemia ♦ *s.m.* [f. *-a*] abitante, nativo della Boemia.
boero [bo-è-ro] *agg.* e *s.m.* [f. *-a*] appartenente a un popolo d'origine europea discendente da coloni olandesi, costituitosi in Africa meridionale a partire dal sec. XVII ♦ *s.m.* cioccolatino che racchiude una ciliegia sotto spirito.
bofonchiare [bo-fon-chià-re] *v.tr.* e *intr.* [*io bofónchio ecc.*; aus. dell'intr. *avere*] dire, brontolare sbuffando.
boga [bò-ga] *s.f.* piccolo pesce costiero, di colore argenteo con tre fasce dorate longitudinali, comunissimo nei mari italiani.
boh [bóh] *inter.* (*fam.*) esprime indecisione o incertezza: *"Vieni con noi?", "Boh, devo pensarci".*
bohème [/ bo'ɛm /] *s.f.invar.* (*fr.*) vita povera, ma libera e anticonformista, tipica di artisti della seconda metà dell'Ottocento.
bohémien [/ boe'mjɛn /] *s.m.invar.* (*fr.*) chi fa vita di bohème.
boia [bò-ia] *s.m.invar.* **1** chi esegue le condanne capitali; carnefice **2** (*estens.*) mascalzone | in esclamazioni di rabbia, di disappunto: — *d'un mondo!*
boiacca [bo-iàc-ca] *s.f.* (*edil.*) impasto che si usa per far aderire piastrelle e mattoni di rivestimento.
boiata [bo-ià-ta] *s.f.* (*pop.*) **1** cosa fatta male, malriuscita: *quel film è proprio una —* **2** azione indegna; carognata | frase sciocca, stupida.
boicottaggio [boi-cot-tàg-gio] *s.m.* l'atto del boicottare.
boicottare [boi-cot-tà-re] *v.tr.* [*io boicòtto ecc.*] **1** impedire, facendo ostruzionismo, una normale attività economica **2** (*estens.*) ostacolare la riuscita di qlco.: — *una manifestazione, una proposta.*
boiler [/ 'bɔiler /] *s.m.invar.* (*ingl.*) scaldabagno.
boiserie [/ bwaz'ri /] *s.f.invar.* (*fr.*) rivestimento di legno alle pareti | (*arch.*) l'insieme delle strutture lignee funzionali e decorative di un ambiente monumentale.
bolero [bo-lè-ro] *s.m.* **1** danza spagnola dal ritmo ternario **2** giacca corta non abbottonata, caratteristica del costume popolare spagnolo.
boleto [bo-lè-to] *s.m.* (*bot.*) genere di funghi carnosi, con cappello munito di gambo centrale cilindrico; comprende specie commestibili, come il porcino, e specie velenose.
bolgia [bòl-gia] *s.f.* [pl. *-ge*] luogo pieno di rumore e confusione.
bolide [bò-li-de] *s.m.* **1** (*astr.*) corpo solido proveniente dallo spazio interplanetario, che diventa incandescente quando attraversa l'atmosfera terrestre **2** (*estens.*) oggetto che si muove a grande velocità: *partire come un —* | automobile da corsa.
boliviano [bo-li-vià-no] *agg.* della Bolivia ♦ *s.m.* **1** [f. *-a*] nativo, abitante della Bolivia **2** unità monetaria della Bolivia.
bolla¹ [ból-la] *s.f.* **1** cavità sferoidale che si forma nei liquidi per ebollizione o quando vi si soffia dentro un gas | *bolla di sapone*, fatta per gioco soffiando dentro una cannuccia intinta nell'acqua saponata; (*fig.*) cosa effimera, inconsistente, che si risolve in nulla. DIM. *bollicina* **2** (*med.*) rigonfiamento della pelle in forma di grossa vescicola, per lo più ripieno di siero.
bolla² *s.f.* **1** sigillo con cui veniva autenticato un documento ufficiale del papa o di un sovrano; il documento stesso autenticato **2** documento

che accompagna e descrive una merce: — *di accompagnamento.*
bollare [bol-là-re] *v.tr.* [*io bóllo ecc.*] **1** contrassegnare con un bollo, con un timbro: — *un documento*; — *a fuoco*, marchiare **2** (*fig.*) segnare, marchiare: — *con un marchio d'infamia.*
bollato [bol-là-to] *agg.* contrassegnato da bollo o da altro marchio | *carta bollata*, carta da bollo.
bollatura [bol-la-tù-ra] *s.f.* l'operazione di bollare: — *di un atto.*
bollente [bol-lèn-te] *agg.* **1** caldissimo, rovente: *acqua* — **2** (*fig.*) impulsivo, esuberante: *i bollenti spiriti della gioventù.*
bolletta [bol-lét-ta] *s.f.* documento che si dà come ricevuta di un pagamento o come contrassegno della consegna o della spedizione di una merce: — *del gas, della luce*, in forma di conto corrente postale con indicazione dell'importo dovuto per il consumo | *essere in* —, (*fam.*) non avere denaro.
bollettario [bol-let-tà-rio] *s.m.* registro con le pagine a madre e figlia, da cui vengono staccate le bollette.
bollettino [bol-let-tì-no] *s.m.* **1** comunicazione ufficiale di notizie di pubblico interesse: — *meteorologico* | — *medico*, quello che fornisce informazioni sulle condizioni di salute di un malato illustre **2** titolo di periodici pubblicati da enti, istituti culturali **3** bolletta di ricevuta.
bollilatte [bol-li-làt-te] *s.m.invar.* recipiente con coperchio forato che impedisce la fuoruscita della schiuma prodotta dall'ebollizione del latte.
bollino [bol-lì-no] *s.m.* tagliandino da applicarsi su tessere o documenti per attestare un pagamento o altra operazione effettuata.
bollire [bol-lì-re] *v.intr.* [*io bóllo ecc.*; aus. *avere*] **1** detto di liquidi, passare dallo stato liquido a quello di vapore, formando delle bolle che salgono e si liberano in superficie: *l'acqua bolle a 100 gradi* **2** detto di cibi, cuocere nell'acqua in ebollizione: *le patate bollono* | *qlco. bolle in pentola*, (*fig. fam.*) è in progetto, si prepara qlco. **3** (*fig.*) agitarsi, fremere, ribollire: — *di rabbia* **4** (*fig. fam.*) sentire molto caldo: *in questa stanza si bolle.*
bollisiringhe [bol-li-si-rìn-ghe] *s.m.invar.* bollitore per sterilizzare le siringhe di vetro da iniezione.
bollita [bol-lì-ta] *s.f.* rapida bollitura: *dare una* — *al latte.*
bollito [bol-lì-to] *agg.* si dice di liquido che è andato in ebollizione o di cibo cotto nell'acqua ♦ *s.m.* carne bollita; lesso: — *di manzo.*
bollitore [bol-li-tó-re] *s.m.* recipiente per bollire acqua, latte o altri liquidi.
bollitura [bol-li-tù-ra] *s.f.* il bollire; il tempo che dura l'ebollizione.
bollo [ból-lo] *s.m.* impronta prodotta da un marchio inciso o da un timbro cosparso di inchiostro: — *a secco*; — *postale*, che annulla i francobolli sulla corrispondenza; *carta da* —, contrassegnata dal bollo dello stato e prescritta per determinati atti pubblici; *marca da* —, sorta di francobollo che si applica su documenti, ricevute ecc. | (*estens.*) tagliando che attesta l'avvenuto pagamento di una tassa: *il* — *delle automobili.*
bollore [bol-ló-re] *s.m.* **1** il bollire; stato di un liquido che bolle **2** (*fig.*) stato di eccitazione, passione intensa: *i bollori della gioventù.*
bolo [bò-lo] *s.m.* cibo masticato e insalivato.
bolognese [bo-lo-gné-se] *agg.* di Bologna | *alla* —, (*gastr.*) si dice di un tipo di condimento a base di salsa di pomodoro in cui si fanno cuocere a lungo carne tritata e altri ingredienti: *ragù alla* — ♦ *s.m.* e *f.* chi è nato, chi abita a Bologna.
bolsaggine [bol-sàg-gi-ne] *s.f.* **1** (*vet.*) malattia cronica del cavallo che si manifesta con insufficienza respiratoria **2** (*fig.*) debolezza, spossatezza | goffa ostentazione.
bolscevico [bol-sce-vì-co] *agg.* [pl.m. *-chi*] (*st.*) del bolscevismo, che si riferisce al bolscevismo: *la rivoluzione bolscevica* ♦ *s.m.* [f. *-a*] seguace del bolscevismo.
bolscevismo [bol-sce-vì-ʃmo] *s.m.* (*st.*) il movimento che guidò la rivoluzione socialista sovietica del 1917.
bolso [ból-so] *agg.* **1** si dice di cavallo affetto da bolsaggine **2** (*estens.*) asmatico, fiacco | (*fig.*) goffamente enfatico.
boma [bò-ma] *s.m.invar.* (*mar.*) antenna imperniata sull'albero di poppa, che serve a tendere la vela di randa.
bomba[1] [bóm-ba] *s.f.* **1** ordigno metallico cavo contenente esplosivo, dotato di un dispositivo che ne provoca lo scoppio: — *a mano, a orologeria* | — *Molotov*, bottiglia Molotov | — *A*, o *atomica*, che sfrutta gli effetti della fissione nucleare dell'atomo dell'uranio o del plutonio | — *H*, o *all'idrogeno*, che sfrutta l'energia liberata dalla trasformazione di idrogeno in elio | *a prova di* —, (*fig.*) si dice di cosa solidissima, inattaccabile **2** (*geol.*) massa di lava proiettata da un vulcano in eruzione **3** nel gergo sportivo, sostanza eccitante che l'atleta ingerisce per migliorare la propria efficienza fisica **4** (*fig.*) notizia clamorosa, esplosiva **5** (*gastr.*) pasta dolce lievitata a base di uova e farina, ripiena di crema.
bomba[2] *s.f.* in alcuni giochi di bambini, il punto da cui uno dei giocatori parte alla ricerca degli altri e a cui tutti devono arrivare | *tornare a* —, (*fig.*) in un discorso, tornare all'argomento principale.
bombacacee [bom-ba-cà-ce-e] *s.f.* (*bot.*) famiglia di piante dicotiledoni tropicali di cui fa parte il baobab.
bombarda [bom-bàr-da] *s.f.* **1** nome delle prime bocche da fuoco ad avancarica usate nei secc. XIV e XV **2** artiglieria da trincea a tiro curvo e ad avancarica, in uso durante la prima guerra mondiale **3** (*mar.*) piccolo veliero a due alberi dotato di un mortaio.
bombardamento [bom-bar-da-mén-to] *s.m.* **1** il bombardare, l'essere bombardato: — *aereo* **2**

(*fig.*) sequela intensa di azioni o parole a cui qlcu. è sottoposto: — *di pugni, di domande* **3** (*fis.*) processo di collisione tra un fascio di particelle e un bersaglio, attraverso cui si possono studiare le proprietà dei componenti del bersaglio (atomi, nuclei ecc.).

bombardare [bom-bar-dà-re] *v.tr.* **1** colpire con tiri d'artiglieria o con lancio di bombe: — *una città* | (*assol.*) lanciare bombe: *hanno bombardato a lungo* **2** (*fig.*) investire qlcu. con una serie intensa di atti o parole: — *di accuse, di richieste* **3** (*fis.*) sottoporre a bombardamento una sostanza.

bombardiere [bom-bar-diè-re] *s.m.* aeroplano militare per il lancio di bombe.

bombardino [bom-bar-dì-no] *s.m.* (*mus.*) strumento a fiato usato nelle bande; flicorno baritono.

bombardone [bom-bar-dó-ne] *s.m.* (*mus.*) strumento a fiato simile al bombardino, ma più grande e di suono più grave.

bombare [bom-bà-re] *v.tr.* [*io bómbo ecc.*] rendere convesso, rigonfiare (un vetro, una superficie metallica o di legno).

bombarolo [bom-ba-rò-lo] *s.m.* [f. *-a*] (*roman.*) chi compie attentati con esplosivi.

bombato [bom-bà-to] *agg.* che presenta bombatura: *vetro, metallo —* | *fronte bombata*, sporgente, ricurva.

bombatura [bom-ba-tù-ra] *s.f.* l'essere bombato; convessità, rigonfiamento.

bomber [/ 'bɔmber /] *s.m.invar.* (*ingl.*) nel gioco del calcio, cannoniere; nel pugilato, picchiatore.

bomberina [bom-be-rì-na] *s.f.* chiodo con capocchia larga e leggermente convessa.

bombetta [bom-bét-ta] *s.f.* cappello maschile a cupola tondeggiante, rigido e basso, con piccola tesa rialzata.

bombice [bóm-bi-ce] *s.m.* nome generico delle farfalle notturne le cui larve si rinchiudono in un bozzolo serico | — *del gelso*, farfalla la cui larva è il baco da seta.

bombo [bóm-bo] *s.m.* genere di insetti dal corpo tozzo e villoso, che si nutrono succhiando il nettare dei fiori.

bombola [bóm-bo-la] *s.f.* robusto recipiente metallico di forma cilindrica atto a contenere gas compressi. DIM. *bomboletta.*

bomboletta [bom-bo-lét-ta] *s.f.* piccolo contenitore metallico di forma cilindrica il cui contenuto liquido viene erogato in forma nebulizzata o schiumosa.

bombolo [bóm-bo-lo] *s.m.* [f. *-a*] (*scherz.*) persona piccola e grassa.

bombolone [bom-bo-ló-ne] *s.m.* **1** grande contenitore di gas combustibile, installato all'esterno di un'abitazione per alimentare la caldaia **2** (*gastr.*) bomba più grande del normale, ripiena di crema o marmellata; krapfen.

bombolotto [bom-bo-lòt-to] *s.m.* (spec. *pl.*) tipo di pasta alimentare corta in forma di grossi cannelli rigati e ricurvi.

bomboniera [bom-bo-niè-ra] *s.f.* contenitore entro cui si offrono i confetti in occasione di nozze, battesimi ecc.

bompresso [bom-près-so] *s.m.* (*mar.*) albero che sporge quasi orizzontalmente dalla prua dei velieri, al quale si fissano i fiocchi dal lato inferiore.

bonaccia [bo-nàc-cia] *s.f.* [pl. *-ce*] **1** calma di mare con assoluta mancanza di vento **2** (*fig.*) tranquillità, quiete.

bonaccione [bo-nac-ció-ne] *agg.* si dice di persona che denota semplicità d'animo e buon cuore.

bonaerense [bo-na-e-rèn-se] *agg.* della provincia di Buenos Aires ♦ *s.m.* e *f.* chi è nato o abita nella provincia di Buenos Aires.

bonapartismo [bo-na-par-tì-ʃmo] *s.m.* (*st.*) movimento politico sorto in Francia dopo la caduta di Napoleone (1815) e mirante alla restaurazione della dinastia napoleonica.

bonarietà [bo-na-rie-tà] *s.f.* buona disposizione naturale verso gli altri; benignità, affabilità.

bonario [bo-nà-rio] *agg.* che è naturalmente ben disposto verso gli altri; affabile, mite: *una persona bonaria; parlare in tono —* □ **bonariamente** *avv.*

bonbon [/ bɔn'bɔn /] *s.m.invar.* (*fr.*) pasticcino, confetto.

bonderizzazione [bon-de-riʒ-ʒa-zió-ne] *s.f.* (*metall.*) trattamento antiruggine a cui si sottopongono i metalli ferrosi mediante bagno in una soluzione fosfatica.

bonghi [bón-ghi] *s.m.pl.* strumento a percussione di origine afrocubana consistente in due piccoli tamburi che si battono con le dita.

bongo [bòn-go] *s.m.* mammifero ruminante africano dal mantello color ruggine a strisce bianche trasversali e corna ad ampia spirale.

bonifica [bo-nì-fi-ca] *s.f.* il bonificare, l'essere bonificato: *la — di un terreno paludoso.*

bonificare [bo-ni-fi-cà-re] *v.tr.* [*io bonìfico, tu bonìfichi ecc.*] **1** prosciugare artificialmente terreni paludosi e malsani per renderli coltivabili e abitabili **2** liberare da mine o proiettili inesplosi zone dove si sono svolte operazioni militari **3** (*fig.*) risanare moralmente: — *un quartiere dalla malavita* **4** operare una riduzione di prezzo, abbonare: — *un debito* **5** (*banc.*) eseguire un bonifico: — *una somma.*

bonificatore [bo-ni-fi-ca-tó-re] *agg.* [f. *-trice*] che bonifica ♦ *s.m.* chi promuove o compie opere di bonifica.

bonifico [bo-nì-fi-co] *s.m.* [pl. *-ci*] **1** sconto, riduzione di prezzo **2** operazione con cui una banca, su richiesta di un cliente, mette una data somma a disposizione di un terzo.

bonomia [bo-no-mì-a] *s.f.* **1** bonarietà, mitezza **2** semplicità, ingenuità.

bonsai [/ bon'sai /] *s.m.invar.* (*giapp.*) **1** tecnica di coltivazione per mezzo della quale alcune piante vengono mantenute nane **2** la pianta stessa così coltivata.

bontà [bon-tà] *s.f.* **1** l'essere buono; qualità di chi si prodiga per il bene altrui: — *d'animo*; *atto* *di* — **2** buona disposizione d'animo verso gli altri; gentilezza, cortesia: *abbiate la — di ascoltarmi* **3** qualità di ciò che è buono: *la — di un prodotto* **4** buon sapore, gusto gradevole: *la — di una pietanza.*

bonus [/ 'bɔnus /] *s.m.invar.* (*lat.*) gratifica concessa da un'azienda a titolo di incentivo ai suoi dirigenti, in aggiunta allo stipendio base.

bonus-malus [/ 'bɔnus' malus /] *loc.sost.m.invar.* nell'assicurazione automobilistica, clausola in base alla quale il premio annuale a carico dell'assicurato è ridotto o aumentato secondo che egli non abbia o abbia provocato incidenti.

bonzo [bón-ʒo] *s.m.* sacerdote buddista.

boogie-woogie [/ 'bugi'wugi /] *s.m.invar.* (*ingl.*) stile jazzistico derivato dal blues, ma dal ritmo più veloce | il ballo da esso derivato.

bookmaker [/ buk'mɛker /] *s.m.invar.* (*ingl.*) allibratore.

boom [/ bum /] *s.m.invar.* (*ingl.*) **1** fase di rapida espansione nel ciclo economico: *il — dell'edilizia* **2** affermazione e diffusione di una moda, di un prodotto ecc.: *il — dell'informatica.*

boomerang [/ 'bumerang /] *s.m.invar.* (*ingl.*) arma da getto, tipica dell'Australia, costituita da una stecca piatta di legno ricurva nella parte centrale, che ritorna verso il lanciatore se non incontra ostacoli | (*fig.*) azione che si ritorce contro chi l'ha promossa.

bora [bò-ra] *s.f.* vento di nord-est, freddo e impetuoso, che spira d'inverno sul mare Adriatico settentrionale.

borace [bo-rà-ce] *s.m.* (*chim.*) sale sodico del boro, impiegato nell'industria farmaceutica e in altri usi industriali.

boracifero [bo-ra-cì-fe-ro] *agg.* che contiene o produce borace | *soffione —*, getto di vapore acqueo misto ad acido borico, che scaturisce da un terreno vulcanico.

borato [bo-rà-to] *s.m.* (*chim.*) sale dell'acido borico.

borbonico [bor-bò-ni-co] *agg.* [pl.m. *-ci*] **1** dei Borboni, relativo ai Borboni: *regno —* **2** (*fig.*) retrogrado, reazionario ♦ *s.m.* [f. *-a*] sostenitore dei Borboni.

borborigmo [bor-bo-rig-mo] *s.m.* (*med.*) gorgoglio spontaneo dell'intestino.

borbottamento [bor-bot-ta-mén-to] *s.m.* il borbottare; borbottio.

borbottare [bor-bot-tà-re] *v.intr.* [*io borbòtto ecc.*; aus. *avere*] parlare o lamentarsi sottovoce, con voce confusa; brontolare tra sé e sé ♦ *v.tr.* proferire confusamente: *— minacce.*

borbottio [bor-bot-tì-o] *s.m.* un borbottare prolungato.

borbottone [bor-bot-tó-ne] *s.m.* [f. *-a*] (*non com.*) chi ha l'abitudine di borbottare; brontolone.

borchia [bòr-chia] *s.f.* **1** disco metallico più o meno lavorato, che serve per rinforzare e ornare tappezzerie e mobili, oggetti d'abbigliamento ecc. **2** chiodo da tappezziere, a testa molto larga e di forma variabile.

borchiato [bor-chià-to] *agg.* fissato o decorato con borchie.

bordare [bor-dà-re] *v.tr.* [*io bórdo ecc.*] **1** mettere il bordo a qlco.; orlare: *— un vestito* **2** (*mar.*) spiegare e distendere una vela per farle prendere bene il vento.

bordata [bor-dà-ta] *s.f.* **1** (*mar.*) ogni tratto del percorso a zig-zag compiuto da un natante a vela per rimontare il vento **2** fuoco simultaneo dei cannoni posti sullo stesso fianco della nave | (*fig.*) serie continuata (di colpi, offese ecc.): *una — di fischi.*

bordatino [bor-da-tì-no] *s.m.* robusto tessuto di cotone a piccole righe, usato specialmente per grembiuli e vestiti da bambini.

bordatura [bor-da-tù-ra] *s.f.* **1** orlatura di un tessuto **2** operazione con cui si piegano e si arricciano i bordi dei recipienti di lamiera sottile **3** (*mar.*) fasciame di una nave.

bordeaux [/ bor'do /] *s.m.invar.* (*fr.*) vino rosso o bianco prodotto in Francia, nella regione di Bordeaux ♦ *agg.invar.* di colore rosso scuro: *un maglione —.*

bordeggiare [bor-deg-già-re] *v.intr.* [*io bordéggio ecc.*; aus. *avere*] **1** di natante a vela, navigare a zig-zag per risalire il vento **2** (*fig.*) destreggiarsi per evitare difficoltà.

bordeggio [bor-dég-gio] *s.m.* (*mar.*) il bordeggiare.

bordello [bor-dèl-lo] *s.m.* **1** casa di malaffare; postribolo **2** (*fig.*) luogo di corruzione **3** (*pop.*) fracasso, schiamazzo; grande confusione.

borderò [bor-de-rò] *s.m.* **1** elenco, distinta **2** registro in cui si annotano giornalmente compensi, incassi, spese ecc.

bordino [bor-dì-no] *s.m.* **1** orlino o cordoncino con cui si rifiniscono giacche e abiti **2** risalto delle ruote dei veicoli ferroviari, sagomato in modo da impedire che escano dalle rotaie.

bordo [bór-do] *s.m.* **1** ciascuno dei fianchi di una nave o di qualsiasi imbarcazione; la parte del fianco emergente dall'acqua: *nave d'alto —*, per la navigazione d'alto mare; *virare di —*, cambiare rotta | *d'alto —*, (*fig.*) di condizione sociale elevata; importante, altolocato: *gente d'alto —* **2** (*estens.*) l'interno di una nave, di un aereo o di altri mezzi di trasporto: *salire a —*, imbarcarsi **3** filettatura o guarnizione con cui si orla un capo di biancheria, un indumento: *lenzuolo con — ricamato* **4** parte terminale, margine: *il — della vasca.*

bordò [bor-dò] *agg.* e *s.m.* bordeaux.

bordolese [bor-do-lé-se] *agg.* di Bordeaux | *bottiglia —*, di forma cilindrica e colore scuro per vini rossi ♦ *s.m.* [anche *f.*] chi è nato, chi abita a Bordeaux.

bordone *s.m.* (*mus.*) emissione costante e insistita di una nota ad accompagnamento di una melodia; registro d'organo con suono cupo e grave: *fare, tenere —*, accompagnare con note basse una melodia | *tener — a qlcu.*, (*fig.*) assecondarlo nelle sue malefatte.

bordura [bor-dù-ra] *s.f.* **1** orlo, margine, bordo **2** (*arald.*) pezza onorevole che corre lungo l'orlo interno dello scudo occupandone la sesta parte.

borea [bò-rea] *s.m.* vento di settentrione; tramontana.

boreale [bo-re-à-le] *agg.* relativo all'emisfero terrestre settentrionale: *aurora* —, fenomeno atmosferico luminoso, osservabile all'interno del circolo polare artico; *clima* —, freddissimo, come quello dell'estremo nord.

borgata [bor-gà-ta] *s.f.* **1** piccolo raggruppamento di case **2** a Roma, quartiere popolare dell'estrema periferia.

borghese [bor-ghé-se *o* borghéʃe] *agg.* e *s.m.* e *f.* **1** si dice di chi appartiene alla borghesia o di ciò che è proprio, caratteristico di essa: *classe* —; *essere un* — **2** (*estens.*) si dice di persona o cosa che denota mentalità angusta o rispetto formale di convenzioni che si attribuiscono soprattutto alla piccola borghesia: *conformismo* —. PEGG. *borghesuccio, borghesucolo* **3** civile (contrapposto a *militare* o *ecclesiastico*): *abiti borghesi*; *essere in* —, in abiti civili.

borghesia [bor-ghe-sì-a *o* borgheʃìa] *s.f.* **1** in età comunale, ceto medio cittadino che esercitava le professioni o le attività commerciali e finanziarie **2** in epoca moderna, classe sociale ed economica che comprende industriali, dirigenti, professionisti, impiegati, commercianti, artigiani ecc.

borghigiano [bor-ghi-già-no] *s.m.* [f. *-a*] abitante di una località nel cui nome compaia la parola *Borgo* (p.e. *Borgo San Sepolcro*).

borgo [bór-go] *s.m.* [pl. *-ghi*] **1** piccolo centro abitato **2** quartiere cittadino fuori delle vecchie mura o staccato dal nucleo primitivo. DIM. *borghetto* **3** in alcune città, denominazione di vie e strade.

borgogna [bor-gó-gna] *s.m.invar.* denominazione generica dei vini, bianchi e rossi, prodotti nella omonima regione francese.

borgognone [bor-go-gnó-ne] *agg.* della Borgogna ♦ *s.m.* [f. *-a*] chi è nato, chi abita nella Borgogna.

borgomastro [bor-go-mà-stro] *s.m.* nei paesi tedeschi, il primo magistrato di una città, corrispondente al nostro sindaco.

boria [bò-ria] *s.f.* atteggiamento di superiorità, di ostentazione della propria posizione o dei propri meriti veri o presunti; altezzosità: *essere pieno di* —.

borico [bò-ri-co] *agg.* [pl.m. *-ci*] (*chim.*) si dice di composto che contiene boro: *acido* —.

boriosità [bo-rio-si-tà] *s.f.* l'essere borioso; boria.

borioso [bo-rió-so] *agg.* pieno di boria: *una persona boriosa* | Come *s.m.* [f. *-a*] persona boriosa □ **boriosamente** *avv.*

borlanda [bor-làn-da] *s.f.* residuo della distillazione di liquidi fermentati di origine amilacea o zuccherina; s'impiega nella preparazione di mangimi.

borlotto [bor-lòt-to] *s.m.* varietà di fagiolo a buccia striata, di media grossezza.

boro [bò-ro] *s.m.* elemento chimico di simbolo *B*; è un non metallo solido, giallo bruno, usato nell'industria metallurgica come disossidante.

borotalco® [bo-ro-tàl-co] *s.m.* polvere bianca finissima composta di talco e acido borico, usata per l'igiene e la pulizia della pelle.

borra [bór-ra] *s.f.* **1** cascame di pannilani o miscuglio di peli o crini animali con cui si fanno imbottiture o feltri scadenti **2** (*estens.*) materiale scadente, di poco valore, usato per riempire.

borraccia [bor-ràc-cia] *s.f.* [pl. *-ce*] fiaschetta di alluminio o d'altro materiale per portare con sé acqua o altre bevande. DIM. *borraccetta, borraccina.*

borraccina [bor-rac-cì-na] *s.f.* (*tosc.*) varietà di muschio che cresce in fitti tappeti verdi.

borraginacee [bor-ra-gi-nà-ce-e] *s.f.pl.* (*bot.*) famiglia di piante dicotiledoni caratterizzate da foglie pelose e fiori con infiorescenza a forma di coda di scorpione.

borragine [bor-rà-gi-ne] *s.f.* pianta erbacea con foglie ovali commestibili e fiori azzurri.

borrare [bor-rà-re] *v.tr.* [*io bórro ecc.*] nel linguaggio dei minatori, calcare l'esplosivo nel foro da mina con carta, argilla, sabbia o altro materiale inerte.

borratore [bor-ra-tó-re] *s.m.* maglio usato per consolidare il terreno.

borro [bór-ro] *s.m.* piccolo torrente dal letto profondo e scosceso | canale, fosso che raccoglie le acque di scolo dei campi.

borsa[1] [bór-sa] *s.f.* **1** sacchetto di pelle, stoffa o altro materiale, di varia forma e grandezza, che si porta in mano o in spalla per tenervi denaro, documenti, oggetti personali: — *di pelle, da viaggio* | — *da ghiaccio*, in tessuto impermeabile per fare applicazioni di ghiaccio su parti malate | — *dell'acqua*, in gomma, per contenere acqua calda. DIM. *borsetta, borsina, borsino* (m.) ACCR. *borsona, borsone* (m.) **2** con riferimento al denaro in essa contenuto: *avere la — piena, vuota*, avere molto denaro o non averne affatto | *metter mano alla* —, spendere | *tenere stretta la* —, essere avaro | — *di studio*, somma assegnata a studenti o a studiosi perché possano dedicarsi alla loro attività | *o la — o la vita!*, (*antiq.*) tipica intimazione di rapinatori **3** (*sport*) compenso in denaro ricevuto dai pugili per ogni combattimento **4** (*anat.*) cavità a forma di sacco: — *scrotale* | *avere le borse sotto gli occhi*, (*fam.*) le occhiaie gonfie.

borsa[2] *s.f.* mercato pubblico organizzato di valori mobiliari (azioni, obbligazioni, titoli di stato ecc.) o di merci (prodotti agricoli, minerali, metalli ecc.); l'edificio in cui si svolgono le contrattazioni: *agente, operazioni di* —; *listino di* —, elenco dei prezzi di ogni titolo; *rialzo, ribasso in* —, aumento o ribasso dei valori negoziati | *gio-*

care in —, eseguire operazioni di borsa puntando su rialzi o ribassi.
borsaiolo [bor-sa-iò-lo] *s.m.* [f. *-a*] borseggiatore.
borsanera [bor-sa-né-ra], o **borsa nera**, *s.f.* compravendita illecita e clandestina, a prezzi maggiorati, di generi di monopolio o razionati, o comunque difficilmente reperibili.
borseggiare [bor-seg-già-re] *v.tr.* [*io borséggio ecc.*] compiere un borseggio.
borseggiatore [bor-seg-gia-tó-re] *s.m.* [f. *-trice*] ladro che ruba con destrezza dalle tasche o dalle borse.
borseggio [bor-ség-gio] *s.m.* furto di denaro o di altri oggetti di valore, sottratti abilmente dalle tasche o dalla borsa di qlcu.
borsellino [bor-sel-lì-no] *s.m.* portamonete.
borsello [bor-sèl-lo] *s.m.* borsa da uomo, di solito a tracolla, per contenere denaro e oggetti personali; borsetto.
borsetta [bor-sét-ta] *s.f.* borsa a mano o a tracolla per signora, di varia forma, per contenere denaro e oggetti personali.
borsetto [bor-sét-to] *s.m.* borsello.
borsino [bor-sì-no] *s.m.* **1** ufficio di una banca nel quale convengono gli operatori per seguire le notizie di borsa **2** negoziazione di titoli che non sono ammessi a quotazione ufficiale; mercato ristretto.
borsista[1] [bor-sì-sta] *s.m.* e *f.* [pl.m. *-sti*] chi usufruisce di una borsa di studio.
borsista[2] *s.m.* e *f.* [pl.m. *-sti*] chi fa speculazioni in borsa.
borsistico [bor-sì-sti-co] *agg.* [pl.m. *-ci*] di borsa; relativo alle contrattazioni che avvengono in borsa: *operazioni borsistiche.*
borsite [bor-sì-te] *s.f.* (*med.*) infiammazione di una borsa sierosa.
boscaglia [bo-scà-glia] *s.f.* macchia di arbusti, generalmente bassi e molto ramificati | bosco fitto e intricato.
boscaiolo [bo-sca-iò-lo] *s.m.* [f. *-a*] **1** chi taglia legna nei boschi **2** persona addetta alla manutenzione e alla difesa dei boschi; guardaboschi.
boschereccio [bo-sche-réc-cio] *agg.* [pl.f. *-ce*] (*lett.*) **1** di bosco; che vive nel bosco: *fiore, animale —* **2** (*fig.*) semplice, rozzo: *canti boscherecci.*
boschetto [bo-schét-to] *s.m.* bosco di piccole dimensioni, per lo più coltivato.
boschivo [bo-schì-vo] *agg.* **1** piantato a bosco: *terreno —* **2** proprio del bosco: *piante boschive.*
boscimano [bo-scì-ma-no] *agg.* e *s.m.* [f. *-a*] appartenente a una popolazione nomade dell'Africa sud-occidentale.
bosco [bò-sco] *s.m.* [pl. *-schi*] **1** estensione di terreno coperto di alberi d'alto fusto, arbusti e piante selvatiche: *— di querce, di abeti*; *essere uccel di —*, (*fig.*) irreperibile. DIM. *boschetto* **2** in bachicoltura, il mucchio di frasche sul quale i bachi fanno il bozzolo.
boscosità [bo-sco-si-tà] *s.f.* l'esser boscoso | *indice di —*, il rapporto tra la superficie a bosco e la superficie totale di un territorio.
boscoso [bo-scó-so] *agg.* coperto di boschi, ricco di boschi: *una regione boscosa.*
bosniaco [bo-ʃnì-a-co] *agg.* della Bosnia, stato balcanico ♦ *s.m.* abitante, nativo della Bosnia.
bosone [bo-ʃó-ne] *s.m.* (*fis.*) tipo di particella atomica o subatomica.
boss [/ bɔs /] *s.m.invar.* (*ingl.*) capo di un'organizzazione; la persona più potente in un settore (per lo più *spreg.*): *i — della finanza*; *un — della malavita.*
bossa nova [bòs-sa nò-va] *loc.sost.f.invar.* ballo di origine brasiliana, derivante dal samba con sovrapposizione di elementi jazz.
bosso [bòs-so] *s.m.* **1** arbusto sempreverde con piccole foglie ovali, lucide e profumate **2** il legno di tale arbusto, durissimo e compatto.
bossola [bòs-so-la] *s.f.* spazzola per strigliare i cavalli.
bossolo [bòs-so-lo] *s.m.* **1** urna per estrazioni a sorte o nella quale si raccolgono le schede durante votazioni ed elezioni | bussolotto per il gioco dei dadi. ACCR. *bossolotto* **2** (*mil.*) cilindro metallico che contiene la carica di lancio di un'arma da fuoco.
botanica [bo-tà-ni-ca] *s.f.* scienza che studia e classifica i vegetali.
botanico [bo-tà-ni-co] *agg.* [pl.m. *-ci*] che riguarda la botanica | *orto —*, in cui vengono coltivate piante rare o esotiche, a scopo di studio ♦ *s.m.* [f. *-a*] studioso di botanica.
botola [bò-to-la] *s.f.* apertura in un pavimento o in un soffitto, che mette in comunicazione con un vano sottostante o sovrastante.
botolo [bò-to-lo] *s.m.* piccolo cane di forma tozza che abbaia e ringhia facilmente.
botta [bòt-ta] *s.f.* **1** colpo violento dato con le mani, con un bastone o altro: *prendere a botte*, picchiare; *fare a botte*, picchiarsi; *botte da orbi*, in gran quantità e date alla cieca **2** colpo che si riceve cadendo o urtando contro qlco.: *prendere una — contro uno spigolo* | (*estens.*) il segno che resta dopo una caduta o un urto **3** (*fig. fam.*) guaio, danno improvviso: *il licenziamento è stato una bella — per lui* **4** rumore provocato da un corpo che cade, da un'esplosione o da un'arma da fuoco; botto **5** nella scherma, colpo **6** (*fig. fam.*) motto pungente, espressione provocatoria e allusiva: *— e risposta*, motto o fatto a cui segue prontissima la risposta o la reazione.
bottaio [bot-tà-io] *s.m.* [f. *-a*] chi fabbrica, ripara o vende botti.
bottame [bot-tà-me] *s.m.* l'insieme delle botti di una cantina.
bottarga [bot-tàr-ga] *s.f.* (*gastr.*) uova di muggine pressate e seccate sotto sale.
botte [bót-te] *s.f.* **1** recipiente di legno fatto di doghe arcuate tenute unite da cerchi di ferro; serve per la conservazione e il trasporto di liquidi (specialmente vino), o anche di pesci salati, olive e prodotti simili | *essere in una — di ferro*, (*fig.*)

essere al sicuro da ogni rischio | *dare un colpo al cerchio e uno alla* —, (*fig.*) barcamenarsi fra due esigenze opposte. DIM. *botticella* **2** la quantità di liquido o altra sostanza contenuta in una botte **3** *volta a* —, (*arch.*) volta a sezione semicircolare.

bottega [bot-té-ga] *s.f.* **1** locale che dà su una strada, dove si espongono e si vendono merci; negozio: *la — del panettiere* | *aprire, mettere su* —, cominciare un'attività commerciale | *chiudere* —, cessare un'attività commerciale; (*fig.*) interrompere una qualsiasi attività | *essere tutto casa e* —, (*fig.*) dedicarsi solo alla famiglia e al lavoro **2** laboratorio, officina di un artigiano: *la — del calzolaio* | *andare a — da qlcu.*, imparare presso di lui il mestiere, fare l'apprendista **3** nel Medioevo e nel Rinascimento, il laboratorio di un artista; anche, la sua scuola artistica: *la — di Giotto* | *opera di* —, opera non attribuibile a un artista, ma eseguita dalla sua scuola.

bottegaio [bot-te-gà-io] *s.m.* [f. *-a*] **1** proprietario, gestore di una bottega; negoziante **2** (*spreg.*) persona venale e gretta; trafficante, speculatore.

botteghino [bot-te-ghì-no] *s.m.* **1** biglietteria di teatri, cinema, stadi ecc. **2** ricevitoria del lotto | sportello in cui, all'ippodromo, si scommette sui cavalli.

botticella [bot-ti-cèl-la] *s.f.* **1** a Roma, carrozza pubblica a cavalli **2** (*bot.*) rigonfiamento che si forma al vertice delle piante di cereali prima dell'emissione della spiga.

botticelliano [bot-ti-cel-lià-no] *agg.* che si riferisce al pittore Sandro Botticelli (1445-1510) o alla sua arte: *stile* — | (*lett.*) detto di volto o figura, esile ed elegante: *profilo* —.

bottiglia [bot-tì-glia] *s.f.* **1** recipiente di vetro o plastica, con corpo cilindrico e collo stretto, che serve a contenere liquidi: *la — del latte*; — *da un litro* | — *Molotov*, rudimentale bomba incendiaria costituita da una bottiglia di vetro piena di benzina avente per innesco uno straccio a cui si dà fuoco al momento del lancio. DIM. *bottiglietta* ACCR. *bottiglione* (m.) **2** (*estens.*) quantità di liquido contenuto in una bottiglia: *bere una — di vino* ♦ Usato anche come *agg.invar.*: *verde* —, verde molto scuro.

bottigliata [bot-ti-glià-ta] *s.f.* colpo vibrato con una bottiglia.

bottigliera [bot-ti-gliè-ra] *s.f.* in un bar, il luogo in cui si conservano ed espongono le bottiglie di liquori.

bottigliere [bot-ti-gliè-re] *s.m.* scaffale in cui si conservano bottiglie.

bottiglieria [bot-ti-glie-rì-a] *s.f.* **1** negozio di vini e liquori in bottiglia **2** locale adibito alla conservazione di vini pregiati.

bottiglione [bot ti-glió-ne] *s.m.* grossa bottiglia, generalmente della capacità di due litri.

bottinare[1] [bot-ti-nà-re] *v.intr.* [aus. *avere*] detto delle api operaie, volare alla raccolta di nettare e polline; detto delle formiche, andare a raccogliere il cibo da immagazzinare.

bottinare[2] *v.tr.* concimare il terreno con rifiuti organici.

bottinatura [bot-ti-na-tù-ra] *s.f.* (*agr.*) la concimazione del terreno mediante il contenuto del pozzo nero.

bottino[1] [bot-tì-no] *s.m.* **1** preda di guerra **2** (*estens.*) il frutto, il ricavato di una rapina: *spartirsi il* —.

bottino[2] *s.m.* pozzo nero | il contenuto usato come concime.

botto [bòt-to] *s.m.* **1** (*non com.*) colpo, botta **2** rumore secco e forte, prodotto da spari, esplosioni, colpi ecc.: *si è sentito un gran* — | *di* —, (*fig.*) improvvisamente, di colpo | *in un* —, (*fig.*) in un batter d'occhio **3** (*region.*) mortaretto, fuoco d'artificio: *i botti di capodanno*.

bottone [bot-tó-ne] *s.m.* **1** piccolo disco di varia forma e materiale che, inserito nell'occhiello, tiene chiusi i due lembi di un indumento | *bottoni automatici*, dischetti metallici che si incastrano l'uno nell'altro a pressione | *attaccare un — a qlcu.*, (*fig. fam.*) trattenerlo con discorsi lunghi e noiosi. DIM. *bottoncino* **2** (*estens.*) pulsante: *il — dell'ascensore, del campanello* **3** (*anat.*) formazione a nodulo | *bottoni gustativi*, gli organi periferici del senso del gusto.

bottoniera [bot-to-niè-ra] *s.f.* **1** fila di bottoni: *la — dell'abito dei sacerdoti* **2** occhiello di un indumento **3** quadro con pulsanti da cui si comanda un dispositivo elettrico: *la — dell'ascensore.*

bottoniero [bot-to-niè-ro] *agg.* che concerne la produzione o la vendita dei bottoni: *industria bottoniera.*

bottonificio [bot-to-ni-fì-cio] *s.m.* fabbrica di bottoni.

botulino [bo-tu-lì-no] *s.m.* (*med.*) bacillo che si sviluppa nelle carni insaccate o in scatola avariate, e produce una tossina che determina il botulismo | Anche come *agg.*: *bacillo* —.

botulismo [bo-tu-lì-ʃmo] *s.m.* (*med.*) intossicazione dovuta all'ingestione di alimenti conservati avariati, contenenti la tossina prodotta dal bacillo botulino.

bouclé [/ bu'kle /] *agg.invar.* (*fr.*) si dice di lana o altra fibra con pelo lungo e arricciato.

boudoir [/ bu'dwar /] *s.m.invar.* (*fr.*) salottino privato, riservato di solito alle signore | spogliatoio.

boulevard [/ bul'var /] *s.m.invar.* (*fr.*) viale cittadino largo e alberato, tipico di Parigi.

bounty-killer [/ 'baunti'killer /] *loc.sost.m. invar.* (*ingl.*) giustiziere privato che dà la caccia a un bandito per incassare la taglia.

bouquet [/ bu'kɛ /] *s.m.invar.* (*fr.*) **1** mazzolino di fiori, in particolare quello che portano in mano le spose **2** l'aroma del vino invecchiato.

boutade [/ bu'tad /] *s.f.invar.* (*fr.*) battuta di spirito.

boutique [/ bu'tik /] *s.f.invar.* (*fr.*) negozio elegante di abbigliamento e accessori.
bovarismo [bo-va-rì-ʃmo] *s.m.* (*lett.*) stato di insoddisfazione determinato dal conformismo della vita borghese e accompagnato dal desiderio di evasioni mondane, sentimentali o intellettuali.
bovarista [bo-va-rì-sta] *agg.* [pl.m. *-sti*] (*lett.*) di bovarismo, che manifesta bovarismo: *atteggiamento —*.
bovaro [bo-và-ro] *s.m.* guardiano di bovini | (*fig.*) uomo rozzo.
bove → **bue**.
bovidi [bò-vi-di] *s.m.pl.* (*zool.*) famiglia di ruminanti con due corna cave e dentatura incompleta, a cui appartengono bovini, caprini, ovini e antilopi.
bovindo [bo-vìn-do] *s.m.* (*arch.*) struttura aggettante di un edificio, simile a un balcone coperto e chiuso da vetri.
bovini [bo-vì-ni] *s.m.pl.* (*zool.*) sottofamiglia dei bovidi, comprendente animali di grossa taglia con corna ricurve, muso largo, coda con ciuffo (*p.e.* il bue, il bufalo, il bisonte) | in particolare, i bovini domestici (bue, toro, vacca).
bovino [bo-vì-no] *agg.* **1** di bue, dei bovini: *allevamento —* | *occhi bovini*, tondi e sporgenti come quelli del bue **2** (*fig.*) stolido, ottuso: *intelligenza bovina*.
bowling [/ 'buliŋg /] *s.m.invar.* (*ingl.*) gioco di birilli praticato con grosse bocce su apposite piste | (*estens.*) locale dove si pratica tale gioco.
box [/ bɔks /] *s.m.invar.* (*ingl.*) **1** suddivisione di un ambiente ottenuta mediante tramezzature **2** nelle stalle e nelle scuderie, recinto in cui vengono allevati o tenuti gli animali **3** negli autodromi, posto di rifornimento di carburante e di assistenza meccanica **4** autorimessa al piano terreno o seminterrato di un edificio per il ricovero di una sola autovettura **5** piccolo recinto in cui si tengono i bambini che non sanno ancora camminare.
boxare [bo-xà-re] *v.intr.* [*io bòxo ecc.*; aus. *avere*] fare del pugilato.
boxe [/ bɔks /] *s.f.invar.* (*fr.*) pugilato | *tirare di —*, praticare il pugilato.
boxer[1] [/ 'bɔkser /] *s.m.invar.* (*ingl.*) cane da guardia dal mantello fulvo.
boxer[2] *s.m.pl.* (*ingl.*) tipo di mutande maschili a forma di calzoncini.
boxeur [/ bɔk'sœr /] *s.m.invar.* (*fr.*) pugile.
boy [/ 'bɔi /] *s.m.invar.* (*ingl.*) **1** ballerino di rivista **2** giovane inserviente di alberghi **3** nel tennis, raccattapalle.
boy-friend [/ 'bɔi'frɛnd /] *s.m.invar.* (*ingl.*) ragazzo legato a una coetanea da un vincolo sentimentale.
boy-scout [/ 'bɔi'skaut /] *s.m.invar.* (*ingl.*) giovane appartenente al movimento dello scoutismo.
bozza[1] [bòz-za] *s.f.*, o **bozzo** *s.m.*, **1** pietra sporgente da un muro; bugna. DIM. *bozzetta* **2** (*estens.*) protuberanza.
bozza[2] *s.f.* **1** prima e imperfetta forma di un lavoro; abbozzo **2** prova del risultato di una composizione tipografica, su cui si apportano le eventuali correzioni.
bozza[3] *s.f.* (*mar.*) dispositivo per tenere tesato un cavo o una catena o per trattenere un peso.
bozzacchione [boz-zac-chió-ne] *s.m.* il frutto del susino quando si deforma in una sorta di borsa allungata.
bozzato [boz-zà-to] *s.m.* (*arch.*) bugnato.
bozzettismo [boz-zet-tì-ʃmo] *s.m.* tendenza di uno scrittore a narrare prevalentemente attraverso bozzetti.
bozzettista [boz-zet-tì-sta] *s.m.* e *f.* [pl.m. *-sti*] **1** autore di bozzetti letterari **2** chi crea o disegna cartelloni pubblicitari.
bozzettistica [boz-zet-tì-sti-ca] *s.f.* l'arte di scrivere bozzetti; il genere del bozzetto.
bozzettistico [boz-zet-tì-sti-co] *agg.* [pl.m. *-ci*] di bozzetto, relativo a un bozzetto | (*fig.*) vivace, immediato, ma schematico e sommario: *rappresentazione bozzettistica*.
bozzetto [boz-zét-to] *s.m.* **1** abbozzo, schizzo o modello in scala di un'opera d'arte, una scenografia, un cartellone pubblicitario ecc. DIM. *bozzettino* **2** quadretto di maniera, dipinto rapidamente e con vivace spunto realistico | breve racconto che descrive con realismo e vivacità scene di vita quotidiana.
bozzima [bòʒ-ʒi-ma] *s.f.* **1** (*ind. tess.*) sostanza colloidale con cui vengono impregnati i filati prima della tessitura, per renderli più facilmente lavorabili **2** miscuglio d'acqua e crusca per i polli.
bozzo[1] → **bozza**[1].
bozzo[2] [bòʒ-ʒo] *s.m.* fossa, buca piena d'acqua; pozzanghera.
bozzolaccio [boz-zo-làc-cio] *s.m.* bozzolo da cui è uscita la farfalla.
bozzolaia [boz-zo-là-ia] *s.f.* locale in cui si tengono i bozzoli dei bachi da seta.
bozzolo [bòz-zo-lo] *s.m.* **1** involucro di seta, costruito dalle larve di varie farfalle, in particolare dal baco da seta, come ricovero protettivo durante la metamorfosi | *uscire dal —*, diventare farfalla; (*fig.*) emanciparsi | *chiudersi nel proprio —*, (*fig.*) condurre una vita appartata **2** nodo che si forma nei filati | (*estens.*) grumo di farina che non si è sciolta nell'acqua.
bozzoloso [boz-zo-ló-so] *agg.* che contiene bozzoli, grumi: *farina bozzolosa*.
bozzoluto [boz-zo-lù-to] *agg.* pieno di nodosità, di protuberanze: *tronco —*.
bozzone [boz-zó-ne] *s.m.* bozza di una intera pagina di giornale su cui viene effettuato un ultimo controllo.
braca [brà-ca] *s.f.* [pl. *-che*] **1** antico indumento maschile simile ai calzoni, ma di ampiezza e lunghezza minori | oggi, ciascuna delle due gambe di pantaloni, mutandoni **2** *pl.* pantaloni, mutande. DIM. *brachetta* **3** nome generico di qualsiasi

sistema di legatura che serva a sostenere, a imbrigliare, ad allacciare.
bracalone [bra-ca-ló-ne] *s.m.* [f. *-a*] (*fam.*) chi porta i pantaloni sempre cascanti; (*fig.*) persona trasandata ♦ *agg.* trasandato, sciatto.
braccare [brac-cà-re] *v.tr.* [*io bracco, tu bracchi ecc.*] **1** inseguire la selvaggina (detto di cani o cacciatori) **2** (*fig.*) inseguire qlcu. senza dargli tregua: *— un evaso.*
braccata [brac-cà-ta] *s.f.* battuta di caccia al cinghiale.
braccetto [brac-cét-to] *s.m.* **1** nella loc. *a —*, con il braccio sotto quello di un'altra persona **2** (*sport*) tipo di nuotata in cui le braccia si portano alternativamente fuori dell'acqua, la testa non si immerge e a ogni bracciata corrisponde una battuta di gambe.
bracchetto [brac-chét-to] *s.m.* cane da caccia piccolo e robusto, con pelo raso a tre colori; beagle.
bracciale [brac-cià-le] *s.m.* **1** ornamento, gioiello che si porta intorno al polso: *un — d'oro, d'osso.* DIM. *braccialetto* **2** striscia di stoffa che si porta al braccio come distintivo: *— della Croce Rossa* **3** piccolo salvagente di plastica gonfiabile che si infila al braccio.
braccialetto [brac-cia-lét-to] *s.m.* **1** piccolo bracciale che cinge il polso per ornamento **2** cinturino dell'orologio da polso.
bracciantato [brac-cian-tà-to] *s.m.* condizione, categoria dei braccianti.
bracciante [brac-ciàn-te] *s.m.* e *f.* salariato agricolo non specializzato.
bracciantile [brac-cian-tì-le] *agg.* di bracciante, dei braccianti: *lavoro —.*
bracciata [brac-cià-ta] *s.f.* **1** quantità di materiale che può essere racchiusa tra le braccia **2** ognuno dei movimenti regolari eseguiti dal nuotatore con le braccia; il tratto compiuto con ogni movimento.
braccio [bràc-cio] *s.m.* [pl. *le braccia*, nei sign. 1, 2 e 6; *i bracci*, negli altri sign.] **1** (*anat.*) la parte dell'arto superiore compresa tra la spalla e il gomito; anche, l'insieme di braccio e avambraccio: *portare qlco. sotto il —; tenere un bambino in —* | *accogliere qlcu. a braccia aperte*, con grande affetto, con molta cordialità | *allargare le braccia*, gesto per esprimere rassegnazione o impotenza | *alzare le braccia*, gesto per dichiarare la propria resa (spec. *fig.*) | *incrociare le braccia*, (*fig.*) scioperare | *essere il — destro di qlcu.*, (*fig.*) il suo principale collaboratore | *a braccia*, a forza di braccia | *— di ferro*, prova di forza in cui due avversari si sforzano di piegare l'uno il braccio dell'altro; (*fig.*) prova di forza in genere: *continua il — di ferro tra le parti* | *a —*, in modo improvvisato: *parlare a —* | *il — e la mente*, (*fig.*) l'esecutore e l'ideatore. DIM. *braccetto, braccino* ACCR. *braccione* **2** *pl.f.* (*fig.*) manodopera, forza lavoro: *la campagna abbisogna di molte braccia* **3** (*fig.*) forza, autorità: *il — della legge* **4** (*estens.*) parte lunga, stretta e sporgente di qlco.: *il — della gru* | *i bracci di un edificio*, le parti laterali | *— del carcere*, ognuno dei padiglioni di cui è costituito un edificio carcerario: *il — della morte*, dove alloggiano i condannati a morte prima dell'esecuzione della sentenza | *— di strada, di ferrovia*, ramo che si snoda dal tronco principale **5** in geografia: *— di terra*, istmo; *— di mare*, stretto o canale marino; *— di fiume*, ramo laterale **6** unità di misura di lunghezza, usata con valori diversi (da 0,58 m a 0,68 m) per misurare la stoffa | unità di misura delle profondità marine, equivalente a 1,80 m.
bracciolo [brac-ciò-lo] *s.m.* appoggio per le braccia di poltrone e divani.
bracco [bràc-co] *s.m.* [pl. *-chi*] **1** cane da caccia e da tartufi dall'odorato finissimo **2** (*fig.*) sbirro, segugio.
bracconaggio [brac-co-nàg-gio] *s.m.* caccia di frodo.
bracconiere [brac-co-niè-re] *s.m.* cacciatore di frodo.
brace [brà-ce] *s.f.* fuoco senza fiamma, che è il residuo della legna o del carbone bruciati: *cuocere alla —* | *soffiare sulla —*, (*fig.*) alimentare passioni, odi, contrasti | *cadere dalla padella nella —*, (*fig.*) passare da una situazione negativa a un'altra peggiore | *farsi di —*, (*fig.*) arrossire violentemente.
brachetta [bra-chét-ta] *s.f.* **1** la parte anteriore, abbassabile e abbottonata sui fianchi, di alcuni tipi di calzoni **2** *pl.* mutandine corte aderenti, con l'elastico in vita.
brachetto [bra-chét-to] *s.m.* vino rosso piemontese delle zone di Acqui e di Asti, amabile o dolce e dal caratteristico profumo di rosa.
brachi- primo elemento di parole composte, che significa 'breve, corto' (*brachicefalo, brachilogia*).
brachiale [bra-chià-le] *agg.* (*anat.*) che si riferisce al braccio: *muscolo —.*
brachialgia [bra-chi-al-gì-a] *s.f.* (*med.*) nevralgia brachiale.
brachicardia [bra-chi-car-dì-a] *s.f.* (*med.*) bradicardia.
brachicefalia [bra-chi-ce-fa-lì-a] *s.f.* (*antrop.*) conformazione del cranio in cui il diametro longitudinale è assai corto e si avvicina a quello trasversale.
brachicefalo [bra-chi-cè-fa-lo] *agg.* e *s.m.* [f. *-a*] (*antrop.*) di persona che presenta i caratteri della brachicefalia.
brachidattilia [bra-chi-dat-ti-lì-a] *s.f.* (*med.*) anomalia anatomica per cui le dita sono più corte del normale.
brachigrafia [bra-chi-gra-fì-a] *s.f.* scrittura abbreviata.
brachilogia [bra-chi-lo-gì-a] *s.f.* brevità, concisione del discorso e della scrittura.
brachio- primo elemento di parole composte della terminologia scientifica, che significa 'braccio, del braccio' (*brachioradiale*).
brachiopodi [bra-chiò-po-di] *s.m.pl.* (*zool.*) gruppo di animali marini aventi una conchiglia

divisa in due valve, con peduncolo carnoso per fissarsi al fondo.

brachioradiale [bra-chio-ra-dià-le] *s.m.* (*anat.*) muscolo esterno del braccio.

brachipnea [bra-chi-pnè-a] *s.f.* (*med.*) respirazione corta e affannosa.

brachitipo [bra-chi-tì-po, *anche* brachìtipo] *s.m.* tipo umano caratterizzato da bassa statura e relativa prevalenza dei diametri orizzontali.

brachiuri [bra-chi-ù-ri] *s.m.pl.* (*zool.*) sottordine di crostacei a cui appartiene il granchio.

braciere [bra-ciè-re] *s.m.* recipiente di metallo in cui si tiene la brace accesa per riscaldare l'ambiente.

braciola [bra-ciò-la] *s.f.* fetta di carne bovina o suina che si cuoce sulla brace o in padella.

bradi- primo elemento di parole composte, che significa 'lento, ritardato' (*bradifasia*, *bradipepsia*).

bradicardia [bra-di-car-dì-a] *s.f.* (*med.*) bassa frequenza del battito cardiaco.

bradifasia [bra-di-fa-ʃì-a] *s.f.* lentezza nel parlare.

bradilalia [bra-di-la-lì-a] *s.f.* lentezza nell'articolazione delle parole.

bradipepsia [bra-di-pe-psì-a] *s.f.* (*med.*) lentezza nella digestione.

bradipnea [bra-di-pnè-a] *s.f.* (*med.*) rallentamento della respirazione.

bradipo [brà-di-po] *s.m.* tozzo mammifero brasiliano con grosse unghie falcate; vive sugli alberi.

bradisismico [bra-di-sì-ʃmi-co] *agg.* [pl.m. *-ci*] di bradisismo, relativo a bradisismo: *movimenti bradisismici*.

bradisismo [bra-di-sì-ʃmo] *s.m.* (*geol.*) lento spostamento verticale della crosta terrestre che determina modifiche della linea del litorale.

brado [brà-do] *agg.* si dice di bovini ed equini che vivono liberi allo stato quasi selvaggio: *cavallo —* | (*fig.*) assolutamente libero, primitivo: *vivere allo stato —*.

braga [brà-ga] *s.f.* (*tecn.*) elemento di raccordo tra una tubazione di scarico verticale e uno o più tubi orizzontali.

bragozzo [bra-gòz-zo] *s.m.* grossa barca da pesca usata nell'Adriatico, con vele dipinte a colori vivaci.

brahmanesimo [brah-ma-né-ʃi-mo], o bramanesimo, *s.m.* sistema sociale e religioso dell'antica India (sec. VI), caratterizzato dall'integrazione nella sfera religiosa di tutti gli aspetti della vita civile e dalla supremazia della casta dei brahmani.

brahmano [brah-mà-no], o **bramano** o **bramino**, *s.m.* nell'epoca del brahmanesimo, esponente della più elevata casta indiana, al quale erano demandate le funzioni sacerdotali.

braille® [/ braj /] *agg.* e *s.f.* (*fr.*) si dice di metodo di scrittura per non vedenti, formata da punti in rilievo; si legge passando le dita sul foglio.

brain-storming [/ 'brein'stɔrmiŋ /] *loc.sost.m.invar.* (*ingl.*) tecnica di ricerca di gruppo per stimolare la produzione di idee creative.

brain-trust [/ 'breintrast /] *loc.sost.m.invar.* (*ingl.*) gruppo di esperti che concorrono a risolvere problemi di particolare complessità.

brama [brà-ma] *s.f.* voglia smodata, ardente; avidità, bramosia: *— di danaro* | desiderio intenso (di cose positive): *— di sapere*.

bramano e *deriv.* → **brahmano** e *deriv.*

bramare [bra-mà-re] *v.tr.* (*lett.*) desiderare ardentemente: *— la libertà*.

bramino → **brahmano**.

bramire [bra-mì-re] *v.intr.* [*io bramisco, tu bramisci ecc.*; aus. *avere*] emettere bramiti.

bramito [bra-mì-to] *s.m.* urlo di grossi animali selvatici (cervi, orsi ecc.).

bramosia [bra-mo-sì-a] *s.f.* (*lett.*) brama, desiderio ardente.

bramoso [bra-mó-so] *agg.* (*lett.*) che ha o denota brama; voglioso: *— di gloria*.

branca [bràn-ca] *s.f.* **1** (*lett.*) zampa munita di artigli **2** (spec. *pl.*) mano che afferra rapacemente, grinfia; (*fig.*) potere, dominio: *finire nelle branche di un usuraio* **3** ramo principale di un albero | (*fig.*) ramo, settore (di una scienza, un'attività ecc.): *le branche della medicina*.

branchia [bràn-chia] *s.f.* (*zool.*) organo di respirazione di animali acquatici (pesci, anfibi, molluschi), tramite il quale avvengono gli scambi gassosi con l'ossigeno disciolto nell'acqua.

branchiale [bran-chià-le] *agg.* relativo alle branchie: *apparato —*.

branchiati [bran-chià-ti] *s.m.pl.* (*zool.*) denominazione generica di animali che respirano per mezzo di branchie.

branchiopodi [bran-chiò-po-di] *s.m.pl.* (*zool.*) ordine di crostacei di acqua dolce caratterizzati da arti toracici lamellari.

brancicare [bran-ci-cà-re] *v.tr.* [*io bràncico, tu bràncichi ecc.*] (*fam.*) toccare, tastare insistentemente.

branco [bràn-co] *s.m.* [pl. *-chi*] **1** gruppo di animali della stessa specie, di medie o grandi dimensioni, che vivono e si spostano insieme: *un — di lupi* **2** (*spreg.*) gruppo di persone: *un — di incompetenti*.

brancolamento [bran-co-la-mén-to] *s.m.* il brancolare.

brancolare [bran-co-là-re] *v.intr.* [*io bràncolo ecc.*; aus. *avere*] **1** procedere a tastoni: *— nel buio* **2** (*fig.*) operare, muoversi con incertezza: *— nella ricerca di una soluzione*.

branda [bràn-da] *s.f.* letto pieghevole e trasportabile in tela o in rete metallica | letto pensile dei marinai, simile all'amaca. DIM. *brandina*.

brandeburghese [bran-de-bur-ghé-se] *agg.* del Brandeburgo, regione storica della Germania ♦ *s.m.* e *f.* abitante, nativo del Brandeburgo.

brandeggiare [bran-deg-già-re] *v.tr.* [*io brandéggio ecc.*] far ruotare orizzontalmente uno strumento, un'arma.

brandeggio [bran-dég-gio] *s.m.* **1** il brandeggiare, l'essere brandeggiato **2** (*tv*) supporto per

telecamera che può ruotare in verticale e in orizzontale.
brandello [bran-dèl-lo] *s.m.* piccolo pezzo lacerato di qlco.: *— di stoffa, di carne; fare a brandelli.*
brandire [bran-dì-re] *v.tr.* [*io brandisco, tu brandisci ecc.*] afferrare e agitare un'arma o qualsiasi altro oggetto che possa ferire: *— la spada.*
brando [bràn-do] *s.m.* (*poet.*) spada.
brandy [ˈbrɛndi] *s.m.invar.* (*ingl.*) acquavite che si ottiene distillando il vino e facendolo invecchiare in botti di rovere.
brano [brà-no] *s.m.* **1** pezzo, porzione strappata di qlco.: *un — di carne* | *fare a brani*, stracciare, lacerare **2** parte di un'opera musicale o passo di un'opera letteraria.
branzino [bran-ʒì-no] *s.m.* (*sett.*) spigola.
brasare[1] [bra-ʃà-re] *v.tr.* far cuocere a lungo in una casseruola coperta, a fuoco lento, un pezzo di carne intero: *manzo brasato.*
brasare[2] *v.tr.* (*tecn.*) eseguire la brasatura.
brasato [bra-ʃà-to] *s.m.* carne brasata.
brasatura [bra-ʃa-tù-ra] *s.f.* (*tecn.*) collegamento di pezzi metallici mediante infiltrazione di materiale metallico fuso.
brasiliano [bra-ʃi-lià-no] *agg.* del Brasile ♦ *s.m.* **1** [f. *-a*] nativo, abitante del Brasile **2** la lingua portoghese parlata in Brasile.
brassica [bràs-si-ca] *s.f.* (*bot.*) genere di piante erbacee a cui appartengono il cavolo, il ravizzone e la rapa.
brattea [bràt-te-a] *s.f.* **1** (*bot.*) piccola foglia che ricopre il fiore prima che sbocci **2** lamina di metallo prezioso decorata con incisioni e usata come ornamento.
bratteiforme [brat-tei-fór-me] *agg.* (*bot.*) che è a forma di brattea.
bratteola [brat-tè-o-la] *s.f.* (*bot.*) piccola brattea che protegge i fiori, formando un calicetto secondario.
braunite [brau-nì-te] *s.f.* minerale di colore nero da cui si estrae il manganese.
bravaccio [bra-vàc-cio] *s.m.* **1** (*st.*) sgherro, soldato mercenario **2** (*estens.*) uomo prepotente e millantatore.
bravata [bra-và-ta] *s.f.* atto spavaldo, tracotante; smargiassata | azione inutilmente rischiosa.
braveria [bra-ve-rì-a] *s.f.* **1** (*non com.*) atteggiamento da bravo; spavalderia **2** (*st.*) l'insieme dei bravi.
bravo [brà-vo] *agg.* **1** che è abile ed esperto in ciò che fa: *un — medico; uno scolaro — in latino* | come interiezione, esprime approvazione, consenso o, ironicamente, disapprovazione: *—, bene!; —, ne hai combinata un'altra!* DIM. *bravino* **2** onesto, generoso, di buon cuore: *un — giovane; brava gente* **3** (*fam.*) con funzione rafforzativa o espressiva: *ho dormito le mie brave otto ore* ♦ *s.m.* (*st.*) soldato mercenario | sgherro al servizio di un signore: *i bravi di don Rodrigo* □ **bravamente** *avv.* con bravura | con spavalderia.
bravura [bra-vù-ra] *s.f.* qualità di chi è bravo; abilità | *pezzo di —*, (*mus.*) esecuzione, prova che richiedono grande abilità.
break [/ ˈbrɛk /] *s.m.invar.* (*ingl.*) pausa, intervallo: *fare un — per prendere un caffè* | (*estens.*) breve annuncio pubblicitario che interrompe una trasmissione televisiva o radiofonica ♦ *inter.* (*sport*) nel pugilato, ordine che l'arbitro dà ai pugili perché si separino e riprendano a combattere a distanza; nel rugby, comando di sciogliere la mischia.
breakfast [/ ˈbrɛkfast /] *s.m.invar.* (*ingl.*) prima colazione piuttosto abbondante, secondo l'uso inglese.
breccia[1] [bréc-cia] *s.f.* [pl. *-ce*] varco aperto con mezzi offensivi in un muro o in un'altra opera di difesa per penetrarvi a viva forza: *la — di Porta Pia* | *battere in —*, (*mil.*) concentrare il fuoco delle artiglierie in un solo punto per rompere la linea di difesa nemica | *essere sulla —*, (*fig.*) continuare a esercitare un'attività o una professione con successo | *far — su qlcu., nell'animo di qlcu.*, (*fig.*) riuscire a fare colpo su di lui, a persuaderlo.
breccia[2] *s.f.* [pl. *-ce*] insieme di frammenti di pietra usati nell'edilizia e per pavimentare le strade; ghiaia, pietrisco.
brecciame [brec-cià-me] *s.m.* insieme di breccia, di ghiaia.
brecciolino [brec-cio-lì-no] *s.m.* brecciame minuto.
breccioso [brec-ció-so] *agg.* pieno di breccia, di ghiaia: *un sentiero —.*
brechtiano [brech-tia-no] *agg.* che si riferisce allo scrittore e drammaturgo tedesco B. Brecht (1898-1956) o alla sua opera: *la teoria brechtiana del teatro.*
brefotrofio [bre-fo-trò-fio] *s.m.* istituto in cui si raccolgono e si allevano bambini abbandonati.
Breitschwanz [/ ˈbraitʃvants /] *s.m.* (*ted.*) pelliccia molto pregiata, lucida e leggera, fatta con pelli di agnellini di Persia nati prematuramente.
bremo [brè-mo] *s.m.* (*mar.*) corda di sparto intrecciato.
brentolo [brèn-to-lo] *s.m.* pianta simile all'erica, usata per fabbricare scope.
bresaola [bre-ʃà-o-la] *s.f.* (*lomb.*) carne di manzo salata ed essiccata.
bresciana [bre-scià-na] *s.f.* pala sottile per rimuovere rena e calcinacci.
bressanella [bres-sa-nèl-la] *s.f.* impianto di reti verticali per la cattura degli uccelli.
bretella [bre-tèl-la] *s.f.* **1** (spec. *pl.*) ognuna delle strisce elastiche che, passando sopra le spalle, s'allacciano ai calzoni per sorreggerli | spallina: *le bretelle della sottoveste.* DIM. *bretellina* **2** raccordo stradale o ferroviario.
bretone [brè-to-ne], o **brettone**, *agg.* della Bretagna: *costa —* ♦ *s.m.* **1** [anche *f.*] chi è nato, chi abita nella Bretagna **2** lingua celtica parlata in Bretagna.
breva [bré-va] *s.f.* (*sett.*) vento periodico dei laghi lombardi che spira verso i monti.
breve[1] [brè-ve] *agg.* **1** di poca durata: *un — pe-*

riodo; in —, in poco tempo; *tra* —, tra poco **2** corto: *tragitto, viaggio* — **3** conciso, stringato: *frasi brevi | farla —, dirla in —*, in poche parole **4** (*ling.*) si dice di vocale o consonante che nella pronuncia ha durata minore di un'altra detta *lunga* ♦ *s.f.* **1** (*metr.*) vocale breve **2** (*mus.*) valore di nota e di pausa di durata doppia della semibreve **3** notizia di poche righe pubblicata su un giornale □ **brevemente** *avv.* in breve tempo; concisamente: *parlare* —.

breve² *s.m.* **1** (*eccl.*) lettera pontificia, meno solenne della bolla **2** piccolo involto contenente reliquie, da portarsi al collo per devozione.

brevettare [bre-vet-tà-re] *v.tr.* [*io brevétto ecc.*] **1** conferire un brevetto **2** far riconoscere ufficialmente un'invenzione mediante brevetto: — *un nuovo tipo di vetro.*

brevettato [bre-vet-tà-to] *agg.* fornito di brevetto, che ha ottenuto un brevetto: *invenzione brevettata.*

brevetto [bre-vét-to] *s.m.* **1** attestazione ufficiale della paternità di un'invenzione, che ne determina l'esclusività di sfruttamento economico **2** patente di abilitazione all'esercizio di determinate funzioni: — *di pilota.*

brevi- primo elemento di parole composte, che vale 'breve, corto' (*brevilineo*).

breviario [bre-vià-rio] *s.m.* **1** libro liturgico contenente l'ufficio divino che i sacerdoti e i religiosi devono recitare ogni giorno **2** (*fig.*) testo che si ha sempre tra le mani: *la "Divina commedia" è il suo* —.

brevilineo [bre-vi-lì-ne-o] *agg.* e *s.m.* [f. *-a*] si dice di tipo fisico di bassa statura e dal limitato sviluppo delle dimensioni verticali.

brevi manu [/ 'brɛvi 'manu /] *loc.avv.* (*lat.*) personalmente, a mano: *consegnare una lettera* —.

brevità [bre-vi-tà] *s.f.* **1** l'essere breve: *la — di un viaggio* **2** concisione, stringatezza: *la — di un testo.*

brezza [bréʒ-ʒa] *s.f.* vento periodico, di forza debole o moderata: — *di mare*, che spira di giorno dal mare verso la terra; — *di terra*, che spira di notte dalla terra verso il mare | (*estens.*) venticello fresco. DIM. *brezzolina.*

brianteo [bri-an-tè-o] *agg.* (*lett.*) brianzolo.

brianzolo [bri-an-zò-lo] *agg.* della Brianza ♦ *s.m.* [f. *-a*] nativo, abitante della Brianza.

bric-à-brac [/ brika'brak /] *loc.sost.m.invar.* (*fr.*) insieme di oggetti di poco valore; cianfrusaglie.

bricco [brìc-co] *s.m.* [pl. *-chi*] piccolo recipiente, più largo che alto, con beccuccio e manico: *il — del latte.* DIM. *bricchetto.*

bricconaggine [bric-co-nàg-gi-ne] *s.f.* bricconeria.

bricconata [bric-co-nà-ta] *s.f.* azione, comportamento da briccone (spec. *scherz.*).

briccone [bric-có-ne] *s.m.* [f. *-a*] **1** persona scaltra, malvagia, senza scrupoli **2** (*scherz.*) persona simpaticamente astuta, riferito soprattutto a ragazzi; birbante. DIM. *bricconcello.*

bricconeria [bric-co-ne-rì-a] *s.f.* l'essere briccone | azione da briccone; bricconata.

bricconesco [bric-co-né-sco] *agg.* [pl.m. *-schi*] da briccone, degno di un briccone; furfantesco.

briciola [brì-cio-la] *s.f.* **1** piccolissimo frammento di pane. DIM. *bricioletta, briciolina* **2** (*fig.*) quantità minima di qlco. | *ridurre in briciole*, frantumare; (*scherz.*) annientare | *andare in briciole*, rompersi, distruggersi.

briciolo [brì-cio-lo] *s.m.* frammento, pezzo minutissimo di qlco. (anche *fig.*): *non avete un — di pudore!* | *mandare, andare in bricioli*, frantumare, frantumarsi.

bricolage [/ briko'laʒ /] *s.m.invar.* (*fr.*) attività manuale di riparazione o costruzione svolta per passatempo.

bridge [/ bridʒ /] *s.m.invar.* (*ingl.*) gioco di carte tra quattro giocatori accoppiati; la coppia che apre dichiara un certo numero di prese e vince se riesce a mantenere l'impegno.

briefing [/ 'brifiŋg /] *s.m.invar.* (*ingl.*) **1** breve riunione durante la quale si informano i partecipanti sull'andamento di un'operazione **2** nell'organizzazione aziendale, complesso di informazioni e istruzioni con cui si affida un compito a un collaboratore.

briga [brì-ga] *s.f.* [pl. *-ghe*] **1** faccenda complicata che dà preoccupazione; molestia, fastidio: *cacciarsi in una* —; *darsi, prendersi la — di qlco.*, occuparsene, preoccuparsene **2** lite, contrasto: *attaccar* —.

brigadiere [bri-ga-diè-re] *s.m.* sottufficiale dell'arma dei carabinieri o della guardia di finanza, corrispondente al sergente maggiore dell'esercito.

brigantaggio [bri-gan-tàg-gio] *s.m.* vita, attività da brigante o dei briganti; banditismo: *darsi al* — | il fenomeno costituito dalle bande organizzate di briganti.

brigante [bri-gàn-te] *s.m.* **1** chi viveva di rapine nelle campagne o sui monti; bandito **2** (*scherz.*) briccone, birbante.

brigantino [bri-gan-tì-no] *s.m.* (*mar.*) veliero con due alberi a vele quadre e bompresso.

brigare [bri-gà-re] *v.intr.* [*io brigo, tu brighi ecc.*; aus. *avere*] tentare con tutti i mezzi di raggiungere uno scopo: — *per ottenere un lavoro.*

brigata [bri-gà-ta] *s.f.* **1** gruppo di persone che si riuniscono per lo più a scopo di divertimento: *una — di buontemponi* **2** (*mil.*) unità tattica dell'esercito costituita da più battaglioni **3** gruppo di combattenti irregolari organizzati in formazioni armate: *le brigate partigiane* | *Brigate rosse*, organizzazione terroristica di estrema sinistra operante in Italia negli anni '70 e '80.

brigatismo [bri-ga-tì-ʃmo] *s.m.* il fenomeno costituito dalle brigate terroristiche, e in particolare dalle Brigate rosse.

brigatista [bri-ga-tì-sta] *s.m.* e *f.* [pl.m. *-sti*] appartenente a una brigata armata; in particolare, appartenente alle Brigate rosse.

brigidino [bri-gi-dì-no] *s.m.* (*tosc.*) piccola cialda

rotonda e sottile di pasta dolce, cotta fra due piastre metalliche caldissime.
briglia [brì-glia] *s.f.* **1** (spec. *pl.*) ciascuna delle due strisce di cuoio che vengono attaccate al morso del cavallo per guidarlo; (*fig.*) freno, guida: *tirare le briglie* | *a — sciolta*, con la briglia allentata; (*fig.*) senza freno: *parlare a — sciolta* **2** (*mar.*) cavo che tiene ferma, nella parte inferiore, un'asta orizzontale o inclinata.
brillamento [bril-la-mén-to] *s.m.* **1** il brillare; brillio **2** l'esplodere delle mine.
brillantare [bril-lan-tà-re] *v.tr.* **1** tagliare a faccette; sfaccettare (un diamante, un cristallo) **2** ornare con brillanti **3** (*estens.*) rendere brillante, lucido **4** rivestire confetti e dolci di un sottile strato di zucchero.
brillantatura [bril-lan-ta-tù-ra] *s.f.* operazione del brillantare.
brillante[1] [bril-làn-te] *agg.* **1** che brilla, risplende: *pavimento —* **2** (*fig.*) che colpisce suscitando ammirazione: *un'idea, un uomo —*; *vita —*, ricca di occasioni mondane **3** (*fig.*) spiritoso, vivace: *commedia, attore —* □ **brillantemente** *avv.* in modo brillante, con risultato molto positivo: *superare — un esame.*
brillante[2] *s.m.* **1** diamante tagliato a faccette disposte in modo da formare due piramidi tronche con la base in comune **2** (*estens.*) anello, gioiello con brillanti: *— di fidanzamento.*
brillantezza [bril-lan-téz-za] *s.f.* l'essere brillante.
brillantina[1] [bril-lan-tì-na] *s.f.* preparato cosmetico usato per dare lucentezza ai capelli.
brillantina[2] *s.f.* pianta erbacea con foglie lucide lineari e infiorescenza a spighette cuoriformi.
brillantino[1] [bril-lan-tì-no] *s.m.* tessuto di seta, cotone o fibra artificiale, molto leggero e lucido.
brillantino[2] *s.m.* brillante di piccola caratura.
brillanza [bril-làn-za] *s.f.* (*fis.*) grandezza fotometrica data dal rapporto tra l'intensità luminosa di una superficie irraggiante e l'unità della superficie stessa.
brillare[1] [bril-là-re] *v.intr.* [aus. *avere*] **1** splendere di luce viva e tremula; luccicare (anche *fig.*): *le stelle brillano in cielo*; *occhi che brillano di gioia* **2** (*fig.*) farsi notare: *brillare per senso dell'umorismo* | *— per la propria assenza*, (*iron.*) si dice di chi manca in un luogo dove è atteso **3** esplodere: *far — una mina* ♦ *v.tr.* far esplodere: *— una mina.*
brillare[2] *v.tr.* liberare il chicco del riso o di altri cereali dal suo involucro naturale mettendone così in vista la lucentezza.
brillatura [bril-la-tù-ra] *s.f.* operazione del brillare il riso o altri cereali: *— dell'avena.*
brillio [bril-lì-o] *s.m.* (*lett.*) il brillare di luce tremula; scintillio: *il — delle stelle.*
brillo [brìl-lo] *agg.* (*fam.*) leggermente ubriaco; alticcio.
brina [brì-na] *s.f.* rugiada che si congela e cristallizza quando di notte la temperatura scende al disotto di zero gradi.
brinare [bri-nà-re] *v.intr.impers.* [aus. *essere*] cadere, formarsi la brina ♦ *v.tr.* coprire di brina: *il freddo ha brinato le piante.*
brinata [bri-nà-ta] *s.f.* il formarsi della brina; la brina stessa.
brinato [bri-nà-to] *agg.* coperto di brina | (*fig.*) screziato di bianco: *capelli brinati.*
brindare [brin-dà-re] *v.intr.* [aus. *avere*] fare un brindisi: *— in onore di qlcu.*
brindello [brin-dèl-lo] *s.m.* brandello, straccio.
brindellone [brin-del-ló-ne] *s.m.* [f. *-a*] persona trasandata, mal vestita.
brindisi [brìn-di-ʃi] *s.m.* saluto che si fa in onore di qlcu. o come buon auspicio di qlco., alzando e toccando i bicchieri prima di bere: *fare un —.*
brio[1] [brì-o] *s.m.* vivacità d'animo; gaiezza: *una donna piena di —* | (*estens.*) allegria: *una festa senza —* | *con —*, (*mus.*) didascalia musicale con cui si richiede un'esecuzione vivace e brillante.
brio[2] *s.m.* (*bot.*) muschio di color verde-argento, diffuso lungo i muri delle strade.
brioche [/ bri'ɔʃ /] *s.f.invar.* (*fr.*) dolce di pasta lievitata cotta al forno.
briofite [bri-ò-fi-te] *s.f.pl.* (*bot.*) piante che crescono in luoghi umidi e freschi.
brioscia [bri-ò-scia] *s.f.* [pl. *-sce*] adattamento del fr. *brioche.*
briosità [bri-o-si-tà] *s.f.* l'essere brioso.
brioso [bri-ó-so] *agg.* pieno di brio, vivace: *un ragazzo —* □ **briosamente** *avv.*
briozoi [bri-o-ʒò-i] *s.m.pl.* (*zool.*) classe di piccoli animali marini che vivono in colonie dall'aspetto arborescente.
briscola [brì-sco-la] *s.f.* gioco che si fa con le carte italiane fra due o quattro giocatori, in cui una carta scoperta sul tavolo indica il seme predominante nella partita | la carta scoperta e ogni altra del suo stesso seme | *contare come il due di —*, (*fig.*) non contar nulla.
bristol® [brì-stol] *s.m.invar.* cartoncino semilucido usato per biglietti da visita.
britannico [bri-tàn-ni-co] *agg.* [pl.m. *-ci*] **1** dell'antica Britannia **2** della Gran Bretagna ♦ *s.m.* [f. *-a*] cittadino della Gran Bretagna.
britanno [bri-tàn-no] *agg.* e *s.m.* [f. *-a*] **1** appartenente a un'antica popolazione di stirpe celtica che abitava la Britannia prima dell'invasione degli angli e dei sassoni **2** (*lett.*) britannico.
brivido [brì-vi-do] *s.m.* **1** tremito dato da febbre, da freddo o da spavento, forte emozione: *far venire i brividi* **2** (*fig.*) intensa emozione: *il — della velocità.*
brizzolato [briz-zo-là-to] *agg.* **1** che ha qualche macchiolina sparsa, di solito più chiara; screziato: *un cavallo dal pelo —* **2** si dice di barba e capelli che incominciano a incanutire | (*estens.*) di persona con barba o capelli in queste condizioni: *un uomo —.*
brocca[1] [bròc-ca] *s.f.* recipiente di terracotta, vetro o metallo, a forma di vaso con manico e beccuccio, usato per attingere o mescere acqua o altri liquidi; la quantità di liquido in esso contenuta. DIM. *brocchetta.*

brocca[2] *s.f.* piccolo chiodo da calzolaio, a testa strettissima.
broccare [broc-cà-re] *v.tr.* [*io bròcco, tu bròcchi ecc.*] nell'industria della seta, ornare il tessuto di brocchi.
broccato [broc-cà-to] *s.m.* **1** stoffa di seta pesante, tessuta a brocchi, usata per l'abbigliamento e l'arredamento **2** (*estens.*) veste di broccato.
broccetta [broc-cét-ta] *s.f.* gioiello antico a forma di borchia, rosetta o bottone.
brocco [bròc-co] *s.m.* [pl. *-chi*] **1** stecco spinoso di una pianta | ramo potato **2** punta di ferro, chiodo **3** filo in rilievo a forma di nodo o di anello sulla superficie di un tessuto **4** cavallo di poco pregio, ronzino | (*fig.*) persona incapace; atleta scadente.
broccoletto [broc-co-lét-to] *s.m.* (spec. *pl.*) infiorescenza della rapa, colta prima che sboccino i fiori; cima di rapa.
broccolo [bròc-co-lo] *s.m.* **1** varietà di cavolo dall'infiorescenza carnosa, di colore verde, simile a quella del cavolfiore, ma più tenera e meno compatta **2** [f. *-a*] (*fig.*) persona incapace, inetta.
brochure [/ brɔʃ'ʃur /] *s.f.invar.* (*fr.*) brossura.
broda [brò-da] *s.f.* acqua in cui sono stati cotti legumi, verdure o altro; miscuglio di acqua e avanzi di cibo | (*spreg.*) minestra, bevanda acquosa; sbobba.
brodaglia [bro-dà-glia] *s.f.* brodo lungo e senza sapore | (*fig.*) discorso insulso e prolisso.
brodettare [bro-det-tà-re] *v.tr.* [*io brodétto ecc.*] cuocere, condire un cibo con brodetto: *vitello, agnello brodettato.*
brodetto [bro-dét-to] *s.m.* (*gastr.*) **1** zuppa di pesce **2** salsa a base di brodo, uova frullate e succo di limone, tipica della cucina romana: *abbacchio in —.*
brodo [brò-do] *s.m.* cibo liquido che si ottiene dalla lenta cottura in acqua di carni o vegetali, conditi con sale, aromi e spezie: *tortellini in —* | *lasciar cuocere qlcu. nel suo —*, (*fig.*) lasciarlo fare a modo suo | *tutto fa —*, (*fig.*) tutto serve. DIM. *brodino.*
brodoso [bro-dó-so] *agg.* con molto brodo: *zuppa brodosa.*
brogliaccio [bro-gliàc-cio] *s.m.* **1** quaderno di appunti, scartafaccio | (*estens.*) minuta, prima copia con correzioni **2** registro o giornale provvisorio (per operazioni contabili, annotazioni di dati ecc.).
brogliare [bro-glià-re] *v.intr.* [*io bròglio ecc.*; aus. *avere*] brigare, intrigare; far brogli.
broglio [brò-glio] *s.m.* imbroglio, soprattutto per alterare il risultato di una votazione: *— elettorale.*
broker [/ 'brɔker /] *s.m.invar.* (*ingl.*) intermediario d'affari che compra o vende titoli, merci e servizi su commissione.
brokeraggio [bro-ke-ràg-gio] *s.m.* l'attività di intermediazione del broker.
bromato [bro-mà-to] *agg.* (*chim.*) che contiene bromo ♦ *s.m.* sale dell'acido bromico.
bromatologia [bro-ma-to-lo-gì-a] *s.f.* branca della chimica che si occupa delle sostanze alimentari.
bromeliacee [bro-me-lià-ce-e] *s.f.pl.* (*bot.*) famiglia di piante monocotiledoni tropicali a cui appartiene l'ananas.
bromico [brò-mi-co] *agg.* [pl.m. *-ci*] (*chim.*) di acido ossigenato del bromo.
bromidrico [bro-mì-dri-co] *agg.* [pl. *-ci*] (*chim.*) di acido formato da bromo e idrogeno.
bromidrosi [bro-mi-drò-ʃi] *s.f.* (*med.*) secrezione di sudore maleodorante.
bromismo [bro-mì-ʃmo] *s.m.* (*med.*) intossicazione causata da sostanze bromate.
bromo [brò-mo] *s.m.* elemento chimico di simbolo *Br*; è un non metallo liquido, rosso bruno, tossico, usato in medicina e nell'industria chimica.
bromoformio [bro-mo-fòr-mio] *s.m.* (*chim.*) composto del bromuro usato in medicina contro la tosse.
bromurato [bro-mu-rà-to] *agg.* (*chim.*) contenente bromo o bromuri.
bromuro [bro-mù-ro] *s.m.* (*chim.*) sale del bromo, usato in medicina e in fotografia.
bronchiale [bron-chià-le] *agg.* dei bronchi: *asma, catarro —.*
bronchiectasia [bron-chi-ec-ta-ʃì-a], o **bronchiettasia**, *s.f.* (*med.*) dilatazione dei bronchi, congenita o acquisita.
bronchiolo [bron-chì-o-lo] *s.m.* (*anat.*) ramo bronchiale minore.
bronchite [bron-chì-te] *s.f.* (*med.*) infiammazione della mucosa dei bronchi: *— cronica.*
bronchitico [bron-chì-ti-co] *agg.* [pl.m. *-ci*] proprio della bronchite ♦ *agg.* e *s.m.* [f. *-a*] si dice di persona affetta da bronchite.
broncio [brón-cio] *s.m.* atteggiamento del volto che manifesta cruccio o malumore: *fare, portare il —.*
bronco[1] [brón-co] *s.m.* [pl *-chi*] (*anat.*) ciascuno dei due tratti dell'apparato respiratorio che hanno origine dalla biforcazione della trachea e penetrano nei polmoni, dove si ramificano in canali sempre più piccoli.
bronco[2] *s.m.* [pl. *-chi*] ramificazione delle corna dei cervi.
broncografia [bron-co-gra-fì-a] *s.f.* (*med.*) radiografia dell'albero bronchiale.
broncopleurite [bron-co-pleu-rì-te] *s.f.* (*med.*) infiammazione dei bronchi e di una o di ambedue le pleure.
broncopolmonare [bron-co-pol-mo-nà-re] *agg.* (*med.*) che riguarda i bronchi e i polmoni: *infiammazione —.*
broncopolmonite [bron-co-pol-mo-nì-te] *s.f.* (*med.*) infiammazione dei bronchi e dei polmoni.
broncorragia [bron-cor-ra-gì-a] *s.f.* (*med.*) emorragia dai bronchi.
broncoscopia [bron-co-sco-pì-a] *s.f.* (*med.*) esame dei bronchi effettuato per mezzo del broncoscopio.
broncoscopio [bron-co-scò-pio] *s.m.* (*med.*)

strumento per ispezionare la superficie interna dei bronchi.
broncotomia [bron-co-to-mìa] *s.f.* (*med.*) resezione chirurgica praticata in un bronco.
brontolamento [bron-to-la-mén-to] *s.m.* il brontolare; brontolio.
brontolare [bron-to-là-re] *v.intr.* [*io bróntolo ecc.*; aus. *avere*] **1** esprimere malcontento o risentimento a voce bassa e sorda: — *sempre contro tutti* **2** fare un rumore sordo e prolungato: *si sentivano i tuoni — in lontananza* ♦ *v.tr.* dire qlco. con voce bassa e cupa: — *frasi minacciose*.
brontolio [bron-to-lì-o] *s.m.* un brontolare continuato | rumore sordo e prolungato: *il — dei tuoni*.
brontolone [bron-to-ló-ne] *s.m.* [f. *-a*] (*fam.*) chi ha l'abitudine di brontolare; chi è sempre scontento | Usato anche come *agg.*: *marito —*.
brontosauro [bron-to-sàu-ro] *s.m.* gigantesco rettile preistorico dell'ordine dei dinosauri.
bronzare [bron-ʒà-re] *v.tr.* [*io brónzo ecc.*] dare il colore del bronzo a oggetti di metallo, legno ecc. | rivestire di bronzo.
bronzato [bron-ʒà-to] *agg.* **1** rivestito di bronzo **2** (*zool.*) si dice di alcune razze di tacchini con piumaggio di colore bronzeo.
bronzatura [bron-ʒa-tù-ra] *s.f.* il bronzare, l'essere bronzato: *la — dei metalli*.
bronzeo [brón-ʒe-o] *agg.* di bronzo, fatto di bronzo: *statua bronzea*.
bronzetto [bron-ʒét-to] *s.m.* piccola scultura in bronzo.
bronzina [bron-ʒì-na] *s.f.* **1** (*mecc.*) cuscinetto di strisciamento in lega metallica facilmente fusibile, per supporti di perni **2** campanello di bronzo che si appende al collo di animali al pascolo.
bronzino [bron-ʒì-no] *agg.* (*med.*) si dice di malattia che dà alla pelle una pigmentazione bronzea: *morbo —* ♦ *s.m.* campanello di bronzo, bronzina.
bronzista [bron-ʒì-sta] *s.m.* e *f.* [pl.m. *-sti*] chi lavora il bronzo.
bronzo [brón-ʒo] *s.m.* **1** lega di rame e stagno, usata per fabbricare statue, campane ecc. | *età del —*, epoca preistorica caratterizzata dall'uso del bronzo | *faccia di —*, (*fig.*) si dice di chi non si vergogna di nulla **2** oggetto, opera d'arte in bronzo: *un — romano*.
brossura [bros-sù-ra] *s.f.* legatura di un libro ottenuta cucendo insieme le segnature e ricoprendole con un semplice cartoncino incollato sul dorso: *libro in —*.
browning® [/ 'brauniŋ /] *s.f.invar.* (*ingl.*) modello di pistola automatica di ridotte dimensioni.
brown sugar [/ 'braun 'ʃugar /] *loc.sost.m.invar.* (*ingl.*) (*gerg.*) eroina granulosa di provenienza orientale.
brucare [bru-cà-re] *v.tr.* [*io bruco, tu bruchi ecc.*] detto di animale erbivoro, strappare l'erba a piccoli morsi per mangiarla.
brucella [bru-cèl-la] *s.f.* (*biol.*) genere di batteri comprendenti alcune specie che sono agenti patogeni della brucellosi.
brucellosi [bru-cel-lò-ʃi] *s.f.* (*med.*, *vet.*) nome generico di malattie comuni all'uomo e ad alcune specie animali, provocate dalle brucelle; la forma più diffusa è la febbre maltese.
bruciacchiare [bru-ciac-chià-re] *v.tr.* [*io bruciàcchio ecc.*] **1** bruciare superficialmente: *bruciacchiarsi un dito* **2** detto dell'azione del sole o del gelo sulle piante, far seccare.
bruciacchiatura [bru-ciac-chia-tù-ra] *s.f.* il bruciacchiare; la parte bruciacchiata o il segno che rimane su una cosa bruciacchiata.
bruciante [bru-ciàn-te] *agg.* **1** che brucia | (*fig.*) che ferisce, che offende: *un'offesa —* **2** (*fig.*) fulmineo, veloce: *partenza —*.
bruciapelo [bru-cia-pé-lo] solo nella loc. avv. *a —*, da brevissima distanza, riferito a colpo d'arma da fuoco: *sparare a —* | (*fig.*) all'improvviso: *fare una domanda a —*.
bruciaprofumi [bru-cia-pro-fù-mi] *s.m.invar.* recipiente di metallo o ceramica in cui si bruciano sostanze profumate.
bruciare [bru-cià-re] *v.tr.* [*io brùcio ecc.*] **1** ardere, consumare, distruggere con l'azione del fuoco o del calore: — *la legna* | — *un cibo*, cuocerlo troppo a lungo o a fuoco troppo vivo | — *le tappe*, (*fig.*) procedere con grande rapidità in un'attività o in una carriera **2** (*estens.*) danneggiare; consumare, sprecare (anche *fig.*): *un detersivo che brucia i tessuti*; — *gli anni migliori* | — *una candidatura*, metterla fuori gioco **3** (*fig.*) seccare, inaridire: *il sole brucia i campi* ♦ *v.intr.* [aus. *essere*] **1** ardere (anche *fig.*): *la legna brucia sul fuoco*; — *dal desiderio* **2** (*estens.*) essere molto caldo; scottare: *la minestra brucia*; *la fronte gli bruciava per la febbre* **3** (*fig.*) essere infiammato, irritato: *mi bruciano gli occhi* **4** (*fig.*) offendere gravemente: *un'offesa che brucia* ♦ **bruciarsi** *v.rifl.* o *intr.pron.* **1** scottarsi, ustionarsi: — *con l'acqua bollente* **2** andare distrutto, rovinarsi per l'azione del fuoco o di un calore eccessivo | detto di cibo, rovinarsi per una cottura troppo viva: *il pollo si è bruciato* **3** (*fig.*) precludersi il successo in un'attività per aver affrontato prematuramente situazioni troppo rischiose.
bruciata [bru-cià-ta] *s.f.* castagna arrostita, caldarrosta.
bruciaticcio [bru-cia-tìc-cio] *agg.* [pl.f. *-ce*] che è bruciacchiato ♦ *s.m.* rimasuglio di cosa bruciata | *odore, sapore di —*, di cosa bruciata.
bruciato [bru-cià-to] *agg.* **1** arso dal fuoco | riferito a colore, indica una sfumatura di bruno rossiccio, tipica delle cose arse dal fuoco **2** (*fig.*) riarso, inaridito: *terreno —* **3** (*fig.*) che ha compromesso la propria carriera per aver affrontato prematuramente situazioni troppo rischiose: *un politico —* | *gioventù bruciata*, priva di valori ♦ *s.m.* odore, sapore di cosa bruciata: *un arrosto che sa di —* | *sentire puzzo di —*, (*fig.*) avvertire che qlco. non funziona o nasconde un'insidia.
bruciatore [bru-cia-tó-re] *s.m.* dispositivo per

miscelare un combustibile con un comburente, e favorire così la combustione: *il — della caldaia.*
bruciatorista [bru-cia-to-rì-sta] *s.m.* [pl. *-sti*] operaio addetto a sorvegliare il funzionamento dei bruciatori negli impianti termici.
bruciatura [bru-cia-tù-ra] *s.f.* il bruciare; scottatura, ustione.
bruciore [bru-ció-re] *s.m.* **1** sensazione dolorosa causata da una scottatura | (*estens.*) sensazione analoga provocata da ferita, infiammazione, irritazione ecc.: *— allo stomaco, agli occhi* **2** (*fig.*) senso di vergogna misto a irritazione: *il — di una sconfitta.*
bruco [brù-co] *s.m.* [pl. *-chi*] larva di insetto; in particolare, la larva della farfalla, dal corpo vermiforme.
brufolo [brù-fo-lo] *s.m.* (*fam.*) piccolo foruncolo. DIM. *brufoletto, brufolino.*
brufoloso [bru-fo-ló-so] *agg.* (*fam.*) che è pieno di brufoli: *viso —.*
brughiera [bru-ghiè-ra] *s.f.* tratto esteso di terreno incolto pianeggiante, ricoperto di eriche e altri arbusti.
brugola [brù-go-la] *s.f.* (*tecn.*) chiave maschio esagonale per viti a testa cava | *vite a —*, la vite corrispondente.
brûlé [/ bry'le /] *agg.* (*fr.*) si dice di vino bollito con zucchero e spezie.
brulicame [bru-li-cà-me] *s.m.* (*non com.*) moltitudine d'insetti brulicanti| (*estens.*) gran numero di persone in movimento.
brulicare [bru-li-cà-re] *v.intr.* [*io brùlico, tu brùlichi ecc.*; aus. *avere*] **1** muoversi confusamente, detto di una moltitudine di insetti o di altri animali e anche di persone | del luogo in cui avviene tale movimento: *piazza che brulica di gente* **2** (*fig.*) pullulare, turbinare (nella mente): *mille idee gli brulicano nel cervello.*
brulichio [bru-li-chì-o] *s.m.* movimento incessante e disordinato di cose, di persone | (*fig.*) turbinio (di idee, di pensieri).
brullo [brùl-lo] *agg.* spoglio di vegetazione: *terreno —.*
bruma [brù-ma] *s.f.* nebbia, foschia.
brumaio [bru-mà-io] *s.m.* secondo mese del calendario rivoluzionario francese (22 ottobre-21 novembre).
brumoso [bru-mó-so] *agg.* (*lett.*) pieno di bruma, nebbioso.
brunastro [bru-nà-stro] *agg.* di colore che tende al bruno.
brunch [/ 'brantʃ /] *s.m. invar.* (*ingl.*) pasto leggero che si consuma nella tarda mattinata, in sostituzione della prima e della seconda colazione.
brunello [bru-nèl-lo] *s.m.* vino rosso pregiato che si produce con uva sangiovese nella zona di Montalcino (Siena).
brunire [bru-nì-re] *v.tr.* [*io brunisco, tu brunisci ecc.*] sottoporre a brunitura un oggetto metallico | (*estens.*) scurire.
brunito [bru-nì-to] *agg.* **1** si dice di metallo trattato con la brunitura **2** (*estens.*) di cosa che presenta una superficie scura levigata e lucidata: *legno —.*
brunitoio [bru-ni-tó-io] *s.m.* attrezzo per eseguire la brunitura dei metalli.
brunitura [bru-ni-tù-ra] *s.f.* **1** trattamento chimico di una superficie metallica per evitarne l'ossidazione **2** operazione di levigatura e lucidatura di una superficie metallica.
bruno [brù-no] *agg.* **1** di colore che tende al nero; scuro: *carnagione bruna*; *capelli bruni* **2** riferito a persona, che ha carnagione o capelli scuri: *un ragazzo —.* DIM. *brunetto* ♦ *s.m.* **1** il colore bruno **2** [f. *-a*] persona di colorito o capelli bruni: *una bella bruna.*
brusca [brù-sca] *s.f.* spazzola per strigliare i cavalli.
bruschetta [bru-schét-ta] *s.f.* fetta di pane abbrustolita, strofinata con aglio e condita con olio e sale.
bruschino [bru-schì-no] *s.m.* spazzola molto dura per pulire pavimenti.
brusco [brù-sco] *agg.* [pl.m. *-schi*] **1** che ha sapore asprigno ma non sgradevole: *vino —* **2** (*fig.*) severo, burbero: *essere — con qlcu.* **3** (*fig.*) improvviso: *frenata brusca* ♦ *s.m.* sapore brusco □ **bruscamente** *avv.* in modo burbero: *trattare qlcu. —* | improvvisamente: *il tempo cambiò —.*
bruscolino [bru-sco-lì-no] *s.m.* (*roman.*) brustolino.
bruscolo [brù-sco-lo] *s.m.* **1** pagliuzza, fuscello. DIM. *bruscolino* **2** granello di polvere; corpuscolo | *avere un — in un occhio*, (*fig.*) avere un fastidio.
brusio [bru-ʃì-o] *s.m.* rumore indistinto e sommesso prodotto da persone che parlano sottovoce o da cose che si muovono leggermente: *il — degli spettatori, delle foglie agitate dal vento.*
brustolino [bru-sto-lì-no] *s.m.* seme di zucca abbrustolito.
brut [/ bryt /] *agg.invar.* (*fr.*) si dice di champagne o di spumante di sapore molto secco.
brutale [bru-tà-le] *agg.* da bruto; selvaggio, animalesco: *violenza —* | (*estens.*) feroce, spietato: *un — assassinio* □ **brutalmente** *avv.*
brutalità [bru-ta-li-tà] *s.f.* **1** l'essere brutale **2** fatto, azione brutale: *commettere una —.*
brutalizzare [bru-ta-liʒ-ʒà-re] *v.tr.* trattare in modo brutale | (*estens.*) violentare.
bruto [brù-to] *agg.* **1** privo di ragione: *esseri bruti* | proprio di animale; violento, bestiale: *forza bruta* **2** inanimato, inerte: *materia bruta* **3** (*fig.*) non elaborato: *un resoconto — dei fatti* ♦ *s.m.* **1** essere che conduce una vita puramente istintiva; bestia, animale **2** (*estens.*) uomo brutale e violento, che compie azioni indegne della natura umana: *il bambino fu vittima di un —.*
brutta [brùt-ta] *s.f.* brutta copia, minuta.
bruttezza [brut-téz-za] *s.f.* **1** l'essere brutto: *la — di una persona* **2** (*fig.*) l'essere ignobile, abietto: *la — di un vizio* **3** persona o cosa brutta; bruttura.
brutto [brùt-to] *agg.* **1** si dice di persona, ani-

male o cosa di aspetto sgradevole, o che comunque produce un'impressione sgradevole: *un uomo —; una brutta casa; brutta copia*, minuta | in locuzioni dell'uso fam.: *vedersela brutta*, trovarsi in grande difficoltà; *alle brutte*, nel peggiore dei casi; *con le brutte*, senza fare complimenti | Con valore di *avv.*: *guardare —*, con ostilità. DIM. *bruttino, bruttarello* **2** cattivo, riprovevole, sconcio: *brutte parole* **3** sfavorevole, negativo: *un — momento; fare una brutta figura* | grave, doloroso: *una brutta notizia* **4** che reca danno o molestia: *fare un — viaggio* | *tempo —*, piovoso, burrascoso | *la brutta stagione*, l'inverno | *mare —*, mosso, agitato **5** usato come rafforzativo di un agg. o sost. di valore negativo: *— villano!; brutta bestia!* ♦ *s.m.* **1** [f. *-a*] persona brutta. ACCR. *bruttone* **2** [solo *sing.*] ciò che suscita un'impressione sgradevole; ciò che provoca preoccupazione, difficoltà: *distinguere il bello dal —; il — di una situazione* **3** [solo *sing.*] cattive condizioni atmosferiche: *il tempo volge al —*.

bruttura [brut-tù-ra] *s.f.* **1** cosa brutta | (*fig.*) sconcezza **2** cosa sudicia.

bua [bù-a] *s.f.* nel linguaggio infantile, piccolo dolore fisico: *farsi la —*, farsi male.

buaggine [bu-àg-gi-ne] *s.f.* balordaggine, stoltezza.

bubalo [bù-ba-lo] *s.m.* grande antilope africana dalle caratteristiche corna piegate indietro ad angolo retto.

bubbola [bùb-bo-la] *s.f.* **1** fandonia, bugia **2** cosa da niente, sciocchezza.

bubbolo [bùb-bo-lo] *s.m.* sonaglio costituito da una sferetta di lamiera dentro cui si muove una pallina d'acciaio.

bubbone [bub-bó-ne] *s.m.* **1** (*med.*) tumefazione dei gangli linfatici, che in alcune malattie, come la peste bubbonica, si manifesta per lo più sotto l'ascella e all'inguine **2** (*fig.*) grave piaga sociale: *il — della corruzione*.

bubbonico [bub-bò-ni-co] *agg.* [pl.m. *-ci*] che si manifesta con l'insorgere di bubboni: *peste bubbonica*.

buca [bù-ca] *s.f.* **1** cavità del terreno alquanto profonda: *scavare una —* | (*estens.*) avvallamento, depressione del terreno **2** vano, contenitore a cui dà accesso un'apertura, una fenditura: *la — delle lettere*, cassetta postale | *— del suggeritore*, apertura nel centro del palcoscenico, presso la ribalta, dove si colloca il suggeritore.

bucaneve [bu-ca-né-ve] *s.m.invar.* pianta erbacea con fiore bianco pendulo e foglie lineari, che fiorisce nei boschi e nei prati alla fine dell'inverno, quando c'è ancora la neve.

bucaniere [bu-ca-niè-re] *s.m.* pirata che nel sec. XVII esercitava la guerra corsara nel mar Caribico contro gli spagnoli.

bucare [bu-cà-re] *v.tr.* [*io buco, tu buchi ecc.*] **1** fare uno o più buchi in qlco.: *— una parete* | *— una gomma*, subire la foratura di uno pneumatico | *— la palla*, nel gergo sportivo, non riuscire a colpirla, mancarla **2** pungere; ferire: *bucarsi un dito* ♦ **bucarsi** *v.rifl.* o *intr.pron.* **1** forarsi, detto di cosa: *si è bucata una gomma* **2** pungersi: *— con uno spillo* **3** (*gerg.*) drogarsi iniettandosi eroina.

bucatino [bu-ca-tì-no] *s.m.* (spec. *pl.*) pasta alimentare consistente in un grosso spaghetto cavo.

bucato[1] [bu-cà-to] *agg.* che presenta uno o più fori | *avere le mani bucate*, (*fig.*) spendere con grande prodigalità, scialacquare.

bucato[2] *s.m.* **1** lavatura della biancheria fatta con acqua e detersivo: *fare il —* | *lenzuola di —*, appena lavate, pulitissime **2** la biancheria da lavare o già lavata: *stendere il —*.

bucatura [bu-ca-tù-ra] *s.f.* **1** il bucare, il bucarsi; foratura **2** il segno lasciato sulla pelle da oggetti pungenti o da insetti.

bucchero [bùc-che-ro] *s.m.* **1** argilla nera di cui sono fatti i vasi etruschi **2** vaso o altro oggetto fatto di bucchero: *un — etrusco*.

buccia [bùc-cia] *s.f.* [pl. *-ce*] **1** parte esterna, più o meno consistente, dei frutti e di alcuni tuberi: *la — della mela, della patata* | *rivedere le bucce a qlcu.*, (*fig.*) esaminarne con severità o pignoleria l'operato **2** pellicola sottile che riveste il seme di alcuni frutti: *la — della mandorla* **3** la parte esterna, più o meno sottile, di latticini, insaccati o altri prodotti alimentari: *la — del formaggio* **4** la spoglia che alcuni animali abbandonano durante la muta: *la — del baco* **5** (*estens.*) la parte esterna di qlco.

buccina [bùc-ci-na] *s.f.* **1** grossa conchiglia marina ritorta, usata nell'antichità come tromba **2** nella Roma antica, strumento a fiato simile al corno da caccia, usato dai soldati.

buccinatore [buc-ci-na-tó-re] *s.m.* (*anat.*) piccolo muscolo della guancia.

buccinidi [buc-cì-ni-di] *s.m.pl.* (*zool.*) famiglia di molluschi gasteropodi forniti di conchiglia conica.

buccola [bùc-co-la] *s.f.* **1** orecchino, per lo più pendente o in forma di anello **2** ricciolo di capelli.

bucefalo [bu-cè-fa-lo] *s.m.* (*scherz.*) cavallo vecchio e malandato.

bucero [bù-ce-ro] *s.m.* grosso uccello nero corvino con ventre e coda bianchi ed enorme becco ricurvo.

bucherellare [bu-che-rel-là-re] *v.tr.* [*io bucherèllo ecc.*] fare molti piccoli buchi: *una stoffa tutta bucherellata*.

bucintoro [bu-cin-tò-ro] *s.m.* galea da parata, riccamente decorata, che veniva usata dal doge di Venezia nelle cerimonie solenni.

buco [bù-co] *s.m.* [pl. *-chi*] **1** apertura stretta; foro tondeggiante che penetra in qlco. o l'attraversa da parte a parte: *un — nella parete, nella scarpa; il — della serratura* | *formaggio con i buchi*, (*fam.*) la groviera, l'emmental | *— nero*, (*astr.*) stadio finale dell'evoluzione di una stella, la cui massa si contrae in un piccolo volume e, per l'enorme gravità, non lascia sfuggire nulla all'esterno, neppure la luce | *cercare in ogni —*, (*fig.*) dappertutto | *non cavare un ragno da un* —, (*fig.*) non riuscire a concludere nulla | *fare un — nell'acqua*, (*fig.*) fare un lavoro inutile. DIM. *bucherello, buchetto, buchino* ACCR. *bucone* **2** (*fig.*) luogo, ambiente angusto: *la mia camera è un* — **3** (*fig.*) intervallo di tempo libero in un orario di lavoro continuato: — *di un'ora* **4** (*fig.*) debito, ammanco: *un — di 100 milioni* **5** nel gergo sportivo, intervento mancato sulla palla **6** (*gerg.*) iniezione di eroina.

bucolica [bu-cò-li-ca] *s.f.* componimento poetico di argomento pastorale: *le "Bucoliche" di Virgilio.*

bucolico [bu-cò-li-co] *agg.* [pl.m. *-ci*] **1** di bucolica, di bucoliche; relativo alla poesia pastorale: *poeta, carme* — **2** (*fig.*) pastorale, idillico: *paesaggio* — □ **bucolicamente** *avv.* idillicamente.

buddismo [bud-dì-ʃmo] *s.m.* il complesso delle dottrine, diffuse nell'Asia centrale e orientale, derivanti dall'insegnamento del Budda (secc. VI-V a.C.) incentrate sui temi della salvezza individuale e dell'ascesi.

buddista [bud-dì-sta] *s.m.* e *f.* [pl.m. *-sti*] seguace del buddismo.

buddistico [bud-dì-sti-co] *agg.* [pl.m. *-ci*] che è proprio del buddismo o dei buddisti: *dottrina buddistica.*

budello [bu-dèl-lo] *s.m.* [pl. *le budella* nel sign. 1; *i budelli* nel sign. 2] **1** *pl.* (*pop.*) l'intestino dell'uomo e degli animali | *riempirsi le budella*, mangiare a sazietà | *sentirsi torcere le budella*, (*fig.*) essere preso da grande agitazione **2** (*fig.*) tubo lungo e stretto: — *di gomma* | vicolo stretto e buio: *un lungo — sotterraneo.*

budget [/ 'badʒet /] *s.m.invar.* (*ingl.*) (*fin.*) bilancio di previsione di un'azienda | somma stanziata per un determinato fine: — *pubblicitario.*

budino [bu-dì-no] *s.m.* dolce di consistenza molle, a base di semolino, latte, zucchero e uova, cotti in apposito stampo, al forno o a bagnomaria: — *di cioccolato, alla vaniglia.*

bue [bù-e], lett. o region. **bove** [bò-ve], *s.m.* [pl. *buòi*] **1** il maschio adulto castrato dei bovini domestici | — *muschiato*, grosso mammifero ruminante delle regioni artiche, con corna larghe, pelo scuro e folta criniera | *lavorare come un* —, (*fig.*) duramente | *chiudere la stalla quando sono fuggiti i buoi*, (*fig.*) provvedere a una situazione quando è ormai troppo tardi | *mettere il carro davanti ai buoi*, (*fig.*) parlare o agire in modo prematuro **2** (*fig.*) uomo ottuso e grossolano.

bufala [bù-fa-la] *s.f.* **1** femmina del bufalo **2** (*fig. scherz.*) errore madornale | notizia giornalistica totalmente infondata **3** (*fig. scherz.*) turlupinatura, imbroglio, raggiro.

bufalino [bu-fa-lì-no] *agg.* di bufalo: *pelle bufalina.*

bufalo [bù-fa-lo] *s.m.* [f. *-a*] grosso mammifero ruminante con pelo ispido, testa corta, corna rivolte all'indietro; vive per lo più allo stato selvatico.

bufera [bu-fè-ra] *s.f.* **1** turbine di vento con pioggia, neve o grandine; tempesta, tormenta **2** (*fig.*) grave sconvolgimento: *la — della guerra.*

buffa [bùf-fa] *s.f.* parte mobile dell'elmo che copriva il volto | cappuccio che ricopre anche il viso, con due fori per gli occhi, ancora in uso nell'abito di alcune confraternite.

buffer [/ 'baffer /] *s.m.invar.* (*ingl.*) (*inform.*) in un elaboratore elettronico, area di memoria in cui vengono collocati temporaneamente dei dati da trasferire poi su un'altra memoria.

buffet [buf'fɛ] *s.m.invar.* (*fr.*) **1** mobile in cui si tengono cibi e stoviglie; credenza **2** banco, tavolo su cui si dispongono cibi freddi, pasticcini e bevande per un rinfresco | (*estens.*) servizio di rinfresco con buffet **3** posto di ristoro in stazioni ferroviarie, teatri ecc.

buffetteria[1] [buf-fet-te-rì-a] *s.f.* servizio di buffet.

buffetteria[2] *s.f.* (spec. *pl.*) l'insieme degli oggetti di cuoio (cinghie, borse, giberne ecc.) in dotazione ai soldati.

buffetto [buf-fét-to] *s.m.* leggero colpo dato con due dita: *dare un — sulle guance.*

buffo[1] [bùf-fo] *agg.* **1** che suscita il riso, che provoca ilarità; ridicolo, curioso: *una storia buffa*; *personaggio* — **2** (*teat.*) comico: *attore* — | *opera buffa*, melodramma comico ♦ [solo *sing.*] il lato comico, ridicolo: *il — di una situazione* □ **buffamente** *avv.*

buffo[2] *s.m.* soffio, folata di vento | (*estens.*) sbuffo di fumo, di vapore.

buffonaggine [buf-fo-nàg-gi-ne] *s.f.* il comportarsi da buffone; mancanza di serietà | buffonata.

buffonata [buf-fo-nà-ta] *s.f.* detto, azione da buffone; cosa poco seria, pagliacciata: *dire, fare buffonate.*

buffone [buf-fó-ne] *s.m.* **1** nelle corti medievali e rinascimentali, persona che aveva il compito di rallegrare il signore e gli altri cortigiani **2** [f. *-a*] (*fig.*) chi si comporta senza serietà e dignità. DIM. *buffoncello.*

buffoneria [buf-fo-ne-rì-a] *s.f.* buffonaggine.

buffonesco [buf-fo-né-sco] *agg.* [pl.m. *-schi*] di buffone, da buffone: *gesti buffoneschi* □ **buffonescamente** *avv.*

buftalmia [buf-tal-mì-a] *s.f.* (*med.*) prominenza del globo oculare rispetto alla cavità orbitale.

buftalmo[1] [buf-tàl-mo] *s.m.* pianta erbacea con fiori gialli e foglie lanceolate, detta popolarmente *occhio di bue.*

buftalmo[2] *s.m.* (*med.*) dilatazione congenita o patologica del globo oculare.

bug [/ bag /] *s.m.invar.* (*ingl.*) (*inform.*) errore di progettazione o di messa a punto di un programma; baco.

buganvillea [bu-gan-vìl-le-a] *s.f.* arbusto rampicante ornamentale, con numerose brattee di colore lilla, arancio o bianco.

buggerare [bug-ge-rà-re] *v.tr.* [*io bùggero ecc.*] (*pop.*) imbrogliare, ingannare.

buggeratura [bug-ge-ra-tù-ra] *s.f.* (*pop.*) imbroglio, raggiro.

bugia[1] [bu-gì-a] *s.f.* affermazione intenzionalmente contraria alla verità; menzogna: *dire bugie*; *— pietosa*, quella che si dice per nascondere qlco. di increscioso o doloroso | *prov.*: *le bugie hanno le gambe corte*, si scoprono presto.
bugia[2] *s.f.* candeliere piccolo e basso la cui base è costituita da un piattello con manico.
bugiardaggine [bu-giar-dàg-gi-ne] *s.f.* l'essere bugiardo; il vizio di dire bugie.
bugiardo [bu-giàr-do] *agg.* **1** che ha il vizio di dire bugie: *un bambino —* **2** (*lett.*) falso, menzognero: *promesse bugiarde* ♦ *s.m.* [f. *-a*] chi ha il vizio di dire bugie: *dare del — a qlcu.* DIM. *bugiardello* ACCR. *bugiardone* PEGG. *bugiardaccio* □ **bugiardamente** *avv.*
bugigattolo [bu-gi-gàt-to-lo] *s.m.* stanzino buio e scomodo; ripostiglio | locale piccolo e squallido.
bugliolo [bu-gliò-lo] *s.m.* **1** secchio a doghe di legno con manico di corda, usato per attingere acqua dal mare e lavare i ponti delle navi **2** un tempo, nelle carceri, recipiente per i bisogni corporali.
bugna [bù-gna] *s.f.* **1** (*arch.*) ciascuna delle pietre sporgenti sulla facciata di certi edifici **2** (*mar.*) ciascun angolo inferiore della vela.
bugnato [bu-gnà-to] *s.m.* paramento architettonico esterno costituito da bugne: *— rinascimentale, barocco.*
bugno [bù-gno] *s.m.* alveare rustico.
buio [bù-io] *agg.* **1** scuro, senza luce (anche *fig.*): *una stanza buia*; *un avvenire —* | *cielo —*, nuvoloso **2** (*fig.*) accigliato: *essere — in volto* ♦ *s.m.* oscurità: *— fitto, pesto*, molto intenso; *rimanere al —*, senza luce | *salto nel —*, (*fig.*) situazione di cui non si possono prevedere i rischi | *venire, farsi —*, calare la notte.
bulbare [bul-bà-re] *agg.* (*anat.*) del bulbo, relativo a un bulbo.
bulbicoltore [bul-bi-col-tó-re] *s.m.* [f. *-trice*] chi pratica la bulbicoltura.
bulbicoltura [bul-bi-col-tù-ra] *s.f.* ramo della floricoltura che ha per oggetto la coltivazione dei bulbi da fiore.
bulbifero [bul-bì-fe-ro] *agg.* (*bot.*) fornito di bulbo o di bulbi.
bulbiforme [bul-bi-fór-me] *agg.* che ha forma di bulbo.
bulbo [bùl-bo] *s.m.* **1** (*bot.*) germoglio sotterraneo rigonfio del fusto di alcune piante: *il — dell'aglio, dei tulipani* **2** (*anat.*) struttura anatomica a forma di bulbo: *— oculare* | *— pilifero, capillifero*, la radice dei peli, dei capelli **3** (*estens.*) ogni oggetto o parte di oggetto tondeggiante, spesso cava: *il — del termometro.*
bulbocastano [bul-bo-cà-sta-no] *s.m.* (*bot.*) pianta erbacea con tuberi di colore e sapore simili a quelli delle castagne.
bulè [bu-lè] *s.f.* nell'antica Grecia, il consiglio degli anziani che assisteva il re; in seguito, il consiglio della polis.
bulgaro [bùl-ga-ro] *agg.* della Bulgaria ♦ *s.m.* **1** [f. *-a*] chi è nato, chi vive in Bulgaria **2** la lingua dei bulgari **3** varietà di cuoio rosso cupo.
bulimia [bu-li-mì-a] *s.f.* (*med.*) aumento morboso della fame.
bulinare [bu-li-nà-re] *v.tr.* incidere col bulino.
bulinatore [bu-li-na-tó-re] *s.m.* [f. *-trice*] artigiano specializzato nell'incidere metalli o cuoio col bulino.
bulinatura [bu-li-na-tù-ra] *s.f.* il bulinare; la parte incisa col bulino.
bulino [bu-lì-no] *s.m.* sottile scalpello d'acciaio per incidere metalli, cuoio o pelli: *arte del —*, l'arte dell'incisione.
bulldog [/ bul'dɔg /] *s.m.invar.* (*ingl.*) cane da guardia, tozzo e robusto, con pelo corto e muso schiacciato.
bulldozer [/ bul'dɔddzer /] *s.m.invar.* (*ingl.*) macchina cingolata usata per livellare terreni, effettuare scavi o sgomberare macerie.
bulletta [bul-lét-ta] *s.f.* piccolo chiodo a testa larga.
bullettare [bul-let-tà-re] *v.tr.* [*io bullétto ecc.*] fissare con bullette.
bullettonato [bul-let-to-nà-to] *s.m.* pavimentazione costituita da pezzi irregolari di marmo o travertino.
bullo [bùl-lo] *s.m.* (*region.*) **1** giovane prepotente e spavaldo; teppista **2** (*estens.*) chi veste in modo vistoso e pacchiano | chi vuol apparire troppo sicuro di sé.
bullonare [bul-lo-nà-re] *v.tr.* [*io bullóno ecc.*] fissare con bulloni.
bullone [bul-ló-ne] *s.m.* organo metallico di collegamento, costituito da una vite e da un dado.
bum *inter.* imita un rumore forte e improvviso, soprattutto quello di un'esplosione.
bungalow [/ 'bungalo /] *s.m.invar.* (*ingl.*) casa a un solo piano con grandi verande | (*estens.*) piccola abitazione per le vacanze diffusa nei villaggi turistici.
bunker [/ 'buŋker /] *s.m.invar.* (*ted.*) **1** (*mil.*) fortino di cemento armato con strette feritoie **2** (*estens.*) ambiente fortemente difeso e reso pressoché inaccessibile.
buonafede [buo-na-fé-de], o **buona fede**, *s.f.* il convincimento di agire onestamente, senza ledere diritti altrui: *essere in perfetta —* | fiducia, mancanza di sospetto: *carpire la — altrui.*
buonanima [buo-nà-ni-ma] *s.f.* [pl. *buonanime*] persona defunta che si ricorda con affetto e rispetto: *la — di sua madre* | Anche come *agg.*: *mio nonno —.*
buonanotte [buo-na-nòt-te], o **buona notte** *inter.* formula di saluto prima di andare a letto | *e —!*, (*fam.*) è finita, non c'è più niente da fare; con lo stesso sign.: *— ai sonatori!* ♦ *s.f.* l'augurio della buona notte: *dare la —.*
buonasera [buo-na-sé-ra], o **buona sera**, *inter.* formula di saluto che si usa nel pomeriggio o alla sera, incontrandosi o accomiatandosi ♦ *s.f.* l'augurio della buona sera: *dare la —.*
buoncostume [buon-co-stù-me], o **buon costu-**

me, *s.m.* modo di comportarsi conforme alla morale comune | *squadra del —*, un tempo, reparto della polizia di stato addetto alla repressione dei reati contro la morale.

buondì [buon-dì] *inter.* formula di saluto che si usa al mattino; buongiorno ♦ *s.m.* l'augurio di una buona giornata: *dare il —*.

buongiorno [buon-giór-no] *inter.* formula di saluto usata di mattina ♦ *s.m.* l'augurio di una buona giornata: *dare il —*.

buongrado [buon-grà-do], o **buon grado**, solo nella loc. avv. *di —*, volentieri: *acconsentì di —*.

buongustaio [buon-gu-stà-io] *s.m.* [f. *-a*] chi ama la buona tavola.

buongusto [buon-gù-sto], o **buon gusto**, *s.m.* **1** facoltà di distinguere e apprezzare le cose belle: *una persona di —*; *vestire con —* **2** (*estens.*) senso di opportunità e di misura: *abbiate il — di andarvene.*

buono[1] [buò-no] *agg.* [si tronca davanti a sost. sing. m. cominciante per vocale, semiconsonante, consonante semplice, muta+liquida; compar. *più buono* o *migliore*; superl. *buonissimo* o *ottimo*] **1** conforme al bene; moralmente positivo: *buoni pensieri, principi*; *è buona norma*, è bene; *opera buona*, azione caritatevole | *buona volontà*, volontà di operare bene, di impegnarsi | *andare a buon fine*, concludersi positivamente **2** che ha mitezza di cuore; bonario: *un uomo —*; *un buon uomo*, un uomo semplice; *un buon diavolo*, una brava persona | *buona donna*, (*pop.*) prostituta | *alla buona*, semplice, non ricercato: *un pranzo alla buona*; *gente alla buona*, che tratta familiarmente **3** tranquillo, calmo: *il bambino è stato — tutto il giorno* **4** affettuoso, gentile: *sei sempre stato — con me*; *tenersi — qlcu.*, trattarlo bene per conservarsene il favore; *buone parole*, gentili e confortanti; *buone maniere*, comportamento educato; *prendere qlcu. con le buone*, con le maniere dolci, con la persuasione | *far buon viso a cattivo gioco*, adattarsi con apparente facilità a una situazione sgradevole | *guardare, vedere di buon occhio*, essere favorevole a qlcu. o qlco. | *troppo —!*, espressione di cortesia in risposta a chi ha usato una gentilezza | *buon Dio!*, esclamazione che esprime impazienza, sconforto **5** di qualità, di valore: *un buon lavoro*; *una buona prova* | *buon gusto*, buongusto **6** rispettabile; ragguardevole: *buona reputazione*; *la buona società*, i ceti più elevati **7** abile, capace: *un buon medico*; *un buon padre* **8** utile, efficace: *un buon rimedio*; *una buona idea* | *avere buona memoria*, ricordare bene | *avere buon naso*, essere furbo e perspicace; *in — stato*, ben conservato | *di buon passo*, con passo svelto; *di buona lena*, con impegno | *una buona forchetta*, (*fig.*) un gran mangiatore | *essere in buone mani*, (*fig.*) essere affidato a persone capaci | *buon senso*, buonsenso | *— a nulla*, inetto, incapace | *cogliere la buona occasione*, la circostanza opportuna, favorevole **9** valido, autentico; fondato, consistente: *un biglietto non —*; *avere buone ragioni*; *a buon diritto*, giustamente | *denaro non —*, falso o fuori corso | *a ogni buon conto*, in ogni caso, a ogni modo | *questa è buona!*, detto di battuta, trovata divertente; (*iron.*) di cosa incredibile, falsa **10** che procura sensazioni gradevoli: *un buon profumo*; *la buona cucina* **11** salutare, salubre: *respirare aria buona*; *la buona stagione*, il periodo estivo e primaverile **12** prospero, vantaggioso, redditizio: *fare buoni affari*; *pagare un buon prezzo*; *buona stella*, (*fig.*) sorte propizia | *a buon mercato*, a prezzo basso; (*fig.*) senza fatica: *si è fatta una reputazione a buon mercato* | *avere buon gioco*, nel gioco delle carte, avere una fortunata combinazione; (*fig.*) essere in una situazione favorevole | *Dio ce la mandi buona!*, si dice di fronte a una situazione pericolosa o difficile | *buon pro ti faccia*, torni a tuo vantaggio | *buoni uffici*, mediazioni, appoggi, raccomandazioni: *ha fatto carriera grazie ai buoni uffici del direttore* **13** sereno, lieto: *stare di buon animo*, essere tranquillo; *fare qlco. di buon grado, di buon animo*, volentieri, gentilmente e con piacere; *disporsi di buon animo*, favorevolmente | *darsi al buon tempo*, darsi ai divertimenti e all'allegria | *buon umore*, buonumore **14** con valore rafforzativo: *buon numero*, notevole quantità; *buona dose*, abbondante; *in buona parte*, in parte cospicua | *di buon passo*, velocemente | *di buon'ora*, presto | *tre miglia buone, un'ora buona di strada*, un po' più di tre miglia, di un'ora di strada | *finiscila una buona volta!*, finiscila finalmente! | *essere a buon punto*, esser già avanti in un lavoro ♦ *s.m.* **1** [f. *-a*] persona buona | *fare il —*, comportarsi bene, detto di bambino | *un poco di —*, una persona poco raccomandabile | *un — a nulla*, una persona inetta **2** [solo *sing.*] cosa buona, utile, valida: *fare, dire qlco. di —*; *aveva di — che riconosceva i propri errori* | *volerci del bello e del — per fare qlco.*, occorrere fatica e pazienza | insieme di qualità moralmente positive: *c'è del — in lui.*

buono[2] *s.m.* documento la cui presentazione dà diritto alla riscossione di una somma, al ritiro di una merce, alla prestazione di un servizio: *— pasto* | *— ordinario del Tesoro*, bot | *— fruttifero*, titolo di credito rilasciato da una banca con l'obbligo di restituzione di una somma da essa ricevuta, aumentata degli interessi calcolati fino alla scadenza.

buonora [buo-nó-ra], o **buon'ora**, *s.f.* la mattina presto; usato soprattutto nella loc. avv. *di —*: *alzarsi, partire di —* | *alla —*, finalmente: *sei arrivato, alla —!*

buonsenso [buon-sèn-so], o **buon senso**, *s.m.* equilibrio istintivo di giudizio e di comportamento: *un uomo pieno di —*.

buontempo [buon-tèm-po] *s.m.* vita allegra, spensierata: *darsi al —*, spassarsela.

buontempone [buon-tem-pó-ne] *s.m.* [f. *-a*] chi ama divertirsi, stare in buona compagnia ♦ *agg.* gioviale, pieno di allegria.

buonumore [buo-nu-mó-re] *s.m.* stato d'animo sereno, allegro: *essere, mettere di —*.

buonuomo [buo-nuò-mo] *s.m.* uomo mite, semplice, bonario; anche, ingenuo, credulone.
buonuscita [buo-nu-scì-ta] *s.f.* **1** compenso che si dà a chi lascia prima della scadenza del contratto un immobile preso in locazione **2** gratifica concessa dal datore di lavoro a un dipendente che cessa l'attività di servizio.
burattinaio [bu-rat-ti-nà-io] *s.m.* [f. *-a*] **1** chi manovra i burattini; chi li fabbrica o li vende **2** (*fig.*) chi, occultamente, ordisce una trama o promuove un'impresa di cui altri sono esecutori.
burattinata [bu-rat-ti-nà-ta] *s.f.* azione da burattino, non degna di una persona seria; pagliacciata.
burattinesco [bu-rat-ti-né-sco] *agg.* [pl.m. *-schi*] proprio di un burattino; da burattino: *mosse burattinesche*, rigide, legnose; *comportamento —*, volubile, poco serio.
burattino [bu-rat-tì-no] *s.m.* **1** fantoccio per rappresentazioni farsesche, costituito da una testa montata su un'ampia veste in cui il burattinaio infila la mano per muoverlo: *teatro dei burattini* | *piantare baracca e burattini*, (*fig.*) abbandonare tutto **2** (*fig.*) persona volubile o facilmente influenzabile.
buratto [bu-ràt-to] *s.m.* apparecchio munito di setacci a tamburo, usato per separare la farina dalla crusca.
burbanza [bur-bàn-za] *s.f.* alterigia sprezzante e vanitosa; boria.
burbanzoso [bur-ban-zó-so] *agg.* (*non com.*) pieno di burbanza; arrogante, borioso □ **burbanzosamente** *avv.*
burbero [bùr-be-ro] *agg.* che ha modi scontrosi e bruschi: *uomo, atteggiamento —* | Usato anche come *s.m.*: *fare il —* □ **burberamente** *avv.*
burberry® [/ 'barberri /] *s.m.invar.* (*ingl.*) impermeabile o cappotto di taglio sportivo classico.
burchiellesco [bur-chiel-lé-sco] *agg.* [pl.m. *-schi*] (*lett.*) del poeta fiorentino Domenico di Giovanni, detto il Burchiello (1404-1449), o che ne imita lo stile bizzarro ed enigmatico: *sonetto —* ♦ *s.m.* poeta che imita il Burchiello.
bure [bù-re] *s.f.* parte dell'aratro a forma di stanga, che si attacca al giogo.
bureau [/ bu'ro /] *s.m.invar.* (*fr.*) l'ufficio dell'amministrazione di un albergo.
burgravio [bur-grà-vio] *s.m.* (*st.*) in Germania, titolo feudale del comandante militare di una cittadella fortificata.
burgundo [bur-gùn-do] *agg.* e *s.m.* [f. *-a*] appartenente a un'antica popolazione del gruppo germanico-orientale.
buriana [bu-rià-na] *s.f.* (*region.*) **1** breve temporale **2** (*fig.*) chiasso, trambusto; baldoria.
burino [bu-rì-no] *agg.* e *s.m.* (*roman.*) rozzo, villano.
burla [bùr-la] *s.f.* **1** scherzo fatto per ridere alle spalle altrui, ma senza malanimo | *mettere, volgere in — qlco.*, non darle peso, scherzarci sopra. DIM. *burletta* **2** inezia, bazzecola.
burlare [bur-là-re] *v.tr.* fare oggetto di una burla; beffare, canzonare: *— il prossimo* ♦ **burlarsi** *v. intr.pron.* farsi beffa, prendersi gioco: *— di tutto e di tutti.*
burlesco [bur-lé-sco] *agg.* [pl.m. *-schi*] **1** da burla; scherzoso, canzonatorio: *tono —* **2** proprio della letteratura giocosa: *poema —* ♦ *s.m.* burla, celia: *cadere nel —* □ **burlescamente** *avv.*
burletta [bur-lét-ta] *s.f.* scherzo, celia: *mettere una cosa in —*, in ridicolo.
burlone [bur-ló-ne] *s.m.* [f. *-a*] chi ama scherzare, far burle: *un gran —* ♦ *agg.* scherzoso: *un tipo —.*
burnus [bur-nùs] *s.m.invar.* **1** ampio mantello di lana, per lo più con cappuccio, portato da arabi e berberi dell'Africa settentrionale **2** mantello femminile con cappuccio.
burocrate [bu-rò-cra-te] *s.m.* funzionario della pubblica amministrazione.
burocratese [bu-ro-cra-té-se] *s.m.* (*scherz.*) il linguaggio delle comunicazioni burocratiche, molto stereotipato e con periodi complessi e oscuri.
burocratico [bu-ro-crà-ti-co] *agg.* [pl.m. *-ci*] **1** della burocrazia, relativo alla burocrazia: *lungaggini burocratiche* **2** (*spreg.*) pedante, formalista: *comportamento —* □ **burocraticamente** *avv.* in modo burocratico | dal punto di vista burocratico.
burocratismo [bu-ro-cra-tì-ʃmo] *s.m.* **1** tendenza a burocratizzare **2** il potere e il peso eccessivi della burocrazia.
burocratizzare [bu-ro-cra-tiʒ-ʒà-re] *v.tr.* rendere burocratico, organizzare burocraticamente.
burocratizzazione [bu-ro-cra-tiʒ-ʒa-zió-ne] *s.f.* il burocratizzare, l'essere burocratizzato.
burocrazia [bu-ro-cra-zì-a] *s.f.* **1** il complesso degli uffici che svolgono i compiti della pubblica amministrazione; gli impiegati che ne fanno parte **2** (*spreg.*) osservanza pedante e formalistica dei regolamenti.
burotica [bu-rò-ti-ca] *s.f.* insieme di metodi e tecniche per l'automazione del lavoro d'ufficio.
burrasca [bur-rà-sca] *s.f.* **1** (*meteor.*) denominazione generica di venti forti, con velocità fra 60 e 100 km/h | (*estens.*) violenta tempesta di mare o di vento | *— magnetica*, perturbazione del campo magnetico terrestre prodotta dall'attività solare **2** (*fig.*) sconvolgimento violento; disavventura, disgrazia: *una vita piena di burrasche.*
burrascoso [bur-ra-scó-so] *agg.* **1** che è in burrasca: *mare —* **2** (*fig.*) molto agitato, turbolento: *riunione burrascosa* □ **burrascosamente** *avv.*
burriera [bur-riè-ra] *s.f.* recipiente per conservare in fresco il burro o per metterlo in tavola.
burrificare [bur-ri-fi-cà-re] *v.tr.* [*io burrìfico, tu burrìfichi ecc.*] trasformare in burro: *— il latte.*
burrificazione [bur-ri-fi-ca-zió-ne] *s.f.* trasformarzione del latte in burro.
burrificio [bur-ri-fì-cio] *s.m.* fabbrica di burro.
burrino [bur-rì-no] *s.m.* formaggio a forma di pera con nucleo di burro.
burro [bùr-ro] *s.m.* **1** sostanza grassa alimentare di colore bianco-giallognolo e consistenza tenera, ottenuta dalla lavorazione della crema del

latte: *spaghetti col* —, conditi con burro | (*fig. fam.*) cibo molto tenero: *questa bistecca è un* —; *mani di* —, senza forza, di presa debole **2** (*estens.*) qualsiasi sostanza di consistenza simile al burro: — *di cacao*.

burrone [bur-ró-ne] *s.m.* profondo scoscendimento del terreno con pareti molto ripide; precipizio.

burroso [bur-ró-so] *agg.* **1** ricco di burro: *formaggio* — **2** (*fig.*) morbido come il burro: *pane* —.

bus *s.m.invar.* autobus.

-bus secondo elemento di parole composte che designano mezzi di trasporto pubblici (*autobus, filobus*).

buscare [bu-scà-re] *v.tr.* [*io busco, tu buschi ecc.*] trovare, procacciarsi, ottenere: — *una bella mancia; ti buscherai un raffreddore* | *buscarle*, (*fam.*) prendere delle botte.

buscherare [bu-sche-rà-re] *v.tr.* [*io bùschero ecc.*] (*region.*) imbrogliare.

busecchia [bu-ʃéc-chia] *s.f.* budello di animale in cui si insacca la carne di maiale per fare salsicce.

busillis [bu-ʃìl-lis] *s.m.invar.* (*fam.*) problema di difficile soluzione; enigma: *qui sta il* —.

business [/ 'biznis /] *s.m.invar.* (*ingl.*) affare, attività economica.

business class [/ 'biznis'klas /] *loc.sost.f.invar.* (*ingl.*) sugli aerei, la classe distinta.

bussa [bùs-sa] *s.f.* (spec. *pl.*) percossa, botta.

bussare [bus-sà-re] *v.intr.* [aus. *avere*] battere alla porta per farsi aprire | — *alla porta di qlcu.*, (*fig.*) chiedergli aiuto | — *a quattrini*, (*fig.*) chiedere soldi.

bussata [bus-sà-ta] *s.f.* il bussare | colpo dato all'uscio. DIM. *bussatina*.

bussetto [bus-sét-to] *s.m.* bisegolo.

bussola[1] [bùs-so-la] *s.f.* **1** strumento per la determinazione dei punti cardinali, provvisto di un dispositivo che ha la proprietà di orientarsi verso il Nord: — *magnetica*, fondata sul principio dell'ago calamitato **2** (*fig.*) orientamento, criterio direttivo: *procedere senza* —, a caso; *perdere la* —, confondersi, perdere il controllo di sé.

bussola[2] *s.f.* **1** sorta di portantina chiusa **2** paravento fisso che crea uno spazio intermedio oltre la normale porta d'ingresso, per riparare dalle correnti d'aria **3** cassetta per le elemosine nelle chiese | urna elettorale.

bussolotto [bus-so-lòt-to] *s.m.* recipiente a forma di bicchiere usato per gettare i dadi o in altri giochi d'azzardo e di prestigio | *giocatore di bussolotti*, prestigiatore; (*fig.*) imbroglione.

busta [bù-sta] *s.f.* **1** involucro di carta rettangolare in cui si chiudono lettere o altri fogli da spedire: — *affrancata* | — *paga*, busta che contiene la retribuzione mensile del lavoratore dipendente; (*estens.*) distinta degli elementi che la compongono e la retribuzione stessa. DIM. *bustarella, bustina* ACCR. *bustona* **2** custodia per documenti o altri scritti, per lo più in cartone o in pelle.

bustarella [bu-sta-rèl-la] *s.f.* compenso illecito dato a chi sia investito di una pubblica funzione per ottenerne favori.

bustina [bu-stì-na] *s.f.* **1** piccola busta di carta che contiene sostanze in polvere (preparati farmaceutici, zucchero, tè ecc.); il contenuto stesso: *versare una* — *di zucchero nel caffè* **2** berretto che si può ripiegare come una busta, tipico di alcune divise militari.

bustino [bu-stì-no] *s.m.* **1** corpetto armato di stecche, usato in passato dalle donne per stringere i fianchi **2** parte superiore di un abito femminile.

busto [bù-sto] *s.m.* **1** la parte del corpo umano compresa tra il collo e i fianchi: — *eretto, curvo* | *fotografia a mezzo* —, che riproduce la testa, le spalle e parte del petto **2** scultura che rappresenta una figura umana dalla testa al petto, senza le braccia **3** fascia di tessuto fornita di stecche e allacciata con ganci o stringhe, usata in passato dalle donne per assottigliare e sostenere la persona | (*med.*) apparecchio ortopedico per correggere o prevenire malformazioni del tronco e della colonna vertebrale.

bustocco [bu-stòc-co] *agg.* [pl.m. *-chi*] di Busto Arsizio ♦ *s.m.* [f. *-a*] nativo, abitante di Busto Arsizio.

bustometro [bu-stò-me-tro] *s.m.* rettangolo di cartoncino o di altro materiale che indica le dimensioni massime che deve avere la corrispondenza per non essere soggetta a soprattassa.

bustrofedico [bu-stro-fè-di-co] *agg.* [pl.m. *-ci*] si dice di un'antica scrittura che cambia direzione a ogni riga.

butano [bu-tà-no] *s.m.* (*chim.*) idrocarburo gassoso che, liquefatto, viene venduto in bombole e usato come combustibile domestico.

butirro [bu-tìr-ro] *s.m.* **1** (*region.*) burro **2** (*merid.*) burrino ♦ *agg.* burroso, simile a burro.

buttafuori [but-ta-fuò-ri] *s.m.invar.* **1** in locali notturni, chi ha il compito di allontanare i clienti molesti **2** (*mar.*) asta che regge e tiene spinto fuori dal bordo un elemento dell'attrezzatura (un cavo, una vela ecc.).

buttare [but-tà-re] *v.tr.* **1** gettare, lanciare: — *in terra, dalla finestra* | — *il danaro*, (*fig.*) sprecarlo | — *all'aria*, (*fig.*) mettere a soqquadro | — *giù un edificio*, demolirlo | — *giù la medicina*, inghiottirla | — *la pasta*, metterla a cuocere nell'acqua in ebollizione | — *giù*, (*fig.*) far deperire, demoralizzare: *l'insuccesso l'ha buttato giù* | — *giù un boccone*, mangiare qlco. in fretta | — *via qlco.*, disfarsene **2** emettere: *il camino buttava fumo* | perdere (di recipienti o aperture in genere): *una ferita che butta sangue* | (*assol.*) germogliare: *le mie begonie non buttano più* ♦ **buttarsi** *v.rifl.* **1** gettarsi, lasciarsi cadere: — *dalla finestra, sul letto* | scagliarsi: — *contro l'avversario* | — *giù*, (*fig.*) perdersi d'animo, avvilirsi | — *nello studio, nella politica ecc.*, (*fig.*) dedicarvisi intensamente **2** (*assol.*) nel linguaggio corrente, osare, rischiare: *io mi butto!*

buttata [but-tà-ta] *s.f.* nelle piante, il buttare, il germogliare; germoglio.
butterare [but-te-rà-re] *v.tr.* [*io bùttero ecc.*] (*non com.*) coprire di butteri o di piccole cicatrici: *il vaiolo buttera la pelle.*
butterato [but-te-rà-to] *agg.* coperto di butteri: *volto —.*
buttero[1] [bùt-te-ro] *s.m.* segno lasciato sulla pelle dalle pustole del vaiolo.
buttero[2] *s.m.* mandriano a cavallo della Maremma.
buvette [/ bu'vɛt /] *s.f.* (*fr.*) bar, mescita all'interno di locali, ambienti pubblici: *la — di un teatro.*
buxacee [bu-xà-ce-e] *s.f.pl.* (*bot.*) famiglia di piante dicotiledoni a cui appartiene il bosso.
buyer [/ 'bajer /] *s.m. invar.* (*ingl.*) funzionario di un'azienda responsabile dell'ufficio acquisti | nel linguaggio della borsa, compratore.
buzzo [bù-ʒo] *s.m.* (*pop.*) ventre, stomaco | *di — buono*, (*fig.*) di lena, con impegno.
buzzurro [buʒ-ʒùr-ro] *s.m.* [f. *-a*] persona rozza, zotica.
by night [/ 'bai 'nait /] *loc.avv.* e *agg.invar.* (*ingl.*) di notte, notturno (con riferimento a locali e luoghi tipici della vita notturna di una grande città): *Roma —.*
by-pass [/ 'bai 'pas /] *loc.sost.m.invar.* (*ingl.*) **1** (*tecn.*) percorso alternativo di un circuito elettrico o idraulico realizzato per sostituirne una parte deteriorata **2** in chirurgia vascolare, innesto di un tratto di vaso in un'arteria occlusa, così da consentire il passaggio del sangue.
bypassare [by-pas-sa-re; / baipas'sare /] *v.tr.* **1** derivare mediante by-pass **2** (*fig.*) aggirare, scavalcare: *— una difficoltà.*
byte [/ 'bait /] *s.m.invar.* (*ingl.*) (*inform.*) carattere definito dalla sequenza di 8 bit.

C

c *s.f.* o *m.* terza lettera dell'alfabeto, il cui nome è *ci*; rappresenta l'occlusiva velare sorda davanti ad *a, o, u* (*casa, coro, curva*) o ad altra consonante (*classe, credere*), l'affricata palatale sorda davanti a *e, i* (*cera, cinema*) | *C*, (*mus.*) nome della nota *do* nei paesi anglosassoni.
cabala [cà-ba-la] *s.f.* **1** (*relig.*) l'insieme delle dottrine ebraiche medievali su Dio e l'universo, che potevano essere rivelate solo a un numero ristretto di persone **2** sistema con cui si presume di svelare il futuro o di indovinare i numeri da giocare al lotto | (*estens.*) operazione magica, cosa misteriosa e segreta.
cabaletta [ca-ba-lét-ta] *s.f.* (*mus.*) breve melodia di opera lirica, dal ritmo vivace e orecchiabile.
cabalista [ca-ba-lì-sta] *s.m.* e *f.* [pl.m. *-sti*] **1** (*relig.*) chi studia la cabala **2** chi con la cabala presume di indovinare il futuro o i numeri da giocare al lotto.
cabalistico [ca-ba-lì-sti-co] *agg.* [pl.m. *-ci*] di cabala, attinente alla cabala: *calcolo* — | (*estens.*) oscuro, indecifrabile, strano □ **cabalisticamente** *avv.*
cabaret [/ kaba'rε /] *s.m.invar.* (*fr.*) locale in cui si tengono spettacoli di varietà di tono umoristico-satirico | (*estens.*) lo spettacolo stesso.
cabarettistico [ca-ba-ret-tì-sti-co] *agg.* [pl.m. *-ci*] di cabaret: *spettacolo* —.
cabernet [/ kaber'nε /] *s.m.invar.* (*fr.*) vitigno di origine francese coltivato nell'Italia nord-orientale | il vino rosso e asciutto che se ne ricava.
cabina [ca-bì-na] *s.f.* **1** piccola stanza a bordo delle navi: — *di prima classe* **2** spazio chiuso e ristretto destinato al trasporto di cose o persone, a operazioni di guida o di manovra, o ad altre particolari funzioni: — *dell'ascensore, della funivia* | — *di regia*, dove sono le apparecchiature per la direzione tecnica di una trasmissione radiofonica o televisiva | — *di proiezione*, da cui si proietta un film | — *telefonica*, nella quale è installato un apparecchio telefonico di uso pubblico | — *elettorale*, in cui si esprime il voto **3** piccola costruzione, di legno o altro materiale, che serve da spogliatoio ai bagnanti sulle spiagge o nelle piscine.
cabinato [ca-bi-nà-to] *agg.* dotato di una o più cabine ♦ *s.m.* imbarcazione fornita di cabine che consente di compiere piccole crociere.
cabinovia [ca-bi-no-vì-a] *s.f.* impianto per il trasporto di persone, usato soprattutto in montagna, composto da piccole cabine a due o quattro posti sospese a un cavo trainante.
cablaggio [ca-blàg-gio] *s.m.* (*elettr.*) l'insieme dei cavi che costituiscono i collegamenti all'interno di un apparecchio o di un impianto elettrico o elettronico.
cablare [ca-blà-re] *v.tr.* trasmettere con un cablogramma.
cablogramma [ca-blo-gràm-ma] *s.m.* [pl. *-mi*] telegramma trasmesso attraverso cavi sottomarini.
cabotaggio [ca-bo-tàg-gio] *s.m.* (*mar.*) navigazione che si svolge da un porto all'altro dello stesso stato | *di piccolo* —, (*fig.*) di poco conto, senza troppe pretese: *attività di piccolo* —.
cabrare [ca-brà-re] *v.intr.* [aus. *avere*] (*aer.*) compiere la manovra della cabrata ♦ *v.tr.* far cabrare: — *l'aereo*.
cabrata [ca-brà-ta] *s.f.* manovra che un aereo compie impennandosi verso l'alto, con un movimento opposto alla picchiata.
cabriolet [/ kabrio'lε /] *s.m.invar.* (*fr.*) **1** carrozza leggera a due ruote tirata da un cavallo, con copertura a soffietto **2** tipo di carrozzeria per automobile con tetto ripiegabile e completamente apribile | l'automobile stessa con questo tipo di carrozzeria.
cacao [ca-cà-o] *s.m.invar.* **1** pianta tropicale che produce semi simili a mandorle **2** polvere di colore bruno-rossiccio, aromatica, amara, che si ottiene dai semi abbrustoliti del cacao e costituisce l'ingrediente principale della cioccolata | *burro di* —, sostanza grassa estratta dai semi del cacao, usata in prodotti cosmetici e farmaceutici.
cacare [ca-cà-re] *v.tr.* e *intr.* [*io caco, tu cachi ecc.*; aus. dell'intr. *avere*] (*volg.*) defecare, andare di corpo | *cacarsi addosso, sotto*, (*fig.*) avere molta paura.
cacarella [ca-ca-rèl-la] *s.f.* (*pop.*) **1** diarrea **2** (*fig.*) paura.
cacasenno [ca-ca-sén-no] *s.m.invar.* (*fam.*) ragazzo saputello; persona che ama sentenziare e atteggiarsi a saggio.
cacasotto [ca-ca-sót-to] *s.m.* e *f.invar.* (*pop.*) persona molto paurosa.
cacata [ca-cà-ta] *s.f.* (*volg.*) **1** l'atto di defecare **2** sterco, feci **3** (*fig.*) cosa di nessun valore; cosa brutta, fatta male. DIM. *cacatina*.
cacatua [ca-ca-tù-a], o **cacatoa** [ca-ca-tò-a], *s.m.invar.* (*zool.*) nome di diverse specie di grossi

pappagalli australiani, di colore bianco, con un ciuffo di penne sul capo.

cacca [càc-ca] *s.f.* [pl. *-che*] escremento (soprattutto nel linguaggio dei bambini).

cacchio[1] [càc-chio] *s.m.* in una pianta coltivata, germoglio che non produce frutti.

cacchio[2] *s.m.* eufem. per *cazzo.*

caccia[1] [càc-cia] *s.f.* [pl. *-ce*] **1** ricerca, uccisione o cattura di animali selvatici da parte dell'uomo o di un altro animale: *andare a —; — alla volpe; — grossa*, agli animali di grossa taglia | *riserva di —*, zona in cui un ente o un privato ha diritto esclusivo di caccia **2** ricerca ostinata per rintracciare qlcu.: *dare la — ai ladri* | *— all'uomo*, inseguimento di una persona pericolosa | *— alle streghe*, (*fig.*) persecuzione politica o ideologica fondata su pregiudizi **3** (*fig.*) ricerca assidua e affannosa di qlco.: *andare a — di guadagni* **4** gioco in cui si deve cercare qlco.: *— al tesoro, agli errori* **5** azione di guerra condotta con mezzi aerei o navali: *aereo da —.*

caccia[2] *s.m.invar.* **1** aereo da caccia **2** cacciatorpediniere.

cacciabile [cac-cià-bi-le] *agg.* nel linguaggio venatorio, si dice di animale a cui è consentito per legge dare la caccia.

cacciabombardiere [cac-cia-bom-bar-diè-re] *s.m.* [pl. *-ri*] aeroplano da caccia e da bombardamento.

cacciachiodo [cac-cia-chiò-do], o **cacciachiodi**, *s.m.* attrezzo da falegname, per estrarre chiodi da una superficie di legno, costituito da una barretta d'acciaio con un'estremità affusolata.

cacciagione [cac-cia-gió-ne] *s.f.* l'insieme degli animali di cui si va a caccia: *una zona ricca di —* | la selvaggina uccisa.

cacciamine [cac-cia-mì-ne] *s.m.invar.* (*mar.*) dragamine.

cacciare [cac-cià-re] *v.tr.* [*io càccio ecc.*] **1** cercare o inseguire un animale selvatico per ucciderlo o catturarlo: *— un cervo* | (*assol.*) andare a caccia: *cani addestrati a —* **2** inseguire una persona per catturarla: *la polizia sta cacciando un pericoloso bandito* **3** mandare via con la forza o sgarbatamente (anche *fig.*): *— di casa; — i cattivi pensieri* **4** (*fam.*) mettere, ficcare: *mi hai cacciato in un bel pasticcio* **5** (*fam.*) tirar fuori: *caccia subito i soldi!* ♦ **cacciarsi** *v.rifl.* entrare dentro; mettersi (anche *fig.*): *— tra la folla; — nei guai* | (*fam.*) andare a finire: *dove ti sei cacciato?*

cacciasommergibili [cac-cia-som-mer-gì-bi-li] *s.m.invar.* nave da guerra per la ricerca e l'attacco dei sommergibili.

cacciata [cac-cià-ta] *s.f.* espulsione, allontanamento: *la — del tiranno.*

cacciatora [cac-cia-tó-ra] *s.f.* usato solo nella loc. *alla —*, secondo l'uso dei cacciatori: *stivali alla —; giacca alla —*, giacca comoda e robusta, con grosse tasche in cui riporre la selvaggina uccisa | modo di cucinare le carni con pomodoro, aglio, vino, aceto, salvia o rosmarino: *pollo, coniglio alla —.*

cacciatore [cac-cia-tó-re] *s.m.* [f. *-trice*] **1** chi va a caccia di selvaggina | *— di frodo*, chi caccia senza licenza o trasgredisce le norme sulla caccia | *cacciatori di teste*, (*etnol.*) popoli primitivi che hanno la consuetudine di tagliare le teste dei nemici vinti **2** (*fig.*) chi va alla ricerca ostinata di qlco.

cacciatorino [cac-cia-to-rì-no] *s.m.* salamino di pasta dura.

cacciatorpediniere [cac-cia-tor-pe-di-niè-re] *s.m.invar.* nave da guerra molto veloce, armata di missili, cannoni e siluri.

cacciavite [cac-cia-vì-te] *s.m.invar.* attrezzo per stringere o allentare le viti.

caccola [càc-co-la] *s.f.* (*pop.*) **1** sterco di pecora o di capra che rimane attaccato alla lana **2** muco che si rapprende nelle narici.

cache-col [/ kaʃ'kɔl /] *s.m.invar.* (*fr.*) fazzoletto da collo che si indossa sotto il colletto aperto della camicia.

cachemire [/ kaʃ'mir /] *s.m.invar.* (*fr.*) lana a pelo molto lungo ricavata da una razza di capre del Kashmir, regione a nord-ovest dell'India | il tessuto, molto pregiato, che si ricava da questa lana.

cache-pot [/ kaʃ'po /] *s.m.invar.* (*fr.*) portavasi.

cachessia [ca-ches-sì-a] *s.f.* (*med.*) grave deperimento organico.

cachet [/ kaʃ'ʃɛ /] *s.m.invar.* (*fr.*) **1** involucro di sostanza amidacea contenente polvere medicinale, da prendere per bocca; cialdino | (*pop.*) compressa analgesica **2** involucro contenente una dose di colorante per capelli; il colorante stesso **3** compenso per una singola prestazione professionale; gettone di presenza: *lavorare a —.*

cachi[1] [cà-chi] *s.m.invar.* **1** albero originario del Giappone e della Cina, che produce un frutto color giallo arancio dalla buccia sottile e dalla polpa sugosa e dolce **2** il frutto di tale albero.

cachi[2] *agg.* e *s.m.* si dice di un colore giallo sabbia tipico delle divise coloniali: *giacca, pantaloni cachi.*

caciarone [ca-cia-ró-ne] *s.m.* [f. *-a*] (*roman.*) persona chiassosa o confusionaria.

cacio [cà-cio] *s.m.* formaggio | *alto quanto un soldo di —*, (*fig.*) piccolo di statura | *essere, venire, cadere come il — sui maccheroni*, al momento giusto, molto a proposito.

caciocavallo [ca-cio-ca-vàl-lo] *s.m.* [pl. *caciocavalli* o *cacicavalli*] formaggio duro tipico dell'Italia meridionale, dolce o piccante, di forma simile a una grossa pera allungata.

caciotta [ca-ciòt-ta] *s.f.* formaggio tenero di forma schiacciata, tipico dell'Italia centrale. DIM. *caciottella, caciottina.*

caco- primo elemento di parole composte, che significa 'cattivo, sgradevole, difettoso' (*cacofonia*).

cacofagia [ca-co-fa-gì-a] *s.f.* (*psich.*) patologia consistente nella tendenza a mangiare cose non commestibili o repellenti.

cacofonia [ca-co-fo-nì-a] *s.f.* impressione sgra-

devole prodotta dall'incontro o dalla ripetizione di certi suoni.
cacofonico [ca-co-fò-ni-co] *agg.* [pl.m. *-ci*] che produce cacofonia; di suono sgradevole: *musica cacofonica* □ **cacofonicamente** *avv.*
cacologia [ca-co-lo-gì-a] *s.f.* (*ret.*) espressione difettosa, sotto l'aspetto logico o perché pronunciata male.
cacosmia [ca-co-ʃmì-a] *s.f.* (*med.*) percezione di odori sgradevoli, dovuta a lesioni organiche oppure ad allucinazione del senso dell'odorato.
cactacee [cac-tà-ce-e] *s.f.pl.* (*bot.*) famiglia di piante dicotiledoni dei paesi tropicali, dal fusto carnoso e foglie ridotte a spine uncinate.
cactus [càc-tus] *s.m.invar.* pianta tropicale spinosa con fusto corto e tondeggiante.
cadauno [ca-da-ù-no] *agg.* e *pron.indef.* ciascuno (usato nel linguaggio commerciale): *il prezzo è di lire mille cadauna.*
cadavere [ca-dà-ve-re] *s.m.* il corpo umano dopo la morte; salma, spoglia: *bianco come un —*, pallidissimo | *— ambulante*, (*fig.*) si dice di persona dall'aspetto sofferente.
cadaverico [ca-da-vè-ri-co] *agg.* [pl.m. *-ci*] **1** di cadavere, proprio di un cadavere: *rigidità cadaverica* **2** (*fig.*) pallido, smunto, inerte: *viso —* □ **cadavericamente** *avv.* come un cadavere.
cadaverina [ca-da-ve-rì-na] *s.f.* (*chim.*) sostanza azotata che si forma nella putrefazione di organismi animali.
cadeau [/ ka'do /] *s.m.invar.* (*fr.*) regalo, dono.
cadente [ca-dèn-te] *agg.* che cade, che sta per cadere | *un vecchio —*, una persona decrepita | *stella —*, meteora che attraversa l'atmosfera terrestre.
cadenza [ca-dèn-za] *s.f.* **1** modulazione della voce o di un suono; inflessione caratteristica di una lingua o di un dialetto: *la — bolognese* **2** andamento ritmico di un passo, di una marcia, di un ballo | *la — della voga*, il ritmo della remata.
cadenzare [ca-den-zà-re] *v.tr.* [*io cadènzo ecc.*] dare una cadenza, un ritmo particolare: *— il passo.*
cadenzato [ca-den-zà-to] *agg.* che ha un particolare andamento ritmico: *una recitazione ben cadenzata.*
cadere [ca-dé-re] *v.intr.* [pass.rem. *io caddi, tu cadésti ecc.*; fut. *io cadrò ecc.*; cond.pres. *io cadrèi ecc.*; aus. *essere*] **1** andare giù per effetto del proprio peso: *cade la pioggia* | battere a terra, per una perdita di equilibrio o altro motivo: *— per terra, a terra*; *— dalle scale*; *— di bicicletta* | *— in piedi*, (*fig.*) cavarsela senza troppo danno in una situazione difficile | *far — una cosa dall'alto*, (*fig.*) concederla esagerandone la difficoltà o l'importanza | *non cade mica dal cielo*, (*fig.*) non si ottiene facilmente | *il governo è caduto*, (*fig.*) si è dimesso, ha perso la fiducia del parlamento | *quest'abito cade bene*, si adatta bene alla persona **2** (*fig.*) venire meno, mancare: *è caduta la linea*, si è interrotto il collegamento telefonico | (*lett.*) morire: *— sul campo di battaglia* **3** (*fig.*) incappare in una situazione negativa: *— in rovina*, essere rovinato **4** (*fig.*) posarsi, collocarsi: *in francese l'accento cade sempre sull'ultima sillaba* | capitare: *il Natale quest'anno cade di giovedì.*
cadetto [ca-dét-to] *agg.* si dice del figlio non primogenito appartenente a una famiglia nobile | *ramo —*, ramo di una famiglia che discende da un figlio cadetto ♦ *s.m.* **1** figlio maschio non primogenito **2** allievo di un'accademia militare.
cadmiare [cad-mià-re] *v.tr.* [*io càdmio ecc.*] (*tecn.*) rivestire una superficie metallica con uno strato di cadmio mediante deposizione elettrolitica in un bagno galvanico.
cadmiatura [cad-mia-tù-ra] *s.f.* (*tecn.*) l'operazione del cadmiare.
cadmio [càd-mio] *s.m.* elemento chimico di simbolo *Cd*; è un metallo grigio argenteo, tenero, malleabile.
caduceo [ca-du-cè-o *o* cadùceo] *s.m.* bastone alato del dio Mercurio, usato nell'antichità come simbolo di pace e insegna degli araldi.
caducifoglio [ca-du-ci-fò-glio] *agg.* (*bot.*) si dice di pianta che lascia cadere le foglie in autunno.
caducità [ca-du-ci-tà] *s.f.* (*lett.*) l'essere caduco; fragilità, transitorietà: *la — delle cose terrene.*
caduco [ca-dù-co] *agg.* [pl.m. *-chi*] **1** destinato a cadere presto | *foglie caduche*, non perenni | *mal —*, (*pop.*) epilessia **2** (*fig. lett.*) di poca durata, effimero: *una speranza caduca.*
caduta [ca-dù-ta] *s.f.* **1** il fatto di cadere: *la — della pioggia*; *fare una brutta —* | *la — dei gravi*, (*fis.*) il precipitare dei corpi verso il centro della terra, per effetto della gravità **2** (*fig.*) il venir meno, il mancare: *la — degli ideali* **3** (*fig.*) sconfitta, resa: *la caduta della città* | fine di un regime politico: *la — del fascismo.*
caduto [ca-dù-to] *s.m.* chi è morto in guerra: *monumento ai caduti.*
caffè [caf-fè] *s.m.* **1** pianta tropicale sempreverde, dai cui chicchi, tostati e macinati, si ricava una bevanda amara e aromatica | la bevanda stessa: *— lungo, ristretto*, più o meno diluito; *— espresso*, preparato al momento con una speciale macchina; *— macchiato*, con aggiunta di un po' di latte; *— corretto*, con aggiunta di liquore; *— nero*, puro, senza aggiunte | *al —*, alla fine del pranzo | *— d'orzo*, bevanda fatta con semi di orzo tostati **2** locale pubblico nel quale si consumano caffè e altri prodotti; bar | *chiacchiere da —*, discorsi oziosi e poco impegnativi ♦ *agg.* che ha il colore bruno del caffè: *una cravatta —.*
caffè concerto [caf-fè con-cèr-to] *loc.sost.m.invar.* caffè o ristorante in cui si può assistere a un breve spettacolo musicale.
caffeina [caf-fe-ì-na] *s.f.* (*chim.*) sostanza eccitante contenuta nei semi del caffè e nelle foglie del tè e della cola.
caffeismo [caf-fe-ì-smo] *s.m.* (*med.*) intossicazione acuta o cronica provocata da abuso di caffè.
caffellatte [caf-fel-làt-te], o **caffelatte**, *s.m.invar.* bevanda composta di caffè e latte, che si prende soprattutto la mattina come prima colazione ♦ *agg.invar.* del colore del caffellatte.
caffettano [caf-fet-tà-no] *s.m.* abito maschile ti-

pico dei paesi musulmani, lungo quasi fino ai piedi, aperto sul davanti e con maniche molto ampie.
caffetteria [caf-fet-te-rì-a] *s.f.* **1** l'insieme dei cibi e delle bevande che vengono serviti nei caffè **2** locale dove si possono consumare caffè e altri prodotti.
caffettiera [caf-fet-tiè-ra] *s.f.* bricco in cui si prepara o si serve il caffè | (*fig. scherz.*) automobile vecchia e sgangherata.
caffettiere [caf-fet-tiè-re] *s.m.* [f. *-a*] (*non com.*) chi gestisce una bottega di caffè.
cafonaggine [ca-fo-nàg-gi-ne] *s.f.* **1** l'essere cafone **2** azione o comportamento da cafone; cafonata.
cafonata [ca-fo-nà-ta] *s.f.* azione scortese, da cafone.
cafone [ca-fó-ne] *s.m.* [f. *-a*] **1** (*merid.*) contadino **2** (*estens.*) persona villana, maleducata: *comportarsi da —*. DIM. *cafoncello* ♦ *agg.* che è maleducato o che denota un gusto volgare: *un individuo —*; *una cravatta cafona.*
cafoneria [ca-fo-ne-rì-a] *s.f.* cafonaggine.
cafonesco [ca-fo-né-sco] *agg.* [pl.m. *-schi*] di cafone, da cafone.
cagionare [ca-gio-nà-re] *v.tr.* [*io cagióno ecc.*] (*lett.*) causare, provocare.
cagione [ca-gió-ne] *s.f.* (*lett.*) causa; motivo determinante | *a — di*, per causa di.
cagionevole [ca-gio-né-vo-le] *agg.* che è di costituzione debole, facilmente soggetta a malattie: *un bambino —* | *salute —*, malferma.
cagionevolezza [ca-gio-ne-vo-léz-za] *s.f.* l'essere di salute cagionevole.
cagliare [ca-glià-re] *v.intr.* [*io càglio ecc.*; aus. *essere*] coagularsi, rapprendersi per effetto del caglio: *far — il latte.*
cagliata [ca-glià-ta] *s.f.* prodotto della coagulazione del latte per effetto del caglio, da cui si fa il formaggio.
cagliatura [ca-glia-tù-ra] *s.f.* processo di coagulazione del latte.
caglio [cà-glio] *s.m.* **1** sostanza acida di origine animale usata come coagulante del latte per fare il formaggio **2** (*bot.*) pianta erbacea che veniva usata un tempo per far cagliare il latte.
cagna [cà-gna] *s.f.* **1** la femmina del cane. DIM. *cagnetta* **2** (*fig.*) donna sguaiata, impudica, di facili costumi **3** attrice o cantante di nessun valore.
cagnaccio [ca-gnàc-cio] *s.m.* varietà di squalo molto vorace.
cagnara [ca-gnà-ra] *s.f.* **1** (*non com.*) l'abbaiare confuso di molti cani **2** (*fig. fam.*) confusione rumorosa di gente che si diverte o sta litigando | *far —*, far chiasso, baldoria.
cagnesco [ca-gné-sco] *agg.* [pl.m. *-schi*] di cane, da cane: *viso —* | *guardare in —*, guardare di traverso, minacciosamente □ **cagnescamente** *avv.* in cagnesco, in modo ostile.
caicco [ca-ìc-co] *s.m.* [pl. *-chi*] (*mar.*) **1** battello leggero e sottile, usato in Oriente per il trasporto di persone **2** imbarcazione veloce dei pirati del Mediterraneo.
caimano [cai-mà-no] *s.m.* grosso rettile acquatico che vive nei fiumi dell'America centrale e meridionale, simile al coccodrillo.
caino [ca-ì-no] *s.m.* persona perfida, malvagia, pronta a tradire chiunque.
caio [cà-io] *s.m.* una persona qualsiasi che non si sa o non si vuol nominare (di solito insieme ad altri nomi dello stesso genere): *tizio, caio e sempronio*, tre persone indeterminate.
cairota [cai-rò-ta] *agg.* [pl.m. *-ti*] del Cairo ♦ *s.m.* e *f.* abitante del Cairo.
cala [cà-la] *s.f.* insenatura poco profonda, adatta per l'approdo di piccole imbarcazioni. DIM. *caletta.*
calabrese [ca-la-bré-se] *agg.* della Calabria ♦ *s.m.* **1** [anche *f.*] chi è nato o abita in Calabria **2** il dialetto parlato in Calabria.
calabro [cà-la-bro] *agg.* **1** (*lett.*) calabrese: *Appennino —* **2** che riguarda un'antica popolazione stanziata nella penisola salentina ♦ *s.m.* [f. *-a*] chi faceva parte della popolazione calabra.
calabrone [ca-la-bró-ne] *s.m.* **1** grosso insetto simile alla vespa, di colore rosso bruno con l'addome striato di giallo; la femmina è fornita di pungiglione la cui puntura è dolorosissima **2** (*fam.*) corteggiatore importuno | persona molesta.
calafataggio [ca-la-fa-tàg-gio] *s.m.* (*mar.*) operazione del calafatare.
calafatare [ca-la-fa-tà-re] *v.tr.* (*mar.*) rendere impermeabile lo scafo di una nave, riempiendo le fessure del fasciame di stoppa e catrame.
calafato [ca-la-fà-to] *s.m.* (*mar.*) operaio addetto al calafataggio delle navi.
calamaio [ca-la-mà-io] *s.m.* piccolo recipiente in cui si teneva l'inchiostro e s'intingeva la penna per scrivere.
calamaretto [ca-la-ma-rét-to] *s.m.* piccolo calamaro assai ricercato per le sue carni, ottime per fritture.
calamaro [ca-la-mà-ro] *s.m.* mollusco marino commestibile, con corpo allungato, ampie pinne laterali e tentacoli; in caso di pericolo emette una sostanza nera, detta comunemente *inchiostro.*
calamita [ca-la-mì-ta] *s.f.* **1** corpo che ha proprietà magnetiche **2** (*fig.*) persona o cosa che attrae irresistibilmente.
calamità [ca-la-mi-tà] *s.f.* **1** disgrazia che colpisce più persone: *— naturali*, catastrofi come terremoti, alluvioni, frane **2** (*fig.*) cosa o persona noiosa e insopportabile | persona che provoca spesso danni.
calamitare [ca-la-mi-tà-re] *v.tr.* **1** trasmettere le proprietà magnetiche di una calamita al ferro o all'acciaio: *ago calamitato*, quello della bussola **2** (*fig.*) attirare, attrarre fortemente: *— l'attenzione.*
calamitoso [ca-la-mi-tó-so] *agg.* (*lett.*) che apporta sventure; con conseguenze funeste: *tempi calamitosi.*

calamo [cà-la-mo] *s.m.* **1** (*bot.*) fusto sottile di alcune piante **2** (*zool.*) parte delle penne degli uccelli, a forma di cannuccia **3** (*lett.*) piccola canna appuntita usata dagli antichi per scrivere.
calanco [ca-làn-co] *s.m.* [pl. *-chi*] avvallamento stretto e profondo, dovuto all'erosione delle acque sui pendii argillosi.
calandra [ca-làn-dra] *s.f.* **1** (*tecn.*) macchina costituita da uno o più cilindri rotanti, usata per comprimere o levigare materiali **2** la parte frontale del cofano anteriore di un'automobile | la copertura del motore fuoribordo.
calandrare [ca-lan-drà-re] *v.tr.* (*tecn.*) lavorare alla calandra.
calandratore [ca-lan-dra-tó-re] *s.m.* [f. *-trice*] operaio addetto alla calandratura.
calandratura [ca-lan-dra-tù-ra] *s.f.* (*tecn.*) lavorazione eseguita con la calandra.
calante [ca-làn-te] *agg.* che decresce, che diminuisce: *velocità* — | *luna* —, la luna nel periodo che va dal plenilunio al novilunio, quando diminuisce progressivamente la sua superficie visibile.
calapranzi [ca-la-pràn-ʒi] *s.m.invar.* piccolo montacarichi usato per portare le vivande dalla cucina alla sala da pranzo, quando queste si trovano su piani diversi.
calare [ca-là-re] *v.tr.* **1** far scendere, di solito lentamente: — *le reti*, metterle in acqua per la pesca; — *le vele*, ammainarle | abbassare: — *i prezzi* **2** nei lavori a maglia, diminuire il numero delle maglie **3** nei giochi di carte, gettare la propria carta in tavola: — *un asso* ♦ *v.intr.* [aus. *essere*] **1** scendere gradatamente verso il basso: *le greggi calano al piano* | invadere un territorio venendo dal Nord o dalle montagne: *i barbari calarono in Italia* **2** diminuire di grandezza, di intensità o di valore: — *di cinque chili in un mese*; *l'oro sta calando* **3** sopraggiungere lentamente; scendere: *al calar delle tenebre* **4** (*mus.*) emettere suoni più bassi del dovuto ♦ **calarsi** *v.rifl.* scendere procedendo con lentezza e usando punti d'appoggio: — *dalla finestra con una corda* | — *nella parte*, (*fig.*) immedesimarsi in un personaggio, detto di attore.
calata [ca-là-ta] *s.f.* **1** il calare o il calarsi; abbassamento, discesa: *la — del Sole*, il tramonto | invasione: *la — dei barbari* **2** nell'alpinismo, discesa lungo una parete o uno strapiombo.
calatoia [ca-la-tó-ia] *s.f.* piano di un mobile che si può ribaltare in senso verticale, usato come scrittoio.
calaverna [ca-la-vèr-na] *s.f.* **1** formazione di brina che si deposita in strato sottile trasparente intorno a foglie e rami **2** (*mar.*) rivestimento di cuoio o di tela di attrezzature sottoposte a sfregamento (antenne, pennoni ecc.).
calazio [ca-là-zio] *s.m.* (*med.*) piccolo tumore benigno della palpebra.
calca [càl-ca] *s.f.* folla, ressa: *fare* —, affollarsi; *fendere la* —, farsi largo.
calcagno [cal-cà-gno] *s.m.* [pl. *i calcagni*, nel sign. proprio; *le calcagna*, in alcune loc. fig.] la parte posteriore del piede che poggia direttamente sul suolo | *sedersi sui calcagni*, accoccolarsi | *stare alle calcagna di qlcu.*, (*fig.*) seguirlo da vicino, controllarlo.
calcare[1] [cal-cà-re] *v.tr.* [*io calco, tu calchi ecc.*] **1** premere con i piedi; calpestare con forza: — *l'uva nel tino* | — *le scene*, (*fig.*) fare l'attore | — *le orme di qlcu.*, (*fig.*) seguirne l'esempio **2** premere con forza; spingere: *calcarsi il cappello sugli occhi* | — *la mano*, (*fig.*) esagerare **3** sottolineare, mettere in rilievo con la voce: — *una parola* | — *la voce*, accentuarne il tono **4** passare sui contorni di un disegno con una punta; copiare, ricalcare **5** riprodurre un oggetto dopo averne fatto il calco.
calcare[2] *s.m.* (*geol.*) roccia sedimentaria usata come pietra da costruzione oppure nella produzione della calce e del cemento.
calcareo [cal-cà-re-o] *agg.* di calcare, che contiene calcare: *roccia calcarea*.
calcatoio [cal-ca-tó-io] *s.m.* **1** asticella con un'estremità arrotondata per calcare i disegni **2** (*min.*) attrezzo a forma di bastone o di cilindro che si usa per comprimere la carica di una mina **3** (*mil.*) arnese per l'introduzione del proiettile nelle artiglierie.
calce[1] [càl-ce] *s.f.* (*chim.*) **1** ossido di calcio, detto comunemente *calce viva*, che è una sostanza di colore bianco sporco e di consistenza terrosa, ottenuta dal calcare **2** idrossido di calcio, detto comunemente *calce spenta*, che è una polvere di colore bianco intenso, usata nella malta da costruzione.
calce[2] *s.m.* solo nella loc. *in* —, (*burocr.*) in fondo alla pagina: *apporre la firma in — alla domanda*.
calcedonio [cal-ce-dò-nio] *s.m.* (*min.*) minerale di vario colore usato come pietra ornamentale.
calcemia [cal-ce-mì-a] *s.f.* (*med.*) quantità di calcio presente nel sangue.
calceolaria [cal-ce-o-là-ria] *s.f.* pianta erbacea con fiori di colore giallo o rosso, variamente macchiettati.
calcescisto [cal-ce-scì-sto] *s.m.* [pl. *-sti*] (*miner.*) roccia scistosa grigiastra, prevalentemente calcarea, di origine metamorfica.
calcestruzzo [cal-ce-strùz-zo] *s.m.* materiale da costruzione durissimo e tenace, ottenuto mescolando sabbia, ghiaia e cemento con acqua.
calcetto [cal-cét-to] *s.m.* **1** calcio-balilla **2** (*sport*) gioco simile al calcio, con squadre di cinque giocatori che si affrontano su un campo di misure ridotte.
calciare [cal-cià-re] *v.intr.* [*io càlcio ecc.*; aus. *avere*] tirar calci; scalciare ♦ *v.tr.* **1** spingere qlco. col piede: — *un sasso* **2** nel calcio e nel rugby, colpire il pallone col piede per eseguire un tiro (anche *assol.*): — *la palla*; — *in porta, a rete*.
calciatore [cal-cia-tó-re] *s.m.* [f. *-trice*] giocatore di calcio.
calcificare [cal-ci-fi-cà-re] *v.tr.* [*io calcìfico, tu calcìfichi ecc.*] incrostare di sali di calcio ♦ **calcificarsi** *v.intr.pron.* (*med.*) nei tessuti organici, indurirsi per deposito di sali di calcio.

calcificazione [cal-ci-fi-ca-zió-ne] *s.f.* (*med.*) il depositarsi di sali di calcio nei tessuti organici.
calcimetria [cal-ci-me-trì-a] *s.f.* misurazione della percentuale di calcio contenuta in un terreno o in una roccia.
calcina [cal-cì-na] *s.f.* sostanza bianca, pastosa, impiegata nella malta da costruzione, che si ottiene mescolando con acqua la calce, la sabbia e il pietrisco | (*estens.*) calce.
calcinaccio [cal-ci-nàc-cio] *s.m.* pezzo di intonaco che si stacca da un muro.
calcinaio [cal-ci-nà-io] *s.m.* **1** manovale addetto alla preparazione della calcina **2** fossa scavata nel terreno per il trattamento della calce spenta **3** nell'industria del cuoio, vasca o botte dove s'immergono in latte di calce le pelli da conciare.
calcinare [cal-ci-nà-re] *v.tr.* **1** (*chim.*) ridurre un calcare a calce viva mediante cottura **2** (*agr.*) spargere polvere di calce sui terreni per concimarli **3** immergere le pelli in latte di calce per eliminarne i grassi residui.
calcinatura [cal-ci-na-tù-ra] *s.f.* l'operazione del calcinare.
calcinazione [cal-ci-na-zió-ne] *s.f.* (*chim.*) riscaldamento a temperatura elevata di sostanze solide per eliminare l'acqua di combinazione e le parti volatili.
calcinosi [cal-ci-nò-ʃi] *s.f.* (*med.*) stato patologico caratterizzato da deposizione di sali di calcio nei tessuti e negli organi.
calcio[1] [càl-cio] *s.m.* **1** colpo dato con il piede o con la zampa; pedata: *dare, ricevere un —; prendere a calci* | *dare un — alla fortuna*, (*fig.*) non cogliere un'occasione favorevole | *dare un — al passato*, (*fig.*) dimenticarlo **2** (*sport*) gioco che si svolge tra due squadre di undici giocatori ciascuna, i quali si contendono un pallone cercando di farlo entrare nella porta avversaria senza mai toccarlo con le mani; football: *squadra, partita, campionato di —* **3** nel football, colpo dato con il piede al pallone: *— di punizione, di rigore, d'angolo.*
calcio[2] *s.m.* parte inferiore della cassa del fucile | impugnatura della pistola o della lancia.
calcio[3] *s.m.* elemento chimico di simbolo *Ca*; è un metallo bianco argenteo, diffusissimo in natura come sale, presente in moltissime rocce e nello scheletro dell'uomo e degli animali.
calcio-balilla [càl-cio-ba-lìl-la] *loc.sost.m.invar.* gioco che simula una partita di calcio; si svolge tra due singoli avversari o tra due coppie su un tavolo rettangolare provvisto di piccole sagome manovrabili che riproducono i calciatori.
calcio-mercato [càl-cio-mer-cà-to] *loc.sost.m. invar.* nel giornalismo sportivo, l'insieme delle operazioni di compravendita dei calciatori.
calcioterapia [cal-cio-te-ra-pì-a] *s.f.* terapia a base di sali di calcio.
calcistico [cal-cì-sti-co] *agg.* [pl.m. *-ci*] relativo al gioco del calcio: *incontro —* □ **calcisticamente** *avv.* dal punto di vista calcistico.
calcite [cal-cì-te] *s.f.* minerale costituito da carbonato di calcio in cristalli biancastri trasparenti.
calco [càl-co] *s.m.* [pl. *-chi*] **1** impronta di un oggetto come una scultura o una moneta, ricavata in cera, argilla o gesso, in modo da conservare in negativo la forma dell'originale | (*estens.*) la copia positiva dell'oggetto stesso **2** copia di un disegno ottenuta ripassandone i contorni con una punta **3** (*tip.*) impronta di una matrice di stampa da cui viene ricavata una copia con vari procedimenti **4** (*ling.*) particolare tipo di prestito linguistico in cui viene riprodotta la struttura di una parola o di una locuzione straniera (p.e. *fine settimana*, dall'ingl. *week-end*).
calco- primo elemento di parole composte della terminologia scientifica, che significa 'rame' o indica relazione, somiglianza con esso (*calcografia*).
calcografia [cal-co-gra-fì-a] *s.f.* procedimento di stampa in cui le matrici sono incise su lastre di rame | (*estens.*) stampa ottenuta con tale procedimento.
calcografico [cal-co-grà-fi-co] *agg.* [pl.m. *-ci*] relativo alla calcografia: *procedimento —*.
calcolabile [cal-co-là-bi-le] *agg.* che si può calcolare.
calcolare [cal-co-là-re] *v.tr.* [*io càlcolo ecc.*] **1** determinare per mezzo di calcolo: *— il peso, il volume* | (*assol.*) eseguire calcoli; contare **2** comprendere, tenere in conto: *l'hanno calcolato tra i presenti* **3** giudicare, prevedere razionalmente: *rischio calcolato.*
calcolatore [cal-co-la-tó-re] *agg.* e *s.m.* [f. *-trice*] **1** che/chi calcola o sa fare bene i calcoli | *regolo —*, strumento per eseguire calcoli **2** (*fig.*) che/chi riflette molto prima di agire; che/chi agisce per interesse o per calcolo: *mentalità calcolatrice; un freddo —* ♦ *s.m.* macchina con cui si eseguono calcoli | *— elettronico*, denominazione generica di apparecchi per l'elaborazione elettronica dei dati o la simulazione di processi.
calcolatrice [cal-co-la-trì-ce] *s.f.* apparecchio meccanico o elettronico, da tasca o da tavolo, in grado di compiere operazioni aritmetiche e altre funzioni elementari (percentuale, radice quadrata ecc.).
calcolitografia [cal-co-li-to-gra-fì-a] *s.f.* procedimento di stampa in cui un'immagine ottenuta con la calcografia viene trasportata su pietra litografica o su lastra metallica e quindi stampata con i metodi della litografia.
calcolitografico [cal-co-li-to-grà-fi-co] *agg.* [pl.m. *-ci*] di calcolitografia, relativo a calcolitografia: *riproduzioni calcolitografiche.*
calcolo[1] [càl-co-lo] *s.m.* **1** esecuzione di operazioni matematiche: *— numerico, algebrico, infinitesimale* | *— delle probabilità*, (*stat.*) studio del grado di probabilità che si realizzi un evento **2** (*estens.*) matematica: *studiare —* **3** (*fig.*) previsione, giudizio: *fare i propri calcoli*, considerare attentamente una situazione, valutando vantaggi e svantaggi | *agire per —*, per interesse personale.

calcolo[2] *s.m.* (*med.*) sedimentazione di sostanze organiche o di sali minerali all'interno dell'organismo: *calcoli renali, biliari.*

calcolosi [cal-co-lò-ʃi] *s.f.* (*med.*) malattia provocata dalla formazione di calcoli in alcuni organi.

calcomania [cal-co-ma-nì-a] *s.f.* decalcomania.

calcoteca [cal-co-tè-ca] *s.f.* raccolta di calchi di opere scultoree.

calda [càl-da] *s.f.* (*metall.*) operazione con cui si sottopone a riscaldamento un pezzo metallico per poterlo lavorare.

caldaia [cal-dà-ia] *s.f.* **1** grande recipiente metallico in cui si fa bollire o cuocere qlco. **2** apparecchio in cui si riscalda l'acqua per produrre vapore sotto pressione, da utilizzare come forma di energia: *la — della locomotiva.*

caldallessa [cal-dal-lés-sa] *s.f.* [pl. *caldallesse*] castagna lessata con la buccia.

caldana [cal-dà-na] *s.f.* **1** improvvisa vampata di calore al viso **2** (*fig.*) improvviso scatto d'ira.

caldarrosta [cal-dar-rò-sta] *s.f.* [pl. *caldarroste*] castagna arrostita.

caldarrostaio [cal-dar-ro-stà-io] *s.m.* [f. *-a*] chi vende castagne arrostite.

caldeggiare [cal-deg-già-re] *v.tr.* [*io caldéggio ecc.*] favorire, sostenere con calore: *— una proposta.*

caldeo [cal-dè-o] *agg.* e *s.m.* [f. *-a*] che/chi appartiene a un'antica popolazione semitica della Mesopotamia.

calderaio [cal-de-rà-io], region. **calderaro**, *s.m.* **1** chi fabbrica o ripara caldaie e altri recipienti metallici **2** (*st.*) membro di una setta segreta sorta nel Regno di Napoli nel 1815 per combattere liberali e carbonari.

calderone [cal-de-ró-ne] *s.m.* **1** grossa caldaia **2** (*fig.*) gran massa di cose confuse | *mettere tutto nello stesso —*, non saper distinguere cose diverse tra loro.

caldo [càl-do] *agg.* **1** che produce una sensazione di calore; che ha una temperatura elevata: *le ore calde del giorno; clima —* | *avere la fronte calda*, avere la febbre | *animali a sangue —*, che hanno sempre la stessa temperatura **2** riferito a cibi appena cucinati e levati dal fuoco: *mangiare un piatto —*; *tavola calda*, locale pubblico in cui si servono pasti caldi da consumare al banco | (*fig.*) appena fatto, molto recente: *una notizia calda calda*, appena ricevuta **3** (*fig.*) pieno d'ardore e di entusiasmo: *un carattere —* | *una testa calda*, una persona che ha idee pericolose o audaci | *avere il sangue —*, essere eccitabile, impetuoso **4** (*fig.*) cordiale, affettuoso, sincero: *una calda accoglienza* | *piangere a calde lacrime*, a dirotto **5** (*fig.*) di colore intenso, vivace: *tinte calde*, quelle che vanno dal rosso al giallo | di suono profondo e gradevole: *una voce calda* **6** (*fig.*) difficile, pieno di conflitti: *le aree calde del mondo* ♦ *s.m.* **1** calore, temperatura elevata; la sensazione che ne deriva: *un — afoso; sentire, avere —* | *stare al —*, in un luogo riscaldato e protetto | *è arrivato il —*, la stagione calda | *tenere —*, produrre una sensazione di calore | *prendere, bere qlco. di —*, un cibo, una bevanda calda. DIM. *caldino, calduccio* **2** (*fig.*) fervore, ardore: *il — della passione* | *non mi fa né — né freddo*, (*fig.*) mi lascia indifferente | *a —*, (*fig.*) immediatamente, senza riflettere: *una impressione a —* □ **caldamente** *avv.* calorosamente, con affettuosa espansività: *esortare —.*

caledoniano [ca-le-do-nià-no] *agg.* (*geol.*) relativo a fenomeni dell'era paleozoica che hanno determinato la formazione di catene montuose in alcune aree della superficie terrestre.

calefazione [ca-le-fa-zió-ne] *s.f.* (*fis.*) fenomeno per cui un liquido, versato su una lastra rovente, si raccoglie in gocce che scorrono su di essa senza bollire.

caleidoscopico [ca-lei-do-scò-pi-co] *agg.* [pl.m. *-ci*] **1** relativo al caleidoscopio **2** (*fig.*) fantasmagorico, ricco di colori: *effetto —.*

caleidoscopio [ca-lei-do-scò-pio] *s.m.* **1** apparecchio costituito da un tubo cilindrico e da frammenti di vetro colorato, che, grazie a un gioco di specchi, producono infinite combinazioni di immagini e di colori, osservabili da un foro **2** (*fig.*) rapido susseguirsi di persone o cose varie e multicolori: *un — di immagini.*

calembour [/ kalam'bur /] *s.m.invar.* (*fr.*) gioco di parole; freddura.

calendario [ca-len-dà-rio] *s.m.* **1** sistema di suddivisione del tempo in periodi costanti (anno, mese, giorno), stabiliti in base alla durata di determinati cicli astronomici: *— lunare*, basato sul moto della Luna; *— solare*, basato sulla rotazione della Terra intorno al sole | *— giuliano*, calendario solare riformato da Giulio Cesare, di 365 giorni e 6 ore; *— gregoriano*, quello ulteriormente riformato da papa Gregorio XIII nel 1582, in uso ancora oggi nella maggioranza dei paesi del mondo **2** tabella o fascicolo in cui sono segnati in ordine progressivo i giorni dell'anno, suddivisi in mesi e settimane **3** programma di attività lavorative o ricreative: *— scolastico, sportivo.*

calende [ca-lèn-de] *s.f.pl.* il primo giorno di ogni mese, secondo il calendario romano antico | *le — greche*, (*scherz.*) un tempo che non verrà mai.

calendimaggio [ca-len-di-màg-gio] *s.m.* il primo giorno del mese di maggio, nel quale a Firenze si celebrava la festa della primavera.

calendola [ca-lèn-do-la], o **calendula**, *s.f.* (*bot.*) pianta erbacea ornamentale con fiori di colore giallo o arancione.

calepino [ca-le-pì-no] *s.m.* **1** grosso vocabolario di latino | (*scherz.*) libro vecchio e voluminoso **2** taccuino, libro d'appunti.

calere [ca-lé-re] *v.intr.impers.* [si usa quasi soltanto la terza persona sing. del pres. indic. (*cale*)] (*lett.*) interessare, stare a cuore: *non mi cale* | *tenere, mettere in non cale*, non avere a cuore, trascurare.

calesse [ca-lès-se] *s.m.* carrozza leggera a due

ruote, di solito trainata da un solo cavallo. DIM. *calessino.*
calessina [ca-les-sì-na] *s.f.* piccolo calesse a quattro posti.
caletta [ca-lét-ta] *s.f.* taglio praticato su un pezzo di legno, in modo da poterlo unire ad altri pezzi; incastro.
calettamento [ca-let-ta-mén-to] *s.m.* (*mecc.*) collegamento rigido di due organi meccanici.
calettare [ca-let-tà-re] *v.tr.* [*io calétto ecc.*] unire due parti mediante calette o calettamento ♦ *v.intr.* [aus. *avere*] combaciare esattamente.
calettatura [ca-let-ta-tù-ra] *s.f.* collegamento di due elementi mediante calette.
calibrare [ca-li-brà-re] *v.tr.* [*io càlibro ecc.*] **1** ridurre alla misura esatta una bocca d'arma da fuoco **2** misurare col calibro un pezzo meccanico | (*estens.*) regolare: — *uno strumento* **3** (*fig.*) studiare con attenzione, scegliere a seconda delle esigenze: — *le parole.*
calibrato [ca-li-brà-to] *agg.* **1** ridotto alla misura voluta | *taglie calibrate*, misure di abiti che possono adattarsi a corporature diverse dalla media **2** ben misurato (anche *fig.*): *un discorso —.*
calibratrice [ca-li-bra-trì-ce] *s.f.* macchina che utilizza dispositivi di vario tipo (crivelli, rulli sagomati, tavole rotanti ecc.) per la cernita di frutta, semi ecc.
calibratura [ca-li-bra-tù-ra] *s.f.* il calibrare, l'essere calibrato (anche *fig.*): *una sapiente — delle immagini.*
calibro [cà-li-bro] *s.m.* **1** strumento di precisione che si usa per misurare e controllare le dimensioni di pezzi meccanici **2** diametro interno della canna di un'arma da fuoco, a cui si fa riferimento per classificare le armi stesse e i proiettili che utilizzano: *una pistola — 9* **3** (*fig.*) valore, livello: *due atleti dello stesso —* | *un grosso —*, (*estens.*) personaggio di grande importanza.
calicantacee [ca-li-can-tà-ce-e] *s.f.pl.* (*bot.*) famiglia di piante dicotiledoni a cui appartiene il calicanto.
calicanto [ca-li-càn-to], o **calicantus**, *s.m.* arbusto ornamentale con fiori profumati di colore giallognolo o rosso scuro.
calice[1] [cà-li-ce] *s.m.* **1** bicchiere a bocca larga, munito di uno stelo lungo e sottile che poggia su una base circolare | *a —*, che ha la forma svasata di un calice | *levare i calici*, (*lett.*) brindare | *bere il — del piacere, del dolore, dell'amarezza*, (*fig.*) provare piacere, dolore, amarezza **2** (*lit.*) vaso sacro a forma di calice in cui viene consacrato il vino durante la messa: *l'elevazione del —.*
calice[2] *s.m.* (*bot.*) la parte più esterna del fiore, costituita da sepali liberi o uniti tra loro.
calicetto [ca-li-cét-to] *s.m.* (*bot.*) involucro di foglie che in alcuni fiori (malva, fragola ecc.) riveste il calice.
calidario [ca-li-dà-rio] *s.m.* (*archeol.*) nelle antiche terme, locale per i bagni d'acqua calda.
califfato [ca-lif-fà-to] *s.m.* **1** titolo e autorità di califfo **2** territorio governato da un califfo.
califfo [ca-lìf-fo] *s.m.* **1** nel Medioevo, la suprema autorità religiosa e politica presso i musulmani **2** (*estens.*) uomo autoritario e prepotente | (*scherz.*) uomo che ha molte donne.
californiano [ca-li-for-nià-no] *agg.* della California ♦ *s.m.* [f. *-a*] nativo, abitante della California.
californio [ca-li-fòr-nio] *s.m.* elemento chimico artificiale radioattivo di simbolo *Cf.*
caliga [cà-li-ga] *s.f.* sorta di sandalo dei soldati romani.
caligine [ca-lì-gi-ne] *s.f.* sospensione nell'aria di particelle di polvere o di cenere che la rendono opaca | (*estens.*) nebbia o fumo denso; foschia.
caliginoso [ca-li-gi-nó-so] *agg.* **1** pieno di caligine; oscurato da caligine: *cielo —* **2** (*fig. lett.*) oscuro, tenebroso.
calipso [ca-lìp-so], o **calypso**, *s.m.invar.* ballo moderno originario delle Antille.
calla [càl-la] *s.f.* pianta erbacea ornamentale con infiorescenza bianca e profumata.
callaiola [cal-la-iò-la] *s.f.* piccola rete che i cacciatori tendono nelle aperture delle siepi per catturare la selvaggina.
calle [càl-le] *s.m.* (*lett.*) strada stretta; cammino, via ♦ *s.f.* nome delle caratteristiche viuzze di Venezia.
call girl [/ ˈkɔlgerl /] *loc.sost.f.invar.* (*ingl.*) ragazza squillo.
calli- primo elemento di parole composte, che significa 'bello, bellezza' (*calligrafia*).
callidità [cal-li-di-tà] *s.f.* (*lett.*) astuzia.
callido [càl-li-do] *agg.* (*lett.*) astuto, accorto, scaltro.
callifugo [cal-lì-fu-go] *s.m.* [pl. *-ghi*] medicamento usato per eliminare i calli dei piedi ♦ *agg.* che elimina i calli: *pomata callifuga.*
calligrafia [cal-li-gra-fì-a] *s.f.* **1** arte di scrivere in caratteri chiari, ordinati ed eleganti: *esercizio di —* **2** (*estens.*) grafia, modo di scrivere: *una — illeggibile.*
calligrafico [cal-li-grà-fi-co] *agg.* [pl.m. *-ci*] **1** di calligrafia: *carattere —*, carattere tipografico che imita la scrittura a mano **2** che riguarda la grafia, il modo di scrivere: *perizia calligrafica*, analisi di uno scritto per stabilirne l'autenticità **3** (*fig.*) che cura eccessivamente l'aspetto formale: *stile, scrittore —* □ **calligraficamente** *avv.* in bella grafia | (*fig.*) con eccessiva rifinitura formale.
calligrafo [cal-lì-gra-fo] *s.m.* [f. *-a*] **1** chi pratica o insegna l'arte della calligrafia | *perito —*, chi è esperto di grafia e può compiere perizie calligrafiche **2** (*estens.*) chi scrive con bella grafia **3** (*fig.*) scrittore o artista che cura eccessivamente la forma.
calligramma [cal-li-gràm-ma] *s.m.* [pl. *-mi*] poesia in cui la disposizione delle parole forma disegni o figure bizzarre.
callista [cal-lì-sta] *s.m.* e *f.* [pl.m. *-sti*] chi cura i calli dei piedi.
callo [càl-lo] *s.m.* **1** ispessimento della pelle nelle mani e nei piedi, provocato da compressione o

sfregamento | *pestare i calli a qlcu.*, (*fig.*) disturbarlo, irritarlo | *fare il — a qlco.*, (*fig.*) abituarsi **2** (*zool.*) protuberanza delle zampe dei cavalli, in prossimità delle articolazioni **3** (*bot.*) massa di tessuto che si forma in corrispondenza delle ferite di una pianta.

callosità [cal-lo-si-tà] *s.f.* **1** qualità, aspetto di ciò che è calloso **2** parte callosa: *le callosità di un tronco.*

calloso [cal-ló-so] *agg.* **1** pieno di calli, indurito dai calli: *mani callose* **2** *corpo —*, (*anat.*) lamina di sostanza bianca fibrosa che unisce i due emisferi del cervello.

calma [càl-ma] *s.f.* **1** stato di tranquillità del mare o dell'aria in assenza di vento; bonaccia **2** (*estens.*) atmosfera di silenzio e di pace: *la — della campagna* **3** (*fig.*) serenità, distensione: *non avere un attimo di —* | *mantenere la —*, il controllo dei nervi | *prendersela con —*, agire senza fretta.

calmante [cal-màn-te] *agg.* e *s.m.* (*farm.*) si dice di sostanza usata per calmare il dolore o la tensione nervosa; sedativo: *— per la tosse.*

calmare [cal-mà-re] *v.tr.* **1** rendere calmo, placare: *— l'ira* **2** alleviare, sedare: *— il dolore* ♦ **calmarsi** *v.intr.pron.* **1** tornare calmo; tranquillizzarsi **2** diminuire d'intensità, attenuarsi: *il dolore si è calmato.*

calmieramento [cal-mie-ra-mén-to] *s.m.* misura o insieme di misure atte a calmierare.

calmierare [cal-mie-rà-re] *v.tr.* [*io calmièro ecc.*] sottoporre a calmiere: *— i prodotti ortofrutticoli.*

calmieratore [cal-mie-ra-tó-re] *agg.* [f. *-trice*] che fa da calmiere; che impone un calmiere: *misure calmieratrici.*

calmiere [cal-miè-re] *s.m.* prezzo massimo di vendita per merci di prima necessità, fissato dalla legge al fine di evitare aumenti e speculazioni.

calmo [càl-mo] *agg.* **1** non agitato dal vento: *aria calma* **2** (*fig.*) tranquillo, sereno; libero da ansie o preoccupazioni: *una vita calma.*

calo [cà-lo] *s.m.* **1** diminuzione di prezzo, quantità o volume: *il — delle tariffe*; *— della vista* **2** (*fig.*) perdita di prestigio, decadenza | perdita di forze: *avere un — fisico.*

calore [ca-ló-re] *s.m.* **1** (*fis.*) forma di energia posseduta dai corpi per effetto del movimento delle molecole e degli atomi, che produce sensazioni di caldo o di freddo: *il — della fiamma, dei raggi solari* **2** temperatura elevata, sensazione di caldo: *un — insopportabile* **3** (*fig.*) sentimento di intensa partecipazione affettiva: *il — della famiglia* | ardore, entusiasmo: *discutere con —* **4** (*zool.*) periodo di maggiore desiderio sessuale nelle femmine di varie specie animali: *essere, andare in —.*

caloria [ca-lo-rì-a] *s.f.* **1** (*fis.*) unità di misura della quantità di calore, corrispondente alla quantità di calore necessaria a innalzare di un grado la temperatura di un grammo di acqua distillata **2** (*med.*) unità di misura del contenuto energetico degli alimenti.

calorico [ca-lò-ri-co] *agg.* [pl.m. *-ci*] (*med.*) relativo alle calorie: *fabbisogno —*, quantità giornaliera di calorie necessaria all'organismo umano.

calorifero [ca-lo-rì-fe-ro] *s.m.* impianto o apparecchio in cui circola acqua, vapore o aria calda, usato per riscaldare gli ambienti; radiatore, termosifone.

calorifico [ca-lo-rì-fi-co] *agg.* [pl.m. *-ci*] che produce calore.

calorimetro [ca-lo-rì-me-tro] *s.m.* (*fis.*) strumento per la misura della quantità di calore sviluppata da una combustione.

calorizzazione [ca-lo-riʒ-ʒa-zió-ne] *s.f.* (*metall.*) processo mediante il quale su una superficie di acciaio si forma uno strato protettivo anticorrosione di lega ferro-alluminio.

calorosità [ca-lo-ro-si-tà] *s.f.* caratteristica di ciò che è caloroso: *la — di un saluto.*

caloroso [ca-lo-ró-so] *agg.* **1** che riscalda, che dà calore: *cibo —* **2** che non soffre il freddo, ma piuttosto il caldo (contrapposto a *freddoloso*) **3** (*fig.*) cordiale, fatto con calore: *un'accoglienza calorosa* | animato, vivace: *una calorosa discussione* □ **calorosamente** *avv.* con calore, vivacemente: *applaudire —.*

caloscia [ca-lò-scia], o **galoscia**, *s.f.* [pl. *-sce*] soprascarpa di materiale impermeabile che ripara la scarpa e il piede dall'acqua | stivaletto di gomma.

calosoma [ca-lo-sò-ma] *s.m.* [pl. *-mi*] insetto coleottero con livrea brillante dai riflessi metallici, che si nutre di altri insetti nocivi all'agricoltura.

calotta [ca-lòt-ta] *s.f.* **1** (*mat.*) ciascuna delle due parti di una superficie sferica divisa da un piano secante **2** struttura, oggetto di forma semisferica o convessa | *— polare*, (*geog.*) ciascuna delle due zone terrestri (artica e antartica) limitata dal circolo polare | *— glaciale*, (*geog.*) zona polare coperta permanentemente dai ghiacci **3** copertura a forma convessa di un meccanismo o di un dispositivo: *la — dello spinterogeno* **4** (*anat.*) struttura anatomica di forma convessa: *— cranica*, volta cranica **5** cupola del cappello | (*estens.*) berretto senza tesa, zucchetto, papalina.

calpestamento [cal-pe-sta-mén-to] *s.m.* (*non com.*) il calcare con i piedi, il calpestare.

calpestare [cal-pe-stà-re] *v.tr.* [*io calpésto ecc.*] **1** premere con i piedi, camminare sopra qlco.: *— l'erba* **2** (*fig.*) disprezzare, offendere: *— i sentimenti di qlcu.*

calpestatore [cal-pe-sta-tó-re] *s.m.* [f. *-trice*] (*non com.*) chi calpesta (spec. *fig.*): *— degli altrui diritti.*

calpestio [cal-pe-stì-o] *s.m.* un calpestare prolungato; il rumore così prodotto: *il — dei cavalli.*

calugine [ca-lù-gi-ne], o **caluggine**, *s.f.* **1** (*lett.*) la prima peluria degli uccelli o dei ragazzi ancora imberbi **2** (*bot.*) lanugine bianca che ricopre frutta e foglie.

calumet [/ kaly'mɛ /] *s.m.invar.* (*fr.*) pipa dal lungo cannello che i pellirosse fumavano in occasioni solenni, durante una cerimonia o in segno di pace.

calunnia [ca-lùn-nia] *s.f.* **1** (*dir.*) delitto commesso da chi incolpa di un reato una persona, pur sapendola innocente **2** (*estens.*) falsa accusa, diffamazione: *spargere, diffondere calunnie.*
calunniare [ca-lun-nià-re] *v.tr.* [*io calùnnio ecc.*] accusare falsamente; diffamare, denigrare.
calunniatore [ca-lun-nia-tó-re] *agg.* e *s.m.* [f. *-trice*] che/chi calunnia; diffamatore: *parole calunniatrici; un perfido —.*
calunnioso [ca-lun-nió-so] *agg.* che ha carattere o scopo di calunnia; diffamatorio: *voci calunniose.*
calura [ca-lù-ra] *s.f.* intenso caldo estivo.
calvados [/ kalva'dos /] *s.m.invar.* (*fr.*) acquavite di sidro.
calvario [cal-và-rio] *s.m.* **1** gruppo di sculture popolari raffiguranti la passione di Cristo sul monte Calvario **2** (*fig.*) sofferenza, dolore prolungato: *la sua vita fu un —.*
calvinismo [cal-vi-nì-ʃmo] *s.m.* **1** la dottrina religiosa del riformatore francese Giovanni Calvino (1509-1564) | (*estens.*) la chiesa protestante che Calvino fondò a Ginevra **2** (*fig.*) intransigenza morale.
calvinista [cal-vi-nì-sta] *s.m.* e *f.* [pl.m. *-sti*] **1** chi segue la dottrina di Calvino | Usato anche come *agg.*: *chiesa —* **2** (*fig.*) persona di austero rigorismo.
calvizie [cal-vì-zie] *s.f.invar.* l'essere calvo; scarsità o mancanza totale di capelli | *— incipiente,* che è agli inizi.
calvo [càl-vo] *agg.* **1** privo di capelli: *testa calva* **2** (*estens.*) brullo, spoglio di vegetazione: *un monte completamente —* ♦ *s.m.* [f. *-a*] persona calva.
calypso → **calipso**.
calza [càl-za] *s.f.* indumento a maglia che riveste il piede e parte della gamba: *— di lana* | *ferri da —*, da maglia | *fare la —*, lavorare a maglia | *la — della Befana*, quella che i bambini, per tradizione, appendono la notte dell'Epifania perché la Befana vi metta dentro i doni. DIM. *calzina, calzino* (m.), *calzetta, calzettina* ACCR. *calzettone* (m.).
calzamaglia [cal-za-mà-glia] *s.f.* [pl. *calzemaglie* o *calzamaglie*] **1** indumento in un solo pezzo che riveste il piede e la gamba fino alla vita, usato da ballerini, ginnasti, sciatori ecc. **2** calzoni molto aderenti del costume maschile medievale e rinascimentale.
calzante [cal-zàn-te] *agg.* **1** che calza, che aderisce perfettamente: *scarpe calzanti* **2** (*fig.*) che si addice perfettamente; appropriato, adeguato: *esempio poco —* ♦ *s.m.* arnese di metallo, di corno o di plastica, leggermente concavo, che serve per calzare le scarpe; calzascarpe.
calzare[1] [cal-zà-re] *v.tr.* **1** infilare scarpe, calze, guanti o altri indumenti aderenti al corpo **2** fornire di calzature: *quel negozio calza le persone più eleganti della città* ♦ *v.intr.* **1** [aus. *avere*] essere ben aderente, andare bene: *le pantofole gli calzano alla perfezione* **2** [aus. *essere*] (*fig.*) essere appropriato, adattarsi: *un esempio che calza a pennello.*
calzare[2] *s.m.* (*lett.*) calzatura.
calzascarpe [cal-za-scàr-pe] *s.m.invar.* calzante.
calzatoia [cal-za-tó-ia] *s.f.* **1** zeppa che s'infila sotto un mobile traballante per dargli stabilità | cuneo che serve a frenare le ruote di un veicolo fermo su una china **2** sgabello su cui si appoggia il piede quando si infilano o si puliscono le scarpe.
calzatoio [cal-za-tó-io] *s.m.* calzante, calzascarpe.
calzatura [cal-za-tù-ra] *s.f.* ogni tipo di scarpa, sandalo, pantofola o stivale: *negozio di calzature.*
calzaturiere [cal-za-tu-riè-re] *s.m.* [f. *-a*] industriale delle calzature.
calzaturiero [cal-za-tu-riè-ro] *agg.* delle calzature e dell'industria che le produce: *mercato —* ♦ *s.m.* [f. *-a*] chi lavora in un calzaturificio.
calzaturificio [cal-za-tu-ri-fì-cio] *s.m.* fabbrica di calzature.
calzerotto [cal-ze-ròt-to] *s.m.* calza corta fino al ginocchio.
calzetta [cal-zét-ta] *s.f.* calzino | *fare la —*, lavorare a maglia | *essere una mezza calzetta,* (*fig.*) essere di mediocri capacità.
calzetteria [cal-zet-te-rì-a] *s.f.* **1** fabbrica di calze | negozio in cui si vendono calze **2** l'insieme delle calze e degli articoli.
calzettone [cal-zet-tó-ne] *s.m.* calza pesante che arriva fino al ginocchio.
calzificio [cal-zi-fì-cio] *s.m.* stabilimento in cui si fabbricano calze.
calzino [cal-zì-no] *s.m.* calza corta, di filato sottile o di lana, portata soprattutto dagli uomini e dai bambini.
calzolaio [cal-zo-là-io] *s.m.* artigiano che fabbrica o ripara calzature; ciabattino.
calzoleria [cal-zo-le-rì-a] *s.f.* **1** bottega in cui si fabbricano o si riparano scarpe | negozio di scarpe **2** arte del calzolaio.
calzoncino [cal-zon-cì-no] *s.m.* (spec. *pl.*) calzone corto.
calzone [cal-zó-ne] *s.m.* **1** (spec. *pl.*) indumento, in origine maschile ma oggi diffusissimo anche fra le donne, che copre il tronco dalla vita in giù e le gambe separatamente; pantalone: *calzoni corti, lunghi.* DIM. *calzoncini* **2** (*gastr.*) involucro di pasta di pane ripieno di mozzarella e prosciutto, che viene fritto o cotto in forno.
camaldolese [ca-mal-do-lé-se] *agg.* e *s.m.* che/chi appartiene alla congregazione di monaci ed eremiti benedettini fondata nel 1012 a Camaldoli da san Romualdo.
camaleonte [ca-ma-le-ón-te] *s.m.* **1** rettile simile alla lucertola, ma più grosso e più tozzo, che può modificare il colore della propria pelle per mimetizzarsi nell'ambiente **2** (*fig.*) chi, per opportunismo, cambia opinione o partito secondo le circostanze.
camaleontico [ca-ma-le-òn-ti-co] *agg.* [pl.m. *-ci*]

di camaleonte o da camaleonte (spec. *fig.*): *aspetto* —.
camaleontismo [ca-ma-le-on-tì-ʃmo] *s.m.* atteggiamento o comportamento di chi, per opportunismo, cambia spesso opinione o partito.
camallo [ca-màl-lo], o **camalo**, *s.m.* in Liguria, scaricatore, facchino di porto.
camarilla [ca-ma-rìl-la] *s.f.* gruppo di persone che trama inganni o esercita pressioni politiche; cricca, consorteria.
camauro [ca-màu-ro] *s.m.* berretto di velluto rosso indossato un tempo dal papa.
cambiadischi [cam-bia-dì-schi] *s.m.invar.* meccanismo accessorio di giradischi e juke-box per il cambio automatico dei dischi.
cambiale [cam-bià-le] *s.f.* titolo di credito che contiene la promessa di pagare una certa somma alla scadenza fissata: *firmare, girare una* —.
cambiamento [cam-bia-mén-to] *s.m.* il cambiare o il cambiarsi; mutamento, trasformazione: — *di vita, di umore*.
cambiamonete [cam-bia-mo-né-te] *s.m.* e *f.invar.* cambiavalute.
cambiare [cam-bià-re] *v.tr.* [*io càmbio ecc.*] **1** mettere una persona o una cosa al posto di un'altra; sostituire: — *argomento*; — *casa*, traslocare | — *strada*, prenderne un'altra; (*fig.*) fare scelte diverse da quelle del passato | — *medico, parrucchiere, macellaio*, diventare cliente di un altro | — *abito*, indossarne un altro | — *aspetto*, apparire diverso: *la cosa cambia aspetto* | — *vita*, renderla diversa, migliorarla | — *le carte in tavola*, modificare una situazione a proprio vantaggio **2** trasformare, modificare: *l'automazione ha cambiato il sistema produttivo* **3** barattare, scambiare | sostituire il denaro con spiccioli o con valuta di altro paese: — *le sterline in dollari* **4** azionare il cambio di velocità di un veicolo per passare da una marcia a un'altra (anche *assol.*): — *marcia*; — *in discesa* ♦ *v.intr.* [aus. *essere*] trasformarsi, diventare diverso: *tuo figlio è molto cambiato* ♦ **cambiarsi** *v.rifl.* togliersi un indumento e indossarne un altro: — *d'abito* ♦ *v.intr.pron.* mutare nell'aspetto; trasformarsi: *il dolore si cambiò in rassegnazione*.
cambiario [cam-bià-rio] *agg.* che si riferisce a cambiale; che ha qualità di cambiale: *credito* —.
cambiavalute [cam-bia-va-lù-te] *s.m.invar.* **1** chi si occupa per professione della compravendita di monete o titoli di stato e di banca **2** — *automatico*, apparecchio per il cambio automatico di banconote estere in valuta locale.
cambio [càm-bio] *s.m.* **1** il cambiare; scambio, permuta: *il* — *della biancheria*; *dare, ricevere in* — | — *della guardia*, sostituzione delle sentinelle al termine del turno di guardia; (*fig.*) sostituzione di chi abbia un incarico | *dare il* — *a qlcu.*, sostituirlo in un determinato servizio | *in* — *di*, al posto di **2** (*comm.*) prezzo di una moneta espresso in un'altra moneta: — *ufficiale*, quotazione fissata da organismi autorizzati; *mercato dei cambi*, insieme delle operazioni commerciali che hanno per oggetto le monete estere **3** (*mecc.*) dispositivo che consente di variare la velocità di un veicolo: — *a leva, a pedale*.
cambista [cam-bì-sta] *s.m.* (*econ.*) in un'organizzazione finanziaria, chi opera in valuta.
cambogiano [cam-bo-già-no] *agg.* della Cambogia ♦ *s.m.* **1** [f. *-a*] nativo, abitante della Cambogia **2** lingua della famiglia austro-asiatica parlata in Cambogia.
cambrì [cam-brì] *s.m.* tela di cotone per biancheria, simile alla batista.
cambriano [cam-brià-no] *agg.* e *s.m.* (*geol.*) si dice del più antico periodo geologico dell'era paleozoica o primaria.
cambrico [càm-bri-co] *agg.* e *s.m.* [pl. *-ci*] (*geol.*) cambriano.
cambusa [cam-bù-ʃa] *s.f.* (*mar.*) deposito di viveri sulle navi.
cambusiere [cam-bu-ʃiè-re] *s.m.* (*mar.*) custode e distributore dei viveri a bordo delle navi.
camelia [ca-mè-lia] *s.f.* arbusto ornamentale sempreverde con fiori bianchi o rossi e foglie ovali lucide.
camelidi [ca-mè-li-di] *s.m.pl.* (*zool.*) famiglia di mammiferi ruminanti a cui appartengono il cammello e il dromedario.
camembert [/ kamam'bɛr /] *s.m.* (*fr.*) formaggio francese di consistenza molle e di sapore forte.
camepizio [ca-me-pì-zio] *s.m.* piccola pianta erbacea annua della famiglia delle labiate, con foglie tripartite e fiori gialli; è nota per le proprietà antiartritiche.
camera[1] [cà-me-ra] *s.f.* **1** ambiente di una casa in cui si può abitare o dormire; stanza: — *da letto, da pranzo*; *un appartamento di tre camere* | stanza da letto: *far colazione in* —; *rifare le camere*, rimettere in ordine i letti | *musica da* —, (*estens.*) eseguita da pochi suonatori in una sala da concerto **2** locale destinato a un particolare uso: — *a gas*, nei lager nazisti, ambiente chiuso per lo sterminio in massa dei prigionieri mediante gas velenosi | — *operatoria*, locale in cui, negli ospedali, si eseguono le operazioni chirurgiche | — *ardente*, quella dove si espone la salma di un defunto | — *oscura*, dove si sviluppano le negative fotografiche. DIM. *cameretta, camerina, camerino* (m.) ACCR. *camerona, camerone* (m.) **3** l'insieme dei mobili con cui si arreda una stanza da letto: *una* — *in acero bianco* **4** assemblea che detiene il potere legislativo: *la* — *dei deputati* **5** istituzione che tutela determinate attività economiche e produttive: — *di commercio*, ente che coordina e promuove le attività commerciali | — *del lavoro*, organizzazione sindacale territoriale **6** apparecchio cavo, cavità: — *di scoppio* (o *di combustione*), nel cilindro del motore a scoppio, lo spazio in cui avviene la compressione e la combustione del carburante | — *d'aria*, tubo di gomma all'interno di uno pneumatico che si riempie d'aria compressa.
camera[2] *s.f.* macchina da ripresa fotografica

(fotocamera), cinematografica (cinepresa) o televisiva (telecamera).
cameraman [/ 'kameramɛn /] *s.m.invar.* (*ingl.*) operatore di una telecamera o di una cinepresa.
camerata[1] [ca-me-rà-ta] *s.f.* **1** grande stanza usata come dormitorio in caserme, collegi, ospedali **2** l'insieme delle persone che dormono in una stessa camerata.
camerata[2] *s.m.* [pl. *-ti*] **1** compagno d'armi o di studi **2** (*st.*) appellativo in uso tra gli appartenenti al partito fascista.
cameratesco [ca-me-ra-té-sco] *agg.* [pl.m. *-schi*] da camerata, improntato a solidarietà e amicizia: *spirito, gesto* —.
cameratismo [ca-me-ra-tì-ʃmo] *s.m.* amicizia e solidarietà che lega tra loro compagni d'armi, di studi, di fede politica.
cameriere [ca-me-riè-re] *s.m.* [f. *-a*] **1** chi è addetto alla pulizia delle camere o serve a tavola nelle case private; persona di servizio, domestico **2** chi è addetto agli stessi servizi in alberghi o ristoranti.
camerino [ca-me-rì-no] *s.m.* **1** nei teatri, stanza in cui gli attori si truccano e si cambiano d'abito **2** nelle navi da guerra, alloggio per ufficiali e sottufficiali.
cameristico [ca-me-rì-sti-co] *agg.* [pl.m. *-ci*] da camera, di musica da camera: *complesso* —.
camerlengo [ca-mer-lén-go, *anche* camerlèngo] *s.m.* [pl. *- ghi*] (*eccl.*) titolo del cardinale che amministra la S. Sede nel periodo che va dalla morte di un papa all'elezione del successivo.
camice [cà-mi-ce] *s.m.* **1** tunica di tela indossata da medici, farmacisti, pittori ecc., per proteggere l'abito o per motivi igienici | *camici bianchi*, i medici, i ricercatori, i tecnici | *camici verdi*, i chirurghi **2** (*lit.*) veste bianca di lino o di canapa che il sacerdote indossa sotto i paramenti.
camiceria [ca-mi-ce-rì-a] *s.f.* negozio in cui si vendono camicie; laboratorio o fabbrica di camicie.
camicetta [ca-mi-cét-ta] *s.f.* indumento femminile con o senza maniche, di vario tessuto, che arriva fino alla cintura.
camicia [ca-mì-cia] *s.f.* [pl. *-cie*] **1** indumento di tessuto leggero, abbottonato sul davanti, con colletto e maniche lunghe o corte, che ricopre la parte superiore del corpo: — *da uomo*; — *di cotone*; *stare in maniche di* —, senza giacca | — *da notte*, tunica femminile di tessuto leggero, che si indossa a letto | — *di forza*, specie di corpetto di tela robustissima, con maniche chiuse che impediscono il movimento delle braccia, usato soprattutto in passato per immobilizzare i malati di mente in stato di agitazione | — *nera*, (*st.*) divisa dei fascisti | *essere nato con la* —, (*fig.*) essere molto fortunato | *sudare sette camicie*, (*fig.*) faticare moltissimo | *uova in* —, (*gastr.*) uova bollite senza guscio in acqua acidulata con aceto. DIM. *camicina* ACCR. *camiciona*, *camicione* (m.) **2** rivestimento protettivo di apparecchi meccanici **3** (*edil.*) rivestimento fatto ai muri per combattere l'umidità **4** cartella o fodera che custodisce documenti.
camiciaio [ca-mi-cià-io] *s.m.* [f. *-a*] chi fa o vende camicie.
camiciola [ca-mi-ciò-la] *s.f.* **1** indumento di flanella o di lana da portare sulla pelle; maglia **2** camicia estiva con collo aperto e maniche corte, di tessuto leggero.
camiciotto [ca-mi-ciòt-to] *s.m.* **1** blusa corta da lavoro, di tela o altro tessuto resistente **2** camicia estiva da uomo o da donna, che si porta fuori dai calzoni o dalla gonna.
camilliano [ca-mil-lià-no] *s.m.* appartenente all'ordine dei chierici regolari fondato da san Camillo de Lellis (1550-1614).
caminetto [ca-mi-nét-to] *s.m.* piccolo camino posto nell'interno di una stanza per riscaldarla.
camino [ca-mì-no] *s.m.* **1** impianto domestico, addossato a una parete o ricavato al suo interno, su cui si accende il fuoco: *accendere il* — **2** canna fumaria | parte terminale di un condotto da cui escono i prodotti della combustione: *il — della locomotiva* **3** (*geol.*) condotto naturale attraverso cui fuoriescono i materiali di eruzione di un vulcano **4** nell'alpinismo, spaccatura verticale di notevoli dimensioni che incide una parete rocciosa.
camion [cà-mion] *s.m.invar.* autocarro. DIM. *camioncino.*
camionabile [ca-mio-nà-bi-le] *agg.* e *s.f.* si dice di strada che può essere percorsa da camion.
camionale [ca-mio-nà-le] *agg.* e *s.f.* si dice di strada a grande traffico destinata al transito di autocarri e autotreni.
camioncino [ca-mion-cì-no] *s.m.* autocarro di piccole dimensioni.
camionetta [ca-mio-nét-ta] *s.f.* piccolo autocarro veloce dell'esercito o della polizia, adibito al trasporto di persone e cose.
camionista [ca-mio-nì-sta] *s.m.* e *f.* [pl.m. *-sti*] conducente di camion.
camitico [ca-mì-ti-co] *agg.* [pl.m. *-ci*] dei discendenti di Cam | *lingua camitica*, quella parlata da alcune popolazioni dell'Egitto e dell'Etiopia | *razza camitica*, razza non negride stanziatasi nell'Africa nordorientale ♦ *s.m.* lingua camitica.
camma [càm-ma] *s.f.* (*mecc.*) organo meccanico che trasforma un moto rotatorio uniforme in moto rettilineo alternato | *albero a camme*, serie di camme montate su uno stesso asse, impiegate nei motori a combustione interna per regolare l'apertura e la chiusura delle valvole.
cammellato [cam-mel-là-to] *agg.* trasportato su cammelli: *truppe cammellate.*
cammelliere [cam-mel-liè-re] *s.m.* conducente di cammelli.
cammello [cam-mèl-lo] *s.m.* **1** grosso mammifero ruminante dal folto pelame, con due gobbe sul dorso, testa piccola, gambe lunghe; caratteristico delle zone desertiche, viene usato come animale da soma e come cavalcatura **2** tessuto di lana ottenuta originariamente dal pelo del cam-

mello o del dromedario, poi con altri tipi di pelo morbido: *cappotto di —* ♦ *agg.invar.* di colore nocciola chiaro: *una giacca color —*.
cammeo [cam-mè-o] *s.m.* pietra dura intagliata in modo da ricavarne una figura in rilievo di colore diverso da quello del fondo.
camminamento [cam-mi-na-mén-to] *s.m.* (*mil.*) passaggio fra una trincea e l'altra o da una fortificazione a un'altra.
camminare [cam-mi-nà-re] *v.intr.* [aus. *avere*] **1** muoversi, spostarsi da un punto a un altro a piedi: *— per due, in fila indiana*; *mi piace —*, fare lunghe camminate | *cammina!*, (*fam.*) muoviti, spicciati **2** (*estens.*) avanzare, funzionare: *la pendola non cammina più*; *un'automobile che cammina*, che va veloce.
camminata [cam-mi-nà-ta] *s.f.* **1** il percorrere camminando un tratto di strada: *fare una —* **2** modo di camminare, andatura: *una — stanca*.
camminatore [cam-mi-na-tó-re] *s.m.* [f. *-trice*] chi cammina molto senza stancarsi.
cammino [cam-mì-no] *s.m.* **1** il camminare; viaggio: *mettersi in —* | *cammin facendo*, continuando a camminare; durante il percorso **2** la strada che si percorre; il percorso: *mezz'ora di —* **3** (*estens.*) moto degli astri sulla volta celeste: *il — del Sole* | corso di un fiume: *il — sinuoso del Tevere* | rotta di una imbarcazione: *il battello ha invertito il —* **4** (*lett.*) il corso della vita umana | (*fig.*) comportamento, condotta morale: *essere sul retto —* **5** (*fig.*) progresso, sviluppo, avanzamento: *il — della civiltà*.
camola [cà-mo-la] *s.f.* (*region.*) tignola, tarlo | larva d'insetto.
camolato [ca-mo-là-to] *agg.* (*region.*) rovinato dalle camole, tarlato.
camomilla [ca-mo-mìl-la] *s.f.* **1** pianta erbacea medicinale con fiori profumati simili a margherite **2** l'infuso dei fiori di tale pianta, che ha azione calmante.
camorra [ca-mòr-ra] *s.f.* associazione criminale napoletana, con caratteristiche simili a quelle della mafia.
camorrista [ca-mor-rì-sta] *s.m.* e *f.* [pl.m. *-sti*] chi appartiene alla camorra.
camorristico [ca-mor-rì-sti-co] *agg.* [pl.m. *-ci*] della camorra, da camorrista.
camoscio [ca-mò-scio *o* camóscio] *s.m.* **1** mammifero ruminante d'alta montagna, simile alla capra, con corna diritte uncinate in punta e fitto pelo bruno o grigio **2** pelle del camoscio, resa morbida e vellutata da una concia particolare: *guanti di —*.
campagna [cam-pà-gna] *s.f.* **1** distesa di terreno coltivata o coltivabile: *i prodotti della —* **2** zona rurale, lontana dalla città: *villaggio, gente di —* **3** l'insieme delle operazioni strategiche condotte durante una guerra: *le campagne di Napoleone* **4** (*fig.*) insieme di azioni e di iniziative volte a raggiungere uno scopo particolare: *— elettorale, pubblicitaria*.
campagnola® [cam-pa-gnò-la] *s.f.* tipo di autovettura fuoristrada.
campagnolo [cam-pa-gnò-lo] *agg.* di campagna; rurale, agreste: *abitudini campagnole* ♦ *s.m.* [f. *-a*] chi vive in campagna; contadino.
campale [cam-pà-le] *agg.* (*mil.*) di campo, da campo; che si svolge in campo aperto: *battaglia —* | *giornata —*, (*fig.*) densa di impegni e di fatiche.
campana [cam-pà-na] *s.f.* **1** strumento a forma di vaso rovesciato, solitamente di bronzo, che viene percosso da un battaglio appeso nell'interno o da un martello esterno: *suonare le campane a festa*; *suonare la — a morto*, a rintocchi lenti, per annunciare un decesso | *sordo come una —*, completamente sordo | *sentire anche l'altra —, tutte le campane*, (*fig.*) ascoltare le ragioni di tutti prima di giudicare | *a —*, a forma di campana: *gonna a —*. DIM. *campanina, campanella* ACCR. *campanona, campanone* (m.) **2** cupola di vetro o di altro materiale sotto la quale si proteggono cose alterabili o delicate | *vivere sotto una — di vetro*, (*fig.*) usare eccessive precauzioni per la propria salute **3** *— di raccolta*, contenitore a forma di campana per la raccolta differenziata di alcuni tipi di rifiuti (vetro, carta ecc.) **4** gioco di ragazzi, detto anche *mondo* o *settimana*.
campanaccio [cam-pa-nàc-cio] *s.m.* grosso campanello di lamiera che si lega al collo degli animali al pascolo per evitare che si perdano.
campanario [cam-pa-nà-rio] *agg.* della campana: *torre campanaria*, campanile | *cella campanaria*, la parte del campanile in cui si trovano le campane.
campanaro [cam-pa-nà-ro] *s.m.* [f. *-a*] chi è addetto a suonare le campane.
campanella [cam-pa-nèl-la] *s.f.* **1** campanello: *la — della scuola*. DIM. *campanellina* **2** nome popolare di varie piante che hanno fiori a forma di campana.
campanello [cam-pa-nèl-lo] *s.m.* **1** piccolo strumento a forma di campana che si suona agitandolo per il manico o tirando una fune: *il — della messa*. DIM. *campanellino* **2** *— elettrico*, apparecchio di segnalazione acustica | *— d'allarme*, dispositivo che suona in caso di pericolo; (*fig.*) il primo avvertimento di un fatto spiacevole **3** *pl.* (*mus.*) strumento a tastiera che fa risuonare una serie di campanelli o di sbarrette metalliche; carillon.
campaniforme [cam-pa-ni-fór-me] *agg.* a forma di campana.
campanile [cam-pa-nì-le] *s.m.* **1** edificio a forma di torre, posto accanto alla chiesa o sopra di essa, destinato a sostenere le campane | *tiro a —*, nel calcio e in altri giochi, tiro in verticale, detto anche *a candela* | *questioni di —*, che interessano esclusivamente il proprio paese o la propria città **3** vetta isolata di una montagna, con pareti a piombo, tipica delle Dolomiti.
campanilismo [cam-pa-ni-lì-ʃmo] *s.m.* amore eccessivo (e spesso parziale, fazioso) per gli usi e

le tradizioni del proprio paese o della propria città.
campanilista [cam-pa-ni-lì-sta] *s.m.* e *f.* [pl.m. *-sti*] chi dà prova di campanilismo.
campanilistico [cam-pa-ni-lì-sti-co] *agg.* [pl.m. *-ci*] proprio dei campanilisti, dettato da campanilismo: *lotte campanilistiche* □ **campanilisticamente** *avv.*
campanino [cam-pa-nì-no] *s.m.* tipo di marmo che si estrae a Pietrasanta, in Toscana.
campano [cam-pà-no] *agg.* della Campania ♦ *s.m.* 1 [f. *-a*] abitante, nativo della Campania 2 nome generico dei dialetti parlati in Campania.
campanone [cam-pa-nó-ne] *s.m.* la campana maggiore del campanile: *il — del duomo.*
campanula [cam-pà-nu-la] *s.f.* pianta erbacea con fiori violacei a forma di campana.
campanulacee [cam-pa-nu-là-ce-e] *s.f.pl.* (*bot.*) famiglia di piante dicotiledoni con corolla campanulata, a cui appartiene la campanula.
campare [cam-pà-re] *v.intr.* [aus. *essere*] vivere, procurarsi i mezzi di sostentamento: *— del proprio lavoro, di rendita* | *tirare a —*, vivere giorno per giorno, senza preoccuparsi del futuro.
campata [cam-pà-ta] *s.f.* (*edil.*) spazio compreso tra i due sostegni di una trave o di un arco: *le campate di un ponte.*
campato [cam-pà-to] *agg.* solo nella loc. *— in aria*, privo di fondamento, di coerenza: *progetti campati in aria.*
campeggiare [cam-peg-già-re] *v.intr.* [*io campéggio ecc.*; aus. *avere*] 1 fare un campeggio: *— sulla riva del lago* 2 risaltare, fare spicco (anche *fig.*): *nel racconto campeggia la figura della madre.*
campeggiatore [cam-peg-gia-tó-re] *s.m.* [f. *-trice*] chi fa del campeggio.
campeggio [cam-pég-gio] *s.m.* 1 sosta di turisti all'aperto, sotto tende o altri alloggi mobili: *fare del —* 2 l'accampamento stesso e il luogo dove si campeggia; camping.
camper [/ ˈkamper /] *s.m.invar.* (*ingl.*) furgone abitabile, usato soprattutto per viaggi turistici.
campestre [cam-pè-stre] *agg.* dei campi, della campagna; agreste: *vita —* | *corsa —*, nel podismo, ciclismo e motociclismo, gara che si svolge in campagna, su terreno per lo più accidentato.
campicchiare [cam-pic-chià-re] *v.intr.* [*io campìcchio ecc.*; aus. *essere*] vivere stentatamente.
campiello [cam-pièl-lo] *s.m.* a Venezia, piazzetta nella quale sboccano le calli.
campiere [cam-piè-re], o **campiero**, *s.m.* in Sicilia, guardia privata addetta alla sorveglianza di una tenuta agricola.
camping [/ ˈkɛmpiŋ /] *s.m.invar.* (*ingl.*) campeggio.
campionamento [cam-pio-na-mén-to] *s.m.* (*stat.*) procedimento per cui da una totalità di elementi se ne seleziona ed esamina un certo numero che sia rappresentativo della totalità stessa, in modo che i risultati ottenuti siano generalizzabili.
campionare [cam-pio-nà-re] *v.tr.* [*io campióno ecc.*] selezionare, estrarre i campioni; eseguire un'operazione di campionamento.
campionario [cam-pio-nà-rio] *s.m.* esposizione, raccolta ordinata di campioni di merci a fini commerciali: *un — di stoffe* ♦ *agg.* di campioni di merci, di prodotti industriali: *fiera campionaria.*
campionato [cam-pio-nà-to] *s.m.* gara o insieme di gare sportive per l'assegnazione del titolo di campione a un atleta o a una squadra.
campionatore [cam-pio-na-tó-re] *s.m.* 1 [f. *-trice*] persona addetta al campionamento 2 apparecchio per campionare merci.
campionatura [cam-pio-na-tù-ra] *s.f.* selezione di un campione da un insieme di merci o di altri elementi.
campione [cam-pió-ne] *s.m.* [f. *-essa*, nei sign. 1 e 2] 1 nel Medioevo, chi scendeva in campo a duellare in difesa di altri | (*estens.*) difensore di una nobile causa: *— della fede, della libertà* 2 l'atleta che eccelle in un'attività sportiva o che vince un torneo, un campionato: *— europeo di nuoto* | (*fig.*) chi supera gli altri in qlco.: *un — di diplomazia* 3 piccola quantità di un prodotto, prelevata per accertarne le qualità: *analizzare un —.* DIM. *campioncino* 4 (*stat.*) parte di una totalità di elementi scelta in modo che sia rappresentativa della totalità stessa 5 in metrologia, modello di riferimento delle unità di misura: *il — internazionale del metro* ♦ *agg.* 1 che ha vinto un campionato, un torneo sportivo: *squadra —* 2 che si riferisce a una parte rappresentativa di un tutto: *indagine —.*
campionissimo [cam-pio-nìs-si-mo] *s.m.* nel linguaggio giornalistico, campione sportivo di gran lunga superiore agli altri in una specialità.
campo [càm-po] *s.m.* 1 spazio di terreno destinato alla coltivazione: *un — di grano* | (spec. *pl.*) campagna: *la vita dei campi.* DIM. *campicello, campetto* 2 luogo di combattimento o di esercitazioni militari: *— di battaglia*; *combattere in — aperto* | *mettere in —*, schierare in combattimento | *scendere in —*, venire a battaglia; (*fig.*) entrare in una discussione, una polemica | *scelta di —*, (*fig.*) presa di posizione | *avere — libero*, (*fig.*) avere libertà d'azione 3 (*mil.*) accampamento di soldati: *— fortificato*; *levare il —* | *da —*, si dice di attrezzature o servizi in uso negli accampamenti militari e di oggetti che si impiegano in campeggio: *ospedale, cucina da —* 4 area adibita a particolari attività: *— sportivo*; *— da tennis* | *a tutto —*, nel linguaggio sportivo, si dice di gioco che spazia su tutto il campo; (*fig.*) riferito ad attività, che viene svolta senza porsi limiti definiti 5 sfondo di una pittura, di una scultura, di uno stemma: *una croce bianca in — rosso* 6 (*fig.*) ambito; settore circoscritto: *un genio nel — della matematica* | *— semantico*, (*ling.*) insieme di parole di significato affine 7 (*fis.*) porzione di spazio in cui è definita una certa grandezza fisica: *— magnetico, elettrico* | *— visivo*, tratto di orizzonte che si abbraccia con l'occhio o con uno strumento ottico 8 (*cine.*) la parte della scena ri-

presa dall'obiettivo: — *lungo*, *medio*, *corto*, inquadratura più o meno ampia.
camposanto [cam-po-sàn-to] *s.m.* [pl. *campisanti* o *camposanti*] terreno consacrato, cinto da mura, dove si seppelliscono i morti; cimitero | *andare al* —, (*fig.*) morire.
campus [/ 'kampus /] *s.m.invar.* (*ingl.*) negli Stati Uniti, il complesso degli edifici e delle aree che costituiscono un'università.
camuffamento [ca-muf-fa-mén-to] *s.m.* il camuffare, il camuffarsi; travestimento.
camuffare [ca-muf-fà-re] *v.tr.* travestire, mascherare (anche *fig.*): — *le proprie intenzioni* ♦ **camuffarsi** *v.rifl.* travestirsi, mascherarsi (anche *fig.*): — *da Pierrot*, *da benefattore*.
camuno [ca-mù-no] *agg.* della Valcamonica | dell'antica popolazione che abitava l'attuale Valcamonica: *reperto* — ♦ *s.m.* [f. *-a*] abitante, nativo della Valcamonica | appartenente all'antico popolo che abitava la Valcamonica.
camuso [ca-mù-ʃo] *agg.* si dice di naso schiacciato o di persona che ha un naso schiacciato.
canadese [ca-na-dé-se] *agg.* del Canada | *canoa* —, imbarcazione usata nelle gare di canottaggio | *tenda* —, tenda da campeggio a pianta rettangolare e a sezione triangolare ♦ *s.m.* e *f.* chi è nato o abita in Canada.
canaglia [ca-nà-glia] *s.f.* individuo malvagio | (*scherz.*) persona astuta, birbante: *una simpatica* —.
canagliata [ca-na-glià-ta] *s.f.* azione da canaglia.
canagliesco [ca-na-glié-sco] *agg.* [pl.m. *-schi*] da canaglia: *comportamento* — □ **canagliescamente** *avv.*
canale [ca-nà-le] *s.m.* 1 corso d'acqua artificiale, costruito per l'irrigazione, la navigazione o la bonifica di paludi: — *di scolo*, per il prosciugamento dei terreni. DIM. *canaletto* ACCR. *canalone* 2 braccio di mare, più ampio di uno stretto, compreso fra due terre emerse: — *di Sicilia*, *della Manica* 3 solco profondo scavato per erosione in pendii rocciosi 4 nella teoria della comunicazione e in elettronica, ogni mezzo in grado di trasportare un'informazione 5 (*telecom.*) gamma di frequenze su cui avviene una comunicazione telefonica, telegrafica o radio-televisiva | banda di frequenze riservata a ciascuna emittente televisiva o radiofonica; l'emittente stessa: *primo*, *secondo*, *terzo* —; — *pubblico*, *privato* 6 (*fig.*) via, tramite: — *diplomatico*; — *di distribuzione*, per la diffusione di un prodotto sul mercato.
canalizzare [ca-na-liʒ-ʒà-re] *v.tr.* 1 scavare canali per il prosciugamento o l'irrigazione dei terreni, per la navigazione o altri scopi: — *una pianura* 2 incanalare: — *le acque* | (*fig.*) indirizzare, convogliare in una certa direzione: — *il traffico*.
canalizzazione [ca-na-liʒ-ʒa-zió-ne] *s.f.* il canalizzare, l'essere canalizzato: *la* — *di una zona paludosa* | (*estens.*) rete di distribuzione dell'acqua, del gas, dell'energia elettrica ecc.
canalone [ca-na-ló-ne] *s.m.* ampio solco scavato sul fianco di una montagna o tra due pareti rocciose.
cananeo [ca-na-nè-o] *agg.* e *s.m.* [f. *-a*] appartenente a un antico popolo stanziatosi nella terra di Canaan, sulla costa della Siria e della Palestina.
canapa [cà-na-pa] *s.f.* 1 pianta erbacea con foglie palmate e ruvide, dal cui fusto si trae una fibra tessile | — *indiana*, varietà di tale pianta da cui si ricava la droga nota con i nomi di *hashish* e *marijuana* 2 la fibra ricavata dalla pianta e il tessuto che se ne ottiene, usato per fabbricare sacchi, teli, indumenti: *canovaccio*, *stuoia di* —.
canapè [ca-na-pè] *s.m.* sedile imbottito a più posti, con braccioli e spalliera; divano, sofà.
canapicolo [ca-na-pì-co-lo] *agg.* che concerne la coltivazione della canapa: *produzione canapicola*.
canapicoltura [ca-na-pi-col-tù-ra] *s.f.* coltivazione della canapa.
canapiero [ca-na-piè-ro] *agg.* che concerne la lavorazione della canapa: *industria canapiera*.
canapificio [ca-na-pi-fì-cio] *s.m.* stabilimento in cui si lavora la canapa.
canapina [ca-na-pì-na] *s.f.* tessuto greggio usato dai sarti a rinforzo del davanti delle giacche.
canapino [ca-na-pì-no] *agg.* 1 di canapa: *tela canapina* 2 che ha il colore della canapa ♦ *s.m.* [f. *-a*] chi lavora la canapa.
canapo [cà-na-po] *s.m.* grossa fune di canapa, formata da funi più sottili attorcigliate insieme.
canapuccia [ca-na-pùc-cia] *s.f.* [pl. *-ce*] il frutto della canapa, che si dà come cibo agli uccelli in gabbia.
canarino [ca-na-rì-no] *s.m.* 1 uccellino canoro con piumaggio verde variegato di grigio e giallo 2 bevanda digestiva costituita da acqua calda in cui abbia bollito una scorza di limone ♦ *agg.invar.* di colore giallo chiaro: *giallo* —.
canasta [ca-nà-sta] *s.f.* gioco di carte di origine sudamericana, affine al ramino.
cancan [/ kaŋ'kan /] *s.m.invar.* (*fr.*) danza vivace in voga nei varietà francesi nella seconda metà dell'Ottocento e ai primi del Novecento.
cancellabile [can-cel-là-bi-le] *agg.* che si può cancellare.
cancellare [can-cel-là-re] *v.tr.* [*io cancèllo ecc.*] 1 eliminare le parole di uno scritto con un tratto di penna o per mezzo di una gomma, di un cancellino: — *un nome da un elenco* | — *una pagina*, *la lavagna*, cancellare ciò che vi è scritto | — *dalla memoria*, *dalla mente* (*fig.*) dimenticare 2 (*estens.*) disdire, annullare: — *un appuntamento* | (*fig.*) estinguere: — *un debito* 3 eliminare dati registrati su un supporto magnetico: — *un file* ♦ **cancellarsi** *v.intr.pron.* scomparire, scolorire, impallidire (anche *fig.*): *un ricordo che non si cancellerà mai*.
cancellata [can-cel-là-ta] *s.f.* struttura di recinzione formata da una serie di elementi verticali di legno o di metallo, collegati fra loro in modo da costituire una chiusura continua: *la* — *del parco*.
cancellatura [can-cel-la-tù-ra] *s.f.* segno fatto

per cancellare o lasciato cancellando; frego: *una pagina con molte cancellature.*

cancellazione [can-cel-la-zió-ne] *s.f.* **1** il cancellare, l'essere cancellato: *la — di un nome da una lista* **2** (*fig.*) estinzione, annullamento: *— di un'ipoteca.*

cancelleresco [can-cel-le-ré-sco] *agg.* [pl.m. *-schi*] della cancelleria; da cancelliere: *stile —,* formalistico, burocratico.

cancelleria [can-cel-le-rì-a] *s.f.* **1** la carica e l'ufficio di cancelliere; l'edificio in cui tale ufficio ha sede: *— giudiziaria* **2** nel Medioevo e nel Rinascimento, ufficio pubblico che aveva il compito di redigere documenti di stato: *la — sveva* **3** l'insieme di quanto serve per scrivere: *oggetti di —,* penne, matite, carta, gomme ecc.

cancellierato [can-cel-lie-rà-to] *s.m.* il grado di cancelliere.

cancelliere [can-cel-liè-re] *s.m.* **1** funzionario addetto alla redazione e alla registrazione delle scritture pubbliche: *— del tribunale* **2** negli stati medievali e rinascimentali, funzionario posto a capo di una cancelleria **3** in Germania e in Austria, primo ministro | *— dello scacchiere,* nel Regno Unito, il ministro delle finanze.

cancellino [can-cel-lì-no] *s.m.* cuscinetto di tessuto imbottito o panno arrotolato che si usa per cancellare lo scritto sulla lavagna.

cancello [can-cèl-lo] *s.m.* chiusura a uno o due battenti costituita generalmente da barre verticali di ferro battuto o di legno unite tra loro da traverse: *aprire, chiudere il —.* DIM. *cancelletto.*

cancerizzarsi [can-ce-riʒ-ʒàr-si] *v.intr.pron.* (*med.*) detto di un tessuto o di una parte del corpo, diventare canceroso.

cancerizzazione [can-ce-riʒ-ʒa-zió-ne] *s.f.* (*med.*) il cancerizzarsi; processo tumorale.

cancerogeno [can-ce-rò-ge-no] *agg.* (*med.*) che provoca o favorisce l'insorgere di un cancro: *sostanze cancerogene* ♦ *s.m.* sostanza cancerogena: *il tabacco è un —.*

canceroso [can-ce-ró-so] *agg.* (*med.*) di cancro, che ha natura di cancro: *cellule cancerose* ♦ *agg.* e *s.m.* [f. *-a*] malato di cancro.

cancrena [can-crè-na] *s.f.* **1** (*med.*) processo di disfacimento dei tessuti dell'organismo per disseccamento o putrefazione, in seguito a infezioni o traumi: *andare in —* **2** (*fig.*) vizio, corruzione.

cancrenoso [can-cre-nó-so] *agg.* (*med.*) di cancrena, che ha natura o aspetto di cancrena: *piaga cancrenosa.*

cancro¹ [càn-cro] *s.m.* **1** (*ant.*) granchio **2** *Cancro,* costellazione e segno dello zodiaco in cui il Sole passa tra il 22 giugno e il 22 luglio | *tropico del —,* (*geog.*) quello dell'emisfero boreale.

cancro² *s.m.* **1** tumore maligno **2** (*fig.*) male, vizio insanabile: *la droga è un — difficile da estirpare.*

candeggiante [can-deg-giàn-te] *agg.* e *s.m.* si dice di sostanza chimica usata per sbiancare i tessuti e altri prodotti.

candeggiare [can-deg-già-re] *v.tr.* [*io candéggio ecc.*] rendere bianco un tessuto mediante il candeggio.

candeggina [can-deg-gì-na] *s.f.* prodotto per bucato simile alla varechina.

candeggio [can-dég-gio] *s.m.* operazione domestica che consiste nel detergere la biancheria con sostanze candeggianti o con l'esposizione al sole.

candela [can-dé-la] *s.f.* **1** cilindro di stearina, cera o paraffina, contenente un cordoncino di cotone o di lino (stoppino o lucignolo), che si accende per fare luce | *il gioco non vale la —,* (*fig.*) si dice quando un'azione o un impegno sono sproporzionati rispetto all'obiettivo da conseguire. DIM. *candelina* ACCR. *candelotto* (m.) **2** (*fis.*) unità di misura dell'intensità luminosa: *lampadina da sessanta candele* **3** nei motori a scoppio, dispositivo che produce la scintilla per innescare la combustione del carburante **4** (*sport*) in ginnastica, posizione che consiste nell'appoggiarsi a terra con il collo e la parte alta delle spalle, tenendo il resto del corpo teso con i piedi verso l'alto | *tiro a —,* lo stesso che *a campanile.*

candelabro [can-de-là-bro] *s.m.* candeliere grande, a due o più bracci, per lo più artisticamente decorato: *un — d'argento.*

candeliere [can-de-liè-re] *s.m.* **1** oggetto di metallo, di legno o di altro materiale che serve a sostenere una o più candele: *un — di ottone* **2** (*mar.*) asta di ferro verticale sulla coperta delle navi, per sostenere catenelle e cavetti in funzione di parapetto.

candelora [can-de-lò-ra] *s.f.* (*lit.*) festa della purificazione della Madonna che cade il 2 febbraio, durante la quale si benedicono le candele.

candelotto [can-de-lòt-to] *s.m.* oggetto cavo di forma cilindrica, contenente sostanze fumogene, lacrimogene o esplosive: *— di dinamite.*

candidare [can-di-dà-re] *v.tr.* [*io càndido ecc.*] proporre come candidato a una carica ♦ **candidarsi** *v.rifl.* presentarsi come candidato: *— al* (o *per il*) *parlamento.*

candidato [can-di-dà-to] *s.m.* [f. *-a*] **1** chi aspira a una carica politica o amministrativa: *presentarsi — alle elezioni* **2** chi si presenta a sostenere una prova d'esame, un concorso: *— all'esame di maturità.*

candidatura [can-di-da-tù-ra] *s.f.* l'essere candidato; la dichiarazione di aspirare a una carica pubblica o privata: *presentare, accettare una —.*

candid camera [/ ˈkændid ˈkæmərə /] *loc. sost.f.invar.* (*ingl.*) ripresa televisiva o cinematografica realizzata mediante una telecamera nascosta.

candido [càn-di-do] *agg.* **1** di un bianco immacolato e splendente: *— come la neve* **2** (*fig.*) innocente, puro; ingenuo, semplice: *anima candida* □ **candidamente** *avv.* con semplicità d'animo; con ingenua schiettezza.

candire [can-dì-re] *v.tr.* [*io candisco, tu candisci ecc.*] far bollire lentamente la frutta in uno sciroppo zuccherino, per impregnarla di zucchero e garantirne la conservazione.

candito [can-dì-to] *agg.* e *s.m.* si dice di frutta o altro prodotto bollito nello sciroppo e impregnato di zucchero.

candore [can-dó-re] *s.m.* **1** l'essere candido; bianchezza lucente, luminosa: *il — delle nevi* **2** (*fig.*) innocenza, purezza; ingenuità, semplicità: *il — dei bambini.*

cane [cà-ne] *s.m.* [f. *cagna*] **1** mammifero domestico intelligente e fedele, con corpo di varia grandezza secondo la razza, testa allungata e muso aguzzo: *— da caccia, da guardia*; *— lupo*, pastore tedesco | *— poliziotto*, addestrato per operazioni di polizia | *— sciolto*, (*fig.*) persona che in politica opera al di fuori di qualsiasi organizzazione | *vita da cani*, dura, disagiata | *trattare qlcu. come un —*, brutalmente | *andarsene come un — bastonato*, avvilito, scornato | *solo come un —*, abbandonato da tutti | *prov.*: *can che abbaia non morde*, chi fa troppe minacce verbali, di rado è veramente pericoloso; *non svegliare il can che dorme*, non provocare l'ira di chi se ne sta tranquillo. DIM. *cagnetto, cagnolino* ACCR. *cagnone* PEGG. *cagnaccio* **2** (*fig.*) persona crudele, furiosa, oppure incapace nel proprio lavoro: *quel — me la pagherà!*; *il tenore era un —* | usato in ingiurie o imprecazioni: *figlio d'un —!* **3** nelle antiche armi da fuoco portatili, congegno che recava la pietra focaia; in quelle moderne, martelletto d'acciaio che, spinto da una molla quando si preme il grilletto, innesca la carica di lancio e determina lo sparo ♦ *agg.invar.* ha valore negativo o rafforzativo: *mondo —!*; *freddo —.*

canea [ca-nè-a] *s.f.* **1** (*lett.*) l'abbaiare della muta di cani che insegue la selvaggina; canizza | (*estens.*) la muta stessa **2** (*estens.*) schiamazzo di persone | (*fig.*) il clamore di critiche aspre e malevole: *la — dei giornali.*

canederlo [ca-né-der-lo] *s.m.* (*gastr.*) grosso gnocco di mollica di pane, latte, uova, fegato, speck, che viene cotto nel brodo; è una specialità alto-atesina.

canestra [ca-nè-stra] *s.f.* grande paniere a sponde basse | il suo contenuto: *una — di frutta.*

canestro [ca-nè-stro] *s.m.* **1** recipiente di vimini con un solo manico | (*estens.*) il contenuto di tale recipiente: *un — di frutta.* DIM. *canestrello, canestrino* ACCR. *canestrone* **2** nella pallacanestro, reticella a forma di cesto senza fondo, attraverso la quale si deve far passare la palla per segnare punti; anche, i punti così segnati: *tirare a —*; *fare —.*

canfora [càn-fo-ra] *s.f.* (*chim.*) sostanza solida bianca, dall'odore pungente, ricavata dal canforo o preparata sinteticamente; è usata tra l'altro come antitarmico.

canforato [can-fo-rà-to] *agg.* (*chim.*) che contiene canfora | *olio —*, si spalma sul corpo contro i reumatismi.

canforo [càn-fo-ro] *s.m.* albero con foglie sempreverdi e fiori piccoli, da cui si estrae la canfora.

cangiante [can-giàn-te] *agg.* che cambia colore a seconda della direzione dei raggi luminosi: *tessuto —.*

canguro [can-gù-ro] *s.m.* mammifero marsupiale australiano di varia grandezza, con testa piccola e zampe posteriori lunghe, robuste e atte al salto; la femmina ha sul ventre un'ampia borsa (marsupio) nella quale porta i piccoli durante l'allattamento.

canicola [ca-nì-co-la] *s.f.* il periodo più caldo dell'anno; il calore intenso e soffocante della piena estate: *lavorare sotto la —.*

canicolare [ca-ni-co-là-re] *agg.* della canicola; soffocante, torrido: *caldo —.*

canidi [cà-ni-di] *s.m.pl.* (*zool.*) famiglia di mammiferi carnivori con zampe provviste di unghie non retrattili, muso in genere allungato, coda sottile, udito e olfatto molto acuti; vi appartengono il cane, la volpe, il lupo, lo sciacallo ecc.

canile [ca-nì-le] *s.m.* **1** casotto di legno con il giaciglio del cane **2** luogo in cui si allevano o si custodiscono temporaneamente cani: *— municipale.*

canino [ca-nì-no] *agg.* di cane, di cani: *mostra canina* | *dente —*, dente aguzzo che si trova tra gli incisivi e i molari | *tosse canina*, (*pop.*) pertosse ♦ *s.m.* dente canino.

canizie [ca-nì-zie] *s.f.invar.* **1** (*fisiol.*) fenomeno, in genere legato all'età, per cui capelli e peli diventano bianchi **2** (*lett.*) capigliatura bianca **3** (*fig. lett.*) vecchiaia, età veneranda.

canizza [ca-nìz-za] *s.f.* **1** l'abbaiare furioso dei cani che inseguono la selvaggina **2** (*fig.*) gazzarra, frastuono.

canna [càn-na] *s.f.* **1** nome comune di varie specie di piante con fusto lungo e sottile | *— da zucchero*, pianta erbacea perenne delle regioni calde e umide, dal cui midollo si estrae il saccarosio | *— di bambù*, il fusto delle varie specie di bambù **2** (*estens.*) pertica, bastone costituiti dallo stelo di una canna: *— da pesca*, bastone flessibile di bambù o altro materiale, a cui si attacca la lenza per pescare | *povero in —*, (*fig.*) poverissimo. DIM. *cannetta, cannuccia* **3** nome di vari oggetti di forma tubolare, vuoti all'interno: *— della bicicletta*, il tubo orizzontale del telaio; *— fumaria*, il condotto del camino **4** (*gerg.*) sigaretta confezionata con droga leggera, specialmente hashish o marijuana.

cannabacee [can-na-bà-ce-e] *s.f.pl.* (*bot.*) famiglia di piante erbacee dicotiledoni alla quale appartengono la canapa e il luppolo.

cannabina [can-na-bì-na] *s.f.* (*chim.*) alcaloide con proprietà analgesiche e sedative che si ottiene dalle foglie e dai fiori essiccati della canapa indiana.

cannabis [/ 'kannabis /] *s.f. invar.* (*ingl.*) canapa indiana, hashish.

cannabismo [can-na-bì-ʃmo] *s.m.* (*med.*) intossicazione prodotta da canapa indiana.

cannacee [can-nà-ce-e] *s.f.pl.* (*bot.*) famiglia di piante monocotiledoni a cui appartiene la canna indiana.

cannella[1] [can-nèl-la] *s.f.* piccolo tubo al termine di una conduttura, dal quale sgorga l'acqua | tubo di legno che si introduce nella parte bassa della botte per estrarne il vino.
cannella[2] *s.f.* droga aromatica usata in cucina e costituita dalla corteccia interna, molto sottile e di colore giallo-bruno, di una pianta tropicale | Come *agg.invar.* di colore giallo-bruno: *una camicia color —*.
cannellato [can-nel-là-to] *agg.* si dice di tessuto lavorato a strisce o coste che risultano ben visibili.
cannellino [can-nel-li-no] *s.m.* (spec. *pl.*) varietà di fagioli bianchi dalla forma allungata.
cannello [can-nèl-lo] *s.m.* 1 pezzo di canna tagliato tra un nodo e l'altro, aperto da ambo i lati 2 (*estens.*) piccolo cilindro forato adibito a vari usi. DIM. *cannelletto, cannellino.*
cannellone [can-nel-ló-ne] *s.m.* (spec. *pl.*) grosso cannello di pasta ripieno, condito con sugo e cotto al forno.
canneto [can-né-to] *s.m.* tratto di terreno coperto da una vegetazione di canne; la vegetazione stessa.
cannibale [can-nì-ba-le] *s.m.* 1 chi si ciba di carne umana; antropofago 2 (*fig.*) persona spietata, crudele.
cannibalesco [can-ni-ba-lé-sco] *agg.* [pl.m. *-schi*] di cannibale, da cannibale: *rito —*.
cannibalismo [can-ni-ba-lì-ʃmo] *s.m.* 1 il cibarsi di carne umana 2 (*fig.*) lotta spietata contro i propri simili 3 (*biol.*) fenomeno per cui una cellula viene distrutta e assimilata da un'altra.
cannicciata [can-nic-cià-ta] *s.f.* impalcatura o riparo di cannicci.
canniccio [can-nìc-cio] *s.m.* 1 (*edil.*) struttura fatta con cannucce disposte parallelamente e legate insieme, utilizzata per soffitti 2 riparo di cannucce usato dai contadini per chiudere le finestre delle stalle 3 graticcio su cui si mette a seccare la frutta o si allevano i bachi da seta.
cannocchiale [can-noc-chià-le] *s.m.* strumento ottico per l'osservazione di oggetti a grande distanza: *— astronomico*, per osservare i corpi celesti.
cannolicchio [can-no-lìc-chio] *s.m.* 1 (*zool.*) nome di varie specie di molluschi 2 (spec. *pl.*) pasta alimentare corta a tubetti, usata soprattutto per minestre e minestroni.
cannolo [can-nò-lo] *s.m.* (*gastr.*) dolce tipico siciliano di pasta arrotolata, fritta o cotta al forno, riempita con un impasto di ricotta, zucchero, canditi e cioccolata.
cannonata [can-no-nà-ta] *s.f.* 1 colpo di cannone; il rimbombo da esso provocato | *non si sveglia neanche con le cannonate!*, (*fig.*) si dice di chi ha il sonno molto profondo 2 (*fig. fam.*) cosa straordinaria, eccezionale: *quello spettacolo è una —!* 3 nel gioco del calcio, tiro in porta molto violento.
cannoncino [can-non-cì-no] *s.m.* 1 cannone di piccolo calibro: *— antiaereo* 2 (*gastr.*) dolce di pasta sfoglia arrotolata, cotta al forno e riempita di crema o di panna montata.
cannone [can-nó-ne] *s.m.* 1 pezzo di artiglieria di grosso calibro e a canna lunga: *sparare un colpo di —* | *carne da —*, si dice di soldati mandati cinicamente incontro alla morte dai loro comandanti | *essere un —*, (*fig. fam.*) si dice di persona straordinariamente abile in un determinato campo | *donna —*, donna di grossezza eccezionale che si esibisce in circhi o baracconi. DIM. *cannoncino* 2 *— da neve*, o *sparaneve*, dispositivo per produrre artificialmente la neve e spargerla sul terreno lanciandola da una bocca simile a quella di un cannone.
cannoneggiamento [can-no-neg-gia-mén-to] *s.m.* bombardamento col cannone.
cannoneggiare [can-no-neg-già-re] *v.tr.* [*io cannonéggio ecc.*] colpire con cannonate ripetute ♦ *v.intr.* [aus. *avere*] sparare cannonate.
cannoniera [can-no-niè-ra] *s.f.* 1 piccola nave guardacoste armata con cannoni di piccolo e medio calibro 2 in alcune strutture o postazioni militari, apertura a cui si affaccia la bocca del cannone.
cannoniere [can-no-niè-re] *s.m.* 1 soldato d'artiglieria o di marina addetto al funzionamento dei cannoni 2 (*sport*) calciatore che realizza molte reti; bomber.
cannotto [can-nòt-to] *s.m.* tubo metallico di varia dimensione.
cannuccia [can-nùc-cia] *s.f.* [pl. *-ce*] 1 canna sottile; cannello: *la — della pipa* 2 tubicino di paglia, di vetro o di plastica per sorbire bibite.
cannula [càn-nu-la] *s.f.* piccolo tubo usato in medicina per vari scopi: *la — del contagocce.*
canoa [ca-nò-a] *s.f.* 1 barca ricavata da un tronco d'albero scavato, tipica degli indigeni dell'America centrale 2 imbarcazione lunga e stretta a pagaia, per uso sportivo.
canoista [ca-no-ì-sta] *s.m.* e *f.* [pl.m. *-sti*] chi pratica lo sport della canoa.
canonau [ca-no-nàu] *s.m.* vino rosso di elevata gradazione alcolica, prodotto nella zona di Cagliari.
canone [cà-no-ne] *s.m.* 1 regola, norma, principio fondamentale: *il — della bellezza classica* 2 (*dir.*) pagamento corrisposto periodicamente per l'utilizzazione di un bene: *— d'affitto, d'abbonamento* | *equo —*, canone d'affitto di un'abitazione determinato a norma di legge 3 norma emanata dalla chiesa in materia di fede o di disciplina ecclesiastica: *i canoni del concilio di Trento* | catalogo ufficiale dei santi canonizzati 4 elenco delle opere e degli autori che costituiscono i modelli da seguire: *il — dei poeti tragici* 5 (*eccl.*) la parte centrale della messa, dal prefazio alla comunione 6 (*mus.*) composizione musicale a più voci che procedono in stretta imitazione.
canonica [ca-nò-ni-ca] *s.f.* abitazione del parroco, posta di solito accanto alla chiesa.
canonicale [ca-no-ni-cà-le] *agg.* 1 di canonico, da canonico | dei canonici: *archivio —* 2

(*scherz.*) tranquillo, florido: *avere un'aria* —.
canonicato [ca-no-ni-cà-to] *s.m.* **1** ufficio e dignità di canonico **2** (*scherz.*) impiego lucroso che non costa fatica.
canonicità [ca-no-ni-ci-tà] *s.f.* l'essere conforme a un canone | l'appartenenza al canone della Sacra Scrittura.
canonico[1] [ca-nò-ni-co] *agg.* [pl.m. *-ci*] **1** conforme a un canone, a una norma stabilita | (*estens.*) regolare, legittimo, normale: *modello, procedimento* — **2** conforme ai canoni e alle disposizioni della chiesa cattolica | *diritto* —, l'insieme delle norme che disciplinano la vita della chiesa cattolica e i suoi rapporti con la società □ **canonicamente** *avv.* secondo le norme, le regole | secondo i canoni della chiesa; secondo il diritto canonico.
canonico[2] *s.m.* [pl. *-ci*] sacerdote che appartiene al capitolo di una chiesa cattedrale o collegiata.
canonista [ca-no-nì-sta] *s.m.* e *f.* [pl.m. *-sti*] studioso di diritto canonico.
canonizzare [ca-no-niʒ-ʒà-re] *v.tr.* procedere alla canonizzazione di un beato, inserendolo nel catalogo dei santi.
canonizzazione [ca-no-niʒ-ʒa-zió-ne] *s.f.* **1** l'atto e la solenne funzione religiosa con cui il papa dichiara santo un beato **2** consacrazione, riconoscimento ufficiale.
canopo [ca-nò-po] *s.m.* (*archeol.*) vaso funerario con il coperchio a forma di testa umana, usato nell'antico Egitto e in Etruria per custodire i visceri del morto.
canoro [ca-nò-ro] *agg.* che canta dolcemente: *uccello* —.
canottaggio [ca-not-tàg-gio] *s.m.* lo sport del remo che si pratica su imbarcazioni leggere.
canottiera [ca-not-tiè-ra] *s.f.* maglietta scollata e senza maniche simile a quella dei canottieri, da indossare sulla pelle.
canottiere [ca-not-tiè-re] *s.m.* (*sport*) chi pratica il canottaggio.
canotto [ca-nòt-to] *s.m.* piccola imbarcazione a remi, a vela o a motore, usata per sport, svago o come mezzo di salvataggio | gommone.
canovaccio [ca-no-vàc-cio] *s.m.* **1** tela tessuta con filato grossolano, usata per fare strofinacci o asciugamani da cucina **2** tela a trama molto rada, utilizzata come supporto per alcuni tipi di ricamo **3** (*teat.*) trama scritta, ma non sceneggiata, di un'azione drammatica: *i canovacci della commedia dell'arte* | (*estens.*) abbozzo, schema di un'opera letteraria: *il — di un romanzo.*
cantabile [can-tà-bi-le] *agg.* **1** che si può cantare: *un motivo* — **2** (*mus.*) si dice di composizione vocale o strumentale di carattere melodico.
cantambanco [can-tam-bàn-co] *s.m.* [pl. *-chi*] chi cantava storie sui banchi delle piazze | (*estens.*) artista girovago; ciarlatano.
cantante [can-tàn-te] *s.m.* e *f.* chi esercita l'arte del canto: *— lirico, di musica leggera.*
cantare[1] [can-tà-re] *v.intr.* [aus. *avere*] **1** modulare con la voce una sequenza di suoni musicali **2** esercitare la professione di cantante: *Enrico Caruso cantava da tenore* **3** (*estens.*) emettere suoni armoniosi: *gli uccelli cantano in primavera* **4** (*gerg.*) rivelare cose segrete, fare la spia: *uno degli arrestati ha cantato* ♦ *v.tr.* **1** eseguire, esprimere col canto: — *una romanza* **2** (*lett.*) celebrare, narrare in versi: — *le gesta di un eroe* | — *vittoria*, annunciare, proclamare con enfasi un proprio successo **3** (*fam.*) dire apertamente cose sgradevoli: *gliene ha cantate quattro.*
cantare[2] *s.m.* componimento narrativo in versi di origine popolare, in voga soprattutto nei secc. XIV-XV, che veniva recitato o cantato nelle piazze da cantastorie girovaghi.
cantaro [càn-ta-ro] *s.m.* (*archeol.*) **1** vaso di età greca o romana fornito di due anse ricurve che sormontano l'orlo **2** vasca di marmo nei giardini delle case romane.
cantastorie [can-ta-stò-rie] *s.m.* e *f.invar.* chi recita o canta storie in versi sulle piazze, durante le feste e le fiere paesane.
cantata [can-tà-ta] *s.f.* **1** canto prolungato a scopo di svago: *farsi una bella* — **2** (*mus.*) forma vocale e strumentale di carattere sacro o profano caratterizzata dall'alternarsi di arie e recitativi: *le cantate di Bach.*
cantautore [can-tau-tó-re] *s.m.* [f. *-trice*] chi canta canzoni da lui stesso composte.
canterano [can-te-rà-no] *s.m.* mobile con più cassetti; cassettone.
canterellare [can-te-rel-là-re] *v.tr.* e *intr.* [*io canterèllo ecc.*; aus. dell'intr. *avere*] cantare a mezza voce, canticchiare.
canterino [can-te-rì-no] *agg.* che canta spesso, a lungo; che ha un canto ben modulato: *uccello* —.
cantica [càn-ti-ca] *s.f.* **1** componimento in uno o più canti, di tono solenne e contenuto narrativo-religioso **2** ciascuna delle tre parti in cui si divide la "Divina Commedia".
canticchiare [can-tic-chià-re] *v.tr.* e *intr.* [*io cantìcchio ecc.*; aus. dell'intr. *avere*] cantare con voce sommessa, tra sé e sé.
cantico [càn-ti-co] *s.m.* [pl. *-ci*] componimento in versi di tono solenne, per lo più di contenuto religioso: *il "Cantico delle creature" di san Francesco.*
cantiere [can-tiè-re] *s.m.* area attrezzata per l'esecuzione di lavori: — *navale*, quello dove si costruiscono e si riparano le imbarcazioni; — *edile*, impianto per la realizzazione di opere edilizie, idrauliche, stradali | *avere in cantiere qlco.*, (*fig.*) progettare la realizzazione di un'opera.
cantieristica [can-tie-rì-sti-ca] *s.f.* l'insieme delle attività dei cantieri.
cantieristico [can-tie-rì-sti-co] *agg.* [pl.m. *-ci*] dei cantieri: *maestranze cantieristiche.*
cantilena [can-ti-lè-na] *s.f.* **1** canto prolungato su un tema musicale molto semplice e monotono | (*estens.*) filastrocca; ninnananna **2** (*estens.*) intonazione monotona e strascicata di chi parla o legge; piagnucolio continuato **3** (*fig.*) discorso noioso e ripetitivo.

cantilenare [can-ti-le-nà-re] *v.tr.* e *intr.* [*io cantilèno ecc.*; aus. dell'intr. *avere*] cantare, parlare o recitare con voce strascicata, monotona.
cantina [can-tì-na] *s.f.* **1** locale interrato o seminterrato dove si produce o si conserva il vino | (*estens.*) vano posto nello scantinato di un edificio **2** (*fig.*) luogo umido e buio **3** bottega in cui si vende o si consuma vino al minuto.
cantinella [can-ti-nèl-la] *s.f.* asta di legno stretta e lunga che si usa in teatro per le armature degli scenari.
cantinetta [can-ti-nét-ta] *s.f.* scaffale con ripiani sagomati in modo da poter accogliere le bottiglie di vino da conservare.
cantiniere [can-ti-niè-re] *s.m.* [f. *-a*] **1** nelle case signorili e negli alberghi di lusso, chi ha in custodia la cantina e i vini **2** nelle aziende vinicole, chi è addetto alla produzione del vino **3** gestore o garzone di una rivendita di vino.
cantino [can-tì-no] *s.m.* (*mus.*) la corda di suono più acuto del violino, della chitarra e di altri strumenti simili.
canto¹ [càn-to] *s.m.* **1** emissione di suoni musicali modulati dalla voce umana: — *melodioso, triste* | (*estens.*) l'arte, la tecnica del cantare: *studiare* —; *maestro di* — | (*mus.*) stile, tradizione particolare di musica vocale: — *gregoriano, liturgico* **2** (*estens.*) verso musicalmente modulato emesso dagli uccelli e da taluni animali: *il — dell'usignolo, dei grilli* | *levarsi al — del gallo*, (*fig.*) all'alba | — *del cigno*, (*fig.*) l'ultima grande opera o impresa di qlcu. **3** (*mus.*) parte vocale di una composizione vocale-strumentale **4** componimento poetico destinato a essere cantato | poesia lirica: *i "Canti" di Leopardi* | ciascuna delle parti che compongono un poema o una cantica: *il settimo — dell'"Orlando Furioso"*.
canto² *s.m.* **1** angolo formato da due muri che s'incontrano; cantone: *il — di una stanza*. DIM. *cantuccio* **2** parte, lato | *da un* —, da una parte | *d'altro* —, d'altra parte | *dal — mio*, per quanto mi riguarda; a mia volta.
cantonale *agg.* che è proprio di un cantone o dei cantoni della Svizzera: *amministrazione* —.
cantonata [can-to-nà-ta] *s.f.* angolo formato dai muri esterni di una casa fra una strada e un'altra | *prendere una* —, (*fig.*) fare un grosso errore, prendere un abbaglio.
cantone¹ [can-tó-ne] *s.m.* angolo esterno di un edificio o angolo interno di una stanza | *gioco dei quattro cantoni*, gioco in cui quattro persone si dispongono tra gli angoli di un quadrato e una quinta, dal centro, cerca di occupare uno dei loro posti nel momento in cui questi vengono scambiati.
cantone² *s.m.* suddivisione politico-amministrativa della Svizzera.
cantoniera [can-to-niè-ra] *s.f.* angoliera.
cantoniere [can-to-niè-re] *s.m.* [f. *-a*] chi è addetto alla manutenzione e alla sorveglianza di un tratto di strada o di ferrovia | Come *agg.* nella loc. *casa cantoniera*, abitazione dei cantonieri.
cantore [can-tó-re] *s.m.* [f. *-a*] **1** chi canta nei cori di chiesa | (*lett.*) cantante **2** (*fig.*) poeta: *il — di Enea*, Virgilio.
cantoria [can-to-rì-a] *s.f.* **1** nelle chiese, palco riservato ai cantori **2** l'insieme dei cantori.
cantuccio [can-tùc-cio] *s.m.* angolo appartato | *stare in un* —, in disparte.
canuto [ca-nù-to] *agg.* (*lett.*) **1** bianco (*detto di capelli*) **2** che ha i capelli o la barba bianchi: *un vecchio* — | (*estens.*) anziano.
canyon [/ 'kenjon /] *s.m.invar.* (*ingl.*) valle fluviale stretta e scoscesa, tipica di alcune regioni montuose degli Stati Uniti.
canzonare [can-zo-nà-re] *v.tr.* [*io canzóno ecc.*] mettere in ridicolo, prendere in giro.
canzonatorio [can-zo-na-tò-rio] *agg.* proprio di chi canzona; che ha lo scopo di canzonare: *sorriso* —.
canzonatura [can-zo-na-tù-ra] *s.f.* il canzonare; scherzo, presa in giro.
canzone [can-zó-ne] *s.f.* **1** in letteratura, componimento lirico formato da un certo numero di stanze: *le canzoni del Petrarca* | *canzone di gesta*, poema epico medievale **2** breve componimento in versi, musicato con una melodia orecchiabile: *il festival della — italiana* | *la solita* —, (*fig.*) la solita storia, la stessa situazione che si ripete.
canzonetta [can-zo-nét-ta] *s.f.* **1** breve composizione con testo e musica di carattere leggero e popolare **2** in letteratura, componimento poetico più breve e semplice della canzone.
canzonettista [can-zo-net-tì-sta] *s.m.* e *f.* [pl.m. *-sti*] cantante di canzonette.
canzonettistico [can-zo-net-tì-sti-co] *agg.* [pl.m. *-ci*] (*mus.*) delle canzonette, da canzonetta.
canzoniere [can-zo-niè-re] *s.m.* **1** raccolta di poesie liriche di un solo autore, in genere legate fra loro da un filo narrativo: *il — del Petrarca* **2** raccolta di testi di canzonette.
caolino [ca-o-lì-no] *s.m.* argilla bianca pregiata, usata per la fabbricazione della porcellana e nell'industria della carta.
caos [cà-os] *s.m.* **1** secondo antiche teorie sull'origine del cosmo, stato di disordine della materia prima della creazione o della formazione del mondo **2** (*fig.*) estremo disordine, grande confusione: *vivere nel* —.
caotico [ca-ò-ti-co] *agg.* [pl.m. *-ci*] confuso, disordinato: *un traffico* — □ **caoticamente** *avv.*
capace [ca-pà-ce] *agg.* **1** idoneo a contenere una certa quantità di persone o cose: *uno stadio — di ottantamila persone* | (*estens.*) ampio, spazioso: *un teatro, una borsa* — **2** che è in grado di fare qlco.: *sei — di salire lassù?* | (*assol.*) che sa fare bene quello che fa; abile, intelligente: *un ragazzo* — **3** (*fam.*) disposto a compiere una determinata azione: *essere — di tutto*, non avere scrupoli **4** (*dir.*) dotato di capacità giuridica.
capacità [ca-pa-ci-tà] *s.f.* **1** l'essere capace; attitudine a contenere: *la — di un'aula* | *misure di* —, che servono a misurare i liquidi e i materiali incoerenti **2** attitudine, abilità: *un uomo di note-*

voli — 3 in diritto: — *giuridica*, idoneità a essere titolare di diritti e di doveri; — *d'intendere e di volere*, possibilità di valutare le conseguenze dei propri atti e di agire in modo autonomo e responsabile 4 ciò che è possibile fare in una determinata struttura utilizzandone al massimo le risorse: *la — produttiva di un'azienda* 5 (*fis.*) volume interno di un corpo cavo | nome di determinate grandezze fisiche: — *elettrica, termica*.

capacitare [ca-pa-ci-tà-re] *v.tr.* [*io capàcito ecc.*] rendere persuaso, convincere: *cercavano di capacitarlo di quanto era accaduto* ♦ **capacitarsi** *v. rifl.* convincersi, rendersi conto; rassegnarsi, farsi una ragione: *non riuscire a* —.

capanna [ca-pàn-na] *s.f.* 1 piccola costruzione leggera, con pareti e tetto di frasche o di paglia | *tetto a* —, a due spioventi 2 (*estens.*) casa molto povera, tugurio: *vivere in una* — | *due cuori e una* —, si dice per indicare che le ricchezze non sono indispensabili alla felicità di due innamorati. DIM. *capannetta, capannina, capannuccia* ACCR. *capannona*.

capannello [ca-pan-nèl-lo] *s.m.* gruppo di persone riunite in una strada o in una piazza per osservare o commentare un avvenimento: *un — di curiosi*.

capanno [ca-pàn-no] *s.m.* piccola capanna adibita a usi specifici: *il — degli attrezzi*; — *da cacciatore*, dove il cacciatore si apposta in attesa della selvaggina.

capannone [ca-pan-nó-ne] *s.m.* ampia costruzione per il deposito di merci o di materiali, per il ricovero di automezzi o per lavorazioni che richiedono larghi spazi.

caparbieria [ca-par-bie-rì-a] *s.f.* 1 caparbietà, ostinazione 2 azione da persona caparbia.

caparbietà [ca-par-bie-tà] *s.f.* l'essere caparbio; testardaggine, ostinazione.

caparbio [ca-pàr-bio] *agg.* che pensa e agisce seguendo le proprie idee, senza tener conto dei consigli altrui; ostinato, testardo: *temperamento* — □ **caparbiamente** *avv.*

caparra [ca-pàr-ra] *s.f.* 1 somma di denaro versata a titolo di garanzia da una delle due parti quando si stipula un contratto; acconto, versamento anticipato 2 (*fig. lett.*) pegno, garanzia.

capata [ca-pà-ta] *s.f.* 1 (*dial.*) colpo dato col capo; testata 2 *fare una* —, (*fig.*) fare una breve visita. DIM. *capatina*.

capecchio [ca-péc-chio] *s.m.* materiale grezzo ottenuto dal lino e dalla canapa, usato per imbottiture.

capeggiare [ca-peg-già-re] *v.tr.* [*io capéggio ecc.*] stare a capo di qlco.; guidare: — *una rivolta*.

capellino [ca-pel-lì-no] *s.m.* (spec. *pl.*) pasta alimentare lunga, più sottile dello spaghetto.

capello [ca-pél-lo] *s.m.* 1 ciascuno dei peli che crescono sul cuoio capelluto: *pettinarsi, tagliarsi i capelli* | *mettersi le mani nei capelli, strapparsi i capelli*, (*fig.*) essere disperato | *non torcere un — a qlcu.*, (*fig.*) non fargli alcun male | *far rizzare i capelli*, (*fig.*) incutere molta paura | *spaccare un — in quattro*, (*fig.*) fare un'analisi eccessivamente sottile, pignola | *averne fin sopra i capelli*, (*fig.*) non poterne più | *per un* —, (*fig.*) per pochissimo 2 — *d'angelo*, (spec. *pl.*) tipo di pasta sottile. DIM capellino.

capellone [ca-pel-ló-ne] *agg.*e *s.m.* si dice di ragazzo che porta i capelli molto lunghi.

capelluto [ca-pel-lù-to] *agg.* che ha molti capelli | *cuoio* —, la pelle che riveste la volta cranica ed è ricoperta di capelli.

capelvenere [ca-pel-vè-ne-re] *s.m.* (*bot.*) piccola felce con steli neri e lucenti e foglioline triangolari di colore verde chiaro, usata come pianta ornamentale.

capestro [ca-pè-stro] *s.m.* 1 corda per impiccare | (*estens.*) forca: *condannare al* — 2 grossa corda con cui si legano tori, buoi, muli; cavezza ♦ Come *agg.invar.* che impone condizioni durissime: *contratto, condizioni* —.

capetingio [ca-pe-tìn-gio] *agg.* (*st.*) discendente da Ugo Capeto (946-996), il fondatore della dinastia che successe ai Carolingi e tenne la corona di Francia fino al 1338.

capetto [ca-pét-to] *s.m.* chi, sul luogo di lavoro o in un gruppo, si comporta in modo autoritario.

capezzale [ca-pez-zà-le] *s.m.* 1 cuscino che si poneva tra il materasso e il lenzuolo per tenere sollevati i guanciali del letto 2 (*estens.*) il letto di un malato: *accorrere al — di qlcu.*

capezzolo [ca-péz-zo-lo] *s.m.* (*anat.*) piccola protuberanza al centro della mammella.

capibara [ca-pi-bà-ra] *s.m.invar.* mammifero roditore dell'America meridionale.

capiente [ca-pièn-te] *agg.* capace, ampio: *un locale, una valigia* —.

capienza [ca-pièn-za] *s.f.* l'essere capiente; possibilità, capacità di contenere: *un magazzino di scarsa* —.

capigliatura [ca-pi-glia-tù-ra] *s.f.* l'insieme dei capelli: *una — fluente*.

capillare [ca-pil-là-re] *agg.* 1 sottile come un capello | *vaso* —, (*anat.*) ciascuno dei canali molto sottili interposti fra le ultime diramazioni delle arterie e le radici delle vene, che permettono al sangue di scambiare l'ossigeno e le sostanze nutritive con i prodotti di rifiuto presenti nei tessuti 2 (*fig.*) analitico, minuzioso: *indagine* — 3 (*fig.*) molto ramificato, che si estende dovunque: *organizzazione — di vendita* ♦ *s.m.* (*anat.*) vaso capillare □ **capillarmente** *avv.* minuziosamente | in modo estremamente ramificato.

capillarità [ca-pil-la-ri-tà] *s.f.* 1 qualità di ciò che è capillare 2 (*fis.*) comportamento caratteristico dei liquidi entro tubi sottilissimi.

capillarizzazione [ca-pil-la-riʒ-ʒa-zió-ne] *s.f.* diffusione, distribuzione capillare.

capinera [ca-pi-né-ra] *s.f.* uccellino dal canto melodioso, con becco sottile, capo nerissimo nel maschio e rosso-bruno nella femmina.

capire [ca-pì-re] *v.tr.* [*io capisco, tu capisci ecc.*] 1 comprendere, afferrare con la mente: — *un problema* | (*assol.*) avere intelligenza, capacità di comprensione: *un bambino che capisce molto* | — *una persona*, conoscerne i sentimenti e le intenzioni | — *la musica, la poesia* afferrarne l'intimo significato | *capirci, non capirci*, (*fam.*) riuscire, non riuscire a comprendere qlco.: *non ci capisco niente* | *si capisce*, certamente, naturalmente **2** giustificare o perdonare almeno in parte: *cerca di capirmi* ♦ **capirsi** *v.rifl.rec.* andare d'accordo, intendersi: — *in modo perfetto*.

capitale[1] [ca-pi-tà-le] *agg.* **1** che comporta la morte: *pena, sentenza* — | *peccati capitali*, nella teologia cattolica, i sette peccati che procurano la morte spirituale **2** (*fig.*) principale; importante, decisivo: *decisione di — importanza*.

capitale[2] *s.m.* **1** (*econ.*) somma di denaro che frutta interesse | dotazione di mezzi di produzione di un'impresa o di un sistema economico **2** (*estens.*) grande quantità di denaro; patrimonio, ricchezza: *un quadro che vale un* — **3** l'insieme, la classe di coloro che possiedono capitali investiti in attività produttive: *il rapporto fra — e lavoro*.

capitale[3] *s.f.* la città di uno stato in cui ha sede il governo; la città più importante da un particolare punto di vista: *Parigi è la — della Francia*; *la — industriale d'Italia è Milano*.

capitalismo [ca-pi-ta-lì-ʃmo] *s.m.* sistema economico e sociale nel quale i mezzi di produzione appartengono a chi possiede grandi capitali.

capitalista [ca-pi-ta-lì-sta] *s.m.* e *f.* [pl.m. *-sti*] chi dispone di capitali | (*estens.*) chi appartiene all'alta borghesia imprenditoriale | (*scherz.*) persona ricca ♦ *agg.* capitalistico: *società* —.

capitalistico [ca-pi-ta-lì-sti-co] *agg.* [pl.m. *-ci*] che si riferisce al capitalismo o ai capitalisti: *sistema* —.

capitalizzare [ca-pi-ta-liʒ-ʒà-re] *v.tr.* (*econ.*) mettere a frutto ricchezze, interessi o redditi trasformandoli in capitale per produrre nuovi guadagni: — *i dividendi delle azioni*.

capitalizzazione [ca-pi-ta-liʒ-ʒa-zió-ne] *s.f.* (*econ.*) **1** il capitalizzare, l'essere capitalizzato **2** sistema di gestione delle assicurazioni in base al quale i premi sono investiti e con i redditi si finanziano le indennità.

capitanare [ca-pi-ta-nà-re] *v.tr.* comandare in qualità di capitano | (*estens.*) essere a capo di qlco.: — *una rivolta*.

capitaneria [ca-pi-ta-ne-rì-a] *s.f.* solo nella loc. — *di porto*, organo amministrativo dello stato che controlla i porti e il litorale marittimo.

capitano [ca-pi-tà-no] *s.m.* **1** (*mil.*) ufficiale a capo di una compagnia di soldati, che ha grado intermedio fra tenente e maggiore **2** nella marina mercantile, comandante di una nave: — *di lungo corso* | nella marina militare, grado di vari ufficiali: — *di corvetta, di fregata, di vascello* **3** (*aer.*) comandante di una squadriglia di aerei **4** nel Medioevo e nel Rinascimento, titolo di vari magistrati o di comandanti militari: — *del popolo*, magistrato che doveva tutelare gli interessi del popolo per un anno; — *di ventura*, comandante di milizie mercenarie | *capitani reggenti*, i due capi dello stato della repubblica di San Marino **5** chi è a capo di qlco.: — *d'industria*, grande industriale **6** negli sport di squadra, atleta responsabile del comportamento in campo dei compagni; nel ciclismo, il corridore che fa da caposquadra.

capitare [ca-pi-tà-re] *v.intr.* [*io càpito ecc.*; aus. *essere*] **1** giungere in un luogo per caso o di passaggio: *se capiti a Milano, telefonami* **2** presentarsi per combinazione o per caso (detto di cose): *mi è capitata una buona occasione* | avere in assegnazione: *gli è capitato un buon insegnante* **3** accadere, succedere: *son cose che capitano* ♦ *v.intr.impers.* [aus. *essere*] accadere, avvenire: *cose così possono* — | *dove capita*, in qualsiasi luogo | *come capita*, a caso.

capitello [ca-pi-tèl-lo] *s.m.* **1** (*arch.*) l'estremità superiore della colonna sulla quale poggia l'arco o l'architrave: — *dorico, ionico, corinzio* **2** striscia di pelle o di tela che serve a rinforzare e a ornare i libri rilegati.

capitolare[1] [ca-pi-to-là-re] *v.intr.* [*io capìtolo ecc.*; aus. *avere*] **1** arrendersi al nemico: *dopo lungo assedio la città capitolò* **2** (*fig.*) cedere alle insistenze altrui, arrendersi: *il padre alla fine capitolò e lo lasciò partire*.

capitolare[2] *agg.* **1** di un capitolo ecclesiastico: *adunanza* — **2** relativo alle capitolazioni.

capitolare[3] *s.m.* **1** (*st.*) nome delle ordinanze emesse dai sovrani franchi per l'organizzazione del regno: — *di Kiersy* **2** (*estens.*) raccolta delle deliberazioni prese da un'assemblea ecclesiastica o civile.

capitolato [ca-pi-to-là-to] *s.m.* (*dir.*) testo nel quale sono descritti minutamente per capitoli gli obblighi e i diritti previsti da un contratto: — *d'appalto*.

capitolazione [ca-pi-to-la-zió-ne] *s.f.* il capitolare: *la — di una città* | (*estens.*) i patti della resa: *firmare la* —.

capitolino [ca-pi-to-lì-no] *agg.* **1** del Campidoglio: *Museo* — | *la lupa capitolina*, emblema della città di Roma **2** (*estens.*) di Roma: *la città capitolina*.

capitolo [ca-pì-to-lo] *s.m.* **1** ciascuna delle grandi parti nelle quali è suddiviso un testo: *il primo — del romanzo*. DIM. *capitoletto* **2** suddivisione di un contratto, di un regolamento; paragrafo **3** componimento poetico in terza rima **4** (*eccl.*) l'insieme dei canonici addetti a una chiesa cattedrale o collegiata **5** adunanza dei membri di una congregazione religiosa o cavalleresca; luogo dell'adunanza | *avere voce in* —, (*fig.*) avere facoltà di intervenire in una decisione.

capitombolo [ca-pi-tóm-bo-lo] *s.m.* il cadere a testa all'ingiù; ruzzolone: *fare un — dalla bicicletta*.

capitone [ca-pi-tó-ne] *s.m.* anguilla femmina di grosse dimensioni, cibo tradizionale delle feste di Natale.

capo [cà-po] *s.m.* **1** la parte superiore del corpo

umano, unita al torace dal collo; in particolare, la zona del cranio rivestita di capelli; testa: *portare il cappello sul —* | *da — a piedi*, in tutta la persona | *abbassare, chinare il —*, (*fig.*) rassegnarsi, sottomettersi | *crollare, scuotere il —*, esprimere scontento, scetticismo | *non avere né — né coda*, (*fig.*) si dice di ragionamento privo di fondamento e di conclusione | *passare per il —*, si dice di idee che vengono in mente all'improvviso **2** chi esercita un comando: *— dello stato*; *essere a — di un partito*; *comandante in —*, comandante supremo | in un'azienda, chi esercita mansioni direttive intermedie **3** (*estens.*) chi ha un ruolo preminente e gode di particolare prestigio e autorevolezza: *il — della famiglia* | *— storico*, ispiratore o fondatore di un partito o movimento politico **4** parte superiore, estremità: *a — del letto*; *il — di un gomitolo* | *da —*, da principio | *andare a —*, nella scrittura o nella lettura, riprendere all'inizio del rigo successivo | *in — al mondo*, molto lontano | *venire a — di qlco.*, risolverla | *in — a una settimana, a un mese*, entro una settimana, un mese **5** l'estremità più grossa e tondeggiante di un oggetto: *il — di uno spillo* **6** ciascuna unità di una serie: *— di bestiame, di biancheria* | ciascuna delle parti in cui è diviso uno scritto; capitolo: *esporre per sommi capi*, in sintesi | *— d'accusa*, (*dir.*) imputazione **7** (*geog.*) promontorio che si protende nel mare; punto estremo di una penisola, di un continente: *Capo Miseno* ♦ *agg.invar.* che dirige, che comanda: *ispettore —*.

capo- primo elemento di parole composte, che può indicare chi è capo o dirige (p.e. *caporedattore, capostazione*), l'eccellenza o la preminenza di una cosa (p.e. *capolavoro*), l'inizio (p.e. *capostipite, capoverso*).

capoarea [ca-po-à-rea] *s.m.* e *f.* [pl.m. *capiarea*, f.invar.] nella struttura commerciale di un'azienda, chi coordina la distribuzione e la vendita di uno o più prodotti in una zona.

capobanda [ca-po-bàn-da] *s.m.* e *f.* [pl.m. *capibanda*; f.invar.] **1** capo di una banda di malfattori | (*scherz.*) capo di una compagnia di giovani, di un'allegra brigata **2** chi dirige una banda musicale.

capobarca [ca-po-bàr-ca] *s.m.* [pl. *capibarca*] chi comanda una barca da pesca o da trasporto.

capobastone [ca-po-ba-stó-ne] *s.m.* [pl. *capibastone*] nel gergo della mafia, chi controlla le attività mafiose in una determinata zona.

capobranco [ca-po-bràn-co] *s.m.* e *f.* [pl.m. *capibranco*; f.invar.] animale, generalmente di sesso maschile, a cui il branco di appartenenza riconosce un ruolo di supremazia.

capocannoniere [ca-po-can-no-niè-re], o **capo cannoniere**, *s.m.* [pl. *capicannonieri*] **1** (*mil.*) sottufficiale di marina addetto alle artiglierie **2** (*sport*) il calciatore che, durante un campionato, ha segnato il maggior numero di reti.

capocantiere [ca-po-can-tiè-re] *s.m.* [pl. *capicantiere*] chi organizza e dirige il lavoro degli operai di un cantiere.

capocarro [ca-po-càr-ro] *s.m.* [pl. *capicarro*] (*mil.*) sottufficiale o graduato che comanda l'equipaggio di un carro armato | l'ufficiale che ha il comando di una compagnia di carri armati.

capocchia [ca-pòc-chia] *s.f.* estremità ingrossata e tondeggiante di spilli, fiammiferi ecc.

capoccia[1] [ca-pòc-cia] *s.m.* [pl. *capoccia* o *capocci*] **1** capo di una famiglia di contadini **2** sorvegliante di una squadra di lavoranti **3** (*scherz.*) chi fa da capo, da guida.

capoccia[2] *s.f.* [pl. *-ce*] (*dial.*) testa, capo. DIM. *capoccetta* ACCR. *capocciona, capoccione* (m.).

capocciata [ca-poc-cià-ta] *s.f.* (*dial.*) colpo dato con la testa; testata.

capoccione [ca-poc-ció-ne] *s.m.* (*dial.*) **1** persona che ha la testa grossa | persona che capisce poco | (*scherz.*) persona molto intelligente **2** personaggio influente e autoritario.

capoclaque [ca-po-cla-que; / kapo'klak /] *s.m.invar.* chi coordina l'attività di una claque.

capoclasse [ca-po-clàs-se] *s.m.* e *f.* [pl.m. *capiclasse*; f.invar.] alunno scelto o eletto in una classe per compiti di coordinamento o di organizzazione.

capocollo [ca-po-còl-lo] *s.m.* [pl. *capicollo*] salume tipico dell'Italia meridionale, fatto con un taglio di carne tolto dal dorso del maiale.

capocomico [ca-po-cò-mi-co] *s.m.* [pl. *capocomici*] chi dirige una compagnia teatrale scritturando gli attori.

capocordata [ca-po-cor-dà-ta] *s.m.* e *f.* [pl.m. *capicordata*; f.invar.] **1** alpinista che guida una cordata durante un'ascensione in montagna **2** chi è a capo di una cordata politica o economica.

capocronaca [ca-po-crò-na-ca] *s.m.* [pl. *capicronaca*] articolo di apertura della pagina di cronaca cittadina di un giornale.

capocronista [ca-po-cro-nì-sta] *s.m.* e *f.* [pl.m. *capicronisti*; f. *capocroniste*] redattore di un giornale che dirige i servizi di cronaca cittadina.

capocuoco [ca-po-cuò-co] *s.m.* [f. *-a*; pl.m. *capocuochi* o *capicuochi*; f. *capocuoche*] chi dirige il lavoro di cucina in alberghi e ristoranti.

capodanno [ca-po-dàn-no], o **capo d'anno**, *s.m.* [pl. *capodanni* o *capi d'anno*] il primo giorno dell'anno.

capodimonte [ca-po-di-món-te] *agg.invar.* si dice di oggetti in porcellana molto fine, prodotti a Napoli nel quartiere di Capodimonte: *statuina —*.

capodoglio [ca-po-dò-glio] *s.m.* grosso mammifero marino simile alla balena, con testa enorme e grande pinna.

capodopera [ca-po-dò-pe-ra], o **capo d'opera**, *s.m.* [pl. *capidopera*] (*non com.*) capolavoro.

capofamiglia [ca-po-fa-mì-glia] *s.m.* e *f.* [pl.m. *capifamiglia*; f.invar.] il capo della famiglia; il padre, la madre o chi abbia a carico i familiari.

capofficina [ca-pof-fi-cì-na], o **capoofficina**, *s.m.* e *f.* [pl.m. *capiofficina*; f.invar.] chi dirige il personale e i lavori di un'officina.

capofila [ca-po-fi-la] *s.m.* e *f.* [pl.m. *capifila*; f.invar.] **1** chi è il primo di una fila ordinata di persone o di cose **2** l'esponente principale di un movimento letterario, artistico o politico: *Marinetti fu il — del futurismo italiano.*

capofitto [ca-po-fit-to] usato solo nella loc. avv. *a —*, col capo all'ingiù | *buttarsi a — in qlco.*, (*fig.*) dedicarvisi col massimo impegno.

capofosso [ca-po-fòs-so] *s.m.* fosso in cui confluiscono le acque di scolo dei campi.

capogabinetto [ca-po-ga-bi-nét-to] *s.m.* e *f.* [pl.m. *capigabinetto*; f.invar.] chi è a capo del gabinetto di un ministro.

capogiro [ca-po-gì-ro] *s.m.* [pl. *capogiri*] leggera vertigine, giramento di testa | *da —*, (*fig.*) sbalorditivo: *una somma di denaro da —.*

capogruppo [ca-po-grùp-po] *s.m.* e *f.* [pl.m. *capigruppo*; f.invar.] chi dirige un gruppo di persone | capo di un gruppo parlamentare.

capolavoro [ca-po-la-vó-ro] *s.m.* [pl. *capolavori*] **1** opera eccellente; l'opera migliore di un autore o di un'epoca: *questa statua è un —* **2** (*estens.*) opera che esprime al massimo grado una qualità, anche negativa: *un — di bruttezza.*

capolettera [ca-po-lèt-te-ra *o* capoléttera] *s.m.* [pl. *capilettera*] (*tip.*) lettera di corpo molto più grande delle altre usata per iniziare la prima parola di un capitolo di libro o di un articolo di giornale.

capolinea [ca-po-lì-ne-a] *s.m.* [pl. *capilinea*] fermata terminale di un servizio di trasporto, dalla quale ha inizio la corsa in senso contrario.

capolino [ca-po-lì-no] *s.m.* **1** nella loc. *far —*, sporgere il capo da una finestra o da una porta; (*estens.*) farsi vedere appena: *il sole fa — dietro le nubi* **2** (*bot.*) infiorescenza costituita da tanti piccoli fiori ravvicinati che danno l'impressione di essere un unico fiore.

capolista [ca-po-lì-sta] *s.m.* e *f.* [pl.m. *capilista*; f.invar.] chi è scritto per primo in una lista: *il — dei candidati di un partito* | (*estens.*) chi ha raccolto il maggior numero dei voti in un'elezione.

capoluogo [ca-po-luò-go] *s.m.* [pl. *capoluoghi*] la città più importante di una regione o di una provincia, in cui hanno sede gli organi amministrativi locali: *Ancona è il — delle Marche.*

capomafia [ca-po-mà-fia] *s.m.* [pl. *capimafia*] il capo di uno o più gruppi di mafiosi.

capomastro [ca-po-mà-stro] *s.m.* [pl. *capomastri* e *capimastri*] **1** chi, in lavori edilizi, dirige un gruppo di muratori **2** muratore che lavora in proprio come piccolo imprenditore e appaltatore.

caponaggine [ca-po-nag-gi-ne] *s.f.* testardaggine, ostinazione.

caponata [ca-po-nà-ta] *s.f.* (*gastr.*) **1** galletta ammorbidita nell'acqua e condita con olio e aceto **2** specialità della cucina siciliana a base di melanzane e sedani fritti, olive, capperi e pomodoro.

capoofficina → **capofficina**.

capopattuglia [ca-po-pat-tù-glia] *s.m.* [pl. *capipattuglia*] (*mil.*) comandante di una pattuglia.

capopezzo [ca-po-pèz-zo] *s.m.* [pl. *capipezzo*] (*mil.*) graduato o sottufficiale che comanda gli addetti a un pezzo d'artiglieria.

capopopolo [ca-po-pò-po-lo] *s.m.* e *f.* [pl.m. *capipopolo*; f.invar.] chi si mette a capo del popolo, specialmente durante una sommossa.

capoposto [ca-po-pó-sto] *s.m.* [pl. *capiposto*] (*mil.*) graduato che è a capo di un posto di guardia.

caporalato [ca-po-ra-là-to] *s.m.* **1** (*non com.*) il grado e l'ufficio del caporale **2** sistema illegale di reclutamento della manodopera contadina mediante intermediari, detti caporali, con salari inferiori a quelli previsti dalle tariffe sindacali.

caporale [ca-po-rà-le] *s.m.* **1** graduato di truppa che riveste il primo dei gradi militari e comanda una squadra: *— di giornata*, che sovrintende per un giorno alla pulizia dei locali della propria compagnia; *— maggiore*, caporalmaggiore **2** (*estens.*) persona che assume atteggiamenti autoritari **3** (*pop.*) capo di una squadra di operai | (*merid.*) chi assume in modo abusivo operai agricoli, conducendoli a lavorare a giornata nelle campagne.

caporalesco [ca-po-ra-lé-sco] *agg.* [pl.m. *-schi*] da caporale | (*estens.*) autoritario, arrogante: *un fare —.*

caporalmaggiore [ca-po-ral-mag-gió-re], o **caporale maggiore**, *s.m.* militare di grado intermedio tra il caporale e il sergente.

caporedattore [ca-po-re-dat-tó-re] *s.m.* [f. *caporedattrice*; pl.m. *capiredattori*] chi dirige una redazione; redattore capo.

caporeparto [ca-po-re-pàr-to] *s.m.* e *f.* [pl.m. *capireparto*; f.invar.] chi dirige un reparto di un'azienda o di una fabbrica e ne è responsabile.

caporetto [ca-po-rét-to] *s.f.invar.* sconfitta disastrosa, disfatta (spec. *scherz.*): *gli esami sono stati una —.*

caporione [ca-po-ri-ó-ne] *s.m.* [f. *-a*; pl.m. *-ni*] (*spreg.*) chi è a capo di un gruppo di gente chiassosa o tumultuante.

caporosso [ca-po-rós-so] *s.m.* (*zool.*) nome con cui vengono designati alcuni uccelli, tra i quali il cardellino.

caposala [ca-po-sà-la] *s.m.* e *f.* [pl.m. *capisala*; f.invar.] chi è addetto alla sorveglianza di una sala in un ufficio pubblico, in uno stabilimento, in un reparto di ospedale.

caposaldo [ca-po-sàl-do] *s.m.* [pl. *capisaldi*] **1** punto del terreno di cui è nota l'altitudine e la posizione topografica **2** (*mil.*) ciascuna delle posizioni fortificate di uno schieramento difensivo **3** (*fig.*) fondamento; argomento, punto basilare: *i capisaldi di una teoria.*

caposcuola [ca-po-scuò-la] *s.m.* e *f.* [pl.m. *capiscuola*; f.invar.] chi è a capo d'una scuola o corrente letteraria, artistica, scientifica.

caposervizio [ca-po-ser-vì-zio] *s.m.* e *f.* [pl.m. *capiservizio*; f.invar.] **1** in un'azienda o nella pubblica amministrazione, capo di un settore organizzativo **2** nei giornali e nelle agenzie d'informazioni, il redattore che ha la responsabilità di una particolare sezione del giornale: — *interni, esteri.*

caposezione [ca-po-se-zió-ne] *s.m.* e *f.* [pl.m. *capisezione*; f.invar.] chi in un ufficio pubblico dirige una sezione.

caposquadra [ca-po-squà-dra] *s.m.* e *f.* [pl.m. *capisquadra*; f.invar.] **1** chi è a capo di una squadra di persone, specialmente di operai **2** (*mil.*) in fanteria, sottufficiale o graduato che comanda una squadra.

capostazione [ca-po-sta-zió-ne] *s.m.* e *f.* [pl.m. *capistazione*; f.invar.] dirigente di una stazione ferroviaria.

capostipite [ca-po-stì-pi-te] *s.m.* e *f.* [pl. *capostipiti*] **1** chi ha dato origine a una famiglia **2** (*estens.*) primo esemplare: *la "Bibbia" di Gutenberg è il — di tutti i libri a stampa.*

capotasto [ca-po-tà-sto] *s.m.* [pl. *capotasti*] (*mus.*) sottile barretta di ebano o di plastica che si applica sul manico degli strumenti a corda, per tenere sollevate le corde e permettere loro di vibrare.

capotavola [ca-po-tà-vo-la] *s.m.* e *f.* [pl.m. *capitavola*; f.invar.] chi siede a capo di una tavola, occupando il posto d'onore | (*estens.*) il posto stesso: *l'ospite deve sedere a —.*

capote [/ kaˈpɔt /] *s.f.* (*fr.*) tettuccio apribile di una carrozza o di un'automobile.

capotreno [ca-po-trè-no] *s.m.* e *f.* [pl.m. *capitreno* e *capotreni*; f.invar.] chi è a capo del personale di servizio di un treno.

capotribù [ca-po-tri-bù] *s.m.* e *f.* [pl.m. *capitribù*] capo di una tribù.

capotta [ca-pòt-ta] *s.f.* forma italianizzata di *capote.*

capottamento [ca-pot-ta-mén-to], anche **cappottamento**, *s.m.* il capottare.

capottare [ca-pot-tà-re], anche **cappottare**, *v. intr.* [*io capòtto ecc.*; aus. *avere*] capovolgersi in avanti, detto di aeroplani e di automobili.

capoufficio [ca-po-uf-fi-cio], o **capufficio**, *s.m.* e *f.* [pl.m. *capiufficio*; f.invar.] chi è a capo di un ufficio.

capoverso [ca-po-vèr-so] *s.m.* [pl. *capoversi*] **1** in uno scritto, l'inizio del periodo con cui si va a capo e che di solito è rientrato rispetto alle altre righe **2** (*dir.*) ogni singola parte in cui è diviso il testo di un articolo di legge.

capovolgere [ca-po-vòl-ge-re] *v.tr.* [coniugato come *volgere*] **1** voltare sottosopra; rovesciare, ribaltare: *un'ondata ha capovolto la barca* **2** (*fig.*) cambiare radicalmente, rendere completamente diverso: *il suo arrivo ha capovolto i nostri piani* ♦ **capovolgersi** *v.intr.pron.* **1** voltarsi sottosopra **2** (*fig.*) cambiarsi radicalmente: *la situazione si è capovolta.*

capovolgimento [ca-po-vol-gi-mén-to] *s.m.* il capovolgere, il capovolgersi, l'essere capovolto (anche *fig.*): *il — della situazione economica.*

capovolto [ca-po-vòl-to] *agg.* rovesciato; ribaltato: *una sedia capovolta.*

cappa[1] [càp-pa] *s.f.* **1** un tempo, ampio mantello, in genere fornito di cappuccio, tipico dell'abbigliamento dei cavalieri; oggi è ancora usato in ambito ecclesiastico | *film, romanzi di — e spada*, che narrano avventure di argomento amoroso-cavalleresco | — *di piombo*, (*fig.*) peso grave, insopportabile | *prov.*: *per un punto Martin perse la* —, si dice di chi per un piccolo errore o per un motivo banale si vede sfuggire qlco. che ha molto desiderato **2** parte del camino che sporge dalla parete sopra un focolare o un fornello, con la funzione di raccogliere il fumo e di convogliarlo verso la canna fumaria **3** (*mar.*) copertura di tela impermeabile che protegge dalla pioggia e dalle ondate gli strumenti esposti all'aperto.

cappa[2] *s.f.* mollusco marino commestibile con conchiglia di varia forma; è detto anche *cannello, cannolicchio* e *cappalunga.*

cappa[3] *s.m.* o *f.invar.* nome della lettera *k.*

cappalunga [cap-pa-lùn-ga], o **cappa lunga**, *s.f.* [pl. *cappelunghe*] (*zool.*) cappa, mollusco marino.

cappella[1] [cap-pèl-la] *s.f.* **1** piccola costruzione a una sola navata destinata al culto, isolata o incorporata in un altro edificio | ciascuna delle grandi nicchie che, nelle chiese, contengono altari minori dedicati alla Madonna o ai santi **2** piccola chiesa, oratorio o tabernacolo con immagine sacra. DIM. *cappelletta, cappellina* **3** complesso di musicisti e cantori addetti al servizio musicale di una chiesa: *maestro di —.*

cappella[2] *s.f.* **1** la parte superiore, espansa e tondeggiante, dei funghi **2** (*gerg.*) recluta.

cappellaio [cap-pel-là-io] *s.m.* [f. *-a*] chi fabbrica o vende cappelli.

cappellano [cap-pel-là-no] *s.m.* **1** sacerdote che aiuta il parroco di una chiesa **2** sacerdote che assiste il vescovo in alcune cerimonie **3** sacerdote addetto all'assistenza spirituale presso determinati enti: — *militare, delle carceri.*

cappellata [cap-pel-là-ta] *s.f.* **1** colpo dato con il cappello **2** quantità di roba che può essere contenuta in un cappello: *una — di quattrini* | *a cappellate*, in gran quantità **3** (*gerg.*) errore grossolano: *prendere una —.*

cappelleria [cap-pel-le-rì-a] *s.f.* bottega di cappellaio.

cappelletto [cap-pel-lét-to] *s.m.* **1** cappuccetto: *il — della penna* **2** cerchietto di tela impermeabile posto in cima alla cupola dell'ombrello **3** parte della calza che ricopre le dita del piede **4** (spec. *pl.*) involucro di pasta all'uovo a forma di piccolo cappello, con ripieno a base di carne, uova e formaggio grana.

cappelliera [cap-pel-liè-ra] *s.f.* custodia rotonda usata per riporre o trasportare cappelli.

cappellificio [cap-pel-li-fi-cio] *s.m.* fabbrica di cappelli.

cappellino [cap-pel-lì-no] *s.m.* cappello da donna.

cappello [cap-pèl-lo] *s.m.* **1** copricapo di varie forme e materiale, per lo più composto da una cupola e da una tesa o falda: — *floscio, a cilindro* |

portare il — sulle ventitré, inclinato su un lato del viso | *levarsi il —*, (*fig.*) fare atto di stima e ammirazione | *far tanto di —*, (*fig.*) riconoscere l'eccellenza di qlcu. o di qlco. DIM. *cappellino* ACCR. *cappellone* PEGG. *cappellaccio* **2** (*estens.*) qualsiasi oggetto che, per la forma o la funzione, ricordi un cappello: — *del lume, di un fungo* **3** (*fig.*) breve introduzione a uno scritto, a un discorso.

cappero [càp-pe-ro] *s.m.* pianta sempreverde con foglie tonde e carnose, i cui fiori, in boccio, si conservano in salamoia per condimento | *capperi!*, esclamazione eufemistica del tipo di *caspita!*

cappio [càp-pio] *s.m.* **1** nodo che si può sciogliere tirando uno dei due capi della corda **2** capestro.

cappone [cap-pó-ne] *s.m.* **1** pollo maschio castrato, più grosso del gallo e con carni più tenere **2** nome di diverse specie di pesci.

cappotta [cap-pòt-ta] *s.f.* forma italianizzata di *capote*.

cappottare e *deriv.* → **capottare** e *deriv.*

cappottino [cap-pot-tì-no] **1** cappotto di tessuto leggero **2** cappotto da bambino.

cappotto[1] [cap-pòt-to] *s.m.* pesante soprabito invernale da uomo e da donna. DIM. *cappottino*.

cappotto[2] *s.m.* in alcuni giochi e sport, risultato di una partita in cui lo sconfitto non ha segnato neanche un punto: *dare —*.

cappuccina [cap-puc-cì-na] *s.f.* qualità di lattuga a foglie larghe.

cappuccino[1] [cap-puc-cì-no] *s.m.* religioso di un ordine mendicante francescano | Usato anche come *agg.*: *frate —*.

cappuccino[2] *s.m.* caffè con aggiunta di poco latte.

cappuccio [cap-pùc-cio] *s.m.* **1** copricapo di forma conica, attaccato all'abito o al mantello. DIM. *cappuccetto* **2** (*estens.*) nome generico di vari oggetti di forma conica che costituiscono una copertura o un rivestimento: *il — della penna*.

capra [cà-pra] *s.f.* **1** mammifero ruminante domestico di medie dimensioni, con corna ricurve all'indietro, coda corta, barba al mento, pelo lungo e liscio; viene allevato per il latte, la carne e la pelle | *salvare — e cavoli*, (*fig.*) trovare la soluzione a un problema in cui siano in gioco esigenze opposte. DIM. *capretta*, *capretto* (m.) **2** cavalletto costituito da una barra che poggia su due sostegni a forma di V rovesciata | struttura piramidale a tre piedi a cui è fissato paranco per sollevare pesi.

capraio [ca-prà-io] *s.m.* [f. *-a*] chi custodisce capre.

capreolo [ca-prè-o-lo] *s.m.* **1** viticcio **2** (*arch.*) motivo ornamentale a forma di viticcio.

caprese [ca-pré-se] *agg.* dell'isola di Capri | *insalata —*, insalata a base di pomodori, mozzarella e olive ♦ *s.m.* e *f.* chi è nato o vive a Capri.

capretta [ca-prét-ta] *s.f.* **1** femmina giovane della capra **2** attrezzo per l'incisione del legno.

capretto [ca-prét-to] *s.m.* il piccolo della capra | la carne o la pelle conciata di tale animale: *scarpe di —*.

capriata [ca-pri-à-ta] *s.f.* (*edil.*) struttura triangolare in legno, ferro o cemento armato, che ha la funzione di reggere il tetto di un edificio: *soffitto a capriate*.

capriccio [ca-prìc-cio] *s.m.* **1** voglia improvvisa e stravagante; desiderio bizzarro: *levarsi un —*; *agire a* (*per*) — | bizza improvvisa caratteristica dei bambini: *fare i capricci* **2** amore leggero e incostante **3** fenomeno o avvenimento stravagante, fuori del comune: *i capricci della natura* **4** espressione artistica estrosa, ricca di fantasia; invenzione, trovata bizzarra: *i capricci dell'architettura barocca* | (*mus.*) brano musicale di forma libera e di carattere fantasioso.

capricciosità [ca-pric-cio-si-tà] *s.f.* l'essere capriccioso; bizzarria, stravaganza.

capriccioso [ca-pric-ció-so] *agg.* **1** che ha capricci, che fa capricci: *bambino —* **2** instabile, mutevole: *tempo —* **3** ricco di fantasia e di originalità; bizzarro: *ingegno, stile —* | stravagante, non comune: *acconciatura capricciosa* **4** in gastronomia: *insalata capricciosa*, insalata di verdure miste; *pizza capricciosa*, con prosciutto, salsiccia, pezzettini di uovo sodo, olive e altri ingredienti □ **capricciosamente** *avv.*

capricorno [ca-pri-còr-no] *s.m.* **1** mammifero ruminante asiatico simile alla capra, ma con le corna non uncinate **2** *Capricorno*, costellazione e segno dello zodiaco in cui il Sole transita tra il 22 dicembre e il 20 gennaio.

caprificazione [ca-pri-fi-ca-zió-ne] *s.f.* (*agr.*) fecondazione dei fiori femminili del fico coltivato mediante il polline del caprifico.

caprifico [ca-pri-fì-co] *s.m.* [pl. *-chi*] fico selvatico.

caprifogliacee [ca-pri-fo-glià-ce-e] *s.f.pl.* (*bot.*) famiglia di piante dicotiledoni a cui appartengono il sambuco e il caprifoglio.

caprifoglio [ca-pri-fò-glio] *s.m.* arboscello rampicante con fiori profumati di colore bianco o rosa.

caprimulgiformi [ca-pri-mul-gi-fór-mi] *s.m.pl.* (*zool.*) ordine di uccelli con becco corto e largo, piumaggio morbido, gambe corte.

caprimulgo [ca-pri-mùl-go] *s.m.* [pl. *-gi*] (*zool.*) uccello dal piumaggio scuro, con becco piatto e molto breve.

caprini [ca-prì-ni] *s.m.pl.* (*zool.*) sottofamiglia di bovidi, a cui appartengono le capre, caratterizzati dalla presenza di corna in entrambi i sessi e da un ciuffo di peli sotto il mento.

caprino [ca-prì-no] *agg.* di capra, da capra: *piede —*; *barba caprina* | *questione di lana caprina*, (*fig.*) del tutto oziosa e futile ♦ *s.m.* **1** puzzo di capra **2** sterco di capra che serve da concime **3** formaggio di latte di capra a pasta morbida.

capriola [ca-pri-ò-la] *s.f.* **1** evoluzione del corpo fatta raggomitolandosi su sé stessi e ruotando fino ad assumere una posizione seduta o ritta | (*estens.*) capitombolo, ruzzolone | (*fig.*) comportamento con cui si cerca di destreggiarsi in una situazione difficile **2** salto che fanno i ballerini classici cambiando la posizione delle gambe **3** figura dell'equitazione nella quale il cavallo, mentre è in aria con le quattro zampe alla stessa altezza, distende le posteriori all'indietro e raccoglie simultaneamente le anteriori.

capriolo [ca-pri-ò-lo] *s.m.* mammifero ruminante di medie dimensioni, bruno d'estate, rossiccio d'inverno, agile ed elegante, con coda rudimentale e corna caduche nel maschio.

capripede [ca-prì-pe-de] *agg.* (*poet.*) dai piedi di capra (è attributo di talune divinità boscherecce della mitologia greco-romana, come i satiri e i fauni).

capro [cà-pro] *s.m.* il maschio della capra; becco | — *espiatorio*, (*fig.*) chi sconta colpe altrui.

caprone [ca-pró-ne] *s.m.* **1** capro **2** (*fig.*) uomo dall'aspetto rozzo e grossolano.

capruggine [ca-prùg-gi-ne] *s.f.* tacca praticata nella parete interna delle botti, nella quale si incastra il fondo.

capsula [cà-psu-la] *s.f.* **1** qualsiasi involucro di forma tondeggiante o cilindrica che ha funzione protettiva o è usato come contenitore. DIM. *capsuletta* **2** — *spaziale*, veicolo spaziale attrezzato ad abitacolo per l'equipaggio e le apparecchiature **3** (*bot.*) frutto secco che contiene semi **4** (*anat.*) membrana più o meno spessa che avvolge un organo: — *articolare*.

captare [cap-tà-re] *v.tr.* **1** cercare di ottenere, di procurarsi, di assicurarsi: — *la benevolenza altrui* **2** riuscire a catturare qlco. al fine di utilizzarla: — *l'energia solare* **3** (*telecom.*) intercettare le onde elettromagnetiche emesse da una trasmittente radiofonica, televisiva o telegrafica: — *l'SOS di una nave* **4** (*fig.*) cogliere al volo, intuire: — *un pensiero*.

captazione [cap-ta-zió-ne] *s.f.* **1** intercettazione, raccolta: — *di acque sotterranee* **2** conquista della benevolenza di qlcu. per ricavarne un vantaggio.

capufficio → **capoufficio**.

capziosità [cap-zio-si-tà] *s.f.* **1** l'essere capzioso **2** discorso capzioso.

capzioso [cap-zió-so] *agg.* ingannevole, insidioso, cavilloso: *ragionamento* — □ **capziosamente** *avv.*

carabattola [ca-ra-bàt-to-la] *s.f.* (*fam.*) oggetto di poco pregio | (*fig.*) inezia, cosa da poco.

carabina [ca-ra-bì-na] *s.f.* fucile di precisione da caccia e da tiro con canna rigata | fucile militare leggero e a canna piuttosto corta.

carabiniere [ca-ra-bi-niè-re] *s.m.* **1** negli eserciti di un tempo, soldato di cavalleria armato di carabina **2** oggi, militare di un corpo speciale dell'esercito italiano, destinato a compiti di polizia: *l'arma dei carabinieri* | *fare il* —, (*fig.*) sorvegliare con estrema severità.

carabo [cà-ra-bo] *s.m.* piccolo insetto coleottero con corpo dai riflessi metallici, utile all'agricoltura perché distrugge vari insetti dannosi.

caracollare [ca-ra-col-là-re] *v.intr.* [*io caracòllo ecc.*; aus. *avere*] **1** volteggiare saltellando a destra e a sinistra (detto del cavallo o del cavaliere) **2** (*fam.*) procedere a salti, trotterellare.

caracollo [ca-ra-còl-lo] *s.m.* movimento del cavallo che caracolla.

caraffa [ca-ràf-fa] *s.f.* recipiente di vetro, panciuto, con collo stretto e bocca larga, provvisto di manico, usato per acqua, vino o altre bevande | il liquido contenuto in questo recipiente: *una* — *di tè*. DIM. *caraffina*, *caraffino* (m.) ACCR. *caraffona*, *caraffone* (m.).

caraibo e *deriv.* → **caribo** e *deriv.*

caramba [ca-ràm-ba] *inter.* (*scherz.*) esclamazione di gioia o di stupore.

carambola[1] [ca-ràm-bo-la] *s.f.* piccolo albero proprio dei paesi tropicali con fiori piccoli e frutti giallo-pallidi a forma di bacca.

carambola[2] *s.f.* **1** nel biliardo, colpo col quale si manda la propria palla a colpirne altre due; il gioco basato su questo colpo: *giocare a* — **2** (*estens.*) spinta prodotta da un corpo che si muove di rimbalzo dopo che ha subito un urto.

carambolare [ca-ram-bo-là-re] *v.intr.* [*io caràmbolo ecc.*; aus. *avere*] fare carambola.

caramella [ca-ra-mèl-la] *s.f.* pastiglia di zucchero cotto, colorato e aromatizzato: — *di frutta*, *alla menta*. DIM. *caramellina*.

caramellaio [ca-ra-mel-là-io] *s.m.* [f. *-a*] chi fabbrica o vende caramelle.

caramellare [ca-ra-mel-là-re] *v.tr.* [*io caramèllo ecc.*] **1** cuocere lo zucchero fino a farlo fondere e poi cristallizzare **2** rivestire di zucchero fuso: *frutta caramellata* **3** profumare e colorare bevande con caramello.

caramello [ca-ra-mèl-lo] *s.m.* **1** zucchero liquefatto e brunito mediante cottura; si usa in pasticceria e come colorante per alimenti **2** il colore fulvo dello zucchero bruciato | Usato anche come *agg.invar.*: *color* —.

caramelloso [ca-ra-mel-ló-so] *agg.* **1** che ha qualità, sapore di caramella **2** (*fig.*) dolciastro, sdolcinato: *tono*, *discorso* —.

carapace [ca-ra-pà-ce] *s.m.* (*zool.*) scudo dorsale di tartarughe e crostacei.

carassio [ca-ràs-sio] *s.m.* genere di pesci d'acqua dolce simili alla carpa, di colore bruno sul dorso e giallo sul ventre.

caratare [ca-ra-tà-re] *v.tr.* determinare quanti carati di metallo puro contiene ogni oncia di oro.

caratello [ca-ra-tèl-lo] *s.m.* piccola botte per vini pregiati e liquori.

carato [ca-rà-to] *s.m.* **1** unità di misura usata per esprimere il numero di parti di oro fino contenute in 24 parti di lega: *oro a ventiquattro carati*, oro purissimo **2** unità di misura delle pietre preziose **3** (*estens.*) ventiquattresima parte di proprietà di una nave mercantile o del capitale di una società.

carattere [ca-ràt-te-re] *s.m.* **1** segno grafico cui si attribuisce un significato | ognuna delle lettere di un alfabeto: *caratteri latini*, *greci*, *arabi* **2**

(*tip.*) piccolo parallelepipedo in legno o in lega metallica che porta in rilievo una lettera, una cifra o un altro segno inciso a rovescio | (*estens.*) il segno stampato che ne risulta: — *tondo, corsivo, maiuscolo* | nell'elaborazione elettronica dei dati, simbolo alfabetico, numerico o speciale **3** qualità, tratto, segno particolare che distingue una cosa da un'altra: *una conferenza di — letterario* **4** complesso di qualità e attitudini psicologiche che costituiscono la personalità di un individuo; indole, natura, temperamento: — *riservato, estroverso.* PEGG. *caratteraccio* **5** capacità di operare secondo determinati principi; costanza, serietà: *un uomo di —; dimostrare —* **6** (*antiq.*) in teatro, il ruolo di un personaggio drammatico | *commedia di —*, quella in cui si approfondisce l'analisi psicologica di un personaggio.

caratteriale[ca-rat-te-rià-le] *agg.* (*psicol.*) **1** relativo al carattere: *studio —* **2** si dice di bambino o preadolescente che presenta anomalie nel comportamento, associate però a un quoziente normale di intelligenza.

caratterino [ca-rat-te-rì-no] *s.m.* carattere difficile, capriccioso: *che —!*

caratterista [ca-rat-te-rì-sta] *s.m.* e *f.* [pl.m. *-sti*] attore non protagonista, che interpreta personaggi singolari, caratteristici.

caratteristica [ca-rat-te-rì-sti-ca] *s.f.* qualità tipica: *la praticità è la — di questa moda.*

caratteristico [ca-rat-te-rì-sti-co] *agg.* [pl.m. *-ci*] che è tipico di qlco. o di qlcu., che fa parte del suo carattere o della sua natura: *un accento —* □ **caratteristicamente** *avv.*

caratterizzare [ca-rat-te-riʒ-ʒà-re] *v.tr.* **1** rappresentare, definire, descrivere qlcu. o qlco. mettendone in luce le caratteristiche: — *un individuo, un periodo storico* | in letteratura e in arte, conferire un preciso carattere: *un personaggio ben caratterizzato* **2** contraddistinguere: *la caratterizza un'eccessiva timidezza.*

caratterizzazione [ca-rat-te-riʒ-ʒa-zió-ne] *s.f.* il caratterizzare, l'essere caratterizzato: *la — di un personaggio.*

caratura [ca-ra-tù-ra] *s.f.* **1** misurazione in carati: *la — dell'oro* | (*fig.*) livello, valore: *atleta di — europea* **2** quota di partecipazione in una società commerciale o nella proprietà di una nave mercantile.

caravan [/ 'karavan /] *s.m.invar.* (*ingl.*) roulotte di grandi dimensioni, attrezzata per soste prolungate.

caravanserraglio [ca-ra-van-ser-rà-glio] *s.m.* **1** in Oriente, recinto in cui sostano le carovane **2** (*fam.*) luogo pieno di rumore, di confusione.

caravella [ca-ra-vèl-la] *s.f.* agile veliero a tre alberi, usato da spagnoli e portoghesi nei secc. XV e XVI.

carbo- primo elemento di nomi composti della terminologia chimica, che indica presenza di carbonio o relazione col carbone (*carboidrato*).

carbochimica [car-bo-chì-mi-ca] *s.f.* parte della chimica che studia i composti del carbonio.

carboidrato [car-bo-i-drà-to] *s.m.* (*chim.*) idrato di carbonio; glucide: *alimenti ricchi di carboidrati.*

carbonaia [car-bo-nà-ia] *s.f.* **1** impianto rudimentale per la trasformazione del legno in carbone **2** locale adibito a deposito di carbone | (*fig.*) luogo pieno di oscurità e sudiciume **3** nelle navi, deposito del carbone per le caldaie di bordo.

carbonaio [car-bo-nà-io] *s.m.* [f. *-a*] **1** chi prepara le carbonaie e ne sorveglia il funzionamento **2** chi vende carbone.

carbonaro [car-bo-nà-ro] *agg.* **1** (*non com.*) che è proprio dei carbonai | *spaghetti alla carbonara*, (*gastr.*) conditi con uova, formaggio, pancetta soffritta e pepe nero **2** (*st.*) che riguarda la carboneria o i suoi affiliati: *i moti carbonari del 1821* ♦ *s.m.* (*st.*) chi era affiliato alla carboneria | (*estens.*) cospiratore.

carbonata [car-bo-nà-ta] *s.f.* **1** mucchio di carbone **2** (*gastr.*) carne di maiale salata, cotta sul carbone o in padella.

carbonatazione [car-bo-na-ta-zió-ne] *s.f.* (*chim.*) trattamento di ossidi o idrossidi con anidride carbonica, che porta alla formazione di carbonati.

carbonato [car-bo-nà-to] *s.m.* (*chim.*) sale dell'acido carbonico: — *di calcio.*

carbonatura [car-bo-na-tù-ra] *s.f.* **1** serie di chiazze scure sul mantello dei cavalli **2** trattamento per rendere copiativo il retro di un modulo che deve essere redatto in più copie.

carbonchio [car-bón-chio] *s.m.* **1** (*vet.*) gravissima malattia infettiva degli erbivori caratterizzata dalla comparsa di pustole; si trasmette anche all'uomo **2** (*agr.*) malattia del grano dovuta a un fungo parassita.

carboncino [car-bon-cì-no] *s.m.* bastoncino di carbone vegetale per disegnare | (*estens.*) il disegno così eseguito.

carbone [car-bó-ne] *s.m.* sostanza solida di colore nero, ricca di carbonio, derivata dalla decomposizione (spontanea o provocata per riscaldamento) di sostanze organiche; è usato soprattutto come combustibile: *stufa a —; nero come il —*, nerissimo | *stare sui carboni accesi, ardenti*, (*fig.*) sentirsi in grave disagio, essere in ansia | *carbon fossile*, denominazione comune al litantrace e all'antracite ♦ *agg.invar.* di colore nero intenso, come quello del carbone | *carta —*, cartacarbone.

carbonella [car-bo-nèl-la] *s.f.* carbone prodotto dalla combustione di legna minuta.

carboneria [car-bo-ne-rì-a] *s.f.* (*st.*) nome di una società segreta operante in Italia e in Francia nei primi decenni del sec. XIX con l'intento di promuovere un programma politico di tipo liberale.

carbonico [car-bò-ni-co] *agg.* [pl.m. *-ci*] (*chim.*) si dice di composto che contiene da carbonio | *anidride carbonica*, gas incoloro e inodoro che si forma nella combustione delle sostanze organiche e dalla respirazione degli animali e delle piante.

carboniero [car-bo-niè-ro] *agg.* del carbone, che concerne il carbone: *industria carboniera.*

carbonifero [car-bo-nì-fe-ro] *agg.* che contiene carbone (detto di terreni e minerali): *bacino* — ♦ *agg.* e *s.m.* (*geol.*) si dice del quinto periodo dell'era paleozoica, durante il quale hanno avuto origine i più importanti giacimenti di carbon fossile.
carbonio [car-bò-nio] *s.m.* elemento chimico di simbolo *C*; è il costituente principale del carbone e parte essenziale di tutti i composti organici, delle rocce calcaree e degli organismi viventi | *ossido di* —, gas velenoso, incoloro e inodoro, presente in diverse miscele gassose combustibili.
carbonizzare [car-bo-niʒ-ʒà-re] *v.tr.* **1** trasformare in carbone (legno, vegetali ecc.) **2** ardere in modo da ridurre in carbone o simile al carbone: *il cadavere era carbonizzato.*
carbonizzazione [car-bo-niʒ-ʒa-zió-ne] *s.f.* il carbonizzare, l'essere carbonizzato.
carbossile [car-bos-sì-le] *s.m.* (*chim.*) radicale monovalente costituito da carbonio, ossigeno e idrogeno, caratteristico degli acidi organici.
carbossilico [car-bos-sì-li-co] *agg.* [pl.m. *-ci*] (*chim.*) relativo al carbossile.
carburante [car-bu-ràn-te] *s.m.* sostanza liquida o gassosa che bruciando in presenza di aria fornisce l'energia necessaria al funzionamento dei motori a combustione interna.
carburare [car-bu-rà-re] *v.tr.* **1** aggiungere carburante all'aria **2** (*metall.*) sottoporre al processo di carburazione ♦ *v.intr.* [aus. *avere*] **1** riferito a motore, eseguire la carburazione: — *bene, male* **2** (*fig.*) essere in forma, dare il meglio di sé: *la squadra non ha ancora carburato.*
carburatore [car-bu-ra-tó-re] *s.m.* apparecchio in cui si forma la miscela di aria e carburante liquido.
carburatorista [car-bu-ra-to-rì-sta] *s.m.* [pl. *-sti*] meccanico che regola e ripara carburatori.
carburazione [car-bu-ra-zió-ne] *s.f.* **1** preparazione e dosatura della miscela di aria e carburante **2** reazione del carbonio o di un suo composto con un altro elemento per la formazione di un carburo **3** (*fig.*) rendimento, efficienza.
carburo [car-bù-ro] *s.m.* (*chim.*) composto derivato dalla combinazione del carbonio con un altro elemento.
carcadè [car-ca-dè], o **karkadè**, *s.m.* **1** (*bot.*) nome comune di una varietà d'ibisco dell'Africa tropicale **2** infuso simile al tè ricavato dai sepali secchi di tale pianta.
carcame [car-cà-me] *s.m.* (*lett.*) le ossa, già in parte spolpate, di un animale; carcassa | (*estens.*) i resti di un'imbarcazione abbandonata.
carcaridi [car-cà-ri-di] *s.m.pl.* (*zool.*) famiglia di grossi squali a muso conico.
carcassa [car-càs-sa] *s.f.* **1** insieme delle ossa che costituiscono la cavità toracica degli animali; scheletro di un animale morto **2** (*fig.*) persona malridotta dalla malattia o dagli stenti **3** struttura resistente di sostegno in macchine o apparecchi: *la — di una nave* **4** (*fig.*) veicolo vecchio e malandato.
carcerare [car-ce-rà-re] *v.tr.* [*io càrcero ecc.*] rinchiudere in carcere, imprigionare.
carcerario [car-ce-rà-rio] *agg.* del carcere, relativo al carcere: *regolamento* —.
carcerato [car-ce-rà-to] *agg.* e *s.m.* [f. *-a*] si dice di persona rinchiusa in carcere; detenuto.
carcerazione [car-ce-ra-zió-ne] *s.f.* **1** il carcerare: *ordine di* — **2** l'essere in carcere; prigionia, detenzione | — *preventiva*, (*dir.*) privazione della libertà a cui l'imputato era sottoposto prima del processo; dal 1984 è sostituita da *custodia cautelare.*
carcere [càr-ce-re] *s.m.* [pl.f. *le carceri*] **1** stabilimento in cui è rinchiuso chi è condannato alla privazione della libertà personale o è colpito da mandato di cattura in attesa del giudizio: *mettere in —; evadere dal —; — di massima sicurezza*, per detenuti molto pericolosi | detenzione: *condannare a dieci anni di —* **2** (*estens.*) luogo chiuso, opprimente: *la casa è un — per lei.*
carceriere [car-ce-riè-re] *s.m.* [f. *-a*] guardiano di un carcere | (*estens.*) chi sorveglia con eccessiva severità.
carcinoma [car-ci-nò-ma] *s.m.* [pl. *-mi*] (*med.*) tumore maligno che trae origine da tessuti dell'epitelio.
carcinomatoso [car-ci-no-ma-tó-so] *agg.* **1** di carcinoma, che ha natura di carcinoma **2** affetto da carcinoma.
carcinosi [car-ci-nò-ʃi] *s.f.* (*med.*) carcinoma diffuso.
carciofaia [car-cio-fà-ia] *s.f.* terreno coltivato a carciofi.
carciofo [car-ciò-fo] *s.m.* **1** pianta erbacea di cui si mangiano i capolini e le grandi foglie carnose | la parte commestibile della pianta: *carciofi fritti, alla romana.* DIM. *carciofetto, carciofino* **2** (*fig.*) persona sciocca, incapace.
carda [càr-da] *s.f.* (*ind. tessile*) macchina per la cardatura costituita da un cilindro rivestito di aghi d'acciaio ricurvi, che raddrizzano e distendono le fibre tessili.
cardamomo [car-da-mò-mo] *s.m.* pianta erbacea tipica dei paesi caldi, che dà frutti aromatici usati in profumeria, liquoreria e medicina.
cardanico [car-dà-ni-co] *agg.* [pl.m. *-ci*] (*mecc.*) si dice di giunto che consente la trasmissione del moto tra due alberi formanti un angolo tra loro.
cardano [car-dà-no] *s.m.* (*mecc.*) giunto cardanico.
cardare [car-dà-re] *v.tr.* districare, pettinare e pulire le fibre tessili per mezzo di strumenti manuali o meccanici.
cardatore [car-da-tó-re] *s.m.* [f. *-trice*] operaio che esegue la cardatura.
cardatrice [car-da-trì-ce] *s.f.* macchina per cardare; carda.
cardatura [car-da-tù-ra] *s.f.* operazione del cardare.
cardellino [car-del-lì-no] *s.m.* uccellino canoro comunissimo in Italia, con fronte e gola rosse e fascia gialla sulle ali.

-cardia secondo elemento di parole composte della moderna terminologia medica, che significa ‘cuore’.
cardiaco [car-dì-a-co] *agg.* [pl.m. *-ci*] (*med.*) che riguarda il cuore: *collasso* —.
cardialgia [car-di-al-gì-a] *s.f.* (*med.*) dolore al cardias o, genericamente, allo stomaco.
cardias [càr-di-as] *s.m.invar.* (*anat.*) orifizio superiore dello stomaco, che lo mette in comunicazione con l'esofago.
cardigan [càr-di-gan] *s.m.invar.* giacca di maglia, di linea morbida, senza colletto e abbottonata sul davanti.
cardinalato [car-di-na-là-to] *s.m.* dignità e ufficio di cardinale: *elevare al* —.
cardinale[1] [car-di-nà-le] *agg.* che fa da cardine, da sostegno; principale, fondamentale: *principio, regola* — | *punti cardinali*, (*geog.*) i quattro punti fondamentali dell'orizzonte (nord, sud, est, ovest) | *numeri cardinali*, (*mat.*) che indicano quanti sono gli elementi di un insieme, indipendentemente dal loro ordine | *virtù cardinali*, nella dottrina cattolica, prudenza, giustizia, fortezza, temperanza, che sono la base di tutte le altre virtù.
cardinale[2] *s.m.* ciascuno degli alti prelati della chiesa cattolica che sono nominati dal papa e collaborano con lui, formando nel loro insieme il sacro collegio | Usato come *agg.*: *rosso* —, rosso porpora, come quello delle vesti cardinalizie.
cardinalizio [car-di-na-lì-zio] *agg.* di cardinale, da cardinale: *cappello* —.
cardine [càr-di-ne] *s.m.* **1** ferro cilindrico verticale sul quale si impernia e gira il battente di una porta o di una finestra **2** (*fig.*) punto fondamentale su cui poggia una tesi, una dottrina.
cardio-, **-cardio** primo e secondo elemento di parole composte della terminologia scientifica, che significa ‘cuore’ (*cardiocircolatorio, miocardio*).
cardiochirurgia [car-dio-chi-rur-gì-a] *s.f.* (*med.*) settore della chirurgia che ha come campo di attività gli interventi sul cuore.
cardiochirurgico [car-dio-chi-rùr-gi-co] *agg.* [pl. m. *-ci*] (*med.*) di cardiochirurgia: *intervento* —.
cardiochirurgo [car-dio-chi-rùr-go] *s.m.* [pl. *-ghi* o *-gi*] (*med.*) chirurgo che opera il cuore.
cardiocinetico [car-dio-ci-nè-ti-co] *agg.* e *s.m.* [pl.m. *-ci*] si dice di farmaco che aumenta la forza delle contrazioni cardiache.
cardiocircolatorio [car-dio-cir-co-la-tò-rio] *agg.* (*med.*) che si riferisce al cuore e alla circolazione del sangue: *disturbo* —.
cardiodilatazione [car-dio-di-la-ta-zió-ne] *s.f.* (*med.*) aumento patologico del volume delle cavità cardiache.
cardiografia [car-dio-gra-fì-a] *s.f.* (*med.*) registrazione grafica dei movimenti cardiaci, e in particolare del battito.
cardiografo [car-diò-gra-fo] *s.m.* (*med.*) apparecchio per la cardiografia.
cardiogramma [car-dio-gràm-ma] *s.m.* [pl. *-mi*] (*med.*) il tracciato ottenuto con la cardiografia.
cardiologia [car-dio-lo-gì-a] *s.f.* ramo della medicina che si occupa delle funzioni e delle malattie del cuore.
cardiologico [car-dio-lò-gi-co] *agg.* [pl.m. *-ci*] (*med.*) di cardiologia, relativo alla cardiologia: *reparto* —.
cardiologo [car-diò-lo-go] *s.m.* [f. *-a*; pl.m. *-gi*] medico specializzato in cardiologia.
cardiopalmo [car-dio-pàl-mo], o **cardiopalma** [pl. *-mi*], *s.m.* (*med.*) sensazione cosciente del battito cardiaco, che si verifica soprattutto in occasione di un'anormale accelerazione | *far venire il* —, provocare un'intensa emozione.
cardiopatia [car-dio-pa-tì-a] *s.f.* (*med.*) termine generico per designare qualsiasi malattia di cuore.
cardiopatico [car-dio-pà-ti-co] *agg.* e *s.m.* [f. *-a*; pl.m. *-ci*] (*med.*) si dice di chi è affetto da una malattia di cuore.
cardiopolmonare [car-dio-pol-mo-nà-re] *agg.* (*med.*) che riguarda il cuore e i polmoni.
cardiospasmo [car-dio-spà-ʃmo] *s.m.* (*med.*) contrazione spasmodica del cardias che impedisce il passaggio del bolo alimentare.
cardiotonico [car-dio-tò-ni-co] *agg.* e *s.m.* [pl.m. *-ci*] si dice di farmaco che aumenta la forza delle contrazioni cardiache.
cardiovascolare [car-dio-va-sco-là-re] *agg.* (*med.*) che riguarda il cuore e il sistema dei vasi sanguigni: *chirurgia* —.
cardo [càr-do] *s.m.* **1** pianta erbacea con foglie lunghe, carnose, di colore biancastro, commestibili **2** strumento per cardare.
carena [ca-rè-na] *s.f.* **1** (*mar.*) la parte inferiore di una nave, che normalmente rimane immersa nell'acqua **2** (*aer.*) involucro esterno del dirigibile **3** (*zool.*) cresta ossea dello sterno degli uccelli **4** linea sporgente su alcuni organi vegetali.
carenaggio [ca-re-nàg-gio] *s.m.* (*mar.*) l'operazione del carenare | *bacino di* —, opera in muratura in cui si possono mettere in secco le navi per ripararne o pulirne la carena.
carenare [ca-re-nà-re] *v.tr.* [*io carèno ecc.*] **1** (*mar.*) mettere in secco la carena di una nave per le operazioni di manutenzione e di riparazione **2** (*tecn.*) dotare di carenatura un veicolo o un velivolo.
carenati [ca-re-nà-ti] *s.m.pl.* (*zool.*) gruppo di uccelli con sterno carenato, che consente loro di essere buoni volatori.
carenato [ca-re-nà-to] *agg.* **1** a forma di carena: *soffitto* —, soffitto ligneo che ricorda la forma interna di una carena di nave **2** che ha la carena: *foglie carenate* **3** (*tecn.*) provvisto di carenatura.
carenatura [ca-re-na-tù-ra] *s.f.* rivestimento rigido di un velivolo o di un veicolo terrestre sagomato in modo da diminuire la resistenza aerodinamica.
carente [ca-rèn-te] *agg.* insufficiente, mancante: *un'alimentazione — di proteine.*
carenza [ca-rèn-za] *s.f.* mancanza, insufficienza: — *di personale.*

carestia [ca-re-stì-a] *s.f.* **1** mancanza o grande scarsezza di viveri **2** (*estens.*) mancanza, penuria di qualsiasi altra cosa.

carezza [ca-réz-za] *s.f.* **1** dimostrazione di affetto o di benevolenza fatta sfiorando con la mano: *fare una — sul volto* **2** (*estens.*) tocco leggero, che sfiora appena: *la — del vento.*

carezzare [ca-rez-zà-re] *v.tr.* [*io carézzo ecc.*] accarezzare.

carezzevole [ca-rez-zé-vo-le] *agg.* che accarezza, che sfiora con leggerezza: *un venticello —* | (*fig.*) dolce, suadente: *una voce —* □ **carezzevolmente** *avv.* in modo dolce, suadente.

cargo [càr-go] *s.m.invar.* nave o aereo da carico.

cariare [ca-rià-re] *v.tr.* [*io càrio ecc.*] provocare, favorire la carie: *lo zucchero caria i denti* | (*estens.*) corrodere: *l'umidità caria il legno* ♦ **cariarsi** *v.intr.pron.* essere colpito dalla carie | (*estens.*) corrodersi, consumarsi.

cariatide [ca-rià-ti-de] *s.f.* **1** nell'architettura classica, statua di donna usata come colonna o pilastro **2** (*fig.*) persona che sta abitualmente ferma e in silenzio | sostenitore di idee vecchie e sorpassate.

cariato [ca-rià-to] *agg.* che è colpito dalla carie: *un molare —* | (*estens.*) corroso: *vecchie mura cariate.*

caribico [ca-rì-bi-co], o **caraibico** [ca-ra-ì-bi-co], *agg.* [pl.m. *-ci*] della popolazione dei caribi, della loro lingua; anche, della zona di mare compresa tra le Antille e le coste dell'America centrale e meridionale.

caribo [ca-rì-bo], o **caraibo** [ca-rài-bo *o* caraìbo], *agg.* e *s.m.* [f. *-a*] che/chi appartiene alla popolazione amerindia un tempo diffusa dal bacino del Rio delle Amazzoni alle Antille.

caribù [ca-ri-bù] *s.m.* mammifero ruminante delle regioni fredde dell'America settentrionale, simile alla renna.

carica [cà-ri-ca] *s.f.* **1** ufficio, dignità pubblica; impiego onorifico: *ricoprire la — di sindaco*; *entrare, restare in —* **2** l'atto di fornire a un apparecchio o a un congegno l'energia necessaria al suo funzionamento | (*estens.*) il congegno, il meccanismo, l'energia che permettono tale funzionamento: *rompere la — di un giocattolo* **3** l'esplosivo che fa partire un proiettile da un'arma (*— di lancio*) o che fa scoppiare una bomba, una mina (*— di scoppio*) **4** *— elettrica*, (*fis.*) quantità di elettricità contenuta in un corpo **5** (*fig.*) l'energia psichica o emotiva di cui è dotata una persona: *— affettiva*; *dar la — a qlcu.*, incoraggiarlo, spronarlo all'azione | la tensione ideale o emotiva che emana da un'opera, da un'idea: *un testo con una forte — drammatica* **6** (*mil.*) avanzata impetuosa di truppe per concludere un'azione e sopraffare l'avversario; lo squillo di tromba che accompagna l'attacco: *una — della cavalleria*; *suonare la —* | *passo di —*, spedito e deciso | *ritornare alla —*, (*fig.*) insistere nel richiedere ciò che è già stato negato una volta | Usato anche come *inter.*: *carica!*, ordine di muovere all'attacco **7** (*sport*) nel calcio, nel rugby e in altri sport, l'azione con cui un giocatore ostacola o squilibra un avversario: *— regolare, irregolare.*

caricabatteria [ca-ri-ca-bat-te-rì-a] *s.m.invar.* (*elettr.*) alimentatore con cui si caricano gli accumulatori di corrente.

caricacee [ca-ri-cà-ce-e] *s.f.pl.* (*bot.*) famiglia di piante dicotiledoni con foglie grandi e frutti a bacca, a cui appartiene la papaia.

caricaforaggi [ca-ri-ca-fo-ràg-gi] *s.m.invar.* macchina agricola che raccoglie il foraggio fresco predisposto in mucchi su un campo e lo carica su un carro agganciato a un trattore.

caricamento [ca-ri-ca-mén-to] *s.m.* **1** il caricare, il gravare di un carico **2** il caricare un'arma da fuoco **3** in ginnastica e atletica leggera, la fase di compressione muscolare che precede la spinta o lo stacco **4** *— dei dati, dei programmi*, (*inform.*) operazione di trasferimento dei dati o dei programmi da un disco magnetico alla memoria operativa.

caricare [ca-ri-cà-re] *v.tr.* [*io càrico, tu càrichi ecc.*] **1** mettere un peso da trasportare addosso a una persona o sopra un animale o un veicolo: *— le valigie in macchina, il sacco in spalla* | (*fam.*) far salire su un veicolo, prendere a bordo: *l'autobus ha caricato tutti i passeggeri* **2** gravare di un carico: *— lo scaffale di libri* **3** (*fig.*) opprimere con una gran quantità: *— qlcu. di lavoro* **4** (*mil.*) eseguire una carica contro qlcu.; (*estens.*) attaccare con impeto, aggredire: *la polizia ha caricato i dimostranti* | nel calcio, nel rugby e in altri sport, eseguire un'azione di carica **5** aumentare eccessivamente; esagerare: *— i toni di un racconto* | *— le tinte*, (*fig.*) esagerare volutamente la descrizione di un fatto **6** fornire di carica: *— l'orologio, un'arma* **7** (*inform.*) eseguire il caricamento di dati o di programmi ♦ **caricarsi** *v.rifl.* **1** imporsi un carico: *— di pacchi, di lavoro* **2** concentrarsi psicologicamente in vista di un impegno: *— per un esame.*

caricato [ca-ri-cà-to] *agg.* **1** gravato di un carico **2** (*fig.*) esagerato; privo di spontaneità: *linguaggio, stile —.*

caricatore [ca-ri-ca-tó-re] *s.m.* **1** involucro metallico contenente più cartucce da introdurre nelle armi a ripetizione e automatiche portatili **2** involucro contenente la pellicola da introdurre nella macchina fotografica o nella cinepresa **3** attrezzatura per effettuare il carico, il trasporto e lo scarico di materiali vari ♦ *agg.* [f. *-trice*] che serve per caricare, che facilita le operazioni di carico: *ponte —.*

caricatura [ca-ri-ca-tù-ra] *s.f.* **1** rappresentazione (disegno, incisione, pittura) in cui i tratti caratteristici del soggetto sono esagerati o distorti per produrre un effetto comico o grottesco **2** (*estens.*) scritto, descrizione, imitazione volti a mettere in ridicolo una persona, una situazione: *fare la —*; *mettere in —* **3** (*fig.*) imitazione involontariamente ridicola; goffa esagerazione.

caricaturale [ca-ri-ca-tu-rà-le] *agg.* che è una caricatura, da caricatura: *un disegno* — □ **caricaturalmente** *avv.*

caricaturista [ca-ri-ca-tu-rì-sta] *s.m.* e *f.* [pl.m. *-sti*] chi disegna caricature.

caricazione [ca-ri-ca-zió-ne] *s.f.* (*mar.*) il complesso delle operazioni concernenti l'imbarco di merci e materiale su una nave mercantile.

carico[1] [cà-ri-co] *agg.* [pl.m. *-chi*] **1** che regge o trasporta un peso, dei pesi: *essere — di pacchi* | detto di un mezzo di trasporto, pieno, colmo: *un autocarro — di mattoni* **2** (*estens.*) sovraccarico, traboccante: *uno scaffale — di libri* | intenso (detto di colore): *giallo —* **3** (*fig.*) oppresso: *— di impegni* **4** caricato, pronto per funzionare: *fucile —.*

carico[2] *s.m.* [pl. *-chi*] **1** l'operazione del caricare: *fare il — del materiale* **2** quanto si carica su una persona, un animale o un mezzo di trasporto: *un — leggero, pesante; nave da —* | *un — di legnate,* (*fig.*) molte bastonate **3** (*fig.*) onere, responsabilità: *sostenere il — della famiglia* | *farsi — di qlcu., di qlco.*, occuparsene, prendersene cura | *avere qlcu. a —*, provvedere al suo sostentamento | *spedizione a — del committente*, a spese di chi fa l'ordinazione | *testimoni a —*, quelli che testimoniano contro l'accusato **4** peso di un corpo che poggia su un altro **5** (*elettr.*) potenza erogata o assorbita da una macchina elettrica **6** nel gioco della briscola, l'asso e il tre.

carie [cà-rie] *s.f.* (*med.*) processo infiammatorio di origine batterica che distrugge i tessuti delle ossa e dei denti.

carillon [/ kari'jɔn /] *s.m.* (*fr.*) **1** sistema di campane che, suonate per mezzo di un congegno, producono un semplice motivo musicale **2** cilindro rotante munito di punte che fanno vibrare delle lamelle metalliche, producendo così una melodia | la scatola che contiene tale meccanismo.

carino [ca-rì-no] *agg.* (*fam.*) grazioso; piacevole | *essere — con qlcu.*, (*fam.*) gentile, affettuoso.

cario- primo elemento di parole composte, che significa 'nucleo, seme' (*cariocinesi*).

carioca [ca-riò-ca] *s.m.* e *f.invar.* abitante di Rio de Janeiro | (*estens.*) brasiliano ♦ *s.f.invar.* danza brasiliana simile alla rumba, ma più veloce.

cariocinesi [ca-rio-ci-nè-ʃi] *s.f.* (*biol.*) fenomeno che porta alla divisione del nucleo di una cellula e alla riproduzione della cellula stessa; è detto anche *mitosi.*

cariofillacee [ca-rio-fil-là-ce-e] *s.f.pl.* (*bot.*) famiglia di piante dicotiledoni a cui appartiene il garofano.

cariogamia [ca-rio-ga-mì-a] *s.f.* (*biol.*) nella riproduzione sessuata, fusione del nucleo del gamete maschile con quello del gamete femminile.

cariogenesi [ca-rio-gè-ne-ʃi] *s.f.* (*biol.*) processo formativo di un nucleo cellulare.

cariogeno [ca-riò-ge-no] *agg.* (*med.*) che genera o può generare la carie.

cariosside [ca-riòs-si-de] *s.f.* (*bot.*) frutto secco con pericarpo sottile saldato al seme, proprio dei cereali (*p.e.* il chicco di grano).

carisma [ca-rì-ʃma] *s.m.* [pl. *-ʃmi*] **1** (*teol.*) dono soprannaturale che Dio può elargire a un credente per il bene della chiesa: *il — della profezia* **2** (*fig.*) prestigio, forza di persuasione che si fondano su straordinarie ed esemplari qualità personali.

carismatico [ca-ri-ʃmà-ti-co] *agg.* [pl.m. *-ci*] **1** (*teol.*) del carisma, di un carisma: *dono —* **2** (*fig.*) si dice di un potere che si fonda su esemplari qualità personali: *autorità carismatica* | della persona che esercita tale potere: *capo —.*

carità [ca-ri-tà] *s.f.* **1** (*teol.*) virtù teologale per la quale si ama Dio e il prossimo **2** disposizione naturale ad amare e ad aiutare chi ha bisogno **3** atto concreto di misericordia; elemosina: *vivere di —* **4** (*estens.*) favore, cortesia | *per —*, esclamazione che accompagna invocazioni o raccomandazioni: *per —, non parlarmi più di lui!*

caritatevole [ca-ri-ta-té-vo-le] *agg.* che dimostra amore verso il prossimo; che fa atti di misericordia: *persona* — □ **caritatevolmente** *avv.*

caritativo [ca-ri-ta-tì-vo] *agg.* che dimostra carità; rivolto a fini di carità: *istituto —.*

carlinga [car-lìn-ga] *s.f.* (*aer.*) parte del velivolo dove è alloggiato il motore.

carlino [car-lì-no] *s.m.* moneta d'oro o d'argento in uso in varie regioni d'Italia fino agli inizi del sec. XIX.

carlona [car-ló-na] solo nella loc. avv. *alla —*, in fretta e senza cura: *un lavoro fatto alla —.*

carmagnola [car-ma-gnò-la] *s.f.* **1** giubba a falde corte che si indossava ai tempi della rivoluzione francese **2** canzone che, negli anni della rivoluzione, il popolo parigino cantava e ballava intorno agli alberi della libertà.

carme [càr-me] *s.m.* **1** composizione lirica di tono solenne: *il — "Dei Sepolcri"* **2** (*lett.*) qualsiasi componimento poetico; canto, poesia.

carmelitano [car-me-li-tà-no] *agg.* dell'ordine religioso del Carmelo, fondato nel sec. XIII ♦ *s.m.* [f. *-a*] religioso appartenente a questo ordine | *— scalzo*, appartenente a un ramo riformato del Carmelo, costituitosi alla fine del sec. XVI.

carminio [car-mì-nio] *s.m.* colorante rosso vivo ricavato dall'ebollizione del corpo essiccato della cocciniglia | Come *agg.invar.*: *rosso —.*

carnagione [car-na-gió-ne] *s.f.* il colorito, l'aspetto della pelle umana, e in particolare di quella del volto; incarnato: *— rosea.*

carnaio [car-nà-io] *s.m.* **1** ammasso di cadaveri; luogo pieno di cadaveri | *fare un —*, un massacro **2** (*spreg.*) luogo sovraffollato: *di domenica la piscina è un —.*

carnale [car-nà-le] *agg.* **1** (*lett.*) della carne, del corpo | (*estens.*) materiale, mondano: *attaccarsi alle cose carnali* **2** della carne, dei sensi; lussurioso: *amore —* | sessuale: *atto, violenza —; conoscenza —*, quella che deriva dall'atto sessuale **3** (*non com.*) dello stesso sangue, della stessa famiglia: *fratelli carnali*, nati dagli stessi genitori □ **carnalmente** *avv.*

carnalità [car-na-li-tà] *s.f.* (*lett.*) l'essere carnale; sensualità, lussuria.

carnascialesco [car-na-scia-lé-sco] *agg.* [pl.m. *-schi*] (*lett.*) carnevalesco | *canto* —, componimento simile alla ballata, che in età rinascimentale accompagnava le mascherate carnevalesche fiorentine.

carnauba [car-na-ù-ba] *s.f.* cera estratta dalle foglie di una palma brasiliana, usata per lucidi da scarpe e cere da pavimenti.

carne [càr-ne] *s.f.* **1** nel corpo dell'uomo e degli animali vertebrati, la parte costituita dai muscoli | *essere bene in* —, essere ben nutrito, florido | *in — e ossa*, in persona | *la propria* —, (*fig.*) i figli, i congiunti **2** (*estens.*) corpo umano; persona: — *da macello, da cannone*, soldati mandati allo sbaraglio | *la resurrezione della* —, (*teol.*) la ricostituzione dei corpi dopo il giudizio universale **3** (*fig.*) l'essere umano considerato nella sua corporalità (si contrappone ad *anima, spirito*): *i piaceri, le debolezze della* — **4** parte degli animali, costituita soprattutto dal tessuto muscolare e adiposo, che viene usata come alimento dell'uomo: — *ovina, bovina*; — *bianca*, di pollo o vitello | *non essere né — né pesce*, (*fig.*) si dice di persona o di cosa che non ha personalità o caratteristiche ben definite | *mettere troppa — al fuoco*, (*fig.*) intraprendere troppe cose nello stesso tempo **5** (*estens.*) la polpa dei frutti ♦ *agg.invar.* del colore roseo della carne: *un paio di calze color* —.

carneade [car-nè-a-de] *s.m.* chi per qlcu. è uno sconosciuto, pur avendo una certa notorietà; persona mai sentita nominare.

carnefice [car-né-fi-ce] *s.m.* **1** esecutore di condanne a morte; boia **2** (*fig.*) persecutore, tormentatore.

carneficina [car-ne-fi-ci-na] *s.f.* uccisione violenta e brutale di molte persone; strage, massacro: *fare una* — | (*fig.*) strazio, scempio.

carnet [/ kar'nɛ /] *s.m.invar.* (*fr.*) **1** libretto, taccuino: — *di assegni* **2** (*comm.*) complesso degli ordini acquisiti dalla clientela e non ancora eseguiti.

carnevalata [car-ne-va-là-ta] *s.f.* **1** baldoria, mascherata di carnevale | (*estens.*) baccano, gazzarra **2** (*fig.*) pagliacciata, cosa buffa e ridicola: *il comizio si è risolto in una* —.

carnevale [car-ne-và-le] *s.m.* **1** periodo dell'anno che va dall'epifania all'inizio della quaresima; in particolare, l'ultima settimana di questo periodo, dedicata tradizionalmente ai divertimenti e alle feste mascherate: *veglione di* — | *prov.*: *a — ogni scherzo vale*, durante il carnevale tutto è lecito **2** (*estens.*) l'insieme delle feste, delle manifestazioni organizzate durante il carnevale: *il — di Viareggio*.

carnevalesco [car-ne-va-lé-sco] *agg.* [pl.m. *-schi*] di carnevale, da carnevale: *carro, corteo* —.

carniere [car-niè-re] *s.m.* **1** borsa a tracolla usata dai cacciatori per riporre la selvaggina **2** (*estens.*) la selvaggina uccisa in una battuta di caccia.

carnificazione [car-ni-fi-ca-zió-ne] *s.f.* (*med.*) indurimento di un tessuto molle che viene ad assumere la consistenza della carne: — *polmonare*.

carnivori [car-nì-vo-ri] *s.m.pl.* (*zool.*) ordine di mammiferi che si cibano prevalentemente della carne delle prede, con unghie robuste, dentatura completa, canini aguzzi.

carnivoro [car-nì-vo-ro] *agg.* che si ciba in prevalenza o esclusivamente di carne: *animale* — | *piante carnivore*, piante che catturano insetti e altri piccoli animali per cibarsene.

carnosità [car-no-si-tà] *s.f.* **1** escrescenza carnosa **2** (*lett.*) l'essere carnoso; qualità di ciò che è carnoso: *la — di una pesca*.

carnoso [car-nó-so] *agg.* **1** che è bene in carne; florido, paffuto: *labbra carnose* **2** (*estens.*) che ha la consistenza o l'aspetto morbido e sodo della carne: *frutto* —.

caro[1] [cà-ro] *agg.* **1** che è oggetto di amore, di affetto; amato: *un — amico*; *un — ricordo* | appellativo affettuoso o modo confidenziale di cominciare una lettera: *Cara mamma, ti scrivo...* **2** (*estens.*) gradito, benaccetto: *un attore molto — al pubblico* **3** che si considera prezioso e si desidera conservare: *la vita è cara a tutti* | *tenersi — qlcu.*, tenerlo legato a sé **4** affettuoso, premuroso, gentile: *è un — ragazzo*. DIM. *carino, caruccio* **5** che nasce dall'affetto, che è segno di premura | *cari saluti*, formula di saluto epistolare **6** che ha un prezzo alto; costoso: *un abito troppo* — | che fa pagare molto, che vende a prezzo elevato: *un negozio* —; *vender cara la pelle* ♦ *avv.* a prezzo elevato (anche *fig.*): *vendere, costare, pagare* — | *costare* —, (*fig.*) comportare sacrificio, riuscire gravoso | *pagare* —, (*fig.*) scontare duramente ♦ *s.m.* **1** [f. *-a*] la persona amata **2** *pl.* i parenti, i genitori, i familiari: *ha passato il Natale coi suoi cari* □ **caramente** *avv.* affettuosamente, con amore.

caro[2] *s.m.* prezzo alto dovuto a un rialzo improvviso: *il — degli alloggi*.

carogna [ca-ró-gna] *s.f.* **1** corpo di animale morto | (*spreg.*) cadavere d'uomo **2** (*fig. spreg.*) persona vile, scellerata, perfida. DIM. *carognetta* ACCR. *carognona, carognone* (m.).

carognata [ca-ro-gnà-ta] *s.f.* (*fam.*) azione carognesca, dettata da cattiveria, perfidia o viltà: *fare una — a qlcu.*

carognesco [ca-ro-gné-sco] *agg.* [pl.m. *-schi*] da carogna; perfido, malvagio, vile: *azione carognesca* □ **carognescamente** *avv.*

carolingio [ca-ro-lìn-gio] *agg.* [pl.f. *-ge*] che si riferisce a Carlo Magno o ai suoi successori: *arte carolingia* | *ciclo* —, ciclo di poemi epico-cavallereschi in antico francese, ispirato alle gesta di Carlo Magno e dei suoi paladini.

carosello [ca-ro-ʃèl-lo] *s.m.* **1** in età rinascimentale, torneo di cavalieri che si esibivano in esercizi spettacolari gareggiando tra loro | (*estens.*) parata che si svolge in occasione di ricorrenze o festività: *il — dei carabinieri* 2 giostra per i bambini 3 qualunque movimento circolare vorticoso: *un — di automobili*.

carota [ca-rò-ta] *s.f.* 1 pianta erbacea con fiori composti e grossa radice carnosa 2 la radice commestibile, di colore giallo-arancio, di tale pianta, coltivata come ortaggio. DIM. *carotina* 3 (*min.*) campione di roccia che si estrae dal sottosuolo per mezzo di sonde ♦ Come *agg.invar.* del colore giallo-rossiccio della carota: *giallo —*.

carotaggio [ca-ro-tàg-gio] *s.m.* (*min.*) estrazione di campioni di roccia dal sottosuolo.

carotene [ca-ro-tè-ne] *s.m.* (*chim.*) pigmento di color arancione contenuto nelle foglie e nei frutti di alcune piante, tra cui la carota, che l'organismo trasforma in vitamina A.

carotide [ca-rò-ti-de] *s.f.* (*anat.*) ciascuna delle due grandi arterie del collo che dall'aorta portano il sangue alla testa.

carotideo [ca-ro-ti-dè-o] *agg.* (*anat.*) relativo alla carotide: *ghiandola carotidea*.

carovana [ca-ro-và-na] *s.f.* 1 gruppo di viaggiatori che attraversano insieme, con carri e merci, luoghi deserti o malsicuri: *una — di nomadi* 2 (*estens.*) gruppo di veicoli che si spostano insieme da un luogo a un altro; anche, insieme di persone che marciano in fila: *la — del circo*; *una — di turisti*.

carovaniera [ca-ro-va-niè-ra] *s.f.* pista percorsa dalle carovane.

carovaniere [ca-ro-va-niè-re] *s.m.* chi conduce le bestie da soma di una carovana.

carovaniero [ca-ro-va-niè-ro] *agg.* di carovana, da carovane: *strada carovaniera*.

carovita [ca-ro-vì-ta] *s.m.* [solo *sing.*] l'alto costo dei beni di consumo per effetto dell'inflazione: *combattere il —*.

carpa [càr-pa] *s.f.* pesce commestibile d'acqua dolce, di colore verde gialliccio.

carpaccio [car-pàc-cio] *s.m.* (*gastr.*) pietanza di carne cruda affettata molto sottile, fatta macerare con succo di limone e condita con olio e scaglie di formaggio grana.

carpenteria [car-pen-te-rì-a] *s.f.* 1 complesso di attività consistenti nella preparazione e nel montaggio degli elementi di una costruzione: *— in legno* 2 la costruzione stessa: *un ponte in — d'acciaio* 3 lo stabilimento o il reparto dove si realizzano tali strutture.

carpentiere [car-pen-tiè-re] *s.m.* operaio che esegue lavori di carpenteria utilizzando il legno o altri materiali.

carpiato [car-pià-to] *agg.* (*sport*) si dice di un tuffo in cui il corpo è piegato ad angolo retto, con braccia e gambe tese e avvicinate.

carpine [càr-pi-ne], o **carpino**, *s.m.* albero ad alto fusto, con corteccia liscia e grigia e foglie ovali seghettate; il suo legno si impiega in lavori al tornio.

carpinella [car-pi-nèl-la] *s.f.* albero simile al carpine, con corteccia di colore rosso scuro.

carpino → **carpine**.

carpione [car-pió-ne] *s.m.* pesce di lago simile alla trota, di colore grigio argenteo picchiettato di rosso.

carpire [car-pì-re] *v.tr.* [*io carpisco, tu carpisci ecc.*] ottenere, guadagnare con l'astuzia, con la frode (anche *fig.*): *— denaro a qlcu.*; *— la buona fede di qlcu.*

carpo [càr-po] *s.m.* (*anat.*) insieme di otto piccole ossa che costituiscono lo scheletro della mano tra il metacarpo e l'avambraccio, e che consentono l'articolazione del polso.

carpo-, **-carpo** primo e secondo elemento di parole composte della terminologia botanica, che significa 'frutto' (*carpologia*, *endocarpo*).

carponi [car-pó-ni] *avv.* con le mani e le ginocchia appoggiate a terra: *avanzare —*.

carrabile [car-rà-bi-le] *agg.* si dice di strada che può essere percorsa con carri e autoveicoli; carreggiabile | *passo —*, tratto di marciapiede in cui il gradino si trasforma in piano inclinato per consentire ai veicoli l'accesso all'interno di edifici o cortili.

carraio [car-rà-io] *agg.* che permette il passaggio di carri o di autoveicoli: *porta carraia*; *passo —*, passo carrabile ♦ *s.m.* chi fabbrica o ripara carri.

carrareccia [car-ra-réc-cia] *s.f.* [pl. *-ce*] strada di campagna percorribile con carri.

carré [/ kar're /] *s.m.invar.* (*fr.*) 1 quadrato di tessuto che, nelle camicie o in altri indumenti, scende dalle spalle sul petto o sul dorso 2 lombata di bovino o suino 3 nel gioco della roulette, combinazione di quattro numeri che si possono giocare con un solo gettone ♦ Usato come *agg.* nella loc. *pan —*, pane in cassetta.

carreggiabile [car-reg-già-bi-le] *agg.* percorribile con carri e autoveicoli ♦ *s.f.* strada carreggiabile.

carreggiata [car-reg-già-ta] *s.f.* 1 parte della strada riservata alla marcia dei veicoli: *strada a due carreggiate* 2 (*fig.*) via retta, giusto cammino: *uscire dalla —*, mancare ai propri doveri; *rimettersi in —*, tornare ai propri doveri; mettersi alla pari con gli altri 3 solco impresso sul terreno dalle ruote di un veicolo 4 distanza fra le due ruote dello stesso assale di un veicolo.

carrellata [car-rel-là-ta] *s.f.* 1 ripresa di una scena cinematografica o televisiva con la macchina da presa montata su un carrello in movimento 2 (*fig.*) sguardo d'insieme rapido e sommario; panoramica: *una — delle notizie del giorno*.

carrellista [car-rel-lì-sta] *s.m.* e *f.* [pl.m. *-sti*] 1 chi conduce un carrello | il macchinista conduttore del carrello cinematografico 2 nelle stazioni ferroviarie, venditore di merce (in genere, cibi o giornali) esposta su un carrello.

carrello [car-rèl-lo] *s.m.* 1 qualsiasi telaio montato su ruote, con funzione di trasporto o di sostegno: *— elevatore*; *— portabagagli* 2 parte scorrevole di una macchina o di un impianto: *— della macchina per scrivere* 3 vagoncino a quattro ruote, con o senza motore, che viene usato per lavori lungo le linee ferroviarie o per trasporti in cave e miniere 4 (*cine.*) piattaforma mobile su cui è montata la macchina da presa 5 (*aer.*) struttura fornita di ruote o pattini che permette il decollo e l'atterraggio dell'aereo 6 sedile scorrevole delle imbarcazioni da canottaggio.

carretta [car-rét-ta] *s.f.* 1 modesto veicolo da traino a due ruote, con sponde alte, usato per il trasporto di materiale | *tirare la* —, (*fig.*) fare un lavoro pesante; anche, tirare avanti la vita in modo stentato. DIM. *carrettina* 2 (*estens.*) mezzo di trasporto vecchio e malandato.

carrettata [car-ret-tà-ta] *s.f.* quantità di materiale che può essere trasportata da un carretto o da una carretta | *a carrettate*, (*fig.*) in grande quantità.

carrettiere [car-ret-tiè-re] *s.m.* [f. *-a*] 1 conducente di carri 2 (*fig.*) persona di modi rozzi, sguaiati.

carretto [car-rét-to] *s.m.* piccolo carro a trazione animale o tirato a mano | — *siciliano*, carro a due ruote tipico della Sicilia, decorato con figure e arabeschi a colori vivaci. DIM. *carrettino* ACCR. *carrettone*.

carriaggio [car-ri-àg-gio] *s.m.* (spec. *pl.*) il bagaglio, le salmerie di un esercito.

carriera [car-riè-ra] *s.f.* 1 mestiere, professione, corso di studi che prevede delle tappe o una serie progressiva di avanzamenti di grado: — *diplomatica, militare, medica* | *far* —, avanzare di grado | *ufficiale di* —, in servizio permanente effettivo 2 andatura veloce del cavallo | *di* (o *a*) *gran* —, a grande velocità.

carrierismo [car-rie-rì-ʃmo] *s.m.* desiderio di far carriera a tutti i costi; i comportamenti che ne conseguono.

carrierista [car-rie-rì-sta] *s.m.* e *f.* [pl.m. *-sti*] chi vuol far carriera a tutti i costi.

carrieristico [car-rie-rì-sti-co] *agg.* di carriera, di carrierismo; da carrierista: *aspirazioni carrieristiche*.

carriola [car-ri-ò-la] *s.f.* 1 piccolo carretto con una ruota e due stanghe, che si spinge a mano 2 quantità di materiale che può essere contenuta in questo carretto: *una — di sabbia*.

carrista [car-rì-sta] *s.m.* [pl. *-sti*] (*mil.*) soldato che presta servizio in un reparto di carri armati ♦ *agg.* si dice di specialità dell'esercito che impiega carri armati: *reparto* —.

carro [càr-ro] *s.m.* 1 veicolo da trasporto a due o quattro ruote, trainato da uno o più animali da tiro: *attaccare il cavallo al* —. DIM. *carretto* 2 quantità di materiale trasportato da un carro: *un — di legna* 3 veicolo a trazione meccanica, destinato a usi particolari: — *ferroviario*; — *attrezzi, merci, bestiame* | — *allegorico, mascherato*, allestito con figure allegoriche per festeggiamenti carnevaleschi o celebrazioni storiche | — *funebre*, adibito al trasporto di defunti | — *armato*, autoveicolo pesante e corazzato, armato di un cannone e di mitragliatrici, in grado di muoversi velocemente per mezzo di cingoli 4 (*astr.*) nome delle costellazioni boreali dell'Orsa Maggiore e dell'Orsa Minore: *Gran Carro, Piccolo Carro*.

carroccio [car-ròc-cio] *s.m.* in età comunale, grande carro a quattro ruote tirato da buoi e recante le insegne del comune, un altare e una campana; si portava sui campi di battaglia.

carroponte [car-ro-pón-te] *s.m.* [pl. *carriponte*] tipo di gru dotato di movimento longitudinale e trasversale per sollevare e spostare grossi carichi.

carrozza [car-ròz-za] *s.f.* 1 vettura a quattro ruote, trainata da uno o più cavalli, per il trasporto di persone. DIM. *carrozzella, carrozzino* (m.) ACCR. *carrozzone* (m.) 2 vagone ferroviario per il trasporto di persone: — *di prima classe* 3 *mozzarella in* —, specialità della cucina napoletana costituita da due fette di pane senza crosta ripiene di mozzarella, dorate nell'uovo e fritte.

carrozzabile [car-roz-zà-bi-le] *agg.* che può essere percorso da carrozze o autoveicoli: *strada* —.

carrozzella [car-roz-zèl-la] *s.f.* 1 carrozzina per bambini 2 veicolo, a motore o spinto a mano, per il trasporto di persone invalide 3 a Roma, Napoli e in altre città, carrozza di piazza per turisti.

carrozzeria [car-roz-ze-rìa] *s.f.* 1 la parte dell'autoveicolo che serve a ricoprire le parti meccaniche e ad accogliere il carico e le persone | — *portante*, che ha la funzione di collegare e sostenere i vari organi meccanici 2 fabbrica o reparto di fabbrica in cui vengono costruite le carrozzerie; officina in cui si riparano le carrozzerie.

carrozziere [car-roz-ziè-re] *s.m.* chi progetta, costruisce o ripara le carrozzerie degli automezzi.

carrozzina [car-roz-zì-na] *s.f.* sorta di lettino montato su ruote e spinto a mano, per portare a passeggio bambini molto piccoli.

carrozzone [car-roz-zó-ne] *s.m.* 1 grossa vettura trainata da animali o a motore, che può anche servire da abitazione: *il — degli zingari* 2 (*fig., spreg.*) impresa, ente, organo amministrativo di grandi dimensioni, ma inefficiente.

carruba [car-rù-ba] *s.f.* frutto del carrubo.

carrubo [car-rù-bo] *s.m.* albero sempreverde che produce frutti bruno-neri ricchi di sostanze zuccherine, usati come foraggio per cavalli e buoi.

carrucola [car-rù-co-la] *s.f.* macchina per sollevare pesi costituita da una ruota scanalata entro cui scorre una fune.

carruga [car-rù-ga] *s.f.* piccolo insetto coleottero con corpo ovale dai riflessi metallici; reca gravi danni alla vite.

carsico [càr-si-co] *agg.* [pl.m. *-ci*] 1 del Carso: *altopiano* — 2 si dice di terreno calcareo soggetto al fenomeno del carsismo.

carsismo [car-sì-ʃmo] *s.m.* processo di erosione operato dalle acque sulle rocce calcaree; è tipico del Carso.

carta [càr-ta] *s.f.* 1 materiale ottenuto dalla lavorazione di fibre di cellulosa, che si presenta in forma di fogli sottili e pieghevoli, adatti a vari usi: — *da lettera, da disegno*; — *igienica, assorbente* | — *di riso*, carta bianchissima di origine cinese. DIM. *cartina* PEGG. *cartaccia* 2 in particolare, foglio usato per scrivere: *munirsi di — e pen-*

na; mettere su — qlco., scriverla | — *bollata* (o *da bollo, legale*), munita di bollo di stato, per usi burocratici; — *libera*, non bollata **3** *pl.* insieme di fogli scritti: *mettere in ordine le proprie carte* **4** documento, tessera rilasciati da un ufficio pubblico o da un ente privato: — *d'identità* | — *di credito*, documento rilasciato da una banca che consente di acquistare beni e servizi rinviandone il pagamento | *avere le carte in regola*, (*fig.*) avere le qualità necessarie per svolgere un certo compito | *dare, avere — bianca*, (*fig.*) concedere, ottenere piena fiducia **5** dichiarazione solenne dei principi fondamentali di uno stato o di un organismo internazionale: *la — delle Nazioni Unite; la — costituzionale*, la Costituzione **6** nei ristoranti, lista delle vivande e dei vini | *mangiare alla* —, ordinando liberamente e non a menu fisso **7** banconota: — *da diecimila lire* **8** (*geog.*) rappresentazione grafica, in scala e secondo simboli convenzionali, di una parte o di tutta la superficie terrestre, o di alcuni suoi aspetti particolari: — *geografica, topografica, nautica* | descrizione della volta celeste: — *astronomica* **9** — *da gioco*, cartoncino rettangolare per giochi da tavolo, su cui sono impressi semi o figure diverse | *cambiare le carte in tavola*, (*fig.*) mutare o distorcere il senso di parole già dette | *giocare a carte scoperte*, (*fig.*) agire mostrando apertamente le proprie intenzioni | *giocare, tentare l'ultima* —, (*fig.*) fare l'ultimo tentativo.

cartacarbone [car-ta-car-bó-ne], o **carta carbone**, *s.f.* [pl. *cartecarbone*] carta con una faccia nera o di altro colore scuro che si mette tra i fogli di carta bianca per ottenere più copie di uno scritto.

cartaccia [car-tàc-cia] *s.f.* [pl. *-ce*] cartastraccia; carta da gettare via.

cartaceo [car-tà-ce-o] *agg.* di carta: *moneta cartacea.*

cartaio [car-tà-io] *s.m.* [f. *-a*] fabbricante o venditore di carta o di carte da gioco.

cartamodello [car-ta-mo-dèl-lo] *s.m.* [pl. *cartamodelli*] modello di un indumento riprodotto in carta nelle proporzioni reali.

cartamoneta [car-ta-mo-né-ta], o **carta moneta**, *s.f.* [pl. *cartemonete*] moneta cartacea.

cartapecora [car-ta-pè-co-ra] *s.f.* [pl. *cartapecore*] (*non com.*) pergamena.

cartapesta [car-ta-pé-sta] *s.f.* [pl. *cartapeste* o *cartepeste*] impasto di carta con acqua, collanti e gesso, usato per la fabbricazione di bambole, pupazzi, giocattoli o decorazioni a rilievo | *uomo di* —, (*fig.*) di carattere debole | *eroe di* —, (*fig.*) falso eroe.

cartario [car-tà-rio] *agg.* che riguarda la fabbricazione della carta: *industria cartaria.*

cartastraccia [car-ta-stràc-cia], o **carta straccia**, *s.f.* [pl. *cartestracce*] **1** carta di cattiva qualità, utile solo per avvolgere pacchi **2** carta già usata, da gettare via.

cartata [car-tà-ta] *s.f.* quantità di roba che è avvolta in un foglio di carta: *una — di caramelle.*

cartavetrare [car-ta-ve-trà-re] *v.tr.* pulire o lisciare una superficie con carta vetrata; scartavetrare.

carteggiatura [car-teg-gia-tù-ra] *s.f.* levigatura di una superficie con carta vetrata.

carteggio [car-tég-gio] *s.m.* corrispondenza epistolare: *tenere un — con qlcu.* | la raccolta delle lettere scambiate.

cartella [car-tèl-la] *s.f.* **1** scheda o foglio stampato o scritto a mano con indicazioni di varia natura: *la — della tombola* | — *clinica*, documentazione relativa a un malato ricoverato in ospedale **2** pagina dattiloscritta destinata alla composizione tipografica: *un articolo di quattro cartelle* **3** (*fin.*) titolo a reddito fisso a medio o lungo termine: — *di credito fondiario* **4** custodia per fogli, formata da due cartoni riuniti a forma di copertina. DIM. *cartelletta, cartellina* **5** borsa di pelle o altro materiale per documenti | borsa in cui gli studenti ripongono libri e quaderni.

cartellino [car-tel-lì-no] *s.m.* **1** foglietto che, applicato o legato a oggetti, ne indica le caratteristiche, il prezzo o altro; etichetta | targhetta posta sull'uscio di un'abitazione, col nome di chi vi abita **2** modulo, scheda per la registrazione di dati | scheda di presenza che i lavoratori dipendenti timbrano all'entrata e all'uscita del lavoro **3** (*sport*) documento con cui un atleta si impegna a gareggiare per i colori di una società sportiva.

cartellista [car-tel-lì-sta] *s.m.* [pl. *-sti*] chi fa parte di un cartello economico o politico.

cartello[1] [car-tèl-lo] *s.m.* **1** avviso scritto o stampato a caratteri ben visibili su cartone, legno o metallo, per comunicazioni al pubblico: — *pubblicitario, stradale* | *artista, cantante di* —, di fama. DIM. *cartellino* ACCR. *cartellone* **2** insegna sopra un negozio.

cartello[2] *s.m.* **1** (*econ.*) accordo con cui due o più imprese dello stesso ramo produttivo si impegnano a limitare la concorrenza, concordando prezzi e quote di mercato: — *interbancario* **2** (*estens.*) alleanza tra forze affini: *il — delle sinistre.*

cartellone [car-tel-ló-ne] *s.m.* **1** grande manifesto contenente il programma di manifestazioni teatrali, cinematografiche, musicali, sportive | *tenere il* —, si dice di spettacolo teatrale di successo che viene rappresentato a lungo **2** grande manifesto, di solito a colori e figurato, per la pubblicità di qualche prodotto **3** nel gioco della tombola, la tabella che reca impressi, in sequenza, i novanta numeri del gioco.

cartellonista [car-tel-lo-nì-sta] *s.m.* e *f.* [pl.m. *-sti*] chi disegna cartelloni pubblicitari.

cartellonistica [car-tel-lo-nì-sti-ca] *s.f.* l'arte del cartellonista.

carter [càr-ter] *s.m.invar.* (*mecc.*) involucro metallico o di plastica per la protezione di parti in movimento; nelle biciclette e motociclette, copricatena | nei motori delle automobili, coppa dell'olio.

cartesiano [car-te-ʃià-no] *agg.* **1** di Cartesio, relativo a Cartesio e al suo pensiero **2** (*estens.*)

chiaro, evidente, razionale: *mente cartesiana* **3** *coordinate cartesiane*, (*mat.*) coppie ordinate di numeri reali ideate da Cartesio per individuare i punti di un piano.

cartevalori [car-te-va-ló-ri], o **carte-valori**, *s.f.pl.* documenti cartacei che rappresentano valori facilmente scambiabili (cartamoneta, titoli, carte bollate).

cartiera [car-tiè-ra] *s.f.* stabilimento per la fabbricazione della carta.

cartiglio [car-tì-glio] *s.m.* **1** raffigurazione dipinta o scolpita di un rotolo di carta, in parte spiegato e recante iscrizioni, che si usa come elemento decorativo **2** (*non com.*) striscia di carta.

cartilagine [car-ti-là-gi-ne] *s.f.* (*anat.*) tessuto connettivo flessibile, elastico, duro, ma di minor consistenza rispetto al tessuto osseo; costituisce la struttura di sostegno di alcuni organi (*p.e.* naso, orecchie, trachea, laringe).

cartilagineo [car-ti-la-gì-ne-o] *agg.* (*anat.*) di cartilagine, riferito a cartilagine: *tessuto —*.

cartina [car-tì-na] *s.f.* **1** involucro di carta per sostanze medicinali o piccoli oggetti | (*estens.*) il contenuto stesso: *una — di sale inglese* **2** foglietto di carta di riso in cui si avvolge il tabacco trinciato per farne sigarette **3** piccola carta geografica; pianta: *la — di Roma*.

cartoccio [car-tòc-cio] *s.m.* **1** foglio di carta ravvolto a cono per incartare merce in piccola quantità; il contenuto di un cartoccio: *un — di ciliegie* | *al —*, (*gastr.*) modo di cucinare nel forno pesce, pollame o cacciagione, chiusi in un involucro di carta oleata o di alluminio. DIM. *cartoccetto, cartoccino* **2** (*bot.*) l'insieme delle foglie che avvolgono la pannocchia del granturco **3** carica di lancio di un pezzo d'artiglieria | nei fuochi d'artificio, cartone contenente la polvere pirica.

cartografia [car-to-gra-fì-a] *s.f.* insieme delle tecniche necessarie alla realizzazione di carte geografiche, topografiche e geologiche.

cartografico [car-to-grà-fi-co] *agg.* [pl.m. *-ci*] che riguarda la cartografia: *proiezione cartografica* □ **cartograficamente** *avv.* per mezzo della cartografia.

cartografo [car-tò-gra-fo] *s.m.* [f. *-a*] esperto di cartografia.

cartogramma [car-to-gràm-ma] *s.m.* [pl. *-mi*] rappresentazione grafica di dati statistici relativi a un determinato fenomeno.

cartolaio [car-to-là-io] *s.m.* [f. *-a*] venditore di oggetti di cancelleria.

cartoleria [car-to-le-rì-a] *s.f.* il negozio del cartolaio.

cartolibreria [car-to-li-bre-rì-a] *s.f.* negozio in cui si vendono articoli di cancelleria e libri, soprattutto scolastici.

cartolina [car-to-lì-na] *s.f.* cartoncino rettangolare per brevi comunicazioni epistolari non riservate: *— illustrata*, che reca un'illustrazione o una fotografia; *— postale*, con il francobollo già stampato | *— precetto*, inviata per chiamare alle armi.

cartomante [car-to-màn-te] *s.m.* e *f.* chi pratica la cartomanzia.

cartomanzia [car-to-man-zì-a] *s.f.* arte di indovinare il futuro per mezzo delle carte da gioco o di altre carte speciali.

cartonare [car-to-nà-re] *v.tr.* [*io cartóno ecc.*] ricoprire o rilegare con cartone.

cartonato [car-to-nà-to] *agg.* di cartone o rinforzato con cartone: *copertina cartonata* ♦ *s.m.* rilegatura in cartone.

cartoncino [car-ton-cì-no] *s.m.* **1** tipo di cartone leggero e sottile **2** biglietto di cartone leggero, elegante, usato per biglietti da visita o per partecipazioni.

cartone [car-tó-ne] *s.m.* **1** tipo di carta di notevole spessore e resistenza usato per confezionare scatole, per imballare, ricoprire libri ecc. DIM. *cartoncino* **2** imballaggio di cartone: *un — di vini* **3** nella tecnica pittorica, disegno preparatorio su carta pesante che verrà poi eseguito su muro o su tela: *i cartoni di Raffaello* | *— animato*, (*cine.*) film formato da fotogrammi che riproducono una serie di disegni, i quali, proiettati in rapida successione, danno l'impressione del movimento; film d'animazione.

cartonfeltro [car-ton-fèl-tro] *s.m.* [pl. *cartonfeltri*] isolante per pareti interne, costituito da strati di cartone e feltro.

cartongesso [car-ton-gès-so] *s.m.* [pl. *cartongessi*] materiale costituito da cartone ricoperto di gesso usato per il rivestimento di pareti interne.

cartonificio [car-to-ni-fì-cio] *s.m.* stabilimento per la fabbricazione del cartone.

cartonista [car-to-nì-sta] *s.m.* e *f.* [pl.m. *-sti*] chi crea, chi disegna cartoni animati.

cartoon [/ kar'tun /] *s.m.invar.* (*ingl.*) nella tecnica pittorica, cartone; in quella cinematografica, disegno animato.

cartoteca [car-to-tè-ca] *s.f.* raccolta di carte geografiche.

cartotecnica [car-to-tèc-ni-ca] *s.f.* la tecnica e l'industria della lavorazione della carta e degli oggetti fatti di carta o cartone.

cartotecnico [car-to-tèc-ni-co] *agg.* [pl.m. *-ci*] che concerne la lavorazione della carta e del cartone ♦ *s.m.* [f. *-a*] lavoratore dell'industria cartotecnica.

cartuccia *s.f.* [pl. *-ce*] **1** cilindro di metallo o di cartone che contiene la carica e il proiettile delle armi da fuoco portatili | *mezza —*, (*fig.*) uomo da poco **2** oggetto di forma cilindrica, fatto in modo da poter essere facilmente sostituito: *la — dell'olio* | contenitore di inchiostro con cui si alimentano le penne stilografiche prive di serbatoio **3** (*inform.*) nastro magnetico usato come memoria secondaria o aggiuntiva.

cartucciera [car-tuc-ciè-ra] *s.f.* tracolla, cintura o tasca di cuoio in cui si tengono le cartucce da caccia.

caruso [ca-rù-ʃo] *s.m.* (*dial.*) in Sicilia, ragazzo

che lavora a salario fisso, in una miniera di zolfo o in un'azienda agricola.
casa [cà-sa] *s.f.* **1** edificio a uno o più piani, suddiviso in vani e adibito ad abitazione: *stare in —; — di proprietà, in affitto* | *donna di —*, casalinga | *fatto in —*, non confezionato industrialmente | *fare gli onori di —*, ricevere un ospite coi riguardi dovuti | *— di Dio*, la chiesa | *giocare in —*, riferito a una squadra sportiva, giocare nella propria città; (*fig.*) trovarsi a operare in una situazione favorevole. DIM. *casetta, casina, casupola* VEZZ. O PEGG. *casuccia* ACCR. *casona, casone* (m.) PEGG. *casaccia* **2** edificio in cui sono ospitate temporaneamente delle persone per un fine determinato; l'istituzione che l'amministra: *— dello studente*, pensionato, collegio universitario; *— di cura, di salute*, clinica privata; *— da gioco*, casinò | edificio in cui ha sede un'associazione: *— del ferroviere, dei pensionati* | convento, istituto religioso: *— madre*, la sede principale di un ordine religioso | *— famiglia*, piccola comunità di accoglienza per persone in difficoltà **3** la famiglia a cui si appartiene: *non scrive mai a —* | *essere di —*, essere amico intimo **4** stirpe, dinastia, casato: *la — regnante* **5** (*comm.*) ditta, impresa, società: *— editrice, discografica* **6** negli scacchi e nella dama, ciascuno dei sessantaquattro quadrati bianchi e neri in cui è divisa la scacchiera.
casacca [ca-ʃàc-ca] *s.f.* **1** la giubba o la maglia con i colori della scuderia o della squadra, indossata da fantini e atleti **2** sorta di giacca per uomo o per donna, di taglio diritto. DIM. *casacchina, casacchino* (m.).
casaccio [ca-ʃàc-cio] *s.m.* nella loc. avv. *a —*, senza ordine, in modo casuale, a vanvera: *agire, parlare a —*.
casale [ca-sà-le] *s.m.* **1** gruppo di poche case in campagna; agglomerato rurale **2** casolare rustico isolato.
casalinga [ca-sa-lìn-ga] *s.f.* donna che si dedica esclusivamente alla casa e non svolge altra attività lavorativa.
casalingo [ca-sa-lìn-go] *agg.* [pl.m. *-ghi*] **1** che riguarda la casa | *cucina casalinga* semplice e genuina, come si fa in casa **2** che ama la casa e lo stare in casa: *uomo —* **3** (*sport*) detto di incontro che una squadra disputa nella propria città ♦ *s.m.* (*pl.*) oggetti per la casa: *negozio di casalinghi*.
casamatta [ca-sa-màt-ta] *s.f.* [pl. *casematte*] opera in muratura bassa e massiccia, con feritoie per le artiglierie, a difesa di installazioni militari.
casamento [ca-sa-mén-to] *s.m.* grande edificio d'abitazione di tipo popolare, suddiviso in molti appartamenti; caseggiato.
casanova [ca-sa-nò-va] *s.m.invar.* chi ha successo con le donne; seduttore, donnaiolo.
casareccio → **casereccio**.
casaro [ca-ʃà-ro] *s.m.* (*sett.*) chi è addetto alla lavorazione dei latticini.
casata [ca-sà-ta] *s.f.* l'insieme delle famiglie che appartengono alla stessa stirpe e che in genere portano lo stesso cognome | (*estens.*) stirpe, casato.
casato [ca-sà-to] *s.m.* **1** stirpe, famiglia, lignaggio: *un uomo di nobile —* **2** (*antiq.*) nome di famiglia, cognome: *dire il nome e il —*.
casba [cà-ʃba], o **casbah** o **kasba**, *s.f.* quartiere arabo delle città dell'Africa settentrionale | (*fig.*) quartiere malfamato di una città.
cascame [ca-scà-me] *s.m.* residuo della lavorazione industriale di alcuni materiali: *cascami di metallo, di seta* | (*fig.*) avanzo, scarto, prodotto di cattiva qualità.
cascamorto [ca-sca-mòr-to] *s.m.* [pl. *-ti*] (*scherz.*) corteggiatore languido e sdolcinato: *fare il —*.
cascante [ca-scàn-te] fiacco, floscio, cadente: *palpebre cascanti*.
cascare [ca-scà-re] *v.intr.* [*io casco, tu caschi ecc.*; aus. *essere*] andar giù, a terra, per effetto del proprio peso; cadere: *— da una scala* | *— dal sonno*, (*fig.*) essere molto assonnato | *far — le braccia*, (*fig.*) provocare delusione o sconforto | *cascarci*, (*fig.*) cadere in un tranello | *non casca il mondo*, (*fig.*) non è un guaio gravissimo.
cascata [ca-scà-ta] *s.f.* **1** (*fam.*) il cascare; caduta. ACCR. *cascatone* (m.) **2** (*geog.*) brusca caduta d'acqua corrente causata da un dislivello del suolo: *la — delle Marmore*. DIM. *cascatella* **3** (*fig.*) successione rapida e copiosa: *fatti che si verificano a —*.
cascatore [ca-sca-tó-re] *s.m.* nel cinema, controfigura che sostituisce l'attore nelle scene più pericolose (come cadute, tuffi, salti nel vuoto).
caschetto [ca-schét-to] *s.m.* taglio di capelli corti, con frangia, lisci e uniformi; i capelli così acconciati: *un — biondo*.
cascina [ca-scì-na] *s.f.* il fabbricato in cui si trova la stalla delle vacche da latte; nelle campagne padane, casa colonica, casolare | azienda agricola destinata soprattutto alla produzione del latte e del formaggio.
cascinale [ca-sci-nà-le] *s.m.* **1** cascina o complesso di più cascine **2** casolare.
casco [cà-sco] *s.m.* [pl. *-schi*] **1** sorta di elmo in materiale rigido e resistente, usato da militari, motociclisti, sportivi allo scopo di proteggere la testa | *— blu*, soldato dell'ONU. DIM. *caschetto* **2** copricapo leggero in tela e sughero usato nei paesi tropicali per proteggersi dal sole **3** apparecchio elettrico a forma di casco, usato per asciugare i capelli **4** (*bot.*) grappolo di banane.
caseario [ca-ʃe-à-rio] *agg.* che riguarda la produzione dei formaggi e dei latticini: *industria casearia*.
caseggiato [ca-seg-già-to] *s.m.* **1** zona occupata da case; insieme di case vicine **2** grande edificio d'abitazione; casamento.
caseificazione [ca-ʃei-fi-ca-zió-ne] *s.f.* l'insieme delle operazioni con le quali si produce il formaggio.
caseificio [ca-ʃei-fì-cio] *s.m.* stabilimento per la produzione del burro e del formaggio.
caseina [ca-ʃe-ì-na] *s.f.* (*chim.*) sostanza protei-

ca contenuta nel latte, che trova impiego in medicina, nell'industria della carta ecc.

casella [ca-sèl-la] *s.f.* 1 ciascuno degli scompartimenti in cui può essere diviso un mobile, uno scaffale, un cassetto | — *postale*, scompartimento numerato che le poste affittano a privati e in cui si tiene in custodia la corrispondenza. DIM. *caselletta*, *casellina* 2 (*estens.*) ciascuna delle parti di una superficie piana divisa in quadretti o in rettangoli; riquadro: *le caselle del cruciverba.*

casellante [ca-sel-làn-te] *s.m.* e *f.* 1 custode di un tratto di linea ferroviaria che ha la propria abitazione in un casello 2 addetto a un casello autostradale.

casellario [ca-sel-là-rio] *s.m.* 1 mobile a caselle per custodire documenti, lettere o altro | — *postale*, l'insieme delle caselle postali 2 raccolta ordinata di schede o documenti | — *giudiziario*, archivio che contiene le schede anagrafiche di coloro che hanno subito condanne penali.

casello [ca-sèl-lo] *s.m.* casa cantoniera, posta presso la ferrovia o lungo le strade statali | — *dell'autostrada*, impianto situato all'ingresso e all'uscita di un'autostrada, dove si paga il pedaggio.

casereccio [ca-se-réc-cio], o casareccio, *agg.* [pl.f. *-ce*] 1 fatto in casa: *cucina casereccia* | *pane* —, di forma grossa e tondeggiante 2 (*estens.*) locale, nostrano.

caserma [ca-sèr-ma *o* caʃèrma] *s.f.* edificio in cui alloggiano reparti militari o gli appartenenti a taluni corpi civili, come vigili del fuoco e polizia. DIM. *casermetta* ACCR. *casermone* (m.).

casermaggio [ca-ser-màg-gio] *s.m.* (*mil.*) il complesso degli arredi e degli oggetti in uso in una caserma.

casermone [ca-ser-mó-ne] *s.m.* grande edificio popolare, massiccio e spoglio di qualsiasi ornamentazione.

cash [/ kaʃ /] *s.m.invar.* (*ingl.*) contante, denaro liquido ♦ *avv.* in contanti: *pagare* —.

cash and carry [/ kaʃʃɛn'karri /] *loc.sost.m.invar.* (*ingl.*) sistema di vendita all'ingrosso in cui il compratore paga la merce in contanti ed effettua il trasporto a proprie spese | (*estens.*) magazzino in cui si effettua questo tipo di vendita.

cashmere [/ 'kaʃmir /] *s.m.invar.* (*ingl.*) cachemire.

casinaro [ca-si-nà-ro] *s.m.* [f. *-a*] (*region.*) casinista.

casinista [ca-si-nì-sta] *s.m.* e *f.* [pl.m. *-sti*] (*pop.*) persona confusionaria, disordinata, chiassosa.

casino [ca-sì-no] *s.m.* 1 casa signorile di campagna 2 luogo di ritrovo, circolo: — *di lettura* 3 (*pop.*) casa di prostituzione; postribolo 4 (*fig.*, *pop.*) confusione, chiasso: *fare* —.

casinò [ca-ʃi-nò *o* casinò] *s.m.* casa da gioco.

casistica [ca-ʃi-sti-ca] *s.f.* 1 elenco di casi che possono verificarsi in determinate situazioni: — *giuridica*, *medica*; *fare una* — 2 (*teol.*) classificazione dei possibili casi e problemi di morale.

caso [cà-ʃo] *s.m.* 1 evento fortuito, circostanza imprevedibile: *i casi della vita* | *per* —, accidentalmente; *a* —, a casaccio, senza un criterio | *si dà il* — *che*, capita che | *guarda* —, per combinazione | *far* — *a qlco.*, prestarvi attenzione 2 causa estranea al volere umano; sorte, fatalità: *affidarsi al* — 3 situazione particolare, occasione | *fare al* —, essere opportuno, adatto | *è il* —, essere, non essere opportuno 4 fatto non comune; vicenda che fa scalpore | — *limite*, fenomeno che presenta accentuata al massimo una determinata caratteristica | — *di coscienza*, circostanza che suscita dubbi morali 5 (*med.*) soggetto in cui si riscontra una malattia: *un* — *di colera* | — *clinico*, persona sottoposta a particolari indagini cliniche; (*fig.*) persona o situazione che presenta caratteristiche anormali 6 possibilità, eventualità: *in* — *di bisogno* | *nel* — *che*, — *mai*, nell'ipotesi che | *in* — *contrario*, altrimenti 7 (*ling.*) in alcune lingue, ciascuna delle forme assunte da nome, aggettivo, pronome, articolo per esprimere le diverse funzioni sintattiche; la funzione sintattica stessa: — *nominativo.*

casolare [ca-so-là-re] *s.m.* casa rustica, per lo più piccola e isolata.

casomai [ca-ʃo-mài], o caso mai, *cong.* nell'eventualità, nell'ipotesi che (introduce una prop. condizionale con il verbo al congiuntivo): — *te lo chiedesse, digli tutto.*

casotto [ca-sòt-to] *s.m.* costruzione di legno di piccole dimensioni, usata come riparo o come deposito; capanno | cabina da spiaggia.

caspita [cà-spi-ta] *inter.* esclamazione di meraviglia o di impazienza.

casqué [/ kas'ke /] *s.m.invar.* (*fr.*) nel ballo del tango, figura in cui l'uomo si piega in avanti e la donna all'indietro.

casquette [/ kas'kɛt /] *s.f.invar.* (*fr.*) berretto con visiera.

cassa [càs-sa] *s.f.* 1 contenitore in materiale rigido, a forma di parallelepipedo, usato per tenere o trasportare oggetti; il contenuto di tale recipiente: — *da imballaggio*; *una* — *di libri* | — *da morto*, bara. DIM. *cassetta* ACCR. *cassone* (m.) 2 (*estens.*) qualsiasi oggetto cavo in cui è contenuto qlco.: *la* — *dell'orologio*, la parte che ne racchiude il meccanismo | — *armonica* (o *di risonanza*), corpo cavo di uno strumento a corda o a percussione, che aumenta l'intensità dei suoni 3 scomparto, mobile in cui si conserva denaro | (*estens.*) l'insieme dei liquidi e dei valori di cui dispone un'azienda, un ufficio | ufficio che si occupa di pagamenti e riscossioni; in negozi, uffici, banche, il posto del cassiere: *non avere denaro in* — | *batter* —, chiedere denaro | *fondo* —, quantità di denaro disponibile in un'impresa | *registratore di* —, macchina che registra i singoli incassi realizzati dai negozianti 4 (*dir.*) istituto di credito; ente che raccoglie denaro a fini di utilità collettiva: *Cassa di risparmio* | — *malattia*, istituto per la raccolta e l'amministrazione di contributi per l'assistenza sanitaria | — *integrazione (guadagni)*, istituto che assicura un reddito a lavoratori sospesi temporaneamente dall'attività produttiva **5** — *acustica*, struttura che contiene uno o più altoparlanti **6** (*anat.*) cavità delimitata da pareti ossee, cartilaginee o muscolari: — *toracica*.

cassaforma [cas-sa-fór-ma] *s.f.* [pl. *casseforme*] struttura provvisoria, per lo più a forma di cassetta, nella quale fanno presa i getti di cemento armato.

cassaforte [cas-sa-fòr-te] *s.f.* [pl. *casseforti*] armadio o cassetta di acciaio particolarmente resistente, con speciali serrature e dispositivi di sicurezza per custodire denaro e preziosi.

cassaintegrato [cas-sa-in-te-grà-to], o cassintegrato [cas-sin-te-grà-to], *s.m.* [f. *-a*] lavoratore dipendente posto in cassa integrazione.

cassandra [cas-sàn-dra] *s.f.* persona che predice disgrazie, ma che nessuno ascolta.

cassapanca [cas-sa-pàn-ca] *s.f.* [pl. *cassapanche* o *cassepanche*] mobile a cassa di forma allungata, dotato di coperchio utilizzabile come sedile.

cassare [cas-sà-re] *v.tr.* **1** annullare uno scritto passandoci sopra un tratto di penna o raschiandolo; cancellare **2** (*estens.*) revocare, abrogare; abolire: — *una sentenza*.

cassata [cas-sà-ta] *s.f.* **1** dolce siciliano di pan di Spagna, ripieno di ricotta, canditi, cioccolato e liquore **2** gelato la cui forma ricorda una fetta di torta, con uno strato esterno di crema o cioccolato e una parte interna di panna e frutta candita.

cassazione [cas-sa-zió-ne] *s.f.* (*dir.*) annullamento, abolizione: — *di una sentenza* | *Corte di Cassazione*, supremo organo di giustizia che controlla l'esatta applicazione della legge e può annullare le sentenze dei tribunali inferiori.

cassero [càs-se-ro] *s.m.* **1** (*mar.*) ponte scoperto sopraelevato posto nella parte centrale o nella poppa della nave **2** (*edil.*) armatura di ferro o cemento armato; cassaforma.

casseruola [cas-se-ruò-la] *s.f.* utensile da cucina, di metallo o altro materiale, simile al tegame ma più fondo, di solito con manico lungo.

cassetta [cas-sét-ta] *s.f.* **1** cassa piccola, anche senza coperchio; il suo contenuto: — *di frutta*; — *delle lettere*, dove si imposta o si riceve la corrispondenza | *pane a* (o *in*) —, pane a fette usato per toast e tramezzini, privo di crosta perché cotto dentro una cassetta. DIM. *cassettina* **2** (*tecn.*) involucro di protezione di varia forma | contenitore di un nastro magnetico; il nastro stesso **3** nelle carrozze, sedile del cocchiere: *stare a* — **4** nei banchi dei negozi, cassetto in cui si custodisce l'incasso | (*estens.*) l'incasso di un botteghino di teatro o di cinema: *film*, *spettacolo di* —, prodotto a fini commerciali, senza intenzioni artistiche.

cassettiera [cas-set-tiè-ra] *s.f.* mobile a cassetti sovrapposti; serie di cassetti in un mobile.

cassetto [cas-sét-to] *s.m.* cassetta a base rettangolare o quadrata munita di maniglia, che scorre su due guide entro un mobile, per riporvi oggetti vari: — *della scrivania* | *avere un sogno nel* —, (*fig.*) avere un sogno segreto che non si è mai realizzato. DIM. *cassettino*.

cassettone [cas-set-tó-ne] *s.m.* **1** mobile con cassetti per conservare biancheria; comò **2** (*arch.*) ciascuno degli scomparti quadrati o poligonali, spesso intagliati o dipinti, che formano un tipo di soffitto, detto appunto *a cassettoni*.

cassiere [cas-siè-re] *s.m.* [f. *-a*] in un'amministrazione, chi ha in consegna la cassa e ne è responsabile; chi è addetto alla cassa di un negozio, di un ufficio, di un locale pubblico.

cassintegrato → **cassaintegrato**.

cassone [cas-só-ne] *s.m.* **1** cassa molto capace per conservare o trasportare oggetti vari. DIM. *cassoncino*, *cassonetto* **2** nel Medioevo e nel Rinascimento, sorta di cassapanca, spesso intagliata o dipinta **3** piccola costruzione, per lo più coperta da vetrate, per la protezione di piante o fiori **4** denominazione generica di contenitori, come la parte della carrozzeria di un autocarro che contiene il carico, il recipiente per tenere acqua potabile di scorta ecc.

cassonetto [cas-so-nét-to] *s.m.* grande contenitore di rifiuti solidi.

cast [/ kast /] *s.m.invar.* (*ingl.*) l'insieme degli attori che interpretano un film o mettono in scena un'opera teatrale.

casta [cà-sta] *s.f.* **1** gruppo sociale chiuso, in cui norme giuridiche e religiose vietano contatti con altri gruppi: *la popolazione indiana è divisa in caste* **2** (*spreg.*) categoria sociale o professionale chiusa e compatta nella difesa dei propri interessi e privilegi: *la — dei politici*.

castagna [ca-stà-gna] *s.f.* **1** frutto del castagno, con buccia dura di colore bruno-scuro e seme costituito da una polpa dolce e farinosa: *castagne arrosto* | *prendere in* —, (*fig.*) cogliere in fallo | *levare le castagne dal fuoco per qlcu.*, (*fig.*) liberarlo da una situazione imbarazzante. DIM. *castagnetta* **2** (*zool.*) placca cornea, di forma tondeggiante, sulla parte interna dell'avambraccio e del garretto degli equini.

castagnaccio [ca-sta-gnàc-cio] *s.m.* torta di farina di castagne.

castagneto [ca-sta-gné-to] *s.m.* bosco di castagni; terreno piantato a castagni.

castagnette [ca-sta-gnét-te] *s.f.pl.* nacchere | (*estens.*) schiocco delle dita che produce un suono secco.

castagno [ca-stà-gno] *s.m.* **1** albero con foglie ovali dentate e fiori bianchi, coltivato per i frutti (castagne) e per il legname | — *d'India*, ippocastano **2** il legno di tale albero, molto duro e resistente.

castagnola [ca-sta-gnò-la] *s.f.* **1** petardo costituito da un involucro di carta che contiene un po' di polvere pirica **2** *pl.* pallottoline di pasta dolce fritte e inzuccherate, tipiche di alcune cucine regionali.

castaldo [ca-stàl-do] *s.m.* amministratore dei beni di un casato o di una comunità | fattore di campagna.

castalio [ca-stà-lio] *agg.* (*lett.*) della fonte Castalia, sacra ad Apollo e alle Muse | (*estens.*) poetico: *le dee castalie*, le muse.

castanicolo [ca-sta-nì-co-lo] *agg.* che concerne la coltivazione del castagno.

castanicoltura [ca-sta-ni-col-tù-ra] *s.f.* coltivazione del castagno.

castano [ca-stà-no] *agg.* del colore bruno scuro della buccia della castagna: *capelli castani.*

castellana [ca-stel-là-na] *s.f.* moglie di un castellano; signora di un castello.

castellano [ca-stel-là-no] *s.m.* signore o comandante di un castello | (*estens.*) signore di una vasta regione.

castellatura [ca-stel-la-tù-ra] *s.f.* armatura di legno per rinforzo di mobili.

castelletto [ca-stel-lét-to] *s.m.* costruzione, struttura a castello | nelle miniere, costruzione in legno, acciaio o cemento armato, che sovrasta i pozzi di estrazione | nei cantieri edili, impalcatura di legname.

castelliere [ca-stel-liè-re] *s.m.* (*archeol.*) insediamento preistorico situato su un'altura e circondato da una robusta cinta di mura; è tipico della Venezia Giulia.

castello [ca-stèl-lo] *s.m.* **1** grande edificio munito di mura e di torri, spesso circondato da un fossato, eretto in età medievale come dimora fortificata di un signore feudale | *— di carte*, costruzione a forma di castello, fatta per divertimento con carte da gioco; (*fig.*) struttura fragile, che può facilmente crollare | *fare castelli in aria*, (*fig.*) fare progetti vani, inattuabili. DIM. *castelletto* PEGG. *castellaccio* **2** (*tecn.*) denominazione generica di vari tipi di impalcature o di strutture portanti; nei lavori murari, costruzione di legno a forma di torre per sollevare pesi o per lavorare a una certa altezza | *letto a —*, costituito da due letti uno sovrapposto all'altro **3** (*mar.*) ponte sopraelevato nella prua della nave.

castigamatti [ca-sti-ga-màt-ti] *s.m.* **1** bastone usato un tempo dai sorveglianti nei manicomi **2** persona che conosce i mezzi e i modi per costringere alla disciplina anche i più turbolenti: *è arrivato il —!*

castigare [ca-sti-gà-re] *v.tr.* [*io castigo, tu castighi ecc.*] infliggere un castigo allo scopo di correggere, educare; punire.

castigatezza [ca-sti-ga-téz-za] *s.f.* l'essere castigato nei costumi, nella lingua, nello stile.

castigato [ca-sti-gà-to] *agg.* **1** che ha rispetto della morale: *vita castigata* **2** corretto, emendato da errori (detto di stile, linguaggio): *prosa castigata.*

castigatore [ca-sti-ga-tó-re] *agg.* e *s.m.* [f. *-trice*] (*lett.*) che/chi castiga o corregge: *un — dei costumi.*

castigliano [ca-sti-glià-no] *agg.* della Castiglia, regione della Spagna ♦ *s.m.* **1** [f. *-a*] abitante, nativo della Castiglia **2** la lingua ufficiale della Spagna.

castigo [ca-stì-go] *s.m.* [pl *-ghi*] punizione data allo scopo di ammonire e correggere: *mettere in —*, (*fam.*) punire; *essere in —*, (*fam.*) dover scontare una punizione | *— di Dio*, catastrofe, sventura che si attribuisce a volontà divina; (*fam.*) persona o cosa molto nociva o molesta.

casting [/ 'kastiŋg /] *s.m. invar.* (*ingl.*) scelta degli attori e assegnazione delle parti in un film, un'opera teatrale o televisiva.

castità [ca-sti-tà] *s.f.* **1** l'essere casto: *voto di —*, pronunciato dai religiosi **2** (*fig.*) purezza e semplicità di lingua, di stile o altro.

casto [cà-sto] *agg.* **1** che si astiene dai rapporti sessuali che non siano leciti secondo le norme morali o religiose: *una moglie casta* | che non ha rapporti sessuali: *un fanciulla casta* **2** (*estens.*) puro, innocente: *un amore —* **3** (*fig.*) semplice, sobrio: *stile, linguaggio —* □ **castamente** *avv.*

castone [ca-stó-ne] *s.m.* cilindretto cavo in cui si incassa una gemma e che poi si inserisce in un gioiello.

castorino [ca-sto-rì-no] *s.m.* **1** pelliccia di nutria con pelo corto e morbido simile a quello del castoro, ma meno folto **2** tessuto di lana a fili grossi, molto peloso, che imita la pelliccia.

castoro [ca-stò-ro] *s.m.* **1** (*zool.*) roditore dell'America e dell'Europa del nord, dalla pelliccia marrone morbidissima, folta e molto pregiata **2** la pelliccia di tale animale **3** tessuto pesante di lana usato per vestiti da uomo.

castrare [ca-strà-re] *v.tr.* **1** rendere incapace alla riproduzione asportando gli organi genitali o rendendoli inefficienti: *— un maiale* **2** (*fig.*) soffocare le potenzialità di una persona, impedendole di manifestarle; anche, renderla innocua, inoffensiva.

castrato [ca-strà-to] *agg.* **1** privato della facoltà di riprodursi **2** (*fig.*) senza carattere, fiacco, effeminato **3** (*fig.*) inibito, bloccato nelle sue possibilità ♦ *s.m.* **1** agnello castrato; la carne che se ne ricava **2** cantante adulto che, avendo subito la castrazione prima della pubertà, possedeva una voce molto limpida.

castratura [ca-stra-tù-ra] *s.f.* l'operazione del castrare.

castrazione [ca-stra-zió-ne] *s.f.* **1** il castrare, l'essere castrato | *complesso di —*, (*psicoan.*) processo per cui il bambino teme di perdere gli organi genitali **2** (*bot.*) asportazione degli organi di riproduzione delle piante.

castrense [ca-strèn-se] *agg.* proprio di un accampamento militare | *vescovo —*, quello che è a capo dei cappellani militari.

castrone [ca-stró-ne] *s.m.* **1** il maschio castrato degli animali **2** (*fig. pop.*) uomo stupido o di grossolana ignoranza.

castroneria [ca-stro-ne-rì-a] *s.f.* (*pop.*) sciocchezza, errore grossolano: *fare, dire una —.*

casual [/ 'kɛʒual /] *agg.* e *s.m.invar.* (*ingl.*) si dice di abbigliamento semplice e sportivo, che può essere indossato in ogni occasione | Anche in funzione di *avv.*: *vestire —.*

casuale [ca-ʃu-à-le] *agg.* che dipende dal caso,

che avviene per caso; fortuito, occasionale: *un incontro* — □ **casualmente** *avv.* per caso.
casualità [ca-ʃu-a-li-tà] *s.f.* 1 l'essere casuale: *la — di un avvenimento* 2 fatto, circostanza casuale.
casuario [ca-ʃu-à-rio] *s.m.* grosso uccello corridore australiano, simile allo struzzo.
casula [cà-ʃu-la] *s.f.* (*lit.*) pianeta a forma di ampio mantello con una sola apertura centrale per introdurvi il capo.
casupola [ca-sù-po-la] *s.f.* casa piccola, abitata da gente modesta.
casus belli [/ 'kazus 'bɛlli /] *loc.sost.m.* (*lat.*) 1 avvenimento o situazione tale da far scoppiare una guerra, o usato come pretesto per questo scopo 2 (*fig.*) motivo di contrasto che fa scoppiare una lite.
cata- primo elemento di parole composte, che significa 'giù, in basso', o anche 'in rapporto, relativo, simile a' (*catalessi, catapulta*).
catabolico [ca-ta-bò-li-co] *agg.* [pl.m. *-ci*] (*biol.*) relativo al catabolismo: *processo* —.
catabolismo [ca-ta-bo-lì-ʃmo] *s.m.* (*biol.*) processo fisiologico di disintegrazione degli alimenti e formazione delle sostanze di rifiuto.
catabolito [ca-ta-bò-li-to] *s.m.* (*biol.*) sostanza di rifiuto prodotta dal catabolismo.
cataclasi [ca-tà-cla-ʃi] *s.f.* (*geol.*) intensa azione di fratturazione delle rocce.
cataclisma [ca-ta-clì-ʃma] *s.m.* [pl. *-smi*] 1 inondazione disastrosa, diluvio | (*estens.*) qualunque catastrofe naturale 2 (*fig.*) grave sconvolgimento nella vita pubblica o privata.
catacomba [ca-ta-cóm-ba] *s.f.* 1 (*archeol.*) galleria o serie di gallerie sotterranee dove i primi cristiani seppellivano i loro morti e celebravano in segreto i loro riti 2 (*fig.*) luogo privo di aria e di luce.
catacombale [ca-ta-com-bà-le] *agg.* da catacomba.
catacresi [ca-ta-crè-ʃi *o* catàcreʃi] *s.f.* (*ret.*) uso metaforico di una parola per designare qlco. che nella lingua non ha una denominazione specifica (*p.e.* il *collo* di una bottiglia).
catadiottro [ca-ta-di-òt-tro] *s.m.* (*fis.*) corpo che, utilizzando i fenomeni di riflessione e rifrazione, permette di rinviare alla sorgente un fascio di raggi luminosi paralleli.
catafalco [ca-ta-fàl-co] *s.m.* [pl. *-chi*] palco coperto di drappi neri su cui si pone la bara durante le cerimonie funebri.
catafascio [ca-ta-fà-scio], pop. scatafascio, solo nella loc. avv. *a* —, alla rinfusa | *andare a* —, in rovina.
catafora [ca-tà-fo-ra] *s.f.* (*med.*) stato di letargia discontinuo.
cataforesi [ca-ta-fo-rè-ʃi] *s.f.* (*fis.*) 1 migrazione di particelle colloidali sotto l'azione di un campo elettrico; elettroforesi 2 ionoforesi.
catalano [ca-ta-là-no] *agg.* della Catalogna, regione della Spagna ♦ *s.m.* 1 [f. *-a*] nativo, abitante della Catalogna 2 lingua parlata in Catalogna.
catalessi [ca-ta-lès-si], o **catalessia** [ca-ta-les-sì-a], *s.f.* (*med.*) stato di immobilità e di rigidità dei muscoli caratteristico di alcune malattie nervose e mentali o indotto per ipnotismo.
catalettico [ca-ta-lèt-ti-co] *agg.* [pl.m. *-ci*] (*med.*) proprio della catalessi: *fenomeno* —.
cataletto [ca-ta-lèt-to] *s.m.* 1 barella per il trasporto degli ammalati e dei feriti 2 bara, feretro.
catalisi [ca-tà-li-ʃi] *s.f.* (*chim., fis.*) fenomeno per cui una sostanza (catalizzatore) modifica con la sua presenza la velocità di una reazione, pur rimanendo inalterata.
catalitico [ca-ta-lì-ti-co] *agg.* [pl.m. *-ci*] 1 (*chim., fis.*) relativo a catalisi: *fenomeno* — 2 dotato di catalizzatore: *marmitta catalitica*.
catalizzare [ca-ta-liʒ-ʒà-re] *v.tr.* 1 (*chim., fis.*) produrre una catalisi 2 (*fig.*) accelerare un processo: — *l'attenzione, l'interesse*, renderli più vivaci.
catalizzato [ca-ta-liʒ-ʒà-to] *agg.* si dice di automobile su cui è montata una marmitta catalitica.
catalizzatore [ca-ta-liʒ-ʒa-tó-re] *agg.* e *s.m.* [f. *-trice*] 1 (*chim., fis.*) si dice di sostanza che dà luogo a una catalisi 2 (*fig.*) si dice di tutto ciò che accelera o favorisce un processo o funge da centro di interesse.
catalizzazione [ca-ta-liʒ-ʒa-zió-ne] *s.f.* 1 (*chim., fis.*) catalisi 2 istallazione di una marmitta catalitica su un'automobile.
catalogabile [ca-ta-lo-gà-bi-le] *agg.* che si può catalogare.
catalogare [ca-ta-lo-gà-re] *v.tr.* [*io catàlogo, tu catàloghi ecc.*] 1 ordinare, disporre in un catalogo: — *le opere di un autore* 2 (*estens.*) enumerare, elencare secondo un determinato ordine: — *una serie di reperti*.
catalogatore [ca-ta-lo-ga-tó-re] *agg.* e *s.m.* [f. *-trice*] che/chi cataloga.
catalogazione [ca-ta-lo-ga-zió-ne] *s.f.* il catalogare; compilazione di un catalogo.
catalogo [ca-tà-lo-go] *s.m.* [pl. *-ghi*] elenco di oggetti dello stesso genere, compilato secondo un criterio; il registro, lo schedario, il volume contenente l'elenco stesso: — *dei prezzi, dei libri*; *il — di una mostra*.
catamarano [ca-ta-ma-rà-no] *s.m.* 1 imbarcazione primitiva costituita da più tronchi legati insieme 2 imbarcazione sportiva con due scafi collegati da un ponte.
catapano [ca-ta-pà-no] *s.m.* (*st.*) governatore, sovrintendente dei territori bizantini.
catapecchia [ca-ta-péc-chia] *s.f.* casupola cadente; abitazione povera.
cataplasma [ca-ta-plà-ʃma] *s.m.* [pl. *-ʃmi*] 1 impiastro medicamentoso preparato con sostanze emollienti 2 (*scherz.*) persona piena di acciacchi; persona noiosa.
catapulta [ca-ta-pùl-ta] *s.f.* 1 antica macchina da guerra che lanciava pietre e frecce 2 (*aer.*) apparecchiatura installata sulle portaerei per imprimere agli aeroplani la velocità necessaria al decollo.

catapultare [ca-ta-pul-tà-re] *v.tr.* 1 lanciare con la catapulta 2 (*estens.*) lanciare con violenza, scaraventare ♦ **catapultarsi** *v.rifl.* lanciarsi con violenza.
catarifrangente [ca-ta-ri-fran-gèn-te] *agg.* che rimanda nella stessa direzione la luce da cui è colpito: *gemma* — ♦ *s.m.* dispositivo catarifrangente applicato a veicoli o a ostacoli fissi lungo le strade, per renderli visibili di notte.
catarifrangenza [ca-ta-ri-fran-gèn-za] *s.f.* (*fis.*) fenomeno ottico per cui una lente riflette e rifrange la luce che la colpisce.
catarismo [ca-ta-rì-ʃmo] *s.m.* dottrina eretica medievale fondata sulla contrapposizione rigida tra bene e male e su un intransigente ascetismo.
cataro [cà-ta-ro] *agg.* relativo al catarismo: *dottrina catara* ♦ *s.m.* [f. *-a*] seguace del catarismo.
catarrale [ca-tar-rà-le] *agg.* (*med.*) di catarro; provocato da catarro: *affezione* —.
catarrine [ca-tar-rì-ne] *s.f.pl.* (*zool.*) sottordine di scimmie dell'Asia e dell'Africa, di media e grossa statura, con setto nasale stretto, prive di coda prensile.
catarro [ca-tàr-ro] *s.m.* (*med.*) sostanza prodotta dalle mucose in seguito a fenomeni infiammatori: — *bronchiale*.
catarroso [ca-tar-ró-so] *agg.* 1 sofferente di catarro: *un vecchio* — 2 che rivela la presenza di catarro: *tosse catarrosa*.
catarsi [ca-tàr-si] *s.f.* 1 purificazione 2 l'azione purificatrice e rasserenante dell'arte, in quanto libererebbe l'animo dalle passioni 3 (*psicoan.*) superamento di un conflitto interiore attraverso la rievocazione dei traumi che l'hanno causato.
catartico [ca-tàr-ti-co] *agg.* [pl.m. *-ci*] 1 che è proprio della catarsi; purificatorio: *rito* — 2 *metodo* —, (*psicoan.*) procedimento terapeutico basato sulla catarsi.
catasta [ca-tà-sta] *s.f.* mucchio di oggetti sovrapposti: *una* — *di libri*.
catastale [ca-ta-stà-le] *agg.* del catasto, relativo al catasto: *mappa, registro* —.
catasto [ca-tà-sto] *s.m.* inventario generale, a fini fiscali, delle proprietà immobiliari esistenti in un comune o in una provincia | l'ufficio che registra, aggiorna e conserva tale inventario, denominato ufficialmente *ufficio tecnico erariale*.
catastrofe [ca-tà-stro-fe] *s.f.* 1 evento disastroso e improvviso; calamità, sciagura grave: — *naturale* 2 nella tragedia greca (e, in genere, in ogni tragedia) l'evento luttuoso che conclude l'azione.
catastrofico [ca-ta-strò-fi-co] *agg.* [pl.m. *-ci*] 1 di catastrofe; che costituisce o provoca una catastrofe: *un evento* — 2 (*estens.*) eccessivamente pessimista o pessimistico: *una previsione catastrofica* □ **catastroficamente** *avv.*
catastrofismo [ca-ta-stro-fi-ʃmo] *s.m.* 1 (*geol.*) teoria secondo la quale le trasformazioni della crosta terrestre e l'evoluzione degli organismi viventi sono da ricondurre a improvvisi cataclismi 2 tendenza a prevedere catastrofi; estremo pessimismo.
catastrofista [ca-ta-stro-fi-sta] *agg.* e *s.m.* e *f.* [pl.m. *-sti*] si dice di chi ha una visione catastrofica delle cose ed è eccessivamente pessimista.
catatonia [ca-ta-to-nì-a] *s.f.* (*psich.*) sindrome caratterizzata da stupore e immobilità assoluta o, al contrario, da iperattività motoria.
catch [/ kɛtʃ /] *s.m.invar.* (*ingl.*) lotta libera all'americana, nella quale sono ammessi tutti i colpi.
catechesi [ca-te-chè-ʃi] *s.f.* l'insegnamento degli elementi fondamentali della dottrina cristiana.
catechismo [ca-te-chì-ʃmo] *s.m.* l'insieme dei principi fondamentali della dottrina cristiana; l'insegnamento di tali principi, soprattutto ai bambini; anche, il libro che li contiene.
catechista [ca-te-chì-sta] *s.m.* e *f.* [pl.m. *-sti*] chi insegna il catechismo.
catechistico [ca-te-chì-sti-co] *agg.* [pl.m. *-ci*] 1 del catechismo, che riguarda il catechismo e il suo insegnamento 2 (*estens.*) si dice di qualsiasi insegnamento che segue il sistema del vecchio catechismo, basato sull'apprendimento mnemonico di formule fisse.
catechizzare [ca-te-chiʒ-ʒà-re] *v.tr.* 1 istruire nel catechismo 2 (*estens.*) cercare di convincere; indottrinare.
catecumenato [ca-te-cu-me-nà-to] *s.m.* periodo di preparazione al battesimo.
catecumeno [ca-te-cù-me-no] *s.m.* [f. *-a*] chi sta ricevendo l'istruzione religiosa per essere battezzato.
categoria [ca-te-go-rì-a] *s.f.* 1 classe che raggruppa cose della medesima specie o persone che svolgono la stessa attività: — *professionale*; *albergo di terza* — | *categorie grammaticali*, classi in cui si suddividono le parti del discorso 2 (*sport*) raggruppamento di atleti secondo le prestazioni, l'età o le caratteristiche fisiche: — *juniores*.
categoricità [ca-te-go-ri-ci-tà] *s.f.* carattere categorico, assoluto: *la* — *di un comando*.
categorico [ca-te-gò-ri-co] *agg.* [pl.m. *-ci*] incondizionato, che non dipende da altro né ammette alternative: *giudizio* — | (*estens.*) preciso, deciso, netto: *un ordine* — □ **categoricamente** *avv.* in modo netto, senza esitazioni: *negare* —.
categorizzare [ca-te-go-riʒ-ʒà-re] *v.tr.* (*lett.*) ordinare per categorie.
catena [ca-té-na] *s.f.* 1 serie di anelli metallici infilati l'uno nell'altro, che si usa per legare, come strumento di trazione o trasmissione o come oggetto ornamentale: *tenere il cane alla* —; *una* — *d'oro*; *la* — *della bicicletta*. DIM. *catenella, catenina* 2 (*fig.*) vincolo, legame: *le catene dell'amore*; *spezzare le catene*, riacquistare la libertà 3 serie continua di cose o avvenimenti: — *montuosa*; *una* — *di disgrazie* | *reazione a* —, serie di reazioni, ognuna delle quali ha origine da una reazione precedente | — *di montaggio*, (*tecn.*) metodo, ora quasi del tutto abbandonato, di produzione industriale, che costringe l'operaio alla ripetizione

meccanica degli stessi gesti | — *alimentare*, (*ecol.*) in una comunità naturale, successione di organismi in cui ciascuno si nutre del precedente e serve da cibo al successivo (*p.e.* vegetali, erbivori, carnivori) **4** gruppo di imprese o aziende appartenenti allo stesso proprietario: *una — di ristoranti* **5** (*edil.*) elemento orizzontale che sostiene archi o volte **6** (*chim.*) la successione degli atomi legati fra loro in una molecola **7** (*inform.*) nell'elaborazione elettronica dei dati, serie continua di dati legati tra loro.

catenaccio [ca-te-nàc-cio] *s.m.* **1** chiavistello: *mettere il — alla porta* **2** (*sport*) nel calcio, tattica di gioco esasperatamente difensiva: *fare il —* **3** (*giorn.*) scritta sotto il titolo di un articolo per illustrarne un particolare.

catenella [ca-te-nèl-la] *s.f.* la serie di maglie con cui si avvia un lavoro all'uncinetto | *punto a —*, ricamo eseguito con l'ago in modo da formare un intreccio a catena.

catenina [ca-te-nì-na] *s.f.* sottile catena di metallo prezioso da portare al collo.

cateratta [ca-te-ràt-ta] *s.f.* **1** chiusura a saracinesca per regolare il passaggio dell'acqua di un canale: *alzare, abbassare la —* **2** nel letto di un fiume, serie di gradini che provocano piccole cascate **3** (*med.*) malattia dell'occhio caratterizzata dall'opacizzazione del cristallino.

catering [/ 'kateriŋg /] *s.m.invar.* (*ingl.*) servizio di approvvigionamento di cibi o bevande a grandi comunità, alberghi, navi, treni, aerei ecc., compiuto da apposite organizzazioni di vendita.

caterpillar® [/ 'katerpillar /] *s.m.invar.* (*ingl.*) autoveicolo cingolato usato per lavori stradali ed edilizi.

caterva [ca-tèr-va] *s.f.* moltitudine confusa, grande quantità: *una — di gente*.

catetere [ca-tè-te-re] *s.m.* (*med.*) sottile tubo di materiale flessibile che si introduce in una cavità del corpo (*p.e.* vescica, cuore) a scopo diagnostico o terapeutico.

cateto [ca-tè-to] *s.m.* (*geom.*) in un triangolo rettangolo, ciascuno dei due lati che formano l'angolo retto.

catilinaria [ca-ti-li-nà-ria] *s.f.* ciascuna delle quattro orazioni pronunciate da Cicerone contro Catilina nel 62 a.C. | (*estens.*) invettiva minacciosa, discorso ostile e violento.

catinella [ca-ti-nèl-la] *s.f.* recipiente rotondo, largo e basso, usato per lavarsi mani e viso o per lavare piccoli indumenti; bacinella | *acqua, pioggia a catinelle*, a dirotto.

catino [ca-tì-no] *s.m.* recipiente rotondo e piuttosto largo, usato per lavarsi o per lavare le stoviglie; bacile.

catione [ca-tió-ne] *s.m.* (*fis.*) ione dotato di carica positiva.

catodico [ca-tò-di-co] *agg.* [pl.m. *-ci*] (*fis.*) relativo al catodo | *raggi catodici*, radiazioni costituite da un fascio di elettroni che emanano dal catodo in un tubo a gas rarefatto | *tubo —*, parte del televisore o di altri apparecchi in cui vengono emessi raggi catodici.

catodo [cà-to-do] *s.m.* (*fis.*) polo negativo di un apparecchio elettrico o elettronico che raccoglie cariche elettriche positive.

catoniano [ca-to-nià-no] *agg.* di Catone, degno di Catone, personaggio romano (III-II sec. a.C.) divenuto proverbiale per la sua severità | (*estens.*) rigido, austero, intransigente: *severità catoniana*.

catorcio [ca-tòr-cio] **1** (*tosc.*) chiavistello **2** (*fig. fam.*) oggetto vecchio e malridotto: *quella macchina è ormai un —*.

catramare [ca-tra-mà-re] *v.tr.* impregnare o ricoprire con catrame; impermeabilizzare con uno strato di catrame: *— una strada*.

catramatrice [ca-tra-ma-trì-ce] *s.f.* macchina per stendere il catrame su una superficie stradale.

catramatura [ca-tra-ma-tù-ra] *s.f.* l'operazione del catramare.

catrame [ca-trà-me] *s.m.* liquido nero, denso, viscoso, prodotto nella distillazione a secco di legna o di combustibili fossili; è usato come impermeabilizzante nella pavimentazione delle strade e come materia prima per la produzione di oli combustibili.

catramista [ca-tra-mì-sta] *s.m.* [pl. *-sti*] operaio addetto alla catramatura degli scafi delle navi e delle strade.

catramoso [ca-tra-mó-so] *agg.* che contiene catrame, che è simile al catrame.

cattedra [càt-te-dra] *s.f.* **1** nelle scuole e nelle università, il tavolo o la scrivania riservati all'insegnante | *salire, montare in —*, (*fig.*) assumere un tono saccente **2** (*fig.*) insegnamento di una disciplina o di un insieme di discipline; il posto, l'ufficio del professore di ruolo **3** seggio con baldacchino, occupato dal pontefice o dai vescovi durante le funzioni religiose | *la Cattedra di Pietro*, (*fig.*) l'autorità pontificia.

cattedrale [cat-te-drà-le] *agg.* che appartiene a una sede vescovile ♦ *s.f.* la chiesa principale della diocesi, sede della cattedra da cui il vescovo esercita il suo magistero.

cattedratico [cat-te-drà-ti-co] *agg.* [pl.m. *-ci*] **1** proprio di chi occupa una cattedra: *insegnamento —* **2** (*spreg.*) pedantesco, saccente: *tono —* ♦ *s.m.* [f. *-a*] titolare di una cattedra universitaria □ **cattedraticamente** *avv.* con sussiego e pedanteria.

cattiveria [cat-ti-vè-ria] *s.f.* **1** l'essere cattivo; disposizione al male **2** azione cattiva: *è una — infierire sui deboli*.

cattività [cat-ti-vi-tà] *s.f.* **1** (*lett.*) schiavitù, prigionia | *la — babilonese*, il periodo della deportazione in Babilonia del popolo ebraico (597-538 a.C.) **2** la condizione dell'animale che vive in gabbia.

cattivo [cat-tì-vo] *agg.* [compar. *più cattivo* o *peggiore*; superl. *cattivissimo* o *pessimo*] **1** contrario alla legge morale: *una cattiva azione* | che ha tendenza a compiere il male; malvagio, disonesto: *animo —* 2 maldisposto verso gli altri; scortese | *— umore*, malumore, intrattabilità | *cattive maniere*, modi scortesi, maleducati: *con le buone o con le cattive*, con la persuasione o con la forza 3 indocile, indisciplinato: *un bambino —* | detto di animale, selvatico, irrequieto 4 di qualità scadente, di scarso valore: *merce cattiva* | *— gusto*, gusto grossolano, volgare 5 inefficiente, incapace (detto di persona): *un — operaio* | difettoso (detto di cosa): *un — televisore*; *in — stato*, malridotto 6 brutto, spiacevole: *— tempo*; *cibo —*, disgustoso o guasto | sfavorevole, doloroso: *cattiva sorte*; *trovarsi in cattive acque*, (*fig.*) in una situazione difficile, pericolosa 7 dannoso, svantaggioso, inopportuno: *un — affare*; *una cattiva idea* ♦ *s.m.* [f. *-a*] 1 persona cattiva, malvagia, disonesta. DIM. *cattivello* ACCR. *cattivone* 2 parte cattiva o guasta.

cattolicesimo [cat-to-li-cè-ʃi-mo] *s.m.* dottrina e confessione cristiana che considera il vescovo di Roma vicario di Cristo e capo della chiesa universale | l'insieme di tutti coloro che professano tale confessione.

cattolicità [cat-to-li-ci-tà] *s.f.* 1 l'essere cattolico, cioè universale: *la — della chiesa romana* 2 i cattolici considerati nel loro insieme: *appello alla —* 3 conformità ai principi del cattolicesimo.

cattolico [cat-tò-li-co] *agg.* [pl.m. *-ci*] 1 universale, detto della chiesa cristiana di Roma, la quale ispira il suo insegnamento a principi di universalità 2 della chiesa di Roma: *sacerdote —*; *la morale cattolica* ♦ *agg.* e *s.m.* [f. *-a*] che/chi professa la religione cattolica □ **cattolicamente** *avv.* secondo i principi del cattolicesimo.

cattura [cat-tù-ra] *s.f.* 1 il catturare, l'essere catturato; arresto, imprigionamento | *mandato di —*, provvedimento di carcerazione dell'imputato 2 (*geog.*) fenomeno per cui un fiume, modificando il suo corso a causa dell'erosione, ingloba le acque di un altro fiume o torrente 3 (*astr.*) fenomeno per cui un astro attrae un corpo celeste più piccolo e lo rende suo satellite.

catturare [cat-tu-rà-re] *v.tr.* 1 imprigionare, arrestare: *— un evaso* | prendere vivo un animale con reti, lacci o altro | *— l'attenzione di qlcu.*, (*fig.*) conquistarla, tenerla avvinta 2 (*geog.*) detto di un fiume, accrescere il proprio volume d'acqua mediante la cattura di un altro fiume.

caucasico [cau-cà-ʃi-co] *agg.* [pl.m. *-ci*] del Caucaso, della Caucasia: *monti caucasici* ♦ *s.m.* [f. *-a*] chi appartiene a una popolazione autoctona del Caucaso.

caucciù [cauc-ciù] *s.m.* gomma elastica naturale.

caudale [cau-dà-le] *agg.* della coda, che è dalla parte della coda: *pinna, estremità —*.

caudati [cau-dà-ti] *s.m.pl.* (*zool.*) urodeli.

caudato [cau-dà-to] *agg.* provvisto di coda | *sonetto —*, con appendice di uno o più versi.

caudillo [/ kau'diλλo /] *s.m.* [pl. *caudillos*] (*sp.*) in Spagna e in paesi di lingua spagnola, capo militare che assume il potere assoluto.

caudino [cau-dì-no] *agg.* di Caudio, antica città sannita | *passare sotto le forche caudine*, (*fig.*) essere costretti a subire un'umiliazione.

caule [càu-le] *s.m.* (*bot.*) il fusto delle piante erbacee.

causa [càu-ʃa] *s.f.* 1 ciò che è all'origine di qlco., ciò che produce un effetto; motivo, ragione | *per — mia*, per colpa mia | *— di forza maggiore*, evento che si sottrae alla volontà umana e la condiziona 2 (*dir.*) controversia giudiziaria, processo: *vincere, perdere una —* | *essere parte in —*, (*fig.*) direttamente interessato | *con cognizione di —*, (*fig.*) conoscendo ogni aspetto di una questione 3 (*fig.*) scopo, obiettivo, ideale per cui si opera: *vivere, combattere per una —* 4 in grammatica: *complemento di —*, quello che specifica la ragione per cui qlco. avviene; *complemento di — efficiente*, in una frase passiva, il complemento che specifica la causa da cui dipende l'azione.

causale [cau-ʃà-le] *agg.* di causa, che riguarda la causa di qlco.: *nesso —* | in grammatica: *congiunzioni causali*, quelle che introducono una proposizione causale (p.e. *perché*, *poiché*, *giacché*); *proposizioni causali*, proposizioni subordinate che indicano la causa di ciò che è espresso dalla proposizione reggente (p.e. *corro perché ho fretta*) ♦ *s.f.* 1 (*burocr.*) causa, motivo: *la — di un versamento* 2 (*gramm.*) proposizione causale □ **causalmente** *avv.* per effetto di una causa.

causalgia [cau-sal-gì-a] *s.f.* (*med.*) nevralgia conseguente alla lesione di nervi periferici, che dà un dolore bruciante.

causalità [cau-ʃa-li-tà] *s.f.* rapporto tra causa ed effetto.

causare [cau-ʃà-re] *v.tr.* [*io càuʃo ecc.*] essere la causa di qlco.; produrre, provocare qlco.: *la pioggia ha causato gravi danni.*

causativo [cau-ʃa-tì-vo] *agg.* (*ling.*) si dice di verbo che esprime un'azione non compiuta dal soggetto, ma fatta compiere ad altri (p.e. *addormentare* è causativo rispetto a *dormire*).

causidico [cau-ʃì-di-co] *s.m.* [pl. *-ci*] (*spreg.*) avvocato di scarso valore | (*estens.*) persona cavillosa.

causticità [cau-sti-ci-tà] 1 proprietà delle sostanze caustiche 2 (*fig.*) tono caustico, pungente: *la — di un discorso.*

caustico [càu-sti-co] *agg.* [pl.m. *-ci*] 1 si dice di sostanza che brucia, corrode, altera in profondità i tessuti organici 2 (*fig.*) mordace, aspro, bruciante: *una battuta caustica* □ **causticamente** *avv.*

cautela [cau-tè-la] *s.f.* 1 l'essere cauto; prudenza, circospezione: *agire con —* 2 atto di persona cauta; precauzione: *prendere le cautele necessarie.*

cautelare[1] [cau-te-là-re] *agg.* che tende a proteggere, a garantire: *provvedimenti di carattere —* | (*dir.*) *custodia —*, attuale denominazione della carcerazione preventiva □ **cautelarmente** *avv.* a scopo cautelare, come misura cautelare.

cautelare[2] *v.tr.* [*io cautèlo ecc.*] difendere, assicurare usando cautela: *— i propri interessi* ♦ **cautelarsi** *v.rifl.* usare cautele per difendersi da un danno, un pericolo; premunirsi: — *contro eventuali rischi.*

cautelativo [cau-te-la-tì-vo] *agg.* che tende a cautelare: *sequestro — dei beni* □ **cautelativamente** *avv.*

cauterio [cau-tè-rio] *s.m.* (*med.*) strumento che serve per cauterizzare.

cauterizzare [cau-te-riʒ-ʒà-re] *v.tr.* (*med.*) bruciare a scopo terapeutico, fare una cauterizzazione.

cauterizzazione [cau-te-riʒ-ʒa-zió-ne] *s.f.* (*med.*) operazione chirurgica che consiste nel bruciare tessuti malati con un filamento incandescente o con sostanze caustiche.

cauto [càu-to] *agg.* **1** che procede con prudenza, in modo da non causare danno a sé o ad altri; accorto, circospetto: *essere — negli affari*; *andar —* **2** che rivela prudenza e circospezione: *un — riserbo* □ **cautamente** *avv.*

cauzionale [cau-zio-nà-le] *agg.* (*dir.*) che concerne la cauzione; che serve da cauzione: *deposito —.*

cauzione [cau-zió-ne] *s.f.* deposito di una somma di denaro o di titoli a garanzia dell'adempimento di un obbligo: *versare una —* | *liberare qlcu. su —*, (*dir.*) concedergli la libertà provvisoria in cambio di un deposito di denaro.

cava [cà-va] *s.f.* scavo a cielo aperto per l'estrazione di materiali rocciosi; il luogo dello scavo: *— di marmo.*

cavadenti [ca-va-dèn-ti] *s.m.* chi in passato esercitava il mestiere di estrarre denti | (*spreg.*) cattivo dentista.

cavalcare [ca-val-cà-re] *v.tr.* [*io cavalco, tu cavalchi ecc.*] **1** montare un cavallo o un altro animale; stare a cavalcioni sopra qlco.: *— una scopa* | *— la tigre*, (*fig.*) cercare di dominare una situazione molto difficile **2** (*estens.*) attraversare passando sopra; valicare: *un ponte che cavalca il fiume* ♦ *v.intr.* [aus. *avere*] andare a cavallo.

cavalcata [ca-val-cà-ta] *s.f.* il cavalcare; viaggio, passeggiata a cavallo: *fare una lunga —.*

cavalcatura [ca-val-ca-tù-ra] *s.f.* cavallo o altro animale da sella.

cavalcavia [ca-val-ca-vì-a] *s.m.invar.* ponte che passa sopra una o più strade o sopra una linea ferroviaria.

cavalcioni [ca-val-ció-ni] nella loc. avv. *a —*, nella posizione di chi va a cavallo: *stare a — di* (o *su*) *un muretto.*

cavalierato [ca-va-lie-rà-to] *s.m.* titolo e dignità di cavaliere.

cavaliere [ca-va-liè-re] *s.m.* **1** chi va a cavallo; soldato a cavallo | nel Medioevo, membro dell'istituzione della *cavalleria*: *i cavalieri della Tavola rotonda* | *— errante* o *di ventura*, chi andava per il mondo affrontando pericoli in difesa degli oppressi e delle donne **2** (*fig.*) chi agisce con lealtà e cortesia, specialmente nei riguardi delle donne; gentiluomo: *comportarsi da perfetto —* | chi accompagna una donna a balli o feste: *fare da —* **3** nella gerarchia nobiliare, titolo immediatamente inferiore a quello di nobile | (*estens.*) chi ha ricevuto una onorificenza cavalleresca o appartiene a un ordine cavalleresco: *— del lavoro, di Malta* **4** *— d'Italia*, (*zool.*) uccello di palude dal corpo snello bianco e nero, con gambe lunghissime e becco sottile.

cavalla [ca-vàl-la] *s.f.* femmina del cavallo; giumenta. DIM. *cavallina.*

cavallaio [ca-val-là-io] *s.m.* **1** custode d'un branco di cavalli **2** mercante di cavalli.

cavalleggero [ca-val-leg-gè-ro] *s.m.* **1** (*ant.*) soldato a cavallo armato alla leggera **2** negli eserciti moderni, soldato di cavalleria.

cavalleresco [ca-val-le-ré-sco] *agg.* [pl.m. *-schi*] **1** della cavalleria, relativo all'istituzione medievale della cavalleria: *letteratura, poesia cavalleresca*, ispirata alle gesta dei cavalieri medievali **2** di cavaliere, proprio dei cavalieri: *onorificenza cavalleresca* **3** (*fig.*) da cavaliere, degno di un cavaliere; leale, generoso, nobile: *gesto —* □ **cavallerescamente** *avv.*

cavalleria [ca-val-le-rì-a] *s.f.* **1** un tempo, milizia a cavallo; oggi, arma dell'esercito costituita di unità motocorazzate: *ufficiale di —* **2** istituzione medievale sorta per la difesa della chiesa cristiana, delle donne e dei deboli **3** (*fig.*) lealtà, generosità, coraggio degni di un cavaliere | comportamento maschile improntato a cortesia e gentilezza verso le donne.

cavallerizza [ca-val-le-rìz-za] *s.f.* **1** maneggio **2** arte di cavalcare o di ammaestrare i cavalli.

cavallerizzo [ca-val-le-rìz-zo] *s.m.* **1** [f. *-a*] chi mostra particolare abilità nel cavalcare **2** maestro di equitazione.

cavalletta [ca-val-lét-ta] *s.f.* **1** insetto saltatore che si nutre di vegetali e che, quando migra in sciami, può costituire un flagello per le coltivazioni **2** (*fig.*) persona avida o invadente.

cavalletto [ca-val-lét-to] *s.m.* **1** sostegno, generalmente a tre o quattro piedi, di legno o di metallo: *il — della macchina fotografica* **2** struttura su cui poggiano i fili di sciovie o funivie.

cavallina [ca-val-lì-na] *s.f.* **1** cavalla giovane, snella | *correre la —*, (*fig.*) condurre una vita di piaceri **2** gioco infantile che consiste nel saltare a gambe divaricate oltre la schiena di una persona chinata in avanti **3** attrezzo ginnico per il salto o il volteggio.

cavallino [ca-val-lì-no] *agg.* di cavallo, da cavallo: *dentatura cavallina* | *tosse cavallina*, (*pop.*) pertosse | *mosca cavallina*, mosca parassita che succhia il sangue di cavalli, buoi o altri animali; (*fig.*) persona fastidiosa.

cavallo [ca-vàl-lo] *s.m.* **1** grosso mammifero erbivoro con testa lunga, collo diritto sovrastato da criniera, arti con un solo dito coperto dallo zoccolo; è usato come animale da cavalcatura, da tiro e da macello: *montare a —*; *scendere da —*; *— da corsa* | *da —*, (*fig.*) grande, straordinario: *febbre da —*, febbre molto violenta | *a —*, a cavalcioni: *a — di una sedia*; *a — di due secoli*, (*fig.*) negli anni finali di un secolo e iniziali del successivo |

— *di battaglia*, (*fig.*) pezzo in cui un attore o un cantante dà miglior prova della propria abilità | — *di razza*, (*fig.*) persona dotata di grandi qualità nel campo in cui opera | — *di ritorno*, (*fig.*) notizia che riappare sui giornali dopo essere stata pubblicata e smentita | — *di Troia*, quello, di legno, con cui i greci penetrarono nella città di Troia; (*fig.*) inganno, tranello | *essere a* —, (*fig.*) essere vicini allo scopo | *prov.*: *a caval donato non si guarda in bocca*, il regalo deve essere accettato di buon grado così com'è; *campa — che l'erba cresce*, con riferimento a situazioni che preannunciano attese lunghe. DIM. *cavallino* VEZZ. *cavalluccio* **2** — *vapore*, (*fis.*) unità di misura pratica della potenza di un motore, corrispondente a 735,5 watt: *motore da trenta cavalli* **3** attrezzo ginnico per volteggi **4** nel gioco degli scacchi, pezzo a forma di testa di cavallo **5** una delle figure delle carte italiane **6** parte dei pantaloni o delle mutande che corrisponde all'inforcatura delle gambe.

cavallona [ca-val-ló-na] *s.f.* (*scherz.*) donna alta e robusta, che si muove senza grazia.

cavallone [ca-val-ló-ne] *s.m.* **1** (spec. *pl.*) grossa onda marina che si accavalla ad altre e si frange con violenza **2** (*scherz.*) persona irruente, scomposta nei movimenti.

cavalluccio [ca-val-lùc-cio] *s.m.* cavallo piccolo e grazioso | *portare qlcu. a* —, (*fig.*) portarlo sulle spalle, con le gambe pendenti sul davanti **2** — *marino*, nome comune dell'ippocampo **3** (spec. *pl.*) pasticcino di pasta dura tipico di Siena.

cavapietre [ca-va-piè-tre] *s.m.invar.* operaio che lavora nelle cave di pietra.

cavare [ca-và-re] *v.tr.* **1** estrarre, tirar fuori, estirpare: — *un dente* | — *qlco. di bocca a qlcu.*, (*fig.*) riuscire a farlo parlare | *non — un ragno dal buco*, (*fig.*) non ottenere alcun risultato **2** levarsi, togliersi di dosso qlco.: *cavarsi il cappello* | *cavarsela*, superare più o meno brillantemente una situazione difficile **3** ricavare, ottenere: *da quell'individuo non si cava nulla di buono*.

cavastivali [ca-va-sti-và-li] *s.m.* arnese a forcella in cui si inserisce il calcagno dello stivale per renderne più agevole l'estrazione.

cavata [ca-và-ta] *s.f.* **1** il cavare | — *di sangue*, salasso **2** (*mus.*) qualità del suono che un esecutore sa trarre da uno strumento a corde.

cavatappi [ca-va-tàp-pi] *s.m.* utensile munito di una punta a spirale, con cui si estraggono i tappi di sughero da bottiglie o fiaschi.

cavatina [ca-va-tì-na] *s.f.* (*mus.*) brano vocale in una o due parti, senza ripresa da capo, diffuso nell'opera italiana fino alla metà dell'Ottocento.

cavatore [ca-va-tó-re] *s.m.* chi è addetto a lavori di scavo.

cavaturaccioli [ca-va-tu-ràc-cio-li] *s.m.* cavatappi.

cavazione [ca-va-zió-ne] *s.f.* nella scherma, azione che serve a svincolare la lama della propria arma da quella dell'avversario.

cavea [cà-ve-a] *s.f.* nel teatro classico, l'area destinata al pubblico, costituita da gradinate semicircolari.

caveau [/ ka'vo /] *s.m.* (*fr.*) stanza sotterranea blindata di una banca per il deposito di valori.

cavedano [ca-vé-da-no] *s.m.* pesce d'acqua dolce, commestibile ma poco pregiato.

cavedio [ca-vè-dio] *s.m.* **1** (*archeol.*) cortile interno della casa romana; atrio **2** sorta di piccolo cortile interno di un edificio, su cui generalmente si affacciano i servizi.

caverna [ca-vèr-na] *s.f.* **1** spaziosa cavità sotterranea, naturale o artificiale | *uomo delle caverne*, uomo primitivo **2** (*estens.*) grosso buco, cavità abnorme: *quella bocca è una —!* | (*fig.*) abitazione buia, sporca e malsana **3** (*med.*) cavità in un organo determinata da una malattia: *caverne polmonari*.

cavernicolo [ca-ver-nì-co-lo] *agg.* e *s.m.* [f. *-a*] che/chi abita nelle caverne | (*scherz.*) si dice di persona poco socievole o rozza.

cavernosità [ca-ver-no-si-tà] *s.f.* la parte cava, vuota di qlco.

cavernoso [ca-ver-nó-so] *agg.* **1** ricco di caverne **2** simile a caverna **3** (*anat.*) si dice di organo o tessuto a conformazione spugnosa **4** (*fig.*) cupo, roco: *voce cavernosa*.

cavetto [ca-vét-to] *s.m.* (*elettr.*) piccolo cavo usato per collegamenti telefonici o negli impianti elettrici.

cavezza [ca-véz-za] *s.f.* fune con cui si tiene legato per la testa il cavallo o un altro animale | *mettere la — al collo di qlcu.*, (*fig.*) limitarne la libertà.

cavia [cà-via] *s.f.* **1** piccolo mammifero roditore originario dell'America, usato per esperimenti di laboratorio **2** (*estens.*) qualsiasi animale o persona che venga sottoposta a esperimenti scientifici o a prove di altra natura: *fare, servire da* —.

caviale [ca-vià-le] *s.m.* alimento pregiato costituito da uova di storione salate.

cavicchio [ca-vìc-chio] *s.m.* piolo di legno che può essere usato come elemento di collegamento al posto dei chiodi o come arnese per praticare fori o turare buchi.

caviglia [ca-vì-glia] *s.f.* **1** la parte della gamba immediatamente al di sopra del piede **2** piolo di legno o di ferro; cavicchio **3** (*mar.*) manopola della ruota di manovra del timone | arnese a forma di perno usato nelle cavigliere delle navi per fissare i cavi.

cavigliera [ca-vi-gliè-ra] *s.f.* **1** fascia elastica protettiva che si mette attorno alle caviglie per prevenire o curare distorsioni **2** (*mar.*) sorta di rastrelliera disposta alla base degli alberi delle navi per fissarvi i cavi.

cavigliere [ca-vi-gliè-re] *s.m.* (*mus.*) estremità superiore degli strumenti a corda recante i piroli attorno ai quali si avvolgono le corde.

cavillare [ca-vil-là-re] *v.intr.* [aus. *avere*] ricorrere a cavilli; sottilizzare: — *sull'interpretazione di un passo*.

cavillo [ca-vìl-lo] *s.m.* ragionamento sottile e capzioso, sostenuto per alterare la verità a proprio vantaggio: *cercare cavilli.*
cavillosità [ca-vil-lo-si-tà] *s.f.* l'essere cavilloso.
cavilloso [ca-vil-ló-so] *agg.* **1** che usa cavilli: *persona cavillosa* **2** che è fondato su cavilli: *discorso* — □ **cavillosamente** *avv.*
cavità [ca-vi-tà] *s.f.* **1** l'essere cavo, incavato **2** parte cava: *una — del terreno* | (*anat.*) parte cava all'interno del corpo umano o animale: *— orale.*
cavo[1] [cà-vo] *agg.* incavato, fondo; vuoto: *tronco —* | *vene cave,* (*anat.*) le due vene principali che portano al cuore il sangue ♦ *s.m.* **1** cavità, incavatura: *il — della mano* **2** cavità anatomica: *— orale,* la bocca.
cavo[2] *s.m.* **1** grossa fune impiegata come organo di trazione, di sostegno o di fissaggio: *il — della teleferica, di una nave.* DIM. *cavetto* **2** (*elettr.*) conduttore elettrico rivestito di materiale isolante: *— sottomarino* | *trasmissione via —,* (*telecom.*) in cui il segnale è trasmesso attraverso un cavo.
cavolaia [ca-vo-là-ia] *s.f.* farfalla diurna dalle ali bianche con macchie scure, il cui bruco danneggia le foglie del cavolo.
cavolata [ca-vo-là-ta] *s.f.* **1** cibo a base di cavoli **2** (*fig. pop.*) stupidaggine, sciocchezza: *fare, dire una —.*
cavolfiore [ca-vol-fió-re] *s.m.* varietà di cavolo con infiorescenza carnosa bianco-giallicciа, commestibile.
cavolo [cà-vo-lo] *s.m.* **1** pianta con fiori gialli e foglie piane e larghe, di cui si coltivano diverse varietà per uso alimentare | *c'entra come i cavoli a merenda,* (*fig. fam.*) si dice di cosa assolutamente estranea a un discorso o a una situazione **2** (*fig. pop.*) nulla, niente: *non me ne importa un —* | *col —,* per nulla, niente affatto | *testa di —,* imbecille **3** *pl.* (*fig. pop.*) casi, fatti personali: *pensare ai cavoli propri* ♦ Usato anche come *inter.* per esprimere ammirazione, stupore o ira.
cazza [càz-za] *s.f.* **1** recipiente di ferro, provvisto di manico, nel quale si fondono i metalli **2** mestolo.
cazzare [caz-zà-re] *v.tr.* (*mar.*) tendere al massimo un cavo.
cazzata [caz-zà-ta] *s.f.* (*volg.*) sciocchezza, stupidaggine.
cazzo [càz-zo] *s.m.* (*volg.*) **1** membro virile, pene | *testa di —,* (*fig.*) imbecille **2** (*fig.*) nulla, niente: *non capire un —.*
cazzone [caz-zó-ne] *s.m.* (*volg.*) persona sciocca e presuntuosa.
cazzotto [caz-zòt-to] *s.m.* (*fam.*) colpo violento dato col pugno chiuso: *fare, prendere a cazzotti.*
cazzuola [caz-zuò-la] *s.f.* attrezzo del muratore a forma di grossa spatola con manico di legno, per prendere la malta e stenderla su una superficie.
ce [cé] *pron.pers. di prima persona pl.* [atono; usato come compl. di termine in luogo del pron. pers. *ci* in presenza delle forme pronominali atone *lo, la, li, le* e della particella *ne,* in posizione sia proclitica sia enclitica] a noi: *ce lo disse; ce la restituì; ce ne volle!; dateceli; parlacene* ♦ *avv.* [usato in luogo dell'avv. *ci* in presenza delle forme pronominali atone *lo, la, li, le* e della particella *ne,* in posizione sia proclitica sia enclitica] qui, lì; nel luogo di cui si parla: *non ce lo trovai; dovrebbero essercene ancora.*
cecaggine [ce-càg-gi-ne] *s.f.* **1** indebolimento della vista **2** senso di pesantezza agli occhi causato dalla sonnolenza.
cecchino [cec-chì-no] *s.m.* tiratore scelto che spara di sorpresa stando appostato.
cece [cé-ce] *s.m.* **1** pianta erbacea con semi tondeggianti di color giallo chiaro, usati per minestre o come surrogato del caffè | il seme di tale pianta, usato come cibo: *pasta e ceci* **2** (*estens.*) escrescenza carnosa che ha l'aspetto di questo seme.
cecidio [ce-cì-dio] *s.m.* (*bot.*) galla.
cecilia [ce-cì-lia] *s.f.* piccolo anfibio vermiforme privo di zampe, che vive sottoterra nelle zone tropicali umide.
cecità [ce-ci-tà] *s.f.* **1** (*med.*) mancanza della vista **2** (*fig.*) oscuramento della mente, incapacità di giudizio.
ceco [cè-co] *agg.* [pl.m. *-chi*] della Boemia o della Moravia ♦ *s.m.* **1** [f. *-a*] abitante, nativo della Boemia o della Moravia **2** lingua del gruppo slavo parlata in Boemia e Moravia.
cecoslovacco [ce-co-ʃlo-vàc-co] *agg.* [pl.m. *-chi*] che si riferisce all'ex repubblica di Cecoslovacchia.
cecubo [cè-cu-bo] *s.m.* vino rosso del Lazio, celebre nell'antichità.
cedere [cè-de-re] *v.intr.* [pres. *io cèdo ecc.*; pass.rem. *io cedéi* o *cedètti, tu cedésti ecc.*; part.pass. *ceduto*; aus. *avere*] **1** non opporre più resistenza; arrendersi: *— all'assalto nemico, alle minacce* **2** non reggere più; rassegnarsi: *— allo sconforto* **3** piegarsi, abbassarsi, rompersi (per lo sforzo o il peso eccessivo): *l'argine ha ceduto* ♦ *v.tr.* **1** rinunciare a qlco. per darla ad altri: *— il proprio posto* | *— le armi,* consegnarle ai vincitori, arrendersi | *— il passo,* ritirarsi per lasciar passare altri **2** vendere: *— un negozio.*
cedevole [ce-dé-vo-le] *agg.* **1** che cede con facilità; morbido, molle, malleabile: *terreno —* **2** (*fig.*) che si piega facilmente alla volontà altrui; arrendevole: *un'indole —.*
cedevolezza [ce-de-vo-léz-za] *s.f.* l'essere cedevole (anche *fig.*): *— di carattere.*
cedibile [ce-dì-bi-le] *agg.* che può essere ceduto, venduto: *biglietto non —.*
cedibilità [ce-di-bi-li-tà] *s.f.* l'essere cedibile.
cediglia [ce-dì-glia] *s.f.* segno ortografico che, nella lingua francese e in altre lingue, si pone sotto la lettera *c* quando tale consonante deve essere pronunciata come *s* sorda.
cedimento [ce-di-mén-to] *s.m.* il cedere (anche *fig.*): *— fisico.*
cedola [cè-do-la] *s.f.* **1** piccola polizza; scontri-

no **2** tagliando rettangolare unito a titoli pubblici o privati, che dà diritto a riscuotere interessi o dividendi. DIM. *cedoletta, cedolina, cedolino* (m.).
cedolare [ce-do-là-re] *agg.* che concerne una o più cedole | *imposta —*, imposta diretta pagata all'atto dell'incasso di cedole.
cedracca [ce-dràc-ca] *s.f.* piccola felce le cui foglie presentano sulla pagina inferiore peli di colore bruno-rossastro; è detta anche *erba ruggine*.
cedrata [ce-drà-ta] *s.f.* **1** bibita a base di sciroppo di cedro **2** dolce siciliano aromatizzato con buccia di cedro.
cedrato [ce-drà-to] *agg.* che ha gusto di cedro; che è stato aromatizzato con cedro: *bevanda cedrata*.
cedrina [ce-drì-na] *s.f.* piccolo arbusto dalle foglie aromatiche che hanno l'odore del cedro.
cedro[1] [cé-dro] *s.m.* alberello sempreverde con grossi frutti ovoidali simili ai limoni | il frutto di tale pianta, da cui si ricava un olio impiegato in liquoreria e farmacia.
cedro[2] *s.m.* (*bot.*) grande conifera d'alto fusto, con foglie aghiformi odorose sempreverdi; la specie più nota è il *cedro del Libano* | il legno di tale pianta.
cedrone [ce-dró-ne] *s.m.* (*pop.*) urogallo: *gallo —*.
ceduo [cè-du-o] *agg.* si dice di bosco o di pianta soggetti a taglio periodico ♦ *s.m.* bosco ceduo.
cefalea [ce-fa-lè-a] *s.f.* (*med.*) mal di capo.
-cefalia secondo elemento che in parole composte della terminologia scientifica fa riferimento al capo.
cefalico [ce-fà-li-co] *agg.* [pl.m. *-ci*] (*scient.*) del capo, che concerne il capo.
cefalo [cè-fa-lo] *s.m.* pesce di mare commestibile dal corpo quasi cilindrico, con dorso scuro a squame argentee.
cefalo-, **-cefalo** primo e secondo elemento di parole composte della terminologia scientifica, che significa 'capo, testa' (*cefaloplegia, brachicefalo*).
cefalocordati [ce-fa-lo-cor-dà-ti] *s.m.pl.* (*zool.*) sottotipo di cordati dal corpo diafano, fusiforme, leggermente compresso, circondato da una pinna continua.
cefaloplegia [ce-fa-lo-ple-gì-a] *s.f.* (*med.*) paralisi che colpisce i muscoli del collo e impedisce i movimenti del capo.
cefalopodi [ce-fa-lò-po-di] *s.m.pl.* (*zool.*) classe di molluschi marini col capo fornito di due grandi occhi e coronato di tentacoli (*p.e.* polpi, seppie, calamari).
cefalorachidiano [ce-fa-lo-ra-chi-dià-no] *agg.* (*anat.*) si dice del liquido che riempie le cavità del cervello e il canale centrale del midollo spinale.
cefalotorace [ce-fa-lo-to-rà-ce] *s.m.* (*zool.*) parte anteriore del corpo di alcuni artropodi.
cefalottera [ce-fa-lòt-te-ra] *s.f.* pesce di mare di grandi dimensioni, simile alla razza.
ceffo [cèf-fo] *s.m.* **1** muso d'animale **2** (*spreg.*) volto umano deforme | (*estens.*) uomo d'aspetto poco rassicurante: *un brutto —*.
ceffone [cef-fó-ne] *s.m.* schiaffo dato con forza sul viso.
celare [ce-là-re] *v.tr.* [*io cèlo ecc.*] nascondere, tenere nascosto: *— la verità* ♦ **celarsi** *v.rifl.* nascondersi.
celastracee [ce-la-strà-ce-e] *s.f.pl.* (*bot.*) famiglia di piante dicotiledoni che comprende alberi o arbusti diffusi nelle regioni tropicali.
celata [ce-là-ta] *s.f.* elmo senza cimiero e con visiera abbassabile per proteggere il viso.
celato [ce-là-to] *agg.* che è tenuto nascosto, dissimulato: *invidia mal celata*.
-cele secondo elemento di parole composte, che significa 'tumefazione, rigonfiamento' (*varicocele*).
celeberrimo [ce-le-bèr-ri-mo] *superl.* di *celebre*.
celebrante [ce-le-bràn-te] *s.m.* il sacerdote che celebra la messa o un'altra cerimonia religiosa.
celebrare [ce-le-brà-re] *v.tr.* [*io cèlebro ecc.*] **1** commemorare, festeggiare solennemente: *— un anniversario* **2** (*estens.*) compiere un rito: *— la messa* | compiere un atto giuridico secondo la procedura: *— un processo* **3** (*fig.*) esaltare, glorificare: *— le gesta di un eroe*.
celebrativo [ce-le-bra-tì-vo] *agg.* che ha il fine di celebrare: *cerimonia celebrativa* | *francobollo —*, emesso nel giorno in cui si celebra un avvenimento.
celebrazione [ce-le-bra-zió-ne] *s.f.* il celebrare, l'essere celebrato: *la — di un matrimonio*.
celebre [cè-le-bre] *agg.* [superl. *celeberrimo*] che gode di grande fama, molto noto: *un — poeta*; *una località —*.
celebrità [ce-le-bri-tà] *s.f.* **1** l'essere celebre; notorietà, fama: *giungere alla —* **2** persona celebre: *essere una —*.
celenterati [ce-len-te-rà-ti] *s.m.pl.* (*zool.*) tipo di animali invertebrati acquatici, con corpo gelatinoso provvisto di tentacoli urticanti (*p.e.* meduse, coralli, attinie).
celere [cè-le-re] *agg.* [superl. *celerissimo* o *celerrimo*] **1** veloce, rapido: *un treno —* **2** che viene effettuato in un breve lasso di tempo: *corso — di dattilografia* | pronto, immediato: *la — esecuzione di un piano* ♦ *s.f.* nome dei reparti di polizia trasportati su camionetta e in grado di intervenire rapidamente per controllare l'ordine pubblico □ **celermente** *avv.*
celerimetro [ce-le-rì-me-tro] *s.m.* apparecchio per misurare la velocità; tachimetro.
celerino [ce-le-rì-no] *s.m.* (*pop.*) agente della polizia di stato appartenente alla celere.
celerità [ce-le-ri-tà] *s.f.* l'essere celere; velocità, prontezza: *camminare con —*.
celerrimo [ce-lèr-ri-mo] *superl.* di *celere*.
celesta [ce-lè-sta] *s.f.* (*mus.*) strumento a tastiera simile al pianoforte, costituito da lamine di acciaio intonate poste in vibrazione per mezzo di martelletti.
celeste [ce-lè-ste] *agg.* **1** proprio del cielo, dello

spazio che circonda la terra: *corpi celesti* | (*estens.*) del colore del cielo sereno: *occhi celesti* 2 del cielo in quanto sede di Dio e dimora dei beati; divino: *il Padre* —, Dio; *la corte* —, gli angeli e i santi ♦ *s.m.* il colore celeste.
celestiale [ce-le-stià-le] *agg.* 1 (*lett.*) del cielo, del paradiso: *uno spirito* — 2 (*estens.*) sovrumano, paradisiaco: *bellezza* —.
celestina [ce-le-stì-na] *s.f.* (*min.*) solfato di stronzio in cristalli prismatici bianchi o celesti.
celestino [ce-le-stì-no] *agg.* e *s.m.* si dice di colore celeste tenue.
celia [cè-lia] *s.f.* (*lett.*) burla, scherzo: *dire qlco. per* —.
celiare [ce-lià-re] *v.intr.* [*io cèlio ecc.*; aus. *avere*] dire o fare celie; scherzare.
celibato [ce-li-bà-to] *s.m.* condizione di chi è celibe | — *ecclesiastico*, quello osservato dai sacerdoti cattolici.
celibe [cè-li-be] *agg.* e *s.m.* che/chi non ha preso moglie; scapolo.
celidonia [ce-li-dò-nia] *s.f.* pianta erbacea medicinale con fiori gialli.
cella [cèl-la] *s.f.* 1 ambiente ristretto destinato a un uso particolare | — *frigorifera*, ambiente a bassa temperatura per la conservazione di prodotti alimentari. DIM. *celletta* 2 ciascuno dei piccoli ambienti in cui, nelle prigioni, vengono rinchiusi i carcerati: — *d'isolamento* 3 nei conventi, stanza piccola e disadorna di ciascun monaco 4 ciascuno dei piccoli scompartimenti di un alveare 5 (*archeol.*) la parte interna del tempio pagano, dove si custodiva l'immagine della divinità.
cellofan [cèl-lo-fan] *s.m.invar.* pellicola trasparente e incolore ottenuta per essiccamento di una soluzione di cellulosa e usata per rivestimenti o imballaggi.
cellofanare [cel-lo-fa-nà-re] *v.tr.* avvolgere nel cellofan: — *una rivista*.
cellofanatura [cel-lo-fa-na-tù-ra] *s.f.* l'operazione del cellofanare.
cellula [cèl-lu-la] *s.f.* 1 (*biol.*) la più piccola unità di sostanza vivente, costituita da una membrana che racchiude il protoplasma, al cui interno si trova il nucleo 2 — *fotoelettrica*, (*fis.*) dispositivo che permette di trasformare energia luminosa in energia elettrica; fotocellula.
cellulare [cel-lu-là-re] *agg.* 1 (*biol.*) proprio delle cellule; costituito da cellule: *struttura* — 2 diviso in celle: *carcere* — | *furgone* —, autoveicolo per il trasporto dei carcerati 3 *telefono* —, piccolo radiotelefono portatile ♦ *s.m.* 1 carcere in cui i detenuti sono segregati in celle separate 2 furgone cellulare 3 telefono cellulare.
cellulite [cel-lu-lì-te] *s.f.* (*med.*) 1 infiammazione del tessuto cellulare 2 accumulo patologico di grasso.
cellulitico [cel-lu-lì-ti-co] *agg.* [pl.m. *-ci*] (*med.*) caratterizzato da cellulite: *tessuto* —.
celluloide [cel-lu-lòi-de] *s.f.* sostanza plastica, lucida, trasparente, infiammabile, usata come materiale fotografico | *il mondo della* —, (*fig.*) il mondo del cinema.
cellulosa [cel-lu-ló-sa] *s.f.* sostanza organica bianca, solida, fibrosa, contenuta nelle cellule dei vegetali; è un'importante materia prima per l'industria tessile, della carta, delle vernici e degli esplosivi.
celluloso [cel-lu-lò-so] *agg.* che è costituito da cellule: *tessuto — delle ossa* | spugnoso: *lava cellulosa*.
celta [cèl-ta] *s.m.* e *f.* [pl.m. *-ti*] (spec. *pl.*) appartenente ad antiche popolazioni indoeuropee diffuse nell'Europa centro-occidentale | abitante dell'antica Gallia.
celtico [cèl-ti-co] *agg.* [pl.m. *-ci*] dei celti | *lingue celtiche*, gruppo di lingue indoeuropee parlate ancora oggi in alcune regioni della Gran Bretagna, della Francia e dell'Irlanda.
celtismo [cel-tì-ʃmo] *s.m.* (*ling.*) elemento linguistico celtico che sopravvive nelle lingue europee moderne.
cembalista [cem-ba-lì-sta] *s.m.* e *f.* [pl.m. *-sti*] (*mus.*) 1 chi suona il cembalo, il clavicembalo e strumenti affini 2 chi compone musiche per tali strumenti.
cembalo [cém-ba-lo] *s.m.* (*mus.*) 1 clavicembalo 2 (spec. *pl.*) antico strumento a percussione, simile ai moderni piatti.
cembro [cém-bro] *s.m.* varietà di pino delle Alpi.
cementante [ce-men-tàn-te] *s.m.* (*edil.*) sostanza che serve a cementare.
cementare [ce-men-tà-re] *v.tr.* [*io cemènto ecc.*] 1 (*edil.*) unire con cemento; rivestire di cemento | consolidare con materiale indurente 2 (*fig.*) consolidare, rinsaldare: — *un'amicizia* 3 (*metall.*) sottoporre un oggetto metallico alla cementazione: — *l'acciaio* ♦ **cementarsi** *v.intr. pron.* 1 legarsi, rinsaldarsi per mezzo del cemento 2 (*fig.*) consolidarsi.
cementazione [ce-men-ta-zió-ne] *s.f.* 1 il cementare, il cementarsi (anche *fig.*) 2 (*metall.*) trattamento termochimico per conferire particolare durezza a superfici metalliche.
cementiero [ce-men-tiè-ro] *agg.* di cemento, del cemento; che riguarda il cemento: *industria cementiera* ♦ *s.m.* operaio addetto alla fabbricazione del cemento.
cementifero [ce-men-tì-fe-ro] *agg.* che produce cemento: *industria cementifera*.
cementificare [ce-men-ti-fi-cà-re] *v.tr.* [*io cementìfico, tu cementìfichi* ecc.] coprire intensivamente un'area di edifici e di altre costruzioni in cemento, a danno degli spazi verdi e dell'integrità del paesaggio.
cementificazione [ce-men-ti-fi-ca-zió-ne] *s.f.* l'atto, l'effetto del cementificare.
cementificio [ce-men-ti-fì-cio] *s.m.* fabbrica di cemento.
cementite [ce-men-tì-te] *s.f.* 1 (*metall.*) carburo di ferro, duro, leggero e fragile, costituente dell'acciaio e della ghisa 2 nome commerciale di una vernice opaca per legno, muri e metalli.

cementizio [ce-men-tì-zio] *agg.* del cemento: *industrie cementizie* | *materiale* —, a base di cemento.

cemento [ce-mén-to] *s.m.* **1** (*edil.*) materiale da costruzione costituito da polvere grigia o giallastra, la quale, mescolata con acqua, sabbia e ghiaia, si rapprende e serve a tenere saldamente uniti elementi costruttivi (mattoni, pietre ecc.) o a formare blocchi compatti e resistenti: — *a presa rapida* | — *armato*, struttura costruttiva mista di calcestruzzo e ferro, dotata di particolare resistenza e leggerezza **2** (*fig.*) ciò che consolida un vincolo, un'unione: *la lealtà è il — dell'amicizia* **3** (*med.*) resina sintetica di rapido indurimento, usata in odontoiatria per fare otturazioni o per fissare capsule.

cena [cé-na] *s.f.* pasto della sera; le vivande che lo costituiscono: *andare a* —; *prima di* —, *dopo* —. DIM. *cenetta* ACCR. *cenone* (m.).

cenacolo [ce-nà-co-lo] *s.m.* **1** nel mondo antico, la sala in cui si cenava | la stanza in cui Gesù consumò l'ultima cena prima di essere crocifisso; l'opera d'arte che raffigura l'ultima cena di Gesù **2** (*fig. lett.*) luogo in cui si riuniscono artisti, letterati, pensatori uniti da comuni interessi | l'insieme di tali persone; circolo.

cenare [ce-nà-re] *v.intr.* [*io céno ecc.*; aus. *avere*] consumare la cena.

cenciaio [cen-ciài-o] *s.m.* [f. *-a*] chi compra o rivende cenci.

cenciaiolo [cen-cia-iò-lo] *s.m.* [f. *-a*] cenciaio.

cencio [cén-cio] *s.m.* **1** pezzo di stoffa vecchio e logoro; straccio | *bianco come un* —, pallidissimo **2** (*fig.*) cosa di scarso valore; vestito vecchio e rovinato: *un mendicante coperto di cenci* **3** (*fig.*) persona malridotta o sofferente: *il dispiacere l'ha ridotto un* — **4** (spec. *pl.*) in Toscana, dolce tipico del carnevale; frappe, chiacchiere.

cencioso [cen-ció-so] *agg.* si dice di abito rattoppato, lacero ♦ *agg.* e *s.m.* [f. *-a*] si dice di persona coperta di cenci; miserabile □ **cenciosamente** *avv.*

-cene secondo elemento di parole composte, che significa 'recente' (*olocene, pleistocene*).

ceneraccio [ce-ne-ràc-cio] *s.m.* la cenere usata per fare il bucato | il canovaccio con cui si filtrava il ranno.

ceneratoio [ce-ne-ra-tó-io] *s.m.* vano o recipiente situato sotto il focolare di stufe, caldaie ecc., in cui si raccoglie la cenere.

cenere [cé-ne-re] *s.f.* **1** polvere grigiastra che è il residuo della combustione o della calcinazione di sostanze organiche | *ceneri radioattive*, scorie, rifiuti radioattivi | *ridurre in* —, bruciare, distruggere (anche *fig.*) | *covare sotto la* —, (*fig.*) si dice di sentimenti coperti da un'apparente indifferenza **2** ciò che resta del corpo umano dopo la morte: *risorgere dalle ceneri*, risuscitare | *le Ceneri*, nella liturgia cattolica, il primo giorno di quaresima, nel quale il sacerdote impone sulla fronte dei fedeli un po' di cenere come segno di penitenza **3** *pl.* residuo della cremazione di un cadavere: *raccogliere le ceneri in un'urna* ♦ Come *agg.invar.* del colore grigio chiaro della cenere: *biondo* —, tonalità di biondo con riflessi quasi grigi.

cenerentola [ce-ne-rèn-to-la] *s.f.* ragazza trascurata dalla famiglia e costretta alle mansioni più umili | (*fig.*) persona o cosa tenuta in scarsissimo conto, che viene sempre all'ultimo posto.

cenericcio [ce-ne-rìc-cio] *agg.* [pl.f. *-ce*] di colore simile a quello della cenere.

cenerino [ce-ne-rì-no] *agg.* e *s.m.* di colore grigio cenere.

cenerognolo [ce-ne-ró-gno-lo *o* cenerògnolo] *agg.* di colore grigio cenere tendente al giallastro.

cenerume [ce-ne-rù-me] *s.m.* mucchio di cenere.

cengia [cén-gia *o* cèngia] *s.f.* [pl. *-ge*] piccola sporgenza orizzontale in una parete rocciosa.

cennamella [cen-na-mèl-la] *s.f.* antico strumento aerofono ad ancia doppia e tubo conico.

cenno [cén-no] *s.m.* **1** segno fatto con un gesto della mano, col capo o con gli occhi per indicare qlco. a qlcu. senza parlare: *far — di sì* **2** breve spiegazione; accenno: *fare — a un argomento* **3** indizio; manifestazione: *i primi cenni di una rivolta*.

ceno-[1] primo elemento di parole composte, che significa 'nuovo, recente' (*cenozoico*).

ceno-[2] primo elemento di parole composte, che significa 'vuoto' (*cenotafio*).

ceno-[3] primo elemento di parole composte, che significa 'comune' (*cenobio*).

cenobio [ce-nò-bio] *s.m.* **1** (*lett.*) monastero in cui i religiosi vivono in comunità **2** (*zool.*) colonia di organismi unicellulari.

cenobita [ce-no-bì-ta] *s.m.* [pl. *-ti*] (*lett.*) monaco che vive in una comunità religiosa | (*fig.*) persona che conduce una vita appartata e austera.

cenobitico [ce-no-bì-ti-co] *agg.* [pl.m. *-ci*] proprio dei cenobiti; da cenobita: *vita cenobitica*.

cenobitismo [ce-no-bi-tì-ʃmo] *s.m.* tipo di vita proprio dei cenobiti.

cenone [ce-nó-ne] *s.m.* cena sontuosa a cui partecipano molte persone | cena tradizionale che si fa la vigilia di Natale o la sera dell'ultimo dell'anno.

cenosi [ce-nò-ʃi] *s.f.* (*biol.*) complesso delle specie animali e vegetali che vivono in un ecosistema.

cenotafio [ce-no-tà-fio] *s.m.* monumento sepolcrale che non contiene la spoglia del defunto.

cenozoico [ce-no-ʒòi-co] *agg.* [pl.m. *-ci*] (*geol.*) relativo alla quarta delle cinque ere geologiche: *fossile* — ♦ *s.m.* era cenozoica.

censimento [cen-si-mén-to] *s.m.* indagine statistica condotta sugli elementi di un insieme; rilevamento della popolazione di uno stato o di una regione: *il — della popolazione italiana*.

censire [cen-sì-re] *v.tr.* [*io censisco, tu censisci ecc.*] **1** sottoporre a censimento **2** iscrivere nei registri catastali: — *un immobile*.

censo [cèn-so] *s.m.* entità del patrimonio sottoponibile a tributi | (*estens.*) ricchezza, patrimonio.

censorato [cen-so-rà-to] *s.m.* (*st.*) ufficio, dignità di censore.

censore [cen-só-re] *s.m.* 1 nella Roma antica, magistrato incaricato di fare il censimento e di vigilare sui costumi pubblici e privati 2 l'addetto a un ufficio di censura 3 (*fig.*) critico severo della condotta e delle opere altrui.
censorio [cen-sò-rio] *agg.* del censore, da censore: *atto —*; *severità censoria.*
censuario [cen-su-à-rio] *agg.* del censo, relativo al censo: *registro —* | sottoposto a censo: *beni censuari* ♦ *s.m.* [f. *-a*] chi deve pagare un tributo.
censura [cen-sù-ra] *s.f.* 1 (*st.*) magistratura romana ricoperta da un censore 2 controllo esercitato dall'autorità pubblica su mezzi d'informazione, testi scritti, spettacoli, per accertare che non violino le leggi e non offendano la religione o la morale: *un film tagliato dalla —* | ufficio dei funzionari addetti a tale controllo 3 (*fig.*) critica rigorosa dell'operato altrui 4 (*dir.*) sanzione disciplinare inflitta a un dipendente pubblico.
censurabile [cen-su-rà-bi-le] *agg.* che si può censurare, meritevole di censura: *comportamento —.*
censurare [cen-su-rà-re] *v.tr.* 1 sottoporre a censura, a controllo: *— la corrispondenza* 2 (*fig.*) biasimare, criticare: *— un'iniziativa.*
cent [/ sɛnt /] *s.m.invar.* (*ingl.*) moneta equivalente alla centesima parte del dollaro.
centauro [cen-tàu-ro] *s.m.* 1 essere mitologico con zampe e groppa di cavallo e busto, capo e braccia umani 2 (*fig.*) corridore motociclista.
centellinare [cen-tel-li-nà-re] *v.tr.* 1 bere a piccoli sorsi, assaporando: *— il caffè, un liquore* | (*estens.*) gustare con lentezza e compiacimento 2 (*fig.*) dosare, distribuire con parsimonia: *— le forze.*
centenario [cen-te-nà-rio] *agg.* 1 che ha cento anni, o più di cento anni: *un vecchio, un albero —* 2 che ricorre ogni cento anni: *celebrazione centenaria* ♦ *s.m.* 1 [f. *-a*] persona che ha raggiunto i cento anni di età 2 centesimo anniversario di un avvenimento: *il — dell'unità d'Italia.*
centennale [cen-ten-nà-le] *agg.* 1 che dura o è durato cento anni: *istituzione —* 2 che si ripete ogni cento anni: *commemorazione —.*
centennio [cen-tèn-nio] *s.m.* periodo di cento anni.
centerbe [cen-tèr-be] *s.m.invar.* liquore ad alta gradazione alcolica preparato con l'impiego di erbe aromatiche.
centesimale [cen-te-ʃi-mà-le] *agg.* che è di un centesimo: *frazione —* | *grado —*, unità di misura degli angoli, che corrisponde alla centesima parte dell'angolo retto.
centesimo [cen-tè-ʃi-mo] *agg.num.ord.* che in una serie occupa il posto numero cento: *il — giorno* ♦ *s.m.* 1 la centesima parte dell'unità 2 moneta divisionale equivalente alla centesima parte dell'unità 3 (*fig.*) denaro in quantità minima: *non avere un — in tasca* | *non valere un —*, non valere nulla | *pagare, calcolare al —*, con la massima esattezza; *spendere fino all'ultimo —*, tutto ciò che si possiede.
centi- primo elemento di parole composte, che significa 'cento'; anteposto a una unità di misura ne indica la centesima parte (*centigrammo*).
centiara [cen-ti-à-ra] *s.f.* unità di misura di superficie pari a 1 m^2; ha come simbolo *ca.*
centigrado [cen-tì-gra-do] *agg.* che è diviso in cento gradi: *grado —*, unità di misura della temperatura, corrispondente alla centesima parte della scala Celsius di un termometro.
centigrammo [cen-ti-gràm-mo] *s.m.* la centesima parte del grammo; ha come simbolo *cg.*
centilitro [cen-tì-li-tro] *s.m.* la centesima parte del litro; ha come simbolo *cl.*
centimetrato [cen-ti-me-trà-to] agg. suddiviso in centimetri: *righello —.*
centimetro [cen-tì-me-tro] *s.m.* 1 la centesima parte del metro; ha come simbolo *cm* | *al —*, (*fig.*) con grande precisione 2 nastro suddiviso in centimetri, usato dai sarti.
centina [cèn-ti-na] *s.f.* (*edil.*) armatura provvisoria, a forma di arco, che serve a sostenere le volte durante la loro costruzione o riparazione | armatura metallica permanente per sostenere tettoie.
centinaio [cen-ti-nà-io] *s.m.* [pl.f. *centinaia*] insieme di cento o circa cento unità | (*estens.*) grande quantità: *ci sono centinaia di cose così*; *a centinaia*, in gran numero.
centinare [cen-ti-nà-re] *v.tr.* [*io cèntino ecc.*] (*arch.*, *edil.*) armare, sostenere con centine: *— un'arcata.*
centinatura [cen-ti-na-tù-ra] *s.f.* 1 il centinare 2 l'insieme delle centine che sostengono una volta o un'arcata.
centista [cen-tì-sta] *s.m.* e *f.* [pl.m. *-sti*] (*sport*) centometrista.
cento [cèn-to] *agg.num.card.invar.* 1 numero che corrisponde a dieci decine | *una volta su —*, (*fig.*) quasi mai; *novantanove volte su —*, quasi sempre | *scommettere — contro uno*, (*fig.*) per dire che si è sicuri di qlco. | *per —* (scritto comunemente %), ogni cento unità, su cento: *interesse, sconto del quattro per —* (o 4%); *al — per —*, (*fig.*) completamente, sicuramente | *il per —*, la percentuale 2 con valore indeterminato o iperbolico indica gran numero, grande quantità: *glielo avrò ripetuto — volte!*
centofoglie [cen-to-fò-glie] *s.m.invar.* (*pop.*) achillea.
centometrista [cen-to-me-trì-sta] *s.m.* e *f.* [pl.m. *-sti*] (*sport*) atleta specializzato nella corsa dei cento metri piani.
centomila [cen-to-mì-la] *agg.num.card.invar.* numero corrispondente a cento volte mille unità.
centone [cen-tó-ne] *s.m.* componimento letterario o musicale formato mettendo insieme brani di diversi autori | (*spreg.*) scritto, discorso privo di originalità e unità.
centopiedi [cen-to-piè-di] *s.m.invar.* (*pop.*) invertebrato dei chilopodi dal corpo lungo e appiattito, diviso in numerosi segmenti, ognuno dei quali porta un paio di arti; scolopendra.
centotredici [cen-to-tré-di-ci] *s.m.* numero tele-

fonico a cui risponde in Italia il servizio di soccorso pubblico di emergenza: *chiamare il —*.

centrafricano [cen-tra-fri-cà-no], o centroafricano, *agg.* dell'Africa centrale.

centrale [cen-trà-le] *agg.* **1** che riguarda il centro, situato nel centro; centralizzato: *parte, punto —; riscaldamento —*, quello che serve tutti gli appartamenti di un edificio **2** (*geog.*) si dice della parte mediana di un territorio: *America, Italia —* **3** (*fig.*) principale, fondamentale: *il tema — di un'opera* ♦ *s.f.* **1** sede degli organi direttivi di un'amministrazione; centro di coordinamento: *— di polizia* **2** complesso di impianti per la produzione di merci o servizi: *— elettrica, telefonica* □ **centralmente** *avv.* in centro, al centro.

centralina [cen-tra-lì-na] *s.f.* **1** piccola centrale periferica (elettrica, telefonica o telegrafica) **2** apparecchiatura in cui sono stati centralizzati i dispositivi per il funzionamento di un sistema: *— per il condizionamento dell'aria*.

centralinista [cen-tra-li-nì-sta] *s.m.* e *f.* [pl.m. *-sti*] persona addetta a un centralino telefonico.

centralino [cen-tra-lì-no] *s.m.* piccola centrale telefonica usata per smistare le chiamate tra linee interne ed esterne.

centralismo [cen-tra-lì-ʃmo] *s.m.* metodo di governo in cui le funzioni più importanti sono esercitate dagli organi del potere centrale.

centralità [cen-tra-li-tà] *s.f.* **1** l'essere centrale **2** posizione politica di centro.

centralizzare [cen-tra-liʒ-ʒà-re] *v.tr.* **1** fare dipendere qlco. da un'autorità o da un organo centrale; accentrare | (*assol.*) seguire una politica ispirata al centralismo **2** riunire, unificare in un solo centro vari dispositivi o funzioni: *— il riscaldamento*.

centralizzazione [cen-tra-liʒ-ʒa-zió-ne] *s.f.* il centralizzare; accentramento.

centramericano [cen-tra-me-ri-cà-no], o centroamericano, *agg.* dell'America centrale.

centrare [cen-trà-re] *v.tr.* [*io cèntro* o *céntro ecc.*] **1** colpire nel centro: *— il bersaglio* **2** mettere, fissare nel centro; equilibrare: *— una ruota* | *— un'immagine, un soggetto*, (*foto.*) inquadrarli nel centro del mirino **3** nel gioco del calcio, inviare il pallone dalle fasce laterali verso la linea mediana del campo; crossare **4** (*fig.*) cogliere con precisione: *— un problema*.

centrato [cen-trà-to] *agg.* **1** colpito nel segno: *obiettivo, bersaglio —* | assestato nel punto voluto: *un pugno ben —* | ben collocato, pertinente: *un'osservazione centrata* **2** fissato nel centro; ben equilibrato.

centrattacco [cen-trat-tàc-co] *s.m.* [pl. *-chi*] (*sport*) centravanti.

centratura [cen-tra-tù-ra] *s.f.* il centrare, l'essere centrato | (*mecc.*) operazione con la quale si fissa al tornio il pezzo in lavorazione in modo che il suo asse di rotazione coincida con quello del tornio stesso.

centravanti [cen-tra-vàn-ti] *s.m.* nel calcio e in altri sport di squadra, il giocatore che occupa il centro del settore d'attacco.

centreuropeo → **centroeuropeo**.

centrifuga [cen-trì-fu-ga] *s.f.* macchina o dispositivo fornito di un elemento rotante che sfrutta l'effetto della forza centrifuga per separare sostanze di diversa densità (*p.e.* solidi da liquidi).

centrifugare [cen-tri-fu-gà-re] *v.tr.* [*io centrìfugo, tu centrìfughi ecc.*] sottoporre all'azione di una centrifuga.

centrifugato [cen-tri-fu-gà-to] *s.m.* bibita ottenuta centrifugando frutta o verdura.

centrifugazione [cen-tri-fu-ga-zió-ne] *s.f.* operazione del centrifugare.

centrifugo [cen-trì-fu-go] *agg.* [pl.m. *-ghi*] che tende ad allontanarsi dal centro (si contrappone a *centripeto*) | *forza centrifuga*, (*fis.*) quella che tende a spostare verso l'esterno un corpo in moto curvilineo | *tendenza centrifuga*, (*fig.*) tendenza a sottrarsi a un'autorità centrale per affermare la propria autonomia.

centrino [cen-trì-no] *s.m.* tovaglietta di pizzo o di tessuto ricamato da mettere al centro di tavoli o sotto vasi e fruttiere.

centriolo [cen-trì-o-lo] *s.m.* (*biol.*) struttura presente nel centrosoma delle cellule animali, responsabile dei movimenti intercellulari.

centripeto [cen-trì-pe-to] *agg.* che tende verso il centro (si contrappone a *centrifugo*) | *forza centripeta*, (*fis.*) quella che costringe un corpo a percorrere una traiettoria curva intorno a un punto.

centrismo [cen-trì-ʃmo] *s.m.* indirizzo di chi occupa una posizione di centro all'interno di uno schieramento politico.

centrista [cen-trì-sta] *agg.* e *s.m.* e *f.* [pl.m. *-sti*] **1** che/chi ha una posizione di centro all'interno di uno schieramento, di un partito politico **2** che/chi sostiene il centrismo.

centro [cèn-tro *o* céntro] *s.m.* **1** (*geom.*) in un cerchio o in una sfera, il punto interno equidistante da tutti i punti della circonferenza o della superficie sferica; in un poligono o in un poliedro regolari, il punto in cui si incontrano gli assi di simmetria | *— di gravità*, (*fis.*) baricentro **2** (*estens.*) punto, area, parte che è nel mezzo o che costituisce il punto più interno di un oggetto, di un insieme, di una zona: *il — di una piazza*; *il — della Terra* | *fare —*, colpire in pieno un bersaglio; (*fig.*) riuscire nel modo migliore in qlco. **3** quartiere di una città in cui si trovano gli edifici di maggior interesse: *abitare in —*; *— storico*, il nucleo originario di una città | complesso urbanistico adibito a particolari funzioni: *— residenziale, commerciale* **4** in politica, la parte dello schieramento parlamentare che rappresenta la componente moderata | (*estens.*) tendenza politica moderata: *partiti di —* **5** (*fig.*) parte principale, fondamentale: *il — del problema* **6** aggregato urbano autonomo, più o meno grande; paese, città: *un piccolo —* **7** complesso di attrezzature e di personale per lo svolgimento di una particolare attività: *— sportivo, ricreativo* | istituzione che

organizza studi e ricerche in un determinato settore: — *elaborazione dati* **8** (*anat.*) formazione anatomica che svolge specifiche funzioni: — *nervoso.*
centroafricano → **centrafricano.**
centroamericano → **centramericano.**
centrocampista [cen-tro-cam-pì-sta] *s.m.* [pl. *-sti*] (*sport*) nel gioco del calcio, giocatore che opera prevalentemente nella zona di centrocampo.
centrocampo [cen-tro-càm-po] *s.m.* (*sport*) **1** zona, fascia centrale di un campo di gioco rispetto alla sua lunghezza **2** (*estens.*) nel gioco del calcio, l'insieme dei centrocampisti di una squadra.
centrodestra [cen-tro-dè-stra], o **centro-destra**, *s.m.invar.* coalizione tra partiti di centro e di destra.
centroeuropeo [cen-tro-eu-ro-pè-o], o **centreuropeo**, *agg.* dell'Europa centrale: *gli stati centroeuropei.*
centromediano [cen-tro-me-dià-no] *s.m.* (*sport*) nel calcio, chi gioca al centro della linea dei mediani.
centropagina [cen-tro-pà-gi-na] *s.m.invar.* articolo che si dispone nel centro della pagina del giornale per richiamare l'attenzione dei lettori.
centrosinistra [cen-tro-si-nì-stra], o **centro-sinistra**, *s.m.invar.* coalizione tra partiti di centro e di sinistra.
centrosoma [cen-tro-sò-ma] *s.m.* [pl. *-mi*] (*biol.*) nelle cellule animali, masserella citoplasmatica vicina al nucleo, contenente i centrioli.
centrotavola [cen-tro-tà-vo-la] *s.m.* [pl. *centritavola*] soprammobile, centrino o altro oggetto che si pone per ornamento al centro di una tavola.
centumvirato [cen-tum-vi-rà-to] *s.m.* dignità, ufficio, collegio dei centumviri.
centumviro [cen-tùm-vi-ro] *s.m.* nell'antica Roma, ciascuno dei cento componenti di un tribunale.
centuplicare [cen-tu-pli-cà-re] *v.tr.* [*io centùplico, tu centùplichi ecc.*] **1** moltiplicare per cento; rendere cento volte maggiore **2** (*iperb.*) accrescere grandemente: — *le forze.*
centuplo [cèn-tu-plo] *agg.* cento volte maggiore ♦ *s.m.* entità grande cento volte un'altra | (*estens.*) entità molto maggiore di un'altra.
centuria [cen-tù-ria] *s.f.* nell'antica Roma, ciascuna delle unità in cui era suddivisa la popolazione maschile adulta | unità della legione composta di 100 soldati.
centuriato [cen-tu-rià-to] *agg.* diviso, ordinato in centurie | *comizi centuriati*, nell'antica Roma, assemblea legislativa in cui il popolo si riuniva e votava suddiviso per centurie.
centuriazione [cen-tu-ria-zió-ne] *s.f.* nell'antica Roma, suddivisione in centurie dell'agro pubblico assegnato ai cittadini delle colonie di nuova fondazione.
centurione [cen-tu-rió-ne] *s.m.* nell'esercito romano, comandante di una centuria.
cepola [cè-po-la] *s.f.* pesce di mare dal corpo squamoso, lungo e piatto, di color rosso con pinne giallo-oro, comune nel Mediterraneo.
ceppaia [cep-pà-ia] *s.f.* **1** nell'albero, la parte inferiore che rimane nel terreno dopo il taglio del fusto **2** terreno ricoperto di ceppaie.
ceppo [cép-po] *s.m.* **1** parte inferiore del tronco di un albero, da cui si diramano le radici | grosso pezzo di tronco da ardere **2** (*fig.*) origine, capostipite di una famiglia, di una stirpe, di più popoli; discendenza: — *indoeuropeo* **3** (*tecn.*) blocco di legno o di altro materiale che costituisce la parte di un meccanismo o di un dispositivo: — *del freno* **4** *pl.* arnesi di legno tra i quali si serravano i piedi dei prigionieri | (*fig.*) prigionia, servitù: *liberarsi dai ceppi.*
cera¹ [cé-ra] *s.f.* **1** nome generico di varie sostanze di origine animale o vegetale | in particolare, secrezione giallo-bruna delle ghiandole addominali delle api, con cui esse costruiscono i favi, e che è usata per fabbricare candele, come impermeabilizzante, in farmacia e in cosmetica **2** sostanza di origine minerale o sintetica simile alle cere animali e vegetali: — *da pavimenti*, prodotto per detergere e lucidare i pavimenti **3** (*estens.*) oggetto, statua di cera: *museo delle cere.*
cera² *s.f.* aspetto, espressione del viso: *avere una buona, una cattiva* —.
ceralacca [ce-ra-làc-ca] *s.f.* [pl. *ceralacche*] miscuglio a base di resine naturali che si rammollisce al calore ed è usato per sigillare.
cerambice [ce-ràm-bi-ce] *s.m.* piccolo insetto coleottero dal corpo stretto e allungato di colore nero a macchie gialle.
ceramica [ce-rà-mi-ca] *s.f.* **1** impasto di materiale plastico argilloso e acqua, modellato, essiccato e cotto in un apposito forno; si usa per la fabbricazione di porcellane, terrecotte, maioliche **2** arte e tecnica che concerne la fabbricazione e la decorazione di tali oggetti: *un maestro della* — | prodotto di tale arte: *una — di Faenza.*
ceramico [ce-rà-mi-co] *agg.* [pl.m. *-ci*] della ceramica, relativo alla ceramica: *arte ceramica* | di ceramica: *materiale, prodotto* —.
ceramista [ce-ra-mì-sta] *s.m.* e *f.* [pl.m. *-sti*] chi esegue lavori in ceramica.
ceramo- primo elemento di parole composte, che significa 'ceramica' (*ceramologo*).
ceramografia [ce-ra-mo-gra-fì-a] *s.f.* tecnica e arte della pittura di oggetti di ceramica.
ceramologia [ce-ra-mo-lo-gì-a] *s.f.* studio della tecnica e dell'arte ceramica.
ceraste [ce-rà-ste] *s.m.* serpente africano che presenta sopra ciascun occhio una protuberanza simile a un piccolo corno.
cerata [ce-rà-ta] *s.f.* **1** indumento (di solito giacca con cappuccio o tuta intera) impermeabilizzato e ben chiuso per impedire il passaggio dell'acqua **2** tela cerata.
cerato [ce-rà-to] *agg.* **1** spalmato o impregnato di cera: *tavoletta cerata*, assicella ricoperta di cera su cui gli antichi romani scrivevano con lo sti-

lo **2** impermeabilizzato con gomma e vernice: *tela cerata.*
cerbero [cèr-be-ro] *s.m.* guardiano, sorvegliante severo e intransigente | persona arcigna e irosa.
cerbiatto [cer-biàt-to] *s.m.* [f. *-a*] giovane cervo. DIM. *cerbiattino.*
cerbottana [cer-bot-tà-na] *s.f.* **1** arma primitiva costituita da una canna di legno, con cui si lanciano, soffiando, piccole frecce o pallottole | arnese analogo usato come giocattolo dai ragazzi per lanciare proiettili di carta **2** antica arma da fuoco simile a un archibugio.
cerca [cér-ca] *s.f.* **1** il cercare: *mettersi in — di qlco.* **2** (*eccl.*) la questua svolta dai religiosi di ordini mendicanti **3** azione del cane da caccia di fiutare e stanare la selvaggina.
cercafase [cer-ca-fà-ʃe] *s.m.invar.* cacciavite con spia luminosa che serve a individuare le fasi e le eventuali interruzioni di un circuito elettrico.
cercafughe [cer-ca-fù-ghe] *s.m.invar.* strumento che serve a individuare fughe di gas.
cercamine [cer-ca-mì-ne] *s.m.invar.* apparecchio che rileva la presenza di mine nascoste.
cercapersone [cer-ca-per-só-ne] *s.m.invar.* apparecchietto portatile che, emettendo un segnale acustico, avverte una persona di mettersi in contatto con qlcu.
cercare [cer-cà-re] *v.tr.* [*io cérco, tu cérchi ecc.*] **1** adoperarsi, darsi da fare per trovare qlcu. o qlco.: *— casa, lavoro* **2** adoperarsi per conseguire qlco.: *— la gloria* | *cercarsi rogne, guai*, non far niente per evitarli ♦ *v.intr.* [aus. *avere*] sforzarsi, tentare: *— di capire.*
cercatore [cer-ca-tó-re] *agg.* e *s.m.* [f. *-trice*] **1** che/chi cerca: *— d'oro, di funghi* **2** che/chi fa la cerca; questuante: *frate —.*
cerchia [cér-chia] *s.f.* **1** struttura naturale o artificiale che cinge qlco. o che ha forma di arco: *— di mura, di colline* **2** (*fig.*) insieme di persone con le quali si hanno rapporti sociali, affettivi o di interesse: *una ristretta — di amici* **3** (*fig.*) ambito, campo: *allargare la — dei propri affari.*
cerchiare [cer-chià-re] *v.tr.* [*io cérchio ecc.*] **1** stringere, tenere insieme con uno o più cerchi: *— le botti* **2** circondare, cingere: *— d'assedio una città.*
cerchiato [cer-chià-to] *agg.* che ha intorno un cerchio | *occhi cerchiati*, con le occhiaie.
cerchiatura [cer-chia-tù-ra] *s.f.* **1** il cerchiare **2** insieme dei cerchi di una botte.
cerchietto [cer-chiét-to] *s.m.* **1** braccialetto, anello **2** semicerchio di vario materiale che serve a fermare i capelli **3** *pl.* gioco, ora in disuso, che consiste nel lanciare e nel prendere al volo per mezzo di due bacchette un piccolo cerchio.
cerchio [cér-chio] *s.m.* **1** (*geom.*) porzione di piano racchiusa da una circonferenza: *area del —* **2** tutto ciò che abbia forma circolare o cinga qlco.; insieme di cose o persone disposte in circolo: *il — dell'orizzonte*; *un — di spettatori* | fascia di legno o di metallo che cinge botti, barili, tini: *dare un colpo al — e uno alla botte*, (*fig.*) barcamenarsi tra due esigenze contrastanti | attrezzo ginnico costituito da un grande anello | *avere un — alla testa*, (*fig.*) avere mal di testa | *a —, in —*, in modo da disegnare un circolo: *sedersi, danzare in —.* DIM. *cerchietto* ACCR. *cerchione* **3** movimento circolare | *— della morte*, acrobazia eseguita da motociclisti su una pista cilindrica.
cerchione [cer-chió-ne] *s.m.* cerchio metallico che costituisce la parte esterna (battistrada) delle ruote di legno di un carro | cerchio metallico su cui si adatta il pneumatico di un veicolo.
cerci [cèr-ci] *s.m.pl.* (*zool.*) appendici dell'addome degli insetti.
cercinare [cer-ci-nà-re] *v.tr.* [*io cércino ecc.*] sottoporre alla cercinatura.
cercinatura [cer-ci-na-tù-ra] *s.f.* (*agr.*) asportazione di un anello di corteccia dal tronco di un albero in modo che l'alburno si trasformi in durame e si abbia quindi una maggiore quantità di legno da lavoro.
cercine [cér-ci-ne] *s.m.* **1** panno ravvolto in forma di cerchio che si mette sul capo per trasportare brocche, cesti o altri pesi | (*estens.*) copricapo o acconciatura femminile a forma di cercine **2** (*bot.*) rigonfiamento circolare che si forma sul fusto e sui rami delle piante in seguito a lesioni.
cerco-, -cerco primo e secondo elemento di parole composte della terminologia scientifica, che significa 'coda' (*cercopiteco*).
cercopiteco [cer-co-pi-tè-co] *s.m.* [pl. *-ci* o *-chi*] (*zool.*) genere di scimmie africane arboricole dalla coda lunghissima.
cereale [ce-re-à-le] *s.m.* (spec. *pl.*) denominazione generica di varie piante graminacee come l'orzo, il frumento e il riso, i cui frutti, ricchi di amido e sostanze proteiche, forniscono farine di valore nutritivo | il seme già raccolto di tali piante ♦ Usato anche come *agg.*: *piante cereali.*
cerealicolo [ce-re-a-lì-co-lo] *agg.* che riguarda i cereali: *produzione cerealicola.*
cerealicoltura [ce-re-a-li-col-tù-ra] *s.f.* coltivazione dei cereali.
cerebellare [ce-re-bel-là-re] *agg.* (*anat.*) del cervelletto: *zona —.*
cerebrale [ce-re-brà-le] *agg.* **1** (*anat.*) del cervello: *emisfero, commozione —* **2** (*fig.*) che mostra cerebralismo, che pecca di cerebralismo: *un artista —.*
cerebralismo [ce-re-bra-lì-ʃmo] *s.m.* prevalenza eccessiva delle qualità o degli aspetti intellettuali su quelli sentimentali e fantastici; intellettualismo: *il — di uno scrittore.*
cerebralità [ce-re-bra-li-tà] *s.f.* cerebralismo.
cerebro- primo elemento di parole composte della terminologia medica che significa 'cervello' (*cerebropatia*).
cerebroleso [ce-re-bro-lé-ʃo] *agg.* e *s.m.* [f. *-a*] (*med.*) che/chi ha subito una lesione cerebrale.
cerebropatia [ce-re-bro-pa-tì-a] *s.f.* (*med.*) qualsiasi malattia cerebrale.
cerebrospinale [ce-re-bro-spi-nà-le] *agg.* (*med.*)

che si riferisce al cervello e al midollo spinale.
cereo [cè-re-o] *agg.* **1** fatto di cera **2** del colore della cera: *viso* —, pallidissimo **3** simile alla cera per aspetto o consistenza.
cereria [ce-re-rì-a] *s.f.* luogo in cui si lavora la cera o si vendono manufatti di cera.
ceretta [ce-rét-ta] *s.f.* **1** crema per depilazioni **2** cera per scarpe.
cerfoglio [cer-fò-glio] *s.m.* pianta erbacea con fiori bianchi e foglie aromatiche usate in cucina e in erboristeria.
cerifero [ce-rì-fe-ro] *agg.* che produce cera.
cerimonia [ce-ri-mò-nia] *s.f.* **1** celebrazione di un avvenimento civile o religioso, svolta in forma rituale e solenne: — *nuziale*; *maestro di cerimonie*, cerimoniere; *abito da* —, adatto a una cerimonia **2** (spec. *pl.*) manifestazione eccessiva di cortesia; complimenti esagerati: *far cerimonie* | *senza tante cerimonie*, in modo brusco: *parlare senza tante cerimonie*.
cerimoniale [ce-ri-mo-nià-le] *agg.* (*lett.*) di cerimonia ♦ *s.m.* **1** complesso delle regole che si devono seguire compiendo una cerimonia; rituale: — *di corte*; *rispettare il* — **2** libro che illustra le regole da seguire per una cerimonia.
cerimoniere [ce-ri-mo-niè-re] *s.m.* chi ha il compito di curare il cerimoniale.
cerimoniosità [ce-ri-mo-nio-si-tà] *s.f.* l'essere cerimonioso.
cerimonioso [ce-ri-mo-nió-so] *agg.* si dice di persona che ama far cerimonie; complimentoso | di cosa che è fatta o detta per complimento, in modo affettato: *un saluto* — □ **cerimoniosamente** *avv.*
cerino [ce-rì-no] *s.m.* **1** fiammifero con fusto di cotone o di carta intriso di cera **2** candela o stoppino incerato per accendere i ceri in chiesa.
cerio [cè-rio] *s.m.* elemento chimico di simbolo *Ce*; è un metallo tenero, di colore grigio, usato nell'industria del vetro.
cernere [cèr-ne-re] *v.tr.* [pres. *io cèrno ecc.*; pass.rem. *io cernéi, tu cernésti ecc.*; rari il part.pass. *cèrnito* e i tempi composti] (*lett.*) **1** distinguere, separare cose diverse | sottoporre a cernita; scegliere: — *le olive* **2** (*fig.*) discernere, comprendere.
cernia [cèr-nia] *s.f.* pesce marino di medie e grandi dimensioni, comune nel Mediterraneo; ha carni pregiate.
cerniera [cer-niè-ra] *s.f.* **1** organo meccanico che tiene uniti due elementi consentendo la loro rotazione intorno a un asse: *la — di una portiera* **2** chiusura a incastro | — *lampo*, chiusura lampo **3** (*fig.*) punto di articolazione, di giunzione, di raccordo.
cernita [cèr-ni-ta] *s.f.* scelta, selezione effettuata in base a determinati criteri: *la — della frutta*.
cero [cé-ro] *s.m.* grossa candela di cera; in particolare, candela votiva che si accende presso altari, immagini sacre o durante le funzioni liturgiche | — *pasquale*, (*lit.*) quello benedetto il sabato santo, che viene acceso durante le funzioni del periodo pasquale.
-cero secondo elemento di parole composte della terminologia zoologica, che fa riferimento alle corna o alle antenne.
cerone [ce-ró-ne] *s.m.* cosmetico colorato usato per il trucco degli attori.
ceroso [ce-ró-so] *agg.* che contiene cera | che è simile alla cera: *sostanza cerosa*.
cerotto [ce-ròt-to] *s.m.* striscia di tela con un lato adesivo che serve a fissare bende o garze di medicazione | garzetta fissata a un sottile supporto adesivo, da applicare su piccole ferite. DIM. *cerottino*.
cerreto [cer-ré-to] *s.m.* bosco di cerri.
cerro [cèr-ro] *s.m.* **1** albero affine alla quercia, molto comune in Italia **2** il legno di tale albero.
certame [cer-tà-me] *s.m.* (*lett.*) **1** combattimento, scontro di uomini armati **2** gara, disputa su argomenti letterari.
certezza [cer-téz-za] *s.f.* **1** condizione di ciò che è certo, sicuro: *la — di un fatto* | — *matematica*, basata su argomenti matematici **2** (*estens.*) ciò che si tiene per vero: *gli sono rimaste poche certezze* **3** sicurezza di essere nel vero: *sapere, conoscere con* —.
certificare [cer-ti-fi-cà-re] *v.tr.* [*io certìfico, tu certìfichi ecc.*] attestare con un certificato o un altro documento pubblico.
certificato [cer-ti-fi-cà-to] *s.m.* dichiarazione scritta in cui si attesta un fatto o un diritto: — *di nascita, medico*; *rilasciare un* — | — *di deposito, di credito*, (*fin.*) titolo rappresentativo di un deposito bancario o di un credito.
certificazione [cer-ti-fi-ca-zió-ne] *s.f.* il certificare, l'essere certificato | — *di un documento*, la sua autenticazione con firma e bollo | — *di bilancio*, (*dir.*) dichiarazione formale relativa all'attendibilità del bilancio di una società per azioni.
certo[1] [cèr-to] *agg.* [sempre posposto al sostantivo] **1** che è evidente, indiscutibile: *una prova, una notizia certa* | che avverrà sicuramente: *una vittoria certa* | che produce un effetto sicuro: *un rimedio* — | che è fissato in modo preciso: *una data certa* **2** che è convinto, persuaso di qlco.: *sono certi della sua innocenza* ♦ *avv.* con certezza, sicuramente: *se non è venuto, — starà male* | sì, senza dubbio: *"Sei sicuro di farcela?" "Certo!"* ♦ *s.m.* ciò che è sicuro, evidente, indiscutibile: *lasciare il — per l'incerto*, abbandonare una cosa sicura per un'altra che non lo è | *tenere, dare, sapere per* —, come cosa certa, sicura | *di* —, *per* —, certamente, con sicurezza □ **certamente** *avv.*
certo[2] *agg.indef.* [sempre preposto al sostantivo] **1** qualità o quantità indeterminata; qualche, alcuno, alquanto: *certe volte è molto nervoso*; *ho un — appetito*; *una persona di una certa età*, anziana | (*fam.*) tale: *aveva certi dolori che svenne* **2** specifico, determinato: *si può parcheggiare solo a certe ore* **3** si dice di cosa o persona non meglio precisata: *sono andato da certi miei amici* | si dice di persona poco o per nulla conosciuta; tale: *un*

— *Bianchi* **4** indefinito, indefinibile: *quel — non so che* ♦ *pron.indef.pl.* alcuni, taluni: *certi approvano, altri no.*

certosa [cer-tó-ʃa] *s.f.* **1** monastero certosino: *la — di Pavia* **2** nome commerciale di un formaggio simile al certosino.

certosina [cer-to-ʃì-na] *s.f.* tavolino rettangolare intarsiato con avorio, oro e legni colorati, costruito nel tardo Rinascimento.

certosino [cer-to-ʃì-no] *s.m.* **1** monaco che appartiene all'ordine fondato da san Brunone di Colonia nel 1084 **2** (*estens.*) chi conduce una vita di solitudine e di sacrificio | *lavoro da* —, minuzioso, che richiede molta pazienza **3** nome commerciale di un formaggio lombardo dolce, molle e grasso ♦ *agg.* **1** dell'ordine religioso fondato da san Brunone: *monastero* — **2** (*fig.*) da certosino, degno di un certosino: *pazienza certosina.*

certuno [cer-tù-no] *pron.indef.* (spec. *pl.*) alcuno, taluno, certo (si riferisce soprattutto a persone): *certuni sono venuti, cert'altri no.*

ceruleo [ce-rù-le-o] *agg.* (*lett.*) che ha il colore del cielo; azzurro chiaro: *occhi cerulei.*

cerume [ce-rù-me] *s.m.* sostanza grassa giallastra, secreta dalle ghiandole sebacee dell'orecchio con funzione protettiva.

cervellata [cer-vel-là-ta] *s.f.* (*gastr.*) salsiccia a base di carne, cervello e sangue di maiale, aromi e formaggio.

cervelletto [cer-vel-lét-to] *s.m.* (*anat.*) porzione dell'encefalo che occupa la parte posteriore della scatola cranica; ha la funzione di mantenere l'equilibrio.

cervello [cer-vèl-lo] *s.m.* [pl. *-li*; nel sign. 1 anche *le cervella* f.] **1** (*anat.*, *zool.*) la massa più voluminosa dell'encefalo contenuta nella scatola cranica dei vertebrati; è sede delle facoltà sensoriali, motorie, sensitive e intellettive | (*estens.*) l'encefalo di bestie macellate: *fritto di* — | *bruciare, far saltare le cervella a qlcu.*, ucciderlo con un colpo di arma da fuoco al capo **2** (*estens.*) testa, capo, in quanto sede del pensiero, dell'attenzione: *dove avete il —?* | *avere il — nelle nuvole*, essere distratto **3** (*fig.*) senno, intelletto, ingegno: *una persona senza —*; *far qlco. con* —, con intelligenza | *gli ha dato di volta il* —, è impazzito | *lambiccarsi il* —, impegnare al massimo le proprie facoltà intellettuali | *ragionare, pensare col proprio* —, con autonomia di giudizio **4** persona, in quanto essere raziocinante: *un — fino, strambo* | persona eccezionalmente dotata dal punto di vista intellettuale: *fuga dei cervelli*, emigrazione di scienziati in paesi che offrono migliori prospettive di studio e di vita | mente direttiva di un'organizzazione: *il — dell'azienda* **5** — *elettronico*, (*fam.*) elaboratore elettronico.

cervellone [cer-vel-ló-ne] *s.m.* **1** [f. *-a*] (*scherz.*) persona con grandi doti intellettuali **2** (*fam.*) elaboratore elettronico.

cervellotico [cer-vel-lò-ti-co] *agg.* [pl.m. *-ci*] stravagante, bislacco; macchinoso, contorto: *ragionamento* — □ **cervelloticamente** *avv.*

cervicale [cer-vi-cà-le] *agg.* (*anat.*, *med.*) **1** che appartiene o si riferisce alla zona del collo: *vertebra, artrosi* — **2** relativo alla cervice uterina: *muco* — ♦ *s.f.* (*fam.*) artrosi cervicale.

cervice [cer-vì-ce] *s.f.* **1** (*lett.*) parte posteriore del collo; nuca **2** (*anat.*) collo dell'utero.

cervidi [cèr-vi-di] *s.m.pl.* (*zool.*) famiglia di mammiferi ruminanti caratterizzati da corna ossee ramificate, caduche.

cervino [cer-vì-no] *agg.* **1** di cervo: *corna cervine* **2** si dice di pelame simile a quello del cervo.

cervo [cèr-vo] *s.m.* **1** [f. *-a*] mammifero ruminante selvatico di color rossiccio, con corpo agile e corna caduche, lunghe e ramificate, presenti solo nel maschio **2** — *volante*, grosso insetto coleottero, bruno, il cui maschio ha grandi mandibole ramificate, simili alle corna del cervo | (*fig.*) aquilone.

cesare [cé-ʃa-re] *s.m.* (*lett.*) imperatore, sovrano.

cesareo[1] [ce-ʃà-re-o] *agg.* **1** (*st.*) di Giulio Cesare e della sua famiglia **2** (*lett.*) imperiale: *corte cesarea* | *poeta* —, poeta di corte.

cesareo[2] *agg.* (*med.*) si dice dell'incisione chirurgica dell'addome e dell'utero della partoriente per l'estrazione del feto: *taglio, parto* —.

cesarismo [ce-ʃa-rì-ʃmo] *s.m.* potere monarchico assoluto che si fonda sull'investitura popolare.

cesaropapismo [ce-sa-ro-pa-pì-ʃmo] *s.m.* sistema di rapporti fra stato e chiesa caratterizzato da controllo o predominio del primo sulla seconda.

cesaropapista [ce-ʃa-ro-pa-pì-sta] *agg.* [pl.m. *-sti*] relativo a cesaropapismo ♦ *agg.* e *s.m.* e *f.* che/chi è fautore del cesaropapismo.

cesellare [ce-ʃel-là-re] *v.tr.* [*io ceʃèllo ecc.*] **1** incidere metalli col cesello a scopo ornamentale **2** (*fig.*) scolpire, dipingere, scrivere con estrema accuratezza, mirando alla perfezione dei particolari: — *versi.*

cesellato [ce-ʃel-là-to] *agg.* **1** inciso, lavorato col cesello: *un piatto* — **2** (*fig.*) si dice di lavoro artistico, eseguito con estrema cura.

cesellatore [ce-ʃel-la-tó-re] *s.m.* [f. *-trice*] **1** chi lavora di cesello **2** (*fig.*) chi esegue le proprie opere con estrema cura dei particolari: *un fine — di versi.*

cesellatura [ce-ʃel-la-tù-ra] *s.f.* lavoro di cesello; tecnica della lavorazione a cesello (anche *fig.*).

cesello [ce-ʃèl-lo] *s.m.* **1** scalpello di acciaio duro per incidere i metalli | *lavorar di* —, cesellare; (*fig.*) lavorare con grande cura e perfezione **2** l'arte del cesellare | l'opera che ne deriva.

cesena [ce-ʃè-na] *s.f.* (*zool.*) varietà di tordo con piumaggio cenerino-bluastro nella parte superiore e arancione in quella inferiore.

cesio *s.m.* elemento chimico di simbolo *Cs*; metallo alcalino bianco-argenteo, leggero, tenero, duttile, usato in radiotecnica e in elettronica.

cesoia [ce-ʃó-ia] *s.f.* **1** (*mecc.*) macchina utensile che serve a tagliare a freddo lamiere e profilati **2** *pl.* grosse forbici per tagliare a mano lamiere sottili | le forbici usate nel giardinaggio o in sartoria.

cesoiatrice [ce-ʃo-ia-trì-ce] *s.f.* (*mecc.*) cesoia, tranciatrice.

cespite [cè-spi-te] *s.m.* **1** fonte di reddito: — *di guadagno* **2** (*lett.*) cespo.

cespo [cé-spo] *s.m.* insieme di rami, steli o foglie nati dalla stessa radice in forma di ciuffo: — *di lattuga.*

cespugliato [ce-spu-glià-to] *agg.* ammassato, avviluppato così da formare un cespuglio.

cespuglio [ce-spù-glio] *s.m.* **1** insieme di rami, foglie o piccole piante nate dalla stessa radice e aggrovigliate insieme: — *di ginestre.* DIM. *cespuglietto* ACCR. *cespuglione* **2** (*scherz.*) folto ciuffo di capelli, di barba, di peli aggrovigliati insieme.

cespuglioso [ce-spu-glió-so] *agg.* **1** che è a forma di cespuglio: *arbusto* — **2** pieno, coperto di cespugli: *terreno* — **3** (*estens.*) a folti ciuffi: *sopracciglia cespugliose.*

cessare [ces-sà-re] *v.intr.* [*io cèsso ecc.*; aus. *essere* nel sign. 1, *avere* nel sign. 2] **1** aver fine, terminare: *la pioggia è cessata* **2** smettere di fare qlco.: — *di lavorare* | — *di patire*, (*eufem.*) morire ♦ *v.tr.* interrompere, far terminare, sospendere | *cessate il fuoco!*, comando militare con il quale si ordina di smettere di sparare.

cessazione [ces-sa-zió-ne] *s.f.* il fatto, il risultato del cessare; termine, interruzione | — *d'esercizio*, (*comm.*) chiusura definitiva di un'attività commerciale.

cessinare [ces-si-nà-re] *v.tr.* (*agr.*) concimare con il cessino.

cessino [ces-sì-no] *s.m.* (*agr.*) concime organico costituito dal materiale di spurgo di latrine, fogne, pozzi neri; bottino.

cessionario [ces-sio-nà-rio] *s.m.* [f. - *a*] (*dir.*) il destinatario di una cessione: — *di un appalto* | Usato anche come *agg.*: *creditore* —.

cessione [ces-sió-ne] *s.f.* **1** il cedere, l'esser ceduto **2** (*dir.*) trasferimento ad altri di beni o diritti.

cesso [cès-so] *s.m.* (*pop.*) **1** gabinetto, latrina **2** (*estens.*) luogo o cosa lurida, schifosa | cosa di pessima qualità.

cesta [cé-sta] *s.f.* **1** grosso canestro a sponde alte per trasportare o contenere oggetti non molto pesanti: — *per il pane, del bucato* | il contenuto di tale recipiente: *una — d'arance.* DIM. *cestina, cestello* (m.) ACCR. *cestone* (m.) **2** (*teat.*) il corredo dell'attore per un determinato spettacolo **3** navicella di vimini per aerostato.

cestaio [ce-stà-io] *s.m.* [f. -*a*] chi fabbrica o vende ceste e altri oggetti di vimini, paglia o giunco.

cestello [ce-stèl-lo] *s.m.* **1** contenitore, di solito con struttura a gabbia, per trasportare oggetti: — *per bottiglie* **2** nelle lavatrici automatiche, il cilindro rotante nel quale si mette la biancheria; nelle lavastoviglie, il ripiano scorrevole che regge gli oggetti da lavare.

cestinare [ce-sti-nà-re] *v.tr.* **1** gettare nel cestino carte, lettere, scritti che non interessano **2** (*fig.*) non prendere in considerazione o rifiutare uno scritto: — *un articolo.*

cestino [ce-stì-no] *s.m.* piccolo cesto di vimini o d'altro materiale; in particolare, quello usato per gettarvi carte e altri piccoli rifiuti | — *da lavoro*, quello in cui si tiene tutto l'occorrente per cucire | — *da viaggio*, sacchetto contenente cibi e bevande da consumare durante un viaggio.

cestista [ce-stì-sta] *s.m.* e *f.* [pl.m. -*sti*] chi pratica lo sport della pallacanestro.

cesto[1] [cé-sto] *s.m.* **1** cesta. DIM. *cestello* ACCR. *cestone* **2** (*sport*) nella pallacanestro, canestro.

cesto[2] *s.m.* ciuffo di gambi e foglie di una pianta erbacea; cespo: *un — d'insalata.*

cesto[3] [cè-sto] *s.m.* armatura fatta con strisce di cuoio e di metallo con cui gli antichi pugilatori greci e romani si fasciavano le mani.

cesura [ce-ʃù-ra] *s.f.* **1** pausa metrica voluta dal ritmo e dal senso all'interno di un verso, che cade dopo la fine di una parola **2** (*mus.*) momento di sosta al termine di una frase musicale o di un inciso **3** (*fig. lett.*) pausa, interruzione.

cetacei [ce-tà-cei] *s.m.pl.* (*zool.*) ordine di grossi mammiferi acquatici carnivori con arti anteriori a forma di pinne, arti posteriori mancanti, coda trasformata in una pinna orizzontale.

ceto [cè-to] *s.m.* l'insieme dei cittadini accomunati dalla medesima condizione sociale ed economica; classe, rango: — *operaio, impiegatizio*; — *medio*, la borghesia.

cetonia [ce-tò-nia] *s.f.* (*zool.*) coleottero di color verde dorato, simile allo scarabeo.

cetra [cé-tra] *s.f.* **1** (*mus.*) denominazione di strumenti a corda, privi di manico o di traversa, costituiti da una cassa lungo la quale sono tese le corde **2** antico strumento musicale simile alla lira.

cetrangolo [ce-tràn-go-lo] *s.m.* arancio amaro.

cetriolo [ce-tri-ò-lo] *s.m.* **1** pianta erbacea rampicante coltivata per i frutti commestibili verdi, allungati e carnosi. DIM. *cetriolino* **2** (*fig.*) uomo sciocco, goffo **3** — *di mare*, (*zool.*) oloturia.

cha-cha-cha [/ tʃatʃa'tʃa /] *s.m.invar.* (*sp.*) ballo di origine latino-americana a ritmo vivace, in voga negli anni '60.

chador [/ tʃa'dɔr /] *s.m.invar.* (*persiano*) velo che copre il volto fino agli occhi, portato dalle donne di religione islamica.

chalet [/ ʃa'lɛ /] *s.m.invar.* (*fr.*) villetta di montagna, per lo più di legno e pietre, con tetto spiovente.

champagne [/ ʃam'paɲ /] *s.m.invar.* (*fr.*) vino bianco o rosé spumante, prodotto nella regione francese omonima ♦ *agg.invar.* di colore biondo spento, tipico dello champagne.

chance [/ ʃans /] *s.f.invar.* (*fr.*) occasione favorevole; possibilità di riuscita, di successo: *avere delle ottime* —.

chantilly [/ ʃanti'ji /] *s.m.invar.* (*fr.*) sorta di pizzo pregiato ♦ *s.f.invar.* panna montata dolce ♦ Usato anche come *agg.invar.*: *pizzo* —; *crema* —.

charleston [/ 'tʃarleston /] *s.m.invar.* (*ingl.*) **1** ballo vivace e sincopato, in voga negli anni '20 **2** strumento musicale a percussione con due piatti metallici, tipico componente della batteria.

charlotte [/ ʃar'lɔt /] *s.f.invar.* (*fr.*) **1** (*gastr.*) torta dolce a base di pan di Spagna o savoiardi, crema e panna **2** cappello femminile rotondo e schiacciato, ornato di pizzi.

charme [/ ʃarm /] *s.m.invar.* (*fr.*) fascino, attrattiva.

charter [/ 'tʃarter /] *s.m.invar.* (*ingl.*) sistema di volo economico con aerei noleggiati da compagnie di viaggio | (*estens.*) l'aereo che svolge questo servizio | Usato anche come *agg.invar.*: *aereo, volo —*.

châssis [/ ʃas'si /] *s.m.invar.* (*fr.*) **1** telaio d'automobile **2** telaietto per lastre fotografiche **3** contenitore metallico per pizze cinematografiche.

che[1] [ché] *pron.rel.invar.* **1** il quale, la quale, i quali, le quali (si riferisce sia a persona sia a cosa, e si usa normalmente nei casi diretti): *le persone che tu hai visto*; *il giornale che stai leggendo* **2** (*pop.*) in cui: *l'estate che ci siamo incontrati*; *paese che vai usanza che trovi* | in espressioni dell'uso comune, sta per *che cosa*: *ha di che lamentarsi*, ne ha motivo; *ha di che vivere*, ha risorse economiche | *non c'è di che*, formula di risposta cortese a un ringraziamento **3** la quale cosa (preceduto dall'art. o da una prep.): *ti sei messo a studiare, il che ti fa onore*; *hai vinto il concorso, del che mi rallegro* ♦ *pron.interr.invar.* [solo *sing.*] quale cosa: *che stai dicendo?*; *di che si preoccupa?*; *non so che fare* | *a che?*, a quale scopo? | *e che?*, *ma che?*, rafforzativi di interrogazione che esprimono stupore polemico: *e che? avresti forse qlco. da dire?* ♦ *pron.escl.invar.* [solo *sing.*] quale cosa: *che dici!*; *ma che mi tocca sentire!* | (*fam.*) esprime meraviglia, stupore: *"Ci andrai?" "Che! Ma neanche per sogno"*; *"Che, stai scherzando?"* ♦ *pron.indef.invar.* indica qlco. di indeterminato (solo in partic. loc.): *un che, (un) non so che, un certo che, un certo non so che*, qualche cosa: *vi è in lui un che di falso* | *(un) gran che*, (una) gran cosa, molto: *oggi non ho concluso (un) gran che*; *ne parlano tutti bene, ma per me non è (un) gran che* ♦ *agg.interr.invar.* quale, quali: *che tipo è?*; *non so che idee abbia*; *che cosa vuoi?* ♦ *agg.escl.invar.* quale, quali: *che bella giornata!*; *che persone antipatiche!* | (*fam.*) molto diffuso l'uso dell'agg. escl. in unione a un semplice agg., senza altra specificazione, in frasi del tipo: *che bello!*, com'è bello; *che strano*, com'è strano ♦ *s.m.* usato solo nella loc. *il che e il come*, nel senso di 'ogni cosa, tutto': *voglio sapere bene il che e il come*.

che[2] *cong.* **1** introduce prop. dichiarative (soggettive e oggettive): *ti dico che non è vero*; *è inutile che tu legga quel cartello* | può essere omesso quando il verbo è al congiunt.: *temo non venga* **2** introduce prop. consecutive (spesso in correlazione con *così, tanto, in modo ecc.*): *cammina che pare un ubriaco*; *parlagli in modo che ti capisca*; *ero così stanco che mi addormentai subito* | entra nella formazione di numerose locuzioni, come *al punto che, in modo che, a tal segno che* **3** introduce prop. causali: *copriti che fa freddo* **4** introduce prop. finali: *fa' che tutto proceda bene* **5** introduce prop. temporali, nelle quali ha valore di *quando, da quando*: *saranno due mesi che non lo vedo* | entra nella formazione di numerose locuzioni, come *una volta che, dopo che, prima che, ogni volta che, dal giorno che, dall'istante che* **6** introduce prop. comparative: *tutto è finito più presto che non sperassi* **7** introduce prop. condizionali, in locuzioni come *posto che, nel caso che, a patto che, nell'ipotesi che ecc.* **8** introduce prop. eccettuative (in espressioni negative, correlata con *altro, altri, altrimenti*, per lo più sottintesi): *non fa (altro) che dire sciocchezze*; *non potrei comportarmi (altrimenti) che così* **9** introduce prop. imperative e ottative: *che nessuno entri!*; *che Dio ti benedica* **10** introduce prop. limitative, con il valore di 'per quanto': *non ha telefonato nessuno, che io sappia* **11** introduce il secondo termine di paragone nei comparativi di maggioranza e di minoranza: *è più intelligente che studioso* | (*fam.*) in correlazione con *tanto*, in luogo di *quanto*, nei comparativi di eguaglianza: *la cosa riguarda tanto me che voi* | in espressioni che hanno valore di superl.: *sono più che certo*; *sono più certo che mai*.

ché *cong.* aferesi di *perché* (introduce prop. interrogative, causali o finali): *ché non rispondi?*; *copriti ché fa freddo*; *te lo dico, ché non s'abbia a ripetere*.

checca [chéc-ca] *s.f.* (*spreg.*) omosessuale maschio.

checché [chec-ché], o **che che**, *pron.rel.indef.invar.* (*lett.*) qualunque cosa: *farò a modo mio, — tu ne dica*.

checchessia [chec-ches-sì-a], o **che che sia**, *pron.indef.invar.* (*lett.*) **1** qualunque cosa, qualsivoglia cosa: *crede di sapere —* **2** nulla, alcuna cosa: *non chiedermi —, non posso risponderti*.

check-in [/ tʃɛk'kin /] *s.m.invar.* (*ingl.*) negli aeroporti, registrazione dei passeggeri in partenza.

check-up [/ tʃɛk'kap /] *s.m.invar.* (*ingl.*) **1** (*med.*) controllo medico, con analisi ed esami clinici, per verificare lo stato di salute generale **2** revisione generale periodica di macchine o impianti.

chef [/ ʃɛf /] *s.m.invar.* (*fr.*) capocuoco di ristorante o albergo importante.

cheilo- primo elemento di parole composte della terminologia medica, che significa 'labbro' (*cheilofagia*).

cheilofagia [chei-lo-fa-gì-a] *s.f.* (*med.*) tic nervoso che consiste nel mordersi continuamente le labbra.

cheiloschisi [chei-lo-schì-ʃi] *s.f.* (*med.*) labbro leporino.

chela [chè-la] *s.f.* (*zool.*) organo a forma di pinza o di forbici, situato all'estremità degli arti ante-

riori di granchi, gamberi, scorpioni e altri animali.
chelidro [che-li-dro] *s.m.* (*zool.*) testuggine acquatica americana.
cheloide [che-lòi-de] *s.m.* (*med.*) cicatrice irregolare ispessita, che si forma dopo ustioni, ferite, interventi chirurgici.
cheloni [che-lò-ni] *s.m.pl.* (*zool.*) ordine di rettili dalla robustissima armatura cutanea, fatta di scudi ossei e cornei; sono detti comunemente *tartarughe.*
chemin-de-fer [/ ʃemɛnd'fɛr /] *s.m.invar.* (*fr.*) gioco d'azzardo fatto con le carte, simile al baccarà.
chemio- primo elemento di parole composte della terminologia scientifica, che significa 'chimico, chimica' (*chemioterapia*).
chemioterapia [che-mio-te-ra-pì-a] *s.f.* (*med.*) terapia effettuata con farmaci prodotti per sintesi chimica | la terapia chimica dei tumori.
chemioterapico [che-mio-te-rà-pi-co] *agg.* [pl.m. *-ci*] (*med.*) relativo a chemioterapia: *farmaco —* | *istituto —*, che produce farmaci per la chimioterapia ♦ *s.m.* farmaco chemioterapico.
chemiotropismo [che-mio-tro-pì-ʃmo] *s.m.* (*biol.*) tropismo di origine chimica.
chemisier [/ ʃemi'zje /] *s.m.invar.* (*fr.*) abito femminile in un solo pezzo, con maniche e colletto simili a quelli delle camicie da uomo.
chenzia [chèn-zia] *s.f.* pianta ornamentale simile a una piccola palma.
chepì [che-pì] *s.m.* copricapo militare rigido di forma cilindrica, con visiera di cuoio.
cheque [/ ʃɛk /] *s.m.invar.* (*fr.*) assegno bancario.
cheratina [che-ra-tì-na] *s.f.* (*biol.*) sostanza elaborata dalle cellule epidermiche della cute, componente fondamentale di elementi di protezione come peli, unghie e corna.
cheratinizzare [che-ra-ti-niʒ-ʒà-re] *v.tr.* (*farm.*) effettuare la cheratinizzazione: *pillole cheratinizzate* ♦ *v.intr.* [*aus.* avere], **cheratinizzarsi** *v.intr.pron.* (*biol.*) subire un processo di cheratinizzazione.
cheratinizzazione [che-ra-ti-niʒ-ʒa-zió-ne] *s.f.* **1** (*biol.*) trasformazione naturale o patologica in cheratina delle cellule cornee dell'epidermide **2** (*farm.*) il rivestire con un composto a base di cheratina le pillole medicinali che devono passare inalterate nell'intestino.
cheratite [che-ra-tì-te] *s.f.* (*med.*) infiammazione della cornea.
cherato- primo elemento di parole composte della terminologia scientifica, che significa 'corneo, sostanza cornea' o fa riferimento alla cornea.
cheratodermia [che-ra-to-der-mì-a] *s.f.* (*med.*) alterazione della cute con ispessimento e infiammazione dell'epidermide.
cheratoplastica [che-ra-to-plà-sti-ca] *s.f.* (*med.*) trapianto della cornea.
cheratosi [che-ra-tò-ʃi] *s.f.* (*med.*) alterazione della pelle caratterizzata da un ispessimento dello strato corneo.
cherosene [che-ro-ʃè-ne], o **kerosene**, *s.m.* (*chim.*) miscela di idrocarburi ottenuta dalla distillazione del petrolio, usata come carburante di motori a reazione e come combustibile.
cherry brandy [/ 'tʃɛrri 'brɛndi /], abbr. **cherry**, *loc.sost.m.invar.* (*ingl.*) acquavite di ciliegie.
cherubino [che-ru-bì-no] *s.m.* **1** (*teol.*) angelo della prima gerarchia angelica **2** (*fig.*) persona bellissima o buonissima; creatura angelica.
chetare [che-tà-re] *v.tr.* [*io chéto ecc.*] quietare, calmare, far tacere: *— il pianto di un bambino* ♦ **chetarsi** *v. rifl.* quietarsi; mettersi calmo, in silenzio.
chetichella [che-ti-chèl-la] solo nella loc. avv. *alla —*, di nascosto, senza farsi accorgere: *andarsene alla —.*
cheto [ché-to] *agg.* quieto, silenzioso, tranquillo: *starsene —* | *acqua cheta* (*fig.*) persona solo in apparenza tranquilla e remissiva.
chetognati [che-to-gnà-ti] *s.m.pl.* (*zool.*) gruppo di piccoli animali marini ermafroditi, dal corpo diafano allungato; sono tra i costituenti del plancton.
chetone [che-tó-ne] *s.m.* (*chim.*) ogni composto organico caratterizzato dalla presenza del gruppo carbonico, ottenuto per ossidazione di alcuni alcoli.
chewing-gum [/ 'tʃuiŋgam /] *s.m.invar.* (*ingl.*) gomma da masticare, in tavolette o pastiglie.
chi[1] *pron.rel.invar.* [solo *sing.*] **1** colui il quale, colei la quale (usato sia come soggetto sia come compl.): *chi ha fatto ciò me la pagherà*; *ho trovato chi mi può aiutare*; *regalalo a chi vuoi* **2** uno il quale, una la quale; qualcuno che, qualcuna che: *non trova chi lo possa aiutare*; *non c'è chi gli creda*; *può andarci chi vuole*, chiunque ♦ *pron.interr.invar.* quale persona, quali persone (usato sia come soggetto sia come compl.; può essere rafforzato con *mai*): *chi ha suonato alla porta?*; *chi sarà mai?*; *non saprei a chi rivolgermi*; *chi sa?*, *chi lo sa?*, chissà; *me l'ha detto non so chi*, una persona di cui non ricordo il nome; *chi me lo dice?*, *chi mi dice che non sia stato proprio lui?*, per esprimere dubbio e incredulità; *chi me lo fa fare?*, perché dovrei farlo?; *a chi lo dici!*, quando altri ci dice una cosa a noi ben nota.
chi[2] *s.m.invar.* nome della ventiduesima lettera dell'alfabeto greco, che viene resa *ch* nei caratteri latini.
chiacchiera [chiàc-chie-ra] *s.f.* **1** (spec. *pl.*) conversazione su argomenti di poca importanza; discorso futile: *perdersi in chiacchiere* | *fare due, quattro chiacchiere*, conversare amichevolmente del più e del meno | *a chiacchiere*, a parole, non coi fatti **2** notizia infondata; maldicenza, pettegolezzo: *sul suo conto corrono molte chiacchiere* **3** facilità di parola; parlantina: *avere molta —* **4** (*sett.*) dolce tipico del carnevale, costituito da strisce di pasta avvolte a nastro, fritte e spolverate di zucchero; cencio, frappa.
chiacchierare [chiac-chie-rà-re] *v.intr.* [*io chiàcchiero ecc.*; aus. *avere*] **1** discorrere, parlare; conversare su argomenti futili, di poca impor-

tanza: *— del più e del meno* **2** fare della maldicenza; spettegolare.

chiacchierata [chiac-chie-rà-ta] *s.f.* **1** conversazione amichevole: *una — telefonica* **2** discorso lungo, inutile, futile.

chiacchierato [chiac-chie-rà-to] *agg.* che è oggetto di pettegolezzi: *una persona chiacchierata.*

chiacchiericcio [chiac-chie-rìc-cio] *s.m.* il chiacchierare prolungato di un gruppo di persone; chiacchierio.

chiacchierio [chiac-chie-rì-o] *s.m.* il chiacchierare continuo e vivace di più voci; parlottio, cicaleccio.

chiacchierone [chiac-chie-ró-ne] *agg.* e *s.m.* [f. *-a*] **1** (*scherz.*) che/chi chiacchiera molto e volentieri: *è un gran —* **2** (*spreg.*) che/chi non sa tenere un segreto.

chiama [chià-ma] *s.f.* (*burocr.*) appello nominale: *fare la —.*

chiamare [chia-mà-re] *v.tr.* **1** rivolgersi a una persona o a un animale con parole, gesti o altri mezzi, perché risponda, si avvicini o compia un'azione (anche *fig.*): *lo chiamò con un fischio; il dovere mi chiama* | telefonare: *chiamami domattina* | invitare: *ho chiamato anche Luca per la gita* | *— alle armi*, a prestare il servizio militare | *— in giudizio* (*dir.*) citare davanti a un organo giudiziario; *— in causa qlcu.*, (*fig.*) farlo intervenire, coinvolgerlo in una questione | *essere chiamato alla vita religiosa*: averne vocazione **2** gridare: *— aiuto* **3** chiedere l'intervento di qlcu. o di qlco.: *— il medico, un taxi* **4** dare un nome, un appellativo; nominare, soprannominare: *la bimba fu chiamata Marina*; *— le cose con il loro nome*, (*fig.*) parlare con franchezza | definire, qualificare: *questo vaso si può — antico* **5** designare, nominare, eleggere: *è stato chiamato alla presidenza* ♦ **chiamarsi** *v.intr.pron.* **1** aver nome: *si chiama Antonio*; *come si chiama quella piazza?* **2** essere (in espressioni enfatiche): *questo si chiama parlar chiaro!* ♦ *v.rifl.* **1** dichiararsi: *— vinto* | *— fuori*, in alcuni giochi di carte, dichiarare di avere il punteggio necessario a vincere prima che la mano sia conclusa; (*fig.*) non voler più prendere parte a qlco. **2** darsi nome: *papa Roncalli volle — Giovanni XXIII.*

chiamata [chia-mà-ta] *s.f.* **1** il chiamare, l'esser chiamato: *— alle armi*, convocazione o richiamo a prestare il servizio militare | (*relig.*) vocazione: *— al sacerdozio* | nei giochi di carte, invito al compagno a giocare una certa carta **2** segno fatto su un testo per indicare che in quel punto va inserita un'aggiunta; richiamo.

chianti [chiàn-ti] *s.m.* vino rosso prodotto nell'omonima zona della Toscana centrale.

chiantigiano [chian-ti-già-no] *agg.* relativo al Chianti, zona della Toscana centrale ♦ *s.m.* [f. *-a*] nativo, abitante del Chianti.

chiappa *s.f.* (*pop.*) natica.

chiara [chià-ra] *s.f.* (*fam.*) l'albume dell'uovo crudo: *montare le chiare.*

chiarata [chia-rà-ta] *s.f.* chiara d'uovo sbattuta, usata per schiarire i vini, come rimedio nelle contusioni e in cosmetica.

chiaretto [chia-rét-to] *s.m.* vino limpido e trasparente di colore rosso chiaro, a bassa gradazione alcolica | Usato anche come *agg.*: *vino —.*

chiarezza [chia-réz-za] *s.f.* **1** l'essere chiaro; limpidezza, luminosità: *la — del cielo* **2** (*fig.*) comprensibilità, evidenza, intelligibilità: *parlare, scrivere con —*; *— d'idee*, lucidità intellettuale | franchezza, lealtà: *agire con —.*

chiarificare [chia-ri-fi-cà-re] *v.tr.* [*io chiarìfico, tu chiarìfichi ecc.*] rendere chiaro: *— un liquido* | (*fig.*) chiarire, spiegare: *— un concetto.*

chiarificatore [chia-ri-fi-ca-tó-re] *agg.* e *s.m.* [f. *-trice*] che/chi chiarifica: *parole chiarificatrici* ♦ *s.m.* recipiente munito di centrifuga per chiarificare liquidi.

chiarificazione [chia-ri-fi-ca-zió-ne] *s.f.* il chiarificare, l'essere chiarificato | (*fig.*) chiarimento, spiegazione.

chiarimento [chia-ri-mén-to] *s.m.* il chiarire; spiegazione, precisazione: *fornire un —.*

chiarire [chia-rì-re] *v.tr.* [*io chiarisco, tu chiarisci ecc.*] **1** (*non com.*) rendere chiaro o più chiaro, schiarire **2** (*fig.*) rendere comprensibile o più comprensibile; spiegare: *— un concetto*; *— un dubbio*, risolverlo | mettere in chiaro: *l'imputato dovrà — la sua posizione* ♦ **chiarirsi** *v.rifl.* accertarsi di qlco. | *— di un dubbio*, risolverlo ♦ *v.intr.pron.* divenire più chiaro (spec. *fig.*): *la situazione si è chiarita.*

chiarissimo [chia-rìs-si-mo] *agg.* titolo usato nel rivolgersi, per iscritto, ai professori universitari.

chiarità [chia-ri-tà] (*lett.*) chiarezza, limpidezza, luminosità.

chiaro [chià-ro] *agg.* **1** che ha un certo grado di luminosità; luminoso: *una stanza chiara* **2** di colore non intenso, non scuro: *verde, rosso —* **3** limpido, trasparente: *un bel vinello —* **4** (*fig.*) schietto, onesto: *propositi chiari* **5** che si sente o si vede distintamente: *voce, immagine chiara* | *a chiare note*, (*fig.*) senza reticenze **6** che si comprende facilmente: *linguaggio —* | *essere —*, farsi intendere | *è — che*, è evidente che: *è — che le cose non vanno* **7** che percepisce distintamente: *vista, mente chiara* **8** netto, deciso, ben determinato: *aver le idee chiare*, sapere ciò che si vuole; *un no — e tondo*, definitivo **9** (*fig.*) conosciuto, illustre: *uomo di chiara fama* ♦ *avv.* **1** nitidamente | *vederci —*, (*fig.*) capire, conoscere bene **2** in modo comprensibile: *scrivi più —, non si capisce nulla* **3** francamente: *parlar —*; *dire — e tondo* ♦ *s.m.* **1** luce, luminosità: *— di luna* | *mettere in — qlco.*, (*fig.*) chiarirla, definirla | *con questi chiari di luna*, (*fig.*) in questi tempi difficili **2** colore chiaro: *vestire di —* **3** (spec. *pl.*) la zona più luminosa di un quadro, di un disegno: *i chiari e gli scuri* □ **chiaramente** *avv.* **1** in modo chiaro, distinto, comprensibile: *sentire —* **2** schiettamente, francamente: *esprimere — un'opinione.*

chiarore [chia-ró-re] *s.m.* luminosità tenue e diffusa: *il — dell'alba.*

chiaroscurale [chia-ro-scu-rà-le] *agg.* di chiaroscuro; a chiaroscuro: *effetti chiaroscurali.*
chiaroscurare [chia-ro-scu-rà-re] *v.tr.* dare il chiaroscuro: *— un disegno* | (*fig.*) conferire contrasto di toni: *uno stile chiaroscurato.*
chiaroscuro [chia-ro-scù-ro] *s.m.* **1** tecnica della pittura e del disegno con la quale si dà rilievo a un'immagine col gioco di luce e ombra | (*estens.*) il disegno, la pittura così effettuati: *dipingere a —; effetti di —* **2** l'alternarsi di luci e di ombre | (*fig.*) alternanza di toni; contrasto di vicende liete e tristi.
chiaroveggente [chia-ro-veg-gèn-te] *agg.* e *s.m.* e *f.* che/chi ha il dono della chiaroveggenza.
chiaroveggenza [chia-ro-veg-gèn-za] *s.f.* **1** la facoltà paranormale di vedere cose sconosciute agli altri o di prevedere il futuro **2** (*fig.*) la qualità di chi vede le cose con perspicacia: *mancare di —.*
chiasmo [chià-ʃmo] *s.m.* [pl. *-mi*] figura retorica che consiste nella disposizione incrociata dei termini corrispondenti di un'espressione (p.e. *torrenti impetuosi e ripidi pendii*)
chiassata [chias-sà-ta] *s.f.* **1** schiamazzo, strepito: *una — di studenti* **2** lite, scenata violenta: *fare una — a qlcu.*, rimproverarlo rumorosamente.
chiassile [chias-sì-le] *s.m.* telaio che sorregge il serramento della finestra.
chiasso [chiàs-so] *s.m.* rumore forte e prolungato prodotto da persone o da cose; strepito, baccano | *far —*, (*fig.*) suscitare clamore, scalpore: *un libro che ha fatto —.*
chiassone [chias-só-ne] *s.m.* [f. *-a*] persona allegra e rumorosa ♦ *agg.* chiassoso: *un'allegria chiassona.*
chiassosità [chias-so-si-tà] *s.f.* l'essere chiassoso.
chiassoso [chias-só-so] *agg.* **1** che fa chiasso, che ama il chiasso (detto di persona): *una comitiva chiassosa* | rumoroso, pieno di chiasso (detto di cosa): *una strada chiassosa* **2** (*fig.*) si dice di ornamento o di colore troppo vivace e vistoso; sgargiante: *una camicia chiassosa* □ **chiassosamente** *avv.*
chiastico [chià-sti-co] *agg.* [pl.m. *-ci*] di chiasmo, in forma di chiasmo: *parole in posizione chiastica.*
chiatta [chiàt-ta] *s.f.* grossa barca a fondo piatto usata per trasportare merci o per traghettare persone.
chiavaccio [chia-vàc-cio] *s.m.* catenaccio, grosso chiavistello.
chiavarda [chia-vàr-da] *s.f.* **1** (*mecc.*) grosso bullone che unisce parti di macchine o di strumenti **2** (*edil.*) tirante a sbarra che serve a contenere la spinta di un arco.
chiave [chià-ve] *s.f.* **1** dispositivo metallico che aziona una serratura: *la — del portone*; *chiudere a —* | *tenere qlco. sotto —*, (*fig.*) custodirla gelosamente | *chiavi in mano*, (*fig.*) si dice di un oggetto che può essere utilizzato immediatamente all'atto della vendita: *prezzo chiavi in mano*, tutto compreso. DIM. *chiavetta, chiavina* ACCR. *chiavone* (m.) **2** (*fig.*) ciò che permette di raggiungere un determinato fine; quanto serve a capire, a svelare qlco.: *la — del successo, di un segreto* | numero o parola che serve a decifrare un codice segreto o ad accedere a informazioni riservate: *— di accesso*; *rebus a chiave* **3** dispositivo manuale per caricare meccanismi a molla, stabilire contatti elettrici ecc.: *— di carica dell'orologio*; *— d'accensione* **4** (*tecn.*) attrezzo d'acciaio speciale per allentare o serrare viti, bulloni, dadi | *— inglese*, tipo particolare di chiave le cui ganasce si possono allargare o restringere **5** *— di volta*, (*arch.*) pietra a forma di cuneo che, posta alla sommità di un arco o di una volta, ne assicura la stabilità; (*fig.*) elemento centrale, perno di una questione **6** (*mus.*) segno convenzionale che, posto all'inizio o all'interno del pentagramma, consente l'identificazione delle note: *— di sol* | *in —*, (*fig.*) secondo un certo punto di vista: *commentare un avvenimento in — politica* **7** (*metr.*) verso che, in una strofa di canzone, collega mediante la rima il primo gruppo di versi (fronte) col secondo (sirma) **8** (*sport*) nella lotta, mossa che consiste nell'effettuare una presa al collo dell'avversario ♦ Usato come *agg.invar.* di importanza fondamentale, determinante: *un settore — dell'economia.*
chiavetta [chia-vét-ta] *s.f.* **1** chiave per caricare meccanismi a molla **2** elemento girevole che, in tubi e condutture, regola l'afflusso di un fluido: *la — del gas* **3** (*mecc.*) organo di collegamento rigido tra due pezzi meccanici; bietta.
chiavica [chià-vi-ca] *s.f.* (*region.*) fogna, cloaca.
chiavistello [chia-vi-stèl-lo] *s.m.* barra di ferro che si fa scorrere entro anelli infissi nelle imposte di porte o finestre, in modo da chiuderle; catenaccio, paletto: *mettere, tirare il —.*
chiazza [chiàz-za] *s.f.* grossa macchia tondeggiante: *una — di fango.*
chiazzare [chiaz-zà-re] *v.tr.* spargere, coprire di chiazze; macchiare ♦ **chiazzarsi** *v. intr.pron.* cospargersi di chiazze: *il vestito si è tutto chiazzato.*
chic [/ ʃik /] *agg.invar.* (*fr.*) elegante, fine; che ha stile: *una persona —.*
chicane [/ ʃiˈkan /] *s.f.invar.* (*fr.*) nell'automobilismo e nel motociclismo, doppia curva a esse inserita in un circuito per produrre un rallentamento della velocità.
chicca [chìc-ca] *s.f.* **1** caramella, confetto, dolciume **2** (*fig.*) cosa squisita; preziosità, rarità.
chicchera [chìc-che-ra] *s.f.* (*antiq.*) piccola tazza.
chicchessia [chic-ches-sì-a], o **chi che sia**, *pron.indef.m.* e *f.* [solo *sing.*] **1** qualsiasi persona, chiunque: *avrebbe invitato —* **2** nessuno (in frasi negative): *non ammetto insinuazioni da —.*
chicchirichì [chic-chi-ri-chì] *inter.* voce onomatopeica che imita il canto del gallo: *il gallo ha fatto —* ♦ *s.m.* il verso del gallo.
chicco [chìc-co] *s.m.* [pl. *-chi*] **1** seme di cereale o di altra pianta, granello: *— di grano, di caffè* | *— d'uva*, acino. DIM. *chicchetto, chiccolino* **2** pic-

colo oggetto di forma tondeggiante: — *di grandine.*
chiedere [chiè-de-re] *v.tr.* [pres. *io chièdo ecc.*; pass.rem. *io chièsi, tu chiedésti ecc.*; congiunt.pres. *io chièda ecc.*; part.pass. *chièsto*] **1** domandare per ottenere: — *un libro in prestito* | (*assol.*) chiedere un favore, un'elemosina: *vergognarsi di* — **2** domandare per sapere: — *informazioni, l'ora* **3** richiedere, esigere: *un lavoro che chiede molta applicazione* **4** pretendere, volere in pagamento: — *un prezzo ragionevole* ♦ *v.intr.* [aus. *avere*] domandare notizie, informarsi: *mi chiede sempre di te.*
chierica [chié-ri-ca *o* chièrica] *s.f.* piccola rasatura tonda che i membri del clero portavano in cima al capo; tonsura | (*scherz.*) zona, alla sommità del capo, in cui i capelli cominciano a mancare per calvizie.
chiericato [chie-ri-cà-to] *s.m.* **1** condizione di chi è chierico **2** il clero nel suo complesso: *il — della diocesi.*
chierichetto [chie-ri-chét-to] *s.m.* ragazzo che serve la messa e assiste il sacerdote nelle funzioni del culto.
chierico [chié-ri-co *o* chièrico] *s.m.* [pl. *-ci*] **1** qualsiasi membro del clero secolare o regolare; ecclesiastico | (*estens.*) giovane che studia per divenire sacerdote; seminarista | (*estens.*) chi assiste il celebrante nella messa o in altre funzioni. DIM. *chierichetto* **2** nel Medioevo, uomo di studi.
chiesa [chiè-ʃa] *s.f.* **1** comunità di fedeli che professano una delle confessioni cristiane: — *cattolica, anglicana* | (*estens.*) comunità di persone unite da credenze dogmatiche: *la — massonica* **2** la chiesa cristiana cattolica: *il papa è il capo supremo della* — **3** edificio sacro in cui si svolgono pubblicamente gli atti di culto delle religioni cristiane: *andare in* — | *persona di* —, persona devota. DIM. *chiesina, chiesetta* VEZZ. *chiesuccia.*
chiesastico [chie-ʃà-sti-co] *agg.* [pl.m. *-ci*] di chiesa: *inno* — | (*spreg.*) pretesco.
chiesuola [chie-ʃuò-la] *s.f.* (*mar.*) custodia della bussola magnetica; abitacolo.
chifel [chì-fel] *s.m.invar.* piccolo panino a forma di mezzaluna | dolce, biscotto della stessa forma.
chiffon [/ ʃif'fɔn /] *s.m.invar.* (*fr.*) tessuto trasparente e leggero in seta o in fibre sintetiche.
chiglia [chì-glia] *s.f.* (*mar.*) asse che corre longitudinalmente da prora a poppa di un'imbarcazione, con la funzione di collegare le ossature trasversali e frenarne i movimenti di rollio.
chignon [/ ʃiɲ'ɲɔn /] *s.m.invar.* (*fr.*) crocchia di capelli raccolti sulla nuca.
chihuahua [/ tʃi'wawa /] *s.m.invar.* (*sp.*) cane di taglia piccolissima, con pelo fulvo e raso, occhi grandi e orecchie molto ampie.
chilifero [chi-lì-fe-ro] *agg.* (*anat.*) si dice del vaso linfatico dell'intestino attraverso cui passa il chilo.
chilificare [chi-li-fi-cà-re] *v.tr.* e *intr.* [*io chilìfico, tu chilìfichi ecc.*; aus. dell'intr. *avere*] (*biol.*) trasformare il chimo in chilo durante la digestione.
chilo[1] [chì-lo] *s.m.* abbreviazione di *chilogrammo.*
chilo[2] *s.m.* (*biol.*) liquido lattiginoso formato dalle materie presenti nell'intestino tenue nel corso della digestione.
chilo-, o **kilo**, primo elemento di parole composte indicanti unità di misura, che moltiplica per mille il valore indicato dal secondo elemento (*chilogrammo*).
chilogrammetro [chi-lo-gràm-me-tro] *s.m.* (*fis.*) unità di misura di lavoro, corrispondente al lavoro che si compie innalzando il peso di 1 kg all'altezza di 1 m.
chilogrammo [chi-lo-gràm-mo] *s.m.* unità di misura di peso corrispondente a 1000 grammi; ha come simbolo *kg.*
chilohertz [chi-lo-hertz; / kilo'ɛrts /] *s.m.invar.* (*fis.*) unità di misura di frequenza pari a 1000 hertz.
chilolitro [chi-lò-li-tro] *s.m.* unità di misura di capacità equivalente a 1000 litri; ha come simbolo *kl.*
chilometraggio [chi-lo-me-tràg-gio] *s.m.* distanza misurata in chilometri.
chilometrare [chi-lo-me-trà-re] *v.tr.* [*io chilòmetro ecc.*] misurare in chilometri.
chilometrico [chi-lo-mè-tri-co] *agg.* [pl.m. *-ci*] **1** misurato in chilometri: *percorso* — **2** (*fig.*) lunghissimo, interminabile: *una predica chilometrica.*
chilometro [chi-lò-me-tro] *s.m.* unità di misura di lunghezza equivalente a 1000 metri; ha come simbolo *km* | — *all'ora*, (*fis.*) unità di misura di velocità che corrisponde a un chilometro percorso in un'ora | — *da fermo, lanciato*, (*sport*) prova nella quale si cronometra il tempo che un veicolo o un atleta impiega a percorrere un chilometro partendo da fermo o già lanciato.
chilopodi [chi-lò-po-di] *s.m.pl.* (*zool.*) classe di invertebrati terrestri con corpo allungato, antenne, tre paia di appendici boccali e numerosi arti laterali.
chilotone [chi-lo-tó-ne], o **chiloton** [chì-lo-ton], *s.m.* (*fis.*) unità di misura di energia, pari a quella sviluppata dall'esplosione di mille tonnellate di tritolo.
chilowatt [chi-lo-watt; / 'kilovat /] *s.m.invar.* unità di misura di potenza elettrica equivalente a 1000 watt; ha come simbolo *kW.*
chilowattora [chi-lo-wat-to-ra; / kilovat'tora /] *s.m.invar.* (*fis.*) unità di misura dell'energia elettrica, corrispondente a quella sviluppata da un chilowatt in un'ora; ha come simbolo *kWh.*
chimera [chi-mè-ra] *s.f.* **1** (*mit.*) mostro con testa e corpo di leone, una testa di capra sul dorso e coda di serpente **2** (*fig.*) fantasticheria, sogno irrealizzabile.
chimerico [chi-mè-ri-co] *agg.* [pl.m. *-ci*] **1** relativo alla chimera o con i caratteri favolosi di essa **2** (*fig.*) illusorio, fantastico.

chimeriformi [chi-me-ri-fór-mi] *s.m.pl.* (*zool.*) ordine di pesci abissali cartilaginei.
chimica [chì-mi-ca] *s.f.* scienza che studia la composizione, la struttura, le proprietà e le trasformazioni delle varie sostanze che costituiscono la materia.
chimico [chì-mi-co] *agg.* [pl.m. *-ci*] **1** di chimica, relativo alla chimica: *perito* — **2** che è ottenuto con procedimenti chimici, non naturali: *concimi chimici* | *armi chimiche*, mezzi offensivi chimici (*p.e.* i gas asfissianti) ♦ *s.m.* [f. *-a*] professionista, laureato o tecnico, che applica le scienze chimiche in settori produttivi o di ricerca □ **chimicamente** *avv.* dal punto di vista chimico.
chimificare [chi-mi-fi-cà-re] *v.tr.* e *intr.* [*io chimìfico, tu chimìfichi ecc.*; aus. dell'intr. *avere*] (*biol.*) trasformare il cibo in chimo.
chimismo [chi-mì-ʃmo] *s.m.* insieme dei fenomeni chimici che si verificano negli organismi viventi | insieme delle caratteristiche chimiche della materia organica.
chimo [chì-mo] *s.m.* (*biol.*) complesso delle materie presenti nello stomaco in seguito alla digestione operata dal succo gastrico sul cibo.
chimono [chi-mò-no], o **kimono**, *s.m.invar.* abito tradizionale giapponese, lungo e a larghe maniche, con fascia alla vita: *manica a* —, ampia e unita alla spalla senza cucitura | (*sport*) indumento d'obbligo nella pratica delle arti marziali.
china[1] [chì-na] *s.f.* terreno in pendio, declivio: — *erbosa* | *essere, mettersi su una brutta* —, (*fig.*) su una cattiva strada.
china[2] *s.f.* **1** (*bot.*) nome comune di piante arboree originarie del Sudamerica, dalla cui corteccia si estraggono varie sostanze medicamentose **2** liquore alcolico preparato con la corteccia di china.
china[3] *s.f.* tipo di inchiostro a base di nerofumo usato per disegnare, detto anche *inchiostro di china*.
chinare [chi-nà-re] *v.tr.* volgere verso il basso, verso terra; abbassare, piegare | — *il capo, la fronte, la testa*, abbassarli in segno di riverenza, sottomissione, consenso o saluto; (*fig.*) rassegnarsi, piegarsi a una volontà superiore ♦ **chinarsi** *v.rifl.* piegarsi con tutta la persona; inchinarsi, inginocchiarsi.
chincaglieria [chin-ca-glie-rì-a] *s.f.* (spec. *pl.*) piccolo oggetto ornamentale; ninnolo, cianfrusaglia.
chinesi-, -chinesi → **cinesi-, -cinesi**.
chinesiologia [chi-ne-ʃio-lo-gì-a], o **cinesiologia** o **kinesiologia**, *s.f.* settore della medicina che studia le attività motorie dell'uomo.
chinesiologo [chi-ne-ʃiò-lo-go], o **cinesiologo** o **kinesiologo**, *s.m.* [pl.m. *-gi*] medico specialista in chinesiologia.
chinesiterapia [chi-ne-ʃi-te-ra-pì-a], o **cinesiterapia** o **kinesiterapia**, *s.f.* terapia medica basata su massaggi e su esercizi di ginnastica rieducativa.
chinesiterapico [chi-ne-ʃi-te-rà-pi-co], o **cinesiterapico**, *agg.* [pl.m. *-ci*] di chinesiterapia: *trattamento* —.
chinetosi [chi-ne-tò-ʃi], o **cinetosi**, *s.f.* (*med.*) complesso di disturbi (nausea, sudore freddo ecc.) di origine neurovegetativa, provocati da movimenti irregolari del corpo, come nel caso del mal di mare.
chinina [chi-nì-na] *s.f.* (*chim.*) alcaloide estratto dalla corteccia di china; i suoi sali sono usati come farmaci contro la malaria.
chinino [chi-nì-no] *s.m.* preparato a base di sali di chinina.
chino [chì-no] *agg.* chinato, rivolto verso il basso: *starsene a capo* —, in segno di umiltà, vergogna.
chinolina [chi-no-lì-na] *s.f.* (*chim.*) composto organico azotato che si usa nell'industria farmaceutica e dei coloranti.
chinotto [chi-nòt-to] *s.m.* **1** alberello dai frutti simili a piccoli mandarini, di sapore amarognolo, da cui si ricava un estratto che si impiega nella fabbricazione di bibite dissetanti | il frutto stesso **2** bevanda analcolica gassata a base di estratto di chinotto.
chintz [/ tʃints /] *s.m.invar.* (*ingl.*) tessuto di cotone reso lucido da una gommatura.
chioccia [chiòc-cia] *s.f.* [pl. *-ce*] gallina che cova le uova o alleva i pulcini | (*fig.*) donna che ha un esagerato senso della maternità.
chiocciare [chioc-cià-re] *v.intr.* [*io chiòccio ecc.*; aus. *avere*] **1** emettere il caratteristico verso roco, tipico della gallina quando cova **2** covare.
chioccio [chiòc-cio] *agg.* [pl.f. *-ce*] si dice di suono stridulo, roco, sgradevole: *voce chioccia*.
chiocciola [chiòc-cio-la] *s.f.* **1** (*zool.*) nome comune di molluschi con conchiglia avvolta a spira | *scala a* —, scala che si sviluppa a elica, a somiglianza della conchiglia di una chiocciola. DIM. *chiocciolina, chioccioletta* ACCR. *chiocciolona, chiocciolone* (m.) **2** (*mus.*) la parte terminale del manico del violino.
chioccolare [chioc-co-là-re] *v.intr.* [*io chiòccolo ecc.*; aus. *avere*] **1** emettere il caratteristico verso leggero e intermittente proprio del fringuello, del merlo, del pettirosso e di altri uccelli **2** imitare col chioccolo le voci degli uccelli **3** gorgogliare quietamente: *il — della fontana*.
chioccolio [chioc-co-lì-o] *s.m.* **1** un chioccolare prolungato di uccelli **2** gorgoglio d'acqua tenue e insistente: *il — del ruscello tra i sassi*.
chioccolo [chiòc-co-lo] *s.m.* **1** verso degli uccelli che chioccolano **2** fischio di metallo con cui i cacciatori imitano il chioccolare degli uccelli per attirarli **3** tenue gorgogliare d'acqua.
chiodame [chio-dà-me] *s.m.* assortimento di chiodi; chioderia.
chiodato [chio-dà-to] *agg.* fornito di uno o più chiodi: *scarpe chiodate*, scarpe sportive o da montagna con suole provviste di chiodi per far presa sul terreno | *bastone* —, che termina con una punta metallica.
chiodatrice [chio-da-trì-ce] *s.f.* macchina per applicare e ribattere i chiodi.

chiodatura [chio-da-tù-ra] *s.f.* **1** unione di lamiere e profilati metallici mediante chiodi ribattuti **2** insieme di chiodi messi in opera.
chioderia [chio-de-rì-a] *s.f.* **1** officina dove si fabbricano chiodi **2** assortimento di chiodi.
chiodino [chio-dì-no] *s.m.* fungo commestibile con gambo sottile e lungo e cappello a campana, che cresce in grandi gruppi alla base dei tronchi di molte piante.
chiodo [chiò-do] *s.m.* **1** barretta metallica appuntita a un'estremità e con una testa più o meno larga all'altra, che serve a unire fra loro parti di legno o ad appendere oggetti alle pareti | elemento metallico da applicare a suole di scarpe o pneumatici per rinforzarli e migliorarne l'aderenza al suolo | in alpinismo, attrezzo che si conficca in parete per sostenere una corda: *— da roccia* | *essere magro come un —*, magrissimo | *roba da chiodi*, (*fam.*) cosa incredibile, assurda | *— scaccia —*, (*fig.*) una preoccupazione ne fa dimenticare un'altra | *attaccare qlco. al —*, (*fig.*) cessare di usarla: *attaccare i guantoni al —*, ritirarsi dal pugilato | *avere un — fisso*, (*fig.*) un'idea fissa, una preoccupazione assillante. DIM. *chiodino* **2** (*med.*) protesi metallica usata per saldare ossa fratturate **3** *— di garofano*, (*bot.*) gemma florale di un albero esotico che, essiccata, si usa per insaporire e aromatizzare i cibi.
chioggiotto [chiog-giòt-to], dial. **chiozzotto** [chioʒ-ʒòt-to], *agg.* di Chioggia, in provincia di Venezia ♦ *s.m.* [f. *-a*] nativo, abitante di Chioggia.
chioma [chiò-ma] *s.f.* **1** capigliatura folta e lunga **2** (*estens.*) criniera **3** (*lett.*) insieme dei rami e del fogliame di un albero **4** (*astr.*) alone luminoso che appare intorno a una cometa o dietro a essa, in forma di coda.
chiomato [chio-mà-to] *agg.* (*lett.*) **1** fornito di abbondante capigliatura | *stella chiomata*, (*fig.*) cometa **2** che ha folta criniera **3** (*fig.*) frondoso.
chiosa [chiò-ʃa] *s.f.* breve spiegazione di una parola o di un passo difficile; glossa, nota.
chiosare [chio-ʃà-re] *v.tr.* [*io chiòʃo ecc.*] **1** corredare di chiose; annotare: *— un testo* **2** (*estens.*) spiegare, commentare | criticare.
chiosco [chiò-sco] *s.m.* [pl. *-schi*] **1** piccola costruzione per la vendita di giornali, bibite o altro. DIM. *chioschetto* **2** nei giardini, piccolo pergolato a cupola | padiglione a colonne.
chiostra [chiò-stra] *s.f.* (*lett.*) **1** arco, cerchia: *la — dei denti* **2** recinto chiuso; luogo appartato.
chiostro [chiò-stro] *s.m.* **1** (*arch.*) cortile chiuso delimitato da portici all'interno di conventi, monasteri, abbazie | (*estens.*) monastero, convento | (*fig.*) vita monastica: *lasciare il —* **2** (*lett.*) luogo chiuso, remoto e inaccessibile.
chiotto [chiòt-to] *agg.* quieto e silenzioso, prudente: *starsene, andarsene — —*.
chiozzotto → **chioggiotto**.
chip [/ tʃip /] *s.m.invar.* (*ingl.*) **1** (*elettron.*) piastrina di silicio sulla quale vengono creati microcircuiti elettronici integrati **2** nei giochi d'azzardo, gettone.
chippendale [/ ˈtʃippendal /] *s.m.* (*ingl.*) stile di mobili caratterizzato dall'elaborazione di motivi gotici e orientali, secondo il gusto del Settecento inglese | Usato anche come *agg.invar.*: *stile —*.
chips [/ tʃips /] *s.f.pl.* (*ingl.*) patatine fritte tagliate a fettine sottilissime o in forma di bastoncini.
chirghiso [chir-ghì-ʃo], o **kirghiso**, *agg.* del Kirghizistan, stato dell'ex URSS ♦ *s.m.* **1** [f. *-a*] abitante, nativo del Kirghizistan **2** lingua affine al turco parlata dai chirghisi.
chiro- primo elemento di parole composte che significa 'mano' (*chiromanzia*) o anche 'pinna' (*chirotteri*).
chirografario [chi-ro-gra-fà-rio] *agg.* e *s.m.* [f. *-a*] (*dir.*) che/chi è creditore in virtù di un chirografo | *debito, credito —*, basati su semplice impegno scritto.
chirografo [chi-rò-gra-fo] *s.m.* **1** documento, scrittura originale; autografo **2** (*dir.*) obbligazione assunta per iscritto e firmata.
chiromante [chi-ro-màn-te] *s.m.* e *f.* chi esercita la chiromanzia.
chiromantico [chi-ro-màn-ti-co] *agg.* [pl.m. *-ci*] che si riferisce alla chiromanzia.
chiromanzia [chi-ro-man-zì-a] *s.f.* arte divinatoria che mira a leggere il carattere e il destino di una persona nelle linee della sua mano.
chironomia [chi-ro-no-mì-a] *s.f.* **1** arte del muovere appropriatamente le mani recitando o parlando in pubblico **2** (*mus.*) arte di dirigere un coro con segni convenzionali della mano.
chiropratica [chi-ro-prà-ti-ca] *s.f.* tecnica terapeutica fondata sulla mobilizzazione manuale della colonna vertebrale e di altre articolazioni.
chirospasmo [chi-ro-spà-ʃmo] *s.m.* (*med.*) crampo della mano dovuto a sforzo muscolare, detto anche *crampo degli scrivani*.
chiroterapia [chi-ro-te-ra-pì-a] *s.f.* chiropratica.
chiroterapico [chi-ro-te-rà-pi-co] *agg.* [pl.m. *-ci*] relativo alla chiroterapia.
chirotipia [chi-ro-ti-pì-a] *s.f.* sistema di riproduzione grafica mediante inchiostrazione effettuata attraverso una mascherina traforata (normografo).
chirotteri [chi-ròt-te-ri] *s.m.pl.* (*zool.*) ordine di mammiferi capaci di volare grazie a una membrana che collega le lunghissime dita al fianco del corpo; vi appartengono i pipistrelli.
chirurgia [chi-rur-gì-a] *s.f.* [pl. *-gie*] branca della medicina che elimina le cause di malattie o lesioni mediante interventi operatori.
chirurgico [chi-rùr-gi-co] *agg.* [pl.m. *-ci*] di chirurgia, che concerne la chirurgia: *intervento —* □ **chirurgicamente** *avv.* con i metodi della chirurgia; dal punto di vista chirurgico.
chirurgo [chi-rùr-go] *s.m.* [pl. *-ghi* o *-gi*] medico che esercita la chirurgia.
chissà [chis-sà], o **chi sa**, *avv.* esprime dubbio, incertezza e talora speranza: *— chi è?*; *— che non riesca a venire* | forse, può darsi (nelle risposte): *"Verrai domani?" "Chissà!"*.

chitarra [chi-tàr-ra] *s.f.* **1** (*mus.*) strumento a sei corde con manico lungo, cassa armonica a forma di otto, foro di risonanza circolare: — *classica, elettrica.* DIM. *chitarrina, chitarrino* (m.) ACCR. *chitarrone* (m.) **2** attrezzo da cucina in uso in alcune regioni, formato da fili metallici tesi su un telaio per tagliare una sfoglia di pasta: *spaghetti alla* —.

chitarrista [chi-tar-rì-sta] *s.m.* e *f.* [pl.m. *-sti*] musicista che suona la chitarra.

chitina [chi-tì-na] *s.f.* (*chim.*) sostanza azotata che forma uno strato duro e rigido intorno al corpo di alcuni invertebrati, come i crostacei.

chitinoso [chi-ti-nó-so] *agg.* (*biol.*) si dice di organo animale in cui è presente la chitina.

chitone [chi-tó-ne] *s.m.* presso gli antichi greci, tunica di lino o di lana leggera, cucita su un fianco e allacciata sulle spalle.

chiù *inter.* voce onomatopeica che imita il verso dell'assiolo ♦ *s.m.* (*tosc.*) il verso dell'assiolo.

chiudere [chiù-de-re] *v.tr.* [pass.rem. *io chiusi*, *tu chiudésti ecc.*; part.pass. *chiuso*] **1** unire, serrare insieme; far combaciare due o più parti disgiunte: — *un libro, una finestra*; — *a chiave, col lucchetto* | — *la porta in faccia a qlcu.*, non riceverlo; (*fig.*) rifiutarsi di aiutarlo **2** coprire con un coperchio, con un tappo; — *una cassa, una bottiglia* **3** bloccare, ostruire, sbarrare (anche *fig.*): — *una strada al traffico;* — *il cuore*, rendersi insensibile | — *le frontiere*, impedire l'entrata e l'uscita di persone o di merci **4** stringere, serrare, raccogliere: — *la mano* **5** mettere dentro: — *i gioielli in una cassaforte*; — *un ragazzo in collegio* **6** terminare, concludere: — *un discorso* | — *bottega*, (*fig.*) sospendere un'attività | — *un elenco, una fila,* esserne alla fine, al termine **7** (*comm.*) eseguire le operazioni connesse con il termine di un esercizio, di un contratto: — *un conto* | in alcuni giochi di carte, completare una combinazione, terminare un gioco: — *una canasta d'assi* **8** (*inform.*) cessare di usare, eliminando dalla memoria di lavoro e registrando nella memoria di massa: — *un file* ♦ *v.intr.* [aus. *avere*] **1** essere chiuso, avere una chiusura: *questo armadio chiude perfettamente* **2** interrompere, cessare un'attività; concludere, finire: *il negozio ha chiuso*; — *in bellezza*, con un successo; — *con qlcu.*, smettere di avere rapporti con lui | *passo e chiudo*, (*telecom.*) formula usata per concludere una comunicazione ♦ **chiudersi** *v.rifl.* o *intr.pron.* **1** serrarsi: *la porta si chiude da sé* | avvolgersi strettamente: — *nel cappotto* **2** ritirarsi, rinchiudersi: — *in casa, in convento* | (*fig.*) raccogliersi: — *in sé stessi* **3** (*estens.*) restringersi, rimarginarsi: *la ferita si è chiusa in pochi giorni* **4** (*fig.*) oscurarsi, annuvolarsi: *il cielo si sta chiudendo.*

chiudilettera [chiu-di-lèt-te-ra] *s.m.invar.* piccolo rettangolo o quadrato di carta simile a un francobollo, usato per sigillare le buste.

chiudiporta [chiu-di-pòr-ta] *s.m.* dispositivo a molla per la chiusura automatica di porte e portoni.

chiunque [chi-ùn-que] *pron.indef.* [solo *sing.*] qualunque, qualsiasi persona; chicchessia: — *potrebbe farlo*; *non è cosa da dire a* — ♦ *pron.rel.indef.* [solo *sing.*] qualunque persona che: *non aprire,* — *venga*; *lo dirò a* — *vorrò.*

chiurlare [chiur-là-re] *v.intr.* [aus. *avere*] fare chiù, detto del chiurlo, dell'assiolo e di altri uccelli.

chiurlo [chiùr-lo] *s.m.* **1** uccello con becco lungo e sottile leggermente arcuato **2** il grido di questo uccello.

chiusa [chiù-sa] *s.f.* **1** recinto, riparo posto intorno a un terreno **2** sbarramento artificiale che chiude un corso d'acqua **3** restringimento naturale del letto di un fiume o di una valle **4** parte finale di un'opera letteraria, di uno scritto o di un discorso: *la* — *di una lettera.*

chiusino [chiu-sì-no] *s.m.* lastra di pietra o di metallo che chiude la bocca di tombini, pozzetti e fogne.

chiuso [chiù-so] *agg.* **1** serrato, non aperto | *mare* —, non in comunicazione con un oceano | *avere il naso* —, per il raffreddore | *casa chiusa*, postribolo, bordello | *capitolo* —, (*fig.*) situazione del passato, non più attuale | *vocale chiusa*, (*ling.*) che si pronuncia stretta **2** riservato, poco espansivo; introverso: *carattere* — ♦ *s.m.* **1** luogo chiuso | terreno cintato per custodire il bestiame **2** aria stagnante, viziata: *odore di* —.

chiusura [chiu-sù-ra] *s.f.* **1** il chiudere, il chiudersi, l'esser chiuso: — *della porta*; — *della scuola* **2** ciò che serve a chiudere: — *a scatto, automatica* | — *lampo*, sistema di chiusura per abiti, borse e oggetti diversi, costituito da una doppia serie di dentini che si incastrano mediante un cursore; cerniera lampo **3** (*fig.*) incapacità o non volontà di comunicare, di discutere: — *mentale.*

choc [/ ʃɔk /] *s.m.invar.* (*fr.*) shock.

chow chow [/ ˈtʃau ˈtʃau /] *s.m.invar.* (*ingl.*) cane di origine asiatica, di taglia robusta, con pelame lungo e foltissimo.

ci[1] *pron.pers. di prima pers.pl.* [atono; in presenza delle particelle pron. atone *lo*, *la*, *li*, *le* e della particella *ne*, viene sostituito da *ce*; in gruppo con altri pron. personali, si prepone a *si* e *se*: *ci si ragiona bene*; *non ci se ne accorge*; si pospone a *mi*, *ti*, *gli*, *le*, *vi*: *ti ci affidiamo*] **1** noi (si usa come compl. oggetto, in posizione sia proclitica sia enclitica): *non ci disturbare*; *vieni a salutarci* | si usa nella coniugazione dei verbi pronominali: *ci vogliamo bene*; *ci si vede domani* **2** a noi (si usa come compl. di termine, in posizione sia proclitica sia enclitica): *ci raccontò tutto*; *spediteci la merce* ♦ *pron.dimostr.* riferito a cosa, equivale a *ciò* o *questo* preceduto da prep.: *non ci penso mai*; *ci puoi contare*; *non ci si capisce nulla* | con valore pleonastico: *a me non ci pensi*; *non ci capisco nulla di matematica* ♦ *avv.* **1** qui, lì; nel luogo di cui si parla (in posizione sia proclitica sia enclitica): *abito in città e ci sto bene*; *ci siamo finalmente!*; *vacci subito* | *esserci*, esistere, trovarsi: *ci sono ospiti*; *non c'è nessuno* | *c'è modo e modo*, ci sono vari modi | *non c'è verso, non c'è modo di*, non si riesce a: *non c'è verso di farglielo capire* | *non c'è che dire*, indubbiamente, va bene | *c'è caso che*, può darsi, può accadere che; *c'era una volta...*, esordio tradizionale delle fiabe **2** per questo, per quel luogo: *ci passo tutti i giorni* **3** con valore indeterminato: *ci vuole*, occorre; *da questo a quello ci corre!*, c'è una bella differenza; *io ci sto*, io sono d'accordo.

ci[2] *s.f.* o *m.* nome della lettera *c*.

ciabatta [cia-bàt-ta] *s.f.* **1** pantofola aperta, pianella | (*estens.*) scarpa vecchia e scalcagnata. DIM. *ciabattina* **2** (*spreg.*) cosa o persona vecchia o mal ridotta **3** (*region.*) forma di pane allungato e piatto.

ciabattare [cia-bat-tà-re] *v.intr.* [aus. *avere*] camminare strascicando le ciabatte o le scarpe.

ciabattata [cia-bat-tà-ta] *s.f.* colpo dato con una ciabatta.

ciabattino [cia-bat-tì-no] *s.m.* [f. *-a*] chi ripara le scarpe.

ciac [ciàc], o **ciak**, *inter.* voce onomatopeica che imita uno sciabordare d'acqua oppure il suono di qlco. che si schiaccia | *—, si gira!*, nel gergo cinematografico, modo convenzionale per dare il via alla ripresa di una scena ♦ *s.m.invar.* (*cine.*) tavoletta di legno munita di un'asticciola, su cui sono annotati tutti i dati relativi a un film in lavorazione, e che viene filmata prima di girare una nuova scena.

ciaccona [ciac-có-na] *s.f.* (*mus.*) danza diffusa in Europa nei secc. XVII e XVIII.

cialda [ciàl-da] *s.f.* **1** pasta molto sottile di farina poco dolce, che si cuoce schiacciata entro un apposito stampo arroventato. DIM. *cialdetta*, *cialdina*, *cialdino* (m.) ACCR. *cialdone* (m.) **2** ostia di farina non lievitata che serve per involgere polveri medicinali da inghiottire.

cialdone [cial-dó-ne] *s.m.* grossa cialda accartocciata e riempita di panna.

cialtronata [cial-tro-nà-ta] *s.f.* azione da cialtrone.

cialtrone [cial-tró-ne] *s.m.* [f. *-a*] **1** persona volgare, vile, abietta **2** persona sciatta, trasandata, che non ha voglia di lavorare.

cialtroneria [cial-tro-ne-rì-a] *s.f.* **1** l'essere cialtrone; il comportarsi da cialtrone **2** cialtronata.

cialtronesco [cial-tro-né-sco] *agg.* [pl.m. *-schi*] da cialtrone: *comportamento —*.

ciambella [ciam-bèl-la] *s.f.* **1** dolce a base di farina, zucchero e uova, di forma circolare con un buco nel mezzo | *prov.*: *non tutte le ciambelle riescono col buco*, ciò che si fa non sempre riesce come si vorrebbe. DIM. *ciambellina* ACCR. *ciambellone* (m.) **2** oggetto a forma di ciambella | *— di salvataggio*, anello galleggiante per sostenere chi non sa nuotare; salvagente.

ciambellano [ciam-bel-là-no] *s.m.* alto dignitario di corte addetto agli appartamenti del sovrano, con compiti di cerimoniere.

ciampicare [ciam-pi-cà-re] *v.intr.* [*io ciàmpico, tu ciàmpichi ecc.*; aus. *avere*] (*tosc.*) **1** camminare a stento, strisciando i piedi, barcollando o inciampando **2** (*fig.*) comportarsi in modo impacciato.

ciampicone [ciam-pi-có-ne] *s.m.* [f. *-a*] (*region.*) chi cammina ciampicando.

cianca [ciàn-ca] *s.f.* (*fam.*) gamba.

cianchetta [cian-chét-ta] *s.f.* solo nella loc. *fare la —*, (*region.*) fare lo sgambetto.

ciancia [ciàn-cia] *s.f.* [pl. *-ce*] (spec. *pl.*) discorso inutile, sconclusionato o non rispondente al vero; pettegolezzo: *raccontar ciance*.

cianciare [cian-cià-re] *v.intr.* [*io ciàncio ecc.*; aus. *avere*] dire ciance, fare discorsi inutili; chiacchierare.

ciancicare [cian-ci-cà-re] *v.intr.* [*io ciàncico, tu ciàncichi ecc.*; aus. *avere*] **1** pronunciare male e a stento le parole **2** masticare, mangiare con difficoltà o di mala voglia **3** fare un lavoro male e svogliatamente ♦ *v.tr.* (*dial.*) sgualcire, spiegazzare.

cianfrinare [cian-fri-nà-re] *v.tr.* (*tecn.*) ribattere i bordi delle lamiere chiodate per chiudere gli interstizi.

cianfrinatura [cian-fri-na-tù-ra] *s.f.* (*tecn.*) operazione del cianfrinare.

cianfrino [cian-frì-no] *s.m.* (*tecn.*) scalpello a tagliente smussato che si usa per ribattere i bordi delle lamiere chiodate.

cianfrusaglia [cian-fru-ʃà-glia] *s.f.* (spec. *pl.*) oggetto o insieme di oggetti diversi di poco valore: *un cassetto pieno di cianfrusaglie*.

ciangottare [cian-got-tà-re] *v.intr.* [*io ciangòtto ecc.*; aus. *avere*] **1** parlare storpiando le parole | (*estens.*) chiacchierare **2** cinguettare **3** emettere un suono lieve, detto di acqua che scorre.

cianidrico [cia-nì-dri-co] *agg.* [pl.m. *-ci*] (*chim.*) si dice di acido velenosissimo, composto dal gruppo ciano e da un atomo di idrogeno; acido prussico.

cianina [cia-nì-na] *s.f.* (*chim.*) colorante azzurro presente in natura in diversi fiori e in alcune meduse.

ciano[1] [cì-a-no] *s.m.* (*lett.*) fiordaliso.

ciano[2] [cià-no] *s.m.* (*chim.*) gruppo monovalente composto da un atomo di carbonio e uno di azoto | Usato anche come *agg.*: *gruppo —*.

ciano- primo elemento di parole composte della terminologia scientifica e tecnica, che significa 'azzurro' (*cianosi*); in chimica indica la presenza del gruppo ciano o nitrilico (*cianogeno*).

cianoficee [cia-no-fi-ce-e] *s.f.pl.* (*bot.*) classe di alghe unicellulari d'acqua dolce o terrestri, che oltre alla clorofilla contengono una sostanza colorante azzurra.

cianogeno [cia-nò-ge-no] *s.m.* (*chim.*) gas velenosissimo composto da carbonio e azoto.

cianografia [cia-no-gra-fì-a] *s.f.* stampa fotografica eseguita su carta speciale.

cianografico [cia-no-grà-fi-co] *agg.* [pl.m. *-ci*] relativo alla cianografia: *procedimento —*.

cianosi [cia-nò-ʃi] *s.f.* (*med.*) colorazione bluastra della pelle e delle mucose, sintomo di disturbi circolatori o respiratori.

cianotico [cia-nò-ti-co] *agg.* [pl.m. *-ci*] che è proprio della cianosi; che presenta cianosi: *colorito, volto —.*
cianotipia [cia-no-ti-pì-a] *s.f.* cianografia.
cianurazione [cia-nu-ra-zió-ne] *s.f.* (*metall.*) processo di estrazione di oro e argento dai minerali mediante trattamento con cianuri.
cianuro [cia-nù-ro] *s.m.* (*chim.*) qualsiasi sale dell'acido cianidrico: *— di potassio.*
ciao [ciào] *inter.* forma di saluto amichevole e confidenziale.
ciappola [ciàp-po-la] *s.f.* piccolo scalpello usato da cesellatori e argentieri.
ciappolare [ciap-po-là-re] *v.tr.* [*io ciàppolo ecc.*] lavorare un metallo con la ciappola.
ciaramella [cia-ra-mèl-la] *s.f.* sorta di cornamusa.
ciarda [ciàr-da] *s.f.* danza popolare ungherese con un'introduzione lenta e un finale dal ritmo frenetico.
ciarla [ciàr-la] *s.f.* **1** (spec. *pl.*) discorso vano, futile; ciancia, chiacchiera; pettegolezzo: *perder tempo in ciarle* **2** (*fam.*) loquacità, parlantina: *avere una gran —.*
ciarlare [ciar-là-re] *v.intr.* [aus. *avere*] parlare a lungo e senza alcun costrutto; chiacchierare, cianciare.
ciarlatanata [ciar-la-ta-nà-ta] *s.f.* azione, discorso da ciarlatano; buffonata.
ciarlataneria [ciar-la-ta-ne-rì-a] *s.f.* **1** l'essere ciarlatano **2** ciarlatanata.
ciarlatanesco [ciar-la-ta-né-sco] *agg.* [pl.m. *-schi*] di ciarlatano, da ciarlatano: *modi ciarlataneschi.*
ciarlatano [ciar-la-tà-no] *s.m.* chi si spaccia per ciò che non è; chi smercia oggetti scadenti presentandoli come eccezionali | imbroglione, truffatore.
ciarliero [ciar-liè-ro] *agg.* che ciarla molto, che ama chiacchierare; loquace.
ciarlone [ciar-ló-ne] *agg.* e *s.m.* [f. *-a*] (*non com.*) che/chi ha l'abitudine di ciarlare molto; chiacchierone.
ciarpa [ciàr-pa] *s.f.* (*non com.*) **1** (spec. *pl.*) oggetto vecchio, che non serve più **2** (*fig.*) discorso inutile, ciancia.
ciarpame [ciar-pà-me] *s.m.* insieme di roba inservibile o di poco valore.
ciascheduno [cia-sche-dù-no] *agg.* e *pron.indef.* [solo *sing.*] (*non com.*) ciascuno.
ciascuno [cia-scù-no] *agg.indef.* [solo *sing.*; davanti ai nomi si comporta come *uno*] con riferimento a una totalità di persone o cose, ne indica ogni singolo individuo o elemento: *ciascuna copia; ciascun socio* ♦ *pron.indef.* [solo *sing.*] ogni persona, ognuno: *— è responsabile delle proprie azioni* | seguito da un partitivo: *— di voi, dei presenti* | con valore distributivo, a testa: *ci diedero un libro —.*
ciazio [ci-à-zio] *s.m.* (*bot.*) infiorescenza costituita da un gruppo di fiori maschili ridotti a stami, che circondano un fiore femminile unico.
cibare [ci-bà-re] *v.tr.* (*lett.*) dar da mangiare a qlcu.; nutrire, alimentare ♦ **cibarsi** *v.rifl.* nutrirsi, alimentarsi: *— di verdure; — di illusioni.*
cibaria [ci-bà-ria] *s.f.* (spec. *pl.*) tutto ciò che serve come alimento.
cibernetica [ci-ber-nè-ti-ca] *s.f.* scienza che studia la realizzazione di macchine automatiche in grado di simulare le funzioni del cervello umano.
cibernetico [ci-ber-nè-ti-co] *agg.* [pl.m. *-ci*] della cibernetica, che riguarda la cibernetica: *studio —* ♦ *s.m.* [f. *-a*] studioso di cibernetica.
cibo [cì-bo] *s.m.* tutto ciò che si mangia; alimento (anche *fig.*): *— per cani; non toccare —*, non mangiare nulla; *la musica è il suo —*, il suo alimento intellettuale.
ciborio [ci-bò-rio] *s.m.* **1** edicola sostenuta da quattro colonne che sovrasta un altare; tabernacolo **2** pisside.
cicala [ci-cà-la] *s.f.* **1** grosso insetto con corpo tozzo color bruno-giallo, quattro grandi ali trasparenti, antenne corte; il maschio emette un caratteristico stridio **2** (*fig.*) persona ciarliera, che stordisce con le sue chiacchiere **3** (*elettr.*) cicalino **4** (*mar.*) nell'ancora, anello di ferro che unisce l'estremità superiore del fuso alla catena.
cicalare [ci-ca-là-re] *v.intr.* [aus. *avere*] parlare a lungo e noiosamente di cose futili; ciarlare.
cicaleccio [ci-ca-léc-cio] *s.m.* un cicalare continuato di più persone insieme.
cicalino [ci-ca-lì-no] *s.m.* dispositivo elettromeccanico di segnalazione acustica, che produce un suono simile allo stridio della cicala.
cicalone [ci-ca-ló-ne] *s.m.* [f. *-a*] chi ha l'abitudine di cicalare; chiacchierone.
cicatrice [ci-ca-trì-ce] *s.f.* **1** tessuto che si forma a conclusione della cicatrizzazione | il segno esterno visibile del processo di cicatrizzazione: *una — sul volto* **2** (*fig.*) segno lasciato nell'animo da un'esperienza dolorosa.
cicatricola [ci-ca-trì-co-la] *s.f.* **1** macchia biancastra nel tuorlo dell'uovo, dove ha sede il germe **2** (*bot.*) segno che resta sul seme quando si distacca dal frutto.
cicatrizzante [ci-ca-triʒ-ʒàn-te] *s.m.* farmaco che favorisce la cicatrizzazione.
cicatrizzare [ci-ca-triʒ-ʒà-re] *v.tr.* far rimarginare una ferita ♦ *v.intr.* [aus. *avere* e *essere*], **cicatrizzarsi** *v.intr.pron.* rimarginarsi formando una cicatrice: *la ferita si è cicatrizzata.*
cicatrizzazione [ci-ca-triʒ-ʒa-zió-ne] *s.f.* processo biologico di riparazione dei tessuti molli di organismi animali o vegetali.
cicca[1] [cìc-ca] *s.f.* mozzicone della sigaretta o del sigaro | *non valere una —*, (*fam.*) non valere niente.
cicca[2] *s.f.* (*region.*) gomma da masticare.
cicchetto [cic-chét-to] *s.m.* **1** (*fam.*) bicchierino di liquore: *bere un —.* DIM. *cicchettino* **2** (*fam.*) rimprovero da parte di un superiore: *fare, prendersi un —.*
ciccia [cìc-cia] *s.f.* (*fam.*) **1** carne da mangiare **2** (*scherz.*) il grasso di una persona: *ha troppa — addosso.*

ciccione [cic-ció-ne] *s.m.* [f. *-a*] (*fam.*) persona molto grassa | Come *agg.*: *una persona cicciona.*
cicciotto [cic-ciòt-to] *agg.* (*fam.*) grassoccio. DIM. *cicciottello* ♦ *s.m.* escrescenza carnosa della pelle.
cicciuto [cic-ciù-to] *agg.* (*fam.*) che è in carne, grassoccio: *un bambino —*.
cicerchia [ci-cér-chia] *s.f.* **1** pianta erbacea rampicante, con fiori simili a quelli del pisello **2** il seme di questa pianta, utilizzato per l'alimentazione delle bestie.
cicerone [ci-ce-ró-ne] *s.m.* chi fa da guida ai visitatori di una città, di un monumento, di un museo.
ciceroniano [ci-ce-ro-nià-no] *agg.* **1** di Cicerone, proprio dello stile di Cicerone: *il periodare —* **2** che imita lo stile di Cicerone: *gli umanisti ciceroniani.*
cicisbeo [ci-ci-ʃbè-o] *s.m.* **1** nel Settecento, il cavaliere che accompagnava la dama **2** (*estens.*) corteggiatore galante; damerino.
ciclabile [ci-clà-bi-le] *agg.* si dice di pista o corsia riservata alle biciclette.
ciclamino [ci-cla-mì-no] *s.m.* pianta erbacea con foglie cuoriformi e fiori di color rosa violaceo; il fiore stesso: *un mazzo di ciclamini* ♦ *agg.invar.* di colore tra il rosa e il lilla: *una stoffa —*.
ciclicità [ci-cli-ci-tà] *s.f.* l'essere ciclico: *la — di un fenomeno.*
ciclico [ci-cli-co] *agg.* [pl.m. *-ci*] **1** che si ripete, che ricorre a cicli: *fasi cicliche* **2** che appartiene a un ciclo letterario: *poema, romanzo —* **3** (*chim.*) si dice di composto organico le cui molecole sono costituite da atomi legati a formare un anello **4** (*mus.*) si dice di composizione nella quale il tema originario ritorna, sia pure modificato, nei diversi movimenti □ **ciclicamente** *avv.* in modo ciclico, a fasi alterne.
ciclismo [ci-clì-ʃmo] *s.m.* lo sport della bicicletta: *— su pista, su strada.*
ciclista [ci-clì-sta] *s.m.* e *f.* [pl.m. *-sti*] **1** chi va in bicicletta **2** atleta che pratica lo sport della bicicletta **3** (*region.*) chi vende e ripara biciclette.
ciclistico [ci-clì-sti-co] *agg.* [pl.m. *-ci*] del ciclismo, dei ciclisti: *corsa ciclistica.*
ciclizzato [ci-cliʒ-ʒà-to] *agg.* (*chim.*) si dice di composto con struttura ciclica.
ciclizzazione [ci-cliʒ-ʒa-zió-ne] *s.f.* (*chim.*) reazione per cui una catena di atomi di carbonio si chiude alle estremità formando una molecola ad anello.
ciclo[1] [cì-clo] *s.m.* **1** successione di movimenti o di fenomeni che si ripetono periodicamente: *il — delle stagioni* | *— produttivo*, la successione delle operazioni necessarie a produrre un determinato bene | *— mestruale*, l'insieme dei processi fisiologici che hanno luogo nell'apparato genitale femminile fra due mestruazioni **2** complesso di leggende o di opere letterarie di argomento unitario: *— carolingio, bretone* **3** serie di attività o manifestazioni: *— di lezioni, di rappresentazioni* | ciascuna delle due fasi in cui si suddivide l'insegnamento scolastico elementare.
ciclo[2] *s.m.* veicolo a pedali; bicicletta.
ciclo-, **-ciclo** primo e secondo elemento di parole composte della terminologia scientifica, che significa 'cerchio, giro, ruota, forma circolare o cilindrica', oppure 'ciclicità, ciclico'; in parole composte della terminologia sportiva, significa 'ciclismo' (*ciclocross*).
ciclocampestre [ci-clo-cam-pè-stre] *agg.* e *s.f.* si dice di corsa ciclistica su tracciati di campagna.
ciclocross [ci-clo-cròss] *s.m.invar.* corsa ciclocampestre.
cicloide [ci-clòi-de] *s.f.* (*geom.*) linea curva descritta da un punto di una circonferenza che ruota procedendo lungo una retta.
ciclomotore [ci-clo-mo-tó-re] *s.m.* veicolo a due o a tre ruote, dotato di un motore fino a 50 cm^3 di cilindrata; motorino.
ciclone [ci-cló-ne] *s.m.* **1** (*meteor.*) sistema di venti che convergono verso un punto di minima pressione atmosferica; uragano | *essere, trovarsi nell'occhio del —*, (*fig.*) nel mezzo di una situazione difficile, pericolosa **2** (*fig.*) avvenimento sconvolgente, catastrofico: *il — della guerra* | persona esuberante, attivissima, che provoca disordine e scompiglio.
ciclonico [ci-clò-ni-co] *agg.* [pl.m. *-ci*] che è proprio dei cicloni: *area ciclonica*, di bassa pressione atmosferica.
ciclope [ci-clò-pe] *s.m.* nella mitologia greca, gigante con un occhio solo in mezzo alla fronte.
ciclopico [ci-clò-pi-co] *agg.* [pl.m. *-ci*] **1** che è proprio dei ciclopi | *mura ciclopiche*, (*archeol.*) antichissime mura costruite con grandi blocchi di pietra disposti irregolarmente **2** (*estens.*) di enormi dimensioni; colossale, gigantesco: *una costruzione ciclopica.*
ciclopista [ci-clo-pì-sta] *s.f.* corsia ciclabile.
ciclostilare [ci-clo-sti-là-re] *v.tr.* stampare con il ciclostile: *— un volantino.*
ciclostilato [ci-clo-sti-là-to] *s.m.* foglio stampato con il ciclostile.
ciclostile [ci-clo-stì-le] *s.m.* semplice macchina da stampa che riproduce in varie copie scritti o disegni preparati su un'apposita matrice.
ciclostomi [ci-clò-sto-mi] *s.m.pl.* (*zool.*) classe di vertebrati acquatici simili ai pesci.
ciclotimia [ci-clo-ti-mì-a] *s.f.* (*psicol.*) stato dell'affettività caratterizzato dall'alternanza di periodi di esaltazione e di malinconia.
ciclotimico [ci-clo-tì-mi-co] *agg.* [pl.m. *-ci*] (*psicol.*) proprio della ciclotimia: *variazioni ciclotimiche* ♦ *agg.* e *s.m.* [f. *-a*] che/chi è affetto da ciclotimia.
ciclotrone [ci-clo-tró-ne] *s.m.* (*fis.*) macchina acceleratrice che, mediante impulsi elettromagnetici, imprime altissime velocità a particelle subatomiche.
cicloturismo [ci-clo-tu-rì-ʃmo] *s.m.* il viaggiare per turismo in bicicletta.
cicloturista [ci-clo-tu-rì-sta] *s.m.* e *f.* [pl.m. *-sti*] chi fa cicloturismo.
cicogna [ci-có-gna] *s.f.* **1** grosso uccello migra-

tore di palude, bianco o nero, con zampe e becco lunghi di color rosso **2** autotreno a doppio piano di carico per il trasporto di autoveicoli.

cicognino [ci-co-gnì-no] *s.m.* il piccolo della cicogna.

ciconiformi [ci-co-ni-fór-mi] *s.m.pl.* (*zool.*) ordine di grossi uccelli con becco, collo e gambe molto lunghi, a cui appartiene la cicogna.

cicoria [ci-cò-ria] *s.f.* pianta erbacea coltivata per le foglie commestibili e per le radici, usate come surrogato del caffè.

cicuta [ci-cù-ta] *s.f.* **1** pianta erbacea velenosa con fiori bianchi e foglie frastagliate **2** l'infuso velenoso di tale pianta.

-cida secondo elemento di parole composte che significa 'uccidere' (*insetticida, omicida*); in botanica può anche significare 'che si taglia, si apre'.

-cidio secondo elemento di parole composte che significa 'uccisione' (*omicidio, suicidio*).

cieco [ciè-co] *agg.* [pl.m. *-chi*] **1** che è privo del senso della vista: *essere — da un occhio* | *alla cieca*, senza vederci; (*fig.*) sconsideratamente, a caso: *agire alla cieca* **2** (*fig.*) si dice di persona priva del lume della ragione o di ciò che rende privi del lume della ragione: *— di rabbia*; *un furore —* | *obbedienza cieca*, l'atteggiamento di chi obbedisce senza discutere o domandare ragioni **3** (*estens.*) privo di luce, buio; senza apertura, senza sbocco: *stanza cieca*, senza finestre; *vicolo —*, senza uscita **4** *intestino —*, (*anat.*) la prima parte dell'intestino crasso ♦ *s.m.* [f. *-a*] chi è privo di vista; non vedente □ **ciecamente** *avv.* **1** alla cieca, senza vedere **2** (*fig.*) senza riflettere, sconsideratamente.

cielo [ciè-lo] *s.m.* **1** lo spazio in cui si muovono gli astri e la Terra; la massa d'aria, l'atmosfera che circonda la Terra: *— nuvoloso, sereno* | *a — aperto*, allo scoperto: *fogna a — aperto* | *toccare il — con un dito*, (*fig.*) essere molto felice | *non stare né in — né in terra*, (*fig.*) si dice di cosa assurda, inverosimile | *piovere dal —*, (*fig.*) si dice di cosa che giunge inattesa | *essere al settimo —*, (*fig.*) al colmo della felicità **2** parte di volta celeste che si trova sopra una città, una regione: *il cielo di Lombardia* | in aeronautica, la zona aerea sovrastante una località **3** il paradiso come sede di Dio e dei beati (anche *pl.*) | (*estens.*) Dio stesso, la provvidenza divina: *pregare il —*; *essere mandato dal —* | *salire al —*, morire | *grazie al —!*, esclamazione di sollievo | *santo —!* esclamazione di disappunto o di sorpresa | *apriti —!*, si dice con allusione a un fatto che ha scatenato una forte reazione | *cascasse il —!*, a ogni costo **4** parte superiore di un ambiente chiuso; volta, copertura: *il — della carrozza.*

cifosi [ci-fò-ʃi] *s.f.* (*med.*) accentuazione della normale curvatura in avanti della colonna vertebrale.

cifra [cì-fra] *s.f.* **1** ciascuno dei segni con cui si rappresentano i numeri dallo zero al nove: *cifre arabe* | (*estens.*) numero, anche di più cifre | *cifre astronomiche*, numeri grandissimi | *far — tonda*, arrotondare, per eccesso o per difetto, al numero più vicino in unità o decine o centinaia **2** somma di denaro: *pagare una bella —* | *una —*, (*gerg.*) molto: *mi piace una —* **3** abbreviazione di un nome, formata per lo più dalla lettera iniziale; monogramma: *ricamare le cifre sul fazzoletto* **4** scrittura segreta; codice: *messaggio in —*; *parlare in —*, (*fig.*) oscuramente **5** (*lett.*) tratto stilistico che caratterizza l'opera di uno scrittore o di un artista.

cifrare [ci-frà-re] *v.tr.* **1** rappresentare nomi o altre parole con una sigla, con cifre | ricamare con un monogramma: *— un fazzoletto* **2** tradurre un messaggio in cifra; codificare.

cifrario [ci-frà-rio] *s.m.* testo contenente la chiave per comprendere una scrittura cifrata.

cifrato [ci-frà-to] espresso in codice: *messaggio, discorso —* | (*fig.*) di difficile comprensione; oscuro, misterioso.

cigliato [ci-glià-to] *agg.* (*biol.*) provvisto di ciglia.

ciglio [cì-glio] *s.m.* [pl.f. *ciglia*, in riferimento all'occhio; pl.m. *cigli* negli altri significati] **1** (*anat.*) l'orlo delle palpebre fornito di sottili peli che difendono l'occhio; l'insieme dei peli stessi: *ciglia lunghissime* | *in un batter di —*, (*fig.*) in un attimo | *non batter —*, (*fig.*) restare impassibile **2** (*estens.*) sopracciglio: *aggrottare le ciglia* **3** (*zool.*) ognuna delle sottili appendici che in alcuni protozoi (ciliati) hanno funzione di organi di locomozione **4** *ciglia cellulari*, (*biol.*) peli di cui sono dotate determinate cellule del corpo umano **5** (*fig.*) orlo, margine esterno: *il — della strada.*

ciglione [ci-glió-ne] *s.m.* terreno rialzato ai lati di una strada o di un fosso; orlo di un precipizio.

cigliuto [ci-gliù-to] *agg.* (*non com.*) che ha ciglia lunghe e folte.

cigno [cì-gno] *s.m.* **1** uccello acquatico dal piumaggio bianchissimo, con collo molto lungo, becco largo, piedi neri palmati **2** (*fig.*) appellativo di musicisti o poeti eccelsi: *il — di Busseto*, Giuseppe Verdi | *il canto del —*, l'ultima e migliore opera di un artista **3** *Cigno*, (*astr.*) costellazione del cielo boreale, situata lungo la Via Lattea.

cigolamento [ci-go-la-mén-to] *s.m.* il cigolare.

cigolare [ci-go-là-re] *v.intr.* [*io cìgolo ecc.*; aus. *avere*] mandare un suono stridente: *una ruota che cigola.*

cigolio [ci-go-lì-o] *s.m.* un cigolare prolungato: *il — della porta.*

cilecca [ci-léc-ca] *s.f.* **1** (*tosc.*) burla, scherzo **2** *far —*, detto di arma da fuoco, scattare a vuoto senza che il colpo parta | (*fig.*) venir meno, fallire.

cileno [ci-lè-no] *agg.* del Cile ♦ *s.m.* [f. *-a*] nativo, abitante del Cile.

cilestrino [ci-le-strì-no] *agg.* (*lett.*) di colore celeste pallido.

ciliare *agg.* del ciglio, delle ciglia o dei sopraccigli.

ciliati [ci-lià-ti] *s.m.pl.* (*zool.*) classe di protozoi che si muovono mediante ciglia vibratili.

cilicio [ci-lì-cio] *s.m.* **1** stoffa ruvida e pungente

| cintura con nodi o catenella che si portava sulla nuda pelle a scopo di penitenza **2** (*fig. lett.*) tortura, tormento fisico o spirituale.
ciliegia [ci-liè-gia] *s.f.* [pl. *-gie* o *-ge*] il frutto rosso e tondeggiante del ciliegio: *marmellata di ciliegie* | *essere la ciliegina sulla torta*, (*fig.*) essere il tocco finale. DIM. *ciliegina* | Come *agg.invar.*: *color rosso —*, rosso vivo.
ciliegio [ci-liè-gio] *s.m.* **1** albero con foglie ovali, fiori bianchi, frutti di colore rosso **2** il legno di tale albero, usato in falegnameria.
cilindrare [ci-lin-drà-re] *v.tr.* (*tecn.*) far passare fra due o più cilindri dei materiali per spianarli, calibrarli o lucidarli.
cilindrata [ci-lin-drà-ta] *s.f.* (*mecc.*) nei motori a scoppio, il volume descritto dai pistoni a ogni corsa | (*estens.*) auto, motoveicolo di una determinata cilindrata: *in pista gareggiano le grosse cilindrate*.
cilindratoio [ci-lin-dra-tó-io] *s.m.* (*tecn.*) macchina per cilindrare.
cilindratrice [ci-lin-dra-trì-ce] *s.f.* (*tecn.*) macchina a cilindri usata nella lavorazione della canapa.
cilindratura [ci-lin-dra-tù-ra] *s.f.* (*tecn.*) l'operazione del cilindrare e il suo risultato.
cilindrico [ci-lìn-dri-co] *agg.* [pl.m. *-ci*] di cilindro, che ha forma di cilindro: *recipiente —*.
cilindro [ci-lìn-dro] *s.m.* **1** solido generato da un rettangolo che ruota intorno a uno dei suoi lati | (*estens.*) qualunque oggetto o dispositivo a forma di cilindro **2** cappello rigido da cerimonia a forma di cilindro; tuba **3** (*mecc.*) organo delle macchine alternative, come motori a scoppio, pompe, macchine a vapore, entro cui scorre il pistone o stantuffo.
cima [cì-ma] *s.f.* **1** la parte più alta, la punta di qlco.: *la — del campanile* | vetta di un monte: *le cime imbiancate delle montagne* **2** (*estens.*) parte estrema di qlco.: *la — delle scale, dei capelli* | *da — a fondo*, (*fig.*) da un capo all'altro, dal principio alla fine **3** (*fig.*) il grado più alto, l'apice | *avere qlcu. in — ai propri pensieri*, pensarci continuamente **4** (*fam.*) persona che eccelle, che è dotata di grande intelligenza e capacità: *non occorre essere una — per capire queste cose* **5** (*mar.*) qualsiasi cavo di fibra vegetale **6** (*bot.*) infiorescenza formata da più assi fiorali che partono da uno stesso punto: *— di rapa* **7** (*gastr.*) petto di vitello farcito, piatto tipico della cucina genovese.
cimare [ci-mà-re] *v.tr.* **1** spuntare, tagliare la cima di qlco. **2** (*ind. tessile*) portare il pelo di un tessuto a un'altezza uniforme **3** (*agr.*) potare l'estremità di un germoglio o di un fusto.
cimasa [ci-mà-ʃa] *s.f.* elemento decorativo che delimita e orna la parte più alta di un edificio o di un mobile.
cimatura [ci-ma-tù-ra] *s.f.* **1** l'operazione del cimare; le cime recise delle piante; la peluria che si taglia dal panno cimandolo **2** nell'industria petrolifera, la separazione delle sostanze più volatili dal petrolio greggio.
cimbro [cìm-bro] *agg.* e *s.m.* [f. *-a*] appartenente a un'antica popolazione germanica | (*estens. lett.*) germanico, tedesco.
cimelio [ci-mè-lio] *s.m.* oggetto appartenuto a un personaggio illustre o che risale a un'epoca, a un avvenimento storico: *— napoleonico*.
cimentare [ci-men-tà-re] *v.tr.* [*io ciménto ecc.*] (*lett.*) mettere alla prova; rischiare: *— la propria vita* | *— qlcu.*, provocarlo ♦ **cimentarsi** *v.rifl.* mettersi alla prova; arrischiarsi, avventurarsi: *— in un'impresa disperata*; *— con qlcu.*, confrontarsi, gareggiare con lui.
cimento [ci-mén-to] *s.m.* (*lett.*) prova ardua, rischiosa: *affrontare il — delle armi*.
cimice [cì-mi-ce] *s.f.* insetto parassita dell'uomo, con corpo rosso-bruno appiattito e privo di ali, che emana un odore ripugnante | *— delle piante*, insetto parassita dei vegetali.
cimiciaio [ci-mi-cià-io] *s.m.* luogo infestato da cimici | (*estens.*) abitazione lurida.
cimiero [ci-miè-ro] *s.m.* ornamento che si poneva un tempo in cima all'elmo | (*lett.*) l'elmo stesso.
ciminiera [ci-mi-niè-ra] *s.f.* fumaiolo molto alto: *la — di una fabbrica, di una nave*.
cimiteriale [ci-mi-te-rià-le] *agg.* **1** che si riferisce ai cimiteri | *arte — cristiana*, l'arte delle catacombe **2** (*fig.*) da cimitero, tetro, lugubre: *atmosfera —*.
cimitero [ci-mi-tè-ro] *s.m.* **1** luogo in cui si seppelliscono i morti; camposanto | *— delle automobili*, (*fig.*) luogo dove vengono raccolte per la demolizione le vetture vecchie o inservibili **2** (*fig.*) luogo deserto, triste e silenzioso.
cimosa [ci-mó-sa] *s.f.* **1** ciascuno dei due margini laterali di un tessuto, con ordito più fitto e resistente **2** (*non com.*) striscia di panno arrotolata per cancellare sulla lavagna; cancellino.
cimurro [ci-mùr-ro] *s.m.* **1** (*vet.*) malattia virale contagiosa che colpisce i cani giovani e i cavalli, producendo un'acuta infiammazione delle mucose nasali **2** (*scherz.*) forte raffreddore.
cinabro [ci-nà-bro] *s.m.* **1** minerale di solfuro di mercurio, che si presenta in masse granulari di color rosso **2** colore rosso analogo al carminio.
cincia [cìn-cia] *s.f.* [pl. *-ce*] (*zool.*) genere di uccelli con piumaggio chiazzato di vari colori, che vivono in gruppi numerosi nei boschi di montagna.
cinciallegra [cin-cial-lé-gra] *s.f.* uccello cantatore comune in Italia, con becco corto e piumaggio soffice di vari colori.
cincillà [cin-cil-là] *s.m.* **1** piccolo mammifero roditore dell'America meridionale, simile al coniglio, con coda folta e pelliccia pregiata di colore argenteo **2** la pelliccia di tale animale.
cincin [cin-cìn], o **cin cin**, *inter.* esclamazione di augurio che si pronuncia all'atto di un brindisi.
cincischiamento [cin-ci-schia-mén-to] *s.m.* il cincischiare; il perder tempo senza concludere nulla.
cincischiare [cin-ci-schià-re] *v.tr.* [*io cincìschio ecc.*] tagliuzzare malamente; sgualcire, rovinare: *— il fazzoletto* | *— le parole*, (*fig.*) pronunciarle

smozzicate ♦ *v.intr.* [aus. *avere*] sprecare il tempo senza concludere nulla: *non stare lì a —.*
cine- primo elemento di parole composte che significa 'cinema, cinematografia' (*cineclub, cinepresa*).
cineamatore [ci-ne-a-ma-tó-re] *s.m.* [f. *-trice*] chi gira film o documentari come dilettante.
cineasta [ci-ne-à-sta] *s.m.* e *f.* [pl.m. *-sti*] professionista del cinema.
cinebox [ci-ne-bòx] *s.m.invar.* apparecchio simile al juke-box, munito di uno schermo, che riproduce contemporaneamente brani musicali e filmati.
cinecamera [ci-ne-cà-me-ra] *s.f.* macchina da presa cinematografica.
cineclub [ci-ne-club; / tʃine'klɛb /] *s.m.invar.* associazione che si propone di diffondere la conoscenza dell'arte cinematografica mediante la proiezione di film e l'organizzazione di dibattiti e conferenze.
cinefilia [ci-ne-fi-lì-a] *s.f.* amore per il cinema.
cinefilo [ci-nè-fi-lo] *s.m.* [f. *-a*] chi è appassionato di cinema.
cineforum [ci-ne-fò-rum] *s.m.invar.* riunione culturale organizzata per vedere e discutere un film | (*estens.*) cineclub.
cinegetica [ci-ne-gè-ti-ca] *s.f.* l'arte di cacciare con i cani; la tecnica dell'addestramento dei cani alla caccia.
cinegiornale [ci-ne-gior-nà-le] *s.m.* breve rubrica cinematografica d'attualità e di cronaca, proiettata nei cinema prima del film.
cinema [cì-ne-ma] *s.m.invar.* forma abbreviata, più comune, di *cinematografo* e di *cinematografia*: *andare al —; il — muto.*
cinemascope® [ci-ne-ma-scò-pe] *s.m.invar.* sistema di ripresa e di proiezione cinematografica che consente la visione della pellicola su uno schermo più grande del normale.
cinematica [ci-ne-mà-ti-ca] *s.f.* (*fis.*) parte della meccanica che studia le proprietà del moto indipendentemente dalle cause che lo producono.
cinematico [ci-ne-mà-ti-co] *agg.* [pl.m. *-ci*] (*fis.*) relativo alla cinematica.
cinematografare [ci-ne-ma-to-gra-fà-re] *v.tr.* [*io cinematògrafo ecc.*] riprendere con la macchina da presa; filmare.
cinematografia [ci-ne-ma-to-gra-fì-a] *s.f.* **1** sistema di rappresentazione del movimento mediante la proiezione di fotogrammi in rapida successione **2** l'arte e l'industria della realizzazione dei film; la produzione cinematografica nel suo complesso: *la — italiana.*
cinematografico [ci-ne-ma-to-grà-fi-co] *agg.* [pl.m. *-ci*] che si riferisce alla cinematografia o al cinematografo: *pellicola cinematografica.* □ **cinematograficamente** *avv.* dal punto di vista cinematografico.
cinematografo [ci-ne-ma-tò-gra-fo] *s.m.* **1** l'arte, la tecnica della cinematografia **2** (*non com.*) locale adibito a proiezioni cinematografiche; cinema.
cineparco [ci-ne-pàr-co] *s.m.* [pl. *-chi*] (*non com.*) cinema all'aperto per spettatori in automobile; drive-in.
cinepresa [ci-ne-pré-sa] *s.f.* apparecchio portatile per riprese cinematografiche su pellicola di larghezza ridotta.
cinerama® [ci-ne-rà-ma] *s.m.invar.* sistema di ripresa e proiezione cinematografica con effetto tridimensionale.
cinerario [ci-ne-rà-rio] *agg.* che serve a contenere cenere | *urna cineraria*, che contiene le ceneri di un defunto ♦ *s.m.* (*archeol.*) vaso in cui sono conservate le ceneri di un defunto.
cinereo [ci-nè-re-o] *agg.* (*lett.*) che ha il colore della cenere; grigio: *cielo, volto —.*
cinescopio [ci-ne-scò-pio] *s.m.* tubo a raggi catodici impiegato negli apparecchi televisivi per produrre le immagini.
cinese [ci-né-se] *agg.* della Cina: *arte, storia —* | *ombre cinesi*, gioco di ombre fatte con le mani e proiettate su una parete ♦ *s.m.* **1** [anche *f.*] chi è nato, chi abita in Cina. DIM. *cinesino* **2** la lingua dei cinesi.
cineseria [ci-ne-se-rì-a] *s.f.* **1** (spec. *pl.*) ninnolo, suppellettile cinese o che imita gli originali cinesi **2** cerimoniosità, formalismo.
cinesi-, **-cinesi**, o chinesi-, -chinesi, primo e secondo elemento di parole composte della moderna terminologia scientifica, che significa 'movimento' (*chinesiterapia*).
cinesica [ci-nè-ʃi-ca] *s.f.* studio della comunicazione non verbale che si attua attraverso i movimenti, i gesti, la mimica.
cinesino [ci-ne-sì-no] *s.m.* segnalatore a luce gialla posto ai bordi delle piste aeroportuali o al centro di incroci stradali.
cinesiologia e *deriv.* → **chinesiologia** e *deriv.*
cinesiterapia e *deriv.* → **chinesiterapia** e *deriv.*
cinestesia [ci-ne-ste-ʃì-a] *s.f.* (*med.*) sensazione dei movimenti del proprio corpo e capacità di controllarli; sensibilità muscolare.
cineteca [ci-ne-tè-ca] *s.f.* raccolta di pellicole cinematografiche | il locale che ospita tale raccolta.
cinetica [ci-nè-ti-ca] *s.f.* (*chim., fis.*) studio della velocità delle reazioni chimiche e dei fattori che la influenzano.
cinetico [ci-nè-ti-co] *agg.* [pl.m. *-ci*] (*fis.*) che si riferisce al movimento: *energia cinetica*, l'energia meccanica di un corpo in movimento.
cinetosi → **chinetosi**.
cingere [cìn-ge-re] *v.tr.* [pres. *io cingo, tu cingi ecc.*; pass.rem. *io cinsi, tu cingésti ecc.*; part.pass. *cinto*] **1** legare intorno; stringere, avvolgere intorno al corpo: *cingersi una fascia alla vita* **2** circondare: *una città cinta di mura* | *— d'assedio*, assediare.
cinghia [cìn-ghia] *s.f.* **1** striscia di cuoio, stoffa o tessuto elastico che serve per stringere, legare e sostenere: *la — dei pantaloni* | *stringere, tirare la —*, (*fig.*) soffrire la fame; fare economie. DIM. *cinghietta* **2** *— di trasmissione*, (*mecc.*) nastro di

materiale flessibile, chiuso ad anello, usato per trasmettere il moto tra due pulegge; (*fig.*) cosa che fa da tramite fra due altre.

cinghiale [cin-ghià-le] *s.m.* **1** mammifero selvatico simile al maiale, ma più scuro e setoloso, con i canini inferiori sporgenti e ricurvi **2** la carne di tale animale macellato **3** la pelle conciata dell'animale: *scarpe di —*.

cinghiata [cin-ghià-ta] *s.f.* colpo dato con una cinghia: *prendere a cinghiate*.

cingolato [cin-go-là-to] *agg.* e *s.m.* si dice di veicolo fornito di cingoli.

cingolo [cìn-go-lo] *s.m.* **1** (*mecc.*) catena articolata formata da piastre metalliche, chiusa ad anello e collegata alle ruote motrici di alcuni automezzi per aumentarne l'aderenza su terreni molto accidentati: *i cingoli del trattore* **2** cintura a forma di fune con cui il sacerdote si cinge il camice intorno al corpo.

cinguettamento [cin-guet-ta-mén-to] *s.m.* (*non com.*) cinguettio.

cinguettare [cin-guet-tà-re] *v.intr.* [*io cinguétto ecc.*; aus. *avere*] **1** cantare sommessamente, con piccoli trilli (detto di uccelli) **2** (*fig.*) chiacchierare a bassa voce; parlottare con voce acuta (detto soprattutto di bambini).

cinguettio [cin-guet-tì-o] *s.m.* un cinguettare prolungato.

cinico [cì-ni-co] *agg.* e *s.m.* [f. *-a*; pl.m. *-ci*] **1** che/chi mostra disprezzo o insensibilità per ogni valore e sentimento umano **2** (*filos.*) seguace di una scuola filosofica greca che predicava l'indifferenza verso i beni materiali e il rifiuto di ogni convenzione sociale □ **cinicamente** *avv.*

ciniglia [ci-nì-glia] *s.f.* **1** filato che ha l'aspetto di un cordoncino peloso **2** tessuto fabbricato con tale filato: *una coperta di —*.

cinismo [ci-nì-ʃmo] *s.m.* **1** l'atteggiamento sprezzante o insensibile proprio di chi è cinico: *agire con freddo —* **2** (*filos.*) la dottrina e la pratica di vita dei filosofi cinici.

cinnamomo [cin-na-mò-mo] *s.m.* (*bot.*) genere di alberi sempreverdi, propri della Cina e del Giappone, da cui si ricavano la cannella e la canfora.

cino- primo elemento di parole composte, che significa 'cane' (*cinodromo*, *cinofilo*).

cinocefalo [ci-no-cè-fa-lo] *agg.* che ha testa di cane ♦ *s.m.* (*zool.*) grossa scimmia africana con muso canino.

cinodromo [ci-nò-dro-mo] *s.m.* impianto con pista per le corse dei cani.

cinofilia [ci-no-fi-lì-a] *s.f.* amore per i cani; interesse per l'allevamento dei cani e il miglioramento delle loro razze.

cinofilo [ci-nò-fi-lo] *agg.* **1** di cinofilia; che concerne la cinofilia **2** (*estens.*) che impiega, che utilizza i cani: *unità cinofile della polizia* ♦ *s.m.* [f. *-a*] chi ama i cani | allevatore e conoscitore di razze canine.

cinofobia [ci-no-fo-bì-a] *s.f.* paura patologica dei cani.

cinquanta [cin-quàn-ta] *agg.num.card.invar.* numero corrispondente a cinque decine.

cinquantenario [cin-quan-te-nà-rio] *s.m.* cinquantesimo anniversario.

cinquantennale [cin-quan-ten-nà-le] *agg.* che dura cinquant'anni; che ricorre ogni cinquant'anni ♦ *s.m.* cinquantesimo anniversario di un avvenimento memorabile.

cinquantenne [cin-quan-tèn-ne] *agg.* e *s.m.* e *f.* che/chi ha cinquant'anni di età.

cinquantennio [cin-quan-tèn-nio] *s.m.* periodo di cinquanta anni.

cinquantina [cin-quan-tì-na] *s.f.* insieme di cinquanta o circa cinquanta unità: *una — di persone* | *essere sulla —*, avere circa cinquant'anni.

cinque [cìn-que] *agg.num.card.invar.* numero naturale corrispondente a cinque unità.

cinquecentesco [cin-que-cen-té-sco] *agg.* [pl.m. *-schi*] del '500 (sec. XVI): *un palazzo —*.

cinquecentista [cin-que-cen-tì-sta] *s.m.* [pl. *-sti*] **1** scrittore o artista del Cinquecento **2** [anche *f.*] chi studia la storia, l'arte o la letteratura del Cinquecento.

cinquecento [cin-que-cèn-to] *agg.num.card. invar.* numero corrispondente a cinque volte cento ♦ *s.m.invar.* solo in *il Cinquecento*, il sec. XVI.

cinquefoglie [cin-que-fò-glie] *s.m.invar.* **1** pianta erbacea simile alla fragola, con foglie composte da cinque foglioline **2** l'infuso che si ricava da tale pianta.

cinquemila [cin-que-mì-la] *agg.num.card.invar.* numero corrispondente a cinque volte mille unità.

cinquennio → **quinquennio**.

cinquina [cin-quì-na] *s.f.* cinque numeri estratti sulla stessa ruota nel gioco del lotto, o sulla stessa fila nella cartella della tombola.

cinta [cìn-ta] *s.f.* **1** insieme di mura o di fortificazioni che cingono una città, un castello, una fortezza | *muro di —*, muro perimetrale che protegge ville, parchi, giardini, orti **2** cintura, cintola: *la — dei pantaloni*.

cinto *s.m.* (*lett.*) cintura | *— erniario*, (*med.*) fasciatura per contenere le ernie inguinali e ombelicali.

cintola [cìn-to-la] *s.f.* **1** cintura: *la — dei calzoni* **2** parte del corpo, sopra i fianchi, dove si porta la cintura.

cintura [cin-tù-ra] *s.f.* **1** striscia di cuoio o tessuto che cinge gli abiti alla vita: *stringere la —* | *— di sicurezza*, su aeroplani o automobili, cinghia o insieme di cinghie usate per assicurare le persone ai sedili | *— di castità*, armatura metallica che nel Medioevo si poneva intorno al ventre delle donne a salvaguardia della loro fedeltà. DIM. *cinturino* (m.) ACCR. *cinturone* (m.) **2** il punto della vita dove generalmente si porta la cintura: *una gonna stretta di —* **3** (*fig.*) la zona circostante un grosso centro urbano: *una località della — torinese* **4** (*sport*) nella lotta, colpo col quale si stringe

l'avversario con le braccia **5** classificazione di merito del lottatore di judo: *— verde, nera.*
cinturare [cin-tu-rà-re] *v.tr.* (*sport*) nel gioco del calcio, trattenere irregolarmente un avversario stringendolo alla vita; nella lotta, effettuare una cintura.
cinturato [cin-tu-rà-to] *agg.* e *s.m.* si dice di un tipo di pneumatico adatto alle alte velocità.
cinturino [cin-tu-rì-no] *s.m.* striscia di materiale vario usata per fissare o allacciare qlco.: *il — dell'orologio.*
cinturone [cin-tu-ró-ne] *s.m.* grossa cintura usata dai militari per appendervi la pistola o altri elementi dell'armamento.
ciò *pron.dimostr.* questa, codesta o quella cosa: *tutto — è vero; hai sentito — che ho detto?* | *a —*, a tal fine | *per —*, perciò | *con tutto —*, nonostante tutto | *ciò nondimeno*, ciò nonostante, tuttavia.
ciocca [ciòc-ca] *s.f.* ciuffo di capelli. DIM. *ciocchetta.*
ciocco [ciòc-co] *s.m.* [pl. *-chi*] grosso pezzo di legno da ardere; ceppo | *rimanere come un —*, (*fig.*) inebetito.
cioccolata [cioc-co-là-ta] *s.f.* **1** cioccolato **2** bevanda ottenuta sciogliendo a caldo polvere di cacao in acqua o latte: *una tazza di —.*
cioccolataio [cioc-co-la-tà-io] *s.m.* [f. *-a*] chi fabbrica o vende cioccolato.
cioccolatiera [cioc-co-la-tiè-ra] *s.f.* bricco in cui si prepara o si mesce la cioccolata.
cioccolatino [cioc-co-la-tì-no] *s.m.* dolcetto di cioccolato, spesso ripieno di crema o di liquore: *— al rum.*
cioccolato [cioc-co-là-to] *s.m.* sostanza alimentare preparata con polvere di cacao, zucchero e altri ingredienti: *— fondente, al latte* ♦ *agg.invar.* di colore marrone o nocciola scuro, simile a quello del cioccolato.
ciocia [ciò-cia] *s.f.* [pl. *-cie*] (*dial.*) calzatura rustica dei contadini della Ciociaria, formata da un pezzo di cuoio o di panno allacciato al piede e alla gamba con legacci.
ciociaro [cio-cià-ro] *agg.* della Ciociaria, regione del Lazio: *dialetto —* ♦ *s.m.* [f. *-a*] chi è nato, chi abita nella Ciociaria.
cioè [cio-è] *avv.* **1** ossia, in altre parole: *me ne andrò fra due giorni, — giovedì* | *cioè?*, si dice per chiedere spiegazioni, chiarimenti, precisazioni **2** o meglio, o piuttosto, anzi: *ti telefonerò, — verrò di persona.*
ciompo [ciόm-po] *s.m.* nella Firenze del Medioevo, addetto alla lavorazione della lana.
ciondolamento [cion-do-la-mén-to] *s.m.* (*non com.*) il ciondolare, ciondolio.
ciondolare [cion-do-là-re] *v.intr.* [*io ciόndolo ecc.*; aus. *avere*] **1** pendere oscillando; stare penzoloni **2** (*estens.*) reggersi a mala pena sulle gambe **3** (*fig.*) andare in giro, trascinarsi oziosamente: *— per la città* ♦ *v.tr.* fare oscillare stancamente: *— la testa, le braccia.*
ciondolio [cion-do-lì-o] *s.m.* un ciondolare prolungato.
ciondolo [ciόn-do-lo] *s.m.* gioiello, medaglia o altro gingillo che si appende a una catenina o a un braccialetto. DIM. *ciondolino.*
ciondolone [cion-do-ló-ne] *agg.* e *s.m.* [f. *-a*] si dice di persona oziosa, sfaccendata, che ciondola qua e là.
ciondoloni [cion-do-ló-ni] *avv.* in modo da penzolare giù: *tenere le braccia —* | *andare —*, bighellonare.
ciononostante [cio-no-no-stàn-te], o **ciò nonostante**, *avv.* malgrado ciò, tuttavia.
ciotola [ciò-to-la] *s.f.* tazza bassa e senza manico usata per bere, mangiare o per contenere oggetti di piccole dimensioni; il contenuto stesso: *una — di latte.* DIM. *ciotoletta, ciotolina, ciotolino* (m.) ACCR. *ciotolone* (m.).
ciottolata [ciot-to-là-ta] *s.f.* colpo dato con un ciottolo; sassata.
ciottolato [ciot-to-là-to] *s.m.* acciottolato.
ciottolo [ciòt-to-lo] *s.m.* frammento di roccia arrotondato e levigato dall'acqua; piccolo sasso.
ciottoloso [ciot-to-ló-so] *agg.* pieno, cosparso di ciottoli.
cip[1] *inter.* voce onomatopeica che imita il verso del passero e di altri piccoli uccelli (per lo più raddoppiato): *cip cip.*
cip[2] *s.m.invar.* nel gioco del poker, la puntata minima.
ciperacee [ci-pe-rà-ce-e] *s.f.pl.* (*bot.*) famiglia di piante erbacee monocotiledoni, diffuse nei luoghi umidi delle zone calde e temperate.
cipiglio [ci-pì-glio] *s.m.* corrugamento della fronte e delle sopracciglia come manifestazione di sdegno, collera o fierezza; aspetto severo o minaccioso: *guardare con —.*
cipolla [ci-pól-la] *s.f.* **1** pianta erbacea coltivata per il bulbo commestibile, composto di varie tuniche carnose; il bulbo stesso | *mangiare pane e —*, (*fig.*) pochissimo e male. DIM. *cipolletta, cipollina* ACCR. *cipollona* **2** (*estens.*) oggetto a forma di cipolla: *la — dell'annaffiatoio*, la parte terminale, rotondeggiante e bucherellata, da cui esce l'acqua **3** (*scherz.*) orologio da tasca di foggia antiquata.
cipollata [ci-pol-là-ta] *s.f.* (*gastr.*) pietanza a base di cipolle.
cipollato [ci-pol-là-to] *agg.* si dice di legno che presenta cipollature.
cipollatura [ci-pol-la-tù-ra] *s.f.* difetto del legname che si sfalda in corrispondenza degli anelli annuali.
cipollino [ci-pol-lì-no] *agg.* e *s.m.* si dice di marmo bianco-grigiastro con venature di mica grigia o verde.
cipolloso [ci-pol-ló-so] *agg.* cipollato: *legno —.*
cippo [cìp-po] *s.m.* **1** tronco di colonna o di pilastro, che reca per lo più un'iscrizione commemorativa: *— sepolcrale* **2** pietra che delimita un'area: *— di confine.*
cipresseto [ci-pres-sé-to] *s.m.* luogo piantato a cipressi.
cipresso [ci-près-so] *s.m.* albero delle conifere

con foglie sempreverdi, coltivato a scopo ornamentale in parchi e cimiteri.

cipria [cì-pria] *s.f.* polvere finissima usata dalle donne per il trucco del viso e del collo: *darsi la —.*

ciprinidi [ci-prì-ni-di] *s.m.pl.* (*zool.*) famiglia di pesci d'acqua dolce, con corpo oblungo e bocca piccola priva di denti.

cipriota [ci-pri-ò-ta] *agg.* [pl.m. *-ti*] dell'isola di Cipro ♦ *s.m.* e *f.* chi è nato, chi abita nell'isola di Cipro.

circa [cìr-ca] *prep.* **1** a proposito di, intorno a, riguardo a (si usa da sola o seguita prep. *a*): *non so nulla — quel fatto; — al prezzo ci metteremo d'accordo* ♦ *avv.* quasi, approssimativamente, press'a poco: *a due chilometri —; di — vent'anni* ♦ *s.m.* nel linguaggio della borsa, margine di tolleranza sul prezzo fissato, corrispondente alla provvigione dell'agente di cambio.

circasso [cir-càs-so] *agg.* che si riferisce ai Circassi, popolazione del Caucaso ♦ *s.m.* **1** [f. *-a*] chi appartiene alla popolazione circassa **2** lingua parlata dai Circassi.

circense [cir-cèn-se] *agg.* **1** del circo romano antico: *giochi circensi* **2** che riguarda, che è proprio dei circhi equestri: *spettacolo —.*

circo [cìr-co] *s.m.* [pl. *-chi*] **1** (*archeol.*) nell'antica Roma, edificio di forma allungata o circolare in cui si svolgevano corse, lotte di gladiatori e altri spettacoli pubblici **2** *— equestre*, costruzione mobile in cui si svolgono spettacoli equestri, esibizioni di acrobati, pagliacci, animali ammaestrati | la compagnia che vi lavora **3** *— glaciale*, (*geol.*) vasta depressione ad anfiteatro dovuta all'azione erosiva dei ghiacciai e situata sui fianchi di un monte o all'origine di una valle.

circocentro [cir-co-cèn-tro] *s.m.* (*geom.*) centro del cerchio circoscritto a un triangolo, equidistante dai tre vertici.

circolante [cir-co-làn-te] *agg.* che circola, che è in circolazione: *moneta —* | *biblioteca —*, che dà soltanto libri in prestito ♦ *s.m.* (*fin.*) l'insieme delle banconote e delle monete in circolazione in uno stato.

circolare[1] [cir-co-là-re] *agg.* **1** che ha forma di circolo: *pista —* | *moto —*, la cui traiettoria è un circolo **2** si dice di comunicazione scritta a più persone o a uffici per dettare norme o impartire istruzioni: *lettera —* | *assegno —*, (*banc.*) assegno emesso da una banca con copertura garantita **3** (*geom.*) del cerchio; che riguarda il cerchio: *settore —* ♦ *s.f.* **1** comunicazione, lettera circolare: *— ministeriale* **2** linea di tram o di autobus che segue un percorso circolare; la vettura che percorre tale linea □ **circolarmente** *avv.* in circolo; con movimento circolare.

circolare[2] *v.intr.* [*io cìrcolo ecc.*; aus. *avere* o *essere*] **1** muoversi circolarmente | detto di fluido, scorrere in circolo: *il sangue circola nelle vene* **2** (*estens.*) muoversi, andare in giro, spostarsi da un punto a un altro (detto di veicoli o pedoni): *in centro si circola solo a piedi* **3** andare di mano in mano, passare da una persona all'altra: *far — un foglio* **4** (*fig.*) diffondersi, propagarsi: *circolano voci strane sul suo conto.*

circolarità [cir-co-la-ri-tà] *s.f.* l'essere circolare; andamento, processo circolare.

circolatorio [cir-co-la-tò-rio] *agg.* che riguarda la circolazione del sangue: *sistema —*, l'insieme delle vene e delle arterie.

circolazione [cir-co-la-zió-ne] *s.f.* **1** il circolare, il muoversi, lo spostarsi | il circolare di persone e veicoli: *— stradale, marittima, aerea; divieto di —* | *libretto di —*, documento che autorizza la circolazione di mezzi a motore | *mettere in —*, (*fig.*) fare circolare, diffondere | *togliere dalla —*, (*fig.*) far sparire **2** *— monetaria*, (*fin.*) l'insieme delle banconote e delle monete circolanti in uno stato **3** (*fisiol., bot.*) il fluire del sangue o della linfa: *disturbi di —.*

circolo [cìr-co-lo] *s.m.* **1** (*geom.*) circonferenza: *tracciare, descrivere un —.* DIM. *circoletto* **2** (*geog., astr.*) ciascuna delle circonferenze che si immaginano descritte sulla superficie della sfera terrestre e celeste: *— polare artico, antartico*, paralleli che limitano le calotte polari **3** (*biol., med.*) la circolazione del sangue: *entrare in —*, si dice di sostanza assunta o iniettata **4** gruppo o società di persone che si riuniscono a scopo ricreativo o di istruzione; il luogo in cui avvengono le riunioni: *— sportivo, culturale* **5** *pl.* ambiente di persone appartenenti a una determinata categoria: *circoli politici, militari* **6** *— vizioso*, in logica, argomentazione fallace in quanto le premesse si fondano sulla conclusione e viceversa; (*fig.*) situazione senza sbocco, in cui si torna sempre al punto di partenza **7** circoscrizione amministrativa o giudiziaria.

circoncidere [cir-con-cì-de-re] *v.tr.* [pass.rem. *io circoncíſi, tu circoncidésti ecc.*; part.pass. *circonciſo*] sottoporre a circoncisione.

circoncisione [cir-con-ci-ſió-ne] *s.f.* operazione della recisione del prepuzio, praticata a scopo rituale dagli ebrei e dai musulmani o, in medicina, a scopo terapeutico.

circonciso [cir-con-cì-ſo] *agg.* che ha subito circoncisione.

circondabile [cir-con-dà-bi-le] *agg.* (*non com.*) che si può circondare.

circondare [cir-con-dà-re] *v.tr.* [*io circóndo ecc.*] chiudere tutt'intorno; accerchiare, attorniare: *la polizia circondò l'edificio* | *— qlcu. di tenerezze, di attenzioni*, colmarlo di premure ♦ **circondarsi** *v.rifl.* tenere abitualmente presso di sé, attorniarsi (anche *fig.*): *— di collaboratori fidati.*

circondariale [cir-con-da-rià-le] *agg.* (*ammin.*) di un circondario: *ufficio —* | *casa —*, (*dir.*) istituto di pena che ha sede presso un circondario di tribunale.

circondario [cir-con-dà-rio] *s.m.* **1** suddivisione amministrativa di un territorio | circoscrizione territoriale del tribunale **2** (*estens.*) territorio, zona circostante un centro abitato: *la notizia dilagò in tutto il —.*

circondurre [cir-con-dùr-re] *v.tr.* [coniugato co-

me *condurre*] (*lett.*) condurre, far girare intorno | — *le braccia*, in ginnastica, farle ruotare.
circonduzione [cir-con-du-zió-ne] *s.f.* in ginnastica, movimento del circondurre le braccia.
circonferenza [cir-con-fe-rèn-za] *s.f.* **1** (*mat.*) luogo dei punti di un piano equidistanti da un punto, detto *centro* **2** (*estens.*) linea che misura la grandezza di un corpo cilindrico o tondeggiante: *la — del torace* | linea che delimita una superficie piana, anche non circolare: *la — di una città*.
circonflesso [cir-con-flès-so] *agg.* **1** piegato in cerchio, arcuato **2** *accento —*, segno grafico rappresentato nel greco con la forma [˜] e nelle lingue moderne con la forma [ˆ].
circonfondere [cir-con-fón-de-re] *v.tr.* [coniugato come *fondere*] (*lett.*) avvolgere tutt'intorno, circondare: *il volto era circonfuso di luce*.
circonlocuzione [cir-con-lo-cu-zió-ne] *s.f.* giro di parole per esprimere una parola o un concetto, evitando i termini propri; perifrasi.
circonvallazione [cir-con-val-la-zió-ne] *s.f.* **1** vallo intorno a un luogo fortificato **2** (*estens.*) strada che corre lungo il perimetro esterno di una città.
circonvenzione [cir-con-ven-zió-ne] *s.f.* (*non com.*) inganno, raggiro | — *d'incapace*, (*dir.*) reato commesso da chi trae in inganno qlcu. profittando della sua incapacità o della sua inesperienza.
circonvicino [cir-con-vi-cì-no] *agg.* si dice di luogo o di gente che si trovi nelle vicinanze di una località: *paesi circonvicini*.
circonvoluzione [cir-con-vo-lu-zió-ne] *s.f.* avvolgimento attorno a un centro | *circonvoluzioni cerebrali*, (*anat.*) sporgenze della corteccia cerebrale separate da profondi solchi.
circoscritto [cir-co-scrìt-to] *agg.* **1** (*geom.*) si dice di una figura geometrica che ne contiene un'altra toccandola: *un poligono — a una circonferenza* **2** contenuto entro un certo limite (anche *fig.*): *un argomento ben —*.
circoscrivere [cir-co-scrì-ve-re] [coniugato come *scrivere*] **1** (*geom.*) tracciare una circonferenza che passi per tutti i vertici di un dato poligono (— *una circonferenza a un poligono*); tracciare un poligono con tutti i lati tangenti a una data circonferenza (— *un poligono a una circonferenza*) **2** (*estens.*) contenere, racchiudere entro un determinato limite (anche *fig.*): — *un incendio*; — *un problema, un argomento*, individuarlo con precisione, delimitarlo esattamente.
circoscrivibile [cir-co-scri-vì-bi-le] *agg.* che può essere circoscritto, contenuto entro determinati limiti.
circoscrizionale [cir-co-scri-zio-nà-le] *agg.* relativo a una circoscrizione: *ufficio —*.
circoscrizione [cir-co-scri-zió-ne] *s.f.* **1** il circoscrivere, l'essere circoscritto **2** suddivisione di un territorio a fini amministrativi o giudiziari | l'insieme degli uffici circoscrizionali e l'edificio in cui hanno sede.
circospetto [cir-co-spèt-to] *agg.* che agisce con cautela o che denota cautela; prudente, guardingo: *un individuo, un fare —*.
circospezione [cir-co-spe-zió-ne] *s.f.* l'essere circospetto: *procedere con —*.
circostante [cir-co-stàn-te] *agg.* che sta intorno, vicino: *il territorio —*.
circostanza [cir-co-stàn-za] *s.f.* **1** condizione particolare che accompagna o determina un fatto, un evento, una situazione: — *negativa* | in diritto: — *aggravante*, quella che rende più grave il delitto e maggiore la pena; — *attenuante*, quella che diminuisce la gravità del delitto e comporta una riduzione della pena **2** situazione particolare in cui si trova una persona in un dato momento; occasione: *regolarsi secondo le circostanze*; *parole di —*, adatte all'occasione, convenzionali.
circostanziale [cir-co-stan-zià-le] *agg.* proprio di una circostanza, che concerne le circostanze.
circostanziare [cir-co-stan-zià-re] *v.tr.* [*io circostànzio ecc.*] riferire minutamente; precisare.
circostanziato [cir-co-stan-zià-to] *agg.* specificato nei minimi particolari; dettagliato: *un racconto —*.
circuire [cir-cu-ì-re] *v.tr.* [*io circuisco, tu circuisci ecc.*; part.pass. *circuìto*] stare insistentemente intorno a qlcu. per piegarlo alla propria volontà o per ingannarlo; raggirare.
circuito [cir-cùi-to] *s.m.* **1** giro, circonferenza, perimetro: *un — di quindici chilometri* **2** percorso chiuso di una gara automobilistica, motociclistica o ciclistica **3** (*elettr.*) insieme di conduttori variamente collegati, attraversati da un flusso di corrente | *impianto televisivo a — chiuso*, in cui le immagini sono trasmesse via cavo | — *integrato*, circuito elettronico costruito interamente in una piastrina di materiale semiconduttore; chip **4** sistema di condotti attraversato da fluidi: — *di raffreddamento, di ventilazione* **5** catena di distribuzione di prodotti commerciali: — *di vendita* | — *cinematografico*, serie di sale cinematografiche riunite sotto un'unica gestione o legate alla stessa rete di distribuzione.
circum- primo elemento di parole composte, che significa 'intorno' (*circumnavigazione, circumpolare*).
circumnavigare [cir-cum-na-vi-gà-re] *v.tr.* [*io circumnàvigo, tu circumnàvighi ecc.*] compiere una circumnavigazione: — *l'Africa*.
circumnavigatore [cir-cum-na-vi-ga-tó-re] *s.m.* [f. *-trice*] chi compie una circumnavigazione.
circumnavigazione [cir-cum-na-vi-ga-zió-ne] *s.f.* navigazione intorno all'intero perimetro di un'isola o di un continente; viaggio marittimo intorno alla Terra: *la — del globo*.
circumpolare [cir-cum-po-là-re] *agg.* (*geog., astr.*) che sta intorno ai poli terrestri o celesti: *stelle circumpolari*.
ciré [/ si're /] *agg.* e *s.m.* (*fr.*) si dice di tessuto impermeabilizzato mediante applicazione di sostanze a base di cera.
cirenaico [ci-re-nài-co] *agg.* [pl.m. *-ci*] di Cirene,

antica città della Libia; della Cirenaica, regione dell'Africa settentrionale ♦ *s.m.* [f. *-a*] abitante dell'antica Cirene o della Cirenaica.

cireneo [ci-re-nè-o] *s.m.* [f. *-a*] **1** abitante dell'antica Cirene **2** (*fig.*) chi si addossa un lavoro faticoso che toccherebbe ad altri.

cirillico [ci-rìl-li-co] *agg.* [pl.m. *-ci*] si dice dei caratteri di scrittura di alcune lingue slave (russo, ucraino, bulgaro, serbo).

ciriola [ci-ri-ò-la] *s.f.* a Roma, tipo di pane di forma allungata e rigonfia nel mezzo.

cirriforme [cir-ri-fór-me] *agg.* **1** (*meteor.*) si dice di nube che ha forma di cirro **2** (*bot.*) di organo che ha forma di tralcio o di viticcio.

cirripedi [cir-rì-pe-di] *s.m.pl.* (*zool.*) sottoclasse di piccoli crostacei marini, che vivono fissati ai corpi sommersi.

cirro [cìr-ro] *s.m.* **1** (*meteor.*) piccola nube bianca e filamentosa, situata a grande altezza **2** (*bot.*) organo di sostegno di certe piante rampicanti; viticcio **3** (*zool.*) organo tattile o di movimento presente soprattutto nei cirripedi, nei ciliati e negli anellidi.

cirrocumulo [cir-ro-cù-mu-lo] *s.m.* (*meteor.*) nube densa, biancastra, tondeggiante, tipica del cosiddetto *cielo a pecorelle*.

cirrosi [cir-rò-ʃi] *s.f.* (*med.*) malattia caratterizzata dall'aumento del tessuto connettivo di un organo; la forma più nota è la cirrosi epatica.

cirroso [cir-ró-so] *agg.* **1** (*meteor.*) si dice del cielo coperto di cirri **2** (*bot.*) si dice di foglia o picciolo che ha le caratteristiche di un cirro.

cirrostrato [cir-ro-strà-to] *s.m.* (*meteor.*) nube biancastra, sottile, quasi trasparente.

cirrotico [cir-rò-ti-co] *agg.* e *s.m.* [f. *-a*; pl.m. *-ci*] (*med.*) che/chi è affetto da cirrosi.

cis- primo elemento di aggettivi composti, che significa 'di qua da'; indica collocazione geografica al di qua di un dato luogo di riferimento (*cisalpino*, *cispadano*).

cisalpino [ci-ʃal-pì-no] *agg.* che si trova al di qua delle Alpi (rispetto a Roma): *Gallia Cisalpina*.

cispa [cì-spa] *s.f.* umore viscoso prodotto dalla congiuntiva degli occhi, che si rapprende all'estremità delle palpebre.

cispadano [ciʃ-pa-dà-no] *agg.* che è al di qua del Po (rispetto a Roma): *Repubblica Cispadana*.

cisposità [ci-spo-si-tà] *s.f.* **1** l'essere cisposo **2** cispa.

cisposo [ci-spó-so] *agg.* pieno di cispa: *occhi cisposi*.

cista [cì-sta] *s.f.* (*archeol.*) recipiente cilindrico adoperato nell'antichità greco-romana per uso rituale o per contenere capi di abbigliamento.

cistacee [ci-stà-ce-e] *s.f.pl.* (*bot.*) famiglia di piante dicotiledoni, erbacee o arbustacee, tipiche delle zone temperate.

ciste → **cisti**.

cistectomia [ci-stec-to-mì-a] *s.f.* (*med.*) asportazione chirurgica della vescica urinaria.

cisteina [ci-ste-ì-na] *s.f.* (*chim.*) amminoacido solforato componente di tutte le proteine.

cisterciense [ci-ster-ciè̀n-ṣe], o **cistercense**, *agg.* dell'ordine monastico fondato dal san Roberto di Molesme a Cîteaux nel 1098, e poi diffuso da san Bernardo di Chiaravalle: *monastero* — ♦ *s.m.* monaco appartenente a quest'ordine.

cisterna [ci-stèr-na] *s.f.* **1** serbatoio sotterraneo in muratura per la raccolta delle acque piovane **2** (*estens.*) qualsiasi grande serbatoio per liquidi | Usato anche come *agg.invar.*: *nave*, *auto*, *vagone*, *aereo* —, muniti di grandi serbatoi per il trasporto di liquidi.

cisti [cì-sti], o **ciste**, *s.f.* **1** (*med.*) cavità abnorme, di forma tondeggiante, con pareti fibrose, in cui si raccolgono sostanze liquide, semisolide o solide: — *sebacea* **2** — *parassitaria*, (*zool.*) involucro resistente di vermi parassiti in alcuni stadi della vita larvale.

cisti- → **cisto-**.

cistico [cì-sti-co] *agg.* [pl.m. *-ci*] **1** (*med.*) relativo a una cisti: *tumore* — **2** *dotto* —, (*anat.*) condotto biliare che mette in comunicazione la cistifellea con il dotto epatico.

cistifellea [ci-sti-fèl-le-a] *s.f.* (*anat.*) vescichetta a forma di pera, situata sulla faccia inferiore del fegato, in cui si raccoglie la bile.

cistina [ci-stì-na] *s.f.* (*chim.*) prodotto di ossidazione della cisteina.

cistite [ci-stì-te] *s.f.* (*med.*) infiammazione della vescica urinaria.

cisto-, o **cisti-**, primo elemento di parole composte della terminologia scientifica, che significa 'vescica' (*cistoscopia*).

cistopielite [ci-sto-pie-lì-te] *s.f.* (*med.*) infiammazione della vescica e del bacinetto renale.

cistoscopia [ci-sto-sco-pì-a] *s.f.* (*med.*) esplorazione visiva della vescica urinaria.

-cita → **-cito**.

citabile [ci-tà-bi-le] *agg.* che si può citare, degno di essere citato.

citante [ci-tàn-te] *s.m.* e *f.* (*dir.*) chi cita in tribunale.

citara [cì-ta-ra] *s.f.* (*mus.*) **1** antico strumento greco a corde del tipo della lira **2** (*lett.*) cetra.

citare [ci-tà-re] *v.tr.* **1** (*dir.*) convocare qlcu. dinanzi al magistrato come accusato o come testimone **2** riportare in un testo o in un discorso brani o parole altrui: — *un verso dell'"Iliade"* **3** (*estens.*) indicare, menzionare.

citaredo [ci-ta-rè-do] *s.m.* [f. *-a*] nella Grecia antica, cantore che accompagnava il suo canto con la cetra.

citarista [ci-ta-rì-sta] *s.m.* e *f.* [pl.m. *-sti*] chi suona la cetra.

citazione [ci-ta-zió-ne] *s.f.* **1** (*dir.*) il citare in giudizio | il documento con cui si notifica l'ordine di comparizione dinanzi al magistrato penale o l'invito a costituirsi dinanzi al magistrato civile **2** il citare brani o parole altrui in un testo o in un discorso; ciò che viene citato | (*estens.*) indicazione di un elemento bibliografico: *la* — *del titolo di un libro* **3** menzione, segnalazione di qlcu. per un fine particolare: — *di merito*.

citeriore [ci-te-rió-re] *agg.* (*non com.*) situato al di qua, dalla parte più vicina rispetto a un'altra più lontana: *Gallia Citeriore.*
cito-, **-cito**, o -cita, primo e secondo elemento di parole composte della terminologia scientifica moderna, che significa 'cellula' o indica relazione con le cellule (*citoplasma, fagocito, leucocita*).
citocinesi [ci-to-ci-nè-si] *s.f.* (*biol.*) l'insieme dei mutamenti che avvengono nel citoplasma durante il processo di divisione cellulare.
citocromo [ci-to-crò-mo] *s.m.* (*chim. biol.*) pigmento rosso proteico presente in tutte le cellule animali e vegetali, essenziale per la loro respirazione.
citodiagnostica [ci-to-dia-gnò-sti-ca] *s.f.* (*med.*) studio degli elementi cellulari di liquidi e secreti organici finalizzato alla diagnosi dei tumori.
citofagia [ci-to-fa-gì-a] *s.f.* [pl. *-gie*] (*biol.*) azione fagocitaria su cellule o parti di cellule.
citofonare [ci-to-fo-nà-re] *v.intr.* [*io citòfono ecc.*; aus. *avere*] comunicare per mezzo del citofono.
citofonico [ci-to-fò-ni-co] *agg.* [pl.m. *-ci*] di citofono: *impianto —.*
citofoniera [ci-to-fo-niè-ra] *s.f.* impianto di citofoni.
citofono [ci-tò-fo-no] *s.m.* apparecchio telefonico interno che collega gli appartamenti di uno stabile con la portineria e la porta d'ingresso sulla via.
citogenesi [ci-to-gè-ne-ʃi] *s.f.* (*biol.*) origine e sviluppo della cellula.
citologia [ci-to-lo-gì-a] *s.f.* [pl. *-gie*] branca della biologia che studia la struttura e le funzioni delle cellule.
citologico [ci-to-lò-gi-co] *agg.* [pl.m. *-ci*] (*biol.*) **1** pertinente alla cellula **2** relativo alla citologia.
citoplasma [ci-to-plà-ʃma] *s.m.* [pl. *-smi*] (*biol.*) parte della cellula che avvolge il nucleo.
citoplasmatico [ci-to-pla-ʃmà-ti-co] *agg.* [pl.m. *-ci*] (*biol.*) del citoplasma, relativo al citoplasma.
citosoma [ci-to-sò-ma] *s.m.* [pl. *-mi*] (*biol.*) il corpo cellulare indipendentemente dal nucleo.
citrato [ci-trà-to] *s.m.* (*chim.*) sale dell'acido citrico | — *di magnesio* o *di magnesia*, sale in forma di cristalli che, sciolto in acqua, ha un effetto blandamente lassativo.
citrico [cì-tri-co] *agg.* [pl.m. *-ci*] (*chim.*) si dice di un acido organico diffuso in natura nel succo degli agrumi, impiegato in medicina e nella preparazione di bevande dissetanti.
citrina [ci-trì-na] *s.f* (*biol.*) altro nome della *vitamina P.*
citrino [ci-trì-no] *agg.* (*lett.*) di cedro; del colore o sapore del cedro ♦ *s.m.* **1** il colore del cedro **2** (*min.*) varietà di quarzo giallo usata per ornamento.
citronella [ci-tro-nèl-la] *s.f.* pianta con foglie larghe, da cui si estrae un'essenza che ha odore di limone; limoncina.
citrullaggine [ci-trul-làg-gi-ne] *s.f.* **1** l'essere citrullo; stupidità, balordaggine **2** atto o detto da citrullo.
citrullo [ci-trùl-lo] *agg.* e *s.m.* [f. *-a*] sciocco, babbeo.
città [cit-tà] *s.f.* **1** centro abitato piuttosto esteso, che sul piano amministrativo, economico, politico e culturale rappresenta il punto di riferimento del territorio circostante: *la — di Ancona; preferisco vivere in — non in campagna* | — *santa*, il centro di una religione | — *aperta*, in tempo di guerra, città priva di installazioni militari e che i belligeranti si impegnano a non attaccare | — *stato*, quella che costituiva uno stato indipendente, come l'antica polis greca e il comune medievale. DIM. *cittadina* **2** parte, quartiere di una città: — *vecchia*, la parte più antica; — *alta*, la parte edificata su un'altura | — *universitaria* o *degli studi*, complesso di edifici di una grande università | — *giardino*, quartiere residenziale immerso nel verde **3** la popolazione, l'insieme degli abitanti di una città; cittadinanza: *la — è in festa.*
cittadella [cit-ta-dèl-la] *s.f.* fortezza per la difesa di una città; roccaforte.
cittadinanza [cit-ta-di-nàn-za] *s.f.* **1** il complesso dei cittadini: *la — è invitata a partecipare* **2** (*dir.*) la condizione di chi appartiene a uno stato ed è titolare di particolari diritti e obblighi: *avere la — italiana* | *doppia* —, appartenenza di un cittadino a due stati.
cittadino [cit-ta-dì-no] *s.m.* [f. *-a*] **1** abitante di una città | *il primo* —, il sindaco **2** chi ha la cittadinanza di uno stato: — *francese, inglese* | — *del mondo*, cosmopolita | *privato* —, (*dir.*) il cittadino considerato nella sfera della sua vita privata, al di fuori dei rapporti pubblici **3** ognuno dei componenti di una popolazione, di una comunità: *l'ingresso è libero per tutti i cittadini* ♦ *agg.* di città, dei cittadini: *mura, abitudini cittadine.*
city car [/ 'sitikar /] *loc.sost.f. invar.* (*ingl.*) automobile di piccole dimensioni e di consumi molto contenuti, progettata per essere usata soprattutto in città.
ciucca [ciùc-ca] *s.f.* (*region.*) sbornia.
ciucciare [ciuc-cià-re] *v.tr.* e *intr.* [*io ciùccio ecc.*; aus. dell'intr. *avere*] (*fam.*) succhiare (detto soprattutto di bambini).
ciuccio[1] [ciùc-cio] o **ciucciotto** [ciuc-ciòt-to], *s.m.* (*fam.*) succhiotto, tettarella di gomma o di plastica. DIM. *ciuccetto.*
ciuccio[2] *s.m.* [f. *-a*] (*merid.*) asino.
ciuco [ciù-co] *s.m.* [f. *-a*; pl.m. *-chi*] (*tosc.*) asino.
ciuffo [ciùf-fo] *s.m.* **1** grossa ciocca di capelli: — *sulla fronte.* DIM. *ciuffetto, ciuffettino* **2** (*estens.*) gruppo di crini, peli o piume sul capo di un animale | gruppo di piante, cespuglio: — *d'erba*, cespo.
ciuffolotto [ciuf-fo-lòt-to] *s.m.* uccello canterino a colori grigio, rosso e nero contrastanti.
ciurlare [ciur-là-re] *v.intr.* [aus. *avere*] solo nella loc. fam. — *nel manico*, (*fig.*) sottrarsi con rinvii, pretesti o indecisioni a un impegno.
ciurma [ciùr-ma] *s.f.* **1** equipaggio di una na-

ve 2 (*fig.*) moltitudine di gente spregevole; marmaglia, ciurmaglia.
ciurmaglia [ciur-mà-glia] *s.f.* moltitudine di gente spregevole; gentaglia, marmaglia.
ciurmatore [ciur-ma-tó-re] *s.m.* [f. *-trice*] impostore, imbroglione, ciarlatano.
civetta [ci-vét-ta] *s.f.* 1 uccello rapace notturno di colore bruno a macchie bianche, con testa grossa, becco adunco, occhi gialli 2 (*fig.*) donna che cerca di attirare l'attenzione e l'ammirazione maschile; donna leggera e vanitosa: *fare la* —. DIM. *civettina* ACCR. *civettona* ♦ *agg.invar.* che serve da richiamo; esca, tranello: *auto* —, auto privata usata dalla polizia per agire di sorpresa.
civettare [ci-vet-tà-re] *v.intr.* [*io civétto ecc.*; aus. *avere*] fare la civetta o il civettone; corteggiare e farsi corteggiare.
civetteria [ci-vet-te-rì-a] *s.f.* 1 l'abitudine del civettare 2 atto o contegno artefatto e lezioso per attrarre l'ammirazione altrui 3 ornamento lezioso e aggraziato.
civettone [ci-vet-tó-ne] *s.m.* uomo vanesio, che fa il galante con le donne ♦ *s.f.* [*-a*] donna che ama civettare eccessivamente.
civettuolo [ci-vet-tuò-lo] *agg.* 1 che rivela civetteria: *sguardo* — 2 che attrae per la sua grazia leziosa: *un'acconciatura civettuola.*
civico [cì-vi-co] *agg.* [pl.m. *-ci*] 1 proprio del cittadino, in quanto appartenente a uno stato, a una collettività: *dovere, senso* — | *educazione civica*, materia scolastica che insegna il complesso delle norme che regolano i rapporti dei cittadini fra loro e con lo stato 2 della città, della cittadinanza; comunale, municipale: *museo* — | *numero* —, quello progressivo che contraddistingue case, negozi e locali in strade e piazze □ **civicamente** *avv.* sotto l'aspetto civico | con civismo: *comportarsi* —.
civile [ci-vì-le] *agg.* 1 del cittadino, in quanto fa parte di una comunità politicamente organizzata | *diritti civili*, quelli di cui gode il cittadino | *guerra* —, fra cittadini di uno stesso stato | *stato* —, condizione anagrafica del cittadino, in riferimento a nascita, cittadinanza, posizione familiare, morte | *diritto* —, branca del diritto che disciplina i rapporti giuridici tra privati; *tribunale* —, che definisce questioni del diritto civile 2 che riguarda il privato cittadino (contrapposto a *militare* o a *religioso, ecclesiastico*): *le autorità civili*; *ingegneria* —, che riguarda l'edilizia abitativa; *matrimonio, festa* —, non religiosi; *abito* —, borghese | *vita* —, quella che riguarda le relazioni di un cittadino con gli altri 3 educato, cortese, decoroso: *maniere civili*; *persona* — 4 che ha raggiunto un notevole grado di civiltà: *popolo, mondo* — 5 che esalta le virtù proprie del cittadino: *letteratura, poesia* — | che ha la finalità di sensibilizzare su questioni politico-sociali: *cinema d'impegno civile* ♦ *s.m.* privato cittadino; borghese: *i civili e i militari* □ **civilmente** *avv.* 1 in maniera civile, da persona civile: *comportarsi* — 2 secondo le norme del diritto e della procedura civile: *sposarsi* —, col solo rito civile.
civilista [ci-vi-lì-sta] *s.m.* e *f.* [pl.m. *-sti*] studioso di diritto civile; avvocato specializzato in questioni di diritto civile.
civilistico [ci-vi-lì-sti-co] *agg.* [pl.m. *-ci*] che riguarda il diritto civile.
civilizzare [ci-vi-liʒ-ʒà-re] *v.tr.* rendere civile portando e diffondendo la civiltà; dirozzare, incivilire: *un paese civilizzato* ♦ **civilizzarsi** *v.rifl.* assumere aspetto e maniere civili o più civili, meno rozze.
civilizzatore [ci-vi-liʒ-ʒa-tó-re] *agg.* e *s.m.* [f. *-trice*] che/chi civilizza.
civilizzazione [ci-vi-liʒ-ʒa-zió-ne] *s.f.* il civilizzare, l'essere civilizzato: *fare opera di* —.
civiltà [ci-vil-tà] *s.f.* 1 il complesso degli aspetti materiali, sociali e spirituali che identificano un popolo in una data epoca e area: *la — araba, europea*; *la — moderna, delle macchine* 2 il livello di cultura e di progresso materiale, sociale e spirituale raggiunto dall'umanità intera o da un popolo in particolare 3 (*estens.*) cortesia, buona educazione: *trattare qlcu. con* —.
civismo [ci-vì-ʃmo] *s.m.* la coscienza che il buon cittadino ha dei suoi doveri civili; senso civico: *dare prova di* —.
clacson [clàc-son], o **claxon**, *s.m.invar.* negli autoveicoli e motoveicoli, apparecchio che produce segnali acustici necessari alla sicurezza della circolazione stradale.
clado- primo elemento di parole composte della terminologia botanica, che significa 'ramo, ramificazione'.
cladodio [cla-dò-dio] *s.m.* (*bot.*) fusto o ramo appiattito verde, con funzione clorofilliana, proprio delle piante prive di foglie che vivono in ambiente secco (*p.e.* il cactus).
cladonia [cla-dò-nia] *s.f.* (*bot.*) genere di licheni di colore rosso o bruno, dal tallo a forma di cratere o di corno.
clamidato [cla-mi-dà-to] *agg.* 1 (*lett.*) che veste la clamide 2 (*bot.*) si dice di fiore fornito di calice e corolla.
clamide [clà-mi-de] *s.f.* 1 nell'antichità grecoromana, mantello corto maschile fermato con una fibbia su una spalla o sul petto 2 (*lett.*) manto regale 3 *fiore* —, (*bot.*) fiore clamidato.
clamidospora [cla-mi-do-spò-ra] *s.f.* (*bot.*) spora asessuata tipica di certi funghi.
clamore [cla-mó-re] *s.m.* 1 gran vocio, schiamazzo; grido collettivo: *il — della folla* | (*lett.*) fragore, rumore, strepito 2 (*fig.*) acceso interesse, scalpore: *la notizia ha sollevato enorme* —.
clamoroso [cla-mo-ró-so] *agg.* 1 chiassoso, fragoroso: *applauso* — 2 (*fig.*) che suscita clamore, che desta grande attenzione: *una notizia clamorosa* | (*estens.*) straordinariamente grave: *una disfatta clamorosa* □ **clamorosamente** *avv.*
clan *s.m.invar.* 1 (*etnol.*) raggruppamento sociale intermedio tra la famiglia e la tribù, i cui membri si considerano discendenti da un ante-

nato comune **2** (*estens.*) gruppo, comunità chiusa di persone | (*spreg.*) cricca, conventicola **3** (*sport*) squadra, scuderia.
clandestinità [clan-de-sti-ni-tà] *s.f.* l'essere clandestino: *vivere in* —.
clandestino [clan-de-stì-no] *agg.* fatto di nascosto, contro il divieto di qualche autorità: *immigrazione clandestina* | *passeggero* —, che si è imbarcato di nascosto su una nave o su un aereo | *lotta clandestina*, condotta non apertamente; anche, attività di guerriglia | *movimento* —, gruppo politico che agisce al di fuori della legalità | *bisca clandestina*, illegale ♦ *s.m.* [f. *-a*] **1** passeggero clandestino **2** chi risiede in un paese straniero senza regolare permesso □ **clandestinamente** *avv.*
clangore [clan-gó-re] *s.m.* (*lett.*) suono alto e squillante di tromba | (*estens.*) rumore acuto, strepito.
claque [/ klak /] *s.f.invar.* (*fr.*) gruppo di persone ingaggiate per applaudire a comando uno spettacolo o un attore.
claquettes [/ kla'kɛt /] *s.f.pl.* (*fr.*) sorta di castagnette che si applicano alle suole delle scarpe dei ballerini.
clarinettista [cla-ri-net-tì-sta] *s.m.* e *f.* [pl.m. *-sti*] chi suona il clarinetto.
clarinetto [cla-ri-nét-to] *s.m.* (*mus.*) strumento a fiato di legno, ad ancia semplice, costituito da una canna cilindrica munita di fori e terminante a campana.
clarinista [cla-ri-nì-sta] *s.m.* e *f.* [pl.m. *-sti*] chi suona il clarino.
clarino [cla-rì-no] *s.m.* (*mus.*) tromba naturale dal suono acuto, in uso nei secc. XVII e XVIII.
clarissa [cla-rìs-sa] *s.f.* religiosa del secondo ordine francescano, fondato nel 1212 da santa Chiara e san Francesco d'Assisi.
classe [clàs-se] *s.f.* **1** nell'antica Roma, ciascuna delle cinque categorie in cui era diviso il popolo **2** l'insieme delle persone della stessa condizione sociale, culturale ed economica: — *operaia, borghese* | *lotta di* —, secondo il marxismo, il conflitto fra classi sociali che hanno interessi contrastanti **3** (*estens.*) l'insieme delle persone che esercitano la stessa professione: *la — medica* | — *dirigente*, l'insieme di coloro che hanno responsabilità direttive nella vita di una nazione | — *politica*, l'insieme di coloro che svolgono attività politica o di governo **4** serie di entità di varia natura aventi una o più proprietà in comune; insieme, categoria: *le classi dei verbi greci* **5** (*biol.*) raggruppamento di più ordini (animali o vegetali): *la — dei mammiferi, delle monocotiledoni* **6** (*mat.*) aggregato di enti caratterizzati da certe proprietà **7** l'insieme dei soldati della stessa leva: *la — del 1976* **8** nell'ordinamento scolastico, corso annuale di insegnamento; l'insieme degli alunni che frequentano lo stesso corso e stanno in una stessa aula; l'aula in cui stanno: *una — mista*; *entrare in* —. DIM. *classetta* PEGG. *classaccia* **9** in treni, navi e aerei, distinzione di posti, carrozze o cabine secondo la qualità delle attrezzature: *scompartimento di prima, seconda* — **10** (*fig.*) qualità, distinzione, signorilità: *avere* —; *di* —, elegante (detto di persona), di ottima qualità (detto di cosa) | abilità, bravura: *un giocatore di indubbia* —.
classense [clas-sèn-se] *agg.* (*lett.*) di Classe, località nei pressi di Ravenna, dov'è la basilica di Sant'Apollinare: *Biblioteca* —, antica biblioteca di Ravenna.
classica [clàs-si-ca] *s.f.* (*sport*) gara annuale di lunga tradizione: *la Milano-Sanremo è una — del ciclismo internazionale.*
classicheggiante [clas-si-cheg-giàn-te] *agg.* che imita i classici; che tende al classico: *stile* —.
classicismo [clas-si-cì-ʃmo] *s.m.* **1** atteggiamento culturale che riconosce valore esemplare ai modelli della civiltà classica: *il — rinascimentale* | ideale di misura, di eleganza, di perfezione formale ispirato all'arte classica: — *architettonico, pittorico* **2** carattere classico; classicità.
classicista [clas-si-cì-sta] *s.m.* e *f.* [pl.m. *-sti*] **1** seguace del classicismo **2** studioso di antichità classiche.
classicistico [clas-si-cì-sti-co] *agg.* [pl.m. *-ci*] proprio del classicismo, dei classicisti: *movimento* —.
classicità [clas-si-ci-tà] *s.f.* **1** qualità di ciò che è classico; carattere, spirito classico: *la — di Goethe* | (*estens.*) perfezione, armonia, equilibrio formale **2** l'antichità classica: *uno scrittore della* —.
classico [clàs-si-co] *agg.* [pl.m. *-ci*] **1** che è proprio dell'antichità greca e romana, che a essa appartiene: *gli autori classici* | *liceo* —, in cui prevale l'insegnamento delle materie umanistiche **2** (*estens.*) si dice di scrittore, di artista o di opera che, per la loro eccellenza, sono ritenuti degni di imitazione: *un'opera classica della poesia contemporanea* **3** (*fig.*) esemplare, tipico, caratteristico: *un piatto — della gastronomia francese* | tradizionale: *abito di taglio* — **4** si dice della musica colta occidentale d'età moderna, in contrapposizione a quella popolare e a quella leggera: *concerto di musica classica* ♦ *s.m.* **1** opera o artista eccellente, che costituisce un modello esemplare | *pl.* gli scrittori consacrati dalla tradizione: *collana di classici* **2** ciò che si considera esemplare, tipico di una tradizione: *la tarantella è un — del folclore napoletano* □ **classicamente** *avv.*
classifica [clas-sì-fi-ca] *s.f.* **1** graduatoria in ordine di merito delle squadre o degli atleti partecipanti a una competizione sportiva | graduatoria in ordine di vendite o di incassi: *la — dei libri più venduti* **2** elenco dei partecipanti a una gara o a un concorso, secondo il punteggio riportato.
classificabile [clas-si-fi-cà-bi-le] *agg.* che può essere classificato, che può essere diviso per classi.
classificare [clas-si-fi-cà-re] *v.tr.* [*io classìfico, tu classìfichi ecc.*] **1** dividere in classi, ordinare per classi: — *i vegetali, i minerali* **2** valutare il merito di un alunno, di un candidato, di un compito,

attribuendogli un voto o un giudizio ♦ **classificarsi** *v.rifl.* ottenere un determinato posto in classifica: — *terzo*, al terzo posto.

classificatore [clas-si-fi-ca-tó-re] *s.m.* 1 [f. *-trice*] chi classifica; chi opera delle classificazioni 2 cartella, album, mobile per tenere in ordine documenti, lettere o altro: — *di francobolli*.

classificazione [clas-si-fi-ca-zió-ne] *s.f.* 1 il classificare, l'essere classificato: — *zoologica, botanica* 2 valutazione: *la — di un alunno, di un lavoro*.

classismo [clas-sì-ʃmo] *s.m.* 1 concezione che riconosce nel contrasto delle classi sociali l'elemento determinante dell'evoluzione storica 2 difesa a oltranza degli interessi della propria classe.

classista [clas-sì-sta] *agg.* [pl.m. *-sti*] 1 fondato sul classismo: *concezione* — 2 si dice di ciò che mantiene, che accentua la divisione in classi; di chi basa i rapporti sociali sull'appartenenza all'una o all'altra classe: *discriminazioni classiste* ♦ *s.m.* e *f.* persona che aderisce al classismo.

classistico [clas-sì-sti-co] *agg.* [pl.m. *-ci*] del classismo; conforme, ispirato ai princìpi del classismo: *mentalità classistica*.

-clastia secondo elemento di parole composte, che significa 'rottura, frantumazione' (*iconoclastia*).

clastico [clà-sti-co] *agg.* [pl.m. *-ci*] (*geol.*) si dice di roccia formata da detriti cementati.

claudicante [clau-di-càn-te] *agg.* zoppicante, zoppo | (*fig.*) difettoso: *una sintassi* —.

claudicare [clau-di-cà-re] *v.intr.* [*io clàudico, tu clàudichi ecc.*; aus. *avere*] zoppicare | (*fig.*) essere manchevole, difettoso.

claunesco [clau-né-sco] *agg.* [pl.m. *-schi*] da clown: *lazzo* —.

clausola [clàu-ʃo-la] *s.f.* 1 parte conclusiva di uno scritto, di un periodo, di un verso | (*mus.*) conclusione di una melodia 2 (*dir.*) parte di un testo giuridico con la quale si regola un caso particolare all'interno di disposizioni più ampie 3 (*estens.*) riserva, condizione.

claustrale [clau-strà-le] *agg.* (*lett.*) del chiostro | (*estens.*) religioso, monastico: *vita* —.

claustrofilia [clau-stro-fi-lì-a] *s.f.* (*psicol.*) tendenza patologica a vivere in luoghi chiusi, a isolarsi dagli altri.

claustrofobia [clau-stro-fo-bì-a] *s.f.* (*psicol.*) paura patologica degli spazi chiusi.

clausura [clau-ʃù-ra] *s.f.* 1 regola della vita monastica che limita i contatti tra monaci e mondo esterno: *suora di* — | (*estens.*) la parte del convento dove gli estranei non possono entrare 2 (*fig.*) isolamento, solitudine: *vivere in completa* —.

clava [clà-va] *s.f.* 1 bastone robusto con un'estremità più grossa dell'altra, usato come arma dai popoli primitivi | (*estens.*) grosso bastone 2 attrezzo da ginnastica di forma simile a una clava.

clavaria [cla-và-ria] *s.f.* (*bot.*) genere di funghi che comprende varie specie, fra cui la ditola o manina.

clavariacee [cla-va-rià-ce-e] *s.f.pl.* (*bot.*) famiglia di funghi con corpo fruttifero di consistenza carnosa a ramificazioni coralloidi.

clavicembalista [cla-vi-cem-ba-lì-sta] *s.m.* e *f.* [pl.m. *-sti*] chi suona il clavicembalo o compone musica per clavicembalo.

clavicembalistico [cla-vi-cem-ba-lì-sti-co] *agg.* [pl.m. *-ci*] (*mus.*) di clavicembalo, per clavicembalo: *composizione clavicembalistica*.

clavicembalo [cla-vi-cém-ba-lo] *s.m.* (*mus.*) strumento a tastiera in cui le corde sono pizzicate da plettri, in uso soprattutto nei secc. XVI-XVIII.

clavicola [cla-vì-co-la] *s.f.* (*anat.*) ciascuna delle due ossa della spalla che collegano le scapole allo sterno.

clavicordo [cla-vi-còr-do] *s.m.* (*mus.*) strumento a tastiera in cui le corde sono percosse da barrette metalliche inserite alle estremità di ogni tasto; fu in uso tra i secc. XIV e XVIII.

clavo [clà-vo] *s.m.* 1 nella Roma antica, striscia di porpora sulla tunica che contrassegnava gli appartenenti all'ordine senatorio o equestre 2 (*lit.*) banda di stoffa applicata come ornamento sui paramenti sacri.

claxon → **clacson**.

clematide [cle-mà-ti-de] *s.f.* pianta rampicante ornamentale, con fiori privi di corolla e calice bianco o colorato.

clemente [cle-mèn-te] *agg.* 1 che è incline al perdono, poco severo nel punire; indulgente 2 (*fig.*) temperato, mite (detto di clima o stagione): *un gennaio* —.

clementina [cle-men-tì-na] *s.f.* (*bot.*) mandarancio.

clemenza [cle-mèn-za] *s.f.* 1 l'essere clemente; indulgenza: *invocare la — dei giudici* | *provvedimento di* —, (*dir.*) l'atto con cui si concede l'amnistia o l'indulto 2 (*fig.*) mitezza (detto di clima o stagione).

cleopatra [cle-o-pà-tra] *s.f.* farfalla diurna molto comune in Italia; la femmina ha ali di colore bianco giallastro, il maschio di colore giallo chiaro.

cleptomane [clep-tò-ma-ne] *agg.* e *s.m.* e *f.* si dice di persona affetta da cleptomania.

cleptomania [clep-to-ma-nì-a] *s.f.* (*psicol.*) impulso morboso e irresistibile a rubare.

clergyman [/ 'klerdʒimen /] *s.m.invar.* (*ingl.*) completo portato dai sacerdoti, composto da pantaloni, giacca e camicia scuri con collarino bianco.

clericale [cle-ri-cà-le] *agg.* 1 del clero, ecclesiastico: *abito, stato* — 2 che sostiene il clero e i suoi diritti: *partito* — ♦ *s.m.* e *f.* chi sostiene o è favorevole al clericalismo.

clericalismo [cle-ri-ca-lì-ʃmo] *s.m.* tendenza, atteggiamento favorevole all'intervento del clero e della chiesa nella vita politica.

clero [clè-ro] *s.m.* l'insieme delle persone che appartengono all'ordine sacerdotale e si dedicano al culto divino: — *secolare*, quello non inquadrato in un ordine religioso; — *regolare*, quello

sottoposto a una regola, che vive in convento.
clerodendro [cle-ro-dèn-dro] *s.m.* pianta ornamentale, arbustiva o arborea, con fiori di vario colore.
clessidra [cles-sì-dra] *s.f.* orologio ad acqua o a sabbia, formato da due recipienti di vetro comunicanti per mezzo di un foro sottile, attraverso il quale il contenuto passa lentamente da un recipiente all'altro in un tempo determinato.
clic *inter.* voce che imita un rumore breve, secco, metallico | Usato anche come *s.m.invar.*: *il — della macchina fotografica.*
cliccare [clic-cà-re] *v.tr.* [*io clicco, tu clicchi* ecc.] (*gerg.*) schiacciare un pulsante facendo clic: *— il mouse.*
cliché [/ kliʃ'ʃe /] *s.m.invar.* (*fr.*) **1** lastra incisa con procedimenti fotochimici per la riproduzione tipografica di disegni e fotografie **2** (*fig.*) modello convenzionale, stereotipo | luogo comune.
cliente [cli-èn-te] *s.m.* e *f.* **1** chi frequenta abitualmente un locale pubblico | chi si avvale dell'opera di un professionista **2** nell'antica Roma, persona libera che si poneva sotto la protezione di un cittadino potente (patrono) **3** (*estens.*) chi per tornaconto personale asseconda con servilismo la volontà di un personaggio potente.
clientela [cli-en-tè-la] *s.f.* **1** l'insieme dei clienti di un negoziante o di un professionista: *una — affezionata* **2** nell'antica Roma, il rapporto di protezione e soggezione tra cliente e patrono | l'insieme dei clienti di un patrono **3** (*spreg.*) l'insieme dei seguaci di un personaggio potente: *le clientele politiche.*
clientelare [cli-en-te-là-re] *agg.* (*spreg.*) di clientela, fondato sul clientelismo: *politica —.*
clientelismo [cli-en-te-lì-ʃmo] *s.m.* sistema di rapporti interpersonali fondato sul favoritismo; la pratica di distribuire benefici in relazione al proprio interesse: *— politico.*
clientelistico [clien-te-lì-sti-co] *agg.* [pl.m. *-ci*] di clientelismo, che è frutto di clientelismo.
clima [clì-ma] *s.m.* [pl. *-mi*] **1** l'insieme delle condizioni atmosferiche (temperatura, umidità, pressione, venti) da cui dipende la vita delle piante, degli animali e dell'uomo: *— temperato, tropicale* | l'insieme delle condizioni meteorologiche prevalenti in una località: *— umido, secco*; *il — di Milano* **2** (*fig.*) il complesso delle condizioni spirituali, culturali, politiche e sociali che caratterizzano un periodo storico, un ambiente: *il — di un'epoca*; *il — di lavoro in una fabbrica.*
climaterico [cli-ma-tè-ri-co] *agg.* [pl.m. *-ci*] **1** relativo al climaterio femminile o maschile **2** (*lett.*) critico, pericoloso, infausto: *anno, giorno —.*
climaterio [cli-ma-tè-rio] *s.m.* periodo della vita femminile caratterizzato dall'esaurimento dell'attività delle ghiandole sessuali, spesso accompagnata da disturbi fisici e psichici; menopausa | *— maschile*, fase dell'invecchiamento maschile che si manifesta con un progressivo ridursi delle funzioni sessuali.
climatico [cli-mà-ti-co] *agg.* [pl.m. *-ci*] del clima: *condizioni climatiche* | *stazione climatica*, località dal clima particolarmente salubre □ **climaticamente** *avv.* dal punto di vista climatico.
climatizzare [cli-ma-tiʒ-ʒà-re] *v.tr.* attrezzare un ambiente o un veicolo con impianti di aria condizionata | condizionare l'aria in ambienti chiusi.
climatizzatore [cli-ma-tiʒ-ʒa-tó-re] *s.m.* condizionatore d'aria.
climatizzazione [cli-ma-tiʒ-ʒa-zió-ne] *s.f.* il climatizzare, l'essere climatizzato.
climatologia [cli-ma-to-lo-gì-a] *s.f.* scienza che studia i vari climi, la loro ripartizione geografica e i loro influssi sulla vita animale e vegetale.
climatologico [cli-ma-to-lò-gi-co] *agg.* [pl.m. *-ci*] che concerne la climatologia.
climatoterapia [cli-ma-to-te-ra-pì-a] *s.f.* (*med.*) terapia che sfrutta l'efficacia curativa di particolari condizioni climatiche.
climax [clì-max] *s.m.invar.* figura retorica per la quale il discorso aumenta gradatamente di forza e di intensità; gradazione.
clinica [clì-ni-ca] *s.f.* **1** branca della medicina che diagnostica, studia e cura le malattie attraverso l'osservazione diretta degli ammalati: *— neurologica, pediatrica* **2** reparto ospedaliero di una facoltà di medicina diretto da un clinico **3** casa di cura privata.
clinico [clì-ni-co] *agg.* [pl.m. *-ci*] che riguarda la clinica come scienza e pratica medica: *quadro —*, l'insieme di sintomi rilevati dal medico | *avere l'occhio —*, saper diagnosticare rapidamente una malattia; (*fig.*) essere pronto e sicuro nel comprendere qlco. ♦ *s.m.* medico specialista in clinica | (*estens.*) medico particolarmente valente: *un — illustre* □ **clinicamente** *avv.* dal punto di vista clinico.
clino-, **-clino** primo e secondo elemento di parole composte, che significa 'pendenza, inclinazione' (*clinometro*).
clinometro [cli-nò-me-tro] *s.m.* strumento che permette di misurare l'inclinazione di un corpo rispetto al piano orizzontale.
clip[1] *s.f.invar.* **1** fermaglio che serve a tenere uniti fogli di carta **2** asticciola del cappuccio della penna, per mezzo della quale viene assicurata al taschino **3** (spec. *pl.*) fermaglio a molla per fissare gli orecchini al lobo dell'orecchio | (*estens.*) orecchino a molla; spilla con dispositivo a scatto.
clip[2] *s.m.* o *f.invar.* forma abbreviata di *videoclip.*
clipeo [clì-peo] *s.m.* **1** grande scudo rotondo di cuoio usato dagli antichi romani **2** (*zool.*) parte anteriore del tessuto che riveste la testa degli insetti.
clipper [/ 'klipper /] *s.m.invar.* (*ingl.*) **1** (*mar.*) veliero di grandi dimensioni e molto veloce, impiegato nel secondo Ottocento **2** (*aer.*) grosso aeroplano per voli transatlantici **3** (*elettr.*) dispositivo elettronico per ridurre l'ampiezza di un'onda.

clisma [clì-ʃma] *s.m.* [pl. *-ʃmi*] (*med.*) introduzione di liquidi nell'intestino retto a scopo diagnostico o terapeutico; clistere.
clistere [cli-stè-re] *s.m.* **1** clisma, enteroclisma **2** (*estens.*) il liquido medicamentoso che s'introduce nell'intestino per via rettale e lo strumento che serve a tale scopo.
clitoride [cli-tò-ri-de] *s.f.* o *m.* (*anat.*) organo erettile dei genitali esterni femminili, situato nel punto di congiunzione delle piccole labbra.
clitoridectomia [cli-to-ri-dec-to-mì-a] *s.f.* asportazione della clitoride, atto rituale in uso presso alcune popolazioni musulmane.
clivia [clì-via] *s.f.* pianta ornamentale con foglie sempreverdi e fiori di color arancio.
clivo [clì-vo] *s.m.* (*lett.*) pendio, collinetta.
clizia [clì-zia] *s.f.* (*lett.*) girasole.
cloaca [clo-à-ca] *s.f.* **1** canale sotterraneo che raccoglie le acque di rifiuto di un centro abitato per scaricarle in un fiume o nel mare **2** (*fig.*) ambiente corrotto, malsano **3** (*zool.*) cavità terminale dell'intestino di rettili, pesci e uccelli.
cloasma [clo-à-ʃma] *s.m.* [pl. *-ʃmi*] (*med.*) insieme di macchie cutanee giallo-brunastre che si osservano sul volto delle donne gravide o affette da disturbi ovarici.
clochard [/ kloʃ'ʃar /] *s.m.invar.* (*fr.*) vagabondo, barbone.
cloche [/ klɔʃ /] *s.f.invar.* (*fr.*) **1** (*aer.*) barra di comando con la quale il pilota aziona gli alettoni e il timone di profondità di un velivolo **2** *cambio a —*, (*aut.*) quello la cui leva di comando è posta sul pavimento dell'autovettura **3** cappello da donna con tesa a campana.
clonare [clo-nà-re] *v.intr.* [*io clóno ecc.*; aus. *avere*] (*biol.*) produrre un clone.
clonazione [clo-na-zió-ne] *s.f.* (*biol.*) moltiplicazione biologica realizzata artificialmente per produrre individui geneticamente omogenei.
clone [cló-ne] *s.m.* **1**(*biol.*) gruppo di cellule geneticamente omogenee, derivanti da un'unica cellula capostipite **2** (*inform.*) prodotto hardware o software che è copia identica di un altro.
cloralio [clo-rà-lio] *s.m.* (*chim.*) liquido incolore, oleoso, di odore pungente, ottenuto dall'azione del cloro sull'alcool, usato come sonnifero e nella produzione del DDT.
clorato [clo-rà-to] *s.m.* (*chim.*) sale dell'acido clorico: *— di potassio* ♦ *agg.* che contiene cloro: *acqua clorata*, disinfettata con cloro.
clorazione [clo-ra-zió-ne] *s.f.* (*tecn.*) operazione consistente nell'immettere piccole dosi di cloro nell'acqua al fine di sterilizzarla.
clorella [clo-rèl-la] *s.f.* alga verde unicellulare, ricca di vitamine e proteine.
clorico [clò-ri-co] *agg.* [pl.m. *-ci*] (*chim.*) si dice di composto del cloro pentavalente.
cloridrato [clo-ri-drà-to] *s.m.* (*chim.*) sale derivato dell'acido cloridrico.
cloridrico [clo-rì-dri-co] *agg.* [pl.m. *-ci*] (*chim.*) si dice dell'acido costituito da idrogeno e cloro.
clorite [clo-rì-te] *s.f.* (*min.*) minerale di colore verde, per lo più in sottili lamelle, costituito da silicato di alluminio, magnesio e ferro.
clorito [clo-rì-to] *s.m.* (*chim.*) sale dell'acido cloroso: *— di sodio*, usato per sbiancare i tessuti.
cloro [clò-ro] *s.m.* elemento chimico di simbolo *Cl*; è un metalloide gassoso, giallo-verde, si usa come disinfettante, decolorante e nell'industria chimica.
cloro- primo elemento di parole composte che indica colore verde (*clorofilla*) o presenza di cloro (*cloroformio*); talora indica anche la clorofilla (*cloroplasto*).
clorococcali [clo-ro-coc-cà-li] *s.f.pl.* (*bot.*) ordine di alghe verdi unicellulari.
cloroficee [clo-ro-fì-ce-e] *s.f.pl.* (*bot.*) classe di alghe di color verde.
clorofilla [clo-ro-fil-la] *s.f.* (*bot.*) pigmento verde delle piante che, utilizzando come fonte di energia i raggi luminosi, innesca il processo di fotosintesi; ha varie applicazioni industriali.
clorofilliano [clo-ro-fil-lià-no] *agg.* relativo alla clorofilla: *funzione clorofilliana.*
cloroformio [clo-ro-fòr-mio] *s.m.* (*chim.*) sostanza organica liquida volatile, di sapore dolciastro, usata come solvente e un tempo anche come anestetico.
cloroformizzare [clo-ro-for-miʒ-ʒà-re] *v.tr.* (*med.*) anestetizzare per mezzo del cloroformio | addormentare qlcu. costringendolo ad aspirare cloroformio.
cloroplasto [clo-ro-plà-sto] *s.m.* (*bot.*) corpuscolo verde contenente clorofilla, presente nel citoplasma delle cellule vegetali esposte alla luce.
clorosi [clo-rò-ʃi] *s.f.* **1** (*med.*) malattia caratterizzata da una bassa percentuale di globuli rossi nel sangue **2** (*bot.*) distruzione o mancata formazione della clorofilla nelle piante.
cloroso [clo-ró-so] *agg.* (*chim.*) si dice di composto del cloro trivalente.
clorotico [clo-rò-ti-co] *agg.* [pl.m. *-ci*] (*med., bot.*) relativo alla clorosi o che presenta clorosi.
clorurato [clo-ru-rà-to] *agg.* (*chim.*) trattato con cloro | che ha acquistato uno o più atomi di cloro: *composto —.*
clorurazione [clo-ru-ra-zió-ne] *s.f.* (*chim.*) reazione chimica mediante la quale si introducono nella molecola di un composto uno o più atomi di cloro.
cloruro [clo-rù-ro] *s.m.* (*chim.*) sale dell'acido cloridrico | *— di sodio*, il sale da cucina.
clou [/ klu /] *s.m.invar.* (*fr.*) punto culminante, momento di massima attrazione o tensione: *il — dello spettacolo* ♦ *agg.invar.* di massimo interesse: *gara, incontro —.*
clown [/ 'klaun /] *s.m.invar.* (*ingl.*) pagliaccio di circo equestre.
clownesco [clow-ne-sco; / klau'nesko /] *agg.* [pl.m. *-schi*] forma meno comune di *claunesco*.
club [/ klɛb /] *s.m.invar.* (*ingl.*) circolo, associazione di carattere politico, ricreativo, sportivo o culturale.
cluniacense [clu-ni-a-cèn-se] *agg.* che si riferi-

sce o appartiene all'abbazia o all'ordine benedettino di Cluny, fondato nel 909 dall'abate Brunone ♦ *s.m.* monaco cluniacense.
clupeidi [clu-pèi-di] *s.m.pl.* (*zool.*) famiglia di pesci marini e d'acqua dolce a cui appartengono la sardina e l'aringa.
clupeiformi [clu-pei-fór-mi] *s.m.pl.* (*zool.*) ordine di pesci ossei marini e d'acqua dolce, caratterizzati da vescica natatoria comunicante con lo stomaco (*p.e.* acciughe, aringhe, sardine).
co- → **con-**.
coabitazione [co-a-bi-ta-zió-ne] *s.f.* il coabitare, l'abitare insieme | convivenza di più famiglie in un solo appartamento.
coabit re [co-a-bi-tà-re] *v.intr.* [*io coàbito ecc.*; aus. *avere*] abitare insieme.
coacervo [co-a-cèr-vo] *s.m.* **1** (*lett.*) mucchio, ammasso, accozzaglia **2** (*burocr.*) accumulo: *il — degli interessi.*
coach [/ kɔtʃ /] *s.m.invar.* (*ingl.*; *sport*) allenatore.
coadiutore [co-a-diu-tó-re] *s.m.* [f. *-trice*] **1** chi aiuta o sostituisce qlcu. in un'attività o un ufficio **2** (*eccl.*) chi è incaricato di aiutare un vescovo e un parroco o ne fa le veci.
coadiuvante [co-a-diu-vàn-te] *s.m.* **1** [anche *f.*] chi coadiuva, chi aiuta | *— familiare*, (*dir.*) persona di famiglia che presta la sua attività di lavoro nell'impresa familiare **2** farmaco che si prescrive assieme a un altro per favorirne l'azione.
coadiuvare [co-a-diu-và-re] *v.tr.* [*io coàdiuvo ecc.*] aiutare qlcu. in un'attività, in un lavoro; cooperare, collaborare.
coagulabile [co-a-gu-là-bi-le] *agg.* che si può coagulare.
coagulabilità [co-a-gu-la-bi-li-tà] *s.f.* l'essere coagulabile.
coagulamento [co-a-gu-la-mén-to] *s.m.* (*non com.*) coagulazione.
coagulante [co-a-gu-làn-te] *agg.* e *s.m.* si dice di sostanza che favorisce o provoca la coagulazione.
coagulare [co-a-gu-là-re] *v.tr.* [*io coàgulo ecc.*] far passare un liquido allo stato semisolido; raggrumare, rapprendere | *— il latte*, farlo cagliare ♦ *v.intr.* [aus. *essere*], **coagularsi** *v.intr.pron.* **1** rapprendersi, detto di liquido che passa allo stato semisolido: *sangue coagulato* **2** (*fig.*) condensarsi, acquisire concretezza: *proposte che non si coagulano in un progetto.*
coagulazione [co-a-gu-la-zió-ne] *s.f.* parziale solidificazione di liquidi organici a opera di agenti fisici o chimici: *la — del latte, del sangue.*
coagulo [co-à-gu-lo] *s.m.* il coagularsi; coagulazione | grumo o massa semisolida derivante dal processo di coagulazione.
coalescenza [co-a-le-scèn-za] *s.f.* **1** (*fis.*) fenomeno per cui le goccioline di un liquido disperse in un gas o in un altro liquido (*p.e.* gocce d'olio in acqua) tendono progressivamente ad aggregarsi **2** (*med.*) aderenza di parti malate | saldatura, fusione di due organi.
coalizione [co-a-li-zió-ne] *s.f.* **1** lega, alleanza per uno scopo comune: *la — antinapoleonica* | *— governativa*, alleanza tra i partiti per formare un governo; *governo di —*, formato da più partiti **2** (*econ.*) regime di accordi tra imprese produttrici per controllare un determinato settore del mercato.
coalizzare [co-a-liʒ-ʒà-re] *v.tr.* unire in una coalizione (anche *fig.*): *— le forze* ♦ **coalizzarsi** *v.rifl.rec.* formare una coalizione.
coana [co-à-na] *s.f.* (*anat.*) ognuna delle due aperture posteriori delle fosse nasali per mezzo delle quali il naso comunica con la faringe.
coartare [co-ar-tà-re] *v.tr.* restringere, limitare fortemente; costringere, reprimere: *— la volontà di qlcu.*
coartazione [co-ar-ta-zió-ne] *s.f.* **1** il coartare, l'essere coartato **2** (*med.*) restringimento di un organo cavo: *— dell'aorta.*
coassiale [co-as-sià-le] *agg.* (*tecn.*) **1** si dice di organi o elementi che hanno lo stesso asse di rotazione **2** si dice di cavo elettrico a due o più conduttori concentrici.
coattivo [co-at-tì-vo] *agg.* **1** che costringe con la forza: *metodi coattivi* **2** imposto per legge; obbligatorio.
coatto [co-àt-to] *agg.* imposto con la forza o per legge | *domicilio —*, (*dir.*) obbligo di risiedere in un determinato luogo per ragioni di sicurezza; confino (oggi si dice *soggiorno obbligato*) ♦ *s.m.* [f. *-a*] **1** chi era assoggettato a domicilio coatto **2** (*gerg.*) ragazzo che veste secondo la moda più consumistica, senza misura e buon gusto.
coautore [co-au-tó-re] *s.m.* [f. *-trice*] chi è autore di un'opera insieme ad altri.
coazione [co-a-zió-ne] *s.f.* **1** costrizione morale o fisica **2** (*psicoan.*) meccanismo nevrotico che costringe il soggetto ad azioni o a comportamenti ossessivi.
cobaltite [co-bal-tì-te] *s.f.* minerale di aspetto metallico e colore grigio rossastro, da cui si estrae il cobalto.
cobalto [co-bàl-to] *s.m.* **1** elemento chimico di simbolo *Co*; è un metallo grigio-argenteo, usato nella formazione di numerose leghe e nell'industria dei coloranti **2** colore azzurro carico: *cielo di —* | Usato anche come *agg.invar.*: *blu —.*
cobaltoterapia [co-bal-to-te-ra-pi-a] *s.f.* (*med.*) terapia per la cura dei tumori eseguita con cobalto radioattivo.
cobelligerante [co-bel-li-ge-ràn-te] *agg.* e *s.m.* si dice di stato che combatte insieme ad altri stati contro un comune nemico, senza essere vincolato da un trattato di alleanza.
cobelligeranza [co-bel-li-ge-ràn-za] *s.f.* condizione di uno stato cobelligerante.
cobo [cò-bo] *s.m.* (*zool.*) grossa antilope africana dal pelame di colore bruno scuro con una macchia bianca sulla groppa.
coboldo [co-bòl-do] *s.m.* nella mitologia germanica, folletto o spiritello benevolo e scherzoso.
cobra [cò-bra] *s.m.invar.* serpente velenoso che vive in Asia e in Africa; ha sul collo un disegno simile a un paio di occhiali.

coca [cò-ca] *s.f.* **1** arbusto originario dell'America meridionale, dalle cui foglie da cui si estrae la cocaina **2** forma abbreviata di *coca-cola* o di *cocaina.*

coca-cola® [cò-ca-cò-la] *s.f.invar.* nome commerciale di una bevanda gasata in cui sono presenti minime quantità di estratti di foglie di coca e di noce di cola.

cocaina [co-ca-ì-na] *s.f.* alcaloide estratto dalle foglie di coca; è una polvere bianca, usata come anestetico locale e come stupefacente.

cocainomane [co-cai-nò-ma-ne] *s.m.* e *f.* chi usa abitualmente la cocaina come stupefacente.

cocainomania [co-cai-no-ma-nì-a] *s.f.* uso abituale della cocaina come stupefacente.

cocca [còc-ca *o* cócca] *s.f.* **1** intaccatura all'estremità della freccia in cui si adatta la corda dell'arco **2** angolo, estremità di un tovagliolo o di un fazzoletto.

coccarda [coc-càr-da] *s.f.* nastro pieghettato disposto a cerchio, con i colori di una nazione, un partito, una squadra sportiva.

cocchiere [coc-chiè-re] *s.m.* [f. *-a*] conduttore di carrozze a cavalli | vetturino.

cocchio [còc-chio] *s.m.* **1** carrozza signorile tirata da due o più cavalli **2** antico carro a due ruote.

cocchiume [coc-chiù-me] *s.m.* foro situato sul diametro massimo della botte | (*estens.*) il tappo di legno o sughero che serve a chiuderlo.

coccia [còc-cia] *s.f.* [pl. *-ce*] **1** scorza, buccia **2** (*region.*) testa: *aver la — dura*, essere cocciuto **3** nell' impugnatura della sciabola, della spada o del fioretto, la parte che protegge la mano.

coccige [coc-cì-ge, *o* còccige] *s.m.* (*anat.*) l'ultimo tratto della colonna vertebrale, sotto l'osso sacro.

coccigeo [coc-cì-geo] *agg.* (*anat.*) del coccige: *vertebra coccigea.*

coccinella [coc-ci-nèl-la] *s.f.* piccolo insetto coleottero dalle elitre rosse con punti neri.

cocciniglia [coc-ci-nì-glia] *s.f.* **1** piccolo insetto parassita **2** sostanza di colore rosso carminio che si ottiene per essiccamento della cocciniglia | (*estens.*) colore rosso intenso, simile al carminio.

coccio [còc-cio] *s.m.* **1** terracotta di poco pregio; terraglia: *vaso di —* | (*estens.*) oggetto di coccio **2** ciascuno dei pezzi in cui si rompe un oggetto fragile.

cocciutaggine [coc-ciu-tàg-gi-ne] *s.f.* **1** l'essere cocciuto **2** atto di persona cocciuta.

cocciuto [coc-ciù-to] *agg.* e *s.m.* [f. *-a*] testardo, caparbio □ **cocciutamente** *avv.*

cocco¹ [còc-co] *s.m.* [pl. *-chi*] **1** palma tropicale che produce grossi frutti commestibili (*noci di —*), dai quali si ricavano un succo dissetante (*latte di —*) e una sostanza grassa (*olio di —*) usata nell'industria alimentare e dei saponi **2** noce di cocco.

cocco² *s.m.* [pl.m. *-chi*] **1** uovo (nel linguaggio infantile) **2** (*bot.*) fungo a forma d'uovo.

cocco³ *s.m.* [f. *-a*; pl.m. *-chi*] (*fam.*) bambino molto coccolato e protetto; persona prediletta | *— di mamma*, (*iron.*) persona viziata.

cocco⁴ *s.m.* [pl. *-chi*] (*biol.*) batterio di forma tondeggiante.

-cocco secondo elemento di parole composte della terminologia scientifica, che significa 'batterio di forma tondeggiante' (*pneumococco*).

coccodè [coc-co-dè] *inter.* voce onomatopeica che riproduce il verso della gallina quando ha fatto l'uovo.

coccodrillo [coc-co-drìl-lo] *s.m.* **1** grosso rettile anfibio africano, con corpo allungato, muso e coda lunghi, zampe corte con piedi palmati | *lacrime di —*, (*fig.*) pentimento tardivo e ipocrita **2** pelle conciata del coccodrillo: *una borsetta di —* **3** (*gerg.*) biografia commemorativa di un personaggio vivente, pronta per essere pubblicata in caso di morte.

coccola¹ [còc-co-la] *s.f.* frutto di forma tondeggiante, proprio di alcune piante (*p.e.* ginepro, cipresso).

coccola² *s.f.* (*fam.*) carezza, moina; tenerezza affettuosa: *fare le coccole*, vezzeggiare, coccolare.

coccolare [coc-co-là-re] *v.tr.* [*io còccolo ecc.*] (*fam.*) vezzeggiare: *— un bambino.*

coccolone¹ [coc-co-ló-ne] *s.m.* [f. *-a*] (*fam.*) chi ama farsi coccolare.

coccolone² *s.m.* (*region.*) colpo apoplettico | colpo di sonno.

coccoloni [coc-co-ló-ni] *avv.* nella posizione di chi siede sui calcagni: *stare —.*

cocente [co-cèn-te] *agg.* **1** che scotta, caldissimo: *sole —* **2** (*fig.*) acuto, violento; pungente: *dolore —* | *lacrime cocenti*, che sono espressione di un grande dolore.

cocincina [co-cin-cì-na] *s.f.* gioco di carte simile alla scopa, che si fa tra due giocatori con due mazzi di 40 carte.

cocker [/ 'kɔker /] *s.m.invar.* (*ingl.*) cane da caccia di piccola taglia con muso quadrato, orecchie lunghe pendenti, pelo lungo e ondulato.

cocktail [/ 'kɔkteil /] *s.m.invar.* (*ingl.*) **1** miscela di liquori diversi, spesso uniti ad altri ingredienti **2** (*fig.*) mescolanza, miscuglio | piatto misto **3** (*estens.*) ricevimento pomeridiano durante il quale si servono bibite e cibi vari.

cocktail-party [/ 'kɔktel'parti /] *loc.sost.m. invar.* (*ingl.*) ricevimento pomeridiano durante il quale si servono bevande alcoliche, bibite, sandwich ecc.

coclea [cò-cle-a] *s.f.* (*anat.*) parte dell'orecchio interno costituita da un canale a forma di spirale, che contiene l'organo dell'udito.

coclearia [co-cle-à-ria] *s.f.* pianta erbacea con fiori bianchi e foglie cuoriformi usate nella cura dello scorbuto.

coclide [cò-cli-de] *agg.* (*arch.*) si dice di colonna che ha all'interno una scala a chiocciola o che è decorata con un rilievo a spirale.

cocomeraio [co-co-me-rà-io] *s.m.* **1** campo coltivato a cocomeri **2** [f. *-a*] chi coltiva o vende cocomeri.

cocomero [co-có-me-ro] *s.m.* **1** pianta erbacea che produce un grosso frutto tondeggiante dalla polpa dolce, rossa e acquosa; anguria **2** il frutto del cocomero: *una fetta di —*.

cocorita [co-co-rì-ta] *s.f.* piccolo pappagallo domestico dal piumaggio verde.

cocotte [/ kɔ'kɔt /] *s.f.invar.* (*fr.*) donna frivola, di facili amori | (*eufem.*) prostituta.

cocuzza [co-cùz-za], o **cucuzza**, *s.f.* **1** (*region.*) zucca | (*scherz.*) testa **2** (*fig.*) persona sciocca, testone.

cocuzzolo [co-cùz-zo-lo], o **cucuzzolo**, *s.m.* **1** la parte più alta della testa o del cappello **2** (*estens.*) sommità di un monte.

coda [có-da] *s.f.* **1** estremità posteriore del corpo degli animali vertebrati, formata, nei mammiferi e nei rettili, da un prolungamento della colonna vertebrale | *andarsene con la — tra le gambe*, (*fig.*) deluso e mortificato | *avere la — di paglia*, (*fig.*) interpretare male le parole altrui, mostrando di non avere la coscienza tranquilla | *— di cavallo*, (*fig.*) acconciatura di capelli legati dietro la nuca e lasciati ricadere sciolti. DIM. *codina*, *codino* (m.) **2** (*estens.*) prolungamento, appendice di qlco. | *abito a — di rondine*, abito maschile con falde lunghe; frac | *pianoforte a —*, con cassa armonica disposta orizzontalmente | *— della cometa*, il suo strascico luminoso **3** (*estens.*) parte estrema, finale di qlco.: *— di una processione*; *vagone di —*, l'ultimo | *guardare con la — dell'occhio*, (*fig.*) di traverso, senza farsi notare | *discorso senza capo né —*, (*fig.*) privo di logica, sconclusionato **4** fila ordinata di persone: *fare la —*; *mettersi in —* **5** in usi particolari: *— di rondine*, (*tecn.*) sistema di incastro di forma trapezoidale per collegare due pezzi; *— di rospo*, (*gastr.*) parte commestibile della rana pescatrice.

codardia [co-dar-dì-a] *s.f.* (*lett.*) l'essere codardo | azione da codardo.

codardo [co-dàr-do] *agg.* **1** che fugge i pericoli e viene meno ai suoi doveri: *un soldato —* **2** che denota viltà: *comportamento —* ♦ *s.m.* [f. *-a*] persona codarda; vigliacco □ **codardamente** *avv.*

codazzo [co-dàz-zo] *s.m.* (*spreg.*) gruppo di persone che accompagnano qlcu.; seguito: *un — di ammiratori*.

codeina [co-de-ì-na] *s.f.* (*chim.*) alcaloide derivato dalla morfina, usato come calmante della tosse.

codesto [co-dé-sto] *agg.dimostr.* (*tosc.*, *lett.*) indica persona o cosa vicina a chi ascolta: *codesti tuoi amici sono simpatici* | *— ministero*, *— ente ecc.*, (*burocr.*) per indicare il ministero, l'ente ecc. a cui ci si rivolge ♦ *pron.dimostr.* (*tosc.*, *lett.*) **1** indica persona o cosa vicina a chi ascolta: *tra i due scegli —* **2** codesta cosa, ciò: *— non è vero*.

codetta [co-dét-ta] *s.f.* **1** estremità della frusta, alla quale viene attaccato lo sverzino **2** nella scarpa, ciascuna delle estremità inferiori della tomaia **3** nella lampada elettrica, la parte interna al bulbo, nella quale si inseriscono i sostegni del filamento.

codice [cò-di-ce] *s.m.* **1** (*paleogr.*, *filol.*) libro manoscritto: *— autografo*, scritto dall'autore stesso **2** (*dir.*) raccolta organica delle norme giuridiche che disciplinano una determinata materia: *— civile*, *penale* **3** (*estens.*) insieme di norme di comportamento: *— cavalleresco*, *giornalistico* **4** sistema di segni convenzionali usato per trasmettere informazioni tra un emittente e un ricevente: *— Morse* **5** (*inform.*) rappresentazione di dati o istruzioni in forma simbolica **6** combinazione di segni, per lo più lettere e cifre, che serve a identificare ogni singola entità di un dato insieme: *— d'avviamento postale*, numero associato a ogni singola località italiana, al fine di rendere più rapido lo smistamento della corrispondenza; *— fiscale*, serie di cifre e lettere che identifica ciascun cittadino soggetto al fisco | *— genetico*, (*biol.*) l'insieme delle informazioni racchiuse nella struttura molecolare del DNA e dell'RNA **7** sistema di segni usati all'interno di un gruppo per non farsi intendere da altri: *messaggio in —* | linguaggio speciale di un determinato settore: *— politico*.

codicillo [co-di-cìl-lo] *s.m.* **1** clausola aggiunta a un testamento o a una scrittura legale **2** poscritto aggiunto a una lettera | postilla.

codicologia [co-di-co-lo-gì-a] *s.f.* scienza che studia i libri manoscritti e le loro caratteristiche.

codifica [co-dì-fi-ca] *s.f.* **1** il codificare, il tradurre in codice; codificazione **2** (*inform.*) elaborazione di un programma in un linguaggio di programmazione.

codificare [co-di-fi-cà-re] *v.tr.* [*io codìfico, tu codìfichi ecc.*] **1** riunire in un codice: *— il diritto penale* | (*estens.*) ridurre a carattere di legge: *— una regola di condotta* | (*fig.*) trasformare in una regola fissa: *un uso linguistico ormai codificato* **2** tradurre in un codice convenzionale: *— un messaggio* **3** (*inform.*) elaborare un programma in un linguaggio di programmazione.

codificatore [co-di-fi-ca-tó-re] *s.m.* [f. *-trice*] **1** chi crea un codice di leggi **2** chi stabilisce un uso, una prassi **3** persona, o dispositivo, sistema, che traduce dati o messaggi formulati in codice.

codificazione [co-di-fi-ca-zió-ne] *s.f.* **1** il codificare, l'essere codificato | procedimento di traduzione di un'informazione in una forma adatta a essere elaborata o trasmessa **2** insieme di norme di legge codificate: *la — napoleonica*.

codinismo [co-di-nì-ʃmo] *s.m.* mentalità da codino; atteggiamento ottusamente conservatore.

codino [co-dì-no] *s.m.* **1** treccia o ciocca di capelli raccolti dietro la nuca **2** (*estens.*) piccola treccia **3** (*fig.*) persona ottusamente conservatrice | Usato anche come *agg.*: *mentalità codina*.

codirosso [co-di-rós-so] *s.m.* (*zool.*) uccello dal canto melodioso, simile al tordo, di colore grigio con petto e coda rossi.

codolo [có-do-lo] *s.m.* **1** parte assottigliata inserita nel manico o nell'impugnatura di un attrezzo o di un utensile **2** in una bomba da lan-

cio, cilindro posteriore munito di alette per stabilizzare la traiettoria.
codrione [co-dri-ó-ne] *s.m.* negli uccelli, la parte inferiore della colonna vertebrale, che sostiene la coda.
coeditore [co-e-di-tó-re] *s.m.* [f. *-trice*] editore che opera in coedizione.
coedizione [co-e-di-zió-ne] *s.f.* edizione realizzata in comune da due o più editori.
coefficiente [co-ef-fi-cièn-te] *s.m.* **1** (*mat.*) numero che moltiplica grandezze incognite o indeterminate **2** (*scient.*) quantità numerica che definisce le proprietà o le relazioni tra le grandezze di un sistema: *— di dilatazione, di elasticità.*
coercibile [co-er-cì-bi-le] *agg.* **1** che può essere frenato, contenuto **2** (*fis.*) si dice di gas che può essere ridotto allo stato liquido.
coercibilità [co-er-ci-bi-li-tà] *s.f.* l'essere coercibile.
coercitivo [co-er-ci-tì-vo] *agg.* che costringe, obbliga: *misure coercitive.*
coercizione [co-er-ci-zió-ne] *s.f.* l'obbligare, l'essere obbligato con la forza o con minacce.
coerede [co-e-rè-de] *s.m.* e *f.* (*dir.*) chi è erede insieme con altri.
coerente [co-e-rèn-te] *agg.* **1** composto di parti ben unite tra loro: *roccia —* **2** che non presenta contraddizioni: *comportamento —* | che agisce conformemente al proprio pensiero: *essere — con sé stesso* □ **coerentemente** *avv.*
coerenza [co-e-rèn-za] *s.f.* **1** stretta connessione di parti **2** l'essere coerente: *una persona di grande —.*
coesione [co-e-ʃió-ne] *s.f.* **1** (*fis.*) forza che tiene insieme le molecole di un corpo **2** (*fig.*) saldezza di un legame: *la — di un gruppo* | concordanza, unità fra le parti di un tutto: *un testo privo di —.*
coesistente [co-e-ʃi-stèn-te] *agg.* che esiste insieme ad altri o ad altro.
coesistenza [co-e-ʃi-stèn-za] *s.f.* il coesistere, il convivere di elementi diversi | *— pacifica*, fra stati a diverso regime economico e politico.
coesistere [co-e-ʃì-ste-re] *v.intr.* [aus. *essere*] esistere insieme con altri, con altre cose: *l'onestà non può — con la malafede.*
coesivo [co-e-ʃì-vo] *agg.* che serve a tenere unito: *sostanza coesiva.*
coeso [co-è-ʃo] *agg.* (*lett.*) dotato di coesione.
coetaneo [co-e-tà-ne-o] *agg.* e *s.m.* [f. *-a*] che/chi ha la medesima età.
coevo [co-è-vo] *agg.* contemporaneo, della stessa epoca: *Petrarca è — a Boccaccio.*
cofana [cò-fa-na] *s.f.* (*region.*) recipiente metallico usato dai muratori per il trasporto della malta.
cofanetto [co-fa-nét-to] *s.m.* **1** cassettina usata per riporvi oggetti preziosi; scrigno **2** custodia in materiale rigido, contenente i volumi di un'opera editoriale: *edizione in —.*
cofano [cò-fa-no] *s.m.* **1** cassa munita di coperchio; forziere. DIM. *cofanetto* **2** parte della carrozzeria di un veicolo che racchiude il motore **3** (*mil.*) cassa per il trasporto delle munizioni.
coffa [còf-fa] *s.f.* piattaforma sopraelevata che s'innesta negli alberi delle navi per accogliere uomini di vedetta e strumenti di segnalazione.
cofirmatario [co-fir-ma-tà-rio] *agg.* e *s.m.* [f. *-a*] che/chi firma o ha firmato insieme con altri: *— di un documento.*
cogente [co-gèn-te] *agg.* (*non com.*) che costringe, obbligante | (*dir.*) si dice di disposizione legislativa che ha carattere di obbligatorietà.
cogestione [co-ge-stió-ne] *s.f.* gestione in comune con altri | *— aziendale*, partecipazione dei lavoratori dipendenti alla gestione dell'impresa.
cogestire [co-ge-stì-re] *v.tr.* [*io cogestisco, tu cogestisci ecc.*] gestire insieme con altri un'azienda, un'attività.
cogitabondo [co-gi-ta-bón-do] *agg.* (*lett.*) pensieroso, meditabondo: *stare —.*
cogitare [co-gi-tà-re] *v.tr.* e *intr.* [*io cògito ecc.*; aus. dell'intr. *avere*] (*lett.* o *scherz.*) pensare.
cogitativo [co-gi-ta-tì-vo] *agg.* (*lett.*) che si riferisce all'attività del pensiero.
cogli [có-gli] *prep.art.m.pl.* (*non com.*) composta da *con* e *gli*.
cogliere [cò-glie-re] *v.tr.* [pres. *io còlgo, tu cògli ecc.*; fut. *io coglierò ecc.*; pass.rem. *io còlsi, tu cogliésti ecc.*; congiunt.pres. *io còlga ecc.*; part.pass. *còlto*] **1** spiccare, staccare da una pianta o dal terreno: *— un fiore, un frutto* **2** (*estens.*) raccogliere, prendere, afferrare (anche *fig.*): *— l'occasione*, saper profittare di una circostanza favorevole **3** raggiungere nel punto giusto; colpire: *— il bersaglio* | *— nel segno*, (*fig.*) indovinare **4** (*estens.*) prendere alla sprovvista, sorprendere: *— sul fatto* **5** (*fig.*) intendere, capire: *— il significato di una parola.*
coglionata [co-glio-nà-ta] *s.f.* (*volg.*) grossa sciocchezza; errore grossolano.
coglione [co-glió-ne] *s.m.* (*volg.*) **1** testicolo | *far girare, rompere i coglioni*, (*fig.*) infastidire, irritare | *levarsi dai coglioni*, (*fig.*) togliersi dai piedi **2** [f. *-a*] (*fig.*) persona sciocca: *fare la figura del —.*
coglioneria [co-glio-ne-rì-a] *s.f.* (*volg.*) grossa sciocchezza, errore grossolano; coglionaggine.
cognac [/ kɔɲˈɲak /] *s.m.invar.* (*fr.*) **1** acquavite da vino prodotta in Francia nella zona di Cognac **2** bicchierino di cognac: *bere un —.*
cognata [co-gnà-ta] *s.f.* moglie del fratello; sorella del marito o della moglie.
cognato [co-gnà-to] *s.m.* marito della sorella; fratello del marito o della moglie.
cognitivismo [co-gni-ti-vì-ʃmo] *s.m.* indirizzo della psicologia contemporanea secondo il quale la mente umana elabora attivamente le informazioni che le giungono attraverso gli organi sensoriali.
cognitivo [co-gni-tì-vo] *agg.* (*filos.*) conoscitivo.
cognito [cò-gni-to] *agg.* (*lett.*) conosciuto.
cognizione [co-gni-zió-ne] *s.f.* **1** (*lett.*) conoscenza: *la — del bene e del male* **2** (spec. *pl.*) ciò che si conosce; insieme di informazioni e cono-

scenze acquisite attraverso lo studio: *avere vaste cognizioni* **3** (*dir.*) accertamento dei fatti relativi a un processo | *parlare, valutare con — di causa*, (*fig.*) con approfondita conoscenza dei fatti.

cognome [co-gnó-me] *s.m.* nome di famiglia che si aggiunge al nome di persona.

coguaro [co-guà-ro] *s.m.* (*zool.*) puma.

coi [có-i] *prep.art.m.pl.* composta da *con* e *i*.

coibentare [coi-ben-tà-re] *v.tr.* [*io coibènto ecc.*] rivestire con un materiale coibente.

coibentazione [coi-ben-ta-zió-ne] *s.f.* il coibentare, l'essere coibentato.

coibente [coi-bèn-te] *agg.* e *s.m.* si dice di materiale che presenta forte resistenza al passaggio dell'elettricità, del calore, del suono e di altre radiazioni; isolante.

coibenza [coi-bèn-za] *s.f.* (*fis.*) proprietà di un materiale coibente.

coiffeur [/ kwaf'fɛr /] *s.m.invar.* (*fr.*) parrucchiere per signora.

coimputato [co-im-pu-tà-to] *agg.* e *s.m.* [f. *-a*] imputato insieme con altri.

coincidenza [coin-ci-dèn-za] *s.f.* **1** il coincidere, l'essere concomitante: *una fortunata —* **2** (*fig.*) identità, consonanza: *— d'idee* **3** corrispondenza d'orario tra l'arrivo e la partenza di due mezzi di trasporto pubblico, che consente ai viaggiatori di passare da uno all'altro | (*fam.*) il mezzo stesso che parte in coincidenza: *prendere la — per Milano*.

coincidere [coin-cì-de-re] *v.intr.* [coniug. come *incidere*; aus. *avere*] **1** accadere contemporaneamente, nello stesso tempo: *date che coincidono* **2** essere identico, corrispondere (anche *fig.*): *opinioni che non coincidono* **3** (*geom.*) di figure geometriche, combaciare perfettamente: *angoli coincidenti*.

coinè → **koinè**.

coinquilino [co-in-qui-lì-no] *s.m.* [f. *-a*] ciascun inquilino di una casa rispetto agli altri inquilini.

cointeressare [co-in-te-res-sà-re] *v.tr.* [*io cointerèsso ecc.*] far partecipare qlcu. agli utili di un'azienda o di un'impresa.

cointeressato [co-in-te-res-sà-to] *s.m.* [f. *-a*] chi partecipa agli utili di un'azienda o di un'impresa.

cointeressenza [co-in-te-res-sèn-za] *s.f.* partecipazione agli utili di un'azienda o di un'impresa.

coinvolgente [co-in-vol-gèn-te] *agg.* avvincente, esaltante, trascinante: *spettacolo, ritmo —*.

coinvolgere [co-in-vòl-ge-re] *v.tr.* [coniugato come *volgere*] trascinare in una situazione che comporta delle responsabilità o dei rischi: *— qlcu. in un'impresa* | far partecipare persone, enti, istituzioni a un'iniziativa qualsiasi.

coinvolgimento [co-in-vol-gi-mén-to] *s.m.* il fatto, il risultato del coinvolgere o del farsi coinvolgere in una determinata situazione.

coito [còi-to] *s.m.* accoppiamento sessuale.

coke [/ kɔk /] *s.m.invar.* (*ingl.*) carbone ottenuto dalla distillazione del carbon fossile; è usato nell'industria metallurgica e come combustibile | Usato anche come *agg.*: *carbone —*.

col [cól] *prep.art.m.sing.* composta da *con* e *il*.

cola[1] [cò-la] *s.f.* pianta originaria dell'Africa, dai cui semi si ricavano sostanze stimolanti.

cola[2] [có-la] *s.f.* **1** setaccio usato per filtrare sabbia o colare calcina **2** filtro di tela per il vino.

colà [co-là] *avv.* (*lett.*) là, in quel luogo.

colabrodo [co-la-brò-do] *s.m.invar.* arnese di cucina con il fondo bucherellato per filtrare il brodo | *ridurre come un —*, (*scherz.*) riempire di buchi.

colagogo [co-la-gò-go] *agg.* e *s.m.* [pl.m. *-ghi*] (*med.*) si dice di farmaco che stimola il passaggio della bile dal fegato e dalla colecisti all'intestino.

colangiografia [co-lan-gio-gra-fì-a] *s.f.* (*med.*) esame radiologico delle vie biliari mediante l'introduzione di una sostanza opaca ai raggi X.

colapasta [co-la-pà-sta] *s.m.invar.* arnese di cucina con buchi per scolare la pasta; scolapasta.

colare [co-là-re] *v.tr.* [*io cólo ecc.*] **1** far passare un liquido attraverso un filtro per purificarlo; separare un liquido da un solido: *— il brodo* **2** fondere un metallo: *— l'oro* ♦ *v.intr.* [aus. *essere* nei sign. 1, 3 e 4; *avere* nel sign. 2] **1** scendere a goccia a goccia, gocciolare: *il sangue è colato dalla ferita* **2** versare, perdere liquido: *questa botte ha colato* **3** sciogliersi: *la cera è colata* **4** *— a picco*, andare a fondo, affondare.

colascione [co-la-sció-ne] *s.m.* (*mus.*) sorta di liuto a manico lungo, di uso popolare nell'Italia meridionale nei secc. XVI e XVII.

colata [co-là-ta] *s.f.* **1** versamento di materiale fluido: *— lavica*, fuoruscita di magma dal cratere di un vulcano | (*estens.*) la massa fluida di lava eruttata **2** (*estens.*) massa di ghiaccio, fango o ghiaia che scivola lungo un pendio **3** in fonderia, versamento del metallo fuso nelle forme.

colaticcio [co-la-tìc-cio] *s.m.* **1** sgocciolatura di materia fusa e raffreddata: *— di candela* **2** il liquame che defluisce dalla concimaia.

colato [co-là-to] *agg.* si dice dell'oro purificato dalle scorie | *prendere per oro —*, (*fig.*) accettare come verità indiscutibile.

colatoio [co-la-tó-io] *s.m.* nel linguaggio degli alpinisti, canalone molto ripido lungo il quale cadono pietre o valanghe.

colatura [co-la-tù-ra] *s.f.* **1** l'operazione del colare attraverso un filtro; la materia colata **2** colaticcio; sgocciolatura: *— di candela*.

colazione [co-la-zió-ne] *s.f.* **1** il pasto del mattino, detto anche *prima colazione* | (*estens.*) momento della giornata in cui si fa colazione: *leggere i giornali a —* **2** il pasto di mezzogiorno, il pranzo: *— di lavoro*, pranzo durante il quale si discutono problemi di lavoro | (*estens.*) momento della giornata in cui si pranza.

colbacco [col-bàc-co] *s.m.* [pl. *-chi*] cappello di pelliccia di foggia militare.

colchico [còl-chi-co] *s.m.* (*bot.*) pianta erbacea con fiori violacei a forma di imbuto e foglie lanceolate.

cole- primo elemento di parole composte della

terminologia scientifica, che significa 'bile' (*colecisti*).
colecistectomia [co-le-ci-stec-to-mì-a] *s.f.* (*med.*) asportazione chirurgica della cistifellea.
colecisti [co-le-cì-sti] *s.f.* (*anat.*) cistifellea.
colecistite [co-le-ci-stì-te] *s.f.* (*med.*) infiammazione della cistifellea.
colecistografia [co-le-ci-sto-gra-fì-a] *s.f.* (*med.*) indagine radiografica con la quale si rende visibile la cistifellea.
colectomia [co-lec-to-mì-a] *s.f.* (*med.*) asportazione chirurgica del colon.
coledoco [co-lè-do-co] *s.m.* [pl. *-chi*] (*anat.*) tratto terminale delle vie biliari che sbocca nel duodeno, facendo defluire la bile nell'intestino.
colei [co-lèi] *pron.dimostr.f.sing.* forma femminile di *colui*.
colelitiasi [co-le-li-tì-a-ʃi] *s.f.* (*med.*) formazione di calcoli nelle vie biliari.
colemia [co-le-mì-a] *s.f.* (*med.*) presenza anomala di bile o di suoi componenti nel sangue.
coleo- primo elemento di parole composte della terminologia scientifica, che significa 'guaina'.
coleotteri [co-le-òt-te-ri] *s.m.pl.* (*zool.*) ordine di insetti con il corpo rivestito da un tegumento molto duro e con due ali atte al volo che, in posizione di riposo, sono coperte da due ali rigide (elitre).
colera [co-lè-ra] *s.m.invar.* (*med.*) malattia infettiva intestinale causata da un bacillo.
colerico [co-lè-ri-co] *agg.* [pl.m. *-ci*] di colera: *febbre colerica* ♦ *agg.* e *s.m.* [f. *-a*] coleroso.
coleroso [co-le-ró-so] *agg.* e *s.m.* [f. *-a*] si dice di persona affetta da colera.
colesterolemia [co-le-ste-ro-le-mì-a] *s.f.* (*med.*) presenza di colesterolo nel sangue.
colesterolo [co-le-ste-rò-lo] *s.m.* (*chim.*, *biol.*) sostanza grassa presente in tutti i tessuti animali; è il componente principale dei calcoli biliari e può avere effetti dannosi sul sistema circolatorio.
colf [còlf] *s.f.invar.* donna addetta ai servizi domestici; collaboratrice familiare.
colia [cò-lia] *s.f.* (*zool.*) genere di farfalle diurne con ali gialle bordate di bruno.
colibacillo [co-li-ba-cìl-lo] *s.m.* (*biol.*) bacillo parassita dell'intestino.
colibacillosi [co-li-ba-cil-lò-ʃi] *s.f.* (*med.*) infezione determinata da colibacilli.
colibatterio [co-li-bat-tè-rio] *s.m.* (*biol.*) colibacillo.
colibrì [co-li-brì] *s.m.* piccolissimo uccello tropicale, con piumaggio dai colori vivaci e coda lunga.
colica [cò-li-ca] *s.f.* (*med.*) dolore acuto determinato dalla contrazione di un organo cavo: — *intestinale, renale.*
coliforme [co-li-fór-me] *agg.* (*biol.*) che è a forma di colibacillo.
coliformi [co-li-fór-mi] *s.m.pl.* (*zool.*) ordine di uccelli africani molto piccoli, con becco corto, ali brevi e coda lunga.
colimbo [co-lìm-bo] *s.m.* uccello nuotatore con testa rotonda, becco aguzzo, zampe corte con piedi palmati.
colino [co-lì-no] *s.m.* arnese di cucina con buchi piccoli e fitti, usato per colare liquidi come tè, caffè, brodo.
colio [co-lì-o] *s.m.* un colare continuato.
colite [co-lì-te] *s.f.* (*med.*) infiammazione del colon.
colla[1] [cól-la] *prep.art.f.sing.* (*non com.*) composta da *con* e *la*.
colla[2] [còl-la] *s.f.* sostanza adesiva di origine animale, vegetale o sintetica, usata per tenere uniti oggetti e materiali vari | — *di pesce*, gelatina ottenuta dai pesci, usata in farmacia e in cucina.
collaborare [col-la-bo-rà-re] *v.intr.* [*io collàboro ecc.*; aus. *avere*] **1** contribuire con altri alla realizzazione di qlco.; partecipare a un'attività comune: — *a un progetto* | (*estens.*) dare il proprio contributo; cooperare: — *con le forze dell'ordine* **2** svolgere attività di collaborazionista.
collaborativo [col-la-bo-ra-tì-vo] *agg.* di collaborazione: *attività collaborativa.*
collaboratore [col-la-bo-ra-tó-re] *s.m.* [f. *-trice*] chi collabora | chi scrive su un giornale o lavora per una casa editrice senza far parte della redazione | *collaboratrice familiare*, colf | — *della giustizia*, chi riferisce alla magistratura notizie utili alla lotta contro la criminalità.
collaborazione [col-la-bo-ra-zió-ne] *s.f.* il collaborare; cooperazione.
collaborazionismo [col-la-bo-ra-zio-nì-ʃmo] *s.m.* attività di collaborazionista.
collaborazionista [col-la-bo-ra-zio-nì-sta] *s.m.* e *f.* [pl.m. *-sti*] chi in tempo di guerra collabora con il nemico.
collage [/ kolˈlaʒ /] *s.m.invar.* (*fr.*) **1** tecnica pittorica o grafica che consiste nell'incollare su un piano frammenti o ritagli di materiali diversi; la composizione così ottenuta **2** (*fig.*) insieme di cose disparate prese di qua e di là: *un — di frasi fatte.*
collageno [col-là-ge-no], o **collagene**, *s.m.* (*biol.*) sostanza proteica presente nei tessuti connettivi, costituente fondamentale delle ossa e delle cartilagini.
collana [col-là-na] *s.f.* **1** monile che si porta intorno al collo per ornamento: — *di perle* | (*estens.*) ghirlanda: — *di fiori*. DIM. *collanina* **2** (*fig.*) serie di volumi analoghi per contenuto e veste editoriale: *una — di classici.*
collant [/ kolˈlan /] *s.m.invar.* (*fr.*) nell'abbigliamento femminile, calzamaglia di tessuto elastico leggerissimo che copre dalla vita in giù.
collante [col-làn-te] *agg.* e *s.m.* si dice di sostanza adesiva, per lo più di origine sintetica.
collare [col-là-re] *s.m.* **1** striscia di cuoio o altro materiale che si lega attorno al collo dei cani e di altri animali. DIM. *collarino* **2** (*eccl.*) colletto rigido bianco portato dai preti **3** monile da portare intorno al collo | insegna di un ordine cavalleresco costituita da una sorta di collana; (*estens.*) la persona che porta tale insegna **4** nell'abbiglia-

mento femminile, ampio colletto di stoffa o di pelliccia **5** (*zool.*) cerchietto di pelo o di penne intorno al collo di alcuni animali, che presenta colore diverso dal resto del corpo: *orso dal —*.

collarino [col-la-rì-no] *s.m.* **1** (*arch.*) membratura che separa il fusto della colonna dal capitello **2** (*eccl.*) il collare del sacerdote.

collassare [col-las-sà-re] *v.tr.* (*med.*) provocare un collasso ♦ *v.intr.* [aus. *essere*] **1** (*med.*) subire un collasso **2** (*fig.*) essere nella paralisi, nell'impossibilità di funzionare: *il traffico cittadino è collassato* **3** (*astr.*) subire un collasso gravitazionale.

collasso [col-làs-so] *s.m.* **1** (*med.*) improvviso malore con forte caduta della pressione arteriosa, dovuto a debolezza cardiaca, intossicazioni, emorragie **2** (*med.*) afflosciamento del polmone **3** (*fig.*) blocco, paralisi: *la sanità pubblica è vicina al —* **4** *— gravitazionale*, (*astr.*) fase conclusiva dell'evoluzione di una stella, durante la quale la materia precipita verso il nucleo centrale.

collaterale [col-la-te-rà-le] *agg.* **1** che sta a fianco, a lato | secondario, accessorio: *effetto —*, (*med.*) quello secondario, non voluto, provocato da un farmaco **2** si dice di rapporto di parentela che intercorre tra persone discendenti da un capostipite comune ma non l'una dall'altra: *linea —* ♦ *s.m.* chi è parente in linea collaterale □ **collateralmente** *avv.* in posizione, in linea collaterale.

collateralismo [col-la-te-ra-lì-ʃmo] *s.m.* in politica, l'operare a sostegno di un gruppo o di un partito, senza farne organicamente parte.

collaudare [col-lau-dà-re] *v.tr.* [*io collàudo ecc.*] **1** fare il collaudo di qlco.: *— un apparecchio* **2** (*fig.*) mettere alla prova; verificare, sperimentare: *— un'amicizia*.

collaudatore [col-lau-da-tó-re] *s.m.* [f. *-trice*] chi è addetto a operazioni di collaudo.

collaudo [col-làu-do] *s.m.* **1** verifica sperimentale di materiali, macchine, costruzioni, per accertarne l'idoneità all'uso **2** (*fig.*) prova, verifica.

collazionare [col-la-zio-nà-re] *v.tr.* [*io collazióno ecc.*] **1** effettuare una collazione **2** (*inform.*) costruire un nuovo insieme ordinato di dati fondendo due o più insiemi di partenza.

collazione [col-la-zió-ne] *s.f.* confronto della copia o delle copie di un testo con l'originale o fra di loro.

colle[1] [cól-le] *prep.art.f.pl.* (*non com.*) composta da *con* e *le*.

colle[2] [còl-le] *s.m.* rilievo d'altezza intermedia tra l'altura e la collina: *i sette colli di Roma*.

colle[3] *s.m.* passo o valico montano.

collega [col-lè-ga] *s.m.* e *f.* [pl.m. *-ghi*] chi svolge la stessa professione; compagno di lavoro o di studi.

collegamento [col-le-ga-mén-to] *s.m.* **1** il collegare, il collegarsi, l'essere collegato; il mezzo stesso con cui si collega o ci si collega: *— ferroviario*; *— telefonico, televisivo* | *ufficiale di —*, (*mil.*) che mantiene i contatti fra i diversi reparti e servizi di un esercito **2** (*elettr.*) contatto elettrico.

colleganza [col-le-gàn-za] *s.f.* **1** (*lett.*) connessione tra due o più cose **2** (*non com.*) l'essere colleghi; rapporto che intercorre fra colleghi.

collegare [col-le-gà-re] *v.tr.* [*io collégo, tu colléghi ecc.*] *v.tr.* **1** unire, congiungere, mettere in contatto: *— i fili della luce* **2** (*fig.*) connettere, porre in relazione: *— due fatti* ♦ **collegarsi** *v. rifl.rec.* **1** unirsi in lega; allearsi: *— contro un avversario comune* **2** mettersi in contatto telefonico o radiotelevisivo: *— con New York*.

college [/ 'kɔlledʒ /] *s.m.invar.* (*ingl.*) nei paesi anglosassoni, scuola secondaria o istituto universitario con studenti interni | l'edificio in cui risiedono gli studenti.

collegiale [col-le-già-le] *agg.* **1** relativo a un collegio di persone; collettivo: *direzione —* | *organo —*, che discute e decide collettivamente **2** di convitto, da convitto: *vita —* ♦ *s.m.* e *f.* ragazzo o ragazza che vive in collegio: *modi da —*, inesperti, poco disinvolti □ **collegialmente** *avv.* collettivamente | (*estens.*) insieme, in comune.

collegialità [col-le-gia-li-tà] *s.f.* l'essere collegiale, carattere collegiale: *la — di una decisione*.

collegiata [col-le-già-ta] *s.f.* **1** chiesa collegiata **2** capitolo di canonici addetto a una chiesa collegiata.

collegiato [col-le-già-to] *agg.* nella loc. *chiesa collegiata*, (*eccl.*) chiesa che ha un capitolo di canonici, senza essere sede vescovile.

collegio [col-lè-gio] *s.m.* **1** insieme di persone che svolgono la stessa attività o sono unite da un comune interesse: *— dei professori*, nelle scuole secondarie, organo formato dagli insegnanti e dal preside; *— cardinalizio* o *sacro —*, l'insieme dei cardinali riuniti nell'esercizio delle loro funzioni | *— elettorale*, circoscrizione territoriale a fini elettorali **2** istituto di educazione in cui gli allievi convivono stabilmente: *studiare in —*.

collemboli [col-lèm-bo-li] *s.m.pl.* (*zool.*) ordine di insetti saltatori molto piccoli, privi di ali e con apparato boccale pungente; vivono in ambienti umidi.

collenchima [col-lèn-chi-ma] *s.m.* [pl. *-mi*] (*bot.*) tessuto vegetale di sostegno.

collera [còl-le-ra] *s.f.* sentimento di sdegno che si manifesta con parole o atti violenti; ira, furore: *essere, montare in — con qlcu.*

collerico [col-lè-ri-co] *agg.* e *s.m.* [f. *-a*; pl.m. *-ci*] che/chi è facile alla collera; irascibile: *temperamento —* □ **collericamente** *avv.*

colletta [col-lét-ta] *s.f.* raccolta di denaro a scopo di beneficenza o per spese comuni.

collettame [col-let-tà-me] *s.m.* colli di merci varie spedite con un unico veicolo per destinazioni diverse.

collettiva [col-let-tì-va] *s.f.* mostra in cui espongono più artisti (si contrappone a *personale*).

collettivismo [col-let-ti-vì-ʃmo] *s.m.* sistema economico-sociale fondato sull'abolizione della proprietà privata e sulla gestione collettiva dei mezzi di produzione.

collettivista [col-let-ti-vì-sta] *agg.* e *s.m.* e *f.*

[pl.m. *-sti*] che/chi è fautore del collettivismo.
collettivistico [col-let-ti-vì-sti-co] *agg.* [pl.m. *-ci*] del collettivismo, conforme al collettivismo.
collettività [col-let-ti-vi-tà] *s.f.* **1** qualità di ciò che è collettivo: *la — di un servizio* **2** gruppo di persone considerate nel loro insieme, nella loro unità: *la — nazionale.*
collettivizzare [col-let-ti-viʒ-ʒà-re] *v.tr.* rendere di proprietà collettiva: *— un'azienda.*
collettivizzazione [col-let-ti-viʒ-ʒa-zió-ne] *s.f.* il collettivizzare, l'essere collettivizzato.
collettivo [col-let-tì-vo] *agg.* **1** che si riferisce, è comune a più persone o cose: *contratto — di lavoro* | che riguarda la comunità: *interesse —* **2** *nome —*, (*gramm.*) nome che indica un insieme di persone o di cose (p.e. *popolo, gregge, dozzina*) ♦ *s.m.* gruppo di persone che svolgono un'attività politica o sindacale: *— femminista* □ **collettivamente** *avv.* in forma collettiva; tutti insieme.
colletto [col-lét-to] *s.m.* **1** la parte del vestito o della camicia che sta attorno al collo | *colletti bianchi*, (*fig.*) gli impiegati | *colletti blu*, (*fig.*) gli operai. DIM. *collettino* **2** (*bot.*) parte della pianta tra il fusto e la radice **3** (*anat.*) porzione del dente tra la corona e la radice.
collettore [col-let-tó-re] *agg.* [f. *-trice*] che raccoglie: *canale —*, quello in cui scolano le acque di canali minori | *bacino —*, (*geog.*) parte del ghiacciaio nella quale si accumulano le nevi ♦ *s.m.* **1** chi raccoglie denaro, firme o altro | impiegato addetto a compiti di esazione: *— delle imposte* **2** (*tecn.*) qualsiasi impianto o dispositivo che serve a raccogliere o a incanalare **3** (*elettr.*) organo che consente il passaggio della corrente nelle macchine elettriche rotanti.
collezionare [col-le-zio-nà-re] *v.tr.* [*io collezióno ecc.*] raccogliere in una collezione: *— francobolli* | (*fig.*) conseguire in gran numero: *— vittorie.*
collezione [col-le-zió-ne] *s.f.* **1** raccolta sistematica di oggetti della stessa specie, che siano preziosi, strani o rari **2** collana editoriale **3** l'insieme dei modelli che una grande sartoria presenta per una stagione: *— primavera-estate.*
collezionismo [col-le-zio-nì-ʃmo] *s.m.* **1** il collezionare oggetti, il fare collezione **2** l'insieme dei collezionisti.
collezionista [col-le-zio-nì-sta] *s.m.* e *f.* [pl.m. *-sti*] chi fa o possiede una collezione: *un — di medaglie.*
collezionistico [col-le-zio-nì-sti-co] *agg.* [pl.m. *-ci*] da collezionista; del collezionismo: *mania collezionistica.*
collidere [col-lì-de-re] *v.intr.* [pass.rem. *io colliʃi, tu collidésti ecc.*; part.pass. *colliʃo*; aus. *avere*] (*non com.*) urtare contro qlco.; scontrarsi.
collie [/ ˈkɔlli /] *s.m.invar.* (*ingl.*) cane da pastore scozzese, con muso affilato, orecchie diritte, pelo lungo e folto.
collier [/ kɔlˈlje /] *s.m.invar.* (*fr.*) collana: *un — d'oro.*
colligiano [col-li-già-no] *agg.* di Colle di Val d'Elsa, in Toscana ♦ *s.m.* [f. *-a*] chi è nato, chi abita a Colle di Val d'Elsa.
collimare [col-li-mà-re] *v.intr.* [aus. *avere*] coincidere in modo perfetto, essere identico, corrispondere (anche *fig.*): *opinioni che collimano.*
collimatore [col-li-ma-tó-re] *s.m.* **1** (*fis.*) sistema ottico usato per rendere paralleli i raggi luminosi di una sorgente | Usato anche come agg.: *lente collimatrice* **2** strumento topografico che permette di tracciare l'allineamento di tre punti.
collimazione [col-li-ma-zió-ne] *s.f.* il collimare; operazione compiuta con il collimatore.
collina [col-lì-na] *s.f.* **1** rilievo del terreno che in genere non supera i 600 m. DIM. *collinetta* **2** (*estens.*) il territorio o la regione che presenta tali rilievi: *villeggiare in —.*
collinare [col-li-nà-re] *agg.* di collina: *zona —.*
collinoso [col-li-nó-so] *agg.* di collina, che ha molte colline: *terreno —.*
collirio [col-lì-rio] *s.m.* medicamento liquido per gli occhi.
collisione [col-li-ʃió-ne] *s.f.* **1** scontro fra due corpi che si muovono; urto: *entrare in —*, urtarsi | *rotta di —*, direzione di una nave o di un aereo che, se non modificata, è destinata a provocare uno scontro **2** (*fig.*) conflitto, contrasto: *— di interessi.*
collo[1] [cól-lo] *prep.art.m.sing.* (*non com.*) composta da *con* e *lo.*
collo[2] [còl-lo] *s.m.* **1** nell'uomo e in altri vertebrati, parte del corpo di forma cilindrica che unisce la testa al torace | *portare qlcu., qlco. in —*, sulle spalle, in braccio | *buttare le braccia al — di qlcu.*, abbracciarlo | *allungare il —*, (*fig.*) cercare di vedere, curiosare | *prendere qlcu. per il —*, (*fig.*) imporgli condizioni gravose | *a rotta di —*, (*fig.*) a precipizio: *correre a rotta di —* | *rompersi il —; l'osso del —*, (*fig.*) farsi molto male | *tra capo e —*, (*fig.*) all'improvviso, inaspettatamente: *la notizia gli arrivò tra capo e —* | *essere indebitato fino al —*, (*fig.*) essere oberato di debiti **2** parte di un indumento che cinge il collo; colletto: *una camicia con il — troppo stretto* **3** parte allungata e ristretta di un recipiente: *il — di una bottiglia* **4** (*anat.*) parte ristretta e cilindrica di un organo o di un arto: *il — del piede; — dell'utero*, cervice **5** *— d'oca*, (*mecc.*) albero a gomiti.
collo[3] *s.m.* pacco, valigia, baule che si trasporta o si spedisce.
collocabile [col-lo-cà-bi-le] *agg.* che si può collocare.
collocamento [col-lo-ca-mén-to] *s.m.* **1** il collocare, il collocarsi, l'essere collocato: *— a riposo, in congedo* **2** sistemazione, occupazione | *ufficio di —*, ufficio pubblico che ha la funzione di avviare al lavoro i giovani e i disoccupati in base a una graduatoria **3** (*fin.*) investimento, piazzamento.
collocare [col-lo-cà-re] *v.tr.* [*io còlloco, tu còllochi ecc.*] **1** mettere, porre in un determinato luogo (anche *fig.*): *— il tavolo in mezzo alla stanza; l'opera lo colloca tra i maggiori scrittori del suo*

tempo 2 trovare una sistemazione, un lavoro, un impiego a qlcu.: — *presso una ditta* 3 vendere: — *titoli, obbligazioni* ♦ **collocarsi** *v.rifl.* o *intr.pron.* mettersi in un dato luogo; occupare una certa posizione.
collocatore [col-lo-ca-tó-re] *s.m.* (*burocr.*) persona incaricata di svolgere le funzioni di ufficio di collocamento nei comuni dove questo manca.
collocazione [col-lo-ca-zió-ne] *s.f.* 1 il collocare, il collocarsi, l'essere collocato; il modo, il luogo in cui una cosa è collocata 2 nelle biblioteche, l'esatta posizione di un libro e la segnatura corrispondente 3 (*fig.*) posizione storica, politica, ideologica: *la — moderata di un partito.*
colloidale [col-loi-dà-le] *agg.* (*chim.*) di colloide, relativo a un colloide: *stato* — | *soluzione* —, sostanza dispersa in un liquido in particelle minutissime.
colloide [col-lòi-de] *s.m.* (*chim.*) sostanza che, dispersa in un liquido, dà luogo a piccolissimi aggregati di particelle.
colloquiale [col-lo-quià-le] *agg.* che è proprio della conversazione, del conversare; non ricercato, informale, familiare: *stile* — □ **colloquialmente** *avv.*
colloquialismo [col-lo-quia-lì-ʃmo] *s.m.* espressione tipica dello stile o del tono colloquiale.
colloquialità [col-lo-quia-li-tà] *s.f.* l'essere colloquiale, detto di stile, tono, discorso.
colloquiare [col-lo-quià-re] *v.intr.* [*io collòquio ecc.*; aus. *avere*] stare a colloquio, discorrere.
colloquio [col-lò-quio] *s.m.* 1 conversazione tra due o più persone su fatti di una certa importanza: *essere a — con qlcu.* | (*estens.*) scambio di idee, di contatti; dialogo: *avviare un* — 2 esame orale: *sostenere un* —.
collosità [col-lo-si-tà] *s.f.* l'essere colloso.
colloso [col-ló-so] *agg.* che contiene colla; viscoso, attaccaticcio come colla: *sostanze collose.*
collotipia [col-lo-ti-pì-a] *s.f.* (*tip.*) procedimento tipografico fondato sull'impiego di matrici ricoperte di colla, che vengono poi impressionate alla luce e sviluppate in acqua.
collotorto [col-lo-tòr-to], o collo torto, *s.m.* [pl. *collitorti* o *colli torti*] ipocrita, bigotto, bacchettone.
collottola [col-lòt-to-la] *s.f.* (*fam.*) la parte posteriore del collo: *prendere qlcu. per la* —.
colludere [col-lù-de-re] *v.intr.* [pass.rem. *io collusi, tu colludésti ecc.*; part.pass. *colluso*; aus. *avere*] (*dir.*) attuare una collusione; accordarsi segretamente con qlcu. ai danni di un terzo.
collusione [col-lu-ʃió-ne] *s.f.* 1 (*dir.*) accordo fraudolento di due parti a danno di una terza 2 (*econ.*) accordo tra venditori per una comune politica dei prezzi 3 accordo tra gruppi o partiti di tendenza opposta 4 complicità: *essere accusato di — con la malavita.*
collusivo [col-lu-ʃì-vo] *agg.* (*dir.*) fatto con collusione: *accordo* —.
colluso [col-lù-ʃo] *agg.* si dice di personaggio importante venuto a patti con la malavita organizzata: *politici collusi.*
collutorio [col-lu-tò-rio] *s.m.* liquido medicamentoso usato per sciacquare la bocca | (*estens.*) lo sciacquo stesso.
colluttare [col-lut-tà-re] *v.intr.* [aus. *avere*] (*lett.*) lottare corpo a corpo; venire alle mani, azzuffarsi.
colluttazione [col-lut-ta-zió-ne] *s.f.* lotta corpo a corpo; zuffa, rissa | (*estens.*) scontro verbale, disputa vivace.
colluviale [col-lu-vià-le] *agg.* (*geol.*) di terreno formato da un accumulo di detriti alla base di un pendio.
colluvie [col-lù-vie] *s.f.invar.* (*lett.*) flusso abbondante di rifiuti liquidi, di materia putrida.
colma [cól-ma] *s.f.* altezza massima dell'acqua durante l'alta marea.
colmare [col-mà-re] *v.tr.* [*io cólmo ecc.*] 1 riempire fino all'orlo: — *un bicchiere* | — *una palude*, prosciugarla riempiendola di terra | — *una strada*, alzarne il livello | — *una lacuna*, (*fig.*) riempire un vuoto, supplire a un'insufficienza, a una mancanza | — *la misura*, (*fig.*) passare i limiti 2 (*fig.*) coprire qlcu. di qlco.: — *di cortesie* | riempire l'animo di un sentimento: *la notizia lo ha colmato di gioia.*
colmata [col-mà-ta] *s.f.* 1 riempimento di una depressione del terreno o di una zona paludosa 2 il terreno rialzato con tale sistema 3 accumulo di sabbia che ostacola la navigazione.
colmatura [col-ma-tù-ra] *s.f.* il colmare, l'essere colmato | ciò che sopravanza da un recipiente colmo.
colmo[1] [cól-mo] *s.m.* 1 il punto più alto; cima, sommità: *il — di un monte* 2 (*fig.*) il massimo grado, il culmine: *il — della felicità* | *è il —!*, si dice di cosa che suscita grande stupore o indignazione 3 (*edil.*) il livello più alto del tetto, dal quale si diramano gli spioventi.
colmo[2] *agg.* riempito fino all'orlo, pieno (anche *fig.*): *vaso — d'acqua* | *la misura è colma!*, esclamazione di chi è giunto al limite della sopportazione.
-colo secondo elemento di parole composte della terminologia dotta, che significa 'abitatore' (*cavernicolo*) o 'che riguarda la coltivazione, l'allevamento' (*cerealicolo*).
colobo [cò-lo-bo] *s.m.* (*zool.*) genere di scimmie africane con pollice rudimentale e folto pelame ricco di lunghi ciuffi sparsi per tutto il corpo.
colocasia [co-lo-cà-ʃia] *s.f.* erba tropicale con radice carnosa commestibile.
colofone [co-lo-fó-ne], o alla latina **colophon** [/ ˈkɔlofon /], *s.m.* 1 indicazione che si trova alla fine dei libri antichi, con il nome dello stampatore e l'anno dell'edizione 2 (*tip.*) disposizione delle ultime righe di un libro a forma di trapezio, con la base minore verso il basso.
colofonia [co-lo-fò-nia] *s.f.* resina giallastra che si ricava distillando la trementina, usata per preparare vernici e saponi.

cologaritmo [co-lo-ga-rìt-mo] *s.m.* (*mat.*) il logaritmo dell'inverso di un numero.
colomba [co-lóm-ba] *s.f.* **1** la femmina del colombo, simbolo d'innocenza e di pace. DIM. *colombella*, *colombina* **2** (*fig.*) persona innocente e dolce | chi è favorevole a una soluzione pacifica delle controversie internazionali (si contrappone a *falco*) **3** (*gastr.*) dolce pasquale a forma di colomba **4** (*zool.*) nome di alcuni generi di colombi.
colombaccio [co-lom-bàc-cio] *s.m.* grosso colombo selvatico dalle ottime carni.
colombaia [co-lom-bà-ia] *s.f.* costruzione a forma di torre in cui si allevano colombi.
colombario [co-lom-bà-rio] *s.m.* **1** nei cimiteri, costruzione muraria divisa in loculi, ciascuno dei quali contiene una bara **2** (*archeol.*) tipo di sepolcro romano a nicchie.
colombella [co-lom-bèl-la] *s.f.* uccello selvatico simile al colombaccio, ma più piccolo, con il collo ricoperto di piume verdi.
colombiano [co-lom-bià-no] *agg.* della Colombia, stato dell'America meridionale ♦ *s.m.* [f. *-a*] chi abita, chi è nato in Colombia.
colombicoltore [co-lom-bi-col-tó-re] *s.m.* [f. *-trice*] allevatore di colombi.
colombicoltura [co-lom-bi-col-tù-ra] *s.f.* allevamento di colombi.
colombiformi [co-lom-bi-fór-mi] *s.m.pl.* (*zool.*) ordine di uccelli a cui appartengono i colombi.
colombo [co-lóm-bo] *s.m.* piccione | *i due colombi*, (*fig.*) i due innamorati.
colon [cò-lon] *s.m.invar.* (*anat.*) porzione mediana dell'intestino crasso, compresa fra l'intestino cieco e il retto.
colonia[1] [co-lò-nia] *s.f.* **1** nell'età antica, nucleo di popolazione civile trasferita dalla madrepatria in un altro territorio: *fondare una —* | in età moderna, paese su cui uno stato stabilisce il suo dominio: *l'India fu — britannica* **2** (*estens.*) le persone di una stessa nazione o città che risiedono lontano dalla madrepatria: *la — italiana di Buenos Aires* **3** istituzione che provvede al soggiorno estivo di ragazzi in luoghi di villeggiatura: *andare in —* **4** (*biol.*) aggregato di individui animali o vegetali della stessa specie: *— di coralli*.
colonia[2] *s.f.* profumo preparato con alcol ed essenze varie, detto anche *acqua di —*.
colonia[3] [co-lo-nì-a] *s.f.* contratto agrario tra un proprietario di terre e un colono.
coloniale [co-lo-nià-le] *agg.* **1** di colonia, relativo a una colonia: *prodotti coloniali* **2** (*biol.*) si dice di organismo che vive in colonia **3** di colore marrone chiaro, simile al beige ♦ *s.m.pl.* generi alimentari che provengono da paesi extraeuropei (caffè, cacao, spezie ecc.).
colonialismo [co-lo-nia-lì-ʃmo] *s.m.* politica tendente alla conquista e allo sfruttamento delle colonie, perseguita dalle potenze europee fino alla metà del sec. XX | (*estens.*) influenza politica, economica o culturale di uno stato su un altro: *il — americano*.
colonialista [co-lo-nia-lì-sta] *s.m.* e *f.* [pl.m. *-sti*] fautore del colonialismo.
colonialistico [co-lo-nia-lì-sti-co] *agg.* [pl.m. *-ci*] che riguarda il colonialismo: *politica colonialistica*.
colonico [co-lò-ni-co] *agg.* [pl.m. *-ci*] del colono: *casa colonica*.
colonizzabile [co-lo-niʒ-ʒà-bi-le] *agg.* che può essere colonizzato.
colonizzare [co-lo-niʒ-ʒà-re] *v.tr.* **1** fondare colonie in un territorio | (*estens.*) incivilire: *i greci colonizzarono la Sicilia* **2** ridurre un paese a colonia | (*fig.*) sottomettere, sfruttare.
colonizzatore [co-lo-niʒ-ʒa-tó-re] *agg.* e *s.m.* [f. *-trice*] che/chi colonizza.
colonizzazione [co-lo-niʒ-ʒa-zió-ne] *s.f.* il colonizzare, l'essere colonizzato.
colonna [co-lón-na] *s.f.* **1** elemento architettonico verticale a sezione circolare, con funzione di sostegno o di ornamento. DIM. *colonnina* **2** (*fig.*) sostegno, aiuto morale: *è la — della famiglia* **3** (*estens.*) massa fluida o gassosa disposta verticalmente: *— d'acqua*; *la — del mercurio*, quella del termometro | serie di elementi disposti verticalmente: *numeri in —*, scritti l'uno sotto l'altro | *— vertebrale*, (*anat.*) l'insieme delle vertebre che costituiscono la spina dorsale | *— sonora*, parte della pellicola cinematografica su cui sono registrati i suoni; la musica così registrata **4** fila di persone o di veicoli: *una — di automobili*; *mettersi in —* | *quinta —*, (*fig.*) si dice di chi lavora clandestinamente a favore del nemico **5** (*tip.*) gruppo di righe composte ma non ancora impaginate | ciascuna delle divisioni verticali di una pagina stampata o scritta: *titolo su quattro colonne* **6** (*inform.*) divisione verticale in un foglio elettronico | unità di misura della larghezza del carrello di una stampante elettronica: *stampante a 80 colonne* **7** (*edil.*) tubazione verticale usata per contenere o far passare fluidi e materiali vari **8** (*sport*) esercizio ginnico in cui l'atleta, poggiando con il dorso sul terreno, innalza le gambe unite in posizione verticale.
colonnare [co-lon-nà-re] *agg.* che ha forma di colonna.
colonnato [co-lon-nà-to] *s.m.* (*arch.*) serie di colonne collegate nella parte superiore da architravi o arcate: *il — di piazza San Pietro in Roma*.
colonnello [co-lon-nèl-lo] *s.m.* (*mil.*) ufficiale superiore a cui spetta il comando di un reggimento | *tenente —*, ufficiale superiore di grado compreso tra maggiore e colonnello.
colonnina [co-lon-nì-na] *s.f.* elemento verticale di dimensioni ridotte | *— di soccorso*, apparecchiatura telefonica posta ai margini dell'autostrada per chiamate di soccorso medico o meccanico.
colonnino [co-lon-nì-no] *s.m.* **1** colonna di balaustrata **2** (*tip.*) colonna di giustezza inferiore al normale **3** nel giornalismo, articolo breve.
colono [co-lò-no] *s.m.* [f. *-a*] **1** chi coltiva la terra altrui con un contratto di colonìa o di mezza-

dria 2 (*lett.*) contadino, lavoratore dei campi 3 abitante di una colonia.
colophon → **colofone**.
colorabile [co-lo-rà-bi-le] *agg.* che si può colorare.
coloramento [co-lo-ra-mén-to] *s.m.* (*non com.*) il colorare, l'essere colorato.
colorante [co-lo-ràn-te] *agg.* e *s.m.* (*chim.*) si dice di sostanza che dà colore a un materiale o a un alimento, incorporandosi con esso.
colorare [co-lo-rà-re] *v.tr.* [*io colóro ecc.*] **1** dare colore, tingere **2** (*fig.*) ornare, abbellire: — *un discorso con espressioni vivaci* ♦ **colorarsi** *v.intr. pron.* prendere colore, tingersi: — *di rosso* | (*fig.*) assumere una particolare sfumatura: *un racconto che si colora di malinconia.*
colorato [co-lo-rà-to] *agg.* che ha un colore vivace; che non è bianco o nero.
colorazione [co-lo-ra-zió-ne] *s.f.* il colorare, l'essere colorato; il colore assunto da un oggetto: *una — violacea.*
colore [co-ló-re] *s.m.* **1** qualità dei corpi per cui essi riflettono in vario modo la luce: *i colori dell'iride* | *a colori*, che non è in bianco e nero: *televisore a colori* | *gente di* —, di pelle non bianca **2** sostanza con cui si dipinge: — *a olio, a tempera* | *una mano di* —, uno strato di tinta o di vernice **3** colorito del viso di una persona | *diventare di tutti i colori*, (*fig.*) tradire le proprie emozioni arrossendo o impallidendo **4** l'elemento cromatico di una bandiera o di uno stemma: *i colori nazionali* **5** nel poker, combinazione di cinque carte dello stesso seme: *fare* — **6** (*fig.*) tono, carattere | *dirne, farne di tutti i colori*, ogni genere di cattiverie o bizzarrie | — *locale*, aspetto pittoresco che distingue un luogo o un ambiente **7** (*fig.*) vivacità, espressività: *una prosa ricca di* —.
coloreria [co-lo-re-rì-a] *s.f.* negozio in cui si vendono colori.
colorificio [co-lo-ri-fì-cio] *s.m.* fabbrica di colori o di coloranti; il negozio in cui si vendono.
colorimetria [co-lo-ri-me-trì-a] *s.f.* disciplina che studia le caratteristiche dei colori.
colorimetro [co-lo-rì-me-tro] *s.m.* (*chim.*) apparecchio che misura l'intensità di colore di determinate soluzioni.
colorire [co-lo-rì-re] *v.tr.* [*io colorisco, tu colorisci ecc.*] **1** dare il colore; ravvivare con il colore: — *un quadro* **2** (*fig.*) arricchire con vivacità e fantasia: — *un racconto* ♦ **colorirsi** *v.intr.pron.* acquistare colore o colorito: *si colorì in volto.*
colorismo [co-lo-rì-ʃmo] *s.m.* in pittura, il ricercare particolari effetti attraverso l'uso dei valori cromatici; in letteratura e in musica, ricerca di vivacità espressiva: *il — di Debussy.*
colorista [co-lo-rì-sta] *s.m.* e *f.* [pl.m. *-sti*] **1** operaio addetto alla preparazione dei colori **2** pittore particolarmente abile nell'uso del colore | (*estens.*) scrittore, musicista, artista che ha uno stile vivace ed espressivo **3** (*cine.*) tecnico addetto al controllo cromatico di una pellicola a colori.
coloristico [co-lo-rì-sti-co] *agg.* [pl.m. *-ci*] proprio del colorismo; da colorista: *effetti coloristici.*
colorito [co-lo-rì-to] *agg.* **1** che ha un bel colore: *essere — in viso* **2** (*fig.*) vivace, espressivo: *linguaggio* — ♦ *s.m.* **1** colore della carnagione: — *pallido* **2** (*pitt.*) tecnica o stile nell'uso del colore: *morbidezza di* — **3** (*fig.*) intensità espressiva di un'opera o di un artista.
coloritura [co-lo-ri-tù-ra] *s.f.* il colorire, l'essere colorito; colore (anche *fig.*): *la — ideologica di un giornale.*
colorizzazione [co-lo-riʒ-ʒa-zió-ne] *s.f.* (*cine.*) procedimento elettronico mediante il quale un film in bianco e nero può essere parzialmente colorato.
coloro [co-ló-ro] *pron.dimostr.pl.m.* e *f.* forma plurale di *colui* e *colei.*
colossale [co-los-sà-le] *agg.* che riguarda un colosso; straordinariamente grande, enorme (anche *fig.*): *errore* —.
colosso [co-lòs-so] *s.m.* **1** statua di grande mole **2** uomo di corporatura eccezionale **3** (*fig.*) persona di meriti, capacità straordinari; opera di grande valore: *un — della letteratura* | azienda, impresa, ente di grandi dimensioni: *i colossi dell'industria.*
colostro [co-lò-stro] *s.m.* (*fisiol.*) liquido secreto dalle ghiandole mammarie durante la gravidanza e immediatamente dopo il parto.
colpa [cól-pa] *s.f.* **1** atto, comportamento che infrange una norma giuridica o morale; errore | (*teol.*) peccato | *senso, sentimento di* —, (*psicol.*) sensazione di rimorso o di colpevolezza **2** (*dir.*) azione od omissione da cui, per imprudenza o negligenza, deriva un danno ad altri.
colpaccio [col-pàc-cio] *s.m.* colpo audace e fortunato.
colpevole [col-pé-vo-le] *agg.* **1** che ha commesso una colpa | (*dir.*) che ha commesso un reato, che è responsabile di un fatto illecito **2** che costituisce colpa: *azione* — ♦ *s.m.* e *f.* chi ha commesso una colpa: *individuare i colpevoli* □ **colpevolmente** *avv.*
colpevolezza [col-pe-vo-léz-za] *s.f.* stato di colpa; l'essere colpevole: *dimostrare la — dell'imputato.*
colpevolismo [col-pe-vo-lì-ʃmo] *s.m.* atteggiamento di chi è colpevolista.
colpevolista [col-pe-vo-lì-sta] *agg.* e *s.m.* e *f.* [pl.m. *-sti*] che/chi sostiene la colpevolezza dell'imputato prima della sentenza.
colpevolizzare [col-pe-vo-liʒ-ʒà-re] *v.tr.* far sentire colpevole; caricare di sensi di colpa ♦ **colpevolizzarsi** *v.rifl.* sentirsi colpevole; nutrire in sé un sentimento di colpa.
colpire [col-pì-re] *v.tr.* [*io colpisco, tu colpisci ecc.*] **1** percuotere, cogliere con uno o più colpi | — *nel segno*, (*fig.*) indovinare esattamente | — *al cuore*, (*fig.*) danneggiare in un punto essenziale; turbare profondamente **2** (*fig.*) danneggiare: *il fallimento colpì tutti i creditori* **3** (*fig.*) impressionare, turbare: *la scena lo aveva profondamente colpito.*

colpite [col-pì-te] *s.f.* (*med.*) infiammazione della mucosa vaginale; vaginite.
colpitore [col-pi-tó-re] *s.m.* [f. *-trice*] chi colpisce | *essere un buon* —, si dice di pugile o calciatore dotato di notevole potenza di pugno o di tiro.
colpo [cól-po] *s.m.* **1** l'atto del colpire; percossa, urto | — *basso*, nel pugilato, quello dato irregolarmente al di sotto della cintura; (*fig.*) azione sleale | *far* —, (*fig.*) impressionare positivamente. DIM. *colpetto, colpettino* **2** (*fig.*) evento spiacevole o doloroso che accade all'improvviso; danno, perdita: *la sua morte è stata un — per noi* **3** rumore secco e istantaneo; sparo | (*estens.*) il proiettile sparato: *fu ferito da un — di pistola* | *perdere colpi*, si dice di un motore a scoppio che funziona in modo difettoso; (*fig.*) perdere vivacità ed efficienza | — *di grazia*, quello che finisce chi è stato già ferito; (*fig.*) evento che determina una rovina definitiva | *a — sicuro*, senza timore di sbagliare **4** movimento rapido di uno strumento o di un oggetto qualsiasi: — *di forbici* | manifestazione improvvisa di un fenomeno: — *di vento* | azione rapida e violenta; rapina: *fare un — in banca* | — *di fortuna*, fortuna imprevista | — *di testa*, (*fig.*) atto di ribellione; gesto imprudente | — *d'occhio*, sguardo rapido | — *di fulmine*, (*fig.*) innamoramento a prima vista | — *di scena*, effetto drammatico che coglie di sorpresa; (*fig.*) mutamento improvviso | — *di spugna*, (*fig.*) cancellazione definitiva | — *di telefono*, telefonata rapida | — *giornalistico*, pubblicazione di una notizia importante in esclusiva; scoop | — *di mano*, assalto di sorpresa | — *di stato*, rovesciamento violento del governo di uno stato | *di* —, improvvisamente; *sul* —, immediatamente; *tutto d'un* —, in un istante, rapidamente **5** malore improvviso: — *apoplettico*, apoplessia cerebrale; — *di sole*, insolazione.
colpo- primo elemento di parole composte della terminologia medica, che significa 'vagina' (*colposcopia*).
colporragia [col-por-ra-gì-a] *s.f.* (*med.*) emorragia vaginale.
colposcopia [col-po-sco-pì-a] *s.f.* (*med.*) esame della vagina e del collo dell'utero tramite colposcopio.
colposcopio [col-po-scò-pio] *s.m.* (*med.*) strumento ottico per l'esplorazione della vagina.
colposo [col-pó-so] *agg.* (*dir.*) si dice di reato commesso per imprudenza o negligenza, ma senza dolo: *omicidio* —.
coltellaccio [col-tel-làc-cio] *s.m.* **1** grosso coltello **2** (*mar.*) vela trapezoidale che si può affiancare alle vele quadre per aumentare la superficie esposta al vento.
coltellame [col-tel-là-me] *s.m.* assortimento di coltelli.
coltellata [col-tel-là-ta] *s.f.* **1** colpo inferto con la lama di un coltello; ferita di coltello **2** (*fig.*) fatto che provoca una sofferenza acuta: *quella notizia fu per lui una* —.
coltelleria [col-tel-le-rì-a] *s.f.* **1** assortimento di coltelli **2** negozio, fabbrica di coltelli.
coltelliera [col-tel-liè-ra] *s.f.* astuccio, custodia per coltelli.
coltello [col-tèl-lo] *s.m.* **1** arnese costituito da una lama d'acciaio affilata da un lato, e fissata in un manico: — *da cucina*; — *a serramanico* o *da tasca*, con la lama incernierata al manico | *avere il — dalla parte del manico*, (*fig.*) essere in una posizione di forza | *a* —, si dice di mattoni o altri oggetti disposti di taglio. DIM. *coltellino* PEGG. *coltellaccio* **2** (*estens.*) attrezzo che per la forma o la funzione richiama un coltello: — *della bilancia*, parte su cui poggia il giogo.
coltivabile [col-ti-và-bi-le] *agg.* che si può coltivare.
coltivabilità [col-ti-va-bi-li-tà] *s.f.* l'essere coltivabile.
coltivare [col-ti-và-re] *v.tr.* **1** lavorare la terra perché diventi produttiva; curare le piante perché diano frutti **2** (*fig.*) dedicarsi con impegno a un'attività intellettuale: — *le scienze* | tenere in esercizio, educare: — *la mente* | conservare e rafforzare un rapporto personale: — *un'amicizia* | accarezzare un'idea, nutrire un sentimento: — *un sogno* ♦ **coltivarsi** *v.rifl.* (*fam.*) aver cura di migliorare la propria educazione culturale.
coltivato [col-ti-và-to] *agg.* **1** sottoposto a coltivazione: *campo* — **2** ottenuto con coltivazione, non spontaneo: *funghi coltivati* ♦ *s.m.* terreno coltivo.
coltivatore [col-ti-va-tó-re] *s.m.* [f. *-trice*] chi coltiva | — *diretto*, chi coltiva un fondo di sua proprietà o di proprietà altrui con piena responsabilità di gestione.
coltivazione [col-ti-va-zió-ne] *s.f.* il coltivare, l'essere coltivato; il luogo e le piante coltivati: — *di ortaggi*.
coltivo [col-tì-vo] *agg.* e *s.m.* si dice di terreno coltivato o che si può coltivare.
colto [cól-to] *agg.* che ha cultura; che denota cultura, dotto: *un uomo molto* —.
-coltore, o **-cultore**, secondo elemento di parole composte che significa 'coltivatore, allevatore'.
coltrare [col-trà-re] *v.tr.* [*io cóltro ecc.*] (*agr.*) lavorare il terreno con il coltro; arare.
coltratura [col-tra-tù-ra] *s.f.* l'operazione del coltrare; aratura.
coltre [cól-tre] *s.f.* **1** coperta da letto **2** (*estens.*) strato di materiale che forma una copertura: *una — di neve* **3** drappo funebre che ricopre la bara.
coltro [cól-tro] *s.m.* lama dell'aratro, che sta davanti al vomere | (*estens.*) aratro munito di coltro.
coltrone [col-tró-ne] *s.m.* **1** coperta da letto imbottita **2** tenda imbottita che si mette d'inverno davanti agli usci delle chiese.
coltura [col-tù-ra] *s.f.* **1** la tecnica e la pratica del coltivare un terreno; il terreno coltivato e le piante prodotte: *la — della vite* **2** allevamento: *la — dei bachi da seta* | (*biol.*) tecnica di moltiplicazione di batteri e altri microrganismi a scopo diagnostico o sperimentale: — *batterica*.

-coltura, o -cultura, secondo elemento di parole composte che significa 'coltivazione, allevamento' (*viticoltura, piscicoltura*).

colturale [col-tu-rà-le] *agg.* che riguarda una coltura.

colubridi [co-lù-bri-di] *s.m.pl.* (*zool.*) famiglia di serpenti con pupilla rotonda, diffusi in tutto il mondo.

colubrina [co-lu-brì-na] *s.f.* antico pezzo di artiglieria a canna lunga e sottile.

colubro [cò-lu-bro] *s.m.* (*zool.*) genere di serpenti innocui, presenti in Italia con alcune varietà.

colui [co-lùi] *pron.dimostr.m.sing.* [f. *colèi*; pl.m. e f. *colóro*] quello (indica persona lontana da chi parla e da chi ascolta): *conosci — che ti sostituirà?* | da solo ha una connotazione spreg.: *non voglio avere a che fare con —*.

columella [co-lu-mèl-la] *s.f.* (*zool.*) asse centrale di una conchiglia o di una struttura a conchiglia.

coluro [co-lù-ro] *s.m.* (*astr.*) ognuno dei due meridiani celesti passanti per i punti degli equinozi o dei solstizi: *— equinoziale, solstiziale*.

colza [còl-za] *s.f.* pianta erbacea dai cui semi si ricava un olio commestibile.

coma [cò-ma] *s.m.* [pl. *-mi* o invar.] (*med.*) stato patologico di sonno profondo con perdita parziale o totale di coscienza e sensibilità: *cadere in —; uscire dal —*.

comandamento [co-man-da-mén-to] *s.m.* (*teol.*) precetto divino che costituisce norma di comportamento morale e religioso: *i dieci comandamenti*.

comandante [co-man-dàn-te] *s.m.* **1** [anche *f.*] chi comanda **2** (*mil.*) titolo dato a chi ha compiti e responsabilità di comando **3** (*mar.*) ufficiale di qualsiasi grado che ha il comando di una nave.

comandare [co-man-dà-re] *v.tr.* **1** dare ordini, esercitare un potere su qlcu. o qlco.: *le piace —* | *— a bacchetta*, in modo dispotico **2** richiedere, volere: *fare le cose come Dio comanda*, (*fam.*) nel modo migliore **3** (*mecc.*) azionare, controllare un meccanismo o una macchina: *la cloche comanda gli alettoni* **4** (*burocr.*) destinare un impiegato o un militare a un servizio diverso da quello suo ordinario.

comandato [co-man-dà-to] *agg.* **1** che è stato ordinato con autorità | *feste comandate*, (*relig.*) quelle in cui la chiesa prescrive di astenersi dal lavoro e di assistere alla messa **2** (*burocr.*) si dice di militare o impiegato che ha ricevuto un incarico particolare: *soldato — di ronda*.

comando [co-màn-do] *s.m.* **1** atto del comandare; ciò che si comanda: *dare, eseguire un —* | *stare ai comandi di qlcu.*, essere subordinato a lui; (*fig.*) essere pronto a ubbidirgli **2** grado, autorità di chi comanda; governo, potere: *prendere il — delle operazioni* **3** (*mil.*) il gruppo costituito dal comandante e dai suoi collaboratori; il luogo dove essi risiedono: *il — dei carabinieri* **4** dispositivo che serve a controllare, attivare o disattivare un meccanismo o una macchina: *leva di —* **5** (*burocr.*) provvedimento con cui un dipendente viene destinato a un incarico diverso dall'ordinario **6** (*sport*) primo posto: *essere al — della classifica* **7** (*inform.*) segnale per il controllo di un'istruzione.

comare [co-mà-re] *s.f.* **1** (*region.*) donna che tiene a battesimo o a cresima un bambino; madrina **2** (*fam.*) amica, vicina di casa | (*estens.*) donna curiosa, pettegola: *chiacchiere da comari*.

comatoso [co-ma-tó-so] *agg.* (*med.*) proprio del coma: *stato —* | che è in coma.

comatula [co-mà-tu-la] *s.f.* (*zool.*) genere di echinodermi che vivono in fondali bassi.

combaciare [com-ba-cià-re] *v.intr.* [*io combàcio ecc.*; aus. *avere*] corrispondere, aderire esattamente | (*fig.*) coincidere: *opinioni che combaciano*.

combattente [com-bat-tèn-te] *agg.* e *s.m.* [anche *f.*] che/chi combatte: *reparto —* | *ex —*, chi ha partecipato a una guerra.

combattentismo [com-bat-ten-tì-ʃmo] *s.m.* (*st.*) movimento nazionalistico sostenuto in Italia dagli ex combattenti negli anni successivi alla prima guerra mondiale.

combattentistico [com-bat-ten-tì-sti-co] *agg.* [pl.m. *-ci*] relativo al combattentismo, ai combattenti o agli ex-combattenti: *associazione combattentistica*.

combattere [com-bàt-te-re] *v.intr.* [coniugato come *battere*; aus. *avere*] **1** partecipare a uno scontro, a una lotta, a una guerra: *— contro il nemico, per la patria* **2** (*fig.*) opporsi a qlco.; impegnarsi per ottenere qlco.: *— con la miseria, per una società migliore* **3** (*sport*) disputare una gara con grande impegno ♦ *v.tr.* **1** attaccare fisicamente o con armi: *— il nemico sulle alture* **2** (*fig.*) contrastare, cercare di vincere: *— l'ingiustizia* ♦ **combattersi** *v.rifl.rec.* battersi, scontrarsi; farsi guerra.

combattimento [com-bat-ti-mén-to] *s.m.* **1** il combattere; lotta, scontro | (*mil.*) azione offensiva o difensiva nell'ambito di una più ampia battaglia **2** (*sport*) incontro di pugilato o di lotta | *fuori —*, knock-out.

combattività [com-bat-ti-vi-tà] *s.f.* qualità di chi è combattivo.

combattivo [com-bat-tì-vo] *agg.* aggressivo, battagliero.

combattuto [com-bat-tù-to] *agg.* **1** affrontato con impegno e accanimento: *una gara combattuta* **2** (*fig.*) agitato, travagliato: *un uomo — dai rimorsi* | titubante, perplesso: *essere — tra desiderio e paura* □ **combattutamente** *avv.*

combinabile [com-bi-nà-bi-le] *agg.* **1** che si può combinare in senso chimico: *sostanze combinabili* **2** che si può accordare, armonizzare: *colori poco combinabili*.

combinabilità [com-bi-na-bi-li-tà] *s.f.* disposizione a combinarsi, ad armonizzarsi.

combinare [com-bi-nà-re] *v.tr.* **1** mettere insieme, accordare, armonizzare: *— la borsetta con le scarpe* **2** (*estens.*) mettere d'accordo, far coincidere: *— la bellezza con la funzionalità* **3** predisporre, organizzare insieme con altri: — *un viaggio* | concordare, concludere: — *un affare*; — *un incontro*, fissarlo | *non — nulla*, non riuscire a fare nulla di buono | *combinarne delle belle, di cotte e di crude, di tutti i colori*, fare dei guai, commettere azioni discutibili **4** (*chim.*) effettuare una combinazione ♦ **combinarsi** *v.rifl.* e *intr.pron.* **1** (*chim.*) reagire insieme: *l'idrogeno si combina con l'ossigeno* **2** (*fam.*) ridursi, conciarsi: *si è combinato proprio male.*

combinata [com-bi-nà-ta] *s.f.* (*sport*) gara di sci che comprende più prove diverse.

combinato [com-bi-nà-to] *agg.* **1** che è frutto di un accordo: *matrimonio* — | *vittoria combinata*, truccata **2** (*mil.*) si dice di operazione condotta con la partecipazione di più armi o di più eserciti.

combinatore [com-bi-na-tó-re] *agg.* che combina | *disco* —, quello che serve a formare i numeri telefonici.

combinatorio [com-bi-na-tò-rio] *agg.* che è basato sulla combinazione di vari elementi | *calcolo* —, (*mat.*) tipo di calcolo che studia tutte le possibili combinazioni di un insieme.

combinazione [com-bi-na-zió-ne] *s.f.* **1** il combinare, il combinarsi; modo in cui si raggruppa un insieme di elementi diversi: — *di colori, di suoni* **2** imprevisto, caso, coincidenza | *per* —, casualmente **3** (*chim.*) unione di sostanze diverse per formare un nuovo composto **4** sequenza ordinata di numeri o lettere che consente di aprire una serratura speciale **5** completo di biancheria intima femminile.

combine [/ kɔm'bin /] *s.f.invar.* (*fr.*) **1** accordo illecito con cui si stabilisce in anticipo il risultato di una competizione sportiva **2** (*estens.*) intesa segreta ai danni di altri.

combriccola [com-brìc-co-la] *s.f.* **1** (*spreg.*) unione di più persone per scopi illeciti; cricca **2** (*fam.*) gruppo, comitiva di persone.

comburente [com-bu-rèn-te] *agg.* e *s.m.* (*chim.*) si dice di sostanza che favorisce, consente o mantiene la combustione (*p.e.* l'ossigeno).

comburenza [com-bu-rèn-za] *s.f.* (*chim.*) proprietà di un comburente.

combustibile [com-bu-stì-bi-le] *agg.* e *s.m.* si dice di qualsiasi sostanza che può bruciare sviluppando luce e calore.

combustibilità [com-bu-sti-bi-li-tà] *s.f.* l'essere combustibile.

combustione [com-bu-stió-ne] *s.f.* fenomeno chimico per cui un combustibile brucia in presenza di un comburente, sviluppando calore e luce | *motore a — interna*, quello azionato dai gas prodotti da una combustione all'interno del motore stesso.

combusto [com-bù-sto] *agg.* bruciato, arso | *gas combusti*, (*chim.*) prodotti da combustione.

combutta [com-bùt-ta] *s.f.* unione di più persone per finalità disoneste o poco chiare: *entrare in — con qlcu.*

come [có-me] *avv.* **1** in quale modo, in quale maniera: — *stai?*; *mi chiedo — mai si farà* | — *mai?*, perché mai, per quale ragione | *com'è che...?*, — *va che...?*, qual è il motivo per cui... | *ma —?!*, per esprimere sdegno o meraviglia | — *dici?*, — *hai detto?*, per chiedere che si ripeta qlco. | — *sarebbe a dire?*, per chiedere una spiegazione | — *no?!*, certamente **2** quanto: — *piove!*; — *mi dispiace!* | *e —!*, lo stesso che *eccome* **3** il modo nel quale, in quale modo: *gli raccontò — l'amico sarebbe partito* **4** nel modo in cui, quanto: *è bello — credevo* | in frasi comparative ellittiche del verbo stabilisce una relazione di somiglianza o di identità: *bianco — il latte*; *pochi sono pigri — lui* | in espressioni rafforzative o enfatiche: *ora — ora*, *oggi — oggi*, al momento attuale | nella condizione, in qualità: *tu, — arbitro, devi essere imparziale*; *fu scelto — testimone* **5** nel modo in cui, in quella maniera che: *ho fatto — tu hai voluto* | preceduto da *così*: *lascia le cose così — sono* | in correlazione con *così* o *tanto* (in luogo di *quanto*): *non è tanto tardi — pensavo* | — (*se*), nello stesso modo che, quasi che: *rispettalo — (se) fosse tuo padre* | — *non detto*, per ritirare una precedente affermazione ♦ *cong.* appena, non appena; quando (introduce una prop. temporale): — *lo seppe, telefonò* | a mano a mano che: *le notizie venivano comunicate — arrivavano* ♦ *s.m.invar.* il modo, la maniera; la causa, il mezzo: *il — e il perché*; *il — e il quando.*

comedone [co-me-dó-ne] *s.m.* (*med.*) piccolo deposito di grasso che appare sulla pelle come un punto nero.

cometa [co-mé-ta] *s.f.* (*astr.*) corpo celeste che ruota intorno al Sole, formato da un nucleo luminoso (testa), un alone (chioma) e uno strascico (coda).

comfort [/ 'kɔnfort /] *s.m.invar.* (*ingl.*) comodità, agio materiale: *il — della propria casa.*

comica [cò-mi-ca] *s.f.* (*cine.*) cortometraggio di carattere comico, tipico del cinema muto: *le comiche di Charlot.*

comicità [co-mi-ci-tà] *s.f.* l'essere comico.

comico [cò-mi-co] *agg.* [pl.m. *-ci*] **1** che è proprio della commedia; che concerne la commedia: *scrittore, genere* — **2** che fa ridere o intende far ridere; buffo, ridicolo: *un film* — ♦ *s.m.* **1** attore di commedie | attore specializzato in parti comiche **2** comicità: *il — di una situazione* □ **comicamente** *avv.*

comignolo [co-mì-gno-lo] *s.m.* **1** la parte della canna del camino che sporge sopra il tetto; fumaiolo **2** la linea più alta del tetto, dove si congiungono gli spioventi.

cominciare [co-min-cià-re] *v.tr.* [*io comìncio ecc.*] dare principio a qlco.; iniziare, incominciare (anche *assol.*): — *un lavoro* | *prov.*: *chi ben comincia è a metà dell'opera* ♦ *v.intr.* [aus. *essere*] avere inizio: *la lezione è cominciata.*

-comio secondo elemento di parole composte, che significa 'casa di cura, ospedale' oppure 'ricovero' (*manicomio, nosocomio*).

comitale [co-mi-tà-le] *agg.* di conte, da conte: *dignità, stemma* —.

comitato [co-mi-tà-to] *s.m.* gruppo di persone costituito per realizzare finalità comuni: *il — dei festeggiamenti.*
comitiva [co-mi-tì-va] *s.f.* gruppo di persone che si frequentano abitualmente o fanno insieme una gita, un viaggio: *partire, pranzare in —.*
comiziante [co-mi-ziàn-te] *s.m.* e *f.* chi tiene un comizio.
comizio [co-mì-zio] *s.m.* **1** nella Roma antica, assemblea popolare convocata a scopo elettorale o legislativo **2** adunanza pubblica di natura politica o sindacale in cui uno o più oratori illustrano il loro punto di vista | (*estens.*) discorso lungo e retorico.
comma [còm-ma] *s.m.* [pl. *-mi*] **1** (*dir.*) ogni paragrafo di una legge, di un regolamento, di un contratto **2** (*mus.*) minima differenza di frequenza tra due suoni di altezza quasi uguale, pari a circa 1/10 di tono.
commando [/ kom'mando /] *s.m.invar.* (*ingl.*) **1** (*mil.*) pattuglia d'assalto usata per azioni di sorpresa **2** (*estens.*) gruppo ristretto di persone che compie un'azione terroristica o banditesca.
commedia [com-mè-dia] *s.f.* **1** componimento teatrale in prosa o in versi, quasi sempre a lieto fine | *— di carattere*, che dipinge un particolare carattere o difetto umano | *— d'intreccio*, che si fonda su vicende complicate | *— musicale*, spettacolo musicale in parte anche recitato, con soggetto comico o sentimentale. DIM. *commediola* **2** (*estens.*) film di contenuto leggero, brillante **3** (*fig.*) finzione, messinscena: *far la —.*
commediante [com-me-diàn-te] *s.m.* e *f.* **1** (*spreg.*) attore di commedie **2** (*fig.*) simulatore; ipocrita.
commediografo [com-me-diò-gra-fo] *s.m.* [f. *-a*] autore di commedie.
commemorare [com-me-mo-rà-re] *v.tr.* [*io commèmoro ecc.*] ricordare, celebrare solennemente.
commemorativo [com-me-mo-ra-tì-vo] *agg.* che commemora: *francobollo —*, emesso per ricordare un personaggio o un avvenimento.
commemorazione [com-me-mo-ra-zió-ne] *s.f.* il commemorare, l'essere commemorato; cerimonia celebrativa: *la — dei caduti.*
commenda [com-mèn-da] *s.f.* onorificenza civile attribuita a cittadini che si distinguono in particolari attività.
commendatizio [com-men-da-tì-zio] *agg.* (*lett.*) di raccomandazione: *lettera commendatizia.*
commendatore [com-men-da-tó-re] *s.m.* titolare dell'onorificenza della commenda: *— della Repubblica.*
commensale [com-men-sà-le] *s.m.* e *f.* chi partecipa a un banchetto, a un pranzo insieme con altri; convitato.
commensalismo [com-men-sa-lì-ʃmo] *s.m.* (*biol.*) convivenza di due individui di specie diversa che utilizzano in comune delle riserve alimentari.
commensurabile [com-men-su-rà-bi-le] *agg.* **1** che si può commensurare, mettere in rapporto; paragonabile **2** (*mat.*) si dice di due grandezze omogenee che hanno un sottomultiplo comune.
commensurabilità [com-men-su-ra-bi-li-tà] *s.f.* l'essere commensurabile: *— di due grandezze.*
commensurare [com-men-su-rà-re] *v.tr.* [*io commensùro ecc.*] (*lett.*) misurare insieme; paragonare, commisurare.
commentare [com-men-tà-re] *v.tr.* [*io comménto ecc.*] **1** esprimere un giudizio, un'opinione: *— una situazione* **2** spiegare, illustrare per mezzo di un commento: *— la "Divina Commedia".*
commentario [com-men-tà-rio] *s.m.* **1** trattazione ampia che spiega e illustra un testo **2** memoria storica di un avvenimento scritta da persona che vi ebbe parte: *i "Commentari della guerra civile" di Cesare.*
commentatore [com-men-ta-tó-re] *s.m.* [f. *-trice*] **1** chi commenta avvenimenti d'attualità in servizi giornalistici: *— sportivo* **2** autore del commento a un testo: *un — di Petrarca.*
commento [com-mén-to] *s.m.* **1** giudizio su un evento, una persona, un discorso, espresso a voce o per iscritto | osservazione critica **2** interpretazione di un testo; insieme di note che lo illustrano **3** *— musicale*, brano musicale che accompagna un film o una sequenza televisiva **4** (*inform.*) spiegazione inserita tra le istruzioni di un programma.
commerciabile [com-mer-cià-bi-le] *agg.* idoneo a essere posto in commercio; vendibile: *prodotto —.*
commerciabilità [com-mer-cia-bi-li-tà] *s.f.* l'essere commerciabile: *la — di un prodotto.*
commerciale [com-mer-cià-le] *agg.* **1** di commercio, attinente al commercio | *nome —*, quello con il quale sono messi in commercio alcuni prodotti (p.e. *aspirina, bel paese*) | *diritto —*, branca del diritto che regola i rapporti tra le imprese commerciali e tra queste e i consumatori **2** che riguarda il settore vendite di un'organizzazione: *direzione —* **3** che si vende facilmente: *un prodotto —* □ **commercialmente** *avv.* dal punto di vista commerciale.
commercialista [com-mer-cia-lì-sta] *s.m.* e *f.* [pl.m. *-sti*] **1** libero professionista laureato in scienze economiche e commerciali o diplomato in ragioneria **2** avvocato specialista di diritto commerciale ♦ Usato anche come *agg.*: *dottore, avvocato —.*
commercializzare [com-mer-cia-liʒ-ʒà-re] *v.tr.* mettere in commercio; rendere commerciabile: *— un prodotto.*
commercializzazione [com-mer-cia-liʒ-ʒa-zió-ne] *s.f.* il commercializzare, l'essere commercializzato.
commerciante [com-mer-ciàn-te] *s.m.* e *f.* chi per professione esercita un commercio: *— in legnami, di tessuti.*
commerciare [com-mer-cià-re] *v.intr.* [*io commèrcio ecc.*; aus. *avere*] esercitare il commercio:

— *in vini* ♦ *v.tr.* mettere in commercio; comprare e vendere: — *tessuti.*
commercio [com-mèr-cio] *s.m.* attività economica che consiste nello scambiare dei prodotti con denaro: — *all'ingrosso, al dettaglio*; *mettere in* —, mettere in vendita; *fuori* —, non in vendita.
commessa [com-més-sa] *s.f.* ordinazione di merce o di beni; il valore di tale ordinazione: *una — di venti miliardi.*
commesso [com-més-so] *s.m.* [f. *-a*] **1** addetto alla vendita in un negozio | — *viaggiatore*, chi viaggia per vendere prodotti; piazzista **2** impiegato con mansioni generiche: — *di banca.*
commessura [com-mes-sù-ra] *s.f.* punto di connessione di due o più parti.
commestibile [com-me-stì-bi-le] *agg.* che si può mangiare; mangereccio: *funghi commestibili.*
commestibilità [com-me-sti-bi-li-tà] *s.f.* l'essere commestibile.
commettere [com-mét-te-re] *v.tr.* [coniugato come *mettere*] fare, compiere (azioni illecite o riprovevoli): — *un furto, un'indelicatezza.*
commiato [com-mià-to] *s.m.* **1** permesso di partire, di andare via; congedo: *dare, prendere* — **2** il saluto prima di una partenza: *un lungo e triste* — **3** (*metr.*) stanza più breve con cui si conclude la canzone; congedo.
commilitone [com-mi-li-tó-ne] *s.m.* compagno d'armi; camerata.
comminare [com-mi-nà-re] *v.tr.* [*io commìno ecc.*] (*dir.*) prevedere una pena o una sanzione per la trasgressione di una legge: *un reato per il quale la legge commina l'ergastolo.*
comminatoria [com-mi-na-tò-ria] *s.f.* (*dir.*) minaccia di una sanzione in caso di inosservanza di un provvedimento.
comminatorio [com-mi-na-tò-rio] *agg.* (*dir.*) che commina una pena.
comminuto [com-mi-nù-to] *agg.* (*scient.*) formato da piccole parti | (*med.*) caratterizzato da frammentazione del tessuto osseo: *frattura comminuta.*
comminuzione [com-mi-nu-zió-ne] *s.f.* **1** (*med.*) frattura comminuta **2** riduzione di un materiale in frammenti.
commiserabile [com-mi-ʃe-rà-bi-le] *agg.* che si può commiserare; degno di commiserazione.
commiserare [com-mi-ʃe-rà-re] *v.tr.* [*io commìʃero ecc.*] provare compassione per qlcu. o qlco.; compatire, compiangere.
commiserazione [com-mi-ʃe-ra-zió-ne] *s.f.* il commiserare; compassione, pietà: *parole di* —.
commiserevole [com-mi-ʃe-ré-vo-le] *agg.* (*lett.*) commiserabile.
commissariale [com-mis-sa-rià-le] *agg.* di commissario.
commissariamento [com-mis-sa-ria-mén-to] *s.m.* il commissariare, l'essere commissariato.
commissariare [com-mis-sa-rià-re] *v.tr.* [*io commissàrio ecc.*] preporre un commissario all'amministrazione di un ente o di un'impresa, al posto dei normali organi direttivi.
commissariato [com-mis-sa-rià-to] *s.m.* ufficio, grado, sede di commissario: — *di polizia.*
commissario [com-mis-sà-rio] *s.m.* [f. *-a*] **1** funzionario addetto all'amministrazione straordinaria di un ente, di un organismo, di un'impresa **2** chi è incaricato di una determinata funzione | — *tecnico*, chi seleziona e allena gli atleti delle squadre sportive nazionali **3** membro di una commissione: — *d'esami* **4** il grado più alto ricoperto da un funzionario della polizia di stato.
commissionare [com-mis-sio-nà-re] *v.tr.* [*io commissióno ecc.*] ordinare, richiedere la fornitura di una merce | incaricare di eseguire un lavoro: — *un quadro.*
commissionario [com-mis-sio-nà-rio] *agg.* **1** che riceve una commissione **2** che acquista o vende merci o titoli per conto di un committente: *libreria commissionaria.*
commissione [com-mis-sió-ne] *s.f.* **1** incarico da svolgere per conto di altri: *agire su* (o *dietro*) — | il compenso dovuto a chi svolge un'attività di rappresentanza o di intermediazione **2** (spec. *pl.*) lievi incombenze, piccoli acquisti: *fare delle commissioni* **3** (*comm.*) ordinazione di una merce **4** gruppo di persone a cui è affidato un incarico: — *d'inchiesta, esaminatrice.*
commistione [com-mi-stió-ne] *s.f.* (*lett.*) mescolanza.
commisto [com-mì-sto] *agg.* (*lett.*) mescolato insieme.
commisurare [com-mi-ʃu-rà-re] *v.tr.* misurare qlco. rispetto a un'altra; adeguare, proporzionare: — *il castigo alla colpa.*
commisurazione [com-mi-ʃu-ra-zió-ne] *s.f.* il commisurare; proporzione.
committente [com-mit-tèn-te] *agg.* e *s.m.* e *f.* che/chi commissiona o fa una commessa.
committenza [com-mit-tèn-za] *s.f.* l'insieme dei committenti: *la — pubblica, privata.*
commodoro [com-mo-dò-ro] *s.m.* nella marina militare britannica e americana, titolo attribuito a un capitano di vascello incaricato del comando di una divisione navale.
commorienza [com-mo-rièn-za] *s.f.* (*dir.*) morte simultanea di due o più persone.
commosso [com-mòs-so] *agg.* preso da commozione; che rivela commozione.
commovente [com-mo-vèn-te] *agg.* che suscita sentimenti di commozione.
commozione [com-mo-zió-ne] *s.f.* **1** il commuovere, il commuoversi | (*estens.*) turbamento, emozione **2** (*med.*) alterazione di un organo in conseguenza di un trauma violento: — *cerebrale.*
commuovere [com-muò-ve-re] *v.tr.* [coniugato come *muovere*] produrre viva impressione; far nascere in qlcu. un forte sentimento di pietà, ammirazione o tenerezza: *una storia che ha commosso tutti* ♦ **commuoversi** *v.intr.pron.* essere impressionato, turbarsi: — *per le disgrazie altrui.*
commutabile [com-mu-tà-bi-le] *agg.* che si può commutare.

commutabilità [com-mu-ta-bi-li-tà] *s.f.* l'essere commutabile.
commutare [com-mu-tà-re] *v.tr.* **1** scambiare una cosa con un'altra | — *una pena*, sostituirla con una pena diversa **2** (*elettr.*) cambiare i collegamenti fra due o più circuiti; invertire il senso della corrente in un circuito ♦ **commutarsi** *v. rifl.rec.* invertirsi, scambiarsi.
commutativo [com-mu-ta-tì-vo] *agg.* che vale a commutare; che riguarda la commutazione | *proprietà commutativa*, (*mat.*) in un'operazione, possibilità di mutare l'ordine dei termini senza che cambi il risultato.
commutatore [com-mu-ta-tó-re] *s.m.* (*elettr.*) dispositivo che serve a cambiare i collegamenti tra due o più circuiti elettrici o a invertire il senso della corrente in un circuito.
commutatrice [com-mu-ta-trì-ce] *s.f.* macchina elettrica che trasforma la corrente alternata in continua e viceversa.
commutazione [com-mu-ta-zió-ne] *s.f.* **1** il commutare: — *di una pena* **2** (*elettr.*) inversione del senso della corrente o cambiamento dei collegamenti in un circuito elettrico.
comò [co-mò] *s.m.* mobile a cassetti; cassettone.
comoda [cò-mo-da] *s.f.* sedia o poltrona per vecchi e malati, che sotto il sedile ha un vaso estraibile per i bisogni corporali.
comodato [co-mo-dà-to] *s.m.* (*dir.*) prestito gratuito d'un bene mobile o immobile.
comodino [co-mo-dì-no] *s.m.* piccolo mobile che si tiene accanto al letto.
comodità [co-mo-di-tà] *s.f.* **1** l'essere comodo, la qualità di ciò che è comodo: *la — di una poltrona* **2** ciò che procura benessere; comfort: *un albergo dotato di tutte le —*.
comodo [cò-mo-do] *agg.* **1** che fa stare a proprio agio; confortevole, piacevole | *tornare, riuscire —*, recare vantaggio, utilità | *prendersela comoda*, fare le cose senza affannarsi **2** che si trova a proprio agio: *qui si sta molto comodi* | *mettersi, stare —*, mettersi a sedere, rimanere seduto ♦ *s.m.* ciò che è gradito, opportuno o vantaggioso: *fare il proprio —*, tutto ciò che si vuole | *con —*, senza fretta | *di —*, frutto di un compromesso vantaggioso: *una scelta di —* □ **comodamente** *avv.* in modo comodo; tranquillamente, facilmente.
comodone [co-mo-dó-ne] *s.m.* [f. *-a*] (*scherz.*) chi fa tutto con comodo, senza affrettarsi; pigrone.
compact disc [/ kɔmpak ˈdisk /], o **compact disk**, *loc.sost.m.invar.* (*ingl.*) **1** disco a lettura ottica mediante raggio laser, che consente la riproduzione elettronica dei suoni **2** (*inform.*) disco ottico con memoria a sola lettura (CD-ROM), in grado di immagazzinare una grandissima quantità di dati.
compaesano [com-pa-e-ʃà-no] *s.m.* [f. *-a*] chi è dello stesso paese.
compagine [com-pà-gi-ne] *s.f.* connessione, unione stretta di più parti o di più persone che operano per un fine comune: *la — dello stato* | (*sport*) squadra.
compagnia [com-pa-gnì-a] *s.f.* **1** l'intrattenersi insieme con altri | (*estens.*) la persona o le persone con cui si è insieme: *essere in buona —* | *complemento di —*, (*gramm.*) quello che esprime relazione di compagnia con un essere animato (*p.e.* passeggiare *col cane*) **2** insieme di compagni, di amici: *una — di giovani* | *e — bella*, (*fam.*) e così via **3** gruppo di artisti e tecnici scritturato per eseguire spettacoli: — *teatrale* **4** società commerciale di trasporti o di assicurazioni **5** ordine religioso, confraternita: *Compagnia di Gesù*, l'ordine dei gesuiti **6** (*mil.*) reparto intermedio tra il plotone e il battaglione, comandato da un capitano | — *di ventura*, nel Medioevo, banda di soldati mercenari guidata da un condottiero.
compagno [com-pà-gno] *s.m.* **1** [f. *-a*] chi condivide con altri una condizione, un'attività (anche *fig.*): — *di squadra*; — *di sventura* | persona dell'altro sesso con cui si convive senza essere sposati **2** termine usato come appellativo fra i seguaci dei partiti di sinistra **3** (*comm.*) socio in un'azienda (abbreviato in *C.*): *la ditta Rossi & C.*
compagnone [com-pa-gnó-ne] *agg.* e *s.m.* [f. *-a*] (*fam.*) si dice di persona molto socievole, che ama le allegre compagnie.
companatico [com-pa-nà-ti-co] *s.m.* [pl. *-ci*] ciò che si mangia col pane.
comparabile [com-pa-rà-bi-le] *agg.* che si può comparare; paragonabile, confrontabile.
comparare [com-pa-rà-re] *v.tr.* [*io compàro ecc.*] confrontare, paragonare.
comparatista [com-pa-ra-tì-sta] *s.m.* e *f.* [pl.m. *-sti*] studioso che applica il metodo comparativo.
comparatistica [com-pa-ra-tì-sti-ca] *s.f.* disciplina fondata sul metodo comparativo; l'insieme degli studi in cui si applica tale metodo.
comparativo [com-pa-ra-tì-vo] *agg.* che stabilisce una comparazione, un confronto; che è basato su un confronto: *studio — delle lingue* ♦ *s.m.* (*gramm.*) grado dell'aggettivo e dell'avverbio che esprime il suo valore in rapporto a un termine di paragone; può essere di uguaglianza (*sono ricco come te*), di maggioranza (*Marco è più buono di Luigi*) o di minoranza (*il ferro è meno pesante del piombo*) □ **comparativamente** *avv.*
comparato [com-pa-rà-to] *agg.* si dice di disciplina che si basa sul confronto di dati e fenomeni diversi: *anatomia, linguistica comparata*.
comparazione [com-pa-ra-zió-ne] *s.f.* **1** il comparare; paragone, confronto **2** *gradi di —*, (*gramm.*) comparativo e superlativo.
compare [com-pà-re] *s.m.* **1** (*region.*) colui che tiene un bambino a battesimo o a cresima; padrino | — *d'anello, di matrimonio*, testimone matrimoniale **2** (*fam.*) complice: *il ladro e il suo —*.
comparente [com-pa-rèn-te] *s.m.* e *f.* (*dir.*) chi compare in giudizio, oppure dinanzi a un'autorità, a un notaio.
comparire [com-pa-rì-re] *v.intr.* [pres. *io compa-*

risco o *compàio, tu comparisci* o *compari ecc.*; pass.rem. *io comparvi* o *comparìi* o *comparsi, tu comparisti ecc.*; part.pass. *comparso*; aus. *essere*] **1** presentarsi, mostrarsi, apparire: — *in pubblico* **2** figurare, essere compreso: *un nome che non compare nell'elenco* **3** — *in giudizio*, (*dir.*) presentarsi come parte a un processo.

comparizione [com-pa-ri-zió-ne] *s.f.* (*dir.*) presentazione davanti al giudice per un processo: *ordine di* —.

comparsa [com-pàr-sa] *s.f.* **1** il comparire: *la — di un nuovo fenomeno* **2** nel teatro o nel cinema, chi compare brevemente sulla scena o sul set senza parlare | *fare da* —, (*fig.*) assistere a qlco. senza avervi parte attiva **3** (*dir.*) nel processo civile, atto scritto contenente le richieste di una delle parti.

comparsata [com-par-sà-ta] *s.f.* nel gergo cinematografico, parte di comparsa sostenuta occasionalmente: *fare una* —.

compartecipare [com-par-te-ci-pà-re] *v.intr.* [*io compartécipo ecc.*; aus. *avere*] partecipare con altri: — *agli utili*.

compartecipazione [com-par-te-ci-pa-zió-ne] *s.f.* il compartecipare: — *in un'impresa*.

compartecipe [com-par-té-ci-pe] *agg.* e *s.m.* e *f.* che/chi prende parte a qlco. insieme con altri.

compartimentale [com-par-ti-men-tà-le] *agg.* di un compartimento amministrativo: *ufficio* —.

compartimentazione [com-par-ti-men-ta-zió-ne] *s.f.* divisione in compartimenti.

compartimento [com-par-ti-mén-to] *s.m.* **1** ciascuna parte in cui è suddiviso uno spazio o una superficie; scompartimento | — *stagno*, (*mar.*) ciascuna delle zone chiuse a tenuta d'acqua in cui viene suddiviso lo scafo di una nave; (*fig.*) ambito definito, circoscritto: *una cultura a compartimenti stagni* **2** circoscrizione amministrativa: — *ferroviario*.

compartire [com-par-tì-re] *v.tr.* [*io compartisco* o *comparto, tu compartisci* o *comparti ecc.*] (*lett.*) dividere in parti; distribuire, ripartire.

comparto [com-pàr-to] *s.m.* **1** ripartizione, compartimento, scomparto **2** particolare settore dell'attività economica: *il — tessile*.

compassato [com-pas-sà-to] *agg.* che mostra misura, capacità di autocontrollo: *una persona compassata*.

compassionare [com-pas-sio-nà-re] *v.tr.* e *intr.* [*io compassióno ecc.*; aus. dell'intr. *avere*] (*lett.*) mostrare compassione; compatire, commiserare.

compassione [com-pas-sió-ne] *s.f.* **1** sentimento di sofferta partecipazione al male altrui: *provare — per qlcu.*; *muoversi a* —, impietosirsi; *far* —, destare pietà **2** senso di disprezzo nei confronti di una persona o una cosa meschina, ridicola, brutta: *un libro che fa* —.

compassionevole [com-pas-sio-né-vo-le] *agg.* (*lett.*) **1** che prova compassione: *animo* — **2** che desta compassione: *una vita* —.

compasso [com-pàs-so] *s.m.* strumento usato per disegnare circonferenze o misurare distanze.

compatibile [com-pa-tì-bi-le] *agg.* **1** (*non com.*) che si può compatire, perdonare **2** che si può conciliare con qlco.: *un lavoro che non è — con altre occupazioni* **3** (*inform.*) caratterizzato da compatibilità: *computer compatibili* □ **compatibilmente** *avv.* per quanto è compatibile: *verrò, — coi miei impegni*.

compatibilità [com-pa-ti-bi-li-tà] *s.f.* **1** (*non com.*) l'essere compatibile; conciliabilità: — *di caratteri* **2** (*inform.*) caratteristica di due elaboratori che possono operare utilizzando gli stessi supporti e gli stessi programmi.

compatimento [com-pa-ti-mén-to] *s.m.* l'atto del compatire; indulgenza, compassione | *assumere un'aria di* —, di superiorità e sopportazione.

compatire [com-pa-tì-re] *v.tr.* [*io compatisco, tu compatisci ecc.*] **1** provare compassione; commiserare, compiangere: — *qlcu. per le sue disgrazie* **2** trattare con indulgenza; perdonare, giustificare: — *i difetti altrui*.

compatriota [com-pa-tri-ò-ta] *s.m.* e *f.* [pl.m. *-ti*] chi è della stessa patria; connazionale.

compatrono [com-pa-trò-no] *s.m.* [f. *-a*] santo che è patrono insieme con un altro o altri santi.

compattamento [com-pat-ta-mén-to] *s.m.* il compattare, il compattarsi; consolidamento.

compattare [com-pat-tà-re] *v.tr.* **1** rendere compatto: — *un terreno* | (*tecn.*) congiungere più strettamente; condensare in minor spazio **2** (*fig.*) consolidare, rinsaldare ♦ **compattarsi** *v. intr.pron.* consolidarsi, cementarsi.

compattazione [com-pat-ta-zió-ne] *s.f.* compattamento.

compattezza [com-pat-téz-za] *s.f.* l'essere compatto.

compatto [com-pàt-to] *agg.* **1** ben unito, coerente nelle sue parti; solido, denso: *terreno* —; *una folla compatta* **2** (*fig.*) concorde, unanime: *gli operai aderirono compatti allo sciopero* **3** di dimensioni ridotte e forma semplice, lineare: *un impianto stereofonico* — □ **compattamente** *avv.*

compendiare [com-pen-dià-re] *v.tr.* [*io compèndio ecc.*] ridurre in compendio; riassumere ♦ **compendiarsi** *v.intr.pron.* riassumersi, sintetizzarsi.

compendiario [com-pen-dià-rio] *agg.* in forma o in funzione di compendio; riassuntivo: *testo* — | *scrittura compendiaria*, con molte abbreviazioni.

compendiatore [com-pen-dia-tó-re] *s.m.* [f. *-trice*] autore di un compendio.

compendio [com-pèn-dio] *s.m.* riduzione in forma breve di uno scritto o di un discorso; riassunto | trattazione sintetica di un argomento: — *di storia* | *in* —, in breve, in sintesi.

compendiosità [com-pen-dio-si-tà] *s.f.* l'essere compendioso.

compendioso [com-pen-dió-so] *agg.* breve, succinto, riassuntivo: *stile* — □ **compendiosamente** *avv.*

compenetrabile [com-pe-ne-trà-bi-le] *agg.* che può essere compenetrato.

compenetrabilità [com-pe-ne-tra-bi-li-tà] *s.f.* qualità di ciò che è compenetrabile.
compenetrare [com-pe-ne-trà-re] *v.tr.* [*io compènetro ecc.*] **1** penetrare intimamente in qlco. (detto di sostanza) **2** (*fig.*) pervadere: *era compenetrato da una grande pietà* ♦ **compenetrarsi** *v.intr.pron.* essere intimamente preso; immedesimarsi: *— del dolore altrui.*
compenetrazione [com-pe-ne-tra-zió-ne] *s.f.* il compenetrare, il compenetrarsi; intreccio, fusione intima.
compensare [com-pen-sà-re] *v.tr.* [*io compènso ecc.*] **1** stabilire una condizione di equilibrio; bilanciare: *— un difetto* **2** pagare, retribuire: *— una prestazione* **3** risarcire, indennizzare: *— del danno sofferto* **4** ricompensare, premiare: *— la lealtà di un amico* ♦ **compensarsi** *v.rifl.rec.* equilibrarsi, bilanciarsi a vicenda (anche *fig.*): *due caratteri che si compensano.*
compensativo [com-pen-sa-tì-vo] *agg.* che serve a compensare: *pena compensativa.*
compensato [com-pen-sà-to] *s.m.* materiale ottenuto incollando fra loro tre o più fogli sottili di legno.
compensazione [com-pen-sa-zió-ne] *s.f.* **1** il compensare, il compensarsi **2** (*dir.*) annullamento di crediti e debiti reciproci.
compenso [com-pèn-so] *s.m.* **1** ciò che serve a compensare, a equilibrare | *in —*, in cambio: *non avere nulla in —* **2** retribuzione, risarcimento: *un lauto —.*
compera [cóm-pe-ra] *s.f.* il comprare, la cosa comprata; acquisto: *far compere.*
comperare → **comprare**.
competente [com-pe-tèn-te] *agg.* **1** che ha la capacità, le conoscenze, l'esperienza necessarie a fare bene qlco.; esperto: *persona — in un campo* **2** (*dir.*) che è investito di una funzione, di un potere ed ha il diritto esclusivo di esercitarli: *organo, ministero —.*
competenza [com-pe-tèn-za] *s.f.* **1** l'essere competente: *un professionista di grande —* **2** (*dir.*) idoneità a emanare atti giuridici; ambito entro il quale può agire un'autorità amministrativa o giurisdizionale: *— territoriale* | (*estens.*) pertinenza: *quella decisione non è di nostra —.*
competere [com-pè-te-re] *v.intr.* [*io compèto ecc.*; dif. del part.pass. e dei tempi composti] **1** gareggiare: *nessuno può — con lui* **2** spettare, essere dovuto: *voglio solo ciò che mi compete* | riguardare per competenza: *la controversia compete al foro di Milano.*
competitività [com-pe-ti-ti-vi-tà] *s.f.* **1** l'essere competitivo; spirito di competizione **2** capacità di competere con la concorrenza.
competitivo [com-pe-ti-tì-vo] *agg.* **1** che costituisce o riguarda una competizione: *marcia non competitiva* **2** che permette di competere con la concorrenza: *prezzo —* □ **competitivamente** *avv.*
competitore [com-pe-ti-tó-re] *s.m.* [f. *-trice*] (*non com.*) chi compete con altri; concorrente.
competizione [com-pe-ti-zió-ne] *s.f.* il competere; gara, confronto: *— sportiva.*
compiacente [com-pia-cèn-te] *agg.* **1** disposto a compiacere; cortese **2** (*spreg.*) che accorda facilmente i suoi favori: *una donna —* | che non si oppone ad atti illeciti: *un funzionario —.*
compiacenza [com-pia-cèn-za] *s.f.* il compiacere, l'essere compiacente | *avere la — di*, fare la cortesia di: *abbia la — di indicarmi la strada.*
compiacere [com-pia-cé-re] *v.intr.* [coniugato come *piacere*; aus. *avere*] far piacere; condiscendere: *spesso per — a uno si dispiace a molti* ♦ *v.tr.* appagare, accontentare: *sua madre lo compiaceva in tutto* ♦ **compiacersi** *v.intr.pron.* **1** provare piacere o soddisfazione per qlco.: *— del proprio successo* **2** esprimere la propria soddisfazione; congratularsi, felicitarsi: *mi compiaccio con voi per la vittoria.*
compiacimento [com-pia-ci-mén-to] *s.m.* **1** il compiacersi per un bene proprio o altrui; soddisfazione **2** felicitazione, congratulazione.
compiaciuto [com-pia-ciù-to] *agg.* che prova, che dimostra intimo compiacimento.
compiangere [com-piàn-ge-re] *v.tr.* [coniugato come *piangere*] provare compassione; compatire ♦ **compiangersi** *v.rifl.* compiangere sé stesso ♦ *v.intr.pron.* (*lett.*) dolersi, rammaricarsi: *se ti ho offeso, me ne compiango.*
compianto [com-piàn-to] *agg.* rimpianto (detto di un defunto): *il — presidente* ♦ *s.m.* (*lett.*) lutto, cordoglio.
compiere [cóm-pie-re] *v.tr.* [pres. *io cómpio ecc.*; pass.rem. *io compiéi*, più com. *compìi* (da *compire*) *ecc.*; ger. *compièndo*; part.pass. *compiuto*; le altre forme sono da *compire*] **1** portare a termine, finire, concludere: *— un'impresa*; *— gli anni* **2** eseguire, mandare a effetto: *— una missione* ♦ **compiersi** *v.intr.pron.* giungere a termine, concludersi | avverarsi, adempiersi: *la predizione s'è compiuta.*
compieta [com-piè-ta] *s.f.* (*lit.*) l'ultima delle ore canoniche, che prevede la recita serale di salmi e preghiere.
compilare [com-pi-là-re] *v.tr.* [*io compìlo ecc.*] **1** raccogliere e disporre ordinatamente una serie di dati: *— una tabella* | (*estens.*) redigere uno scritto utilizzando materiali di diversa provenienza: *— un'antologia* **2** (*inform.*) tradurre un programma in linguaggio macchina.
compilation [/ kompi'lɛʃʃon /] *s.f.* (*ingl.*) disco o nastro registrato che raccoglie pezzi musicali di autori ed esecutori diversi.
compilativo [com-pi-la-tì-vo] *agg.* di compilazione; messo insieme per compilazione.
compilatore [com-pi-la-tó-re] *s.m.* **1** [f. *-trice*] chi compila **2** (*inform.*) programma di un elaboratore elettronico che traduce un linguaggio di programmazione in un linguaggio eseguibile dalla macchina.
compilatorio [com-pi-la-tò-rio] *agg.* compilativo.
compilazione [com-pi-la-zió-ne] *s.f.* il compilare; lo scritto compilato.

compimento [com-pi-mén-to] *s.m.* il compiere; completamento, adempimento: — *del proprio dovere* | *portare a* —, ultimare, completare.
compire [com-pì-re] *v.tr.* [*io compisco, tu compisci ecc.*] compiere, portare a termine ♦ **compirsi** *v.intr.pron.* compiersi, avverarsi.
compitare [com-pi-tà-re] *v.tr.* [*io cómpito ecc.*] pronunciare lentamente, sillaba per sillaba | (*estens.*) leggere male e con difficoltà.
compitazione [com-pi-ta-zió-ne] *s.f.* il compitare, l'essere compitato.
compitezza [com-pi-téz-za] *s.f.* qualità di chi è compito; cortesia.
compito[1] [com-pì-to] *agg.* cortese, di buone maniere: *una persona compita* □ **compitamente** *avv.* con compitezza, gentilmente.
compito[2] [cóm-pi-to] *s.m.* **1** parte di lavoro che viene assegnata a qlcu.; incarico, mansione | dovere, funzione: *il maestro ha il — di educare* **2** esercizio che l'insegnante prescrive agli alunni: *fare i compiti.*
compiutezza [com-piu-téz-za] *s.f.* l'essere compiuto, completo; perfezione.
compiuto [com-più-to] *agg.* concluso, completo | *fatto* —, cosa avvenuta che non si può più modificare: *mettere qlcu. di fronte al fatto* — □ **compiutamente** *avv.*
complanare [com-pla-nà-re] *agg.* (*geom.*) si dice di figura geometrica che giace sullo stesso piano rispetto a un'altra.
complanarità [com-pla-na-ri-tà] *s.f.* (*geom.*) proprietà delle figure complanari.
compleanno [com-ple-àn-no] *s.m.* giorno anniversario della nascita.
complementare [com-ple-men-tà-re] *agg.* che serve a completare; accessorio, secondario: *insegnamento* — | *angoli complementari*, (*geom.*) quelli la cui somma dà un angolo retto □ **complementarmente** *avv.*
complementarità [com-ple-men-ta-ri-tà] *s.f.* l'essere complementare.
complemento [com-ple-mén-to] *s.m.* **1** ciò che si aggiunge a una cosa per completarla | *ufficiale di* —, (*mil.*) ufficiale che svolge il servizio come adempimento degli obblighi di leva **2** (*gramm.*) elemento di una proposizione che serve a completare il nucleo soggetto-predicato: — *diretto*, complemento oggetto; *complementi indiretti*, tutti gli altri.
complessare [com-ples-sà-re] *v.tr.* [*io complèsso ecc.*] **1** (*fam.*) far insorgere in qlcu. un complesso, dei complessi **2** (*chim.*) formare un complesso chimico ♦ **complessarsi** *v.rifl.* (*fam.*) farsi un complesso di qlco. | (*estens.*) crearsi dei problemi, degli imbarazzi eccessivi.
complessato [com-ples-sà-to] *agg.* e *s.m.* [f. *-a*] (*fam.*) afflitto da complessi, da ansie eccessive | (*estens.*) chi ha un carattere complicato, tortuoso.
complessione [com-ples-sió-ne] *s.f.* costituzione fisica, corporatura: *un uomo di — robusta.*
complessità [com-ples-si-tà] *s.f.* l'essere complesso: *la — di una situazione.*
complessivo [com-ples-sì-vo] *agg.* si dice di cosa considerata nel suo complesso o di più cose considerate insieme; globale, totale, generale □ **complessivamente** *avv.* nel complesso, in tutto.
complesso [com-plès-so] *agg.* **1** che è composto di più parti o di diversi elementi: *meccanismo* — **2** (*estens.*) complicato, difficile: *un problema* — ♦ *s.m.* **1** l'insieme di più elementi considerati insieme; totalità: *un — di circostanze* | *nel* (o *in*) —, in generale, nell'insieme **2** insieme di edifici destinati a un'unica funzione: — *scolastico* **3** (*estens.*) organismo economico, impresa di vaste proporzioni: — *industriale* **4** (*mus.*) gruppo di cantanti o di suonatori: — *rock*. DIM. *complessino* **5** (*psicol.*) motivo di preoccupazione, idea fissa: — *di colpa, d'inferiorità* | *senza complessi*, con naturalezza, in modo disinibito.
completabile [com-ple-tà-bi-le] *agg.* che può essere completato.
completamento [com-ple-ta-mén-to] *s.m.* il completare, l'essere completato; ciò che completa.
completare [com-ple-tà-re] *v.tr.* [*io complèto ecc.*] aggiungere ciò che manca a qlco., rendere completo; portare a termine.
completezza [com-ple-téz-za] *s.f.* l'essere completo.
completivo [com-ple-tì-vo] *agg.* (*non com.*) che serve a completare; complementare | *proposizione completiva*, (*gramm.*) proposizione subordinata oggettiva o soggettiva.
completo [com-plè-to] *agg.* **1** che non manca di nessuna delle sue parti: *uno strumento — di accessori* **2** che non ha altri posti liberi, pieno: *l'autobus è* — **3** che ha tutte le qualità necessarie per svolgere una certa attività (detto di persona): *un atleta* — **4** totale, assoluto: *buio* — ♦ *s.m.* **1** condizione di un luogo o un mezzo pubblico che ha tutti i posti occupati, o di un gruppo di persone in cui tutti sono presenti: *il ristorante è al completo*; *la commissione è riunita al* — **2** insieme di capi di vestiario della stessa stoffa o dello stesso colore | insieme di capi d'abbigliamento o di oggetti necessari per una certa attività: — *da tennis*. DIM. *completino* **3** (*sport*) concorso ippico comprendente le diverse specialità dell'equitazione □ **completamente** *avv.*
complicare [com-pli-cà-re] *v.tr.* [*io còmplico, tu còmplichi ecc.*] rendere complesso, intricato, difficile ♦ **complicarsi** *v.intr.pron.* diventare più difficile, più grave.
complicatezza [com-pli-ca-téz-za] *s.f.* l'essere complicato: *la — di un procedimento.*
complicato [com-pli-cà-to] *agg.* **1** intricato, difficile: *un affare* — **2** che pensa e agisce tortuosamente: *un uomo* —.
complicazione [com-pli-ca-zió-ne] *s.f.* **1** il complicare, il complicarsi; difficoltà: *complicazioni burocratiche* **2** aggravamento di una malattia.
complice [còm-pli-ce] *s.m.* e *f.* chi partecipa con altri a un reato o a un'azione riprovevole, o ne fa-

vorisce l'attuazione: *i complici dei rapinatori* ♦ *agg.* **1** che favorisce un'azione riprovevole: *il buio fu — dei ladri* **2** che rivela un'intesa segreta: *uno sguardo —*.

complicità [com-pli-ci-tà] *s.f.* **1** l'essere complice di altri in un'azione illecita | (*fig.*) aiuto, favore: *fuggì con la — delle tenebre* **2** (*estens.*) intesa nascosta: *fra i due c'è —*.

complimentare [com-pli-men-tà-re] *v.tr.* [*io compliménto ecc.*] rivolgere a qlcu. complimenti o parole di cortesia: *tutti lo complimentammo* ♦ **complimentarsi** *v.intr.pron.* rallegrarsi, congratularsi: *si complimentò con lui per la vittoria*.

complimento [com-pli-mén-to] *s.m.* **1** atto o parola che esprime ammirazione, congratulazione | *complimenti!*, formula di congratulazione **2** *pl.* gesti o espressioni di cortesia eccessivamente formali: *fare complimenti*, esitare ad accettare ciò che viene offerto; *senza complimenti*, senza formalità, in modo sbrigativo.

complimentoso [com-pli-men-tó-so] *agg.* **1** cerimonioso, che fa molti complimenti **2** detto per complimento: *parole complimentose* □ **complimentosamente** *avv.*

complottare [com-plot-tà-re] *v.intr.* [*io complòtto ecc.*; aus. *avere*] **1** fare un complotto; cospirare **2** (*scherz.*) parlottare, confabulare ♦ *v.tr.* ordire, tramare: *— una burla*.

complotto [com-plòt-to] *s.m.* congiura, cospirazione, intrigo: *organizzare, sventare un —*.

compluvio [com-plù-vio] *s.m.* **1** la linea d'incontro di due spioventi del tetto, dove confluisce l'acqua piovana **2** (*archeol.*) nella casa romana, apertura nel tetto che dava luce all'atrio e lasciava passare l'acqua piovana.

componente [com-po-nèn-te] *agg.* che è parte di un composto, di un insieme, di un tutto ♦ *s.m.* **1** chi fa parte di un gruppo organizzato; membro: *i componenti della commissione* **2** sostanza che fa parte di un miscuglio, una lega, un composto: *la farina è il — essenziale della pasta* **3** (*tecn.*) elemento di una struttura complessa | (*elettr.*) parte di un circuito ♦ *s.f.* elemento che contribuisce a formare un insieme non materiale: *le componenti del pensiero di un autore*.

componentistica [com-po-nen-tì-sti-ca] *s.f.* l'attività industriale che prepara componenti per altre produzioni: *— elettronica*.

componibile [com-po-nì-bi-le] *agg.* **1** che si può comporre; che può essere unito ad altri elementi in una struttura più complessa: *mobili componibili* **2** che si può ottenere per composizione di più elementi: *cucina —* ♦ *s.m.* mobile componibile.

componimento [com-po-ni-mén-to] *s.m.* **1** (*non com.*) composizione letteraria o musicale **2** esercitazione scolastica in cui lo studente svolge per iscritto un argomento assegnato; tema.

comporre [com-pór-re] *v.tr.* [coniugato come *porre*] **1** mettere insieme varie cose per formare un tutto organico; costituire, formare **2** concepire e produrre un'opera letteraria o musicale (anche *assol.*): *— una lirica*; *l'arte del comporre* **3** mettere in ordine, ricomporre | *— una salma*, prepararla per il funerale **4** mettere d'accordo, conciliare: *— una discordia* **5** combinare: *— un numero telefonico* ♦ **comporsi** *v.rifl.* assumere un atteggiamento di compostezza e correttezza ♦ *v.intr.pron.* essere costituito, formato: *la sua famiglia si compone di quattro persone*.

comportamentale [com-por-ta-men-tà-le] *agg.* relativo al comportamento.

comportamentismo [com-por-ta-men-tì-ʃmo] *s.m.* indirizzo della psicologia che studia il comportamento esterno, osservabile, dell'individuo.

comportamentistico [com-por-ta-men-tì-sti-co] *agg.* di comportamentismo, relativo al comportamentismo.

comportamento [com-por-ta-mén-to] *s.m.* maniera di comportarsi; contegno, condotta: *un — irrispettoso*.

comportare [com-por-tà-re] *v.tr.* [*io compòrto ecc.*] avere come conseguenza; richiedere, implicare: *un'impresa che comporta molti rischi* ♦ **comportarsi** *v.intr.pron.* agire in un determinato modo; tenere un certo atteggiamento: *— educatamente*.

comporto [com-pòr-to] *s.m.* **1** (*burocr.*) il tempo che si tollera dopo una scadenza: *un — di tre giorni* **2** tempo massimo, oltre l'orario di partenza, che un treno in coincidenza con un altro può attendere.

composite [com-pò-ʃi-te] *s.f.pl.* (*bot.*) famiglia di piante erbacee con infiorescenza a capolino, che comprende specie sia commestibili (*p.e.* lattuga, cicoria, carciofo) sia ornamentali (*p.e.* crisantemo, margherita, dalia).

compositivo [com-po-ʃi-tì-vo] *agg.* **1** che entra nella composizione di qlco.: *elementi compositivi di una struttura* **2** relativo alla composizione artistica: *tecnica compositiva*.

composito [com-pò-ʃi-to] *agg.* misto, composto di elementi eterogenei: *stile —* | *ordine —*, ordine dell'architettura greco-romana composto di elementi ionici e corinzi.

compositore [com-po-ʃi-tó-re] *s.m.* [f. *-trice*] chi compone; autore di un'opera musicale.

compositrice [com-po-ʃi-trì-ce] *s.f.* (*tip.*) macchina che esegue automaticamente la composizione delle righe e delle pagine | Usato anche come *agg.*: *macchina —*.

composizione [com-po-ʃi-zió-ne] *s.f.* **1** il comporre, il mettere insieme in modo da ottenere un oggetto o effetto unitario: *la — di un mosaico* **2** la cosa composta; gli elementi che la compongono: *una — musicale*; *la — di un medicinale* | componimento, tema **3** (*mus.*) arte e tecnica del comporre: *studiare —* **4** (*dir.*) appianamento, conciliazione: *— di una vertenza*.

compost [/ 'kɔmpost /] *s.m.invar.* (*ingl.*) prodotto ottenuto dalla degradazione batterica dei rifiuti solidi urbani e utilizzato come fertilizzante.

composta [com-pó-sta *o* compòsta] *s.f.* frutta mista cotta in sciroppo di zucchero.

compostezza [com-po-stéz-za] *s.f.* **1** l'essere o lo stare composto **2** (*fig.*) decoro, ordine, moderazione.

compostiera [com-po-stiè-ra] *s.f.* coppa per servire in tavola la composta.

composto [com-pó-sto *o* compòsto] *agg.* **1** formato di più parti o elementi | *parola composta*, (*ling.*) formata dall'unione di due o più altre parole (p.e. *caposquadra*) | *tempi composti*, (*gramm.*) formati con l'ausiliare e il participio passato del verbo | *foglia composta*, (*bot.*) costituita da diverse foglioline che si dipartono da un picciolo comune **2** disposto con ordine, ben sistemato: *abiti, capelli composti* | che è atteggiato decorosamente, secondo la buona educazione: *state composti!* ♦ *s.m.* ciò che risulta dall'unione di più cose | (*chim.*) sostanza omogenea che risulta dalla combinazione di due o più elementi o molecole | (*ling.*) parola composta □ **compostamente** *avv.* con compostezza.

comprare [com-prà-re], o **comperare** [com-perà-re], *v.tr.* [*io cómpro ecc.*] **1** ottenere dietro pagamento: — *in contanti, a rate* **2** (*estens.*) corrompere con denaro: — *un testimone*.

compratore [com-pra-tó-re] *s.m.* [f. *-trice*] chi compra, acquirente.

compravendita [com-pra-vén-di-ta] *s.f.* il comprare un bene per rivenderlo: *contratto di* —.

comprendere [com-prèn-de-re] *v.tr.* [coniugato come *prendere*] **1** contenere, racchiudere, includere: *il conto comprende il servizio* **2** (*fig.*) afferrare con la mente; capire: — *la gravità della situazione* | avere comprensione verso qlcu.: *cerca di comprendermi!*

comprendonio [com-pren-dò-nio] *s.m.* (*scherz.*) la facoltà del comprendere; intelligenza: *essere duro di* —, lento a capire.

comprensibile [com-pren-sì-bi-le] *agg.* **1** che può essere facilmente compreso; facile a capirsi **2** che merita comprensione; tollerabile, giustificabile: *un errore* — □ **comprensibilmente** *avv.*

comprensibilità [com-pren-si-bi-li-tà] *s.f.* l'essere comprensibile; intelligibilità.

comprensione [com-pren-sió-ne] *s.f.* **1** atto e facoltà del comprendere, del capire **2** indulgenza, tolleranza: *hai tutta la mia* —.

comprensivo [com-pren-sì-vo] *agg.* **1** che comprende, che include: *prezzo* — *di tassa* **2** che ha o dimostra comprensione; indulgente, tollerante □ **comprensivamente** *avv.* **1** in modo comprensivo **2** con indulgenza.

comprensorio [com-pren-sò-rio] *s.m.* **1** territorio delimitato e distinto per fini particolari **2** (*estens.*) l'ente preposto alla gestione di un comprensorio.

compresente [com-pre-ʃèn-te] *agg.* presente insieme con altri.

compresenza [com-pre-ʃèn-za] *s.f.* presenza contemporanea di più persone o cose | concomitanza: *la* — *di diversi fattori*.

compreso [com-pré-so] *agg.* **1** contenuto, incluso | *tutto* —, considerando tutto, nell'insieme **2** (*fig.*) preso, assorbito; attento: *è tutto* — *del suo lavoro* | serio, compunto **3** inteso, capito: *non sentirsi* —.

compressa [com-près-sa] *s.f.* **1** pezzuola di garza che si applica su una ferita **2** (*farm.*) pastiglia medicinale.

compressibile [com-pres-sì-bi-le] *agg.* che può essere compresso.

compressibilità [com-pres-si-bi-li-tà] *s.f.* l'essere compressibile.

compressione [com-pres-sió-ne] *s.f.* **1** il comprimere, l'essere compresso **2** (*fis.*) azione che tende a ridurre il volume occupato da una sostanza **3** (*mecc.*) nel motore a scoppio, la fase in cui il pistone comprime la miscela nel cilindro.

compresso [com-près-so] *agg.* **1** sottoposto a forte pressione: *aria compressa* **2** (*fig.*) represso, soffocato: *desiderio* —.

compressore [com-pres-só-re] *agg.* che comprime: *rullo* — ♦ *s.m.* macchina, dispositivo che comprime un fluido.

comprimario [com-pri-mà-rio] *s.m.* [f. *-a*] **1** (*teat.*) attore che ha la parte più importante dopo quella del protagonista **2** (*estens.*) persona che ha un ruolo importante in un evento, ma non ne è protagonista.

comprimere [com-prì-me-re] *v.tr.* [pass.rem. *io comprèssi, tu compriméstí ecc.*; part.pass. *comprèsso*] **1** esercitare una forte pressione su qlco.; premere, pigiare **2** (*fis.*) sottoporre a compressione: — *un gas* **3** (*fig.*) reprimere, frenare: — *un sentimento*.

comprimibile [com-pri-mì-bi-le] *agg.* che può essere compresso.

comprimibilità [com-pri-mi-bi-li-tà] *s.f.* l'essere comprimibile | (*fis.*) proprietà dei corpi di variare di volume al variare della pressione esterna.

compromesso [com-pro-més-so] *s.m.* **1** accordo raggiunto con reciproche concessioni: *arrivare a un* — | rinuncia ai propri principi in vista di un vantaggio pratico: *scendere a compromessi* **2** fusione di elementi diversi, con risultati in genere discutibili: *un* — *tra l'antico e il moderno* **3** (*dir.*) contratto preliminare di compravendita immobiliare.

compromettente [com-pro-met-tèn-te] *agg.* che compromette; pericoloso, rischioso: *dichiarazione* —.

compromettere [com-pro-mét-te-re] *v.tr.* [coniugato come *mettere*] mettere in pericolo; rovinare: — *la riuscita di un affare* | — *qlcu.*, trascinarlo in situazioni poco onorevoli ♦ **compromettersi** *v.rifl.* impegnarsi apertamente assumendo delle responsabilità | mettersi in situazioni rischiose per la propria sicurezza o reputazione.

compromissione [com-pro-mis-sió-ne] *s.f.* il compromettere, il compromettersi; compromesso.

compromissorio [com-pro-mis-sò-rio] *agg.* di

compromesso, che costituisce un compromesso: *soluzione compromissoria.*
comproprietà [com-pro-prie-tà] *s.f.* (*dir.*) diritto di proprietà che si condivide con più persone: *una casa in —.*
comproprietario [com-pro-prie-tà-rio] *s.m.* [f. *-a*] (*dir.*) titolare di un diritto di comproprietà.
comprotettore [com-pro-tet-tó-re] *s.m.* [f. *-trice*] protettore insieme con altri.
comprovare [com-pro-và-re] *v.tr.* [*io compròvo ecc.*] provare con nuovi argomenti una cosa già dimostrata; confermare | (*estens.*) dimostrare chiaramente.
compulsare [com-pul-sà-re] *v.tr.* **1** (*dir.*) obbligare una persona a comparire in giudizio **2** consultare, esaminare libri o documenti con molta attenzione.
compulsione [com-pul-sió-ne] *s.f.* (*psicol.*) impulso irrefrenabile a compiere un atto la cui mancata realizzazione sarebbe vissuta dal soggetto con angoscia o con un forte sentimento di colpa.
compunto [com-pùn-to] *agg.* **1** atteggiato a compunzione; addolorato, turbato **2** che ostenta umiltà, modestia, dolore □ **compuntamente** *avv.*
compunzione [com-pun-zió-ne] *s.f.* **1** atteggiamento di dolore e di pentimento; contrizione **2** atteggiamento di falsa umiltà e modestia.
computabile [com-pu-tà-bi-le] *agg.* che si può computare; calcolabile, valutabile.
computare [com-pu-tà-re] *v.tr.* [*io còmputo ecc.*] **1** includere in un conto; calcolare, contare **2** mettere in conto; addebitare.
computazionale [com-pu-ta-zio-nà-le] *agg.* che si riferisce al calcolo elettronico | *linguistica —*, che utilizza il calcolo elettronico come strumento per studiare la lingua.
computer [/ kom'pjuter /] *s.m.invar.* (*ingl.*) elaboratore elettronico; calcolatore.
computer art [/ kom'pjuter'art /] *loc.sost.f. invar.* (*ingl.*) corrente artistica contemporanea che utilizza tecniche grafiche computerizzate per creare immagini, disegni o stampe fotografiche.
computeristica [com-pu-te-rì-sti-ca] *s.f.* attività industriale di costruzione e sviluppo tecnologico dei computer.
computeristico [com-pu-te-rì-sti-co] *agg.* [pl.m. *-ci*] che riguarda i computer, la loro tecnologia: *industria computeristica.*
computerizzare [com-pu-te-riʒ-ʒà-re; / kom-pjuteridz'zare /] *v.tr.* automatizzare mediante l'uso del computer: *— la contabilità.*
computerizzato [com-pu-te-riʒ-ʒà-to; / kom-pjuteridz'zato /] *agg.* realizzato, gestito tramite computer.
computerizzazione [com-pu-te-riʒ-ʒa-zió-ne] *s.f.* il computerizzare, l'essere computerizzato.
computer music [/kom'pjuter'mjuzik/] *loc.sost.f. invar.* (*ingl.;mus.*) musica informatica.
computista [com-pu-tì-sta] *s.m.* e *f.* [pl.m. *-sti*] chi esercita la computisteria; contabile.
computisteria [com-pu-ti-ste-rì-a] *s.f.* applicazione del calcolo aritmetico alla contabilità aziendale e alle attività finanziarie.
computo [còm-pu-to] *s.m.* il computare; calcolo, conteggio.
comunale [co-mu-nà-le] *agg.* **1** del comune: *impiegato —* **2** che si riferisce ai comuni medievali: *la civiltà —.*
comunanza [co-mu-nàn-za] *s.f.* l'essere in comune: *— dei beni.*
comunardo [co-mu-nàr-do] *agg.* e *s.m.* [f. *-a*] partecipante alla rivolta della Comune di Parigi del 1871 | (*estens.*) rivoluzionario.
comune[1] [co-mù-ne] *agg.* **1** che è di più persone o di tutti: *un nostro — amico; di — accordo* | *nome —*, (*gramm.*) quello che indica tutti gli individui o le cose di una stessa specie: *"cane" è un nome —* **2** proprio della maggioranza: *opinione —* **3** che rientra nella norma; usuale, non eccezionale: *gente —; poco —*, non diffuso ♦ *s.m.* normalità; regola generale: *fuori del —*, straordinario, eccezionale | *in —*, insieme, collettivamente □ **comunemente** *avv.* generalmente, normalmente.
comune[2] *s.m.* **1** suddivisione amministrativa comprendente un centro abitato e il territorio immediatamente circostante | l'insieme degli uffici, diretti dal sindaco, che amministrano un comune; il palazzo dove ha sede il comune; municipio **2** nel tardo Medioevo, forma di autogoverno cittadino; ogni città così governata: *l'età dei comuni* **3** *camera dei Comuni* (o *i Comuni*), l'assemblea elettiva del parlamento britannico ♦ *s.f.* convivenza organizzata su basi collettivistiche: *una — femminile.*
comunella [co-mu-nèl-la] *s.f.* (*fam.*) accordo tra più persone, spesso per un fine disonesto; combriccola: *far — con qlcu.*
comunicabile [co-mu-ni-cà-bi-le] *agg.* che può essere comunicato o trasmesso ad altri.
comunicabilità [co-mu-ni-ca-bi-li-tà] *s.f.* l'essere comunicabile.
comunicando [co-mu-ni-càn-do] *s.m.* [f. *-a*] chi sta per ricevere la comunione.
comunicante [co-mu-ni-càn-te] *agg.* che collega, che è in comunicazione: *stanze comunicanti.*
comunicare [co-mu-ni-cà-re] *v.tr.* [*io comùnico, tu comùnichi ecc.*] **1** trasmettere, diffondere: *— una notizia* **2** (*relig.*) amministrare la comunione a qlcu. ♦ *v.intr.* [aus. *avere*] **1** essere in rapporto di comunicazione con qlcu.: *— a voce, per lettera* | (*estens.*) condividere idee, sentimenti profondi: *non riesce a — con nessuno* **2** essere in collegamento, in contatto: *tutte le stanze comunicano col salone* ♦ **comunicarsi** *v.intr.pron.* **1** diffondersi **2** (*relig.*) ricevere la comunione.
comunicativa [co-mu-ni-ca-tì-va] *s.f.* naturale facilità a comunicare con gli altri: *avere —.*
comunicativo [co-mu-ni-ca-tì-vo] *agg.* **1** che si comunica con facilità: *lo sbadiglio è —* **2** che ha comunicativa; cordiale: *una persona comunicativa* □ **comunicativamente** *avv.*

comunicato [co-mu-ni-cà-to] *s.m.* notizia di interesse generale divulgata da un mezzo di informazione; comunicazione: — *stampa.*

comunicazione [co-mu-ni-ca-zió-ne] *s.f.* **1** il comunicare, ciò che si comunica; relazione, messaggio, avviso | *mezzi di — di massa*, l'insieme dei mezzi (radio, televisione, giornali ecc.) usati per diffondere informazioni tra la generalità dei cittadini; mass media **2** (*estens.*) contatto che permette di comunicare: *essere, mettersi in —* **3** (spec. *pl.*) insieme di strutture e impianti che stabiliscono un collegamento: *vie di —*, strade, ferrovie **4** (*ling.*) trasmissione di informazioni mediante messaggi da un emittente a un ricevente **5** — *giudiziaria*, (*dir.*) atto con cui si comunica a una persona l'inizio di un procedimento penale a suo carico.

comunione [co-mu-nió-ne] *s.f.* **1** l'avere in comune; comunanza: — *d'idee, d'interessi* **2** (*teol.*) il sacramento dell'eucaristia | (*estens.*) l'ostia consacrata **3** — *dei beni*, (*dir.*) situazione patrimoniale dei coniugi che hanno in comune la proprietà dei beni.

comunismo [co-mu-nì-ʃmo] *s.m.* dottrina politica e sistema sociale che si incentrano sulla eliminazione totale o parziale della proprietà privata dei mezzi di produzione.

comunista [co-mu-nì-sta] *agg.* [pl.m. *-sti*] che sostiene, adotta o si ispira al comunismo: *partito* — ♦ *agg.* e *s.m.* e *f.* fautore del comunismo o aderente a un partito comunista.

comunità [co-mu-ni-tà] *s.f.* **1** l'insieme delle persone che vivono sullo stesso territorio o che hanno origini, tradizioni, idee, interessi comuni: — *nazionale* | insieme di persone che vivono insieme mettendo in comune le loro risorse: — *religiosa* | — *terapeutica*, istituzione per il recupero dei tossicodipendenti attraverso la vita e le attività in comune **2** organizzazione fra stati appartenenti alla stessa area geografica: *Comunità Economica Europea.*

comunitario [co-mu-ni-tà-rio] *agg.* **1** della comunità; conforme ai fini di una comunità: *spirito* — **2** relativo alla Comunità Economica Europea: *diritto —.*

comunque [co-mùn-que] *cong.* **1** in qualunque modo (introduce una prop. con il verbo al congiunt.): — *vadano le cose, devi avere pazienza* **2** tuttavia: *non sarei venuto, — dovevate avvertirmi* ♦ *avv.* in ogni modo, in ogni caso: *devo partire* — | con valore conclusivo: —, *provvederemo noi.*

con [cón] *prep.* [può unirsi agli articoli determinativi *il, lo, la, i, gli, le* formando le prep. art. *col, collo, colla, coi, cogli, colle*, di cui però oggi si usano solo *col* e *coi*] **1** esprime relazione di compagnia: *è partito col padre; vive insieme con la sorella* | esprime relazione di unione, se è seguito da nome di cosa: *viaggiammo con poche valige* **2** introduce il termine a cui si riferisce una qualsiasi relazione: *ha litigato col fratello; si è sfogato con me* | con sfumatura di limitazione: *con la salute per ora va meglio* | in frasi in cui si stabilisce un'analogia, una somiglianza, un raffronto: *paragonare il presente col passato* **3** con valore propriamente modale: *restare con gli occhi chiusi* | con valore tra modale e di qualità: *pasta con le sarde; stanza con bagno* | se ci si riferisce a essere animato accentua l'aspetto della qualità: *un uomo col cuore d'oro* | forma espressioni avverbiali di tipo modale: *con facilità*, facilmente; *con attenzione*, attentamente **4** introduce una determinazione di mezzo o di strumento: *il vino si fa con l'uva; scrivere con la penna* **5** indica una circostanza, stabilendo un rapporto di concomitanza: *non uscire con la pioggia* **6** con valore concessivo o avversativo: *con tutti i guai che ha, riesce ancora a sorridere* **7** seguita da un verbo all'infinito sostituisce il gerundio: *col fare questo ti danneggi*, facendo; *col leggere ci si istruisce*, leggendo.

con- [si assimila in *com-* davanti a *m, p, b, col-* davanti a *l, cor-* davanti a *r*)], o **co-** [quasi sempre davanti a *s* impura e spesso davanti a vocale], prefisso usato in parole composte, che indica unione, compagnia (*condiscepolo, compaesano, collaudare, corresponsabile, cospirare, coabitare*).

conativo [co-na-tì-vo] *agg.* (*ling.*) si dice della funzione del linguaggio che esprime preghiera, esortazione, divieto ecc.

conato [co-nà-to] *s.m.* tentativo, sforzo | — *di vomito*, impulso a vomitare.

conca [cón-ca] *s.f.* **1** recipiente molto capace e a larga imboccatura; la quantità di liquido che esso può contenere: *una — d'acqua.* DIM. *conchetta* **2** (*estens.*) bacino naturale o artificiale **3** (*geog.*) depressione della superficie terrestre di forma tondeggiante | (*estens.*) vallata.

concatenamento [con-ca-te-na-mén-to] *s.m.* (*lett.*) il concatenare, il concatenarsi; collegamento, connessione.

concatenare [con-ca-te-nà-re] *v.tr.* [*io concatèno ecc.*] **1** (*non com.*) collegare a catena **2** (*fig.*) disporre in stretta connessione logica: — *le idee* ♦ **concatenarsi** *v.rifl.rec.* collegarsi strettamente; entrare in stretta relazione logica: *il — dei concetti.*

concatenazione [con-ca-te-na-zió-ne] *s.f.* il concatenare, il concatenarsi; connessione, collegamento (spec. *fig.*): — *di idee, di fatti.*

concausa [con-càu-ʃa] *s.f.* causa che concorre con altre a determinare un evento.

concavità [con-ca-vi-tà] *s.f.* l'essere concavo; parte concava, cavità.

concavo [còn-ca-vo] *agg.* si dice di linea o superficie curva verso l'interno: *lente concava.*

concedere [con-cè-de-re] *v.tr.* [*io concèdo ecc.*; pass.rem. *io concèssi* (o *concedéi* o *concedètti*), *tu concedésti ecc.*; part.pass. *concèsso*] **1** dare per favore, generosità o condiscendenza: — *un beneficio* | accordare: *concedersi un po' di riposo* **2** riconoscere a qlcu. di avere ragione in qlco. | *ammesso e non concesso*, si dice in riferimento a una semplice ipotesi ♦ **concedersi** *v.rifl.* darsi; in particolare, accettare un rapporto sessuale.

concelebrante [con-ce-le-bràn-te] *agg.* e *s.m.* si dice di sacerdote che celebra insieme con altri la messa.

concelebrare [con-ce-le-brà-re] *v.tr.* [coniugato come *celebrare*] celebrare insieme la messa.

concelebrazione [con-ce-le-bra-zió-ne] *s.f.* il concelebrare; la messa concelebrata.

concentramento [con-cen-tra-mén-to] *s.m.* il concentrare o il concentrarsi; ammassamento: — *di forze militari* | *campo di* —, luogo in cui vengono concentrati e tenuti prigionieri ostaggi di guerra o condannati politici.

concentrare [con-cen-trà-re] *v.tr.* [*io concèntro ecc.*] **1** raccogliere, ammassare in un luogo: — *le truppe* **2** (*fig.*) far convergere in uno o in pochi punti: — *gli sforzi* **3** (*chim., fis.*) ridurre di volume, condensare; aumentare la quantità di una sostanza disciolta in una soluzione ♦ **concentrarsi** *v.rifl.* **1** riunirsi, raccogliersi in un luogo **2** (*fig.*) raccogliere tutta la propria attenzione: — *nello studio.*

concentrato [con-cen-trà-to] *agg.* **1** raccolto in un solo punto, in un unico luogo | (*fig.*) assorto **2** (*estens.*) condensato, ristretto: *latte* — ♦ *s.m.* liquido, sostanza condensata | prodotto alimentare a cui è stata sottratta acqua: — *di pomodoro* □ **concentratamente** *avv.*

concentrazione [con-cen-tra-zió-ne] *s.f.* **1** il concentrare, il concentrarsi, l'essere concentrato; convergenza, raggruppamento | (*fig.*) raccoglimento, attenzione mentale: *perdere la* — **2** (*chim., fis.*) in una soluzione, la quantità di sostanza disciolta nel solvente rispetto al volume complessivo della soluzione.

concentricità [con-cen-tri-ci-tà] *s.f.* (*geom.*) l'essere concentrico.

concentrico [con-cèn-tri-co] *agg.* [pl.m. *-ci*] (*geom.*) si dice di linee curve, cerchi complanari, sfere che hanno lo stesso centro.

concepibile [con-ce-pì-bi-le] *agg.* che si può concepire, pensare, ammettere.

concepimento [con-ce-pi-mén-to] *s.m.* il concepire, l'essere concepito (anche *fig.*): *il — di un figlio, di un'idea.*

concepire [con-ce-pì-re] *v.tr.* [*io concepisco, tu concepisci ecc.*; part.pass. *concepito*] **1** detto di donna o di femmina di animale, originare dentro di sé un nuovo essere in seguito a fecondazione: — *un bambino* **2** (*fig.*) sentir nascere in sé; provare: — *un desiderio* | comprendere: *non riesco a — un comportamento simile!* | immaginare, ideare: — *un progetto.*

conceria [con-ce-rì-a] *s.f.* **1** stabilimento in cui si conciano le pelli **2** arte della concia.

concernere [con-cèr-ne-re] *v.tr.* [raro il pass. rem.; mancano il part.pass. e i tempi composti] avere attinenza, relazione con qlcu. o qlco.; riguardare.

concertante [con-cer-tàn-te] *agg.* (*mus.*) si dice di uno stile musicale fondato sul dialogo tra gli esecutori, che intervengono ora singolarmente ora in gruppo | di brano con parti strumentali concertanti: *sinfonia* —.

concertare [con-cer-tà-re] *v.tr.* [*io concèrto ecc.*] **1** (*mus.*) accordare tra loro vari strumenti musicali; predisporre l'accordo tra gli esecutori di un brano: — *una sinfonia* **2** (*fig.*) stabilire qlco. d'accordo con altri; ordire, macchinare: — *un programma.*

concertato [con-cer-tà-to] *agg.* **1** (*mus.*) si dice di uno stile in cui si intrecciano e alternano una o più voci e gli strumenti: *aria concertata* **2** (*fig.*) stabilito, convenuto: *un piano* — ♦ *s.m.* (*mus.*) in un'opera lirica, brano piuttosto esteso ed elaborato, con intervento di più voci, collocato generalmente a conclusione di un atto.

concertatore [con-cer-ta-tó-re] *agg.* e *s.m.* [f. *-trice*] (*mus.*) che/chi concerta | *maestro* —, che prepara e coordina orchestrali e solisti in vista dell'esecuzione.

concertazione [con-cer-ta-zió-ne] *s.f.* (*mus.*) il concertare.

concertina [con-cer-tì-na] *s.f.* (*mus.*) strumento a mantice simile alla fisarmonica.

concertino [con-cer-tì-no] *s.m.* **1** (*mus.*) il gruppo di solisti che, nell'esecuzione di un concerto grosso, si contrappone al complesso dell'orchestra **2** esecuzione di brani sinfonici, operistici o operettistici da parte di un complesso di pochi strumenti in caffè, giardini, parchi.

concertismo [con-cer-tì-ʃmo] *s.m.* (*mus.*) l'elaborazione, la composizione di concerti; la pratica concertistica: *il — nella musica barocca.*

concertista [con-cer-tì-sta] *s.m.* e *f.* [pl.m. *-sti*] artista che si esibisce in concerti come solista.

concertistico [con-cer-tì-sti-co] *agg.* [pl.m. *-ci*] del concerto, di concerti: *stagione concertistica* | da concertista: *stile* —.

concerto [con-cèr-to] *s.m.* **1** (*mus.*) composizione in più tempi per un complesso di strumentisti, in cui uno o più esecutori intervengono come solisti: — *per pianoforte e orchestra* **2** l'esecuzione per un uditorio di una o più composizioni musicali: — *sinfonico, rock* **3** (*estens.*) insieme di più suoni o voci (anche *scherz.*): *un — di campane* | (*burocr.*) intesa fra diverse autorità | *di* —, d'accordo: *agire di* —.

concessionario [con-ces-sio-nà-rio] *agg.* e *s.m.* [f. *-a*] che/chi ha ricevuto una concessione, un appalto, un'esclusiva di vendita: *una concessionaria di automobili.*

concessione [con-ces-sió-ne] *s.f.* **1** il concedere, ciò che viene concesso; permesso, licenza: — *di vendita* **2** (*dir.*) atto con cui la pubblica amministrazione concede a un privato la facoltà di svolgere un'attività di interesse pubblico: *servizio in* — **3** (*fig.*) riconoscimento, ammissione: *per tua stessa —, avresti potuto comportarti meglio.*

concessivo [con-ces-sì-vo] *agg.* che esprime una concessione | *proposizione concessiva*, che indica la circostanza nonostante la quale avviene

il fatto espresso nella proposizione reggente (p.e. *benché fosse ammalato, partì*).
concettismo [con-cet-ti-ʃmo] *s.m.* tecnica letteraria tipica del Seicento, fondata su immagini ingegnose e stravaganti (concetti).
concetto [con-cèt-to] *s.m.* **1** ciò che la mente concepisce, idea | nozione che definisce l'essenza di una cosa: *il — di bene e di male* **2** opinione, giudizio: *avere un buon — di qlcu.* **3** nella letteratura barocca, immagine artificiosa e stravagante.
concettosità [con-cet-to-si-tà] *s.f.* l'essere concettoso; eccesso di concetti sottili.
concettoso [con-cet-tó-so] *agg.* **1** denso di concetti: *prosa concettosa* **2** che abbonda di concetti ricercati: *esprimersi in modo —* □ **concettosamente** *avv.*
concettuale [con-cet-tu-à-le] *agg.* **1** di concetto, relativo ai concetti: *un errore —* **2** (*estens.*) speculativo, logico □ **concettualmente** *avv.*
concettualizzare [con-cet-tu-a-liʒ-ʒà-re] *v.tr.* organizzare in concetti; teorizzare.
concezione [con-ce-zió-ne] *s.f.* **1** il concepire, il creare con la mente: *la — di un'opera* **2** insieme di idee riguardanti un determinato argomento: *la moderna — del diritto* **3** *Immacolata Concezione*, (*relig.*) il concepimento di Maria Vergine senza peccato originale, che si festeggia l'8 dicembre.
conchiglia [con-chì-glia] *s.f.* **1** involucro calcareo che ricopre il corpo di molti molluschi. DIM. *conchiglietta* ACCR. *conchiglione* (m.) **2** ornamento architettonico a forma di conchiglia, tipico dell'età barocca **3** (spec. *pl.*) pasta da minestra a forma di conchigliette **4** (*tecn.*) forma metallica costituita da due pezzi apribili, usata in fonderia.
conchilifero [con-chi-lì-fe-ro] *agg.* (*geol.*) si dice di roccia ricca di conchiglie fossili: *calcare —*.
conchiliforme [con-chi-li-fór-me] *agg.* che ha forma di conchiglia.
concia [cón-cia] *s.f.* [pl. *-ce*] **1** l'insieme delle operazioni con cui le pelli animali sono trasformate in cuoio **2** trattamento praticato su alcuni prodotti vegetali per garantirne la qualità e la conservazione **3** (*estens.*) la sostanza che si usa per conciare.
conciapelli [con-cia-pèl-li] *s.m.* e *f.* [pl. *invar.*] conciatore di pelli.
conciare [con-cià-re] *v.tr.* [*io cóncio ecc.*] **1** sottoporre alla concia: *— pelli, olive, salumi* **2** (*estens.*) rimettere in sesto; aggiustare, sistemare | ridurre in cattivo stato; sciupare, insozzare: *guarda come hai conciato il vestito!*; *— qlcu. per le feste*, malmenarlo ♦ **conciarsi** *v.rifl.* ridursi in cattivo stato; insudiciarsi | vestirsi con cattivo gusto: *si concia così per sembrare più giovane.*
conciario [con-cià-rio] *agg.* relativo alla concia: *tecnica conciaria* ♦ *s.m.* [f. *-a*] operaio che lavora alla concia delle pelli.
conciato [con-cià-to] *agg.* che è stato sottoposto a conciatura: *pelle conciata.*
conciatore [con-cia-tó-re] *s.m.* [f. *-trice*] chi fa il mestiere di conciare le pelli o altri prodotti.
conciatura [con-cia-tù-ra] *s.f.* l'operazione del conciare; concia.
conciliabile [con-ci-lià-bi-le] *agg.* che si può conciliare.
conciliabilità [con-ci-lia-bi-li-tà] *s.f.* l'essere conciliabile.
conciliabolo [con-ci-lià-bo-lo] *s.m.* adunanza, conversazione segreta o appartata per fini poco chiari.
conciliante [con-ci-liàn-te] *agg.* che tende a conciliare, a venire a un accordo; arrendevole: *mostrarsi —*.
conciliare [con-ci-lià-re] *v.tr.* [*io concìlio ecc.*] **1** mettere d'accordo, armonizzare fra loro persone o cose contrastanti: *— il lavoro con lo svago* | *— una contravvenzione*, pagarla **2** (*fig.*) favorire, agevolare: *la televisione concilia il sonno* ♦ **conciliarsi** *v.rifl.* [anche *rec.*] mettersi d'accordo, riconciliarsi: *— con un avversario.*
conciliare *agg.* di un concilio della chiesa: *assemblea —*.
conciliarismo [con-ci-lia-rì-ʃmo] *s.m.* dottrina teologica che sostiene la superiorità del concilio ecumenico sul papa.
conciliatore [con-ci-lia-tó-re] *agg.* e *s.m.* [f. *-trice*] che/chi concilia | *giudice —*, (*dir.*) magistrato onorario che, in ogni comune, provvede a risolvere controversie civili di modesta entità; giudice di pace.
conciliatorio [con-ci-lia-tò-rio] *agg.* atto a conciliare: *discorso —*.
conciliazione [con-ci-lia-zió-ne] *s.f.* il conciliare, il conciliarsi; accordo: *la — delle parti.*
concilio [con-cì-lio] *s.m.* (*eccl.*) assemblea solenne dei vescovi della chiesa cattolica per discutere questioni di fede e di morale.
concimaia [con-ci-mà-ia] *s.f.* costruzione rustica adiacente alla stalla, la raccolta del letame.
concimare [con-ci-mà-re] *v.tr.* fertilizzare con concime.
concimazione [con-ci-ma-zió-ne] *s.f.* operazione del concimare.
concime [con-cì-me] *s.m.* sostanza fertilizzante naturale (letame) o chimica, usata in agricoltura.
concio[1] [cón-cio] *s.m.* blocco di pietra squadrato da costruzione.
concio[2] *agg.* [pl.f. *-ce*] sottoposto a conciatura: *pelli conce.*
concione [con-ció-ne] *s.f.* discorso solenne tenuto in pubblico; arringa | (*iron.*) discorso retorico e prolisso: *tenere una —*.
concisione [con-ci-ʃió-ne] *s.f.* qualità di ciò che è conciso; stringatezza, brevità: *esprimersi con —*.
conciso [con-cì-ʃo] *agg.* si dice di discorso espresso con poche parole o di chi si esprime brevemente, con stringatezza: *prosa concisa*; *scrittore —* □ **concisamente** *avv.*
concistoriale [con-ci-sto-rià-le] *agg.* (*eccl.*) del concistoro: *atti concistoriali.*

concistoro [con-ci-stò-ro] *s.m.* (*eccl.*) adunanza solenne dei cardinali, presieduta dal papa, per deliberare intorno a questioni riguardanti il governo della chiesa.

concitare [con-ci-tà-re] *v.tr.* [*io còncito ecc.*] (*lett.*) **1** incitare, provocare, eccitare: — *gli animi alla vendetta* **2** (*fig.*) agitare, sconvolgere.

concitato [con-ci-tà-to] *agg.* agitato da forte emozione; che denota forte emozione: *tono* —.

concitazione [con-ci-ta-zió-ne] *s.f.* l'essere concitato; foga, impeto.

concittadino [con-cit-ta-dì-no] *s.m.* [f. *-a*] chi è nato o abita nella stessa città.

conclamare [con-cla-mà-re] *v.tr.* (*lett.*) gridare insieme, a gran voce | acclamare, proclamare.

conclamato [con-cla-mà-to] *agg.* **1** (*lett.*) chiaro, evidente a tutti: *verità conclamata* **2** (*med.*) che presenta sintomi evidenti: *malattia conclamata.*

conclave [con-clà-ve] *s.m.* **1** (*eccl.*) l'elezione del papa **2** (*estens.*) luogo dove i cardinali si riuniscono per eleggere il papa.

concludente [con-clu-dèn-te] *agg.* che convince, persuade; che arriva a un risultato: *discorso poco* —.

concludere [con-clù-de-re] *v.tr.* [pass.rem. *io conclusi, tu concludésti ecc.*; part.pass. *concluso*] **1** portare a termine, a compimento: — *un affare* **2** operare con profitto, compiere qlco. di utile (anche *assol.*): *oggi ho lavorato molto, ma senza* — **3** finire, terminare: — *un discorso* | dire, stabilire come conclusione: *abbiamo concluso che ha torto* ♦ **concludersi** *v.intr.pron.* avere fine.

conclusione [con-clu-sió-ne] *s.f.* **1** il concludere o il concludersi; fine, termine | *in* —, per concludere, infine **2** deduzione: *trarre le conclusioni* **3** *pl.* (*dir.*) le richieste definitive avanzate, alla fine del dibattito processuale, dalle parti in causa o dal pubblico ministero.

conclusivo [con-clu-sì-vo] *agg.* che conclude; che pone fine a qlco.: *risposta conclusiva* | *congiunzione conclusiva,* (*gramm.*) che introduce una proposizione in cui sono espresse le conseguenze di quanto è stato detto (p.e. *dunque, pertanto*).

concluso [con-clù-so] *agg.* terminato, compiuto; stabilito: *non c'è nulla di* —.

concomitante [con-co-mi-tàn-te] *agg.* che accompagna altri aspetti di un fenomeno: *circostanza* —.

concomitanza [con-co-mi-tàn-za] *s.f.* l'essere concomitante.

concordanza [con-cor-dàn-za] *s.f.* **1** il concordare; accordo, conformità: — *di opinioni, di giudizio* **2** (*gramm.*) accordo di parole che nella proposizione sono in rapporto tra loro (*p.e.* dell'attributo col nome, del verbo col soggetto) **3** *pl.* elenco alfabetico di tutte le parole usate in un'opera, con l'indicazione dei passi in cui queste figurano: *le concordanze della Divina Commedia.*

concordare [con-cor-dà-re] *v.tr.* [*io concòrdo ecc.*] **1** accordare, mettere d'accordo | (*gramm.*) accordare le diverse parti del discorso secondo il genere, il numero, la persona e il caso **2** stabilire di comune accordo: — *il prezzo* ♦ *v.intr.* [aus. *avere*] essere d'accordo, accordarsi; corrispondere: *testimonianze che concordano* | (*gramm.*) presentare concordanza, essere in accordo: *l'attributo concorda col nome.*

concordatario [con-cor-da-tà-rio] *agg.* di concordato; fissato da un concordato: *norma concordataria.*

concordato [con-cor-dà-to] *s.m.* **1** accordo, convenzione, patto **2** convenzione solenne tra la Santa Sede e uno stato per regolare le materie di comune interesse.

concorde [con-còr-de] *agg.* **1** che concorda, che è in accordo; unanime: *essere assolto con giudizio* — **2** che è in armonia: *suoni concordi* | simultaneo: *movimenti concordi* **3** (*mat.*) che ha lo stesso segno: *numeri, espressioni concordi* □ **concordemente** *avv.* in modo concorde; unanimemente | in modo armonioso.

concordia [con-còr-dia] *s.f.* conformità di sentimenti, di idee, di propositi tra due o più persone; accordo, armonia: — *familiare.*

concorrente [con-cor-rèn-te] *agg.* che concorre a produrre un certo effetto: *cause concorrenti* ♦ *s.m.* e *f.* **1** chi prende parte a una gara, a un concorso **2** chi opera in concorrenza commerciale.

concorrenza [con-cor-rèn-za] *s.f.* **1** competizione tra due o più persone che aspirano allo stesso scopo | (*estens.*) le persone stesse che sono in competizione: *vincere la* — **2** (*econ.*) situazione di piena libertà di mercato **3** lotta tra le imprese per accaparrarsi la clientela: *una* — *accanita.*

concorrenziale [con-cor-ren-zià-le] *agg.* (*econ.*) di concorrenza; capace di affrontare la concorrenza: *prezzo* —.

concorrenzialità [con-cor-ren-zia-li-tà] *s.f.* (*econ.*) l'essere concorrenziale.

concorrere [con-cór-re-re] *v.intr.* [coniugato come *correre*; aus. *avere*] **1** (*geom.*) convergere in uno stesso punto: *rette concorrenti* **2** collaborare al raggiungimento di uno scopo; partecipare: — *a una spesa* **3** prendere parte a un concorso, a una competizione: — *a un premio.*

concorso [con-cór-so] *s.m.* **1** il concorrere, l'affluire di più persone in un luogo: *un grande* — *di pubblico* **2** (*fig.*) intervento contemporaneo di più elementi: — *di circostanze* **3** gara, selezione ufficiale per l'assegnazione di impieghi, appalti, premi: — *letterario, di bellezza* | (*sport*) gara, competizione (in alcune discipline): — *ippico, di atletica leggera* | *fuori* —, si dice di opera o di persona che prende parte a un concorso senza essere incluso nella graduatoria: *un film fuori* —.

concorsuale [con-cor-su-à-le] *agg.* **1** di concorso, relativo a un pubblico concorso: *iter* — **2** (*dir.*) si dice di procedura che avviene con la partecipazione di più aventi diritto, anziché a opera di uno solo di essi: *il fallimento è un procedimento* —.

concretare [con-cre-tà-re] *v.tr.* [*io concrèto ecc.*] **1** rendere concreto; realizzare, attuare: — *un progetto* **2** (*estens.*) precisare: — *le proprie richieste* ♦ **concretarsi** *v.intr.pron.* diventare concreto, realizzarsi; prendere consistenza: *l'idea va concretandosi.*
concretezza [con-cre-téz-za] *s.f.* l'essere concreto; il corrispondere a una realtà: *la — di una proposta.*
concretizzare [con-cre-tiʒ-ʒà-re] *v.tr.* concretare ♦ **concretizzarsi** *v.intr.pron.* concretarsi.
concretizzazione [con-cre-tiʒ-ʒa-zió-ne] *s.f.* il concretare, il concretarsi: *la — di un progetto, di un'idea.*
concreto [con-crè-to] *agg.* **1** che si riferisce all'esperienza comune, a un oggetto reale | (*estens.*) reale, determinato: *fatto, caso —* | *nomi concreti,* (*gramm.*) quelli che indicano oggetti reali e non una qualità astratta o un'idea **2** che si basa su dati di fatto | che bada agli aspetti pratici: *un uomo —* ♦ *s.m.* ciò che è reale, determinato, contrapposto a ciò che è astratto o generale: *veniamo al —* | *in —*, nella realtà □ **concretamente** *avv.*
concrezione [con-cre-zió-ne] *s.f.* **1** (*geol.*) deposito minerale che dà luogo a incrostazioni **2** (*med.*) deposito di materiale organico o inorganico all'interno del corpo; calcolo.
concubinaggio [con-cu-bi-nàg-gio] *s.m.* condizione di chi convive con una persona dell'altro sesso senza il vincolo del matrimonio.
concubinato [con-cu-bi-nà-to] *s.m.* concubinaggio.
concubino [con-cu-bì-no] *s.m.* [f. *-a*] chi vive in concubinaggio.
conculcare [con-cul-cà-re] *v.tr.* [*io conculco, tu conculchi ecc.*] (*lett.*) opprimere, violare: — *i diritti dei popoli.*
concupire [con-cu-pì-re] *v.tr.* [*io concupisco, tu concupisci ecc.*] (*lett.*) desiderare con passione; bramare.
concupiscente [con-cu-pi-scèn-te] (*lett.*) che mostra concupiscenza: *sguardo —.*
concupiscenza [con-cu-pi-scèn-za] *s.f.* (*lett.*) desiderio di piaceri sensuali.
concussionario [con-cus-sio-nà-rio] *s.m.* [f. *-a*] (*dir.*) colpevole di concussione.
concussione [con-cus-sió-ne] *s.f.* (*dir.*) il reato del pubblico ufficiale che, abusando della sua funzione, si fa dare o promettere denaro.
concusso [con-cùs-so] *agg.* (*dir.*) **1** estorto con concussione: *denaro —* **2** (*estens.*) che è vittima di concussione; che è stato indotto o costretto a pagare un pubblico ufficiale.
condanna [con-dàn-na] *s.f.* **1** (*dir.*) il condannare, la sentenza con cui si condanna; la pena alla quale si è condannati **2** (*fig.*) giudizio di biasimo, disapprovazione: *esprimere la propria —.*
condannabile [con-dan-nà-bi-le] *agg.* che si può condannare, che è da condannarsi; riprovevole.
condannare [con-dan-nà-re] *v.tr.* **1** (*dir.*) imporre una pena o una sanzione a una persona riconosciuta colpevole: — *alla reclusione*; — *per furto* **2** (*estens.*) biasimare, riprovare: — *la violenza* | dichiarare falsa una teoria, una dottrina **3** (*estens.*) costringere, obbligare a qlco. di sgradito: *la malattia lo condanna all'immobilità* **4** dichiarare inguaribile: *i medici lo hanno condannato.*
condannato [con-dan-nà-to] *agg.* e *s.m.* [f. *-a*] che/chi è stato colpito da una condanna.
condebitore [con-de-bi-tó-re] *s.m.* [f. *-trice*] chi è debitore con altri verso uno stesso creditore.
condensa [con-dèn-sa] *s.f.* acqua di condensazione.
condensabile [con-den-sà-bi-le] *agg.* **1** che si può condensare **2** (*fig.*) che si può riassumere: *un lungo discorso — in due parole.*
condensamento [con-den-sa-mén-to] *s.m.* il condensare o il condensarsi: *processo di —.*
condensante [con-den-sàn-te] *s.m.* (*chim.*) sostanza che favorisce la condensazione.
condensare [con-den-sà-re] *v.tr.* [*io condènso ecc.*] **1** rendere una sostanza più densa, più compatta | (*fis.*) provocare il passaggio di una sostanza dallo stato di vapore allo stato liquido **2** (*fig.*) riassumere, sintetizzare: — *un libro in un articolo* ♦ **condensarsi** *v.intr.pron.* diventare denso | (*fis.*) passare allo stato liquido.
condensato [con-den-sà-to] *agg.* sottoposto a condensazione: *latte —* ♦ *s.m.* **1** (*fis.*) liquido ottenuto per condensazione **2** (*fig.*) concentrato: *un — di stupidità.*
condensatore [con-den-sa-tó-re] *s.m.* (*tecn.*) apparecchio o dispositivo utilizzato per condensare sostanze o energia: — *di vapore* | — *elettrico,* apparecchio atto a immagazzinare cariche elettriche.
condensazione [con-den-sa-zió-ne] *s.f.* **1** il condensare, il condensarsi **2** (*fis.*) passaggio di una sostanza dallo stato gassoso a quello liquido per mezzo di compressione o raffreddamento **3** (*chim.*) reazione per cui due o più molecole si uniscono eliminando acqua.
condilo [còn-di-lo] *s.m.* (*anat.*) prominenza tondeggiante di un osso che si inserisce nella cavità di un altro osso, con il quale si articola: — *femorale.*
condiloma [con-di-lò-ma] *s.m.* [pl. *-mi*] (*med.*) escrescenza della cute o delle mucose simile a una verruca.
condimento [con-di-mén-to] *s.m.* **1** il condire, l'essere condito; la sostanza usata per condire **2** (*fig.*) ciò che accompagna qlco. rendendola più piacevole, gradita.
condire [con-dì-re] *v.tr.* [*io condisco, tu condisci ecc.*] **1** rendere un cibo più gustoso con l'aggiunta di qualche sostanza: — *con olio e aceto* **2** (*fig.*) rendere più gradevole o più efficace: — *un rimprovero con qualche incoraggiamento.*
condirettore [con-di-ret-tó-re] *s.m.* [f. *-trice*] chi dirige con altri un ufficio, un'azienda o altro: *il — di un giornale.*
condiscendente [con-di-scen-dèn-te] *agg.* indulgente, arrendevole: *essere troppo —.*

condiscendenza [con-di-scen-dèn-za] *s.f.* l'essere condiscendente: *trattare con —.*
condiscendere [con-di-scén-de-re] *v.intr.* [coniugato come *scendere*; aus. *avere*] essere arrendevole, indulgente; consentire: *— ai desideri altrui.*
condiscepolo [con-di-scé-po-lo] *s.m.* [f. *-a*] chi è discepolo con altri dello stesso maestro.
condividere [con-di-vì-de-re] *v.tr.* [coniugato come *dividere*] dividere, avere in comune con altri: *— un'opinione.*
condivisibile [con-di-vi-ʃì-bi-le] *agg.* che si può condividere.
condivisione [con-di-vi-ʃió-ne] *s.f.* l'atto, l'effetto del condividere: *— di idee, di risorse.*
condizionale [con-di-zio-nà-le] *agg.* **1** che esprime una condizione **2** che è sottoposto a una condizione | *modo — del verbo,* (*gramm.*) modo finito che esprime uno stato o un'azione condizionati da determinate circostanze; in italiano ha due tempi, presente e passato **3** *sospensione — della pena,* (*dir.*) sospensione dell'esecuzione di una pena, concessa a condizione che ci si astenga dal commettere altri reati entro un certo termine ♦ *s.m.* modo condizionale del verbo: *il congiuntivo e il —* ♦ *s.f.* (*dir.*) sospensione condizionale della pena.
condizionamento [con-di-zio-na-mén-to] *s.m.* **1** il condizionare, l'essere condizionato: *rifiutare ogni —* **2** (*tecn.*) procedimento che conferisce all'aria di un ambiente chiuso le caratteristiche desiderate di purezza, umidità e temperatura: *impianto di —.*
condizionare [con-di-zio-nà-re] *v.tr.* [*io condiziόno ecc.*] **1** sottoporre, subordinare a determinate condizioni: *— una scelta alle garanzie offerte* **2** influire in modo diretto o indiretto sul comportamento di una persona: *la timidezza lo condiziona* **3** (*tecn.*) sottoporre a condizionamento: *— l'aria* **4** confezionare, imballare merci deperibili per proteggerle.
condizionato [con-di-zio-nà-to] *agg.* **1** che dipende da certe condizioni: *scelta condizionata* **2** che subisce un'influenza: *sentirsi — da un ambiente* **3** sottoposto a condizionamento: *aria condizionata* □ **condizionatamente** *avv.* in modo condizionato, sotto condizione.
condizionatore [con-di-zio-na-tó-re] *s.m.* apparecchio o sistema per condizionare l'aria in un locale chiuso.
condizione [con-di-zió-ne] *s.f.* **1** circostanza che si deve verificare perché un fatto avvenga: *verrò a — che non piova* **2** (*dir.*) clausola, patto contenuto in un accordo: *imporre delle condizioni gravose* | *sotto —,* con riserva **3** stato in cui si trova una persona o una cosa: *essere in buone condizioni* | situazione economica: *le condizioni dell'economia nazionale* **4** posizione sociale: *una famiglia di — modesta.*
condoglianza [con-do-gliàn-za] *s.f.* **1** dolore, rammarico per le disgrazie altrui **2** (spec. *pl.*) le parole con cui si esprime la propria partecipazione al dolore altrui: *biglietto di condoglianze.*
condolersi [con-do-lér-si] *v.intr.pron.* [coniugato come *dolersi*] **1** (*non com.*) partecipare al dolore altrui **2** (*lett.*) esprimere il proprio dolore; lamentarsi.
condom [còn-dom] *s.m.invar.* preservativo maschile.
condominiale [con-do-mi-nià-le] *agg.* del condominio, relativo al condominio: *regolamento —.*
condominio [con-do-mì-nio] *s.m.* **1** (*dir.*) proprietà in comune di beni immobili (per lo più edifici o parti di edifici) | l'edificio di proprietà comune: *amministrare un —* **2** l'insieme dei condòmini: *assemblea di —.*
condomino [con-dò-mi-no] *s.m.* [f. *-a*] chi ha diritto di proprietà in un condominio.
condonabile [con-do-nà-bi-le] *agg.* che può essere condonato.
condonare [con-do-nà-re] *v.tr.* [*io condóno ecc.*] **1** (*lett.*) perdonare **2** (*dir.*) liberare da un obbligo concedendo un condono: *— una pena, un debito.*
condono [con-dó-no] *s.m.* (*dir.*) annullamento parziale o totale di una pena, di una sanzione: *— fiscale, edilizio.*
condor [còn-dor] *s.m.invar.* grosso avvoltoio delle Ande, di colore nero, con bordi delle ali e collare bianchi.
condotta [con-dót-ta] *s.f.* **1** il condurre, il modo di condurre un'attività, un'iniziativa, un lavoro **2** il modo di comportarsi; contegno: *tenere una — esemplare* | *— scolastica,* il comportamento dello studente nelle ore di scuola, che è valutato mediante un voto | *buona —,* comportamento conforme alle norme giuridiche o morali **3** incarico di un operatore sanitario che riceve lo stipendio dal comune: *— medica, veterinaria* | (*estens.*) zona interessata da tale incarico **4** (*tecn.*) canale o tubazione per convogliare liquidi o fluidi: *— d'acqua, di gas* | *— forzata,* negli impianti idroelettrici, il tubo che porta l'acqua in pressione alle turbine.
condottiero [con-dot-tiè-ro] *s.m.* comandante supremo di un esercito | nel Medioevo, capitano di ventura.
condotto[1] [con-dót-to] *agg.* che è titolare di una condotta sanitaria: *medico —.*
condotto[2] *s.m.* **1** tubo entro il quale scorre un liquido; conduttura **2** (*anat.*) canale, dotto.
condrioma [con-driò-ma] *s.m.* (*biol.*) parte del citoplasma cellulare che si presenta sotto forma di filamenti o di granuli.
condriosoma [con-drio-sò-ma] *s.m.* [pl. *-mi*] (*biol.*) mitocondrio.
condroma [con-drò-ma] *s.m.* [pl. *-mi*] (*med.*) tumore benigno del tessuto cartilagineo.
conducente [con-du-cèn-te] *s.m.*e *f.* chi guida un veicolo: *il — di un autobus.*
conducibile [con-du-cì-bi-le] *agg.* che può essere condotto, trasmesso.
condurre [con-dùr-re] *v.tr.* [pres. *io conduco, tu conduci ecc.*; pass.rem. *io condussi, tu conducésti*

ecc.; part.pass. *condótto*] **1** portare, accompagnare (anche *fig.*): — *a scuola*; — *in porto, a buon fine*, concludere felicemente | (*assol.*) portare in un certo luogo: *questa strada conduce a Pavia* **2** guidare un veicolo, pilotare: — *l'automobile* | (*fig.*) guidare un'attività; dirigere, amministrare: — *un'azienda* | — *la vita, l'esistenza*, viverla **3** (*sport*) essere in testa, in vantaggio in una competizione: *la squadra che conduce* **4** (*fis.*) avere la proprietà di trasmettere l'elettricità o il calore ♦ **condursi** *v.rifl.* (*lett.*) **1** recarsi, portarsi; andare **2** (*fig.*) comportarsi: — *da vero signore.*

conduttanza [con-dut-tàn-za] *s.f.* (*elettr.*) grandezza elettrica inversa della resistenza, che indica l'attitudine di una sostanza a lasciarsi percorrere da una corrente elettrica continua.

conduttività [con-dut-ti-vi-tà] *s.f.* (*fis.*) attitudine di un corpo a condurre calore, elettricità, onde sonore: — *termica, elettrica.*

conduttivo [con-dut-tì-vo] *agg.* (*fis.*) si dice di corpo che presenti conduttività.

conduttore [con-dut-tó-re] *agg.* [f. *-trice*] che conduce | che trasmette il moto: *ruota conduttrice* | *filo* —, (*fig.*) elemento che stabilisce una continuità tra le varie parti di un insieme ♦ *s.m.* **1** [f. *-trice*] chi per mestiere guida veicoli; conducente **2** (*fis.*) corpo che permette la propagazione di calore, elettricità, suono o luce.

conduttura [con-dut-tù-ra] *s.f.* condotto o complesso di condotti per il trasporto di acqua, gas o energia elettrica.

conduzione [con-du-zió-ne] *s.f.* **1** il condurre o l'essere condotto **2** (*dir.*) il prendere in affitto, in locazione: *dare in — un fondo* **3** (*fis.*) il passaggio di elettricità, calore e altri agenti fisici attraverso una sostanza.

conestabile [co-ne-stà-bi-le] *s.m.* nel Medioevo, alto dignitario di corte o comandante delle milizie.

confabulare [con-fa-bu-là-re] *v.intr.* [*io confàbulo ecc.*; aus. *avere*] parlare con qlcu. sottovoce o con segretezza.

confabulazione [con-fa-bu-la-zió-ne] *s.f.* il confabulare; colloquio a bassa voce che dà l'impressione della segretezza.

confacente [con-fa-cèn-te] *agg.* conveniente, adatto: *incarico — alle capacità* | (*estens.*) che fa bene, che giova: *un clima non — alla salute.*

confarsi [con-fàr-si] *v.intr.pron.* [*io mi confàccio, tu ti confài, egli si confà ecc.*; coniugato come *fare*, ma usato quasi soltanto nelle terze pers. sing. e pl.] (*lett.*) essere conveniente, adeguato; giovare: *un comportamento che non si confà a lui.*

confederale [con-fe-de-rà-le] *agg.* di una confederazione.

confederare [con-fe-de-rà-re] *v.tr.* [*io confèdero ecc.*] unire in confederazione ♦ **confederarsi** *v.rifl.* o *rifl.rec.* unirsi in confederazione | (*estens.*) allearsi, accordarsi.

confederativo [con-fe-de-ra-tì-vo] *agg.* che è proprio di una confederazione: *trattato* —.

confederato [con-fe-de-rà-to] *agg.* unito in confederazione: *stati confederati* ♦ *s.m.* [f. *-a*] membro di una confederazione.

confederazione [con-fe-de-ra-zió-ne] *s.f.* **1** il confederare, il confederarsi **2** unione su base associativa di più stati o più organizzazioni che perseguono scopi comuni | (*estens.*) stato federale: *Confederazione Elvetica.*

conferenza [con-fe-rèn-za] *s.f.* **1** discorso che si tiene in pubblico su un argomento scientifico, politico, culturale | — *stampa*, intervista concessa a più giornalisti riuniti **2** riunione di persone qualificate per trattare argomenti specifici: *la — internazionale sul disarmo.*

conferenziere [con-fe-ren-zię̀-re] *s.m.* [f. *-a*] chi tiene una conferenza; chi tiene abitualmente conferenze.

conferimento [con-fe-ri-mén-to] *s.m.* il conferire; attribuzione, assegnazione: — *di un incarico, di un premio.*

conferire [con-fe-rì-re] *v.tr.* [*io conferisco, tu conferisci ecc.*] **1** dare, concedere, assegnare: — *un incarico* | (*lett.*) donare **2** portare dei beni in un luogo di raccolta: — *il grano all'ammasso* ♦ *v.intr.* [aus. *avere*] avere un colloquio con qlcu.: — *con il direttore.*

conferma [con-fér-ma] *s.f.* il confermare; attestazione, prova definitiva: *la — di un dubbio* | *a — di*, per dare conferma: *a — di quanto detto.*

confermare [con-fer-mà-re] *v.tr.* [*io conférmo ecc.*] **1** rendere più stabile, rafforzare (*fig.*): — *un dubbio* **2** provare la verità o la fondatezza di qlco.: — *un'ipotesi* **3** ripetere cose già dette, attestandone la validità: *ti confermo l'invito* **4** riconoscere esatto, approvare: — *una teoria* **5** mantenere qlcu. in una carica, una posizione: — *in servizio* ♦ **confermarsi** *v.intr.pron.* **1** acquistare certezza, persuadersi definitivamente: — *in un proposito* **2** dare conferma di qualità già dimostrate in precedenza: *si è confermato il migliore atleta della stagione.*

confermazione [con-fer-ma-zió-ne] *s.f.* **1** (*lett.*) conferma **2** (*lit.*) il sacramento della cresima, che conferma il cristiano nella fede.

confessare [con-fes-sà-re] *v.tr.* [*io confèsso ecc.*] **1** riconoscere, ammettere una colpa o un difetto | (*assol.*) dichiararsi colpevole: *il ladro ha confessato* | — *una fede*, riconoscere apertamente la propria adesione a essa **2** (*relig.*) rivelare in confessione: — *i propri peccati* | da parte del sacerdote, ascoltare la confessione di un penitente e dargli l'assoluzione **3** riferire, dichiarare cose personali o riservate: — *il proprio imbarazzo* ♦ **confessarsi** *v.rifl.* dire i propri peccati al confessore per riceverne l'assoluzione | (*estens.*) confidarsi.

confessionale [con-fes-sio-nà-le] *agg.* **1** che si riferisce alla confessione: *segreto* —, a cui è tenuto il confessore **2** proprio di una fede o di una confessione religiosa | *stato* —, quello che professa ufficialmente una determinata religione ♦ *s.m.* piccola costruzione in legno collocata nelle chiese, al cui interno sta seduto il sacerdote che confessa i penitenti.

confessionalismo [con-fes-sio-na-lì-ʃmo] *s.m.* atteggiamento ideologico di chi ritiene che la vita civile e politica debba essere ispirata ai principi di una confessione religiosa.
confessione [con-fes-sió-ne] *s.f.* **1** riconoscimento, ammissione di una colpa o di un difetto **2** nel cattolicesimo, parte del sacramento della penitenza che consiste nel riconoscere i propri peccati di fronte al sacerdote per riceverne l'assoluzione **3** (*lett.*) professione solenne di fede religiosa; la religione ufficialmente professata: *— luterana, calvinista.*
confesso [con-fès-so] *agg.* che ha confessato: *reo —.*
confessore [con-fes-só-re] *s.m.* **1** sacerdote autorizzato dal vescovo ad amministrare il sacramento della penitenza **2** santo che ha testimoniato la sua fede in Cristo con le sue virtù.
confetteria [con-fet-te-rì-a] *s.f.* **1** negozio di confetti e altri dolciumi **2** assortimento di confetti e dolci in genere.
confettiera [con-fet-tiè-ra] *s.f.* recipiente per confetti.
confetto [con-fèt-to] *s.m.* **1** dolcetto rivestito di zucchero cotto, che si offre in occasione di matrimoni, battesimi e lauree **2** preparato medicinale da ingoiare intero.
confettura [con-fet-tù-ra] *s.f.* conserva di frutta; marmellata: *— di mele.*
confezionare [con-fe-zio-nà-re] *v.tr.* [*io confezióno ecc.*] **1** fare, eseguire un lavoro di sartoria: *— un abito* **2** sistemare una merce in un involucro: *— una scatola di dolci.*
confezione [con-fe-zió-ne] *s.f.* **1** il confezionare; lavorazione, manifattura: *la — di un vestito* | il prodotto confezionato; capo d'abbigliamento che si vende già fatto: *negozio di confezioni* **2** modo in cui una merce viene sistemata; l'involucro che la contiene: *una — elegante.*
conficcare [con-fic-cà-re] *v.tr.* [*io conficco, tu conficchi ecc.*] far penetrare con forza un oggetto dentro un altro: *— un chiodo nel muro* ♦ **conficcarsi** *v.rifl.* penetrare in profondità: *la spina gli si era conficcata nella mano.*
confidare [con-fi-dà-re] *v.intr.* [aus. *avere*] aver fiducia; sperare: *— nella buona sorte; confido di poter partire* ♦ *v.tr.* dire, rivelare qlco. in confidenza: *— un segreto* ♦ **confidarsi** *v.rifl.* aprire il proprio animo a qlcu.: *— con un amico.*
confidente [con-fi-dèn-te] *s.m.* e *f.* **1** persona cui si fanno abitualmente confidenze **2** informatore della polizia.
confidenza [con-fi-dèn-za] *s.f.* **1** il confidare; fiducia, sicurezza di sé: *prendere —* **2** familiarità, dimestichezza: *essere in — con qlcu.* | *prendersi delle confidenze*, eccedere nella familiarità, mancare di riguardo **3** (*estens.*) cosa riservata che si confida.
confidenziale [con-fi-den-zià-le] *agg.* **1** fatto o detto in confidenza; riservato: *un'informazione —* | *in via —*, in confidenza **2** che rivela familiarità, cordialità: *saluto —* □ **confidenzialmente** *avv.*
configgere [con-fig-ge-re] *v.tr.* [coniugato come *figgere*] (*lett.*) conficcare ♦ **configgersi** *v.rifl.* conficcarsi.
configurare [con-fi-gu-rà-re] *v.tr.* rappresentare secondo una certa forma ♦ **configurarsi** *v.intr.pron.* assumere una certa forma | (*estens.*) assumere un aspetto, apparire: *il caso si configura interessante.*
configurazione [con-fi-gu-ra-zió-ne] *s.f.* **1** il configurare, il configurarsi; forma, aspetto esteriore: *la — geografica dell'Italia* **2** *— planetaria*, (*astr.*) posizione della Luna o di un pianeta rispetto alla Terra e al Sole **3** (*inform.*) insieme delle componenti hardware strutturate in modo da funzionare come un unico sistema di elaborazione.
confinante [con-fi-nàn-te] *agg.* che ha confini in comune; limitrofo: *paesi confinanti* ♦ *s.m.* e *f.* chi ha una proprietà adiacente a quella di un altro.
confinare [con-fi-nà-re] *v.intr.* [aus. *avere*] essere confinante: *l'Italia confina con la Svizzera* ♦ *v.tr.* colpire con la pena del confino, mandare al confino | (*fig.*) costringere a stare in un certo luogo: *il cattivo tempo ci confinò in albergo* ♦ **confinarsi** *v.rifl.* isolarsi, appartarsi: *— in campagna.*
confinato [con-fi-nà-to] *s.m.* [f. *-a*] chi è stato colpito dalla pena del confino.
confindustriale [con-fin-du-strià-le] *agg.* della Confindustria (Confederazione nazionale degli industriali), o dei suoi aderenti.
confine [con-fì-ne] *s.m.* **1** termine, limite estremo: *i confini di un terreno* | linea o zona terminale del territorio di uno stato; frontiera: *il — fra Italia e Austria* | *senza —*, senza limiti; vastissimo **2** segnale di confine (pietra, steccato ecc.): *collocare i confini.*
confino [con-fì-no] *s.m.* provvedimento di polizia, ora corrispondente al soggiorno obbligato, con cui si costringeva una persona ad abitare per un certo tempo in un luogo diverso dal comune di residenza.
confisca [con-fì-sca] *s.f.* (*dir.*) il confiscare: *provvedimento di —.*
confiscabile [con-fi-scà-bi-le] *agg.* che può essere confiscato.
confiscare [con-fi-scà-re] *v.tr.* [*io confisco, tu confischi ecc.*] **1** (*dir.*) da parte dello stato, requisire dei beni usati per commettere un reato o che sono frutto di un reato **2** (*estens.*) sequestrare.
conflagrazione [con-fla-gra-zió-ne] *s.f.* (*lett.*) **1** incendio improvviso, esplosione **2** (*fig.*) fatto violento e disastroso; scoppio di una guerra: *— bellica.*
conflitto [con-flìt-to] *s.m.* **1** combattimento, scontro; guerra **2** (*fig.*) urto, contrasto, lotta: *— di interessi* | *— interiore*, contrasto tra due istinti o desideri incompatibili **3** (*dir.*) contrasto tra autorità: *— di competenza.*
conflittuale [con-flit-tu-à-le] *agg.* di conflitto: *situazione, rapporto —.*

conflittualità [con-flit-tu-a-li-tà] *s.f.* situazione caratterizzata dalla presenza di un conflitto.
confluenza [con-flu-èn-za] *s.f.* il confluire; il punto in cui più corsi d'acqua, valli, strade si incontrano e si uniscono.
confluire [con-flu-ì-re] *v.intr.* [*io confluìsco, tu confluìsci ecc.*; aus. *essere* e *avere*] **1** unirsi, detto di fiumi, valli, strade ecc.: *il Ticino confluisce nel Po* **2** (*fig.*) incontrarsi, fondersi insieme: *nell'opera di Dante confluisce tutto il pensiero medievale.*
confondere [con-fón-de-re] *v.tr.* [coniugato come *fondere*] **1** mettere insieme, mescolare senza alcun ordine: — *i fogli* **2** scambiare una cosa o una persona per un'altra **3** rendere indistinto, meno chiaro: — *le idee* | (*fig.*) turbare; mettere in imbarazzo: *l'improvvisa domanda lo confuse* ♦ **confondersi** *v.rifl.* o *intr.pron.* **1** mescolarsi: *si confusero tra gli invitati* **2** sbagliarsi, fare confusione **3** turbarsi, smarrirsi: *a quella vista si confuse.*
confondibile [con-fon-dì-bi-le] *agg.* che si può confondere, che può essere confuso.
conformare [con-for-mà-re] *v.tr.* [*io confórmo ecc.*] **1** dare una forma, una figura determinata **2** (*estens.*) rendere adatto, conforme: — *le proprie azioni alle circostanze* ♦ **conformarsi** *v.rifl.* agire in conformità di qlco.; adattarsi, adeguarsi: — *alle tradizioni di un luogo.*
conformazione [con-for-ma-zió-ne] *s.f.* il conformare, il conformarsi; modo in cui qlco. è conformata: *la — del terreno, di un carattere.*
conforme [con-fór-me] *agg.* **1** che presenta forma o aspetto uguale; simile | *copia* —, (*burocr.*) copia identica all'originale **2** che si adatta, che si accorda: — *alle regole* □ **conformemente** *avv.*
conformismo [con-for-mì-ʃmo] *s.m.* l'essere conformista.
conformista [con-for-mì-sta] *agg.* e *s.m.* e *f.* [pl.m. *-sti*] che/chi si adegua passivamente alla mentalità, alle opinioni, ai modi di vita prevalenti in una determinata società.
conformistico [con-for-mì-sti-co] *agg.* [pl.m. *-ci*] proprio del conformismo o di chi è conformista: *atteggiamento* —.
conformità [con-for-mi-tà] *s.f.* l'essere conforme; concordanza, corrispondenza: — *di idee* | *in — di* (o *a*), in modo conforme a: *in — delle leggi.*
confortante [con-for-tàn-te] *agg.* che dà conforto: *notizia* —.
confortare [con-for-tà-re] *v.tr.* [*io confòrto ecc.*] **1** infondere forza, coraggio; consolare **2** avvalorare, convalidare, confermare: *una tesi confortata da molte prove* ♦ **confortarsi** *v.rifl.* farsi animo, rincuorarsi, consolarsi.
confortevole [con-for-té-vo-le] *agg.* **1** che conforta: *parole confortevoli* **2** che offre comodità, agi: *ambiente* —.
conforto [con-fòr-to] *s.m.* **1** il confortare; consolazione, incoraggiamento: *cercare, trovare — in qlcu.* | *conforti religiosi*, i sacramenti che si somministrano ai moribondi **2** (*estens.*) aiuto, appoggio, sostegno: *portare un argomento a — di una tesi* **3** (*non com.*) ristoro materiale | *generi di* —, viveri non strettamente necessari, come caffè, cioccolato, liquori **4** *pl.* comodità, agi: *una casa con tutti i conforti.*
confratello [con-fra-tèl-lo] *s.m.* chi appartiene a una confraternita o a un ordine religioso.
confraternita [con-fra-tèr-ni-ta] *s.f.* associazione religiosa di fedeli laici con fini di carità e di culto.
confrontabile [con-fron-tà-bi-le] *agg.* che si può confrontare; paragonabile, comparabile.
confrontabilità [con-fron-ta-bi-li-tà] *s.f.* l'essere confrontabile; la caratteristica di ciò che è confrontabile.
confrontare [con-fron-tà-re] *v.tr.* [*io confrónto ecc.*] **1** mettere fronte a fronte; paragonare, comparare **2** (*estens.*) esaminare, consultare ♦ **confrontarsi** *v.rifl.* e *rifl.rec.* mettersi al confronto con altri.
confronto [con-frón-to] *s.m.* **1** il confrontare; paragone, comparazione: *mettere a* —; *operare un* — | *senza confronti*, senza paragone | *termine di* —, quello a cui si fa riferimento nel giudicare | *non temere confronti*, essere unico, ineguagliabile | *stare, reggere al* —, essere di egual valore, di pari merito | *in — a*, rispetto a, a paragone di | *nei confronti di una persona*, nei suoi riguardi **2** (*dir.*) interrogatorio contemporaneo di due o più testimoni o imputati | — *all'americana*, quello in cui il testimone deve riconoscere l'indiziato individuandolo fra altre persone **3** (*sport*) competizione, gara: *perdere, vincere un* —.
confucianesimo [con-fu-cia-né-ʃi-mo] *s.m.* l'insieme delle dottrine etico-religiose tramandate dal filosofo cinese Confucio (551-479 a.C.).
confusionale [con-fu-ʃio-nà-le] *agg.* (*med.*) che denota confusione mentale: *stato* —.
confusionario [con-fu-ʃio-nà-rio] *agg.* e *s.m.* [f. *-a*] che/chi agisce disordinatamente, facendo o provocando confusione.
confusione [con-fu-ʃió-ne] *s.f.* **1** mescolanza disordinata di cose o persone; caos, scompiglio | — *mentale*, (*med.*) stato di smarrimento e di annebbiamento del pensiero **2** (*estens.*) baccano, chiasso **3** scambio di una cosa o di una persona con un'altra; errore: *far — di nomi, di date* **4** stato di imbarazzo o vergogna; turbamento.
confusionismo [con-fu-ʃio-nì-ʃmo] *s.m.* tendenza a parlare o agire in modo confuso, disordinato.
confusionista [con-fu-ʃio-nì-sta] *agg.* e *s.m.* e *f.* [pl.m. *-sti*] di persona che è portata a far confusione.
confuso [con-fù-ʃo] *agg.* **1** disordinato, messo alla rinfusa: *un ammasso — di merci* | mescolato ad altri: *restare — fra la folla* **2** vago, indistinto; non chiaro: *un ricordo* — **3** in preda a confusione; turbato, imbarazzato □ **confusamente** *avv.*
confutabile [con-fu-tà-bi-le] *agg.* che può essere confutato; discutibile: *un argomento* —.
confutare [con-fu-tà-re] *v.tr.* [*io cònfuto ecc.*] di-

mostrare la falsità di qlco.: — *una teoria* | — *una persona*, smentirla, contraddirla.
confutativo [con-fu-ta-tì-vo] *agg.* (*non com.*) atto a confutare: *argomento* —.
confutatore [con-fu-ta-tó-re] *agg.* e *s.m.* [f. *-trice*] che/chi confuta.
confutatorio [con-fu-ta-tó-rio] *agg.* (*non com.*) che tende a confutare: *testimonianza confutatoria*.
confutazione [con-fu-ta-zió-ne] *s.f.* il confutare, l'essere confutato; discorso, scritto con cui si confuta qlco.: *la — di una tesi*.
congedare [con-ge-dà-re] *v.tr.* [*io congèdo ecc.*] **1** lasciar partire; salutare: — *gli ospiti* **2** (*mil.*) inviare in congedo ♦ **congedarsi** *v.rifl.* andar via, accomiatarsi: — *dai propri familiari* | (*mil.*) andare in congedo, cessare dal servizio: — *per motivi di salute*.
congedato [con-ge-dà-to] *agg.* e *s.m.* (*mil.*) che/chi ha ottenuto il congedo.
congedo [con-gè-do] *s.m.* **1** il congedare o il congedarsi; commiato: *prendere — da qlcu.*, andarsene **2** (*mil.*) termine o interruzione del servizio militare: *andare in* —; *ufficiale in* — | documento che attesta il congedo **3** permesso accordato a un impiegato di astenersi dal lavoro **4** in poesia, la stanza più breve delle altre posta a conclusione della canzone; commiato.
congegnare [con-ge-gnà-re] *v.tr.* [*io congégno ecc.*] mettere insieme abilmente le parti di una struttura o di un meccanismo | (*fig.*) costruire, inventare, ideare: *una beffa ben congegnata*.
congegno [con-gé-gno] *s.m.* dispositivo, meccanismo costituito di vari elementi opportunamente coordinati.
congelamento [con-ge-la-mén-to] *s.m.* **1** il congelare, l'essere congelato **2** (*med.*) lesione dei tessuti provocata dall'esposizione a bassissime temperature.
congelare [con-ge-là-re] *v.tr.* [*io congèlo ecc.*] **1** rendere solido un liquido o un gas per raffreddamento: — *l'acqua* | portare un alimento a basse temperature per conservarlo: — *la carne* **2** irrigidire per effetto di congelamento: *il freddo gli congelò le dita* **3** (*fig.*) immobilizzare, bloccare: — *la situazione, gli stipendi* ♦ **congelarsi** *v. intr.pron.* **1** di un liquido, diventare solido per raffreddamento **2** di persona, subire un congelamento | (*estens.*) soffrire il freddo: *vi congelerete stando là fuori*.
congelatore [con-ge-la-tó-re] *agg.* [f. *-trice*] che congela ♦ *s.m.* specifico elettrodomestico o celletta del frigorifero (freezer), dove si possono congelare e mantenere congelati prodotti alimentari.
congenere [con-gè-ne-re] *agg.* dello stesso genere di un altro; simile, analogo.
congeniale [con-ge-nià-le] *agg.* conforme all'indole, alle attitudini di qlcu.: *un lavoro* —.
congenialità [con-ge-nia-li-tà] *s.f.* l'essere congeniale.
congenito [con-gè-ni-to] *agg.* che si ha dalla nascita, connaturato: *malformazione congenita*.
congerie [con-gè-rie] *s.f.* ammasso disordinato di cose eterogenee: *una — di carte, di dati*.
congestionare [con-ge-stio-nà-re] *v.tr.* [*io congestióno ecc.*] **1** (*med.*) provocare una congestione in un tessuto o in un organo **2** intralciare con un affollamento: *i veicoli congestionano le strade*.
congestionato [con-ge-stio-nà-to] *agg.* **1** colpito da congestione | (*estens.*) affannato, arrossato **2** eccessivamente affollato.
congestione [con-ge-stió-ne] *s.f.* **1** (*med.*) eccesso di sangue in un tessuto o in un organo **2** intralcio, ingombro causato da un eccessivo affollamento: *la — del traffico*.
congettura [con-get-tù-ra] *s.f.* opinione basata su indizi; supposizione, ipotesi: *avanzare una* —.
congetturabile [con-get-tu-rà-bi-le] *agg.* che si può congetturare.
congetturale [con-get-tu-rà-le] *agg.* che ha carattere di congettura □ **congetturalmente** *avv.* per congettura.
congetturare [con-get-tu-rà-re] *v.tr.* ricavare, ricostruire per via di congettura; supporre.
congiungere [con-giùn-ge-re] *v.tr.* [coniugato come *giungere*] unire insieme; collegare (anche *fig.*): *una linea che congiunge due punti*; — *gli sforzi* ♦ **congiungersi** *v.rifl.* e *rifl.rec.* unirsi, incontrarsi; avere un rapporto sessuale | — *in matrimonio*, sposarsi.
congiungimento [con-giun-gi-mén-to] *s.m.* **1** il congiungere o il congiungersi; congiunzione **2** (*lett.*) rapporto sessuale.
congiuntiva [con-giun-tì-va] *s.f.* (*anat.*) mucosa che ricopre e congiunge la parte anteriore del globo oculare e la parete interna delle palpebre.
congiuntivale [con-giun-ti-và-le] *agg.* (*anat.*) della congiuntiva: *mucosa* —.
congiuntivite [con-giun-ti-vì-te] *s.f.* (*med.*) infiammazione della congiuntiva.
congiuntivo [con-giun-tì-vo] *agg.* **1** che congiunge **2** (*gramm.*) che ha funzione di congiunzione: *locuzione congiuntiva* ♦ *s.m.* (*gramm.*) modo del verbo che in proposizioni dipendenti indica la possibilità, il timore o il desiderio che una data cosa avvenga (p.e. *non so se ci sia*; *vorrei che tu venissi*); in prop. indipendenti esprime comando, esortazione, augurio (*corriamo!*; *il cielo ti assista!*), oppure dubbio o desiderio (*che sia matto?*; *potessi star sempre qui!*).
congiunto [con-giùn-to] *s.m.* [f. *-a*] parente: *amici e congiunti* □ **congiuntamente** *avv.* insieme.
congiuntura [con-giun-tù-ra] *s.f.* **1** punto in cui due cose sono unite insieme; giuntura: *le congiunture delle ossa* **2** (*fig.*) circostanza, occasione: *sfruttare la — favorevole* **3** (*econ.*) situazione economica in un dato settore o in un dato momento | fase critica: *affrontare, superare la* —.
congiunturale [con-giun-tu-rà-le] *agg.* relativo alla congiuntura economica.
congiunzione [con-giun-zió-ne] *s.f.* **1** il congiungere, il congiungersi o l'essere congiunto:

punto di — 2 (*astr.*) posizione di due astri che hanno la stessa longitudine celeste 3 (*gramm.*) parte invariabile del discorso che serve a unire due proposizioni o due elementi di una proposizione: *congiunzioni coordinative*, quelle che uniscono elementi simili di una proposizione o proposizioni dello stesso tipo (p.e. *mio padre* o *mia madre*; *l'hanno preso* e *l'hanno picchiato*); *congiunzioni subordinative*, quelle che stabiliscono un rapporto di dipendenza tra proposizioni (p.e. *andrei* se *non avessi già un impegno*).
congiura [con-giù-ra] *s.f.* 1 accordo segreto di più persone contro lo stato o contro chi governa; cospirazione, complotto 2 (*estens.*) trama segreta ai danni di qlcu. (anche *scherz.*): *ma questa è proprio una —!*
congiurare [con-giu-rà-re] *v.intr.* [aus. *avere*] 1 fare, ordire una congiura; cospirare, complottare: *— contro il tiranno* 2 (*estens.*) tramare, operare ai danni di qlcu.
congiurato [con-giu-rà-to] *agg.* e *s.m.* [f. *-a*] che/chi partecipa o ha partecipato a una congiura.
conglobamento [con-glo-ba-mén-to] *s.m.* il conglobare, l'essere conglobato.
conglobare [con-glo-bà-re] *v.tr.* [*io conglòbo ecc.*] 1 (*lett.*) riunire più cose insieme 2 (*econ.*) sommare, computare insieme: *— le indennità nel salario.*
conglomerare [con-glo-me-rà-re] *v.tr.* [*io conglòmero ecc.*] unire insieme per formare un tutto unico; agglomerare ♦ **conglomerarsi** *v.rifl.* e *rifl.rec.* riunirsi insieme a formare un tutto unico; agglomerarsi.
conglomerata [con-glo-me-rà-ta] *s.f.* (*econ.*) grande società costituita da varie aziende operanti in settori economici diversi, ciascuna con la propria autonomia giuridica.
conglomerato [con-glo-me-rà-to] *s.m.* 1 ammasso, riunione di cose eterogenee 2 (*geol.*) roccia sedimentaria costituita da ciottoli cementati 3 in edilizia, impasto di pietrisco o ghiaia legati da cemento o bitume.
conglomerazione [con-glo-me-ra-zió-ne] *s.f.* (*non com.*) il conglomerare, il conglomerarsi o l'essere conglomerato.
conglutinare [con-glu-ti-nà-re] *v.tr.* [*io conglùtino ecc.*] 1 agglutinare 2 (*estens.*) unire, attaccare saldamente e intimamente ♦ **conglutinarsi** *v.rifl.* o *rifl.rec.* unirsi, fondersi insieme.
congolese [con-go-lé-se] *agg.* del Congo, regione dell'Africa equatoriale ♦ *s.m.* e *f.* chi è nato o abita nel Congo.
congratularsi [con-gra-tu-làr-si] *v.intr.pron.* rallegrarsi con qlcu. per un evento lieto, un successo; felicitarsi, complimentarsi.
congratulazione [con-gra-tu-la-zió-ne] *s.f.* (spec. *pl.*) il congratularsi; rallegramento, felicitazione | le parole con cui ci si congratula: *presentare le proprie congratulazioni* | formula di rallegramento: *congratulazioni!*
congrega [con-grè-ga] *s.f.* 1 congregazione, confraternita religiosa 2 (*spreg.*) raggruppamento: *una — di letterati.*
congregare [con-gre-gà-re] *v.tr.* [*io congrègo, tu congrèghi ecc.*] adunare, convocare più persone, per lo più per scopi di carattere religioso ♦ **congregarsi** *v.rifl.* adunarsi.
congregazionalismo [con-gre-ga-zio-na-lì-ʃmo] *s.m.* chiesa protestante sorta in Inghilterra nel sec. XVI in contrapposizione all'anglicanesimo, ora assai diffusa in America; sostiene l'autonomia di ogni singola comunità.
congregazionalista [con-gre-ga-zio-na-lì-sta] *agg.* del congregazionalismo, relativo al congregazionalismo ♦ *s.m.* e *f.* [pl.m. *-sti*] seguace del congregazionalismo.
congregazione [con-gre-ga-zió-ne] *s.f.* società di religiosi, approvata dall'autorità ecclesiastica.
congressista [con-gres-sì-sta] *s.m.* e *f.* [pl.m. *-sti*] chi prende parte a un congresso.
congresso [con-grès-so] *s.m.* 1 riunione dei rappresentanti di più stati: *il congresso di Vienna* 2 riunione ufficiale dei membri di un'associazione, di una categoria: *— di partito*; *un — di medici* 3 il parlamento degli Stati Uniti d'America e di altri stati americani.
congressuale [con-gres-su-à-le] *agg.* di un congresso: *atti congressuali.*
congrua [còn-gru-a] *s.f.* contributo, ora abolito, che lo stato versava agli ecclesiastici per il loro sostentamento.
congruente [con-gru-èn-te] *agg.* che ha congruenza; conveniente, adatto.
congruenza [con-gru-èn-za] *s.f.* rispondenza, proporzione di una cosa con un'altra; coerenza.
congruità [con-grui-tà] *s.f.* (*non com.*) l'essere congruo.
congruo [còn-gru-o] *agg.* che ha congruenza; adeguato, proporzionato: *un — compenso* □ **congruamente** *avv.*
conguagliare [con-gua-glià-re] *v.tr.* [*io conguàglio ecc.*] pareggiare un conto; calcolare la parte mancante o eccedente rispetto al dovuto; pagare, versare tale parte di un conto.
conguaglio [con-guà-glio] *s.m.* l'operazione del conguagliare; la somma di denaro con cui si conguaglia.
coniare [co-nià-re] *v.tr.* [*io cònio ecc.*] 1 eseguire la coniatura | (*estens.*) fabbricare una moneta, una medaglia 2 (*fig.*) creare, inventare: *— una parola nuova.*
coniatore [co-nia-tó-re] *s.m.* [f. *-trice*] (*non com.*) chi conia: *— di medaglie.*
coniatura [co-nia-tù-ra] *s.f.* operazione con cui si stampano le due facce di monete metalliche o medaglie; coniazione.
coniazione [co-nia-zió-ne] *s.f.* coniatura | (*estens.*) emissione di monete metalliche o di medaglie.
conica [cò-ni-ca] *s.f.* (*mat.*) curva piana algebrica (parabola, iperbole, ellisse), ottenuta dall'inter-

sezione di un cono semplice o doppio con un piano.
conicità [co-ni-ci-tà] *s.f.* l'essere conico.
conico [cò-ni-co] *agg.* [pl.m. *-ci*] di cono; avente forma di cono: *figura conica.*
conidio [co-nì-dio] *s.m.* (*bot.*) cellula che si stacca da un fungo per dare origine a un nuovo individuo.
conifere [co-nì-fe-re] *s.f.pl.* (*bot.*) classe di piante sempreverdi legnose, con frutti a cono e foglie aghiformi, come il pino, il cipresso, l'abete.
conigliaia [co-ni-glià-ia] *s.f.* (*non com.*) conigliera.
conigliera [co-ni-gliè-ra] *s.f.* recinto o gabbia in cui si allevano i conigli.
conigliesco [co-ni-glié-sco] *agg.* [pl.m. *-schi*] da coniglio: *atteggiamento* —, eccessivamente timoroso, pavido.
coniglietta [co-ni-gliét-ta] *s.f.* ragazza in abito succinto che serve i clienti in locali per soli uomini.
coniglio [co-nì-glio] *s.m.* [f. *-a*] **1** mammifero roditore con coda breve, orecchie lunghe, zampe atte al salto | la carne macellata del coniglio: — *arrosto, alla cacciatora* | pelliccia di coniglio: *collo di* —. DIM. *coniglietto* **2** (*fig.*) persona timida o molto paurosa.
conio [cò-nio] *s.m.* **1** stampo a forma di punzone per la coniazione di monete o medaglie; l'impronta che ne risulta **2** (*fig.*) fattura, creazione: *vocabolo di nuovo* — **3** cuneo di ferro usato per spaccare legna o pietre.
coniugabile [co-niu-gà-bi-le] *agg.* che si può coniugare: *i verbi difettivi sono coniugabili soltanto in alcuni tempi.*
coniugale [co-niu-gà-le] *agg.* del matrimonio, dei coniugi: *amore* —.
coniugare [co-niu-gà-re] *v.tr.* [*io còniugo, tu còniughi ecc.*] **1** elencare ordinatamente le varie forme di un verbo secondo i modi, i tempi, le persone e i numeri: — *un verbo al futuro* **2** (*fig.*) armonizzare, far coesistere: — *libertà e giustizia sociale* ♦ **coniugarsi** *v.rifl.* o *intr.pron.* **1** avere una determinata flessione: *verbi che si coniugano irregolarmente* **2** armonizzarsi, unirsi **3** (*non com.*) sposarsi.
coniugato [co-niu-gà-to] *agg.* **1** che è unito in matrimonio, sposato **2** *angoli coniugati*, (*geom.*) quelli formati da una secante che taglia due rette, collocati entrambi internamente (*coniugati interni*) o esternamente (*coniugati esterni*) alle due rette ♦ *s.m.* [f. *-a*] persona coniugata.
coniugazione [co-niu-ga-zió-ne] *s.f.* (*gramm.*) flessione del verbo secondo i modi, i tempi, le persone, i numeri: — *regolare, irregolare* | tipo di flessione: *prima, seconda, terza* —.
coniuge [cò-niu-ge] *s.m.* e *f.* ognuna delle due persone unite tra loro in matrimonio.
connaturale [con-na-tu-rà-le] *agg.* conforme alla propria natura; congenito, innato: *l'aggressività è* — *ai felini.*
connaturato [con-na-tu-rà-to] *agg.* che è diventato connaturale; radicato, congenito: *vizio* —.
connazionale [con-na-zio-nà-le] *agg.* e *s.m.* e *f.* che/chi è della stessa nazione.
connection [/ kon'nɛkʃon /] *s.f.invar.* (*ingl.*) legame, rapporto, collegamento a fini illegali: — *mafiosa.*
connessione [con-nes-sió-ne] *s.f.* **1** il connettere, l'essere connesso; legame, relazione stretta: *avvenimenti in* — **2** (*elettr.*) sistema di collegamento di conduttori elettrici.
connesso [con-nés-so *o* connèsso] *agg.* unito strettamente; collegato logicamente ♦ *s.m.pl.* solo nella loc. *annessi e connessi*, insieme di fatti attinenti a qlco.
connettere [con-nét-te-re *o* connèttere] *v.tr.* [coniugato come *annettere*] unire insieme, collegare: — *le idee* | (*assol.*) ragionare: *non è più in grado di* —.
connettivo [con-net-tì-vo] *agg.* che serve a connettere | *tessuto* —, (*biol.*) tessuto che ha la funzione di collegare, nutrire e proteggere i vari organi ♦ *s.m.* **1** elemento che serve a connettere **2** (*biol.*) tessuto connettivo **3** (*gramm.*) congiunzione.
connettore [con-net-tó-re] *s.m.* (*tecn.*) dispositivo che serve a collegare e mettere in connessione tra loro più circuiti elettrici.
connivente [con-ni-vèn-te] *agg.* che tacitamente consente a un'azione disonesta; complice.
connivenza [con-ni-vèn-za] *s.f.* l'essere connivente, l'essere complice.
connotare [con-no-tà-re] *v.tr.* [*io connòto ecc.*] (*filos., ling.*) definire, caratterizzare qlco. mediante una sua proprietà.
connotativo [con-no-ta-tì-vo] *agg.* che esprime una connotazione: *termine* —.
connotato [con-no-tà-to] *s.m.* ciascuno dei tratti somatici e dei segni caratteristici che identificano una persona | *cambiare i connotati a qlcu.*, (*scherz.*) percuoterlo fino ad alterargli i lineamenti.
connotazione [con-no-ta-zió-ne] *s.f.* **1** insieme di attributi o proprietà peculiari **2** (*ling.*) sfumatura di senso che una parola ha in aggiunta al suo significato base (p.e. *mamma* ha una connotazione affettiva rispetto a *madre*).
connubio [con-nù-bio] *s.m.* (*lett.*) **1** matrimonio, nozze **2** (*fig.*) unione, accordo.
cono [cò-no] *s.m.* **1** figura geometrica generata dalla rotazione di un triangolo rettangolo intorno a un cateto **2** oggetto a forma di cono: — *gelato*, gelato contenuto in una cialda a forma di cono **3** (*bot.*) frutto a forma di cono delle conifere.
conocchia [co-nòc-chia] *s.f.* la quantità di lana, lino o canapa avvolta sulla rocca | (*estens.*) rocca per filare.
conoide [co-nòi-de] *s.m.* o *f.* **1** solido geometrico simile al cono **2** (*geol.*) deposito sedimentario a forma di semicono, situato allo sbocco di un corso d'acqua in una valle.
conopeo [co-no-pè-o] *s.m.* (*lit.*) cortina posta

davanti al tabernacolo | velo che ricopre la pisside.
conoscente [co-no-scèn-te] *s.m.* e *f.* persona che si conosce e con cui si ha una certa familiarità: *è una —, non un'amica.*
conoscenza [co-no-scèn-za] *s.f.* **1** il conoscere, il conoscersi: *una persona di mia —*; *essere, venire a — di qlco.*, saperla | (*lett.*) il sapere; scienza, dottrina **2** la cosa conosciuta; cognizione, nozione: *avere conoscenze limitate* | persona conosciuta: *essere una vecchia —*, essere conosciuto da molto tempo **3** facoltà d'intendere e ragionare: *perdere —*, svenire.
conoscere [co-nó-sce-re] *v.tr.* [pres. *io conósco, tu conósci ecc.*; pass.rem. *io conóbbi, tu conoscésti ecc.*; part.pass. *conosciuto*] **1** sapere, avere esperienza: *— il mondo*, gli uomini e i loro comportamenti; *— la fame, l'amicizia, l'amore*, averne fatto esperienza **2** avere notizia, cognizione di qlco.: *— un argomento* **3** fare o aver fatto la conoscenza di qlcu.; avere con lui rapporti di familiarità | *farsi —*, dimostrare le proprie qualità; diventare noto | ammettere, accettare: *non — ragioni, ostacoli*, non fermarsi di fronte a niente ♦ **conoscersi** *v.rifl.rec.* fare la reciproca conoscenza, avere relazioni più o meno amichevoli: *ci siamo appena conosciuti.*
conoscibile [co-no-scì-bi-le] *agg.* che si può conoscere ♦ *s.m.* ciò che può essere conosciuto.
conoscibilità [co-no-sci-bi-li-tà] *s.f.* qualità di ciò che è conoscibile; l'essere conoscibile.
conoscitivo [co-no-sci-tì-vo] *agg.* che riguarda la conoscenza: *facoltà conoscitive* | *indagine conoscitiva*, finalizzata all'acquisizione di dati e notizie.
conoscitore [co-no-sci-tó-re] *s.m.* [f. *-trice*] chi conosce; intenditore, esperto: *un — d'arte.*
conosciuto [co-no-sciù-to] *agg.* noto: *un artista molto —.*
conquibus [con-quì-bus] *s.m.invar.* (*scherz.*) denaro: *non avere il —.*
conquista [con-quì-sta] *s.f.* **1** il conquistare, l'essere conquistato: *la — del potere* | la cosa conquistata: *le conquiste coloniali* **2** (*fig.*) risultato di uno sforzo; progresso: *le conquiste della medicina* **3** (*fig.*) successo in campo amoroso: *fare conquiste.*
conquistare [con-qui-stà-re] *v.tr.* **1** impadronirsi di qlco. con le armi: *— una città* **2** ottenere con fatica, con sacrifici: *— la ricchezza* | (*estens.*) guadagnarsi, accattivarsi: *conquistarsi la simpatia di tutti* **3** sedurre, far innamorare di sé: *una bellezza che conquista.*
conquistatore [con-qui-sta-tó-re] *s.m.* [f. *-trice*] chi conquista | chi fa conquiste amorose.
consacrare [con-sa-crà-re] *v.tr.* **1** rendere sacro; conferire sacralità con un rito religioso: *— una chiesa*; *fu consacrato sacerdote* **2** (*fig.*) dedicare, destinare: *— la vita al lavoro* **3** (*fig.*) riconoscere solennemente: *è stato consacrato poeta* | rendere legittimo: *una parola consacrata dall'uso* ♦ **consacrarsi** *v.rifl.* dedicarsi completamente: *— a Dio*, prendere i voti religiosi.
consacrazione [con-sa-cra-zió-ne] *s.f.* **1** il consacrare; il rito con cui si consacra **2** (*lit.*) atto con cui, nella messa, il sacerdote trasforma il pane e il vino nel corpo e nel sangue di Cristo.
consanguineità [con-san-gui-nei-tà] *s.f.* l'essere consanguineo; parentela tra individui che hanno uno o più progenitori comuni.
consanguineo [con-san-guì-ne-o] *agg.* e *s.m.* [f. *-a*] che/chi è dello stesso sangue, della stessa famiglia.
consapevole [con-sa-pé-vo-le] *agg.* **1** che ha consapevolezza; cosciente: *essere — delle proprie azioni* **2** informato: *rendere — di un fatto* □ **consapevolmente** *avv.* con consapevolezza.
consapevolezza [con-sa-pe-vo-léz-za] *s.f.* l'essere consapevole; coscienza.
conscio [còn-scio] *agg.* [pl.f. *-sce*] (*lett.*) che ha coscienza di qlco.; consapevole, cosciente: *essere — del proprio valore* ♦ *s.m.* (*psicoan.*) la sfera dell'attività psichica di cui l'individuo ha consapevolezza □ **consciamente** *avv.*
consecutivo [con-se-cu-tì-vo] *agg.* che viene subito dopo; che è conseguenza | *angoli consecutivi*, (*geom.*) aventi in comune il vertice e un lato | *proposizione consecutiva*, (*gramm.*) proposizione subordinata che indica la conseguenza di ciò che è espresso dalla proposizione reggente (p.e. *gridò tanto che perse la voce*) □ **consecutivamente** *avv.* di seguito, successivamente.
consegna [con-sé-gna] *s.f.* **1** il consegnare, l'essere consegnato; l'atto di affidare o trasmettere qlco. a qlcu.: *— a domicilio*; *dare, ricevere in —* | *dare, fare le consegne*, trasmettere un incarico dando tutte le informazioni utili a chi subentra **2** (*mil.*) insieme di ordini e prescrizioni: *osservare, violare la —* | punizione lieve inflitta a soldati e sottufficiali, che consiste nella sospensione del permesso di libera uscita.
consegnare [con-se-gnà-re] *v.tr.* [*io conségno ecc.*] **1** dare, affidare a qlcu. una cosa o una persona per uno scopo determinato **2** (*mil.*) punire mediante consegna | far rimanere la truppa in caserma per necessità straordinarie ♦ **consegnarsi** *v.rifl.* costituirsi, arrendersi: *— alla giustizia.*
consegnatario [con-se-gna-tà-rio] *s.m.* [f. *-a*] (*dir.*) chi riceve in consegna qlco.: *— di un appartamento.*
conseguente [con-se-guèn-te] *agg.* **1** che segue, che deriva: *conclusione — alle premesse* | *termini conseguenti*, (*mat.*) in una proporzione, ciascuno dei due divisori **2** coerente, logico: *un ragionamento —* ♦ *s.m.* il secondo di due termini strettamente uniti in un rapporto logico o matematico (si contrappone ad *antecedente*) □ **conseguentemente** *avv.* di conseguenza.
conseguenza [con-se-guèn-za] *s.f.* **1** conclusione logica di una o più premesse: *trarre una —* | *di —*, perciò, quindi | *in — di*, a causa di **2** seguito, risultato: *le conseguenze di una malattia.*
conseguibile [con-se-guì-bi-le] *agg.* che si può conseguire: *risultato facilmente —.*

conseguimento [con-se-gui-mén-to] *s.m.* il conseguire; ottenimento, raggiungimento: — *della laurea.*
conseguire [con-se-guì-re] *v.tr.* [*io conséguo ecc.*] ottenere, raggiungere: — *la promozione, un successo* ♦ *v.intr.* [aus. *essere*] venire come conseguenza; risultare, derivare.
consenso [con-sèn-so] *s.m.* **1** il consentire a una cosa richiesta | (*estens.*) approvazione, assenso: *chiedere, ottenere il* — **2** conformità di voleri, di opinioni; accordo.
consensuale [con-sen-su-à-le] *agg.* (*dir.*) di consenso, fatto con reciproco consenso: *separazione* — □ **consensualmente** *avv.*
consentaneo [con-sen-tà-neo] *agg.* (*lett.*) conforme, corrispondente, coerente.
consentire [con-sen-tì-re] *v.tr.* [*io consènto ecc.*] concedere, permettere, accordare: *consentimi di parlare* ♦ *v.intr.* [aus. *avere*] **1** essere d'accordo con qlcu.: — *con una decisione* **2** acconsentire, accondiscendere: — *ai desideri dei figli.*
consenziente [con-sen-zièn-te] *agg.* che consente, che accetta, che è dello stesso parere: *tutti erano consenzienti al progetto.*
consequenziale [con-se-quen-zià-le] *agg.* che deriva per conseguenza logica; coerente: *un ragionamento* —.
consequenzialità [con-se-quen-zia-li-tà] *s.f.* l'essere consequenziale; coerenza logica.
conserto [con-sèr-to] *agg.* solo nella loc. *a braccia conserte*, incrociate.
conserva[1] [con-sèr-va] *s.f.* **1** il conservare cibi: *mettere la frutta in* — **2** cibo preparato e confezionato per essere conservato a lungo: — *di frutta*, marmellata; — *di pomodoro*, salsa.
conserva[2] *s.f.* solo nella loc. *di* —, insieme, in gruppo | *andare, procedere di* —, (*fig.*) andare d'accordo.
conservabile [con-ser-và-bi-le] *agg.* che si può conservare: *un cibo* —.
conservante [con-ser-vàn-te] *agg.* e *s.m.* si dice di sostanza che viene aggiunta ad alcuni prodotti per impedirne o ritardarne l'alterazione.
conservare [con-ser-và-re] *v.tr.* [*io consèrvo ecc.*] **1** mantenere qlco. in modo che non si alteri; custodire **2** avere ancora, non aver perduto; mantenere, serbare ♦ **conservarsi** *v.rifl.* e *intr.pron.* mantenersi in buono stato, in salute: *alla sua età si conserva bene.*
conservativo [con-ser-va-tì-vo] *agg.* che tende a conservare.
conservatore [con-ser-va-tó-re] *agg.* [f. *-trice*] **1** che conserva: *liquido* — **2** (*fig.*) che tende a non cambiare | che è contrario a riforme sociali o politiche: *partito* — ♦ *s.m.* [f. *-trice*] chi è avverso alle novità, ai cambiamenti | chi aderisce a un partito conservatore.
conservatoria [con-ser-va-to-rì-a] *s.f.* (*burocr.*) l'ufficio dove sono registrate le ipoteche.
conservatorio [con-ser-va-tò-rio] *s.m.* istituto in cui si insegnano le discipline musicali: *studiare al* —.
conservatorismo [con-ser-va-to-rì-ʃmo] *s.m.* tendenza a conservare gli ordinamenti e gli istituti tradizionali di uno stato, avversando ogni forma di innovazione politica o sociale.
conservazione [con-ser-va-zió-ne] *s.f.* il conservare; stato in cui una cosa è o si è conservata: *una casa in pessimo stato di* — | *istinto di* —, quello che spinge uomini e animali a conservarsi in vita.
conserviero [con-ser-viè-ro] *agg.* che produce conserve alimentari: *industria conserviera.*
consesso [con-sès-so] *s.m.* riunione di persone autorevoli; il luogo dove questa si tiene: *un — di scienziati.*
considerare [con-si-de-rà-re] *v.tr.* [*io consìdero ecc.*] **1** esaminare con attenzione; tenere presente | *considerato che*, visto che, dal momento che **2** ritenere; giudicare: — *qlcu. come fratello* **3** apprezzare, avere stima di qlcu.: *il professore lo considera molto* **4** (*dir.*) prevedere, contemplare: *il codice non considera questo caso* ♦ **considerarsi** *v.rifl.* ritenersi, giudicarsi: — *fortunato.*
considerato [con-si-de-rà-to] *agg.* stimato, apprezzato.
considerazione [con-si-de-ra-zió-ne] *s.f.* **1** il considerare; esame attento e coscienzioso: *prendere in — un problema* | *in — di*, tenendo presente **2** reputazione, stima: *godere di molta* — **3** avvedutezza, prudenza: *agire senza* —, sconsideratamente **4** osservazione a proposito di un fatto, un argomento.
considerevole [con-si-de-ré-vo-le] *agg.* che è degno di considerazione; notevole, importante: *una somma* — □ **considerevolmente** *avv.*
consigliabile [con-si-glià-bi-le] *agg.* raccomandabile, opportuno, utile: *è — guidare con prudenza.*
consigliare [con-si-glià-re] *v.tr.* [*io consìglio ecc.*] dare un consiglio, un avvertimento; raccomandare, suggerire ♦ **consigliarsi** *v.intr.pron.* rivolgersi a qlcu. per avere un consiglio; consultarsi.
consigliere [con-si-gliè-re] *s.m.* [f. *-a*] **1** chi consiglia (anche *fig.*): *l'ira è una cattiva consigliera* **2** membro di un consiglio: — *comunale* | titolo e grado di alcuni funzionari: — *d'amministrazione*, in una società, membro del consiglio d'amministrazione **3** (*dir.*) membro di un collegio giudicante: — *di cassazione.*
consiglio [con-sì-glio] *s.m.* **1** suggerimento, parere che si dà a qlcu. per aiutarlo a risolvere un dubbio o per indurlo a fare qlco. **2** (*lett.*) risoluzione, decisione | *venire a più miti consigli*, dimostrarsi ragionevole **3** colloquio o consultazione tra più persone per trattare questioni importanti: — *di famiglia* **4** organo composto da più persone, con funzioni deliberative o consultive: — *d'amministrazione.*
consiliare [con-si-lià-re] *agg.* del consiglio, relativo a un consiglio (come organo collegiale): *sala* —.
consimile [con-sì-mi-le] *agg.* (*lett.*) simile, analogo.

consistente [con-si-stèn-te] *agg.* che presenta solidità, resistenza: *una stoffa —* | (*fig.*) considerevole, cospicuo: *una somma —*.

consistenza [con-si-stèn-za] *s.f.* **1** l'essere consistente; solidità, resistenza | (*estens.*) entità, quantità: *la — di un patrimonio* **2** (*fig.*) validità, fondatezza: *voci senza —*.

consistere [con-sì-ste-re] *v.intr.* [pass.rem. *io consistéi* o *consistètti, tu consistésti ecc.*; part. pass. *consistito*; aus. *essere*] essere composto, costituito; risultare: *l'opera consiste di cinque volumi*.

consociare [con-so-cià-re] *v.tr.* [*io consòcio ecc.*] unire in società; associare.

consociativismo [con-so-cia-ti-vì-ʃmo] *s.m.* (*polit.*) gestione del potere fondata su un compromesso tra maggioranza e opposizione, grazie al quale tutte le forze politiche traggono vantaggi.

consociativo [con-so-cia-tì-vo] *agg.* di consociazione, legato in un rapporto di consociazione.

consociato [con-so-cià-to] *agg.* **1** unito in società, associato **2** appartenente al medesimo gruppo aziendale ♦ *s.m.* [f. *-a*] iscritto a una consociazione.

consociazione [con-so-cia-zió-ne] *s.f.* **1** il consociare, l'essere consociato (*polit.*) consociativismo **2** associazione di più società **3** (*agr.*) coltivazione, nello stesso terreno, di piante di specie diversa.

consocio [con-sò-cio] *s.m.* chi è socio con altri nella stessa attività: *— in affari*.

consolante [con-so-làn-te] *agg.* che dà conforto, che allieta: *una notizia —*.

consolare[1] [con-so-là-re] *v.tr.* [*io consólo ecc.*] **1** sollevare da un dolore morale, confortare | mitigare, alleviare: *— la pena di qlcu.* **2** allietare, procurare piacere: *vederti in buona salute mi consola* ♦ **consolarsi** *v.rifl.* **1** trovar sollievo, conforto **2** allietarsi.

consolare[2] *agg.* **1** che si riferisce a un console o ai consoli della Roma antica | *vie consolari*, le grandi strade che partono da Roma, fatte costruire dai consoli **2** relativo al diplomatico che ha funzioni di console | *corpo —*, l'insieme dei consoli accreditati presso uno stato.

consolato [con-so-là-to] *s.m.* **1** in Roma antica, ufficio e dignità di console **2** nei comuni medievali, carica di console **3** oggi, l'ufficio che cura la rappresentanza di uno stato all'estero in città non capitali | la carica del diplomatico preposto a questo ufficio.

consolatore [con-so-la-tó-re] *agg.* e *s.m.* [f. *-trice*] che/chi consola: *un sogno —*.

consolatorio [con-so-la-tò-rio] *agg.* atto a consolare: *parole consolatorie*.

consolazione [con-so-la-zió-ne] *s.f.* **1** il consolare, il consolarsi, l'essere consolato; conforto, piacere: *cercare, trovare — in qlco.*; *essere di — a qlcu.* | *premio di —*, di poco valore, che si dà a chi, in una gara o in una lotteria, non ha ottenuto i premi maggiori **2** persona o cosa che consola: *la famiglia è la sua —*.

console[1] [còn-so-le] *s.m.* **1** nell'antica Roma, ciascuno dei due supremi magistrati eletti ogni anno **2** nel Medioevo, magistrato del comune con funzioni amministrative, giurisdizionali e militari **3** oggi, diplomatico che rappresenta uno stato all'estero in città non capitali, con compiti di carattere prevalentemente amministrativo.

console[2] [/ kon'sɔl /] *s.f.invar.* (*fr.*) **1** tavolino lungo e stretto da appoggiare alla parete come una mensola **2** (*mus.*) parte dell'organo che contiene le tastiere e tutti i comandi necessari per il suo funzionamento **3** quadro di comando di apparecchiature elettriche o elettroniche.

consolidamento [con-so-li-da-mén-to] *s.m.* **1** il consolidare, il consolidarsi, l'essere consolidato **2** (*econ.*) conversione di un debito a breve termine in un debito a lunga scadenza.

consolidare [con-so-li-dà-re] *v.tr.* [*io consòlido ecc.*] **1** rendere solido o più solido; rinsaldare (anche *fig.*): *— un'amicizia* | *— un terreno*, rassodarlo per evitare frane o cedimenti | *— una posizione*, (*mil.*) organizzare opere di difesa intorno a un luogo occupato; (*fig.*) rafforzare il proprio ruolo in un ambiente **2** (*econ.*) sottoporre a consolidamento: *— un debito* ♦ **consolidarsi** *v.rifl.* o *intr.pron.* diventare solido o più solido; rinsaldarsi.

consolidato [con-so-li-dà-to] *agg.* reso solido, rinsaldato (anche *fig.*): *terreno —*; *fama consolidata*.

consolle [con-sòl-le] *s.f.invar.* adattamento del fr. *console*.

consommé [/ konsom'me /] *s.m.invar.* (*fr.*) brodo ristretto.

consonante [con-so-nàn-te] *agg.* che dà suono insieme a un altro suono; che è in armonia: *accordo —* ♦ *s.f.* (*ling.*) suono di una lingua che viene pronunciato con una chiusura o un forte restringimento dell'apparato di fonazione (si contrappone a *vocale*) | la lettera dell'alfabeto che rappresenta questo suono.

consonantico [con-so-nàn-ti-co] *agg.* [pl.m. *-ci*] (*ling.*) di consonante, di consonanti: *suono, gruppo —*.

consonantismo [con-so-nan-tì-ʃmo] *s.m.* (*ling.*) il sistema delle consonanti di una lingua, considerate sincronicamente o nella loro origine e nel loro sviluppo.

consonanza [con-so-nàn-za] *s.f.* **1** (*mus.*) la qualità gradevole di un accordo **2** in metrica, sorta di rima nella quale si ripetono i suoni consonantici a partire dalla vocale accentata (p.e. *vènto-cànto*) **3** (*fig.*) corrispondenza, accordo: *— di idee, di sentimenti*.

consono [còn-so-no] *agg.* conforme, adeguato: *una condotta consona alla propria dignità*.

consorella [con-so-rèl-la] *s.f.* **1** ogni donna che fa parte dello stesso ordine religioso o della stessa confraternita rispetto ad altre donne **2** (*comm.*)

ogni società o filiale rispetto alle altre del medesimo gruppo ♦ *agg.* dello stesso gruppo; consociato: *ditta* —.
consorte [con-sòr-te] *s.m.* e *f.* (*lett.*) ognuno dei due coniugi rispetto all'altro.
consorteria [con-sor-te-rì-a] *s.f.* **1** nel Medioevo, gruppo di famiglie nobili associate nella difesa di interessi comuni **2** (*spreg.*) gruppo politico o economico che persegue i propri esclusivi interessi.
consortile [con-sor-tì-le] *agg.* di consorzio, costituito mediante consorzio: *economia, azienda* —.
consorziale [con-sor-zià-le] *agg.* di consorzio: *attività, gestione* —.
consorziare [con-sor-zià-re] *v.tr.* [*io consòrzio ecc.*] riunire in consorzio ♦ **consorziarsi** *v.rifl.* unirsi in consorzio.
consorzio [con-sòr-zio] *s.m.* **1** (*lett.*) società: *il — umano* | (*estens.*) gruppo, compagnia: *un — di amici* **2** associazione di persone o enti per il coordinamento di attività economiche simili: — *bancario, agrario.*
constare [con-stà-re] *v.intr.* [*io cònsto ecc.*; aus. *essere*] essere composto, costituito: *un trattato che consta di quaranta capitoli* ♦ *v.intr.impers.* [aus. *essere*] essere noto, risultare: *non mi consta che egli sia in città.*
constatare [con-sta-tà-re] *v.tr.* [*io constàto* o *cònstato ecc.*] accertare, prendere atto di qlco.: — *i fatti.*
constatazione [con-sta-ta-zió-ne] *s.f.* il constatare, l'essere constatato: *fare una* —.
consueto [con-su-è-to] *agg.* solito, abituale: *gesti consueti* ♦ *s.m.* ciò che si fa o avviene d'abitudine; consuetudine: *mangiare più del* — | *di* —, di solito □ **consuetamente** *avv.*
consuetudinario [con-sue-tu-di-nà-rio] *agg.* che avviene, si svolge, si comporta secondo consuetudine: *una vita consuetudinaria* | *diritto* —, che si fonda sulla consuetudine, non sulla norma scritta.
consuetudine [con-sue-tù-di-ne] *s.f.* **1** abitudine; tradizione, usanza: *agire secondo* — | (*estens.*) familiarità, dimestichezza: *avere — con la poesia* **2** (*dir.*) regola sociale non scritta, osservata in maniera costante e uniforme.
consulente [con-su-lèn-te] *s.m.* e *f.* professionista che dà consigli e pareri sulla materia di cui è esperto: — *legale, finanziario.*
consulenza [con-su-lèn-za] *s.f.* parere tecnico dato da un esperto.
consulta [con-sùl-ta] *s.f.* nome di organi o di collegi che hanno funzione di consulenza: — *di stato.*
consultabile [con-sul-tà-bi-le] *agg.* che può essere consultato, che è in consultazione: *un fondo bibliotecario* —.
consultare [con-sul-tà-re] *v.tr.* **1** richiedere un consiglio, un parere su questioni di carattere tecnico: — *un medico* **2** (*estens.*) leggere per cercare un'informazione, dei dati: — *l'elenco telefonico* ♦ **consultarsi** *v.intr.pron.* rivolgersi a qlcu. per avere consiglio; consigliarsi: — *col proprio legale* ♦ *v.rifl.rec.* scambiarsi pareri, informazioni: *i medici si consultarono.*
consultazione [con-sul-ta-zió-ne] *s.f.* il consultare, il consultarsi, l'essere consultato; il parere di chi viene consultato: — *popolare*, espressione della volontà popolare attraverso il voto | *opere di* —, in una biblioteca pubblica, i volumi che devono essere consultati in sede e non si danno in prestito.
consultivo [con-sul-tì-vo] *agg.* che esprime pareri ma non ha potere decisionale: *voto* —; *assemblea consultiva.*
consulto [con-sùl-to] *s.m.* **1** visita fatta a un malato da più medici contemporaneamente **2** (*estens.*) consultazione, esame approfondito di più esperti su un determinato argomento.
consultorio [con-sul-tò-rio] *s.m.* centro pubblico di consulenza su problemi di ordine sociosanitario | — *familiare*, servizio con compiti di educazione, prevenzione e assistenza in materia di maternità e contraccezione.
consumabile [con-su-mà-bi-le] *agg.* che si può consumare.
consumare[1] [con-su-mà-re] *v.tr.* **1** finire o logorare con l'uso; esaurire, terminare (anche *fig.*): — *le provviste*; *essere consumato dal dolore* | (*estens.*) spendere, sprecare: — *il tempo* **2** impiegare, utilizzare energia o carburante: — *elettricità*; *un'automobile che consuma troppo* **3** (*lett.*) mangiare, bere: — *il pranzo* | effettuare una consumazione in un locale pubblico (anche *assol.*): *si fermò nel bar senza* — ♦ **consumarsi** *v.rifl.* struggersi, logorarsi: — *nello studio* ♦ *v. intr.pron.* ridursi poco per volta; esaurirsi: *la carica si è consumata.*
consumare[2] *v.tr.* portare a compimento: — *un sacrificio*; — *un delitto*, commetterlo | — *il matrimonio*, detto di coniugi, compiere per la prima volta l'atto sessuale.
consumato [con-su-mà-to] *agg.* pratico, abile, esperto: *un chirurgo* — | *matrimonio non* —, quello nel quale non abbia avuto luogo l'atto sessuale.
consumatore [con-su-ma-tó-re] *s.m.* [f. *-trice*] **1** chi consuma un bene, un prodotto **2** chi consuma in un locale pubblico **3** (*biol.*) organismo che si nutre di altri organismi viventi.
consumazione[1] [con-su-ma-zió-ne] *s.f.* **1** il consumare, il consumarsi, l'essere consumato **2** ciò che si mangia o si beve in un locale pubblico: *pagare la* —.
consumazione[2] *s.f.* il portare a compimento: *la — di un delitto.*
consumismo [con-su-mì-ʃmo] *s.m.* nelle società capitalistiche, tendenza a sviluppare sempre nuovi consumi privati.
consumistico [con-su-mì-sti-co] *agg.* [pl.m. *-ci*] del consumismo, proprio della civiltà dei consumi: *società consumistica* □ **consumisticamente** *avv.*

consumo [con-sù-mo] *s.m.* **1** il consumare, il consumarsi; ciò che si consuma | *a uso e — di qlcu.*, (*fig.*) appositamente per lui, in suo favore **2** (*econ.*) utilizzazione di un bene al fine di soddisfare un bisogno | *civiltà, società dei consumi*, basata sul consumismo.
consuntivo [con-sun-tì-vo] *agg.* (*econ.*) che costituisce il rendiconto finale di un periodo di attività: *bilancio* — ♦ *s.m.* bilancio consuntivo (anche *fig.*): *fare il — della propria vita.*
consunto [con-sùn-to] *agg.* consumato, logoro: *un abito —.*
consunzione [con-sun-zió-ne] *s.f.* **1** (*lett.*) consumazione, logoramento **2** deperimento fisico dovuto a grave malattia.
consuocero [con-suò-ce-ro] *s.m.* [f. *-a*] ciascuno dei genitori di un coniuge rispetto ai genitori dell'altro coniuge.
consustanziale [con-su-stan-zià-le] *agg.* (*teol.*) si dice di ognuna delle tre persone della Trinità per indicarne l'identità di sostanza o natura con le altre due.
conta [cón-ta] *s.f.* nei giochi dei bambini, conteggio per stabilire a chi tocca fare una determinata cosa: *fare la —.*
contaballe [con-ta-bàl-le] *s.m.* e *f.invar.* (*pop.*) bugiardo.
contabile [con-tà-bi-le] *agg.* che si riferisce alla contabilità: *operazione —* ♦ *s.m.* [anche *f.*] chi tiene la contabilità; ragioniere, computista.
contabilità [con-ta-bi-li-tà] *s.f.* **1** parte della ragioneria che studia il modo di tenere i conti di un'amministrazione; l'insieme delle operazioni contabili **2** l'ufficio che cura la tenuta dei conti | l'insieme dei libri e dei conti stessi.
contabilizzare [con-ta-bi-liʒ-ʒà-re] *v.tr.* iscrivere nei conti: *— una spesa.*
contabilizzazione [con-ta-bi-liʒ-ʒa-zió-ne] *s.f.* il contabilizzare, l'essere contabilizzato.
contachilometri [con-ta-chi-lò-me-tri] *s.m. invar.* strumento che registra i chilometri percorsi da un veicolo.
contadinesco [con-ta-di-né-sco] *agg.* [pl.m. *-schi*] **1** (*non com.*) campagnolo: *canti contadineschi* **2** (*spreg.*) rozzo, grossolano: *modi contadineschi.*
contadino [con-ta-dì-no] *s.m.* [f. *-a*] **1** chi lavora la terra; agricoltore. DIM. *contadinello* ACCR. *contadinotto* **2** (*spreg.*) persona rozza e maleducata ♦ *agg.* proprio dei contadini; campagnolo: *la civiltà contadina.*
contado [con-tà-do] *s.m.* (*antiq.*) territorio intorno a una città.
contagiare [con-ta-già-re] *v.tr.* [*io contàgio ecc.*] **1** trasmettere una malattia a un individuo sano **2** (*fig.*) influenzare: *il suo ottimismo contagia tutti.*
contagio [con-tà-gio] *s.m.* **1** trasmissione di una malattia infettiva; la malattia stessa **2** (*fig.*) diffusione: *certe idee si propagano per —.*
contagiosità [con-ta-gio-si-tà] *s.f.* l'essere contagioso: *la — di una malattia.*
contagioso [con-ta-gió-so] *agg.* che ha la proprietà di contagiare, di trasmettersi per contagio (anche *fig.*): *morbo, esempio —* □ **contagiosamente** *avv.*
contagiri [con-ta-gì-ri] *s.m.invar.* apparecchio per contare i giri che un corpo rotante compie in un certo tempo: *il — del registratore.*
contagocce [con-ta-góc-ce] *s.m.invar.* pompetta di vetro e gomma usata per versare un medicinale liquido contandone le gocce | *dare, fare qlco. col —*, (*fig.*) un po' per volta, a piccole dosi.
container [/ kon'tɛiner /] *s.m.invar.* (*ingl.*) grande contenitore per il trasporto di merci.
contaminante [con-ta-mi-nàn-te] *agg.* e *s.m.* si dice di sostanza che contamina, che inquina.
contaminare [con-ta-mi-nà-re] *v.tr.* [*io contàmino ecc.*] **1** insozzare, inquinare, infettare **2** (*fig.*) corrompere spiritualmente **3** fondere in un unico testo più elementi di diversa provenienza.
contaminazione [con-ta-mi-na-zió-ne] *s.f.* **1** il contaminare, l'essere contaminato: *— radioattiva* **2** in un testo, fusione di più elementi di diversa provenienza.
contaminuti [con-ta-mi-nù-ti] *s.m.invar.* meccanismo a orologeria che suona dopo il numero di minuti prefissato con la carica.
contante [con-tàn-te] *agg.* e *s.m.* **1** si dice di somma di denaro costituita da monete e banconote, con esclusione di assegni o cambiali **2** si dice di somma pagata immediatamente: *pagare in contanti*, senza dilazioni o rate.
contare [con-tà-re] *v.tr.* [*io cónto ecc.*] **1** numerare progressivamente una serie di cose o persone per calcolarne la quantità: *— le carte, i punti* **2** (*assol.*) dire i numeri in ordine progressivo | (*estens.*) fare le più semplici operazioni aritmetiche: *non sa ancora —* **3** mettere in conto, considerare: *una casa di tre piani, senza — la soffitta* **4** proporsi, ripromettersi: *conto di partire domani* ♦ *v.intr.* [aus. *avere*] **1** valere, avere autorità: *non — niente* **2** confidare, fare assegnamento: *non si può — su di lui.*
contascatti [con-ta-scàt-ti] *s.m.invar.* apparecchio che conteggia gli scatti di un apparecchio telefonico.
contasecondi [con-ta-se-cón-di] *s.m.invar.* tipo di orologio predisposto per misurare i secondi e le frazioni di secondo.
contato [con-tà-to] *agg.* in numero o in quantità limitata: *avere il denaro —* | *avere i minuti contati*, disporre di pochissimo tempo.
contatore [con-ta-tó-re] *s.m.* (*tecn.*) apparecchio che misura l'attività e i consumi di macchina o impianto: *— della luce, del gas, dell'acqua*, registrano i consumi delle utenze domestiche.
contatorista [con-ta-to-rì-sta] *s.m.* e *f.* [pl.m. *-sti*] chi è addetto alla manutenzione e alla riparazione di contatori.
contattare [con-tat-tà-re] *v.tr.* mettersi in contatto, prendere contatto con qlcu.
contatto [con-tàt-to] *s.m.* **1** il toccare o il toc-

carsi materialmente: *mettere i mobili a — con le pareti* **2** (*fig.*) rapporto, relazione: *essere in — con una persona* **3** (*tecn.*) collegamento: — *telefonico* | — *elettrico*, continuità tra due conduttori che permette il passaggio di corrente dall'uno all'altro.

contattologia [con-tat-to-lo-gì-a] *s.f.* tecnica dell'applicazione delle lenti a contatto.

contattologo [con-tat-tò-lo-go] *s.m.* [f. *-a*; pl.m. *-gi*] ottico esperto in contattologia.

conte [cón-te] *s.m.* **1** titolo che nella gerarchia nobiliare precede quello di barone e segue quello di marchese **2** nell'ordinamento feudale, nobile investito del governo di una contea.

contea [con-tè-a] *s.f.* **1** territorio sottoposto alla giurisdizione di un conte | grado o titolo di conte **2** in Inghilterra e in altri paesi anglosassoni, suddivisione amministrativa del territorio dello stato.

conteggiare [con-teg-già-re] *v.tr.* [*io contéggio ecc.*] calcolare, mettere in un conto: — *gli straordinari* ♦ *v.intr.* [aus. *avere*] fare un conteggio.

conteggio [con-tég-gio] *s.m.* il conteggiare; calcolo, computo.

contegno [con-té-gno] *s.m.* **1** modo di comportarsi; condotta, atteggiamento **2** atteggiamento dignitoso e riservato | *darsi un* —, nascondere il proprio imbarazzo fingendo una certa disinvoltura.

contegnoso [con-te-gnó-so] *agg.* pieno di contegno; sostenuto, riservato □ **contegnosamente** *avv.*

contemperare [con-tem-pe-rà-re] *v.tr.* [*io contèmpero ecc.*] **1** accordare, armonizzare; adattare: — *esigenze diverse* **2** moderare, mitigare: — *la severità con la dolcezza* **3** (*lett.*) mescolare in giuste proporzioni; dosare.

contemplare [con-tem-plà-re] *v.tr.* [*io contèmplo ecc.*] **1** guardare a lungo; osservare con raccoglimento e ammirazione: — *un panorama* **2** concentrarsi su qlco.; meditare: — *i misteri della fede* **3** prevedere, prendere in considerazione: *il regolamento non contempla questa possibilità.*

contemplativo [con-tem-pla-tì-vo] *agg.* di chi si dedica alla contemplazione religiosa o alla meditazione filosofica: *vita contemplativa*, quella dei monaci ♦ *s.m.* [f. *-a*] chi fa vita contemplativa.

contemplazione [con-tem-pla-zió-ne] *s.f.* **1** il contemplare, l'essere contemplato **2** meditazione, intuizione di verità soprannaturali | *darsi alla* —, alla vita contemplativa.

contempo [con-tèm-po] solo nella loc. avv. *nel* —, frattanto, nello stesso tempo; insieme: *un racconto piacevole e nel — istruttivo.*

contemporaneista [con-tem-po-ra-ne-ì-sta] *s.m.* e *f.* [pl.m. *-sti*] studioso specializzato nel settore contemporaneistico di una disciplina storica (storia, letteratura, arte ecc.).

contemporaneità [con-tem-po-ra-nei-tà] *s.f.* qualità di ciò che è contemporaneo: *la — di due eventi.*

contemporaneo [con-tem-po-rà-ne-o] *agg.* che vive o avviene nello stesso tempo: *fatti contemporanei* | che si riferisce all'età presente: *storia contemporanea* ♦ *s.m.* [f. *-a*] chi vive nello stesso tempo di un altro | chi vive nell'età presente □ **contemporaneamente** *avv.* nello stesso tempo.

contendente [con-ten-dèn-te] *agg.* e *s.m.* e *f.* che/chi contrasta; avversario, rivale.

contendere [con-tèn-de-re] *v.tr.* [coniugato come *tendere*] contrastare, cercare di togliere: — *un diritto a qlcu.*, negarglielo | disputarsi l'un l'altro: *contendersi un premio* ♦ *v.intr.* [aus. *avere*] litigare, essere in contrasto: — *con qlcu. per qlco.* | gareggiare, competere: — *per la vittoria.*

contenere [con-te-né-re] *v.tr.* [coniugato come *tenere*] **1** comprendere in sé, racchiudere **2** (*estens.*) frenare, trattenere: — *l'emozione* | ridurre, limitare: — *le spese* ♦ **contenersi** *v.rifl.* dominarsi: *non riuscì a* —.

contenimento [con-te-ni-mén-to] *s.m.* il contenere, l'essere contenuto: *il — delle tariffe.*

contenitore [con-te-ni-tó-re] *s.m.* **1** recipiente **2** involucro che serve da imballaggio per il trasporto di materiali **3** trasmissione televisiva di lunga durata nella quale si presentano numeri di varietà e servizi vari.

contentare [con-ten-tà-re] *v.tr.* [*io contènto ecc.*] far contento; appagare, soddisfare ♦ **contentarsi** *v.intr.pron.* essere soddisfatto | limitarsi nei desideri | *prov.*: *chi si contenta gode.*

contentezza [con-ten-téz-za] *s.f.* l'essere contento; ciò che rende contento.

contentino [con-ten-tì-no] *s.m.* modesta ricompensa che si dà per accontentare qlcu.: *ricevere un* —.

contento [con-tèn-to] *agg.* **1** soddisfatto, appagato **2** allegro, lieto | *cuor* —, persona di carattere allegro.

contenutismo [con-te-nu-tì-smo] *s.m.* **1** il prevalere, in un'opera d'arte, dei valori contenutistici su quelli formali **2** tendenza della critica a porre l'accento sul contenuto delle opere più che sulla loro forma.

contenutistico [con-te-nu-tì-sti-co] *agg.* [pl.m. *-ci*] che si riferisce al contenuto di un'opera d'arte.

contenuto¹ [con-te-nù-to] *s.m.* **1** ciò che è dentro qlco.: *il — di un pacco* **2** argomento, materia trattata: *il — di una lettera, di un libro* **3** in un'opera d'arte, ciò che l'artista descrive o rappresenta, indipendentemente dalla forma in cui lo fa.

contenuto² *agg.* che si contiene, si controlla, non cade in eccessi | misurato, sobrio: *una spesa contenuta.*

contenzioso [con-ten-zió-so] *agg.* (*dir.*) che riguarda una controversia giuridica ♦ *s.m.* (*dir.*) insieme delle controversie in un determinato ambito.

conterie [con-te-rì-e] *s.f.pl.* perline di grandezza e colori diversi, usate per monili e guarnizioni.

conterraneo [con-ter-rà-ne-o] *agg.* e *s.m.* [f. *-a*] che/chi è della stessa terra o paese.

contesa [con-té-sa] *s.f.* **1** il contendere; controversia, lite **2** gara tra due o più contendenti.
conteso [con-té-so] *agg.* che suscita il desiderio di molti: *un premio —*.
contessa [con-tés-sa] *s.f.* **1** gentildonna investita del titolo comitale **2** moglie o figlia del conte. DIM. *contessina*.
contessina [con-tes-sì-na] *s.f.* giovane figlia di un conte.
contestare [con-te-stà-re] *v.tr.* [*io contèsto ecc.*] **1** (*dir.*) notificare formalmente: — *una contravvenzione* **2** negare la validità di qlco.: — *un argomento* **3** criticare radicalmente: — *la società*.
contestatario [con-te-sta-tà-rio] *agg.* e *s.m.* che/chi contesta: *atteggiamento —*.
contestatore [con-te-sta-tó-re] *s.m.* [f. *-trice*] chi contesta la società, le istituzioni.
contestazione [con-te-sta-zió-ne] *s.f.* **1** (*dir.*) notifica formale: — *di reato* **2** confutazione di un fatto: — *di una prova* **3** critica, protesta radicale.
contestimone [con-te-sti-mò-ne] *s.m.* (*dir.*) chi testimonia insieme con altri.
contesto [con-tè-sto] *s.m.* **1** l'insieme delle parti di uno scritto o di un discorso: *isolare una parola dal suo —* **2** (*estens.*) complesso di circostanze in cui si verifica un fatto, un fenomeno: *il — politico, culturale*.
contestuale [con-te-stu-à-le] *agg.* **1** del contesto, relativo a un contesto **2** (*burocr.*, *dir.*) si dice di un fatto che ha luogo contemporaneamente a un altro: *atto, firma —* □ **contestualmente** *avv.* contemporaneamente.
contestualità [con-te-stua-li-tà] *s.f.* l'essere contestuale; appartenenza allo stesso contesto.
contestualizzare [con-te-stu-a-liʒ-ʒà-re] *v.tr.* (*lett.*) inserire nel contesto, riferire a un dato contesto: — *una parola, un evento*.
contiguità [con-ti-gui-tà] *s.f.* l'essere contiguo; contatto, vicinanza.
contiguo [con-tì-gu-o] *agg.* vicino, attiguo, confinante: *giardini contigui*.
continentale [con-ti-nen-tà-le] *agg.* del continente, che si trova nel continente: *clima, stato —* | *Europa —*, il continente europeo, con esclusione delle isole e delle penisole ♦ *s.m.* e *f.* chi è nato, chi abita sul continente, rispetto agli isolani.
continente [con-ti-nèn-te] *s.m.* **1** ognuna delle grandi superfici emerse della crosta terrestre **2** la terraferma, rispetto alle isole vicine: *andare a vivere in —*.
continenza [con-ti-nèn-za] *s.f.* l'essere continente; temperanza, moderazione.
contingentamento [con-tin-gen-ta-mén-to] *s.m.* (*econ.*) limitazione, da parte dello stato, delle importazioni o delle esportazioni di determinate merci.
contingentare [con-tin-gen-tà-re] *v.tr.* [*io contingènto ecc.*] applicare il contingentamento alle importazioni o alle esportazioni.
contingente[1] [con-tin-gèn-te] *agg.* **1** (*filos.*) non necessario; accidentale, casuale **2** (*estens.*) si dice di ciò che è legato a una determinata situazione o a un particolare momento: *fattori contingenti*.
contingente[2] *s.m.* **1** parte assegnata o imposta come contribuzione: — *in denaro* **2** (*econ.*) quantità massima di una merce sottoposta a contingentamento **3** (*mil.*) complesso di uomini e mezzi | — *di leva*, il numero di uomini chiamati contemporaneamente alla leva.
contingenza [con-tin-gèn-za] *s.f.* **1** (*filos.*) l'essere contingente, accidentale; le cose contingenti **2** (*estens.*) situazione, circostanza fortuita: *una triste —* **3** *indennità di —*, (*econ.*) somma variabile aggiunta alla paga in considerazione dell'aumento del costo della vita.
continuabile [con-ti-nu-à-bi-le] *agg.* (*non com.*) che può essere continuato.
continuare [con-ti-nu-à-re] *v.tr.* [*io contìnuo ecc.*] proseguire una cosa intrapresa da sé o da altri; riprendere dopo un'interruzione ♦ *v.intr.* [aus. *avere* riferito a persona, *essere* o *avere* riferito a cosa] andare avanti, non finire; procedere nel tempo o nello spazio: *ha continuato a parlare per ore*; *il temporale è continuato tutta la notte*.
continuativo [con-ti-nua-tì-vo] *agg.* che continua; duraturo: *incarico —* □ **continuativamente** *avv.*
continuato [con-ti-nu-à-to] *agg.* continuo, ininterrotto: *orario —*, quello che non ha interruzioni nel corso della giornata lavorativa □ **continuatamente** *avv.*
continuatore [con-ti-nu-a-tó-re] *s.m.* [f. *-trice*] chi continua un'opera incominciata da altri.
continuazione [con-ti-nu-a-zió-ne] *s.f.* il continuare; ciò che segue a qlco. | *in —*, continuamente, senza smettere mai.
continuità [con-ti-nui-tà] *s.f.* l'essere continuo: *la — di un fenomeno* | *soluzione di —*, interruzione, intervallo.
continuo [con-tì-nu-o] *agg.* **1** che non ha interruzioni; incessante, ininterrotto | *corrente continua*, (*elettr.*) corrente di intensità e senso costante | *di —*, senza interruzione; ripetutamente **2** che si ripete spesso: *litigi continui* □ **continuamente** *avv.*
continuum [/ kon'tinuum /] *s.m.* (*lat.*) ciò che ha continuità nel tempo e nello spazio.
conto [cón-to] *s.m.* **1** operazione aritmetica; calcolo: *fare un —* | *i conti tornano*, sono esatti; (*fig.*) tutto è chiaro | *far di —*, conoscere l'aritmetica | — *alla rovescia*, il conteggio in senso inverso del tempo che manca al lancio di un missile, alla partenza di una gara automobilistica ecc. | *tenere —*, prendere nota | *fare i conti con qlcu.*, (*fig.*) far valere le proprie ragioni; subire un castigo | *rendersi —*, capire, accorgersi | *per — mio*, per quanto mi riguarda; da solo | *agire per — di qlcu.*, in sua rappresentanza. DIM. *conticino* **2** somma dovuta; il foglio su cui è scritta una nota di spesa: *cameriere, mi porti il —!* | *mettere in —*, conteggiare **3** registrazione di operazioni economiche | — *corrente*, contratto che regola i rapporti di da-

re e avere tra una banca e un cliente e consente al cliente di effettuare varie operazioni col denaro depositato | *corte dei conti*, organo centrale dello stato che esercita una funzione di controllo sulla finanza pubblica **4** stima, considerazione; importanza: *tenere in poco —*; *persona di poco —*, di poco valore **5** assegnamento: *far — su qlcu.*, *su qlco.*

contorcere [con-tòr-ce-re] *v.tr.* [coniugato come *torcere*] torcere più volte o con energia ♦ **contorcersi** *v.rifl.* dimenarsi torcendo le membra.

contorcimento [con-tor-ci-mén-to] *s.m.* contorsione.

contornare [con-tor-nà-re] *v.tr.* [*io contórno ecc.*] **1** cingere a scopo ornamentale: *prato contornato da una siepe* **2** (*fig.*) circondare, attorniare: *essere contornato da spie* ♦ **contornarsi** *v.rifl.* circondarsi, avere intorno: *— di gente infida.*

contorno [con-tór-no] *s.m.* **1** linea che circonda una figura o una cosa: *una fotografia dai contorni sfocati* **2** piatto che si serve come accompagnamento a una pietanza di carne o pesce: *un — di pomodori* **3** in numismatica, l'insieme dei segni impressi sullo spessore delle monete.

contorsione [con-tor-sió-ne] *s.f.* **1** il contorcere o il contorcersi: *le contorsioni di un acrobata* **2** (*fig.*) forzatura, complicazione, tortuosità: *contorsioni logiche.*

contorsionismo [con-tor-sio-nì-ʃmo] *s.m.* **1** insieme degli esercizi di circo che comportano torsioni e flessioni innaturali degli arti e della colonna vertebrale **2** (*fig.*) l'atteggiamento di chi cambia spesso opinioni, barcamenandosi fra posizioni opposte.

contorsionista [con-tor-sio-nì-sta] *s.m.* e *f.* [pl.m. *-sti*] artista di circo che si esibisce in numeri di contorsionismo.

contorto [con-tòr-to] *agg.* **1** storto, attorcigliato: *un olivo —* **2** (*fig.*) non chiaro, complicato: *stile, ragionamento —.*

contra- prefisso di molte parole composte, che significa 'opposizione' (*contrabbando, contraddire*).

contrabbandare [con-trab-ban-dà-re] *v.tr.* **1** importare o esportare merci di contrabbando: *— sigarette* **2** (*fig.*) far passare qlco. per ciò che non è.

contrabbandiere [con-trab-ban-diè-re] *s.m.* [f. *-a*] chi pratica il contrabbando ♦ *agg.* di contrabbandieri: *nave contrabbandiera.*

contrabbando [con-trab-bàn-do] *s.m.* importazione, esportazione o spaccio clandestino di merce, in violazione delle leggi fiscali: *— di sigarette* | *di —*, (*fig.*) furtivamente, illecitamente.

contrabbassista [con-trab-bas-sì-sta] *s.m.* e *f.* [pl.m. *-sti*] chi suona il contrabbasso.

contrabbasso [con-trab-bàs-so] *s.m.* (*mus.*) strumento ad arco a tre, quattro o cinque corde, di dimensioni più grandi del violoncello; produce suoni gravi.

contraccambiare [con-trac-cam-bià-re] *v.tr.* [*io contraccàmbio ecc.*] **1** offrire o fare qlco. in cambio di quanto si è ricevuto: *— un favore* **2** manifestare concretamente la propria riconoscenza a qlcu.: *spero di poterti —.*

contraccambio [con-trac-càm-bio] *s.m.* il contraccambiare, l'essere contraccambiato; la cosa con la quale si contraccambia: *fare qlco. in —.*

contraccettivo [con-trac-cet-tì-vo] *agg.* e *s.m.* si dice di qualsiasi mezzo utile a evitare gravidanze; anticoncezionale.

contraccezione [con-trac-ce-zió-ne] *s.f.* l'insieme delle pratiche e dei mezzi anticoncezionali.

contraccolpo [con-trac-cól-po] *s.m.* **1** colpo che viene dato o ricevuto di rimbalzo **2** (*fig.*) conseguenza, effetto: *le crisi di governo hanno dei contraccolpi sull'economia.*

contrada [con-trà-da] *s.f.* **1** (*ant.*) quartiere, rione: *le contrade di Siena* | località, territorio circostante un centro abitato **2** (*tosc.*) strada di un centro abitato **3** (*lett.*) regione, paese.

contraddanza [con-trad-dàn-za] *s.f.* antica danza in cui le coppie di ballerini si muovevano l'una di fronte all'altra.

contraddire [con-trad-dì-re] *v.tr.* [coniugato come *dire*; imp. *contraddici*] **1** dire il contrario di ciò che è stato detto da altri; smentire: *— qlcu. in tutto* **2** essere in contrasto, in opposizione: *il suo agire contraddice le sue affermazioni* ♦ *v.intr.* [aus. *avere*] essere in contrasto, in opposizione: *— a un principio* ♦ **contraddirsi** *v.rifl.* dire o fare il contrario di quanto si è detto o fatto prima: *l'imputato si è contraddetto* ♦ *v.rifl.rec.* fare affermazioni contrarie, essere in reciproco contrasto: *i testimoni si contraddicevano.*

contraddistinguere [con-trad-di-stìn-gue-re] *v.tr.* [coniugato come *distinguere*] distinguere con un segno particolare; contrassegnare (anche *fig.*): *una grande signorilità lo contraddistingue* ♦ **contraddistinguersi** *v.intr.pron.* distinguersi.

contraddittorietà [con-trad-dit-to-rie-tà] *s.f.* l'essere contraddittorio: *la — di un ragionamento.*

contraddittorio [con-trad-dit-tò-rio] *agg.* **1** che è in contraddizione; che si contraddice: *un resoconto —* **2** (*filos.*) che contiene in sé contraddizione logica: *una teoria contraddittoria* **3** (*fig.*) che manca di coerenza e linearità; ambiguo: *sentimento —* ♦ *s.m.* disputa pubblica tra persone che sostengono tesi contrastanti □ **contraddittoriamente** *avv.*

contraddizione [con-trad-di-zió-ne] *s.f.* **1** il contraddire o il contraddirsi; cosa che ne contraddice un'altra | *spirito di —*, tendenza a contraddire sempre gli altri **2** (*filos.*) incoerenza logica.

contraente [con-tra-èn-te] *agg.* e *s.m.* (*dir.*) si dice di ciascuna delle parti che stipulano un contratto.

contraereo [con-tra-è-re-o] *agg.* che si impiega nella difesa dagli attacchi aerei: *missile —.*

contraffare [con-traf-fà-re] *v.tr.* [*io contraffò* o *contraffàccio ecc.*; coniugato come *fare*] riprodurre qlco. in modo tale che possa essere scam-

biato per l'originale; falsificare: — *una firma, delle banconote* | — *la voce*, alterarla.
contraffatto [con-traf-fàt-to] *agg.* imitato, falsificato; alterato.
contraffattore [con-traf-fat-tó-re] *s.m.* [f. *-trice*] chi contraffà; imitatore, falsificatore: — *di monete.*
contraffazione [con-traf-fa-zió-ne] *s.f.* il contraffare, l'essere contraffatto; imitazione, falsificazione.
contrafforte [con-traf-fòr-te] *s.m.* **1** (*arch.*) sperone in muratura applicato all'esterno di un muro per rinforzarlo **2** spranga di ferro con gancio per assicurare dall'interno porte e finestre **3** propaggine laterale di un massiccio montuoso.
contraibile [con-tra-ì-bi-le] *agg.* che si può contrarre: *prestito* —.
contraltare [con-tral-tà-re] *s.m.* **1** altare eretto dirimpetto a un altro **2** (*fig.*) impresa, istituzione creata per diminuire il valore o l'importanza di un'altra simile | persona che agisce in opposizione a un'altra: *fare da* —.
contralto [con-tràl-to] *s.m.* (*mus.*) voce femminile o infantile del registro più grave; la cantante o il cantore che ne sono dotati.
contrammiraglio [con-tram-mi-rà-glio] *s.m.* grado della marina militare, intermedio tra capitano di vascello e ammiraglio di divisione.
contrappasso [con-trap-pàs-so] *s.m.* pena del taglione | nella "Divina Commedia", la corrispondenza tra la pena inflitta alle anime e le colpe da loro commesse in vita.
contrappello [con-trap-pèl-lo] *s.m.* secondo appello che si fa nelle caserme per verificare l'avvenuto rientro dei soldati prima del riposo notturno.
contrappesare [con-trap-pe-sà-re] *v.tr.* [*io contrappéso ecc.*] **1** bilanciare, equilibrare un peso con un altro **2** (*fig.*) valutare, soppesare facendo un confronto: — *il pro e il contro* ♦ **contrappesarsi** *v. rifl.rec.* bilanciarsi, equilibrarsi: *ragione e torto spesso si contrappesano.*
contrappeso [con-trap-péso] *s.m.* peso che ne bilancia un altro | (*fig.*) cosa o persona che si contrappone a un'altra: *fare da* —.
contrapporre [con-trap-pór-re] *v.tr.* [coniugato come *porre*] mettere di fronte, opporre (anche *fig.*): — *due esempi* ♦ **contrapporsi** *v.rifl.* e *rifl.rec.* opporsi.
contrapposizione [con-trap-po-ʃi-zió-ne] *s.f.* il contrapporre, il contrapporsi, l'essere contrapposto: *due candidature in* —.
contrapposto [con-trap-pó-sto] (*agg.*) contrastante, contrario: *idee, teorie contrapposte.*
contrappuntare [con-trap-pun-tà-re] *v.tr.* (*mus.*) applicare il contrappunto a una melodia.
contrappuntista [con-trap-pun-tì-sta] *s.m.* e *f.* [pl.m. *-sti*] (*mus.*) chi studia o esegue il contrappunto.
contrappuntistico [con-trap-pun-tì-sti-co] *agg.* [pl.m. *-ci*] (*mus.*) del contrappunto, fondato sul contrappunto: *stile* —.
contrappunto [con-trap-pùn-to] *s.m.* **1** (*mus.*) l'arte di sovrapporre due o più linee melodiche **2** (*estens.*) effetto di contrasto.
contrariare [con-tra-rià-re] *v.tr.* [*io contràrio ecc.*] **1** contrastare, ostacolare; contraddire **2** infastidire, irritare: *il contrattempo lo ha contrariato.*
contrariato [con-tra-rià-to] *agg.* irritato, dispiaciuto, seccato.
contrarietà [con-tra-rie-tà] *s.f.* **1** l'essere contrario, opposto o avverso: *la* — *della sorte* | sentimento di avversione, di fastidio: *provare* — **2** (spec. *pl.*) avversità, disavventura: *un viaggio pieno di* —.
contrario [con-trà-rio] *agg.* **1** opposto, contrastante: *azione contraria alla legge; in caso* —, altrimenti | *numeri contrari*, (*mat.*) di uguale valore assoluto, ma di segno opposto **2** avverso, sfavorevole: *la sorte gli è contraria* **3** che si muove in direzione opposta: *vento, moto* — ♦ *s.m.* la cosa opposta: *fece il* — *di quanto aveva detto* | parola che ha significato opposto a un'altra: *'buono' è il* — *di 'cattivo'* | *al* —, all'opposto | *non aver nulla in* —, non aver nulla da opporre □ **contrariamente** *avv.*
contrarre [con-tràr-re] *v.tr.* [coniugato come *trarre*] **1** stabilire, concludere mediante un accordo: — *un patto*; — *matrimonio*, sposarsi | (*estens.*) stringere: — *una relazione* **2** prendere, far proprio: — *una malattia, un debito* **3** raggrinzire, restringere: — *i muscoli* | ridurre, far diminuire: — *le spese* ♦ **contrarsi** *v.rifl.* **1** restringersi, raggrinzirsi: *la bocca si contrasse in una smorfia* **2** (*ling.*) detto di due o più suoni vocalici, fondersi in una vocale o in un dittongo.
contrassegnare [con-tras-se-gnà-re] *v.tr.* [*io contrasségno ecc.*] distinguere mediante un contrassegno (anche *fig.*): *anni contrassegnati da crisi.*
contrassegno[1] [con-tras-sé-gno] *s.m.* segno particolare che permette di riconoscere una cosa o una persona.
contrassegno[2] *avv.* si dice di una merce inviata per posta, che può essere ritirata dietro pagamento dell'importo indicato: *ricevere un pacco* —.
contrastabile [con-tra-stà-bi-le] *agg.* che si può contrastare.
contrastante [con-tra-stàn-te] *agg.* **1** che contrasta, che è in contrasto; opposto: *opinioni contrastanti* **2** che spicca per effetto di un contrasto: *colori contrastanti.*
contrastare [con-tra-stà-re] *v.intr.* [aus. *avere*] essere contrario, opposto; discordare: *colori, opinioni che contrastano* ♦ *v.tr.* avversare, ostacolare, rendere difficile: — *un progetto.*
contrastato [con-tra-stà-to] *agg.* **1** ostacolato, impedito: *una vittoria contrastata*, molto combattuta **2** (*foto.*) che presenta contrasto tra le zone in luce e quelle in ombra: *un'immagine contrastata.*
contrastivo [con-tra-stì-vo] *agg.* che esprime contrasto; che si basa su confronti: *analisi contrastiva delle lingue.*

contrasto [con-trà-sto] *s.m.* **1** contrapposizione, forte diversità: — *di colori, di caratteri* **2** differenza fra i toni chiari e scuri di un'immagine fotografica o televisiva **3** scontro, conflitto: *un — di interessi*; *essere in — con qlcu.* **4** (*sport*) azione di un giocatore per bloccare l'attacco di un avversario **5** componimento poetico che rappresenta un dialogo o una disputa tra due personaggi.
contrattaccare [con-trat-tac-cà-re] *v.tr.* [*io contrattacco, tu contrattacchi ecc.*] rispondere a un attacco con un altro attacco.
contrattacco [con-trat-tàc-co] *s.m.* [pl. *-chi*] **1** (*mil.*) azione offensiva in risposta a un attacco nemico: *muovere, passare al* — | (*sport*) azione tesa ad attaccare l'avversario dopo essere stati attaccati **2** (*fig.*) replica vivace in una discussione o in una polemica.
contrattare [con-trat-tà-re] *v.tr.* discutere le condizioni di una compravendita: — *un prezzo, un acquisto.*
contrattazione [con-trat-ta-zió-ne] *s.f.* il contrattare, l'essere contrattato: — *diretta*, tra venditore e acquirente.
contrattempo [con-trat-tèm-po] *s.m.* **1** avvenimento imprevisto che turba, interrompe o ritarda il normale svolgimento di un'azione **2** (*mus.*) effetto di contrasto ritmico; controtempo.
contrattile [con-tràt-ti-le] *agg.* (*scient.*) che ha la capacità di contrarsi: *muscoli contrattili.*
contrattilità [con-trat-ti-li-tà] *s.f.* (*scient.*) l'essere contrattile: *la — di un muscolo.*
contrattista [con-trat-tì-sta] *s.m.* e *f.* [pl.m. *-sti*] chi è vincolato da un contratto di lavoro a termine presso un'azienda o un centro di ricerche scientifiche.
contratto[1] [con-tràt-to] *agg.* che subisce contrazione; accorciato, rattrappito.
contratto[2] *s.m.* (*dir.*) accordo fra due o più parti che regola un rapporto giuridico o economico; il documento sul quale è scritto tale accordo.
contrattuale [con-trat-tu-à-le] *agg.* di contratto, derivante da contratto: *clausola, obbligo* — | *forza* —, potere di far valere i propri diritti nella stipulazione di un contratto □ **contrattualmente** *avv.* secondo il contratto.
contrattualismo [con-trat-tua-lì-ʃmo] *s.m.* dottrina filosofico-giuridica secondo cui la società, lo stato e il diritto avrebbero origine da un accordo intervenuto tra gli individui viventi allo stato di natura (contratto sociale).
contravveleno [con-trav-ve-lé-no] *s.m.* antidoto contro un veleno.
contravvenire [con-trav-ve-nì-re] *v.intr.* [coniugato come *venire*; aus. *avere*] violare, trasgredire una norma o un patto.
contravventore [con-trav-ven-tó-re] *s.m.* [f. *-trice*] chi contravviene; trasgressore.
contravvenzione [con-trav-ven-zió-ne] *s.f.* **1** il contravvenire; violazione, trasgressione di una norma **2** (*dir.*) reato punito con la pena dell'arresto o dell'ammenda: *dichiarare qlcu. in* — | la notifica di tale reato e la multa prevista per la sua estinzione: *pagare una* —.
contrazione [con-tra-zió-ne] *s.f.* **1** il contrarre, il contrarsi; il restringersi in sé: — *muscolare* | (*fig.*) diminuzione, riduzione: — *delle vendite* **2** (*ling.*) fusione di due o più vocali in una vocale o in un dittongo.
contribuente [con-tri-bu-èn-te] *agg.* che contribuisce ♦ *s.m.* e *f.* il cittadino tenuto a pagare imposte e tasse.
contribuire [con-tri-bu-ì-re] *v.intr.* [*io contribuisco, tu contribuisci ecc.*; aus. *avere*] agire insieme ad altri per raggiungere un determinato risultato; concorrere, cooperare: — *alla riuscita di un'impresa.*
contributivo [con-tri-bu-tì-vo] *agg.* relativo a contributi: *capacità contributiva.*
contributo [con-tri-bù-to] *s.m.* **1** ciò che ciascuno apporta per il raggiungimento di uno scopo comune: *offrire un — in denaro* **2** somma dovuta a un ente pubblico o privato in cambio dei servizi offerti: — *previdenziale* **3** somma erogata da un ente statale o internazionale per sostenere determinate attività: — *alle esportazioni.*
contribuzione [con-tri-bu-zió-ne] *s.f.* il contribuire.
contristare [con-tri-stà-re] *v.tr.* (*lett.*) rattristare profondamente, addolorare ♦ **contristarsi** *v. intr.pron.* lasciarsi prendere da tristezza; addolorarsi.
contrito [con-trì-to] *agg.* pentito, mortificato | che esprime pentimento, mortificazione: *atteggiamento* —.
contrizione [con-tri-zió-ne] *s.f.* pentimento | (*teol.*) il dolore per il peccato commesso, unito al proponimento di non peccare più: *fare atto di* —.
contro [cón-tro] *prep.* **1** esprime contrasto, avversione, ostilità: *combattere — il nemico*; *votare — una proposta* | in dipendenza da verbi che indicano difesa, protezione: *tutelarsi — un rischio* | — *voglia*, malvolentieri | — *natura*, che è o sarebbe in contrasto con gli istinti naturali **2** indica direzione o movimento verso qlcu. o qlco. (a cui si connette quasi sempre un'intenzione ostile): *scagliò la sedia — il muro*; *puntò la pistola — di noi*; *ci avanzava — con fare minaccioso* | in senso contrario, in direzione opposta: *navigare — vento*; *andare — corrente* **3** di fronte, dirimpetto (con valore di stato in luogo): *stavano l'uno — l'altro* | indicando contatto: *l'armadio è addossato — la parete* **4** (*comm.*) in cambio di, ricevendo o rilasciando qlco.: *pagare — assegno*; *consegnare merce — ricevuta* ♦ *avv.* **1** (*non com.*) in modo contrario **2** in loc. avv.: *di* —, di fronte, dirimpetto; *per* —, al contrario, invece ♦ *s.m.invar.* ciò che è contrario: *considerare il pro e il* —.
contro- prefisso che può assumere vari significati: opposizione (*contrattacco*), azione e direzione contraria (*controluce, contromano*), riscontro (*contromarca*), contrapposizione (*contrordine*), sostituzione (*controfigura*).
controaliseo [con-tro-a-li-ʃè-o] *s.m.* vento equa-

toriale che spira in direzione contraria al corrispondente aliseo, ma in strati più alti dell'atmosfera.
controbattere [con-tro-bàt-te-re] *v.tr.* ribattere, replicare alle argomentazioni di qlcu.: *— le accuse.*
controbilanciare [con-tro-bi-lan-cià-re] *v.tr.* [*io controbilàncio ecc.*] **1** equilibrare un peso ponendone un altro dalla parte opposta **2** (*fig.*) equilibrare, compensare.
controbordo [con-tro-bór-do] *s.m.* (*mar.*) la posizione reciproca di due navi che si passano vicine su rotte parallele ma in direzione opposta.
controcampo [con-tro-càm-po] *s.m.* (*cine.*) inquadratura ripresa dal punto di vista opposto a quello dell'inquadratura precedente.
controcanto [con-tro-càn-to] *s.m.* (*mus.*) melodia secondaria che si sovrappone o si sottopone a quella principale.
controcarro [con-tro-càr-ro] *agg.invar.* anticarro.
controchiave [con-tro-chià-ve] *s.f.* seconda chiave di una serratura, o chiave di una seconda serratura.
controcopertina [con-tro-co-per-tì-na] *s.f.* quarta pagina della copertina di un libro o di una rivista; quarta di copertina.
controcorrente [con-tro-cor-rèn-te] *s.f.* corrente diretta in senso inverso a quella principale ♦ *avv.* contro corrente: *remare —* | (*fig.*) in direzione contraria alla mentalità dei più: *agire, andare —* | Usato anche come *agg. invar.*: *idee —.*
controdado [con-tro-dà-do] *s.m.* (*mecc.*) dado che viene stretto su un altro per impedirne l'allentamento.
controdata [con-tro-dà-ta] *s.f.* **1** data posteriore aggiunta a uno scritto già datato **2** data d'arrivo o di registrazione di un documento.
controdatare [con-tro-da-tà-re] *v.tr.* segnare un documento con una controdata.
controesame [con-tro-e-ʃà-me] *s.m.* (*dir.*) nella fase dibattimentale del processo penale, interrogatorio di un testimone svolto dalla parte che in origine non ne ha chiesto l'ammissione.
controesempio [con-tro-e-ʃèm-pio] *s.m.* caso che costituisce un'eccezione o una confutazione di una teoria.
controesodo [con-tro-è-ʃo-do] *s.m.* l'insieme degli spostamenti massicci che caratterizzano i giorni del rientro dalle località di vacanza nelle città.
controfagotto [con-tro-fa-gòt-to] *s.m.* (*mus.*) strumento a fiato di legno ad ancia doppia, con voce più grave del fagotto.
controffensiva [con-trof-fen-sì-va] *s.f.* contrattacco.
controffensivo [con-trof-fen-sì-vo] *agg.* relativo a una controffensiva; di contrattacco: *azione controffensiva.*
controfigura [con-tro-fi-gù-ra] *s.f.* (*cine.*) attore secondario che sostituisce l'attore principale nelle scene pericolose o che richiedano un'abilità specifica | (*estens.*) persona che somiglia a un'altra o cerca di imitarla: *essere la — di qlcu.*
controfiletto [con-tro-fi-lét-to] *s.m.* taglio pregiato di carne bovina posto tra il filetto e il girello.
controfinestra [con-tro-fi-nè-stra] *s.f.* intelaiatura con vetri fissata alla finestra per riparare la stanza dal freddo e dai rumori.
controfiocco [con-tro-fiòc-co] *s.m.* (*mar.*) nei velieri, il primo e più piccolo fiocco da prora.
controfirma [con-tro-fìr-ma] *s.f.* seconda firma apposta su un documento, a titolo di controllo o di convalida.
controfirmare [con-tro-fir-mà-re] *v.tr.* apporre una controfirma.
controfodera [con-tro-fò-de-ra] *s.f.* in sartoria, tela grezza che nei colli e nei risvolti viene interposta fra il panno e la fodera.
controfuoco [con-tro-fuò-co] *s.m.* [pl. *-chi*] incendio col quale si bruciano materiali combustibili per impedire che alimentino un altro incendio in atto.
controgirello [con-tro-gi-rèl-lo] *s.m.* taglio scelto di carne bovina della parte esterna della coscia, accanto al girello.
controindicato [con-tro-in-di-cà-to] *agg.* si dice di farmaco o terapia di cui è vietato o sconsigliato l'uso in determinate circostanze | (*estens.*) inadatto: *il clima marino è — per le persone molto nervose.*
controindicazione [con-tro-in-di-ca-zió-ne] *s.f.* circostanza che vieta o sconsiglia l'impiego di un farmaco, di una cura.
controinformazione [con-tro-in-for-ma-zió-ne] *s.f.* informazione che si propone come alternativa rispetto a quella fornita dai mezzi di comunicazione ufficiali.
controinterrogatorio [con-tro-in-ter-ro-ga-tò-rio] *s.m.* (*dir.*) controesame.
controllabile [con-trol-là-bi-le] *agg.* che si può controllare, verificare: *un'affermazione non —.*
controllare [con-trol-là-re] *v.tr.* [*io contròllo ecc.*] **1** verificare, accertare l'esattezza o la validità di qlco. **2** sorvegliare, vigilare | nel calcio: *— un avversario*, marcarlo; *— la palla*, giocarla abilmente conservandone il possesso **3** dominare, padroneggiare: *— la situazione* | *— i nervi*, mantenersi calmo ♦ **controllarsi** *v.rifl.* mantenere il controllo delle proprie azioni o reazioni; dominarsi.
controllato [con-trol-là-to] *agg.* **1** che si svolge secondo determinate regole: *uno sviluppo —* **2** che è padrone di sé, che sa dominare i propri impulsi; misurato, equilibrato: *essere — nella voce; un gesto —.*
controller [/ kon'trəller /] *s.m.invar.* (*ingl.; tecn.*) dispositivo elettronico o elettromeccanico che comanda il funzionamento di una macchina | (*inform.*) interfaccia che collega una periferica a un elaboratore.
controllo [con-tròl-lo] *s.m.* **1** il controllare, l'essere controllato; ispezione, verifica: *sottoporsi,*

sfuggire al —; *tenere sotto —* | *— delle nascite*, insieme dei metodi con cui si tende a limitare il numero delle nascite **2** ufficio o insieme di persone addetto a controllare un'attività: *— medico, doganale* **3** vigilanza, sorveglianza: *esercitare il — su una zona* | padronanza, dominio: *avere il — di molte società* | (*assol.*) autocontrollo, dominio di sé: *perdere il —* **4** (*tecn.*) comando, regolazione; il dispositivo di comando o di regolazione: *— del volume* **5** (*elettron.*) dispositivo che permette di segnalare errori o disfunzioni di una macchina o di un sistema: *— automatico*.

controllore [con-trol-ló-re] *s.m.* chi ha l'incarico di effettuare dei controlli; chi verifica i biglietti dei viaggiatori sui mezzi pubblici.

controluce [con-tro-lù-ce] *s.f.* luce che contrasta l'effetto di un'altra luce; luce che viene di fronte: *guardare qlco. in —*, osservarla in trasparenza, ponendola fra sé e la luce ♦ *avv.* in direzione opposta a quella da cui proviene la luce: *essere —*, risaltare su uno sfondo luminoso, stando in ombra.

contromano [con-tro-mà-no] *avv.* in direzione opposta a quella stabilita dai regolamenti stradali: *procedere —*.

contromanovra [con-tro-ma-nò-vra] *s.f.* **1** (*mil.*) azione tendente a sventare una manovra del nemico **2** (*fig.*) pronta reazione a una mossa ostile.

contromarca [con-tro-màr-ca] *s.f.* tessera o gettone numerato che consente di ritirare un oggetto lasciato in deposito o di rientrare in un teatro o in un cinema dopo esserne momentaneamente usciti.

contromarcia [con-tro-màr-cia] *s.f.* **1** inversione della direzione di marcia; marcia militare in senso opposto a quello seguito in precedenza **2** nei veicoli a motore, retromarcia.

contromisura [con-tro-mi-ʃù-ra] *s.f.* provvedimento che mira a contrastare o a prevenire un fatto negativo: *prendere delle contromisure*.

contromossa [con-tro-mòs-sa] *s.f.* mossa con cui si cerca di neutralizzare un'offensiva dell'avversario.

contromuro [con-tro-mù-ro] *s.m.* (*edil.*) muro posto a ridosso di un altro per rinforzo o per costituire un'intercapedine isolante.

controparola [con-tro-pa-rò-la] *s.f.* nel linguaggio militare, parola convenzionale che si dà in risposta alla parola d'ordine.

controparte [con-tro-pàr-te] *s.f.* la parte avversaria in un processo civile o in una controversia politica o sindacale.

contropartita [con-tro-par-tì-ta] *s.f.* **1** in ragioneria, partita contrapposta in un libro di conti | operazione finanziaria con cui se ne pareggia un'altra **2** (*fig.*) compenso, contraccambio: *chiedere qlco. in —*.

contropelo [con-tro-pé-lo] *avv.* nel verso contrario alla piegatura del pelo: *accarezzare un gatto —* ♦ *s.m.* rasatura nel verso contrario alla piegatura del pelo | *fare il pelo e il — a qlcu.*, (*fig.*) rimproverarlo; dargli la lezione che si merita.

contropendenza [con-tro-pen-dèn-za] *s.f.* **1** pendenza inclinata in senso opposto a un'altra che la precede **2** pendenza del fondo stradale di una curva verso l'esterno.

contropiede [con-tro-piè-de] *s.m.* (*sport*) rapida azione controffensiva di una squadra mentre quella avversaria si trova in attacco | *prendere in —*, (*fig.*) di sorpresa, alla sprovvista.

controplancia [con-tro-plàn-cia] *s.f.* (*mar.*) struttura al di sopra del ponte di comando occupata dalla vedetta o da strumenti di navigazione.

controporta [con-tro-pòr-ta] *s.f.* seconda porta, aggiunta a un'altra per motivi di sicurezza o come riparo.

contropotere [con-tro-po-té-re] *s.m.* forma di potere istituito o costituitosi al fine di contrastare l'autorità di un altro potere.

controproducente [con-tro-pro-du-cèn-te] *agg.* che produce un effetto contrario a quello desiderato: *una mossa —*.

controproposta [con-tro-pro-pó-sta] *s.f.* proposta che si fa in opposizione a un'altra.

controprova [con-tro-prò-va] *s.f.* **1** prova con cui si verifica l'esattezza di una prova precedente: *fare la — di un esperimento* **2** seconda votazione effettuata per verificare i risultati di una votazione precedente.

controquerela [con-tro-que-rè-la] *s.f.* (*dir.*) la querela che il querelato sporge a sua volta contro il querelante.

controranda [con-tro-ràn-da] *s.f.* (*mar.*) piccola vela triangolare che si alza sopra la randa quando il vento è favorevole.

controrrdine [con-trór-di-ne] *s.m.* ordine che ne modifica o revoca uno precedente.

controrelatore [con-tro-re-la-tó-re] *s.m.* [f. *-trice*] chi fa una controrelazione | nella discussione di una tesi di laurea, correlatore.

controrelazione [con-tro-re-la-zió-ne] *s.f.* relazione che si oppone a un'altra o la modifica.

controriforma [con-tro-ri-fór-ma] *s.f.* **1** movimento di riforma della chiesa cattolica, avviato dal concilio di Trento (1545-1563) per contrastare la riforma protestante **2** (*estens.*) tendenza politica o culturale contraria a ogni idea di rinnovamento.

controriformista [con-tro-ri-for-mì-sta] *s.m.* e *f.* [pl.m. *-sti*] sostenitore, seguace della controriforma ♦ *agg.* controriformistico.

controriformistico [con-tro-ri-for-mì-sti-co] *agg.* [pl.m. *-ci*] che si riferisce alla controriforma | (*estens.*) contrario a ogni rinnovamento, restauratore: *atteggiamento —*.

controrivoluzionario [con-tro-ri-vo-lu-zio-nà-rio] *agg.* proprio della controrivoluzione ♦ *s.m.* [f. *-a*] chi sostiene o prende parte a una controrivoluzione.

controrivoluzione [con-tro-ri-vo-lu-zió-ne] *s.f.* azione rivoluzionaria che reagisce a una precedente rivoluzione.

controscarpa [con-tro-scàr-pa] *s.f.* muratura posta a sostegno di terrapieni o scarpate.
controsenso [con-tro-sèn-so] *s.m.* idea, affermazione o atto che contiene contraddizione in sé o che contrasta col senso comune.
controsoffitto [con-tro-sof-fit-to] *s.m.* intelaiatura leggera posta sotto un soffitto per motivi ornamentali o pratici.
controspionaggio [con-tro-spi-o-nàg-gio] *s.m.* organizzazione segreta di uno stato che ha lo scopo di smascherare l'attività spionistica di altri stati.
controsterzare [con-tro-ster-zà-re] *v.tr.* [*io controstèrzo ecc.*] sterzare in modo che le ruote dell'autoveicolo vengano orientate verso l'esterno della curva.
controsterzata [con-tro-ster-zà-ta] *s.f.* manovra del controsterzare.
controtempo [con-tro-tèm-po] *avv.* fuori tempo, non a tempo ♦ *s.m.* **1** (*sport*) nel pugilato, finta azione d'attacco che invita l'avversario alla parata | nella scherma, azione con cui si mira ad annullarne una dell'avversario | nel tennis, tiro che spiazza l'avversario **2** (*mus.*) effetto di contrasto ritmico.
controtendenza [con-tro-ten-dèn-za] *s.f.* tendenza che si sviluppa per reazione o in opposizione a un'altra.
controvalore [con-tro-va-ló-re] *s.m.* valore di una somma di denaro in valuta straniera.
controvento [con-tro-vèn-to] *avv.* in direzione contraria a quella del vento: *navigare* —.
controversia [con-tro-vèr-sia] *s.f.* **1** differenza di opinioni; discussione, disputa **2** (*dir.*) contrasto di interessi portato dinanzi al giudice o ad arbitri; causa, lite: — *di lavoro*.
controverso [con-tro-vèr-so] *agg.* che è oggetto di controversia, che può avere varie interpretazioni: *questione controversa*.
controvertibile [con-tro-ver-ti-bi-le] *agg.* (*non com.*) che può essere materia di controversia; discutibile: *diritto non* —.
controvoglia [con-tro-vò-glia] *avv.* malvolentieri, di malanimo: *ubbidire* —.
contumace [con-tu-mà-ce] *agg.* e *s.m.* e *f.* (*dir.*) si dice di chi è in contumacia: *imputato* —.
contumacia [con-tu-mà-cia] *s.f.* **1** (*dir.*) la condizione di un imputato che non si presenti al processo: *giudicare, condannare in* — **2** (*med.*) isolamento temporaneo di persone, animali o merci provenienti da zone infette; quarantena.
contumelia [con-tu-mè-lia] *s.f.* (*lett.*) parola, frase ingiuriosa; insulto.
contundente [con-tun-dèn-te] *agg.* che produce contusioni | *corpo* —, qualsiasi oggetto usato per colpire o ferire.
conturbante [con-tur-bàn-te] *agg.* che turba profondamente; che suscita passione, desiderio: *sguardi conturbanti*.
conturbare [con-tur-bà-re] *v.tr.* turbare profondamente ♦ **conturbarsi** *v.intr.pron.* turbarsi profondamente, commuoversi.
contusione [con-tu-ʃió-ne] *s.f.* (*med.*) lesione, ammaccatura delle parti molli dell'organismo, senza lacerazione della pelle.
contuso [con-tù-ʃo] *agg.* e *s.m.* [f. *-a*] che/chi ha subito una o più contusioni.
conurbazione [co-nur-ba-zió-ne] *s.f.* fenomeno per cui una città, espandendosi, ingloba i centri urbani vicini; l'agglomerato urbano sorto in conseguenza di tale fenomeno.
convalescente [con-va-le-scèn-te] *agg.* e *s.m.* e *f.* che/chi, dopo una malattia, non è ancora completamento guarito.
convalescenza [con-va-le-scèn-za] *s.f.* stato di chi è convalescente.
convalida [con-và-li-da] *s.f.* il convalidare, l'essere convalidato: — *di un provvedimento*.
convalidare [con-va-li-dà-re] *v.tr.* [*io convàlido ecc.*] **1** (*burocr.*) rendere valido agli effetti legali: — *una nomina, un decreto* | — *un biglietto*, timbrarlo **2** (*estens.*) rafforzare, confermare: — *un giudizio*.
convalle [con-vàl-le] *s.f.* (*lett.*) ampia vallata; valle che sbocca in un'altra.
convegnista [con-ve-gnì-sta] *s.m.* e *f.* [pl.m. *-sti*] chi partecipa a un convegno.
convegno [con-vé-gno] *s.m.* riunione di più persone in un luogo stabilito; congresso: *un* — *di medici* | *darsi* —, (*lett.*) darsi appuntamento.
convenevole [con-ve-né-vo-le] *s.m.* (spec. *pl.*) atti, manifestazioni usuali di cortesia: *fare i convenevoli*.
conveniente [con-ve-nièn-te] *agg.* **1** adatto, opportuno, adeguato: *vestire in modo* — **2** vantaggioso: *prezzo, affare* — □ **convenientemente** *avv.*
convenienza [con-ve-nièn-za] *s.f.* **1** l'essere conveniente, adatto; corrispondenza, proporzione **2** tornaconto, utilità, vantaggio: *far qlco. per* — **3** decoro, cortesia, educazione: *una visita di* — **4** *pl.* le norme che regolano le relazioni sociali: *rispettare le convenienze*.
convenire [con-ve-nì-re] *v.intr.* [coniugato come *venire*; aus. *essere* nei sign. 1, 3, *avere* nel sign. 2] **1** (*lett.*) venire in uno stesso luogo; radunarsi, confluire **2** essere d'accordo, concordare: — *con qlcu. su qlco.* | ammettere, riconoscere: *ha convenuto di aver torto* **3** essere utile, vantaggioso: *un prezzo che conviene* ♦ *v.intr.impers.* [aus. *essere*] essere opportuno, necessario: *conviene partire subito* ♦ *v.tr.* **1** stabilire, concordare: — *il prezzo d'acquisto* **2** (*dir.*) chiamare, citare in giudizio ♦ **convenirsi** *v. intr.pron.* essere adatto, appropriato: *comportarsi come si conviene a un gentiluomo*.
conventicola [con-ven-tì-co-la] *s.f.* (*lett.*) riunione segreta di poche persone | (*estens.*) ristretto gruppo di persone che cura interessi di parte.
convention [/ kon'vɛnʃon /] *s.f. invar.* (*ingl.*) assemblea generale, per lo più di natura politica.
convento [con-vèn-to] *s.m.* edificio in cui vive una comunità di religiosi o religiose; monastero: *entrare in* —, farsi frate o suora.

conventuale [con-ven-tu-à-le] *agg.* (*lett.*) di convento, proprio di un convento: *chiesa* — | *frati minori conventuali*, ramo dell'ordine francescano ♦ *s.m.* religioso dell'ordine dei frati minori conventuali.
convenuto [con-ve-nù-to] *agg.* che è stato stabilito, concordato: *prezzo* — ♦ *s.m.* **1** ciò che si è stabilito di comune accordo: *rispettare il* — **2** (*dir.*) chi è citato a comparire in un processo civile.
convenzionale [con-ven-zio-nà-le] *agg.* **1** che è così per convenzione, per accordo: *segno* —, prestabilito **2** conforme agli usi e alle idee correnti; non spontaneo, non originale: *saluti convenzionali* **3** usuale, tradizionale: *armi convenzionali*, quelle non nucleari e non biologiche o chimiche □ **convenzionalmente** *avv.*
convenzionalismo [con-ven-zio-na-lì-ʃmo] *s.m.* conformismo, mancanza di originalità.
convenzionalità [con-ven-zio-na-li-tà] *s.f.* l'essere convenzionale.
convenzionare [con-ven-zio-nà-re] *v.tr.* [*io convenzióno ecc.*] (*burocr.*) stabilire mediante una convenzione: — *le tariffe* ♦ **convenzionarsi** *v. rifl.* accordarsi, impegnarsi mediante una convenzione.
convenzionato [con-ven-zio-nà-to] *agg.* **1** stabilito da una convenzione: *prezzi convenzionati* **2** che presta determinati servizi o pratica particolari prezzi sulla base di una convenzione: *clinica convenzionata.*
convenzione [con-ven-zió-ne] *s.f.* **1** patto, accordo su particolari questioni o per la prestazione di determinati servizi: *stipulare una* — *sui prezzi* **2** ciò che risulta da una regola o da una consuetudine generalmente accettata | *convenzioni sociali*, ciò che per tradizione si pensa o si fa in una data società.
convergente [con-ver-gèn-te] *agg.* **1** si dice di linee che si incontrano in un punto: *rette convergenti* **2** (*fig.*) che tendono a coincidere, a corrispondere: *interessi convergenti.*
convergenza [con-ver-gèn-za] *s.f.* **1** il convergere; l'essere convergente (anche *fig.*): — *di opinioni, di interessi* **2** negli autoveicoli, la disposizione delle ruote, che non sono parallele ma leggermente convergenti, per controbilanciare la tendenza a divergere durante la marcia.
convergere [con-vèr-ge-re] *v.intr.* [pres. *io convèrgo, tu convèrgi ecc.*; pass.rem. *io convèrsi, tu convergésti ecc.*; raro il part.pass. *convèrso* e i tempi composti; aus. *essere*] **1** dirigersi insieme da più punti verso un unico punto; tendere a congiungersi: *i raggi della ruota convergono al centro* **2** (*fig.*) tendere a coincidere, a corrispondere: *aspirazioni che convergono.*
conversa[1] [con-vèr-sa] *s.f.* suora laica addetta ai servizi in un convento.
conversa[2] *s.f.* (*edil.*) lastra metallica usata per la copertura dei tetti.
conversare [con-ver-sà-re] *v.intr.* [*io convèrso ecc.*; aus. *avere*] parlare con una o più persone in modo piacevole e in tono cordiale.
conversatore [con-ver-sa-tó-re] *s.m.* [f. *-trice*] chi ama conversare; chi ha una conversazione piacevole: *un brillante* —.
conversazione *s.f.* [con-ver-sa-zió-ne] **1** il conversare; colloquio, dialogo **2** discorso svolto in forma colloquiale: *una* — *radiofonica.*
conversevole [con-ver-sé-vo-le] *agg.* (*lett.*) che ha tono o stile di conversazione; affabile, socievole: *modi conversevoli.*
conversione [con-ver-sió-ne] *s.f.* **1** mutamento radicale e profondo di vita, di abitudini, di opinioni | il passare da una religione a un'altra **2** trasformazione di una cosa in un'altra: *la* — *di un gas in un liquido* **3** mutamento della direzione di un moto (anche *fig.*): — *di rotta* | — *a U*, manovra di un veicolo che inverte il senso di marcia **4** (*inform.*) procedura per trasferire i dati da un sistema a un altro, da un programma a un altro.
converso[1] [con-vèr-so] *s.m.* frate laico addetto per lo più a lavori di fatica in un convento.
converso[2] *agg.* solo nella loc. *per* —, al contrario.
convertibile [con-ver-tì-bi-le] *agg.* che si può convertire | *moneta* —, (*fin.*) che può essere convertita in oro o in altre monete.
convertire [con-ver-tì-re] *v.tr.* [pres. *io convèrto ecc.*; pass.rem. *io convertìi ecc.*; part.pass. *convertito*] **1** convincere qlcu. a cambiare opinioni, abitudini o a mutare fede religiosa: — *al cristianesimo* **2** cambiare, trasformare: — *le azioni in titoli di stato* ♦ **convertirsi** *v.rifl.* cambiare vita, opinioni, fede religiosa ♦ *v.intr.pron.* mutarsi, trasformarsi.
convertito [con-ver-tì-to] *agg.* e *s.m.* [f. *-a*] che/chi ha mutato vita, opinioni, fede religiosa.
convertitore [con-ver-ti-tó-re] *s.m.* (*fis.*) apparecchio o dispositivo che trasforma un segnale o una forza: — *di frequenza.*
convessità [con-ves-si-tà] *s.f.* **1** qualità di ciò che è convesso **2** parte convessa.
convesso [con-vès-so] *agg.* si dice di linea o superficie curva verso l'esterno | *angolo* —, (*geom.*) quello inferiore a 180°.
convettivo [con-vet-tì-vo] *agg.* (*fis.*) di convezione: *moto* —.
convettore [con-vet-tó-re] *s.m.* apparecchio di riscaldamento ad aria calda.
convezione [con-ve-zió-ne] *s.f.* (*fis.*) propagazione di calore nei fluidi mediante spostamento di materia.
convincente [con-vin-cèn-te] *agg.* che convince, persuasivo: *una prova* —.
convincere [con-vìn-ce-re] *v.tr.* [coniugato come *vincere*] indurre qlcu. ad ammettere, ad accettare qlco. (anche *assol.*): *argomenti che non convincono* | persuadere qlcu. a fare qlco.: *lo convinse a partire* ♦ **convincersi** *v.rifl.* acquisire certezza, liberandosi da ogni dubbio; persuadersi: — *di qlco., a fare qlco.*
convincimento [con-vin-ci-mén-to] *s.m.* convinzione.

convinto [con-vìn-to] *agg.* che è ben saldo nelle sue convinzioni: *cattolico —*.
convinzione [con-vin-zió-ne] *s.f.* **1** il convincere, il convincersi, l'essere convinto; convincimento: *parlare con —* **2** (spec. *pl.*) la cosa di cui si è convinti; opinione ben radicata: *convinzioni politiche, religiose*.
convitare [con-vi-tà-re] *v.tr.* (*lett.*) chiamare a convito; invitare.
convitato [con-vi-tà-to] *agg.* e *s.m.* [f. *-a*] che/chi partecipa a un convito; invitato.
convito [con-vì-to] *s.m.* (*lett.*) pranzo solenne con numerosi invitati; banchetto: *— di nozze*.
convitto [con-vìt-to] *s.m.* istituto nel quale gli allievi, oltre a frequentare corsi scolastici, ricevono vitto e alloggio; collegio.
convittore [con-vit-tó-re] *s.m.* [f. *-trice*] alunno di un convitto; collegiale.
convivente [con-vi-vèn-te] *agg.* e *s.m.* e *f.* si dice di chi convive con un'altra persona senza essere sposata a lei.
convivenza [con-vi-vèn-za] *s.f.* **1** il convivere: *le difficoltà della —* | vita in comune di una coppia non sposata **2** insieme di persone che convivono: *— umana*, la società umana.
convivere [con-vì-ve-re] *v.intr.* [coniugato come *vivere*; aus. *avere*] vivere, abitare insieme: *— con i genitori* | vivere insieme in coppia senza essere sposati.
conviviale [con-vi-vià-le] *agg.* (*lett.*) di convivio, che riguarda i conviti.
convivio [con-vì-vio] *s.m.* (*lett.*) convito, banchetto.
convocare [con-vo-cà-re] *v.tr.* [*io cònvoco, tu cònvochi ecc.*] **1** chiamare a consiglio i membri di un organo collegiale per discutere o deliberare **2** (*estens.*) chiamare a un raduno o a un colloquio.
convocazione [con-vo-ca-zió-ne] *s.f.* il convocare, l'essere convocato; invito a un'adunanza, a un colloquio.
convogliare [con-vo-glià-re] *v.tr.* [*io convòglio ecc.*] **1** indirizzare verso un luogo determinato (anche *fig.*): *— tutte le energie in un'impresa* | incanalare: *— il traffico verso la circonvallazione* **2** trasportare, trascinare: *detriti convogliati dalla corrente*.
convogliatore [con-vo-glia-tó-re] *s.m.* meccanismo che serve a convogliare materiali: *il — della mietitrebbiatrice*.
convoglio [con-vò-glio] *s.m.* gruppo di navi che viaggiano insieme | gruppo di veicoli che viaggiano in colonna: *— ferroviario*, treno | gruppo di persone che vengono spostate da un luogo a un altro: *un — di prigionieri*.
convolare [con-vo-là-re] *v.intr.* [*io convólo ecc.*; aus. *essere*] volare insieme; usato solo nella loc. scherz. *convolare a giuste nozze*, sposarsi.
convolvolo [con-vòl-vo-lo] *s.m.* (*bot.*) pianta erbacea rampicante con fiori colorati a forma di imbuto.
convolvulacee [con-vol-vu-là-ce-e] *s.f.pl.* (*bot.*) famiglia di piante dicotiledoni, erbacee o arbustacee, con fusto volubile, fiori solitari o riuniti in cime, frutto a capsula.
convulsione [con-vul-sió-ne] *s.f.* **1** (*med.*) violenta e improvvisa contrazione dei muscoli: *avere le convulsioni* **2** (*estens.*) moto convulso; manifestazione violenta e irrefrenabile: *una — di riso, di pianto*.
convulsivo [con-vul-sì-vo] *agg.* di convulsione; che ha i caratteri della convulsione: *crisi convulsiva*.
convulso [con-vùl-so] *agg.* **1** che ha le caratteristiche della convulsione; violento, irrefrenabile: *pianto —* | *tosse convulsa*, pertosse **2** (*fig.*) molto rapido, scomposto, disordinato: *stile —* | intenso, frenetico: *vita convulsa* □ **convulsamente** *avv.*
coonestare [co-o-ne-stà-re] *v.tr.* [*io coonèsto ecc.*] (*lett.*) far passare per onesta un'azione che non lo è; giustificare.
cooperare [co-o-pe-rà-re] *v.intr.* [*io coòpero ecc.*; aus. *avere*] operare insieme con altri; contribuire al conseguimento di un fine; collaborare.
cooperativa [co-o-pe-ra-tì-va] *s.f.* (*dir.*) associazione di più individui che svolgono attività economiche dividendo in parti uguali spese e guadagni.
cooperativismo [co-o-pe-ra-ti-vì-ʃmo] *s.m.* movimento favorevole alla cooperazione e alle cooperative.
cooperativistico [co-o-pe-ra-ti-vì-sti-co] *agg.* [pl.m. *-ci*] relativo al cooperativismo o alle cooperative.
cooperativo [co-o-pe-ra-tì-vo] *agg.* di cooperazione; che è fondato sulla cooperazione.
cooperatore [co-o-pe-ra-tó-re] *agg.* e *s.m.* [f. *-trice*] **1** che/chi coopera **2** che/chi fa parte di una cooperativa.
cooperazione [co-o-pe-ra-zió-ne] *s.f.* **1** il cooperare; collaborazione **2** attività economica basata sull'associazione in cooperative.
cooptare [co-op-tà-re] *v.tr.* [*io coòpto ecc.*] accogliere qlcu. come membro in un organo collegiale, un'associazione, un circolo.
cooptazione [co-op-ta-zió-ne] *s.f.* il cooptare, l'essere cooptato.
coordinamento [co-or-di-na-mén-to] *s.m.* il coordinare, l'essere coordinato; organizzazione che coordina.
coordinante [co-or-di-nàn-te] *agg.* che serve a coordinare: *congiunzione —*.
coordinare [co-or-di-nà-re] *v.tr.* [*io coórdino ecc.*] **1** raccogliere, organizzare insieme a un fine determinato: *— le idee, gli sforzi* **2** (*gramm.*) collegare due proposizioni o due elementi della stessa proposizione secondo un rapporto di coordinazione.
coordinata [co-or-di-nà-ta] *s.f.* **1** (*mat.*) ciascuno dei numeri che permettono di individuare un punto rispetto a un sistema di riferimento: *coordinate cartesiane* | *coordinate geografiche*, la latitudine e la longitudine **2** (*gramm.*) proposizione coordinata.

coordinativo [co-or-di-na-tì-vo] *agg.* che serve a coordinare: *congiunzione coordinativa.*
coordinato [co-or-di-nà-to] (*agg.*) ordinato, organizzato insieme: *sforzi coordinati* | *rette, piani coordinati,* (*mat.*) rette o piani che costituiscono un sistema di riferimento | *proposizione coordinata,* (*gramm.*) collegata a un'altra da un rapporto di coordinazione ♦ *s.m.* (spec. *pl.*) capo di vestiario o accessorio d'abbigliamento abbinato ad altri capi o accessori.
coordinatore [co-or-di-na-tó-re] *agg.* e *s.m.* [f. *-trice*] che/chi coordina un'attività comune.
coordinazione [co-or-di-na-zió-ne] *s.f.* **1** il coordinare, l'essere coordinato: — *di movimenti, di attività* **2** (*gramm.*) rapporto di parità tra due proposizioni o tra due elementi di una stessa proposizione (p.e. *tentò, ma non vi riuscì*; *il bianco e il nero*); si contrappone a *subordinazione.*
coorte [co-òr-te] *s.f.* (*st.*) decima parte della legione romana.
copale [co-pà-le], fam. **coppale**, *s.f.* o *m.* **1** resina di origine vegetale usata per la preparazione di vernici **2** pelle pregiata per calzature, lucidata con la vernice di copale.
copeco [co-pè-co] *s.m.* [pl. *-chi*] moneta divisionale russa, equivalente alla centesima parte del rublo.
copepodi [co-pè-po-di] *s.m.pl.* (*zool.*) ordine di piccoli crostacei di mare o d'acqua dolce, forniti di un solo occhio e di varie paia di appendici bifide e setolose.
coperchio [co-pèr-chio] *s.m.* arnese che serve per coprire recipienti e contenitori. DIM. *coperchietto.*
copernicanesimo [co-per-ni-ca-né-ʃi-mo], o **copernicanismo**, *s.m.* il complesso delle dottrine scientifiche basate sulla teoria eliocentrica copernicana.
copernicano [co-per-ni-cà-no] *agg.* che riguarda l'astronomo polacco Niccolò Copernico (1473-1543) | *sistema* —, quello che pone il Sole al centro del sistema planetario.
coperta [co-pèr-ta] *s.f.* **1** drappo, panno che si stende sul letto sopra le lenzuola. DIM. *copertina* **2** fodera di stoffa che ricopre un oggetto per ripararlo dalla polvere o dall'umidità: *la — della poltrona* **3** (*mar.*) ponte scoperto della nave che si stende da poppa a prua.
copertina [co-per-tì-na] *s.f.* involucro esterno di carta o cartoncino che ricopre un libro, un quaderno, una rivista.
coperto[1] [co-pèr-to] *agg.* **1** rivestito, riparato; chiuso: *essere ben —*; *piscina coperta*; *volto —*, celato | (*fig.*) protetto, adeguatamente garantito: *assegno —*, a cui corrisponde un'equivalente somma di denaro depositata in banca **2** (*estens.*) cosparso, ricoperto: *un tavolo — di polvere* | *cielo —*, nuvoloso **3** (*fig.*) dissimulato, oscuro: *minacce coperte* ♦ *s.m.* luogo riparato: *dormire al —* | *stare, essere al —*, (*fig.*) essere al sicuro □ **copertamente** *avv.* in modo non esplicito; di nascosto, segretamente.
coperto[2] *s.m.* ciò che occorre per preparare la tavola per ciascun commensale (piatti, posate ecc.) | il prezzo che si paga, in un ristorante, per ogni coperto.
copertone [co-per-tó-ne] *s.m.* **1** telone impermeabile che serve a proteggere dalle intemperie merci e automezzi **2** involucro di gomma, spesso e robusto, che racchiude e protegge la camera d'aria nei pneumatici dei veicoli.
copertura [co-per-tù-ra] *s.f.* **1** il coprire, l'essere coperto: *telone per la — di merci* **2** ciò che serve a coprire, a nascondere (anche *fig.*): *un'attività che serve da — a traffici illeciti* **3** (*edil.*) l'insieme delle strutture che completano la sommità di un edificio **4** (*econ.*) garanzia che tende a ridurre i rischi di un'operazione finanziaria **5** (*fig.*) difesa, protezione: *azione di —.*
copia[1] [cò-pia] *s.f.* (*lett.*) grande quantità, abbondanza: *gran — di viveri.*
copia[2] *s.f.* **1** riproduzione, trascrizione esatta di uno scritto, di un documento | *brutta, bella —*, la prima, la definitiva stesura di uno scritto **2** riproduzione di un'opera presa a modello: *la — di una statua* | (*estens.*) persona che assomiglia moltissimo a un'altra **3** ogni esemplare di un libro o giornale: *una tiratura di diecimila copie* **4** (*foto.*) positiva stampata su carta sensibile **5** (*tecn.*) duplicazione di suoni, immagini, dati su un supporto magnetico.
copiare [co-pià-re] *v.tr.* [*io còpio ecc.*] **1** riprodurre esattamente qlco.: — *una lettera* | eseguire la copia di un'opera d'arte; ritrarre qlco. dal vero **2** (*estens.*) imitare, ripetere quanto è fatto da altri: — *un'idea* **3** (*tecn.*) fare la copia di un'audiocassetta, un dischetto, un file ecc.
copiativo [co-pia-tì-vo] *agg.* che serve a fare copie | *matita copiativa,* la cui mina lascia un segno indelebile | *carta copiativa,* cartacarbone.
copiatrice [co-pia-trì-ce] *s.f.* apparecchio per riprodurre documenti; fotocopiatrice.
copiatura [co-pia-tù-ra] *s.f.* **1** il copiare, il modo di copiare: — *a mano, a macchina* **2** plagio, imitazione di opere altrui.
copiglia [co-pì-glia] *s.f.* (*mecc.*) asticella metallica ripiegata su sé stessa che si usa per evitare lo sfilamento dei perni passanti.
copione[1] [co-pió-ne] *s.m.* testo di un lavoro teatrale dal quale vengono estratte le parti che i diversi attori devono recitare; sceneggiatura di un film o testo di trasmissioni radiofoniche o televisive | *secondo —*, (*fig.*) come previsto.
copione[2] *s.m.* [f. *-a*] (*fam.*) chi copia da altri o imita gli altri.
copiosità [co-pio-si-tà] *s.f.* (*lett.*) l'essere copioso.
copioso [co-pió-so] *agg.* (*lett.*) che è in grande quantità; abbondante: *raccolto* — □ **copiosamente** *avv.*
copista [co-pì-sta] *s.m.* e *f.* [pl.m. *-sti*] chi trascriveva manoscritti prima dell'invenzione della stampa; amanuense | chi per professione copia scritture e documenti.
copisteria [co-pi-ste-rì-a] *s.f.* ufficio o negozio in

cui si eseguono copie a macchina o al computer di testi vari.

coppa[1] [còp-pa] *s.f.* **1** bicchiere di vetro o metallo a forma di calotta sferica, che si regge su un gambo a stelo | (*estens.*) ciò che vi è contenuto: *una — di spumante.* DIM. *coppetta* **2** qualsiasi oggetto o recipiente di forma concava o tondeggiante: — *dell'olio*, nei motori a scoppio, la vaschetta dove si raccoglie l'olio di lubrificazione **3** trofeo a forma di calice che si dà come premio ai vincitori di gare sportive; la gara stessa: *la Coppa Davis* **4** *pl.* uno dei quattro semi delle carte da gioco italiane.

coppa[2] *s.f.* **1** in Lombardia, taglio di carne di bue macellato **2** salume fatto con diversi tagli di carne di maiale.

coppale → **copale**.

coppella [cop-pèl-la] *s.f.* crogiolo a forma di coppa usato un tempo per purificare o saggiare metalli preziosi.

coppellazione [cop-pel-la-zió-ne] *s.f.* (*metall.*) processo di separazione di due metalli allo stato fuso.

coppia [còp-pia] *s.f.* **1** due persone, due animali o due cose uniti e considerati insieme | due persone unite da un rapporto amoroso: *formare una bella —* | *in —, a —*, a due a due. DIM. *coppietta* **2** (*sport*) due atleti che gareggiano abbinati: *gara a coppie* **3** (*fis.*) l'insieme di due forze uguali parallele, di senso contrario, applicate in due punti diversi di un corpo **4** (*mecc.*) insieme di due elementi meccanici collegati fra loro.

coppiere [cop-piè-re] *s.m.* [f. *-a*] (*antiq.*) chi versa da bere ai convitati.

coppietta [cop-piét-ta] *s.f.* coppia di giovani fidanzati.

coppo [cóp-po] *s.m.* **1** vaso di terracotta in cui si conserva l'olio **2** tegola curva per la copertura di tetti.

coppola [còp-po-la] *s.f.* (*region.*) berretto basso con visiera, tipico della Sicilia.

copra [cò-pra] *s.f.* polpa essiccata delle noci di cocco, dalla quale si estrae l'olio di cocco.

copresidente [co-pre-si-dèn-te] *s.m.* chi presiede insieme ad altri un'istituzione, un ente.

copricalorifero [co-pri-ca-lo-rì-fe-ro] *s.m.* mobiletto che serve a mascherare il calorifero.

copricanna [co-pri-càn-na] *s.m.invar.* legno sagomato che ricopre parzialmente la canna del fucile.

copricapo [co-pri-cà-po] *s.m.* qualsiasi cappello o berretto con cui ci si ripara il capo.

copricatena [co-pri-ca-té-na] *s.m.invar.* protezione della catena di biciclette e motociclette; carter.

copricostume [co-pri-co-stù-me] *s.m.invar.* indumento femminile che si porta sopra il costume da bagno.

coprifiamma [co-pri-fiàm-ma] *s.m.invar.* sorta di imbuto o cilindro d'acciaio applicato alle armi da fuoco per schermare la vampa prodotta dal colpo.

coprifuoco [co-pri-fuò-co] *s.m.invar.* obbligo di ritirarsi in casa a un'ora stabilita, imposto ai cittadini per motivi d'ordine pubblico.

copriletto [co-pri-lèt-to] *s.m.invar.* coperta che si mette per ornamento sopra il letto.

coprimozzo [co-pri-móz-zo] *s.m.invar.* elemento di copertura del mozzo delle ruote di un veicolo.

coprire [co-prì-re] *v.tr.* [pres. *io còpro ecc.*; pass.rem. *io coprìi* o *copèrsi*, *tu copristi ecc.*; part.pass. *copèrto*] **1** mettere qlco. sopra, davanti o intorno a un'altra per proteggerla, ripararla, nasconderla: — *il tavolo con la tovaglia* | riparare il corpo con indumenti: — *bene un bambino* **2** (*estens.*) ammantare, avvolgere: *la nebbia copre la città* **3** (*fig.*) nascondere: — *gli errori di qlcu.* **4** proteggere, difendere dall'offensiva del nemico o dell'avversario: — *la ritirata* | nel linguaggio bancario e delle assicurazioni, garantire: — *un rischio* | — *le spese*, recuperare le spese sostenute **5** (*fig.*) superare in intensità un suono: *il fragore del mare copriva le nostre voci* **6** (*fig.*) colmare, riempire: — *qlcu. di baci* **7** (*fig.*) occupare, tenere, esercitare: — *una carica* **8** (*fig.*) percorrere in un certo tempo: — *una distanza* **9** (*fig.*) riferito ad animali che si accoppiano, montare ♦ **coprirsi** *v.rifl.* **1** riparare il proprio corpo con indumenti o altro **2** (*fig.*) colmarsi, riempirsi: — *di gloria* **3** nel linguaggio bancario e delle assicurazioni, garantirsi contro un rischio ♦ *v.intr.pron.* ricoprirsi, rivestirsi: — *di muffa, di ruggine* | detto del cielo, rannuvolarsi.

coprivivande [co-pri-vi-vàn-de] *s.m.invar.* coperchio di forma emisferica per proteggere le vivande dalle mosche.

copro- primo elemento di parole composte, che significa 'feci' (*coprofagia*) o 'volgarità, oscenità' (*coprolalia*).

coprocessore [co-pro-ces-só-re] *s.m.* (*inform.*) microprocessore ausiliario per particolari elaborazioni.

coproduttore [co-pro-dut-tò-re] *agg.* e *s.m.* [f. *-trice*] che/chi partecipa a una coproduzione.

coproduzione [co-pro-du-zió-ne] *s.f.* produzione di un'opera cinematografica in collaborazione fra più produttori; l'opera così prodotta: *una — italo-giapponese.*

coprofagia [co-pro-fa-gì-a] *s.f.* (*psich.*) l'ingerire sterco, come forma di perversione tipica di gravi malattie mentali.

coprofago [co-prò-fa-go] *agg.* e *s.m.* [f. *-a*; pl.m. *-gi*] (*psich.*) che/chi è affetto da coprofagia.

coprolalia [co-pro-la-lì-a] *s.f.* (*psich.*) impulso morboso a dire oscenità.

coprolalico [co-pro-là-li-co] *agg.* [pl.m. *-ci*] (*psich.*) di coprolalia, che riguarda la coprolalia: *impulso —* ♦ *agg.* e *s.m.* [f. *-a*] si dice di persona affetta da coprolalia.

coprolito [co-prò-li-to] *s.m.* (*geol.*) escremento fossile ricco di fosfati minerali, utilizzato un tempo come materia prima per fertilizzanti.

copto [còp-to] *s.m.* **1** [f. *-a*] cristiano d'Egitto e d'Etiopia **2** lingua parlata in Egitto fino al sec.

XVI e ora usata soltanto come lingua liturgica ♦ *agg.* dei copti: *chiesa copta.*
copula [cò-pu-la] **1** (*lett.*) accoppiamento sessuale **2** (*gramm.*) congiunzione o verbo copulativo.
copulare [co-pu-là-re] *v.tr.* [*io còpulo ecc.*] **1** (*lett.*) accoppiare, unire **2** (*chim.*) operare una copulazione ♦ **copularsi** *v.rifl.* (*lett.*) congiungersi sessualmente.
copulativo [co-pu-la-tì-vo] *agg.* (*gramm.*) che serve a congiungere: *congiunzioni copulative*, quelle che coordinano due termini o due proposizioni (*p.e.* pasta *e* ceci; non sa leggere *né* scrivere); *verbi copulativi*, quelli che uniscono il soggetto al predicato nominale, come *essere, sembrare, stare, diventare, nascere, vivere, morire ecc.* (*p.e.* la neve *è* bianca; Diogene *visse* povero).
copulazione [co-pu-la-zió-ne] *s.f.* (*lett.*) copula, accoppiamento sessuale.
copyright [/ kopi'rait /] *s.m.invar.* (*ingl.*) diritto che tutela la proprietà di un'opera dell'ingegno, letteraria o artistica; diritto d'autore | il marchio che viene apposto sull'opera con l'indicazione del titolare del diritto e dell'anno a cui risale.
coque [/ kɔk /] *s.f.invar.* (*fr.*) solo nella loc. *alla* —, che si riferisce a uovo bollito per pochi minuti, in modo che si rapprenda l'albume ma non il tuorlo.
coraggio [co-ràg-gio] *s.m.* **1** forza d'animo nell'affrontare il pericolo, nell'intraprendere imprese difficili, nel sopportare dolori e sacrifici: *fare — a qlcu.*, rincuorarlo | *prendere il — a due mani*, osare dopo aver esitato | *coraggio!*, esortazione a non perdersi d'animo **2** sfacciataggine, impudenza: *ci vuole un bel — a mentire così!*
coraggioso [co-rag-gió-so] *agg.* che ha coraggio: *soldato* — | compiuto con coraggio, che rivela coraggio: *atto, gesto* — □ **coraggiosamente** *avv.*
corale [co-rà-le] *agg.* **1** di coro, da coro: *canto, musica* — **2** (*fig.*) si dice di un'opera d'arte che rappresenta le vicende di una collettività, non di singoli individui: *poema, affresco* — | *gioco, azione* —, (*sport*) che è frutto della collaborazione di tutti i giocatori **3** (*fig.*) concorde, unanime: *protesta* — ♦ *s.m.* (*mus.*) canto liturgico per coro; il libro che raccoglie tali canti | composizione organistica ispirata al corale religioso: *i corali di Bach* ♦ *s.f.* gruppo di cantori, coro: *una — polifonica* □ **coralmente** *avv.*
coralità [co-ra-li-tà] *s.f.* (*lett.*) l'essere corale.
corallifero [co-ral-lì-fe-ro] *agg.* che è formato da coralli; ricco di coralli: *banco* —.
corallina [co-ral-lì-na] *s.f.* **1** (*bot.*) alga marina semirigida, simile al corallo **2** (*min.*) roccia calcarea ricca di resti fossili di coralli **3** barca attrezzata per la pesca del corallo.
corallino [co-ral-lì-no] *agg.* **1** di corallo, costituito da coralli: *scogliera corallina* **2** di colore simile a corallo: *labbra coralline.*
corallo [co-ràl-lo] *s.m.* **1** animaletto dei celenterati che vive a basse profondità nei mari caldi, in colonie ancorate alle rocce sottomarine **2** la sostanza cornea, di struttura ramificata, colorata di rosa o di rosso, che è costituita dagli scheletri di tali animali e viene usata per la fabbricazione di oggetti ornamentali **3** (*lett.*) colore rosso acceso: *labbra di* — | Usato anche come *agg.invar.*: *rosso* —.
corame [co-rà-me] *s.m.* cuoio lavorato.
coramella [co-ra-mèl-la] *s.f.* striscia di cuoio che serve per affilare i rasoi.
coramina® [co-ra-mì-na] *s.f.* farmaco stimolante del cuore e dei centri respiratori.
coram populo [/ 'kɔram 'pɔpulo /] *loc.avv.* (*lat.*) alla presenza di tutti, in pubblico: *parlare* —.
coranico [co-rà-ni-co] *agg.* [pl.m. *-ci*] del Corano: *precetto* —.
corata [co-rà-ta] *s.f.* cuore, polmoni, fegato e milza di animali macellati.
coratella [co-ra-tèl-la] *s.f.* corata di animali macellati di piccola taglia (coniglio, agnello ecc.).
corazza [co-ràz-za] *s.f.* **1** copertura del busto, in cuoio o in metallo, portata anticamente dai soldati per difesa | copertura di cuoio portata dai giocatori di rugby, di football americano e di altri sport **2** struttura resistente applicata a fortificazioni e a mezzi da combattimento: *la — di un carro armato* **3** rivestimento protettivo del corpo di alcuni animali: *la — delle tartarughe* **4** (*fig.*) difesa, riparo, protezione: *il suo cinismo è solo una* —.
corazzare [co-raz-zà-re] *v.tr.* **1** armare, provvedere di corazza protettiva: — *una nave* **2** (*fig.*) difendere, premunire ♦ **corazzarsi** *v.rifl.* difendersi, premunirsi: — *contro le maldicenze.*
corazzata [co-raz-zà-ta] *s.f.* grande nave da guerra protetta da spesse corazze d'acciaio e potentemente armata.
corazzato [co-raz-zà-to] *agg.* **1** armato, munito di corazza **2** (*fig.*) difeso, protetto: *essere — contro le avversità.*
corazziere [co-raz-ziè-re] *s.m.* nei secc. XVI-XVII, soldato a cavallo, armato di lancia, elmo e corazza | oggi, carabiniere della guardia d'onore del capo dello stato italiano.
corba [còr-ba] *s.f.* grande cesta di vimini o di strisce di legno intrecciate.
corbeille [/ kor'bɛj /] *s.f.invar.* (*fr.*) **1** cestino di fiori disposti con arte **2** in borsa, la zona riservata agli agenti di cambio, nella quale si svolge la contrattazione dei titoli.
corbelleria [cor-bel-le-rì-a] *s.f.* stupidaggine, sproposito: *fare, dire una* —.
corbello [cor-bèl-lo] *s.m.* cesto rotondo di vimini o di strisce di legno intrecciate; ciò che vi è contenuto: *un — di fichi.*
corbezzolo [cor-béz-zo-lo] *s.m.* arbusto sempreverde con frutti costituiti da bacche rosse commestibili.
corda [còr-da] *s.f.* **1** fascio di fibre o di fili attorcigliati, che si usa per legare, sostenere o tirare qlco. | *scarpe di* —, con la suola fatta di strisce di corda | *salto della* —, gioco o esercizio ginnico che consiste nel saltare una corda fatta passare

sotto i piedi e sopra la testa | *dare — a qlcu.*, (*fig.*) ascoltarlo, incoraggiarlo a parlare | *tagliare la —*, (*fig.*) fuggire di nascosto | *tendere troppo la —*, (*fig.*) portare una situazione al punto di rottura | *tenere qlcu. sulla —*, (*fig.*) tenerlo in ansia, con l'animo sospeso. DIM. *cordicella, cordicina, cordino* (m.) **2** (*estens.*) oggetto, elemento a forma di corda | in alcuni strumenti musicali, filamento di metallo o di nylon che, messo in vibrazione, produce un suono: *strumenti a —*; *le corde del violino* | *corde vocali*, (*anat.*) le pieghe della glottide che consentono la modulazione della voce **3** (*geom.*) segmento di retta che unisce due punti di una circonferenza **4** (*sport*) limite interno di una pista; nel pugilato e nella lotta, ciascuna delle funi che delimitano il quadrato | *mettere l'avversario alle corde*, non lasciargli spazio per muoversi e per difendersi (anche *fig.*).

cordaio [cor-dà-io] *s.m.* [f. *-a*] fabbricante o venditore di corde e spaghi.

cordame [cor-dà-me] *s.m.* **1** assortimento, varietà di corde: *fabbrica di cordami* **2** (*mar.*) il complesso dei cavi mobili usati per la manovra delle vele.

cordata [cor-dà-ta] *s.f.* **1** gruppo di alpinisti legati alla stessa corda in un'ascensione **2** (*estens.*) gruppo di imprenditori che si uniscono per acquistare o gestire un'impresa di grande rilevanza economica| gruppo di persone che si accordano per dare la scalata a posizioni di potere.

cordati [cor-dà-ti] *s.m.pl.* (*zool.*) tipo di animali muniti di corda dorsale nello stato embrionale, che può conservarsi o no nello stato adulto.

cordatrice [cor-da-trì-ce] *s.f.* (*tecn.*) macchina per la fabbricazione delle corde.

cordatura [cor-da-tù-ra] *s.f.* (*tecn.*) operazione mediante la quale viene fabbricata una corda.

cordellino [cor-del-lì-no] *s.m.* tipo di tessuto con righe diagonali in rilievo.

corderia [cor-de-rì-a] *s.f.* fabbrica di cordami.

cordiale[1] [cor-dià-le] *agg.* **1** che viene dal cuore; amichevole, affettuoso: *saluto —* | gentile, affabile: *essere — con tutti* **2** che è radicato nel cuore; vivamente sentito, profondo: *una — antipatia* □ **cordialmente** *avv.*

cordiale[2] *s.m.* bevanda alcolica corroborante.

cordialità [cor-dia-li-tà] *s.f.* l'essere cordiale; affabilità.

cordiera [cor-diè-ra] *s.f.* stecca di legno munita di fori a cui sono fissate le corde di uno strumento musicale.

cordigliera [cor-di-gliè-ra] *s.f.* nome di alcune catene montuose dell'America centrale e meridionale: *la — delle Ande.*

cordiglio [cor-dì-glio] *s.m.* **1** cordone a nodi con cui frati e monache si cingono la tonaca all'altezza della vita **2** funicella che il sacerdote porta attorno alla vita durante le funzioni religiose.

cordino [cor-dì-no] *s.m.* piccola corda per vari usi | piccola corda di sicurezza usata dagli alpinisti nelle arrampicate su roccia.

cordofono [cor-dò-fo-no] *s.m.* (*mus.*) qualsiasi strumento che produce il suono per vibrazione di corde tese (*p.e.* la chitarra) | Anche come *agg.*: *strumenti cordofoni.*

cordoglio [cor-dò-glio] *s.m.* dolore profondo per un grave lutto: *esprimere il proprio —.*

cordolo [còr-do-lo] *s.m.* **1** (*edil.*) trave in cemento armato che corre orizzontalmente, come struttura di rinforzo, per tutto lo spessore del muro **2** rialzo che delimita la corsia stradale riservata ai mezzi pubblici.

cordonare [cor-do-nà-re] *v.tr.* [*io cordóno ecc.*] **1** (*non com.*) circondare con un cordone, con una cordonata: *— un'aiuola* **2** praticare la cordonatura (di cartoni, cartoncini ecc.).

cordonata [cor-do-nà-ta] *s.f.* **1** strada in pendio con cordoni trasversali in pietra o mattoni che la rendono simile a una scalinata **2** bordo arrotondato delle aiuole.

cordonato [cor-do-nà-to] *agg.* e *s.m.* si dice di tessuto a coste in rilievo.

cordonatura [cor-do-na-tù-ra] *s.f.* **1** solco che si pratica a secco su cartoni o cartoncini allo scopo di facilitarne e regolarne la piegatura **2** elemento decorativo aggettante, simile a una corda, sulla superficie di vasi, terrecotte e sim.

cordone [cor-dó-ne] *s.m.* **1** (*lett.*) fune robusta | cordiglio dei francescani **2** corda di media grossezza, di cotone o seta, usata per guarnizione e lavori di tappezzeria: *il — della tenda.* DIM. *cordoncino, cordonetto* **3** parte anatomica simile a una corda: *— ombelicale*, il fascio di vasi sanguigni che unisce il feto alla placenta e che viene tagliato dopo la nascita **4** qualsiasi elemento di forma lineare che segna o orla un limite: *il — del marciapiede, di un'aiuola* | (*arch.*) elemento decorativo architettonico di forma cilindrica **5** (*fig.*) sistema difensivo lungo una linea di confine | barriera formata da più persone che sbarrano un passaggio: *la folla era trattenuta da un — di poliziotti* | *— sanitario*, (*fig.*) il complesso dei provvedimenti adottati per isolare un focolaio di malattie contagiose **6** *gran —*, collare che rappresenta la massima dignità di un ordine cavalleresco; la dignità stessa e la persona che ne è insignita.

corea [co-rè-a *o* còrea] *s.f.* (*med.*) malattia del sistema nervoso che si manifesta con movimenti bruschi e involontari del viso e degli arti, detta comunemente *ballo di san Vito.*

coreano [co-re-à-no] *agg.* della Corea, penisola dell'Asia orientale | *colletto alla coreana*, costituito da una piccola striscia di tessuto aderente al collo e aperto sul davanti ♦ *s.m.* **1** [f. *-a*] chi è nato, chi abita in Corea **2** lingua parlata in Corea.

coregono [co-rè-go-no], o **coregone** [co-re-gó-ne], *s.m.* pesce commestibile d'acqua dolce di forma affusolata.

coreico [co-rèi-co] *agg.* [pl.m. *-ci*] **1** (*lett.*) della danza: *linguaggio —* **2** (*med.*) che si riferisce alla corea: *agitazione coreica.*

coreografia [co-re-o-gra-fì-a] *s.f.* **1** arte di comporre balletti; l'insieme delle figure che costituiscono un balletto 2 (*estens.*) qualsiasi azione in cui più elementi concorrono a creare un effetto spettacolare: *una — di luci e di suoni.*

coreografico [co-re-o-grà-fi-co] *agg.* [pl.m. *-ci*] 1 di coreografia, relativo a una coreografia: *scene coreografiche* 2 (*fig.*) fastoso, spettacolare: *una cerimonia coreografica* □ **coreograficamente** *avv.*

coreografo [co-re-ò-gra-fo] *s.m.* [f. *-a*] chi compone o dirige coreografie.

coreutica [co-rèu-ti-ca] *s.f.* (*lett.*) arte della danza.

coriaceo [co-rià-ce-o] *agg.* 1 di cuoio | (*estens.*) duro e resistente come il cuoio: *foglia coriacea* 2 (*fig.*) forte, resistente: *carattere —.*

coriambo [co-riàm-bo] *s.m.* nella metrica greca e latina, piede formato da un trocheo accoppiato a un giambo.

coriandolo [co-riàn-do-lo] *s.m.* 1 pianta erbacea i cui semi aromatici sono usati in pasticceria e liquoreria 2 confetto contenente un seme di coriandolo 3 ciascuno dei dischetti di carta colorata che si lanciano per gioco addosso alle persone durante le feste di carnevale.

coribante [co-ri-bàn-te] *s.m.* nella religione dell'antica Grecia, divinità minore che costituiva il seguito della dea Cibele | sacerdote della dea Cibele.

coricare [co-ri-cà-re] *v.tr.* [*io còrico, tu còrichi ecc.*] 1 adagiare, far distendere su un letto: *— un bambino, un ammalato* 2 (*estens.*) mettere in piano, in orizzontale; mettere giù: *— un palo* ♦ **coricarsi** *v.rifl.* mettersi a letto; andare a dormire.

corifeo [co-ri-fè-o] *s.m.* [f. *-a*] 1 nell'antica tragedia greca, il capo del coro 2 (*fig. lett.*) promotore di un movimento, di un partito.

corimbo [co-rìm-bo] *s.m.* (*bot.*) tipo di infiorescenza nella quale vari fiori vengono a trovarsi a uno stesso livello.

corindone [co-rin-dó-ne] *s.m.* minerale di alluminio in cristalli, molto duro, lucente, di vario colore; le varietà più pregiate sono lo zaffiro, il rubino, lo smeraldo, il topazio e l'ametista.

corinzio [co-rìn-zio] *agg.* 1 di Corinto, città greca 2 (*archeol.*) si dice di un ordine architettonico classico in cui la colonna ha fusto scanalato e capitello ornato di foglie d'acanto ♦ *s.m.* 1 [f. *-a*] nativo, abitante di Corinto 2 ordine, stile architettonico corinzio.

corion [cò-rion] *s.m.invar.* (*biol.*) membrana che avvolge l'embrione dei vertebrati superiori.

corista [co-rì-sta] *s.m.* [pl.m. *-sti*] (*mus.*) 1 [anche *f.*] chi canta in un coro; chi dirige il coro in una chiesa 2 diapason.

coriza [cò-ri-ʒa] *s.f.* (*med.*) raffreddore, rinite.

cormo [còr-mo] *s.m.* (*bot.*) corpo vegetativo delle piante superiori, distinto in fusto, radice e foglie.

cormofita [cor-mò-fi-ta] *s.f.* (*bot.*) pianta fornita di cormo.

cormorano [cor-mo-rà-no] *s.m.* grosso uccello acquatico con piedi palmati, collo lungo, becco uncinato.

cornacchia [cor-nàc-chia] *s.f.* 1 grosso uccello simile al corvo, ma con becco più grosso e incurvato all'estremità 2 (*fig.*) persona noiosa, importuna o che predice disgrazie.

cornacee [cor-nà-ce-e] *s.f.pl.* (*bot.*) famiglia di piante arboree dicotiledoni diffuse nelle zone tropicali e temperate; vi appartiene il corniolo.

cornamusa [cor-na-mù-ʃa] *s.f.* strumento a fiato, formato da uno o più tubi sonori ad ancia doppia, innestati in un sacco di pelle pieno d'aria.

cornata [cor-nà-ta] *s.f.* colpo dato con le corna.

cornatura [cor-na-tù-ra] *s.f.* disposizione e aspetto delle corna di un animale.

cornea [còr-ne-a] *s.f.* (*anat.*) parte anteriore, trasparente, dell'involucro più esterno dell'occhio.

corneale [cor-ne-à-le] *agg.* relativo alla cornea | *lenti corneali*, lenti a contatto.

corneificarsi [cor-nei-fi-càr-si] *v.intr.pron.* [*io mi corneìfico, tu ti corneìfichi ecc.*] (*biol.*) subire il processo di corneificazione.

corneificazione [cor-nei-fi-ca-zió-ne] *s.f.* (*biol.*) trasformazione cornea degli strati epiteliali della cute.

corneo [còr-neo] *agg.* di corno, simile a corno: *materia cornea* | *strato —*, (*anat.*) lo strato più superficiale dell'epidermide.

corner [/ 'kɔrner /] *s.m.invar.* (*ingl.*) (*sport*) calcio d'angolo | *salvarsi in —*, mandare il pallone oltre la propria linea di fondo per sventare un pericoloso attacco avversario; (*fig.*) salvarsi all'ultimo momento, in modo fortunoso.

cornetta [cor-nét-ta] *s.f.* (*mus.*) 1 strumento a fiato in ottone simile alla tromba, rispetto alla quale ha un suono meno brillante 2 cornettista 3 (*region.*) ricevitore del telefono.

cornettista [cor-net-tì-sta] *s.m.* e *f.* [pl.m. *-sti*] (*mus.*) chi suona la cornetta.

cornetto [cor-nét-to] *s.m.* 1 amuleto portafortuna a forma di piccolo corno 2 panino dolce o brioche a forma di mezzaluna 3 *— acustico*, strumento a forma di corno che si applicava all'orecchio per migliorare la percezione dei suoni.

corn-flakes [/ 'kɔrnfleiks /] *loc.sost.m.pl.* (*ingl.*) fiocchi di granturco soffiato che si consumano nel latte come prima colazione.

cornice [cor-nì-ce] *s.f.* 1 (*arch.*) qualsiasi elemento decorativo che corre lungo un bordo; cornicione | intelaiatura di legno o altro materiale posta intorno a dipinti, specchi, fotografie: *mettere in —*, incorniciare. DIM. *cornicetta, cornicina* 2 (*estens.*) tutto ciò che circonda, contorna o abbellisce qlco.: *valle racchiusa da una — di montagne* | (*fig.*) insieme di elementi di contorno; ambientazione: *la festa si è svolta in una — sfarzosa* 3 (*tip.*) riquadro entro cui si stampa un testo 4 in alcune opere narrative, l'insieme delle parti che servono a collegare tra loro diversi episodi, racconti, novelle: *la — del "Decameron"* 5 stretto gradino di una parete rocciosa; orlo sporgente di un ghiacciaio.

corniciaio [cor-ni-cià-io] *s.m.* [f. *-a*] chi fabbrica, monta o vende cornici.

cornicione [cor-ni-ció-ne] *s.m.* (*arch.*) fascia

orizzontale sporgente che corona la facciata di un edificio.
cornico [còr-ni-co] *agg.* [pl.m. *-ci*] della Cornovaglia, regione della Gran Bretagna ♦ *s.m.* la lingua celtica parlata un tempo in Cornovaglia.
cornificare [cor-ni-fi-cà-re] *v.tr.* [*io cornìfico, tu cornìfichi ecc.*] (*fam.*) fare le corna al proprio coniuge; tradire.
corniola [cor-niò-la] *s.f.* **1** frutto del corniolo **2** (*min.*) varietà di calcedonio di colore rossastro, usata come pietra semipreziosa per monili e oggetti decorativi | (*estens.*) tipo di cammeo a fondo rosso con rilievo chiaro.
corniolo [còr-nio-lo *o* corniòlo] *s.m.* (*bot.*) piccolo albero montano che dà un legno durissimo e frutti commestibili rossi a forma di olive.
cornista [cor-nì-sta] *s.m.* e *f.* [pl.m. *-sti*] (*mus.*) chi suona il corno.
corno [còr-no] *s.m.* [pl.f. *còrna*, nei sign. 1, 2, 5; pl.m. *còrni*, nei sign. 6, 7; solo sing. nei sign. 3, 4] **1** (*zool.*) prominenza cornea o ossea, di forma incurvata, presente sul capo di molti mammiferi ungulati; protuberanza sulla fronte di esseri mitologici o diabolici | *fare le corna*, gesto scaramantico od offensivo, fatto tendendo l'indice e il mignolo della mano chiusa. DIM. *cornetto* **2** *pl.* in locuzioni fig. di uso popolare, attributo anche della testa dell'uomo: *rompere le corna a qlcu.*, picchiarlo o infliggergli una pesante sconfitta; *rompersi le corna*, avere la peggio, uscire malconcio da un'impresa | come simbolo dell'infedeltà coniugale: *fare le corna alla moglie, al marito*, tradirla o tradirlo | *dire peste e corna di qlcu.*, parlarne malissimo **3** (*fig. pop.*) niente, nulla: *non valere un —* | *un —!*, assolutamente no! **4** materiale di cui sono costituite le corna degli animali, adoperato nella fabbricazione di oggetti: *pettine, bottoni di —* **5** (*estens.*) ognuna delle protuberanze molli, simili a corna, che taluni animali hanno sul capo: *le corna della lumaca* **6** oggetto o parte di un oggetto a forma di corno; ciondolo, amuleto così fatto | estremità appuntita di qlco.: *i corni della luna*, quando è al primo o all'ultimo quarto **7** (*mus.*) strumento a fiato in ottone, costituito da un tubo a spirale | *— inglese*, strumento a fiato di legno, dritto, ad ancia doppia, di timbro più grave dell'oboe.
cornucopia [cor-nu-cò-pia] *s.f.* vaso a forma di corno pieno di frutti e di fiori, che nella mitologia greco-romana era simbolo di abbondanza e prosperità.
cornuto [cor-nù-to] *agg.* provvisto di corna: *animale —* ♦ *agg.* e *s.m.* [f. *-a*] (*volg.*) si dice di persona tradita dal proprio coniuge.
coro [cò-ro] *s.m.* **1** nell'antica tragedia greca, gruppo di cantori e danzatori che declamavano insieme brani di carattere lirico | la parte della tragedia che veniva recitata dal coro | il luogo del teatro riservato al coro **2** canto eseguito da più persone; l'insieme delle persone che lo eseguono: *— a quattro voci*; *un — alpino*. DIM. *coretto* **3** (*estens.*) insieme di persone che parlano o gridano contemporaneamente; ciò che essi dicono: *rispondere in —*; *un — di proteste* | insieme di canti o versi di più animali: *un — di usignoli* **4** schiera di spiriti celesti o di figure mitologiche | *cori angelici*, (*teol.*) i nove ordini in cui sono divisi gli angeli **5** (*arch.*) la parte della chiesa che è dietro l'altare, provvista di sedili per i religiosi che cantano gli uffici sacri; l'insieme dei sedili: *il — della cattedrale*; *un — ligneo*.
corografia [co-ro-gra-fì-a] *s.f.* descrizione geografica di una regione della Terra.
corografico [co-ro-grà-fi-co] *agg.* [pl.m. *-ci*] relativo alla corografia: *carta corografica*, carta geografica che rappresenta superfici estese.
coroide [co-ròi-de] *s.f.* (*anat.*) membrana dell'occhio che sta fra la sclerotica e la retina e ospita i vasi sanguigni; è detta anche *membrana coroidea*.
coroideo [co-roi-dè-o] *agg.* (*anat.*) che si riferisce alla coroide | *membrana coroidea*, coroide.
coroidite [co-roi-dì-te] *s.f.* (*med.*) infiammazione della coroide.
corolla [co-ròl-la *o* corólla] *s.f.* complesso dei petali di un fiore.
corollario [co-rol-là-rio] *s.m.* **1** (*filos.*) conseguenza logica di una verità dimostrata in precedenza | (*mat.*) teorema che si deduce come diretta e immediata conseguenza di un teorema precedente **2** (*estens.*) aggiunta, appendice.
corona [co-ró-na] *s.f.* **1** ornamento del capo di forma circolare, di metallo prezioso o di fiori e fronde; è simbolo di sovranità, di gloria, di eccellenza: *— d'alloro*, simbolo di gloria poetica; *cingere la —*, diventare re | (*estens.*) la persona del re; la dignità reale. DIM. *coroncina* **2** (*estens.*) insieme di elementi disposti in cerchio | *— funebre*, ghirlanda di fiori che viene posta sui feretri o sulle tombe | *— del rosario*, filza di grani che si fanno scorrere tra le dita mentre si recita il rosario | *— circolare*, (*geom.*) l'anello compreso tra due circonferenze concentriche di diverso raggio **3** (*anat.*) parte esterna del dente, ricoperta di smalto, che sporge dalla gengiva **4** unità monetaria di vari stati europei: *— svedese, norvegese, danese* **5** (*mus.*) segno convenzionale che indica la durata indefinita di una nota **6** *— dentata*, (*mecc.*) ruota dentata costituita da una corona circolare con la dentatura all'interno.
coronamento [co-ro-na-mén-to] *s.m.* **1** degna, felice conclusione: *il — di un sogno* **2** (*arch.*) motivo con cui termina superiormente una costruzione: *— a balaustra* **3** (*mar.*) orlo superiore della parte estrema di poppa di una nave.
coronare [co-ro-nà-re] *v.tr.* [*io coróno ecc.*] **1** (*non com.*) cingere di corona; incoronare: *— d'alloro* **2** (*estens.*) cingere, circondare; completare superiormente: *la torre è coronata di merli* **3** (*fig.*) realizzare, compiere degnamente: *— un'impresa* | compensare, premiare: *sforzi coronati dal successo*.
coronaria [co-ro-nà-ria] *s.f.* (*anat.*) arteria o vena coronaria.

coronarico [co-ro-nà-ri-co] *agg.* [pl.m. *-ci*] (*med.*) relativo alle arterie e vene coronarie: *insufficienza coronarica.*

coronario [co-ro-nà-rio] *agg.* (*anat.*) che è disposto a mo' di corona attorno a un organo: *arterie coronarie*, quelle che provvedono all'irrorazione del cuore; *vene coronarie*, le vene corrispondenti.

coronaropatia [co-ro-na-ro-pa-tì-a] *s.f.* (*med.*) malattia delle arterie coronarie.

coronato [co-ro-nà-to] *agg.* cinto di corona: *le teste coronate*, i regnanti.

corpacciuto [cor-pac-ciù-to] *agg.* grosso, corpulento; panciuto.

corpetto [cor-pét-to] *s.m.* **1** camiciola per neonati e bimbi molto piccoli **2** nell'abbigliamento maschile, panciotto; in quello femminile, corpino.

corpino [cor-pì-no] *s.m.* la parte superiore, maniche escluse, di un abito da donna.

corpo [còr-po] *s.m.* **1** qualsiasi porzione di sostanza chimica che abbia caratteristiche specifiche: *corpi organici, inorganici* **2** qualsiasi oggetto o cosa che occupi uno spazio | *prendere* —, prendere consistenza | *corpi celesti*, gli astri | — *del reato*, (*dir.*) oggetto che è servito a compiere un reato o sul quale un reato è stato commesso. DIM. *corpicciolo* **3** l'organismo che costituisce la struttura fisica dell'uomo e degli animali | *a — morto*, pesantemente; (*fig.*) con accanimento, con ardore | *anima e* —, (*fig.*) con tutte le proprie forze | *combattere, lottare a — a* —, a diretto contatto fisico | *guardia del* —, persona addetta alla protezione fisica di un personaggio importante. DIM. *corpicino* PEGG. *corpaccio, corpiciattolo* **4** la parte di mezzo del corpo umano o degli animali, con esclusione della testa e degli arti | (*estens.*) la parte più compatta e consistente di qlco. | (*fig.*) l'elemento principale: *il — di un discorso* **5** (*fam.*) ventre: *mettersi in* —, ingerire; *andare di* —, defecare **6** cadavere, salma: *seppellire un* — **7** (*anat.*) struttura anatomica: — *luteo* **8** gruppo di persone che costituisce un insieme organico: — *insegnante*; — *di ballo*, l'insieme dei ballerini e delle ballerine di un teatro **9** unità militare: *il — degli Alpini* | *spirito di* —, sentimento di attaccamento dei soldati al corpo di appartenenza; (*estens.*) solidarietà tra i componenti di un gruppo **10** raccolta completa e organica di più opere; corpus: *il — degli scrittori latini* **11** (*tip.*) misura della grandezza di un carattere che si esprime in punti tipografici: *stampare in — 9.*

corporale[1] [cor-po-rà-le] *agg.* del corpo umano, che si riferisce a esso: *bisogni corporali.*

corporale[2] *s.m.* (*lit.*) quadrato di lino bianco che il sacerdote stende sull'altare per deporvi i vasi sacri.

corporalità [cor-po-ra-li-tà] *s.f.* l'essere corporale; natura corporea.

corporativismo [cor-po-ra-ti-vì-ʃmo] *s.m.* (*estens.*) tendenza di gruppi sociali o categorie professionali a difendere i propri interessi.

corporativistico [cor-po-ra-ti-vì-sti-co] *agg.* [pl.m. *-ci*] relativo al corporativismo; che tende al corporativismo.

corporativo [cor-po-ra-tì-vo] *agg.* relativo alle corporazioni, al corporativismo: *rivendicazioni corporative.*

corporatura [cor-po-ra-tù-ra] *s.f.* forma, struttura del corpo umano: — *robusta, gracile.*

corporazione [cor-po-ra-zió-ne] *s.f.* **1** associazione che raggruppa tutti gli individui che esercitano lo stesso mestiere o professione: *le corporazioni medievali* **2** (*estens.*) categoria professionale molto compatta nel difendere i propri interessi: *la — dei medici.*

corporeità [cor-po-rei-tà] *s.f.* qualità di ciò che è corporeo.

corporeo [cor-pò-re-o] *agg.* **1** del corpo umano: *forma corporea* **2** che ha un corpo: *un essere* —.

corposità [cor-po-si-tà] *s.f.* qualità di ciò che è corposo.

corposo [cor-pó-so] *agg.* che ha consistenza, denso: *vino* — | che dà la sensazione del volume: *tinte corpose* □ **corposamente** *avv.*

corpulento [cor-pu-lèn-to] *agg.* **1** grosso di corpo, robusto: *un uomo* — **2** (*fig.*) corposo, grossolano: *fantasia corpulenta.*

corpulenza [cor-pu-lèn-za] *s.f.* l'essere corpulento.

corpus [/ ˈkɔrpus /] *s.m.invar.* (*lat.*) raccolta sistematica di testi, iscrizioni, leggi: *il — degli scrittori greci.*

corpuscolare [cor-pu-sco-là-re] *agg.* di corpuscolo, concernente i corpuscoli.

corpuscolo [cor-pù-sco-lo] *s.m.* **1** corpo di minime dimensioni **2** (*fis.*) ente di dimensioni microscopiche, costituito dall'insieme di più particelle.

corradicale [cor-ra-di-cà-le] *agg.* (*ling.*) che ha la stessa radice etimologica.

corredare [cor-re-dà-re] *v.tr.* [*io corrèdo ecc.*] rifornire di quanto è utile o necessario: — *di libri una biblioteca* | provvedere di accessori, di sussidi: — *di note un testo* ♦ **corredarsi** *v.rifl.* rifornirsi, provvedersi.

corredentrice [cor-re-den-trì-ce] *s.f.* (*relig.*) cooperatrice nella redenzione; è attributo di Maria Vergine.

corredino [cor-re-dì-no] *s.m.* tutto ciò che serve all'abbigliamento del neonato.

corredo [cor-rè-do] *s.m.* **1** l'insieme degli abiti, della biancheria e degli altri effetti personali di cui si dispone: — *nuziale*, quello che la sposa porta con sé nella nuova casa. DIM. *corredino* **2** l'insieme degli oggetti, degli attrezzi, dei sussidi necessari a un determinato scopo.

correggere [cor-règ-ge-re] *v.tr.* [coniugato come *reggere*] **1** liberare da errori, da imperfezioni | — *il tiro*, farlo più preciso; (*fig.*) definire meglio i propri obiettivi | — *i difetti della vista*, compensarli con l'uso di lenti **2** liberare una persona da un vizio, da un difetto; rendere consapevole di un errore; rimproverare **3** aggiungere a cibi o

bevande sostanze che ne modifichino il sapore: — *il caffè con il cognac* ♦ **correggersi** *v.rifl.* **1** liberarsi da un difetto; migliorare sé stesso **2** sostituire un'espressione errata o inopportuna con un'altra: *ha risposto in modo sbagliato, ma si è subito corretto.*
correggia [cor-rég-gia] *s.f.* [pl. *-ge*] striscia, cinghia di cuoio.
corregionale [cor-re-gio-nà-le] *agg.* e *s.m.* e *f.* che/chi è della stessa regione.
correità [cor-rei-tà] *s.f.* (*dir.*) condizione di correo.
correlare [cor-re-là-re] *v.tr.* [*io corrèlo ecc.*] mettere in correlazione: — *due fenomeni.*
correlativo [cor-re-la-tì-vo] *agg.* **1** che è in correlazione, che ha relazione reciproca **2** (*gramm.*) si dice di avverbi, pronomi, aggettivi, congiunzioni che stabiliscono correlazione tra diversi membri del discorso (p.e. *tanto... quanto, sia... sia, alcuni... altri*).
correlato [cor-re-là-to] *agg.* che è posto o si trova in correlazione; interdipendente: *due fenomeni correlati.*
correlatore [cor-re-la-tó-re] *s.m.* [f. *-trice*] chi svolge una relazione insieme a un altro.
correlazione [cor-re-la-zió-ne] *s.f.* relazione reciproca tra due termini o fenomeni: *idee che non hanno — tra loro.*
correligionario [cor-re-li-gio-nà-rio] *agg.* e *s.m.* [f. *-a*] che/chi professa la stessa religione di un altro.
corrente[1] [cor-rèn-te] *agg.* **1** che fluisce, che va: *acqua —*, che scorre entro una conduttura ed è utilizzabile per gli usi domestici | (*fig.*) scorrevole, piano: *parlare in modo —* **2** (*fig.*) che ha corso, validità: *prezzo, moneta —* | in corso: *anno, mese —* **3** (*fig.*) diffuso, comune: *lingua —*, la lingua dell'uso quotidiano | ordinario, abituale: *spese correnti* ♦ *s.m.* solo nelle locuzioni *essere, mettere, tenere al —*, essere informato, informare □ **correntemente** *avv.* **1** speditamente, con scioltezza: *parlare — due lingue* **2** usualmente, comunemente: *un'operazione praticata —.*
corrente[2] *s.f.* **1** massa d'acqua o d'aria che si muove in una determinata direzione: *la — del fiume; navigare, nuotare contro —* | *correnti marine*, (*geog.*) movimenti regolari costanti delle masse d'acqua marina | *seguire la —*, (*fig.*) fare quello che fanno gli altri | *andare contro —*, (*fig.*) comportarsi in modo contrario a quello della maggioranza **2** (*estens.*) massa di materia fluente: — *di lava* | flusso di persone, di animali o di cose verso una determinata direzione: — *di traffico; correnti migratorie* **3** (*fig.*) movimento di opinione; tendenza politica, culturale, artistica; le persone che ne sono esponenti **4** (*elettr.*) flusso di cariche elettriche in un conduttore: — *continua*, di verso e intensità costanti; — *alternata*, di verso e intensità periodicamente variabili.
correntista [cor-ren-tì-sta] *s.m.* e *f.* [pl.m. *-sti*] titolare di un conto corrente: — *bancario, postale.*
correo [cor-rè-o, *alla latina* còrreo] *s.m.* [f. *-a*] (*dir.*) chi è responsabile di un reato insieme con altri.
correre [cór-re-re] *v.intr.* [pres. *io córro ecc.*; pass.rem. *io córsi, tu corrésti ecc.*; part.pass. *córso*; aus. *essere* quando è indicata una meta, *avere* quando l'azione è considerata in sé, e nel significato di 'partecipare a una corsa'] **1** andare, procedere velocemente | — *dietro a qlcu.*, inseguirlo; (*fig.*) corteggiarlo **2** affrettarsi, precipitarsi: — *a fare una cosa* | — *ai ripari*, cercare immediato rimedio a una situazione **3** partecipare a una gara di corsa: — *a cavallo, in bicicletta* **4** scorrere, fluire: *il sangue corre nelle vene* | (*fig.*) trascorrere, procedere: *il tempo corre sempre troppo veloce* | *non corre buon sangue*, (*fig.*) non ci sono rapporti amichevoli | *lasciar —*, (*fig.*) non intervenire **5** (*estens.*) estendersi, essere disposto lungo una linea: *la strada corre lungo il fiume* **6** (*fig.*) essere in corso, in vigore: *correva l'anno mille* | *con i tempi che corrono*, al giorno d'oggi **7** (*fig.*) circolare, diffondersi: *la notizia corse di bocca in bocca* **8** (*fig.*) intercorrere: *ci corre!, ce ne corre!*, c'è una bella differenza! ♦ *v.tr.* **1** percorrere, attraversare (anche *fig.*): — *il mondo*, viaggiare molto **2** disputare una gara di corsa: — *il Giro d'Italia* **3** (*fig.*) affrontare, sostenere: — *un rischio.*
corresponsabile [cor-re-spon-sà-bi-le] *agg.* che è responsabile insieme con altri.
corresponsabilità [cor-re-spon-sa-bi-li-tà] *s.f.* l'essere corresponsabile.
corresponsabilizzare [cor-re-spon-sa-bi-liʒ-ʒà-re] *v.tr.* rendere corresponsabile: — *qlcu. in un'impresa.*
corresponsione [cor-re-spon-sió-ne] *s.f.* **1** denaro che si dà in cambio di un servizio **2** (*fig.*) corrispondenza, contraccambio.
correttezza [cor-ret-téz-za] *s.f.* l'essere corretto: — *di modi.*
correttivo [cor-ret-tì-vo] *agg.* che serve a correggere: *ginnastica correttiva* ♦ *s.m.* quanto serve a correggere, a migliorare; additivo.
corretto [cor-rèt-to] *agg.* **1** privo di errori; formulato con esattezza, con proprietà: *pronuncia corretta* **2** conforme alle regole dell'educazione: *comportamento —* | onesto, leale: *un avversario —* **3** si dice di bevanda dal sapore modificato mediante aggiunta di altre sostanze: *caffè —* □ **correttamente** *avv.*
correttore [cor-ret-tó-re] *s.m.* **1** [f. *-trice*] chi corregge | chi si occupa della correzione di materiale da stampare: — *di bozze* **2** prodotto di cancelleria che serve a eseguire correzioni di testi scritti.
correzionale [cor-re-zio-nà-le] *agg.* (*non com.*) che serve a correggere: *pena —.*
correzione [cor-re-zió-ne] *s.f.* il correggere, l'essere corretto | modificazione apportata a un testo per correggerlo o per migliorarlo; il segno o i segni fatti a questi fini: *uno scritto pieno di correzioni.*
corrida [cor-rì-da] *s.f.* spettacolo popolare spa-

gnolo che consiste nel combattimento di uomini contro tori nell'arena.

corridoio [cor-ri-dó-io] *s.m.* **1** passaggio lungo e stretto che mette in comunicazione locali diversi | *voci di* —, (*fig.*) notizie ufficiose, indiscrezioni **2** striscia di territorio incuneata nel territorio di un altro stato **3** (*sport*) nel tennis, ognuna delle due parti laterali del campo comprese tra la linea che delimita lo spazio del singolare e quella del doppio.

corridore [cor-ri-dó-re] *agg.* [f. *-trice*] atto a correre: *cavallo* — | *uccelli corridori*, uccelli inetti al volo, ma veloci e resistenti nella corsa (*p.e.* lo struzzo) ♦ *s.m.* (*sport*) chi partecipa a una gara di corsa.

corriera [cor-riè-ra] *s.f.* autobus che trasporta posta e passeggeri lungo un percorso di linea | in passato, vettura a cavalli con analoga funzione.

corriere [cor-riè-re] *s.m.* persona o impresa privata che esegue trasporto di corrispondenza e merci tra due città: *spedire per* — | — *diplomatico*, chi porta i documenti e la corrispondenza ufficiale da un governo a una sede diplomatica o viceversa.

corrimano [cor-ri-mà-no] *s.m.* [pl. *-ni*] appoggio per le mani collocato lungo una scala.

corrione [cor-rió-ne] *s.m.* uccello delle zone aride e calde, buon corridore, con lunghe zampe, becco sottile, coda breve.

corrispettività [cor-ri-spet-ti-vi-tà] *s.f.* l'essere corrispettivo; correlazione.

corrispettivo [cor-ri-spet-tì-vo] *agg.* che si dà o si riceve in cambio di qlco.; corrispondente, equivalente ♦ *s.m.* ciò che equivale; ciò che si dà come compenso o risarcimento: *dare, riscuotere il* —.

corrispondente [cor-ri-spon-dèn-te] *agg.* che corrisponde; somigliante, conforme ♦ *s.m.* e *f.* **1** chi è in relazione epistolare con qlcu.; chi è incaricato di sbrigare la corrispondenza di un ufficio **2** giornalista incaricato di mandare articoli o servizi che riferiscono di fatti accaduti nel luogo in cui risiede | — *di guerra*, inviato speciale nel luogo delle operazioni.

corrispondenza [cor-ri-spon-dèn-za] *s.f.* **1** il corrispondere, l'essere corrisposto; conformità, rispondenza **2** reciprocità di sentimenti, di affetti: *un amore che non trova* — **3** scambio di lettere; epistolario, carteggio | (*estens.*), l'insieme delle lettere in arrivo o in partenza: *sbrigare la* — | *per* —, che avviene per posta: *vendita per* — **4** relazione inviata da un corrispondente al suo giornale o a una testata radiotelevisiva **5** (*mat.*) relazione fra due insiemi che associa a ogni elemento di un insieme uno o più elementi di un altro.

corrispondere [cor-ri-spón-de-re] *v.intr.* [coniugato come *rispondere*] **1** essere in conformità; accordarsi: *dati che corrispondono* **2** avere lo stesso valore; equivalere: *un miglio marino corrisponde a 1852 metri* **3** essere adeguato: *risultato che corrisponde alle attese* **4** far riscontro: *a ogni colonna corrisponde una statua* **5** ricambiare un sentimento: — *all'affetto di qlcu.* **6** avere una relazione epistolare: — *con qlcu.* ♦ *v.tr.* **1** contraccambiare, ricambiare: *un amore che non è corrisposto* **2** dare, versare una somma: — *un assegno mensile*.

corrisposto [cor-ri-spó-sto] *agg.* **1** contraccambiato: *un sentimento non* — **2** pagato, versato.

corrività [cor-ri-vi-tà] *s.f.* l'essere corrivo.

corrivo [cor-rì-vo] *agg.* **1** che è portato ad agire, a parlare, a giudicare senza riflettere **2** eccessivamente condiscendente.

corroborante [cor-ro-bo-ràn-te] *agg.* che corrobora, che rinforza: *una bevanda* — ♦ *s.m.* sostanza, bevanda o farmaco che rinvigorisce.

corroborare [cor-ro-bo-rà-re] *v.tr.* [*io corròboro ecc.*] **1** rinforzare, rinvigorire: — *il corpo e lo spirito* **2** confermare, avvalorare: *l'esempio corrobora la teoria* ♦ **corroborarsi** *v.rifl.* fortificarsi, rinvigorirsi.

corrodere [cor-ró-de-re] *v.tr.* [coniugato come *rodere*] intaccare consumando o deteriorando lentamente; rodere ♦ **corrodersi** *v.intr.pron.* consumarsi, sgretolarsi.

corrompere [cor-róm-pe-re] *v.tr.* [coniugato come *rompere*] **1** alterare, guastare | inquinare, contaminare **2** (*fig.*) indurre con mezzi illeciti o con denaro a fare ciò che non si dovrebbe | guastare moralmente ♦ **corrompersi** *v.rifl.* o *intr. pron.* **1** andare in putrefazione; guastarsi **2** (*fig.*) guastarsi moralmente.

corrosione [cor-ro-ʃió-ne] *s.f.* il corrodere; erosione.

corrosività [cor-ro-ʃi-vi-tà] *s.f.* l'essere corrosivo.

corrosivo [cor-ro-ʃì-vo] *agg.* **1** di corrosione; che ha la proprietà di corrodere: *acido* — **2** (*fig.*) che esercita un'azione demolitrice; caustico, mordace: *critica corrosiva* ♦ *s.m.* sostanza che ha il potere di corrodere □ **corrosivamente** *avv.*

corroso [cor-ró-ʃo] *agg.* intaccato, consumato dagli agenti atmosferici o da sostanze corrosive.

corrotto [cor-rót-to] *agg.* **1** viziato moralmente, depravato; disonesto **2** alterato rispetto alla bellezza, alla purezza originaria: *stile* —; *lingua corrotta*, imbastardita.

corrucciare [cor-ruc-cià-re] *v.tr.* [*io corrùccio ecc.*] (*non com.*) addolorare, sdegnare ♦ **corrucciarsi** *v.intr.pron.* addolorarsi, provare corruccio | mostrare corruccio.

corrucciato [cor-ruc-cià-to] *agg.* che prova, che esprime corruccio; imbronciato.

corruccio [cor-rùc-cio] *s.m.* sentimento d'ira e dolore che si manifesta esteriormente con l'aspetto imbronciato.

corrugamento [cor-ru-ga-mén-to] *s.m.* **1** il corrugare, il corrugarsi, l'essere corrugato **2** (*geol.*) complesso di fenomeni di modifica della crosta terrestre che porta alla formazione di catene montuose a pieghe.

corrugare [cor-ru-gà-re] *v.tr.* [*io corrugo, tu corrughi ecc.*] increspare, aggrottare: — *la fronte* ♦ **corrugarsi** *v.intr.pron.* incresparsi, aggrottarsi.

corrusco [cor-rù-sco] *agg.* [pl.m. *-schi*] (*lett.*) scintillante, fiammeggiante: *luce —*.

corruttela [cor-rut-tè-la] *s.f.* **1** (*non com.*) alterazione, disfacimento **2** (*fig.*) corruzione dei costumi, immoralità diffusa.

corruttibile [cor-rut-tì-bi-le] *agg.* **1** che può corrompersi o marcire materialmente: *il corpo umano è —* **2** (*fig.*) che si può corrompere con mezzi illeciti: *un impiegato —*.

corruttibilità [cor-rut-ti-bi-li-tà] *s.f.* l'essere corruttibile.

corruttore [cor-rut-tó-re] *agg.* e *s.m.* [f. *-trice*] che/chi corrompe.

corruzione [cor-ru-zió-ne] *s.f.* **1** il corrompere; alterazione, disfacimento: *la — della carne*, la decomposizione del corpo dopo la morte **2** (*fig.*) l'opera di chi istiga a compiere atti illeciti o immorali: *— di minorenne* | (*dir.*) reato commesso dal pubblico ufficiale che riceve denaro o altri beni per compiere atti contrari ai suoi doveri **3** (*fig.*) depravazione, immoralità: *la — dei tempi*.

corsa [cór-sa] *s.f.* **1** il correre, l'andare velocemente; passo, andatura di chi corre: *andare di —*; *a passo di —*, con passi molto rapidi | *di —*, (*fig.*) in fretta, rapidamente. DIM. *corsetta*, *corsettina* **2** (*estens.*) marcia di un veicolo: *il treno arrestò la sua —* **3** viaggio di un mezzo di trasporto pubblico: *pagare la — del taxi* **4** (*sport*) gara di velocità: *— ciclistica, automobilistica*; *— a ostacoli*; *cavallo da —* | *essere in — per qlco.*, (*fig.*) competere, gareggiare con altri per il raggiungimento di un obiettivo **5** (*fig.*) tentativo affannoso di superare altri nel conseguimento di un fine: *— agli armamenti* **6** (*mecc.*) movimento limitato compiuto da un elemento scorrevole; la distanza fra i due limiti estremi di tale movimento: *la — del pistone*.

corsaletto [cor-sa-lét-to] *s.m.* indumento femminile alto dalla vita a sotto il seno, portato sopra la camicia e chiuso con stringhe.

corsaro [cor-sà-ro] *s.m.* [f. *-a*] comandante di una nave che dà l'assalto ai bastimenti per depredarli; pirata ♦ *agg.* di corsaro: *nave corsara*.

corsetteria [cor-set-te-rì-a] *s.f.* **1** l'insieme degli articoli di abbigliamento intimo femminile, come busti, guaine, reggiseni **2** (*estens.*) fabbrica o negozio di tali articoli.

corsetto [cor-sét-to] *s.m.* **1** corsaletto **2** bustino femminile in tessuto elastico | apparecchio ortopedico usato per la cura delle malattie della colonna vertebrale.

corsia [cor-sì-a] *s.f.* **1** passaggio tra due file di letti o di posti a sedere **2** negli ospedali, camerata con più letti disposti in una o più file **3** suddivisione longitudinale della carreggiata stradale: *autostrada a sei corsie* | suddivisione analoga di una pista, una piscina, un campo di gara **4** lungo tappeto che si stende nei corridoi o sulle scale.

corsista [cor-sì-sta] *s.m.* e *f.* [pl.m. *-sti*] chi frequenta un corso di lezioni.

corsivista [cor-si-vì-sta] *s.m.* e *f.* [pl.m. *-sti*] chi scrive corsivi per i giornali.

corsivo [cor-sì-vo] *agg.* si dice della scrittura comunemente usata nello scrivere a mano | (*tip.*) carattere di stampa leggermente inclinato verso destra; italico ♦ *s.m.* **1** la scrittura corsiva e l'analogo carattere tipografico **2** breve articolo di giornale, spesso di carattere polemico o satirico, stampato in caratteri corsivi.

corso¹ [cór-so] *s.m.* **1** lo scorrere delle acque; l'insieme delle acque in movimento: *il — del Po* | *— d'acqua*, fiume, torrente o canale **2** il procedere del tempo e degli avvenimenti; l'andamento di un'attività, di un fenomeno: *il — della vita, degli studi* | *nel — di*, durante: *nel — degli anni* | *in —*, in via di svolgimento: *lavori in —*; *l'anno in —* | *dare — a qlco.*, iniziarla **3** (*antiq.*) viaggio fatto per mare, navigazione | *navi di lungo —*, navi mercantili adatte a lunghi viaggi **4** movimento reale o apparente degli astri: *il — della Luna, delle stelle* **5** serie ordinata di lezioni o di esercitazioni: *— di francese* | ciclo di studi **6** (*non com.*) movimento di persone e di veicoli in una strada | grande strada cittadina **7** circolazione della moneta o di altri valori: *moneta fuori —*, non più valida **8** prezzo, quotazione dei cambi e dei titoli nelle contrattazioni di borsa.

corso² [còr-so] *agg.* della Corsica ♦ *s.m.* [f. *-a*] nativo, abitante della Corsica.

corte [cór-te] *s.f.* **1** la residenza, il seguito di un sovrano; l'insieme dei suoi familiari e delle persone addette: *gentiluomo, dama di —* **2** (*fig.*) gruppo di persone che stanno attorno a un personaggio importante | *fare la — a qlcu.*, corteggiarlo **3** (*dir.*) organo collegiale con funzioni giurisdizionali; i magistrati riuniti a giudizio: *— d'appello, di cassazione*; *entra la —!* | *— marziale*, tribunale militare in tempo di guerra **4** (*antiq.*) cortile.

corteccia [cor-téc-cia] *s.f.* [pl. *-ce*] **1** involucro che ricopre il tronco e i rami degli alberi **2** (*estens.*) parte esterna o superficiale di qlco. | (*fig.*) apparenza, aspetto esterno: *sotto una — ruvida nasconde un cuore d'oro* **3** (*anat.*) parte periferica di certi organi: *— cerebrale*.

corteggiamento [cor-teg-gia-mén-to] *s.m.* il corteggiare, l'essere corteggiato: *il — di una donna*.

corteggiare [cor-teg-già-re] *v.tr.* [*io cortéggio ecc.*] adulare e lusingare qlcu. per ottenerne favori | rivolgere attenzioni, gentilezze, complimenti a una persona per cercare di conquistarne l'affetto.

corteggiatore [cor-teg-gia-tó-re] *s.m.* [f. *-trice*] chi corteggia; chi fa la corte a una donna.

corteo [cor-tè-o] *s.m.* **1** insieme di persone che accompagnano qlcu. durante una cerimonia: *— nuziale, funebre* **2** insieme di persone che sfilano in una pubblica manifestazione: *un — di dimostranti* **3** fila di veicoli: *un — di automobili*.

cortese [cor-té-ʃe] *agg.* **1** gentile, garbato, affabile | (*lett.*) generoso **2** (*lett.*) che è proprio della corte o delle corti: *la civiltà — del Medioevo* | *poesia —*, la poesia d'amore elegante e raffinata fiorita nelle corti medievali □ **cortesemente** *avv.*

cortesia [cor-te-ʃì-a] *s.f.* **1** l'essere cortese; gentilezza, affabilità: *trattare qlcu. con —* **2** atto cortese: *riempire di cortesie* | *per —*, per piacere, per favore.

corticale [cor-ti-cà-le] *agg.* (*scient.*) relativo alla corteccia di un organo: *ormone —*.

cortico- primo elemento di parole composte della terminologia scientifica, che significa 'tessuto corticale, corteccia' (*corticosurrenale*).

corticosteroide [cor-ti-co-ste-ròi-de] *s.m.* (*chim. biol.*) ognuno degli ormoni elaborati dalle ghiandole corticosurrenali; il più noto è il cortisone.

corticosterone [cor-ti-co-ste-ró-ne] *s.m.* (*chim. biol.*) ormone elaborato dalle ghiandole corticosurrenali.

corticosurrenale [cor-ti-co-sur-re-nà-le] *agg.* (*biol.*) proprio della corteccia surrenale: *ghiandola —*.

cortigiana [cor-ti-già-na] *s.f.* (*lett.*) **1** donna di corte **2** prostituta.

cortigianeria [cor-ti-gia-ne-rì-a] *s.f.* l'essere, il comportarsi da cortigiano | (*estens.*) azione, gesto da cortigiano; ipocrisia.

cortigianesco [cor-ti-gia-né-sco] *agg.* [pl.m. *-schi*] (*spreg.*) di cortigiano, da cortigiano: *servilismo —*.

cortigiano [cor-ti-già-no] *agg.* **1** proprio della corte: *vita cortigiana* **2** (*fig.*) che dimostra ipocrisia; intrigante; adulatore: *atteggiamento —* ♦ *s.m.* **1** gentiluomo di corte **2** (*fig.*) adulatore, ipocrita intrigante.

cortile [cor-tì-le] *s.m.* **1** area scoperta sulla quale si affacciano gli ambienti interni di un edificio **2** spazio libero attiguo alla casa di campagna | *animali da —*, pollame e conigli allevati presso le case di campagna.

cortina [cor-tì-na] *s.f.* **1** grande tenda che separa ambienti o ne nasconde una parte: *la — del letto* **2** (*estens.*) qualsiasi cosa che si interponga tra due elementi, impedendo la vista o la comunicazione: *— di fumo, di nebbia*.

cortinaggio [cor-ti-nàg-gio] *s.m.* (spec. *pl.*) l'insieme delle cortine del letto; tendaggio | baldacchino.

cortisone [cor-ti-ʃó-ne] *s.m.* (*chim., biol.*) ormone steroide prodotto dalla corteccia della ghiandola surrenale, impiegato nella terapia di varie malattie.

cortisonico [cor-ti-ʃò-ni-co] *agg.* [pl.m. *-ci*] (*med.*) di cortisone, a base di cortisone: *preparato —*.

corto [cór-to] *agg.* **1** di poca lunghezza o di lunghezza inferiore al normale: *capelli corti*; *calzoni corti*, al di sopra del ginocchio. DIM. *cortino* **2** che non dura a lungo; breve, conciso | *settimana corta*, settimana lavorativa di cinque giorni, da lunedì a venerdì **3** (*estens.*) insufficiente, scarso, poco dotato: *— di vista*, miope; *— di cervello, di mente*, poco intelligente | *essere a — di qlco.*, esserne poco fornito: *essere a — di quattrini*, *di argomenti* ♦ *avv.* nella loc. *tagliar —*, (*fig.*) troncare una discussione, gli indugi.

cortocircuitare [cor-to-cir-cui-tà-re] *v.tr.* [*io cortocircùito ecc.*] (*elettr.*) mandare in cortocircuito.

cortocircuito [cor-to-cir-cùi-to], o **corto circuito**, *s.m.* [pl. *cortocircuiti*] (*elettr.*) guasto di un circuito elettrico dovuto a improvvisa riduzione della resistenza, la quale provoca il surriscaldamento dei conduttori: *andare, mandare in —*.

cortometraggio [cor-to-me-tràg-gio] *s.m.* [pl. *cortometraggi*] film di breve durata, generalmente di carattere didattico o pubblicitario.

corvé [cor-vé], o **corvè**, *s.f.* **1** in epoca feudale, lavoro obbligatorio che i coloni erano tenuti a svolgere nelle terre del signore **2** (*mil.*) servizio di fatica assegnato ai soldati: *essere di —* **3** (*estens.*) lavoro pesante e ingrato.

corvetta [cor-vét-ta] *s.f.* (*mar.*) nave da guerra leggera, destinata alla scorta dei convogli e alla caccia dei sommergibili.

corvidi [còr-vi-di] *s.m.pl.* (*zool.*) famiglia di uccelli molto voraci, con becco robusto, ali lunghe e verso rauco; vi appartengono il corvo e la cornacchia.

corvino [cor-vì-no] *agg.* **1** (*non com.*) di corvo, proprio del corvo **2** nero come le penne del corvo: *capelli corvini*.

corvo [còr-vo] *s.m.* grosso uccello dotato di ali larghe e robuste, piumaggio nero lucente, becco grosso e forte | *— del malaugurio*, (*fig.*) persona con fama di iettatore.

cosa [cò-sa] *s.f.* **1** qualsiasi entità, concreta o astratta, che è oggetto dell'attenzione di chi parla o di chi scrive e che non si può o non si vuole indicare con precisione: *ho una — da dirti*; *dire le cose come stanno, chiamare le cose col loro nome*, parlare con chiarezza| nelle frasi interrogative o esclamative, sostituisce o rafforza l'agg. *che*: *che —* (oppure *cosa*) *vuoi?* | unito ad aggettivi: *essere poca —*, valere poco; *ogni —*, tutto; *nessuna —*, niente; *per prima —*, innanzitutto; *tra le altre cose*, inoltre, tra l'altro. DIM. *cosetta, cosina* PEGG. *cosaccia* VEZZ. *cosuccia* **2** oggetto materiale: *guarda che bella —!* | *pl.* averi, beni: *curare le proprie cose* **3** fatto, avvenimento, situazione: *sono cose che capitano*; *cose da pazzi*, inverosimili, incredibili | (spec. *pl.*) affare, problema: *le cose si mettono bene* | *la — pubblica*, lo stato **4** ciò che si sa, si pensa, si dice: *sapere molte cose*; *dire una — per un'altra*, sbagliarsi **5** gesto, azione; lavoro, opera: *fare una — alla volta*; *a cose fatte*, quando tutto è risolto, compiuto.

cosà [co-sà] *avv.* (*fam.*) usato solo nelle loc.: *così e —*, in questo e in quel preciso modo | *così —*, né bene né male, né bello né brutto: *il film è stato così —*.

cosacco [co-ʃàc-co] *s.m.* [f. *-a*; pl.m. *-chi*] **1** membro di una popolazione di origine tartara della Russia meridionale **2** soldato di cavalleria russo appartenente a tale popolazione ♦ *agg.* proprio dei cosacchi: *danza cosacca*.

cosca [cò-sca] *s.f.* in Sicilia, gruppo organizzato di mafiosi | (*estens.*) banda, cricca.

coscia [cò-scia] *s.f.* [pl. *-sce*] **1** (*anat.*) parte della gamba compresa tra l'anca e il ginocchio | (*estens.*) la parte corrispondente del corpo di alcuni animali: — *di capretto, di pollo.* DIM. *coscetta, coscettina* ACCR. *cosciona* **2** parte dei calzoni che copre la coscia: *calzoni stretti di —* **3** (*edil.*) sostegno murario laterale di un ponte.

cosciale [co-scià-le] *s.m.* **1** nelle armature antiche, la parte che copriva e difendeva la coscia **2** indumento o parte di un indumento che copre e protegge la coscia: *il — dei calzoni da cacciatore.*

cosciente [co-scièn-te] *agg.* **1** che ha consapevolezza di sé, delle proprie azioni; conscio: *essere — delle difficoltà* **2** compiuto in modo ponderato e responsabile: *decisione —* **3** (*med.*) che è in sé, che ha conoscenza: *il malato è di nuovo —* □ **coscientemente** *avv.*

coscienza [co-scièn-za] *s.f.* **1** (*psicol.*) consapevolezza di sé e del mondo esterno | l'insieme delle facoltà e delle attività psicofisiche; sensi, conoscenza: *perdere —*, svenire; *riprendere, riacquistare —*, rinvenire, ritornare in sé **2** (*estens.*) conoscenza, consapevolezza: *prendere — delle difficoltà* **3** sentimento che ciascun individuo ha dei valori morali; consapevolezza del bene e del male | *agire secondo —, ascoltare la voce della —*, seguire le proprie convinzioni morali | *avere, sentirsi la — a posto*, non avere nulla da rimproverarsi; *togliersi un peso dalla —*, liberarsi da un rimorso | *caso di —*, situazione che dev'essere valutata in base al proprio senso morale | *libertà di —*, di professare le proprie idee o credenze religiose **4** senso di responsabilità, serietà e impegno nel compiere il proprio dovere: *un uomo di —; lavorare, studiare con —* | sensibilità di fronte a un determinato problema: *— civile, politica* **5** ogni individuo come entità morale: *un'epoca di travaglio per le coscienze più sensibili.*

coscienziosità [co-scien-zio-si-tà] *s.f.* qualità di chi è coscienzioso; il comportarsi secondo coscienza.

coscienzioso [co-scien-zió-so] *agg.* **1** che ha coscienza, senso di responsabilità nel compiere i propri doveri, nell'esercitare la propria professione: *medico —* **2** fatto con serietà, impegno, accuratezza: *un lavoro —* □ **coscienziosamente** *avv.* con scrupolosità, con senso di responsabilità.

coscio [cò-scio] *s.m.* la coscia dell'animale macellato. DIM. *coscetto.*

cosciotto [co-sciòt-to] *s.m.* coscio: *— d'agnello.*

coscritto [co-scrìt-to] *agg.* reclutato, arruolato | *i padri coscritti*, (*st.*) i senatori romani ♦ *s.m.* (*mil.*) soldato di leva, recluta.

coscrizione [co-scri-zió-ne] *s.f.* (*mil.*) iscrizione dei soldati nelle liste di leva; la leva stessa: *— obbligatoria.*

cosecante [co-se-càn-te] *s.f.* (*mat.*) funzione trigonometrica che corrisponde all'inverso del seno.

coseno [co-sé-no] *s.m.* (*mat.*) funzione trigonometrica che esprime il rapporto esistente in un triangolo rettangolo fra la misura del cateto adiacente a un angolo di ampiezza data e la misura dell'ipotenusa.

così [co-sì] *avv.* **1** in questo modo, in tal modo: *le cose stanno —; non rispondere —; sì, è —!* | in una descrizione, accompagnata da gesti, serve a sottolineare ciò che il gesto stesso esprime: *era alto —; il mobile andrebbe messo —* | *Così così*, né bene né male; non molto: *"Come stai?" "Così così"; "Ti piace?" "Così così"* | *né — né cosà*, né in un modo, né nell'altro | *e — via*, eccetera | *per — dire*, per modo di dire (per lo più per introdurre una riserva nel giudizio) | *ah, è —?*, esprime stupore, meraviglia | *e —?*, ebbene? (per sollecitare la conclusione di un discorso, la fine di un racconto ecc.) **2** tanto, talmente: *è — tardi?*, *più di — non ho potuto fare* | Con valore di *agg.* siffatto, tale: *è difficile vivere una vita —; amici — è meglio perderli* ♦ *cong.* **1** in correlazione con *come*, introduce prop. comparative e modali: *non era — stanca come diceva* **2** in correlazione con *che*, *da*, introduce prop. consecutive: *ero — meravigliato che non riuscivo a parlare* | *— che*, cosicché **3** dunque, perciò, pertanto: *sono stanco e — resterò a casa* **4** magari (con valore desiderativo): *— volesse il cielo!; — fosse vero!* | *— sia*, formula con cui terminano molte preghiere; amen **5** quantunque, sebbene (con valore concessivo): *— stanco, volle ricevermi* **6** in correlazione con *come, appena che,* indica azione immediata: *come lo vide, — si mise a chiamarlo.*

cosicché [co-sic-ché], meno com. **così che**, *cong.* e perciò, dimodoché (introduce una prop. consecutiva o conclusiva): *partì subito, — non potei vederlo.*

cosiddetto [co-sid-dét-to], o **così detto**, *agg.* che si chiama in questo modo; detto comunemente così: *la cosiddetta nobiltà.*

cosiffatto [co-sif-fàt-to], o **così fatto**, *agg.* fatto in tal modo; tale, simile: *con gente cosiffatta è inutile ragionare.*

cosmatesco [co-ʃma-té-sco] *agg.* [pl.m. *-schi*] dei maestri Cosmati, decoratori e architetti medievali: *pavimento —.*

cosmesi [co-ʃmè-ʃi] *s.f.* tecnica volta a conservare e ad accrescere la bellezza della pelle e del corpo: *istituto di —*, istituto di bellezza.

cosmetica [co-ʃmè-ti-ca] *s.f.* cosmesi.

cosmetico [co-ʃmè-ti-co] *agg.* [pl.m. *-ci*] che è atto a conservare e ravvivare la bellezza della pelle e del corpo: *prodotto —* ♦ *s.m.* prodotto di bellezza: *negozio di cosmetici.*

cosmicità [co-ʃmi-ci-tà] *s.f.* (*non com.*) universalità.

cosmico [cò-ʃmi-co] *agg.* [pl.m. *-ci*] **1** relativo al cosmo: *leggi cosmiche* | *raggi cosmici*, radiazioni energetiche che investono la Terra provenendo da ogni parte dello spazio **2** (*estens.*) universale: *pessimismo —* □ **cosmicamente** *avv.* universalmente.

cosmo [cò-ʃmo] *s.m.* **1** l'universo fisico come

insieme ordinato e armonico **2** (*geog.*) lo spazio che racchiude l'insieme delle galassie oggi note | lo spazio celeste: *l'astronave è rientrata dal —*.

cosmo-, **-cosmo** primo e secondo elemento di parole composte, che significa 'mondo, universo' o fa riferimento all'insieme degli astri, allo spazio extraterrestre (*cosmografia*, *microcosmo*).

cosmodromo [co-ʃmò-dro-mo] *s.m.* insieme degli impianti usati per il lancio, il rientro e la manutenzione dei veicoli spaziali.

cosmogonia [co-ʃmo-go-nì-a] *s.f.* l'origine, la genesi dell'universo | (*estens.*) dottrina, teoria che ricerca o spiega tale origine su basi mitologiche, religiose o scientifiche.

cosmogonico [co-ʃmo-gò-ni-co] *agg.* [pl.m. *-ci*] che si riferisce alla cosmogonia: *mitologia cosmogonica.*

cosmografia [co-ʃmo-gra-fì-a] *s.f.* **1** descrizione del cosmo in base alle osservazioni astronomiche **2** scienza che studia la Terra come corpo celeste; geografia astronomica.

cosmografo [co-ʃmò-gra-fo] *s.m.* [f. *-a*] studioso di cosmografia.

cosmologia [co-ʃmo-lo-gì-a] *s.f.* [pl. *-gie*] studio della struttura dell'universo e delle leggi generali che lo regolano.

cosmologico [co-ʃmo-lò-gi-co] *agg.* [pl.m. *-ci*] che si riferisce alla cosmologia.

cosmonauta [co-ʃmo-nàu-ta] *s.m.* e *f.* [pl.m. *-ti*] chi viaggia a bordo di veicoli spaziali; astronauta.

cosmonautica [co-ʃmo-nàu-ti-ca] *s.f.* la scienza, la tecnica della navigazione spaziale; astronautica.

cosmonave [co-ʃmo-nà-ve] *s.f.* veicolo per il volo spaziale; astronave.

cosmopolita [co-ʃmo-po-lì-ta] *agg.* [pl.m. *-ti*] **1** che vive o ha vissuto in diverse parti del mondo | (*estens.*) che ha una mentalità aperta **2** frequentato da stranieri di ogni parte del mondo; internazionale: *Londra è una città —* ♦ *s.m.* e *f.* chi riconosce come sua patria il mondo intero; cittadino del mondo | (*estens.*) chi mostra gusti, mentalità cosmopoliti.

cosmopolitico [co-ʃmo-po-lì-ti-co] *agg.* [pl.m. *-ci*] del cosmopolitismo; da cosmopolita: *abitudini cosmopolitiche.*

cosmopolitismo [co-ʃmo-po-li-tì-ʃmo] *s.m.* **1** tendenza a considerare il mondo come un'unica grande patria, senza distinzione di razze e nazioni **2** natura, carattere cosmopolita: *il — delle grandi metropoli.*

cosmorama [co-ʃmo-rà-ma] *s.m.* [pl. *-mi*] strumento ottico usato un tempo per vedere immagini panoramiche ingrandite e in rilievo.

coso [cò-so] *s.m.* (*fam.*) oggetto o persona di cui non si conosce o non si ricorda il nome: *dammi quel —; di' a — di venire qui.*

cospargere [co-spàr-ge-re] *v.tr.* [coniugato come *spargere*] spargere qua e là, disseminare: *— il concime sul terreno, il terreno di concime.*

cosparso [co-spàr-so] *agg.* disseminato qua e là: *un prato — di fiori* | (*estens.*) bagnato: *viso — di sudore.*

cospetto [co-spèt-to] *s.m.* solo nella loc. *al cospetto di*, dinanzi, alla presenza di: *peccati che gridano vendetta al — di Dio.*

cospicuità [co-spi-cu-i-tà] *s.f.* l'essere cospicuo.

cospicuo [co-spì-cu-o] *agg.* degno di nota per qualità o quantità; ragguardevole, considerevole: *un — patrimonio.*

cospirare [co-spi-rà-re] *v.intr.* [aus. *avere*] **1** prendere accordi segreti per uno scopo comune, per lo più di carattere politico; congiurare, complottare: *— contro lo stato* **2** (*fig.*) contribuire a far fallire qlco., a danneggiare qlcu.: *sembrava che tutto cospirasse contro di lui.*

cospirativo [co-spi-ra-tì-vo] *agg.* di cospirazione; cospiratorio: *riunioni cospirative.*

cospiratore [co-spi-ra-tó-re] *s.m.* [f. *-trice*] chi cospira; congiurato.

cospiratorio [co-spi-ra-tò-rio] *agg.* di cospirazione: *attività cospiratoria.*

cospirazione [co-spi-ra-zió-ne] *s.f.* **1** atto e modo del cospirare; congiura, complotto **2** (*fig.*) concorso di più elementi nell'ostacolare qlco. o qlcu.

costa [cò-sta] *s.f.* **1** (*anat.*) costola **2** dorso di un libro **3** nervatura centrale di una foglia **4** piccolo rilievo di un tessuto: *velluto a coste*, con righe in rilievo **5** nelle navi, ossatura trasversale dello scafo **6** fianco montuoso piuttosto ripido | *a mezza —*, a metà del pendio **7** la zona della terraferma nelle immediate prossimità del mare: *— sabbiosa, rocciosa* | (*estens.*) zona, area che si affaccia sul mare: *gli abitanti della —.*

costà [co-stà] *avv.* (*tosc., lett.*) in codesto luogo, nel luogo in cui si trova la persona a cui ci si rivolge: *levati di —.*

costale [co-stà-le] *agg.* (*anat.*) di costola o delle costole.

costante [co-stàn-te] *agg.* **1** che si mantiene a lungo nelle stesse condizioni; durevole, continuo: *temperatura —* **2** saldo nel suo proposito; fermo, perseverante: *un odio —* ♦ *s.f.* **1** (*mat., fis.*) elemento o grandezza che conserva sempre lo stesso valore **2** (*estens.*) caratteristica di una persona, di un'istituzione, di un gruppo che rimane inalterata: *l'allegria è una — del suo carattere* □ **costantemente** *avv.*

costanza [co-stàn-za] *s.f.* l'essere costante; perseveranza, fermezza: *studiare con —.*

costare [co-stà-re] *v.intr.* [*io còsto ecc.*; aus. *essere*] **1** avere un determinato costo: *— poco, molto* | (*assol.*) avere un costo elevato: *oggi la vita costa* | *— caro*, (*fam.*) avere un prezzo elevato; (*fig.*) comportare pesanti conseguenze: *uno sbaglio che costerà caro* | *costi quel che costi!*, si dice di cosa che si vuole ottenere a qualunque prezzo **2** (*fig.*) richiedere sforzo, sacrificio: *che ti costa darmi un consiglio?* | rincrescere, pesare: *partire mi costa.*

costaricano [co-sta-ri-cà-no] *agg.* della Costa

Rica, stato centro-americano ♦ *s.m.* [f. *-a*] chi è nato, chi abita nella Costa Rica.

costata [co-stà-ta] *s.f.* taglio del bue o del maiale macellato costituito dalla carne che ricopre le costole, da cui si ricavano bistecche | (*estens.*) la bistecca stessa. DIM. *costatina.*

costato [co-stà-to] *s.m.* **1** gabbia toracica; torace **2** l'insieme delle costole degli animali macellati.

costeggiare [co-steg-già-re] *v.tr.* [*io costéggio ecc.*] **1** navigare lungo una costa: — *un'isola* **2** estendersi, procedere lungo una linea determinata; fiancheggiare: *la strada costeggia il muro.*

costei [co-stèi] *pron.dimostr.f.sing.* forma femminile di *costui.*

costellare [co-stel-là-re] *v.tr.* [*io costèllo* o *costéllo ecc.*] cospargere, punteggiare: *miriadi di fiori costellano il prato.*

costellato [co-stel-là-to] *agg.* cosparso, disseminato, punteggiato: *un lago — di vele.*

costellazione [co-stel-la-zió-ne] *s.f.* **1** (*astr.*) raggruppamento di stelle che appaiono vicine l'una all'altra sulla volta celeste **2** (*estens.*) insieme di elementi simili raggruppati in uno spazio: *una — di isole.*

costernare [co-ster-nà-re] *v.tr.* [*io costèrno ecc.*] affliggere gravemente, abbattere: *la notizia lo costernò.*

costernato [co-ster-nà-to] *agg.* che esprime costernazione; gravemente afflitto, abbattuto: *viso —.*

costernazione [co-ster-na-zió-ne] *s.f.* grave afflizione, abbattimento d'animo.

costì [co-stì] *avv.* (*tosc., lett.*) in codesto luogo, nel luogo vicino alla persona a cui ci si rivolge.

costicchiare [co-stic-chià-re] *v.intr.* [aus. *essere*] (*scherz.*) avere un prezzo abbastanza elevato.

costiera [co-stiè-ra] *s.f.* **1** tratto di costa alto e accidentato | (*estens.*) regione costiera: *la — amalfitana* **2** costa montuosa; pendio.

costiero [co-stiè-ro] *agg.* della costa, che riguarda la costa: *regione costiera.*

costipamento [co-sti-pa-mén-to] *s.m.* costipazione.

costipare [co-sti-pà-re] *v.tr.* **1** (*non com.*) raccogliere insieme in uno spazio limitato; radunare, ammassare **2** (*agr., edil.*) comprimere un terreno dopo averlo frantumato, per renderlo compatto **3** (*med.*) provocare costipazione ♦ **costiparsi** *v.intr.pron.* (*med.*) divenire costipato, subire una costipazione.

costipato [co-sti-pà-to] *agg.* affetto da costipazione: *essere —*, avere il raffreddore; anche, soffrire di stitichezza.

costipatore [co-sti-pa-tó-re] *s.m.* rullo per costipare un terreno.

costipazione [co-sti-pa-zió-ne] *s.f.* **1** (*agr.*) restringimento naturale dello spessore di un terreno **2** (*med.*) occlusione delle vie respiratorie; raffreddore | stitichezza.

costituente [co-sti-tu-èn-te] *agg.* **1** che costituisce: *fatto — reato* **2** *assemblea —*, assemblea eletta dal popolo con il compito di formulare o riformare una costituzione ♦ *s.m.* **1** (*chim.*) ogni elemento di un composto **2** membro di un'assemblea costituente.

costituire [co-sti-tu-ì-re] *v.tr.* [*io costituisco, tu costituisci ecc.*] **1** istituire, creare, ordinare una cosa per un fine: — *una società* **2** formare, comporre: *un appartamento costituito di tre stanze* **3** avere il carattere o la qualità di qlco.: *il fatto non costituisce reato* **4** essere, rappresentare: *diventare concertista costituisce il suo sogno* **5** nominare, eleggere, dichiarare: *lo ha costituito suo erede* ♦ **costituirsi** *v.rifl.* **1** formarsi, comporsi **2** ordinarsi, organizzarsi **3** consegnarsi spontaneamente alla giustizia: — *alla polizia* **4** (*dir.*) nominarsi, dichiararsi in modo ufficiale o pubblico | — *parte civile*, nel processo penale, richiedere il risarcimento del danno subito in conseguenza del reato.

costituito [co-sti-tu-ì-to] *agg.* stabilito per legge: *norme costituite* | *autorità costituita, potere —*, che operano istituzionalmente, per legge.

costitutivo [co-sti-tu-tì-vo] *agg.* **1** che costituisce qlco. o che contribuisce alla formazione, alla creazione di qlco.: *elemento — di una struttura* **2** (*estens.*) caratterizzante, specifico: *le proprietà costitutive dei gas.*

costituzionale [co-sti-tu-zio-nà-le] *agg.* **1** (*dir.*) della costituzione, relativo alla costituzione: *carta —*; *diritto —*, ramo del diritto pubblico che studia la costituzione | *stato, monarchia —*, regolati da una costituzione | *corte —*, organo collegiale che ha il compito di valutare la legittimità delle leggi alla luce della costituzione **2** (*med.*) che si riferisce alla costituzione fisica di un individuo: *debolezza —* □ **costituzionalmente** *avv.* sotto l'aspetto costituzionale; per costituzione.

costituzionalismo [co-sti-tu-zio-na-lì-ʃmo] *s.m.* (*dir.*) insieme dei principi che caratterizzano uno stato costituzionale.

costituzionalista [co-sti-tu-zio-na-li-sta] *s.m.* e *f.* [pl.m. *-sti*] (*dir.*) studioso, esperto di diritto costituzionale.

costituzionalistico [co-sti-tu-zio-na-lì-sti-co] *agg.* [pl.m. *-ci*] **1** (*dir.*) relativo al costituzionalismo **2** di medicina che studia il rapporto tra le malattie e la costituzione fisica dell'individuo.

costituzionalità [co-sti-tu-zio-na-li-tà] *s.f.* (*dir.*) l'essere costituzionale; conformità alla costituzione: *la — di una legge.*

costituzione [co-sti-tu-zió-ne] *s.f.* **1** il costituire, il costituirsi; modo in cui qlco. è costituita: *la — di un'associazione* **2** l'insieme degli elementi o delle qualità di una sostanza, un corpo, un oggetto; composizione: *la — geologica del suolo* | il complesso dei caratteri fisici, psichici e intellettivi di un individuo: *essere di sana e robusta —* **3** (*dir.*) legge fondamentale, superiore a ogni altra, che definisce i diritti e i doveri dei cittadini e l'ordinamento dello stato: *promulgare, abrogare la —.*

costo [cò-sto] *s.m.* **1** spesa necessaria per acquistare un bene o usufruire di un servizio | *sotto —*, a un prezzo inferiore al costo di produzione; *— della vita*, l'ammontare delle spese necessarie all'acquisto dei beni e dei servizi più comuni **2** (*fig.*) sacrificio che occorre sostenere per ottenere qlco. | *a ogni —*, *a tutti i costi*, a qualsiasi prezzo; (*fig.*) a qualunque condizione, in ogni modo | *a nessun —*, (*fig.*) in nessun modo, assolutamente no | *a — della vita*, rischiando la propria vita.

costola [cò-sto-la] *s.f.* **1** (*anat.*) ognuna delle ossa piatte, di forma arcuata e allungata, che in numero di dodici per lato sono attaccate alla colonna vertebrale; costa | *stare, mettersi alle costole di qlcu.*, (*fig.*) stargli sempre vicino, seguirlo. DIM. *costoletta, costolina* **2** dorso di un oggetto: *la — di un libro* | la parte del coltello opposta al taglio **3** la nervatura principale di una foglia **4** (*mar.*) in un'imbarcazione, ciascuno degli elementi trasversali di legno o di metallo che costituiscono l'ossatura dello scafo.

costoletta [co-sto-lét-ta] *s.f.* costola di vitello, maiale o agnello macellato, tagliata insieme con la carne che la ricopre, da cuocere arrosto o fritta; cotoletta.

costone [co-stó-ne] *s.m.* nervatura laterale o dorsale di una montagna | prominenza che sporge dal piano di un ghiacciaio.

costoro [co-stó-ro] *pron.dimostr.m.* e *f.* forma plurale di *costui* e *costei*.

costoso [co-stó-so] *agg.* **1** che costa molto: *un viaggio —* **2** (*fig.*) che richiede fatica, sacrificio; gravoso □ **costosamente** *avv.*

costringere [co-strìn-ge-re] *v.tr.* [coniugato come *stringere*] indurre, obbligare qlcu. a fare qlco. contro la sua volontà: *— a mentire, al silenzio.*

costrittivo [co-strit-tì-vo] *agg.* **1** che costringe; coercitivo: *regolamento —* **2** (*med.*) che stringe saldamente, che comprime: *fasciatura costrittiva.*

costrizione [co-stri-zió-ne] *s.f.* il costringere, l'essere costretto: *— fisica, morale.*

costruire [co-stru-ì-re] *v.tr.* [pres. *io costruisco, tu costruisci ecc.*; pass.rem. *io costruìi, tu costruisti ecc.*; part.pass. *costruito*] **1** edificare, fabbricare: *— un ponte*; *zona in cui non si può —* **2** mettere insieme vari elementi a formare un tutto unico e funzionale: *— un motore* | (*fig.*) creare, inventare: *— una storia* **3** (*ling.*) ordinare, organizzare un enunciato secondo le leggi grammaticali e sintattiche proprie di una lingua: *— una frase* **4** (*geom.*) disegnare secondo determinate regole una figura geometrica: *— un triangolo.*

costruttivo [co-strut-tì-vo] *agg.* **1** che si riferisce alla costruzione, che serve a costruire: *elemento —* **2** (*fig.*) che tende a costruire, a tradurre in atto idee positive: *critica costruttiva.*

costrutto [co-strùt-to] *s.m.* **1** (*ling.*) ordine e disposizione delle parole in una frase | (*estens.*) significato logico, intima coerenza: *parole senza —*, insensate **2** (*fig.*) utilità, vantaggio: *affannarsi senza —.*

costruttore [co-strut-tó-re] *s.m.* [f. *-trice*] chi costruisce opere e manufatti ♦ *agg.* [f. *-trice*] che costruisce, che edifica: *impresa costruttrice.*

costruzione [co-stru-zió-ne] *s.f.* **1** l'operazione del costruire; edificazione, fabbricazione | *una casa in —*, che si sta costruendo **2** la cosa costruita; opera muraria, fabbricato: *— in cemento armato* | il modo in cui una cosa è costruita: *ponte di solida —* **3** (*ling.*) ordinata disposizione delle parole in una frase o delle frasi in un periodo; costrutto: *— diretta, indiretta* **4** (*geom.*) sequenza di operazioni che conducono alla rappresentazione di una figura geometrica.

costui [co-stù-i] *pron.dimostr.m.sing.* [f. *costei*; pl.m. e f. *costoro*] (*lett.*) questi, questo (indica persona vicina a chi ascolta o a chi parla, o che si è appena nominata): *non voglio nulla da —.*

costumato [co-stu-mà-to] *agg.* (*lett.*) **1** di buoni costumi; ben educato: *un giovane —* **2** che denota buona educazione: *maniere costumate* **3** abituato, avvezzo.

costume [co-stù-me] *s.m.* **1** modo in cui abitualmente un individuo si comporta: *è suo — fare così* **2** condotta morale | *donna di facili costumi*, donna leggera, incline a concedersi a molti **3** (spec. *pl.*) usanze, abitudini, modi di vivere che caratterizzano un gruppo sociale: *gli usi e i costumi di un popolo* **4** abbigliamento caratteristico di una comunità, di un gruppo etnico, di un'epoca: *il — settecentesco*; *ballo, festa in —* | abito, indumento che si indossa in particolari occasioni: *— carnevalesco*; *— di scena*, quello indossato da un attore quando recita | *— da bagno*, indumento per fare il bagno e prendere il sole.

costumista [co-stu-mì-sta] *s.m.* e *f.* [pl.m. *-sti*] chi disegna e prepara i costumi di scena teatrali, cinematografici o televisivi.

costura [co-stù-ra] *s.f.* cucitura in rilievo a costa.

cotangente [co-tan-gèn-te] *s.f.* (*mat.*) funzione trigonometrica inversa della tangente.

cote [cò-te] *s.f.* pietra abrasiva naturale, usata per affilare ferri da taglio.

cotechino [co-te-chì-no] *s.m.* salume da cuocere, fatto con carni magre e cotenne tritate.

cotenna [co-tén-na] *s.f.* pelle dura, spessa e setolosa del maiale e del cinghiale.

cotica [có-ti-ca] *s.f.* **1** (*region.*) cotenna del maiale **2** (*agr.*) strato superficiale compatto del terreno.

cotile [cò-ti-le] *s.m.* o *f.* (*anat.*) acetabolo.

cotiledone [co-ti-lè-do-ne] *s.m.* (*bot.*) foglia carnosa che nutre e protegge l'embrione di alcune piante nella fase di sviluppo.

cotillon [/ koti'jɔn /] *s.m.invar.* (*fr.*) regalo distribuito nel corso di una festa da ballo e di uno spettacolo.

cotiloide [co-ti-lòi-de] *agg.* (*anat.*) del cotile, cotiloideo.

cotiloideo [co-ti-loi-dè-o] *agg.* (*anat.*) del cotile, relativo al cotile: *cavità cotiloidea.*

cotogna [co-tó-gna] *s.f.* frutto del cotogno | Anche come *agg.*: *mela* —.
cotognata [co-to-gnà-ta] *s.f.* marmellata solida di mele cotogne.
cotogno [co-tó-gno] *s.m.* albero che produce una qualità di mele molto profumate, usate per fare marmellata | Anche come *agg.*: *melo* —.
cotoletta [co-to-lét-ta] *s.f.* (*gastr.*) costoletta | — *alla milanese*, passata nell'uovo, impanata e fritta nel burro.
cotonare [co-to-nà-re] *v.tr.* [*io cotóno ecc.*] **1** trattare un tessuto in modo che rassomigli al cotone **2** increspare con colpi di spazzola o di pettine i capelli per dare maggior volume e consistenza alla pettinatura.
cotonato [co-to-nà-to] *agg.* sottoposto a cotonatura ♦ *s.m.* tessuto di puro cotone o di cotone misto ad altre fibre.
cotonatura [co-to-na-tù-ra] *s.f.* l'operazione e il risultato del cotonare i capelli.
cotone [co-tó-ne] *s.m.* **1** pianta arbustiva coltivata nei paesi caldi, con fiori gialli e frutti a forma di capsule ovali al cui interno si trova una peluria bianca, usata come fibra tessile: *piantagione di* — **2** la fibra tessile e il tessuto ricavati da tale pianta: *un lenzuolo di* — | lanugine dei semi di cotone, trattata per essere utilizzata in imbottiture, fasciature e medicazioni; ovatta.
cotonella [co-to-nèl-la] *s.f.* piccolo insetto color nocciola-verdastro, parassita dell'olivo; le larve emettono una peluria simile a bambagia.
cotonicoltura [co-to-ni-col-tù-ra] *s.f.* coltivazione del cotone.
cotoniere [co-to-niè-re] *s.m.* [f. *-a*] **1** industriale del cotone **2** operaio che lavora in un cotonificio.
cotoniero [co-to-niè-ro] *agg.* del cotone: *industria cotoniera.*
cotonificio [co-to-ni-fi-cio] *s.m.* fabbrica dove si producono filati e tessuti di cotone.
cotonina [co-to-nì-na] *s.f.* tessuto leggero di cotone.
cotonizzare [co-to-niʒ-ʒà-re] *v.tr.* trattare una materia tessile in modo da renderla simile al cotone per aspetto e qualità: — *la canapa.*
cotonoso [co-to-nó-so] *agg.* che contiene cotone: *tessuto* — | di aspetto simile al cotone: *capelli bianchi e cotonosi* | coperto di peluria come il cotone: *frutto* —.
cotta[1] [còt-ta] *s.f.* **1** (*fam.*) cottura di non lunga durata | *furbo di tre cotte*, (*fig.*) furbissimo **2** (*fig.*) innamoramento di natura passeggera: *prendere una — per qlcu.* DIM. *cottarella, cotterella* **3** (*sport*) lo stato di prostrazione fisica e psichica in cui cade un atleta per aver mal dosato lo sforzo durante la gara o per aver abusato di eccitanti.
cotta[2] *s.f.* veste di lino bianco lunga fino al ginocchio, indossata dal sacerdote sopra la veste talare in alcune funzioni.
cottage [/ 'kɔtedʒ /] *s.m.* (*ingl.*) elegante casetta di campagna in stile rustico.
cottimista [cot-ti-mì-sta] *s.m.* e *f.* [pl.m. *-sti*] chi lavora a cottimo.
cottimo [còt-ti-mo] *s.m.* forma di retribuzione operaia basata sulla quantità di lavoro prodotta, indipendentemente dal tempo impiegato: *lavorare a* —.
cotto [còt-to] *agg.* **1** che è stato sottoposto a cottura: *carne, verdura cotta* | *farne di cotte e di crude*, (*fig.*) combinare ogni genere di stranezze o di cattive azioni; farne di tutti i colori **2** (*estens.*) riarso, bruciato: *un volto — dal sole* **3** (*fam.*) si dice di persona molto innamorata: *è innamorato — di lei* | (*sport*) atleta sfinito, distrutto dalla fatica ♦ *s.m.* mattone di terracotta: *pavimento in* —.
cottura [cot-tù-ra] *s.f.* il cuocere, il cuocersi, l'essere cotto, detto specialmente di cibo; il modo in cui ciò avviene: — *a legna, sulla brace*; *punto di* —, momento in cui il cibo raggiunge la perfetta cottura.
coturnice [co-tur-nì-ce] *s.f.* uccello simile alla pernice, con piumaggio bianco e nero, zampe e becco rossi.
coturno [co-tùr-no] *s.m.* calzatura con suola alta, usata nell'antichità classica dagli attori tragici sulla scena.
coulisse [/ ku'lis /] *s.f.invar.* (*fr.*) **1** incavo, scanalatura | *porta a* —, porta scorrevole **2** (*teat.*) quinta scorrevole **3** tubo scorrevole inserito in alcuni strumenti a fiato.
coulomb [/ kulomb /] *s.m.invar.* (*fis.*) unità di misura della carica elettrica, pari alla quantità di elettricità trasportata in un secondo dalla corrente di un ampere.
count down [/ 'kaunt 'daun /] *loc.sost.m.invar.* (*ingl.*) conto alla rovescia.
country [/ 'kauntri /] *agg.* e *s.m.invar.* (*ingl.*) si dice dello stile musicale ispirato a quello popolare e campagnolo degli Stati Uniti d'America.
coup de foudre [/ kude'fudr /] *loc.sost.m. invar.* (*fr.*) colpo di fulmine; amore improvviso.
coupé [/ ku'pe /] *s.m.* (*fr.*) carrozzeria dalla linea slanciata ed elegante per automobili sportive.
coupon [/ ku'pɔn /] *s.m.invar.* (*fr.*) tagliando, cedola; scontrino.
coutente [co-u-tèn-te] *s.m.* e *f.* chi è utente di qlco. in comune con altri.
couturier [/ kutu'rje /] *s.m.invar.* (*fr.*) sarto, creatore di alta moda.
cova [có-va] *s.f.* l'azione, il tempo e il luogo del covare degli uccelli.
covalente [co-va-lèn-te] *agg.* (*chim.*) si dice del legame chimico di covalenza.
covalenza [co-va-lèn-za] *s.f.* (*chim.*) tipo di legame chimico elettromagnetico in cui i due atomi implicati sono collegati da elettroni comuni a entrambi.
covare [co-và-re] *v.tr.* [*io cóvo ecc.*] **1** detto degli uccelli e di altri animali, stare accovacciati sulle uova per mantenere in esse la temperatura necessaria allo sviluppo dell'embrione: *la chioccia cova* **2** (*fig.*) custodire, conservare gelosamente: *l'avaro cova i suoi averi* | — *qlco.* o *qlcu. con gli occhi*, guardare con desiderio intenso, con amore **3** (*fig.*) alimentare nascostamente dentro di

sé il pensiero di qlco.: — *la vendetta* | — *una malattia*, averla in incubazione ♦ *v.intr.* [aus. *avere*] stare nascosto: *il fuoco cova sotto la cenere.*
covata [co-và-ta] *s.f.* insieme delle uova che un uccello cova in una volta; i piccoli che ne nascono.
cover girl [/ ˈkɔver ˈgəːl /] *loc.sost.f.invar.* (*ingl.*) ragazza che posa come modella per copertine di rotocalchi e riviste.
covile [co-vì-le] *s.m.* **1** tana, riparo di animali selvatici; covo **2** (*fig.*) stanza, giaciglio squallido, sudicio.
covo [có-vo] *s.m.* **1** cavità naturale dove riparano animali selvatici; tana **2** (*fig.*) luogo, rifugio segreto dove si riuniscono persone che svolgono attività illecite: — *di terroristi.*
covone [co-vó-ne] *s.m.* fascio di spighe tagliate e legate insieme.
cow-boy [/ kauˈbɔi /] *s.m.invar.* (*ingl.*) guardiano di mandrie nelle praterie nordamericane, protagonista nel cinema di storie avventurose ambientate all'epoca della conquista del West: *un film di* —.
coxalgia [co-xal-gì-a] *s.f.* [pl. *-gie*] (*med.*) dolore e limitazione funzionale dell'articolazione dell'anca.
coxite [co-xì-te] *s.f.* (*med.*) artrite dell'anca di natura tubercolare.
coyote [/ koˈjote /] *s.m.invar.* (*sp.*) mammifero carnivoro americano di aspetto simile al lupo.
cozza [còz-za] *s.f.* **1** (*merid.*) mitilo: *zuppa di cozze* **2** (*gerg.*) ragazza brutta.
cozzare [coz-zà-re] *v.intr.* [*io còzzo ecc.*; aus. *avere*] **1** percuotere, colpire con le corna **2** (*estens.*) urtare violentemente **3** (*fig.*) contrastare, urtare; essere in contraddizione: — *con il buonsenso* ♦ *v.tr.* battere: — *il capo contro il muro* ♦ **cozzarsi** *v.rifl.rec.* **1** di animali, urtarsi reciprocamente con le corna | di persone o cose, scontrarsi con violenza **2** (*fig.*) litigare.
cozzo [còz-zo] *s.m.* **1** colpo dato con le corna **2** (*estens.*) urto violento; scontro: *un violento — di automobili.*
crac *inter.* voce onomatopeica che riproduce il rumore di cosa che si spezza, si rompe o crolla ♦ *s.m.invar.* **1** il rumore stesso: *il — dei rami spezzati* **2** (*fig.*) rovina, fallimento; crollo: — *finanziario.*
crack [/ krak /] *s.m.invar.* (*ingl.*) droga di basso costo dagli effetti devastanti, ottenuta mischiando estratti di cocaina con bicarbonato di sodio.
cracker [/ ˈkrɛker /] *s.m.invar.* (*ingl.*) sottile galletta croccante usata in sostituzione del pane.
cracking [/ ˈkrɛkiŋg /] *s.m.invar.* (*ingl.*) nell'industria petrolifera, processo di scissione termica per ridurre gli idrocarburi pesanti del petrolio in idrocarburi più leggeri.
crampo [cràm-po] *s.m.* (*med.*) spasmo dovuto a contrazione involontaria dei muscoli: — *allo stomaco.*
craniale [cra-nià-le] *agg.* (*anat.*) cranico.
cranico [crà-ni-co] *agg.* [pl.m. *-ci*] (*anat.*) del cranio: *scatola cranica.*
cranio [crà-nio] *s.m.* (*anat.*) apparato scheletrico della testa dei vertebrati.
craniografia [cra-nio-gra-fì-a] *s.f.* settore della craniologia che descrive e classifica la conformazione del cranio.
cranioleso [cra-nio-lé-ʃo] *agg.* e *s.m.* [f. *-a*] (*med.*) che/chi presenta lesione al cranio.
craniologia [cra-nio-lo-gì-a] *s.f.* branca dell'antropologia che studia la conformazione del cranio in relazione ai fattori socio-ambientali.
craniometria [cra-nio-me-trì-a] *s.f.* misurazione del cranio umano a scopo scientifico.
cranioscopia [cra-nio-sco-pì-a] *s.f.* (*med.*) esame del cranio.
craniotomia [cra-nio-to-mì-a] *s.f.* (*med.*) apertura chirurgica della scatola cranica.
crapula [crà-pu-la] *s.f.* (*lett.*) il bere e mangiare oltre misura.
crapulone [cra-pu-ló-ne] *s.m.* [f. *-a*] (*lett.*) chi ama darsi alla crapula.
craquelé [/ kraˈkle /] *agg.invar.* (*fr.*) si dice di oggetto il cui smalto presenti screpolature ♦ *s.m.* il procedimento per ottenere questo effetto di screpolatura.
crasi [crà-ʃi] *s.f.* (*ling.*) fusione dell'ultima vocale d'una parola con la prima della parola seguente; è un fenomeno tipico della lingua greca.
crasso [cràs-so] *agg.* **1** (*lett.*) denso, spesso **2** (*fig.*) grossolano: *ignoranza crassa* **3** *intestino* —, (*anat.*) l'ultimo tratto dell'intestino, comprendente il cieco, il colon e il retto.
crassulacee [cras-su-là-ce-e] *s.f.pl.* (*bot.*) famiglia di piante dicotiledoni dalle foglie grandi e carnose, a cui appartiene il semprevivo.
-crate secondo elemento di parole composte, che significa 'che detiene il potere'; è proprio di nomi di persona che corrispondono agli astratti in *-crazia* (*tecnocrate*).
cratere [cra-tè-re] *s.m.* **1** vaso a bocca larga in cui i greci e i romani mescolavano l'acqua e il vino da servire nei banchetti **2** (*geol.*) cavità di un vulcano, a forma di imbuto, da cui fuoriesce la lava **3** scavo a forma di imbuto causato nel suolo dallo scoppio di una carica esplosiva **4** — *lunare*, (*astr.*) ciascuna delle cavità circolari presenti sulla superficie della Luna **5** — *meteorico*, cavità della superficie terrestre provocata dalla caduta di una grossa meteorite.
-cratico secondo elemento di aggettivi composti, che esprimono relazione con i corrispondenti sostantivi che terminano in *-crazia* (*democratico*).
cratone [cra-tó-ne] *s.m.* (*geol.*) grande blocco di crosta terrestre suscettibile di traslazioni orizzontali e verticali, ma non deformabile.
crauti [cràu-ti] *s.m.pl.* piatto tipico della cucina tedesca, costituito da foglie di cavolo tagliate finemente, salate e fatte fermentare.
cravatta [cra-vàt-ta] *s.f.* **1** accessorio dell'abbigliamento maschile costituito da una striscia di stoffa colorata che viene fatta passare sotto il colletto della camicia e annodata sul davanti: *fare il*

nodo alla — | — *a farfalla*, con nodo foggiato a forma di farfalla; cravattino. DIM. *cravattina*, *cravattino* (m.) **2** fascetta per stringere, fissare o bloccare un elemento **3** nella lotta greco-romana, uno dei colpi proibiti, consistente nello stringere con un braccio il collo dell'avversario.

cravattaio [cra-vat-tà-io] *s.m.* [f. *-a*] **1** chi fabbrica o vende cravatte **2** (*pop.*) usuraio.

crawl [/ krɔl /] *s.m.invar.* (*ingl.*) lo stile di nuoto più veloce, che si effettua immergendo alternatamente le braccia stese in avanti e portandole all'indietro sott'acqua, mentre le gambe distese battono la superficie dell'acqua.

-crazia secondo elemento di parole composte, che significa 'potere, dominio, signoria' (*democrazia*).

creanza [cre-àn-za] *s.f.* il complesso delle maniere di una persona ben educata; compitezza, gentilezza: *buona* —; *senza* —, maleducato, maleducatamente.

creare [cre-à-re] *v.tr.* [*io crèo ecc.*] **1** fare, produrre dal nulla; dare origine e vita | (*estens.*) dare forma; ideare, inventare: — *un'opera d'arte* **2** far sorgere, provocare, causare: — *dei problemi* ♦ **crearsi** *v.intr.pron.* nascere, formarsi, prendere consistenza.

creatina [cre-a-tì-na] *s.f.* (*chim. biol.*) amminoacido presente nei tessuti dei vertebrati e di alcuni invertebrati; è importante nei processi della contrazione muscolare.

creatinina [cre-a-ti-nì-na] *s.f.* (*chim. biol.*) sostanza derivata dalla degradazione della creatina; è presente nel sangue e viene espulsa con le urine.

creatività [cre-a-ti-vi-tà] *s.f.* capacità di creare, di inventare con libera fantasia.

creativo [cre-a-tì-vo] *agg.* **1** della creazione: *atto* — | relativo alla creazione artistica: *l'estro* — *del poeta* **2** che ha creatività, che è ricco di inventiva: *un ingegno* — ♦ *s.m.* chi elabora progetti per una campagna pubblicitaria □ **creativamente** *avv.*

creato [cre-à-to] *s.m.* l'universo, il cosmo, in quanto creazione di Dio.

creatore [cre-a-tó-re] *agg.* e *s.m.* [f. *-trice*] **1** si dice di Dio, in quanto ha creato l'universo | *andare al* —, (*fam.*) morire; *mandare al* —, (*fam.*) far morire, uccidere **2** (*estens.*) detto di chi inventa, produce qlco. di nuovo; ideatore.

creatura [cre-a-tù-ra] *s.f.* **1** ogni essere vivente in quanto creato da Dio: *creature angeliche*, gli angeli **2** figlio: *la mia* —. DIM. *creaturina* | (*fam.*) si dice di bambino, o anche di adulto, per esprimere affetto o compassione: *povera* —! | *essere* — *di qlcu.*, (*fig.*) si dice di chi è stato formato, aiutato, istradato da un personaggio importante.

creaturale [cre-a-tu-rà-le] *agg.* (*lett.*) che è proprio di una creatura o delle creature nei confronti del creatore: *amore* —.

creazione [cre-a-zió-ne] *s.f.* **1** il creare, l'essere creato (con riferimento all'opera divina): *la* — *dell'uomo* **2** invenzione, realizzazione: *la* — *di un'opera* | (*estens.*) fondazione, istituzione: *la* — *di una società* **3** la cosa creata; prodotto: *una* — *letteraria*.

creazionismo [cre-a-zio-nì-ʃmo] *s.m.* dottrina teologica e teoria filosofica che spiegano l'origine della vita con un diretto intervento di Dio creatore.

credente [cre-dèn-te] *agg.* e *s.m.* e *f.* **1** che/chi professa una fede religiosa **2** che/chi crede fermamente in una dottrina o in un ideale.

credenza[1] [cre-dèn-za] *s.f.* **1** il credere; fede: *credenze religiose* **2** opinione, convinzione: — *popolare*.

credenza[2] *s.f.* armadio da cucina o da sala da pranzo in cui si ripongono le stoviglie e gli utensili per la tavola. DIM. *credenzina*.

credenziale [cre-den-zià-le] *agg.* si dice di documento che accredita | *lettere credenziali*, documento con il quale si accredita un ambasciatore presso un capo di stato straniero ♦ *s.f.* (*banc.*) lettera di credito | *avere buone credenziali presso qlcu.*, (*fig.*) avere credito presso di lui, godere della sua fiducia

credere[1] [cré-de-re] *v.tr.* [pres. *io crédo ecc.*; pass.rem. *io credéi* o *credètti*, *tu credésti ecc.*] **1** ritenere vero o veritiero: — *tutto ciò che si dice* | *non riesco a crederlo*, espressione di disappunto o sorpresa | *lo credo bene!*, espressione di approvazione | *far* —, *dare a* — *qlco. a qlcu.*, dare a intendere, far accettare per vero **2** considerare, reputare, ritenere: *ti credevo un amico* **3** immaginare, essere d'opinione (seguito da prop. oggettiva, per esprimere probabilità, dubbio, speranza, timore): *credo che verrà domani* ♦ *v.intr.* [aus. *avere*] **1** essere certo dell'esistenza di qlco.: — *in Dio*; *non* — *a nulla* | (*assol.*) avere una fede religiosa **2** prestar fede: — *a tutto* | — *sulla parola*, avere assoluta fiducia in qlcu. e in quello che dice, senza bisogno di prove | *non* — *ai propri occhi*, (*fig.*) restare sbalorditi **3** avere fiducia, confidare: — *nel progresso* | essere convinto (di qlco.): *credo nel suo pentimento* ♦ **credersi** *v.rifl.* ritenersi, considerarsi: *si crede una bella donna*.

credere[2] *s.m.* opinione, giudizio: *a mio*, *a suo* — | *oltre ogni* —, oltre ogni immaginazione.

credibile [cre-dì-bi-le] *agg.* che si può credere, a cui si può prestar fede; attendibile, plausibile: *notizia* —.

credibilità [cre-di-bi-li-tà] *s.f.* **1** l'essere credibile **2** (*estens.*) credito, fiducia: *perdere di* —.

credit card [/ 'kredit 'kard /] *loc.sost.f.invar.* (*ingl.*) carta di credito.

creditizio [cre-di-tì-zio] *agg.* (*econ.*) relativo al credito: *sistema* —.

credito [cré-di-to] *s.m.* **1** il credere, l'essere creduto; credibilità: *trovare* —; *dar* — *a tutto* **2** buon nome, pubblica stima; fiducia, reputazione, considerazione: *godere molto* — **3** (*dir.*) condizione di chi ha diritto alla restituzione di una somma di denaro o a un pagamento | (*estens.*) la somma stessa cui si ha diritto **4** (*econ.*) trasferimento da un soggetto a un altro di somme di denaro in cambio di un interesse: *far —*; *apertura di —* | *titolo di —*, documento che attesta il diritto di riscuotere un credito | *carta di —*, tessera nominale che permette di usufruire di beni o di servizi con la possibilità di pagare mediante prelevamento diretto dal conto bancario **5** l'attività economica e bancaria connessa con le operazioni di credito; il settore economico composto dalle imprese che la esercitano.

creditore [cre-di-tó-re] *s.m.* [f. *-trice*] (*dir.*) chi vanta un diritto di credito: *pagare i creditori* | Usato anche come *agg.*: *essere — verso qlcu.*

credo [crè-do] *s.m.invar.* **1** (*lit.*) formula che comprende l'insieme delle verità rivelate che un cristiano è tenuto a credere per fede: *recitare il —* **2** (*fig.*) il complesso delle idee e dei principi che una persona professa in relazione alla morale, alla politica, all'arte.

credulità [cre-du-li-tà] *s.f.* l'essere credulo; dabbenaggine, ingenuità.

credulone [cre-du-ló-ne] *agg.* e *s.m.* [f. *-a*] che/chi crede a tutto con eccessiva facilità; ingenuo, semplicione.

crema [crè-ma] *s.f.* **1** parte grassa del latte, che si rapprende alla sua superficie; panna **2** (*fig.*) la parte migliore, gli elementi scelti di un gruppo, di un ambiente; il fior fiore: *la — della cultura cittadina* **3** vivanda dolce a base di zucchero, tuorli d'uovo, farina e latte, di colore giallo chiaro e di consistenza fluida: *una pasta alla —* | Usato come *agg.invar.* di colore giallo chiaro: *una cravatta —* **4** cibo o altro prodotto che abbia consistenza cremosa: *— di piselli*; *— da barba.*

cremagliera [cre-ma-gliè-ra] *s.f.* asta dentata che, accoppiata con una ruota dentata, trasforma un moto rotatorio in traslatorio; viene usata in macchine utensili, in apparecchi di sollevamento, e come terza rotaia in ferrovie di montagna a forte pendenza.

cremare [cre-mà-re] *v.tr.* [*io crèmo ecc.*] bruciare un cadavere.

crematorio [cre-ma-tò-rio] *agg.* che serve a cremare: *forno —* ♦ *s.m.* edificio annesso al cimitero in cui è il forno crematorio.

cremazione [cre-ma-zió-ne] *s.f.* il cremare, l'essere cremato.

crème [/ krɛm /] *s.f.invar.* (*fr.*) crema.

crème caramel [/ krɛm kara'mɛl /] *loc.sost.f. invar.* (*fr.*) dolce a base di uova, latte e farina, che si fa cuocere a bagnomaria in uno stampo foderato di zucchero caramellato.

cremisi [crè-mi-ʃi] *s.m.* tonalità molto accesa di rosso | Anche come *agg.invar.*: *rosso —.*

cremisino [cre-mi-ʃì-no] *agg.* di color cremisi, rosso acceso ♦ *s.m.* colore cremisi.

cremolato [cre-mo-là-to] *s.m.* gelato molle tipicamente romano, che si serve in coppa o in bicchiere.

cremoso [cre-mó-so] *agg.* che contiene molta crema; che ha l'aspetto di crema.

cren [crèn] *s.m.* **1** pianta erbacea la cui radice è usata come ingrediente nella confezione della senape o per insaporire alcune vivande **2** salsa piccante ricavata dalla radice di questa pianta.

crenoterapia [cre-no-te-ra-pì-a] *s.f.* cura medica con acque minerali.

creolina [cre-o-lì-na] *s.f.* (*chim.*) soluzione dal caratteristico odore pungente, usata come disinfettante.

creolo [crè-o-lo] *agg.* e *s.m.* **1** [f. *-a*] si dice di persona di razza bianca nata nell'America centro-meridionale da coloni europei o da padre europeo e madre indigena **2** si dice di parlata ibrida sorta dal contatto di una lingua europea con lingue indigene dei paesi centro-americani.

crepa [crè-pa] *s.f.* **1** apertura lunga e stretta prodottasi in un terreno o in un muro; spaccatura, fenditura **2** (*fig.*) dissapore, screzio tra persone amiche: *un'amicizia senza alcuna —.*

crepaccio [cre-pàc-cio] *s.m.* grossa e profonda fenditura nel terreno, nelle rocce o in un ghiacciaio.

crepacuore [cre-pa-cuò-re] *s.m.* dolore morale, angoscia insopportabili: *morire di —.*

crepapelle [cre-pa-pèl-le] solo nella loc. avv. *a —*, tanto da sentirsi scoppiare: *mangiare*, *ridere a —.*

crepare [cre-pà-re] *v.intr.* [*io crèpo ecc.*; aus. *essere*] **1** spaccarsi, fendersi, screpolarsi **2** (*fam.*) scoppiare: *— dalle risa*, *d'invidia* | *— di salute*, godere di una salute invidiabile **3** (*pop.*) morire: *una noia da —* | *crepa!*, modo di imprecare contro qlcu. | *crepi il lupo!*, risposta all'augurio *in bocca al lupo!* ♦ **creparsi** *v.intr.pron.* spaccarsi, screpolarsi.

crepatura [cre-pa-tù-ra] *s.f.* screpolatura, fessura.

crêpe [/ krɛp /] *s.f.invar.* (*fr.*) (*gastr.*) frittella o frittatina sottile fatta alla piastra, che si serve con un ripieno dolce o salato; crespella ♦ *agg.* e *s.m.* si dice di tessuto crespo.

crepitacolo [cre-pi-tà-co-lo] *s.m.* **1** battola **2** (*mus.*) strumento idiofono a scuotimento, costituito da un recipiente che contiene oggetti che sbattono tra loro e contro la parete.

crepitare [cre-pi-tà-re] *v.intr.* [*io crèpito ecc.*; aus. *avere*] **1** scoppiettare, propriamente riferito al fuoco e alla legna che brucia, ma detto anche della pioggia, della grandine, degli spari delle armi automatiche **2** (*estens.*) scricchiolare, cricchiare.

crepitio [cre-pi-tì-o] *s.m.* un crepitare lungo e continuo: *il — della grandine.*

crepuscolare [cre-pu-sco-là-re] *agg.* **1** del crepuscolo: *luce —* **2** (*fig.*) incerto, vago, indistinto: *sensazione —* | *stato —*, (*psicol.*) stato di coscienza appannata, offuscata **3** relativo al crepuscolarismo: *poesia —* ♦ *s.m.* poeta crepuscolare.

crepuscolarismo [cre-pu-sco-la-rì-ʃmo] *s.m.* termine con cui si è soliti designare un gruppo di poeti italiani del primo Novecento (Gozzano, Moretti, Corazzini ecc.) che svolsero con malinconica ironia temi semplici della vita quotidiana.

crepuscolo [cre-pù-sco-lo] *s.m.* **1** la luce tenue e diffusa che precede l'alba o segue il tramonto; l'ora in cui si ha questa luce **2** (*fig. lett.*) accen-

no, barlume | tramonto, declino: *il — della vita.*
crescendo [cre-scèn-do] *s.m.invar.* **1** (*mus.*) indicazione sullo spartito che prescrive un graduale aumento dell'intensità sonora (è il contrario di *diminuendo*): *i — rossiniani* **2** (*fig.*) progressivo aumento di intensità: *un — di approvazioni.*
crescente [cre-scèn-te] *agg.* che cresce, che è in aumento: *serie, fase —* | *luna —*, il periodo che va dal novilunio al plenilunio | *funzione —*, (*mat.*) funzione il cui valore cresce al crescere della variabile indipendente.
crescenza [cre-scèn-za] *s.f.* sorta di formaggio grasso e molle, prodotto in Lombardia.
crescere [cré-sce-re] *v.intr.* [pres. *io crésco, tu crésci ecc.*; pass.rem. *io crébbi, tu crescésti ecc.*; part.pass. *cresciuto*; aus. *essere*] **1** diventare più grande, raggiungere lo stato adulto in seguito a sviluppo naturale: *un bambino che cresce bene* **2** (*estens.*) trascorrere gli anni dell'infanzia e dell'adolescenza; essere allevato: *è cresciuto in casa nostra* **3** aumentare di altezza, peso, volume, livello, intensità o altro; accrescersi, diventare maggiore: *— in* (o *di*) *statura*; *il livello dell'acqua cresceva* **4** (*fig.*) progredire, migliorare, avanzare: *— di grado, in fama* ♦ *v.tr.* allevare, educare: *— i figli.*
crescione [cre-sció-ne] *s.m.* pianta erbacea palustre con fiori bianchi e foglie di sapore piccante che si mangiano in insalata.
crescita [cré-sci-ta] *s.f.* il crescere, l'essere cresciuto: *il periodo della —*; *— economica*, l'incremento dello sviluppo economico.
cresima [crè-ʃi-ma] *s.f.* (*relig.*) il sacramento con cui un battezzato riceve lo Spirito Santo per essere fortificato nella fede; confermazione.
cresimando [cre-ʃi-màn-do] *s.m.* [f. *-a*] chi sta per ricevere la cresima.
cresimare [cre-ʃi-mà-re] *v.tr.* [*io crèʃimo* ecc.] amministrare il sacramento della cresima ♦ **cresimarsi** *v.intr.pron.* ricevere il sacramento della cresima.
cresolo [cre-ʃò-lo] *s.m.* (*chim.*) composto organico aromatico derivato dal fenolo.
crespare [cre-spà-re] *v.tr.* [*io créspo ecc.*] (*lett.*) rendere crespo, increspare.
crespato [cre-spà-to] *agg.* pieno di crespe, con crespe; increspato: *carta crespata.*
crespatura [cre-spa-tù-ra] *s.f.* l'increspare un tessuto | l'insieme delle piccole pieghe così ottenute; increspatura.
crespella [cre-spèl-la] *s.f.* frittatina molto sottile; crêpe.
crespo [cré-spo] *agg.* **1** che presenta delle fitte ondulazioni: *capelli crespi* **2** increspato, non liscio ♦ *s.m.* tessuto increspato.
cresta[1] [cré-sta] *s.f.* **1** escrescenza carnosa rossa, dentellata, sul capo dei polli e di altri uccelli | *alzare la —*, (*fig.*) montare in superbia; *abbassare la —*, (*fig.*) farsi umile **2** cuffietta bianca che è parte dell'uniforme delle cameriere **3** (*geog.*) linea di congiungimento di due versanti montuosi che si intersecano a tetto **4** (*estens.*) cima, sommità | *essere sulla — dell'onda*, (*fig.*) essere in un periodo particolarmente fortunato; godere del favore generale.
cresta[2] *s.f.* nella loc. *fare la —*, in una spesa fatta per conto di altri, dichiarare di aver speso più del reale, tenendo per sé la differenza.
crestomazia [cre-sto-ma-zì-a] *s.f.* (*lett.*) raccolta di passi scelti di diversi autori.
creta [cré-ta] *s.f.* **1** terra argilloso-calcarea facilmente plasmabile, utilizzata per fare terrecotte, ceramiche, stucchi, calchi ecc.; argilla: *un vaso di —* **2** qualsiasi oggetto di creta.
cretaceo [cre-tà-ce-o] *agg.* si dice di terreno che è composto o ha l'aspetto di creta ♦ *agg.* e *s.m.* (*geol.*) si dice del più recente periodo dell'era geologica mesozoica, caratterizzato dalla presenza di calcari e argille.
cretese [cre-té-se] *agg.* dell'isola di Creta | *civiltà —*, fiorita nell'età del bronzo, tra il 2000 e il 1500 a.C. ♦ *s.m.* e *f.* chi è nato, chi abita nell'isola di Creta.
cretinata [cre-ti-nà-ta] *s.f.* **1** frase o azione da cretino: *dire, fare una —* **2** cosa da nulla.
cretineria [cre-ti-ne-rì-a] *s.f.* l'essere cretino; atto, discorso da cretino.
cretinismo [cre-ti-nì-ʃmo] *s.m.* **1** (*med.*) malattia causata da insufficienza tiroidea e caratterizzata da arresto di sviluppo somatico e psichico **2** (*estens.*) balordaggine, imbecillità.
cretino [cre-tì-no] *agg.* e *s.m.* [f. *-a*] **1** stupido, imbecille: *comportarsi da —* **2** (*med.*) affetto da cretinismo □ **cretinamente** *avv.* da cretino.
cretonne [/ kre'tɔn /] *s.f.invar.* (*fr.*) stoffa di cotone apprettata sul rovescio, stampata a colori e disegni vivaci.
cretoso [cre-tó-so] *agg.* che contiene creta; che ha le proprietà della creta.
cribbio [crìb-bio] *inter.* (*pop.*) esclamazione che indica sorpresa, ammirazione o rabbia.
cric[1] → **cricco.**
cric[2] *inter.* voce onomatopeica che imita il rumore del vetro o del ghiaccio che si rompe.
cricca [crìc-ca] *s.f.* **1** gruppo di persone che tendono a favorirsi reciprocamente a danno di altri **2** (*scherz.*) compagnia di amici.
criccare [cric-cà-re] *v.intr.* [*io cricco, tu cricchi ecc.*; aus. *avere*] (*metall.*) fendersi, detto di laminati o di getti metallici.
cricchiare [cric-chià-re] *v.intr.* [*io crìcchio ecc.*; aus. *avere*] scricchiolare.
cricchio [crìc-chio] *s.m.* scricchiolio, crepitio.
cricco [crìc-co], o **cric**, *s.m.* [pl. *-chi*] martinetto; in particolare, quello con cui si solleva un autoveicolo quando si deve sostituire una ruota.
criceto [cri-cé-to] *s.m.* mammifero roditore simile al topo.
cricket [/ 'krikɛt /] *s.m.invar.* (*ingl.*) sport di origine inglese che si gioca tra due squadre di undici giocatori con una palla lanciata e ribattuta mediante una mazza.
cri cri *loc.inter.* voce onomatopeica che imita il

verso del grillo | Usato anche come *loc. sost.m.*: *il — dei grilli.*

criminale [cri-mi-nà-le] *agg.* 1 che concerne il crimine o i crimini: *antropologia —* 2 criminoso: *atto, attività —* ♦ *agg.* e *s.m.* e *f.* che/chi è colpevole di gravi delitti o manifesta delle tendenze pericolosamente antisociali: *— di guerra*, autore di crimini di guerra | (*estens.*) delinquente, malfattore.

criminalità [cri-mi-na-li-tà] *s.f.* 1 l'essere criminale 2 l'attività criminale come fenomeno sociale: *combattere la —* | *— organizzata*, le organizzazioni criminali.

criminalizzare [cri-mi-na-liʒ-ʒà-re] *v.tr.* [*io criminaliʒʒo ecc.*] considerare criminale ciò che giuridicamente non lo è: *le dittature criminalizzano il dissenso.*

criminalizzazione [cri-mi-na-liʒ-ʒa-zió-ne] *s.f.* il criminalizzare, l'essere criminalizzato.

crimine [crì-mi-ne] *s.m.* azione delittuosa particolarmente grave | *— di guerra*, azione gravemente disumana che va contro le norme internazionali che regolano il comportamento in guerra.

criminologia [cri-mi-no-lo-gì-a] *s.f.* scienza che studia il fenomeno della criminalità.

criminologo [cri-mi-nò-lo-go] *s.m.* [f. *-a*; pl. *-gi*] esperto di criminologia.

criminosità [cri-mi-no-si-tà] *s.f.* l'essere criminoso; criminalità.

criminoso [cri-mi-nó-so] *agg.* che costituisce crimine; delittuoso: *fatto —* □ **criminosamente** *avv.*

crinale [cri-nà-le] *s.m.* (*geog.*) il profilo delle vette e delle creste che fa da linea di separazione tra un versante e l'altro di una catena di monti.

crine [crì-ne] *s.m.* 1 pelo della criniera o della coda del cavallo o di altri animali; massa di questi peli usata per imbottiture: *materasso di —* 2 (*lett.*) capello; capigliatura.

criniera [cri-niè-ra] *s.f.* 1 l'insieme dei crini del collo del cavallo o del leone 2 (*scherz.*) folta capigliatura.

crinito [cri-nì-to] *agg.* (*lett.*) fornito di criniera: *elmo —.*

-crino secondo elemento di parole composte, che significa 'secrezione' (*endocrino*).

crinoidei [cri-noi-dèi] *s.m.pl.* (*zool.*) classe di echinodermi marini con corpo elegante a forma di calice, da cui partono sottili rami che danno all'animale l'aspetto di un fiore.

crinolina [cri-no-lì-na] *s.f.* sottana irrigidita da cerchi, che nell'Ottocento le donne portavano sotto la gonna per tenerla in forma.

crio- primo elemento di parole composte, che significa 'freddo, gelo' (*crioterapia*).

criobiologia [cri-o-bi-o-lo-gì-a] *s.f.* scienza che studia la conservazione di cellule viventi a temperature molto basse.

criochirurgia [cri-o-chi-rur-gì-a] *s.f.* (*med.*) tecnica chirurgica che sfrutta l'azione del freddo per demolire formazioni patologiche.

criochirurgo [cri-o-chi-rùr-go] *s.m.* [pl. *-ghi* e *-gi*] (*med.*) medico specialista in criochirurgia.

criogenia [cri-o-ge-nì-a] *s.f.* (*fis.*) la tecnica della produzione di bassissime temperature, anche prossime allo zero assoluto; lo studio delle loro possibili applicazioni.

criolite [cri-o-lì-te] *s.f.* (*min.*) minerale costituito da fluoruro di alluminio e sodio, in cristalli bianchi e trasparenti, usato come fondente e abrasivo.

criologia [cri-o-lo-gì-a] *s.f.* 1 parte della fisica che studia il comportamento della materia alle bassissime temperature 2 criogenia.

criotecnica [cri-o-tèc-ni-ca] *s.f.* l'applicazione delle bassissime temperature in campo tecnologico.

crioterapia [cri-o-te-ra-pì-a] *s.f.* (*med.*) cura eseguita mediante raffreddamento.

cripta [crìp-ta] *s.f.* 1 sotterraneo di una chiesa che accoglie tombe o reliquie, e che talvolta ha anche funzione di cappella 2 (*anat.*) cavità a fondo cieco di una mucosa di rivestimento.

criptare [crip-tà-re] *v.tr.* (*inform.*, *telecom.*) codificare un dato o un segnale in modo che possa risultare incomprensibile a chi non conosce la chiave per decodificarlo o non possiede l'adatto decodificatore.

criptestesia [crip-te-ste-ʃì-a] *s.f.* l'insieme dei fenomeni di percezione extrasensoriale.

criptico [crìp-ti-co] *agg.* [pl.m. *-ci*] (*lett.*) misterioso, oscuro: *frase criptica.*

cripto [crìp-to] *s.m.* (*chim.*) elemento chimico di simbolo *kr*; è un gas raro utilizzato nelle lampade a incandescenza.

cripto-, o critto-, primo elemento di parole composte, che significa 'nascosto, coperto, oscuro' (*criptoportico*).

criptoficee [crip-to-fì-ce-e] *s.f.pl.* (*bot.*) classe di alghe unicellulari flagellate.

criptolalia [crip-to-la-lì-a] *s.f.* uso di un linguaggio oscuro, di difficile comprensione.

criptoportico [crip-to-pòr-ti-co] *s.m.* [pl. *-ci*] (*archeol.*) portico coperto, in parte sotterraneo, tipico dell'architettura romana.

crisalide [cri-ʃà-li-de] *s.f.* (*zool.*) stadio di sviluppo delle farfalle intermedio fra il bruco e la forma adulta; ha forma ovale ed è, spesso, racchiusa in un bozzolo di seta.

crisantemo [cri-ʃan-tè-mo] *s.m.* pianta erbacea ornamentale con infiorescenze a capolino variamente colorate; fiorisce in autunno ed è tipico ornamento delle tombe.

criselefantino [cri-ʃe-le-fan-tì-no] *agg.* (*archeol.*) nella tecnica statuaria della Grecia antica, fatto a intarsi d'oro e d'avorio: *statua criselefantina.*

crisi [crì-ʃi] *s.f.* 1 stato transitorio di particolare difficoltà o turbamento nella vita individuale o sociale: *— di coscienza*; *— politica* | *— economica*, brusca e prolungata caduta della produzione e dell'occupazione; (*estens.*) qualsiasi arresto o rallentamento sensibile della crescita economica | *— energetica*, quella legata alla crescita del prezzo dei prodotti petroliferi o alla loro scarsità sul mercato | *— di governo*, caduta o dimissioni di un governo; il tempo che intercorre tra questo evento e la formazione del governo successivo **2** (*med.*) cambiamento improvviso, favorevole o sfavorevole, nel decorso di una malattia | (*estens.*) accesso, fase acuta di una condizione patologica: *— nervosa* | *— di pianto*, scoppio di pianto convulso e irrefrenabile.

crisma [crì-ʃma] *s.m.* [pl. *-ʃmi*] **1** (*lit.*) unguento aromatico per il conferimento del battesimo, della cresima, dell'ordine e dell'estrema unzione **2** (*fig.*) approvazione, convalida (data da chi ne ha l'autorità): *il — dell'ufficialità* | *con tutti i crismi*, con l'osservanza di tutte le regole.

criso- primo elemento di parole composte, che significa 'oro, aureo' o anche 'dorato, giallo'.

crisoberillo [cri-ʃo-be-rìl-lo] *s.m.* (*min.*) minerale composto di berillio, di colore verde-giallo, usato come pietra preziosa.

crisoficee [cri-ʃo-fì-ce-e] *s.f.pl.* (*bot.*) classe di alghe unicellulari di color giallo-dorato o giallo-bruno.

crisolito [cri-ʃò-li-to] *s.m.* (*min.*) pietra preziosa di colore verde-giallo; è una varietà trasparente di olivina.

cristalleria [cri-stal-le-rì-a] *s.f.* **1** insieme di oggetti di cristallo che formano un servizio da tavola **2** fabbrica o negozio di oggetti di cristallo.

cristalliera [cri-stal-liè-ra] *s.f.* mobile a vetri con diversi ripiani, usato per riporvi la cristalleria e altro vasellame.

cristallino [cri-stal-lì-no] *agg.* **1** (*min.*) che è strutturato a cristalli, che si presenta sotto forma di cristalli: *roccia cristallina* **2** che è di cristallo o simile al cristallo: *vetro —* | (*estens.*) limpido come il cristallo: *acqua cristallina* | (*fig.*) sonoro, squillante: *voce cristallina* | (*fig.*) puro, incontaminato: *coscienza cristallina* ♦ *s.m.* (*anat.*) corpo trasparente dell'occhio, a forma di lente biconvessa, situato dietro la pupilla; lente cristallina.

cristallizzare [cri-stal-liʒ-ʒà-re] *v.tr.* **1** (*chim.*) ridurre una sostanza allo stato cristallino **2** (*fig.*) fissare, fermare in una forma definitiva ♦ *v.intr.* [aus. *essere*] **cristallizzarsi** *v.intr.pron.* **1** (*chim.*) assumere struttura cristallina: *lo zucchero cristallizza* **2** (*fig.*) assumere una forma definitiva; irrigidirsi.

cristallizzazione [cri-stal-liʒ-ʒa-zió-ne] *s.f.* il cristallizzare, il cristallizzarsi, l'essere cristallizzato.

cristallo [cri-stàl-lo] *s.m.* **1** (*chim., min.*) aggregazione di molecole secondo una determinata struttura interna, che assume all'esterno una forma poliedrica | *— liquido*, sostanza organica liquida dotata di caratteristiche ottiche cristalline, usata per costruire i display di calcolatori tascabili, orologi digitali ed elaboratori elettronici **2** denominazione corrente di un tipo di vetro trasparentissimo e rifrangente, a base di silicato di piombo e potassio, usato nella fabbricazione di oggetti pregiati e apparecchi ottici o di laboratorio | (*estens.*) lastra o oggetto di cristallo: *un servizio di cristalli*; *cristalli da tavola*, cristalleria **3** qualità pregiata di vetro senza piombo: *— di Boemia*.

cristallografia [cri-stal-lo-gra-fì-a] *s.f.* branca della mineralogia che studia la forma e la struttura dei minerali cristallini.

cristallografico [cri-stal-lo-grà-fi-co] *agg.* [pl.m. *-ci*] di cristallografia, relativo alla cristallografia: *ricerca cristallografica*.

cristalloide [cri-stal-lòi-de] *agg.* e *s.m.* (*chim.*) si dice di sostanza che ha struttura simile al cristallo ♦ *s.m.* (*anat.*) membrana che avvolge il cristallino dell'occhio.

cristianesimo [cri-stia-né-ʃi-mo] *s.m.* **1** la religione rivelata e predicata da Gesù Cristo e che ha il suo fondamento nei Vangeli | il complesso delle dottrine religiose e delle chiese che si richiamano a Cristo **2** (*estens.*) l'insieme di tutte le forme di cultura e di civiltà che sono riconducibili a una matrice cristiana.

cristianità [cri-stia-ni-tà] *s.f.* **1** l'essere cristiano; la condizione di cristiano **2** l'insieme di tutti i popoli cristiani; il mondo cristiano.

cristianizzare [cri-stia-niʒ-ʒà-re] *v.tr.* convertire al cristianesimo, rendere cristiano: *— un popolo*.

cristianizzazione [cri-stia-niʒ-ʒa-zió-ne] *s.f.* conversione al cristianesimo.

cristiano [cri-stià-no] *agg.* **1** di Gesù Cristo, della religione da lui predicata: *dottrina cristiana* | *chiese cristiane*, quelle ispirate all'insegnamento di Cristo (cattolica, ortodossa e protestanti) | *era cristiana*, quella il cui computo prende inizio dalla nascita di Cristo **2** che professa la religione di Cristo: *popoli cristiani* **3** che si riferisce o si ispira al cristianesimo: *arte cristiana* **4** (*estens.*) animato da amore, da spirito fraterno; umano: *parole cristiane* **5** (*fam.*) educato, conveniente, dignitoso: *questo è parlare in modo —!* ♦ *s.m.* [f. *-a*] **1** chi professa la religione cristiana **2** (*pop.*) essere umano | *comportarsi da —*, come si deve, educatamente □ **cristianamente** *avv.* **1** in modo cristiano, da cristiano: *vivere —* | *morire —*, con i conforti religiosi **2** (*estens.*) umanamente: *trattare — qlcu.*

cristiano-sociale [cri-stià-no-so-cià-le] *agg.* [pl. *cristiano-sociali*] si dice di partiti o gruppi politici che si propongono di risolvere i problemi sociali sulla base dell'etica cristiana.

Cristo [Cri-sto] *s.m.* **1** appellativo di Gesù di Nazareth | *anni avanti* (o *dopo*) *—*, quelli che si contano prendendo come riferimento l'anno della nascita di Cristo | *povero cristo*, (*pop.*) persona sventurata o di aspetto umile e misero **2** (*estens.*) rappresentazione artistica del Cristo: *un — ligneo*.

cristologia [cri-sto-lo-gì-a] *s.f.* (*teol.*) l'insieme delle dottrine che definiscono la natura e la funzione di Cristo | studio della figura storica di Cristo.

cristologico [cri-sto-lò-gi-co] *agg.* [pl.m. *-ci*] che riguarda la cristologia.

criterio [cri-tè-rio] *s.m.* **1** regola, principio che

si assume come norma di giudizio o dell'agire: — *morale* | (*mat.*) regola o metodo pratico per constatare velocemente una proprietà **2** (*estens.*) senno, avvedutezza: *avere —*; *agire senza —*.
criterium [cri-tè-rium] *s.m.invar.* (*sport*) gara sportiva riservata a una determinata categoria di concorrenti: *— di galoppo*, nell'ippica.
critica [crì-ti-ca] *s.f.* **1** esame di un principio, di un fatto al fine di descriverne la natura, di metterne in luce le caratteristiche | *— testuale*, (*filol.*) esame della tradizione di un testo al fine di prepararne un'edizione critica **2** disciplina che analizza e giudica le opere d'arte o altre realizzazioni dell'ingegno: *— letteraria*, *cinematografica* | il giudizio stesso formulato; recensione: *leggere la — di uno spettacolo* | l'insieme dei critici o delle opere di critica **3** giudizio malevolo, sfavorevole; biasimo: *esporsi alle critiche*.
criticabile [cri-ti-cà-bi-le] *agg.* che può suscitare critica, biasimevole: *una scelta —*.
criticare [cri-ti-cà-re] *v.tr.* [*io crìtico, tu crìtichi ecc.*] **1** fare oggetto di critica, sottoporre a critica: *— uno spettacolo* **2** giudicare sfavorevolmente; biasimare, disapprovare: *farsi —*, attirarsi le critiche altrui.
criticismo [cri-ti-cì-ʃmo] *s.m.* atteggiamento sistematico di critica e di polemica.
criticità [cri-ti-ci-tà] *s.f.* (*scient.*) condizione di un fenomeno per cui, al minimo variare di uno dei parametri che lo determinano, segue un effetto di notevole portata.
critico [crì-ti-co] *agg.* [pl.m. *-ci*] **1** di critica, che esercita la critica: *atteggiamento, spirito —* | *guardare con occhio —*, esaminare con atteggiamento razionalmente distaccato; esaminare con ostilità | *edizione critica*, (*filol.*) edizione di un testo che ne ricostruisce più fedelmente possibile la forma originale **2** di crisi, soggetto a crisi: *l'adolescenza è un'età critica* **3** (*chim.*, *fis.*) si dice di particolari valori di entità fisiche in corrispondenza dei quali si verificano determinati fenomeni: *temperatura —* **4** (*med.*) che si riferisce alla fase acuta di una malattia | relativo a un periodo in cui avvengono trasformazioni nell'organismo (*p.e.* la pubertà) ♦ *s.m.* **1** chi per professione esercita la critica d'arte o letteraria **2** chi critica esprimendo giudizi sfavorevoli □ **criticamente** *avv.* con spirito, con metodo critico; in modo severo, ostile.
criticone [cri-ti-có-ne] *s.m.* [f. *-a*] (*fam.*) chi critica negativamente sempre tutto e tutti.
critto- → **cripto-**.
crittogame [crit-tò-ga-me] *s.f.pl.* (*bot.*) raggruppamento di piante che hanno organi riproduttori non visibili (*p.e.* felci, funghi); si contrappone a *fanerogame*.
crittogamico [crit-to-gà-mi-co] *agg.* [pl.m. *-ci*] (*bot.*) delle crittogame.
crittografia [crit-to-gra-fì-a] *s.f.* **1** scrittura cifrata o convenzionale che può essere compresa solo da chi ne conosce la chiave **2** gioco enigmistico consistente nel ricavare una frase da un gruppo di lettere, interpretandone la disposizione.
crittogramma [crit-to-gràm-ma] *s.m.* [pl. *-mi*] **1** testo scritto in una scrittura cifrata **2** in enigmistica, crittografia.
crivellare [cri-vel-là-re] *v.tr.* [*io crivèllo ecc.*] ridurre come un crivello, riempire di buchi, bucherellare: *auto crivellata di colpi*.
crivellatura [cri-vel-la-tù-ra] *s.f.* **1** il crivellare **2** il materiale passato attraverso un crivello.
crivello [cri-vèl-lo] *s.m.* sorta di grosso setaccio per vagliare sabbia o altri materiali incoerenti; vaglio.
crivellone [cri-vel-ló-ne] *s.m.* nella trebbiatrice, sorta di setaccio che separa i chicchi dalla paglia.
croato [cro-à-to] *agg.* della Croazia, stato balcanico: *lingua croata* ♦ *s.m.* **1** [f. *-a*] abitante, nativo della Croazia **2** lingua slava parlata in Croazia.
croccante [croc-càn-te] *agg.* si dice di cibo secco o cotto da poco, che scricchiola sotto i denti: *patatine croccanti* ♦ *s.m.* dolce secco e durissimo, a base di mandorle o nocciole tostate e zucchero caramellato.
crocchetta [croc-chét-ta] *s.f.* specie di polpetta oblunga, a base di riso, patate, carne o altro.
crocchia [cròc-chia] *s.f.* rotolo o treccia di capelli avvolti a ciambella e fermati sopra la nuca.
crocchiare [croc-chià-re] *v.intr.* [*io cròcchio ecc.*; aus. *avere*] (*non com.*) **1** scricchiolare **2** emettere il suono sordo di un vaso fesso **3** chiocciare, detto di galline ♦ *v.tr.* (*region.*) picchiare, percuotere qlcu.
crocchio [cròc-chio] *s.m.* gruppo di persone riunite a conversare; capannello: *far —*.
croce [cró-ce] *s.f.* **1** antico strumento di supplizio costituito da due pali di legno incrociati, su cui il condannato veniva inchiodato o legato; in particolare, quella su cui morì Cristo, assurto a simbolo della religione cristiana | *gettare la — addosso a qlcu.*, (*fig.*) dargli tutta la colpa di qlco. **2** riproduzione della croce: *segno della —*, gesto rituale cristiano | *— greca*, quella a quattro bracci uguali incrociantisi ad angolo retto | *— latina*, quella tradizionale a bracci disuguali | *— di sant'Andrea*, quella a forma di una X schiacciata, che nella segnaletica stradale avverte di un passaggio a livello | *— uncinata*, svastica. DIM. *crocetta* **3** qualsiasi segno a forma di croce: *segnare la casella con una —* | *a occhio e —*, all'incirca, più o meno | *fare a testa e —*, gettare in aria una moneta perché, ricadendo a caso sull'una o sull'altra faccia, determini una decisione altrimenti difficile a prendersi | *fare una — sopra qlco.*, (*fig.*) rinunciarvi, non pensarci più **4** emblema distintivo di ordini cavallereschi, di organizzazioni ed enti assistenziali e di assistenza sanitaria: *— rossa* **5** (*fig.*) tormento, sofferenza: *ciascuno ha la sua —* | *— e delizia*, (per lo più *scherz.*) si dice di chi o di ciò che dà gioia e dolore insieme | *mettere in — qlcu.*, farlo soffrire, assillarlo | *portare la —*, soffrire.

croceo [crò-ceo] *agg.* (*lett.*) del colore dello zafferano, tra il giallo e l'arancio.
crocerista [cro-ce-rì-sta] *s.m.* e *f.* [pl.m. *-sti*] chi partecipa a una crociera.
crocerossina [cro-ce-ros-sì-na] *s.f.* infermiera della Croce rossa.
crocevia [cro-ce-vì-a] *s.m.invar.* luogo in cui si intersecano due o più strade; incrocio, crocicchio.
crochet [/ krɔʃ'ʃe /] *s.m.invar.* (*fr.*) **1** uncinetto per lavori femminili | il merletto con esso eseguito **2** nel pugilato, gancio.
crocianesimo [cro-cia-né-ʃi-mo] *s.m.* corrente di pensiero ispirata all'opera storica, filosofica e critica di Benedetto Croce (1866-1952).
crociano [cro-cià-no] *agg.* di Benedetto Croce (1866-1952) o che ne segue la dottrina: *estetica crociana* ♦ *s.m.* [f. *-a*] studioso o seguace delle dottrine di B. Croce.
crociata [cro-cià-ta] *s.f.* **1** nel Medioevo, ciascuna delle spedizioni militari compiute dai cristiani per conquistare la Terra Santa: *la prima, la seconda* — | (*estens.*) guerra religiosa contro non cristiani o eretici: *la — contro gli albigesi* **2** (*fig.*) azione collettiva fatta in nome di ideali religiosi, sociali, politici o morali: *— contro la droga.*
crociato [cro-cià-to] *agg.* disposto a croce; contrassegnato da una croce | *parole crociate*, cruciverba ♦ *s.m.* guerriero che partecipava a una crociata.
crocicchio [cro-cìc-chio] *s.m.* luogo in cui si incontrano due o più strade; crocevia, incrocio.
crocidare [cro-ci-dà-re] *v.intr.* [*io cròcido ecc.*; aus. *avere*] (*lett.*) gracchiare, detto di corvi e cornacchie.
crociera[1] [cro-ciè-ra] *s.f.* **1** disposizione di elementi lineari che s'intersecano a forma di croce; il punto stesso d'intersezione | oggetto, strumento formato da parti che s'incrociano **2** (*arch.*) nelle basiliche, punto di incrocio tra la navata principale e il transetto | *volta a* —, volta risultante dalla intersezione di due volte a botte, usata specialmente nell'architettura romanica e gotica.
crociera[2] *s.f.* **1** (*mar.*) navigazione in un tratto di mare, a scopo di sorveglianza o di ricerca | viaggio di piacere compiuto su una nave: *andare in* — | *velocità di* —, quella media che una nave o qualsiasi veicolo mantiene in condizioni normali **2** trasvolata aerea.
crocifere [cro-cì-fe-re] *s.f.pl.* (*bot.*) famiglia di piante erbacee con la corolla formata da quattro petali disposti a croce.
crocifero [cro-cì-fe-ro] *s.m.* chi porta la croce in una processione ♦ *agg.* che sostiene una croce o termina a forma di croce: *asta crocifera* | addetto a portare la croce: *cappellano* —.
crocifiggere [cro-ci-fig-ge-re] *v.tr.* [coniugato come *affiggere*] **1** sottoporre al supplizio della croce: *Gesù fu crocifisso* **2** (*fig.*) tormentare, assillare.
crocifissione [cro-ci-fis-sió-ne] *s.f.* **1** il crocifiggere, l'esser crocifisso; in particolare, il supplizio sulla croce di Gesù Cristo **2** in pittura o in scultura, rappresentazione del supplizio di Cristo.
crocifisso [cro-ci-fis-so] *agg.* messo in croce, inchiodato sulla croce: *Cristo* — ♦ *s.m.* immagine, scolpita o dipinta, di Cristo in croce: *un — ligneo.*
crocifissore [cro-ci-fis-só-re] *s.m.* chi crocifigge: *i crocifissori di Cristo.*
croco [crò-co] *s.m.* [pl. *-chi*] **1** (*bot.*) genere di piante erbacee con fiori violacei, bianchi o gialli a forma di imbuto, al quale appartiene lo zafferano **2** (*lett.*) zafferano.
croda [crò-da] *s.f.* guglia rocciosa tipica delle Dolomiti.
crogiolare [cro-gio-là-re] *v.tr.* [*io crògiolo ecc.*] cuocere a fuoco lento ♦ **crogiolarsi** *v.intr.pron.* scaldarsi: *— al sole* | (*fig.*) deliziarsi, bearsi: *— nei ricordi.*
crogiolo [cro-giò-lo] *s.m.* **1** recipiente troncoconico o emisferico di materiale refrattario in cui si compiono reazioni chimiche o si fondono metalli | parte inferiore di un altoforno, nella quale si raccoglie il materiale di fusione **2** (*fig.*) ambiente in cui si compie una fusione di elementi diversi: *un — di idee.*
croissant [/ krwas'san /] *s.m.invar.* (*fr.*) panino dolce a forma di mezzaluna; cornetto.
crollare [crol-là-re] *v.intr.* [*io cròllo ecc.*; aus. *essere*] **1** cadere rovinosamente (anche *fig.*): *il ponte è crollato; crollò ogni speranza* **2** (*estens.*) lasciarsi cadere di schianto: *alla notizia è crollato sulla sedia* | (*fig.*) cedere improvvisamente, cessare di opporre resistenza: *l'imputato è crollato dopo ore di interrogatorio* **3** detto di un prezzo, subire un forte e improvviso ribasso.
crollo [cròl-lo] *s.m.* **1** (*lett.*) scossa, scotimento | *dare un* —, scuotere, scrollare **2** caduta rovinosa (anche *fig.*): *il — di un tetto; — delle vendite*, loro forte riduzione | *avere un* —, detto di persona, avere una grave crisi di stanchezza, un cedimento fisico o psichico.
croma [crò-ma] *s.f.* (*mus.*) valore di una nota e di una pausa corrispondente a 1/8 della semibreve.
cromare [cro-mà-re] *v.tr.* [*io cròmo ecc.*] detto di un oggetto metallico, rivestire mediante processo galvanico con uno strato di cromo per renderlo lucente e resistente all'ossidazione.
cromaticità [cro-ma-ti-ci-tà] *s.f.* **1** qualità di ciò che è cromatico **2** in letteratura, pittura e musica, che si riferisce al cromatismo.
cromatico [cro-mà-ti-co] *agg.* [pl.m. *-ci*] **1** di colore, dei colori: *effetti cromatici* **2** in musica: *intervallo* —, intervallo minimo fra due note; *scala cromatica*, quella che, includendo le note alterate, è definita dalla successione di dodici semitoni contigui □ **cromaticamente** *avv.*
cromatidio [cro-ma-tì-dio] *s.m.* (*biol.*) ciascuno dei due filamenti risultanti dalla duplicazione di un cromosoma.
cromatina [cro-ma-tì-na] *s.f.* (*biol.*) sostanza presente nei cromosomi del nucleo cellulare.
cromatismo [cro-ma-tì-ʃmo] *s.m.* **1** colorazione, specialmente se eccessiva o accesa | in pittura, in fotografia e in cinematografia, stile in cui

prevale la funzione espressiva del colore **2** (*mus.*) procedimento consistente nell'alterare di un semitono discendente o ascendente una o più note di una scala **3** (*fis.*) aberrazione cromatica.
cromato [cro-mà-to] *agg.* si dice di metallo sottoposto a cromatura.
cromato- primo elemento di parole composte, che vuol dire 'colore' (*cromatografia*).
cromatografia [cro-ma-to-gra-fì-a] *s.f.* (*chim.*) denominazione comune a diverse tecniche di analisi che si basano sulla diversa colorazione assunta dai composti se trattati con particolari reagenti.
cromatografo [cro-ma-tò-gra-fo] *s.m.* (*chim.*) apparecchio per eseguire la cromatografia.
cromatura [cro-ma-tù-ra] *s.f.* l'operazione del cromare.
cromia [cro-mì-a] *s.f.* (*pitt.*) tonalità di colore.
-cromia secondo elemento di parole composte, che significa 'colorazione' (*policromia*).
cromismo [cro-mì-ʃmo] *s.m.* (*med.*) intossicazione da cromo.
cromo [crò-mo] *s.m.* elemento chimico di simbolo *Cr*; è un metallo grigio lucente, duro e resistente, usato per produrre acciai inossidabili e per rivestire altri metalli.
cromo-, **-cromo** primo e secondo elemento di parole composte, che significa 'colore, colorazione, pigmento' (*cromosoma, policromo*).
cromofotografia [cro-mo-fo-to-gra-fì-a] *s.f.* il processo fotografico che permette di ottenere immagini a colori.
cromoplasto [cro-mo-plà-sto] *s.m.* (*bot.*) corpuscolo del protoplasma vegetale che conferisce i colori alle piante.
cromosfera [cro-mo-sfè-ra] *s.f.* (*astr.*) lo strato più basso dell'atmosfera solare, costituito da idrogeno incandescente.
cromosoma [cro-mo-sò-ma] *s.m.* [pl. *-mi*] (*biol.*) ciascuno degli elementi contenuti nel nucleo delle cellule e osservabili durante la mitosi; vi hanno sede i geni portatori dei caratteri ereditari.
cromosomico [cro-mo-sò-mi-co] *agg.* [pl.m. *-ci*] (*biol.*) relativo ai cromosomi.
cronaca [crò-na-ca] *s.f.* **1** narrazione storica di fatti che rispetta l'ordine della loro successione; è il genere tipico della storiografia medievale: *la "Cronaca" di Dino Compagni*. DIM. *cronachetta* **2** resoconto di un avvenimento o di una serie di avvenimenti: *la — di una partita di calcio* **3** la sezione di un giornale in cui vengono riferiti i fatti del giorno di maggior interesse: *— cittadina*; *notizie di —*, registrati nella cronaca.
cronachista [cro-na-chì-sta] *s.m.* e *f.* [pl. *-sti*] chi scrive cronache; cronista.
cronachistica [cro-na-chì-sti-ca] *s.f.* lo studio delle antiche cronache; il complesso delle cronache di un determinato ambiente o periodo storico: *la — fiorentina del Trecento*.
cronachistico [cro-na-chì-sti-co] *agg.* [pl.m. *-ci*] che ha carattere di cronaca □ **cronachisticamente** *avv.*
cronicario [cro-ni-cà-rio] *s.m.* casa di cura per malati cronici.
cronicità [cro-ni-ci-tà] *s.f.* l'essere cronico.
cronicizzare [cro-ni-ciʒ-ʒà-re] *v.tr.* rendere cronico ♦ **cronicizzarsi** *v.intr.pron.* diventare cronico.
cronicizzazione [cro-ni-ciʒ-ʒa-zió-ne] *s.f.* il diventare cronico, detto di malattie.
cronico [crò-ni-co] *agg.* [pl.m. *-ci*] si dice di malattia persistente nell'organismo, di difficile guarigione: *bronchite cronica* | (*fig.*) permanente, inguaribile: *un bugiardo —* ♦ *agg.* e *s.m.* [f. *-a*] che/chi è affetto da malattia cronica □ **cronicamente** *avv.*
cronista [cro-nì-sta] *s.m.* e *f.* [pl.m. *-sti*] **1** antico scrittore di cronache **2** nel giornalismo, redattore addetto ai servizi di cronaca: *— sportivo*.
cronistoria [cro-ni-stò-ria] *s.f.* esposizione di fatti storici secondo la loro successione nel tempo; cronaca.
crono-, **-crono** primo e secondo elemento di parole composte, che significa 'tempo' (*cronologia, isocrono*).
cronobiologia [cro-no-bi-o-lo-gì-a] *s.f.* ramo della biologia che studia i ritmi biologici e la durata della vita degli organismi viventi.
cronobiologo [cro-no-bi-ò-lo-go] *s.m.* [f *-a*, pl.m. *-gi*] studioso di cronobiologia.
cronofotografia [cro-no-fo-to-gra-fì-a] *s.f.* tecnica che permette di ottenere una serie di fotografie successive a intervalli prestabiliti.
cronografo [cro-nò-gra-fo] s.m. cronometro dotato di apparecchio registratore degli intervalli di tempo segnati dai cronometri.
cronologia [cro-no-lo-gì-a] *s.f.* **1** studio della successione degli eventi storici nel tempo; l'ordine stesso in cui questi si sono verificati: *la — delle grandi scoperte geografiche* **2** opera che espone la successione cronologica di eventi storici.
cronologico [cro-no-lò-gi-co] *agg.* [pl.m. *-ci*] della cronologia: *ordine —*, l'ordine secondo il quale dei fatti si sono succeduti nel tempo □ **cronologicamente** *avv.* secondo l'ordine cronologico.
cronometraggio [cro-no-me-tràg-gio] *s.m.* il cronometrare, l'essere cronometrato: *— elettronico*.
cronometrare [cro-no-me-trà-re] *v.tr.* [*io cronòmetro ecc.*] misurare il tempo con il cronometro: *— i tempi di una gara*.
cronometria [cro-no-me-trì-a] *s.f.* disciplina che studia i metodi e gli strumenti per la misurazione del tempo.
cronometrico [cro-no-mè-tri-co] *agg.* [pl.m. *-ci*] **1** che si riferisce a un cronometro: *misurazione cronometrica* **2** (*fig.*) preciso come un cronometro: *puntualità cronometrica* □ **cronometricamente** *avv.*
cronometrista [cro-no-me-trì-sta] *s.m.* e *f.* [pl.m. *-sti*] chi misura tempi con un cronometro.
cronometro [cro-nò-me-tro] *s.m.* strumento misuratore del tempo; in particolare, orologio di

precisione, il cui scarto nell'unità di tempo non può superare un determinato valore ♦ *s.f.invar.* nel ciclismo, gara a cronometro.
cronoprologo [cro-no-prò-lo-go] *s.m.* [pl.m. *-ghi*] nel cislismo, gara a cronometro che funge da prologo di una corsa a tappe.
cronoscalata [cro-no-sca-là-ta] *s.f.* nel ciclismo, gara a cronometro su un percorso in salita.
cronotachigrafo [cro-no-ta-chì-gra-fo] *s.m.* tachigrafo registratore della velocità montato su automezzi pesanti.
cronotappa [cro-no-tàp-pa] *s.f.* (*sport*) tappa a cronometro.
cronotopo [cro-nò-to-po] *s.m.* (*fis.*) nella teoria della relatività, lo spazio a quattro dimensioni costituito dalle tre coordinate spaziali e dalla coordinata temporale.
croquet [/ 'krɔket /] *s.m.invar.* (*ingl.*) gioco nel quale si fa passare una pallina sotto degli archetti, colpendola con una mazza.
cross[1] [/ krɔs /] *s.m.invar.* (*ingl.*) (*sport*) nel calcio, traversone | nel pugilato, colpo vibrato dall'esterno verso l'interno | nel tennis, tiro in diagonale.
cross[2] *s.m.invar.* (*sport*) **1** corsa campestre **2** abbreviazione di *ciclocross* o *motocross*.
crossarco [cros-sàr-co] *s.m.* [pl. *-chi*] mammifero africano simile alla mangusta, con muso aguzzo e ruvido, pelame bruno.
crossare [cros-sà-re] *v.intr.* [*io cròsso ecc.*; aus. *avere*] nel gioco del calcio, fare un cross.
crossodromo [cros-sò-dro-mo] *s.m.* impianto sportivo che comprende o simula terreni naturali per corse di cross.
crossopterigi [cros-sop-te-rì-gi] *s.m.pl.* (*zool.*) sottoclasse di pesci ossei dal corpo tozzo con pinne peduncolate e coda arrotondata; comprende numerose specie fossili.
crosta [crò-sta] *s.f.* **1** superficie secca e dura di una sostanza: *la — del pane*; *— d'albero*, corteccia; *— terrestre*, l'involucro esterno della Terra | (*fig.*) aspetto superficiale, apparenza **2** strato indurito che si forma sulle ferite per essiccamento di sangue o pus **3** (*spreg.*) dipinto di nessun valore artistico.
crostacei [cro-stà-cei] *s.m.pl.* (*zool.*) classe di artropodi, per lo più acquatici, con corpo ricoperto da un involucro calcareo, forniti di quattro antenne e dieci o più zampe, di cui il primo paio trasformato in pinze (chele); vi appartengono l'aragosta e il gambero.
crostare [cro-stà-re] *v.tr.* [*io cròsto ecc.*] cuocere una vivanda in modo che si formi una crosta sulla sua superficie.
crostata [cro-stà-ta] *s.f.* dolce di pasta frolla ricoperto di frutta o di marmellata e cotto al forno.
crostino [cro-stì-no] *s.m.* piccola fetta di pane, per lo più arrostita o fritta, condita con ingredienti vari.
crostone [cro-stó-ne] *s.m.* **1** (*geol.*) suolo formato da detriti cementati **2** fetta di pane arrostito per preparazioni gastronomiche.
crotalo [crò-ta-lo] *s.m.* **1** strumento musicale antico simile alle nacchere **2** (*zool.*) genere di grossi serpenti velenosi, detti comunemente *serpenti a sonagli*.
croton [crò-ton] *s.m.invar.* pianta ornamentale con foglie ovali variamente colorate.
croupier [/ kru'pje /] *s.m.* e *f.invar.* (*fr.*) chi, nelle case da gioco, conduce il gioco e paga le vincite per conto della direzione.
crucciare [cruc-cià-re] *v.tr.* [*io crùccio ecc.*] affliggere, addolorare ♦ **crucciarsi** *v.intr.pron.* preoccuparsi, adirarsi.
crucciato [cruc-cià-to] *agg.* afflitto, preoccupato; adirato.
cruccio [crùc-cio] *s.m.* afflizione, dolore misto a risentimento, preoccupazione: *avere un —*.
cruciale [cru-cià-le] *agg.* decisivo, importante, critico: *momento —*.
cruciverba [cru-ci-vèr-ba] *s.m.invar.* gioco enigmistico per il quale, sulla scorta di definizioni date, si devono indovinare delle parole che si incrociano orizzontalmente e verticalmente in uno schema; parole crociate: *risolvere un —*.
crudele [cru-dè-le] *agg.* **1** che non ha compassione; disumano, spietato: *un — tiranno* | *destino —*, avverso **2** che dà dolore, sofferenza: *una malattia —* □ **crudelmente** *avv.*
crudeltà [cru-del-tà] *s.f.* **1** l'essere crudele; ferocia: *la — d'un delitto* **2** atto crudele: *è una — tenerlo chiuso in casa*.
crudezza [cru-déz-za] *s.f.* **1** (*non com.*) l'essere crudo, detto di cibi **2** (*estens.*) rigidezza del clima **3** (*fig.*) asprezza, rudezza | in pittura e in cinematografia, forte verismo: *— di immagini*.
crudità [cru-di-tà] *s.f.* (*lett.*) l'essere crudo.
crudo [crù-do] *agg.* **1** non cotto o poco cotto: *carne cruda* | *frutto —*, non maturo | *metallo —*, greggio | *seta cruda*, greggia | *farne di cotte e di crude*, (*fig.*) combinare ogni sorta di guai **2** freddo, rigido, inclemente: *stagione cruda* **3** (*fig.*) rude, schietto, aspro: *romanzo di un — realismo* | *nudo e —*, schietto, così com'è: *verità nuda e cruda* □ **crudamente** *avv.*
cruento [cru-èn-to] *agg.* (*lett.*) sanguinoso, che provoca spargimento di sangue: *battaglia cruenta*.
cruiser [/ 'kruizer /] *s.m.invar.* (*ingl.*) **1** veliero da diporto per navigazioni d'alto mare **2** grande motoscafo da crociera.
crumiraggio [cru-mi-ràg-gio] *s.m.* comportamento da crumiro.
crumiro [cru-mì-ro] *s.m.* [f. *-a*] (*spreg.*) chi rifiuta di partecipare a uno sciopero continuando il lavoro, o chi si presta a sostituire chi sciopera.
cruna [crù-na] *s.f.* piccolo occhiello all'estremità dell'ago attraverso il quale passa il filo.
crup *s.m.* o *f.invar.* (*med.*) grave forma di difterite che provoca l'ostruzione della laringe.
crurale [cru-rà-le] *agg.* (*anat.*) della coscia; femorale: *arteria —*.
crusca [crù-sca] *s.f.* residuo della macinazione dei cereali costituito dagli involucri dei semi; è

usato soprattutto come alimento per il bestiame.
cruscotto [cru-scòt-to] *s.m.* pannello su cui sono disposti gli strumenti di guida e di controllo di un veicolo.
cruzeiro [/ kru'zeiro /] *s.m.* [pl. *cruzeiros*] (*port.*) unità monetaria del Brasile.
ctenofori [cte-nò-fo-ri] *s.m.pl.* (*zool.*) tipo di animali marini affini ai celenterati, ermafroditi, dall'aspetto fragile ed evanescente.
-ctono secondo elemento di parole composte, che significa 'terra, luogo d'origine' (*autoctono*).
cubano [cu-bà-no] *agg.* di Cuba ♦ *s.m.* [f. *-a*] nativo, abitante di Cuba.
cubatura [cu-ba-tù-ra] *s.f.* misura e calcolo di un volume: *la — di un locale.*
cubettatrice [cu-bet-ta-trì-ce] *s.f.* macchina per confezionare prodotti in forma di cubetti.
cubetto [cu-bét-to] *s.m.* piccolo oggetto o massa di forma cubica: *— di ghiaccio.*
cubico [cù-bi-co] *agg.* [pl.m. *-ci*] di cubo, che ha forma di cubo: *corpo —* | (*mat.*) di terzo grado, relativo alla terza potenza.
cubicolo [cu-bì-co-lo] *s.m.* **1** nell'antica casa romana, camera da letto **2** nelle catacombe, camera sepolcrale; loculo.
cubiforme [cu-bi-fór-me] *agg.* che ha forma di cubo.
cubismo [cu-bì-ʃmo] *s.m.* movimento pittorico iniziato in Francia intorno al 1907, caratterizzato dalla disintegrazione della prospettiva e dalla scomposizione delle figure in forme geometriche.
cubista [cu-bì-sta] *s.m.* e *f.* [pl.m. *-sti*] artista seguace del cubismo ♦ *agg.* relativo al cubismo: *arte, quadro —.*
cubitale [cu-bi-tà-le] *agg.* della misura di un cubito | (*estens.*) molto grande: *scrivere a caratteri cubitali.*
cubitiera [cu-bi-tiè-ra] *s.f.* parte dell'armatura che difendeva il gomito.
cubito [cù-bi-to] *s.m.* **1** (*anat.*) osso dell'avambraccio, ulna **2** antica unità di misura lineare.
cubo [cù-bo] *s.m.* **1** figura geometrica solida con sei facce quadrate uguali **2** (*estens.*) qualsiasi oggetto che ha la forma di un cubo: *un — di marmo.* DIM. *cubetto* **3** (*mat.*) il prodotto di un numero moltiplicato due volte per sé stesso: *elevare un numero al —*, alla terza potenza ♦ *agg. metro —*, unità di misura di volume corrispondente al volume di un cubo il cui spigolo abbia la lunghezza di un metro.
cucaracha [/ kuka'ratʃa /] *s.f.invar.* (*sp.*) ballo popolare messicano | la musica che lo accompagna.
cuccagna [cuc-cà-gna] *s.f.* **1** luogo favoloso in cui si mangia, si beve e ci si diverte a volontà **2** (*estens.*) luogo di godimento e di ricchezza; abbondanza di ogni cosa; vita piacevole e allegra: *ha trovato la —* | *albero della —*, nelle feste paesane, palo liscio e insaponato su cui ci si arrampica per impadronirsi dei premi posti in cima.
cuccare [cuc-cà-re] *v.tr.* [*io cucco, tu cucchi ecc.*] (*gerg.*) **1** ingannare, imbrogliare **2** acchiappare, afferrare; buscare.
cuccetta [cuc-cét-ta] *s.f.* ciascuno dei lettini sovrapposti che si trovano sui treni e nelle cabine delle navi.
cuccettista [cuc-cet-tì-sta] *s.m.* [pl. *-sti*] ferroviere addetto ai servizi delle cuccette.
cucchiaia [cuc-chià-ia] *s.f.* **1** grosso cucchiaio **2** cazzuola da muratore **3** strumento usato per asportare frammenti rocciosi.
cucchiaiata [cuc-chia-ià-ta] *s.f.* quantità di cibo o di liquido che può stare in un cucchiaio.
cucchiaino [cuc-chia-ì-no] *s.m.* **1** piccolo cucchiaio: *— da thè* **2** esca a forma di cucchiaino, che attira i pesci col suo luccichio.
cucchiaio [cuc-chià-io] *s.m.* **1** posata da tavola costituita da una paletta concava ovale, per portare alla bocca cibi liquidi o non compatti; anche, la quantità di cibo che può contenere | *da prendere, raccattare col —*, (*fig.*) si dice di persona fisicamente indebolita. DIM. *cucchiaino* **2** qualsiasi attrezzo a forma di cucchiaio.
cuccia [cùc-cia] *s.f.* [pl. *-ce*] **1** giaciglio del cane | *a —!, sta' a —!*, espressioni usate per ordinare al cane di accucciarsi **2** (*spreg.* o *scherz.*) letto stretto e scomodo | *andare, mettersi a —*, andare a dormire.
cucciolata [cuc-cio-là-ta] *s.f.* **1** l'insieme dei cuccioli nati nello stesso parto **2** (*fam.*) gruppo numeroso di figli piccoli.
cucciolo [cùc-cio-lo] *s.m.* [f. *-a*] **1** cane nato da poco | (*estens.*) piccolo di qualsiasi altro quadrupede **2** (*fam.*) bambino, figlioletto | (*fig.*) persona giovane e inesperta. DIM. *cuccioletto* ACCR. *cucciolone.*
cucco [cùc-co] *s.m.* [pl. *-chi*] **1** cuculo | *vecchio come il —*, molto vecchio **2** (*fig.*) babbeo, sciocco.
cuccuma [cùc-cu-ma] *s.f.* recipiente per preparare il caffè; bricco.
cuccurucù [cuc-cu-ru-cù] *inter.* voce onomatopeica che imita il verso del gallo.
cucina [cu-cì-na] *s.f.* **1** stanza in cui si preparano e si cuociono i cibi: *pranzare in —.* DIM. *cucinetta, cucinino* (m.), *cucinotto* (m.) **2** il cucinare: *l'arte della —; far da —*, preparare da mangiare | i cibi stessi e il modo di cucinarli: *amare la buona —; — povera*, con cibi di poco costo **3** apparecchio a fornelli per la cottura dei cibi **4** il complesso dei mobili che arredano una cucina: *— componibile.*
cucinare [cu-ci-nà-re] *v.tr.* preparare e cuocere le vivande: *— il pollo, la pasta* | (*assol.*) far da cucina: *— male, bene.*
cuciniere [cu-ci-niè-re] *s.m.* [f. *-a*] chi cucina, specialmente nelle comunità come caserme od ospedali.
cucinino [cu-ci-nì-no] *s.m.* cucinotto.
cucinotto [cu-ci-nòt-to] *s.m.* piccolo vano adibito a cucina, in comunicazione col tinello.
cucire [cu-cì-re] *v.tr.* [*io cùcio ecc.*] **1** unire fra loro pezzi di tessuto, di cuoio, di carta o altro,

servendosi dell'ago e del filo o di mezzi analoghi: — *il collo d'una camicia, i fascicoli di un registro* | confezionare un indumento: — *un abito* | (*assol.*) lavorare di cucito: *macchina per* — | — *la bocca a uno*, (*fig.*) metterlo a tacere; *cucirsi la bocca*, stare zitto **2** (*fig.*) mettere insieme, collegare: — *pensieri, frasi*.

cucirino [cu-ci-rì-no] *s.m.* filato per cucire o per ricamare.

cucita [cu-cì-ta] *s.f.* (*fam.*) cucitura rapida e sommaria.

cucito [cu-cì-to] *s.m.* **1** l'arte del cucire: *lavori di* — **2** ciò che si deve cucire o che si è già cucito.

cucitrice [cu-ci-trì-ce] *s.f.* **1** macchina per cucire tessuti, fogli di carta o altro **2** attrezzo di cancelleria per legare fogli con punti metallici.

cucitura [cu-ci-tù-ra] *s.f.* **1** il cucire, l'essere cucito; l'insieme dei punti che tengono unite le parti cucite; il luogo stesso dove passa la cucitura: — *a macchina, a mano*; *una* — *resistente* | in legatoria, operazione con la quale si cuciono insieme i fogli di un libro o di un fascicolo **2** margine interno dei libri verso il dorso.

cucù [cu-cù] *s.m.* **1** cuculo **2** verso del cuculo | *orologio a* —, che batte le ore con un suono simile al verso del cuculo ♦ *inter.* **1** voce che imita il verso del cuculo **2** richiamo di ragazzi che giocano a nascondino; anche, espressione ironica di rifiuto o di provocazione.

cuculiformi [cu-cu-li-fór-mi] *s.m.pl.* (*zool.*) ordine di uccelli arrampicatori, a cui appartiene il cuculo.

cucullo [cu-cùl-lo] *s.m.* cappuccio dei monaci.

cuculo [cu-cù-lo *o* cùculo] *s.m.* uccello dal corpo snello, grigio-azzurro che emette un caratteristico verso in due toni; depone le uova nel nido di altri uccelli che le covano.

cucurbita [cu-cùr-bi-ta] *s.f.* **1** (*lett.*) zucca **2** (*chim.*) parte dell'alambicco dove si condensa il prodotto della distillazione.

cucurbitacee [cu-cur-bi-tà-ce-e] *s.f.pl.* (*bot.*) famiglia di piante dicotiledoni erbacee o arbustive, con fusto sdraiato o rampicante e frutti in forma di grossa bacca; vi appartengono il cocomero, il melone, la zucca e il cetriolo.

cucuzza → **cocuzza**.

cucuzzolo → **cocuzzolo**.

cudù [cu-dù] *s.m.* grande antilope africana.

cuffia [cùf-fia] *s.f.* **1** copricapo per neonati, chiuso da due nastri che si annodano sotto il mento; copricapo analogo indossato da operaie, infermiere e cuoche per tenere a posto i capelli | — *da bagno*, calotta impermeabile per non bagnare i capelli nel fare il bagno o la doccia | *uscire, salvarsi per il rotto della* —, (*fig.*) cavarsela a stento. DIM. *cuffietta* **2** (*tecn.*) coppia di ricevitori acustici uniti da un semianello metallico elastico, adattabili alle orecchie dell'ascoltatore e collegabili ad apparecchi telefonici, fonoregistratori o radiotelevisivi **3** rivestimento, copertura a forma di cuffia.

cugino [cu-gì-no] *s.m.* [f. *-a*] figlio dello zio o della zia. DIM. *cuginetto*.

cui [cùi] *pron.rel.invar.* sostituisce *il quale, la quale, i quali, le quali* nei complementi indiretti, ed è normalmente introdotto da prep.: *la persona di cui ti ho parlato*; *il progetto a cui accennavi*; *la casa in cui abitiamo* | come compl. di termine, si può usare anche senza prep.: *la persona cui mi rivolsi* | posto fra l'articolo e il sostantivo, ha valore di compl. di specificazione (*del quale, della quale, dei quali, delle quali*) e rifiuta la preposizione *di*: *la cui fama, il cui merito, al cui nome* | *per cui*, e perciò, per la qual cosa: *non m'intendo di queste cose, per cui preferisco tacere*.

culatello [cu-la-tèl-lo] *s.m.* tipo di prosciutto fatto con la parte migliore del lombo di maiale.

culatta [cu-làt-ta] *s.f.* parte posteriore di una bocca da fuoco.

culbianco [cul-biàn-co] *s.m.* [pl. *-chi*] piccolo uccello di color cinerino con ali nere e coda bianca.

cul de sac [/ kyld'sak /] *loc.sost.m.invar.* (*fr.*) **1** vicolo cieco, strada senza uscita **2** (*anat.*) cavità a fondo cieco.

culinaria [cu-li-nà-ria] *s.f.* arte della buona cucina; gastronomia.

culinario [cu-li-nà-rio] *agg.* attinente alla cucina, alla culinaria; gastronomico: *specialità culinarie*.

culla [cùl-la] *s.f.* **1** piccolo letto a dondolo per neonati | come simbolo della prima infanzia: *fin dalla* —, fin dalla nascita **2** (*fig. lett.*) luogo d'origine e di sviluppo: *il Mediterraneo è stato* — *di molte civiltà*.

cullare [cul-là-re] *v.tr.* **1** dondolare un bambino tra le braccia o nella culla per calmarlo o farlo dormire **2** (*estens.*) far oscillare dolcemente: *le onde cullavano la barca* **3** (*fig.*) custodire, nutrire in sé un sentimento, un'idea: — *una speranza, un sogno* **4** (*fig.*) far sperare, illudere: — *qlcu. con promesse* ♦ **cullarsi** *v.rifl.* **1** dondolarsi: — *nell'amaca* **2** (*fig.*) illudersi vanamente: — *nella speranza di qlco*.

cullata [cul-là-ta] *s.f.* il cullare; il movimento del cullare.

culminale [cul-mi-nà-le] *agg.* relativo al culmine, alla cima di un monte: *vegetazione* —.

culminante [cul-mi-nàn-te] *agg.* **1** che sta al culmine, alla sommità di qlco. **2** (*fig.*) che è di importanza decisiva; cruciale: *momento, fase* —.

culminare [cul-mi-nà-re] *v.intr.* [*io cùlmino ecc.*; aus. *essere*] **1** detto di un astro, trovarsi nel punto più alto della sua traiettoria sulla sfera celeste **2** (*estens.*) toccare il culmine, raggiungere il punto più alto; terminare in alto: *la montagna culmina con una vetta* **3** (*fig.*) raggiungere il massimo grado; concludersi: *i disordini culminarono in tragedia*.

culminazione [cul-mi-na-zió-ne] *s.f.* (*astr.*) posizione che un astro assume rispetto a un osservatore sul meridiano del luogo di osservazione.

culmine [cùl-mi-ne] *s.m.* **1** punto più alto di qlco.; cima, sommità: *il* — *di una monta-*

gna **2** (*fig.*) grado massimo; apice, vertice: *raggiungere il — del successo.*
culmo [cùl-mo] *s.m.* (*bot.*) stelo diritto, nodoso, internamente cavo, proprio delle graminacee.
culo [cù-lo] *s.m.* (*pop.*) **1** deretano, sedere | *essere — e camicia*, (*fig.*) stare sempre insieme, andare molto d'accordo **2** fondo di un recipiente di vetro: *— di bottiglia.*
culottes [/ ku'lɔt /] *s.f.pl.* (*fr.*) mutandine da donna.
cult [/ kult /] *s.m.invar.* (*ingl.*) oggetto (per lo più film, libro, disco) particolarmente ricercato dal pubblico degli amatori.
cultismo [cul-tì-ʃmo] *s.m.* (*ling.*) parola o espressione di origine colta.
cult-movie [/ kult'muvi /] *loc.sost.m.invar.* (*ingl.*) film che viene considerato dal pubblico dei cinefili un modello insuperato.
culto [cùl-to] *s.m.* **1** ossequio religioso reso alla divinità: *il — di Dio* **2** insieme dei riti di una religione; pratica religiosa: *— cattolico*; *libertà di —* **3** (*fig.*) venerazione portata a qlcu.; grande amore, anche esagerato, per qlco.: *ha un — per il padre*; *il — dell'eleganza* | *oggetto di —*, particolarmente apprezzato dagli amatori | *— della personalità*, venerazione cieca nei confronti di un personaggio, specialmente politico.
cultore [cul-tó-re] *s.m.* [f. *-trice*] chi si dedica non professionalmente a una scienza, a un'arte, a una tecnica: *— di poesia, di astronomia.*
-cultore → **-coltore**.
cultuale [cul-tu-à-le] *agg.* (*lett.*) del culto, relativo al culto: *pratica —.*
cultura [cul-tù-ra] *s.f.* **1** patrimonio di conoscenze che un individuo possiede e che contribuiscono in modo sostanziale alla formazione della sua personalità; istruzione, dottrina: *uomo di grande —*; *farsi una —* **2** il complesso del sapere letterario, artistico e scientifico proprio di un popolo o di un'epoca: *la — greca*; *la — moderna* | *lingua di —*, quella che serve come mezzo di comunicazione letteraria e scientifica | *— popolare*, il sapere trasmessosi per lo più oralmente all'interno di un gruppo sociale, specialmente fra i ceti subalterni **3** (*antrop.*) l'insieme dei valori, delle tradizioni e dei costumi che caratterizzano la vita sociale di un popolo; civiltà: *le culture indigene precolombiane* | *— materiale*, (*etnol.*) il complesso delle conoscenze e delle pratiche attinenti alle attività lavorative e agli altri aspetti della vita materiale di un popolo; anche, l'insieme dei manufatti propri di una data civiltà **4** *— fisica*, l'insieme degli esercizi che permettono di mantenere la forma fisica del corpo; culturismo.
-cultura → **-coltura**.
culturale [cul-tu-rà-le] *agg.* **1** di cultura: *fenomeno —* **2** che favorisce lo sviluppo della cultura: *scambi culturali* □ **culturalmente** *avv.* dal punto di vista culturale, in senso culturale.
culturalismo [cul-tu-ra-lì-ʃmo] *s.m.* **1** tendenza a ridurre ogni cosa a un fatto culturale **2** ostentazione di cultura.
culturismo [cul-tu-rì-ʃmo] *s.m.* pratica ginnica che stimola lo sviluppo muscolare.
culturista [cul-tu-rì-sta] *s.m.* e *f.* [pl.m. *-sti*] chi pratica il culturismo.
cumarina [cu-ma-rì-na] *s.f.* (*chim.*) composto organico aromatico presente in molti vegetali, usato in liquoreria e in profumeria.
cumarone [cu-ma-ró-ne] *s.m.* (*chim.*) olio incolore estratto dal catrame di carbon fossile; si usa nella produzione di materie plastiche.
cumino [cu-mì-no] *s.m.* pianta erbacea dai semi aromatici.
cumulabile [cu-mu-là-bi-le] *agg.* che si può cumulare: *cariche non cumulabili.*
cumulare [cu-mu-là-re] *v.tr.* [*io cùmulo ecc.*] accumulare: *— cariche, retribuzioni.*
cumulativo [cu-mu-la-tì-vo] *agg.* che cumula, complessivo: *biglietto —*, per più viaggi o più persone; *prezzo —*, per più acquisti o prestazioni □ **cumulativamente** *avv.*
cumulo [cù-mu-lo] *s.m.* **1** insieme di cose accumulate, disposte l'una sull'altra; mucchio (anche *fig.*): *— di sassi*; *dire un — di sciocchezze* **2** (*meteor.*) nube bassa a grandi volute o a cupola.
cumulonembo[cu-mu-lo-ném-bo]*s.m.*(*meteor.*) nube densa e oscura, gravida di pioggia.
cumulostrato [cu-mu-lo-strà-to] *s.m.* (*meteor.*) stratocumulo.
cuna [cù-na] *s.f.* (*lett.*) culla.
cuneiforme [cu-nei-fór-me] *agg.* che ha forma di cuneo | *scrittura —*, quella usata da Assiri, Medi e Persi.
cuneo [cù-ne-o] *s.m.* **1** (*geom.*) figura solida che ha la forma di un prisma a base triangolare **2** oggetto di ferro o legno a forma di prisma triangolare che serve per spaccare pietre o legname | (*fig.*) ciò che si insinua, penetra a fondo.
cunetta [cu-nét-ta] *s.f.* **1** canaletto ai bordi delle strade per lo scolo dell'acqua piovana **2** avvallamento del fondo stradale.
cunicolo [cu-nì-co-lo] *s.m.* piccola galleria o passaggio sotterraneo.
cunicoltore [cu-ni-col-tó-re] *s.m.* [f. *-trice*] allevatore di conigli.
cunicoltura [cu-ni-col-tù-ra] *s.f.* allevamento di conigli.
cuocere [cuò-ce-re] *v.tr.* [pres. *io cuòcio, tu cuòci ecc.*; pass.rem. *io còssi, tu cuocésti* o *cocésti ecc.*; part.pass. *còtto* o *cociuto*, ma solo nel sign. 2 dell'*intr.*] **1** sottoporre al calore un alimento o altre sostanze: *— la carne al forno, in padella*; *— il vetro, l'argilla* **2** bruciare, ustionare | (*estens.*) seccare: *il sole estivo cuoce le piante* ♦ *v.intr.* [aus. *essere*] **1** essere sottoposto a cottura: *la minestra sta cuocendo* **2** (*fig.*) procurare offesa, umiliazione: *questo insuccesso gli è cociuto molto* ♦ **cuocersi** *v. intr.pron.* **1** pervenire a cottura: *la pasta non si è cotta bene* **2** bruciarsi, scottarsi: *— al sole.*
cuoco [cuò-co] *s.m.* [f. *-a*; pl.m. *-chi*] chi cucina; in particolare, chi per mestiere cucina cibi.
cuoiame [cuo-ià-me] *s.m.* quantità di cuoio; assortimento di oggetti di cuoio.

cuoio [cuò-io] *s.m.* [pl. *cuòi*; ant. *le cuòia*, ancora vivo in talune loc. del sign. 2] **1** pelle di animale conciata in fogli per fabbricare oggetti d'uso: *borsa, scarpe di —* **2** (*estens.*) pelle dell'uomo: *— capelluto* | *tirare, stendere le cuoia*, morire.
cuora [cuò-ra] *s.f.* prato acquitrinoso | in zone bonificate, il terreno torboso coltivabile in seguito a prosciugamento.
cuore [cuò-re] *s.m.* **1** (*anat.*) organo muscolare cavo a forma di cono, situato nella parte mediana della cavità toracica, con apice rivolto a sinistra; è centro motore dell'apparato circolatorio: *i battiti, le malattie del —*. DIM. *cuoricino* **2** (*estens.*) la parte del petto dove sta il cuore: *stringersi qlcu. al —* **3** (*fig.*) la sede degli affetti; la parte più intima dell'animo: *un uomo di — leale* | *avere, non avere —*, essere, non essere buono, generoso | *persona di —, di buon —*, buona e caritatevole | *uomo senza —*, malvagio | *avere un — da leone*, essere molto coraggioso | *fare qlco. col —*, volentieri, con entusiasmo | *col — in mano, a — aperto*, sinceramente | *avere un — di pietra*, essere spietato, insensibile | *l'amico del —*, il più caro | *spezzare il — a qlcu.*, addolorarlo profondamente | *toccare il —*, commuovere, impietosire | *mettersi il — in pace*, rassegnarsi | *stare a —*, premere, importare | *prendersi a — qlco.*, prendersene cura | *venire dal —*, essere fatto o detto istintivamente, senza calcolo | *a cuor leggero*, senza riflettere bene | *sentire un tuffo al —*, provare un'emozione forte e improvvisa | *sentirsi stringere il —*, provare un dolore, una pena | *sentirsi allargare il —*, provare sollievo | *col — in gola*, con l'affanno; (*fig.*) in preda all'angoscia | *aprire il — a qlcu.*, confidarsi con lui | *in cuor suo*, dentro di sé | *affari, pene di —*, d'amore | *la donna del —*, la donna amata **4** (*fig.*) ardimento, coraggio, forza morale: *non avere il — di fare qlco.* **5** qualsiasi oggetto a forma di cuore **6** il centro, la parte centrale o più interna di qlco.: *il — della città*; *nel — della notte*, a notte fonda; *nel — dell'inverno, dell'estate*, nel pieno di queste stagioni | *— del legno*, parte interna del fusto degli alberi; durame **7** *pl.* uno dei quattro semi delle carte da gioco francesi.
cuoriforme [cuo-ri-fór-me] *agg.* (*scient.*) a forma di cuore: *foglia —*.
cupezza [cu-péz-za] *s.f.* qualità di ciò che è cupo (anche *fig.*): *la — del volto.*
cupidigia [cu-pi-dì-gia] *s.f.* (*lett.*) desiderio sfrenato, avidità: *— di ricchezze.*
cupido [cù-pi-do] *agg.* (*lett.*) assai desideroso, bramoso: *— di onori* | concupiscente, libidinoso: *sguardo —* □ **cupidamente** *avv.*
cupo [cù-po] *agg.* **1** profondo: *pozzo —* **2** (*estens.*) oscuro, tenebroso: *notte, foresta cupa* | detto di colore, di tonalità scura: *rosso —* | detto di suono, basso, sordo: *il — brontolio del tuono* **3** (*fig.*) riferito a stati d'animo o sentimenti negativi, profondo, radicato: *rancore —* | impenetrabile, tetro, malinconico: *carattere —* | sinistramente ambiguo, misterioso: *cupe minacce* □ **cupamente** *avv.* **1** in tono basso **2** tristemente.
cupola [cù-po-la] *s.f.* **1** (*arch.*) volta emisferica che sormonta edifici monumentali: *la — di San Pietro*. DIM. *cupoletta* ACCR. *cupolone* (m.) **2** tetto apribile e girevole di forma emisferica **3** calotta di un cappello **4** (*bot.*) involucro legnoso a forma di piccola scodella che avvolge un frutto o parte di esso (*p.e.* la ghianda) **5** nel gergo della mafia, struttura di vertice dell'organizzazione.
cupreo [cù-pre-o] *agg.* (*lett.*) di rame; che ha l'aspetto, il colore del rame.
cupressacee [cu-pres-sà-ce-e] *s.f.pl.* (*bot.*) famiglia di piante conifere a cui appartengono il cipresso e il ginepro.
cuprico [cù-pri-co] *agg.* [pl.m. *-ci*] (*scient.*) di rame, che contiene rame: *rocce cupriche*.
cuprismo [cu-prì-ʃmo] *s.m.* (*med.*) avvelenamento da rame.
cuprite [cu-prì-te] *s.f.* minerale di colore rosso cupo costituito da ossido di rame.
cupro- primo elemento di parole composte, che significa 'rame'.
cupulifere [cu-pu-lì-fe-re] *s.f.pl.* (*bot.*) famiglia di piante dicotiledoni, a cui appartengono la quercia, il faggio e il castagno.
cura [cù-ra] *s.f.* **1** pensiero attento e costante; sollecitudine affettuosa: *avere, prendersi — di qlcu.*; *non darsi —*, disinteressarsi | diligenza, accuratezza: *lavorare con —* **2** occupazione, attività in cui si è impegnati: *la — della casa* | *a — di*, per opera di; nei frontespizi di libri indica chi ha scelto e commentato testi o ha organizzato e diretto opere collettive **3** (*lett.*) affanno, preoccupazione: *animo sgombro da cure* **4** l'insieme dei rimedi usati per guarire da una malattia; terapia: *una — per il fegato; prescrivere, seguire una —* | *— di bellezza*, insieme di trattamenti per migliorare l'aspetto estetico del corpo **5** l'opera prestata dal medico per guarire un ammalato: *avere un malato in —* | *casa di —*, clinica privata **6** il ministero del sacerdote: *— delle anime*, il governo spirituale dei fedeli **7** (*dir.*) curatela.
curabile [cu-rà-bi-le] *agg.* che si può curare: *un male —*.
curaçao [/ kuras'so /] *s.m.invar.* (*fr.*) liquore dolce non molto alcolico, ottenuto distillando la scorza di una varietà di arancia amara originaria dell'isola di Curaçao, nelle piccole Antille.
curante [cu-ràn-te] *agg.* che cura: *medico —*, quello che ha in cura una persona.
curare [cu-rà-re] *v.tr.* **1** fare oggetto della propria cura; attendere con attenzione a qlcu. o a qlco.: *— i propri figli, gli affari* **2** procurare, fare in modo: *curate che tutto sia in ordine* **3** avere in cura un malato; combattere una malattia con opportuni mezzi terapeutici: *— una ferita*, medicarla ♦ **curarsi** *v.rifl.* avere cura della propria salute; ricorrere a cure mediche ♦ *v.intr.pron.* prendersi cura, interessarsi di qlcu. o di qlco.; badare: *non — degli altri.*
curarina [cu-ra-rì-na] *s.f.* (*chim.*) nome generico

degli alcaloidi del curaro, di cui costituiscono i principi attivi.

curaro [cu-rà-ro] *s.m.* miscuglio di sostanze resinose estratto da alcune piante delle foreste tropicali americane; contiene numerosi alcaloidi tossici.

curatela [cu-ra-tè-la] *s.f.* (*dir.*) assistenza prescritta dalla legge a favore di individui che non abbiano piena capacità giuridica (*p.e.* i minorenni) o a tutela di particolari interessi.

curativo [cu-ra-tì-vo] *agg.* di cura medica; terapeutico.

curato¹ [cu-rà-to] *agg.* fatto con cura; rifinito, perfezionato.

curato² *s.m.* sacerdote che esercita la cura delle anime in una parrocchia; parroco.

curatore [cu-ra-tó-re] *s.m.* [f. *-trice*] **1** (*dir.*) chi esercita una curatela **2** chi cura, chi assiste | chi cura l'edizione di un'opera.

curculione [cur-cu-lió-ne] *s.m.* coleottero dannoso per le colture.

curculionidi [cur-cu-liò-ni-di] *s.m.pl.* (*zool.*) famiglia di insetti coleotteri con la parte anteriore del capo allungata a forma di rostro.

curcuma [cùr-cu-ma] *s.f.* pianta originaria dell'Asia tropicale e dell'Australia, dal cui rizoma si ricava una sostanza colorante gialla.

curcumina [cur-cu-mì-na] *s.f.* (*chim.*) sostanza gialla che si estrae dalla radice della curcuma e che si usa come colorante.

curdo [cùr-do] *s.m.* **1** [f. *-a*] chi appartiene a una popolazione iranica stanziata nell'Iran occidentale, nell'Anatolia, nell'Armenia e nel Kurdistan **2** lingua indoeuropea della famiglia iranica parlata da tale popolazione ♦ *agg.* della popolazione dei curdi.

curia [cù-ria] *s.f.* **1** nella Roma antica, ciascuna delle dieci suddivisioni di una tribù | (*estens.*) l'edificio in cui si riunivano le curie, poi l'edificio del senato **2** (*eccl.*) l'insieme degli organi amministrativi, delle persone e degli uffici che esercitano il governo della chiesa: — *papale*, *vescovile* **3** (*lett.*) corte.

curiale [cu-rià-le] *agg.* **1** (*eccl.*) di curia, che appartiene a una curia **2** (*lett.*) proprio di una corte | (*estens.*) aulico, solenne ♦ *s.m.* (*eccl.*) religioso o laico che presta la sua opera presso una curia.

curialesco [cu-ria-lé-sco] *agg.* [pl.m. *-schi*] (*lett.*) **1** proprio di un curiale **2** (*spreg.*) cavilloso, avvocatesco: *un argomentare* —.

curiato [cu-rià-to] *agg.* delle curie di Roma antica: *comizio* —, quello in cui il popolo deliberava diviso per curie.

curie [/ ku'ri /] *s.m.invar.* (*fr.*) (*fis.*) denominazione non più in uso dell'unità di misura della radioattività (ora sostituita con *becquerel*).

curio [cù-rio] *s.m.* elemento chimico artificiale fortemente radioattivo di simbolo *Cm*.

curiosaggine [cu-rio-sàg-gi-ne] *s.f.* l'essere curioso, come atteggiamento abituale negativo.

curiosare [cu-rio-sà-re] *v.intr.* [*io curióso ecc.*; aus. *avere*] fare il curioso, osservare con curiosità: — *nei negozi*, *tra le pagine di un libro*.

curiosità [cu-rio-si-tà] *s.f.* **1** l'essere curioso; desiderio di conoscere, di sapere: — *intellettuale* | (*spreg.*) atteggiamento di chi si interessa di cose che non lo riguardano **2** cosa strana, singolare; fatto insolito, bizzarro: *un negozio pieno di* —.

curioso [cu-rió-so] *agg.* **1** desideroso di sapere, di conoscere | (*spreg.*) che ha voglia di sapere, di conoscere i fatti altrui; indiscreto, ficcanaso **2** che desta curiosità, attira l'attenzione; singolare, strano, bizzarro: *abito*, *comportamento* — ♦ *s.m.* **1** [f. *-a*] chi ha o dimostra curiosità: *la piazza era piena di curiosi*. DIM. *curiosetto* ACCR. *curiosone* **2** cosa strana, singolare: *il — di una situazione* □ **curiosamente** *avv.* **1** con curiosità: *guardare* — **2** stranamente: *comportarsi* —.

curricolare [cur-ri-co-là-re] *agg.* di curriculum, concernente un curriculum.

curriculum [/ kur'rikulum /] *s.m.invar.* (*lat.*) **1** la carriera degli studi, dell'attività professionale o scientifica di una persona; il resoconto scritto delle tappe principali di questa attività: *un brillante* —; *allegare il* — **2** (*pedag.*) sequenza di obiettivi di una programmazione.

curry [/ 'karri /] *s.m.invar.* (*ingl.*) condimento composto di diverse polveri vegetali aromatiche e piccanti.

cursore [cur-só-re] *s.m.* **1** elemento che corre su e giù lungo un percorso | (*tecn.*) parte scorrevole di un congegno meccanico **2** (*inform.*) segnale luminoso che indica, sul video di un elaboratore, il punto in cui verrà inserito il carattere successivo.

cursorio [cur-sò-rio] *agg.* (*lett.*) che viene fatto di corsa, in fretta: *una lettura cursoria di un testo*.

cursus honorum [/ 'kursus o'nɔrum /] *loc.sost.m.invar.* (*lat.*) nell'antica Roma, l'ordine progressivo delle cariche pubbliche che potevano rivestire i cittadini.

curtense [cur-tèn-se] *agg.* si dice del regime economico prevalente nel Medioevo, fondato sull'autosufficienza produttiva del feudo.

curva [cùr-va] *s.f.* **1** (*geom.*) linea non retta: — *piana*, *sghemba* **2** diagramma dell'andamento di un fenomeno o, più in generale, di una qualsiasi funzione: — *degli errori*, *delle probabilità* **2** punto o tratto in cui qlco. si piega, si incurva; curvatura | parte di strada che gira ad arco: — *pericolosa* | ognuno dei due settori delle gradinate di uno stadio situati in corrispondenza dei lati minori del campo di gioco. DIM. *curvetta* ACCR. *curvone* (m.) **4** *pl.* (*scherz.*) le rotondità del corpo femminile: *una ragazza tutta curve*.

curvare [cur-và-re] *v.tr.* piegare in forma di arco: — *una sbarra* | — *la schiena*, (*fig.*) sottomettersi | — *la testa*, *la fronte*, (*fig.*) obbedire umilmente ♦ *v.intr.* [aus. *avere*] descrivere una curva; girare, svoltare: *il viottolo curva a destra* ♦ **curvarsi** *v.rifl.* **1** piegarsi, chinarsi: — *per raccogliere qlco.* **2** (*fig.*) umiliarsi, sottomettersi ♦ *v.intr.pron.* diventare curvo, piegarsi ad arco: *la trave si è curvata sotto il peso*.

curvatrice [cur-va-trì-ce] *s.f.* (*mecc.*) macchina a rulli che serve a curvare lamiere o profilati metallici; calandra.
curvatura [cur-va-tù-ra] *s.f.* **1** il curvare, l'essere curvato **2** punto nel quale una cosa è curva o è curvata.
curvilineo [cur-vi-lì-ne-o] *agg.* **1** che ha l'andamento di una linea curva: *profilo, moto —* **2** (*geom.*) formato o delimitato da linee curve: *angolo, triangolo —* ♦ *s.m.* strumento per disegnare linee curve.
curvimetro [cur-vì-me-tro] *s.m.* strumento per misurare la lunghezza di un arco di curva; si usa per misurare le distanze sulle carte geografiche.
curvo [cùr-vo] *agg.* piegato ad arco; chino, incurvato: *linea curva; essere — sui libri*, studiare intensamente.
cuscinata [cu-sci-nà-ta] *s.f.* colpo dato con un cuscino.
cuscinetto [cu-sci-nét-to] *s.m.* **1** qualsiasi oggetto di forma simile a un piccolo cuscino: *— per timbri*, per l'inchiostrazione dei timbri; *— da lavoro*, per appuntarvi aghi e spilli **2** (*mecc.*) elemento d'interposizione che ha la funzione di ridurre l'attrito fra due corpi di cui l'uno ruota facendo perno sull'altro | *fare da —*, (*fig.*) si dice di chi si trova a dover mediare tra posizioni contrastanti di altri **3** (*estens.*) strato interposto fra due altri | Anche come *agg.invar.*: *stato —*, quello che, trovandosi tra due altri stati, ne impedisce gli scontri diretti.
cuscino [cu-scì-no] *s.m.* sacchetto imbottito di lana, piume, fibre artificiali o altro, su cui si appoggia la testa o su cui ci si siede. DIM. *cuscinetto.*
cuscus [cù-scus *o* cuscùs] *s.m.invar.* piatto dell'Africa mediterranea, costituito da semola, verdure, carne e salsa piccante.
cuscuta [cù-scu-ta] *s.f.* pianta erbacea parassita priva di foglie e di radici, con fiori rosa.
cuscutacee [cu-scu-tà-ce-e] *s.f.pl.* (*bot.*) famiglia di piante dicotiledoni a cui appartiene la cuscuta.
cuspidale [cu-spi-dà-le] *agg.* di cuspide; cuspidato.
cuspidato [cu-spi-dà-to] *agg.* che termina a forma di cuspide.
cuspide [cù-spi-de] *s.f.* **1** parte di qlco. che termina a vertice, a punta **2** elemento architettonico triangolare a coronamento di un edificio.
custode [cu-stò-de] *s.m.* e *f.* **1** chi è addetto alla custodia di qlco.: *il — delle carceri* **2** (*fig.*) chi si impegna a difendere e conservare un valore, un bene ideale: *i custodi della tradizione* ♦ *agg.* nella loc. *angelo —*, secondo la dottrina cristiana, l'angelo che assiste e protegge ogni uomo | (*fig.*) chi aiuta e protegge qlcu. costantemente.
custodia [cu-stò-dia] *s.f.* **1** il custodire; sorveglianza, assistenza: *avere la — di qlco., in — qlco.* **2** astuccio in cui si custodisce un oggetto: *la — degli occhiali.*
custodire [cu-sto-dì-re] *v.tr.* [*io custodisco, tu custodisci ecc.*] **1** conservare, serbare con cura; difendere, proteggere (anche *fig.*): *— i soldi in cassaforte; — un segreto* **2** avere in custodia; sorvegliare, vigilare: *— un bambino, la casa.*
cutaneo [cu-tà-ne-o] *agg.* della cute: *malattie cutanee.*
cute [cù-te] *s.f.* (*anat.*) la pelle dell'uomo: *malattie della —.*
cuticagna [cu-ti-cà-gna] *s.f.* (*scherz.*) nuca, collottola.
cuticola [cu-tì-co-la] *s.f.* (*scient.*) pellicola, epidermide.
cutrettola [cu-trét-to-la] *s.f.* piccolo uccello variopinto, con coda lunga e mobilissima; batticoda.
cutter [/ 'katter /] *s.m.invar.* (*ingl.*) veliero leggero e veloce, da diporto o da competizione.
cuvée [/ ky've /] *s.f. invar.* (*fr.*) vino prodotto dalla fermentazione di uve diverse nello stesso tino.
cyclette [/ si'klɛt /] *s.f.invar.* (*fr.*) attrezzo da camera per eseguire lo stesso esercizio fisico di chi va in bicicletta.

D

d *s.f.* o *m.* quarta lettera dell'alfabeto, il cui nome è *di*; rappresenta l'occlusiva dentale sonora | *D*, (*mus.*) nome della nota *re* nei paesi anglosassoni.

da *prep.* [si elide solo nelle loc. *d'altro lato*, *d'altronde*, *d'ora in poi* e sim.] **1** introduce un moto da luogo (anche *fig.*): *il treno è partito da Roma*; *contare da uno a dieci* **2** esprime allontanamento: *staccare il mobile dalla parete*; *uscire dall'autostrada* | separazione, distacco: *le montagne ci dividono dal mare*; *liberarsi da un affanno* | origine o provenienza: *santa Caterina da Siena* | distanza: *da qui a Milano sono solo 20 km* | in dipendenza da taluni verbi, in correlazione con *a*, indica quantità approssimativa: *peserà dai venti ai trenta chili* **3** con il verbo al passivo introduce l'agente o la causa efficiente: *è stimato da tutti*; *porta sbattuta dal vento* | con valore di semplice causa: *tremare dal freddo* **4** con significato temporale, indica il momento in cui ha avuto inizio un'azione o una situazione si è determinata: *l'aspetto da un'ora*; *sono passati molti mesi da quando è partito* **5** unita a nomi o a pronomi che si riferiscono a persona, introduce uno stato in luogo, per lo più con il valore di 'presso': *incontrarsi dal notaio* **6** seguita da nomi o pronomi che si riferiscono a persona, e in dipendenza da verbi di movimento, esprime moto a luogo: *vado dal medico*; *salì un attimo da lei* **7** in dipendenza da verbi che esprimono transito, passaggio, stabilisce un moto per luogo: *passare dal cortile* **8** con valore variamente modale: *comportarsi da amico*; *vita da cani* | in funzione rafforzativa: *prenditelo da te* | con sfumatura di limitazione: *cieco da un occhio* **9** esprime una qualità, una caratteristica: *una ragazza dai capelli biondi*; *un palazzo dalla facciata neoclassica* | una stima, un prezzo, una misura: *un francobollo da mille lire*; *una lampadina da cento candele* **10** con valore di mezzo: *fu riconosciuto dalla voce* **11** introduce la destinazione, il fine, lo scopo a cui qlco. è adibito: *rete da pesca*; *cavallo da corsa* **12** in funzione predicativa: *li trattammo da amici* | appositiva: *Manzoni da giovane visse a Parigi* **13** seguita da un verbo all'infinito ha valore consecutivo o finale: *era tanto stanco da non capire più nulla*; *un libro da leggere* | seguita da infinito presente, esprime 'necessità': *una cosa da fare*; *un rischio da correre* **14** concorre alla formazione di loc. avv.: *da lontano, da vicino, da parte, da lato ecc.* | loc. prep.: *fuori da, fino da, di qua, di là da ecc.*

dabbenaggine [dab-be-nàg-gi-ne] *s.f.* l'essere ingenuo, sempliciotto.

dabbene [dab-bè-ne] *agg.invar.* perbene, educato; buono, onesto.

daccapo [dac-cà-po], o **da capo**, *avv.* di nuovo, dal principio | *punto e —*, per indicare che chi scrive deve andare a capo; (*fig.*) per indicare la propria intenzione di ricominciare da zero in una situazione | *da capo a piedi*, (*fig.*) dal principio alla fine.

dacché [dac-ché], meno com. **da che**, *cong.* **1** da quando: *— sono partiti, non hanno più scritto* **2** (*lett.*) poiché, giacché: *farò così, — tu lo vuoi.*

dacia [dà-cia] *s.f.* [pl. *-cie* o *-ce*] villetta rustica russa.

daco [dà-co] *s.m.* [f. *-a*; pl.m. *-ci*] chi apparteneva alla popolazione dell'antica Dacia, corrispondente all'attuale Romania.

dada [/ daˈda /] *s.m.invar.* (*fr.*) dadaismo ♦ *agg.invar.* dadaista: *pittore —*.

dadaismo [da-da-ì-ʃmo] *s.m.* movimento artistico e letterario d'avanguardia, sorto nel primo Novecento in Europa, favorevole alla più assoluta libertà d'espressione.

dadaista [da-da-ì-sta] *s.m.* e *f.* [pl. *-sti*] seguace del dadaismo | Usato anche come *agg.*: *movimento —*.

dado [dà-do] *s.m.* **1** cubetto recante su ciascuna delle facce un numero dall'uno al sei, segnato per mezzo di punti; si usa in giochi d'azzardo e da tavolo: *giocare a dadi* | *prov.*: *il — è tratto*, si dice di cosa o impresa incominciata e dalla quale non è più possibile tirarsi indietro. DIM. *dadino* **2** (*estens.*) qualsiasi oggetto a forma di piccolo cubo: *tagliare la carne a dadi* | (*gastr.*) tavoletta di estratto di carne, vegetali e spezie usata per preparare brodi e sughi **3** (*tecn.*) piccolo prisma a sezione esagonale o quadrata munito di un foro filettato che si accoppia con una vite per costituire un bullone.

dadolata [da-do-là-ta] *s.f.* insieme di dadini di pane, legumi ecc. usati come guarnizione per minestre.

daffare [daf-fà-re], o **da fare**, *s.m.invar.* insieme di cose da fare; attività intensa, frenetica: *avere un gran —*.

daga [dà-ga] *s.f.* spada larga e corta con lama a due tagli.

dagherrotipia [da-gher-ro-ti-pì-a] *s.f.* antica tecnica fotografica basata sull'impiego di lastre sen-

sibili alla luce; l'immagine ottenuta con questa tecnica.
dagherrotipo [da-gher-rò-ti-po] *s.m.* apparecchio per la dagherrotipia | l'immagine ottenuta con questo apparecchio.
dagli [dà-gli] *prep.art.m.pl.* composta di *da* e *gli*.
dàgli *inter.* [scritta anche senza accento] si usa per esortare, incitare: *— al ladro!* | *e—!*, detto con tono seccato, quando qlcu. insiste troppo nel ripetere la stessa cosa | *— oggi, — domani...*, a furia di insistere, di ripetere.
dai [dài] *prep.art.m.pl.* composta di *da* e *i*.
dài *inter.* ha gli stessi usi e significati di *dàgli*.
daino [dài-no] *s.m.* [f. *-a*] mammifero ruminante più piccolo del cervo, con corna caduche appiattite all'estremità e pelame fulvo.
dal *prep.art.m.sing.* composta di *da* e *il*.
dalai-lama [da-lai-là-ma] *s.m.invar.* capo supremo della chiesa buddista del Tibet.
dalia [dà-lia] *s.f.* pianta ornamentale delle composite con fiori grandi raccolti in capolini di vari colori.
dalla [dàl-la] *prep.art.f.sing.* composta di *da* e *la*.
dalle [dàl-le] *prep.art.f.pl.* composta di *da* e *le*.
dallo [dàl-lo] *prep.art.m.sing.* composta di *da* e *lo*.
dalmata [dàl-ma-ta] *agg.* [pl.m. *-ti*] della Dalmazia ♦ *s.m.* **1** [anche *f.*] chi è nato, chi abita in Dalmazia **2** cane grande e slanciato dal pelame raso bianco a macchie nere e orecchie pendenti.
dalmatica [dal-mà-ti-ca] *s.f.* veste liturgica indossata dai diaconi per il servizio all'altare.
daltonico [dal-tò-ni-co] *agg.* e *s.m.* [f. *-a*; pl.m. *-ci*] (*med.*) si dice di chi è affetto da daltonismo.
daltonismo [dal-to-nì-ʃmo] *s.m.* (*med.*) difetto ereditario della vista per cui non si distinguono il rosso e il verde.
d'altronde [d'al-trón-de] *loc.avv.* d'altra parte.
dama [dà-ma] *s.f.* **1** donna di famiglia nobile: *— di corte* | *— di compagnia*, donna che, dietro compenso, tiene compagnia a persone anziane | *— di carità*, donna che si dedica a opere caritatevoli presso associazioni o enti assistenziali. DIM. *damina* **2** nel ballo, la donna che danza in coppia col ballerino **3** gioco che si fa muovendo delle pedine su una scacchiera.
damascato [da-ma-scà-to] *agg.* e *s.m.* si dice di drappo lavorato come il damasco.
damaschinare [da-ma-schi-nà-re] *v.tr.* decorare una superficie metallica con intarsi d'oro e d'argento.
damaschino [da-ma-schì-no] *s.m.* tessuto damascato.
damasco [da-mà-sco] *s.m.* [pl. *-schi*] tessuto di seta di un solo colore ma di diversi filati, in cui il disegno, per lo più a fiorami, risalta sul fondo per contrasto di lucentezza.
damerino [da-me-rì-no] *s.m.* chi è lezioso e ricercato nel vestire.
damigella [da-mi-gèl-la] *s.f.* fanciulla di nobile famiglia al servizio di una principessa | *— d'onore*, ciascuna delle fanciulle che accompagnano la sposa nel corteo nuziale.
damigiana [da-mi-già-na] *s.f.* recipiente di vetro per contenere liquidi (olio, vino), a forma di grosso fiasco. DIM. *damigianina*, *damigianetta*.
danaro → **denaro**.
danaroso [da-na-ró-so], *agg.* che ha molto denaro; ricco.
dancing [/ ˈdɛnsiŋ /] *s.m.invar.* (*ingl.*) locale da ballo.
danda [dàn-da] *s.f.* ciascuna delle due strisce di tessuto o di cuoio con cui si sorreggono i bambini quando cominciano a camminare.
dandy [/ ˈdɛndi /] *s.m.invar.* (*ingl.*) chi nell'abbigliamento e nel comportamento segue i dettami della moda più raffinata.
danese [da-né-se] *agg.* della Danimarca ♦ *s.m.* **1** [anche *f.*] chi è nato, chi abita in Danimarca **2** lingua del gruppo germanico parlata in Danimarca **3** alano tedesco.
dannare [dan-nà-re] *v.tr.* **1** (*lett.*) condannare | condannare alle pene infernali **2** (*fig.*) tormentare, affaticare: *far — qlcu.*, farlo arrabbiare, non dargli requie | *dannarsi l'anima*, affaticarsi, arrovellarsi ♦ **dannarsi** *v.rifl.* **1** perdere la salvezza dell'anima **2** (*fig.*) affaticarsi, arrovellarsi.
dannato [dan-nà-to] *agg.* **1** (*lett.*) condannato | condannato alle pene dell'inferno: *gridare come un'anima dannata*, disperatamente **2** (*iperb.*) maledetto: *dov'è quel dannato libro?* | terribile, insopportabile: *faceva un freddo dannato* ♦ *s.m.* [f. *-a*] chi è condannato all'inferno | *lavorare come un dannato*, (*fam.*) moltissimo □ **dannatamente** *avv.* in modo forte, intenso; maledettamente, terribilmente: *hai — torto*; *fa — caldo*.
dannazione [dan-na-zió-ne] *s.f.* **1** il dannare, l'essere dannato: *— eterna* **2** (*fig.*) tormento, disgrazia: *quel ragazzo è la sua —* | Usato come *inter.* esprime rabbia o disappunto: *—, ho perso il treno!*
danneggiamento [dan-neg-gia-mén-to] *s.m.* il recare o il ricevere danno; il danno stesso recato o ricevuto.
danneggiare [dan-neg-già-re] *v.tr.* [*io dannéggio ecc.*] recare danno materiale o morale; guastare, rovinare: *la siccità danneggia i raccolti*.
danneggiato [dan-neg-già-to] *agg.* e *s.m.* [f. *-a*] che/chi ha subìto un danno.
danno [dàn-no] *s.m.* **1** tutto ciò che rappresenta una perdita, una riduzione, una lesione dell'integrità, della utilizzabilità o del valore di qlco.: *danni morali, materiali*; *chiedere il risarcimento dei danni* | *far danni*, rompere o guastare oggetti **2** somma destinata al risarcimento di un danno: *chiedere i danni*.
dannosità [dan-no-si-tà] *s.f.* l'essere dannoso; nocività.
dannoso [dan-nó-so] *agg.* che reca danno; nocivo: *clima —*.
dannunzianesimo [dan-nun-zia-né-ʃi-mo] *s.m.* atteggiamento letterario e di costume ispirato alle opere e allo stile di vita dello scrittore G. D'Annunzio (1863-1938).
dannunziano [dan-nun-zià-no] *agg.* di G. D'An-

nunzio (1863-1938) o relativo alla sua opera ♦ *s.m.* [f. *-a*] chi imita D'Annunzio.
dantesco [dan-té-sco] *agg.* [pl.m. *-schi*] di Dante Alighieri (1265-1321), che si riferisce a lui: *studi danteschi*.
dantista [dan-tì-sta] *s.m.* e *f.* [pl.m. *-sti*] chi studia la vita e le opere di Dante.
danubiano [da-nu-bià-no] *agg.* del fiume Danubio o delle regioni che esso attraversa: *il bacino —*.
danza [dàn-za] *s.f.* **1** successione di movimenti del corpo eseguiti al ritmo di una musica; ballo: *scuola, passo di —* | *— classica*, quella che comporta l'esecuzione di movimenti, posizioni e passi codificati da regole accademiche | *— moderna*, quella libera da regole accademiche, basata sull'inventiva del coreografo **2** musica scritta per essere danzata.
danzante [dan-zàn-te] *agg.* che danza, che sta danzando | *serata —*, intrattenimento durante il quale si balla.
danzare [dan-zà-re] *v.intr.* [aus. *avere*] eseguire una danza; ballare ♦ *v.tr.* ballare: *— un valzer*.
danzatore [dan-za-tó-re] *s.m.* [f. *-trice*] chi danza: *un — provetto* | ballerino di professione.
dappertutto [dap-per-tùt-to] *avv.* in ogni luogo.
dappocaggine [dap-po-càg-gi-ne] *s.f.* inettitudine.
dappoco [dap-pò-co], o da poco, *agg.invar.* che vale poco o nulla; inetto: *un uomo —*.
dapprima [dap-prì-ma] *avv.* in un primo momento: *— si arrabbiò, poi tacque*.
dardo [dàr-do] *s.m.* (*lett.*) freccia.
dare[1] [dà-re] *v.tr.* [pres. *io do, tu dai, egli dà, noi diamo, voi date, essi danno* (anche *dànno*); imperf. *io davo, tu davi ecc.*; pass.rem. *io dièdi* o *dètti, tu désti, egli dière* o *dètte, noi démmo, voi déste, essi dièdero* o *dèttero*; fut. *io darò, tu darai ecc.*; cong.pres. *io dia,... noi diamo, voi diate, essi dìano*; cong.imperf. *io déssi, tu déssi, egli désse, noi déssimo, voi déste, essi déssero*; imp. *dai* o *dà* o *da'*; ger. *dando*; part.pass. *dato*] **1** trasferire da sé ad altri qlco. che si possiede, si ha, si conosce: *— un pacco, un'informazione* | in molte espressioni il sign. del verbo è precisato dal compl. oggetto: *— una spinta*, spingere; *— le dimissioni*, dimettersi; *— il via a qlco.*, avviarla; *— fuoco*, incendiare; *— una festa, un pranzo*, offrirli, organizzarli; *— gli esami*, sostenerli; *— la buona notte, il benvenuto*, augurarli; *— l'esempio*, essere d'esempio; *— una mano*, aiutare | il sign. del verbo può essere precisato da un compl. indiretto, da un compl. predicativo o da una prop. infinitiva: *— in dono*, regalare; *— in moglie*, concedere la mano, far sposare; *— per certo, per sicuro, per buono*, assicurare, garantire; *— da pensare*, preoccupare; *darsi da fare*, impegnarsi o brigare per raggiungere uno scopo; *— alla luce*, partorire; *— ad intendere*, far credere; *darsela a gambe*, fuggire; *dar via qlco.*, disfarsene, venderla **2** porgere: *dammi il cappello*; *— la mano*, in segno di saluto **3** somministrare, propinare: *— una medicina* | infliggere: *— una bastonata* | arrecare, provocare: *— gioia, fastidio* **4** affidare, assegnare: *— un incarico a qlcu.* | attribuire: *quanti anni gli dai?* | accordare, conferire: *— un permesso, un premio* | ascrivere, riconoscere: *— torto*; *— importanza* **5** (*fam.*) pagare: *per quel lavoro gli danno un milione al mese* **6** rendere, fruttare; produrre: *una campagna che dà poco* **7** considerare, definire (solo al part. pass.): *date le circostanze*; *data l'area di un triangolo* | *dato che*, poiché; supposto, ammesso che ♦ *v.intr.* [aus. *avere*] **1** di case, finestre ecc., guardare, essere rivolto: *la casa dà sulla piazza* **2** di colori, tendere: *una tinta che dà sul verde* **3** in molte locuzioni assume significati particolari: *— alla testa*, stordire; *— ai* (o *sui*) *nervi*, irritare; *— nell'occhio*, farsi notare; *— contro a qlcu.*, dargli torto; *— del tu, del lei*, rivolgersi a qlcu. usando la seconda, la terza persona; *— dello stupido, del cretino a qlcu.*, dirgli apertamente che lo si ritiene tale ♦ **darsi** *v.rifl.* dedicarsi, applicarsi: *— allo studio, al commercio* | abbandonarsi: *— al bere* | *— per malato*, farsi credere tale ♦ *v.rifl.rec.* scambiarsi: *— un bacio* ♦ *v.intr.pron.* **1** verificarsi, accadere: *può darsi che venga più tardi* **2** *darsela a gambe* (*fam.*) battersela, svignarsela.
dare[2] *s.m.* ciò che si deve, il dovuto | *il — e l'avere*, il debito e il credito, il passivo e l'attivo.
darsena [dàr-se-na] *s.f.* specchio d'acqua nella parte più riparata di un porto, per il ricovero delle navi in avaria.
darviniano [dar-vi-nià-no], o **darwiniano**, *agg.* che si riferisce a Darwin e alle sue teorie.
darvinismo [dar-vi-nì-ʃmo], o **darwinismo**, *s.m.* teoria biologica, sostenuta dal naturalista inglese Charles Darwin (1809-1882), secondo la quale l'evoluzione degli esseri viventi avviene sulla base della selezione naturale.
darvinista [dar-vi-nì-sta], o **darwinista**, *s.m.* e *f.* [pl.m. *-sti*] seguace delle teorie di Darwin.
data [dà-ta] *s.f.* **1** indicazione temporale precisa che individua un momento, un avvenimento: *la — di oggi*; *— di nascita, di morte* **2** tempo, epoca: *un'amicizia di vecchia —*.
data base [/ ˈdata ˈbaze /] *loc.sost.m.invar.* (*ingl.*) (*inform.*) archivio elettronico di dati registrati secondo una determinata struttura.
databile [da-tà-bi-le] *agg.* che può essere datato.
datare [da-tà-re] *v.tr.* **1** apporre la data: *— la corrispondenza* **2** collocare un fatto nel tempo in cui esso è avvenuto: *— un avvenimento* | attribuire una data a un'opera: *— un ciclo di affreschi*.
datato [da-tà-to] *agg.* **1** provvisto di data: *manoscritto —* **2** (*fig.*) tipico del tempo a cui appartenne | superato, sorpassato: *un film —*.
dativo [da-tì-vo] *agg.* e *s.m.* si dice del terzo caso della declinazione delle lingue indoeuropee antiche (greco, latino ecc.) e di alcune fra quelle moderne (tedesco, russo); esprime il complemento di termine.
dato [dà-to] *agg.* certo, determinato: *in un — momento* ♦ *s.m.* **1** ciò che è conosciuto o accer-

tato: *i dati di un problema* | — *di fatto*, elemento certo di una situazione 2 (*inform.*) ogni informazione che possa essere trattata da un elaboratore.

datore [da-tó-re] *s.m.* [f. *-trice*] chi dà | — *di lavoro*, imprenditore che ha alle proprie dipendenze lavoratori retribuiti.

dattero [dàt-te-ro] *s.m.* 1 (*bot.*) bacca commestibile di una varietà di palma, dalla polpa fibrosa e zuccherina 2 — *di mare*, (*zool.*) mollusco marino commestibile con conchiglia bivalve simile d'aspetto a un dattero.

dattilico [dat-tì-li-co] *agg.* [pl.m. *-ci*] nella metrica classica, composto di dattili: *verso* —.

dattilo [dàt-ti-lo] *s.m.* (*metr.*) piede della poesia greca e latina, costituito da una sillaba lunga e due brevi.

dattilo-, **-dattilo** primo e secondo elemento di parole composte in cui significa 'dito' (*dattilografo, perissodattilo*).

dattilografare [dat-ti-lo-gra-fà-re] *v.tr.* [*io dattilògrafo ecc.*] scrivere a macchina.

dattilografia [dat-ti-lo-gra-fì-a] *s.f.* la tecnica dello scrivere a macchina: *corso di* —.

dattilografico [dat-ti-lo-grà-fi-co] *agg.* [pl.m. *-ci*] che riguarda la dattilografia.

dattilografo [dat-ti-lò-gra-fo] *s.m.* [f. *-a*] chi sa dattilografare | impiegato addetto a scrivere a macchina.

dattiloscopia [dat-ti-lo-sco-pì-a] *s.f.* rilievo ed esame delle impronte digitali per l'identificazione di persone a fini giudiziari.

dattiloscopico [dat-ti-lo-scò-pi-co] *agg.* [pl.m. *-ci*] che riguarda la dattiloscopia: *esame* —.

dattiloscritto [dat-ti-lo-scrìt-to] *agg.* e *s.m.* si dice di un testo scritto a macchina.

dattiloscrivere [dat-ti-lo-scrì-ve-re] *v.tr.* [coniugato come *scrivere*] scrivere a macchina, dattilografare.

dattorno [dat-tór-no], o **da torno**, *avv.* vicino, intorno: *star sempre* — *a qlcu.*, assillarlo continuamente; *togliersi qlcu. da torno*, liberarsene.

davanti [da-vàn-ti] *avv.* 1 dinanzi, di fronte, nella parte anteriore: *stare, passare* —; *l'abito è macchiato* — | Nella loc. prep. — *a*, dinanzi, innanzi a; di fronte, dirimpetto a: *guardare* — *a sé*; *lo disse* — *a suo padre* ♦ *agg.* anteriore: *le zampe* — ♦ *s.m.* la parte anteriore: *il* — *di una camicia*.

davanzale [da-van-zà-le] *s.m.* nella finestra, la cornice inferiore, che sorregge gli stipiti.

davvero [dav-vé-ro] *avv.* in verità, veramente: *mi piacerebbe* —; *una scena* — *comica* | effettivamente, sul serio: *non scherzo, dico* —!

day after [/ dɛi ˈafter /] *loc.sost.m.invar.* (*ingl.*) giorno successivo a una catastrofe nucleare | (*estens.*) giorno successivo a un evento straordinario.

day hospital [/ ˈdɛi ˈɔspital /] *loc.sost.m.invar.* (*ingl.*) ospedale attrezzato per praticare terapie ed esami a pazienti il cui ricovero dura dalla mattina alla sera | il servizio effettuato da tali ospedali.

dazebao [da-ʒe-bà-o], o **tazebao**, *s.m.invar.* (*cin.*) giornale murale manoscritto di origine cinese.

dazio [dà-zio] *s.m.* imposta che si applica alle merci che passano per la dogana | l'ufficio che riscuote tale imposta.

dazione [da-zió-ne] *s.f.* (*non com.*) azione del dare; consegna.

de [dé] *prep.* (*ant. dial.*) di.

de- prefisso che indica allontanamento (*deportare*), abbassamento (*degradare*) o privazione, negazione (*depilare, decrescere*); può anche avere funzione intensiva (*decurtare, definire*).

dea [dè-a] *s.f.* divinità femminile: *la* — *Minerva* | (*estens.*) personificazione allegorica di un valore, una virtù: *la* — *Ragione*.

deambulazione [de-am-bu-la-zió-ne] *s.f.* (*fisiol.*) facoltà dell'uomo e degli animali superiori di spostarsi camminando sugli arti; locomozione.

débâcle [/ deˈbakl /] *s.f.invar.* (*fr.*) sconfitta rovinosa, disfatta.

debbiare [deb-bià-re] *v.tr.* [*io débbio ecc.*] (*agr.*) migliorare un terreno agricolo bruciando erbe e sterpi, interrando poi le ceneri.

debbio [déb-bio] *s.m.* (*agr.*) l'operazione del debbiare.

debellare [de-bel-là-re] *v.tr.* [*io debèllo ecc.*] (*lett.*) vincere, sconfiggere definitivamente; annientare (anche *fig.*): *il vaiolo è stato debellato*.

debilitante [de-bi-li-tàn-te] *agg.* che indebolisce, sfibra.

debilitare [de-bi-li-tà-re] *v.tr.* [*io debìlito ecc.*] indebolire, far diminuire le energie fisiche, spirituali o morali ♦ **debilitarsi** *v.intr.pron.* indebolirsi.

debilitazione [de-bi-li-ta-zió-ne] *s.f.* il debilitare, l'essere debilitato.

debito[1] [dé-bi-to] *agg.* che è richiesto da obblighi, circostanze, convenienze; dovuto, doveroso: *trattare col* — *riguardo* | giusto, opportuno: *a tempo* — □ **debitamente** *avv.* nel modo dovuto: *un modulo* — *compilato*.

debito[2] *s.m.* obbligo di restituire qlco. a qlcu., specie una somma di denaro; la cosa dovuta: *essere in* — *di qlco. con* (o *verso*) *qlcu.*; *contrarre, accollarsi, estinguere un* —; — *pubblico*, (*econ.*) l'ammontare complessivo dei prestiti che lo stato e gli altri enti pubblici contraggono per far fronte ai deficit di bilancio | (*fig.*) obbligo morale: *sentirsi in* —. DIM. *debituccio*.

debitore [de-bi-tó-re] *agg.* e *s.m.* [f. *-trice*] 1 che/chi ha contratto un debito 2 (*fig.*) che/chi ha un obbligo morale, è tenuto a fare o dare qlco.

debitorio [de-bi-tò-rio] *agg.* (*dir.*) di debito; di debitore.

debole [dé-bo-le] *agg.* 1 che ha poca forza, energia (anche *fig.*): *essere* — *per una malattia*; *un carattere* — | *essere* — *in qlco.*, saperne poco | *punto, lato* —, (*fig.*) quello in cui una persona è più vulnerabile, meno preparata o capace | *sesso* —, le donne. DIM. *deboluccio* 2 che ha poca resistenza, robustezza, solidità | inconsistente, poco convincente: *una scusa* — 3 fievole, fioco, tenue: *luce, rumore* — ♦ *s.m.* **1** [anche *f.*] persona priva di forza, di autorità, di carattere **2** inclinazione, disposizione; preferenza: *avere il — del gioco; ha un — per il figlio maggiore.*

debolezza [de-bo-léz-za] *s.f.* **1** l'essere debole: *— di carattere; la — di una scusa* | fiacchezza fisica: *sentirsi una gran —* **2** difetto, punto debole: *ognuno ha le sue debolezze.*

debordare [de-bor-dà-re] *v.intr.* [*io debórdo ecc.*; aus. *avere*] uscire dai bordi; traboccare: *il fiume ha debordato a causa della pioggia.*

debosciato [de-bo-scià-to] *agg.* e *s.m.* [f. *-a*] dissoluto, depravato.

debuttante [de-but-tàn-te] *agg.* e *s.m.* e *f.* che/chi debutta.

debuttare [de-but-tà-re] *v.intr.* [aus. *avere*] esibirsi in pubblico per la prima volta o dare il primo di una serie di spettacoli; esordire | (*estens.*) iniziare una carriera, un'attività.

debutto [de-bùt-to] *s.m.* il debuttare; esordio.

deca- primo elemento di parole composte, che significa 'dieci' (*decalogo*); anteposto a un'unità di misura ne moltiplica il valore per dieci.

decade [dè-ca-de] *s.f.* periodo di dieci giorni | paga che si corrisponde ogni dieci giorni.

decadente [de-ca-dèn-te] *agg.* **1** che è in decadenza, in declino **2** del decadentismo: *D'Annunzio fu uno scrittore* — ♦ *s.m.* e *f.* esponente, seguace del decadentismo.

decadentismo [de-ca-den-tì-ʃmo] *s.m.* corrente artistico-letteraria affermatasi in Europa tra la fine del sec. XIX e l'inizio del XX, caratterizzata dal rifiuto della cultura positivista e dalla predilezione per temi e forme raffinatamente sensuali, venati d'irrazionalismo.

decadentista [de-ca-den-tì-sta] *s.m.* e *f.* [pl.m. *-sti*] esponente, seguace del decadentismo | Usato come *agg.* in luogo di *decadentistico.*

decadentistico [de-ca-den-tì-sti-co] *agg.* [pl. m. *-ci*] proprio del decadentismo, dei decadentisti.

decadenza [de-ca-dèn-za] *s.f.* il decadere; declino, scadimento: *essere in —; — fisica, morale.*

decadere [de-ca-dé-re] *v.intr.* [coniugato come *cadere*; aus. *essere*] **1** scendere gradatamente da una condizione di forza, di prosperità, di prestigio a uno stato di debolezza o di miseria: *il fisico decade con l'età; l'impero di Roma decadde* **2** (*fis.*) subire decadimento radioattivo.

decadimento [de-ca-di-mén-to] *s.m.* il decadere; decadenza | *— radioattivo*, (*fis.*) processo di emissione di particelle da parte di nuclei atomici di una sostanza radioattiva, che si trasforma così in un'altra sostanza.

decaduto [de-ca-dù-to] *agg.* si dice di chi, da un'alta condizione sociale, è caduto in povertà: *un nobile —.*

decaedro [de-ca-è-dro] *s.m.* (*geom.*) poliedro con dieci facce piane.

decaffeinare [de-caf-fei-nà-re] *v.tr.* privare in tutto o in parte della caffeina i semi del caffè, le foglie di tè ecc.

decaffeinato [de-caf-fe-i-nà-to] *agg.* privato di caffeina.

decagono [de-cà-go-no] *s.m.* (*geom.*) poligono che ha dieci lati e dieci angoli.

decagrammo [de-ca-gràm-mo] *s.m.* misura di peso equivalente a dieci grammi.

decalcificare [de-cal-ci-fi-cà-re] *v.tr.* [*io decalcìfico, tu decalcìfichi ecc.*] privare del calcio, ridurre il contenuto di calcio ♦ **decalcificarsi** *v. intr.pron.* perdere calcio.

decalcificazione [de-cal-ci-fi-ca-zió-ne] *s.f.* il decalcificarsi.

decalcomania [de-cal-co-ma-nì-a] *s.f.* trasferimento su carta, o su altra superficie liscia, di figure o scritte, da un foglio di plastica trasparente.

decalitro [de-cà-li-tro] *s.m.* misura di capacità equivalente a dieci litri.

decalogo [de-cà-lo-go] *s.m.* [pl. *-ghi*] **1** (*teol.*) l'insieme dei dieci comandamenti dati da Dio a Mosè sul monte Sinai **2** (*estens.*) complesso di precetti basilari da osservare in un determinato ambito o attività: *il — dell'atleta.*

decametro [de-cà-me-tro] *s.m.* misura di lunghezza equivalente a dieci metri.

decano [de-cà-no] *s.m.* [f. *-a*] il più vecchio, per età o per nomina, tra quanti ricoprono uno stesso ufficio: *il — del corpo accademico.*

decantare[1] [de-can-tà-re] *v.tr.* celebrare con molte lodi, esaltare.

decantare[2] *v.tr.* (*chim.*) sottoporre al processo di decantazione.

decantazione [de-can-ta-zió-ne] *s.f.* **1** (*chim.*) separazione di due liquidi non miscibili o di un liquido da un solido, ottenuta mediante sedimentazione **2** (*fig.*) purificazione.

decapitare [de-ca-pi-tà-re] *v.tr.* [*io decàpito ecc.*] **1** uccidere tagliando la testa **2** (*estens.*) privare della parte iniziale, del capo, della cima: *— una statua, un fiore.*

decapitazione [de-ca-pi-ta-zió-ne] *s.f.* il decapitare, l'essere decapitato: *condannare alla —.*

decapodi [de-cà-po-di] *s.m.pl.* (*zool.*) **1** ordine di crostacei con cinque paia di zampe e torace ricoperto da un'unica corazza; vi appartengono aragoste e gamberi **2** ordine di molluschi cefalopodi con dieci tentacoli intorno all'apertura boccale; ne fanno parte seppie e calamari.

decappottabile [de-cap-pot-tà-bi-le] *agg.* e *s.f.* si dice di automobile che si può decappottare.

decappottare [de-cap-pot-tà-re] *v.tr.* [*io decappòtto ecc.*] togliere la cappotta a un'automobile.

decasillabo [de-ca-sìl-la-bo] *agg.* e *s.m.* (*metr.*) si dice di verso formato da dieci sillabe.

decathlon [de-ca-thlon; / ˈdɛkatlon /], o **decatlon**, *s.m.invar.* (*sport*) specialità dell'atletica leggera articolata in dieci prove comprendenti corse, salti e lanci, i cui risultati vengono globalmente valutati in punti.

decedere [de-cè-de-re] *v.intr.* [coniugato come *cedere*; aus. *essere*] (*lett.*) morire (detto solo di persone).

deceduto [de-ce-dù-to] *agg.* e *s.m.* [f. *-a*] (*burocr.*) morto.
decelerare [de-ce-le-rà-re] *v.tr.* e *intr.* [*io decèlero ecc.*; aus. dell'intr. *avere*] ridurre la velocità.
decelerazione [de-ce-le-ra-zió-ne] *s.f.* il decelerare | (*fis.*) accelerazione negativa.
decemvirato [de-cem-vi-rà-to] *s.m.* **1** la carica di decemviro **2** l'insieme dei decemviri.
decemviro [de-cèm-vi-ro] *s.m.* nell'antica Roma, componente di un collegio di dieci magistrati.
decennale [de-cen-nà-le] *agg.* **1** che dura dieci anni: *piano* — **2** che ricorre ogni dieci anni: *festeggiamenti decennali* ♦ *s.m.* il decimo anniversario di un avvenimento memorabile.
decenne [de-cèn-ne] *agg.* **1** che ha dieci anni **2** (*lett.*) che dura dieci anni o da dieci anni ♦ *s.m.* e *f.* chi ha dieci anni d'età.
decennio [de-cèn-nio] *s.m.* periodo di dieci anni.
decente [de-cèn-te] *agg.* **1** conforme alle leggi del decoro, della dignità, del pudore: *vestito, abitazione* — **2** che si avvicina al giusto; accettabile: *trattamento* — □ **decentemente** *avv.*
decentramento [de-cen-tra-mén-to] *s.m.* il decentrare, l'essere decentrato: — *dei servizi*.
decentrare [de-cen-trà-re] *v.tr.* [coniugato come *centrare*] **1** allontanare dal centro; dislocare in zone periferiche **2** affidare a organi periferici competenze già attribuite a organi centrali.
decenza [de-cèn-za] *s.f.* l'essere decente; conformità alle regole del decoro, della convenienza, del pudore.
decespugliatore [de-ce-spu-glia-tó-re] *s.m.* attrezzo agricolo portatile a motore per il taglio di cespugli, rovi, arbusti ecc.
decesso [de-cès-so] *s.m.* (*burocr.*) morte.
deci- primo elemento di termini composti che, premesso a un'unità di misura ne divide il valore per dieci (*decilitro*).
decibar [de-ci-bàr *o* dècibar] *s.m.invar.* (*fis.*) unità di misura della pressione equivalente a un decimo di bar.
decibel [de-ci-bèl *o* dècibel] *s.m.invar.* (*fis.*) misura della potenza dei suoni pari a un decimo di bel.
decidere [de-cì-de-re] *v.tr.* [pass.rem. *io deciʃi, tu decidésti ecc.*; part.pass. *deciʃo*] **1** risolvere, concludere con un giudizio definitivo: — *una vertenza* **2** stabilire, fissare: — *di partire*; — *la data dell'incontro* | determinare: *quell'incontro decise il suo destino* ♦ *v.intr.* [aus. *avere*] **1** essere determinante ai fini di qlco.: *un evento che deciderà del suo futuro* **2** scegliere, prendere una decisione: *lasciate — a lui* ♦ **decidersi** *v.intr.pron.* arrivare alla determinazione di fare qlco.; risolversi: *deciditi una buona volta!*
deciduo [de-cì-duo] *agg.* si dice di organo animale o vegetale che cade una volta compiuta la sua funzione | *denti decidui*, denti da latte.
decifrabile [de-ci-frà-bi-le] *agg.* che si può decifrare.
decifrare [de-ci-frà-re] *v.tr.* interpretare una scrittura in cifra: — *un messaggio segreto* | (*estens.*) chiarire, intendere qlco. che è espresso in maniera difficile o oscura: — *un enigma*, risolverlo; — *una grafia*, riuscire a leggerla; — *le intenzioni di qlcu.*, capirle.
decifrazione [de-ci-fra-zió-ne] *s.f.* il decifrare, l'essere decifrato.
decigrado [de-cì-gra-do] *s.m.* misura pari a un decimo di grado.
decigrammo [de-ci-gràm-mo] *s.m.* misura di peso equivalente a un decimo di grammo.
decilitro [de-cì-li-tro] *s.m.* misura di capacità equivalente a un decimo di litro.
decima [dè-ci-ma] *s.f.* **1** secondo l'antica legislazione ebraica, decima parte del raccolto che il contadino era tenuto a offrire alla tribù sacerdotale dei Leviti | analogo tributo che nel mondo romano i coltivatori dell'agro pubblico dovevano allo stato **2** (*mus.*) intervallo d'altezza fra due note dato dalla somma di un intervallo di ottava e di uno di terza.
decimale [de-ci-mà-le] *agg.* che è espresso o può esprimersi in decimi di un'unità: *numero* — | *sistema metrico* —, sistema di misurazione che utilizza unità di misura decimali ♦ *s.m.* in un numero decimale, la cifra posta a destra della virgola.
decimare [de-ci-mà-re] *v.tr.* [*io dècimo ecc.*] **1** in età romana e anche in tempi moderni, punire per colpa gravissima un reparto militare uccidendo un soldato estratto a sorte ogni dieci **2** (*estens.*) falcidiare, ridurre numericamente; danneggiare gravemente: *il terremoto decimò la popolazione*.
decimazione [de-ci-ma-zió-ne] *s.f.* il decimare, l'essere decimato.
decimetro [de-cì-me-tro] *s.m.* misura di lunghezza equivalente alla decima parte del metro.
decimillesimo [de-ci-mil-lè-ʃi-mo] *agg.num.ord.* che in una serie occupa il numero diecimila.
decimo [dè-ci-mo] *agg.num.ord.* che in una serie occupa il posto numero dieci | *la decima musa*, l'arte cinematografica ♦ *s.m.* la decima parte di un'unità.
decimoprimo [de-ci-mo-prì-mo] *agg.num.ord.* (*lett.*) undicesimo (è usato con riferimento a secoli, papi, regnanti; così pure gli ordinali successivi *decimosecondo, decimoterzo, decimoquarto* ecc.).
decina [de-cì-na], o **diecina**, *s.f.* quantità di dieci unità | insieme di dieci o circa dieci persone o cose simili: *una — di invitati*.
decisionale [de-ci-ʃio-nà-le] *agg.* di decisione, che può decidere: *potere, capacità* —.
decisione [de-ci-ʃió-ne] *s.f.* **1** il decidere; risoluzione, scelta, deliberazione: *prendere una* — **2** prontezza e sicurezza nel decidere; risolutezza, determinazione: *agire, muoversi con* — **3** (*dir.*) sentenza che risolve una controversia: *le decisioni della cassazione*.
decisionismo [de-ci-ʃio-nì-ʃmo] *s.m.* in politi-

ca, pratica di governo in cui prevale la tendenza a prendere decisioni senza consultare preventivamente gli organi collegiali a cui spetta l'approvazione delle decisioni stesse.

decisionista [de-ci-ʃio-nì-sta] *agg.* e *s.m.* e *f.* [pl.m. *-sti*] che/chi pratica o sostiene il decisionismo.

decisivo [de-ci-ʃì-vo] *agg.* che decide, che vale a decidere, risolutivo, cruciale: *incontro, momento —.*

deciso [de-cì-ʃo] *agg.* **1** che agisce con decisione, risoluto: *un uomo —*; *essere — a tutto*, essere pronto a fare qualsiasi cosa pur di ottenere ciò che si vuole | che denota decisione: *un atteggiamento —* **2** che risalta nettamente; pronunciato, ben definito, marcato: *un colore —* □ **decisamente** *avv.* **1** in modo deciso, con decisione: *sono — favorevole* **2** indubbiamente, certamente: *— è un bel film.*

declamare [de-cla-mà-re] *v.tr.* leggere, recitare con tono solenne, anche accompagnando le parole con gesti: *— una poesia.*

declamatore [de-cla-ma-tó-re] *s.m.* [f. *-trice*] chi declama.

declamazione [de-cla-ma-zió-ne] *s.f.* il declamare; il modo, la tecnica di declamare.

declassamento [de-clas-sa-mén-to] *s.m.* il declassare, l'essere declassato.

declassare [de-clas-sà-re] *v.tr.* far passare da una classe superiore a una inferiore: *— una vettura ferroviaria.*

declinabile [de-cli-nà-bi-le] *agg.* (*gramm.*) che si può declinare.

declinare [de-cli-nà-re] *v.intr.* [aus. *avere*] (*lett.*) **1** tendere gradatamente verso il basso; digradare: *le montagne declinano verso il mare* | (*estens.*) tramontare **2** (*fig.*) volgere verso la fine, essere in declino | diminuire, scemare ♦ *v.tr.* **1** evitare; ricusare, rifiutare: *— ogni responsabilità*; *— un invito*, rifiutarlo cortesemente **2** (*burocr.*) render noto, dichiarare: *— le proprie generalità* **3** (*gramm.*) elencare ordinatamente (per genere, numero e caso) le varie forme assunte da un sostantivo, da un aggettivo, da un pronome o dall'articolo nella sua flessione.

declinazione [de-cli-na-zió-ne] *s.f.* il declinare, l'essere declinato.

declino [de-clì-no] *s.m.* decadenza: *il — di un partito.*

declive [de-clì-ve] *agg.* (*lett.*) che è in declivio; che digrada.

declivio [de-clì-vio] *s.m.* pendio: *il — di un monte.*

declorazione [de-clo-ra-zió-ne] *s.f.* riduzione dell'eccesso di cloro contenuto in un'acqua.

déco [/ de'ko /] *agg.invar.* (*fr.*) si dice di uno stile decorativo in voga negli anni Venti, caratterizzato dalla presenza di motivi geometrici e accostamento violento di colori.

decoder [/ de'kəder /] *s.m.invar.* (*ingl.*) nelle pay-tv, apparecchio che permette all'utente di decodificare il segnale trasmesso dall'emittente e di ricevere correttamente il programma.

decodificare [de-co-di-fi-cà-re] *v.tr.* [*io decodìfico ecc.*] **1** tradurre in un linguaggio chiaro un testo scritto in codice **2** (*estens.*) decifrare, comprendere, interpretare.

decodificatore [de-co-di-fi-ca-tó-re] *agg.* che decodifica ♦ *s.m.* **1** dispositivo del calcolatore elettronico per decodificare i dati **2** nella pay-tv, apparecchio presso l'utente che decodifica il segnale trasmesso dall'emittente, consentendo la ricezione corretta del programma.

decodificazione [de-co-di-fi-ca-zió-ne] *s.f.* il decodificare, l'essere decodificato.

decollare [de-col-là-re] *v.intr.* [*io decòllo ecc.*; aus. *avere*, non com. *essere*] **1** (*aer.*) prendere il volo staccandosi dal suolo o dall'acqua: *l'aereo ha decollato* **2** (*fig.*) avviarsi a funzionare bene, a pieno ritmo: *un'attività commerciale che sta decollando.*

décolleté [/ dekol'te /] *s.m.invar.* (*fr.*) **1** scollatura di abito femminile; abito scollato: *una signora in —* **2** la parte del petto e delle spalle lasciata scoperta dalla scollatura: *avere un bel —* ♦ *agg.invar.* scollato: *abito —.*

decollo [de-còl-lo] *s.m.* **1** (*aer.*) manovra del decollare **2** (*fig.*) inizio di un funzionamento pieno, di un felice processo di sviluppo: *il — di un'azienda.*

decolonizzare [de-co-lo-niʒ-ʒà-re] *v.tr.* trasformare un paese coloniale in paese indipendente.

decolonizzazione [de-co-lo-niʒ-ʒa-zió-ne] *s.f.* il decolonizzare, l'essere decolonizzato.

decolorante [de-co-lo-ràn-te] *agg.* e *s.m.* (*chim.*) si dice di sostanza che ha la proprietà di eliminare il colore.

decolorare [de-co-lo-rà-re] *v.tr.* [*io decolóro ecc.*] (*chim.*) effettuare una decolorazione.

decolorazione [de-co-lo-ra-zió-ne] *s.f.* (*chim.*) trattamento che serve a rimuovere o ad attenuare il colore in un materiale: *— dei capelli.*

decomponibile [de-com-po-nì-bi-le] *agg.* che si può decomporre.

decomporre [de-com-pór-re] *v.tr.* [coniugato come *porre*] **1** dividere qlco. nei suoi elementi costitutivi; scomporre | (*chim.*) scindere un composto in sostanze più semplici o elementari **2** (*estens.*) far disgregare, far putrefare: *l'aria decompone le materie organiche* ♦ **decomporsi** *v.intr.pron.* **1** (*chim.*) scindersi negli elementi costitutivi **2** (*estens.*) disgregarsi, putrefarsi, corrompersi.

decomposizione [de-com-po-ʃi-zió-ne] *s.f.* il decomporre, il decomporsi, l'essere decomposto: *andare in —.*

decompressione [de-com-pres-sió-ne] *s.f.* **1** (*fis.*) passaggio da una pressione più alta a una più bassa **2** nel ritorno da un'immersione subacquea, graduale riadeguamento alla pressione normale che si effettua rallentando opportunamente l'emersione.

decomprimere [de-com-prì-me-re] *v.tr.* [coniugato come *comprimere*] diminuire la compressione.

deconcentrare [de-con-cen-trà-re] *v.tr.* [*io deconcéntro ecc.*] far perdere la concentrazione psicologica; distrarre ♦ **deconcentrarsi** *v.intr.pron.* perdere la concentrazione psicologica; distrarsi.
deconcentrato [de-con-cen-trà-to] *agg.* privo della necessaria concentrazione psicologica: *un atleta —.*
deconcentrazione [de-con-cen-tra-zió-ne] *s.f.* il deconcentrare, il deconcentrarsi, l'essere deconcentrato.
decondizionare [de-con-di-zio-nà-re] *v.tr.* [*io decondizióno ecc.*] liberare da un condizionamento ♦ **decondizionarsi** *v.rifl.* liberarsi da un condizionamento.
decongestionamento [de-con-ge-stio-na-mén-to] *s.m.* il decongestionare, il decongestionarsi, l'essere decongestionato.
decongestionante [de-con-ge-stio-nàn-te] *agg.* e *s.m.* si dice di farmaco che elimina o riduce una congestione: *— nasale.*
decongestionare [de-con-ge-stio-nà-re] *v.tr.* [*io decongestióno ecc.*] **1** (*med.*) eliminare o attenuare uno stato di congestione **2** (*fig.*) rendere agevole, scorrevole, praticabile (eliminando ciò che intralciava): *— il traffico* ♦ **decongestionarsi** *v.intr.pron.* cessare d'essere congestionato.
decontaminare [de-con-ta-mi-nà-re] *v.tr.* [*io decontàmino ecc.*] (*tecn.*) sottoporre a decontaminazione.
decontaminazione [de-con-ta-mi-na-zió-ne] *s. f.* (*tecn.*) riduzione o eliminazione, da una miscela di sostanze radioattive, dei componenti che maggiormente contribuiscono alla sua radioattività | (*estens.*) eliminazione di sostanze radioattive o inquinanti da materiali, locali, oggetti, persone contaminati.
decontrazione [de-con-tra-zió-ne] *s.f.* cessazione di una contrazione; rilassamento: *esercizi di — muscolare.*
decorare [de-co-rà-re] *v.tr.* [*io decòro ecc.*] **1** abbellire con ornamenti, con fregi: *— una parete* **2** insignire qlcu. di una decorazione: *— al valor militare.*
decorativismo [de-co-ra-ti-vì-ʃmo] *s.m.* in un'opera d'arte, preminenza degli elementi decorativi su quelli propriamente figurativi.
decorativo [de-co-ra-tì-vo] *agg.* **1** che serve a decorare, ad abbellire: *elemento —* | *arti decorative,* le arti applicate (ceramica, ebanisteria, oreficeria ecc.), a cui è attribuita una funzione ornamentale **2** che è accattivante di aspetto, ma povero nella sostanza: *una prosa decorativa* | (*scherz.*) si dice di persona che per la sua importanza o il suo aspetto serve a dar lustro a un ambiente, a una riunione, ma senza che abbia alcuna reale incidenza □ **decorativamente** *avv.*
decorato [de-co-rà-to] *agg.* abbellito da decorazioni; ornato ♦ *agg.* e *s.m.* [f. *-a*] che/chi è stato insignito di una decorazione.
decoratore [de-co-ra-tó-re] *s.m.* [f. *-trice*] **1** artigiano che fa lavori di decorazione: *— in legno* **2** chi per mestiere provvede all'addobbo di sale o chiese ♦ *agg.* che fa lavori di decorazione: *ebanista —.*
decorazione [de-co-ra-zió-ne] *s.f.* **1** il decorare: *eseguire la — di un soffitto* | ciò che decora: *un palazzo pieno di decorazioni* **2** onorificenza conferita come riconoscimento di meriti militari o civili.
decoro [de-cò-ro] *s.m.* **1** dignità nell'aspetto, nel comportamento, nei modi: *vivere, vestire con —* **2** il sentimento della propria dignità: *un trattamento che offende il —.*
decoroso [de-co-ró-so] *agg.* conforme, conveniente al decoro; decente, dignitoso: *un appartamento —* □ **decorosamente** *avv.*
decorrenza [de-cor-rèn-za] *s.f.* il termine da cui qlco. incomincia ad avere effetto.
decorrere [de-cór-re-re] *v.intr.* [coniugato come *correre*; aus. *essere*] avere effetto, cominciare a essere computato: *gli interessi decorrono da oggi* | *a — da,* a partire da.
decorso [de-cór-so] *s.m.* il trascorrere | svolgimento, evoluzione: *il — di una malattia.*
decotto [de-còt-to] *s.m.* bevanda medicamentosa ottenuta facendo bollire a lungo in acqua una sostanza vegetale, per estrarne i principi attivi: *— di malva.*
decremento [de-cre-mén-to] *s.m.* **1** diminuzione, calo: *— del reddito* **2** (*mat.*) incremento negativo.
decrepitezza [de-cre-pi-téz-za] *s.f.* l'essere decrepito (anche *fig.*): *— d'animo.*
decrepito [de-crè-pi-to] *agg.* **1** che è nella estrema vecchiezza: *un uomo —* **2** (*fig.*) troppo vecchio, antiquato; in estrema decadenza: *istituzioni decrepite.*
decrescendo [de-cre-scèn-do] *s.m.* (*mus.*) diminuendo.
decrescente [de-cre-scèn-te] *agg.* che decresce, che va diminuendo: *fase — di un fenomeno.*
decrescere [de-cré-sce-re] *v.intr.* [coniugato come *crescere*; aus. *essere*] diminuire, calare: *il livello dell'acqua non accenna a —.*
decretale [de-cre-tà-le] *agg.* solo nelle loc. *lettera, bolla —,* (*eccl.*) decreto pontificio redatto in forma di lettera ♦ *s.f.* o *m.* lettera decretale.
decretare [de-cre-tà-re] *v.tr.* [*io decréto ecc.*] ordinare per mezzo di un decreto | stabilire d'autorità.
decretazione [de-cre-ta-zió-ne] *s.f.* il decretare; emanazione di un decreto | (*estens.*) il ricorrere frequentemente, da parte di un governo, a decreti-legge anziché seguire la via normale della presentazione in parlamento di disegni di legge.
decreto [de-cré-to] *s.m.* **1** (*lett.*) deliberazione, disposizione della volontà; ordine: *i decreti di Dio* **2** (*dir.*) provvedimento, generalmente non motivato, emesso dal giudice: *— di citazione a giudizio* | atto normativo del governo: *decreto-legge,* atto avente forza di legge emanato dal governo in casi straordinari di necessità e urgenza; *— legislativo, delegato,* atto avente forza di legge

emanato dal governo su delega del parlamento.
decretone [de-cre-tó-ne] *s.m.* nell'uso giornalistico, decreto-legge che regola sotto un unico titolo numerose materie, anche eterogenee.
decriptare e *deriv.* → **decrittare** e *deriv.*
decrittare [de-crit-tà-re], o decriptare, *v.tr.* decifrare, decodificare.
decubito [de-cù-bi-to] *s.m.* (*med.*) posizione del malato che giace nel letto | *piaghe da* —, quelle che si formano sul corpo di un malato che giaccia lungamente a letto.
decumano [de-cu-mà-no] *s.m.* (*archeol.*) strada che attraversava da est a ovest l'accampamento o la città romana.
decuplicare [de-cu-pli-cà-re] *v.tr.* [*io decùplico, tu decùplichi ecc.*] moltiplicare per dieci.
decuplo [dè-cu-plo] *agg.* dieci volte più grande ♦ *s.m.* quantità dieci volte più grande.
decuria [de-cù-ria] *s.f.* nell'antica Roma, ognuna delle dieci divisioni della curia o del senato | nell'esercito romano, squadra di dieci cavalieri.
decurione [de-cu-rió-ne] *s.m.* capo di una decuria.
decurtare [de-cur-tà-re] *v.tr.* diminuire, ridurre (riferito a somme): — *un debito, le spese.*
dedalo [dè-da-lo] *s.m.* labirinto, intrico: *un — di vie.*
dedica [dè-di-ca] *s.f.* le parole o il breve scritto con cui si offre qlco. a qlcu.
dedicare [de-di-cà-re] *v.tr.* [*io dèdico, tu dèdichi ecc.*] **1** consacrare a una divinità, oppure alla Madonna o ai santi: *un tempio dedicato a Vesta* | intitolare alla memoria di qlcu.: *la scuola è dedicata a G. Pascoli* **2** offrire un'opera letteraria o artistica a qlcu. in atto di omaggio: *l'Ariosto dedicò l'"Orlando Furioso" a Ippolito d'Este* **3** (*estens.*) rivolgere la propria attività, le proprie cure verso un determinato fine; destinare, riservare: — *la vita alla famiglia*; — *spazio a un argomento* ♦ **dedicarsi** *v.rifl.* darsi con serietà e passione a un'attività; occuparsi con amore di qlcu. o di qlco.; consacrarsi, votarsi: — *al lavoro, ai figli.*
dedicatario [de-di-ca-tà-rio] *s.m.* [f. -*a*] colui al quale è dedicato qlco.
dedicato [de-di-cà-to] *agg.* consacrato, destinato, riservato | *computer* —, specializzato per uno scopo particolare.
dedicatoria [de-di-ca-tò-ria] *s.f.* lettera di dedica.
dedicatorio [de-di-ca-tò-rio] *agg.* di dedica, che costituisce una dedica: *lettera dedicatoria.*
dedito [dè-di-to] *agg.* che si dedica con assiduità e impegno a un'attività: — *allo studio* | che ha un'abitudine viziosa: — *all'alcol.*
dedizione [de-di-zió-ne] *s.f.* il dedicarsi totalmente e senza riserve a una persona, a un'attività, a un ideale: — *alla famiglia.*
deducibile [de-du-cì-bi-le] *agg.* che si può dedurre: *una conseguenza facilmente* — | *oneri deducibili*, spese che si possono dedurre dal reddito agli effetti della tassazione.
dedurre [de-dùr-re] *v.tr.* [coniugato come *condurre*] **1** desumere; arguire: *dal modo in cui si veste si deducono i suoi gusti* **2** detrarre, defalcare, sottrarre: — *le spese dal ricavo.*
deduttivo [de-dut-tì-vo] *agg.* di deduzione, che si basa su una deduzione: *ragionamento* — □ **deduttivamente** *avv.* per deduzione.
deduzione [de-du-zió-ne] *s.f.* **1** ragionamento per il quale da determinate premesse si ricavano conclusioni logicamente necessarie | (*estens.*) ciò che si desume: *una — arbitraria* **2** detrazione.
dee-jay [/ di'dʒɛi /] *s.m.invar.* (*ingl.*) disc-jockey.
défaillance [/ defa'jans /] *s.f.invar.* (*fr.*) improvvisa debolezza, cedimento.
defalcare [de-fal-cà-re] *v.tr.* [*io defalco, tu defalchi ecc.*] togliere una quantità da un'altra più grande; detrarre, dedurre: — *una somma dallo stipendio.*
defatigante [de-fa-ti-gà-nte] *agg.* stancante, logorante: *un compito* —.
default [/ de'fɔlt /] *s.m.invar.* (*ingl.*) (*inform.*) modalità in cui opera automaticamente una macchina o un programma, in mancanza di una scelta specifica dell'operatore.
defecare [de-fe-cà-re] *v.intr.* [*io defèco, tu defèchi ecc.*; aus. *avere*] espellere le feci.
defenestrare [de-fe-ne-strà-re] *v.tr.* [*io defenèstro ecc.*] **1** (*non com.*) buttare dalla finestra **2** (*fig.*) estromettere qlcu. da una carica o da un impiego.
defenestrazione [de-fe-ne-stra-zió-ne] *s.f.* il defenestrare, l'essere defenestrato.
deferente [de-fe-rèn-te] *agg.* **1** pieno di rispetto e di riguardo; ossequioso: *essere — verso i superiori* **2** che porta giù, che trasporta fuori: *condotto* —.
deferenza [de-fe-rèn-za] *s.f.* l'essere deferente; atteggiamento rispettoso, ossequio: *mostrare — verso qlcu.*
deferimento [de-fe-ri-mén-to] *s.m.* il deferire, l'essere deferito, il deferirsi.
deferire [de-fe-rì-re] *v.tr.* [*io deferisco, tu deferisci ecc.*] (*dir.*) sottoporre a un esame, un giudizio | — *qlcu. all'autorità giudiziaria*, denunciarlo.
defezione [de-fe-zió-ne] *s.f.* abbandono, rinuncia: *la cerimonia ha registrato molte defezioni.*
defibrillatore [de-fi-bril-la-tó-re] *s.m.* (*med.*) stimolatore cardiaco impiegato per arrestare la fibrillazione e ripristinare il normale ritmo cardiaco.
defibrillazione [de-fi-bril-la-zió-ne] *s.f.* (*med.*) metodo per far cessare le aritmie cardiache gravi facendo uso del defibrillatore.
deficiente [de-fi-cièn-te] *agg.* scarso, carente: *alimentazione — di proteine* ♦ *agg.* e *s.m.* e *f.* di persona intellettualmente e psichicamente inferiore alla media | (*estens.*) stupido, imbecille.
deficienza [de-fi-ciè n-za] *s.f.* **1** scarsezza, penuria: — *di viveri* | (*fig.*) mancanza, lacuna: *un alunno con deficienze in matematica* **2** (*med.*) oligofrenia; insufficienza mentale | (*estens.*) stupidità, imbecillità.
deficit [/ 'dɛfitʃit /] *s.m.invar.* (*lat.*) **1** (*fin.*) in

un bilancio, eccedenza del passivo sull'attivo; disavanzo: *essere in —* 2 (*fig.*) deficienza, insufficienza: *— mentale, culturale.*
deficitario [de-fi-ci-tà-rio] *agg.* 1 (*fin.*) che è in deficit 2 (*fig.*) deficiente, insufficiente.
defilarsi [de-fi-làr-si] *v.rifl.* scomparire, rendersi irreperibile: *appena può, si defila* | sottrarsi a qlco.: *— dal lavoro.*
defilato [de-fi-là-to] *agg.* che sta in disparte; appartato.
défilé [/ defiˈle /] *s.m.invar.* (*fr.*) sfilata di moda.
definibile [de-fi-nì-bi-le] *agg.* che si può definire.
definire [de-fi-nì-re] *v.tr.* [*io definisco, tu definisci ecc.*] 1 determinare con parole le caratteristiche essenziali di qlco. o di qlcu.: *una persona difficile da —* 2 determinare segnando dei limiti (anche *fig.*): *— i confini di una proprietà.*
definitezza [de-fi-ni-téz-za] *s.f.* l'essere definito.
definitivo [de-fi-ni-tì-vo] *agg.* che decide di qlco. in modo conclusivo: *scelta definitiva*; *sentenza definitiva*, (*dir.*) non più appellabile | *in definitiva*, in conclusione, insomma □ **definitivamente** *avv.* in modo definitivo, conclusivo; per sempre.
definito [de-fi-nì-to] *agg.* determinato, preciso, chiaro: *contorni poco definiti.*
definitorio [de-fi-ni-tò-rio] *agg.* (*non com.*) che definisce, che ha il potere di definire.
definizione [de-fi-ni-zió-ne] *s.f.* 1 il definire; l'insieme delle parole usate per definire: *— chiara, concisa* 2 (*foto., cine., tv*) precisione dei particolari di un'immagine; nitidezza | *tv ad alta —*, sistema di ripresa e trasmissione televisiva che dà immagini straordinariamente nitide.
defiscalizzazione [de-fi-sca-liʒ-ʒa-zió-ne] *s.f.* abolizione della fiscalizzazione | *— degli oneri sociali*, ritrasferimento ai datori di lavoro (e in pochi casi ai lavoratori) del carico di contributi sociali precedentemente assunto dallo stato.
deflagrare [de-fla-grà-re] *v.intr.* [aus. *avere*] 1 esplodere, detto di esplosivi da lancio 2 (*fig., lett.*) manifestarsi all'improvviso e violentemente: *il — degli odi* 3 (*geol.*) subire deflagrazioni.
deflagrazione [de-fla-gra-zió-ne] *s.f.* esplosione, scoppio.
deflazione [de-fla-zió-ne] *s.f.* (*econ.*) contrazione o rallentamento temporanei della crescita della produzione e del reddito.
deflazionistico [de-fla-zio-nì-sti-co] *agg.* [pl.m. *-ci*] (*econ.*) proprio della deflazione; che tende a promuovere una deflazione: *provvedimento —.*
deflessione [de-fles-sió-ne] *s.f.* il deflettere.
deflettere [de-flèt-te-re] *v.intr.* [coniugato come *flettere*; aus. *avere*] deviare, cambiare strada (anche *fig.*): *— dalla rotta*; *non — da una decisione.*
deflettore [de-flet-tó-re] *s.m.* elemento meccanico fisso o mobile che serve a deviare flussi di gas o di liquidi | vetro orientabile del finestrino anteriore di un autoveicolo, per deviare il flusso dell'aria.
deflorare [de-flo-rà-re] *v.tr.* [*io deflòro ecc.*] (*lett.*) privare della verginità lacerando l'imene.
deflorazione [de-flo-ra-zió-ne] *s.f.* (*lett.*) il deflorare, l'essere deflorata.
defluire [de-fluì-re] *v.intr.* [*io defluisco, tu defluisci ecc.*; aus. *essere*] 1 scorrere verso il basso (detto di fluidi) 2 (*estens.*) uscire come una corrente: *la folla defluiva dalla piazza.*
deflusso [de-flùs-so] *s.m.* 1 il defluire: *il — della marea* 2 (*estens.*) l'uscire come una corrente: *il — degli spettatori dal teatro.*
defogliante [de-fo-gliàn-te], o **defoliante**, *agg.* e *s.m.* si dice di prodotto chimico per uso bellico che priva di foglie le piante.
deforestare [de-fo-re-stà-re] *v.tr.* [*io deforèsto ecc.*] tagliare la vegetazione arborea; diboscare.
deforestazione [de-fo-re-sta-zió-ne] *s.f.* taglio degli alberi delle foreste; diboscamento.
deformabile [de-for-mà-bi-le] *agg.* che si può deformare.
deformabilità [de-for-ma-bi-li-tà] *s.f.* l'essere deformabile.
deformare [de-for-mà-re] *v.tr.* [*io defórmo ecc.*] 1 alterare la forma di qlco., peggiorandola: *l'umidità deforma il legno* 2 rendere deforme: *una cicatrice gli deformava il volto* | (*fig.*) alterare, distorcere: *— la verità* ♦ **deformarsi** *v.intr.pron.* perdere forma: *le scarpe si deformano con l'uso.*
deformazione [de-for-ma-zió-ne] *s.f.* 1 il deformare, il deformarsi, l'essere deformato; la parte deformata | *— professionale*, particolare distorsione della mentalità o del comportamento indotta dall'abitudine a esercitare un determinato lavoro 2 (*fis.*) cambiamento di forma di un corpo per effetto di una forza esterna.
deforme [de-fór-me] *agg.* che si allontana dalla forma naturale o normale e perciò risulta brutto, repellente: *una mano —.*
deformità [de-for-mi-tà] *s.f.* 1 stato di chi o di ciò che è deforme 2 (*med.*) deformazione permanente, congenita o acquisita.
defraudare [de-frau-dà-re] *v.tr.* [*io defràudo ecc.*] privare qlcu. con la frode di ciò che gli spetta: *sentirsi defraudato di qlco.*
defungere [de-fùn-ge-re] *v.intr.* [*io defungo, tu defungi ecc.*; aus. *essere*] (*lett.*) morire.
defunto [de-fùn-to] *agg.* e *s.m.* (*lett.*) [f. *-a*] si dice di persona morta.
degenerare [de-ge-ne-rà-re] *v.intr.* [*io degènero ecc.*; aus. *avere* o *essere*] 1 cambiare in qlco. di peggiore: *la bronchite è degenerata in polmonite* 2 comportarsi in modo da tradire i valori positivi della famiglia, del proprio ambiente 3 (*biol.*) essere colpito da degenerazione.
degenerativo [de-ge-ne-ra-tì-vo] *agg.* (*med.*) di degenerazione, proprio della degenerazione: *processo —.*
degenerato [de-ge-ne-rà-to] *agg.* e *s.m.* [f. *-a*] di persona che degenera nel comportamento; vizioso, depravato.
degenerazione [de-ge-ne-ra-zió-ne] *s.f.* 1 il degenerare, l'essere degenerato: *— dei costumi* 2 (*biol.*) alterazione della normale composizione delle cellule, dei tessuti o degli organi.

degenere [de-gè-ne-re] *agg.* che ha degenerato; che non ha le buone qualità di coloro che lo hanno preceduto: *figlio —.*
degente [de-gèn-te] *agg.* e *s.m.* e *f.* che/chi è a letto per malattia o è ricoverato in un luogo di cura.
degenza [de-gèn-za] *s.f.* il periodo trascorso a letto per malattia o in un luogo di cura: *una — di otto giorni in ospedale.*
degli [dé-gli] *prep.art.m.pl.* composta da *di* e *gli.*
deglutire [de-glu-tì-re] *v.tr.* [*io deglutisco, tu deglutisci ecc.*] far passare gli alimenti dalla bocca nell'esofago; inghiottire.
deglutizione [de-glu-ti-zió-ne] *s.f.* il deglutire.
degnare [de-gnà-re] *v.tr.* [*io dégno ecc.*] reputare degno: *non mi degnò di uno sguardo* ♦ *v.intr.* [aus. *essere*], **degnarsi** *v.intr.pron.* accondiscendere a fare qlco. (oggi per lo più *iron.*): *si è finalmente degnato di rispondermi.*
degnazione [de-gna-zió-ne] *s.f.* atteggiamento di ostentata benevolenza e compiacenza verso gli altri da parte di chi si reputa superiore: *accettare con aria di —* | *avere la — di*, degnarsi di: *non ha neppure la — di rispondere.*
degno [dé-gno] *agg.* **1** che merita qlco.: *— di lode; non è — che gli si presti attenzione* **2** che si addice; idoneo, adeguato: *palazzo — di un re; un comportamento — di voi* **3** onesto, perbene: *una degna persona* | pregevole, lodevole: *fare qlco. di —* □ **degnamente** *avv.*
degradabile [de-gra-dà-bi-le] *agg.* (*chim.*) che può subire una degradazione.
degradante [de-gra-dàn-te] *agg.* che degrada, mortifica: *un'azione —.*
degradare [de-gra-dà-re] *v.tr.* **1** (*mil.*) infliggere la pena della degradazione **2** (*fig.*) umiliare, mortificare, rendere abietto: *i vizi degradano l'uomo* **3** (*scient.*) provocare una degradazione ♦ *v.intr.* [aus. *avere*] digradare ♦ **degradarsi** *v.rifl.* abbrutirsi, svilirsi ♦ *v.intr.pron.* **1** (*scient.*) subire una degradazione **2** subire un degrado: *il palazzo si va degradando.*
degradazione [de-gra-da-zió-ne] *s.f.* **1** (*mil.*) pena consistente nella privazione del grado e nell'esclusione dalle forze armate **2** (*fig.*) abbrutimento morale; abiezione **3** (*geol.*) demolizione delle rocce a opera degli agenti atmosferici **4** (*fis.*) passaggio da una forma superiore di energia a una forma inferiore (*p.e.* da energia elettrica a energia termica) **5** (*chim.*) trasformazione di sostanze in altre più semplici attraverso reazioni chimiche; decomposizione, demolizione.
degrado [de-grà-do] *s.m.* deterioramento, decadimento, rovina: *— ambientale.*
degustare [de-gu-stà-re] *v.tr.* assaggiare, assaporare: *— un caffè.*
degustatore [de-gu-sta-tó-re] *s.m.* [f. *-trice*] chi degusta per professione; assaggiatore: *— di vini.*
degustazione [de-gu-sta-zió-ne] *s.f.* **1** il degustare **2** mescita per l'assaggio di bevande alcoliche.
deh [dèh] *inter.* (*lett.*) esclamazione di preghiera o esortazione.
dei [déi] *prep.art.m.pl.* composta da *di* e *i.*
deidratare [de-i-dra-tà-re] *v.tr.* disidratare.
deidratazione [de-i-dra-ta-zió-ne] *s.f.* disidratazione.
deiezione [de-ie-zió-ne] *s.f.* **1** (*geol.*) deposito dei materiali trasportati dalle acque o dal vento nei punti in cui la forza di trascinamento diminuisce | fuoruscita di materiale lavico dai vulcani **2** (*fisiol.*) espulsione delle feci | *pl.* feci, escrementi.
deificare [dei-fi-cà-re] *v.tr.* [*io deìfico, tu deìfichi ecc.*] divinizzare.
deindustrializzazione [de-in-du-stria-liʒ-ʒa-zió-ne] *s.f.* tendenza di un sistema economico a ridurre le attività industriali a vantaggio dello sviluppo del terziario.
deiscente [dei-scèn-te] *agg.* (*bot.*) che ha la proprietà della deiscenza (si contrappone a *indeiscente*).
deiscenza [dei-scèn-za] *s.f.* (*bot.*) proprietà di alcuni frutti di aprirsi spontaneamente per lasciare uscire il seme (si contrappone a *indeiscenza*).
deismo [de-ì-ʃmo] *s.m.* (*filos.*) dottrina che, fondandosi sulla sola ragione, ammette l'esistenza di un dio come causa del mondo, nega la necessità della rivelazione e della provvidenza e non riconosce alcun dogma.
deista [de-ì-sta] *s.m.* e *f.* [pl.m. *-sti*] seguace del deismo.
deistico [de-ì-sti-co] *agg.* del deismo, relativo al deismo.
deità [dei-tà] *s.f.* (*lett.*) divinità.
deittico [de-ìt-ti-co] *s.m.* [pl. *-ci*] (*ling.*) elemento linguistico che attribuisce alla frase una specifica connotazione di spazio o di tempo (*p.e.* gli avverbi di luogo e di tempo come *qui, là, ora, ieri*) | Usato come *agg.*: *gli avverbi deittici.*
del [dél] *prep.art.m.sing.* composta da *di* e *il.*
delatore [de-la-tó-re] *s.m.* [f. *-trice*] chi, per un suo interesse, denunzia all'autorità un reato o l'autore di esso; spia.
delazione [de-la-zió-ne] *s.f.* l'azione del delatore | cosa riferita da un delatore; spiata, soffiata.
delega [dè-le-ga] *s.f.* il delegare | (*dir.*) procura, mandato ♦ In funzione di *agg.invar.* solo nella loc. *legge —*, legge emanata dal governo quando il parlamento gliene attribuisce la facoltà.
delegante [de-le-gàn-te] *agg.* e *s.m.* e *f.* che/chi delega.
delegare [de-le-gà-re] *v.tr.* [*io dèlego, tu dèleghi ecc.*] **1** autorizzare qlcu. a compiere un atto in propria vece; incaricare, deputare **2** (*dir.*) affidare ad altri l'esercizio di poteri o funzioni rientranti nella propria sfera di competenze.
delegato [de-le-gà-to] *agg.* e *s.m.* [f. *-a*] che/chi rappresenta qlcu. o esercita funzioni proprie di altri: *amministratore —*, la persona a cui il consiglio di amministrazione d'una società delega le proprie attribuzioni | *— apostolico*, rappresentante del papa presso comunità cattoliche di stati che non hanno rapporti diplomatici con la Santa Sede.

delegazione [de-le-ga-zió-ne] *s.f.* commissione di più delegati a cui è stato dato un incarico di rappresentanza: *i membri della — italiana.*
delegittimare [de-le-git-ti-mà-re] *v.tr.* [*io delègittimo ecc.*] privare di legittimità determinati organi o poteri.
delegittimazione [de-le-git-ti-ma-zió-ne] *s.f.* il delegittimare, l'essere delegittimato.
deleterio [de-le-tè-rio] *agg.* che porta grave danno, rovina fisica o morale.
delfico [dèl-fi-co] *agg.* [pl.m. *-ci*] (*lett.*) **1** di Delfi, antica città della Grecia, sede di un famoso oracolo **2** (*estens.*) profetico.
delfino[1] [del-fi-no] *s.m.* **1** cetaceo lungo circa due metri, con corpo affusolato, muso acuminato, pinna dorsale a mezzaluna **2** (*sport*) stile di nuoto in cui le braccia aperte agiscono simultaneamente con movimento circolare e le gambe unite si flettono battendo l'acqua.
delfino[2] *s.m.* **1** (*st.*) titolo onorifico che si dava al primogenito del re di Francia **2** (*estens.*) chi già è stato scelto o è considerato il più probabile successore di un personaggio in una carica importante.
delibare [de-li-bà-re] *v.tr.* (*lett.*) degustare, assaporare.
delibera [de-lì-be-ra] *s.f.* (*burocr.*) deliberazione.
deliberante [de-li-be-ràn-te] *agg.* che delibera, che può deliberare: *organo —.*
deliberare [de-li-be-rà-re] *v.tr.* [*io delìbero ecc.*] (*lett.*) decidere, stabilire | (*burocr.*) detto di un organo collegiale, approvare con una decisione che ha valore esecutivo: *il consiglio delibererà i nuovi impegni di spesa* ♦ *v.intr.* [aus. *avere*] (*burocr.*) prendere una decisione che ha valore esecutivo; stabilire, disporre: *la corte si è ritirata per —; — in* (o *su*) *una materia.*
deliberativo [de-li-be-ra-tì-vo] *agg.* che vale a deliberare, a decidere di una questione: *voto —* | *genere —*, nella retorica antica, uno dei tre generi dell'eloquenza, il cui fine è di persuadere o dissuadere.
deliberato [de-li-be-rà-to] *agg.* voluto, volontario, intenzionale: *lo uccise con deliberata ferocia* ♦ *s.m.* (*burocr.*) deliberazione: *il — della giunta* □ **deliberatamente** *avv.* di proposito.
deliberazione [de-li-be-ra-zió-ne] *s.f.* il deliberare, l'essere deliberato; la cosa deliberata.
delicatezza [de-li-ca-téz-za] *s.f.* **1** qualità di ciò che è materialmente delicato: *la — di un ricamo* **2** fragilità, deteriorabilità: *la — del vetro* | gracilità, debolezza di costituzione fisica **3** attenzione, prudenza: *trattare con —* | discrezione, tatto; gentilezza, cortesia: *— d'animo* **4** ciò che dà un'impressione tenue ma piacevole; squisitezza, raffinatezza: *la — di un colore, di un cibo* | *pl.* cibi prelibati, raffinati.
delicato [de-li-cà-to] *agg.* **1** che è costituito di materia fine, morbida, leggera: *tessuto —* **2** facile a guastarsi; fragile: *congegno —* | gracile, cagionevole: *essere — di salute* **3** che richiede tatto, prudenza, abilità: *un incarico —* | che mostra discrezione, cortesia; fine, gentile: *una domanda poco delicata* **4** piacevole, raffinato: *profumo, sapore —* | *orecchio, palato —*, dotato di particolare sensibilità □ **delicatamente** *avv.*
delikatessen [/ delika'tɛssen /] *s.f.pl.* (*ted.*) specialità gastronomiche; delicatezze.
delimitare [de-li-mi-tà-re] *v.tr.* [*io delìmito ecc.*] chiudere entro limiti precisi; circoscrivere, definire (anche *fig.*): *il giardino era delimitato da una siepe; — un concetto.*
delimitazione [de-li-mi-ta-zió-ne] *s.f.* il delimitare, l'essere delimitato; cosa che delimita.
delineare [de-li-ne-à-re] *v.tr.* [*io delìneo ecc.*] **1** tracciare le linee essenziali, i contorni di qlco.: *— una figura* **2** (*fig.*) abbozzare, descrivere nei tratti essenziali: *— un programma* ♦ **delinearsi** *v.intr.pron.* essere visibile nelle linee essenziali; apparire (anche *fig.*): *la situazione si delinea difficile.*
delinquente [de-lin-quèn-te] *s.m.* e *f.* (*dir.*) autore di delitti; criminale: *— abituale* | (*estens.*) mascalzone, farabutto.
delinquenza [de-lin-quèn-za] *s.f.* l'insieme dei delinquenti e delle azioni delittuose da essi compiute: *la — urbana, minorile.*
delinquenziale [de-lin-quen-zià-le] *agg.* di delinquenza, da delinquente.
delinquere [de-lìn-que-re] *v.intr.* [usato solo nell'inf.] (*dir.*) commettere uno o più delitti: *istigazione a —; associazione per* (o *a*) *—*, reato consistente nell'associazione di tre o più persone allo scopo di commettere delitti.
deliquescente [de-li-que-scèn-te] *agg.* (*chim.*) si dice di sostanza solida che si scioglie in presenza del vapore acqueo contenuto nell'aria.
deliquio [de-lì-quio] *s.m.* perdita dei sensi: *cadere in —*, svenire.
delirante [de-li-ràn-te] *agg.* **1** (*med., psich.*) che presenta i tratti del delirio: *febbre —* **2** (*estens.*) privo di misura, sfrenato: *una passione —* | del tutto irragionevole, assurdo: *un discorso —.*
delirare [de-li-rà-re] *v.intr.* [aus. *avere*] **1** (*med., psich.*) essere in stato di delirio **2** (*estens.*) dire o fare cose insensate, irragionevoli: *— d'amore* | entusiasmarsi eccessivamente, in modo fanatico: *i fans deliravano per il loro idolo.*
delirio [de-lì-rio] *s.m.* **1** (*med.*) alterazione dello stato di coscienza, con allucinazioni e agitazione motoria, conseguenza di febbre acuta o di altri fattori (alcolismo, danni cerebrali ecc.): *essere in —* | (*psich.*) stato di coscienza caratterizzato da convinzioni erronee e illogiche **2** (*estens.*) esaltazione passionale; entusiasmo fanatico: *— dei sensi; la folla era in —.*
delitto [de-lìt-to] *s.m.* **1** (*dir.*) violazione di una norma penale per la quale siano previste le pene dell'ergastolo, della reclusione o della multa **2** (*estens.*) crimine; omicidio, assassinio: *macchiarsi di atroci delitti; — perfetto*, effettuato senza lasciare tracce o indizi che consentano di scoprirne l'autore **3** grave mancanza o colpa

(anche *scherz.*): *è un — far soffrire così un bambino; è un vero — non apprezzare tali squisitezze.*
delittuoso [de-lit-tu-ó-so] *agg.* che costituisce delitto, che tende al delitto: *fatto —; intenzioni delittuose.*
delizia [de-lì-zia] *s.f.* **1** piacere intenso e raffinato, materiale o spirituale: *le delizie della musica* **2** (*estens.*) cosa prelibata, leccornia: *un dolce che è una —* | persona graziosa e gentile: *una — di ragazza.*
deliziare [de-li-zià-re] *v.tr.* [*io delìzio ecc.*] dar piacere, procurare delizia (anche *iron.*): *una musica che delizia l'animo; ci deliziò con il racconto delle sue disgrazie* ♦ **deliziarsi** *v.intr.pron.* trarre delizia, godimento da qlco.: *mi delizio dei suoi sguardi.*
deliziosa [de-li-zió-sa] *agg.* e *s.f.* detto di varietà di mela con buccia liscia, rossa o gialla, e polpa dolce e compatta.
delizioso [de-li-zió-so] *agg.* che dà delizia: *luogo —* | gustoso, squisito: *pranzo —* | grazioso e gentile: *ragazza deliziosa* □ **deliziosamente** *avv.*
della [dél-la] *prep.art.f.sing.* composta da *di* e *la.*
delle [dél-le] *prep.art.f.pl.* composta da *di* e *le.*
dello [dél-lo] *prep.art.m.sing.* composta da *di* e *lo.*
delta [dèl-ta] *s.m.invar.* **1** nome della quarta lettera dell'alfabeto greco, che corrisponde a *d* nei caratteri latini | *a —*, che ha la forma di un delta maiuscolo, ossia di un triangolo **2** (*geog.*) pianura alluvionale di forma triangolare in prossimità della foce di un fiume: *il — padano.*
deltaplano [del-ta-plà-no] *s.m.* velivolo per voli planati a forma di grande aquilone triangolare, dotato di un'imbracatura semirigida capace di sostenere un uomo.
deltoide [del-tòi-de] *agg.* (*scient.*) che ha forma di delta | *muscolo —*, (*anat.*) muscolo della spalla che permette il sollevamento del braccio.
delubro [de-lù-bro] *s.m.* (*lett.*) tempio, santuario pagano | (*estens.*) chiesa.
delucidazione [de-lu-ci-da-zió-ne] *s.f.* spiegazione, chiarimento.
deludere [de-lù-de-re] *v.tr.* [pass.rem. *io delusi, tu deludésti ecc.*; part.pass. *deluso*] non essere all'altezza delle attese, delle speranze altrui: *i figli lo hanno deluso.*
delusione [de-lu-ʃió-ne] *s.f.* il deludere, l'essere deluso: *subire una —* | cosa, persona che delude: *l'ultimo suo libro è stato una —.*
deluso [de-lù-ʃo] *agg.* **1** che non ha visto realizzare le proprie aspettative: *un uomo — dalla vita* **2** che non si è realizzato: *speranze deluse.*
demagogia [de-ma-go-gì-a] *s.f.* l'arte di accattivarsi il favore delle masse con promesse che non si possono mantenere: *fare della —.*
demagogico [de-ma-gò-gi-co] *agg.* [pl.m. *-ci*] di demagogia; da demagogo: *discorso —* | che pratica la demagogia: *governo —* □ **demagogicamente** *avv.*
demagogo [de-ma-gò-go] *s.m.* e *agg.* [f. *-a*; pl.m. *-ghi*] chi/che agisce con demagogia.
demandare [de-man-dà-re] *v.tr.* affidare, rimettere: *— un incarico a qlcu.*
demaniale [de-ma-nià-le] *agg.* del demanio: *bene —.*
demanio [de-mà-nio] *s.m.* **1** il complesso dei beni inalienabili dello stato e degli enti pubblici territoriali **2** l'amministrazione di tali beni.
demarcare [de-mar-cà-re] *v.tr.* [*io demarco, tu demarchi ecc.*] segnare, delimitare.
demarcazione [de-mar-ca-zió-ne] *s.f.* il demarcare, l'essere demarcato; confine: *linea di —.*
demente [de-mèn-te] *agg.* e *s.m.* e *f.* **1** (*med.*) che/chi è affetto da demenza **2** (*estens.*) scemo, deficiente, incapace.
demenza [de-mèn-za] *s.f.* **1** (*med.*) infermità mentale caratterizzata da deterioramento delle facoltà intellettuali e affettive **2** (*estens.*) stupidità, incapacità.
demenziale [de-men-zià-le] *agg.* **1** (*med.*) che riguarda la demenza **2** (*estens.*) da demente; stupido, assurdo: *comportamento —* | si dice di genere artistico o di spettacolo che punta su elementi di assurda stupidità a fini satirici: *comicità —.*
demeritare [de-me-ri-tà-re] *v.intr.* [*io demèrito ecc.*; aus. *avere*] (*lett.*) mancare di meriti; rendersi indegno: *non ha demeritato.*
demerito [de-mè-ri-to] *s.m.* azione manchevole, indegna di cui si ha responsabilità.
demineralizzare [de-mi-ne-ra-liʒ-ʒà-re] *v.tr.* ridurre o eliminare i minerali contenuti in un liquido: *acqua demineralizzata.*
demineralizzato [de-mi-ne-ra-liʒ-ʒà-to] *agg.* privato dei minerali che conteneva: *acqua demineralizzata.*
demistificare [de-mi-sti-fi-cà-re] *v.tr.* [*io demistìfico, tu demistìfichi ecc.*] criticare radicalmente un'idea, un fenomeno, un personaggio in cui altri credono in modo incondizionato e irrazionale.
demistificazione [de-mi-sti-fi-ca-zió-ne] *s.f.* il demistificare, l'essere demistificato.
demitizzare [de-mi-tiʒ-ʒà-re] *v.tr.* riconsiderare un evento o un personaggio liberandolo dalle componenti mitiche, leggendarie; smitizzare.
demitizzazione [de-mi-tiʒ-ʒa-zió-ne] *s.f.* il demitizzare, l'essere demitizzato.
demiurgo [de-mi-ùr-go *o* de-miùr-go] *s.m.* [pl. *-ghi*] (*lett.*) chi, con le sue capacità creative, riesce a dar luogo a una nuova realtà.
demo- primo elemento di parole composte, che significa 'popolo' (*democrazia, demografia*).
democraticità [de-mo-cra-ti-ci-tà] *s.f.* l'essere democratico.
democratico [de-mo-crà-ti-co] *agg.* [pl.m. *-ci*] **1** della democrazia; che si ispira ai principi della democrazia: *sentimenti democratici* **2** (*estens.*) che si comporta con semplicità e rispetto verso persone di condizione inferiore ♦ *s.m.* [f. *-a*] chi ha idee democratiche o si comporta in modo democratico □ **democraticamente** *avv.*
democratizzare [de-mo-cra-tiʒ-ʒà-re] *v.tr.* rendere democratico; adeguare ai principi della de-

mocrazia: — *le istituzioni* ♦ **democratizzarsi** *v.rifl.* e *intr.pron.* diventare democratico.

democrazia [de-mo-cra-zì-a] *s.f.* 1 forma di governo in cui la sovranità appartiene al popolo, che la esercita direttamente o mediante rappresentanti liberamente eletti: — *parlamentare, rappresentativa* 2 governo, paese democratico: *le democrazie europee* 3 (*estens.*) atteggiamento di chi è rispettoso e alla mano con persone di condizione inferiore.

democristiano [de-mo-cri-stià-no] *agg.* del partito della Democrazia cristiana, trasformatosi nel 1994 in Partito popolare italiano ♦ *s.m.* [f. *-a*] chi seguiva, sosteneva la Democrazia cristiana.

démodé [/ demo'de /] *agg.invar.* (*fr.*) passato di moda; superato, disusato.

demodulatore [de-mo-du-la-tó-re] *s.m.* (*telecom.*) circuito elettrico che serve a ottenere, da un'onda modulata ad alta frequenza, l'onda originaria a bassa frequenza.

demografia [de-mo-gra-fì-a] *s.f.* studio dei fenomeni quantitativi riguardanti la popolazione.

demografico [de-mo-grà-fi-co] *agg.* [pl.m. *-ci*] della demografia, relativo alla demografia: *indagini demografiche* | della popolazione, relativo alla popolazione: *incremento* — □ **demograficamente** *avv.* dal punto di vista demografico.

demolire [de-mo-lì-re] *v.tr.* [*io demolisco, tu demolisci ecc.*] 1 abbattere, distruggere: — *un ponte* 2 (*fig.*) annientare, smantellare: — *una teoria.*

demolitore [de-mo-li-tó-re] *agg.* e *s.m.* [f. *-trice*] che/chi demolisce.

demolizione [de-mo-li-zió-ne] *s.f.* 1 il demolire, l'essere demolito (anche *fig.*): *la — di un palazzo, di un alibi* 2 (*chim.*) trasformazione di una molecola in altre di minor peso molecolare o scomposizione di una molecola nei suoi atomi.

demologia [de-mo-lo-gì-a] *s.f.* studio del folclore, delle tradizioni popolari.

demoltiplicare [de-mol-ti-pli-cà-re] *v.tr.* [*io demoltìplico, tu demoltìplichi ecc.*] ridurre una grandezza secondo un determinato rapporto.

demone [dè-mo-ne] *s.m.* 1 nelle religioni politeistiche, essere intermedio tra l'uomo e la divinità, di natura benigna o maligna 2 (*lett.*) potenza soprannaturale ispiratrice dell'uomo; genio | (*fig.*) passione travolgente: *il — del gioco.*

demoniaco [de-mo-nì-a-co] *agg.* [pl.m. *-ci*] del demonio; diabolico.

demonico [de-mò-ni-co] *agg.* [pl.m. *-ci*] di demone, del demonio: *potenza demonica.*

demonio [de-mò-nio] *s.m.* 1 nell'ebraismo e nel cristianesimo, diavolo 2 (*fig.*) persona malvagia o straordinariamente astuta | (*fam.*) persona vivace, irrequieta: *quel bambino è un —!* | (*fam.*) persona straordinariamente dotata, abile, dinamica: *al computer è un vero —!*

demonismo [de-mo-nì-ʃmo] *s.m.* forma primitiva di religione che spiega i fenomeni naturali come opera di dèmoni, buoni e cattivi, in lotta tra loro.

demonizzare [de-mo-niʒ-ʒà-re] *v.tr.* far apparire come demoniaco, malvagio.

demonologia [de-mo-no-lo-gì-a] *s.f.* studio delle credenze intorno ai dèmoni o sul demonio.

demoralizzante [de-mo-ra-liʒ-ʒàn-te] *agg.* scoraggiante, deprimente: *un insuccesso —.*

demoralizzare [de-mo-ra-liʒ-ʒà-re] *v.tr.* deprimere il morale di qlcu.; scoraggiare, avvilire ♦ **demoralizzarsi** *v.intr.pron.* avvilirsi, scoraggiarsi, abbattersi.

demoralizzato [de-mo-ra-liʒ-ʒà-to] *agg.* scoraggiato, avvilito.

demoralizzazione [de-mo-ra-liʒ-ʒa-zió-ne] *s.f.* il demoralizzare, il demoralizzarsi; lo stato d'animo di chi è demoralizzato.

demordere [de-mòr-de-re] *v.intr.* [coniugato come *mordere*; aus. *avere*; rar. nei tempi comp.] desistere, rinunciare, cedere: *non — da un proposito.*

demoscopia [de-mo-sco-pì-a] *s.f.* sondaggio dell'opinione pubblica su determinate questioni, effettuato con metodi statistici.

demoscopico [de-mo-scò-pi-co] *agg.* [pl.m. *-ci*] di demoscopia: *indagine demoscopica.*

demosponge [de-mo-spòn-ge] *s.f.pl.* (*zool.*) classe di spugne a scheletro non calcareo, a cui appartengono le spugne marine più comuni.

demotico [de-mò-ti-co] *agg.* [pl.m. *-ci*] (*lett.*) popolare.

demotismo [de-mo-tì-ʃmo] *s.m.* (*ling.*) voce o locuzione di origine popolare.

demotivare [de-mo-ti-và-re] *v.tr.* privare di motivazione psicologica ♦ **demotivarsi** *v.intr.pron.* perdere la motivazione psicologica.

demotivato [de-mo-ti-và-to] *agg.* non motivato psicologicamente: *sentirsi — in qlco.*

denaro [de-nà-ro], o **danaro**, *s.m.* 1 nell'antichità romana e poi nel Medioevo, moneta d'argento 2 (*estens.*) ogni sorta di moneta, metallica o cartacea; quattrini, soldi, ricchezze (con valore collettivo): *guadagnare, spendere del —; sprecare, sciupare tempo e —*, dedicarsi senza frutto a un'impresa lunga e dispendiosa; — *sporco*, (*fig.*) che è frutto di attività illecite | *prov.: il tempo è —* 3 *pl.* uno dei quattro semi delle carte da gioco italiane.

denatalità [de-na-ta-li-tà] *s.f.* diminuzione delle nascite in una popolazione.

denaturare [de-na-tu-rà-re] *v.tr.* alterare una sostanza con additivi che ne impediscano usi diversi da quelli previsti dalla legge.

denaturato [de-na-tu-rà-to] *agg.* alterato con additivi che ne impediscano usi diversi da quelli previsti dalla legge: *alcol —.*

denigrare [de-ni-grà-re] *v.tr.* dir male di una persona o di una cosa svilendone la reputazione, l'onore.

denigratore [de-ni-gra-tó-re] *agg.* e *s.m.* [f. *-trice*] che/chi denigra.

denigratorio [de-ni-gra-tò-rio] *agg.* che mira a denigrare.

denigrazione [de-ni-gra-zió-ne] *s.f.* il denigrare, l'essere denigrato.

denocciolato [de-noc-cio-là-to] *agg.* privato del nocciolo: *olive denocciolate.*

denominale [de-no-mi-nà-le] *agg.* e *s.m.* (*ling.*) si dice di parola derivata da un nome (p.e. *cucinare* da *cucina*).

denominare [de-no-mi-nà-re] *v.tr.* [*io denòmino ecc.*] dare, imporre un nome; chiamare ♦ **denominarsi** *v.intr.pron.* chiamarsi, avere per nome; prendere nome: *Alessandria si denominò così dal papa Alessandro III.*

denominato [de-no-mi-nà-to] *agg.* che ha nome, chiamato.

denominatore [de-no-mi-na-tó-re] *s.m.* (*mat.*) in una frazione, il numero che figura sotto il segno di frazione e che indica in quante parti è divisa l'unità | — *comune*, multiplo comune dei denominatori di due o più frazioni; (*fig.*) caratteristica comune a più cose fra loro differenti.

denominazione [de-no-mi-na-zió-ne] *s.f.* **1** il denominare, l'essere denominato; il nome dato: *la — scientifica del girasole è "helianthus annuus"* | *— d'origine*, marchio garantito dalla legge di cui possono fregiarsi prodotti alimentari provenienti da ben precise aree geografiche: *vino a — d'origine controllata* (o *vino DOC*) **2** *complemento di —*, (*gramm.*) quello costituito da un nome proprio che specifica un nome comune (*p.e.* la città *di Bologna*).

denotare [de-no-tà-re] *v.tr.* [*io denòto ecc.*] indicare, rivelare: *un comportamento che denota insicurezza.*

denotativo [de-no-ta-tì-vo] *agg.* **1** che serve a denotare **2** (*filos.*, *ling.*) relativo alla denotazione.

denotazione [de-no-ta-zió-ne] *s.f.* **1** il denotare, l'essere denotato **2** (*ling.*) il significato di base di un vocabolo, senza sfumature espressive (si contrappone a *connotazione*).

densimetro [den-sì-me-tro] *s.m.* (*fis.*) strumento per misurare la densità dei fluidi.

densità [den-si-tà] *s.f.* **1** l'essere denso (anche *fig.*): *la — del fumo*; *— di concetti* | *— di popolazione*, rapporto tra il numero degli abitanti e la superficie del territorio in cui abitano **2** (*fis.*) rapporto tra la massa e il volume di un corpo **3** (*inform.*) capacità di registrazione di un dischetto.

denso [dèn-so] *agg.* **1** che ha grande massa in un piccolo volume; fitto, spesso: *una colla densa*; *nebbia densa* **2** (*estens.*) che ha, che contiene qlco. in gran quantità; pieno, ricco: *un discorso — di idee* □ **densamente** *avv.*

dentale [den-tà-le] *agg.* (*anat.*) del dente, dentario: *carie —* ♦ *agg.* e *s.f.* (*ling.*) si dice di consonante nella cui articolazione la punta della lingua poggia contro l'interno dei denti anteriori (p.e. *t* e *d*).

dentaria [den-tà-ria] *s.f.* (*bot.*) pianta erbacea provvista di rizoma, con foglie composte e grandi fiori rosei o gialli.

dentario [den-tà-rio] *agg.* dei denti, che riguarda i denti: *carie dentaria.*

dentata [den-tà-ta] *s.f.* segno lasciato da un morso.

dentato [den-tà-to] *agg.* **1** provvisto di denti: *pesce con bocca dentata* **2** che ha sporgenze, punte a forma di denti: *ruota dentata.*

dentatura [den-ta-tù-ra] *s.f.* **1** l'insieme dei denti di una persona o di un animale **2** serie di denti di un utensile o di un organo meccanico.

dente [dèn-te] *s.m.* **1** ciascuno degli organi ossei infissi nelle mascelle dell'uomo e di altri animali che servono ad afferrare gli alimenti, a masticare, a mordere: *— sano, cariato*; *avere il mal di denti* | *mettere i denti*, si dice di bambino al quale cominciano a spuntare i primi denti | *battere i denti*, per febbre, freddo o paura | *mettere qlco. sotto i denti*, mangiare | *al —*, si dice del riso e della pasta cotti al punto di rimanere ancora consistenti | *stringere i denti*, (*fig.*) mettercela tutta per riuscire in qlco. | *a denti stretti*, (*fig.*) contro voglia | *parlare fuori dai denti*, (*fig.*) senza riguardi | *mostrare, digrignare i denti*, (*fig.*) essere aggressivo, minaccioso | *avere il — avvelenato contro qlcu.*, (*fig.*) sparlare di qlcu. per risentimento o rancore nei suoi confronti | *ragionamento tirato coi denti*, (*fig.*) sforzato, lambiccato | *armato fino ai denti*, (*fig.*) fornitissimo di armi | *difendere qlco. con i denti*, (*fig.*) a ogni costo, con ogni mezzo | *prov.*: *la lingua batte dove il — duole.* DIM. *dentino* ACCR. *dentone* **2** elemento sporgente di un oggetto o di un meccanismo: *i denti di una sega* **3** cima aguzza e dirupata di un monte.

dentellare [den-tel-là-re] *v.tr.* [*io dentèllo ecc.*] intagliare, incidere, ritagliare a dentelli: *— un tessuto.*

dentellato [den-tel-là-to] *agg.* fatto a dentelli; provvisto di dentellatura: *francobollo —.*

dentellatura [den-tel-la-tù-ra] *s.f.* insieme di dentelli.

dentello [den-tèl-lo] *s.m.* sporgenza o intaccatura a forma di piccolo dente | in filatelia, ciascuna delle piccole sporgenze regolari del bordo del francobollo.

dentice [dèn-ti-ce] *s.m.* pesce marino con bocca dai denti sporgenti; comune nel Mediterraneo, ha carni pregiate.

dentiera [den-tiè-ra] *s.f.* dentatura artificiale; protesi dentaria.

dentifricio [den-ti-frì-cio] *s.m.* preparato che si impiega per la pulizia dei denti ♦ *agg.* che serve per la pulizia dei denti.

dentina [den-tì-na] *s.f.* (*anat.*) tessuto del dente a base di calcio, situato sotto lo smalto e il cemento e sopra la polpa.

dentista [den-tì-sta] *s.m.* [pl. *-sti*] medico specializzato nella cura dei denti; odontoiatra | Usato come *agg.*: *medico —.*

dentistico [den-tì-sti-co] *agg.* [pl.m. *-ci*] di dentista; odontoiatrico: *cure dentistiche.*

dentizione [den-ti-zió-ne] *s.f.* processo di comparsa e crescita dei denti: *prima, seconda —.*

dentro [dén-tro] *avv.* **1** all'interno, nella parte interna di qlco.: *guardare —* | rafforzato da altri avv. di luogo: *lì —*, *qui —* | preceduto da preposizioni: *venire da —*; *stare più in —* **2** (*fig.*) nell'intimo, nell'animo: *non parla, tiene tutto —* ♦ *prep.* **1** nella parte interna (si unisce ai nomi direttamente o per mezzo della prep. *a*): *— casa*; *— l'armadio* (o *all'armadio*); *darci —*, (*fig. fam.*) impegnarsi a fondo in qlco. | si unisce ai pronomi personali per mezzo della prep. *di*: *— di me, di te*, (*fig.*) nel mio, nel tuo animo **2** entro (con valore temporale): *— l'anno*, prima che termini l'anno ♦ *s.m.* la parte interna: *il — è rivestito in tela* | rafforzato da *di*: *il di — è vuoto*.

denuclearizzare [de-nu-cle-a-riʒ-ʒà-re] *v.tr.* liberare una zona dalla presenza di armi nucleari.

denuclearizzato [de-nu-cle-a-riʒ-ʒà-to] *agg.* sgombrato da installazioni nucleari | *comune —*, comune che ha deliberato di non accettare sul proprio territorio l'insediamento di armi o centrali nucleari.

denudare [de-nu-dà-re] *v.tr.* spogliare, privare delle vesti; scoprire, snudare ♦ **denudarsi** *v.rifl.* spogliarsi.

denuncia [de-nùn-cia], o **denunzia**, *s.f.* [pl. *-ce*] l'atto con cui si denuncia.

denunciare [de-nun-cià-re], o **denunziare**, *v.tr.* [*io denùncio ecc.*] **1** dichiarare, notificare alla competente autorità: *— un furto* | *— una persona*, accusarla di un reato presso un organo di polizia o della magistratura **2** manifestare, rendere palese: *parole che denunciano malafede* | portare a conoscenza dell'opinione pubblica con un atto di accusa: *— le barbarie del razzismo* **3** disdire: *— un trattato*.

denunzia e *deriv.* → **denuncia** e *deriv.*

denutrito [de-nu-trì-to] *agg.* nutrito in modo insufficiente.

denutrizione [de-nu-tri-zió-ne] *s.f.* nutrizione insufficiente; il conseguente deperimento.

deodorante [de-o-do-ràn-te] *agg.* e *s.m.* si dice di sostanza capace di deodorare.

deodorare [de-o-do-rà-re] *v.tr.* [*io deodóro ecc.*] liberare in tutto o in parte dagli odori cattivi: *— un ambiente*.

Deo gratias [/ ˈdeoˈgrattsjas /] *loc.inter.* **1** (*lit.*) formula usata nella messa in latino come espressione di ringraziamento a Dio **2** (*fam.*) esclamazione di gioia o sollievo: *—, ho finito!*

deontologia [de-on-to-lo-gì-a] *s.f.* complesso di norme etico-sociali che disciplinano l'esercizio di una data professione: *— medica*.

deontologico [de-on-to-lò-gi-co] *agg.* [pl.m. *-ci*] relativo alla deontologia: *codice —*.

deossiribonucleico → **desossiribonucleico**.

deostruire [de-o-stru-ì-re] *v.tr.* [*io deostruisco, tu deostruisci ecc.*] liberare da un'ostruzione.

depauperamento [de-pau-pe-ra-mén-to] *s.m.* il depauperare, l'essere depauperato: *— del terreno*, il consumo dei suoi elementi nutritivi a causa delle coltivazioni.

depauperare [de-pau-pe-rà-re] *v.tr.* [*io depàupero ecc.*] impoverire.

depenalizzare [de-pe-na-liʒ-ʒà-re] *v.tr.* (*dir.*) togliere a un atto il carattere di reato che aveva in precedenza.

dépendance [/ depanˈdans /] *s.f.invar.* (*fr.*) edificio minore separato dal principale, di cui è il complemento; dipendenza: *una — dell'albergo*.

depennare [de-pen-nà-re] *v.tr.* [*io depénno ecc.*] cancellare con un tratto di penna: *— un nome da un elenco* | (*fig.*) escludere, togliere: *l'ho depennato dai miei amici*.

deperibile [de-pe-rì-bi-le] *agg.* soggetto a deterioramento: *la frutta è facilmente —*.

deperibilità [de-pe-ri-bi-li-tà] *s.f.* l'essere deperibile.

deperimento [de-pe-ri-mén-to] *s.m.* **1** indebolimento delle condizioni organiche di un individuo **2** deterioramento di cose: *merci soggette a —*.

deperire [de-pe-rì-re] *v.intr.* [*io deperisco, tu deperisci ecc.*; aus. *essere*] **1** perdere forza, salute, bellezza: *— per una malattia* **2** deteriorarsi, guastarsi: *generi alimentari che deperiscono rapidamente*.

deperito [de-pe-rì-to] *agg.* **1** debilitato, sciupato **2** guasto, deteriorato.

depilare [de-pi-là-re] *v.tr.* privare dei peli: *— le ascelle* ♦ **depilarsi** *v.rifl.* togliere i peli superflui dal proprio corpo.

depilatore [de-pi-la-tó-re] *agg.* e *s.m.* [f. *-trice*] si dice di apparecchio o prodotto che serve per depilare.

depilatorio [de-pi-la-tò-rio] *agg.* e *s.m.* si dice di sostanza o di mezzo atto a depilare: *ceretta depilatoria*.

depilazione [de-pi-la-zió-ne] *s.f.* il depilare, il depilarsi, l'essere depilato.

depistaggio [de-pi-stàg-gio] *s.m.* il depistare, l'essere depistato.

depistare [de-pi-stà-re] *v.tr.* far uscire dalla giusta pista fornendo deliberatamente indicazioni fuorvianti: *— le indagini della polizia*.

dépliant [/ depliˈan /] *s.m.invar.* (*fr.*) foglietto pubblicitario a più facce; pieghevole: *— turistico*.

deplorare [de-plo-rà-re] *v.tr.* [*io deplòro ecc.*] biasimare, riprovare.

deplorazione [de-plo-ra-zió-ne] *s.f.* biasimo, disapprovazione.

deplorevole [de-plo-ré-vo-le] *agg.* degno di biasimo, riprovevole.

deponente[1] [de-po-nèn-te] *agg.* e *s.m.* nella grammatica latina, si dice di verbo con forma passiva e significato attivo.

deponente[2] *s.m.* lettera, numero aggiunto un po' sotto la riga, specialmente in formule matematiche e chimiche (p.e.: b_2).

deporre [de-pór-re] *v.tr.* [coniugato come *porre*] **1** porre giù, posare; abbandonare: *— la penna*; *la gallina depone le uova* | *— le armi*, (*fig.*) cessare di combattere | *— la corona*, (*fig.*) abdicare **2** (*fig.*) rimuovere di forza da un alto incarico; spodestare: *— un ministro, il re* **3** (*dir.*) testimoniare, riferire in giudizio: *— il falso* ♦ *v.intr.* [aus. *avere*] (*dir.*) testimoniare: *— contro, a favore*.

deportare [de-por-tà-re] *v.tr.* [*io depòrto ecc.*] assoggettare alla pena della deportazione.

deportato [de-por-tà-to] *agg.* e *s.m.* [f. *-a*] che/chi ha subìto la deportazione.

deportazione [de-por-ta-zió-ne] *s.f.* (*dir.*) pena consistente nel trasferimento forzato di un condannato lontano dal suo territorio d'origine.

depositare [de-po-ʃi-tà-re] *v.tr.* [*io depòʃito ecc.*] **1** mettere giù, posare; adagiare: — *con cura un pacco* **2** (*dir.*) consegnare una cosa ad altri affinché la custodisca, obbligandosi a restituirla a richiesta o a un dato termine: — *denaro in banca* | consegnare qlco. a un ufficio, a un ente, a un'autorità per farla conoscere pubblicamente o farne constatare l'esistenza o la natura ed escludere così future contestazioni: — *la firma*; — *un marchio*, brevettarlo **3** detto di liquidi, lasciare accumulare sul fondo le particelle solide in sospensione (anche *assol.*): *il vino deposita in pochi mesi* ♦ **depositarsi** *v.intr.pron.* posarsi sul fondo (anche *fig.*): *le esperienze si depositano nella memoria.*

depositario [de-po-ʃi-tà-rio] *agg.* e *s.m.* [f. *-a*] **1** che/chi ha ricevuto qlco. in deposito **2** (*fig.*) che/chi custodisce, salvaguarda, difende: *essere il — di un segreto.*

deposito [de-pò-ʃi-to] *s.m.* **1** il depositare, il depositarsi, l'essere depositato | ciò che si deposita; in particolare, sedimento di un liquido: *il — del vino* **2** (*dir.*) l'atto con cui si deposita: *dare, ricevere in* —; — *bancario* | l'oggetto o i valori depositati: *avere un — in banca* **3** luogo in cui si deposita qlco. perché venga conservata e custodita: — *bagagli* | rimessa per la custodia e la manutenzione di mezzi di trasporto pubblico: *il — degli autobus* **4** (*geol.*) accumulo di materiale dovuto all'azione di agenti naturali (vento, pioggia ecc.) | (*anat.*) accumulo di sostanze di riserva: *grasso di* —.

deposizione [de-po-ʃi-zió-ne] *s.f.* **1** il deporre, l'essere deposto **2** in arte, opera figurativa che rappresenta la scena del corpo morto di Gesù deposto dalla croce.

depotenziare [de-po-ten-zià-re] *v.tr.* [*io depotènzio ecc.*] (*non com.*) diminuire la potenza; indebolire.

depravato [de-pra-và-to] *agg.* e *s.m.* [f. *-a*] vizioso, corrotto, pervertito.

depravazione [de-pra-va-zió-ne] *s.f.* l'essere depravato; corruzione, pervertimento.

deprecabile [de-pre-cà-bi-le] *agg.* che sarebbe da deprecare.

deprecare [de-pre-cà-re] *v.tr.* [*io deprèco, tu deprèchi ecc.*] disapprovare, biasimare energicamente: — *il ricorso alla forza.*

deprecazione [de-pre-ca-zió-ne] *s.f.* **1** (*lett.*) il deprecare, l'essere deprecato; la formula usata per deprecare **2** disapprovazione, biasimo.

depredare [de-pre-dà-re] *v.tr.* [*io deprèdo ecc.*] **1** rapinare, derubare **2** saccheggiare, spogliare.

depressionario [de-pres-sio-nà-rio] *agg.* che riguarda una depressione | *area depressionaria*, (*meteor.*) di bassa pressione.

depressione [de-pres-sió-ne] *s.f.* **1** (*geog.*) area che si trova a un livello inferiore a quello delle regioni circostanti o al di sotto del livello del mare | (*estens.*) avvallamento **2** (*fis.*) abbassamento della pressione di un ambiente **3** (*meteor.*) bassa pressione atmosferica | zona interessata da bassa pressione **4** (*econ.*) fase discendente del ciclo economico caratterizzata da riduzione della produzione e degli investimenti e da aumento della disoccupazione **5** (*psicol.*) alterazione dell'umore caratterizzata da malinconia, scarso interesse per il futuro, sensi di colpa | (*estens.*) debolezza, avvilimento, abbattimento.

depressivo [de-pres-sì-vo] *agg.* **1** atto a deprimere **2** caratterizzato da depressione: *stato* —.

depresso [de-près-so] *agg.* che si trova in condizioni di depressione | *zona, area depressa*, regione economicamente e socialmente arretrata ♦ *s.m.* [f. *-a*] (*med.*) chi si trova in stato di depressione.

depressurizzare [de-pres-su-riʒ-ʒà-re] *v.tr.* riportare la pressione dell'aria in un ambiente da valori più alti ai valori di quella esterna.

depressurizzazione [de-pres-su-riʒ-ʒa-zió-ne] *s.f.* il depressurizzare, l'essere depressurizzato.

deprezzamento [de-prez-za-mén-to] *s.m.* il deprezzare, il deprezzarsi, l'essere deprezzato: — *della moneta*, svalutazione.

deprezzare [de-prez-zà-re] *v.tr.* [*io deprèzzo ecc.*] **1** far calare di prezzo **2** (*fig.*) stimare meno del giusto; sminuire: — *una persona, un'opera* ♦ **deprezzarsi** *v.intr.pron.* diminuire di valore, svalutarsi: *le automobili si deprezzano rapidamente.*

deprimente [de-pri-mèn-te] *agg.* che deprime, abbatte: *un lavoro* —.

deprimere [de-prì-me-re] *v.tr.* [pass.rem. *io deprèssi, tu depriméstì ecc.*; part.pass. *deprèsso*] indebolire, abbattere fisicamente o moralmente (anche *assol.*): *il caldo mi deprime*; *gli insuccessi deprimono* ♦ *v.intr.pron.* avvilirsi, abbattersi.

depurare [de-pu-rà-re] *v.tr.* liberare da impurità, rendere puro | (*fig.*) purificare, raffinare ♦ **depurarsi** *v.intr.pron.* diventare puro | (*fig.*) purificarsi.

depurativo [de-pu-ra-tì-vo] *agg.* e *s.m.* (*med.*) si dice di medicamento atto a disintossicare l'organismo.

depuratore [de-pu-ra-tó-re] *agg.* [f. *-trice*] che depura: *filtro* — ♦ *s.m.* apparecchio per depurare una sostanza | impianto per depurare scarichi fognari e industriali.

depurazione [de-pu-ra-zió-ne] *s.f.* il depurare, il depurarsi, l'essere depurato: *impianto di* —.

deputare [de-pu-tà-re] *v.tr.* [*io dèputo ecc.*] incaricare, delegare | destinare, riservare.

deputato [de-pu-tà-to] *agg.* designato, destinato: *l'orecchio è l'organo — all'udito* ♦ *s.m.* ciascuno dei rappresentanti eletti dai cittadini al ramo del parlamento detto *camera dei deputati.*

deputazione [de-pu-ta-zió-ne] *s.f.* (*non com.*)

commissione di persone deputate ad adempiere a un compito; delegazione.
dequalificare [de-qua-li-fi-cà-re] *v.tr.* [*io dequalìfico, tu dequalìfichi ecc.*] abbassare il livello della qualifica professionale; squalificare: *un lavoro che dequalifica.*
deragliamento [de-ra-glia-mén-to] *s.m.* il deragliare.
deragliare [de-ra-glià-re] *v.intr.* [*io deràglio ecc.*; aus. *avere*] uscire dalle rotaie: *il treno ha deragliato.*
deragliatore [de-ra-glia-tó-re] *s.m.* dispositivo che serve a spostare la catena nel cambio di velocità delle biciclette.
dérapage [/ dera'paʒ /] *s.m.invar.* (*fr.*) il derapare.
derapare [de-ra-pà-re] *v.intr.* [aus. *avere*] deviare verso l'esterno di una traiettoria curva (detto di un autoveicolo, uno sciatore ecc.).
derattizzante [de-rat-tiʒ-ʒàn-te] *agg.* e *s.m.* si dice di sostanza velenosa usata per uccidere i topi.
derattizzare [de-rat-tiʒ-ʒà-re] *v.tr.* liberare dai ratti, dai topi.
derattizzazione [de-rat-tiʒ-ʒa-zió-ne] *s.f.* il derattizzare, l'essere derattizzato.
derby [/ 'dɛrbi /] *s.m.invar.* (*ingl.*) **1** nell'ippica, corsa al galoppo per puledri di tre anni **2** negli sport di squadra, incontro tra due formazioni della stessa città o di città vicine.
deregolamentare [de-re-go-la-men-tà-re] *v.tr.* [*io deregolaménto ecc.*] liberare da norme e regolamenti ciò che vi era sottoposto; liberalizzare, sbloccare.
deregulation [/ deregu'lɛʃʃon /] *s.f.invar.* (*ingl.*) abolizione di norme o regolamenti; liberalizzazione.
derelitto [de-re-lìt-to] *agg.* e *s.m.* [f. *-a*] che/chi è stato abbandonato e perciò versa in condizioni di miseria materiale o morale.
deresponsabilizzare [de-re-spon-sa-bi-liʒ-ʒà-re] *v.tr.* esimere da responsabilità ♦ **deresponsabilizzarsi** *v.intr.pron.* perdere la coscienza delle proprie responsabilità.
deretano [de-re-tà-no] *s.m.* (*non com.*) il sedere, il posteriore.
deridere [de-rì-de-re] *v.tr.* [coniugato come *ridere*] schernire, prendere in giro.
derisione [de-ri-ʃió-ne] *s.f.* il deridere.
derisorio [de-ri-ʃò-rio] *agg.* che è fatto per deridere: *gesto —.*
deriva [de-rì-va] *s.f.* **1** corrente marina superficiale prodotta da venti di direzione costante: *andare alla —*, lasciarsi trascinare dalla corrente; (*fig.*) abbandonarsi, subire passivamente gli eventi | spostamento laterale della rotta di un natante o di un aeromobile per effetto di una corrente **2** (*mar.*) tavola o lama metallica applicata verticalmente alla chiglia di una barca a vela, per aumentarne la stabilità trasversale | (*aer.*) parte fissa dell'impennaggio verticale di un velivolo, alla quale è incernierato il timone di direzione.
derivabile [de-ri-và-bi-le] *agg.* che si può derivare | *funzione —*, (*mat.*) che ammette almeno una derivata.
derivare [de-ri-và-re] *v.intr.* [aus. *essere*] trarre origine; scaturire, provenire (anche *fig.*): *la saggezza deriva dall'esperienza* ♦ *v.tr.* far discendere, far provenire; trarre, ricavare (anche *fig.*): *da cosa derivi le tue convinzioni?*
derivata [de-ri-và-ta] *s.f.* (*mat.*) limite a cui tende il rapporto fra l'incremento di una funzione e l'incremento attribuito alla sua variabile indipendente quando quest'ultimo tende a zero.
derivativo [de-ri-va-tì-vo] *agg.* **1** derivato; che è dovuto a derivazione **2** che produce derivazione.
derivato [de-ri-và-to] *agg.* che deriva da qlco. ♦ *s.m.* **1** (*ling.*) vocabolo che deriva da un altro: *i derivati di un verbo* **2** (*chim.*) sostanza ricavata da un'altra: *i derivati del petrolio.*
derivatore [de-ri-va-tó-re] *agg.* e *s.m.* [f. *-trice*] si dice di ciò che serve a derivare: *canale —.*
derivazione [de-ri-va-zió-ne] *s.f.* **1** il derivare, l'essere derivato **2** (*ling.*) processo di formazione di una parola nuova da un'altra già esistente, mediante l'aggiunta di suffissi o prefissi (p.e. *drogheria* da *droga*; *preavviso* da *avviso*) **3** in idraulica, prelievo da un bacino naturale o artificiale di acque da utilizzare per la produzione di energia elettrica o per irrigazione **4** (*elettr.*) elemento di circuito elettrico disposto in parallelo con un altro; anche, l'operazione con cui si pongono i circuiti in parallelo.
derma [dèr-ma] *s.m.* [pl. *-mi*] (*anat.*) strato profondo e più spesso della pelle, posto sotto l'epidermide e costituito da tessuto connettivo.
derma-, **-derma** primo e secondo elemento di parole composte, che significa 'pelle' (*pachiderma*).
dermatite [der-ma-tì-te] *s.f.* (*med.*) denominazione comune delle malattie della pelle a carattere infiammatorio.
dermato- primo elemento di parole composte, che significa 'pelle' (*dermatologia*).
dermatologia [der-ma-to-lo-gì-a] *s.f.* branca della medicina che studia le malattie della pelle e dei suoi annessi (peli, unghie, ghiandole sebacee ecc.).
dermatologico [der-ma-to-lò-gi-co] *agg.* [pl.m. *-ci*] (*med.*) che riguarda la dermatologia: *ospedale —.*
dermatologo [der-ma-tò-lo-go] *s.m.* [f. *-a*; pl.m. *-gi*] medico specialista in dermatologia.
dermatosi [der-ma-tò-ʃi] *s.f.* (*med.*) denominazione generica delle malattie della pelle.
-dermia secondo elemento di parole composte della terminologia scientifica, che significa 'pelle'.
dermico [dèr-mi-co] *agg.* [pl.m. *-ci*] del derma.
dermo- primo elemento di parole composte della terminologia scientifica, che significa 'pelle' (*dermosifilopatia*).
dermopatia [der-mo-pa-tì-a] *s.f.* (*med.*) malattia della pelle.
dermosifilopatia [der-mo-si-fi-lo-pa-tì-a] *s.f.*

branca della medicina che studia le malattie veneree e della pelle.
dermosifilopatico [der-mo-si-fi-lo-pà-ti-co] *agg.* [pl.m. *-ci*] (*med.*) che riguarda la dermosifilopatia: *istituto* —.
deroga [dè-ro-ga] *s.f.* il derogare; dispensa, eccezione: *concedere una* — | *in — a*, facendo eccezione rispetto a: *in — alle precedenti disposizioni.*
derogare [de-ro-gà-re] *v.intr.* [*io dèrogo, tu dèroghi ecc.*; aus. *avere*] **1** non osservare quanto in precedenza stabilito: — *a un accordo* **2** (*dir.*) disporre su un singolo punto diversamente da una norma esistente, senza peraltro violarne i principi generali: — *a una disposizione.*
derrata [der-rà-ta] *s.f.* (spec. *pl.*) prodotto agricolo di uso alimentare messo in vendita | (*estens.*) merce.
derrick [/ ˈderrik /] *s.m.invar.* (*ingl.*) torre metallica piramidale per sostenere e manovrare le attrezzature per la perforazione petrolifera.
derubare [de-ru-bà-re] *v.tr.* appropriarsi di qlco. che appartiene ad altri con un furto: — *qlcu. del portafoglio.*
derubato [de-ru-bà-to] *agg.* e *s.m.* [f. *-a*] che/chi ha subito un furto.
derubricare [de-ru-bri-cà-re] *v.tr.* [*io derubrico, tu derubrichi ecc.*] (*dir.*) qualificare un fatto come reato di minore gravità rispetto a una precedente configurazione giuridica.
derubricazione [de-ru-bri-ca-zió-ne] *s.f.* (*dir.*) il derubricare, l'essere derubricato.
desacralizzare [de-sa-cra-liʒ-ʒà-re] *v.tr.* privare del valore sacro.
desaparecido [/ desapareˈsido /] *agg.* e *s.m.* [pl.m. *-dos*] (*sp.*) si dice di persona scomparsa, in realtà rapita o uccisa per motivi politici.
desco [dé-sco] *s.m.* [pl. *-schi*] (*lett.*) tavola su cui si mangia; mensa.
descrittivo [de-scrit-tì-vo] *agg.* **1** che descrive con precisione di particolari: *una pagina descrittiva* **2** si dice della branca di una scienza che si occupa della descrizione degli oggetti e dei fenomeni a essa pertinenti: *anatomia, botanica descrittiva.*
descrivere [de-scrì-ve-re] *v.tr.* [coniugato come *scrivere*] **1** rappresentare con parole, a voce o per iscritto, un oggetto, una persona, un evento, indicandone le caratteristiche **2** tracciare compiendo un movimento: *i pianeti descrivono orbite ellittiche.*
descrizione [de-scri-zió-ne] *s.f.* il descrivere; le parole con cui si descrive: *una — spiritosa.*
desensibilizzare [de-sen-si-bi-liʒ-ʒà-re] *v.tr.* sottoporre a desensibilizzazione: — *un dente.*
desensibilizzazione [de-sen-si-bi-liʒ-ʒa-zió-ne] *s.f.* **1** (*foto.*) riduzione della sensibilità di un'emulsione alla luce **2** (*med.*) rimozione o attenuazione di una allergia mediante l'impiego di piccole dosi di antigene | eliminazione o riduzione della sensibilità di un organo.
desertico [de-ʃèr-ti-co] *agg.* [pl.m. *-ci*] proprio del deserto; che ha natura o aspetto di deserto: *paesaggio* —.
deserticolo [de-ʃer-tì-co-lo] *agg.* che vive nel deserto: *vegetazione deserticola.*
desertificazione [de-ʃer-ti-fi-ca-zió-ne] *s.f.* (*geog.*) progressiva trasformazione di un terreno fertile in deserto per degenerazione climatica e geologica.
deserto [de ʃèr-to] *agg.* abbandonato dalle persone; disabitato, spopolato, vuoto: *un paese, un palazzo* — ♦ *s.m.* **1** (*geog.*) vasta regione, generalmente pianeggiante e sabbiosa, con scarsissime precipitazioni, vegetazione effimera e vita animale ridotta: *il — del Sahara* **2** (*fig.*) luogo poco o per nulla abitato: *la città d'estate diventa un* — | *fare il — intorno a sé*, fare il vuoto, allontanare o allontanarsi da tutti | *predicare, parlare, gridare nel* (o *al*) —, (*fig.*) parlare inutilmente, senza essere ascoltato.
déshabillé [/ dezabiˈje /] *s.m.invar.* (*fr.*) abbigliamento femminile intimo o da camera: *essere in* —.
desiare [de-ʃi-à-re] *v.tr.* [*io deʃìo ecc.*] (*lett.*) desiderare.
desiderabile [de-si-de-rà-bi-le] *agg.* che suscita desiderio: *una donna* —.
desiderare [de-si-de-rà-re] *v.tr.* [*io desìdero ecc.*] **1** aspirare alla soddisfazione di un bisogno, di un piacere o a possedere qlco. che si considera un bene: — *un bicchiere d'acqua; desidero star solo* | *far — qlco.*, indugiare a concederla | *farsi* —, mostrarsi raramente; anche, arrivare in ritardo | *lasciare a* —, essere manchevole in qlco. **2** volere, richiedere (in formule di cortesia): *desidera un caffè?*
desiderata [de-si-de-rà-ta] *s.m.pl.* le cose desiderate; le richieste: *i — del pubblico.*
desiderio [de-si-dè-rio] *s.m.* **1** il desiderare: *avere — di viaggiare* | bramosia, voglia sessuale **2** ciò che si desidera: *il mio unico — è partire.*
desideroso [de-si-de-ró-so] *agg.* che ha desiderio di qlco.
design [/ diˈzain /] *s.m.invar.* (*ingl.*) progettazione di manufatti che contempera le esigenze tecnico-funzionali con quelle estetiche; disegno industriale | la linea, la forma di un oggetto prodotto industrialmente.
designare [de-si-gnà-re] *v.tr.* **1** proporre, destinare a un incarico, a un ufficio: — *qlcu. per una carica* **2** significare, indicare: *il termine "dosso" designa una piccola altura.*
designato [de-si-gnà-to] *agg.* e *s.m.* [f. *-a*] che/chi è stato destinato a un certo incarico.
designazione [de-si-gna-zió-ne] *s.f.* il designare, l'essere designato.
designer [/ deˈzainer /] *s.m.* e *f.invar.* (*ingl.*) chi per professione si occupa di disegno industriale.
desinare [de-ʃi-nà-re] *v.intr.* [*io déʃino ecc.*; aus. *avere*] (*tosc.*) pranzare.
desinenza [de-ʃi-nèn-za] *s.f.* (*gramm.*) terminazione variabile di parola che si aggiunge a un te-

ma per ottenere le varie forme della flessione: — *nominale, verbale.*
desio [de-ʃì-o] *s.m.* (*lett.*) desiderio.
desioso [de-ʃió-so] *agg.* (*lett.*) desideroso.
desistere [de-sì-ste-re] *v.intr.* [pass.rem. *io desistéi* o *desistètti, tu desistésti ecc.*; part.pass. *desistito*; aus. *avere*] non continuare, smettere: — *da un proposito.*
desktop computer [/ 'dɛsktɔp kom'pjuter /], abbr. in **desktop**, *loc.sost.m.invar.* (*ingl.*) elaboratore da tavolo, costituito da un'unità centrale di dimensioni ridotte, video e tastiera.
desolante [de-ʃo-làn-te] *agg.* che affligge, sconforta.
desolare [de-ʃo-là-re] *v.tr.* [*io dèʃolo ecc.*] affliggere, costernare: *la notizia della sua morte ci ha desolato.*
desolato [de-ʃo-là-to] *agg.* **1** afflitto, sconfortato **2** (*estens.*) dispiaciuto, spiacente: *siamo desolati di non potervi ospitare* **3** di luogo, che è in stato di desolazione: *un paese* —.
desolazione [de-ʃo-la-zió-ne] *s.f.* **1** afflizione, sconforto, costernazione: *avere la — nell'animo* **2** stato di abbandono, di squallore di un luogo.
desolforare [de-sol-fo-rà-re] *v.tr.* [*io desólforo ecc.*] (*chim.*) togliere in tutto o in parte lo zolfo contenuto in una sostanza.
desolforazione [de-sol-fo-ra-zió-ne] *s.f.* (*chim.*) l'operazione del desolforare.
desonorizzazione [de-so-no-riʒ-ʒa-zió-ne] *s.f.* (*ling.*) fenomeno per cui un suono si trasforma da sonoro in sordo.
desossiribonucleico [de-ʃos-si-ri-bo-nu-clèi-co], o deossiribonucleico, *agg.* (*biol.*) si dice dell'acido più noto come DNA.
despota [dè-spo-ta] *s.m.* [pl. *-ti*] **1** sovrano assoluto, tiranno **2** (*fig.*) chi esercita la propria autorità in modo prepotente e arbitrario.
desquamare [de-squa-mà-re] *v.tr.* provocare desquamazione ♦ **desquamarsi** *v.intr.pron.* subire desquamazione.
desquamazione [de-squa-ma-zió-ne] *s.f.* **1** (*med.*) perdita dello strato corneo dell'epidermide sotto forma di squame **2** (*geol.*) alterazione superficiale delle rocce con distacco di frammenti in forma di squame.
dessert [/ des'sɛr /] *s.m.invar.* (*fr.*) l'ultima portata del pranzo (in genere frutta o dolce): *vino da* —.
destabilizzante [de-sta-bi-liʒ-ʒàn-te] *agg.* che tende a destabilizzare: *un piano* —.
destabilizzare [de-sta-bi-liʒ-ʒà-re] *v.tr.* rendere instabile, specialmente un sistema politico, turbandone l'equilibrio, l'assetto.
destabilizzatore [de-sta-bi-liʒ-ʒa-tó-re] *agg.* e *s.m.* [f. *-trice*] che/chi destabilizza.
destabilizzazione [de-sta-bi-liʒ-ʒa-zió-ne] *s.f.* il destabilizzare, l'essere destabilizzato.
destare [de-stà-re] *v.tr.* [*io désto ecc.*] **1** svegliare, risvegliare: — *dal sonno*; — *gli animi* **2** (*fig.*) far nascere, suscitare: — *curiosità* ♦ **destarsi** *v.intr.pron.* **1** svegliarsi **2** (*fig.*) nascere, manifestarsi.
destinare [de-sti-nà-re] *v.tr.* **1** decidere, stabilire in modo irrevocabile (anche *assol.*): *Dio aveva destinato così* | definire, fissare: *la riunione è rinviata a data da destinarsi* **2** assegnare, riservare per un compito, uno scopo, un uso determinato: — *qlcu. a un ufficio*; — *una somma in beneficenza* **3** indirizzare, rivolgere: *un romanzo destinato ai ragazzi.*
destinatario [de-sti-na-tà-rio] *s.m.* [f. *-a*] la persona cui è destinato qlco.: *il — di una lettera.*
destinazione [de-sti-na-zió-ne] *s.f.* **1** il destinare, l'essere destinato | il fine, l'uso a cui una cosa è destinata: *la — di una somma* **2** luogo d'arrivo, meta: *giungere a* —; *partire per — ignota* | il luogo a cui viene spedita una lettera, una merce ecc.: *il baule non è ancora arrivato a* — **3** residenza e ufficio assegnati a un impiegato, un funzionario: *essere in attesa di* —.
destino [de-stì-no] *s.m.* il susseguirsi degli eventi considerato come predeterminato da una forza superiore alla volontà e al potere umani; fato: *accettare il proprio* — | sorte futura: *i destini di un popolo.*
destituire [de-sti-tu-ì-re] *v.tr.* [*io destituisco, tu destituisci ecc.*] rimuovere d'autorità da un ufficio, da una carica: — *un funzionario corrotto.*
destituzione [de-sti-tu-zió-ne] *s.f.* il destituire, l'essere destituito.
desto [dé-sto] *agg.* che non dorme, sveglio.
destoricizzare [de-sto-ri-ciʒ-ʒà-re] *v.tr.* descrivere e valutare un evento, un personaggio, un'idea al di fuori del suo contesto storico.
destra [dè-stra] *s.f.* **1** la mano destra: *stringere, dare la* — **2** la parte che è dal lato della mano destra: *voltare a* —; *alla mia* —, dalla parte destra rispetto a me; *tenere la* —, nella circolazione stradale, procedere nella parte destra della strada **3** l'insieme dei partiti conservatori, i cui deputati tradizionalmente siedono in parlamento alla destra del presidente | (*estens.*) la parte conservatrice di un partito, di un movimento: *la — socialista, cattolica.*
destreggiarsi [de-streg-giàr-si] *v.intr.pron.* [*io mi destréggio ecc.*] procedere con destrezza, in modo da evitare ostacoli, rischi, difficoltà; barcamenarsi: — *nel traffico, nella vita.*
destrezza [de-stréz-za] *s.f.* **1** abilità, agilità: *guidare con* — **2** (*fig.*) prontezza e accortezza nel pensare e nel decidere; sagacia.
destriero [de-striè-ro] *s.m.* (*lett.*) cavallo di razza di bell'aspetto.
destrina [de-strì-na] *s.f.* (*chim.*) sostanza ottenuta dall'amido, impiegata per apprettare i tessuti, per preparare colle e nell'industria farmaceutica.
destro [dè-stro] *agg.* **1** che è, rispetto alla persona, dal lato opposto a quello del cuore (si contrappone a *sinistro*); che si trova nel lato o nella direzione corrispondente: *mano destra*; *il lato — della strada*, giudicato rispetto al verso di marcia; *la riva destra del fiume*, quella a destra di chi vol-

ge le spalle alla sorgente **2** che possiede destrezza; abile, svelto, pronto: *un individuo — di mano* ♦ *s.m.* **1** opportunità, occasione: *offrire, cogliere il — di fare qlco.* **2** nel pugilato, colpo portato col pugno destro □ **destramente** *avv.* con destrezza, abilmente.
destrogiro [de-stro-gì-ro] *agg.* **1** destrorso; rivolto verso destra (si contrappone a *levogiro*) **2** (*fis., chim.*) si dice di composto otticamente attivo che ruota il piano di polarizzazione della luce verso destra.
destrorso [de-stròr-so] *agg.* **1** che va da sinistra a destra: *scrittura destrorsa* **2** che gira nel senso delle lancette dell'orologio: *vite destrorsa.*
destrosio [de-strò-ʃio] *s.m.* (*chim.*) glucosio.
destrutturare [de-strut-tu-rà-re] *v.tr.* scomporre, disorganizzare un insieme strutturato; compiere una destrutturazione.
desueto [de-suè-to] *agg.* (*lett.*) disusato.
desuetudine [de-sue-tù-di-ne] *s.f.* (*lett.*) mancanza di consuetudine; disuso: *cadere in —.*
desumere [de-sù-me-re *o* deʃùmere] *v.tr.* [coniugato come *assumere*] **1** ricavare, trarre: *— notizie da una fonte* **2** dedurre, arguire, congetturare: *un'opinione desunta dai fatti.*
desumibile [de-su-mi-bi-le *o* deʃumìbile] *agg.* che si può desumere.
desunto [de-sùn-to] *agg.* ricavato, tratto; dedotto.
detective [/ deˈtɛktiv /] *s.m.* e *f.invar.* (*ingl.*) agente investigativo, investigatore privato.
detector [/ deˈtɛktor /] *s.m.invar.* (*ingl.*) (*elettr.*) rivelatore di onde o di frequenze.
deteinato [de-te-i-nà-to] *agg.* privato in tutto o in parte della teina: *tè —.*
detenere [de-te-né-re] *v.tr.* [coniugato come *tenere*] **1** possedere, avere acquisito: *— un titolo, un primato* **2** (*dir.*) tenere qlco. abusivamente presso di sé: *— armi* **3** trattenere in prigione.
detentivo [de-ten-tì-vo] *agg.* (*dir.*) che comporta la detenzione: *pena detentiva.*
detentore [de-ten-tó-re] *agg.* e *s.m.* [f. *-trice*] che/chi detiene: *il — di un record.*
detenuto [de-te-nù-to] *agg.* e *s.m.* [f. *-a*] si dice di chi è trattenuto in prigione; carcerato.
detenzione [de-ten-zió-ne] *s.f.* **1** (*dir.*) il detenere qlco. **2** la pena della carcerazione.
detergente [de-ter-gèn-te] *agg.* e *s.m.* si dice di prodotto che serve a detergere.
detergere [de-tèr-ge-re] *v.tr.* [coniugato come *tergere*] pulire: *— un cristallo* | toglier via, asciugare: *—* (o *detergersi*) *il sudore dalla fronte.*
deteriorabile [de-te-rio-rà-bi-le] *agg.* che è soggetto a deterioramento, che si deteriora facilmente: *cibo —.*
deterioramento [de-te-rio-ra-mén-to] *s.m.* il deteriorare, il deteriorarsi, l'essere deteriorato.
deteriorare [de-te-rio-rà-re] *v.tr.* [*io deterióro ecc.*] alterare, danneggiare, guastare (anche *fig.*): *l'umidità deteriora i salumi; la gelosia deteriora i rapporti* ♦ **deteriorarsi** *v.intr.pron.* alterarsi, guastarsi.
deteriore [de-te-rió-re] *agg.* meno buono, peggiore.
determinabile [de-ter-mi-nà-bi-le] *agg.* che si può determinare.
determinante [de-ter-mi-nàn-te] *agg.* che determina; risolutivo, decisivo: *causa —.*
determinare [de-ter-mi-nà-re] *v.tr.* [*io detèrmino ecc.*] **1** stabilire, precisare: *— il costo d'un prodotto* **2** causare, provocare: *l'inflazione determina il rialzo dei prezzi.*
determinatezza [de-ter-mi-na-téz-za] *s.f.* l'essere determinato; precisione: *la — di un criterio.*
determinativo [de-ter-mi-na-tì-vo] *agg.* che determina | *articolo —*, (*gramm.*) quello che si premette a un nome per indicarlo in modo determinato (p.e. *la* porta); si contrappone ad *articolo indeterminativo* (p.e. *una* porta).
determinato [de-ter-mi-nà-to] *agg.* **1** preciso, definito: *un giorno —* | particolare, certo: *in un — caso* **2** risoluto, deciso: *un uomo freddo e —.*
determinazione [de-ter-mi-na-zió-ne] *s.f.* **1** il determinare, l'essere determinato; definizione, precisazione: *— di un prezzo, di un concetto* **2** decisione, volontà ferma: *agire con —.*
determinismo [de-ter-mi-nì-ʃmo] *s.m.* concezione secondo la quale ogni avvenimento dell'universo è necessariamente determinato da un altro che lo precede.
deterrente [de-ter-rèn-te] *agg.* e *s.m.* si dice di ciò che ha la capacità di distogliere dal compiere una determinata azione: *il potere — del carcere*; *— atomico, nucleare*, armamenti atomici così temibili da scoraggiare eventuali aggressioni.
detersivo [de-ter-sì-vo] *agg.* e *s.m.* si dice di prodotto contenente una sostanza detergente.
detestabile [de-te-stà-bi-le] *agg.* degno d'essere detestato; odioso.
detestare [de-te-stà-re] *v.tr.* [*io detèsto ecc.*] avere in orrore, in odio: *— la violenza* ♦ **detestarsi** *v.rifl.rec.* disprezzarsi profondamente, odiarsi a vicenda.
detonante [de-to-nàn-te] *agg.* e *s.m.* si dice di sostanza capace di una reazione esplosiva quasi istantanea.
detonare [de-to-nà-re] *v.intr.* [*io detòno ecc.*; aus. *avere*] esplodere istantaneamente e con forte rumore.
detonatore [de-to-na-tó-re] *s.m.* dispositivo per innescare lo scoppio di cariche esplosive.
detonazione [de-to-na-zió-ne] *s.f.* esplosione istantanea | (*estens.*) scoppio.
detraibile [de-tra-ì-bi-le] *agg.* che si può detrarre.
detraibilità [de-tra-i-bi-li-tà] *s.f.* l'essere detraibile.
detrarre [de-tràr-re] *v.tr.* [coniugato come *trarre*] sottrarre, defalcare: *— le spese dal ricavato.*
detrattore [de-trat-tó-re] *s.m.* [f. *-trice*] chi calunnia, diffama, denigra.
detrazione [de-tra-zió-ne] *s.f.* il detrarre, l'essere detratto: *portare in —*, detrarre | ciò che viene detratto: *una — di 100.000 lire.*
detrimento [de-tri-mén-to] *s.m.* danno morale o

materiale: *essere di — per qlcu.*; *andare a — di qlco.*
detritico [de-trì-ti-co] *agg.* [pl.m. *-ci*] di detrito, formato da detriti: *terreno —*.
detrito [de-trì-to] *s.m.* **1** (*geol.*) frammento proveniente dalla disgregazione delle rocce **2** (*estens.*) frammento, scoria | (*fig.*) residuo, rifiuto.
detronizzare [de-tro-niʒ-ʒà-re] *v.tr.* **1** deporre dal trono **2** (*estens.*) rimuovere da un posto di potere.
detta [dét-ta] solo nella loc. *a — di*: *a — di tutti*, secondo l'opinione generale.
dettagliante [det-ta-gliàn-te] *s.m.* e *f.* chi vende al dettaglio; negoziante.
dettagliare [det-ta-glià-re] *v.tr.* [*io dettàglio ecc.*] esporre con tutti i particolari; particolareggiare, circostanziare: *— i fatti*.
dettagliato [det-ta-glià-to] *agg.* particolareggiato, circostanziato, minuzioso: *esposizione dettagliata* □ **dettagliatamente** *avv.*
dettaglio [det-tà-glio] *s.m.* **1** elemento o circostanza specifica, particolare: *raccontare i dettagli di un fatto*; *entrare nei dettagli*, fin nei minimi particolari | *in —*, minutamente **2** piccola quantità: *vendere al —*, al minuto, non all'ingrosso.
dettame [det-tà-me] *s.m.* precetto, norma: *i dettami della moda*.
dettare [det-tà-re] *v.tr.* [*io détto ecc.*] **1** pronunciare con chiarezza e lentamente ciò che altri deve scrivere: *— un numero telefonico* **2** stabilire, imporre: *— le condizioni della resa* | *dettar legge*, imporre il proprio volere; avere assoluta autorità **3** suggerire, consigliare: *fare ciò che detta la coscienza*.
dettato [det-tà-to] *s.m.* **1** esercizio scolastico di scrittura sotto dettatura: *fare un —* | il testo così scritto: *correggere il —* **2** il contenuto di un testo; ciò che prescrive: *il — della legge*.
dettatura [det-ta-tù-ra] *s.f.* il dettare: *scrivere sotto —*.
detto [dét-to] *agg.* **1** soprannominato: *Lorenzo de' Medici — "il Magnifico"* **2** già nominato; sopraddetto: *nel — giorno* ♦ *s.m.* motto, sentenza, proverbio: *un — popolare*.
deturpare [de-tur-pà-re] *v.tr.* **1** rendere brutto, sfigurare: *edifici che deturpano il paesaggio* **2** (*fig.*) corrompere, guastare, rovinare: *il vizio deturpa l'anima*.
deturpazione [de-tur-pa-zió-ne] *s.f.* il deturpare, l'essere deturpato.
deumidificare [deu-mi-di-fi-cà-re] *v.tr.* [*io deumidìfico, tu deumidìfichi ecc.*] ridurre il tasso di umidità dell'aria di un ambiente.
deumidificatore [deu-mi-di-fi-ca-tó-re] *s.m.* dispositivo per deumidificare.
deus ex machina [/ 'dɛusɛks'makina /] *loc. sost.m.invar.* **1** nel teatro classico, divinità che veniva calata in scena dall'alto e interveniva a risolvere una situazione intricata **2** (*estens.*) persona o evento che inaspettatamente interviene a risolvere una situazione difficile.
deuterio [deu-tè-rio] *s.m.* (*chim.*) isotopo dell'idrogeno detto anche *idrogeno pesante*.
devastare [de-va-stà-re] *v.tr.* **1** distruggere, rovinare completamente: *— una città* **2** (*estens.*) deturpare: *un corpo devastato dalla malattia* | (*fig.*) sconvolgere: *un'anima devastata dal dolore*.
devastatore [de-va-sta-tó-re] *agg.* e *s.m.* [f. *-trice*] che/chi devasta: *furia devastatrice*.
devastazione [de-va-sta-zió-ne] *s.f.* il devastare, l'essere devastato; distruzione, rovina.
deverbale [de-ver-bà-le] *agg.* e *s.m.* (*ling.*) si dice di parola derivata da un verbo (p.e. *lavoratore* da *lavorare*).
deviante [de-vi-àn-te] *agg.* **1** che devia **2** (*sociol.*) che presenta devianza: *comportamento —*.
devianza [de-vi-àn-za] *s.f.* (*sociol.*) caratteristica dei comportamenti che si allontanano dalle norme o dalle aspettative sociali.
deviare [de-vi-à-re] *v.intr.* [*io devìo ecc.*; aus. *avere*] **1** uscire dalla via diretta, dalla direzione normale: *— a sinistra* **2** (*fig.*) scostarsi dalla posizione naturale, normale, giusta: *— dai propri propositi* | divagare: *— dall'argomento* ♦ *v.tr.* **1** far cambiare direzione: *— il traffico, un fiume* | *— un treno*, dirigerlo su un binario o una linea diversi dai soliti **2** (*fig.*) allontanare, distogliere, sviare: *— i sospetti*.
deviato [de-vi-à-to] *agg.* **1** che ha cambiato direzione, istradamento: *traffico —* **2** (*sociol.*) che ha comportamenti devianti.
deviatoio [de-via-tó-io] *s.m.* scambio ferroviario.
deviatore [de-via-tó-re] *s.m.* ferroviere addetto agli scambi.
deviazione [de-vi-a-zió-ne] *s.f.* **1** il deviare, l'essere deviato: *la — di un fiume, della colonna vertebrale* | *— psichica, sessuale*, comportamento psichico, sessuale patologicamente anomalo **2** (*fis.*) ogni modificazione nella traiettoria di un corpo per effetto di una forza agente su di esso.
device [/ de'vais /] *s.m.invar.* (*ingl.*) (*inform.*) unità hardware; periferica.
deviscerato [de-vi-sce-rà-to] *agg.* privato dei visceri, detto di animale macellato.
de visu [/ de'vizu /] *loc.avv.* con i propri occhi, di persona: *constatare —*.
devitalizzare [de-vi-ta-liʒ-ʒà-re] *v.tr.* **1** (*non com.*) togliere la vita o la vitalità **2** (*med.*) eliminare la vitalità di un organo o di un nervo a scopo terapeutico: *— un dente*.
devoluzione [de-vo-lu-zió-ne] *s.f.* trasferimento di diritti o di beni a un altro soggetto: *la — di un patrimonio*.
devolvere [de-vòl-ve-re] *v.tr.* [pres. *io devòlvo ecc.*; pass.rem. *io devolvéi* (o *devolvètti*), *tu devolvésti ecc.*; part.pass. *devoluto*] destinare ad altri o ad altro uso: *— una somma in beneficenza*.
devoniano [de-vo-nià-no] *agg.* e *s.m.* si dice del quarto periodo geologico dell'era paleozoica, compreso tra 400 e 350 milioni di anni fa: *fossile —*.

devoto [de-vò-to] *agg.* **1** che si dedica interamente a un ideale: — *alla patria* | dedito a un determinato culto; religioso, pio: — *alla* (o *della*) *Vergine*; *mostrarsi* — **2** ispirato a devozione: *ascoltare in — silenzio* | che ispira devozione: *luogo* — **3** affezionato, fedele: *amico, animo* — ♦ *s.m.* [f. *-a*] **1** chi partecipa con assiduità alle funzioni religiose | chi è dedito a un determinato culto: *i devoti di santa Rita* **2** persona affezionata e fedele □ **devotamente** *avv.*

devozionale [de-vo-zio-nà-le] *agg.* proprio della devozione.

devozione [de-vo-zió-ne] *s.f.* **1** vivo sentimento religioso: *pregare con* — | (*relig.*) particolare venerazione per un santo: — *per sant'Antonio* | *luogo di* —, luogo di culto **2** *pl.* pratiche del culto; preghiere **3** dedizione, attaccamento a una persona o a un ideale: — *per la madre, al dovere*.

di[1] *prep.* [si può elidere davanti a vocale] **1** stabilisce una relazione di specificazione: *il profumo delle rose*; *la scalata di una montagna* | di possesso o appartenenza: *la casa di mio fratello*; *gli impiegati del ministero*; *un libro di Calvino*, scritto da Calvino | di parentela: *la cugina di Federico* **2** in funzione partitiva, indica un insieme di cui si considera o si sceglie solo una parte: *tre dei suoi amici*; *il più bravo degli alunni* | con valore più generico: *mangiammo del pane* **3** in dipendenza da nomi, aggettivi, pronomi che indicano quantità, insieme, numero, introduce ciò a cui quella quantità o quell'insieme si riferisce: *un chilo di pane*; *un minimo di prudenza*; *nulla di nuovo* **4** davanti a un nome proprio, ha funzione denominativa: *la città di Roma*; *il nome di Francesco* **5** limita l'ambito, l'aspetto per cui è valida una qualità, una condizione: *sano di corpo*; *buono d'animo* | può implicare un concetto d'abbondanza o di privazione: *ricco d'ingegno*; *mancare di esperienza* | di colpa o di pena: *reo d'omicidio*; *multare di centomila lire* **6** introduce l'argomento di un discorso, di uno scritto, di un'opera: *discutere di sport*; *un trattato di chimica* **7** nelle comparazioni può introdurre il secondo termine di paragone: *Mario è più alto di Giovanni* **8** esprime una modalità: *essere di buon umore*; *andare di corsa* | una qualità, una condizione permanente: *un giovane d'ingegno* | la materia di cui qlco. è fatta: *una statua di marmo* | una quantità o un'indicazione d'età, una stima: *un pacco di cinque chili*; *un bambino di sei anni* **9** introduce una causa: *scoppiare di caldo* **10** definisce un mezzo o strumento: *cospargere d'olio*; *vivere di poco* **11** stabilisce il fine, lo scopo: *segnale d'allarme*; *freno di sicurezza* **12** introduce una relazione di moto da luogo: *uscire di casa*; *m'è uscito di mente* | con sfumatura di allontanamento o separazione: *andar via di casa* **13** esprime origine, provenienza: *un avvocato di Napoli* | discendenza familiare: *una ragazza di buona famiglia* **14** introduce una specificazione di tempo determinato: *di mattina*; *di domenica* | di tempo continuato: *un corso di tre mesi*; *una lezione di due ore* **15** ha funzione rafforzativa in talune espressioni enfatiche: *ne ha combinati di guai!*; *fare di questi errori!* | in funzione pleonastica: *darsi del tu*; *dire di no* **16** introduce prop. infinitive con funzione di oggetto o di soggetto: *crede di aver sempre ragione*; *è ora di partire* | con funzione dichiarativa: *ti prego di non farmi attendere* | con funzione consecutiva: *è degno di essere lodato* **17** concorre alla formazione di loc. prep.: *prima di, fuori di, dopo di, invece di ecc.* | loc. avv.: *di nuovo, di nascosto, di gran lunga ecc.* | loc. cong.: *di modo che, dopo di che ecc.*

di[2] *s.f.* o *m.* nome della lettera *d*.

dì *s.m.* giorno: *due volte al* —.

di-[1] prefisso che può indicare movimento verso il basso (*discendere*), privazione (*diboscare*, *disperare*) o può avere valore rafforzativo (*distillare*).

di-[2] → **dis-**.

dia- primo elemento di parole composte che significa 'attraverso, mediante', oppure 'differenza, separazione'.

diabete [di-a-bè-te] *s.m.* (*med.*) malattia, dovuta a insufficiente secrezione di insulina, che determina l'aumento di zucchero nel sangue e nelle urine.

diabetico [di-a-bè-ti-co] *agg.* **1** [pl.m. *-ci*] che riguarda il diabete **2** affetto da diabete ♦ *s.m.* [f. *-a*] persona diabetica.

diabolico [dia-bò-li-co] *agg.* [pl.m. *-ci*] **1** del diavolo **2** (*estens.*) malvagio, maligno: *piano* — □ **diabolicamente** *avv.*.

diaconato [di-a-co-nà-to] *s.m.* (*eccl.*) il primo dei tre gradi del sacramento dell'ordine (precede il presbiterato e l'episcopato)

diacono [di-à-co-no] *s.m.* (*eccl.*) chi è investito del diaconato.

diacritico [dia-crì-ti-co] *agg.* [pl.m. *-ci*] (*ling.*) si dice di segno grafico usato per conferire ai caratteri abituali un particolare valore (*p.e.* la cediglia in francese).

diacronia [di-a-cro-nì-a] *s.f.* (*ling.*) considerazione di un fenomeno o di un insieme di fenomeni in ordine alla loro evoluzione nel tempo (si contrappone a *sincronia*).

diacronico [di-a-crò-ni-co] *agg.* [pl.m. *-ci*] che riguarda la diacronia □ **diacronicamente** *avv.* sotto l'aspetto diacronico.

diadema [di-a-dè-ma] *s.m.* [pl. *-mi*] gioiello portato sul capo per fermare i capelli o come insegna di dignità regale o sacerdotale.

diafano [di-à-fa-no] *agg.* (*lett.*) **1** che lascia passare la luce; trasparente: *corpo* — **2** (*fig.*) pallido; delicato: *volto* —.

diafisi [di-à-fi-ʃi] *s.f.* (*anat.*) la porzione centrale di un osso lungo, compresa tra le due epifisi.

diaforesi [di-a-fo-rè-ʃi] *s.f.* (*med.*) sudorazione.

diaframma [di-a-fràm-ma] *s.m.* [pl. *-mi*] **1** qualsiasi dispositivo o elemento, rigido o elastico, che separi due cavità o divida una cavità in due parti | (*fig.*) tutto ciò che separa, divide spiritualmente **2** (*anat.*) muscolo che divide la cavità toracica da quella addominale **3** (*foto.*) disco provvisto di un foro ad apertura regolabile, usato per limitare la luce trasmessa dall'obiettivo alla pellicola | l'apertura stessa **4** (*med.*) anticoncezionale femminile consistente in una membrana che, applicata al collo dell'utero, ne occlude l'orifizio, impedendo la risalita degli spermatozoi.

diagnosi [di-à-gno-ʃi] *s.f.* **1** (*med.*) identificazione di una malattia in base ai sintomi, ai precedenti del paziente e agli esami strumentali e di laboratorio: *formulare una —* **2** (*estens.*) valutazione di un fenomeno sulla base dell'analisi delle sue manifestazioni: *una — della situazione economica.*

diagnosta [di-a-gnò-sta] *s.m.* medico che formula la diagnosi.

diagnostica [di-a-gnò-sti-ca] *s.f.* (*med.*) il complesso delle tecniche e dei metodi usati per formulare diagnosi.

diagnosticare [di-a-gno-sti-cà-re] *v.tr.* [*io diagnòstico, tu diagnòstichi ecc.*] fare una diagnosi: *— una polmonite.*

diagnostico [di-a-gnò-sti-co] *agg.* [pl.m. *-ci*] di diagnosi, relativo a diagnosi: *esame —.*

diagonale [di-a-go-nà-le] *s.f.* **1** (*geom.*) linea retta che in un poligono unisce due vertici non consecutivi: *la — di un quadrato* **2** linea trasversale, obliqua: *attraversare una piazza in —* ♦ *s.m.* nel calcio e nel tennis, tiro obliquo rispetto ai lati del campo ♦ *agg.* trasversale, obliquo: *linea —* □ **diagonalmente** *avv.* nella direzione della diagonale; trasversalmente.

diagramma [di-a-gràm-ma] *s.m.* [pl. *-mi*] rappresentazione grafica di una funzione matematica o dei valori che caratterizzano l'andamento di un fenomeno: *— della temperatura.*

dialefe [dia-lè-fe] *s.f.* (*metr.*) iato fra due vocali consecutive, la prima alla fine di una parola, la seconda all'inizio della parola seguente.

dialettale [di-a-let-tà-le] *agg.* che è proprio di un dialetto: *accento —* | che è detto, scritto in dialetto: *poesia —* | che fa uso del dialetto: *attore —* □ **dialettalmente** *avv.*

dialettalismo [dia-let-ta-lì-ʃmo] *s.m.* vocabolo o espressione di origine dialettale.

dialettalità [di-a-let-ta-li-tà] *s.f.* l'essere dialettale, carattere di ciò che è dialettale.

dialettica [di-a-lèt-ti-ca] *s.f.* arte della discussione, del dialogo | (*estens.*) capacità di sostenere un discorso logico e convincente.

dialettico [di-a-lèt-ti-co] *agg.* [pl.m. *-ci*] **1** della dialettica **2** (*estens.*) proprio, tipico di chi sa discutere e argomentare con logica stringente: *abilità dialettica* **3** che si svolge attraverso la contrapposizione di posizioni antitetiche: *scontro —* □ **dialetticamente** *avv.*

dialetto [di-a-lèt-to] *s.m.* parlata propria di una determinata area geografica, a cui si contrappone la lingua ufficiale o nazionale: *— napoletano*; *parlare in —.*

dialettofono [di-a-let-tò-fo-no] *agg.* e *s.m.* [f. *-a*] (*ling.*) che/chi parla un dialetto.

dialettologia [di-a-let-to-lo-gì-a] *s.f.* ramo della linguistica che studia i dialetti.

dialettologo [di-a-let-tò-lo-go] *s.m.* [f. *-a*; pl.m. *-gi*] studioso, esperto di dialettologia.

dialipetalo [dia-li-pè-ta-lo] *agg.* (*bot.*) si dice di fiore i cui petali sono separati l'uno dall'altro.

dialisepalo [dia-li-sè-pa-lo] *agg.* (*bot.*) si dice di calice i cui sepali sono separati l'uno dall'altro.

dialisi [di-à-li-ʃi] *s.f.* (*med.*) emodialisi.

dializzare [dia-liʒ-ʒà-re] *v.tr.* (*med.*) sottoporre a emodialisi.

dializzato [di-a-liʒ-ʒà-to] *agg.* e *s.m.* [f. *-a*] (*med.*) si dice di paziente che viene sottoposto periodicamente a emodialisi.

dialogare [di-a-lo-gà-re] *v.intr.* [*io diàlogo, tu diàloghi ecc.*; aus. *avere*] fare un dialogo, conversare | (*estens.*) condividere, comunicarsi sentimenti o pensieri: *due persone che dialogano poco* ♦ *v.tr.* scrivere in forma di dialogo, trasformare in dialogo: *— una scena.*

dialogato [di-a-lo-gà-to] *agg.* che ha forma di dialogo; provvisto di dialoghi: *le parti dialogate di un romanzo.*

dialoghista [di-a-lo-ghì-sta] *s.m.* e *f.* [pl.m. *-sti*] chi scrive o riduce i dialoghi di opere televisive, cinematografiche e teatrali.

dialogico [di-a-lò-gi-co] *agg.* [pl.m. *-ci*] **1** di dialogo, dei dialoghi: *letteratura dialogica* | (*estens.*) colloquiale, discorsivo: *tono —* **2** che ha forma di dialogo: *brano —* □ **dialogicamente** *avv.* in forma di dialogo.

dialogo [di-à-lo-go] *s.m.* [pl. *-ghi*] **1** discorso che si svolge tra due o più persone; colloquio, conversazione: *avere un — con qlcu.* **2** (*estens.*) colloquio, comunicazione costante tra persone o tra gruppi che elimina o riduce gli elementi di dissenso e favorisce la comprensione reciproca: *il — tra genitori e figli* **3** componimento letterario che adotta la forma dialogica: *i "Dialoghi" di Platone* **4** brano di un testo in cui due o più personaggi dialogano direttamente tra loro: *molti romanzi sono ricchi di dialoghi.*

diamagnetico [di-a-ma-gnè-ti-co] *agg.* [pl.m. *-ci*] (*fis.*) che presenta la proprietà di essere respinto anziché attratto da un magnete.

diamagnetismo [di-a-ma-gne-tì-ʃmo] *s.m.* (*fis.*) proprietà delle sostanze diamagnetiche.

diamante [di-a-màn-te] *s.m.* **1** (*min.*) il più duro dei minerali, costituito da carbonio puro cristallizzato, trasparente, incolore; è usato come pietra preziosa e per scopi industriali | *duro come il —*, (*fig.*) durissimo | *nozze di —*, (*fig.*) il sessantesimo anniversario di matrimonio **2** strumento con punta di diamante usato per tagliare il vetro.

diamantifero [di-a-man-tì-fe-ro] *agg.* che contiene diamanti: *giacimento —.*

diametrale [dia-me-trà-le] *agg.* di diametro, relativo al diametro □ **diametralmente** *avv.* lungo la linea del diametro: *dividere — un cerchio* | *esse-*

re — opposto, (*fig.*) completamente antitetico: *pareri — opposti*.
diametro [di-à-me-tro] *s.m.* (*geom.*) segmento che unisce due punti di una circonferenza o di una superficie sferica passando per il centro.
diamina → **diammina**.
diamine [di-à-mi-ne] *inter.* (*fam.*) esclamazione di meraviglia, stizza, disapprovazione | come risposta energicamente affermativa: *se voglio la torta?—!*
diammina [di-am-mì-na], o **diamina**, *s.f.* (*chim.*) ogni composto organico con 2 gruppi amminici.
dianto [di-àn-to] *s.m.* (*bot.*) genere di piante a cui appartiene il garofano.
dianzi [diàn-zi] *avv.* (*lett.*) poco fa, or ora.
diapason [di-à-pa-ʃon] *s.m.* forcella di metallo che, percossa, vibra emettendo la nota *la*; viene usata per accordare gli strumenti musicali.
diapositiva [di-a-po-ʃi-tì-va] *s.f.* fotografia positiva su pellicola, da proiettare su uno schermo.
diaproiettore [dia-pro-iet-tó-re] *s.m.* proiettore per diapositive.
diarchia [di-ar-chì-a] *s.f.* forma di governo in cui il potere viene esercitato da due persone o da due organi politici.
diaria [di-à-ria] *s.f.* indennità giornaliera di trasferta di un lavoratore dipendente.
diario [di-à-rio] *s.m.* **1** quaderno in cui si annotano giorno per giorno le osservazioni e gli avvenimenti che si ritengono più importanti: *— di viaggio* **2** registro giornaliero: *— scolastico*; *— di bordo*, tenuto dal comandante di una nave **3** elenco dei giorni in cui si svolgeranno le prove di un esame, un concorso; calendario.
diarista [dia-rì-sta] *s.m.* e *f.* [pl.m. *-sti*] scrittore di uno o più diari.
diarrea [di-ar-rè-a] *s.f.* (*med.*) emissione frequente di feci liquide o semiliquide.
diarroico [di-ar-rò-i-co] *agg.* [pl.m. *-ci*] di diarrea: *scariche diarroiche*.
diaspora [di-à-spo-ra] *s.f.* dispersione di un popolo nel mondo, dopo l'abbandono dei luoghi d'origine; in particolare, la dispersione degli ebrei nel mondo antico, dall'esilio babilonese (sec. VI a.C.) in poi | (*estens.*) dispersione di persone prima raggruppate.
diaspro [di-à-spro] *s.m.* (*min.*) varietà compatta di silice di vario colore, usata come pietra ornamentale.
diastole [di-à-sto-le] *s.f.* (*fisiol.*) movimento di dilatazione del cuore per cui le sue cavità si riempiono di sangue.
diatermia [dia-ter-mì-a] *s.f.* (*med.*) terapia che consiste nel far attraversare i tessuti da correnti elettriche ad alta frequenza, allo scopo di sviluppare effetti termici in profondità.
diatesi [di-à-te-ʃi] *s.f.* **1** (*med.*) predisposizione costituzionale, per lo più ereditaria, dell'organismo a una determinata malattia **2** (*gramm.*) funzione del verbo riguardante il rapporto tra l'azione che esso esprime e il soggetto: *— attiva, passiva*.
diatomee [dia-to-mè-e] *s.f.pl.* classe di alghe unicellulari microscopiche munite di un caratteristico guscio siliceo: *— fossili*, quelle i cui gusci hanno formato la farina fossile.
diatriba [di-à-tri-ba *o* diatrìba] *s.f.* disputa verbale o scritta dai toni fortemente critici.
diavola [dià-vo-la] *s.f.* solo nella loc. *pollo alla —*, (*gastr.*) pollo aperto in due, schiacciato e arrostito sulla griglia.
diavoleria [dia-vo-le-rì-a] *s.f.* **1** azione diabolica | (*estens.*) espediente, trovata astuta: *escogitare una —* **2** (*scherz.*) cosa singolare, strana.
diavoletto [dia-vo-lét-to] *s.m.* **1** [f. *-a*] (*scherz.*) bambino molto vivace **2** bigodino **3** *— di Cartesio*, (*fis.*) figurina cava di vetro forata nella parte inferiore, usata per sperimentare il principio idrostatico di Pascal.
diavolo [dià-vo-lo] *s.m.* **1** nell'ebraismo e nel cristianesimo, essere che guida le forze del male, identificato con Satana, con Lucifero o con uno degli altri angeli che si ribellarono a Dio; nella fantasia popolare è concepito come un mostro di forme umane con corna, ali, coda e altri attributi animaleschi | in loc. fig.: *fa un caldo del —*, insopportabile; *avere una fretta del —*, grandissima; *fare il — a quattro*, agitarsi, protestare, fare gran confusione ecc.; *mandare qlcu. al —*, insultarlo; *avere un — per capello*, essere di pessimo umore; *avere il — in corpo*, essere agitato; *saperne una più del —*, essere molto furbo; *abitare a casa del —*, in un luogo lontano, fuori mano; *il — ci ha messo la coda* (o *le corna* o *lo zampino*), si dice quando qlco. va male; *essere come il — e l'acquasanta*, si dice di due persone che litigano di continuo | come rafforzativo in frasi interrogative: *dove — si è cacciato?*; *che — fai?* | in esclamazioni di stizza o di meraviglia: *al —!*; *per tutti i diavoli!* | *prov.*: *il — fa le pentole ma non i coperchi*, gli inganni prima o poi vengono scoperti; *il — non è brutto come lo si dipinge*, la situazione risulta meno grave di quanto si temeva. DIM. *diavoletto* **2** (*fig.*) persona malvagia | (*fig.*) persona vivace, irrequieta: *quel ragazzo è un —* | (*fig.*) persona le cui qualità suscitano ammirazione, stupore: *è un — d'avvocato* | *essere un buon —*, (*fig.*) una persona semplice, mite, bonaria | *essere un povero —*, (*fig.*) una persona sfortunata.
dibattere [di-bàt-te-re] *v.tr.* esaminare, discutere vagliando il pro e il contro: *— una questione* ♦ **dibattersi** *v.rifl.* agitarsi, divincolarsi | (*fig.*) essere combattuto da opposte tendenze: *— nel dubbio*.
dibattimentale [di-bat-ti-men-tà-le] *agg.* (*dir.*) del dibattimento: *fase —* | che si effettua durante il dibattimento: *istruttoria —*.
dibattimento [di-bat-ti-mén-to] *s.m.* **1** il dibattere; discussione **2** (*dir.*) la fase del processo penale nella quale si discutono pubblicamente i fatti e si formulano le richieste di assoluzione o di condanna.
dibattito [di-bàt-ti-to] *s.m.* discussione su un determinato argomento, politico o culturale, tra i

partecipanti a un'assemblea, una riunione: *aprire, chiudere il —; — parlamentare.*
diboscamento [di-bo-sca-mén-to], o disboscamento [di-ʃbo-sca-mén-to], *s.m.* il diboscare, l'essere diboscato.
diboscare [di-bo-scà-re], o disboscare [di-ʃbo-scà-re], *v.tr.* [*io dibòsco, tu dibòschi ecc.*] spogliare una zona, in tutto o in parte, del bosco che la ricopre: *— una montagna* | (*assol.*) effettuare il taglio parziale e razionale di un bosco.
dicastero [di-ca-stè-ro] *s.m.* ministero: *il — degli esteri.*
dicembre [di-cèm-bre] *s.m.* dodicesimo e ultimo mese dell'anno.
diceria [di-ce-rì-a] *s.f.* chiacchiera malevola e senza fondamento.
dichiarante [di-chia-ràn-te] *agg.* e *s.m.* e *f.* (*burocr.*) si dice di chi fa una dichiarazione: *coniuge —.*
dichiarare [di-chia-rà-re] *v.tr.* **1** rendere manifesto; rivelare: *— le proprie intenzioni* **2** affermare in modo ufficiale, impegnando la propria responsabilità; denunciare, notificare: *— le proprie generalità* | *— guerra*, annunciare che la si intraprende; (*fig.*) voler combattere strenuamente qlcu. o qlco.: *— guerra alla corruzione* **3** sentenziare, proclamare: *— colpevole* | nominare: *— proprio erede* **4** nel bridge e in altri giochi di carte, fare la dichiarazione ♦ **dichiararsi** *v.rifl.* **1** affermare di essere; manifestare il proprio sentimento, la propria opinione: *si dichiarò soddisfatto; — contro, a favore* **2** manifestare il proprio amore alla persona amata.
dichiarativo [di-chia-ra-tì-vo] *agg.* **1** che serve a dichiarare, a spiegare: *nota dichiarativa* **2** (*gramm.*) si dice di congiunzione coordinativa che introduce la spiegazione di quanto detto in precedenza (p.e. *cioè, infatti*) o di congiunzione subordinativa che introduce un'enunciazione, un'affermazione (p.e. *che*) | si dice di proposizione coordinata o subordinata introdotta da una congiunzione dichiarativa | si dice di verbo che esprime una comunicazione (p.e. *dire, annunciare, raccontare*).
dichiarato [di-chia-rà-to] *agg.* **1** che è stato fatto oggetto di una dichiarazione: *reddito —* **2** manifesto, aperto, palese: *nemico —* □ **dichiaratamente** *avv.* apertamente, espressamente.
dichiarazione [di-chia-ra-zió-ne] *s.f.* **1** il dichiarare o il dichiararsi; discorso o documento con cui si dichiara qlco.: *— di amicizia, dei redditi; rilasciare una —* | *fare la — a una donna*, manifestarle il proprio amore **2** in alcuni giochi di carte, annuncio del possesso di determinate carte o del numero di prese che ci si impegna a realizzare.
diciannove [di-cian-nò-ve] *agg.num.card.invar.* numero naturale corrispondente a una decina più nove unità.
diciannovenne [di-cian-no-vèn-ne] *agg.* e *s.m.* e *f.* che/chi ha diciannove anni d'età.
diciannovesimo [di-cian-no-vè-ʃi-mo] *agg. num.ord.* che in una serie occupa il posto numero diciannove.
diciassette [di-cias-sèt-te] *agg.num.card.invar.* numero naturale corrispondente a una decina più sette unità.
diciassettenne [di-cias-set-tèn-ne] *agg.* e *s.m.* e *f.* che/chi ha diciassette anni d'età.
diciassettesimo [di-cias-set-tè-ʃi-mo] *agg. num.ord.* che in una serie occupa il posto numero diciassette.
diciottenne [di-ciot-tèn-ne] *agg.* e *s.m.* e *f.* che/chi ha diciotto anni d'età.
diciottesimo [di-ciot-tè-ʃi-mo] *agg.num.ord.* che in una serie occupa il posto numero diciotto.
diciotto [di-ciòt-to] *agg.num.card.invar.* numero naturale corrispondente a una decina più otto unità.
dicitore [di-ci-tó-re] *s.m.* [f. *-trice*] (*non com.*) chi recita versi o prosa in pubblico | *fine —*, (*iron.*) chi parla o recita in modo affettato.
dicitura [di-ci-tù-ra] *s.f.* breve scritta di avviso; indicazione: *una targhetta con la — "Vietato fumare".*
dico- primo elemento di parole composte, che significa 'in due parti' (*dicotomia*).
dicotiledone [di-co-ti-lè-do-ne] *agg.* (*bot.*) si dice di pianta il cui seme ha l'embrione fornito di due cotiledoni.
dicotiledoni [di-co-ti-lè-do-ni] *s.f.pl.* (*bot.*) classe di piante angiosperme che hanno due cotiledoni nell'embrione.
dicotomia [di-co-to-mì-a] *s.f.* divisione in due; separazione netta tra due elementi.
didascalia [di-da-sca-lì-a] *s.f.* **1** scritta esplicativa o informativa posta sotto un'illustrazione **2** scritta che compare in sovrimpressione su riprese cinematografiche o televisive come commento, chiarimento, traduzione; sottotitolo **3** nei testi teatrali, nota relativa all'ambiente o all'azione che compare intercalata alle battute, ma distinta da esse.
didascalico [di-da-scà-li-co] *agg.* [pl.m. *-ci*] che riguarda l'insegnamento, che si propone di insegnare | che ha come scopo l'ammaestramento scientifico, morale, religioso (detto di opera o genere letterario) □ **didascalicamente** *avv.*
didascalismo [di-da-sca-lì-ʃmo] *s.m.* tono, atteggiamento didascalico.
didattica [di-dàt-ti-ca] *s.f.* **1** parte della pedagogia che studia i metodi dell'insegnamento **2** (*estens.*) il modo di insegnare.
didattico [di-dàt-ti-co] *agg.* [pl.m. *-ci*] **1** che concerne l'insegnamento: *attività didattica* | *direttore —*, direttore di scuola elementare **2** (*estens.*) proprio, tipico di chi insegna: *tono —* □ **didatticamente** *avv.* secondo i principi della didattica.
didentro [di-dén-tro], o di dentro, *s.m.invar.* la parte interna: *il — dell'armadio* ♦ *agg.invar.* che sta dentro, interno: *la parte —.*
didietro [di-diè-tro], o di dietro, *s.m.invar.* **1** la parte posteriore: *il — della casa* **2** (*scherz.*) il se-

dere: *lo prese a calci nel —* ♦ *agg.invar.* che sta dietro, posteriore: *le zampe —*.

dieci [diè-ci] *agg.num.card.invar.* numero naturale corrispondente a nove unità più una.

diecimila [die-ci-mì-la] *agg.num.card.invar.* numero naturale corrispondente a dieci migliaia di unità.

diecina → **decina**.

diedro [di-è-dro] *agg.* e *s.m.* (*geom.*) si dice di angolo delimitato da due semipiani aventi come origine la stessa retta.

dielettricità [di-e-let-tri-ci-tà] *s.f.* (*elettr.*) proprietà dei materiali dielettrici.

dielettrico [di-e-lèt-tri-co] *agg.* e *s.m.* [pl.m. *-ci*] (*elettr.*) si dice di materiale caratterizzato da una conducibilità elettrica molto bassa e perciò usato come isolante.

diencefalo [di-en-cè-fa-lo] *s.m.* (*anat.*) la parte del cervello che comprende il talamo e l'ipotalamo.

dieresi [di-è-re-ʃi] *s.f.* **1** divisione di un gruppo vocalico all'interno di una parola, tale che le due vocali non formino dittongo ma appartengano a due sillabe diverse (p.e. *tri-onfo*) | il segno diacritico con cui si indica, in certi casi, questa divisione (due puntini sulla semivocale: p.e. *orïente*) **2** (*med.*) divisione di tessuti normalmente uniti.

diesel [/ ʹdizel /] *agg.* e *s.m.invar.* (*ted.*) si dice di motore che usa come carburante il gasolio.

diesis [di-è-ʃis] *s.m.invar.* (*mus.*) segno di alterazione che eleva la nota di mezzo tono; l'elevazione stessa.

dieta[1] [diè-ta] *s.f.* regime alimentare che prevede l'assunzione di determinate qualità e quantità di cibi, adottato per fini igienici o terapeutici: *mettersi a —*; *— dimagrante*, povera di grassi e di carboidrati e quindi ipocalorica; *— mediterranea*, a base dei prodotti tipici dell'area mediterranea (farinacei, legumi, olio d'oliva ecc.).

dieta[2] *s.f.* assemblea parlamentare di alcuni stati | (*st.*) l'assemblea del Sacro Romano Impero.

dietetica [die-tè-ti-ca] *s.f.* studio della composizione degli alimenti.

dietetico [die-tè-ti-co] *agg.* [pl.m. *-ci*] che riguarda l'alimentazione o una dieta particolare: *regime —*.

dietista [die-tì-sta] *s.m.* e *f.* [pl.m. *-sti*] diplomato o diplomata in dietetica.

dietologia [die-to-lo-gì-a] *s.f.* branca della medicina che studia la composizione e l'equilibrio degli alimenti in funzione terapeutica.

dietologo [die-tò-lo-go] *s.m.* [f. *-a*; pl.m. *-gi*] medico specialista in dietologia.

dietro [diè-tro] *avv.* dalla parte posteriore: *guardare —*; *era nascosto lì —* | *di —*, nella parte posteriore ♦ *prep.* **1** nella parte opposta al davanti, nella parte posteriore (anche *dietro a*, *dietro di*): *— la chiesa*; *— all'orizzonte*; *erano seduti — di noi* | *andare — a qlcu.*, *a qlco.*, seguirli (anche *fig.*): *andare — alla moda* | *correre — a qlcu.*, (*fig.*) corteggiarlo con insistenza | *correre — a qlco.*, (*fig.*) desiderarla, fare di tutto per ottenerla | *star — a qlcu.*, (*fig.*) sorvegliarlo, badare a ciò che fa; insistere per ottenere qlco. da lui | *tirarsi — qlcu.*, farsi seguire | *tirarsi — qlco.*, (*fig.*) attirarsi, procurarsi: *tirarsi — le critiche di tutti* | *portarsi — qlcu.*, *qlco.*, portarlo con sé | *lasciarsi — qlco.*, *qlcu.*, superarli **2** dopo, di seguito a: *le disgrazie arrivano sempre una — l'altra* | (*burocr.*) in seguito a, in subordine a: *— domanda*; *— versamento* ♦ *s.m.* la parte posteriore: *il — della giacca*.

dietrofront [die-tro-frónt], o **dietro front**, *loc.inter.* comando che si dà ai soldati perché invertano l'ordine di marcia o il fronte dello schieramento | Usato come *s.m.*: *dare, ordinare il —* | *fare —*, invertire il senso di marcia; (*fig.*) recedere da una decisione presa, cambiare improvvisamente opinione.

dietrologia [die-tro-lo-gì-a] *s.f.* nel linguaggio giornalistico, la ricerca esasperata di fatti, personaggi o motivi occulti che sarebbero dietro un evento.

dietromotori [die-tro-mo-tó-ri] *s.m.invar.* (*sport*) disciplina del ciclismo su pista in cui il corridore è preceduto da una motocicletta che ha la funzione di tagliare l'aria | Come *agg.* e *avv.*: *corsa —*; *gareggiare —*.

difatti [di-fàt-ti] *cong.* infatti.

difendere [di-fèn-de-re] *v.tr.* [pres. *io difèndo ecc.*; pass.rem. *io difési*, *tu difendésti ecc.*; part. pass. *diféso*] **1** riparare da offese, pericoli, danni; proteggere, salvaguardare: *— la patria*, *i propri interessi* **2** sostenere una causa, una ragione: *— un'opinione*, *un imputato in giudizio* ♦ **difendersi** *v.rifl.* **1** proteggersi, ripararsi: *— dal freddo* | opporre difesa, resistenza: *— con valore* | sostenere le proprie ragioni: *l'accusato non ha saputo —* **2** (*fam.*) cavarsela: *in matematica si difende*.

difendibile [di-fen-dì-bi-le] *agg.* che si può difendere, sostenere: *una tesi difficilmente —*.

difensiva [di-fen-sì-va] *s.f.* tattica di combattimento che mira a difendere le posizioni occupate | (*estens.*) atteggiamento di difesa, di attesa guardinga: *mettersi sulla —*.

difensivismo [di-fen-si-vì-ʃmo] *s.m.* atteggiamento strategico di difesa.

difensivo [di-fen-sì-vo] *agg.* di difesa; atto a difendere o a difendersi: *linea difensiva*; *gioco —*.

difensore [di-fen-só-re] *s.m.* [f. *difenditrice*] **1** chi difende, protegge, salvaguarda: *— della patria* **2** (*dir.*) legale che assiste e difende una parte in un processo: *— di fiducia*, nominato dalla parte; *— d'ufficio*, nominato dal giudice se manca quello di fiducia | Usato anche come *agg.*: *avvocato —* **3** (*sport*) giocatore delle linee arretrate di una squadra di calcio, rugby, pallanuoto ecc., al quale sono affidati essenzialmente compiti difensivi: *l'estremo —*, il portiere.

difesa [di-fé-sa] *s.f.* **1** il difendere, il difendersi: *— dei propri interessi* **2** parole o scritto con cui si difende: *una — persuasiva* **3** chi difende un imputato; avvocato difensore: *dare la parola alla —* **4** tutto quanto serve a difendere, a proteggere; fortificazione, riparo, schermo: *la lana è un'ottima — contro il freddo; abbattere le difese nemiche* | *ministero della* —, che sovrintende alle forze armate dello stato **5** (*sport*) azione di ostacolo contro l'avversario: *giocare in* — | nei giochi di squadra, l'insieme degli atleti che hanno il compito di contrastare gli attacchi della squadra opposta.

difeso [di-fé-so] *agg.* **1** riparato, protetto: *un luogo poco — dal vento* **2** munito, fortificato.

difettare [di-fet-tà-re] *v.intr.* [*io difètto ecc.*; aus. *avere*] **1** mancare di qlco.: — *di mezzi* **2** (*non com.*) essere difettoso, avere dei difetti: — *nella pronuncia*.

difettivo [di-fet-tì-vo] *agg.* (*gramm.*) si dice di nome che manca del singolare o del plurale (p.e. *le nozze, il pepe*) | si dice di verbo che non dispone di una completa coniugazione (p.e. *urgere, solere*).

difetto [di-fèt-to] *s.m.* **1** mancanza, scarsità | *far* —, mancare | *approssimazione per* —, (*mat.*) determinazione di una grandezza o di un numero mediante un valore lievemente minore di quello reale **2** imperfezione fisica o morale; abitudine non buona, vizio: — *di pronuncia*; *correggere un* — | tutto ciò che costituisce elemento negativo di un materiale, di un lavoro, di un'opera e contribuisce a diminuirne il pregio: — *di costruzione, di funzionamento*. DIM. *difettino, difettuccio*. PEGG. *difettaccio* **3** fallo, torto, colpa: *sentirsi in* —.

difettoso [di-fet-tó-so] *agg.* che ha qualche difetto; imperfetto: *un motore* —.

diffamare [dif-fa-mà-re] *v.tr.* offendere la reputazione di qlcu. diffondendo notizie disonorevoli sul suo conto; calunniare.

diffamatore [dif-fa-ma-tó-re] *s.m.* [f. *-trice*] chi diffama.

diffamatorio [dif-fa-ma-tò-rio] *agg.* atto a diffamare.

diffamazione [dif-fa-ma-zió-ne] *s.f.* il diffamare; calunnia | (*dir.*) reato consistente nel recare offesa all'altrui reputazione.

differente [dif-fe-rèn-te] *agg.* che differisce nella natura o nelle qualità da un'altra persona o cosa con cui è posto a confronto; diverso: *caratteri, gusti differenti* □ **differentemente** *avv.*

differenza [dif-fe-rèn-za] *s.f.* **1** l'essere differente; la qualità o quantità per cui si differisce: — *di opinioni*; *c'è una bella* —!, grande, notevole | *non fare differenze*, mettere sullo stesso piano, trattare allo stesso modo | *non fa* —, è uguale, è lo stesso | *a — di*, diversamente da: *a — di ieri, oggi non piove* **2** (*mat.*) risultato di un'operazione di sottrazione **3** somma di denaro che manca per completare un pagamento.

differenziale [dif-fe-ren-zià-le] *agg.* di differenza, che si basa su una differenza | *calcolo* —, (*mat.*) lo studio dei limiti, delle derivate e degli integrali ♦ *s.m.* (*aut.*) sistema di ingranaggi che permette alle ruote motrici di un autoveicolo di girare, in curva, a velocità differenti.

differenziamento [dif-fe-ren-zia-mén-to] *s.m.* **1** il differenziare, il differenziarsi; differenziazione **2** (*biol.*) l'insieme delle progressive trasformazioni embrionali, attraverso le quali cellule, tessuti e organi assumono proprietà e funzioni specifiche.

differenziare [dif-fe-ren-zià-re] *v.tr.* [*io differènzio ecc.*] rendere differente, distinguere | diversificare: — *gli investimenti* ♦ **differenziarsi** *v.rifl.* o *intr.pron.* essere, rendersi differente; distinguersi.

differenziato [dif-fe-ren-zià-to] *agg.* che presenta delle differenze; distinto: *trattamento* —.

differenziazione [dif-fe-ren-zia-zió-ne] *s.f.* il differenziare, il differenziarsi; la differenza che ne risulta.

differibile [dif-fe-rì-bi-le] *agg.* che si può differire; rinviabile.

differimento [dif-fe-ri-mén-to] *s.m.* rinvio, proroga: *il — di una decisione*.

differire [dif-fe-rì-re] *v.tr.* [*io differisco, tu differisci ecc.*] rimandare ad altro tempo, rinviare: — *la partenza, un pagamento* ♦ *v.intr.* [aus. *avere*] essere differente: — *in* (o *per*) *qlco.*

differita [dif-fe-rì-ta] *s.f.* programma radiotelevisivo che viene registrato e trasmesso successivamente (si oppone a *diretta*): *trasmissione in* —.

difficile [dif-fi-ci-le] *agg.* **1** che richiede notevole attenzione, impegno, abilità, fatica: *un'impresa* —; *un problema — da risolvere* **2** oscuro, arduo da intendere: *un passo, un autore* — **3** critico, penoso, pieno di disagi: *tempi difficili* | *rendere la vita — a qlcu.*, ostacolarlo, angustiarlo **4** chiuso, scontroso, intrattabile: *carattere* — | esigente, incontentabile: *essere di gusti difficili* **5** improbabile: *è — che ciò accada* ♦ *s.m.* **1** [anche *f.*] persona difficile: *fa sempre il* — **2** punto difficile; difficoltà, problema: *qui sta il* — □ **difficilmente** *avv.* in modo difficile: *parlare* — | con difficoltà: *una persona — contentabile* | con scarsa probabilità: — *sarò libero stasera*.

difficoltà [dif-fi-col-tà] *s.f.* **1** l'essere difficile: *la — di un lavoro* **2** ciò che è difficile; ostacolo, complicazione: *superare una* — **3** fatica, sforzo: *digerire con* —; *avere — nel fare qlco.* **4** obiezione, opposizione: *ha fatto — ad accettare* **5** situazione difficile: *essere in* — | (spec. *pl.*) ristrettezze economiche: *trovarsi in gravi* —.

difficoltoso [dif-fi-col-tó-so] *agg.* che presenta difficoltà o che avviene con difficoltà: *compito* —.

diffida [dif-fi-da] *s.f.* (*dir.*) avviso col quale si ingiunge a qlcu. di astenersi da un dato comportamento o di compiere una data attività.

diffidare [dif-fi-dà-re] *v.intr.* [aus. *avere*] non fidarsi: — *degli adulatori* ♦ *v.tr.* (*dir.*) fare una diffida: — *qlcu. dal fare qlco.*

diffidente [dif-fi-dèn-te] *agg.* che non si fida degli altri; sospettoso.

diffidenza [dif-fi-dèn-za] *s.f.* disposizione d'animo di chi è diffidente.

diffondere [dif-fón-de-re] *v.tr.* [coniugato come

fondere] spargere intorno per largo spazio: *i fiori diffondevano un intenso profumo* | divulgare, propagare: — *una notizia falsa* | trasmettere: *la radio ha diffuso un appello* ♦ **diffondersi** *v.intr.pron.* **1** spargersi intorno per largo spazio: *il suono delle campane si diffondeva nell'aria* | divulgarsi, propagarsi: *le nuove idee si diffusero rapidamente* **2** dilungarsi nel parlare o nello scrivere: — *in chiacchiere.*

difforme [dif-fór-me] *agg.* differente, non conforme: *pareri difformi.*

difformità [dif-for-mi-tà] *s.f.* l'essere difforme; diversità, discordanza: — *di opinioni.*

diffrattometro [dif-frat-tò-me-tro] *s.m.* (*fis.*) apparecchio che consente, attraverso l'esame della diffrazione dei raggi X, di determinare la struttura del reticolo cristallino.

diffrazione [dif-fra-zió-ne] *s.f.* (*fis.*) cambiamento di direzione di un raggio di luce o di un'onda acustica che incontra un ostacolo o attraversa una fessura.

diffusione [dif-fu-ʃió-ne] *s.f.* **1** il diffondere, il diffondersi, l'essere diffuso: *l'inglese è una lingua di larghissima* — | distribuzione: *la* — *di un giornale* **2** (*fis.*) propagazione di una radiazione elettromagnetica (*p.e.* della luce) in molte direzioni **3** (*chim.*, *fis.*) trasferimento di atomi o di molecole da una parte all'altra di due o più sostanze in contatto.

diffusivo [dif-fu-ʃì-vo] *agg.* che ha la capacità di diffondersi: *processo* —.

diffuso [dif-fù-ʃo] *agg.* **1** sparso largamente, propagato: *idee molto diffuse*; *luce diffusa*, che si espande in modo uniforme **2** (*non com.*) ampio, prolisso □ **diffusamente** *avv.* ampiamente, in modo prolisso: *descrivere* — *l'accaduto.*

diffusore [dif-fu-ʃó-re] *s.m.* qualunque dispositivo o strumento che serva a diffondere, a spargere in modo ampio e uniforme un flusso (luminoso, sonoro ecc.).

difilato [di-fi-là-to] *avv.* direttamente e celermente: *corse* — *a casa* | di seguito, senza interruzione: *parlò per due ore* — ♦ *agg.* dritto, rapido: *andarono difilati verso di loro.*

difiodonte [di-fio-dón-te] *agg.* (*zool.*) si dice di mammifero che ha due dentizioni, una decidua e una permanente, come l'uomo.

difronte [di-frón-te], o di fronte, *avv.* davanti, dirimpetto: *abito lì* — ♦ *agg.invar.* che sta di faccia, dirimpetto; antistante: *la casa* — | Nella loc. prep. — *a*, davanti a: *stavano uno* — *all'altro.*

difterico [dif-tè-ri-co] *agg.* [pl.m. *-ci*] (*med.*) di difterite: *placche difteriche.*

difterite [dif-te-rì-te] *s.f.* (*med.*) grave malattia infettiva che si manifesta con una grave infiammazione delle mucose della gola e delle vie respiratorie.

diga [dì-ga] *s.f.* **1** sbarramento artificiale, atto a regolare il deflusso di un corso d'acqua, a creare un invaso, oppure a proteggere un tratto di costa o un porto **2** (*fig.*) freno, difesa, argine: *erigere una* — *contro la corruzione.*

digerente [di-ge-rèn-te] *agg.* che digerisce, che serve alla digestione: *tubo, apparato* —.

digeribile [di-ge-rì-bi-le] *agg.* **1** che si digerisce con facilità: *cibi digeribili* **2** (*fig.*) tollerabile, sopportabile.

digeribilità [di-ge-ri-bi-li-tà] *s.f.* l'essere digeribile.

digerire [di-ge-rì-re] *v.tr.* [*io digerisco, tu digerisci ecc.*] **1** trasformare gli alimenti in sostanze capaci di essere assimilate dall'organismo: — *bene, male* | — *anche il ferro, i sassi*, (*iperb.*) avere una digestione molto facile **2** (*fig. fam.*) sopportare, tollerare: *non poter* — *una persona* | smaltire, farsi passare: — *la sbornia, la rabbia* **3** (*chim.*) sottoporre una sostanza a digestione.

digestione [di-ge-stió-ne] *s.f.* **1** il digerire, l'essere digerito: — *facile, buona, lenta* **2** (*chim.*) decomposizione di sostanze organiche o inorganiche mediante lungo contatto con reattivi chimici o con microrganismi.

digestivo [di-ge-stì-vo] *agg.* che riguarda la digestione: *disturbo* — | che aiuta a digerire: *un liquore* — ♦ *s.m.* bevanda, preparato che aiuta a digerire.

digitale[1] [di-gi-tà-le] *agg.* del dito: *impronte digitali.*

digitale[2] *agg.* attinente ai numeri, numerico | rappresentato per mezzo di numeri (si contrappone ad *analogico*): *orologio* —, quello in cui l'ora si legge in numeri.

digitale[3] *s.f.* (*bot.*) genere di piante erbacee con foglie lanceolate e fiori rossi in grappolo.

digitalico [di-gi-tà-li-co] *agg.* e *s.m.* [pl.m. *-ci*] si dice di farmaco a base di sostanze estratte da piante del genere digitale, ad azione cardiotonica.

digitalina [di-gi-ta-lì-na] *s.f.* farmaco digitalico.

digitare [di-gi-tà-re] *v.tr.* [*io dìgito ecc.*] comporre su una tastiera: — *un numero telefonico.*

digitato [di-gi-tà-to] *agg.* **1** (*zool.*) di animale che ha l'estremità delle zampe distinte in più dita **2** (*bot.*) di foglia composta di elementi a forma di dita (*p.e.* quelle delle fragole).

digitigrado [di-gi-tì-gra-do] *agg.* (*zool.*) si dice di animale che cammina poggiando sul suolo soltanto le dita, anziché tutta la pianta del piede (*p.e.* il gatto, il cane).

digiunare [di-giu-nà-re] *v.intr.* [aus. *avere*] astenersi dal cibo: — *per protesta.*

digiunatore [di-giu-na-tó-re] *s.m.* [f. *-trice*] chi digiuna; chi resiste a lungo senza mangiare.

digiuno[1] [di-giù-no] *agg.* **1** che non ha mangiato da un certo tempo: *sono* — *da ieri* **2** (*fig.*) privo, sprovvisto: *essere* — *di cognizioni*, non sapere.

digiuno[2] *s.m.* **1** il digiunare: — *completo, parziale*; *osservare il* —; *rompere il* —, ricominciare a mangiare dopo aver digiunato; — *forzato*, non volontario | *a* —, senza aver mangiato, a stomaco vuoto: *medicina da prendere a* — **2** (*fig.*) lunga privazione di una cosa desiderata: *tenere a* — *di notizie.*

digiuno[3] *s.m.* (*anat.*) il tratto di intestino tenue che va dal duodeno all'ileo.
diglossia [di-glos-sì-a] *s.f.* (*ling.*) forma particolare di bilinguismo, che si ha quando l'uso delle due lingue, non essendo esse di pari prestigio socioculturale, viene alternato a seconda delle circostanze e dei contesti.
dignità [di-gni-tà] *s.f.* **1** nobiltà morale che deriva all'uomo dalla sua natura, dalle sue qualità; il rispetto che egli ha di sé e suscita negli altri in virtù di tale sua condizione: *comportarsi con* —; *una persona priva di* —; *difendere la propria* — | decoro, rispettabilità: *la — di un'istituzione* **2** grado, ufficio elevato: — *cardinalizia.*
dignitario [di-gni-tà-rio] *s.m.* chi è investito di una dignità: — *di un ordine cavalleresco.*
dignitoso [di-gni-tó-so] *agg.* **1** che si comporta con dignità: *persona dignitosa* **2** che rivela dignità: *un contegno* — | decoroso: *vivere in modo* — □ **dignitosamente** *avv.*
digradare [di-gra-dà-re] *v.intr.* [aus. *avere*] abbassarsi a poco a poco: *la collina digrada verso il mare* | (*fig.*) scemare d'intensità, attenuarsi, sfumare: *suoni, luci che vanno digradando.*
digramma [di-gràm-ma] *s.m.* [pl. *-mi*] gruppo di due lettere che rappresentano un solo suono (p.e. *ch* in *pochi*).
digressione [di-gres-sió-ne] *s.f.* il deviare dall'argomento del discorso; divagazione: *fare una* —.
digrignare [di-gri-gnà-re] *v.tr.* far rumore con i denti muovendo le mascelle: *il cane ringhiava e digrignava.*
diktat [/ dik'tat /] *s.m.invar.* (*ted.*) ordine, imposizione a cui si deve ubbidire senza discutere.
dilagare [di-la-gà-re] *v.intr.* [*io dilago, tu dilaghi ecc.*; aus. *avere*] **1** detto di acque, espandersi sul terreno formando come un lago: *il fiume dilagò per la campagna* **2** (*fig.*) diffondersi ampiamente e con rapidità (detto di cose negative): *l'epidemia dilaga.*
dilaniare [di-la-nià-re] *v.tr.* [*io dilànio ecc.*] fare a pezzi, a brandelli: *fu dilaniato dall'esplosione* | (*fig.*) tormentare, straziare: *essere dilaniato dalla gelosia.*
dilapidare [di-la-pi-dà-re] *v.tr.* [*io dilàpido ecc.*] sperperare, dissipare: — *un'eredità.*
dilapidatore [di-la-pi-da-tó-re] *agg.* e *s.m.* [f. *-trice*] (*non com.*) che/chi dilapida.
dilatabile [di-la-tà-bi-le] *agg.* che si può dilatare.
dilatabilità [di-la-ta-bi-li-tà] *s.f.* l'essere dilatabile.
dilatare [di-la-tà-re] *v.tr.* far aumentare di dimensioni; allargare, estendere (anche *fig.*): *il calore dilata i metalli*; — *il campo dei propri interessi* ♦ **dilatarsi** *v.intr.pron.* crescere di dimensioni; allargarsi, estendersi: *le pupille si dilatano al buio.*
dilatato [di-la-tà-to] *agg.* che ha subito una dilatazione.
dilatatore [di-la-ta-tó-re] *s.m.* (*med.*) strumento per dilatare strutture cave del corpo: — *ostetrico.*
dilatazione [di-la-ta-zió-ne] *s.f.* il dilatare, il dilatarsi, l'essere dilatato | (*fisiol.*) apertura del collo dell'utero al momento del parto.
dilatorio [di-la-tò-rio] *agg.* che tende a dilazionare, a prolungare nel tempo: *manovra dilatoria.*
dilavato [di-la-và-to] *agg.* **1** eroso dalle acque: *rocce dilavate* **2** (*fig.*) sbiadito, smorto: *colore* —.
dilazionabile [di-la-zio-nà-bi-le] *agg.* che può essere dilazionato: *pagamento* —.
dilazionare [di-la-zio-nà-re] *v.tr.* [*io dilazióno ecc.*] rimandare ad altro tempo; differire, prorogare: — *una scadenza.*
dilazione [di-la-zió-ne] *s.f.* differimento nel tempo; rinvio, proroga: *chiedere una — di pagamento.*
dileggiare [di-leg-già-re] *v.tr.* [*io diléggio ecc.*] deridere, schernire, insultare.
dileggio [di-lég-gio] *s.m.* il dileggiare; derisione, scherno: *un sorriso di* — | (spec. *pl.*) le parole o gli atti con cui si dileggia: *esporsi ai dileggi della folla.*
dileguare [di-le-guà-re] *v.tr.* [*io diléguo ecc.*] (*lett.*) disperdere, far sparire (anche *fig.*): *il vento dileguò le nubi*; — *i sospetti* ♦ *v.intr.* [aus. *essere*], **dileguarsi** *v.intr.pron.* disperdersi, sparire (anche *fig.*): *i dubbi sono ormai dileguati.*
dilemma [di-lèm-ma] *s.m.* [pl. *-mi*] problema di difficile soluzione; situazione in cui si è costretti a scegliere tra due alternative: *trovarsi di fronte a un* —.
dilettante [di-let-tàn-te] *agg.* e *s.m.* e *f.* **1** che/chi svolge un'attività, spec. sportiva o artistica, per diletto e non per professione: *recitare in una compagnia di dilettanti* **2** (*spreg.*) che/chi dimostra in un'attività insufficiente preparazione.
dilettantesco [di-let-tan-té-sco] *agg.* [pl.m. *-schi*] (*spreg.*) da dilettante.
dilettantismo [di-let-tan-tì-ʃmo] *s.m.* **1** il praticare un'attività sportiva da dilettante (si contrappone a *professionismo*) **2** (*spreg.*) atteggiamento da dilettante.
dilettantistico [di-let-tan-tì-sti-co] *agg.* [pl.m. *-ci*] **1** di dilettante; fatto, praticato da dilettanti: *sport* — **2** (*spreg.*) dilettantesco □ **dilettantisticamente** *avv.*
dilettare [di-let-tà-re] *v.tr.* [*io dilètto ecc.*] procurare diletto; piacere, divertire: — *la vista, i sensi* ♦ **dilettarsi** *v.intr.pron.* provare diletto | dedicarsi a un'attività per diletto: — *di pittura.*
dilettevole [di-let-té-vo-le] *agg.* che dà diletto; piacevole: *lettura* — ♦ *s.m.* ciò che dà diletto: *unire l'utile al* — □ **dilettevolmente** *avv.*
diletto[1] [di-lèt-to] *agg.* molto caro, teneramente amato: *figlio* —.
diletto[2] *s.m.* **1** sentimento d'intima gioia e soddisfazione; piacere: *provare, sentire — a* (*nel*) *fare qlco.* | *per* —, per divertimento, ricreazione, svago: *viaggiare per* — **2** (*non com.*) ciò che dà piacere: *la filatelia è il suo* —.
dilettoso [di-let-tó-so] *agg.* (*lett.*) piacevole; amato, caro □ **dilettosamente** *avv.*
diligente [di-li-gèn-te] *agg.* **1** che lavora, opera con diligenza: *impiegato* — **2** fatto con diligen-

za, con accuratezza: *un lavoro —* □ **diligentemente** *avv.*

diligenza[1] [di-li-gèn-za] *s.f.* esattezza, attenzione, cura scrupolosa nell'eseguire un lavoro, un incarico.

diligenza[2] *s.f.* grande carrozza pubblica a cavalli, un tempo adibita al trasporto di viaggiatori, bagagli e posta.

diluente [di-lu-èn-te] *agg.* e *s.m.* (*chim.*) si dice di liquido aggiunto a una soluzione per diminuire la concentrazione del soluto.

diluire [di-lu-ì-re] *v.tr.* [*io diluisco, tu diluisci ecc.*] rendere meno densa, meno concentrata una sostanza liquida; allungare: *— una soluzione.*

diluizione [di-lu-i-zió-ne] *s.f.* il diluire, l'essere diluito.

dilungarsi [di-lun-gàr-si] *v.intr.pron.* [*io mi dilungo, tu ti dilunghi ecc.*] trattare troppo diffusamente una questione; andare per le lunghe: *— su un argomento.*

diluviale [di-lu-vià-le] *agg.* **1** (*lett.*) relativo al diluvio universale **2** (*estens.*) torrenziale: *pioggia —.*

diluviare [di-lu-vià-re] *v.intr.* [*dilùvia*; aus. *essere* o *avere*] **1** (usato *impers.*) piovere a lungo e abbondantemente: *ha* (*è*) *diluviato tutta la notte* **2** (*fig.*) arrivare in gran quantità, susseguirsi a ritmo ininterrotto: *diluviavano gli improperi.*

diluvio [di-lù-vio] *s.m.* **1** pioggia che cade per lungo tempo e a dirotto: *è venuto giù il —!* | *il — universale*, quello con cui Dio, secondo la Bibbia, sommerse il mondo per punire gli uomini dei loro peccati **2** (*fig.*) grande abbondanza, grande quantità: *un — di applausi.*

dimagrante [di-ma-gràn-te] *agg.* che fa dimagrire; che serve a ridurre l'eccesso di peso: *dieta, cura —.*

dimagrimento [di-ma-gri-mén-to] *s.m.* il dimagrire, l'essere dimagrito.

dimagrire *v.tr.* [*io dimagrisco, tu dimagrisci ecc.*] *v.tr.* rendere o far sembrare magro, più magro, meno grasso: *i vestiti scuri dimagriscono* ♦ *v.intr.* [aus. *essere*] diventare magro, più magro, meno grasso: *fare una dieta per —; — di tre chili.*

dimenare [di-me-nà-re] *v.tr.* [*io diméno ecc.*] muovere in qua e in là parti del corpo; agitare, scuotere: *— le braccia* ♦ **dimenarsi** *v.rifl.* muoversi in modo agitato; dibattersi: *— come un pazzo.*

dimensionamento [di-men-sio-na-mén-to] *s.m.* il dimensionare, l'essere dimensionato.

dimensionare [di-men-sio-nà-re] *v.tr.* [*io dimensióno ecc.*] stabilire le dimensioni di qlco.: *— un impianto.*

dimensione [di-men-sió-ne] *s.f.* **1** ciascuna delle misure che nello spazio determinano l'estensione di un corpo (lunghezza, larghezza, altezza) **2** (*estens.*) grandezza, misura, proporzione: *un'azienda di grandi dimensioni* | *a — d'uomo*, (*fig.*) si dice di un ambiente strutturato in funzione delle esigenze degli uomini che vi devono vivere **3** (*fig.*) complesso di valori: *la — cristiana del Manzoni* | misura, forma giusta di vita: *trovare la propria —.*

dimenticanza [di-men-ti-càn-za] *s.f.* **1** il dimenticare, il dimenticarsi **2** difetto di memoria: *non fare qlco. per —* | mancanza conseguente al fatto di essersi dimenticato di qlco.: *una — imperdonabile.*

dimenticare [di-men-ti-cà-re] *v.tr.* [*io diméntico, tu diméntichi ecc.*] **1** cessare di ricordare, non ricordare più: *— un nome, un indirizzo* **2** lasciare qlco. in un luogo per distrazione o disattenzione: *— l'ombrello a casa* **3** perdonare: *— le offese* **4** trascurare: *— i propri doveri* ♦ **dimenticarsi** *v.intr.pron.* non ricordarsi: *— di un impegno, di dire qlco.*

dimenticatoio [di-men-ti-ca-tó-io] *s.m.* (*scherz.*) luogo immaginario dove andrebbe a finire tutto ciò che si dimentica: *cadere, finire nel —.*

dimentico [di-mén-ti-co] *agg.* [pl.m. *-chi*] (*lett.*) **1** che si dimentica, che si è dimenticato: *— del torto ricevuto* **2** (*estens.*) noncurante: *— di tutto.*

dimesso [di-més-so] *agg.* umile, sottomesso; modesto: *atteggiamento —; abito —*, povero e trasandato; *voce dimessa*, fioca; *stile —*, semplice □ **dimessamente** *avv.*

dimestichezza [di-me-sti-chéz-za] familiarità, confidenza: *entrare in — con qlcu.* | pratica: *avere — con i motori.*

dimetro [dì-me-tro] *s.m.* nella metrica classica, verso costituito da due metri, cioè quattro piedi | *— giambico*, quello composto da due metri giambici.

dimettere [di-mét-te-re] *v.tr.* [coniugato come *mettere*] **1** lasciar andare, far uscire (da ospedali o carceri): *— un ricoverato* ♦ **dimettersi** *v.rifl.* abbandonare volontariamente un ufficio, una carica, un impiego: *— da presidente.*

dimezzamento [di-meʒ-ʒa-mén-to] *s.m.* il dimezzare, l'essere dimezzato.

dimezzare [di-meʒ-ʒà-re] *v.tr.* [*io dimèʒʒo ecc.*] **1** dividere una cosa in due metà **2** ridurre della metà: *— le spese.*

diminuendo [di-mi-nu-èn-do] *s.m.* (*mus.*) indicazione che prescrive una graduale diminuzione della intensità sonora nell'eseguire un brano.

diminuire [di-mi-nu-ì-re] *v.tr.* [*io diminuisco, tu diminuisci ecc.*] rendere minore di quantità, di dimensioni, di numero; ridurre: *— il prezzo, le tasse; — le pretese* | *— le maglie*, nei lavori ai ferri o all'uncinetto, calarle ♦ *v.intr.* [aus. *essere*] decrescere, diventare minore: *il caldo è diminuito; — di peso, di valore.*

diminuito [di-mi-nu-ì-to] *agg.* reso minore, ridotto.

diminutivo [di-mi-nu-tì-vo] *agg.* atto a diminuire | *suffisso —*, (*ling.*) quello che si aggiunge a una parola per indicare una diminuzione quantitativa o per esprimere un particolare valore affettivo (p.e. *-ino, -étto, -èllo*) ♦ *s.m.* (*ling.*) forma alterata di un sostantivo o di un aggettivo, che esprime un'idea di piccolo, ridotto, limitato; si ottiene mediante l'aggiunta di un suffisso diminutivo (p.e. *vestito/vestitino, armadio/armadietto, caro/carino, stupido/stupidello*).

diminuzione [di-mi-nu-zió-ne] *s.f.* il diminuire, l'essere diminuito; riduzione: *— dei prezzi*.

dimissionare [di-mis-sio-nà-re] *v.tr.* [*io dimissióno ecc.*] (*burocr.*) dimettere, licenziare.

dimissionario [di-mis-sio-nà-rio] *agg.* che ha dato le dimissioni: *governo —*.

dimissione [di-mis-sió-ne] *s.f.* **1** il dimettere, l'essere dimesso: *la — di un degente* **2** (spec. *pl.*) rinuncia formale a una carica, a un ufficio, a un impiego: *presentare, rassegnare le dimissioni*; *lettera di dimissioni*.

dimodoché [di-mo-do-ché], o **di modo che**, *cong.* in modo tale che, in maniera che, cosicché.

dimora [di-mò-ra] *s.f.* luogo in cui una persona abita: *stabilire la propria — in città*; *non avere fissa —*, essere nomade; (*scherz.*) viaggiare continuamente | casa, abitazione: *una — signorile*; *l'ultima, l'estrema —*, (*fig.*) la tomba | *mettere a — una pianta*, (*agr.*) collocarla nel terreno perché vi rimanga definitivamente.

dimorare [di-mo-rà-re] *v.intr.* [*io dimòro ecc.*; aus. *avere*] abitare per un periodo più o meno lungo in un luogo: *— a Firenze, in una piccola casa*.

dimorfismo [di-mor-fì-ʃmo] *s.m.* **1** (*biol.*) esistenza di due forme distinte in una medesima specie animale o vegetale: *— sessuale* | *— stagionale*, differenza di aspetto esterno che presentano alcuni animali tra estate e inverno **2** (*chim., min.*) proprietà di alcune sostanze di cristallizzare in due forme diverse.

dimostrabile [di-mo-strà-bi-le] *agg.* che si può dimostrare.

dimostrabilità [di-mo-stra-bi-li-tà] *s.f.* l'essere dimostrabile.

dimostrante [di-mo-stràn-te] *agg.* e *s.m.* e *f.* che/chi prende parte a una dimostrazione pubblica: *il corteo dei dimostranti*.

dimostrare [di-mo-strà-re] *v.tr.* [*io dimóstro ecc.*] **1** rendere palese con atti, parole o segni: *— affetto, interesse*; *— di sapere* | detto di cose, essere indizio, prova di qlco.: *parole che dimostrano malafede* **2** provare con ragionamenti, dati di fatto o esperimenti la verità, l'esattezza di qlco.: *— una tesi* | *come volevasi —*, formula con la quale si conclude una dimostrazione scientifica; anche, espressione con cui si sottolinea un esito scontato, prevedibile **3** spiegare, illustrare, far vedere: *— il funzionamento di un congegno* **4** (*assol.*) fare una dimostrazione pubblica: *— contro la guerra, per la pace* ♦ **dimostrarsi** *v.rifl.* manifestarsi, rivelarsi: *— un incosciente*.

dimostrativo [di-mo-stra-tì-vo] *agg.* **1** atto a dimostrare, di dimostrazione: *azione dimostrativa*; *fare qlco. a scopo —* **2** (*gramm.*) si dice di aggettivo o pronome col quale si indica la vicinanza o la lontananza, nello spazio o nel tempo, di un oggetto o di una persona rispetto a chi parla o a chi ascolta (p.e. *questo* libro, *quel* giornale).

dimostratore [di-mo-stra-tó-re] *s.m.* [f. *-trice*] chi, per mestiere, spiega e prova al pubblico le qualità e il modo d'uso di un prodotto da vendere: *— di elettrodomestici*.

dimostrazione [di-mo-stra-zió-ne] *s.f.* **1** manifestazione di un sentimento, una qualità; prova, attestazione: *— d'affetto, di forza* **2** il provare mediante un ragionamento la verità di una tesi, di un assunto | *— per assurdo*, che prova la verità di una tesi mostrando le conseguenze false a cui condurrebbe l'ammettere come vera la tesi opposta **3** illustrazione e prova pratica al pubblico di prodotti da vendere **4** manifestazione pubblica con assemblee, comizi, cortei: *— per la pace, di disoccupati* **5** manifestazione sportiva non agonistica: *una — di judo*.

dina [dì-na] *s.f.* (*fis.*) unità di forza nel sistema cgs, pari alla forza che imprime alla massa di un grammo l'accelerazione di un centimetro al secondo per secondo.

dinamica [di-nà-mi-ca] *s.f.* **1** (*fis.*) parte della meccanica che studia il moto dei corpi in relazione alle forze che lo producono **2** (*fig.*) movimento, successione, sviluppo: *la — di un fatto*; *dinamiche sociali, economiche* **3** (*mus.*) aspetto della frase musicale che riguarda l'intensità del suono, indipendentemente dall'accentuazione ritmica.

dinamicità [di-na-mi-ci-tà] *s.f.* dinamismo.

dinamico [di-nà-mi-co] *agg.* [pl.m. *-ci*] **1** (*fis.*) relativo alla dinamica: *fenomeno —* **2** (*fig.*) dotato di vitalità, energia, movimento; non statico: *vita dinamica* | *segni dinamici*, (*mus.*) quelli che indicano le varie gradazioni di intensità sonora in un pezzo musicale □ **dinamicamente** *avv.* **1** da un punto di vista dinamico **2** con dinamismo.

dinamismo [di-na-mì-ʃmo] *s.m.* qualità di chi o di ciò che è dinamico: *il — della vita moderna*.

dinamitardo [di-na-mi-tàr-do] *agg.* compiuto con la dinamite o con altro esplosivo: *attentato —* ♦ *s.m.* [f. *-a*] chi compie attentati con esplosivi.

dinamite [di-na-mì-te] *s.f.* sostanza esplosiva di grande potenza, a base di nitroglicerina.

dinamo [dì-na-mo] *s.f.invar.* macchina elettrica rotante che trasforma energia meccanica in energia elettrica a tensione continua.

dinamo- primo elemento di parole composte che significa 'forza, energia' (*dinamometro*).

dinamometro [di-na-mò-me-tro] *s.m.* (*fis.*) strumento che misura l'intensità di una forza.

dinanzi [di-nàn-zi], o **dinnanzi**, *avv.* davanti, avanti: *guardare —* ♦ *prep.* innanzi, davanti; di fronte, dirimpetto (si unisce ai nomi per mezzo della prep. *a*): *guardava — a sé* ♦ *agg.invar.* che è davanti, di fronte: *la casa —*.

dinastia [di-na-stì-a] *s.f.* **1** l'insieme dei sovrani, appartenenti a una stessa famiglia, che si succedono tra loro in una monarchia: *la — borbonica* **2** (*estens.*) l'insieme dei componenti di una famiglia che si sono succeduti nel tempo svolgendo la medesima attività e acquisendo un notevole prestigio: *la — dei Bach*.

dinastico [di-nà-sti-co] *agg.* [pl.m. *-ci*] della dinastia, proprio di una dinastia: *diritto —*.
diniego [di-niè-go] *s.m.* [pl. *-ghi*] negazione, rifiuto.
dinnanzi → **dinanzi**.
dinoccolato [di-noc-co-là-to] *agg.* dai movimenti ampi e scoordinati: *andatura dinoccolata*.
dinoficee [di-no-fì-ce-e] *s.f.pl.* (*bot.*) classe di alghe unicellulari dotate di flagelli.
dinoflagellati [di-no-fla-gel-là-ti] *s.m.pl.* (*zool.*) ordine di protozoi marini e d'acqua dolce, fosforescenti e muniti di flagelli.
dinosauro [di-no-sàu-ro *o* dinoʃàuro] *s.m.* rettile terrestre preistorico di enormi dimensioni, vissuto nell'era mesozoica.
dintorno [din-tór-no], o **d'intorno**, *avv.* intorno: *la gente che stava —* | Nella loc. prep. *— a*, intorno a: *— alla villa* ♦ *s.m.pl.* [solo in grafia unita] i luoghi circostanti, le vicinanze: *i dintorni di Milano*.
dio [dì-o] *s.m.* [pl. *dèi*; al sing. l'art. è *il*, al pl. *gli*] **1** Dio, nelle religioni monoteiste, l'essere supremo e assoluto, concepito come principio del bene, creatore, governatore e giudice del mondo: *Allah è il — dei musulmani* | nella religione cristiana, l'essere supremo, inteso come persona una e trina (Padre, Figlio, Spirito Santo): *pregare —*; *l'Uomo —*, Gesù Cristo, in quanto dotato di natura umana e divina; *la parola di —*, i testi dell'Antico e del Nuovo Testamento; *la Madre di —*, Maria la madre di Gesù Cristo; *la sposa di —*, la Chiesa; *la casa di —*, edificio di culto, chiesa | *castigo di —*, grande calamità | *grazia di —*, *ben di —*, abbondanza | *cosa fatta come — comanda*, bene, a regola d'arte | *come — volle*, finalmente, in qualche modo | *piove, viene giù come — la manda*, si dice di pioggia violenta e abbondante | in espressioni escl., per indicare stupore, impazienza, collera: *buon —! santo !—*; *che — vi assista*; *grazie a —*; *volesse —*, per esprimere la speranza che un desiderio si avveri; *— ci scampi e liberi!*, per scongiurare un pericolo | prov.: *l'uomo propone e — dispone*, non possiamo esser sicuri che i nostri progetti si attueranno **2** nelle religioni politeistiche, ciascuno degli esseri immortali dotati di attributi che eccedono le facoltà umane **3** (*fig.*) cosa o persona che sia quasi oggetto di culto: *il guadagno è il suo unico —* | *essere un —*, (*fam.*) essere bravissimo.
diocesano [di-o-ce-ʃà-no] *agg.* (*eccl.*) della diocesi: *sinodo —* | *clero —*, non appartenente a ordini religiosi.
diocesi [di-ò-ce-ʃi] *s.f.* (*eccl.*) circoscrizione ecclesiastica sottoposta alla giurisdizione pastorale di un vescovo.
diodo [dì-o-do] *s.m.* dispositivo elettronico a due elettrodi che consente il passaggio di corrente in una sola direzione.
dioico [di-ò-i-co] *agg.* [pl.m. *-ci*] (*bot.*) si dice di pianta che porta solo fiori maschili o solo fiori femminili (*p.e.* la palma, il ginepro).
dionea [dio-nè-a] *s.f.* pianta carnivora con foglie a forma di imbuto che si chiudono appena vi si posa un insetto.
dionisiaco [di-o-ni-ʃì-a-co] *agg.* [pl.m. *-ci*] **1** di Dioniso, dio greco del vino: *culto —* **2** (*estens.*) che è caratterizzato da uno stato di ebbrezza, di esaltazione entusiastica: *delirio —*.
diorite [dio-rì-te] *s.f.* (*min.*) roccia eruttiva intrusiva di colore scuro, usata come materiale da costruzione.
diossina [di-os-sì-na] *s.f.* (*chim.*) nome generico di composti organici del cloro molto tossici, impiegati nella produzione di coloranti, erbicidi, battericidi.
diottria [di-ot-trì-a] *s.f.* **1** (*fis.*) grandezza definita come il reciproco della distanza focale, misurata in metri, di una lente o di un sistema ottico **2** in oculistica, unità di misura della capacità visiva.
diottrica [di-òt-tri-ca] *s.f.* (*fis.*) parte dell'ottica che studia i fenomeni di rifrazione della luce.
diottrico [di-òt-tri-co] *agg.* [pl.m. *-ci*] (*fis.*) relativo alla diottrica: *sistema —*.
diottro [di-òt-tro] *s.m.* (*fis.*) superficie rifrangente.
dipanare [di-pa-nà-re] *v.tr.* **1** svolgere il filo di una matassa **2** (*fig.*) risolvere, districare, sbrogliare: *— una questione* ♦ **dipanarsi** *v.intr. pron.* **1** svolgersi, detto di un filo **2** (*fig.*) susseguirsi, distendersi.
dipartimentale [di-par-ti-men-tà-le] *agg.* di un dipartimento.
dipartimento [di-par-ti-mén-to] *s.m.* **1** in Francia, circoscrizione territoriale-amministrativa **2** negli Stati Uniti d'America, ciascuna delle dieci divisioni del potere esecutivo, corrispondente al nostro ministero **3** ripartizione universitaria che comprende un gruppo di discipline interessate dalla stessa area di ricerca.
dipartire [di-par-tì-re] *v.intr.* [coniugato come *partire*; aus. *essere*], **dipartirsi** *v.intr.pron.* **1** (*lett.*) allontanarsi | (*fig.*) morire **2** diramarsi: *dalla piazza si dipartono tre strade*.
dipartita [di-par-tì-ta] *s.f.* (*lett.*) partenza, distacco | (*eufem.*) morte.
dipendente [di-pen-dèn-te] *agg.* che dipende, che è soggetto ad altri | *proposizione —*, (*gramm.*) subordinata | *lavoro —*, quello di chi presta attività in modo subordinato ed è retribuito con uno stipendio o salario (si contrappone a *lavoro autonomo*) ♦ *s.m.* e *f.* chi svolge un lavoro dipendente: *— statale* ♦ *s.f.* (*gramm.*) proposizione dipendente.
dipendenza [di-pen-dèn-za] *s.f.* **1** il dipendere, l'essere dipendente: *— economica*; *essere alle dipendenze di qlcu.*, lavorare in posizione subordinata a lui; *avere qlcu. alle proprie dipendenze*, essere il suo datore di lavoro **2** (*gramm.*) relazione di subordinazione tra due o più proposizioni **3** (*psicol.*) atteggiamento di soggezione o sottomissione di un individuo a un altro | bisogno irresistibile di assumere sostanze inebrianti o stupefacenti: *— dall'alcol, dalla droga* **4** dépendance **5** (*comm.*) filiale, succursale.

dipendere [di-pèn-de-re] *v.intr.* [pres. *io dipèndo ecc.*; pass.rem. *io dipési, tu dipendésti ecc.*; part.pass. *dipéso*; aus. *essere*] **1** derivare, procedere; esser causato o determinato: *il ritardo è dipeso da un guasto*; *la scelta dipende da te* | come risposta evasiva: *"Quando parti?" "Dipende"* **2** essere in un rapporto di subordinazione (psicologica, economica o di lavoro): — *dai genitori*; *non — da nessuno*, essere arbitro di sé stesso; anche, essere economicamente autosufficiente **3** (*gramm.*) essere retto: *le proposizioni subordinate dipendono dalla principale.*

dipingere [di-pìn-ge-re] *v.tr.* [pres. *io dipìngo, tu dipìngi ecc.*; pass.rem. *io dipinsi, tu dipingesti ecc.*; part.pass. *dipinto*] **1** rappresentare delle immagini attraverso il disegno e l'uso dei colori, come forma di espressione artistica: — *a tempera, su tela*; — *una natura morta* | (*assol.*) dedicarsi alla pittura: *dipinge da qualche anno* **2** decorare con pitture: *Michelangelo dipinse la Cappella Sistina* **3** dare la tinta, il colore; verniciare: — *le pareti* **4** (*fig.*) rappresentare vivacemente parlando, scrivendo o con altri mezzi espressivi ♦ **dipingersi** *v.intr.pron.* apparire esteriormente: *la paura le si dipinse sul volto.*

dipinto [di-pìn-to] *agg.* **1** pitturato | *pare* —, si dice di qlco. (*p.e.* uno spettacolo naturale) che è tanto bello da sembrare finto **2** (*fig.*) rappresentato; evidente, manifesto: *aveva la gioia dipinta negli occhi* ♦ *s.m.* opera di pittura; quadro: *un — di Picasso.*

diplegia [di-ple-gì-a] *s.f.* (*med.*) paralisi che colpisce entrambi i lati di una parte del corpo.

diplo- primo elemento di parole composte, che significa 'doppio' (*diplopia*).

diploma [di-plò-ma] *s.m.* [pl. *-mi*] **1** titolo che attesta il compimento di un corso di studi: — *di scuola media inferiore, di maturità, di laurea*; — *di infermiera* | in particolare, titolo di scuola media superiore **2** attestato con cui un'autorità accorda un privilegio o un titolo: — *di benemerenza* **3** antico documento rilasciato da un'autorità pubblica.

diplomare [di-plo-mà-re] *v.tr.* [*io diplòmo ecc.*] conferire un diploma scolastico ♦ **diplomarsi** *v.intr.pron.* conseguire un diploma scolastico.

diplomatica [di-plo-mà-ti-ca] *s.f.* scienza che studia gli antichi documenti.

diplomatico [di-plo-mà-ti-co] *agg.* [pl.m. *-ci*] **1** che concerne la diplomazia: *agente, corriere* —; *carriera diplomatica* | *rapporti diplomatici*, i rapporti di uno stato con un altro regolati dal diritto internazionale **2** (*fig.*) pieno di tatto; avveduto, accorto: *un uomo molto* — ♦ *s.m.* [f. *-a*] **1** chi è nella carriera diplomatica **2** (*fig.*) persona attenta e discreta nel trattare con le persone questioni complesse e delicate **3** (*gastr.*) dolce costituito da due strati di sfoglia, farciti di crema e di pan di spagna imbevuto di liquore □ **diplomaticamente** *avv.* **1** secondo gli usi diplomatici; attraverso la diplomazia: *la controversia verrà risolta* — **2** (*fig.*) con abilità, con tatto: *rispondere* —.

diplomato [di-plo-mà-to] *agg.* e *s.m.* [f. *-a*] che/chi ha conseguito un diploma,

diplomazia [di-plo-ma-zì-a] *s.f.* **1** la scienza e la pratica dei rapporti internazionali fra gli stati **2** il complesso delle persone e degli organi per mezzo dei quali uno stato mantiene i rapporti con gli altri stati; la carriera, la professione di tali persone: *entrare in* — **3** (*fig.*) abilità e tatto nel trattare con gli altri questioni delicate: *agire con* —.

diplopia [di-plo-pì-a] *s.f.* (*med.*) difetto visivo per cui un oggetto si percepisce sdoppiato.

diportista [di-por-tì-sta] *s.m.* e *f.* [pl.m. *-sti*] chi pratica la navigazione da diporto.

diporto [di-pòr-to] *s.m.* svago, divertimento, ricreazione: *fare una cosa per* — | *imbarcazione da* —, che serve per svago.

dipresso [di-près-so] solo nella loc. avv. *a un* —, all'incirca, press'a poco: *ci sarà a un — un'ora di cammino.*

dipsacacee [dip-sa-cà-ce-e] *s.f.pl.* (*bot.*) famiglia di piante dicotiledoni a foglie opposte e fiori in capolini.

diradamento [di-ra-da-mén-to] *s.m.* il diradare, il diradarsi.

diradare [di-ra-dà-re] *v.tr.* **1** rendere meno folto, meno fitto: *il sole ha diradato la nebbia* | (*agr.*) estirpare alcune piante in piantagioni molto fitte, allo scopo di favorire lo sviluppo delle altre **2** rendere meno assiduo, meno frequente: — *gli impegni* ♦ **diradarsi** *v.intr.pron.* farsi rado, meno fitto, meno frequente.

diramare [di-ra-mà-re] *v.tr.* comunicare a più destinatari una notizia, un ordine: — *una circolare, un comunicato* ♦ **diramarsi** *v.intr.pron.* **1** dividersi in più rami o in più tracciati, percorsi: *l'albero si dirama a grande altezza da terra* **2** (*fig.*) diffondersi: *la notizia si è diramata in breve tempo.*

diramazione [di-ra-ma-zió-ne] *s.f.* **1** il diramarsi, il dividersi in rami | ogni ramo che si diparte dal tronco principale di una strada, un fiume, una ferrovia: *le diramazioni del Po*; *stazione di* —, stazione di collegamento di due o più linee ferroviarie | (*fig.*) organizzazione periferica di un'impresa; filiale, succursale: *un'azienda con diramazioni in molti paesi* **2** (*fig.*) comunicazione a più destinatari: *la — di una notizia.*

dirazzare [di-raz-zà-re] *v.intr.* [aus. *avere*] presentare differenze, in meglio o in peggio, nel carattere o nella cultura rispetto a quelle della famiglia da cui si discende.

dire[1] [dì-re] *v.tr.* [pres. *io dico, tu dici, egli dice, noi diciamo, voi dite, essi dìcono*; imperf. *io dicévo ecc.*; fut. *io dirò, tu dirai ecc.*; pass.rem. *io dissi, tu dicésti ecc.*; congiunt.pres. *io dica..., noi diciamo, voi diciate, essi dìcano*; congiunt.imperf. *io dicéssi ecc.*; imp. *dì* o *di'*, *dite*; part.pres. *dicènte*; ger. *dicèndo*; part.pass. *détto*] **1** esprimere, comunicare con la voce, con parole: *dimmi qlco.*; *mi disse queste precise parole*; *come si dice "mamma" in inglese?*; — *di sì, di no*, affermare, negare; — *e non* —, esprimersi con reticenza o ambiguità; *per meglio* —, per essere più precisi | *si dice che...*, si vocifera, corre voce | *volevo ben — che*, ero sicuro, c'era da aspettarsi che | *e — che*, per manifestare meraviglia, dispiacere: *e — che lo avevo trattato con tanta cura!* | *non — di no*, accettare, essere d'accordo, riconoscere | *per così* —, espressione usata per attenuare un'affermazione **2** recitare: — *una poesia, le preghiere* | — *la messa*, celebrarla **3** manifestare, esporre con scritti: *che cosa dice il giornale?* **4** significare: *una libro che non dice molto* | *non — nulla*, essere privo di interesse, di espressività | — *la propria*, esprimere la propria opinione **5** ordinare, imporre: *digli di tornare subito a casa* **6** provare, dimostrare: *questo ti dice quanto sia sciocco* | suggerire; ammonire; far presagire: *l'esperienza mi dice che finiremo male* ♦ *v.intr.* parlare; discorrere: *lasciatemi* —; — *bene, male di qlcu.* | *dica, dite pure*, per incoraggiare qlcu. a parlare liberamente | *non c'è che* —, non c'è nulla da obiettare | *non faccio per* —, non faccio per vantarmi | *si fa per* —, si parla solo per parlare, senza particolari intenzioni | *è tutto* —, non è necessario aggiungere altro | *avere, trovare da* —, avere, trovare da lamentarsi, da ridire | *aver a che — con qlcu.*, discutere, litigare con lui.

dire[2] *s.m.* il parlare, l'esprimersi; discorso: *l'arte del* —, la retorica | opinione: *a suo* —, secondo lui | *prov.*: *dal — al fare c'è di mezzo il mare.*

directory [/ di'rɛktori /] *s.f.invar.* (*ingl.*) (*inform.*) porzione di memoria, contrassegnata da un nome, che contiene uno o più file; indirizzario.

diretta [di-rèt-ta] *s.f.* programma radiotelevisivo trasmesso nel momento stesso in cui viene realizzato (si oppone a *differita*): *trasmettere in* —.

direttissima [di-ret-tìs-si-ma] *s.f.* **1** linea ferroviaria che mette in comunicazione attraverso la via più breve centri importanti già collegati con linee normali: *la — Roma-Firenze* **2** nell'alpinismo, la via più rapida e senza deviazioni per raggiungere in scalata la vetta: *la — nord del Cervino.*

direttissimo [di-ret-tìs-si-mo] *agg.* **1** (*dir.*) si dice di procedimento speciale, applicabile nei casi di arresto in flagranza di reato o di confessione del reo, con il quale il pubblico ministero presenta direttamente l'imputato davanti al giudice del dibattimento: *giudizio* — (o *per direttissima*) **2** *treno* —, vecchia denominazione dei treni che ora sono chiamati treni espressi.

direttiva [di-ret-tì-va] *s.f.* (spec. *pl.*) **1** disposizione generale sul modo di agire, regolarsi, comportarsi, emanata da un'autorità: *attenersi alle direttive* **2** (*dir.*) atto giuridico emanato dal consiglio della Comunità europea che fissa in maniera obbligatoria, per ogni stato membro, il raggiungimento di un determinato risultato.

direttivo [di-ret-tì-vo] *agg.* **1** che dirige, indirizza: *consiglio* — **2** proprio di un direttore, di un dirigente: *funzione direttiva* **3** (*elettr.*) direzionale ♦ *s.m.* comitato direttivo: *il — del partito.*

diretto [di-rèt-to] *agg.* **1** che tende a una meta, a uno scopo; indirizzato, destinato, volto: *un autobus — alla stazione*; *un provvedimento — alla tutela dell'ambiente* **2** che procede diritto, senza deviazioni, interposizioni o mediazioni (anche *fig.*): *linea, conseguenza diretta*; *superiore* —, che sta immediatamente sopra nella scala gerarchica; *vendita* —, dal produttore al consumatore | *imposte dirette*, (*fin.*) quelle che colpiscono il reddito e il patrimonio del singolo contribuente | *tiro* —, in balistica, tiro che ha un bersaglio visibile | *treno* —, treno passeggeri a media percorrenza che effettua più fermate del treno espresso **3** in grammatica: *complemento* —, complemento oggetto; *discorso* —, quello che riporta direttamente le parole dette da qlcu.; *costruzione diretta*, disposizione degli elementi di una proposizione secondo l'ordine di soggetto, predicato e complementi ♦ *s.m.* (*sport*) nel pugilato, pugno sferrato a braccio teso ♦ *avv.* diritto, senza deviazioni o indugi: *andare — allo scopo* □ **direttamente** *avv.* **1** in modo diretto, senza soste o deviazioni: *vado — a casa* **2** senza tramiti o intermediari: *si rivolse — a me.*

direttore [di-ret-tó-re] *s.m.* [f. *-trice*] chi dirige un'attività o un gruppo di persone: — *dei lavori, d'orchestra*; — *di produzione*, chi organizza una produzione industriale; — *tecnico*, chi dirige l'attività di una squadra sportiva; — *artistico*, chi ha responsabilità della conduzione artistica di un teatro, un festival ecc.; — *di gara*, arbitro; — *spirituale*, sacerdote che consiglia spiritualmente una persona o una comunità.

direttorio [di-ret-tò-rio] *s.m.* organismo che ha funzioni direttive.

direttrice [di-ret-trì-ce] *agg.f.* che indica, che dà la direzione: *norma, linea* — | *ruote direttrici*, le ruote di un veicolo collegate con lo sterzo ♦ *s.f.* linea lungo la quale si ha un moto o uno sviluppo: — *di marcia.*

direzionale [di-re-zio-nà-le] *agg.* **1** che dirige | *centro* —, in urbanistica, il quartiere della città dove sono riuniti gli uffici direttivi dei servizi pubblici e privati più importanti **2** che indica una direzione: *freccia* — **3** (*elettr.*) che è orientato in una direzione: *antenna* —; *microfono* —, che riceve solo i suoni provenienti da una determinata direzione.

direzionalità [di-re-zio-na-li-tà] *s.f.* (*elettr.*) attitudine a irradiare o a captare segnali in una determinata direzione, escludendo le altre.

direzione [di-re-zió-ne] *s.f.* **1** linea sulla quale si muove, si dispone una persona o una cosa: *andare in una* —; *il treno è partito in — di Bologna* | — *vietata*, nella circolazione stradale, senso vietato **2** il dirigere, il guidare, il comandare: *assumere la — dei lavori* **3** organo direttivo di un ente, di un'azienda, di un'associazione: *la — delle poste.*

dirigente [di-ri-gèn-te] *agg.* che dirige un'attività o un gruppo di persone: *comitato, organismo* — | *classe* —, l'insieme delle persone che dirigono la vita politica ed economica di un paese ♦ *s.m.* e *f.*

chi dirige, chi ha funzioni direttive: — *amministrativo, sindacale*.

dirigenza [di-ri-gèn-za] *s.f.* **1** l'attività, la funzione di dirigere, guidare, comandare **2** il complesso dei dirigenti.

dirigenziale [di-ri-gen-zià-le] *agg.* di dirigente, da dirigente; della dirigenza.

dirigere [di-rì-ge-re] *v.tr.* [pres. *io dirigo, tu dirigi ecc.*; pass.rem. *io dirèssi, tu dirigésti ecc.*; part.pass. *dirètto*] **1** volgere in una direzione, verso un fine; indirizzare, rivolgere: — *lo sguardo, la parola* **2** essere a capo di una attività o di un gruppo di persone; comandare, guidare: — *un'azienda, il traffico*; — *un'orchestra* ♦ **dirigersi** *v.rifl.* volgersi in una data direzione (anche *fig.*): — *verso casa, verso nuovi interessi*.

dirigibile [di-ri-gì-bi-le] *s.m.* aerostato di forma allungata munito di un sistema di propulsione e di timoni per dirigere la navigazione.

dirigismo [di-ri-gì-ʃmo] *s.m.* indirizzo politico che prevede l'intervento diretto dello stato nella vita economica.

dirimere [di-rì-me-re] *v.tr.* [mancano il part.pass. e tutti i tempi composti] (*lett.*) risolvere: — *una controversia*.

dirimpettaio [di-rim-pet-tà-io] *s.m.* [f. *-a*] chi abita nella casa dirimpetto.

dirimpetto [di-rim-pèt-to], o **di rimpetto**, *avv.* davanti, di fronte: *abitare* — | Nella loc. prep. — *a*, davanti a, di fronte a: *era seduto — al fuoco* ♦ *agg.invar.* che sta di fronte: *la casa* —.

diritto[1] → **dritto**.

diritto[2] *s.m.* **1** il complesso delle leggi che regolano i rapporti sociali e il cui rispetto ha carattere di obbligatorietà per tutti i cittadini: — *pubblico, privato, penale, civile, processuale, del lavoro*, a seconda della sfera a cui le leggi si riferiscono; — *canonico*, quello che regola l'ordinamento interno della chiesa; — *ecclesiastico*, la parte del diritto pubblico che regola i rapporti fra stato e chiesa; — *romano*, il complesso delle leggi emanate in Roma antica nell'età repubblicana e imperiale | — *naturale*, l'insieme delle norme non scritte e immutabili che riguardano le regole fondamentali della convivenza civile **2** la scienza che studia le leggi; giurisprudenza: *professore di* — **3** facoltà legittima di fare o non fare qlco., di avere o non avere: — *di voto, di proprietà*; *riconoscere, violare un* —; *diritti civili*, quelli propri del cittadino, sanciti e tutelati dalla costituzione | *diritti dell'uomo*, quelli naturali e inviolabili che riguardano l'uguaglianza, la libertà e la dignità di tutti gli uomini | *di* —, per legge o per diritto acquisito: *l'avanzamento di carriera gli spetta di* — **4** (*estens.*) facoltà fondata su norme morali o consuetudinarie: — *d'anzianità*; *il — del più forte* | *a buon* —, giustamente | *a maggior* —, tanto più, a maggior ragione **5** compenso dovuto a privati o a enti pubblici come corrispettivo di un servizio offerto: *diritti di segreteria*; *diritti d'autore*, compensi dovuti all'autore da parte di chi sfrutta commercialmente la sua opera.

dirittura [di-rit-tù-ra] *s.f.* **1** (*sport*) tratto rettilineo di una pista: — *d'arrivo* **2** senso del giusto, dell'onesto: — *morale*.

diroccato [di-roc-cà-to] *agg.* cadente, in rovina: *un castello* —.

dirompente [di-rom-pèn-te] *agg.* **1** che rompe | *bomba* —, quella che, scoppiando, lancia schegge all'intorno; *esplosivo* —, ad alta velocità di esplosione | *frutto* —, (*bot.*) frutto secco che, una volta maturo, si divide in più pezzi contenenti ciascuno un seme **2** (*fig.*) sconvolgente, esplosivo: *una notizia* —.

dirompere [di-róm-pe-re] *v.intr.* [coniug. come *rompere*; aus. *essere*] (*lett.*) prorompere, erompere: — *in lacrime*.

dirottamento [di-rot-ta-mén-to] *s.m.* azione delittuosa con cui si costringe un aereo o una nave a deviare dalla rotta stabilita.

dirottare [di-rot-tà-re] *v.tr.* [*io dirótto ecc.*] far deviare dalla rotta, dalla direzione prevista: — *un treno*; *il traffico è stato dirottato* | compiere un dirottamento: — *un aereo* ♦ *v.intr.* [aus. *avere*] cambiare rotta.

dirottatore [di-rot-ta-tó-re] *s.m.* [f. *-trice*] chi compie un dirottamento.

dirotto [di-rót-to] *agg.* impetuoso e abbondante: *pianto* — | *a* —, abbondantemente e con forza: *piove a* —.

dirozzare [di-roʒ-ʒà-re] *v.tr.* [*io diróʒʒo ecc.*] **1** sgrossare, sbozzare: — *un marmo* **2** (*fig.*) ingentilire, rendere meno rozzo: — *i costumi di un popolo* ♦ **dirozzarsi** *v.intr.pron.* raffinarsi, ingentilirsi.

dirupato [di-ru-pà-to] *agg.* scosceso e impervio: *terreno* —.

dirupo [di-rù-po] *s.m.* luogo roccioso e scosceso; scarpata.

diruto [dì-ru-to *o* dirùto] *agg.* (*lett.*) **1** diroccato, cadente **2** scosceso, dirupato.

dis-, o **di-** (davanti a consonante sonora), prefisso che indica per lo più contrasto, negazione, opposizione (*discontinuità, disonesto*), dispersione (*distribuire, disperdere*), separazione (*distogliere, divaricare*), ma può anche avere valore intensivo (*dissimulare*) o indicare processo inverso (*disselciare*).

disabile [di-ʃà-bi-le] *agg.* e *s.m.* e *f.* di persona che manca di alcune capacità fisiche o mentali; handicappato.

disabilitare [di-ʃa-bi-li-tà-re] *v.tr.* [*io diʃabìlito ecc.*] privare della possibilità di compiere particolari funzioni: — *un impianto*.

disabitato [di-ʃa-bi-tà-to] *agg.* non abitato, privo di abitanti.

disabituare [di-ʃa-bi-tu-à-re] *v.tr.* [*io diʃabìtuo ecc.*] far perdere un'abitudine ♦ **disabituarsi** *v. rifl.* o *intr.pron.* perdere un'abitudine.

disaccaride [di-sac-cà-ri-de] *s.m.* (*chim.*) glucide che risulta dalla condensazione di due molecole di monosaccaride (*p.e.* il saccarosio).

disaccoppiare [di-ʃac-cop-pià-re] *v.tr.* [*io diʃaccòppio ecc.*] dividere cose che sono accoppiate.

disaccordo [di-ʃac-còr-do] *s.m.* mancanza di accordo; dissenso, discordia: *trovarsi in — con qlcu. su qlco.*
disadattamento [di-ʃa-dat-ta-mén-to] *s.m.* (*psicol.*) mancato adattamento; incapacità di adattarsi a determinati ambienti o situazioni.
disadattato [di-ʃa-dat-tà-to] *agg.* e *s.m.* [f. *-a*] (*psicol.*) che/chi soffre di disadattamento.
disadatto [di-ʃa-dàt-to] *agg.* (*non com.*) non adatto.
disadorno [di-ʃa-dór-no] *agg.* privo di ornamenti; spoglio, semplice: *locale, stile —.*
disaffezionare [di-ʃaf-fe-zio-nà-re] *v.tr.* [*io diʃaffezióno ecc.*] (*lett.*) far perdere l'affetto, l'attaccamento ♦ **disaffezionarsi** *v.intr.pron.* perdere l'affetto, l'attaccamento per una persona o una cosa: *— da un amico.*
disaffezionato [di-ʃaf-fe-zio-nà-to] *agg.* privo di partecipazione affettiva, di attaccamento: *essere — agli studi.*
disaffezione [di-ʃaf-fe-zió-ne] *s.f.* perdita di affetto, di attaccamento per qlcu. o qlco.: *— ai parenti, agli studi.*
disagevole [di-ʃa-gé-vo-le] *agg.* non agevole, scomodo; pieno di difficoltà: *viaggio, strada —.*
disaggregare [di-ʃag-gre-gà-re] *v.tr.* [*io diʃaggrègo, tu diʃaggrèghi ecc.*] separare ciò che era aggregato; disgregare ♦ **disaggregarsi** *v.intr.pron.* dividersi, disgregarsi.
disaggregazione [di-ʃag-gre-ga-zió-ne] *s.f.* il disaggregare, il disaggregarsi, l'essere disaggregato.
disagiato [di-ʃa-già-to] *agg.* privo di agi, di comodità; scomodo, disagevole: *una sede disagiata* | misero, stentato: *vivere in condizioni disagiate.*
disagio [di-ʃà-gio] *s.m.* **1** mancanza di agi, di comodità; condizione o situazione incomoda: *sopportare un —; una vita piena di disagi* **2** imbarazzo: *sentirsi, mettere a —.*
disallineare [di-ʃal-li-ne-à-re] *v.tr.* [*io diʃallìneo ecc.*] disporre su linee diverse ciò che era allineato.
disambientato [di-ʃam-bien-tà-to] *agg.* che si trova a disagio in un ambiente nuovo.
disambiguare [di-ʃam-bi-gu-à-re] *v.tr.* [*io diʃambìguo ecc.*] (*ling.*) togliere ambiguità a una parola o a una frase.
disamina [di-ʃà-mi-na] *s.f.* esame attento, accurato di qlco.
disamoramento [di-ʃa-mo-ra-mén-to] *s.m.* il disamorarsi; perdita di attaccamento, di interesse.
disamorare [di-ʃa-mo-rà-re] *v.tr.* [*io diʃamóro ecc.*] far perdere l'amore, l'interesse ♦ **disamorarsi** *v.intr.pron.* perdere l'amore, l'interesse per una persona o una cosa: *— dalla famiglia.*
disamorato [di-ʃa-mo-rà-to] *agg.* che ha perduto l'amore, l'interesse: *una persona disamorata di tutto.*
disamore [di-ʃa-mó-re] *s.m.* mancanza d'amore: *mostrare — per la famiglia.*
disancorare [di-ʃan-co-rà-re] *v.tr.* [*io diʃàncoro ecc.*] **1** liberare dall'ancora: *— una nave* **2** (*fig.*) rendere autonomo, liberare da un vincolo, da un legame ♦ **disancorarsi** *v.rifl.* **1** sciogliersi, liberarsi dall'ancora **2** (*fig.*) staccarsi, sganciarsi: *— dalle consuetudini familiari.*
disanimato [di-ʃa-ni-mà-to] agg. (*lett.*) scoraggiato.
disappannare [di-ʃap-pan-nà-re] *v.tr.* eliminare l'appannamento da qlco.: *— i vetri.*
disappetenza [di-ʃap-pe-tèn-za] *s.f.* mancanza di appetito, inappetenza.
disapprovare [di-ʃap-pro-và-re] *v.tr.* [*io diʃappròvo ecc.*] non approvare, riprovare (anche *assol.*): *— un comportamento; — con un cenno del capo.*
disapprovazione [di-ʃap-pro-va-zió-ne] *s.f.* il disapprovare; riprovazione.
disappunto [di-ʃap-pùn-to] *s.m.* senso di delusione o di stizza dovuto a un contrattempo, a un impedimento imprevisto: *celare il proprio —.*
disarcionare [di-ʃar-cio-nà-re] *v.tr.* [*io diʃarcióno ecc.*] gettare giù dall'arcione: *il cavallo imbizzarrito disarcionò il cavaliere.*
disarmante [di-ʃar-màn-te] *agg.* che è così semplice e ingenuo da far venir meno ogni ostilità nei suoi confronti: *sorriso —* | scoraggiante, sconfortante: *un'indifferenza —.*
disarmare [di-ʃar-mà-re] *v.tr.* **1** privare delle armi o dei mezzi di offesa e di difesa: *— un prigioniero* **2** (*fig.*) togliere l'aggressività, la volontà di reagire: *il suo sorriso li ha disarmati* **3** (*mar.*) togliere una nave dal servizio attivo, asportandone parte delle dotazioni e apparecchiature ♦ *v. intr.* [aus. *avere*] cedere, arrendersi: *non — di fronte alle difficoltà.*
disarmato [di-ʃar-mà-to] *agg.* **1** privato delle armi | sprovvisto di armi **2** (*fig.*) indifeso, inerme: *essere — di fronte alla vita.*
disarmo [di-ʃàr-mo] *s.m.* riduzione o abolizione degli armamenti, in vista di una politica di pace: *campagna per il —* | *nave in —*, che è stata disarmata.
disarmonia [di-ʃar-mo-nì-a] *s.f.* mancanza di armonia, disaccordo.
disarmonico [di-ʃar-mò-ni-co] *agg.* [pl.m. *-ci*] non armonico, privo di armonia.
disarticolare [di-ʃar-ti-co-là-re] *v.tr.* [*io diʃartìcolo ecc.*] scomporre, disgregare ♦ **disarticolarsi** *v.intr.pron.* disgregarsi, perdere compattezza.
disarticolato [di-ʃar-ti-co-là-to] privo di unità e di coerenza: *discorso —* | *suono —*, incerto nell'articolazione, indistinto.
disarticolazione [di-ʃar-ti-co-la-zió-ne] *s.f.* il disarticolare, il disarticolarsi, l'essere disarticolato.
disassuefare [di-ʃas-sue-fà-re] *v.tr.* [coniugato come *assuefare*] far perdere l'assuefazione, disabituare ♦ **disassuefarsi** *v.rifl.* perdere l'assuefazione, l'abitudine.
disastrato [di-ʃa-strà-to] *agg.* e *s.m.* [f. *-a*] che/chi ha subito un disastro.
disastro [di-ʃà-stro] *s.m.* **1** calamità, catastrofe: *— naturale, ecologico* | grave incidente che ar-

reca danni di vaste proporzioni o provoca la morte di molte persone: — *aereo, ferroviario* **2** (*estens.*) grave danno: *dimenticando il rubinetto aperto fece un disastro nel bagno* | grande confusione, disordine: *i bambini hanno fatto un — nella loro stanza* | (*fig.*) fallimento completo: *la campagna pubblicitaria si è rivelata un —* | *è un —*, (*fig. fam.*) si dice di persona o cosa piena di difetti.

disastroso [di-ʃa-stró-so] *agg.* **1** che produce disastri; che costituisce un disastro: *una guerra disastrosa* **2** assolutamente negativo; riuscito malissimo: *una prova disastrosa* □ **disastrosamente** *avv.*

disattendere [di-ʃat-tèn-de-re] *v.tr.* [coniugato come *tendere*] **1** (*burocr.*) non applicare, non osservare: — *una norma* **2** (*estens.*) non ascoltare, non seguire: — *un consiglio* | deludere: — *le aspettative.*

disattento [di-ʃat-tèn-to] *agg.* non attento; sbadato, distratto: *uno scolaro —*; *una lettura disattenta.*

disattenzione [di-ʃat-ten-zió-ne] *s.f.* l'essere disattento; mancanza di attenzione: *sbagliare per —* | errore causato da scarsa attenzione: *la traduzione è piena di disattenzioni.*

disattivare [di-ʃat-ti-và-re] *v.tr.* rendere inattivo, far cessare (temporaneamente) di funzionare: — *un servizio.*

disavanzo [di-ʃa-vàn-zo] *s.m.* (*fin.*) eccedenza delle uscite rispetto alle entrate; deficit: *bilancio chiuso in —*; *il — commerciale di uno stato*, il saldo negativo tra esportazioni e importazioni.

disavveduto [di-ʃav-ve-dù-to] *agg.* non avveduto, privo di avvedutezza; malaccorto.

disavventura [di-ʃav-ven-tù-ra] *s.f.* evento sfortunato; disgrazia, contrarietà: *incontrare una —* | *per —*, per disgrazia, per cattiva sorte.

disavvertenza [di-ʃav-ver-tèn-za] *s.f.* mancanza di avvertenza, sbadataggine | (*estens.*) svista, errore causati da distrazione: *una piccola —.*

disavvezzare [di-ʃav-vez-zà-re] *v.tr.* [*io diʃavvézzo ecc.*] disabituare ♦ **disavvezzarsi** *v.rifl.* disabituarsi.

disavvezzo [di-ʃav-véz-zo] *agg.* non avvezzo, disabituato: — *alle fatiche.*

disboscare e *deriv.* → **diboscare** e *deriv.*

disbrigare [di-sbri-gà-re] *v.tr.* [*io disbrigo, tu disbrighi ecc.*] risolvere, sbrigare: — *una pratica.*

disbrigo [di-ʃbrì-go] *s.m.* [pl. *-ghi*] (*burocr.*) il disbrigare, lo sbrigare: — *della corrispondenza.*

discacciare [di-scac-cià-re] *v.tr.* [*io discàccio ecc.*] (*lett.*) scacciare; eliminare.

discanto [di-scàn-to] *s.m.* (*mus.*) tipo di polifonia medievale in cui le voci procedono in modo che se una sale l'altra discende e viceversa.

discapito [di-scà-pi-to] *s.m.* scapito, danno: *andrà a tuo —.*

discarica [di-scà-ri-ca] *s.f.* scarico di rifiuti: *divieto di —* | luogo in cui vengono abbandonati materiali di rifiuto: — *comunale.*

discarico [di-scà-ri-co] *s.m.* [pl. *-chi*] discolpa, giustificazione: *prove, testimoni a —*, quelli che testimoniano a favore dell'accusato.

discendente [di-scen-dèn-te] *agg.* che procede dall'alto al basso, dal grande al piccolo (si contrappone ad *ascendente*): *ordine, senso —* | *scala —*, (*mus.*) che va dai suoni più acuti ai suoni più gravi ♦ *s.m.* e *f.* chi discende da qlcu. per vincolo di sangue.

discendenza [di-scen-dèn-za] *s.f.* **1** relazione tra un individuo e i suoi antenati: *vantare una — illustre* **2** l'insieme dei discendenti: *una numerosissima —.*

discendere [di-scén-de-re] *v.intr.* [coniugato come *scendere*; aus. *essere*] **1** scendere, andare verso il basso: — *a valle* | calare, digradare: *il pendio discende fino al fiume* **2** smontare da un mezzo di locomozione: — *dal treno* **3** avere origine: — *da una nobile famiglia* **4** (*fig.*) venire come conseguenza, derivare: *ne discende che...* ♦ *v.tr.* scendere: — *le scale.*

discensionale [di-scen-sio-nà-le] *agg.* (*fis.*) si dice di una spinta o di un moto volto verso il basso; si oppone ad *ascensionale.*

discente [di-scèn-te] *s.m.* e *f.* (*lett.*) chi impara; alunno, allievo: *il docente e i discenti.*

discepolato [di-sce-po-là-to] *s.m.* (*non com.*) la condizione di chi è discepolo; il tempo trascorso in tale condizione.

discepolo [di-scé-po-lo] *s.m.* [f. *-a*] **1** (*lett.*) allievo, alunno **2** (*estens.*) chi segue l'insegnamento di qlcu. riconosciuto come maestro e ne divulga i principi: *Platone fu — di Socrate.*

discernere [di-scèr-ne-re] *v.tr.* [*io discèrno ecc.*; mancano il part.pass. e i tempi composti] (*lett.*) **1** vedere chiaramente: *non si riusciva a — la strada* | (*estens.*) distinguere con la vista o con altri sensi: — *un colore* **2** (*fig.*) vedere con l'intelletto; capire: *non riuscire a — un concetto* | distinguere con la mente: — *il bene dal male.*

discernimento [di-scer-ni-mén-to] *s.m.* capacità di discernere, di giudicare; buon senso, assennatezza.

discesa [di-scé-sa] *s.f.* **1** il discendere, il venir giù: — *a valle* | (*estens.*) il diminuire, il calare: *la — dei prezzi* | calata, invasione dal nord: *la — dei barbari* **2** percorso in pendenza, considerato dall'alto verso il basso; china, pendio **3** (*sport*) gara di sci con percorso in forte pendenza: — *libera*, che non ha un percorso obbligato | nei giochi di squadra, azione d'attacco che si distende nella metà campo avversaria.

discesista [di-sce-sì-sta] *s.m.* e *f.* [pl.m. *-sti*] (*sport*) sciatore specializzato nelle gare di discesa libera.

discettare [di-scet-tà-re] *v.tr.* e *intr.* [*io discètto ecc.*; aus. dell'intr. *avere*] (*lett.*) disputare, contendere | (*estens.*) trattare un argomento.

dischetto [di-schét-to] *s.m.* (*inform.*) minidisco, floppy disk.

dischiudere [di-schiù-de-re] *v.tr.* [coniugato come *chiudere*] (*lett.*) aprire, schiudere ♦ **dischiudersi** *v.intr.pron.* (*lett.*) aprirsi, schiudersi.

dischiuso [di-schiù-so] *agg.* (*lett.*) semiaperto, aperto.
discinesia [di-sci-ne-ʃì-a] *s.f.* (*med.*) movimento anormale e involontario dei muscoli del corpo, dovuto ad alterazioni del sistema nervoso.
discinto [di-scìn-to] *agg.* con le vesti scomposte e aperte.
disciogliere [di-sciò-glie-re] *v.tr.* [coniugato come *sciogliere*] **1** (*lett.*) sciogliere **2** liquefare, fondere; ridurre in soluzione: — *una sostanza in un liquido* ♦ **disciogliersi** *v.intr.pron.* sciogliersi, liquefarsi: *la neve si disciolse al sole.*
disciolto [di-sciòl-to] *agg.* sciolto; che si trova in stato di soluzione: *sale — nell'acqua.*
disciplina [di-sci-plì-na] *s.f.* **1** (*lett.*) ammaestramento, guida: *la — di un bravo maestro* | materia di studio e di insegnamento: *le discipline giuridiche, filosofiche* **2** il complesso delle norme che regolano una convivenza comunitaria; l'obbedienza a tali norme: — *ferrea*; *imporre, mantenere la —*; *consiglio, commissione di —*, organo di una comunità a cui spetta il compito di comminare le sanzioni disciplinari **3** (*estens.*) il controllo dei propri impulsi, in obbedienza a norme morali o di convenienza sociale; autodisciplina.
disciplinare[1] [di-sci-pli-nà-re] *v.tr.* **1** (*non com.*) assoggettare, abituare a una disciplina: — *una scolaresca* **2** ordinare con norme o provvedimenti: — *il commercio* **3** (*estens.*) regolare, frenare: — *i propri sentimenti* ♦ **disciplinarsi** *v.rifl.* imporsi una disciplina.
disciplinare[2] *agg.* che concerne la disciplina: *norme, sanzioni disciplinari* □ **disciplinarmente** *avv.* per quanto concerne la disciplina: *una classe — esemplare.*
disciplinato [di-sci-pli-nà-to] *agg.* **1** rispettoso della disciplina: *un alunno —* **2** regolato, ordinato: *traffico —* □ **disciplinatamente** *avv.*
disc-jockey [/ disk'dʒɔkei /] *loc.sost.m.* e *f.invar.* (*ingl.*) nelle discoteche e nelle trasmissioni radio-televisive, chi seleziona e presenta dischi di musica leggera.
disco [dì-sco] *s.m.* [pl.m. *-schi*] **1** qualunque oggetto piatto e di forma circolare: *un — d'acciaio.* DIM. *dischetto* **2** (*sport*) attrezzo piatto circolare che si lancia nella gara di atletica leggera (detta appunto *lancio del —*) | piastra circolare di gomma dura, usata nell'hockey su ghiaccio **3** sottile piastra circolare di materiale plastico sulla quale si registrano, sotto forma di solco a spirale, suoni riproducibili da apparecchi fonografici: — *di musica leggera* | (*estens.*) brani musicali che vi sono incisi: *ascoltare un — rock* **4** (*inform.*) supporto di memoria di forma piatta circolare, sul quale vengono memorizzati dati mediante un procedimento di tipo magnetico: — *rigido, fisso*, hard disk; — *flessibile*, floppy disk, minidisco | — *ottico*, supporto di memoria di forma piatta circolare, sul quale vengono memorizzate informazioni (suoni, immagini o dati) mediante un procedimento di tipo ottico **5** strumento di segnalazione ferroviaria che serve a indicare ai treni la via libera (— *verde*) o impedita (— *rosso*) | — *verde, rosso*, (*fig.*) assenza o presenza di ostacoli, di impedimenti **6** (*anat.*) anello fibroso interposto fra due capi articolari: *ernia del —*, lussazione di un disco compreso tra due vertebre **7** — *volante*, denominazione generica di presunti aeromobili di forma appiattita di origine extraterrestre; ufo.
discobolo [di-scò-bo-lo] *s.m.* [f. *-a*] atleta lanciatore di disco.
discografia [di-sco-gra-fì-a] *s.f.* **1** la tecnica e l'industria della fabbricazione, registrazione e riproduzione di dischi musicali **2** elenco di incisioni relative a un autore, a un esecutore, a un genere musicale.
discografico [di-sco-grà-fi-co] *agg.* [pl.m. *-ci*] che riguarda la discografia: *casa discografica*; *mercato —* ♦ *s.m.* [f. *-a*] chi lavora nell'industria discografica | proprietario di una casa discografica.
discoide [di-scòi-de] *agg.* e *s.m.* si dice di ciò che ha forma di disco.
discolibro [di-sco-lì-bro] *s.m.* [pl. *dischilibri* o *discolibri*] libro a cui sono aggiunti uno o più dischi, a integrazione dell'argomento trattato.
discolo [dì-sco-lo] *agg.* e *s.m.* [f. *-a*] detto di persona vivace, dispettosa e indisciplinata: *un bambino un po' —.*
discolpa [di-scól-pa] *s.f.* il discolpare, il discolparsi; ciò che discolpa: *che cosa dirai a tua —?*
discolpare [di-scol-pà-re] *v.tr.* [*io discólpo ecc.*] difendere dall'accusa di una colpa; scagionare ♦ **discolparsi** *v.rifl.* difendersi da un'accusa, giustificarsi.
disco-music [/ disko'mjuzik /] *s.f.invar.* (*ingl.*) genere di musica leggera, con base ritmica molto accentuata, che si suona e si balla soprattutto nelle discoteche.
disconoscente [di-sco-no-scèn-te] *agg.* (*lett.*) non riconoscente, ingrato.
disconoscere [di-sco-nó-sce-re] *v.tr.* [coniugato come *conoscere*] non riconoscere, rifiutarsi di riconoscere: — *l'utilità di un suggerimento.*
disconoscimento [di-sco-no-sci-mén-to] *s.m.* il disconoscere, l'essere disconosciuto | — *di paternità*, (*dir.*) atto con cui si disconosce una presunta paternità.
discontinuità [di-scon-ti-nu-i-tà] *s.f.* l'essere discontinuo; mancanza di continuità: *la — di una superficie*; *applicarsi agli studi con —* | (*mat.*) punto in cui una funzione non è continua, si interrompe.
discontinuo [di-scon-tì-nuo] *agg.* **1** non continuo, privo di continuità, nello spazio o nel tempo: *linea discontinua*; *lavoro —* | (*mat.*) che presenta discontinuità: *funzione discontinua* **2** (*fig.*) incostante, incoerente; disuguale: *stile —* □ **discontinuamente** *avv.*
discopatia [di-sco-pa-tì-a] *s.f.* (*med.*) malattia a carico di uno o più dischi posti tra le vertebre.
discordante [di-scor-dàn-te] *agg.* **1** che non è

in accordo; discorde: *parere* — **2** che stona: *colori discordanti*.

discordanza [di-scor-dàn-za] *s.f.* il discordare, l'essere discordante: — *di opinioni*.

discordare [di-scor-dà-re] *v.intr.* [*io discòrdo ecc.*; aus. *avere*] **1** non essere concorde, essere diverso: *giudizi che discordano* **2** detto di suoni e colori, stonare, star male insieme: *tinte che discordano*.

discorde [di-scòr-de] *agg.* che discorda, contrastante: *pareri discordi* | *numeri discordi*, (*mat.*) di segno opposto.

discordia [di-scòr-dia] *s.f.* **1** divergenza di opinioni, di giudizi; dissenso: — *di vedute* **2** mancanza di concordia; disaccordo, dissidio: *essere in — con qlcu.*

discordo [di-scòr-do] *s.m.* poesia, sul tipo della canzone, le cui stanze discordano l'una dall'altra per struttura, melodia o lingua.

discorrere [di-scór-re-re] *v.intr.* [coniugato come *correre*; aus. *avere*] parlare; conversare: — *del più e del meno* | ... *e via discorrendo*, e così via (per evitare di enumerare ciò che l'interlocutore già conosce).

discorsività [di-scor-si-vi-tà] *s.f.* l'essere discorsivo.

discorsivo [di-scor-sì-vo] *agg.* di discorso: *un trattato in forma discorsiva* | *stile, tono* —, (*estens.*) piano, scorrevole □ **discorsivamente** *avv.* con procedimento discorsivo | con linguaggio semplice.

discorso [di-scór-so] *s.m.* **1** il parlare di un argomento rivolgendosi ad altri senza che questi intervengano; l'argomento di cui si discorre: *fare un — su qlco.*; *entrare nel* —, cominciare a parlare a propria volta; *questo è un altro* —, è una cosa del tutto diversa | trattazione ordinata e diffusa intorno a un argomento, fatta a voce o per iscritto: — *inaugurale*; *pronunciare, tenere un* — **2** (*estens.*) dialogo, conversazione, colloquio: *attaccare* —, trovare il modo di iniziare a parlare con qlcu.; *lasciar cadere il* —, non rispondere, non continuare a discutere di un certo argomento | *pl.* (*spreg.*) chiacchiere, ciance; *perder tempo in discorsi*; *pochi discorsi!*; *che discorsi!*, che ragionamenti senza senso. DIM. *discorsetto* **3** (*ling.*) enunciato che si articola in frasi concatenate: — *diretto*, quello in cui si riportano direttamente le parole dette da qlcu.; — *indiretto*, quello nel quale le parole dette da qlcu. sono riportate indirettamente in forma narrativa | *parti del* —, le categorie nelle quali si dividono, in grammatica, le parole di una lingua secondo la loro forma e funzione (*nome, verbo, avverbio ecc.*) **4** (*fig.*) orientamento, tesi, progetto: *proporre un — nuovo*.

discostare [di-sco-stà-re] *v.tr.* [*io discòsto ecc.*] (*lett.*) scostare ♦ **discostarsi** *v.rifl.* (*lett.*) scostarsi, allontanarsi (spec. *fig.*): — *dalla tradizione*.

discosto [di-scò-sto] *agg.* (*lett.*) separato, lontano ♦ *avv.* lontano, distante.

discoteca [di-sco-tè-ca] *s.f.* **1** collezione di dischi musicali **2** istituzione pubblica o privata che cura la raccolta e la conservazione di dischi musicali | il locale, l'edificio in cui ha sede tale istituzione **3** locale pubblico in cui si balla al suono di dischi.

discount [/ ˈdiskaunt /] *s.m.invar.* (*ingl.*) (*comm.*) negozio o supermercato che vende la merce a prezzi inferiori a quelli di mercato.

discredito [di-scré-di-to] *s.m.* diminuzione o perdita del credito, della stima, della reputazione: *cadere in* —; *gettare il — su qlcu.*

discrepante [di-scre-pàn-te] *agg.* discorde, contrastante.

discrepanza [di-scre-pàn-za] *s.f.* disaccordo, diversità, divergenza: — *di opinioni*.

discretezza [di-scre-téz-za] *s.f.* discrezione, moderazione, riserbo.

discreto [di-scré-to] *agg.* **1** moderato, misurato: *essere — nel chiedere* | non importuno; riservato: *una persona discreta* **2** non piccolo, abbastanza buono; soddisfacente: *un — stipendio* | capace, abbastanza bravo: *un — cantante* | (*iron.*) che supera la giusta misura: *avere una discreta faccia tosta* **3** (*scient.*) si dice di ciò che presenta discontinuità | *insieme* —, (*mat.*) insieme i cui elementi si possono numerare e sono quindi distinti l'uno dall'altro □ **discretamente** *avv.* **1** sufficientemente: *uno studente — preparato* | abbastanza bene: *di salute sta* — **2** con discrezione: *si comporta sempre molto* —.

discrezionale [di-scre-zio-nà-le] *agg.* affidato alla discrezione, al giudizio personale: *criterio, capacità* —.

discrezionalità [di-scre-zio-na-li-tà] *s.f.* (*dir.*) facoltà di decidere e giudicare discrezionalmente.

discrezione [di-scre-zió-ne] *s.f.* **1** capacità di valutare e di scegliere con senso della misura; prudenza, tatto, riservatezza: *comportarsi con* —; *persona priva di* — **2** (*estens.*) piena libertà, arbitrio: *decidere a propria* —.

discriminante [di-scri-mi-nàn-te] *agg.* che discrimina ♦ *s.f.* (*dir.*) circostanza che priva un fatto della sua qualità di reato.

discriminare [di-scri-mi-nà-re] *v.tr.* [*io discrìmino ecc.*] **1** discernere, distinguere: — *il lecito dall'illecito* **2** fare discriminazioni, sottoporre a discriminazione.

discriminatorio [di-scri-mi-na-tò-rio] *agg.* di discriminazione: *atteggiamento* —.

discriminazione [di-scri-mi-na-zió-ne] *s.f.* **1** il discriminare, l'essere discriminato; distinzione **2** disparità di considerazione e trattamento delle persone in base a delle loro caratteristiche (di sesso, religione ecc.): *fare discriminazioni* | — *razziale*, applicazione di provvedimenti restrittivi nei confronti di gruppi etnici diversi dal gruppo dominante.

discrimine [di-scrì-mi-ne] *s.m.* (*lett.*) linea divisoria, punto di separazione: *il — fra il bene e il male*.

discromia [di-scro-mì-a] *s.f.* (*med.*) presenza di macchie sulla pelle dovute a un'alterata pigmentazione.

discussione [di-scus-sió-ne] *s.f.* **1** esame approfondito di una questione, fatto da due o più persone che espongono ciascuna le proprie vedute: *una — pacata, animata*; *la — di un progetto*; *mettere, rimettere in —*, (*fig.*) esprimere dubbi, fare delle riserve; *essere fuori —*, (*fig.*) essere certissimo **2** (*estens.*) obiezione, contestazione: *obbedite senza fare discussioni* **3** (*estens.*) litigio, contrasto, alterco: *ci sono discussioni in famiglia* **4** (*dir.*) nel processo civile, fase che precede la decisione della causa, in cui possono intervenire oralmente i legali delle parti | nel processo penale, la parte del dibattimento riservata alle arringhe dei difensori e della parte civile e alla requisitoria del pubblico ministero.

discusso [di-scùs-so] *agg.* che è stato fatto oggetto di discussione; che dà adito a pareri discordi: *un film —*.

discutere [di-scù-te-re] *v.tr.* e *intr.* [pass.rem. *io discussi, tu discutésti ecc.*; part.pass. *discusso*; aus. dell'intr. *avere*] **1** esaminare qlco. mettendo a confronto differenti opinioni: *— un problema*; *— di politica* **2** muovere obiezioni, contestare; mettere in dubbio: *non voglio che si discutano le mie decisioni* **3** (*assol.*) litigare: *finitela di —!*

discutibile [di-scu-tì-bi-le] *agg.* che si può discutere; opinabile, dubbio: *un'affermazione —*; *una persona di moralità —*.

disdegnare [di-ʃde-gnà-re] *v.tr.* [*io diʃdégno ecc.*] disprezzare, considerare indegno di sé; rifiutare: *— gli onori*.

disdegno [di-ʃdé-gno] *s.m.* disprezzo misto a sussiego; sdegno: *guardare con —*.

disdegnoso [di-ʃde-gnó-so] *agg.* pieno di disdegno □ **disdegnosamente** *avv.*

disdetta [di-ʃdét-ta] *s.f.* **1** il disdire, rifiuto | (*dir.*) atto col quale si manifesta la volontà di recedere da un contratto, impedendone il rinnovo: *dare la — a un inquilino* **2** sfortuna: *che —!*

disdetto [di-ʃdét-to] *agg.* negato; annullato.

disdicevole [di-ʃdi-cé-vo-le] *agg.* (*lett.*) che non si addice, sconveniente: *contegno —*.

disdire [di-ʃdì-re] *v.tr.* [coniugato come *dire*] annullare un impegno: *— un appuntamento* | (*dir.*) dare la disdetta di un contratto.

disdoro [di-ʃdò-ro] *s.m.* (*lett.*) disonore, vergogna.

diseconomia [di-ʃe-co-no-mì-a] *s.f.* (*econ.*) perdita economica, spreco.

diseducare [di-ʃe-du-cà-re] *v.tr.* [*io diʃèduco, tu diʃèduchi ecc.*] annullare i risultati di un'educazione.

diseducativo [di-ʃe-du-ca-tì-vo] *agg.* che diseduca, che ha un effetto negativo per l'educazione: *spettacoli diseducativi*.

diseducazione [di-ʃe-du-ca-zió-ne] *s.f.* il diseducare, l'essere diseducato.

disegnare [di-se-gnà-re] *v.tr.* [*io diségno ecc.*] **1** rappresentare qlco. per mezzo di linee e segni (anche *assol.*): *— un triangolo*; *imparare a —* | (*estens.*) formare, raffigurare: *la luce disegnava figure sul pavimento* **2** (*fig.*) ideare nelle linee essenziali; abbozzare nella mente: *— un nuovo romanzo* **3** (*fig.*) descrivere, illustrare con parole: *mi disegnò con precisione la situazione*.

disegnatore [di-se-gna-tó-re] *s.m.* [f. *-trice*] chi disegna per professione.

disegno [di-sé-gno] *s.m.* **1** rappresentazione di qlco. per mezzo di linee e segni: *— dal vero, geometrico*; *— a carboncino*; *tavolo, carta da —*; *— a mano libera*, senza l'ausilio di righe, squadre o altri strumenti | *— industriale*, disegno tecnico per l'industria | *— animato*, (*cine.*) cartone animato **2** motivo ornamentale: *il — di un tappeto*. DIM. *disegnino* **3** arte di disegnare; modo di disegnare: *studiare —* **4** (*fig.*) piano, proposito, intenzione di qlco. da realizzare: *le cose non sono andate secondo i miei disegni* | *— di legge*, progetto di legge sottoposto all'esame del parlamento per l'approvazione.

diseguale e *deriv.* → **disuguale** e *deriv.*

disequazione [di-ʃe-qua-zió-ne] *s.f.* (*mat.*) disuguaglianza fra due espressioni algebriche con una o più incognite, soddisfatta solo per alcuni valori delle incognite.

diserbante [di-ʃer-bàn-te] *agg.* e *s.m.* (*agr.*) si dice di prodotto chimico che elimina l'erba da un terreno; erbicida.

diseredare [di-ʃe-re-dà-re] *v.tr.* [*io diʃerèdo ecc.*] privare dell'eredità: *— un figlio*.

diseredato [di-ʃe-re-dà-to] *agg.* e *s.m.* [f. *-a*] **1** che/chi è stato privato di un'eredità **2** (*estens.*) che/chi vive in estrema miseria.

disertare [di-ʃer-tà-re] *v.tr.* [pres. *io diʃèrto ecc.*; part.pass. *diʃertato*] lasciare volontariamente un luogo, dei luoghi: *i contadini stanno disertando le campagne* | non prendere parte a qlco.: *— una riunione* ♦ *v.intr.* [aus. *avere*] **1** (*mil.*) abbandonare senza autorizzazione il reparto di appartenenza | (*estens.*) passare al nemico **2** (*fig.*) abbandonare un partito, un'associazione; rinunciare a battersi per una causa.

disertore [di-ʃer-tó-re] *s.m.* [f. *-trice*] chi diserta.

diserzione [di-ʃer-zió-ne] *s.f.* il disertare.

disfacimento [di-sfa-ci-mén-to] *s.m.* **1** il disfare, il disfarsi; decomposizione: *cadavere in —* **2** (*fig.*) rovina, sfacelo: *il — di una società*.

disfare [di-sfà-re] *v.tr.* [pres. *io disfàccio* o *disfò* o *dìsfo, tu disfai, egli disfà* o *dìsfa, noi disfacciamo, voi disfate, essi disfanno* o *dìsfano*; nelle altre forme coniugato come *fare*] **1** distruggere, smontare ciò che era stato fatto: *— un lavoro*; *— il letto*, togliere la biancheria e le coperte; *— le valigie*, aprirle per toglierne il contenuto; *— un nodo*, scioglierlo **2** sciogliere, liquefare: *il fuoco disfa la cera* ♦ **disfarsi** *v.rifl.* liberarsi, sbarazzarsi: *— di un pacco* ♦ *v.intr.pron.* **1** corrompersi, guastarsi (detto della carne, della frutta ecc.) **2** sciogliersi, liquefarsi: *la neve si disfa al sole* **3** (*fig.*) andare in rovina, decadere.

disfasia [di-sfa-ʃì-a] *s.f.* (*med.*) disturbo dell'articolazione delle parole dovuto ad alterazione dei centri nervosi che presiedono al linguaggio.

disfatta [di-sfàt-ta] *s.f.* grave sconfitta, sconfitta definitiva: *la — di un esercito.*
disfattismo [di-sfat-tì-ʃmo] *s.m.* l'opera di chi ostacola la riuscita di un'impresa diffondendo sfiducia; atteggiamento sistematicamente improntato a pessimismo.
disfattista [di-sfat-tì-sta] *agg.* e *s.m.* e *f.* [pl.m. *-sti*] che/chi compie opera di disfattismo.
disfattistico [di-sfat-tì-sti-co] *agg.* [pl.m. *-ci*] di disfattismo, da disfattista.
disfatto [di-sfàt-to] *agg.* distrutto, decomposto; liquefatto | (*fig.*) gravemente prostrato: *quella notizia lo lasciò —.*
disfida [di-sfì-da] *s.f.* (*lett.*) sfida a duello.
disforia [di-sfo-rì-a] *s.f.* (*psich.*) alterazione dell'umore in senso depressivo (si contrappone a *euforia*).
disfunzione [di-sfun-zió-ne] *s.f.* **1** (*med.*) funzionamento irregolare di un organo: *— tiroidea* **2** cattivo funzionamento; mancanza di efficienza: *la — di un servizio pubblico.*
disgelo [di-ʃgè-lo] *s.m.* **1** scioglimento del ghiaccio e della neve per un aumento della temperatura **2** (*fig.*) miglioramento dei rapporti tra persone o gruppi prima ostili; distensione.
disgiungere [di-ʃgiùn-ge-re] *v.tr.* [coniugato come *giungere*] separare, staccare: *— le mani; — la pratica dalla teoria* ♦ **disgiungersi** *v.rifl.* e *v.rifl.rec.* separarsi, staccarsi.
disgiuntivo [di-ʃgiun-tì-vo] *agg.* che disgiunge, che esprime un'opposizione | *congiunzione disgiuntiva*, (*gramm.*) quella che disgiunge sintatticamente e logicamente due elementi di una proposizione o di un periodo (*p.e.* un cane *o* un gatto); *proposizioni disgiuntive*, quelle coordinate da una o più congiunzioni disgiuntive.
disgiunto [di-ʃgiùn-to] *agg.* **1** non congiunto; staccato, separato **2** (*mat.*) si dice di due insiemi che non hanno elementi comuni □ **disgiuntamente** *avv.* separatamente.
disgiunzione [di-ʃgiun-zió-ne] *s.f.* il disgiungere, l'essere disgiunto.
disgrazia [di-ʃgrà-zia] *s.f.* **1** perdita del favore altrui: *cadere in —* **2** cattiva sorte; sfortuna, sventura: *per mia, per tua —*, sfortunatamente per me, per te | evento sfortunato casuale, involontario: *è stata una —; per —*, per un caso sfortunato | evento dannoso, doloroso, funesto: *è accaduta una —.*
disgraziato [di-ʃgra-zià-to] *agg.* **1** che ha sorte avversa, sfortunato, sventurato: *una famiglia disgraziata* | sciagurato (in espressioni di rimprovero e di biasimo): *che cosa hai fatto, —!* **2** che ha avuto un esito negativo, che è riuscito male: *un'impresa disgraziata* | funestato da disgrazie: *un anno —* ♦ *s.m.* [f. *-a*] **1** persona colpita da una disgrazia, che suscita perciò pietà e commiserazione: *un povero —* **2** persona malvagia, disonesta: *non voglio aver a che fare con quel —* □ **disgraziatamente** *avv.* per disgrazia, sfortunatamente.
disgregabile [di-ʃgre-gà-bi-le] *agg.* che si può disgregare.
disgregamento [di-ʃgre-ga-mén-to] *s.m.* disgregazione (spec. *fig.*): *il — della società.*
disgregare [di-ʃgre-gà-re] *v.tr.* [*io diʃgrègo, tu diʃgrèghi ecc.*] dividere qlco. nelle parti che la compongono; frantumare, sgretolare: *gli agenti atmosferici disgregano le rocce* | (*fig.*) privare di coesione, di compattezza: *le difficoltà hanno disgregato la famiglia* ♦ **disgregarsi** *v.intr.pron.* scindersi nei singoli elementi; frantumarsi, sgretolarsi | (*fig.*) perdere la coesione, la compattezza.
disgregatore [di-ʃgre-ga-tó-re] *agg.* e *s.m.* [f. *-trice*] che/chi disgrega.
disgregazione [di-ʃgre-ga-zió-ne] *s.f.* il disgregare, il disgregarsi, l'essere disgregato (anche *fig.*): *— sociale.*
disguido [di-ʃguì-do] *s.m.* errore involontario; equivoco: *— postale.*
disgustare [di-ʃgu-stà-re] *v.tr.* provocare disgusto (anche *fig.*): *sapore, atteggiamento che disgusta.*
disgusto [di-ʃgù-sto] *s.m.* **1** sensazione sgradevole che offende il gusto; ripugnanza fisica: *una medicina che dà —* **2** (*fig.*) sentimento di avversione, di repulsione: *provare — per qlco.*
disgustoso [di-ʃgu-stó-so] *agg.* che provoca disgusto (anche *fig.*): *sapore —; scena disgustosa.*
disidratante [di-ʃi-dra-tàn-te] *agg.* e *s.m.* si dice di sostanza capace di sottrarre acqua.
disidratare [di-ʃi-dra-tà-re] *v.tr.* eliminare o ridurre con mezzi chimici o fisici la parte acquea di una sostanza, di un corpo ♦ **disidratarsi** *v. intr.pron.* subire una disidratazione.
disidratazione [di-ʃi-dra-ta-zió-ne] *s.f.* **1** (*scient.*) eliminazione di acqua, spontanea o provocata, da una sostanza o da un corpo **2** (*med.*) perdita di liquidi organici che altera le normali funzioni fisiologiche.
disilludere [di-ʃil-lù-de-re] *v.tr.* [coniugato come *illudere*] far perdere le illusioni; disingannare, deludere: *la vita lo ha disilluso; — le speranze di qlcu.* ♦ **disilludersi** *v.rifl.* perdere le illusioni.
disillusione [di-ʃil-lu-ʃió-ne] *s.f.* perdita delle illusioni; disinganno, delusione.
disilluso [di-ʃil-lù-ʃo] *agg.* e *s.m.* [f. *-a*] che/chi non ha più illusioni: *— della vita.*
disimballaggio [di-ʃim-bal-làg-gio] *s.m.* l'operazione, il risultato del disimballare.
disimballare [di-ʃim-bal-là-re] *v.tr.* togliere dall'imballaggio: *— una merce.*
disimparare [di-ʃim-pa-rà-re] *v.tr.* dimenticare ciò che si è imparato: *— a scrivere.*
disimpegnare [di-ʃim-pe-gnà-re] *v.tr.* [*io diʃimpégno ecc.*] **1** liberare da un impegno, da un impedimento: *— da un giuramento* **2** rendere indipendente un ambiente: *— le stanze con un corridoio* **3** riscattare una cosa data in pegno: *— un gioiello* **4** esercitare, svolgere, adempiere: *— un incarico con abilità* ♦ **disimpegnarsi** *v. intr.pron.* **1** liberarsi da un impegno **2** cavarse-

la bene nell'assolvere un compito: — *nel servire a tavola.*
disimpegnato [di-ʃim-pe-gnà-to] *agg.* non impegnato: *un artista* —.
disimpegno [di-ʃim-pé-gno] *s.m.* **1** il disimpegnare, il disimpegnarsi **2** locale che serve da ripostiglio o da accesso ad altri locali **3** mancanza o abbandono di un preciso impegno politico e sociale: *il* — *degli intellettuali.*
disincagliare [di-ʃin-ca-glià-re] *v.tr.* [*io diʃincàglio ecc.*] **1** (*mar.*) liberare da un incaglio **2** (*fig.*) sbloccare, riavviare: — *le trattative* ♦ **disincagliarsi** *v.rifl.* o *intr.pron.* (*mar.*) uscire da un incaglio.
disincantare [di-ʃin-can-tà-re] *v.tr.* disilludere ♦ **disincantarsi** *v.rifl.* disilludersi.
disincantato [di-ʃin-can-tà-to] *agg.* disingannato, smaliziato: *una visione disincantata della vita.*
disincanto [di-ʃin-càn-to] *s.m.* disinganno, disillusione.
disincentivare [di-ʃin-cen-ti-và-re] *v.tr.* sfavorire togliendo gli incentivi o mettendo ostacoli: — *le importazioni con nuovi dazi.*
disincentivo [di-ʃin-cen-tì-vo] *s.m.* misura, provvedimento che ha il fine di disincentivare; freno.
disincrostante [di-ʃin-cro-stàn-te] *agg.* e *s.m.* si dice di sostanza che impedisce la formazione di incrostazioni o scioglie quelle già formatesi in impianti idraulici.
disincrostare [di-ʃin-cro-stà-re] *v.tr.* [*io diʃincròsto ecc.*] liberare da incrostazioni.
disindustrializzazione [di-ʃin-du-stria-liʒ-ʒa-zió-ne] *s.f.* deindustrializzazione.
disinfestante [di-ʃin-fe-stàn-te] *agg.* e *s.m.* (*chim.*) si dice di sostanza atta a disinfestare.
disinfestare [di-ʃin-fe-stà-re] *v.tr.* [*io diʃinfèsto ecc.*] **1** liberare da animali nocivi che abbiano infestato: — *una cantina dai topi* **2** (*fig.*) liberare da qlco. di invadente e dannoso per la collettività: — *un quartiere dalla delinquenza.*
disinfestazione [di-ʃin-fe-sta-zió-ne] *s.f.* il disinfestare, l'essere disinfestato; il trattare con un disinfestante.
disinfettante [di-ʃin-fet-tàn-te] *agg.* e *s.m.* si dice di sostanza atta a disinfettare.
disinfettare [di-ʃin-fet-tà-re] *v.tr.* [*io diʃinfètto ecc.*] liberare dai germi patogeni: — *una ferita con l'alcol.*
disinfezione [di-ʃin-fe-zió-ne] *s.f.* il disinfettare, l'essere disinfettato.
disinfiammare [di-ʃin-fiam-mà-re] *v.tr.* (*med.*) togliere l'infiammazione a una parte del corpo ♦ **disinfiammarsi** *v.intr.pron.* (*med.*) perdere l'infiammazione.
disinformato [di-ʃin-for-mà-to] *agg.* non informato, poco o male informato.
disinformazione [di-ʃin-for-ma-zió-ne] *s.f.* mancanza di informazione; scarsa o cattiva informazione.
disingannare [di-ʃin-gan-nà-re] *v.tr.* far perdere le speranze, le illusioni; disilludere ♦ **disingannarsi** *v.intr.pron.* disilludersi.
disinganno [di-ʃin-gàn-no] *s.m.* il disingannare, il disingannarsi; disillusione, delusione.
disinibire [di-ʃi-ni-bì-re] *v.tr.* [*io diʃinibisco, tu diʃinibisci ecc.*] liberare da inibizioni ♦ **disinibirsi** *v.intr.pron.* perdere le inibizioni.
disinibito [di-ʃi-ni-bì-to] *agg.* privo di inibizioni; spregiudicato: *una persona disinibita; un linguaggio* —.
disinnamorare [di-ʃin-na-mo-rà-re] *v.tr.* [*io diʃinnamóro ecc.*] far perdere l'amore, far passare l'innamoramento ♦ **disinnamorarsi** *v.intr. pron.* **1** cessare di essere innamorato: — *di qlcu.* **2** (*fig.*) perdere l'interesse per qlco.: — *dello studio.*
disinnescare [di-ʃin-ne-scà-re] *v.tr.* [*io diʃinnésco, tu diʃinnéschi ecc.*] **1** privare dell'innesco: — *una mina* **2** (*fig.*) togliere a un fenomeno nocivo la sua potenzialità di pericolo: — *le tensioni sociali.*
disinnesco [di-ʃin-né-sco] *s.m.* [pl. *-schi*] il disinnescare, l'essere disinnescato.
disinnestare [di-ʃin-ne-stà-re] *v.tr.* [*io diʃinnèsto ecc.*] (*mecc.*) svincolare da un innesto ♦ **disinnestarsi** *v.intr.pron.* (*mecc.*) svincolarsi da un innesto.
disinnesto [di-ʃin-nè-sto] *s.m.* (*mecc.*) il disinnestare, il disinnestarsi, l'essere disinnestato.
disinquinamento [di-ʃin-qui-na-mén-to] *s.m.* il disinquinare, l'essere disinquinato.
disinquinare [di-ʃin-qui-nà-re] *v.tr.* liberare dall'inquinamento.
disinserire [di-ʃin-se-rì-re] *v.tr.* [*io diʃinserisco, tu diʃinserisci ecc.*] staccare ciò che era stato inserito, collegato; disinnestare: — *il motore, la spina.*
disinserito [di-ʃin-se-rì-to] *agg.* si dice di persona che non si è inserita in un gruppo, in una comunità; disadattato.
disintasare [di-ʃin-ta-sà-re] *v.tr.* liberare da un'intasatura, da un'ostruzione: — *il tubo di scarico.*
disintegrare [di-ʃin-te-grà-re] *v.tr.* [*io diʃìntegro ecc.*] **1** distruggere un oggetto riducendolo in frammenti minuti: *una bomba ha disintegrato l'automobile* | — *l'atomo,* (*fis.*) provocarne la divisione in particelle subatomiche **2** (*fig.*) disgregare, distruggere: *le invasioni barbariche disintegrarono l'impero romano* ♦ **disintegrarsi** *v. intr.pron.* **1** ridursi in frammenti **2** (*fig.*) disgregarsi, dissolversi.
disintegratore [di-ʃin-te-gra-tó-re] *s.m.* **1** macchina usata per disintegrare materiali fibrosi **2** nella fantascienza, arma capace di disintegrare una sostanza o un corpo.
disintegrazione [di-ʃin-te-gra-zió-ne] *s.f.* il disintegrare, il disintegrarsi, l'essere disintegrato.
disinteressamento [di-ʃin-te-res-sa-mén-to] *s.m.* mancanza di interesse, di interessamento; indifferenza.
disinteressare [di-ʃin-te-res-sà-re] *v.tr.* [*io diʃinterèsso ecc.*] far perdere a qlcu. l'interesse per

qlco.: *gli svaghi lo hanno disinteressato allo studio* ♦ **disinteressarsi** *v.intr.pron.* non occuparsi di qlcu. o qlco.; smettere di interessarsene: — *della propria famiglia.*

disinteressato [di-ʃin-te-res-sà-to] *agg.* detto di persona, che non agisce per interesse; di azione, che non è fatta per ricavarne un vantaggio: *un amico, un aiuto* — □ **disinteressatamente** *avv.* senza interesse proprio.

disinteresse [di-ʃin-te-rès-se] *s.m.* 1 indifferenza, mancanza di interesse per qlco.: *mostrare — per il lavoro* 2 noncuranza del proprio interesse materiale o morale: *aiutare qlcu. con* —.

disintossicante [di-ʃin-tos-si-càn-te] *agg.* e *s.m.* si dice di farmaco che disintossica.

disintossicare [di-ʃin-tos-si-cà-re] *v.tr.* [*io diʃintòssico, tu diʃintòssichi ecc.*] liberare da ciò che intossica: — *l'organismo* ♦ **disintossicarsi** *v.rifl.* eliminare dal proprio organismo le sostanze tossiche: — *dal fumo.*

disintossicazione [di-ʃin-tos-si-ca-zió-ne] *s.f.* il disintossicare, il disintossicarsi.

disinvolto [di-ʃin-vòl-to] *agg.* 1 che non è impacciato; spigliato, sciolto: *un giovane —; essere — nel parlare* 2 (*estens.*) spregiudicato, sfacciato | superficiale □ **disinvoltamente** *avv.*

disinvoltura [di-ʃin-vol-tù-ra] *s.f.* 1 l'essere disinvolto: *comportarsi con* — 2 (*estens.*) sfrontatezza, impudenza: *mentiva con incredibile* — | leggerezza, superficialità: *ha amministrato il patrimonio con* —.

disistima [di-ʃi-stì-ma] *s.f.* opinione conseguente alla perdita della stima.

dislalia [di-ʃla-lì-a] *s.f.* (*med.*) disturbo nell'articolazione delle parole dovuto ad alterazioni morfologiche dell'apparato fonatorio.

dislessia [di-ʃles-sì-a] *s.f.* (*med., psicol.*) incapacità di riconoscere o ricordare le parole scritte che si manifesta, nella lettura, con trasposizioni e inversioni di parole o di sillabe.

dislivello [di-ʃli-vèl-lo] *s.m.* differenza di livello (anche *fig.*): *un — di 80 m; — sociale, economico.*

dislocamento [di-ʃlo-ca-mén-to] *s.m.* il dislocare, l'essere dislocato.

dislocare [di-ʃlo-cà-re] *v.tr.* [*io diʃlòco, tu diʃlòchi ecc.*] collocare, trasferire in un luogo secondo l'opportunità: — *gli altoparlanti agli angoli della sala.*

dislocazione [di-ʃlo-ca-zió-ne] *s.f.* il dislocare, l'essere dislocato.

dismenorrea [di-ʃme-nor-rè-a] *s.f.* (*med.*) mestruazione dolorosa.

dismesso [di-ʃmés-so] *agg.* smesso, disusato.

dismettere [di-ʃmét-te-re] *v.tr.* [coniugato come *mettere*] cessare di usare; smettere.

dismisura [di-ʃmi-sù-ra] *s.f.* eccesso rispetto alla giusta misura; eccesso | *a* —, eccessivamente, enormemente.

disobbedire e *deriv.* → **disubbidire** e *deriv.*

disobbligarsi [di-ʃob-bli-gàr-si] *v.rifl.* [*io mi diʃòbbligo, tu ti diʃòbblighi ecc.*] contraccambiare una cortesia ricevuta; sdebitarsi: *non so come disobbligarmi con lui.*

disoccupato [di-ʃoc-cu-pà-to] *agg.* e *s.m.* [f. *-a*] si dice di persona che non ha un'occupazione, un lavoro: *restare* —.

disoccupazione [di-ʃoc-cu-pa-zió-ne] *s.f.* la condizione di chi non ha lavoro | il fenomeno sociale della scarsità dei posti di lavoro in relazione al numero di coloro che vi aspirano: — *giovanile.*

disomogeneità [di-ʃo-mo-ge-nei-tà] *s.f.* mancanza di omogeneità.

disomogeneo [di-ʃo-mo-gè-ne-o] *agg.* che presenta disomogeneità.

disonestà [di-ʃo-ne-stà] *s.f.* 1 l'essere disonesto: *agire con* — 2 azione disonesta.

disonesto [di-ʃo-nè-sto] *agg.* 1 che manca di onestà, di probità, di rettitudine: *un'azione disonesta* 2 immorale, impudico: *donna disonesta* ♦ *s.m.* [f. *-a*] persona disonesta □ **disonestamente** *avv.*

disonorare [di-ʃo-no-rà-re] *v.tr.* [*io diʃonóro ecc.*] privare dell'onore; ledere nell'onore, infamare ♦ **disonorarsi** *v.rifl.* perdere l'onore.

disonorato [di-ʃo-no-rà-to] *agg.* che ha perduto l'onore.

disonore [di-ʃo-nó-re] *s.m.* 1 perdita dell'onore; ignominia, infamia: *preferì la morte al* — 2 azione, persona che disonora: *è il — della famiglia.*

disonorevole [di-ʃo-no-ré-vo-le] *agg.* che è causa di disonore.

disopra [di-só-pra], o **di sopra**, *avv.* sopra: *salire* — | Nella loc. prep. *al — di*, sopra (anche *fig.*): *essere al — di ogni sospetto* ♦ *agg.* superiore: *il piano* — ♦ *s.m.* la parte superiore di qlco.: *il — della macchina.*

disordinare [di-ʃor-di-nà-re] *v.tr.* [*io diʃórdino ecc.*] mettere in disordine, scompigliare: — *le carte.*

disordinato [di-ʃor-di-nà-to] *agg.* 1 che non è in ordine: *una casa disordinata* | (*fig.*) confuso: *racconto* — 2 che non tiene in ordine le sue cose: *un ragazzo* — 3 sregolato: *vita disordinata* □ **disordinatamente** *avv.*

disordine [di-ʃór-di-ne] *s.m.* 1 mancanza di ordine; confusione (anche *fig.*): *regnava ovunque un gran —; — mentale* | *in* —, senza ordine, in confusione: *mettere tutto in —; avere i capelli in* —, scomposti 2 (*estens.*) cattivo funzionamento; cattiva organizzazione 3 sregolatezza: — *nel mangiare* 4 *pl.* insieme di fatti che turbano l'ordine pubblico; tumulto.

disorganicità [di-ʃor-ga-ni-ci-tà] *s.f.* l'essere disorganico.

disorganico [di-ʃor-gà-ni-co] *agg.* [pl.m. *-ci*] privo di organicità □ **disorganicamente** *avv.*

disorganizzare [di-ʃor-ga-niʒ-ʒà-re] *v.tr.* [*io diʃorganìʒʒo ecc.*] portare disordine in una cosa organizzata ♦ **disorganizzarsi** *v.intr.pron.* perdere la propria organizzazione.

disorganizzato [di-ʃor-ga-niʒ-ʒà-to] *agg.* privo di organizzazione: *un servizio* —.

disorganizzazione [di-ʃor-ga-niʒ-ʒa-zió-ne] *s.f.*

mancanza di organizzazione: *che — in quell'ufficio!*
disorientamento [di-ʃo-rien-ta-mén-to] *s.m.* l'essere disorientato; confusione, smarrimento: *avere un attimo di —.*
disorientare [di-ʃo-rien-tà-re] *v.tr.* [*io diʃoriènto ecc.*] far perdere l'orientamento | (*fig.*) far perdere la sicurezza, la padronanza di sé; confondere: *quella domanda lo disorientò* ♦ **disorientarsi** *v.intr.pron.* perdere l'orientamento | (*fig.*) confondersi.
disorientato [di-ʃo-rien-tà-to] *agg.* che ha perso l'orientamento | (*fig.*) confuso, smarrito, sconcertato: *restare —.*
disossare [di-ʃos-sà-re] *v.tr.* [*io diʃòsso ecc.*] levare le ossa a un animale macellato: *— un pollo.*
disossato [di-ʃos-sà-to] *agg.* privato delle ossa.
disossidante [di-ʃos-si-dàn-te] *agg.* e *s.m.* (*chim.*) si dice di sostanza capace di disossidare.
disossidare [di-ʃos-si-dà-re] *v.tr.* [*io diʃòssido ecc.*] **1** (*chim.*) eliminare o ridurre l'ossigeno presente in un composto **2** (*tecn.*) eliminare l'ossido da una superficie metallica.
disostruire [di-ʃo-stru-ì-re] *v.tr.* [*io diʃostruìsco, tu diʃostruìsci ecc.*] liberare da un'ostruzione ♦ **disostruirsi** *v.intr.pron.* liberarsi da un'ostruzione.
disotto [di-sót-to], o **di sotto**, *avv.* sotto: *scendere —* | Nella loc. prep. *al — di*, sotto (anche *fig.*): *rendere al — delle proprie possibilità* ♦ *agg.* inferiore: *il piano —* ♦ *s.m.* la parte inferiore di qlco.: *il — del tavolo.*
dispaccio [di-spàc-cio] *s.m.* **1** comunicazione scritta di un'autorità riguardante affari di stato | *— diplomatico*, lettera diplomatica **2** (*estens.*) comunicazione, informazione scritta: *— di agenzia*; *— telegrafico*, telegramma.
disparato [di-spa-rà-to] *agg.* molto diverso: *opinioni disparate.*
dispari [dì-spa-ri], pop. **disparo**, *agg.* **1** si dice di numero non divisibile per due | *giorni —*, lunedì, mercoledì e venerdì **2** che è inferiore, inadeguato; impari: *forze —.*
disparità [di-spa-ri-tà] *s.f.* differenza, disuguaglianza: *— di forze, di trattamento* | forte diversità: *— di idee.*
disparo → **dispari**.
disparte [di-spàr-te] *avv.* solo nella loc. avv. *in —*, da parte, in luogo riservato: *starsene in —.*
dispendio [di-spèn-dio] *s.m.* spesa notevole, spreco | (*fig.*) consumo eccessivo: *— di tempo.*
dispendioso [di-spen-diό-so] *agg.* che comporta dispendio; costoso, caro: *un tenore di vita —* □ **dispendiosamente** *avv.*
dispensa [di-spèn-sa] *s.f.* **1** locale o mobile in cui si conservano i cibi: *una — ben fornita* **2** ciascun fascicolo di un'opera pubblicata con cadenza periodica: *un'enciclopedia a dispense* | *— universitaria*, fascicolo in cui è pubblicato un corso di lezioni **3** atto che dà la facoltà di non adempiere a un obbligo; esenzione, esonero: *— dalle tasse scolastiche.*
dispensare [di-spen-sà-re] *v.tr.* [*io dispènso ecc.*] **1** esonerare da un obbligo: *— dal servizio militare* **2** distribuire, elargire: *— favori.*
dispensario [di-spen-sà-rio] *s.m.* ambulatorio dove è possibile ricevere gratuitamente assistenza medica e medicine per la prevenzione e la cura di determinate malattie: *— antitubercolare.*
dispenser [/ dis'pεnser /] *s.m.invar.* (*ingl.*) confezione di un prodotto fatta in modo che questo possa esserne estratto in quantità stabilita.
dispensiere [di-spen-siè-re] *s.m.* [f. *-a*] chi è addetto alla dispensa su una nave o in una comunità.
dispepsia [di-spep-sì-a] *s.f.* (*med.*) alterazione della funzione digestiva.
disperare [di-spe-rà-re] *v.tr.* [*io dispèro ecc.*] perdere la speranza: *— di salvare qlcu.*; *dispero che possa correggersi* | *far — qlcu.*, condurlo alla disperazione; fargli perdere la pazienza ♦ *v.intr.* [aus. *avere*] perdere la speranza riguardo a qlco.: *— della guarigione* | (*assol.*) perdere ogni speranza: *non disperate!* ♦ **disperarsi** *v.intr.pron.* lasciarsi prendere dalla disperazione.
disperata [di-spe-rà-ta] *s.f.* solo nella loc. *alla —*, (*fam.*) come un disperato.
disperato [di-spe-rà-to] *agg.* **1** che è in preda alla disperazione: *vivere —* **2** che è provocato dalla disperazione: *pianto, gesto —* **3** che non lascia speranze di una soluzione positiva: *condizioni disperate* ♦ *s.m.* [f. *-a*] chi è in preda alla disperazione | *come un —*, (*fam.*) disperatamente, con tutte le forze: *lavorare come un —* □ **disperatamente** *avv.* **1** in modo disperato: *piangere —* **2** con grande impegno, con tutte le forze: *studiare —.*
disperazione [di-spe-ra-ziό-ne] *s.f.* **1** stato d'animo di chi non ha più alcuna speranza e vive nello sconforto e nell'angoscia: *essere in preda alla —* | *per —*, non trovando altra soluzione, per estrema necessità | *il coraggio della —*, quello di chi agisce per disperazione **2** cosa o persona che fa disperare, che è causa di grave disagio o preoccupazione: *quel ragazzo è la — della famiglia.*
disperdere [di-spèr-de-re] *v.tr.* [coniugato come *perdere*] **1** allontanare l'uno dall'altro i componenti di un gruppo o gli elementi di un insieme; sparpagliare: *la polizia disperse i dimostranti* **2** (*fig.*) consumare inutilmente, dissipare: *— le proprie forze* **3** (*fis.*) produrre una dispersione ♦ **disperdersi** *v.rifl.* o *intr.pron.* **1** sparpagliarsi, sbandarsi; andar perduto: *alla fine del comizio la folla si disperse* | (*estens.*) diradarsi, svanire: *il fumo cominciava a —* **2** (*fig.*) sciupare le proprie forze intellettuali dedicandosi a lavori inutili o a troppe attività: *— in studi frammentari.*
dispersione [di-sper-siό-ne] *s.f.* **1** il disperdere, il disperdersi, l'essere disperso: *— di forze* **2** (*fis.*) separazione di un'onda elettromagnetica o sonora complessa nelle sue componenti elementari | *— elettrica*, perdita spontanea delle cariche elettriche da parte di un corpo elettrizzato | *— della luce*, fenomeno per cui la luce bianca, attraversando un mezzo rifrangente, si separa in uno

spettro continuo di colori | — *termica*, perdita di calore di un luogo o di un oggetto dovuta a imperfetto isolamento termico.

dispersività [di-sper-si-vi-tà] *s.f.* l'essere dispersivo.

dispersivo [di-sper-sì-vo] *agg.* che tende a disperdersi (spec. *fig.*): *un uomo intelligente ma molto —*; *un lavoro —*, poco concreto □ **dispersivamente** *avv.*

disperso [di-spèr-so] *agg.* **1** (*non com.*) sparso, disseminato **2** smarrito, perduto: *oggetti dispersi* | (*fig.*) dell'aspetto di una persona, sperduto, smarrito: *vagava con lo sguardo —* ♦ *agg.* e *s.m.* [f. *-a*] si dice di soldato del quale, al termine di una guerra o di un'azione bellica, non si abbia notizia: *dare qlcu. per —*; *i dispersi in Russia* | si dice di persona scomparsa in un disastro, ma la cui morte non è accertata: *i dispersi di un naufragio.*

dispersore [di-sper-só-re] *s.m.* (*elettr.*) elemento terminale di un impianto di messa a terra, che serve a disperdere nel terreno la corrente.

dispetto [di-spèt-to] *s.m.* atto compiuto per dare dispiacere o noia a qlcu. o per ostentare disprezzo della volontà altrui: *fare i dispetti*; *una cosa fatta per —* | *a — di*, contro la volontà, nonostante un'opposizione, un impedimento: *partì a — del tempo*, nonostante il tempo cattivo. DIM. *dispettino, dispettuccio.*

dispettoso [di-spet-tó-so] *agg.* **1** che si compiace di fare dispetti: *un ragazzo —* | (*estens.*) fastidioso, irritante: *tempo —*, estremamente variabile **2** che è fatto per dispetto: *atto —* □ **dispettosamente** *avv.*

dispiacere[1] [di-spia-cé-re] *v.intr.* [coniugato come *piacere*; aus. *essere*] **1** non piacere, essere sgradito | *non —*, piacere abbastanza, pur senza entusiasmare: *lo spettacolo non mi è dispiaciuto* **2** essere causa di rammarico, di rincrescimento: *mi dispiace che ti sia comportato male* | *ti dispiace*, *ti dispiacerebbe*, *se non ti dispiace*, formule di cortesia che si usano quando si chiede un favore o si vuole attenuare un comando ♦ **dispiacersi** *v.intr.pron.* provare rincrescimento; aversela a male: *— per un* (o *di un*) *rifiuto.*

dispiacere[2] *s.m.* **1** sentimento di pena, di cruccio, di amarezza, di dolore: *provare*, *recare —*; *morire dal* (o *di*) *—* **2** cosa, fatto che arreca dolore: *è stato un — vederlo andar via.*

dispiegare [di-spie-gà-re] *v.tr.* [*io dispiègo, tu dispieghi ecc.*] (*lett.*) distendere, spiegare: *— le vele al vento.*

displasia [di-spla-ʃi-a] *s.f.* (*med.*) anomalia di sviluppo di un tessuto, di un organo o di un sistema.

display [/ dis'plɛi /] *s.m.invar.* (*ingl.*) (*elettron.*) schermo o quadrante che mostra i dati forniti da un'apparecchiatura elettronica.

displuvio [di-splù-vio] *s.m.* **1** (*geog.*) versante di un monte: *linea di —*, spartiacque **2** linea d'intersezione delle due falde del tetto che favorisce lo scolo dell'acqua piovana.

dispnea [dis-pnè-a] *s.f.* (*med.*) difficoltà di respirazione.

disponibile [di-spo-nì-bi-le] *agg.* di cui si può disporre; libero: *somma, posto —* | libero da impegni: *il direttore non è —* | ben disposto ad andare incontro alle esigenze degli altri: *una persona — al dialogo.*

disponibilità [di-spo-ni-bi-li-tà] *s.f.* **1** l'essere disponibile: *una persona di grande —* **2** facoltà di disporre di un bene: *avere la — di una somma* **3** (spec. *pl.*) il denaro, i mezzi di cui si può disporre: *non avere grandi —.*

disporre [di-spór-re] *v.tr.* [coniugato come *porre*] **1** collocare in un certo ordine: *— i libri nello scaffale* **2** preparare: *— ogni cosa per il viaggio* **3** mettere in una determinata condizione di spirito; rendere incline, propenso: *le sue parole disposero i giudici alla clemenza* **4** prescrivere, stabilire: *casi in cui la legge dispone l'arresto* | *prov.*: *l'uomo propone e Dio dispone* ♦ *v.intr.* [aus. *avere*] **1** avere la facoltà di servirsi liberamente di qlco. o di qlcu.: *— di sé, del proprio tempo* **2** possedere, avere: *questa sala dispone di 700 posti* ♦ **disporsi** *v.rifl.* **1** collocarsi in un certo ordine: *gli alunni si disposero in fila* **2** prepararsi: *— a partire.*

dispositivo [di-spo-ʃi-tì-vo] *s.m.* congegno o elemento che, da solo o inserito in un meccanismo più complesso o in un impianto, serve per compiere una determinata funzione: *— di sicurezza, di controllo.*

disposizione [di-spo-ʃi-zió-ne] *s.f.* **1** l'essere disposto, il disporsi; modo in cui qlco. o qlcu. è disposto: *la — della merce nella vetrina*; *la — degli invitati a tavola* **2** stato d'animo: *non essere nella — adatta per fare qlco.* | attitudine, predisposizione: *avere — per la musica* **3** norma; prescrizione: *— di legge*; *dare disposizioni* **4** possibilità di disporre di qlco. o di qlcu. secondo la propria volontà: *avere a — una somma*; *mettersi a — di qlcu.*

disposto [di-spó-sto] *agg.* **1** collocato in un certo modo: *mobili disposti con gusto* **2** pronto ad agire in un dato modo: *non sono — a cedere*; *essere — a tutto*, ad affrontare qualsiasi difficoltà pur di riuscire in un intento | che ha una determinata disposizione d'animo: *essere ben — verso qlcu.* **3** deliberato, stabilito: *secondo quanto — dalla legge.*

dispotico [di-spò-ti-co] *agg.* [pl.m. *-ci*] da despota; tirannico: *un fare —* □ **dispoticamente** *avv.*

dispotismo [di-spo-tì-ʃmo] *s.m.* **1** governo assoluto, proprio di un despota | *— illuminato*, nel sec. XVIII, il governo di sovrani assoluti che miravano a promuovere il progresso sociale e civile dei sudditi **2** (*fig.*) atteggiamento ispirato a estremo autoritarismo.

dispregiare [di-spre-già-re] *v.tr.* [*io disprègio ecc.*] (*lett.*) disprezzare.

dispregiativo [di-spre-gia-tì-vo] *agg.* **1** che esprime disprezzo **2** (*gramm.*) peggiorativo.

dispregio [di-sprè-gio] *s.m.* opinione fortemen-

te negativa nei confronti di una persona o di una cosa; disprezzo.
disprezzabile [di-sprez-zà-bi-le] *agg.* che è da disprezzare | *non* —, discreto: *una somma non* —.
disprezzare [di-sprez-zà-re] *v.tr.* [*io disprèzzo ecc.*] **1** considerare con disprezzo: — *le ricchezze* **2** non tenere in alcun conto: — *il pericolo.*
disprezzo [di-sprèz-zo] *s.m.* **1** assoluta mancanza di stima o di interesse; disdegno, ripugnanza: *nutrire — per qlcu.* **2** noncuranza: — *del pericolo.*
disproporzione [di-spro-por-zió-ne] *s.f.* (*lett.*) sproporzione.
disprosio [di-sprò-ʃio] *s.m.* elemento chimico di simbolo Dy; appartiene al gruppo dei lantanidi.
disputa [dì-spu-ta] *s.f.* **1** discussione, dibattito: — *filosofica* | contesa, diverbio: *una — per motivi d'interesse* **2** svolgimento di una competizione sportiva: *la — di un incontro di pugilato.*
disputare [di-spu-tà-re] *v.intr.* [*io dìsputo ecc.*; aus. *avere*] discutere opponendo il proprio parere a quello altrui | litigare, altercare ♦ *v.tr.* **1** prendere parte a una competizione sportiva: — *una gara* **2** contrastare, contendere: — *la vittoria all'avversario.*
disquisire [di-squi-ʃì-re] *v.intr.* [*io disquiʃisco, tu disquiʃisci ecc.*; aus. *avere*] discutere con minuziosa sottigliezza.
disquisizione [di-squi-ʃi-zió-ne] *s.f.* esposizione particolareggiata di una teoria, di un argomento: — *scientifica.*
dissacrante [dis-sa-cràn-te] *agg.* che dissacra: *linguaggio* —.
dissacrare [dis-sa-crà-re] *v.tr.* [*io dissàcro ecc.*] criticare senza ritegno un'istituzione, un modello culturale, un uso tradizionalmente onorati: — *un mito.*
dissacratore [dis-sa-cra-tó-re] *agg.* e *s.m.* [f. *-trice*] che/chi dissacra.
dissacratorio [dis-sa-cra-tò-rio] *agg.* dissacrante.
dissacrazione [dis-sa-cra-zió-ne] *s.f.* il dissacrare, l'essere dissacrato.
dissalare [dis-sa-là-re] *v.tr.* **1** (*tecn.*) eliminare o ridurre la quantità dei sali presenti in un liquido: — *le acque marine per renderle potabili* **2** liberare dall'eccesso di sale: — *il baccalà.*
dissalatore [dis-sa-la-tó-re] *s.m.* (*tecn.*) apparecchio o impianto per dissalare.
dissalazione [dis-sa-la-zió-ne] *s.f.* (*tecn.*) il dissalare, l'essere dissalato.
dissaldare [dis-sal-dà-re] *v.tr.* disgiungere togliendo la saldatura: — *due tubi* ♦ **dissaldarsi** *v.intr.pron.* disgiungersi per distacco della saldatura.
dissanguamento [dis-san-gua-mén-to] *s.m.* il dissanguare, il dissanguarsi (anche *fig.*): *morire per* —; — *economico.*
dissanguare [dis-san-guà-re] *v.tr.* [*io dissànguo ecc.*] **1** privare del sangue un corpo vivente: *l'emorragia lo ha dissanguato* **2** (*fig.*) sfruttare avidamente dal punto di vista economico ♦ **dissanguarsi** *v.rifl.* o *intr.pron.* **1** perdere tutto il sangue **2** (*fig.*) rovinarsi economicamente: *si è dissanguato per pagare i debiti del figlio.*
dissanguato [dis-san-guà-to] *agg.* **1** senza più sangue, esangue: *morire* — **2** (*fig.*) ridotto in miseria, impoverito: *un popolo — dalla guerra.*
dissapore [dis-sa-pó-re] *s.m.* disaccordo non grave tra persone: *dissapori coniugali.*
disseccare [dis-sec-cà-re] *v.tr.* [*io dissécco, tu dissécchi ecc.*] **1** seccare, inaridire **2** (*fig.*) inaridire, isterilire ♦ **disseccarsi** *v.intr.pron.* **1** seccarsi, inaridirsi **2** (*fig.*) inaridirsi, isterilirsi.
disselciare [dis-sel-cià-re] *v.tr.* [*io dissélcio ecc.*] privare del selciato: — *una piazza.*
disseminare [dis-se-mi-nà-re] *v.tr.* [*io dissémino ecc.*] **1** spargere qua e là come fa chi semina: — *di errori uno scritto* **2** (*fig.*) diffondere: — *il malcontento.*
disseminazione [dis-se-mi-na-zió-ne] *s.f.* **1** il disseminare, l'essere disseminato **2** (*bot.*) dispersione naturale dei semi sulla superficie del terreno.
dissennatezza [dis-sen-na-téz-za] *s.f.* (*lett.*) l'essere dissennato.
dissennato [dis-sen-nà-to] *agg.* e *s.m.* [f. *-a*] privo di senno; stolto; irresponsabile: *un ragazzo* —; *una politica dissennata* □ **dissennatamente** *avv.*
dissenso [dis-sèn-so] *s.m.* **1** divergenza d'opinioni, di intenti; mancanza d'accordo: *c'è — sul da farsi* **2** divergenza ideologica di un gruppo minoritario nei confronti di un centro ufficiale di potere | (*estens.*) l'insieme dei dissidenti **3** disapprovazione: *suscitare il — generale.*
dissenteria [dis-sen-te-rì-a] *s.f.* **1** (*med.*) malattia intestinale che provoca diarrea **2** (*estens.*) diarrea.
dissentire [dis-sen-tì-re] *v.intr.* [*io dissènto ecc.*; aus. *avere*] essere, dichiararsi di parere diverso.
dissenziente [dis-sen-zièn-te] *agg.* e *s.m.* e *f.* che/chi dissente.
disseppellimento [dis-sep-pel-li-mén-to] *s.m.* l'atto, il risultato del disseppellire.
disseppellire [dis-sep-pel-lì-re] *v.tr.* [coniugato come *seppellire*] levare dalla sepoltura, esumare: — *un cadavere* | (*estens.*) dissotterrare, riportare alla luce: — *le rovine di una città antica.*
dissequestrare [dis-se-que-strà-re] *v.tr.* [*io dissequèstro, tu dissequèstri ecc.*] liberare dal sequestro: — *un film.*
dissequestro [dis-se-què-stro] *s.m.* revoca di un sequestro.
disserrare [dis-ser-rà-re] *v.tr.* [*io dissèrro ecc.*] (*lett.*) **1** schiudere, aprire **2** (*fig.*) mostrare, rendere manifesto.
dissertare [dis-ser-tà-re] *v.intr.* [*io dissèrto ecc.*; aus. *avere*] trattare con impegno e competenza: — *di* (o *su*) *una questione.*
dissertazione [dis-ser-ta-zió-ne] *s.f.* discorso o scritto critico su un argomento specifico: — *di laurea*, tesi.

disservizio [dis-ser-vì-zio] *s.m.* cattivo funzionamento di un servizio: — *ferroviario, postale.*
dissestare [dis-se-stà-re] *v.tr.* [*io dissèsto ecc.*] **1** privare dell'assetto, della sistemazione normale **2** ridurre in cattive condizioni economiche: — *le finanze.*
dissestato [dis-se-stà-to] *agg.* che si trova in dissesto: *strada, azienda dissestata.*
dissesto [dis-sè-sto] *s.m.* **1** che non è in sesto, in ordine; stato di grave decadimento: — *geologico* **2** situazione di grave passività patrimoniale: — *economico.*
dissetante [dis-se-tàn-te] *agg.* che disseta.
dissetare [dis-se-tà-re] *v.tr.* [*io disséto ecc.*] togliere la sete ♦ **dissetarsi** *v.rifl.* togliersi la sete.
dissezionare [dis-se-zio-nà-re] *v.tr.* [*io dissezióno ecc.*] sottoporre a dissezione (anche *fig.*).
dissezione [dis-se-zió-ne] *s.f.* **1** sezionamento di un cadavere a scopo di studio **2** (*fig.*) analisi minuziosa.
dissidente [dis-si-dèn-te] *agg.* e *s.m.* e *f.* che/chi fa parte di un gruppo di dissenso ideologico.
dissidenza [dis-si-dèn-za] *s.f.* l'essere dissidente | l'insieme dei dissidenti.
dissidio [dis-sì-dio] *s.m.* contrasto fra persone suscitato da diversità di idee o di voleri; discordia: — *lieve, insanabile; comporre un* — | contrasto fra idee, sentimenti, valori: *il — tra fede e ragione.*
dissigillare [dis-si-gil-là-re] *v.tr.* aprire rompendo i sigilli: — *un plico.*
dissimilazione [dis-si-mi-la-zió-ne] *s.f.* differenziazione.
dissimile [dis-sì-mi-le] *agg.* non simile (come invece ci si sarebbe atteso); differente, diverso: *copia — dall'originale.*
dissimmetria [dis-sim-me-trì-a] *s.f.* mancanza di simmetria; asimmetria.
dissimmetrico [dis-sim-mè-tri-co] *agg.* [pl.m. *-ci*] che presenta dissimmetria.
dissimulare [dis-si-mu-là-re] *v.tr.* [*io dissìmulo ecc.*] nascondere, non lasciar trasparire (un convincimento, uno stato d'animo): — *il proprio disappunto.*
dissimulato [dis-si-mu-là-to] *agg.* nascosto, non manifestato esteriormente: *invidia mal dissimulata.*
dissimulatore [dis-si-mu-la-tó-re] *s.m.* [f. *-trice*] chi riesce a dissimulare: *un abile —.*
dissimulazione [dis-si-mu-la-zió-ne] *s.f.* il dissimulare; capacità di dissimulare.
dissipamento [dis-si-pa-mén-to] *s.m.* (*non com.*) il dissipare, l'essere dissipato.
dissipare [dis-si-pà-re] *v.tr.* [*io dìssipo ecc.*] **1** disperdere, dissolvere (anche *fig.*): *il sole dissipò la nebbia; — un dubbio* **2** sperperare, dilapidare: — *le proprie sostanze* **3** (*fis.*) trasformare una forma di energia in un'altra non utilizzabile ♦ **dissiparsi** *v.intr.pron.* disperdersi, svanire (anche *fig.*): *i sospetti si dissiparono.*
dissipatezza [dis-si-pa-téz-za] *s.f.* carattere di chi o di ciò che è dissipato, vizioso; corruzione.
dissipato [dis-si-pà-to] *agg.* ozioso, scioperato: *condurre una vita dissipata.*
dissipatore [dis-si-pa-tó-re] *s.m.* [f. *-trice*] chi dissipa, sperpera beni, ricchezze.
dissipazione [dis-si-pa-zió-ne] *s.f.* il dissipare, l'essere dissipato: *la — di un patrimonio; — di energia.*
dissociabile [dis-so-cià-bi-le] *agg.* che si può dissociare.
dissociabilità [dis-so-cia-bi-li-tà] *s.f.* l'essere dissociabile.
dissociare [dis-so-cià-re] *v.tr.* [*io dissòcio ecc.*] **1** separare idee o cose di solito unite **2** (*chim.*) produrre una dissociazione ♦ **dissociarsi** *v.rifl.* staccarsi, dividersi da altri; non aderire a qlco.: — *da un'iniziativa.*
dissociativo [dis-so-cia-tì-vo] *agg.* atto a dissociare; di dissociazione.
dissociato [dis-so-cià-to] *agg.* separato | *dieta dissociata,* quella nella quale non vanno mangiati nello stesso pasto proteine e carboidrati ♦ *agg.* e *s.m.* [f. *-a*] **1** (*psich.*) che/chi soffre di dissociazione **2** che/chi si dissocia.
dissociazione [dis-so-cia-zió-ne] *s.f.* **1** il dissociare, il dissociarsi, l'essere dissociato **2** (*psich.*) alterazione delle normali capacità di associazione logica **3** (*chim.*) scissione di una molecola in altre più semplici o in atomi o in ioni.
dissodamento [dis-so-da-mén-to] *s.m.* il dissodare, l'essere dissodato.
dissodare [dis-so-dà-re] *v.tr.* [*io dissòdo ecc.*] rompere e lavorare un terreno incolto.
dissolto [dis-sòl-to] *agg.* disciolto, svanito.
dissolubile [dis-so-lù-bi-le] *agg.* che si può dissolvere, sciogliere, annullare: *vincolo —.*
dissolutezza [dis-so-lu-téz-za] *s.f.* l'essere dissoluto: *vivere nella —* | atto, comportamento dissoluto.
dissoluto [dis-so-lù-to] *agg.* privo di ogni freno morale; vizioso: *un uomo —; fare una vita dissoluta* ♦ *s.m.* [f. *-a*] persona dissoluta □ **dissolutamente** *avv.*
dissoluzione [dis-so-lu-zió-ne] *s.f.* il dissolvere, il dissolversi, l'essere dissolto: *la — della materia.*
dissolvenza [dis-sol-vèn-za] *s.f.* (*cine.*) effetto per cui un'immagine scompare sfocandosi gradualmente.
dissolvere [dis-sòl-ve-re] *v.tr.* [coniugato come *risolvere*] far sparire; disciogliere, dissipare (anche *fig.*): *i sospetti dissolvono l'amicizia* ♦ **dissolversi** *v.intr.pron.* svanire, disciogliersi, dissiparsi (anche *fig.*): *il fumo si dissolve nell'aria.*
dissolvimento [dis-sol-vi-mén-to] *s.m.* (*lett.*) dissoluzione.
dissomigliante [dis-so-mi-gliàn-te] *agg.* non somigliante, dissimile.
dissomiglianza [dis-so-mi-gliàn-za] *s.f.* l'essere dissomigliante | ciascuno dei particolari per cui delle persone o delle cose differiscono: *notare delle dissomiglianze.*
dissonante [dis-so-nàn-te] *agg.* che produce dissonanza.

dissonanza [dis-so-nàn-za] *s.f.* **1** (*mus.*) effetto sgradevole che nasce dall'accostamento di determinati suoni o accordi (si contrappone a *consonanza*) **2** (*fig.*) discordanza, disarmonia: *— di colori, di idee.*

dissonare [dis-so-nà-re] *v.intr.* [*io dissuòno..., noi dissoniamo ecc.*; aus. *avere*] produrre dissonanza.

dissotterramento [dis-sot-ter-ra-mén-to] *s.m.* il dissotterrare, l'essere dissotterrato.

dissotterrare [dis-sot-ter-rà-re] *v.tr.* [*io dissottèrro ecc.*] togliere da sotto terra; disseppellire: *— un tesoro.*

dissuadere [dis-sua-dé-re] *v.tr.* [pass.rem. *io dissuaʃi, tu dissuadésti ecc.*; part.pass. *dissuaʃo*] indurre qlcu. a desistere da un proposito; sconsigliare, distogliere: *— qlcu. dal fare qlco.*

dissuasione [dis-sua-ʃió-ne] *s.f.* il dissuadere, l'essere dissuaso: *fare opera di —.*

dissuasivo [dis-sua-ʃì-vo] *agg.* che è atto o mira a dissuadere.

dissuasore [dis-sua-ʃó-re] *s.m.* (*non com.*) chi dissuade o cerca di dissuadere.

distaccamento [di-stac-ca-mén-to] *s.m.* **1** il distaccare, il distaccarsi, l'essere distaccato **2** (*mil.*) gruppo di soldati distaccato dal reparto a cui appartiene: *un — di artiglieria.*

distaccare [di-stac-cà-re] *v.tr.* [*io distacco, tu distacchi ecc.*] **1** staccare, separare, allontanare (anche *fig.*): *— un manifesto da un muro*; *— qlcu. dalla famiglia* | (*sport*) infliggere un distacco agli avversari: *— il gruppo di due minuti* **2** (*mil.*) inviare un gruppo di militari in una località diversa da quella in cui è dislocato il reparto al quale appartengono | (*burocr.*) inviare un dipendente in sede o ufficio diverso da quello in cui presta normalmente servizio ♦ **distaccarsi** *v.intr.pron.* staccarsi, separarsi, allontanarsi | (*sport*) prendere un vantaggio sugli avversari.

distaccato [di-stac-cà-to] *agg.* **1** staccato, separato | (*sport*) che ha un distacco rispetto agli avversari **2** (*burocr.*) dislocato altrove: *sezione distaccata di una scuola* **3** (*fig.*) indifferente, freddo: *avere un'aria distaccata.*

distacco [di-stàc-co] *s.m.* [pl. *-chi*] **1** il distaccare, il distaccarsi, l'essere distaccato (anche *fig.*): *— della retina*; *il momento del —* **2** (*sport*) distanza di spazio, di tempo o di punti fra i partecipanti a una competizione sportiva: *vincere con —* **3** (*fig.*) mancanza di partecipazione affettiva; freddezza, indifferenza: *trattare qlcu. con —.*

distale [di-stà-le] *agg.* (*anat.*) si dice di una parte del corpo che si trovi distante dal centro; si contrappone a *prossimale.*

distante [di-stàn-te] *agg.* **1** lontano nello spazio o nel tempo **2** (*fig.*) diverso, differente: *gusti molto distanti* ♦ *avv.* lontano: *abitiamo poco —.*

distanza [di-stàn-za] *s.f.* **1** spazio che intercorre tra due luoghi; intervallo di tempo fra due eventi: *una — di 20 km*; *a un mese di —* | *tenersi a debita —*, mantenersi prudentemente lontano | *mantenere le distanze*, (*fig.*) non dare confidenza | *prendere le distanze da qlcu., da qlco.*, (*fig.*) dissociarsene, distaccarsene **2** (*sport*) nelle gare di corsa, la lunghezza del percorso: *il corridore ha coperto la — in 1' 25"* | nel pugilato e in altri sport di lotta, la lunghezza, la durata dell'incontro: *un combattimento sulla — delle dodici riprese* | *vincere, venir fuori alla —*, vincere, emergere nella fase finale della gara.

distanziare [di-stan-zià-re] *v.tr.* [*io distànzio ecc.*] **1** collocare, porre a una determinata distanza: *— i filari delle viti* **2** lasciare dietro di sé a una certa distanza in una competizione: *ha distanziato il gruppo di 200 m.*

distanziatore [di-stan-zia-tó-re] *s.m.* (*mecc.*) elemento che serve per tenere a distanza fissa un elemento rispetto a un altro.

distanziometrico [di-stan-zio-mè-tri-co] *agg.* [pl.m. *-ci*] che serve per misurare le distanze: *cannocchiale —* | *pannello —*, ciascuno dei tre segnali stradali disposti a distanze convenute per indicare la presenza di un passaggio a livello.

distanziometro [di-stan-ziò-me-tro] *s.m.* strumento ottico usato in topografia per la misurazione indiretta delle distanze.

distare [di-stà-re] *v.intr.* [*io disto ecc.*; non sono usati i tempi composti] **1** essere a una data distanza da un punto di riferimento: *la casa dista dalla stazione 3 km* **2** (*fig.*) divergere: *i nostri gusti distano alquanto.*

distendere [di-stèn-de-re] *v.tr.* [coniugato come *tendere*] **1** tendere, allungare: *— le gambe* | spiegare, svolgere: *— la tovaglia* **2** mettere a giacere: *— un malato sulla barella* **3** (*fig.*) rendere meno teso, rilassare: *la camomilla distende i nervi* ♦ **distendersi** *v.rifl.* o *intr.pron.* **1** mettersi a giacere: *— sul letto* **2** allargarsi, estendersi: *la pianura si distendeva a perdita d'occhio* **3** (*fig.*) rilassarsi, diventare meno teso: *si distende leggendo romanzi.*

distensione [di-sten-sió-ne] *s.f.* **1** il distendere, il distendersi: *— degli arti, degli animi* **2** (*fig.*) calma, rilassamento: *avrei bisogno di un po' di —* | miglioramento di una situazione politica tesa: *la — internazionale.*

distensivo [di-sten-sì-vo] *agg.* atto a produrre una distensione (spec. *fig.*): *letture distensive.*

distesa [di-sté-sa] *s.f.* **1** grande estensione: *la — del mare* **2** insieme di molti oggetti disposti l'uno accanto all'altro: *una — di panni.*

disteso [di-sté-so] *agg.* **1** steso, allungato, spiegato: *vele distese*; *braccia distese* **2** che giace: *starsene —* **3** (*fig.*) sereno, rilassato: *avere la faccia distesa.*

distico [dì-sti-co] *s.m.* [pl. *-ci*] (*metr.*) strofa di due versi.

distillare [di-stil-là-re] *v.tr.* (*chim.*) sottoporre a distillazione: *— l'acqua* | ottenere per distillazione: *— l'acquavite dalle prugne.*

distillato [di-stil-là-to] *agg.* e *s.m.* si dice di liquido ottenuto per distillazione: *acqua distillata*; *la grappa è un — delle vinacce.*

distillatore [di-stil-la-tó-re] *s.m.* **1** [f. *-trice*] chi distilla **2** apparecchio per distillare.

distillazione [di-stil-la-zió-ne] *s.f.* (*chim.*) operazione per separare un liquido volatile dalle sostanze non volatili in esso disciolte; si effettua portando il liquido all'ebollizione e condensando per raffreddamento i vapori.

distilleria [di-stil-le-rì-a] *s.f.* laboratorio, industria che effettua distillazioni.

distinguere [di-stìn-gue-re] *v.tr.* [pres. *io distìnguo ecc.*; pass.rem. *io distinsi, tu distinguésti ecc.*; part.pass. *distinto*] **1** separare con la mente una cosa da un'altra rilevandone la differenza: *— il vero dal falso* **2** individuare riconoscendo con uno dei sensi: *non — gli odori, i sapori* | individuare, rendere riconoscibile: *— qlco. con una sigla* | individuare, caratterizzare: *la parola distingue l'uomo dagli animali* **3** dividere, ripartire: *— un trattato in tre parti* ♦ **distinguersi** *v.intr.pron.* essere riconoscibile, caratterizzarsi, spiccare: *— per l'altezza.*

distinguo [di-stìn-guo] *s.m.invar.* distinzione sottile: *fare dei —.*

distinta [di-stìn-ta] *s.f.* elenco analitico; lista: *— dei prezzi* | *— di versamento*, dei valori che si versano a un cassiere.

distintivo [di-stin-tì-vo] *agg.* atto a distinguere: *segno —* ♦ *s.m.* contrassegno che si porta sul vestito per indicare l'appartenenza a un gruppo: *il — del partito.*

distinto [di-stìn-to] *agg.* **1** separato, diverso, differente: *una parola con due significati distinti* | *posti distinti*, ordine speciale di posti, soprattutto negli stadi **2** chiaro, facilmente percepibile: *suoni che giungono distinti* **3** signorile, raffinato, garbato: *una persona distinta* □ **distintamente** *avv.* **1** separatamente: *trattare due questioni —* **2** in modo chiaro: *pronunciare — le parole* **3** con distinzione, in modo signorile: *vestire —.*

distinzione [di-stin-zió-ne] *s.f.* **1** il distinguere: *occorre fare una —* **2** differenza: *fare — tra due aspetti* | *senza —*, senza fare differenze **3** raffinatezza, signorilità.

distogliere [di-stò-glie-re] *v.tr.* [coniugato come *togliere*] allontanare, distrarre: *— lo sguardo* | dissuadere, far desistere: *— qlcu. da un proposito* ♦ **distogliersi** *v.rifl.* distrarsi: *si distoglie spesso dallo studio* | desistere: *non si distolse dal progetto.*

distonia [di-sto-nì-a] *s.f.* (*med.*) alterazione del tono muscolare o nervoso.

distorcere [di-stòr-ce-re] *v.tr.* [coniugato come *torcere*] produrre una distorsione ♦ **distorcersi** *v.rifl.* o *intr.pron.* subire una distorsione.

distorsione [di-stor-sió-ne] *s.f.* **1** alterazione, deformazione: *la — di una lamiera* | (*fig.*) travisamento, stravolgimento: *— dei fatti* **2** (*med.*) lesione di un'articolazione in conseguenza di un movimento violento: *— del polso* **3** (*fis.*) trasmissione o riproduzione deformata di un segnale acustico o elettrico: *— del suono.*

distorto [di-stòr-to] *agg.* sbagliato, traviato, perverso: *piacere, ragionamento —.*

distrarre [di-stràr-re] *v.tr.* [coniugato come *trarre*] **1** volgere, far volgere altrove: *— l'attenzione* | *— una somma*, impiegarla per un uso diverso da quello a cui era destinata **2** sviare qlcu. da un'attività impedendogli di concentrarvisi: *— un ragazzo dallo studio* **3** divertire, svagare: *giocare a carte lo distrae* ♦ **distrarsi** *v.rifl.* **1** sviare la propria attenzione da un'attività: *si distrae sempre mentre legge* **2** svagarsi, divertirsi, ricrearsi.

distratto [di-stràt-to] *agg.* e *s.m.* [f. *-a*] che/chi è disattento, sbadato □ **distrattamente** *avv.* con distrazione o per distrazione.

distrazione [di-stra-zió-ne] *s.f.* **1** condizione momentanea o abituale in cui il pensiero, l'attenzione sono lontani dalla realtà circostante: *un attimo di —; un uomo di incredibile —* | errore compiuto mentre si è distratti: *una — può costare cara* **2** cosa che distrae; svago, divertimento **3** (*dir.*) impiego di denaro per uno scopo diverso da quello a cui era destinato.

distretto [di-strét-to] *s.m.* suddivisione del territorio a fini amministrativi: *— scolastico, militare.*

distrettuale [di-stret-tu-à-le] *agg.* del distretto: *ufficio — delle imposte dirette.*

distribuire [di-stri-bu-ì-re] *v.tr.* [*io distribuisco, tu distribuisci ecc.*] **1** dare, assegnare, ripartire: *— i posti, gli inviti* | dare, dispensare: *— sorrisi* **2** ordinare, disporre: *— i libri negli scaffali* **3** effettuare una distribuzione: *— energia elettrica.*

distributivo [di-stri-bu-tì-vo] *agg.* che serve a distribuire, che concerne la distribuzione: *criterio —* □ **distributivamente** *avv.* secondo un criterio distributivo.

distributore [di-stri-bu-tó-re] *s.m.* [f. *-trice*] **1** addetto a una distribuzione; in particolare, chi lavora in una rete di distribuzione di beni o servizi **2** apparecchio che distribuisce un prodotto: *— automatico di bibite.*

distribuzionale [di-stri-bu-zio-nà-le] *agg.* (*scient.*) relativo al modo in cui una serie di elementi sono distribuiti in un insieme: *rapporti distribuzionali.*

distribuzione [di-stri-bu-zió-ne] *s.f.* **1** il distribuire, l'essere distribuito; il modo in cui le cose sono distribuite: *la — dei premi*; *la — degli ambienti in una casa* **2** (*econ.*) l'insieme delle attività commerciali e organizzative che portano beni e servizi dalla produzione al consumo: *costi di —.*

districare [di-stri-cà-re] *v.tr.* [*io districo, tu districhi ecc.*] sciogliere, sbrogliare qlco. che si presenta intricato ♦ **districarsi** *v.rifl.* sciogliersi, liberarsi | (*fig.*) trarsi d'impaccio.

distrofia [di-stro-fì-a] *s.f.* (*med.*) stato di cattiva nutrizione dell'organismo o dei tessuti: *— muscolare.*

distrofico [di-strò-fi-co] *agg.* e *s.m.* [f. *-a*; pl.m. *-ci*] (*med.*) che/chi è affetto da distrofia.

distruggere [di-strùg-ge-re] *v.tr.* [pres. *io distruggo, tu distruggi ecc.*; pass.rem. *io distrussi, tu distruggésti ecc.*; part.pass. *distrutto*] rovinare in modo irreparabile e totale (anche *fig.*): *la grandine distrugge i raccolti*; *— le altrui illusioni* ♦ **di-**

struggersi *v.rifl.* ridursi in pessime condizioni materiali e morali; rovinarsi: — *con le proprie mani.*
distruttibile [di-strut-tì-bi-le] *agg.* che può essere distrutto.
distruttivo [di-strut-tì-vo] *agg.* che distrugge: *una forza distruttiva.*
distrutto [di-strùt-to] *agg.* ridotto in rovina, annientato: *città, vita distrutta* | (*fig.*) privato di ogni energia fisica o morale: *un uomo — dal dolore.*
distruttore [di-strut-tó-re] *agg.* e *s.m.* [f. *-trice*] che/chi distrugge, annienta: *la furia distruttrice degli elementi.*
distruzione [di-stru-zió-ne] *s.f.* il distruggere, l'essere distrutto; rovina: *la — di una famiglia.*
disturbare [di-stur-bà-re] *v.tr.* **1** molestare, importunare qlcu. distogliendolo o distraendolo da ciò che sta facendo **2** provocare malessere fisico: *il viaggio in mare mi ha disturbato* **3** turbare o ostacolare il normale svolgimento di qlco.: — *lo spettacolo* ♦ **disturbarsi** *v.rifl.* incomodarsi, prendersi il fastidio (in frasi di cortesia): *grazie, non si disturbi.*
disturbato [di-stur-bà-to] *agg.* **1** che soffre di qualche malessere: *sentirsi —* **2** che soffre di disturbi psichici: *una persona disturbata.*
disturbatore [di-stur-ba-tó-re] *agg.* e *s.m.* [f. *-trice*] che/chi disturba.
disturbo [di-stùr-bo] *s.m.* **1** il disturbare, il disturbarsi; fastidio, incomodo: *dare —; scusi il —* **2** indisposizione, malessere: — *intestinale* **3** (*telecom.*) rumore o altro che impedisce una buona ricezione.
disubbidiente [di-ʃub-bi-dièn-te], o **disobbediente**, *agg.* e *s.m.* e *f.* che/chi disubbidisce, non è ubbidiente.
disubbidienza [di-ʃub-bi-dièn-za], o **disobbedienza**, *s.f.* **1** l'essere disubbidiente, abitudine a disubbidire **2** atto con cui si disubbidisce | — *civile*, rifiuto pubblico e collettivo di ubbidire a una legge considerata ingiusta.
disubbidire [di-ʃub-bi-dì-re], o **disobbedire**, *v.intr.* [*io diʃubbidisco, tu diʃubbidisci ecc.*; aus. *avere*] non ubbidire; trasgredire a un ordine, a una disposizione: — *ai genitori, alle leggi.*
disuguaglianza [di-ʃu-gua-gliàn-za], o **diseguaglianza**, *s.f.* **1** l'essere disuguale; disparità: — *sociale* | mancanza di uniformità; irregolarità, asperità: *le disuguaglianze del terreno* **2** (*mat.*) relazione fra due grandezze o espressioni delle quali una è maggiore o minore dell'altra.
disuguale [di-ʃu-guà-le], o **diseguale**, *agg.* **1** non uguale ad altri; diverso, differente: *forze disuguali* **2** non uguale in sé stesso; discontinuo, disomogeneo: *terreno —; rendimento, stile —.*
disumanità [di-ʃu-ma-ni-tà] *s.f.* l'essere disumano; azione disumana.
disumanizzare [di-ʃu-ma-ni-ʒʒà-re] *v.tr.* privare delle qualità proprie dell'uomo: *la guerra disumanizza* ♦ **disumanizzarsi** *v.intr.pron.* divenire disumano.
disumano [di-ʃu-mà-no] *agg.* **1** che manca di umanità; crudele, spietato: *un nemico —; ferocia disumana* **2** che non si addice alle capacità, alle qualità, alla dignità dell'uomo: *un lavoro —.*
disunione [di-ʃu-nió-ne] *s.f.* cessazione o mancanza di unione.
disunire [di-ʃu-nì-re] *v.tr.* [*io diʃunisco, tu diʃunisci ecc.*] **1** separare, staccare **2** (*fig.*) dividere, mettere in discordia ♦ **disunirsi** *v.rifl.* e *rifl.rec.* dividersi, staccarsi, separarsi ♦ *v.intr.pron.* (*sport*) perdere la coordinazione dei movimenti.
disunito [di-ʃu-nì-to] *agg.* **1** privo di unione, di coesione **2** (*fig.*) privo di accordo: *famiglia disunita* **3** (*sport*) scoordinato.
disusato [di-ʃu-ʃà-to] *agg.* che non è più usato; caduto in disuso: *vocabolo —.*
disuso [di-ʃù-ʃo] *s.m.* solo nella loc. avv. *in —*, non più in uso: *una parola in —.*
disutile [di-ʃù-ti-le] *agg.* (*lett.*) che non è di alcuna utilità; inutile.
ditale [di-tà-le] *s.m.* **1** piccolo cappuccio di materiale rigido, usato per proteggere il dito col quale si spinge l'ago quando si cuce **2** *pl.* tipo di pasta da minestra in forma di piccoli cilindri lisci o rigati.
ditalini [di-ta-lì-ni] *s.m. pl.* tipo di pasta da minestra più piccola dei ditali.
ditata [di-tà-ta] *s.f.* **1** colpo dato con un dito: *darsi una — in un occhio* **2** impronta lasciata con un dito: *un vetro pieno di ditate.*
diteggiatura [di-teg-gia-tù-ra] *s.f.* (*mus.*) indicazione grafica delle dita che devono essere usate su uno strumento per eseguire le note di un pezzo.
ditirambico [di-ti-ràm-bi-co] *agg.* [pl.m. *-ci*] relativo al ditirambo; di ditirambi: *componimento, poeta —.*
ditirambo [di-ti-ràm-bo] *s.m.* nella letteratura classica greca, forma di canto corale in onore di Dioniso | nella letteratura italiana, componimento poetico in lode del vino e dell'amore.
dito [dì-to] *s.m.* [pl.f. *le dita*; pop. *i diti*, obbligatorio quando è seguito dal nome delle dita: *i diti mignoli*] **1** ciascuna delle parti mobili, distinte e articolate, con cui terminano le mani e i piedi dell'uomo e le zampe di molti animali | *mostrare, segnare a —*, (*fig.*) additare | *non alzare, non muovere un —*, (*fig.*) non fare nulla | *mordersi le dita*, (*fig.*) provare rabbia, rimpianto | *un piatto, un pranzo da leccarsi le dita*, (*fig.*) squisito, prelibato | *si contano sulle dita*, (*fig.*) si dice di cose o persone che sono in numero assai limitato | *legarsela al —*, (*fig.*) non dimenticarsi di un'offesa ricevuta per vendicarsene al momento opportuno | *mettere il — sulla piaga*, (*fig.*) toccare il punto dolente di una questione. DIM. *ditino* ACCR. *ditone* **2** (*estens.*) cosa la cui forma richiama quella di un dito **3** la parte del guanto che ricopre il dito **4** misura corrispondente pressappoco alla larghezza di un dito: *accorciare il pantalone di un —.*
ditola [dì-to-la] *s.f.* nome comune di varie specie di clavaria con ricettacolo carnoso e ramificato.

ditone [di-tó-ne] *s.m.* (*pop.*) alluce.

ditta [dìt-ta] *s.f.* azienda, impresa che svolge un'attività economica; la sede in cui opera: *una — di prodotti farmaceutici*; *andare in —*.

dittafono® [dit-tà-fo-no] *s.m.* **1** apparecchio provvisto d'altoparlante che si usa negli uffici per comunicare fra una stanza e l'altra **2** sorta di magnetofono usato per la dettatura della corrispondenza.

dittamo [dìt-ta-mo] *s.m.* pianta erbacea aromatica con fiori bianchi o rossi raccolti in grappolo e foglie ovali.

dittatore [dit-ta-tó-re] *s.m.* [f. *-trice*] **1** capo di una dittatura **2** (*estens.*) persona autoritaria, dispotica, tirannica.

dittatoriale [dit-ta-to-rià-le] *agg.* **1** proprio di un dittatore, di una dittatura: *regime —* **2** (*estens.*) da dittatore; autoritario, dispotico: *un fare —*.

dittatura [dit-ta-tù-ra] *s.f.* **1** regime politico in cui tutti i poteri sono concentrati in un solo organo, individuale o collegiale, che li esercita al di fuori d'ogni controllo: *la — fascista*; *instaurare, abbattere una —* **2** (*estens.*) imposizione dispotica della propria autorità | dominio assoluto: *la — dell'alta finanza*.

ditteri [dìt-te-ri] *s.m.pl.* (*zool.*) ordine di insetti con un solo paio di ali sviluppato, l'altro rudimentale, apparato boccale succhiatore, capo munito di due antenne e di grandi occhi composti; vi appartengono le mosche e le zanzare.

dittico [dìt-ti-co] *s.m.* [pl. *-ci*] **1** immagine sacra dipinta su due tavolette collegate insieme **2** opera pittorica formata da due dipinti con cornice distinta.

dittologia [dit-to-lo-gì-a] *s.f.* (*ling.*) coppia di termini omologhi collegati di norma dalla cong. *e* (p.e. *bionda e bella*); *— sinonimica*, costituita da sinonimi (p.e. *spero e confido*).

dittongare [dit-ton-gà-re] *v.intr.* [*io dittòngo, tu dittònghi ecc.*; aus. *avere*] (*ling.*) formare un dittongo.

dittongazione [dit-ton-ga-zió-ne] *s.f.* (*ling.*) trasformazione di vocale semplice in dittongo.

dittongo [dit-tòn-go] *s.m.* [pl. *-ghi*] (*ling.*) gruppo fonetico formato da una semiconsonante combinata con una vocale nella medesima sillaba (p.e. *fió-re*; *lài-co*).

diuresi [di-u-rè-ʃi] *s.f.* (*med.*) secrezione di urina; quantità di urina eliminata nell'unità di tempo.

diuretico [di-u-rè-ti-co] *agg.* [pl.m. *-ci*] che favorisce la diuresi: *acqua diuretica* ♦ *s.m.* farmaco che favorisce la diuresi.

diurno [di-ùr-no] *agg.* del giorno; che avviene di giorno (si contrappone a *notturno*): *le ore diurne* | *albergo —*, nelle città, locale pubblico che offre servizi vari (bagni, barbiere, camere di riposo, lavanderia).

diuturno [diu-tùr-no] *agg.* (*lett.*) che ha lunga durata.

diva [dì-va] *s.f.* attrice o cantante molto famosa e ammirata.

divagare [di-va-gà-re] *v.intr.* [*io divago, tu divaghi ecc.*; aus. *avere*] allontanarsi dall'argomento di cui si sta parlando: *— dal tema*; *non divagate!* ♦ **divagarsi** *v.rifl.* prendersi un po' di svago, di divertimento.

divagazione [di-va-ga-zió-ne] *s.f.* il divagare; digressione.

divampare [di-vam-pà-re] *v.intr.* [aus. *essere*] **1** accendersi e ardere con fiamma grande e improvvisa: *un incendio divampò nella notte* **2** (*fig.*) manifestarsi e diffondersi con impeto e violenza: *la rivolta divampò nel paese*.

divano [di-và-no] *s.m.* lungo sedile imbottito, a più posti, con spalliera e braccioli; sofà | *— letto*, che può essere trasformato in letto. DIM. *divanetto*.

divaricamento [di-va-ri-ca-mén-to] *s.m.* il divaricare, il divaricarsi.

divaricare [di-va-ri-cà-re] *v.tr.* [*io divàrico, tu divàrichi ecc.*] far divergere, allargare: *— le gambe* ♦ **divaricarsi** *v.intr.pron.* allargarsi, divergere.

divaricata [di-va-ri-cà-ta] *s.f.* in ginnastica, divaricazione delle gambe eseguita con un piccolo salto.

divaricatore [di-va-ri-ca-tó-re] *s.m.* (*med.*) strumento per tenere divaricati i margini dell'incisione chirurgica durante un'operazione.

divaricazione [di-va-ri-ca-zió-ne] *s.f.* **1** il divaricare, l'essere divaricato; apertura tra due parti divaricate **2** (*fig.*) differenza, divergenza: *— di posizioni*.

divario [di-và-rio] *s.m.* diversità, differenza notevoli: *— di opinioni*; *— tecnologico*, dello sviluppo tecnologico.

divellere [di-vèl-le-re] *v.tr.* [coniugato come *svellere*] (*lett.*) strappare con forza; sradicare, svellere.

divenire [di-ve-nì-re] *v.intr.* [coniugato come *venire*; aus. *essere*] (*lett.*) diventare, farsi: *— grande* ♦ *s.m.* il trasformarsi, il passare da uno stato all'altro.

diventare [di-ven-tà-re] *v.intr.* [*io divènto ecc.*; aus. *essere*] venire a essere, trasformarsi in qlco. di diverso: *— vecchio*; *— rosso di vergogna* | *— matto*, (*fig.*) perdere la testa, confondersi, disperarsi: *c'è da — matti!*

diverbio [di-vèr-bio] *s.m.* discussione animata o aspra tra due persone; alterco, litigio.

divergente [di-ver-gèn-te] *agg.* che diverge (anche *fig.*): *strade, opinioni divergenti*.

divergenza [di-ver-gèn-za] *s.f.* il divergere, l'essere divergente.

divergere [di-vèr-ge-re] *v.intr.* [*io divèrgo, tu divèrgi ecc.*; non usati il pass.rem. e il part.pass.] **1** muovere in direzioni diverse, allontanarsi reciprocamente: *strade che divergono* **2** (*fig.*) essere lontano, nettamente diverso: *idee che divergono*.

diversificare [di-ver-si-fi-cà-re] *v.tr.* [*io diversìfico, tu diversìfichi ecc.*] rendere diverso, differenziare; assortire: *— la produzione* ♦ *v.intr.* [aus. *essere*], **diversificarsi** *v.intr.pron.* essere diverso, differire.

diversificazione [di-ver-si-fi-ca-zió-ne] *s.f.* differenziazione.
diversione [di-ver-sió-ne] *s.f.* **1** digressione **2** (*mil.*) operazione offensiva limitata, messa in atto per attrarre le forze nemiche lontano dal punto in cui si indirizzerà l'attacco principale.
diversità [di-ver-si-tà] *s.f.* l'essere diverso: — *di gusti, di forma, di colore* | ciò per cui una cosa è diversa da un'altra.
diversivo [di-ver-sì-vo] *agg.* (*non com.*) atto a deviare, a distrarre: *manovra diversiva*, diversione ♦ *s.m.* quanto serve a distrarre da un'attività gravosa o da una preoccupazione: *trovare un — nella lettura*.
diverso [di-vèr-so] *agg.* [posposto al nome] che differisce, che non è lo stesso; disuguale, dissimile: *persone, opinioni diverse* ♦ *agg.indef.* [premesso a un nome collettivo o a un sost. plurale] molto, molti: *c'era diversa gente*; *per diverse ragioni* ♦ *s.m.* [f. *-a*] persona la cui condizione differisce da quella che, secondo l'opinione dei più, costituisce la normalità (*p.e.* un omosessuale, un handicappato): *essere un* — □ **diversamente** *avv.* **1** in altra maniera, in modo diverso: *io la penso — da te* **2** altrimenti, se no: *se puoi venire, bene*: —, *andrò da solo*.
divertente [di-ver-tèn-te] *agg.* che diverte; allegro, piacevole: *persona, spettacolo* —.
diverticolo [di-ver-tì-co-lo] *s.m.* (*anat., med.*) estroflessione, normale o patologica, dell'intestino.
divertimento [di-ver-ti-mén-to] *s.m.* **1** ciò che serve a divertire; svago, spasso: *il cinema è il mio — preferito* **2** (*mus.*) composizione strumentale di carattere leggero e giocoso.
divertire [di-ver-tì-re] *v.tr.* [*io divèrto ecc.*] ricreare lo spirito distraendolo dalle preoccupazioni: *mi diverte giocare a carte*; *un film che diverte* ♦ **divertirsi** *v.rifl.* ricrearsi distraendosi e prendendo gusto nel fare qlco.; dilettarsi: — *a contare le stelle*; *pensa solo a* — | in usi particolari: — *con una ragazza, con un ragazzo*, amoreggiarvi senza impegno sentimentale; — *alle spalle di qlcu.*, beffarlo a sua insaputa.
divertissement [/ divertis'man /] *s.m.invar.* (*fr.*) composizione letteraria o artistica caratterizzata dall'elaborazione giocosa di un tema.
divertito [di-ver-tì-to] *agg.* che mostra di divertirsi; che denota divertimento: *uno sguardo* —.
divezzare [di-vez-zà-re] *v.tr.* [*io divézzo ecc.*] svezzare ♦ **divezzarsi** *v.rifl.* svezzarsi.
dividendo [di-vi-dèn-do] *s.m.* **1** (*mat.*) quantità da dividere; il primo termine di una divisione **2** (*fin.*) utile da distribuirsi annualmente tra i soci di una società per azioni.
dividere [di-vì-de-re] *v.tr.* [pass.rem. *io diviʃi, tu dividésti ecc.*; part.pass. *diviʃo*] **1** ridurre, scomporre, un tutto in più parti: — *una torta in otto porzioni* **2** separare, disgiungere (anche *fig.*): — *i contendenti*; *l'ambizione divide gli animi* **3** suddividere, distinguere: — *i contribuenti in categorie* **4** distribuire, assegnare le parti divise di un tutto: — *gli utili* **5** condividere: — *il cibo con altri* **6** (*mat.*) eseguire una divisione ♦ **dividersi** *v.rifl.* **1** separarsi, allontanarsi: *si divise con dolore dai figli* **2** suddividersi, distinguersi: *il partito si divise in due* **3** dedicarsi a più attività contemporaneamente: — *tra lo studio e il lavoro* ♦ *v.rifl.rec.* detto di coniugi, separarsi ♦ *v.intr.pron.* **1** fendersi, spaccarsi **2** esser suddiviso; distinguersi: *il metro si divide in centimetri*.
divieto [di-viè-to] *s.m.* proibizione, imposta dalla legge o da un principio ideale: — *di caccia, di sorpasso*.
divinare [di-vi-nà-re] *v.tr.* (*lett.*) **1** predire mediante divinazione **2** (*estens.*) indovinare, prevedere.
divinatorio [di-vi-na-tò-rio] *agg.* (*lett.*) che riguarda la divinazione: *pratiche divinatorie*.
divinazione [di-vi-na-zió-ne] *s.f.* **1** arte di prevedere il futuro attraverso l'interpretazione di eventi ritenuti significativi **2** (*estens.*) predizione, presentimento.
divincolarsi [di-vin-co-làr-si] *v.rifl.* [*io mi divìncolo ecc.*] contorcersi, dimenarsi per liberarsi da una stretta.
divinità [di-vi-ni-tà] *s.f.* **1** essere divino; dio: *le — pagane* **2** essenza, natura divina: *la — di Cristo*.
divinizzare [di-vi-niʒ-ʒà-re] *v.tr.* **1** considerare e adorare come dio; deificare: *Romolo fu divinizzato* **2** (*fig.*) esaltare come cosa sovrumana: — *la donna amata*.
divinizzazione [di-vi-niʒ-ʒa-zió-ne] *s.f.* il divinizzare, l'essere divinizzato.
divino [di-vì-no] *agg.* **1** di Dio: *bontà divina* | *diritto* —, ideologia propria delle monarchie assolute secondo la quale l'istituzione del potere regio avrebbe origine da Dio **2** (*fig.*) perfetto, sovrumano: *una bellezza divina* | (*iperb.*) bellissimo, buonissimo: *una cena divina* ♦ *s.m.* l'essenza divina: *il concetto del* — □ **divinamente** *avv.* **1** per intervento di Dio **2** (*fig.*) in modo sublime: magnificamente: *cantare* —.
divisa[1] [di-vì-ʃa] *s.f.* abito proprio e comune di una determinata categoria di persone; uniforme: — *da ferroviere*; *un carabiniere in* —.
divisa[2] *s.f.* (*fin.*) assegno, cambiale, traveller's cheque in valuta estera | (*estens.*) valuta estera.
divisibile [di-vi-ʃì-bi-le] *agg.* **1** che può essere diviso **2** (*mat.*) si dice di numero che, diviso per un altro, dà come resto zero: *6 è — per 3*.
divisibilità [di-vi-ʃi-bi-li-tà] *s.f.* **1** l'essere divisibile **2** (*mat.*) la proprietà di un numero di essere divisibile esattamente per un altro.
divisionale [di-vi-ʃio-nà-le] *agg.* si dice di moneta che rappresenta una frazione dell'unità monetaria.
divisione [di-vi-ʃió-ne] *s.f.* **1** il dividere, il dividersi, l'essere diviso | — *del lavoro*, nell'organizzazione industriale del lavoro, assegnazione a ogni lavoratore di una mansione precisa | — *dei poteri*, principio secondo cui i tre poteri fondamentali dello stato (legislativo, esecutivo e giudi-

ziario) devono essere esercitati da organi distinti e indipendenti **2** (*mat.*) operazione aritmetica con la quale si calcola quante volte un numero contiene un altro numero **3** settore di un'amministrazione, di un'azienda: *la — pediatrica di un ospedale* | (*mil.*) unità dell'esercito o dell'aviazione composta di più brigate **4** (*sport*) raggruppamento di squadre partecipanti a un campionato; serie **5** (*bot.*) la categoria più comprensiva della classificazione del mondo vegetale.

divismo [di-vì-ʃmo] *s.m.* fenomeno di infatuazione collettiva per i divi dello spettacolo | il comportamento esibizionistico con cui tali personaggi alimentano il fenomeno.

diviso [di-vi-ʃo] *agg.* **1** che è fatto oggetto di divisione; che è ottenuto per divisione **2** (*fig.*) discorde, diverso: *i pareri sono divisi.*

divisore [di-vi-ʃó-re] *s.m.* (*mat.*) quantità per cui si divide; il secondo termine di una divisione.

divisorio [di-vi-ʃò-rio] *agg.* e *s.m.* si dice di ciò che serve a dividere: *muro —.*

divistico [di-vì-sti-co] *agg.* [pl.m. *-ci*] proprio del divismo, dei divi.

divo [dì-vo] *s.m.* personaggio che gode di grande popolarità: *i divi del cinema.*

divorare [di-vo-rà-re] *v.tr.* [*io divóro ecc.*] **1** mangiare con voracità **2** (*estens.*) distruggere rapidamente e completamente: *— un patrimonio* | (*fig.*) consumare in profondità: *essere divorato dalla gelosia* | in altri usi fig.: *— un libro*, leggerlo d'un fiato; *— la strada, il cammino, i chilometri*, percorrerli a gran velocità; *— con gli occhi*, guardare una persona o una cosa con piacere, con intenso desiderio.

divoratore [di-vo-ra-tó-re] *s.m.* [f. *-trice*] chi divora (spec. *fig.*): *un — di romanzi gialli.*

divorziare [di-vor-zià-re] *v.intr.* [*io divòrzio ecc.*; aus. *avere*] sciogliere mediante divorzio il proprio matrimonio.

divorziato [di-vor-zià-to] *agg.* e *s.m.* [f. *-a*] che/chi ha ottenuto il divorzio.

divorzio [di-vòr-zio] *s.m.* **1** (*dir.*) scioglimento legale del matrimonio: *chiedere, ottenere il —* **2** (*estens.*) separazione di persone o di gruppi uniti da qualche vincolo.

divorzista [di-vor-zì-sta] *s.m.* e *f.* [pl.m. *-sti*] **1** legale specializzato in cause di divorzio **2** chi è favorevole all'istituto giuridico del divorzio.

divulgare [di-vul-gà-re] *v.tr.* [*io divulgo, tu divulghi ecc.*] **1** rendere noto a molti; diffondere: *— una notizia, un segreto* **2** esporre in modo chiaro e comprensibile a un vasto pubblico cognizioni di ambito specialistico ♦ **divulgarsi** *v.intr. pron.* diffondersi, divenire largamente noto.

divulgativo [di-vul-ga-tì-vo] *agg.* che fa opera di divulgazione culturale: *un'opera a carattere —.*

divulgatore [di-vul-ga-tó-re] *s.m.* [f. *-trice*] chi fa opera di divulgazione culturale.

divulgazione [di-vul-ga-zió-ne] *s.f.* il divulgare, il divulgarsi, l'essere divulgato: *la — di una notizia; — culturale.*

dizionario [di-zio-nà-rio] *s.m.* **1** volume che raccoglie le parole di una lingua definendone i vari significati; vocabolario: *— della lingua italiana; — dei sinonimi*, in cui le parole sono definite mediante altre di significato equivalente; *— bilingue*, in cui le parole di una lingua sono messe in corrispondenza con le equivalenti di un'altra (p.e. *— bilingue italiano-francese*) | *— elettronico*, registrato su un supporto di memoria e consultabile mediante un elaboratore **2** trattazione della terminologia e delle nozioni pertinenti a tutti i campi della cultura o a una specifica disciplina: *— enciclopedico; — di biologia, di informatica.*

dizione [di-zió-ne] *s.f.* pronuncia: *avere un'eccellente —* | tecnica propria di attori, oratori, annunciatori nel pronunciare le parole in modo chiaro e intelligibile: *studiare —.*

DNA [/ diεnne'a /] *s.m.invar.* (*biol.*) acido a cui è affidata la sintesi delle proteine e che costituisce la sostanza fondamentale dei geni.

do [dò] *s.m.* (*mus.*) nota musicale, la prima della scala di do: *— di petto*, il più alto che un tenore può emettere.

dobermann [/ 'dɔberman /] *s.m.invar.* (*ted.*) cane da guardia di media taglia, dal corpo forte e snello, con muso lungo e sottile, orecchie erette, corto pelame scuro e lucente.

doblone [do-bló-ne] *s.m.* moneta aurea coniata a partire dal XVI sec. in Spagna e poi diffusasi anche in Italia.

DOC [dòc] *agg.invar.* si dice di vino le cui caratteristiche e la cui provenienza territoriale sono garantite secondo modalità previste dalla legge.

doccia [dóc-cia] *s.f.* [pl. *-ce*] **1** impianto idraulico terminante in una bocchetta traforata da cui fuoriesce acqua a pioggia; il bagno d'acqua, a scopo igienico, effettuato utilizzando tale impianto: *fare la —* | *— fredda*, (*fig.*) evento o notizia che spegne ogni entusiasmo **2** (*med.*) apparecchio ortopedico di gesso usato per immobilizzare un arto.

docciatura [doc-cia-tù-ra] *s.f.* il fare la doccia a scopo terapeutico: *docciature termali.*

doccione [doc-ció-ne] *s.m.* parte terminale della grondaia che sporge dal tetto.

docente [do-cèn-te] *agg.* che insegna: *personale —* | *il corpo —*, l'insieme degli insegnanti ♦ *s.m.* e *f.* insegnante, professore: *— universitario.*

docenza [do-cèn-za] *s.f.* l'attività professionale del docente.

docile [dò-ci-le] *agg.* che si sottomette facilmente; arrendevole, mansueto: *un ragazzo poco —.*

docilità [do-ci-li-tà] *s.f.* l'essere docile.

docimologia [do-ci-mo-lo-gì-a] *s.f.* disciplina di carattere psico-pedagogico che studia i metodi e i criteri di valutazione del profitto scolastico e delle prove d'esame.

docimologico [do-ci-mo-lò-gi-co] *agg.* [pl.m. *-ci*] di docimologia; relativo alla valutazione didattica: *criteri docimologici.*

documentabile [do-cu-men-tà-bi-le] *agg.* che si può documentare.

documentale [do-cu-men-tà-le] *agg.* che si basa su documenti: *prova* —.
documentare [do-cu-men-tà-re] *v.tr.* [*io documénto ecc.*] corredare di documenti; dimostrare, provare con documenti: — *una domanda, una tesi* ♦ **documentarsi** *v.rifl.* provvedersi di documentazioni e informazioni su un fatto o un argomento di studio.
documentario [do-cu-men-tà-rio] *agg.* **1** relativo a documenti | che si fonda su documenti **2** che serve a documentare: *materiale* —; *un'opera d'interesse* —, che costituisce un documento ♦ *s.m.* (*cine., tv*) cortometraggio che illustra particolari aspetti della realtà a scopo informativo o didattico: — *d'attualità, scientifico*.
documentarista [do-cu-men-ta-rì-sta] *s.m.* e *f.* [pl.m. *-sti*] autore, regista di documentari.
documentaristico [do-cu-men-ta-rì-sti-co] *agg.* [pl.m. *-ci*] relativo a un documentario: *film* — | che serve a documentare: *il carattere — di un'opera letteraria*.
documentato [do-cu-men-tà-to] *agg.* **1** che si basa su documenti: *un'accusa documentata* **2** che si è documentato: *un giornalista molto* —.
documentazione [do-cu-men-ta-zió-ne] *s.f.* **1** il documentare, il documentarsi, l'essere documentato: *lavoro di* — **2** l'insieme dei documenti richiesti o necessari per provare, illustrare qlco.: *fornire ampia — di un fatto*.
documento [do-cu-mén-to] *s.m.* **1** scritto che attesta o certifica la realtà di un fatto, di una condizione, di una situazione: — *autentico, falso*; — *notarile, contabile* | (spec. *pl.*) carta d'identità o altro mezzo di identificazione personale: *richiedere, esibire i documenti* **2** qualunque oggetto materiale che possa essere utilizzato a scopo di studio, di ricerca, di consultazione: — *storico, iconografico* | testimonianza storica: *i monumenti sono — delle civiltà del passato*.
dodeca- primo elemento di parole composte, che significa 'dodici' (*dodecaedro*).
dodecaedro [do-de-ca-è-dro] *s.m.* (*geom.*) poliedro regolare avente come facce dodici pentagoni regolari uguali.
dodecafonia [do-de-ca-fo-nì-a] *s.f.* (*mus.*) metodo di composizione che organizza in serie tutti i dodici suoni della scala cromatica, svincolandoli dalle strutture tonali tradizionali.
dodecafonico [do-de-ca-fò-ni-co] *agg.* [pl.m. *-ci*] (*mus.*) fondato sulla dodecafonia: *musica dodecafonica*.
dodecagono [do-de-cà-go-no] *s.m.* (*geom.*) poligono a dodici lati.
dodecasillabo [do-de-ca-sìl-la-bo] *agg.* e *s.m.* si dice di verso formato da dodici sillabe, con accento obbligatorio sull'undicesima; doppio senario.
dodicenne [do-di-cèn-ne] *agg.* e *s.m.* e *f.* che/chi ha dodici anni.
dodicesimo [do-di-cè-ʃi-mo] *agg.num.ord.* che in una serie occupa il posto numero dodici | *in* —, (*tip.*) si dice di formato di stampa alto e stretto, con fascicolo suddiviso in ventiquattro pagine.
dodici [dó-di-ci] *agg.num.card.invar.* numero naturale che corrisponde a una decina più due unità.
doga [dó-ga] *s.f.* assicella di legno; in particolare, ognuna di quelle che formano il corpo di botti e barili.
dogale [do-gà-le] *agg.* (*lett.*) del doge: *residenza* — | *la città* —, Venezia.
dogana [do-gà-na] *s.f.* **1** ufficio che controlla il passaggio di beni alla frontiera di uno stato e riscuote gli eventuali dazi gravanti sulle merci; il luogo dove tale ufficio ha sede **2** dazio doganale: *pagare la* —.
doganale [do-ga-nà-le] *agg.* della dogana: *ufficio* —.
doganiere [do-ga-niè-re] *s.m.* impiegato di dogana; guardia di finanza che presta servizio in dogana.
doge [dò-ge] *s.m.* [pl. *-gi*] (*st.*) la più alta autorità delle repubbliche di Venezia e di Genova.
doglia [dò-glia] *s.f.* **1** (*lett.*) dolore **2** *pl.* i dolori causati dalle contrazioni dell'utero durante il parto: *avere le doglie*.
doglianza [do-gliàn-za] *s.f.* (*non com.*) lamento, rimostranza.
doglio [dò-glio] *s.m.* (*lett.*) orcio, giara, barile.
dogma [dòg-ma] *s.m.* [pl. *-mi*] **1** (*teol.*) singola verità rivelata da Dio e come tale accettata indiscutibilmente dai credenti; articolo di fede: *il — della Trinità* **2** (*estens.*) principio assoluto, affermato come indiscutibilmente vero.
dogmatica [dog-mà-ti-ca] *s.f.* parte della teologia che studia i dogmi.
dogmatico [dog-mà-ti-co] *agg.* [pl.m. *-ci*] **1** di dogma, che concerne i dogmi: *teologia dogmatica*, parte della teologia che studia i dogmi **2** (*estens.*) assoluto, indiscutibile, categorico: *affermazione dogmatica* **3** di persona che sostiene un'opinione o una teoria con rigida intransigenza, senza addurre prove né accettare obiezioni ♦ *s.m.* [f. *-a*] persona dogmatica □ **dogmaticamente** *avv.*
dogmatismo [dog-ma-tì-ʃmo] *s.m.* **1** qualsiasi posizione ideologica che si fondi su dogmi **2** (*estens.*) la tendenza a ritenere indiscutibili le proprie opinioni.
dolby [/ ˈdɔlbi /] *s.m.invar.* (*ingl.*) nell'alta fedeltà, sistema di attenuazione del rumore di fondo ottenuta filtrando differentemente il segnale e il rumore.
dolce [dól-ce] *agg.* **1** che ha il sapore gradevole dello zucchero: *un frutto molto* —; — *come il miele*, dolcissimo; *caffè, cioccolato* —, zuccherato | *formaggio* —, poco salato, non piccante | *acqua* —, quella dei fiumi e dei laghi, povera di sali minerali **2** (*fig.*) mite, moderato: *clima* —; *salita* —, non ripida; *movimenti dolci*, non bruschi; *energia* —, non inquinante; *metallo* —, tenero, malleabile **3** (*fig.*) gentile, affabile, affettuoso: *carattere, persona* —; *fare gli occhi dolci*, dimostrare con lo sguardo tenerezza o simpatia | ca-

ro, amato: *la sua — consorte* | che produce una sensazione gradita o dà piacere all'animo: *un — ricordo*; *— vita*, vita gaudente e dissipata, dolcevita ♦ *s.m.* **1** qualsiasi vivanda dolce, che si serve alla fine del pasto o in occasione di rinfreschi: *mangiare un —* | *pl.* dolciumi. DIM. *dolcetto* **2** sapore, gusto dolce: *il — e l'amaro* □ **dolcemente** *avv.* in modo dolce, con dolcezza (spec. *fig.*): *le colline digradavano — verso il mare.*

dolceamaro [dol-ce-a-mà-ro] *agg.* che è dolce e amaro insieme: *un aperitivo dal gusto —.*

dolcetta [dol-cét-ta] *s.f.* nome comune di un'erba spontanea con infiorescenza di piccoli fiori azzurri e foglie commestibili.

dolcetto [dol-cét-to] *s.m.* vitigno piemontese che dà un'uva molto dolce | vino rosso, asciutto, ottenuto da tale vitigno.

dolcevita [dol-ce-vì-ta], o **dolce vita**, *agg.* e *s.f.invar.* si dice di un tipo di maglia o maglione a collo alto.

dolcezza [dol-céz-za] *s.f.* **1** l'essere dolce, qualità di ciò che è dolce (anche *fig.*): *la — del miele, del clima, di uno sguardo* | *con —*, in modo dolce, affabile: *parlare, trattare con —*; *prendere qlco. con —*, con attenzione, con cura **2** (*fig.*) sentimento di felicità mista a tenerezza e commozione: *sentire una — nell'animo* | (spec. *pl.*) piacere, gioia: *le dolcezze dell'amore* **3** (*fig.*) persona amata: *— mia!*

dolciario [dol-cià-rio] *agg.* dei dolci, dei dolciumi: *industria dolciaria.*

dolciastro [dol-cià-stro] *agg.* **1** di un dolce sgradevole **2** (*fig.*) sdolcinato, mellifluo: *modi dolciastri.*

dolcificante [dol-ci-fi-càn-te] *agg.* e *s.m.* si dice di sostanza usata per dare un sapore dolce ad alimenti e bevande.

dolcificare [dol-ci-fi-cà-re] *v.tr.* [*io dolcìfico, tu dolcìfichi ecc.*] rendere dolce: *— una bevanda.*

dolcificatore [dol-ci-fi-ca-tó-re] *s.m.* apparecchio per dolcificare un'acqua dura.

dolciume [dol-ciù-me] *s.m.* (spec. *pl.*) i prodotti di pasticceria o dell'industria dolciaria: *una vetrina piena di dolciumi.*

dolente [do-lèn-te] *agg.* **1** che duole: *la parte —* | *punto —*, parte del corpo in cui è localizzato il dolore; (*fig.*) punto grave o aspetto delicato di una questione **2** che prova dolore; afflitto, dispiaciuto: *sono — per quanto è accaduto* **3** che esprime dolore: *voce —.*

dolere [do-lé-re] *v.intr.* [pres. *io dòlgo, tu duòli, egli duòle, noi doliamo, voi doléte, essi dòlgono*; fut. *io dorrò ecc.*; pass.rem. *io dòlsi, tu doléstì ecc.*; congiunt.pres. *io dòlga..., noi doliamo, voi doliate, essi dòlgano*; cond.pres. *io dorrèi, tu dorrésti ecc.*; ger. *dolèndo*; part.pres. *dolènte*; part.pass. *doluto*; aus. *essere*] **1** dar dolore, far male: *mi dolgono i denti* **2** (*estens.*) rincrescere, dispiacere: *mi duole di non poter fare nulla per voi* ♦ **dolersi** *v.intr.pron.* **1** provare rincrescimento, rammaricarsi, pentirsi: *mi dolgo di non averti ascoltato* **2** lamentarsi, lagnarsi: *— di un comportamento altrui.*

dolicocefalia [do-li-co-ce-fa-lì-a] *s.f.* (*antrop.*) conformazione molto allungata del cranio.

dolicocefalo [do-li-co-cè-fa-lo] *agg.* e *s.m.* [f. *-a*] di persona che presenta dolicocefalia.

dolicomorfo [do-li-co-mòr-fo] *agg.* si dice di cranio o di qualsiasi altra parte del corpo che abbia forma allungata.

dolina [do-lì-na] *s.f.* (*geol.*) depressione a forma d'imbuto, tipica delle regioni carsiche.

dollaro [dòl-la-ro] *s.m.* unità monetaria degli Stati Uniti d'America e di altri paesi: *pagare in dollari.*

dolmen [dòl-men] *s.m.invar.* monumento sepolcrale preistorico costituito da due o più pietre infisse verticalmente nel suolo e sormontate da una lastra orizzontale.

dolo [dò-lo] *s.m.* (*dir.*) intenzione, consapevolezza, volontà di ledere un diritto altrui o di commettere un reato.

dolomia [do-lò-mia] *s.f.* (*geol.*) roccia sedimentaria formata da carbonato di calcio e magnesio, costituente delle Dolomiti.

dolomite [do-lo-mì-te] *s.f.* minerale costituito di carbonato di calcio e magnesio in cristalli biancastri | *le Dolomiti*, montagne delle Alpi Orientali formate di dolomia.

dolomitico [do-lo-mì-ti-co] *agg.* [pl.m. *-ci*] delle Dolomiti.

dolorante [do-lo-ràn-te] *agg.* che sente dolore fisico: *si rialzò tutto —* | dolente, che fa male: *parte —.*

dolore [do-ló-re] *s.m.* **1** sensazione di sofferenza fisica: *— leggero, lancinante*; *— a una gamba*; *dolori reumatici.* DIM. *dolorino* **2** sofferenza morale, spirituale; afflizione, pena: *— inconsolabile*; *morire di —.*

doloroso [do-lo-ró-so] *agg.* **1** che dà dolore fisico: *una ferita dolorosa* **2** che provoca sofferenza morale; triste, sventurato: *evento, destino —* **3** pieno di dolore: *vita dolorosa* | che esprime dolore: *pianto —* □ **dolorosamente** *avv.* con dolore.

dolosità [do-lo-si-tà] *s.f.* l'essere doloso.

doloso [do-ló-so] *agg.* (*dir.*) fatto con dolo □ **dolosamente** *avv.*

doma [dò-ma] *s.m.* (*min.*) forma cristallografica semplice costituita da due facce simmetriche.

domabile [do-mà-bi-le] *agg.* che si può domare, vincere.

domanda [do-màn-da] *s.f.* **1** il domandare; l'insieme delle parole con cui si domanda: *rivolgere una —*; *una — imbarazzante*; *domande difficili*; *una — di storia* | *che —!*, domanda banale o superflua a cui è impossibile o inutile rispondere. DIM. *domandina* **2** richiesta scritta rivolta a un ufficio, a un'autorità; istanza: *fare, presentare —*; *— di matrimonio* **3** (*econ.*) la quantità di una merce richiesta dal mercato (si contrappone a *offerta*).

domandare [do-man-dà-re] *v.tr.* **1** rivolgersi a

qlcu. per sapere qlco.: — *il nome, l'ora; domandò: "Che giorno è oggi?"; domandagli come si chiama, che cosa vuole, se parte domani* | *domandarsi qlco.*, essere incerto su qlco.: *mi domando se sarà possibile* **2** chiedere per ottenere: — *scusa, un favore;* — *soldi in prestito* ♦ *v.intr.* [aus. *avere*] chiedere notizie, informazioni di una persona o riguardo a qlco.: *mi domanda sempre di te* | cercare una persona, volerle parlare: *c'è un signore che domanda di lei.*

domani [do-mà-ni] *avv.* nel giorno immediatamente seguente all'oggi: — *mattina, pomeriggio* | *dopo* —, — *l'altro*, il giorno successivo a domani, fra due giorni | *a* —, formula di commiato con cui ci si ripromette di incontrarsi di nuovo il giorno seguente | *oggi o* —, un giorno o l'altro, una volta o l'altra | *dàgli oggi e dàgli* —, a lungo andare ♦ *s.m.* **1** il giorno seguente a quello di cui si parla; l'indomani: *attendere il* — | *dall'oggi al* —, in brevissimo tempo: *ha deciso dall'oggi al* — **2** (*estens.*) il futuro: *pensare al* —.

domare [do-mà-re] *v.tr.* [*io dómo ecc.*] **1** rendere docile, mansueto un animale feroce o selvatico: — *un leone, un puledro* **2** (*fig.*) sottomettere, soggiogare: — *una popolazione* | sedare, estinguere: — *una rivolta, un incendio* **3** (*fig.*) frenare, trattenere, reprimere: — *un impulso.*

domatore [do-ma-tó-re] *s.m.* [f. *-trice*] chi doma animali selvatici | chi nello spettacolo del circo presenta numeri ed esercizi con animali addomesticati e addestrati: — *di tigri.*

domattina [do-mat-tì-na] *avv.* domani mattina.

domenica [do-mé-ni-ca] *s.f.* settimo giorno della settimana, che per i cristiani è giorno di riposo e dedicato al culto di Dio.

domenicale [do-me-ni-cà-le] *agg.* della domenica: *riposo, gita* —.

domenicano [do-me-ni-cà-no] *agg.* dell'ordine di frati predicatori fondato da san Domenico nel 1215: *convento, padre* — ♦ *s.m.* [f. *-a*] chi appartiene all'ordine religioso fondato da san Domenico.

domense [do-mèn-se] *agg.* di Domodossola ♦ *s.m.* e *f.* chi è nato, chi abita a Domodossola.

domesticare [do-me-sti-cà-re] *v.tr.* [*io domèstico, tu domèstichi ecc.*] (*biol.*) indurre, in una specie animale o vegetale originariamente selvatica, modificazioni tali da renderla domestica.

domesticazione [do-me-sti-ca-zió-ne] *s.f.* (*biol.*) l'operazione e l'effetto del domesticare: *il cane è il prodotto della* — *del lupo.*

domesticità [do-me-sti-ci-tà] *s.f.* di animali o piante, l'essere domestico.

domestico [do-mè-sti-co] *agg.* [pl.m. *-ci*] **1** della casa, della famiglia: *lavori domestici* **2** si dice di animale che è allevato dall'uomo e vive presso di lui: *il gatto è un animale* — ♦ *s.m.* [f. *-a*] chi attende alle faccende domestiche presso una famiglia dalla quale è retribuito.

domiciliare [do-mi-ci-lià-re] *agg.* (*dir.*) del domicilio: *perquisizione* — | *arresti domiciliari*, misura penale consistente nell'obbligo di non abbandonare il proprio domicilio se non previa autorizzazione.

domiciliato [do-mi-ci-lià-to] *agg.* che ha il domicilio in un dato luogo: — *a Venezia.*

domiciliazione [do-mi-ci-lia-zió-ne] *s.f.* (*banc.*) l'indicazione del luogo in cui è pagabile una cambiale, una tratta, una bolletta, in modo che possa essere addebitata direttamente sul proprio conto corrente postale o bancario.

domicilio [do-mi-cì-lio] *s.m.* **1** luogo dove una persona ha la sede principale dei propri affari e interessi | — *fiscale*, quello che ogni contribuente deve dichiarare ai fini dei rapporti con l'amministrazione finanziaria **2** casa, abitazione: *consegna, lavoro a* —.

dominabile [do-mi-nà-bi-le] *agg.* che si può dominare.

dominante [do-mi-nàn-te] *agg.* che domina, predomina: *nazione, popolo* —; *classe* —, la classe sociale che detiene il potere politico; *motivo* —, il tema fondamentale di un brano musicale, di un opera letteraria; *posizione* —, che sovrasta i luoghi circostanti; (*fig.*) da cui si esercita un predominio | *carattere* —, (*biol.*) carattere ereditario, presente in un cromosoma, che prevale sul carattere simile presente nel cromosoma omologo derivato dall'altro genitore ♦ *s.f.* **1** (*mus.*) il quinto grado di una scala musicale **2** (*foto., cine.*) colore che prevale sugli altri nello sviluppo di una pellicola (per errore o come scelta intenzionale).

dominanza [do-mi-nàn-za] *s.f.* l'essere dominante.

dominare [do-mi-nà-re] *v.tr.* [*io dòmino ecc.*] **1** tenere soggetto alla propria potestà, autorità, volontà: — *un popolo; un pensiero che domina la mente*, la tiene costantemente occupata | — *un avversario*, mostrarsi nettamente superiore a lui | — *la situazione*, esserne arbitro | — *il pubblico, l'uditorio*, avvincerlo, affascinarlo | — *una materia*, conoscerla molto bene **2** (*fig.*) tenere a freno i moti dell'animo: — *il proprio istinto; essere dominato dalla gelosia*, lasciarsene sopraffare **3** detto di un luogo, essere in posizione sopraelevata; sovrastare: *il castello domina la vallata* ♦ *v. intr.* [aus. *avere*] **1** avere autorità e potere incontrastati: *Venezia dominò sui mari* **2** (*fig.*) essere superiore; prevalere, primeggiare: *dominava su tutti per la sua intelligenza* **3** (*fig.*) avere il sopravvento, regnare: *in quella casa domina il disordine* ♦ **dominarsi** *v.rifl.* esercitare il controllo su di sé; contenere i propri istinti, i propri sentimenti: *non riuscì a* —.

dominatore [do-mi-na-tó-re] *agg.* e *s.m.* [f. *-trice*] che/chi domina.

dominazione [do-mi-na-zió-ne] *s.f.* **1** il dominare; potere, dominio: *la* — *romana* **2** *pl.* (*teol.*) gli angeli del primo grado della seconda gerarchia.

domineddio [do-mi-ned-dì-o] *s.m.* (*fam.*) Dio, il Signore Iddio.

dominicale [do-mi-ni-cà-le] *agg.* (*dir.*) del proprietario del terreno: *reddito —.*
dominicano [do-mi-ni-cà-no] *agg.* della Repubblica Dominicana ♦ *s.m.* [f. *-a*] nativo, abitante della Repubblica Dominicana.
dominio [do-mì-nio] *s.m.* **1** il dominare; potere, supremazia: *esercitare un — incontrastato* | *— di sé, dei propri nervi*, autocontrollo **2** (*dir.*) proprietà | *essere di — pubblico*, si dice con riferimento a opere per le quali non vige più il diritto d'autore; (*fig.*) essere noto a tutti: *una notizia di — pubblico* **3** territorio su cui si domina: *i domini degli Asburgo* **4** campo, ambito, settore.
domino [dò-mi-no] *s.m.invar.* gioco che si fa tra due o più giocatori con ventotto tessere su cui sono impressi dei numeri.
domo [dó-mo *o* dòmo] *agg.* (*lett.*) domato.
don[1] [dòn] *s.m.invar.* titolo d'onore che si premette al nome o al cognome degli ecclesiastici | nell'Italia meridionale, titolo che si premette al nome di una persona di riguardo.
don[2] *inter.* voce onom. che imita il suono delle campane; si ripete (*don don*), ma più spesso è unito a *din* (*din don*).
donare [do-nà-re] *v.tr.* [*io dóno ecc.*] **1** dare spontaneamente e senza ricompensa; regalare: *— un libro a qlcu.*; *— il sangue, un organo*, per una trasfusione, un trapianto | offrire: *— tutto sé stesso* | *prov.*: *a caval donato non si guarda in bocca*, non si devono criticare i regali ricevuti **2** (*fig.*) conferire, far assumere: *una pettinatura che le dona un'aria giovanile* ♦ *v.intr.* [aus. *avere*] **1** (*dir.*) fare una donazione **2** conferire pregio, bellezza: *quest'abito ti dona* ♦ **donarsi** *v.rifl.* darsi, dedicarsi completamente: *— al servizio degli altri.*
donatario [do-na-tà-rio] *s.m.* [f. *-a*] (*dir.*) chi riceve una donazione.
donativo [do-na-tì-vo] *s.m.* dono fatto per ricompensa, per omaggio.
donatore [do-na-tó-re] *s.m.* [f. *-trice*] **1** chi dona | persona dal cui corpo si preleva un organo o un tessuto per un'operazione di trapianto **2** (*dir.*) chi fa una donazione.
donazione [do-na-zió-ne] *s.f.* **1** il donare **2** (*dir.*) contratto col quale una persona dispone a favore di un'altra, a titolo gratuito, il trasferimento di un proprio diritto o bene patrimoniale.
donchisciotte [don-chi-sciòt-te] *s.m.* persona generosa che con ingenua spavalderia difende cause assurde o lotta per ideali irraggiungibili.
donchisciottesco [don-chi-sciot-té-sco] *agg.* [pl.m. *-schi*] da donchisciotte: *atteggiamento —.*
donchisciottismo [don-chi-sciot-tì-ʃmo] *s.m.* atteggiamento, comportamento da donchisciotte.
donde [dón-de] *avv.* (*lett.*) di dove, da dove: *— vieni?* | *averne ben —*, averne motivo, essere giustificato.
dondolamento [don-do-la-mén-to] *s.m.* il dondolare, il dondolarsi.
dondolare [don-do-là-re] *v.tr.* [*io dóndolo ecc.*] muovere in qua e in là qlco. che si sostiene su un punto: *— la sedia, il capo* ♦ *v.intr.* [aus. *avere*] oscillare: *la lampada dondola* ♦ **dondolarsi** *v.rifl.* muoversi in qua e in là oscillando: *— sull'altalena.*
dondolio [don-do-lì-o] *s.m.* un dondolare continuato.
dondolo [dón-do-lo] *s.m.* **1** movimento di cosa che dondola: *sedia, cavallo a —* **2** divano sospeso che si può dondolare.
dondoloni [don-do-ló-ni] *avv.* dondolando, dondolandosi: *andar —.*
dongiovanni [don-gio-vàn-ni] *s.m.* grande corteggiatore e seduttore di donne: *essere un —.*
dongiovannismo [don-gio-van-nì-ʃmo] *s.m.* atteggiamento da dongiovanni; tendenza a fare il dongiovanni.
donna [dòn-na] *s.f.* **1** essere umano adulto di sesso femminile: *una — giovane*; *— di casa*, casalinga; *— in carriera*, impegnata in un'attività professionale socialmente prestigiosa | *diventare —*, di una ragazza, raggiungere la pubertà | *da —*, femminile | *andare a donne, correre dietro alle donne*, cercare facili avventure amorose | *una buona —*, semplice, alla buona; (*antifr.*) prostituta | *— di vita, di strada, di marciapiede, di malaffare*, (*eufem.*) prostituta | *prima —*, attrice o cantante lirica che interpreta la parte femminile principale; *fare la prima —*, (*fig.*) voler primeggiare (riferito anche a uomini) | *prov.*: *donne e buoi dei paesi tuoi*. DIM. *donnina* DIM. e PEGG. *donnetta, donnicciola* ACCR. *donnone* (m.) PEGG. *donnaccia* **2** moglie, compagna, donna amata: *la — di Piero* **3** domestica, collaboratrice familiare: *— di servizio* **4** titolo che si dà a una signora d'alto rango: *— Luisa* **5** nelle carte da gioco francesi e nel gioco degli scacchi, la regina: *la — di picche.*
donnaccia [don-nàc-cia] *s.f.* [pl. *-ce*] prostituta.
donnaiolo [don-na-iò-lo] *s.m.* uomo che per abitudine corteggia le donne ed è sempre in cerca di avventure amorose.
donnesco [don-né-sco] *agg.* [pl.m. *-schi*] (*spreg.*) che si addice a una donna: *lavori donneschi.*
donnetta [don-nét-ta] *s.f.* (*spreg.*) donna mediocre o di bassa condizione sociale.
donnicciola [don-nic-ciò-la] *s.f.* **1** donna meschina, pettegola, senza qualità **2** uomo debole e pauroso oppure pettegolo.
donnina [don-nì-na] *s.f.* donna piccola e graziosa | bambina assennata.
donnola [dòn-no-la] *s.f.* piccolo mammifero carnivoro con pelliccia di color bruno rossiccio sul dorso e bianco sul ventre, corpo allungato, muso appuntito, zampe corte, coda breve.
dono [dó-no] *s.m.* **1** il donare: *dare, ricevere in —* | la cosa donata; regalo: *un — gradito*; *ricevere un —* | *i doni della terra*, (*lett.*) i prodotti agricoli **2** (*fig.*) qualità, virtù, dote: *avere il — della bontà*; *— di natura*, dote naturale | *il — della parola*, facoltà di parlare propria dell'uomo.
donzella [don-ʒèl-la] *s.f.* (*lett.*) giovinetta, fanciulla.

doping [/ ˈdəpiŋ /] *s.m.invar.* (*ingl.*) somministrazione illegale di farmaci eccitanti o droghe ad atleti o animali per migliorarne le prestazioni sportive.

dopo [dó-po] *avv.* **1** poi, in seguito, più tardi: *te lo dirò —; molto tempo —* | *a —*, a più tardi **2** oltre, appresso, più avanti (nello spazio): *la casa che viene —* ♦ *prep.* **1** successivamente a: *dopo tre giorni; andrò — di te; l'appuntamento è per — pranzo* **2** oltre, più avanti di, di là da (nello spazio): *— la farmacia c'è un bar* ♦ *cong.* introduce una proposizione temporale implicita con il verbo all'inf. o al part. pass.: *— aver discusso, raggiunsero l'accordo; — mangiato, di solito si riposa* ♦ *agg.invar.* seguente, successivo: *il giorno —* ♦ *s.m.invar.* ciò che avverrà poi, in seguito; il futuro: *è il — che preoccupa* | il periodo successivo a un evento, con riferimento ai problemi che lo caratterizzano: *il — terremoto.*

dopobarba [do-po-bàr-ba] *agg.* e *s.m.invar.* si dice di preparato che si applica sul viso dopo la rasatura.

dopoborsa [do-po-bór-sa] *s.m.invar.* l'insieme delle contrattazioni che si svolgono dopo la chiusura della borsa.

dopocena [do-po-cé-na] *s.m.invar.* il periodo della sera successivo alla cena: *invitare qlcu. per il —.*

dopoché [do-po-ché], o **dopo che**, *cong.* **1** successivamente al momento in cui, da quando (introduce una prop. temporale con il verbo all'indic.): *— ci siamo visti, non è più successo nulla di importante* **2** una volta che (introduce una prop. temporale-condizionale con il verbo al congiunt.): *ci vedremo solo — tu abbia completato il lavoro.*

dopodiché [do-po-di-ché], o **dopo di che**, *avv.* dopo la qual cosa, il quale fatto: *mi ha telefonato un mese fa, — non s'è fatto più vivo.*

dopodomani [do-po-do-mà-ni], o **dopo domani**, *avv.* fra due giorni: *ci rivediamo —* ♦ *s.m.invar.* il giorno immediatamente successivo a domani: *— è domenica.*

dopoguerra [do-po-guèr-ra] *s.m.invar.* il periodo che segue a una guerra: *il primo, il secondo —*, quello successivo alla prima o alla seconda guerra mondiale.

dopolavoro [do-po-la-vó-ro] *s.m.* ente che organizza le attività ricreative e culturali dei lavoratori durante il tempo libero.

dopolistino [do-po-li-stì-no] *s.m.* lo stesso che *dopoborsa.*

dopopranzo [do-po-pràn-ʒo] *s.m.invar.* il periodo del pomeriggio successivo al pranzo di mezzogiorno: *passare il — in casa.*

doposci [do-po-scì] *agg.* e *s.m.invar.* si dice di indumento o calzatura che gli sciatori indossano dopo l'attività sportiva.

doposcuola [do-po-scuò-la] *s.m.invar.* attività didattiche integrative dell'insegnamento regolare per gli alunni della scuola dell'obbligo.

doposole [do-po-só-le] *agg.* e *s.m.invar.* si dice di cosmetico che si applica sulla pelle dopo l'esposizione ai raggi solari.

dopotutto [do-po-tùt-to], o **dopo tutto**, *avv.* in definitiva, in conclusione: *—, non sono problemi miei.*

doppiaggio [dop-piàg-gio] *s.m.* (*cine.*) registrazione del parlato nella colonna sonora di un film, che viene effettuata in un tempo successivo alle riprese, allo scopo di riprodurre il parlato in un'altra lingua o di migliorarlo nella lingua originale.

doppiare[1] [dop-pià-re] *v.tr.* [*io dóppio ecc.*] **1** (*mar.*) oltrepassare un determinato punto: *— il capo di Buona Speranza* **2** (*sport*) nelle gare di corsa, superare di un giro di pista un avversario.

doppiare[2] *v.tr.* [*io dóppio ecc.*] (*cine.*) effettuare un doppiaggio: *— un film, un attore.*

doppiato[1] [dop-pià-to] *agg.* e *s.m.* [f. *-a*] (*sport*) che/chi è stato superato di un giro di pista.

doppiato[2] *agg.* (*cine.*) che è stato sottoposto a doppiaggio: *film — in italiano.*

doppiatore [dop-pia-tó-re] *s.m.* [f. *-trice*] attore che presta la propria voce nel doppiaggio di un film.

doppietta [dop-piét-ta] *s.f.* **1** tipo di fucile da caccia a due canne | doppio colpo di fucile **2** nel calcio, coppia di reti segnate da un giocatore nella stessa partita | nel pugilato, serie di due colpi consecutivi portati di sinistro e di destro.

doppiezza [dop-piéz-za] *s.f.* falsità, ambiguità, ipocrisia.

doppio [dóp-pio] *agg.* **1** che è due volte la quantità o la grandezza ritenute normali: *— lavoro; doppia razione* **2** che è formato di due elementi uguali; costituito da due cose della stessa specie: *filo —; appartamento con doppi servizi* | *— mento*, grasso che si accumula sotto il mento così da farlo apparire come raddoppiato | *consonante doppia*, (*ling.*) geminata **3** duplice; che si fa o avviene due volte: *un — sbaglio* **4** (*fig.*) ambiguo, simulatore, falso: *un individuo, un comportamento —* ♦ *avv.* due volte | *vederci —*, vedere gli oggetti sdoppiati ♦ *s.m.* **1** quantità o grandezza due volte maggiore: *20 è il — di 10; pesa il — di me* **2** (*sport*) nel tennis e nel ping pong, incontro disputato fra quattro giocatori divisi in due coppie □ **doppiamente** *avv.* **1** due volte, in doppia misura: *ti sono — riconoscente* **2** (*fig.*) con doppiezza; in modo falso, ambiguo: *agire —.*

doppiofondo [dop-pio-fón-do], o **doppio fondo**, *s.m.* [pl. *doppifondi*] intercapedine nascosta sotto il fondo di un oggetto: *baule a —.*

doppiogiochista [dop-pio-gio-chì-sta] *s.m.* e *f.* [pl.m. *-sti*] chi fa il doppio gioco.

doppione [dop-pió-ne] *s.m.* cosa uguale a un'altra | elemento di una collezione identico a un altro posseduto.

doppiopetto [dop-pio-pèt-to], o **doppio petto**, *agg.* e *s.m.invar.* si dice di giacca o cappotto con i due davanti sovrapposti e chiusi da una doppia fila di bottoni: *un uomo in —.*

doppista [dop-pì-sta] *s.m.* e *f.* [pl.m. *-sti*] (*sport*) tennista che prende parte a gare di doppio.
dorare [do-rà-re] *v.tr.* [*io dòro ecc.*] **1** (*tecn.*) ricoprire con un sottile strato d'oro: — *una cornice* | (*estens.*) verniciare con una sostanza che ha il colore dell'oro **2** (*gastr.*) passare cibi nell'uovo sbattuto prima di friggerli; indorare | cuocere cibi a fuoco moderato fino a che prendono il colore biondo oro.
dorato [do-rà-to] *agg.* **1** (*tecn.*) coperto di uno strato d'oro: *argento* — **2** (*gastr.*) indorato: *filetti di pesce dorati* **3** del colore dell'oro; che ha riflessi d'oro: *capelli di un biondo* —.
doratore [do-ra-tó-re] *s.m.* [f. *-trice*] (*tecn.*) chi fa lavori di doratura.
doratura [do-ra-tù-ra] *s.f.* (*tecn.*) l'operazione del dorare | lo strato d'oro di cui è rivestito un oggetto: *la cornice sta perdendo la* — | ornamento, fregio dorato: *le dorature del soffitto.*
dorico [dò-ri-co] *agg.* [pl.m. *-ci*] dei Dori, popolazione dell'antica Grecia: *dialetto* — | *ordine* —, il più semplice ordine architettonico greco.
dormeuse [/ dɔr'møz /] *s.f.invar.* (*fr.*) divano con schienale basso a una delle estremità; divano letto.
dormicchiare [dor-mic-chià-re] *v.intr.* [*io dormìcchio ecc.*; aus. *avere*] dormire leggero, sonnecchiare.
dormiente [dor-mièn-te] *agg.* e *s.m.* e *f.* che/chi dorme.
dormiglione [dor-mi-glió-ne] *s.m.* [f. *-a*] (*fam.*) chi ama dormire molto.
dormire [dor-mì-re] *v.intr.* [*io dòrmo ecc.*; aus. *avere*] **1** riposare in stato di sonno | — *sodo, come un ghiro, come una marmotta, come un masso*, dormire profondamente | *cercare, trovare da* —, un alloggio per la notte | *poter — tranquillo*, (*fig.*) poter stare tranquillo, potersi fidare | — *a occhi aperti, in piedi*, (*fig.*) essere molto assonnato | — *con gli occhi aperti, con un occhio solo*, (*fig.*) essere permanentemente vigile | *dormirci sopra*, (*fig.*) rinviare una decisione per potervi riflettere | *far* —, (*fig.*) annoiare molto: *un film che fa* — | — *con qlcu.*, (*eufem.*) avere rapporti sessuali con qlcu. | *prov.*: *chi dorme non piglia pesci*, chi è pigro non ottiene risultati **2** (*eufem.*) essere morto; essere sepolto: — *in pace* **3** (*fig.*) essere inattivo; poltrire: *bisogna agire e non* — ♦ *v.tr.* passare in stato di sonno (con compl. oggetto interno): — *sonni tranquilli*; — *tutto un sonno*, dalla sera alla mattina senza svegliarsi | *dormirsela*, dormire saporitamente.
dormita [dor-mì-ta] *s.f.* sonno lungo e riposante: *fare una bella* —. DIM. *dormitina.*
dormitorio [dor-mi-tò-rio] *s.m.* stanzone con molti letti, in collegi, ospizi ecc.: — *pubblico* | Usato come *agg.invar.* si riferisce a centri abitati con edifici molto addensati, poveri di spazi verdi e di servizi, vicini alle grandi città dove gli abitanti si recano per lavorare: *quartiere* —.
dormiveglia [dor-mi-vé-glia] *s.m.invar.* condizione intermedia tra il sonno e la veglia.
dorsale [dor-sà-le] *agg.* **1** del dorso | *spina* —, (*anat.*) la colonna vertebrale | *pinne dorsali*, (*zool.*) quelle che si trovano sul dorso dei pesci **2** (*estens.*) che è nella parte posteriore o superiore: *il lato — di una foglia* **3** (*sport*) si dice di salto in alto che l'atleta effettua superando l'asticella con il dorso ♦ *s.m.* testata del letto; schienale di seggiole, poltrone ♦ *s.f.* (*geog.*) catena montuosa: — *appenninica.*
dorsista [dor-sì-sta] *s.m.* e *f.* [pl.m. *-sti*] (*sport*) atleta specialista di nuoto sul dorso.
dorso [dòr-so] *s.m.* **1** la parte posteriore del corpo dell'uomo e la superiore di quello degli animali, dalle spalle alle reni: *portare un peso sul* —; *viaggiare a — di mulo* **2** (*estens.*) parte posteriore o superiore di qlco., per lo più di forma allungata e convessa: *il — di un monte*, la zona più elevata da dove iniziano gli opposti versanti; *il — della mano*, la parte opposta al palmo; *il — di un libro*, la costola | (*aer.*) la superficie superiore dell'ala | (*bot.*) faccia dorsale di un organo **3** (*sport*) stile di nuoto praticato sulla schiena, con movimento alternato delle braccia all'indietro e battuta delle gambe come nel crawl.
dosaggio [do-ʃàg-gio] *s.m.* il dosare, l'essere dosato: — *di ingredienti, di energie.*
dosare [do-ʃà-re] *v.tr.* [*io dòʃo ecc.*] **1** mettere, misurare, determinare la dose necessaria: — *il sale, un farmaco* | proporzionare le dosi dei singoli costituenti che devono formare un composto: — *gli ingredienti di una torta* **2** (*fig.*) distribuire con parsimonia, con oculatezza; misurare, soppesare: — *le parole, le energie.*
dosato [do-ʃà-to] *agg.* ben calcolato; soppesato, misurato.
dosatore [do-ʃa-tó-re] *agg.* e *s.m.* si dice di recipiente o apparecchio che consente il giusto dosaggio di una sostanza.
dose [dò-ʃe] *s.f.* **1** la quantità di una sostanza che occorre per un determinato uso: *la — di zucchero per la torta* | (*farm.*) quantità di medicinale necessaria per conseguire un determinato effetto **2** (*fig.*) quantità, razione: *avere una buona — di sfacciataggine.*
dosimetria [do-ʃi-me-trì-a] *s.f.* (*fis.*) determinazione delle dosi di radiazioni emesse o ricevute.
dosimetro [do-ʃì-me-tro] *s.m.* (*fis.*) apparecchio per la dosimetria.
dossier [/ dos'sje /] *s.m.invar.* (*fr.*) **1** cartella, fascicolo, pratica **2** (*estens.*) raccolta di dati e documenti riguardanti un medesimo argomento: *preparare un — sulla criminalità giovanile.*
dosso [dòs-so] *s.m.* **1** (*lett.*) dorso, schiena | *di* —, dalle spalle, dal corpo: *levarsi di — un vestito*; *togliersi un peso di* —, (*fig.*) liberarsi di una grave preoccupazione **2** piccola altura | gobba della strada che impedisce ai veicoli la normale visibilità.
dotale [do-tà-le] *agg.* (*dir.*) che riguarda la dote: *rendita* —.
dotare [do-tà-re] *v.tr.* [*io dòto ecc.*] fornire di dote

(anche *fig.*): *— una figlia; la natura lo ha dotato di un grande ingegno.*
dotato [do-tà-to] *agg.* fornito, provveduto: *una persona dotata di coraggio* | (*assol.*) ricco di doti, di qualità: *un atleta molto —.*
dotazione [do-ta-zió-ne] *s.f.* complesso dei beni e dei mezzi finanziari assegnati per l'espletamento di attività o funzioni: *la — di libri di una biblioteca* | *— di bordo*, l'insieme delle attrezzature di una nave o di un aereo.
dote [dò-te] *s.f.* **1** il complesso di beni apportato dalla sposa all'atto del matrimonio, per contribuire all'economia familiare **2** (*fig.*) qualità fisica o morale; pregio: *un uomo ricco di doti.*
dotto[1] [dòt-to] *agg.* che ha, dimostra grande cultura; colto, erudito: *essere — in archeologia; studi dotti* ♦ *s.m.* [f. *-a*] persona dotta □ **dottamente** *avv.*
dotto[2] [dót-to] *s.m.* (*anat.*) condotto che permette il passaggio di un liquido organico.
-dotto secondo elemento di parole composte, che significa 'conduttura, condotto' (*acquedotto, metanodotto*).
dottorale [dot-to-rà-le] *agg.* di dottore, da dottore | (*iron.*) proprio di chi si atteggia a persona dotta: *aria, tono —.*
dottorando [dot-to-ràn-do] *s.m.* laureato che frequenta un corso di dottorato di ricerca.
dottorato [dot-to-rà-to] *s.m.* grado, titolo di dottore | *— di ricerca*, titolo accademico che si consegue dopo la laurea.
dottore [dot-tó-re] *s.m.* [f. *-essa*] **1** titolo di chi ha conseguito una laurea: *— in medicina, in giurisprudenza* | nel linguaggio corrente, il medico: *chiamare il —.* DIM. *dottorino* ACCR. *dottorone* PEGG. *dottorucolo* **2** (*estens.*) persona dotta: *parlare come un —* | *— della Chiesa*, titolo dato dalla Chiesa ad alcuni scrittori religiosi onorati per santità e dottrina | *prov.*: *meglio un asino vivo che un — morto*, non vale la pena di rovinarsi la salute con lo studio eccessivo.
dottrina [dot-trì-na] *s.f.* **1** insieme di cognizioni apprese con lo studio e approfondite organicamente; cultura, sapere: *un uomo di grande —* **2** l'insieme dei precetti o delle teorie di un movimento scientifico, filosofico, politico o religioso **3** il complesso dei principi della fede cristiana | catechismo: *imparare la —* **4** studio scientifico del diritto; l'insieme degli scritti che sono il risultato di tale studio.
dottrinale [dot-tri-nà-le] *agg.* **1** che si riferisce a una dottrina: *il fondamento — di un'opera* **2** che ha lo scopo di insegnare, di istruire: *commento —* **3** che ostenta dottrina: *parlare con tono —.*
dottrinario [dot-tri-nà-rio] *agg.* che si attiene rigidamente ai principi teorici di una dottrina, di un'ideologia, senza tener conto della realtà pratica.
double-face [/ dubl'fas /] *agg.* e *s.m.invar.* (*fr.*) si dice di stoffa che non ha un vero rovescio, ma due diritti, ciascuno con un proprio disegno e colore | si dice di abito rifinito all'interno come all'esterno, in modo da poter essere indossato da entrambi i lati.
dove [dó-ve] *avv.* **1** in quale luogo: *— vai?, dimmi — abiti; abita non so —* | *di —*, di quale luogo: *di — sei?* **2** nel luogo in cui: *resta — sei* **3** il luogo in cui: *ecco — ci siamo incontrati* **4** nel quale, nella quale, nei quali, nelle quali: *il punto — ero rimasto; le regioni — vissero* ♦ *s.m.* luogo: *non so né il — né il quando*, né il luogo né il tempo.
dovere[1] [do-vé-re] *v.tr.* [pres. *io dèvo* o *dèbbo, tu dèvi, egli dève, noi dobbiamo, voi dovéte, essi dèvono* o *dèbbono*; fut. *io dovrò ecc.*; pass.rem. *io dovéi* o *dovètti, tu dovésti ecc.*; congiunt.pres. *io dèbba* o *dèva, noi dobbiamo, voi dobbiate, essi dèbbano* o *dèvano*; cond.pres. *io dovrèi ecc.*; manca l'imperativo; le altre forme sono costituite regolarmente dal tema *dov-*. Come verbo indipendente, si coniuga con l'ausiliare *avere*; come verbo servile, con l'ausiliare richiesto dal verbo a cui si accompagna (p.e. *ho dovuto studiare, sono dovuto andare*)] **1** avere l'obbligo: *devi pagare entro domani; fare una cosa come si deve*, per bene | avere la necessità: *dovetti partire* | avere il bisogno: *per sentirmi bene, devo dormire molto* | avere la convenienza: *dovresti accettare il suo aiuto* | avere deciso di fare qlco.: *dovevamo sposarci a settembre* **2** essere necessario: *deve piovere, altrimenti le piante seccheranno* | essere inevitabile, fatale: *la cosa doveva andare così* | essere probabile, possibile: *oggi dovrebbe essere una bella giornata* | sembrare, avere l'apparenza: *dev'essere una persona istruita* **3** essere debitore: *ti devo mille lire; il Monte Bianco deve il suo nome alle nevi da cui è ricoperto* | in forma passiva o pronominale, avere origine: *il guasto è dovuto a un corto circuito* **4** in frasi interrogative, esclamative, enfatiche o ipotetiche, può avere valore pleonastico: *ma perché dovete sempre discutere?*
dovere[2] *s.m.* obbligo a cui si è tenuti per soddisfare a una norma morale o giuridica: *compiere il proprio —* | *a —*, per bene, come si deve.
doveroso [do-ve-ró-so] *agg.* che è di dovere; dovuto; necessario: *un atto —; è — dirglielo* □ **doverosamente** *avv.* per dovere.
dovizia [do-vì-zia] *s.f.* (*lett.*) grande abbondanza, ricchezza.
dovizioso [do-vi-zió-so] *agg.* (*lett.*) **1** ricco, facoltoso **2** abbondante, copioso.
dovunque [do-vùn-que] *avv.* in qualunque luogo, dappertutto: *trovarsi —* ♦ *cong.* in qualunque luogo in cui: *ti raggiungerò — tu sia.*
dovuto [do-vù-to] *agg.* che si deve: *il prezzo —* | (*estens.*) conveniente, necessario: *prendere le dovute precauzioni* ♦ *s.m.* ciò che si deve, ciò che spetta: *pagare più del —.*
down [/ 'daun /] *agg.* e *s.m.invar.* (*med.*) affetto da mongolismo; mongoloide.
dozzina [doʒ-ʒì-na] *s.f.* insieme di dodici elementi dello stesso tipo: *una — di fazzoletti.*
dozzinale [doʒ-ʒi-nà-le] *agg.* che ha poco pregio; ordinario, grossolano.
dracena [dra-cè-na] *s.f.* (*bot.*) genere di piante

tropicali di grandi dimensioni, dalla cui corteccia si estrae una resina rossa usata nella preparazione di vernici.

dracma → **dramma²**.

draconiano [dra-co-nià-no] *agg.* (*lett.*) molto severo: *un provvedimento —*.

draga [drà-ga] *s.f.* macchina scavatrice per asportare sabbia, ghiaia o altro da un fondo subacqueo.

dragaggio [dra-gàg-gio] *s.m.* operazione del dragare; scavo fatto con una draga.

dragamine [dra-ga-mì-ne] *s.m.invar.* piccola nave da guerra attrezzata per disattivare o far brillare le mine subacquee.

dragare [dra-gà-re] *v.tr.* [*io drago, tu draghi ecc.*] scavare il fondo del mare, di un fiume ecc. per mezzo di una draga.

drago [drà-go] *s.m.* [pl. *-ghi*] **1** mostro favoloso immaginato come un enorme rettile alato vomitante fuoco dalle fauci **2** (*fam.*) persona che possiede qualità eccezionali in qlco.: *in matematica è un —*.

dragoncello [dra-gon-cèl-lo] *s.m.* (*bot.*) pianta erbacea aromatica, con fiori raccolti in pannocchie, usata in cucina e in profumeria.

dragone [dra-gó-ne] *s.m.* **1** mostro favoloso; drago **2** soldato di una specialità della cavalleria.

dramma¹ [dràm-ma] *s.m.* [pl. *-mi*] **1** qualsiasi componimento in prosa o in versi destinato alla rappresentazione scenica: *— sacro*, di argomento religioso; *— musicale*, melodramma. ACCR. *drammone* **2** componimento teatrale moderno di tono serio, spesso doloroso: *i drammi di Pirandello* **3** (*estens.*) vicenda, situazione triste e dolorosa (anche in usi iperbolici): *— coniugale*; *circolare nelle ore di punta è un —*.

dramma², o dracma, *s.f.* **1** moneta d'argento della Grecia antica | unità monetaria della Grecia moderna **2** antica misura di peso, corrispondente all'ottava parte di un'oncia.

drammaticità [dram-ma-ti-ci-tà] *s.f.* l'essere drammatico.

drammatico [dram-mà-ti-co] *agg.* [pl.m. *-ci*] **1** proprio del dramma, relativo ai drammi: *arte drammatica* | che scrive, rappresenta drammi: *autore —*; *compagnia drammatica*, compagnia teatrale **2** (*estens.*) che ha l'intensità emotiva di un dramma: *situazione drammatica* □ **drammaticamente** *avv.*

drammatizzare [dram-ma-tiʒ-ʒà-re] *v.tr.* **1** ridurre in forma di dramma, rendere adatto alla rappresentazione teatrale: *— un racconto* **2** (*estens.*) esagerare gli aspetti negativi di qlco. (anche *assol.*): *— una situazione*; *non drammatizziamo!*

drammatizzazione [dram-ma-tiʒ-ʒa-zió-ne] *s.f.* il drammatizzare, l'essere drammatizzato.

drammaturgia [dram-ma-tur-gì-a] *s.f.* arte di comporre drammi | genere, letteratura drammatica.

drammaturgico [dram-ma-tùr-gi-co] *agg.* [pl.m. *-ci*] che concerne la drammaturgia.

drammaturgo [dram-ma-tùr-go] *s.m.* [f. *-a*; pl.m. *-ghi*] scrittore di drammi.

drappeggiare [drap-peg-già-re] *v.tr.* [*io drappéggio ecc.*] **1** disporre un tessuto, una veste in modo che cada con pieghe armoniose ed eleganti **2** ornare con drappeggi: *— un altare*.

drappeggio [drap-pég-gio] *s.m.* gruppo di pieghe o increspature fatte per ornamento in un abito.

drappello [drap-pèl-lo] *s.m.* gruppetto di soldati incaricato di un compito specifico | (*estens.*) piccolo gruppo di persone: *un — di turisti*.

drapperia [drap-pe-rì-a] *s.f.* insieme di drappi, di stoffe | magazzino di drappi e di tessuti in genere.

drappo [dràp-po] *s.m.* tessuto di notevole pregio e finezza usato per abiti di lusso, paramenti, tendaggi.

drastico [drà-sti-co] *agg.* [pl.m. *-ci*] che agisce energicamente, con rapidità ed efficacia: *rimedi drastici* □ **drasticamente** *avv.*

drenaggio [dre-nàg-gio] *s.m.* **1** (*ing.*) metodo di prosciugamento dei terreni mediante scolo delle acque **2** (*med.*) eliminazione di secrezioni da una cavità naturale o di origine patologica **3** *— fiscale*, (*fin.*) aumento del prelievo tributario su un reddito, dovuto ai meccanismi dell'inflazione.

drenare [dre-nà-re] *v.tr.* [*io drèno ecc.*] effettuare un drenaggio.

dressage [/ dresˈsaʒ /] *s.m.invar.* (*fr.*) **1** gara di equitazione che prevede l'esecuzione di particolari figure d'alta scuola **2** addestramento di cavalli e cani.

driade [drì-a-de] *s.f.* **1** nella mitologia classica, ninfa abitatrice dei boschi **2** (*bot.*) pianta erbacea perenne, con piccoli fiori bianchi.

dribblare [drib-blà-re] *v.tr.* [*io dribblo ecc.*] **1** nel gioco del calcio, scartare: *— un avversario* **2** (*fig.*) eludere, evitare: *— una difficoltà*.

dribbling [/ ˈdribbliŋ /] *s.m.invar.* (*ingl.*) il dribblare.

drink [/ driŋk /] *s.m.invar.* (*ingl.*) bevanda alcolica: *offrire, prendere un —* | (*estens.*) festicciola durante la quale si servono alcolici: *invitare gli amici a un —*.

dritta [drìt-ta] *s.f.* **1** (*non com.*) la mano destra, la parte destra: *voltare a —* | *a — e a manca*, a destra e a sinistra; (*fig.*) dappertutto, in tutte le direzioni **2** (*mar.*) il lato destro di un'imbarcazione, guardando verso prua; tribordo **3** (*gerg.*) informazione riservata; spiata.

dritto [drìt-to], o diritto, *agg.* **1** che procede secondo una linea retta: *strada dritta* | verticale, ritto: *un palo piantato —* | che non piega né da una parte né dall'altra: *gambe dritte* | in posizione eretta: *stai —* **2** destro (si contrappone a *manco*): *mano dritta* **3** (*fam.*) furbo, scaltro: *gente dritta* ♦ *avv.* in modo dritto: *devi scrivere più —* | *andare —*, senza fare soste o deviazioni | *tirare — per la propria strada*, (*fig.*) agire senza curarsi del giudizio altrui | *rigare, filare —*, (*fig.*) comportarsi bene ♦ *s.m.* **1** la parte davanti di qlco.: *il — della stoffa* | *il — e il rovescio di una medaglia*, (*fig.*) gli aspetti positivi e negativi di una situazione **2** nel tennis, colpo dato alla palla frontalmente **3** nel lavoro a maglia, uno dei due punti fondamentali **4** (*mar.*) ciascuno degli elementi verticali che chiudono lo scafo alle sue estremità: *— di prora, di poppa* **5** [f. *-a*] (*fam.*) persona furba, che riesce a ottenere quanto vuole: *fare il —*. ACCR. *drittone* PEGG. *drittaccio*.

drive [/ ˈdraiv /] *s.m.invar.* (*ingl.*) (*inform.*) unità di un sistema di elaborazione in cui si alloggia un supporto di memoria di massa.

drive-in [/ draiˈvin /] *s.m.invar.* (*ingl.*) esercizio pubblico all'aperto (cinema, ristorante), organizzato in modo che i clienti possano accedervi con il proprio autoveicolo e usufruire dei servizi offerti senza scendere.

driver [/ ˈdraiver /] *s.m.invar.* (*ingl.*) il guidatore che conduce il cavallo nelle corse al trotto.

drizza [drìz-za] *s.f.* (*mar.*) cavo che serve ad alzare pennoni, antenne e vele.

drizzare [driz-zà-re] *v.tr.* **1** mettere dritto, far tornare dritto | *— le orecchie*, (*fig.*) prestare attenzione **2** indirizzare, rivolgere: *— lo sguardo* **3** mettere in posizione verticale; erigere: *— una scala* ♦ **drizzarsi** *v.rifl.* o *intr.pron.* **1** levarsi, alzarsi; rizzarsi: *— in piedi*.

droga [drò-ga] *s.f.* **1** sostanza vegetale secca usata per aromatizzare le vivande (*p.e.* pepe, cannella) **2** (*farm.*) sostanza di origine naturale con azione terapeutica | sostanza naturale o sintetica con proprietà stupefacenti, allucinogene o eccitanti: *il traffico della —*; *droghe pesanti* (*p.e.* l'eroina, la cocaina); *droghe leggere* (*p.e.* l'hashish, la marijuana) **3** (*estens.*) tossicodipendenza: *la piaga della —* | (*fig.*) cosa a cui non si riesce a rinunciare: *la televisione è la sua —*.

drogaggio [dro-gàg-gio] *s.m.* **1** assunzione o somministrazione di droghe in ambito sportivo **2** (*fis.*) aggiunta di impurezze a un semiconduttore per alterarne le caratteristiche di conducibilità elettrica **3** (*chim.*) aggiunta di impurezze a un catalizzatore per alterarne le proprietà.

drogare [dro-gà-re] *v.tr.* [*io drògo, tu dròghi ecc.*] **1** somministrare droghe: *— un cavallo, un atleta* **2** (*fig.*) eccitare; stordire: *la musica lo droga* ♦ **drogarsi** *v.rifl.* fare uso di droga.

drogato [dro-gà-to] *agg.* e *s.m.* [f. *-a*] che/chi fa abitualmente uso di droga; tossicodipendente.

drogheria [dro-ghe-rì-a] *s.f.* negozio in cui si vendono al minuto spezie, generi alimentari e altri prodotti di uso domestico.

droghiere [dro-ghiè-re] *s.m.* [f. *-a*] esercente di una drogheria.

dromedario [dro-me-dà-rio] *s.m.* animale simile al cammello, ma con una sola gobba.

-dromo secondo elemento di parole composte, che significa 'luogo dove si effettua la corsa' (*autodromo*).

drudo [drù-do] *s.m.* [f. *-a*] (*lett.*) amante, innamorato (oggi *spreg.*).

drugstore [/ ˈdragstɔr /] *s.m.invar.* (*ingl.*) emporio che vende articoli da regalo assai vari.

druida [drù-i-da], o **druido**, *s.m.* [pl. *-di*] sacerdote delle antiche popolazioni celtiche.

drupa [drù-pa] *s.f.* (*bot.*) varietà di frutto con la parte esterna sottile, la media carnosa e l'interna legnosa (*p.e.* l'oliva, la pesca).

druso [drù-ʃo] *s.m.* [f. *-a*] appartenente a una comunità etnico-religiosa stanziata in Siria, Libano e Israele, che professa una religione esoterica islamica.

dry [/ ˈdrai /] *agg.invar.* (*ingl.*) secco, detto di vini o liquori.

duale [du-à-le] *agg.* e *s.m.* (*ling.*) si dice di numero grammaticale, diverso dal singolare e dal plurale, per indicare due persone; ricorre in alcune lingue (*p.e.* sanscrito, greco antico).

dualismo [du-a-lì-ʃmo] *s.m.* **1** il coesistere, in un sistema filosofico o religioso, di due elementi o di due principi fondamentali, anche contrastanti (*p.e.* bene e male, spirito e materia) **2** (*fig.*) antagonismo.

dualistico [du-a-lì-sti-co] *agg.* [pl.m. *-ci*] caratterizzato da dualismo: *teoria dualistica*.

dualità [du-a-li-tà] *s.f.* qualità di ciò che è dualistico.

dubbio [dùb-bio] *agg.* **1** che non è possibile definire o confermare con precisione; incerto, insicuro: *risultato —*; *una notizia dubbia*; *frase dubbia*, di significato non chiaro **2** che dà adito a sospetti, diffidenze, riserve: *una persona di dubbia moralità* ♦ *s.m.* **1** condizione di incertezza della mente o della volontà; perplessità: *lasciare, rimanere nel —*; *essere in — su qlco.*, *se fare qlco.* | *non c'è —*, *è fuor di —*, è certo, è sicuro | *senza —*, *senza alcun —*, *senza ombra di —*, sicuramente | *mettere in —*, manifestare la propria incertezza intorno a qlco. | *essere in —*, detto di cosa, essere in pericolo, lasciare luogo a incertezze: *la riuscita dell'impresa è in —* **2** timore, sospetto: *ho il — che non abbia detto la verità* **3** questione oscura, incerta, controversa: *chiarire un —*.

dubbioso [dub-bió-so] *agg.* **1** che è in dubbio; esitante, incerto: *animo —* **2** che esprime dubbio: *sguardo —* ♦ *s.m.* [f. *-a*] persona piena di dubbi: *un eterno —* □ **dubbiosamente** *avv.*

dubitare [du-bi-tà-re] *v.intr.* [*io dùbito ecc.*; aus. *avere*] **1** essere in dubbio: *dubito se andare o restare* | mettere in dubbio: *— della buona fede di qlcu.* **2** non ritenere possibile o probabile: *dubito che possa arrivare in tempo* **3** temere, aver paura: *non —, ti restituirò tutto* **4** diffidare: *— delle proprie forze*.

dubitativo [du-bi-ta-tì-vo] *agg.* che esprime dubbio: *avverbio —* □ **dubitativamente** *avv.*

duca [dù-ca] *s.m.* [pl. *-chi*] titolo che nella gerarchia nobiliare precede quello di marchese e segue quello di principe | chi detiene tale titolo.

ducale [du-cà-le] *agg.* **1** del duca: *stemma —* **2** del doge: *palazzo —*.

ducato[1] [du-cà-to] *s.m.* **1** titolo di duca **2** territorio soggetto al dominio di un duca.
ducato[2] *s.m.* moneta d'oro o d'argento di vario valore a seconda delle epoche e degli stati che la coniarono.
duce [dù-ce] *s.m.* **1** (*lett.*) guida; capo, condottiero **2** titolo dato a B. Mussolini (1883-1945) come capo del fascismo | (*estens.*) persona che tende a comportarsi molto autoritariamente. DIM. *ducetto.*
duchessa [du-chés-sa] *s.f.* **1** donna investita del titolo ducale **2** moglie, figlia di un duca.
due [dù-e] *agg.num.card.* **1** numero naturale che corrisponde a una unità più uno **2** con valore indeterminato, per indicare una piccola quantità: *devo dirti — parole*, devo parlarti brevemente; *fare — passi*, una breve passeggiata; *è a — passi*, vicinissimo; *fare — chiacchiere*, conversare un po', familiarmente.
duecentesco [du-e-cen-té-sco] *agg.* [pl.m. *-schi*] del Duecento, del sec. XIII: *i poeti duecenteschi.*
duecento [du-e-cèn-to] *agg.num.card.invar.* numero naturale che corrisponde a due volte cento unità ♦ *s.m. il Duecento*, il sec. XIII.
duellante [du-el-làn-te] *s.m.* e *f.* chi combatte in duello.
duellare [du-el-là-re] *v.intr.* [*io duèllo ecc.*; aus. *avere*] fare un duello.
duellatore [du-el-la-tó-re] *s.m.* [f. *-trice*] (*lett.*) chi partecipa a un duello; duellante.
duello [du-èl-lo] *s.m.* **1** combattimento tra due contendenti, ad armi pari, secondo le norme cavalleresche: *sfidare a —*; *battersi in —* | *— all'ultimo sangue*, che prosegue fino alla morte di uno dei duellanti **2** (*fig.*) gara, lotta, contesa accanita: *— verbale.*
duemila [du-e-mì-la] *agg.num.card.invar.* numero naturale che corrisponde a due volte mille unità ♦ *s.m.invar.* il secolo XXI.
duepezzi [du-e-pèz-zi], o **due pezzi**, *s.m.invar.* **1** costume da bagno per donna, formato da reggiseno e mutandine; bikini **2** vestito da donna composto di gonna e giacca.
duetto [du-ét-to] *s.m.* (*mus.*) composizione vocale o strumentale a due parti.
duna [dù-na] *s.f.* rilievo sabbioso instabile formatosi a opera del vento su spiagge o deserti.
dunque [dùn-que] *cong.* **1** quindi, perciò (con valore conclusivo): *hai sbagliato, — paghi* **2** usato come rafforzativo in interrogazioni, esclamazioni, esortazioni: *ma perché — non ti decidi?*, *su —, andiamo* | *dunque?*, si dice per sollecitare qlcu. a fare o a dire qlco. **3** usato per concludere, riprendere o cominciare un discorso: *dicevamo — che...*; *—, dovete sapere che...* ♦ *s.m.invar.* la conclusione, il momento decisivo di una questione: *venire, essere al —.*
duo [dù-o] *s.m.invar.* **1** (*mus.*) duetto **2** coppia di artisti che si esibiscono insieme | (*estens.*) coppia di persone che stanno sempre insieme.
duo- primo elemento di parole composte, che significa 'due' (*duodecimo*, *duopolio*).
duodecimo [du-o-dè-ci-mo] *agg.num.ord.* (*lett.*) dodicesimo.
duodenale [du-o-de-nà-le] *agg.* del duodeno: *ulcera —.*
duodenite [duo-de-nì-te] *s.f.* (*med.*) infiammazione del duodeno.
duodeno [du-o-dè-no] *s.m.* (*anat.*) il primo tratto dell'intestino tenue.
duomo [duò-mo] *s.m.* la chiesa più importante di una città.
duopolio [du-o-pò-lio] *s.m.* (*econ.*) situazione di mercato caratterizzata dalla presenza di due soli venditori di un determinato bene o servizio.
duplicare [du-pli-cà-re] *v.tr.* [*io dùplico, tu dùplichi ecc.*] **1** (*non com.*) raddoppiare: *— il guadagno* **2** riprodurre in una o più copie; fare un duplicato: *— un documento.*
duplicato [du-pli-cà-to] *agg.* (*non com.*) raddoppiato ♦ *s.m.* **1** copia di un documento che sostituisce l'originale distrutto o smarrito, con identico valore giuridico: *richiedere un —* | (*estens.*) copia, doppione in genere.
duplicatore [du-pli-ca-tó-re] *s.m.* **1** apparecchio per la riproduzione di copie da un testo originale **2** *— di frequenza*, (*elettr.*) moltiplicatore di frequenza che fornisce in uscita una oscillazione di frequenza doppia di quella di ingresso.
duplicazione [du-pli-ca-zió-ne] *s.f.* il duplicare, l'essere duplicato: *— di un documento.*
duplice [dù-pli-ce] *agg.* che si compone di due parti, anche non uguali; doppio: *un documento in — copia.*
duplicità [du-pli-ci-tà] *s.f.* l'essere duplice.
duracino [du-rà-ci-no] *agg.* si dice di una varietà di pesche e di ciliegie, che ha polpa soda e molto aderente al nocciolo.
duralluminio® [du-ral-lu-mì-nio] *s.m.* lega metallica leggera e molto resistente costituita da alluminio, rame, magnesio, manganese e silicio.
duramadre [du-ra-mà-dre], o **dura madre**, *s.f.* (*anat.*) la più esterna delle tre meningi, costituita da una membrana fibrosa molto resistente.
durame [du-rà-me] *s.m.* la parte interna del legno degli alberi, più compatta e più scura della parte esterna (chiamata *alburno*).
durante [du-ràn-te] *agg.* solo nella loc. *vita natural —*, per tutta la vita ♦ *prep.* mentre dura o durava; nel corso di: *— la discesa, le vacanze.*
durare [du-rà-re] *v.intr.* [aus. *essere* o *avere*] **1** continuare per un certo tempo; protrarsi nel tempo: *una storia che dura da anni* | *prov.*: *ogni bel gioco dura poco* **2** mantenersi, resistere: *una stoffa che dura molto.*
durata [du-rà-ta] *s.f.* il durare; il tempo che dura o è durato: *la — di uno spettacolo* | *di lunga —*, che dura a lungo.
durativo [du-ra-tì-vo] *agg.* (*gramm.*) che si riferisce a un'azione considerata nel suo svolgersi continuato, senza indicazione di inizio o di fine.
duraturo [du-ra-tù-ro] *agg.* che dura; destinato a durare: *fama duratura.*

durevole [du-ré-vo-le] *agg.* che può durare a lungo; duraturo: *pace —.*
durevolezza [du-re-vo-léz-za] *s.f.* l'essere durevole, con riferimento a materiali che non si deteriorano facilmente.
durezza [du-réz-za] *s.f.* **1** qualità di ciò che è duro | (*tecn.*) resistenza di un materiale solido alla scalfittura, all'abrasione e alla penetrazione **2** (*chim.*) la quantità di sali di calcio e magnesio presenti nell'acqua **3** (*fig.*) asprezza, rigidezza: *trattare qlcu. con —; — di cuore.*
duro [dù-ro] *agg.* **1** solido, compatto e resistente: *un frutto ancora —; letto duro; — come un macigno*, durissimo; *pane —*, raffermo | (*tecn.*) che ha la qualità della durezza: *il diamante è il più — dei minerali* **2** (*fig.*) resistente, restio: *una tradizione dura a morire* | *avere la pelle dura*, (*fig.*) essere molto resistente fisicamente o moralmente | *— d'orecchi*, un po' sordo | *— di cuore*, insensibile, spietato | *— di testa, di cervello*, tardo a capire **3** (*fig.*) spiacevole, gravoso, difficile: *una dura verità; vita dura* | rigido, severo: *disciplina dura; essere — coi figli* | detto di tempo, inclemente, rigido: *un inverno molto —* | *è dura!*, si dice di situazione difficile a sopportarsi **4** (*fig.*) privo di grazia, di delicatezza: *lineamenti duri* **5** (*chim.*) si dice di acqua ricca di sali di calcio e di magnesio ♦ *avv.* fortemente: *tenere —*, resistere; *lavorare —*, accanitamente ♦ *s.m.* **1** [f. *-a*] persona dal carattere forte e severo; anche, persona insensibile e spietata: *è un —; fare il —* **2** cosa dura, parte dura: *dormire sul —* | (*fig.*) difficoltà, cosa spiacevole: *il — deve ancora venire* □ **duramente** *avv.* con durezza; aspramente, fortemente: *rimproverare — qlcu.*
durone [du-ró-ne] *s.m.* callosità ai piedi o alle mani.
duttile [dùt-ti-le] *agg.* **1** si dice di un materiale che si possa ridurre in fili sottili **2** (*fig.*) che si adatta alle circostanze: *carattere —* | versatile: *mente —.*
duttilità [dut-ti-li-tà] *s.f.* l'essere duttile (anche *fig.*): *la — di un metallo; — di carattere.*
duty-free [/ djuti'fri /] *loc.agg.invar.* (*ingl.*) esente da tasse doganali: *i negozi — degli aeroporti.*
duty-free shop [/ djuti'friʃɔp /] *loc.sost.m.invar.* (*ingl.*) negozio duty-free.
duumvirato [du-um-vi-rà-to] *s.m.* nella Roma repubblicana, una delle molte magistrature formate da due persone.
duumviro [du-ùm-vi-ro] *s.m.* ciascuno dei due magistrati che nella Roma repubblicana costituivano un duumvirato.

E

e[1] [é] *s.f.* o *m.invar.* quinta lettera dell'alfabeto; rappresenta una vocale palatale di pronuncia semiaperta (*èrba*) o semichiusa (*mése*) | *E*, (*mus.*) nome della nota *mi* nei paesi anglosassoni.
e[2] *cong.* [davanti a parola che incomincia con *e-*, nell'uso scritto **ed**] coordina elementi della stessa natura grammaticale: *io e voi*; *salutò e uscì* | Preceduto da *tutti*, *tutte* e seguito da un numerale ha valore pleonastico: *tutt'e due*; *tutt'e tre* | Con valore rafforzativo: *bell'e fatto*; *bell'e andato* | Con valore enfatico o esortativo: *e vieni!*; *e sta' zitto!* | Con valore avversativo: *doveva venire e non è venuto.*
e- → **es-**.
ebanista [e-ba-nì-sta] *s.m.* e *f.* [pl.m. *-sti*] artigiano che fa lavori in ebano o in altri legni pregiati.
ebanisteria [e-ba-ni-ste-rì-a] *s.f.* **1** tecnica di lavorazione dell'ebano e di altri legni pregiati **2** laboratorio, bottega di ebanista.
ebanite [e-ba-nì-te] *s.f.* sostanza dura ma fragile, nera, costituita essenzialmente da gomma vulcanizzata; prima della diffusione della plastica era impiegata per oggetti d'uso comune.
ebano [è-ba-no] *s.m.* albero tropicale che dà un legno di color nero, molto pregiato in falegnameria; il legno stesso: *nero come l'—.*
ebbene [eb-bè-ne] *cong.* **1** dunque, orbene (con valore conclusivo): *—, siete liberi* **2** in proposizioni interrogative sollecita una risposta, una decisione: *—, verrai?*
ebbrezza [eb-bréz-za] *s.f.* stato euforico o confusionale prodotto da abuso di alcolici o di sostanze eccitanti; ubriachezza | (*fig.*) esaltazione: *l'— della velocità.*
ebbro [èb-bro] *agg.* (*lett.*) che è in stato di ebbrezza (spec. *fig.*): *— di felicità.*
ebenacee [e-be-nà-ce-e] *s.f.pl.* (*bot.*) famiglia di piante dicotiledoni a cui appartengono il cachi e l'ebano.
ebete [è-be-te] *agg.* e *s.m.* e *f.* si dice di persona ottusa di mente; idiota: *sorriso —, da —.*
ebetismo [e-be-tì-ʃmo] *s.m.* (*lett.*) stato di chi è ebete; demenza, idiozia.
ebollizione [e-bol-li-zió-ne] *s.f.* **1** passaggio di un liquido allo stato aeriforme per effetto del calore: *punto di —*, la temperatura a cui il passaggio avviene **2** (*fig.*) eccitazione, esaltazione, fermento: *una mente in —.*
ebraico [e-bràì-co] *agg.* [pl.m. *-ci*] degli ebrei: *religione ebraica* ♦ *s.m.* la lingua degli ebrei.
ebraismo [e-bra-ì-ʃmo] *s.m.* **1** la religione, le tradizioni ebraiche **2** (*ling.*) voce o espressione della lingua ebraica.
ebraista [e-bra-ì-sta] *s.m.* e *f.* [pl.m. *-sti*] chi studia la lingua e la cultura ebraica.
ebreo [e-brè-o] *agg.* e *s.m.* [f. *-a*] **1** appartenente al popolo ebraico **2** (*spreg.*) secondo un'antica tradizione antisemita, si dice di persona avara, dedita all'usura.
ebrietà [e-brie-tà] *s.f.* (*lett.*) ebbrezza.
eburneo [e-bùr-ne-o] *agg.* (*lett.*) di avorio; del colore bianchissimo dell'avorio.
ecatombe [e-ca-tóm-be] *s.f.* **1** nell'antica Grecia, il sacrificio di cento buoi agli dei | (*estens.*) sacrificio di moltissime vittime **2** (*fig.*) strage, massacro.
eccedente [ec-ce-dèn-te] *agg.* **1** che supera, che va oltre **2** che è in più, che avanza: *somme eccedenti* ♦ *s.m.* ciò che è in più: *calcolare l'—.*
eccedenza [ec-ce-dèn-za] *s.f.* **1** l'eccedere: *— di peso* **2** la quantità eccedente; avanzo: *un'— di centomila lire.*
eccedere [ec-cè-de-re] *v.tr.* [pres. *io eccèdo ecc.*; pass.rem. *io eccedéi* o *eccedètti*, *tu eccedésti ecc.*; part.pass. *ecceduto*] **1** oltrepassare un determinato limite; andare oltre: *un successo che eccede ogni previsione* **2** (*assol.*) superare i limiti della normalità o della convenienza; esagerare: *— nel bere.*
ecce homo [/ ˈɛttʃeˈɔmo /], o italianizzato **ecceomo**, *loc.sost.m.invar.* (*lat.*) **1** l'effigie di Cristo flagellato e coronato di spine **2** (*estens.*) persona malconcia, ridotta in condizioni pietose.
eccellente [ec-cel-lèn-te] *agg.* che si distingue per qualità, meriti, dignità; ottimo: *un — professore*; *una pietanza —* | *eccellentissimo*, appellativo un tempo attribuito a persona di alto rango □ **eccellentemente** *avv.*
eccellenza [ec-cel-lèn-za] *s.f.* **1** qualità di una persona o una cosa che eccelle; altissimo grado di perfezione: *l'— di un prodotto* | *per —*, per antonomasia **2** titolo che si dava a uomini politici e ad altissimi funzionari; nella chiesa cattolica, titolo dei vescovi: *Sua, Vostra Eccellenza.*
eccellere [ec-cèl-le-re] *v.intr.* [pres. *io eccèllo ecc.*; pass.rem. *io eccèlsi*, *tu eccellésti ecc.*; non sono usate le forme composte] essere superiore, sovrastare, primeggiare: *— su tutti*, *tra i compagni*, *negli studi.*
eccelso [ec-cèl-so] *agg.* **1** (*lett.*) altissimo: *un*

picco — 2 (*fig.*) superiore per qualità e meriti; insigne, sommo ♦ *s.m. l'Eccelso*, (*lett.*) Dio.
eccentricità [ec-cen-tri-ci-tà] *s.f.* 1 l'essere lontano dal centro: *l'— di un quartiere* 2 (*fig.*) stravaganza, bizzarria: *— nel vestire.*
eccentrico [ec-cèn-tri-co] *agg.* [pl.m. *-ci*] 1 (*geom.*) che non ha il medesimo centro, detto di due cerchi dei quali il maggiore contiene il minore 2 che è lontano dal centro: *quartiere* — 3 (*fig.*) originale, bizzarro, stravagante: *un abbigliamento* — ♦ *s.m.*[f. *-a*] persona stravagante □ **eccentricamente** *avv.*
ecceomo → **ecce homo**.
eccepibile [ec-ce-pì-bi-le] *agg.* che si può discutere; a cui si possono muovere obiezioni.
eccepire [ec-ce-pì-re] *v.tr.* [*io eccepisco, tu ecce-pisci ecc.*] obiettare, opporre: *non ho nulla da* —.
eccessività [ec-ces-si-vi-tà] *s.f.* l'essere eccessivo, carattere eccessivo.
eccessivo [ec-ces-sì-vo] *agg.* che eccede i limiti, che va oltre la giusta misura: *severità eccessiva* □ **eccessivamente** *avv.*
eccesso [ec-cès-so] *s.m.* 1 l'eccedere, l'andare oltre la misura giusta; esagerazione: *— di premure* | la parte eccedente: *eliminare gli eccessi* | *in* —, di troppo: *ce n'è in* — | *per* —, per sovrabbondanza (opposto a *per difetto*): *approssimazione per* — 2 il massimo grado, l'estremo: *spingere all'— la propria arroganza.*
eccetera [ec-cè-te-ra] *avv.* espressione che sostituisce ciò che si ritiene superfluo dire (si abbrevia *ecc.* o, alla latina, *etc.*; anche: *ecc. ecc.*).
eccetto [ec-cèt-to] *prep.* salvo, tranne, fuorché (si unisce ai nomi o ai pronomi direttamente o mediante *che*): *tutti, — Antonio* | Nella loc. cong. *eccetto che*, a meno che, salvo il caso che: *verrò, — che debba partire.*
eccettuare [ec-cet-tu-à-re] *v.tr.* [*io eccèttuo ecc.*] non comprendere; escludere: *è un'ottima persona, se si eccettua qualche difetto.*
eccettuativo [ec-cet-tu-a-tì-vo] *agg.* che serve a eccettuare | in grammatica: *complemento* —, quello che indica la persona o la cosa che si esclude (p.e. *all'infuori di te*); *proposizione eccettuativa*, subordinata che esprime un'eccezione o un'esclusione rispetto a ciò che è detto nella reggente (p.e. *tutto farei tranne che partire*); *congiunzione eccettuativa*, introduce una proposizione eccettuativa (p.e. *fuorché, tranne che, eccetto che*).
eccettuazione [ec-cet-tua-zió-ne] *s.f.* (*non com.*) l'eccettuare; esclusione: *senza* —, senza eccezione.
eccezionale [ec-ce-zio-nà-le] *agg.* 1 che fa eccezione; fuori dal comune: *un fatto* — | *leggi eccezionali*, adottate per fronteggiare una situazione straordinaria 2 (*estens.*) straordinario, grandissimo: *un'intelligenza* — □ **eccezionalmente** *avv.*
eccezionalità [ec-ce-zio-na-li-tà] *s.f.* l'essere eccezionale, carattere eccezionale.
eccezione [ec-ce-zió-ne] *s.f.* 1 cosa, fatto o situazione che non rientra nella norma: *fare un'—* | *senza eccezioni*, nessuno o niente escluso | *a — di*, tranne, fuorché 2 in grammatica, fatto fonetico, morfologico o sintattico che non corrisponde alla norma 3 obiezione, critica: *avanzare molte eccezioni.*
ecchimosi [ec-chì-mo-ʃi] *s.f.* (*med.*) piccola emorragia nel tessuto sottocutaneo dovuta a rottura dei capillari.
eccì [ec-cì], o etcì, *inter.* parola che imita il rumore dello starnuto.
eccidio [ec-cì-dio] *s.m.* (*lett.*) strage, sterminio.
eccipiente [ec-ci-pièn-te] *agg.* e *s.m.* (*farm.*) sostanza inerte, presente in ogni prodotto farmaceutico.
eccitabile [ec-ci-tà-bi-le] *agg.* che si eccita o può essere eccitato facilmente: *un temperamento* —.
eccitabilità [ec-ci-ta-bi-li-tà] *s.f.* l'essere eccitabile, carattere eccitabile.
eccitamento [ec-ci-ta-mén-to] *s.m.* 1 l'eccitare: *— al vizio* | stato di eccitazione 2 (*fisiol.*) modificazione dell'equilibrio di una cellula prodotta da uno stimolo.
eccitante [ec-ci-tàn-te] *agg.* che eccita: *atmosfera* — ♦ *s.m.* sostanza che stimola il sistema nervoso provocando eccitamento.
eccitare [ec-ci-tà-re] *v.tr.* [*io èccito ecc.*] 1 suscitare, provocare, stimolare (qlco.): *— la curiosità* 2 porre in uno stato di agitazione, di tensione: *— la folla* | provocare stimoli sessuali ♦ **eccitarsi** *v.intr.pron.* agitarsi, accalorarsi, esaltarsi: *— per ogni novità* | sentirsi stimolato sessualmente.
eccitato [ec-ci-tà-to] *agg.* che è in uno stato di eccitazione: *animo* —.
eccitazione [ec-ci-ta-zió-ne] *s.f.* 1 lo stato di chi o di ciò che è eccitato: *— dei sensi* 2 (*fis.*) acquisto di energia da parte di una particella o di un sistema di particelle.
ecclesiale [ec-cle-ʃià-le] *agg.* che riguarda la chiesa, specialmente come insieme di fedeli: *comunità* —.
ecclesiastico [ec-cle-ʃià-sti-co] *agg.* [pl.m. *-ci*] che riguarda la chiesa o il clero: *abito* —, dei sacerdoti ♦ *s.m.* membro del clero; sacerdote, prete.
ecclesiologia [ec-cle-ʃio-lo-gì-a] *s.f.* parte della teologia che studia le verità di fede riguardanti la chiesa.
ecco [èc-co] *avv.* 1 si usa per richiamare l'attenzione sul comparire improvviso di una persona o di una cosa, su un fatto che si verifichi improvvisamente, su un discorso che s'inizi: *— la mamma*; *— il treno*; *— come stanno realmente le cose*; *quand'—*, quando all'improvviso | nelle risposte ha generico valore affermativo: *"Maria!" "Eccomi!"* | con valore conclusivo: *— perché non ha più scritto* 2 seguito da participio passato indica che l'azione espressa dal verbo è stata compiuta: *eccoci arrivati*; *— fatto* ♦ *inter.* (*fam.*) è usato per dare maggior forza alla frase: *—, ci mancava anche questa!*
eccome [ec-có-me] *avv.* e *inter.* serve ad affermare o confermare energicamente: "*Ti sei stancato?*" "*Eccome!*"; *è vero, — se è vero!*
ecdemico [ec-dè-mi-co] *agg.* [pl.m. *-ci*] (*med.*) si

dice di malattia che, non dipendendo da fattori ambientali, non è presente permanentemente in una regione (si contrappone a *endemico*).

echeggiamento [e-cheg-gia-mén-to] *s.m.* un echeggiare prolungato e ripetuto.

echeggiare [e-cheg-già-re] *v.intr.* [*io echéggio ecc.*; aus. *avere* e *essere*] risuonare facendo eco: *il rumore dei passi echeggiava nel corridoio* ♦ *v.tr.* ripetere un suono o un rumore per effetto dell'eco | (*fig.*) ricalcare, imitare.

echino [e-chì-no] *s.m.* **1** (*zool.*) riccio di mare **2** (*arch.*) nei capitelli dorico e ionico, elemento a profilo convesso posto sotto l'abaco.

echino- primo elemento di termini scientifici che significa 'riccio' o 'dall'aspetto di riccio, spinoso' (*echinodermi*).

echinococco [e-chi-no-còc-co] *s.m.* [pl. *-chi*] verme piatto parassita intestinale del cane, dal quale può trasmettersi all'uomo.

echinodermi [e-chi-no-dèr-mi] *s.m.pl.* (*zool.*) tipo di animali invertebrati marini a cui appartengono il riccio di mare, la stella di mare e l'oloturia.

eclatante [e-cla-tàn-te] *agg.* evidente, manifesto: *contraddizione* — | clamoroso, sbalorditivo: *vittoria* —.

eclетticità [e-clet-ti-ci-tà] *s.f.* l'essere eclettico; eclettismo.

eclettico [e-clèt-ti-co] *agg.* e *s.m.* [pl.m. *-ci*] **1** che/chi spazia in vari campi, si dedica ad attività diverse **2** che/chi rimaneggia e combina dottrine, teorie, concezioni diverse □ **eclетticamente** *avv.*

eclettismo [e-clet-tì-ʃmo] *s.m.* **1** elaborazione e fusione di dottrine e concezioni diverse **2** il non seguire un unico metodo o indirizzo, ma fonderne diversi.

eclissare [e-clis-sà-re] *v.tr.* **1** oscurare un corpo celeste mediante eclissi: *la Luna eclissa il Sole* **2** (*estens.*) offuscare con la propria luminosità altre luci | (*fig.*) superare, vincere: *la fama di Giotto eclissò quella di Cimabue* ♦ **eclissarsi** *v. intr.pron.* **1** oscurarsi per eclissi: *il Sole si è eclissato* **2** (*estens.*) sparire, andarsene all'improvviso e di nascosto: — *tra la folla*.

eclissi [e-clìs-si] *s.f.* oscuramento di un corpo celeste per interposizione di un altro corpo celeste: — *parziale, totale*.

eclittica [e-clìt-ti-ca] *s.f.* (*astr.*) l'orbita descritta dalla Terra intorno al Sole | l'orbita apparente descritta dal Sole intorno alla Terra.

eco [è-co] *s.f.* o *m.* [pl. *gli echi*] **1** ripetizione di un suono dovuta al riflettersi delle onde sonore contro un ostacolo | *fare — a qlcu.*, ripeterne le parole **2** (*fig.*) l'insieme dei commenti suscitati da un fatto o da una notizia; risonanza: *l'accaduto destò una vasta* —.

eco- primo elemento di parole composte che significa 'casa, ambiente in cui si vive' (*economia, ecologia*).

ecocardiografia [e-co-car-dio-gra-fì-a] *s.f.* esame medico basato sull'impiego di ultrasuoni per accertare la presenza di lesioni cardiache o vascolari.

ecocatastrofe [e-co-ca-tà-stro-fe] *s.f.* disastro ecologico di enormi proporzioni.

ecocidio [e-co-cì-dio] *s.m.* distruzione dell'ambiente naturale.

ecogoniometro [e-co-go-niò-me-tro] *s.m.* (*mar.*) apparecchio che, mediante l'emissione di onde acustiche o ultrasoniche e la ricezione delle onde riflesse, localizza i corpi immersi e misura le distanze subacquee.

ecografia [e-co-gra-fì-a] *s.f.* esame medico basato sulla rilevazione degli echi prodotti da onde ultrasonore nell'attraversare i tessuti della zona da esplorare.

ecografo [e-cò-gra-fo] *s.m.* **1** (*mar.*) ecometro fornito di dispositivo registratore **2** (*med.*) apparecchio ultrasonico usato per l'ecografia.

ecoide [e-còi-de] *s.m.* unità ecologica costituita da un organismo e dal suo habitat.

ecologia [e-co-lo-gì-a] *s.f.* scienza che studia le relazioni tra gli esseri viventi e l'ambiente in cui vivono | (*estens.*) tutela dell'ambiente naturale.

ecologico [e-co-lò-gi-co] *agg.* [pl.m. *-ci*] dell'ecologia, relativo all'ecologia: *disastro* —, grave alterazione dell'equilibrio ambientale.

ecologista [e-co-lo-gì-sta] *s.m.* e *f.* [pl.m. *-sti*] chi sostiene la necessità di difendere l'ambiente naturale e lotta contro ogni modifica che ne turbi l'equilibrio; ambientalista | Come *agg.* equivale a *ecologistico*: *manifestazione* —.

ecologistico [e-co-lo-gì-sti-co] *agg.* [pl.m. *-ci*] di ecologisti, da ecologista.

ecologo [e-cò-lo-go] *s.m.* [f. *-a*; pl.m. *-gi*] studioso, specialista di ecologia.

ecometro [e-cò-me-tro] *s.m.* (*mar.*) apparecchio subacqueo a onde acustiche per rilevare l'andamento del fondo marino, localizzare banchi di pesci, corpi sommersi, mezzi subacquei.

economato [e-co-no-mà-to] *s.m.* **1** carica, mansione di economo **2** ufficio di un ente che si occupa dell'approvvigionamento dei materiali.

economia [e-co-no-mì-a] *s.f.* **1** insieme delle attività umane che riguardano la produzione e il consumo dei beni: — *di mercato*, quella dei sistemi capitalistici **2** la disciplina che studia l'attività e i sistemi economici: *manuale di* — | — *politica*, disciplina che studia il rapporto tra le attività economiche e le relazioni che si stabiliscono tra gli individui che vi partecipano **3** uso parsimonioso dei beni di cui si dispone: *fare* —; *spendere con* —.

economicità [e-co-no-mi-ci-tà] *s.f.* rispondenza a un vantaggio, a un risparmio, a un impiego oculato dei mezzi: — *di una spesa*.

economico [e-co-nò-mi-co] *agg.* [pl.m. *-ci*] **1** che si riferisce all'economia: *teorie economiche* **2** che è fatto contenendo al minimo le spese: *edizione economica* □ **economicamente** *avv.*

economista [e-co-no-mì-sta] *s.m.* e *f.* [pl.m. *-sti*] studioso di economia.

economizzare [e-co-no-miʒ-ʒà-re] *v.tr.* rispar-

miare: — *tempo* ♦ *v.intr.* [aus. *avere*] fare economia, contenere al minimo i costi: — *su tutto*.
economizzatore [e-co-no-miʒ-ʒa-tó-re] *s.m.* (*tecn.*) dispositivo o apparecchio che limita il consumo di energia.
economo [e-cò-no-mo] *s.m.* [f. *-a*] **1** amministratore di un ente, una comunità **2** chi amministra evitando gli sprechi ♦ *agg.* che sa risparmiare, parsimonioso: *una persona economa*.
ecoscandaglio [e-co-scan-dà-glio] *s.m.* (*mar.*) tipo di ecometro a ultrasuoni.
ecosfera [e-co-sfè-ra] *s.f.* la zona dell'atmosfera in cui è possibile la vita.
ecosistema [e-co-si-stè-ma] *s.m.* [pl. *-mi*] unità ecologica costituita da un determinato ambiente e dagli organismi animali e vegetali che in esso vivono; biosistema.
ecotipo [e-co-tì-po] *s.m.* (*biol.*) aspetto particolare e variabile che una specie vegetale o animale può assumere a seconda dell'ambiente di sviluppo.
ecstasy [/ ˈekstasi /] *s.m. invar.* (*ingl.*) droga sintetica che unisce l'effetto allucinogeno a quello stimolante.
ecto- primo elemento di parole composte della terminologia scientifica, che significa 'fuori, esterno' (*ectoplasma*).
-ectomia secondo elemento di parole composte della terminologia medica che significa 'asportazione chirurgica' (*tonsillectomia*).
ectoparassita [ec-to-pa-ras-sì-ta] *s.m.* [pl. *-ti*] parassita che vive sulla superficie esterna del corpo dell'ospite (*p.e.* pulci, pidocchi).
ectoplasma [ec-to-plà-ʃma] *s.m.* [pl. *-smi*] sostanza fluida che fuoriesce dalla bocca di alcuni medium, nella quale i cultori di spiritismo ravvisano la materializzazione degli spiriti.
ecu [è-cu] *s.m.invar.* unità monetaria convenzionale istituita in seno al sistema monetario europeo.
ecuadoriano [e-cua-do-rià-no] *agg.* dell'Ecuador ♦ *s.m.* [f. *-a*] abitante, nativo dell'Ecuador.
ecumene [e-cu-mè-ne] *s.f.* (*geog.*) la parte della Terra emersa abitata dall'uomo.
ecumenicità [e-cu-me-ni-ci-tà] *s.f.* (*relig.*) **1** l'essere ecumenico; universalità **2** ecumenismo.
ecumenico [e-cu-mè-ni-co] *agg.* [pl.m. *-ci*] (*relig.*) universale: *concilio* —, quello, presieduto dal papa, a cui partecipano tutti i vescovi della chiesa cattolica.
ecumenismo [e-cu-me-nì-ʃmo] *s.m.* (*relig.*) movimento che tende a riavvicinare e a riunire i fedeli delle diverse confessioni cristiane.
eczema [ec-ʒè-ma] *s.m.* [pl. *-mi*] (*med.*) malattia della pelle che si manifesta con prurito, arrossamento, vesciche e desquamazione.
ed → **e**[2].
edelweiss [/ edelˈvais /] *s.m.invar.* (*ted. bot.*) stella alpina.
edema [e-dè-ma, *o* èdema] *s.m.* [pl. *-mi*] (*med.*) infiltrazione di liquido organico nei tessuti: — *polmonare*.
eden [è-den] *s.m.* (*lett.*) paradiso terrestre.
edenico [e-dè-ni-co] *agg.* [pl.m. *-ci*] (*lett.*) paradisiaco.
edera [é-de-ra] *s.f.* pianta sempreverde con foglie palmate che si attacca ai muri o ai tronchi degli alberi.
edicola [e-dì-co-la] *s.f.* **1** nicchia o tempietto che accoglie una statua o un'immagine religiosa **2** chiosco per la vendita di giornali e libri.
edicolante [e-di-co-làn-te] *s.m.* e *f.* chi gestisce un'edicola per la vendita di giornali e libri.
edificabile [e-di-fi-cà-bi-le] *agg.* si dice di area o terreno su cui si può edificare.
edificabilità [e-di-fi-ca-bi-li-tà] *s.f.* l'essere edificabile.
edificante [e-di-fi-càn-te] *agg.* che dà buon esempio, che induce alla virtù: *condotta* —.
edificare [e-di-fi-cà-re] *v.tr.* [*io edìfico, tu edìfichi ecc.*] **1** costruire in muratura: — *un palazzo* **2** (*fig.*) stimolare al bene col buon esempio: — *l'animo*.
edificazione [e-di-fi-ca-zió-ne] *s.f.* l'edificare, l'essere edificato.
edificio [e-di-fì-cio] *s.m.* costruzione architettonica di una certa grandezza: — *scolastico*, *ospedaliero*.
edile [e-dì-le] *agg.* che concerne l'edilizia: *impresa* — ♦ *s.m.* **1** in Roma antica, magistrato incaricato della cura degli edifici pubblici **2** (spec. *pl.*) chi lavora nell'edilizia: *il contratto degli edili*.
edilizia [e-di-lì-zia] *s.f.* la tecnica e l'industria della costruzione di edifici.
edilizio [e-di-lì-zio] *agg.* che concerne l'edilizia: *lavori edilizi* | *speculazione edilizia*, costruzione intensiva di edifici in violazione dei vincoli di legge.
edipico [e-dì-pi-co] *agg.* [pl.m. *-ci*] nella loc. *complesso* —, (*psicoan.*) attaccamento erotico del bambino al genitore del sesso opposto.
editing [/ ˈɛditiŋ /] *s.m.invar.* (*ingl.*) nell'editoria, elaborazione redazionale di un testo | (*inform.*) elaborazione dei dati ai fini della stampa.
edito [è-di-to] *agg.* pubblicato: *un libro — a Torino*.
editore [e-di-tó-re] *s.m.* [f. *-trice*] **1** imprenditore o società che pubblica libri, periodici, quotidiani, testi musicali, o anche dischi, cassette, videocassette registrate: *un — di libri d'arte*; *Ricordi fu — delle musiche di Verdi* | Usato anche come *agg.*: *casa, società editrice* **2** studioso che cura la pubblicazione di un testo altrui.
editoria [e-di-to-rì-a] *s.f.* l'industria che ha per oggetto la pubblicazione e distribuzione di libri e periodici | — *elettronica*, insieme di attività editoriali che realizzano, mediante elaborazione elettronica, prodotti su supporti diversi dalla carta (*p.e.* videocassette, compact disk, dispositivi telematici ecc.).
editoriale [e-di-to-rià-le] *agg.* di editore; dell'editoria: *attività* — ♦ *s.m.* (*giorn.*) articolo di fondo, per lo più di carattere politico, pubblicato su un quotidiano o su un periodico.

editorialista [e-di-to-ria-lì-sta] *s.m.* e *f.* [pl.m. *-sti*] chi scrive editoriali.
editto [e-dìt-to] *s.m.* (*st.*) ordinanza emanata da una pubblica autorità: *l'— di Costantino.*
edizione [e-di-zió-ne] *s.f.* **1** riproduzione di un'opera a stampa in un numero elevato di esemplari: *— rilegata, in brossura* | *— critica,* (*filol.*) pubblicazione di un testo curata secondo i metodi della critica testuale **2** l'insieme degli esemplari stampati da una stessa composizione tipografica: *un'— di diecimila copie* | (*estens.*) ciascuno degli esemplari di essa: *acquistare un'— antica* **3** ciascuna tiratura di un quotidiano o ogni trasmissione di un notiziario radiofonico e televisivo nel corso della giornata: *— del mattino, della sera* **4** (*estens.*) ogni ripetizione di una manifestazione o di uno spettacolo con cadenza periodica: *l'ultima — del Festival di Sanremo* **5** versione di un film doppiato in lingua diversa dall'originale: *l'— italiana di un film americano.*
edonismo [e-do-nì-ʃmo] *s.m.* atteggiamento che considera il conseguimento del piacere come fine principale dell'uomo.
edonista [e-do-nì-sta] *s.m.* e *f.* [pl.m. *-sti*] chi fa della ricerca del piacere lo scopo principale della vita.
edonistico [e-do-nì-sti-co] *agg.* [pl.m. *-ci*] dell'edonismo, da edonista: *concezioni edonistiche.*
edotto [e-dòt-to] *agg.* (*lett.*) informato, istruito, al corrente: *rendere — qlcu. su qlco.*
-edro secondo elemento di termini della geometria che significa 'faccia' (*dodecaedro*).
educanda [e-du-càn-da] *s.f.* ragazza che viene educata in un istituto religioso.
educandato [e-du-can-dà-to] *s.m.* collegio per l'educazione delle ragazze retto da monache.
educare [e-du-cà-re] *v.tr.* [*io èduco, tu èduchi ecc.*] **1** formare con l'insegnamento e con l'esempio il carattere e la personalità di qlcu.: *— i figli al bene* **2** (*estens.*) sviluppare, affinare (determinate facoltà); assuefare a qlco.: *— il gusto, l'orecchio alla musica* **3** detto di animale, addestrarlo, ammaestrarlo: *— un cane.*
educativo [e-du-ca-tì-vo] *agg.* **1** che concerne l'educazione: *metodi educativi* **2** che mira, serve a educare: *un film —.*
educato [e-du-cà-to] *agg.* che ha ricevuto una buona educazione; cortese, garbato: *ragazzo, gesto —* □ **educatamente** *avv.*
educatore [e-du-ca-tó-re] *s.m.* [f. *-trice*] chi educa, per dovere morale (*p.e.* un genitore) o per professione (*p.e.* un insegnante).
educazione [e-du-ca-zió-ne] *s.f.* **1** l'insieme degli interventi che hanno come fine la formazione della personalità intellettuale e morale di un individuo: *l'— di un bambino*; *ricevere, impartire una buona —* | il complesso delle norme, delle attività tendenti a sviluppare nell'uomo determinate facoltà e attitudini: *— civica, artistica* **2** comportamento corretto e garbato, belle maniere: *non conoscere l'—.*
edulcorante [e-dul-co-ràn-te] *agg.* e *s.m.* dolcificante: *prodotto, preparato —.*
edulcorare [e-dul-co-rà-re] *v.tr.* [*io edùlcoro ecc.*] **1** (*non com.*) addolcire **2** (*fig. lett.*) mitigare, far apparire meno crudo, meno sgradevole: *— la verità.*
edule [e-dù-le] *agg.* (*scient.*) che si può mangiare; commestibile: *fungo —.*
efebico [e-fè-bi-co] *agg.* [pl.m. *-ci*] (*lett.*) di efebo; che ha l'aspetto o le forme delicate di un efebo.
efebo [e-fè-bo] *s.m.* **1** nell'antica Grecia, giovane uscito dalla fanciullezza **2** (*estens. lett.*) giovane di aspetto e modi effeminati.
efelide [e-fè-li-de] *s.f.* (spec. *pl.*) macchiolina della pelle tipica delle carnagioni chiare; è detta comunemente *lentiggine.*
efesino [e-fe-ʃì-no] *agg.* di Efeso, antica città dell'Asia Minore.
effe [èf-fe] *s.f.* o *m.invar.* nome della lettera *f.*
effemeride [ef-fe-mè-ri-de] *s.f.* **1** (*lett.*) diario, cronaca giornaliera **2** pubblicazione con tabelle e grafici che indicano, per ogni anno solare, la posizione degli astri sulla sfera celeste.
effeminare [ef-fe-mi-nà-re] *v.tr.* [*io effèmino ecc.*] (*lett.*) rendere femmineo; infiacchire, snervare.
effeminatezza [ef-fe-mi-na-téz-za] *s.f.* l'essere effeminato | atto, comportamento effeminato.
effeminato [ef-fe-mi-nà-to] *agg.* che assume atteggiamenti femminei; lezioso, poco virile.
efferatezza [ef-fe-ra-téz-za] *s.f.* l'essere efferato, carattere efferato.
efferato [ef-fe-rà-to] *agg.* feroce, crudele, disumano: *un delitto —* □ **efferatamente** *avv.*
effervescente [ef-fer-ve-scèn-te] *agg.* **1** che è in effervescenza o produce effervescenza: *una bevanda —* **2** (*fig.*) molto vivace, brioso: *un oratore —.*
effervescenza [ef-fer-ve-scèn-za] *s.f.* **1** in un liquido, rapido sviluppo di gas in bollicine **2** (*fig.*) eccitazione, agitazione: *essere in —.*
effettivo [ef-fet-tì-vo] *agg.* **1** reale, vero, concreto: *miglioramento —* **2** che ricopre stabilmente un ufficio o un incarico: *personale —* ♦ *s.m.* numero di componenti di un'unità militare, di un'organizzazione, di un ufficio: *l'— del battaglione* □ **effettivamente** *avv.*
effetto [ef-fèt-to] *s.m.* **1** ogni fatto o fenomeno in quanto è prodotto da una causa; conseguenza, risultato: *gli effetti benefici della montagna* | *in effetti,* realmente, effettivamente | *a questo —,* a questo fine | *per — di,* in conseguenza di **2** realizzazione, compimento: *mandare a — qlco.* **3** validità, efficacia: *legge con — retroattivo* **4** impressione, emozione: *scena di grande —* | *effetti speciali,* tecniche di natura scenografica e ottica che, soprattutto nella realizzazione di film, introducono immagini alterate o illusionistiche della realtà | *— ottico, acustico,* fenomeno per cui una cosa si presenta alla vista o all'udito diversa da com'è **5** nel biliardo, nel calcio e in altri giochi, particolare traiettoria che si imprime alla palla

colpendola opportunamente: *un tiro con* (o *a*) — **6** cambiale, titolo di credito **7** *pl.* (*burocr.*) oggetti di vestiario o d'uso: *effetti personali*.
effettuabile [ef-fet-tu-à-bi-le] *agg.* realizzabile, fattibile: *un piano* —.
effettuale [ef-fet-tu-à-le] *agg.* (*lett.*) concreto, effettivo.
effettuare [ef-fet-tu-à-re] *v.tr.* [*io effèttuo ecc.*] mandare a effetto; attuare, realizzare: — *un'impresa* | (*burocr.*) fare, eseguire: *il treno non effettua fermate intermedie* ♦ **effettuarsi** *v.intr.pron.* aver luogo; compiersi, avvenire.
effettuazione [ef-fet-tu-a-zió-ne] *s.f.* realizzazione, esecuzione.
efficace [ef-fi-cà-ce] *agg.* che produce l'effetto voluto; che raggiunge lo scopo a cui è destinato: *farmaco, rimprovero* — | ricco di forza espressiva, incisivo, persuasivo: *un discorso* — □ **efficacemente** *avv.*
efficacia [ef-fi-cà-cia] *s.f.* **1** capacità di ottenere l'effetto desiderato: *l'— di una medicina*; *esprimersi con* —, in modo incisivo **2** (*dir.*) validità di una legge.
efficiente [ef-fi-cièn-te] *agg.* **1** che è in condizione di produrre un effetto: *causa* — | *complemento di causa* —, (*gramm.*) in una proposizione con verbo al passivo, indica l'essere inanimato da cui deriva un effetto (p.e. *il raccolto fu distrutto dalla grandine*) **2** che funziona, che svolge bene la propria funzione: *una macchina, un impiegato* —.
efficientismo [ef-fi-cien-tì-ʃmo] *s.m.* ostentazione di un alto grado di efficienza.
efficientista [ef-fi-cien-tì-sta] *s.m.* e *f.* [pl.m. *-sti*] chi agisce con efficientismo.
efficienza [ef-fi-cièn-za] *s.f.* l'essere efficiente; il funzionare, il lavorare bene.
effigiare [ef-fi-già-re] *v.tr.* [*io effigio ecc.*] (*lett.*) **1** rappresentare, raffigurare in effigie **2** scolpire, ornare con effigi.
effigie [ef-fì-gie] *s.f.* [pl. *-gie*, meno com. *-gi*] **1** figura, immagine di persona, dipinta, disegnata, scolpita o incisa **2** aspetto, sembianza: *Canova scolpì Paolina Borghese in — di Venere*.
effimero [ef-fì-me-ro] *agg.* **1** che dura un sol giorno **2** (*estens.*) che ha breve durata; caduco, fugace: *gloria effimera* **3** (*bot.*) di fiore, che resta aperto poche ore e poi appassisce; di pianta, che vive solo due o tre mesi | (*zool.*) di insetto che, raggiunto lo stato adulto, vive solo poche ore ♦ *s.m.* ciò che è effimero.
efflorescente [ef-flo-re-scèn-te] *agg.* (*chim.*) si dice di composto che presenta efflorescenza.
efflorescenza [ef-flo-re-scèn-za] *s.f.* **1** (*chim.*) fenomeno per cui un composto esposto all'aria perde l'acqua di cristallizzazione e si riduce in polvere **2** (*geol.*) formazione di materie saline su un terreno o su una roccia **3** (*med.*) eruzione cutanea.
efflusso [ef-flùs-so] *s.m.* flusso verso l'esterno; fuoruscita di un fluido da un'apertura.
effluvio [ef-flù-vio] *s.m.* (*lett.*) **1** il diffondersi di un odore; profumo **2** (*estens.*) emanazione, flusso: — *di luce*.
effondere [ef-fón-de-re] *v.tr.* [coniugato come *fondere*] (*lett.*) **1** versar fuori; spargere, spandere: — *lacrime* **2** (*fig.*) manifestare apertamente, sfogare: — *il proprio dolore*.
effrazione [ef-fra-zió-ne] *s.f.* forzatura di un sistema di chiusura o di un dispositivo di sicurezza; scasso.
effusione [ef-fu-ʃió-ne] *s.f.* **1** versamento, spargimento: — *di sangue* **2** (*fig.*) calorosa manifestazione d'affetto: *salutare con* —.
effusivo [ef-fu-ʃì-vo] *agg.* **1** di effusione | *roccia effusiva*, (*geol.*) formata da lava vulcanica solidificata **2** (*fig.*) espansivo, affettuoso: *temperamento* —.
eforo [è-fo-ro] *s.m.* nell'antica Sparta, ciascuno dei cinque magistrati che sorvegliavano l'operato dei re.
egagro [è-ga-gro *o* egàgro] *s.m.* grossa capra selvatica dell'Asia e delle isole egee.
egemone [e-gè-mo-ne] *agg.* (*lett.*) che esercita un'egemonia, un predominio: *classe* —.
egemonia [e-ge-mo-nì-a] *s.f.* supremazia, predominio, preminenza: — *politica*.
egemonico [e-ge-mò-ni-co] *agg.* [m.pl. *-ci*] di egemonia: *ruolo* —.
egemonismo [e-ge-mo-nì-ʃmo] *s.m.* aspirazione, tendenza all'egemonia: *l'— della Germania nazista*.
egemonizzare [e-ge-mo-niʒ-ʒà-re] *v.tr.* sottoporre alla propria egemonia.
egemonizzazione [e-ge-mo-niʒ-ʒa-zió-ne] *s.f.* l'egemonizzare, l'essere egemonizzato.
egeo [e-gè-o] *agg.* del mare Egeo | *civiltà egea*, la civiltà di Creta (II millennio a.C.).
-eggiare suffisso verbale che indica realizzazione o manifestazione di ciò che la parola di base esprime (*indietreggiare*, *verdeggiare*), e talora anche azione ripetuta (*lampeggiare*).
-eggio suffisso di nomi derivati da verbi in *-eggiare* (*conteggio*).
egida [è-gi-da] *s.f.* **1** lo scudo di Giove e di Minerva **2** (*fig. lett.*) protezione, difesa | patronato: *una manifestazione sotto l'— del Comune*.
egittologia [e-git-to-lo-gì-a] *s.f.* scienza che studia la civiltà dell'antico Egitto.
egittologo [e-git-tò-lo-go] *s.m.* [f. *-a*; pl.m. *-gi*] studioso di egittologia.
egiziano [e-gi-zià-no] *agg.* dell'Egitto antico o moderno.
egizio [e-gì-zio] *agg.* dell'antico Egitto: *piramidi egizie*.
egli [é-gli] *pron.pers.m. di terza pers. sing.* [f. *ella*; pl. *essi*] si riferisce solo a persona (per animale o cosa è usato *esso*) e si può impiegare solo in funzione di soggetto (nelle altre funzioni è sostituito dalle forme atone *lo*, *gli* o dalla forma tonica *lui*; nell'uso corrente è sostituito da *lui* anche come soggetto).
egloga [è-glo-ga] *s.f.* componimento poetico di tema pastorale, per lo più in forma dialogica.

ego- primo elemento di parole composte di formazione moderna che significa 'sé stesso, di sé' (*egocentrismo*).
egocentricità [e-go-cen-tri-ci-tà] *s.f.* egocentrismo.
egocentrico [e-go-cèn-tri-co] *agg.* e *s.m.* [f. *-a*; pl.m. *-ci*] si dice di chi pone la propria persona al centro di ogni relazione sociale | (*estens.*) egoista □ **egocentricamente** *avv.*
egocentrismo [e-go-cen-trì-ʃmo] *s.m.* l'essere egocentrico, carattere egocentrico.
egoismo [e-go-ì-ʃmo] *s.m.* attenzione esagerata al proprio interesse, anche a danno dell'interesse altrui.
egoista [e-go-ì-sta] *s.m.* e *f.* e *agg.* [pl.m. *-sti*] chi/che pecca di egoismo.
egoistico [e-go-ì-sti-co] *agg.* [pl.m. *-ci*] caratterizzato, mosso da egoismo: *sentimento* — □ **egoisticamente** *avv.*
egolalia [e-go-la-lì-a] *s.f.* il parlare continuamente di sé.
egotismo [e-go-tì-ʃmo] *s.m.* atteggiamento intellettualistico caratterizzato da una compiaciuta analisi del proprio io.
egregio [e-grè-gio] *agg.* [pl.f. *-gie*] non comune, straordinario, eccellente: *uno spettacolo* — □ **egregiamente** *avv.*
egressivo [e-gres-sì-vo] *agg.* (*ling.*) si dice di suono la cui articolazione comporta emissione d'aria; si contrappone a *ingressivo*.
egro [è-gro] *agg.* (*lett.*) malato, infermo.
eguale e *deriv.* → **uguale** e *deriv.*
egualitario [e-gua-li-tà-rio], o **ugualitario**, *agg.* di egualitarismo; ispirato all'egualitarismo: *princìpi* —.
egualitarismo [e-gua-li-ta-rì-ʃmo], o **ugualitarismo**, *s.m.* aspirazione politica a realizzare l'uguaglianza economica e sociale fra tutti gli individui.
eh [èh *o* éh] *inter.* espressione di meraviglia, rimprovero, rincrescimento, rassegnazione.
ehi [éhi] *inter.* (*fam.*) si usa per chiamare una persona o per richiamarne l'attenzione: —, *vieni qui!*; —, *tu!*
eiaculare [e-ia-cu-là-re] *v.intr.* [*io eiàculo ecc.*; aus. *avere*] emettere il liquido seminale.
eiaculazione [e-ia-cu-la-zió-ne] *s.f.* l'eiaculare.
eiettabile [e-iet-tà-bi-le] *agg.* che si può proiettare fuori: *sedile* —, quello che, su certi tipi d'aereo, viene espulso in casi d'emergenza per consentire a chi lo occupa di salvarsi con il paracadute.
eiezione [e-ie-zió-ne] *s.f.* (*scient.*) espulsione rapida e violenta.
einsteinio [ein-stei-nio; / ainˈstainjo /] *s.m.* elemento chimico artificiale radioattivo di simbolo *Es*.
elaborare [e-la-bo-rà-re] *v.tr.* [*io elàboro ecc.*] **1** fare qlco. con grande cura, sviluppando con sistematicità e precisione quanto è contenuto negli elementi di partenza: — *un progetto* | raccogliere e ordinare dati in modo da ricavarne, mediante procedimenti di calcolo, determinate informazioni: *il computer elabora i dati* **2** digerire: *lo stomaco elabora i cibi*.
elaborato [e-la-bo-rà-to] *agg.* fatto con grande cura: *discorso, scritto* — ♦ *s.m.* **1** ciò che risulta da un'elaborazione | nel linguaggio scolastico, compito scritto: *l'— d'italiano* **3** in informatica, tabulato □ **elaboratamente** *avv.*
elaboratore [e-la-bo-ra-tó-re] *agg.* [f. *-trice*] che elabora ♦ *s.m.* **1** chi elabora **2** organo, strumento che elabora | — *elettronico*, computer.
elaborazione [e-la-bo-ra-zió-ne] *s.f.* l'elaborare | — *elettronica dei dati*, sistema di analisi e trattamento di dati che si effettua con macchine elettroniche.
elargire [e-lar-gì-re] *v.tr.* [*io elargisco, tu elargisci ecc.*] donare, distribuire con abbondanza e generosità: — *denaro, sorrisi*.
elargizione [e-lar-gi-zió-ne] *s.f.* l'elargire, l'essere elargito.
elasticità [e-la-sti-ci-tà] *s.f.* **1** proprietà dei corpi di deformarsi per azione di una forza esterna e di riprendere la forma originaria quando questa cessa **2** (*estens.*) agilità fisica, scioltezza nei movimenti: *conservare l'—* **3** (*fig.*) capacità di adattarsi a diverse situazioni | — *mentale*, capacità di capire con prontezza.
elasticizzare [e-la-sti-ciʒ-ʒà-re] *v.tr.* rendere elastico.
elasticizzato [e-la-sti-ciʒ-ʒà-to] *agg.* si dice di tessuto reso elastico.
elastico [e-là-sti-co] *agg.* [pl.m. *-ci*] **1** dotato di elasticità: *tessuto* — **2** agile nei movimenti, sciolto: *passo* — **3** (*fig.*) non rigido; che dimostra mobilità, adattabilità: *orario* —; *mente elastica*, duttile, vivace ♦ *s.m.* **1** sottile anello di gomma elastica per tener chiusi pacchi, confezioni **2** nastro o cordone intessuto con fili di gomma elastica, impiegato nell'abbigliamento □ **elasticamente** *avv.*
elativo [e-la-tì-vo] *agg.* (*ling.*) che esprime il più alto grado di qlco.: *comparativo* —, assoluto.
elce [él-ce] *s.f.* o *m.* (*lett.*) leccio.
eldorado [el-do-rà-do] *s.m.* luogo di abbondanza e di ricchezza.
eleatico [e-le-à-ti-co] *agg.* [pl.m. *-ci*] **1** di Elea, antica città della Magna Grecia **2** della scuola filosofica fiorita in Elea nei secc. VI e V a.C.
electron [e-lèc-tron] *s.m.invar.* (*metall.*) lega leggera a base di magnesio, usata nelle costruzioni aeronautiche.
elefante [e-le-fàn-te] *s.m.* [f. *-essa*] **1** mammifero africano e asiatico di grosse dimensioni con lunga proboscide, zanne d'avorio, grandi orecchie | *memoria da* —, molto buona **2** (*fig.*) persona grossa, dai movimenti lenti e impacciati **3** — *marino*, grosso mammifero pinnipede delle regioni subantartiche.
elefantesco [e-le-fan-té-sco] *agg.* [pl.m. *-schi*] di/da elefante; enorme: *proporzioni* — | che ha la pesantezza, la goffaggine di un elefante.
elefantiaco [e-le-fan-tì-a-co] *agg.* [pl.m. *-ci*] **1**

(*med.*) relativo a elefantiasi; affetto da elefantiasi 2 (*fig.*) cresciuto a dismisura, in modo abnorme.
elefantiasi [e-le-fan-tì-a-ʃi] *s.f.* 1 (*med.*) consistente aumento patologico del volume di una parte del corpo 2 (*fig.*) esagerato sviluppo di qlco.
elegante [e-le-gàn-te] *agg.* 1 che denota grazia, finezza, buon gusto: *abito —* 2 che veste con proprietà e buon gusto: *una signora —* | (*estens.*) frequentato da persone eleganti: *un locale —* 3 cortese e insieme disinvolto: *una maniera — di dire di no* □ **elegantemente** *avv.*
elegantone [e-le-gan-tó-ne] *s.m.* [f. *-a*] (*iron.*) chi siveste con eleganza ricercata.
eleganza [e-le-gàn-za] *s.f.* 1 l'essere elegante: *l'— di una persona, di un abito* 2 *pl.* modi di dire eleganti: *le eleganze della lingua.*
eleggere [e-lèg-ge-re] *v.tr.* [coniugato come *leggere*] 1 scegliere attraverso votazione la persona destinata a un ufficio, a una carica: *— il presidente* 2 (*lett.*) scegliere, preferire | *— domicilio,* (*dir.*) fissare un dato luogo come proprio domicilio.
eleggibile [e-leg-gì-bi-le] *agg.* che ha i requisiti per essere eletto: *un candidato —.*
eleggibilità [e-leg-gi-bi-li-tà] *s.f.* l'essere eleggibile.
elegia [e-le-gì-a] *s.f.* 1 nelle letterature classiche, componimento poetico in distici elegiaci, di tono per lo più nostalgico e malinconico: *le elegie di Tibullo* 2 in età moderna, componimento poetico o musicale di tono malinconico.
elegiaco [e-le-gì-a-co] *agg.* [pl.m. *-ci*] 1 dell'elegia: *genere —; poeta —,* di elegie | *distico —,* nella metrica classica, coppia di versi formata da un esametro e da un pentametro 2 (*fig.*) triste, malinconico: *tono —.*
elementare [e-le-men-tà-re] *agg.* 1 (*fis., chim.*) che ha natura di elemento: *particella —; analisi chimica —,* che riguarda gli elementi chimici 2 che si riferisce alle parti più semplici di una scienza, di uno studio: *nozioni, principi elementari* | *le scuole elementari,* quelle per i bambini dai sei ai dieci anni | *maestro —,* che insegna nelle scuole elementari 3 (*estens.*) facile, semplice: *procedimento —* 4 fondamentale, basilare: *bisogni elementari.*
elementarità [e-le-men-ta-ri-tà] *s.f.* l'essere elementare, facile.
elemento [e-le-mén-to] *s.m.* 1 ciascuna delle parti che entrano nella composizione di un corpo, di un insieme: *una costruzione con elementi prefabbricati; primo — di una parola composta; non avere elementi di giudizio* | *— chimico,* sostanza semplice costituita da atomi con uguale numero di elettroni: *l'acqua è composta di due elementi, idrogeno e ossigeno* 2 ciascuno dei componenti fondamentali del mondo fisico, che nella concezione antica erano l'aria, l'acqua, la terra e il fuoco | *la furia degli elementi,* lo scatenarsi delle forze della natura 3 ambiente in cui vive una specie animale: *l'acqua è l'— naturale dei pesci* 4 persona, individuo in quanto parte di una comunità: *il miglior — della scuola* 5 *pl.* i principi fondamentali di una tecnica, di una disciplina: *elementi di sintassi latina.*
elemosina [e-le-mò-ʃi-na] *s.f.* 1 dono fatto per carità a chi è in miseria: *chiedere l'—; vivere d'—; dare qlco. in —* 2 (*fig., spreg.*) compenso irrisorio: *non voglio la sua —.*
elemosinare [e-le-mo-ʃi-nà-re] *v.intr.* [*io elemòʃino ecc.*; aus. *avere*] chiedere l'elemosina ♦ *v.tr.* 1 chiedere come elemosina: *— un tozzo di pane* 2 (*fig.*) chiedere con insistenza e in modo poco dignitoso: *— favori.*
elencare [e-len-cà-re] *v.tr.* [*io elènco, tu elènchi ecc.*] disporre, ordinare in un elenco secondo un certo criterio: *— le spese sostenute* | (*estens.*) enumerare: *— i pregi di qlcu.*
elencatorio [e-len-ca-tó-rio] *agg.* che elenca, che tende a elencare (per lo più con sfumatura spreg.): *una rassegna puramente elencatoria.*
elencazione [e-len-ca-zió-ne] *s.f.* l'elencare; elenco.
elenco [e-lèn-co] *s.m.* [pl. *-chi*] insieme di dati registrati uno di seguito all'altro secondo un certo criterio | il foglio, la pubblicazione su cui sono scritti tali dati: *— telefonico.*
elettivo [e-let-tì-vo] *agg.* 1 che è scelto, eletto: *domicilio —* 2 a cui si accede mediante elezione: *carica elettiva* □ **elettivamente** *avv.* in modo elettivo, per scelta.
eletto [e-lèt-to] *agg.* 1 scelto, prescelto | *il popolo —,* nell'Antico Testamento, il popolo ebraico 2 pregevole, nobile: *un sentimento —* ♦ *s.m.* [f. *-a*] chi è stato scelto mediante elezione: *gli eletti al senato* | (*relig.*) chi è chiamato da Dio alla salvezza eterna: *molti sono i chiamati, pochi gli eletti.*
elettorale [e-let-to-rà-le] *agg.* che concerne le elezioni, gli elettori: *seggio, corpo —.*
elettoralismo [e-let-to-ra-lì-ʃmo] *s.m.* il finalizzare le scelte politiche soprattutto o esclusivamente al conseguimento di risultati elettorali vantaggiosi.
elettoralistico [e-let-to-ra-lì-sti-co] *agg.* [pl.m. *-ci*] relativo all'elettoralismo: *manovre elettoralistiche.*
elettorato [e-let-to-rà-to] *s.m.* l'insieme degli elettori (*— attivo*) o di coloro che sono eleggibili (*— passivo*).
elettore [e-let-tó-re] *s.m.* 1 [f. *-trice*] chi elegge, chi ha diritto a partecipare a un'elezione | *grande —,* nel linguaggio giornalistico, chi è in grado di condizionare le scelte di un gran numero di elettori 2 (*st.*) ciascuno dei prìncipi che nel Sacro Romano Impero procedevano all'elezione dell'imperatore.
elettrauto [e-let-tràu-to] *s.m.invar.* 1 officina per la riparazione degli impianti elettrici degli autoveicoli 2 tecnico addetto a tali lavori.
elettricista [e-let-tri-cì-sta] *s.m.* [pl. *-sti*] tecnico che installa o ripara impianti e apparecchi elettrici.

elettricità [e-let-tri-ci-tà] *s.f.* **1** forma di energia generata dal movimento di elettroni o altre particelle, utilizzata per l'illuminazione, il riscaldamento, i trasporti, le attività industriali | corrente elettrica: *portare l'— in una zona*; *oggi è mancata l'—* **2** (*fig.*) tensione, nervosismo: *un ambiente saturo di —*.

elettrico [e-lèt-tri-co] *agg.* [pl.m. *-ci*] **1** relativo all'elettricità: *energia, centrale elettrica* | *blu —*, colore verde-azzurro, simile a quello della scintilla elettrica **2** che funziona a elettricità: *motore —* **3** (*fig.*) teso, nervoso: *atmosfera elettrica* ♦ *s.m.* [f. *-a*] nel linguaggio sindacale, chi lavora nell'industria elettrica □ **elettricamente** *avv.* dal punto di vista elettrico: *un corpo — neutro* | per mezzo dell'elettricità: *macchina che funziona —*.

elettrificare [e-let-tri-fi-cà-re] *v.tr.* [*io elettrìfico, tu elettrìfichi ecc.*] trasformare o attrezzare un impianto in modo che possa funzionare con energia elettrica: *— una linea ferroviaria*.

elettrificazione [e-let-tri-fi-ca-zió-ne] *s.f.* l'elettrificare, l'essere elettrificato.

elettrizzabile [e-let-triʒ-ʒà-bi-le] *agg.* che può essere elettrizzato.

elettrizzante [e-let-triʒ-ʒàn-te] *agg.* che eccita, che appassiona: *una gara —*.

elettrizzare [e-let-triʒ-ʒà-re] *v.tr.* **1** produrre l'elettrizzazione di un corpo **2** (*fig.*) eccitare, appassionare fortemente: *— la folla* ♦ **elettrizzarsi** *v.intr.pron.* **1** caricarsi di elettricità **2** (*fig.*) eccitarsi, entusiasmarsi fortemente.

elettrizzato [e-let-triʒ-ʒà-to] *agg.* **1** che ha subìto un processo di elettrizzazione: *corpo —* **2** (*fig.*) eccitato: *sentirsi —*.

elettrizzazione [e-let-triʒ-ʒa-zió-ne] *s.f.* (*fis.*) processo mediante il quale un corpo diventa elettrizzato.

elettro- primo elemento di parole composte che significa 'elettricità, elettrico, mosso da energia elettrica' (*elettrodotto*).

elettrobisturi [e-let-tro-bì-stu-ri] *s.m.* (*med.*) apparecchio chirurgico elettrico che incide i tessuti coagulando contemporaneamente il sangue.

elettrocalamita [e-let-tro-ca-la-mì-ta] *s.f.* dispositivo per produrre un campo magnetico mediante passaggio di corrente continua in un conduttore.

elettrocardiografia [e-let-tro-car-dio-gra-fì-a] *s.f.* (*med.*) registrazione dei fenomeni elettrici che accompagnano l'attività cardiaca, ai fini della diagnosi di molte malattie cardiache.

elettrocardiogramma [e-let-tro-car-dio-gràm-ma] *s.m.* [pl. *-mi*] (*med.*) grafico ottenuto mediante elettrocardiografia.

elettrochimica [e-let-tro-chì-mi-ca] *s.f.* settore della chimica che studia le trasformazioni reciproche fra energia elettrica ed energia chimica.

elettrochimico [e-let-tro-chì-mi-co] *agg.* [pl.m. *-ci*] relativo all'elettrochimica.

elettrodiagnostica [e-let-tro-dia-gnò-sti-ca] *s.f.* studio, a scopo diagnostico, delle reazioni di nervi e muscoli a stimolazioni elettriche.

elettrodinamica [e-let-tro-di-nà-mi-ca] *s.f.* parte dell'elettrologia che studia le azioni reciproche di attrazione e repulsione fra conduttori percorsi da corrente.

elettrodo [e-lèt-tro-do] *s.m.* (*elettr.*) ciascuno dei due terminali metallici che favoriscono l'acquisizione o la perdita di elettroni da parte di un conduttore.

elettrodomestico [e-let-tro-do-mè-sti-co] *s.m.* [pl.m. *-ci*] qualsiasi apparecchio di uso domestico che utilizza l'energia elettrica (*p.e.* frigorifero, lavatrice, ferro da stiro).

elettrodotto [e-let-tro-dót-to] *s.m.* sistema di conduttori per il trasporto a distanza dell'energia elettrica.

elettroencefalografia [e-let-tro-en-ce-fa-lo-gra-fì-a] *s.f.* (*med.*) tecnica di registrazione dei fenomeni elettrici che accompagnano l'attività cerebrale.

elettroencefalogramma [e-let-tro-en-ce-fa-lo-gràm-ma] *s.m.* [pl. *-mi*] (*med.*) grafico ottenuto mediante elettroencefalografia.

elettroforesi [e-let-tro-fo-rè-ʃi] *s.f.* (*chim. fis.*) metodo di separazione di particelle ionizzate in sospensione sotto l'azione di un campo elettrico.

elettrogeno [e-let-trò-ge-no] *agg.* si dice di qualsiasi apparecchio che genera energia elettrica: *gruppo —*.

elettrolisi [e-let-trò-li-ʃi] *s.f.* (*chim.*) trasformazione chimica prodotta dal passaggio di corrente elettrica in un elettrolita.

elettrolita [e-let-trò-li-ta], o **elettrolito**, *s.m.* [pl. *-ti*] (*chim.*) ogni sostanza che, in soluzione o allo stato fuso, ha la proprietà di condurre la corrente elettrica.

elettrolitico [e-let-tro-lì-ti-co] *agg.* [pl.m. *-ci*] (*chim.*) relativo a elettrolisi: *soluzione elettrolitica*.

elettrolito → **elettrolita**.

elettrologia [e-let-tro-lo-gì-a] *s.f.* ramo della fisica che studia l'elettricità e i fenomeni a essa relativi.

elettrologico [e-let-tro-lò-gi-co] *agg.* [pl.m. *-ci*] che concerne l'elettrologia.

elettromagnetico [e-let-tro-ma-gnè-ti-co] *agg.* [pl.m. *-ci*] relativo all'elettromagnetismo: *campo —*.

elettromagnetismo [e-let-tro-ma-gne-tì-ʃmo] *s.m.* **1** magnetismo prodotto dalla corrente elettrica **2** ramo dell'elettrologia che studia le relazioni tra fenomeni elettrici e magnetici.

elettromeccanica [e-let-tro-mec-cà-ni-ca] *s.f.* scienza e tecnica che si occupa delle trasformazioni dell'energia meccanica in energia elettrica e viceversa.

elettromeccanico [e-let-tro-mec-cà-ni-co] *agg.* [pl.m. *-ci*] **1** relativo all'elettromeccanica **2** si dice di macchina o dispositivo in cui avvenga una trasformazione di energia meccanica in

energia elettrica o viceversa ♦ *s.m.* tecnico specializzato nella costruzione o nella manutenzione di macchine elettriche.
elettrometria [e-let-tro-me-trì-a] *s.f.* (*fis.*) la misurazione delle grandezze elettriche e delle differenze di potenziale fra diversi corpi elettricamente carichi.
elettrometro [e-let-trò-me-tro] *s.m.* (*fis.*) strumento utilizzato per l'elettrometria.
elettromotrice [e-let-tro-mo-trì-ce] *s.f.* automotrice ferroviaria o tranviaria azionata da motori elettrici.
elettrone [e-let-tró-ne] *s.m.* (*fis.*) particella carica di elettricità negativa che costituisce una delle componenti elementari dell'atomo.
elettronegatività [e-let-tro-ne-ga-ti-vi-tà] *s.f.* (*chim., fis.*) l'essere elettronegativo.
elettronegativo [e-let-tro-ne-ga-tì-vo] *agg.* **1** (*fis.*) che ha carica elettrica negativa **2** (*chim.*) si dice degli atomi o delle molecole che hanno la tendenza ad acquistare elettroni.
elettronica [e-let-trò-ni-ca] *s.f.* scienza e tecnica che si occupa dello studio e delle applicazioni della conduzione di elettroni nel vuoto e nei semiconduttori.
elettronico [e-let-trò-ni-co] *agg.* [pl.m. *-ci*] **1** relativo agli elettroni: *carica elettronica* **2** relativo all'elettronica o che ne utilizza i principi: *ingegneria elettronica*; *calcolatore —* | *musica elettronica*, musica prodotta manipolando suoni naturali o artificiali per mezzo di dispositivi elettronici □ **elettronicamente** *avv.* per mezzo di strumenti elettronici; secondo i principi dell'elettronica.
elettronvolt [e-let-tron-vòlt] *s.m.* (*fis.*) unità di misura dell'energia, usata in fisica atomica e nucleare, pari all'energia cinetica che acquista un elettrone passando attraverso la differenza di potenziale di un volt.
elettropompa [e-let-tro-póm-pa] *s.f.* pompa azionata da un motore elettrico.
elettropositività [e-let-tro-po-si-ti-vi-tà] *s.f.* (*chim., fis.*) l'essere elettropositivo.
elettropositivo [e-let-tro-po-ʃi-tì-vo] *agg.* **1** (*fis.*) che ha carica elettrica positiva **2** (*chim.*) si dice degli atomi e delle molecole che hanno la tendenza a cedere elettroni.
elettroscopio [e-let-tro-scò-pio] *s.m.* (*fis.*) strumento che permette di riconoscere se un corpo è o non è elettrizzato.
elettroshock [e-let-tro-shock; / elɛttro'ʃɔk /] *s.m.* (*med.*) terapia medica basata sulla trasmissione di scariche elettriche al cervello al fine di provocare reazioni convulsive.
elettroshockterapia [e-let-tro-shock-te-ra-pì-a] *s.f.* (*med.*) cura mediante elettroshock.
elettrostatica [e-let-tro-stà-ti-ca] *s.f.* ramo dell'elettrologia che studia i fenomeni dovuti a cariche elettriche in quiete.
elettrostatico [e-let-tro-stà-ti-co] *agg.* [pl.m. *-ci*] relativo all'elettrostatica.
elettrotecnica [e-let-tro-tèc-ni-ca] *s.f.* tecnica che concerne le applicazioni pratiche e industriali dell'elettricità.
elettrotecnico [e-let-tro-tèc-ni-co] *agg.* [pl.m. *-ci*] che si riferisce all'elettrotecnica ♦ *s.m.* [f. *-a*] operaio o tecnico specializzato in elettrotecnica.
elettroterapia [e-let-tro-te-ra-pì-a] *s.f.* (*med.*) cura di alcune malattie mediante applicazioni di corrente elettrica.
elettrotermia [e-let-tro-ter-mì-a] *s.f.* (*fis.*) trasformazione di energia elettrica in energia termica.
elettrotermico [e-let-tro-tèr-mi-co] *agg.* [pl.m. *-ci*] (*fis.*) relativo all'elettrotermia, basato sull'elettrotermia.
elettrotrazione [e-let-tro-tra-zió-ne] *s.f.* trazione elettrica di mezzi ferrotranviari.
elettrotreno [e-let-tro-trè-no] *s.m.* treno costituito da due o più elettromotrici collegate tra loro.
eleusino [e-leu-ʃì-no] *agg.* della città greca di Eleusi | *misteri eleusini*, riti religiosi in onore della dea Demetra, che si celebravano a Eleusi; (*fig. scherz.*) cose misteriose e incomprensibili.
elevamento [e-le-va-mén-to] *s.m.* **1** l'elevare, l'elevarsi, l'essere elevato **2** punto elevato, rialzo.
elevare [e-le-và-re] *v.tr.* [*io elèvo ecc.*] **1** rendere più alto; volgere verso l'alto (anche *fig.*): *— il piano stradale*; *— lo sguardo*; *— il pensiero a Dio* **2** (*fig.*) migliorare: *— il tenore di vita* **3** promuovere a grado maggiore: *— alla carica di prefetto* **4** *— un numero al quadrato, al cubo*, (*mat.*) moltiplicarlo per sé stesso una, due volte **5** (*burocr.*) intimare, contestare: *— una contravvenzione* ♦ **elevarsi** *v.intr.pron.* ergersi, innalzarsi: *vette che si elevano oltre i tremila metri* ♦ *v. rifl.* migliorare sé stesso o la propria posizione sociale: *col lavoro ha saputo —*.
elevatezza [e-le-va-téz-za] *s.f.* qualità di ciò che è elevato (spec. *fig.*): *— d'animo*.
elevato [e-le-và-to] *agg.* **1** alto (anche *fig.*): *un monte —*; *tenore di vita —* **2** (*fig.*) nobile, magnanimo: *sentimenti elevati* | solenne, sostenuto: *stile —*.
elevatore [e-le-va-tó-re] *agg.* [f. *-trice*] che eleva, che solleva | *muscolo —*, (*anat.*) muscolo volontario che ha la funzione di sollevare un organo o una parte del corpo ♦ *s.m.* apparecchio usato per il sollevamento e il trasporto di materiali.
elevazione [e-le-va-zió-ne] *s.f.* **1** l'elevare, l'elevarsi, l'essere elevato | *— a potenza*, (*mat.*) moltiplicazione di un numero per sé stesso, una o più volte **2** luogo, punto elevato **3** nella messa, l'atto con cui il sacerdote leva in alto l'ostia e il vino consacrati presentandoli all'adorazione dei fedeli **4** (*sport*) slancio verso l'alto di un atleta (nel salto, nella pallacanestro, nel calcio ecc.).
elezione [e-le-zió-ne] *s.f.* **1** l'eleggere, l'essere eletto: *l'— del sindaco* **2** *pl.* l'insieme delle operazioni mediante le quali si eleggono le persone destinate a rappresentare una collettività o a ricoprire determinati uffici: *elezioni amministrative, politiche*; *indire le elezioni* **3** (*lett.*) scelta:

patria d'—, il paese dove uno ha scelto di vivere, pur essendo nato altrove.
elfo [èl-fo] *s.m.* nella mitologia nordica, spiritello dell'aria, di solito benevolo verso l'uomo.
eli- primo elemento di parole composte, che significa *elicottero* (*eliporto*).
eliambulanza [e-li-am-bu-làn-za] *s.f.* elicottero attrezzato per il trasporto di feriti o di malati.
elianto [e-liàn-to] *s.m.* (*bot.*) genere di piante erbacee con fiori arancione a cui appartiene il girasole.
elibus [è-li-bus] *s.m.invar.* elicottero che fa servizio di linea per il trasporto di passeggeri su percorsi brevi.
elica [è-li-ca] *s.f.* **1** organo meccanico costituito da due o più pale disposte intorno a un mozzo, capace di spostare masse d'aria o d'acqua, utilizzato soprattutto per la propulsione di natanti e aeromobili **2** (*mat.*) curva tracciata sulla superficie di un cono o di un cilindro che taglia ogni generatrice della figura secondo lo stesso angolo **3** *doppia —*, (*biol.*) la conformazione delle macromolecole del DNA e RNA.
elicicoltura [e-li-ci-col-tù-ra] *s.f.* allevamento di chiocciole commestibili.
elicidi [e-lì-ci-di] *s.m.pl.* (*zool.*) famiglia di molluschi gasteropodi a cui appartiene la chiocciola.
elicoidale [e-li-coi-dà-le] *agg.* a forma di elica: *superficie, moto —.*
elicotterista [e-li-cot-te-rì-sta] *s.m.* e *f.* [pl.m. *-sti*] pilota di elicotteri.
elicottero [e-li-còt-te-ro] *s.m.* aeromobile sollevato e spostato nell'aria dalla rotazione di grandi pale montate orizzontalmente.
elidere [e-lì-de-re] *v.tr.* [pass.rem. *io eliʃi, tu elidésti ecc.*; part.pass. *eliʃo*] **1** togliere via, annullare: *— l'effetto di una forza* **2** (*ling.*) sopprimere mediante elisione ♦ **elidersi** *v.rifl.rec.* annullarsi vicendevolmente: *due forze che si elidono.*
eliminabile [e-li-mi-nà-bi-le] *agg.* che può essere eliminato: *un difetto facilmente —.*
eliminare [e-li-mi-nà-re] *v.tr.* [*io elìmino ecc.*] **1** rimuovere, abolire, escludere: *— un ostacolo, un'ipotesi* | *— un avversario*, (*sport*) sconfiggerlo escludendolo dalla competizione **2** uccidere: *— un testimone pericoloso.*
eliminatoria [e-li-mi-na-tò-ria] *s.f.* (*sport*) gara che serve a eliminare parte dei concorrenti di un campionato o di un torneo, per ammettere alle fasi successive solo i migliori.
eliminatorio [e-li-mi-na-tò-rio] *agg.* che serve a eliminare, a selezionare: *girone —.*
eliminazione [e-li-mi-na-zió-ne] *s.f.* **1** l'eliminare, l'essere eliminato | *per —*, eliminando una dopo l'altra le varie possibilità, fino ad accettare la più probabile: *scegliere per —* | *— fisica*, uccisione **2** (*sport*) esclusione di un concorrente dal proseguimento di una competizione.
elio [è-lio] *s.m.* elemento chimico di simbolo *He*; è un gas leggerissimo e non infiammabile largamente presente nell'atmosfera solare.
elio- primo elemento di parole composte che significa 'sole, solare' (*eliocentrico, elioterapia*).
eliocentrico [e-lio-cèn-tri-co] *agg.* [pl.m. *-ci*] (*astr.*) che ha come centro il Sole | *sistema —*, basato sull'eliocentrismo.
eliocentrismo [e-lio-cen-trì-ʃmo] *s.m.* teoria astronomica dovuta a Copernico (1473-1543), secondo la quale la Terra e gli altri pianeti descrivono delle orbite intorno al Sole.
elioelettrico [e-lio-e-lèt-tri-co] *agg.* [pl.m. *-ci*] relativo all'elettricità ottenuta dall'energia solare: *centrale elioelettrica.*
eliofilia [e-lio-fi-lì-a] *s.f.* (*bot.*) caratteristica di certe piante che tendono a vivere in ambienti molto illuminati.
eliofobia [e-lio-fo-bì-a] *s.f.* **1** (*med.*) disturbo per il quale gli occhi non possono tollerare la luce troppo intensa **2** (*bot.*) caratteristica di certe piante che tendono a vivere in ambienti ombreggiati.
eliografia [e-lio-gra-fì-a] *s.f.* tecnica con cui si ottengono riproduzioni grafiche mediante l'azione della luce solare o artificiale su una superficie trattata chimicamente.
eliografico [e-lio-grà-fi-co] *agg.* [pl.m. *-ci*] relativo all'eliografia, che serve per l'eliografia: *procedimento, riproduttore —* | ottenuto con l'eliografia: *copia eliografica.*
eliografo [e-liò-gra-fo] *s.m.* apparecchio per l'eliografia.
elione [e-lió-ne] *s.m.* (*fis.*) nucleo dell'atomo di elio, costituito da due protoni e due neutroni.
elioscopio [e-lio-scò-pio] *s.m.* (*astr.*) strumento che permette l'osservazione diretta del Sole mediante un dispositivo che ne attenua la luce.
elioterapia [e-lio-te-ra-pì-a] *s.f.* (*med.*) terapia che si basa sull'esposizione del corpo ai raggi solari.
elioterapico [e-lio-te-rà-pi-co] *agg.* [pl.m. *-ci*] di elioterapia: *cure elioterapiche.*
eliotipia [e-lio-ti-pì-a] *s.f.* (*foto.*) fototipia.
eliotipico [e-lio-tì-pi-co] *agg.* [pl.m. *-ci*] di eliotipia: *procedimento —* | ottenuto con l'eliotipia: *riproduzione eliotipica.*
eliotropio [e-lio-trò-pio] *s.m.* **1** (*antiq.*) girasole **2** pianta erbacea con fiori bianchi imbutiformi **3** (*min.*) varietà di diaspro.
eliotropismo [e-lio-tro-pì-ʃmo] *s.m.* (*bot.*) fototropismo.
eliplano [e-li-plà-no] *s.m.* velivolo che ha ali fisse (come l'aeroplano) per il volo orizzontale, ed elica orizzontale (come l'elicottero) per il volo verticale.
eliporto [e-li-pòr-to] *s.m.* campo di decollo e di atterraggio per elicotteri.
elisabettiano [e-li-ʃa-bet-tià-no] *agg.* che riguarda il periodo in cui regnò Elisabetta I d'Inghilterra (1533-1603): *civiltà elisabettiana*; *teatro —.*
eliscalo [e-li-scà-lo] *s.m.* eliporto.
elisio [e-lì-ʃio] *s.m.* eliso ♦ *agg.* (*lett.*) dell'eliso; degno dell'eliso: *campi elisi.*
elisione [e-li-ʃió-ne] *s.f.* **1** l'elidere, l'essere eliso; eliminazione **2** (*ling.*) soppressione della vo-

cale finale atona di una parola dinanzi alla vocale iniziale della parola seguente; nella grafia è segnata dall'apostrofo.
elisir [e-li-ʃir] *s.m.invar.* liquore, specialmente medicinale, a base di sostanze aromatiche | — *di lunga vita*, farmaco a cui veniva attribuita la proprietà miracolosa di prolungare la vita.
eliskì [e-li-skì] *s.m.* **1** elicottero attrezzato per l'atterraggio su neve o ghiaccio **2** forma di sci alpinismo che comporta l'uso dell'elicottero come mezzo di risalita, per avere accesso a piste di alta quota.
eliso [e-lì-ʃo] *s.m.* nella mitologia classica, il luogo di felicità concesso dagli dei alle anime dei buoni; campi elisi.
elisoccorso [e-li-soc-cór-so] *s.m.* soccorso medico svolto per mezzo di elicotteri.
elitario [e-li-tà-rio] *agg.* che riguarda un'élite; destinato a un'élite: *gusti, ambienti elitari.*
elitarismo [e-li-ta-rì-ʃmo] *s.m.* atteggiamento elitario, che difende gli interessi di un'élite.
elitaxi [e-li-tà-xi], o **elitassì**, *s.m.invar.* elicottero che fa servizio su percorsi brevi.
élite [/ e'lit /] *s.f.* [pl. *élites*] (*fr.*) gruppo ristretto di persone che si distinguono per posizione sociale, ricchezza, cultura | *d'*—, elitario.
elitra [è-li-tra] *s.f.* (*zool.*) ciascuna delle ali esterne dei coleotteri, dure e rigide, che servono di protezione al secondo paio di ali, membranose e delicate.
ella [él-la] *pron.pers.f. di terza pers.sing.* [pl. *elle*] forma antiquata di pronome soggetto, oggi sostituita da *lei*.
-ellare suffisso usato per formare verbi con valore diminutivo e frequentativo (*saltellare*).
elle [èl-le] *s.f.* o *m.invar.* nome della lettera *l*.
elleboro [el-lè-bo-ro] *s.m.* pianta erbacea perenne, con rizoma velenoso.
ellenico [el-lè-ni-co] *agg.* [pl.m. *-ci*] (*lett.*) greco, soprattutto riferito alla Grecia antica: *mondo* —.
ellenismo [el-le-nì-ʃmo] *s.m.* **1** l'insieme di fatti storici, politici e culturali avvenuti nel periodo di diffusione della civiltà greca nel mondo mediterraneo e asiatico, collocato convenzionalmente tra la morte di Alessandro Magno (323 a.C.) e la battaglia di Azio (31 a.C.) **2** grecismo.
ellenista [el-le-nì-sta] *s.m.* e *f.* [pl.m. *-sti*] chi studia la lingua e la cultura della Grecia antica.
ellenistico [el-le-nì-sti-co] *agg.* [pl.m. *-ci*] **1** dell'ellenismo: *i poeti ellenistici* **2** (*estens.*) che segue il gusto e lo stile dell'arte ellenistica.
ellenizzante [el-le-niʒ-ʒàn-te] *agg.* modellato sullo stile ellenico; che si ispira a ideali o a forme proprie della civiltà greca.
ellepì [el-le-pì] *s.m.* disco microsolco a trentatré giri; long playing.
ellisse [el-lìs-se] *s.f.* **1** (*geom.*) curva piana chiusa che ha forma di un ovale simmetrico **2** (*astr.*) orbita descritta da un corpo celeste intorno a un altro.
ellissi [el-lìs-si] *s.f.* (*gramm.*) in una espressione o in una frase, omissione di una o più parole che si possono intuire dal contesto (p.e. *carro merci*, invece di *carro per il trasporto di merci*).
ellissoide [el-lis-sò-i-de] *s.m.* **1** (*geom.*) solido geometrico in cui le sezioni del piano sono ellissi o cerchi | — *di rotazione*, superficie che si ottiene facendo rotare un'ellisse intorno a uno dei suoi assi **2** (*geog.*) superficie che rappresenta approssimativamente la forma della Terra, e viene usata come figura di riferimento in geodesia.
ellittico¹ [el-lìt-ti-co] *agg.* [pl.m. *-ci*] (*geom.*) relativo a un'ellisse; avente le proprietà dell'ellisse: *forma ellittica; piano* —.
ellittico² *agg.* [pl.m. *-ci*] **1** (*gramm.*) che presenta, che contiene ellissi: *proposizione ellittica* **2** (*estens.*) sintetico; non svolto compiutamente.
-ello suffisso alterativo di sostantivi e aggettivi, con valore diminutivo e spesso vezzeggiativo.
elmetto [el-mét-to] *s.m.* copricapo protettivo di acciaio o di altro materiale resistente, usato da soldati, minatori, operai.
elminti [el-mìn-ti] *s.m.pl.* nome generico dei vermi intestinali.
elmintiasi [el-min-tì-a-ʃi] *s.f.* (*med.*) presenza di vermi nell'intestino.
elminto-, **-elminto** primo e secondo elemento di parole composte della terminologia scientifica, che significa 'verme' o indica relazione con i vermi (*elmintiasi, platelminti*).
elmintologia [el-min-to-lo-gì-a] *s.f.* parte della zoologia o della medicina che studia i vermi parassiti.
elmo [él-mo] *s.m.* casco, generalmente metallico, che nelle antiche armature proteggeva il capo del guerriero | parte superiore dello scafandro del palombaro provvista di vetri per vedere al di fuori.
elocuzione [e-lo-cu-zió-ne] *s.f.* scelta e combinazione opportuna delle parole nel discorso per esprimere sentimenti e pensieri.
elogiare [e-lo-già-re] *v.tr.* [*io elògio ecc.*] fare l'elogio di qlcu. o di qlco.; lodare: — *un alunno*; — *la buona volontà di qlcu.*
elogiativo [e-lo-gia-tì-vo] *agg.* che elogia, che ha lo scopo di elogiare: *discorso* — □ **elogiativamente** *avv.*
elogio [e-lò-gio] *s.m.* **1** discorso di lode, pronunciato o scritto: *fare l'— di qlcu.*; — *funebre* **2** parole di lode, approvazione: *merita un — per la sua bravura.*
eloquente [e-lo-quèn-te] *agg.* **1** dotato di eloquenza: *oratore* — **2** (*estens.*) che esprime chiaramente qlco.: *parole eloquenti; silenzio* — □ **eloquentemente** *avv.*
eloquenza [e-lo-quèn-za] *s.f.* **1** la capacità, l'arte di esprimersi con efficacia, persuadendo o commuovendo: *l'— di un avvocato* | *un fiume di* —, si dice scherzosamente di chi è troppo loquace **2** il complesso delle regole di retorica di una certa epoca: *l'— umanistica* | l'insieme degli oratori o delle opere di retorica di una determinata

civiltà: *l'— greca* **3** (*estens.*) forza espressiva, persuasiva: *l'— dei gesti.*
eloquio [e-lò-quio] *s.m.* (*lett.*) il modo di esprimersi con le parole; il modo di parlare: *— ricercato.*
elsa [él-sa] *s.f.* impugnatura della spada; più propriamente, la traversa metallica che divide la lama dall'impugnatura e serve a proteggere la mano.
elucubrare [e-lu-cu-brà-re] *v.tr.*[*io elùcubro*] riflettere, elaborare meticolosamente un'opera d'ingegno (anche *iron.*): *che diavolo stai elucubrando?*
elucubrazione [e-lu-cu-bra-zió-ne] *s.f.* l'elucubrare; il prodotto di un lavoro intellettuale lungo e minuzioso (anche *iron.*).
eludere [e-lù-de-re] *v.tr.* [pass.rem. *io eluʃi, tu eludésti ecc.*; part.pass. *eluʃo*] evitare con astuzia, schivare; sottrarsi con destrezza a qlco. di non gradito: *— la sorveglianza, una domanda.*
eludibile [e-lu-dì-bi-le] *agg.* che si può eludere; evitabile.
elusione [e-lu-ʃió-ne] *s.f.* (*non com.*) l'eludere, l'essere eluso | *— fiscale*, (*fin.*) il comportamento del contribuente che, senza commettere illegalità, si sottrae in tutto o in parte alla tassazione.
elusività [e-lu-ʃi-vi-tà] *s.f.* l'essere elusivo.
elusivo [e-lu-ʃì-vo] *agg.* che cerca di eludere; evasivo, sfuggente: *una risposta elusiva.*
eluvio [e-lù-vio] *s.m.* (*geol.*) deposito detritico originatosi per degradazione chimica o meccanica delle rocce, e rimasto sul posto.
elvetico [el-vè-ti-co] *agg.* [pl.m. *-ci*] **1** dell'antica Elvezia **2** della Confederazione Elvetica; svizzero ♦ *s.m.* [f. *-a*] abitante della Svizzera o dell'antica Elvezia.
elzevirista [el-ʒe-vi-rì-sta] *s.m.* e *f.* [pl.m. *-sti*] chi scrive elzeviri.
elzeviro [el-ʒe-vì-ro] *agg.* si dice di un carattere tipografico simile a quello usato dagli Elzevier, stampatori olandesi del '600 ♦ *s.m.* **1** elegante edizione in piccolo formato, spesso in carattere elzeviro **2** articolo di argomento letterario o artistico che occupa tradizionalmente la parte sinistra della terza pagina dei quotidiani.
-ema secondo elemento di parole composte della terminologia linguistica, che significa 'unità minima, elemento non ulteriormente scomponibile' (*monema, morfema*).
emaciato [e-ma-cià-to] *agg.* magro, patito, smunto: *volto —.*
emanare [e-ma-nà-re] *v.tr.* **1** mandare fuori, diffondere: *il sole emana calore* **2** (*fig.*) nel linguaggio giuridico e burocratico, emettere, promulgare: *— una legge, una sentenza.*
emanazione [e-ma-na-zió-ne] *s.f.* **1** l'emanare; la cosa stessa emanata: *l'— della luce; emanazioni vulcaniche* | promulgazione: *l'— di una legge* **2** (*fig.*) espressione, manifestazione; derivazione: *il governo è — delle forze politiche.*
emancipare [e-man-ci-pà-re] *v.tr.* [*io emàncipo ecc.*] liberare da una soggezione, da un legame materiale o morale, rendere capace di scelte autonome ♦ **emanciparsi** *v.rifl.* liberarsi da un vincolo di soggezione materiale o morale: *— dalla famiglia.*
emancipato [e-man-ci-pà-to] *agg.* libero da vincoli di soggezione: *popoli emancipati* | svincolato da modi di pensare tradizionali: *un ragazzo —.*
emancipazione [e-man-ci-pa-zió-ne] *s.f.* l'emancipare, l'emanciparsi, l'essere emancipato: *— femminile.*
emarginare [e-mar-gi-nà-re] *v.tr.* [*io emàrgino ecc.*] relegare ai margini, escludere dalla vita della collettività; isolare: *— le minoranze.*
emarginato [e-mar-gi-nà-to] *agg.* messo ai margini della vita sociale; isolato, escluso ♦ *s.m.* [f. *-a*] persona emarginata.
emarginazione [e-mar-gi-na-zió-ne] *s.f.* l'emarginare, l'essere emarginato (spec. *fig.*): *— sociale, culturale.*
ematico [e-mà-ti-co] *agg.* [pl.m. *-ci*] del sangue: *cellule ematiche.*
ematite [e-ma-tì-te] *s.f.* minerale di ferro in masse terrose rossastre o in cristalli e lamelle color grigio-nero.
emato- primo elemento di parole composte che significa 'sangue, sanguigno, del sangue'.
ematologia [e-ma-to-lo-gì-a] *s.f.* (*med.*) scienza che studia il sangue umano, le sue alterazioni e gli organi che lo generano.
ematologico [e-ma-to-lò-gi-co] *agg.* [pl.m. *-ci*] (*med.*) relativo all'ematologia: *esami ematologici.*
ematologo [e-ma-tò-lo-go] *s.m.* [f. *-a*; pl.m. *-gi*] studioso di ematologia.
ematoma [e-ma-tò-ma] *s.m.* [pl. *-mi*] (*med.*) raccolta di sangue nello spessore dei tessuti provocata da emorragia interna.
ematopoiesi e *deriv.* → **emopoiesi** e *deriv.*
ematosi [e-ma-tò-ʃi] *s.f.* (*fisiol.*) processo di ossigenazione del sangue che avviene a livello dei capillari polmonari.
ematuria [e-ma-tù-ria] *s.f.* (*med.*) presenza di sangue nell'urina.
emazia [e-mà-zia] *s.f.* (*biol.*) globulo rosso del sangue.
embargo [em-bàr-go] *s.m.* [pl. *-ghi*] **1** sequestro, ordinato da uno stato sovrano, delle navi mercantili di un paese straniero presenti nei suoi porti o nelle sue acque territoriali **2** sanzione economica con la quale vengono sospesi i rapporti commerciali con determinati paesi.
emblema [em-blè-ma] *s.m.* [pl. *-mi*] **1** figura simbolica, spesso accompagnata da un motto, usata come insegna di stati, organi territoriali minori e organizzazioni internazionali: *l'— della Repubblica Italiana, dell'ONU* **2** (*fig.*) simbolo, rappresentazione, immagine: *la quercia è l'— della forza.*
emblematico [em-ble-mà-ti-co] *agg.* [pl.m. *-ci*] **1** che serve da emblema **2** (*fig.*) simbolico, particolarmente rappresentativo: *comportamento —* □ **emblematicamente** *avv.*
embolia [em-bo-lì-a] *s.f.* (*med.*) occlusione di un

vaso sanguigno, in genere un'arteria, da parte di un embolo: — *cerebrale, polmonare.*

embolo [èm-bo-lo] *s.m.* (*med.*) corpo estraneo (*p.e.* un coagulo di sangue, una bolla gassosa) presente nella corrente sanguigna e in grado di provocare embolia.

embricato [em-bri-cà-to] *agg.* **1** ricoperto di embrici: *tetto* — **2** si dice di foglie, penne, squame di pesci o di rettili parzialmente sovrapposte le une alle altre.

embrice [ém-bri-ce] *s.m.* lastra di terracotta di forma trapezoidale allungata con i bordi convergenti rialzati, usata per la copertura dei tetti; tegola piana.

embrio- primo elemento di termini scientifici composti che significa 'embrione, feto' (*embriogenesi, embriologia*).

embriogenesi [em-brio-gè-ne-ʃi] *s.f.* (*biol.*) il complesso dei fenomeni di formazione e sviluppo dell'embrione umano e animale.

embriologia [em-bri-o-lo-gì-a] *s.f.* parte della biologia che studia la formazione e lo sviluppo dell'embrione.

embriologico [em-bri-o-lò-gi-co] *agg.* [pl.m. *-ci*] che riguarda l'embriologia.

embriologo [em-bri-ò-lo-go] *s.m.* [f. *-a*; pl.m. *-gi*] studioso di embriologia.

embrionale [em-bri-o-nà-le] *agg.* **1** (*biol.*) dell'embrione, che concerne l'embrione: *sviluppo* — **2** (*fig.*) che è allo stato di abbozzo; non ancora ben definito e sviluppato: *idee allo stato* —.

embrione [em-bri-ó-ne] *s.m.* **1** (*biol.*) l'organismo vivente nelle primissime fasi del suo sviluppo | in ostetricia, il prodotto del concepimento sino alla fine del terzo mese di vita intrauterina **2** (*bot.*) piantina che si trova nel seme delle piante superiori **3** (*fig.*) il primo stadio di qlco., abbozzo: *progetto in* —.

emendabile [e-men-dà-bi-le] *agg.* che si può emendare: *errore* —.

emendamento [e-men-da-mén-to] *s.m.* **1** l'emendare, l'essere emendato **2** nella terminologia parlamentare, modifica parziale apportata a un progetto di legge durante la sua discussione: *votare, respingere un* —.

emendare [e-men-dà-re] *v.tr.* [*io emèndo ecc.*] liberare da difetti o imperfezioni; correggere: — *lo stile* | — *un progetto di legge*, modificarlo nel corso della discussione parlamentare | — *un terreno*, (*agr.*) migliorarne la costituzione fisico-chimica ♦ **emendarsi** *v.rifl.* correggersi.

emergente [e-mer-gèn-te] *agg.* che comincia a imporsi, che va acquistando un particolare rilievo: *ceto, classe* —.

emergenza [e-mer-gèn-za] *s.f.* situazione particolarmente critica, difficile: *piano di, stato di* — | *freno di* —, quello che serve in caso di avaria del freno principale.

emergere [e-mèr-ge-re] *v.intr.* [pres. *io emèrgo, tu emèrgi ecc.*; pass.rem. *io emèrsi, tu emergésti ecc.*; part.pass. *emèrso*; aus. *essere*] **1** affiorare da un liquido, venire in superficie: *il sommergibile è emerso* **2** (*estens.*) venir fuori, mostrarsi al di sopra; apparire: *torre che emerge tra le case*; *nel buio emerse una figura indistinta* **3** (*fig.*) risultare, manifestarsi con evidenza: *dalle prove emerge la sua responsabilità* | segnalarsi, distinguersi: *Mozart emerge tra i* (o *sui*) *musicisti del suo tempo.*

emerito [e-mè-ri-to] *agg.* **1** che non esercita più un ufficio, ma ne conserva, onorificamente o con limitate attribuzioni, il grado: *professore* — **2** (*estens.*) insigne, famoso (spec. *iron.*): *un — imbroglione.*

emeroteca [e-me-ro-tè-ca] *s.f.* raccolta di giornali e periodici | edificio, sala dove vengono custodite tali raccolte.

emersione [e-mer-sió-ne] *s.f.* **1** l'emergere; l'affiorare; il venire a galla: *l'— di un sommergibile* **2** (*geol.*) fenomeno per cui terre sommerse s'innalzano lentamente al di sopra della superficie delle acque **3** (*astr.*) riapparizione di un astro dopo un'occultazione o un'eclisse.

emerso [e-mèr-so] *agg.* che sta fuori dalle acque: *terre emerse.*

emetico [e-mè-ti-co] *agg.* e *s.m.* [pl.m. *-ci*] si dice di farmaco capace di provocare il vomito.

emettere [e-mét-te-re] *v.tr.* [coniugato come *mettere*] **1** mandar fuori: — *un suono* **2** (*fig.*) mettere in circolazione: — *francobolli, azioni* **3** (*fig.*) emanare, promulgare: — *un ordine, un decreto* **4** (*fig.*) esprimere, pronunciare: — *un giudizio.*

emi- primo elemento di parole composte che significa 'mezzo, metà'.

-emia secondo elemento di parole composte del linguaggio medico, che significa 'sangue'.

emiciclo [e-mi-cì-clo] *s.m.* spazio, luogo, edificio a forma di semicerchio: *l'— della camera dei deputati, del teatro greco.*

emicrania [e-mi-crà-nia] *s.f.* (*med.*) cefalea che colpisce una sola zona della testa | (*estens.*) mal di testa.

emigrante [e-mi-gràn-te] *agg.* e *s.m.* e *f.* che/chi emigra, specialmente per lavoro.

emigrare [e-mi-grà-re] *v.intr.* [aus. *essere*; anche *avere* se il verbo è usato assol.] **1** lasciare il proprio paese o regione d'origine per trasferirsi altrove, provvisoriamente o definitivamente: — *in cerca di lavoro, per motivi politici*; — *in America*; *ha emigrato l'anno scorso* **2** detto di uccelli e di altri animali, migrare.

emigrato [e-mi-grà-to] *agg.* e *s.m.* [f. *-a*] che/chi ha lasciato, provvisoriamente o definitivamente, il paese d'origine, specialmente per lavoro.

emigrazione [e-mi-gra-zió-ne] *s.f.* **1** l'emigrare: — *permanente, stagionale*; — *interna*, quella da una regione all'altra dello stesso stato; — *esterna*, quella da uno stato all'altro **2** (*non com.*) il complesso degli emigrati: *l'— italiana in Argentina* **3** riferito ad animali, migrazione **4** (*estens.*) trasferimento: — *di capitali verso mercati esteri.*

emiliano [e-mi-lià-no] *agg.* dell'Emilia ♦ *s.m.* [f. *-a*] nativo, abitante dell'Emilia.

eminente [e-mi-nèn-te] *agg.* **1** (*non com.*) che sovrasta in altezza; elevato: *un luogo —* **2** (*fig.*) che emerge, che eccelle, che si distingue fra tutti; illustre: *un'— personalità* **3** (*fig.*) notevole, rilevante: *i pregi eminenti di un'opera* □ **eminentemente** *avv.* prevalentemente: *una questione — giuridica.*

eminenza [e-mi-nèn-za] *s.f.* **1** (*non com.*) l'essere eminente; luogo eminente, elevato **2** (*fig.*) eccellenza, superiorità: *l'— della sua cultura* **3** titolo che spetta ai cardinali: *Sua Eminenza* **4** *— grigia*, consigliere segreto di un alto personaggio; (*estens.*) chi gode di grande potenza e influenza pur restando nell'ombra.

emiparesi [e-mi-pa-rè-ʃi] *s.f.* (*med.*) paresi che investe una metà del corpo.

emiplegia [e-mi-ple-gì-a] *s.f.* (*med.*) paralisi di tutta una metà (destra o sinistra) del corpo.

emirato [e-mi-rà-to] *s.m.* dignità, carica di emiro | territorio sul quale un emiro esercita il potere.

emiro [e-mì-ro] *s.m.* presso gli arabi, governatore di una tribù o di una provincia; capo di uno stato monarchico: *l'— del Kuwait.*

emisferico [e-mi-sfè-ri-co] *agg.* [pl.m. *-ci*] di un emisfero; che ha forma di emisfero: *calotta emisferica.*

emisfero [e-mi-sfè-ro] *s.m.* **1** la metà di una sfera **2** ciascuna delle due parti in cui il globo terrestre è diviso dall'equatore: *— boreale, australe* | *— celeste*, ciascuna delle due parti in cui l'immaginaria sfera celeste è divisa dal proprio equatore **3** *— cerebrale*, (*anat.*) ognuna delle due masse laterali e simmetriche che costituiscono il cervello.

emissario[1] [e-mis-sà-rio] *s.m.* fiume o canale che raccoglie e scarica le acque di un lago.

emissario[2] *s.m.* [f. *-a*] persona inviata (specialmente da un governo) per assumere informazioni su qlco.; agente segreto, spia.

emissione [e-mis-sió-ne] *s.f.* **1** l'emettere, l'essere emesso: *— di voce* | (*fin.*) operazione con la quale si pongono in circolazione banconote, titoli, assegni | *istituto di —*, la banca centrale di un paese autorizzata a mettere in circolazione la moneta **2** (*telecom.*) diffusione nello spazio di onde elettromagnetiche che portano segnali.

emistichio [e-mi-stì-chio] *s.m.* la metà di un verso | (*estens.*) verso incompleto: *un — virgiliano.*

emittente [e-mit-tèn-te] *agg.* che emette; che fa un'emissione: *banca —* | che trasmette: *stazione radio —* ♦ *s.f.* (*telecom.*) stazione radio o video trasmittente: *— locale, nazionale* ♦ *s.m.* nella teoria della comunicazione, chi emette un messaggio.

emittenza [e-mit-tèn-za] *s.f.* **1** emissione, trasmissione di programmi radiotelevisivi **2** l'insieme delle emittenti radiotelevisive: *— pubblica, privata.*

emitteri [e-mìt-te-ri] *s.m.pl.* (*zool.*) ordine di insetti con apparato boccale atto a pungere e succhiare, a cui appartengono la cimice e la cicala.

emme [èm-me] *s.f.* o *m.invar.* nome della lettera *m.*

emmental [èm-men-tal] *s.m.invar.* formaggio svizzero di pasta dura con molti buchi, sapore dolce e colore giallognolo.

emo- primo elemento di parole composte che significa 'sangue, sanguigno, del sangue' (*emopoiesi, emoteca*).

emocromo [e-mo-crò-mo] *s.m.invar.* (*med.*) esame emocromocitometrico.

emocromocitometrico [e-mo-cro-mo-ci-to-mè-tri-co] *agg.* [pl.m. *-ci*] (*med.*) si dice dell'esame di laboratorio che determina il contenuto in emoglobina del sangue, il numero dei globuli rossi e dei globuli bianchi e la formula leucocitaria.

emocultura [e-mo-cul-tù-ra] *s.f.* (*med.*) prova diagnostica con la quale, coltivando il sangue in mezzo adatto, si scoprono i germi in esso presenti.

emodialisi [e-mo-di-à-li-ʃi] *s.f.* (*med.*) filtrazione del sangue eseguita mediante il rene artificiale.

emodializzato [e-mo-dia-liʒ-ʒà-to] *agg.* e *s.m.* [f. *-a*] che/chi è sottoposto a emodialisi.

emofilia [e-mo-fi-lì-a] *s.f.* (*med.*) malattia congenita ereditaria caratterizzata da una coagulazione troppo lenta del sangue, che provoca prolungate emorragie.

emofiliaco [e-mo-fi-lì-a-co] *agg.* [pl.m. *-ci*] (*med.*) relativo all'emofilia ♦ *agg.* e *s.m.* [f. *-a*] che/chi è affetto da emofilia.

emoglobina [e-mo-glo-bì-na] *s.f.* (*chim.*, *biol.*) sostanza proteica presente nei globuli rossi del sangue, al quale conferisce la caratteristica colorazione; trasporta l'ossigeno ai tessuti.

emolinfa [e-mo-lìn-fa] *s.f.* (*zool.*) liquido incolore circolante nel corpo di molti invertebrati, con funzione di trasporto di sostanze e di gas.

emolisi [e-mo-lì-ʃi] *s.f.* (*biol.*) dissoluzione dei globuli rossi presenti nel sangue.

emolliente [e-mol-lièn-te] *agg.* e *s.m.* **1** (*farm.*) si dice di preparato in grado di decongestionare i tessuti infiammati; lenitivo: *una pomata —* **2** (*ind. tessile*) si dice di sostanza usata per ammorbidire i tessuti.

emolumento [e-mo-lu-mén-to] *s.m.* (spec. *pl.*) somma corrisposta per compensare una prestazione di carattere professionale: *gli emolumenti dei consiglieri delegati.*

emopoiesi [e-mo-po-iè-ʃi], o **ematopoiesi**, *s.f.* (*biol.*) processo di formazione delle cellule del sangue, che avviene nel midollo osseo e nella milza.

emopoietico [e-mo-po-iè-ti-co], o **ematopoietico**, *agg.* [pl.m. *-ci*] (*biol.*) che riguarda l'emopoiesi; che provvede all'emopoiesi: *organi emopoietici* ♦ *agg.* e *s.m.* (*farm.*) si dice di sostanza o medicinale che stimola l'emopoiesi.

emorragia [e-mor-ra-gì-a] *s.f.* **1** (*med.*) fuoruscita di sangue dai vasi sanguigni | *— interna*, quella in cui il sangue rimane contenuto in una cavità interna **2** (*fig.*) perdita grave e prolungata: *— di capitali.*

emorragico [e-mor-rà-gi-co] *agg.* [pl.m. *-ci*] di

emorragia, relativo a emorragia: *febbre emorragica.*
emorroidi [e-mor-ròi-di] *s.f.pl.* (*med.*) dilatazioni varicose delle vene del retto e dell'ano.
emostasi [emò-sta-ʃi] *s.f.* (*med.*) arresto, provocato o spontaneo, di un'emorragia.
emostatico [e-mo-stà-ti-co] *agg.* e *s.m.* [pl.m. *-ci*] si dice di ogni farmaco o mezzo capace di arrestare le emorragie: *laccio, cotone —.*
emoteca [e-mo-tè-ca] *s.f.* luogo dove si preparano e si conservano il sangue e il plasma sanguigno per trasfusioni.
emoterapia [e-mo-te-ra-pì-a] *s.f.* (*med.*) terapia praticata per mezzo di trasfusioni.
emotisi → **emottisi**.
emotività [e-mo-ti-vi-tà] *s.f.* **1** (*psicol.*) capacità di provare emozioni **2** facilità a emozionarsi, a commuoversi; impressionabilità: *controllare la propria —.*
emotivo [e-mo-tì-vo] *agg.* che si riferisce all'emozione; dovuto a emozione: *reazione emotiva* ♦ *agg.* e *s.m.* [f. *-a*] che/chi ha tendenza a emozionarsi, a commuoversi in modo eccessivo: *temperamento —* □ **emotivamente** *avv.* dal punto di vista emotivo: *un ragazzo — fragile* | in modo emotivo, non razionale: *reagire —.*
emotorace [e-mo-to-rà-ce] *s.m.* (*med.*) presenza di sangue nella cavità toracica.
emottisi [e-mot-tì-ʃi], pop. **emotisi**, *s.f.* (*med.*) uscita di sangue dalla bocca dovuta a lesioni delle vie respiratorie; sbocco di sangue.
emozionale [e-mo-zio-nà-le] *agg.* (*psicol.*) di emozione, relativo a emozione: *stato —.*
emozionante [e-mo-zio-nàn-te] *agg.* che produce emozione, entusiasmo, eccitamento: *un film —.*
emozionare [e-mo-zio-nà-re] *v.tr.* [*io emozióno ecc.*] mettere in uno stato di emozione; turbare, impressionare (anche *assol.*): *una scena che emoziona* ♦ **emozionarsi** *v.intr.pron.* provare emozione; turbarsi, impressionarsi: *una persona che si emoziona facilmente.*
emozionato [e-mo-zio-nà-to] *agg.* in preda all'emozione; turbato, agitato: *era tanto — che non riusciva a parlare.*
emozione [e-mo-zió-ne] *s.f.* (*psicol.*) intensa reazione affettiva, in genere accompagnata da modificazioni fisiologiche e psichiche (rossore, sudore) | (*estens.*) impressione viva, turbamento: *provare una forte —; andare in cerca di emozioni,* di esperienze eccitanti.
empatia [em-pa-tì-a] *s.f.* (*psicol.*) capacità di immedesimarsi in un'altra persona, di calarsi nei suoi pensieri e stati d'animo.
empietà [em-pie-tà] *s.f.* **1** l'essere empio **2** azione empia; parole empie: *commettere, dire —.*
empio [ém-pio] *agg.* **1** che disprezza ciò che è sacro; profanatore, sacrilego: *dottrine, parole empie* **2** spietato, crudele: *regno, tiranno —.*
empire [em-pì-re] *v.tr.* [pres. *io émpio, tu émpi, egli émpie, noi empiamo, voi empite, essi émpiono*; pass.rem. *io empìi, tu empisti ecc.*; imperf. *io empivo ecc.*; fut. *io empirò ecc.*; pres.congiunt. *io émpia ecc.*; imperf.congiunt. *io empissi ecc.*; cond. *io empirèi ecc.*; imp. *émpi, empite*; ger. *empièndo*; part.pass. *empito* o *empiuto*] (*non com.*) riempire, colmare ♦ **empirsi** *v.rifl.* (*fam.*) mangiare a sazietà, rimpinzarsi ♦ *v.intr.pron.* diventare pieno, riempirsi: *la sala si empì di gente.*
empireo [em-pì-reo] *agg.* nella filosofia medievale, si diceva del più alto dei cieli, sede di Dio e dei beati ♦ *s.m.* il cielo empireo.
empiria [em-pi-rì-a] *s.f.* (*filos.*) l'esperienza, intesa come attività pratica.
empirico [em-pì-ri-co] *agg.* [pl.m. *-ci*] **1** che si fonda sull'esperienza e non su presupposti teorici: *scienze empiriche* **2** (*estens.*) basato soltanto sulla pratica; non scientifico: *rimedi empirici* □ **empiricamente** *avv.*
empirismo [em-pi-rì-ʃmo] *s.m.* **1** l'essere empirico; metodo, criterio fondato sull'esperienza **2** (*filos.*) ogni dottrina che considera l'esperienza come fonte unica di conoscenza.
empirista [em-pi-rì-sta] *s.m.* e *f.* [pl.m. *-sti*] **1** chi è seguace, assertore dell'empirismo **2** chi agisce in modo empirico.
empiristico [em-pi-rì-sti-co] *agg.* [pl.m. *-ci*] che ha relazione con l'empirismo o con gli empiristi: *teorie empiristiche* □ **empiristicamente** *avv.*
empito [ém-pi-to] *s.m.* (*lett.*) impeto.
emporio [em-pò-rio] *s.m.* **1** grande centro di commercio, luogo di raccolta e smistamento di merci: *il Pireo fu il maggiore — della Grecia antica* **2** grande magazzino dove si vendono merci di ogni genere; negozio che vende prodotti vari.
emù [e-mù] *s.m.* uccello australiano simile allo struzzo d'Africa, ma più piccolo; ha piumaggio bruno e ali brevissime.
emulare [e-mu-là-re] *v.tr.* [*io èmulo ecc.*] cercare di uguagliare o di superare: *— i propri maestri.*
emulatore [e-mu-la-tó-re] *s.m.* [f. *-trice*] chi emula; chi mostra spirito di emulazione, di competizione.
emulazione [e-mu-la-zió-ne] *s.f.* l'emulare; l'atteggiamento di chi cerca di raggiungere o superare gli altri: *spirito d'—,* fervore competitivo.
emulo [è-mu-lo] *s.m.* [f. *-a*] chi emula | chi è uguale a qlcu. in merito, abilità, valore: *Napoleone fu — di Cesare.*
emulsionante [e-mul-sio-nàn-te] *agg.* e *s.m.* (*chim.*) si dice di sostanze che facilitano la formazione di emulsioni o ne aumentano la stabilità.
emulsionare [e-mul-sio-nà-re] *v.tr.* [*io emulsióno ecc.*] ridurre a emulsione.
emulsione [e-mul-sió-ne] *s.f.* **1** (*chim.*) mescolanza di due liquidi non solubili tra loro, uno dei quali è disperso nell'altro sotto forma di minutissime gocce: *— medicamentosa* **2** (*foto.*) preparato chimico sensibile alla luce, applicato sulle lastre o sulle pellicole.
enartrosi [e-nar-trò-ʃi] *s.f.* (*anat.*) articolazione mobile con superfici sferiche, di cui l'una è concava e l'altra convessa (*p.e.* quelle dell'anca e della spalla).

encausto [en-càu-sto] *s.m.* **1** antica tecnica pittorica consistente nell'uso di colori diluiti con cera fusa e applicata a caldo **2** soluzione di cera usata per lucidare il legno.
encefalite [en-ce-fa-li-te] *s.f.* (*med.*) termine generico per indicare processi infiammatori dell'encefalo: — *emorragica, epidemica.*
encefalitico [en-ce-fa-lì-ti-co] *agg.* [pl.m. *-ci*] (*med.*) relativo all'encefalite ♦ *agg.* e *s.m.* [f. *-a*] che/chi è affetto da encefalite.
encefalo [en-cè-fa-lo] *s.m.* (*anat.*) la parte del sistema nervoso centrale racchiusa nel cranio, costituita dal cervello, dal cervelletto e dal midollo allungato.
encefalografia [en-ce-fa-lo-gra-fì-a] *s.f.* (*med.*) esame radiografico dell'encefalo.
encefalogramma [en-ce-fa-lo-gràm-ma] *s.m.* (*med.*) grafico ottenuto come risultato dell'encefalografia: — *piatto,* che non registra alcuna reazione dell'encefalo.
encefalopatia [en-ce-fa-lo-pa-tì-a] *s.f.* (*med.*) qualsiasi malattia dell'encefalo di natura non infiammatoria.
enciclica [en-cì-cli-ca] *s.f.* lettera di carattere dottrinale o pastorale, solitamente in latino, che il papa indirizza ai fedeli di tutto il mondo.
enciclopedia [en-ci-clo-pe-dì-a] *s.f.* opera che raccoglie sistematicamente, per lo più in ordine alfabetico, nozioni relative a tutte le discipline o a una disciplina particolare: — *giuridica.*
enciclopedico [en-ci-clo-pè-di-co] *agg.* [pl.m. *-ci*] **1** che concerne l'enciclopedia o ha carattere di enciclopedia: *manuale* —; *dizionario* —, che registra, insieme alle voci proprie di un'enciclopedia (scientifiche, storiche, biografiche ecc.), anche le voci della lingua comune **2** (*fig.*) che ha o denota conoscenze molto vaste in diversi campi del sapere: *cultura enciclopedica.*
enciclopedismo [en-ci-clo-pe-dì-ʃmo] *s.m.* preparazione culturale vasta e diversificata; cultura enciclopedica.
enclave [/ an'klav /] *s.f.invar.* (*fr.*) territorio situato geograficamente entro i confini di uno stato (o di una regione, una provincia) diverso da quello di appartenenza (*p.e.* Campione d'Italia, comune italiano, si trova in Svizzera; Badia Tedalda, provincia di Arezzo, si trova nelle Marche).
enclisi [èn-cli-ʃi] *s.f.* (*ling.*) fenomeno che si produce quando una parola atona si appoggia alla parola precedente formando con essa un'unità fonetica (p.e. *scrìvimi, lèggilo, dicèndogli*); si contrappone a *proclisi* | *doppia* —, quando sono due le parole atone che si appoggiano alla parola precedente (p.e. *dìmmelo*).
enclitico [en-clì-ti-co] *agg.* [pl.m. *-ci*] (*ling.*) si dice di parola atona che si appoggia alla parola precedente: *pronome* — | Usato anche come *s.f.*: *le enclitiche.*
encomiabile [en-co-mià-bi-le] *agg.* degno di encomio, lodevole: *comportamento* —.
encomiare [en-co-mià-re] *v.tr.* [*io encòmio ecc.*] tributare un encomio; lodare pubblicamente e solennemente: — *il coraggio di un soldato.*
encomiastico [en-co-mià-sti-co] *agg.* [pl.m. *-ci*] di encomio; che encomia: *componimento* —.
encomio [en-cò-mio] *s.m.* lode pubblica e solenne fatta da persona autorevole: *rivolgere un* —; *lettera d'*— | riconoscimento al valor militare: — *semplice, solenne.*
endecaedro [en-de-ca-è-dro] *s.m.* poliedro che ha undici facce.
endecasillabo [en-de-ca-sìl-la-bo] *agg.* e *s.m.* si dice di verso il cui ultimo accento ritmico cade sulla decima sillaba; di solito ha undici sillabe (— *piano*), ma può averne dieci (— *tronco*) o anche dodici (— *sdrucciolo*) | *endecasillabi sciolti,* non collegati fra loro da rima.
endemicità [en-de-mi-ci-tà] *s.f.* carattere endemico: *l'— di una malattia.*
endemico [en-dè-mi-co] *agg.* [pl.m. *-ci*] **1** (*med.*) si dice di malattia infettiva costantemente presente in un territorio **2** (*biol.*) si dice di specie animali o vegetali che si trovano esclusivamente in un dato territorio **3** (*fig.*) persistente, diffuso, radicato in un certo ambiente: *povertà endemica.*
endemismo [en-de-mì-ʃmo] *s.m.* (*biol.*) presenza permanente di una specie animale o vegetale, o di una malattia infettiva, in una regione circoscritta.
endiadi [en-dì-a-di] *s.f.* figura retorica che esprime con due termini coordinati un unico concetto (p.e. *la fortuna e il caso,* per *il caso fortunato*).
endo- primo elemento di termini scientifici composti che significa 'dentro, interno, posto nell'interno' (*endocarpo, endogeno*); si contrappone a *eso-.*
endocardio [en-do-càr-dio] *s.m.* (*anat.*) membrana che riveste le cavità del cuore.
endocarpo [en-do-càr-po], o **endocarpio**, *s.m.* (*bot.*) la parte più interna del frutto, vicino al seme.
endocellulare [en-do-cel-lu-là-re] *agg.* (*biol.*) che si trova o che avviene all'interno della cellula.
endocrino [en-dò-cri-no] *agg.* (*biol.*) si dice della secrezione delle ghiandole o delle cellule che versano direttamente nel sangue i propri prodotti; anche, di tali ghiandole o cellule.
endocrinologia [en-do-cri-no-lo-gì-a] *s.f.* branca della medicina che studia le ghiandole endocrine.
endocrinologo [en-do-cri-nò-lo-go] *s.m.* [f. *-a*; pl.m. *-gi*] specialista in endocrinologia.
endoderma [en-do-dèr-ma] *s.m.* [pl. *-mi*] (*bot.*) lo strato cellulare più interno della corteccia del fusto e della radice.
endodonzia [en-do-don-zì-a] *s.f.* (*med.*) branca dell'odontoiatria che studia la cavità dentaria.
endofasia [en-do-fa-ʃì-a] *s.f.* (*psicol.*) stato di allucinazione per effetto del quale si crede di avvertire delle voci interne.
endogamia [en-do-ga-mì-a] *s.f.* **1** (*etnol.*) regola che impone il matrimonio all'interno del proprio gruppo di parentela o etnico, sociale **2**

(*biol.*) riproduzione fra individui dello stesso ceppo.
endogamico [en-do-gà-mi-co] *agg.* [pl.m. *-ci*] relativo ad endogamia: *matrimonio —*.
endogenesi [en-do-gè-ne-ʃi] *s.f.* (*scient.*) generazione, formazione interna.
endogeno [en-dò-ge-no] *agg.* **1** (*scient.*) che nasce, ha origine nell'interno: *malattie endogene* | *spore endogene*, in botanica, quelle che si formano all'interno della cellula **2** (*geol.*) si dice delle forze che agiscono all'interno della Terra e dei fenomeni connessi con l'attività di tali forze.
endometrio [en-do-mè-trio] *s.m.* (*anat.*) mucosa che riveste la cavità interna dell'utero.
endoplasma [en-do-plà-ʃma] *s.m.* [pl. *-smi*] (*biol.*) parte centrale del citoplasma cellulare.
endoplasmatico [en-do-pla-ʃmà-ti-co] *agg.* [pl.m. *-ci*] (*biol.*) dell'endoplasma: *reticolo —*.
endoreattore [en-do-re-at-tó-re] *s.m.* (*aer.*) motore termico a combustione interna continua, detto anche *motore a razzo*.
endorfina [en-dor-fi-na] *s.f.* (*biol.*) sostanza prodotta dal cervello che diminuisce la sensibilità al dolore.
endoscopia [en-do-sco-pì-a] *s.f.* (*med.*) ispezione diagnostica diretta di una cavità organica eseguita con l'endoscopio.
endoscopio [en-do-scò-pio] *s.m.* (*med.*) strumento capace di illuminare e ispezionare cavità interne dell'organismo (*p.e.* stomaco, bronchi).
endotelio [en-do-tè-lio] *s.m.* (*anat.*) tessuto connettivale che ricopre la superficie interna dei vasi sanguigni, linfatici e del cuore.
endovena [en-do-vé-na] *s.f.* iniezione endovenosa: *fare un'—* || Con val. di *avv.* per mezzo di un'endovena: *iniettare una sostanza endovena*.
endovenoso [en-do-ve-nó-so] *agg.* (*med.*) che entra direttamente in una vena.
eneolitico [e-ne-o-lì-ti-co] *agg.* [pl.m. *-ci*] si dice dell'età preistorica del rame: *civiltà eneolitica* | Usato anche come *s.m.*: *reperti dell'—*.
energetico [e-ner-gè-ti-co] *agg.* [pl.m. *-ci*] che riguarda l'energia utilizzata dall'uomo per il lavoro, il riscaldamento, l'illuminazione ecc.: *fonte, crisi energetica* ♦ *agg.* e *s.m.* si dice di sostanza capace di fornire energia all'organismo: *alimento —*.
energia [e-ner-gì-a] *s.f.* **1** vigore fisico, forza (si usa spesso al *pl.*): *un uomo nel pieno delle energie* **2** vigore spirituale, risolutezza: *opporsi a qlcu. con —* **3** (*fis.*) la capacità di un corpo o di un sistema di compiere lavoro; la misura di questa capacità: *— cinetica, elettrica, nucleare* | *conservazione dell'—*, principio fondamentale della fisica, secondo il quale, in un sistema isolato, la quantità di energia rimane costante **4** *energie alternative*, denominazione corrente delle fonti energetiche primarie diverse dal petrolio, dal carbone e dall'energia nucleare (*p.e.* l'energia eolica, solare, geotermica) | *— dolce*, prodotta nel rispetto dell'ambiente da fonti rinnovabili.
energico [e-nèr-gi-co] *agg.* [pl.m. *-ci*] che ha o dimostra energia, che agisce con energia; risoluto, deciso: *carattere, rimedio —* □ **energicamente** *avv.*
energumeno [e-ner-gù-me-no] *s.m.* chi si comporta con violenza e brutalità, senza lasciarsi guidare dalla ragione.
enfant prodige [/ an'fan pro'diʒ /] *loc. sost.m.invar.* (*fr.*) bambino o bambina eccezionalmente precoce: *Mozart fu un —*.
enfant gâté [/ an'fan ga'te /] *loc.sost.m.invar.* (*fr.*) bambino viziato | (*estens.*) persona abituata a vedere soddisfatto ogni suo capriccio; persona avvezza alla vita comoda o ai facili successi.
enfant terrible [/ an'fa ter'ribl /] *loc.sost.m. invar.* (*fr.*) bambino turbolento | (*estens.*) chi, all'interno di un gruppo, si contrappone con vivacità e irriverenza agli orientamenti dominanti.
enfasi [èn-fa-ʃi] *s.f.* **1** solennità, calore eccessivi nel parlare, nello scrivere o nel gestire: *recitare con —* **2** figura retorica consistente nel dare particolare rilievo espressivo ai passi salienti di un discorso o di uno scritto.
enfatico [en-fà-ti-co] *agg.* [pl.m. *-ci*] pieno di enfasi; ricercato, solenne: *un oratore —*; *gesto, stile —* □ **enfaticamente** *avv.*
enfatizzare [en-fa-tiʒ-ʒà-re] *v.tr.* **1** pronunciare con enfasi **2** rendere enfatico; accentuare, esagerare: *— un avvenimento*.
enfisema [en-fi-ʃè-ma] *s.m.* [pl. *-mi*] (*med.*) infiltrazione di gas, generalmente aria, in un organo o tessuto: *— sottocutaneo* | *— polmonare*, dilatazione degli alveoli polmonari.
enfiteusi [en-fi-tèu-ʃi] *s.f.* (*dir.*) concessione ad altri di un fondo agricolo, in perpetuo o per almeno vent'anni, in contropartita di migliorie e di un canone annuo.
enfiteuta [en-fi-tèu-ta] *s.m.* [pl. *-ti*] (*dir.*) titolare di un diritto di enfiteusi.
engagé [/ anga'ʒe /] *agg.* [f. *-ée*; pl.m. *-és*, f. *-ées*] (*fr.*) si dice di artista o intellettuale impegnato socialmente e politicamente.
engagement [/ angaʒ'man /] *s.m.invar.* (*fr.*) impegno sociale e politico da parte dell'artista, dell'intellettuale: *la letteratura dell'—*.
engineering [/ endʒi'niriŋ /] *s.m.invar.* (*ingl.*) l'insieme delle attività connesse alla progettazione, alla produzione e al controllo di impianti industriali.
enidrocoltura [e-ni-dro-col-tù-ra] *s.f.* acquicoltura.
enigma [e-nìg-ma] *s.m.* [pl. *-mi*] **1** breve componimento che in forma oscura e ambigua allude a una parola o a un concetto da indovinare; indovinello: *risolvere un —* **2** (*estens.*) frase oscura, di difficile interpretazione: *esprimersi per enigmi* **3** (*fig.*) cosa ambigua, poco chiara; mistero: *la sua scomparsa resta un —* | persona sfuggente, misteriosa: *quella ragazza è un —*.
enigmaticità [e-nig-ma-ti-ci-tà] *s.f.* l'essere enigmatico: *l'— di un comportamento*.
enigmatico [e-nig-mà-ti-co] *agg.* [pl.m. *-ci*] che

ha carattere d'enigma; misterioso, oscuro, incomprensibile: *discorso* —; *persona enigmatica* □ **enigmaticamente** *avv.*
enigmista [e-nig-mì-sta] *s.m.* e *f.* [pl.m. *-sti*] chi si occupa di enigmistica; chi è abile a inventare o a risolvere enigmi.
enigmistica [e-nig-mì-sti-ca] *s.f.* l'arte di comporre e risolvere enigmi, sciarade, rebus | l'insieme dei giochi enigmistici.
enigmistico [e-nig-mì-sti-co] *agg.* [pl.m. *-ci*] che riguarda gli enigmi, l'enigmistica: *gioco, settimanale* —.
enjambement [/ anʒamb'man /] *s.m.invar.* (*fr.*) in poesia, procedimento che consiste nel collocare due parole con un vincolo sintattico molto forte una alla fine di un verso, l'altra all'inizio del successivo.
ennagono [en-nà-go-no] *s.m.* (*geom.*) poligono che ha nove lati e nove angoli.
enne [èn-ne] *s.f.* o *m.invar.* nome della lettera *n*.
-enne secondo elemento di parole composte che indicano gli anni di età (*seienne, ventenne*).
ennesimo [en-nè-ʃi-mo] *agg.* **1** (*mat.*) che si riferisce alla lettera *n*, simbolo matematico di un numero intero positivo indeterminato | *elevare un numero all'ennesima potenza*, a un esponente indeterminato **2** nel linguaggio comune, che corrisponde a un numero altissimo ma indeterminato: *te lo ripeto per l'ennesima volta.*
-ennio secondo elemento di parole composte che indicano un periodo di un certo numero di anni (*ventennio, cinquantennio*).
eno- primo elemento di parole composte che significa 'vino' (*enopolio, enologo*).
enofilo [e-nò-fi-lo] *agg.* che cura la produzione di vino e i modi per migliorarla: *circolo, consorzio* —.
enogastronomia [e-no-ga-stro-no-mì-a] *s.f.* l'arte di saper accoppiare i vini ai cibi.
enologia [e-no-lo-gì-a] *s.f.* tecnica della produzione, della conservazione e dell'invecchiamento dei vini.
enologico [e-no-lò-gi-co] *agg.* [pl.m. *-ci*] dell'enologia, che riguarda l'enologia: *industria enologica.*
enologo [e-nò-lo-go] *s.m.* [f. *-a*; pl.m. *-gi*] chi si occupa di enologia; esperto di enologia.
enorme [e-nór-me] *agg.* che esce dai limiti normali, consueti: *quello che sta accadendo è veramente* — | molto grande; smisurato: *un palazzo* —; *uno sbaglio* — □ **enormemente** *avv.* smisuratamente; moltissimo: *divertirsi* —.
enormità [e-nor-mi-tà] *s.f.* **1** l'essere enorme (spec. *fig.*): *l'— delle sue pretese* **2** cosa enorme, eccessiva: *costa un'*—, un prezzo esorbitante | parola o atto irragionevole, che causa indignazione: *dire, fare delle* —.
enoteca [e-no-tè-ca] *s.f.* collezione di vini pregiati | (*estens.*) luogo per l'esposizione, l'assaggio e la vendita di vini.
enotecnica [e-no-tèc-ni-ca] *s.f.* la tecnica della lavorazione dei vini; enologia.
enoteracee [e-no-te-rà-ce-e] *s.f.pl.* (*bot.*) famiglia di piante erbacee dicotiledoni diffuse nelle regioni temperate, alla quale appartiene la fucsia.
en passant [/ anpa'ssan /] *loc.avv.* (*fr.*) di sfuggita, incidentalmente: *dire una cosa* —.
en plein [/ an'plɛn /] *loc.sost.m.invar.* (*fr.*) nel gioco della roulette e in altri giochi, la massima vincita possibile | *fare l'*—, (*fig.*) avere pieno successo in qlco.
-ense suffisso che indica l'appartenenza a un'etnia o a un luogo geografico (*eporediense*) o relazione d'altro tipo (*forense, circense*).
ensemble [/ an'sambl /] *s.m.* [pl. *ensembles*] (*fr.*) **1** (*mus.*) nell'orchestrazione dei pezzi di musica leggera, notazione che indica l'intervento contemporaneo di tutti gli strumenti **2** (*mus.*) complesso strumentale **3** nel linguaggio della moda, abito completo di giacca e accessori.
ente [èn-te] *s.m.* **1** (*filos.*) ciò che esiste o può esistere (in opposizione a ciò che non è o non può esistere) | *l'— supremo*, Dio **2** (*dir.*) istituzione dotata di personalità giuridica: — *pubblico*; *enti locali*, le amministrazioni comunali, provinciali e regionali **3** (*mat.*) oggetto astratto avente determinate proprietà: *il punto, la retta, il piano sono enti geometrici.*
-ente suffisso del part. pres. dei verbi in *-ere* e *-ire*, molti dei quali aggettivati o sostantivati (*perdente, morente*).
enterico [en-tè-ri-co] *agg.* [pl.m. *-ci*] (*med.*) intestinale.
enterite [en-te-rì-te] *s.f.* (*med.*) infiammazione dell'intestino tenue.
entero- primo elemento di termini scientifici composti che significa 'intestino' (*enterocolite*).
enteroclisi [en-te-ro-clì-ʃi] *s.f.* (*med.*) lavaggio dell'intestino praticato mediante l'introduzione per via rettale di opportune soluzioni.
enteroclisma [en-te-ro-clì-ʃma] *s.m.* [pl. *-ʃmi*] (*med.*) **1** enteroclisi **2** apparecchio usato per praticare l'enteroclisi.
enterocolite [en-te-ro-co-lì-te] *s.f.* (*med.*) infiammazione dell'intestino tenue e del colon.
enterologia [en-te-ro-lo-gì-a] *s.f.* settore della medicina che studia l'intestino.
enteropatia [en-te-ro-pa-tì-a] *s.f.* (*med.*) termine generico per indicare qualunque affezione intestinale.
entertainment [/ enter'teinment /] *s.m.invar.* (*ingl.*) spettacolo leggero, di evasione, radiofonico o televisivo.
entità [en-ti-tà] *s.f.* **1** (*filos.*) l'essenza dell'ente; ciò per cui un certo ente è quello che è | (*estens.*) qualsiasi ente senza alcuna determinazione o riferimento particolare: *un'— astratta* **2** importanza, consistenza, valore: *danni di lieve* —.
entomo- primo elemento di parole composte della terminologia scientifica che significa 'insetto'.
entomofago [en-to-mò-fa-go] *agg.* e *s.m.* [pl.m. *-gi*] si dice di animale che si nutre di insetti.

entomofilia [en-to-mo-fi-lì-a] *s.f.* (*bot.*) impollinazione a opera degli insetti.
entomofilo [en-to-mò-fi-lo] *agg.* (*bot.*) si dice di pianta in cui l'impollinazione avviene a opera degli insetti.
entomologia [en-to-mo-lo-gì-a] *s.f.* ramo della zoologia che studia gli insetti.
entomologico [en-to-mo-lò-gi-co] *agg.* [pl.m. *-ci*] che concerne l'entomologia.
entomologo [en-to-mò-lo-go] *s.m.* [f. *-a*; pl.m. *-gi*] studioso di entomologia.
entourage [/ antu'raʒ /] *s.m.invar.* (*fr.*) il seguito, la cerchia di un personaggio; ambiente, gruppo che si frequenta abitualmente: *l'— di un uomo politico.*
entracte [/ an'trakt /] *s.m.invar.* (*fr.*) intervallo.
entraîneuse [/ antre'nøz /] *s.f.invar.* (*fr.*) donna che nei locali notturni intrattiene i clienti.
entrambi [en-tràm-bi] *pron.m.pl.* e *agg.* [f. *entrambe*; usato come *agg.* è seguito dall'art. determ.] tutti e due, ambedue: *sono partiti —*; *— i lati.*
entrante [en-tràn-te] *agg.* **1** che sta per cominciare, detto di periodi di tempo: *il mese —* **2** che ha appena preso possesso di una carica: *il sindaco —* **3** (*fig.*) che s'intromette; invadente.
entrare [en-trà-re] *v.intr.* [*io éntro ecc.*; aus. *essere*] **1** penetrare in un luogo, andar dentro, introdursi (anche *fig.*): *— in casa*; *— dalla porta, per la finestra*; *questo non gli entra in testa*, non riesce a capirlo | *— nella parte, nel personaggio*, interpretarlo con grande verosimiglianza, immedesimarvisi **2** poter essere contenuto: *nella valigia non entra tutto*; *il due entra nell'otto quattro volte* **3** (*fig.*) essere ammesso in un gruppo; essere assunto in una carica: *— nell'esercito, nella magistratura* | *— in società*, cominciare a far vita sociale **4** (*fig.*) cominciare un'attività; venirsi a trovare in una nuova condizione: *— in guerra, in trattative* | *— in azione*, cominciare ad agire | *— in ballo, in gioco*, intervenire, inserirsi | *— in vigore*, detto di leggi e norme, diventare esecutivo | *— in possesso di qlco.*, diventarne possessore | *— in contatto*, stabilire rapporti diretti **5** (*fig.*) interferire, immischiarsi: *— negli affari di qlcu.* | *c'entra, non c'entra*, ha o non ha attinenza con ciò di cui si parla **6** (*mus.*) cominciare a suonare, detto degli strumenti di un complesso: *a questo punto entrano i violini* **7** (*sport*) effettuare un'entrata.
entrata [en-trà-ta] *s.f.* **1** l'entrare (anche *fig.*): *— libera*; *l'— in guerra* **2** luogo per cui si entra; ingresso: *l'— del porto*; *l'— del museo* **3** (*mus.*) l'inizio di una parte vocale o strumentale **4** (*sport*) intervento deciso per contrastare l'azione dell'avversario: *— pericolosa* **5** *spec.pl.* incasso, reddito, guadagno: *le entrate e le uscite.*
entratura [en-tra-tù-ra] *s.f.* **1** (*non com.*) l'entrare; entrata **2** (*non com.*) tassa d'iscrizione o d'ammissione, soprattutto ai concorsi ippici **3** (*fig.*) il poter frequentare una persona influente o un ambiente importante.
entrée [/ an'tre /] *s.f.invar.* (*fr.*; *gastr.*) nei grandi pranzi, la portata che si serve dopo la minestra.
entremets [/ antre'mɛ /] *s.m.invar.* (*fr.*) (*gastr.*) nei grandi pranzi, portata leggera che si serve prima dell'arrosto.
entro [én-tro] *prep.* **1** (*lett.*) dentro **2** (*con valore temporale*) prima della fine di: *— un mese*; *— l'autunno.*
entrobordo [en-tro-bór-do] *s.m.invar.* **1** imbarcazione dotata di motore interno; il motore stesso | Usato come *agg.invar.*: *motore —* **2** l'interno dello scafo.
entropia [en-tro-pì-a] *s.f.* (*fis.*) grandezza termodinamica che esprime la degradazione dell'energia all'interno di un sistema (al crescere dell'entropia, diminuisce l'energia utilizzabile) | *— dell'universo*, nell'ipotesi dell'universo finito, indice della graduale degradazione di materia ed energia fino alla morte termica dell'universo stesso.
entropico [en-trò-pi-co] *agg.* [pl.m. *-ci*] di entropia, relativo a entropia: *diagramma —.*
entroterra [en-tro-tèr-ra] *s.m.invar.* territorio che si stende dietro la costa; retroterra: *l'— ligure.*
entusiasmante [en-tu-ʃia-ʃmàn-te] *agg.* che desta entusiasmo; appassionante: *un concerto, uno spettacolo —.*
entusiasmare [en-tu-ʃia-ʃmà-re] *v.tr.* riempire di entusiasmo; appassionare, infiammare: *il film ha entusiasmato il pubblico* ♦ **entusiasmarsi** *v.intr.pron.* farsi prendere da entusiasmo, da passione per qlco.
entusiasmo [en-tu-ʃià-ʃmo] *s.m.* commozione intensa dell'animo, di gioia o ammirazione; spinta emotiva che porta ad impegnarsi in una causa: *suscitare — per qlco.*; *lasciarsi prendere dall'—.*
entusiasta [en-tu-ʃià-sta] *agg.* [pl.m. *-sti*] che prova o rivela entusiasmo: *pubblico, risposta —* | molto soddisfatto, molto lieto: *è — del risultato* ♦ *s.m.* e *f.* chi è pieno di entusiasmo, chi si entusiasma facilmente | chi vive con slancio, con ottimismo.
entusiastico [en-tu-ʃià-sti-co] *agg.* [pl.m. *-ci*] che mostra entusiasmo; caloroso, fervido: *un applauso —* □ **entusiasticamente** *avv.*
enucleare [e-nu-cle-à-re] *v.tr.* [*io enùcleo ecc.*] mettere a fuoco e spiegare una questione nei suoi termini essenziali; individuare il nucleo di qlco. e portarlo alla luce: *— un argomento.*
enumerare [e-nu-me-rà-re] *v.tr.* [*io enùmero ecc.*] esporre con ordine; elencare: *— i rischi di un'impresa.*
enumerazione [e-nu-me-ra-zió-ne] *s.f.* l'enumerare: *un'— completa.*
enunciare [e-nun-cià-re] *v.tr.* [*io enùncio ecc.*] esporre con proprietà di termini un concetto, una questione: *— una teoria.*
enunciativo [e-nun-cia-tì-vo] *agg.* che tende o vale a enunciare | *proposizione enunciativa*, (*gramm.*) che esprime semplicemente un'affermazione o una negazione; è detta anche *assertiva.*

enunciato [e-nun-cià-to] *s.m.* **1** insieme di parole con cui si afferma o si nega qlco. **2** (*ling.*) sequenza sintatticamente definita di parole.
enunciazione [e-nun-cia-zió-ne] *s.f.* l'enunciare; ciò che si enuncia: *l'— di una regola.*
enuresi [e-nu-rè-ʃi] *s.f.* (*med.*) perdita involontaria di urine: *— notturna.*
enzima [en-ʒì-ma] *s.m.* [pl. *-mi*] (*chim., biol.*) sostanza di natura proteica capace di favorire determinate reazioni chimiche nell'organismo: *enzimi digerenti.*
enzimatico [en-ʒi-mà-ti-co] *agg.* [pl.m. *-ci*] (*chim., biol.*) relativo agli enzimi: *sistema, equilibrio —.*
e/o *loc.cong.* si usa, solo nella lingua scritta, per indicare la possibilità sia di un'aggiunta sia di un'alternativa.
eocene [e-o-cè-ne] *s.m.* (*geol.*) seconda epoca del paleogene.
eolico[1] [e-ò-li-co] *agg.* [pl.m. *-ci*] dell'Eolide, antica regione dell'Asia Minore: *dialetto —; poesia eolica.*
eolico[2] *agg.* [pl.m. *-ci*] del vento; operato o prodotto dal vento: *erosione, energia eolica.*
eolio[1] [e-ò-lio] *agg.* [pl.m. *-li*] eolico, dell'Eolide.
eolio[2] *agg.* (*lett.*) [pl.m. *-li*] eolico, del vento.
epatiche [e-pà-ti-che] *s.f.pl.* (*bot.*) classe di piccole piante briofite proprie dei luoghi umidi e ombrosi.
epatico [e-pà-ti-co] *agg.* [pl.m. *-ci*] di fegato; che riguarda il fegato: *estratto —; insufficienza epatica.*
epatite [e-pa-tì-te] *s.f.* (*med.*) termine generico che indica un processo infiammatorio acuto o cronico del fegato: *— virale*, malattia infettiva epidemica di origine virale.
epato- primo elemento di parole composte della terminologia medica che significa 'fegato' (*epatoscopia, epatosi*).
epatobiliare [e-pa-to-bi-lià-re] *agg.* (*med.*) che si riferisce al fegato e alle vie biliari: *infezione —.*
epatografia [e-pa-to-gra-fì-a] *s.f.* (*med.*) qualsiasi tipo di esame radiologico riguardante il fegato.
epatomegalia [e-pa-to-me-ga-li-a] *s.f.* (*med.*) ingrossamento anormale del fegato.
epatopatia [e-pa-to-pa-tì-a] *s.f.* (*med.*) affezione del fegato.
epatoprotettivo [e-pa-to-pro-tet-tì-vo] *agg.* e *s.m.* epatoprotettore.
epatoprotettore [e-pa-to-pro-tet-tó-re] *agg.* e *s.m.* [f. *-trice*] (*farm.*) si dice di sostanza che esercita un'azione protettiva sul fegato.
epatosi [e-pa-tò-ʃi] *s.f.* (*med.*) ogni alterazione degenerativa del fegato non accompagnata da processo infiammatorio.
epentesi [e-pèn-te-ʃi] *s.f.* **1** (*ling.*) inserzione di un suono nel corpo di una parola (p.e. *fantasima* per *fantasma*) **2** gioco enigmistico consistente nel ricavare una parola da un'altra inserendovi una lettera all'interno (p.e. *barbone* da *barone*).
epi- primo elemento di parole composte che significa 'sopra, su, in' o anche 'dopo, di nuovo' (*epicarpo, epigrafe, epilogo*).
epica [è-pi-ca] *s.f.* genere di poesia che narra con intento celebrativo imprese eroiche; epopea: *l'— greca* | (*estens.*) poesia non lirica, di carattere narrativo: *— storica, romanzesca.*
epicardio [e-pi-càr-dio] *s.m.* (*anat.*) parte interna del pericardio che aderisce alla superficie esterna del cuore.
epicarpo [e-pi-càr-po], o **epicarpio**, *s.m.* (*bot.*) lo strato più esterno del frutto; buccia.
epicedio [e-pi-cè-dio] *s.m.* nell'antica lirica corale greca, canto funebre eseguito in presenza del defunto | (*estens.*) componimento poetico in morte di una persona.
epicentro [e-pi-cèn-tro] *s.m.* **1** (*geol.*) punto della superficie terrestre che si trova direttamente sopra il luogo di origine di un terremoto **2** (*fig.*) centro di diffusione di un fenomeno, di un processo, di un movimento ideologico: *l'— dei disordini.*
epico [è-pi-co] *agg.* [pl.m. *-ci*] **1** che narra e celebra imprese eroiche, storiche o leggendarie: *poesia epica* | proprio della poesia epica: *metro, stile —* **2** (*estens.*) si dice di poesia di carattere narrativo **3** (*fig.*) che ha dimensioni da epopea; grandioso, memorabile: *gesta epiche* ♦ *s.m.* scrittore di poesia epica: *gli epici greci.*
epicureismo [e-pi-cu-re-i-ʃmo] *s.m.* **1** la dottrina del filosofo greco Epicuro (341-270 a.C.), fondata su una concezione materialistica del mondo **2** (*estens.*) atteggiamento di vita ispirato alla ricerca del piacere.
epicureo [e-pi-cu-rè-o] *agg.* di Epicuro, dell'epicureismo: *filosofi epicurei* ♦ *s.m.* [f. *-a*] **1** seguace di Epicuro **2** (*estens.*) chi fa vita da gaudente, ricercando solo i piaceri materiali.
epidemia [e-pi-de-mì-a] *s.f.* **1** (*med.*) diffusione di una malattia infettiva su un territorio più o meno vasto, con un grande numero di individui colpiti: *un'— di influenza* **2** (*fig.*) qualsiasi fenomeno che si propaghi rapidamente o che si manifesti con molta frequenza.
epidemico [e-pi-dè-mi-co] *agg.* [pl.m. *-ci*] di epidemia, che ha natura di epidemia: *malattia epidemica.*
epidemiologia [e-pi-de-mio-lo-gì-a] *s.f.* branca della medicina che studia la diffusione delle malattie su un dato territorio.
epidemiologico [e-pi-de-mio-lò-gi-co] *agg.* [pl.m. *-ci*] dell'epidemiologia, relativo all'epidemiologia: *indagine epidemiologica.*
epidermico [e-pi-dèr-mi-co] *agg.* [pl.m. *-ci*] **1** (*anat.*) dell'epidermide: *cellula epidermica* **2** (*fig.*) superficiale, esteriore: *commozione epidermica* □ **epidermicamente** *avv.*
epidermide [e-pi-dèr-mi-de] *s.f.* **1** (*anat.*) lo strato più superficiale della pelle, costituito da cellule epiteliali disposte in più strati | (*estens.*) pelle **2** (*fig.*) superficie, parte esterna di qlco.
epidiascopio [e-pi-dia-scò-pio] *s.m.* proiettore

ottico che dà immagini ingrandite di oggetti sia opachi sia trasparenti.

epidittico [e-pi-dìt-ti-co] *agg.* [pl.m. *-ci*] che serve a dimostrare, a esporre.

epifania [e-pi-fa-nì-a] *s.f.* **1** (*lit.*) festività cristiana che si celebra il 6 gennaio a ricordo della visita dei magi a Gesù | (*relig.*) manifestazione della divinità **2** (*estens.*) manifestazione, apparizione.

epifisi [e-pì-fi-ʃi] *s.f.* (*anat.*) **1** ghiandola endocrina situata nella parte dorsale dell'encefalo **2** ciascuna delle due estremità delle ossa lunghe.

epigastrico [e-pi-gà-stri-co] *agg.* [pl.m. *-ci*] (*anat.*) dell'epigastrio.

epigastrio [e-pi-gà-strio] *s.m.* (*anat.*) regione addominale situata al di sopra dell'ombelico e corrispondente all'incirca allo stomaco.

epigenesi [e-pi-gè-ne-ʃi] *s.f.* (*biol.*) teoria secondo la quale l'embrione si sviluppa attraverso una serie di processi successivi, a partire dal germe indifferenziato e strutturalmente omogeneo.

epigeosfera [e-pi-ge-o-sfè-ra] *s.f.* (*geog.*) la geosfera e la troposfera considerate unitariamente.

epiglottide [e-pi-glòt-ti-de] *s.f.* (*anat.*) lamina cartilaginea che durante la deglutizione si abbassa a chiudere l'apertura della laringe.

epigono [e-pì-go-no] *s.m.* seguace, imitatore.

epigrafe [e-pì-gra-fe] *s.f.* **1** breve iscrizione incisa o scolpita su una tomba o altri monumenti per commemorare o celebrare persone o avvenimenti | (*archeol.*) iscrizione antica su pietra, terracotta o metallo **2** scritto posto in fronte a un libro come dedica; citazione posta all'inizio di uno scritto.

epigrafia [e-pi-gra-fì-a] *s.f.* scienza che si occupa dello studio delle antiche epigrafi.

epigrafico [e-pi-grà-fi-co] *agg.* [pl.m. *-ci*] **1** di epigrafe, di epigrafi: *raccolta epigrafica* **2** (*fig.*) breve, concettoso, stringato: *stile —*.

epigramma [e-pi-gràm-ma] *s.m.* [pl. *-mi*] breve componimento in versi di carattere arguto o pungente.

epigrammatico [e-pi-gram-mà-ti-co] *agg.* [pl.m. *-ci*] **1** di epigramma, di epigrammi: *stile, poeta —* **2** (*estens.*) arguto, mordace; breve ed efficace: *risposta epigrammatica*.

epigrammista [e-pi-gram-mì-sta] *s.m.* e *f.* [pl.m. *-sti*] autore di epigrammi.

epilessia [e-pi-les-sì-a] *s.f.* (*med.*) malattia del sistema nervoso caratterizzata da crisi convulsive, con perdita della coscienza.

epilettico [e-pi-lèt-ti-co] *agg.* [pl.m. *-ci*] (*med.*) di epilessia; relativo all'epilessia: *attacco —* ♦ *agg.* e *s.m.* [f. *-a*] che/chi è affetto da epilessia.

epilogo [e-pì-lo-go] *s.m.* [pl. *-ghi*] **1** conclusione di un dramma o di un'opera letteraria **2** (*estens.*) fine, conclusione: *l'— di un'avventura*.

epinicio [e-pi-nì-cio] *s.m.* **1** nella Grecia antica, componimento in versi che celebrava il vincitore di una gara dei giochi panellenici **2** (*estens.*) scritto, discorso celebrativo.

epirogenesi [e-pi-ro-gè-ne-ʃi] *s.f.* (*geol.*) l'insieme dei movimenti di sollevamento o abbassamento che interessano estese aree della crosta terrestre.

epirota [e-pi-rò-ta] *agg.* [pl.m. *-ti*] dell'Epiro, regione della Grecia nordoccidentale ♦ *s.m.* e *f.* chi è nato, chi abita in Epiro.

episcopale [e-pi-sco-pà-le] *agg.* di vescovo, vescovile: *palazzo —* | *conferenza —*, nella chiesa cattolica, assemblea di vescovi appartenenti a un medesimo territorio | *chiesa —*, ogni chiesa che riconosce come suprema autorità il vescovo; in particolare, la chiesa anglicana degli Stati Uniti d'America.

episcopato [e-pi-sco-pà-to] *s.m.* **1** funzione, ufficio di vescovo **2** l'insieme dei vescovi: *l'— italiano*.

episcopio [e-pi-scò-pio] *s.m.* strumento ottico per proiettare pagine stampate o disegni direttamente su uno schermo.

episodicità [e-pi-ʃo-di-ci-tà] *s.f.* l'essere episodico, sporadico: *l'— di un fenomeno*.

episodico [e-pi-ʃò-di-co] *agg.* [pl.m. *-ci*] **1** che ha carattere di episodio; che avviene di tanto in tanto, in modo non sistematico: *un fatto —* **2** che si sviluppa per episodi: *poema —* | (*estens.*) frammentario, non unitario: *narrazione episodica* □ **episodicamente** *avv.*

episodio [e-pi-ʃò-dio] *s.m.* **1** vicenda che presenta un suo svolgimento autonomo all'interno dell'azione principale di un'opera letteraria o drammatica: *l'— di Paolo e Francesca nell'"Inferno" di Dante* **2** avvenimento; vicenda, caso: *un grave — di intolleranza* | (*estens.*) fatto secondario, non significativo: *un — trascurabile*.

epistassi [e-pi-stàs-si] *s.f.* (*med.*) emorragia nasale.

episteme [e-pi-stè-me] *s.m.* o *f.* nella filosofia di Platone (427-347 a.C.), il sapere certo, obiettivo, contrapposto alla credenza e all'opinione.

epistemico [e-pi-stè-mi-co] *agg.* [pl.m. *-ci*] che riguarda la conoscenza scientifica.

epistemologia [e-pi-ste-mo-lo-gì-a] *s.f.* (*filos.*) studio critico dei fondamenti, della natura e delle condizioni di validità del sapere scientifico; filosofia della scienza.

epistemologico [e-pi-ste-mo-lò-gi-co] *agg.* [pl.m. *-ci*] relativo all'epistemologia.

epistemologo [e-pi-ste-mò-lo-go] *s.m.* [f. *-a*; pl.m. *-gi*] studioso di epistemologia.

epistilio [e-pi-stì-lio] *s.m.* (*arch.*) architrave.

epistola [e-pì-sto-la] *s.f.* (*lett.*) lettera scritta con cura stilistica e per lo più destinata alla pubblicazione: *le epistole di Cicerone*; *l'— di san Paolo ai Romani*.

epistolare [e-pi-sto-là-re] *agg.* **1** di lettera, tipico delle lettere; relativo alla corrispondenza: *genere, stile —* **2** che avviene per mezzo di lettere: *rapporti epistolari* | *romanzo —*, in cui l'azione è narrata mediante lettere scritte dal protagonista o scambiate fra i personaggi.

epistolario [e-pi-sto-là-rio] *s.m.* raccolta di lettere, specialmente se scritte da un personaggio fa-

moso; il libro in cui tali lettere sono stampate: *l'— del Manzoni*.
epistolografia [e-pi-sto-lo-gra-fì-a] *s.f.* l'arte di scrivere epistole | la produzione epistolare di un dato periodo storico o letterario.
epistolografo [e-pi-sto-lò-gra-fo] *s.m.* [f. *-a*] scrittore di epistole.
epitaffio [e-pi-tàf-fio] *s.m.* iscrizione tombale in lode del defunto.
epitalamio [e-pi-ta-là-mio] *s.m.* nella letteratura classica, carme nuziale cantato alla sposa la sera delle nozze: *gli epitalami di Catullo*.
epitalamo [e-pi-tà-la-mo] *s.m.* (*anat.*) regione dell'encefalo nella quale è situata l'epifisi.
epiteliale [e-pi-te-lià-le] *agg.* dell'epitelio: *tessuto —*.
epitelio [e-pi-tè-lio] *s.m.* (*anat.*) tessuto che riveste tutte le superfici interne e esterne del corpo.
epitelioma [e-pi-te-liò-ma] *s.m.* [pl. *-mi*] (*med.*) tumore maligno che si sviluppa nei tessuti epiteliali.
epitesi [e-pì-te-ʃi] *s.f.* (*ling.*) aggiunta di uno o più suoni non etimologici in fine di parola (*p.e.* il centro-merid. *sine* per l'avv. *sì*).
epiteto [e-pì-te-to] *s.m.* **1** sostantivo, aggettivo o locuzione che s'aggiunge a un nome per qualificarlo (*p.e.* Guglielmo *il Conquistatore*) **2** (*estens.*) parola spregiativa, insulto: *epiteti irriferibili*.
epitome [e-pì-to-me] *s.f.* compendio, riassunto, specialmente di un'opera storica antica.
epizootico [e-pi-ʒo-ò-ti-co] *agg.* [pl.m. *-ci*] (*vet.*) che ha carattere di malattia infettiva: *afta epizootica*.
epoca [è-po-ca] *s.f.* **1** momento storico caratterizzato da grandi avvenimenti: *l'— della rivoluzione francese* | *d'—*, che è proprio di un certo periodo storico: *auto d'—* | *segnare un'—*, (*fig.*) lasciarvi l'impronta della propria personalità | *fare —*, (*fig.*) essere memorabile, avere vasta risonanza **2** tempo, momento, periodo: *l'— della vendemmia, degli esami* **3** (*geol.*) ciascuna delle parti in cui si suddivide un periodo geologico.
epocale [e-po-cà-le] *agg.* relativo a una determinata epoca, tale da caratterizzare un'epoca: *evento —*.
epodico [e-pò-di-co] *agg.* [pl.m. *-ci*] relativo all'epodo; in forma di epodo; che contiene epodi: *componimento —*.
epodo [e-pò-do] *s.m.* nella metrica classica, strofa di due versi, composta di un trimetro e un dimetro giambici | (*estens.*) componimento di argomento morale-satirico in strofe epodiche.
eponimo [e-pò-ni-mo] *agg.* e *s.m.* che dà il proprio nome a una città, una famiglia, un periodo.
epopea [e-po-pè-a] *s.f.* **1** narrazione poetica di gesta eroiche e leggendarie; poema epico **2** il genere letterario che comprende le narrazioni epiche; il complesso di tali narrazioni in una letteratura o presso un popolo: *l'— germanica* **3** (*estens.*) insieme di imprese eroiche: *l'— garibaldina*.
eporediese [e-po-re-dié-se], o **eporediense** [e-po-re-dièn-se], *agg.* di Ivrea ♦ *s.m.* e *f.* chi è nato, chi abita a Ivrea.
epos [è-pos] *s.m.invar.* **1** poesia epica; poema epico: *l'— di Omero* **2** ciclo di poemi epici: *l'— cavalleresco, dei Nibelunghi*.
eppure [ep-pù-re] *cong.* tuttavia, nondimeno: *l'avevo avvertito, — ha voluto andarci ugualmente* | in frasi esclamative per vincere un'obiezione, superare un'opposizione: *— è vero!*
epsilon [èp-si-lon] *s.m.invar.* nome della quinta lettera dell'alfabeto greco, corrispondente a *e* breve latina.
epta- → **etta-**.
eptacordo [ep-ta-còr-do] *s.m.* **1** antico strumento musicale simile alla lira **2** la scala dei sette suoni.
eptasillabo [ep-ta-sìl-la-bo] *agg.* e *s.m.* (*non com.*) settenario.
eptathlon [ep-ta-thlon; / 'ɛptatlon /] *s.m.invar.* (*sport*) disciplina olimpica dell'atletica leggera femminile, comprendente sette gare.
epulone [e-pu-ló-ne] *s.m.* persona ricca ed egoista | ghiottone, mangione.
epurare [e-pu-rà-re] *v.tr.* [*io epùro ecc.*] liberare una collettività, un organismo dalle persone ritenute indegne o incapaci: *— un'amministrazione* | allontanare, soprattutto per motivi politici, da un ufficio, da una carica.
epurato [e-pu-rà-to] *agg.* e *s.m.* [f. *-a*] che/chi ha subito un provvedimento di epurazione.
epurazione [e-pu-ra-zió-ne] *s.f.* l'epurare, l'essere epurato: *l'— di un partito politico*.
equalizzatore [e-qua-li-ʒʒa-tó-re] *s.m.* (*elettr.*) negli apparecchi fonoriproduttori, dispositivo che consente di ridurre o esaltare alcune frequenze per migliorare l'ascolto.
equalizzazione [e-qua-li-ʒʒa-zió-ne] *s.f.* (*elettr.*) operazione con cui si eliminano o si riducono le distorsioni nella trasmissione di segnali.
equanime [e-quà-ni-me] *agg.* che rivela animo giusto e obiettivo verso tutto e tutti; imparziale: *una valutazione —*.
equanimità [e-qua-ni-mi-tà] *s.f.* l'essere equanime; imparzialità.
equatore [e-qua-tó-re] *s.m.* (*geog.*) il circolo massimo della sfera terrestre, equidistante dai poli, che divide la Terra in due emisferi | (*estens.*) regione vicina all'equatore | *— celeste*, circonferenza massima della sfera celeste equidistante dai poli celesti | *— magnetico*, linea che unisce tutti i punti della superficie terrestre nei quali l'inclinazione magnetica è nulla.
equatoriale [e-qua-to-rià-le] *agg.* **1** dell'equatore: *diametro —* **2** che è situato vicino all'equatore: *regioni equatoriali* | proprio delle regioni vicine all'equatore: *flora, clima —* ♦ *s.m.* cannocchiale astronomico.
equazione [e-qua-zió-ne] *s.f.* **1** (*mat.*) uguaglianza tra due espressioni verificata solo per particolari valori attribuiti alle variabili che in essa compaiono: *— algebrica*; *— di primo, secon-*

do grado **2** (*astr.*) correzione dei dati di un'osservazione per ridurli ai dati veri **3** (*fig.*) rapporto di uguaglianza, di corrispondenza.

equestre [e-què-stre] *agg.* che è proprio di cavalli o dei cavalieri: *sport —* | *monumento —*, quello di un personaggio raffigurato a cavallo | *circo —*, quello in cui si esibiscono cavallerizzi.

equi- primo elemento di parole composte che significa 'uguale' (*equilatero, equinozio, equivalenza*).

equiangolo [e-qui-àn-go-lo] *agg.* (*geom.*) si dice di poligono avente tutti gli angoli uguali.

equidi [è-qui-di] *s.m.pl.* (*zool.*) famiglia di grossi mammiferi a cui appartengono il cavallo, l'asino e la zebra.

equidistante [e-qui-di-stàn-te] *agg.* **1** situato a uguale distanza: *tutti i punti di una circonferenza sono equidistanti dal centro* **2** (*fig.*) che si mantiene in una posizione intermedia, senza propendere per una delle parti in contrasto.

equidistanza [e-qui-di-stàn-za] *s.f.* l'essere equidistante (anche *fig.*).

equilatero [e-qui-là-te-ro] *agg.* (*geom.*) si dice di poligono avente tutti i lati uguali: *triangolo —*.

equilibrare [e-qui-li-brà-re] *v.tr.* porre o mantenere in equilibrio (anche *fig.*): *— le entrate con le uscite* ♦ **equilibrarsi** *v.rifl.rec.* stare, tenersi reciprocamente in equilibrio; avere lo stesso peso (anche *fig.*): *argomenti che si equilibrano.*

equilibrato [e-qui-li-brà-to] *agg.* **1** che è in equilibrio; uniformemente distribuito: *un carico —* **2** (*fig.*) che possiede o rivela equilibrio, equanimità: *un uomo — nei suoi giudizi* □ **equilibratamente** *avv.*

equilibratore [e-qui-li-bra-tó-re] *agg.* [f. *-trice*] che equilibra ♦ *s.m.* (*aer.*) elemento mobile del piano orizzontale di coda di un aereo, che serve a controllarne il moto di beccheggio.

equilibratura [e-qui-li-bra-tù-ra] *s.f.* (*mecc.*) operazione che permette di ottenere l'equilibrio di un corpo rotante: *— statica, dinamica* | *— delle ruote*, controllo e correzione di eventuali squilibri di peso presenti nelle ruote degli autoveicoli.

equilibrio [e-qui-lì-brio] *s.m.* **1** (*fis.*) condizione dei corpi che rimangono immobili perché sollecitati da forze uguali e contrarie: *— stabile, instabile*, a seconda che un corpo, spostato, tenda a ritornare nella posizione di equilibrio o ad allontanarsene | il senso della posizione e del movimento del corpo umano nello spazio: *perdere l'—* **2** (*fig.*) situazione, condizione nella quale forze diverse si compensano tra loro: *— politico* **3** (*fig.*) proporzione fra le parti, armonica distribuzione dei vari elementi di un tutto: *l'— di una costruzione architettonica* **4** (*fig.*) senso della misura, assennatezza, moderazione: *un ragazzo pieno di —*.

equilibrismo [e-qui-li-brì-ʃmo] *s.m.* **1** l'arte dell'equilibrista **2** (*fig.*) capacità di destreggiarsi, talora in modo poco corretto, in situazioni difficili: *— politico.*

equilibrista [e-qui-li-brì-sta] *s.m.* e *f.* [pl.m. *-sti*] **1** acrobata **2** (*fig.*) chi sa destreggiarsi abilmente in situazioni difficili.

equino [e-quì-no] *agg.* di cavallo: *carne, razza equina.*

equinoziale [e-qui-no-zià-le] *agg.* dell'equinozio: *punto —* | *linea —*, l'equatore.

equinozio [e-qui-nò-zio] *s.m.* (*astr.*) ciascuno dei due punti in cui l'eclittica interseca l'equatore celeste | ciascuna delle due date dell'anno in cui il Sole passa per tali punti e la durata del giorno è, su tutta la Terra, uguale a quella della notte: *— di primavera*, il 21 marzo; *— d'autunno*, il 23 settembre.

equipaggiamento [e-qui-pag-gia-mén-to] *s.m.* l'equipaggiare, l'equipaggiarsi; l'insieme degli oggetti che servono a equipaggiare o a equipaggiarsi: *— di un soldato, di un atleta.*

equipaggiare [e-qui-pag-già-re] *v.tr.* [*io equipàggio ecc.*] fornire di ciò che è necessario per un'impresa: *— l'esercito, una spedizione* ♦ **equipaggiarsi** *v.rifl.* rifornirsi, dotarsi del necessario per un determinato scopo: *— per un viaggio.*

equipaggiato [e-qui-pag-già-to] *agg.* provvisto, corredato di quanto è necessario: *un plotone ben —*.

equipaggio [e-qui-pàg-gio] *s.m.* il personale che presta servizio su una nave, su un aeromobile o su un veicolo spaziale.

equiparabile [e-qui-pa-rà-bi-le] *agg.* che si può equiparare.

equiparare [e-qui-pa-rà-re] *v.tr.* [*io equipàro ecc.*] rendere pari, mettere sullo stesso piano; sottoporre allo stesso trattamento: *— gli operai agli impiegati.*

equiparato [e-qui-pa-rà-to] *agg.* reso pari, messo sullo stesso piano: *diritti equiparati.*

equiparazione [e-qui-pa-ra-zió-ne] *s.f.* l'equiparare, l'essere equiparato; pareggiamento.

équipe [/ eˈkip /] *s.f.* [pl. *équipes*] (*fr.*) gruppo di persone organizzate per un'attività in comune, professionale o sportiva: *lavorare in —*.

equipollente [e-qui-pol-lèn-te] *agg.* (*burocr.*) di ugual valore; equivalente, corrispondente: *licenza liceale o altro titolo —*.

equipollenza [e-qui-pol-lèn-za] *s.f.* l'essere equipollente; capacità di produrre i medesimi effetti giuridici: *l'— di due titoli di studio.*

equisetacee [e-qui-se-tà-ce-e] *s.f.pl.* (*bot.*) famiglia di piante delle pteridofite, che comprende l'equiseto.

equiseto [e-qui-sè-to] *s.m.* genere di piante erbacee con fusto internamente cavo e sottili rami verdi disposti come i raggi di una ruota; è detto comunemente *coda di cavallo.*

equità [e-qui-tà] *s.f.* **1** imparzialità **2** criterio valutativo, svincolato da riferimenti di legge, a cui il giudice può in certi casi ricorrere per affermare un principio di giustizia sostanziale: *decidere secondo —*.

equitazione [e-qui-ta-zió-ne] *s.f.* arte e pratica del cavalcare; attività agonistica a cavallo: *scuola, gara di —*.

equivalente [e-qui-va-lèn-te] *agg.* di uguale valore: *termini equivalenti* | *figure equivalenti*, (*geom.*) che hanno la stessa area (se piane) o lo stesso volume (se solide) ♦ *s.m.* ciò che ha lo stesso valore di un'altra cosa: *dare l'— in denaro*.
equivalenza [e-qui-va-lèn-za] *s.f.* l'essere equivalente, l'avere lo stesso valore o significato.
equivalere [e-qui-va-lé-re] *v.intr.* [coniugato come *valere*; aus. *essere* e *avere*] avere lo stesso valore, la stessa efficacia; essere, significare la stessa cosa: *cento centimetri equivalgono a un metro* ♦ **equivalersi** *v.rifl.rec.* avere lo stesso valore o significato: *due affermazioni che si equivalgono*.
equivocare [e-qui-vo-cà-re] *v.intr.* [*io equìvoco, tu equìvochi ecc.*] cadere in un equivoco; scambiare, capire una cosa per un'altra: — *sul significato di qlco.*
equivocità [e-qui-vo-ci-tà] *s.f.* l'essere equivoco: *l'— di una risposta, di un ambiente*.
equivoco [e-quì-vo-co] *agg.* [pl.m. *-ci*] **1** che può intendersi in modi differenti; ambiguo: *parlare in modo —* **2** (*fig.*) di dubbia moralità; sospetto: *un individuo —* | malfamato: *un locale —* ♦ *s.m.* interpretazione sbagliata; errore derivato dallo scambiare una persona o una cosa con un'altra; malinteso: *cadere in un —*.
equo [è-quo] *agg.* conforme a equità; giusto, imparziale: *condizioni eque*; *giudice —* □ **equamente** *avv.*
era [è-ra] *s.f.* **1** divisione del tempo che ha inizio da un avvenimento storico di grande importanza: *— cristiana* | (*estens.*) periodo storico memorabile per avvenimenti di particolare rilievo: *l'— atomica* **2** nella cronologia geologica, la più grande suddivisione dell'età della Terra, a sua volta divisa in periodi: *— paleozoica, mesozoica*.
erariale [e-ra-rià-le] *agg.* dell'erario, che è destinato all'erario: *imposte erariali*.
erario [e-rà-rio] *s.m.* amministrazione finanziaria dello stato, fisco: *le entrate dell'—*.
erba [èr-ba] *s.f.* **1** ogni pianta bassa il cui fusto rimane verde e tenero, senza diventare legnoso: *un filo d'—*, uno stelo | *erbe medicinali*, quelle dotate di proprietà terapeutiche | *in —*, appena germogliato, ancora tutto verde; (*fig.*) si dice di chi è ai primi passi di un'attività, una professione e quindi è ancora inesperto: *un pittore in —* | *far d'ogni — un fascio*, (*fig.*) accomunare senza criterio cose diverse | *prov.*: *l'— voglio non cresce neppure nel giardino del re*, non si può sempre avere quello che si vuole; *l'— del vicino è sempre più verde*, ciò che gli altri possiedono, anche se non vale più di quello che abbiamo noi, suscita facilmente la nostra invidia. DIM. *erbetta* PEGG. *erbaccia* **2** entra come componente del nome di varie piante erbacee: *— cipressina*, con foglie lineari, fitte, di color verde glauco; *— gatta*, ortica pelosa; *— medica*, con i fiori violetti raccolti in grappolo e foglie formate da tre foglioline, usata come foraggio **3** l'insieme delle piante erbacee non coltivate che ricoprono un terreno: *sdraiarsi sull'—* | *tenere un terreno a —*, destinarlo a pascolo **4** *pl.* erbaggi, verdure: *erbe aromatiche*, le erbe odorose usate in cucina **5** *pl.* erbe medicinali: *curarsi con le erbe* **6** (*gerg.*) marijuana.
erbaccia [er-bàc-cia] *s.f.* [pl. *-ce*] erba inutile, che danneggia le piante vicine: *strappare le erbacce*.
erbaceo [er-bà-ce-o] *agg.* che ha natura di erba: *piante erbacee*.
erbaggio [er-bàg-gio] *s.m.* (spec. *pl.*) erba commestibile, ortaggio: *rivendita di erbaggi*.
erbario [er-bà-rio] *s.m.* raccolta di piante, seccate e classificate per uso scientifico o didattico.
erbato [er-bà-to] *agg.* coperto d'erba, coltivato a erba: *terreno —*.
erbatura [er-ba-tù-ra] *s.f.* il tempo della crescita dell'erba tra una falciatura e l'altra.
erbetta [er-bét-ta] *s.f.* **1** erba appena spuntata, fresca e sottile **2** *pl.* nome generico delle erbe odorose usate per aromatizzare le pietanze.
erbicida [er-bi-cì-da] *agg.* e *s.m.* [pl.m. *-di*] diserbante.
erbio [èr-bio] *s.m.* elemento chimico di simbolo *Er*; appartiene al gruppo dei lantanidi.
erbivendolo [er-bi-vén-do-lo] *s.m.* [f. *-a*] chi vende erbaggi e frutta.
erbivoro [er-bì-vo-ro] *agg.* e *s.m.* si dice di animale che si nutre di erbe.
erborista [er-bo-rì-sta] *s.m.* e *f.* [pl.m. *-sti*] chi raccoglie o vende erbe medicinali e aromatiche.
erboristeria [er-bo-ri-ste-rì-a] *s.f.* **1** la raccolta, preparazione e conservazione di piante aromatiche e medicinali e il loro commercio **2** negozio di erborista.
erboristico [er-bo-rì-sti-co] *agg.* [pl.m. *-ci*] relativo all'erboristeria.
erboso [er-bó-so] *agg.* ricoperto d'erba: *terreno —*.
ercole [èr-co-le] *s.m.* uomo forte e muscoloso.
erculeo [er-cù-le-o] *agg.* di Ercole, degno di Ercole: *fatica, forza erculea*.
erede [e-rè-de] *s.m.* e *f.* **1** (*dir.*) chi succede a un defunto in tutti i suoi beni, diritti e obblighi, o solo in una loro quota: *costituire, nominare —*; *— legittimo*, che è tale per la sua parentela col defunto; *— testamentario*, indicato come tale nel testamento; *— universale*, di tutti i beni **2** (*fam.*) figlio **3** (*fig.*) chi continua un'attività, una tradizione, un genere di studi: *gli eredi di Freud*.
eredità [e-re-di-tà] *s.f.* **1** trasmissione del patrimonio di un defunto; il patrimonio trasmesso: *lasciare in —*; *entrare in possesso di un'—* **2** (*fig.*) retaggio di beni spirituali, idee, tradizioni: *l'— spirituale del passato* **3** *— genetica*, (*biol.*) trasmissione dai genitori ai figli di caratteri morfologici, fisiologici e psichici che fanno parte del patrimonio cromosomico; l'insieme dei caratteri trasmessi.
ereditare [e-re-di-tà-re] *v.tr.* [*io erèdito ecc.*] ricevere in eredità.
ereditarietà [e-re-di-ta-rie-tà] *s.f.* **1** possibilità di essere trasmesso in eredità: *l'— di un titolo nobiliare* **2** (*biol.*) la trasmissione dei fenomeni

dell'eredità genetica da una generazione all'altra: *l'— di una malattia.*
ereditario [e-re-di-tà-rio] *agg.* **1** relativo all'eredità; che si trasmette in eredità (anche *fig.*): *titolo —* | *principe —*, l'erede al trono **2** (*biol.*) relativo all'ereditarietà; che si trasmette o può essere trasmesso da una generazione all'altra: *malattia ereditaria* □ **ereditariamente** *avv.* per via ereditaria.
ereditiera [e-re-di-tiè-ra] *s.f.* donna che ha ereditato o deve ereditare un patrimonio cospicuo.
-erellare suffisso di verbi derivati da altri verbi con valore attenuativo (*canterellare, giocherellare*).
-erello suffisso che altera in senso diminutivo la base sostantivale o aggettivale (*giocherello, pazzerello*); unendosi a *-ino* e *-one*, può formare i suff. composti *-erellino, -erellone*, che in genere accentuano il valore dell'alterato (*pazzerellone*).
eremita [e-re-mì-ta] *s.m.* e *f.* [pl.m. *-ti*] persona che si ritira in solitudine dedicandosi alla preghiera e alla penitenza | (*estens.*) chi conduce una vita austera e isolata dal mondo.
eremitaggio [e-re-mi-tàg-gio] *s.m.* luogo solitario dove vivono uno o più eremiti; eremo | (*estens.*) abitazione, dimora isolata e tranquilla.
eremitano [e-re-mi-tà-no] *agg.* e *s.m.* si dice di religioso dell'ordine di sant'Agostino: *frate —.*
eremitico [e-re-mì-ti-co] *agg.* [pl.m. *-ci*] di eremita, da eremita: *vita eremitica.*
eremo [è-re-mo] *s.m.* **1** luogo isolato dove uno o più eremiti si ritirano: *l'— di Camaldoli* **2** (*estens.*) dimora tranquilla, isolata, adatta al raccoglimento e alla meditazione: *ritirarsi nel proprio —.*
eresia [e-re-ʃì-a] *s.f.* **1** dottrina contraria a una verità di fede proposta dalla chiesa cattolica come rivelata da Dio: *l'— monofisita* **2** (*estens.*) affermazione o idea contrastante con le dottrine ufficiali o con l'opinione comune **3** (*fig.*) sproposito, affermazione assurda: *ma non diciamo eresie!*
eresiarca [e-re-ʃi-àr-ca] *s.m.* [pl. *-chi*] capo di un gruppo ereticale; fondatore, propugnatore di dottrine eretiche.
ereticale [e-re-ti-cà-le] *agg.* di eretico, di eretici; da eretico, che costituisce eresia: *movimento, dottrina —.*
eretico [e-rè-ti-co] *agg.* [pl.m. *-ci*] che costituisce eresia, che segue un'eresia: *setta eretica* ♦ *s.m.* [f. *-a*] **1** seguace di un'eresia **2** (*fam.*) persona poco religiosa; miscredente **3** (*estens.*) chi si pone su posizioni contrastanti rispetto a quelle comunemente accettate.
eretismo [e-re-tì-ʃmo] *s.m.* (*med.*) eccessiva eccitabilità nervosa di un organo o dell'organismo.
erettile [e-rèt-ti-le] *agg.* (*scient.*) si dice di organo o tessuto animale o vegetale che ha la capacità di erigersi per effetto di particolari stimoli.
eretto [e-rèt-to] *agg.* diritto: *tenere il capo —.*
erezione [e-re-zió-ne] *s.f.* **1** l'erigere: *— di un edificio* **2** (*fisiol.*) inturgidimento di un organo erettile, in particolare del pene.
erg [èrg] *s.m.invar.* (*fis.*) unità di misura del lavoro nel sistema cgs, equivalente al lavoro compiuto dalla forza di una dina che sposta il suo punto di applicazione di un centimetro.
ergastolano [er-ga-sto-là-no] *s.m.* [f. *-a*] chi è stato condannato all'ergastolo e sta scontando tale pena.
ergastolo [er-gà-sto-lo] *s.m.* **1** pena detentiva a vita prevista per i delitti più gravi: *condannare all'—* **2** luogo dove si sconta tale pena; penitenziario.
ergere [èr-ge-re] *v.tr.* [pres. *io èrgo, tu èrgi ecc.*; pass.rem. *io èrsi, tu ergésti ecc.*; part.pass. *érto*] (*lett.*) levare in alto, innalzare (anche *fig.*): *— l'animo a Dio* ♦ **ergersi** *v.rifl.* o *intr.pron.* innalzarsi, levarsi, rizzarsi: *montagne che si ergono al cielo.*
ergo- primo elemento di parole composte che significa 'lavoro' (*ergometro, ergoterapia*).
ergometro [er-gò-me-tro] *s.m.* (*fis.*) strumento atto a misurare il lavoro meccanico e la potenza.
ergonomia [er-go-no-mì-a] *s.f.* scienza che studia il rapporto uomo-macchina-ambiente per ottenere il migliore mutuo adattamento e l'organizzazione del lavoro più razionale.
ergonomico [er-go-nò-mi-co] *agg.* [pl.m. *-ci*] di ergonomia, relativo all'ergonomia; costruito secondo i principi dell'ergonomia: *impugnatura ergonomica.*
ergonomista [er-go-no-mì-sta] *s.m.* e *f.* [pl.m. *-sti*] studioso di ergonomia.
ergotecnica [er-go-tèc-ni-ca] *s.f.* la tecnica che applica i principi e i risultati dell'ergonomia.
ergoterapia [er-go-te-ra-pì-a] *s.f.* terapia psichiatrica che consiste nel rieducare i pazienti alla vita sociale attraverso il lavoro.
-eria suffisso usato per formare nomi che indicano attività (*marineria*), industria, laboratori o botteghe (*falegnameria, cartoleria*), insiemi di oggetti o persone (*posateria, fanteria*); concorre inoltre alla formazione di nomi astratti per lo più con sfumatura spregiativa (*poltroneria*).
erica [è-ri-ca] *s.f.* (*bot.*) genere di piante sempreverdi, con foglie piccole aghiformi e fiori rosei.
ericacee [e-ri-cà-ce-e] *s.f.pl.* (*bot.*) famiglia di piante arbustacee, a cui appartengono il rododendro, l'azalea e l'erica.
erigere [e-rì-ge-re] *v.tr.* [pres. *io erigo, tu erigi ecc.*; pass.rem. *io erèssi, tu erigésti ecc.*; part.pass. *erètto*] **1** innalzare, costruire: *— un monumento* **2** (*fig.*) fondare, istituire: *— un ente morale* **3** (*fig.*) elevare, trasformare nobilitando: *il territorio fu eretto a ducato* ♦ **erigersi** *v.rifl.* **1** innalzarsi, drizzarsi **2** (*fig.*) attribuirsi arbitrariamente un'autorità, una qualità: *— a giudice.*
erinaceidi [e-ri-na-cèi-di] *s.m.pl.* (*zool.*) famiglia di mammiferi insettivori alla quale appartengono i ricci.
erinni [e-rìn-ni] *s.f.* nella mitologia greca, ciascuna delle tre divinità infernali della vendetta, per-

secutrici degli assassini | (*fig.*) donna crudele; donna furiosa, terribile.

eritema [e-ri-tè-ma] *s.m.* [pl. *-mi*] (*med.*) arrossamento, diffuso o localizzato, della cute: — *solare.*

eritremia [e-ri-tre-mì-a] *s.f.* (*med.*) malattia del sangue caratterizzata dalla presenza di globuli rossi immaturi e da anemia.

eritreo [e-ri-trè-o] *agg.* dell'Eritrea ♦ *s.m.* [f. *-a*] nativo, abitante dell'Eritrea.

eritro- primo elemento di parole composte della terminologia scientifica che significa 'rosso' o indica relazione con i globuli rossi (*eritrocita*).

eritroblasto [e-ri-tro-blà-sto] *s.m.* (*biol.*) elemento cellulare immaturo da cui prendono origine i globuli rossi del sangue.

eritrocita [e-ri-tro-cì-ta], o **eritrocito**, *s.m.* [pl. *-ti*] (*anat.*) globulo rosso.

eritrocitosi [e-ri-tro-ci-tò-ʃi] *s.m.* (*med.*) aumento del numero dei globuli rossi del sangue oltre i valori fisiologici.

eritropoiesi [e-ri-tro-po-iè-ʃi] *s.f.* (*biol.*) produzione dei globuli rossi del sangue a opera del midollo osseo.

erma [èr-ma] *s.f.* scultura che rappresenta una testa umana e parte del busto, in genere poggiante su un pilastro.

ermafroditismo [er-ma-fro-di-tì-ʃmo] *s.m.* (*biol.*) presenza in un unico individuo degli organi riproduttori di entrambi i sessi.

ermafrodito [er-ma-fro-dì-to] *agg.* e *s.m.* (*biol.*) si dice di individuo animale o vegetale che presenta ermafroditismo: *piante ermafrodite.*

ermellino [er-mel-lì-no] *s.m.* 1 piccolo mammifero carnivoro con corpo allungato, zampe corte e pelliccia bianca 2 la pelliccia, molto pregiata, di tale animale.

ermeneuta [er-me-nèu-ta] *s.m.* e *f.* [pl.m. *-ti*] studioso, esperto di ermeneutica; chi interpreta testi e documenti antichi.

ermeneutica [er-me-nèu-ti-ca] *s.f.* teoria e tecnica dell'interpretazione dei testi e dei documenti, specialmente antichi; esegesi.

ermeneutico [er-me-nèu-ti-co] *agg.* [pl.m. *-ci*] relativo all'ermeneutica; interpretativo, esegetico: *metodo* —.

ermeticità [er-me-ti-ci-tà] *s.f.* l'essere ermetico (anche *fig.*): *l'— di un contenitore*; *l'— di un discorso.*

ermetico [er-mè-ti-co] *agg.* [pl.m. *-ci*] 1 che impedisce totalmente il passaggio di fluidi: *contenitore* — 2 (*fig.*) oscuro, incomprensibile; enigmatico: *un testo, un volto* — 3 che appartiene o si riferisce alla corrente poetica dell'ermetismo: *poeta* — □ **ermeticamente** *avv.* 1 in modo ermetico, mediante chiusura ermetica: *recipiente chiuso* — 2 (*fig.*) in modo oscuro, incomprensibile: *parlare* —.

ermetismo [er-me-tì-ʃmo] *s.m.* 1 l'essere ermetico, incomprensibile, oscuro 2 corrente poetica del Novecento italiano che usa un linguaggio oscuro.

ermo [ér-mo] *agg.* (*lett.*) isolato, solitario.

ernia [èr-nia] *s.f.* (*med.*) fuoruscita di un organo o di parte di esso dalla cavità in cui è normalmente contenuto: — *addominale, del disco.*

erniario [er-nià-rio] *agg.* (*med.*) dell'ernia, che concerne l'ernia: *cinto* —, usato per contenere un'ernia.

erodere [e-ró-de-re] *v.tr.* [coniugato come *rodere*] corrodere, intaccare lentamente: *l'acqua erode le pietre.*

eroe [e-rò-e] *s.m.* 1 nel mito classico, uomo nato da una divinità e da un mortale, autore di gesta leggendarie 2 chi dà prova di straordinario coraggio e abnegazione in imprese guerresche; chi si sacrifica per affermare un ideale: *morire da* —; *un — della libertà, della fede* 3 figura di spicco di un'opera letteraria, musicale, teatrale, cinematografica 4 (*scherz.*) chi, in una data circostanza, risulta o si pone al centro dell'attenzione: *l'— del momento.*

erogabile [e-ro-gà-bi-le] *agg.* che si può erogare.

erogare [e-ro-gà-re] *v.tr.* [*io èrogo, tu èroghi ecc.*] 1 elargire una somma di denaro a scopo di beneficienza o per opere pubbliche: — *fondi per i sinistrati* 2 fornire, distribuire gas, acqua, corrente elettrica.

erogatore [e-ro-ga-tó-re] *agg.* [f. *-trice*] che eroga ♦ *s.m.* valvola che controlla l'erogazione di un fluido da un serbatoio o da una conduttura.

erogazione [e-ro-ga-zió-ne] *s.f.* l'erogare, l'essere erogato: *l'— del gas* | la cosa erogata.

erogeno [e-rò-ge-no] *agg.* che genera sensazioni erotiche, che trasmette stimoli sessuali: *le zone erogene del corpo.*

eroicità [e-roi-ci-tà] *s.f.* qualità di chi o di ciò che è eroico.

eroicizzare [e-roi-ciʒ-ʒà-re] *v.tr.* rappresentare come eroe; trattare un argomento con tono eroico.

eroico [e-ròi-co] *agg.* [pl.m. *-ci*] 1 che riguarda gli eroi antichi o che ne canta le imprese: *poema* — 2 da eroe, che è degno di un eroe; straordinario, eccezionale: *morte eroica* 3 che dà prova di grande coraggio, di eccezionale forza d'animo: *un soldato* —; *una madre eroica* □ **eroicamente** *avv.* in modo eroico; dando prova di eroismo: *sopportare — il dolore.*

eroicomico [e-roi-cò-mi-co] *agg.* [pl.m. *-ci*] che ha dell'eroico e del comico insieme: *poema* —.

eroina[1] [e-ro-ì-na] *s.f.* 1 donna di qualità eroiche: *Giovanna d'Arco, l'— nazionale francese* 2 figura femminile di spicco in un'opera letteraria, musicale, teatrale ecc.: *Mimì è l'— della "Bohème" di Puccini* 3 personaggio femminile che emerge in una vicenda reale o immaginaria: *il processo fece di lei un'—.*

eroina[2] *s.f.* (*chim.*) sostanza derivata dalla morfina, dotata di forte potere stupefacente.

eroinomane [e-roi-nò-ma-ne] *s.m.* e *f.* e *agg.* tossicodipendente da eroina.

eroismo [e-ro-ì-ʃmo] *s.m.* qualità di persona

eroica; valore, coraggio straordinario: *l'— dei soldati in guerra* | azione eroica.
erompere [e-róm-pe-re] *v.intr.* [coniugato come *rompere*; mancano il part. pass. e i tempi composti] venir fuori con impeto (anche *fig.*): *eruppe in un grido.*
eros [è-ros] *s.m.* l'impulso d'amore; l'istinto sessuale.
erosione [e-ro-ʃió-ne] *s.f.* **1** asportazione delle parti superficiali del terreno dovuta all'azione di agenti atmosferici, di acque o di ghiacciai: *— fluviale, glaciale* **2** (*fig.*) diminuzione, riduzione lenta e progressiva: *l'— dei redditi a causa dell'inflazione.*
erosivo [e-ro-ʃì-vo] *agg.* che provoca erosione: *l'azione erosiva delle onde.*
eroso [e-ró-ʃo] *agg.* corroso.
erotico [e-rò-ti-co] *agg.* [pl.m. *-ci*] **1** che si riferisce o si ispira all'amore sensuale: *impulso —; poesia erotica* **2** che suscita desideri sessuali; afrodisiaco: *filtro —* □ **eroticamente** *avv.*
erotismo [e-ro-tì-ʃmo] *s.m.* **1** inclinazione verso ciò che è erotico | l'insieme delle manifestazioni degli impulsi sessuali, della sensualità **2** in arte e in letteratura, prevalenza o accentuazione di temi erotici: *l'— di un film.*
erotizzare [e-ro-tiʒ-ʒà-re] *v.tr.* dare un significato erotico a qlco. che di per sé non l'avrebbe.
eroto- primo elemento di parole composte che significa 'amore, impulso erotico, istinto sessuale' (*erotomania*).
erotomane [e-ro-tò-ma-ne] *agg.* e *s.m.* e *f.* che / chi è affetto da erotomania | (*scherz.*) chi è incline a facili amori.
erotomania [e-ro-to-ma-nì-a] *s.f.* (*med.*) eccesso morboso di desiderio e di attività sessuale.
erpetico [er-pè-ti-co] *agg.* [pl.m. *-ci*] (*med.*) relativo all'herpes: *febbre erpetica.*
erpice [ér-pi-ce] *s.m.* macchina agricola usata per la lavorazione superficiale del terreno mediante denti o lame o dischi d'acciaio disposti in verticale.
errabondo [er-ra-bón-do] *agg.* (*lett.*) errante.
errante [er-ràn-te] *agg.* che va errando, peregrinando (anche *fig.*): *cavalieri erranti*; *pensieri erranti.*
errare [er-rà-re] *v.intr.* [*io èrro ecc.*; aus. *avere*] **1** andare di qua e di là senza meta o senza scopo; vagare, peregrinare (anche *fig.*): *— per la città*; *— con la fantasia* **2** cadere in errore; ingannarsi, sbagliare: *se non erro*, se non sbaglio | in senso morale, commettere una colpa.
errata corrige [/ er'rata 'kɔrridʒe /] *loc. sost.m.invar.* (*lat.*) lista di errori tipografici con le opportune correzioni, inserita alla fine di un libro.
erratico [er-rà-ti-co] *agg.* [pl.m. *-ci*] che muta posto; nomade: *selvaggina erratica* | *massi erratici*, (*geol.*) blocchi rocciosi trasportati dai ghiacciai lontano dai luoghi d'origine.
errato [er-rà-to] *agg.* contrario alla verità o al giusto; sbagliato: *principio, calcolo —* □ **erratamente** *avv.*
erre [èr-re] *s.f.* o *m.invar.* nome della lettera *r.*
erroneità [er-ro-nei-tà] *s.f.* l'essere erroneo.
erroneo [er-rò-ne-o] *agg.* che contiene un errore; che non risponde a verità: *interpretazione erronea* □ **erroneamente** *avv.* in modo erroneo: *giudicare —* | per errore: *credere — qlco.*
errore [er-ró-re] *s.m.* **1** ciò che si allontana dalla verità, dal giusto o dalla norma convenuta; sbaglio: *— di giudizio, di calcolo, di stampa*; *commettere un —*; *essere, cadere, indurre in —* | *per —*, per sbaglio **2** in senso morale, fallo, colpa, peccato: *scontare i propri errori.*
erta [ér-ta] *s.f.* salita ripida e malagevole: *l'— del monte* | *all'—!*, esclamazione degli uomini di guardia per incitarsi vicendevolmente alla sorveglianza | *stare all'—*, vigilare attentamente.
erto [ér-to] *agg.* ripido, scosceso.
erubescente [e-ru-be-scèn-te] *agg.* (*lett.*) che è di colore rosso; che si tinge di rosso.
erubescenza [e-ru-be-scèn-za] *s.f.* (*lett.*) rossore del volto | pudore, senso di vergogna.
eruca [e-rù-ca] *s.f.* (*bot.*) genere di piante erbacee mediterranee a cui appartiene la rughetta.
erudire [e-ru-dì-re] *v.tr.* [*io erudisco, tu erudisci ecc.*] impartire nozioni; istruire, rendere dotto: *— un allievo* ♦ **erudirsi** *v.intr.pron.* istruirsi, diventare dotto.
erudito [e-ru-dì-to] *agg.* **1** istruito, che possiede erudizione: *un uomo molto —* **2** che denota erudizione: *ricerca erudita* ♦ *s.m.* [f. *-a*] chi possiede una vasta erudizione in una o più discipline: *gli eruditi del Settecento* | (*spreg.*) chi possiede molte nozioni ma non è propriamente colto.
erudizione [e-ru-di-zió-ne] *s.f.* **1** l'erudire, l'erudirsi; ampio corredo di cognizioni intorno a una o più discipline: *uomo di rara —*; *— giuridica* **2** (*spreg.*) insieme di nozioni disparate e non approfondite: *questa non è cultura, è —.*
eruttare [e-rut-tà-re] *v.tr.* **1** detto di un vulcano, emettere con violenza dal cratere lava e altri materiali **2** (*estens.*) mandar fuori, fare uscire: *le ciminiere eruttavano un fumo nerissimo* ♦ *v.intr.* [aus. *avere*] (*non com.*) emettere rutti, ruttare.
eruttazione [e-rut-ta-zió-ne] *s.f.* l'eruttare, il ruttare.
eruttivo [e-rut-tì-vo] *agg.* (*geol.*) che concerne l'eruzione vulcanica: *condotto —*; *rocce eruttive*, formatesi per consolidamento di magma.
eruzione [e-ru-zió-ne] *s.f.* **1** (*geol.*) emissione di lava e di altri materiali da un vulcano | *— solare*, (*astr.*) designazione generica di fenomeni diversi di tipo esplosivo che avvengono nell'atmosfera del Sole **2** (*med.*) comparsa sulla pelle di macchie, vescicole o pustole.
erziano → **hertziano**.
es [/ ɛs /] *s.m.invar.* (*ted.*; *psicoan.*) la parte dell'apparato psichico in cui nascono le pulsioni; inconscio.
es-, o e-, prefisso di parole derivate dal latino o di formazione moderna; può avere valore privativo-detrattivo (*esautorare*, *espropriare*), intensi-

vo-rafforzativo (*esortare, espugnare*) oppure può indicare allontanamento (*espellere, esportare*).
esa- primo elemento di parole composte che significa 'sei, composto di sei' (*esagono, esastilo*).
esacerbare [e-ʃa-cer-bà-re] *v.tr.* [*io eʃacèrbo ecc.*] **1** rendere più acerbo, più duro; inasprire: — *una pena* **2** rendere più grave, più difficile a curarsi: — *una ferita* **3** irritare gravemente, esasperare: *contrasti che esacerbano l'animo* ♦ **esacerbarsi** *v.intr.pron.* inasprirsi; esasperarsi.
esacerbato [e-ʃa-cer-bà-to] *agg.* inasprito; esasperato: *animo* —.
esacerbazione [e-ʃa-cer-ba-zió-ne] *s.f.* l'esacerbare, l'esacerbarsi; inasprimento: *l'— del male.*
esadecimale [e-ʃa-de-ci-mà-le] *agg.* si dice di sistema di numerazione a base sedici, usato nell'elaborazione elettronica dei dati.
esaedro [e-ʃa-è-dro] *s.m.* (*geom.*) poliedro avente sei facce.
esagerare [e-ʃa-ge-rà-re] *v.tr.* [*io eʃàgero ecc.*] **1** rappresentare, far apparire qlco. maggiore di quanto sia in realtà: — *i propri meriti* | (*estens.*) accentuare, caricare: — *le tinte* ♦ *v.intr.* [aus. *avere*] oltrepassare i limiti della convenienza, del giusto; eccedere, andare oltre: — *nei complimenti.*
esagerato [e-ʃa-ge-rà-to] *agg.* che esce dai limiti della verità o della giusta misura; eccessivo: *reazione esagerata* ♦ *s.m.* [f. *-a*] chi esagera o è portato a esagerare □ **esageratamente** *avv.*
esagerazione [e-ʃa-ge-ra-zió-ne] *s.f.* **1** l'esagerare **2** azione, affermazione esagerata: *un racconto pieno di esagerazioni* | cifra, quantità superiore al giusto: *costa un'—.*
esagitato [e-ʃa-gi-tà-to] *agg.* e *s.m.* [f. *-a*] che/chi è in preda a grande agitazione: *tifosi esagitati.*
esagitazione [e-ʃa-gi-ta-zió-ne] *s.f.* (*lett.*) l'essere esagitato; forte turbamento.
esagonale [e-ʃa-go-nà-le] *agg.* a forma di esagono: *chiesa a pianta* —.
esagono [e-ʃà-go-no] *s.m.* (*geom.*) poligono avente sei lati e sei angoli | Usato come *agg.* esagonale: *forma esagona.*
esalare [e-ʃa-là-re] *v.tr.* emettere vapori o odori; effondere, emanare: *il garofano esala un profumo intenso* | — *l'ultimo respiro*, morire ♦ *v.intr.* [aus. *essere*] effondersi, uscir fuori: *un odore di muffa esalava dalla cantina.*
esalatore [e-ʃa-la-tó-re] *agg.* [f. *-trice*] che consente l'uscita di fumi o gas da un ambiente chiuso: *tubo* —.
esalazione [e-ʃa-la-zió-ne] *s.f.* l'esalare; i vapori, gli odori esalati: *esalazioni vulcaniche*, fuoruscita di gas e vapori che accompagna le eruzioni di un vulcano.
esaltante [e-ʃal-tàn-te] *agg.* che eccita, entusiasma: *un successo* —.
esaltare [e-ʃal-tà-re] *v.tr.* **1** magnificare con lodi; celebrare, decantare: — *i pregi di qlcu.*, *di qlco.* **2** eccitare, infiammare, entusiasmare: *le sue parole esaltarono la folla* **3** porre in evidenza, far risaltare: *lo sfondo chiaro esalta le figure* ♦ **esaltarsi** *v.rifl.* o *intr.pron.* **1** vantarsi, gloriarsi **2** eccitarsi, entusiasmarsi, infervorarsi: — *per un ideale.*
esaltato [e-ʃal-tà-to] *agg.* eccitato, infervorato: *mente esaltata* ♦ *s.m.* [f. *-a*] chi ha fantasia molto accesa e inquieta | persona invasata, che agisce con fanatismo.
esaltatore [e-ʃal-ta-tó-re] *agg.* e *s.m.* [f. *-trice*] che/chi esalta.
esaltazione [e-ʃal-ta-zió-ne] *s.f.* **1** lode incondizionata; magnificazione: — *delle virtù di qlcu.* **2** eccitazione, infervoramento: *stato di* —.
esame [e-ʃà-me] *s.m.* **1** attenta analisi delle qualità o delle condizioni di una persona, di una cosa, di una situazione, al fine di farsene un giudizio: — *di un malato, del sangue*; — *di un progetto*; *prendere in* — | *in* —, *all'*—, si dice di ciò che è oggetto d'esame, di studio **2** prova a cui viene sottoposto un candidato per accertarne il grado di preparazione o l'idoneità a una professione: — *di maturità, d'ammissione*; *dare, passare gli esami* | — *di stato*, esame pubblico con cui lo stato esercita il suo controllo sull'istruzione, rilasciando un titolo che ha valore legale **3** (*dir.*) nella fase dibattimentale del processo penale, interrogatorio: *l'— di un teste.*
esametro [e-ʃà-me-tro] *s.m.* nella metrica greca e latina, verso di sei piedi.
esamificio [e-ʃa-mi-fì-cio] *s.m.* termine polemico per indicare l'università, in quanto ridotta a luogo in cui si sostengono esami ed è trascurata la funzione didattica.
esaminabile [e-ʃa-mi-nà-bi-le] *agg.* che si può esaminare.
esaminando [e-ʃa-mi-nàn-do] *agg.* e *s.m.* [f. *-a*] che/chi deve sostenere un esame.
esaminare [e-ʃa-mi-nà-re] *v.tr.* [*io eʃàmino ecc.*] **1** prender in esame, fare oggetto d'esame; osservare, considerare attentamente: — *i vari aspetti di un problema* **2** sottoporre a una prova d'esame: — *i candidati* **3** (*dir.*) sottoporre a interrogatorio un testimone; studiare una causa.
esaminatore [e-ʃa-mi-na-tó-re] *agg.* e *s.m.* [f. *-trice*] che/chi esamina in esami scolastici o in prove di concorso: *commissione esaminatrice.*
esangue [e-ʃàn-gue] *agg.* **1** che è senza sangue o ha perso molto sangue: *giacere* — **2** (*fig.*) pallido, smorto: *volto* —.
esanime [e-ʃà-ni-me] *agg.* che è o sembra senza vita; morto, svenuto: *un corpo* —.
esano [e-ʃà-no] *s.m.* (*chim.*) idrocarburo saturo con struttura a sei atomi di carbonio, ricavato dal petrolio e usato come solvente.
esantema [e-ʃan-tè-ma] *s.m.* [pl. *-mi*] (*med.*) eruzione cutanea che si manifesta in alcune malattie infettive.
esantematico [e-ʃan-te-mà-ti-co] *agg.* [pl.m. *-ci*] (*med.*) di esantema; che si manifesta con la comparsa di un esantema: *malattie esantematiche.*
esarca [e-ʃàr-ca] *s.m.* [pl. *-chi*] **1** nell'alto Medioevo, governatore dei territori italiani sottoposti all'impero bizantino **2** capo di una delle cin-

que circoscrizioni in cui nel 381 fu divisa la chiesa orientale.
esarcato [e-ʃar-cà-to] *s.m.* dignità, ufficio di esarca | territorio sottoposto alla giurisdizione di un esarca.
esasperante [e-ʃa-spe-ràn-te] *agg.* che irrita e innervosisce: *lentezza —.*
esasperare [e-ʃa-spe-rà-re] *v.tr.* [*io eʃàspero ecc.*] **1** rendere più aspro e gravoso; inasprire, esacerbare: *— un dolore* **2** irritare, innervosire: *il suo contegno mi esaspera* ♦ **esasperarsi** *v.rifl.* o *intr.pron.* **1** inasprirsi, diventare più forte, più acuto **2** perdere la calma, risentirsi, irritarsi.
esasperato [e-ʃa-spe-rà-to] *agg.* **1** particolarmente intenso; spinto all'eccesso, inasprito: *sensibilità esasperata* **2** oltremodo irritato, risentito: *dopo tante contrarietà, era veramente —.*
esasperazione [e-ʃa-spe-ra-zió-ne] *s.f.* **1** aggravamento, inasprimento: *l'— di un dolore* | limite estremo a cui può giungere una situazione; parossismo: *un desiderio spinto fino all'—* **2** profondo risentimento, irritazione: *essere al colmo dell'—* | fatto, situazione esasperante: *che — quest'attesa!*
esatomico [e-ʃa-tò-mi-co] *agg.* (*chim.*) formato di sei atomi: *molecola esatomica.*
esattezza [e-ʃat-téz-za] *s.f.* **1** l'essere esatto: *— di un calcolo* **2** accuratezza, diligenza: *lavoro eseguito con —* **3** puntualità.
esatto[1] [e-ʃàt-to] *agg.* **1** eseguito in modo da evitare le possibilità di errore; conforme al vero, alla realtà: *calcolo —; informazione esatta* **2** conforme a regole e principi assolutamente certi: *scienze esatte,* le scienze matematiche, fisiche e naturali **3** preciso: *alle tre esatte* **4** detto di persona, che agisce con diligenza, puntualità: *— nei pagamenti* ♦ *avv.* **1** con esattezza, con precisione: *parlare —* **2** sì, certamente, per l'appunto: *"Pensi di partire subito?" "Esatto!"* □ **esattamente** *avv.* **1** con esattezza, con precisione, puntualmente: *verrò — alle tre* **2** sì, certamente, per l'appunto: *"Mi hai cercato tu?" "Esattamente!".*
esatto[2] *agg.* (*non com.*) riscosso, percepito: *un canone mai —.*
esattore [e-ʃat-tó-re] *s.m.* [f. *-trice*] chi è incaricato di riscuotere somme per conto di privati o enti pubblici: *— della luce, del gas.*
esattoria [e-ʃat-to-rì-a] *s.f.* ufficio dell'esattore; edificio in cui tale ufficio ha sede: *l'— comunale.*
esattoriale [e-ʃat-to-rià-le] *agg.* che si riferisce all'esattoria o all'esattore: *ufficio —* ♦ *s.m.* e *f.* chi è addetto ai servizi di esattoria.
esaudibile [e-ʃau-dì-bi-le] *agg.* che si può esaudire.
esaudire [e-ʃau-dì-re] *v.tr.* [*io eʃaudisco, tu eʃaudisci ecc.*] accogliere, soddisfare: *— un desiderio.*
esauribile [e-ʃau-rì-bi-le] *agg.* che si può esaurire: *risorse esauribili.*
esauriente [e-ʃau-rièn-te] *agg.* **1** che tratta in modo compiuto un argomento: *una discussione —* **2** convincente, decisivo: *una prova —* □ **esaurientemente** *avv.*
esaurimento [e-ʃau-ri-mén-to] *s.m.* **1** l'esaurire, l'esaurirsi, l'essere esaurito: *vendita fino a —* **2** indebolimento, diminuzione delle risorse fisiche o nervose: *— nervoso.*
esaurire [e-ʃau-rì-re] *v.tr.* [*io eʃaurisco, tu eʃaurisci ecc.*] **1** vuotare completamente: *— un pozzo, un magazzino* | consumare sino all'ultimo, finire (anche *fig.*): *— le scorte; — la propria pazienza* **2** debilitare, spossare: *il troppo studio lo ha esaurito* **3** portare a termine, svolgere interamente: *— le indagini* | trattare a fondo, in ogni particolare: *— un argomento* ♦ **esaurirsi** *v.rifl.* o *intr.pron.* **1** restare totalmente privo del proprio contenuto: *la miniera si è esaurita* | consumarsi del tutto (anche *fig.*): *la sua inventiva si va esaurendo* **2** detto di persona, consumare le proprie energie fisiche e mentali; logorarsi: *lavora troppo, finirà con l'—.*
esaurito [e-ʃau-rì-to] *agg.* **1** svuotato di tutto il contenuto; consumato **2** che è stato integralmente ceduto: *edizione esaurita; teatro tutto —,* senza più posti disponibili **3** affetto da esaurimento nervoso o fisico; spossato: *essere —.*
esaustivo [e-ʃau-stì-vo] *agg.* (*lett.*) che tratta un argomento in tutti i suoi aspetti; del tutto esauriente: *analizzare in modo —* □ **esaustivamente** *avv.*
esausto [e-ʃàu-sto] *agg.* **1** vuoto, impoverito: *erario —* **2** (*fig.*) privo di forze; stremato, spossato: *sentirsi —; mente esausta.*
esautoramento [e-ʃau-to-ra-mén-to] *s.m.* esautorazione.
esautorare [e-ʃau-to-rà-re] *v.tr.* [*io eʃàutoro ecc.*] privare dell'autorità o del prestigio, oppure di competenze precedentemente esercitate: *— un funzionario, un governo.*
esautorato [e-ʃau-to-rà-to] *agg.* privato di autorità o di prestigio: *un governo ormai —.*
esautorazione [e-ʃau-to-ra-zió-ne] *s.f.* l'esautorare, l'essere esautorato.
esavalente [e-ʃa-va-lèn-te] *agg.* (*chim.*) si dice di elemento la cui valenza è sei.
esazione [e-ʃa-zió-ne] *s.f.* il riscuotere denaro, spec. come tributo: *— delle imposte* | la somma di denaro riscossa.
esborsare [e-ʃbor-sà-re] *v.tr.* [*io eʃbórso ecc.*] (*burocr.*) versare come pagamento; sborsare.
esborso [e-ʃbór-so] *s.m.* (*burocr.*) pagamento, spesa, sborso.
esca [é-sca] *s.f.* **1** qualsiasi cibo con cui si attirano pesci o altri animali per catturarli: *attaccare l'— all'amo* | (*fig.*) cosa che alletta o inganna; lusinga: *gettare l'—,* cercare di adescare qlcu. **2** sostanza vegetale che un tempo serviva per accendere il fuoco con l'acciarino | *dare — all'odio, all'amore,* (*fig.*) accenderli, fomentarli.
escalation [/ ɛskaleʃʃon /] *s.f.invar.* (*ingl.*) **1** aumento progressivo dell'impegno militare su un fronte di guerra **2** (*estens.*) andamento in crescendo di un fenomeno politico, sociale o economico: *l'— della criminalità.*
escamotage [/ ɛskamoˈtaʒ /] *s.m.invar.* (*fr.*)

espediente, ripiego abile per aggirare una difficoltà.
escandescenza [e-scan-de-scèn-za] *s.f.* (spec. *pl.*) scatto d'ira subitaneo e violento: *dare in escandescenze.*
escatologia [e-sca-to-lo-gì-a] *s.f.* l'insieme delle dottrine che riguardano il destino dell'uomo dopo la morte.
escatologico [e-sca-to-lò-gi-co] *agg.* [pl.m. *-ci*] dell'escatologia, relativo all'escatologia: *concezioni escatologiche.*
escavatore [e-sca-va-tó-re] *s.m.* macchina usata per lavori di scavo e movimento di terra.
escavatrice [e-sca-va-trì-ce] *s.f.* macchina per scavare; escavatore.
escavazione [e-sca-va-zió-ne] *s.f.* scavo.
eschimese [e-schi-mé-se], o **eskimese** o **esquimese**, *agg.* di un gruppo etnico con caratteri mongoloidi stanziato nelle regioni artiche dell'America e della Siberia ♦ *s.m.* **1** (anche *f.*) chi appartiene alle popolazioni eschimesi **2** gruppo di lingue parlate dagli eschimesi.
eschimo → **eskimo**.
esclamare [e-scla-mà-re] *v.intr.* [aus. *avere*] dire ad alta voce e con forza: *esclamò: "Povero me!"*
esclamativo [e-scla-ma-tì-vo] *agg.* che esprime esclamazione: *tono* — | *punto* —, segno di interpunzione (!) che indica un'intonazione esclamativa.
esclamazione [e-scla-ma-zió-ne] *s.f.* **1** l'esclamare; la parola o la frase che esprime con vivezza un sentimento, una forte impressione: *un'— di stupore* **2** (*gramm.*) interiezione.
escludere [e-sclù-de-re] *v.tr.* [pass.rem. *io esclusi, tu escludésti ecc.*; part.pass. *escluso*] **1** chiudere fuori; impedire l'ingresso in un luogo: *il pubblico fu escluso dall'aula* **2** lasciare fuori, non accogliere, non ammettere: — *un candidato da un concorso* **3** ritenere impossibile; scartare: — *un'ipotesi* **4** rendere impossibile, impedire: *questa possibilità esclude l'altra* ♦ **escludersi** *v.rifl.* isolarsi, non prendere parte a qlco.: — *dal consorzio civile* ♦ *v.rifl.rec.* eliminarsi reciprocamente: *i contrari si escludono.*
esclusione [e-sclu-sió-ne] *s.f.* l'escludere, l'essere escluso | *procedere per* —, vagliando e scartando successivamente varie ipotesi per individuare la più valida.
esclusiva [e-sclu-si-va] *s.f.* godimento di un bene o di un diritto da cui è escluso ogni altro: *notizia in* —, comunicata da un solo giornale | *avere l'— di un prodotto*, o *avere un prodotto in* —: essere l'unico rivenditore autorizzato in una certa area.
esclusivismo [e-sclu-si-vì-smo] *s.m.* **1** l'atteggiamento di chi ritiene valide solo le proprie opinioni **2** in economia e in politica, tendenza ad accordare monopoli e privilegi a società private.
esclusivista [e-sclu-si-vì-sta] *s.m.* e *f.* [pl.m. *-sti*] **1** chi pecca di esclusivismo **2** chi detiene l'esclusiva di vendita di un prodotto **3** chi pratica l'esclusivismo come indirizzo economico e politico.
esclusivistico [e-sclu-si-vì-sti-co] *agg.* [pl.m. *-ci*] caratterizzato da esclusivismo; da esclusivista: *atteggiamento* —.
esclusività [e-sclu-si-vi-tà] *s.f.* **1** l'essere esclusivo; esclusivismo **2** esclusiva | oggetto, modello prodotto in esclusiva: *è un'— della nostra ditta.*
esclusivo [e-sclu-sì-vo] *agg.* **1** che esclude o mira a escludere: *clausola esclusiva* **2** riservato a un singolo o a un gruppo ristretto: *beneficio* —; *circolo* —, che pochi possono frequentare **3** incompatibile con altri; esclusivista: *amore* —, geloso, possessivo **4** di cui non esistono altri uguali; unico: *modello* — □ **esclusivamente** *avv.* in modo esclusivo; soltanto, unicamente: *la colpa è — tua.*
escluso [e-sclù-so] *agg.* **1** lasciato fuori, eccettuato: *nessuno* —, tutti compresi **2** impossibile, improbabile: *non è — che venga anch'io* ♦ *agg.* e *s.m.* [f. *-a*] **1** che/chi è stato scartato da un gruppo, da una graduatoria **2** che/chi è messo ai margini di un ambiente, della società; emarginato.
-esco suffisso con cui si formano aggettivi a partire da una base sostantivale (*bambinesco*, *romanzesco*).
escogitare [e-sco-gi-tà-re] *v.tr.* [*io escògito ecc.*] trovare con la propria inventiva: — *un rimedio, un espediente.*
escoriare [e-sco-rià-re] *v.tr.* [*io escòrio ecc.*] produrre un'escoriazione ♦ **escoriarsi** *v.intr.pron.* farsi un'escoriazione.
escoriato [e-sco-rià-to] *agg.* che presenta escoriazioni.
escoriazione [e-sco-ria-zió-ne] *s.f.* (*med.*) lesione superficiale della pelle; abrasione.
escrementizio [e-scre-men-tì-zio] *agg.* di escrementi; formato da escrementi: *materiali escrementizi.*
escremento [e-scre-mén-to] *s.m.* (spec. *pl.*) sterco, feci.
escrescenza [e-scre-scèn-za] *s.f.* protuberanza, a volte di natura morbosa, sulla superficie della pelle o delle mucose.
escretore [e-scre-tó-re] *agg.* [f. *-trice*] (*biol.*) che concerne o permette l'escrezione: *canale, dotto* —.
escrezione [e-scre-zió-ne] *s.f.* (*biol.*) funzione fisiologica attraverso la quale gli organismi animali e vegetali eliminano i prodotti di rifiuto e le sostanze dannose | la sostanza eliminata.
escursione [e-scur-sió-ne] *s.f.* **1** gita, viaggio breve a scopo di studio o di piacere **2** (*tecn.*) la massima ampiezza di movimento consentita all'elemento mobile di un meccanismo: *l'— del tergicristallo* **3** (*scient.*) intervallo tra il valore massimo e quello minimo di una grandezza: — *termica*, (*meteor.*) differenza fra la temperatura massima e la minima osservata in ventiquattr'ore.
escursionismo [e-scur-sio-nì-smo] *s.m.* l'attività, la pratica del fare escursioni.

escursionista [e-scur-sio-nì-sta] *s.m.* e *f.* [pl.m. *-sti*] chi fa un'escursione o pratica abitualmente l'escursionismo.
escursionistico [e-scur-sio-nì-sti-co] *agg.* [pl.m. *-ci*] relativo all'escursionismo o agli escursionisti.
escussione [e-scus-sió-ne] *s.f.* (*dir.*) esame, interrogatorio dei testimoni in giudizio.
-ese suffisso indicante appartenenza a etnia, luogo geografico (*cinese, berlinese*) o relazione d'altro tipo (*borghese, cortese, marchese*).
esecrabile [e-ʃe-crà-bi-le] *agg.* che si deve esecrare; biasimevole, indegno: *un atto* — □ **esecrabilmente** *avv.*
esecrando [e-ʃe-cràn-do] *agg.* (*lett.*) degno di esecrazione, esecrabile: *un delitto* —.
esecrare [e-ʃe-crà-re] *v.tr.* [*io eʃècro ecc.*] avere in orrore; detestare, aborrire: — *la guerra.*
esecrato [e-ʃe-crà-to] *agg.* **1** detestato, aborrito **2** empio, immondo.
esecrazione [e-ʃe-cra-zió-ne] *s.f.* l'esecrare, l'essere esecrato; sentimento di riprovazione, orrore verso qlcu. o qlco.: *pubblica* —.
esecutività [e-ʃe-cu-ti-vi-tà] *s.f.* (*dir.*) la condizione di un atto che può essere fatto eseguire immediatamente: — *di una sentenza.*
esecutivo [e-ʃe-cu-tì-vo] *agg.* **1** che può ricevere esecuzione: *progetto* — **2** (*dir.*) che può ottenere immediata esecuzione, anche coatta: *mandato* — **3** che provvede a dare attuazione concreta a direttive o programmi: *comitato* — | *potere* —, quello spettante al governo e ai suoi organi; l'insieme di tali organi ♦ *s.m.* **1** il governo **2** il comitato esecutivo di un partito o di un'organizzazione.
esecutore [e-ʃe-cu-tó-re] *s.m.* [f. *-trice*] **1** chi esegue, attua decisioni altrui: *l'— materiale di un delitto* | — *testamentario*, (*dir.*) chi ha il compito di far rispettare le disposizioni testamentarie **2** chi esegue una composizione musicale.
esecutorio [e-ʃe-cu-tò-rio] *agg.* (*dir.*) che dà facoltà di eseguire o di far eseguire: *atto* —.
esecuzione [e-ʃe-cu-zió-ne] *s.f.* **1** l'eseguire; attuazione, realizzazione: — *degli ordini*; *dare — a qlco.*, attuarla; *avere* —, essere realizzato **2** l'eseguire, l'interpretare un brano musicale: — *pianistica, orchestrale* **3** (*dir.*) procedura con cui si attua una decisione di un'autorità amministrativa o giurisdizionale: — *di sfratto* | — *capitale*, uccisione di un condannato a morte; *plotone di* —, il plotone che fucila un condannato a morte; — *sommaria*, senza regolare processo **4** (*inform.*) fase in cui le istruzioni di un programma vengono eseguite dall'elaboratore.
esedra [e-ʃè-dra] *s.f.* **1** negli antichi edifici greci e romani, ambiente aperto a forma di emiciclo, dotato di sedili **2** oggi, qualunque disposizione planimetrica a semicerchio.
esegesi [e-ʃe-gè-ʃi] *s.f.* interpretazione critica di un testo sacro, giuridico, letterario ecc.: — *biblica, dantesca.*
esegeta [e-ʃe-gè-ta] *s.m.* e *f.* [pl.m. *-ti*] chi esegue l'esegesi; interprete, critico.
esegetico [e-ʃe-gè-ti-co] *agg.* [pl.m. *-ci*] proprio dell'esegesi, che si riferisce all'esegesi: *note esegetiche.*
eseguibile [e-ʃe-guì-bi-le] *agg.* che si può eseguire.
eseguibilità [e-ʃe-gui-bi-li-tà] *s.f.* l'essere eseguibile; fattibilità.
eseguire [e-ʃe-guì-re] *v.tr.* [*io eʃéguo, tu eʃégui ecc.*] **1** compiere, fare, realizzare; mettere in atto: — *un lavoro, un progetto* | mettere in pratica quanto è prescritto da altri: — *un ordine* **2** suonare, interpretare una composizione musicale: — *un brano al pianoforte.*
esempio [e-ʃèm-pio] *s.m.* **1** qualunque cosa o persona che possa essere presa come modello positivo o negativo e serva di guida, di ammaestramento: — *di bontà*; *seguire l'— di qlcu.*; *prendere — da qlcu.*; *dare il buono, il cattivo* — **2** fatto o frase che si cita per confermare un'affermazione o una regola, per chiarire un concetto, per attestare usi grammaticali o lessicali: *portare un* — | *per* — (abbr. *per es., p.es., p.e.*), *ad* — (abbr. *ad es., ad e.*), formule usate per introdurre un esempio **3** qualunque essere o cosa che possa rappresentare tutti gli altri della stessa specie: *un palazzo che è un — di architettura barocca.*
esemplare[1] [e-ʃem-plà-re] *agg.* che serve o può servire d'esempio; che può essere preso a modello: *vita, castigo* —.
esemplare[2] *s.m.* **1** ciascuna copia di una serie (libri, medaglie, francobolli ecc.): *un — rarissimo* **2** animale, vegetale o minerale tipico nella propria specie: — *di gatto soriano* **3** persona che può servire da esempio.
esemplare[3] *v.tr.* [*io eʃèmplo ecc.*] (*lett.*) imitare, conformare a un modello: — *il proprio stile su quello dei classici.*
esemplarità [e-ʃem-pla-ri-tà] *s.f.* l'essere esemplare: *l'— di una punizione.*
esemplificare [e-ʃem-pli-fi-cà-re] *v.tr.* [*io eʃemplìfico, tu eʃemplìfichi ecc.*] spiegare, dimostrare con uno o più esempi: — *una teoria.*
esemplificativo [e-ʃem-pli-fi-ca-tì-vo] *agg.* che serve a esemplificare.
esemplificazione [e-ʃem-pli-fi-ca-zió-ne] *s.f.* l'esemplificare; l'insieme degli esempi addotti: *fornire un'— esauriente.*
esentare [e-ʃen-tà-re] *v.tr.* [*io eʃènto ecc.*] rendere esente da un obbligo; esonerare, dispensare: — *dal servizio militare.*
esentasse [e-ʃen-tàs-se] *agg.invar.* esente da tasse (usato negli annunci pubblicitari e nel linguaggio burocratico).
esente [e-ʃèn-te] *agg.* non soggetto a un obbligo, a un onere di carattere generale: *reddito — da imposte* | libero, immune da un male: *zona — dal contagio.*
esenzione [e-ʃen-zió-ne] *s.f.* dispensa da un obbligo comune; esonero: *chiedere, concedere, ottenere l'—.*
esequie [e-ʃè-quie] *s.f.pl.* l'insieme delle cerimonie e dei riti funebri; funerale: — *solenni.*

esercente [e-ʃer-cèn-te] *agg.* che esercita una professione, un'attività ♦ *s.m.* e *f.* gestore o proprietario di un negozio o altro pubblico esercizio.
esercitabile [e-ʃer-ci-tà-bi-le] *agg.* che può essere esercitato.
esercitare [e-ʃer-ci-tà-re] *v.tr.* [*io eʃèrcito ecc.*] **1** mantenere in attività; abituare con l'esercizio; addestrare, allenare: *— la memoria*; *— l'orecchio alla musica* **2** dedicarsi a un'attività per professione o per mestiere (anche *assol.*): *è avvocato ma non esercita* **3** usare, far valere; praticare: *— un diritto*; *— la carità* ♦ **esercitarsi** *v.rifl.* addestrarsi, tenersi in esercizio: *— nella guida, a scrivere.*
esercitazione [e-ʃer-ci-ta-zió-ne] *s.f.* l'esercitare, l'esercitarsi; attività di addestramento fisico o intellettuale.
esercito [e-ʃèr-ci-to] *s.m.* **1** il complesso delle forze militari di uno stato: *l'— italiano* | le forze terrestri, distinte da quelle di mare e dell'aria: *l'—, la marina, l'aeronautica* **2** (*fig. iperb.*) gran numero di persone, animali o cose: *un — di bambini, di cavallette.*
eserciziario [e-ʃer-ci-zià-rio] *s.m.* libro o quaderno di esercizi.
esercizio [e-ʃer-cì-zio] *s.m.* **1** l'esercitare, l'esercitarsi: *— della memoria, di una professione*; *— delle proprie funzioni* | *tenere, tenersi in —*, esercitare, esercitarsi | *essere in —*, *fuori —*, allenato, non allenato; riferito a impianto, essere, non essere in funzione **2** prova o insieme di prove che servono ad acquistare pratica in una materia o in un'attività: *libro di esercizi*; *— di traduzione*; *esercizi ginnici* | (*lett.*) prova severa: *— di pazienza* | *esercizi spirituali*, ritiro nella preghiera e nella meditazione **3** gestione, conduzione di un'azienda, di un negozio; l'azienda, il negozio stesso: *licenza d'—* | *pubblico —*, albergo, ristorante, bar **4** periodo di gestione, per lo più annuale, di un ente, di un'impresa: *— finanziario*; *costi d'—*, riguardanti la normale gestione.
esfoliazione [e-sfo-lia-zió-ne], o **esfogliazione**, *s.f.* (*med.*) distacco degli strati cutanei più superficiali.
esibire [e-ʃi-bì-re] *v.tr.* [*io eʃibisco, tu eʃibisci ecc.*] **1** presentare, mostrare: *— la patente, una ricevuta* **2** mettere in mostra, ostentare: *— la propria cultura* ♦ **esibirsi** *v.rifl.* **1** presentarsi al pubblico in uno spettacolo: *— come cantante* **2** mettersi in mostra, farsi notare: *gli piace —.*
esibizione [e-ʃi-bi-zió-ne] *s.f.* **1** presentazione: *— delle prove in un processo* **2** sfoggio, ostentazione: *fare — della propria cultura* **3** numero di uno spettacolo: *l'— dei clown* | gara sportiva che ha come fine la dimostrazione dell'abilità degli atleti.
esibizionismo [e-ʃi-bi-zio-nì-ʃmo] *s.m.* **1** tendenza ad assumere comportamenti appariscenti, a mettersi in mostra **2** (*psicol.*) impulso morboso a esibire i propri organi genitali.
esibizionista [e-ʃi-bi-zio-nì-sta] *s.m.* e *f.* [pl.m. *-sti*] **1** chi ha tendenza a mettersi esageratamente in mostra **2** (*psicol.*) chi è affetto da esibizionismo.
esibizionistico [e-ʃi-bi-zio-nì-sti-co] *agg.* [pl.m. *-ci*] di esibizionismo, da esibizionista: *manie esibizionistiche* □ **esibizionisticamente** *avv.*
esigente [e-ʃi-gèn-te] *agg.* che esige, pretende molto; severo, rigido: *un insegnante —.*
esigenza [e-ʃi-gèn-za] *s.f.* **1** l'essere esigente | (spec. *pl.*) pretesa: *avere troppe esigenze* **2** (spec. *pl.*) bisogno, necessità: *esigenze di servizio.*
esigere [e-ʃì-ge-re] *v.tr.* [pres. *io eʃigo, tu eʃigi ecc.*; pass.rem. *io eʃigéi* o *eʃigètti, tu eʃigésti ecc.*; part.pass. *eʃatto*] **1** richiedere con autorità o forza; pretendere, volere: *— una spiegazione, delle scuse* **2** imporre, comportare di necessità: *la situazione esige dei provvedimenti immediati* **3** riscuotere in base a un diritto, una legge: *— le imposte.*
esigibile [e-ʃi-gì-bi-le] *agg.* che si può esigere, riscuotere: *un pagamento —.*
esigibilità [e-ʃi-gi-bi-li-tà] *s.f.* l'essere esigibile.
esiguità [e-ʃi-gui-tà] *s.f.* l'essere esiguo: *l'— di un compenso.*
esiguo [e-ʃì-guo] *agg.* piccolo, scarso, irrilevante: *un — patrimonio* □ **esiguamente** *avv.*
esilarante [e-ʃi-la-ràn-te] *agg.* che provoca ilarità; molto divertente, spassoso: *un fatto —.*
esilarare [e-ʃi-la-rà-re] *v.tr.* [*io eʃìlaro ecc.*] rendere allegro; far ridere, divertire: *le sue battute esilaravano tutti* ♦ **esilararsi** *v.intr.pron.* divertirsi, abbandonarsi all'allegria e al riso.
esile [è-ʃi-le] *agg.* **1** sottile, gracile: *braccia, gambe esili* **2** (*fig.*) debole: *una vocina —.*
esiliare [e-ʃi-lià-re] *v.tr.* [*io eʃìlio ecc.*] **1** mandare in esilio, condannare all'esilio **2** (*estens.*) allontanare da qlcu. o da qlco.: *lo esiliarono dagli amici, dal suo ambiente* ♦ **esiliarsi** *v.rifl.* **1** andare spontaneamente in esilio **2** (*estens.*) ritirarsi; allontanarsi da qlcu. o da qlco.: *— dal mondo.*
esiliato [e-ʃi-lià-to] *s.m.* [f. *-a*] chi è in esilio.
esilio [e-ʃì-lio] *s.m.* **1** allontanamento temporaneo o permanente dalla patria, come pena da scontare o come decisione volontaria, per ragioni politiche, religiose ecc.: *condannare all'—*; *scegliere la via dell'—* **2** la condizione di esule; il luogo e il tempo in cui si vive in tale condizione: *morire in —* **3** (*estens.*) allontanamento; isolamento: *— dal mondo, dalla vita politica.*
esilità [e-ʃi-li-tà] *s.f.* l'essere esile (anche *fig.*): *l'— di un ragionamento.*
esimere [e-ʃì-me-re] *v.tr.* [rar. il pass.rem. *io eʃiméi* o *eʃimètti, tu eʃimésti ecc.*; manca il part. pass.] liberare, dispensare da un obbligo: *— qlcu. da un servizio* ♦ **esimersi** *v.rifl.* sottrarsi a un obbligo, a un impegno.
esimio [e-ʃì-mio] *agg.* di elevate e nobili qualità; insigne, eccellente (anche *iron.*): *un — studioso*; *un — farabutto.*
esistente [e-ʃi-stèn-te] *agg.* che ha esistenza, che esiste realmente ♦ *s.m.* ciò che esiste già o che è già in uso: *limitarsi alla gestione dell'—.*
esistenza [e-ʃi-stèn-za] *s.f.* **1** l'esistere; modo

d'essere di ciò che è reale; realtà effettiva: *credere nell'— di Dio; — del pericolo* **2** vita: *condurre un'— tranquilla.*

esistenziale [e-ʃi-sten-zià-le] *agg.* che si riferisce all'esistenza, alla vita: *problemi esistenziali.*

esistenzialismo [e-ʃi-sten-zia-lì-ʃmo] *s.m.* corrente filosofica novecentesca incentrata sulla nozione di esistenza come modo di essere peculiare dell'uomo.

esistenzialista [e-ʃi-sten-zia-lì-sta] *s.m.* e *f.* [pl.m. *-sti*] seguace dell'esistenzialismo: *gli esistenzialisti francesi* | Usato come *agg.*: *filosofia —.*

esistenzialistico [e-ʃi-sten-zia-lì-sti-co] *agg.* [pl.m. *-ci*] dell'esistenzialismo o degli esistenzialisti.

esistere [e-ʃì-ste-re] *v.intr.* [pass.rem. *io eʃistéi* o *eʃistètti, tu eʃistésti ecc.*; part.pass. *eʃistito*; aus. *essere*] **1** avere realtà effettiva: *i fantasmi non esistono* **2** esserci, trovarsi: *non esistono dubbi* **3** (*lett.*) vivere: *ha cessato di —.*

esitante [e-ʃi-tàn-te] *agg.* che esita; dubbioso, indeciso, incerto: *apparire —.*

esitare [e-ʃi-tà-re] *v.intr.* [*io èʃito ecc.*; aus. *avere*] essere incerto, indeciso; non sapersi risolvere a fare qlco.: *— a lungo prima di decidere.*

esitazione [e-ʃi-ta-zió-ne] *s.f.* l'esitare, lo stato d'animo di chi esita; indecisione, incertezza: *rispondere senza —; avere un attimo di —.*

esito [è-ʃi-to] *s.m.* **1** risultato, riuscita, conclusione: *avere — buono, sfavorevole; l'— degli esami* **2** (*burocr.*) evasione, risposta: *dare — a una lettera* **3** (*comm.*) vendita, smercio: *prodotti di facile —.*

esiziale [e-ʃi-zià-le] *agg.* (*non com.*) che reca danno gravissimo; rovinoso: *un provvedimento —.*

eskimese → **eschimese.**

eskimo [è-ski-mo], o **eschimo**, *s.m.* giaccone impermeabile con cappuccio e fodera di pelo.

eslege [e-ʃlè-ge] *agg.* (*lett.*) che è fuori dalla legge, che non è soggetto a nessuna legge: *popolo —.*

eso-[1] primo elemento di parole composte che significa 'dentro, all'interno' (*esoterico*).

eso-[2] primo elemento di parole composte che significa 'in fuori, esterno, verso l'esterno, dall'esterno' (*esocrino*); si contrappone per lo più a *endo-*.

esocrino [e-ʃò-cri-no] *agg.* (*biol.*) si dice della secrezione delle ghiandole che versano i propri prodotti all'esterno (*p.e.* le ghiandole sudoripare) o in cavità comunicanti con l'esterno (*p.e.* le ghiandole intestinali); si dice anche di tali ghiandole.

esodo [è-ʃo-do] *s.m.* **1** emigrazione di un popolo o di un gruppo etnico: *l'— biblico*, quello degli Ebrei sotto la guida di Mosè **2** (*estens.*) partenza da un luogo di un gran numero di persone: *l'— estivo per le località di vacanza* | trasferimento di somme di denaro o altri beni mobili da un luogo a un altro: *— di capitali.*

esofagite [e-ʃo-fa-gì-te] *s.f.* (*med.*) infiammazione dell'esofago.

esofago [e-ʃò-fa-go] *s.m.* [pl. *-gi*] (*anat.*) tratto del tubo digerente che va dalla faringe allo stomaco.

esoftalmo [e-ʃof-tàl-mo] *s.m.* (*med.*) protrusione del globo oculare fuori dall'orbita.

esogamia [e-ʃo-ga-mì-a] *s.f.* **1** (*etnol.*) regola che impone a un individuo di scegliere il coniuge al di fuori del proprio gruppo di parentela o etnico, sociale **2** (*biol.*) riproduzione tra individui di ceppo diverso.

esogamico [e-ʃo-gà-mi-co] *agg.* [pl.m. *-ci*] relativo a esogamia.

esogenesi [e-ʃo-gè-ne-ʃi] *s.f.* **1** (*scient.*) generazione, formazione esterna **2** (*geol.*) formazione che si produce sulla superficie terrestre a opera di agenti fisici esterni.

esogeno [e-ʃò-ge-no] *agg.* (*scient.*) che ha origine all'esterno: *malattie da cause esogene* | (*geol.*) si dice degli agenti che operano dall'esterno sulla superficie terrestre provocando trasformazioni chimiche, meccaniche o termiche | *rocce esogene*, sedimentarie.

esomorfismo [e-ʃo-mor-fì-ʃmo] *s.m.* (*geol.*) l'insieme delle trasformazioni mineralogiche che subiscono le rocce in seguito all'azione di fenomeni eruttivi e al contatto col magma.

esonerare [e-ʃo-ne-rà-re] *v.tr.* [*io eʃònero ecc.*] dispensare da un obbligo, da un onere; sollevare da un incarico: *— dalle tasse scolastiche* ♦ **esonerarsi** *v.rifl.* liberarsi di propria iniziativa da un compito, da un dovere; esimersi.

esonerato [e-ʃo-ne-rà-to] *agg.* e *s.m.* [f. *-a*] che/chi è esentato da un obbligo, sollevato da un incarico.

esonero [e-ʃò-ne-ro] *s.m.* l'esonerare, l'essere esonerato; esenzione, dispensa.

esorbitante [e-ʃor-bi-tàn-te] *agg.* che va oltre i limiti del giusto; eccessivo, esagerato: *prezzo —; richieste esorbitanti.*

esorbitare [e-ʃor-bi-tà-re] *v.intr.* [*io eʃòrbito ecc.*; aus. *avere*] uscire dai limiti; passare la giusta misura, eccedere: *— dalle proprie competenze.*

esorcismo [e-ʃor-cì-ʃmo] *s.m.* **1** rito religioso diretto a cacciare demoni o spiriti maligni da una persona che si ritiene ne sia posseduta **2** (*estens.*) formula di scongiuro: *fare gli esorcismi.*

esorcista [e-ʃor-cì-sta] *s.m.* e *f.* [pl.m. *-sti*] chi pratica l'esorcismo.

esorcistico [e-ʃor-cì-sti-co] *agg.* [pl.m. *-ci*] che riguarda l'esorcismo: *formule esorcistiche.*

esorcizzare [e-ʃor-ciʒ-ʒà-re] *v.tr.* **1** sottoporre alla pratica dell'esorcismo: *— un indemoniato* | scacciare mediante esorcismi: *— il demonio* **2** (*estens.*) allontanare, rimuovere dalla mente: *— un problema.*

esorcizzazione [e-ʃor-ciʒ-ʒa-zió-ne] *s.f.* l'esorcizzare, l'essere esorcizzato.

esordiente [e-ʃor-diè̀n-te] *agg.* e *s.m.* e *f.* si dice di chi esordisce in un'attività.

esordio [e-ʃòr-dio] *s.m.* **1** principio di un di-

scorso o di uno scritto; preambolo, introduzione: *dopo un breve —, entrò nel vivo dell'argomento* **2** inizio, principio di una qualsiasi attività: *gli esordi della carriera.*
esordire [e-ʃor-dì-re] *v.intr.* [*io eʃordisco, tu eʃordisci ecc.*; aus. *avere*] **1** incominciare un discorso **2** (*estens.*) iniziare un'attività professionale, artistica, sportiva; debuttare: *la Duse esordì giovanissima.*
esoreattore [e-ʃo-re-at-tó-re] *s.m.* (*tecn.*) in aerotecnica, motore termico che utilizza un combustibile che è a bordo del velivolo e l'aria esterna come comburente.
esornare [e-ʃor-nà-re] *v.tr.* [*io eʃórno ecc.*] (*lett.*) ornare, abbellire, specialmente scritti, orazioni.
esornativo [e-ʃor-na-tì-vo] *agg.* (*lett.*) che serve ad abbellire, a ornare: *epiteto —.*
esortare [e-ʃor-tà-re] *v.tr.* [*io eʃòrto ecc.*] cercare di indurre, di convincere qlcu. a dire o a fare qlco.: *— al bene, a dire la verità.*
esortativo [e-ʃor-ta-tì-vo] *agg.* **1** atto a esortare: *parole esortative* **2** (*gramm.*) che esprime esortazione: *congiuntivo —.*
esortatore [e-ʃor-ta-tó-re] *agg.* e *s.m.* [f. *-trice*] che/chi esorta.
esortatorio [e-ʃor-ta-tò-rio] *agg.* (*lett.*) esortativo.
esortazione [e-ʃor-ta-zió-ne] *s.f.* l'esortare; le parole con cui si esorta: *ascoltare le esortazioni di qlcu.*
esoscheletro [e-ʃo-schè-le-tro] *s.m.* (*zool.*) rivestimento duro del corpo di alcuni vertebrati e di molti invertebrati (insetti, crostacei, molluschi).
esosfera [e-ʃo-sfè-ra] *s.f.* (*geog.*) la regione più esterna dell'atmosfera terrestre.
esosità [e-ʃo-ʃi-tà] *s.f.* l'essere esoso.
esoso[1] [e-ʃò-ʃo] *agg.* **1** avido, avaro: *un commerciante —* **2** che denota avidità: *prezzi esosi.*
esoso[2] *s.m.* (*chim.*) zucchero a sei atomi di carbonio (*p.e.* il glucosio, il fruttosio).
esoterico [e-ʃo-tè-ri-co] *agg.* [pl.m. *-ci*] si dice di dottrina filosofica o religiosa destinata solo a una ristretta cerchia di iniziati: *le dottrine esoteriche di Pitagora* | (*estens.*) proprio di un piccolo gruppo di persone e comprensibile soltanto a loro; segreto, misterioso: *linguaggio —.*
esoterismo [e-ʃo-te-rì-ʃmo] *s.m.* carattere di ciò che è esoterico.
esotermico [e-ʃo-tèr-mi-co] *agg.* [pl.m. *-ci*] (*fis.*) si dice di fenomeno chimico o fisico che avviene con emissione di calore.
esoticità [e-ʃo-ti-ci-tà] *s.f.* origine, carattere esotico: *l'— di un'abitudine.*
esotico [e-ʃò-ti-co] *agg.* [pl.m. *-ci*] **1** che proviene da paesi lontani; che è proprio, caratteristico di tali paesi: *frutti, costumi esotici* **2** (*estens.*) originale, stravagante: *moda esotica* ♦ *s.m.* tutto ciò che è straniero, che proviene da paesi lontani: *il gusto dell'—.*
esotismo [e-ʃo-tì-ʃmo] *s.m.* **1** elemento esotico: *l'arte di Modigliani è ricca di esotismi* **2** tendenza a seguire, nella vita e nell'arte, atteggiamenti e usanze esotiche | carattere esotico; esoticità.
esotizzante [e-ʃo-tiʒ-ʒàn-te] *agg.* che tende all'esotico: *gusti esotizzanti.*
espadrillas [/ espa'drijas /] *s.f.pl.* (*sp.*) scarpe basse di tela con suola di corda intrecciata.
espandere [e-spàn-de-re] *v.tr.* [pass.rem. *io espansi, tu espandésti ecc.*; part.pass. *espanso*] **1** allargare, ampliare, estendere: *— il mercato dei propri prodotti* **2** emanare, spandere: *le rose espandevano un intenso profumo* **3** (*inform.*) aggiungere un dispositivo che migliori le prestazioni di un elaboratore: *— la memoria di un computer* ♦ **espandersi** *v.rifl.* o *intr.pron.* **1** allargarsi, dilatarsi, estendersi: *la tendenza dei gas a —* | ingrandirsi territorialmente o economicamente, politicamente: *stati che si espandono a danno di altri* **2** diffondersi, spargersi: *un profumo si espande nell'aria.*
espansibile [e-span-sì-bi-le] *agg.* che può espandersi; che ha la proprietà di espandersi: *gas espansibili.*
espansione [e-span-sió-ne] *s.f.* **1** l'espandere, l'espandersi; ingrandimento: *— coloniale*; *industria in —*, in fase di sviluppo | *— dell'universo*, (*astr.*) fenomeno per cui le galassie che costituiscono l'universo si allontanano le une dalle altre **2** (*fis.*) trasformazione fisica accompagnata da un aumento di volume: *— di un gas* **3** (*fig.*) manifestazione d'affetto; effusione: *salutare qlcu. con grande —* **4** (*inform.*) dispositivo che aggiunto a un elaboratore ne migliora le prestazioni.
espansionismo [e-span-sio-nì-ʃmo] *s.m.* tendenza di uno stato a espandere il proprio territorio o la propria sfera d'influenza.
espansionista [e-span-sio-nì-sta] *s.m.* e *f.* [pl.m. *-sti*] chi tende all'espansionismo o ne è sostenitore | Anche *agg.*: *stato, politica —.*
espansionistico [e-span-sio-nì-sti-co] *agg.* [pl. m. *-ci*] di espansionismo: *mire espansionistiche.*
espansività [e-span-si-vi-tà] *s.f.* l'essere espansivo, affettuoso.
espansivo [e-span-sì-vo] *agg.* che palesa i propri sentimenti; aperto, affettuoso: *ragazzo, carattere —.*
espanso [e-spàn-so] *agg.* **1** aperto, allargato **2** (*fis.*) si dice di sostanza che si è dilatata: *gas —* **3** (*chim.*) si dice di materiale plastico trattato in modo da acquisire una struttura porosa che conferisce a esso elevate proprietà di isolamento termico e acustico: *polistirolo —.*
espatriare [e-spa-trià-re] *v.intr.* [*io espàtrio ecc.*; aus. *essere*] lasciare la patria, per sempre o per lungo tempo: *— per motivi politici.*
espatrio [e-spà-trio] *s.m.* l'espatriare: *documento valido per l'—.*
espediente [e-spe-dièn-te] *s.m.* accorgimento per superare, almeno provvisoriamente, una difficoltà: *vivere di espedienti*, di ripieghi, arrangiandosi.
espellere [e-spèl-le-re] *v.tr.* [pres. *io espèllo ecc.*;

pass.rem. *io espulsi, tu espelléSti ecc.*; part.pass. *espulso*] **1** cacciare, mandar via: — *dalla scuola* **2** mandar fuori, emettere: — *i gas di scarico* | eliminare dall'organismo: — *un calcolo renale.*

esperanto [e-spe-ràn-to] *s.m.* lingua artificiale internazionale | Usato come *agg.invar.*: *lingua, grammatica* —.

esperia [e-spè-ria] *s.f.* genere di piccole farfalle diurne con corpo tozzo, antenne corte, ali variopinte.

esperibile [e-spe-rì-bi-le] *agg.* **1** che si può esperire, attuare: *una procedura* — **2** (*lett.*) che si può sperimentare, provare.

esperienza [e-spe-rièn-za] *s.f.* **1** conoscenza pratica della vita o delle cose proprie di un determinato campo, acquistata con il tempo e l'esercizio: *avere — del mondo, negli affari*; *un giovane senza* — | *fare* —, acquistare conoscenza di qlco. per prova diretta **2** atto o avvenimento da cui è possibile acquisire una conoscenza diretta; vicenda, anche spirituale, che provoca determinate sensazioni o modificazioni interiori: — *di lavoro*; *un'— traumatica* **3** (*filos.*) conoscenza basata sulla percezione sensibile **4** (*scient.*) esperimento.

esperimento [e-spe-ri-mén-to] *s.m.* **1** ciò che si fa per accertarsi delle qualità di una persona o di una cosa; saggio, prova: *a titolo di* —, per prova **2** (*scient.*) osservazione di un fenomeno naturale o di un evento determinato artificialmente, allo scopo di verificare un'ipotesi o di rilevare delle leggi: — *di laboratorio.*

esperire [e-spe-rì-re] *v.tr.* [pres. *io esperisco, tu esperisci ecc.*; part.pass. *esperito*] **1** (*burocr.*) attuare, dare corso a qlco.: — *un'indagine*; — *le vie legali* **2** (*lett.*) sperimentare, provare.

esperto [e-spèr-to] *agg.* **1** che ha esperienza della vita: *un uomo* — **2** che ha esperienza in un determinato campo; abile, competente: — *in economia* | riferito a cose: *mani esperte*; *occhio* — ♦ *s.m.* [f. *-a*] persona che ha competenza in un determinato campo: *richiedere la consulenza di un* —; — *commerciale, legale.*

espettorante [e-spet-to-ràn-te] *agg.* e *s.m.* si dice di farmaco che favorisce l'espulsione delle secrezioni tracheali e bronchiali.

espettorare [e-spet-to-rà-re] *v.tr.* [*io espèttoro ecc.*] (*med.*) espellere dalla bocca le secrezioni tracheali e bronchiali che ingombrano le vie respiratorie.

espettorato [e-spet-to-rà-to] *s.m.* (*med.*) materiale proveniente dalle vie respiratorie, in particolare dalla trachea e dai bronchi, ed espulso attraverso la bocca.

espettorazione [e-spet-to-ra-zió-ne] *s.f.* l'espettorare.

espiabile [e-spi-à-bi-le] *agg.* che può essere espiato: *colpa* —.

espiantazione [e-spian-ta-zió-ne] *s.f.* prelevamento e coltura di un espianto.

espianto [e-spiàn-to] *s.m.* (*biol.*) frammento di organo coltivato con le tecniche di coltura in vitro.

espiare [e-spi-à-re] *v.tr.* [*io espìo ecc.*] emendare una colpa subendone la punizione: — *i propri errori* | — *una pena*, scontarla.

espiatorio [e-spi-a-tò-rio] *agg.* che vale a espiare: *rito* —.

espiazione [e-spi-a-zió-ne] *s.f.* **1** l'espiare: — *di una colpa* **2** (*teol.*) riparazione dei peccati compiuta con penitenze e opere di carità.

espirare [e-spi-rà-re] *v.tr.* mandar fuori l'aria dai polmoni.

espiratorio [e-spi-ra-tò-rio] *agg.* che concerne l'espirazione: *fase espiratoria.*

espirazione [e-spi-ra-zió-ne] *s.f.* espulsione dell'aria introdotta con l'inspirazione.

espletamento [e-sple-ta-mén-to] *s.m.* (*burocr.*) l'espletare, l'essere espletato: — *di un incarico.*

espletare [e-sple-tà-re] *v.tr.* [*io esplèto ecc.*] (*burocr.*) portare a termine, compiere: — *una pratica, le proprie funzioni.*

espletivo [e-sple-tì-vo] *agg.* (*gramm.*) riempitivo, pleonastico | *particelle espletive*, quelle che si usano in determinati costrutti o espressioni ma non incidono sul significato (p.e. la negazione *non* nella frase: *lavorava più di quanto non occorresse*).

esplicabile [e-spli-cà-bi-le] *agg.* (*lett.*) che si può spiegare.

esplicare [e-spli-cà-re] *v.tr.* [*io èsplico, tu èsplichi ecc.*] svolgere, compiere, esercitare: — *importanti mansioni.*

esplicativo [e-spli-ca-tì-vo] *agg.* che serve a spiegare: *note esplicative* | *congiunzioni esplicative*, (*gramm.*) congiunzioni dichiarative.

esplicazione [e-spli-ca-zió-ne] *s.f.* **1** svolgimento; sviluppo compiuto: — *di un'attività* **2** (*non com.*) spiegazione.

esplicitare [e-spli-ci-tà-re] *v.tr.* [*io esplìcito ecc.*] **1** rendere esplicito; manifestare, palesare: — *le proprie perplessità* **2** — *un'equazione*, (*mat.*) isolare al primo membro l'incognita o un parametro, trasferendo al secondo membro tutti gli altri termini.

esplicito [e-splì-ci-to] *agg.* **1** espresso in termini precisi, che non lascia alcun margine di dubbio: *risposta esplicita* | *proposizione esplicita*, (*gramm.*) quella che ha il verbo di modo finito **2** detto di persona, che si esprime in modo chiaro e inequivocabile: *mi sembra di essere stato* — □ **esplicitamente** *avv.*

esplodere [e-splò-de-re] *v.intr.* [pres. *io esplòdo ecc.*; pass.rem. *io esplòsi, tu esplodésti ecc.*; part.pass. *esplòso*; aus. *essere*] **1** scoppiare con grande rumore; produrre un'esplosione: *la mina è esplosa* **2** (*fig.*) palesare bruscamente e vivacemente i propri sentimenti; sbottare: *sentiva che stava per* — **3** (*fig.*) manifestarsi improvvisamente e con grande intensità: *è esploso il caldo* ♦ *v.tr.* sparare: — *dei colpi di pistola.*

esplorabile [e-splo-rà-bi-le] *agg.* che si può esplorare.

esplorare [e-splo-rà-re] *v.tr.* [*io esplòro ecc.*] **1**

esaminare con attenzione un luogo; perlustrare: — *una grotta* | percorrere un paese sconosciuto per prenderne conoscenza: — *le coste dell'Antartide* 2 (*med.*) effettuare un'esplorazione diagnostica 3 (*fig.*) cercare di conoscere; investigare: — *le intenzioni altrui.*

esplorativo [e-splo-ra-tì-vo] *agg.* di esplorazione; atto a esplorare: *spedizione esplorativa* | (*fig.*) che mira a indagare le intenzioni di qlcu.: *mandato* —, incarico di effettuare delle consultazioni per la formazione di un nuovo governo.

esploratore [e-splo-ra-tó-re] *agg.* [f. *-trice*] che esplora ♦ *s.m.* chi compie esplorazioni geografiche.

esplorazione [e-splo-ra-zió-ne] *s.f.* 1 l'esplorare; viaggio, spedizione intrapresa allo scopo di esplorare 2 (*mil.*) ricognizione per accertare consistenza e dislocazione delle forze nemiche: — *tattica* 3 (*med.*) esame a scopo diagnostico di una parte del corpo di un ammalato o di un organo interno: — *della regione addominale.*

esplosione [e-splo-ʃió-ne] *s.f.* 1 sviluppo di una grande quantità di energia provocato da una reazione fisica o chimica, che determina violenti effetti acustici, termici e meccanici: *l'— di una bomba*; — *nucleare* 2 (*geol.*) fase iniziale di un'eruzione vulcanica 3 (*fig.*) manifestazione improvvisa e violenta di un sentimento o di un fenomeno: — *d'ira*; *l'— di un'epidemia.*

esplosività [e-splo-ʃi-vi-tà] *s.f.* l'essere esplosivo.

esplosivo [e-splo-ʃì-vo] *agg.* 1 che può produrre un'esplosione: *miscuglio* — 2 relativo a un'esplosione: *reazione esplosiva* 3 (*fig.*) che si manifesta con irruenza; che provoca una reazione molto intensa: *discorso* —; *situazione esplosiva*, molto critica e pericolosa ♦ *s.m.* sostanza o miscuglio che in condizioni adatte si decompone per combustione con sviluppo di energia e forte rumore.

esploso [e-splò-ʃo] *agg.* scoppiato | (*fig.*) manifestatosi improvvisamente e con grande intensità.

esponente [e-spo-nèn-te] *s.m.* e *f.* 1 chi rappresenta in modo autorevole o tipico il punto di vista di un gruppo, di una corrente di pensiero: *l'— di un partito politico* 2 (*mat.*) il numero scritto in alto a destra del numero base, che indica la potenza alla quale è elevata una grandezza.

esponenziale [e-spo-nen-ziá-le] *agg.* 1 (*mat.*) si dice di funzione o equazione in cui la variabile o l'incognita compare a esponente 2 (*stat.*) si dice di fenomeno il cui andamento presenta un tasso di incremento o di diminuzione costante nel tempo: *crescita* — 3 (*estens.*) si dice di grandezza che cresce in modo straordinario: *i prezzi sono saliti in maniera* —.

esporre [e-spór-re] *v.tr.* [coniugato come *porre*] 1 mettere fuori, in vista: — *la bandiera* 2 presentare al pubblico; mettere in mostra: — *le merci in vetrina* | (*assol.*) fare un'esposizione: — *in una galleria d'arte* 3 (*fig.*) rischiare, mettere a repentaglio: — *qlcu. a un pericolo* | porre in una condizione sfavorevole, in una situazione critica: *il suo atteggiamento lo espone a critiche* 4 riferire con ordine: — *l'accaduto* | esprimere, manifestare: — *il proprio parere* ♦ **esporsi** *v.rifl.* 1 offrirsi a un'azione esterna (anche *fig.*): — *al sole*; — *ai rischi* 2 mettersi in cattiva luce; compromettersi: *si espone troppo con i suoi scritti.*

esportabile [e-spor-tà-bi-le] *agg.* che si può esportare.

esportare [e-spor-tà-re] *v.tr.* [*io espòrto ecc.*] 1 portare merci di produzione nazionale fuori del territorio dello stato per venderle all'estero: — *materie prime* 2 (*estens.*) mandare all'estero: — *capitali* | (*fig.*) diffondere oltre i confini della propria nazione: — *nuove idee.*

esportatore [e-spor-ta-tó-re] *agg.* e *s.m.* [f. *-trice*] che/chi effettua esportazioni: *ditta esportatrice.*

esportazione [e-spor-ta-zió-ne] *s.f.* l'esportare, l'essere esportato; il complesso delle merci vendute all'estero, il loro valore globale: *le esportazioni superano le importazioni.*

esposimetro [e-spo-ʃì-me-tro] *s.m.* (*foto.*) apparecchio che misura l'intensità luminosa e indica la corretta esposizione per fotografare.

espositivo [e-spo-ʃi-tì-vo] *agg.* che serve a esporre.

espositore [e-spo-ʃi-tó-re] *s.m.* 1 [f. *-trice*] chi presenta al pubblico opere d'arte o prodotti commerciali 2 supporto per presentare al pubblico prodotti in vendita.

esposizione [e-spo-ʃi-zió-ne] *s.f.* 1 l'esporre, il mettere in vista 2 rassegna, mostra pubblica: — *di sculture* 3 il riferire, il modo di riferire; il discorso o lo scritto con cui si riferisce: — *dei fatti* 4 (*foto.*) quantità di luce che colpisce la pellicola 5 posizione di un luogo o di un edificio rispetto ai punti cardinali: — *sud.*

esposto [e-spó-sto] *agg.* 1 messo in vista, in mostra: *merce esposta* 2 soggetto ad azioni esterne: — *alle intemperie* | rivolto: — *a nord* 3 riferito, spiegato, descritto: *le ragioni sopra esposte* ♦ *s.m.* scritto rivolto a un'autorità per rendere noti determinati fatti o ragioni: *presentare un* — *alla magistratura.*

espressione [e-spres-sió-ne] *s.f.* 1 l'esprimere, il manifestare; dichiarazione, manifestazione: *l'— del proprio parere*; *il voto è — della volontà popolare* 2 atteggiamento del volto che esprime un sentimento, uno stato d'animo: *avere un'— divertita* | capacità, forza espressiva: *suonare con grande* — 3 parola o frase con cui si manifesta il proprio pensiero o il proprio sentimento: *espressioni di gratitudine* | vocabolo, locuzione: — *dialettale* 4 (*mat.*) scrittura, in numeri o in lettere, contenente una serie di operazioni da eseguire secondo un ordine convenzionale: — *algebrica.*

espressionismo [e-spres-sio-nì-ʃmo] *s.m.* movimento artistico e culturale che si sviluppò in Europa agli inizi del Novecento come reazione al naturalismo e all'impressionismo: *l'— cinemato-*

grafico tedesco | (*estens.*) stile fortemente espressivo che esaspera in chiave soggettivistica i dati della realtà.
espressionista [e-spres-sio-nì-sta] *s.m.* e *f.* [pl.m. *-sti*] seguace dell'espressionismo | Usato come *agg.* espressionistico: *il movimento —*.
espressionistico [e-spres-sio-nì-sti-co] *agg.* [pl.m. *-ci*] dell'espressionismo, degli espressionisti: *arte espressionistica* □ **espressionisticamente** *avv.* secondo le regole dell'espressionismo.
espressività [e-spres-si-vi-tà] *s.f.* intensità d'espressione, forza espressiva: *l'— di un volto.*
espressivo [e-spres-sì-vo] *agg.* **1** di espressione: *mezzi espressivi* | che esprime con efficacia e intensità un pensiero o un sentimento: *viso —* **2** (*ling.*) che esprime soggettività, partecipazione: *gli usi espressivi di una parola* □ **espressivamente** *avv.*
espresso [e-sprès-so] *agg.* **1** manifestato apertamente: *un consenso —* **2** veloce, rapido: *treno —*, che ferma solo nelle stazioni più importanti **3** si dice di cibo o bevanda che viene preparato al momento: *caffè —* ♦ *s.m.* **1** corrispondenza che viene recapitata in modo più rapido del normale; lo speciale francobollo con cui va affrancata **2** treno espresso **3** caffè espresso □ **espressamente** *avv.* **1** in modo chiaro, esplicito: *gli ho chiesto — di venire* **2** a bella posta, appositamente: *l'ho fatto — per te.*
esprimere [e-sprì-me-re] *v.tr.* [pass.rem. *io esprèssi, tu espriméstì ecc.*; part.pass. *esprèsso*] **1** manifestare, rendere palesi i propri pensieri o sentimenti: *— la propria opinione* **2** rappresentare, significare, rivelare esteriormente: *— soddisfazione col volto*; *l'opera esprime il mondo interiore dell'artista* ♦ **esprimersi** *v.rifl.* esporre il proprio pensiero | (*estens.*) parlare: *che modo di — è questo?*
esprimibile [e-spri-mì-bi-le] *agg.* che si può esprimere: *un sentimento difficilmente —*.
espropriare [e-spro-prià-re] *v.tr.* [*io espròprio ecc.*] **1** (*dir.*) privare qlcu. di un bene che gli appartiene per ragioni di pubblica utilità o in esecuzione di una sentenza: *— un terreno* **2** (*estens.*) privare qlcu. di qlco.
espropriazione [e-spro-pria-zió-ne] *s.f.* l'espropriare, l'essere espropriato: *— di un bene immobile.*
esproprio [e-sprò-prio] *s.m.* espropriazione.
espugnabile [e-spu-gnà-bi-le] *agg.* che può essere espugnato.
espugnare [e-spu-gnà-re] *v.tr.* **1** conquistare con la forza delle armi e dopo lunga lotta: *— una fortezza* **2** (*fig.*) vincere, piegare: *— la resistenza di qlcu.*
espugnazione [e-spu-gna-zió-ne] *s.f.* l'espugnare, l'essere espugnato.
espulsione [e-spul-sió-ne] *s.f.* l'espellere, l'essere espulso: *l'— di un giocatore dal campo.*
espulsivo [e-spul-sì-vo] *agg.* che espelle o tende a espellere.
espulso [e-spùl-so] *agg.* e *s.m.* [f. *-a*] che/chi è stato scacciato da un luogo, da una collettività.
espulsore [e-spul-só-re] *agg.* che espelle ♦ *s.m.* **1** chi espelle **2** (*tecn.*) nelle armi da fuoco moderne, congegno che provvede a espellere il bossolo dopo lo sparo.
espungere [e-spùn-ge-re] *v.tr.* [coniugato come *pungere*] sopprimere parole o frasi da un testo.
espunzione [e-spun-zió-ne] *s.f.* l'espungere, l'essere espunto.
espurgare [e-spur-gà-re] *v.tr.* [*io espurgo, tu espurghi ecc.*] eliminare o modificare le parti di un testo ritenute offensive del senso morale.
esquimese → **eschimese**.
essa [és-sa] *pron.pers.f. di terza pers.sing.* forma femminile di *esso.*
-essa suffisso di nomi femminili (*badessa, poetessa, duchessa*); può comportare una sfumatura iron. o spreg. (*avvocatessa*), o può avere tono scherzoso (*vigilessa*).
essai [/ es'sɛ /] *s.m.invar.* (*fr.*) solo nella loc. agg. *d'essai*, per indicare film di particolare valore artistico, o sala cinematografica specializzata nella proiezione di film di questo tipo: *pellicola d'—*.
esse[1] [és-se] *pron.pers.f. di terza pers.pl.* forma femminile plurale di *esso.*
esse[2] [ès-se] *s.f.* o *m.invar.* nome della lettera *s.*
essenza [es-sèn-za] *s.f.* **1** (*filos.*) ciò per cui una cosa è quello che è; ciò che gli appartiene necessariamente, non in modo accidentale **2** (*estens.*) la parte più importante di qlco., la sua sostanza: *l'— del discorso* **3** (*chim.*) sostanza odorosa usata in farmacia e profumeria: *— di rose.*
essenziale [es-sen-zià-le] *agg.* **1** che costituisce l'essenza di una cosa; sostanziale, fondamentale: *il punto — della questione* | necessario, indispensabile: *la sua presenza è —* **2** costituito da un'essenza: *olio —* ♦ *s.m.* la cosa più importante: *l'— è che non ti sia fatto male* | ciò che costituisce l'essenza delle cose: *badare all'—* □ **essenzialmente** *avv.* in modo essenziale | sostanzialmente, fondamentalmente.
essenzialità [es-sen-zia-li-tà] *s.f.* l'essere essenziale; essenza, qualità fondamentale.
essere[1] [ès-se-re] *v.intr.* [pres. *io sóno, tu sèi, egli è, noi siamo, voi sième, essi sóno*; imperf. *io èro, tu èri, egli èra, noi eravamo, voi eravate, essi èrano*; fut. *io sarò, tu sarai, egli sarà, noi sarémo, voi saréte, essi saranno*; pass.rem. *io fui, tu fósti, egli fu, noi fummo, voi fóste, essi fùrono*; congiunt.pres. *io sia..., noi siamo, voi siate, essi sìano*; congiunt.imperf. *io fóssi ecc.*; cond. *io sarèi, tu sarésti, egli sarèbbe, noi sarémmo, voi saréste, essi sarèbbero*; imp. *sii, siate*; part.pres. *essènte*; part.pass. *stato*; ger. *essèndo*. Come verbo ausiliare forma i tempi composti dei verbi transitivi passivi (*io sono amato*), della forma riflessiva e di tutte le altre forme pronominali (*tu ti sei lodato*; *io mi sono lavato le mani*), dei verbi servili quando reggono un infinito che solitamente prende *essere* come ausiliare (*non sono potuto venire*; *sono dovuto restare*), dei verbi impersonali (*era ac-*

caduto; *è nevicato*), di molti verbi intransitivi attivi] **1** con la funzione di copula unisce il soggetto al predicato nominale: *tu sei buono*; *la rosa è un fiore* **2** come verbo autonomo, in funzione di predicato verbale, afferma l'esistenza, l'essenza in sé, l'effettiva presenza di qlcu. o di qlco., o serve a dichiarare la realtà, la vera natura di un fatto: *Dio è*; *è proprio come dico io* | preceduto dalla particella avverbiale *ci* (o *vi*) con valore pleonastico: *c'è qualcuno che ti cerca*; *non v'è dubbio*; *esserci*, essere arrivato alla meta (anche *fig.*); *ci sono!*, ho capito; *ci siamo!*, siamo giunti al punto decisivo | in alcune costruzioni impersonali ha valore enfatico: *è a lui che sto chiedendo* **3** determina il tempo, le condizioni climatiche (per lo più in costruzioni impersonali): *sono due mesi che non lo vedo*; *è tardi*; *che ora è?*; *è caldo* **4** (*con significato specifico*) accadere, avvenire: *sarà quel che sarà*; *quel che è stato è stato* | arrivare, giungere: *un momento e sono da voi* | consistere: *la sua unica soddisfazione è nel lavoro* | misurare (in lunghezza, larghezza, peso o altro): *"Quant'è la carne?" "Un chilo"* | costare: *quant'è un caffè e un gelato?* **5** in locuzioni particolari: *sarà!*, può anche darsi, ma non ci credo completamente; *può —*, è possibile; *come sarebbe a dire?*, espressione che si usa enfaticamente o polemicamente per richiedere una spiegazione | *del fu...*, (*burocr.*) figlio del defunto: *Giovanni B. del fu Giuseppe* **6** unito ad *a*: indica in genere il luogo, la condizione, la situazione in cui una persona o una cosa si trova: *— a letto*, *a tavola*, *a scuola*; *— agli ordini di qlcu.*; *— al verde*, senza soldi | unito a *da* e seguito da una forma verbale, indica necessità o anche disponibilità, possibilità: *la camicia è da lavare*; *c'è da mangiare per tutti*; *c'è da diventare matti* | unito a *di* indica la materia di cui è costituita una cosa, oppure appartenenza, origine, qualità, disposizione momentanea ecc.: *la statua è di bronzo*; *l'auto è di mio fratello*; *sono di Roma*; *un uomo d'ingegno*; *sono di pessimo umore*; *— d'aiuto*, riuscire, risultare; *— d'opinione*, *d'avviso che...*, pensare, ritenere che... | unito a *in* esprime approssimativamente gli stessi valori che assume con la prep. *a*: *— in casa*; *— in maniche di camicia*; *— in buona salute*; *— in pace*; *— nel torto*; *— nei guai*; *— in sé*, avere coscienza di ciò che si fa o si dice (si contrappone a *— fuori di sé*) | unito a *per* indica, se seguito da una forma verbale, l'imminenza dell'azione ed equivale a 'stare per, essere sul punto o in procinto di': *era lì lì per andarsene*; se è seguito da una forma nominale, indica destinazione, convenienza, preferenza: *questo pacco è per te*; *— per qlcu.*, parteggiare per lui.

essere[2] *s.m.* **1** ciò che è, ciò che esiste: *l'— e il nulla* | *porre in —*, attuare, realizzare **2** l'esistenza, la vita: *il nostro — è di breve durata* **3** il modo di essere; la condizione, l'intima natura: *conoscere qlcu.*, *qlco. nel suo vero —* **4** chi o ciò che esiste: *gli esseri viventi* **5** persona, individuo: *un — insopportabile.* DIM. *esserino.*

essi [és-si] *pron.pers.m. di terza pers.pl.* forma maschile plurale di *esso* e di *egli.*

essiccamento [es-sic-ca-mén-to] *s.m.* l'essiccare, l'essiccarsi; essiccazione.

essiccare [es-sic-cà-re] *v.tr.* [*io essicco, tu essicchi ecc.*] **1** rendere secco, asciugare, prosciugare: *— una palude* **2** (*ind.*) sottoporre a processo di essiccazione: *— le fibre tessili* ♦ **essiccarsi** *v. intr.pron.* **1** prosciugarsi: *il lago si è essiccato* **2** (*fig.*) esaurirsi, estinguersi.

essiccatoio [es-sic-ca-tó-io] *s.m.* **1** apparecchio per essiccare **2** il luogo in cui si effettua l'essiccazione.

essiccazione [es-sic-ca-zió-ne] *s.f.* (*ind.*) operazione che consiste nel sottrarre acqua o altri liquidi da una sostanza o da un materiale.

esso [és-so] *pron.pers.m. di terza pers.sing.* [f. *essa*; pl.m. *essi*, f. *esse*] nelle forme del sing. si riferisce ad animale o a cosa, nelle forme del pl. anche a persone; si usa in genere come soggetto (in funzione di soggetto pl., con riferimento a persone, è quasi sempre sostituito da *loro*).

essoterico [es-so-tè-ri-co] *agg.* [pl.m. *-ci*] si dice di dottrina filosofica o religiosa destinata a essere diffusa anche presso i profani.

est [èst] *s.m.* **1** uno dei quattro punti cardinali, individuato dal sorgere del sole negli equinozi; oriente, levante **2** (*estens.*) zona di una regione situata a oriente rispetto alle altre: *l'— europeo.*

establishment [/ es'tabliʃment /] *s.m.invar.* (*ingl.*) gruppo di persone che detengono il potere in ambito politico, economico e sociale; classe dirigente.

estasi [è-sta-ʃi] *s.f.* **1** stato mistico di distacco dall'esperienza esterna e di unione con la divinità: *cadere in —* **2** (*estens.*) vivo piacere dell'animo; rapimento: *andare in — per la musica.*

estasiare [e-sta-ʃià-re] *v.tr.* [*io estàʃio ecc.*] mandare in estasi: *quella musica lo estasiava* ♦ **estasiarsi** *v.intr.pron.* andare in estasi; entusiasmarsi.

estasiato [e-sta-ʃià-to] *agg.* colto da estasi; rapito d'ammirazione: *sguardo —.*

estate [e-stà-te] *s.f.* la stagione più calda dell'anno; nel nostro emisfero inizia il 21 giugno e termina il 23 settembre | *— di san Martino*, il periodo di bel tempo che di solito si ha verso il giorno di san Martino (11 novembre).

estatico [e-stà-ti-co] *agg.* [pl.m. *-ci*] **1** che è proprio dell'estasi: *rapimento —* **2** che è in estasi; rapito, incantato: *sguardo —* □ **estaticamente** *avv.*

estemporaneità [e-stem-po-ra-nei-tà] *s.f.* l'essere estemporaneo: *l'— di un discorso.*

estemporaneo [e-stem-po-rà-ne-o] *agg.* **1** che è detto, scritto o attuato senza preparazione, improvvisando: *discorso, intervento —* | (*estens.*) superficiale: *una trovata estemporanea* **2** che improvvisa: *poeta —* □ **estemporaneamente** *avv.*

estendere [e-stèn-de-re] *v.tr.* [coniugato come *tendere*] **1** rendere più largo, più ampio: *— i propri possedimenti* | distendere, allungare: *— un arto* **2** (*fig.*) incrementare, sviluppare, accrescere:

— *le proprie conoscenze* 3 applicare a un maggior numero di persone: — *un diritto* ♦ **estendersi** *v.intr.pron.* 1 allargarsi, ampliarsi: *la città si è molto estesa* 2 avere una data lunghezza o superficie: *le Alpi si estendono dal passo di Cadibona al golfo del Quarnaro* 3 (*fig.*) propagarsi, diffondersi: *il contagio si va estendendo.*

estense [e-stèn-se] *agg.* della famiglia d'Este, signori e duchi di alcune città dell'Italia settentrionale fino alla metà dell'Ottocento: *la dinastia* — ♦ *s.m.* (spec. *pl.*) *gli Estensi*, appartenenti alla casa d'Este.

estensibile [e-sten-sì-bi-le] *agg.* che si può estendere; di cui si può estendere l'applicazione: *una norma* —.

estensione [e-sten-sió-ne] *s.f.* 1 l'estendere, l'estendersi, l'essere esteso: — *dei diritti politici* | ampliamento del significato di un vocabolo per denotare oggetti o concetti affini: *per — si chiama "gamba" il sostegno verticale di un tavolo* 2 dimensione in lunghezza e in larghezza; durata nel tempo: *l'— di un campo* 3 (*mus.*) gamma di suoni, dal più grave al più acuto: — *di una voce, di uno strumento musicale* 4 (*fisiol.*) movimento con cui si distende un arto | in ginnastica, il passaggio da una posizione raccolta a una posizione di tensione.

estensivo [e-sten-sì-vo] *agg.* che estende; che va oltre il significato proprio: *interpretazione estensiva di una norma* □ **estensivamente** *avv.*

estensore [e-sten-só-re] *agg.* che estende | *muscolo* —, (*anat.*) muscolo che permette il movimento di estensione ♦ *s.m.* 1 chi compila, redige un atto, una sentenza 2 attrezzo ginnico per sviluppare il torace e i muscoli delle braccia.

estenuante [e-ste-nu-àn-te] *agg.* che estenua; spossante, snervante: *caldo* —.

estenuare [e-ste-nu-à-re] *v.tr.* [*io estènuo ecc.*] stancare fino a togliere le forze; spossare, sfinire: *il viaggio lo aveva estenuato* ♦ **estenuarsi** *v. intr.pron.* perdere le forze, esaurirsi, indebolirsi.

estenuato [e-ste-nu-à-to] *agg.* privo di forze; spossato, snervato.

estenuazione [e-ste-nu-a-zió-ne] *s.f.* l'estenuare, l'estenuarsi; sfinimento, spossatezza.

estere [è-ste-re] *s.m.* (*chim.*) composto in cui l'idrogeno di un acido organico o inorganico è sostituito con un radicale organico.

esterificazione [e-ste-ri-fi-ca-zió-ne] *s.f.* (*chim.*) la reazione da cui si forma un estere, per trattamento di un acido con un alcol.

esteriore [e-ste-rió-re] *agg.* 1 esterno; che è o appare di fuori: *aspetto* — 2 che è estraneo alla vita dello spirito e alla sfera spirituale: *il mondo* — 3 apparente, superficiale; che si limita all'aspetto formale: *una generosità soltanto* — ♦ *s.m.* apparenza: *badare all'*— □ **esteriormente** *avv.* all'esterno, di fuori | apparentemente.

esteriorità [e-ste-rio-ri-tà] *s.f.* l'essere esteriore: *l'— di una cerimonia* | apparenza: *badare molto all'*—.

esteriorizzare [e-ste-rio-riʒ-ʒà-re] *v.tr.* palesare, manifestare esteriormente; estrinsecare: — *la propria gioia* ♦ **esteriorizzarsi** *v.rifl.* o *intr.pron.* rivelarsi all'esterno.

esteriorizzazione [e-ste-rio-riʒ-ʒa-zió-ne] *s.f.* l'esteriorizzare; manifestazione, espressione.

esternare [e-ster-nà-re] *v.tr.* [*io estèrno ecc.*] rivelare, esprimere, manifestare: — *i propri sentimenti, un sospetto* ♦ **esternarsi** *v.rifl.* o *intr.pron.* (*non com.*) esprimersi, manifestarsi | confidarsi, aprirsi.

esternazione [e-ster-na-zió-ne] *s.f.* l'esternare, l'esternarsi.

esterno [e-stèr-no] *agg.* [compar. *esteriore*; superl. *estremo*] 1 che è o appare di fuori: *muro* —; *scala esterna* | *per uso* —, si dice di medicamento che si applica sulle parti esterne del corpo | *angolo — di un poligono*, (*geom.*) quello adiacente a ogni angolo interno, formato prolungando uno dei lati oltre il vertice 2 (*sport*) si dice di incontro disputato sul campo della squadra avversaria ♦ *s.m.* 1 ciò che è di fuori; la parte esteriore o superficiale di qlco.: *l'— della casa* | *all'*—, di fuori 2 (*sport*) in alcuni giochi di palla, il giocatore che agisce lungo i bordi laterali del campo 3 *pl.* riprese cinematografiche girate all'aperto □ **esternamente** *avv.* all'esterno, dalla parte esterna.

estero [è-ste-ro] *agg.* 1 si dice di un paese straniero e di ciò che gli appartiene o gli si riferisce: *stati esteri*; *valute estere* 2 che riguarda i rapporti con gli stati stranieri: *politica estera* ♦ *s.m.* un paese straniero o l'insieme dei paesi stranieri: *andare, vivere all'*—.

esterofilia [e-ste-ro-fi-lì-a] *s.f.* ammirazione esagerata per tutto ciò che viene dall'estero.

esterofilo [e-ste-rò-fi-lo] *agg.* e *s.m.* [f. *-a*] che/chi mostra esterofilia.

esterofobia [e-ste-ro-fo-bì-a] *s.f.* (*non com.*) xenofobia.

esterofobo [e-ste-rò-fo-bo] *agg.* (*non com.*) xenofobo.

esterrefatto [e-ster-re-fàt-to] *agg.* atterrito; sbalordito, sbigottito: *restare* —; *sguardo* —.

-estesia secondo elemento di parole composte, per lo più della terminologia medica, che significa 'sensibilità, sensazione, percezione' (*anestesia, iperestesia*).

esteso [e-sté-so] *agg.* vasto, ampio; diffuso: *un territorio* — | *per* —, per intero, in forma non abbreviata: *firmare per* — □ **estesamente** *avv.*

esteta [e-stè-ta] *s.m.* e *f.* [pl.m. *-ti*] chi ha il senso e il culto del bello; chi dà preminente importanza alla bellezza | seguace dell'estetismo.

estetica [e-stè-ti-ca] *s.f.* 1 la parte della filosofia che si occupa del bello e dell'arte 2 studio delle varie dottrine estetiche: *professore di* — 3 (*estens.*) bellezza, aspetto esteriore: *curare l'*—; *l'— di un edificio.*

esteticità [e-ste-ti-ci-tà] *s.f.* l'insieme dei caratteri estetici di un'opera; aspetto, valore estetico.

estetico [e-stè-ti-co] *agg.* [pl.m. *-ci*] 1 dell'estetica; che concerne il bello e l'arte: *criteri estetici*;

giudizio, senso — **2** bello, piacevole a vedersi: *arredamento funzionale, ma poco* — **3** che cura, che migliora la bellezza del corpo: *chirurgia estetica* □ **esteticamente** *avv.* dal punto di vista estetico.

estetismo [e-ste-tì-ʃmo] *s.m.* l'atteggiamento di chi attribuisce ai valori estetici un'importanza primaria e concepisce la vita come culto dell'arte e del bello.

estetista [e-ste-tì-sta] *s.m.* e *f.* [pl.m. *-sti*] persona esperta in prodotti e cure di bellezza.

estetizzante [e-ste-tiʒ-ʒàn-te] *agg.* che segue l'estetismo; che ha modi da esteta: *atteggiamento, posa* —.

estimatore [e-sti-ma-tó-re] *s.m.* [f. *-trice*] chi nutre ammirazione per qlcu. o per qlco.: *un — della pittura fiamminga.*

estimo [è-sti-mo] *s.m.* stima, giudizio motivato sul valore di un bene economico.

estinguere [e-stìn-gue-re] *v.tr.* [pres. *io estìnguo ecc.*; pass.rem. *io estinsi, tu estinguésti ecc.*; part.pass. *estinto*] **1** spegnere, soffocare: — *un incendio* **2** (*fig.*) far cessare; eliminare, distruggere: — *la sete, un ricordo* **3** cancellare, annullare: — *un conto, un debito*, pagarli ♦ **estinguersi** *v.intr.pron.* **1** spegnersi: *l'incendio si è estinto da sé* **2** (*fig.*) venir meno, finire: *la sua popolarità si estinse presto* | scomparire per mancanza di discendenti: *la famiglia dei Medici si estinse nel XVIII secolo.*

estinguibile [e-stin-guì-bi-le] *agg.* che si può estinguere: *un debito — in venti anni.*

estinto [e-stìn-to] *agg.* che ha cessato di esistere: *specie estinta* ♦ *s.m.* [f. *-a*] (*lett.*) persona defunta: *il caro* —.

estintore [e-stin-tó-re] *s.m.* apparecchio per spegnere un incendio ♦ *agg.* [f. *-trice*] (*chim.*) si dice di sostanza che provoca lo spegnimento della fiamma: *materiale* —.

estinzione [e-stin-zió-ne] *s.f.* l'estinguere, l'estinguersi, l'essere estinto: *l'— di un incendio*; *specie animale in via di* —.

estirpare [e-stir-pà-re] *v.tr.* **1** estrarre completamente, fin dalle radici; sradicare: — *le erbacce* | (*estens.*) asportare mediante intervento chirurgico: — *un tumore* **2** (*fig.*) fare scomparire, eliminare radicalmente: — *l'analfabetismo.*

estirpazione [e-stir-pa-zió-ne] *s.f.* l'estirpare, l'essere estirpato (anche *fig.*): *l'— di un'eresia.*

estivare [e-sti-và-re] *v.tr.* mandare il bestiame ai pascoli estivi di alta montagna.

estivazione [e-sti-va-zió-ne] *s.f.* migrazione estiva del bestiame verso i pascoli d'alta montagna; alpeggio.

estivo [e-stì-vo] *agg.* dell'estate, proprio dell'estate; che si usa d'estate: *caldo* —; *vacanze estive.*

estone [è-sto-ne] *agg.* dell'Estonia ♦ *s.m.*[anche *f.*] chi è nato, chi abita in Estonia.

estorcere [e-stòr-ce-re] *v.tr.* [coniugato come *torcere*] ottenere con la violenza o con l'inganno un bene o un vantaggio; carpire: — *a qlcu. una somma, una promessa.*

estorsione [e-stor-sió-ne] *s.f.* l'estorcere | (*dir.*) il reato commesso da chi costringe altri con violenza o minacce a fare qlco., in partic. a consegnare una somma di denaro.

estorsivo [e-stor-sì-vo] *agg.* di estorsione; fatto a scopo di estorsione: *minacce estorsive.*

estorsore [e-stor-só-re] *s.m.* (*dir.*) chi commette reato di estorsione.

estorto [e-stòr-to] *agg.* ottenuto con la violenza o con l'inganno.

estradare [e-stra-dà-re] *v.tr.* (*dir.*) consegnare per estradizione: — *un criminale.*

estradizione [e-stra-di-zió-ne] *s.f.* (*dir.*) atto con il quale uno stato consegna, su richiesta di un altro stato, una persona che si trovi nel proprio territorio, ma che sia imputata o condannata nello stato richiedente: *chiedere, concedere l'—.*

estradosso [e-stra-dòs-so] *s.m.* (*arch.*) la superficie esterna di un arco o di una volta.

estragone [e-stra-gó-ne] *s.m.* pianta erbacea più nota come *dragoncello.*

estraibile [e-stra-ì-bi-le] *agg.* che si può estrarre.

estraneità [e-stra-nei-tà] *s.f.* qualità, condizione di chi o di ciò che è estraneo.

estraneo [e-strà-ne-o] *agg.* che non ha rapporto con le cose o con le persone di cui si sta parlando; che è di natura diversa rispetto ad altre persone o altre cose: *idea estranea al discorso*; *individuo — alla famiglia* | *corpo* —, qualsiasi corpo che dall'esterno penetri nell'organismo ♦ *s.m.* [f. *-a*] persona estranea; chi non si conosce: *trovarsi in mezzo a estranei.*

estraniare [e-stra-nià-re] *v.tr.* [*io estrànio ecc.*] allontanare, rendere estraneo da ciò cui prima si era legati; straniare: — *qlcu. dalla famiglia* ♦ **estraniarsi** *v.rifl.* allontanarsi, isolarsi | — *dalla realtà*, perdere il contatto con la realtà.

estraniazione [e-stra-nia-zió-ne] *s.f.* **1** l'estraniare, l'estraniarsi, l'essere estraniato; alienazione **2** straniamento.

estrapolare [e-stra-po-là-re] *v.tr.* e *intr.* [*io estràpolo ecc.*; aus. dell'intr. *avere*] ricavare, dedurre; mettere in evidenza qlco. isolandola dal suo contesto: — *i dati di una relazione.*

estrapolazione [e-stra-po-la-zió-ne] *s.f.* l'estrarre, il dedurre da un contesto dati particolari.

estrarre [e-stràr-re] *v.tr.* [coniugato come *trarre*] **1** cavare, tirare fuori: — *il pugnale dal fodero*; — *un dente* | — *a sorte un numero, un nome*, sorteggiarlo | — *la radice quadrata di un numero*, (*mat.*) fare l'operazione mediante la quale si ottiene la radice di quel numero **2** cavare minerali da un giacimento: — *il carbone* **3** ricavare mediante un procedimento: — *lo zucchero dalla barbabietola.*

estrattivo [e-strat-tì-vo] *agg.* che riguarda l'estrazione: *impianti estrattivi.*

estratto [e-stràt-to] *agg.* tirato fuori; cavato | sorteggiato | ricavato ♦ *s.m.* **1** prodotto che si ricava da minerali, vegetali, animali con metodi chimici o fisici; essenza: — *di carne*; — *di lavanda* **2** compendio di un libro, di un documento o un al-

tro testo: — *dell'atto di nascita*, copia che ne riporta solo i dati essenziali | — *conto*, (*banc.*) distinta delle operazioni relative a un conto **3** la pubblicazione separata, come opuscolo a sé stante, dell'articolo di una rivista **4** numero, nome uscito per sorteggio: *il primo — della ruota di Napoli*.
estrattore [e-strat-tó-re] *s.m.* **1** chi è addetto a lavori di estrazione **2** nelle armi da fuoco, congegno che estrae i bossoli dalla camera di scoppio **3** (*chim.*) apparecchio per l'estrazione di sostanze solide o liquide.
estrazione [e-stra-zió-ne] *s.f.* **1** l'estrarre, l'essere estratto; l'operazione con cui si estrae: *l'— dei minerali*; *l'— della radice quadrata* **2** (*chim.*) separazione, mediante solventi, di una o più sostanze dai materiali che le contengono **3** (*fig.*) origine, condizione sociale: *persona di umile —*.
-estre suffisso presente in aggettivi denominali che indicano relazioni con la base da cui sono formati (*pedestre, terrestre*).
estrema [e-strè-ma] *s.f.* (*sport*) nel calcio e in altri giochi di squadra, ala: — *destra, sinistra*.
estremismo [e-stre-mì-ʃmo] *s.m.* l'atteggiamento di chi propugna idee estreme, di radicale opposizione a quelle dominanti; anche, il complesso di forze o di gruppi che assume tale atteggiamento: *l'estremismo di destra e di sinistra*.
estremista [e-stre-mì-sta] *s.m.* e *f.* [pl.m. *-sti*] chi manifesta estremismo; sostenitore di idee estreme | Usato come *agg.* estremistico: *programma —*.
estremistico [e-stre-mì-sti-co] *agg.* [pl.m. *-ci*] che è proprio dell'estremismo o degli estremisti: *tendenze, manifestazioni estremistiche* □ **estremisticamente** *avv.*
estremità [e-stre-mi-tà] *s.f.* **1** il punto, la parte estrema di una cosa: *l'— del palo*; *da un'— all'altra del paese* **2** *pl.* le mani e i piedi: *avere le — gelate*.
estremizzare [e-stre-miʒ-ʒà-re] *v.tr.* portare all'eccesso: — *l'opposizione politica*.
estremizzazione [e-stre-miʒ-ʒa-zió-ne] *s.f.* l'estremizzare, l'essere estremizzato.
estremo [e-strè-mo] *agg.* **1** ultimo nello spazio o nel tempo: *limite —*; *fare un — tentativo* | *Estremo Oriente*, i paesi dell'Asia orientale | *estrema unzione*, il sacramento dell'unzione degli infermi **2** in politica, radicale: *estrema destra, sinistra* **3** (*fig.*) grandissimo; gravissimo: — *pericolo* ♦ *s.m.* **1** punto estremo, parte estrema; estremità: *gli estremi di un segmento* **2** *pl.* i dati essenziali che caratterizzano, che individuano qlco.: *gli estremi di un documento*; *gli estremi di un reato*, le condizioni necessarie perché esso sussista **3** limite, momento estremo; termine: *essere all'— delle forze*; *l'— della disperazione* | *all'—*, al massimo grado □ **estremamente** *avv.* al massimo grado; moltissimo.
estrinsecare [e-strin-se-cà-re] *v.tr.* [*io estrìnseco, tu estrìnsechi ecc.*] esternare, esprimere, manifestare: — *la propria gioia, le proprie opinioni* ♦ **estrinsecarsi** *v.rifl.* o *intr.pron.* esprimersi, manifestarsi.
estrinsecazione [e-strin-se-ca-zió-ne] *s.f.* l'estrinsecare, l'estrinsecarsi; espressione, manifestazione.
estrinseco [e-strìn-se-co] *agg.* [pl.m. *-ci*] che non fa parte dell'essenza di una cosa, che viene dal di fuori; esterno, esteriore: *motivi estrinseci*; *qualità estrinseche* □ **estrinsecamente** *avv.*
estro [è-stro] *s.m.* **1** impulso, ispirazione artistica, ardore della fantasia e dell'immaginazione; inventiva: *seguire l'—*; *dipingere con —* **2** desiderio improvviso e bizzarro; capriccio, ghiribizzo: *gli è venuto l'— di viaggiare per mare* **3** (*zool.*) genere di insetti parassiti di buoi, pecore, cavalli ecc.
estroflessione [e-stro-fles-sió-ne] *s.f.* (*med.*) ripiegamento verso l'esterno di un organo o di un tessuto: *l'— di una palpebra*.
estroflesso [e-stro-flès-so] *agg.* (*med.*) si dice di organo o tessuto che presenta estroflessione.
estrogeno [e-strò-ge-no] *agg.* e *s.m.* (*biol.*) si dice di ormone responsabile dei caratteri sessuali secondari femminili e del ciclo mestruale.
estromettere [e-stro-mét-te-re] *v.tr.* [coniugato come *mettere*] mettere fuori; espellere, escludere: *è stato estromesso dall'azienda*.
estromissione [e-stro-mis-sió-ne] *s.f.* l'estromettere, l'essere estromesso.
estrosità [e-stro-si-tà] *s.f.* l'essere estroso; bizzarria.
estroso [e-stró-so] *agg.* **1** che agisce secondo l'estro; capriccioso, bizzarro: *un temperamento —* **2** che è fatto con estro inventivo, con originalità: *un lavoro —* □ **estrosamente** *avv.*
estroversione [e-stro-ver-sió-ne] *s.f.* (*psicol.*) tendenza a orientarsi verso il mondo esterno più che verso il proprio mondo interiore.
estroverso [e-stro-vèr-so] *agg.* e *s.m.* [f. *-a*] che/chi tende all'estroversione: *temperamento, ragazzo —*.
estrusione [e-stru-ʃió-ne] *s.f.* (*geol.*) emissione lenta di lava che si solidifica lungo il camino vulcanico.
estrusivo [e-stru-ʃì-vo] *agg.* (*geol.*) si dice di eruzione in cui i materiali eruttivi restano nel cratere anziché fuoruscirne.
estuario [e-stu-à-rio] *s.m.* foce di fiume allargata a imbuto, caratteristica delle coste basse esposte all'azione di forti maree.
esuberante [e-ʃu-be-ràn-te] *agg.* **1** sovrabbondante, maggiore del necessario: *produzione, manodopera —* **2** rigoglioso, lussureggiante: *vegetazione —* | florido, formoso: *un corpo —* **3** (*fig.*) vivace, espansivo; pieno di vitalità: *persona —*.
esuberanza [e-ʃu-be-ràn-za] *s.f.* **1** sovrabbondanza, eccedenza: *l'— della produzione* **2** (*fig.*) vitalità, vivacità: *l'— giovanile*.
esubero [e-ʃù-be-ro] *s.m.* (*burocr.*) eccedenza, esuberanza: — *della leva militare*.
esulare [e-ʃu-là-re] *v.intr.* [*io èʃulo ecc.*; aus. *ave-*

re] **1** andare in esilio **2** (*fig.*) essere estraneo, al di fuori: *ciò esula dai miei interessi.*

esulcerare [e-ʃul-ce-rà-re] *v.tr.* [*io eʃùlcero ecc.*] (*lett.*) **1** ulcerare, piagare **2** (*fig.*) addolorare profondamente; esacerbare, inasprire: *le amarezze hanno esulcerato il suo animo* ♦ **esulcerarsi** *v.intr.pron.* ulcerarsi, piagarsi.

esule [è-ʃu-le] *agg.* e *s.m.* e *f.* che, chi va o è in esilio.

esultante [e-ʃul-tàn-te] *agg.* che esulta, pieno di esultanza: *folla* —.

esultanza [e-ʃul-tàn-za] *s.f.* l'esultare; gioia, allegria molto intensa, accompagnata da manifestazioni esteriori: *accogliere una notizia con* —.

esultare [e-ʃul-tà-re] *v.intr.* [aus. *avere*] provare, manifestare grande allegria: — *per la vittoria.*

esumare [e-ʃu-mà-re] *v.tr.* [*io eʃùmo ecc.*] **1** dissotterrare, disseppellire: — *un cadavere* **2** (*fig.*) rimettere in uso, riportare alla luce: — *una vecchia usanza.*

esumazione [e-ʃu-ma-zió-ne] *s.f.* l'esumare, l'essere esumato.

eta [è-ta] *s.m.invar.* nome della settima lettera dell'alfabeto greco, corrispondente a *e* lunga latina.

età [e-tà] *s.f.* **1** ciascuno dei periodi della vita umana: *la verde* —, la gioventù; *mezza* —, età intermedia tra la giovinezza e la vecchiaia | *avere una certa* —, non essere più giovane | *terza* —, vecchiaia | *minore* —, durante la quale non è riconosciuta legalmente la capacità di disporre di sé e dei propri beni; *maggiore* —, nella quale tale capacità è riconosciuta (nella legislazione italiana, dopo il compimento del diciottesimo anno) **2** gli anni della vita: *all'— di trentatré anni* | detto di un animale o in riferimento agli anni da cui una cosa è stata costruita: *l'— di un cane*; *l'— di una chiesa* **3** periodo storico, epoca: *l'— di Augusto* | *l'— di mezzo*, il Medioevo **4** ciascuna delle suddivisioni della preistoria: — *del ferro, del bronzo.*

etano [e-tà-no] *s.m.* (*chim.*) idrocarburo saturo contenente due atomi di carbonio, usato come combustibile e come mezzo refrigerante.

etanolo [e-ta-nò-lo] *s.m.* (*chim.*) alcol etilico.

etcì → **ecci.**

etere[1] [è-te-re] *s.m.* **1** fluido che, fino al secolo scorso, si pensava riempisse uniformemente lo spazio **2** lo spazio come luogo di propagazione delle onde elettromagnetiche: *televisione via* — **3** (*lett.*) aria.

etere[2] *s.m.* (*chim.*) composto organico costituito da due radicali di idrocarburi, collegati a uno stesso atomo di ossigeno | — *etilico*, liquido volatile, infiammabile, usato in passato come anestetico.

etereo [e-tè-reo] *agg.* (*lett.*) **1** dell'etere, del cielo: *spazio* — **2** (*estens.*) celeste, spirituale: *bellezza eterea* | immateriale, quasi incorporeo: *una creatura eterea.*

eterificazione [e-te-ri-fi-ca-zió-ne] *s.f.* (*chim.*) reazione chimica che determina la formazione di eteri.

eternare [e-ter-nà-re] *v.tr.* [*io etèrno ecc.*] rendere eterno; immortalare: — *il proprio nome.*

eternit® [è-ter-nit] *s.m.invar.* (*edil.*) materiale da costruzione duro e leggero usato per coperture, lastre, tubi; fibrocemento.

eternità [e-ter-ni-tà] *s.f.* **1** l'essere eterno: *l'— di Dio* | la durata infinita del tempo: *per tutta l'—* **2** la vita eterna, l'immortalità **3** (*fam.*) spazio di tempo molto lungo: *aspettare un'—.*

eterno [e-tèr-no] *agg.* **1** che non ha né principio né fine, riferito a Dio o a cose divine: *il Padre* — **2** che ha principio ma non ha fine: *la vita eterna*, quella ultraterrena | *l'— riposo*, quello che consegue alla morte **3** destinato a durare quanto il mondo: *fama, gloria eterna* **4** che durerà per tutta la vita: — *amore* | che non si consuma mai; resistente: *un vestito* — **5** che non dà segno di finire; interminabile, lunghissimo: *un discorso* — | che si ripete continuamente; ininterrotto: *eterne promesse* **6** si dice di persona che ha sempre lo stesso atteggiamento: *un — ottimista* ♦ *s.m.* ciò che non ha mai fine; la vita ultraterrena: *l'Eterno*, Dio | *in* —, per l'eternità □ **eternamente** *avv.* per l'eternità; costantemente, sempre.

etero- primo elemento di parole composte che significa 'altro, diverso' (*eterodomia, eteronomia*).

eteroclito [e-te-rò-cli-to] *agg.* **1** (*gramm.*) si dice di sostantivo, aggettivo o verbo che nella flessione alterna forme che hanno tema diverso (p.e. *vado-andiamo*) **2** (*lett.*) strano, anomalo | disparato, eterogeneo.

eterocromosoma [e-te-ro-cro-mo-sò-ma] *s.m.* [pl. *-mi*] (*biol.*) cromosoma sessuale.

eterodonte [e-te-ro-dón-te] *agg.* si dice di animale avente i denti di forme diverse.

eterodossia [e-te-ro-dos-sì-a] *s.f.* l'essere eterodosso: — *religiosa.*

eterodosso [e-te-ro-dòs-so] *agg.* che segue opinioni o dottrine discordanti da quelle ufficialmente accettate; che concerne tali dottrine: *teorie religiose eterodosse* ♦ *s.m.* [f. *-a*] chi professa dottrine o opinioni eterodosse.

eterofillia [e-te-ro-fil-lì-a] *s.f.* (*bot.*) presenza in una stessa pianta di foglie di forma diversa.

eterofillo [e-te-ro-fìl-lo] *agg.* (*bot.*) si dice di pianta che presenti eterofillia.

eterogamete [e-te-ro-ga-mè-te] *s.m.* (*biol.*) gamete che presenta differenze morfologiche a seconda che appartenga al sesso maschile o femminile.

eterogamia [e-te-ro-ga-mì-a] *s.f.* (*biol.*) riproduzione sessuata nella quale i gameti dei due sessi differiscono per forma e dimensione.

eterogeneità [e-te-ro-ge-nei-tà] *s.f.* l'essere eterogeneo.

eterogeneo [e-te-ro-gè-ne-o] *agg.* che ha natura o proprietà differenti; che si compone di elementi disparati non armonizzabili tra loro; non omogeneo: *oggetti eterogenei*; *folla eterogenea* □ **eterogeneamente** *avv.*

eteromorfismo [e-te-ro-mor-fi-ʃmo] *s.m.* (*bot.*)

presenza su una medesima pianta di organi diversi aventi la stessa funzione (*p.e.* radici normali e radici aeree nell'edera).
eteronimia [e-te-ro-ni-mì-a] *s.f.* (*ling.*) fenomeno per cui nomi che costituiscono naturalmente una coppia hanno etimologie differenti (p.e. *marito* e *moglie*).
eteronimo [e-te-rò-ni-mo] *s.m.* (*ling.*) parola che è in rapporto di eteronimia con un'altra: *"fratello" e "sorella" sono eteronimi.*
eteronomia [e-te-ro-no-mì-a] *s.f.* (*filos.*) dipendenza della volontà da motivazioni e fini a essa estranei (si contrappone ad *autonomia*).
eteronomo [e-te-rò-no-mo] *agg.* (*filos.*) che presenta eteronomia; che si trova in condizioni di eteronomia (si contrappone ad *autonomo*).
eterosessuale [e-te-ro-ses-suà-le] *agg.* e *s.m.* e *f.* che/chi presenta eterosessualità: *rapporto* —, tra individui di sesso diverso.
eterosessualità [e-te-ro-ses-sua-li-tà] *s.f.* attrazione sessuale verso l'altro sesso (si contrappone a *omosessualità*).
eterosfera [e-te-ro-sfè-ra] *s.f.* (*geog.*) la parte più esterna dell'atmosfera terrestre, oltre gli 80 km di quota.
eterotassia [e-te-ro-tas-sì-a] *s.f.* (*biol.*) disposizione anormale di certi organi.
eterotermo [e-te-ro-tèr-mo] *agg.* si dice di animale la cui temperatura corporea dipende da quella dell'ambiente: *i rettili e i pesci sono eterotermi.*
eterotrapianto [e-te-ro-tra-piàn-to] *s.m.* (*med.*) trapianto eseguito in un organismo animale con tessuti od organi di un animale di specie diversa (*p.e.* dal maiale all'uomo).
eterozigote [e-te-ro-ʒi-gò-te] *agg.* e *s.m.* (*biol.*) **1** in genetica, si dice di una coppia di cromosomi che ha due geni che trasmettono lo stesso carattere ma con particolarità diverse, e di cui uno prevale sull'altro **2** *pl.* si dice di gemelli risultanti dalla fecondazione di uova diverse (si oppone a *omozigoti*).
ethos [/ ˈɛtos /] *s.m.* (*lett.*) moralità, costume, norma di vita; il comportamento pratico dell'uomo e delle società umane.
etica [è-ti-ca] *s.f.* **1** parte della filosofia che si occupa del problema morale, ossia del comportamento dell'uomo in relazione ai mezzi, ai fini e ai moventi del suo agire: — *cristiana* **2** modello di comportamento seguito da un individuo o un gruppo di individui | — *professionale*, l'insieme dei doveri inerenti a una determinata professione; deontologia.
etichetta[1] [e-ti-chét-ta] *s.f.* **1** cartellino che si applica su un oggetto per indicarne il contenuto, il prezzo o altre caratteristiche: *l'— di una bottiglia* **2** (*fig.*) formula generica usata per designare un oggetto, un fenomeno, una persona: *poeti raccolti sotto l'— dell'ermetismo* | *affibbiare un'— a qlcu.* o *a qlco.*, classificarli superficialmente.
etichetta[2] *s.f.* il complesso delle regole che fissano il cerimoniale delle manifestazioni ufficiali; insieme di norme di comportamento tipiche dell'alta società: *l'— richiede l'abito scuro* | *badare all'—*, alle forme esteriori.
etichettare [e-ti-chet-tà-re] *v.tr.* [*io etichétto ecc.*] **1** munire di etichetta **2** (*fig.*) classificare, definire in modo approssimativo e schematico: — *una persona.*
etichettatrice [e-ti-chet-ta-trì-ce] *s.f.* apparecchio per applicare meccanicamente etichette.
etichettatura [e-ti-chet-ta-tù-ra] *s.f.* l'operazione di applicare etichette.
eticità [e-ti-ci-tà] *s.f.* carattere di ciò che è etico.
etico [è-ti-co] *agg.* [pl.m. *-ci*] dell'etica; che riguarda i costumi, il comportamento: *problema, giudizio* — □ **eticamente** *avv.* dal punto di vista etico; secondo i principi dell'etica.
etilato [e-ti-là-to] *agg.* (*chim.*) si dice di composto contenente uno o più gruppi etilici.
etile [e-tì-le] *s.m.* (*chim.*) radicale derivato dall'etano per eliminazione di un atomo di idrogeno.
etilene [e-ti-lè-ne] *s.m.* (*chim.*) idrocarburo insaturo a due atomi di carbonio, gassoso, usato per produrre materie plastiche.
etilico [e-tì-li-co] *agg.* [pl.m. *-ci*] (*chim.*) si dice di composto contenente un etile: *alcol, etere* —.
etilismo [e-ti-lì-ʃmo] *s.m.* alcolismo.
etilista [e-ti-lì-sta] *s.m.* e *f.* [pl.m. *-sti*] alcolista.
etilometro [e-ti-lò-me-tro] *s.m.* strumento per misurare la concentrazione di alcol etilico nell'alito di una persona e valutarne l'eventuale stato di ebbrezza.
etimo [è-ti-mo] *s.m.* (*ling.*) la forma originaria di una parola (*p.e.* il lat. *fīlĭum* è l'etimo dell'it. *figlio*).
etimologia [e-ti-mo-lo-gì-a] *s.f.* **1** scienza che studia l'origine e la storia delle parole di una lingua **2** forma più antica di una parola, etimo; spiegazione della sua origine.
etimologico [e-ti-mo-lò-gi-co] *agg.* [pl.m. *-ci*] dell'etimologia, relativo all'etimologia: *ricerche etimologiche* | *dizionario* —, quello che indica l'etimologia dei singoli vocaboli registrati | *significato — di una parola*, il suo significato più antico □ **etimologicamente** *avv.* dal punto di vista dell'etimologia.
etimologista [e-ti-mo-lo-gì-sta] *s.m.* e *f.* [pl.m. *-sti*] chi si dedica a studi e ricerche etimologiche.
etiope [e-tì-o-pe] *agg.* dell'Etiopia ♦ *s.m.* e *f.* chi è nato, chi abita in Etiopia.
etiopico [e-ti-ò-pi-co] *agg.* [pl.m. *-ci*] dell'Etiopia.
etneo [et-nè-o] *agg.* (*lett.*) dell'Etna, vulcano della Sicilia ♦ *s.m.* [f. *-a*] (*lett.*) chi abita sulle pendici dell'Etna.
etnia [et-nì-a] *s.f.* gruppo umano accomunato da determinati caratteri fisici, linguistici e culturali.
etnico [èt-ni-co] *agg.* [pl.m. *-ci*] proprio di un popolo o di una nazione: *affinità etniche* | *gruppo* —, aggregato sociale contraddistinto da caratteri somatici comuni o da stessa cultura e lingua □ **etnicamente** *avv.* dal punto di vista etnico.

etno- primo elemento di parole composte che significa 'popolo' (*etnologia*).
etnocentrico [et-no-cèn-tri-co] *agg.* [pl.m. *-ci*] dell'etnocentrismo, ispirato a etnocentrismo.
etnocentrismo [et-no-cen-trì-ʃmo] *s.m.* concezione e comportamento sociali basati sulla solidarietà con il gruppo etnico di appartenenza e su ostilità e disprezzo verso gli altri.
etnografia [et-no-gra-fì-a] *s.f.* studio descrittivo dei costumi e delle tradizioni dei popoli.
etnografico [et-no-grà-fi-co] *agg.* [pl.m. *-ci*] che concerne l'etnografia: *atlante —*.
etnolinguistica [et-no-lin-guì-sti-ca] *s.f.* settore della linguistica che studia in senso etnologico i rapporti tra linguaggio e cultura.
etnologia [et-no-lo-gì-a] *s.f.* disciplina che studia le culture dei vari gruppi umani e le strutture delle società primitive.
etnologico [et-no-lò-gi-co] *agg.* [pl.m. *-ci*] dell'etnologia, che concerne l'etnologia: *studio —*.
etnologo [et-nò-lo-go] *s.m.* [f. *-a*; pl.m. *-gi*] studioso di etnologia.
etnomusicale [et-no-mu-ʃi-cà-le] *agg.* relativo alla musica popolare.
etnomusicologia [et-no-mu-ʃi-co-lo-gì-a] *s.f.* lo studio delle tradizioni musicali popolari e di quelle extra-europee.
-eto suffisso presente in nomi con significato collettivo che indicano il luogo dove si trovano determinate piante o colture (*agrumeto*, *castagneto*, *vigneto*) o dove si trovano molte cose dello stesso genere (*sepolcreto*).
etologia [e-to-lo-gì-a] *s.f.* disciplina che studia il comportamento degli animali nei rapporti reciproci e con l'ambiente naturale.
etologico [e-to-lò-gi-co] *agg.* [pl.m. *-ci*] di etologia, relativo all'etologia: *studi etologici*.
etologo [e-tò-lo-go] *s.m.* [f. *-a*; pl.m. *-gi*] studioso, esperto di etologia.
etrusco [e-trù-sco] *agg.* [pl.m. *-schi*] dell'Etruria, antica regione corrispondente in gran parte all'odierna Toscana: *popolo*, *vaso —* ♦ *s.m.* **1** [f. *-a*] abitante, nativo dell'antica Etruria **2** la lingua parlata dagli etruschi.
etruscologia [e-tru-sco-lo-gì-a] *s.f.* studio della civiltà e della lingua etrusca.
etta-, o epta-, primo elemento di parole composte che significa 'sette' (*eptacordo*, *ettagono*).
ettaedro [et-ta-è-dro] *s.m.* (*geom.*) corpo solido a sette facce.
ettagonale [et-ta-go-nà-le] *agg.* (*geom.*) si dice di poligono che ha sette lati o di figura che ha forma di ettagono.
ettagono [et-tà-go-no] *s.m.* (*geom.*) poligono di sette lati e sette angoli.
-ettare suffisso di verbi derivati da altri verbi con valore attenuativo (*fischiettare*, *scoppiettare*).
ettaro [èt-ta-ro] *s.m.* unità di misura di superficie agraria che corrisponde a 10.000 m^2.
etto [èt-to] *s.m.* abbreviazione di *ettogrammo*.
-etto suffisso che altera in senso diminutivo, e spesso vezzeggiativo, sostantivi o aggettivi (*foglietto*, *piccoletto*).
etto- primo elemento di parole composte, che significa 'cento'; anteposto all'unità di misura, ne moltiplica il valore per cento (*ettogrammo*, *ettolitro*).
ettogrammo [et-to-gràm-mo] *s.m.* misura di peso pari a cento grammi.
ettolitro [et-tò-li-tro] *s.m.* misura di capacità pari a cento litri.
ettometro [et-tò-me-tro] *s.m.* misura di lunghezza pari a cento metri; ha simbolo *hm*.
eu- primo elemento di parole composte che significa 'bene, buono' (*eufonia*, *euritmia*).
eucalipto [eu-ca-lìp-to] *s.m.* (*bot.*) genere di piante arboree con foglie aromatiche medicinali e fiori simili a piumini.
eucaliptolo [eu-ca-lip-tò-lo] *s.m.* (*chim.*) liquido oleoso distillato dall'olio di eucalipto, usato in medicina e in profumeria.
eucarestia → eucaristia.
eucariote [eu-ca-riò-te] *s.m.* (*biol.*) ogni organismo che ha organizzazione cellulare complessa.
eucaristia [eu-ca-ri-stì-a], o **eucarestia**, *s.f.* (*teol.*) sacramento cristiano consistente nella transustanziazione del pane e del vino nel corpo e nel sangue di Cristo.
eucaristico [eu-ca-rì-sti-co] *agg.* [pl.m. *-ci*] dell'eucaristia, che si riferisce all'eucaristia: *offerta eucaristica*; *sacrificio —*, la messa.
euclideo [eu-cli-dè-o] *agg.* di Euclide, celebre matematico greco (sec. III a.C.) | che soddisfa i postulati di Euclide: *piano —*; *geometria euclidea*.
eudiometro [eu-diò-me-tro] *s.m.* (*fis.*) apparecchio usato per l'analisi volumetrica dei gas.
eufemismo [eu-fe-mì-ʃmo] *s.m.* procedimento espressivo molto comune che consiste nel sostituire parole o espressioni troppo crude o realistiche con altre di tono attenuato (p.e. *spegnersi* per 'morire') | parola o locuzione usata eufemisticamente in luogo di quella propria.
eufemistico [eu-fe-mì-sti-co] *agg.* [pl.m. *-ci*] di eufemismo, usato per eufemismo: *espressione eufemistica* □ **eufemisticamente** *avv.* per eufemismo.
eufonia [eu-fo-nì-a] *s.f.* effetto gradevole prodotto dall'incontro di certi suoni all'interno di una parola o in parole consecutive.
eufonico [eu-fò-ni-co] *agg.* [pl.m. *-ci*] proprio dell'eufonia; che produce eufonia.
euforbiacee [eu-for-bià-ce-e] *s.f.pl.* (*bot.*) famiglia di piante dicotiledoni diffuse nelle regioni temperate e calde, con fiori piccoli riuniti in infiorescenze e frutti a capsula.
euforia [eu-fo-rì-a] *s.f.* senso di benessere che si manifesta con vivacità, gioia, fervore di attività.
euforico [eu-fò-ri-co] *agg.* [pl.m. *-ci*] di euforia: *stato —* | detto di persona, che è in stato di euforia: *sentirsi —* □ **euforicamente** *avv.*
euforizzante [eu-fo-riʒ-ʒàn-te] *agg.* e *s.m.* (*farm.*) si dice di preparato che provoca uno stato euforico; eccitante.

euganeo [eu-gà-neo] *agg.* che si riferisce a un'antica popolazione che abitava l'odierno Veneto ♦ *agg.* e *s.m.* [f. *-a*] che, chi apparteneva alla popolazione euganea.
eugenetica [eu-ge-nè-ti-ca] *s.f.* branca della medicina che si propone il miglioramento genetico della specie umana.
eugenia [eu-gè-nia] *s.f.* (*bot.*) genere di piante arboree o arbustacee delle regioni calde, con fiori ascellari e frutti carnosi commestibili.
eugubino [eu-gu-bì-no] *agg.* di Gubbio, città dell'Umbria ♦ *s.m.* **1** [f. *-a*] abitante, nativo di Gubbio **2** dialetto parlato nella città di Gubbio.
eunuchismo [eu-nu-chì-ʃmo] *s.m.* (*med.*) mancato sviluppo, nell'uomo, dei caratteri sessuali primari e secondari.
eunuco [eu-nù-co] *s.m.* [pl. *-chi*] **1** uomo privo delle facoltà virili, per difetto organico o in seguito a evirazione **2** (*st.*) nei paesi orientali, guardiano evirato degli harem **3** (*fig.*) uomo fiacco, privo di energia ♦ *agg.* evirato, castrato.
eupatride [eu-pà-tri-de] *s.m.* presso gli antichi Greci, chi discendeva da famiglia nobile.
eupepsia [eu-pe-psì-a] *s.f.* (*med.*) normale svolgimento della digestione; si oppone a *dispepsia.*
eurasiatico [eu-ra-ʃià-ti-co] [pl.m. *-ci*] *agg.* dell'Eurasia, denominazione geografica comprensiva di Europa e Asia: *il continente —.*
eureka [èu-re-ka] *inter.* esclamazione di gioia, di soddisfazione, per aver trovato la soluzione di un problema difficile.
eurialino [eu-ria-lì-no] *agg.* (*biol.*) si dice di animale acquatico che sopporta variazioni anche notevoli della concentrazione salina dell'ambiente in cui vive (*p.e.* salmone, trota, anguilla).
euricoro [eu-rì-co-ro] *agg.* (*biol.*) si dice di specie animale o vegetale che può vivere in ambienti dalle caratteristiche diverse.
euristica [eu-rì-sti-ca] *s.f.* complesso dei metodi e delle attività della ricerca scientifica, in quanto rivolta a individuare nuovi dati e a scoprire nuove verità.
euristico [eu-rì-sti-co] *agg.* [pl.m. *-ci*] che riguarda l'euristica.
euritmia [eu-rit-mì-a] *s.f.* **1** armoniosa disposizione delle varie parti che compongono un'opera d'arte **2** (*med.*) regolarità del battito del polso.
euritmico [eu-rìt-mi-co] *agg.* [pl.m. *-ci*] che presenta euritmia: *architettura euritmica.*
euro- primo elemento di parole composte che significa 'europeo, dell'Europa' (*eurocentrismo*).
eurocentrico [eu-ro-cèn-tri-co] *agg.* [pl.m. *-ci*] che considera l'Europa come centro politico, culturale ed economico del mondo.
eurocentrismo [eu-ro-cen-trì-ʃmo] *s.m.* accentuazione dell'importanza dell'Europa nell'ambito della cultura, della politica, dell'economia e della storia.
eurochèque [eu-ro-chè-que; / euro'ʃɛk /] *s.m. invar.* assegno a circolazione internazionale.
eurocity [eu-ro-ci-ty; / euro'siti /] *agg.* e *s.m. invar.* si dice di treno rapido internazionale che collega due città europee.
eurodeputato [eu-ro-de-pu-tà-to] *s.m.* [f. *-a*] deputato del parlamento europeo.
eurodollaro [eu-ro-dòl-la-ro] *s.m.* (*banc.*) dollaro degli Stati Uniti depositato presso banche operanti in Europa.
euromercato [eu-ro-mer-cà-to] *s.m.* (*fin.*) mercato finanziario dei prestiti espressi in una moneta diversa da quella dei paesi in cui vengono collocati.
euromissile [eu-ro-mìs-si-le] *s.m.* nell'uso giornalistico, missile a testata nucleare installato nei paesi europei dell'alleanza atlantica.
europarlamentare [eu-ro-par-la-men-tà-re] *s.m.* e *f.* eurodeputato.
europeismo [eu-ro-pe-ì-ʃmo] *s.m.* movimento che tende a favorire il processo di integrazione politica, economica e culturale dell'Europa.
europeista [eu-ro-pe-ì-sta] *s.m.* e *f.* [pl.m. *-sti*] chi sostiene l'europeismo | Come *agg.* europeistico: *tendenza —.*
europeistico [eu-ro-pe-ì-sti-co] *agg.* [pl.m. *-ci*] dell'europeismo, degli europeisti: *spirito —.*
europeizzare [eu-ro-peiʒ-ʒà-re] *v.tr.* rendere conforme all'uso o al gusto europeo ♦ **europeizzarsi** *v.rifl.* o *intr.pron.* assumere gusti, abitudini, usi tipici degli europei.
europeizzazione [eu-ro-peiʒ-ʒa-zió-ne] *s.f.* l'europeizzare, l'europeizzarsi, l'essere europeizzato.
europeo [eu-ro-pè-o] *agg.* dell'Europa: *continente —* ♦ *s.m.* [f. *-a*] abitante, nativo dell'Europa.
europio [eu-rò-pio] *s.m.* elemento chimico di simbolo *Eu*; è un metallo utilizzato nell'industria nucleare.
europoide [eu-ro-pòi-de] *agg.* e *s.m.* e *f.* che/chi appartiene a uno dei due grandi rami che costituiscono il gruppo delle razze boreali (l'altro è quello dei mongoloidi).
eurovisione® [eu-ro-vi-ʃió-ne] *s.f.* collegamento tra le reti televisive di più paesi europei per trasmettere contemporaneamente lo stesso programma: *trasmissione in —.*
eutanasia [eu-ta-na-ʃì-a] *s.f.* morte indolore provocata per porre fine alle sofferenze di un malato inguaribile.
euteri [eu-tè-ri] *s.m.pl.* (*zool.*) placentati.
eutrofia [eu-tro-fì-a] *s.f.* (*med.*) buono stato di nutrizione dell'organismo o di sue parti: *— del lattante*; *— muscolare.*
eutrofico [eu-trò-fi-co] *agg.* [pl.m. *-ci*] **1** (*med.*) che è in condizione di eutrofia: *muscoli eutrofici* **2** si dice di farmaco che migliora lo stato di nutrizione dell'organismo | (*biol.*) si dice di ambiente acquatico ricco di sostanze nutritive.
eutrofizzazione [eu-tro-fiʒ-ʒa-zió-ne] *s.f.* (*biol.*) accrescimento e moltiplicazione abnormi delle piante acquatiche, per effetto della presenza nelle acque di dosi troppo elevate di sostanze nutritive.

evacuamento [e-va-cua-mén-to] *s.m.* l'evacuare, lo sgomberare un luogo: *l'— di una città.*

evacuare [e-va-cu-à-re] *v.tr.* [*io evàcuo ecc.*] **1** sgomberare, abbandonare un luogo: *— una zona disastrata* **2** (*assol.*) defecare.

evacuazione [e-va-cua-zió-ne] *s.f.* l'evacuare, l'essere evacuato | espulsione delle feci dall'intestino.

evadere [e-và-de-re] *v.intr.* [pass.rem. *io evaſi, tu evadésti ecc.*; part.pass. *evaſo*; aus. *essere*] **1** sottrarsi alla detenzione: *— dal carcere* **2** sottrarsi a un obbligo; in particolare, non ottemperare al pagamento di imposizioni fiscali **3** (*fig.*) sottrarsi a un ambiente, a un modo di vita che opprime: *— dalla realtà quotidiana* ♦ *v.tr.* **1** (*burocr.*) sbrigare, concludere: *— una pratica*; *— un ordine*, eseguirlo **2** non rispettare un obbligo, specialmente un'imposizione fiscale: *— il fisco.*

evanescente [e-va-ne-scèn-te] *agg.* **1** che tende a svanire, a dileguarsi; sbiadito, sfumato: *immagine —* | esile, diafano: *figura —* **2** (*fig.*) inconsistente, privo di sostanza: *un discorso —.*

evanescenza [e-va-ne-scèn-za] *s.f.* **1** l'essere evanescente **2** (*elettr.*) improvviso affievolimento dei suoni captati da un apparecchio radioricevente.

evangelico [e-van-gè-li-co] *agg.* [pl.m. *-ci*] **1** del Vangelo, tratto dal Vangelo: *parabola evangelica* **2** prescritto dal Vangelo, conforme allo spirito del Vangelo: *carità evangelica* **3** relativo a una confessione cristiana riformata: *pastore —*; *chiesa evangelica* ♦ *agg.* e *s.m.* [f. *-a*] che/chi appartiene a una chiesa evangelica: *pastore —* □ **evangelicamente** *avv.* secondo gli insegnamenti e lo spirito del Vangelo: *vivere —.*

evangelismo [e-van-ge-lì-ſmo] *s.m.* posizione religiosa che propone il ritorno al Vangelo come parola immediata di Dio.

evangelista [e-van-ge-lì-sta] *s.m.* [pl. *-sti*] ciascuno degli autori dei quattro Vangeli canonici (Matteo, Marco, Luca, Giovanni).

evangelizzare [e-van-ge-liʒ-ʒà-re] *v.tr.* **1** convertire alla fede cristiana con la predicazione del Vangelo **2** (*fig.*) cercare di convincere, di convertire alle proprie opinioni; fare opera di proselitismo.

evangelizzatore [e-van-ge-liʒ-ʒa-tó-re] *s.m.* [f. *-trice*] chi evangelizza.

evangelizzazione [e-van-ge-liʒ-ʒa-zió-ne] *s.f.* l'evangelizzare, l'essere evangelizzato; diffusione della dottrina cristiana mediante la predicazione.

evaporabile [e-va-po-rà-bi-le] *agg.* che evapora facilmente, soggetto a evaporazione: *liquido —.*

evaporamento [e-va-po-ra-mén-to] *s.m.* evaporazione.

evaporare [e-va-po-rà-re] *v.intr.* [*io evapóro ecc.*; aus. *essere* nei sign. 1 e 2, *avere* nel sign. 3] **1** subire evaporazione: *l'acqua è evaporata* **2** svanire, dissolversi: *il profumo evapora facilmente* **3** perdere liquido per evaporazione: *lo stagno ha evaporato* ♦ *v.tr.* sottoporre a evaporazione, far evaporare: *legno evaporato*, stagionato artificialmente.

evaporatore [e-va-po-ra-tó-re] *s.m.* **1** ogni apparecchio in cui un liquido è trasformato in vapore per effetto del calore **2** recipiente con acqua che si appoggia ai caloriferi accesi, per conservare la necessaria umidità all'ambiente.

evaporazione [e-va-po-ra-zió-ne] *s.f.* passaggio di una sostanza dallo stato liquido allo stato di vapore.

evasione [e-va-ſió-ne] *s.f.* **1** l'evadere; fuga da un luogo chiuso: *— dal carcere* **2** il sottrarsi illecitamente a un obbligo, al pagamento di tasse, imposte: *— fiscale* **3** (*fig.*) l'allontanarsi da ambienti, situazioni, condizioni di vita sgradite: *desiderio d'—*; *— dalla realtà* | *film, romanzo d'—*, privo di impegno, volto semplicemente a intrattenere, a divertire **4** (*burocr.*) esecuzione, disbrigo: *l'— di una pratica.*

evasività [e-va-ſi-vi-tà] *s.f.* l'essere evasivo.

evasivo [e-va-ſi-vo] *agg.* che non manifesta chiaramente il proprio pensiero, che cerca di evitare una precisa risposta: *mostrarsi —* □ **evasivamente** *avv.*

evaso [e-và-ſo] *agg.* e *s.m.* [f. *-a*] chi è fuggito dal carcere.

evasore [e-va-ſó-re] *s.m.* chi si sottrae a un obbligo; chi commette un'evasione fiscale.

evenienza [e-ve-nièn-za] *s.f.* situazione, circostanza che può verificarsi; caso, occorrenza: *nell'— che*, nel caso che.

evento [e-vèn-to] *s.m.* ciò che è accaduto o potrà accadere; avvenimento, fatto di una certa importanza: *un — storico*; *essere in attesa degli eventi* | *lieto —*, la nascita di un bambino.

eventuale [e-ven-tu-à-le] *agg.* che può avvenire o no; casuale, possibile: *un — ritardo* □ **eventualmente** *avv.* se sarà il caso, se occorrerà: *— interpellerò un avvocato* | qualora, nel caso che: *— tu dovessi tardare, telefonami.*

eventualità [e-ven-tu-a-li-tà] *s.f.* **1** possibilità: *l'— di una guerra* **2** caso, evenienza: *nella sfortunata — che...*, se per sfortuna dovesse accadere che...

evergreen [/ ɛverˈgrin /] *agg.* e *s.m.invar.* (*ingl.*) che/chi resta di moda nonostante il trascorrere degli anni; intramontabile.

eversione [e-ver-sió-ne] *s.f.* insieme di atti violenti e criminosi volti a sovvertire l'ordine costituito: *lotta all'—.*

eversivo [e-ver-sì-vo] *agg.* dell'eversione politica; che mira a sovvertire l'ordine costituito: *gruppi eversivi*; *trame eversive.*

eversore [e-ver-só-re] *s.m.* chi mira a rovesciare l'ordinamento statale e le sue istituzioni.

evezione [e-ve-zió-ne] *s.f.* (*astr.*) perturbazione periodica del moto della Luna, causata dal Sole.

evidente [e-vi-dèn-te] *agg.* **1** che è ben visibile, che appare chiaramente: *la sua gioia era —* **2** che è ben riconoscibile come vero; che non ha bisogno di essere dimostrato: *una prova —* □ **evi-**

dentemente *avv.* **1** in modo evidente, con evidenza: *un ragionamento — erroneo* **2** certo, senza dubbio: *— non mi sono spiegato.*
evidenza [e-vi-dèn-za] *s.f.* **1** l'essere evidente: *l'— di una prova* | *negare l'— dei fatti*, rifiutarsi di riconoscere qlco. che risulti assolutamente manifesto | *arrendersi all'—*, cedere di fronte a ciò che appare certo e indubitabile | *mettere in —*, in risalto, dare rilievo **2** efficacia rappresentativa: *l'— delle immagini, dello stile.*
evidenziare [e-vi-den-zià-re] *v.tr.* [*io evidènzio ecc.*] mettere in evidenza, dare risalto, far notare: *— un particolare.*
evidenziatore [e-vi-den-zia-tó-re] *s.m.* penna a tratto largo, di colore fluorescente e trasparente, usata per sottolineare una o più parole di uno scritto, in modo da metterle in risalto.
evincere [e-vìn-ce-re] *v.tr.* [coniugato come *vincere*] **1** (*dir.*) rivendicare per mezzo di un giudizio la proprietà di un bene posseduto da altri **2** dedurre, desumere.
evirare [e-vi-rà-re] *v.tr.* **1** privare dei testicoli; castrare **2** (*fig.*) rendere moralmente debole e fiacco; effeminare.
evirato [e-vi-rà-to] *agg.* e *s.m.* che/chi ha subito un'evirazione; castrato.
evirazione [e-vi-ra-zió-ne] *s.f.* l'evirare, l'essere evirato.
eviscerare [e-vi-sce-rà-re] *v.tr.* [*io evìscero ecc.*] privare delle viscere.
eviscerazione [e-vi-sce-ra-zió-ne] *s.f.* (*med.*) operazione dell'eviscerare.
evitabile [e-vi-tà-bi-le] *agg.* che si può evitare: *errori evitabili.*
evitare [e-vi-tà-re] *v.tr.* [*io èvito ecc.*] **1** star lontano da qlcu. o qlco. che si ritiene molesto o dannoso; sfuggire: *— un seccatore*; *— lo sguardo di qlcu.* **2** astenersi da qlco. o dal fare qlco.: *— i cibi pesanti* **3** risparmiare ad altri qlco. di spiacevole o faticoso: *gli ho evitato un viaggio inutile* **4** far sì che qlco. non avvenga: *— una sciagura* ♦ **evitarsi** *v.rifl.rec.* fare in modo di non incontrarsi: *i due ormai si evitano.*
evo [è-vo] *s.m.* ognuna delle grandi divisioni cronologiche della storia: *Medio Evo.*
evocare [e-vo-cà-re] *v.tr.* [*io èvoco, tu èvochi ecc.*] **1** chiamare dal mondo dei morti per facoltà medianica o magica: *— gli spiriti* **2** (*estens.*) richiamare alla mente; rievocare: *— il passato* | suscitare, ricreare in maniera suggestiva: *— un'atmosfera idillica.*
evocativo [e-vo-ca-tì-vo] *agg.* capace di evocare, suggestivo; che si propone di evocare: *una poesia evocativa.*
evocazione [e-vo-ca-zió-ne] *s.f.* l'evocare, l'essere evocato: *formula di —.*
-evole suffisso di aggettivi; può avere senso attivo (*piacevole*) o passivo (*lodevole*).
evolutivo [e-vo-lu-tì-vo] *agg.* di evoluzione, di sviluppo | *età evolutiva*, quella compresa tra la nascita e la maturità fisica e psichica.
evoluto [e-vo-lù-to] *agg.* **1** (*scient.*) si dice di organismo che ha raggiunto il suo pieno sviluppo **2** (*estens.*) che è passato a un livello più alto di vita e di cultura, che è avanzato civilmente e socialmente: *popolo —* **3** non inibito da pregiudizi: *un ragazzo —* □ **evolutamente** *avv.*
evoluzione [e-vo-lu-zió-ne] *s.f.* **1** sviluppo lento e graduale, generalmente verso una forma più complessa: *— della società, della scienza* | *— stellare*, (*astr.*) sviluppo di una stella da una nebulosa iniziale fino alla morte per esplosione o estinzione **2** (*biol.*) graduale perfezionamento delle specie animali e vegetali dalle forme più semplici a quelle più complesse: *l'— della specie* **3** movimento o serie di movimenti eseguiti secondo un ordine prestabilito: *evoluzioni aeree.*
evoluzionismo [e-vo-lu-zio-nì-ʃmo] *s.m.* (*biol.*) teoria secondo cui tutte le forme animali e vegetali sono il risultato di una lenta evoluzione da antenati più semplici per effetto di mutazioni genetiche e della selezione naturale.
evoluzionista [e-vo-lu-zio-nì-sta] *s.m.* e *f.* [pl.m. *-sti*] seguace dell'evoluzionismo.
evoluzionistico [e-vo-lu-zio-nì-sti-co] *agg.* [pl.m. *-ci*] dell'evoluzionismo, basato sull'evoluzionismo □ **evoluzionisticamente** *avv.* secondo i principi dell'evoluzionismo.
evolvere [e-vòl-ve-re] *v.intr.* [*io evòlvo ecc.*; part.pass. *evoluto*; aus. *essere* o *avere*], o **evolversi** *v.intr.pron.* svilupparsi, trasformarsi gradatamente: *la civiltà si evolve attraverso i secoli.*
evonimo [e-vò-ni-mo] *s.m.* (*bot.*) genere di piante arboree o arbustacee a foglie caduche o persistenti, a cui appartiene la fusaggine.
evviva [ev-vì-va] *inter.* esclamazione di gioia, esultanza, incoraggiamento (graficamente si può esprimere col segno W): *— la pace!* ♦ *s.m.invar.* il grido di evviva: *gli — della folla.*
ex [/ ɛks /] *prep.* (*lat.*) unita a sostantivi, con o senza trattino, indica una determinata condizione in cui non si è più: *— ministro*; *— fidanzato*; *— combattente* ♦ *s.m.* e *f.invar.* (*fam.*) la persona con cui sono stati troncati i rapporti amorosi: *il suo, la sua —.*
ex abrupto [/ ɛgza'brupto /] *loc.avv.* (*lat.*) all'improvviso, tutto a un tratto; si dice soprattutto di discorsi e scritti che entrano subito nel vivo dell'argomento.
ex aequo [/ eg'zɛkwo /] *loc.avv.* (*lat.*) alla pari, a pari merito: *terzi classificati —.*
ex cathedra [/ ɛks'katedra /] *loc.avv.* (*lat.*) si dice del magistero papale, quando tocca questioni di fede o di morale | (*estens.*) con sussiego, in modo perentorio: *parlare —.*
excursus [/ eks'kursus /] *s.m.invar.* (*lat.*) digressione, divagazione.
executive [/ eg'zɛkutiv /] *s.m.invar.* (*ingl.*) dirigente d'azienda ♦ *agg.invar.* tipico, proprio di un executive; adatto ai dirigenti d'azienda, agli uomini d'affari: *valigetta —*; *aereo —.*
exeresi [e-xè-re-ʃi] *s.f.* (*med.*) asportazione chirurgica di un organo o di una sua parte.

ex lege [/ ɛks'lɛdʒe /] *loc.avv.* (*lat. dir.*) secondo quanto è previsto dalla legge.
ex libris [/ ɛks'libris /] *loc.sost.m.invar.* (*lat.*) contrassegno con fregi e motti, che si appone a un libro per indicarne la proprietà.
ex novo [/ ɛks'nɔvo /] *loc.avv.* (*lat.*) da capo, completamente, di sana pianta: *questo lavoro va rifatto —*.
expertise [/ eksper'tiz /] *s.f.* (*fr.*) perizia; autenticazione di un'opera d'arte fatta da un esperto.
exploit [/ eks'plwa /] *s.m.invar.* (*fr.*) impresa straordinaria, molto brillante: *fare un —*.
expo [/ eks'po /] *s.f.invar.* (*fr.*) esposizione, mostra.
export [/ 'ɛkspɔrt /] *s.m.invar.* (*ingl. comm.*) esportazione (si contrappone a *import*): *lavorare nell'import-export*, nel settore dell'importazione e dell'esportazione.
extra [èx-tra] *prep.* fuori di: *spese — bilancio* ♦ *agg.invar.* **1** fuori del previsto, dell'ordinario: *spese —* **2** della qualità migliore: *burro —* ♦ *s.m.invar.* tutto ciò che costituisce un sovrappiù; servizio o consumazione forniti da un albergo o da un ristorante fuori del prezzo prestabilito.
extra- primo elemento di parole composte che significa 'fuori' (*extraterritoriale*) oppure conferisce valore di superlativo (*extraforte*).
extra-atmosferico [ex-tra-at-mo-sfè-ri-co] *agg.* [pl.m. *-ci*] che è, si verifica nello spazio esterno all'atmosfera terrestre.
extracomunitario [ex-tra-co-mu-ni-tà-rio] *agg.* e *s.m.* [f. *-a*] si dice di cittadino di un paese non appartenente alla Comunità Economica Europea | (*estens.*) di immigrato proveniente dal terzo mondo.
extraconiugale [ex-tra-co-niu-gà-le] *agg.* che avviene fuori del matrimonio: *relazione —*.
extracorporeo [ex-tra-cor-pò-reo] *agg.* si dice della circolazione sanguigna attivata da opportune apparecchiature durante un intervento chirurgico al cuore.
extraeuropeo [ex-tra-eu-ro-pè-o] *agg.* che non fa parte dell'Europa: *paese —*.
extragalattico [ex-tra-ga-làt-ti-co] *agg.* [pl.m. *-ci*] (*astr.*) che è fuori o proviene da fuori della galassia a cui appartiene il sistema solare: *nebulosa extragalattica*.
extragiudiziale [ex-tra-giu-di-zià-le] *agg.* (*dir.*) che avviene fuori del giudizio; che non fa parte degli atti del processo: *deposizione —*.
extra-large [/ ekstra'lardʒ /] *loc.agg.invar.* (*ingl.*) nel linguaggio commerciale, di capo d'abbigliamento di taglia molto grande.
extraparlamentare [ex-tra-par-la-men-tà-re] *agg.* **1** che ha origine o che avviene al di fuori del parlamento: *crisi —* **2** che per scelta politica agisce al di fuori del parlamento: *sinistra —* | Anche *s.m.* e *f.*: *un — di destra*.
extrasensoriale [ex-tra-sen-so-rià-le] *agg.* che non avviene attraverso i sensi, che non è percepibile dai sensi: *percezione —*; *fenomeni extrasensoriali*.
extrasistole [ex-tra-sì-sto-le] *s.f.* (*med.*) contrazione cardiaca che insorge al di fuori del ritmo cardiaco normale.
extrasistolico [ex-tra-si-stò-li-co] *agg.* [pl.m. *-ci*] (*med.*) relativo a extrasistole: *aritmia extrasistolica*.
extrastrong [/ ekstra'strɔŋg /] *agg.invar.* (*ingl.*) si dice di carta da scrivere molto resistente.
extratemporale [ex-tra-tem-po-rà-le] *agg.* che è fuori del tempo: *dimensione —*.
extraterrestre [ex-tra-ter-rè-stre] *agg.* che è o avviene fuori della Terra: *spazio —* ♦ *agg.* e *s.m.* che/chi proviene da ipotetici altri mondi.
extraterritoriale [ex-tra-ter-ri-to-rià-le] *agg.* che non fa parte del territorio di uno stato: *acque extraterritoriali* | che gode della condizione di extraterritorialità.
extraterritorialità [ex-tra-ter-ri-to-ria-li-tà] *s.f.* (*dir.*) la condizione di determinati beni (navi, sedi diplomatiche) che non sono soggetti alla giurisdizione dello stato nel cui territorio si trovano.
extraurbano [ex-tra-ur-bà-no] *agg.* che è situato fuori della città, ma nelle sue immediate vicinanze | *linee extraurbane*, linee di trasporto pubblico che collegano la città con le zone circostanti.
extrauterino [ex-tra-u-te-rì-no] *agg.* (*med.*) che sta fuori dell'utero | *gravidanza extrauterina*, quando l'ovulo viene fecondato al di fuori dell'utero.
extravergine [ex-tra-vér-gi-ne] *agg.* in merceologia, denominazione ufficiale dell'olio d'oliva con acidità non superiore all'1%.
ex voto [/ ɛks'voto /] *loc.sost.m.invar.* (*lat.*) oggetto offerto dai fedeli a un santuario per grazia ricevuta.
eziandio [e-zian-dì-o] *cong.* (*lett.*) anche, altresì, persino.
eziologia [e-zio-lo-gì-a] *s.f.* **1** parte della medicina che studia le cause delle malattie e delle disfunzioni **2** (*estens.*) indagine sulle cause di un fenomeno, di un processo: *l'— di un conflitto*.
eziologico [e-zio-lò-gi-co] *agg.* [pl.m. *-ci*] che si riferisce all'eziologia: *analisi eziologica*.
-ezza suffisso che serve a formare nomi astratti derivati da aggettivi (*bellezza, grandezza*).

F

f *s.f.* o *m.* sesta lettera dell'alfabeto, il cui nome è *effe*; rappresenta la consonante fricativa labiodentale sorda | *F*, (*mus.*) nome della nota *fa* nei paesi anglosassoni.
fa[1] *s.m.invar.* nota musicale la quarta della scala di do.
fa[2] *avv.* [posposto a un'indicazione di tempo determinato] indietro nel tempo contando da ora: *due ore fa.*
fabbisogno [fab-bi-ʃó-gno] *s.m.* ciò che occorre per soddisfare un bisogno: — *alimentare, di petrolio.*
fabbrica [fàb-bri-ca] *s.f.* **1** stabilimento in cui si svolge una produzione industriale **2** (*non com.*) il fabbricare, il costruire | *la — di San Pietro*, la costruzione e manutenzione della basilica di San Pietro a Roma; (*fig. fam.*) lavoro interminabile.
fabbricabile [fab-bri-cà-bi-le] *agg.* su cui si può costruire un fabbricato; edificabile: *area —.*
fabbricante [fab-bri-càn-te] *s.m.* e *f.* (*non com.*) chi fabbrica.
fabbricare [fab-bri-cà-re] *v.tr.* [*io fàbbrico, tu fàbbrichi ecc.*] **1** produrre con un procedimento di lavoro industriale o artigianale: — *automobili, una cassapanca* **2** innalzare una costruzione in muratura; costruire, edificare: — *un palazzo* **3** (*fig.*) architettare, inventare: — *notizie false.*
fabbricato [fab-bri-cà-to] *s.m.* edificio in muratura; casamento: *un — industriale.*
fabbricazione [fab-bri-ca-zió-ne] *s.f.* produzione di tipo industriale: *la — della carta; difetti di —.*
fabbro [fàb-bro] *s.m.* artigiano che produce o ripara oggetti metallici: *gli arnesi del —.*
fabliau [/ fabli'o /] *s.m.* [pl. *fabliaux*] (*fr.*) nella letteratura francese medievale, breve racconto in versi di tono burlesco e di contenuto per lo più scurrile.
fabula [fà-bu-la] *s.f.* nel linguaggio della critica letteraria, l'insieme degli avvenimenti che costituiscono il contenuto di un racconto.
faccenda [fac-cèn-da] *s.f.* **1** lavoro da sbrigare: *le faccende domestiche* **2** circostanza, affare: *è una brutta —!*
faccendiere [fac-cen-diè-re] *s.m.* [f. *-a*] chi s'affaccenda in attività poco lecite.
facchino [fac-chì-no] *s.m.* [f. *-a*] **1** chi per mestiere trasporta bagagli o altri carichi; portabagagli, scaricatore: *i facchini della stazione* **2** (*estens.*) chi compie lavori faticosi: *fare il — tutto il giorno* **3** (*fig.*) persona rozza, volgare.
faccia [fàc-cia] *s.f.* [pl. *-ce*] **1** la parte anteriore della testa umana, dalla fronte al mento; viso, volto: *una — ossuta; lavarsi la —* | *ridere in —, dire le cose in — a qlcu.*, apertamente, senza preoccuparsi della sua suscettibilità | *di —*, davanti: *abitava di — alla chiesa.* DIM. *faccetta, faccino* (m.) ACCR. *faccione* (m.) **2** (*estens.*) espressione, atteggiamento del volto: — *arcigna; una — da galantuomo* | *leggere qlco. in — a qlcu.*, capirla dall'espressione del volto | *avere la — tosta, di bronzo*, (*fig.*) si dice di persona impudente, senza ritegno | *salvare, perdere la —*, (*fig.*) salvare, perdere la propria reputazione | *avere la — di fare qlco.*, (*fig.*) avere l'impudenza | *alla —!*, (*fam.*) esclamazione di spregio o di stupore **3** superficie piana di un corpo: *le facce dei dadi* | *la — della Terra*, la superficie terrestre **4** (*fig.*) apparenza, aspetto: *l'altra — di un problema.*
facciale [fac-cià-le] *agg.* (*anat.*) della faccia: *nervo —.*
facciata [fac-cià-ta] *s.f.* **1** la parte anteriore esterna di un edificio, dov'è l'ingresso principale: *la — di un palazzo* **2** ciascuna delle due superfici di una pagina: *una lettera di quattro facciate* **3** (*fig.*) apparenza, aspetto esteriore: *giudicare dalla —.*
face [fà-ce] *s.f.* (*lett.*) **1** fiaccola, torcia | (*estens.*) luce, splendore **2** (*fig.*) stella, astro.
facente [fa-cèn-te] *agg.* e *s.m.* e *f.* nella loc. — *funzioni*, (*burocr.*) si dice di chi sostituisce il titolare di un ufficio o di una carica nell'espletamento dei suoi compiti.
faceto [fa-cè-to] *agg.* scherzoso, arguto, spiritoso: *persona, conversazione faceta* | Usato anche come *s.m.*: *parlare tra il serio e il —.*
facezia [fa-cè-zia] *s.f.* detto spiritoso, arguzia: *raccontare facezie.*
fachiro [fa-chì-ro] *s.m.* **1** asceta indiano di sette islamiche e induiste dedito a pratiche mistiche che gli consentono uno straordinario controllo del proprio corpo **2** (*estens.*) individuo che si esibisce in pubblico dimostrando la sua capacità di tollerare il dolore.
facile [fà-ci-le] *agg.* **1** che non presenta difficoltà; semplice, piano: *un lavoro, una domanda —* | che si ottiene con poca o senza fatica: *facili guadagni* | *un carattere —*, affabile, trattabile **2** naturalmente disposto; incline: *un uomo — all'ira* |

avere la parola —, pronta **3** probabile: *è — che piova* □ **facilmente** *avv.* in modo facile, senza difficoltà: *un lavoro che si fa* — | probabilmente: — *lo vedrò domani.*

facilità [fa-ci-li-tà] *s.f.* **1** l'essere facile; semplicità, agevolezza: *la — di un compito, di un discorso* **2** capacità, attitudine naturale a fare qlco. senza fatica: — *di intendere, a dipingere, nello scrivere*; — *di parola*, scioltezza nel parlare.

facilitare [fa-ci-li-tà-re] *v.tr.* [*io facìlito ecc.*] rendere facile o più facile; agevolare: — *un lavoro* | — *un pagamento*, dilazionare, rateizzare.

facilitazione [fa-ci-li-ta-zió-ne] *s.f.* il facilitare, il rendere più facile; agevolazione | — *di pagamento*, dilazione, rateizzazione.

facilone [fa-ci-ló-ne] *s.m.* [f. *-a*] chi pensa o agisce con leggerezza e superficialità.

faciloneria [fa-ci-lo-ne-rì-a] *s.f.* l'essere facilone.

facinoroso [fa-ci-no-ró-so] *agg.* e *s.m.* [f. *-a*] che/chi è incline a comportamenti violenti, a fomentare disordini □ **facinorosamente** *avv.*

facocero [fa-co-cè-ro] *s.m.* mammifero dell'Africa orientale simile al cinghiale.

facoltà [fa-col-tà] *s.f.* **1** capacità, autorità, diritto: — *di decidere*; — *intellettiva*, capacità di intendere | *essere in possesso delle proprie* —, essere lucido, consapevole delle proprie azioni **2** riferito a cosa, proprietà di produrre un effetto: *una medicina che ha la — di far passare la febbre* **3** istituzione universitaria che costituisce l'unità didattica di livello più elevato in relazione a un dato settore di studi e che rilascia il titolo di dottore alla fine di un corso di laurea: — *di medicina, di giurisprudenza.*

facoltativo [fa-col-ta-tì-vo] *agg.* che è lasciato alla libera scelta; non obbligatorio: *esame* — □ **facoltativamente** *avv.* per scelta, senza obbligo.

facoltoso [fa-col-tó-so] *agg.* che possiede molti beni; ricco, danaroso.

facondia [fa-cón-dia] *s.f.* facilità, ricchezza, eleganza di parola; eloquenza: *la — di un oratore.*

facondo [fa-cón-do] *agg.* che ha facondia, eleganza nel parlare; eloquente: *un oratore* —.

facsimile [fac-sì-mi-le] *s.m.* **1** riproduzione esatta dell'originale di un documento; copia: *il — di un atto* **2** (*fig.*) cosa o persona straordinariamente simile a un'altra **3** (*telecom.*) tecnica e servizio di spedizione e ricevimento istantaneo di un documento o di qualsiasi altro testo realizzato mediante telecopiatrice; fax | la telecopiatrice impiegata per tale servizio; fax.

factotum [fac-tò-tum] *s.m.* e *f.invar.* chi in un ufficio o in un'azienda svolge mansioni diverse, prestando la sua opera dove è necessario.

fado [/ 'fado /] *s.m.invar.* (*port.*) canzone popolare portoghese di tono malinconico.

faggeta [fag-gé-ta] *s.f.*, o **faggeto** *s.m.*, bosco di faggi.

faggio [fàg-gio] *s.m.* albero montano di alto fusto, con foglie caduche ovali e tronco rivestito di una corteccia chiara; il suo legno è impiegato in falegnameria.

-fagia secondo elemento di parole composte, che significa 'mangiare, tendenza a mangiare' (*antropofagia*).

fagianella [fa-gia-nèl-la] *s.f.* gallina prataiola.

fagiano [fa-già-no] *s.m.* [f. *-a*] uccello con penne rossastre lucenti e coda lunga, le cui carni sono molto pregiate.

fagiolata [fa-gio-là-ta] *s.f.* minestra di fagioli.

fagiolino [fa-gio-lì-no] *s.m.* baccello verde commestibile di una varietà di fagiolo che si mangia come verdura.

fagiolo [fa-giò-lo] *s.m.* **1** pianta erbacea i cui frutti sono baccelli contenenti semi commestibili | — *americano*, fagiolone **2** il seme commestibile della pianta del fagiolo: *pasta e fagioli* | in loc. fig. dell'uso familiare: *andare a* —, andare a genio; *capitare, venire a* —, capitare a proposito, al tempo giusto.

fagiolone [fa-gio-ló-ne] *s.m.* pianta tropicale americana coltivata per i semi commestibili e come pianta ornamentale; fagiolo americano.

faglia *s.f.* (*geol.*) frattura di uno strato della superficie terrestre con spostamento dei due lembi rocciosi contrapposti.

fago-, **-fago** primo e secondo elemento di parole composte, che significa 'che mangia' (*fagocita, antropofago*).

fagocita [fa-go-cì-ta], o **fagocito**, *s.m.* [pl. *-ti*] (*biol.*) cellula dei globuli bianchi capace di inglobare microrganismi e altri elementi estranei per difendere l'organismo dalle infezioni.

fagocitare [fa-go-ci-tà-re] *v.tr.* [*io fagòcito* o *fagocìto ecc.*] **1** (*biol.*) inglobare, assorbire per fagocitosi **2** (*fig.*) incorporare, inglobare, includere nel proprio ambito; annettersi.

fagocito → **fagocita**.

fagocitosi [fa-go-ci-tò-ʃi] *s.f.* (*biol.*) processo biologico mediante il quale determinate cellule dell'organismo (fagociti) e certi protozoi, come le amebe, inglobano e digeriscono particelle estranee.

fagopirismo [fa-go-pi-rì-ʃmo] *s.m.* (*vet.*) avvelenamento da grano saraceno che colpisce gli erbivori.

fagottista [fa-got-tì-sta] *s.m.* e *f.* [pl.m. *-sti*] sonatore di fagotto.

fagotto¹ [fa-gòt-to] *s.m.* **1** involto piuttosto voluminoso, fatto alla meglio | *far* —, andarsene rapidamente da un luogo; ritirarsi, sloggiare. DIM. *fagottino* **2** (*estens.*) persona infagottata, goffa.

fagotto² *s.m.* **1** strumento musicale a fiato, di legno, con lunga canna ripiegata a U **2** (*estens.*) chi suona in orchestra tale strumento.

Fahrenheit [/ fare'nait /] *agg.invar.* (*ted.*) (*fis.*) si dice di scala termometrica in uso nei paesi anglosassoni, in cui l'intervallo 0-100 °C della scala Celsius corrisponde a 32-212.

faida [fài-da] *s.f.* **1** nel diritto germanico medievale, l'esercizio della vendetta da parte della vittima di un reato o di esponenti della sua famiglia **2** (*estens.*) lotta fra gruppi privati a fini di ritorsione o di vendetta: *faide politiche.*

fai da te [fài da té] *loc.sost.m.invar.* la realizzazione di lavori artigianali nell'ambito della propria casa, soprattutto come occupazione del tempo libero; bricolage.
faina [fa-ì-na] *s.f.* **1** mammifero carnivoro, cacciatore degli animali da cortile, con corpo snello, coda lunga, pelo grigio-bruno, gola e petto bianchi; ha pelliccia pregiata **2** (*fig.*) persona brutta e rinsecchita, o malignamente astuta.
fainesco [fai-né-sco] *agg.* [pl.m. *-schi*] di faina | (*fig.*) da faina; astuto e maligno: *sguardo —.*
fair play [/fɛr'plɛi/] *loc.sost.m.invar.* (*ingl.*) comportamento improntato a correttezza e cortesia, soprattutto in situazioni sfavorevoli o imbarazzanti: *avere, usare —.*
falange [fa-làn-ge] *s.f.* **1** nell'antica Grecia, schieramento di soldati armati di lance disposti su file compatte | (*estens.*) schieramento di soldati; esercito: *le falangi napoleoniche* **2** (*anat.*) ciascuna delle brevi ossa che costituiscono lo scheletro del dito | la falange alla base del dito.
falangetta [fa-lan-gét-ta] *s.f.* (*anat.*) la falange più esterna del dito.
falangina [fa-lan-gì-na] *s.f.* (*anat.*) nelle dita con tre falangi l'osso mediano, compreso fra la falange e la falangetta.
falasco [fa-là-sco] *s.m.* [pl. *-schi*] erba palustre con foglie lunghe e lineari, usata per impagliare fiaschi e sedie.
falcata [fal-cà-ta] *s.f.* **1** salto del cavallo che s'allunga e si slancia in avanti **2** nel podismo e nella corsa, il passo dell'atleta, la sua apertura di gambe: *una — ampia.*
falcato [fal-cà-to] *agg.* che ha forma di falce: *costa, luna falcata* | *carro —*, nell'antichità, carro da guerra armato di falci.
falcatura [fal-ca-tù-ra] *s.f.* curvatura a forma di falce: *la — della luna.*
falce [fàl-ce] *s.f.* attrezzo agricolo a lama ricurva per tagliare erbe e cereali; si usava un tempo anche come arma. DIM. *falcetto* (m.) | *— di luna*, l'aspetto della luna nelle fasi prossime al novilunio.
falcetto [fal-cét-to] *s.m.* attrezzo a lama robusta e incurvata, usato per lavori di potatura.
falchetto [fal-chét-to] *s.m.* **1** falco giovane **2** nome popolare del *lodolaio.*
falciare [fal-cià-re] *v.tr.* [*io fàlcio ecc.*] **1** tagliare con la falce: *— l'erba* **2** (*fig.*) stroncare, provocare la morte: *le epidemie falciano milioni di vite* **3** (*sport*) nel calcio, sgambettare con violenza un avversario in corsa.
falciata [fal-cià-ta] *s.f.* il falciare; colpo di falce: *dare una — al prato.*
falciatrice [fal-cia-trì-ce] *s.f.* macchina agricola per il taglio di erba e fieno.
falciatura [fal-cia-tù-ra] *s.f.* il falciare, il tagliare con la falce erba e fieno.
falcidia [fal-cì-dia] *s.f.* **1** nel diritto romano, la quarta parte dell'eredità che spettava in ogni caso all'erede legittimo **2** (*estens.*) forte detrazione, riduzione notevole: *gli introiti hanno subito una pesante —* | strage (anche *fig.*): *una — di vite umane; gli esami sono stati una vera —.*
falcidiare [fal-ci-dià-re] *v.tr.* [*io falcìdio ecc.*] sottoporre a falcidia; ridurre fortemente: *— un patrimonio.*
falciforme [fal-ci-fór-me] *agg.* che ha forma di falce.
falco [fàl-co] *s.m.* [pl. *-chi*] **1** uccello rapace diurno, con becco corto ricurvo, unghie adunche, ali lunghe e strette | *vista da —*, acutissima **2** (*fig.*) persona dotata di intelligenza vivace e temperamento aggressivo | nel linguaggio giornalistico, chi nelle controversie è favorevole a una linea intransigente, che non esclude l'uso della forza; si contrappone a *colomba.*
falcone [fal-có-ne] *s.m.* varietà di falco di dimensioni maggiori di quelle ordinarie, che un tempo si addestrava per la caccia.
falconiere [fal-co-niè-re] *s.m.* **1** cacciatore col falcone **2** titolo del dignitario di corte preposto alla guida delle cacce.
falconiformi [fal-co-ni-fór-mi] *s.m.pl.* (*zool.*) ordine di uccelli rapaci diurni con becco robusto e fortemente uncinato, a cui appartengono il falco e il falcone.
falda [fàl-da] *s.f.* **1** porzione o strato largo, ma relativamente sottile, di una determinata materia o materiale: *roccia a falde*; *— di neve*, fiocco | *— di un tetto*, ognuno dei piani di copertura | *— del cappello*, la tesa | *— di un abito*, il lembo inferiore **2** (*geol.*) strato di terreno dotato di caratteristiche omogenee: *— detritica*, strato di materiali rocciosi accumulatisi ai piedi di un monte; *— acquifera*, contenente acqua sotterranea; *— artesiana*, falda acquifera ricoperta da uno strato impermeabile; *— freatica*, quando non è ricoperta da uno strato impermeabile **3** la parte iniziale del pendio di un monte: *le falde dell'Etna.*
falecio [fa-lè-cio] *agg.* e *s.m.* si dice di un verso della metrica greca e latina di undici sillabe.
falegname [fa-le-gnà-me] *s.m.* artigiano che lavora il legno, fabbricando o riparando infissi, mobili o altri oggetti per la casa.
falegnameria [fa-le-gna-me-rì-a] *s.f.* **1** il mestiere del falegname; lavorazione del legno **2** il laboratorio del falegname.
falena [fa-lè-na] *s.f.* nome comune di molte specie di farfalle crepuscolari o notturne.
falera [fà-le-ra] *s.f.* **1** nell'antica Roma, piastra di metallo cesellato usata come ornamento della bardatura dei cavalli e come decorazione militare **2** (*estens.*) borchia, distintivo metallico.
falerno [fa-lèr-no] *s.m.* vino pregiato rosso o bianco prodotto in Campania fin dall'antichità.
falesia [fa-lè-ʃia] *s.f.* (*geol.*) parete rocciosa a picco sul mare, che caratterizza un tipo di costa alta e continua.
falisco [fa-lì-sco] *agg.* [pl. *-sci*] **1** di un'antica popolazione italica stanziata tra il territorio degli Etruschi e quello dei Latini **2** di Montefiascone, cittadina in provincia di Viterbo ♦ *s.m.* [f. *-a*] **1**

appartenente all'antica popolazione falisca **2** chi è nato o abita a Montefiascone.
falla [fàl-la] *s.f.* **1** squarcio nella parte immersa di un natante: *una — nella stiva; tamponare una —* | qualsiasi rottura nella parete di un contenitore che provochi la fuoriuscita di un liquido: *la — di un bacino* **2** (*estens.*) crepa, incrinatura, difetto di fabbricazione.
fallace [fal-là-ce] *agg.* **1** che inganna o che è frutto di inganno; falso, illusorio: *promessa —* **2** che stinge, che si sbiadisce.
fallacia [fal-là-cia] *s.f.* [pl. *-cie*] (*lett.*) l'essere fallace; apparenza ingannevole, falsità | slealtà, malafede.
fallimentare [fal-li-men-tà-re] *agg.* **1** di fallimento, relativo a un fallimento: *un'azienda in stato —; vendita —*, dei beni di un imprenditore fallito | in diritto: *procedura —*, quella avviata nei confronti dell'imprenditore di cui si è dichiarato il fallimento; *curatore —*, chi, su incarico del tribunale, amministra e liquida i beni del fallito **2** (*fig.*) negativo, disastroso: *il bilancio — di una vita.*
fallimentarista [fal-li-men-ta-rì-sta] *s.m.* e *f.* [pl.m. *-sti*] legale specialista in procedure fallimentari.
fallimento [fal-li-mén-to] *s.m.* **1** il fallire, il non aver successo; esito negativo: *il — delle trattative* **2** (*dir.*) procedura giudiziaria con la quale il patrimonio di un imprenditore insolvente è sottratto alla sua disponibilità e liquidato per soddisfare i creditori.
fallire [fal-lì-re] *v.intr.* [*io fallisco, tu fallisci ecc.*; aus. *avere* e *essere*] **1** non riuscire nel proprio intento; avere esito negativo: *— in un'impresa* **2** (*dir.*) fare fallimento ♦ *v.tr.* mancare, sbagliare: *— il bersaglio.*
fallito [fal-lì-to] *agg.* **1** non riuscito: *un tentativo —* **2** che ha subito una dichiarazione di fallimento: *una ditta fallita* ♦ *agg.* e *s.m.* [f. *-a*] **1** si dice del titolare di una impresa fallita **2** che/chi nella vita ha visto cadere tutte le proprie ambizioni: *un attore —; sentirsi un —.*
fallo[1] [fàl-lo] *s.m.* **1** errore, sbaglio, colpa: *cogliere qlcu. in —* | *mettere un piede in —*, scivolare **2** imperfezione, difetto in una lavorazione: *un — nella trama di un tessuto* **3** (*sport*) azione che trasgredisce le regole del gioco, per la quale è prevista una punizione. PEGG. *fallaccio.*
fallo[2] *s.m.* (*lett.*) membro virile, pene.
fallocrazia [fal-lo-cra-zì-a] *s.f.* atteggiamento psicologico, culturale e sociale improntato a una supposta superiorità dell'uomo rispetto alla donna; maschilismo.
fallosità [fal-lo-si-tà] *s.f.* (*sport*) l'essere falloso.
falloso [fal-ló-so] *agg.* (*sport*) che commette molti falli: *calciatore —* | che costituisce fallo, che è caratterizzato da falli: *gioco —.*
fall out [/ fol'laut /] *loc.sost.m.invar.* (*ingl.*) ricaduta sulla superficie terrestre di polvere radioattiva, in seguito a un'esplosione nucleare; ricaduta radioattiva.
falò [fa-lò] *s.m.* grande fuoco acceso all'aperto, per fare segnalazioni o in segno di festa.
falsare [fal-sà-re] *v.tr.* descrivere, interpretare in maniera contraria alla verità; distorcere: *uno specchio che falsa le immagini.*
falsariga [fal-sa-rì-ga] *s.f.* [pl. *falsarighe*] **1** foglio di carta rigata che, messo sotto la carta bianca, traspare, permettendo di scrivere ordinatamente **2** (*fig.*) modello, norma che si imita o si segue: *agire sulla — di qlcu.*
falsario [fal-sà-rio] *s.m.*[f. *-a*] chi, per trarre un illecito vantaggio, produce banconote, documenti oppure opere d'arte falsi.
falsatura [fal-sa-tù-ra] *s.f.* guarnizione di merletto che si mette tra due lembi d'un tessuto | striscia di tessuto posta sopra l'abbottonatura, per nascondere i bottoni.
falseggiare [fal-seg-già-re] *v.intr.* [aus. *avere*] cantare in falsetto.
falsettista [fal-set-tì-sta] *s.m.* [pl. *-sti*] cantante maschio che canta in falsetto, sostenendo parti di soprano o di contralto.
falsetto [fal-sét-to] *s.m.* (*mus.*) tecnica di canto che consente di ottenere una maggiore estensione della voce verso i suoni alti | *parlare in —*, con voce acuta, stridula.
falsificabile [fal-si-fi-cà-bi-le] *agg.* che si può falsificare, imitare, alterare: *un tagliando facilmente —.*
falsificabilità [fal-si-fi-ca-bi-li-tà] *s.f.* l'essere falsificabile: *documento di facile —.*
falsificare [fal-si-fi-cà-re] *v.tr.* [*io falsìfico, tu falsìfichi ecc.*] alterare o imitare qlco. per fini illeciti: *— una firma, un'opera d'arte* | *— una notizia*, travisarla, inventarla.
falsificatore [fal-si-fi-ca-tó-re] *s.m.* [f. *-trice*] chi falsifica; falsario.
falsificazione [fal-si-fi-ca-zió-ne] *s.f.* contraffazione, falso: *la — di un documento.*
falsità [fal-si-tà] *s.f.* **1** l'essere falso: *— di un'accusa* **2** mancanza di sincerità; ipocrisia: *— d'animo* **3** affermazione falsa, menzogna: *un cumulo di —.*
falso [fàl-so] *agg.* **1** non rispondente a verità: *notizia falsa* **2** falsificato, contraffatto; non autentico: *firma falsa* | *sotto — nome*, con un nome che non è il proprio **3** che non corrisponde nella realtà a ciò che sembra essere; finto, apparente: *falsa finestra dipinta sul muro* | *falsa modestia, false lacrime*, frutto di simulazione | *un uomo —*, non schietto | *— magro*, si dice di persona che appare snella più di quanto non sia | *falsi amici*, (*fig.*) parole di due lingue, apparentemente corrispondenti ma in realtà diverse nel significato: *l'it. libreria e l'ingl. library ('biblioteca') sono falsi amici* | *suono —*, alterato, innaturale **4** (*anat., bot.*) si dice di organo simile a un altro, ma che ha diversa funzione: *— frutto* ♦ *s.m.* **1** ciò che è falso, non vero: *giurare il —* **2** documento, oggetto falsificato: *quel quadro è un —* **3** (*dir.*) reato di falsificazione: *— in atto pubblico* □ **falsamente** *avv.* con falsità, in modo contrario alla verità: *ac-*

cusare qlcu. — | con finzione, con doppiezza: *comportarsi* —.
falsopiano [fal-so-pià-no] *s.m.* [pl. *falsipiani*] zona di terreno apparentemente pianeggiante, ma che presenta in realtà una lieve pendenza.
fama [fà-ma] *s.f.* reputazione: *ha — di persona corretta; godere di ottima* — | notorietà, celebrità: *uno scienziato di — mondiale.*
fame [fà-me] *s.f.* **1** bisogno impellente di mangiare, conseguente all'impoverimento di sostanze nutritive nell'organismo: *aver* —; *una — da lupo, da non vederci,* grandissima | *morire di* —, avere una fame terribile; (*fig.*) essere in miseria | *morto di* —, (*fig.*) persona miserabile, gretta | *brutto come la* —, si dice di persona o cosa orrenda | *prendere qlcu. per* —, costringerlo alla resa privandolo dei rifornimenti; (*fig.*) ottenere da lui qlco. sfruttando il suo stato di miseria **2** (*fig.*) grande desiderio: — *di sapere, di giustizia.*
famelicità [fa-me-li-ci-tà] *s.f.* (*lett.*) l'essere famelico.
famelico [fa-mè-li-co] *agg.* [pl.m. *-ci*] (*lett.*) affamato: *un leone* —; *viso* —, che denota fame | (*scherz.*) vorace, ingordo: *una persona* —.
famigerato [fa-mi-ge-rà-to] *agg.* che gode di pessima fama, tristemente noto: *un — bandito.*
famiglia [fa-mì-glia] *s.f.* **1** il nucleo formato dal padre, dalla madre, dai figli e da altre persone unite da rapporti di parentela o affinità che vivono stabilmente sotto lo stesso tetto: *una riunione di* —; *vivere in* —, a casa dei propri genitori; *metter su* —, prender moglie | *essere di* —, essere di casa, come una persona della famiglia | *formato* —, si dice di confezione di un prodotto di consumo grande ed economica | *far le cose in* —, privatamente, escludendo gli estranei; anche, alla buona, senza cerimonie | *la Sacra Famiglia,* Gesù, la Madonna e san Giuseppe | *stato di* —, certificato che indica la composizione di una famiglia. DIM. *famigliola* **2** nella sistematica botanica e zoologica, ognuna delle divisioni di un ordine: *la — delle graminacee, dei canidi* **3** insieme di cose affini: — *di vocaboli,* quelli derivati da un'unica radice.
famigliola [fa-mi-gliò-la] altro nome dei funghi chiodini.
familiare [fa-mi-lià-re] o **famigliare**, *agg.* **1** che riguarda, che interessa la famiglia: *riunione* —; *automobile in versione* —, con un vano di carico molto ampio **2** ben conosciuto, consueto: *luoghi familiari* **3** proprio come si fa in famiglia; semplice, alla buona: *trattamento* — ♦ *s.m.* e *f.* persona di famiglia: *andrò al mare con i miei familiari* ♦ *s.f.* auto in versione familiare □ **familiarmente** *avv.* con familiarità; con confidenza: *trattare qlcu.* —.
familiarità [fa-mi-lia-ri-tà], o **famigliarità**, *s.f.* **1** amicizia, confidenza; consuetudine: *avere — con qlcu.*; *parlare con* — **2** (*fig.*) esperienza, pratica: *avere — con una lingua.*
familiarizzare [fa-mi-lia-riʒ-ʒà-re], o **famigliarizzare**, *v.tr.* rendere familiare; assuefare, abituare: — *qlcu. a un ambiente, a un'idea* ♦ *v.intr.* [aus. *avere*] acquistare familiarità; assuefarsi, abituarsi: — *con un gruppo, con una lingua.*
famoso [fa-mó-so] *agg.* che gode di fama; celebre: *attore, monumento* —.
fan [/ fan /] *s.m.* e *f.invar.* [ma è usato anche il pl. *fans*] (*ingl.*) sostenitore acceso; tifoso: *i fans di un cantante, di una squadra di calcio.*
fanale [fa-nà-le] *s.m.* apparecchio in grado di emettere luce, usato per illuminare o segnalare: *i fanali di un'automobile.* DIM. *fanalino.*
fanaleria [fa-na-le-rì-a] *s.f.* l'insieme delle luci esterne di un veicolo.
fanalino [fa-na-lì-no] *s.m.* piccola luce di segnalazione | — *di coda,* fanale sulla coda di un aeromobile o di un treno; (*fig.*) persona o cosa all'ultimo posto in una graduatoria.
fanatico [fa-nà-ti-co] *agg.* e *s.m.* [f. *-a*; pl.m. *-ci*] **1** che/chi è mosso da fanatismo: *un politico fanatico* **2** (*estens.*) esageratamente appassionato, troppo entusiasta: *ammiratore* —; *un — del ballo* **3** (*fam.*) di persona esibizionista, vanitosa □ **fanaticamente** *avv.*
fanatismo [fa-na-tì-ʃmo] *s.m.* esasperazione intollerante di un sentimento religioso o di una fede politica, ideologica, filosofica | ammirazione cieca e incondizionata per qlcu. o qlco.
fanatizzare [fa-na-tiʒ-ʒà-re] *v.tr.* rendere fanatico; esaltare, eccitare: *masse fanatizzate.*
fanciulla [fan-ciùl-la] *s.f.* (*lett.*) bambina, ragazzina.
fanciullesco [fan-ciul-lé-sco] *agg.* [pl.m. *-schi*] proprio dei fanciulli; puerile: *entusiasmo* —.
fanciullezza [fan-ciul-léz-za] *s.f.* età di chi è fanciullo: *i ricordi della* —.
fanciullo [fan-ciùl-lo] *s.m.* (*lett.*) bambino, ragazzino. DIM. *fanciullino.*
fandango [fan-dàn-go] *s.m.* [pl. *-ghi*] danza cantata spagnola di ritmo ternario e andamento vivace.
fandonia [fan-dò-nia] *s.f.* bugia, frottola: *raccontar fandonie.*
fanello [fa-nèl-lo] *s.m.* uccellino canoro con la fronte e il petto rossi e il dorso nocciola; è comune in Italia.
fanerogame [fa-ne-rò-ga-me] *s.f.pl.* (*bot.*) raggruppamento di piante che presentano organi riproduttivi visibili all'interno del fiore; si contrappone a *crittogame.*
fanfaluca [fan-fa-lù-ca] *s.f.* (*antiq.*) ciancia, frottola; sciocchezza, assurdità.
fanfara [fan-fà-ra] *s.f.* banda musicale, per lo più di reparti militari, composta solo di ottoni e percussioni: *la — dei bersaglieri.*
fanfaronata [fan-fa-ro-nà-ta] *s.f.* azione o detto da fanfarone; millanteria, spacconata.
fanfarone [fan-fa-ró-ne] *s.m.* [f. *-a*] chi vanta esageratamente le proprie qualità; spaccone.
fangatura [fan-ga-tù-ra] *s.f.* bagno o applicazione di fanghi termali a scopo terapeutico: *fare le fangature.*

fanghiglia [fan-ghì-glia] *s.f.* strato di melma fangosa.
fango [fàn-go] *s.m.* [pl. *-ghi*] **1** polvere o terra impastata d'acqua che forma una poltiglia: *sporcarsi di —* **2** (*fig.*) abiezione, disonore: *vivere nel —* | *coprire qlcu. di —*, infamarlo **3** *pl.* (*geol.*) miscugli costituiti da acqua e particelle minutissime di natura organica o inorganica, che in stato di quiete tendono a depositarsi: *fanghi marini* | *fanghi termali*, di natura vulcanica, utilizzati a scopo terapeutico: *la cura dei fanghi* | *fanghi di depurazione*, residuo inquinante della depurazione dei liquami urbani, agricoli o industriali: *smaltimento dei fanghi*.
fangosità [fan-go-si-tà] *s.f.* l'essere fangoso.
fangoso [fan-gó-so] *agg.* che è pieno, coperto di fango: *strada fangosa*.
fangoterapia [fan-go-te-ra-pì-a] *s.f.* terapia a base di fanghi termali.
fannullone [fan-nul-ló-ne] *s.m.* [f. *-a*] persona oziosa, che non vorrebbe far mai nulla.
fanone [fa-nó-ne] *s.m.* ognuna delle numerosissime lamine cornee di cui è munita la bocca della balena e di altri cetacei e che servono a trattenere il plancton, di cui gli animali si alimentano.
fanta- primo elemento di parole composte, che significa 'fantastico', 'che è frutto della fantasia' (*fantascienza*).
fantapolitica [fan-ta-po-lì-ti-ca] *s.f.* genere narrativo o cinematografico incentrato su avvenimenti politici fantastici, di solito con un intento di denuncia o di monito rispetto a una situazione effettiva | *fare della —*, dare un'interpretazione inverosimile di vicende politiche reali.
fantapolitico [fan-ta-po-lì-ti-co] *agg.* [pl.m. *-ci*] di fantapolitica: *romanzo —*.
fantascientifico [fan-ta-scien-tì-fi-co] *agg.* [pl.m. *-ci*] **1** di fantascienza: *romanzo —* **2** (*fig.*) avveniristico, tecnologicamente molto avanzato: *impianto —* | assurdo, irrealizzabile nel presente: *progetto —*.
fantascienza [fan-ta-sciὲn-za] *s.f.* genere narrativo o cinematografico che, sviluppando liberamente presupposti scientifici, narra vicende terrestri o extraterrestri ambientate nel futuro.
fantasia [fan-ta-ʃì-a] *s.f.* **1** facoltà della mente di ricreare immagini reali o di crearne di irreali: *— accesa, povera*; *lavorare di —*, abbandonarsi all'immaginazione | *voli della —*, fantasticherie | *di —*, inventato, frutto dell'immaginazione: *un disegno di —* **2** creazione della mente, progetto senza riscontro nella realtà; fantasticheria: *inseguire delle fantasie* **3** desiderio improvviso; voglia, capriccio: *avere — di fare qlco.* **4** (*mus.*) brano strumentale improntato a libertà tematica e formale | composizione derivata dall'arrangiamento di più brani celebri ♦ *agg.invar.* con motivi fantasiosi e a colori vivaci e variegati: *tessuto —*.
fantasiosità [fan-ta-ʃio-si-tà] *s.f.* carattere fantasioso; immaginazione fervida.
fantasioso [fan-ta-ʃió-so] *agg.* **1** pieno, ricco di fantasia; estroso, bizzarro: *una persona fantasiosa* **2** che non ha corrispondenza con la realtà; inverosimile: *un resoconto —*.
fantasista [fan-ta-ʃì-sta] *s.m.* e *f.* [pl.m. *-sti*] artista di varietà molto versatile.
fantasma [fan-tà-ʃma] *s.m.* [pl. *-ʃmi*] **1** forma visibile dello spirito di un defunto; spettro, ombra | *essere il — di sé stesso*, (*fig.*) essere molto malridotto **2** (*estens.*) ciò che è frutto dell'immaginazione, della fantasia: *i fantasmi di una mente malata* ♦ *agg.invar.* che esiste solo a parole, non di fatto: *un progetto —*; *governo —*, privo di autorità effettiva.
fantasmagoria [fan-ta-ʃma-go-rì-a] *s.f.* **1** successione di immagini proiettate dalla lanterna magica | (*estens.*) rapido susseguirsi di immagini, di suoni: *una — di bandiere* **2** (*fig.*) insieme caotico di cose, concetti, sentimenti che confondono la mente.
fantasmagorico [fan-ta-ʃma-gò-ri-co] *agg.* [pl.m. *-ci*] che ha il carattere, l'aspetto di una fantasmagoria: *uno spettacolo —*.
fantasmatico [fan-ta-ʃmà-ti-co] *agg.* [pl.m. *-ci*] **1** (*psicoan.*) relativo ai fantasmi della psiche **2** (*lett.*) di fantasma; immaginario, irreale.
fantasticare [fan-ta-sti-cà-re] *v.intr.* [*io fantàstico, tu fantàstichi ecc.*; aus. *avere*] abbandonarsi alla fantasia, almanaccare: *— sul futuro, di paesi lontani*.
fantasticheria [fan-ta-sti-che-rì-a] *s.f.* il fantasticare; immaginazione, fantasia: *perdersi in fantasticherie* | idea, proposito irreale.
fantastico [fan-tà-sti-co] *agg.* [pl.m. *-ci*] **1** che concerne la fantasia; che è frutto della fantasia: *una notizia fantastica* | (*estens.*) irreale, strano: *il — paesaggio lunare* **2** che suscita ammirazione; straordinario, bellissimo: *uno spettacolo —* | Usato anche come *inter.*: *—, ha vinto ancora!* ♦ *s.m.* **1** ciò che è concepito dalla fantasia: *il — predomina nell'arte dell'Ariosto* **2** ciò che è straordinario, bellissimo: *il — del suo carattere è l'entusiasmo* □ **fantasticamente** *avv.*
fantastiliardo [fan-ta-sti-liàr-do] *s.m.* (*scherz.*) numero immaginario elevatissimo.
fante [fàn-te] *s.m.* **1** soldato di fanteria **2** figura delle carte da gioco italiane e francesi.
fanteria [fan-te-rì-a] *s.f.* (*mil.*) tradizionalmente, il complesso delle truppe che combattono a piedi; oggi, l'arma dell'esercito formata dalle truppe a cui è affidato lo scontro diretto con le forze nemiche e la conquista del territorio.
fantino [fan-tì-no] *s.m.* chi per professione monta i cavalli nelle corse.
fantoccio [fan-tòc-cio] *s.m.* **1** pupazzo fatto ad imitazione della figura umana **2** (*fig.*) persona inetta, senza volontà ♦ Usato anche come *agg.invar.* in loc. come *governo —*, che non ha autorità reale.
fantomatico [fan-to-mà-ti-co] *agg.* [pl.m. *-ci*] **1** simile a un fantasma; inconsistente, immaginario **2** (*estens.*) imprendibile, inafferrabile: *un ladro —*.

farabutto [fa-ra-bùt-to] *s.m.* [f. *-a*] persona senza scrupoli; mascalzone.
farad [fà-rad] *s.m.invar.* (*fis.*) unità di misura della capacità elettrica nel Sistema internazionale, il cui simbolo è F.
faraglione [fa-ra-glió-ne] *s.m.* scoglio grande ed aguzzo, staccato dalla costa.
faraona [fa-ra-ó-na] *s.f.* uccello domestico con penne grigie brizzolate, allevato per le sue carni; è detto anche *gallina faraona*.
faraone [fa-ra-ó-ne] *s.m.* titolo dei sovrani dell'antico Egitto.
faraonico [fa-ra-ò-ni-co] *agg.* [pl.m. *-ci*] **1** dei faraoni dell'antico Egitto: *età faraonica* **2** (*fig.*) esageratamente sfarzoso o grandioso: *un progetto —*.
farcia [fàr-cia] *s.f.* [pl. *-ce*] (*gastr.*) composto di vari ingredienti usato come ripieno.
farcire [far-cì-re] *v.tr.* [*io farcisco, tu farcisci ecc.*] (*gastr.*) imbottire carni o altre vivande con un ripieno.
farcito [far-cì-to] *agg.* (*gastr.*) ripieno, imbottito: *tacchino —*.
fard [/ fard /] *s.m.invar.* (*fr.*) cosmetico usato per dare colorito alle guance.
fardello [far-dèl-lo] *s.m.* **1** fagotto, bagaglio, involto pesante **2** (*fig.*) peso, carico morale: *un — di responsabilità*.
fare[1] [fà-re] *v.tr.* [pres. *io fàccio, tu fai, egli fa, noi facciamo, voi fate, essi fanno*; imperf. *io facévo ecc.*; pass.rem. *io féci, tu facésti, egli féce, noi facémmo, voi facéste, essi fécero*; fut. *io farò ecc.*; pres.congiunt. *io fàccia ecc.*; imperf.congiunt. *io facéssi ecc.*; cond. *io farèi, tu farésti ecc.*; imp. *fa* o *fa'* o *fai, fate*; ger. *facèndo*; part.pres. *facènte*; part.pass. *fatto*] **1** compiere un'azione; eseguire, operare: *— un passo, un discorso*; *che fai stasera?* | *avere molto da —*, essere occupatissimo | *saper — di tutto*, essere versato in ogni campo | *fa' tu*, decidi tu | *avere a che — con qlcu., con qlco.*, essere in relazione | *darsi da —*, adoperarsi per ottenere qlco. | *— di tutto, l'impossibile*, tentare ogni mezzo pur di raggiungere uno scopo | *saperci —*, essere in gamba | *— presto, tardi*, rincasare presto o tardi; impiegare poco o molto tempo per portare a termine qlco. | *— la festa* (o *la pelle*) *a qlcu.*, ucciderlo | *far fuori qlcu.*, eliminarlo; *— fuori qlco.*, consumarla | *— la bella vita*, spassarsela | *— una bella, una cattiva figura*, dare una buona, una cattiva impressione | *— colpo*, colpire, impressionare | *— caso a qlco.*, badarci | *— fuoco*, sparare | *— fortuna*, crearsi una posizione | *— le carte*, al gioco, distribuirle; in cartomanzia, ricavarne predizioni | *— il gioco di qlcu.*, assecondarlo, favorirlo | *far rotta* o *vela*, dirigersi | *— scalo*, sostare | *farla a qlcu.*, raggirarlo | *farla grossa*, commettere uno sproposito | *farla breve*, affrettare la conclusione | *farla finita*, tagliar corto, smettere; anche, uccidersi | *farla franca*, sottrarsi alle conseguenze di una colpa o di un errore | *farla lunga*, dilungarsi in un discorso, in una discussione | *— a pezzi*, rompere, spezzettare; (*fig.*) battere clamorosamente, umiliare | *— la fame*, essere in miseria | *— paura*, spaventare | *— coraggio*, incoraggiare | *far piacere*, render contento | *— strada*, precedere indicando il cammino, la direzione | *farsi strada*, aprirsi un passaggio; (*fig.*) raggiungere una buona posizione | *farsela addosso, sotto, nei calzoni*, imbrattarsi di feci o di orina; (*fig.*) spaventarsi | *farne di tutti i colori, di cotte e di crude*, commettere ogni sorta di bricconerie | *far specie*, far meraviglia | *— silenzio*, tacere | *— tesoro di qlco.*, trarne il dovuto insegnamento | *— la bocca, il callo a qlco.*, abituarvisi | *non fa nulla!*, non importa | *non mi fa né caldo né freddo*, mi lascia indifferente | *— fronte a qlco., qlcu.*, fronteggiare | *farcela*, riuscire in qlco.: *ce l'ho fatta!* | *prov.*: *chi fa da sé fa per tre*, è meglio fare da sé le proprie cose che affidarle ad altri; *chi la fa l'aspetti*, chi nuoce agli altri deve aspettarsene lo stesso trattamento **2** mettere in condizione di; permettere, spingere a compiere un'azione: *far bere i cavalli* **3** creare, produrre, fabbricare: *Dio fece il mondo* | *— figli*, generarli | *— frutti*, produrli | *— un libro*, scriverlo | *— una casa*, costruirla | *— la minestra*, prepararla | *— un contratto*, stipularlo | *— luce*, rischiarare, illuminare; (*fig.*) svelare un mistero, scoprire la verità **4** (*fam.*) dire, parlare: *mi fece: "Vieni con me"* **5** credere, pensare: *ti facevo a Parigi e invece sei qui!* **6** raccogliere, mettere insieme: *— legna*; *— benzina*, rifornirsene | *— acqua*, detto di natante, imbarcarla da una falla; (*fig.*) essere in condizioni di dissesto **7** (*fam.*) comprare, regalare: *la mamma le ha fatto un paio di scarpe nuove* | (con la particella pron.) comprare per sé, procurarsi: *farsi la macchina* **8** esercitare un'arte, un mestiere: *— il pittore* | praticare: *— sport* **9** comportarsi da: *— il cretino* | agire come, servire da: *— da padre*; *una pietra che fa da sedile* **10** rendere, mettere in una determinata condizione: *far bella la propria casa* **11** eleggere, nominare: *fu fatto generale* **12** dare come risultato (nelle operazioni aritmetiche): *tre per tre fa nove* ♦ *v.intr.* [aus. *avere*] **1** convenire, adattarsi, essere utile: *quella casa non fa per noi* **2** divenire, essere: *fa caldo*; *fa brutto tempo*; *fa buio* **3** compiersi (di un determinato tempo): *fa un anno da che ci conoscemmo* **4** in altre locuzioni: *— a tempo, in tempo*, riuscire a fare qlco. entro una scadenza prefissata; *— a meno di qlco.*, rinunciarvi, privarsene; *— a metà*, dividere in due parti uguali ♦ **farsi** *v.rifl.* o *intr.pron.* **1** trasformarsi, diventare: *— musulmano*; *— rosso in viso* | *— in quattro*, (*fig.*) moltiplicare i propri sforzi a favore di qlcu. o di qlco. | in costruzioni impersonali: *s'è fatto chiaro*; *si sta facendo tardi* **2** (*gerg.*) drogarsi: *— di eroina*.
fare[2] *s.m.* **1** il fare, l'agire, l'operare | *prov.*: *dal dire al — c'è di mezzo il mare*, corre molta differenza tra l'esprimere un proposito e il realizzarlo **2** modo, maniera di comportarsi: *avere un — arrogante* **3** inizio, principio: *sul — dell'alba*.
faretra [fa-rè-tra] *s.f.* astuccio con tracolla in cui gli arcieri portano le frecce.

faretto [fa-rét-to] *s.m.* piccolo portalampada orientabile, usato per dare un'illuminazione particolare a un ambiente o a un oggetto.

farfalla [far-fàl-la] *s.f.* **1** insetto con grandi ali colorate e corpo distinto in capo, torace e addome: — *diurna, notturna*, attiva di giorno o di notte; *andare a caccia di farfalle*, (*fig.*) perder tempo in cose futili | *cravatta a* —, cravatta annodata a fiocco | *nuoto a* —, (*sport*) stile di nuoto coincidente con il *delfino*. DIM. *farfallina* **2** (*estens.*) persona di carattere volubile e leggero **3** (spec. *pl.*) tipo di pasta alimentare a forma di farfalle.

farfallino [far-fal-lì-no] *s.m.* cravatta a farfalla.

farfallone [far-fal-ló-ne] *s.m.* [f. *-a*] persona leggera e incostante in amore.

farfugliare [far-fu-glià-re] *v.intr.* [*io farfùglio ecc.*; aus. *avere*] parlare in modo confuso, senza articolare distintamente i suoni.

farina [fa-rì-na] *s.f.* **1** prodotto della macinazione del grano o di altri cereali: — *bianca*, di grano; — *gialla*, di granturco; *fior di* —, quella di grano più raffinata; *non è — del suo sacco*, (*fig.*) non è opera sua | (*estens.*) prodotto ricavato dalla macinazione di legumi, frutti secchi o altre sostanze: — *di ceci, di castagne*; — *di ossa, di pesce* **2** — *fossile*, (*min.*) roccia silicea, derivata dall'accumulo sul fondale marino di resti microscopici di diatomee.

farinaceo [fa-ri-nà-ce-o] *agg.* che ha la consistenza o l'aspetto della farina ♦ *s.m.pl.* alimenti ricchi di amido.

farinata [fa-ri-nà-ta] *s.f.* (*gastr.*) in alcune regioni italiane, minestra a base di farina di grano o di granturco; in Liguria, focaccia a base di farina di ceci.

faringale [fa-rin-gà-le] *agg.* (*anat.*) che si riferisce alla faringe: *irritazione* —.

faringe [fa-rìn-ge] *s.f.* (*anat.*) condotto posto dietro alla bocca, attraversato dal cibo diretto all'esofago e dall'aria diretta o proveniente dalla laringe.

faringeo [fa-rin-gè-o] *agg.* (*med.*) che si riferisce alla faringe.

faringite [fa-rin-gì-te] *s.f.* (*med.*) infiammazione della faringe.

faringo- primo elemento di parole composte della terminologia medica, che significa 'faringe' (*faringoscopia*).

faringoscopia [fa-rin-go-sco-pì-a] *s.f.* (*med.*) ispezione diretta della faringe.

farinoso [fa-ri-nó-so] *agg.* che contiene farina | (*estens.*) che ha l'aspetto, la consistenza della farina: *neve farinosa*.

farisaico [fa-ri-ʃài-co] *agg.* [pl.m. *-ci*] **1** proprio dei farisei **2** (*fig.*) falso, ipocrita: *comportamento* —.

fariseismo [fa-ri-ʃe-ì-ʃmo] *s.m.* **1** dottrina morale e religiosa dei farisei **2** (*fig.*) atteggiamento da fariseo; ipocrisia.

fariseo [fa-ri-ʃè-o] *s.m.* **1** presso gli antichi Ebrei, seguace di una corrente religiosa che teorizzava una rigida osservanza dei comandamenti e delle leggi divine **2** (*fig.*) chi su questioni morali si preoccupa più dell'apparenza che della sostanza; ipocrita.

farmaceutica [far-ma-cèu-ti-ca] *s.f.* **1** farmacologia **2** l'industria della preparazione dei farmaci.

farmaceutico [far-ma-cèu-ti-co] *agg.* [pl.m. *-ci*] che concerne la preparazione e la somministrazione dei farmaci: *industria farmaceutica*.

farmacia [far-ma-cì-a] *s.f.* **1** l'insieme degli studi che hanno per oggetto la preparazione dei medicinali: *laurea in* — **2** esercizio commerciale per la vendita di medicinali.

farmacista [far-ma-cì-sta] *s.m.* e *f.* [pl.m. *-sti*] chi è laureato in farmacia; chi, avendo tale laurea, lavora in una farmacia.

farmaco [fàr-ma-co] *s.m.* [pl. *-ci*] sostanza naturale o sintetica dotata di proprietà terapeutiche; medicinale: *un — antidolorifico*.

farmacologia [far-ma-co-lo-gì-a] *s.f.* scienza che studia la natura e la composizione dei farmaci e la loro azione sull'organismo.

farmacologico [far-ma-co-lò-gi-co] *agg.* [pl.m. *-ci*] della farmacologia, a essa relativo.

farmacopea [far-ma-co-pè-a] *s.f.* **1** elenco ufficiale in cui sono registrati i nomi di tutti i preparati medicinali in uso, con la descrizione delle loro caratteristiche **2** l'arte di preparare i farmaci.

farmacoterapia [far-ma-co-te-ra-pì-a] *s.f.* **1** settore della farmacologia che stabilisce le modalità di uso dei farmaci **2** terapia con farmaci.

farneticamento [far-ne-ti-ca-mén-to] *s.m.* il farneticare; le cose dette o pensate farneticando.

farneticare [far-ne-ti-cà-re] *v.intr.* [*io farnètico, tu farnètichi ecc.*; aus. *avere*] vaneggiare; dire cose assurde, fare discorsi privi di coerenza logica (anche *iperb.*): *cosa stai farneticando?*

farneticazione [far-ne-ti-ca-zió-ne] *s.f.* farneticamento.

farnia [fàr-nia] *s.f.* specie di quercia con ghiande peduncolate, tronco grosso e corteccia di colore argenteo.

faro [fà-ro] *s.m.* **1** sorgente luminosa posta in posizione elevata per servire da punto di riferimento alle navi e agli aerei in transito **2** proiettore di cui sono muniti gli autoveicoli per illuminare la strada.

farragine [far-rà-gi-ne] *s.f.* gran quantità di cose eterogenee, messe insieme alla rinfusa; guazzabuglio.

farraginosità [far-ra-gi-no-si-tà] *s.m.* l'essere farraginoso: *la — di una spiegazione*.

farraginoso [far-ra-gi-nó-so] *agg.* abbondante e disordinato: *discorso* — | inutilmente complesso, confuso, senza logica: *organizzazione farraginosa*.

farro [fàr-ro] *s.m.* pianta erbacea annuale, simile al frumento, da cui si ricava una farina utilizzata, soprattutto nel passato, per minestre.

farsa [fàr-sa] *s.f.* **1** componimento teatrale di carattere popolare, basato su una comicità buf-

fonesca, ricca di intrighi e colpi di scena **2** (*fig.*) buffonata, pagliacciata: *la cerimonia si ridusse a una* — | Come *agg.invar.* indica una messinscena, un fatto che ha valore solo apparente: *processo, esame* —, il cui esito è predeterminato.
farsesco [far-sé-sco] *agg.* [pl.m. *-schi*] **1** da farsa **2** (*fig.*) ridicolo, grottesco, indecoroso: *una scena farsesca.*
farsetto [far-sét-to] *s.m.* giubbotto, con o senza maniche, che si portava un tempo sopra la camicia.
fascetta [fa-scét-ta] *s.f.* striscia di materiale vario, per lo più chiusa ad anello, usata per stringere, tenere insieme | (*mil.*) tubolare di stoffa con l'indicazione del grado sulla spallina della divisa.
fascia [fà-scia] *s.f.* [pl. *-sce*] **1** striscia di vario materiale che si avvolge intorno a qlco. per tenere insieme, proteggere, comprimere, sostenere, o anche per ornamento. DIM. *fascetta* **2** striscia di tela o di garza usata per coprire parti del corpo malate o ferite: — *elastica* **3** (spec. *pl.*) striscia di tessuto robusto usata un tempo per avvolgere strettamente i neonati: *un bambino in fasce*, un neonato; *essere ancora in fasce*, (*fig.*) essere molto immaturo **4** zona stretta e allungata; settore: — *equatoriale, tropicale*; — *smilitarizzata* **5** (*fig.*) insieme omogeneo in relazione a una particolare caratteristica: *fasce d'ascolto*, le ore della giornata classificate secondo il pubblico che segue trasmissioni radio-televisive; — *di utenza*, gli utenti di un servizio secondo le loro caratteristiche; — *di qualifica, salariale*, raggruppamento di lavoratori secondo la qualifica o la retribuzione.
fasciame [fa-scià-me] *s.m.* (*mar.*) insieme di tavole di legno o lamiere di metallo che costituiscono il rivestimento dello scafo di una nave.
fasciare [fa-scià-re] *v.tr.* [*io fàscio ecc.*] avvolgere o coprire con una o più fasce; bendare: — *una ferita*; *fasciarsi il capo prima di rompersel*o, (*fig.*) preoccuparsi per un male che non è certo che ci colga | (*estens.*) avvolgere strettamente: *abito che fascia i fianchi.*
fasciatoio [fa-scia-tó-io] *s.m.* ripiano sul quale si posano i bambini nei primi mesi di vita per spogliarli, pulirli, fasciarli.
fasciatura [fa-scia-tù-ra] *s.f.* il fasciare; il risultato del fasciare: *una — stretta.*
fascicolare [fa-sci-co-là-re] *v.tr.* [*io fascìcolo ecc.*] raccogliere fogli facendone un fascicolo.
fascicolato [fa-sci-co-là-to] *agg.* **1** raccolto in fascicolo o in fascicoli **2** (*bot.*) raccolto, disposto a fascio: *radici fascicolate.*
fascicolatrice [fa-sci-co-la-trì-ce] *s.f.* macchina per fascicolare.
fascicolazione [fa-sci-co-la-zió-ne] *s.f.* l'atto, il risultato del fascicolare: *la — dei documenti di una pratica.*
fascicolo [fa-scì-co-lo] *s.m.* **1** libretto di poche pagine | ogni singolo numero di pubblicazioni periodiche o di opere edite a dispense **2** fascio di carte o di documenti d'ufficio riguardanti un certo argomento: — *penale*, raccolta degli atti di un processo penale | (*estens.*) pratica: *archiviare un* —.
fascina [fa-scì-na] *s.f.* fascio di ramoscelli e sterpi da bruciare.
fascinazione [fa-sci-na-zió-ne] *s.f.* (*lett.*) l'atto di affascinare; fascino, malia.
fascino [fà-sci-no] *s.m.* potere di seduzione; attrattiva: *il — di una città*; *una persona ricca di* —.
fascinoso [fa-sci-nó-so] *agg.* che affascina, che incanta: *una donna fascinosa* □ **fascinosamente** *avv.*
fascio [fà-scio] *s.m.* **1** quantità di oggetti di forma allungata, raccolti e legati insieme: *un — di spighe*; *raccogliere in un* —; *far d'ogni erba un* —, (*fig.*) accomunare in uno stesso giudizio cose, situazioni, persone diverse | (*estens.*) insieme di fogli, quaderni o fascicoli ammucchiati e tenuti insieme: *un — di pratiche* | — *di luce*, cono luminoso proiettato da un fanale **2** — *littorio*, in Roma antica, insegna costituita da un mazzo di verghe e da una scure legate insieme, simbolo dell'autorità dello stato; lo stesso simbolo fu fatto proprio dal fascismo **3** (*gerg.*) fascista.
fascismo [fa-scì-ʃmo] *s.m.* movimento politico italiano che venne fondato nel 1919 da B. Mussolini e, trasformatosi in regime, fu al potere dal 1922 al 1943 | la dottrina del fascismo, nazionalista e antidemocratica in politica, corporativista in economia.
fascista [fa-scì-sta] *agg.* [pl.m. *-sti*] del fascismo, dei fascisti: *regime, movimento* —; *il ventennio* —, il periodo in cui il fascismo fu al potere in Italia | (*estens.*) antidemocratico, reazionario: *atteggiamento* — ♦ *agg.* e *s.m.* e *f.* seguace del fascismo, fautore di una politica reazionaria. DIM. *fascistello* ACCR. *fascistone.*
fase [fà-ʃe] *s.f.* **1** (*astr.*) ciascuno degli aspetti particolari in cui un astro, a causa dei suoi movimenti, si manifesta a chi lo osserva dalla Terra: *le fasi di Venere*; *le fasi lunari*, novilunio, primo quarto, plenilunio, ultimo quarto **2** momento, periodo di un fenomeno o di un processo evolutivo: — *di sviluppo* | *mettere in* —, mettere a punto, regolare (un motore, un dispositivo, un impianto) | *essere fuori* —, (*fig. fam.*) trovarsi in uno stato di stanchezza fisica o mentale **3** (*elettr.*) ciascuna delle variazioni periodiche d'intensità di una corrente.
fashion [/ 'fɛʃʃon /] *s.f.invar.* (*ingl.*) moda, eleganza.
fasianidi [fa-ʃià-ni-di] *s.m.pl.* (*zool.*) famiglia di uccelli delle regioni calde e temperate, a cui appartengono, tra gli altri, il fagiano, il gallo, il pavone e la quaglia.
fastello [fa-stèl-lo] *s.m.* fascio di erba, paglia, verghe, legna minuta o altri materiali simili.
fast food [/ fast'fud /] *loc.sost.m.invar.* (*ingl.*) locale in cui si consumano pasti rapidi, per lo più hamburger e patatine fritte.
fastidio [fa-stì-dio] *s.m.* sensazione di molestia e di disturbo: *provare, recare* — | (*estens.*) ciò che reca molestia, disturbo: *dare un* —.

fastidioso [fa-sti-dió-so] *agg.* che reca o provoca fastidio; importuno, molesto: *una sensazione fastidiosa* □ **fastidiosamente** *avv.*
fastigio [fa-stì-gio] *s.m.* (*lett.*) culmine, vertice, punto massimo: *i fastigi della fama.*
fasto [fà-sto] *s.m.* ostentazione di ricchezza e di magnificenza; sontuosità, sfarzo: *il — di una cerimonia.*
fastosità [fa-sto-si-tà] *s.f.* sontuosità, sfarzosità: *la — di una cerimonia.*
fastoso [fa-stó-so] *agg.* realizzato con fasto; sontuoso, sfarzoso: *una coreografia fastosa* □ **fastosamente** *avv.*
fasullo [fa-ʃùl-lo] *agg.* **1** falso, contraffatto: *firma, moneta fasulla* | (*estens.*) senza valore; che non corrisponde alle caratteristiche vantate: *un lavoro —* **2** (*fig.*) detto di persona, incapace, incompetente: *un medico —.*
fata [fà-ta] *s.f.* **1** creatura favolosa dall'aspetto di donna molto bella, dotata di poteri magici che usa a fin di bene. DIM. *fatina* **2** (*fig.*) donna bellissima o caritatevole **3** *— morgana*, fenomeno ottico, per il quale si forma nell'aria un'immagine del tutto simile a quella di un oggetto distante; è una forma di miraggio.
fatale [fa-tà-le] *agg.* **1** voluto dal fato; inevitabile: *era — che avvenisse* **2** di morte, della morte: *giorno, ora —* | (*estens.*) funesto, gravido di conseguenze: *un attimo di distrazione può risultare —* **3** (*scherz.*) che suscita una attrazione irresistibile: *donna —* □ **fatalmente** *avv.* **1** inevitabilmente, necessariamente **2** disgraziatamente.
fatalismo [fa-ta-lì-ʃmo] *s.m.* atteggiamento di chi è fatalista.
fatalista [fa-ta-lì-sta] *agg.* e *s.m.* e *f.* [pl.m. *-sti*] si dice di chi accetta passivamente il corso degli eventi: *è troppo — per reagire.*
fatalistico [fa-ta-lì-sti-co] *agg.* [pl.m. *-ci*] da fatalista □ **fatalisticamente** *avv.*
fatalità [fa-ta-li-tà] *s.f.* fatto che sembra predestinato e perciò inevitabile: *una tragica —.*
fatalone [fa-ta-ló-ne] *s.m.* [f. *-a*] (*scherz.*) chi crede di avere un fascino irresistibile.
fatato [fa-tà-to] *agg.* dotato di poteri soprannaturali in virtù di un incantesimo: *anello —.*
fatica [fa-tì-ca] *s.f.* sforzo fisico o intellettuale che genera stanchezza; lo stato di stanchezza che ne risulta: *— muscolare, mentale*; *sopportare la —*; *risparmiare —*, evitare di affaticarsi; *costare —*, si dice di qlco. che richiede uno sforzo | *uomo di —*, addetto a lavori pesanti. PEGG. *faticaccia.*
faticare [fa-ti-cà-re] *v.intr.* [*io fatico, tu fatichi ecc.*; aus. *avere*] fare fatica: *— tutto il giorno* | avere difficoltà, stentare: *— a capire.*
faticata [fa-ti-cà-ta] *s.f.* lunga fatica, sforzo intenso: *fare una —.*
faticoso [fa-ti-có-so] *agg.* che richiede fatica; pesante, gravoso: *un viaggio —*; *respirazione faticosa*, difficoltosa | che si sopporta, si segue a fatica: *discorso —*, involuto, complicato □ **faticosamente** *avv.*
fatidico [fa-tì-di-co] *agg.* [pl.m. *-ci*] che predice il fato; profetico: *un augurio —* | (*estens.*) fatale, determinante: *giorno, incontro —.*
fatiscente [fa-ti-scèn-te] *agg.* (*lett.*) che va in rovina, cadente: *muro —.*
fatiscenza [fa-ti-scèn-za] *s.f.* l'essere fatiscente.
fato [fà-to] *s.m.* (*lett.*) necessità ineluttabile che determina gli eventi della vita; destino, sorte.
fatta [fàt-ta] *s.f.* specie, genere: *persone di ogni —.*
fattaccio [fat-tàc-cio] *s.m.* (*fam.*) crimine, delitto: *il responsabile di un —.*
fatterello [fat-te-rèl-lo] avvenimento di scarsa importanza: *un — curioso.*
fattezze [fat-téz-ze] *s.f.pl.* i lineamenti del viso: *avere — delicate* | (*non com.*) corporatura, forma del corpo: *essere di — leggiadre.*
fattibile [fat-tì-bi-le] *agg.* che si può fare; realizzabile, possibile ♦ *s.m.* ciò che si può fare: *fare tutto il —.*
fattibilità [fat-ti-bi-li-tà] *s.f.* l'essere fattibile; realizzabilità: *la — di un progetto.*
fattispecie [fat-ti-spè-cie] *s.f.* (*dir.*) situazione tipica definita dalla legge, dalla quale derivano particolari conseguenze concrete: *— penale* | *nella —*, nel caso concreto, riguardo al fatto particolare di cui si parla: *nella —, le misure di sicurezza non furono osservate.*
fattivo [fat-tì-vo] *agg.* operoso, laborioso, efficiente: *una fattiva collaborazione* □ **fattivamente** *avv.*
fatto[1] [fàt-to] *agg.* **1** costruito, composto: *— a mano, a macchina*; *— di legno* | costituito, configurato: *— a righe* **2** portato a termine, compiuto: *questo lavoro è presto —*; *ben —!*, esclamazione di consenso; *detto —!*, subito, immediatamente; *ormai è fatta!*, non c'è più rimedio, non si può tornare indietro; *a conti fatti*, (*fig.*) dopo attenta valutazione | *venir — di*, succedere: *se ci penso, mi vien — di ridere* **3** che è nella sua pienezza; maturo: *donna fatta, uomo —*, adulti, non più ragazzi; *frutta fatta*, ben matura; *giorno —*, inoltrato; *notte fatta*, fonda **4** (*gerg.*) drogato.
fatto[2] *s.m.* **1** qualunque cosa accada; evento, vicenda: *raccontare un —*; *— di cronaca*; *— d'armi*, scontro armato; *— di sangue*, ferimento o uccisione | *— compiuto*, situazione già determinata, che non si può più mutare | *cogliere qlcu. sul —*, mentre compie un'azione illecita | *vie di —*, azioni violente: *passare, venire a vie di —*, allo scontro fisico | *dato di —*, cosa certa, di cui non si può dubitare | *in — di*, per quanto riguarda: *in — di musica ha molta competenza.* DIM. *fatterello* PEGG. *fattaccio* **2** *pl.* casi privati; vicende personali: *badare, impicciarsi dei fatti altrui* **3** in loc. particolari: *sapere il — proprio*, essere competente | *essere sicuro del — proprio*, non avere dubbi | *dire a qlcu. il — suo*, quello che si merita **4** ciò che è reale, concreto: *fatti, non parole!*; *venire alla prova dei fatti*, alla verifica | *il — è che, — sta che, è un — che*, la verità è che | *di —*, in realtà, in sostanza.

fattore[1] [fat-tó-re] *s.m.* chi cura per conto del proprietario l'attività di un'azienda agricola.
fattore[2] *s.m.* 1 causa o elemento che determina o concorre a produrre un effetto: *i fattori del progresso*; *fattori climatici* | *fattori di produzione*, (*econ.*) gli elementi che concorrono alla produzione 2 (*mat.*) ogni termine di una moltiplicazione.
fattoria [fat-to-rì-a] *s.f.* i terreni e i fabbricati di un'azienda agricola; il fabbricato in cui abita e lavora il fattore.
fattorino [fat-to-rì-no] *s.m.* impiegato addetto alla consegna di plichi o a svolgere altre piccole commissioni all'esterno dell'ufficio o dell'azienda per cui lavora.
fattrice [fat-trì-ce] *s.f.* (*zootec.*) cavalla o vacca da riproduzione.
fattucchiere [fat-tuc-chiè-re] *s.m.* [f. *-a*] chi fa pratiche di stregoneria.
fattura [fat-tù-ra] *s.f.* 1 il fare una cosa, il modo in cui è fatta; lavorazione: *un'opera di lunga* — 2 (*comm.*) documento contenente i dati necessari a identificare un'operazione commerciale, rilasciato dal venditore al compratore: *emettere, pagare una* — 3 (*pop.*) pratica di stregoneria; incantesimo, maleficio.
fatturare [fat-tu-rà-re] *v.tr.* emettere fattura in relazione a una prestazione: *— il venduto* | mettere in conto: *— una spesa a carico di qlcu.* | vendere e contabilizzare: *una ditta che fattura un miliardo all'anno.*
fatturato [fat-tu-rà-to] *s.m.* (*comm.*) volume delle vendite che un'impresa realizza in un determinato periodo: *il — annuo di un'azienda*; *crescita, diminuzione del —.*
fatturazione [fat-tu-ra-zió-ne] *s.f.* (*comm.*) il fatturare, l'essere fatturato; compilazione di una o più fatture.
fatuità [fa-tui-tà] *s.f.* l'essere fatuo; superficialità, frivolezza.
fatuo [fà-tu-o] *agg.* che è o si dimostra vuoto, superficiale, effimero: *comportamento, persona —* | *fuoco —*, fiammella che appare nei cimiteri o in terreni paludosi per accensione spontanea di gas che esalano da sostanze in decomposizione; (*fig.*) cosa che non dura, che non ha consistenza; parvenza effimera.
fauci [fàu-ci] *s.f.pl.* parte interna posteriore della bocca: *le — del leone* | *cadere nelle — di qlcu.*, (*fig.*) finire in suo potere.
fauna [fàu-na] *s.f.* il complesso degli animali che vivono in una determinata regione o in un determinato ambiente: *— fluviale, mediterranea.*
faunistica [fau-nì-sti-ca] *s.f.* studio sistematico della fauna di un determinato territorio.
faunistico [fau-nì-sti-co] *agg.* [pl.m. *-ci*] relativo alla fauna: *patrimonio —.*
fauno [fàu-no] *s.m.* essere mitologico con corpo virile, orecchie a punta, corna e piedi caprini; gli si sono attribuiti astuzia e sensualità.
fausto [fàu-sto] *agg.* che ha o annuncia esito felice; favorevole, fortunato: *avvenimento, segno —.*
fautore [fau-tó-re] *agg.* e *s.m.* [f. *-trice*] che/chi favorisce o sostiene qlcu. o qlco.: *— della pace.*
fava [fà-va] *s.f.* pianta erbacea, coltivata per i suoi baccelli contenenti semi commestibili di color verde | (*estens.*) il seme stesso: *prendere due piccioni con una —*, (*fig.*) raggiungere due obiettivi in un colpo solo.
favela [/ fa'vɛla /] *s.f.* [pl. *favelas*] (*port.*) agglomerato di baracche nelle metropoli brasiliane.
favella [fa-vèl-la] *s.f.* (*lett.*) la facoltà di parlare: *perdere la —* | linguaggio, parlata: *la — toscana.*
favellare [fa-vel-là-re] *v.intr.* [*io favèllo ecc.*; aus. *avere*] (*lett.*) parlare.
favilla [fa-vìl-la] *s.f.* 1 scintilla: *le faville della legna ardente* | *far faville*, (*fig.*) riuscire brillantemente | *mandare, sprizzare faville dagli occhi*, (*fig.*) manifestare gioia o ira intensa 2 (*fig.*) motivo, causa in sé di poco conto che innesca un processo di grandi proporzioni: *la — dell'amore, della gelosia.*
favismo [fa-vì-ʃmo] *s.m.* (*med.*) intolleranza alle fave, legata a fattori ereditari.
favo [fà-vo] *s.m.* insieme delle celle di cera costruite dalle api e dalle vespe: *un — di miele.*
favola [fà-vo-la] *s.f.* 1 narrazione con personaggi immaginari, spesso animali parlanti, che contiene un ammaestramento morale: *le favole di Esopo, di Fedro* | *la morale della —*, il suo insegnamento. DIM. *favoletta* 2 (*estens.*) qualsiasi narrazione fantastica; leggenda, fiaba 3 fandonia, menzogna; diceria: *son tutte favole!*; *essere la — del paese*, essere oggetto di dicerie.
favoleggiare [fa-vo-leg-già-re] *v.intr.* [*io favoléggio ecc.*; aus. *avere*] raccontare cose inverosimili e fantastiche: *si favoleggia della sua ricchezza.*
favolista [fa-vo-lì-sta] *s.m.* e *f.* [pl.m. *-sti*] chi scrive favole.
favolistica [fa-vo-lì-sti-ca] *s.f.* 1 l'insieme delle favole di un'epoca o di un popolo: *la — nordica, orientale* 2 lo studio delle favole.
favolistico [fa-vo-lì-sti-co] *agg.* [pl.m. *-ci*] relativo alle favole: *la tradizione favolistica russa.*
favoloso [fa-vo-ló-so] *agg.* 1 di favola, che sembra una favola: *racconto —* 2 (*fig.*) straordinario, incredibile, bellissimo: *uno spettacolo —* □ **favolosamente** *avv.*
favonio [fa-vò-nio] *s.m.* (*lett.*) vento tiepido di ponente.
favore [fa-vó-re] *s.m.* 1 disposizione benevola verso qlcu. o qlco.; approvazione: *meritarsi il — del pubblico*; *trovare, incontrare —*, riuscire gradito 2 azione che si compie gratuitamente per compiacere qlcu.; cortesia, piacere: *chiedere, ottener un —* | *prezzo di —*, conveniente per chi compra | *a, in — di qlcu., di qlco.*, a suo beneficio, a suo vantaggio | *mi faccia il —!*, per esprimere impazienza, ironia | *per —*, formula di cortesia per chiedere qlco. 3 aiuto, protezione, complicità: *fuggire col — delle tenebre.*
favoreggiamento [fa-vo-reg-gia-mén-to] *s.m.* (*dir.*) il reato di chi aiuta qlcu. a compiere un'a-

zione illecita o a sottrarsi alle sue responsabilità dinanzi alla legge.

favoreggiatore [fa-vo-reg-gia-tó-re] *s.m.* [f. *-trice*] (*dir.*) chi commette favoreggiamento.

favorevole [fa-vo-ré-vo-le] *agg.* **1** che favorisce, che approva; che è a favore: *sentenza, giudizio —* **2** propizio, vantaggioso: *occasione —* □ **favorevolmente** *avv.*

favorire [fa-vo-rì-re] *v.tr.* [*io favorisco, tu favorisci ecc.*] **1** sostenere, incoraggiare: *— la ripresa economica* | privilegiare commettendo parzialità: *— un amico* **2** preannunciare un risultato positivo: *il pronostico lo favorisce* **3** in espressioni di cortesia, dare, porgere: *le dispiace favorirmi la penna?*; *mi favorisca delle spiegazioni.*

favorita [fa-vo-rì-ta] *s.f.* **1** l'amante di un personaggio potente: *la — di Luigi XV* **2** nelle società poligamiche, la moglie o la concubina preferita: *la — del sultano.*

favoritismo [fa-vo-ri-ti-ʃmo] *s.m.* il preferire qlcu. a danno di altri: *fare dei favoritismi.*

favorito [fa-vo-rì-to] *agg.* e *s.m.* [f. *-a*] **1** prediletto, preferito: *Montale è il mio poeta —* **2** (*sport*) si dice di atleta, cavallo, squadra che abbia maggiori probabilità di vincere una gara.

fax *s.m.invar.* (*telecom.*) servizio di spedizione e ricevimento istantaneo di un documento o di qualsiasi altro testo realizzato mediante telecopiatrice | l'apparecchio usato per tale servizio.

fazenda [/ fa'zenda /] *s.f.invar.* (*port.*) grande azienda agricola brasiliana.

fazione [fa-zió-ne] *s.f.* gruppo, partito animato da spirito settario: *le fazioni dei Bianchi e dei Neri nella Firenze medievale.*

faziosità [fa-zio-si-tà] *s.f.* l'essere fazioso; atteggiamento fazioso: *la — di un discorso.*

fazioso [fa-zió-so] *agg.* **1** che professa con intolleranza idee di parte; settario: *un giornale —* **2** (*estens.*) ribelle, sovversivo: *un giovane —* ♦ *s.m.* [f. *-a*] persona faziosa, settaria □ **faziosamente** *avv.*

fazzoletto [faz-zo-lét-to] *s.m.* **1** quadrato di tessuto usato per soffiarsi il naso, asciugarsi il sudore o le lacrime | *un — di terra,* (*fig.*) un piccolo campo. DIM. *fazzolettino* **2** capo d'abbigliamento costituito da un quadrato di tessuto da portare nel taschino, intorno al collo o, dalle donne, intorno alla testa; foulard.

febbraio [feb-brà-io] *s.m.* il secondo mese dell'anno; dura 28 giorni e 29 negli anni bisestili.

febbre [fèb-bre] *s.f.* **1** reazione di difesa dell'organismo che si manifesta nel corso di molte malattie con un innalzamento anomalo della temperatura corporea: *avere la —* | *— da cavallo,* (*fam.*) molto alta. DIM. *febbricola* ACCR. *febbrone* (m.) **2** (*fig.*) desiderio intenso e tormentoso; brama: *la — del successo, del guadagno* | *avere la — addosso,* essere in preda all'agitazione.

febbricitante [feb-bri-ci-tàn-te] *agg.* che ha la febbre: *un malato —.*

febbricola [feb-brì-co-la] *s.f.* (*med.*) febbre lieve ma persistente.

febbrifugo [feb-brì-fu-go] *agg.* e *s.m.* [pl.m. *-ghi*] (*med.*) si dice di rimedio che fa calare la febbre.

febbrile [feb-brì-le] *agg.* **1** (*med.*) di febbre: *stato —* **2** (*fig.*) agitato, spasmodico: *attesa —* | fervido: *attività —.*

fecale [fe-cà-le] *agg.* delle feci, costituito da feci.

feccia [fèc-cia] *s.f.* [pl. *-ce*] **1** deposito melmoso lasciato dal vino sul fondo della botte | (*estens.*) ogni residuo che si sedimenta sul fondo di recipienti contenenti liquidi **2** (*fig.*) la parte peggiore di qlco.: *la — della società.*

feccioso [fec-ció-so] *agg.* pieno di feccia, impuro, torbido: *vino —.*

feci [fè-ci] *s.f.pl.* il residuo della digestione, che si accumula nell'intestino ed è poi espulso; escrementi.

fecola [fè-co-la] *s.f.* sostanza farinosa ricca di amido ricavata dalle patate | sostanza analoga estratta da altri vegetali.

fecondabile [fe-con-dà-bi-le] *agg.* che può essere fecondato.

fecondare [fe-con-dà-re] *v.tr.* [*io fecóndo ecc.*] **1** (*biol.*) determinare, produrre una fecondazione: *il polline feconda i fiori* **2** (*estens.*) rendere fertile, produttivo (anche *fig.*): *le piogge fecondano i campi.*

fecondativo [fe-con-da-tì-vo] *agg.* (*biol.*) di fecondazione; atto a fecondare.

fecondatore [fe-con-da-tó-re] *agg.* [f. *-trice*] che è in grado di fecondare: *gli organi fecondatori di una pianta.*

fecondazione [fe-con-da-zió-ne] *s.f.* (*biol.*) prima fase della riproduzione di piante, animali ed esseri umani, durante la quale l'unione della cellula sessuale maschile e di quella femminile (gameti) dà luogo alla prima cellula (zigote) di un nuovo organismo | *— artificiale,* pratica consistente nell'introdurre artificialmente il seme maschile nelle vie genitali femminili | *— in vitro,* fecondazione in provetta dell'ovulo femminile, che successivamente viene impiantato nell'utero.

fecondità [fe-con-di-tà] *s.f.* l'essere fecondo; fertilità (anche *fig.*): *la — di un terreno*; *— d'ingegno.*

fecondo [fe-cón-do] *agg.* atto a procreare, fertile (anche *fig.*): *età feconda*; *mente feconda* | *giorni fecondi,* il periodo del ciclo femminile durante il quale è possibile il concepimento.

fedain [fe-da-ìn], o **fedayn**, o **feddain**, *s.m.invar.* guerrigliero palestinese aderente all'Organizzazione per la liberazione della Palestina (OLP).

fede [fé-de] *s.f.* **1** l'insieme dei principi religiosi, politici, filosofici o ideali nei quali si crede e per i quali ci si impegna: *la — nel progresso, nella libertà* | fiducia in qlco. a cui si attribuisce fondamento di verità: *prestare — a una promessa*; *agire in buona —,* con la convinzione di essere nel giusto; *agire in mala —,* con la consapevolezza dissimulata di arrecare un danno; *in —,* (*burocr.*) formula con cui si conferma e conclude una dichiarazione scritta **2** (*teol.*) la prima delle tre virtù teologali, per la quale si aderisce alla verità della parola di Dio: *—, speranza e carità*; *avere, perdere la*

— | il credo religioso cristiano: *dogma di —* **3** fedeltà, costanza: — *coniugale*; *tener — a una promessa*, mantenerla **4** anello nuziale: *portare la — al dito* **5** attestazione, certificato: — *di battesimo, di stato libero.*
fededegno [fe-de-dé-gno] *agg.* (*lett.*) degno di fede; credibile, attendibile: *persona fededegna.*
fedele [fe-dé-le] *agg.* **1** che resta conforme a un'idea, a un impegno preso: *mantenersi — ai propri ideali* | che è costante nell'affetto, nell'amore: *marito —* | (*estens.*) abituale, assiduo: *un cliente —* **2** che è conforme all'originale, che rispetta la verità dei fatti: *ritratto, resoconto —* ♦ *s.m.* e *f.* chi è seguace di una fede religiosa o è devoto a una causa, a un ideale; credente: *i fedeli di Cristo* □ **fedelmente** *avv.*
fedelini [fe-de-lì-ni] *s.m.pl.* tipo di pasta alimentare lunga e sottile; capellini.
fedeltà [fe-del-tà] *s.f.* **1** l'essere fedele: — *a una causa*; *giurare — a qlcu.* **2** conformità all'originale, a un modello: *la — di una copia.*
federa [fè-de-ra] *s.f.* fodera di tessuto che ricopre i guanciali.
federale [fe-de-rà-le] *agg.* **1** di una federazione di stati: *repubblica, governo —* **2** di una federazione politica, sindacale, sportiva: *consiglio —.*
federalismo [fe-de-ra-lì-ʃmo] *s.m.* dottrina politica favorevole alla federazione di più stati e ispirata a un ideale di pacifica convivenza tra i popoli: *il — europeo.*
federalista [fe-de-ra-lì-sta] *s.m.* e *f.* [pl.m. *-sti*] fautore del federalismo ♦ *agg.* che riguarda, che sostiene il federalismo.
federalistico [fe-de-ra-lì-sti-co] *agg.* [pl.m. *-ci*] del federalismo, dei federalisti: *tendenze federalistiche.*
federativo [fe-de-ra-tì-vo] *agg.* del federalismo; federale: *patto —.*
federato [fe-de-rà-to] *agg.* che appartiene a una federazione | (*estens.*) alleato.
federazione [fe-de-ra-zió-ne] *s.f.* unione politica di stati; confederazione | associazione di più enti: — *sindacale, sportiva.*
federiciano [fe-de-ri-cià-no] *agg.* dell'imperatore Federico II di Svevia (1194-1250) o di Federico II di Prussia (1712-1786).
fedifrago [fe-dì-fra-go] *agg.* [pl.m. *-ghi*] (*lett.*) che non tiene fede a un giuramento; traditore.
fedina [fe-dì-na] *s.f.* certificato che attesta se qlcu. abbia avuto o no condanne penali: *avere la — pulita, sporca.*
feeling [/ ˈfiliŋ /] *s.m.invar.* (*ingl.*) intesa, legame emotivo che si stabilisce tra due o più persone: *stabilire un — con il pubblico.*
fegatello [fe-ga-tèl-lo] *s.m.* (*gastr.*) pezzetto di fegato di maiale, avvolto nella sua stessa rete e cucinato in padella o allo spiedo.
fegatino [fe-ga-tì-no] *s.m.* (*gastr.*) fegato di pollo o di piccione.
fegato [fé-ga-to] *s.m.* **1** (*anat.*) grossa ghiandola di colore rosso bruno, presente nella cavità addominale dei vertebrati, responsabile della secrezione della bile: *soffrire di —*; *mangiarsi, rodersi il —*, (*fig.*) consumarsi per la rabbia; *farsi venire il mal di —*, (*fig.*) prendersela eccessivamente | il fegato degli animali come vivanda: — *di maiale, d'oca* | *olio di — di merluzzo*, olio medicinale ricco di vitamine **2** (*fig.*) ardimento, coraggio: *avere del —*; *ci vuole un bel —!*
fegatoso [fe-ga-tó-so] *agg.* e *s.m.* [f. *-a*] **1** (*non com.*) che/chi soffre di mal di fegato **2** (*fig.*) si dice di chi si arrabbia facilmente; irascibile, bilioso.
felci [fél-ci] *s.f.pl.* (*bot.*) classe di piante con fusto generalmente rizomatoso, grandi foglie verdi minutamente frastagliate.
feldspato [feld-spà-to] *s.m.* minerale costituito da silicati di alluminio e potassio, sodio o calcio, presente in tutte le rocce eruttive e in molte rocce metamorfiche.
felice [fe-lì-ce] *agg.* **1** che è sereno, appagato, completamente soddisfatto; lieto, contento: *sentirsi —*; *rendere — qlcu.* **2** si dice di cosa che procura felicità, che soddisfa; oppure, di condizione o di epoca, tempo in cui si è (o si è stati) lieti, contenti: *un giorno —*; *una — ricorrenza* | *l'età —*, l'infanzia **3** (*estens.*) si dice di cosa ben riuscita: *scelta, esito —* | *avere la mano —*, essere molto abile □ **felicemente** *avv.* **1** nella felicità, da persona felice: *vivere —* **2** con successo: *un esperimento — concluso.*
felicità [fe-li-ci-tà] *s.f.* **1** stato di chi è felice, di chi ritiene soddisfatto ogni suo desiderio; gioia, soddisfazione completa: *cercare la —*; *vivere momenti di —* | *l'eterna —*, la beatitudine del paradiso **2** cosa, fatto che rende felice: *augurare ogni —* **3** abilità particolare: *dipingere con — di tocco.*
felicitarsi [fe-li-ci-tàr-si] *v.intr. pron.* [*io mi felìcito ecc.*] **1** gioire, essere contento: — *di qlco.* **2** partecipare alla gioia di altri; congratularsi: — *con qlcu. per qlco.*
felicitazione [fe-li-ci-ta-zió-ne] *s.f.* (spec. *pl.*) il felicitarsi, il congratularsi; l'atto, le parole con cui lo si fa: *porgere le proprie felicitazioni.*
felidi [fè-li-di] *s.m.pl.* (*zool.*) famiglia di mammiferi carnivori con corpo snello e agilissimo, unghie retrattili, pupilla molto dilatabile; vi appartengono, tra gli altri, il gatto, il leone e la tigre.
felino [fe-lì-no] *agg.* da felide: *balzo —* ♦ *s.m.* felide.
felliniano [fel-li-nià-no] *agg.* del regista cinematografico F. Fellini (1920-93) | (*estens.*) che ricorda l'atmosfera o le situazioni, i personaggi dei film di Fellini.
fellone [fel-ló-ne] *agg.* e *s.m.*[f. *-a*] (*lett.*) che, chi manca alla parola data; traditore, sleale | (*estens.*) perfido, scellerato.
fellonia [fel-lo-nì-a] *s.f.* nel Medioevo, delitto di chi mancava al giuramento di assoluta obbedienza e fedeltà nel rapporto feudale di vassallaggio.
felpa [fél-pa] *s.f.* tessuto simile al velluto, che su una faccia presenta una peluria morbida | indumento di tale tessuto.
felpato [fel-pà-to] *agg.* rivestito, foderato di fel-

pa | (*fig.*) silenzioso, che non fa rumore: *passi felpati.*
felsineo [fel-sì-ne-o] *agg.* (*lett.*) bolognese.
feltrare [fel-trà-re] *v.tr.* [*io féltro ecc.*] **1** trasformare in feltro **2** rivestire, foderare di feltro ♦ **feltrarsi** *v.intr.pron.* **1** divenire feltro o simile a feltro **2** detto di radici e di erbe, intrecciarsi formando un ammasso compatto.
feltrato [fel-trà-to] *agg.* simile a feltro; rivestito di feltro.
feltratura [fel-tra-tù-ra] *s.f.* **1** lavorazione della lana o di altro pelo animale per ottenere il feltro **2** il rivestire, il foderare di feltro.
feltro [fél-tro] *s.m.* panno ottenuto mediante strofinamento e pressatura di fibre di lana, miste con altri peli animali: *un cappello di —.*
feluca [fe-lù-ca] *s.f.* **1** antica nave a vela, lunga e leggera **2** cappello a due punte dell'alta uniforme di ufficiali di marina, diplomatici e accademici.
femmina [fém-mi-na] *s.f.* **1** nome generico di ogni essere animato in grado di partorire figli o deporre uova: *la — della tigre* **2** essere umano di sesso femminile: *hanno già un figlio maschio, vorrebbero una —.* VEZZ. *femminuccia* **3** parte di un congegno destinata a riceverne un'altra al suo interno: *la — dell'incastro* ♦ In funzione di *agg.invar.* **1** detto di animale, che è di sesso femminile: *un castoro —* **2** che rappresenta la parte ricevente di un incastro: *vite —.*
femmineo [fem-mì-ne-o] *agg.* **1** (*lett.*) da donna; femminile **2** effeminato: *un ragazzo —.*
femminile [fem-mi-nì-le] *agg.* **1** di femmina, da femmina: *sesso —* | *genere —*, una delle classi del genere grammaticale **2** di donna, di donne: *scuola —* | destinato a donne: *abbigliamento, stampa —* | tipico della donna: *atteggiamento —* | abitualmente riservato alla donna: *lavori femminili* ♦ *s.m.* (*gramm.*) il genere femminile.
femminilità [fem-mi-ni-li-tà] *s.f.* l'insieme delle qualità fisiche e psichiche che sono proprie della donna: *una pettinatura che esalta la —.*
femminilizzazione [fem-mi-ni-liʒ-ʒa-zió-ne] *s.f.* progressivo incremento della presenza femminile in un ambito tradizionalmente maschile: *la — di molte professioni.*
femminino [fem-mi-nì-no] *agg.* (*lett.*) caratteristico della donna, femminile ♦ *s.m.* femminilità: *l'eterno —*, (*lett.*) l'essenza delle qualità e attrattive femminili.
femminismo [fem-mi-nì-ʃmo] *s.m.* movimento sorto nell'Ottocento per rivendicare alle donne la parità giuridica, politica e sociale rispetto agli uomini.
femminista [fem-mi-nì-sta] *s.m.* e *f.* [pl.m. *-sti*] chi aderisce o è favorevole al femminismo | Usato anche come *agg.*: *movimento —.*
femminuccia [fem-mi-nùc-cia] *s.f.* [pl. *-ce*] bambina graziosa | (*spreg.*) bambino o uomo debole, facilmente impressionabile.
femorale [fe-mo-rà-le] *agg.* (*anat.*) del femore: *muscolo —.*
femore [fè-mo-re] *s.m.* (*anat.*) osso della coscia.
fenato [fe-nà-to] *s.m.* (*chim.*) sale dell'acido fenico, derivante dall'unione di un fenolo con un metallo.
fendente [fen-dèn-te] *s.m.* **1** colpo di sciabola vibrato di taglio, dall'alto verso il basso: *tirare un —* | (*estens.*) colpo analogo inferto con arma di altro genere **2** nel calcio, tiro rapido e potente.
fendere [fèn-de-re] *v.tr.* [pres. *io fèndo ecc.*; pass.rem. *io fendéi* o *fendètti, tu fendésti ecc.*; part.pass. *fenduto*] (*lett.*) **1** spaccare, tagliare per lungo: *— le zolle con la zappa* **2** solcare, attraversare: *— l'acqua, l'aria* ♦ **fendersi** *v.intr.pron.* spaccarsi, screpolarsi; riempirsi di fenditure: *il fango asciugando si fende.*
fendinebbia [fen-di-néb-bia] *agg.* e *s.m.invar.* si dice di proiettori per autoveicoli (per lo più a luce gialla) che consentono una certa visibilità in caso di nebbia.
fenditoio [fen-di-tó-io] *s.m.* strumento da taglio che serve a praticare le spaccature nei fusti delle piante da innestare.
fenditura [fen-di-tù-ra] *s.f.* il fendere, il fendersi; spacco, fessura.
fenice [fe-nì-ce] *s.f.* uccello sacro dell'Arabia che, secondo la leggenda, moriva ogni cinquecento anni lasciandosi bruciare, per poi rinascere dalle sue stesse ceneri | (*fig. lett.*) cosa leggendaria, inesistente.
fenicio [fe-nì-cio] *agg.* [pl.f. *-cie*] dell'antica Fenicia, regione dell'Asia Minore corrispondente all'incirca al Libano attuale ♦ *s.m.* **1** [f. *-a*] nativo dell'antica Fenicia **2** lingua fenicia.
fenico [fè-ni-co] *agg.* [pl.m. *-ci*] solo in *acido fenico*, (*chim.*) fenolo.
fenicottero [fe-ni-còt-te-ro] *s.m.* grosso uccello migratore con piumaggio bianco tinto di rosa e rosso, zampe e collo lunghissimi, becco fortemente incurvato e piedi palmati; vive nelle acque basse e salmastre.
fenile [fe-nì-le] *s.m.* (*chim.*) radicale derivato dal benzene per perdita di un atomo di idrogeno.
fennec [fen-nèc] *s.m.invar.* mammifero carnivoro dei deserti africani, simile a una piccola volpe con orecchie enormi; è detto anche *volpe del deserto.*
fenolo [fe-nò-lo] *s.m.* (*chim.*) composto aromatico derivato dal benzene; acido fenico | *pl.* gruppo di composti utilizzati nella preparazione di materie plastiche e prodotti farmaceutici.
fenologia [fe-no-lo-gì-a] *s.f.* scienza che studia i rapporti che intercorrono tra i fattori climatici connessi col succedersi delle stagioni e il ciclo vitale delle specie vegetali e animali.
fenologico [fe-no-lò-gi-co] *agg.* [pl.m. *-ci*] della fenologia; che si riferisce alla fenologia.
fenomenale [fe-no-me-nà-le] *agg.* **1** che ha qualità di fenomeno **2** (*iperb.*) eccezionale, straordinario: *una memoria —.*
fenomenicità *s.f.* (*filos.*) carattere fenomenico.
fenomenico [fe-no-mè-ni-co] *agg.* [pl.m. *-ci*] **1**

(*scient.*) di fenomeno, che si riferisce a un fenomeno: *risultato* — 2 (*filos.*) che può essere conosciuto tramite l'esperienza: *realtà fenomenica* □ **fenomenicamente** *avv.*

fenomenismo [fe-no-me-nì-ʃmo] *s.m.* (*filos.*) ogni dottrina per la quale la realtà conoscibile è costituita da un insieme di fenomeni che il soggetto percepisce.

fenomeno [fe-nò-me-no] *s.m.* 1 tutto ciò che si manifesta all'esperienza dell'uomo con caratteri specifici: — *fisico, psicologico* | (*scient.*) tutto ciò che può essere osservato e studiato sperimentalmente: — *elettrico, magnetico, sociale* 2 fatto, evento, manifestazione che richiama su di sé una particolare attenzione: — *storico, artistico* 3 (*fam.*) persona, animale o cosa dotata di qualità o caratteristiche fuori del comune: *sei un vero* —*!* | (*fig.*) — *da baraccone*, persona con caratteristiche mostruose, grottesche.

fenomenologia [fe-no-me-no-lo-gì-a] *s.f.* l'insieme dei fenomeni che caratterizzano un processo (fisico, psichico, storico ecc.); la sua osservazione e descrizione.

fenomenologico [fe-no-me-no-lò-gi-co] *agg.* [pl.m. *-ci*] della fenomenologia, che si riferisce a una fenomenologia □ **fenomenologicamente** *avv.*

fenotipo [fe-no-tì-po] *s.m.* (*biol.*) l'insieme dei caratteri fisici visibili di un individuo, dovuti sia al patrimonio genetico sia all'azione dell'ambiente; si contrappone a *genotipo*.

ferace [fe-rà-ce] *agg.* (*lett.*) fertile, produttivo | (*fig.*) ricco di fantasia, d'inventiva: *ingegno* —.

ferale [fe-rà-le] *agg.* (*lett.*) funesto, di morte: *notizia* —.

feretro [fè-re-tro] *s.m.* bara coperta da un drappo; bara in genere: *seguire il* —.

feria [fè-ria] *s.f.* 1 in Roma antica, ognuno dei giorni dedicati al culto di una divinità, durante i quali erano sospese le attività pubbliche 2 nel calendario liturgico, ogni giorno della settimana che non sia festivo 3 *pl.* giorni di riposo retribuiti che spettano ogni anno ai lavoratori; vacanze: *ferie natalizie*; *andare in ferie*.

feriale [fe-rià-le] *agg.* 1 si dice di giorno lavorativo e di ciò che a esso si riferisce: *tariffa, orario* — 2 di ferie, che si riferisce alla ferie: *periodo* —.

ferimento [fe-ri-mén-to] *s.m.* il ferire; l'essere ferito.

ferinità [fe-ri-ni-tà] *s.f.* (*lett.*) carattere ferino; bestialità.

ferino [fe-rì-no] *agg.* 1 di fiera: *istinto* — 2 (*fig.*) crudele, feroce.

ferire [fe-rì-re] *v.tr.* [*io ferisco, tu ferisci ecc.*] 1 colpire producendo una ferita: — *con la spada*; — *al petto*; — *a morte, leggermente* | *senza colpo* —, senza bisogno di combattere, senza trovare resistenza | *prov.*: *chi di spada ferisce di spada perisce*, il violento sarà vittima, a sua volta, della violenza 2 (*fig.*) recare un'offesa grave: — *qlcu. nell'amor proprio* 3 (*lett.*) procurare una sensazione molesta; infastidire: *la luce intensa ferisce gli occhi* ♦ **ferirsi** *v.intr.pron.* procurarsi una ferita: — *leggermente*.

ferita [fe-rì-ta] *s.f.* 1 lacerazione della cute o dei tessuti prodotta da un'arma o da un corpo contundente, da un urto: — *superficiale, mortale*; — *d'arma da fuoco*; — *di guerra*, riportata in guerra 2 (*fig.*) grave offesa: *ricevere una — nell'orgoglio* | dolore morale: — *d'amore*; *riaprire una* —, rinnovare un dolore.

ferito [fe-rì-to] *agg.* e *s.m.* [f. *-a*] che/chi ha riportato una o più ferite: *soccorrere un* —.

feritoia [fe-ri-tó-ia] *s.f.* 1 piccola apertura nella parete di un luogo protetto, per poter lanciare frecce o sparare sul nemico senza uscire allo scoperto: *le feritoie di una fortezza* 2 (*estens.*) qualsiasi apertura di forma lunga e stretta; fessura.

feritore [fe-ri-tó-re] *s.m.* [f. *-trice*] 1 chi procura una ferita 2 (*mil.*) negli eserciti di un tempo, soldato a cavallo armato di lancia.

ferma [fér-ma] *s.f.* 1 il periodo di tempo trascorso sotto le armi in ottemperanza all'obbligo di leva 2 nella caccia, la caratteristica posizione immobile che il cane assume quando giunge in prossimità della preda.

fermacampione [fer-ma-cam-pió-ne] *s.m.* fermaglio metallico a farfalla per tenere chiuse le buste a sacchetto.

fermacapelli [fer-ma-ca-pél-li] *s.m.invar.* fermaglio per capelli.

fermacarro [fer-ma-càr-ro] *s.m.* [pl. *invar.* o *-ri*] nelle stazioni ferroviarie, dispositivo di arresto con respingenti situato al termine di un binario.

fermacarte [fer-ma-càr-te] *s.m.invar.* oggetto di un certo peso che si appoggia sui fogli sciolti per tenerli in ordine.

fermacravatta [fer-ma-cra-vàt-ta] *s.m.* [pl. *invar.* o *-e*] molletta o spilla per fissare la cravatta alla camicia.

fermaglio [fer-mà-glio] *s.m.* congegno in forma di fibbia, spilla o gancio, che serve a tenere uniti piccoli oggetti o parti staccate dello stesso oggetto | gioiello che si appunta sulla veste per ornamento.

fermapiedi [fer-ma-piè-di] *s.m.invar.* nel pedale della bicicletta, staffa metallica che impedisce al piede di scivolare.

fermare [fer-mà-re] *v.tr.* [*io férmo ecc.*] 1 interrompere, arrestare qlcu. o qlco. in movimento: — *una persona che corre*; — *una palla che rotola*; — *l'attenzione, il pensiero*, concentrarli su qlco. | interrompere, sospendere un'attività: — *il lavoro* 2 assicurare, fissare qlco. perché non si muova (anche *fig.*): — *un bottone, una porta*; — *un'idea sulla carta*, scriverla tempestivamente; — *una camera d'albergo*, prenotarla 3 compiere un fermo di polizia: — *una persona sospetta* ♦ *v.intr.* [aus. *avere*] di mezzo di trasporto pubblico, fare una fermata: *il treno ferma in tutte le stazioni* ♦ **fermarsi** *v.rifl.* o *intr.pron.* 1 interrompere il proprio movimento: — *a riposare* | smettere di funzionare: *l'orologio si è fermato* 2 (*estens.*) trattenersi: — *in ufficio a lavorare*.

fermata [fer-mà-ta] *s.f.* **1** il fermare, il fermarsi; arresto, sosta: *divieto di —* **2** interruzione del movimento di un mezzo di trasporto pubblico per permettere la salita e la discesa dei passeggeri | il luogo dove il mezzo si ferma: *dov'è la — del tram?*

fermato [fer-mà-to] *s.m.* [f. *-a*] chi è sottoposto a fermo di polizia: *i fermati furono rilasciati.*

fermentare [fer-men-tà-re] *v.intr.* [*io ferménto ecc.*; aus. *avere*] **1** essere, andare in fermentazione: *il mosto fermenta* **2** lievitare: *mettere la pasta a —.*

fermentativo [fer-men-ta-tì-vo] *agg.* **1** della fermentazione: *processo —* **2** atto a fermentare, a provocare una fermentazione: *prodotto —.*

fermentato [fer-men-tà-to] *agg.* che ha subito un processo di fermentazione: *formaggio —.*

fermentazione [fer-men-ta-zió-ne] *s.f.* **1** trasformazione operata da microrganismi ed enzimi su sostanze organiche, dalla quale si ottengono prodotti per l'alimentazione umana: *— alcolica*, trasformazione degli zuccheri in alcol **2** lievitazione: *lasciare la pasta in —.*

fermento [fer-mén-to] *s.m.* **1** microrganismo che produce enzimi capaci di provocare la fermentazione di una sostanza organica: *fermenti lattici* **2** fermentazione, lievitazione: *la pasta è in —* **3** (*fig.*) presenza sotterranea di valori, istanze che porteranno a un'evoluzione, a una trasformazione: *fermenti morali, religiosi* | agitazione, inquietudine serpeggiante: *la popolazione è in —.*

fermezza [fer-méz-za] *s.f.* **1** l'esser fermo, saldo; stabilità **2** (*fig.*) risolutezza, costanza: *— d'animo; trattare qlcu. con —.*

fermio [fér-mio] *s.m.* elemento chimico artificiale radioattivo di simbolo *Fm.*

fermo [fér-mo] *agg.* **1** che non si muove, immobile: *stare —; l'orologio è —*, non funziona | *mano ferma*, che non trema, (*fig.*) energica | *acqua ferma*, stagnante | *situazione ferma*, che non presenta elementi di novità | *fermi tutti!*, *— là!*, comando che intima di non muoversi **2** perseverante in un proposito; tenace, irremovibile; *essere — nelle proprie idee* | *animo —*, risoluto | *tenere per —*, per certo ♦ *s.m.* **1** oggetto o dispositivo per fermare, trattenere qlco.: *mettere il — a una porta* **2** (*dir.*) misura restrittiva della libertà personale, adottata dalle forze di polizia nei confronti di persone sospettate di avere commesso un grave reato: *stato di —; tramutare il — in arresto* □ **fermamente** *avv.*

fermoposta [fer-mo-pò-sta] *s.m.invar.* servizio che permette all'utente di fissare il proprio recapito presso un ufficio postale, dove egli può così ritirare la corrispondenza | Usato anche come *avv.*: *spedire —.*

-fero secondo elemento di parole composte, che significa 'che genera, che porta' (*frigorifero, sonnifero*).

feroce [fe-ró-ce] *agg.* **1** crudele, disumano; atroce, spietato: *un — tiranno; sguardo, vendetta —* | *bestie feroci*, belve **2** terribile, violento: *dolore —* | (*iperb.*) insopportabile, grandissimo: *noia, fame —* | *scherzo —*, molto pesante □ **ferocemente** *avv.*

ferocia [fe-rò-cia] *s.f.* [pl. *-cie*] **1** l'essere feroce; crudeltà, spietatezza: *la — di un tiranno, di una vendetta* **2** (spec. *pl.*) atto crudele: *le ferocie della guerra.*

ferodo [fe-rò-do] *s.m.* (*tecn.*) materiale a base d'amianto che ha un'alta capacità d'attrito; è usato nei freni a tamburo e negli innesti a frizione.

feromone [fe-ro-mó-ne] *s.m.* (*biol.*) sostanza secreta dagli animali che, agendo sull'odorato degli individui della stessa specie, svolge la funzione di richiamo sessuale o di intimidazione.

ferraglia [fer-rà-glia] *s.f.* ammasso di rottami di ferro.

ferragostano [fer-ra-go-stà-no] *agg.* (*non com.*) del ferragosto: *caldo —.*

ferragosto [fer-ra-gó-sto] *s.m.* festa dell'Assunta che si celebra il 15 agosto | (*estens.*) periodo di alcuni giorni di vacanza intorno a tale data.

ferraio [fer-rà-io] *s.m.* chi lavora il ferro | Usato come *agg.* solo nella loc. *fabbro —.*

ferrame [fer-rà-me] *s.m.* ammasso di oggetti o di rottami di ferro.

ferramenta [fer-ra-mén-ta] *s.f.pl.* l'insieme di utensili, viti, chiodi e sim. che si vende in un negozio specializzato | (*estens.*) il negozio stesso.

ferrare [fer-rà-re] *v.tr.* [*io fèrro ecc.*] rinforzare con ferro: *— una botte* | applicare i ferri agli zoccoli di cavalli e di altri animali domestici.

ferrata [fer-rà-ta] *s.f.* itinerario alpinistico attrezzato su roccia.

ferrato [fer-rà-to] *agg.* **1** munito di rinforzi in ferro: *scarpe ferrate* | *strada ferrata*, ferrovia **2** (*fig. fam.*) dotato di solida preparazione: *essere — in matematica.*

ferratura [fer-ra-tù-ra] *s.f.* il ferrare gli animali da lavoro; i ferri a essi applicati.

ferreo [fèr-reo] *agg.* di ferro | (*fig.*) tenace, inflessibile: *volontà, disciplina ferrea.*

ferretto [fer-rét-to] *s.m.* piccolo oggetto allungato di ferro o altro metallo.

ferrico [fèr-ri-co] *agg.* (*chim.*) si dice di composto del ferro trivalente.

ferriera [fer-riè-ra] *s.f.* impianto di lavorazione dei minerali di ferro.

ferrifero [fer-rì-fe-ro] *agg.* che contiene ferro: *minerale —.*

ferrigno [fer-rì-gno] *agg.* **1** di ferro o che ha l'aspetto del ferro **2** (*fig.*) resistente come il ferro; forte, robusto.

ferro [fèr-ro] *s.m.* **1** elemento chimico di simbolo *Fe*; è un metallo grigio-argenteo, tenero, raro in natura allo stato libero, ma presente in un gran numero di minerali | (*estens.*) acciaio: *sbarra di —* | *età del —*, l'ultima epoca della civiltà preistorica, caratterizzata dall'utilizzazione del ferro | *di —*, (*fig.*) forte in senso fisico o morale: *stomaco di —*, che digerisce molto bene; *usare il pugno di —*, essere energico e rigido; *alibi di —*, inattaccabile **2** qualsiasi oggetto di ferro o anche di altro metallo: *aprire una serratura con un —; toccar —*, (*fig.*) fare scongiuri | — *da stiro*, attrezzo per stirare, costituito da una piastra metallica riscaldata munita di un manico isolante | — *da calza*, lungo ago (anche non metallico) che serve per lavorare a maglia | *i ferri del mestiere*, gli strumenti che servono per un determinato lavoro | *i ferri del chirurgo*, gli strumenti con cui egli opera: *andare sotto i ferri*, subire un intervento chirurgico | — *di cavallo*, piccola sbarra a forma di U che si inchioda sotto agli zoccoli degli equini | *ai ferri*, (*gastr.*) cotto sulla graticola: *bistecca ai ferri*. DIM. *ferretto* **3** (*lett.*) qualsiasi arma bianca | *venire ai ferri corti*, (*fig.*) venire a contrasto vivo e deciso | *mettere a — e fuoco*, (*fig.*) devastare, saccheggiare **4** *pl.* catene, manette o altri strumenti con cui si limita la possibilità di movimento dei carcerati: *mettere i ferri ai polsi*.

ferrolega [fer-ro-lé-ga] *s.f.* [pl. *ferroléghe*] (*metall.*) lega di ferro e di altri elementi.

ferroso [fer-ró-so] *agg.* di ferro, che contiene ferro: *materiale —*.

ferrotranviario [fer-ro-tran-vià-rio] *agg.* che si riferisce sia alle ferrovie sia alle tranvie: *servizio —*.

ferrovecchio [fer-ro-vèc-chio] [pl. *ferrivecchi*] *s.m.* arnese, strumento, macchina fuori uso o in pessime condizioni.

ferrovia [fer-ro-vì-a] *s.f.* **1** strada provvista di binari su cui transitano treni: *la — corre lungo il fiume; — a doppio binario* **2** (*estens.*) l'insieme degli impianti e dei servizi necessari al funzionamento dei treni: *le ferrovie dello stato*.

ferroviario [fer-ro-vià-rio] *agg.* che riguarda le ferrovie: *trasporti ferroviari* | *orario —*, tabella o libretto contenente l'orario di arrivo e partenza dei treni.

ferroviere [fer-ro-viè-re] *s.m.* [f. *-a*] chi presta servizio nelle ferrovie: *sindacato dei ferrovieri* | *genio ferrovieri*, (*mil.*) settore dell'arma del genio specializzato nella gestione e nella costruzione o riattivazione di linee ferroviarie.

ferruginoso [fer-ru-gi-nó-so] *agg.* (*chim.*) che contiene sali di ferro: *acqua ferruginosa*.

ferry-boat [/ fɛrri'bɔt /] *s.m.invar.* (*ingl.*) nave che fa servizio di traghetto.

fertile [fèr-ti-le] *agg.* che è adatto alla coltivazione; produttivo: *terreno —* | di donna o femmina di animale, che è in grado di procreare, feconda | *ingegno —*, (*fig.*) ricco di idee, creativo.

fertilità [fer-ti-li-tà] *s.f.* l'essere fertile, fecondità.

fertilizzante [fer-ti-liʒ-ʒàn-te] *agg.* e *s.m.* si dice di sostanza naturale o sintetica che si aggiunge al terreno per aumentarne la fertilità.

fertilizzare [fer-ti-liʒ-ʒà-re] *v.tr.* **1** rendere fertile, concimare: *— un terreno* **2** (*fig.*) rendere produttivo, ravvivare.

fertilizzazione [fer-ti-liʒ-ʒa-zió-ne] *s.f.* operazione volta a rendere fertile un terreno; concimazione.

ferula [fè-ru-la] *s.f.* (*lett.*) bacchetta che si usava per punire gli scolari.

fervente [fer-vèn-te] *agg.* ardente, intenso, appassionato: *preghiera —; un — patriota* □ **ferventemente** *avv.*

fervere [fèr-ve-re] *v.intr.* [pres. *io fèrvo ecc.*; pass.rem. *io fervéi* o *fervètti ecc.*; mancano il part. pass. e i tempi composti] essere nel pieno dell'ardore, di un'attività: *i preparativi fervono*.

fervido [fèr-vi-do] *agg.* pieno di fervore, di sentita partecipazione: *fervidi auguri* | vivace, attivo, creativo: *immaginazione fervida* □ **fervidamente** *avv.*

fervore [fer-vó-re] *s.m.* **1** ardore, intensità di un sentimento: *— di passione; pregare con —* **2** momento di grande intensità, di viva partecipazione: *il — di una discussione*.

fervoroso [fer-vo-ró-so] *agg.* pieno di fervore; molto fervido □ **fervorosamente** *avv.*

fesa [fé-ʃa] *s.f.* (*region.*) taglio di carne nella coscia del bue o del vitello.

fescennino [fe-scen-nì-no] *s.m.* antichissimo canto popolare agreste caratterizzato da temi licenziosi e aggressivi | Usato anche come *agg.*: *canto, verso —*.

fesseria [fes-se-rì-a] *s.f.* (*pop.*) **1** azione, parola da fesso; stupidaggine: *fare, dire fesserie* **2** (*estens.*) cosa da nulla, inezia: *non badare, è una —!*

fesso[1] [fés-so] *agg.* **1** (*lett.*) spaccato, tagliato per il lungo: *la capra ha lo zoccolo —* **2** incrinato: *vaso —* | *suono —*, sordo e sgradevole.

fesso[2] *agg.* e *s.m.* [f. *-a*] (*pop.*) stupido, balordo | *fare — qlcu.*, ingannarlo, imbrogliarlo. DIM. *fessacchiotto*.

fessura [fes-sù-ra] *s.f.* apertura lunga e sottile; fenditura: *le fessure dell'intonaco*. DIM. *fessurina*.

festa [fè-sta] *s.f.* **1** giorno in cui ci si astiene dal lavoro per celebrare una solennità religiosa o civile: *la — dell'Immacolata; — nazionale* | *— fissa, mobile*, a seconda che ricorra o non ricorra tutti gli anni alla stessa data | *le feste*, (*fam.*) il periodo che va da Natale a capodanno: *passare le feste in famiglia* | *a —*, come nei giorni di festa: *essere vestito a —* | *conciare qlcu. per le feste*, ridurlo male | *far la — a qlcu.*, farlo fuori **2** (*fam.*) il giorno dell'onomastico o del compleanno: *oggi è la mia —* | *la — di un santo*, il giorno in cui viene commemorato **3** manifestazione, intrattenimento che si organizza per celebrare un avvenimento lieto o anche solo per divertimento: *— di laurea; andare a una —; dare una —* | *guastare la —*, (*fig.*) turbare la gioia di altri; anche, sconvolgere un programma predisposto | *far —*, (*fig.*) divertirsi. DIM. *festicciola* **4** dimostrazione di gioia, di allegria: *tutta la città è in —; far — a qlcu.*, accoglierlo festosamente | (*estens.*) motivo di allegria o di gioia: *il suo ritorno è stato una — per noi*.

festaiolo [fe-sta-iò-lo] *agg.* amante delle feste: *gente festaiola*.

festante [fe-stàn-te] *agg.* che è in festa; che manifesta allegria: *popolazione —; voci festanti.*
festeggiamento [fe-steg-gia-mén-to] *s.m.* il festeggiare, l'essere festeggiato | *pl.* tutto ciò che si organizza per festeggiare una ricorrenza o una persona.
festeggiare [fe-steg-gìa-re] *v.tr.* [*io festéggio ecc.*] **1** onorare, celebrare con festa: — *un anniversario* **2** accogliere in modo festoso: — *gli sposi.*
festeggiato [fe-steg-già-to] *agg.* che è oggetto di festeggiamenti ♦ *s.m.* [f. *-a*] persona che si festeggia: *fare gli auguri al —.*
festino *s.m.* festa privata, per lo più notturna, con musica e rinfreschi: *dare un —* | (*lett.*) convito, banchetto.
festival [fè-sti-val *o* festivàl] *s.m.invar.* manifestazione artistica che si tiene periodicamente per presentare al pubblico opere teatrali, musicali o cinematografiche: *il — della canzone italiana; il — di Cannes.*
festività [fe-sti-vi-tà] *s.f.* giorno di festa civile o religiosa: *la — del 1° maggio.*
festivo [fe-stì-vo] *agg.* di festa, proprio di una festa (si contrappone a *feriale*): *giorno, riposo —.*
festone [fe-stó-ne] *s.m.* **1** addobbo formato da una sorta di catena di fiori intrecciati o altri ornamenti, che si sospende alle due estremità **2** fregio architettonico a forma di festone, tipico dell'arte classica o d'ispirazione classica.
festosità [fe-sto-si-tà] *s.f.* l'essere festoso; comportamento festoso.
festoso [fe-stó-so] *agg.* che fa festa; che esprime gioia, allegrezza: *accoglienze, grida festose* □ **festosamente** *avv.*
festuca [fe-stù-ca] *s.f.* **1** (*lett.*) fuscello, pagliuzza **2** (*bot.*) pianta erbacea con foglie lineari e spighette verdastre.
fetale [fe-tà-le] *agg.* (*biol., med.*) che concerne il feto: *sviluppo —* | *posizione —*, quella rannicchiata, tipica del feto.
fetente [fe-tèn-te] *agg.* che manda fetore, puzzolente ♦ *agg.* e *s.m.* e *f.* (*fam.*) si dice di persona abietta, spregevole, sleale.
fetere [fè-te-re *o* fetére] *v.intr.* [non ha part. pass.] (*lett.*) emanare fetore, puzzare.
feticcio [fe-tìc-cio] *s.m.* **1** nelle religioni primitive, oggetto a cui si riconoscono poteri soprannaturali e si tributano forme di culto; idolo **2** (*fig.*) persona o cosa che sia oggetto di culto fanatico o di stima esagerata.
feticismo [fe-ti-cì-ʃmo] *s.m.* **1** forma di religiosità primitiva consistente nel culto di feticci **2** (*fig.*) ammirazione fanatica di una persona o di una cosa.
feticista [fe-ti-cì-sta] *s.m.* e *f.* [pl.m. *-sti*] **1** chi pratica il culto dei feticci **2** (*fig.*) ammiratore fanatico di qlcu. o di qlco. ♦ *agg.* feticistico.
feticistico [fe-ti-cì-sti-co] *agg.* [pl.m. *-ci*] di feticismo, da feticista: *culto —; un'ammirazione feticistica.*
fetido [fè-ti-do] *agg.* **1** che puzza, che manda fetore **2** (*fig.*) turpe, disonesto.
fetidume [fe-ti-dù-me] *s.m.* insieme di cose fetide | (*estens.*) fetore, puzza.
feto [fè-to] *s.m.* il prodotto del concepimento dell'uomo e degli altri mammiferi, dal momento in cui assume le caratteristiche della specie sino alla nascita.
fetologia [fe-to-lo-gì-a] *s.f.* (*med.*) ramo della medicina che studia lo sviluppo del feto.
fetore [fe-tó-re] *s.m.* puzza intensa, disgustosa.
fetta [fét-ta] *s.f.* pezzo di cibo tagliato largo e sottile: — *di pane, di salame; tagliare a fette* | *fare a fette qlcu.*, (*fig.*) ridurlo a mal partito. DIM. *fettina* | (*fig.*) parte, porzione: *una — di guadagno.*
fettina [fet-tì-na] *s.f.* fetta sottile di carne bovina da cucinare: — *ai ferri, panata.*
fettuccia [fet-tùc-cia] *s.f.* [pl. *-ce*] nastro di cotone usato in sartoria.
fettuccina [fet-tuc-cì-na] *s.f.* (spec. *pl.*) tagliatella: *fettuccine al sugo.*
feudale [feu-dà-le] *agg.* **1** del feudo, dei feudi; del feudalesimo: *età, diritto —* **2** (*fig.*) caratterizzato da arretratezza e insieme da dispotismo: *metodi feudali.*
feudalesimo [feu-da-lé-ʃi-mo] *s.m.* **1** nel Medioevo, sistema politico, economico e sociale di origine franca, secondo il quale il sovrano concedeva ai suoi dignitari o capi militari (vassalli) la delega delle funzioni di governo su un dato territorio (feudo), in cambio della promessa di fedeltà, di assistenza armata e di altri tributi **2** (*fig.*) sistema, concezione, atteggiamento dispotico e arretrato.
feudalità [feu-da-li-tà] *s.f.* **1** carattere, condizione feudale **2** la classe dei feudatari.
feudatario [feu-da-tà-rio] *s.m.* [f. *-a*] **1** titolare di un feudo **2** (*estens.*) grande proprietario terriero, soprattutto se amministra i suoi beni in modo molto autoritario.
feudo [fèu-do] *s.m.* **1** (*st.*) territorio o complesso di beni e di diritti concessi dal sovrano a un suo vassallo e trasmissibili ereditariamente **2** (*estens.*) grande proprietà terriera **3** (*fig.*) ambito in cui viene esercitato un predominio assoluto ed esclusivo: *i feudi della finanza.*
feuilleton [/ feje'tɔn /] *s.m.invar.* (*fr.*) nell'Ottocento, l'appendice letteraria di un giornale, nella quale si pubblicavano per lo più romanzi di carattere popolare | (*estens.*) romanzo popolare di contenuti patetici.
fez [fèz] *s.m.invar.* berretto a tronco di cono caratteristico dei turchi | l'analogo copricapo usato dai bersaglieri.
fi *s.m.* nome della ventunesima lettera dell'alfabeto greco.
fiaba [fià-ba] *s.f.* racconto fantastico, per lo più di origine popolare, in cui agiscono esseri umani e creature provviste di poteri magici (maghi, fate, streghe, gnomi): *le fiabe di Perrault.*
fiabesco [fia-bé-sco] *agg.* [pl.m. *-schi*] di fiaba, proprio delle fiabe: *racconto —* | (*estens.*) fantastico, meraviglioso: *atmosfera fiabesca* ♦ *s.m.* l'e-

lemento magico caratteristico delle fiabe: *gli scrittori romantici predilessero il —.*

fiacca [fiàc-ca] *s.f.* spossatezza, svogliatezza: *avere la —* | *battere la —*, fare le cose lentamente, svogliatamente.

fiaccare [fiac-cà-re] *v.tr.* [*io fiacco, tu fiacchi ecc.*] privare delle forze fisiche o morali: *la malattia lo ha fiaccato; — la resistenza di qlcu.*

fiacchezza [fiac-chéz-za] *s.f.* l'essere fiacco; mancanza di vigore: *— di gambe, d'animo.*

fiacco [fiàc-co] *agg.* [pl.m. *-chi*] privo di energia, di vigore; debole: *sentirsi —; opporre una resistenza fiacca* | *mercato —*, con pochi scambi □ **fiaccamente** *avv.*

fiaccola [fiàc-co-la] *s.f.* lume a forma di bastone fatto con sostanze resinose o altro materiale infiammabile, che brucia lentamente resistendo al vento | *— olimpica*, quella che nelle moderne Olimpiadi è portata, con un sistema di staffette, da Atene al luogo in cui si tengono i giochi.

fiaccolata [fiac-co-là-ta] *s.f.* corteo notturno con fiaccole accese.

fiala [fià-la] *s.f.* piccolo recipiente di vetro per medicinali o profumi; ampolla. DIM. *fialetta.*

fiamma [fiàm-ma] *s.f.* **1** lingua luminosa di gas in combustione, che si leva da ciò che arde: *la — della candela; andare in fiamme*, prendere fuoco; *dare alle fiamme*, bruciare | *— ossidrica*, (*tecn.*) originata dalla combustione di idrogeno; si usa per la saldatura dei metalli | *ritorno di —*, nei motori a scoppio, combustione prolungata della miscela nel cilindro, che accende prima del tempo la nuova miscela in arrivo; (*fig.*) il riaccendersi improvviso di passioni o sentimenti sopiti | *far fuoco e fiamme*, (*fig.*) agitarsi, scaldarsi per qlco. DIM. *fiammella* **2** (*fig.*) ardore di un sentimento, di una passione: *la — dell'amore, della libertà* **3** (*scherz.*) la persona amata: *quella ragazza è la sua nuova —* **4** (spec. *pl.*) mostrine a forma di fiamma sulla divisa di corpi o reparti militari | *le Fiamme Gialle*, le guardie di finanza ♦ Come *agg.invar.*: *rosso —*, rosso molto acceso.

fiammante [fiam-màn-te] *agg.* che splende come una fiamma; fiammeggiante: *rosso —*, rosso vivo | *nuovo —*, (*fig.*) nuovissimo: *una bicicletta nuova —.*

fiammata [fiam-mà-ta] *s.f.* fiamma viva e intensa, ma di breve durata: *il corto circuito ha prodotto una —* | (*fig.*) manifestazione improvvisa, intensa ma effimera: *una — di entusiasmo.*

fiammeggiante [fiam-meg-giàn-te] *agg.* che manda fiamme, che risplende come fiamma (anche *fig.*): *spada, sguardo —.*

fiammeggiare [fiam-meg-già-re] *v.intr.* [*io fiamméggio ecc.*; aus. *avere*] **1** mandare fiamme (anche *fig.*): *occhi che fiammeggiano* **2** (*estens.*) risplendere, rosseggiare: *il cielo fiammeggia.*

fiammifero [fiam-mì-fe-ro] *s.m.* bastoncino di materiale facilmente infiammabile, con un'estremità ricoperta di un composto che prende fuoco per sfregamento: *— da cucina*, di legno; *— svedese* o *di sicurezza*, che si accende solo se sfregato su una superficie preparata con fosforo | *accendersi come un —*, (*fig.*) essere facile all'ira.

fiammingo [fiam-mìn-go] *agg.* [pl.m. *-ghi*] **1** delle Fiandre; più in generale, della parte settentrionale del Belgio: *lingua fiamminga* **2** (*estens.*) dei Paesi Bassi | che è proprio o si riferisce alla civiltà artistica fiorita nei Paesi Bassi nei secc. XVI-XVII: *pittura fiamminga* ♦ *s.m.* **1** [f. *-a*] abitante, nativo delle Fiandre **2** la lingua fiamminga.

fiancale [fian-cà-le] *s.m.* ciascuna delle parti di un'armatura che proteggono i fianchi.

fiancata [fian-cà-ta] *s.f.* parete laterale: *le fiancate della nave, di un edificio.*

fiancheggiamento [fian-cheg-gia-mén-to] *s.m.* il fiancheggiare, l'essere fiancheggiato.

fiancheggiare [fian-cheg-già-re] *v.tr.* [*io fianchéggio ecc.*] **1** stare a fianco di qlcu. o sul fianco, a lato di qlco.: *alberi che fiancheggiano il viale* **2** (*fig.*) sostenere, favorire: *— qlcu. in un'operazione* **3** (*mil.*) proteggere i fianchi di un reparto in movimento.

fiancheggiatore [fian-cheg-gia-tó-re] *agg.* e *s.m.* [f. *-trice*] che/chi fiancheggia, aiuta, favorisce.

fianco [fiàn-co] *s.m.* [pl. *-chi*] **1** la parte laterale del corpo, tra le costole e l'anca | *stare al — di qlcu.*, (*fig.*) assisterlo | *offrire, prestare il —*, (*fig.*) esporsi come facile bersaglio | *lavorare ai fianchi l'avversario*, nel pugilato, colpirlo ripetutamente ai fianchi per indebolirlo | *— a —*, (*fig.*) molto vicino, in contatto: *lavorare — a —* **2** parte laterale di qlco.; lato: *il — destro della casa* | *di —*, lateralmente.

fiandra [fiàn-dra] *s.f.* qualità pregiata di tela di lino.

fiasca [fià-sca] *s.f.* fiasco schiacciato, usato come borraccia.

fiaschetta [fia-schét-ta] *s.f.* piccolo recipiente, usato un tempo per tenervi la polvere da sparo.

fiaschetteria [fia-schet-te-rì-a] *s.f.* negozio per la mescita e la vendita di vino al minuto.

fiasco [fià-sco] *s.m.* [pl. *-schi*] **1** recipiente di vetro di forma panciuta, rivestito di paglia o di plastica | (*estens.*) il liquido che esso contiene: *bere un — di vino.* DIM. *fiaschetto* **2** (*fig.*) esito negativo, insuccesso: *lo spettacolo è stato un —; fare —*, non riuscire in qlco.

fiatare [fia-tà-re] *v.intr.* [aus. *avere*] **1** (*non com.*) respirare; essere in vita **2** (*estens.*) aprir bocca per parlare: *uscì senza —.*

fiati [fià-ti] *s.m.pl.* (*mus.*) l'insieme degli strumenti a fiato in un complesso orchestrale.

fiato [fià-to] *s.m.* aria emessa dai polmoni; respiro, alito: *scaldarsi le mani col —; trattenere il —*, non respirare | *avere il — grosso, corto*, ansimare | *sentirsi mancare il —*, respirare con difficoltà | *non avere —*, (*sport*) non avere resistenza allo sforzo prolungato | *prendere —*, (*fig.*) riposare un momento | *sprecare, buttar via il —*, (*fig.*) parlare inutilmente | *restare senza —*, (*fig.*) pieno di meraviglia | *tutto d'un —*, (*fig.*) molto rapidamente: *leggere un libro tutto d'un —* | *strumenti a —*,

(*mus.*) quelli in cui il suono è prodotto dall'aria espirata da chi suona | *dare — alle trombe*, sonarle; (*fig.*) divulgare in modo clamoroso una notizia.
fiatone [fia-tó-ne] *s.m.* (*fam.*) fiato grosso, respiro affannoso: *avere il —*.
fibbia [fib-bia] *s.f.* fermaglio di metallo o di altro materiale per tener chiuse cinture, scarpe o altro.
fiberglass® [/ 'fiberglas /] *s.m.invar.* (*ingl.*) materiale contenente fibre di vetro, molto resistente ed elastico: *uno scafo in —*.
fibra [fi-bra] *s.f.* **1** (*biol.*, *bot.*) struttura allungata e filamentosa che è elemento costitutivo di numerosi tessuti animali e vegetali: *fibre muscolari, nervose* **2** (*estens.*) materiale filamentoso in grado di formare fili continui: *fibre tessili*; *— naturali, artificiali* | *fibre ottiche*, filamenti di materiale trasparente in grado di condurre la radiazione ottica lungo il percorso voluto **3** (*fig.*) costituzione, complessione fisica: *una — robusta*.
fibrillazione [fi-bril-la-zió-ne] *s.f.* (*med.*) alterazione del ritmo cardiaco caratterizzata da impulsi frequenti e irregolari.
fibrina [fi-brì-na] *s.f.* (*biol.*) proteina filamentosa, essenziale alla coagulazione del sangue.
fibro- primo elemento di parole composte, che significa 'fibra' o 'tessuto connettivo'.
fibrocemento [fi-bro-ce-mén-to] *s.m.* [pl. *-ti*] cemento impastato con fibre di amianto, usato come materiale da copertura e isolante termico; è noto col nome commerciale di *eternit*.
fibrocita [fi-bro-cì-ta] *s.m.* [pl. *-ci*] (*biol.*) cellula tipica del tessuto connettivo.
fibroma [fi-brò-ma] *s.m.* [pl. *-mi*] (*med.*) tumore benigno del tessuto connettivo.
fibrosi [fi-brò-ʃi] *s.f.* (*med.*) aumento patologico del tessuto connettivo di un organo.
fibrosità [fi-bro-si-tà] *s.f.* l'essere fibroso; caratteristica di ciò che è fibroso.
fibroso [fi-bró-so] *agg.* che è costituito di fibre, che contiene fibre: *materiale —*.
fibula [fi-bu-la] *s.f.* (*lett.*) fibbia; spilla | si usa soprattutto in riferimento a reperti archeologici: *la — prenestina*.
fica [fi-ca] *s.f.* (*volg.*) vulva.
-ficare secondo elemento di verbi composti, che significa 'fare, fabbricare, rendere' e sim. (*nidificare, parificare*).
ficcanaso [fic-ca-nà-so] *s.m.* e *f.* [pl.m. *ficcanasi*; pl.f. *ficcanaso*] (*fam.*) persona che si immischia nelle faccende altrui.
ficcare [fic-cà-re] *v.tr.* [*io ficco, tu ficchi ecc.*] spingere, fare entrare dentro: *— un chiodo nel muro* | *— il naso*, (*fig.*) curiosare, immischiarsi | *ficcarsi qlco. in testa*, (*fig.*) farsi un'idea fissa, intestardirsi ♦ **ficcarsi** *v.rifl.* cacciarsi, mettersi dentro a qlco. (anche *fig.*): *— in casa, in un imbroglio*.
-ficee secondo elemento di parole composte della sistematica botanica, che indica classe di alghe.
fiche [/ fiʃ /] *s.f.* (*fr.*) **1** gettone usato nei giochi d'azzardo in sostituzione del denaro **2** (*banc.*) tagliando su cui si registra un'operazione.
-ficio secondo elemento di parole composte, che significa 'il fare, il compiere' (*beneficio*) o 'luogo dove si fabbrica, si lavora qlco.' (*zuccherificio*).
fico [fi-co] *s.m.* [pl. *-chi*] **1** albero con fusto a corteccia liscia e foglie larghe e ruvide; è coltivato per i suoi frutti | *— d'India*, ficodindia | *— secco*, ficosecco **2** il frutto di tale pianta: *un piatto di fichi* | *non importare, non valere un —*, (*fig. fam.*) nulla, un bel niente.
-fico secondo elemento di aggettivi composti, che significa 'che fa, che crea' (*benefico, prolifico*).
ficodindia [fi-co-dìn-dia], o **fico d'India**, *s.m.* [pl. *fichidindia* o *fichi d'India*] **1** pianta grassa con rami schiacciati simili a grandi foglie ovali, foglie trasformate in spine e frutto commestibile **2** il frutto stesso della pianta.
ficomiceti [fi-co-mi-cè-ti] *s.m.pl.* (*bot.*) classe di funghi microscopici parassiti di animali e di piante.
ficosecco [fi-co-séc-co], o **fico secco**, *s.m.* [pl. *fichisecchi*] fico seccato al sole o nel forno | *non capire, non valere un —*, (*fig. fam.*) nulla.
fiction [/ 'fikʃon /] *s.f. invar.* (*ingl.*) genere letterario, cinematografico e televisivo fondato sull'invenzione narrativa, contrapposto ai generi basati sulla descrizione della realtà.
ficus [/ 'fikus /] *s.m.invar.* pianta ornamentale con larghe foglie ovali e lucide.
fidanzamento [fi-dan-za-mén-to] *s.m.* il fidanzarsi; il periodo durante il quale si è fidanzati: *annunciare il —*; *un lungo —* | la cerimonia in cui ci si fidanza: *fare il —*.
fidanzare [fi-dan-zà-re] *v.tr.* promettere in matrimonio: *— la propria figlia a un bravo ragazzo* ♦ **fidanzarsi** *v.rifl.* impegnarsi con promessa di matrimonio.
fidanzato [fi-dan-zà-to] *s.m.* [f. *-a*] chi ha scambiato promessa di matrimonio con qlcu. DIM. *fidanzatino*.
fidare [fi-dà-re] *v.intr.* [aus. *avere*] aver fede, confidare: *— nelle proprie capacità* ♦ **fidarsi** *v.intr.pron.* aver fiducia: *non — di nessuno*.
fidato [fi-dà-to] *agg.* che dà affidamento, che è degno di fiducia: *amico —*.
fideismo [fi-de-ì-ʃmo] *s.m.* **1** orientamento filosofico-teologico che sostiene l'impossibilità di pervenire alla verità senza far ricorso alla fede **2** (*estens.*) atteggiamento di adesione acritica a una dottrina.
fideista [fi-de-ì-sta] *s.m.* e *f.* [pl.m. *-sti*] seguace, sostenitore del fideismo | (*estens.*) chi aderisce acriticamente a una dottrina.
fideistico [fi-de-ì-sti-co] *agg.* [pl.m. *-ci*] del fideismo; da fideista □ **fideisticamente** *avv.*
fideiussione [fi-de-ius-sió-ne] *s.f.* (*dir.*) contratto mediante il quale una parte garantisce a un'altra parte creditrice l'adempimento di un'obbligazione in caso di insolvenza del debitore.
fideiussore [fi-de-ius-só-re] *s.m.* (*dir.*) la parte che, in un contratto di fideiussione, garantisce l'eventuale insolvenza del debitore.
fido[1] [fi-do] *agg.* (*lett.*) fedele, fidato: *un — servitore*.

fido[2] *s.m.* apertura di credito concessa da una banca a un cliente: *ottenere un —.*
fiducia [fi-dù-cia] *s.f.* sentimento di sicurezza che deriva dal confidare in qlcu. o in qlco.: *— incondizionata; avere — in qlcu.; perdere la — di qlcu.* | *di —*, di cui ci si fida pienamente: *medico di —; incarico di —*, delicato, di responsabilità | *voto di —*, procedimento con cui le camere investono un nuovo governo o confermano a esso la fiducia se è già in carica.
fiduciario [fi-du-cià-rio] *agg.* **1** fondato sulla fiducia: *rapporto —* **2** (*banc.*) relativo a un rapporto di fido ♦ *s.m.* [f. *-a*] chi svolge stabilmente un incarico di fiducia.
fiducioso [fi-du-ció-so] *agg.* che si fida, che ha fiducia: *essere — nelle proprie capacità* □ **fiduciosamente** *avv.*
fiele [fiè-le] *s.m.* [solo *sing.*] **1** bile: *amaro come il —* **2** (*fig.*) astio, rancore; amarezza: *esser pieno di —.*
fienagione [fie-na-gió-ne] *s.f.* le operazioni di taglio, essiccazione e raccolta dell'erba da fieno; il periodo in cui si effettuano.
fienarola [fie-na-rò-la] *s.f.* pianta erbacea diffusissima nei prati e nei pascoli.
fienile [fie-nì-le] *s.m.* luogo dove si ripone il fieno.
fieno [fiè-no] *s.m.* erba di prato tagliata, essiccata all'aria e conservata per foraggio | *febbre, raffreddore da —*, malattie delle vie respiratorie di tipo allergico, causate dal polline di diverse piante, tra cui le graminacee.
fiera[1] [fiè-ra] *s.f.* **1** mercato con vendita di prodotti vari, che si tiene periodicamente in una località, talora con accompagnamento di spettacoli, giostre e baracconi: *giorno di —; la — del paese* **2** grande mostra-mercato che si tiene periodicamente e che interessa uno o più settori produttivi: *— dell'artigianato, del libro; — campionaria*, quella in cui sono esposti dei prodotti campione che è possibile acquistare solo su ordinazione.
fiera[2] *s.f.* (*lett.*) animale feroce, belva.
fierezza [fie-réz-za] *s.f.* l'essere fiero: *— d'animo.*
fieristico [fie-rì-sti-co] *agg.* [pl.m. *-ci*] di fiera, della fiera: *zona fieristica.*
fiero [fiè-ro] *agg.* **1** orgoglioso: *comportamento —; essere — di qlcu.* **2** (*lett.*) terribile, crudele: *una fiera vendetta* □ **fieramente** *avv.*
fievole [fiè-vo-le] *agg.* che si percepisce appena; fioco: *suono, voce —* □ **fievolmente** *avv.*
fievolezza [fie-vo-léz-za] *s.f.* (*non com.*) l'essere fievole; debolezza.
fifa [fi-fa] *s.f.* (*fam.*) paura: *avere —.*
fifone [fi-fó-ne] *agg.* e *s.m.* [f. *-a*] (*fam.*) si dice di persona paurosa: *un ragazzo —; è un gran —.*
fifty-fifty [/ ˈfifti ˈfifti /] *loc.agg.invar.* e *avv.* (*ingl.*) **1** (*econ.*) si dice della partecipazione paritaria di due partner al capitale o ai proventi di un'impresa **2** (*estens.*) metà per ciascuno: *paghiamo —.*
figgere [fig-ge-re] *v.tr.* [pres. *io figgo, tu figgi ecc.*; pass.rem. *io fissi, tu figgésti ecc.*; part.pass. *fitto*] (*lett.*) ficcare, conficcare (anche *fig.*): *figgersi un ricordo nella memoria.*
figlia [fi-glia] *s.f.* **1** ogni individuo di sesso femminile rispetto a chi l'ha generato: *ha due figlie* | (*estens.*) ragazza: *una brava —* **2** (*fig.*) prodotto, risultato: *la superstizione è — dell'ignoranza* **3** cedola che si stacca dalla matrice di un bollettario.
figliare [fi-glià-re] *v.tr.* [*io figlio ecc.*] detto di animali, partorire | (*estens.*) detto di pianta o di terreno, emettere germogli, produrre frutti.
figliastro [fi-glià-stro] *s.m.* [f. *-a*] figlio che il proprio coniuge ha avuto da un precedente matrimonio.
figliata [fi-glià-ta] *s.f.* cucciolata: *una — di porcellini.*
figlio [fi-glio] *s.m.* **1** ogni individuo rispetto a chi l'ha generato: *— legittimo, naturale, adottivo; ha due figli, un maschio e una femmina; le femmine degli animali proteggono i loro figli* | *il Figlio*, (*teol.*) la seconda persona della Trinità | *— di papà*, chi è favorito dalla posizione del padre ricco e influente | *— di nessuno*, trovatello | *— d'arte*, attore discendente da una famiglia d'attori **2** (*estens.*) ragazzo, giovane: *è un bravo —* **3** (*fig.*) chi, per essere vissuto in una certa epoca, ne rispecchia gli aspetti più tipici: *D'Annunzio fu — del suo tempo* | prodotto, risultato: *il Romanticismo è — della rivoluzione francese.*
figlioccio [fi-gliòc-cio] *s.m.* [f. *-a*; pl.f. *-ce*] chi è stato tenuto a battesimo o a cresima rispetto al padrino o alla madrina.
figliolanza [fi-glio-làn-za] *s.f.* **1** l'insieme di tutti i figli: *una numerosa —* **2** (*lett.*) la relazione che lega il figlio al genitore.
figliolo [fi-gliò-lo] *s.m.* [f. *-a*] (*fam.*) figlio.
figura [fi-gù-ra] *s.f.* **1** l'aspetto esteriore di una cosa; sagoma, forma: *— tonda; una — inconsueta* **2** l'aspetto del corpo umano: *una — snella, tozza* | (*estens.*) una persona in quanto riassume in sé un insieme di caratteristiche: *una — interessante; una — di primo piano*, una persona importante **3** immagine disegnata, dipinta o scolpita; illustrazione: *una — di terracotta; un libro ricco di figure.* DIM. *figurina* **4** il modo in cui qlcu. o qlco. si mostra; apparenza | *far buona, bella —*, impressionare positivamente; *far cattiva, brutta —*, destare una cattiva impressione | *fare la — di*, apparire, sembrare: *fare la — dello sciocco* | *che —!*, (*iron.*) si dice a commento di un'impresa riuscita male. ACCR. *figurona, figurone* (m.) PEGG. *figuraccia* **5** *— retorica*, parola o costrutto che, allontanandosi dall'uso linguistico normale, serve a rendere più efficace il discorso: *la metafora è una — retorica* **6** (*mat.*) ente geometrico formato da un insieme di punti, di linee o di superfici: *il quadrato è una — piana, il cubo una — solida* **7** nel gioco delle carte, ogni carta illustrata con l'immagine del re, della regina, del fante o del cavallo | negli scacchi, qualsiasi pezzo escluso il pedone **8** nella danza, nella scherma e in altri sport, ogni posizione del corpo attraverso cui si articola la prestazione: *figure obbligate, libere.*

figuraccia [fi-gu-ràc-cia] *s.f.* [pl. *-ce*] cattiva impressione suscitata negli altri con un comportamento sbagliato: *fare una —*.
figurante [fi-gu-ràn-te] *s.m.* e *f.* chi ha una parte non parlata o di scarso rilievo in uno spettacolo teatrale o televisivo; comparsa.
figurare [fi-gu-rà-re] *v.tr.* immaginare, rappresentarsi qlco. nella mente: *me lo figuravo più grasso* ♦ *v.intr.* [aus. *avere*] esserci, risultare: *il suo nome figura tra i premiati*.
figurativismo [fi-gu-ra-ti-vi-ʃmo] *s.m.* in pittura e in scultura, l'esprimersi mediante figure più o meno realistiche.
figurativo [fi-gu-ra-tì-vo] *agg.* che rappresenta per mezzo di figure: *stile —*; *le arti figurative*, la pittura e la scultura □ **figurativamente** *avv.*
figurato [fi-gu-rà-to] *agg.* **1** a figure, corredato di immagini: *libro —* **2** metaforico: *senso —* □ **figuratamente** *avv.*
figurina [fi-gu-rì-na] *s.f.* statuetta o altra piccola immagine dipinta, incisa o stampata | cartoncino su cui è stampata una figura colorata: *collezione di figurine*.
figurinista [fi-gu-ri-nì-sta] *s.m.* e *f.* [pl.m. *-sti*] chi disegna figurini di moda o costumi per gli spettacoli.
figurino [fi-gu-rì-no] *s.m.* **1** disegno raffigurante l'immagine di una donna o di uomo che indossa un modello d'abito **2** (*estens.*) persona vestita alla moda, con eleganza un po' affettata: *essere un —*.
figuro [fi-gù-ro] *s.m.* uomo losco, poco raccomandabile.
figurona [fi-gu-ró-na] *s.f.*, o **figurone** *s.m.*, bella figura, ottima impressione: *fare una —*.
fila [fì-la] *s.f.* **1** serie di persone o cose allineate una dietro o una accanto all'altra: *una — di scolari*; *una — di poltrone*; *stare, mettersi in —* | *fare la —*, disporsi uno dietro l'altro aspettando il proprio turno | *— indiana*, fila di persone una dietro l'altra | *essere in prima —*, in quella che sta davanti a tutte le altre; (*fig.*) essere maggiormente esposto | *serrare, stringere le file*, accorciare la distanza tra un individuo e l'altro; (*fig.*) unirsi nello sforzo di un'azione comune **2** *pl.* insieme di persone che appartengono a uno stesso insieme e vengono considerate un gruppo allineato e compatto: *militare nelle file di un'associazione*; *ingrossare le file dei disoccupati* **3** (*fig.*) serie, successione ininterrotta: *una — di bugie* | *di —*, di seguito, senza interruzione: *dormire dieci ore di —* | *fuoco di —*, continuo, ininterrotto (anche *fig.*): *un fuoco di — di domande*, una serie incalzante.
filaccia [fi-làc-cia] *s.f.* [pl. *-ce*] filo derivante dalla sfilatura di un tessuto consunto.
filamento [fi-la-mén-to] *s.m.* **1** (*biol.*) corpo o elemento di struttura sottile e allungata: *filamenti cellulari, nervosi* | (*estens.*) filo di una sostanza viscosa **2** (*bot.*) parte inferiore dello stame che sostiene l'antera **3** (*elettr.*) nella lampadina, conduttore filiforme che diventa incandescente al passaggio della corrente.
filamentoso [fi-la-men-tó-so] *agg.* **1** (*biol.*) che ha molti filamenti: fibroso: *tessuto —* **2** che ha l'aspetto di filamento: *sostanza filamentosa*.
filanca® [fi-làn-ca] *s.f.* fibra sintetica elastica, usata per capi di abbigliamento.
filanda [fi-làn-da] *s.f.* stabilimento in cui si procede alla filatura delle fibre tessili.
filante [fi-làn-te] *agg.* **1** che forma filamenti viscosi: *zucchero —* **2** che si allunga in fili: *formaggio —* | *stella —*, stella cadente, che lascia una striscia al suo passaggio; (*estens.*) striscia di carta colorata arrotolata su sé stessa, che si srotola nel momento in cui si lancia.
filantropia [fi-lan-tro-pìa] *s.f.* sentimento di amore e solidarietà per l'umanità in generale.
filantropico [fi-lan-trò-pi-co] *agg.* [pl.m. *-ci*] di filantropia, da filantropo: *atto —*; *associazione filantropica* □ **filantropicamente** *avv.*
filantropismo [fi-lan-tro-pì-ʃmo] *s.m.* atteggiamento ispirato ai valori della filantropia.
filantropo [fi-làn-tro-po] *s.m.* chi, animato da filantropia, si adopera altruisticamente per aiutare i bisognosi.
filare¹ [fi-là-re] *v.tr.* **1** ridurre in filo continuo e uniforme delle fibre tessili: *— a mano, a macchina* | *al tempo che Berta filava*, espressione proverbiale che indica un'epoca remota e superata **2** ridurre in filo un materiale solido dopo averlo ammorbidito col calore: *— il vetro, lo zucchero* ♦ *v.intr.* [aus. *avere*; nel sign. 2 anche *essere*] **1** formare un filo o dei fili: *il baco fila*; *il formaggio fuso fila* **2** procedere velocemente: *il treno filava a duecento all'ora*; *— via, filarsela*, (*fam.*) andarsene in tutta fretta | (*fig.*) detto di discorso, ragionamento, procedere con ordine, secondo logica **3** (*fam.*) comportarsi bene: *sa come far — i figli!*; *fila diritto!*, riga dritto **4** (*fam.*) amoreggiare, flirtare.
filare² *s.m.* fila di alberi, di piante: *un — di cipressi*.
filarmonica [fi-lar-mò-ni-ca] *s.f.* **1** società filarmonica **2** orchestra filarmonica.
filarmonico [fi-lar-mò-ni-co] *agg.* [pl.m. *-ci*] che ama e coltiva la musica classica | *società filarmonica*, associazione che promuove manifestazioni musicali ♦ *s.m.* [f. *-a*] dilettante di musica | appartenente a una società filarmonica.
filassi [fi-làs-si] *s.f.* (*biol.*) capacità naturale degli organismi di reagire contro gli agenti patogeni.
filastrocca [fi-la-stròc-ca] *s.f.* poesiola infantile, cantilena: *— natalizia* | (*estens.*) discorso noioso e ripetitivo: *non recitare la solita —!*
filatelia [fi-la-te-lì-a] *s.f.* lo studio dei francobolli, il loro collezionismo.
filatelico [fi-la-tè-li-co] *agg.* [pl.m. *-ci*] di filatelia, che riguarda la filatelia: *mostra filatelica* ♦ *s.m.* [f. *-a*] collezionista o commerciante di francobolli.
filatelista [fi-la-te-lì-sta] *s.m.* e *f.* [pl.m. *-sti*] collezionista di francobolli.
filaticcio [fi-la-tìc-cio] *s.m.* seta di qualità scadente ricavata da bozzoli avariati.
filato [fi-là-to] **1** ridotto in fili: *lino, zucchero —* **2** (*fam.*) continuo, ininterrotto: *parlare per*

due ore filate | senza discontinuità o incoerenze: *discorso, ragionamento —* | *andare dritto —*, speditamente, senza sviare ♦ *s.m.* fibra tessile filata: *— sintetico.*
filatrice [fi-la-trì-ce] *s.f.* macchina che effettua la filatura.
filatura [fi-la-tù-ra] *s.f.* il complesso delle operazioni attraverso le quali una fibra tessile viene ridotta in filato | stabilimento industriale in cui si filano fibre tessili.
file [/ 'fail /] *s.m.invar.* (*ingl.*) (*inform.*) porzione di memoria di un elaboratore che contiene un insieme strutturato di dati; archivio.
filettare [fi-let-tà-re] *v.tr.* [*io filétto ecc.*] (*tecn.*) munire di filetto: *— un foro, un perno.*
filettato [fi-let-tà-to] *agg.* (*tecn.*) munito di filetto.
filettatrice [fi-let-ta-trì-ce] *s.f.* (*tecn.*) macchina utensile per eseguire la filettatura di viti o madreviti.
filettatura [fi-let-ta-tù-ra] *s.f.* (*tecn.*) **1** l'operazione del filettare **2** la parte filettata di viti e madreviti; filetto.
filetto [fi-lét-to] *s.m.* **1** strisciolina di stoffa o cordoncino che si applica come fregio sugli indumenti **2** (*tecn.*) rilievo elicoidale della superficie esterna della vite e di quella interna della madrevite; pane **3** gioco da tavolo che consiste nel muovere secondo determinate regole delle pedine su una tavoletta su cui sono disegnati tre quadrati concentrici **3** in macelleria, taglio di carne tenera situata sotto i lombi | *pl.* la carne disossata del petto di polli, tacchini e altri volatili; anche, le due metà pulite di un pesce di medie o piccole dimensioni: *filetti di sogliola.*
-filia secondo elemento di parole composte, che significa 'amicizia, affinità' (*esterofilia*).
filiale[1] [fi-lià-le] *agg.* di figlio, da figlio: *amore —.*
filiale[2] *s.f.* sezione distaccata di un'azienda che opera alle dipendenze di una sede principale.
filiazione [fi-lia-zió-ne] *s.f.* la relazione che corre tra i figli e i genitori: *— legittima, naturale* |(*fig.*) derivazione, discendenza: *la — di un'idea da un'altra.*
filibustiere [fi-li-bu-stiè-re] *s.m.* **1** pirata, corsaro **2** (*fig.*) persona senza scrupoli | (*scherz.*) persona simpaticamente furba.
filiera [fi-liè-ra] *s.f.* **1** (*tecn.*) piastra forata che costituisce l'organo essenziale della macchina per produrre filati sintetici; la macchina stessa | piastra forata usata per la trafilatura di fili metallici o di materiale plastico **2** utensile per eseguire la filettatura delle viti **3** (*zool.*) organo attraverso il quale i ragni e i bachi da seta secernono i caratteristici fili.
filiforme [fi-li-fór-me] *agg.* che ha la sottigliezza del filo.
filigrana [fi-li-grà-na] *s.f.* **1** lavorazione d'oreficeria effettuata intrecciando e saldando insieme fili sottilissimi d'oro e d'argento **2** (*fig.*) lavoro di grande precisione e pregio **3** disegno o scritta che risulta guardando in trasparenza certi tipi di carta: *la — dei francobolli.*
filigranato [fi-li-gra-nà-to] *agg.* **1** lavorato a filigrana: *oro —* **2** che ha la filigrana: *carta filigranata.*
filippica [fi-lìp-pi-ca] *s.f.* discorso aspramente polemico; invettiva, requisitoria: *fare una —.*
filippino [fi-lip-pì-no] *agg.* delle isole Filippine ♦ *s.m.* chi è nato, chi abita nelle Filippine.
filisteismo [fi-li-ste-ì-ʃmo] *s.m.* atteggiamento, comportamento da filisteo.
filisteo [fi-li-stè-o] *agg.* e *s.m.* [f. *-a*] gretto, conformista, retrivo: *mentalità filistea.*
fillade [fìl-la-de] *s.f.* (*geol.*) roccia metamorfica scistosa costituita soprattutto di quarzo e mica.
fillio [fìl-lio] *s.m.* insetto dal corpo appiattito che simula perfettamente una foglia secca.
fillo-, **-fillo** primo e secondo elemento di parole della terminologia scientifica, che significa 'foglia' (*antofillo, fillodio*).
fillodio [fil-lò-dio] *s.m.* (*bot.*) picciolo appiattito che ha l'aspetto di una foglia.
fillofago [fil-lò-fa-go] *agg.* [pl.m. *-gi*] si dice di insetto che si nutre di foglie.
fillossera [fil-lòs-se-ra] *s.f.* insetto che arreca gravissimi danni alla vite, distruggendone le radici e le foglie.
fillotassi [fil-lo-tàs-si] *s.f.* (*bot.*) la disposizione delle foglie sui rami.
film *s.m.invar.* **1** pellicola fotografica o cinematografica: *— a 16 mm* **2** opera cinematografica: *girare, vedere un —; — drammatico, comico* | *— d'animazione*, cartone animato. DIM. *filmetto* PEGG. *filmaccio.*
filmare [fil-mà-re] *v.tr.* riprendere con la macchina da presa cinematografica: *— una scena.*
filmato [fil-mà-to] *s.m.* ripresa cinematografica trasmessa in televisione.
filmico [fìl-mi-co] *agg.* [pl.m. *-ci*] del film, del cinema inteso come mezzo d'espressione artistica: *linguaggio —.*
filmina [fil-mì-na] *s.f.*, o **filmino** *s.m.*, serie di diapositive didattiche riprodotte su pellicola.
filmografia [fil-mo-gra-fì-a] *s.f.* elenco sistematico dei film prodotti in una data epoca o in un dato paese, da un certo regista, con un certo attore ecc.
filmologia [fil-mo-lo-gì-a] *s.f.* lo studio della cinematografia nei suoi vari aspetti.
filo [fi-lo] *s.m.* [pl.m. *fili*; il pl.f. *fila* è usato solo in talune locuzioni, in genere con valore collettivo] **1** il prodotto della filatura di una fibra tessile: *— di seta*; *una matassa, un gomitolo di —* | *— chirurgico*, per suture | *— del traguardo*, (*sport*) filo posto sulla linea di arrivo, che viene spezzato dall'atleta vincente | *essere legati a — doppio*, (*fig.*) essere associati in un comune destino | *dare del — da torcere a qlcu.*, (*fig.*) metterlo in serie difficoltà | *essere attaccato a un —*, (*fig.*) in serio pericolo | *fare il — a qlcu.*, (*fig.*) fargli la corte **2** (*estens.*) qualsiasi corpo lungo e sottile, di sezione

circolare uniforme; cavo: — *di ferro, di rame* | — *elettrico, della luce*, conduttore metallico filiforme rivestito di una guaina isolante | — *spinato*, filo di ferro munito di aculei, usato nelle recinzioni | — *diretto*, linea telefonica che garantisce un collegamento diretto (anche in usi *fig.*) | — *d'erba, di paglia*, stelo | — *d'acqua, di sangue*, rivolo | — *di perle, di coralli*, l'insieme delle perle o dei coralli infilati nello stesso filo **3** ognuno dei tiranti con cui vengono azionati dall'alto i burattini | *tenere, reggere le fila di qlco.*, (*fig.*) governarla, gestirla; *tirare le fila di qlco.*, (*fig.*) cercare di condurla a termine **4** (*fig.*) quantità minima: *un — di speranza; condire l'insalata con un — d'olio; parlare con un — di voce.* DIM. *filino* **5** (*fig.*) andamento, ordine; successione, svolgimento: *il — del discorso, dei fatti* | *per — e per segno*, in ogni particolare **6** la parte tagliente della lama: *il — della spada* | *essere sul — del rasoio*, (*fig.*) trovarsi in una situazione che richiede la massima cautela **7** spigolo: *il — del muro.*

filo-, **-filo** primo e secondo elemento di parole composte, che significa 'amore, simpatia, inclinazione' (*filosofo, bibliofilo*).

filoamericano [fi-lo-a-me-ri-cà-no] *agg.* e *s.m.* [f. *-a*] che/chi manifesta simpatia e approvazione, anche di carattere politico, per gli Stati Uniti d'America.

filobus [fì-lo-bus] *s.m.invar.* autobus a trazione elettrica alimentato da una doppia linea aerea di fili.

filocomunista [fi-lo-co-mu-nì-sta] *agg.* e *s.m.* e *f.* [pl.m. *-sti*] simpatizzante per il comunismo.

filodendro [fi-lo-dèn-dro] *s.m.* (*bot.*) genere di piante rampicanti ornamentali con radici aeree e foglie grandi.

filodiffusione [fi-lo-dif-fu-ʃió-ne] *s.f.* sistema di trasmissione che porta all'utente i programmi della radio attraverso i fili della rete telefonica.

filodrammatica [fi-lo-dram-mà-ti-ca] *s.f.* compagnia di attori dilettanti.

filodrammatico [fi-lo-dram-mà-ti-co] *s.m.* [pl.m. *-ci*] attore dilettante | Come *agg.*: *compagnia filodrammatica*, di attori dilettanti.

filofascista [fi-lo-fa-sci-sta] *agg.* e *s.m.* e *f.* [pl.m. *-sti*] simpatizzante del fascismo.

filogenesi [fi-lo-gè-ne-ʃi] *s.f.* (*biol.*) processo evolutivo degli organismi vegetali e animali dalla loro comparsa sulla Terra a oggi; la scienza che studia tale evoluzione.

filogenetico [fi-lo-ge-nè-ti-co] *agg.* [pl.m. *-ci*] della filogenesi, relativo alla filogenesi.

filogovernativo [fi-lo-go-ver-na-tì-vo] *agg.* e *s.m.* che/chi è a favore del governo, della sua politica.

filologia [fi-lo-lo-gì-a] *s.f.* **1** disciplina che studia i documenti linguistici e letterari di una determinata cultura o di una particolare civiltà: — *classica, romanza, italiana* **2** il complesso delle ricerche che mirano a riportare un testo alla sua forma originaria.

filologico [fi-lo-lò-gi-co] *agg.* [pl.m. *-ci*] di filologia, che applica il metodo della filologia: *studi filologici; critica filologica* □ **filologicamente** *avv.* dal punto di vista filologico.

filologo [fi-lò-lo-go] *s.m.* [f. *-a*; pl.m. *-gi*] studioso di filologia.

filonazista [fi-lo-na-zì-sta] *agg.* e *s.m.* e *f.* [pl.m. *-sti*] simpatizzante del nazismo.

filoncino [fi-lon-cì-no] *s.m.* piccolo pane di forma allungata.

filone [fi-ló-ne] *s.m.* **1** (*geol.*) massa metallifera o di materiale eruttivo che riempie la fenditura di una roccia; giacimento minerale: — *d'oro, metallifero* **2** pane di forma lunga e affusolata, di media pezzatura. DIM. *filoncino* **3** (*fig.*) linea di sviluppo di una tradizione artistico-letteraria o di una corrente di pensiero attraverso il tempo: *un'opera appartenente al — romantico.*

filonucleare [fi-lo-nu-cle-à-re] *agg.* favorevole all'impiego dell'energia nucleare per scopi pacifici.

filosofale [fi-lo-ʃo-fà-le] *agg.* (*ant.*) filosofico | *pietra* —, quella che si riteneva avesse la virtù di trasformare in oro qualsiasi metallo.

filosofare [fi-lo-ʃo-fà-re] *v.intr.* [*io filòʃofo ecc.*; aus. *avere*] fare investigazioni su temi filosofici (anche *iron.*): — *sul bene e sul male.*

filosofastro [fi-lo-ʃo-fà-stro] *s.m.* [f. *-a*] (*spreg.*) chi s'atteggia a filosofo; filosofo da strapazzo.

filosofeggiare [fi-lo-ʃo-feg-già-re] *v.intr.* [*io filoʃoféggio ecc.*; aus. *avere*] (*iron.*) atteggiarsi a filosofo; voler fare della filosofia a sproposito.

filosofia [fi-lo-ʃo-fì-a] *s.f.* **1** disciplina che studia con metodo razionale i problemi fondamentali dell'uomo e della natura: — *morale*, etica; — *dell'arte*, estetica; — *della scienza*, epistemologia | *storia della* —, studio storico delle dottrine e dei problemi filosofici **2** sistema, indirizzo di pensiero: *la — di Platone; la — idealistica* **3** (*fig.*) serenità d'animo, saggezza, imperturbabilità: *sopportare con — le avversità; prendere qlco. con* — **4** facoltà universitaria o corso di laurea in cui si insegnano le discipline filosofiche.

filosofico [fi-lo-ʃò-fi-co] *agg.* [pl.m. *-ci*] della filosofia, relativo alla filosofia: *sistema* — □ **filosoficamente** *avv.* **1** in modo filosofico; dal punto di vista filosofico **2** (*fig.*) con filosofia, con serena disposizione d'animo: *prendere tutto* —.

filosofismo [fi-lo-ʃo-fì-ʃmo] *s.m.* eccesso di disposizione filosofica; abuso di astrazioni filosofiche.

filosofo [fi-lò-ʃo-fo] *s.m.* [f. *-a*] **1** chi si dedica ai problemi della ricerca filosofica; studioso di filosofia. PEGG. *filosofastro* **2** (*fig.*) chi sopporta serenamente le avversità e affronta con calma e razionalità ogni situazione.

filosovietico [fi-lo-so-viè-ti-co] *agg.* e *s.m.* [f. *-a*; pl.m. *-ci*] che/chi manifestava simpatia e approvazione, soprattutto politica, per l'Unione Sovietica.

filotto [fi-lòt-to] *s.m.* nel gioco del biliardo, colpo che abbatte un'intera fila di birilli.

filovia [fi-lo-vì-a] *s.f.* linea, servizio di filobus.

filtrabile [fil-trà-bi-le] *agg.* che si può filtrare | che riesce a passare attraverso un filtro: *virus* —.
filtraggio [fil-tràg-gio] *s.m.* operazione del filtrare; depurazione.
filtrante [fil-tràn-te] *agg.* si dice di sostanza capace di fungere da filtro: *pannello* —.
filtrare [fil-trà-re] *v.tr.* **1** far passare un liquido o un gas attraverso un filtro: — *il vino, l'olio* **2** (*fig.*) selezionare: — *le amicizie* | rielaborare, assimilare mentalmente: — *un'esperienza, una lettura* ♦ *v.intr.* [aus. *essere*] penetrare, trapelare: *l'umidità filtra dalle pareti* | (*fig.*) diffondersi, divulgarsi lentamente: *la notizia filtrò attraverso indiscrezioni.*
filtrazione [fil-tra-zió-ne] *s.f.* l'operazione del filtrare; la sostanza filtrata.
filtro[1] [fìl-tro] *s.m.* **1** dispositivo, costituito in genere da un diaframma, in grado di trattenere le particelle solide presenti in un gas o in un liquido: — *dell'aria, della benzina*; — *della sigaretta*, trattiene parte delle sostanze nocive presenti nel fumo **2** (*fis.*) denominazione di vari dispositivi che hanno la funzione di selezionare un fascio complesso di onde: — *acustico*, seleziona i suoni compresi in una determinata gamma di frequenza; — *elettrico*, trattiene i segnali aventi determinate frequenze; — *ottico*, trattiene le radiazioni appartenenti a una determinata banda dello spettro **3** (*fig.*) selezione, vaglio: *il — della ragione.*
filtro[2] *s.m.* bevanda preparata con arti magiche, che sarebbe in grado di suscitare o spegnere una passione amorosa.
filtropressa [fil-tro-près-sa] *s.f.* [pl. *filtropresse*] (*tecn.*) apparecchiatura composta di vari pannelli filtranti per depurare un liquido.
filza [fìl-za] *s.f.* **1** serie di cose infilate o infilzate insieme: *una — di perle*; *una — di uccelli allo spiedo* **2** (*fig.*) serie di più cose: *una — di errori* **3** fascio di documenti in biblioteche o archivi **4** cucitura a punti radi; imbastitura.
fimicolo [fi-mì-co-lo] *agg.* (*biol.*) si dice di animale o pianta che vive nel letame.
fimo [fì-mo] *s.m.* (*lett.*) sterco, letame.
finale [fi-nà-le] *agg.* **1** che sta alla fine; definitivo: *sillaba — di una parola*; *prova, esame* —, alla fine di un corso **2** (*gramm.*) che riguarda il fine, lo scopo: *proposizione* —, indica il fine per cui si compie l'azione espressa dalla reggente; *congiunzione* —, introduce una proposizione finale (p.e. *affinché, perché*) ♦ *s.m.* **1** parte terminale di un'opera musicale, teatrale, cinematografica: *il — della Tosca* | fase conclusiva di una gara, di un gioco: *il — della tappa* ♦ *s.f.* **1** (*ling.*) suono o sillaba terminale di una parola **2** (*gramm.*) proposizione finale **3** (*sport*) in un torneo a eliminazione, gara, incontro per l'attribuzione del titolo, alla quale sono ammessi i vincitori delle semifinali: *entrare in* — □ **finalmente** *avv.* **1** da ultimo, alla fine: *passarono tutti i reparti e — sfilarono gli alpini* **2** in fine (per sottolineare un esito desiderato): — *ti sei deciso!*
finalismo [fi-na-lì-ʃmo] *s.m.* (*filos.*) concezione secondo la quale la realtà nel suo insieme e in ogni sua parte tende a un fine.
finalissima [fi-na-lìs-si-ma] *s.f.* (*sport*) finale che riveste un eccezionale interesse.
finalista [fi-na-lì-sta] *s.m.* e *f.* [pl.m. *-sti*] il concorrente di una gara a eliminatoria che è ammesso a disputare la finale ♦ *agg.* entrato in finale: *la squadra* —.
finalità [fi-na-li-tà] *s.f.* **1** l'essere volto a un fine: *la — del proprio agire* **2** fine, scopo, intenzione: *le — di un'associazione benefica.*
finalizzare [fi-na-liʒ-ʒà-re] *v.tr.* volgere a un determinato fine; indirizzare: — *gli sforzi a un obbiettivo.*
financhе [fi-nàn-che] *avv.* perfino, anche.
finanza [fi-nàn-za] *s.f.* **1** (*econ.*) il complesso delle attività che riguardano gli investimenti di capitali; l'insieme degli imprenditori che operano in questo settore: *il mondo della* — | — *pubblica*, il complesso delle entrate e delle uscite dello stato: *ministero delle finanze*, ramo della pubblica amministrazione preposto alla riscossione dei tributi | *guardia di* —, corpo militare dello stato che svolge prevalentemente compiti di polizia tributaria; agente appartenente a tale corpo **2** *pl.* (*scherz.*) risorse, disponibilità economiche: *le mie finanze non mi permettono grandi spese.*
finanziamento [fi-nan-zia-mén-to] *s.m.* **1** il finanziare, l'essere finanziato: *chiedere, ottenere un* — | — *pubblico*, erogato dallo stato o da altro ente pubblico **2** la somma di denaro disponibile per un'attività.
finanziare [fi-nan-zià-re] *v.tr.* [*io finànzio ecc.*] fornire i capitali necessari ad attività economiche, scientifiche, culturali ecc.: — *un'iniziativa.*
finanziaria [fi-nan-zià-ria] *s.f.* **1** società che investe i suoi capitali in titoli e promuove lo sviluppo di attività produttive **2** legge finanziaria.
finanziario [fi-nan-zià-rio] *agg.* **1** che riguarda l'amministrazione delle finanze: *esercizio* —; *anno* —, periodo annuale di amministrazione del bilancio | *legge finanziaria*, quella annuale che regola il bilancio dello stato **2** che riguarda le contrattazioni di capitali, titoli o azioni: *attività finanziarie*; *società finanziaria*, finanziaria **3** che si riferisce alla disponibilità di denaro liquido: *situazione finanziaria* □ **finanziariamente** *avv.* sotto il profilo finanziario.
finanziatore [fi-nan-zia-tó-re] *agg.* e *s.m.* [f. *-trice*] che/chi finanzia: *ente* —.
finanziera [fi-nan-ziè-ra] *s.f.* **1** abito maschile nero, lungo e a doppio petto; redingote **2** (*gastr.*) intingolo a base di interiora di pollo e funghi, usato come guarnizione o ripieno.
finanziere [fi-nan-ziè-re] *s.m.* **1** chi si occupa di problemi finanziari | capitalista, banchiere **2** agente della guardia di finanza.
finca [fìn-ca] *s.f.* (*burocr.*) colonna di un registro; prospetto o tabella di dati.
finché [fin-ché] *cong.* fino a quando, per tutto il

tempo che: *potete rimanere — volete; aspetterò — tu non sia tornato.*
fine[1] [fì-ne] *s.f.* punto o momento in cui una cosa cessa di essere; la sua ultima fase, la parte terminale: *la — della strada, del mondo; a — mese, a — anno*, per indicare dei termini di scadenza; *porre — a qlco.*, farla cessare | *in fin di vita*, in punto di morte | *fare una bella —*, morire serenamente | *fare una brutta —*, una brutta morte; (*fig.*) traviarsi, trovarsi in pessime condizioni | *che — ha fatto?*, si dice per informarsi di persone o cose di cui non si ha più avuto notizia | *senza —*, continuamente, all'infinito; (come *loc. agg.*) infinito: *attesa senza —* | *alla —*, finalmente | *in fin dei conti, alla fin —*, tutto sommato ♦ *s.m.* **1** risultato, esito, conclusione: *un'avventura a lieto —* | *buon —*, adempimento regolare di un contratto **2** proposito, scopo: *perseguire un giusto —*; *fare qlco. a fin di bene*, con l'intenzione di fare del bene | *secondo —*, intenzione reale nascosta dietro un'altra apparente | *prov.*: *il — giustifica i mezzi*, pur di raggiungere uno scopo, qualsiasi mezzo, anche illecito, è giustificabile.
fine[2] *agg.* **1** sottile: *un filo molto —* | *pioggerella —*, minuta| *aria —*, rarefatta, di montagna | *sabbia —*, di grana sottile **2** (*fig.*) acuto, penetrante: *una — ironia; un udito molto —* **3** raffinato, signorile, distinto: *una signora molto —* □ **finemente** *avv.* **1** acutamente, sottilmente **2** con arte, con abilità **3** signorilmente, raffinatamente.
fine settimana [fì-ne set-ti-mà-na] *loc.sost.m.* o *f.invar.* pausa settimanale dell'attività lavorativa, comprendente il sabato e la domenica.
finestra [fi-nè-stra] *s.f.* **1** apertura praticata nei muri esterni di un edificio per dare luce e aria all'interno; le imposte che la chiudono: *— cieca*, murata; *— finta*, dipinta | *stare alla —*, essere affacciato; (*fig.*) osservare qlco. che sta accadendo senza prendervi parte | *uscire dalla porta e rientrare dalla —*, (*fig.*) ritornare inaspettatamente e per vie traverse in un posto da cui ci si era o si era stati allontanati | *buttare i soldi dalla —*, (*fig.*) spenderli senza criterio. DIM. *finestrella* ACCR. *finestrone* (m.) **2** (*tip.*) spazio lasciato in bianco in una composizione tipografica per inserirvi un'illustrazione, uno specchietto o altro **3** (*inform.*) riquadro nel monitor di un elaboratore in cui è possibile visualizzare e tenere attivi file, procedure o programmi diversi da quelli che si stanno utilizzando in un'altra porzione dello schermo **4** (*geol.*) squarcio di grandi dimensioni prodotto dall'erosione nelle falde di ricoprimento: *— tettonica.*
finestrato [fi-ne-strà-to] *agg.* munito di finestre: *un edificio —.*
finestrino [fi-ne-strì-no] *s.m.* apertura a forma di piccola finestra sulle fiancate di un veicolo.
finestrone [fi-ne-stró-ne] *s.m.* grande finesta | portafinestra.
finezza [fi-néz-za] *s.f.* **1** sottigliezza: *un filo della — di un capello* | (*fig.*) acutezza, perspicacia: *— d'ingegno* **2** (*fig.*) raffinatezza, signorilità: *— di gusto, di stile* | *pl.* modi fini, raffinati: *le finezze del mestiere* **3** (*fig.*) atto cortese, pensiero gentile: *apprezzare una —.*
fingere [fìn-ge-re] *v.tr.* [pres. *io fingo, tu fingi ecc.*; pass.rem. *io finsi, tu fingésti ecc.*; part.pass. *finto*] simulare; fare finta: *— meraviglia; — di non star bene* | (*assol.*) dare a intendere il contrario di quello che si pensa: *saper —* ♦ **fingersi** *v. rifl.* farsi credere, mostrarsi: *— pazzo, preoccupato.*
fingimento [fin-gi-mén-to] *s.m.* (*non com.*) finzione.
finibile [fi-nì-bi-le] *agg.* (*non com.*) che si può finire; ultimabile.
finimento [fi-ni-mén-to] *s.m.* ognuno degli elementi che costituiscono la bardatura del cavallo e di altri animali da tiro.
finimondo [fi-ni-món-do] *s.m.* grande sconquasso, confusione: *è successo un —.*
finire [fi-nì-re] *v.tr.* [*io finisco, tu finisci ecc.*] **1** terminare, portare a compimento (anche *assol.*): *— un lavoro; appena avremo finito, andremo via*; *— un libro*, terminare di scriverlo o di leggerlo | *— qlcu.*, ucciderlo quando è già morente **2** esaurire: *— le scorte* **3** smettere di fare qlco.; interrompere: *non la finivano più di parlare; finiscila!, è ora di finirla!*, inviti perentori a cessare un dato comportamento ♦ *v.intr.* [aus. *essere*] **1** terminare, avere fine: *lo spettacolo finisce alle 22; è finito di piovere; tra noi due tutto è finito!* | *non finire più*, essere interminabile: *il film non finiva più* | *non finisce qui!*, espressione minacciosa per indicare che ci sarà un seguito **2** sboccare, sfociare: *l'Adda finisce nel Po* **3** terminare in un dato modo; avere un dato esito: *tutto finì in una bolla di sapone* | *andare a —*, avere esito: *come è andata a — la riunione?* | *— male*, andare in rovina, fare una brutta fine: *una persona che è finita male* | *prov.*: *tutto è bene quel che finisce bene*, un risultato positivo fa dimenticare le difficoltà incontrate per ottenerlo **4** andare a capitare; essere mandato, relegato in un posto: *è finito in una zona disabitata; — in galera* | detto di un oggetto, cadere, cacciarsi: *dove è finita la mia penna?* **5** *— per* (o *con il*) *fare qlco.*, indica il risultato a cui si perverrà insistendo in una determinata azione: *se insisti, finirai per riuscirci; fumando troppo, finirai con l'ammalarti* ♦ *s.m.* [solo *sing.*] termine, fine: *sul — dell'estate.*
finissaggio [fi-nis-sàg-gio] *s.m.* l'insieme dei trattamenti di rifinitura ai quali viene sottoposto un prodotto industriale.
finitezza [fi-ni-téz-za] *s.f.* (*lett.*) **1** rifinitezza, perfezione: *— di stile* **2** l'esser finito, limitato, imperfetto: *la — della mente umana.*
finitimo [fi-nì-ti-mo] *agg.* (*non com.*) confinante, limitrofo: *regioni finitime.*
finito [fi-nì-to] *agg.* **1** giunto al termine, alla conclusione: *partirono a festa finita* | *farla finita*, smetterla di fare qlco.; anche, uccidersi; *farla finita con qlcu.*, rompere ogni rapporto con lui **2**

portato a compimento; compiuto: *periodo che non ha senso* — | eseguito con accuratezza; rifinito, perfezionato: *un prodotto* — **3** irrimediabilmente decaduto, senza futuro: *un atleta, un attore* — | *è finita*, non c'è più nulla da fare **4** che ha limiti, che non è infinito: *l'umana sapienza è finita* | (*mat.*) non infinitesimo; limitato | *modi finiti del verbo*, (*gramm.*) quelli le cui forme indicano il tempo, la persona e il numero □ **finitamente** *avv.* in modo finito.

finitura [fi-ni-tù-ra] *s.f.* lavoro che completa, rifinisce un'opera: *opere di — di un edificio.*

finlandese [fin-lan-dé-se] *agg.* della Finlandia ♦ *s.m.* e *f.* **1** chi è nato, chi abita in Finlandia **2** la lingua del gruppo ugro-finnico parlata dai finlandesi.

finnico [fin-ni-co] *agg.* [pl.m. *-ci*] **1** di una popolazione di razza mongolica stanziatasi anticamente nell'Europa settentrionale e orientale **2** finlandese ♦ *s.m.* [f. *-a*] **1** chi apparteneva alla popolazione finnica **2** chi è nato, chi abita in Finlandia.

fino[1] [fi-no], meno com. **sino**, *prep.* introduce il termine ultimo di una distanza spaziale o temporale: *— a quando?*; *fin dove?*; *— ad allora*; *fin dall'altra estate*; *— a che*, finché.

fino[2] *agg.* **1** sottile, minuto, fine: *sale* — | (*fig.*) acuto, perspicace: *ingegno* — | *far* —, (*fam.*) essere segno di raffinatezza **2** puro, raffinato: *un anello d'oro* —.

finocchiella [fi-noc-chièl-la] *s.f.* pianta erbacea aromatica con fusto ramoso, foglie grandi e frutti rossi.

finocchio[1] [fi-nòc-chio] *s.m.* pianta erbacea con foglie dal picciolo largo, bianco e carnoso che vengono consumate come contorno.

finocchio[2] *s.m.* (*volg.*) omosessuale maschio.

finocchiona [fi-noc-chió-na] *s.f.* tipico salume toscano aromatizzato con semi di finocchio.

finora [fi-nó-ra], anche **fin ora** e **sinora**, *avv.* fino a questo momento, fino ad adesso: *— non ha risposto.*

finta [fin-ta] *s.f.* **1** il fingere; simulazione: *il suo pentimento è una* — | *far* —, fingere: *far — di dormire*; *far — di nulla*, comportarsi come se non fosse accaduto nulla **2** nella tecnica sportiva, azione appena accennata ma non condotta a termine, per ingannare l'avversario.

fintantoché [fin-tan-to-ché] *cong.* finché, fino al momento in cui: *non avrà pace — non ci riesce.*

finto [fin-to] *agg.* **1** che non è reale; posticcio, simulato: *baffi finti*; *una finta vendita* | fatto a imitazione: *finta pelle* **2** che finge, che dissimula: *fare il — tonto*; *un uomo* —, ipocrita.

finzione [fin-zió-ne] *s.f.* **1** simulazione: *non credetegli, è tutta una* — **2** creazione fantastica: *— cinematografica.*

fio [fio] *s.m.* **1** (*ant.*) tributo feudale **2** *pagare il* —, (*lett.*) subire le conseguenze di un'azione, scontarne la pena.

fioccare [fioc-cà-re] *v.intr.* [*io fiòcco, tu fiòcchi ecc.*; aus. *essere*, raro *avere*] **1** della neve, cadere a fiocchi: *la neve fiocca da due ore* **2** (*fig.*) riversarsi in gran quantità: *fioccano gli applausi.*

fiocco[1] [fiòc-co] *s.m.* [pl. *-chi*] **1** striscia di stoffa o nastro annodati in modo da formare due volute: *un cappello col* —; *fare il — alla scarpa* | *con i fiocchi*, (*fig.*) magnifico, eccellente: *un pranzo con i fiocchi.* DIM. *fiocchetto* **2** batuffolo, falda: *— di cotone, di neve* **3** *pl.* chicchi soffiati di alcuni cereali: *fiocchi d'avena, di riso.*

fiocco[2] (*mar.*) ciascuna delle vele triangolari poste tra l'albero verticale di prua e il bompresso.

fioccoso [fioc-có-so] *agg.* pieno di fiocchi; che ha l'aspetto di fiocchi: *nuvole fioccose.*

fiocina [fiò-ci-na] *s.f.* arnese da pesca, formato da un'asta che termina con uno o più uncini.

fiocinare [fio-ci-nà-re] *v.intr.* [*io fiòcino ecc.*; aus. *avere*] lanciare la fiocina ♦ *v.tr.* colpire con la fiocina: *— un pesce.*

fiocinatore [fio-ci-na-tó-re] *s.m.* pescatore esperto nel lancio della fiocina.

fioco [fiò-co] *agg.* [pl.m. *-chi*] fievole, debole, tenue: *voce, luce fioca* □ **fiocamente** *avv.*

fionda [fión-da] *s.f.* arnese per lanciare sassi, formato da una forcella con un elastico assicurato alle due estremità.

fiondarsi [fion-dàr-si] *v.rifl.* [*io mi fióndo ecc.*; aus. *essere*] (*fam.*) precipitarsi da un luogo a un altro; buttarsi a capofitto in qlco.: *— giù per le scale*; *se mi offrono quel posto io mi ci fiondo.*

fioraio [fio-rà-io] *s.m.* [f. *-a*] venditore di fiori.

fiorami [fio-rà-mi] *s.m.pl.* disegno ornamentale a fiori su carte o stoffe.

fiorato [fio-rà-to] *agg.* disegnato, stampato a fiori: *tessuto* —.

fiordaliso [fior-da-lì-ʃo] *s.m.* **1** pianta erbacea dal lungo stelo, con fiori azzurri e foglie lineari **2** (*lett.*) giglio | (*arald.*) il giglio d'oro emblema dei re di Francia.

fiordilatte [fior-di-làt-te], o **fior di latte**, *s.m.invar.* **1** formaggio fresco, prodotto con latte di vacca; mozzarella **2** tipo di gelato a base di panna.

fiordo [fiòr-do] *s.m.* (*geog.*) insenatura stretta e profonda, che si apre in coste rocciose: *i fiordi norvegesi.*

fiore [fió-re] *s.m.* **1** la parte di una pianta fanerogama che contiene gli organi della riproduzione; in molti casi è vivacemente colorata e gradevolmente profumata: *— di campo*; *fiori freschi, secchi*; *cogliere un* —; *un mazzo di fiori* | *essere in* —, di pianta, essere nel pieno della fioritura; (*fig.*) essere fiorente: *una fanciulla in* — | *credere tutto rose e fiori*, tutto facile e piacevole | *essere un — all'occhiello*, (*fig.*) si dice di persona o di cosa che costituisce motivo di vanto, di lustro | *a fiori*, ornato con disegni floreali: *un vestito a fiori.* DIM. *fiorellino* **2** (*estens.*) pianta coltivata per i fiori che produce: *piantare, innaffiare i fiori* **3** (*fig.*) la parte scelta, migliore di qlco. (anche nella forma rafforzata *fior* —): *il — della gioventù*; *fior di farina*, farina finissima; *essere nel fior — degli anni*, nel pieno della giovinezza | persona o cosa che eccelle tra i suoi simili: *un fior di ragazza* | gran quantità: *consumare fior d'energie* **4** *a fior di*, in superficie: *galleggiare a fior d'acqua*; *macchia a fior di pelle*; *sorriso a fior di labbra*, appena accennato **5** *pl.* uno dei semi delle carte da gioco francesi **6** (*chim.*) polvere impalpabile ottenuta dalla sublimazione di alcune sostanze: *fiori di zolfo, di zinco*.

fiorente [fio-rèn-te] *agg.* che è nel pieno del suo rigoglio; prospero: *civiltà —*.

fiorentina [fio-ren-tì-na] *s.f.* **1** bistecca alla fiorentina **2** lucerna metallica costituita di un fusto e tre becchi.

fiorentineggiare [fio-ren-ti-neg-già-re] *v.intr.* [*io fiorentinéggio ecc.*] ostentare il modo di parlare dei fiorentini.

fiorentino [fio-ren-tì-no] *agg.* di Firenze: *la parlata fiorentina* | *alla fiorentina*, secondo l'uso di Firenze: *bistecca alla fiorentina*, costata di manzo tagliata spessa e cotta ai ferri ♦ *s.m.* [f. *-a*] **1** abitante, nativo di Firenze **2** dialetto parlato a Firenze.

fiorettista [fio-ret-tì-sta] *s.m.* e *f.* [pl.m. *-sti*] chi tira di scherma col fioretto.

fioretto[1] [fio-rét-to] *s.m.* opera buona o piccolo sacrificio compiuto in segno di devozione.

fioretto[2] *s.m.* bottone protettivo di cui è munita l'estremità della lama di un'arma bianca | (*estens.*) l'arma a lama quadrangolare sottile e flessibile, munita di fioretto, con cui si tira di scherma.

fioriera [fio-riè-ra] *s.f.* cassetta contenente vasi di piante ornamentali.

fiorile [fio-rì-le] *s.m.* nome dell'ottavo mese del calendario rivoluzionario francese, che andava dal 20 aprile al 19 maggio.

fiorino [fio-rì-no] *s.m.* antica moneta d'oro coniata a Firenze | nome di varie altre monete antiche e moderne: *— olandese*.

fiorire [fio-rì-re] *v.intr.* [*io fiorisco, tu fiorisci ecc.*; aus. *essere*] **1** produrre fiori; essere in fiore: *il pesco fiorisce in primavera* **2** (*fig.*) essere fiorente, prosperare: *i commerci fioriscono in tempo di pace* **3** (*fig.*) nascere, spuntare: *la speranza fiorì nel suo animo* **4** coprirsi di macchie di muffa, di umidità o di eruzioni cutanee.

fiorista [fio-rì-sta] *s.m.* e *f.* [pl.m. *-sti*] chi vende o coltiva fiori; fioraio, floricoltore.

fiorita [fio-rì-ta] *s.f.* insieme di foglie e fiori usato per decorazione.

fiorito [fio-rì-to] *agg.* **1** in fiore; pieno, coperto di fiori: *giardino —* **2** (*fig.*) ornato, elegante: *stile —*; *prosa fiorita* **3** coperto di muffa, di macchie di umidità o di eruzioni cutanee □ **fioritamente** *avv.* in modo fiorito; elegantemente.

fioritura [fio-ri-tù-ra] *s.f.* **1** il fiorire (anche *fig.*): *la — delle arti* | il tempo in cui una pianta fiorisce; l'insieme dei fiori di una o più piante **2** si dice di macchie di umidità, di muffa o di eruzioni cutanee: *un'orribile — sul viso* **3** eleganza, ornamenti dello stile: *una prosa ricca di fioriture* | (*mus.*) gruppo di note aggiunto come ornamento a una melodia.

fiorone [fio-ró-ne] *s.m.* frutto del fico che matura all'inizio dell'estate.

fiosso [fiòs-so] *s.m.* **1** arco del piede **2** la parte stretta della scarpa, tra tacco e pianta.

fiotto [fiòt-to] *s.m.* lo sgorgare improvviso e violento di un liquido: *un — di sangue*.

firma [fir-ma] *s.f.* **1** scrittura del proprio nome e cognome eseguita con grafia personale: *mettere, apporre la —*; *raccogliere firme*, raccogliere adesioni mediante firme | *— in bianco*, quella apposta in calce a uno scritto o a un documento incompleti o non ancora redatti | *metterci la —*, (*fig. fam.*) si dice a proposito di una situazione che si sarebbe ben felici di accettare **2** nel campo artistico e commerciale, il nome di una persona che gode di grande credito: *una — nel campo della moda* **3** l'atto, l'operazione del firmare: *la — di un trattato* **4** (*dir.*) potere di assumere obbligazioni per conto di terzi: *avere la — per la società*.

firmaiolo [fir-ma-iò-lo] *s.m.* nel gergo militare, chi prolunga volontariamente il periodo di ferma.

firmamento [fir-ma-mén-to] *s.m.* **1** il cielo: *le stelle del —* **2** (*fig.*) l'insieme delle persone che hanno raggiunto il culmine della notorietà in un certo settore: *entrare nel — della canzone*.

firmare [fir-mà-re] *v.tr.* apporre la propria firma; sottoscrivere: *— un contratto, una lettera* | *— la propria condanna*, (*fig.*) rovinarsi con le proprie mani.

firmatario [fir-ma-tà-rio] *s.m.* [f. *-a*] chi firma un atto, un documento: *i firmatari di una petizione* | Usato anche come *agg.*: *gli stati firmatari*.

firmato [fir-mà-to] *agg.* di capo di abbigliamento o accessorio, che reca l'etichetta, la sigla di uno stilista noto: *camicia, borsa firmata*.

first lady [/ ˈfɛrst ˈledi /] *s.f.invar.* (*ingl.*) la moglie del presidente degli Stati Uniti o di un altro stato | (*scherz.*) la donna più in vista in un determinato ambiente.

fisarmonica [fi-ʃar-mò-ni-ca] *s.f.* strumento musicale aerofono, munito di una tastiera per la melodia e di una serie di pulsanti per l'accompagnamento.

fisarmonicista [fi-ʃar-mo-ni-cì-sta] *s.m.* e *f.* [pl.m. *-sti*] chi suona la fisarmonica.

fiscal drag [/ ˈfiskal ˈdrɛg /] *loc.sost.m.invar.* (*ingl.*) drenaggio fiscale.

fiscale [fi-scà-le] *agg.* **1** del fisco, relativo al fisco; tributario: *evasione —*; *la politica — del governo* | *ricevuta —*, quella rilasciata al cliente da ristoratori, parrucchieri e altri lavoratori autonomi al momento del pagamento; *scontrino —*, rilasciato al momento dell'acquisto dai commercianti al dettaglio | *medico —*, medico che verifica le condizioni di salute dei lavoratori assenti per malattia **2** (*fig.*) intransigente, pignolo nell'osservanza di norme o regolamenti: *mostrarsi — coi propri dipendenti* □ **fiscalmente** *avv.* dal punto di vista fiscale.

fiscalismo [fi-sca-lì-ʃmo] *s.m.* atteggiamento, comportamento fiscale, pignolo, intransigente.
fiscalista [fi-sca-lì-sta] *s.m.* e *f.* [pl.m. *-sti*] esperto di questioni fiscali; tributarista.
fiscalità [fi-sca-li-tà] *s.f.* **1** il complesso delle disposizioni tributarie e della loro attuazione **2** l'essere fiscale; intransigenza, pignoleria.
fiscalizzare [fi-sca-liʒ-ʒà-re] *v.tr.* attribuire al fisco, cioè al bilancio dello stato, oneri che altrimenti graverebbero su privati; incamerare da parte del fisco benefici finanziari invece che riversarli sui privati: — *la riduzione di prezzo della benzina.*
fiscalizzazione [fi-sca-liʒ-ʒa-zió-ne] *s.f.* il fiscalizzare, l'essere fiscalizzato | — *degli oneri sociali*, trasferimento a carico dello Stato di contributi sociali dovuti dai datori di lavoro (e in pochi casi dai lavoratori) disposto per ridurre il costo del lavoro.
fiscella [fi-scèl-la] *s.f.* cestello di vimini o di giunco usato per fare la ricotta.
fischiare [fi-schià-re] *v.intr.* [*io fischio ecc.*; aus. *avere*] emettere un fischio: *protestare fischiando*; *la locomotiva fischia* | *mi fischiano le orecchie*, vi sento dentro un ronzio; (*fig.*) qlcu. sta parlando o sparlando di me ♦ *v.tr.* **1** modulare fischiando con la bocca: — *un motivetto* **2** disapprovare fischiando: *il cantante fu fischiato* **3** nel gioco del calcio e in altri sport, detto dell'arbitro, segnalare, ordinare con un fischio: — *un fuorigioco.*
fischiata [fi-schià-ta] *s.f.* un fischiare prolungato | serie di fischi di disapprovazione.
fischiettare [fi-schiet-tà-re] *v.tr.* e *intr.* [*io fischiétto ecc.*; aus. dell'intr. *avere*] fischiare allegramente.
fischiettio [fi-schiet-tì-o] *s.m.* un fischiare frequente e prolungato.
fischietto [fi-schiét-to] *s.m.* **1** piccolo strumento per fischiare: *il — del vigile urbano* **2** nell'uso giornalistico sportivo, arbitro di calcio.
fischio [fi-schio] *s.m.* suono acuto che si produce facendo passare l'aria tra i denti e le labbra; analogo suono emesso da animali o prodotto altrimenti: *fare —*; *i fischi del pubblico*; *il — del serpente, del treno* | *prendere fischi per fiaschi*, (*fig.*) scambiare, capire una cosa per un'altra.
fischione [fi-schió-ne] *s.m.* **1** uccello commestibile simile all'anatra selvatica, che emette un caratteristico fischio **2** chiurlo.
fisco [fi-sco] *s.m.* il sistema tributario statale; l'amministrazione finanziaria dello stato.
fisiatra [fi-ʃià-tra] *s.m.* e *f.* [pl.m. *-tri*] (*med.*) specialista di fisiatria.
fisiatria [fi-ʃia-trì-a] *s.f.* (*med.*) settore della medicina che si occupa della riabilitazione motoria del corpo umano.
fisica [fi-ʃi-ca] *s.f.* scienza che studia i fenomeni naturali cercando di individuarne le proprietà e di formulare le leggi che li governano: *la meccanica, l'acustica, l'ottica sono branche della —*; — *nucleare*, *atomica*, che studia l'atomo e le reazioni a esso connesse | come materia d'insegnamento scolastico: *professore di matematica e —* | come disciplina universitaria: *laurearsi in —.*
fisicità [fi-ʃi-ci-tà] *s.f.* l'essere fisico, materiale; corporeità.
fisico [fi-ʃi-co] *agg.* [pl.m. *-ci*] **1** che concerne la natura e i suoi fenomeni così come sono studiati dalla fisica; proprio della fisica: *leggi fisiche* | *geografia fisica*, quella che studia l'aspetto fisico della superficie terrestre **2** che si riferisce al corpo, considerato in contrapposizione allo spirito: *forza fisica*; *difetto*, *piacere* — | *educazione fisica*, ginnastica; anche come materia d'insegnamento scolastico ♦ *s.m.* [f. *-a*] **1** studioso di fisica **2** il corpo umano nella sua complessione; conformazione: *un — gracile*, *robusto* □ **fisicamente** *avv.* **1** dal punto di vista della fisica: *un fenomeno — possibile* **2** per quanto riguarda il fisico, il corpo: *un uomo — sano.*
fisima [fi-ʃi-ma] *s.f.* fissazione ingiustificata; capriccio irragionevole: *una persona piena di fisime* | idea senza fondamento.
fisio- primo elemento di parole composte che significa 'natura, aspetto fisico'.
fisiocrazia [fi-ʃio-cra-zì-a] *s.f.* dottrina economica e sociale affermatasi in Francia nel sec. XVIII; in opposizione al mercantilismo, sosteneva la preminenza economica dell'agricoltura.
fisiognomica [fi-ʃio-gnò-mi-ca] *s.f.* disciplina parascientifica che si propone di dedurre i caratteri psicologici e morali di una persona dal suo aspetto fisico.
fisiognomico [fi-ʃio-gnò-mi-co] *agg.* [pl.m. *-ci*] che riguarda la fisiognomica.
fisiologia [fi-ʃio-lo-gì-a] *s.f.* scienza che studia le funzioni degli organismi animali e vegetali.
fisiologico [fi-ʃio-lò-gi-co] *agg.* [pl.m. *-ci*] **1** attinente alla fisiologia: *studio —* **2** naturale, non patologico: *il sonno è un bisogno —* □ **fisiologicamente** *avv.* da un punto di vista fisiologico.
fisiologo [fi-ʃiò-lo-go] *s.m.* [f.*-a*; pl.m. *-gi*] studioso di fisiologia.
fisionomia [fi-ʃio-no-mì-a] *s.f.* **1** l'insieme dei caratteri somatici del viso di una persona; l'espressione, gli atteggiamenti caratteristici: *una — intelligente*; *cambiare —* **2** (*estens.*) l'insieme dei caratteri peculiari di qlco.: *la — di una città.*
fisionomico [fi-ʃio-nò-mi-co] *agg.* [pl.m. *-ci*] della fisionomia, relativo alla fisionomia: *tratti fisionomici* □ **fisionomicamente** *avv.* da un punto di vista fisionomico.
fisionomista [fi-ʃio-no-mì-sta] *s.m.* e *f.* [pl.m. *-sti*] chi ricorda facilmente le fisionomie: *essere un buon —* | Usato anche come *agg.*: *una persona —.*
fisiopatologia [fi-ʃio-pa-to-lo-gì-a] *s.f.* disciplina medica che studia le alterazioni delle funzioni organiche.
fisiopatologico [fi-ʃio-pa-to-lò-gi-co] *agg.* [pl.m. *-ci*] della fisiopatologia, a essa relativo.
fisioterapia [fi-ʃio-te-ra-pì-a] *s.f.* terapia medica che si esegue con mezzi fisici come il massaggio o la ginnastica.

fisioterapico [fi-ʃio-te-rà-pi-co] *agg.* [pl.m. *-ci*] (*med.*) di fisioterapia, a essa relativo: *cure fisioterapiche.*
fisioterapista [fi-ʃio-te-ra-pì-sta] *s.m.* e *f.* [pl.m. *-sti*] chi per mestiere esegue trattamenti di fisioterapia.
fissa [fis-sa] *s.f.* (*fam.*) idea fissa, fissazione.
fissabile [fis-sà-bi-le] *agg.* che può essere fissato.
fissaggio [fis-sàg-gio] *s.m.* l'operazione del fissare, del rendere stabile, inalterabile; fissazione: *— fotografico.*
fissare [fis-sà-re] *v.tr.* **1** rendere, tenere fisso, fermo: *— un gancio, un quadro* | *— lo sguardo, gli occhi*, guardare fissamente | *— la mente, l'attenzione*, concentrarsi | *— un colore*, (*tecn.*) renderlo inalterabile mediante opportuno trattamento | *— una sostanza*, stabilizzarne la presenza: *la vitamina D fissa il calcio nelle ossa* **2** (*estens.*) guardare fissamente: *— una persona* **3** stabilire, determinare, concordare: *— un appuntamento, delle condizioni* | prenotare, riservare: *— i posti a teatro* ♦ **fissarsi** *v.intr.pron.* **1** stare assorto, con lo sguardo fisso in una direzione: *fissarsi nel vuoto* **2** (*fig.*) avere un'idea fissa; ostinarsi: *— di essere perseguitato.*
fissativo [fis-sa-tì-vo] *agg.* e *s.m.* (*tecn.*) si dice di sostanza che si applica a scopo protettivo o stabilizzante.
fissato [fis-sà-to] *agg.* e *s.m.* [f. *-a*] si dice di persona fissata, maniaca.
fissatore [fis-sa-tó-re] *agg.* e *s.m.* [f. *-trice*] si dice di ciò che è atto a fissare; fissativo: *— per capelli*, cosmetico che mantiene la piega dei capelli; *bagno —*, in fotografia.
fissazione [fis-sa-zió-ne] *s.f.* **1** l'operazione di fissare, di stabilizzare **2** (*fig.*) idea fissa; mania, ossessione: *avere la — del calcio* **3** (*chim.*) trasformazione di una sostanza gassosa o volatile in un composto solido o non volatile: *la — dell'azoto* **4** (*tecn.*) fissaggio: *la — del colore di un tessuto.*
fissile [fis-si-le] *agg.* **1** che si può fendere in scaglie o lamine: *pietra —* **2** (*fis.*) si dice di un nucleo atomico capace di dar luogo a fissione.
fissione [fis-sió-ne] *s.f.* (*fis.*) scissione di un nucleo atomico in più parti, a cui si accompagna la liberazione di una notevolissima quantità di energia: *— nucleare.*
fissiparo [fis-sì-pa-ro] *agg.* (*zool.*) si dice di organismo che si riproduce per scissione.
fissità [fis-si-tà] *s.f.* l'essere fisso; ossessivo: *la — di un ricordo* | costanza, fermezza: *la — di un proposito.*
fisso [fis-so] *agg.* **1** confitto: *un chiodo — nel legno* **2** immobile, che non può essere rimosso: *vetri fissi; avere lo sguardo — su qlco.* | *occhi fissi, sguardo —*, immobile e senza espressione | *idea fissa, chiodo —*, pensiero costante, ossessione | *essere — in un proposito*, irremovibile | *stelle fisse*, che sembrano conservare sempre la stessa posizione sulla volta celeste **3** che non varia, che non può essere variato; stabile: *prezzo —* | costante, abituale: *cliente —; essere senza fissa dimora*, non risiedere stabilmente in un luogo ♦ *avv.* fissamente: *guardare —* □ **fissamente** *avv.* con fissità: *osservare, pensare —.*
fistola [fì-sto-la] *s.f.* **1** (*med.*) canale di natura patologica apertosi in un organo cavo, attraverso il quale defluiscono all'esterno o in un'altra cavità liquidi sierosi o purulenti **2** nell'antichità classica, strumento musicale a fiato tipico dei pastori; siringa, zampogna.
fistoloso [fi-sto-ló-so] *agg.* **1** (*med.*) che ha forma, natura di fistola | detto di un organo, che è affetto da una o più fistole **2** (*bot.*) si dice di organo vegetale a forma di cannello, con interno cavo: *fusto —.*
fitness [/ 'fitnes /] *s.f.invar.* (*ingl.*) perfetta forma fisica, sia funzionale sia estetica, raggiungibile eseguendo programmi di ginnastica, idroterapia, cosmesi e dietetica.
fito-, -fito primo e secondo elemento di parole composte, che significa 'pianta, vegetale' (*fitofarmaco; saprofito*).
fitobiologia [fi-to-bio-lo-gìa] *s.f.* biologia dei vegetali.
fitocenosi [fi-to-ce-nò-ʃi] *s.f.* (*biol.*) insieme di vegetali che vivono in stretta relazione tra loro e con l'ambiente, formando un complesso tipico.
fitochimica [fi-to-chì-mi-ca] *s.f.* settore della chimica biologica che studia i processi chimici che si verificano negli organismi vegetali.
fitocosmesi [fi-to-co-ʃmè-ʃi] *s.f.* cosmesi che utilizza preparati di origine vegetale.
fitofagia [fi-to-fa-gì-a] *s.f.* (*zool.*) l'essere fitofago.
fitofago [fi-tò-fa-go] *agg.* [pl.m. *-gi*] (*zool.*) si dice di insetto o altro animale che si nutre di vegetali.
fitofarmaco [fi-to-fàr-ma-co] *s.m.* [pl.m. *-ci*] (*bot.*) sostanza usata per favorire lo sviluppo e curare le malattie delle piante.
fitogeografia [fi-to-ge-o-gra-fi-a] *s.f.* scienza che studia la distribuzione delle specie vegetali sulla superficie terrestre.
fitogeologia [fi-to-geo-lo-gì-a] *s.f.* scienza che studia la distribuzione delle specie vegetali nelle varie ere geologiche.
fitografia [fi-to-gra-fì-a] *s.f.* studio analitico e descrittivo delle specie vegetali.
fitolacca [fi-to-làc-ca] *s.f.* arbusto con radici velenose e piccoli fiori rossi raccolti in grappoli.
fitologia [fi-to-lo-gì-a] *s.f.* (*non com.*) studio dei vegetali; botanica.
fitopaleontologia [fi-to-pa-le-on-to-lo-gì-a] *s.f.* studio dei fossili vegetali.
fitoparassitologia [fi-to-pa-ras-si-to-lo-gì-a] *s.f.* settore della parassitologia che studia i parassiti delle piante.
fitopatia [fi-to-pa-tì-a] *s.f.* (*bot.*) qualsiasi malattia delle piante.
fitopatologia [fi-to-pa-to-lo-gì-a] *s.f.* (*bot.*) scienza che studia le malattie delle piante.
fitoplancton [fi-to-plànc-ton] *s.m.invar.* (*biol.*) la parte di plancton costituita da organismi vegetali.
fitormone [fi-tor-mó-ne] *s.m.* (*chim. biol.*) ormone vegetale.

fitoterapia [fi-to-te-ra-pì-a] *s.f.* **1** (*med.*) terapia che si avvale di piante medicinali **2** (*agr.*) studio e applicazione dei rimedi contro le malattie delle piante.
fitoterapista [fi-to-te-ra-pì-sta] *s.m.* e *f.* [pl.m. *-sti*] (*med.*) chi cura le malattie sfruttando le proprietà terapeutiche delle piante.
fitotossina [fi-to-tos-sì-na] *s.f.* (*biol.*, *med.*) tossina di origine vegetale.
fitta [fit-ta] *s.f.* dolore acuto improvviso, di breve durata: *fitte intercostali* | *— al cuore*, (*fig.*) angoscia acuta e improvvisa.
fittacamere [fit-ta-cà-me-re] *s.m.* e *f.invar.* (*region.*) affittacamere.
fittare [fit-tà-re] *v.tr.* (*region.*) affittare.
fittavolo [fit-tà-vo-lo] *s.m.* affittuario di un terreno coltivabile.
fittile [fit-ti-le] *agg.* fatto di argilla: *vasi fittili.*
fittizio [fit-tì-zio] *agg.* non vero, artificioso; fallace: *nome —*; *espressioni fittizie*, non sincere □ **fittiziamente** *avv.*
fitto1 [fit-to] *agg.* **1** conficcato (anche *fig.*): *un chiodo — nel muro*; *un pensiero — in testa* | *a capo —*, a testa in giù; (*fig.*) con molta intensità, con foga: *buttarsi a capo — nel lavoro* **2** denso, compatto, folto: *bosco —*; *rete fitta*, a maglie piccole; *trama fitta*, a fili intrecciati strettamente | *buio —*, profondo **3** frequente, serrato, intenso: *una fitta serie di incontri* ♦ *avv.* fittamente: *parlare — —*, rapidamente, senza sosta ♦ *s.m.* la parte più folta, più densa di qlco.: *nel — del bosco* □ **fittamente** *avv.* con intensità; frequentemente.
fitto2 *s.m.* affitto, locazione | la somma pagata per un affitto.
fittone [fit-tó-ne] *s.m.* (*bot.*) radice principale, più lunga delle sue ramificazioni: *radice a —*; *il — della carota.*
fiumana [fiu-mà-na] *s.f.* **1** corrente ampia e impetuosa di un fiume in piena **2** (*fig.*) moltitudine di persone o cose che si susseguono senza sosta: *una — di gente, di parole.*
fiumara [fiu-mà-ra] *s.f.* (*region.*) corso d'acqua con letto ampio e ciottoloso, quasi sempre asciutto, ma in primavera soggetto a piene impetuose.
fiume [fiù-me] *s.m.* **1** corso d'acqua a regime pressoché costante: *la sorgente, il letto, la foce del —*; *gli affluenti di un —.* DIM. *fiumiciattolo* **2** (*estens.*) gran quantità di liquido che scorre: *un — di sangue, di lacrime* | (*fig.*) moltitudine, profusione; fiumana: *un — di gente, di parole, di inchiostro* | *a fiumi*, in grandissima abbondanza ♦ Come *agg.invar.* che dura più del normale, lunghissimo: *romanzo, seduta —.*
fiutare [fiu-tà-re] *v.tr.* **1** annusare: *— l'aria, il tabacco* **2** (*estens.*) individuare, conoscere al fiuto: *il cane fiuta la lepre* | (*fig.*) presagire, subodorare: *— un inganno.*
fiutata [fiu-tà-ta] *s.f.* l'atto di fiutare: *dare una —.* DIM. *fiutatina.*
fiuto [fiù-to] *s.m.* **1** il senso dell'odorato (soprattutto degli animali): *un — finissimo* **2** il fiutare: *tabacco da —* **3** (*fig.*) intuito: *avere — per gli affari.*
fixing [/ ˈfiksiŋ /] *s.m.invar.* (*ingl.*) (*econ.*) quotazione ufficiale di una valuta o dell'oro fissata quotidianamente in borsa al termine delle contrattazioni.
flabello [fla-bèl-lo] *s.m.* grande ventaglio, formato da lunghe piume fissate a raggiera in cima a un'asta, col quale si accompagnavano i sovrani orientali o il papa in alcune cerimonie solenni.
flaccidezza [flac-ci-déz-za] *s.f.* l'essere flaccido.
flaccido [flàc-ci-do] *agg.* cascante, floscio, rilassato: *pelle flaccida* □ **flaccidamente** *avv.*
flacone [fla-có-ne] *s.m.* boccetta per profumi o medicinali. DIM. *flaconcino.*
flagellante [fla-gel-làn-te] *s.m.* membro di confraternite di origine medioevale che praticavano la pubblica flagellazione come forma di penitenza; disciplinato.
flagellare [fla-gel-là-re] *v.tr.* [*io flagèllo ecc.*] **1** percuotere con il flagello; frustare: *Cristo venne flagellato* **2** (*estens.*) colpire, battere ripetutamente con violenza: *il mare flagella la costa* **3** (*lett.*) condannare, biasimare: *— i vizi*, *la corruzione* ♦ **flagellarsi** *v.rifl.* percuotersi col flagello per fare penitenza.
flagellati [fla-gel-là-ti] *s.m.pl.* (*bot.*, *zool.*) classe di organismi unicellulari microscopici il cui corpo ha uno o più filamenti (flagelli) con funzione di organi di locomozione.
flagellazione [fla-gel-la-zió-ne] *s.f.* il flagellare, il flagellarsi o l'essere flagellato.
flagello [fla-gèl-lo] *s.m.* **1** frusta costituita da funicelle annodate o da strisce di cuoio, usata un tempo come strumento di supplizio: *percuotere col —* **2** (*fig.*) grave danno, calamità: *il — della droga* | *— di Dio*, grande calamità considerata come punizione inflitta da Dio agli uomini **3** (*zool.*, *bot.*) prolungamento filiforme presente in molti organismi unicellulari.
flagrante [fla-gràn-te] *agg.* **1** (*dir.*) che presenta le condizioni della flagranza: *reato*, *furto —* **2** (*estens.*) evidente, palese: *contraddizione —* ♦ *s.m.* (*dir.*) condizione di flagranza: *cogliere in —* □ **flagrantemente** *avv.*
flagranza [fla-gràn-za] *s.f.* (*dir.*) condizione di chi viene sorpreso nell'atto di commettere un reato: *arrestare in —.*
flambé [/ flamˈbe /] *agg.* (*fr.*) (*gastr.*) si dice di vivanda che, all'atto di essere servita, viene cosparsa di un liquore al quale si dà fuoco: *filetto —.*
flamenco [fla-mén-co] *s.m.* genere di canto e di ballo accompagnato con la chitarra, originario dell'Andalusia.
flamine [flà-mi-ne] *s.m.* nell'antica Roma, ciascuno dei quindici sacerdoti a cui era affidato il culto delle singole divinità.
flan [/ flan /] *s.m.invar.* (*fr.*) (*gastr.*) timballo, sformato: *— di patate.*
flanella [fla-nèl-la] *s.f.* stoffa molto morbida, di lana cardata o di cotone.
flangia [flàn-gia] *s.f.* [pl. *-ge*] (*mecc.*) piastra anu-

lare munita di fori per i bulloni che si usa per collegare tubi o alberi coassiali.
flash [/ flɛʃ /] *s.m.invar.* (*ingl.*) **1** (*foto.*) lampo di luce molto intensa con cui si illumina un soggetto da fotografare; il dispositivo che lo produce **2** nel linguaggio giornalistico, notizia breve diramata da un'agenzia d'informazione: *un — di cronaca*.
flashback [/ flɛʃ'bɛk /] *s.m.* (*ingl.*) nella tecnica cinematografica, interruzione della successione cronologica del racconto per rievocare un episodio del passato; l'episodio così rievocato | (*estens.*) fatto, momento significativo del passato che rivive nella memoria.
flatting [/ 'flɛttiŋg /] *s.m.invar.* (*ingl.*) vernice traslucida per dare brillantezza e impermeabilità al legno.
flatulenza [fla-tu-lèn-za] *s.f.* presenza abnorme di gas nello stomaco o nell'intestino, e conseguente sua emissione.
flautato [flau-tà-to] *agg.* si dice di suono dolce e leggero, come quello del flauto: *voce flautata*.
flautista [flau-tì-sta] *s.m.* e *f.* [pl.m. *-sti*] suonatore o suonatrice di flauto.
flauto [flàu-to] *s.m.* (*mus.*) **1** strumento a fiato con canna cilindrica: — *traverso*, di metallo, con l'imboccatura a foro laterale, che si suona quindi tenendolo trasversalmente; — *dolce*, di legno, con l'imboccatura a fischietto | — *piccolo*, ottavino | — *di Pan*, siringa **2** (*estens.*) flautista.
flebile [flè-bi-le] *agg.* di tono lamentoso; triste, sommesso: *voce, suono* — □ **flebilmente** *avv.*
flebite [fle-bì-te] *s.f.* (*med.*) infiammazione di uno o più vasi venosi.
flebo [flè-bo] *s.f.invar.* forma abbreviata di *fleboclisi*.
flebo- primo elemento di parole composte della terminologia medica, che significa 'vena' (*fleboclisi, flebotomia*).
fleboclisi [fle-bo-clì-ʃi] *s.f.* (*med.*) somministrazione continuata per via venosa di soluzioni fisiologiche o medicamentose.
flebotomia [fle-bo-to-mì-a] *s.f.* (*med.*) incisione delle vene per l'asportazione di coaguli.
flebotomo [fle-bò-to-mo] *s.m.* insetto molestissimo simile a una piccola zanzara; pappataci.
flemma [flèm-ma] *s.f.* **1** secondo la medicina ippocratica, quello dei quattro umori del corpo che era ritenuto causa della debolezza e della pigrizia **2** (*fig.*) tranquillità, calma; imperturbabilità: *lavorare con* —.
flemmatico [flem-mà-ti-co] *agg.* [pl.m. *-ci*] che ha o dimostra flemma: *un tipo* —; *parlare con tono* — □ **flemmaticamente** *avv.*
flessibile [fles-sì-bi-le] *agg.* **1** che si flette senza spezzarsi; pieghevole, elastico: *ramo, tubo* — **2** (*fig.*) che non è rigido; duttile, modificabile: *orario* — ♦ *s.m.* tubo o cavo flessibile □ **flessibilmente** *avv.*
flessibilità [fles-si-bi-li-tà] *s.f.* l'essere flessibile, elastico, pieghevole (anche *fig.*): *la — di una struttura; — di carattere* | *— dei prezzi*, capacità di adattarsi alla situazione del mercato.
flessimetro [fles-sì-me-tro] *s.m.* strumento per misurare le deformazioni per flessione di un solido elastico sottoposto all'azione di una forza.
flessione [fles-sió-ne] *s.f.* **1** il flettere, il flettersi: *la — di una trave* | in ginnastica, movimento di piegamento degli arti: — *delle gambe*; *esercizi di* — **2** (*ling.*) l'insieme delle variazioni morfologiche di una parola, attraverso le quali essa assume differenti funzioni grammaticali e sintattiche: — *verbale*, coniugazione; — *nominale*, declinazione **3** (*fig.*) diminuzione, calo progressivo: — *delle vendite, dei prezzi*.
flessivo [fles-sì-vo] *agg.* (*ling.*) si dice di una lingua che esprime le funzioni grammaticali e sintattiche mediante flessione: *il latino è una lingua flessiva*.
flessometro [fles-sò-me-tro] *s.m.* metro flessibile contenuto in un involucro, nel quale rientra dopo l'uso.
flessore [fles-só-re] *agg.* e *s.m.* (*anat.*) si dice di ogni muscolo che provoca la flessione di un'articolazione.
flessuosità [fles-su-o-si-tà] *s.f.* l'essere flessuoso: — *del corpo*.
flessuoso [fles-su-ó-so] *agg.* flessibile, elastico: *il salice è un albero* — | che ha forme o movimenti sinuosi: *corpo* —; *l'andamento — di un fiume* □ **flessuosamente** *avv.*
flettere [flèt-te-re] *v.tr.* [pres. *io flètto ecc.*; pass.rem. *io flettéi* o *flèssi, tu flettésti ecc.*; part.pass. *flèsso*] **1** piegare, curvare: — *le braccia, le gambe* **2** (*gramm.*) declinare o coniugare: — *un nome, un verbo* ♦ **flettersi** *v.rifl.* o *intr.pron.* piegarsi: *i rami si flettono al vento*.
flicorno [fli-còr-no] *s.m.* strumento musicale a fiato della famiglia degli ottoni, con tubo conico e campana piuttosto ampia.
flipper [/ 'flipper /] *s.m.invar.* (*ingl.*) biliardino elettrico: *giocare a* —.
flirt [/ flɛrt /] *s.m.invar.* (*ingl.*) relazione sentimentale di breve durata: *avere un* —.
flirtare [flir-ta-re; / flɛr'tare /] *v.intr.* [aus. *avere*] **1** avere un flirt; amoreggiare **2** (*estens.*) stabilire una sorta di intesa.
flit *s.m.invar.* insetticida di uso domestico.
flogistico [flo-gì-sti-co] *agg.* [pl.m. *-ci*] (*med.*) di flogosi; infiammatorio: *processo* —.
flogosi [flo-gò-ʃi *o* flògoʃi] *s.f.* (*med.*) infiammazione.
floppy disk [/ 'flɔppi 'disk /] *loc.sost.m.invar.* (*ingl.*) (*inform.*) minidisco, dischetto.
flora [flò-ra] *s.f.* **1** l'insieme delle specie vegetali che vivono in un determinato ambiente biologico o in un dato territorio: — *marina, tropicale*; *la — europea* **2** (*biol.*) l'insieme dei microrganismi presenti nei tessuti o in una cavità organica: — *intestinale*.
floreale [flo-re-à-le] *agg.* di fiori; fatto di fiori: *decorazione, omaggio* — | *stile* —, liberty.
flori-, o **floro-**, primo elemento di parole compo-

ste di formazione moderna che significa 'fiore' (*floricoltura, florovivaismo*).
floricolo [flo-rì-co-lo] *agg.* **1** si dice di insetto o piccolo uccello che vive o si ferma sui fiori **2** che riguarda la floricoltura: *azienda floricola.*
floricoltore [flo-ri-col-tó-re] *s.m.* [f. *-trice*] chi per mestiere pratica la floricoltura.
floricoltura [flo-ri-col-tù-ra] *s.f.* coltivazione di fiori e piante ornamentali.
floridezza [flo-ri-déz-za] *s.f.* l'essere florido, fiorente; prosperità, rigogliosità: — *fisica, economica.*
floridità [flo-ri-di-tà] *s.f.* (*non com.*) floridezza.
florido [flò-ri-do] *agg.* fiorente, prospero, vigoroso: *aspetto* —; *economia florida* □ **floridamente** *avv.*
florilegio [flo-ri-lè-gio] *s.m.* raccolta di scritti scelti di uno o più autori; antologia: — *poetico.*
florovivaista [flo-ro-vi-va-ì-sta] *s.m.* e *f.* [pl.m. *-sti*] chi si dedica alla florovivaistica.
florovivaistica [flo-ro-vi-va-ì-sti-ca] *s.f.* attività di coltivazione dei fiori in vivai.
florovivaistico [flo-ro-vi-va-ì-sti-co] *agg.* [pl.m. *-ci*] della florovivaistica, relativo a florovivaistica.
floscio [flò-scio] *agg.* [pl.f. *-sce*] privo di consistenza; moscio, flaccido: *cappello* — | (*fig.*) fiacco, debole: *carattere* — □ **flosciamente** *avv.*
flotta [flòt-ta] *s.f.* **1** (*mar.*) L'insieme delle navi militari o mercantili di uno stato o di una compagnia di navigazione; l'insieme delle imbarcazioni adibite a un particolare servizio: — *da carico, mercantile* **2** (*estens.*) l'insieme degli aeromobili militari o civili di uno stato, o di una compagnia di navigazione aerea.
flottare [flot-tà-re] *v.intr.* [*io flòtto ecc.*; aus. *avere*] detto di galleggiante o aeromobile, ondeggiare ♦ *v.tr.* trasportare tronchi di legname facendoli scendere lungo la corrente di un fiume.
flottiglia [flot-tì-glia] *s.f.* **1** raggruppamento di due o più squadriglie di navi da guerra sottoposte a uno stesso comando **2** piccola flotta di imbarcazioni da diporto o di pescherecci.
flou [/ flu /] *agg.* (*fr.*) (*foto.*) si dice di un effetto di sfumatura dei contorni mediante la loro sfocatura | nel linguaggio della moda, di abito dalla linea morbida ♦ *s.m.* effetto di sfocatura.
fluente [flu-èn-te] *agg.* che fluisce, che scorre (anche *fig.*): *discorso* — | *barba, chioma* —, lunga e ondulata.
fluidificante [flui-di-fi-càn-te] *agg.* si dice di sostanza che si aggiunge a un liquido per renderlo più fluido.
fluidificare [flui-di-fi-cà-re] *v.tr.* [*io fluidìfico, tu fluidìfichi ecc.*] rendere fluido ♦ *v.intr.* [aus. *avere*] diventare fluido.
fluidificazione [flui-di-fi-ca-zió-ne] *s.f.* il fluidificare, l'essere fluidificato.
fluidità [flui-di-tà] *s.f.* **1** l'essere fluido; condizione di ciò che è fluido: — *dell'acqua* **2** (*fig.*) scorrevolezza: — *di stile* **3** (*fig.*) mutevolezza, instabilità: *la* — *della situazione politica.*
fluido [flùi-do] *agg.* **1** (*fis.*) si dice di qualsiasi sostanza che si presenti nello stato liquido o aeriforme **2** (*estens.*) detto di un liquido, che scorre, che non è molto denso: *olio* — | (*fig.*) scorrevole, fluente: *stile* —; *situazione fluida*, suscettibile di evoluzione ♦ *s.m.* **1** (*fis.*) qualsiasi sostanza allo stato fluido **2** (*estens.*) flusso di materia invisibile: — *elettrico* **3** (*fig.*) forza misteriosa immateriale di origine paranormale di cui talune persone sarebbero dotate: *il* — *dei medium* □ **fluidamente** *avv.* in modo sciolto, scorrevole.
fluidodinamica [flui-do-di-nà-mi-ca] *s.f.* branca della fisica che studia il movimento dei fluidi.
fluidodinamico [flui-do-di-nà-mi-co] *agg.* [pl.m. *-ci*] (*fis.*) della fluidodinamica.
fluidostatica [flui-do-stà-ti-ca] *s.f.* branca della fisica che studia lo stato di quiete dei fluidi.
fluidostatico [flui-do-stà-ti-co] *agg.* [pl.m. *-ci*] (*fis.*) della fluidostatica.
fluire [flu-ì-re] *v.intr.* [*io fluisco, tu fluisci ecc.*; aus. *essere*] scorrere, sgorgare con moto uniforme e costante (anche *fig.*): *le acque fluiscono lente*; *le parole fluivano dalle sue labbra.*
fluitare [flui-tà-re] *v.intr.* [*io flùito ecc.*; aus. *essere*] galleggiare, detto soprattutto di legname affidato alla corrente.
fluitazione [flui-ta-zió-ne] *s.f.* sistema di trasporto dei tronchi di legno consistente nell'affidarli alla corrente dei fiumi, fino ai centri di raccolta o di lavorazione.
fluminense [flu-mi-nèn-se] *agg.* della città o della regione di Rio de Janeiro ♦ *s.m.* e *f.* chi è nato, chi abita a Rio de Janeiro.
fluografia [flu-o-gra-fì-a] *s.f.* tecnica del fotografare oggetti cosparsi di sostanze fluorescenti mediante esposizione ai raggi ultravioletti.
fluorescente [flu-o-re-scèn-te] *agg.* (*fis.*) dotato di fluorescenza: *schermo* —.
fluorescenza [flu-o-re-scèn-za] *s.f.* (*fis.*) proprietà, che hanno alcune sostanze, di emettere radiazioni luminose di frequenza diversa da quella della radiazione eccitatrice.
fluoridrico [flu-o-rì-dri-co] *agg.* (*chim.*) di acido gassoso, corrosivo e tossico, costituito da un atomo di idrogeno e uno di fluoro.
fluorimetria [fluo-ri-me-trì-a] *s.f.* (*chim.*) metodo di analisi di sostanze composte basato sulla valutazione della loro fluorescenza.
fluorite [flu-o-rì-te] *s.f.* minerale costituito da fluoruro di calcio, di largo uso in metallurgia e nelle industrie ceramiche e del vetro.
fluoro [flu-ò-ro] *s.m.* elemento chimico di simbolo *F*; è un gas giallo pallido, tossico, irritante e molto reattivo, usato nella fabbricazione dei coloranti e, sotto forma di fluoruri, in medicina.
fluorosi [flu-o-rò-ʃi] *s.f.* (*med.*) intossicazione cronica da fluoro.
fluorurazione [fluo-ru-ra-zió-ne] *s.f.* (*chim.*) trattamento di una sostanza con fluoro o composti fluorurati, in modo che alla fine della reazione essa contenga fluoro.
fluoruro [flu-o-rù-ro] *s.m.* (*chim.*) sale dell'acido fluoridrico.

flusso [flùs-so] *s.m.* 1 movimento di materia (liquido, gas, materiali incoerenti) o di energia in una direzione: — *d'acqua, d'aria, di elettricità* 2 (*estens.*) movimento continuo e uniforme di persone o di cose in una direzione: *il — del traffico* 3 (*med.*) versamento di un liquido organico: — *di sangue* 4 (*geog.*) movimento verso l'alto della marea; si contrappone a *riflusso*.

flussometro [flus-sò-me-tro] *s.m.* 1 qualsiasi apparecchio che misura la portata di un fluido in un condotto 2 apparecchio a pulsante che eroga un determinato quantitativo d'acqua per lo scarico dei gabinetti.

flûte [/ flyt /] *s.m.invar.* (*fr.*) bicchiere a calice dalla forma stretta e allungata.

flutto [flùt-to] *s.m.* (*lett.*) onda del mare; cavallone, maroso: *una nave in balia dei flutti*.

fluttuante [flut-tu-àn-te] *agg.* 1 mosso dai flutti o dal vento; ondeggiante: *messi fluttuanti* 2 (*fig.*) soggetto a variazioni; incostante: *opinioni fluttuanti*.

fluttuare [flut-tu-à-re] *v.intr.* [*io flùttuo ecc.*; aus. *avere*] 1 essere mosso o trasportato dai flutti; galleggiare, ondeggiare | (*estens.*) essere mosso dal vento 2 (*fig.*) andare su e giù; essere variabile, oscillare: *cambi che fluttuano*.

fluttuazione [flut-tu-a-zió-ne] *s.f.* il fluttuare; ondeggiamento | (*fig.*) oscillazione, variabilità: *la — del mercato valutario*.

fluviale [flu-vià-le] *agg.* di fiume, dei fiumi: *navigazione —; flora, fauna —*.

fluviometro [flu-viò-me-tro] *s.m.* apparecchio usato per misurare le variazioni di livello di un corso d'acqua.

FM [/ ˈɛffe ˈɛmme /] *s.f.invar.* (*telecom.*) modulazione di frequenza delle onde radio.

fobia [fo-bì-a] *s.f.* 1 (*psicol.*) paura o repulsione morbosa per determinati oggetti o situazioni 2 (*fam.*) forte avversione; antipatia.

-fobia secondo elemento di parole composte, che significa 'paura, avversione' (*agorafobia*).

fobico [fò-bi-co] *agg.* di fobia, dovuto a fobia: *atteggiamento* — ♦ *agg.* e *s.m.* [f. *-a*; pl.m. *-ci*] (*psicol.*) che/chi soffre di fobie.

-fobo secondo elemento di aggettivi, che significa 'che ha paura' o 'che è ostile' (*idrofobo, xenofobo*).

foca [fò-ca] *s.f.* mammifero marino delle zone artiche e antartiche, con corpo cilindrico, testa rotonda, baffi setolosi e zampe a forma di pinne.

focaccia [fo-càc-cia] *s.f.* [pl. *-ce*] sorta di pane o di dolce di forma bassa e schiacciata | *rendere pan per —*, (*fig.*) ricambiare un torto, un'offesa con un analogo comportamento. DIM. *focaccina, focaccetta*.

focaia [fo-cà-ia] *agg.f.* solo nella loc. *pietra —*, varietà di selce che, sfregata con forza o percossa con un altra pietra o un oggetto d'acciaio, produce scintille.

focale [fo-cà-le] *agg.* 1 (*geom.*) che si riferisce ai fuochi di una conica: *asse* — 2 (*fis.*) relativo al fuoco di un sistema ottico | *distanza —*, la distanza tra il fuoco e il centro ottico di una lente o di uno specchio | *punto —*, (*fig.*) quello determinante, il più importante: *il punto — di una questione*.

focalizzare [fo-ca-liʒ-ʒà-re] *v.tr.* 1 (*fis.*) far convergere un fascio di luce o un fascio di elettroni in un punto determinato 2 (*foto.*) mettere a fuoco (anche *fig.*): — *i termini di un problema*.

focalizzazione [fo-ca-liʒ-ʒa-zió-ne] *s.f.* il focalizzare, l'essere focalizzato (anche *fig.*): *lenti di —; la — di un problema*.

focatico [fo-cà-ti-co] *s.m.* [pl. *-ci*] nel Medioevo, imposta che gravava su ogni focolare, cioè su ogni nucleo familiare.

focato [fo-cà-to] *agg.* si dice di mantello di animale che presenta focatura.

focatura [fo-ca-tù-ra] *s.f.* serie di macchie di color fulvo presenti sul pelame scuro di alcuni animali.

foce [fó-ce] *s.f.* il tratto in cui un fiume sbocca nel mare, in un altro fiume o in un lago: — *a delta, a estuario*.

focena [fo-cè-na] *s.f.* (*zool.*) genere di mammiferi marini simili ai delfini, ma più piccoli.

fochista [fo-chì-sta], o **fuochista**, *s.m.* [pl. *-sti*] chi provvede ad alimentare la caldaia di una locomotiva o di un'altra macchina a vapore.

focolaio [fo-co-là-io] *s.m.* 1 (*med.*) punto di diffusione di processi morbosi: *un — di polmonite* 2 (*fig.*) centro di diffusione, di irradiazione: *un — di rivolta*.

focolare [fo-co-là-re] *s.m.* 1 parte inferiore del camino, formata da un piano sul quale si accende il fuoco 2 (*fig.*) la casa, la famiglia: *far ritorno al proprio* — 3 (*tecn.*) negli impianti a combustione, la parte in cui brucia il combustibile 4 in geofisica: — *sismico*, ipocentro; — *vulcanico*, deposito di magma che si trova all'interno della crosta terrestre e che alimenta uno o più vulcani.

focomelia [fo-co-me-lì-a] *s.f.* (*med.*) malformazione congenita degli arti.

focomelico [fo-co-mè-li-co] *agg.* e *s.m.* [f. *-a*; pl.m. *- ci*] (*med.*) che/chi è affetto da focomelia.

focometria [fo-co-me-trì-a] *s.f.* misurazione della distanza focale di una lente o di un sistema ottico.

focosità [fo-co-si-tà] *s.f.* l'essere focoso; impetuosità, irruenza.

focoso [fo-có-so] *agg.* di temperamento ardente: *un uomo, un cavallo* — □ **focosamente** *avv.*

focus [/ ˈfɔkus /] *s.m.* (*lat.*) (*med.*) focolaio di infezione in una parte del corpo.

fodera [fò-de-ra] *s.f.* tutto ciò che serve a rivestire qlco., internamente o esternamente: *la — di un cassetto, di una poltrona*.

foderame [fo-de-rà-me] *s.m.* (spec. *pl.*) l'insieme dei tessuti di seta, cotone ecc. usati per foderare gli abiti.

foderare [fo-de-rà-re] *v.tr.* [*io fòdero ecc.*] rivestire di fodera: — *un cappotto, un libro*.

foderato [fo-de-rà-to] *agg.* rivestito, provvisto di fodera: *giacca foderata* | *avere gli occhi, gli* *orecchi foderati di prosciutto*, (*fig. fam.*) non vedere, non sentire ciò che è evidente.

foderatura [fo-de-ra-tù-ra] *s.f.* il foderare | l'insieme delle fodere di indumenti o di altri oggetti.

fodero [fò-de-ro] *s.m.* guaina, per lo più di cuoio o metallo, delle armi da taglio.

foga [fó-ga] *s.f.* ardore, impeto, furia nel dire o nell'agire: — *oratoria*; *parlare, correre con* —.

foggia [fòg-gia] *s.f.* [pl. *-ge*] forma, aspetto esteriore di qlco.: *un abito di — moderna*.

foggiare [fog-già-re] *v.tr.* [*io fòggio ecc.*] dare forma; plasmare, modellare (anche *fig.*): — *il proprio stile sui classici*.

foglia [fò-glia] *s.f.* **1** organo vegetale costituito da una superficie sottile, in genere verde, unita alla pianta tramite un picciolo: — *dentata, seghettata, palmata, fessa*, a seconda della forma; — *parallelinervia, penninervia*, a seconda dello sviluppo della nervatura | *mangiare la* —, (*fig.*) intuire i propositi segreti di qlcu. | *tremare come una* —, tremare forte, per la paura o per il freddo | *prov.*: *non si muove — che Dio non voglia*, niente accade senza il volere di Dio. DIM. *fogliolina* **2** lamina metallica sottilissima: *oro in foglie*; *dorare a* —.

fogliaceo [fo-glià-ce-o] *agg.* (*bot.*) che ha aspetto di foglia.

fogliame [fo-glià-me] *s.m.* l'insieme delle foglie di una o più piante: *nascondersi tra il* — | quantità, ammasso di foglie, anche secche.

fogliare [fo-glià-re] *agg.* (*bot.*) di foglia, simile a foglia.

fogliato [fo-glià-to] *agg.* ridotto in foglia, in lamina: *oro* —.

fogliazione [fo-glia-zió-ne] *s.f.* (*bot.*) lo svilupparsi delle foglioline dalla gemma.

foglietto [fo-gliét-to] *s.m.* **1** (*anat.*) membrana sierosa: — *pleurico, peritoneale* **2** (*tip.*) nella confezione di un libro, coppia di pagine costituite di un unico foglio: — *bianco di apertura, di chiusura*, le prime o le ultime due non stampate **3** in filatelia, piccolo foglio contenente uno o più francobolli uguali o costituenti una serie.

foglifero [fo-glì-fe-ro] *agg.* (*bot.*) che porta foglie: *gemma foglifera*.

foglio [fò-glio] *s.m.* **1** pezzo di carta rettangolare, di dimensioni variabili: — *a righe, a quadretti, protocollo* | — *volante*, a sé stante, sciolto | modulo: *compilare il — di iscrizione* | — *di via obbligatorio*, (*dir.*) documento col quale il questore rinvia al comune di provenienza persone pericolose per l'ordine pubblico o la moralità | — *complementare*, documento attestante la proprietà di un autoveicolo. DIM. *foglietto* PEGG. *fogliaccio* **2** biglietto di banca: *un — da diecimila lire* **3** lamina di materiali vari: — *di compensato, di formica* **4** — *elettronico*, (*inform.*) programma per la gestione e il calcolo di dati organizzati in forma di tabella.

foglioso [fo-glió-so] *agg.* che ha molte foglie: *cespuglio* —.

fogna [fó-gna] *s.f.* **1** parte di una fognatura che raccoglie le acque di scarico e le convoglia nel collettore **2** (*fig.*) luogo sudicio | ambiente corrotto e malfamato.

fognante [fo-gnàn-te] *agg.* fognario.

fognario [fo-gnà-rio] *agg.* della fogna, che riguarda le fogne: *rete fognaria*.

fognatura [fo-gna-tù-ra] *s.f.* il complesso delle opere di canalizzazione destinate a scaricare le acque piovane e di rifiuto di un centro abitato | drenaggio di un terreno agrario.

föhn [/ føn /] *s.m.invar.* (*ted.*) vento caldo e secco, proprio di alcune vallate alpine.

foia [fò-ia] *s.f.* **1** riferito ad animali, eccitazione sessuale **2** (*estens.*) brama, smania insaziabile.

foiba [fòi-ba] *s.f.* (*geog.*) depressione carsica con una profonda spaccatura nel fondo; dolina.

fola [fò-la] *s.f.* **1** (*lett.*) fiaba, favola **2** (*estens.*) bugia, frottola.

folade [fò-la-de] *s.f.* (*zool.*) genere di molluschi marini fosforescenti dotati di conchiglia oblunga bianca, che scavano gallerie nelle rocce col movimento elicoidale delle valve.

folaga [fò-la-ga] *s.f.* uccello palustre, simile all'anatra, con piumaggio scuro.

folata [fo-là-ta] *s.f.* raffica improvvisa di vento: *folate di scirocco*.

folclore [fol-cló-re], o **folklore**, *s.m.* lo studio delle tradizioni, dell'arte e dei costumi popolari: *il — irlandese, siciliano* | (*estens.*) le tradizioni e i costumi popolari.

folclorico [fol-clò-ri-co], o **folklorico**, *agg.* [pl.m. *-ci*] folcloristico.

folclorismo [fol-clo-rì-ʃmo], o **folklorismo**, *s.m.* gusto, amore per il folclore | (*spreg.*) eccesso di elementi folcloristici, popolareggianti.

folcloristico [fol-clo-rì-sti-co], o **folkloristico**, *agg.* [pl.m. *-ci*] **1** che riguarda il folclore: *studi folcloristici* | che fa parte del folclore di un popolo: *balli, canti folcloristici* **2** (*fam.*) vivace, colorito; bizzarro: *abbigliamento* — □ **folcloristicamente** *avv.*

folgorante [fol-go-ràn-te] *agg.* **1** che folgora; splendente, luminoso: *la lama — della spada* **2** (*fig.*) che colpisce improvvisamente; molto intenso: *un'idea, una passione* —.

folgorare [fol-go-rà-re] *v.tr.* [*io fólgoro ecc.*; aus. *avere*] **1** colpire col fulmine: *Giove folgorò i Giganti* | (*fig.*) fulminare con lo sguardo **2** (*estens.*) colpire con una scarica elettrica: *essere folgorato dall'alta tensione* **3** (*fig.*) colpire, impressionare; illuminare improvvisamente la mente: *fu folgorato da un'idea*.

folgorazione [fol-go-ra-zió-ne] *s.f.* **1** (*med.*) effetto prodotto sull'organismo da una scarica elettrica **2** (*fig.*) intuizione improvvisa: *la sua idea fu una* —.

folgore [fól-go-re] *s.f.* (*lett.*) fulmine.

folk [/ folk /] *agg.invar.* (*ingl.*) popolare, detto soprattutto di espressioni culturali: *arte, musica* — ♦ *s.m.invar.* musica folk.

folklore e *deriv.* → **folclore** e *deriv.*

folla [fól-la *o* fòlla] *s.f.* **1** moltitudine di persone

riunite in un luogo: *una piazza piena di* — 2 (*estens.*) gruppo numeroso: *avere una — di amici* 3 (*fig.*) moltitudine concitata di pensieri o sentimenti: *una — di ricordi.*
follare [fol-là-re] *v.tr.* [*io fóllo ecc.*] sottoporre i tessuti di lana alla follatura.
follatrice [fol-la-trì-ce] *s.f.* nell'industria tessile, macchina per follare.
follatura [fol-la-tù-ra] *s.f.* lavorazione eseguita sui tessuti di lana per ottenere il feltro.
folle [fòl-le] *agg.* 1 dissennato, pazzo: *un individuo —; è — fare ciò | essere — di qlcu.*, molto innamorato 2 (*estens.*) di cosa assurda, temeraria: *impresa, idea —* | senza limiti: *una passione —* 3 *in —*, (*mecc.*) si dice del motore di un autoveicolo nel quale nessuna marcia è inserita: *mettere in —*, disinserire la marcia □ **follemente** *avv.*
folleggiare [fol-leg-già-re] *v.intr.* [*io folléggio ecc.*; aus. *avere*] divertirsi, darsi alla pazza gioia.
folletto [fol-lét-to] *s.m.* 1 essere favoloso di piccola statura, bizzarro ma benevolo 2 (*estens.*) ragazzo molto vivace, esuberante, irrequieto.
follia [fol-lì-a] *s.f.* 1 pazzia, alienazione mentale: *essere in preda alla —* | (*estens.*) *— collettiva*, fenomeno di esaltazione di massa; fanatismo 2 (*fig.*) azione sconsiderata, degna di un pazzo: *è una — guidare in quel modo* | *fare follie*, folleggiare; *fare follie per qlco., per qlcu.*, desiderarlo ardentemente | *amare qlcu. alla —*, perdutamente.
follicolare [fol-li-co-là-re] *agg.* (*med.*) dei follicoli, che riguarda i follicoli.
follicolite [fol-li-co-lì-te] *s.f.* (*med.*) infiammazione dei follicoli piliferi o ghiandolari.
follicolo [fol-lì-co-lo] *s.m.* (*anat.*) piccola cavità presente in gran numero in certi organi: *follicoli tiroidei.*
follone [fol-ló-ne] *s.m.* macchina a cilindri usata per la follatura dei tessuti e per la preparazione delle pelli da concia.
folto [fól-to] *agg.* 1 formato da elementi vicinissimi tra loro; fitto: *capigliatura folta* | riferito ai singoli elementi che costituiscono l'insieme: *alberi folti* 2 (*estens.*) numeroso: *un — gruppo di amici* 3 denso, fitto, spesso: *una folta nebbia* ♦ *s.m.* la parte più folta di qlco.: *il — del bosco.*
fomentare [fo-men-tà-re] *v.tr.* [*io foménto ecc.*] istigare, eccitare, promuovere: *— l'odio, la rivolta.*
fomentatore [fo-men-ta-tó-re] *s.m.* [f. *-trice*] chi fomenta, eccita, istiga: *— di discordie.*
fomento [fo-mén-to], o fumento, *s.m.* 1 impacco caldo, per lo più imbevuto di liquidi medicamentosi 2 (*lett.*) istigazione, stimolo, incitamento.
fomite [fò-mi-te] *s.m.* (*lett.*) ciò che suscita, alimenta un male, una passione, un sentimento; incentivo, stimolo: *— di discordia.*
fon [fòn], o phon, *s.m.invar.* apparecchio elettrico che asciuga i capelli per mezzo di una corrente di aria calda.
fonatorio [fo-na-tò-rio] *agg.* che serve alla fonazione: *apparato, organo —.*
fonazione [fo-na-zió-ne] *s.f.* (*ling.*) la produzione dei suoni del linguaggio umano.
fonda [fón-da] *s.f.* tratto di mare, in prossimità della costa, adatto all'ancoraggio di una o più navi: *nave alla —.*
fondaco [fón-da-co] *s.m.* [pl. *-chi*] 1 nel Medioevo, edificio che, nelle città di mare, serviva da magazzino e, spesso, anche da alloggio per i mercanti stranieri 2 (*merid.*) locale a pianterreno o seminterrato, usato come magazzino o come abitazione poverissima; basso.
fondale [fon-dà-le] *s.m.* 1 profondità delle acque del mare, di un fiume o di un lago in un dato punto: *— basso, alto* 2 (*teat.*) scena di fondo del palcoscenico.
fondamendalista [fon-da-men-ta-lì-sta] *s.m.* e *f.* [pl.m. *-sti*] seguace di un fondamentalismo religioso.
fondamentale [fon-da-men-tà-le] *agg.* che costituisce il fondamento di qlco.; principale, essenziale: *principi, diritti fondamentali*; *questione —* | *nota —*, (*mus.*) la nota base di un accordo o della scala □ **fondamentalmente** *avv.* 1 nei fondamenti: *un ragionamento — sbagliato* 2 principalmente: *un problema — pratico.*
fondamentalismo [fon-da-men-ta-lì-ʃmo] *s.m.* tendenza interna a una religione che si richiama ai suoi principi fondamentali, dei quali propone una rigida applicazione: *— islamico.*
fondamento [fon-da-mén-to] *s.m.* [pl.m. *fondamenti*, in senso fig.; pl.f. *fondamenta*, in senso proprio] 1 ciascuno dei muri sotterranei su cui poggia un edificio: *gettare le fondamenta di un palazzo* 2 (*fig.*) tutto ciò che serve di base; i presupposti essenziali: *i fondamenti della civiltà, del sapere* | *parlare con —*, basandosi su dati precisi | *senza —, privo di —*, infondato: *accuse senza —.*
fondant [/ fon' dan /] *s.m.invar.* (*fr.*) piccolo dolce di zucchero che si scioglie in bocca; fondente.
fondare [fon-dà-re] *v.tr.* [*io fóndo ecc.*] 1 gettare le fondamenta di una costruzione muraria: *— una casa* 2 (*estens.*) dar vita a un nuovo centro abitato: *Romolo fondò Roma* | (*fig.*) istituire, creare: *— un giornale* 3 (*fig.*) basare, appoggiare: *— un'accusa su indizi* ♦ **fondarsi** *v.rifl.* o *intr.pron.* basarsi: *— su presupposti errati.*
fondatezza [fon-da-téz-za] *s.f.* l'essere fondato, l'aver fondamento: *la — di un sospetto.*
fondato [fon-dà-to] *agg.* che si basa su argomenti certi, su prove sicure: *ragioni fondate* □ **fondatamente** *avv.*
fondatore [fon-da-tó-re] *s.m.* [f. *-trice*] 1 chi fonda: *il — di un partito* 2 (*dir.*) chi mette a disposizione dei beni destinati a costituire una fondazione | Usato anche come *agg.*: *soci fondatori.*
fondazione [fon-da-zió-ne] *s.f.* 1 il fondare, l'essere fondato (anche *fig.*): *la — di una città, di un ente* 2 *pl.* fondamenta: *le fondazioni di un palazzo* 3 istituzione creata mediante un lascito, una donazione, che promuove attività culturali o di ricerca nell'interesse della collettività: *la — Agnelli.*

fondello [fon-dèl-lo] *s.m.* parte che costituisce il fondo di qlco.: — *dei calzoni* | *prendere qlcu. per i fondelli*, (*fig. pop.*) prenderlo in giro.
fondente [fon-dèn-te] *agg.* si dice di sostanza che fonde facilmente | *cioccolato* — cioccolato amaro, non al latte ♦ *s.m.* **1** fondant **2** (*metall.*) sostanza capace di facilitare la fusione di metalli e leghe metalliche.
fondere [fón-de-re] *v.tr.* [pres. *io fóndo ecc.*; pass.rem. *io fuſi, tu fondésti ecc.*; part.pass. *fuſo*] **1** far passare una sostanza dallo stato solido allo stato liquido: — *il rame, la cera* | — *il motore*, grippare **2** ottenere, ricavare oggetti metallici facendo colare il metallo fuso in uno stampo: — *una statua* **3** (*fig.*) unire più elementi in un tutto organico: — *due società* ♦ *v.intr.* [aus. *avere*] liquefarsi: *il ghiaccio fonde a zero gradi* ♦ **fondersi** *v.intr.pron.* liquefarsi: *la neve si fonde al sole* ♦ *v.rifl.rec.* unirsi formando un tutto unico: *i due partiti si sono fusi*.
fonderia [fon-de-rì-a] *s.f.* stabilimento adibito alla produzione di oggetti mediante la fusione e la colata di metalli in apposite forme.
fondiario [fon-dià-rio] *agg.* relativo ai fondi, ai beni immobili: *proprietà fondiaria*.
fondibile [fon-dì-bi-le] *agg.* che può essere fuso; fusibile.
fondiglio [fon-dì-glio] *s.m.* residuo di sostanza liquida che si trova sul fondo di un recipiente.
fondina [fon-dì-na] *s.f.* custodia per armi da fuoco portatili corte.
fondista [fon-dì-sta] *s.m.* e *f.* [pl.m. *-sti*] **1** (*sport*) atleta specializzato in gare di fondo **2** chi scrive articoli di fondo.
fonditore [fon-di-tó-re] *s.m.* operaio addetto alla fusione dei metalli.
fondo[1] [fón-do] *s.m.* **1** la parte inferiore di qlco.: *il* — *di una pentola, di una vallata* | *il* — *del mare, di un lago*, la superficie solida su cui posa la massa liquida | *andare a* —, affondare | *toccare il* —, (*fig.*) raggiungere la condizione più infima immaginabile | *dar* — *a qlco.*, esaurirla | *essere senza* —, (*fig.*) insaziabile | *questione, problema di* —, (*fig.*) fondamentale, basilare **2** (*estens.*) liquido residuo sul fondo di un recipiente: *un* — *di bottiglia* | residuo solido; avanzo: *fondi di caffè*; *fondi di magazzino* **3** la parte più interna di un luogo o più lontana rispetto all'osservatore (anche *fig.*): *il* — *del magazzino*; *camera in* — *al corridoio*; *in* — *all'anima* | — *stradale*, il piano della strada | *da cima a* —, completamente | *andare fino in* —, (*fig.*) non abbandonare un'impresa prima di averla conclusa | *a* —, completamente, profondamente: *esaminare, impegnarsi a* — | *in* —, tutto sommato: *in* — *è meglio così* **4** campo di colore unito su cui spiccano delle figure; sfondo: *disegni bianchi su* — *nero* **5** articolo di fondo di un giornale **6** (*sport*) prova su lunga distanza: *gara di* — **7** podere; bene immobile **8** (*econ.*) riserva di denaro accantonata per un particolare scopo | *fondi neri*, illegali | *a* — *perduto*, di somma versata senza che ne sia prevista la restituzione **9** *pl.* mezzi finanziari: *l'ente non ha più fondi*.
fondo[2] *agg.* profondo | *piatto* —, quello per le prime portate | *a notte fonda*, a notte inoltrata.
fondotinta [fon-do-tìn-ta] *s.m.invar.* crema colorata che si stende sul viso come base per il trucco.
fondovalle [fon-do-vàl-le] *s.m.* [pl. *fondivalle*] la parte più bassa di una valle.
fonduta [fon-dù-ta] *s.f.* vivanda piemontese preparata con fontina fusa, crema di latte e tuorlo d'uovo.
fonema [fo-nè-ma] *s.m.* [pl. *-mi*] (*ling.*) la più piccola unità di suono che, da sola o in successione con altre, ha la capacità di formare le parole di una lingua.
fonematica [fo-ne-mà-ti-ca] *s.f.* (*ling.*) studio dei suoni specifici di una lingua nei loro rapporti funzionali.
fonematico [fo-ne-mà-ti-co] *agg.* [pl.m. *-ci*] (*ling.*) relativo ai fonemi, alla fonematica.
fonendoscopio [fo-nen-do-scò-pio] *s.m.* (*med.*) strumento per l'auscultazione del cuore o di altri organi interni.
fonetica [fo-nè-ti-ca] *s.f.* **1** studio dei suoni linguistici dal punto di vista fisico e fisiologico **2** l'insieme dei suoni articolati di una data lingua: *la* — *dell'italiano*.
fonetico [fo-nè-ti-co] *agg.* [pl.m. *-ci*] (*ling.*) relativo ai suoni articolati di una lingua; che riguarda la fonetica: *alfabeto* — | *trascrizione fonetica*, trascrizione di parole di qualsiasi lingua mediante un sistema convenzionale di lettere e simboli che ne definiscono l'esatta pronunzia □ **foneticamente** *avv.* dal punto di vista fonetico.
fonetista [fo-ne-tì-sta] *s.m.* e *f.* [pl.m. *-sti*] (*ling.*) studioso di fonetica.
-fonia secondo elemento di parole composte, che significa 'suono, voce' (*eufonia*).
foniatra [fo-ni-à-tra] *s.m.* e *f.* [pl.m. *-tri*] medico specializzato in foniatria.
foniatria [fo-ni-a-trì-a] *s.f.* settore della medicina che studia la voce umana e le sue alterazioni.
fonico [fò-ni-co] *agg.* [pl.m. *-ci*] che concerne il suono, la voce: *accento* —, l'accento acuto o grave, che distingue il timbro chiuso o aperto delle vocali *e* e *o* ♦ *s.m.* tecnico del suono □ **fonicamente** *avv.* dal punto di vista fonico.
-fonico secondo elemento di aggettivi composti derivati da sostantivi in *-fono* o *-fonia* (*telefonico, sinfonico*).
fono-, -fono primo e secondo elemento di parole composte, che significa 'suono, voce' (*fonologia, microfono*) | in alcuni aggettivi, in cui figura come secondo elemento, significa 'che parla una determinata lingua' (*anglofono*).
fonoassorbente [fo-no-as-sor-bèn-te] *agg.* si dice di materiale o rivestimento che assorbe suoni e rumori.
fonofobia [fo-no-fo-bì-a] *s.f.* (*med.*) paura dei suoni forti.
fonogenico [fo-no-gè-ni-co] *agg.* [pl.m. *-ci*] che è

adatto alla riproduzione fonografica: *voce fonogenica.*
fonografico [fo-no-grà-fi-co] *agg.* [pl.m. *-ci*] **1** relativo al fonografo, realizzato per mezzo del fonografo **2** che concerne la riproduzione del suono.
fonografo [fo-nò-gra-fo] *s.m.* apparecchio che riproduce i suoni incisi su dischi.
fonogramma [fo-no-gràm-ma] *s.m.* [pl.m. *-mi*] testo scritto da trasmettere per telefono.
fonoincisione [fo-no-in-ci-ʃió-ne] *s.f.* incisione del suono su un disco fonografico.
fonoisolante [fo-no-i-ʃo-làn-te] *agg.* e *s.m.* si dice di materiale che ha proprietà di isolamento acustico.
fonologia [fo-no-lo-gì-a] *s.f.* scienza dei suoni linguistici in generale, comprendente perciò sia la fonetica sia la fonematica.
fonologico [fo-no-lò-gi-co] *agg.* [pl.m. *-ci*] (*ling.*) della fonologia, che riguarda la fonologia □ **fonologicamente** *avv.* sotto l'aspetto fonologico.
fonometria [fo-no-me-trì-a] *s.f.* (*fis.*) misurazione dell'intensità dei suoni.
fonometro [fo-nò-me-tro] *s.m.* strumento usato per misurare l'intensità dei suoni.
fonomorfologico [fo-no-mor-fo-lò-gi-co] *agg.* (*ling.*) che riguarda la fonologia e la morfologia considerate insieme.
fonoregistratore [fo-no-re-gi-stra-tó-re] *s.m.* apparecchio con il quale si registrano i suoni.
fonoregistrazione [fo-no-re-gi-stra-zió-ne] *s.f.* registrazione di suoni mediante fonoregistratori.
fonoriproduttore [fo-no-ri-pro-dut-tó-re] *s.m.* nome generico di apparecchi che riproducono suoni (grammofono, magnetofono ecc.).
fonoriproduzione [fo-no-ri-pro-du-zió-ne] *s.f.* riproduzione di suoni mediante fonoriproduttori.
fonosimbolico [fo-no-sim-bò-li-co] *agg.* [pl.m. *-ci*] (*ling.*) caratterizzato da fonosimbolismo; onomatopeico: *linguaggio —.*
fonosimbolismo [fo-no-sim-bo-lì-ʃmo] *s.m.* (*ling.*) particolare valore semantico assunto dagli elementi fonici di una parola, di un enunciato, di un testo; onomatopea: *il — del linguaggio poetico del Pascoli.*
fonosintattico [fo-no-sin-tàt-ti-co] *agg.* [pl.m. *-ci*] (*ling.*) che riguarda la fonetica e la sintassi considerate insieme.
fonostilistica [fo-no-sti-lì-sti-ca] *s.f.* (*ling.*) parte della fonologia che studia gli elementi fonici che hanno nel linguaggio solo funzione espressiva, emotiva.
fonotelemetria [fo-no-te-le-me-trì-a] *s.f.* (*fis.*) sistema di misurazione delle distanze basato sulla velocità o su altre caratteristiche del suono.
fonovaligia [fo-no-va-lì-gia] *s.f.* giradischi portatile contenuto in una sorta di valigia.
font [/ fɔnt /] *s.m.invar.* (*ingl.*) in tipografia e in informatica, serie completa di caratteri di stampa dello stesso corpo e dello stesso stile.
fontana [fon-tà-na] *s.f.* impianto che distribuisce l'acqua proveniente da una sorgente o da un acquedotto | vasca ornamentale in cui cadono uno o più getti d'acqua. DIM. *fontanella* ACCR. *fontanone* (m.).
fontanella [fon-ta-nèl-la] *s.f.* **1** piccola fontana a forma di colonnina, collocata in strade e piazze **2** (*anat.*) zona membranosa, non ancora ossificata, del cranio del neonato.
fontaniere [fon-ta-niè-re] *s.m.* operaio addetto al funzionamento e alla manutenzione delle fontane.
fontanile [fon-ta-nì-le] *s.m.* **1** (*geol.*) sorgente dovuta all'affioramento naturale o artificiale di una falda freatica **2** vasca d'acqua in muratura che serve come abbeveratoio o lavatoio.
fonte [fón-te] *s.f.* **1** polla da cui sgorga un corso d'acqua; sorgente: *le fonti del Clitumno* **2** (*estens.*) ciò da cui proviene qlco.: *fonti energetiche, di guadagno* | (*fig.*) principio, origine: *un lavoro che è — di soddisfazione*; | *— d'informazione*, persona o istituzione da cui si attingono notizie: *sapere da — sicura*, attendibile **3** (spec. *pl.*) documento originale da cui si traggono testimonianze e dati: *studio delle fonti* **4** opera a cui un autore, un artista si è ispirato per la propria creazione ♦ *s.m.* vasca: *— battesimale*, contenente l'acqua lustrale per il battesimo.
fontina [fon-tì-na] *s.f.* formaggio grasso, dolce, tipico del Piemonte e della Val d'Aosta.
football [/ 'futbol /] *s.m.invar.* (*ingl.*) il gioco del calcio | *— americano*, gioco simile al rugby.
footing [/ 'futiŋ /] *s.m.invar.* (*ingl.*) esercizio sportivo di corsa o marcia praticato come allenamento o come attività salutare.
foraggero [fo-rag-gè-ro], o **foraggiero**, *agg.* relativo al foraggio; che dà foraggio: *piante foraggere.*
foraggiamento [fo-rag-gia-mén-to] *s.m.* il foraggiare, l'essere foraggiato.
foraggiare [fo-rag-già-re] *v.tr.* [*io foràggio ecc.*] **1** fornire di foraggio: *— i cavalli* **2** (*fig. scherz.*) rifornire di mezzi; finanziare.
foraggiero → **foraggero**.
foraggio [fo-ràg-gio] *s.m.* nome generico di prodotti di origine vegetale usati per l'alimentazione del bestiame.
foraminiferi [fo-ra-mi-nì-fe-ri] *s.m.pl.* (*zool.*) ordine di protozoi marini con guscio calcareo.
foraneo [fo-rà-neo] *agg.* si dice di opera costruita esternamente a un porto: *diga foranea.*
forare [fo-rà-re] *v.tr.* [*io fóro ecc.*] bucare: *— un muro, una tavola*; *— i biglietti*, per controllo | (*assol.*) subire una foratura ai pneumatici: *ho forato due volte* ♦ **forarsi** *v.intr.pron.* bucarsi: *si è forata la ruota.*
forasacco [fo-ra-sàc-co] *s.m.* [pl. *-chi*] graminacea che produce delle spighette con peli rigidi e pungenti.
foraterra [fo-ra-tèr-ra] *s.m.invar.* (*agr.*) paletto appuntito per fare buchi nel terreno al fine di piantarvi alberi o altro.
foratino [fo-ra-tì-no] *s.m.* mattone forato con

una sola serie di fori, che si usa per pareti divisorie sottili.
forato [fo-rà-to] *agg.* e *s.m.* si dice di un tipo di mattone attraversato longitudinalmente da due o più serie di fori, usato per muri non portanti.
foratoio [fo-ra-tó-io] *s.m.* arnese per fare buchi.
foratura [fo-ra-tù-ra] *s.f.* il forare, il forarsi: *la — di un pneumatico* | foro, buco.
forbice [fòr-bi-ce] *s.f.* **1** (spec. *pl.*) strumento da taglio, costituito da due lame incrociate e imperniate nel mezzo, con all'estremità due anelli nei quali si infilano l'indice e il pollice: *forbici da sarto*; *un paio di forbici* | *salto a —* (*sport*), effettuato aprendo e chiudendo rapidamente le gambe tese. DIM. *forbicina* ACCR. *forbicione* (m.) **2** (*fig.*) divaricazione progressiva | *la — dei salari*, nel linguaggio sindacale, la differenza tra i salari più alti e quelli più bassi.
forbiciata [for-bi-cià-ta] *s.f.* **1** colpo dato con le forbici | taglio operato con le forbici **2** (*sport*) sforbiciata.
forbicina [for-bi-cì-na] *s.f.* forficola.
forbire [for-bì-re] *v.tr.* [*io forbisco, tu forbisci ecc.*] raffinare, purificare: *— lo stile.*
forbitezza [for-bi-téz-za] *s.f.* l'essere forbito (spec. *fig.*): *— di stile.*
forbito [for-bì-to] raffinato, elegante: *eloquio —* □ **forbitamente** *avv.*
forca [fór-ca] *s.f.* **1** attrezzo agricolo per rimuovere paglia o fieno, costituito da un manico terminante in due denti appuntiti (rebbi) | (*estens.*) qualsiasi oggetto in forma di forca **2** patibolo per eseguire impiccagioni: *morire sulla —* **3** valico fra due monti.
forcaiolo [for-ca-iò-lo] *s.m.* [f. *-a*] fautore di una politica di repressione violenta; reazionario.
forcella [for-cèl-la] *s.f.* **1** (*mecc.*) la parte del telaio in cui è inserito il mozzo della ruota anteriore di biciclette e motociclette **2** biforcazione del tronco o di un ramo di un albero **3** forcina per capelli **4** (*estens.*) qualsiasi oggetto a forma di asta biforcuta.
forchetta [for-chét-ta] *s.f.* posata formata da un manico e da due o più denti (rebbi), che serve per infilzare i cibi solidi e portarli alla bocca | *una buona —*, (*fig.*) un buon mangiatore. DIM. *forchettina* ACCR. *forchettona, forchettone* (m.).
forchettata [for-chet-tà-ta] *s.f.* la quantità di cibo che si può prendere in una volta con la forchétta.
forchetto [for-chét-to] *s.m.* asta munita di due denti, usata nei negozi per attaccare o staccare oggetti appesi in alto.
forchettone [for-chet-tó-ne] *s.m.* grossa forchetta, per lo più a due soli denti, che serve per tener ferma la carne sul tagliere, per mescolare la pastasciutta o per altre operazioni di cucina.
forcina [for-cì-na] *s.f.* piccolo oggetto di metallo, plastica o altro materiale, ripiegato a U, che le donne usano per appuntare i capelli.
forcing [/ 'fɔrsiŋg /] *s.m.invar.* (*ingl.*) (*sport*) azione pressante d'attacco.
forcipe [fòr-ci-pe] *s.m.* (*med.*) strumento a forma di pinza usato soprattutto un tempo in ostetricia per estrarre il feto nei parti difficili.
forcola [fór-co-la] *s.f.* **1** (*agr.*) piccola forca **2** (*mar.*) scalmiera di legno o di ferro su cui appoggia il remo **3** stretto valico in una cresta montuosa.
forconata [for-co-nà-ta] *s.f.* **1** colpo di forcone **2** la quantità di materiale che si può sollevare, in una volta, con un forcone.
forcone [for-có-ne] *s.m.* **1** attrezzo agricolo simile alla forca, ma con tre rebbi **2** arma antica formata da un'asta terminante in due o più rebbi.
forcuto [for-cù-to] *agg.* che ha la forma di una forca; biforcuto: *coda forcuta.*
forense [fo-rèn-se] *agg.* relativo al foro, all'attività giudiziaria: *eloquenza, pratica —.*
foresta [fo-rè-sta] *s.f.* grande estensione di terreno coperta di alberi: *— equatoriale* | *una — di capelli*, (*fig.*) una capigliatura foltissima.
forestale [fo-re-stà-le] *agg.* delle foreste: *patrimonio —* | *legge —*, che concerne la tutela dei boschi | *Corpo — dello stato*, guardie addette alla vigilanza sul patrimonio boschivo.
forestazione [fo-re-sta-zió-ne] *s.f.* l'insieme delle attività svolte per incrementare il patrimonio boschivo di un territorio.
foresteria [fo-re-ste-rì-a] *s.f.* **1** stanze o appartamento destinati all'alloggio di ospiti temporanei: *la — di un convento, di un collegio* **2** appartamento affittato da una società per ospitarvi personale in trasferta.
forestierismo [fo-re-stie-rì-ʃmo] *s.m.* (*ling.*) parola, locuzione importata da un'altra lingua (p.e. *bistecca* dall'ingl. *beefsteak*).
forestiero [fo-re-stiè-ro] *agg.* e *s.m.* [f. *-a*] che/chi proviene da un altro paese: *usi forestieri*; *affluenza di forestieri.*
forfait[1] [/ for' fɛ /] *s.m.invar.* (*fr.*) accordo con cui si fissa un compenso globale per una data prestazione professionale o per un dato bene: *contratto a —.*
forfait[2] *s.m.invar.* (*fr.*) (*sport*) ritiro di una squadra o di un concorrente da una competizione sportiva prima che essa abbia inizio | *dichiarare, dare —*, abbandonare una competizione iniziata; (*fig.*) rinunciare, tirarsi indietro.
forfettario [for-fet-tà-rio], o **forfetario**, *agg.* a forfait: *compenso —.*
forfettizzare [for-fet-tiʒ-ʒà-re], o **forfetizzare**, *v.tr.* [*io forfettiʒʒo ecc.*] stabilire un prezzo, un compenso a forfait.
forficola [for-fi-co-la] *s.f.* insetto con corpo nero allungato che termina con due robusti cerci a forma di pinza; forbicina.
forfora [fór-fo-ra] *s.f.* il prodotto della desquamazione del cuoio capelluto.
forforoso [for-fo-ró-so] *agg.* pieno di forfora: *capelli forforosi.*
forgia [fòr-gia] *s.f.* [pl. *-ge*] fornello usato per riscaldare pezzi metallici nella fucinatura a mano; fucina.

forgiabile [for-già-bi-le] *agg.* che si può forgiare.

forgiare [for-già-re] *v.tr.* [*io fòrgio ecc.*] **1** lavorare alla forgia; fucinare: — *un pezzo metallico* **2** (*fig.*) formare, foggiare, plasmare: — *il carattere.*

forgiatore [for-gia-tó-re] *s.m.* [f. *-trice*] **1** chi forgia oggetti metallici **2** (*fig. lett.*) educatore.

forgiatura [for-gia-tù-ra] *s.f.* operazione del forgiare; fucinatura.

foriero [fo-riè-ro] *agg.* [f. *-a*] (*lett.*) che precede e preannunzia qlco.: *un vento — di tempesta.*

forma [fór-ma] *s.f.* **1** aspetto esteriore di qlco., determinato soprattutto dalle linee di contorno: — *quadrata; dare, prendere, cambiare —* | *prendere —,* (*fig.*) acquistare concretezza, consistenza: *il progetto comincia a prendere —* **2** *pl.* aspetto, complessione fisica di una persona: *forme agili e snelle* **3** figura assunta dall'insieme di più cose disposte in un certo modo: *rubini incastonati a — di rosa* **4** modo particolare di essere di qlco.: — *di governo;* — *benigna, maligna di una malattia;* — *attiva, passiva di un verbo* **5** modo di scrivere, di esprimersi; stile: *una — elegante* **6** la procedura, le modalità con cui un'azione deve essere compiuta: *in — privata, ufficiale* | *vizio di —,* (*dir.*) errore di procedura **7** norma di opportuno comportamento; comportamento educato: *mancare di —* **8** esteriorità, apparenza: *badare alla —* **9** nome generico di attrezzi o stampi che servono a modellare oggetti vari o a mantenerne la forma: — *per dolci;* — *da scarpe* | — *di formaggio,* la massa di formaggio tolta dall'apposito modellatore. DIM. *formetta, formina* **10** l'insieme delle condizioni di un atleta; (*estens.*) lo stato fisico o psichico di una persona: *essere in buona —* | Come *agg.*: *peso —,* quello di un atleta nella sua migliore condizione fisica; (*estens.*) il peso ideale di una persona.

formaggiera [for-mag-giè-ra], o **formaggera**, *s.f.* recipiente chè contiene il formaggio grattugiato da servire in tavola.

formaggino [for-mag-gì-no] *s.m.* formaggio fuso confezionato in piccole porzioni.

formaggio [for-màg-gio] *s.m.* alimento ricavato dalla coagulazione del latte col caglio: — *magro, grasso, dolce, piccante.*

formaldeide [for-mal-dèi-de] *s.f.* (*chim.*) aldeide dell'acido formico, con proprietà antisettiche.

formale [for-mà-le] *agg.* **1** che si preoccupa soprattutto della forma, che riguarda le esteriorità, i formalismi: *una persona —; comportamento, cortesia —* **2** che è espresso nelle forme ufficiali; esplicito, solenne: *dichiarazione, promessa —* **3** che concerne le tecniche di composizione e lo stile di un opera d'arte: *valori formali* □ **formalmente** *avv.* in maniera formale | dal punto di vista formale.

formalina [for-ma-lì-na] *s.f.* (*chim.*) soluzione acquosa di formaldeide, usata come antisettico.

formalismo [for-ma-lì-ʃmo] *s.m.* **1** tendenza a dare eccessiva importanza alla forma, all'etichetta **2** prevalenza, in un autore o in un'opera, dei valori formali su quelli di contenuto.

formalista [for-ma-lì-sta] *s.m.* e *f.* [pl.m. *-sti*] chi si comporta con formalismo, chi si attiene con eccessivo rigore alle formalità.

formalistico [for-ma-lì-sti-co] *agg.* [pl.m. *-ci*] proprio del formalismo, dei formalisti: *atteggiamento —.*

formalità [for-ma-li-tà] *s.f.* **1** forma prescritta nell'adempimento di determinati atti: *le — per ottenere il passaporto* **2** (*estens.*) convenzione sociale, forma esteriore: *badare alle —* | *una pura, una semplice —,* un atto privo di vera sostanza, compiuto solo per rispetto della forma esteriore.

formalizzare [for-ma-liʒ-ʒà-re] *v.tr.* rendere formale, ufficiale: — *una procedura* ♦ **formalizzarsi** *v.intr.pron.* mostrarsi intransigente sul rispetto delle formalità, delle convenienze.

formalizzazione [for-ma-liʒ-ʒa-zió-ne] *s.f.* il formalizzare, l'essere formalizzato.

forma mentis [/ ˈforma ˈmɛntis /] *loc.sost.f.invar.* (*lat.*) atteggiamento, struttura mentale costituitisi con l'esperienza e la cultura e divenuti caratteristici di una persona.

formare [for-mà-re] *v.tr.* [*io fórmo ecc.*] **1** dar forma, modellare; produrre: *l'acqua scorrendo forma dei solchi* **2** (*fig.*) educare, plasmare: — *la mente di un bambino* **3** costruire, comporre per mezzo di singoli elementi: — *un periodo* **4** dare origine a qlco.; costituire: — *una famiglia* ♦ **formarsi** *v.intr.pron.* **1** prodursi: *nella piazza si è formato un capannello* **2** raggiungere la maturità fisica o spirituale: *un ragazzo che si sta formando.*

formativo [for-ma-tì-vo] *agg.* che educa, che forma la personalità: *un insegnamento —.*

formato [for-mà-to] *s.m.* dimensione, grandezza di un foglio, di un libro, di una fotografia: — *grande, piccolo* | — *tessera,* si dice di fotografia che ha le dimensioni richieste per essere applicata su un documento di riconoscimento.

formatore [for-ma-tó-re] *s.m.* **1** [f. *-trice*] educatore: — *professionale* **2** nell'industria della ceramica, l'operaio addetto alla formatura.

formattare [for-mat-tà-re] *v.tr.* (*inform.*) eseguire la formattazione.

formattazione [for-mat-ta-zió-ne] *s.f.* (*inform.*) procedura gestita da un software per rendere un minidisco, o un altro supporto di memoria, idoneo a ospitare dati.

formatura [for-ma-tù-ra] *s.f.* **1** nell'industria ceramica, operazione consistente nel modellare una pasta argillosa sino a conferirle la forma dell'oggetto da fabbricare **2** in fonderia, la preparazione delle forme di colata.

formazione [for-ma-zió-ne] *s.f.* **1** il formare, il formarsi, l'essere formato; modo in cui qlco. si forma o si è formata: *la — della Terra; un quartiere di recente —* **2** processo di sviluppo fisico: *un corpo ancora in —* | l'acquisizione di una fisionomia culturale o anche di specifiche competenze;

la cultura, le competenze acquisite: — *intellettuale, professionale*; *avere una buona* — **3** particolare disposizione assunta da più persone o cose: *aerei che volano in* —; *una* — *navale* **4** (*sport*) lo schieramento che assumono i componenti di una squadra: *una* — *difensiva, offensiva* **5** (*geol.*) insieme di rocce con caratteristiche omogenee: — *giurassica*.

-forme secondo elemento di aggettivi composti, che significa 'forma', 'a forma di' (*multiforme, cuneiforme*).

formella [for-mèl-la] *s.f.* **1** lastra di forma geometrica, di materiale vario, usata come motivo ornamentale in pavimentazioni e rivestimenti | *soffitto a formelle*, a cassettoni **2** (*zootec.*) mattonella di foraggio essiccato e compresso.

formica[1] [for-mì-ca] *s.f.* insetto imenottero di piccole dimensioni, con corpo snello e capo grosso, che vive in comunità organizzate | *avere un cervello di* —, essere di scarsa intelligenza | *mangiare come una* —, pochissimo | *fare come la* —, risparmiare pensando al futuro. DIM. *formichina* ACCR. *formicone* (m.).

formica[2]® [fòr-mi-ca] *s.f.* laminato plastico, usato come materiale da rivestimento.

formicaio [for-mi-cà-io] *s.m.* **1** nido di formiche **2** (*fig.*) grande moltitudine di persone in movimento; luogo pieno di gente.

formicaleone [for-mi-ca-le-ó-ne] *s.m.* [pl. *-ni*] insetto simile alla libellula, le cui larve catturano le formiche.

formichiere [for-mi-chiè-re] *s.m.* mammifero dell'America meridionale con muso lungo, che si nutre di formiche e altri insetti.

formico [fòr-mi-co] *agg.* [pl.m. *-ci*] (*chim.*) si dice dell'acido incolore, caustico, di odore pungente, presente in natura in insetti e in piante, usato in conceria, in tintoria e come disinfettante.

formicolamento [for-mi-co-la-mén-to] *s.m.* formicolio.

formicolare [for-mi-co-là-re] *v.intr.* [*io formìcolo ecc.*; aus. *avere* o *essere*] **1** di un luogo, pullulare di persone o animali in movimento: *la piazza formicolava di passanti* **2** di una parte del corpo, far provare una sensazione di formicolio: *mi formicola una gamba*.

formicolio [for-mi-co-lì-o] *s.m.* **1** il formicolare; brulichio: *un gran* — *di persone* **2** sensazione di intorpidimento delle membra.

formidabile [for-mi-dà-bi-le] *agg.* fortissimo, tremendo: *un esercito, un avversario* — | di qualità eccezionale; eccellente: *un'intelligenza* — □ **formidabilmente** *avv.*

formile [for-mì-le] *s.m.* (*chim.*) radicale caratteristico delle aldeidi.

formina [for-mì-na] *s.f.* piccolo stampo di materiale vario, che per gioco i bambini riempiono di sabbia o di terra umide.

formosità [for-mo-si-tà] *s.f.* **1** l'essere formoso **2** *pl.* (*scherz.*) le forme appariscenti, le rotondità del corpo femminile.

formoso [for-mó-so] *agg.* del corpo di una persona che ha forme appariscenti e ben fatte: *ragazza formosa*; *fianchi formosi*.

formula [fór-mu-la] *s.f.* **1** frase o insieme di frasi codificate che devono essere pronunciate obbligatoriamente in determinate circostanze: — *di giuramento, liturgica* | (*estens.*) frase fatta, espressione convenzionale: — *di saluto*. DIM. *formuletta* **2** (*mat.*) espressione simbolica che indica le relazioni esistenti fra determinate grandezze **3** (*chim.*) l'insieme dei simboli dei diversi elementi che costituiscono un composto | (*estens.*) complesso degli ingredienti di un preparato: *la* — *di un dentifricio* **4** (*sport*) suddivisione in categorie delle autovetture da corsa secondo particolari caratteristiche tecniche: *vetture di* — *1*.

formulare [for-mu-là-re] *v.tr.* [*io fórmulo ecc.*] esprimere secondo una formula: — *un giuramento* | (*estens.*) esprimere, dire: — *un augurio*.

formulario [for-mu-là-rio] *s.m.* **1** raccolta di formule riguardanti una determinata materia: — *notarile, giuridico* | il libro che raccoglie l'insieme delle formule **2** modulo, questionario.

formulazione [for-mu-la-zió-ne] *s.f.* il formulare, l'essere formulato; il modo in cui si formula qlco.: *la corretta* — *di un problema* | il testo formulato: *proposta di legge nella* — *definitiva*.

fornace [for-nà-ce] *s.f.* **1** costruzione in muratura per la cottura di laterizi e altri materiali da costruzione **2** (*fig.*) luogo caldissimo: *questa casa d'estate è una* —.

fornaio [for-nà-io] *s.m.* [f. *-a*] chi fa o vende il pane; anche, il proprietario di un forno. DIM. *fornarino*.

fornello [for-nèl-lo] *s.m.* **1** apparecchio di uso domestico per cuocere vivande o per altri usi: — *a gas, a spirito, elettrico*. DIM. *fornellino, fornelletto* **2** — *della pipa*, la cavità nella quale brucia il tabacco.

fornicare [for-ni-cà-re] *v.intr.* [*io fòrnico, tu fòrnichi ecc.*; aus. *avere*] (*lett.*) commettere peccati di sesso.

fornicazione [for-ni-ca-zió-ne] *s.f.* (*lett.*) il fornicare; peccato carnale.

fornice [fòr-ni-ce] *s.m.* (*arch.*) apertura ad arco in edifici monumentali: *i fornici del Colosseo*.

fornire [for-nì-re] *v.tr.* [*io fornisco, tu fornisci ecc.*] **1** dotare, provvedere qlcu. o qlco. di ciò di cui ha bisogno: — *qlcu. del denaro necessario*; — *la casa di mobili* | dare, somministrare: — *informazioni* **2** esibire, mostrare: — *prove inconfutabili* ♦ **fornirsi** *v.rifl.* provvedersi di qlco.; rifornirsi.

fornito [for-nì-to] *agg.* provvisto, munito di quanto occorre: *guardaroba ben* —.

fornitore [for-ni-tó-re] *s.m.* [f. *-trice*] chi fornisce un negozio, un'azienda o anche i privati di determinati prodotti.

fornitura [for-ni-tù-ra] *s.f.* **1** il fornire, il fornirsi: — *di viveri, d'armi* **2** la merce fornita: *forniture alimentari*.

forno [fór-no] *s.m.* **1** costruzione a volta in muratura, alla quale si accede da una piccola apertura e che viene scaldata internamente per cuocervi il pane o altre vivande | (*estens.*) la parte di una cucina domestica in cui si cuociono arrosti, dolci ecc.: *vitello, patate al —* 2 bottega dove si cuoce e si vende il pane; panetteria 3 (*tecn.*) apparecchio o impianto in cui si produce calore ad alta temperatura per scopi industriali: *verniciatura a —* | *— crematorio*, quello in cui si cremano i cadaveri 4 (*fig.*) ambiente estremamente caldo: *questa stanza è un —* 5 (*med.*) apparecchio riscaldato elettricamente e impiegato nella cura dell'artrite o dei reumatismi: *fare i forni*.

foro[1] [fó-ro] *s.m.* apertura; buco: *eseguire un — col trapano; i fori del clarinetto.* DIM. *forellino.*

foro[2] [fò-ro] *s.m.* 1 presso gli antichi romani, la piazza principale della città, che fungeva da centro commerciale, amministrativo e giudiziario 2 (*dir.*) luogo dove l'autorità giudiziaria esercita la propria attività: *— civile* | (*estens.*) l'autorità giudiziaria stessa: *il — di Napoli*.

forra [fór-ra] *s.f.* (*geog.*) gola stretta e ripida, dovuta a erosione, sul fondo della quale scorre un corso d'acqua.

forse [fór-se] *avv.* 1 indica incertezza nei riguardi di ciò che si afferma: *— riuscirà a vincere*; *ho — sbagliato?*; "*Partirete con lui?*" "*Forse*" | per attenuare un'asserzione: *— ti sembrerà strano, ma non è così* 2 seguito da un numerale, circa, più o meno: *saranno — 10.000 lire in tutto* 3 nelle interrogative retoriche, assume valore enfatico: *non siamo — amici?* | anche seguito da *che*: *— che non sono qua io per aiutarti?* ♦ *s.m.invar.* dubbio, incertezza: *essere, rimanere, mettere in —*; *mettere in — la propria vita*, in pericolo.

forsennato [for-sen-nà-to] *agg.* e *s.m.* [f. *-a*] di persona che si comporta violentemente, con furore, da sembrare fuori di senno: *gridare come un —* | *ballo —*, convulso, frenetico □ **forsennatamente** *avv.*

forte [fòr-te] *agg.* 1 che può sostenere un grande sforzo e resistere alle fatiche: *un fisico, una fibra —* | *taglie forti*, per persone di corporatura robusta | *governo —*, autoritario | *essere un — bevitore, fumatore, mangiatore*, bere, fumare, mangiare molto | *dare man — a qlcu.*, aiutarlo validamente 2 che sopporta bene le avversità: *carattere —* | *farsi —*, farsi coraggio | *farsi — di qlco.*, valersene come argomento a proprio vantaggio 3 detto di cosa, resistente, che non cede: *stoffa, legno —* | *colla —*, tenace | *moneta —*, (*econ.*) quella che tende ad aumentare di valore rispetto ad altre monete 4 che è dato con forza: *un — schiaffo* 5 di grande intensità, potenza: *una — pioggia*; *una — passione*; *liquore, vino —*, molto alcolico 6 grave a sopportarsi: *un — mal di testa* | *parola, frase —*, offensiva 7 grande, notevole: *un — guadagno* 8 bravo, abile: *un giocatore molto —* | (*fam.*) simpatico, spiritoso: *che — che sei!* 9 (*ling.*) si dice dei verbi o dei sostantivi che nella flessione di alcune forme modificano la loro radice | *vocali, sillabe forti*, quelle toniche ♦ *avv.* 1 con forza; violentemente: *colpire —*; *la bora soffia —* | *giocare —*, grosse somme 2 velocemente: *camminare —* | *andar —*, (*fig. fam.*) si dice di persona o cosa che ha successo 3 a voce alta; ad alto volume: *parlare —*; *non tenere la radio così —!* | *dire qlco. —*, (*fig.*) in modo che sentano tutti ♦ *s.m.* 1 fortezza, luogo fortificato: *il — di San Leo* 2 ciò in cui una persona riesce meglio o vale di più: *la matematica non è il mio —* 3 (*mus.*) didascalia sul testo che prescrive l'esecuzione di un passo a pieno volume di suono □ **fortemente** *avv.* 1 con forza: *picchiare, combattere —* 2 intensamente; assai: *volere qlco. —*.

forte-piano [for-te-pià-no] *s.m.* strumento a tastiera del sec. XVIII, da cui deriva il pianoforte.

fortezza [for-téz-za] *s.f.* 1 forza morale, spirituale: *— d'animo* | nella teologia cattolica, una delle quattro virtù cardinali e uno dei sette doni dello Spirito Santo 2 luogo ed edificio fortificato: *espugnare una —*.

fortificabile [for-ti-fi-cà-bi-le] *agg.* che può essere fortificato.

fortificare [for-ti-fi-cà-re] *v.tr.* [*io fortìfico, tu fortìfichi ecc.*] 1 rendere forte, sia in senso fisico sia in senso morale: *la ginnastica fortifica il corpo*; *letture che fortificano la mente* 2 (*mil.*) munire di opere di difesa, di fortificazione: *— una città, una trincea* ♦ **fortificarsi** *v.rifl.* o *intr.pron.* 1 rinvigorirsi, irrobustirsi: *nelle avversità l'animo si fortifica* 2 (*mil.*) allestire opere per la propria difesa.

fortificatorio [for-ti-fi-ca-tò-rio] *agg.* (*mil.*) che riguarda le fortificazioni: *opere fortificatorie*.

fortificazione [for-ti-fi-ca-zió-ne] *s.f.* 1 il fortificare, il fortificarsi 2 (*mil.*) opera o complesso di opere di difesa; luogo fortificato: *fortificazioni nemiche*.

fortilizio [for-ti-lì-zio] *s.m.* fortezza di modeste dimensioni; piccolo forte.

fortino [for-tì-no] *s.m.* piccolo forte; forte secondario.

fortissimo [for-tìs-si-mo] *s.m.* (*mus.*) didascalia sul testo che prescrive l'esecuzione di un passo con un'intensità sonora molto forte.

fortuito [for-tùi-to] *agg.* che avviene per caso, casuale: *fatto, incontro —* | *caso —*, (*dir.*) fattore imprevedibile che esclude la punibilità di chi ha commesso un reato □ **fortuitamente** *avv.*

fortuna [for-tù-na] *s.f.* 1 sorte, destino: *— cieca*; *buona, cattiva —*; *i capricci della —* | *di —*, si dice di cosa improvvisata alla meglio, che costituisce un ripiego in caso di emergenza: *mezzi, atterraggio di —* 2 buona sorte; occasione felice: *cercare, tentare la —*; *aver — negli affari* | *avere una — sfacciata*, essere fortunatissimo | *la — di un libro, di uno scrittore*, il suo successo | *portar —*, si dice di cosa o di persona a cui si attribuisce la facoltà di influenzare in senso favorevole l'andamento delle cose | *colpo di —*, evento felice e imprevedibile | *avere la — di*, essere fortunato relativamente a qlco.: *non ho avuto la — di conoscerlo* | *afferrare, pigliare la — per i capelli* (*fig.*) non lasciarsi sfuggire una buona occasione | *per —, — che*, per

buona sorte **3** ricchezza, capitale, patrimonio: *ereditare una —; rimetterci una —* | *fare —*, avere successo, arricchirsi | *beni di —*, beni patrimoniali.
fortunale [for-tu-nà-le] *s.m.* burrasca con vento violento; tempesta di mare.
fortunato [for-tu-nà-to] *agg.* **1** che ha fortuna, favorito dalla fortuna: *uomo —* | nelle presentazioni, come formula di cortesia: *— di conoscerla* **2** che ha buon esito: *impresa fortunata* **3** che ha conseguenze buone: *giorno, incontro —* □ **fortunatamente** *avv.* per buona fortuna, per un caso fortunato.
fortunello [for-tu-nèl-lo] *s.m.* [f. *-a*] (*scherz.*) persona particolarmente fortunata.
fortunoso [for-tu-nó-so] *agg.* **1** che è soggetto ai mutamenti della fortuna; pieno di imprevisti: *un viaggio —* **2** fortuito, casuale: *un risultato —* □ **fortunosamente** *avv.*
forum [/ ˈfɔrum /] *s.m.invar.* (*ingl.*) convegno, riunione; assemblea.
foruncolo [fo-rùn-co-lo] *s.m.* (*med.*) infiammazione a carattere purulento che si manifesta sulla pelle del viso o di altre parti del corpo. DIM. *foruncoletto*.
foruncolosi [fo-run-co-lò-ʃi] *s.f.* (*med.*) affezione caratterizzata dalla comparsa di numerosi foruncoli sul viso o su altre parti del corpo.
foruncoloso [fo-run-co-ló-so] *agg.* che è pieno di foruncoli.
forza [fòr-za] *s.f.* **1** vigore fisico; energia (anche *fig.*): *avere — nelle gambe; perdere le forze; rimettersi in forze; la — dell'immaginazione* | *a tutta —*, al massimo della potenza: *spingere i motori a tutta —* | *— bruta*, non guidata dall'intelligenza | *—!*, grido d'incoraggiamento, incitazione | *bella —!*, (*iron.*) si dice quando si ritiene che ci voglia poco a fare o a dire qlco. | *a — di*, indica il ripetersi di un'azione: *a — di chiedere, è riuscito a ottenere ciò che voleva* **2** energia morale; fermezza: *— d'animo; difendere con — le proprie ragioni* | animo, coraggio: *farsi —* | *pl.* mezzi, doti, possibilità: *farsi strada con le proprie forze* **3** intensità, potenza: *la — del vento* **4** grandezza fisica tendente a modificare lo stato di quiete o di moto del corpo su cui agisce: *— centrifuga, motrice* | *le forze della natura*, gli agenti fisici, e specialmente la violenza di temporali, mareggiate, terremoti **5** azione costrittiva esercitata da fatti o circostanze: *la — della tradizione, dell'abitudine* | *per —*, necessariamente; obbligatoriamente: *"Tu lavori troppo!" "Per —, sono pieno di debiti!"* | *o per amore o per —*, o con le buone o con le cattive **6** violenza: *ottenere con la —* | *far — a sé stesso*, trattenendo un impulso | *far — a qlcu.*, forzarne la volontà | *di —, a —, a viva —*, con violenza **7** efficacia; valore: *la — di un rimedio* | *in — di*, a norma, in virtù di: *in — della legge* **8** (spec. *pl.*) contingente di armati: *le forze nemiche; forze di terra, di mare, dell'aria*, l'esercito, la marina, l'aviazione | *forze armate*, l'insieme di uomini e mezzi destinati alla difesa militare dello stato | *— pubblica*, i corpi armati a disposizione dell'autorità di polizia | *bassa —*, i soldati, in contrapposizione a sottufficiali e ufficiali **9** (*estens.*) gruppo di persone che esercitano un'attività comune, che detengono un potere: *forze politiche, sindacali* | *forze di lavoro*, l'insieme degli occupati e delle persone in cerca di occupazione | *— lavoro*, l'insieme delle capacità fisiche e intellettuali impiegate dai lavoratori nel processo produttivo, distinte dal lavoro effettivamente fornito.
forzare [for-zà-re] *v.tr.* [*io fòrzo ecc.*] **1** agire con la forza su qlco.; premere con forza: *— un'apertura* | *— una serratura*, scassinarla | *— il senso di una parola*, darne un'interpretazione arbitraria | *— la mano a qlcu.*, fargli fare qlco. contro la sua volontà **2** sottoporre a uno sforzo: *— un motore*, spingerlo al massimo delle sue prestazioni; *— il passo, l'andatura*, intensificarne il ritmo **3** costringere, obbligare: *mi forzarono a dire di sì* ♦ **forzarsi** *v.rifl.* sforzarsi.
forzato [for-zà-to] *agg.* **1** fatto con sforzo; privo di spontaneità, di naturalezza: *un riso —* | *marcia forzata*, (*mil.*) più lunga e veloce di quelle ordinarie **2** fatto per necessità: *assenza forzata* **3** imposto obbligatoriamente dalla legge: *rimozione forzata di un'autovettura* | *lavori forzati*, tipo di pena che il condannato doveva scontare con lavori di fatica **4** *condotta forzata*, nelle costruzioni idrauliche, quella in cui passa un liquido in pressione ♦ *s.m.* il condannato ai lavori forzati □ **forzatamente** *avv.* **1** con sforzo, senza naturalezza: *rideva —* **2** per forza: *dovetti partire —*.
forzatura [for-za-tù-ra] *s.f.* il forzare, l'essere forzato: *— di una cassaforte*.
forziere [for-ziè-re] *s.m.* cassa munita di rinforzi metallici, usata per custodire denaro e oggetti preziosi; cassaforte.
forzoso [for-zó-so] *agg.* imposto in maniera indiretta, impedendo di fatto altre possibilità: *risparmio —* □ **forzosamente** *avv.*
forzuto [for-zù-to] *agg.* (*scherz.*) dotato di grande forza fisica: *un uomo, un tipo —*.
foschia [fo-schì-a] *s.f.* lieve offuscamento dell'aria dovuto a fumo, pulviscolo o umidità.
fosco [fó-sco] *agg.* [pl.m. *-schi*] **1** cupo e minaccioso: *cielo, sguardo —* **2** triste, lugubre: *fosche previsioni* | *descrivere qlco. a tinte fosche*, esagerarne i lati negativi □ **foscamente** *avv.*
fosfatico [fo-sfà-ti-co] *agg.* [pl.m. *-ci*] (*chim.*) di fosfato; contenente fosfati: *concime —*.
fosfato [fo-sfà-to] *s.m.* (*chim.*) sale dell'acido fosforico: *fosfati di calcio*, utilizzati come fertilizzanti.
fosfene [fo-sfè-ne] *s.m.* (*med.*) sensazione luminosa in forma di bagliore, scintille, lampeggiamenti.
fosfito [fo-sfì-to] *s.m.* (*chim.*) sale dell'acido fosforoso.
fosfo- primo elemento di parole composte della terminologia scientifica, che significa 'fosforo' o 'che ha relazione con il fosforo' (*fosfolipide*).
fosfolipide [fo-sfo-li-pì-de] *s.m.* (*chim.*) nome generico di lipidi complessi contenenti fosforo

e azoto, presenti in quasi tutte le cellule viventi.
fosforare [fo-sfo-rà-re] *v.tr.* [*io fòsforo ecc.*] trattare con il fosforo.
fosforato [fo-sfo-rà-to] *agg.* (*chim.*) contenente fosforo.
fosforescente [fo-sfo-re-scèn-te] *agg.* dotato di fosforescenza: *minerale* — | (*estens.*) che emana una luce simile a quella delle sostanze fosforescenti: *gli occhi fosforescenti del gatto.*
fosforescenza [fo-sfo-re-scèn-za] *s.f.* caso particolare di luminescenza, in cui l'emissione di radiazioni luminose permane per un certo tempo dopo che è cessata l'eccitazione.
fosforico [fo-sfò-ri-co] *agg.* [pl.m. *-ci*] (*chim.*) di fosforo; contenente fosforo: *anidride fosforica* | *acido* —, acido del fosforo pentavalente, usato in farmacia e nella preparazione di fertilizzanti.
fosforismo [fo-sfo-rì-ʃmo] *s.m.* (*med.*) intossicazione da fosforo.
fosforite [fo-sfo-rì-te] *s.f.* (*min.*) roccia sedimentaria nerastra, ricca di fosfati.
fosforo [fò-sfo-ro] *s.m.* elemento chimico di simbolo *P*, non metallo, facilmente infiammabile; è costituente importante delle ossa e della sostanza nervosa.
fosforoso [fo-sfo-ró-so] *agg.* (*chim.*) che contiene fosforo | *acido* —, acido del fosforo trivalente, usato come riducente.
fosfuro [fo-sfù-ro] *s.m.* (*chim.*) composto derivante dalla combinazione del fosforo con un metallo.
fosgene [fo-ʃgè-ne] *s.m.* (*chim.*) gas incolore, molto tossico, usato nell'industria dei coloranti e delle materie plastiche.
fossa [fòs-sa] *s.f.* **1** incavo naturale o artificiale del terreno; buca: — *biologica*, impianto di raccolta e scarico delle acque di rifiuto, dove mancano le fognature **2** lo scavo in cui viene calata la bara; sepoltura, tomba: — *comune*, per la sepoltura di più corpi insieme | *avere un piede nella* —, (*fig.*) essere prossimo a morire | *scavarsi la* —, (*fig.*) essere causa della propria rovina **3** (*geog.*) depressione naturale: — *tettonica*, zona della superficie terrestre sprofondata rispetto alle zone circostanti; — *oceanica*, zona di massima profondità negli oceani **4** (*anat.*) cavità o depressione nel corpo umano: *fosse nasali.*
fossato [fos-sà-to] *s.m.* fossa estesa in lunghezza | grande fossa che circonda una fortificazione: *il — del castello.*
fossetta [fos-sét-ta] *s.f.* lieve infossatura delle guance o del mento. DIM. *fossettina.*
fossile [fòs-si-le] *agg.* e *s.m.* **1** si dice dei resti mineralizzati, conservati negli strati rocciosi, di un organismo vegetale o animale vissuto in epoche molto remote **2** (*fig.*) si dice di cosa o persona antiquata, non più viva spiritualmente.
fossilifero [fos-si-lì-fe-ro] *agg.* (*geol.*) che contiene fossili: *terreno* —.
fossilizzare [fos-si-liʒ-ʒà-re] *v.tr.* (*non com.*) ridurre allo stato fossile ♦ **fossilizzarsi** *v.intr.pron.* **1** (*geol.*) diventare fossile **2** (*fig.*) radicarsi in posizioni o idee antiquate.
fossilizzazione [fos-si-liʒ-ʒa-zió-ne] *s.f.* il fossilizzare, il fossilizzarsi (anche *fig.*).
fosso [fòs-so] *s.m.* solco naturale o artificiale usato per lo scolo o la distribuzione dell'acqua: — *di irrigazione.*
foto [fò-to] *s.f.invar.* fotografia, immagine fotografica.
foto-[1] primo elemento di parole composte, che significa 'luce' (*fotografia, fotosintesi*).
foto-[2] primo elemento di parole composte, che significa 'fotografia' (*fotomontaggio*).
fotoallergia [fo-to-al-ler-gì-a] *s.f.* (*med.*) allergia alla luce solare.
fotoamatore [fo-to-a-ma-tò-re] *s.m.* [f. *-trice*] dilettante appassionato di fotografia.
fotobatteria [fo-to-bat-te-rì-a] *s.f.* generatore elettrico alimentato da cellule fotovoltaiche.
fotocamera [fo-to-cà-me-ra] *s.f.* apparecchio fotografico.
fotocellula [fo-to-cèl-lu-la] *s.f.* dispositivo in grado di trasformare le variazioni di intensità luminosa in variazioni di intensità di corrente elettrica; cellula fotoelettrica.
fotochimica [fo-to-chì-mi-ca] *s.f.* settore della chimica fisica che studia le reazioni che avvengono con assorbimento o emissione di luce.
fotocolor [fo-to-cò-lor] *s.m.invar.* procedimento per ottenere fotografie a colori; (*estens.*) la fotografia stessa.
fotocomporre [fo-to-com-pór-re] *v.tr.* [coniugato come *porre*] comporre in fotocomposizione.
fotocompositore [fo-to-com-po-ʃi-tó-re] *agg.* [f. *-trice*] che serve a fotocomporre: *macchina fotocompositrice* ♦ *s.m.* chi lavora alla fotocomposizione.
fotocompositrice [fo-to-com-po-ʃi-trì-ce] *s.f.* macchina che compone in fotocomposizione.
fotocomposizione [fo-to-com-po-ʃi-zió-ne] *s.f.* processo di composizione di testi per la stampa direttamente su un supporto fotosensibile.
fotocopia [fo-to-cò-pia] *s.f.* **1** copia ottenuta con procedimento fotostatico **2** (*fig. fam.*) cosa o persona molto simile a un'altra: *è la — di suo fratello.*
fotocopiare [fo-to-co-pià-re] *v.tr.* [*io fotocòpio ecc.*] riprodurre in fotocopia.
fotocopiatrice [fo-to-co-pia-trì-ce] *s.f.* macchina per la realizzazione di fotocopie.
fotocromatico [fo-to-cro-mà-ti-co] *agg.* [pl.m. *-ci*] si dice di lente che modifica la propria intensità di colorazione al variare dell'intensità della luce: *occhiali con lenti fotocromatiche.*
fotocronaca [fo-to-crò-na-ca] *s.f.* fotoreportage.
fotocronista [fo-to-cro-nì-sta] *s.m.* e *f.* [pl.m. *-sti*] chi realizza fotocronache; fotoreporter.
fotodegradabile [fo-to-de-gra-dà-bi-le] *agg.* si dice di sostanza che può essere alterata o anche distrutta dalla luce solare.
fotoelettrica [fo-to-e-lèt-tri-ca] *s.f.* sorgente lu-

minosa costituita da una o più lampade alimentate da gruppi elettrogeni.
fotoelettricità [fo-to-e-let-tri-ci-tà] *s.f.* (*fis.*) l'insieme dei fenomeni elettrici provocati dalla luce in determinate sostanze.
fotoelettrico [fo-to-e-lèt-tri-co] *agg.* [pl.m. *-ci*] (*fis.*) relativo alla fotoelettricità | *cellula fotoelettrica*, fotocellula.
fotofinish [fo-to-fi-nish; / foto'finiʃ /] *s.m.invar.* fotografia automatica dell'arrivo di una corsa che serve per accertare chi ha tagliato il traguardo per primo.
fotofit [fo-to-fit; / foto'fit /] *s.m.invar.* identikit ottenuto combinando immagini fotografiche
fotofobia [fo-to-fo-bì-a] *s.f.* (*med.*) sensazione di fastidio provocata dalla luce in caso di febbre elevata o in certe malattie dell'occhio.
fotogeneratore [fo-to-ge-ne-ra-tó-re] *agg.* [f. *-trice*] che genera elettricità per effetto della luce.
fotogenesi [fo-to-gè-ne-ʃi] *s.f.* processo per cui piante e animali producono fenomeni luminosi.
fotogenia [fo-to-ge-nì-a] *s.f.* fotogenicità.
fotogenicità [fo-to-ge-ni-ci-tà] *s.f.* l'essere fotogenico.
fotogenico [fo-to-gè-ni-co] *agg.* [pl.m. *-ci*] che viene bene in fotografia, adatto a essere fotografato: *un volto —*.
fotogeno [fo-tò-ge-no] *agg.* **1** che emette luce: *animale —* **2** che è causato dalla luce: *effetto —*.
fotografare [fo-to-gra-fà-re] *v.tr.* [*io fotògrafo ecc.*] **1** riprendere un'immagine con un apparecchio fotografico **2** (*fig.*) descrivere o rappresentare qlcu. o qlco. con grande precisione ed efficacia: *— con poche parole una situazione*.
fotografia [fo-to-gra-fì-a] *s.f.* **1** la tecnica e l'arte di riprodurre immagini su materiale fotosensibile **2** ogni immagine così ottenuta: *— a colori*, *in bianco e nero* **3** (*fig.*) descrizione, rappresentazione esatta ed efficace.
fotografico [fo-to-grà-fi-co] *agg.* [pl.m. *-ci*] **1** relativo alla fotografia: *studio, servizio —* | *macchina fotografica*, apparecchio per la ripresa di fotografie **2** (*fig.*) assolutamente fedele al modello: *rappresentazione fotografica della realtà* | *memoria fotografica*, che ricorda anche i minimi particolari □ **fotograficamente** *avv.* **1** per mezzo della fotografia **2** (*fig.*) in modo assolutamente fedele al modello.
fotografo [fo-tò-gra-fo] *s.m.* [f. *-a*] chi fa fotografie: *— professionista, dilettante*.
fotogramma [fo-to-gràm-ma] *s.m.* [pl. *-mi*] ciascuna delle immagini che compongono una pellicola fotografica o cinematografica.
fotogrammetria [fo-to-gram-me-trì-a] *s.f.* rilevamento planimetrico e altimetrico di una zona mediante fotografie.
fotoincisione [fo-to-in-ci-ʃió-ne] *s.f.* procedimento per ottenere, mediante la fotografia, i cliché che servono alla riproduzione tipografica | (*estens.*) l'immagine così ottenuta.
fotoincisore [fo-to-in-ci-ʃó-re] *s.m.* tecnico addetto alla fotoincisione.
fotokit [fo-to-kìt] *s.m.invar.* fotofit.
fotolibro [fo-to-lì-bro] *s.m.* libro composto prevalentemente da immagini fotografiche.
fotolisi [fo-tò-li-ʃi] *s.f.* decomposizione di un composto chimico causata dalla luce.
fotolitico [fo-to-lì-ti-co] *agg.* [pl.m. *-ci*] relativo alla fotolisi.
fotolitografia [fo-to-li-to-gra-fì-a] *s.f.* procedimento di stampa basato sul trasporto di immagini fotografiche su matrici di zinco o di pietra.
fotoluminescenza [fo-to-lu-mi-ne-scèn-za] *s.f.* (*fis.*) emissione di luce da parte di un corpo eccitato da radiazioni luminose.
fotomeccanica [fo-to-mec-cà-ni-ca] *s.f.* tecnica che, mediante procedimenti fotografici, consente di riportare su matrici metalliche disegni e illustrazioni in modo da poterne ricavare copie a stampa.
fotomeccanico [fo-to-mec-cà-ni-co] *agg.* [pl.m. *-ci*] che riguarda la fotomeccanica: *procedimento —*.
fotometria [fo-to-me-trì-a] *s.f.* (*fis.*) ramo dell'ottica che studia i problemi riguardanti la misurazione e la definizione delle grandezze che concernono i fenomeni luminosi.
fotometrico [fo-to-mè-tri-co] *agg.* [pl.m. *-ci*] (*fis.*) relativo alla fotometria: *misurazione fotometrica*.
fotometro [fo-tò-me-tro] *s.m.* (*fis.*) strumento a cellula fotoelettrica per la misura dell'intensità luminosa.
fotomodello [fo-to-mo-dèl-lo] *s.m.* [f. *-a*] chi posa per fotografie pubblicitarie indossando capi di abbigliamento.
fotomontaggio [fo-to-mon-tàg-gio] *s.m.* immagine fotografica ottenuta accostando diverse fotografie, così da dare l'illusione che si tratti di una fotografia unica.
fotone [fo-tó-ne] *s.m.* (*fis.*) particella elementare di energia luminosa.
fotoreazione [fo-to-re-a-zió-ne] *s.f.* (*chim.*) reazione provocata o catalizzata dall'azione della luce.
fotorecettore [fo-to-re-cet-tó-re] *agg.* e *s.m.* (*biol.*) si dice degli elementi sensoriali della retina che ricevono gli stimoli luminosi.
fotoreportage [fo-to-re-por-ta-ge; / fotorepor'taʒ /] *s.m.invar.* cronaca di un avvenimento realizzata mediante fotografie; fotocronaca.
fotoreporter [fo-to-re-pòr-ter] *s.m.* e *f.invar.* chi realizza dei fotoreportage; fotocronista.
fotoriproduzione [fo-to-ri-pro-du-zió-ne] *s.f.* riproduzione fotografica.
fotoromanzo [fo-to-ro-màn-ʒo] *s.m.* storia romanzesca di contenuti sentimentali narrata per mezzo di una serie di fotografie con didascalie e fumetti.
fotosensibile [fo-to-sen-sì-bi-le] *agg.* sensibile alla luce; che si modifica sotto l'azione della luce: *pellicola, carta —*.
fotosensibilità [fo-to-sen-si-bi-li-tà] *s.f.* proprietà di ciò che è fotosensibile.

fotosfera [fo-to-sfè-ra] *s.f.* (*astr.*) la superficie luminosa del Sole e delle stelle.
fotosintesi [fo-to-sìn-te-ʃi] *s.f.* reazione fotochimica | — *clorofilliana*, (*bot.*) processo biochimico determinato dalla luce, per effetto del quale, nei vegetali forniti di clorofilla (piante verdi), l'acqua e l'anidride carbonica vengono trasformate in composti organici.
fotostatico [fo-to-stà-ti-co] *agg.* [pl.m. *-ci*] si dice di un sistema di riproduzione diretta di documenti su carta basato su procedimenti fotoelettrici: *copia fotostatica*, fotocopia.
fototattismo [fo-to-tat-tì-ʃmo] *s.m.* (*biol.*) reazione di movimento degli organismi vegetali e animali stimolati da una radiazione luminosa.
fototeca [fo-to-tè-ca] *s.f.* archivio in cui si conservano fotografie.
fototelegrafia [fo-to-te-le-gra-fi-a] *s.f.* trasmissione a distanza di immagini per mezzo di correnti elettriche su cavo o con ponti radio.
fototerapia [fo-to-te-ra-pì-a] *s.f.* (*med.*) terapia consistente nell'esporre il corpo o una sua parte alla luce emessa da lampade speciali.
fototipia [fo-to-ti-pì-a] *s.f.* (*tip.*) procedimento di fotoincisione e di stampa su una lastra di vetro smerigliato; è usato nella riproduzione di stampe d'arte.
fototipista [fo-to-ti-pì-sta] *s.m.* e *f.* [pl.m. *-sti*] (*tip.*) chi esegue riproduzioni mediante fototipia.
fototropismo [fo-to-tro-pì-ʃmo] *s.m.* (*bot.*) proprietà per cui gli organi vegetali si orientano a seconda della direzione da cui provengono gli stimoli luminosi.
fotovoltaico [fo-to-vol-tài-co] *agg.* [pl.m. *-ci*] (*fis.*) che genera una forza elettromotrice sotto l'azione di una radiazione luminosa.
fottere [fót-te-re] *v.tr.* [*io fótto ecc.*] (*volg.*) **1** possedere sessualmente **2** (*fig.*) imbrogliare, raggirare ♦ **fottersene** *v.intr.pron.* (*volg.*) infischiarsi di qlcu. o di qlco.
fottio [fot-tì-o] *s.m.* (*pop.*) grande quantità, gran numero: *un — di gente.*
fottuto [fot-tù-to] *agg.* (*volg.*) maledetto, terribile: *avere una paura fottuta.*
foulard [/ fu'lar /] *s.m.* (*fr.*) fazzoletto da collo o da testa, di seta o altro tessuto leggero. DIM. *foularino.*
fovea [fò-ve-a] *s.f.* (*anat.*) piccola depressione sulla superficie di un organo.
fox-terrier [/ fɔks'terrjer /] *s.m.invar.* (*ingl.*) cane piuttosto piccolo, con muso allungato dal profilo rettangolare, orecchie corte spioventi, adatto alla caccia della volpe.
fox-trot [/ foks'trɔt /] *s.m.invar.* (*ingl.*) danza di ritmo sincopato, apparsa negli Stati Uniti nel 1912 e diffusasi in Europa dopo la prima guerra mondiale.
foyer [/ fwa'je /] *s.m.invar.* (*fr.*) ambiente di attesa e intrattenimento in teatri e grandi cinema: *il — dell'Opera.*
fra¹, o **tra**, *prep.* [si preferisce l'una o l'altra forma solo per ragioni di eufonia: p.e. *fra tutti, tra fratelli*] **1** indica posizione intermedia tra due termini: *una strada tra due filari di alberi; gli capitò una disgrazia tra capo e collo* | all'interno di un insieme: *gli uccelli cantano fra i rami; conserva la fotografia tra i suoi ricordi più cari* | *fra me e te, fra noi, fra di voi*, in confidenza, riservatamente: *la cosa resti fra me e te* **2** in dipendenza da verbi di movimento, introduce un moto per luogo: *passò fra due ali di folla; il torrente scende a valle tra costoni rocciosi* **3** indica il tempo che deve trascorrere prima del verificarsi di un evento: *ci vedremo fra due ore; fra poco, fra non molto, fra breve*, entro poco tempo | indica l'arco di tempo entro cui l'evento si è verificato o dovrà verificarsi: *il lavoro è stato svolto fra il gennaio e l'aprile* **4** introduce una distanza, una lunghezza: *saremo a Milano fra 20 km* | con valore spazio-temporale: *il villaggio è fra mezz'ora di cammino* **5** introduce una quantità (di spazio, tempo, peso, capacità ecc.), indicata approssimativamente entro un valore massimo e uno minimo: *una distanza fra i dieci e i venti metri* **6** con valore distributivo: *l'eredità sarà spartita fra molti* **7** stabilisce una relazione di compagnia: *passa tutti i pomeriggi tra i suoi amici* **8** in funzione partitiva: *chi tra noi andrà con lui?; tra l'altro*, oltre al resto.
fra² → **frate**.
frac *s.m.invar.* abito maschile da cerimonia, nero, a falde lunghe e strette; marsina.
fracassare [fra-cas-sà-re] *v.tr.* infrangere con violenza e rumore: — *una vetrina* | *fracassarsi un braccio*, fratturarselo gravemente ♦ **fracassarsi** *v.intr.pron.* rompersi, ridursi in pezzi: *la vettura si fracassò contro il muro.*
fracasso [fra-càs-so] *s.m.* rumore di cose fracassate; rumore violento e assordante: *fare un — indiavolato.*
fracassone [fra-cas-só-ne] *s.m.* [f. *-a*] (*fam.*) persona maldestra, che rompe spesso oggetti, provoca continui danni.
fracosta [fra-cò-sta] *s.f.* (*region.*) costata; bistecca.
fradicio [frà-di-cio] *agg.* [pl.f. *-ce* o *-cie*] **1** guasto, putrefatto: *uova fradice* **2** (*fig.*) corrotto: *società fradicia* **3** intriso d'acqua: *vestiti fradici* | con funzione rafforzativa: *bagnato, sudato —; ubriaco —*, completamente ubriaco; *innamorato —*, molto innamorato ♦ *s.m.* **1** la parte guasta, andata a male di qlco.: *il — della mela* **2** (*fig.*) corruzione: *c'è del — in quell'ambiente.*
fradiciume [fra-di-ciù-me] *s.m.* **1** insieme di roba fradicia, putrida **2** (*fig.*) corruzione.
fragile [frà-gi-le] *agg.* **1** che si può rompere con facilità: *merce —* **2** (*fig.*) debole, gracile: *salute —* | psicologicamente labile: *persona —* **3** (*fig.*) inconsistente: *fragili speranze* □ **fragilmente** *avv.* con fragilità.
fragilità [fra-gi-li-tà] *s.f.* l'essere fragile (anche *fig.*): *la — del vetro; la — di un argomento, di una persona.*
fragola [frà-go-la] *s.f.* pianta erbacea che dà un

frutto rosso carnoso, dolce e profumato | il frutto di questa pianta: *fragole al limone*; *gelato alla* —. DIM. *fragolina* ♦ Come *agg.invar.*: *rosso* —, tonalità di rosso simile al colore della fragola | *uva* —, qualità di uva rossa da tavola dolce e profumata.

fragolino [fra-go-lì-no] *s.m.* **1** (*zool.*) pesce con il dorso rosso, simile al pagello **2** vino da dessert ottenuto dall'uva fragola.

fragore [fra-gó-re] *s.m.* rumore assordante: *il* — *di un'esplosione*.

fragorio [fra-go-rì-o] *s.m.* fragore continuato.

fragoroso [fra-go-ró-so] *agg.* che produce fragore, gran rumore: *applausi fragorosi* □ **fragorosamente** *avv.*

fragrante [fra-gràn-te] *agg.* che emana un buon profumo: *biancheria pulita e* —.

fragranza [fra-gràn-za] *s.f.* profumo intenso, gradevole: *la* — *del pane fresco*.

fraintendere [fra-in-tèn-de-re] *v.tr.* [coniugato come *tendere*] capire una cosa per un'altra; intendere il contrario di ciò che è stato detto o scritto: — *le parole, le intenzioni di qlcu.*

fraintendimento [fra-in-ten-di-mén-to] *s.m.* il fraintendere; equivoco, malinteso.

frale [frà-le] *agg.* (*poet.*) fragile.

frammassone [fram-mas-só-ne] *s.m.* e *f.* (*non com.*) massone.

frammassoneria [fram-mas-so-ne-rì-a] *s.f.* (*non com.*) massoneria.

frammentare [fram-men-tà-re] *v.tr.* [*io framménto ecc.*] suddividere in frammenti, spezzettare ♦ **frammentarsi** *v.intr.pron.* dividersi, ridursi in frammenti.

frammentarietà [fram-men-ta-rie-tà] *s.f.* l'essere frammentario, privo di unità: *la* — *di un racconto*.

frammentario [fram-men-tà-rio] *agg.* **1** formato da frammenti; incompleto: *opera frammentaria*, di cui possediamo solo frammenti **2** (*fig.*) privo di unità, di organicità: *discorso* — □ **frammentariamente** *avv.*

frammentazione [fram-men-ta-zió-ne] *s.f.* **1** il frammentare; divisione in parti, in frammenti **2** (*biol.*) riproduzione asessuata per scissione, caratteristica delle spugne e di alcune piante.

frammentismo [fram-men-tì-ʃmo] *s.m.* (*lett.*) tendenza letteraria italiana dei primi anni del Novecento, che esaltò la brevità e l'immediatezza dell'espressione, prediligendo il frammento, cioè un testo molto breve e liricamente intenso.

frammento [fram-mén-to] *s.m.* **1** ciascuna parte di una cosa spezzata: *il* — *di un vaso* | (*fig.*) quantità minima **2** brano di un'opera letteraria incompleta o perduta: *i frammenti delle liriche di Saffo* **3** breve composizione in poesia o in prosa.

frammettere [fram-mét-te-re] *v.tr.* [coniugato come *mettere*] (*non com.*) mettere in mezzo, frapporre ♦ **frammettersi** *v.rifl.* mettersi in mezzo, immischiarsi, intromettersi: — *negli affari altrui*.

frammezzare [fram-meʒ-ʒà-re] *v.tr.* [*io frammèʒʒo ecc.*] (*non com.*) mettere qlco. in mezzo ad altre; inframmezzare, alternare.

frammischiare [fram-mi-schià-re] *v.tr.* [*io frammìschio ecc.*] mischiare insieme, mescolare tra loro cose o persone diverse ♦ **frammischiarsi** *v.rifl.* mescolarsi, unirsi: — *alla folla*.

frammisto [fram-mì-sto] *agg.* mescolato con altre cose o persone: *pioggia frammista a neve*.

frana [frà-na] *s.f.* **1** discesa di masse terrose o rocciose lungo un pendio | (*estens.*) l'insieme del materiale franato **2** (*fig.*) disfacimento, rovina | *essere una* —, (*scherz.*) una persona che combina solo guai, un buono a nulla.

franabile [fra-nà-bi-le] *agg.* che può franare: *terreno* —.

franare [fra-nà-re] *v.intr.* [aus. *essere*] **1** cadere, precipitare per frana: *la collina frana* **2** (*estens.*) crollare: *il palazzo è franato* **3** (*fig.*) venir meno, andare in rovina: *sono franate anche le ultime speranze*.

francescanesimo [fran-ce-sca-né-ʃi-mo] *s.m.* **1** il movimento religioso promosso da san Francesco d'Assisi (1181 ca-1226), caratterizzato da ideali di povertà e di amore verso ogni cosa creata **2** spirito francescano.

francescano [fran-ce-scà-no] *agg.* **1** di san Francesco d'Assisi, dei suoi seguaci: *movimento* — **2** (*estens.*) che si ispira agli ideali di povertà propri di san Francesco: *condurre una vita francescana* **3** appartenente a uno degli ordini religiosi fondati da san Francesco: *suora francescana* ♦ *s.m.* [f. *-a*] chi appartiene a un ordine fondato da san Francesco □ **francescanamente** *avv.* con spirito francescano: *vivere* —.

francese [fran-cé-ʃe] *agg.* della Francia: *la rivoluzione* — | *nasino alla* —, all'insù | *mal* —, (*antiq.*) sifilide ♦ *s.m.* **1** [anche *f.*] chi abita, chi è nato in Francia **2** la lingua parlata in Francia.

francesismo [fran-ce-ʃì-ʃmo] *s.m.* (*ling.*) termine o locuzione francese penetrati in un'altra lingua.

francesista [fran-ce-ʃì-sta] *s.m.* e *f.* [pl.m. *-sti*] studioso della lingua e della cultura francese.

francesizzare [fran-ce-ʃiʒ-ʒà-re] *v.tr.* dar forma, tono francese: — *il proprio nome* ♦ **francesizzarsi** *v.intr.pron.* assumere modi, atteggiamenti tipici dei francesi | riferito alla lingua, assorbire voci e locuzioni francesi.

franchezza [fran-chéz-za] *s.f.* l'essere franco nel parlare e nell'agire; sincerità, schiettezza: — *d'animo*; *parlare con* —.

franchigia [fran-chì-gia] *s.f.* [pl. *-ge* o *-gie*] **1** esenzione da un pagamento concessa dalla legge: — *doganale*, *postale* **2** nei contratti di assicurazione, clausola che esclude dal risarcimento i danni inferiori a un dato ammontare.

franchismo [fran-chì-ʃmo] *s.m.* nome con cui si indica il regime politico di tipo fascista instaurato in Spagna nel 1939 dal generale Francisco Franco Bahamonde (1892-1975) e durato fino alla sua morte.

franchista [fran-chì-sta] *agg.* [pl.m. *-sti*] del generale Franco o del franchismo: *regime* — ♦ *s.m.* e *f.* seguace, sostenitore di Franco o del franchismo.
francio [fràn-cio] *s.m.* elemento chimico di simbolo *Fr*; è un metallo radioattivo del gruppo degli alcalini.
franco[1] [fràn-co] *s.m.* [pl. *-chi*] individuo appartenente all'antica popolazione germanica stanziatasi nell'attuale Francia | (*lett.*) francese ♦ *agg.* **1** relativo agli antichi Franchi: *la stirpe franca* **2** *lingua franca*, lingua composta di elementi francesi, italiani, spagnoli, greci e arabi, usata fino al sec. XIX per gli scambi nell'ambito del Mediterraneo; (*estens.*) lingua composita e semplificata che consente la comunicazione tra parlanti di lingue diverse.
franco[2] *agg.* **1** leale, schietto: *un uomo* — **2** sicuro di sé, disinvolto: *portamento* — **3** — *tiratore*, chi compie azioni di guerriglia nelle retrovie di un esercito invasore; (*fig.*) chi, in una votazione a scrutinio segreto, vota, senza dichiararlo, in maniera diversa da come ha preannunciato il gruppo a cui appartiene **4** libero dal pagamento di dazi, di spese di trasporto ecc.: *merce franca di porto*, spedita a spese del mittente; *città franca, porto* —, località in cui si introducono merci senza pagare dazi doganali | *farla franca*, (*fig.*) compiere un'azione illecita senza essere sorpresi ♦ *avv.* schiettamente: *parlare* — □ **francamente** *avv.* **1** lealmente, con franchezza: *comportarsi* — **2** in realtà, in verità: —, *non ci credo.*
franco[3] *s.m.* [pl. *-chi*] unità monetaria di Francia, Svizzera, Belgio, Lussemburgo e di alcuni paesi extraeuropei.
franco- primo elemento di parole composte di formazione moderna, che indica la Francia antica o moderna (*francofono, francoprovenzale*).
francobollo [fran-co-ból-lo] *s.m.* valore bollato a forma di talloncino che serve per l'affrancatura della corrispondenza spedita per posta | Usato come *agg.invar.*: di dimensioni ridottissime: *formato* —.
francofilo [fran-cò-fi-lo] *agg.* e *s.m.* [f. *-a*] si dice di chi nutre simpatia per la Francia e i francesi.
francofono [fran-cò-fo-no] *agg.* si dice di chi parla francese o di un territorio in cui si parla francese: *paesi francofoni* ♦ *s.m.* [f. *-a*] chi parla francese: *i francofoni del Canada.*
francolino [fran-co-lì-no] *s.m.* uccello simile alla pernice, con piumaggio variopinto.
francone [fràn-co-ne *o* francóne] *agg.* **1** dei franchi, della Franconia **2** (*ling.*) dei dialetti germanici della Franconia ♦ *s.m.* il gruppo dei dialetti franconi.
francoprovenzale [fran-co-pro-ven-zà-le], o **franco-provenzale**, *agg.* e *s.m.* si dice del gruppo di dialetti delle Alpi occidentali che presentano caratteri intermedi tra il francese e il provenzale.
francoveneto [fran-co-vè-ne-to], o **franco-veneto**, *agg.* e *s.m.* si dice della lingua letteraria, mista di francese e dialetti padani, usata nei secc. XIII e XIV nel Veneto in testi di argomento cavalleresco.
frangente [fran-gèn-te] *s.m.* **1** ondata che si infrange spumeggiando contro uno scoglio o un'imbarcazione | l'ostacolo contro cui l'onda si infrange **2** (*fig.*) circostanza, situazione difficile o dolorosa: *un triste* —.
frangersi *v.intr.pron.* [pres. *io mi frango, tu ti frangi*; pass.rem. *io mi fransi, tu ti frangésti*; part.pass. *franto*] rompersi, spezzarsi, detto soprattutto delle onde: *le onde si frangono sugli scogli.*
frangetta [fran-gét-ta] *s.f.* parte dei capelli che viene lasciata ricadere sulla fronte con taglio dritto. DIM. *frangettina.*
frangia [fràn-gia] *s.f.* [pl. *-ge*] **1** guarnizione composta di fili, fiocchetti o nappine pendenti, che viene applicata all'orlo di tessuti **2** frangetta **3** gruppo minoritario all'interno di un'organizzazione o di un partito: *frange estremiste.*
frangiatura [fran-gia-tù-ra] *s.f.* l'insieme delle frange che ornano qlco.: *la — della tenda.*
frangibile [fran-gi-bi-le] *agg.* che si può frangere, rompere.
frangiflutti [fran-gi-flùt-ti] *agg.* e *s.m.invar.* si dice di scogliera o altra opera naturale o artificiale atta a contenere la violenza delle onde.
frangionde [fran-gi-ón-de] *agg.* e *s.m.invar.* frangiflutti.
frangipani [fran-gi-pà-ni] *s.m.invar.* albero tropicale con fiori bianchi o rosa profumati.
frangitura [fran-gi-tù-ra] *s.f.* l'operazione con cui si ricava l'olio dalle olive.
frangivento [fran-gi-vèn-to] *agg.* e *s.m.invar.* si dice di riparo naturale o artificiale che serve a proteggere dal vento.
frangizolle [fran-gi-ʒòl-le] *s.m.invar.* macchina agricola che, mediante dischi o rulli dentati, provvede allo sminuzzamento delle zolle.
frangola [fràn-go-la] *s.f.* arbusto con foglie ovali, fiori di color giallo-verdastro, frutti a drupa neri.
franoso [fra-nó-so] *agg.* che frana con facilità: *terreno* —.
frantoio [fran-tó-io] *s.m.* macchina per macinare le olive; l'edificio in cui è alloggiata | macina per frantumare rocce o minerali.
frantumare [fran-tu-mà-re] *v.tr.* ridurre in frantumi (anche *fig.*): — *una roccia*; — *la resistenza altrui* ♦ **frantumarsi** *v.intr.pron.* andare in frantumi: *il vetro si è frantumato.*
frantumazione [fran-tu-ma-zió-ne] *s.f.* il frantumare, il frantumarsi, l'essere frantumato.
frantume [fran-tù-me] *s.m.* (spec. *pl.*) pezzetto, frammento di una cosa frantumata: *mandare in frantumi.*
frappa [fràp-pa] *s.f.* **1** striscia di stoffa increspata e smerlata, posta per guarnizione: *la — di un abito* **2** (spec. *pl.*) nell'Italia centrale, dolce di carnevale a forma di nastro, di pasta fritta spolverata di zucchero.
frappé [/ frapˈpɛ /] *s.m.* bevanda frullata a base

di latte con aggiunta di ghiaccio tritato: — *al cioccolato, alla menta.*
frapporre [frap-pór-re] *v.tr.* [coniugato come *porre*] porre in mezzo; interporre (spec. *fig.*): — *ostacoli, indugi* ♦ **frapporsi** *v.rifl.* e *intr.pron.* mettersi in mezzo; interporsi: *si frappongono molte difficoltà.*
frapposizione [frap-po-ʃi-zió-ne] *s.f.* il frapporre, il frapporsi; l'essere frapposto.
frasario [fra-ʃà-rio] *s.m.* l'insieme dei modi di dire propri di una persona, di una categoria di persone, di un ambiente: *il — dei medici; — politico, tecnico.*
frasca [frà-sca] *s.f.* piccolo ramo fronzuto; fronda: *capanno coperto di frasche* | *saltare di palo in —*, (*fig.*) cambiare argomento di conversazione senza alcun ordine o nesso. DIM. *fraschetta.*
frascame [fra-scà-me] *s.m.* quantità di frasche; frasche di varie piante.
frascati [fra-scà-ti] *s.m.* vino bianco secco e piuttosto forte prodotto nella zona di Frascati, cittadina del Lazio.
fraschetta [fra-schét-ta] *s.f.* (*fam.*) donna leggera, capricciosa e frivola.
frase [frà-ʃe] *s.f.* **1** espressione linguistica dotata di senso compiuto: *una — gentile; trovare la — giusta; — fatta,* convenzionale, stereotipata. DIM. *frasetta* **2** *— musicale,* successione di note costituenti un'unità espressiva.
fraseggiare [fra-ʃeg-già-re] *v.intr.* [*io fraʃéggio ecc.*; aus. *avere*] **1** (*non com.*) parlare, scrivere: *— con eleganza* **2** (*mus.*) dare evidenza espressiva alle frasi musicali durante l'esecuzione.
fraseggio [fra-ʃég-gio] *s.m.* **1** il fraseggiare **2** (*mus.*) modo di articolare espressivamente l'esecuzione di un brano.
fraseologia [fra-ʃe-o-lo-gì-a] *s.f.* l'insieme dei modi di dire tipici di una lingua o di un suo settore: *— italiana, inglese; la — medica.*
fraseologico [fra-ʃe-o-lò-gi-co] *agg.* [pl.m. *-ci*] relativo alla fraseologia: *dizionario —* | *verbo —*, (*gramm.*) che non ha un significato suo proprio, ma conferisce una particolare modalità al verbo da cui è seguito (p.e. *stare* nella frase *sta parlando*).
frassineto [fras-si-né-to] *s.m.* bosco di frassini.
frassino [fràs-si-no] *s.m.* **1** albero con foglie imparipennate, fiori piccoli in pannocchie, frutti a samara **2** il legno di tale albero, chiaro, elastico e resistente, usato in falegnameria.
frastagliamento [fra-sta-glia-mén-to] *s.m.* frastagliatura.
frastagliare [fra-sta-glià-re] *v.tr.* [*io frastàglio ecc.*] tagliare irregolarmente | ornare di frastagli ♦ **frastagliarsi** *v.intr.pron.* assumere forma irregolare: *a nord la costa si frastaglia.*
frastagliato [fra-sta-glià-to] *agg.* **1** che presenta una successione di sporgenze e rientranze: *coste frastagliate; foglia frastagliata* **2** ornato di frastagli: *cornice frastagliata.*
frastagliatura [fra-sta-glia-tù-ra] *s.f.* il frastagliare, l'essere frastagliato; aspetto che presenta una cosa frastagliata.
frastaglio [fra-stà-glio] *s.m.* **1** andamento irregolare di un profilo, di un bordo **2** lavoro d'intaglio a linee sporgenti e rientranti | *pl.* complesso di ornamenti, per lo più artificiosi e pesanti: *un abito pieno di frastagli.*
frastico [frà-sti-co] *agg.* [pl.m. *-ci*] (*ling.*) relativo alla frase.
frastornamento [fra-stor-na-mén-to] *s.m.* il frastornare, l'essere frastornato; ciò che frastorna.
frastornante [fra-stor-nàn-te] *agg.* che produce disturbo, confusione: *il rombo dei motori era —.*
frastornare [fra-stor-nà-re] *v.tr.* [*io frastórno ecc.*] provocare uno stato di confusione mentale: *mi ha frastornato con le sue chiacchiere.*
frastornato [fra-stor-nà-to] *agg.* stordito, confuso: *era — per il lungo viaggio.*
frastuono [fra-stuò-no] *s.m.* rumore intenso e confuso; fracasso: *il — del traffico.*
frate [frà-te] (davanti a nome proprio che comincia per consonante si tronca in **fra**) *s.m.* religioso appartenente a un ordine mendicante: *— francescano, domenicano; — laico,* quello che non ha ricevuto gli ordini. DIM. *fraticello* ACCR. *fratacchione.*
fratellanza [fra-tel-làn-za] *s.f.* **1** il rapporto naturale che intercorre tra fratelli **2** (*estens.*) sentimento reciproco di affetto e benevolenza, come tra fratelli | comunanza di ideali e di intenti: *la — delle nazioni* **3** associazione laica o religiosa con fini umanitari | società con scopi di mutuo soccorso tra gli aderenti.
fratellastro [fra-tel-là-stro] *s.m.* fratello unilaterale, da parte cioè del solo padre o della sola madre.
fratello [fra-tèl-lo] *s.m.* **1** persona di sesso maschile che è nata, rispetto a un'altra, dagli stessi genitori: *— gemello; — maggiore, minore* | *— unilaterale,* col quale si condivide uno solo dei genitori. DIM. *fratellino* **2** *pl.* l'insieme dei figli di una stessa famiglia, anche se di sesso diverso: *"Quanti fratelli siete?" "Quattro, tre maschi e una femmina"* **3** nella concezione cristiana, ogni uomo, in quanto condivide con tutti gli altri la condizione di figlio di Dio: *bisogna amare i propri fratelli* **4** chi appartiene alla stessa associazione o, più in generale, intrattiene con altri un legame molto stretto; compagno, confratello: *— massone; — di sventura* ♦ *agg.* [solo *m.*] che ha le stesse origini o gli stessi principi politici, etici, sociali: *un paese —.*
fraternità [fra-ter-ni-tà] *s.f.* sentimento di affetto che lega i fratelli; fratellanza, solidarietà.
fraternizzare [fra-ter-niʒ-ʒà-re] *v.intr.* [aus. *avere*] fare amicizia: *— col nuovo venuto* | fare causa comune: *i poliziotti fraternizzarono con i dimostranti.*
fraterno [fra-tèr-no] *agg.* **1** che è proprio di fratelli, che ha luogo tra fratelli: *legame, affetto —* **2** (*estens.*) affettuoso: *amicizia fraterna; rimprovero —* □ **fraternamente** *avv.*
fratesco [fra-té-sco] *agg.* [pl.m. *-schi*] (*spreg.*) da frate: *furberia fratesca.*

fraticello [fra-ti-cèl-lo] *s.m.* piccolo uccello marino con testa bianca e nera e piedi palmati.
fratina [fra-tì-na] *s.f.* tavolo rettangolare molto lungo e massiccio.
fratino[1] [fra-tì-no] *agg.* (*lett.*) da frate, fratesco.
fratino[2] *s.m.* fratina.
fratria [fra-trì-a *o* frà-tri-a] *s.f.* nell'antica Grecia, insieme dei gruppi familiari che discendevano da un medesimo capostipite.
fratricida [fra-tri-cì-da] *s.m.* e *f.* [pl.m. *-di*] chi compie un fratricidio ♦ *agg.* di fratricida, da fratricida: *intenzioni fratricide* | *guerra* —, guerra civile.
fratricidio [fra-tri-cì-dio] *s.m.* l'uccisione di un proprio fratello o di una propria sorella.
fratta [fràt-ta] *s.f.* (spec. *pl.*) territorio ricoperto di sterpi e pruni.
frattaglie [frat-tà-glie] *s.f.pl.* (*gastr.*) interiora degli animali macellati: — *di agnello*.
frattale [frat-tà-le] *s.m.* (*geom.*) elemento geometrico che rappresenta mediante linee spezzate delle forme irregolari e che, riprodotto in scala sempre più piccola, si approssima progressivamente all'oggetto rappresentato.
frattanto [frat-tàn-to] *avv.* nel frattempo: *che farò io —?* | Nella loc. cong. — *che*, mentre.
frattazzo [frat-tàz-zo] *s.m.* tavoletta con impugnatura usata dai muratori per stendere e lisciare l'intonaco.
frattempo [frat-tèm-po] *s.m.* periodo intercorrente tra due eventi o contemporaneo a un altro evento; usato solo nelle loc. avv. *nel —, in questo —, in quel —*, intanto, frattanto: *nel — guarderò quelle foto*.
fratto [fràt-to] *agg.* (*mat.*) frazionario: *numero* — | diviso: *dodici — tre dà quattro*.
frattura [frat-tù-ra] *s.f.* **1** rottura, spaccatura di un osso: *la — del femore* | (*fig.*) rottura, interruzione: *una — nei rapporti* **2** (*geol.*) spaccatura della crosta terrestre senza scorrimento delle parti.
fratturare [frat-tu-rà-re] *v.tr.* provocare una frattura; rompere, spezzare: *il colpo gli ha fratturato due costole* ♦ **fratturarsi** *v.intr.pron.* subire una frattura; rompersi, spezzarsi: — *il femore*.
fratturazione [frat-tu-ra-zió-ne] *s.f.* (*geol.*) produzione di una frattura o di una serie di fratture.
fraudolento [frau-do-lèn-to] *agg.* **1** che è fatto con frode, che costituisce frode: *bancarotta fraudolenta* **2** di persona che agisce con frode: *consigliere* —, chi suggerisce inganni ♦ *s.m.* [f. *-a*] chi ha commesso una frode, frodatore □ **fraudolentemente** *avv.*
fraudolenza [frau-do-lèn-za] *s.f.* **1** l'essere fraudolento **2** atto fraudolento; inganno, frode.
frazionabile [fra-zio-nà-bi-le] *agg.* che può essere frazionato: *proprietà non* —.
frazionale [fra-zio-nà-le] *agg.* (*econ.*) frazionario: *moneta* —, divisionale.
frazionamento [fra-zio-na-mén-to] *s.m.* **1** il frazionare, l'essere frazionato; suddivisione: *il — della proprietà terriera*; — *politico* **2** suddivisione di una particella catastale in due o più aree **3** (*chim.*) operazione con cui si separano i componenti di una miscela.
frazionare [fra-zio-nà-re] *v.tr.* [*io frazióno ecc.*] **1** dividere in varie parti; suddividere ♦ **frazionarsi** *v.rifl.* o *intr.pron.* dividersi, scindersi.
frazionario [fra-zio-nà-rio] *agg.* di frazione; in forma di frazione: *numero* —.
frazionato [fra-zio-nà-to] *agg.* diviso in più parti: *percorso* — | *vendita frazionata*, vendita di uno stabile per singole parti | *distillazione frazionata*, (*chim.*) quella che permette di separare i componenti di una miscela □ **frazionatamente** *avv.* in più parti; per frazionamenti.
frazione [fra-zió-ne] *s.f.* **1** ognuna delle parti in cui si suddivide qlco.; porzione: *il cent è una — del dollaro*; *in una — di secondo*, in un attimo | (*estens.*) corrente autonoma nell'ambito di un partito o di un altro organismo **2** (*mat.*) notazione numerica esprimente il rapporto tra due grandezze, delle quali la prima (numeratore) indica quante parti si considerano della seconda (denominatore), che rappresenta l'intero **3** (*ammin.*) centro abitato dipendendente amministrativamente da un comune. DIM. *frazioncina* **4** (*sport*) in una gara di staffetta, il percorso compiuto da ciascun componente della squadra | nel ciclismo, semitappa: — *a cronometro*.
frazionismo [fra-zio-nì-ʃmo] *s.m.* tendenza di un movimento o di un partito politico a dividersi in frazioni; scissionismo.
frazionista [fra-zio-nì-sta] *s.m.* e *f.* [pl.m. *-sti*] **1** (*sport*) nella staffetta, ciascuno degli atleti che disputa una frazione **2** chi tende al frazionismo; scissionista | Usato come *agg.* frazionistico.
frazionistico [fra-zio-nì-sti-co] *agg.* [pl.m. *-ci*] relativo al frazionismo: *correnti frazionistiche*.
freak [/ frik /] *s.m.* e *f.invar.* (*ingl.*) tra gli anni Sessanta e Settanta, giovane che esprimeva il suo dissenso nei confronti della società con un abbigliamento e comportamenti anticonformistici | Come *agg.invar.*: *un vestito un po' —*, stravagante.
freatico [fre-à-ti-co] *agg.* [pl.m. *-ci*] (*geol.*) si dice di falda acquifera non ricoperta da uno strato impermeabile.
freccetta [frec-cét-ta] *s.f.* piccolo proiettile a forma di freccia che si scaglia a mano contro un bersaglio: *giocare con le freccette*.
freccia [fréc-cia] *s.f.* [pl. *-ce*] **1** proiettile per archi o balestre, costituito da un'asta appuntita, munita di cocca all'estremità opposta: *scoccare una* — | *avere molte frecce al proprio arco*, (*fig.*) avere molte risorse | *correre come una* —, (*fig.*) molto velocemente | *Frecce tricolori*, gli aerei della pattuglia acrobatica italiana. DIM. *freccetta* ACCR. *frecciona* **2** segnale a forma di freccia che indica la direzione: *seguire la —*; — *a destra, a sinistra* | negli autoveicoli e nei motoveicoli, indicatore di direzione | in strumenti di misurazione, indicatore metallico o ottico a forma di freccia **3** simbolo grafico a forma di freccia.
frecciata [frec-cià-ta] *s.f.* **1** colpo di freccia **2**

(*fig.*) allusione pungente, battuta maliziosa o maligna: *lanciare frecciate a qlcu.* DIM. *frecciatina* **3** nella scherma, la stoccata vibrata proiettando il corpo in avanti.

freddare [fred-dà-re] *v.tr.* [*io fréddo ecc.*] **1** far diventare freddo; raffreddare: — *il brodo* **2** (*estens.*) ammazzare: *lo freddò con una revolverata* | (*fig.*) raggelare, intimidire: — *qlcu. con uno sguardo* ♦ **freddarsi** *v.intr.pron.* diventare freddo; raffreddarsi (anche *fig.*): *la minestra si fredda; il suo fervore si è freddato.*

freddezza [fred-déz-za] *s.f.* **1** la condizione di ciò che è freddo **2** (*fig.*) distacco: *salutare qlcu. con —* | sangue freddo: *l'incidente è stato evitato dalla — del pilota.*

freddo [fréd-do] *agg.* **1** che è a temperatura bassa o inferiore al normale: *acqua fredda; avere le mani fredde* | *cena fredda, piatti freddi*, a base di cibi freddi, cotti o crudi | *animali a sangue —*, (*zool.*) eterotermi | *corpo —*, (*astr.*) astro che non emette luce | *guerra fredda*, (*fig.*) situazione di conflitto politico e diplomatico **2** (*fig.*) privo di calore umano; distaccato: *accoglienza fredda; mostrarsi — verso qlcu.* **3** (*fig.*) che non si lascia sopraffare dalle emozioni: *un temperamento —* | *sangue —*, autocontrollo | *a sangue —*, con volontà lucida, senza alcuna passione o emozione: *uccidere a sangue —* | *a mente fredda*, una volta vinta l'emozione del primo momento, lucidamente: *ragionare a mente fredda* | *colori freddi*, quelli nella gamma del grigio, del verde e dell'azzurro ♦ *s.m.* **1** la temperatura bassa e la sensazione che ne deriva: — *pungente; fa —; sentire —* | *i primi freddi*, l'inizio dell'inverno | *sudare —*, (*fig.*) avere paura | *a —*, senza usare il calore: *metallo lavorato a —*; (*fig.*) con freddezza, in modo distaccato: *insultare qlcu. a —.* DIM. *freddino* □ **freddamente** *avv.* con freddezza, con indifferenza.

freddolina [fred-do-lì-na] *s.f.* (*pop.*) colchico.

freddoloso [fred-do-ló-so] *agg.* che soffre molto il freddo: *una persona freddolosa* □ **freddolosamente** *avv.*

freddura [fred-dù-ra] *s.f.* battuta spiritosa, consistente per lo più in un gioco di parole; spiritosaggine.

freddurista [fred-du-rì-sta] *s.m.* e *f.* [pl.m. *-sti*] chi ama dire freddure.

free-climbing [/ fri'klaimbiŋ /] *loc.sost.m.invar.* (*ingl.*) (*sport*) arrampicata libera.

freelance [/ fri'lɛns /] *agg.* e *s.m.* e *f.invar.* (*ingl.*) si dice di chi esercita una professione, specialmente nel campo giornalistico o pubblicitario, facendosi pagare a prestazione.

freezer [/ 'fri:zə /] *s.m.* (*ingl.*) vano del frigorifero, nel quale la temperatura è inferiore allo zero; congelatore.

fregamento [fre-ga-mén-to] *s.m.* il fregare; sfregamento.

fregare [fre-gà-re] *v.tr.* [*io frégo, tu fréghi ecc.*] **1** passare ripetutamente con energia la mano, o una cosa tenuta con la mano, su qlco.; strofinare: — *le pentole* | *fregarsi le mani*, stropicciarsele in segno di soddisfazione | *fregarsi gli occhi*, passarcisi le mani | strusciare, facendo una certa pressione: — *un fiammifero sulla carta vetrata* **2** (*pop.*) ingannare; danneggiare: *restare fregato; farsi —* | rubare: *mi hanno fregato la moto* ♦ **fregarsi** *v.intr.pron.* (*pop.*) non preoccuparsi, disinteressarsi (usato esclusivamente con la particella *ne*): *fregarsene di tutti; frégatene!*

fregata[1] [fre-gà-ta] *s.f.* il fregare: *una — di mani.* DIM. *fregatina.*

fregata[2] *s.f.* **1** un tempo, veliero da guerra molto veloce **2** oggi, nave da guerra attrezzata per la caccia ai sommergibili e la scorta ai convogli | *capitano di —*, ufficiale della marina il cui grado corrisponde a quello di tenente colonnello dell'esercito.

fregata[3] *s.f.* uccello dei mari tropicali, con ali molto lunghe, coda forcuta, zampe corte e palmate, becco ricurvo all'apice.

fregatura [fre-ga-tù-ra] *s.f.* (*pop.*) inganno, imbroglio: *dare, prendere una —*, imbrogliare, essere imbrogliato.

fregiare [fre-già-re] *v.tr.* [*io frégio ecc.*] ornare con fregi; abbellire, decorare: — *una cornice* ♦ **fregiarsi** *v.rifl.* ornarsi, lusingarsi di qlco.: — *di un titolo.*

fregio [fré-gio] *s.m.* **1** (*arch.*) nei templi antichi, la parte della trabeazione, talora decorata, tra l'architrave e la cornice **2** (*estens.*) qualsiasi ornamento che abbia andamento più o meno lineare: *un libro con un — d'oro.*

fregnaccia [fre-gnàc-cia] *s.f.* (*region.*) sciocchezza: *non dire fregnacce!*

fregnone [fre-gnó-ne] *s.m.* [f. *-a*] (*region.*) sciocco, stupido.

frego [fré-go] *s.m.* [pl. *-ghi*] linea tracciata frettolosamente, specie per cancellare; sgorbio: *fare un — sul quaderno.*

fregola [fré-go-la] *s.f.* **1** stato di eccitazione sessuale degli animali: *andare in —*, in calore **2** (*estens.*) voglia, frenesia, smania: *gli è venuta la — di dipingere.*

freisa [frèi-ʃa] *s.m.* e *f.invar.* nome di un vitigno piemontese; il vino rosso che si ricava dalla sua uva.

fremebondo [fre-me-bón-do] *agg.* (*lett.*) che freme (per sdegno, collera ecc.).

fremente [fre-mèn-te] *agg.* che freme; ardente: — *di rabbia.*

fremere [frè-me-re] *v.intr.* [*io frèmo ecc.*; aus. *avere*] essere fortemente agitato da un sentimento intenso: — *d'ira, per il desiderio di partire.*

fremito [frè-mi-to] *s.m.* agitazione improvvisa e violenta provocata da un sentimento intenso: *un — di sdegno.*

frenabile [fre-nà-bi-le] *agg.* che può essere frenato.

frenaggio [fre-nàg-gio] *s.m.* **1** il complesso dei meccanismi che servono a frenare una macchina **2** il frenare; frenatura.

frenare [fre-nà-re] *v.tr.* [*io fréno ecc.*] **1** rallentare o arrestare il movimento di un animale o di una macchina per mezzo del freno: — *il cavallo, la bicicletta* **2** (*fig.*) moderare, contenere: — *lo sdegno* ♦ *v.intr.* [aus. *avere*] azionare il freno: — *a un incrocio*; — *di colpo, bruscamente* | rispondere all'azione dei freni: *un'auto che frena male* ♦ **frenarsi** *v.rifl.* dominarsi, controllarsi: *non riuscire a* —.

frenastenia [fre-na-ste-nì-a] *s.f.* (*psich.*) insufficienza mentale; oligofrenia.

frenastenico [fre-na-stè-ni-co] *agg.* [pl.m. - *ci*] (*psich.*) relativo a frenastenia ♦ *agg.* e *s.m.* [f. *-a*] che/chi è affetto da frenastenia.

frenata [fre-nà-ta] *s.f.* il frenare: *una — brusca* | *spazio, tempo di* —, quelli necessari per l'arresto completo di un veicolo. DIM. *frenatina*.

frenato [fre-nà-to] *agg.* tenuto fermo per mezzo di un freno: *pallone* —, aerostato ancorato a terra mediante cavi.

frenatore [fre-na-tó-re] *s.m.* [f. *-trice*] chi frena | l'addetto all'operazione di freno a mano o automatico su carri o convogli ferroviari in manovra.

frenatura [fre-na-tù-ra] *s.f.* **1** il frenare; frenata **2** il complesso dei meccanismi che servono a frenare un veicolo; la loro disposizione e il loro funzionamento.

frenesia [fre-ne-ʃì-a] *s.f.* **1** stato di delirio furente; follia **2** eccitazione, entusiasmo **3** desiderio impaziente ed eccessivo: *la — del guadagno*.

frenetico [fre-nè-ti-co] *agg.* [pl.m. *-ci*] **1** che è in preda a frenesia; che è prodotto da frenesia: *pazzo* —; *urla frenetiche* **2** (*fig.*) che manifesta, rivela un grande entusiasmo: *applausi frenetici* **3** (*fig.*) sfrenato, convulso: *il ritmo — della vita moderna* □ **freneticamente** *avv.*

-frenia secondo elemento di parole composte della terminologia psichiatrica, che significa 'mente, animo' (*schizofrenia*).

frenico [frè-ni-co] *agg.* [pl.m. *-ci*] (*anat.*) del diaframma, che è in rapporto con il diaframma: *nervo* —.

freno [fré-no *o* frèno] *s.m.* **1** la barretta metallica che si mette in bocca all'animale per reggerlo e guidarlo; morso: *tirare, allentare il — a un cavallo* | *senza* —, (*fig.*) senza ritegno, sfrenatamente | *mordere il* —, (*fig.*) sopportare malvolentieri la propria condizione di dipendenza | *tenere a* —, (*fig.*) contenere, dominare: *tenere a — la lingua*, moderarsi nel parlare **2** congegno destinato a rallentare o arrestare il moto di un veicolo, di una macchina o di una parte di essa: *il — dell'auto*; — *a mano*; — *di emergenza*; — *a disco* **3** (*fig.*) qualunque forza o mezzo che serve a reprimere o a moderare: *il — della legge*; *porre un — alle ingiustizie* | *freni inibitori*, (*psicol.*) i meccanismi per cui un individuo controlla e reprime, soprattutto per ragioni di convivenza sociale, i propri impulsi.

frenologia [fre-no-lo-gì-a] *s.f.* dottrina, formulata nell'Ottocento e da tempo abbandonata, secondo la quale le caratteristiche psichiche di una persona dipenderebbero dalla forma esterna del suo cranio.

frenologico [fre-no-lò-gi-co] *agg.* [pl.m. *-ci*] che concerne la frenologia.

frenologo [fre-nò-lo-go] *s.m.* [f. *-a*; pl.m. *-gi*] studioso di frenologia.

frenotomia [fre-no-to-mì-a] *s.f.* (*med.*) taglio del frenulo della lingua o del prepuzio.

frenulo [frè-nu-lo] *s.m.* (*anat.*) membrana che unisce due organi o due parti dello stesso organo: — *della lingua*.

frequentabile [fre-quen-tà-bi-le] *agg.* che si può frequentare.

frequentare [fre-quen-tà-re] *v.tr.* [*io frequènto ecc.*] **1** recarsi spesso in un luogo o in un ambiente: — *una casa, un locale* | — *una scuola*, esservi iscritto e recarvisi regolarmente **2** partecipare assiduamente a un'attività che si svolge con regolarità: — *le lezioni* **3** incontrare spesso determinate persone: — *gli amici* | (*fig.*) leggere assiduamente: — *i classici* ♦ **frequentarsi** *v.rifl.rec.* incontrarsi spesso.

frequentativo [fre-quen-ta-tì-vo] *agg.* e *s.m.* (*gramm.*) si dice di verbo che esprime un'azione ripetuta; iterativo: "*saltellare*" *è il — di* "*saltare*".

frequentato [fre-quen-tà-to] *agg.* si dice di luogo in cui di solito convengono molte persone: *un locale* —.

frequentatore [fre-quen-ta-tó-re] *s.m.* [f. *-trice*] chi frequenta abitualmente un dato luogo: *un assiduo — del circolo*.

frequentazione [fre-quen-ta-zió-ne] *s.f.* (*non com.*) il frequentare; l'avere familiarità con qlcu. o con qlco.

frequente [fre-quèn-te] *agg.* che si fa, che avviene spesso: *assenze, piogge frequenti* | *polso* —, con un ritmo più veloce del normale | *di* —, spesso □ **frequentemente** *avv.* spesso: *è stato — interrotto*.

frequenza [fre-quèn-za] *s.f.* **1** l'essere frequente, l'accadere frequentemente; il numero di volte che un fatto accade o si ripete: *la — degli incidenti stradali*; *la — del polso* | *con* —, frequentemente **2** il frequentare, l'essere assiduo: *la — alle lezioni è obbligatoria* **3** (*fis.*) il numero di volte in cui un fenomeno periodico si ripete nell'unità di tempo | in acustica: *le basse e le alte frequenze*, i suoni bassi e alti | in statistica: — *assoluta*, il numero delle volte che una determinata modalità si presenta nel complesso delle unità rilevate; — *relativa*, il rapporto in termini percentuali tra la frequenza assoluta e il numero totale delle unità rilevate.

frequenziometro [fre-quen-ziò-me-tro] *s.m.* (*fis.*) strumento per la misura della frequenza di una corrente elettrica alternata.

fresa [frè-ʃa] *s.f.* (*mecc.*) utensile rotante che serve per produrre scanalature e profili sagomati.

fresare [fre-ʃà-re] *v.tr.* [*io frèʃo ecc.*] (*mecc.*) lavorare, sagomare con la fresa.

fresatore [fre-ʃa-tó-re] *s.m.* operaio che lavora alla fresatrice.

fresatrice [fre-ʃa-trì-ce] *s.f.* (*mecc.*) macchina utensile per la lavorazione dei metalli, costituita da un motore che alimenta il movimento di rotazione della fresa.

fresatura [fre-ʃa-tù-ra] *s.f.* l'operazione del fresare; la lavorazione ottenuta con la fresa.

freschezza [fre-schéz-za] *s.f.* qualità di ciò che è fresco (anche *fig.*): *la — di un pesce*; *— di idee, di affetti.*

fresco [fré-sco] *agg.* [pl.m. *-schi*] **1** si dice di ciò che è leggermente e piacevolmente freddo: *aria, bevanda —* | *avere la fronte fresca*, non calda per la febbre | *stai —!*, (*fig.*) si dice a chi non ha vie di uscita **2** si dice di cibo o altra cosa deperibile non alterata dal tempo o non trattata perché si conservi: *latte, pesce —*; *fiori freschi* **3** (*estens.*) recente: *notizie fresche* |*vernice fresca*, appena stesa, non ancora asciutta | *un giovane — di studi*, che li ha appena terminati | *di —*, recentemente **4** (*fig.*) che mostra piena salute; riposato, in forze: *viso —*; *mente fresca* **5** (*fig.*) vivace, naturale, spontaneo: *stile —*; *immagini fresche* ♦ *s.m.* **1** temperatura fresca: *fa —*; *prendere, godere il —* | *partire col —*, nelle ore fresche della giornata. DIM. *freschetto, frescolino* **2** luogo, ambiente fresco: *sedere, passeggiare al —*; *mettere il vino in —* | *andare, mettere al —*, (*fig. scherz.*) in prigione | *dipingere a —*, sull'intonaco fresco **3** *— di lana*, tessuto di lana per abiti estivi.

frescone [fre-scó-ne] *s.m.* (*pop.*) forma eufemistica per *fregnone.*

frescura [fre-scù-ra] *s.f.* aria fresca: *la — della sera.*

fresia [frè-ʃia] *s.f.* (*bot.*) genere di piante erbacee, bulbose, coltivate per i fiori colorati molto profumati.

fretta [frét-ta] *s.f.* bisogno o desiderio di far presto; premura: *ho — di partire* | *mettere — a qlcu.*, incitarlo a sbrigarsi | *camminare, mangiare in —*, rapidamente | *in — e furia*, molto affrettatamente.

frettoloso [fret-to-ló-so] *agg.* **1** che agisce o si muove in fretta: *lettore —* **2** fatto in fretta, affrettato: *un lavoro —* □ **frettolosamente** *avv.*

freudiano [freu-dia-no; / froi'djano /] *agg.* di S. Freud (1856-1939), fondatore della psicoanalisi; relativo alle sue teorie ♦ *s.m.* [f. *-a*] seguace di Freud.

friabile [fri-à-bi-le] *agg.* che si sgretola facilmente: *roccia —.*

friabilità [fri-a-bi-li-tà] *s.f.* qualità di ciò che è friabile.

fricandò [fri-can-dò] *s.m.* (*gastr.*) carne di vitello lardellata e cotta in casseruola con erbe e aromi.

fricassea [fri-cas-sè-a] *s.m.* (*gastr.*) spezzatino condito con salsa a base di uova e limone.

fricativo [fri-ca-tì-vo] *agg.* che produce frizione | *consonanti fricative*, (*ling.*) quelle il cui suono è avvertito come un fruscio prodotto dal passaggio dell'aria attraverso il forte restringimento del canale vocale (p.e. *f* e *v*).

fricchettone [fric-chet-tó-ne] *agg.* e *s.m.* [f. *-a*] (*pop.*) freak.

friganea [fri-gà-ne-a] *s.f.* (*zool.*) genere di insetti simili a farfalle, con quattro ali pelose reticolate e lunghe antenne setolose.

friggere [frìg-ge-re] *v.tr.* [pres. *io friggo, tu friggi ecc.*; pass.rem. *io frissi, tu friggésti ecc.*; part.pass. *fritto*] cuocere nell'olio o in altro grasso bollente: *— il pesce in padella* | *mandare qlcu. a farsi —*, (*fig.*) mandarlo al diavolo | *andare a farsi —*, (*fig.*) andare in malora; avere cattivo esito ♦ *v.intr.* [aus. *avere*] scoppiettare bollendo: *l'olio friggeva nella padella* | (*estens.*) crepitare, sfriggere.

friggitoria [frig-gi-to-rì-a] *s.f.* negozio in cui si preparano e si vendono cibi fritti.

friggitrice [frig-gi-trì-ce] *s.f.* elettrodomestico per friggere.

frigidario [fri-gi-dà-rio] *s.m.* (*archeol.*) nelle terme romane, sala con grande vasca per il bagno freddo.

frigidità [fri-gi-di-tà] *s.f.* **1** mancanza di entusiasmo, apatia: *— di temperamento* **2** (*med.*) insensibilità della donna agli stimoli sessuali.

frigido [frì-gi-do] *agg.* **1** privo di entusiasmo **2** (*med.*) insensibile agli stimoli sessuali ♦ *s.m.* [f. *-a*] persona frigida □ **frigidamente** *avv.*

frigio [frì-gio] *agg.* [pl.f. *-gie*] della Frigia, regione storica della Turchia | *berretto —*, berretto rosso con la punta ripiegata, usato anticamente dai Frigi, e divenuto simbolo della rivoluzione francese ♦ *s.m.* **1** [f. *-a*] abitante, nativo della Frigia **2** la lingua parlata nella Frigia.

frignare [fri-gnà-re] *v.intr.* [aus. *avere*] (*fam.*) piangere in modo insistente e lamentoso.

frignone [fri-gnó-ne] *s.m.* [f. *-a*] (*fam.*) chi frigna in continuazione; piagnucolone.

frigo [frì-go] *s.m.invar.* forma abbreviata di *frigorifero.*

frigobar [fri-go-bàr] *s.m.invar.* mobile bar frigorifero.

frigoconservazione [fri-go-con-ser-va-zió-ne] *s.f.* il complesso dei procedimenti che utilizzano il freddo per la conservazione degli alimenti e di altre sostanze deperibili.

frigorifero [fri-go-rì-fe-ro] *agg.* **1** che è capace di abbassare o mantenere bassa la temperatura: *impianto —*; *miscela frigorifera* | *cella frigorifera*, vano refrigerato per la conservazione degli alimenti **2** che è provvisto di impianto frigorifero: *vagone —* ♦ *s.m.* apparecchio elettrodomestico o impianto industriale per la conservazione a bassa temperatura di alimenti e altri prodotti | *mettere qlco. in —*, (*fig.*) metterla da parte, tenerla in sospeso.

frigorista [fri-go-rì-sta] *s.m.* [pl. *-sti*] tecnico addetto al funzionamento e alla manutenzione dei frigoriferi.

frimaio [fri-mà-io] *s.m.* il terzo mese del calendario rivoluzionario francese (20 novembre - 20 dicembre).

fringillidi [frin-gìl-li-di] *s.m.pl.* (*zool.*) famiglia di uccelli passeriformi di taglia piccola e media; vi appartengono, tra gli altri, il passero, il canarino e il fringuello.

fringuello [frin-guèl-lo] *s.m.* piccolo uccello ca-

noro, con gola e petto rossicci | *cantare come un —*, gioiosamente.
frinire [fri-nì-re] *v.intr.* [*io finisco, tu finisci ecc.*; aus. *avere*] detto delle cicale, emettere il caratteristico verso.
frisbee® [/ ˈfriʃbi /] *s.m.invar.* (*ingl.*) disco di plastica con cui si gioca lanciandolo e afferrandolo al volo con le mani.
frisone [fri-ʃó-ne] *agg.* della Frisia, regione dell'Europa nord-occidentale ♦ *s.m.* **1** [f. *-a*] nativo, abitante della Frisia **2** lingua del gruppo germanico parlata in Frisia.
fritillaria [fri-til-là-ria] *s.f.* (*bot.*) genere di piante erbacee bulbose, con fiori campanulati penduli di colore arancio o screziato.
frittata [frit-tà-ta] *s.f.* vivanda di uova sbattute fritte in padella | *fare una —*, (*scherz.*) rompere inavvertitamente più uova; (*estens.*) rompere un oggetto fragile; (*fig.*) combinare un pasticcio, un guaio | *rivoltare la —*, (*fig.*) far apparire, per proprio vantaggio, le cose in modo diverso da come sono realmente. DIM. *frittatina*.
frittella [frit-tèl-la] *s.f.* **1** dolce fatto con pasta quasi liquida, che si frigge unita ad altri ingredienti: *frittelle di mele*. DIM. *frittellina* **2** (*fam.*) macchia sugli abiti.
fritto [frìt-to] *agg.* cotto in olio o grasso bollente: *patate fritte* | *essere —*, (*fig.*) essere rovinato | *cosa fritta e rifritta*, (*fig.*) ripetuta più volte e quindi notissima | *aria fritta*, (*fig.*) discorso, ragionamento ozioso ♦ *s.m.* piatto di cibi fritti: *un — di pesce*; *— misto*.
frittura [frit-tù-ra] *s.f.* **1** il friggere: *— a fuoco vivo* **2** vivanda fritta: *— di pesce*.
friulano [fri-u-là-no] *agg.* del Friuli ♦ *s.m.* **1** [f. *-a*] abitante, nativo del Friuli **2** dialetto ladino parlato nel Friuli.
frivolezza [fri-vo-léz-za] *s.f.* **1** l'essere frivolo: *la — di un discorso* **2** parola, atto frivolo: *perdersi in frivolezze*.
frivolo [frì-vo-lo] *agg.* che dimostra scarsa serietà; superficiale: *persona frivola*; *discorso —* □ **frivolamente** *avv.*
frizionare [fri-zio-nà-re] *v.tr.* [*io frizióno ecc.*] sottoporre a una frizione; massaggiare: *— il cuoio capelluto*.
frizione [fri-zió-ne] *s.f.* **1** massaggio consistente nello strofinare fortemente la pelle con sostanze medicamentose | la sostanza stessa usata per frizionare **2** (*fis.*) attrito fra due corpi, di cui almeno uno in movimento **3** (*aut.*) organo che serve a staccare temporaneamente il motore dalla trasmissione per eseguire i cambi di marcia **4** (*fig.*) contrasto, dissidio: *motivi di —*.
frizzante [friʒ-ʒàn-te *o* frizzànte] *agg.* **1** effervescente; *acqua —* | *aria —*, pungente. DIM. *frizzantino* **2** intelligente, vivace, arguto: *un ingegno —*.
frizzare [friʒ-ʒà-re *o* frizzàre] *v.intr.* [aus. *avere*] detto di bevande, provocare una sensazione di solletico al palato; essere effervescente: *lo spumante frizza*.
frizzo [frìʒ-ʒo *o* frìzzo] *s.m.* motto arguto e mordace.
frocio [frò-cio] *s.m.* (*region. volg.*) omosessuale maschile.
frodare [fro-dà-re] *v.tr.* [*io fròdo ecc.*] **1** privare qlcu., con l'inganno, di qlco. che gli spetta: *— lo stato, un cliente* **2** sottrarre qlco. con l'inganno: *— una somma a qlcu.*
frodatore [fro-da-tó-re] *s.m.* [f. *-trice*] chi froda.
frode [frò-de] *s.f.* inganno, raggiro | (*dir.*) attività lesiva del diritto altrui svolta in mala fede: *— alimentare, fiscale*.
frodo [frò-do] *s.m.* (*dir.*) il sottrarsi con l'inganno al pagamento di tasse, imposte | *cacciatore, pescatore di —*, chi caccia, pesca senza licenza o a dispetto di un divieto | *merce di —*, di contrabbando.
frogia [frò-gia] *s.f.* [pl. *-gie* o *-ge*] (spec. *pl.*) ciascuna delle estremità carnose delle narici del cavallo | (*scherz.*) narice umana.
frollare [frol-là-re] *v.tr.* [*io fròllo ecc.*] sottoporre a frollatura: *— la cacciagione* ♦ *v.intr.* [aus. *essere*] **frollarsi** *v.intr.pron.* diventare frollo.
frollatura [frol-la-tù-ra] *s.f.* stagionatura di pochi giorni delle carni macellate per renderle più tenere e saporite.
frollino [frol-lì-no] *s.m.* biscotto di pasta frolla.
frollo [fròl-lo] *agg.* tenero, morbido | *carne frolla*, sottoposta a frollatura | *pasta frolla*, pasta friabile per dolci: *avere le mani di pasta frolla*, (*fig.*) farsi cadere tutto di mano.
frombola [fróm-bo-la] *s.f.* (*lett.*) fionda.
fromboliere [from-bo-liè-re] *s.m.* **1** nell'antichità, soldato armato di fionda **2** (*sport*) giocatore di calcio dotato di potenza di tiro; cannoniere.
fronda[1] [frón-da] *s.f.* [pl. *-de*] frasca | *pl.* l'insieme delle foglie e dei rami di un albero; (*fig.*) ornamenti superflui, fronzoli.
fronda[2] *s.f.* corrente di opposizione all'interno di un gruppo politico: *— parlamentare* | *vento di —*, aria d'opposizione.
frondifero [fron-dì-fe-ro] *agg.* (*lett.*) che porta, che produce fronde.
frondista [fron-dì-sta] *s.m.* e *f.* [pl.m. *-sti*] oppositore interno.
frondosità [fron-do-si-tà] *s.f.* (*lett.*) l'essere frondoso.
frondoso [fron-dó-so] *agg.* ricco di fronde: *un albero —* | (*fig.*) sovraccarico di ornamenti: *un discorso —*.
frontale [fron-tà-le] *agg.* **1** (*anat.*) della fronte: *osso —* **2** che è, che avviene di fronte | *scontro —*, tra due veicoli provenienti da direzioni opposte | *attacco —*, (*mil.*) portato contro la fronte dello schieramento nemico ♦ *s.m.* **1** la parte anteriore o quella rivolta verso chi osserva: *il — della chiesa* **2** parte dell'elmo che proteggeva la fronte **3** parte della briglia che passa sulla fronte del cavallo **4** mensola del caminetto □ **frontalmente** *avv.* di fronte: *attaccare, scontrarsi —*.
frontaliero [fron-ta-liè-ro] *agg.* e *s.m.* [f. *-a*] si di-

ce di chi abita in una zona di frontiera e va a lavorare oltre il confine.
frontalino [fron-ta-lì-no] *s.m.* la parte anteriore asportabile di alcuni modelli di autoradio.
fronte [frón-te] *s.f.* [anche *s.m.* nel sign. 4] **1** parte anteriore della testa al disopra delle sopracciglia: *— alta, spaziosa* | *guadagnarsi il pane col sudore della —,* (*fig.*) lavorando, onestamente | *a — alta,* non avendo nulla di cui vergognarsi | *avere qlco. scolpito in —,* (*fig.*) leggibile in volto anche se non dichiarato **2** parte anteriore o rivolta verso chi guarda: *la — di un edificio* | *di —,* davanti: *abita qui di —; la casa di —* | *traduzione con testo a —,* stampata sulla pagina a fianco di quella col testo originale | *— a —,* faccia a faccia | *a — di,* in corrispondenza a, quale corrispettivo di **3** (*metr.*) nella canzone lirica antica, la prima parte della stanza **4** il limite raggiunto a valle da un ghiacciaio ♦ *s.m.* **1** la linea lungo la quale si contrappongono due eserciti nemici: *andare al —* | *far —,* affrontare, fronteggiare (anche *fig.*): *far — a una difficoltà* **2** unione di più partiti in vista di un comune obbiettivo **3** (*meteor.*) zona perturbata dovuta all'incontro di masse d'aria a diversa temperatura.
fronteggiare [fron-teg-già-re] *v.tr.* [*io frontéggio ecc.*] contrastare validamente: *— gli avversari; — una situazione difficile* ♦ **fronteggiarsi** *v.rifl.rec.* affrontarsi, contrastarsi.
frontespizio [fron-te-spì-zio] *s.m.* **1** pagina all'inizio di un libro, in cui sono stampati il titolo, il nome dell'autore e dell'editore, e talora anche il luogo e la data di stampa **2** (*arch.*) frontone.
frontiera [fron-tiè-ra] *s.f.* **1** limite della sovranità territoriale di uno stato; confine: *passare la —* | *valico di —,* luogo in cui è consentito attraversare la frontiera | *incidenti di —,* scaramucce belliche tra stati confinanti **2** (*fig.*) linea di divisione, di distinzione: *la — tra libertà e arbitrio.*
frontino [fron-tì-no] *s.m.* **1** piccola parrucca portata sulla fronte **2** schiaffo dato a mano aperta sulla fronte di qlcu.
frontismo [fron-tì-ʃmo] *s.m.* la tendenza di partiti a riunirsi in un fronte unico.
frontista [fron-tì-sta] *s.m.* e *f.* [pl.m. *-sti*] aderente a un fronte politico ♦ *agg.* relativo al frontismo politico o ai suoi aderenti: *movimento —.*
frontone [fron-tó-ne] *s.m.* **1** (*arch.*) decorazione, solitamente triangolare, posta a coronamento della facciata di un edificio o su porte e finestre **2** lastra di materiale refrattario posta contro il muro di fondo di un caminetto.
fronzolo [frón-ʒo-lo] *s.m.* (spec. *pl.*) ornamento superfluo e non elegante (anche *fig.*): *un vestito pieno di fronzoli; scrivere senza fronzoli.*
fronzuto [fron-ʒù-to] *agg.* (*lett.*) che ha molte fronde; frondoso.
frotta [fròt-ta] *s.f.* gruppo di persone che avanza disordinatamente: *una — di ragazzi* | *a frotte,* (*fig.*) in grande quantità: *i turisti venivano a —.*
frottola [fròt-to-la] *s.f.* **1** componimento poetico di tono popolaresco che mette insieme bizzarramente argomenti disparati **2** (*mus.*) composizione polifonica vocale di origine popolare **3** (*fig.*) bugia: *raccontar frottole.*
frugale [fru-gà-le] *agg.* sobrio, morigerato; senza pretese: *un pasto —; costumi frugali* □ **frugalmente** *avv.*
frugalità [fru-ga-li-tà] *s.f.* l'essere frugale; morigeratezza.
frugare [fru-gà-re] *v.intr.* [*io frugo, tu frughi ecc.*; aus. *avere*] cercare insistentemente tra cose: *— tra i rifiuti, nei cassetti* ♦ *v.tr.* **1** rovistare: *— le tasche* **2** perquisire: *ordinò di — i passeggeri.*
frugata [fru-gà-ta] *s.f.* il frugare, in fretta e superficialmente.
frugivoro [fru-gì-vo-ro] *agg.* si dice di animale che si nutre di frutti.
frugolo [frù-go-lo] *s.m.* [f. *-a*] bambino molto vivace. DIM. *frugolino, frugoletto.*
fruibile [fru-ì-bi-le] *agg.* di cui si può fruire; utilizzabile.
fruibilità [frui-bi-li-tà] *s.f.* l'essere fruibile.
fruire [fru-ì-re] *v.intr.* [*io fruisco, tu fruisci ecc.*; aus. *avere*] godere, giovarsi di qlco.: *— di una rendita* ♦ *v.tr.* recepire, interpretare un testo letterario o un'opera d'arte.
fruitore [frui-tó-re] *s.m.* **1** chi fruisce di qlco.; utente: *— di un diritto, di un servizio* **2** chi recepisce un testo letterario o un'opera d'arte.
fruizione [frui-zió-ne] *s.f.* uso, godimento.
frullare [frul-là-re] *v.intr.* [aus. *avere*] **1** detto di uccelli, levarsi in volo sbattendo le ali **2** (*estens.*) girare velocemente: *far — una trottola* | *— per la testa,* (*fig.*) agitarsi nella mente: *cosa ti frulla per la testa?* ♦ *v.tr.* agitare col frullino o col frullatore: *— le uova.*
frullato [frul-là-to] *agg.* sbattuto col frullino o col frullatore: *uova frullate* ♦ *s.m.* bevanda ottenuta frullando latte e frutta o altri ingredienti: *— di banana.*
frullatore [frul-la-tó-re] *s.m.* elettrodomestico per frullare cibi e bevande.
frullino [frul-lì-no] *s.m.* utensile da cucina usato per frullare a mano.
frullio [frul-lì-o] *s.m.* un frullare prolungato.
frullo [frùl-lo] *s.m.* il frullare; il rumore che fanno gli uccelli nel levarsi in volo: *un — d'ali.*
frullone [frul-ló-ne] *s.m.* apparecchio usato per separare la farina dalla crusca.
frumentario [fru-men-tà-rio] *agg.* (*non com.*) del frumento, relativo al frumento: *mercato —* ♦ *s.m.* nell'esercito romano, chi era addetto al vettovagliamento.
frumento [fru-mén-to] *s.m.* **1** pianta erbacea con infiorescenza a spiga da cui si ricava la farina; grano **2** l'insieme dei chicchi che si raccolgono dalle spighe di frumento: *una manciata di —.*
frusciare [fru-scià-re] *v.intr.* [*io frùscio ecc.*; aus. *avere*] produrre un fruscio: *il vento fa — le foglie.*
fruscio [fru-scì-o] *s.m.* rumore leggero continuo, prodotto da qlco. che striscia, che sfrega: *il — delle foglie* | nella riproduzione del suono, disturbo, rumore di sottofondo.

frusinate [fru-ʃi-nà-te] *agg.* di Frosinone ♦ *s.m.* e *f.* chi è nato, chi abita a Frosinone.
frusta [frù-sta] *s.f.* 1 attrezzo costituito da un manico a cui è fissata una striscia di cuoio, con cui si colpiscono gli animali per incitarli; un tempo, anche strumento di pena o di supplizio per gli uomini: *far schioccare la* — | *usare la* —, *ricorrere alla* — (*fig.*), imporre una disciplina rigida. DIM. *frustino* (m.) 2 utensile di cucina usato per sbattere uova, panna o altro 3 (*region.*) forma di pane lunga e sottile 4 (*mus.*) strumento formato da due tavolette di legno che vengono percosse l'una contro l'altra.
frustare [fru-stà-re] *v.tr.* colpire con la frusta: — *il cavallo.*
frustata [fru-stà-ta] *s.f.* 1 colpo di frusta. DIM. *frustatina* 2 (*fig.*) incitamento energico: *una* — *di energia* 3 (*fig.*) critica severa.
frustino [fru-stì-no] *s.m.* bastoncino sottile e flessibile ricoperto di pelle, usato da chi cavalca per incitare il cavallo.
frusto [frù-sto] *agg.* 1 consumato dall'uso: *abito* — | (*estens.*) logorato, spossato: *un organismo* — 2 (*fig.*) non originale, vieto, risaputo: *argomentazioni fruste.*
frustolo [frù-sto-lo] *s.m.* briciola | (*estens.*) piccola parte | (*fig.*) cosa di minima importanza.
frustrante [fru-stràn-te] *agg.* che produce frustrazione; deludente: *un'esperienza* —.
frustrare [fru-strà-re] *v.tr.* 1 deludere; mandare a vuoto: — *le speranze di qlcu.* 2 (*psicol.*) provocare in qlcu. uno stato di frustrazione.
frustrato [fru-strà-to] *s.m.* [f. *-a*] chi si trova in stato di frustrazione.
frustrazione [fru-stra-zió-ne] *s.f.* 1 il frustrare, l'essere frustrato 2 stato psicologico risultante dal mancato soddisfacimento di un bisogno.
frutice [frù-ti-ce] *s.m.* (*bot.*) arbusto.
fruticoso [fru-ti-có-so] *agg.* (*bot.*) che ha l'aspetto di frutice.
frutta [frùt-ta] *s.f.invar.* l'insieme dei frutti commestibili: *la* — *è ricca di vitamine*; *servire la* —, la portata di frutta al termine del pranzo | *essere alla* —, (*fig.*) essere prossimo all'esaurimento delle proprie energie.
fruttare [frut-tà-re] *v.intr.* [aus. *avere*] 1 dar frutti; fruttificare 2 dare un reddito: *un commercio che frutta* ♦ *v.tr.* 1 dare come frutto (anche *fig.*): *un terreno che frutta molto grano*; *il suo coraggio gli ha fruttato la nostra ammirazione* 2 produrre un vantaggio economico: *quell'affare gli ha fruttato milioni.*
fruttato [frut-tà-to] *agg.* in enologia, si dice di vino il cui sapore ricorda quello della frutta matura.
frutteto [frut-té-to] *s.m.* terreno coltivato ad alberi da frutto.
frutticolo [frut-tì-co-lo] *agg.* che riguarda le piante da frutto o le frutta: *mercato* —.
frutticoltore [frut-ti-col-tó-re] *s.m.* chi coltiva alberi da frutto.
frutticoltura [frut-ti-col-tù-ra] *s.f.* 1 coltivazione di alberi da frutto 2 parte della scienza agraria che si occupa di tale coltivazione.
fruttidoro [frut-ti-dò-ro] *s.m.* il dodicesimo mese del calendario rivoluzionario francese (18 agosto - 16 settembre).
fruttiera [frut-tiè-ra] *s.f.* recipiente usato per servire la frutta in tavola.
fruttifero [frut-tì-fe-ro] *agg.* che produce frutti (anche *fig.*): *albero* —; *un incontro* —.
fruttificare [frut-ti-fi-cà-re] *v.intr.* [*io fruttìfico, tu fruttìfichi ecc.*; aus. *avere*] produrre frutti (anche *fig.*): *il buon esempio fruttifica sempre.*
fruttificazione [frut-ti-fi-ca-zió-ne] *s.f.* la formazione dei frutti di una pianta.
fruttivendolo [frut-ti-vén-do-lo] *s.m.* [f. *-a*] venditore al minuto di frutta e verdura.
frutto [frùt-to] *s.m.* 1 (*bot.*) il prodotto della maturazione dell'ovario, che contiene i semi: — *secco, carnoso*; *alberi da* — | *falso* —, quello che non si origina dall'ovario ma da altre parti del fiore 2 *frutti di mare*, nome generico di molluschi commestibili 3 (*fig.*) prodotto, risultato: *raccogliere il* — *delle proprie fatiche* | *senza* —, invano 4 profitto, interesse: *un investimento che dà buon* — | *mettere a* — *qlco.*, far fruttare, impiegare proficuamente.
fruttosio [frut-tò-ʃio] *s.m.* (*chim.*) zucchero contenuto in molti frutti e nel miele.
fruttuosità [frut-tuo-si-tà] *s.f.* qualità di ciò che è fruttuoso; utilità.
fruttuoso [frut-tu-ó-so] *agg.* che rende molto: *un investimento* — | che dà buoni risultati: *ricerche fruttuose* □ **fruttuosamente** *avv.*
fu *agg.* (*burocr.*) morto, defunto (davanti a nomi propri di persona): *il* — *Paolo B.*; *Mario C.* — *Giuseppe*, figlio del defunto Giuseppe.
fucilare [fu-ci-là-re] *v.tr.* [*io fucìlo ecc.*] uccidere mediante fucilazione.
fucilata [fu-ci-là-ta] *s.f.* colpo sparato col fucile; il rumore che produce: *tirare una* —; *udire una* —.
fucilazione [fu-ci-la-zió-ne] *s.f.* esecuzione di una condanna a morte mediante una scarica di colpi di fucile | la condanna stessa: *reato per cui è prevista la* —.
fucile [fu-cì-le] *s.m.* 1 arma da fuoco individuale, con lunga canna d'acciaio e calcio che si appoggia alla spalla: — *da caccia, da guerra*; *imbracciare il* —. DIM. *fuciletto* ACCR. *fucilone* 2 (*estens.*) arma non da fuoco simile a un fucile: — *ad aria compressa, subacqueo.*
fucileria [fu-ci-le-rì-a] *s.f.* 1 insieme di fucili | *fuoco, scarica di* —, scarica simultanea di molti fucili 2 insieme di persone armate di fucile.
fuciliera [fu-ci-liè-ra] *s.f.* rastrelliera per riporre i fucili.
fuciliere [fu-ci-liè-re] *s.m.* fante armato di fucile.
fucina [fu-cì-na] *s.f.* 1 forgia 2 luogo in cui vengono compiuti lavori di fucinatura 3 (*fig.*) luogo dove si prepara, si macchina qlco.: *una* — *di tradimenti* | ambiente in cui si formano ingegni, personalità: *una* — *di giovani poeti.*

fucinare [fu-ci-nà-re] *v.tr.* [*io fucìno ecc.*] lavorare a caldo un metallo; forgiare.
fucinatore [fu-ci-na-tó-re] *s.m.* operaio che compie lavori di fucinatura.
fucinatura [fu-ci-na-tù-ra] *s.f.* lavorazione per deformazione a caldo dei metalli.
fuco [fù-co] *s.m.* [pl. *-chi*] il maschio dell'ape.
fucsia [fùc-sia] *s.f.* (*bot.*) genere di piante ornamentali con foglie ovali con nervature rosse e fiori penduli rosso-violacei ♦ *agg.* e *s.m.invar.* si dice di una tonalità di rosso simile a quella dei fiori della fucsia.
fucsina [fuc-sì-na] *s.f.* (*chim.*) sostanza colorante organica o sintetica rosso-violetta.
fuga [fù-ga] *s.f.* **1** il fuggire: *una — precipitosa* | *prendere la —, darsi alla —*, fuggire | *mettere in —*, far fuggire. ACCR. *fugone* (m.) **2** successione di ambienti o di elementi architettonici in prospettiva: *una — di stanze, di archi* **3** (*mus.*) forma musicale contrappuntistica caratterizzata da due o più voci che ripetono lo stesso disegno melodico **4** (*sport*) in gare di corsa, l'azione di uno o di pochi concorrenti che si avvantaggiano sensibilmente rispetto agli altri **5** fuoruscita rapida e copiosa di un fluido da una conduttura: *— di gas, d'acqua* | *— di capitali*, trasferimento di capitali all'estero in vista di impieghi più convenienti o più sicuri | *— di notizie*, divulgazione di notizie segrete o riservate **6** *punto di —*, nel disegno in prospettiva, punto ideale nel quale convergono tutte le linee rette che nella realtà sarebbero parallele.
fugace [fu-gà-ce] *agg.* che è di breve durata; caduco, effimero: *gioia, speranza —* □ **fugacemente** *avv.*
fugacità [fu-ga-ci-tà] *s.f.* l'essere fugace: *la — di un'illusione.*
fugare [fu-gà-re] *v.tr.* [*io fugo, tu fughi ecc.*] mandar via, dissipare, disperdere (anche *fig.*): *— un dubbio.*
fuggente [fug-gèn-te] *agg.* (*lett.*) che fugge: *cogliere l'attimo —.*
fuggevole [fug-gé-vo-le] *agg.* fugace, di breve durata: *istanti fuggevoli.*
fuggevolezza [fug-ge-vo-léz-za] *s.f.* (*lett.*) l'essere fuggevole; fugacità.
fuggiasco [fug-già-sco] *agg.* e *s.m.* [f. *-a*; pl.m. *-schi*] si dice di chi fugge per evitare un pericolo: *esercito —; il — raggiunse la frontiera.*
fuggifuggi [fùg-gi-fùg-gi], o fuggi fuggi, *s.m.invar.* fuga caotica e precipitosa di più persone: *l'esplosione provocò un — generale.*
fuggire [fug-gì-re] *v.intr.* [*io fuggo, tu fuggi ecc.*; aus. *essere*] **1** allontanarsi rapidamente da un luogo per evitare un pericolo: *— a piedi, in automobile; — dalla casa in fiamme; — di fronte al nemico* | rifugiarsi: *— sui monti* **2** tenersi lontano, rifuggire: *— dalle cattive compagnie* **3** uscire da un luogo dove si era rinchiusi: *— dal carcere* | (*estens.*) allontanarsi da un luogo per sottrarsi a una situazione di costrizione: *— di casa* **4** (*sport*) nel ciclismo e in altre gare di corsa, fare una fuga ♦ *v.tr.* evitare, eludere (anche *fig.*): *— la folla; — una tentazione.*
fuggitivo [fug-gi-tì-vo] *agg.* che/chi fugge o è fuggito; fuggiasco: *un prigioniero —; essere sulle tracce dei fuggitivi.*
-fugo secondo elemento di parole composte, che significa 'che mette in fuga' (*febbrifugo, callifugo*) o 'che fugge da' (*centrifugo*).
Führer [/ 'fyrer /] *s.m.invar.* (*ted.*) titolo del dittatore tedesco A. Hitler (1889-1945).
fulcro [fùl-cro] *s.m.* **1** (*mecc.*) punto d'appoggio di una leva **2** (*fig.*) punto cruciale, fondamentale: *il — dell'intera questione.*
fulgente [ful-gèn-te] *agg.* (*lett.*) che brilla, che risplende.
fulgidezza [ful-gi-déz-za] *s.f.* (*non com.*) l'essere fulgido; splendore.
fulgidità [ful-gi-di-tà] *s.f.* (*lett.*) fulgidezza.
fulgido [fùl-gi-do] *agg.* che emana fulgore; risplendente (anche *fig.*): *una gemma fulgida; un — esempio* | *ricordo —*, molto vivo.
fulgore [ful-gó-re] *s.m.* splendore molto vivo (anche *fig.*): *il — della gloria.*
fuliggine [fu-lìg-gi-ne] *s.f.* deposito nero lasciato dal passaggio del fumo: *togliere la — dal camino.*
fuligginoso [fu-lig-gi-nó-so] *agg.* coperto di fuliggine: *muro —.*
full [/ ful /] *s.m.invar.* (*ingl.*) nel gioco del poker, combinazione composta da un tris più una coppia.
full contact [/ ful'kɔntakt /] *loc.sost.invar.* (*ingl.*) arte marziale derivata dal karatè, che consente l'uso di braccia e piedi nel portare i colpi.
full immersion [/ fullim'mɛrʃon /] *loc.sost.f.invar.* (*ingl.*) metodo di studio rapido e intenso, usato soprattutto per l'apprendimento delle lingue.
full time [/ ful'taim /] *loc.sost.m.invar.* (*ingl.*) rapporto di lavoro a tempo pieno | Usato anche come *loc.agg.invar.* e *avv.*: *occupazione —; lavorare —.*
fulmicotone [ful-mi-co-tó-ne] *s.m.* esplosivo detonante ottenuto per nitrazione spinta del cotone; cotone fulminante | *tiro, pugno al —*, (*fig.*) molto potente, violento.
fulminante [ful-mi-nàn-te] *agg.* **1** che fulmina (anche *fig.*): *sguardo —* **2** detto di malattia, che porta rapidamente alla morte: *polmonite —* **3** che esplode detonando: *polvere —.*
fulminare [ful-mi-nà-re] *v.tr.* [*io fùlmino ecc.*] **1** folgorare, colpire col fulmine: *Giove fulminò Capaneo* | *— qlcu. con uno sguardo*, (*fig.*) intimidirlo con un'occhiata **2** (*estens.*) colpire violentemente; uccidere sul colpo: *fu fulminato da un infarto* ♦ *v.intr.impers.* [aus. *essere* o *avere*] cadere fulmini: *tuona e fulmina* ♦ **fulminarsi** *v.intr.pron.* (*elettr.*) cessare di funzionare per la rottura di un filamento o di una resistenza: *la lampadina s'è fulminata.*
fulminato [ful-mi-nà-to] *s.m.* (*chim.*) sale dell'acido fulminico: *— di mercurio, di argento*, usati come esplosivi per inneschi.

fulminazione [ful-mi-na-zió-ne] *s.f.* 1 il fulminare, l'essere fulminato 2 (*meteor.*) la caduta del fulmine 3 (*med.*) folgorazione.
fulmine [fùl-mi-ne] *s.m.* scarica elettrica aerea, accompagnata da rumore (tuono) e radiazione luminosa (lampo) | — *a ciel sereno*, (*fig.*) fatto imprevisto e spiacevole | *colpo di* —, (*fig.*) innamoramento improvviso | *essere un* —, (*fig.*) essere molto veloce.
fulmineità [ful-mi-nei-tà] *s.f.* l'essere fulmineo.
fulmineo [ful-mì-ne-o] *agg.* rapido e improvviso, come il fulmine: *scatto* — □ **fulmineamente** *avv.* con la rapidità del fulmine.
fulminico [ful-mì-ni-co] *agg.* [pl.m. *-ci*] (*chim.*) si dice di acido molto instabile, velenoso, di odore penetrante, i cui sali sono usati come esplosivi.
fulvo [fùl-vo] *agg.* biondo rossiccio: *il pelo — del leone.*
fumaiolo [fu-ma-iò-lo] *s.m.* 1 parte terminale della canna fumaria; comignolo | nelle motrici a vapore e nelle navi, grosso tubo verticale che espelle i gas di combustione 2 (*geol.*) spaccatura del terreno da cui esce una fumarola.
fumante [fu-màn-te] *agg.* che emette fumo o vapore: *caffè* —.
fumare [fu-mà-re] *v.intr.* [aus. *avere*] emettere fumo o vapore: *il camino fuma* ♦ *v.tr.* aspirare ed espirare il fumo del tabacco, occasionalmente o per abitudine: — *una sigaretta, la pipa*; *smettere di* — | — *come un turco*, (*fig.*) moltissimo.
fumaria [fu-mà-ria] *s.f.* pianta erbacea con fiori a grappoli, usata nella cura di malattie della pelle.
fumario [fu-mà-rio] *agg.* che serve a convogliare il fumo: *canna fumaria.*
fumarola [fu-ma-rò-la] *s.f.* (*geol.*) emissione di gas e vapore acqueo da spaccature del terreno.
fumata [fu-mà-ta] *s.f.* 1 colonna di fumo: — *vulcanica* | — *bianca, nera*, quella emessa durante il conclave per segnalare l'avvenuta o non avvenuta elezione del nuovo pontefice 2 il fumare tabacco: *farsi una* —. DIM. *fumatina.*
fumato [fu-mà-to] *agg.* (*gerg.*) che è sotto l'effetto di hashish o marijuana.
fumatore [fu-ma-tó-re] *s.m.* [f. *-trice*] chi fuma abitualmente tabacco: *un accanito* —.
fumé [/ fu'me /] *agg.invar.* (*ingl.*) di colore tra il grigio e il bruno: *occhiali* —.
fumento → **fomento**.
fumeria [fu-me-rì-a] *s.f.* locale in cui si fumano sostanze stupefacenti: *una — di oppio* | (*scherz.*) locale pieno di fumo di tabacco.
fumettista [fu-met-tì-sta] *s.m.* e *f.* [pl.m. *-sti*] chi crea o disegna storie a fumetti.
fumettistico [fu-met-tì-sti-co] *agg.* [pl.m. *-ci*] 1 di fumetto, da fumetto 2 (*spreg.*) banale, stereotipato, di facile effetto: *un film* —.
fumetto [fu-mét-to] *s.m.* 1 racconto formato da una serie di disegni corredati di dialoghi inscritti in nuvolette che escono dalla bocca dei personaggi: — *d'avventura, per ragazzi* 2 (*spreg.*) opera narrativa o cinematografica banale, di scarso valore. ACCR. *fumettone.*
fumigare [fu-mi-gà-re] *v.intr.* [*io fùmigo, tu fùmighi ecc.*; aus. *avere*] esalare fumo, vapore.
fumigatore [fu-mi-ga-tó-re] *s.m.* apparecchio atto a diffondere fumi o gas disinfestanti.
fumigazione [fu-mi-ga-zió-ne] *s.f.* 1 diffusione di fumi o gas per mezzo del fumigatore 2 (*med.*) suffumigio 3 nella conservazione dei cibi, affumicatura.
fumo [fù-mo] *s.m.* 1 residuo gassoso della combustione misto a particelle solide: *il — di un incendio, di una ciminiera* | *far* —, emanarlo | *andare, andarsene in* —, (*fig.*) svanire, fallire | *mandare in — qlco.*, (*fig.*) mandare a vuoto, far fallire: *mandare in — un piano*; *mandare in — un patrimonio*, dilapidarlo | *vendere* —, (*fig.*) fare promesse senza fondamento | *molto — e poco arrosto*, (*fig.*) si dice di persona o cosa che, nonostante le apparenze, vale poco | *vedere qlcu. come il — negli occhi*, (*fig.*) averlo in forte antipatia 2 il fumo del tabacco: *le dà fastidio il —?* | l'atto, l'abitudine di fumare tabacco: *il — fa male alla salute* | (*gerg.*) droga da fumare 3 (*estens.*) vapore, esalazione simile a quello del fumo: *il — delle macerie* | fiato che si condensa a contatto con l'aria fredda 4 (spec. *pl.*) annebbiamento dell'intelletto; ebbrezza: *i fumi dell'alcol* ♦ Come *agg.invar.* del colore scuro del fumo: *grigio, nero* —.
fumogeno [fu-mò-ge-no] *agg.* si dice di oggetto o sostanza che produce fumo: *candelotto* — | che è formato da fumo: *cortina fumogena* ♦ *s.m.* sostanza fumogena.
fumosità [fu-mo-si-tà] *s.f.* l'essere fumoso (spec. *fig.*): *la — di un ragionamento.*
fumoso [fu-mó-so] *agg.* 1 che fa molto fumo: *legna fumosa* | che è pieno di fumo: *cucina fumosa* 2 (*fig.*) contorto, oscuro: *stile* — | inconsistente, vago: *discorsi fumosi* □ **fumosamente** *avv.* in modo fumoso, confuso.
funambolesco [fu-nam-bo-lé-sco] *agg.* [pl.m. *-schi*] di funambolo, da funambolo (anche *fig.*): *abilità funambolesca.*
funambolico [fu-nam-bò-li-co] *agg.* [pl.m. *-ci*] funambolesco.
funambolismo [fu-nam-bo-li-ʃmo] *s.m.* 1 l'arte dei funamboli: *spettacolo di* — 2 (*fig.*) capacità di destreggiarsi abilmente, di barcamenarsi nella vita politica o sociale.
funambolo [fu-nàm-bo-lo] *s.m.* [f. *-a*] 1 chi esegue esercizi di equilibrismo su una fune tesa nel vuoto 2 (*fig.*) chi si destreggia abilmente nella vita politica o sociale.
fune [fù-ne] *s.f.* 1 insieme di più fili di canapa, d'acciaio o di altro materiale ritorti e intrecciati; corda, cavo | *tiro alla* —, gara in cui due squadre cercano ognuna di prevalere sull'altra tirando gli estremi di una lunga corda. DIM. *funicella* 2 (*sport*) attrezzo ginnico consistente in una fune vegetale sospesa verticalmente, lungo la quale bisogna arrampicarsi.
funebre [fù-ne-bre] *agg.* 1 che si riferisce a un defunto o a un funerale: *corteo, monumento* — | *impresa di pompe, onoranze funebri*, organizza-

zione che si occupa di traslazioni di defunti e sepolture | *giochi funebri*, nell'antichità, quelli indetti in onore di un defunto 2 (*fig.*) si dice di cosa che dà l'idea della morte; triste, lugubre: *aria, aspetto —*.

funerale [fu-ne-rà-le] *s.m.* cerimonia, religiosa o civile, con cui si accompagna un defunto alla sepoltura: *andare, assistere a un —* | *funerali di stato*, quelli fatti in forma solenne e a spese dello stato | *avere una faccia da —*, (*fig.*) un'espressione triste.

funerario [fu-ne-rà-rio] *agg.* che concerne la morte, la sepoltura: *iscrizione funeraria* | *urna funeraria*, contenente le ossa o le ceneri del defunto.

funereo [fu-nè-re-o] *agg.* funebre: *drappo —; aspetto —*.

funestare [fu-ne-stà-re] *v.tr.* [*io funèsto ecc.*] colpire, turbare con lutti e sciagure: *un paese funestato da disordini*.

funesto [fu-nè-sto] *agg.* (*lett.*) che causa lutti o gravi danni; che è fonte di profondo dolore: *annuncio, presagio —*, di morte o di grave sciagura.

fungaia [fun-gà-ia] *s.f.* luogo in cui nascono spontaneamente o vengono coltivati funghi.

fungere [fùn-ge-re] *v.intr.* [pres. *io fungo, tu fungi ecc.*; pass.rem. *io funsi, tu fungésti ecc.*; raro il part.pass. *funto*; aus. *avere*] 1 fare le veci di qlcu.: *— da direttore* 2 assolvere la funzione di qualche altra cosa: *questa camera funge da ripostiglio*.

funghetto [fun-ghét-to] *s.m.* nella loc. *al —*, si dice di pietanza di ortaggi cotti in piccoli pezzi con aglio, olio e prezzemolo: *melanzane, zucchine al —*.

funghicoltore [fun-ghi-col-tó-re] *s.m.* [f. *-trice*] chi si dedica alla coltivazione dei funghi mangerecci.

funghicoltura [fun-ghi-col-tù-ra] *s.f.* attività e tecnica della coltivazione dei funghi mangerecci.

fungibile [fun-gì-bi-le] *agg.* (*dir.*) si dice di bene privo di caratteristiche individuali, che pertanto può essere sostituito facilmente con altri: *il denaro è un bene —*.

fungicida [fun-gi-cì-da] *agg.* e *s.m.* [pl.m. *-di*] si dice di sostanza atta a distruggere i funghi | (*med.*) antimicotico.

fungino [fun-gì-no] *agg.* di fungo: *specie fungina* | (*med.*) da funghi: *infezione fungina*, micotica.

fungo [fùn-go] *s.m.* [pl. *-ghi*] 1 (*bot.*) vegetale privo di clorofilla, e perciò obbligato a vita parassitaria o saprofita | (*estens.*) il corpo fruttifero dei funghi più grandi, formato da un gambo sormontato da un cappello: *funghi velenosi, mangerecci* | *andare a, per funghi*, a raccoglierli | *crescere come funghi*, (*fig.*) rapidamente e in gran quantità. DIM. *funghetto* 2 *— atomico*, la nube a forma di fungo generata dall'esplosione di una bomba atomica 3 (*med.*) infezione micotica.

funicolare[1] [fu-ni-co-là-re] *agg.* 1 che ha forma di fune | che avviene per mezzo di funi: *trazione —* 2 (*anat., bot.*) del funicolo.

funicolare[2] *s.f.* impianto di trasporto costituito da veicoli sospesi o mobili su rotaie, la cui trazione è realizzata mediante funi d'acciaio.

funicolo [fu-nì-co-lo] *s.m.* 1 (*anat.*) nome di particolari strutture a forma di cordone: *— ombelicale*, cordone ombelicale 2 (*bot.*) cordoncino che, nel pistillo del fiore, collega l'ovulo alla placenta.

funivia [fu-ni-vì-a] *s.f.* funicolare per il trasporto di persone, costituita da una o più cabine che si spostano sospese a funi d'acciaio.

funzionale [fun-zio-nà-le] *agg.* 1 che concerne la funzione: *aspetti, valori funzionali* 2 dotato di funzionalità: *mobile poco —* 3 (*med.*) che riguarda le funzioni di un organo: *squilibrio —* 4 (*mat.*) di funzione, costituito da una o più funzioni: *equazione —*, in cui l'incognita è una funzione □ **funzionalmente** *avv.* dal punto di vista funzionale: *un organo — sano*.

funzionalismo [fun-zio-na-lì-ʃmo] *s.m.* tendenza a considerare ogni cosa sotto l'aspetto della funzionalità | (*arch.*) indirizzo che persegue la rigorosa aderenza delle strutture edilizie alla specifica funzione a cui sono destinate.

funzionalità [fun-zio-na-li-tà] *s.f.* 1 rispondenza alle funzioni che si devono assolvere: *la — di una costruzione* 2 (*med.*) capacità di un organo di funzionare: *prove di —*.

funzionalizzare [fun-zio-na-liʒ-ʒà-re] *v.tr.* rendere funzionale, adatto a una specifica funzione: *— una procedura*.

funzionamento [fun-zio-na-mén-to] *s.m.* il funzionare; il modo in cui una cosa funziona: *difetto di —; il cattivo — di un servizio*.

funzionante [fun-zio-nàn-te] *agg.* che funziona regolarmente: *macchina, organo —*.

funzionare [fun-zio-nà-re] *v.intr.* [*io funzióno ecc.*; aus. *avere*] adempiere la propria funzione: *i freni funzionano male*; *questo ufficio non funziona* | dare risultati positivi: *il nuovo metodo comincia a —*.

funzionario [fun-zio-nà-rio] *s.m.* [f. *-a*] impiegato con mansioni direttive o di rappresentanza: *— di banca*.

funzione [fun-zió-ne] *s.f.* 1 attività che una persona svolge in rapporto alla carica ricoperta: *le funzioni di sindaco*; *la — direttiva* | *il facente —*, (*burocr.*) chi fa le veci di qlcu. 2 complesso di attività svolte da determinati organi nell'interesse della collettività: *— pubblica, amministrativa, legislativa* 3 (*biol.*) attività di un organo o di un organismo: *la respirazione e la riproduzione sono funzioni comuni a piante e animali* 4 l'attività, il compito specifico assolto da una persona, da una macchina, da una struttura: *la — sociale della scuola*; *l'arco ha — di sostegno*; *mettere in — un motore*, avviarlo; *essere in —*, funzionare | *essere in — di qlco.*, dipendere da essa 5 (*ling.*) ruolo assunto da una parola in seno alla frase: *un aggettivo con — di sostantivo* 6 (*lit.*) cerimonia sacra: *le funzioni della Settimana Santa* 7 (*mat.*) operazione che mette in corrispondenza a ciascun elemento di un insieme un solo elemento di un altro insieme.

fuochista → **fochista**.

fuoco [fuò-co] *s.m.* [pl. *-chi*] **1** il calore e la luce sprigionati da una combustione: *— di legna*; *andare a —*, bruciarsi; *mandare a —*, far bruciare; *prendere —*, incendiarsi; *dar —*, *appiccare il — a qlco.*, incendiarla; *al —!*, grido di allarme che si lancia quando scoppia un incendio | *a —*, mediante il fuoco o il calore: *saldare a —*; *bollare, marchiare a —*, con uno stampo rovente; (*fig.*) coprire d'infamia | *mettere la mano sul —*, (*fig.*) essere assolutamente certo di qlco. | *scherzare col —*, (*fig.*) sottovalutare un pericolo | *soffiare sul —*, (*fig.*) fomentare discordie o passioni. DIM. *fuocherello* **2** fornello domestico; la fiamma che produce: *cuocere a — vivo, lento*; *togliere la pentola dal —*; *una cucina a quattro fuochi* | *mettere troppa carne al —*, (*fig.*) intraprendere troppe cose contemporaneamente **3** (*fig.*) ardore, passione: *il — della gioventù*; *un temperamento di —*, passionale **4** esplosione di polvere da sparo; sparo: *aprire, cessare il —*; *far —*, sparare; *arma da —*, che utilizza un esplosivo come propellente per i proiettili; *bocca da —*, pezzo d'artiglieria; *scontro a —*, sparatoria; *trovarsi tra due fuochi*, (*fig.*) dover fronteggiare contemporaneamente due minacce | *fuochi d'artificio, pirotecnici*, preparati a base di polvere da sparo, che producono botti e effetti luminosi a scopo di divertimento | *— greco*, miscela infiammabile a base di pece e zolfo, usata anticamente nelle battaglie navali **5** (*fis.*) il punto in cui convergono tutti i raggi originariamente paralleli di un fascio luminoso che attraversi una lente o un altro sistema ottico | *mettere a —*, regolare un sistema ottico (*p.e.* l'obiettivo di una macchina fotografica) in modo da ottenere un'immagine nitida; (*fig.*) puntualizzare, precisare: *mettere a — tutti gli aspetti del problema* **6** *— di sant'Antonio*, nome popolare dell'*herpes zoster* ♦ *inter.* ordine di sparare.

fuorché [fuor-ché], o **fuor che**, *cong.* salvo che, tranne che: *chiedimi qualsiasi cosa, — di partire*; *farà di tutto — arrendersi* ♦ *prep.* eccetto, tranne: *sono venuti tutti — lui.*

fuori [fuò-ri] *avv.* **1** all'esterno; lontano (può essere preceduto dalla prep. *di*): *di — è di smalto*; *di — nevica*; *cena spesso —*, fuori casa; *sarà — per un mese*, fuori città | *sporgersi in —*, verso l'esterno | può esprimere l'ordine di uscire da un luogo, di estrarre qlco.: *— di lì!*; *— i soldi!* **2** dà luogo a numerose locuzioni: *buttare —*, cacciare, espellere; *essere —*, non aver più parte in qlco. | *far —*, riferito a cosa, consumarla, sperperarla; riferito a persona, eliminarla da una competizione o ucciderla | *lasciar —*, non includere | *dar —*, comunicare, pubblicare | *tagliar —*, isolare da un gruppo | *venir —*, di notizia, venirsi a sapere ♦ *prep.* all'esterno o lontano nello spazio e nel tempo rispetto a un punto determinato: *— di casa*; *frutto — stagione*, non di stagione; *lavorare — orario*, non nell'orario di lavoro | *essere — pericolo*, non trovarsi più in una situazione pericolosa | *sentirsi — posto*, non a proprio agio | *essere, andare — tempo*, non seguire il tempo della musica | *essere — di sé*, sragionare | *— luogo*, inopportuno: *un'osservazione fuori —* | *— uso*, inservibile | *— commercio*, di merce, non in vendita ♦ *s.m.* la parte esterna (anche preceduto dalla prep. *di*): *il — di una casa*; *guardare dal di —*.

fuoribordo [fuo-ri-bór-do] *s.m.invar.* imbarcazione con motore esterno allo scafo; il motore stesso | Usato anche come *agg.invar.*: *imbarcazione, motore —*.

fuoriborsa [fuo-ri-bór-sa], o **fuori borsa**, *agg.* e *s.m.invar.* (*econ.*) si dice di negoziazione di titoli al di fuori del mercato ufficiale: *contrattazione —*.

fuoribusta [fuo-ri-bù-sta] *agg.* e *s.m.* si dice di retribuzione non registrata in busta paga.

fuoricampo [fuo-ri-càm-po] *agg.* e *s.m.invar.* **1** (*cine.*, *tv*) si dice di ciò che non viene inquadrato | *voce —*, proveniente da una persona che non si vede sullo schermo **2** (*sport*) nel baseball, si dice del rinvio del battitore oltre i limiti del campo di gioco: *realizzare un —*.

fuoriclasse [fuo-ri-clàs-se] *agg.* e *s.m.* e *f.invar.* che/chi è eccezionalmente dotato rispetto agli altri esponenti della sua categoria: *un cavallo —*; *un — dell'atletica leggera.*

fuoricombattimento [fuo-ri-com-bat-ti-mén-to], o **fuori combattimento**, *s.m.invar.* (*sport*) condizione del pugile che rimane a terra per più di dieci secondi; knock-out: *vincere per —* | Anche *avv.*: *essere, mettere —*, in tale condizione; (*fig.*) nell'impossibilità di nuocere, di reagire.

fuoricorso [fuo-ri-cór-so], o **fuori corso**, *agg.* **1** si dice di studente universitario che non ha ultimato gli esami entro il tempo legalmente previsto **2** si dice di anno di iscrizione oltre l'ultimo regolamentare: *essere iscritto al primo anno —* **3** non più in corso legale: *banconota —* ♦ *s.m.* e *f.invar.* studente —.

fuorigioco [fuo-ri-giò-co], o **fuori gioco**, *s.m.invar.* (*sport*) nel calcio, e in altri giochi di squadra, posizione irregolare di un attaccante che viene a trovarsi, non essendo in possesso della palla, oltre lo schieramento difensivo avversario | Usato anche come *avv.*: *trovarsi —*.

fuorilegge [fuo-ri-lég-ge] *s.m.* e *f.invar.* chi agisce contro la legge; bandito | Usato anche come *agg.invar.*: *un'operazione finanziaria —*.

fuorimano [fuo-ri-mà-no] *avv.* lontano dai luoghi di normale ritrovo o transito: *abitare —*.

fuorimisura [fuo-ri-mi-sù-ra], o **fuori misura**, *agg.invar.* che ha misura inadeguata: *un abito —*.

fuoripista [fuo-ri-pì-sta] *s.m.invar.* (*sport*) sci praticato al di fuori delle piste e dei tracciati predisposti e segnalati | Anche come *agg.invar.*: *sci —*.

fuoriprogramma [fuo-ri-pro-gràm-ma], o **fuori programma**, *s.m.invar.* supplemento di spettacolo non previsto dal programma | Usato anche

come *agg.invar.* e *avv.*: *una gita —; trasmettere — un cartone animato.*
fuorisacco [fuo-ri-sàc-co], o **fuori sacco**, *s.m.invar.* corrispondenza che viene tenuta fuori dal sacco postale per essere recapitata più rapidamente | Anche come *agg.invar.*: *plico —.*
fuorisede [fuo-ri-sé-de], o **fuori sede**, *agg.invar.* che si trova o si svolge non nella sede abituale: *ufficio, corso —* ♦ *s.m.* e *f.invar.* chi non risiede nella città dove svolge la sua attività.
fuoriserie [fuo-ri-sè-rie] *agg.invar.* si dice di prodotto industriale non fabbricato in serie e quindi più rifinito ♦ *s.f.invar.* automobile fuoriserie.
fuoristrada [fuo-ri-strà-da] *s.m.invar.* auto o motoveicolo adatto a percorsi accidentati | Anche come *agg.invar.*: *pneumatici —.*
fuoriuscire [fuo-ri-u-scì-re], o **fuoruscire**, *v.intr.* [coniugato come *uscire*; aus. *essere*] uscire fuori; sgorgare: *il sangue fuoriusciva dalla ferita.*
fuoriuscita [fuo-ri-u-scì-ta], o **fuoruscita**, *s.f.* il fuoriuscire; perdita, fuga: *una — di gas.*
fuoriuscito [fuo-ri-u-scì-to], o **fuoruscito**, *agg.* e *s.m.* [f. *-a*] si dice di chi, per ragioni politiche, è costretto a vivere all'estero; esule volontario.
fuoruscire e *deriv.* → **fuoriuscire** e *deriv.*
fuorviante [fuor-vi-àn-te] *agg.* che porta fuori strada, fallace: *un'idea —.*
fuorviare [fuor-vi-à-re] *v.tr.* [*io fuorvìo ecc.*; aus. *avere*] mettere fuori strada, sviare: *un falso indizio ha fuorviato la polizia.*
furbacchione [fur-bac-chió-ne] *agg.* e *s.m.* [f. *-a*] che/chi è molto furbo.
furbastro [fur-bà-stro] *agg.* e *s.m.* [f. *-a*] che/chi vuol fare il furbo, ma lo fa con una certa goffaggine.
furberia [fur-be-rì-a] *s.f.* furbizia.
furbesco [fur-bé-sco] *agg.* [pl.m. *-schi*] da furbo | *lingua furbesca*, il gergo della malavita ♦ *s.m.* lingua furbesca □ **furbescamente** *avv.*
furbizia [fur-bì-zia] *s.f.* **1** l'essere furbo: *un uomo di grande —* **2** atto da furbo: *ricorrere a una —.*
furbo [fùr-bo] *agg.* che sa trarre vantaggi dalle situazioni agendo con prontezza, intuizione e senso pratico; astuto: *un ragazzo —* | fatto con furbizia: *una mossa furba* | che denota furbizia: *occhi furbi* ♦ *s.m.* [*f. -a*] persona furba □ **furbamente** *avv.*
furente [fu-rèn-te] *agg.* furibondo; fremente: *— d'ira* □ **furentemente** *avv.*
fureria [fu-re-rì-a] *s.f.* (*mil.*) ufficio dell'amministrazione e degli approvvigionamenti di una compagnia.
furetto [fu-rét-to] *s.m.* **1** piccolo mammifero carnivoro con corpo snello e muso appuntito **2** (*fig.*) persona svelta e abile, costantemente in attività.
furfante [fur-fàn-te] *s.m.* e *f.* persona disonesta; farabutto. DIM. *furfantello.*
furfanteria [fur-fan-te-rì-a] *s.f.* **1** l'essere furfante: *agire con —* **2** azione da furfante: *commettere una —.*
furfantesco [fur-fan-té-sco] *agg.* [pl.m. *-schi*] di furfante, da furfante: *azioni furfantesche* □ **furfantescamente** *avv.*
furgonato [fur-go-nà-to] *agg.* e *s.m.* si dice di veicolo da trasporto con carrozzeria a furgone.
furgone [fur-gó-ne] *s.m.* autocarro leggero con pianale coperto. DIM. *furgoncino.*
furia [fù-ria] *s.f.* **1** accesso di collera: *andare su tutte le furie*, adirarsi violentemente **2** veemenza, intensità: *la — del vento, della disperazione* | *a — di*, a forza di: *a — di insistere, è riuscito a convincerlo* **3** fretta grande, impetuosa: *aveva — di andarsene* **4** persona fuori di sé per l'ira: *gli si rivoltò contro come una —.*
furibondo [fu-ri-bón-do] *agg.* **1** che è in preda all'ira: *era — per il tuo ritardo* **2** impetuoso, violento: *un — assalto* □ **furibondamente** *avv.*
furiere [fu-riè-re] *s.m.* militare addetto alla fureria.
furioso [fu-rió-so] *agg.* furibondo; veemente: *diventare —; una tempesta furiosa* | che ha accessi di furore: *un pazzo —* ♦ *s.m.* [f. *-a*] pazzo furioso □ **furiosamente** *avv.*
furore [fu-ró-re] *s.m.* **1** collera violenta: *essere in preda al —* | *a furor di popolo*, per unanime, entusiastica volontà del popolo **2** violenza, impeto: *il — della mischia; — giovanile*, ardore **3** stato di eccitazione delle facoltà spirituali: *— poetico* **4** nella loc. *far —*, riscuotere enorme successo: *un film che ha fatto —.*
furoreggiare [fu-ro-reg-già-re] *v.intr.* [*io furoréggio ecc.*; aus. *avere*] far furore, avere grande successo.
furtivo [fur-tì-vo] *agg.* che si fa o accade di nascosto: *sguardo —; lacrima furtiva* □ **furtivamente** *avv.* di nascosto.
furto [fùr-to] *s.m.* (*dir.*) l'impossessarsi di cosa altrui: *commettere un —; è un —!*, (*iperb.*) si dice di prezzo troppo alto | la cosa rubata; refurtiva. DIM. *furtarello.*
fusa [fù-sa *o* fùʃa] *s.f.pl.* solo nella loc. *fare le —*, si dice dei gatti quando manifestano soddisfazione emettendo un rumore sommesso e vibrante; (*fig.*) di persona, fare moine.
fusaggine [fu-ʃàg-gi-ne] *s.f.* **1** arbusto con foglie lanceolate e fiori verdastri in grappoli **2** carboncino tenero e compatto per disegnatori.
fusaglia [fu-sà-glia] *s.f.* (*roman.*) seme del lupino tenuto in acqua e salato per essere mangiato.
fusaiola [fu-sa-iò-la *o* fuʃaiòla] *s.f.* (*arch.*) ornato architettonico consistente in una serie di elementi sferici e fusiformi.
fuscello [fu-scèl-lo] *s.m.* rametto sottile | *essere un —*, (*fig.*) essere molto esile.
fusciacca [fu-sciàc-ca] *s.f.* larga fascia che si annoda alla vita come cintura: *la — tricolore del sindaco.*
fuseau [/ fy'zo /], anche **fuseaux**, *s.m.pl.* (*fr.*) pantaloni da donna molto aderenti in tessuto elasticizzato.
fusibile [fu-ʃi-bi-le] *agg.* che si può fondere; che si fonde facilmente: *lega —* ♦ *s.m.* (*elettr.*) ele-

mento di un circuito elettrico che fonde, interrompendo il circuito stesso, se l'intensità di corrente raggiunge un valore eccessivo.

fusiforme [fu-si-fór-me *o* fuʃifórme] *agg.* (*scient.*) che ha la forma di un fuso.

fusillo [fu-sìl-lo] *s.m.* (spec. *pl.*) pasta alimentare a forma di spirale.

fusione [fu-ʃió-ne] *s.f.* **1** (*fis.*) il passaggio di una sostanza dallo stato solido allo stato liquido | *punto di* —, temperatura alla quale una sostanza fonde | — *nucleare*, reazione per cui due nuclei leggeri urtandosi danno origine a un nucleo di massa maggiore e liberano una notevole quantità di energia **2** l'operazione di fondere i metalli e la conseguente colata del metallo fuso nella forma: — *di una statua in bronzo* **3** (*fig.*) unione di più elementi in un tutto unico: — *di due partiti, di stati.*

fuso [fù-so *o* fùʃo] *s.m.* **1** arnese di legno, panciuto al centro e assottigliato alle estremità, che nella filatura a mano serve per torcere il filo e per avvolgerlo sulla spola | organo con analoghe funzioni nei filatoi meccanici | *dritto come un* —, (*fig.*) si dice di persona dal portamento eretto | *il — dell'ancora*, l'asta verticale dell'ancora **2** — *orario*, (*geog.*) ognuna delle 24 parti in cui risulta suddivisa la superficie terrestre dai meridiani, e in ognuna delle quali si adotta convenzionalmente la stessa ora.

fusoliera [fu-ʃo-liè-ra] *s.f.* (*aer.*) corpo centrale di un velivolo che contiene l'alloggiamento per l'equipaggio e i passeggeri.

fusorio [fu-ʃò-rio] *agg.* che si riferisce alla fusione dei metalli: *forno* —; *arte fusoria.*

fustagno [fu-stà-gno] *s.m.* tessuto morbido e robusto, vellutato sul lato esterno.

fustella [fu-stèl-la] *s.f.* **1** utensile usato per ritagliare profili sagomati su carta o altri materiali **2** nelle confezioni dei medicinali, talloncino che reca stampato il prezzo.

fustellare [fu-stel-là-re] *v.tr.* [*io fustèllo ecc.*] **1** tagliare con la fustella **2** dotare di fustella.

fustigare [fu-sti-gà-re] *v.tr.* [*io fùstigo, tu fùstighi ecc.*] **1** battere con la verga per punizione: — *a sangue qlcu.* **2** (*fig.*) criticare, censurare aspramente: — *i costumi corrotti.*

fustigatore [fu-sti-ga-tó-re] *s.m.* [f. *-trice*] chi fustiga (anche *fig.*): *Catone fu il — dei costumi romani.*

fustigazione [fu-sti-ga-zió-ne] *s.f.* il fustigare, l'essere fustigato.

fustino [fu-stì-no] *s.m.* confezione grande di detersivo in polvere per uso domestico.

fusto [fù-sto] *s.m.* **1** (*bot.*) parte del corpo delle piante cormofite tra le foglie e le radici: *pianta d'alto* — **2** (*estens.*) la parte della colonna compresa tra la base e il capitello | la parte centrale della cassa del fucile **3** il tronco della persona umana | (*fam.*) giovane aitante **4** recipiente capace per contenere liquidi: *un — di benzina.*

futile [fù-ti-le] *agg.* che ha poca importanza; superficiale: *un — pretesto* □ **futilmente** *avv.*

futilità [fu-ti-li-tà] *s.f.* l'essere futile: *la — di un argomento* | cosa, discorso futile: *perdersi in* —.

futuribile [fu-tu-rì-bi-le] *agg.* che potrà realizzarsi solo in un futuro più o meno lontano: *un progetto* —.

futurismo [fu-tu-rì-ʃmo] *s.m.* movimento letterario e artistico sorto in Italia ai primi del Novecento, che propugnava una concezione estetica fondata sul culto della modernità e della tecnica.

futurista [fu-tu-rì-sta] *s.m.* e *f.* [pl.m. *-sti*] seguace del futurismo ♦ *agg.* del futurismo: *pittore, manifesto* —.

futuro [fu-tù-ro] *agg.* che sarà, verrà, accadrà in seguito: *anni futuri*; *successi futuri* ♦ *s.m.* **1** ciò che avverrà; l'avvenire: *guardare al* — | *in, nel* —, nel tempo a venire | *per il* —, per quanto riguarda il futuro | *un uomo senza* —, privo di prospettive **2** (*gramm.*) tempo verbale che colloca la situazione o l'azione in un momento successivo a quello presente.

futurologia [fu-tu-ro-lo-gì-a] *s.f.* tipo di indagine che mira a formulare previsioni scientifiche sugli sviluppi futuri del progresso e delle relazioni sociali.

futurologo [fu-tu-rò-lo-go] *s.m.* [f. *-a*; pl.m. *-gi* o *-ghi*] chi si occupa di futurologia.

G

g *s.f.* o *m.* settima lettera dell'alfabeto, il cui nome è *gi*; rappresenta l'occlusiva velare sonora davanti ad *a, o, u* (*gallo, goccia, gufo*), in posizione preconsonantica (*pigro, gloria*) o in fine di parola (*zig zag*), l'affricata palatale sonora davanti a *e, i* (*gelo, giro*) | *G*, (*mus.*) nome della nota *sol* nei paesi anglosassoni.

gabardine [/ gabar'din /] *s.f.invar.* (*fr.*) tessuto di lana o cotone a disegno diagonale.

gabbamondo [gab-ba-món-do] *s.m.invar.* imbroglione.

gabbano [gab-bà-no] *s.m.*, o **gabbana** *s.f.* soprabito largo e lungo | *voltare, mutare gabbana*, (*fig.*) cambiare improvvisamente opinione, partito.

gabbare [gab-bà-re] *v.tr.* beffare, ingannare: *— il prossimo* ♦ **gabbarsi** *v.intr.pron.* farsi beffe, prendersi gioco: *— dell'ingenuità di qlcu.*

gabbia [gàb-bia] *s.f.* **1** sorta di cassetta, con le pareti formate da sbarre, in cui si rinchiudono uccelli e altri animali vivi; recinto con grosse sbarre per animali feroci: *la — dei canarini, dei leoni* | *— di matti*, (*fig.*) ambiente in cui regna confusione e un allegro disordine. DIM. *gabbietta, gabbiotto* (m.) **2** recinto a sbarre in cui sono rinchiusi gli imputati durante il processo in tribunale | (*fig. fam.*) prigione: *mettere in — qlcu.* **3** (*estens.*) involucro o recipiente a forma di gabbia: *la — dell'ascensore*, il recinto o lo spazio entro cui scorre | *— toracica*, (*anat.*) l'insieme di ossa e cartilagini che contornano la cavità toracica.

gabbiano [gab-bià-no] *s.m.* uccello acquatico dal corpo affusolato, con grandi ali bianche bordate di nero e zampe palmate.

gabbo [gàb-bo] *s.m.* (*non com.*) beffa, burla: *farsi — di qlcu., di qlco.*

gabbro [gàb-bro] *s.m.* roccia eruttiva intrusiva di colore verdastro, usata per costruzioni di pregio e pavimentazioni.

gabella [ga-bèl-la] *s.f.* (*antiq.*) dazio, imposta di consumo.

gabellare [ga-bel-là-re] *v.tr.* [*io gabèllo ecc.*] far passare per ciò che non è, far credere: *— notizie false per vere.*

gabelliere [ga-bel-liè-re] *s.m.* chi riscuoteva le gabelle; daziere.

gabinetto [ga-bi-nét-to] *s.m.* **1** stanza adibita a studio privato o a colloqui riservati | studio in cui un professionista svolge la sua attività: *— dentistico* **2** nelle scuole, sala in cui hanno luogo esercitazioni di materie scientifiche: *— di fisica* | sala di un museo in cui sono raccolte particolari collezioni: *il — delle stampe* **3** ambiente in cui si trovano i servizi igienici; apparecchio sanitario che elimina i rifiuti organici umani: *andare al —* **4** ufficio composto dai collaboratori di un ministro o di un alto funzionario: *il — del guardasigilli* **5** ministero; l'insieme dei ministri che costituiscono il governo: *crisi di —; formare un nuovo —.*

gadget [/ 'gaddʒet /] *s.m.invar.* (*ingl.*) oggetto curioso di poco prezzo; accessorio attraente, originale | oggetto regalato a fini promozionali.

gadiformi [ga-di-fór-mi] *s.m.pl.* (*zool.*) ordine di pesci con corpo allungato e pinne a raggi molli; vi appartengono il merluzzo e il nasello.

gadolinio [ga-do-lì-nio] *s.m.* elemento chimico di simbolo *Gd*; appartiene al gruppo delle terre rare.

gaelico [ga-è-li-co] *agg.* [pl.m. *-ci*] che si riferisce ai Gaeli, popolazione celtica stanziatasi in Scozia, Irlanda, Galles e nell'isola di Man nei secc. VII-VI a.C. ♦ *s.m.* gruppo di lingue celtiche parlate dalle popolazioni di origine gaelica.

gaffa [gàf-fa] *s.f.* (*mar.*) gancio che serve per accostare; alighiero.

gaffe [/ gaf /] *s.f.invar.* (*fr.*) azione o espressione inopportuna, maldestra: *fare una —.*

gag [/ gɛg /] *s.f.invar.* (*ingl.*) battuta, trovata comica in uno spettacolo: *un film pieno di —.*

gagà [ga-gà] *s.m.* (*antiq.*) uomo vanesio che ostenta eleganza e raffinatezza; bellimbusto.

gaggia [gag-gì-a] *s.f.* pianta arbustacea o arborea sempreverde, con foglie bipennate e fiori gialli molto profumati.

gagliardetto [ga-gliar-dét-to] *s.m.* **1** piccola bandiera a due punte o triangolare, usata in marina per segnalazioni **2** insegna di associazioni, partiti politici, società sportive ecc.

gagliardia [ga-gliar-dì-a] *s.f.* forza, vigoria fisica | bravura, valore.

gagliardo [ga-gliàr-do] *agg.* **1** detto di persona, forte, robusto, vigoroso: *un giovane —* | valoroso, coraggioso: *esercito —* **2** detto di cose, forte, potente: *vento —; vino —*, corposo e molto alcolico.

gaglioffaggine [ga-gliof-fàg-gi-ne] *s.f.* **1** l'essere gaglioffo **2** azione da gaglioffo.

gaglioffo [ga-gliòf-fo] *agg.* e *s.m.* [f. *-a*] si dice di persona buona a nulla; anche, di chi è furfante, manigoldo.

gaiezza [ga-iéz-za] *s.f.* l'essere gaio; allegria, brio.

gaio [gà-io] *agg.* allegro, festoso, pieno di brio e vivacità: *temperamento* —; *colori gai* □ **gaiamente** *avv.*

gal *s.m.invar.* (*fis.*) unità di misura dell'accelerazione nel sistema cgs, pari a un centimetro al secondo per secondo.

gala[1] [gà-la] *s.f.* **1** sfoggio, lusso, sfarzo | *serata di* —, spettacolo, festa, ballo particolarmente eleganti | *abito di* —, da cerimonia **2** (*mar.*) festone con bandiere teso a ornamento delle navi; è detto anche *gran* —.

gala[2] *s.f.* **1** nastro o fiocco che si mette per ornamento| (*fig.*) ornamento, fronzolo **2** (*non com.*) cravatta a farfalla.

gala[3] [gà-la, *o* galà] *s.m.invar.* spettacolo, festa, ricevimento molto elegante: *gran — di corte.*

galagone [ga-la-gó-ne] *s.m.* (*zool.*) genere di proscimmie africane di piccole dimensioni, con occhi molto grandi, lunga coda, pelame morbidissimo.

galalite [ga-la-lì-te] *s.f.* una delle prime materie plastiche, usata per fabbricare interruttori elettrici, scatolette, bottoni ecc.

galante [ga-làn-te] *agg.* **1** complimentoso, molto cortese con le donne: *un signore* —; *modi galanti* **2** amoroso, erotico: *avventura* — ♦ *s.m.* persona galante: *fare il* —, corteggiare.

galanteria [ga-lan-te-rì-a] *s.f.* **1** l'essere galante: *una — eccessiva* **2** atto, parola galante: *fare, dire delle galanterie*; *una pesante* —, un complimento grossolano, volgare.

galantina [ga-lan-tì-na] *s.f.* piatto freddo a base di carne servito a fette e ricoperto di gelatina: — *di pollo.*

galantuomo [ga-lan-tuò-mo] *s.m.* [pl. *galantuomini*] uomo onesto e leale: *parola di* —, parola d'onore ♦ Anche come *agg.*: *il Re* —, Vittorio Emanuele II | *prov.*: *il tempo è* —, il tempo fa giustizia di molte cose.

galassia [ga-làs-sia] *s.f.* **1** (*astr.*) ogni sistema stellare; in particolare, la Via Lattea **2** (*fig.*) insieme composito e difficilmente definibile: *la — delle associazioni del volontariato.*

galateo [ga-la-tè-o] *s.m.* l'insieme delle norme che regolano i rapporti formali tra le persone nella società; buona educazione: *ignorare il* —.

galattico [ga-làt-ti-co] *agg.* [pl.m. *-ci*] **1** (*astr.*) della galassia: *sistema* —, insieme dei corpi celesti che costituiscono una galassia **2** (*fig.*) eccezionale, immenso: *profondità galattica.*

galatto- primo elemento di parole composte della terminologia scientifica che significa 'latte' (*galattopoiesi*).

galattogenesi [ga-lat-to-gè-ne-ʃi] *s.f.* (*med.*) processo fisiologico per cui, alcuni giorni dopo il parto, le ghiandole mammarie cominciano a produrre latte; montata lattea.

galattopoiesi [ga-lat-to-po-iè-ʃi] *s.f.* il processo fisiologico attraverso il quale si forma il latte.

galattosio [ga-lat-tò-ʃio] *s.m.* (*chim.*) monosaccaride che insieme al glucosio forma lo zucchero del latte (*lattosio*).

galbula [gàl-bu-la] *s.f.* (*zool.*) genere di uccelli sudamericani con becco lungo e appuntito, coda lunga, piumaggio lucente.

galbulo [gàl-bu-lo] *s.m.* (*bot.*) falso frutto delle cupressacee che può essere legnoso, come nel cipresso, o carnoso, come nel ginepro.

galea [ga-lè-a] *s.f.* (*mar.*) tipo di nave da guerra a remi e a vela, veloce e leggera, usata dal Medioevo fino al sec. XVIII.

galena [ga-lè-na] *s.f.* (*min.*) il più importante minerale del piombo (solfuro di piombo), di colore grigio metallico.

galenico [ga-lè-ni-co] *agg.* [pl.m. *-ci*] di Galeno, celebre medico greco del sec. II d.C. | *preparato* —, farmaco ottenuto da sostanze organiche preparato direttamente dal farmacista.

galeone [ga-le-ó-ne] *s.m.* (*mar.*) nave da guerra e da trasporto, potentemente armata, in uso nei secc. XVI e XVII.

galeopiteco [ga-leo-pi-tè-co] *s.m.* [pl. *-chi*] mammifero grande come un gatto, con una membrana alare tesa fra gli arti anteriori e i posteriori, che gli permette di saltare per lunghi tratti tra gli alberi.

galeotto[1] [ga-le-òt-to] *s.m.* **1** chi era condannato a vogare sulle galee o su navi da guerra a remi **2** (*estens.*) carcerato; forzato **3** (*fig.*) malvivente, furfante: *faccia da* —.

galeotto[2] *agg.* e *s.m.* (*lett.*) che/chi favorisce gli amori altrui.

galera [ga-lè-ra] *s.f.* **1** (*mar.*) galea **2** la pena dei lavori forzati | prigione, carcere: *andare in* —; *scontare dieci anni di* — | *avanzo di* —, delinquente **3** (*fig.*) luogo, condizione in cui la vita è insopportabile: *questo ambiente è una* — **4** pesante spazzolone per lucidare i pavimenti.

galero [ga-lè-ro] *s.m.* (*eccl.*) cappello cardinalizio di panno rosso a bordi larghi, con trenta fiocchi.

galestro [ga-lè-stro] *s.m.* terreno argilloso caratteristico dell'Appennino tosco-emiliano | il vino che si produce in Toscana da uve coltivate su questo terreno.

galileiano [ga-li-le-ià-no] *agg.* dello scienziato Galileo Galilei (1564-1642) o relativo alle sue teorie ♦ *s.m.* seguace delle teorie di Galilei.

galileo [ga-li-lè-o] *agg.* della Galilea, regione della Palestina ♦ *s.m.* [f. *-a*] abitante, nativo della Galilea | *il Galileo*, Cristo.

galla [gàl-la] *s.f.* **1** (*bot.*) rigonfiamento che si forma sulle foglie, sui rami e sulle radici di alcune piante in seguito alla puntura di insetti o all'attacco di parassiti **2** (*fig.*) persona o cosa assai leggera | *a* —, a fior d'acqua; *stare a* —, galleggiare; *venire a* —, (*fig.*) scoprirsi, manifestarsi; *rimanere a* —, (*fig.*) riuscire a salvarsi in situazioni difficili.

gallare [gal-là-re] *v.tr.* detto del gallo, fecondare l'uovo della gallina ♦ *v.intr.* [aus. *avere*] detto dell'uovo, essere fecondato.

gallato [gal-là-to] *agg.* si dice dell'uovo fecondato dal gallo.

gallatura [gal-la-tù-ra] *s.f.* fecondazione dell'uovo da parte del gallo.

galleggiabile [gal-leg-già-bi-le] *agg.* che può galleggiare.

galleggiamento [gal-leg-gia-mén-to] *s.m.* **1** il galleggiare | *linea di —*, linea segnata dalla superficie dell'acqua sulla carena di un natante **2** (*sport*) l'attitudine del corpo umano a galleggiare, che varia in rapporto alla costituzione fisica: *un dorsista dotato di buon —*.

galleggiante [gal-leg-giàn-te] *agg.* che galleggia: *ponte —* ♦ *s.m.* **1** denominazione generica di natanti larghi e bassi, privi di propri mezzi di propulsione, adibiti al trasporto di materiali **2** piccolo oggetto di materiale più leggero dell'acqua, che si attacca a lenze, reti, attrezzi marini per non farli andare a fondo **3** (*tecn.*) organo di varia forma e materiale che, galleggiando sul liquido contenuto in un recipiente, regola l'apertura e la chiusura del rubinetto di afflusso del liquido stesso.

galleggiare [gal-leg-già-re] *v.intr.* [*io galléggio ecc.*; aus. *avere*] mantenersi sulla superficie dell'acqua senza affondare; stare a galla | (*estens.*) di aerostato o altro aeromobile, stare sospeso in aria, senza salire né scendere.

gallego [gal-lè-go] *agg.* [pl.m. *-ghi*] della Galizia, regione della penisola iberica: *poesia gallega*.

galleria [gal-le-rì-a] *s.f.* **1** passaggio sotterraneo di strada, ferrovia o canale: *la — del monte Bianco* | passaggio sotterraneo per lo scavo delle miniere **2** corridoio o serie di stanze di un edificio dove si conservano o espongono opere d'arte: *la Galleria degli Uffizi* | sala di esposizione e vendita di opere artistiche o di oggetti d'arredamento **3** nei teatri tradizionali, loggione; nei teatri moderni e nei cinema, ordine di posti a gradinata, sovrastante la platea **4** nei grandi centri urbani, via coperta riservata ai pedoni: *la Galleria di Milano*.

gallerista [gal-le-rì-sta] *s.m.* e *f.* [pl.m. *-sti*] chi gestisce una galleria d'arte.

gallese [gal-lé-se] *agg.* del Galles, regione della Gran Bretagna: *lingua —* ♦ *s.m.* **1** [anche *f.*] chi è nato, chi abita nel Galles **2** lingua del gruppo celtico parlata nel Galles.

galletta[1] [gal-lét-ta] *s.f.* pane biscottato, a forma di focaccia, conservabile per lunghissimo tempo.

galletta[2] *s.f.* (*region.*) il bozzolo del baco da seta.

galletto [gal-lét-to] *s.m.* **1** gallo giovane **2** (*fig.*) chi fa il galante, l'intraprendente con le donne.

gallicanesimo [gal-li-ca-né-ʃi-mo], o **gallicanismo** [gal-li-ca-nì-ʃmo], *s.m.* dottrina e movimento politico che rivendicavano alla chiesa di Francia (chiesa gallicana) autonomia rispetto a quella di Roma.

gallicano [gal-li-cà-no] *agg.* relativo alla chiesa di Francia; che concerne il gallicanesimo: *movimento —*.

gallicismo [gal-li-cì-ʃmo] *s.m.* (*ling.*) francesismo.

gallico [gàl-li-co] *agg.* [pl.m. *-ci*] (*st.*) della Gallia, dei galli: *le guerre galliche*, quelle combattute da Giulio Cesare contro i galli (58-51 a.C.) ♦ *s.m.* la lingua celtica degli antichi galli.

galliformi [gal-li-fór-mi] *s.m.pl.* (*zool.*) ordine di uccelli commestibili di media grandezza con ali corte, becco robusto e incurvato, piumaggio abbondante, cresta e bargigli; vi appartengono il gallo, il fagiano, la pernice ecc.

gallina [gal-lì-na] *s.f.* femmina del gallo; viene allevata per le uova e per le carni: *brodo di —* | *— dalle uova d'oro*, (*fig.*) si dice di qlco. che è fonte di guadagni facili e abbondanti | *zampe di —*, (*fig.*) rughe che si formano agli angoli degli occhi; scrittura inintelligibile | *avere un cervello di —*, (*fig.*) essere poco intelligente | *andare a letto con le galline*, (*fig.*) coricarsi molto presto | *prov.*: *meglio un uovo oggi che una — domani*, è meglio il poco ma sicuro che il molto ma incerto. DIM. *gallinella*.

gallinacei [gal-li-nà-cei] *s.m.pl.* (*zool.*) galliformi.

gallinaio [gal-li-nà-io] *s.m.* (*non com.*) pollaio.

gallinella [gal-li-nèl-la] *s.f.* **1** *— d'acqua*, uccello palustre di media taglia con ali lunghe e arrotondate, placca cornea rossa sulla fronte **2** pesce cappone **3** pianta erbacea simile alla bocca di leone.

gallio [gàl-lio] *s.m.* elemento chimico di simbolo *Ga*; è un metallo usato in odontoiatria e, al posto del mercurio, in termometri per alte temperature.

gallismo [gal-lì-ʃmo] *s.m.* atteggiamento maschile caratterizzato da ostentata galanteria e da esibizione di virilità.

gallo[1] [gàl-lo] *s.m.* **1** uccello domestico commestibile, con piumaggio brillante, testa con cresta e bargigli, zampe fornite di speroni | *al canto del —*, all'alba | *fare il —*, (*fig.*) imbaldanzirsi; essere fastidiosamente galante con le donne. DIM. *galletto* **2** *— cedrone*, grosso uccello di montagna, commestibile, con piumaggio nerastro, coda arrotondata, becco bianco **3** *peso —*, (*sport*) una delle categorie in cui sono divisi i pugili, i lottatori e i pesisti; comprende atleti di peso piuttosto leggero | atleta appartenente a tale categoria.

gallo[2] *agg.* (*st.*) della Gallia, antica regione corrispondente all'attuale Francia; relativo alle popolazioni che abitavano tale regione ♦ *s.m.* (*st.*) abitante, nativo della Gallia.

gallo- primo elemento di parole composte che significa 'gallico, francese' (*galloromanzo*, *gallofilia*).

gallofilia [gal-lo-fi-lì-a] *s.f.* simpatia, ammirazione per i francesi e per tutto ciò che è francese; francofilia.

gallonato [gal-lo-nà-to] *agg.* fregiato, ornato di galloni: *livrea gallonata*.

gallone[1] [gal-ló-ne] *s.m.* **1** nastro, tessuto o ricamato, che si usa per guarnizione **2** fregio che i

militari portano sulle maniche o sul berretto come segno del loro grado.
gallone[2] *s.m.* unità di misura di capacità per liquidi e per aridi, usata nei paesi anglosassoni (il gallone britannico equivale a 4,54 litri, quello degli Stati Uniti a 3,78 litri).
galloromanzo [gal-lo-ro-màn-zo] *agg.* e *s.m.* si dice delle lingue e dei dialetti romanzi parlati nelle regioni dell'antica Gallia.
galoppante [ga-lop-pàn-te] *agg.* si dice di fenomeno con andamento negativo molto rapido: *polmonite, inflazione —.*
galoppare [ga-lop-pà-re] *v.intr.* [*io galòppo ecc.*; aus. *avere*] **1** andare al galoppo **2** (*fig.*) darsi molto da fare, correre affannosamente: *— dalla mattina alla sera.*
galoppata [ga-lop-pà-ta] *s.f.* **1** corsa al galoppo **2** (*estens.*) corsa veloce **3** (*fig.*) corsa o cammino faticoso; lavoro intenso.
galoppatoio [ga-lop-pa-tó-io] *s.m.* pista per addestrare i cavalli al galoppo.
galoppatore [ga-lop-pa-tó-re] *s.m.* **1** cavallo addestrato per la corsa al galoppo **2** (*estens.*) cavaliere abile nelle corse al galoppo.
galoppino [ga-lop-pì-no] *s.m.* chi corre di qua e di là a sbrigare servizi per conto di altri.
galoppo [ga-lòp-po] *s.m.* andatura veloce del cavallo, con un momentaneo distacco dal suolo di tutti gli arti: *andare, correre al —.*
galoscia → caloscia.
galvanico [gal-và-ni-co] *agg.* [pl.m. *-ci*] che si riferisce al fisico L. Galvani (1737-1798) o al galvanismo: *bagno —*, quello in cui s'immergono gli oggetti per sottoporli a galvanoplastica o a galvanostegia.
galvanismo [gal-va-nì-ʃmo] *s.m.* parte dell'elettrologia che studia le correnti prodotte dal contatto di sostanze diverse.
galvanizzare [gal-va-niʒ-ʒà-re] *v.tr.* **1** (*med.*) stimolare per mezzo di una corrente elettrica continua: *— un nervo* **2** (*fig.*) eccitare, stimolare; elettrizzare: *il discorso ha galvanizzato la folla* **3** sottoporre a galvanostegia ♦ **galvanizzarsi** *v.intr.pron.* eccitarsi, entusiasmarsi.
galvanizzazione [gal-va-niʒ-ʒa-zió-ne] *s.f.* il galvanizzare, il galvanizzarsi, l'essere galvanizzato (anche *fig.*).
galvano- primo elemento di parole composte della terminologia scientifica e tecnica, che indica relazione con la corrente elettrica (*galvanoplastica, galvanoterapia*).
galvanometro [gal-va-nò-me-tro] *s.m.* strumento che misura correnti elettriche di piccola intensità.
galvanoplastica [gal-va-no-plà-sti-ca] *s.f.* procedimento elettrochimico che permette di fabbricare oggetti metallici facendo depositare per via elettrolitica uno strato omogeneo di metallo su stampi di materiale plastico.
galvanoscopio [gal-va-no-scò-pio] *s.m.* dispositivo che rivela il passaggio di corrente elettrica.
galvanostegia [gal-va-no-ste-gì-a] *s.f.* procedimento elettrochimico con il quale oggetti metallici vengono ricoperti da un sottile strato di un altro metallo depositato per via elettrolitica.
galvanotecnica [gal-va-no-tèc-ni-ca] *s.f.* denominazione complessiva della galvanoplastica e della galvanostegia.
galvanoterapia [gal-va-no-te-ra-pì-a] *s.f.* (*med.*) elettroterapia eseguita con correnti a bassa intensità.
galvanotipia [gal-va-no-ti-pì-a] *s.f.* (*tip.*) procedimento galvanoplastico per ottenere da una forma tipografica un cliché di rame | (*estens.*) il cliché così ottenuto.
gamba [gàm-ba] *s.f.* **1** ognuno degli arti inferiori dell'uomo; in particolare, la parte compresa tra il ginocchio e il piede: *gambe da fantino*, arcuate | *essere in —* (superl. *in gambissima*), (*fig.*) essere una persona valente, piena di qualità | *fare il passo più lungo della —*, impegnarsi in qlco. che va al di là delle proprie possibilità | *andare avanti con le proprie gambe*, (*fig.*) fare qlco. da solo, senza l'aiuto di altri | *darsela a gambe*, fuggire | *mettersi le gambe in spalla*, (*fig.*) fuggire a gran velocità | *correre a gambe levate*, precipitosamente, con molta fretta | *gambe!*, via!, scappiamo! | *andare a gambe all'aria*, cadere all'indietro | *mi tremano le gambe*, ho molta paura | *prendere qlco. sotto —*, (*fig.*) sottovalutarne l'importanza o la difficoltà | *tagliare le gambe a qlcu.*, (*fig.*) ridurlo all'impotenza, impedirgli di realizzare qlco. **2** (*estens.*) arto degli animali; zampa **3** (*estens.*) parte di un oggetto o di un apparecchio che funge da sostegno: *la — del tavolo* **4** (*estens.*) elemento verticale di una figura o di una lettera; asta: *la lettera* m *ha tre gambe.*
gambale [gam-bà-le] *s.m.* **1** la parte dello stivale che ricopre la gamba. DIM. *gambaletto* **2** forma in legno per stivali, usata dai calzolai **3** nelle armature antiche, gambiera, schiniere.
gambaletto [gam-ba-lét-to] *s.m.* **1** nelle calzature a collo alto, la parte rigida che protegge le caviglie **2** in ortopedia, ingessatura che si applica dal ginocchio in giù **3** calza che arriva fin sotto il ginocchio.
gamberetto [gam-be-rét-to] *s.m.* nome comune di vari piccoli crostacei commestibili.
gambero [gàm-be-ro] *s.m.* crostaceo marino o fluviale commestibile, dal corpo allungato con due chele anteriori | *rosso come un —*, assai rosso | *camminare come un —*, (*fig.*) non fare progressi, regredire in un'attività. DIM. *gamberetto* ACCR. *gamberone.*
gambiera [gam-biè-ra] *s.f.* **1** parte dell'armatura che proteggeva la gamba dal ginocchio al piede; gambale; schiniere **2** (*sport*) nello hockey su ghiaccio, fascia di protezione delle gambe.
gambizzare [gam-biʒ-ʒà-re] *v.tr.* (*gerg.*) atto di terrorismo politico consistente nel ferire alle gambe con un'arma da fuoco.
gambizzazione [gam-biʒ-ʒa-zió-ne] *s.f.* (*gerg.*) il gambizzare, l'essere gambizzato.
gambo [gàm-bo] *s.m.* **1** nelle piante erbacee, il

fusto sottile che sorregge i fiori o le foglie: *il — di una margherita* | *il — del fungo*, la parte inferiore, che regge il cappello **2** (*fig.*) la parte sottile e allungata di vari oggetti: *— del bicchiere*, unisce il calice al piede.

gambrinismo [gam-bri-nì-ʃmo] *s.m.* (*med.*) abuso di birra; l'intossicazione provocata da tale abuso.

game [/ 'gεim /] *s.m.invar.* (*ingl.*) (*sport*) ciascuna delle frazioni o giochi in cui si articola un set di tennis.

gamella [ga-mèl-la] *s.f.* **1** gavetta **2** (*mar.*) l'insieme delle stoviglie delle mense di bordo.

gamete [ga-mè-te] *s.m.* (*biol.*) negli animali e nelle piante, ciascuna delle due cellule sessuali che fondendosi danno origine a una nuova cellula (zigote) da cui si sviluppa il nuovo individuo.

gametogenesi [ga-me-to-gè-ne-ʃi] *s.f.* (*biol.*) formazione di gameti in piante e animali.

gamia [ga-mì-a] *s.f.* (*biol.*) forma di riproduzione di animali e vegetali per mezzo di gameti.

-gamia secondo elemento di parole composte che significa 'matrimonio, nozze' (*monogamia, poligamia*) o 'riproduzione sessuale' (*agamia*).

gamico [gà-mi-co] *agg.* [pl.m. *-ci*] (*biol.*) relativo a gamia, che avviene per gamia: *riproduzione gamica.*

gamma[1] [gàm-ma] *s.m.invar.* nome della terza lettera dell'alfabeto greco, che corrisponde a *g* nei caratteri latini | Come *agg.*: *raggi —*, (*fis.*) radiazioni elettromagnetiche che si generano nel nucleo atomico di elementi radioattivi.

gamma[2] *s.f.* **1** (*mus.*) l'estensione di una voce o di uno strumento | scala musicale **2** (*estens.*) successione delle varie gradazioni di un colore: *— cromatica* | (*fig.*) serie di cose affini, distinte tra loro da lievi gradazioni: *la — dei modelli prodotti.*

gammaglobulina [gam-ma-glo-bu-lì-na] *s.f.* (*biol.*) globulina che costituisce il fondamento chimico degli anticorpi immunitari, usata nella prevenzione e nella cura delle malattie infettive.

gammaterapia [gam-ma-te-ra-pì-a] *s.f.* (*med.*) radioterapia.

gamo-, -gamo primo e secondo elemento di parole composte che significa 'nozze, riproduzione sessuale' o anche 'unione, congiunzione' (*monogamo, gamopetalo*).

gamopetalo [ga-mo-pè-ta-lo] *agg.* (*bot.*) si dice di fiore, come la primula, la cui corolla è formata da petali saldati insieme.

ganascia [ga-nà-scia] *s.f.* [pl. *-sce*] **1** nell'uomo e negli animali, l'insieme della guancia e della mascella | *mangiare a quattro ganasce*, (*fig.*) con ingordigia, con avidità **2** (*estens.*) ciascuna delle due parti di un attrezzo o di un dispositivo che, accostandosi, bloccano un oggetto o, se è in movimento, lo frenano: *le ganasce di una morsa, di un freno.*

gancio [gàn-cio] *s.m.* **1** organo di collegamento o di sostegno, di materiale rigido, caratterizzato dalla forma a U: *il — di una gru* **2** nel pugilato, colpo vibrato col braccio piegato ad angolo retto.

gandhismo [gan-dhi-ʃmo] *s.m.* la dottrina dell'uomo politico indiano M.K. Gandhi (1869-1948), ispirata all'ideale della non-violenza.

gang [/ gεŋg /] *s.f.invar.* (*ingl.*) banda di malviventi, di delinquenti.

ganga [gàn-ga] *s.f.* in un giacimento minerario, l'insieme dei minerali inutili che accompagnano il minerale utile.

gangherella [gan-ghe-rèl-la] *s.f.* anellino di filo o di metallo nel quale si infila un gancetto a uncino per allacciare vestiti.

ganghero [gàn-ghe-ro] *s.m.* cardine | *uscire dai gangheri, essere fuori dei gangheri*, (*fig.*) perdere la pazienza, il controllo.

ganglio [gan-glio; / 'gangljo /] *s.m.* **1** (*anat.*) ammasso di cellule nervose o di vasi linfatici **2** (*fig.*) centro di grande importanza, punto vitale: *i gangli dell'economia mondiale.*

ganglioma [gan-glio-ma; / gan'gljɔma /] *s.m.* [pl. *-mi*] (*med.*) tumore dei gangli nervosi.

gangster [/ 'gεŋgster /] *s.m.* e *f.invar.* (*ingl.*) appartenente a una banda di criminali | (*estens.*) persona violenta e priva di scrupoli.

gangsterismo [gang-ste-rì-ʃmo; / gengste'rismo /] *s.m.* l'attività della malavita organizzata; comportamento da gangster: *il — americano degli anni Trenta.*

ganimede [ga-ni-mè-de] *s.m.* (*lett.*) giovane galante e lezioso; damerino.

ganzo [gàn-ʒo] *s.m.* **1** [f. *-a*] (*spreg.*) amante **2** (*pop.*) persona abile, furba, scaltra ♦ *agg.* (*pop.*) bello; bravo, abile: *un tipo molto —.*

gap [/ gεp /] *s.m.invar.* (*ingl.*) divario, scarto, differenza: *— tecnologico* | *— generazionale*, differenza di mentalità e di usi tra persone di generazioni diverse.

gara [gà-ra] *s.f.* confronto tra due o più persone che cercano di superarsi a vicenda; competizione: *— ciclistica*; *una — di solidarietà*; *entrare, essere in —* | *fare a —*, impegnarsi per riuscire meglio degli altri | *fuori —*, si dice di chi, pur partecipando a una gara sportiva, non viene iscritto nell'ordine di arrivo | *— d'appalto*, concorso con cui un ente pubblico assegna l'esecuzione di un lavoro o la fornitura di materiale a chi fa l'offerta più vantaggiosa.

garage [/ ga'raʒ /] *s.m.* (*fr.*) locale adibito al ricovero di uno o più autoveicoli; autorimessa.

garagista [ga-ra-gì-sta] *s.m.* e *f.* [pl. *-sti*] chi gestisce, possiede un'autorimessa o vi lavora.

garante [ga-ràn-te] *agg.* e *s.m.* e *f.* **1** che/chi garantisce; mallevadore: *farsi — per qlcu.* o *di qlco* **2** organo di vigilanza: *il — per l'editoria.*

garantire [ga-ran-tì-re] *v.tr.* [*io garantisco, tu garantisci ecc.*] **1** assicurare l'adempimento di un'obbligazione propria o altrui; promettere di sostituirsi al debitore se questi non adempie il suo obbligo | nei contratti di compravendita, assicurare all'acquirente il perfetto funzionamento dell'oggetto venduto, impegnandosi a sostituirlo o ripararlo nel caso non funzioni: — *un televisore* **2** (*estens.*) assicurare, dare per certo: — *la propria collaborazione* ♦ **garantirsi** *v.rifl.* procurarsi delle garanzie; prendere precauzioni, assicurarsi contro un eventuale danno.

garantismo [ga-ran-tì-ʃmo] *s.m.* concezione politica e giuridica che attribuisce rilievo primario alle garanzie dei diritti e delle libertà individuali nei confronti dell'autorità dello stato.

garantista [ga-ran-tì-sta] *s.m.* e *f.* [pl.m. *-sti*] sostenitore del garantismo | Come *agg.*: *provvedimento* —.

garantistico [ga-ran-tì-sti-co] *agg.* [pl.m. *-ci*] di garantismo, relativo ai garantisti: *concezione garantistica*.

garantito [ga-ran-tì-to] *agg.* **1** assicurato con garanzia: *orologio — per un anno* **2** (*fig.*) che gode di sicurezza, stabilità | certo, sicuro: *stasera piove, è —!*

garanzia [ga-ran-zì-a] *s.f.* **1** il garantire, l'assicurare l'osservanza di un impegno: *dare, esigere una* — | (*fig.*) assicurazione, promessa sicura; aspettativa fondata: *una — di successo* **2** impegno del venditore o del produttore a fornire una merce non difettosa e a sostituirla o ripararla qualora si guasti entro un certo periodo; il periodo per il quale è valido tale impegno: *una — di due anni* **3** *informazione* (correntemente *avviso*) *di* —, nella procedura penale, comunicazione scritta con cui il pubblico ministero informa l'indagato delle norme di legge che potrebbero essere state da lui violate, invitandolo a nominare un difensore.

garbare [gar-bà-re] *v.intr.* [aus. *essere*] piacere, essere gradito; andare a genio: *non mi garbano i suoi scherzi*.

garbato [gar-bà-to] *agg.* che ha garbo, signorilità, gentilezza: *un uomo* — | che è fatto o detto con garbo e cortesia: *una risposta garbata* □ **garbatamente** *avv.*

garbino [gar-bì-no] *s.m.* vento di libeccio.

garbo [gàr-bo] *s.m.* **1** compitezza nel comportarsi e nel trattare con gli altri; amabilità, cortesia: *una persona piena di* — **2** modo aggraziato di eseguire una cosa: *dipingere con* — **3** linea armoniosa che si conferisce a un oggetto mediante un lavoro di rifinitura: *dare il — a un vestito*.

garbuglio [gar-bù-glio] *s.m.* **1** groviglio, intrico (anche *fig.*): *un — di fili, di sentimenti* **2** (*fig.*) faccenda intricata, disordine, confusione: *creare garbugli*.

garçonnière [/ garson'njɛr /] *s.f.* (*fr.*) appartamento destinato a convegni amorosi.

gardenia [gar-dè-nia] *s.f.* arbusto ornamentale con foglie sempreverdi e fiori bianchi profumati | il fiore di quest'arbusto.

gareggiare [ga-reg-già-re] *v.intr.* [*io garéggio ecc.*; aus. *avere*] fare a gara, competere con qlcu.: — *in generosità* | (*assol.*) partecipare a una gara: *gli atleti migliori gareggeranno domani*.

garfagnino [gar-fa-gnì-no] *agg.* della Garfagnana, regione della Toscana ♦ *s.m.* [f. *-a*] abitante, nativo della Garfagnana.

garganella [gar-ga-nèl-la] *s.f.* solo nella loc. avv. *bere a* —, bere senza accostare il recipiente alla bocca.

gargarismo [gar-ga-rì-ʃmo] *s.m.* **1** il far gorgogliare in gola un liquido o una soluzione medicamentosa **2** collutorio.

gargarozzo [gar-ga-ròz-zo] *s.m.* (*pop.*) gola, gozzo.

garibaldinismo [ga-ri-bal-di-nì-ʃmo] *s.m.* **1** (*st.*) movimento politico che si ispirò alla figura di G. Garibaldi | (*estens.*) spirito garibaldino **2** (*fig.*) coraggio, intraprendenza accompagnati da avventatezza.

garibaldino [ga-ri-bal-dì-no] *agg.* **1** di G. Garibaldi (1807-1882): *le imprese garibaldine* **2** (*fig.*) audace, eroico, impetuoso | *alla garibaldina* in modo un po' avventato o disordinato ♦ *s.m.* soldato volontario al seguito di Garibaldi.

garitta [ga-rìt-ta] *s.f.* piccola costruzione che funge da riparo per la sentinella.

garni [/ gar'ni /] *agg.* e *s.m.invar.* (*fr.*) **1** di albergo che fornisce solo camera ammobiliata e servizio di prima colazione **2** di secondo piatto contenente anche il contorno.

garofanato [ga-ro-fa-nà-to] *agg.* che ha profumo di garofano; intriso di essenza di garofano.

garofano [ga-rò-fa-no] *s.m.* (*bot.*) genere di piante erbacee ornamentali con fiori profumati di vario colore e foglie lineari; il fiore di tali piante | *chiodi di* —, bottoni fiorali disseccati di una pianta esotica delle Mirtacee, usati come spezie e in profumeria | — *di mare*, nome comune dell'attinia. DIM. *garofanino*.

garrese [gar-ré-se] *s.m.* la parte più elevata del dorso dei quadrupedi; è punto di riferimento per la misura dell'altezza.

garretto [gar-rét-to] *s.m.* parte dell'arto posteriore dei bovini e degli equini, corrispondente all'articolazione della caviglia dell'uomo.

garrire [gar-rì-re] *v.intr.* [*io garrisco, tu garrisci ecc.*; aus. *avere*] di uccelli, emettere garriti: *le rondini garriscono*.

garrito [gar-rì-to] *s.m.* verso stridulo emesso da alcuni uccelli.

garrotta [gar-ròt-ta], o **garrota**, *s.f.* strumento per le esecuzioni capitali, costituito da un anello metallico che viene stretto intorno al collo del condannato.

garrulo [gàr-ru-lo] *agg.* (*lett.*) **1** che garrisce: *uccelli garruli* **2** di persona, ciarliero, petulante | allegro, chiassoso.

garza[1] [gàr-ʒa] *s.f.* tessuto di seta o di cotone, a trama molto rada: — *sterilizzata, idrofila*, usata per medicazioni e fasciature.

garza[2] *s.f.* airone.

garzare [gar-ʒà-re] *v.tr.* sottoporre un tessuto all'operazione della garzatura.

garzatrice [gar-ʒa-trì-ce] *s.f.* macchina che esegue la garzatura.

garzatura [gar-ʒa-tù-ra] *s.f.* (*ind. tess.*) operazione che si compie sui tessuti di lana per renderli morbidi e brillanti.

garzetta [gar-ʒét-ta] *s.f.* piccolo airone bianco con gambe e becco neri.

garzone [gar-ʒó-ne] *s.m.* **1** lavoratore non qualificato, addetto in una bottega ai servizi più semplici: *il — del fornaio* **2** apprendista artigiano.

gas [gas] *s.m.* **1** denominazione generica di qualsiasi sostanza che a pressione e temperatura ordinarie si trova allo stato aeriforme: *— naturale*, il metano e altri idrocarburi presenti nel sottosuolo; *— nobili*, elio, neon, argo, cripto, xeno, radon | *— asfissianti, paralizzanti, nervini*, aggressivi chimici gassosi usati a scopo bellico **2** sostanza aeriforme combustibile che viene impiegata in usi domestici o industriali: *scaldabagno a —; spegnere il —* | *— di città*, quello erogato da una rete cittadina **3** la miscela di carburante nebulizzato e aria che entra nei cilindri di un motore a scoppio: *dare, togliere il —*, accelerare, decelerare; *a tutto —*, alla massima velocità.

gasare [ga-ʃà-re] *v.tr.* **1** gassare **2** (*fig. gerg.*) elettrizzare, eccitare ♦ **gasarsi** *v.intr.pron.* (*gerg.*) eccitarsi, montarsi la testa.

gasato [ga-ʃà-to] *agg.* e *s.m.* [f. *-a*] (*fig. gerg.*) si dice di chi, dopo un successo, dimostra uno stato di sovreccitazione o si sopravvaluta.

gasdinamica [gaʃ-di-nà-mi-ca] *s.f.* (*fis.*) parte dell'aerodinamica che studia le proprietà dei fluidi compressibili.

gasdotto [gaʃ-dót-to] *s.m.* conduttura adibita al trasporto di gas naturali.

gasificare e *deriv.* → **gassificare** e *deriv.*

gasista → **gassista**.

gasolio [ga-ʃò-lio] *s.m.* miscela di idrocarburi usata come carburante per motori diesel e come combustibile per il riscaldamento domestico.

gasometro [ga-ʃò-me-tro], o **gazometro** [ga-ʒò-me-tro], *s.m.* serbatoio cilindrico di grande capacità usato per raccogliere, immagazzinare ed erogare nella rete urbana il gas combustibile.

gassa [gàs-sa] *s.f.* (*mar.*) anello, generalmente all'estremità di un cavo, realizzato mediante impiombatura o nodi speciali.

gassare [gas-sà-re] *v.tr.* sciogliere un gas in un liquido per renderlo effervescente: *bibita gassata.*

gassificare [gas-si-fi-cà-re], o **gasificare** [ga-ʃi-fi-cà-re], *v.tr.* [*io gassìfico, tu gassìfichi ecc.*] ridurre allo stato gassoso.

gassificazione [gas-si-fi-ca-zió-ne], o **gasificazione** [ga-ʃi-fi-ca-zió-ne], *s.f.* processo con cui una sostanza viene ridotta allo stato gassoso.

gassista [gas-sì-sta], o **gasista** [ga-ʃì-sta], *s.m.* [pl. *-sti*] **1** operaio addetto alle apparecchiature per la produzione e la distribuzione del gas di città **2** operaio specializzato nell'istallazione, manutenzione e riparazione di impianti o apparecchi a gas.

gassosa [gas-só-sa], o **gazzosa** [gaʒ-ʒó-sa] *s.f.* bibita a base di acqua dolcificata e aromatizzata, gassata con anidride carbonica.

gassoso [gas-só-so] *agg.* **1** si dice di un corpo allo stato aeriforme o di sostanza avente proprietà di gas: *un composto —* **2** di gas: *esalazioni gassose.*

gastero- → **gastro-**.

gasteropodi [ga-ste-rò-po-di] *s.m.pl.* (*zool.*) classe di molluschi provvisti di una conchiglia dorsale calcarea avvolta a spirale; vi appartengono lumache, chiocciole, patelle ecc.

gastralgia [ga-stral-gì-a] *s.f.* (*med.*) dolore di stomaco.

gastrectomia [ga-strec-to-mì-a] *s.f.* (*med.*) asportazione chirurgica di una parte dello stomaco.

gastrico [gà-stri-co] *agg.* [pl.m. *-ci*] dello stomaco, relativo allo stomaco: *succo —; lavanda gastrica*, (*med.*) lavaggio dello stomaco mediante sonda.

gastrite [ga-strì-te] *s.f.* (*med.*) infiammazione acuta o cronica della mucosa dello stomaco.

gastro-, o **gastero-**, primo elemento di parole composte della terminologia scientifica, che significa 'ventre, stomaco' (*gastroenterite, gastroscopio*).

gastroduodenale [ga-stro-du-o-de-nà-le] *agg.* (*med.*) relativo allo stomaco e al duodeno: *ulcera —.*

gastroenterico [ga-stro-en-tè-ri-co] *agg.* [pl.m. *-ci*] (*med.*) relativo allo stomaco e all'intestino.

gastroenterite [ga-stro-en-te-rì-te] *s.f.* (*med.*) infiammazione della mucosa dello stomaco e dell'intestino tenue.

gastroenterologia [ga-stro-en-te-ro-lo-gì-a] *s.f.* parte della medicina che studia lo stomaco e l'intestino.

gastroenterologo [ga-stro-en-te-rò-lo-go] *s.m.* [f. *-a*; pl.m. *-gi*] medico specialista in gastroenterologia.

gastroepatico [ga-stro-e-pà-ti-co] *agg.* [pl.m. *-ci*] (*med.*) relativo allo stomaco e al fegato: *legamento —.*

gastrointestinale [ga-stro-in-te-sti-nà-le] *agg.* (*med.*) gastroenterico.

gastrologia [ga-stro-lo-gì-a] *s.f.* (*med.*) studio anatomico, funzionale e patologico dello stomaco.

gastromiceti [ga-stro-mi-cè-ti] *s.m.pl.* (*bot.*) ordine di funghi basidiomiceti con corpo fruttifero globoso e spore contenute in un involucro.

gastronomia [ga-stro-no-mì-a] *s.f.* l'arte di cucinare: *trattato di —.*

gastronomico [ga-stro-nò-mi-co] *agg.* [pl.m. *-ci*] che riguarda la gastronomia: *specialità gastronomiche* □ **gastronomicamente** *avv.* dal punto di vista gastronomico.

gastronomo [ga-strò-no-mo] *s.m.* [f. *-a*] esperto di gastronomia.

gastropatia [ga-stro-pa-tì-a] *s.f.* (*med.*) denominazione generica delle affezioni gastriche.

gastropatico [ga-stro-pà-ti-co] *agg.* [pl.m. *-ci*]

(*med.*) relativo a gastropatia ♦ *agg.* e *s.m.* [f. *-a*] che/chi è affetto da gastropatia.

gastroscopia [ga-stro-sco-pì-a] *s.f.* (*med.*) esame dello stomaco mediante gastroscopio.

gastroscopio [ga-stro-scò-pio] *s.m.* (*med.*) tubo endoscopico flessibile che, introdotto nello stomaco attraverso la bocca e l'esofago, ne permette l'ispezione.

gastrotomia [ga-stro-to-mì-a] *s.f.* (*med.*) incisione chirurgica della parete gastrica.

gastrula [gà-stru-la] *s.f.* (*biol.*) ultimo stadio di sviluppo dell'embrione animale.

gâteau [/ ga'to /] *s.m.invar.* (*fr.*) torta, dolce.

gatta [gàt-ta] *s.f.* la femmina del gatto | *— ci cova!*, (*fig.*) c'è sotto qualche inganno | *una — da pelare*, (*fig.*) un problema, una situazione difficile da risolvere | *prov.*: *la — frettolosa fece i gattini ciechi*, le cose fatte in fretta riescono male; *tanto va la — al lardo che ci lascia lo zampino*, chi continua ad arrischiarsi in cose pericolose o illecite, alla fine viene colto sul fatto. DIM. *gattina*.

gattabuia [gat-ta-bù-ia] *s.f.* (*scherz.*) carcere, prigione: *finire in —*.

gattaiola [gat-ta-iò-la] *s.f.* buco fatto nella parte bassa delle porte, perché vi possa passare un gatto.

gattamorta [gat-ta-mòr-ta], o gatta morta, *s.f.* [pl. *gattemorte* o *gatte morte*] persona che, sotto un'apparenza tranquilla e ingenua, nasconde un carattere aggressivo o una disposizione d'animo malevola: *fare la —*.

gattesco [gat-té-sco] *agg.* [pl.m. *-schi*] di gatto, da gatti: *astuzia gattesca*.

gattice [gàt-ti-ce] *s.m.* pioppo bianco.

gatto [gàt-to] *s.m.* felino domestico molto comune: *agile come un —*; *vederci come un —*, benissimo, anche con poca luce | *— selvatico*, felino più grosso del gatto domestico, con pelame grigio fulvo, che vive nelle foreste dell'Europa centrale e meridionale | *essere come cani e gatti*, (*fig.*) litigare continuamente | *quattro gatti*, (*fig.*) pochissime persone | *— a nove code*, frusta con nove strisce di cuoio | *— delle nevi*, mezzo cingolato capace di muoversi su terreni coperti di neve. DIM. *gattino* ACCR. *gattone* PEGG. *gattaccio* ♦ Come *agg.invar.*: *pesce —*, pesce d'acqua dolce con corpo slanciato, capo tozzo e lunghi barbigli attorno alla bocca.

gattomammone [gat-to-mam-mó-ne], o gatto mammone, *s.m.* [pl. *gattimammoni* o *gatti mammoni*] mostro favoloso, con cui si fa paura ai bambini.

gattonare [gat-to-nà-re] *v.tr.* [*io gattóno ecc.*] detto di mammiferi predatori, seguire una preda strisciando sul terreno per non farsi vedere ♦ *v. intr.* [aus. *avere*] **1** avanzare strisciando sul terreno per avvicinarsi alla preda **2** (*fam.*) detto di bambini molto piccoli, avanzare con le mani e le ginocchia sul pavimento.

gattoni [gat-tó-ni] *avv.* quatto quatto, camminando adagio con le mani e con i piedi: *procedere gatton —*.

gattopardesco [gat-to-par-dé-sco] *agg.* [pl.m. *-schi*] che rivela gattopardismo, che è ispirato a gattopardismo: *politica gattopardesca*.

gattopardismo [gat-to-par-dì-ʃmo] *s.m.* concezione e pratica politica di chi è favorevole a innovazioni solo apparenti, per evitare di compromettere i privilegi acquisiti.

gattopardo [gat-to-pàr-do] *s.m.* **1** grosso felino africano con corpo snello, testa lunga e stretta, pelo giallastro a macchie nere **2** (*fig.*) persona che dà prova di gattopardismo.

gattuccio[1] [gat-tùc-cio] *s.m.* pesce cartilagineo marino, con dorso grigio-rossastro a macchie scure e pinne ventrali triangolari.

gattuccio[2] *s.m.* (*tecn.*) sega a mano con lama stretta e rastremata verso la punta.

gaucho [/ 'gautʃo /] *s.m.* [pl. *gauchos*] (*sp.*) mandriano a cavallo delle pampas, il cui abbigliamento è caratterizzato dal cappello a grandi tese e dal mantello a poncho.

gaudente [gau-dèn-te] *agg.* e *s.m.* e *f.* che/chi si gode la vita.

gaudio [gàu-dio] *s.m.* (*lett.*) vivo piacere spirituale; gioia, giubilo | *prov.*: *mal comune mezzo —*, un male condiviso da altri sembra meno pesante.

gaudioso [gau-dió-so] *agg.* (*lett.*) pieno di gaudio.

gaullismo [gaul-li-ʃmo; / gol'lizmo /] *s.m.* gollismo.

gaullista [gaul-li-sta; / gol'lista /] *s.m.* e *f.* [pl.m. *-sti*] gollista.

gauss [/ 'gaus /] *s.m.invar.* (*ted.*) (*fis.*) unità di misura dell'induzione magnetica nel sistema cgs elettromagnetico.

gavazzare [ga-vaz-zà-re] *v.intr.* [aus. *avere*] (*lett.*) abbandonarsi ai divertimenti; gozzovigliare, far baldoria.

gavetta [ga-vét-ta] *s.f.* recipiente in cui i soldati mangiano il rancio al campo | *venire dalla —*, (*fig.*) si dice di persona che ha raggiunto una posizione professionale di rilievo cominciando dalle mansioni più semplici.

gavettino [ga-vet-tì-no] *s.m.* piccolo recipiente di metallo usato dai militari per bere.

gavettone [ga-vet-tó-ne] *s.m.* **1** recipiente di grosse dimensioni usato per la distribuzione del vitto ai militari **2** (*fam.*) scherzo consistente nel gettarsi sacchetti pieni d'acqua fredda addosso.

gavina [ga-vì-na] *s.f.* uccello simile a un piccolo gabbiano stanziato nelle regioni settentrionali dell'Europa e dell'Asia.

gavitello [ga-vi-tèl-lo] *s.m.* (*mar.*) piccolo galleggiante sferico assicurato a un peso sul fondo del mare, usato per segnalazioni varie o anche per ormeggiare piccole imbarcazioni.

gavone [ga-vó-ne] *s.m.* (*mar.*) spazio vuoto all'interno dello scafo, sia a prora sia a poppa.

gavotta[1] [ga-vòt-ta] *s.f.* triglia.

gavotta[2] *s.f.* (*mus.*) danza francese in tempo binario e d'andamento moderato, in voga nei secc. XVII e XVIII.

gay [/ 'gei /] *agg.* e *s.m.* e *f.invar.* (*ingl.*) omosessuale | *locale —*, per omosessuali.

gazare [ga-ʒà-re] *v.tr.* sottoporre un filato alla gazatura.
gazatura [ga-ʒa-tù-ra] *s.f.* (*ind. tess.*) operazione che consiste nel passare i filati su una fiamma a gas per togliere la peluria e dar loro lucentezza.
gazebo [/ gad'dzɛbo /] *s.m.invar.* (*ingl.*) chiosco da giardino; piccolo belvedere.
gazometro → gasometro.
gazza [gàʒ-ʒa] *s.f.* **1** uccello dal piumaggio nero e bianco a riflessi violetti o verdastri sulle ali, con becco robusto e coda lunga; per la sua abitudine di raccogliere e nascondere gli oggetti lucenti è detto anche *gazza ladra* **2** (*fig.*) persona chiacchierona e noiosa.
gazzarra [gaʒ-ʒàr-ra] *s.f.* baldoria, festa chiassosa e scomposta; confusione di persone che parlano tutte insieme: *fare —*.
gazzella [gaʒ-ʒèl-la] *s.f.* **1** mammifero ruminante africano dal corpo leggero e slanciato color giallo-sabbia sul dorso e bianco sul ventre, testa piccola, occhi grandi: *agile come una —* | *occhi di —*, (*fig.*) grandi ed espressivi **2** vettura delle pattuglie di pronto intervento dei carabinieri.
gazzetta [gaʒ-ʒét-ta] *s.f.* giornale, pubblicazione periodica (oggi solo come titolo di alcuni quotidiani e periodici): *Gazzetta dello Sport* | *Gazzetta Ufficiale*, pubblicazione quotidiana dello stato in cui sono resi noti le leggi, i decreti e gli avvisi ufficiali. DIM. *gazzettino* (m.).
gazzettiere [gaʒ-ʒet-tiè-re] *s.m.* [f. *-a*] (*spreg.*) giornalista da strapazzo.
gazzettino [gaʒ-ʒet-tì-no] *s.m.* titolo di quotidiani o periodici | rubrica giornalistica: *— teatrale*.
gazzettistico [gaʒ-ʒet-tì-sti-co] *agg.* [pl.m. *-ci*] di gazzetta | (*spreg.*) di basso livello giornalistico.
gazzosa → gassosa.
geco [gè-co] *s.m.* [pl. *-chi*] piccolo rettile di colore grigio-bruno, di forma più tozza della lucertola, con le estremità munite di organi adesivi per arrampicarsi sui muri.
geenna [ge-èn-na], o **gehenna**, *s.f.* nel linguaggio evangelico, luogo di eterna dannazione, dove brucia il fuoco infernale.
geiger [/ 'gaiger /] *s.m.invar.* (*ted.*) strumento rivelatore di particelle elementari o di radiazioni atomiche.
geisha [/ 'gɛiʃʃa /] *s.f.* **1** donna giapponese istruita nel canto, nella musica e nella danza, che intrattiene gli ospiti nei conviti e nelle riunioni **2** (*estens.*) donna di facili costumi.
gel [gèl] *s.m.invar.* (*chim.*) sistema colloidale allo stato semisolido o gelatinoso usato in cosmesi e in farmacia.
gelare [ge-là-re] *v.tr.* [*io gèlo ecc.*] **1** rendere gelido; congelare: *il freddo ha gelato le piante* | *— il sangue*, atterrire **2** (*fig.*) irrigidire; creare tensione, sgomento: *la sua presenza ha gelato tutti* ♦ *v.intr.impers.* [aus. *essere* o *avere*] fare il gelo: *ieri notte è, ha gelato* ♦ *v.intr.* [aus. *essere*], **gelarsi** *v.intr.pron.* **1** diventare ghiaccio: *il lago è gelato* **2** diventare freddo come il ghiaccio: *mi si sono gelate le mani* | soffrire gran freddo: *in questa stanza si gela*.
gelata [ge-là-ta] *s.f.* freddo intensissimo con conseguente formazione di ghiaccio; gelo: *la — ha danneggiato gli ulivi*.
gelataio [ge-la-tà-io] *s.m.* [f. *-a*] chi fa o vende gelati.
gelateria [ge-la-te-rì-a] *s.f.* negozio dove si fanno e si vendono gelati.
gelatiera [ge-la-tiè-ra] *s.f.* macchina per fare i gelati.
gelatina [ge-la-tì-na] *s.f.* **1** ogni sostanza semisolida elastica e di aspetto trasparente **2** brodo di carne o pesce, ristretto e solidificato: *pollo in —* | *— di frutta*, conserva alimentare preparata con succo di frutta, zucchero e gelificanti | *— esplosiva*, miscela gelatinosa di nitrocellulosa e nitroglicerina, ad azione esplosiva.
gelatinizzante [ge-la-ti-niʒ-ʒàn-te] *agg.* e *s.m.* si dice di sostanza che aggiunta a un'altra la rende gelatinosa; gelificante.
gelatinoso [ge-la-ti-nó-so] *agg.* che ha aspetto o consistenza di gelatina: *liquido —*.
gelato [ge-là-to] *agg.* **1** molto freddo; ghiacciato: *mani gelate* **2** (*fig.*) irrigidito per l'emozione, lo spavento: *rimanere —* ♦ *s.m.* dolce fatto con latte, zucchero e altri ingredienti lavorati insieme e resi omogenei e consistenti per congelamento: *— di crema, alla fragola*.
gelido [gè-li-do] *agg.* **1** freddo come il ghiaccio: *acqua gelida* **2** (*fig.*) privo di cordialità, di simpatia: *un'accoglienza gelida* □ **gelidamente** *avv.*
gelificante [ge-li-fi-càn-te] *agg.* e *s.m.* gelatinizzante.
gelificare [ge-li-fi-cà-re] *v.tr.* [*io gelìfico, tu gelìfichi ecc.*] ridurre un colloide a gel ♦ *v.intr.* [aus. *essere*], **gelificarsi** *v.intr.pron.* detto di un colloide, diventare gel, precipitare in gel.
gelificazione [ge-li-fi-ca-zió-ne] *s.f.* il gelificare, il gelificarsi, l'essere gelificato.
gelo [gè-lo] *s.m.* **1** freddo intenso, tale da far ghiacciare l'acqua: *il — ha seccato le piante* **2** patina, strato di ghiaccio: *campi coperti di —* **3** (*fig.*) sensazione di freddo provocata da paura, sgomento: *sentirsi un — nel sangue* | indifferenza, ostilità: *creare il — intorno a sé*.
gelone [ge-ló-ne] *s.m.* (*med.*) infiammazione delle estremità causata dal freddo intenso e caratterizzata da rossore, bruciore e ulcerazioni.
gelosia [ge-lo-sì-a] *s.f.* **1** ansietà di chi teme che la persona amata ami un'altra persona o dubita della sua fedeltà: *essere roso dalla —* **2** rivalità, invidia: *suscitare la — dei colleghi* **3** cura attenta e scrupolosa: *conservare qlco. con —* **4** (*region.*) persiana.
geloso [ge-ló-so] *agg.* **1** che prova o mostra gelosia: *un marito —* | *essere — di qlcu.*, temere di perderne l'affetto; temere che qlcu. ci sottragga l'affetto della persona amata **2** che prova rivalità e invidia: *essere — dei successi altrui* **3** che custodisce con cura: *essere — dei propri libri* □ **gelo-**

samente *avv.* con gelosia; con cura e scrupolosità: *conservare — un segreto.*
gelso [gèl-so] *s.m.* albero con piccoli frutti commestibili dolci, neri o bianchi (more), di cui si nutrono i bachi da seta.
gelsomino [gel-so-mì-no] *s.m.* arbusto rampicante con fiorellini bianchi profumati | (*estens.*) il fiore e il profumo di questa pianta.
gemebondo [ge-me-bón-do] *agg.* (*lett.*) che emette gemiti, che si lamenta.
gemellaggio [ge-mel-làg-gio] *s.m.* legame di particolare amicizia istituito tra due città, scuole o associazioni, al fine di favorire più strette relazioni economiche e culturali.
gemellare¹ [ge-mel-là-re] *agg.* **1** si dice di gravidanza o di parto in cui vi siano due o più figli **2** (*fig.*) detto di legame, rapporto tra cose uguali o simili.
gemellare² *v.tr.* [*io gemèllo ecc.*] unire mediante gemellaggio: — *due città* ♦ **gemellarsi** *v.rifl.rec.* legarsi in gemellaggio.
gemellarità [ge-mel-la-ri-tà] *s.f.* l'essere gemelli | concepimento o nascita di gemelli.
gemellipara [ge-mel-lì-pa-ra] *s.f.* donna o femmina di animale che ha avuto un parto gemellare.
gemello [ge-mèl-lo] *agg.* **1** nato nello stesso parto con uno o più fratelli o sorelle: *fratelli gemelli* **2** (*estens.*) si dice di cose uguali, simili o che costituiscono una coppia: *letti gemelli* | *anime gemelle*, persone unite da grande affinità: *trovare, cercare l'anima gemella*, la persona con cui dividere l'esistenza ♦ *s.m.* **1** [f. *-a*] persona nata nello stesso parto con uno o più fratelli o sorelle | *gemelli omozigoti, eterozigoti*, a seconda che risultino dalla fecondazione di un solo ovulo o di due ovuli distinti **2** *spec.pl.* ognuno dei bottoni con cui si allacciano i polsini a doppio occhiello delle camicie **3** *Gemelli*, costellazione e segno dello zodiaco, in cui il Sole transita dal 21 maggio al 21 giugno.
gemere [gè-me-re] *v.intr.* [pres. *io gèmo ecc.*; pass.rem. *io geméi* o *gemètti, tu geměsti ecc.*; aus. *avere*] **1** lamentarsi sommessamente | (*fig.*) soffrire: — *sotto il giogo della tirannide* **2** stridere, cigolare: *la ruota gemeva sotto il peso del carro* **3** (*lett.*) stillare: *il sangue gemeva dalla ferita.*
geminare [ge-mi-nà-re] *v.tr.* [*io gèmino ecc.*] rendere doppio, raddoppiare: — *le consonanti* ♦ **geminarsi** *v.intr.pron.* raddoppiarsi, ripetersi.
geminato [ge-mi-nà-to] *agg.* doppio, raddoppiato | *consonanti geminate*, (*ling.*) consonanti doppie | *foglie geminate*, (*bot.*) che nascono insieme e appaiate sullo stesso fusto.
geminazione [ge-mi-na-zió-ne] *s.f.* il geminare, l'essere geminato: — *di una consonante, di un fiore.*
gemito [gè-mi-to] *s.m.* grido sommesso, lamento (anche *fig.*): *i gemiti dei feriti*; *il — del vento.*
gemma [gèm-ma] *s.f.* **1** (*bot.*) abbozzo di un germoglio da cui si svilupperanno i rami, le foglie e i fiori della pianta **2** (*biol.*) primo abbozzo di un nuovo individuo nella riproduzione per gemmazione **3** pietra preziosa **4** (*fig.*) cosa preziosa o rara | persona piena di virtù.
gemmare [gem-mà-re] *v.intr.* [*io gèmmo ecc.*; aus. *avere*] mettere le gemme: *il pesco ha gemmato.*
gemmato [gem-mà-to] *agg.* (*lett.*) ornato di gemme.
gemmazione [gem-ma-zió-ne] *s.f.* **1** (*bot.*) formazione di gemme sulle piante **2** (*biol.*) forma di riproduzione asessuata di organismi unicellulari, per cui in un individuo si formano delle protuberanze che staccandosi danno origine a nuovi individui.
gemmifero [gem-mì-fe-ro] *agg.* (*bot.*) che produce, che porta gemme: *rametto —.*
gemmiparo [gem-mì-pa-ro] *agg.* (*bot.*) che si riproduce attraverso gemme.
gemmologia [gem-mo-lo-gì-a] *s.f.* scienza che studia le pietre preziose.
gendarme [gen-dàr-me] *s.m.* **1** (*st.*) soldato che svolge compiti di polizia **2** (*estens. fam.*) persona energica e di modi bruschi: *ha una moglie che è un —.*
gendarmeria [gen-dar-me-rì-a] *s.f.* **1** il corpo dei gendarmi **2** la caserma dei gendarmi.
gene [gè-ne] *s.m.* (*biol.*) particella di acido desossiribonucleico, situata nei cromosomi, che trasmette i caratteri ereditari di una specie.
genealogia [ge-ne-a-lo-gì-a] *s.f.* **1** scienza che studia l'origine e la discendenza di una famiglia **2** la serie degli antenati di un individuo o di una famiglia.
genealogico [ge-ne-a-lò-gi-co] *agg.* [pl.m. *-ci*] che riguarda la genealogia: *albero* — □ **genealogicamente** *avv.* dal punto di vista genealogico.
genepì [ge-ne-pì] *s.m.* **1** pianta erbacea di alta montagna dalle foglie aromatiche, usata in liquoreria **2** liquore prodotto dalla distillazione di questa pianta.
generale¹ [ge-ne-rà-le] *agg.* **1** che si riferisce al genere, non all'individuo; che è comune o è valido per la grandissima maggioranza: *regole generali*; *assemblea* — | *indice* —, di tutta la materia o di tutti i volumi di un'opera **2** che dirige e amministra tutte le sezioni di cui un ente è costituito, che ricopre la carica più alta: *direzione* —; *segretario* — | *Affari generali*, in un ente, l'ufficio che si occupa del funzionamento dell'ente stesso **3** indeterminato, vago; generico: *un discorso troppo* — | *in* —, di solito, in via di principio ♦ *s.m.* ciò che è generale o che ha valore generale: *distinguere il — dal particolare* □ **generalmente** *avv.* **1** da un punto di vista generale, in modo generico **2** di solito, quasi sempre: — *a quest'ora è in ufficio* **3** da tutti o quasi tutti, dai più: *era — stimato.*
generale² *s.m.* **1** uno dei massimi gradi della gerarchia militare; la persona investita di tale grado: — *di corpo d'armata* **2** superiore generale di un ordine religioso: *il — dei domenicani.*
generalesco [ge-ne-ra-lé-sco] *agg.* [pl.m. *-schi*]

(*spreg.*) da generale; autoritario, imperioso: *tono —*.

generalessa [ge-ne-ra-lés-sa] *s.f.* **1** madre generale di un ordine religioso **3** (*scherz.*) donna con carattere forte e autoritario.

generalità [ge-ne-ra-li-tà] *s.f.* **1** qualità di ciò che è generale, comune a tutti: *la — di un giudizio* | (*estens.*) la maggior parte: *nella — dei casi* **2** (spec. *pl.*) espressione generica, insieme di nozioni esposte in modo sommario e superficiale: *un discorso pieno di —* **3** *pl.* dati per l'identificazione di una persona (nome, cognome, paternità, residenza): *declinare le proprie —*.

generalizio [ge-ne-ra-lì-zio] *agg.* proprio del padre o della madre generale di un ordine religioso: *casa generalizia.*

generalizzare [ge-ne-ra-liʒ-ʒà-re] *v.tr.* **1** rendere generale, comune; diffondere: *— l'uso di un farmaco* **2** estendere, elevare a valore generale un dato o un fenomeno singolo: *— il risultato di un'indagine* | attribuire valore generale a un caso particolare: *è arbitrario —*.

generalizzato [ge-ne-ra-liʒ-ʒà-to] *agg.* diffuso, comune, esteso: *usanza generalizzata.*

generalizzazione [ge-ne-ra-liʒ-ʒa-zió-ne] *s.f.* il generalizzare, l'essere generalizzato: *— di un metodo.*

generare [ge-ne-rà-re] *v.tr.* [*io gènero ecc.*] **1** far nascere, dare vita a un individuo della stessa specie: *il seme genera la pianta* | (*estens.*) dar vita, produrre: *l'Italia ha generato musicisti insigni* **2** (*fig.*) causare, provocare; produrre: *— malcontento*; *— calore* ♦ **generarsi** *v.intr.pron.* prodursi, formarsi.

generativo [ge-ne-ra-tì-vo] *agg.* che genera, atto a generare: *forza generativa.*

generatore *agg.* e *s.m.* [f. *-trice*] che, chi genera: *principio —* ♦ *s.m.* (*tecn.*) apparecchio capace di trasformare l'energia di un certo tipo in energia di altra natura: *— elettrico.*

generatrice [ge-ne-ra-trì-ce] *s.f.* (*mat.*) retta o curva che, muovendosi nello spazio, genera una superficie.

generazionale [ge-ne-ra-zio-nà-le] *agg.* proprio di una generazione; relativo alle generazioni: *conflittualità —*.

generazione [ge-ne-ra-zió-ne] *s.f.* **1** il generare; il processo per cui gli esseri viventi si riproducono: *la — dell'uomo*; *— spontanea* **2** insieme di persone che, all'interno di un gruppo familiare, hanno lo stesso grado di discendenza: *prima, seconda —*, i figli, i nipoti; *di — in —*, di padre in figlio **3** (*estens.*) serie di macchine, considerate rispetto ad altre dello stesso tipo, ma che riflettono una fase diversa dello sviluppo scientifico e tecnologico: *i calcolatori della prima —* **4** insieme di individui che hanno pressappoco la stessa età o vivono nella stessa epoca: *la nuova —* **5** il periodo di tempo che intercorre mediamente tra due generazioni successive: *due generazioni fa* **6** (*scient.*, *tecn.*) produzione, formazione: *— di calore.*

genere [gè-ne-re] *s.m.* **1** raggruppamento concettuale di più cose o persone aventi caratteri comuni; qualità, tipo: *persone di ogni —*; *che — di stoffa è questa?* | *in —*, per lo più, generalmente, di solito | *del —*, analogo, simile: *non ho mai visto una cosa del —* | *non è il mio —*, non è di mio gusto | *nel suo —*, in rapporto al gruppo di appartenenza, oppure con riferimento a uno stile particolare: *un cantante unico nel suo —* | *— letterario, artistico, musicale*, ciascuna delle forme secondo le quali si suddivide la produzione letteraria, artistica e musicale | *quadro, pittura di —*, che ritrae scene di vita quotidiana **2** raggruppamento di specie animali o vegetali somiglianti tra loro per alcuni caratteri essenziali; nella classificazione sistematica fa parte della famiglia e comprende più specie: *il gatto appartiene al — Felis* **3** merce, prodotto commerciale: *generi alimentari* **4** (*gramm.*) categoria grammaticale che distingue il maschile, il femminile e in alcune lingue anche il neutro: *"uomo" è di — maschile.*

genericità [ge-ne-ri-ci-tà] *s.f.* l'essere generico; indeterminatezza.

generico [ge-nè-ri-co] *agg.* [pl.m. *-ci*] **1** che riguarda il genere, e non le particolarità della specie: *caratteri generici* **2** (*estens.*) non specifico; vago, indeterminato: *accuse generiche* **3** detto di persona, che esercita una professione senza essere specializzato in un settore particolare: *medico —* ♦ *s.m.* ciò che è generico, non particolare, non preciso: *restare nel —* □ **genericamente** *avv.*

genero [gè-ne-ro] *s.m.* il marito della figlia.

generosità [ge-ne-ro-si-tà] *s.f.* **1** l'essere generoso; altruismo, nobiltà d'animo: *un atto di —* **2** liberalità, larghezza nel donare: *ricompensare con —*.

generoso [ge-ne-ró-so] *agg.* **1** che ha o dimostra bontà, altruismo, abnegazione: *essere — con i propri nemici* **2** (*lett.*) di nascita nobile: *cavallo —*, di buona razza | *vino —*, di ottima qualità e di alta gradazione alcolica **3** che dimostra larghezza nel dare: *un — benefattore* **4** (*fig.*) ampio, abbondante: *una scollatura generosa* □ **generosamente** *avv.*

genesi [gè-ne-ʃi] *s.f.* **1** origine, nascita; processo di formazione: *la — dell'uomo*; *la — di un'opera d'arte* **2** [anche *s.m.*] *Genesi*, nome del primo libro della Bibbia, in cui si narra la creazione del mondo e le prime vicende dell'umanità.

genetica [ge-nè-ti-ca] *s.f.* branca della biologia che studia la generazione degli esseri viventi e la trasmissione dei caratteri ereditari.

genetico [ge-nè-ti-co] *agg.* [pl.m. *-ci*] (*biol.*) relativo alla genetica; relativo ai processi di trasmissione ereditaria: *caratteri genetici* | *patrimonio —*, l'insieme dei caratteri ereditari trasmessi mediante i geni | *ingegneria genetica*, insieme di metodi e tecniche volti a modificare il patrimonio genetico mediante intervento diretto sui geni □ **geneticamente** *avv.* **1** dal punto di vista genetico **2** per via genetica; ereditariamente.

genetista [ge-ne-tì-sta] *s.m.* e *f.* [pl.m. *-sti*] studioso di genetica.
genetliaco [ge-ne-tlì-a-co] *s.m.* [pl.m. *-ci*] (*lett.*) compleanno (di un grande personaggio).
genetta [ge-nét-ta] *s.f.* mammifero carnivoro simile al gatto, ma più snello, con pelame grigiastro macchiato.
gengiva [gen-gì-va] *s.f.* (*anat.*) parte della mucosa boccale che ricopre le arcate alveolari e circonda il colletto dei denti.
gengivale [gen-gi-và-le] *agg.* (*anat.*) della gengiva, delle gengive.
gengivite [gen-gi-vì-te] *s.f.* (*med.*) infiammazione delle gengive.
genia [ge-nì-a] *s.f.* **1** (*lett.*) schiatta, stirpe; complesso di persone o animali **2** (*spreg.*) combriccola di persone poco raccomandabili: *una — di farabutti.*
-genia secondo elemento di parole composte, che significa 'genesi, origine'.
geniaccio [ge-niàc-cio] *s.m.* ingegno molto acuto ma non educato, stravagante; la persona che ne è dotata.
geniale [ge-nià-le] *agg.* di persona, che ha genio, ingegno, intuito; di cosa, che è frutto di genio: *artista —; un'invenzione —.*
genialità [ge-nia-li-tà] *s.f.* qualità di persona o di cosa geniale: *la — di un inventore, di una scoperta.*
genialoide [ge-nia-lòi-de] *s.m.* e *f.* chi mostra ingegno vivace ma stravagante.
-genico secondo elemento di aggettivi composti, che significa 'che ha origine da' oppure 'che è adatto a essere riprodotto mediante un dato mezzo' (*fotogenico, telegenico*).
geniere [ge-niè-re] *s.m.* militare dell'arma del genio.
genietto [ge-nièt-to] *s.m.* piccolo genio; ragazzo di ingegno precoce (per lo più *scherz.*).
genio[1] [gè-nio] *s.m.* **1** per gli antichi, lo spirito che guidava gli uomini nella loro vita; oggi, essere immaginario a cui si attribuisce la capacità di influenzare alcuni eventi della vita: *— benefico, tentatore* | entità simbolica che presiede alle arti; personificazione delle arti: *il — della musica.* DIM. *genietto* **2** attitudine, talento, disposizione naturale: *avere il — degli affari* | *andare a —*, riuscire gradito **3** carattere distintivo: *il — di un popolo* **4** facoltà creatrice, ingegno superiore; la persona che ne è dotata: *il — di Dante; Leonardo fu un —* | *colpo, lampo di —*, trovata geniale | *uomo di —*, dotato di grande talento | *— incompreso*, (*iron.*) si dice di chi si considera geniale mentre non lo è affatto.
genio[2] *s.m.* corpo militare formato da tecnici che si occupano della progettazione e dell'esecuzione di opere di ingegneria: *— navale* | *— civile*, ente regionale che ha compiti di progettazione, esecuzione e controllo di opere pubbliche.
genitale [ge-ni-tà-le] *agg.* relativo alla procreazione; che serve a generare: *organi genitali* ♦ *s.m.pl.* (*anat.*) organi, maschili e femminili, che assolvono alla procreazione.
genitivo [ge-ni-tì-vo] *agg.* e *s.m.* (*gramm.*) si dice del caso che in latino, in greco e in altre lingue indoeuropee serve a esprimere la specificazione e l'appartenenza.
genitore [ge-ni-tó-re] *s.m.* [f. *-trice*] (*lett.*) chi genera o ha generato; il padre o la madre.
genitoriale [ge-ni-to-rià-le] *agg.* (*burocr.*) relativo a uno o entrambi i genitori: *potestà —.*
gennaio [gen-nà-io] *s.m.* il primo mese dell'anno.
-geno secondo elemento di parole composte, che significa 'nato, generato, prodotto da' (*indigeno, allogeno*) oppure 'generatore di, che dà origine a, che produce' (*idrogeno, patogeno*).
genocidio [ge-no-cì-dio] *s.m.* sterminio di un intero gruppo etnico o religioso.
genoma [ge-nò-ma] *s.m.* [pl. *-mi*] (*biol.*) il complesso dei geni portati dai cromosomi in un individuo.
genotipo [ge-no-tì-po] *s.m.* (*biol.*) l'insieme dei fattori che caratterizzano un individuo sotto il profilo genetico ed ereditario.
gentaglia [gen-tà-glia] *s.f.* (*spreg.*) gente spregevole, poco raccomandabile.
gente [gèn-te] *s.f.* **1** presso Greci e Romani, gruppo di famiglie di uno stesso ceppo: *la — Giulia* **2** stirpe, nazione, popolo: *la — araba* | *il diritto delle genti*, l'insieme delle norme osservate da tutti i popoli civili **3** insieme di persone contraddistinte da una caratteristica comune: *— per bene; povera —; la — di teatro* **4** un insieme di persone considerate come collettività, in contrapposizione al singolo individuo: *temere il giudizio della —; c'era molta —* | si può anche riferire a un numero esiguo di persone o addirittura a una sola: *avere — a cena.* PEGG. *gentaccia.*
gentildonna [gen-til-dòn-na] *s.f.* [pl. *gentildonne*] donna di elevata condizione sociale | (*estens.*) donna dai modi signorili.
gentile [gen-tì-le] *agg.* **1** che rivela sentimenti nobili, delicati: *un animo —* **2** che, trattando con gli altri, usa modi garbati, cortesi: *una persona —; molto —!*, formula di cortesia per ringraziare | di cosa detta o fatta con garbo, cortesia: *un pensiero —* **3** aggraziato, delicato, fine: *una figura —* | *il gentil sesso*, (*scherz.*) le donne ♦ *s.m.pl.* nella terminologia giudaico-cristiana, i popoli pagani □ **gentilmente** *avv.* in modo cortese, garbato, fine.
gentilezza [gen-ti-léz-za] *s.f.* **1** l'essere gentile: *— d'animo, di modi* **2** atto, parola gentile: *fare una —* | *per —!*, per favore!
gentilizio [gen-ti-lì-zio] *agg.* **1** che si riferisce alla stirpe: *nome —* **2** appartenente a famiglia nobile: *stemma —.*
gentiluomo [gen-ti-luò-mo] *s.m.* [pl. *gentiluomini*] (*estens.*) chi agisce rettamente o ha un contegno signorile: *comportarsi da vero —.*
gentleman [/ ˈdʒɛntlmɛn /] *s.m.invar.* (*ingl.*) gentiluomo.
genuflessione [ge-nu-fles-sió-ne] *s.f.* il genuflettersi.

genuflesso [ge-nu-flès-so] *agg.* inginocchiato con uno o entrambe le ginocchia.
genuflettersi [ge-nu-flèt-ter-si] *v.intr.pron.* [coniugato come *flettere*] inginocchiarsi con uno o con entrambe le ginocchia.
genuinità [ge-nui-ni-tà] *s.f.* l'essere genuino.
genuino [ge-nu-ì-no] *agg.* **1** che non contiene sostanze estranee alla propria natura; non adulterato o sofisticato: *vino* — **2** schietto, spontaneo: *un ragazzo* — | vero, autentico: *una notizia genuina.*
genziana [gen-zià-na] *s.f.* (*bot.*) genere di piante erbacee con fiori azzurri o gialli, le cui radici sono usate in liquoreria e in farmacia per le loro qualità toniche e digestive.
genzianacee [gen-zia-nà-ce-e] *s.f.pl.* (*bot.*) famiglia di piante dicotiledoni a cui appartiene la genziana.
genzianella [gen-zia-nèl-la] *s.f.* pianta erbacea con fiore azzurro solitario, comune nei pascoli montani; è usata per la preparazione di liquori amari.
geo-, **-geo** primo e secondo elemento di parole composte, che significa 'terra, superficie, globo terrestre' (*geografia*, *apogeo*); talora è abbreviazione di *geografia* (*geolinguistica*).
geocentrico [ge-o-cèn-tri-co] *agg.* [pl.m. *-ci*] (*astr.*) che ha come centro la Terra: *teoria astronomica geocentrica*, quella tolemaica.
geocentrismo [ge-o-cen-trì-ʃmo] *s.m.* sistema scientifico o filosofico che pone la Terra al centro dell'universo.
geochimica [ge-o-chì-mi-ca] *s.f.* scienza che studia la costituzione chimica del globo terrestre e i processi che hanno formato i minerali.
geocronologia [ge-o-cro-no-lo-gì-a] *s.f.* scienza che studia i tempi geologici.
geode [ge-ò-de] *s.m.* (*min.*) piccola cavità chiusa, tappezzata di cristalli, all'interno delle rocce eruttive.
geodesia [ge-o-de-ʃì-a] *s.f.* scienza che studia la forma e le dimensioni del globo terrestre.
geodetica [ge-o-dè-ti-ca] *s.f.* (*geom.*) la linea più breve che unisce due punti di una superficie.
geodetico [ge-o-dè-ti-co] *agg.* [pl.m. *-ci*] della geodesia, relativo alla geodesia.
geodinamica [ge-o-di-nà-mi-ca] *s.f.* scienza che studia le trasformazioni della superficie terrestre.
geoelettricità [ge-o-e-let-tri-ci-tà] *s.f.* l'insieme delle correnti elettriche che circolano all'interno o sulla superficie della Terra.
geofisica [ge-o-fì-ʃi-ca] *s.f.* scienza che studia i fenomeni fisici che avvengono sulla superficie della Terra, nella sua atmosfera e nel suo interno.
geofisico [ge-o-fì-si-co] *agg.* [pl.m. *-ci*] di geofisica, relativo alla geofisica ♦ *s.m.* [f. *-a*] studioso, esperto di geofisica.
geogonia [ge-o-go-nì-a] *s.f.* teoria sull'origine e la formazione della Terra.
geografia [ge-o-gra-fì-a] *s.f.* **1** scienza che ha per oggetto la descrizione e la rappresentazione della Terra nei suoi vari aspetti: — *fisica*, *astronomica*, *economica* | materia d'insegnamento scolastico: *professore di* — **2** configurazione del globo terrestre o di una sua parte: *la — dell'Europa.*
geografico [ge-o-grà-fi-co] *agg.* [pl.m. *-ci*] che riguarda la geografia: *atlante* — □ **geograficamente** *avv.* dal punto di vista geografico.
geografo [ge-ò-gra-fo] *s.m.* [f. *-a*] studioso di geografia.
geoide [ge-òi-de] *s.m.* solido che rappresenta idealmente la Terra.
geolinguistica [ge-o-lin-guì-sti-ca] *s.f.* studio della distribuzione geografica dei fenomeni linguistici; geografia linguistica.
geologia [ge-o-lo-gì-a] *s.f.* scienza che studia l'origine, la struttura e la storia della Terra.
geologico [ge-o-lò-gi-co] *agg.* [pl.m. *-ci*] della geologia, relativo alla geologia: *ere geologiche* □ **geologicamente** *avv.* dal punto di vista geologico.
geologo [ge-ò-lo-go] *s.m.* [f. *-a*; pl.m. *-gi*] studioso, esperto di geologia.
geomagnetismo [ge-o-ma-gne-tì-ʃmo] *s.m.* magnetismo terrestre.
geometra [ge-ò-me-tra] *s.m.* [pl. *-tri*] chi è abilitato a progettare e dirigere lavori di costruzioni edilizie di modesta entità e a effettuare rilevazioni topografiche.
geometria [ge-o-me-trì-a] *s.f.* **1** ramo della matematica che studia i punti nello spazio e le figure da essi generate: — *piana*, studia le figure piane; — *solida*, studia le figure solide; — *analitica*, tratta i problemi geometrici algebricamente **2** disegno geometrico **3** (*fig.*) struttura, organizzazione razionale, simmetrica: *la — della "Divina commedia".*
geometricità [ge-o-me-tri-ci-tà] *s.f.* l'essere geometrico: *la — di una struttura.*
geometrico [ge-o-mè-tri-co] *agg.* [pl.m. *-ci*] **1** della geometria, relativo alla geometria: *figura* — **2** (*fig.*) rigoroso; logico, razionale: *precisione geometrica* □ **geometricamente** *avv.* secondo i principi della geometria.
geometrizzare [ge-o-me-triʒ-ʒà-re] *v.tr.* **1** risolvere secondo i principi della geometria **2** ridurre a forme geometriche; stilizzare: — *una figura.*
geomorfologia [ge-o-mor-fo-lo-gì-a] *s.f.* scienza che studia la configurazione della superficie terrestre.
geopolitica [ge-o-po-lì-ti-ca] *s.f.* scienza che studia il rapporto tra condizioni geografiche e fattori politici.
geopolitico [ge-o-po-lì-ti-co] *agg.* [pl.m. *-ci*] che riguarda la geopolitica.
geoponica [ge-o-pò-ni-ca] *s.f.* il complesso delle cognizioni teorico-pratiche che riguardano la coltivazione della terra.
georgiano[geor-già-no] *agg.* della Georgia, stato degli USA o repubblica dell'Europa orientale ♦ *s.m.* **1** [f. *-a*] abitante, nativo della Georgia **2** lingua caucasica parlata nella repubblica di Georgia.

georgico [ge-òr-gi-co] *agg.* [pl.m. *-ci*] (*lett.*) relativo alla vita e alla coltivazione dei campi: *poema* —.

geosfera [ge-o-sfè-ra] *s.f.* la sfera terrestre; il pianeta Terra.

geosinclinale [ge-o-sin-cli-nà-le] *s.f.* (*geol.*) depressione allungata e instabile della crosta terrestre, caratterizzata da una intensa sedimentazione.

geostatica [ge-o-stà-ti-ca] *s.f.* parte della fisica che studia l'equilibrio dei corpi solidi.

geostazionario [ge-o-sta-zio-nà-rio] *agg.* si dice di satellite artificiale che descrive la sua orbita in 24 ore, restando in posizione fissa rispetto alla Terra; anche, dell'orbita descritta.

geotassi [ge-o-tàs-si] *s.f.* (*biol.*) traslazione degli organismi vegetali condizionata dalla forza di gravità.

geotecnica [ge-o-tèc-ni-ca] *s.f.* studio delle proprietà del suolo e del sottosuolo, in vista della realizzazione di opere edilizie.

geotermale [ge-o-ter-mà-le] *agg.* si dice di acqua sotterranea resa calda dal contatto con strati profondi della crosta terrestre.

geotermia [ge-o-ter-mì-a] *s.f.* scienza che studia le sorgenti sotterranee di calore e le possibilità del loro sfruttamento come fonti di energia termica.

geotermico [ge-o-tèr-mi-co] *agg.* [pl.m. *-ci*] **1** che riguarda la temperatura del suolo e del sottosuolo: *gradiente* — **2** che riguarda la geotermia e le sue applicazioni; che sfrutta il calore interno della Terra: *centrale geotermica*.

geraniacee [ge-ra-nià-ce-e] *s.f.pl.* (*bot.*) famiglia di piante erbacee dicotiledoni a cui appartiene il geranio.

geranio [ge-rà-nio] *s.m.* (*bot.*) genere di piante erbacee ornamentali, con foglie palmate e fiori variamente colorati.

gerarca [ge-ràr-ca] *s.m.* [pl. *-chi*] **1** chi occupa un grado elevato in una gerarchia **2** (*st.*) dirigente del Partito nazionale fascista **3** (*spreg.*) persona autoritaria e dispotica.

gerarchia [ge-rar-chì-a] *s.f.* **1** rapporto reciproco di supremazia e subordinazione | l'insieme delle persone ordinate secondo tale rapporto in organismi civili, militari o religiosi **2** (*fig.*) scala, gradazione: — *di valori*.

gerarchico [ge-ràr-chi-co] *agg.* [pl.m. *-ci*] **1** relativo a una gerarchia: *ordinamento* — **2** eseguito secondo l'ordine di una gerarchia: *ricorso* — **3** (*fig.*) ispirato a una scala di valori: *criterio* — □ **gerarchicamente** *avv.* secondo una gerarchia, un ordine gerarchico: *un'amministrazione organizzata* —.

gerarchizzare [ge-rar-chiʒ-ʒà-re] *v.tr.* organizzare, disporre gerarchicamente.

gerarchizzazione [ge-rar-chiʒ-ʒa-zió-ne] *s.f.* disposizione, ordinamento gerarchico.

gerbera [ger-bè-ra] *s.f.* (*bot.*) genere di piante erbacee perenni, con fiori simili a margherite dai petali sottilissimi.

geremiade [ge-re-mì-a-de] *s.f.* discorso lungo e lamentoso.

gerente [ge-rèn-te] *s.m.* e *f.* chi è incaricato della gestione di un'attività, di un esercizio, di un'azienda; gestore.

gergale [ger-gà-le] *agg.* del gergo: *termine* —.

gergo [gèr-go] *s.m.* [pl. *-ghi*] **1** (*ling.*) linguaggio convenzionale usato dagli appartenenti a determinate categorie per non farsi intendere da chi ne è estraneo: *il — della malavita* | linguaggio tipico di una certa classe o professione: — *burocratico* **2** (*estens.*) modo di parlare allusivo, enigmatico: *parlare in* —.

geriatra [ge-rià-tra] *s.m.* e *f.* [pl.m. *-tri*] medico specialista in geriatria.

geriatria [ge-ria-trì-a] *s.f.* parte della medicina che studia le condizioni proprie della vecchiaia, stabilendo le modalità di cura e di assistenza agli anziani.

geriatrico [ge-rià-tri-co] *agg.* relativo alla geriatria: *ospedale* —.

gerla [gèr-la] *s.f.* cesta a forma di cono rovesciato, che si porta sulla schiena assicurata alle spalle con due cinghie.

germanesimo [ger-ma-nè-ʃi-mo] *s.m.* motivo culturale proprio della Germania; la civiltà germanica nel suo complesso | imitazione di tratti peculiari della tradizione germanica.

germanico [ger-mà-ni-co] *agg.* [pl.m. *-ci*] **1** degli antichi germani: *diritto* — | *lingue germaniche*, gruppo di lingue indoeuropee **2** della Germania moderna; tedesco: *confederazione germanica*.

germanio [ger-mà-nio] *s.m.* elemento chimico di simbolo *Ge*; è un metallo usato nella fabbricazione di componenti elettronici.

germanismo [ger-ma-nì-ʃmo] *s.m.* (*ling.*) parola o locuzione derivata da una lingua germanica.

germanista [ger-ma-nì-sta] *s.m.* e *f.* [pl.m. *-sti*] studioso della lingua e della cultura germanica.

germanistica [ger-ma-nì-sti-ca] *s.f.* studio dei popoli germanici, considerati da un punto di vista storico, linguistico e culturale.

germanizzare [ger-ma-niʒ-ʒà-re] *v.tr.* rendere germanico; adattare allo spirito, al costume germanico ♦ *v.intr.* [aus. *avere*] imitare usi, modi germanici ♦ **germanizzarsi** *v.rifl.* o *intr.pron.* assumere costumi, caratteri germanici.

germano[1] [ger-mà-no] *agg.* che è nato dagli stessi genitori: *fratello* — | *cugini germani*, figli di fratelli ♦ *s.m.* [f. *-a*] (*lett.*) fratello.

germano[2] *agg.* (*lett.*) della Germania antica; germanico ♦ *s.m.* [f. *-a*] appartenente all'antica popolazione indoeuropea stanziata nel nord dell'Europa.

germano[3] *s.m.* nome comune di vari uccelli: — *marino*, codone; — *reale*, anatra selvatica.

germe [gèr-me] *s.m.* **1** (*biol.*) lo stadio iniziale di sviluppo dell'embrione; l'insieme delle cellule a funzione riproduttiva | — *patogeno*, microbio che provoca malattie infettive | *in* —, che è allo stato embrionale (anche *fig.*): *un progetto in*

— 2 (*fig.*) principio, causa prima: *il — della discordia.*
germicida [ger-mi-cì-da] *agg.* e *s.m.* [pl.m. *-di*] si dice di tutto ciò che distrugge i germi patogeni: *lampade germicide.*
germinale[1] [ger-mi-nà-le] *agg.* (*biol.*) di germe, relativo al germe: *cellule germinali.*
germinale[2] *s.m.* settimo mese del calendario rivoluzionario francese che corrispondeva al periodo 21 marzo - 19 aprile.
germinare [ger-mi-nà-re] *v.intr.* [*io gèrmino ecc.*; aus. *essere* o *avere*] **1** compiere il primo stadio di sviluppo, detto di semi e spore **2** (*fig.*) nascere, svilupparsi: *dall'offesa è germinato l'odio* ♦ *v.tr.* (*lett.*) produrre, far nascere.
germinativo [ger-mi-na-tì-vo] *agg.* relativo alla germinazione; atto a germinare o a far germinare: *potere —.*
germinazione [ger-mi-na-zió-ne] *s.f.* il germinare.
germogliamento [ger-mo-glia-mén-to] *s.m.* germogliazione.
germogliare [ger-mo-glià-re] *v.intr.* [*io germóglio ecc.*; aus. *essere* o *avere*] **1** di piante, uscire dal seme; di rami, foglie e fiori, svilupparsi dal germoglio, dalla gemma **2** (*fig.*) avere origine, svilupparsi: *germogliavano i primi sintomi di malcontento.*
germogliazione [ger-mo-glia-zió-ne] *s.f.* il germogliare, l'essere germogliato.
germoglio [ger-mó-glio] *s.m.* **1** pianta o ramo nella prima fase dello sviluppo da un seme o da una gemma **2** (*fig.*) origine, inizio di qlco.; il primo frutto di qlco.: *i germogli di uno sviluppo culturale.*
gero- primo elemento di parole composte, che significa 'vecchio, vecchiaia' (*gerocomio*).
-gero secondo elemento di parole composte, che significa 'che porta' (*armigero*).
gerocomio [ge-ro-cò-mio] *s.m.* ricovero, istituto in cui si ospitano e curano gli anziani.
geroglifico [ge-ro-gli-fi-co; / dʒero'glifiko /] *s.m.* [pl. *-ci*] **1** ciascuno dei caratteri della scrittura ideografica in uso nell'antico Egitto **2** (*fig.*) scritto incomprensibile; scarabocchio ♦ *agg.* si dice della scrittura che utilizza i geroglifici.
geronimiano [ge-ro-ni-mià-no] *agg.* di san Girolamo (347-420), a lui attribuito o da lui derivato: *la traduzione geronimiana della Bibbia.*
geronto- primo elemento di parole composte, che significa 'anziano, vecchio' (*gerontologia*).
gerontocomio [ge-ron-to-cò-mio] *s.m.* ospizio per anziani; gerocomio.
gerontocrazia [ge-ron-to-cra-zìa] *s.f.* sistema politico che dà i maggiori poteri a persone anziane; governo degli anziani.
gerontofilia [ge-ron-to-fi-lì-a] *s.f.* (*psich.*) inclinazione erotica e sessuale per le persone anziane.
gerontoiatria [ge-ron-to-ia-trì-a] *s.f.* geriatria.
gerontologia [ge-ron-to-lo-gì-a] *s.f.* parte della medicina che studia i fenomeni propri dell'invecchiamento.
gerontologico [ge-ron-to-lò-gi-co] *agg.* [pl.m. *-ci*] della gerontologia, relativo alla gerontologia: *clinica gerontologica.*
gerontologo [ge-ron-tò-lo-go] *s.m.* [f. *-a*; pl.m. *-gi*] specialista in gerontologia.
gerosolimitano [ge-ro-ʃo-li-mi-tà-no] *agg.* **1** di Gerusalemme **2** dell'ordine religioso-cavalleresco di san Giovanni di Gerusalemme (dal 1530, ordine dei cavalieri di Malta) ♦ *s.m.* **1** [f. *-a*] abitante, nativo di Gerusalemme **2** membro dell'ordine gerosolimitano.
gerundio [ge-rùn-dio] *s.m.* (*gramm.*) forma non coniugabile del verbo che assume valore circostanziale (*p.e.* temporale, causale, modale o ipotetico) rispetto all'azione della proposizione principale; ha due tempi, il presente (*leggendo*) e il passato (*avendo letto*).
gerundivo [ge-run-dì-vo] *agg.* (*gramm.*) che ha forma di gerundio; che contiene un gerundio: *costruzione gerundiva* ♦ *s.m.* (*gramm.*) forma aggettivale del verbo latino, con valore di participio futuro passivo; esprime la necessità.
gessare [ges-sà-re] *v.tr.* [*io gèsso ecc.*] **1** (*agr.*) mescolare gesso al terreno che manca di calcare **2** in enologia, trattare il mosto in fermentazione con gesso per chiarificare il vino.
gessato [ges-sà-to] *agg.* **1** mescolato, trattato con gesso: *terreno, vino —* **2** spalmato, impregnato di gesso: *fascia gessata* **3** si dice di stoffa scura con sottili righe chiare verticali e parallele ♦ *s.m.* **1** stoffa gessata **2** abito confezionato con stoffa gessata.
gessatura [ges-sa-tù-ra] *s.f.* il gessare.
gessificazione [ges-si-fi-ca-zió-ne] *s.f.* processo di trasformazione di una sostanza in gesso: *la — di un calcare.*
gesso [gès-so] *s.m.* **1** minerale costituito da solfato di calcio idrato | polvere ricavata dalla macinazione di tale minerale **2** scultura in gesso **3** bastoncino di polvere di gesso compressa, usato per scrivere sulla lavagna. DIM. *gessetto* **4** ingessatura: *portare il —.*
gessoso [ges-só-so] *agg.* **1** di gesso **2** che contiene gesso: *terreno —* **3** di aspetto simile al gesso.
gesta [gè-sta] *s.f.pl.* azioni gloriose, memorabili; imprese eroiche: *le — di Garibaldi* | *canzone di —*, poema epico-cavalleresco della letteratura francese medievale; chanson de geste.
gestante [ge-stàn-te] *s.f.* donna in stato di gravidanza.
gestatorio [ge-sta-tò-rio] *agg.* (*ant.*) che serve a portare | *sedia gestatoria*, seggio sul quale erano portati a spalla gli antichi imperatori e poi, in alcune cerimonie, i papi.
gestazione [ge-sta-zió-ne] *s.f.* **1** (*biol.*) gravidanza **2** (*fig.*) fase, processo di preparazione, di elaborazione: *romanzo in —.*
gestibile [ge-stì-bi-le] *agg.* che si può gestire.
gesticolamento [ge-sti-co-la-mén-to] *s.m.* il gesticolare.

gesticolare [ge-sti-co-là-re] *v.intr.* [*io gestìcolo ecc.*; aus. *avere*] fare gesti concitati, soprattutto mentre si parla: *discutere gesticolando.*

gesticolazione [ge-sti-co-la-zió-ne] *s.f.* il gesticolare; il modo in cui si gesticola: *una — eccessiva.*

gesticolio [ge-sti-co-lì-o] *s.m.* un gesticolare continuato.

gestionale [ge-stio-nà-le] *agg.* relativo a una gestione: *bilancio —.*

gestione [ge-stió-ne] *s.f.* l'attività del gestire; amministrazione, conduzione; il periodo di tale attività: *— di un'impresa; cambiamento di —.*

gestire¹ [ge-stì-re] *v.intr.* [*io gestisco, tu gestisci ecc.*; aus. *avere*] gesticolare.

gestire² *v.tr.* **1** amministrare un'impresa economica: *— un'azienda* **2** (*estens.*) dirigere l'organizzazione di un'attività o la realizzazione di un'iniziativa: *— una trattativa* | regolare, organizzare: *i servizi saranno gestiti centralmente* **3** (*fig.*) prendersi cura di qlco.; dosare: *— le proprie forze.*

gesto [gè-sto] *s.m.* **1** movimento del corpo, in particolare del capo o della mano: *un — di rabbia; un — eloquente; esprimersi a gesti* **2** (*estens.*) azione, atto: *un bel —*, un atto generoso, eroico.

gestore [ge-stó-re] *s.m.* [f. *-trice*] chi gestisce un'azienda, un'impresa; chi amministra beni, affari.

gestuale [ge-stu-à-le] *agg.* **1** proprio del gesto o dei gesti: *espressione —* **2** si dice di arte drammatica o figurativa che valorizza l'immediatezza del gesto: *teatro, pittura —.*

gestualità [ge-stu-a-li-tà] *s.f.* carattere gestuale: *la — di un'espressione* | capacità di esprimersi con i gesti; complesso dei gesti espressivi propri di una persona.

gesuita [ge-ʃu-ì-ta] *s.m.* [pl. *-ti*] **1** membro della compagnia di Gesù, congregazione religiosa fondata da sant'Ignazio di Loyola nel 1534 **2** (*spreg.*) persona ipocrita.

gesuitico [ge-ʃu-ì-ti-co] *agg.* [pl.m. *-ci*] **1** dei gesuiti o da gesuita **2** (*spreg.*) ipocrita, falso.

gesuitismo [ge-ʃui-tì-ʃmo] *s.m.* **1** il sistema dottrinale e morale proprio dei gesuiti **2** (*spreg.*) ipocrisia, falsità.

gettacarte [get-ta-càr-te] *s.m.invar.* cestino in cui si gettano rifiuti cartacei.

gettare [get-tà-re] *v.tr.* [*io gètto ecc.*] **1** mandare lontano da sé qlco.; lanciare con forza, buttare: *— l'ancora; — un sasso* | *— all'aria*, mettere sottosopra | *— le armi*, (*fig.*) arrendersi | *— fumo negli occhi a qlcu.*, (*fig.*) illuderlo, ingannarlo | *— le parole al vento*, (*fig.*) parlare invano | *— un'occhiata, uno sguardo*, (*fig.*) guardare rapidamente **2** emettere; lasciare uscire con forza: *il vulcano getta lava* | *— le radici*, metterle | *— luce, ombra*, proiettarle (anche *fig.*): *un fatto nuovo getta luce su tutta la vicenda* **3** (*assol.*) germogliare, gemmare: *il pesco ha gettato* | versare, buttare un liquido: *la fontana getta bene* **4** (*metall., edil.*) fare una gettata: *— le fondamenta di un edificio* | *— un ponte*, costruirlo ♦ **gettarsi** *v.intr.pron.* sboccare, confluire, detto di corsi d'acqua: *il Mincio si getta nel Po* ♦ *v.rifl.* **1** lanciarsi, scagliarsi con forza: *— in acqua; — contro un avversario* | *— al collo di qlcu.*, abbracciarlo con trasporto **2** lasciarsi cadere dall'alto; abbandonarsi: *— dalla finestra, sul letto.*

gettata [get-tà-ta] *s.f.* **1** il gettare, l'essere gettato **2** il versare metallo, cera, gesso, calcestruzzo liquidi in uno stampo affinché assumano la forma voluta; colata: *una — di cemento, di bronzo.*

gettito [gèt-ti-to] *s.m.* **1** (*non com.*) il gettare ripetutamente **2** (*fin.*) introito proveniente da tributi: *— fiscale.*

getto [gèt-to] *s.m.* **1** il gettare, l'essere gettato; lancio **2** lo sgorgare di un liquido o di un gas: *un — di sangue, di vapore* | *a — continuo*, (*fig.*) continuamente, senza interruzione | *di —*, (*fig.*) senza fatica; con immediatezza: *un'opera scritta di —* **3** il germoglio di una pianta **4** in edilizia e statuaria, gettata **5** (*metall.*) il pezzo ricavato da una gettata **6** flusso dei gas scaricati da un motore a combustione interna continua: *propulsione a —.*

gettonare [get-to-nà-re] *v.tr.* [*io gettóno ecc.*] (*fam.*) selezionare una canzone in un juke-box, dopo aver introdotto gettoni o monete nell'apparecchio.

gettonato [get-to-nà-to] *agg.* (*fam.*) si dice di canzone o di cantante che il pubblico ascolta di frequente.

gettone [get-tó-ne] *s.m.* **1** piccolo disco di metallo, corrispondente a un determinato valore in denaro, che introdotto in un apparecchio ne consente il funzionamento: *il — del telefono* **2** pezzo di plastica o metallo che, alla roulette e in altri giochi, sostituisce il denaro **3** pezzo di metallo o di altro materiale che si dà come contrassegno per ritirare una merce **4** *— di presenza*, indennità corrisposta ai membri di commissioni, ad amministratori o consulenti di aziende per ogni loro partecipazione alle riunioni di lavoro.

gettoniera [get-to-niè-ra] *s.f.* **1** macchina per la distribuzione di gettoni **2** la parte di un apparecchio a gettone in cui si introduce il gettone.

gettopropulsione [get-to-pro-pul-sió-ne] *s.f.* [pl. *gettopropulsioni*] propulsione a getto.

geyser [/ ˈgaizer /] *s.m.invar.* (*ingl.*) (*geol.*) getto intermittente di acqua calda e vapore, caratteristico di regioni vulcaniche.

ghepardo [ghe-pàr-do] *s.m.* felino simile al leopardo, ma di taglia più piccola, con zampe più lunghe e sottili, unghie non retrattili, mantello giallastro a macchie nere.

gheppio [ghép-pio] *s.m.* uccello rapace diurno di media grandezza, dal piumaggio rossiccio o cinerino.

gheriglio [ghe-rì-glio] *s.m.* la parte commestibile della noce.

gherminella [gher-mi-nèl-la] *s.f.* **1** (*ant.*) gioco consistente nel far sparire e riapparire una cordi-

cella dentro e fuori di una bacchetta 2 (*fig.*) inganno compiuto con abilità; marachella.
ghermire [gher-mì-re] *v.tr.* [*io ghermisco, tu ghermisci ecc.*] 1 afferrare con gli artigli: — *la preda* 2 (*estens.*) afferrare, prendere con rapidità e violenza.
gherone [ghe-ró-ne] *s.m.* 1 (*arald.*) pezza triangolare limitata da due linee che si intersecano nel cuore dello scudo 2 pezza triangolare che, inserita nelle cuciture laterali di un capo di vestiario, serve a dargli maggiore ampiezza 3 (*mar.*) rinforzo della vela nei punti soggetti a maggiore sforzo.
ghetta [ghét-ta] *s.f.* gambaletto abbottonato lateralmente che si calzava sopra le scarpe, in uso nell'abbigliamento elegante maschile fino ai primi del Novecento.
ghettizzare [ghet-tiʒ-ʒà-re] *v.tr.* 1 chiudere in un ghetto 2 (*fig.*) segregare, isolare, emarginare: — *una minoranza etnica.*
ghettizzazione [ghet-tiʒ-ʒa-zió-ne] *s.f.* il ghettizzare, l'essere ghettizzato.
ghetto [ghét-to] *s.m.* 1 quartiere in cui, in alcune città, erano obbligati ad abitare gli ebrei 2 (*estens.*) area urbana misera, abitata da emarginati 3 (*fig.*) isolamento sociale, culturale, politico; emarginazione.
ghiacciaia [ghiac-cià-ia] *s.f.* 1 frigorifero | parte del frigorifero in cui si raggiungono le temperature più basse | cella frigorifera 2 (*estens.*) luogo freddissimo: *questa stanza è una* —.
ghiacciaio [ghiac-cià-io] *s.m.* (*geog.*) grande massa di ghiaccio originata dall'accumularsi delle nevi | — *continentale*, massa di ghiaccio che, nelle regioni polari, ricopre perennemente enormi estensioni di terreno.
ghiacciare [ghiac-cià-re] *v.tr.* [*io ghiàccio ecc.*] far diventare ghiaccio: *il freddo ghiaccia l'acqua* | (*estens.*) rendere freddo, gelido come il ghiaccio: *la tramontana mi ha ghiacciato le mani* ♦ *v.intr.impers.* [aus. *essere* o *avere*] gelare ♦ *v.intr.* [aus. *essere*], **ghiacciarsi** *v.intr.pron.* diventare ghiaccio, congelarsi: *il lago si è ghiacciato* | (*estens.*) diventare freddo come il ghiaccio; gelarsi: *qui dentro si ghiaccia.*
ghiacciata [ghiac-cià-ta] *s.f.* bibita di sciroppo con ghiaccio tritato; granita: — *alla menta.*
ghiacciato [ghiac-cià-to] *agg.* 1 divenuto ghiaccio: *fiume, lago* — 2 (*estens.*) freddo come il ghiaccio, gelido: *mani ghiacciate.*
ghiaccio [ghiàc-cio] *agg.* [pl.f. *-ce*] ghiacciato, gelido: *mani ghiacce* ♦ *s.m.* 1 acqua allo stato solido cristallino: *cubetto di* —; *banco di* —, massa di ghiaccio che affiora da una superficie d'acqua | *essere un pezzo di* —, intirizzito dal freddo; (*fig.*) essere frigido | *rompere il* —, (*fig.*) iniziare una conversazione superando un imbarazzo iniziale 2 — *secco*, anidride carbonica allo stato solido, di aspetto simile al ghiaccio.
ghiacciolo [ghiac-ciò-lo] *s.m.* 1 cannello di ghiaccio che si produce negli stillicidi delle fontane, delle grondaie ecc. 2 pezzetto di ghiaccio dolcificato e aromatizzato che si consuma come un gelato: — *al limone.*
ghiaia [ghià-ia] *s.f.* 1 roccia sedimentaria costituita da frammenti rocciosi arrotondati per rotolamento e depositati dalle acque dei fiumi 2 pietrame spezzato, che serve alla copertura di strade.
ghiaione [ghia-ió-ne] *s.m.* accumulo di detriti rocciosi ai piedi di pareti rocciose e canaloni.
ghiaioso [ghia-ió-so] *agg.* ricco, coperto di ghiaia: *terreno* —.
ghianda [ghiàn-da] *s.f.* 1 frutto secco, ovato, contenente un solo seme, protetto alla base da un involucro a forma di scodellina 2 (*estens.*) pallottolina coperta di stoffa, usata per guarnizione di tende.
ghiandaia [ghian-dà-ia] *s.f.* uccello comune anche in Italia, con le ali a fasce bianche, nere e blu, e un caratteristico ciuffo di piume sulla testa.
ghiandola [ghiàn-do-la] *s.f.* (*anat.*) organo che serve a elaborare sostanze utili all'organismo o a eliminare quelle dannose: — *endocrina*, i cui prodotti sono riversati nel sangue; — *esocrina*, i cui prodotti sono riversati in determinate cavità dell'organismo o all'esterno; — *surrenale*, quella che incappuccia il rene.
ghiandolare [ghian-do-là-re] *agg.* (*anat.*) di una ghiandola, delle ghiandole: *infiammazione* —.
ghibellinismo [ghi-bel-li-nì-ʃmo] *s.m.* 1 (*st.*) la concezione politica ghibellina 2 (*estens.*) ogni tendenza politica che sostiene il carattere rigidamente laico dello stato.
ghibellino [ghi-bel-lì-no] *s.m.* 1 in Italia (secc. XIII-XIV), chi sosteneva gli interessi imperiali contro la politica temporale del papato 2 (*estens.*) persona laica, anticlericale ♦ *agg.* dei ghibellini, del ghibellinismo.
ghibli [ghì-bli] *s.m.* vento caldo e secco che spira in primavera e in autunno dal Sahara verso il Mediterraneo.
ghiera [ghiè-ra] *s.f.* 1 anello, generalmente metallico, che si mette come rinforzo all'estremità di un bastone, di un ombrello o del manico di un utensile 2 (*mecc.*) anello metallico usato per il collegamento di elementi meccanici.
ghigliottina [ghi-gliot-tì-na] *s.f.* macchina per le esecuzioni capitali mediante decapitazione.
ghigliottinare [ghi-gliot-ti-nà-re] *v.tr.* decapitare con la ghigliottina.
ghignare [ghi-gnà-re] *v.intr.* [aus. *avere*] fare un ghigno; ridere sarcasticamente.
ghignata [ghi-gnà-ta] *s.f.* il ghignare; risata beffarda.
ghigno [ghì-gno] *s.m.* riso maligno; espressione beffarda: — *diabolico.*
ghindare [ghin-dà-re] *v.tr.* (*mar.*) innalzare con un cavo; issare: — *una vela.*
ghinea [ghi-nè-a] *s.f.* moneta inglese d'oro coniata tra il 1663 e il 1813.
ghingheri [ghìn-ghe-ri] solo nella loc. avv. *in* —, (*fam. scherz.*) con un abbigliamento o un'acconciatura ricercata: *mettersi in* —.

ghiotto [ghiót-to] *agg.* **1** detto di persona, goloso di cibi prelibati: *essere — di dolci* | (*fig.*) bramoso, desideroso: *— di pettegolezzi* **2** detto di cibo, appetitoso, prelibato: *una pietanza ghiotta* | (*fig.*) che suscita curiosità, che desta vivo interesse: *una notizia ghiotta.*

ghiottone [ghiot-tó-ne] *s.m.* [f. *-a*] persona assai ghiotta.

ghiottoneria [ghiot-to-ne-rì-a] *s.f.* **1** l'avidità dei ghiottoni; golosità, ingordigia **2** cibo ghiotto, squisito: *una tavola piena di ghiottonerie* **3** (*fig.*) cosa molto ricercata, che suscita vivo interesse fra gli appassionati, gli intenditori: *un libro raro è una — per i bibliofili.*

ghiozzo [ghiòʒ-ʒo] *s.m.* (*zool.*) genere di piccoli pesci di mare e di fiume commestibili, con testa larga, corpo slanciato e due pinne dorsali.

ghiribizzo [ghi-ri-bìʒ-ʒo] *s.m.* idea improvvisa e stravagante; capriccio, bizzarria: *ha il — di collezionare pipe.*

ghirigoro [ghi-ri-gò-ro] *s.m.* intreccio bizzarro di linee curve; svolazzo | (*fig.*) andamento complicato, arzigogolato.

ghirlanda [ghir-làn-da] *s.f.* **1** corona di foglie, di fiori o di fronde, usata come ornamento del capo, come addobbo di ambienti o per onorare un defunto: *intrecciare una — di rose* **2** (*lett.*) insieme di persone o cose disposte in cerchio: *una — di bambini.*

ghiro [ghì-ro] *s.m.* piccolo mammifero roditore con lunga coda e muso aguzzo; vive nei boschi e cade in letargo d'inverno | *dormire come un —*, profondamente e a lungo.

ghisa [ghì-ʃa] *s.f.* lega di ferro e carbonio dura e fragile, usata per le produzioni di fonderia.

gi *s.f.* o *m.* nome della lettera *g.*

già *avv.* **1** indica che un fatto, un'azione è o era compiuta, sta o stava compiendosi nel momento al quale ci si riferisce: *è — partito*; *era — tardi quando arrivai* **2** in frasi esclamative o interrogative esprime meraviglia, gioia o rammarico che un fatto si verifichi o si sia verificato prima del previsto o del desiderato: *è — ora di andar via?* **3** prima d'ora, prima di allora: *sono certo di averlo — incontrato* | precedentemente: *il — menzionato ufficio* | davanti a nomi e aggettivi indica una denominazione, una condizione precedente: *viale Tunisia, — viale Regina Elena* **4** fin da ora: *so — che non verrà* | fin da quel momento (passato o futuro): *— da piccolo era portato per il disegno* **5** con valore di affermazione (anche ripetuto): *— —, le cose stanno proprio così!* | esprime anche dubbio, ironia: *eh, —, dovevo immaginarlo!* **6** con valore rafforzativo: *parlare non — come medico, bensì come amico.*

giacca [giàc-ca] *s.f.* capo di vestiario maschile e femminile, con abbottonatura sul davanti, collo per lo più a risvolto e maniche: *— a doppio petto* | *— a vento*, giaccone impermeabile, imbottito e fornito di cappuccio | *— da camera*, vestaglia corta da uomo, chiusa da una cinta. DIM. *giacchetta, giacchetto* (m.) ACCR. *giaccone* (m.).

giacché [giac-ché] *cong.* poiché, dal momento che (introduce una prop. causale con il verbo al modo indic.): *— siete venuti, ne parleremo subito.*

giacchetta [giac-chét-ta] *s.f.* giacca corta e leggera.

giaccone [giac-có-ne] *s.m.* giacca lunga e pesante.

giacente [gia-cèn-te] *agg.* **1** che giace; coricato: *— sul divano* **2** (*fig.*) che resta inoperoso, abbandonato, inutilizzato: *capitale —*; *lettera —*, non recapitata.

giacenza [gia-cèn-za] *s.f.* **1** l'essere giacente; il periodo durante il quale una cosa rimane giacente: *— in deposito* **2** la cosa giacente | residuo presso un deposito; rimanenza: *giacenze di magazzino.*

giacere [gia-cé-re] *v.intr.* [pres. *io giàccio, tu giaci, egli giace, noi giacciamo, voi giacéte, essi giàcciono*; pass.rem. *io giacqui, tu giacésti ecc.*; pres.congiunt. *io giàccia..., noi giacciamo, voi giacciate, essi giàcciano*; part.pass. *giaciuto*; aus. *essere*, non com. *avere*] **1** stare disteso: *— immobile* | (*lett.*) essere sepolto **2** (*lett.*) detto di una cosa, essere posto | (*geom.*) appartenere a una superficie, essere situato: *ogni retta giace su un piano* **3** (*fig.*) essere inattivo; stare abbandonato: *una pratica che giace da tempo.*

giaciglio [gia-cì-glio] *s.m.* mucchio di paglia o cenci su cui ci si adagia; letto molto misero.

giacimento [gia-ci-mén-to] *s.m.* (*geol.*) accumulo naturale di minerali nella crosta terrestre sfruttabili economicamente: *— di petrolio.*

giacinto [gia-cìn-to] *s.m.* pianta erbacea bulbosa ornamentale con fiori odorosi a grappolo bianchi, azzurri o rosei.

giacitura [gia-ci-tù-ra] *s.f.* **1** modo di giacere; posizione: *una strana —* **2** (*geol.*) disposizione degli strati di un corpo geologico.

giacobinismo [gia-co-bi-nì-ʃmo] *s.m.* **1** l'ideologia dei giacobini | movimento politico ispirato all'ideologia giacobina **2** (*estens.*) atteggiamento politico di estremismo libertario ed egualitario.

giacobino [gia-co-bì-no] *s.m.* [f. *-a*] **1** chi, durante la rivoluzione francese, apparteneva al partito estremista repubblicano **2** (*fig.*) chi sostiene idee estremiste, radicali ♦ *agg.* **1** (*st.*) dei giacobini: *circolo —* **2** (*fig.*) estremista, radicale: *idee giacobine.*

giacomo [già-co-mo] solo nella loc. *far — —*, (*fam.*) detto delle gambe che tremano o si piegano.

giaculatoria [gia-cu-la-tò-ria] *s.f.* **1** (*lit.*) breve preghiera ripetuta più volte **2** (*scherz.*) lungo elenco noioso; ripetizione di parole sempre uguali.

giada [già-da] *s.f.* (*min.*) pietra dura di colore azzurro o verde usata per oggetti ornamentali | Come *agg.*: *verde —*, colore tra il verde chiaro e il celeste.

giaggiolo [giag-giò-lo] *s.m.* pianta erbacea ornamentale con foglie allungate e fiori azzurro-violacei o bianchi.

giaguaro [gia-guà-ro] *s.m.* felino dell'America

tropicale, simile al leopardo ma più tozzo, con mantello fulvo a macchie nere ocellate.
giaietto [gia-iét-to] *s.m.* **1** (*min.*) varietà di lignite di color nero, lucida e compatta, usata per ornamenti, ricami ecc. **2** perla nera ottenuta dal giaietto.
gialappa [gia-làp-pa] *s.f.* **1** pianta rampicante con radice a tubero, originaria del Messico **2** polvere purgante ricavata dai tuberi di tale pianta.
giallastro [gial-là-stro] *agg.* e *s.m.* di colore tendente al giallo, ma spento, non ben definito.
gialliccio [gial-lìc-cio] *s.m.* e *agg.* [pl.f. *-ce*] di colore tendente al giallo chiaro.
giallino [gial-lì-no] *agg.* e *s.m.* di colore giallo pallido.
giallista [gial-lì-sta] *s.m.* e *f.* [pl.m. *-sti*] chi scrive libri gialli.
giallistica [gial-lì-sti-ca] *s.f.* il genere letterario dei libri gialli.
giallo [giàl-lo] *agg.* **1** del colore dell'iride tra l'arancione e il verde: *il limone è —* | *farina gialla*, di granturco | *febbre gialla*, grave malattia infettiva accompagnata da itterizia | *libro, film, romanzo —*, poliziesco **2** (*estens.*) detto di colore del volto, smorto, cereo: *— di rabbia* ♦ *s.m.* **1** colore giallo: *— canarino* **2** pigmento giallo: *— di cromo*, costituito da cromato di piombo | cosa di colore giallo: *il — dell'uovo* **3** racconto, romanzo, film poliziesco: *i gialli di Agatha Christie* | (*estens.*) caso giudiziario reale o situazione concreta particolarmente oscuri.
giallognolo [gial-lò-gno-lo *o* giallógnolo] *agg.* e *s.m.* di colore giallo scolorito.
giallona [gial-ló-na] *s.f.* (*region.*) varietà di pesca dalla buccia gialla.
giamaicano [gia-mai-cà-no] *agg.* dell'isola di Giamaica ♦ *s.m.* [f. *-a*] abitante, nativo della Giamaica.
giambico [giàm-bi-co] *agg.* [pl.m. *-ci*] (*metr.*) formato di giambi: *metro —* | *strofa giambica*, nella poesia italiana, strofa formata di quattro o cinque endecasillabi sdruccioli.
giambo [giàm-bo] *s.m.* **1** nella metrica classica, piede formato da una sillaba breve e da una lunga **2** verso costituito di giambi, impiegato nella satira e nella letteratura drammatica **3** componimento in versi giambici.
giamburrasca [giam-bur-rà-sca] *s.m.invar.* bambino terribile, monello.
giammai [giam-mài] *avv.* (*lett.*) mai.
gianduia [gian-dù-ia] *s.m.* **1** maschera popolare piemontese dal volto tondo e rubizzo, vestito con giubba marrone e tricorno **2** cioccolata alla nocciola dalla pasta molle, di origine torinese.
gianduiotto [gian-du-iòt-to] *s.m.* cioccolatino di gianduia.
giannizzero [gian-nìz-ze-ro] *s.m.* **1** (*st.*) guardia del corpo dei sultani turchi **2** (*spreg.*) chi è alle dipendenze di una persona importante e ne esegue ogni comando.
Giano [Già-no] *s.m.* nella loc. *— bifronte*, (*fig.*) persona che mostra due facce, falsa, ipocrita.
giansenismo [gian-se-nì-ʃmo] *s.m.* corrente religiosa che concepiva l'uomo come inevitabilmente incline al male; fu condannata come eresia nel 1653.
giansenista [gian-se-nì-sta] *s.m.* e *f.* [pl.m. *-sti*] seguace del giansenismo ♦ *agg.* del giansenismo, dei giansenisti: *dottrina —*.
giansenistico [gian-se-nì-sti-co] *agg.* [pl.m. *-ci*] del giansenismo, dei giansenisti: *dottrine giansenistiche*.
giapponese [giap-po-né-se] *agg.* del Giappone ♦ *s.m.* **1** [anche *f.*] chi abita, chi è nato in Giappone **2** la lingua parlata in Giappone.
giapponeseria [giap-po-ne-se-rì-a] *s.f.* (spec. *pl.*) suppellettile, ninnolo giapponese o che imita gli originali giapponesi.
giara [già-ra] *s.f.* grosso recipiente di terracotta per conservare olio, vino, acqua o granaglie.
giardinaggio [giar-di-nàg-gio] *s.m.* tecnica e attività della coltivazione di giardini e di piante da giardino.
giardinetta® [giar-di-nét-ta] *s.f.* autovettura fornita di sportello posteriore, simile a un furgoncino.
giardiniera [giar-di-niè-ra] *s.f.* **1** coltivatrice di giardini **2** mobile che sostiene vasi con piante ornamentali **3** misto di verdure sotto aceto.
giardiniere [giar-di-niè-re] *s.m.* chi per mestiere coltiva giardini.
giardino [giar-dì-no] *s.m.* **1** appezzamento di terreno in cui si coltivano fiori e piante ornamentali: *— all'italiana*, diviso in aiuole geometriche; *— all'inglese*, con vasti prati e piante sparse | *— zoologico*, zoo | *— d'infanzia*, asilo per bambini fra i tre e i sei anni | *— d'inverno*, sala con le pareti a vetri, ricca di piante. DIM. *giardinetto* **2** (*fig.*) paese, luogo fertile e ridente: *l'Italia è il — d'Europa*.
giarrettiera [giar-ret-tiè-ra] *s.f.* nastro elastico fissato a reggicalze o busti, per sostenere le calze.
giava [già-va] *s.f.* ballo in voga in Europa dopo la prima guerra mondiale.
giavellottista [gia-vel-lot-tì-sta] *s.m.* e *f.* [pl.m. *-sti*] chi pratica lo sport del lancio del giavellotto.
giavellotto [gia-vel-lòt-to] *s.m.* **1** arma bianca da lancio formata da un'asta di legno con la punta di metallo **2** attrezzo sportivo per gare di lancio dell'atletica leggera; la relativa disciplina sportiva: *primatista di —*.
gibbo [gìb-bo] *s.m.* (*med.*) gobba.
gibbone [gib-bó-ne] *s.m.* scimmia asiatica di media grandezza con capo piccolo, corpo snello privo di coda e arti anteriori lunghissimi.
gibbosità [gib-bo-si-tà] *s.f.* (*non com.*) **1** l'essere gibboso **2** gobba, protuberanza.
gibboso [gib-bò-so] *agg.* (*non com.*) **1** gobbo, curvo **2** che presenta convessità, protuberanze: *terreno —*.
giberna [gi-bèr-na] *s.f.* tasca o astuccio portamunizioni alla cintola di militari.
gicleur [/ ʒi'klœr /] *s.m.invar.* (*fr.*) (*aut.*) disposi-

tivo del carburatore che vaporizza la benzina prima che entri nel condotto d'aspirazione.
giga- primo elemento di parole composte della terminologia scientifica, che anteposto al nome di un'unità di misura ne moltiplica il valore per un miliardo (*gigaelettronvolt*).
gigabyte [gi-ga-by-te; / dʒiga'bait /] *s.m.invar.* (*inform.*) unità di misura della memoria di massa degli elaboratori pari a 1024 megabyte.
gigaelettronvolt [gi-ga-e-let-tron-vòlt] *s.m.invar.* (*fis.*) unità di misura di energia pari a un miliardo di elettronvolt; si abbrevia in GeV.
gigante [gi-gàn-te] *s.m.* **1** (*mit.*) ciascuno dei mortali di smisurata grandezza, nati dalla Terra e dal sangue di Urano, che lottarono contro gli dei | nella letteratura popolare e fiabesca, essere enorme per statura e proporzioni **2** [f. *-essa*] persona di statura altissima | *fare passi da —*, (*fig.*) fare rapidi progressi **3** (*fig.*) chi si distingue per eccezionali qualità di intelletto, di forza, di levatura morale: *Einstein è un — della scienza* ♦ *agg.* di proporzioni molto più grandi del normale: *confezione —* | *slalom —*, (*sport*) gara di sci che si disputa su tracciati più lunghi e meno ripidi rispetto allo slalom speciale.
giganteggiare [gi-gan-teg-già-re] *v.intr.* [*io gigantéggio ecc.*; aus. *avere*] **1** sovrastare come un gigante: *il campanile giganteggia* **2** (*fig.*) spiccare, eccellere per qualità, capacità, ingegno.
gigantesco [gi-gan-té-sco] *agg.* [pl.m. *-schi*] da gigante; colossale (anche *fig.*): *un'impresa gigantesca.*
gigantismo [gi-gan-tì-ʃmo] *s.m.* **1** (*med.*) accrescimento anormale del corpo in altezza **2** (*fig.*) tendenza a concepire idee eccessivamente grandiose, progetti colossali.
gigantografia [gi-gan-to-gra-fì-a] *s.f.* (*foto.*) tecnica di stampa in grandissime dimensioni; la riproduzione fotografica ottenuta con tale tecnica.
gigantomachia [gi-gan-to-ma-chì-a] *s.f.* (*mit.*) la battaglia tra i giganti e gli dei dell'Olimpo.
gigionata [gi-gio-nà-ta] *s.f.* atto, gesto o discorso da gigione.
gigione [gi-gió-ne] *s.m.* **1** (*teat.*) attore che mira a raggiungere facili effetti con una recitazione forzata **2** (*estens.*) persona vanitosa che cerca di porsi al centro dell'attenzione.
gigioneggiare [gi-gio-neg-già-re] *v.intr.* [*io gigionéggio ecc.*; aus. *avere*] assumere atteggiamenti da gigione.
gigionesco [gi-gio-né-sco] *agg.* [pl.m. *-schi*] di gigione, da gigione: *pose gigionesche* □ **gigionescamente** *avv.*
gigliacee [gi-glià-ce-e] *s.f.pl.* (*bot.*) liliacee.
gigliato [gi-glià-to] *agg.* che porta la figura del giglio; che ha l'emblema del giglio: *la città gigliata*, Firenze ♦ *s.m.* nome di diverse monete che portavano l'emblema di un giglio.
giglio [gì-glio] *s.m.* **1** pianta erbacea bulbosa ornamentale con fiori bianchi profumati | il fiore di tale pianta: *bianco come un —* **2** (*fig.*) persona o cosa di straordinario candore e purezza **3** emblema araldico che riproduce il fiore del giglio: *— di Francia* **4** *— di mare*, (*zool.*) comatula.
gigolo [/ ʒigo'lo /] *s.m.invar.* (*fr.*) giovane che si fa mantenere da amanti più anziane di lui.
gilè [gi-lè] *s.m.* gilet. DIM. *gilerino.*
gilet [/ dzi'lɛ /] *s.m.invar.* (*fr.*) corpetto senza maniche che si porta sopra la camicia; panciotto.
gimcana, **gimkana** e *deriv.* → **gincana** e *deriv.*
gimno- primo elemento di parole composte, che significa 'nudo, non coperto' (*gimnosperme*).
gimnosperme [gim-no-spèr-me] *s.f.pl.* (*bot.*) sottodivisione di piante fanerogame i cui semi non sono rinchiusi in un ovario.
gimnoto [gim-nò-to] *s.m.* pesce d'acqua dolce, simile all'anguilla, dotato di organi che producono forti scariche elettriche.
gin *s.m.invar.* acquavite di cereali aromatizzata con bacche di ginepro.
ginandrismo [gi-nan-drì-ʃmo] *s.m.* (*med.*) anomalia per cui un individuo di sesso femminile presenta dei caratteri sessuali secondari maschili e degli organi sessuali maschili allo stato rudimentale.
ginandromorfismo [gi-nan-dro-mor-fì-ʃmo] *s.m.* (*zool.*) anomalia di individui con caratteri sessuali in parte maschili e in parte femminili.
gincana [gin-cà-na], o gimcana, gimkana, *s.f.* **1** gara podistica, automobilistica o motociclistica su un percorso particolarmente tortuoso e accidentato **2** (*estens.*) percorso difficoltoso: *la — del traffico.*
gineceo [gi-ne-cè-o] *s.m.* **1** nella Grecia antica, parte interna della casa, riservata alle donne **2** (*scherz.*) luogo dove si trovano radunate molte donne.
gineco- primo elemento di parole composte della terminologia medica, che significa 'donna' (*ginecologia*).
ginecologia [gi-ne-co-lo-gì-a] *s.f.* ramo della medicina che studia e cura gli organi genitali femminili.
ginecologico [gi-ne-co-lò-gi-co] *agg.* [pl.m. *-ci*] inerente alla ginecologia: *intervento —* □ **ginecologicamente** *avv.* dal punto di vista ginecologico.
ginecologo [gi-ne-cò-lo-go] *s.m.* [f. *-a*; pl.m. *-gi*] medico specialista in ginecologia.
ginepraio [gi-ne-prà-io] *s.m.* **1** luogo dove crescono molti ginepri; macchia di ginepri **2** (*fig.*) situazione difficile e intricata: *ficcarsi in un —.*
ginepro [gi-né-pro] *s.m.* **1** arbusto sempreverde con foglie aghiformi e pungenti e frutti aromatici **2** essenza estratta dai frutti del ginepro, usata in farmacia, gastronomia e liquoreria.
ginestra [gi-nè-stra] *s.f.* **1** arbusto con lunghi e sottili rami verdi e fiori odorosi gialli a grappolo **2** fibra tessile ricavata della pianta omonima, usata per fabbricare cordami.
ginestrina [gi-ne-strì-na] *s.f.* erba perenne con radice a fittone e fiori gialli, comune in Italia in luoghi sia aridi sia umidi.

ginestrone [gi-ne-stró-ne] *s.m.* arbusto con rami spinosi, foglie lineari, fiori di color giallo.
ginevrino [gi-ne-vrì-no] *agg.* della città di Ginevra, in Svizzera ♦ *s.m.* [f. *-a*] nativo, abitante di Ginevra.
gin fizz [/ dʒin'fits /] *loc.sost.m.invar.* (*ingl.*) cocktail a base di gin, succo di limone e acqua di seltz.
ginger [/ 'dʒindʒer /] *s.m.invar.* (*ingl.*) bibita analcolica gassata a base di acqua, zucchero e aromi vegetali. DIM. *gingerino.*
gingillarsi [gin-gil-làr-si] *v.intr.pron.* **1** giocherellare, divertirsi con un gingillo **2** (*estens.*) perdere tempo in inezie; trastullarsi: — *invece di lavorare.*
gingillo [gin-gìl-lo] *s.m.* **1** giocattolo, trastullo da poco | ninnolo, ciondolo | cosa piccola e graziosa di poco valore. DIM. *gingillino* **2** (*fig.*) occupazione vana; perditempo.
ginnasiale [gin-na-ʃià-le] *agg.* del ginnasio: *licenza* — ♦ *s.m.* e *f.* studente del ginnasio.
ginnasio [gin-nà-ʃio] *s.m.* **1** nell'antica Grecia, palestra dove i giovani esercitavano il loro corpo e venivano educati alla musica, alla letteratura e alla filosofia **2** nell'ordinamento scolastico italiano, nome che continua a conservare il biennio del liceo classico.
ginnasta [gin-nà-sta] *s.m.* [pl.m. *-sti*] [anche *f.*] atleta specializzato nella ginnastica | (*estens.*) persona atletica.
ginnastica [gin-nà-sti-ca] *s.f.* **1** attività fisica che tende a migliorare le condizioni generali dell'organismo; disciplina sportiva agonistica collegata a tale attività: — *a corpo libero*, senza attrezzi; — *artistica*, complesso di specialità ginniche che costituisce una disciplina olimpica; — *correttiva*, quella che corregge deformazioni o fa riprendere a un arto la sua normale funzione **2** (*fig.*) insieme di esercizi di natura mentale: *la — dell'intelligenza.*
ginnico [gìn-ni-co] *agg.* [pl.m. *-ci*] di ginnastica: *esercizi ginnici.*
gino-, -gino primo e secondo elemento di parole composte, che significa 'donna, femminile'; nella terminologia botanica si riferisce all'ovario delle piante (*ginogenesi, misogino*).
ginocchiata [gi-noc-chià-ta] *s.f.* colpo dato col ginocchio; colpo preso battendo col ginocchio.
ginocchiera [gi-noc-chiè-ra] *s.f.* **1** fascia o cuscinetto che protegge il ginocchio: — *elastica* **2** fodera di rinforzo applicata ai calzoni in corrispondenza del ginocchio.
ginocchio [gi-nòc-chio] *s.m.* [pl. *ginocchi*; anche *le ginocchia* f., per indicare tutt'e due i ginocchi] **1** parte dell'arto inferiore in cui la gamba si articola alla coscia: *in* —, poggiato sulle ginocchia | *mettersi in* —, in atteggiamento di devozione, di preghiera; (*fig.*) umiliarsi | *far venire il latte alle ginocchia*, (*fig.*) annoiare oltre misura **2** (*mar.*) la parte del remo che poggia sullo scalmo **3** la parte dei calzoni che copre il ginocchio: *una toppa sul* —.
ginocchioni [gi-noc-chió-ni] *avv.* con le ginocchia in terra; reggendosi sulle ginocchia: *camminare* —.
ginogenesi [gi-no-gè-ne-ʃi] *s.f.* (*biol.*) modo di riproduzione in cui lo spermio svolge solo la funzione di attivare il processo di sviluppo dell'uovo.
ginseng [gin-sèng] *s.m.invar.* **1** pianta erbacea perenne con foglie palmate e fiori gialli profumati **2** essenza estratta dalla radice della pianta e impiegata in liquoreria ed erboristeria.
giocabile [gio-cà-bi-le] *agg.* nel linguaggio sportivo, che può essere utilmente giocato: *pallone* —.
giocare [gio-cà-re] *v.intr.* [*io giòco, tu giòchi ecc.*; aus. *avere*] **1** dedicarsi a un'attività per divertimento, per esercizio fisico o mentale o per occupare il tempo libero; trastullarsi, scherzare: — *a mosca cieca, d'azzardo*; — *con un filo d'erba* | *a che gioco giochiamo?*, si dice a chi vorrebbe ingannare o prendere in giro **2** dedicarsi al gioco d'azzardo; rischiare il proprio denaro in scommesse: — *al lotto*; — *in borsa*, acquistare e vendere titoli in borsa | (*assol.*) avere il vizio del gioco: *una persona che gioca* **3** dare prova di abilità, servirsi di qlco. con abilità: — *d'astuzia, d'ingegno* **4** praticare un gioco sportivo: — *a tennis, a calcio* **5** essere in gioco: *in queste cose gioca la fortuna* | agire: — *sul sicuro*, con la sicurezza di riuscire | mettere in gioco, a repentaglio; rischiare: — *con la vita* **6** avere gioco, muoversi negli ingranaggi di un meccanismo (anche *fig.*): *la chiave gioca bene nella serratura* ♦ *v.tr.* [nei sign. 1, 2, 3 anche rafforzato con la particella pron.] **1** mettere in gioco (anche *fig.*): —, *giocarsi la reputazione* | — *le proprie carte*, (*fig.*) usare le proprie risorse **2** scommettere, puntare al gioco: — *la camicia*, (*fig.*) tutto ciò che si possiede **3** mettere in pericolo; perdere qlco. per averla messa a repentaglio: *s'è giocato la carriera* **4** ingannare, prendere in giro: *ti ho giocato!* **5** disputare una gara sportiva: *il Milan ha giocato una buona partita.*
giocata [gio-cà-ta] *s.f.* **1** il giocare | una partita di gioco **2** posta messa in gioco: *perdere una grossa* — **3** combinazione di numeri o risultati su cui si scommette: *una — al lotto.*
giocatore [gio-ca-tó-re] *s.m.* [f. *-trice*] chi si dedica al gioco o pratica assiduamente un gioco; chi ha il vizio del gioco d'azzardo: *un — accanito* | atleta che pratica un gioco sportivo come professionista o come dilettante: — *di calcio.*
giocattolaio [gio-cat-to-là-io] *s.m.* [f. *-a*] chi fabbrica o vende giocattoli.
giocattolo [gio-càt-to-lo] *s.m.* oggetto che serve per far giocare i bambini; balocco | *essere un — nelle mani di qlcu.*, (*fig.*) esserne dominato, manovrato.
giocherellare [gio-che-rel-là-re] *v.intr.* [*io giocherèllo ecc.*; aus. *avere*] giocare di quando in quando o senza impegno | trastullarsi distrattamente: — *con la penna.*

giocherellone [gio-che-rel-ló-ne] *s.m.* [f. *-a*] chi è incline a giocherellare: *quel cucciolo è un* — | (*estens.*) persona che scherza e gioca volentieri.
giochetto [gio-chét-to]*s.m.* **1** gioco semplice e breve **2** (*fig.*) inganno; tranello: *basta con i vostri giochetti!*
giochicchiare [gio-chic-chià-re] *v.intr.* [*io giochicchio ecc.*; aus. *avere*] giocare senza impegno o di quando in quando; giocherellare.
gioco [giò-co] *s.m.* [pl. *-chi*] **1** qualsiasi attività a cui si dedicano bambini o adulti per svago o per esercitare la mente, il corpo: — *di carte*; — *di società*; *entrare in* —, (*fig.*) intervenire in qlco. DIM. *giochino, giochetto, giocherello* **2** competizione in un'attività di tipo sportivo che prevede la disputa di partite fra due squadre o fra due atleti: *il — del tennis* | *pl.* manifestazione sportiva comprendente più gare: *giochi olimpici* **3** (*assol.*) competizione in cui si puntano delle somme di denaro e che si pratica usando oggetti come carte, dadi, roulette ecc.: *avere il vizio del* — | *la posta in* —, la somma puntata; (*fig.*) ciò che si arrischia | *essere in* —, essere posto come premio; (*fig.*) esser messo a rischio: *mettere in — la vita* **4** modo di giocare, nello sport o in una competizione in cui si punta denaro: *fare un — scorretto* **5** la somma che si punta a ogni giocata: *raddoppiare il* — **6** le regole di un gioco considerate nel loro insieme; il sistema seguito nel giocare: *stare al* —, rispettarne le regole (anche *fig.*) | *fare il — di qlcu.*, (*fig.*) servire ai suoi scopi **7** nei giochi di carte, l'insieme delle carte di un giocatore; la situazione in cui si trova: *avere buon* — | *far buon viso a cattivo* —, (*fig.*) rassegnarsi | *fare* —, (*fig.*) giovare, tornare utile | *fare il doppio* —, in una contesa o trattativa, collaborare con entrambe le parti **8** durata di una gara: *all'inizio del* — | nel tennis, game **9** quanto è necessario per giocare (carte, pedine, attrezzi): *un — di dama* | giocattolo: — *educativo* **10** (*fig.*) scherzo; beffa, scherno: *prendersi — di qlcu.*, beffarlo, prenderlo in giro **11** artificio: — *di luce*, contrasto di luci e ombre **12** (*mecc.*) il movimento consentito a due pezzi articolati di un meccanismo: *il gioco della chiave nella serratura* | (*estens.*) libertà di movimento.
giocoforza [gio-co-fòr-za] solo nella loc. *essere* —, essere necessario, inevitabile: *è — partire.*
giocoliere [gio-co-liè-re] *s.m.* **1** chi si esibisce in giochi di destrezza fisica in pubblici spettacoli (circo, varietà) **2** (*estens.*) persona dotata di particolare destrezza e astuzia nello svolgere la propria attività: *un — della finanza.*
giocondità [gio-con-di-tà] *s.f.* l'esser giocondo; ciò che rende giocondo.
giocondo [gio-cón-do] *agg.* che ha, che esprime una gioia serena, spensierata: *aspetto* —.
giocosità [gio-co-si-tà] *s.f.* l'essere giocoso.
giocoso [gio-có-so] *agg.* **1** che è detto o fatto per gioco: *risposta giocosa* **2** che ama lo scherzo; che vuol divertire: *carattere* — □ **giocosamente** *avv.*
giogaia [gio-gà-ia] *s.f.* catena di gioghi montuosi | passo, sella.
giogo [gió-go] *s.m.* [pl. *-ghi*] **1** arnese di legno che si applica sul collo di una coppia di bovini da lavoro e al quale si attacca la stanga del traino **2** (*fig.*) gravosa soggezione a un'autorità, a un dominio: *il — della tirannide* **3** (*tecn.*) elemento di sospensione costituito da una barra con tre punti d'attacco | asta che regge i piatti della bilancia **4** cima di un monte tondeggiante e a forma di cresta | valico montano.
gioia[1] [giò-ia] *s.f.* **1** sentimento di piena e viva soddisfazione dell'animo; allegria, felicità: *lacrime di* — | *darsi alla pazza* —, divertirsi molto | *essere fuori di sé dalla* —, (*iperb.*) essere contentissimo, felicissimo **2** persona, fatto o cosa che è causa di felicità, fonte di soddisfazione: *le gioie della vita.*
gioia[2] *s.f.* **1** (spec. *pl.*) pietra preziosa; gioiello **2** (*fig.*) persona o cosa di pregio, particolarmente amata | come appellativo affettuoso: *che cosa vuoi, —?*
gioielleria [gio-iel-le-rì-a] *s.f.* **1** l'arte di lavorare pietre e metalli preziosi per farne gioielli **2** negozio di gioielli **3** assortimento di gioielli.
gioielliere [gio-iel-liè-re] *s.m.* [f. *-a*] chi lavora o vende gioielli.
gioiello [gio-ièl-lo] *s.m.* **1** monile di metallo prezioso, per lo più ornato di gemme. DIM. *gioiellino* **2** (*fig.*) persona molto cara o dotata di grandi qualità; meccanismo dalla costruzione accurata e affidabile: *quel motore è un* —.
gioiosità [gio-io-si-tà] *s.f.* l'essere gioioso.
gioioso [gio-ió-so] *agg.* pieno di gioia, che esprime o dà gioia; allegro, felice: *carattere, avvenimento* — □ **gioiosamente** *avv.*
gioire [gio-ì-re] *v.intr.* [*io gioisco, tu gioisci ecc.*; aus. *avere*] provare gioia.
giordano [gior-dà-no] *agg.* della Giordania, stato e regione geografica dell'Asia occidentale ♦ *s.m.* [f. *-a*] abitante, nativo della Giordania.
giornalaio [gior-na-là-io] *s.m.* [f. *-a*] chi vende giornali e riviste.
giornale [gior-nà-le] *s.m.* **1** pubblicazione giornaliera che reca notizie di politica, economia, attualità, cultura e altro; quotidiano: — *del mattino*; *scrivere su un* — | (*estens.*) pubblicazione periodica non giornaliera: — *letterario* | — *radio*, notiziario trasmesso per radio. DIM. *giornaletto, giornalino* PEGG. *giornalaccio* **2** (*estens.*) la sede, l'edificio in cui viene redatto o stampato un giornale **3** libro in cui si annotano, giorno per giorno, fatti o dati; diario, registro: — *di bordo, di classe* □ **giornalmente** *avv.* ogni giorno; quotidianamente: *registrare — le entrate e le uscite.*
giornaletto [gior-na-lét-to] *s.m.* (*fam.*) rivista a fumetti per ragazzi.
giornaliero [gior-na-liè-ro] *agg.* **1** d'ogni giorno, che si ripete tutti i giorni; quotidiano: *lavoro* — **2** di un giorno: *il moto — del Sole* ♦ *s.m.* **1** [f. *-a*] lavoratore assunto e retribuito a giornata **2** abbonamento giornaliero.

giornalino [gior-na-lì-no] *s.m.* **1** (*fam.*) giornale per ragazzi; giornaletto **2** giornale a diffusione interna di enti, comunità, associazioni: *il — della scuola.*

giornalismo [gior-na-lì-ʃmo] *s.m.* **1** l'insieme delle attività di redazione e pubblicazione dei giornali **2** la professione del giornalista **3** il complesso dei giornali, dei giornalisti: *il — italiano.*

giornalista [gior-na-lì-sta] *s.m.* e *f.* [pl.m. *-sti*] chi per professione scrive per un giornale, un periodico, la radio, la televisione o per un'agenzia d'informazioni: *— sportivo, televisivo.*

giornalistico [gior-na-lì-sti-co] *agg.* [pl.m. *-ci*] di giornalismo, dei giornali o dei giornalisti: *servizio, stile —.*

giornata [gior-nà-ta] *s.f.* **1** il periodo compreso tra la mattina e la sera (in rapporto al tempo atmosferico, al lavoro, agli avvenimenti che vi accadono); giorno: *una — nebbiosa*; *— lavorativa*; *una — memorabile* | *in, nella, entro la —*, nel giorno stesso: *verrà in —* | *di —*, del giorno stesso: *uova di —* | *vivere alla —*, senza preoccuparsi del futuro | *andare a giornate*, (*fig.*) essere di umore variabile. PEGG. *giornataccia* **2** il corrispettivo di una giornata di lavoro: *guadagnarsi la —* **3** la distanza, il cammino percorribile in un giorno: *la nave era a una — dal porto* **4** giorno dedicato a una celebrazione oppure a richiamare l'attenzione su importanti problemi di carattere civile o sociale: *la — dell'anziano* **5** giorno caratterizzato da fatti d'arme: *le quattro giornate di Napoli*, i giorni della ribellione contro l'occupazione nazista | *— campale*, (*fig.*) giorno pieno di impegni e difficoltà.

giorno [giór-no] *s.m.* **1** (*astr.*) periodo di tempo impiegato dalla Terra a compiere una rotazione intorno al proprio asse | (*estens.*) intervallo di ventiquattro ore, da una mezzanotte alla successiva; periodo di ventiquattro ore in genere: *— feriale* | *avere i giorni contati*, (*fig.*) essere prossimo alla morte | *i fatti del —*, gli avvenimenti più recenti | *— per —*, giornalmente | *di — in —*, progressivamente: *di — in — migliora* | *a giorni*, fra poco tempo: *tornerà a giorni*; anche, alcuni giorni sì e altri no: *la febbre mi viene a giorni* | *un —*, una volta, in un tempo imprecisato | *un — o l'altro*, prima o poi | *ultimo — utile*, quello della scadenza dei termini stabiliti | *da un — all'altro*, all'improvviso | *oggi —, al — d'oggi*, attualmente, di questi tempi **2** il periodo di luce in cui il Sole è sopra l'orizzonte (contrapposto a *notte*): *i giorni si allungano* | *alla luce del —*, (*fig.*) palesemente, allo scoperto | *pieno —*, le ore centrali della giornata: *la rapina è avvenuta in pieno giorno* **3** (*lett.*) il chiarore del giorno; la luce del Sole: *illuminazione a —*, così viva da eguagliare quasi la luce solare | *montatura, cornice a —*, con un'intelaiatura minima **4** giornata: *un — di sole* | giornata dedicata alla celebrazione di una ricorrenza: *il — dei morti.*

giostra [giò-stra] *s.f.* **1** nel Medioevo e nel Rinascimento, nome generico di vari esercizi cavallereschi; torneo **2** piattaforma circolare con sedili che ruota per far divertire i bambini; carosello| *pl.* (*fam.*) i divertimenti di un parco giochi o di un luna park: *portare i bambini alle giostre.*

giostrare [gio-strà-re] *v.intr.* [*io giòstro ecc.*; aus. *avere*] comportarsi abilmente in una situazione difficile; destreggiarsi: *— tra le difficoltà* ♦ *v.tr.* indirizzare, condurre qlco. a proprio vantaggio ♦ **giostrarsi** *v.intr.pron.* destreggiarsi abilmente in una difficoltà.

giottesco [giot-té-sco] *agg.* [pl.m. *-schi*] del pittore toscano Giotto (1266-1337), o che si riferisce alla sua arte, alla sua scuola: *stile —* ♦ *s.m.* pittore seguace di Giotto.

giovamento [gio-va-mén-to] *s.m.* il giovare e l'effetto che ne deriva; beneficio, vantaggio: *trarre — da qlco.*

giovane [gió-va-ne] *agg.* **1** che è nell'età tra l'adolescenza e la maturità: *una — donna* | come attributo del nome di un personaggio, si usa per distinguerlo da un altro più vecchio di uguale nome: *Plinio il Giovane*, in rapporto a *Plinio il Vecchio* **2** che si dimostra giovane, che ha le energie o la freschezza di chi è giovane; giovanile: *essere — di spirito* **3** si dice di cosa adatta a chi è giovane: *moda —* | Anche con valore di *avv.*: *vestire —* **4** detto di un animale o di una pianta, nato da poco tempo: *un albero —* | costituito di recente: *gli stati giovani dell'Africa* | non invecchiato, non stagionato, fresco: *vino —* ♦ *s.m.* [anche *f.*] chi è giovane di età: *i vecchi e i giovani* | *da —*, in gioventù. ACCR. *giovanotto* PEGG. *giovinastro* VEZZ. *giovincello.*

giovanetto [gio-va-nét-to] *s.m.* [f. *-a*] che/chi è nella prima giovinezza; adolescente.

giovanile [gio-va-nì-le] *agg.* **1** proprio della giovinezza, di chi è giovane: *entusiasmo —* **2** che, nonostante l'età, sembra ancora quello di un giovane: *aspetto —* **3** fatto per i giovani: *circolo —* **4** composto da giovani: *organizzazione —.*

giovanilismo [gio-va-ni-lì-ʃmo] *s.m.* atteggiamento di chi, nonostante l'età, vuol sembrare giovane.

giovanilistico [gio-va-ni-lì-sti-co] *agg.* [pl.m. *-ci*] che dimostra giovanilismo, dovuto a giovanilismo: *atteggiamento —.*

giovanotto [gio-va-nòt-to] *s.m.* giovane uomo, soprattutto se robusto e aitante. ACCR. *giovanottone.*

giovare [gio-và-re] *v.intr.* [*io gióvo ecc.*; aus. *avere* o *essere*] recare vantaggio, beneficio, utilità: *— a una causa* ♦ *v.intr.impers.* [aus. *avere* o *essere*] essere opportuno, vantaggioso: *a chi giova?* ♦ **giovarsi** *v.intr.pron.* usare qlco., valersene, servirsene utilmente: *— della propria autorità.*

Giove [Giò-ve] *s.m.* **1** (*mit.*) il padre degli dei **2** (*astr.*) il pianeta più grande del sistema solare, il quinto in ordine di distanza dal Sole.

giovedì [gio-ve-dì] *s.m.* quarto giorno della settimana | *— santo*, quello che precede la Pasqua | *— grasso*, l'ultimo giovedì di carnevale.

giovenca [gio-vèn-ca] *s.f.* bovina giovane che non ha ancora figliato.
giovenco [gio-vèn-co] *s.m.* [pl.m. *-chi*] bue che ha poco più di un anno.
gioventù [gio-ven-tù] *s.f.* **1** l'età compresa tra l'adolescenza e la maturità; giovinezza: *essere nel fiore della —*; *peccati di —*, commessi in gioventù o propri dei giovani **2** i giovani, considerati nel loro insieme.
giovevole [gio-vé-vo-le] *agg.* che giova; utile, vantaggioso: *cura —*.
gioviale [gio-vià-le] *agg.* che è o si dimostra abitualmente allegro, affabile, cordiale: *una persona —*.
giovialità [gio-via-li-tà] *s.f.* l'essere gioviale.
giovialone [gio-via-ló-ne] *s.m.* [f. *-a*] (*fam.*) persona molto espansiva e allegra.
gioviano [gio-vià-no] *agg.* (*astr.*) del pianeta Giove: *satellite —*.
giovinastro [gio-vi-nà-stro] *s.m.* [f. *-a*] giovane violento, scapestrato: *una banda di giovinastri*.
giovincello [gio-vin-cèl-lo] *s.m.* [f. *-a*] giovane inesperto | giovane frivolo.
giovinezza [gio-vi-néz-za] *s.f.* **1** l'età compresa tra l'adolescenza e la maturità; gioventù: *gli anni della —* | *seconda —*, il rifiorire di energie ed entusiasmi nel pieno della maturità **2** (*estens.*) l'essere giovane: *l'audacia è prerogativa della —* | l'essere nato, sorto da poco tempo: *la — di una nazione*.
gippone [gip-pó-ne] *s.m.* grossa jeep.
gipso- primo elemento di parole composte, che significa 'gesso' (*gipsoteca*).
gipsoteca [gip-so-tè-ca] *s.f.* raccolta di calchi in gesso di statue, rilievi, monete | luogo in cui si conserva tale raccolta.
girabile [gi-rà-bi-le] *agg.* che può essere girato | *cambiale —*, che può essere soggetta a girata.
giradischi [gi-ra-dì-schi] *s.m.invar.* apparecchio elettromeccanico per riprodurre la musica registrata su dischi fonografici.
giradito [gi-ra-dì-to] *s.m.* [pl. *-ti*] (*pop.*) patereccio.
giraffa [gi-ràf-fa] *s.f.* **1** mammifero ruminante africano, con mantello giallognolo a grandi macchie scure; ha collo lunghissimo, piccole corna, lunga lingua protrattile **2** lungo braccio snodabile, fornito di microfono o di lampade, usato per riprese cinematografiche e televisive.
girale [gi-rà-le] *s.m.* (*arch.*) motivo decorativo formato da una foglia di acanto o da un tralcio di vite ritorti su sé stessi.
giramento [gi-ra-mén-to] *s.m.* il girare, l'essere girato | *— di capo, di testa*, vertigine, capogiro.
giramondo [gi-ra-món-do] *s.m.* e *f.invar.* chi ama spostarsi da un luogo all'altro senza una meta e uno scopo determinati; girovago.
girandola [gi-ràn-do-la] *s.f.* **1** ruota di materiale leggero alla quale sono applicati dei fuochi d'artificio, disposti in modo da farla girare quando vengono accesi **2** giocattolo consistente in una piccola rosa di carta o plastica, che può ruotare al vento **3** banderuola per indicare la direzione del vento | (*fig.*) persona volubile, incostante **4** (*fig.*) rapida successione di persone, cose o eventi: *— di luci*.
girandolare [gi-ran-do-là-re] *v.intr.* [*io giràndolo ecc.*; aus. *avere*] (*non com.*) andar girando qua e là senza una meta e uno scopo determinati; bighellonare.
girandolone [gi-ran-do-ló-ne] *s.m.* [f.*-a*] chi va spesso e volentieri girandolando; bighellone.
girandoloni [gi-ran-do-ló-ni] *avv.* girando qua e là; gironzolando, a zonzo: *andare —*.
girare [gi-rà-re] *v.tr.* **1** far ruotare qlco. intorno al proprio asse; muovere in giro: *— la maniglia* | volgere da una parte o all'intorno: *— la testa* | mescolare: *— la minestra* **2** passare attorno a un luogo: *girato l'angolo c'è la farmacia* | (*estens.*) percorrere, visitare in lungo e in largo: *— mezzo mondo* **3** (*fig.*) modificare, volgere in altro senso: *— il discorso* **4** riprendere con la macchina da presa; filmare: *— la scena di un film* **5** trasferire ad altri quanto si riceve o si è ricevuto da qlcu.: *— una telefonata*; *— la palla*, nello sport, passarla | (*dir.*) trasferire mediante girata: *— un assegno* ♦ *v.intr.* [aus. *avere* o *essere*] **1** ruotare attorno a un asse; muoversi in giro: *la Terra gira su sé stessa* | *far — la testa*, far venire il capogiro; (*fig.*) far perdere la normale padronanza di sé; anche, far innamorare | *gira gira*, (*fig. fam.*) alla fin fine: *gira gira, è sempre la stessa storia* | *far — le scatole*, (*fig. fam.*) far perdere la pazienza, seccare **2** andare in giro: *— per il centro* | *— al largo*, (*fig.*) tenersi lontano da qlcu. o da qlco. | *— a vuoto*, (*fig.*) senza concludere, realizzare nulla | *faccio come mi gira*, come mi pare **3** circolare; essere diffuso: *girano delle voci su di lui* **4** piegare, voltare in un'altra direzione: *il viale gira a sinistra* **5** correre intorno; circondare: *le mura girano attorno alla città* ♦ **girarsi** *v.rifl.* voltarsi; cambiare posizione: *gìrati da questa parte*.
girarrosto [gi-rar-rò-sto] *s.m.* congegno che fa girare lentamente sulla fiamma lo spiedo con la carne, in modo che si arrostisca uniformemente da tutte le parti.
girasole [gi-ra-só-le] *s.m.* pianta erbacea con fusto robusto, grandi foglie rugose e grosse infiorescenze a capolino, dai cui semi si ricava un olio commestibile; eliotropio.
girata [gi-rà-ta] *s.f.* **1** il girare: *dare una — alla chiave* **2** giro, passeggiata: *fare una — in città* **3** il passare, il trasferire: *— a rete*, nel calcio, deviazione a volo del pallone verso la porta **4** (*dir.*) trasferimento di una cambiale o di altro titolo di credito **5** nei giochi di carte, la distribuzione delle carte a tutti i giocatori.
giratario [gi-ra-tà-rio] *s.m.* [f. *-a*] (*dir.*) la persona a favore della quale si trasferisce, mediante girata, un titolo di credito.
giratubi [gi-ra-tù-bi] *s.m.invar.* attrezzo per avvitare un tubo in un altro.
giravite [gi-ra-vì-te] *s.m.invar.* cacciavite.
giravolta [gi-ra-vòl-ta] *s.f.* **1** rotazione intorno al proprio asse o su sé stesso; piroetta, capriola **2**

(*fig.*) mutamento repentino di idee o di sentimenti **3** tortuosità, serpentina: *un viottolo tutto giravolte.*

girella [gi-rèl-la] *s.f.* carrucola: *la — del pozzo.*

girello [gi-rèl-lo] *s.m.* **1** qualsiasi oggetto a forma di dischetto o cerchietto **2** attrezzo montato su rotelle che serve a sorreggere il bambino quando impara a camminare **3** taglio di carne bovina costituito dalla parte posteriore della coscia.

girellone [gi-rel-ló-ne] *s.m.* [f. *-a*] chi suole girellare; girandolone.

giretto [gi-rét-to] *s.m.* passeggiatina, breve viaggio: *un — in Toscana.*

girevole [gi-ré-vo-le] *agg.* che può girare attorno a un asse, che può essere girato: *ponte —.*

girifalco [gi-ri-fàl-co] *s.m.* [pl. *-chi*] grosso falco con il piumaggio grigio-blu sul dorso, bianco a macchie scure sul ventre.

girino [gi-rì-no] *s.m.* **1** larva acquatica di rane, rospi e altri anfibi, che ha forma di piccolo pesce dal corpo tozzo e coda lunga **2** piccolo insetto dei coleotteri che vive presso gli stagni.

giro [gì-ro] *s.m.* **1** linea che limita un corpo o uno spazio circolare: *il — delle mura* **2** rotazione completa di un corpo rigido intorno a un suo punto; movimento di un corpo lungo un perimetro circolare: *un — di ruota*; *il — della Terra intorno al Sole* | *— di pista*, (*estens.*) la lunghezza del percorso della pista di uno stadio, di un velodromo | *— di parole*, perifrasi, circonlocuzione | *essere su di giri*, si dice di un motore a scoppio spinto oltre il previsto; (*fig.*) si dice di persona animata, eccitata | *prendere in — qlcu.*, burlarlo | *disco a 33, 45 giri*, che va fatto ruotare sul giradischi alla velocità di 33 o 45 giri al minuto | *in —*, in cerchio; all'intorno: *guardarsi in —* | Anche come *agg.*: *angolo —*, di 360° **3** l'andare, il camminare, il passeggiare: *fare un — in paese*; *andare in —*, gironzolare | cammino, viaggio fatto di più tappe, con più soste: *fare il — degli uffici*; *il — del mondo* | *mettere in — una notizia, una voce*, (*fig.*) diffonderla, divulgarla. DIM. *giretto* **4** (*sport*) corsa ciclistica su strada che percorre una regione o, a tappe, un intero paese: *il — d'Italia* **5** nei giochi di carte, numero di partite pari a quello dei giocatori **6** periodo di tempo: *nel — di pochi anni* **7** circolazione di beni attraverso passaggi successivi: *— d'affari*, il valore delle vendite di un'impresa nell'unità di tempo **8** la cerchia delle persone che appartengono a un determinato ambiente: *entrare nel — del teatro*; *essere in un brutto —.*

girobussola [gi-ro-bùs-so-la] *s.f.* bussola giroscopica.

girocollo [gi-ro-còl-lo] *s.m.* la circonferenza del collo di un indumento | *a —*, si dice di indumenti senza collo e senza scollatura oppure di collana che ha la circonferenza del collo: *maglione a —* ♦ *agg.* e *s.m.* si dice di indumento o collana a girocollo: *un — d'oro.*

giroconto [gi-ro-cón-to] *s.m.* (*banc.*) operazione mediante la quale si trasferisce una somma da un conto a un altro, nella stessa banca o in banche diverse; bancogiro.

giromanica [gi-ro-mà-ni-ca] *s.m.* [pl. *-che*] la circonferenza della manica di un indumento | la parte di indumento alla quale si attacca la manica.

girondino [gi-ron-dì-no] *agg.* e *s.m.* chi apparteneva al gruppo politico della Gironda, che durante la rivoluzione francese rappresentò l'ala moderata dell'Assemblea legislativa.

girone [gi-ró-ne] *s.m.* **1** (*lett.*) ampio cerchio | nella «Divina Commedia», ognuna delle sette balze da cui è scandito il monte del Purgatorio **2** insieme di tutti i turni di incontri tra squadre o atleti che partecipano a un campionato o a un torneo: *— di andata, di ritorno* | (*estens.*) gruppo di squadre o di atleti che partecipano a un girone: *il — B della serie C1 di calcio.*

gironzolare [gi-ron-ʒo-là-re] *v.intr.* [*io girónʒolo ecc.*; aus. *avere*] andare in giro, senza scopo e senza meta; girellare | *— intorno a qlcu., a qlco.*, aggirarvisi intorno con una intenzione.

giropilota [gi-ro-pi-lò-ta] *s.m.* [pl. *-ti*] (*mar., aer.*) pilota automatico, autopilota.

giroscopico [gi-ro-scò-pi-co] *agg.* relativo al giroscopio | basato sul principio del giroscopio.

giroscopio [gi-ro-scò-pio] *s.m.* dispositivo che viene usato negli organi direzionali e stabilizzatori di natanti, aeromobili, missili per far mantenere loro un orientamento costante.

girotondo [gi-ro-tón-do] *s.m.* gioco di bambini che girano in tondo tenendosi per mano e cantando una filastrocca.

girovagare [gi-ro-va-gà-re] *v.intr.* [*io giròvago, tu giròvaghi ecc.*; aus. *avere*] andare vagando qua e là senza meta; vagabondare.

girovago [gi-rò-va-go] *agg.* e *s.m.* [f. *-a*; pl.m. *-ghi*] che/chi va in giro qua e là, senza fermarsi a lungo in uno stesso luogo: *attori girovaghi.*

girovita [gi-ro-vì-ta] *s.m.invar.* la circonferenza della vita di una persona o di un indumento; la misura di essa | la parte di indumento che circonda la vita.

gita [gì-ta] *s.f.* lunga passeggiata o breve viaggio a scopo culturale, ricreativo, sportivo: *— turistica.* DIM. *gitarella.*

gitano [gi-tà-no] *s.m.* [f. *-a*] zingaro della Spagna ♦ *agg.* proprio dei gitani: *danze gitane.*

gitante [gi-tàn-te] *s.m.* e *f.* chi prende parte a una gita: *una comitiva di gitanti.*

gittata [git-tà-ta] *s.f.* distanza a cui un'arma può colpire un bersaglio: *missile a media —.*

giù *avv.* **1** da basso, in basso; verso il basso: *portare —*; *guardare —* | è usato in numerose locuzioni particolari: *andare —*, (*fig.*) diminuire di valore o prezzo: *le azioni sono andate —* | *non mi va —*, (*fig.*) non riesco a tollerarlo, crederlo | *andare su e —*, salire e scendere; andare avanti e indietro: *andava su e — per la stanza* | *buttar —*, demolire; ingoiare; (*fig.*) far deperire, spossare; abbozzare uno scritto: *buttar — un muro*; *buttar — una medicina*; *la febbre butta —*; *buttar — due ri-*

ghe | *buttar — la pasta*, (*fam.*) metterla a cuocere in acqua bollente | *buttarsi —*, (*fig.*) sminuirsi; abbattersi, perdersi d'animo: *fatti coraggio, non buttarti — così!* | *esser —*, (*fig. fam.*) essere in cattive condizioni fisiche o morali | *mandar —*, (*fig.*) tollerare: *questa non la mando —!* | *venir —*, cadere; crollare: *veniva — un'acqua!* **2** usato per rafforzare il compl. di luogo che lo segue: *il fiume scende — per la valle* **3** usato negli ordini, con ellissi del verbo: *— le mani!* | *— la maschera!*, (*fig.*) basta con le menzogne, con le ipocrisie **4** ripetuto, indica movimento continuo verso il basso: *— — nel burrone* | anche con valore temporale: *— — negli anni* | loc. avv.: *in —*, indica direzione verso il basso (anche *fig.*): *la stazione è più in —*; *dai trent'anni in —*, al di sotto dei trent'anni | *— di lì*, *su per —*, press'a poco.

giubba [giùb-ba] *s.f.* giacca, casacca; in particolare, quella delle uniformi militari. DIM. *giubbetto* (m.), *giubbino* (m.) ACCR. *giubbotto* (m.).

giubbetto *s.m.* **1** giacchetta corta e attillata da donna. DIM. *giubbettino* **2** giubbotto: *— antiproiettile*.

giubbotto [giub-bòt-to] *s.m.* **1** giubba corta e pesante di taglio sportivo **2** corpetto senza maniche: *— di salvataggio*, che tiene a galla; *— antiproiettile*, con imbottitura metallica che protegge dai proiettili di un'arma da fuoco.

giubilare[1] [giu-bi-là-re] *v.intr.* [*io giùbilo ecc.*; aus. *avere*] provare, manifestare gioia, giubilo; esultare.

giubilare[2] *agg.* del giubileo, relativo al giubileo: *anno —*.

giubileo [giu-bi-lè-o] *s.m.* **1** per la chiesa cattolica, anno dichiarato santo, che cade ogni venticinque anni, durante il quale viene data l'indulgenza plenaria a chi effettua determinate pratiche di culto | (*estens.*) indulgenza giubilare: *prendere il —* **2** (*estens.*) cinquantenario.

giubilo [giù-bi-lo] *s.m.* grande gioia che si manifesta con atti e parole festose; esultanza: *grida di —*.

giuda [giù-da] *s.m.invar.* traditore | *bacio di —*, manifestazione ipocrita di affetto o di amicizia.

giudaico [giu-dài-co] *agg.* [pl.m. *-ci*] della Giudea o dei giudei, del giudaismo.

giudaismo [giu-da-i-ʃmo] *s.m.* **1** (*relig.*) fase attuale dell'ebraismo, iniziata dopo l'esilio babilonese, nella quale la sinagoga è il centro del culto **2** (*estens.*) la religione e la cultura ebraiche.

giudeo [giu-dè-o] *agg.* della Giudea; ebreo, giudaico ♦ *s.m.* [f. *-a*] **1** nativo, abitante della Giudea | (*estens.*) ebreo **2** (*spreg.*) secondo un'antica tradizione antisemitica, persona avara, usuraio; anche, con riferimento all'atteggiamento dei Giudei nei confronti della condanna a morte del Cristo, persona infida, traditore.

giudicabile [giu-di-cà-bi-le] *agg.* che si può o si deve giudicare.

giudicare [giu-di-cà-re] *v.tr.* [*io giùdico, tu giùdichi ecc.*] **1** sottoporre a giudizio, a valutazione: *— una persona* **2** (*estens.*) ritenere, reputare: *— qlcu. onesto* **3** (*dir.*) assolvere o condannare un imputato: *il tribunale lo ha giudicato innocente* ♦ *v.intr.* [aus. *avere*] **1** esprimere un giudizio, una valutazione: *— dell'operato di qlcu.* **2** esercitare la facoltà del giudizio: *— con la propria testa* **3** (*dir.*) pronunciare una sentenza.

giudicato [giu-di-cà-to] *agg.* sottoposto a giudizio, a valutazione; reputato ♦ *s.m.* (*dir.*) ciò che è stato oggetto di una sentenza irrevocabile | *passare in —*, detto di sentenza, diventare definitiva, senza più possibilità di riesame.

giudice [giù-di-ce] *s.m.* e *f.* **1** chi giudica persone o cose; chi ha la competenza, l'autorità di emettere giudizi: *atteggiarsi, erigersi a —* | *il Giudice supremo*, Dio **2** (*dir.*) chi appartiene alla magistratura: *— istruttore* | chi esercita la funzione giudicante in un processo: *i giudici del tribunale* | *— per le indagini preliminari*, che esercita una funzione di garanzia sulle indagini svolte dal pubblico ministero **3** (*sport*) tecnico che esercita funzioni di controllo e di giudizio sul comportamento regolamentare degli atleti che partecipano a una competizione: *— di gara*.

giudiziale [giu-di-zià-le] *agg.* (*dir.*) del giudice; che concerne il giudizio: *potere —*.

giudiziario [giu-di-zià-rio] *agg.* che concerne il giudizio, il giudice, l'amministrazione della giustizia: *ordinamento —*; *atti giudiziari*; *sequestro —*, quello disposto dal giudice | *ufficiale —*, impiegato che ha l'incarico di notificare alle parti gli atti giudiziari.

giudizio [giu-dì-zio] *s.m.* **1** ogni affermazione che esprime un'opinione, un apprezzamento: *dare un — su qlcu., qlco.*; *a mio —*, secondo la mia opinione | valutazione, parere espressi da una persona o da un organismo aventi una funzione ufficiale: *il — della commissione d'esame* **2** la facoltà umana di giudicare; discernimento, senno: *uomo di —*; *metter —*, ravvedersi | *denti del —*, i quattro molari più interni, che spuntano in età adulta o poco prima **3** (*dir.*) l'attività dell'autorità giudiziaria; dibattimento giudiziario: *comparire, citare in —* | processo: *— amministrativo, disciplinare* **4** (*estens.*) verdetto, sentenza di un giudice: *emettere un — favorevole* **5** *— finale, universale*, (*relig.*) quello pronunziato da Dio su tutti gli uomini alla fine del mondo | *il giorno del —*, quello in cui si terrà il giudizio finale.

giudizioso [giu-di-zió-so] *agg.* che ha giudizio, che è detto o fatto con giudizio; assennato, saggio: *un bambino —*; *una scelta giudiziosa* □ **giudiziosamente** *avv.*

giuggiola [giùg-gio-la] *s.f.* frutto del giuggiolo | *andare in brodo di giuggiole*, (*scherz.*) gongolare, bearsi.

giuggiolo [giùg-gio-lo] *s.m.* alberello con foglie ovate e piccoli fiori giallognoli, coltivato per il legno e per i frutti a drupa usati per marmellate e confetture.

giuggiolone [giug-gio-ló-ne] *s.m.* [f. *-a*] persona grande e grossa, ma ingenua e bonaria | persona di intelligenza limitata.

giugno [giù-gno] *s.m.* sesto mese dell'anno.
giugulare [giu-gu-là-re], o iugulare, *agg.* (*anat.*) del giugulo, relativo al giugulo | *vena* —, ognuna delle vene che scendono lungo il collo e raccolgono il sangue che rifluisce dalla testa.
giugulo [giù-gu-lo] *s.m.* (*anat.*) piccola fossa compresa tra le due clavicole e la base del collo.
giulebbe [giu-lèb-be] *s.m.* sciroppo molto zuccheroso e aromatico, insaporito con succo di frutta o infuso di fiori | (*estens.*) cibo o bevanda molto dolce.
giulivo [giu-lì-vo] *agg.* (*lett.*) che esprime contentezza; lieto, festante | *oca giuliva*, si dice di donna sciocca e contenta di sé.
giullare [giul-là-re] *s.m.* **1** nel Medioevo, girovago che si esibiva nelle corti o nelle piazze come buffone, giocoliere, cantastorie **2** (*fig. spreg.*) buffone.
giullaresco [giul-la-ré-sco] *agg.* [pl.m. *-schi*] del giullare, da giullare: *letteratura giullaresca* | (*estens.*) buffonesco.
giumenta [giu-mén-ta] *s.f.* **1** femmina del cavallo **2** (*estens.*) cavalla, asina, mula da soma o da tiro.
giunca [giùn-ca] *s.f.* imbarcazione di origine cinese a fondo piatto, dotata di vele cucite su canne.
giuncacee [giun-cà-ce-e] *s.f.pl.* (*bot.*) famiglia di piante monocotiledoni erbacee perenni con frutto a capsula; vi appartiene il giunco.
giuncaia [giun-cà-ia] *s.f.* terreno fittamente coperto di giunchi.
giuncata [giun-cà-ta] *s.f.* latte rappreso non salato che si mette a scolare in cestelli o su piccole stuoie di giunco.
giuncheto [giun-ché-to] *s.m.* giuncaia.
giunchiglia [giun-chì-glia] *s.f.* pianta erbacea con foglie lineari e fiori gialli, diffusa nelle regioni temperate.
giunco [giùn-co] *s.m.* [pl. *-chi*] pianta erbacea monocotiledone dallo stelo flessibile, che cresce nei terreni umidi e paludosi; il fusto e le foglie forniscono materiale d'intreccio | (*estens.*) il fusto della pianta: *una stuoia di* —.
giungere [giùn-ge-re] *v.intr.* [pres. *io giungo, tu giungi ecc.*; pass.rem. *io giunsi, tu giungésti ecc.*; part.pass. *giunto*; aus. *essere*] **1** arrivare; pervenire: — *a casa* | — *in porto*, (*fig.*) detto di un'azione o di un'impresa, essere condotta felicemente a termine | — *nuovo*, (*fig.*) riferito a un fatto, risultare inatteso, sorprendente **2** spingersi, arrivare fino al punto di: *sei giunto a fare simili proposte?* ♦ *v.tr.* congiungere, unire: — *due corde* | — *le mani*, accostarle palma a palma: *pregare a mani giunte.*
giungla [giùn-gla] *s.f.* **1** (*geog.*) formazione vegetale fitta e intricata, propria delle regioni paludose tropicali **2** (*fig.*) ambiente in cui si lotta spietatamente al fine di sopraffare gli altri: *la — degli affari* | *la legge della* —, quella del più forte.
giunonico [giu-nò-ni-co] *agg.* [pl.m. *-ci*] si dice in riferimento a donna prosperosa, formosa, dal portamento maestoso: *forme giunoniche.*
giunta[1] [giùn-ta] *s.f.* aggiunta; punto di aggiunta: *fare una — a un abito* | *per* —, oltre a ciò, per di più, inoltre.
giunta[2] *s.f.* organo collegiale ristretto all'interno di un altro organo collegiale più ampio, che assolve funzioni consultive ed esecutive, ma talora anche deliberative: — *regionale, provinciale.*
giuntare [giun-tà-re] *v.tr.* unire insieme, congiungere.
giuntatura [giun-ta-tù-ra] *s.f.* il giuntare le varie parti di una struttura; il punto in cui le parti sono giunte.
giunto [giùn-to] *agg.* **1** arrivato **2** congiunto, unito ♦ *s.m.* (*tecn.*) organo che realizza l'accoppiamento tra due elementi per consentirne la continuità di funzione: — *elastico, cardanico.*
giuntura [giun-tù-ra] *s.f.* **1** il punto in cui un pezzo è attaccato a un altro; congiunzione, connessione **2** (*anat.*) articolazione: *aver dolore alle giunture.*
giunzione [giun-zió-ne] *s.f.* **1** (*non com.*) congiunzione | punto di unione tra due organi anatomici **2** (*mecc.*) collegamento dei diversi elementi di una macchina o di una struttura: — *fissa.*
giuramento [giu-ra-mén-to] *s.m.* dichiarazione solenne con cui si afferma la verità di una cosa o la sincerità di una promessa: *fare, osservare, violare un* — | *prestar* —, giurare con le formalità di rito.
giurare [giu-rà-re] *v.tr.* **1** affermare, dichiarare, promettere con giuramento: — *di dire la verità*; — *sulla Bibbia*; — *il falso*, asserire cose non vere | (*assol.*) prestare giuramento **2** (*estens.*) assicurare, affermare con certezza: *ti giuro che non sono stato io* | *non poter — su una cosa*, non averne assoluta certezza.
giurassico [giu-ràs-si-co] *agg.* e *s.m.* [pl.m. *-ci*] (*geol.*) si dice del secondo dei tre periodi geologici in cui è suddivisa l'era mesozoica, compreso fra il triassico e il cretaceo: *fossile* —.
giurato [giu-rà-to] *agg.* **1** che è stato giurato, affermato o fatto sotto giuramento: *dichiarazione giurata* **2** che ha prestato giuramento: *testimone* — | *guardia giurata* addetto alla vigilanza non appartenente a un corpo di polizia | *nemico* —, (*fig.*) implacabile, irriducibile ♦ *s.m.* (*dir.*) componente della giuria popolare.
giureconsulto [giu-re-con-sùl-to] *s.m.* giurista, esperto di diritto.
giurì [giu-rì] *s.m.* giuria.
giuria [giu-rì-a] in concorsi, mostre, gare, commissione che vaglia le prove fornite dai concorrenti e assegna i premi previsti.
giuridicità [giu-ri-di-ci-tà] *s.f.* l'essere giuridico; rispondenza alle norme giuridiche: *la — di un'istituzione.*
giuridico [giu-rì-di-co] *agg.* [pl.m. *-ci*] del diritto; relativo al diritto: *norma giuridica* □ **giuridicamente** *avv.* secondo il diritto; dal punto di vista giuridico.
giurisdizionale [giu-ri-ʃdi-zio-nà-le] *agg.* di giurisdizione, attinente alla giurisdizione: *compe-*

tenza — | *funzione* —, (*dir.*) quella che lo stato esercita attraverso i giudici, per garantire la corretta applicazione delle norme giuridiche vigenti.

giurisdizione [giu-ri-ʃdi-zió-ne] *s.f.* **1** (*dir.*) il potere, la facoltà di giudicare applicando la legge: — *civile, penale* **2** (*estens.*) sfera d'azione, di competenza.

giurisperito [giu-ri-spe-rì-to] *s.m.* giurista, esperto di diritto.

giurisprudenza [giu-ri-spru-dèn-za] *s.f.* **1** la scienza del diritto | la facoltà universitaria in cui essa viene insegnata: *iscriversi a* — **2** il complesso delle norme giuridiche vigenti in un dato periodo storico: *la* — *moderna* **3** il complesso delle sentenze emanate dagli organi giurisdizionali: *la dottrina e la* — | (*estens.*) l'insieme degli organi giurisdizionali.

giurisprudenziale [giu-ri-spru-den-zià-le] *agg.* di, relativo alla giurisprudenza.

giurista [giu-rì-sta] *s.m.* e *f.* [pl.m. *-sti*] chi è cultore, esperto di diritto; giureconsulto, giurisperito.

giusnaturalismo [giu-ʃna-tu-ra-lì-ʃmo] *s.m.* dottrina filosofica e giuridica che sostiene l'esistenza di un diritto naturale, anteriore a ogni norma di diritto positivo.

giustapporre [giu-stap-pór-re] *v.tr.* [coniugato come *porre*] mettere accanto, accostare senza unire (anche *fig.*): — *due colori*; — *idee differenti*.

giustapposizione [giu-stap-po-ʃi-zió-ne] *s.f.* il giustapporre, l'essere giustapposto: — *di colori, di concetti*.

giustezza [giu-stéz-za] *s.f.* **1** qualità di ciò che è giusto; proprietà, convenienza, esattezza: *la* — *di un ragionamento, delle proporzioni* **2** (*tip.*) lunghezza di una riga di stampa espressa in unità tipografiche.

giustificabile [giu-sti-fi-cà-bi-le] *agg.* che si può giustificare: *un errore* —.

giustificare [giu-sti-fi-cà-re] *v.tr.* [*io giustìfico, tu giustìfichi ecc.*] **1** rendere giusto, far diventare legittimo o ammissibile ciò che altrimenti non lo sarebbe: *un errore che si giustifica con l'inesperienza* **2** riconoscere qlcu. privo di colpa, di responsabilità: *ci sono motivi tali da giustificarlo* **3** (*estens.*) dimostrare la regolarità, provare la correttezza di qlco.: — *la propria condotta* | comprovare con documenti, documentare: — *le entrate, le uscite* **4** (*tip.*) portare la composizione alla giustezza voluta ♦ **giustificarsi** *v.rifl.* scusarsi, rendere ragione delle proprie azioni: — *per una mancanza*.

giustificativo [giu-sti-fi-ca-tì-vo] *agg.* che vale a giustificare: *documento* — ♦ *s.m.* (*burocr.*) documento che attesta l'effettuazione di un pagamento; ricevuta.

giustificato [giu-sti-fi-cà-to] *agg.* legittimato | comprovato, documentato □ **giustificatamente** *avv.* con giuste ragioni; legittimamente.

giustificatorio [giu-sti-fi-ca-tò-rio] *agg.* che ha lo scopo di fornire una giustificazione; che giustifica.

giustificazione [giu-sti-fi-ca-zió-ne] *s.f.* **1** il giustificare, il giustificarsi; scusa, discolpa: *addurre, respingere una* — **2** le parole, gli scritti, i documenti addotti per giustificare o giustificarsi: *biglietto di* — | *libretto delle giustificazioni*, su cui vengono giustificate le assenze degli alunni dalla scuola **3** (*tip.*) l'operazione del portare una riga di stampa alla giustezza voluta.

giustinianeo [giu-sti-nia-nè-o] *agg.* dell'imperatore bizantino Giustiniano (482-565): *codice* —.

giustizia [giu-stì-zia] *s.f.* **1** valore etico-sociale in base al quale si riconoscono e si rispettano i diritti altrui, come si vuole che siano riconosciuti e rispettati i propri: *giudicare con* —; *operare secondo* — **2** situazione conforme al giusto, soprattutto nei rapporti che intercorrono tra le istituzioni, la collettività e il singolo: *combattere per la* — | *rendere* — *a qlcu.*, riconoscergli ciò che gli spetta per diritto; (*estens.*) riconoscergli la validità, i meriti, le ragioni di un atteggiamento | *chiedere, ottenere* —, il ristabilimento di un diritto calpestato | *farsi* — *da sé*, vendicarsi di un torto subìto, senza ricorrere all'autorità costituita **3** la facoltà e l'autorità di dar forza esecutiva al diritto attraverso l'applicazione delle leggi: *ministero di grazia e giustizia* | il potere dello stato che è depositario di questa facoltà; gli organi che ne eseguono le decisioni: *consegnarsi alla* —; *palazzo di* —, la sede degli uffici giudiziari **4** (*teol.*) una delle quattro virtù cardinali | — *divina*, l'azione giudicante di Dio, alla quale è sottoposto l'uomo.

giustiziare [giu-sti-zià-re] *v.tr.* [*io giustìzio ecc.*] eseguire una condanna a morte: — *un condannato*.

giustiziato [giu-sti-zià-to] *agg.* e *s.m.* [f. *-a*] che/chi è stato giustiziato.

giustiziere [giu-sti-ziè-re] *s.m.* [f. *-a*] **1** (*non com.*) esecutore di condanne a morte **2** chi ristabilisce l'ordine e la giustizia con inflessibile rigore | (*estens.*) vendicatore.

giusto [giù-sto] *agg.* **1** che agisce secondo giustizia; equo, imparziale: *un uomo* — | — *mezzo*, la via intermedia tra gli estremi opposti **2** conforme a giustizia, che si fonda sulla giustizia; legittimo: *combattere per una causa giusta* **3** adatto, appropriato, conveniente: *trovare le parole giuste* **4** che non eccede né in più né in meno rispetto a norme, tempi, misure previste; preciso, esatto: *l'ora giusta per un aperitivo*; *il calcolo è* — ♦ *avv.* **1** esattamente, precisamente: *rispondere* — **2** per l'appunto, proprio (anche *iron.*): *arrivare* — *in tempo*, — — *in tempo*; *"Ti rivolgerai a lui?" "Sì, — a lui!"* | in unione con *appunto*, con valore rafforzativo: *"Dici a me?" "Giust'appunto!"* | —*!*, per esprimere decisa approvazione: "*Ho detto bene?*" "*Giusto!*" **3** appena, soltanto: *avrà* — *vent'anni* ♦ *s.m.* [f. *-a*] **1** persona giusta, che si comporta rettamente, onestamente: *dormire il sonno dei giusti*, dormire con la coscienza tranquilla **2** ciò che è giusto, ciò che è dovuto secondo giustizia: *dare, ricevere il* —; *essere nel* — □

giustamente *avv.* in modo giusto; con esattezza, con precisione.
glabro [glà-bro] *agg.* **1** privo di peli, imberbe: *volto —* | *foglia glabra*, priva di peluria **2** (*estens.*) liscio, levigato.
glacé [/ gla'se /] *agg.* [pl.*invar.* o *glacés*] (*fr.*) **1** che ha la superficie liscia e lucente, come ghiacciata: *guanti di capretto —* **2** glassato, candito: *marrons glacés*, marroni canditi.
glaciale [gla-cià-le] *agg.* **1** di ghiaccio, coperto di ghiaccio; gelato, freddissimo: *vento —* | *epoca —*, (*geol.*) periodo del quaternario caratterizzato da vaste glaciazioni **2** (*estens.*) simile a ghiaccio **3** (*fig.*) assolutamente privo di calore, di cordialità; distaccato, ostile: *un silenzio, uno sguardo —*.
glacialismo [gla-cia-lì-ʃmo] *s.m.* (*geol.*) l'insieme dei fenomeni che riguardano la formazione, la progressione e la regressione dei ghiacciai.
glacialità [gla-cia-li-tà] *s.f.* l'essere glaciale (spec. *fig.*): *la — di un'accoglienza.*
glaciazione [gla-cia-zió-ne] *s.f.* (*geol.*) diffusa espansione delle masse di ghiaccio, tale da modificare l'aspetto della superficie terrestre | periodo di tempo in cui si è verificata una glaciazione.
gladiatore [gla-dia-tó-re] *s.m.* nella Roma antica, schiavo, prigioniero o volontario che combatteva nell'arena armato di gladio contro uomini o belve | (*fig.*) combattente accanito.
gladiatorio [gla-dia-tò-rio] *agg.* **1** di gladiatore, da gladiatore: *spettacolo —* **2** caratteristico dei gladiatori; battagliero, bellicoso: *atteggiamento —*.
gladio [glà-dio] *s.m.* spada corta con lama robusta a punta e a doppio taglio.
gladiolo [gla-dì-o-lo] *s.m.* pianta erbacea bulbosa ornamentale con fiori di vario colore disposti in una lunga spiga.
glamour [/ 'glɛmur /] *s.m.invar.* (*ingl.*) fascino irresistibile, soprattutto femminile.
glande [glàn-de] *s.m.* (*anat.*) il rigonfiamento della parte terminale del pene.
glassa [glàs-sa] *s.f.* (*gastr.*) strato leggero di zucchero fuso di cui si ricoprono pasticcini, torte, frutta candita | rivestimento gelatinoso a base di sugo di carne ristretto.
glassare [glas-sà-re] *v.tr.* [*io glàsso ecc.*] (*gastr.*) **1** ricoprire dolci con una glassa di zucchero **2** decorare con un rivestimento gelatinoso carni o piatti freddi.
glassato [glas-sà-to] *agg.* ricoperto di glassa di zucchero o di gelatina: *dolce —*; *carne glassata.*
glassatura [glas-sa-tù-ra] *s.f.* l'operazione del glassare.
glauco [glàu-co] *agg.* [pl.m. *-chi*] (*lett.*) di colore celeste tendente al verde: *occhi glauchi.*
glaucoma [glau-cò-ma] *s.m.* [pl. *-mi*] malattia dell'occhio caratterizzata dall'aumento della tensione del bulbo oculare.
glaucomio [glau-cò-mio] *s.m.* mammifero roditore simile allo scoiattolo, ma dotato di membrane laterali che gli consentono brevi voli planati; è detto anche *scoiattolo volante.*
gleba [glè-ba] *s.f.* **1** (*lett.*) zolla di terra **2** (*estens.*) terreno | *servo della —*, in epoca feudale, contadino in stato di semischiavitù legato ereditariamente a un determinato fondo, con il quale poteva essere ceduto.
gli[1] *art.determ.m.pl.* [m.sing. *il*] si premette ai vocaboli maschili plurali che cominciano per vocale, *s* impura, *gn, ps, pn, x, z* (eccezione: *gli dei*) e si può elidere davanti a *i* solo nel caso in cui questa abbia valore vocalico, non sia cioè semiconsonante: *gli orsi, gli scopi, gli zii, gl'interessi, gli iettatori.*
gli[2] *pron.pers.m. di terza pers.sing.* [forma complementare atona di *egli, esso*] si usa come compl. di termine in posizione sia enclitica sia proclitica: *— ho parlato*; *digli che parta*; *vorrei scrivergli*; *così dicendogli, uscì* | è usato ormai comunemente, come pl., in luogo di *a loro, a essi, a esse*: *mi hanno scritto ieri, dovrei rispondergli presto*; *avverti le tue amiche, e digli di non mancare* | nel linguaggio familiare, o in usi regionali o espressivi, è usato anche per il femminile sing., in luogo di *le* (*a lei, a essa*): *se la vedi, digli che le scriverò presto.*
glia [gli-a; / 'glia /] *s.f.* (*anat.*) tessuto di sostegno del sistema nervoso centrale; nevroglia.
gliadina [gli-a-di-na; / glia'dina /] *s.f.* (*chim.*) proteina si ricava estraendo il glutine dal grano, dalla segale e da altri cereali.
gliale [gli-a-le; / gli'ale /] *agg.* (*anat.*) della glia: *cellule gliali*, appartenenti alla glia.
glicemia [gli-ce-mi-a; / glitʃe'mia /] *s.f.* (*med.*) la quantità di glucosio contenuta nel sangue | (*fam.*) tasso glicemico superiore alla norma; iperglicemia.
glicemico [gli-ce-mi-co; / gli'tʃɛmiko /] *agg.* [pl.m. *-ci*] di glicemia, che si riferisce alla glicemia | *tasso —*, quantità di glucosio contenuta nel sangue.
glicerico [gli-ce-ri-co; / gli'tʃɛriko /] *agg.* [pl.m. *-ci*] si dice di ossiacido ottenuto dalla glicerina.
gliceride [gli-ce-ri-de; / gli'tʃɛride /] *s.m.* (*chim.*) ognuno dei componenti essenziali dei grassi vegetali e animali.
glicerina [gli-ce-ri-na; / glitʃe'rina /] *s.f.* (*chim.*) alcol trivalente liquido, denso, trasparente, dolciastro, ottenuto dai grassi animali e vegetali; si usa nell'industria cosmetica e chimica.
glicerolo [gli-ce-ro-lo; / glitʃe'rɔlo /] *s.m.* (*chim.*) glicerina.
glicina [gli-ci-na; / gli'tʃina /] *s.f.* (*chim.*) amminoacido costituente le proteine.
glicine [gli-ci-ne; / 'glitʃine /] *s.m.* pianta arbustacea rampicante, coltivata a scopo ornamentale.
glico- primo elemento di parole composte della terminologia chimica e medica, che significa 'dolce'.
glicogeno [gli-cò-ge-no; / gli'kodʒeno /] *s.m.* (*chim.*, *biol.*) polisaccaride che si forma dal glu-

cosio e si accumula nel fegato e nei muscoli come materiale energetico di riserva.
glicol [gli-col; / 'glikol /], o **glicole** [/ 'glikole /], *s.m.* [pl. *-li*] (*chim.*) alcol bivalente.
glicolisi [gli-cò-li-ʃi; / gli'kɔlizi /] *s.f.* (*chim.*, *biol.*) processo metabolico di scissione del glucosio o di altri carboidrati nelle cellule, con produzione di energia.
glicosuria [gli-co-ʃu-ria; / gliko'zurja /] *s.f.* (*med.*) presenza di glucosio nelle urine.
gliela [gliè-la] *forma pron.* composta dal pron. pers. *gli* in funzione di compl. di termine e dal pron. pers. f. sing. *la* in funzione di compl. oggetto: *gliela manderò oggi stesso*; *mandagliela subito*.
gliele [gliè-le] *forma pron.* composta dal pron. pers. *gli* in funzione di compl. di termine e dal pron. pers. pl. f. *le* in funzione di compl. oggetto: *gliele spedirò subito*; *spediscigliele*.
glieli [gliè-li] *forma pron.* composta dal pron. pers. *gli* in funzione di compl. di termine e dal pron. pers. m. pl. *li* in funzione di compl. oggetto: *glieli consegnerò personalmente*; *consegnaglieli*.
glielo [gliè-lo] *forma pron.* composta dal pron. pers. *gli* in funzione di compl. di termine e dal pron. pers. m. sing. *lo* in funzione di compl. oggetto: *glielo scriverò*; *scriviglielo*.
gliene [gliè-ne] *forma pron.* composta dal pron. pers. *gli* in funzione di compl. di termine e dalla particella *ne* che può fungere o da pron. personale (*di lui*, *di esso*, *di lei*, *di essa*, *di loro*, *di essi*, *di esse*) o da pron. dimostrativo (*di ciò*): *non lo sa ancora, ma gliene parlerò*; *parlagliene*.
glifo [gli-fo; / 'glifo /] *s.m.* **1** (*arch.*) canaletto verticale che orna il fregio ionico **2** (*mecc.*) guida mobile usata nei sistemi articolati per trasformare un moto rotatorio in rettilineo e viceversa.
glioma [gli-o-ma; / gli'ɔma /] *s.m.* [pl. *-mi*] (*med.*) tumore della glia.
gliommero [gliòm-me-ro] *s.m.* componimento poetico di origine popolare in dialetto napoletano.
glipto- → **glitto-**.
gliptogenesi [gli-pto-gè-ne-ʃi; / glipto'dʒɛne zi /] *s.f.* (*geol.*) l'insieme dei fenomeni che provocano una lenta trasformazione dei rilievi della superficie terrestre, di origine chimica o dovuti alle piogge, ai venti ecc.
glissando [glis-san-do; / glis'sando /] *s.m.invar.* (*mus.*) effetto che si ottiene facendo strisciare rapidamente la mano sulla tastiera o sulle corde di uno strumento.
glissare [glis-sa-re; / glis'sare /] *v.intr.* [aus. *avere*] **1** (*mus.*) produrre l'effetto del glissando **2** (*fig.*) tralasciare di approfondire un argomento, sorvolarlo.
glittica [glit-ti-ca; / 'glittika /], o **gliptica**, *s.f.* l'arte di intagliare e incidere gemme e pietre dure per ricavarne oggetti d'uso o artistici.
glittico [glit-ti-co; / 'glittiko /], o **gliptico**, *agg.* [pl.m. *-ci*] proprio della glittica, che concerne la glittica ♦ *s.m.* intagliatore di gemme e pietre dure.
glitto- [/ 'glitto /], o **glipto-** [/ 'glipto /], primo elemento di parole composte della terminologia scientifica e tecnica, che significa 'intaglio, incisione' (*glittoteca*).
glittoteca [glit-to-tè-ca], o **gliptoteca**, *s.f.* collezione di gemme incise; il luogo in cui tali gemme sono raccolte.
globale [glo-bà-le] *agg.* **1** considerato nella sua totalità; cumulativo, complessivo: *importo* — **2** che riguarda, interessa l'intero globo: *strategia* — □ **globalmente** *avv.* nell'insieme, complessivamente.
globe-trotter [/ glɔb'trɔtter /] *s.m.* e *f.invar.* (*ingl.*) turista che viaggia continuamente per il mondo, per lo più con mezzi di fortuna.
globina [glo-bì-na] *s.f.* (*biol.*) costituente proteico dell'emoglobina.
globo [glò-bo] *s.m.* **1** qualsiasi corpo di forma sferica: — *di vetro* | — *terrestre*, la Terra | — *celeste*, (*astr.*) sfera su cui si rappresentano le costellazioni come sono viste dalla Terra | — *oculare*, (*anat.*) l'occhio **2** (*geog.*) geoide.
globoide [glo-bòi-de] *s.m.* corpo a forma di globo o di forma simile a un globo.
globoso [glo-bó-so] *agg.* **1** di globo; fatto a globi: *superficie globosa* **2** che ha forma di globo.
globulare [glo-bu-là-re] *agg.* **1** a forma di globo: *ammasso* —, (*astr.*) insieme di stelle disposte a forma di globo **2** (*med.*) che è proprio dei globuli rossi del sangue: *valore* —, il contenuto in emoglobina dei globuli rossi.
globularia [glo-bu-là-ria] *s.f.* pianta erbacea con fiori azzurri raccolti in capolini globosi.
globulina [glo-bu-lì-na] *s.f.* (*chim.*, *biol.*) sostanza proteica presente nel plasma sanguigno, nei tessuti animali, nel latte, nel bianco d'uovo e in molti vegetali.
globulo [glò-bu-lo] *s.m.* **1** (*biol.*) ciascuno degli elementi corpuscolati del sangue: *globuli bianchi*, detti anche *leucociti*, aventi la proprietà di fagocitare elementi eterogenei o di produrre anticorpi; *globuli rossi*, detti anche *eritrociti* o *emazie*, contenenti emoglobina e destinati al trasporto di ossigeno e anidride carbonica **2** piccolo corpo sferico: *un* — *di cristallo*.
globuloso [glo-bu-ló-so] *agg.* a forma di globulo, di piccola sfera.
glomeridi [glo-mè-ri-di], o **glomeri** [glò-me-ri], *s.m.pl.* (*zool.*) famiglia di miriapodi dal corpo corto e diciassette paia di zampe; vivono nei luoghi umidi e hanno la facoltà di appallottolarsi.
glomerulo [glo-mè-ru-lo] *s.m.* **1** in anatomia: *glomeruli renali*, piccoli viluppi di vasi capillari che costituiscono la parte filtrante del rene; — *ghiandolare*, il corpo delle ghiandole sudoripare **2** (*bot.*) infiorescenza costituita da tanti fiori, molto ravvicinati e quasi privi di picciolo.
glomo [glò-mo] *s.m.* (*anat.*) piccolo ammasso o viluppo di vasi o fibre nervose.
gloria[1] [glò-ria] *s.f.* **1** altissimo onore, fama universale che si acquistano per grandi virtù, opere

insigni, meriti eccezionali: — *immortale*; *coprirsi di* —; *una cosa che va a* — *di qlcu.*, a suo merito | — *mondana*, basata sui valori terreni del successo, della celebrità **2** persona o cosa che è motivo di orgoglio, di vanto: *Dante è una* — *nazionale* | *vecchie glorie*, personaggi del mondo dello spettacolo o dello sport un tempo famosi **3** (*relig.*) beatitudine delle anime del paradiso: *la* — *eterna*.
gloria2 *s.m.invar.* (*lit.*) **1** preghiera di lode a Dio che comincia con le parole *Gloria Patri* | *prov.*: *tutti i salmi finiscono in* —, si sa come vanno a finire certe cose **2** inno della messa che comincia con le parole *Gloria in excelsis Deo*.
gloriare [glo-rià-re] *v.tr.* [*io glòrio ecc.*] (*lett.*) celebrare, magnificare; onorare ♦ **gloriarsi** *v.intr.pron.* compiacersi molto di qlco.; vantarsi, essere orgoglioso: *gloriarsi della propria bravura*.
glorificare [glo-ri-fi-cà-re] *v.tr.* [*io glorìfico, tu glorìfichi ecc.*] **1** rendere glorioso, riconoscere degno di gloria; esaltare, celebrare: — *un eroe* **2** far partecipe della gloria celeste: *Dio glorifica i beati* ♦ **glorificarsi** *v.intr.pron.* vantarsi, gloriarsi.
glorificazione [glo-ri-fi-ca-zió-ne] *s.f.* il glorificare, l'essere glorificato.
glorioso [glo-rió-so] *agg.* **1** che ha gloria: *stirpe gloriosa* | *andar* — *di qlco.*, menarne vanto **2** che dà, procura gloria: *una morte gloriosa* □ **gloriosamente** *avv.*
glossa [glòs-sa] *s.f.* nota marginale a un testo per spiegare una parola, una locuzione o un passo difficile.
glossare [glos-sà-re] *v.tr.* [*io glòsso ecc.*] annotare, chiosare, postillare: — *un testo*.
glossario [glos-sà-rio] *s.m.* raccolta in ordine alfabetico dei vocaboli difficili o rari contenuti in un testo, con accanto la loro spiegazione.
glossatore [glos-sa-tó-re] *s.m.* [f. *-trice*] autore di glosse.
glosso-, **-glosso** primo e secondo elemento di parole composte della terminologia scientifica, che significa 'lingua', sia come organo anatomico (*glossofaringeo*) sia come strumento espressivo o facoltà del parlare (*glossolalia*).
glossofaringeo [glos-so-fa-rin-gè-o *o* glossofarìngeo] *agg.* (*anat.*) relativo alla lingua e alla faringe: *nervo* —.
glossolalia [glos-so-la-lì-a] *s.f.* (*psich.*) alterazione del linguaggio che consiste nell'articolare parole senza senso.
glossopatia [glos-so-pa-tì-a] *s.f.* (*med.*) qualsiasi affezione localizzata alla lingua.
glottale [glot-tà-le] *agg.* **1** della glottide, relativo alla glottide **2** (*ling.*) detto di suono consonantico articolato con la glottide.
glottide [glòt-ti-de] *s.f.* (*anat.*) apertura superiore della laringe, di forma triangolare, delimitata dalle corde vocali.
glotto-, **-glotto** primo e secondo elemento di parole composte della terminologia scientifica, che significa 'lingua, linguaggio' (*glottologia*, *alloglotto*).
glottologia [glot-to-lo-gì-a] *s.f.* [pl. *-gie*] lo studio scientifico di lingue e dialetti; linguistica: — *indoeuropea*.
glottologico [glot-to-lò-gi-co] *agg.* [pl.m. *-ci*] della glottologia, che riguarda la glottologia: *studi glottologici*.
glottologo [glot-tò-lo-go] *s.m.* [f. *-a*; pl.m. *-gi*] studioso di glottologia; linguista.
glucide [glu-cì-de] *s.m.* (*chim.*) ciascuno degli appartenenti a una classe di composti organici costituiti da carbonio, idrogeno e ossigeno.
glucidico [glu-cì-di-co] *agg.* [pl.m. *-ci*] (*chim.*) di glucide, relativo a glucide.
glucometro [glu-cò-me-tro] *s.m.* apparecchio usato in enologia per misurare il contenuto di zuccheri di un vino o di un mosto.
glucoside [glu-co-ʃì-de] *s.m.* (*chim. biol.*) ogni composto derivante dalla composizione di uno zucchero con una sostanza organica.
glucosio [glu-cò-ʃio] *s.m.* (*chim.*) zucchero cristallino presente allo stato libero nei frutti dolci, nel nettare dei fiori, nel miele ecc.; è usato in farmacia e nell'industria dolciaria.
gluma [glù-ma] *s.f.* (*bot.*) ciascuna delle brattee che avvolgono le cariossidi delle graminacee.
glumetta [glu-mét-ta] *s.f.* (*bot.*) ciascuna delle due brattee interne alla gluma.
glumiflore [glu-mi-flò-re] *s.f.pl.* (*bot.*) ordine di piante erbacee monocotiledoni al quale appartengono le graminacee.
glutammato [glu-tam-mà-to] *s.m.* (*chim.*) sale dell'acido glutammico, usato sottoforma di dadi e di salse da brodo per migliorare sapore e colore dei cibi.
glutammico [glu-tàm-mi-co] *agg.* (*chim.*, *biol.*) *acido* —, amminoacido che entra in molti processi biochimici ed è utilizzato dalle cellule nervose a scopo metabolico.
glutammina [glu-tam-mì-na] *s.f.* (*chim.*) ammide dell'acido glutammico presente in molte proteine vegetali.
gluteo [glù-te-o] *s.m.* (*anat.*) ognuno dei tre muscoli che formano la natica | *pl.* (*lett.*) le natiche ♦ *agg.* del gluteo: *regione glutea*.
glutinare [glu-ti-nà-re] *v.tr.* [*io glùtino ecc.*] arricchire di glutine.
glutinato [glu-ti-nà-to] *agg.* arricchito di glutine: *pasta glutinata*.
glutine [glù-ti-ne] *s.m.* (*chim.*) complesso proteico contenuto nei semi del frumento e di altri cereali; è usato per arricchire di proteine certi alimenti industriali e nell'industria dei collanti.
glutinosità [glu-ti-no-si-tà] *s.f.* l'essere glutinoso.
glutinoso [glu-ti-nó-so] *agg.* **1** che contiene glutine: *sostanza glutinosa* **2** che ha l'aspetto e le proprietà del glutine; vischioso.
gnato-, **-gnato** primo e secondo elemento di parole composte della terminologia scientifica, che significa 'mascella, mandibola, guancia' (*gnatostomo*, *prognato*).
gnatostomo [gna-tò-sto-mo] *s.m.* (*zool.*) nella tassonomia animale, ogni vertebrato provvisto di mascelle.

gneiss [/ 'gneis /] *s.m.invar.* (*geol.*) roccia metamorfica scistosa di color grigio chiaro e composizione analoga a quella del granito.
gnocco [gnòc-co] *s.m.* [pl. *-chi*] **1** (spec. *pl.*) ciascuno dei tocchetti di pasta morbida, fatti per lo più con farina e patate, che si mangiano lessati e conditi | *gnocchi alla romana*, fatti con latte e semolino. DIM. *gnocchetto* **2** (*fig. fam.*) uomo sciocco, sempliciotto. ACCR. *gnoccolone.*
gnomico [gnò-mi-co] *agg.* [pl.m. *-ci*] sentenzioso | *poesia gnomica*, poesia di tono morale, ricca di sentenze e precetti ♦ *s.m.* autore di componimenti poetici di carattere gnomico.
gnomo [gnò-mo] *s.m.* nella tradizione popolare europea, essere fantastico, bizzarro e burlone, dall'aspetto di vecchio nano barbuto, abitatore di foreste e grotte e custode dei tesori della Terra.
gnomone [gno-mó-ne] *s.m.* asta inclinata la cui ombra proiettata su un piano consente di stabilire la posizione del Sole e quindi l'ora del giorno; meridiana.
gnornò [gnor-nò] *avv.* (*pop.*) signornò.
gnorri [gnòr-ri] *s.m.* e *f.* solo nella loc. *fare lo —*, fingere di non sapere o di non capire.
gnorsì [gnor-sì] *avv.* (*pop.*) signorsì.
gnoseologia [gno-ʃe-o-lo-gì-a] *s.f.* parte della filosofia che si occupa dell'origine, della natura e dei limiti della conoscenza; teoria della conoscenza.
gnoseologico [gno-ʃe-o-lò-gi-co] *agg.* [pl.m. *-ci*] della gnoseologia, che concerne la gnoseologia.
gnosi [gnò-ʃi] *s.f.* **1** nello gnosticismo, la perfetta conoscenza delle supreme verità filosofiche **2** gnosticismo.
gnosticismo [gno-sti-cì-ʃmo] *s.m.* corrente di pensiero del cristianesimo del II e III sec., che propugnò una concezione della conoscenza come illuminazione riservata a pochi iniziati, in virtù della quale essi sarebbero pervenuti alla visione del vero e alla loro salvezza.
gnostico [gnò-sti-co] *agg.* [pl.m. *-ci*] (*filos.*) della gnosi, relativo allo gnosticismo: *dottrine gnostiche* ♦ *s.m.* seguace dello gnosticismo.
gnu *s.m.* grossa antilope africana simile a un cavallo, con folta criniera e corna ricurve.
goal [/ gɔl /] *s.m.invar.* (*ingl.*) il punto segnato da una squadra di calcio o di calcetto quando la palla entra nella porta avversaria; rete: *andare in —*, concludere un'azione segnando una rete.
gobba [gòb-ba] *s.f.* **1** deformazione della colonna vertebrale che produce una protuberanza anteriore o posteriore; gibbo **2** protuberanza sulla schiena del cammello e del dromedario **3** (*estens.*) rigonfiamento, gibbosità, protuberanza: *le gobbe del terreno* **4** (*pop.*) la parte convessa della Luna quando non è piena: *— a ponente luna crescente, — a levante luna calante.*
gobbista [gob-bì-sta] *s.m.* e *f.* [pl.m. *-sti*] tecnico televisivo o cinematografico addetto alla manovra dei gobbi.
gobbo[1] [gòb-bo] *agg.* **1** che ha la gobba; che ha spalle curve: *un vecchio —; stare —* **2** (*estens.*) curvo, convesso: *un naso —* | *colpo —*, (*fig.*) mossa scaltra, fortunata; anche, azione o manovra sleale ♦ *s.m.* [f. *-a*] persona gobba.
gobbo[2] *s.m.* (*tv, cine.*) cartellone su cui sono scritte le battute da pronunciare durante le riprese di uno spettacolo televisivo o di un film.
gobione [go-bió-ne] *s.m.* pesce commestibile d'acqua dolce, con corpo allungato, testa appiattita, dorso grigio-bruno e ventre argenteo.
goccia [góc-cia] *s.f.* [pl. *-ce*] **1** piccola porzione di liquido dalla caratteristica forma tondeggiante: *una — d'acqua* | *somigliarsi come due gocce d'acqua*, essere identici | *la — che fa traboccare il vaso*, (*fig.*) si dice di un fatto che fa precipitare una situazione già tesa **2** goccia di pioggia: *sono cadute solo poche gocce* **3** (*estens.*) piccola quantità di liquido: *ne bastano poche gocce* | (*fig. lett.*) quantità minima di qlco. **4** (*farm.*) misura per la somministrazione di piccole dosi di medicamenti liquidi | (*estens.*) il medicinale somministrato in gocce: *le gocce per il cuore* **5** ornamento a forma di goccia intagliato in pietra preziosa, cristallo, vetro, per gioielli, pendenti, lampadari.
goccio [góc-cio] *s.m.* piccola quantità di una bevanda: *un — di caffè.* DIM. *goccetto.*
gocciolamento [goc-cio-la-mén-to] *s.m.* il gocciolare; gocciolio, stillicidio.
gocciolare [goc-cio-là-re] *v.tr.* [*io gócciolo ecc.*] far cadere a gocciole, mandar fuori a gocciole: *— sudore* ♦ *v.intr.* [aus. *essere* nel sign. 1, *avere* nei sign. 2 e 3] **1** uscire, cadere a gocciole, stillare, detto di liquidi: *l'acqua è gocciolata a lungo* **2** lasciar uscire un liquido a gocciole, detto di recipienti: *il rubinetto ha gocciolato tutta la notte* **3** detto del naso, emettere muco liquido durante un raffreddore.
gocciolatoio [goc-cio-la-tó-io] *s.m.* parte sporgente del cornicione da cui gocciola la pioggia senza bagnare i muri dell'edificio.
gocciolio [goc-cio-lì-o] *s.m.* un gocciolare continuo.
gocciolone [goc-cio-ló-ne] *s.m.* grossa goccia, detto soprattutto di pioggia.
godere [go-dé-re] *v.intr.* [pres. *io gòdo ecc.*; fut. *io godrò ecc.*; pass.rem. *io godéi* o *godètti*, *tu godésti ecc.*; cond.pres. *io godrèi*; part.pass. *goduto*; aus. *avere*] **1** provare intima soddisfazione, viva contentezza: *— nell'anima* | (*assol.*) fare una vita di piaceri, di divertimenti: *— in gioventù* **2** provare gioia, benessere; essere felice per qlco.: *godo dei* (o *per i*) *tuoi successi* **3** (*pop.*) raggiungere l'orgasmo **4** beneficiare di qlco. di utile, di gradito: *— di molti vantaggi* | *— di un diritto, di una rendita*, (*dir.*) esercitare le facoltà che vi sono connesse, percepirne gli utili ♦ *v.tr.* **1** provare soddisfazione per qlco.; gustare: — o *godersi il fresco* | *godersi la vita, godersela*, divertirsi, spassarsela **2** avere qlco. di utile, di gradito: *— buona salute.*
godereccio [go-de-réc-cio] *agg.* [pl.f. *-ce*] che è

dedito ai godimenti materiali: *gente godereccia* | che dà godimento: *vita godereccia*.

godet [/ go'dɛ /] *s.m.invar.* (*fr.*) in sartoria, taglio obliquo della stoffa che crea una svasatura a campana: *gonna a —*.

godezia [go-dè-zia] *s.f.* pianta erbacea ornamentale, originaria del Nordamerica, con fiori rosei, rossi o bianchi raccolti in spighe e foglie lanceolate.

godibile [go-dì-bi-le] *agg.* **1** che si può godere; che dà godimento, piacere: *una scenetta —* **2** (*dir.*) di cui si può usufruire: *bene —*.

godimento [go-di-mén-to] *s.m.* **1** felicità profonda, gioia intensa, piacere: *trarre — da qlco.* **2** ciò che suscita piacere: *cercare i godimenti* **3** (*dir.*) facoltà di fruire di qlco., di utilizzare un bene: *— di una pensione* | *avere in —*, in usufrutto.

goduria [go-dù-ria] *s.f.* (*scherz.*) godimento: *che —!*

goffaggine [gof-fàg-gi-ne] *s.f.* **1** l'essere goffo **2** atto o parola goffi.

goffo [gòf-fo] *agg.* **1** che si comporta in modo maldestro; sgraziato, impacciato: *un uomo grasso e —* **2** malfatto, privo di eleganza: *frase goffa* □ **goffamente** *avv.*

goffrare [gof-frà-re] *v.tr.* [*io gòffro ecc.*] imprimere su tessuto, carta o altro materiale un disegno in rilievo: *— la seta*.

goffratrice [gof-fra-trì-ce] *s.f.* (*tecn.*) calandra recante inciso sui cilindri un disegno che per pressione viene riprodotto in rilievo su un materiale (*p.e.* stoffa, carta, cuoio, materie plastiche).

goffratura [gof-fra-tù-ra] *s.f.* l'operazione del goffrare; il rilievo riprodotto con tale operazione.

gogna [gó-gna] *s.f.* collare di ferro che si stringeva al collo dei condannati alla berlina; la pena così inflitta: *condannare alla —* | *mettere alla —*, (*fig.*) schernire, biasimare pubblicamente.

go-kart [/ go'kart /] *s.m.invar.* (*ingl.*) piccolo autoveicolo monoposto da competizione, costituito da un motore a scoppio montato su un telaio molto semplificato.

gola [gó-la] *s.f.* **1** (*anat.*) la cavità della faringe, delimitata anteriormente dal palato molle e dalle tonsille **2** come luogo di transito del cibo, del fiato e della voce dà luogo a numerose locuzioni: *col boccone in —*, avendo appena finito di mangiare | *avere un nodo, un groppo alla* o *in —*, essere commossi, emozionati fino al pianto | *— profonda*, (*fig.*) persona che rivela notizie molto riservate; informatore, spia **3** (*estens.*) la parte anteriore del collo | *avere l'acqua alla —*, essere sul punto di affogare; (*fig.*) essere in estrema difficoltà **4** avidità di cibi o di bevande; golosità: *mangiare per —*, non per fame | *far —*, (*fig.*) si dice di cosa che suscita desiderio | *prendere qlcu. per la —*, allettarlo offrendogli cibi gustosi **5** (*teol.*) uno dei sette peccati capitali **6** apertura, passaggio stretti: *la — del pozzo* **7** (*geog.*) valle stretta e profonda, con pareti assai ripide o quasi verticali.

goleada [/ gole'ada /] *s.f.invar.* nel gergo calcistico, serie numerosa di goal messi a segno durante una partita.

goleador [/ golea'dor /] *s.m.invar.* (*sp.*) nel linguaggio sportivo, calciatore che segna molti goal; cannoniere.

golena [go-lè-na] *s.f.* (*geog.*) striscia di terreno, compresa tra l'argine e il letto di un fiume o di un canale, che rimane all'asciutto durante i periodi di magra.

goletta *s.f.* nave a vela con due alberi a vele trapezoidali e bompresso.

golf[1] [gòlf] *s.m.invar.* giacca a maglia di lana, per lo più con maniche lunghe. DIM. *golfetto*, *golfino*.

golf[2] *s.m.* gioco all'aperto che consiste nel mandare una pallina in una serie di buche col minor numero di colpi possibile dati con apposite mazze.

golfista [gol-fì-sta] *s.m.* e *f.* [pl.m. *-sti*] chi pratica il gioco del golf.

golfo [gól-fo] *s.m.* insenatura piuttosto vasta, chiusa ai lati da promontori o da punte: *il — di Napoli*.

goliardia [go-liar-dì-a] *s.f.* lo spirito di spensierata allegria dei goliardi e degli studenti in genere; la tradizione di usi goliardici.

goliardico [go-liàr-di-co] *agg.* [pl.m. *-ci*] proprio dei goliardi: *canto —* | *poesia goliardica*, poesia medievale in latino, che celebrava la giovinezza, il vino, le donne e gli amori, spesso parodiando canti liturgici □ **goliardicamente** *avv.*

goliardo [go-liàr-do] *s.m.* nel Medioevo, chierico che frequentava le università cittadine spostandosi da un centro all'altro e conducendo vita irregolare | oggi, studente universitario, con riferimento alla vita libera e spensierata che accompagnerebbe il periodo di tali studi.

gollismo [gol-lì-ʃmo] *s.m.* movimento politico francese nazionalista che si richiama alle concezioni politiche del generale Charles De Gaulle (1890-1970).

gollista [gol-lì-sta] *s.m.* e *f.* [pl.m. *-sti*] sostenitore del gollismo ♦ *agg.* proprio del gollismo, che si ispira al gollismo: *partito —*.

golosità [go-lo-si-tà] *s.f.* **1** l'essere goloso **2** ciò che fa gola; ghiottoneria.

goloso [go-ló-so] *agg.* che ha il vizio della gola; ghiotto: *essere — di dolci* | (*fig.*) desideroso, bramoso: *un uomo — di piaceri*. ACCR. *golosone* ♦ *s.m.* [f. *-a*] persona golosa □ **golosamente** *avv.*

golpe [/ 'golpe /] *s.m.invar.* (*sp.*) colpo di stato.

golpista [gol-pì-sta] *s.m.* e *f.* [pl.m. *-sti*] chi fa o favorisce un golpe ♦ *agg.* di golpista, da golpista: *progetto —*.

golpistico [gol-pì-sti-co] *agg.* [pl.m. *-ci*] relativo a un golpe; golpista: *trame golpistiche*.

gomena [gó-me-na *o* gomèna] *s.f.* grosso cavo di canapa usato per ormeggio e rimorchio di navi.

gomitata [go-mi-tà-ta] *s.f.* colpo di gomito: *dare una —*.

gomitiera [go-mi-tiè-ra] *s.f.* fascia imbottita che,

in alcuni sport, gli atleti portano per proteggersi i gomiti.

gomito [gó-mi-to] *s.m.* **1** (*anat.*) articolazione che unisce il braccio con l'avambraccio | (*estens.*) la parte sporgente esterna di tale articolazione: *fratturarsi il —* | *olio di —*, (*fig. scherz.*) forza, energia in lavori manuali | *alzare il —*, (*fig.*) bere troppo, ubriacarsi **2** (*estens.*) parte della manica che copre il gomito **3** curva brusca: *la strada fa un —* **4** (*tecn.*) elemento di raccordo fra due tubi non allineati | *albero a gomiti*, nelle macchine alternative, l'organo rotante al quale, mediante le bielle, sono collegati i pistoni.

gomitolo [go-mì-to-lo] *s.m.* **1** filo o spago avvolto su sé stesso in modo da formare una palla: *— di lana* **2** (*fig.*) qualsiasi cosa avvoltolata; groviglio, intreccio.

gomma [góm-ma] *s.f.* **1** liquido viscoso secreto da alcune piante tropicali | *gomme naturali*, quelle di origine vegetale | *gomme sintetiche*, quelle prodotte dalla polimerizzazione di sostanze organiche | *— arabica* utilizzata come colla **2** prodotto della lavorazione industriale delle gomme naturali e sintetiche: *guarnizione di —* | *essere di —*, (*fig.*) detto di persona, avere movimenti agili ed elastici **3** pezzo di gomma che serve per cancellare: *— da matita* **4** pneumatico di un veicolo: *le gomme della bicicletta* **5** *— americana*, gomma da masticare; chewing-gum.

gommagutta [gom-ma-gùt-ta] *s.f.* gommoresina ottenuta da piante tropicali, usata in medicina come diuretico ed emostatico, nell'industria delle vernici come colorante.

gommalacca [gom-ma-làc-ca] *s.f.* sostanza resinosa prodotta da una sorta di cocciniglia, usata per produrre vernici, ceralacca o come isolante elettrico.

gommapiuma® [gom-ma-più-ma] *s.f.* gomma resa soffice e spugnosa; schiuma di lattice di gomma.

gommare [gom-mà-re] *v.tr.* [*io gómmo ecc.*] stendere uno strato di gomma su qlco.: *— della carta* | trattare un materiale con gomma per impermeabilizzarlo: *— un tessuto.*

gommato [gom-mà-to] *agg.* **1** spalmato di gomma adesiva: *nastro —* **2** munito di pneumatici: *ruote gommate.*

gommificio [gom-mi-fi-cio] *s.m.* stabilimento per la lavorazione della gomma.

gommina® [gom-mì-na] *s.f.* fissatore per capelli in gel.

gommino [gom-mì-no] *s.m.* piccolo tappo interno, a perfetta tenuta, delle bottiglie di medicinali o di profumi | proiettile per armi giocattolo.

gommista [gom-mì-sta] *s.m.* [pl. *-sti*] chi vende, monta o ripara pneumatici di veicoli.

gommone [gom-mó-ne] *s.m.* canotto pneumatico a remi o a motore fuoribordo.

gommoresina [gom-mo-rè-ʃi-na *o* gommoréʃi-na] *s.f.* prodotto della trasudazione di diverse piante costituito da una miscela di sostanze aromatiche e medicamentose.

gommosità [gom-mo-si-tà] *s.f.* l'essere gommoso.

gommoso [gom-mó-so] *agg.* **1** che contiene gomma **2** che è simile alla gomma per aspetto e consistenza.

gonade [gò-na-de] *s.f.* (*anat.*) nome degli organi ghiandolari, maschili e femminili, produttori dei gameti e degli ormoni sessuali.

gonadico [go-nà-di-co] *agg.* [pl.m. *-ci*] di gonade, relativo alle gonadi.

gonadotropina [go-na-do-tro-pì-na] *s.f.* (*chim.*, *biol.*) ormone che agisce sulle gonadi.

gondola [gón-do-la] *s.f.* caratteristica imbarcazione della laguna veneta, lunga, snella, a fondo piatto, con pettine decorativo a prora e copertura al centro; è mossa da un solo remo.

gondoliere [gon-do-liè-re] *s.m.* rematore che conduce una gondola.

gonfalone [gon-fa-ló-ne] *s.m.* vessillo adottato come insegna dai comuni medievali; oggi, stendardo di comuni, province, regioni, associazioni ecc.

gonfaloniere [gon-fa-lo-niè-re] *s.m.* **1** (*st.*) suprema magistratura civile o militare in alcuni comuni italiani del Medioevo **2** chi porta un gonfalone.

gonfiabile [gon-fià-bi-le] *agg.* che si gonfia, che deve essere gonfiato: *canotto —.*

gonfiaggio [gon-fiàg-gio] *s.m.* **1** l'azione, l'effetto del gonfiare **2** (*fig.*) aumento, crescita artificiosi: *— dei prezzi.*

gonfiare [gon-fià-re] *v.tr.* [*io gónfio ecc.*] **1** riempire un corpo cavo dalle pareti elastiche con aria o altro gas in modo da dilatarlo: *— un palloncino* | tendere una superficie soffiandovi contro: *il vento gonfia le vele* **2** (*estens.*) dilatare, ingrossare: *il troppo bere gonfia lo stomaco* | *— qlcu. di botte, di schiaffi*, malmenarlo tanto da produrgli gonfiori **3** (*fig.*) esagerare; fare apparire maggiore di quello che è: *— un preventivo* | *— qlcu.*, lodarlo eccessivamente ♦ *v.intr.* [aus. *essere*],

gonfiarsi *v.intr.pron.* **1** dilatarsi, aumentare di volume: *mi si è gonfiato il ginocchio* **2** (*fig.*) diventare tronfio, insuperbirsi.

gonfiato [gon-fià-to] *agg.* riempito d'aria o di altro gas; gonfio: *pneumatico ben —* | *pallone —*, (*fig.*) persona piena di sé, boriosa.

gonfiatura [gon-fia-tù-ra] *s.f.* **1** il gonfiare, l'essere gonfiato **2** (*fig.*) esagerazione, montatura: *una — scandalistica* **3** (*fig.*) adulazione.

gonfiezza [gon-fiéz-za] *s.f.* **1** l'esser gonfio; lo stato di ciò che è gonfio | *— di stile*, ampollosità **2** (*fig.*) atteggiamento superbo, borioso.

gonfio [gón-fio] *agg.* **1** gonfiato, dilatato: *occhi gonfi di pianto* | *avere il cuore —*, (*fig.*) essere in grande afflizione **2** (*fig.*) pieno di sé, superbo: *essere — di boria* **3** (*fig.*) ampolloso, ridondante: *una prosa gonfia.*

gonfiore [gon-fió-re] *s.m.* rigonfiamento di una parte del corpo; tumefazione.

gong [gòng] *s.m.invar.* strumento a percussione formato da un disco di metallo che, percosso da una mazza, produce un suono prolungato di grande potenza.

gongolante [gon-go-làn-te] *agg.* pieno di evidente soddisfazione e contentezza: *essere tutto —*.

gongolare [gon-go-là-re] *v.intr.* [*io góngolo ecc.*; aus. *avere*] essere pieno di una viva soddisfazione e darne visibilmente segno: *— di gioia*.

-gonia secondo elemento di parole composte della terminologia dotta, che significa 'generazione, origine' (*cosmogonia, teogonia*).

gonio- primo elemento di parole composte della terminologia scientifica, che significa 'angolo' (*goniometro*).

goniometria [go-nio-me-trì-a] *s.f.* l'insieme dei principi e dei procedimenti scientifici e tecnici per la misurazione degli angoli.

goniometrico [go-nio-mè-tri-co] *agg.* [pl.m. *-ci*] che concerne la goniometria: *misurazioni goniometriche*.

goniometro [go-niò-me-tro] *s.m.* strumento per misurare gli angoli, usato in topografia, geodesia e cristallografia.

gonna [gòn-na *o* gónna] *s.f.* indumento femminile che copre il corpo dalla cintura in giù: *— a pieghe* | *— pantalone*, quella divisa in due come i calzoni. DIM. *gonnella, gonnellina, gonnellino* (m.).

gonnella [gon-nèl-la] *s.f.* **1** gonna | *stare sempre attaccato alle gonnelle di una donna*, (*fig.*) non allontanarsi mai da lei, ascoltarla in tutto **2** (*estens.*) donna, ragazza | *correre dietro alle gonnelle*, (*fig.*) essere un donnaiolo.

gonnellino [gon-nel-lì-no] *s.m.* gonna piccola e corta, che portano le bambine, le ballerine, le tenniste, le pattinatrici | gonna di alcuni costumi tradizionali indossati dagli uomini: *— scozzese*.

gono- primo elemento di parole composte della terminologia medica e biologica, che indica relazione con gli organi della generazione (*gonocito*).

-gono secondo elemento di parole composte della terminologia geometrica, che significa 'angolo' (*ottagono, poligono*).

gonocito [go-no-cì-to] *s.m.* (*biol.*) cellula germinale che origina i gameti.

gonorrea [go-nor-rè-a] *s.f.* (*med.*) blenorragia.

gonzo [gón-ʒo] *agg.* e *s.m.* [f. *-a*] che/chi si fa imbrogliare facilmente; sciocco, credulone.

gora [gò-ra] *s.f.* **1** canale per l'irrigazione o per l'alimentazione di un mulino **2** riserva d'acqua raccolta in un bacino naturale **3** alone che resta attorno a una macchia dopo un'imperfetta smacchiatura.

gordiano [gor-dià-no] *agg.* nella loc. *nodo —*, (*fig.*) situazione difficile che richiede un intervento drastico.

gorgheggiamento [gor-gheg-gia-mén-to] *s.m.* il gorgheggiare; gorgheggio.

gorgheggiare [gor-gheg-già-re] *v.intr.* e *tr.* [*io gorghéggio ecc.*; aus. dell'intr. *avere*] cantare con grande agilità e rapidità di passaggi vocali.

gorgheggio [gor-ghég-gio] *s.m.* **1** il gorgheggiare: *il — di un usignolo* **2** (*mus.*) nel canto, passaggio rapido e virtuosistico di più note sulla stessa vocale.

gorgia [gòr-gia] *s.f.* [pl. *-ge*] parlata gutturale | *— toscana*, (*ling.*) in alcuni dialetti toscani, il fenomeno della pronuncia aspirata delle consonanti occlusive sorde poste fra due vocali.

gorgiera [gor-giè-ra] *s.f.* **1** parte delle antiche armature che proteggeva la gola | oggi, protezione di tela imbottita che, applicata sotto la maschera dello schermitore, ne difende il collo **2** nell'abbigliamento femminile medievale, fascia di tela a copertura della gola | colletto di pizzo o di tela pieghettata in voga nel Seicento.

gorgo [gór-go] *s.m.* [pl. *-ghi*] **1** il punto in cui il letto di un fiume o di un torrente si abbassa improvvisamente, quasi a formare un piccolo pozzo; il mulinello che l'acqua forma in quel punto **2** (*fig.*) vortice, abisso.

gorgogliare [gor-go-glià-re] *v.intr.* [*io gorgóglio ecc.*; aus. *avere*] **1** detto dell'acqua, sgorgare o scorrere producendo una sorta di brontolio **2** (*estens.*) far uscire la voce tenendo un liquido in gola (*p.e.* quando si fanno i gargarismi) **3** brontolare, detto degli intestini.

gorgoglio[1] [gor-gó-glio] *s.m.* rumore prodotto da un liquido che gorgoglia; il brontolare dell'intestino.

gorgoglio[2] [gor-go-glì-o] *s.m.* un gorgogliare continuato.

gorgone [gòr-go-ne *o* gorgóne] *s.f.* **1** (*lett.*) donna scarmigliata, orrenda, simile nell'aspetto a una Gorgone della mitologia classica **2** motivo ornamentale rappresentante una testa di Gorgone.

gorgonzola [gor-gon-ʒò-la] *s.m.* formaggio color bianco giallognolo, dal profumo intenso, con venature verdastre causate da muffe che si sviluppano durante la stagionatura.

gorilla [go-rìl-la] *s.m.invar.* **1** grande scimmia antropomorfa africana, con braccia lunghe e robustissime, folto pelo bruno-nerastro **2** (*estens.*) uomo dall'aspetto scimmiesco o dalle maniere grossolane **3** (*spreg.*) guardia del corpo.

gospel [/ ˈgɔspel /] *s.m.invar.* (*ingl.*) canto religioso popolare dei neri statunitensi, a una o più voci.

gota [gò-ta] *s.f.* (*lett.*) guancia.

gotha [gò-tha] *s.m.invar.* **1** l'aristocrazia **2** (*estens.*) il meglio, l'élite di un determinato settore di attività: *il — della finanza*.

gotico [gò-ti-co] *agg.* [pl.m. *-ci*] **1** dei Goti, antica popolazione germanica **2** si dice di uno stile architettonico e artistico diffuso in Europa a partire dal sec. XII: *scultura gotica*; *arco —*, a sesto acuto | *scrittura gotica*, (*paleogr.*) scrittura con tratti spezzati e angolosi **3** *romanzo —*, genere di narrativa le cui vicende, ambientate nel Medioevo, sono dominate da effetti di terrore e di mistero ♦ *s.m.* **1** la lingua dei Goti | (*fig.*) lingua,

scrittura incomprensibile **2** lo stile gotico; l'arte gotica: *il — francese.*
goto [gò-to] *s.m.* appartenente a un'antica popolazione germanica, scesa in Italia dal Baltico nel sec. V, divisa in due rami (Visigoti e Ostrogoti).
gotta [gót-ta] *s.f.* (*med.*) malattia che si manifesta con la precipitazione dei sali dell'acido urico nelle articolazioni della mano e del piede.
gotto [gòt-to] *s.m.* (*region.*) bicchierone di vetro munito di manico | (*estens.*) il contenuto del bicchiere: *bere un — di vino.*
gottoso [got-tó-so] *agg.* (*med.*) di gotta ♦ *agg.* e *s.m.* [f. *-a*] malato di gotta.
gourmet [gur'mɛ /] *s.m.invar.* (*fr.*) degustatore di vini | (*estens.*) buongustaio raffinato.
governabile [go-ver-nà-bi-le] *agg.* che si può governare; che si governa facilmente.
governabilità [go-ver-na-bi-li-tà] *s.f.* l'essere governabile; la possibilità di governare durevolmente, senza frequenti crisi politiche: *la — del paese.*
governante [go-ver-nàn-te] *agg.* e *s.m.* e *f.* che/chi governa ♦ *s.m.pl.* i politici che esercitano il governo di una nazione ♦ *s.f.* lavoratrice fissa cui è affidato il governo della casa.
governare [go-ver-nà-re] *v.tr.* [*io govèrno ecc.*] **1** avere la direzione politica e amministrativa di uno stato (anche *assol.*): *— una nazione*; *— democraticamente* **2** dirigere, amministrare: *— un'azienda* | (*fig.*) guidare, dare una norma: *le vicende umane sembrano talvolta governate dal caso* **3** dirigere un natante con il timone, mantenendolo in rotta | (*estens.*) manovrare: *un automezzo difficile da —* **4** avere cura di qlcu. o di qlco.; accudire a persone o animali: *— il bestiame* ♦ *v.intr.* [aus. *avere*] detto di un natante, mantenere la rotta, rispondere ai comandi ♦ **governarsi** *v.rifl.* darsi una guida, badare a sé; regolarsi, contenersi.
governativo [go-ver-na-tì-vo] *agg.* del governo: *decreto —* | filogovernativo: *stampa governativa.*
governatorato [go-ver-na-to-rà-to] *s.m.* **1** ufficio, carica di governatore **2** il territorio sottoposto alla giurisdizione di un governatore.
governatore [go-ver-na-tó-re] *s.m.* **1** alto funzionario che governa un territorio in rappresentanza del potere centrale dello stato: *i governatori delle colonie* | il presidente dell'esecutivo di ciascuno degli stati degli USA: *il — della California* **2** in vari paesi, chi dirige la banca centrale: *il — della Banca d'Italia.*
governo [go-vèr-no] *s.m.* **1** il governare, l'essere governato; la direzione politica e amministrativa di uno stato: *il — della cosa pubblica* **2** il complesso delle istituzioni alle quali compete il potere esecutivo | il presidente del consiglio e i ministri: *crisi di —*; *il — Giolitti* **3** forma della costituzione di uno stato: *— repubblicano* **4** cura di animali, di cose: *il — del gregge..*
gozzo[1] [góz-zo] *s.m.* **1** negli uccelli, parte dilatata dell'esofago, alla base del collo, nella quale il cibo si ferma per poi passare lentamente nello stomaco **2** (*fam.*) gola, stomaco di una persona: *riempirsi il —*, mangiare esageratamente | *stare sul —*, (*fig.*) si dice di cosa o persona che non si sopporta **3** (*med.*) rigonfiamento nella parte anteriore del collo, dovuta all'ingrossamento della tiroide.
gozzo[2] *s.m.* piccola barca da pesca o da diporto, di forma caratteristica, con una piccola asta verticale all'estremità della prua.
gozzoviglia [goz-zo-vì-glia] *s.f.* baldoria di persone che mangiano e bevono smodatamente: *fare gozzoviglie.*
gozzovigliare [goz-zo-vi-glià-re] *v.intr.* [*io gozzovìglio ecc.*; aus. *avere*] fare gozzoviglie.
gozzuto [goz-zù-to] *agg.* che ha il gozzo: *un uomo —.*
gracchiamento [grac-chia-mén-to] *s.m.* il gracchiare.
gracchiare [grac-chià-re] *v.intr.* [*io gràcchio ecc.*; aus. *avere*] **1** detto della cornacchia, del corvo e della gazza, emettere il caratteristico verso rauco e stridente; detto della rana, gracidare **2** (*estens.*) parlare con voce stridula | di apparecchi che riproducono il suono o radiotelevisivi, emettere rumori stridenti.
gracchiata [grac-chià-ta] *s.f.* il gracchiare.
gracchio *s.m.* il verso del corvo, della cornacchia e della gazza.
gracidamento [gra-ci-da-mén-to] *s.m.* un gracidare prolungato.
gracidare [gra-ci-dà-re] *v.intr.* [*io gràcido ecc.*; aus. *avere*] **1** detto della rana, dell'anatra e dell'oca, emettere il caratteristico verso rauco e intermittente **2** di persona, parlare con voce stridula e monotona.
gracidio [gra-ci-dì-o] *s.m.* un lungo e insistente gracidare.
gracile [grà-ci-le] *agg.* **1** che ha una costituzione fisica minuta, delicata: *un bambino —* | debole, fragile: *organismo —* | esile, sottile: *gambe gracili.* DIM. *gracilino* **2** (*fig.*) privo di forza, di vigore: *una trama —* □ **gracilmente** *avv.*
gracilità [gra-ci-li-tà] *s.f.* l'essere gracile; debolezza, fragilità.
gradassata [gra-das-sà-ta] *s.f.* discorso o atto da gradasso.
gradasso [gra-dàs-so] *s.m.* chi si vanta di fare cose eccezionali, senza averne la capacità; smargiasso, spaccone: *non fare il —!*
gradato [gra-dà-to] *agg.* (*non com.*) graduato, graduale □ **gradatamente** *avv.* per gradi, poco alla volta.
gradazione [gra-da-zió-ne] *s.f.* **1** sequenza, successione graduale: *— di colori* **2** quantità percentuale di alcol, espressa in gradi, contenuta nelle bevande alcoliche: *liquore ad altissima —.*
gradevole [gra-dé-vo-le] *agg.* che riesce gradito; piacevole: *compagnia —* □ **gradevolmente** *avv.*
gradevolezza [gra-de-vo-léz-za] *s.f.* l'essere gradevole.
gradiente [gra-dièn-te] *s.m.* (*fis.*) variazione di una grandezza in rapporto all'altezza o alla di-

stanza: — *barico*, rapporto tra la differenza di pressione atmosferica in due luoghi e la loro distanza orizzontale; — *termico*, rapporto tra la temperatura in due punti dell'atmosfera e la loro differenza di quota.

gradimento [gra-di-mén-to] *s.m.* sentimento di piacere provocato da cosa gradita: *essere di* —, piacere | (*estens.*) accettazione, approvazione | *indice di* —, valutazione statistica del favore del pubblico per uno spettacolo radiofonico o televisivo.

gradina [gra-dì-na] *s.f.* scalpello con due o più tacche per scolpire il marmo.

gradinata [gra-di-nà-ta] *s.f.* **1** scalinata **2** negli stadi o nei teatri, ordine di posti a sedere in file digradanti | (*estens.*) il pubblico che assiste allo spettacolo da tali posti.

gradino [gra-dì-no] *s.m.* **1** breve ripiano costruito o scavato per superare un dislivello: *i gradini di una scala* | (*fig.*) ciascuno dei gradi intermedi di una scala di valori, di una serie di elementi in successione: *i gradini della scala sociale* **2** ripiano di un terreno: *coltivazione a gradini*, a terrazze.

gradire [gra-dì-re] *v.tr.* [*io gradisco, tu gradisci ecc.*] **1** accogliere, accettare con piacere: — *un regalo* **2** desiderare, volere: *gradirei del gelato*.

gradito [gra-dì-to] *agg.* che viene accolto con piacere.

grado[1] [grà-do] *s.m.* **1** ciascuno degli stadi intermedi che conducono da un livello, uno stato a un altro: *procedere per gradi* | livello: *un buon — di preparazione* **2** in una scala di valori, il posto che ciascuno di essi occupa in rapporto agli altri: *ustioni di terzo* — | *interrogatorio di terzo* —, quello condotto con i metodi più duri | — *di parentela*, rapporto più o meno stretto di parentela che unisce tra loro persone legate da vincoli di sangue: *cugini di primo* — | *gradi dell'aggettivo, dell'avverbio*, (*gramm.*) variazioni morfologiche che esprimono diversi valori di intensità: — *positivo, comparativo, superlativo* | *subordinata di primo* —, (*gramm.*) proposizione che dipende direttamente dalla principale **3** termine indicante varie unità di misura; in particolare, unità di misura angolare | unità di misura della temperatura | unità di misura del contenuto di alcol nelle bevande alcoliche **4** il posto che una persona occupa in una gerarchia militare: *il — di colonnello* | la stessa insegna gerarchica: *strappare i gradi dalla giubba* **5** condizione, possibilità, capacità: *essere in — di agire*.

grado[2] *s.m.* (*ant.*) gradimento, volontà | oggi solo nella loc. *di buon* —, volentieri

-grado secondo elemento di parole composte della terminologia scientifica, che significa 'muovere il passo, camminare' (*plantigrado*).

gradonamento [gra-do-na-mén-to] *s.m.* sistemazione in gradoni dei terreni montani e collinari a forte pendenza.

gradone [gra-dó-ne] *s.m.* **1** striscia orizzontale di terreno ricavata su un forte declivio; terrazza, fascia **2** (*estens.*) largo gradino.

graduabile [gra-du-à-bi-le] *agg.* che si può graduare: *esercizi graduabili*.

graduabilità [gra-du-a-bi-li-tà] *s.f.* l'essere graduabile.

graduale [gra-du-à-le] *agg.* che procede, si svolge per gradi: *aumento — dei prezzi* □ **gradualmente** *avv.* per gradi.

gradualismo [gra-dua-lì-ʃmo] *s.m.* tendenza a procedere per gradi.

gradualità [gra-du-a-li-tà] *s.f.* l'essere graduale, il procedere per gradi.

graduare [gra-du-à-re] *v.tr.* [*io gràduo ecc.*] **1** disporre, ordinare per gradi: — *le difficoltà* **2** dividere in gradi la scala di uno strumento: — *un barometro* **3** insignire di un grado, riferito a militari **4** classificare secondo una graduatoria: — *i premiati di un concorso*.

graduato [gra-du-à-to] *agg.* **1** ordinato per gradi: *esercizi graduati* **2** diviso in gradi; che reca i segni delle varie misure: *termometro* — | *lenti graduate*, correttive ♦ *s.m.* militare di truppa che ha il grado di caporale o caporalmaggiore.

graduatoria [gra-du-a-tò-ria] *s.f.* ordine di successione di persone in base a un determinato criterio; la successione stessa: — *dei vincitori*.

graduazione [gra-du-a-zió-ne] *s.f.* **1** il graduare; suddivisione per gradi: — *dei premi* **2** la scala graduata di uno strumento di misurazione.

grafema [gra-fè-ma] *s.m.* [pl. *-mi*] (*ling.*) la più piccola unità di scrittura; lettera.

graffa [gràf-fa] *s.f.* **1** (*edil.*) grappa **2** segno che serve a unire più righe di scrittura o a racchiudere un'espressione matematica | Anche *agg.*: *parentesi* — **3** fermaglio per tenere uniti dei fogli; grappa. DIM. *graffetta*.

graffatrice [graf-fa-trì-ce] *s.f.* cucitrice.

graffetta [graf-fét-ta] *s.f.* fermaglio per fogli | punto metallico per tenere unite pagine di giornali, fascicoli, fotocopie.

graffiante [graf-fiàn-te] *agg.* mordace, incisivo, tagliente: *ironia* —.

graffiare [graf-fià-re] *v.tr.* [*io gràffio ecc.*] **1** lacerare la pelle con le unghie o altro | (*estens.*) scalfire, intaccare qlco.: — *un muro con un temperino* **2** (*fig.*) pungere con parole (anche *assol.*): *un'ironia che graffia* ♦ **graffiarsi** *v.rifl.* farsi dei graffi sulla pelle: *il bambino si è graffiato* ♦ *v. intr.pron.* riportare delle scalfitture: *la copertina si è graffiata*.

graffiata [graf-fià-ta] *s.f.* il graffiare; graffio.

graffiatura [graf-fia-tù-ra] *s.f.* segno lasciato sulla pelle da un graffio; ferita leggera | (*estens.*) scalfittura presente su una superficie.

graffietto [graf-fiét-to] *s.m.* attrezzo con punta metallica per tracciare linee su pezzi di legno, pietra, metallo, prima della lavorazione.

graffio [gràf-fio] *s.m.* solco lasciato sulla pelle o su altra superficie dalle unghie o da un oggetto appuntito. DIM. *graffietto*.

graffire [graf-fì-re] *v.tr.* [*io graffisco, tu graffisci ecc.*] eseguire un graffito: *— un muro.*
graffito [graf-fì-to] *s.m.* **1** tecnica di incisione eseguita su una superficie dura, mettendo allo scoperto un sottostante strato di colore diverso: *disegno a —* | la figura o l'insieme di figure incise con questa tecnica: *graffiti preistorici* **2** disegno o pittura murale ♦ *agg.* inciso, scolpito con una punta: *superficie graffita.*
grafia [gra-fì-a] *s.f.* modo di scrivere le parole; scrittura: *— corretta.*
-grafia secondo elemento di parole composte, che significa 'scrittura, disegno, descrizione' (*dattilografia, geografia, fotografia*).
grafica [grà-fi-ca] *s.f.* **1** l'arte, la tecnica della produzione e della riproduzione di disegni, incisioni, stampe: *— tecnica, pubblicitaria* **2** un'opera singola o l'insieme delle opere d'arte grafica di un artista, di un movimento, di un periodo: *la — di Miró.*
grafico [grà-fi-co] *agg.* [pl.m. *-ci*] **1** che riguarda la grafia, la scrittura: *segno —* **2** che riguarda l'arte, la tecnica della riproduzione a stampa: *l'industria grafica* | *arti grafiche*, denominazione complessiva dei processi (composizione tipografica, incisione, fototipia, litografia) utilizzati nella riproduzione a stampa **3** che consiste in un disegno o in un diagramma: *rappresentazione grafica* **4** (*inform.*) che è parte di un sistema di grafica computerizzata: *scheda —* ♦ *s.m.* **1** rappresentazione grafica dell'andamento di un fenomeno; diagramma: *il — della produzione giornaliera* **2** lavoratore di un ramo delle arti grafiche: *il sindacato dei grafici* | disegnatore che lavora nella pubblicità o nell'editoria □ **graficamente** *avv.* **1** dal punto di vista della grafia **2** per mezzo di un disegno, di un diagramma.
-grafico secondo elemento di aggettivi derivati dai sostantivi in *-grafia* e *-grafo* (*fotografico, telegrafico*).
grafitare [gra-fi-tà-re] *v.tr.* (*tecn.*) lubrificare apparati e organi meccanici con una miscela di olio e grafite: *— le balestre di un autoveicolo.*
grafite [gra-fì-te] *s.f.* minerale grigio scuro, usato per fare mine di matite e rivestimenti di forni, oltre che in varie altre produzioni industriali.
grafo-, -grafo primo e secondo elemento di parole composte, che significa 'scrivere' (*grafologia, sismografo, autografo*).
grafologia [gra-fo-lo-gì-a] *s.f.* studio per individuare, attraverso l'esame della grafia, il carattere e la psicologia di una persona.
grafologico [gra-fo-lò-gi-co] *agg.* [pl.m. *-ci*] che concerne la grafologia: *esame —.*
grafologo [gra-fò-lo-go] *s.m.* [f. *-a*; pl.m. *-gi*] esperto di grafologia.
grafomane [gra-fò-ma-ne] *s.m.* e *f.* [pl.m. *-ni*] chi è affetto da grafomania.
grafomania [gra-fo-ma-nì-a] *s.f.* mania dello scrivere; tendenza a scrivere continuamente e prolissamente.
gragnola [gra-gnò-la] *s.f.* **1** (*region.*) grandine fitta e minuta **2** (*fig.*) scarica, sequela: *una — di pugni.*
gramaglie [gra-mà-glie] *s.f.pl.* indumenti neri da lutto: *una donna in gramaglie.*
gramigna [gra-mì-gna] *s.f.* nome di piante erbacee perenni, spontanee e infestanti, con foglie lineari e lunghe spighe verdi.
graminacee [gra-mi-nà-ce-e] *s.f.pl.* (*bot.*) famiglia di piante erbacee monocotiledoni, con fusti vuoti internamente, fiori raccolti in spighe e frutti a cariosside (*p.e.* frumento, orzo, avena, granturco, riso).
-gramma secondo elemento di parole composte, che significa 'dispaccio, comunicazione' (*telegramma*) o è abbreviazione di *diagramma* (*elettrocardiogramma*).
grammatica [gram-mà-ti-ca] *s.f.* **1** il complesso delle strutture fonologiche, morfologiche, sintattiche e della tradizione grafica di una lingua: *la — dell'italiano* | nell'uso scolastico, la morfologia, in contrapposizione alla sintassi **2** la scienza che studia, spiega ed espone tali strutture: *— descrittiva, comparata* | (*estens.*) l'insegnamento di tale scienza **3** (*estens.*) il saper parlare e scrivere correttamente: *la sua — lascia a desiderare* **4** il testo scolastico che tratta della grammatica di una lingua: *— per la scuola media* **5** (*inform.*) complesso di regole per combinare gli elementi di un linguaggio di programmazione **6** l'insieme delle cognizioni basilari di una scienza, di una disciplina, di un'arte.
grammaticale [gram-ma-ti-cà-le] *agg.* **1** della grammatica, relativo alla grammatica: *regola —* | *analisi —*, quella che definisce le singole parti del discorso **2** (*ling.*) che rispetta le norme di una determinata grammatica: *costrutto —* □ **grammaticalmente** *avv.* dal punto di vista della grammatica; secondo le regole della grammatica.
grammaticalità [gram-ma-ti-ca-li-tà] *s.f.* (*ling.*) il fatto di rispettare le norme di una determinata grammatica: *la — di un enunciato.*
grammaticalizzare [gram-ma-ti-ca-liʒ-ʒà-re] *v.tr.* (*ling.*) attribuire a un elemento del lessico una funzione grammaticale ♦ **grammaticalizzarsi** *v.intr.pron.* acquisire una funzione grammaticale.
grammaticalizzazione [gram-ma-ti-ca-liʒ-ʒa-zió-ne] *s.f.* (*ling.*) il grammaticalizzare, il grammaticalizzarsi.
grammatico [gram-mà-ti-co] *s.m.* **1** [f. *-a*] studioso di grammatica **2** (*spreg.*) letterato o critico pedante, attento solo alle regole grammaticali.
grammatura [gram-ma-tù-ra] *s.f.* il peso in grammi di una carta, di una stoffa, calcolato su un metro quadro di superficie.
grammelot [/ gramˈlo /] *s.m.invar.* (*fr.*) tipo di linguaggio teatrale in cui l'attore non pronuncia parole reali ma emette suoni che imitano le espressioni di una lingua o di un dialetto.
grammo [gràm-mo] *s.m.* **1** unità di misura di peso del sistema metrico decimale, pari a 1 centi-

metro cubo di acqua distillata, alla temperatura di 4 gradi centigradi; ha simbolo *g* **2** unità di massa equivalente alla millesima parte di un campione in platino depositato a Parigi, definito chilogrammo; è detto anche *grammo-massa.*

-grammo secondo elemento di parole composte che indicano multipli e sottomultipli del *grammo* (*chilogrammo, milligrammo*).

grammoatomo [gram-mo-à-to-mo] *s.m.* [pl. *grammoatomi*] (*chim., fis.*) quantità in grammi di un elemento pari al suo peso atomico.

grammofono [gram-mò-fo-no] *s.m.* (*antiq.*) apparecchio atto a riprodurre suoni incisi su dischi; fonografo.

grammomolecola [gram-mo-mo-lè-co-la] *s.f.* [pl. *grammomolecole*] (*chim., fis.*) quantità in grammi di una sostanza pari al suo peso molecolare.

gramo [grà-mo] *agg.* misero, infelice | povero, tribolato: *una vita grama* | scarso, insufficiente: *raccolto* — | scadente, di cattiva qualità: *frutti grami.*

gramola [grà-mo-la] *s.f.* **1** macchina per separare le fibre tessili della canapa e del lino dalle fibre legnose **2** arnese con cui i pastai battono la pasta per renderla soda.

gramolare [gra-mo-là-re] *v.tr.* [*io gràmolo ecc.*] **1** lavorare con la gramola il lino o la canapa **2** battere la pasta con la gramola.

gramolato [gra-mo-là-to] *s.m.* ghiaccio granuloso biancastro che si trova nella parte più alta dei ghiacciai alpini.

grana[1] [grà-na] *s.f.* **1** struttura granulosa con cui si presenta la superficie o la parte interna di un corpo: *la — del marmo*; *— grossa, fina* | *formaggio —*, di pasta dura e granulosa **2** corpo disseccato della cocciniglia, da cui si estrae una tinta color carminio | (*estens.*) color carminio **4** (*foto.*) la struttura granulare dei sali d'argento di un'emulsione fotografica e il suo evidenziarsi nelle fotografie ♦ *s.m.invar.* formaggio del tipo del parmigiano-reggiano: *— padano.*

grana[2] *s.f.* (*fam.*) seccatura, fastidio: *non volere grane* | *piantare una —*, sollevare una questione fastidiosa.

grana[3] *s.f.* (*gerg.*) denaro, soldi: *scucire la —*, sborsare i soldi.

granadiglia [gra-na-dì-glia] *s.f.* arbusto con fiori blu e frutti a bacca; è detto anche *passiflora.*

granaglia [gra-nà-glia] *s.f.* (spec. *pl.*) denominazione generica dei grani alimentari: *negozio di granaglie.*

granaio [gra-nà-io] *s.m.* **1** locale in cui si ripone il grano **2** (*fig.*) territorio che produce molto grano: *l'Emilia è il — d'Italia.*

granario [gra-nà-rio] *agg.* del grano: *produzione granaria.*

granata[1] [gra-nà-ta] *s.f.* (*tosc.*) scopa di saggina.

granata[2] *s.f.* **1** il frutto del melograno; melagrana **2** pietra preziosa di colore rosso scuro; granato: *una collana di granate* ♦ *agg.invar.* di colore rosso scuro simile a quello dei semi della melagrana: *un abito —.*

granata[3] *s.f.* (*mil.*) un tempo, bomba a mano; oggi, proietto d'artiglieria, dirompente o perforante: *— antiaerea.*

granatiere [gra-na-tiè-re] *s.m.* **1** (*mil.*) soldato di un corpo scelto di fanteria, di statura superiore alla media **2** (*scherz.*) persona robusta e di statura molto alta.

granatina [gra-na-tì-na] *s.f.* **1** sciroppo ricavato dalle melagrane **2** bibita fatta da sciroppo e ghiaccio tritato; granita.

granato[1] [gra-nà-to] *agg.* **1** che ha grani: *melo —*, melograno **2** di colore rosso scuro come i semi della melagrana ♦ *s.m.* melograno.

granato[2] *s.m.* **1** pietra preziosa di colore rosso scuro; granata | *granati*, (*min.*) gruppo di minerali di color rosso o verde di notevole durezza e densità usati come pietre preziose se puri, come abrasivi se impuri **2** nome di taluni coloranti sintetici rossi.

grancassa [gran-càs-sa] *s.f.* tamburo di grandi dimensioni percosso con un mazzuolo a mano o a pedale.

granché [gran-ché] *pron.indef.* [solo in frasi negative] cosa notevole, di particolare rilievo; gran cosa: *il pranzo non è stato un —* ♦ *avv.* molto: *un oggetto che non vale —.*

granchio [gràn-chio] *s.m.* **1** nome generico di varie specie di crostacei, generalmente commestibili, con corazza piatta di colore grigio-verdastro, zampe acuminate e potenti chele **2** (*fig.*) errore madornale; cantonata, abbaglio: *prendere un —.*

grancroce [gran-cró-ce] *s.f.* la massima onorificenza dell'Ordine al merito della Repubblica Italiana.

grandangolare [gran-dan-go-là-re] *agg.* e *s.m.* (*foto.*) si dice di obiettivo con ampio campo di presa.

grandangolo [gran-dàn-go-lo] *s.m.* (*foto.*) obiettivo grandangolare.

grande [gràn-de] *agg.* [il troncamento *gran* è possibile dinanzi a consonanti o gruppi consonantici che non siano *s* impura, *z, x, gn, ps*; compar. *più grande* o *maggiore*; superl. *grandissimo* o *massimo*] **1** che supera la norma in dimensioni, forza, intensità, durata o altro: *una — casa*; *una gran folla*; *a gran voce*, gridando | può rafforzare l'aggettivo che segue, dandogli valore di superlativo: *una gran bella donna*; ha funzione rafforzativa anche davanti a taluni sostantivi: *un gran mangione.* DIM. *grandicello, grandino* **2** che ha dimensioni maggiori di una cosa della stessa specie: *mettilo sul tavolo —*, contrapposto a uno piccolo **3** in proposizioni comparative o interrogative, o quando è determinato da numeri, si riferisce semplicemente a una misura: *quant'è — questo appartamento?*; *un podere — cinque ettari* **4** alto di statura: *un uomo — e grosso* **5** (*fam.*) si dice di persona adulta **6** che supera la misura ordinaria nell'importanza, nel rilievo: *un grande* *amore*; *una — opera d'arte* | *una gran mente*, un uomo d'intelligenza superiore **7** segue il nome di alcuni monarchi che hanno avuto particolare importanza nella storia: *Alessandro il Grande* | precede alcuni titoli per indicare il massimo grado: *grand'ammiraglio* ♦ *s.m.* [anche *f.*, nei sign. 1 e 2] **1** (*fam.*) persona adulta: *un bambino che ragiona come un —* **2** chi ha straordinario ingegno, potenza o ricchezza oppure si è coperto di gloria, è ricco di fama: *i grandi dell'antichità* **3** grandezza: *vi è del — nella sua comportamento* | *in —*, a grandi dimensioni, in grande misura: *fare le cose in —*, con grandiosità, senza badare a spese | *alla —*, in modo eccellente, magnificamente: *la squadra ha giocato alla —* □ **grandemente** *avv.* molto, assai: *stimare — qlcu.*

grandeggiare [gran-deg-già-re] *v.intr.* [*io grandéggio ecc.*; aus. *avere*] **1** (*lett.*) essere grande; emergere per grandezza: *Leonardo grandeggia sugli artisti del suo tempo* **2** darsi grandi arie; fare le cose in grande; agire con ostentazione: *gli piace —*.

grandezza [gran-déz-za] *s.f.* **1** l'insieme delle dimensioni di un oggetto, la sua misura: *modello a — naturale* **2** (*mat.*, *fis.*) ogni ente che può essere misurato: *grandezze omogenee*, fra loro confrontabili **3** l'essere di proporzioni che superano quelle normali (anche *fig.*): *la — dei suoi misfatti* **4** (*fig.*) stato, condizione di eccellenza o di gloria, di potenza: *la — dell'antica Roma*; *— d'animo*, magnanimità **5** (spec. *pl.*) ostentazione di ricchezza, potere, alto tenore di vita: *le sue grandezze lo hanno rovinato.*

grandinare [gran-di-nà-re] *v.intr.impers.* [*gràndina ecc.*; aus. *essere* o *avere*] cadere la grandine: *è* (o *ha*) *grandinato* ♦ *v.intr.* [aus. *essere*] venir giù come grandine: *i proiettili grandinavano.*

grandinata [gran-di-nà-ta] *s.f.* **1** il grandinare; scroscio di grandine | (*fig.*) scarica, gragnola: *una — di pugni* **2** la grandine che cade: *le grandinate danneggiano il raccolto.*

grandine [gràn-di-ne] *s.f.* **1** precipitazione atmosferica in forma di chicchi di ghiaccio **2** (*fig.*) il cadere fitto e violento di oggetti solidi: *una — di sassi.*

grandinio [gran-di-nì-o] *s.m.* un grandinare fitto e continuo.

grandiosità [gran-dio-si-tà] *s.f.* **1** l'essere grandioso; imponenza: *la — di una costruzione* **2** ostentazione di grandezza: *con le sue — si rende ridicolo.*

grandioso [gran-dió-so] *agg.* **1** imponente nelle proporzioni, nel fasto, nella concezione: *progetti grandiosi* **2** si dice di persona che ostenta ricchezza, liberalità | Come *s.m.*: *fare il —* □ **grandiosamente** *avv.*

granduca [gran-dù-ca] *s.m.* [pl. *-chi*] sovrano di uno stato eretto a granducato: *il — di Toscana.*

granducale [gran-du-cà-le] *agg.* di granduca, di granducato: *titolo —.*

granducato [gran-du-cà-to] *s.m.* dignità, titolo di granduca | stato monarchico generalmente di piccole dimensioni retto da un granduca: *il — del Lussemburgo.*

granduchessa [gran-du-chés-sa] *s.f.* moglie o figlia di granduca; sovrana di un granducato.

granello [gra-nèl-lo] *s.m.* **1** chicco del grano e di altri cereali **2** seme di vari frutti: *i granelli delle mele* **3** (*estens.*) cosa molto piccola e tondeggiante: *— di sabbia.* DIM. *granellino* **4** (*fig.*) quantità minima: *non ha un — di buonsenso.*

granguignolesco [gran-gui-gno-lé-sco], o **granghignolesco**, *agg.* [pl.m. *-schi*] macabro, raccapricciante, al punto da sfiorare il grottesco o il ridicolo: *spettacolo —.*

granicolo [gra-nì-co-lo] *agg.* che concerne la coltivazione, la produzione del grano.

granicoltura [gra-ni-col-tù-ra] *s.f.* coltivazione del grano.

graniglia [gra-nì-glia] *s.f.* **1** materiale da costruzione costituito da piccoli frammenti di pietra **2** impasto di cemento e frammenti di marmo, usato per fabbricare mattonelle.

granita [gra-nì-ta] *s.f.* gelato granuloso che si ottiene agitando durante il congelamento composti liquidi a base di frutta, sciroppi o caffè | (*estens.*) qualsiasi sciroppo servito con ghiaccio tritato; granatina.

granitico [gra-nì-ti-co] *agg.* [pl.m. *-ci*] **1** che ha natura di granito: *rocce granitiche* **2** (*fig.*) forte, saldo, incrollabile: *volontà granitica.*

granito *s.m.* roccia cristallina, biancastra o rossastra, a struttura granulare, usata come materiale da costruzione.

granivoro [gra-nì-vo-ro] *agg.* che si nutre di grano o di cereali in genere: *uccelli granivori.*

granmaestro [gran-ma-é-stro], o **gran maestro**, *s.m.* capo supremo di un ordine cavalleresco o di una società segreta: *— della massoneria.*

grano [grà-no] *s.m.* **1** frumento: *un campo di —* | *— duro*, *tenero*, quello impiegato, rispettivamente, per le paste alimentari e per la panificazione **2** l'insieme dei chicchi che si raccolgono dalle spighe di frumento: *un quintale di —* | *i grani*, le granaglie **3** (*estens.*) piccola parte di qlco.; granello: *un — di sale* | (*fig.*) piccola quantità di qlco.: *non avere un — di buon senso* **4** unità di misura di peso usata per i preziosi e in farmacia, corrispondente a un quarto di carato.

granturco [gran-tùr-co] *s.m.* pianta erbacea piuttosto alta, che produce cariossidi gialle commestibili raccolte in grosse spighe (pannocchie), da cui si ricava una farina; mais.

granturismo [gran-tu-rì-ʃmo] *s.f.* automobile sportiva a due posti | Anche come *agg.invar.*: *autovettura —.*

granulare [gra-nu-là-re] *agg.* formato da piccoli grani; ridotto in granuli.

granulazione [gra-nu-la-zió-ne] *s.f.* **1** operazione consistente nel ridurre in granuli una sostanza o un materiale **2** (*med.*) complesso di granuli che si formano sulle ferite durante la cicatrizzazione **3** (*astr.*) aspetto della fotosfera che appare costituita da minuscoli grani luminosi.

granulo [grà-nu-lo] *s.m.* 1 piccolo grano, granello 2 pilloletta medicinale in forma di grano.
granuloma [gra-nu-lò-ma] *s.m.* [pl. *-mi*] (*med.*) nome con cui si indicano neoformazioni sia di carattere infiammatorio cronico (— *dentario*) sia di carattere tumorale (— *benigno*).
granulometria [gra-nu-lo-me-trì-a] *s.f.* (*scient.*) misurazione delle dimensioni dei granuli che compongono un materiale.
granulosità [gra-nu-lo-si-tà] *s.f.* l'essere granuloso.
granuloso [gra-nu-ló-so] *agg.* che contiene granuli, che è formato da granuli: *superficie granulosa.*
grappa[1] [gràp-pa] *s.f.* acquavite di vinacce a forte gradazione alcolica: — *d'uva*, ricavata dall'uva invece che dalle vinacce, a più alta gradazione alcolica.
grappa[2] *s.f.* 1 (*edil.*) sbarretta metallica, solitamente ripiegata agli estremi, per collegare pietre da costruzione, tavole, pali o per sostenere elementi sospesi. DIM. *grappetta* 2 fermaglio metallico; graffa.
grapperia [grap-pe-rì-a] *s.f.* negozio di alcolici specializzato nella vendita di grappe.
grappetta [grap-pét-ta] *s.f.* graffetta.
grappino[1] [grap-pì-no] *s.m.* bicchierino di grappa.
grappino[2] *s.m.* 1 ancorotto con quattro marre 2 amo doppio o triplo.
grappolo [gràp-po-lo] *s.m.* 1 (*bot.*) tipo di infiorescenza e di infruttescenza costituito da un asse centrale a cui sono attaccati fiori o frutti: — *di glicine; un — d'uva.* DIM. *grappoletto* 2 (*fig.*) gruppo di persone, animali o cose accalcate.
grassaggio [gras-sàg-gio] *s.m.* operazione con cui si mette del grasso nelle parti snodate di una macchina o di un meccanismo per lubrificarle.
grassello [gras-sèl-lo] *s.m.* calce spenta mista ad acqua, usata per la preparazione di malte.
grassetto [gras-sét-to] *agg.* e *s.m.* (*tip.*) neretto.
grassezza [gras-séz-za] *s.f.* 1 l'essere grasso (di persone o di animali) 2 (*fig.*) abbondanza, ricchezza.
grasso [gràs-so] *agg.* 1 che ha un eccesso di tessuto adiposo; obeso, corpulento: *un uomo, un animale* — | *piante grasse*, quelle che hanno le foglie e il fusto molto carnosi. VEZZ. *grassottello* ACCR. *grassoccio* 2 detto di cibo, che contiene tessuto adiposo o è condito con sostanze untuose: *carne grassa* | *terreno* —, fertile 3 (*fig.*) lauto, abbondante, vantaggioso: *grassi guadagni* | ricco, dovizioso: *la borghesia grassa* | *risate grasse*, smodate e clamorose 4 untuoso, oleoso: *pelle grassa* | (*estens.*) viscoso, denso: *vapore* — 5 (*fig.*) licenzioso, volgare: *barzellette grasse* | Come *avv.*: *parlar* —, sboccatamente ♦ *s.m.* 1 tessuto adiposo dell'uomo e degli animali: — *di maiale* 2 sostanza untuosa, oleosa: *macchia di* —, d'unto 3 (*chim.*) composto untuoso di carbonio, idrogeno e ossigeno, insolubile in acqua, di consistenza liquida o solida; lipide □ **grassamente** *avv.* 1 in modo licenzioso; volgarmente 2 riccamente, abbondantemente.
grassone [gras-só-ne] *s.m.* [f. *-a*] persona molto grassa.
grata [grà-ta] *s.f.* sorta di inferriata fatta con sbarre di metallo o di legno incrociate; lastra metallica traforata: *la — del confessionale.*
gratella [gra-tèl-la] *s.f.* 1 piccola grata: *la — del lavandino* 2 graticola per arrostire cibi.
graticciare [gra-tic-cià-re] *v.tr.* [*io gratìccio ecc.*] chiudere, proteggere con graticci.
graticciata [gra-tic-cià-ta] *s.f.* chiusura o riparo fatto di graticci.
graticciato [gra-tic-cià-to] *s.m.* ripiano di graticci sul quale si conserva o si fa seccare la frutta.
graticcio [gra-tìc-cio] *s.m.* 1 stuoia di canne o di vimini, usata per seccare frutta o allevare bachi da seta 2 qualsiasi struttura di canne, vimini o altro, intrecciati tra loro e disposti su un telaio.
graticola [gra-tì-co-la] *s.f.* 1 utensile da cucina, costituito da un telaio di sottili sbarre di ferro per arrostire carni o pesci sulla fiamma viva; griglia: *pesce in* — | supplizio col quale il condannato, disteso su un telaio di ferro, veniva bruciato lentamente 2 inferriata piccola o sottile.
graticolato [gra-ti-co-là-to] *agg.* 1 chiuso con una graticola; provvisto di una graticola 2 fatto a graticola ♦ *s.m.* 1 chiusura costituita da una grata 2 intelaiatura di legno per sostenere piante o formare pergolati.
gratifica [gra-tì-fi-ca] *s.f.* compenso straordinario che si aggiunge alla normale retribuzione: *concedere una* —.
gratificante [gra-ti-fi-càn-te] *agg.* che dà soddisfazione morale: *un lavoro* —.
gratificare [gra-ti-fi-cà-re] *v.tr.* [*io gratìfico, tu gratìfichi ecc.*] 1 premiare con una gratifica: — *un impiegato* | (*iron.*) chiamare con un titolo, un appellativo ingiurioso: *lo ha gratificato di una sequela d'insulti* 2 procurare una soddisfazione morale; suscitare in qlcu. un sentimento di fiducia e di stima in sé stesso: *un lavoro che gratifica;* — *un allievo.*
gratificazione [gra-ti-fi-ca-zió-ne] *s.f.* soddisfazione morale; intimo compiacimento.
gratin [/ gra'tɛn /] *s.m.invar.* (*fr.*) vivanda cotta al forno e cosparsa di besciamella, pane e formaggio grattugiato, in modo che si formi una crosta dorata e croccante: — *di verdura* | *al* —, si dice di vivanda così cucinata: *pasta al* —.
gratinare [gra-ti-nà-re] *v.tr.* cuocere al gratin: *cozze gratinate.*
gratis [grà-tis] *avv.* senza pagare o senza ricevere compenso; gratuitamente: *lavorare* —.
gratitudine [gra-ti-tù-di-ne] *s.f.* riconoscenza: *sentire — per qlcu.*
grato [grà-to] *agg.* 1 che ricorda i benefici ricevuti; riconoscente: *dimostrarsi — di quanto ottenuto* 2 gradito, ben accetto: *un — ricordo.*
grattacapo [grat-ta-cà-po] *s.m.* preoccupazione, seccatura, fastidio: *avere dei grattacapi.*

grattacielo [grat-ta-ciè-lo] *s.m.* edificio altissimo, con moltissimi piani: *i grattacieli di New York.*

grattare [grat-tà-re] *v.tr.* **1** passare ripetutamente le unghie sulla superficie di qlco., specialmente sulla pelle per far passare il prurito: *— la schiena* | *grattarsi la pancia*, (*fig. pop.*) oziare **2** (*estens.*) graffiare, raschiare: *— via l'intonaco dal muro* | (*fam.*) grattugiare: *— il formaggio* **3** (*fig. pop.*) rubare: *gli ha grattato il portafoglio* ♦ *v.intr.* [aus. *avere*] fare un rumore simile a quello che si produce grattando; stridere, fare attrito: *la puntina del giradischi gratta* ♦ **grattarsi** *v.rifl.* fregarsi la pelle con le unghie per far cessare il prurito.

grattata [grat-tà-ta] *s.f.* **1** il grattare, il grattarsi. DIM. *grattatina* **2** nel gergo degli automobilisti, rumore stridente prodotto dagli ingranaggi del cambio di velocità a causa dell'innesto difettoso di una marcia.

grattato [grat-tà-to] *agg.* grattugiato: *pan —*, pangrattato.

grattino [grat-tì-no] *s.m.* **1** attrezzo con lama triangolare, usato dagli incisori per levare il riccio lasciato dal bulino **2** raschietto.

grattugia [grat-tù-gia] *s.f.* [pl. *-gie*] utensile da cucina con sporgenze appuntite o buchi dai bordi rilevati, su cui si sfregano pezzi di formaggio, pane secco o altro per ridurli in briciole o in scaglie.

grattugiare [grat-tu-già-re] *v.tr.* [*io grattùgio ecc.*] ridurre in briciole o in scagliette con la grattugia: *— una mela.*

gratuità [gra-tui-tà] *s.f.* l'essere gratuito (anche *fig.*): *la — di una supposizione.*

gratuito [gra-tùi-to] *agg.* **1** che non si paga, che non richiede compenso: *ingresso —* | *prestito —*, senza interessi **2** (*fig.*) che non ha fondamento; arbitrario, ingiustificato: *accuse gratuite* □ **gratuitamente** *avv.*

gravabile [gra-và-bi-le] *agg.* che può essere gravato di qlco.: *beni gravabili d'ipoteca.*

gravame [gra-và-me] *s.m.* **1** peso, carico (spec. *fig.*): *— di lavoro* **2** tassa, imposta; ipoteca: *— fiscale* **3** (*dir.*) atto di impugnazione di una sentenza.

gravare [gra-và-re] *v.intr.* [aus. *essere* o *avere*] premere col proprio peso, pesare fortemente su qlco. o qlcu. (anche *fig.*): *essere gravato di responsabilità* ♦ *v.tr.* opprimere con pesi; affliggere (spec. *fig.*): *— la popolazione di tributi* ♦ **gravarsi** *v.rifl.* sottoporsi a un peso (anche *fig.*): *— di impegni.*

gravato [gra-và-to] *agg.* oppresso da un peso, su cui grava un peso (anche *fig.*): *una persona gravata di debiti.*

grave [grà-ve] *agg.* **1** (*fis.*) che è soggetto alla forza di gravità: *i corpi gravi* **2** che ha peso notevole; pesante: *un — carico* **3** appesantito; che dà un senso di peso: *sentirsi la testa —* **4** (*fig.*) difficile da sopportare: *— perdita* **5** (*fig.*) che implica notevole responsabilità, rischio o pericolo; che ha serie conseguenze: *una — decisione*; *un — errore* | *malato —*, in pericolo di vita **6** (*fig.*) serio, austero, solenne: *tono —* **7** (*fig.*) tardo, lento: *movimenti gravi* **8** *accento —*, (*gramm.*) segno grafico [`] che si usa propriamente per indicare le vocali toniche aperte (*à, è, ò*), ma che si estende anche alle vocali chiuse *i, u* (*partì, virtù*) **9** (*mus.*) basso (in opposizione ad *acuto*): *nota —* ♦ *s.m.* **1** (*fis.*) corpo soggetto alla forza di gravità: *la caduta dei gravi* **2** cosa grave, seria, pericolosa: *il — è che...* □ **gravemente** *avv.* **1** notevolmente, seriamente: *è ammalato —* **2** seriamente, solennemente: *rispose —.*

gravi- primo elemento di parole composte della terminologia scientifica, che significa 'gravità, gravitazione, peso' (*gravimetro*).

gravidanza [gra-vi-dàn-za] *s.f.* condizione biologica in cui si trova la donna o la femmina di un altro mammifero dal giorno del concepimento al parto; gestazione.

gravidico [gra-vì-di-co] *agg.* [pl.m. *-ci*] (*med.*) della gravidanza, relativo alla gravidanza: *disturbi gravidici.*

gravido [grà-vi-do] *agg.* **1** che è in stato di gravidanza: *donna gravida* **2** (*fig.*) carico, pieno: *avvenimenti gravidi di conseguenze.*

gravimetria [gra-vi-me-trì-a] *s.f.* **1** (*fis.*) studio della gravità terrestre **2** (*chim.*) misurazione del peso o della densità di una sostanza.

gravimetro [gra-vì-me-tro] *s.m.* strumento usato per misurare la forza di gravità.

gravina[1] [gra-vì-na] *s.f.* attrezzo con manico di legno, il cui ferro serve da una parte come zappa, dall'altra come piccone.

gravina[2] *s.f.* profondo crepaccio con pareti molto inclinate, scavato dalle acque nella roccia.

gravità [gra-vi-tà] *s.f.* **1** l'essere grave: *la — di una colpa, di una malattia* **2** aspetto severo; austerità, solennità: *parlare con —* **3** (*fis.*) forza con cui la Terra attrae i corpi verso il proprio centro: *legge di —.*

gravitare [gra-vi-tà-re] *v.intr.* [*io gràvito ecc.*; aus. *avere*] **1** tendere a un punto o girare attorno a esso, per effetto della legge di gravitazione: *i pianeti gravitano intorno al Sole* **2** (*fig.*) subire fortemente l'attrazione o l'influsso di qlcu. o di qlco.; muoversi nell'orbita di altri.

gravitazionale [gra-vi-ta-zio-nà-le] *agg.* (*fis.*) proprio della gravitazione; relativo alla legge di gravitazione: *campo —.*

gravitazione [gra-vi-ta-zió-ne] *s.f.* (*fis.*) la forza di attrazione che i corpi esercitano uno sull'altro come risultato della loro massa: *legge di — universale.*

gravosità [gra-vo-si-tà] *s.f.* l'essere gravoso (anche *fig.*): *la — di un impegno.*

gravoso [gra-vó-so] *agg.* che pesa, che opprime col proprio peso; faticoso, duro da sopportare: *lavoro —*; *spese gravose* □ **gravosamente** *avv.*

grazia [grà-zia] *s.f.* **1** fascino che emana da una persona o da una cosa, dovuto a eleganza, semplicità e dolcezza: *la — di un volto* | *pl.* le bellezze fisiche di una donna: *concedere le proprie grazie*, concedersi fisicamente | *le Grazie*, nella mitologia romana, le tre dee che simboleggiavano la bellezza **2** composta eleganza di atteggiamenti e di gesti; garbo, finezza: *muoversi con* — **3** buona disposizione d'animo verso gli altri: *essere nelle grazie di qlcu.*, riuscirgli gradito **4** concessione straordinaria; condono parziale o totale di una pena: *concedere una* —; *fare grazia della vita* | *colpo di* —, quello con cui si finisce il nemico già ferito; (*fig.*) quello che provoca un definitivo tracollo | *di* —, per favore **5** (*teol.*) il complesso di doni soprannaturali che Dio concede all'uomo per disporlo alla partecipazione della vita eterna | (*estens.*) speciale soccorso che l'uomo chiede alla divinità: *chiedere una — alla Madonna* | *essere fuori della — di Dio*, (*fig.*) essere molto irritato | *stato di* —, (*fig.*) momento di particolare benessere spirituale o fisico | *per — ricevuta*, formula degli ex voto | *— di Dio*, (*fam.*) abbondanza, ricchezza di cose buone, belle; ben di Dio: *non sprecare tutta questa — di Dio* **6** (spec. *pl.*) gratitudine; ringraziamento: *rendere grazie a qlcu.*, esprimergli la propria riconoscenza.

graziare [gra-zià-re] *v.tr.* [*io gràzio ecc.*] concedere la grazia a un condannato.

graziato [gra-zià-to] *agg.* e *s.m.* [f. *-a*] che/chi ha ottenuto la grazia, il condono di una pena.

grazie [grà-zie] *inter.* esprime ringraziamento o gratitudine per qlco. che si è ricevuta o che ci è stata offerta: *— per i fiori*; *— di tutto*; *molte —!* | *dire* —, ringraziare | Nella loc. prep. *— a*, per merito, con l'aiuto di: *ho risolto tutto — a te* ♦ *s.m.invar.* ringraziamento: *un — a voi tutti.*

graziosità [gra-zio-si-tà] *s.f.* l'essere grazioso.

grazioso [gra-zió-so] *agg.* **1** che ha grazia, che piace per la sua grazia: *un bambino* — **2** che è fatto con grazia: *un oggettino* — | piacevole, divertente: *un aneddoto* — **3** (*lett.*) cortese, benevolo | nel linguaggio di corte, che è simbolo di ogni grazia: *la graziosa sovrana* **4** (*lett.*) accordato per grazia; gratuito: *per graziosa intercessione* □ **graziosamente** *avv.*

greca [grè-ca] *s.f.* motivo ornamentale costituito da una linea spezzata che forma angoli retti | (*mil.*) ricamo in fili d'oro e argento a forma di greca, usato come distintivo del grado di generale.

grecale [gre-cà-le] *agg.* e *s.m.* si dice di vento di nord-est caratteristico delle regioni mediterranee meridionali.

grechetto [gre-chét-to] *s.m.* (*non com.*) malvasia.

grecismo [gre-cì-ʃmo] *s.m.* (*ling.*) parola, locuzione propri del greco entrati in un'altra lingua.

grecista [gre-cì-sta] *s.m.* e *f.* [pl.m. *-sti*] studioso della lingua, della letteratura e della civiltà dell'antica Grecia.

grecità [gre-ci-tà] *s.f.* **1** l'essere greco; carattere greco **2** la civiltà greca, nelle sue manifestazioni culturali e nel suo sviluppo storico: *scrittori della tarda* —.

grecizzare [gre-ciʒ-ʒà-re] *v.tr.* conformare alla civiltà e alla cultura greca | tradurre in greco, rendere in forma greca.

greco [grè-co] *agg.* [pl.m. *-ci*] della Grecia antica o moderna: *il popolo* — | *rito* —, quello dei cattolici greci rimasti fedeli alla chiesa di Roma dopo lo scisma d'Oriente | *croce greca*, a bracci uguali | *naso* —, diritto, che segue la linea della fronte ♦ *s.m.* **1** [f. *-a*] abitante, nativo della Grecia **2** lingua antica o moderna della Grecia **3** vento di nord-est; grecale **4** nome di alcuni vitigni.

greco-ortodosso [grè-co-or-to-dòs-so] *agg.* si dice di chiesa cristiana di rito bizantino separatasi da quella di Roma nello scisma del 1054: *rito* — ♦ *s.m.* chi appartiene a una di tali chiese.

greco-romano [grè-co-ro-mà-no] *agg.* che si riferisce alla civiltà greca e romana antiche, considerate unitariamente: *la mitologia greco-romana* | *lotta greco-romana*, (*sport*) lotta in cui sono permessi solo colpi e prese nella parte superiore del corpo.

gregario [gre-gà-rio] *s.m.* [f. *-a*] **1** chi segue passivamente le disposizioni impartite da altri; esecutore subalterno: *un semplice* — **2** (*sport*) corridore di una squadra ciclistica che ha il compito di aiutare il capitano ♦ *agg.* **1** da gregario; privo di iniziativa, di autonomia: *atteggiamento* — **2** si dice di animale che vive in branchi o in stormi | di pianta, che cresce in molti esemplari nello stesso luogo.

gregarismo [gre-ga-rì-ʃmo] *s.m.* **1** il comportarsi da gregario; tendenza ad accettare passivamente la volontà degli altri **2** tendenza di alcune specie animali e vegetali a vivere in gruppi.

gregge [grég-ge] *s.m.* [pl. *le greggi*] **1** gruppo numeroso di pecore o altri ovini, custodito da un pastore: *pascolare il* — **2** (*spreg.*) gran numero di persone adunate **3** (*spreg.*) moltitudine di persone pronte a ubbidire o approvare senza discutere: *un — di adulatori* | *uscire dal* —, distinguersi dalla massa.

greggio [grég-gio] *agg.* [pl.f. *-ge*] **1** si dice di materia allo stato naturale, non lavorata né trattata: *lane gregge* **2** (*estens.*) che ha il colore bianco sporco della tela prima di essere sbianchita **3** (*non com.*) grezzo ♦ *s.m.* petrolio non raffinato: *paesi esportatori di* —.

gregoriano [gre-go-rià-no] *agg.* relativo a uno dei papi di nome Gregorio | *canto* —, canto monodico liturgico della chiesa romana, il cui canone fu definito da papa Gregorio I (sec. VI) | *calendario* —, quello attualmente in uso, stabilito da papa Gregorio XIII (sec. XVI).

grembiule [grem-biù-le] *s.m.* **1** indumento che copre la parte anteriore del vestito, usato da chi attende a lavori in cui ci si possa sporcare **2** sopravveste che indossano i bambini e alcune categorie di lavoratori per non rovinare gli abiti o come divisa; camice. DIM. *grembiulino.*

grembo [grèm-bo] *s.m.* **1** l'incavo che, in una persona seduta, si forma tra il ventre e le ginocchia: *tenere il figlio in* — **2** (*estens.*) ventre della donna incinta: *portare un figlio in* — **3** (*fig.*) la

parte interna o nascosta di qlco.: *il — della terra* | *in* —, all'interno di un gruppo, una comunità: *tornare in — alla famiglia*.
gremire [gre-mì-re] *v.tr.* [*io gremisco, tu gremisci ecc.*] riempire fittamente: *il pubblico gremiva la sala* ♦ **gremirsi** *v.intr.pron.* divenire pieno, riempirsi: *la sala si è gremita di gente*.
gremito [gre-mì-to] *agg.* pieno zeppo, affollato: *un teatro, un locale* —.
greppia [grép-pia] *s.f.* nelle stalle, la rastrelliera in cui si pone il fieno sopra la mangiatoia | (*estens.*) mangiatoia.
gres [grès] *s.m.invar.* ceramica colorata di pasta dura e ad alto grado di cottura, usata per mattonelle e condutture.
greto [gré-to] *s.m.* la parte ghiaiosa e asciutta del letto di un fiume.
gretola [gré-to-la] *s.f.* ciascuna delle stecche che formano l'intelaiatura della gabbia.
grettezza [gret-téz-za] *s.f.* l'essere gretto; meschinità: — *d'animo*.
gretto [grét-to] *agg.* **1** che manca di generosità, che è tirato nello spendere **2** (*fig.*) limitato spiritualmente; meschino: *mentalità gretta* □ **grettamente** *avv.*
greve [grè-ve] *agg.* **1** pesante, opprimente: *aria* — | *linguaggio* —, volgare **2** doloroso, penoso, duro da sopportare.
grezzo [gréʒ-ʒo] *agg.* **1** non lavorato né trattato; greggio: *metallo* — **2** (*fig.*) non elaborato; primitivo, elementare: *materiale* — | rozzo: *una mente grezza*.
grida [grì-da] *s.f.* decreto emanato anticamente dalle autorità e portato a conoscenza del pubblico dal banditore; bando.
gridare [gri-dà-re] *v.intr.* [aus. *avere*] **1** alzare la voce: — *a squarciagola* | (*estens.*) parlare a voce molto alta: *non — così!* | — *contro qlcu.*, inveire contro di lui **2** emettere suoni alti inarticolati; di animali, emettere il proprio verso o urlo caratteristico ♦ *v.tr.* **1** dire, chiedere ad alta voce: — *evviva* | — *vendetta*, (*fig.*) si dice di azioni ingiuste o criminose che meritano la punizione dei responsabili: *un delitto che grida vendetta* | — *vittoria*, (*fig.*) esultare **2** divulgare, rendere noto: — *una notizia ai quattro venti* **3** (*fam.*) rimproverare, sgridare.
gridata [gri-dà-ta] *s.f.* (*fam.*) rimprovero, sgridata.
grido [grì-do] *s.m.* [pl. *le grida*, dell'uomo; *i gridi*, degli animali o dell'uomo se considerati come singole emissioni vocali] **1** voce emessa con forza da persone o animali: *cacciare un* —; *gridi di uccelli*; *grida di dolore* | — *di guerra*, quello lanciato dai soldati durante l'assalto | *l'ultimo* —, (*fig.*) l'ultima novità; *all'ultimo* —, alla moda. DIM. *gridolino* **2** (*fig.*) invocazione, implorazione: *il — degli oppressi* **3** (*fig.*) fama, rinomanza: *avvocato di* — **4** *pl.* (*fam.*) rimproveri.
grifagno [gri-fà-gno] *agg.* **1** si dice di uccello rapace, con becco adunco e artigli **2** (*fig.*) minaccioso, fiero: *aspetto* —.
griffa [grìf-fa] *s.f.* **1** (*mecc.*) gancio metallico usato per la giunzione di organi flessibili **2** (*cine.*) ciascuno dei dentelli sporgenti da un rullo che, entrando nei fori della pellicola, ne determinano l'avanzamento.
griffato [grif-fà-to] *agg.* si dice di capo o accessorio d'abbigliamento firmato da uno stilista di moda.
griffe [/ grif /] *s.f.invar.* (*fr.*) **1** marchio di fabbrica o etichetta di una ditta o di uno stilista prestigiosi **2** (*estens.*) marchio inconfondibile; stile.
grifone [gri-fó-ne] *s.m.* **1** grosso uccello rapace diurno, con caratteristico collare di piume più leggere alla base del collo **2** (*mit.*, *arald.*) animale favoloso alato, con testa di aquila e corpo di leone.
grigiastro [gri-già-stro] *agg.* di colore grigio sporco.
grigio [grì-gio] *agg.* [pl.f. *-gie*] **1** di colore intermedio tra il bianco e il nero: — *perla*, *piombo*, tonalità di grigio | *cielo* —, nuvoloso, coperto | *materia grigia*, (*anat.*) il tessuto nervoso di cui è formato il cervello **2** (*fig.*) scialbo, monotono; malinconico: *una vita grigia* ♦ *s.m.* il colore grigio.
grigiore [gri-gió-re] *s.m.* **1** l'essere grigio: *il — del cielo* **2** (*fig.*) monotonia, tristezza: *il — di una vita* | squallore, mediocrità: *nessuno si è distinto, nel — generale*.
grigioverde [gri-gio-vér-de] *agg.* [pl.m. e f. *grigioverdi* o *invar.*] di colore grigio tendente al verde ♦ *s.m.* il colore della divisa dell'esercito italiano dal 1905 al 1945; la divisa stessa: *indossare il* —.
griglia [grì-glia] *s.f.* **1** gratella per arrostire la carne o il pesce; graticola di forni e stufe: *carne alla* — **2** graticolato, grata, inferriata: — *di protezione* **3** (*mecc.*) telaio munito di sbarre trasversali **4** (*elettr.*) elettrodo interposto fra anodo e catodo di un tubo elettronico **5** — *di partenza*, (*sport*) in una gara automobilistica, ordine secondo cui sono schierate le vetture alla partenza.
grigliare [gri-glià-re] *v.tr.* [*io grìglio ecc.*] cuocere alla griglia.
grigliata [gri-glià-ta] *s.f.* pietanza a base di varie qualità di carne, pesce o verdure cotti alla griglia.
grignolino [gri-gno-lì-no] *s.m.* nome di un vitigno coltivato in provincia di Asti | il vino rosso e asciutto che se ne ricava.
grill [/ gril /] *s.m.invar.* (*ingl.*) griglia, graticola: *cuocere la carne al* —.
grilletto [gril-lét-to] *s.m.* nelle armi da fuoco portatili, la piccola leva che, premuta col dito, fa scattare il percussore provocando lo sparo: *premere il* —.
grillo [grìl-lo] *s.m.* **1** insetto nero dal corpo tozzo, con lunghe antenne sottili e zampe posteriori adatte al salto; i maschi emettono il caratteristico verso | *essere un* —, (*fig.*) avere grande vivacità e dinamismo | *fare il — parlante*, (*fig.*) mostrarsi saccente **2** (*fig.*) capriccio, ghiribizzo: *avere i grilli per il testa*.
grilloblattoidei [gril-lo-blat-toi-dè-i] *s.m.pl.*

(*zool.*) ordine di insetti privi di ali, con corpo allungato e lunghe antenne filiformi.
grillotalpa [gril-lo-tàl-pa] *s.f.* o *m.* [pl. *le grillotalpe*] insetto simile al grillo, provvisto di zampe anteriori larghe e forti, con le quali scava lunghe gallerie nel terreno.
grill-room [/ gril'rum /] *s.m.invar.* (*ingl.*) locale dove si servono pasti di rapida preparazione, basati per lo più su piatti alla griglia.
grimaldello [gri-mal-dèl-lo] *s.m.* ferro ritorto a un'estremità, usato per aprire serrature senza far uso di chiavi: *il — dei ladri.*
grinfia [grìn-fia] *s.f.* artiglio o zampa fornita di artigli | *cadere nelle grinfie di qlcu.*, (*fig.*) in sua balia.
gringo [/ 'gringo /] *agg.* e *s.m.* [pl. *gringos*] (*sp.*) nome spregiativo dato nell'America latina agli stranieri bianchi, specialmente statunitensi.
grinta [grìn-ta] *s.f.* **1** faccia dura, corrucciata **2** (*estens.*) aggressività, decisione: *agire con —.*
grintoso [grin-tó-so] *agg.* che ha grinta, pieno di grinta: *un pugile —* □ **grintosamente** *avv.*
grinza [grìn-za] *s.f.* ruga, piega della pelle, della stoffa o altro: *una faccia piena di grinze* | *non fa una —*, si dice di un abito che sta a pennello; (*fig.*) di ragionamento che fila diritto.
grinzosità [grin-zo-si-tà] *s.f.* l'essere grinzoso.
grinzoso [grin-zó-so] *agg.* pieno di grinze; rugoso: *una fronte grinzosa.*
grippaggio [grip-pàg-gio] *s.m.* il gripparsi; ingranamento.
grippare [grip-pà-re] *v.intr.* [aus. *avere*], **gripparsi** *v.intr.pron.* detto di due organi meccanici a contatto e in movimento reciproco, bloccarsi per eccesso di attrito: *motore grippato*, fermatosi in seguito al blocco del pistone nel cilindro per mancanza di lubrificazione o per eccessivo riscaldamento ♦ *v.tr.* provocare il grippaggio: *— il motore.*
grisaglia [gri-ʃà-glia] *s.f.* stoffa di lana o di cotone tessuta a piccoli punti neri e bianchi che producono effetto di grigio.
grisaille [/ gri'zaj /] *s.f.invar.* (*fr.*) pittura monocroma nelle tonalità del grigio, con effetti di rilievo, usata nella decorazione murale, negli smalti ecc.
grisella [gri-ʃèl-la] *s.f.* (spec. *pl.*) sulle navi, ciascuno degli elementi che servono da gradini per salire sull'alberatura.
grisou [/ gri'zu /] *s.m.invar.* (*fr.*) miscela esplosiva di metano e aria che si forma nelle miniere.
grissino [gris-sì-no] *s.m.* sottile bastoncino di pane croccante.
grisù [gri-ʃù] *s.m.* grisou.
grizzly [/ 'grizli /] *s.m.invar.* (*ingl.*) orso dell'America del Nord, di corporatura imponente, con mantello grigio o bruno chiaro, noto per la sua ferocia.
grog [/ grɔg /] *s.m.invar.* (*ingl.*) bevanda a base di rum o brandy e acqua calda.
grolla [gròl-la] *s.f.* coppa di legno con coperchio, tipica della Val d'Aosta.
gromma [gróm-ma] *s.f.* **1** incrostazione di tartaro che il vino lascia nelle botti **2** deposito lasciato dall'acqua nelle tubazioni **3** incrostazione che si forma nel fornello di una pipa.
grommoso [grom-mó-so] *agg.* incrostato di gromma o di sostanza analoga.
gronda [grón-da] *s.f.* **1** parte del tetto che sporge dal muro esterno dell'edificio per proteggere la facciata dagli effetti della pioggia **2** (*estens.*) ogni elemento la cui forma ricorda una gronda, o che sporge come una gronda: *cappello a —*, con la tesa inclinata.
grondaia [gron-dà-ia] *s.f.* **1** canale semicilindrico fissato alla gronda per raccogliere l'acqua piovana e portarla a terra mediante un tubo | (*estens.*) gronda **2** lo spazio tra due filari di tegole, attraverso il quale scorre l'acqua sul tetto.
grondante [gron-dàn-te] *agg.* intriso, zuppo: *— d'acqua.*
grondare [gron-dà-re] *v.intr.* [*io gróndo ecc.*; aus. *essere* nel sign. 1, *avere* nel sign. 2] **1** cadere dalla gronda, detto dell'acqua | (*estens.*) colare abbondantemente: *il sudore gli grondava dalla fronte* **2** essere bagnato, coperto di un liquido che gocciola copiosamente: *— di sangue* ♦ *v.tr.* versare, lasciar cadere un liquido (anche *assol.*): *i tetti grondano.*
grondone [gron-dó-ne] *s.m.* canale di lamiera o di terracotta applicato agli angoli delle gronde.
grongo [grón-go] *s.m.* [pl. *-ghi*] pesce marino simile a una grande anguilla, di colore grigio.
groppa [gròp-pa] *s.f.* **1** parte del dorso dei quadrupedi compresa fra i lombi e la radice della coda: *salire in — a un cavallo* **2** (*fam. scherz.*) schiena.
groppata [grop-pà-ta] *s.f.* **1** salto che il cavallo fa inarcando la groppa, per disarcionare il cavaliere; sgroppata **2** figura dell'equitazione d'alta scuola che si ha quando il cavallo salta e ripiega contemporaneamente verso il ventre le zampe anteriori e quelle posteriori.
groppo [gróp-po *o* gròp-po] *s.m.* viluppo, nodo intricato | *avere un — alla gola*, (*fig.*) sentirsi stringere alla gola, in seguito a commozione intensa.
groppone [grop-pó-ne] *s.m.* **1** (*fam. scherz.*) schiena, spalle **2** parte posteriore estrema del dorso degli uccelli.
gros-grain [/ gro'grɛn /] *s.m.invar.* (*fr.*) **1** tessuto pesante, per lo più di seta, a sottili coste rilevate **2** nastro di tessuto rigido usato per sostenere gli abiti femminili intorno alla vita.
grossa *s.f.* solo nella loc. *dormire della —*, (*fig.*) profondamente.
grossezza [gros-séz-za] *s.f.* **1** l'essere grosso, di dimensioni maggiori dell'ordinario **2** le dimensioni di un corpo in riferimento al diametro o allo spessore: *la — di una fune* **3** (*fig.*) rozzezza, ottusità.
grossista [gros-sì-sta] *s.m.* e *f.* [pl.m. *-sti*] commerciante all'ingrosso.

grosso [gròs-so] *agg.* **1** che ha dimensioni notevoli (per volume, capacità, spessore, corporatura, estensione ecc.): *un filo —; un — complesso industriale; una grossa perdita* | *mare —*, con un notevole moto ondoso (ma minore di quello indicato con *mare agitato*) | *avere il fiato —*, avere l'affanno | *avere il cuore —*, (*fig.*) gonfio di pena, afflitto | *di —*, di molto, grandemente: *hai sbagliato di —* **2** che ha dimensioni maggiori di un'altra cosa della stessa specie: *dito —*, il pollice, l'alluce | *caccia grossa*, di animali di grandi dimensioni | *sale —*, di grana grossa **3** (*fam.*) importante, notevole, ragguardevole: *un — successo* | *pezzo —*, persona importante **4** grave, gravoso; arduo, difficile: *un — sforzo* | *farla grossa*, fare un grave errore; (*scherz.*) fare una marachella | *spararle grosse*, raccontare storie incredibili | *parole grosse*, spiacevoli, offensive | *fare la voce grossa*, parlare con tono minaccioso **5** rozzo, non raffinato, grossolano: *— di cervello*, poco intelligente **6** (*pop.*) si dice di donna o di femmina di animale incinta ♦ *avv.* in maniera grossa: *una penna che scrive —*, con tratto largo ♦ *s.m.* **1** la parte maggiore o più importante di qlco.: *il — di un lavoro* **2** la parte più numerosa: *il — dell'esercito.*

grossolanità [gros-so-la-ni-tà] *s.f.* **1** l'essere grossolano; rozzezza **2** atto, gesto, parola da persona grossolana.

grossolano [gros-so-là-no] *agg.* **1** poco fine, di esecuzione poco accurata; ordinario, dozzinale: *un lavoro —* **2** fatto all'ingrosso, approssimativo, non preciso: *una valutazione grossolana* **3** di modi volgari, di scarsa educazione; rozzo: *comportamento —* | *errore —*, enorme, marchiano □ **grossolanamente** *avv.*

grossomodo [gros-so -mò-do], o **grosso modo**, *avv.* pressappoco, più o meno, approssimativamente: *— è alto come me.*

grotta [gròt-ta] *s.f.* **1** cavità naturale o artificiale, scavata nei fianchi di un monte o sotto terra; caverna, spelonca **2** (*region.*) cantina | (*estens.*) osteria.

grottesca [grot-té-sca] *s.f.* decorazione pittorica diffusasi nel Rinascimento e basata su motivi bizzarri e fantastici desunti da figurazioni parietali di palazzi dell'antica Roma.

grottesco [grot-té-sco] *agg.* [pl.m. *-schi*] stranamente bizzarro e inconsueto, tale da risultare ridicolo: *personaggio —* ♦ *s.m.* ciò che è grottesco; il particolare effetto di comicità che risulta da situazioni grottesche: *cadere nel —* □ **grottescamente** *avv.*

grotto [gròt-to] *s.m.* (*region.*) cantina, osteria di campagna. DIM. *grottino.*

groviera [gro-viè-ra] *s.m.* o *f.invar.* termine generico con cui si indicano l'emmental e altri formaggi simili.

groviglio [gro-vì-glio] *s.m.* nodo, viluppo di fili arruffati | (*estens.*) intrico, garbuglio: *un — di idee.*

gru *s.f.* **1** grosso uccello migratore, con zampe e collo lunghi, ali ampie, becco diritto e appuntito **2** macchina per sollevare e spostare carichi, composta di una struttura verticale e di un braccio articolato e girevole da cui pende una fune con gancio **3** (*cine.*) carrello mobile con un braccio alla cui estremità è posta la cinepresa.

gruccia [grùc-cia] *s.f.* [pl. *-ce*] **1** supporto verticale, munito di un sostegno incavato, sul quale appoggia l'ascella per sostenersi chi è impedito nell'uso di una gamba; stampella **2** oggetto simile a una gruccia per appendere i vestiti nell'armadio.

grufolare [gru-fo-là-re] *v.intr.* [*io grùfolo ecc.*; aus. *avere*] **1** detto del maiale e del cinghiale, raspare e cercare con il grifo grugnendo **2** (*fig. spreg.*) mangiare rumorosamente e con ingordigia ♦ **grufolarsi** *v.rifl.* rotolarsi nel fango e nella sporcizia (anche *fig.*).

grugnire [gru-gnì-re] *v.intr.* [*io grugnisco, tu grugnisci ecc.*; aus. *avere*] **1** detto del maiale e del cinghiale, emettere grugniti; dell'orso, emettere il verso caratteristico **2** (*fig.*) brontolare, borbottare; emettere suoni inintelligibili: *smettila di —!* ♦ *v.tr.* dire qlco. con malgarbo, in modo confuso e incomprensibile.

grugnito [gru-gnì-to] *s.m.* **1** verso caratteristico del maiale e del cinghiale **2** (*fig.*) brontolio inintelligibile.

grugno [grù-gno] *s.m.* **1** muso del maiale e del cinghiale **2** (*spreg.*) viso dell'uomo | *rompere il — a qlcu.*, spaccargli la faccia.

gruiformi [grui-fór-mi] *s.m.pl.* (*zool.*) ralliformi.

gruista [gru-ì-sta] *s.m.* e *f.* [pl.m. *-sti*] tecnico addetto alla manovra e alla manutenzione di una gru.

grullaggine [grul-làg-gi-ne] *s.f.* **1** l'essere grullo **2** atto, parola da grullo.

grulleria [grul-le-rì-a] *s.f.* (*tosc.*) atto, parola da grullo | cosa sciocca, insignificante.

grullo [grùl-lo] *agg.* che ha scarsa intelligenza, che si lascia facilmente ingannare; sciocco, semplicione | Usato anche come *s.m.* [f. *-a*]: *è un povero —.* ACCR. *grullone.*

grumo [grù-mo] *s.m.* coagulo di sangue o di altri liquidi organici: *— di latte* | (*estens.*) piccolo ammasso rotondeggiante formato da parti di sostanze non disciolte bene: *polenta piena di grumi.*

grumolo [grù-mo-lo] *s.m.* la parte più interna e più tenera del cespo di una pianta (*p.e.* cavolo, carciofo, insalata).

grumoso [gru-mó-so] *agg.* fatto di grumi, pieno di grumi: *latte —.*

gruppo [grùp-po] *s.m.* **1** insieme di persone o cose vicine, riunite, connesse tra loro: *un — di turisti; — familiare; — montuoso*, insieme di cime. DIM. *gruppetto* ACCR. *gruppone* **2** (*sport*) nelle gare di corsa e nel ciclismo, la maggior parte dei concorrenti quando procedono tutti insieme: *il corridore ha distaccato il —* **3** (*mil.*) insieme di più reparti di varie armi, uniti sotto un unico comando per una determinata azione: *— tattico* **4** categoria, suddivisione; classificazione di persone, animali o cose: *un — di vertebrati* | *— sangui-*

gno, (*biol.*) ognuna delle classi in cui si suddivide il sangue umano sulla base delle sue specifiche proprietà di agglutinazione | — *chimico*, nel sistema periodico degli elementi di Mendeleev, l'insieme degli elementi che manifestano proprietà chimiche simili **5** rappresentazione artistica di un insieme di cose o persone: — *marmoreo* **6** (*econ.*) complesso di imprese che fanno capo alla stessa proprietà e che svolgono attività coordinate: *il* — FIAT **7** (*tecn.*) insieme di elementi che servono a una stessa funzione: — *elettrogeno*.

gruppuscolo [grup-pù-sco-lo] *s.m.* piccolo raggruppamento politico.

gruzzolo [grùz-zo-lo] *s.m.* mucchietto di monete; somma di denaro accumulata a poco a poco: *mettere da parte un bel* —. DIM. *gruzzoletto*.

guaco [guà-co] *s.m.* [pl. -*chi*] pianta erbacea medicinale originaria dell'America centrale e meridionale.

guada *s.f.* rete da pesca quadrata, a maglie larghe.

guadabile [gua-dà-bi-le] *agg.* che si può guadare.

guadagnare [gua-da-gnà-re] *v.tr.* **1** ricavare più di quanto s'è speso; ottenere un profitto in una attività economica: — *il venti per cento sulle vendite* **2** ottenere in remunerazione del proprio lavoro: — *due milioni al mese*; *guadagnarsi la vita* o *da vivere*, il denaro necessario per vivere | (*assol.*) ottenere denaro in remunerazione del proprio lavoro: — *bene* **3** ottenere come riconoscimento dei propri meriti; meritare: — *la fiducia di qlcu.* **4** (*estens.*) trarre un beneficio; procurarsi qlco. a proprio vantaggio: *c'è tutto da* — | — *terreno*, di esercito, avanzare; di corridori, prendere vantaggio su altri; (*fig.*) diffondersi rapidamente, affermarsi: *idee che guadagnano terreno* **5** vincere: — *una somma al gioco* **6** raggiungere con sforzo: — *la cima del monte* ♦ *v.intr.* [aus. *avere*] fare migliore figura, avere migliore apparenza: *con la barba ci guadagna*.

guadagno [gua-dà-gno] *s.m.* **1** il guadagnare: *non pensare che al* — **2** il denaro che si guadagna; profitto: *lauti guadagni* **3** (*estens.*) vantaggio, utilità: *hai fatto proprio un bel* —!

guadare [gua-dà-re] *v.tr.* attraversare un corso d'acqua camminando sul fondo.

guadino [gua-di-no] *s.m.* rete conica con lungo manico, impiegata per tirare fuori dell'acqua pesci di notevoli dimensioni catturati con l'amo.

guado [guà-do] *s.m.* **1** il guadare: *tentare il* — *di un torrente* **2** il punto in cui un corso d'acqua si può guadare: *cercare un* —.

guai [guài] *inter.* si usa in esclamazioni di minaccia: — *a voi!* | con valore più tenue: — *a ricordargli quella faccenda*.

guaiaco [gua-ià-co] *s.m.* [pl. -*chi*] albero sempreverde originario dell'America centrale; dal legno si estrae un olio essenziale impiegato in profumeria e una resina medicinale.

guaiacolo [gua-ia-cò-lo] *s.m.* sostanza organica usata in farmacia come disinfettante delle vie respiratorie.

guaina [gua-ì-na] *s.f.* **1** custodia per armi o ferri da taglio; fodero | (*estens.*) rivestimento aderente **2** (*anat.*) membrana che ricopre un organo o una sua parte **3** indumento intimo femminile di tessuto elastico che modella il corpo.

guaio [guà-io] *s.m.* **1** disgrazia; situazione difficile: *essere in un mare di guai* **2** impiccio, inconveniente; danno: *combinare dei guai*.

guaire [gua-ì-re] *v.intr.* [*io guaisco, tu guaisci ecc.*; aus. *avere*] **1** emettere guaiti, detto del cane **2** (*estens.*) lamentarsi dolorosamente **3** (*fig.*) emettere suoni striduli.

guaito [gua-ì-to] *s.m.* **1** verso acuto, breve e lamentoso emesso dal cane o da altri animali quando provano dolore **2** (*estens.*) lamento | (*spreg.*) stonatura nel canto, forzatura della voce.

gualcire [gual-cì-re] *v.tr.* [*io gualcisco, tu gualcisci ecc.*] (*non com.*) sgualcire ♦ **gualcirsi** *v.intr.pron.* (*non com.*) sgualcirsi.

gualdrappa [gual-dràp-pa] *s.f.* drappo riccamente lavorato che si pone tra la sella e la groppa del cavallo in occasione di parate.

guanaco [gua-nà-co] *s.m.* [pl. -*chi*] mammifero ruminante sudamericano, con pelo bruno rossiccio, simile a un piccolo lama selvatico.

guancia [guàn-cia] *s.f.* [pl. -*ce*] **1** parte laterale della faccia tra lo zigomo e la mandibola: *guance incavate* | *porgere l'altra* —, (*fig.*) sopportare, secondo l'insegnamento evangelico, le offese senza reagire **2** (*estens.*) parte carnosa della testa nelle bestie macellate **3** ciascuna delle parti simmetriche di molti oggetti: *le guance dell'aratro*.

guanciale [guan-cià-le] *s.m.* **1** cuscino | *dormire tra due guanciali*, (*fig.*) non avere alcuna preoccupazione, essere tranquillo **2** (*region.*) lardo con venature di magro che si ottiene dalla parte del maiale compresa tra guancia e collo.

guancialetto [guan-cia-lét-to] *s.m.* **1** imbottitura del vestito **2** cuscinetto imbevuto d'inchiostro per timbri.

guano [guà-no] *s.m.* prodotto ricco di fosforo e azoto proveniente da depositi di escrementi di uccelli, usato come fertilizzante.

guantaio [guan-tà-io] *s.m.* [f. -*a*] chi fabbrica o vende guanti.

guantiera [guan-tiè-ra] *s.f.* **1** scatola dove si tengono i guanti **2** (*region.*) vassoio.

guanto [guàn-to] *s.m.* **1** indumento che serve per coprire la mano, di cui riproduce la forma: *un paio di guanti*; *calzare i guanti* | *guanti a manopola*, quelli in cui solo il pollice è separato dalle altre dita | *morbido come un* —, si dice di pelle, di calzatura molto morbida | *in guanti gialli*, (*fig.*) in abito da cerimonia | *trattare qlcu. con i guanti*, (*fig.*) con tutti i riguardi | *mano di ferro in* — *di velluto*, (*fig.*) si dice di chi ha fermezza di carattere e dolcezza di modi | *gettare il* —, (*fig.*) lanciare una sfida **2** (*pop.*) preservativo maschile; condom.

guantone [guan-tó-ne] *s.m.* guanto di cuoio im-

bottito, usato negli incontri di pugilato | *appendere i guantoni al chiodo*, (*fig.*) ritirarsi dall'attività di pugile.

guapperia [guap-pe-rì-a] *s.f.* (*merid.*) azione da guappo.

guappo [guàp-po] *agg.* e *s.m.* (*merid.*) si dice di persona sfrontata, arrogante.

guardabile [guar-dà-bi-le] *agg.* si dice di persona o cosa piacevole, attraente: *una ragazza —.*

guardaboschi [guar-da-bò-schi] *s.m.invar.* chi è incaricato di sorvegliare i boschi per proteggerli da ogni sorta di danneggiamento; guardia forestale.

guardacaccia [guar-da-càc-cia], o **guardiacaccia**, *s.m.invar.* chi è incaricato di far rispettare le norme sulla caccia in suolo pubblico o privato.

guardacoste [guar-da-cò-ste], o **guardiacoste**, *s.m.invar.* **1** nave armata adibita alla difesa delle coste o alla repressione del contrabbando **2** corpo militare addetto alla sorveglianza delle coste | soldato di questo corpo.

guardalinee [guar-da-lì-ne-e], o **guardialinee**, *s.m.invar.* (*sport*) ciascuno dei giudici che coadiuvano l'arbitro durante le partite di calcio, controllando il gioco dalle linee laterali.

guardamacchine [guar-da-màc-chi-ne] *s.m.invar.* chi è addetto alla vigilanza di un parcheggio di autovetture.

guardamano [guar-da-mà-no] *s.m.invar.* **1** parte dell'impugnatura delle armi da taglio che serve a proteggere la mano **2** nei fucili, piccolo elemento metallico che serve da riparo al grilletto.

guardaparco [guar-da-pàr-co] *s.m.invar.* guardia di un parco nazionale.

guardapesca [guar-da-pé-sca] *s.m.invar.* chi è incaricato di far rispettare le norme sulla pesca.

guardaportone [guar-da-por-tó-ne] *s.m.* portiere in livrea di palazzi signorili o di pubblici edifici.

guardare [guar-dà-re] *v.tr.* **1** volgere, fissare lo sguardo su qlco. o su qlcu. (anche *assol.*): *— il paesaggio*; *— dalla finestra* | *— con la coda dell'occhio*, di lato, senza farsene accorgere | *— dall'alto in basso*, con superbia | *— di buon occhio, di mal occhio*, con benevolenza, con malevolenza | *non — in faccia a nessuno*, non farsi scrupoli nei riguardi di nessuno **2** osservare con attenzione; (*fig.*) considerare: *guarda tu se ho torto* **3** custodire, sorvegliare; proteggere: *— le spalle a qlcu., di qlcu.*, difenderlo da attacchi di sorpresa | *— a vista*, sottoporre a stretta sorveglianza **4** mostrare interessamento per qlcu.: *nessuno la guarda* ♦ *v.intr.* [aus. *avere*] **1** prestare attenzione; pensare: *guardiamo a lui come a un amico* **2** fare attenzione, badare; dare importanza: *— ai risultati* **3** di luogo, essere esposto, orientato: *il lato che guarda a settentrione* ♦ **guardarsi** *v.rifl.* **1** rivolgere lo sguardo sulla propria immagine: *— allo* specchio **2** difendersi; fare attenzione; evitare, astenersi: *— alle spalle*; *mi guarderò bene dal raccontargli tutto* ♦ *v.rifl.rec.* rivolgersi scambievolmente lo sguardo; osservarsi reciprocamente: *— negli occhi.*

guardaroba [guar-da-rò-ba] *s.m.invar.* **1** armadio dove si conservano il vestiario e la biancheria **2** (*estens.*) stanza con uno o più armadi per riporre i vestiti e la biancheria **3** l'insieme degli abiti e degli accessori posseduti da una persona: *avere un ricco —* **4** nei teatri e in altri locali pubblici, ambiente dove si depositano cappotto, borse e ombrelli.

guardarobiere [guar-da-ro-biè-re] *s.m.* [f. *-a*] **1** persona di servizio addetta alla pulizia e al riordino del vestiario e della biancheria **2** chi è addetto al guardaroba di un locale pubblico.

guardasigilli [guar-da-si-gìl-li] *s.m.invar.* il ministro di grazia e giustizia, in quanto ha in consegna e applica alle leggi il sigillo dello stato | Usato anche come *agg.*: *ministro —.*

guardaspalle [guar-da-spàl-le] *s.m.invar.* chi ha il compito di proteggere una persona importante; guardia del corpo.

guardata [guar-dà-ta] *s.f.* il guardare in fretta e superficialmente; sguardo, occhiata: *dare una — al giornale.* DIM. *guardatina* PEGG. *guardataccia.*

guardia [guàr-dia] *s.f.* **1** il custodire, il vigilare: *fare la — a qlco.*; *cane da —* **2** turno di servizio di militari, sorveglianti, medici, infermieri ecc.: *medico di —*; *essere di —* | *corpo di —*, l'insieme dei soldati che partecipano allo stesso turno di vigilanza; i locali dove alloggiano durante il servizio | *— medica*, servizio medico permanente **3** persona o gruppo di persone, spesso militari, a cui è affidato un servizio di protezione; scorta: *— d'onore*, quella che scorta un personaggio d'alto grado in cerimonie ufficiali | *cambio della —*, cambio dei soldati alla fine di un turno di vigilanza; (*fig.*) sostituzione contemporanea di più persone che occupano posti importanti in un governo, una direzione, un'amministrazione | *— del corpo*, nucleo di forze di polizia addetto alla protezione di personalità pubbliche; addetto alla vigilanza personale | *essere della vecchia —*, (*fig.*) essere tra i più anziani in un ruolo, un'istituzione **4** denominazione di corpi militari o civili che hanno funzioni di vigilanza, protezione, custodia; ciascuno degli appartenenti a tali corpi: *— forestale* | *— di finanza*, corpo militare dello stato addetto a impedire e reprimere i reati finanziari e tributari; finanziere | *— svizzera*, corpo militare addetto alla difesa del papa e dei palazzi pontifici | *— carceraria*, agente di custodia | *— giurata*, privato che svolge attività di vigilanza di beni e persone **5** (*fam.*) agente di polizia, vigile urbano: *chiamare le guardie* **6** soprattutto nella scherma e nel pugilato, posizione di difesa: *avere una — chiusa* | *mettere qlcu. in — contro qlco.*, (*fig.*) avvertirlo dei pericoli a cui va incontro | *abbassare la —*, (*fig.*) allentare la vigilanza | *in —!*, avvertimento che invita ad assumere una posizione guardinga, di difesa **7** nella pallacanestro, ciascuno dei giocatori che devono portare in avanti il pallone **8**

nella spada, parte dell'elsa in cui si mette la mano **9** l'altezza, segnata sull'argine di un fiume, che indica il limite a cui l'acqua può giungere senza pericolo di alluvione: *il Po è un metro sotto il livello di —.*
guardiacaccia → **guardacaccia**.
guardiacoste → **guardacoste**.
guardialinee → **guardalinee**.
guardiamarina [guar-dia-ma-rì-na] *s.m.invar.* primo grado degli ufficiali di vascello della marina militare.
guardiano [guar-dià-no] *s.m.* [f. *-a*] **1** persona addetta alla custodia e alla sorveglianza: — *notturno* **2** nei conventi dei cappuccini, il priore o il padre superiore | Usato anche come *agg.*: *padre —.*
guardina [guar-dì-na] *s.f.* luogo dove vengono trattenute in un primo tempo le persone fermate dalla polizia; camera di sicurezza: *finire in —.*
guardinfante [guar-din-fàn-te] *s.m.* intelaiatura circolare a forma di campana, portata un tempo sotto la gonna per tenerla gonfia.
guardingo [guar-dìn-go] *agg.* [pl.m. *-ghi*] che agisce con cautela; prudente, circospetto: *un procedere —.*
guardiola [guar-diò-la] *s.f.* **1** stanzetta nell'atrio d'ingresso di un edificio, riservata al portiere **2** nelle fortificazioni antiche, torretta di vedetta con feritoie.
guardone [guar-dó-ne] *s.m.* [f. *-a*] (*pop.*) persona che prova morboso piacere nello spiare atti erotici.
guardrail [/ gar'dreil /] *s.m.invar.* (*ingl.*) barriera di protezione, di cemento o di lamiera, posta lungo i tratti pericolosi delle strade, per evitare che i veicoli escano di carreggiata in caso di sbandamento.
guarentigia [gua-ren-tì-gia] *s.f.* [pl. *-gie*] (*dir.*) garanzia | *guarentigie costituzionali*, quelle stabilite nella costituzione di uno stato a difesa della libertà dei cittadini.
guaribile [gua-rì-bi-le] *agg.* che può guarire: — *in venti giorni.*
guarigione [gua-ri-gió-ne] *s.f.* il guarire, il recuperare la salute: *essere in via di —.*
guarire [gua-rì-re] *v.tr.* [*io guarisco, tu guarisci ecc.*] **1** rimettere in salute: — *qlcu. da una malattia* | (*fig.*) liberare da un male morale: — *qlcu. da un vizio* **2** far passare una malattia: — *una polmonite* ♦ *v.intr.* [aus. *essere*] **1** recuperare la salute: *guarirà in dieci giorni* | (*fig.*) liberarsi da un male morale: — *dalla gelosia* **2** detto di malattia, aver fine, scomparire: *un'infezione che stenta a —.*
guaritore [gua-ri-tó-re] *s.m.* [f. *-trice*] chi, con mezzi non riconosciuti dalla scienza, guarisce o pretende di guarire.
guarnigione [guar-ni-gió-ne] *s.f.* **1** l'insieme delle truppe dislocate in una determinata località **2** il luogo che è sede della guarnigione.
guarnire [guar-nì-re] *v.tr.* [*io guarnisco, tu guarnisci ecc.*] **1** fornire, munire di quanto è necessario: — *una nave* **2** adornare, abbellire: — *un abito di pizzi* **3** accompagnare un piatto con contorni: — *l'arrosto con patatine.*
guarnitura [guar-ni-tù-ra] *s.f.* il guarnire; le cose che servono a guarnire.
guarnizione [guar-ni-zió-ne] *s.f.* **1** ciò che serve a guarnire, a ornare: *le guarnizioni di un abito* **2** contorno di una pietanza **3** (*tecn.*) elemento di gomma, plastica o altro materiale posto fra due superfici a stretto contatto per realizzare una chiusura a tenuta stagna: *la — del rubinetto.*
guasconata [gua-sco-nà-ta] *s.f.* atto da guascone; fanfaronata, spacconata.
guascone [gua-scó-ne] *agg.* della Guascogna, regione della Francia ♦ *s.m.* [f. *-a*] **1** abitante, nativo della Guascogna **2** (*fig.*) fanfarone, spaccone, gradasso.
guastafeste [gua-sta-fè-ste] *s.m.* e *f.invar.* **1** chi turba l'allegria di una festa con parole o atteggiamenti inopportuni | (*estens.*) persona scontrosa che indispone chi le sta vicino **2** (*fig.*) persona o cosa che sopraggiungendo manda all'aria piani prestabiliti: *ecco il solito —!*
guastamestieri [gua-sta-me-stiè-ri] *s.m.* e *f.invar.* chi fa ciò che non sa fare | chi intralcia l'attività altrui.
guastare [gua-stà-re] *v.tr.* **1** rovinare, danneggiare; ridurre in cattive condizioni: *le piogge hanno guastato il fondo stradale* **2** (*fig.*) turbare: — *la festa*; — *l'amicizia*, romperla | corrompere, mettere su una cattiva strada: *le cattive compagnie l'hanno guastato* **3** (*assol.*) recare disturbo, nuocere: *un po' di allegria non guasta* **4** (*fam.*) disfare, per rifare diversamente (di lavori a maglia o abiti) ♦ **guastarsi** *v.intr.pron.* **1** rovinarsi, non funzionare più: *il televisore si è guastato* | deteriorarsi, andare a male: *il pesce si guasta presto* **2** (*fig.*) cambiare in peggio: *il tempo si sta guastando* | — *con qlcu.*, rovinare i rapporti d'affetto, d'amicizia.
guastatore [gua-sta-tó-re] *s.m.* (*mil.*) fante o geniere specializzato nell'assalto a opere fortificate e nella distruzione di mezzi corazzati: *reparto guastatori.*
guasto[1] [guà-sto] *agg.* che si è guastato o è stato guastato: *denti guasti*, cariati.
guasto[2] *s.m.* **1** danno, rottura, avaria: *un — alla radio* **2** (*fig.*) corruzione: *il — della società.*
guatare [gua-tà-re] *v.tr.* (*lett.*) guardare in modo attento e prolungato.
guatemalteco [gua-te-mal-tè-co] *agg.* [pl.m. *-chi*] del Guatemala ♦ *s.m.* [f. *-a*] nativo, abitante del Guatemala.
guattire [guat-tì-re] *v.intr.* [*io guattisco, tu guattisci ecc.*; aus. *avere*] (*lett.*) detto dei cani da caccia, abbaiare per segnalare la presenza della selvaggina | (*estens.*) latrare, guaire.
guazza [guàz-za] *s.f.* rugiada abbondante che bagna il terreno.
guazzabuglio [guaz-za-bù-glio] *s.m.* mescolanza confusa di cose eterogenee (anche *fig.*): *un — di ingredienti, di idee.*

guazzetto [guaz-zét-to] *s.m.* (*gastr.*) sugo brodoso nel quale si cuoce la carne o il pesce: *baccalà in —.*

guazzo [guàz-zo] *s.m.* 1 grande quantità di acqua o di altro liquido sparsa per terra 2 tecnica di pittura in cui i colori vengono stemperati in acqua e gomma arabica | opera dipinta con tale tecnica.

guelfismo [guel-fi-ʃmo] *s.m.* 1 il partito, la fazione, l'ideologia dei guelfi 2 (*estens.*) ogni tendenza politica di carattere clericale.

guelfo [guèl-fo] *agg.* e *s.m.* 1 nell'Italia dei secc. XIII e XIV, che/chi parteggiava per il papa e per le autonomie comunali, contro il partito dei sostenitori degli interessi dell'imperatore (ghibellini): *il partito —* 2 (*estens.*) che/chi è favorevole alla politica temporale del papato; clericale.

guêpière [/ ge'pjɛr /] *s.f.* (*fr.*) piccolo busto, corsetto portato dalle donne per stringere la vita.

guercio [guèr-cio] *agg.* e *s.m.* [pl.f. *-ce*] strabico: *essere —* | (*estens.*) che/chi è privo di un occhio; che/chi ha la vista molto difettosa ♦ *s.m.* [f. *-a*] chi è affetto da strabismo.

guerra [guèr-ra] *s.f.* 1 lotta armata tra due o più stati o tra fazioni di uno stesso stato: *— atomica*; *di liberazione*; *dichiarare —*; *essere sul piede di —*, essere pronto a intraprenderla; *— civile*, tra i cittadini di uno stesso stato; *— lampo*, che mira a una soluzione rapida; *criminale di —*, militare colpevole di azioni efferate contro i civili o i prigionieri, in tempo di guerra 2 (*estens.*) ostilità che si manifesta su piani diversi da quello militare: *— commerciale*; *— dei prezzi*, concorrenza spietata | *— fredda*, tensione politica alimentata da atti di ostilità, senza che si giunga a un aperto uso delle armi | *— psicologica*, azione che mira a deprimere il morale dell'avversario 3 (*fig.*) lotta accanita: *— contro la corruzione.*

guerrafondaio [guer-ra-fon-dà-io] *agg.* e *s.m.* [f. *-a*] (*spreg.*) che/chi è fautore della guerra a ogni costo.

guerreggiante [guer-reg-giàn-te] *agg.* e *s.m.* e *f.* che/chi è in guerra.

guerreggiare [guer-reg-già-re] *v.intr.* [*io guerréggio ecc.*; aus. *avere*] fare la guerra | (*estens.*) contendere, rivaleggiare: *— con* o *contro qlcu.*

guerresco [guer-ré-sco] *agg.* [pl.m. *-schi*] di guerra, relativo alla guerra; bellico: *azione guerresca* | incline alla guerra; bellicoso: *animo —.*

guerriero [guer-riè-ro] *s.m.* 1 [f. *-a*] uomo di guerra, riferito soprattutto ai combattenti dell'antichità: *i guerrieri greci, romani* 2 (*lett.*) soldato ♦ *agg.* che è dedito alla guerra; bellicoso, combattivo: *popolo —.*

guerriglia [guer-rì-glia] *s.f.* guerra combattuta da piccole formazioni autonome, fatta di imboscate, assalti di sorpresa, brevi scontri: *la — partigiana* | *— urbana*, insieme di azioni violente condotte nelle città da gruppi estremistici.

guerrigliero [guer-ri-glié-ro] *s.m.* [f. *-a*] chi pratica la guerriglia.

gufaggine [gu-fàg-gi-ne] *s.f.* detto di persona, scontrosità, misantropia.

gufare [gu-fà-re] *v.intr.* [aus. *avere*] 1 detto del gufo, fare il verso che gli è proprio 2 (*gerg.*) portare sfortuna.

gufo [gù-fo] *s.m.* 1 uccello rapace notturno di media grossezza, con testa grande, becco corto e ricurvo, ciuffi neri ai lati del capo 2 (*fig.*) persona poco socievole, tetra.

guglia [gù-glia] *s.f.* 1 decorazione architettonica a forma di piramide alta e sottile, usata come ornamento nelle coperture di chiese, campanili, torri: *le guglie del duomo di Milano* 2 cima rocciosa isolata e appuntita.

gugliata [gu-glià-ta] *s.f.* la quantità di filo che si infila ogni volta nella cruna dell'ago per cucire.

guida [guì-da] *s.f.* 1 l'azione del guidare; in particolare, il guidare un veicolo: *lezioni di —* 2 chi o ciò che indica la via da percorrere (anche *fig.*): *— spirituale* | (*estens.*) ammaestramento, insegnamento: *la — di un buon maestro* 3 chi accompagna i turisti nella visita di una città, di un museo; cicerone: *— turistica* 4 libro per il turista, che illustra i vari aspetti di una città, di una regione, di un museo ecc.: *— di Londra, dei ristoranti italiani* | manuale che introduce allo studio di una disciplina: *— bibliografica* 5 nome di vari oggetti che servono per guidare qlcu. o qlco., come la striscia di tappeto stesa su una scala 6 l'insieme dei comandi che servono per guidare un veicolo: *auto con — a destra* ♦ *agg.invar.* che indica la via da seguire, che ispira o impone norme di comportamento: *stato —.*

guidare [gui-dà-re] *v.tr.* 1 far da guida accompagnando; indicare il cammino: *— un gruppo di visitatori, un cieco* 2 (*fig.*) indicare la via da seguire; *— la nazione verso la pace* 3 essere a capo, dirigere: *— un'azienda, una spedizione* | (*sport*) essere al primo posto: *— la classifica* 4 condurre animali, veicoli: *— un cavallo, un'automobile* | (*assol.*) condurre l'automobile: *mi piace —* ♦ **guidarsi** *v.rifl.* regolarsi, condursi: *— da sé.*

guidatore [gui-da-tó-re] *s.m.* [f. *-trice*] chi guida veicoli: *un — spericolato.*

guiderdone [gui-der-dó-ne] *s.m.* (*lett.*) ricompensa materiale o morale; premio.

guidistica [gui-dì-sti-ca] *s.f.* l'insieme delle pubblicazioni che guidano nella visita turistica di una città, una regione ecc.: *la — del Touring Club Italiano.*

guidone [gui-dó-ne] *s.m.* (*mar.*) bandiera triangolare usata sulle navi e sulle imbarcazioni a vela per segnali o come distintivo.

guinzaglio [guin-zà-glio] *s.m.* striscia di cuoio o catena metallica che si aggancia al collare dei cani per limitarne la libertà di movimento: *tenere il cane al —* | *tenere qlcu. al —*, (*fig.*) tenerlo assoggettato, privarlo di ogni autonomia.

guisa [guì-ʃa] *s.f.* (*lett.*) 1 modo, maniera: *in tal —* | *in* (o *di*) *— che*, in modo che, cosicché | *in* (o

a) — *di*, come, a modo di **2** forma, aspetto; specie, genere: *tipi di ogni* —.

guitto [guìt-to] *agg.* che vive sordidamente; miserabile ♦ *s.m.* [f. *-a*] **1** persona che vive in modo misero, squallido **2** attore comico che recita in piccole compagnie girovaghe | (*spreg.*) attore da strapazzo.

guizzante [guiz-zàn-te] *agg.* vivace, scattante: *il movimento — delle anguille.*

guizzare [guiz-zà-re] *v.intr.* [aus. *essere*] **1** muoversi in modo vivace e sinuoso; scattare: *i pesci guizzano* **2** (*mar.*) della prora di una nave, oscillare violentemente verso destra o sinistra.

guizzo [guìz-zo] *s.m.* **1** il guizzare; sussulto, balzo: *il — dei salmoni* **2** (*estens.*) bagliore, balenio di una luce, di una fiamma, di uno sguardo.

gulag [gù-lag] *s.m.invar.* nome con cui, in Unione Sovietica, veniva indicato un campo di lavoro forzato.

gulasch [/ 'gu:laʃ /] *s.m.* (*ted.*) (*gastr.*) spezzatino di manzo o di vitello in salsa piccante, specialità della cucina ungherese.

gulp [/ gulp /] *inter.* voce onom. che imita il rumore che si fa deglutendo a vuoto (per esprimere spavento, sorpresa).

guru [gù-ru] *s.m.invar.* in India, maestro spirituale o capo religioso | (*scherz.*) capo carismatico di un gruppo di persone.

guscio [gù-scio] *s.m.* involucro di alcuni frutti e semi, o dell'uovo di alcuni animali; conchiglia o corazza di molluschi e altri animali: *il — delle nocciole*; *il — dell'ostrica* | *chiudersi nel proprio* —, (*fig.*) restare chiusi in sé stessi; *uscire dal* —, (*fig.*) aprirsi.

gustare [gu-stà-re] *v.tr.* **1** avvertire il sapore per mezzo del gusto: *con questo raffreddore non riesco a — i cibi* | assaggiare una piccola quantità di cibo o bevanda per sentirne il gusto; assaporare: *gustare un po' di torta* **2** (*fig.*) apprezzare qlco. ricavandone godimento: *gustarsi un film* ♦ *v.intr.* [aus. *essere*] piacere, riuscire gradito: *ti gusterebbe una gita?*

gustativo [gu-sta-tì-vo] *agg.* relativo al senso del gusto: *papille gustative*, (*anat.*) quelle situate sulla lingua, che consentono di percepire i sapori.

gusto [gù-sto] *s.m.* **1** senso che permette di percepire e distinguere i sapori; ha sede nelle papille situate sul dorso della lingua: *un sapore gradito al* — **2** proprietà delle diverse sostanze di dare sensazioni gustative; sapore: *un — amaro*; *gelato al — di fragola* **3** (*estens.*) godimento procurato da cibi e bevande: *mangiare di —, con* — **4** (*fig.*) piacere, sentimento di intima soddisfazione: *ridere di* — | *prenderci* —, si dice di chi, provandone piacere, seguita a ripetere una stessa azione **5** (*fig.*) preferenza, inclinazione: *i gusti sono gusti* **6** (*fig.*) senso di opportunità e decoro nel comportamento; eleganza, raffinatezza: *una persona di* —; *avere* —, *buon* — | facoltà di giudicare e apprezzare i valori estetici nell'arte, nella moda, nell'arredamento ecc.: *educare il* — **7** il complesso delle inclinazioni estetiche che caratterizzano un'epoca o un ambiente; stile di una corrente artistica o culturale: *il — liberty*.

gustosità [gu-sto-si-tà] *s.f.* l'essere gustoso.

gustoso [gu-stó-so] *agg.* **1** gradevole al gusto, saporito: *un pranzetto* — **2** (*fig.*) che dà piacere, che diverte: *spettacolo* — □ **gustosamente** *avv.*

guttaperca [gut-ta-pèr-ca] *s.f.* sostanza gommosa impiegata come isolante per cavi sottomarini, nella fabbricazione di mastici, di contenitori per sostanze corrosive ecc.

guttifere [gut-tì-fe-re] *s.f.pl.* (*bot.*) famiglia di piante tropicali dicotiledoni da cui si ricavano gommoresine.

gutturale [gut-tu-rà-le] *agg.* **1** della gola **2** si dice di suono di gola, pronunciato in gola: *voce* — ♦ *agg.* e *s.f.* (*ling.*) si dice di consonante articolata all'altezza del velo palatino (come la *c* di casa) o anche dell'ugola (come la *r* francese); velare.

H

h *s.f.* o *m.* ottava lettera dell'alfabeto, il cui nome è *acca*; ha valore puramente distintivo, non rappresentando alcun suono.
habitat [/ 'abitat /] *s.m.invar.* (*lat.*) (*biol.*) l'insieme delle condizioni ambientali che permettono la vita di determinate specie vegetali e animali | (*fig.*) ambiente congeniale all'indole di qlcu.
habitué [/ abitu'e /] *s.m.invar.* (*fr.*) cliente assiduo, frequentatore abituale.
habitus [/ 'abitus /] *s.m.invar.* (*lat.*) **1** (*biol.*) complesso di caratteri tipici di una specie animale o vegetale **2** (*estens.*) comportamento, atteggiamento, abitudine.
haitiano [hai-tià-no] *agg.* di Haiti, stato dell'America centrale ♦ *s.m.* [f. *-a*] abitante, nativo di Haiti.
hall [/ ɔl /] *s.f.invar.* (*ingl.*) grande sala d'ingresso in alberghi e case signorili, con funzioni di locale di attesa e soggiorno.
hamburger [/ am'burger /] *s.m.invar.* (*ingl.*) polpetta schiacciata di carne bovina, di solito servita in un panino morbido.
hammada [ham-mà-da] *s.m.invar.* (*geog.*) formazione rocciosa a grossi blocchi, tipica dei deserti.
hamster [/ 'hamster /] *s.m.* nome inglese del criceto, usato in italiano per indicare la pelliccia dell'animale.
handicap [/ 'ɛndikap /] *s.m.invar.* (*ingl.*) **1** (*sport*) gara in cui i concorrenti più quotati concedono un vantaggio agli avversari **2** (*fig.*) svantaggio iniziale, condizione sfavorevole rispetto ad altri: — *tecnologico* **3** menomazione fisica o psichica: *portatore di* —, disabile, invalido.
handicappato [han-di-cap-pà-to] *s.m.* [f. *-a*] persona affetta da una menomazione; portatore di handicap, disabile.
hangar [/ 'angar /] *s.m.invar.* (*fr.*) aviorimessa.
happening [/ 'ɛppeniŋg /] *s.m.invar.* (*ingl.*) spettacolo fondato sull'improvvisazione e il coinvolgimento del pubblico.
harakiri [/ kara'kiri /], o **karakiri**, *s.m.invar.* (*giapp.*) **1** suicidio rituale, proprio dei samurai, compiuto squarciandosi il ventre con una spada **2** (*fig.*) azione, comportamento autolesionistico.
hard [/ ard /] *agg.invar.* (*ingl.*) duro, pesante, forte (si contrappone a *soft*): *musica* —.
hard-core [/ ard'kɔr /] *loc.agg.invar.* (*ingl.*) si dice di pubblicazione o di spettacolo che rappresenta scene erotiche con assoluto realismo; pornografico | di locale in cui si proiettano film pornografici.
hard disk [/ ard'disk /] *loc.sost.m.invar.* (*ingl.*) (*inform.*) supporto di materiale magnetizzabile, usato come memoria di massa di un elaboratore elettronico; disco rigido.
hard rock [/ ard'rɔk /] *loc.sost.m.invar.* (*ingl.*) musica rock caratterizzata da una base ritmica con sonorità molto violenta.
hard-top [/ 'hardtɔp /] *s.m.invar.* (*ingl.*) tettuccio rigido per automobili decappottabili.
hardware [/ 'ardwɛr /] *s.m.invar.* (*ingl.*) (*inform.*) l'insieme delle parti meccaniche, elettriche ed elettroniche di un elaboratore.
harem [hà-rem], o **arem**, *s.m.invar.* nei paesi musulmani, parte della casa dove abitano le donne e i bambini; le donne che vi abitano.
hashish [ha-shish; 'aʃʃiʃ /] *s.m.invar.* droga ricavata dalle infiorescenze e dalle foglie della canapa indiana.
hawaiano [ha-wa-ia-no; / ava'jano /] *agg.* delle isole Hawaii, nel Pacifico ♦ *s.m.* [f. *-a*] nativo, abitante delle isole Hawaii.
heavy metal [/ ɛvi'mɛtal /] *loc.sost.m.invar.* (*ingl.*) musica rock affine all'hard rock.
hegeliano [he-ge-lia-no; / ege'ljano /] *agg.* del filosofo tedesco G.W.F. Hegel (1770-1831); relativo al suo pensiero, alla sua filosofia.
hegelismo [he-ge-li-ʃmo; / ege'lizmo /] *s.m.* il complesso delle dottrine filosofiche di Hegel.
help [/ ɛlp /] *s.m.invar.* (*ingl.*) (*inform.*) funzione presente in molti pacchetti software che fornisce all'utente informazioni sul funzionamento del programma.
henna [hèn-na], o **henné**, *s.f.* (*bot.*) arbusto tipico dell'Arabia, con fiori odorosi | la tintura rossa per capelli ricavata da questa pianta.
herpes [hèr-pes] *s.m.invar.* malattia virale della pelle caratterizzata dalla formazione di vescicole | — *zoster* malattia causata da un virus che si manifesta con eruzione di vescicole e dolori nevritici; fuoco di sant'Antonio.
hertz [/ ɛrts /] *s.m.invar.* (*ted.*) (*fis.*) unità di misura della frequenza nel Sistema Internazionale, pari alla frequenza di un fenomeno periodico avente periodo di 1 secondo.

hertziano [hert-zia-no; / er'tsjano /], o erziano, *agg.* del fisico tedesco H.R. Hertz (1857-1894) | *onde hertziane*, (*fis.*) onde elettromagnetiche di lunghezza superiore a 300 micron.

hevea [he-vè-a] *s.f.* (*bot.*) albero tropicale dal cui tronco inciso stilla il lattice da cui si ricava il caucciù.

hidalgo [/ i'dalgo /] *s.m.* [pl. *hidalgos*] (*sp.*) in Spagna, persona di famiglia nobile; gentiluomo.

high-fidelity [/ 'ai fi'dɛliti /], abbr. **hi-fi** [/ ai' fai /] *loc.sost.f.invar.* (*ingl.*) tecnica di registrazione e riproduzione del suono ad alta fedeltà.

high-society [/ 'ai so'sajeti /] *loc.sost.f.invar.* (*ingl.*) l'alta società, la società ricca e mondana.

himalaiano [hi-ma-la-ià-no], o **himalayano**, *agg.* che appartiene, che si riferisce all'Himalaya: *catena himalayana.*

hindi [hìn-di] *s.m.invar.* lingua del gruppo indoario riconosciuta come lingua nazionale indiana.

hinterland [/ 'interland /] *s.m.invar.* (*ted.*) il territorio circostante una grande città, sul quale essa esercita influenza sociale, economica e culturale: *i comuni dell'— milanese.*

hip [/ ip /] nella loc. inter. *hip, hip, hip, urrà!*, manifestazione di plauso e di augurio.

hippy [/ 'ippi /] *agg.invar.* (*ingl.*) che appartiene o si riferisce al movimento che nei tardi anni Sessanta espresse una contestazione contro la società dei consumi ♦ *s.m.* e *f.invar.* **1** chi appartiene al movimento hippy **2** (*estens.*) persona che imita nell'aspetto gli hippy, portando capelli lunghi e abiti poveri ma originali.

hit [/ it /] *s.m.invar.* (*ingl.*) canzone di successo.

hitleriano [hi-tle-rià-no] *agg.* di Adolf Hitler (1889-1945), dittatore della Germania dal 1933 al 1945; che si riferisce ai suoi seguaci, alla sua politica o alla Germania nazista ♦ *s.m.* [f. *-a*] seguace di Hitler; nazista.

hit-parade [/ itpa'reid /] *loc.sost.f.invar.* (*ingl.*) classifica delle canzoni di maggior successo, compilata sulla base dei dischi venduti.

hittita → **ittita**.

hobbista [hob-bì-sta] *s.m.* e *f.* [pl.m. *-sti*] chi pratica con assiduità un hobby.

hobbistica [hob-bì-sti-ca] *s.f.* il settore della produzione e del commercio di prodotti connessi con attività svolte per hobby.

hobbistico [hob-bì-sti-co] *agg.* [pl.m. *-ci*] relativo agli hobby.

hobby [/ 'ɔbbi /] *s.m.invar.* (*ingl.*) qualsiasi attività che si svolga all'infuori del proprio lavoro, non per guadagno, ma per diletto; passatempo, svago: *l'— della fotografia.*

hockey [/ 'ɔkei /] *s.m.invar.* (*ingl.*) sport a squadre in cui bisogna spingere, con bastoni ricurvi, una palla o un disco nella rete avversaria: *— su prato*, praticato su terreno erboso; *— su ghiaccio*, praticato su superficie ghiacciata.

holding [/ 'ɔldiŋg /] *s.f.invar.* (*ingl.*) società finanziaria che controlla altre società attraverso partecipazioni azionarie.

hollywoodiano [hol-ly-woo-dia-no; / ollivu'djano /] *agg.* di Hollywood, centro dell'industria cinematografica americana | (*estens.*) sontuoso e scenografico, come nel gusto di Hollywood: *matrimonio —.*

home computer [/ omkom'pjuter /] *loc. sost.m.invar.* (*ingl.*) personal computer di uso familiare.

home video [/ om'video /] *loc.sost.m.invar.* (*ingl.*) **1** settore industriale della produzione di videocassette **2** videocassetta di uso domestico.

homo novus [/ ɔmo'nɔvus /] *loc.sost.m.* **1** nell'antica Roma, il primo membro di una famiglia che otteneva alte cariche pubbliche **2** (*estens.*) chi nella vita raggiunge posizioni di prestigio, avendo origini familiari modeste.

homo sapiens [/ 'ɔmo 'sapjens /] *loc.sost.m.* [solo *sing.*] (*lat.*) specie dei primati che comprende tutte le razze umane.

honoris causa [/ o'nɔris 'kauza /] *loc.avv.* e *agg.invar.* (*lat.*) si dice di laurea conferita per meriti eccezionali, senza adempimento del normale corso di studi universitari.

hooligan [/ 'uligan /] *s.m.invar.* (*ingl.*) tifoso teppista.

horror [/ 'ɔrror /] *s.m.invar.* (*ingl.*) genere di film, racconti, romanzi che rappresentano scene raccapriccianti o spaventose.

hors-d'oeuvre [/ or'dœvr /] *loc.sost.m.invar.* (*fr.*) antipasto.

hostess [/ 'ɔstes /] *s.f.invar.* (*ingl.*) **1** assistente di volo su aerei di linea **2** accompagnatrice, guida, interprete | addetta all'assistenza di congressisti.

hot dog [/ ɔtdɔg /] *loc.sost.m.invar.* (*ingl.*) panino, di forma allungata, imbottito con un würstel e senape.

hotel [/ o'tɛl /] *s.m.invar.* (*fr.*) albergo.

hot pants [/ ɔt'pɛnts /] *loc.sost.m.pl.* (*ingl.*) pantaloncini da donna molto corti e aderenti.

house music [/ auz'mjuzik /] *loc.sost.f.invar.* (*ingl.*) musica da discoteca dal ritmo veloce e ossessivamente ripetitivo.

hovercraft [/ 'ɔverkraft /] *s.m.invar.* (*ingl.*) veicolo con motore a getto, sostenuto da un cuscino d'aria prodotto da potenti compressori.

hula-hoop [/ 'ulaup /], o **hula-op** [/ 'ulaop /], *loc.sost.m.invar.* (*ingl.*) esercizio che consiste nel mantenere sollevato intorno al corpo un grande anello rigido imprimendogli un moto circolare col movimento delle anche e del busto; il cerchio usato per tale esercizio.

hully gully [/ 'halli'galli /] *loc.sost.m.invar.* (*ingl.*) ballo originario del sud degli Stati Uniti d'America.

humour [/ 'jumor /] *s.m.invar.* (*ingl.*) umorismo, senso dell'umorismo: *lo — tipico degli inglesi.*

humus [/ 'umus /] *s.m.invar.* (*lat.*) **1** terreno contenente sostanze organiche in decomposizione **2** (*fig.*) il sostrato costituito da fattori sociali, spirituali e culturali che favorisce il sorgere di un'idea, la realizzazione di un'impresa.

hurrà → **urrà**.

husky [/ 'aski /] *s.m.invar.* (*ingl.*) **1** razza di cane diffusa in molte aree nordiche, i cui esemplari, di grande mole e resistenza, sono adibiti al traino delle slitte **2** giaccone di tessuto trapuntato con colletto di velluto.

I

i[1] *s.f.* o *m.* nona lettera dell'alfabeto; rappresenta la vocale chiusa palatale (*imbuto, spiare*) o la semiconsonante palatale (*ieri, piano, mai*) | *i lunga*, j; *i greca*, y | *mettere i puntini sulle i*, (*fig.*) precisare, chiarire con estrema puntualità.

i[2] *art.determ.m.pl.* [m. sing. *il*] si premette ai vocaboli maschili plurali che cominciano per consonante che non sia *s* impura, *gn, ps, x, z*: *i fiori, i libri*.

-ia suffisso che forma sostantivi indicanti per lo più una nozione astratta (*allegria, filosofia, gelosia*).

ialino [ia-lì-no] *agg.* (*lett.*) che ha l'aspetto e la trasparenza del vetro.

ialite [ia-lì-te] *s.f.* **1** (*min.*) varietà di opale bianca e trasparente **2** varietà di vetro che imita il marmo.

ialo- primo elemento di parole composte della terminologia scientifica, che significa 'vetro' o indica somiglianza o relazione con esso (*ialografia*).

iamatologia [ia-ma-to-lo-gì-a] *s.f.* studio della lingua e della civiltà giapponesi.

iamatologo [ia-ma-tò-lo-go] *s.m.* [f. *-a*; pl.m. *-gi*] studioso, esperto di iamatologia.

-iano suffisso di aggettivi, talora sostantivati, quasi sempre formati da nomi propri (*cristiano, manzoniano*).

-iasi suffisso che in parole della terminologia medica indica infestazione parassitaria (*elmintiasi*).

iato [i-à-to] *s.m.* **1** incontro di due vocali che non formano dittongo e fanno parte di sillabe distinte (p.e. *spi-are*) **2** (*fig.*) soluzione di continuità, interruzione **3** (*anat.*) nome di alcune aperture, orifizi o spazi cavi.

-iatra secondo elemento di parole composte della terminologia medica, che significa 'medico, specialista' (*pediatra, psichiatra*).

-iatria secondo elemento di parole composte della terminologia medica, che significa 'specialità della medicina' (*pediatria, psichiatria*).

-iatrico secondo elemento di aggettivi corrispondenti ai sostantivi in *-iatra* e *-iatria* (*pediatrico, psichiatrico*).

iattanza [iat-tàn-za] *s.f.* arrogante ostentazione di superiorità; millanteria: *trattare con —*.

iattura [iat-tù-ra] *s.f.* disgrazia, sfortuna | danno, rovina.

iberico [i-bè-ri-co] *agg.* [pl.m. *-ci*] **1** dell'antica popolazione stanziata tra la foce del Rodano e Gibilterra, o dell'Iberia, la regione da essi abitata: *civiltà iberica* | *penisola iberica*, quella compresa tra la catena dei Pirenei e lo stretto di Gibilterra **2** (*estens.*) spagnolo o portoghese ♦ *s.m.* [f. *-a*] chi apparteneva alla popolazione degli Iberi.

ibernamento [i-ber-na-mén-to] *s.m.* (*non com.*) ibernazione.

ibernante [i-ber-nàn-te] *agg.* **1** (*zool.*) si dice di animale che passa l'inverno in letargo: *fauna —* **2** (*bot.*) si dice di gemma che nasce in primavera e si sviluppa nella primavera successiva, passando tutto l'inverno sulla pianta.

ibernare [i-ber-nà-re] *v.intr.* [*io ibèrno ecc.*; aus. *avere*] detto di animali, passare l'inverno in letargo ♦ *v.tr.* (*med.*) sottoporre a ibernazione.

ibernazione [i-ber-na-zió-ne] *s.f.* **1** (*biol.*) stato di torpore più o meno profondo, tipico di alcuni animali durante il periodo invernale; letargo **2** (*med.*) abbassamento della temperatura corporea al di sotto dei valori normali, effettuato in particolari interventi chirurgici.

ibero-americano [i-be-ro-a-me-ri-cà-no] *agg.* relativo ai paesi americani in cui si parla una lingua iberica (spagnolo o portoghese).

ibero-romanzo [i-be-ro-ro-màn-zo] *agg.* relativo alle lingue o alle letterature romanze parlate nella penisola iberica.

ibidem [i-bì-dem] *avv.* nello stesso luogo (si usa nelle citazioni per non ripetere il titolo di un'opera già nominata).

-ibile → **-bile**.

ibis [ì-bis] *s.m.invar.* grosso uccello di palude con zampe e collo lunghi, becco incurvato a falce; era molto comune nell'antico Egitto.

ibisco [i-bì-sco] *s.m.* [pl. *-schi*] arbusto con fiori rosei o bianchi e foglie ovali.

ibridare [i-bri-dà-re] *v.tr.* [*io ìbrido ecc.*] incrociare vegetali o animali di specie o varietà diverse.

ibridazione [i-bri-da-zió-ne] *s.f.* (*bot., zool.*) incrocio fra specie o varietà diverse.

ibridismo [i-bri-dì-ʃmo] *s.m.* (*bot., zool.*) l'essere ibrido.

ibrido [ì-bri-do] *agg.* e *s.m.* **1** si dice di vegetale o animale prodotto dall'accoppiamento di due specie o varietà diverse: *fiore —*; *il mulo è un —* **2** (*fig.*) si dice di fatto o di cosa formata di elementi eterogenei e discordanti: *linguaggio —* □

ibridamente *avv.* in modo eterogeneo e disarmonico.
-icare suffisso di verbi; ha valore diminutivo o frequentativo, oppure indica genericamente manifestazione, attività (*biascicare, nevicare, spilluzzicare*).
icasticità [i-ca-sti-ci-tà] *s.f.* qualità di ciò che è icastico: *l'— di una descrizione.*
icastico [i-cà-sti-co] *agg.* [pl.m. *-ci*] che rappresenta la realtà con immagini realistiche; incisivo, efficace: *stile —* □ **icasticamente** *avv.*
-icchiare suffisso di verbi formati da altri verbi con valore attenuativo (*canticchiare, giochicchiare*).
-iccio suffisso derivativo e alterativo di aggettivi, che esprime diminuzione, imperfezione, approssimazione, con valore peggiorativo e spregiativo (*gialliccio, malaticcio, raccogliticcio*); si ritrova anche in alcuni sostantivi con valore più o meno limitativo (*imparaticcio, pasticcio, terriccio*).
-icciolo suffisso alterativo composto di *-iccio* e *-olo*, con cui si formano sostantivi diminutivi, vezzeggiativi o spregiativi (*donnicciola, muricciolo*).
iceberg [/ 'aizbɛrg /] *s.m.invar.* (*ingl.*) gigantesco blocco di ghiaccio galleggiante sui mari polari | *la punta dell'—*, la sua parte emergente; (*fig.*) la parte nota di fenomeni complessi, da cui si intuisce una loro estensione molto più grande.
-icello suffisso alterativo con cui si formano aggettivi e sostantivi di valore diminutivo (*grandicello, venticello*).
-iciattolo suffisso alterativo con cui si formano sostantivi diminutivi di valore peggiorativo o spregiativo (*fiumiciattolo, omiciattolo*).
-icino suffisso alterativo con cui si formano sostantivi di valore diminutivo o vezzeggiativo (*cuoricino, lumicino*).
icnografia [ic-no-gra-fì-a] *s.f.* rappresentazione grafica della pianta di un edificio.
icnografico [ic-no-grà-fi-co] *agg.* [pl.m. *-ci*] dell'icnografia, relativo all'icnografia.
-ico suffisso di aggettivi, che indica genericamente relazione, appartenenza (*bellico, civico, sferico, storico*); in chimica organica designa gli acidi organici (*acido acetico*), in chimica inorganica indica, tra i composti di un elemento che presenta diversi gradi di valenza, quelli a valenza superiore (*ferrico, solforico*, in contrapposizione a *ferroso, solforoso*).
icona [i-có-na] *s.f.* **1** nell'arte bizantina e russa, immagine sacra dipinta su tavola **2** (*inform.*) piccolo disegno sullo schermo che attiva un comando.
iconicità [i-co-ni-ci-tà] *s.f.* l'essere iconico, proprietà di ciò che è iconico.
iconico [i-cò-ni-co] *agg.* [pl.m. *-ci*] che costituisce un'immagine realistica; figurativo □ **iconicamente** *avv.* in modo iconico; attraverso immagini.
icono- primo elemento di parole composte, che significa 'immagine' o 'immagine sacra' (*iconoclasta, iconografia*).
iconoclasta [i-co-no-clà-sta] *s.m.* e *f.* [pl.m. *-sti*] **1** (*st.*) seguace, fautore dell'iconoclastia **2** (*fig.*) chi è nemico delle opinioni e delle convenzioni invalse e le combatte in modo irriverente; dissacratore.
iconoclastia [i-co-no-cla-stì-a] *s.f.* **1** (*st.*) movimento religioso sorto nell'impero bizantino durante il sec. VIII, che vietava il culto delle immagini e ne propugnava la distruzione **2** (*fig.*) opposizione violenta alle opinioni e alle convenzioni invalse.
iconoclastico [i-co-no-clà-sti-co] *agg.* [pl.m. *-ci*] relativo all'iconoclastia: *eresia iconoclastica* | (*fig.*) da iconoclasta: *atteggiamento —* □ **iconoclasticamente** *avv.*
iconografia [i-co-no-gra-fì-a] *s.f.* **1** branca della storia dell'arte che si occupa dei temi raffigurati nelle opere d'arte **2** l'insieme delle rappresentazioni figurative relative a un certo soggetto o di una determinata epoca: *l'— bizantina.*
iconografico [i-co-no-grà-fi-co] *agg.* [pl.m. *-ci*] di iconografia, relativo all'iconografia: *studi iconografici* □ **iconograficamente** *avv.* dal punto di vista dell'iconografia.
iconografo [i-co-nò-gra-fo] *s.m.* [f. *-a*] studioso di iconografia.
iconolatria [i-co-no-la-trì-a] *s.f.* culto idolatrico delle immagini sacre.
iconologia [i-co-no-lo-gì-a] *s.f.* studio e interpretazione delle immagini simboliche e allegoriche nelle opere d'arte.
iconologico [i-co-no-lò-gi-co] *agg.* [pl.m. *-ci*] dell'iconologia, relativo all'iconologia □ **iconologicamente** *avv.* dal punto di vista iconologico.
iconoteca [i-co-no-tè-ca] *s.f.* raccolta di icone.
icosaedro [i-co-ʃa-è-dro] *s.m.* (*geom.*) poliedro regolare con venti facce rappresentate da triangoli equilateri.
ics *s.f.* o *m.invar.* nome della lettera *x*.
ictiosauro → **ittiosauro**.
ictus [ìc-tus] *s.m.invar.* **1** nella metrica, l'accento che marca alcune sillabe nella struttura del verso **2** (*med.*) denominazione generica di alcune sindromi che si manifestano improvvisamente: *— cerebrale*, apoplessia.
idalio [i-dà-lio] *agg.* (*lett.*) dell'antica città di Idalia, nell'isola di Cipro | (*estens.*) di Venere, a cui era lì dedicato un famoso santuario.
-ide suffisso con cui sono formati nomi di composti chimici di varia natura (*anidride*).
idea [i-dè-a] *s.f.* **1** qualsiasi rappresentazione mentale: *— chiara, confusa; — fissa*, ossessione, mania | prodotto dell'attività del pensiero o dell'immaginazione: *non badare alle idee, ma ai fatti; neanche per —*, nemmeno nel pensiero e tanto meno nella realtà. DIM. *ideuzza* **2** nozione approssimativa: *avere solo un'— di qlco.* | sensazione, impressione: *non dà l'— di essere buono* **3** opinione, convincimento: *essere di idee lar-*

ghe **4** parte sostanziale di una teoria, una dottrina, un pensiero: *l'— del cristianesimo.*

ideale [i-de-à-le] *agg.* **1** che esiste solo nel pensiero o nell'immaginazione; immaginario: *un personaggio —* **2** che è come si vorrebbe; perfetto: *cercare la donna —; la soluzione —*, la migliore possibile ♦ *s.m.* **1** modello di perfezione; ciò che dovrebbe essere o che più converrebbe in una determinata situazione: *il suo — di uomo; l'— sarebbe che tutti fossero trattati ugualmente* **2** scopo nobile e generoso per cui si agisce: *lottare per un —; un uomo senza ideali* □ **idealmente** *avv.* in maniera ideale; in teoria e non in pratica.

idealismo [i-de-a-lì-ʃmo] *s.m.* **1** ogni sistema filosofico che intende le idee come modelli e causa delle cose: *l'— di Hegel* **2** il perseguire nobili ideali con scarso senso della realtà.

idealista [i-de-a-lì-sta] *s.m.* e *f.* [pl.m. *-sti*] **1** (*filos.*) seguace, sostenitore dell'idealismo **2** chi segue nobili ideali senza tener conto della realtà pratica: *un — inguaribile.*

idealistico [i-de-a-lì-sti-co] *agg.* [pl.m. *-ci*] **1** (*filos.*) dell'idealismo: *pensiero —* **2** da idealista: *concezione idealistica della vita* □ **idealisticamente** *avv.*

idealità [i-dea-li-tà] *s.f.* **1** qualità di ciò che è ideale: *l'— di una causa* **2** aspirazione nobile: *uomo privo di —.*

idealizzabile [i-dea-liʒ-ʒà-bi-le] *agg.* che si può idealizzare.

idealizzare [i-de-a-liʒ-ʒà-re] *v.tr.* attribuire a persone o cose reali una perfezione ideale: *— l'amore.*

idealizzato [i-de-a-liʒ-ʒà-to] *agg.* concepito, rappresentato idealmente.

idealizzazione [i-de-a-liʒ-ʒa-zió-ne] *s.f.* l'idealizzare, l'essere idealizzato.

ideare [i-de-à-re] *v.tr.* [*io idèo ecc.*] concepire nella mente; progettare, architettare: *— un piano.*

ideativo [i-de-a-tì-vo] *agg.* dell'ideazione, che riguarda l'ideazione: *attività ideativa.*

ideatore [i-de-a-tó-re] *s.m.* [f. *-trice*] chi idea o ha ideato: *l'— di un metodo.*

ideazione [i-de-a-zió-ne] *s.f.* l'ideare; il concepire con la mente.

idem [ì-dem] *pron.dimostr.invar.* la stessa cosa, la stessa persona; si usa nelle enumerazioni e citazioni per non ripetere ciò che si è già menzionato ♦ *avv.* (*fam.*) lo stesso, ugualmente: *tu hai già finito, e lui —.*

identicità [i-den-ti-ci-tà] *s.f.* (*non com.*) l'essere identico; identità.

identico [i-dèn-ti-co] *agg.* [pl.m. *-ci*] interamente uguale; molto simile: *copia identica all'originale* □ **identicamente** *avv.*

identificabile [i-den-ti-fi-cà-bi-le] *agg.* che si può identificare.

identificare [i-den-ti-fi-cà-re] *v.tr.* [*io identìfico, tu identìfichi ecc.*] **1** riconoscere, stabilire l'identità di una persona: *— un cadavere* **2** determinare con esattezza, individuare: *— le cause di un fenomeno* ♦ **identificarsi** *v.rifl.* sentirsi tutt'uno con un'altra persona; immedesimarsi: *— con un personaggio.*

identificazione [i-den-ti-fi-ca-zió-ne] *s.f.* l'identificare, l'identificarsi, l'essere identificato | l'accertamento dell'identità di una persona.

identikit [/ identi'kit /] *s.m.invar.* (*ingl.*) metodo usato dalla polizia per ricostruire l'aspetto fisico di un ricercato combinando i vari dati somatici forniti dai testimoni | l'immagine così ottenuta.

identità [i-den-ti-tà] *s.f.* **1** l'essere identico; assoluta uguaglianza: *accertare l'— di due firme* **2** l'insieme dei caratteri fisici e psicologici che rendono una persona diversa da ogni altra: *difendere la propria —; crisi di —*, (*psicol.*) nozione contraddittoria che il soggetto ha di sé stesso | (*burocr.*) i dati anagrafici e somatici che consentono di riconoscere una persona: *stabilire l'— di qlcu.* | *carta di —*, documento di riconoscimento rilasciato dal sindaco del comune di residenza **3** riferito a cosa, ciò che essa è, le sue caratteristiche peculiari: *l'— di un fenomeno* **4** (*mat.*) uguaglianza fra due espressioni verificata per qualsiasi valore delle variabili.

ideo [i-dè-o] *agg.* (*lett.*) **1** del monte Ida in Creta | (*estens.*) cretese **2** del monte Ida nella Frigia | (*estens.*) frigio.

ideo- primo elemento di parole composte, che significa 'idea' (*ideografia*).

ideografia [i-de-o-gra-fì-a] *s.f.* sistema di scrittura che rappresenta le idee con simboli (ideogrammi) e non con segni che rimandano ai suoni della parola corrispondente.

ideografico [i-de-o-grà-fi-co] *agg.* [pl.m. *-ci*] si dice di scrittura che utilizza ideogrammi.

ideogramma [i-de-o-gràm-ma] *s.m.* [pl. *-mi*] simbolo grafico che rappresenta un'idea e non un suono della lingua: *gli ideogrammi cinesi.*

ideologia [i-de-o-lo-gì-a] *s.f.* complesso di credenze e di valori propri di un gruppo sociale, di un popolo o di un paese: *l'— borghese, americana.*

ideologico [i-de-o-lò-gi-co] *agg.* [pl.m. *-ci*] dell'ideologia o che riguarda un'ideologia: *contrasto —* □ **ideologicamente** *avv.* dal punto di vista ideologico.

ideologismo [i-de-o-lo-gì-ʃmo] *s.m.* tendenza a dare eccessiva importanza all'ideologia rispetto ai problemi concreti.

ideologizzare [i-deo-lo-giʒ-ʒà-re] *v.tr.* rendere ideologico, ricondurre a un'ideologia: *— un problema, un evento.*

ideologizzato [i-deo-lo-giʒ-ʒà-to] *agg.* che esprime un'ideologia, che è permeato da un'ideologia: *un movimento fortemente —.*

ideologizzazione [i-deo-lo-giʒ-ʒa-zió-ne] *s.f.* l'ideologizzare, l'essere ideologizzato.

ideologo [i-de-ò-lo-go] *s.m.* [f. *-a*; pl.m. *-gi*] chi elabora o propugna un'ideologia | il teorico di un movimento politico.

idi [ì-di] *s.f.* o *m.pl.* nel calendario romano, il quindicesimo giorno dei mesi di marzo, maggio, luglio, ottobre e il tredicesimo giorno degli altri mesi.

idilliaco [i-dil-lì-a-co] *agg.* [pl.m. *-ci*] **1** che è un idillio o si riferisce agli idilli: *poesia idilliaca* **2** (*fig.*) tranquillo; armonioso: *rapporti idilliaci* □ **idilliacamente** *avv.*
idillico [i-dìl-li-co] *agg.* [pl.m. *-ci*] idilliaco □ **idillicamente** *avv.*
idillio [i-dìl-lio] *s.m.* **1** breve componimento lirico di argomento campestre e pastorale, tipico dell'età ellenistica: *un — di Teocrito* **2** (*fig.*) vita serena e tranquilla; accordo perfetto: *vivere in un —*.
idioblasto [i-dio-blà-sto] *s.m.* (*bot.*) cellula del tessuto parenchimatico, con forma e funzione diverse da quelle del tessuto circostante.
idiofono [i-diò-fo-no] *s.m.* (*mus.*) qualsiasi strumento musicale in cui il corpo vibrante è costituito dal corpo stesso dello strumento (*p.e.* la campana, il triangolo) | Usato anche come *agg.*: *strumento —*.
idioletto [i-dio-lèt-to] *s.m.* (*ling.*) l'insieme degli usi linguistici propri del singolo parlante.
idioma [i-diò-ma] *s.m.* [pl. *-mi*] (*lett.*) linguaggio.
idiomatico [i-dio-mà-ti-co] *agg.* [pl.m. *-ci*] proprio di una particolare lingua o dialetto: *espressioni idiomatiche* □ **idiomaticamente** *avv.*
idiomorfismo [i-dio-mor-fì-ʃmo] *s.m.* proprietà di un minerale idiomorfo.
idiomorfo [i-dio-mòr-fo] *agg.* si dice di minerale in cristalli che presentano regolari contorni poligonali.
idiosincrasia [i-dio-sin-cra-ʃì-a] *s.f.* **1** (*med.*) intolleranza organica verso particolari sostanze alimentari o medicinali **2** (*fig.*) avversione profonda: *avere un'— per la matematica.*
idiota [i-diò-ta] *s.m.* e *f.* [pl.m. *-ti*] **1** persona stupida, deficiente: *comportarsi da —* **2** (*med.*) chi è affetto da idiozia ♦ *agg.* si dice di persona o cosa che rivela stupidità: *una risposta —*.
idiotismo[1] [i-dio-tì-ʃmo] *s.m.* (*ling.*) locuzione o costrutto caratteristici di una lingua o di un dialetto: *idiotismi toscani.*
idiotismo[2] *s.m.* (*med.*) idiozia.
idiozia [i-dio-zì-a] *s.f.* **1** stupidità; azione, frase da idiota: *fare, dire idiozie* **2** (*med.*) stato di grave insufficienza mentale.
idolatra [i-do-là-tra] *agg.* e *s.m.* e *f.* [pl.m. *-tri*] **1** che/chi adora gli idoli: *popolo —* **2** (*fig.*) che/chi manifesta un'ammirazione fanatica per qlcu. o qlco.
idolatrare [i-do-la-trà-re] *v.tr.* **1** adorare con culto idolatrico: *alcuni popoli idolatravano il Sole* **2** (*fig.*) amare esageratamente; ammirare con fanatismo: *— i propri figli.*
idolatria [i-do-la-trì-a] *s.f.* **1** adorazione degli idoli **2** (*fig.*) amore sviscerato, ammirazione fanatica per qlcu. o qlco.: *ha una vera — per lui.*
idolatrico [i-do-là-tri-co] *agg.* [pl.m. *-ci*] di idolatria; da idolatra: *culto —*.
idoleggiare [i-do-leg-già-re] *v.tr.* [*io idoléggio ecc.*] (*lett.*) vagheggiare nella fantasia qlcu. o qlco. facendone quasi un idolo.
idolo [ì-do-lo] *s.m.* **1** oggetto o immagine rappresentante una divinità e adorata come se lo fosse essa stessa: *il culto degli idoli* **2** (*fig.*) persona o cosa amata come un idolo: *essere l'— delle folle.*
idoneità [i-do-nei-tà] *s.f.* l'essere idoneo a qlco.; attitudine, capacità: *esame di —*.
idoneo [i-dò-ne-o] *agg.* **1** di persona, che ha le qualità necessarie per una data funzione o attività: *— al servizio militare* **2** di cosa, adatto, conveniente: *è il mezzo più — per convincerlo* □ **idoneamente** *avv.*
idra [i-dra] *s.f.* **1** nella mitologia greca, mostruoso serpente dalle molteplici teste **2** (*zool.*) piccolissimo celenterato dotato di lunghi tentacoli prensili.
idracido [i-drà-ci-do] *s.m.* (*chim.*) acido inorganico non contenente atomi di ossigeno.
idrante [i-dràn-te] *s.m.* presa d'acqua posta ai bordi delle strade, usata per innaffiare o in caso di incendi.
idrargirismo [i-drar-gi-rì-ʃmo] *s.m.* (*med.*) avvelenamento cronico da mercurio.
idratante [i-dra-tàn-te] *s.m.* prodotto cosmetico che idrata la pelle.
idratare [i-dra-tà-re] *v.tr.* **1** (*chim.*) far combinare una sostanza con acqua per formare idrati **2** somministrare acqua a un organismo che ne è carente **3** in cosmesi, reintegrare l'umidità della pelle.
idratazione [i-dra-ta-zió-ne] *s.f.* l'idratare, l'essere idratato.
idrato [i-drà-to] *agg.* (*chim.*) si dice di composto che trattiene una o più molecole di acqua: *sali idrati* ♦ *s.m.* (*chim.*) idrossido | *idrati di carbonio*, zuccheri.
idraulica [i-dràu-li-ca] *s.f.* scienza applicata che studia i fenomeni connessi all'equilibrio e al moto dei liquidi.
idraulico [i-dràu-li-co] *agg.* [pl.m. *-ci*] **1** che ha attinenza con i fenomeni dell'idraulica | che riguarda la disciplina e l'utilizzazione delle acque **2** che utilizza l'acqua o altri liquidi per funzionare: *freni idraulici* | *energia idraulica*, quella prodotta da una massa d'acqua che va da un livello superiore a uno inferiore ♦ *s.m.* operaio addetto all'installazione e manutenzione degli impianti idraulici.
idria [ì-dria] *s.f.* (*archeol.*) vaso greco con tre manici, adoperato per conservare l'acqua.
idrico [ì-dri-co] *agg.* [pl.m. *-ci*] dell'acqua, relativo all'acqua: *forza idrica*, generata dall'acqua in movimento.
idro-, **-idro** primo e secondo elemento di parole composte, che significa 'acqua' o 'idrogeno' (*idrocoltura, idrocarburo*).
idroalcolico [i-dro-al-cò-li-co] *agg.* [pl.m. *-ci*] (*chim., farm.*) di acqua e alcol, relativo ad acqua e alcol: *soluzione idroalcolica.*
idrobio [i-drò-bi-o] *s.m.* (*biol.*) l'insieme degli organismi animali e vegetali che vivono nelle acque.
idrobiologia [i-dro-bi-o-lo-gì-a] *s.f.* [pl. *-gie*]

branca della biologia che studia la vita animale e vegetale nelle acque.
idrobiologico [i-dro-bi-o-lò-gi-co] *agg.* [pl.m. *-ci*] che concerne l'idrobiologia.
idrocarburo [i-dro-car-bù-ro] *s.m.* (*chim.*) composto organico costituito da carbonio e idrogeno, costituente fondamentale del petrolio e dei gas naturali: *il metano è un —.*
idrocefalia [i-dro-ce-fa-lì-a] *s.f.* (*med.*) stato morboso caratterizzato da idrocefalo.
idrocefalo [i-dro-cè-fa-lo] *s.m.* (*med.*) accumulo abnorme di liquido nelle cavità cerebrali, dovuto a un'ostruzione congenita o acquisita delle vie di drenaggio.
idrocoltura [i-dro-col-tù-ra] *s.f.* sistema di coltivazione delle piante, le cui radici vengono immerse in acqua arricchita di sostanze nutritive.
idrocoria [i-dro-co-rì-a] *s.f.* (*bot.*) diffusione dei semi operata dall'acqua.
idrocoro [i-dro-cò-ro] *agg.* (*bot.*) si dice di pianta che si riproduce per idrocoria.
idrodinamica [i-dro-di-nà-mi-ca] *s.f.* (*fis.*) branca dell'idraulica e della meccanica che studia il movimento dei liquidi e dei fluidi incomprimibili in generale.
idrodinamico [i-dro-di-nà-mi-co] *agg.* [pl.m. *-ci*] **1** (*fis.*) che riguarda l'idrodinamica **2** fatto in modo da opporre poca resistenza all'acqua: *scafo —.*
idroelettrico [i-dro-e-lèt-tri-co] *agg.* [pl.m. *-ci*] si dice dell'energia elettrica ottenuta dalla trasformazione dell'energia cinetica dell'acqua.
idrofidi [i-drò-fi-di] *s.m.pl.* (*zool.*) famiglia di serpenti acquatici marini assai velenosi, diffusi nell'oceano Indiano e nel Pacifico.
idrofilia [i-dro-fi-lì-a] *s.f.* **1** capacità di assorbire acqua **2** (*bot.*) idrogamia.
idrofilo [i-drò-fi-lo] *agg.* **1** che assorbe facilmente acqua: *cotone —* **2** (*bot.*) si dice di pianta idrogama o che vive in zone umide **3** (*zool.*) grosso coleottero acquatico comune in Italia.
idrofita [i-drò-fi-ta] *s.f.* (*bot.*) pianta acquatica che può vivere anche sommersa nell'acqua.
idrofobia [i-dro-fo-bì-a] *s.f.* (*med.*) ripugnanza per l'acqua che è sintomo della rabbia | (*estens.*) rabbia.
idrofobico [i-dro-fò-bi-co] *agg.* [pl.m. *-ci*] (*med.*) relativo all'idrofobia.
idrofobo [i-drò-fo-bo] *agg.* **1** affetto da idrofobia: *cane —* **2** (*fig. fam.*) furioso, incollerito **3** idrorepellente.
idrofono [i-drò-fo-no] *s.m.* (*mar.*) apparecchio subacqueo di ascolto, basato sulla percezione di suoni e di ultrasuoni.
idrofugo [i-drò-fu-go] *agg.* e *s.m.* [pl.m. *-ghi*] idrorepellente: *materiale —.*
idrogamia [i-dro-ga-mì-a] *s.f.* (*bot.*) impollinazione propria delle piante acquatiche che avviene attraverso l'acqua; idrofilia.
idrogamo [i-drò-ga-mo] *agg.* (*bot.*) che concerne l'idrogamia: *impollinazione idrogama.*
idrogenare [i-dro-ge-nà-re] *v.tr.* [*io idrògeno ecc.*] (*chim.*) sottoporre a idrogenazione.
idrogenazione [i-dro-ge-na-zió-ne] *s.f.* (*chim.*) reazione di un elemento o composto chimico con l'idrogeno; è utilizzata in numerose lavorazioni industriali.
idrogeno [i-drò-ge-no] *s.m.* elemento chimico di simbolo *H*; è un gas leggerissimo, incoloro, inodoro e infiammabile ed è il costituente essenziale dell'acqua e dei composti organici | *— pesante,* deuterio.
idrogeologia [i-dro-ge-o-lo-gì-a] *s.f.* [pl. *-gie*] branca dell'idrologia che, tenendo conto della natura geologica del suolo, studia i caratteri fisici, chimici e biochimici delle acque.
idrogeologico [i-dro-ge-o-lò-gi-co] *agg.* [pl.m. *-ci*] relativo all'idrogeologia: *l'assetto — di un territorio.*
idrogetto [i-dro-gèt-to] *s.m.* (*mar.*) propulsore per natanti che utilizza l'espulsione ad alta velocità di un getto d'acqua.
idrografia [i-dro-gra-fì-a] *s.f.* **1** branca dell'idrologia che studia le acque marine e le acque continentali di superficie: *— marina* **2** distribuzione delle acque di un territorio; la loro descrizione e rappresentazione cartografica.
idrografico [i-dro-grà-fi-co] *agg.* [pl.m. *-ci*] che concerne l'idrografia: *carta idrografica.*
idrografo [i-drò-gra-fo] *s.m.* [f. *-a*] studioso di idrografia.
idrolisi [i-drò-li-ʃi] *s.f.* (*chim.*) scissione di un composto ottenuta per azione dell'acqua.
idrolitico [i-dro-lì-ti-co] *agg.* [pl.m. *-ci*] (*chim.*) che concerne l'idrolisi; dovuto a idrolisi: *dissociazione idrolitica.*
idrolito [i-drò-li-to] *s.m.* (*farm.*) farmaco in cui i principi attivi si trovano sciolti in acqua.
idrologia [i-dro-lo-gì-a] *s.f.* **1** scienza che studia le proprietà delle acque continentali **2** (*med.*) scienza che studia le acque termali a fini terapeutici.
idrologico [i-dro-lò-gi-co] *agg.* [pl.m. *-ci*] che riguarda l'idrologia.
idrologo [i-drò-lo-go] *s.m.* [f. *-a*; pl.m. *-gi*] studioso di idrologia.
idromanzia [i-dro-man-zì-a] *s.f.* forma di divinazione consistente nell'interpretazione dei movimenti che si producono sulla superficie dell'acqua.
idromassaggio [i-dro-mas-sàg-gio] *s.m.* massaggio distensivo e tonificante a opera di getti d'acqua.
idromeccanica [i-dro-mec-cà-ni-ca] (*fis.*) meccanica dei liquidi.
idromele [i-dro-mè-le] *s.m.* bevanda alcolica ottenuta dalla fermentazione del miele diluito nell'acqua.
idrometeora [i-dro-me-tè-o-ra] *s.f.* (*geog.*) denominazione generica di ogni fenomeno provocato dal vapor d'acqua presente nelle masse d'aria (pioggia, grandine, nebbia ecc.).
idrometra [i-drò-me-tra] *s.f.* insetto dotato di

lunghissime zampe, capace di muoversi sulla superficie delle acque stagnanti.

idrometria [i-dro-me-trì-a] *s.f.* la misurazione della portata e della velocità delle correnti d'acqua.

idrometrico [i-dro-mè-tri-co] *agg.* [pl.m. *-ci*] che riguarda l'idrometria: *stazione idrometrica.*

idrometro [i-drò-me-tro] *s.m.* scala graduata usata per misurare il livello dell'acqua.

idronimo [i-drò-ni-mo] *s.m.* il nome proprio di corsi d'acqua, laghi o mari.

idropico [i-drò-pi-co] *agg.* [pl.m. *-ci*] (*med.*) relativo a idropisia: *stato* — ♦ *agg.* e *s.m.* [f. *-a*] che/chi è malato di idropisia.

idropinoterapia [i-dro-pi-no-te-ra-pì-a] *s.f.* (*med.*) cura basata sull'assunzione di acque minerali.

idropisia [i-dro-pi-ʃì-a] *s.f.* (*med.*) raccolta patologica di liquido nel tessuto connettivo e in cavità sierose del corpo.

idroplano [i-dro-plà-no] *s.m.* (*mar.*) imbarcazione con scafo sagomato in modo da scivolare a grandi velocità sul pelo dell'acqua.

idropneumatico [i-dro-pneu-mà-ti-co] *agg.* [pl.m. *-ci*] (*tecn.*) si dice di dispositivo in cui si trovano a contatto due fluidi, uno liquido e l'altro aeriforme.

idroponica [i-dro-pò-ni-ca] *s.f.* idrocoltura.

idrorepellente [i-dro-re-pel-lèn-te] *agg.* si dice di materiale impermeabile all'acqua: *tessuto* — ♦ *s.m.* sostanza impiegata per impermeabilizzare.

idrorepellenza [i-dro-re-pel-lèn-za] *s.f.* proprietà di corpi e sostanze che offrono scarsissima possibilità di penetrazione all'acqua.

idrosanitario [i-dro-sa-ni-tà-rio] *agg.* e *s.m.* (*edil.*) si dice di impianto idraulico destinato all'igiene personale e allo smaltimento dei rifiuti organici.

idroscalo [i-dro-scà-lo] *s.m.* aeroscalo per idrovolanti.

idrosfera [i-dro-sfè-ra] *s.f.* (*geog.*) l'insieme delle acque che ricoprono la crosta terrestre.

idrosol [i-dro-sòl] *s.m.invar.* (*chim.*) sostanza colloidale che ha come liquido di dispersione l'acqua.

idrosolubile [i-dro-so-lù-bi-le] *agg.* (*chim.*) si dice di sostanza solubile in acqua.

idrossido [i-dròs-si-do] *s.m.* (*chim.*) composto formato dall'unione di un metallo con uno o più ossidrili: — *di sodio.*

idrostatica [i-dro-stà-ti-ca] *s.f.* (*fis.*) parte della meccanica che studia le proprietà dei liquidi in quiete.

idrostatico [i-dro-stà-ti-co] *agg.* [pl.m. *-ci*] (*fis.*) che si riferisce all'idrostatica | *spinta idrostatica*, quella dal basso verso l'alto che riceve un corpo immerso in un liquido.

idroterapia [i-dro-te-ra-pì-a] *s.f.* (*med.*) terapia che si basa sull'uso dell'acqua, semplice o medicata, sotto varie forme (immersione, frizione, impacchi ecc.).

idroterapico [i-dro-te-rà-pi-co] *agg.* [pl.m. *-ci*] relativo all'idroterapia.

idrotermale [i-dro-ter-mà-le] *agg.* **1** che riguarda le acque termali: *sorgente* — **2** (*geol.*) si dice di soluzione ad alta temperatura proveniente da un magma nell'ultimo stadio di consolidamento.

idrotimetria [i-dro-ti-me-trì-a] *s.f.* (*chim.*) metodo per determinare il grado di durezza di un'acqua.

idrotimetro [i-dro-tì-me-tro] *s.m.* (*chim.*) apparecchio per la misurazione del grado di durezza delle acque.

idrotropico [i-dro-trò-pi-co] *agg.* [pl.m. *-ci*] di idrotropismo, dovuto a idrotropismo.

idrotropismo [i-dro-tro-pì-ʃmo] *s.m.* **1** (*biol.*) reazione degli organismi agli stimoli provocati dalla presenza di acqua **2** (*bot.*) tendenza di alcune piante a svilupparsi in direzione di fonti di umidità.

idrovia [i-dro-vì-a] *s.f.* via di comunicazione costituita da un complesso di corsi d'acqua artificiali o naturali navigabili.

idrovolante [i-dro-vo-làn-te] *s.m.* velivolo a motore atto a decollare e a posarsi sull'acqua.

idrovora [i-drò-vo-ra] *s.f.* (*mecc.*) sorta di grossa pompa, utilizzata in operazioni di prosciugamento di terreni.

idrovoro [i-drò-vo-ro] *agg.* che assorbe acqua: *terreno* —; *pompa idrovora.*

idrozoi [i-dro-ʒòi] *s.m.pl.* (*zool.*) classe di celenterati acquatici.

iella [ièl-la] *s.f.* (*fam.*) iettatura, sfortuna: *avere, portare* —.

iellato [iel-là-to] *agg.* (*fam.*) sfortunato.

iemale [ie-mà-le] *agg.* (*bot.*) si dice di pianta sempreverde.

iemalizzare [ie-ma-liʒ-ʒà-re] *v.tr.* (*agr.*) vernalizzare.

iemalizzazione [ie-ma-liʒ-ʒa-zió-ne] *s.f.* (*agr.*) vernalizzazione.

iena [iè-na] *s.f.* **1** mammifero carnivoro grande come un lupo, delle steppe africane e asiatiche; vive cibandosi di carogne **2** (*fig.*) persona crudele e insieme vile.

ieraticità [ie-ra-ti-ci-tà] *s.f.* carattere, aspetto ieratico: *la — di un gesto.*

ieratico [ie-rà-ti-co] *agg.* [pl.m. *-ci*] **1** (*lett.*) sacerdotale, sacro | *scrittura ieratica*, quella geroglifica dei sacerdoti dell'antico Egitto **2** (*fig.*) solenne, grave, austero: *atteggiamento* — □ **ieraticamente** *avv.* solennemente.

-iere suffisso che forma soprattutto nomi di professioni, mestieri, attività (*banchiere, cavaliere, infermiere, ragioniere*) o di oggetti (*braciere, paniere*).

ieri [iè-ri] *avv.* il giorno che precede immediatamente l'oggi: — *mattina* | — *l'altro, l'altro* —, il giorno prima di ieri, due giorni fa | *non sono nato* —, (*fig.*) non sono ingenuo come credi ♦ *s.m.* **1** la giornata di ieri: *il giornale di* — **2** età trascorsa, non troppo lontana nel tempo: *i passatempi di* —.

iero- primo elemento di parole composte, che significa 'sacro, rituale' (*ierocrazia, ieromante*).
ierocratico [ie-ro-crà-ti-co] *agg.* [pl.m. *-ci*] proprio di una ierocrazia: *regime —*.
ierocrazia [ie-ro-cra-zì-a] *s.f.* ordinamento politico fondato sul predominio della casta dei sacerdoti.
ieromante [ie-ro-màn-te] *s.m.* e *f.* chi praticava la ieromanzia.
ieromanzia [ie-ro-man-zì-a] *s.f.* nella religione greco-romana, forma di divinazione mediante l'osservazione delle viscere della vittima sacrificale.
iettare [iet-tà-re] *v.tr.* [*io iètto ecc.*] (*dial.*) gettare il malocchio su qlcu.
iettato [iet-tà-to] *agg.* (*fam.*) che ha subito una iettatura | (*estens.*) sfortunato, scalognato, iellato.
iettatore [iet-ta-tó-re] *s.m.* [f. *-trice*] persona che si ritiene eserciti influssi malefici: *avere fama di —*.
iettatorio [iet-ta-tò-rio] *agg.* che si ritiene getti il malocchio; malefico, di cattivo augurio: *uno sguardo —*.
iettatura [iet-ta-tù-ra] *s.f.* **1** influsso malefico che sarebbe esercitato da alcune persone o cose **2** (*estens.*) sfortuna, disdetta.
ifa [ì-fa] *s.f.* (*bot.*) ciascuno dei filamenti che compongono il corpo dei funghi superiori.
-ifico suffisso di aggettivi che indicano la capacità di produrre una determinata azione, il possesso di una proprietà, un'attitudine, una caratteristica (*pacifico, prolifico, salvifico*).
-igiano suffisso presente in aggettivi e sostantivi che indicano appartenenza geografica, cittadinanza o appartenenza a un gruppo (*borghigiano, parmigiano; partigiano*).
igiene [i-giè-ne] *s.f.* **1** disciplina medica che studia i mezzi atti a conservare la salute fisica | *— mentale*, l'insieme delle norme educative per la profilassi e la cura dei disturbi mentali **2** l'insieme delle norme relative alla pulizia della persona e dell'ambiente in cui si vive: *— del corpo, della casa* □ **igienicamente** *avv.* in modo igienico.
igienico [i-giè-ni-co] *agg.* [pl.m. *-ci*] **1** che riguarda l'igiene: *prescrizioni igieniche* **2** conforme alle esigenze dell'igiene; sano, pulito: *vita igienica*.
igienista [i-gie-nì-sta] *s.m.* e *f.* [pl.m. *-sti*] **1** chi studia i problemi connessi con l'igiene: *medico —* **2** chi osserva con molto scrupolo le norme igieniche.
iglesiente [i-gle-ʃièn-te] *agg.* di Iglesias, comune in provincia di Cagliari ♦ *s.m.* e *f.* nativo, abitante di Iglesias.
igloo [/ iˈglu /] *s.m.invar.* (*ingl.*) abitazione degli eschimesi costruita con blocchi di neve, di forma emisferica.
iglù [i-glù] *s.m.* igloo.
ignaro [i-gnà-ro] *agg.* che non sa, non conosce, è all'oscuro: *— del pericolo*.
ignavia [i-gnà-via] *s.f.* (*lett.*) mancanza di volontà e di forza morale; accidia.
ignavo [i-gnà-vo] *agg.* e *s.m.* [f. *-a*] (*lett.*) che/chi mostra ignavia.
igneo [ì-gne-o] *agg.* (*lett.*) di fuoco, infiammato | *rocce ignee*, (*geol.*) eruttive.
ignifero [i-gnì-fe-ro] *agg.* (*lett.*) che porta fuoco; infuocato, ardente.
ignifugazione [i-gni-fu-ga-zió-ne] *s.f.* (*tecn.*) trattamento con sostanze ignifughe al quale si sottopone un materiale per renderlo inattaccabile dal fuoco.
ignifugo [i-gnì-fu-go] *agg.* e *s.m.* [pl.m. *-ghi*] (*tecn.*) si dice di sostanza inattaccabile dal fuoco; in particolare, di quelle usate nei trattamenti di ignifugazione.
ignizione [i-gni-zió-ne] *s.f.* **1** (*chim.*) combustione con emissione di fiamma, luce e calore **2** (*etnol.*) cremazione.
-igno suffisso aggettivale che esprime una relazione (*benigno, maligno, sanguigno*) o indica somiglianza, approssimazione (*asprigno*).
ignobile [i-gnò-bi-le] *agg.* che manca di moralità, di dignità; spregevole: *atteggiamento —* □ **ignobilmente** *avv.*
ignominia [i-gno-mì-nia] *s.f.* **1** grave disonore, vergogna infamante: *coprirsi d'—* **2** persona, cosa o fatto che è causa di disonore **3** (*scherz.*) cosa brutta, di cattivo gusto: *quel monumento è un'—!*
ignominioso [i-gno-mi-nió-so] *agg.* **1** che è causa di ignominia: *gesto —* **2** che è coperto d'ignominia: *un essere —* □ **ignominiosamente** *avv.*
ignorabile [i-gno-rà-bi-le] *agg.* che può essere ignorato.
ignorante [i-gno-ràn-te] *agg.* **1** che non sa, non conosce; che è privo di determinate nozioni: *essere — in matematica* **2** che non ha istruzione, che è senza cultura: *una persona —* **3** (*fam.*) scortese, villano ♦ *s.m.* e *f.* persona ignorante. DIM. *ignorantello* ACCR. *ignorantone*.
ignoranza [i-gno-ràn-za] *s.f.* **1** l'essere ignorante; il non sapere, il non conoscere **2** mancanza di istruzione, di cultura: *vivere nell'—* **3** (*fam.*) maleducazione.
ignorare [i-gno-rà-re] *v.tr.* [*io ignòro ecc.*] **1** non conoscere, non sapere: *— le cose più semplici; ignora di essere sorvegliato* **2** trascurare, non prendere in considerazione: *— gli altrui diritti* | *— qlcu.*, fingere di non accorgersi della sua presenza ♦ **ignorarsi** *v.rifl.rec.* fingere di non accorgersi l'uno dell'altro.
ignoto [i-gnò-to] *agg.* non conosciuto; oscuro: *cause ignote; un sentimento —*, mai provato prima ♦ *s.m.* **1** ciò che non si conosce: *avere timore dell'—* **2** [f. *-a*] persona la cui identità è sconosciuta: *sporgere denuncia contro ignoti*.
ignudo [i-gnù-do] *agg.* (*lett.*) nudo; privo di indumenti.
igro- primo elemento di parole composte, che significa 'presenza di acqua, umidità' (*igrometro, igroscopia*).
igrofilia [i-gro-fi-lì-a] *s.f.* (*bot.*) l'essere igrofilo.

igrofilo [i-grò-fi-lo] *agg.* (*biol.*) si dice di organismo vegetale o animale che abbisogna di un clima assai umido.
igrofito [i-grò-fi-to] *agg.* (*bot.*) si dice di pianta che si sviluppa solo in ambienti ricchi di umidità.
igrografo [i-grò-gra-fo] *s.m.* (*meteor.*) strumento che misura e registra l'umidità atmosferica.
igrometria [i-gro-me-trì-a] *s.f.* parte della meteorologia che misura l'umidità dell'aria.
igrometrico [i-gro-mè-tri-co] *agg.* [pl.m. *-ci*] relativo all'igrometria.
igrometro [i-grò-me-tro] *s.m.* strumento che misura l'umidità atmosferica.
igroscopia [i-gro-sco-pì-a] *s.f.* (*meteor.*) rilevazione dell'umidità atmosferica.
igroscopico [i-gro-scò-pi-co] *agg.* [pl.m. *-ci*] si dice di sostanza o di corpo capace di assorbire l'umidità atmosferica.
igroscopio [i-gro-scò-pio] *s.m.* (*meteor.*) strumento che rileva le variazioni dell'umidità atmosferica in base al cambiamento di colore che alcune sostanze subiscono per effetto dell'umidità stessa.
igrostato [i-grò-sta-to] *s.m.* apparecchio, utilizzato negli impianti di condizionamento dell'aria, che regola automaticamente l'umidità di un ambiente.
iguana [i-guà-na] *s.f.* rettile simile a un'enorme lucertola, con dorso munito di cresta, diffuso nell'America centrale e meridionale.
iguanodonte [i-gua-no-dón-te] *s.m.* dinosauro del periodo cretaceo.
ih *inter.* espressione di disgusto, stupore, noia: *ih, quante seccature!*
ikebana [i-ke-bà-na] *s.m.invar.* l'arte giapponese di disporre fiori; la composizione floreale che ne risulta.
il *art.determ.m.sing.* [si premette ai vocaboli maschili singolari che cominciano per consonante che non sia *s* impura, *gn*, *ps*, *x*, *z* (negli altri casi si usa *lo*): *il lavoro*, *il pane*, *il bosco*] **1** ha la funzione di determinare una persona o una cosa rispetto all'insieme a cui appartiene, o anche un tipo, una specie, un insieme rispetto ad altri: *il signore in prima fila*; *il latte è un alimento importante*; *il pipistrello è un animale notturno* | viene sempre premesso a nomi o cognomi preceduti da un titolo (con esclusione di *don*, *mastro*, *san*, *fra*): *il ragionier Bianchi*; *il dottor Carlo* | si può premettere al cognome di personaggi illustri: *il Leopardi*, *il Cavour* | in usi regionali si può trovare anche davanti ai nomi di persona: *eccolo qui, il Giovanni!* **2** indica entità astratte, non particolarmente distinte o precisate: *il moto fa bene*; *sopportare il caldo* **3** con valore dimostrativo: *guardalo, il timido!* | con valore distributivo temporale: *viene da noi il lunedì*.
ilare [ì-la-re] *agg.* (*lett.*) che mostra contentezza; allegro: *espressione —*.
ilarità [i-la-ri-tà] *s.f.* allegria, buonumore.
ileale [i-le-à-le] *agg.* (*anat.*) relativo all'ileo intestinale: *ansa —*.
ileo [ì-le-o] *s.m.* **1** (*anat.*) l'osso più ampio del bacino, che insieme all'ischio e al pube costituisce l'osso iliaco; ilio **2** (*anat.*) parte terminale dell'intestino tenue **3** (*med.*) occlusione intestinale acuta o cronica.
iliaco[1] [i-lì-a-co] *agg.* [pl.m. *-ci*] (*lett.*) di Ilio, altro nome dell'antica Troia: *mura iliache*.
iliaco[2] *agg.* [pl.m. *-ci*] (*anat.*) relativo all'ileo: *vena iliaca*.
ilio [ì-lio] *s.m.* (*anat.*) ileo (osso del bacino).
illanguidimento [il-lan-gui-di-mén-to] *s.m.* (*lett.*) l'illanguidire, l'illanguidirsi: *— di forze*.
illanguidire [il-lan-gui-dì-re] *v.tr.* [*io illanguidisco, tu illanguidisci ecc.*] rendere languido; fiaccare: *l'ozio illanguidisce il corpo* ♦ **illanguidirsi** *v. intr.pron.* divenire languido; infiacchirsi: *— per il lungo digiuno*.
illanguidito [il-lan-gui-dì-to] *agg.* reso languido, debole; fiacco.
illativo [il-la-tì-vo] *agg.* (*lett.*) che è fatto per illazione; che serve a un'illazione.
illazione [il-la-zió-ne] *s.f.* **1** il trarre da alcune premesse una conseguenza logica **2** convinzione o giudizio ricavato per deduzione da alcune premesse | (*estens.*) giudizio gratuito, privo di fondamento: *le tue non sono che illazioni*.
illecito [il-lé-ci-to] *agg.* che contravviene alla legge o alla morale; indebito: *guadagno —*; *relazione illecita* ♦ *s.m.* (*dir.*) atto che viola una norma giuridica: *un — penale* □ **illecitamente** *avv.*
illegale [il-le-gà-le] *agg.* che contrasta con la legge: *azione —* □ **illegalmente** *avv.*
illegalità [il-le-ga-li-tà] *s.f.* **1** l'essere illegale: *l'— di un contratto* **2** azione illegale: *commettere un'—*.
illeggibile [il-leg-gì-bi-le] *agg.* che non si può leggere; indecifrabile: *firma —* | faticoso a leggersi, per lo stile o per il contenuto: *un romanzo —*.
illegittimità [il-le-git-ti-mi-tà] *s.f.* l'essere illegittimo: *— di un provvedimento*.
illegittimo [il-le-gìt-ti-mo] *agg.* **1** contrario alla legge; non riconosciuto valido dalla legge: *governo —* | *figli illegittimi*, figli naturali **2** che è contrario a ciò che è giusto; disonesto: *pretesa illegittima* **3** privo di fondamento, erroneo: *argomentazione illegittima* □ **illegittimamente** *avv.*
illeso [il-lé-ʃo] *agg.* che non ha riportato alcuna lesione; indenne: *uscire — da un incidente*.
illetterato [il-let-te-rà-to] *agg.* e *s.m.* [f. *-a*] analfabeta; incolto.
illibatezza [il-li-ba-téz-za] *s.f.* (*lett.*) l'essere illibato; integrità, purezza.
illibato [il-li-bà-to] *agg.* (*lett.*) integerrimo, puro: *coscienza illibata* | *una ragazza illibata*, vergine.
illiberale [il-li-be-rà-le] *agg.* contrario ai principi della libertà; oppressivo: *regime —*.
illiberalità [il-li-be-ra-li-tà] *s.f.* l'essere illiberale: *l'— di un provvedimento*.
illiceità [il-li-cei-tà] *s.f.* il non essere lecito.
illimitato [il-li-mi-tà-to] *agg.* **1** che non ha limiti di tempo o di spazio; infinito: *l'universo è —* **2**

senza riserve; totale, assoluto: *fiducia illimitata* □ **illimitatamente** *avv.*
illiquidità [il-li-qui-di-tà] *s.f.* (*econ.*) caratteristica di un bene economico che non è prontamente convertibile in moneta: — *di un credito.*
illirico [il-lì-ri-co] *agg.* [pl.m. *-ci*] dell'Illiria, antica regione sul versante adriatico della penisola balcanica; dei suoi abitanti ♦ *s.m.* la lingua indoeuropea parlata dagli antichi abitanti dell'Illiria.
illividimento [il-li-vi-di-mén-to] *s.m.* il diventare livido.
illividire [il-li-vi-dì-re] *v.intr.* [*io illividisco, tu illividisci ecc.*; aus. *essere*] diventare livido: — *per il freddo.*
illogicità [il-lo-gi-ci-tà] *s.f.* l'essere illogico: *l'— di un discorso.*
illogico [il-lò-gi-co] *agg.* [pl.m. *-ci*] contrario alla logica; assurdo: *comportamento* — □ **illogicamente** *avv.*
illudere [il-lù-de-re] *v.tr.* [pass.rem. *io illuʃi, tu illudésti ecc.*; part.pass. *illuʃo*] ingannare suscitando speranze infondate: — *con promesse* ♦ **illudersi** *v.rifl.* ingannarsi: — *di riuscire*; — *sul conto di qlcu.*
illuminamento [il-lu-mi-na-mén-to] *s.m.* **1** l'illuminare, l'essere illuminato **2** (*fis.*) grandezza fisica risultante dal rapporto fra il flusso luminoso ricevuto da una superficie e la sua area.
illuminante [il-lu-mi-nàn-te] *agg.* che ha la capacità d'illuminare (anche *fig.*): *parole illuminanti.*
illuminare [il-lu-mi-nà-re] *v.tr.* [*io illùmino ecc.*] **1** rendere luminoso, rischiarare con la propria luce: *il Sole illumina la Terra* | — *a giorno*, con luce intensa come quella del giorno **2** (*fig.*) rendere radioso, ravvivare: *un sorriso che illumina il volto* **3** (*fig.*) far comprendere con grande e improvvisa chiarezza: *parole che illuminano* ♦ **illuminarsi** *v.intr.pron.* **1** diventare luminoso: *la via s'illuminò al bagliore dell'incendio* **2** (*fig.*) diventare radioso, ravvivarsi: — *di gioia.*
illuminato [il-lu-mi-nà-to] *agg.* **1** reso luminoso, rischiarato **2** (*fig.*) saggio; di larghe vedute | *prìncipi illuminati*, i sovrani del sec. XVIII che si ispiravano ai principi dell'Illuminismo □ **illuminatamente** *avv.* con saggezza.
illuminazione [il-lu-mi-na-zió-ne] *s.f.* **1** l'illuminare, l'essere illuminato | l'insieme delle apparecchiature utilizzate per illuminare artificialmente un luogo: — *elettrica* **2** (*fig.*) improvviso aprirsi della mente alla comprensione; l'insorgere di un'intuizione: *avere un'—* **3** (*fis.*) illuminamento.
illuminismo [il-lu-mi-nì-ʃmo] *s.m.* movimento culturale sviluppatosi in Europa nel corso del sec. XVIII che si proponeva di liberare l'uomo dall'ignoranza mediante l'uso della ragione e senza il ricorso a verità rivelate.
illuminista [il-lu-mi-nì-sta] *s.m.* e *f.* [pl.m. *-sti*] seguace dell'Illuminismo | Usato anche come *agg.*: *il pensiero* —.
illuministico [il-lu-mi-nì-sti-co] *agg.* [pl.m. *-ci*] relativo all'Illuminismo o agli illuministi: *idee illuministiche.*
illuminometro [il-lu-mi-nò-me-tro] *s.m.* strumento che misura la quantità di luce da cui è investita una data superficie.
illuminotecnica [il-lu-mi-no-tèc-ni-ca] *s.f.* la tecnica dell'illuminazione.
illusione [il-lu-ʃió-ne] *s.f.* **1** percezione alterata delle cose da parte dei sensi: — *ottica* **2** speranza infondata: *farsi delle illusioni.*
illusionismo [il-lu-ʃio-nì-ʃmo] *s.m.* **1** arte dello spettacolo consistente nell'eseguire esercizi che paiono prodigiosi **2** rappresentazione che per la sua grande verosimiglianza dà la sensazione della realtà.
illusionista [il-lu-ʃio-nì-sta] *s.m.* e *f.* [pl.m. *-sti*] chi dà spettacoli d'illusionismo; prestigiatore.
illusionistico [il-lu-ʃio-nì-sti-co] *agg.* [pl.m. *-ci*] relativo all'illusionismo: *effetto* — □ **illusionisticamente** *avv.*
illuso [il-lù-ʃo] *agg.* e *s.m.* [f. *-a*] che/chi spera vanamente, si fa delle illusioni: *un povero* —.
illusorietà [il-lu-ʃo-rie-tà] *s.f.* l'essere illusorio; carattere di ciò che è illusorio: *l'— di un progresso.*
illusorio [il-lu-ʃò-rio] *agg.* **1** che illude: *promesse illusorie* **2** che è effetto d'illusione: *benessere* — □ **illusoriamente** *avv.*
illustrare [il-lu-strà-re] *v.tr.* **1** spiegare, commentare: — *un argomento* **2** corredare di figure: — *un testo con dei disegni.*
illustrativo [il-lu-stra-tì-vo] *agg.* che serve a illustrare: *note illustrative.*
illustrato [il-lu-strà-to] *agg.* corredato di illustrazioni, di figure: *settimanale* —.
illustratore [il-lu-stra-tó-re] *s.m.* [f. *-trice*] chi correda di figure un testo, una pubblicazione.
illustrazione [il-lu-stra-zió-ne] *s.f.* **1** l'illustrare, l'essere illustrato: *l'— di un progetto* **2** figura che correda una pubblicazione: *illustrazioni in bianco e nero.*
illustre [il-lù-stre] *agg.* celebre, insigne: *un — scrittore.*
ilo [ì-lo] *s.m.* **1** (*bot.*) punto in cui il seme è attaccato al funicolo **2** (*anat.*) punto di un organo attraverso il quale passano vasi, nervi o dotti escretori: — *epatico.*
ilobate [i-lò-ba-te] *s.m.* (*zool.*) genere di scimmie antropomorfe prive di coda, con testa piccola, corpo snello e arti lunghissimi.
ilota [i-lò-ta] *s.m.* e *f.* [pl.m. *-ti*] (*st.*) appartenente alla più bassa delle tre classi in cui era suddivisa la popolazione di Sparta.
imam [i-màm], o **iman**, *s.m.invar.* **1** ciascuno dei sovrani per diritto divino discendenti da Alì | presso gli sciiti, lo stesso che *califfo* **2** fedele che presiede alla preghiera rituale comunitaria nelle moschee.
imbacuccare [im-ba-cuc-cà-re] *v.tr.* [*io imbacucco, tu imbacucchi ecc.*] coprire qlcu. con indumenti vari, per lo più pesanti e voluminosi; infa-

gottare ♦ **imbacuccarsi** *v.rifl.* infagottarsi: *s'è tutto imbacuccato.*
imbacuccato [im-ba-cuc-cà-to] *agg.* tutto ravvolto in indumenti; infagottato.
imbaldanzire [im-bal-dan-zì-re] *v.tr.* [*io imbaldanzisco, tu imbaldanzisci ecc.*] rendere baldanzoso: *gli elogi lo hanno imbaldanzito* ♦ **imbaldanzirsi** *v.intr.pron.* diventare baldanzoso.
imballaggio [im-bal-làg-gio] *s.m.* **1** l'imballare, l'essere imballato: *carta da —* **2** ciò che serve a imballare: *danneggiare l'—.*
imballare[1] [im-bal-là-re] *v.tr.* **1** ridurre in balle: *— il cotone* **2** rivestire un oggetto con un involucro o disporlo in un contenitore in modo che non subisca danni durante il trasporto: *— i quadri.*
imballare[2] *v.tr.* far crescere eccessivamente il regime dei giri in un motore a scoppio: *— il motore* ♦ **imballarsi** *v.intr.pron.* **1** di motore a scoppio, andare fuori giri **2** (*sport*) detto di un atleta, perdere agilità in seguito a uno sforzo eccessivo.
imballatore [im-bal-la-tó-re] *s.m.* [f. *-trice*] operaio addetto all'imballaggio di merci.
imballatrice [im-bal-la-trì-ce] *s.f.* **1** macchina usata per ridurre fieno o paglia in balle **2** macchina per l'imballaggio di merci.
imballo [im-bàl-lo] *s.m.* **1** imballaggio **2** speciale tessuto per imballaggi.
imbalsamare [im-bal-sa-mà-re] *v.tr.* [*io imbàlsamo ecc.*] **1** trattare con sostanze speciali un cadavere o un animale morto per evitare che si decomponga **2** (*fig.*) con riferimento a dottrine o ideologie, renderle rigide, privarle della loro vitalità.
imbalsamatore [im-bal-sa-ma-tó-re] *s.m.* [f. *-trice*] chi esercita il mestiere di imbalsamare.
imbalsamazione [im-bal-sa-ma-zió-ne] *s.f.* l'imbalsamare, l'essere imbalsamato.
imbambolarsi [im-bam-bo-làr-si] *v.intr.pron.* [*io mi imbàmbolo ecc.*; aus. *essere*] fissarsi con lo sguardo; rimanere assorto.
imbambolato [im-bam-bo-là-to] *agg.* che ha un'aria attonita e incantata: *restare — a guardare.*
imbandieramento [im-ban-die-ra-mén-to] *s.m.* l'imbandierare, l'essere imbandierato.
imbandierare [im-ban-die-rà-re] *v.tr.* [*io imbandièro ecc.*] ornare con bandiere in segno di festa.
imbandigione [im-ban-di-gió-ne] *s.f.* (*lett.*) le vivande imbandite: *una ricca —.*
imbandire [im-ban-dì-re] *v.tr.* [*io imbandisco, tu imbandisci ecc.*] **1** preparare vivande e disporle copiosamente sulla mensa: *— la tavola*; *— uno splendido pranzo* **2** (*fig. scherz.*) propinare: *— un discorso lungo e noioso.*
imbandito [im-ban-dì-to] *agg.* preparato con sfarzo, sontuosamente: *tavola imbandita.*
imbarazzamento [im-ba-raz-za-mén-to] *s.m.* (*non com.*) imbarazzo.
imbarazzante [im-ba-raz-zàn-te] *agg.* che crea imbarazzo: *situazione —.*
imbarazzare [im-ba-raz-zà-re] *v.tr.* **1** intralciare: *— i movimenti* | *— lo stomaco*, appesantirlo con cibi indigesti **2** (*fig.*) mettere in imbarazzo, a disagio: *la presenza di estranei lo imbarazza* ♦ **imbarazzarsi** *v.intr.pron.* sentirsi in imbarazzo.
imbarazzato [im-ba-raz-zà-to] *agg.* **1** impacciato, impedito: *stomaco —*, che non ha digerito **2** (*fig.*) a disagio; turbato, confuso: *sentirsi —* □ **imbarazzatamente** *avv.* con imbarazzo.
imbarazzo [im-ba-ràz-zo] *s.m.* **1** impaccio, intralcio: *un abito troppo stretto dà —* | *— di stomaco*, difficoltà di digestione **2** (*fig.*) stato di disagio, di perplessità, di confusione: *sentirsi in —*; *avere l'— della scelta*, poter scegliere tra più cose egualmente desiderabili.
imbarbarimento [im-bar-ba-ri-mén-to] *s.m.* l'imbarbarire, l'imbarbarirsi, l'essere imbarbarito: *— dei costumi.*
imbarbarire [im-bar-ba-rì-re] *v.tr.* [*io imbarbarisco, tu imbarbarisci ecc.*] rendere barbaro, rozzo, incivile: *— i costumi* ♦ **imbarbarirsi** *v.intr.pron.* diventare barbaro, rozzo.
imbarcadero [im-bar-ca-dè-ro] *s.m.* (*mar.*) molo, banchina per l'imbarco e lo sbarco di passeggeri e merci.
imbarcamento [im-bar-ca-mén-to] *s.m.* l'incurvarsi delle tavole e delle travi di legno.
imbarcare [im-bar-cà-re] *v.tr.* [*io imbarco, tu imbarchi ecc.*] far salire passeggeri o merci su una nave, su un'imbarcazione o su un velivolo | *— acqua*, si dice di natante in cui penetri acqua a bordo ♦ **imbarcarsi** *v.rifl.* **1** salire su una nave o un velivolo: *— per una crociera* **2** (*fig.*) mettersi in un'impresa difficile o rischiosa: *— in un brutto affare* ♦ *v.intr.pron.* detto di tavole di legno, incurvarsi.
imbarcata [im-bar-cà-ta] *s.f.* **1** (*fam.*) gran numero di persone non selezionate chiamato a partecipare a qualcosa: *un'— di amici* **2** (*aer.*) acrobazia di un aereo che passa dalla picchiata al volo rovescio **3** (*gerg.*) forte e improvviso innamoramento; cotta.
imbarcatoio [im-bar-ca-tó-io] *s.m.* (*mar.*) pontile d'imbarco, imbarcadero.
imbarcazione [im-bar-ca-zió-ne] *s.f.* termine generico con cui si indicano i piccoli natanti.
imbarco [im-bàr-co] *s.m.* [pl. *-chi*] **1** l'imbarcare, l'imbarcarsi: *l'— delle merci* **2** luogo da cui ci si imbarca: *l'— è a Genova.*
imbastardimento [im-ba-star-di-mén-to] *s.m.* l'imbastardire, l'imbastardirsi.
imbastardire [im-ba-star-dì-re] *v.tr.* [*io imbastardisco, tu imbastardisci ecc.*] **1** far diventare bastardo: *— una razza di cani* **2** (*fig.*) guastare, corrompere ♦ *v.intr.* [aus. *essere*], **imbastardirsi** *v.intr.pron.* diventare bastardo | (*fig.*) degenerare, tralignare: *tradizioni che imbastardiscono.*
imbastire [im-ba-stì-re] *v.tr.* [*io imbastisco, tu imbastisci ecc.*] **1** eseguire una cucitura provvisoria per riunire due lembi di un tessuto **2** (*fig.*) delineare sommariamente; abbozzare: *— un discorso* **3** (*mecc.*) eseguire un'imbastitura.
imbastitrice [im-ba-sti-trì-ce] *s.f.* (*tecn.*) nella la-

vorazione del feltro, macchina per imbastire il pelo.
imbastitura [im-ba-sti-tù-ra] *s.f.* **1** l'imbastire; la cucitura fatta imbastendo **2** (*fig.*) abbozzo, schema di qlco. che si intende compiere **3** (*mecc.*) collegamento provvisorio di pezzi metallici.
imbattersi [im-bàt-ter-si] *v.intr.pron.* incontrare per caso, inaspettatamente (anche *fig.*): — *in una difficoltà.*
imbattibile [im-bat-tì-bi-le] *agg.* invincibile, insuperabile: *un corridore* —.
imbattibilità [im-bat-ti-bi-li-tà] *s.f.* l'essere imbattibile; la condizione di chi è imbattuto: *l'— di un pugile.*
imbattuto [im-bat-tù-to] *agg.* che non è stato mai battuto: *un pugile* —.
imbavagliamento [im-ba-va-glia-mén-to] *s.m.* l'atto, l'effetto dell'imbavagliare (spec. *fig.*): *l'— della stampa.*
imbavagliare [im-ba-va-glià-re] *v.tr.* [*io imbavàglio ecc.*] **1** chiudere la bocca a qlcu. con un bavaglio: — *un ostaggio* **2** (*fig.*) impedire di parlare liberamente: — *l'opposizione.*
imbeccare [im-bec-cà-re] *v.tr.* [*io imbécco, tu imbécchi ecc.*] **1** mettere il cibo nel becco a un uccello che non è in grado di nutrirsi da sé **2** (*fig.*) suggerire a una persona quello che deve dire: — *un testimone.*
imbeccata [im-bec-cà-ta] *s.f.* **1** quantità di cibo che viene messa in una volta nel becco di un uccello **2** (*fig.*) suggerimento dato a una persona perché dica determinate cose: *dare l'*—.
imbeccatoio [im-bec-ca-tó-io] *s.m.* recipiente che contiene il becchime nelle gabbie e nei pollai.
imbecillaggine [im-be-cil-làg-gi-ne] *s.f.* l'essere imbecille | atto, discorso da imbecille: *basta con queste imbecillaggini!*
imbecille [im-be-cìl-le] *agg.* e *s.m.* e *f.* che/chi ha scarsa intelligenza; sciocco: *discorsi da* —.
imbecillità [im-be-cil-li-tà] *s.f.* **1** l'essere imbecille **2** atto o detto da imbecille: *commettere, dire* —.
imbelle [im-bèl-le] *agg.* debole, vile: *animo* —.
imbellettare [im-bel-let-tà-re] *v.tr.* [*io imbellétto ecc.*] **1** cospargere di belletto: — *le guance* **2** (*fig.*) ornare di fronzoli: — *uno scritto* ♦ **imbellettarsi** *v.rifl.* darsi il belletto.
imbellettato [im-bel-let-tà-to] *agg.* coperto, ornato di belletto: *si presentò tutto* —.
imbellettatura [im-bel-let-ta-tù-ra] *s.f.* l'imbellettare, l'imbellettarsi, l'essere imbellettato.
imbellire [im-bel-lì-re] *v.tr.* [*io imbellisco, tu imbellisci ecc.*] rendere più bello: *quella pettinatura la imbellisce* ♦ **imbellirsi** *v.intr.pron.* diventare più bello: *crescendo si è imbellita.*
imberbe [im-bèr-be] *agg.* **1** che non ha ancora la barba: *viso* — **2** (*fig.*) immaturo, inesperto.
imbestialirsi [im-be-stia-lìr-si] *v.intr.pron.* adirarsi, montare su tutte le furie.
imbevere [im-bé-ve-re] *v.tr.* [*io imbévo ecc.*] impregnare, inzuppare: — *d'alcol un batuffolo di cotone* ♦ **imbeversi** *v.intr.pron.* **1** impregnarsi **2** (*fig.*) lasciarsi permeare profondamente da sentimenti o idee: — *di pregiudizi.*
imbevibile [im-be-vì-bi-le] *agg.* che non si può bere: *questo caffè è proprio* —.
imbiancamento [im-bian-ca-mén-to] *s.m.* l'imbiancare, l'imbiancarsi, l'essere imbiancato.
imbiancare [im-bian-cà-re] *v.tr.* [*io imbianco, tu imbianchi ecc.*] rendere bianco, sbiancare; tingere di bianco: *la neve ha imbiancato i tetti*; — *una stoffa* | — *una stanza*, pitturarne di bianco o di colore chiaro le pareti ♦ *v.intr.* [aus. *essere*], **imbiancarsi** *v.intr.pron.* **1** diventare bianco: *i capelli si sono imbiancati* **2** (*fig.*) sbiancare, impallidire: *per la paura s'imbiancò in volto.*
imbiancatura [im-bian-ca-tù-ra] *s.f.* **1** operazione dell'imbiancare, del candeggiare tessuti **2** la tinteggiatura bianca o chiara che si dà ai muri.
imbianchimento [im-bian-chi-mén-to] *s.m.* **1** l'imbianchire, l'essere imbianchito **2** (*tecn.*) trattamento a cui si sottopongono delle sostanze per decolorarle: — *dello zucchero, del cotone.*
imbianchino [im-bian-chì-no] *s.m.* [f. *-a*] operaio che imbianca o tinteggia i muri.
imbianchire [im-bian-chì-re] *v.tr.* [*io imbianchisco, tu imbianchisci ecc.*] far diventare bianco; sbiancare: — *un tessuto* ♦ *v.intr.* [aus. *essere*] diventare bianco, incanutire: *i capelli imbianchiscono.*
imbibente [im-bi-bèn-te] *agg.* e *s.m.* (*fis.*) si dice di sostanza capace di favorire la penetrazione di un liquido nei pori di materiali solidi (soprattutto tessuti e filati).
imbibire [im-bi-bì-re] *v.tr.* [*io imbibisco, tu imbibisci ecc.*] (*fis.*) facilitare l'assorbimento di un liquido da parte di un corpo solido.
imbibizione [im-bi-bi-zió-ne] *s.f.* (*fis.*) fenomeno di assorbimento di un liquido da parte di un solido poroso.
imbiondire [im-bion-dì-re] *v.tr.* [*io imbiondisco, tu imbiondisci ecc.*] rendere biondo: — *i capelli* ♦ *v.intr.* [aus. *essere*], **imbiondirsi** *v.intr.pron.* divenire biondo.
imbizzarrirsi [im-biʒ-ʒar-rìr-si] *v.tr.* [*io mi imbiʒʒarrisco, tu ti imbiʒʒarrisci ecc.*] *v.intr.pron.* **1** detto di cavallo, adombrarsi; diventare bizzarro **2** di persona, manifestare grande irrequietezza.
imboccamento [im-boc-ca-mén-to] *s.m.* (*non com.*) l'imboccare, l'essere imboccato.
imboccare [im-boc-cà-re] *v.tr.* [*io imbócco, tu imbócchi ecc.*] **1** porre il cibo in bocca a qlcu.: — *un bambino, un malato* **2** (*fig.*) istruire qlcu. perché parli o agisca in un determinato modo **3** (*mus.*) portare alla bocca uno strumento a fiato per sonarlo: — *la tromba* **4** iniziare a percorrere: — *l'autostrada.*
imboccatura [im-boc-ca-tù-ra] *s.f.* **1** passaggio, apertura per cui si entra in qualche luogo: *l'— del tunnel* **2** la parte di un oggetto in cui s'inserisce qlco.: *l'— della bottiglia* **3** (*mus.*) estremità degli strumenti a fiato a cui si applica la bocca: *l'— del*

clarinetto **4** la parte del morso che si mette in bocca al cavallo.

imbocco [im-bóc-co] *s.m.* [pl. *-chi*] apertura, ingresso: *l'— dell'autostrada.*

imbolsimento [im-bol-si-mén-to] *s.m.* (*non com.*) l'imbolsire.

imbolsire [im-bol-sì-re] *v.intr.* [*io imbolsisco, tu imbolsisci ecc.*; aus. *essere*], **imbolsirsi** *v.intr.pron.* diventare bolso (anche *fig.*): *animale, stile imbolsito.*

imbonimento [im-bo-ni-mén-to] *s.m.* il discorso che fa l'imbonitore | (*estens.*) qualsiasi elogio eccessivo e interessato.

imbonire [im-bo-nì-re] *v.tr.* [*io imbonisco, tu imbonisci ecc.*] tentare di convincere il pubblico dell'ottima qualità di quanto si vende o si offre | (*estens.*) persuadere del valore di qlco. esagerandone i pregi.

imbonitore [im-bo-ni-tó-re] *s.m.* [f. *-trice*] chi imbonisce; venditore che vanta esageratamente la sua merce per indurre ad acquistarla.

imborghesimento [im-bor-ghe-ʃi-mén-to] *s.m.* l'imborghesire, l'imborghesirsi.

imborghesire [im-bor-ghe-ʃì-re] *v.tr.* [*io imborgheʃisco, tu imborgheʃisci ecc.*] (*spreg.*) rendere borghese, fare acquisire abitudini borghesi: *la vita comoda lo ha imborghesito* ♦ **imborghesirsi** *v.intr.pron.* (*spreg.*) acquistare abitudini e mentalità borghesi.

imborghesito [im-bor-ghe-ʃì-to] *agg.* **1** (*spreg.*) che ha assorbito i modelli e le abitudini di vita della borghesia **2** (*estens.*) che si è adagiato, che ha perduto slancio e vitalità.

imboscamento [im-bo-sca-mén-to] *s.m.* l'imboscare, l'imboscarsi.

imboscare [im-bo-scà-re] *v.tr.* [*io imbòsco, tu imbòschi ecc.*] esentare illecitamente qlcu. dal servizio militare o da compiti particolarmente gravosi | occultare, mettere al sicuro cose destinate a molti per goderne privatamente: — *le provviste di cibo* ♦ **imboscarsi** *v.rifl.* nella vita militare, sottrarsi a compiti pericolosi o spiacevoli.

imboscata [im-bo-scà-ta] *s.f.* **1** agguato; attacco a sorpresa: *cadere in un'—* **2** (*fig.*) tranello, insidia: *l'opposizione tese un'— al governo.*

imboscato [im-bo-scà-to] *s.m.* chi riesce con qualche espediente a evitare il servizio militare; chi, sotto le armi, si sottrae ai compiti più spiacevoli o pericolosi.

imboschimento [im-bo-schi-mén-to] *s.m.* l'imboschire, l'imboschirsi, l'essere imboschito.

imboschire [im-bo-schì-re] *v.tr.* [*io imboschisco, tu imboschisci ecc.*] trasformare un terreno in bosco ♦ **imboschirsi** *v.intr.pron.* coprirsi di bosco.

imbottare [im-bot-tà-re] *v.tr.* [*io imbótto ecc.*] mettere in botte: — *il vino.*

imbottavino [im-bot-ta-vì-no] *s.m.* [pl. *invar.* o *-ni*] grande imbuto che serve per versare il vino nelle botti.

imbotte [im-bót-te] *s.f.* (*arch.*) la superficie interna di un arco o di una volta.

imbottigliamento [im-bot-ti-glia-mén-to] *s.m.* l'imbottigliare, l'essere imbottigliato (anche *fig.*): *l'— del vino; — nel traffico.*

imbottigliare [im-bot-ti-glià-re] *v.tr.* [*io imbottìglio ecc.*] **1** mettere in bottiglia: — *il vino* **2** (*fig.*) bloccare il nemico chiudendogli ogni via di fuga ♦ **imbottigliarsi** *v.intr.pron.* detto di veicoli, trovarsi ammassati in un luogo stretto, in modo da ostacolarsi a vicenda.

imbottigliato [im-bot-ti-glià-to] *agg.* **1** messo in bottiglia: *vino sfuso e vino —* **2** (*fig.*) chiuso in uno spazio così ristretto da essere impedito nei movimenti: *rimanere —.*

imbottigliatrice [im-bot-ti-glia-trì-ce] *s.f.* macchina per imbottigliare il vino o altri liquidi.

imbottinare [im-bot-ti-nà-re] *v.tr.* concimare un terreno spargendovi il letame liquido dei pozzi neri (bottino).

imbottire [im-bot-tì-re] *v.tr.* [*io imbottisco, tu imbottisci ecc.*] **1** riempire materassi, cuscini, poltrone, indumenti di materiale soffice, come bambagia, piume ecc.: — *un divano*; — *le spalle di una giacca* | (*estens.*) coprire con molti indumenti per riparare dal freddo: — *un bambino di maglie* **2** farcire un panino, una vivanda **3** (*fig.*) riempire, sottoporre a somministrazione eccessiva: — *un malato di medicine*; — *la testa, il cervello di qlcu.*, inculcargli idee, nozioni inutili o dannose ♦ **imbottirsi** *v.rifl.* **1** vestirsi pesantemente con molti indumenti **2** (*fig.*) riempirsi: — *di antibiotici.*

imbottita [im-bot-tì-ta] *s.f.* coperta da letto riempita di piume o lana; trapunta.

imbottito [im-bot-tì-to] *agg.* provvisto di imbottitura; farcito: *giacca imbottita; panino —.*

imbottitura [im-bot-ti-tù-ra] *s.f.* l'imbottire, l'essere imbottito | la parte imbottita; il materiale usato per imbottire.

imbozzolarsi [im-boz-zo-làr-si] *v.rifl.* [*io mi imbòzzolo ecc.*] detto dei bachi, chiudersi nel bozzolo.

imbracare [im-bra-cà-re] *v.tr.* [*io imbraco, tu imbrachi ecc.*] legare un carico, o anche una persona, facendogli passare più volte delle funi, delle cinghie o delle catene intorno, affinché non cada.

imbracatura [im-bra-ca-tù-ra] *s.f.* operazione dell'imbracare | l'insieme delle funi, delle cinghie o delle catene con cui s'imbraca.

imbracciare [im-brac-cià-re] *v.tr.* [*io imbràccio ecc.*] infilare, adattare al braccio: — *il fucile.*

imbracciatura [im-brac-cia-tù-ra] *s.f.* **1** l'imbracciare, il modo in cui s'imbraccia **2** le parti che servono per imbracciare: *l'— dello scudo.*

imbranataggine [im-bra-na-tàg-gi-ne] *s.f.* (*fam.*) l'essere imbranato; goffaggine.

imbranato [im-bra-nà-to] *agg.* e *s.m.* [f. *-a*] (*fam.*) che/chi è impacciato, maldestro.

imbrancarsi *v.rifl.* unirsi in branco, in gruppo.

imbrattacarte [im-brat-ta-càr-te] *s.m.* e *f.invar.* (*spreg.*) scrittore scadente; scribacchino.

imbrattamento [im-brat-ta-mén-to] *s.m.* l'imbrattare, l'imbrattarsi.

imbrattamuri [im-brat-ta-mù-ri] *s.m.* e *f.invar.* pittore, imbianchino da strapazzo.
imbrattare [im-brat-tà-re] *v.tr.* **1** sporcare, specie con sostanze liquide: — *un abito di fango* **2** (*fig.*) disonorare, macchiare: — *il nome della famiglia* ♦ **imbrattarsi** *v.rifl.* sporcarsi, insudiciarsi.
imbrattatele [im-brat-ta-té-le] *s.m.* e *f.invar.* pittore mediocre, scadente.
imbrecciare [im-brec-cià-re] *v.tr.* [*io imbréccio ecc.*] coprire con uno strato di breccia: — *una strada.*
imbrecciata [im-brec-cià-ta] *s.f.* strato di breccia con cui si ricopre la superficie di una strada.
imbrecciatura [im-brec-cia-tù-ra] *s.f.* preparazione del fondo di una strada con uno strato di breccia prima di stendere il manto stradale.
imbrifero [im-brì-fe-ro] *agg.* (*geog.*) si dice di terreno che, per la sua particolare conformazione, raccoglie le acque piovane convogliandole in un corso d'acqua: *bacino* —.
imbrigliamento [im-bri-glia-mén-to] *s.m.* l'imbrigliare, l'essere imbrigliato (anche *fig.*).
imbrigliare [im-bri-glià-re] *v.tr.* [*io imbriglio ecc.*] **1** mettere le briglie a un animale: — *un cavallo* **2** trattenere; tenere a freno (anche *fig.*): — *l'immaginazione.*
imbrigliatura [im-bri-glia-tù-ra] *s.f.* l'imbrigliare, l'essere imbrigliato | l'insieme delle briglie e dei finimenti di un animale.
imbrillantinare [im-bril-lan-ti-nà-re] *v.tr.* ungere di brillantina: — *i capelli* ♦ **imbrillantinarsi** *v.rifl.* ungersi i capelli di brillantina.
imbroccare [im-broc-cà-re] *v.tr.* [*io imbròcco, tu imbròcchi ecc.*] **1** colpire con precisione il bersaglio **2** (*estens.*) indovinare, azzeccare: — *un pronostico.*
imbrogliare [im-bro-glià-re] *v.tr.* [*io imbròglio ecc.*] **1** mettere in disordine un insieme di cose; ingarbugliare: — *una matassa* **2** (*fig.*) turbare il regolare andamento di un lavoro, di un affare; far sorgere difficoltà **3** (*fig.*) far credere a qlcu. ciò che non è; raggirare, truffare ♦ **imbrogliarsi** *v.intr.pron.* **1** avvilupparsi, ingarbugliarsi: *i fili si sono imbrogliati* **2** (*fig.*) complicarsi: *l'affare si sta imbrogliando* **3** (*fig.*) confondersi, impappinarsi: *s'è imbrogliato e ha perso il filo.*
imbrogliato [im-bro-glià-to] *agg.* confuso, intricato: *un affare* —.
imbroglio [im-brò-glio] *s.m.* **1** groviglio, intrico: *un — di fili* **2** (*fig.*) faccenda, situazione intricata, confusa: *cacciarsi in un —* **3** (*fig.*) truffa, raggiro: *l'affare nasconde un* —.
imbroglione [im-bro-glió-ne] *agg.* e *s.m.* [f. *-a*] che/chi imbroglia gli altri; truffatore. DIM. *imbroglioncello.*
imbronciarsi [im-bron-ciàr-si] *v.intr.* [*io mi imbróncio ecc.*] mettere il broncio; corrucciarsi.
imbronciato [im-bron-cià-to] **1** che ha il broncio **2** (*fig.*) detto del cielo, nuvoloso.
imbrunire[1] [im-bru-nì-re] *v.intr.* [*io imbrunisco, tu imbrunisci ecc.*; aus. *essere*] **1** diventare bruno, scuro **2** (*impers.*) farsi sera, diventar scuro: *comincia a* —.
imbrunire[2] *s.m.* il tramonto; l'ora che segue al tramonto | *sull'—, all'—*, verso sera.
imbruttimento [im-brut-ti-mén-to] *s.m.* l'imbruttire, l'imbruttirsi.
imbruttire [im-brut-tì-re] *v.tr.* [*io imbruttisco, tu imbruttisci ecc.*] rendere brutto, far apparire meno bello: *costruzioni che imbruttiscono il paesaggio* ♦ **imbruttirsi** *v.intr.pron.* diventare brutto, meno bello.
imbucare [im-bu-cà-re] *v.tr.* [*io imbuco, tu imbuchi ecc.*] mettere, mandare in una buca: — *la palla*, nel gioco del biliardo; — *una lettera*, introdurla nella cassetta delle poste ♦ **imbucarsi** *v.rifl.* (*fam.*) nascondersi | introdursi in un ambiente senza averne titolo.
imbucato [im-bu-cà-to] *agg.* e *s.m.* (*fam.*) si dice di chi si imbuca o è imbucato: *alla festa c'erano molti imbucati.*
imbufalirsi [im-bu-fa-lìr-si] *v.intr.pron.* [*io mi imbufalisco, tu ti imbufalisci ecc.*; aus. *essere*] (*fam.*) andare su tutte le furie.
imbullonare [im-bul-lo-nà-re] *v.tr.* [*io imbullóno ecc.*] fissare con bulloni.
imburrare [im-bur-rà-re] *v.tr.* spalmare di burro: — *una teglia.*
imbustare [im-bu-stà-re] *v.tr.* chiudere in una busta; confezionare in buste.
imbustatrice [im-bu-sta-trì-ce] *s.f.* macchina automatica per imbustare la corrispondenza o per confezionare oggetti in buste.
imbutiforme [im-bu-ti-fór-me] *agg.* (*scient.*) che ha forma di imbuto.
imbuto [im-bù-to] *s.m.* attrezzo a forma di largo cono rovesciato, che si usa per immettere liquidi in recipienti con imboccatura stretta.
imene [i-mè-ne] *s.m.* **1** (*anat.*) ripiegatura della mucosa vaginale, che chiude parzialmente l'orifizio della vagina **2** (*poet.*) nozze.
imeneo [i-me-nè-o] *s.m.* (*lett.*) **1** nell'antichità classica, canto nuziale; epitalamio **2** (spec. *pl.*) nozze, matrimonio.
imenio [i-mè-nio] *s.m.* (*bot.*) l'insieme delle spore e delle ife fertili del micelio dei funghi.
imenotteri [i-me-nòt-te-ri] *s.m.pl.* (*zool.*) ordine di insetti con quattro ali membranose trasparenti, addome mobile e, nelle femmine, provvisto talora di pungiglione: *l'ape e la formica sono* —.
imitabile [i-mi-tà-bi-le] *agg.* che può essere imitato; che si imita facilmente.
imitare [i-mi-tà-re] *v.tr.* [*io ìmito ecc.*] **1** prendere a esempio, seguire come modello: — *lo stile di un autore* **2** copiare, riprodurre in modo simile all'originale: — *una firma* | rifare la voce, i gesti di qlcu. **3** detto di cosa, essere d'aspetto simile a un'altra: *plastica che imita la pelle.*
imitativo [i-mi-ta-tì-vo] *agg.* che imita, che tende a imitare.
imitatore [i-mi-ta-tó-re] *s.m.* [f. *-trice*] chi imita: *un poeta che ha avuto molti imitatori* | chi si esibisce in uno spettacolo imitando personaggi noti.

imitazione [i-mi-ta-zió-ne] *s.f.* 1 l'imitare, l'essere imitato: *l'— dei classici* 2 riproduzione della voce o di gesti di altri: *esibirsi in alcune imitazioni* 3 oggetto, prodotto che ne imita un altro di maggior pregio; contraffazione: *un' — del marmo.*
immacolato [im-ma-co-là-to] *agg.* 1 senza alcuna colpa, incontaminato: *coscienza immacolata* | *l'Immacolata Concezione,* il dogma della religione cattolica secondo il quale la Madonna fu concepita senza peccato originale 2 d'un bianco purissimo, senza macchia: *neve immacolata.*
immagazzinamento [im-ma-gaʒ-ʒi-na-mén-to] *s.m.* l'immagazzinare, l'essere immagazzinato.
immagazzinare [im-ma-gaʒ-ʒi-nà-re] *v.tr.* 1 mettere, riporre in magazzino: *— la merce* 2 (*fig.*) accumulare, accogliere in sé: *— nozioni.*
immaginabile [im-ma-gi-nà-bi-le] *agg.* che si può immaginare, pensare, prevedere: *fare tutto l'—.*
immaginare [im-ma-gi-nà-re] *v.tr.* [*io immàgino ecc.*] 1 rappresentarsi con la mente, concepire con la fantasia: *immagina di essere in mezzo al mare* | (*assol.*) come formula di negazione cortese: *"Disturbo?" "S'immagini!"* 2 ideare, escogitare: *— la trama di un racconto* 3 credere, supporre: *non me lo sarei mai immaginato* | illudersi: *non — di cavartela.*
immaginario [im-ma-gi-nà-rio] *agg.* 1 che è frutto di immaginazione; non vero, non reale: *mostro —* | *malato —,* chi ritiene di avere una malattia che non ha 2 *numero —,* (*mat.*) ogni numero il cui quadrato è negativo ♦ *s.m.* (*psicol., antrop.*) il patrimonio di simboli e fantasie proprio di un singolo individuo o di una collettività: *l'— collettivo* □ **immaginariamente** *avv.*
immaginativa [im-ma-gi-na-tì-va] *s.f.* facoltà, potere di immaginare; inventiva.
immaginativo [im-ma-gi-na-tì-vo] *agg.* che si riferisce all'immaginazione: *facoltà immaginativa.*
immaginazione [im-ma-gi-na-zió-ne] *s.f.* 1 la facoltà di concepire nella fantasia immagini, concetti, pensieri: *una fervida —* 2 l'atto dell'immaginare: *abbandonarsi all'—* | la cosa immaginata: *è una sua —.*
immagine [im-mà-gi-ne] *s.f.* 1 figura esteriore percepita mediante la vista: *un'— nitida, sfocata* 2 rappresentazione mentale rievocata dalla memoria o prodotta dalla fantasia; visione: *le immagini della fanciullezza* 3 l'idea che si dà di sé, l'impressione che si suscita negli altri: *gli attori curano molto la propria —* 4 rappresentazione di un soggetto religioso: *l'— di un santo* 5 (*fig.*) chi o ciò che somiglia a qlcu. o a qlco.: *è l'— di sua madre* 6 rappresentazione realistica e al tempo stesso evocativa; metafora: *parlare per immagini* 7 (*zool.*) l'insetto che ha completato la metamorfosi ed è sessualmente maturo.
immaginetta [im-ma-gi-nét-ta] *s.f.* figurina devozionale: *un'— della Madonna.*
immaginifico [im-ma-gi-nì-fi-co] *agg.* [pl.m. *-ci*] ricco di immaginazione creativa: *un poeta —.*
immaginismo [im-ma-gi-nì-ʃmo] *s.m.* propensione a fare ricorso con eccessiva frequenza a immagini figurate, parlando o scrivendo.
immaginoso [im-ma-gi-nó-so] *agg.* 1 dotato di fervida immaginazione: *mente immaginosa* 2 ricco di immagini: *stile —.*
immalinconire [im-ma-lin-co-nì-re] *v.tr.* [*io immalinconisco, tu immalinconisci ecc.*] rendere malinconico, rattristare: *pensieri che immalinconiscono* ♦ **immalinconirsi** *v.intr.pron.* diventare malinconico: *d'un tratto, si è immalinconito.*
immancabile [im-man-cà-bi-le] *agg.* 1 che non manca mai: *l'— discorso di fine anno* 2 che avverrà sicuramente: *successo —* □ **immancabilmente** *avv.* certamente, sicuramente.
immane [im-mà-ne] *agg.* (*lett.*) smisurato, enorme | di gravità incommensurabile: *un'— sciagura.*
immanente [im-ma-nèn-te] *agg.* 1 che non trascende i confini dell'esperienza e del mondo 2 intrinseco, inerente a qlco.: *principio — a una realtà* □ **immanentemente** *avv.*
immanentismo [im-ma-nen-tì-ʃmo] *s.m.* dottrina filosofica che rifiuta l'esistenza di una realtà trascendente.
immanentistico [im-ma-nen-tì-sti-co] *agg.* [pl.m. *-ci*] (*filos.*) dell'immanentismo, dell'immanenza: *concezione immanentistica.*
immanenza [im-ma-nèn-za] *s.f.* (*filos.*) il carattere di ciò che è immanente, non trascendente.
immangiabile [im-man-già-bi-le] *agg.* che non si può mangiare, perché guasto o cattivo: *cibo —.*
immantinente [im-man-ti-nèn-te] *avv.* (*lett.*) subito, senza indugio: *obbedire —.*
immarcescibile [im-mar-ce-scì-bi-le] *agg.* (*lett.*) incorruttibile | immutabile, eterno.
immateriale [im-ma-te-rià-le] *agg.* 1 che non è materiale, che non è costituito da materia 2 (*estens.*) spirituale, etereo: *una creatura —.*
immaterialità [im-ma-te-ria-li-tà] *s.f.* l'essere immateriale: *l'— dell'anima.*
immatricolare [im-ma-tri-co-là-re] *v.tr.* [*io immatrìcolo ecc.*] (*burocr.*) iscrivere per la prima volta in un registro: *— uno studente, un'automobile* ♦ **immatricolarsi** *v.rifl.* (*burocr.*) iscriversi in un registro | iscriversi al primo anno degli studi universitari.
immatricolazione [im-ma-tri-co-la-zió-ne] *s.f.* (*burocr.*) l'immatricolare, l'immatricolarsi, l'essere immatricolato: *tassa d'—.*
immaturità [im-ma-tu-ri-tà] *s.f.* 1 l'essere ancora acerbo 2 (*fig.*) scarso sviluppo intellettuale o culturale: *— sociale, politica* 3 (*med.*) condizione deficitaria di peso di un bambino alla nascita.
immaturo [im-ma-tù-ro] *agg.* 1 non ancora giunto a maturazione; acerbo: *frutto —* 2 (*fig.*) che non ha ancora raggiunto un adeguato sviluppo fisico o intellettuale, culturale: *una ragazza immatura* 3 (*med.*) si dice di neonato che presenta immaturità □ **immaturamente** *avv.* precocemente, prima del tempo.

immedesimarsi [im-me-de-ʃi-màr-si] *v.rifl.* [*io mi immedéʃimo ecc.*] partecipare emotivamente a una vicenda, a una condizione altrui come fosse propria; identificarsi: — *nel dolore di un amico, nel personaggio di un racconto.*

immedesimazione [im-me-de-ʃi-ma-zió-ne] *s.f.* l'immedesimare, l'immedesimarsi.

immediatezza [im-me-dia-téz-za] *s.f.* l'essere immediato: *l'— dei soccorsi.*

immediato [im-me-dià-to] *agg.* **1** che è in rapporto di contiguità, senza interposizione di altro **2** che avviene subito dopo, che segue senz'intervallo di tempo: *guarigione immediata* **3** (*fig.*) impulsivo, istintivo: *una reazione* — ♦ *s.m.* il presente, ciò che viene ora o tra poco: *misure per l'*— □ **immediatamente** *avv.* **1** senza alcuna frapposizione: *un nome che nell'elenco viene — prima* **2** subito: *fatelo —.*

immemorabile [im-me-mo-rà-bi-le] *agg.* così antico che se n'è perduta la memoria: *un evento* — | *da tempo —*, da tempo assai remoto.

immemore [im-mè-mo-re] *agg.* (*lett.*) che mostra di non ricordare; dimentico: — *dell'antica amicizia.*

immensità [im-men-si-tà] *s.f.* **1** l'essere immenso: *l'— dell'universo* | spazio immenso: *volare nell'*— **2** (*iperb.*) grandissima quantità: *ha un'— di preoccupazioni.*

immenso [im-mèn-so] *agg.* che è senza limiti, enorme (anche *fig.*): *ricchezze immense; un'immensa gioia* □ **immensamente** *avv.* smisuratamente, moltissimo: *amare qlcu. —.*

immergere [im-mèr-ge-re] *v.tr.* [pres. *io immèrgo, tu immèrgi ecc.*; pass.rem. *io immèrsi, tu immergésti ecc.*; part.pass. *immèrso*] **1** porre dentro un liquido, tuffare: — *le mani nell'acqua* **2** far penetrare: — *il pugnale nel petto* | (*estens.*) far sprofondare, gettare: *il guasto immerse la città nel buio* ♦ **immergersi** *v.rifl.* **1** entrare nell'acqua: — *nel fiume* **2** (*estens.*) addentrarsi in qlco.: — *nel sonno*, addormentarsi profondamente **3** (*fig.*) dedicarsi completamente a qlco.: — *nello studio.*

immeritato [im-me-ri-tà-to] *agg.* non meritato; ingiusto: *castigo* — □ **immeritatamente** *avv.* senza merito o colpa: *essere promosso, punito —.*

immeritevole [im-me-ri-té-vo-le] *agg.* non meritevole, indegno: — *di aiuto.*

immersione [im-mer-sió-ne] *s.f.* **1** l'immergere, l'immergersi, l'essere immerso: *l'— di un palombaro; un sommergibile che naviga in —*, sott'acqua **2** (*mar.*) distanza verticale tra il punto inferiore della chiglia di una nave e il piano di galleggiamento.

immerso [im-mèr-so] *agg.* che si trova nell'acqua, sott'acqua: *nuotare con la testa immersa nell'acqua* | (*fig.*) assorto, sprofondato: *essere — nei propri pensieri.*

immeschinirsi [im-me-schi-nìr-si] *v.intr.pron.* [*io mi immeschinisco, tu ti immeschinisci ecc.*] diventare meschino.

immettere [im-mét-te-re] *v.tr.* [coniugato come *mettere*] mettere dentro, far entrare: — *acqua in un serbatoio, un prodotto sul mercato* ♦ **immettersi** *v.rifl.* introdursi, entrare: — *sull'autostrada.*

immigrare [im-mi-grà-re] *v.intr.* [aus. *essere*] **1** trasferirsi in una regione diversa da quella di origine, o in un paese straniero, alla ricerca di occupazione **2** (*biol.*) detto di specie animale o vegetale, insediarsi in nuove zone geografiche.

immigrato [im-mi-grà-to] *agg.* e *s.m.* [f. *-a*] di persona che, per ragioni di lavoro, si è stabilita in un paese straniero o in una regione diversa da quella d'origine: *operai immigrati.*

immigratorio [im-mi-gra-tò-rio] *agg.* che si riferisce all'immigrazione o agli immigrati: *corrente immigratoria.*

immigrazione [im-mi-gra-zió-ne] *s.f.* **1** l'immigrare, l'essere immigrato; gli immigrati nel loro complesso: *i problemi dell'*— **2** (*biol.*) l'insediamento di vegetali o animali in un'area geografica in cui prima non esistevano.

imminente [im-mi-nèn-te] *agg.* che è prossimo ad accadere: *pericolo —.*

imminenza [im-mi-nèn-za] *s.f.* l'essere imminente.

immischiare [im-mi-schià-re] *v.tr.* [*io immìschio ecc.*] coinvolgere inopportunamente una persona in un affare, in un'attività ♦ **immischiarsi** *v.intr.pron.* intromettersi in fatti che non riguardano: *non voler —.*

immiserimento [im-mi-ʃe-ri-mén-to] *s.m.* l'immiserire, l'immiserirsi.

immiserire [im-mi-ʃe-rì-re] *v.tr.* [*io immiʃerisco, tu immiʃerisci ecc.*] rendere misero, impoverire: *la siccità immiserisce le piante* ♦ **immiserirsi** *v. intr.pron.* ridursi in uno stato di impoverimento, di miseria (anche *fig.*): — *intellettualmente.*

immissario [im-mis-sà-rio] *s.m.* (*geog.*) corso d'acqua che sfocia in un bacino: *l'Adda è — del lago di Como.*

immissione [im-mis-sió-ne] *s.f.* l'immettere, l'immettersi, l'essere immesso (anche *fig.*): *l'— di un nome in un elenco* | — *in ruolo*, (*burocr.*) assunzione stabile alle dipendenze di un'amministrazione.

immobile [im-mò-bi-le] *agg.* **1** che non si muove, fermo: *rimanere* — **2** *beni immobili*, (*dir.*) terreni, fabbricati e in genere tutti i beni non trasportabili ♦ *s.m.* bene immobile; in particolare, edificio: *il mercato degli immobili.*

immobiliare [im-mo-bi-lià-re] *agg.* che riguarda beni immobili: *proprietà* — | *società —*, che si occupa della compravendita di immobili.

immobilismo [im-mo-bi-lì-ʃmo] *s.m.* tendenza a conservare lo stato delle cose: — *politico.*

immobilistico [im-mo-bi-lì-sti-co] *agg.* [pl.m. *-ci*] proprio dell'immobilismo, ispirato all'immobilismo: *atteggiamento —.*

immobilità [im-mo-bi-li-tà] *s.f.* **1** l'essere, lo stare immobile: *la malattia lo costringe all'*— **2** (*fig.*) situazione stagnante: — *economica.*

immobilizzare [im-mo-bi-liʒ-ʒà-re] *v.tr.* **1** rendere immobile, costringere all'immobilità: — *un*

arto 2 (*fig.*) impedire ogni sviluppo: *la crisi immobilizza lo sviluppo* ♦ **immobilizzarsi** *v.rifl.* fermarsi di colpo.

immobilizzazione [im-mo-bi-liʒ-ʒa-zió-ne] *s.f.* l'immobilizzare, l'immobilizzarsi, l'essere immobilizzato: *l'— di un arto.*

immoderato [im-mo-de-rà-to] *agg.* privo di misura; smodato: *essere — nel bere* □ **immoderatamente** *avv.*

immodestia [im-mo-dè-stia] *s.f.* mancanza di modestia; presunzione.

immodesto [im-mo-dè-sto] *agg.* privo di modestia; presuntuoso: *una persona immodesta.*

immodificabile [im-mo-di-fi-cà-bi-le] *agg.* che non si può modificare, cambiare: *clausola —.*

immolare [im-mo-là-re] *v.tr.* [*io immòlo ecc.*] 1 (*relig.*) offrire in sacrificio come vittima alla divinità: *— un bue* 2 (*fig.*) sacrificare, offrire: *— la propria vita per un ideale* ♦ **immolarsi** *v.rifl.* offrirsi come vittima: *Cristo si immolò sulla croce.*

immolazione [im-mo-la-zió-ne] *s.f.* 1 l'immolare, l'immolarsi, l'essere immolato.

immondezza [im-mon-déz-za] *s.f.* 1 (*lett.*) l'essere immondo 2 immondizia, spazzatura.

immondezzaio [im-mon-dez-zà-io] *s.m.* 1 luogo in cui si raccolgono le immondizie 2 (*fig.*) ambiente moralmente lurido.

immondizia [im-mon-dì-zia] *s.f.* sporcizia, spazzatura: *il bidone delle immondizie.*

immondo [im-món-do] *agg.* (*lett.*) 1 sudicio, repellente: *un luogo —* 2 (*fig.*) lurido, turpe: *vizi immondi.*

immorale [im-mo-rà-le] *agg.* che offende la morale; che agisce contro la morale: *un comportamento —* ♦ *s.m.* e *f.* individuo immorale □ **immoralmente** *avv.*

immoralismo [im-mo-ra-lì-ʃmo] *s.m.* concezione o atteggiamento rivolto a negare ogni norma morale.

immoralista [im-mo-ra-lì-sta] *s.m.* e *f.* [pl.m. *-sti*] seguace dell'immoralismo.

immoralità [im-mo-ra-li-tà] *s.f.* l'essere immorale: *l'— di una persona, di un'azione.*

immortalare [im-mor-ta-là-re] *v.tr.* rendere immortale la memoria di qlcu. o di qlco.: *— un eroe.*

immortale [im-mor-tà-le] *agg.* 1 che non è destinato a morire: *gli dei immortali* 2 (*estens.*) che avrà fama imperitura: *opera, artista —.*

immortalità [im-mor-ta-li-tà] *s.f.* 1 l'essere immortale: *l'— dell'anima* 2 (*fig.*) fama imperitura: *le sue opere gli hanno assicurato l'—.*

immotivato [im-mo-ti-và-to] *agg.* privo di motivazione: *un provvedimento —* □ **immotivatamente** *avv.*

immoto [im-mò-to] *agg.* (*lett.*) che non si muove; immobile.

immune [im-mù-ne] *agg.* 1 non soggetto a qlco.: *— da imposte* 2 (*estens.*) libero, esente: *— da difetti* 3 (*med.*) che è in condizioni di immunità: *— dal contagio.*

immunità [im-mu-ni-tà] *s.f.* 1 esenzione da obblighi o da imposte 2 (*dir.*) privilegio di un soggetto che, per le sue funzioni o il suo ufficio, gode di un particolare trattamento rispetto alla legge: *— parlamentare* 3 (*med.*) capacità di difesa e di resistenza di un organismo nei confronti di malattie o sostanze tossiche.

immunitario [im-mu-ni-tà-rio] *agg.* (*med.*) di immunità, concernente l'immunità: *resistenza immunitaria.*

immunizzante [im-mu-niʒ-ʒàn-te] *agg.* che serve a immunizzare: *siero —.*

immunizzare [im-mu-niʒ-ʒà-re] *v.tr.* 1 (*med.*) conferire immunità a un organismo 2 (*fig.*) rendere insensibile a un'influenza negativa; salvaguardare ♦ **immunizzarsi** *v.rifl.* 1 (*med.*) rendersi immune da una malattia 2 (*fig.*) salvaguardarsi.

immunizzazione [im-mu-niʒ-ʒa-zió-ne] *s.f.* l'immunizzare, l'immunizzarsi, l'essere immunizzato.

immuno- primo elemento di parole composte della terminologia medica e biologica, che fa riferimento alla condizione di immunità dell'organismo (*immunoterapia*).

immunodeficienza [im-mu-no-de-fi-cièn-za] *s.f.* (*med.*) insufficiente difesa immunitaria da parte dell'organismo.

immunodepresso [im-mu-no-de-près-so] *agg.* e *s.m.* [f. *-a*] (*med.*) si dice di persona con ridotta difesa immunitaria.

immunogeno [im-mu-nò-ge-no] *agg.* e *s.m.* (*med.*) di sostanza capace di stimolare le risposte immunitarie.

immunoglobulina [im-mu-no-glo-bu-lì-na] *s.f.* (*biol.*) proteina costituente gli anticorpi.

immunologia [im-mu-no-lo-gì-a] *s.f.* branca della medicina che studia i fenomeni immunitari.

immunologico [im-mu-no-lò-gi-co] *agg.* [pl.m. *-ci*] relativo all'immunologia: *studi immunologici* □ **immunologicamente** *avv.* dal punto di vista immunologico.

immunologo [im-mu-nò-lo-go] *s.m.* [f. *-a*; pl.m. *-gi*] studioso di immunologia.

immunoprofilassi [im-mu-no-pro-fi-làs-si] *s.f.* (*med.*) prevenzione delle malattie fondata sulla somministrazione di sostanze immunizzanti.

immunosoppressore [im-mu-no-sop-pres-só-re] *agg.* e *s.m.* (*med.*) di sostanza che riduce o abolisce le risposte immunitarie.

immunoterapia [im-mu-no-te-ra-pì-a] *s.f.* (*med.*) terapia basata su procedimenti immunizzanti.

immusonirsi [im-mu-ʃo-nìr-si] *v.intr.pron.* [*io mi immuʃonisco, tu ti immuʃonisci ecc.*] (*fam.*) imbronciarsi, mettere il muso.

immusonito [im-mu-ʃo-nì-to] *agg.* imbronciato, corrucciato: *starsene —.*

immutabile [im-mu-tà-bi-le] *agg.* che non muta o non si può mutare: *decisione —* □ **immutabilmente** *avv.*

immutabilità [im-mu-ta-bi-li-tà] *s.f.* l'essere immutabile.

immutato [im-mu-tà-to] *agg.* che non è cambiato.

imo [ì-mo] *agg.* (*lett.*) **1** che sta nel luogo più basso o più profondo **2** (*fig.*) di infima condizione sociale; di infima qualità morale.
impaccare [im-pac-cà-re] *v.tr.* [*io impacco, tu impacchi ecc.*] mettere in pacchi: — *la merce.*
impacchettare [im-pac-chet-tà-re] *v.tr.* [*io impacchétto ecc.*] mettere in un pacchetto: — *un regalo.*
impacchettatrice [im-pac-chet-ta-trì-ce] *s.f.* macchina che impacchetta automaticamente determinati prodotti.
impacchettatura [im-pac-chet-ta-tù-ra] *s.f.* l'impacchettare, l'essere impacchettato.
impacciare [im-pac-cià-re] *v.tr.* [*io impàccio ecc.*] **1** impedire l'azione o il movimento; intralciare **2** (*fig.*) disturbare, imbarazzare: *la presenza di estranei lo impaccia* ♦ **impacciarsi** *v. intr.pron.* diventare impacciato.
impacciato [im-pac-cià-to] **1** impedito, non libero nei movimenti: *avere le mani impacciate* **2** (*fig.*) imbarazzato, goffo: *apparire* —.
impaccio [im-pàc-cio] *s.m.* **1** l'essere impacciato; imbarazzo: *rispondere con* — **2** ciò che impaccia; intralcio: *quell'oggetto è d'*—; *cavarsi d'*—, sottrarsi a una situazione imbarazzante.
impacco [im-pàc-co] *s.m.* [pl. *-chi*] (*med.*) applicazione, su una parte malata, di panni, garze ecc. imbevuti d'acqua o di sostanze medicamentose.
impadronirsi [im-pa-dro-nìr-si] *v.intr.pron.* [*io mi impadronisco, tu ti impadronisci ecc.*] **1** prendere possesso di qlco., per lo più non legittimamente (anche *fig.*): — *di un bene altrui*; *la gelosia s'impadronì di lei* **2** (*fig.*) acquistare la padronanza di qlco.: *s'è impadronito dell'inglese in poco tempo.*
impagabile [im-pa-gà-bi-le] *agg.* che vale più di quanto sia possibile pagare; impareggiabile: *una segretaria* —.
impaginare [im-pa-gi-nà-re] *v.tr.* [*io impàgino ecc.*] (*tip.*) distribuire il testo composto e le eventuali illustrazioni nelle pagine | in legatoria, disporre ordinatamente i fascicoli per la legatura in volume.
impaginato [im-pa-gi-nà-to] *s.m.* bozza tipografica già disposta in pagine.
impaginazione [im-pa-gi-na-zió-ne] *s.f.* (*tip.*) l'impaginare, l'essere impaginato.
impagliare [im-pa-glià-re] *v.tr.* [*io impàglio ecc.*] **1** rivestire, coprire di paglia: — *una seggiola* **2** imbottire di paglia la pelle di animali morti per far conservare loro l'aspetto che avevano da vivi.
impagliasedie [im-pa-glia-sè-die] *s.m.* e *f.invar.* chi per mestiere impaglia le sedie.
impagliatore [im-pa-glia-tó-re] *s.m.* [f. *-trice*] **1** chi per mestiere impaglia sedie o fiaschi **2** chi prepara animali impagliati.
impagliatura [im-pa-glia-tù-ra] *s.f.* l'impagliare, l'essere impagliato; il rivestimento di paglia.
impala [im-pà-la] *s.m.invar.* antilope africana con muso lungo e sottile; il maschio ha corna a forma di lira.
impalare [im-pa-là-re] *v.tr.* **1** infilzare con un palo, come forma di antico supplizio **2** sostenere con pali e fili: — *le viti.*
impalato [im-pa-là-to] *agg.* si dice di persona che sta diritta e immobile come un palo: *aiutami, invece di rimanere lì* —!
impalatura [im-pa-la-tù-ra] *s.f.* la messa in opera dei pali di sostegno.
impalcatura [im-pal-ca-tù-ra] *s.f.* **1** (*edil.*) struttura provvisoria di tubi d'acciaio che s'innalza attorno a un'opera in costruzione per consentire agli operai di lavorarvi; ponteggio **2** la struttura portante di qlco. (anche *fig.*): *l'— concettuale di un'opera* **3** la disposizione regolare dei rami di un albero.
impallidire [im-pal-li-dì-re] *v.intr.* [*io impallidisco, tu impallidisci ecc.*; aus. *essere*] **1** diventare pallido, sbiancare: — *per la paura* **2** (*fig.*) turbarsi fortemente, sbigottire: *impallidirono di fronte a tanta crudeltà* **3** (*lett.*) offuscarsi, sbiadire: *le stelle cominciano a* —.
impallinamento [im-pal-li-na-mén-to] *s.m.* l'impallinare, l'essere impallinato.
impallinare [im-pal-li-nà-re] *v.tr.* colpire sparando col fucile da caccia caricato a pallini: — *una lepre.*
impalmare [im-pal-mà-re] *v.tr.* (*lett.* o *scherz.*) prendere in sposa.
impalpabile [im-pal-pà-bi-le] *agg.* impercettibile al tatto; finissimo (anche *fig.*): *polvere* —; *un'— sensazione di piacere* □ **impalpabilmente** *avv.*
impalpabilità [im-pal-pa-bi-li-tà] *s.f.* l'essere impalpabile.
impanare[1] [im-pa-nà-re] *v.tr.* passare nel pangrattato cibi da friggere: — *una polpetta.*
impanare[2] *v.tr.* (*tecn.*) filettare ♦ *v.intr.* [aus. *avere*] detto di una vite, far presa.
impanato [im-pa-nà-to] *agg.* ricoperto di pangrattato: *costoletta impanata.*
impanatrice [im-pa-na-trì-ce] *s.f.* filettatrice.
impanatura[1] [im-pa-na-tù-ra] *s.f.* l'impanare, l'essere impanato.
impanatura[2] *s.f.* (*tecn.*) filettatura: *l'— di una vite.*
impaniare [im-pa-nià-re] *v.tr.* [*io impànio ecc.*] **1** spalmare di pania: — *un ramo* **2** catturare con la pania: — *un uccello* ♦ **impaniarsi** *v.rifl.* o *intr.pron.* lasciarsi prendere nella pania | cadere in trappola: — *in un brutto affare.*
impaniatura [im-pa-nia-tù-ra] *s.f.* l'impaniare, l'impaniarsi, l'essere impaniato.
impannata [im-pan-nà-ta] *s.f.* antica finestra con panno teso al posto dei vetri | (*estens.*) finestra.
impantanare [im-pan-ta-nà-re] *v.tr.* **1** ridurre a pantano: *le piogge hanno impantanato i campi* **2** (*estens.*) insudiciare con fango e terra: — *il pavimento* ♦ **impantanarsi** *v.intr.pron.* **1** restare intrappolato in un pantano: *l'automobile s'è impantanata* **2** (*fig.*) venire a trovarsi in una situazione negativa dalla quale è difficile uscire; arenarsi: — *in un brutto affare.*
impaperarsi [im-pa-pe-ràr-si] *v.intr.pron.* [*io mi impàpero ecc.*] (*fam.*) imbrogliarsi nel parlare; prendere delle papere: — *per l'emozione.*

impapocchiare [im-pa-poc-chià-re] *v.tr.* [*io impapòcchio ecc.*] (*merid.*) **1** imbrogliare, ingannare, raggirare **2** pasticciare, impiastricciare; eseguire maldestramente.
impappinarsi [im-pap-pi-nàr-si] *v.intr.pron.* (*fam.*) confondersi, interrompersi balbettando nel mezzo di un discorso: — *durante un esame*.
imparabile [im-pa-rà-bi-le] *agg.* (*sport*) che non può essere parato: *tiro* —.
imparare [im-pa-rà-re] *v.tr.* apprendere: — *un mestiere*; — *a leggere* | — *a memoria*, fissare nella mente un testo in modo da poterlo ripetere esattamente | — *a proprie spese*, pagando di persona gli sbagli fatti.
imparaticcio [im-pa-ra-tìc-cio] *s.m.* apprendimento frettoloso e stentato: *un discorso che sa d'*—.
impareggiabile [im-pa-reg-già-bi-le] *agg.* che non ha pari, che per i suoi pregi non può essere uguagliato; unico: *un maestro* — □ **impareggiabilmente** *avv.*
imparentarsi [im-pa-ren-tàr-si] *v.rifl.* [*io mi imparènto ecc.*] acquisire legami di parentela.
impari [ìm-pa-ri] *agg.invar.* **1** inferiore per forza o per qualità: *attaccare con forze* —; *lotta* —, fra contendenti di diversa forza **2** (*anat.*) si dice di organo non appaiato (*p.e.* il fegato, la milza).
imparidigitato [im-pa-ri-di-gi-tà-to] *agg.* (*zool.*) si dice di animale che ha un numero dispari di dita.
imparipennato [im-pa-ri-pen-nà-to] *agg.* (*bot.*) si dice di foglia costituita da un numero dispari di foglioline.
imparisillabo [im-pa-ri-sìl-la-bo] *agg.* (*metr.*) che ha un numero dispari di sillabe: *il settenario è un verso* —.
imparruccarsi [im-par-ruc-càr-si] *v.rifl.* [*io mi imparrucco, tu ti imparrucchi ecc.*] (*scherz.*) mettersi la parrucca.
imparruccato [im-par-ruc-cà-to] *agg.* **1** che porta la parrucca **2** (*fig.*) antiquato e retorico: *uno scrittore* —.
impartire [im-par-tì-re] *v.tr.* [*io impartisco, tu impartisci ecc.*] dare formalmente, assegnare: — *un ordine*.
imparziale [im-par-zià-le] *agg.* privo di parzialità, obbiettivo: *arbitro, valutazione* — □ **imparzialmente** *avv.*
imparzialità [im-par-zia-li-tà] *s.f.* l'essere imparziale: *decidere con* —.
impasse [/ ɛm'pas /] *s.f.invar.* (*fr.*) situazione intricata da cui non si sa come uscire: *trovarsi in un'*—.
impassibile [im-pas-sì-bi-le] *agg.* che non lascia trasparire alcun turbamento; imperturbabile: *sguardo* —.
impassibilità [im-pas-si-bi-li-tà] *s.f.* l'essere impassibile; imperturbabilità.
impastare [im-pa-stà-re] *v.tr.* manipolare una o più sostanze per farne una pasta omogenea: — *la farina con le uova* ♦ **impastarsi** *v.intr.pron.* amalgamarsi, mescolarsi in un impasto.
impastato [im-pa-stà-to] *agg.* ridotto in pasta; mescolato con altro in modo da formare una pasta | *sentirsi la bocca, la lingua impastata*, patinosa.
impastatrice [im-pa-sta-trì-ce] *s.f.* macchina per impastare.
impastatura [im-pa-sta-tù-ra] *s.f.* l'impastare, l'essere impastato.
impasticcarsi [im-pa-stic-càr-si] *v.intr.pron.* [*io m'impasticco, tu t'impasticchi ecc.*] (*gerg.*) usare sostanze stupefacenti in pasticche; drogarsi.
impasticcato [im-pa-stic-cà-to] *agg.* e *s.m.* [f. *-a*] (*gerg.*) drogato.
impasticciare [im-pa-stic-cià-re] *v.tr.* [*io impastìccio ecc.*] mettere insieme in modo disordinato e confuso; eseguire maldestramente: — *un lavoro* | ingarbugliare: — *una faccenda*.
impasto [im-pà-sto] *s.m.* **1** l'impastare, l'essere impastato **2** l'amalgama così ottenuto: *un* — *molle* | in pittura, lo strato di colore steso sulla tela **3** (*fig.*) mescolanza di elementi diversi: *un* — *di qualità e di difetti*.
impastocchiare [im-pa-stoc-chià-re] *v.tr.* [*io impastòcchio ecc.*] escogitare pretesti o menzogne per trarsi d'impaccio: — *delle scuse*.
impastoiare [im-pa-sto-ià-re] *v.tr.* [*io impastóio ecc.*] **1** mettere le pastoie a un animale: — *un cavallo* **2** (*fig.*) ostacolare, impedire: — *un'iniziativa*.
impataccare [im-pa-tac-cà-re] *v.tr.* [*io impatacco, tu impatacchi ecc.*] (*fam.*) insudiciare con patacche: — *la camicia* ♦ **impataccarsi** *v.rifl.* macchiarsi: — *di sugo*.
impattare [im-pat-tà-re] *v.tr.* e *intr.* [aus. dell'intr. *avere*] chiudere una partita, un incontro in parità.
impatto [im-pàt-to] *s.m.* **1** l'incontro di un corpo mobile con una superficie **2** (*estens.*) urto, scontro (anche *fig.*): *un* — *violentissimo*; *l'*— *con la realtà* | — *ambientale*, le conseguenze ambientali degli interventi dell'uomo sul territorio **3** (*fig.*) effetto, impressione: *il film ha avuto un grande* — *sul pubblico*.
impaurire [im-pau-rì-re] *v.tr.* [*io impaurisco, tu impaurisci ecc.*] mettere paura a qlcu.: — *un bambino* ♦ **impaurirsi** *v.intr.pron.* spaventarsi.
impavesare [im-pa-ve-ʃà-re] *v.tr.* [*io impavéʃo ecc.*] (*mar.*) **1** dotare un bastimento di impavesate, cioè di pareti di difesa sulle murate **2** issare il pavese su una nave.
impavesata [im-pa-ve-ʃà-ta] *s.f.* (*mar.*) parapetto in cima alla murata delle navi.
impavido [im-pà-vi-do] *agg.* che non ha paura; che dimostra coraggio: *un soldato* — *nell'affrontare il pericolo* □ **impavidamente** *avv.*
impaziente [im-pa-zièn-te] *agg.* che non ha pazienza, che è ansioso di fare qlco.: *essere* — *di partire*; *sguardo* — □ **impazientemente** *avv.*
impazienza [im-pa-zièn-za] *s.f.* l'essere impaziente: *dare segni di* —.
impazzare [im-paz-zà-re] *v.intr.* [aus. *essere* e *avere*] manifestarsi in maniera tumultuosa e ru-

morosa: *il carnevale impazza* | abbandonarsi a una sfrenata allegria: *la gente impazzava per le strade.*

impazzata [im-paz-zà-ta] *s.f.* solo nella loc. avv. *all'—*, con furia, senza riflettere: *sparare all'—.*

impazzimento [im-paz-zi-mén-to] *s.m.* l'impazzire | (*estens.*) briga, rompicapo: *riordinare quelle carte è stato un —.*

impazzire [im-paz-zì-re] *v.intr.* [*io impazzisco, tu impazzisci ecc.*; aus. *essere*] **1** diventare pazzo **2** (*fig.*) uscire fuori di sé: *— di gioia* **3** (*fig.*) nutrire una grande passione: *— per la musica* **4** (*fig.*) affaticarsi per venire a capo di un impegno: *quando fa i conti impazzisce* **5** detto di apparecchiature, funzionare male; fornire dati inattendibili: *la bussola è impazzita* **6** (*gastr.*) si dice di salsa o crema a base d'uova quando non raggiunge la consistenza voluta: *la maionese è impazzita.*

impeachment [/ imˈpitʃment /] *s.m.invar.* (*ingl.*) procedimento di accusa contro il capo dello stato o un alto esponente del governo.

impeccabile [im-pec-cà-bi-le] *agg.* che non ha alcun difetto; inappuntabile: *comportamento —* □ **impeccabilmente** *avv.*

impeccabilità [im-pec-ca-bi-li-tà] *s.f.* l'essere senza difetti, perfetto: *l'— di uno stile.*

impecettare [im-pe-cet-tà-re] *v.tr.* [*io impecétto ecc.*] (*pop.*) mettere pecette, cerotti ♦ **impecettarsi** *v.rifl.* (*pop.*) mettersi pecette, cerotti.

impeciare [im-pe-cià-re] *v.tr.* [*io impécio ecc.*] spalmare di pece: *— lo scafo.*

impeciatura [im-pe-cia-tù-ra] *s.f.* l'impeciare, l'essere impeciato | lo strato di pece spalmata.

impedenza [im-pe-dèn-za] *s.f.* (*elettr.*) grandezza fisica che rappresenta la resistenza opposta da un conduttore al passaggio di una corrente alternata.

impedimento [im-pe-di-mén-to] *s.m.* **1** l'impedire: *essere d'—* | ciò che impedisce; ostacolo: *superare un —* **2** nel diritto canonico, circostanza che rende irregolare o invalido il matrimonio **3** (*med.*) condizione di alterata funzionalità di un organo.

impedire [im-pe-dì-re] *v.tr.* [*io impedisco, tu impedisci ecc.*] **1** rendere impossibile, contrastare efficacemente: *— un sopruso; — di entrare* **2** ingombrare, frapporsi come ostacolo: *un masso impediva il passaggio* **3** impacciare, rendere difficoltoso: *le gonne attillate impediscono i movimenti.*

impeditivo [im-pe-di-tì-vo] *agg.* che impedisce, che è atto a impedire.

impedito [im-pe-dì-to] *agg.* che non ha la normale libertà di movimento; invalido: *avere un braccio —.*

impegnare [im-pe-gnà-re] *v.tr.* [*io impégno ecc.*] **1** dare in pegno; ipotecare: *— la casa* **2** vincolare, obbligare a un determinato comportamento: *il contratto ci impegna alla consegna* **3** occupare in un lavoro, in un'attività; costringere a un impegno, uno sforzo: *il lavoro lo impegna molto* ♦ **impegnarsi** *v.rifl.* **1** assumersi un impegno; obbligarsi: *— a finire un lavoro* **2** dedicarsi con impegno: *— nello studio.*

impegnativa [im-pe-gna-tì-va] *s.f.* documento col quale un medico convenzionato prescrive una prestazione sanitaria che non è in grado di fornire direttamente al paziente.

impegnativo [im-pe-gna-tì-vo] *agg.* che richiede impegno: *lavoro —* □ **impegnativamente** *avv.*

impegnato [im-pe-gnà-to] *agg.* **1** dato in pegno **2** detto di persona, che ha preso un impegno, che non è libera: *mi dispiace, sono —* | che è animato da un impegno etico-civile: *scrittore, romanzo —.*

impegno [im-pé-gno] *s.m.* **1** obbligo, promessa: *assumere, declinare un —; far fronte agli impegni* | *senza —*, senza sentirsi vincolati **2** compito, incombenza: *per giovedì ho un —* **3** impiego di tutte le proprie forze e capacità nel fare qlco.: *studiare con —* **4** atteggiamento di chi prende posizione su questioni di carattere ideologico, politico o sociale.

impegolarsi [im-pe-go-làr-si] *v.intr.pron.* [*io mi impégolo ecc.*] mettersi nei pasticci; inguaiarsi: *— in una brutta faccenda.*

impelagarsi [im-pe-la-gàr-si] *v.intr.pron.* [*io mi impèlago, tu ti impèlaghi ecc.*] cacciarsi in situazioni difficili; impegolarsi: *— in un mare di guai.*

impellente [im-pel-lèn-te] *agg.* che stimola all'azione; urgente: *una necessità —* □ **impellentemente** *avv.*

impellenza [im-pel-lèn-za] *s.f.* necessità urgente.

impellicciato [im-pel-lic-cià-to] *agg.* avvolto in una pelliccia: *una signora impellicciata.*

impenetrabile [im-pe-ne-trà-bi-le] *agg.* **1** attraverso cui non si può penetrare, non si può passare: *una foresta —* **2** (*fig.*) che non lascia trapelare nulla dei propri pensieri o sentimenti: *un uomo —* **3** (*fig.*) imperscrutabile, incomprensibile: *un mistero —.*

impenetrabilità [im-pe-ne-tra-bi-li-tà] *s.f.* l'essere impenetrabile.

impenitente [im-pe-ni-tèn-te] *agg.* **1** che non si pente: *peccatore —* **2** (*estens.*) che si ostina in un vizio, in un atteggiamento: *bevitore —.*

impennaggio [im-pen-nàg-gio] *s.m.* (*aer.*) l'insieme delle superfici fisse e mobili, disposte nella parte posteriore dei velivoli allo scopo di assicurarne la stabilità e il controllo.

impennare *v.tr.* [*io impénno ecc.*] (*aer.*) far passare dall'assetto orizzontale a quello verticale di volo; cabrare ♦ **impennarsi** *v.intr.pron.* **1** detto di cavalli, alzarsi sulle zampe posteriori | (*estens.*) di veicoli o natanti, sollevare la parte anteriore: *il motoscafo si impenna sulle onde* **2** (*fig.*) di persona, inalberarsi, risentirsi: *si impenna per un nonnulla.*

impennata [im-pen-nà-ta] *s.f.* **1** l'impennare, l'impennarsi (anche *fig.*): *un'— di orgoglio* **2** (*fig.*) brusco rialzo: *i prezzi hanno avuto un'—.*

impennatura [im-pen-na-tù-ra] *s.f.* le penne poste nella parte terminale della freccia per stabilizzarla.

impenni [im-pèn-ni] *s.m.pl.* (*zool.*) ordine di uccelli incapaci di volare, al quale appartengono i pinguini.
impensabile [im-pen-sà-bi-le] *agg.* assurdo, inimmaginabile: *un fatto —.*
impensato [im-pen-sà-to] *agg.* imprevisto, inaspettato: *esito —* □ **impensatamente** *avv.* in modo inaspettato.
impensierire [im-pen-sie-rì-re] *v.tr.* [*io impensierisco, tu impensierisci ecc.*] mettere in pensiero, preoccupare ♦ **impensierirsi** *v.intr.pron.* preoccuparsi.
impensierito [im-pen-sie-rì-to] *agg.* preoccupato, inquieto: *era — per il suo ritardo.*
impepare [im-pe-pà-re] *v.tr.* [*io impépo ecc.*] condire con pepe; rendere piccante (anche *fig.*): *— un racconto.*
imperante [im-pe-ràn-te] *agg.* predominante, molto diffuso; generale: *moda —.*
imperare [im-pe-rà-re] *v.intr.* [*io impèro ecc.*; aus. *avere*] **1** detenere l'autorità imperiale **2** (*fig.*) essere predominante; esercitare una prevalenza assoluta: *il cattivo gusto impera in televisione.*
imperatività [im-pe-ra-ti-vi-tà] *s.f.* l'essere imperativo, obbligatorio: *l'— delle norme giuridiche.*
imperativo [im-pe-ra-tì-vo] *agg.* che contiene un comando; autoritario: *tono —* ♦ *s.m.* (*gramm.*) modo del verbo che esprime un comando (p.e. *va, andate*) □ **imperativamente** *avv.*
imperatore [im-pe-ra-tó-re] *s.m.* **1** il sovrano di un impero **2** in Roma antica, titolo dato alla somma autorità politica e militare.
imperatrice [im-pe-ra-trì-ce] *s.f.* **1** sovrana di un impero **2** moglie di un imperatore.
impercettibile [im-per-cet-tì-bi-le] *agg.* che non si può percepire, che si percepisce a stento: *un rumore —* | (*estens.*) difficilmente apprezzabile: *un — aumento dei prezzi* □ **impercettibilmente** *avv.*
impercettibilità [im-per-cet-ti-bi-li-tà] *s.f.* (*non com.*) l'essere impercettibile.
impercorribile [im-per-cor-rì-bi-le] *agg.* che non può essere percorso: *una strada —.*
imperdonabile [im-per-do-nà-bi-le] *agg.* che non si può perdonare; molto grave: *un errore —.*
imperdonabilità [im-per-do-na-bi-li-tà] *s.f.* (*non com.*) l'essere imperdonabile.
imperfettibile [im-per-fet-tì-bi-le] *agg.* (*lett.*) che non può raggiungere la perfezione.
imperfettibilità [im-per-fet-ti-bi-li-tà] *s.f.* (*lett.*) l'essere imperfettibile: *l'— umana.*
imperfettivo [im-per-fet-tì-vo] *agg.* (*ling.*) si dice di aspetto verbale che esprime un'azione nel suo svolgimento (*p.e.* in costrutti come: *sta parlando*).
imperfetto [im-per-fèt-to] *agg.* **1** non finito, non compiuto | *tempo —*, (*gramm.*) tempo dei modi indicativo e congiuntivo del verbo; nell'indicativo esprime un'azione o una condizione passata nel suo svolgersi o nel suo ripetersi| Usato anche come *s.m.*: *l'— dell'indicativo* **2** che ha qualche difetto: *un congegno —* □ **imperfettamente** *avv.*
imperfezione [im-per-fe-zió-ne] *s.f.* **1** l'essere imperfetto **2** (*estens.*) difetto: *avere un'— fisica.*
imperforabile [im-per-fo-rà-bi-le] *agg.* che non si può perforare.
imperiale [im-pe-rià-le] *agg.* dell'impero, dell'imperatore: *dignità —* ♦ *s.m.* (spec. *pl.*) seguace di un imperatore.
imperialismo [im-pe-ria-lì-ʃmo] *s.m.* tendenza di uno stato a estendere il proprio dominio su territori che non gli appartengono.
imperialista [im-pe-ria-lì-sta] *s.m.* e *f.* [pl.m. *-sti*] sostenitore dell'imperialismo | Usato anche come *agg.*: *politica —.*
imperialistico [im-pe-ria-lì-sti-co] *agg.* [pl.m. *-ci*] d'imperialismo; che mira all'imperialismo: *tendenze imperialistiche.*
imperiosità [im-pe-rio-si-tà] *s.f.* l'essere imperioso: *l'— di un ordine.*
imperioso [im-pe-rió-so] *agg.* **1** che s'impone; autoritario: *tono —* **2** (*fig.*) che esige di essere soddisfatto; impellente: *un desiderio —* □ **imperiosamente** *avv.*
imperito [im-pe-rì-to] *agg.* e *s.m.* [f. *-a*] (*lett.*) incompetente; inesperto, incapace.
imperituro [im-pe-ri-tù-ro] *agg.* (*lett.*) che durerà in eterno: *gloria imperitura.*
imperizia [im-pe-rì-zia] *s.f.* mancanza di pratica o abilità in cose che si dovrebbero saper fare; incompetenza: *l'— di un medico.*
imperlare [im-per-là-re] *v.tr.* [*io impèrlo ecc.*] **1** adornare di perle **2** (*fig.*) cospargere di gocce: *il sudore gli imperlava la fronte* ♦ **imperlarsi** *v. intr.pron.* cospargersi di gocce: *le guance le s'imperlarono di lacrime.*
impermalire [im-per-ma-lì-re] *v.tr.* [*io impermalisco, tu impermalisci ecc.*] (*non com.*) indispettire, far stizzire ♦ **impermalirsi** *v.intr.pron.* provare risentimento: *— per un nonnulla.*
impermalito [im-per-ma-lì-to] *agg.* risentito, indispettito.
impermeabile [im-per-me-à-bi-le] *agg.* che non si lascia attraversare dai liquidi: *terreno, tessuto —* | (*estens.*) che non si lascia attraversare da fluidi, polveri, radiazioni: *schermo — ai raggi x* ♦ *s.m.* soprabito di tessuto impermeabile che s'indossa per ripararsi dalla pioggia □ **impermeabilmente** *avv.*
impermeabilità [im-per-me-a-bi-li-tà] *s.f.* l'essere impermeabile.
impermeabilizzante [im-per-me-a-bi-liʒ-ʒàn-te] *agg.* e *s.m.* si dice di sostanza usata per impermeabilizzare.
impermeabilizzare [im-per-me-a-bi-liʒ-ʒà-re] *v.tr.* rendere impermeabile: *— un solaio.*
impermeabilizzato [im-per-me-a-bi-liʒ-ʒà-to] *agg.* reso impermeabile: *tessuto —.*
impermeabilizzazione [im-per-me-a-bi-liʒ-ʒa-zió-ne] *s.f.* l'impermeabilizzare, l'essere impermeabilizzato.
imperniare [im-per-nià-re] *v.tr.* [*io impèrnio ecc.*] **1** fissare, collegare con uno o più perni **2** (*fig.*) fondare, basare: *— il discorso su un presup-*

posto ♦ **imperniarsi** *v.intr.pron.* 1 essere fissato per mezzo di perni: *la porta s'impernia sui cardini* 2 (*fig.*) basarsi: *il romanzo s'impernia su un unico personaggio.*

impero [im-pè-ro] *s.m.* 1 governo di tipo monarchico avente a capo un imperatore: *la lotta fra il papato e l'—* | dignità, autorità, potere di un imperatore: *l'— di Tiberio* | il territorio soggetto alla giurisdizione di un imperatore: *i confini dell'—* | *— coloniale*, complesso di colonie appartenenti a uno stato 2 (*estens.*) sfera d'influenza, di supremazia molto estesa: *l'— economico delle multinazionali* | Usato come *agg.invar.*: *stile —*, nelle arti decorative, stile classicheggiante fiorito durante l'impero napoleonico: *un mobile stile —.*

imperscrutabile [im-per-scru-tà-bi-le] *agg.* che non si può scrutare; misterioso: *ragioni imperscrutabili* □ **imperscrutabilmente** *avv.*

imperscrutabilità [im-per-scru-ta-bi-li-tà] *s.f.* l'essere imperscrutabile.

impersonale [im-per-so-nà-le] *agg.* 1 (*gramm.*) si dice di verbo usato solo nella terza persona del singolare perché privo di soggetto determinato (p.e. *piove*) | *forma — del verbo*, quando non è espresso un soggetto personale (p.e. *si dice*) 2 che non riguarda una determinata persona; generico: *accuse impersonali* 3 privo di originalità: *un'opera —* □ **impersonalmente** *avv.*

impersonalità [im-per-so-na-li-tà] *s.f.* 1 l'essere impersonale, non riferibile a una determinata persona: *l'— di un giudizio* 2 mancanza di originalità: *— di concetti.*

impersonare [im-per-so-nà-re] *v.tr.* [*io impersóno ecc.*] 1 rappresentare come persona un'entità astratta; personificare, incarnare: *il Virgilio dantesco impersona la ragione umana* 2 interpretare in qualità di attore: *— un eroe tragico* ♦ **impersonarsi** *v.rifl.* o *intr.pron.* incarnarsi, prendere corpo: *in lui si impersona l'onestà.*

imperterrito [im-per-tèr-ri-to] *agg.* che non si lascia spaventare; imperturbabile: *nonostante le proteste, continuò — a parlare.*

impertinente [im-per-ti-nèn-te] *agg.* che manca di riguardo; insolente: *un ragazzo, una domanda —* ♦ *s.m.* e *f.* persona insolente: *è un —* □ **impertinentemente** *avv.*

impertinenza [im-per-ti-nèn-za] *s.f.* l'essere impertinente: *l'— di un gesto, di una risposta* | atto o detto impertinente: *dire un'—.*

imperturbabile [im-per-tur-bà-bi-le] *agg.* 1 che non si turba; impassibile: *rimanere —* 2 riferito a cosa, che non può essere turbato da nulla: *una quiete —* □ **imperturbabilmente** *avv.*

imperturbabilità [im-per-tur-ba-bi-li-tà] *s.f.* l'essere imperturbabile; impassibilità.

imperturbato [im-per-tur-bà-to] *agg.* non turbato; sereno, tranquillo: *continuò — il suo discorso.*

imperversare [im-per-ver-sà-re] *v.intr.* [*io imperverso ecc.*; aus. *avere*] 1 di elementi naturali, epidemie, fenomeni sociali, infuriare: *la bufera, la peste imperversava* 2 (*scherz.*) essere assai diffuso, avere successo: *una moda che sta imperversando.*

impervietà [im-per-vie-tà] *s.f.* l'essere impervio.

impervio [im-pèr-vio] *agg.* si dice di un luogo attraverso il quale è difficile transitare; impraticabile: *un passo —.*

impestare [im-pe-stà-re] *v.tr.* [*io impèsto ecc.*] (*pop.*) appestare.

impetigine [im-pe-tì-gi-ne] *s.f.* (*med.*) infiammazione della pelle che si manifesta con piccole pustole.

impeto [ìm-pe-to] *s.m.* 1 moto improvviso e violento: *l'— delle onde* 2 (*fig.*) improvviso moto dell'animo: *un — d'ira* | foga, concitazione: *nell'— del discorso.*

impetrare [im-pe-trà-re] *v.tr.* [*io impètro ecc.*] (*lett.*) chiedere con suppliche, implorare: *— la grazia per un condannato.*

impettito [im-pet-tì-to] *agg.* che tiene il petto in fuori in segno di presunzione | (*fig.*) vanitoso, presuntuoso.

impetuosità [im-pe-tu-o-si-tà] *s.f.* l'essere impetuoso: *— di carattere*; *l'— del vento.*

impetuoso [im-pe-tu-ó-so] *agg.* 1 che si muove con impeto; rapido e violento: *torrente —* 2 (*fig.*) di persona, impulsivo, irruente: *un giovane —* 3 (*fig.*) pieno di foga; veemente: *attacco —* □ **impetuosamente** *avv.*

impiallacciare [im-pial-lac-cià-re] *v.tr.* [*io impiallàccio ecc.*] 1 rivestire una superficie di legno con un foglio sottile di altro legno più pregiato 2 (*estens.*) rivestire un'opera in muratura con lastre di marmo o altri materiali.

impiallacciato [im-pial-lac-cià-to] *agg.* si dice di legno rivestito di un foglio di altro legno più pregiato: *un tavolo —.*

impiallacciatore [im-pial-lac-cia-tó-re] *s.m.* operaio che esegue lavori di impiallacciatura.

impiallacciatura [im-pial-lac-cia-tù-ra] *s.f.* l'operazione dell'impiallacciare | il legno in fogli impiegato per impiallacciare.

impiantabile [im-pian-tà-bi-le] *agg.* (*med.*) che si può impiantare, trapiantare.

impiantare [im-pian-tà-re] *v.tr.* 1 fissare le parti di base di una struttura per avviarne la costruzione: *— una caldaia* | installare: *— il telefono* | mettere a dimora una pianta 2 (*estens.*) fondare, avviare: *— un'azienda* 3 (*med.*) effettuare un impianto; trapiantare.

impiantista [im-pian-tì-sta] *s.m.* e *f.* [pl.m. *-sti*] specialista in lavori di impiantistica | installatore.

impiantistica [im-pian-tì-sti-ca] *s.f.* settore dell'ingegneria che si occupa della progettazione e della costruzione di impianti industriali.

impiantito [im-pian-tì-to] *s.m.* pavimento ottenuto fissando i materiali di copertura a un fondo di malta: *— di legno.*

impianto [im-piàn-to] *s.m.* 1 l'impiantare 2 complesso delle macchine e delle attrezzature necessarie a un'attività o a un processo produttivo: *— di illuminazione*; *impianti industriali* 3 (*fig.*) assetto, linea, struttura: *una costruzione di*

— *moderno* 4 (*biol.*) detto dell'uovo fecondato, il fissarsi nell'utero 5 (*med.*) trapianto.

impiastrare [im-pia-strà-re] *v.tr.* spalmare con una materia vischiosa; imbrattare: — *un vestito di inchiostro* ♦ **impiastrarsi** *v.intr.pron.* imbrattarsi.

impiastricciare [im-pia-stric-cià-re] *v.tr.* [*io impiastrìccio ecc.*] impiastrare, imbrattare ♦ **impiastricciarsi** *v.rifl.* o *intr.pron.* imbrattarsi.

impiastro [im-pià-stro] *s.m.* 1 ogni medicamento formato da materia bollita che si applica, a caldo, sulla parte malata: — *di semi di lino* 2 (*fig., fam.*) persona seccante o maldestra.

impiccagione [im-pic-ca-gió-ne] *s.f.* l'impiccare, l'essere impiccato: *condannare all'*—.

impiccare [im-pic-cà-re] *v.tr.* [*io impicco, tu impicchi ecc.*] uccidere, giustiziare qlcu. appendendolo per il collo a un capestro: — *a un albero* ♦ **impiccarsi** *v.rifl.* uccidersi appendendosi per il collo a un capestro.

impiccato [im-pic-cà-to] *s.m.* [f. *-a*] persona morta per impiccagione.

impicciare [im-pic-cià-re] *v.tr.* [*io impìccio ecc.*] (*fam.*) essere d'intralcio, ostacolare: *questo tavolo impiccia* ♦ **impicciarsi** *v.rifl.* intromettersi: — *nei fatti degli altri.*

impicciato [im-pic-cià-to] *agg.* (*fam.*) 1 occupato, pieno di impegni noiosi: *oggi sono molto* — 2 intricato, imbrogliato: *una questione piuttosto impicciata.*

impiccio [im-pìc-cio] *s.m.* seccatura, fastidio; guaio: *trovarsi in un* —.

impiccione [im-pic-ció-ne] *s.m.* [f. *-a*] (*fam.*) chi usa intromettersi nelle faccende altrui; ficcanaso.

impiegabile [im-pie-gà-bi-le] *agg.* che può essere impiegato: *materiale — per usi diversi.*

impiegare [im-pie-gà-re] *v.tr.* [*io impiègo, tu impièghi ecc.*] 1 usare, utilizzare: — *le proprie forze* | — *un certo tempo*, mettercelo: *l'autobus ha impiegato un'ora* 2 assumere qlcu. per un lavoro: *è impiegato in una ditta* ♦ **impiegarsi** *v.rifl.* ottenere un posto di impiegato: — *in una banca.*

impiegatizio [im-pie-ga-tì-zio] *agg.* di impiegato, degli impiegati: *ceto* —.

impiegato [im-pie-gà-to] *s.m.* [f. *-a*] chi presta attività lavorativa dipendente in un ufficio, svolgendo funzioni di collaborazione non manuale: — *statale.*

impiego [im-piè-go] *s.m.* [pl. *-ghi*] 1 l'impiegare, il modo d'impiegare; uso: *un massiccio — di truppe* 2 attività di lavoro dipendente presso un ufficio pubblico o privato: *trovare, perdere l'*— | *pubblico* —, l'insieme degli impiegati pubblici.

impietosire [im-pie-to-sì-re] *v.tr.* [*io impietosisco, tu impietosisci ecc.*] muovere a pietà: — *i giudici*; *una vista che impietosisce* ♦ **impietosirsi** *v.intr.pron.* muoversi a pietà.

impietoso [im-pie-tó-so] *agg.* privo di pietà; spietato: *giudizio* — □ **impietosamente** *avv.*

impietrimento [im-pie-tri-mén-to] *s.m.* l'impietrire, l'essere impietrito.

impietrire [im-pie-trì-re] *v.tr.* [*io impietrisco, tu impietrisci ecc.*] 1 convertire in pietra; pietrificare: *la Medusa impietriva chiunque la guardasse* 2 (*fig.*) irrigidire; rendere insensibile: *il dolore l'aveva impietrito* ♦ *v.intr.* [aus. *avere*], **impietrirsi** *v.intr.pron.* irrigidirsi; divenire insensibile.

impigliarsi [im-pi-gliàr-si] *v.intr.pron.* [*io mi impìglio ecc.*] rimanere avviluppato, imbrogliato: *il vestito si è impigliato nel filo spinato.*

impignorabile [im-pi-gno-rà-bi-le] *agg.* (*dir.*) che non può essere pignorato: *bene* —.

impigrire [im-pi-grì-re] *v.tr.* [*io impigrisco, tu impigrisci ecc.*] rendere pigro: *l'ozio impigrisce* ♦ *v.intr.* [aus. *essere*], **impigrirsi** *v.intr.pron.* diventare pigro.

impilare [im-pi-là-re] *v.tr.* disporre una serie di oggetti uno sull'altro in modo da formare una pila.

impinguare [im-pin-guà-re] *v.tr.* [*io impìnguo ecc.*] 1 (*non com.*) rendere pingue, ingrassare 2 (*fig.*) arricchire: — *le casse dello stato* ♦ **impinguarsi** *v.intr.pron.* 1 diventar grasso 2 (*fig.*) arricchirsi.

impiombare [im-piom-bà-re] *v.tr.* [*io impiómbo ecc.*] sigillare, piombare.

impiombatura [im-piom-ba-tù-ra] *s.f.* l'impiombare, l'essere impiombato | il piombo o altro materiale usato per impiombare.

impiotamento [im-pio-ta-mén-to] *s.m.* (*agr.*) l'impiotare, l'essere impiotato.

impiotare [im-pio-tà-re] *v.tr.* [*io impiòto ecc.*] (*agr.*) rivestire di zolle erbose un terreno, per consolidarlo o a scopo ornamentale.

impiparsi [im-pi-pàr-si] *v.intr.pron.* (*fam.*) non curarsi, infischiarsi di qlcu. o qlco.

impiumare [im-piu-mà-re] *v.tr.* coprire di piume; decorare con piume: — *un cappellino* ♦ **impiumarsi** *v.intr.pron.* coprirsi di piume, mettere le penne.

implacabile [im-pla-cà-bi-le] *agg.* che non si può placare; inesorabile, accanito: *odio, nemico* — □ **implacabilmente** *avv.*

implacabilità [im-pla-ca-bi-li-tà] *s.f.* l'essere implacabile.

implacato [im-pla-cà-to] *agg.* (*lett.*) implacabile.

implantologia [im-plan-to-lo-gì-a] *s.f.* tecnica odontoiatrica che consente di sostituire i denti mancanti con protesi fisse | tecnica di rinfoltimento del cuoio capelluto.

implementare [im-ple-men-tà-re] *v.tr.* [*io impleménto ecc.*] (*inform.*) ottimizzare un programma o un elaboratore elettronico, verificandone la capacità di risolvere le operazioni logiche e matematiche per cui è concepito.

implementazione [im-ple-men-ta-zió-ne] *s.f.* l'implementare, l'essere implementato.

implicare [im-pli-cà-re] *v.tr.* [*io ìmplico, tu ìmplichi ecc.*] 1 comportare come conseguenza o come premessa logica: *impegno che implica sacrificio* 2 coinvolgere qlcu. in una situazione spiacevole, in un'impresa disonesta: — *qlcu. in uno scandalo* ♦ **implicarsi** *v.intr.pron.* coinvolgersi, invischiarsi.

implicato [im-pli-cà-to] *agg.* coinvolto: *essere — in una truffa.*
implicazione [im-pli-ca-zió-ne] *s.f.* l'implicare, l'essere implicato; connessione, conseguenza: *le implicazioni politiche di un fatto.*
implicito [im-plì-ci-to] *agg.* non esplicitamente espresso, ma chiaramente deducibile; sottinteso: *approvazione implicita* | *proposizione implicita,* (*gramm.*) quella che ha per predicato una forma indefinita del verbo (infinito, participio, gerundio) □ **implicitamente** *avv.*
implodere [im-plò-de-re] *v.intr.* [coniugato come *esplodere*; aus. *essere*] rompersi per implosione.
implorante [im-plo-ràn-te] *agg.* (*lett.*) che implora, supplice: *sguardo —.*
implorare [im-plo-rà-re] *v.tr.* [*io implòro ecc.*] (*lett.*) chiedere con preghiere, supplicare: *— il perdono.*
implorazione [im-plo-ra-zió-ne] *s.f.* preghiera, supplica.
implosione [im-plo-ʃió-ne] *s.f.* (*fis.*) fenomeno analogo all'esplosione, ma che si propaga dall'esterno verso l'interno.
implosivo [im-plo-ʃì-vo] *agg.* (*ling.*) si dice di suono prodotto facendo entrare momentaneamente l'aria esterna nella cavità orale: *consonante implosiva.*
implume [im-plù-me] *agg.* privo di piume e di penne: *un uccellino —* | (*fig.*) imberbe.
impluvio [im-plù-vio] *s.m.* **1** (*archeol.*) nel cortile interno della casa romana, il bacino in cui si raccoglieva l'acqua piovana **2** *linea di —,* (*geog.*) in una valle, solco lungo il quale convergono le acque dai versanti vicini.
impoetico [im-po-è-ti-co] *agg.* [pl.m. *-ci*] (*lett.*) **1** che manca delle qualità essenziali per essere poetico: *verso —* **2** (*estens.*) prosaico, ordinario, rozzo.
impollinare [im-pol-li-nà-re] *v.tr.* [*io impòllino ecc.*] fecondare con il polline: *i fiori sono impollinati dalle api.*
impollinatore [im-pol-li-na-tó-re] *agg.* e *s.m.* [f. *-trice*] che impollina, che provoca l'impollinazione: *insetti impollinatori.*
impollinazione [im-pol-li-na-zió-ne] *s.f.* il trasporto del polline sullo stigma di un fiore, al fine di rendere possibile la fecondazione: *— anemofila,* per mezzo del vento; *— entomofila,* per mezzo di insetti; *— ornitofila,* per mezzo di uccelli.
impolpare [im-pol-pà-re] *v.tr.* [*io impólpo ecc.*] (*non com.*) rimpolpare.
impoltronire [im-pol-tro-nì-re] *v.tr.* [*io impoltronisco, tu impoltronisci ecc.*] rendere poltrone, pigro ♦ *v.intr.* [aus. *essere*], **impoltronirsi** *v.intr.pron.* impigrirsi.
impolverare [im-pol-ve-rà-re] *v.tr.* [*io impólvero ecc.*] coprire, sporcare di polvere: *— le scarpe* ♦ **impolverarsi** *v.intr.pron.* coprirsi di polvere.
impolverato [im-pol-ve-rà-to] *agg.* coperto di polvere: *mobili impolverati.*
impomatare [im-po-ma-tà-re] *v.tr.* ungere con pomata o brillantina: *— i capelli* ♦ **impomatarsi** *v.rifl.* ungersi con pomata o brillantina.
impomatato [im-po-ma-tà-to] *agg.* **1** unto con pomata **2** (*scherz.* o *spreg.*) si dice di uomo che si unge eccessivamente di brillantina: *è sempre tutto —.*
imponderabile [im-pon-de-rà-bi-le] *agg.* **1** tanto leggero da non poter essere pesato **2** (*fig.*) che non si può prevedere o valutare: *un fattore —* ♦ *s.m.* ciò che sfugge all'analisi razionale; ciò che è imprevedibile □ **imponderabilmente** *avv.*
imponderabilità [im-pon-de-ra-bi-li-tà] *s.f.* **1** l'essere imponderabile **2** (*fis.*) assenza di forza di gravità.
imponente [im-po-nèn-te] *agg.* che ha dimensioni straordinarie o aspetto solenne: *un edificio —; un'— manifestazione.*
imponenza [im-po-nèn-za] *s.f.* grandiosità, solennità: *l'— delle cattedrali gotiche.*
imponibile [im-po-nì-bi-le] *agg.* **1** che può essere imposto **2** (*fin.*) che è oggetto d'imposizione fiscale: *reddito —* ♦ *s.m.* (*fin.*) il valore in base al quale si calcola l'entità dell'imposta.
imponibilità [im-po-ni-bi-li-tà] *s.f.* (*fin.*) **1** l'essere imponibile: *l'— di un reddito* **2** la misura in cui pesa l'onere fiscale su un contribuente: *un'— alta.*
impopolare [im-po-po-là-re] *agg.* non amato, non gradito dal popolo: *governo, legge —* | (*estens.*) non gradito nel proprio ambiente: *essere — tra i colleghi* □ **impopolarmente** *avv.*
impopolarità [im-po-po-la-ri-tà] *s.f.* l'essere impopolare: *l'— di un provvedimento.*
imporporare [im-por-po-rà-re] *v.tr.* [*io impórporo ecc.*] (*lett.*) tingere di porpora; arrossare: *la luce del tramonto imporpora il cielo* ♦ **imporporarsi** *v.intr.pron.* (*lett.*) arrossire: *— in viso.*
imporre [im-pór-re] *v.tr.* [coniugato come *porre*] **1** porre, mettere sopra: *— la corona; — un nome,* darlo | *— le mani,* (*relig.*) compiere il rito dell'imposizione **2** stabilire d'autorità; far rispettare: *— la propria volontà; — a qlcu. di fare qlco.,* ordinare **3** esigere, richiedere: *la circostanza impone cautela* ♦ **imporsi** *v.rifl.* o *intr.pron.* **1** farsi valere, farsi ubbidire: *un uomo che sa —* **2** avere successo: *un prodotto che si è imposto sul mercato* | *— all'attenzione,* richiamarla **3** rendersi necessario: *s'impone un ripensamento.*
import [/ ˈimpɔrt /] *s.m.invar.* (*ingl.*) (*econ.*) importazione: *una ditta di import-export.*
importabile [im-por-tà-bi-le] *agg.* che si può importare: *merci importabili.*
importante [im-por-tàn-te] *agg.* **1** che ha grande interesse o valore; rilevante: *un avvenimento —; un'— scoperta scientifica* **2** influente, autorevole, detto di persona: *un personaggio —* ♦ *s.m.* ciò che più preme o interessa: *l'— è far presto.*
importanza [im-por-tàn-za] *s.f.* l'essere importante; valore, rilievo: *una cosa di grande —; dare — a qlco.,* considerarla importante | *darsi —,* darsi delle arie.

importare [im-por-tà-re] *v.tr.* [*io impòrto ecc.*] **1** (*econ.*) far entrare nei confini del proprio stato beni o servizi provenienti da paesi esteri: *l'Italia importa petrolio* **2** (*estens.*) introdurre nel proprio paese: — *una moda* ♦ *v.intr.* [aus. *essere*] avere importanza: *ciò che più importa è la salute* ♦ *v.intr.impers.* [aus. *essere*] **1** essere necessario: *non importa che vi disturbiate* **2** avere importanza, interessare: *a noi importava essere presenti.*

importatore [im-por-ta-tó-re] *agg.* e *s.m.* che/chi effettua importazioni: *un paese — di materie prime.*

importazione [im-por-ta-zió-ne] *s.f.* l'importare, l'essere importato (anche *fig.*): *prodotti d'—*; *l'— di nuove idee.*

importo [im-pòr-to] *s.m.* ammontare di una spesa; somma di denaro: *l'— di una fattura.*

importunare [im-por-tu-nà-re] *v.tr.* infastidire, disturbare, soprattutto con richieste sconvenienti: — *una donna* | in formule di cortesia: *scusi se la importuno; non vorrei importunarla.*

importunità [im-por-tu-ni-tà] *s.f.* l'essere importuno.

importuno [im-por-tù-no] *agg.* che reca noia, disturbo: *una persona importuna* | inopportuno, fuori luogo: *un intervento —* ♦ *s.m.* [f. *-a*] persona importuna □ **importunamente** *avv.*

impositivo [im-po-ʃi-tì-vo] *agg.* di imposizione, che contiene un'imposizione: *provvedimento —.*

imposizione [im-po-ʃi-zió-ne] *s.f.* **1** l'imporre (anche *fig.*): *l'— di un tributo* | — *delle mani*, (*relig.*) rito che consiste nel porre le mani sul capo di una persona; nella liturgia cattolica ha lo scopo di consacrare o di benedire **2** ciò che è imposto; ingiunzione: *non sopporto imposizioni* **3** (*fin.*) il sottoporre qlcu. o qlco. a imposta | il complesso delle imposte.

impossessamento [im-pos-ses-sa-mén-to] *s.m.* l'impossessarsi.

impossessarsi [im-pos-ses-sàr-si] *v.intr.pron.* [*io mi impossèsso ecc.*] **1** prendere possesso, impadronirsi (anche *fig.*): — *di un bene altrui; il sospetto s'impossessò del suo animo* **2** (*fig.*) acquistare padronanza: — *di una lingua.*

impossibile [im-pos-sì-bi-le] *agg.* **1** che non è possibile; che non può avere buon esito: *è — fuggire; un'impresa —* **2** (*estens.*) insopportabile, intollerabile: *un caldo, una persona —* ♦ *s.m.* ciò che non è possibile: *pretendere l'—* | *fare, tentare l'—*, tentare ogni mezzo per riuscire in qlco.

impossibilità [im-pos-si-bi-li-tà] *s.f.* l'essere impossibile: *l'— di un accordo* | la condizione di non poter fare una cosa: *trovarsi nell'— di difendersi.*

impossibilitare [im-pos-si-bi-li-tà-re] *v.tr.* [*io impossibìlito ecc.*] **1** rendere impossibile, impedire qlco. **2** mettere qlcu. nell'impossibilità di fare qlco.

impossibilitato [im-pos-si-bi-li-tà-to] *agg.* che è nell'impossibilità di fare qlco.: *sono — a venire.*

imposta¹ [im-pò-sta] *s.f.* lo sportello che copre il vetro delle finestre e ripara dalla luce: *aprire le imposte.*

imposta² [im-pò-sta *o* impósta] *s.f.* (*fin.*) contribuzione in denaro dovuta allo stato o ad altri enti pubblici dal cittadino in base al reddito: — *diretta*, quella che grava sul reddito o sul patrimonio; — *indiretta*, quella che grava sui beni di consumo e sul trasferimento di beni.

impostare¹ [im-po-stà-re] *v.tr.* [*io impòsto ecc.*] **1** iniziare la costruzione di una struttura, di un'opera in muratura: — *un muro maestro* **2** (*fig.*) definire le linee generali; porre le premesse per avviare un lavoro o un'attività: — *una discussione* | — *un problema*, (*mat.*) fissare lo schema, le formule per arrivare alla soluzione | — *la voce*, atteggiare gli organi vocali in modo da ottenere il timbro giusto ♦ **impostarsi** *v.rifl.* mettere il proprio corpo in una determinata posizione: — *per un esercizio ginnico.*

impostare² *v.tr.* [*io impòsto ecc.*] mettere nella buca della posta; imbucare: — *una lettera.*

impostazione¹ [im-po-sta-zió-ne] *s.f.* l'impostare, l'essere impostato: *l'— di un piano.*

impostazione² *s.f.* l'imbucare nella buca delle lettere.

impostore [im-po-stó-re] *s.m.* [f. *-a*] chi si spaccia per quello che non è o dà ad intendere qlco. di non vero per trarne vantaggio.

impostura [im-po-stù-ra] *s.f.* atto da impostore; raggiro.

impotente [im-po-tèn-te] *agg.* che non ha la possibilità di reagire; che non può tradursi in azione: *sentirsi —*; *rabbia —*, sterile ♦ *agg.* e *s.m.* e *f.* (*med.*) che/chi è affetto da impotenza.

impotenza [im-po-tèn-za] *s.f.* **1** l'essere impotente; condizione di chi non può fare qlco.: *ridurre all'—* **2** (*med.*) incapacità di una persona a compiere l'atto sessuale o a procreare.

impoverimento [im-po-ve-ri-mén-to] *s.m.* l'impoverire, l'impoverirsi, l'essere impoverito: *l'— di un paese, della cultura.*

impoverire [im-po-ve-rì-re] *v.tr.* [*io impoverisco, tu impoverisci ecc.*] rendere povero: *un paese impoverito dallo sfruttamento* | — *un terreno*, privarlo delle sostanze necessarie alla sua fertilità ♦ *v.intr.* [aus. *essere*], **impoverirsi** *v.intr.pron.* diventare povero.

impraticabile [im-pra-ti-cà-bi-le] *agg.* **1** si dice di luogo che non si può praticare, per il quale non è possibile passare: *strada —* **2** si dice di cosa inattuabile, a cui non si può far ricorso: *un progetto —.*

impraticabilità [im-pra-ti-ca-bi-li-tà] *s.f.* l'essere impraticabile.

impratichire [im-pra-ti-chì-re] *v.tr.* [*io impratichisco, tu impratichisci ecc.*] rendere pratico, esperto: — *qlcu. in un mestiere* ♦ **impratichirsi** *v.intr.pron.* diventare pratico, esperto: — *nel giardinaggio; — di un luogo.*

imprecare [im-pre-cà-re] *v.intr.* [*io imprèco, tu imprèchi ecc.*; aus. *avere*] lanciare insulti; inveire: — *contro qlcu.*

imprecativo [im-pre-ca-tì-vo] *agg.* di imprecazione; che costituisce o contiene un'imprecazione: *frase imprecativa.*

imprecazione [im-pre-ca-zió-ne] *s.f.* l'imprecare; le parole con cui si impreca: *lanciare un'—.*

imprecisabile [im-pre-ci-ʃà-bi-le] *agg.* che non si può precisare; vago, approssimativo: *quantità* — □ **imprecisabilmente** *avv.*

imprecisato [im-pre-ci-ʃà-to] *agg.* non precisato; che non si conosce con precisione: *somma imprecisata.*

imprecisione [im-pre-ci-ʃió-ne] *s.f.* **1** l'essere impreciso; mancanza di precisione: — *nel disegnare* **2** ciò che è impreciso; lieve errore: *una traduzione piena di imprecisioni.*

impreciso [im-pre-cì-ʃo] *agg.* che manca di precisione; indeterminato, approssimativo: *resoconto* — □ **imprecisamente** *avv.*

impregiudicato [im-pre-giu-di-cà-to] *agg.* **1** (*dir.*) si dice di questione o di controversia riguardo alle quali non è stato ancora emesso un giudizio dalla magistratura **2** (*estens.*) aperto a diverse soluzioni; non compromesso: *la soluzione resta impregiudicata.*

impregnare [im-pre-gnà-re] *v.tr.* [*io imprégno ecc.*] **1** far penetrare una sostanza fluida in un corpo poroso: — *un tessuto d'acqua* **2** (*estens.*) riempire, saturare: *stanza impregnata di fumo* **3** ingravidare, detto di animali ♦ **impregnarsi** *v.intr.pron.* **1** imbeversi: *i muri si sono impregnati di umidità* **2** diventare gravido, detto di animale femmina.

imprendere [im-prèn-de-re] *v.tr.* [coniugato come *prendere*] (*lett.*) incominciare, intraprendere.

imprendibile [im-pren-dì-bi-le] *agg.* che non si può prendere: *un ladro* —, inafferrabile; *una fortezza* —, inespugnabile.

imprenditore [im-pren-di-tó-re] *s.m.* [f. *-trice*] chi è a capo di un'attività economica: — *commerciale, agricolo.*

imprenditoria [im-pren-di-to-rì-a] *s.f.* la categoria o l'attività degli imprenditori.

imprenditoriale [im-pren-di-to-rià-le] *agg.* di imprenditore, da imprenditore: *attività, spirito* — □ **imprenditorialmente** *avv.* dal punto di vista imprenditoriale.

imprenditorialità [im-pren-di-to-ria-li-tà] *s.f.* le capacità e le qualità proprie degli imprenditori.

impreparato [im-pre-pa-rà-to] *agg.* che non è preparato a qlco.: *la notizia lo colse* — | che non ha la preparazione, la competenza necessaria: *un tecnico* —.

impreparazione [im-pre-pa-ra-zió-ne] *s.f.* mancanza di preparazione: — *culturale.*

impresa [im-pré-sa] *s.f.* **1** azione importante e impegnativa: *affrontare, abbandonare un'—* | azione eroica e gloriosa: *le imprese di Garibaldi* **2** attività economica; azienda: — *commerciale, di costruzioni* **3** (*arald.*) negli stemmi nobiliari, disegno simbolico corredato di un breve motto.

impresario [im-pre-sà-rio] *s.m.* imprenditore che organizza spettacoli e manifestazioni.

imprescindibile [im-pre-scin-dì-bi-le] *agg.* da cui non si può prescindere, di cui bisogna tener conto: *dovere, verità* — □ **imprescindibilmente** *avv.*

imprescrittibile [im-pre-scrit-tì-bi-le] *agg.* (*dir.*) che non è soggetto a prescrizione: *diritto* — □ **imprescrittibilmente** *avv.*

imprescrittibilità [im-pre-scrit-ti-bi-li-tà] *s.f.* (*dir.*) l'essere imprescrittibile: — *di un diritto.*

impresentabile [im-pre-ʃen-tà-bi-le] *agg.* che non può essere presentato: *una richiesta* — | (*estens.*) si dice di chi si trova in uno stato tale da non potersi presentare in pubblico: *vestito così è davvero* —.

impressionabile [im-pres-sio-nà-bi-le] *agg.* **1** che s'impressiona facilmente; emotivo: *una persona* — **2** (*foto.*) si dice di pellicola che può essere impressionata.

impressionabilità [im-pres-sio-na-bi-li-tà] *s.f.* l'essere impressionabile.

impressionante [im-pres-sio-nàn-te] *agg.* che fa impressione: *un pallore, una scena* — □ **impressionantemente** *avv.*

impressionare [im-pres-sio-nà-re] *v.tr.* [*io impressióno ecc.*] **1** provocare in qlcu. una forte impressione; turbare: *essere impressionato da una notizia* **2** fare una buona o cattiva impressione su qlcu.: — *favorevolmente gli altri* **3** (*foto.*) esporre alla luce la sostanza fotosensibile che ricopre le pellicole fotografiche ♦ **impressionarsi** *v.intr.pron.* **1** rimanere colpito, turbato: — *alla vista di qlco.* **2** di pellicola fotografica, subire l'azione fotochimica della luce.

impressionato [im-pres-sio-nà-to] *agg.* scosso, turbato: *rimanere* —.

impressione [im-pres-sió-ne] *s.f.* **1** l'imprimere, l'imprimersi, l'essere impresso; impronta: *l'— del timbro sulla carta* **2** l'operazione dello stampare; stampa: *iniziare l'— di un libro* | tiratura: *seconda, terza* — **3** (*fig.*) sensazione: *un'— piacevole, sgradevole*; *fare buona, cattiva* —, suscitare un giudizio positivo, negativo | opinione istintiva: *ho — che la situazione migliori* **4** (*fig.*) turbamento: *il sangue mi fa* —.

impressionismo [im-pres-sio-nì-ʃmo] *s.m.* corrente pittorica sviluppatasi in Francia nella seconda metà dell'Ottocento che mirò a un uso nuovo e più libero della luce e del colore: *l'— di Monet* | (*estens.*) in musica e letteratura, tecnica di composizione che ricerca effetti particolari di suggestione.

impressionista [im-pres-sio-nì-sta] *s.m.* e *f.* [pl.m. *-sti*] seguace dell'impressionismo | Usato anche come *agg.*: *pittura* —.

impressionistico [im-pres-sio-nì-sti-co] *agg.* [pl.m. *-ci*] relativo all'impressionismo o agli impressionisti: *tecnica impressionistica.*

impresso [im-près-so] *agg.* **1** che costituisce un'impronta: *immagine impressa nel bronzo* **2**

(*fig.*) che non si cancella; che dura nella memoria: *ricordo — nella mente.*
imprestare [im-pre-stà-re] *v.tr.* [*io imprèsto ecc.*] (*fam.*) dare in prestito.
imprevedibile [im-pre-ve-dì-bi-le] *agg.* che non si può prevedere: *caso —*; *persona —*, di cui non è possibile prevedere i comportamenti □ **imprevedibilmente** *avv.*
imprevedibilità [im-pre-ve-di-bi-li-tà] *s.f.* l'essere imprevedibile.
imprevidente [im-pre-vi-dèn-te] *agg.* non previdente: *persona —* □ **imprevidentemente** *avv.*
imprevidenza [im-pre-vi-dèn-za] *s.f.* mancanza di previdenza.
imprevisto [im-pre-vì-sto] *agg.* che non è stato previsto; inaspettato: *caso —*; *spesa imprevista* ♦ *s.m.* ciò che non è previsto; circostanza imprevedibile: *verrò domani, salvo imprevisti.*
impreziosire [im-pre-zio-sì-re] *v.tr.* [*io impreziosisco, tu impreziosisci ecc.*] rendere prezioso (anche *fig.*): *— un abito con ricami d'oro.*
imprigionamento [im-pri-gio-na-mén-to] *s.m.* l'imprigionare, l'essere imprigionato.
imprigionare [im-pri-gio-nà-re] *v.tr.* [*io imprigióno ecc.*] **1** mettere in prigione; far prigioniero: *i malviventi furono imprigionati* **2** (*estens.*) costringere in un luogo: *lo studio lo imprigiona in casa* | impedire di muoversi liberamente: *le lamiere contorte gli imprigionavano la gamba.*
imprimatur [/ impri'matur /] *s.m.invar.* (*lat.*) **1** autorizzazione formale concessa dall'autorità ecclesiastica a stampare un'opera di carattere religioso **2** (*fig.*) approvazione: *l'articolo ha l'— del direttore.*
imprimere [im-prì-me-re] *v.tr.* [pass.rem. *io imprèssi, tu imprimésti ecc.*; part.pass. *imprèsso*] **1** premere in modo da lasciare un'impronta (anche *fig.*): *— le proprie orme sulla sabbia*; *— in un'opera il segno della propria personalità* **2** (*non com.*) stampare **3** (*fig.*) fissare in modo indelebile: *— un'immagine nella mente* **4** dare, comunicare un movimento: *— velocità a un corpo* ♦ **imprimersi** *v.intr.pron.* fissarsi in modo da lasciare un segno: *il suo ricordo si è impresso nei nostri cuori.*
imprinting [/ im'printiŋ /] *s.m.invar.* (*ingl.*) (*biol.*) processo per il quale i piccoli degli animali imitano e seguono i genitori e a volte riconoscono come tali animali di altre specie o oggetti in movimento.
improbabile [im-pro-bà-bi-le] *agg.* non probabile: *è — che venga* □ **improbabilmente** *avv.*
improbabilità [im-pro-ba-bi-li-tà] *s.f.* l'essere improbabile.
improbo [ìm-pro-bo] *agg.* che richiede un'enorme fatica: *lavoro —.*
improcrastinabile [im-pro-cra-sti-nà-bi-le] *agg.* che non si può procrastinare: *impegni improcrastinabili.*
improcrastinabilità [im-pro-cra-sti-na-bi-li-tà] *s.f.* l'essere improcrastinabile.
improducibile [im-pro-du-cì-bi-le] *agg.* che non può essere prodotto.
improduttività [im-pro-dut-ti-vi-tà] *s.f.* l'essere improduttivo: *l'— di un terreno.*
improduttivo [im-pro-dut-tì-vo] *agg.* che non produce, che non dà frutto: *investimento, studio —* □ **improduttivamente** *avv.*
impronta[1] [im-prón-ta] *s.f.* **1** segno che si lascia premendo su qlco.; orma, traccia: *le impronte dei passi sulla neve* | *impronte digitali*, quelle lasciate dai polpastrelli delle dita su una superficie liscia **2** (*fig.*) segno, traccia evidente: *un'opera che reca l'— del genio* **3** modello per la riproduzione di forme in rilievo o in incavo; calco: *— di un'arcata dentaria.*
impronta[2] *s.f.* solo nella loc. avv. *all'—*, all'istante, improvvisando: *tradurre all'—.*
improntare [im-pron-tà-re] *v.tr.* [*io impróntoecc.*] caratterizzare con un tratto, una nota, un'espressione particolare: *— il discorso a serietà* ♦ **improntarsi** *v.intr.pron.* assumere un tono o un'espressione particolare; atteggiarsi: *il suo volto s'improntò a tristezza.*
improntato [im-pron-tà-to] *agg.* atteggiato; ispirato: *un volto — a pietà.*
improntitudine [im-pron-ti-tù-di-ne] *s.f.* insistenza sfacciata e importuna; impertinenza.
impronunciabile [im-pro-nun-cià-bi-le], o **impronunziabile**, *agg.* **1** che non è lecito pronunciare: *un nome —* **2** arduo da pronunciare: *un dialetto —.*
improperio [im-pro-pè-rio] *s.m.* insulto: *coprire qlcu. d'improperi.*
improponibile [im-pro-po-nì-bi-le] *agg.* che non si può proporre; inammissibile: *soluzione —.*
improponibilità [im-pro-po-ni-bi-li-tà] *s.f.* l'essere improponibile.
improprietà [im-pro-prie-tà] *s.f.* mancanza di proprietà linguistica; imprecisione nell'esprimersi: *parlare con —.*
improprio [im-prò-prio] *agg.* **1** non proprio, non esatto, impreciso: *parola impropria* | *preposizioni improprie*, (*gramm.*) quelle costituite da parole appartenenti ad altre categorie grammaticali ma usate con funzione di preposizione (*p.e.* i participi *durante*, *eccetto*) | *frazione impropria*, (*mat.*) quella in cui il numeratore è maggiore del denominatore | *arma impropria*, qualsiasi oggetto che, pur non essendo un'arma, può essere utilizzato come un'arma **2** non adatto alle circostanze: *vestire in maniera impropria* □ **impropriamente** *avv.*
improrogabile [im-pro-ro-gà-bi-le] *agg.* che non può essere prorogato: *scadenza —* □ **improrogabilmente** *avv.*
improrogabilità [im-pro-ro-ga-bi-li-tà] *s.f.* l'essere improrogabile: *l'— di un impegno.*
improvvido [im-pròv-vi-do] *agg.* (*lett.*) imprevidente: *persona improvvida* | incauto, sconsiderato: *un consiglio —* □ **improvvidamente** *avv.*
improvvisare [im-prov-vi-ʃà-re] *v.tr.* **1** fare qlco. davanti ad altri senza essersi preparato: *— un discorso*; *si mise al pianoforte e cominciò a —* **2** preparare qlco. sul momento, facendo

fronte a circostanze impreviste: — *un pranzo, una festa* ♦ **improvvisarsi** *v.rifl.* dedicarsi a un'attività per la quale non si è preparati: — *attore.*
improvvisata [im-prov-vi-ʃà-ta] *s.f.* visita non prevista, a sorpresa: *fare un'— a un amico.*
improvvisato [im-prov-vi-ʃà-to] *agg.* si dice di cosa fatta in fretta e in modo approssimativo: *un lavoro —.*
improvvisatore [im-prov-vi-ʃa-tó-re] *s.m.* [f. *-trice*] chi è abile nell'improvvisare | (*spreg.*) chi assume un ruolo o svolge un'attività senza avere la preparazione necessaria.
improvvisazione [im-prov-vi-ʃa-zió-ne] *s.f.* l'improvvisare; ciò che si improvvisa: *le improvvisazioni di un attore.*
improvviso [im-prov-vì-ʃo] *agg.* che si manifesta o si verifica d'un tratto; inaspettato: *un — colpo di vento* | *all'—, d'—*, d'un tratto, inaspettatamente □ **improvvisamente** *avv.*
imprudente [im-pru-dèn-te] *agg.* che manca di prudenza; incauto: *persona, decisione —* ♦ *s.m.* e *f.* persona imprudente □ **imprudentemente** *avv.*
imprudenza [im-pru-dèn-za] *s.f.* mancanza di prudenza; azione imprudente: *commettere un'—.*
impudente [im-pu-dèn-te] *agg.* che manca di pudore, sfacciato: *risposta —* ♦ *s.m.* e *f.* persona impudente: *comportarsi da —* □ **impudentemente** *avv.*
impudenza [im-pu-dèn-za] *s.f.* l'essere impudente; azione impudente: *ha avuto l'— di mentire.*
impudicizia [im-pu-di-cì-zia] *s.f.* l'essere impudico; atto impudico.
impudico [im-pu-dì-co] *agg.* [pl.m. *-chi*] che manca di pudore; che offende il pudore: *persona impudica; sguardo —* □ **impudicamente** *avv.*
impugnabile [im-pu-gnà-bi-le] *agg.* che si può impugnare, contestare: *sentenza —.*
impugnabilità [im-pu-gna-bi-li-tà] *s.f.* l'essere impugnabile: *l'— di un provvedimento.*
impugnante [im-pu-gnàn-te] *s.m.* e *f.* (*dir.*) chi propone un'impugnazione.
impugnare[1] [im-pu-gnà-re] *v.tr.* stringere nel pugno: — *una racchetta.*
impugnare[2] *v.tr.* **1** contestare, avversare: — *una teoria* **2** (*dir.*) opporsi nei modi previsti dalla legge alla decisione di un'autorità giudiziaria o amministrativa: — *una sentenza* | addurre in giudizio un motivo capace di invalidare un atto o un contratto: — *un testamento.*
impugnativa [im-pu-gna-tì-va] *s.f.* (*dir.*) atto con cui si formula l'impugnazione.
impugnativo [im-pu-gna-tì-vo] *agg.* che vale a impugnare.
impugnatura [im-pu-gna-tù-ra] *s.f.* **1** l'impugnare; il modo di impugnare **2** la parte di un qualsiasi oggetto che si stringe in pugno: *l'— della spada.*
impugnazione [im-pu-gna-zió-ne] *s.f.* **1** l'impugnare, l'avversare qlco.: *l'— di una teoria* **2** (*dir.*) appello, ricorso.
impulsione [im-pul-sió-ne] *s.f.* (*mecc.*) spinta che si esercita su un corpo provocandone il movimento | (*fig.*) impulso, pulsione.
impulsività [im-pul-si-vi-tà] *s.f.* l'essere impulsivo; carattere impulsivo: *frenare la propria —.*
impulsivo [im-pul-sì-vo] *agg.* che agisce d'istinto, senza riflettere: *carattere —* | irriflessivo: *un gesto —* ♦ *s.m.* [f. *-a*] persona impulsiva □ **impulsivamente** *avv.*
impulso [im-pùl-so] *s.m.* **1** spinta comunicata a un corpo da un altro corpo o da una forza **2** (*fig.*) stimolo, incremento: *dare — alle attività produttive* **3** (*fig.*) spinta irriflessiva all'azione: *cedere a un —.*
impunemente [im-pu-ne-mén-te] *avv.* senza subire alcuna punizione: *commettere — un reato.*
impunibile [im-pu-nì-bi-le] *agg.* (*dir.*) non punibile; non soggetto a responsabilità penale.
impunibilità [im-pu-ni-bi-li-tà] *s.f.* (*dir.*) l'essere impunibile: *— di un reato.*
impunità [im-pu-ni-tà] *s.f.* l'essere, il rimanere impunito; esenzione dalla pena: *concedere l'—.*
impunito [im-pu-nì-to] *agg.* non punito: *un crimine rimasto —.*
impuntarsi [im-pun-tàr-si] *v.intr.pron.* **1** puntare i piedi a terra rifiutandosi di camminare **2** (*fig.*) ostinarsi, intestardirsi: — *su un'opinione* **3** (*fig.*) bloccarsi nel parlare.
impuntatura [im-pun-ta-tù-ra] *s.f.* l'impuntare, l'impuntarsi; ostinazione: *la sua è solo un'—.*
impuntura [im-pun-tù-ra] *s.f.* **1** cucitura che trapassa e unisce strettamente due o più strati di tessuto **2** nel cucito, punto a due diritti per rifiniture di abiti.
impunturare [in-pun-tu-rà-re] *v.tr.* cucire o rifinire per mezzo di impunture.
impuparsi [im-pu-pàr-si] *v.intr.pron.* diventare pupa (detto di insetti).
impurità [im-pu-ri-tà] *s.f.* **1** l'essere impuro: *l'— di un liquido* **2** ciò che rende una sostanza impura: *eliminare le —* **3** (*fig.*) mancanza di purezza, di castità.
impuro [im-pù-ro] *agg.* **1** si dice di qualsiasi elemento non puro, cioè alterato dalla mescolanza con altri elementi: *liquido, minerale —* **2** (*gramm.*) si dice della lettera *s* quando precede un'altra consonante **3** (*fig.*) contrario alla purezza, alla castità: *atti, pensieri impuri* □ **impuramente** *avv.*
imputabile [im-pu-tà-bi-le] *agg.* **1** si dice di cosa o azione che si può imputare, attribuire a qlcu. o a qlco.: *l'incidente è — a disattenzione* **2** detto di persona, che si può ritenere responsabile di qlco.: *siamo tutti imputabili dell'accaduto.*
imputabilità [im-pu-ta-bi-li-tà] *s.f.* l'essere imputabile; la condizione giuridica di chi è imputabile.
imputare [im-pu-tà-re] *v.tr.* [*io ìmputo ecc.*] **1** attribuire a qlcu. la responsabilità di un fatto: *imputarono il comandante del naufragio* (o *imputarono al comandante il naufragio*) *della nave* **2** (*dir.*) promuovere un'azione penale contro qlcu. accusandolo di un reato: — *qlcu. di furto* **3** in

contabilità, assegnare, attribuire: — *una spesa a un dato capitolo.*

imputato [im-pu-tà-to] *s.m.* [f. *-a*] (*dir.*) chi, in un processo penale, viene accusato di aver commesso un reato: — *di omicidio.*

imputazione [im-pu-ta-zió-ne] *s.f.* in diritto e in contabilità, l'imputare, l'essere imputato: *rispondere di un'*—; *l'— di una spesa* | *capo d'*—, ogni reato di cui un imputato è accusato.

imputrescibile [im-pu-tre-scì-bi-le] *agg.* (*lett.*) che non può imputridire.

imputridimento [im-pu-tri-di-mén-to] *s.m.* l'imputridire, l'essere imputridito.

imputridire [im-pu-tri-dì-re] *v.intr.* [*io imputridisco, tu imputridisci ecc.*; aus. *essere*] putrefarsi, marcire ♦ *v.tr.* rendere putrido.

impuzzolentire [im-puz-zo-len-tì-re] *v.tr.* [*io impuzzolentisco, tu impuzzolentisci ecc.*] rendere puzzolente.

impuzzolire [im-puz-zo-lì-re] *v.intr.* [*io impuzzolisco, tu impuzzolisci ecc.*; aus. *essere*] prendere un cattivo odore ♦ *v.tr.* rendere puzzolente.

in *prep.* [si unisce agli articoli determinativi *il, lo, la, i, gli, le* formando le preposizioni articolate *nel, nello, nella, nei, negli, nelle*] **1** introduce una determinazione di stato in luogo (anche *fig.*): *abitare in città*; *perseverare in un errore* | con il valore di 'entro, dentro': *i pesci guizzano nell'acqua*; *avere un presentimento nell'animo* | con il valore di 'su, sopra': *portare in braccio un bambino* | in relazione a ciò che è scritto su un libro, un giornale, in un autore: *parole di questo genere si trovano in Leopardi* **2** in dipendenza da verbi che esprimono movimento, avvicinamento, indica un moto a luogo (anche *fig.*): *andare in Francia*; *scendere in cantina*; *montare in collera* | con il valore di 'contro': *inciampare in un gradino* | con il valore di 'verso': *si volse in quella direzione* **3** introduce il punto di arrivo, lo stato finale di un procedimento: *convertire le lire in franchi*; *evolvere in meglio* | in correlazione con *di*, serve a esprimere successivi passaggi: *di città in città*; *di bene in meglio* **4** in dipendenza da verbi che indicano passaggio, attraversamento, indica luogo circoscritto (anche *fig.*): *passeggiare in giardino*; *pensieri che passano nella mente* **5** introduce una definizione di tempo determinato: *in primavera*; *finì il lavoro in tre giorni* **6** esprime la modalità con cui un'azione si svolge: *camminare in fretta*; *dipingere in rosso*; *involtini in umido* | può esprimere lo stato, la condizione in cui qlcu. o qlco. è, si trova: *stare in allegria*; *tutti l'hanno in simpatia* | riferito a cose o persone, può anche indicare la forma, l'aspetto, la disposizione che esse hanno o assumono: *riproduzione in miniatura*; *camminare in fila indiana* **7** la modalità può anche riferirsi alla materia di cui qlco. è fatta (equivale allora a 'di'): *un cancello in ferro battuto*; *una poltrona in pelle* | a una quantità o a una misura: *giocare in quattro*; *tagliare in due* | a una stima: *avere in gran considerazione* **8** in frasi asseverative, davanti a parole come *verità, fede, coscienza, grazia, realtà*: *la città, in realtà, offre poco*; *in fede mia, non era mai accaduto prima!* **9** esprime il mezzo: *viaggiare in treno*; *pagare in dollari* | con valore strumentale e modale insieme: *descrivere in poche parole*; *parlare in inglese* **10** indica il fine, lo scopo: *accorrere in aiuto*; *dare in prestito* **11** in funzione rafforzativa o pleonastica, davanti a un avverbio di luogo: *in giù, in su*; *in qua, in là* **12** seguita dall'infinito presente, forma una locuzione che ha valore di gerundio: *nel dire questo meravigliò tutti* **13** concorre alla formazione di locuzioni varie: *in quanto a, in virtù di, in alto, in avanti, in considerazione di* ecc. ♦ *avv.* solo nella loc. *essere in*, essere all'ultima moda, essere attuale (contrapposto a *out*).

in-[1] (si assimila davanti ad alcune consonanti) prefisso verbale che ha per lo più il valore di 'dentro, sopra' (*inabissare, inalberare*); può alludere a una trasformazione (*ingiallire*) o anche avere valore intensivo (*incominciare*).

in-[2] (si assimila talvolta ad alcune consonanti) prefisso negativo, di norma premesso ad aggettivi o sostantivi da essi derivati (*fedele*: *infedele, infedeltà*).

-ina suffisso chimico che indica ammine o alcaloidi (*anilina, caffeina*).

inabbordabile [i-nab-bor-dà-bi-le] *agg.* si dice di persona che non si lascia avvicinare facilmente.

inabile [i-nà-bi-le] *agg.* che non è idoneo a svolgere un determinato compito: — *a un lavoro*; — *al servizio militare*, riformato.

inabilità [i-na-bi-li-tà] *s.f.* la condizione di chi è inabile | (*estens.*) invalidità: — *permanente.*

inabilitare [i-na-bi-li-tà-re] *v.tr.* [*io inabìlito ecc.*] rendere inabile: *la sordità inabilita alla guida.*

inabissamento [i-na-bis-sa-mén-to] *s.m.* l'inabissare, l'inabissarsi, l'essere inabissato.

inabissare [i-na-bis-sà-re] *v.tr.* gettare in un abisso; sommergere, affondare ♦ **inabissarsi** *v.intr.pron.* piombare in un abisso; affondare, sprofondare (anche *fig.*): *la nave si inabissò*; — *nei debiti.*

inabitabile [i-na-bi-tà-bi-le] *agg.* (*lett.*) che non consente la vita dell'uomo: *terre inabitabili* | (*estens.*) non idoneo a essere abitato: *casa* —.

inabitabilità [i-na-bi-ta-bi-li-tà] *s.f.* l'essere inabitabile: *dichiarare l'— di un edificio.*

inabitato [i-na-bi-tà-to] *agg.* (*lett.*) disabitato: *luoghi inabitati.*

inabrogabile [i-na-bro-gà-bi-le] *agg.* che non si può abrogare.

inaccessibile [i-nac-ces-sì-bi-le] *agg.* **1** si dice di luogo a cui non si può accedere o che è difficilmente raggiungibile: *una montagna* — **2** (*fig.*) si dice di cosa difficile o impossibile da capire: *teoria* — | di persona, difficilmente avvicinabile: *personaggio* — | *prezzi inaccessibili*, al disopra delle possibilità.

inaccessibilità [i-nac-ces-si-bi-li-tà] *s.f.* l'essere inaccessibile.

inaccettabile [i-nac-cet-tà-bi-le] *agg.* che non si

può accettare; inammissibile: *una proposta* — □ **inaccettabilmente** *avv.*
inaccettabilità [i-nac-cet-ta-bi-li-tà] *s.f.* l'essere inaccettabile.
inaccordabile [i-nac-cor-dà-bi-le] *agg.* **1** che non si può concedere: *un favore* — **2** di strumento, che non si può accordare.
inaccostabile [i-nac-co-stà-bi-le] *agg.* che non può essere avvicinato; inaccessibile (anche *fig.*): *una persona* —.
inacerbire [i-na-cer-bì-re] *v.tr.* [*io inacerbisco, tu inacerbisci ecc.*] (*lett.*) inasprire; esacerbare: *quel ricordo inacerbì il suo dolore* ♦ **inacerbirsi** *v.intr. pron.* (*lett.*) divenire più aspro, più esasperato.
inacetire [i-na-ce-tì-re] *v.intr.* [*io inacetisco, tu inacetisci ecc.*; aus. *essere*] diventare aceto; prender sapore di aceto: *il vino inacetisce* ♦ *v.tr.* far diventare aceto.
inacidimento [i-na-ci-di-mén-to] *s.m.* l'inacidire, l'inacidirsi, l'essere inacidito.
inacidire [i-na-ci-dì-re] *v.tr.* [*io inacidisco, tu inacidisci ecc.*] rendere acido (anche *fig.*): *il caldo inacidisce il latte*; *i dolori lo hanno inacidito* ♦ *v.intr.* [aus. *essere*], **inacidirsi** *v.intr.pron.* diventare acido.
inadattabile [i-na-dat-tà-bi-le] *agg.* non adattabile.
inadattabilità [i-na-dat-ta-bi-li-tà] *s.f.* l'essere inadattabile.
inadatto [i-na-dàt-to] *agg.* non adatto: *parole inadatte alle circostanze.*
inadeguatezza [i-na-de-gua-téz-za] *s.f.* l'essere inadeguato.
inadeguato [i-na-de-guà-to] *agg.* **1** che manca dei requisiti necessari: *strumento* —; *un uomo — al suo ruolo* **2** inferiore al giusto o al dovuto: *compenso* — □ **inadeguatamente** *avv.*
inadempiente [i-na-dem-pièn-te] *agg.* e *s.m.* e *f.* che/chi non adempie a un dovere, a una promessa, a una obbligazione: — *all'obbligo di leva.*
inadempienza [i-na-dem-pièn-za] *s.f.* l'essere inadempiente; inadempimento: — *contrattuale.*
inadempimento [i-na-dem-pi-mén-to] *s.m.* il non adempiere, il non adempiersi; inadempienza: *risoluzione del contratto per* —.
inadempiuto [i-na-dem-più-to] *agg.* che non ha avuto adempimento: *obbligo* —.
inafferrabile [i-naf-fer-rà-bi-le] *agg.* **1** che non si può afferrare, catturare: *un bandito* — **2** (*fig.*) incomprensibile: *concetto* —.
inafferrabilità [i-naf-fer-ra-bi-li-tà] *s.f.* l'essere inafferrabile.
inaffidabile [i-naf-fi-dà-bi-le] *agg.* su cui non si può fare affidamento.
inaffidabilità [i-naf-fi-da-bi-li-tà] *s.f.* l'essere inaffidabile.
inaffondabile [i-naf-fon-dà-bi-le] *agg.* che non può affondare: *scafo* —.
inagibile [i-na-gì-bi-le] *agg.* si dice di un edificio o di un locale pubblico che manca dei requisiti necessari per l'uso al quale è destinato.
inagibilità [i-na-gi-bi-li-tà] *s.f.* l'essere inagibile; la condizione di ciò che è inagibile: *l'— di un edificio.*
inalare [i-na-là-re] *v.tr.* introdurre nelle vie respiratorie sostanze medicamentose polverizzate o nebulizzate: — *vapori balsamici* | (*estens.*) inspirare: — *gas tossici.*
inalatore [i-na-la-tó-re] *s.m.* (*med.*) apparecchio usato per inalazioni.
inalatorio [i-na-la-tò-rio] *agg.* relativo all'inalazione: *apparecchio* —.
inalazione [i-na-la-zió-ne] *s.f.* **1** inspirazione: *l'— di un gas* **2** (*med.*) metodo di cura delle affezioni delle vie respiratorie, che si effettua inalando sostanze medicamentose.
inalberamento [i-nal-be-ra-mén-to] *s.m.* l'inalberare, l'inalberarsi, l'essere inalberato.
inalberare [i-nal-be-rà-re] *v.tr.* [*io inàlbero ecc.*] issare sull'albero di una nave: — *un vessillo* ♦ **inalberarsi** *v.rifl.* **1** impennarsi (detto del cavallo) **2** (*fig.*) detto di persona, adirarsi.
inalienabile [i-na-lie-nà-bi-le] *agg.* (*dir.*) si dice di un bene o di un diritto di cui non è permesso il trasferimento ad altri.
inalienabilità [i-na-lie-na-bi-li-tà] *s.f.* (*dir.*) la condizione di beni o diritti inalienabili.
inalterabile [i-nal-te-rà-bi-le] *agg.* non soggetto ad alterazione: *colori inalterabili* | immutabile: *sentimento* — □ **inalterabilmente** *avv.*
inalterabilità [i-nal-te-ra-bi-li-tà] *s.f.* la condizione di ciò che è inalterabile; immutabilità.
inalterato [i-nal-te-rà-to] *agg.* che non ha subito alterazioni; immutato: *situazione inalterata.*
inalveare [i-nal-ve-à-re] *v.tr.* [*io inàlveo ecc.*] far entrare in un alveo le acque di un fiume, di un lago o di un canale.
inalveazione [i-nal-ve-a-zió-ne] *s.f.* l'inalveare le acque di un fiume, di un canale ecc.
inamidare [i-na-mi-dà-re] *v.tr.* [*io inàmido ecc.*] bagnare un tessuto con una soluzione di amido perché acquisti rigidezza con la stiratura.
inamidato [i-na-mi-dà-to] *agg.* si dice di un capo di biancheria reso rigido con l'amido: *colletto* —.
inamidatura [i-na-mi-da-tù-ra] *s.f.* l'operazione dell'inamidare.
inammissibile [i-nam-mis-sì-bi-le] *agg.* che non si può ammettere perché sconveniente o mancante dei necessari requisiti: *una richiesta* —.
inammissibilità [i-nam-mis-si-bi-li-tà] *s.f.* l'essere inammissibile: *l'— di una giustificazione.*
inamovibile [i-na-mo-vì-bi-le] *agg.* **1** che non può essere rimosso o smontato: *protesi* — **2** (*burocr.*) che non può essere rimosso o trasferito ad altro ufficio o ad altra sede: *funzionario* — □ **inamovibilmente** *avv.*
inamovibilità [i-na-mo-vi-bi-li-tà] *s.f.* l'essere inamovibile: *l'— di un magistrato.*
inane [i-nà-ne] *agg.* (*lett.*) vano, inutile: *sforzi inani* □ **inanemente** *avv.*
inanellamento [i-na-nel-la-mén-to] *s.m.* l'inanellare.
inanellare [i-na-nel-là-re] *v.tr.* [*io inanèllo ecc.*] **1** dare forma di anello a qlco.: — *i capelli* **2**

(*non com.*) ornare di anelli: *inanellarsi le dita.*
inanimato [i-na-ni-mà-to] *agg.* **1** privo di vita: *un essere—* **2** che non dà segno di vita; esanime: *il corpo giaceva —.*
inanità [i-na-ni-tà] *s.f.* (*lett.*) l'essere inane; inutilità.
inanizione [i-na-ni-zió-ne] *s.f.* (*med.*) indebolimento dell'organismo per mancanza o carenza di alimentazione.
inappagabile [i-nap-pa-gà-bi-le] *agg.* che non può essere appagato: *desiderio —.*
inappagamento [i-nap-pa-ga-mén-to] *s.m.* (*non com.*) insoddisfazione.
inappagato [i-nap-pa-gà-to] *agg.* non appagato; insoddisfatto: *sentirsi —.*
inappannabile [i-nap-pan-nà-bi-le] *agg.* **1** che non si appanna: *lente —* **2** (*fig.*) che non si può offuscare: *reputazione —.*
inappellabile [i-nap-pel-là-bi-le] *agg.* **1** (*dir.*) contro cui non ci si può appellare: *sentenza —* **2** (*estens.*) definitivo, che non si può modificare: *decisione —.*
inappellabilità [i-nap-pel-la-bi-li-tà] *s.f.* l'essere inappellabile, definitivo, immutabile: *l'— di una decisione.*
inappetente [i-nap-pe-tèn-te] *agg.* che soffre di inappetenza.
inappetenza [i-nap-pe-tèn-za] *s.f.* mancanza d'appetito.
inapplicabile [i-nap-pli-cà-bi-le] *agg.* che non si può applicare: *norme inapplicabili.*
inapplicabilità [i-nap-pli-ca-bi-li-tà] *s.f.* l'essere inapplicabile.
inapprezzabile [i-nap-prez-zà-bi-le] *agg.* che è troppo esiguo per essere preso in considerazione; trascurabile: *una differenza —.*
inapprezzato [i-nap-prez-zà-to] *agg.* non apprezzato: *meriti inapprezzati.*
inappuntabile [i-nap-pun-tà-bi-le] *agg.* si dice di cosa o persona a cui non si può muovere alcun appunto; perfetto: *un funzionario —.*
inappuntabilità [i-nap-pun-ta-bi-li-tà] *s.f.* l'essere inappuntabile.
inarcamento [i-nar-ca-mén-to] *s.m.* l'inarcare, l'inarcarsi: *— del busto.*
inarcare [i-nar-cà-re] *v.tr.* [*io inarco, tu inarchi ecc.*] piegare ad arco: *— le sopracciglia*, sollevarle ad arco in atto di stupore o di irritazione ♦ **inarcarsi** *v.rifl.* o *intr.pron.* piegarsi ad arco, curvarsi.
inarcatura [i-nar-ca-tù-ra] *s.f.* incurvatura ad arco.
inargentare [i-nar-gen-tà-re] *v.tr.* [*io inargènto ecc.*] argentare | (*fig. lett.*) rendere argenteo: *la luna inargentava le onde* ♦ **inargentarsi** *v.intr.pron.* (*lett.*) assumere riflessi argentei.
inaridimento [i-na-ri-di-mén-to] *s.m.* l'inaridire, l'inaridirsi.
inaridire [i-na-ri-dì-re] *v.tr.* [*io inaridisco, tu inaridisci ecc.*] rendere arido: *la siccità inaridisce i campi* ♦ *v.intr.* [aus. *essere*], **inaridirsi** *v. intr.pron.* diventar arido (anche *fig.*).
inarniamento [i-nar-nia-mén-to] *s.m.* popolamento di un'arnia attraverso l'introduzione naturale o artificiale di uno sciame di api.
inarrestabile [i-nar-re-stà-bi-le] *agg.* che non si può arrestare: *un riso —.*
inarrivabile [i-nar-ri-và-bi-le] *agg.* **1** (*lett.*) impossibile, difficile da raggiungere: *una cima —* **2** (*fig.*) impareggiabile, ineguagliabile: *uno scrittore —.*
inarticolato [i-nar-ti-co-là-to] *agg.* non articolato: *suoni inarticolati*, indistinti, non legati in parole.
inascoltabile [i-na-scol-tà-bi-le] *agg.* che non può essere ascoltato; che non merita di essere ascoltato: *una musica —.*
inascoltato [i-na-scol-tà-to] *agg.* a cui non si è dato ascolto: *un consiglio —.*
inaspettato [i-na-spet-tà-to] *agg.* non aspettato; imprevisto: *una notizia inaspettata* □ **inaspettatamente** *avv.*
inasprimento [i-na-spri-mén-to] *s.m.* l'inasprire, l'inasprirsi, l'essere inasprito.
inasprire [i-na-sprì-re] *v.tr.* [*io inasprisco, tu inasprisci ecc.*] rendere aspro o più aspro; esacerbare, esasperare: *— una condanna*; *— gli animi* ♦ *v.intr.* [aus. *essere*], **inasprirsi** *v.intr.pron.* diventare aspro o più aspro: *il vino si inasprisce facilmente* | (*fig.*) aumentare d'intensità: *il freddo si è inasprito.*
inastare [i-na-stà-re] *v.tr.* applicare in cima a un'asta: *— la bandiera.*
inattaccabile [i-nat-tac-cà-bi-le] *agg.* **1** che non può essere attaccato; capace di resistere a ogni attacco: *un materiale — dalla muffa*; *una piazzaforte —* **2** (*fig.*) che non può essere sminuito o messo in discussione: *una reputazione —.*
inattaccabilità [i-nat-tac-ca-bi-li-tà] *s.f.* l'essere inattaccabile.
inattendibile [i-nat-ten-dì-bi-le] *agg.* che non è degno di fede: *testimone —.*
inattendibilità [i-nat-ten-di-bi-li-tà] *s.f.* l'essere inattendibile.
inatteso [i-nat-té-so] *agg.* non atteso; imprevisto: *visita inattesa.*
inattingibile [i-nat-tin-gì-bi-le] *agg.* (*lett.*) irraggiungibile: *una meta —.*
inattitudine [i-nat-ti-tù-di-ne] *s.f.* mancanza di attitudine, di disposizione: *— all'insegnamento.*
inattivare [i-nat-ti-và-re] *v.tr.* rendere inattivo: *— un reagente chimico.*
inattivazione [i-nat-ti-va-zió-ne] *s.f.* l'inattivare, l'essere inattivato.
inattività [i-nat-ti-vi-tà] *s.f.* l'essere inattivo; inoperosità: *una fase di —.*
inattivo [i-nat-tì-vo] *agg.* **1** non attivo; inoperoso: *persona inattiva* **2** (*chim.*) si dice di sostanza che ha perduto la capacità di reagire.
inattuabile [i-nat-tu-à-bi-le] *agg.* che non si può attuare; irrealizzabile: *un piano —.*
inattuabilità [i-nat-tu-a-bi-li-tà] *s.f.* l'essere inattuabile.

inattuale [i-nat-tu-à-le] *agg.* che non è attuale; che non corrisponde alle esigenze del momento: *programma —.*
inattualità [i-nat-tu-a-li-tà] *s.f.* l'essere inattuale.
inaudito [i-nau-dì-to] *agg.* che non si è mai udito; incredibile, straordinario: *una ferocia inaudita*; *è —!*, espressione di stupito disappunto.
inaugurale [i-nau-gu-rà-le] *agg.* d'inaugurazione, che si fa per inaugurare: *discorso —.*
inaugurare [i-nau-gu-rà-re] *v.tr.* [*io inàuguro ecc.*] **1** celebrare con solennità l'inizio di un'attività, l'apertura di un edificio o l'avvio di una struttura: *— l'anno scolastico, un nuovo stadio* | (*fig. scherz.*) servirsi per la prima volta di qlco. di nuovo: *— un vestito* **2** (*fig.*) iniziare; dare l'avvio a una nuova maniera, a una nuova tendenza: *— un nuovo modo di scrivere.*
inauguratore [i-nau-gu-ra-tó-re] *agg.* e *s.m.* [f. *-trice*] che/chi inaugura (spec. *fig.*): *l'— di una moda.*
inaugurazione [i-nau-gu-ra-zió-ne] *s.f.* l'inaugurare, l'essere inaugurato; la cerimonia con cui si inaugura: *l'— di un teatro.*
inautenticità [i-nau-ten-ti-ci-tà] *s.f.* l'essere inautentico.
inautentico [i-nau-tèn-ti-co] *agg.* [pl.m. *-ci*] non autentico □ **inautenticamente** *avv.*
inavvedutezza [i-nav-ve-du-téz-za] *s.f.* mancanza di avvedutezza; azione imprudente.
inavveduto [i-nav-ve-dù-to] *agg.* non avveduto; malaccorto: *un compratore —* □ **inavvedutamente** *avv.* **1** senza accortezza **2** inavvertitamente.
inavvertenza [i-nav-ver-tèn-za] *s.f.* mancanza di attenzione; sbadataggine.
inavvertito [i-nav-ver-tì-to] *agg.* che sfugge o che è sfuggito all'attenzione; inosservato: *la sua presenza passò inavvertita* □ **inavvertitamente** *avv.* per disattenzione, senza volere.
inavvicinabile [i-nav-vi-ci-nà-bi-le] *agg.* non avvicinabile (anche *fig.*): *persona —*, con cui è difficile prendere contatto; *prezzi inavvicinabili*, inaccessibili.
inazione [i-na-zió-ne] *s.f.* l'essere inattivo, inoperoso: *la malattia lo costrinse all'—.*
inca [ìn-ca] *s.m.* e *f.* [pl. *incas*] amerindio precolombiano del Perú | Usato anche come *agg.*: *la civiltà —.*
incafonire [in-ca-fo-nì-re] *v.tr.* [*io incafonisco, tu incafonisci ecc.*] rendere cafone ♦ **incafonirsi** *v.intr.pron.* diventare cafone.
incagliamento [in-ca-glia-mén-to] *s.m.* l'incagliare, l'incagliarsi, l'essere incagliato (anche *fig.*): *l'— di un negoziato.*
incagliarsi [in-ca-gliàr-si] *v.tr.* [*io mi incàglio ecc.*] *v.intr.pron.* toccare il fondo con la chiglia; arenarsi (anche *fig.*): *l'— di una nave*; *le trattative si sono incagliate.*
incaico [in-cài-co] *agg.* [pl.m. *-ci*] degli inca: *l'impero —.*
incalcinare [in-cal-ci-nà-re] *v.tr.* **1** ricoprire di calcina: *— un muro* **2** (*agr.*) calcinare.
incalcinatura [in-cal-ci-na-tù-ra] *s.f.* l'incalcinare, l'essere incalcinato.
incalcolabile [in-cal-co-là-bi-le] *agg.* che non si può calcolare | (*estens.*) enorme, inestimabile: *danno —* □ **incalcolabilmente** *avv.*
incallimento [in-cal-li-mén-to] *s.m.* l'incallire, l'incallirsi (anche *fig.*).
incallire [in-cal-lì-re] *v.tr.* [*io incallisco, tu incallisci ecc.*] **1** rendere calloso **2** (*fig.*) rendere duro, insensibile ♦ **incallirsi** *v.intr.pron.* **1** fare il callo, diventare calloso **2** (*fig.*) contrarre sempre più durevolmente un'abitudine, per lo più non buona: *— nel vizio.*
incallito [in-cal-lì-to] *agg.* **1** reso calloso; indurito (anche *fig.*): *mani incallite*; *cuore —*, insensibile **2** (*fig.*) accanito, ostinato: *bevitore —.*
incalzante [in-cal-zàn-te] *agg.* che incalza, che urge: *ritmo —.*
incalzare [in-cal-zà-re] *v.tr.* **1** inseguire senza dar tregua: *— il nemico in fuga* **2** (*fig.*) urgere, incombere: *il pericolo incalza* | susseguirsi rapidamente: *gli avvenimenti incalzano* **3** (*fig.*) sollecitare con insistenza: *— qlcu. con richieste.*
incamerabile [in-ca-me-rà-bi-le] *agg.* che può essere incamerato: *bene —.*
incameramento [in-ca-me-ra-mén-to] *s.m.* l'incamerare, l'essere incamerato.
incamerare [in-ca-me-rà-re] *v.tr.* [*io incàmero ecc.*] **1** da parte dello stato, assumere come propri e trasferire a sé beni appartenenti a privati **2** (*estens.*) appropriarsi di qlco. arbitrariamente o con un atto d'autorità.
incamiciare [in-ca-mi-cià-re] *v.tr.* [*io incamìcio ecc.*] ricoprire un oggetto con un involucro, con una fodera o con uno strato di altro materiale: *— una parete con l'intonaco.*
incamminarsi [in-cam-mi-nàr-si] *v.intr.pron.* **1** mettersi in cammino: *— verso casa* **2** (*fig.*) avviarsi: *— verso una brillante carriera.*
incanaglirsi [in-ca-na-glìr-si] *v.intr.pron.* [*io incanaglisco, tu incanaglisci ecc.*; aus. *essere*] diventare canaglia.
incanalamento [in-ca-na-la-mén-to] *s.m.* l'incanalare, l'essere incanalato: *— delle acque, del traffico.*
incanalare [in-ca-na-là-re] *v.tr.* **1** raccogliere le acque in un canale: *— l'acqua piovana* **2** (*fig.*) avviare; indirizzare: *— le energie verso un fine* ♦ **incanalarsi** *v.intr.pron.* **1** raccogliersi in un canale (detto di acque) **2** (*fig.*) avviarsi in una determinata direzione: *la folla s'incanalò verso l'uscita.*
incanalatura [in-ca-na-la-tù-ra] *s.f.* **1** l'incanalare, l'essere incanalato **2** l'alveo in cui scorre l'acqua incanalata.
incancellabile [in-can-cel-là-bi-le] *agg.* che non si può cancellare (spec. *fig.*): *un ricordo —* □ **incancellabilmente** *avv.*
incancrenire [in-can-cre-nì-re] *v.intr.* [*io incancrenisco, tu incancrenisci ecc.*; aus. *essere*], **incancrenirsi** *v.intr.pron.* **1** andare in cancrena **2**

(*fig.*) diventare cronico, radicarsi: *un vizio che si è incancrenito.*
incandescente [in-can-de-scèn-te] *agg.* **1** in stato di incandescenza: *ferro —* **2** (*fig.*) molto animato, acceso: *discussione —.*
incandescenza [in-can-de-scèn-za] *s.f.* (*fis.*) emissione di luce da parte di un corpo portato a temperatura elevatissima: *lampada ad —.*
incannare [in-can-nà-re] *v.tr.* (*tess.*) avvolgere il filato su rocchetti o bobine.
incannatura [in-can-na-tù-ra] *s.f.* (*tess.*) l'incannare, l'essere incannato.
incannellare [in-can-nel-là-re] *v.tr.* [*io incannèllo ecc.*] introdurre in un cannello.
incannicciatura [in-can-nic-cia-tù-ra] *s.f.* stuoia di canne intrecciate, posta sotto un soffitto per nascondere le travi o per creare un'intercapedine d'aria.
incannucciare [in-can-nuc-cià-re] *v.tr.* [*io incannùccio ecc.*] **1** chiudere, riparare mediante cannucce: *— il pollaio* **2** sostenere o legare una pianta con cannucce: *— i pomodori.*
incannucciata [in-can-nuc-cià-ta] *s.f.* riparo o sostegno fatto con cannucce intrecciate o legate insieme.
incantamento [in-can-ta-mén-to] *s.m.* l'incantare, l'incantarsi | la condizione di chi è incantato, imbambolato.
incantare [in-can-tà-re] *v.tr.* **1** colpire con un incantesimo **2** (*fig.*) affascinare, riempire di ammirazione: *una musica che incanta* ♦ **incantarsi** *v.intr.pron.* **1** restare fisso, immobile, soprappensiero: *— davanti a un paesaggio* **2** di un meccanismo, arrestarsi nel movimento, incepparsi: *il giradischi s'è incantato.*
incantato [in-can-tà-to] *agg.* **1** che è dotato di virtù magiche, che è frutto di un incantesimo; fatato: *castello —* **2** di incantevole bellezza; favoloso: *paesaggio —* **3** immobile, trasognato: *restare — ad ascoltare.*
incantatore [in-can-ta-tó-re] *agg.* [f. *-trice*] che ha il potere di incantare; affascinante: *sorriso —* ♦ *s.m.* [f. *-trice*] chi opera incantesimi | *— di serpenti,* in India, suonatore di piffero che si esibisce con serpenti addestrati.
incantesimo [in-can-té-ʃi-mo] *s.m.* l'incantare, l'essere incantato; sortilegio: *fare un —* | *rompere l'—,* annullarne gli effetti; (*fig.*) interrompere uno stato di beatitudine.
incantevole [in-can-té-vo-le] *agg.* che incanta; che desta ammirazione: *un luogo, una ragazza —.*
incanto[1] [in-càn-to] *s.m.* **1** l'incantare, l'essere incantato; incantesimo, magia: *compiere un —* | *come per —,* d'improvviso, in un modo che ha del magico | *d'—,* meravigliosamente: *un vestito che le sta d'—* **2** (*fig.*) fascino, forza di seduzione: *l'— di una notte stellata* **3** (*fig.*) persona o cosa incantevole: *quella ragazza è un —.*
incanto[2] *s.m.* vendita pubblica di un bene al miglior offerente; asta: *comperare all'—.*
incanutimento [in-ca-nu-ti-mén-to] *s.m.* l'incanutire, l'essere incanutito.
incanutire [in-ca-nu-tì-re] *v.intr.* [*io incanutisco, tu incanutisci ecc.*; aus. *essere*] diventare canuto: *— per gli anni.*
incapace [in-ca-pà-ce] *agg.* **1** che non è capace, che non sa fare qlco.: *essere — di mentire* | (*assol.*) che non ha le capacità necessarie a svolgere il proprio compito; inetto: *un impiegato —* **2** (*dir.*) che non ha capacità giuridica ♦ *s.m.* e *f.* **1** persona inetta **2** (*dir.*) chi non ha capacità giuridica.
incapacità [in-ca-pa-ci-tà] *s.f.* l'essere incapace; la condizione di chi è incapace: *— di fare qlco.*
incaparbirsi [in-ca-par-bìr-si] *v.intr.pron.* [*io mi incaparbisco, tu ti incaparbisci ecc.*; aus. *essere*] diventare caparbio; ostinarsi.
incaponimento [in-ca-po-ni-mén-to] *s.m.* l'incaponirsi; ostinazione.
incaponirsi [in-ca-po-nìr-si] *v.intr.pron.* [*io mi incaponisco, tu ti incaponisci ecc.*] intestardirsi, ostinarsi: *— in un'idea.*
incappare [in-cap-pà-re] *v.intr.* [aus. *essere*] incorrere, imbattersi in cosa o persona spiacevole: *— in un errore, in un seccatore.*
incappottare [in-cap-pot-tà-re] *v.tr.* [*io incappòtto ecc.*] coprire bene con un cappotto ♦ **incappottarsi** *v.rifl.* coprirsi bene con un cappotto; infagottarsi.
incappucciare [in-cap-puc-cià-re] *v.tr.* [*io incappùccio ecc.*] ricoprire con un cappuccio (anche *fig.*): *la neve incappuccia le cime dei monti* ♦ **incappucciarsi** *v.rifl.* o *intr.pron.* coprirsi con un cappuccio.
incappucciato [in-cap-puc-cià-to] *agg.* che porta il cappuccio | (*fig.*) che ha la cima, la sommità coperta da qlco.: *un monte — di nubi.*
incapricciarsi [in-ca-pric-ciàr-si] *v.intr.pron.* [*io mi incaprìccio ecc.*] **1** ostinarsi in un capriccio **2** invaghirsi: *— di una ragazza.*
incapsulamento [in-ca-psu-la-mén-to] *s.m.* l'incapsulare, l'essere incapsulato.
incapsulare [in-ca-psu-là-re] *v.tr.* [*io incàpsulo ecc.*] rinchiudere in una capsula, rivestire con una capsula: *— un dente.*
incarceramento [in-car-ce-ra-mén-to] *s.m.* (*non com.*) l'incarcerare, l'essere incarcerato; carcerazione.
incarcerare [in-car-ce-rà-re] *v.tr.* [*io incàrcero ecc.*] (*non com.*) mettere in carcere, imprigionare.
incardinare [in-car-di-nà-re] *v.tr.* [*io incàrdino ecc.*] **1** (*non com.*) mettere sui cardini: *— una porta* **2** (*fig.*) fondare, basare su un principio o elemento che funga da cardine: *— un ragionamento su alcuni presupposti* ♦ **incardinarsi** *v. intr.pron.* reggersi su determinati presupposti.
incaricare [in-ca-ri-cà-re] *v.tr.* [*io incàrico, tu incàrichi ecc.*] dare un incarico a qlcu.: *mi incaricò di rispondere* ♦ **incaricarsi** *v.rifl.* assumersi un incarico: *se ne incaricherà lui.*
incaricato [in-ca-ri-cà-to] *agg.* e *s.m.* [f. *-a*] che/chi è investito di un incarico: *un — del comu-*

ne | — *d'affari*, funzionario che regge una rappresentanza diplomatica in mancanza dell'ambasciatore.

incarico [in-cà-ri-co] *s.m.* [pl. *-chi*] **1** l'incaricare; la cosa di cui si è incaricati: *rifiutare un —* **2** insegnamento temporaneo nella scuola pubblica: — *annuale*.

incarnare [in-car-nà-re] *v.tr.* dar corpo, dare vita; rappresentare qlco. in modo vivo ed efficace: — *un ideale* | impersonare: — *un personaggio* ♦ **incarnarsi** *v.intr.pron.* **1** prendere corpo e natura umani: *il Figlio di Dio si è incarnato in Cristo* | (*fig.*) assumere realtà, vita: *un'opera in cui s'incarnano gli ideali di libertà* **2** incarnirsi.

incarnato *agg.* che ha il colore roseo della pelle ♦ *s.m.* il colore della pelle; colorito: *avere un bell'—*.

incarnazione [in-car-na-zió-ne] *s.f.* **1** (*relig.*) l'assunzione, da parte di Dio, di un corpo umano **2** (*fig.*) rappresentazione concreta di un concetto, di un'idea; personificazione: *l'— del potere*.

incarnirsi [in-car-nìr-si] *v.intr.pron.* [*io mi incarnisco, tu ti incarnisci ecc.*; aus. *essere*] detto delle unghie, penetrare nella carne per anomalia nella crescita.

incarognire [in-ca-ro-gnì-re] *v.intr.* [*io incarognisco, tu incarognisci ecc.*; aus. *essere*], **incarognirsi** *v.intr.pron.* diventare una carogna; incancrenire (spec. *fig.*).

incarognito [in-ca-ro-gnì-to] *agg.* incancrenito: *un vizio ormai —* | *persona incarognita*, profondamente incattivita.

incartamento [in-car-ta-mén-to] *s.m.* l'insieme delle carte e dei documenti che si riferiscono a una pratica, a un affare.

incartapecorire [in-car-ta-pe-co-rì-re] *v.intr.* [*io incartapecorisco, tu incartapecorisci ecc.*; aus. *essere*], **incartapecorirsi** *v.intr.pron.* **1** assumere l'aspetto giallognolo e grinzoso della cartapecora | (*estens.*) invecchiare **2** (*fig.*) inaridirsi, fossilizzarsi.

incartapecorito [in-car-ta-pe-co-rì-to] *agg.* che ha l'aspetto della cartapecora: *viso —*.

incartare [in-car-tà-re] *v.tr.* avvolgere in carta: — *la merce* ♦ **incartarsi** *v.intr.pron.* in alcuni giochi, restare con una combinazione sfavorevole di carte in mano.

incartata [in-car-tà-ta] *s.f.* l'avvolgere nella carta alla meglio: *dare un'— a un pacco*.

incarto [in-càr-to] *s.m.* **1** l'operazione dell'incartare **2** foglio di carta che avvolge un prodotto.

incartocciare [in-car-toc-cià-re] *v.tr.* [*io incartòccio ecc.*] mettere in cartoccio: — *le castagne*.

incasellare [in-ca-sel-là-re] *v.tr.* [*io incasèllo ecc.*] **1** mettere, disporre nelle caselle di un casellario: — *la posta* **2** (*fig.*) distribuire ordinatamente, come in un casellario: — *le proprie nozioni*.

incasinare [in-ca-si-nà-re] *v.tr.* [*io incasino ecc.*] (*pop.*) mettere sottosopra, in disordine | rendere confuso, intricato: — *un lavoro*.

incasinato [in-ca-si-nà-to] *agg.* (*pop.*) **1** pieno di confusione, disordine: *un posto —* **2** di persona, confuso, turbato: *un tipo —*.

incassamento [in-cas-sa-mén-to] *s.m.* l'incassare, il mettere in casse.

incassare [in-cas-sà-re] *v.tr.* **1** mettere, chiudere in casse: — *le merci* **2** (*estens.*) inserire, adattare qlco. in una cavità: — *la serratura* **3** riscuotere una somma: — *un assegno* **4** (*sport*) di pugile, resistere ai colpi messi a segno dall'avversario: — *un pugno* **5** (*fig.*) sopportare contrarietà o critiche, senza scomporsi: *un tipo che sa —* ♦ **incassarsi** *v.intr.pron.* restringersi tra due alture: *la strada si incassa tra le rocce*.

incassato [in-cas-sà-to] *agg.* **1** chiuso tra pareti alte e ripide: *una valle incassata* **2** alloggiato in una cavità: *tubi incassati*.

incassatore [in-cas-sa-tó-re] *s.m.* [f. *-trice*] **1** (*sport*) pugile che incassa bene i colpi dell'avversario **2** (*fig.*) persona che non si lascia turbare dalle avversità.

incassatura [in-cas-sa-tù-ra] *s.f.* **1** l'incassare, il sistemare in casse; l'inserire qlco. in una cavità **2** cavità in cui si incassa qlco.: *fare un'— nel muro*.

incasso [in-càs-so] *s.m.* **1** l'incassare denaro; la somma incassata: — *giornaliero* | (*banc.*) servizio di riscossione offerto da una banca: *presentare una cambiale all'—* **2** incassatura: *mobile da —*, da incassare in una cavità.

incastellatura [in-ca-stel-la-tù-ra] *s.f.* impalcatura di metallo o di legno che serve di sostegno a macchine o costruzioni.

incastonare [in-ca-sto-nà-re] *v.tr.* [*io incastóno ecc.*] **1** adattare una pietra preziosa nel castone: — *un diamante* **2** (*fig.*) inserire un elemento prezioso, ricercato: — *citazioni in un discorso*.

incastonatura [in-ca-sto-na-tù-ra] *s.f.* l'incastonare, l'essere incastonato; il modo in cui è incastonata una pietra preziosa.

incastrare [in-ca-strà-re] *v.tr.* **1** inserire a forza una cosa in un'altra in modo che vi rimanga saldamente infissa: — *un cuneo nel legno* **2** (*fig. fam.*) mettere qlcu. nei pasticci: *mi hanno incastrato* **3** (*tecn.*) unire due elementi mediante incastro ♦ **incastrarsi** *v.intr.pron.* inserirsi saldamente in qlco.: *un pezzo che si incastra in un altro* | infiggersi in qlco. in modo da non poterne più uscire: *la chiave s'è incastrata nella serratura*.

incastro [in-cà-stro] *s.m.* la parte in cui due elementi si congiungono strettamente mediante l'inserimento delle sporgenze dell'uno negli incavi dell'altro | la cavità, il vano in cui s'incastra qlco.

incatenamento [in-ca-te-na-mén-to] *s.m.* l'incatenare, l'essere incatenato.

incatenare [in-ca-te-nà-re] *v.tr.* [*io incaténo ecc.*] mettere in catene, legare con catene: — *i prigionieri* | — *un muro, un edificio*, rafforzarlo mediante catene.

incatenato [in-ca-te-nà-to] *agg.* legato con catene | *rima incatenata*, (*metr.*) rima legata a catena secondo lo schema ABA, BCB, CDC ecc.

incatenatura [in-ca-te-na-tù-ra] *s.f.* (*edil.*) raffor-

zamento mediante catene di opere murarie dissestate.
incatramare [in-ca-tra-mà-re] *v.tr.* spalmare, ricoprire di catrame.
incattivire [in-cat-ti-vì-re] *v.tr.* [*io incattivisco, tu incattivisci ecc.*] rendere cattivo, inasprire: *le avversità incattiviscono* ♦ *v.intr.* [aus. *essere*], **incattivirsi** *v.intr.pron.* diventare cattivo, malevolo.
incauto [in-càu-to] *agg.* non cauto; imprudente: *un uomo, un comportamento —* | *— acquisto,* (*dir.*) reato consistente nell'acquisto di merce di provenienza sospetta □ **incautamente** *avv.*
incavallatura [in-ca-val-la-tù-ra] *s.f.* (*edil.*) capriata.
incavare [in-ca-và-re] *v.tr.* incidere un solco in qlco.; rendere cavo: *— un pezzo di legno.*
incavato [in-ca-và-to] *agg.* **1** che presenta una cavità: *superficie incavata* **2** (*fig.*) infossato: *occhi incavati.*
incavatura [in-ca-va-tù-ra] *s.f.* l'incavare, l'essere incavato; cavità.
incavernarsi [in-ca-ver-nàr-si] *v.intr.pron.* [*io mi incavèrno ecc.*] detto di corsi d'acqua, interrarsi e continuare a scorrere sottoterra.
incavezzare [in-ca-vez-zà-re] *v.tr.* [*io incavézzo ecc.*] munire di cavezza, legare con la cavezza: *— un cavallo.*
incavo [in-cà-vo] *s.m.* cavità, incavatura: *l'— dell'ascella* | *lavoro d'—* (o *a —*), incisione.
incavolarsi [in-ca-vo-làr-si] *v.intr.pron.* [*io m'incàvolo ecc.*] (*fam.*) arrabbiarsi.
incavolatura [in-ca-vo-la-tù-ra] *s.f.* (*fam.*) arrabbiatura.
incazzarsi [in-caz-zàr-si] *v.intr.pron.* (*volg.*) arrabbiarsi, incavolarsi.
incazzatura [in-caz-za-tù-ra] *s.f.* (*volg.*) arrabbiatura.
incedere[1] [in-cè-de-re] *v.intr.* [*io incèdo ecc.*; aus. *avere*] (*lett.*) camminare con andatura solenne e maestosa.
incedere[2] *s.m.* modo di camminare, andatura solenne: *un — maestoso.*
incedibile [in-ce-dì-bi-le] *agg.* che non può essere ceduto: *bene —.*
incedibilità [in-ce-di-bi-li-tà] *s.f.* l'essere incedibile.
incendiare [in-cen-dià-re] *v.tr.* [*io incèndio ecc.*] **1** dare fuoco a qlco.; bruciare: *— una casa* **2** (*fig.*) infiammare, eccitare: *— gli animi* ♦ **incendiarsi** *v.intr.pron.* prendere fuoco.
incendiario [in-cen-dià-rio] *agg.* **1** che incendia; atto a provocare un incendio: *proiettile —* **2** (*fig.*) che infiamma gli animi: *uno scritto —* ♦ *s.m.* [f. *-a*] chi volontariamente appicca un incendio.
incendio [in-cèn-dio] *s.m.* **1** fuoco violento e devastante: *domare un —* **2** (*fig.*) il manifestarsi improvviso e violento di un sentimento, di un evento sconvolgente: *l'— dell'amore, della guerra.*
incenerimento [in-ce-ne-ri-mén-to] *s.m.* l'incenerire, l'incenerirsi, l'essere incenerito.
incenerire [in-ce-ne-rì-re] *v.tr.* [*io incenerisco, tu incenerisci ecc.*] ridurre in cenere: *il fulmine incenerì la quercia* | (*fig.*) annientare: *— una persona con un'occhiata* ♦ **incenerirsi** *v.intr.pron.* andare, ridursi in cenere.
inceneritore [in-ce-ne-ri-tó-re] *s.m.* impianto per l'incenerimento di rifiuti solidi.
incensamento [in-cen-sa-mén-to] *s.m.* **1** l'incensare, l'essere incensato **2** (*fig.*) adulazione.
incensare [in-cen-sà-re] *v.tr.* [*io incènso ecc.*] **1** spargere su qlcu. o su qlco. il fumo dell'incenso: *— l'altare* **2** (*fig.*) lodare qlcu. in modo esagerato; adulare: *— i potenti* ♦ **incensarsi** *v.rifl.* e *rifl.rec.* elogiarsi, adularsi.
incensaria [in-cen-sà-ria] *s.f.* pianta erbacea con foglie rugose e grandi fiori gialli; menta selvatica.
incensata [in-cen-sà-ta] *s.f.* **1** l'incensare **2** (*fig.*) lode esagerata, adulazione.
incensatore [in-cen-sa-tó-re] *s.m.* [f. *-trice*] chi incensa | (*fig.*) adulatore.
incensazione [in-cen-sa-zió-ne] *s.f.* (*lit.*) rito col quale si offre l'onore dell'incenso al Santissimo Sacramento o a persone, a cose sacre.
incensiere [in-cen-siè-re] *s.m.* recipiente in cui si brucia l'incenso; turibolo.
incenso [in-cèn-so] *s.m.* gommoresina prodotta da varie specie di piante originarie dell'India, Arabia e Somalia, che, bruciata, emana un intenso aroma | (*estens.*) il fumo e l'odore dell'incenso.
incensurabile [in-cen-su-rà-bi-le] *agg.* che non si può censurare, criticare; irreprensibile: *una condotta —.*
incensurabilità [in-cen-su-ra-bi-li-tà] *s.f.* l'essere incensurabile; irreprensibilità.
incensurato [in-cen-su-rà-to] *agg.* (*dir.*) si dice di chi non ha mai riportato condanne penali | (*estens.*) che non ha mai ricevuto critiche o censure.
incentivare [in-cen-ti-và-re] *v.tr.* stimolare, incoraggiare, favorire: *— la produzione.*
incentivazione [in-cen-ti-va-zió-ne] *s.f.* l'incentivare, l'essere incentivato.
incentivo [in-cen-tì-vo] *s.m.* **1** spinta, incitamento: *— allo studio* **2** vantaggio concesso al fine di incoraggiare un determinato comportamento.
incentrare [in-cen-trà-re] *v.tr.* [*io incèntro ecc.*] basare, imperniare (*fig.*): *— il discorso su un argomento* ♦ **incentrarsi** *v.intr.pron.* basarsi imperniarsi: *il racconto è incentrato sul tema del perdono.*
incentro [in-cèn-tro] *s.m.* (*geom.*) centro del cerchio inscritto in un triangolo, che è il punto d'incontro delle sue tre bisettrici.
inceppamento [in-cep-pa-mén-to] *s.m.* l'inceppare, l'incepparsi | ciò che inceppa; ostacolo.
inceppare [in-cep-pà-re] *v.tr.* [*io incéppo ecc.*] impedire il movimento, lo sviluppo di qlco.; ostacolare: *— il commercio* ♦ **incepparsi** *v.intr.pron.* detto di armi e meccanismi, bloccarsi, cessare di funzionare: *la pistola si è inceppata.*
inceppato [in-cep-pà-to] *agg.* bloccato: *arma inceppata.*
incerare [in-ce-rà-re] *v.tr.* [*io incéro ecc.*] spalma-

re di cera: — *il pavimento* | impermeabilizzare con cera o sostanze affini: — *una tela.*
incerata [in-ce-rà-ta] *s.f.* tessuto o indumento impermeabilizzato.
incerato [in-ce-rà-to] *agg.* spalmato di cera | *tela incerata*, resa impermeabile con cera ♦ *s.m.* incerata.
inceratura [in-ce-ra-tù-ra] *s.f.* l'incerare, l'essere incerato | lo strato di cera spalmato su una superficie.
incerconire [in-cer-co-nì-re] *v.intr.* [*io incerconisco, tu incerconisci ecc.*; aus. *essere*] detto del vino, alterarsi nel sapore e nel colore.
incernierare [in-cer-nie-rà-re] *v.tr.* [*io incerniéro ecc.*] munire di cerniere; collegare mediante cerniere.
incerottare [in-ce-rot-tà-re] *v.tr.* [*io inceròtto ecc.*] coprire con un cerotto: — *una ferita* ♦ **incerottarsi** *v.rifl.* medicarsi con un cerotto.
incerottato [in-ce-rot-tà-to] *agg.* coperto, medicato con un cerotto.
incerottatura [in-ce-rot-ta-tù-ra] *s.f.* l'operazione dell'incerottare | medicazione con un cerotto.
incertezza [in-cer-téz-za] *s.f.* **1** l'essere incerto; mancanza di certezza: *l'— di una notizia* **2** stato di dubbio; esitazione, indecisione: *un momento d'—.*
incerto [in-cèr-to] *agg.* **1** non certo; dubbio: *opera di incerta attribuzione* | che non è prevedibile: *esito* —; *tempo* —, variabile **2** indeterminato, vago: *forma incerta* | *luce incerta*, fioca **3** dubbioso, esitante: *essere — sul da farsi* | che rivela esitazione, scarsa padronanza: *passo* — ♦ *s.m.* cosa incerta: *lasciare il certo per l'—* | (*estens.*) imprevisto: *gli incerti del mestiere.*
incespicare [in-ce-spi-cà-re] *v.intr.* [*io incéspico, tu incéspichi ecc.*; aus. *avere*] **1** mettere il piede in fallo; inciampare: — *in un sasso* **2** (*fig.*) impappinarsi nel parlare o nel leggere.
incessante [in-ces-sàn-te] *agg.* che non cessa, continuo: *pioggia* — □ **incessantemente** *avv.*
incesto [in-cè-sto] *s.m.* rapporto sessuale fra consanguinei.
incestuoso [in-ce-stu-ó-so] *agg.* **1** di incesto, che costituisce incesto: *legame* — **2** che è colpevole di incesto: *padre* — **3** che è nato da un rapporto incestuoso: *figlio* — □ **incestuosamente** *avv.*
incetta [in-cèt-ta] *s.f.* l'incettare: *fare — di provviste.*
incettare [in-cet-tà-re] *v.tr.* [*io incètto ecc.*] accaparrarsi una gran quantità di una merce che scarseggia sul mercato.
incettatore [in-cet-ta-tó-re] *agg.* e *s.m.* [f. *-trice*] che/chi fa incetta di qlco.
inchiavardare [in-chia-var-dà-re] *v.tr.* unire due parti di una costruzione per mezzo di chiavarde | (*scherz.*) chiudere a chiave con scrupolo esagerato.
inchiesta [in-chiè-sta] *s.f.* **1** ricerca di tutte le notizie utili ad accertare la verità riguardo a un fatto; indagine: *svolgere un'—*; — *giornalistica*, articolo o serie di articoli giornalistici che nascono da un'indagine accurata **2** (*dir.*) indagine di un'autorità giudiziaria per accertare le responsabilità di un delitto.
inchinare [in-chi-nà-re] *v.tr.* chinare, piegare verso il basso: — *il capo* ♦ **inchinarsi** *v.rifl.* chinare il capo o la persona in atto di omaggio: — *davanti all'altare* | (*fig.*) rendere omaggio; sottomettersi: — *alla volontà di Dio.*
inchino [in-chì-no] *s.m.* l'inchinarsi come atto di omaggio; riverenza: *fare un —.*
inchiodamento [in-chio-da-mén-to] *s.m.* l'inchiodare, l'essere inchiodato.
inchiodare [in-chio-dà-re] *v.tr.* [*io inchiòdo ecc.*] **1** fissare con chiodi: — *un coperchio* **2** (*estens.*) immobilizzare, costringere: *restare inchiodato a letto* | (*fig.*) costringere ad affrontare: — *una persona alle sue responsabilità.*
inchiodatrice [in-chio-da-trì-ce] *s.f.* macchina che serve a inchiodare automaticamente pezzi di legno, casse ecc.
inchiodatura [in-chio-da-tù-ra] *s.f.* l'inchiodare, l'essere inchiodato | l'insieme dei chiodi utilizzati.
inchiostrare [in-chio-strà-re] *v.tr.* [*io inchiòstro ecc.*] (*tip.*) spalmare d'inchiostro i rulli o le lastre tipografiche.
inchiostratore [in-chio-stra-tó-re] *s.m.* (*tip.*) **1** [f. *-trice*] operaio addetto all'inchiostrazione **2** rullo per stendere l'inchiostro sulle matrici di stampa.
inchiostrazione [in-chio-stra-zió-ne] *s.f.* (*tip.*) l'inchiostrare, l'essere inchiostrato.
inchiostro [in-chiò-stro] *s.m.* **1** sostanza liquida, di colore e composizione vari, usata per scrivere, disegnare e stampare: — *nero, indelebile*; — *di china*, china | — *simpatico*, che lascia una traccia incolore che diventa leggibile dopo opportuni trattamenti | *nero come l'—*, nerissimo | *versare fiumi d'—*, (*fig.*) scrivere moltissimo **2** liquido nerastro che la seppia e altri cefalopodi secernono per difesa.
inciampare [in-ciam-pà-re] *v.intr.* [aus. *essere* e *avere*] **1** urtare inavvertitamente col piede contro un ostacolo: — *in un sasso* **2** (*fig.*) incespicare nel parlare o nello scrivere.
inciampo [in-ciàm-po] *s.m.* ciò che fa o può far inciampare; ostacolo: *trovare un —*; *essere d'—*, ostacolare.
incidentale [in-ci-den-tà-le] *agg.* **1** che avviene per caso; accidentale: *un fatto* — **2** secondario, accessorio: *una questione* — | *proposizione* —, (*ling.*) che è inserita in un'altra proposizione, senza avere con essa alcun legame sintattico □ **incidentalmente** *avv.* **1** per caso **2** come digressione: *parlare di qlco.* —.
incidentato [in-ci-den-tà-to] *agg.* si dice di veicolo coinvolto in un incidente.
incidente[1] [in-ci-dèn-te] *agg.* che cade sopra una cosa o nel mezzo di essa | *raggio* —, (*fis.*) il raggio di luce che cade sopra una superficie | *rette, curve incidenti*, (*mat.*) che hanno un punto in comune.

incidente[2] *s.m.* avvenimento inatteso che procura un danno o turba un andamento previsto; infortunio: — *stradale, sul lavoro* | — *di percorso*, (*fig.*) contrattempo.

incidenza [in-ci-dèn-za] *s.f.* **1** il cader sopra | *angolo di* —, (*fis.*) quello formato dal raggio incidente con la perpendicolare alla superficie nel punto d'incontro **2** effetto determinato da un elemento su una situazione; la frequenza con cui un fenomeno si manifesta: *l'— di una spesa sul bilancio*; *l'— di una malattia su una popolazione.*

incidere[1] [in-cì-de-re] *v.tr.* [pass.rem. *io incisi, tu incidésti ecc.*; part.pass. *inciso*] **1** effettuare un taglio netto su una superficie: — *la corteccia di un albero* **2** intagliare: — *un nome su una lapide* **3** (*fig.*) imprimere indelebilmente: — *qlco. nella mente* **4** fissare un suono su un supporto magnetico in modo che possa essere riprodotto; registrare: — *una canzone.*

incidere[2] *v.intr.* [pass.rem. *io incisi, tu incidésti ecc.*; part.pass. *inciso*; aus. *avere*] **1** ricadere, gravare: *spese che incidono sul bilancio* **2** avere un'influenza profonda: *le esperienze incidono sul carattere.*

incinerazione [in-ci-ne-ra-zió-ne] *s.f.* uso funerario che consiste nel bruciare le salme, conservandone o disperdendone le ceneri; cremazione.

incinta [in-cìn-ta] *agg.f.* si dice di donna in stato di gravidanza.

incipiente [in-ci-pièn-te] *agg.* che comincia, che è agli inizi: *calvizie* —.

incipit [/ 'intʃipit /] *s.m.invar.* (*lat.*) **1** la parola, la formula, il verso con cui ha inizio un testo **2** (*mus.*) note o battute iniziali di un brano.

incipitario [in-ci-pi-tà-rio] *s.m.* repertorio degli incipit di uno o più testi.

incipollire [in-ci-pol-lì-re] *v.intr.* [*io incipollisco, tu incipollisci ecc.*; aus. *essere*] del legname, sfaldarsi come una cipolla in corrispondenza degli anelli.

incipriare [in-ci-prià-re] *v.tr.* [*io incìprio ecc.*] cospargere di cipria ♦ **incipriarsi** *v.rifl.* darsi la cipria.

incirca [in-cìr-ca], o **in circa**, *avv.* circa | *all'*—, pressappoco: *dista all'— tre chilometri.*

incisione [in-ci-ʃió-ne] *s.f.* **1** l'incidere, l'essere inciso: — *chirurgica* **2** processo con cui si ricava una matrice per la riproduzione a stampa di un testo o di un disegno | arte di incidere una matrice; la stampa che se ne ottiene: *Dürer fu un maestro dell'*—; *un'— di Piranesi* **3** decorazione di gioielli realizzata mediante l'uso del bulino **4** registrazione di suoni su disco o nastro: *sala di* —.

incisività [in-ci-ʃi-vi-tà] *s.f.* l'essere incisivo (spec. *fig.*): *l'— di un discorso.*

incisivo [in-ci-ʃì-vo] *agg.* **1** (*anat.*) si dice di ciascuno dei quattro denti centrali a forma di scalpello **2** (*fig.*) efficace, netto e preciso: *stile* — ♦ *s.m.* dente incisivo □ **incisivamente** *avv.*

inciso [in-cì-ʃo] *s.m.* breve frase grammaticalmente indipendente dal costrutto in cui è inserita: *un periodo pieno di incisi* | *per* —, incidentalmente: *sia detto per* —.

incisore [in-ci-ʃó-re] *s.m.* chi pratica l'arte dell'incisione.

incisorio [in-ci-ʃò-rio] *agg.* relativo all'incisione: *tecnica incisoria.*

incistarsi [in-ci-stàr-si] *v.rifl.* (*med.*) formare una cisti.

incisura [in-ci-ʃù-ra] *s.f.* (*anat.*) solco, incisione, depressione stretta e profonda.

incitamento [in-ci-ta-mén-to] *s.m.* l'incitare, l'essere incitato; esortazione: — *alla rivolta.*

incitare [in-ci-tà-re] *v.tr.* [*io ìncito* o *incìto ecc.*] spingere ad agire; esortare: — *a far presto.*

incitrullire [in-ci-trul-lì-re] *v.tr.* [*io incitrullisco, tu incitrullisci ecc.*] far diventare citrullo, stupido ♦ *v.intr.* [aus. *essere*], **incitrullirsi** *v.intr.pron.* diventare citrullo.

inciuccarsi [in-ciuc-càr-si] *v.intr.pron.* [*io mi inciucco, tu ti inciucchi ecc.*] (*region.*) ubriacarsi.

incivile [in-ci-vì-le] *agg.* **1** che non ha una civiltà evoluta; barbaro, selvaggio: *popolo* — **2** indegno di una società civile: *una legge* — **3** che offende le norme della buona educazione; rozzo: *persona* —; *modi incivili* ♦ *s.m.* e *f.* persona incivile: *comportarsi da* —.

incivilimento [in-ci-vi-li-mén-to] *s.m.* l'incivilire, l'incivilirsi, l'essere incivilito: — *dei costumi.*

incivilire [in-ci-vi-lì-re] *v.tr.* [*io incivilisco, tu incivilisci ecc.*] rendere civile; dirozzare, ingentilire ♦ **incivilirsi** *v.intr.pron.* divenire civile; ingentilirsi.

inciviltà [in-ci-vil-tà] *s.f.* **1** l'essere incivile; mancanza di civiltà **2** l'essere scortese | atto offensivo; villania.

inclassificabile [in-clas-si-fi-cà-bi-le] *agg.* **1** che non può essere classificato; che non presenta i caratteri tipici di una qualche classe: *pianta, minerale* — **2** (*estens.*) non classificabile perché gravemente insufficiente: *una prova* — | (*fig.*) inqualificabile: *comportamento* —.

inclemente [in-cle-mèn-te] *agg.* non clemente, inflessibile: *giudice* — | *destino* —, duro, aspro | *tempo, inverno* —, rigido, avverso □ **inclementemente** *avv.*

inclemenza [in-cle-mèn-za] *s.f.* l'essere inclemente: *l'— della legge.*

inclinabile [in-cli-nà-bi-le] *agg.* che può essere inclinato; reclinabile.

inclinamento [in-cli-na-mén-to] *s.m.* l'inclinare, l'inclinarsi; inclinazione.

inclinare [in-cli-nà-re] *v.tr.* **1** spostare un oggetto in posizione obliqua; reclinare: — *il sedile dell'auto* **2** (*fig.*) rendere incline: — *l'animo alla comprensione* ♦ *v.intr.* [aus. *avere*] **1** pendere: *il quadro inclina a sinistra* **2** (*fig.*) propendere: — *al perdono* ♦ **inclinarsi** *v.rifl.* o *intr.pron.* piegarsi da una parte.

inclinato [in-cli-nà-to] *agg.* **1** pendente; in posizione obliqua: *una torre inclinata*; *piano* —, non orizzontale **2** (*fig.*) incline, tendente: *carattere* — *all'azione.*

inclinazione [in-cli-na-zió-ne] *s.f.* **1** l'essere inclinato; pendenza: *l'— del tetto* | *— di una retta*, (*mat.*) angolo che forma con il piano orizzontale | *— dell'asse terrestre*, (*astr.*) angolo formato dall'asse di rotazione della Terra con la perpendicolare al piano dell'eclittica **2** (*fig.*) propensione, attitudine: *avere — per la musica* | simpatia, interesse: *avere un'— per qlcu.*
incline [in-clì-ne] *agg.* propenso, disposto: *essere — al perdono.*
inclinometro [in-cli-nò-me-tro] *s.m.* strumento di bordo di natanti e aeromobili che serve a misurare l'inclinazione del mezzo.
inclito [ìn-cli-to] *agg.* (*lett.*) nobile, glorioso: *un'inclita impresa.*
includere [in-clù-de-re] *v.tr.* [coniugato come *accludere*] **1** chiudere dentro; inserire: *— una lettera in un plico* **2** comprendere, far entrare in un gruppo, in una serie: *— in una lista.*
inclusione [in-clu-ʃió-ne] *s.f.* **1** l'includere, l'essere incluso **2** (*mat.*) relazione che sussiste tra due insiemi quando tutti gli elementi dell'uno fanno parte dell'altro.
inclusivo [in-clu-ʃì-vo] *agg.* che include, comprende in sé qlco.: *prezzo — dell'IVA* □ **inclusivamente** *avv.*
incluso [in-clù-ʃo] *agg.* **1** chiuso dentro; accluso: *lettera inclusa* **2** compreso: *mancherà fino a venerdì —.*
incoagulabile [in-co-a-gu-là-bi-le] *agg.* che non si coagula: *sostanza —.*
incoagulabilità [in-co-a-gu-la-bi-li-tà] *s.f.* l'essere incoagulabile.
incoativo [in-co-a-tì-vo] *agg.* (*gramm.*) che esprime l'inizio, l'avvio dell'azione: *verbo —.*
incoccare [in-coc-cà-re] *v.tr.* [*io incòcco, tu incòcchi ecc.*] sistemare la cocca della freccia sulla corda dell'arco.
incocciare [in-coc-cià-re] *v.tr.* [*io incòccio ecc.*] (*fam.*) urtare, sbattere contro qlco. | incontrare per caso: *l'ho incocciato al bar* ♦ *v.intr.* [aus. *avere*] (*fam.*) imbattersi.
incoercibile [in-co-er-cì-bi-le] *agg.* che non si può reprimere, trattenere: *desiderio —* □ **incoercibilmente** *avv.*
incoercibilità [in-co-er-ci-bi-li-tà] *s.f.* l'essere incoercibile.
incoerente [in-co-e-rèn-te] *agg.* **1** che non ha coesione, che manca di compattezza: *terreno, materiale —* **2** (*fig.*) che non ha coerenza, sconclusionato: *discorso, persona —* □ **incoerentemente** *avv.*
incoerenza [in-co-e-rèn-za] *s.f.* **1** mancanza di coesione: *— del terreno* **2** (*fig.*) mancanza di coerenza: *— nell'agire* **3** atto, detto incoerente; contraddizione: *un discorso pieno di incoerenze.*
incogliere [in-cò-glie-re] *v.intr.* [coniugato come *cogliere*; aus. essere] (*lett.*) accadere, sopraggiungere: *mal gliene incolse.*
incognita [in-cò-gni-ta] *s.f.* **1** (*mat.*) variabile che compare in un'equazione e che viene determinata risolvendo l'equazione stessa **2** (*estens.*) fatto o situazione il cui sviluppo è incerto: *gli esami sono sempre un'—.*
incognito [in-cò-gni-to] *agg.* (*lett.*) ignoto, sconosciuto ♦ *s.m.* stato di chi nasconde la propria identità: *viaggiare in —.*
incollaggio [in-col-làg-gio] *s.m.* (*tecn.*) l'operazione, il procedimento dell'incollare.
incollamento [in-col-la-mén-to] *s.m.* (*non com.*) l'incollare, l'incollarsi, l'essere incollato.
incollare [in-col-là-re] *v.tr.* [*io incòllo ecc.*] attaccare con la colla: *— un manifesto al muro* ♦ **incollarsi** *v.intr.pron.* attaccarsi, appiccicarsi (anche *fig.*): *il bambino si incollò alla madre.*
incollato [in-col-là-to] *agg.* attaccato, appiccicato con la colla (anche *fig.*): *stare — al televisore.*
incollatrice [in-col-la-trì-ce] *s.f.* (*tecn.*) macchina con cui si incollano strati di legno.
incollatura[1] [in-col-la-tù-ra] *s.f.* **1** l'incollare, l'essere incollato **2** la parte dove due oggetti sono incollati.
incollatura[2] *s.f.* lunghezza della testa e del collo di un cavallo, presa come misura per indicare il distacco tra due cavalli in una corsa: *vincere di mezza —.*
incollerirsi [in-col-le-rìr-si] *v.intr.pron.* [*io mi incollerisco, tu ti incollerisci ecc.*; aus. *essere*] andare in collera; arrabbiarsi.
incolmabile [in-col-mà-bi-le] *agg.* che non si può colmare (spec. *fig.*): *la sua scomparsa ha lasciato un vuoto —.*
incolmabilità [in-col-ma-bi-li-tà] *s.f.* (*non com.*) l'essere incolmabile | distanza incolmabile.
incolonnamento [in-co-lon-na-mén-to] *s.m.* l'incolonnare, l'incolonnarsi, l'essere incolonnato.
incolonnare [in-co-lon-nà-re] *v.tr.* [*io incolónno ecc.*] mettere in colonna: *— le cifre* | disporre, ordinare in colonna: *— il traffico* ♦ **incolonnarsi** *v.intr.pron.* disporsi in colonna.
incolore [in-co-ló-re], meno com. **incoloro**, *agg.* **1** senza colore: *l'acqua è —* **2** (*fig.*) monotono; privo di vivacità: *vita, stile —.*
incolpare [in-col-pà-re] *v.tr.* [*io incólpo ecc.*] addossare a qlcu. una colpa; imputare, accusare: *— uno di furto* ♦ **incolparsi** *v.rifl.* accusare sé stesso: *si incolpò dell'accaduto.*
incolpevole [in-col-pé-vo-le] *agg.* non colpevole; innocente: *ritenersi —* □ **incolpevolmente** *avv.*
incolpevolezza [in-col-pe-vo-léz-za] *s.f.* l'essere incolpevole; innocenza.
incolto [in-cól-to] *agg.* **1** non coltivato: *un terreno —* | *barba incolta*, non curata **2** (*fig.*) privo di cultura; ignorante: *un uomo —.*
incolume [in-cò-lu-me] *agg.* si dice di chi esce sano e salvo da un grave pericolo; illeso: *rimanere —* | (*estens.*) intatto, integro: *la casa è uscita — dal bombardamento.*
incolumità [in-co-lu-mi-tà] *s.f.* l'essere incolume: *garantire l'— di qlcu.*
incombente [in-com-bèn-te] *agg.* che sovrasta; imminente: *pericolo —.*
incombenza [in-com-bèn-za] *s.f.* incarico, mansione: *dare, ricevere un'—.*

incombere [in-cóm-be-re] *v.intr.* [*io incómbo ecc.*; dif. del part. pass. e dei tempi composti] essere imminente, detto per lo più di cosa minacciosa: *un pericolo incombeva sulla città.*
incombustibile [in-com-bu-stì-bi-le] *agg.* che non brucia, che non è soggetto a combustione: *materiale —.*
incombustibilità [in-com-bu-sti-bi-li-tà] *s.f.* l'essere incombustibile.
incombusto [in-com-bù-sto] *agg.* (*scient.*) non bruciato: *residui incombusti.*
incominciare [in-co-min-cià-re] *v.tr.* [*io incomìncio ecc.*] dar principio; cominciare: *— un lavoro* ♦ *v.intr.* [aus. *essere*] avere inizio: *è incominciato l'inverno.*
incommensurabile [in-com-men-su-rà-bi-le] *agg.* 1 che non può essere misurato; immenso (anche *fig.*): *l'— valore della libertà* 2 (*mat.*) si dice di due grandezze omogenee che non hanno un sottomultiplo comune □ **incommensurabilmente** *avv.*
incommensurabilità [in-com-men-su-ra-bi-li-tà] *s.f.* l'essere incommensurabile.
incommestibile [in-com-me-stì-bi-le] *agg.* che non è commestibile, che non si mangia.
incommutabile [in-com-mu-tà-bi-le] *agg.* che non è commutabile, non può essere scambiato con altro: *pena —.*
incommutabilità [in-com-mu-ta-bi-li-tà] *s.f.* l'essere incommutabile.
incomodare [in-co-mo-dà-re] *v.tr.* [*io incòmodo ecc.*] dare incomodo, recare disturbo: *mi spiace incomodarvi* ♦ **incomodarsi** *v.rifl.* prendersi disturbo (soprattutto in formule di cortesia): *non v'incomodate per me.*
incomodo [in-cò-mo-do] *agg.* non comodo; che procura fastidio, disagio: *posizione incomoda* | *il terzo —*, si dice di persona che si aggiunge ad altre due che vorrebbero star sole ♦ *s.m.* ciò che reca fastidio o disagio: *dare —.*
incomparabile [in-com-pa-rà-bi-le] *agg.* che non ha paragone; impareggiabile: *una bellezza —* | non omogeneo e quindi non confrontabile: *dati incomparabili* □ **incomparabilmente** *avv.*
incomparabilità [in-com-pa-ra-bi-li-tà] *s.f.* l'essere incomparabile.
incompatibile [in-com-pa-tì-bi-le] *agg.* 1 che non si può conciliare, che non può coesistere con altro: *comportamento — con i propri doveri*; *caratteri incompatibili*, troppo diversi per poter andare d'accordo; *cariche incompatibili*, che una stessa persona non può ricoprire contemporaneamente 2 (*inform.*) si dice di sistemi di elaborazione o programmi che presentano incompatibilità □ **incompatibilmente** *avv.*
incompatibilità [in-com-pa-ti-bi-li-tà] *s.f.* 1 l'essere incompatibile, detto di cose che non possono conciliarsi tra di loro o non possono coesistere: *— di idee* 2 (*med.*) discordanza del sistema immunitario di due individui per cui non si possono effettuare trasfusioni o trapianti dall'uno all'altro 3 (*inform.*) differenza tra tipi di sistemi di elaborazione che rende impossibile utilizzare sull'uno programmi elaborati per l'altro.
incompetente [in-com-pe-tèn-te] *agg.* non competente: *essere — in materia* | (*assol.*) che non conosce bene il proprio mestiere; incapace: *un tecnico —* ♦ *s.m.* e *f.* persona incompetente □ **incompetentemente** *avv.*
incompetenza [in-com-pe-tèn-za] *s.f.* 1 l'essere incompetente 2 (*dir.*) mancanza di competenza.
incompiutezza [in-com-piu-téz-za] *s.f.* l'essere incompiuto; mancanza di compiutezza.
incompiuto [in-com-più-to] *agg.* non compiuto, non terminato: *il lavoro restò —* □ **incompiutamente** *avv.*
incompletezza [in-com-ple-téz-za] *s.f.* l'essere incompleto: *— di dati.*
incompleto [in-com-plè-to] *agg.* non completo; privo di qualche parte: *lavoro —* □ **incompletamente** *avv.*
incomprensibile [in-com-pren-sì-bi-le] *agg.* che non si riesce a capire: *atteggiamento —* □ **incomprensibilmente** *avv.*
incomprensibilità [in-com-pren-si-bi-li-tà] *s.f.* l'essere incomprensibile: *l'— di una teoria.*
incomprensione [in-com-pren-sió-ne] *s.f.* mancanza di comprensione: *— fra coniugi.*
incompreso [in-com-pré-so] *agg.* non compreso: *sentirsi —* | *genio —*, (*iron.*) si dice di chi crede di avere delle qualità misconosciute.
incompressibilità [in-com-pres-si-bi-li-tà] *s.f.* (*fis.*) proprietà delle sostanze solide o liquide di non subire diminuzione di volume col crescere della pressione esterna.
incomprimibile [in-com-pri-mì-bi-le] *agg.* che non si può contenere, frenare: *un odio —.*
incomunicabile [in-co-mu-ni-cà-bi-le] *agg.* che non si può comunicare, trasmettere: *dolore, entusiasmo —* □ **incomunicabilmente** *avv.*
incomunicabilità [in-co-mu-ni-ca-bi-li-tà] *s.f.* 1 l'essere incomunicabile: *l'— di una sensazione* 2 impossibilità di trasmettere o condividere idee, affetti, esperienze con altre persone.
inconcepibile [in-con-ce-pì-bi-le] *agg.* che non si può concepire; assurdo: *comportamento —.*
inconcepibilità [in-con-ce-pi-bi-li-tà] *s.f.* l'essere inconcepibile.
inconciliabile [in-con-ci-lià-bi-le] *agg.* che non si può conciliare, che non può coesistere: *elementi inconciliabili* □ **inconciliabilmente** *avv.*
inconciliabilità [in-con-ci-lia-bi-li-tà] *s.f.* l'essere inconciliabile.
inconcludente [in-con-clu-dèn-te] *agg.* che non raggiunge il suo fine: *un tentativo —* | *persona —*, che non viene a capo di nulla ♦ *s.m.* e *f.* persona inconcludente.
inconcludenza [in-con-clu-dèn-za] *s.f.* l'essere inconcludente.
inconcusso [in-con-cùs-so] *agg.* (*lett.*) fermo, incrollabile: *fede inconcussa.*
incondizionato [in-con-di-zio-nà-to] *agg.* che non è sottoposto ad alcuna condizione; assolu-

to: *resa incondizionata* □ **incondizionatamente** *avv.*
inconfessabile [in-con-fes-sà-bi-le] *agg.* che non si può confessare senza provare vergogna; turpe: *un'intenzione —.*
inconfessato [in-con-fes-sà-to] *agg.* non confessato, spesso neppure a sé stesso: *istinti inconfessati.*
inconfondibile [in-con-fon-dì-bi-le] *agg.* che non si può confondere; unico: *una voce —.*
inconfutabile [in-con-fu-tà-bi-le] *agg.* che non si può confutare; indiscutibile: *prova —.*
inconfutabilità [in-con-fu-ta-bi-li-tà] *s.f.* l'essere inconfutabile.
incongruente [in-con-gru-èn-te] *agg.* che è privo di congruenza, di logica: *comportamento, giudizio —* □ **incongruentemente** *avv.*
incongruenza [in-con-gru-èn-za] *s.f.* **1** l'essere incongruente: *l'— di un discorso* **2** contraddizione: *un racconto pieno di incongruenze.*
incongruità [in-con-grui-tà] *s.f.* l'essere incongruo.
incongruo [in-còn-gru-o] *agg.* che non è congruo, che non è proporzionato: *un prezzo —.*
inconoscibile [in-co-no-scì-bi-le] *agg.* e *s.m.* che non può essere conosciuto; che eccede le possibilità della conoscenza umana: *Dio è —.*
inconoscibilità [in-co-no-sci-bi-li-tà] *s.f.* l'essere inconoscibile.
inconsapevole [in-con-sa-pé-vo-le] *agg.* che non è informato o non ha piena coscienza di qlco.: *essere — di un rischio* □ **inconsapevolmente** *avv.*
inconsapevolezza [in-con-sa-pe-vo-léz-za] *s.f.* l'essere inconsapevole.
inconscio [in-còn-scio] *agg.* [pl.f. *-sce*] non avvertito dalla coscienza; involontario: *desiderio —* ♦ *s.m.* (*psicoan.*) la sfera più profonda della psiche, di cui l'individuo non ha consapevolezza, ma che condiziona la sua condotta e le sue emozioni □ **inconsciamente** *avv.*
inconsistente [in-con-si-stèn-te] *agg.* che manca di consistenza, di spessore (anche *fig.*): *una personalità —* □ **inconsistentemente** *avv.*
inconsistenza [in-con-si-stèn-za] *s.f.* l'essere inconsistente; mancanza di consistenza.
inconsolabile [in-con-so-là-bi-le] *agg.* che non si può consolare: *un dolore —* □ **inconsolabilmente** *avv.*
inconsueto [in-con-su-è-to] *agg.* che non rientra nelle consuetudini; insolito: *fenomeno —.*
inconsulto [in-con-sùl-to] *agg.* sconsiderato, avventato: *atto —.*
inconsunto [in-con-sùn-to] *agg.* (*lett.*) non consumato; che non si consuma, che non si distrugge.
incontaminato [in-con-ta-mi-nà-to] *agg.* non contaminato; puro.
incontenibile [in-con-te-nì-bi-le] *agg.* che non può essere contenuto; irrefrenabile: *gioia —.*
incontentabile [in-con-ten-tà-bi-le] *agg.* che non si contenta mai: *un cliente —* ♦ *s.m.* e *f.* persona incontentabile.
incontentabilità [in-con-ten-ta-bi-li-tà] *s.f.* l'essere incontentabile.
incontestabile [in-con-te-stà-bi-le] *agg.* che non può essere contestato; certo: *prove incontestabili.*
incontestabilità [in-con-te-sta-bi-li-tà] *s.f.* l'essere incontestabile.
incontestato [in-con-te-stà-to] *agg.* che non è oggetto di contestazione; indiscusso: *una verità incontestata.*
incontinente [in-con-ti-nèn-te] *agg.* **1** che non sa contenersi; intemperante **2** (*med.*) che presenta incontinenza ♦ *s.m.* e *f.* **1** chi pecca d'incontinenza **2** (*med.*) chi presenta incontinenza.
incontinenza [in-con-ti-nèn-za] *s.f.* **1** incapacità di frenare i propri istinti; intemperanza **2** (*med.*) incapacità di controllare l'emissione di urina o di feci.
incontrare [in-con-trà-re] *v.tr.* [*io incóntro ecc.*] **1** trovare sulla propria strada, davanti a sé (anche *fig.*): *— un amico; — difficoltà* | *— il favore di qlcu.*, ottenerne il consenso **2** trovarsi deliberatamente con qlcu.: *lo incontrerò domani* **3** (*sport*) gareggiare con un avversario: *l'Inter incontrerà il Milan* ♦ **incontrarsi** *v.rifl.rec.* **1** trovarsi l'uno di fronte all'altro, casualmente o per un accordo: *— per strada* **2** scontrarsi, affrontarsi, battersi: *le due squadre s'incontreranno per il titolo.*
incontrario [in-con-trà-rio] *avv.* solo nella loc. *all'—*, (*fam.*) al contrario.
incontrastabile [in-con-tra-stà-bi-le] *agg.* che non si può contrastare: *una forza —* | inoppugnabile, indiscutibile: *verità —* □ **incontrastabilmente** *avv.*
incontrastato [in-con-tra-stà-to] *agg.* non contrastato; che non ha opposizioni: *dominio —.*
incontro[1] [in-cón-tro] *s.m.* **1** l'incontrare, l'incontrarsi: *— casuale* **2** appuntamento: *fissare un —* **3** (*sport*) gara, competizione: *— di calcio.*
incontro[2] *avv.* indica movimento frontale in direzione di qlcu. o qlco.: *andare — a qlcu.* | *— a*, verso, in direzione di: *correre — a qlco.* | *andare, venire — a qlcu.*, (*fig.*) aiutarlo materialmente o moralmente.
incontrollabile [in-con-trol-là-bi-le] *agg.* **1** che non si può controllare, dominare: *ira —* **2** di cui non si può accertare la fondatezza: *voci incontrollabili.*
incontrollato [in-con-trol-là-to] *agg.* **1** non controllato, non contenuto: *gesto —* **2** di cui non è stata accertata la fondatezza: *notizie incontrollate.*
incontrovertibile [in-con-tro-ver-tì-bi-le] *agg.* che non può essere messo in dubbio; indiscutibile: *prova —* □ **incontrovertibilmente** *avv.*
incontrovertibilità [in-con-tro-ver-ti-bi-li-tà] *s.f.* l'essere incontrovertibile.
inconveniente [in-con-ve-nièn-te] *s.m.* **1** circostanza spiacevole o avversa; contrattempo: *un serio —* **2** lato negativo, svantaggio: *l'— di una situazione.*
inconvertibile [in-con-ver-tì-bi-le] *agg.* non con-

vertibile: *moneta* —, quella che non può essere convertita in oro o in valuta estera.
inconvertibilità [in-con-ver-ti-bi-li-tà] *s.f.* l'essere inconvertibile.
incoraggiamento [in-co-rag-gia-mén-to] *s.m.* l'incoraggiare: *parole d'*—.
incoraggiante [in-co-rag-giàn-te] *agg.* che infonde coraggio, fiducia: *risultato* —.
incoraggiare [in-co-rag-già-re] *v.tr.* [*io incoràggio ecc.*] **1** infondere coraggio; incitare: — *qlcu. a fare qlco.* **2** favorire; essere d'incentivo: — *un'iniziativa.*
incoraggiatore [in-co-rag-gia-tó-re] *agg.* e *s.m.* [f. *-trice*] che/chi incoraggia; fautore.
incordare [in-cor-dà-re] *v.tr.* [*io incòrdo ecc.*] mettere le corde a uno strumento musicale o a un attrezzo: — *una racchetta* ♦ **incordarsi** *v.intr.pron.* irrigidirsi (detto dei muscoli).
incornare [in-cor-nà-re] *v.tr.* [*io incòrno ecc.*] colpire, ferire con le corna: *il toro ha incornato il torero.*
incornata [in-cor-nà-ta] *s.f.* colpo inferto con le corna da un animale.
incorniciare [in-cor-ni-cià-re] *v.tr.* [*io incornìcio ecc.*] mettere in cornice: — *un ritratto* | (*fig.*) circondare come una cornice: *la barba gli incornicia il volto.*
incorniciatura [in-cor-ni-cia-tù-ra] *s.f.* **1** l'incorniciare, l'essere incorniciato **2** cornice.
incoronare [in-co-ro-nà-re] *v.tr.* [*io incoróno ecc.*] **1** cingere il capo di qlcu. con una corona o una ghirlanda: — *d'alloro* **2** insignire qlcu. di una dignità mediante il conferimento di una corona: *Carlo Magno fu incoronato imperatore.*
incoronazione [in-co-ro-na-zió-ne] *s.f.* l'incoronare, l'essere incoronato.
incorporamento [in-cor-po-ra-mén-to] *s.m.* incorporazione.
incorporare [in-cor-po-rà-re] *v.tr.* [*io incòrporo ecc.*] **1** inserire qlco. in un organismo più vasto **2** (*estens.*) annettere; comprendere in sé.
incorporazione [in-cor-po-ra-zió-ne] *s.f.* l'incorporare, l'essere incorporato: — *di un territorio.*
incorporeità [in-cor-po-rei-tà] *s.f.* l'essere incorporeo: *l'— dell'anima.*
incorporeo [in-cor-pò-re-o] *agg.* privo di corpo, immateriale.
incorreggibile [in-cor-reg-gì-bi-le] *agg.* che non si può correggere: *un difetto* —.
incorreggibilità [in-cor-reg-gi-bi-li-tà] *s.f.* l'essere incorreggibile.
incorrere [in-cór-re-re] *v.intr.* [coniugato come *correre*; aus. *essere*] imbattersi, cadere in qlco. di spiacevole: — *in un errore.*
incorrotto [in-cor-rót-to] *agg.* **1** non corrotto; che non ha subito putrefazione: *corpo* — **2** (*fig.*) puro, incontaminato: *fede incorrotta.*
incorruttibile [in-cor-rut-tì-bi-le] *agg.* non corruttibile; non soggetto a corruzione fisica o morale: *giudice* —.
incorruttibilità [in-cor-rut-ti-bi-li-tà] *s.f.* l'essere incorruttibile.
incosciente [in-co-scièn-te] *agg.* **1** privo della consapevolezza di sé: *gli animali sono esseri incoscienti* | che ha perso temporaneamente la coscienza: *rimanere — per qualche minuto* **2** che agisce senza riflettere; irresponsabile: *un guidatore* — ♦ *s.m.* e *f.* persona priva di senso di responsabilità: *comportarsi da* — □ **incoscientemente** *avv.*
incoscienza [in-co-scièn-za] *s.f.* **1** mancanza temporanea di coscienza; svenimento: *essere in stato d'*— **2** l'essere incosciente, irresponsabile: *dare prova d'*— | azione da incosciente: *commettere un'*—.
incostante [in-co-stàn-te] *agg.* non costante; variabile, volubile: *uomo, carattere* — ♦ *s.m.* e *f.* persona volubile.
incostanza [in-co-stàn-za] *s.f.* l'essere incostante: *l'— della fortuna.*
incostituzionale [in-co-sti-tu-zio-nà-le] *agg.* (*dir.*) che è in contrasto con la costituzione: *legge* — □ **incostituzionalmente** *avv.*
incostituzionalità [in-co-sti-tu-zio-na-li-tà] *s.f.* (*dir.*) l'essere incostituzionale: *dichiarazione di* —.
incravattato [in-cra-vat-tà-to] *agg.* (*scherz.*) che porta la cravatta.
increato [in-cre-à-to] *agg.* (*lett.*) non creato (detto della natura divina).
incredibile [in-cre-dì-bi-le] *agg.* non credibile; assurdo: *una storia* —; *è —!, pare —!*, esclamazioni di stupore | (*iperb.*) grandissimo, enorme: *un dolore* —.
incredibilità [in-cre-di-bi-li-tà] *s.f.* l'essere incredibile; inverosimiglianza.
incredulità [in-cre-du-li-tà] *s.f.* **1** l'essere incredulo; scetticismo: *ascoltare qlco. con* — **2** mancanza di fede religiosa.
incredulo [in-crè-du-lo] *agg.* **1** che non crede; diffidente, scettico: *mostrarsi* — **2** privo di fede religiosa.
incrementare [in-cre-men-tà-re] *v.tr.* [*io increménto ecc.*] dare incremento; aumentare: — *le vendite.*
incremento [in-cre-mén-to] *s.m.* **1** accrescimento; sviluppo: — *dei prezzi* **2** (*mat.*) differenza fra due valori di una stessa variabile.
increscioso [in-cre-sció-so] *agg.* spiacevole, imbarazzante: *situazione incresciosa* □ **incresciosamente** *avv.*
increspamento [in-cre-spa-mén-to] *s.m.* (*non com.*) increspatura.
increspare [in-cre-spà-re] *v.tr.* [*io incréspo ecc.*] rendere crespo, ondulato: *la brezza increspa il mare* ♦ **incresparsi** *v.intr.pron.* diventare crespo: *le acque si stanno increspando.*
increspato [in-cre-spà-to] *agg.* pieno di crespe; fatto a crespe: *tessuto* —.
increspatura [in-cre-spa-tù-ra] *s.f.* l'increspare, l'incresparsi, l'essere increspato.
incretinimento [in-cre-ti-ni-mén-to] *s.m.* l'incretinire, l'incretinirsi.
incretinire [in-cre-ti-nì-re] *v.tr.* [*io incretinisco, tu*

incretinisci ecc.] rendere cretino: *l'ozio incretinisce* ♦ *v.intr.* [aus. *essere*], **incretinirsi** *v.intr.pron.* diventare cretino.

incriminabile [in-cri-mi-nà-bi-le] *agg.* che può essere incriminato.

incriminare [in-cri-mi-nà-re] *v.tr.* [*io incrìmino ecc.*] accusare qlcu. di un reato; promuovere un processo penale contro qlcu.: *essere incriminato per omicidio.*

incriminato [in-cri-mi-nà-to] *agg.* **1** si dice di persona contro la quale la legge procede per un reato: *un testimone* — **2** che costituisce il mezzo con cui è stato commesso un reato: *arma incriminata* | (*estens.*) che è oggetto di critiche, di censure: *frase incriminata.*

incriminazione [in-cri-mi-na-zió-ne] *s.f.* l'incriminare, l'essere incriminato.

incrinare [in-cri-nà-re] *v.tr.* **1** lesionare con una crepa, senza provocare distacco di frammenti: — *un bicchiere* **2** (*fig.*) guastare, compromettere: — *un'amicizia* ♦ **incrinarsi** *v.intr.pron.* subire un'incrinatura (anche *fig.*): *la sua reputazione si è incrinata.*

incrinatura [in-cri-na-tù-ra] *s.f.* **1** l'incrinare, l'incrinarsi, l'essere incrinato; crepa: *l'— di un osso* **2** (*fig.*) screzio, dissapore: *tra noi non ci sono incrinature* | l'intaccare l'integrità di un principio, di un valore: *un'— nel prestigio di qlcu.*

incrociare [in-cro-cià-re] *v.tr.* [*io incrócio ecc.*] **1** mettere qlco. di traverso a un'altra: — *i remi* | — *le braccia*, (*fig.*) astenersi dal lavoro | — *le dita*, accavallarle, per propiziare la buona fortuna | — *le armi*, (*fig.*) combattere **2** attraversare, intersecare: *la strada incrocia un ampio viale* **3** incontrare qlco. o qlcu. che va in senso opposto: — *la folla dei dimostranti* **4** (*biol.*) effettuare un incrocio: — *due specie diverse* ♦ *v.intr.* [aus. *avere*] (*mar.*, *aer.*) percorrere più volte e in varie direzioni una stessa zona: *la nave ha incrociato al largo* ♦ **incrociarsi** *v.rifl.rec.* **1** intersecarsi: *due strade che s'incrociano* **2** incontrarsi andando in direzioni opposte: — *per strada* **3** (*biol.*) detto di animali o piante, unirsi dando vita a un incrocio.

incrociato [in-cro-cià-to] *agg.* messo di traverso rispetto a qlco. | *fuoco* —, (*mil.*) quando le linee di tiro di varie armi si intersecano | *parole incrociate*, cruciverba.

incrociatore [in-cro-cia-tó-re] *s.m.* (*mar.*) nave da guerra veloce, di medio tonnellaggio.

incrocio [in-cró-cio] *s.m.* **1** l'incrociare, l'incrociarsi, l'essere incrociato: *l'— di due travi* | il punto in cui due cose s'incrociano; in particolare, il punto d'intersezione di due strade: *un — senza semaforo* **2** (*biol.*) accoppiamento di razze animali o specie vegetali differenti | il prodotto di tale accoppiamento; ibrido.

incrollabile [in-crol-là-bi-le] *agg.* **1** che non può crollare **2** (*fig.*) fermo, saldo: *fede* — □ **incrollabilmente** *avv.*

incrostamento [in-cro-sta-mén-to] *s.m.* l'incrostare, l'incrostarsi, l'essere incrostato.

incrostare [in-cro-stà-re] *v.tr.* [*io incròsto ecc.*] **1** ricoprire di uno strato di sedimenti: *il calcare incrosta le tubature* **2** rivestire per ornamento con materiale pregiato o prezioso: *un altare incrostato di pietre dure* ♦ **incrostarsi** *v.intr.pron.* rivestirsi di un deposito in forma di crosta.

incrostatura [in-cro-sta-tù-ra] *s.f.* l'incrostare; il materiale con cui si incrosta qlco.: — *di marmo.*

incrostazione [in-cro-sta-zió-ne] *s.f.* **1** l'incrostare, l'incrostarsi, l'essere incrostato: *l'— delle tubature* | strato di sedimenti simile a una crosta: *togliere l'— da una caldaia* **2** rivestimento di un oggetto con materiale pregiato: — *di madreperla* | il materiale stesso usato per tale rivestimento.

incrudelimento [in-cru-de-li-mén-to] *s.m.* (*non com.*) l'incrudelire; il diventare crudele.

incrudelire [in-cru-de-lì-re] *v.intr.* [*io incrudelisco, tu incrudelisci ecc.*] **1** [aus. *essere*] diventare crudele: *il tiranno era incrudelito con gli anni* **2** [aus. *avere*] compiere atti di crudeltà, infierire: — *contro i vinti.*

incrudimento [in-cru-di-mén-to] *s.m.* trattamento che consente ai metalli di acquistare durezza ed elasticità.

incruento [in-cru-èn-to] *agg.* senza spargimento di sangue: *scontro* — | *trattamento* —, (*med.*) che non comporta incisione di tessuti.

incubare [in-cu-bà-re] *v.tr.* [*io incùbo ecc.*] **1** (*zool.*) provvedere all'incubazione **2** (*med.*) avere, tenere in incubazione.

incubatrice [in-cu-ba-trì-ce] *s.f.* **1** apparecchiatura atta a rifornire del calore necessario i neonati prematuri **2** apparecchiatura che serve per la cova artificiale delle uova.

incubazione [in-cu-ba-zió-ne] *s.f.* **1** processo di sviluppo degli embrioni degli animali ovipari e ovovivipari; cova **2** (*med.*) nelle malattie infettive, periodo compreso tra l'infettamento e la comparsa dei primi sintomi della malattia **3** (*fig.*) lenta maturazione di un avvenimento, di un proposito, di un'idea: *la crisi era in — da tempo.*

incubo [ìn-cu-bo] *s.m.* **1** sogno angoscioso: *avere un* — **2** (*fig.*) grave preoccupazione: *l'— degli esami.*

incudine [in-cù-di-ne] *s.f.* **1** blocco di acciaio su cui il fabbro appoggia il pezzo da forgiare | *essere tra l'— e il martello*, (*fig.*) trovarsi di fronte a due alternative ugualmente svantaggiose **2** (*anat.*) uno dei tre ossicini dell'orecchio.

inculcare [in-cul-cà-re] *v.tr.* [*io inculco, tu inculchi ecc.*] imprimere nell'animo con assidui ammaestramenti: — *nei figli il senso del dovere.*

incultura [in-cul-tù-ra] *s.f.* mancanza di cultura.

incunabolo [in-cu-nà-bo-lo] *s.m.* libro stampato nel sec. XV, quando l'arte della stampa era agli inizi.

incuneare [in-cu-ne-à-re] *v.tr.* [*io incùneo ecc.*] inserire a guisa di cuneo: — *un sasso sotto la ruota* ♦ **incunearsi** *v.intr.pron.* entrare, inserirsi in profondità (anche *fig.*): *il dubbio si incuneò nella sua mente.*

incupire [in-cu-pì-re] *v.tr.* [*io incupisco, tu incu-*

pisci ecc.] rendere cupo: *la solitudine lo ha incupito* ♦ **incupirsi** *v.intr.pron.* divenire cupo, rabbuiarsi: *il cielo si è incupito.*
incurabile [in-cu-rà-bi-le] *agg.* che non si può curare; inguaribile: *malattia —.*
incurabilità [in-cu-ra-bi-li-tà] *s.f.* l'essere incurabile.
incurante [in-cu-ràn-te] *agg.* si dice di persona che non si dà cura di cose che la riguardano: *— dei giudizi degli altri.*
incuria [in-cù-ria] *s.f.* negligenza, trascuratezza.
incuriosire [in-cu-rio-sì-re] *v.tr.* [*io incuriosisco, tu incuriosisci ecc.*] destare la curiosità: *il racconto ci incuriosì* ♦ **incuriosirsi** *v.intr.pron.* esser preso da curiosità.
incursione [in-cur-sió-ne] *s.f.* **1** rapida azione di guerra in territorio nemico: *— aerea* **2** attività svolta al di fuori del proprio legittimo o abituale campo d'azione.
incursore [in-cur-só-re] *agg.* che partecipa a un'incursione: *aereo —* ♦ *s.m.* (*mil.*) soldato addestrato per operazioni d'assalto.
incurvamento [in-cur-va-mén-to] *s.m.* l'incurvare, l'incurvarsi, l'essere incurvato.
incurvare [in-cur-và-re] *v.tr.* rendere curvo: *— un asse* ♦ **incurvarsi** *v.intr.pron.* divenire curvo: *— sotto il peso.*
incurvatura [in-cur-va-tù-ra] *s.f.* l'incurvare, l'incurvarsi, l'essere incurvato: *dare l'— a una lamiera.*
incurvirsi [in-cur-vìr-si] *v.intr.pron.* [*io mi incurvisco, tu ti incurvisci ecc.*] divenire curvo nella persona; ingobbirsi.
incustodito [in-cu-sto-dì-to] *agg.* non custodito | *passaggio a livello —*, sprovvisto di sbarre.
incutere [in-cù-te-re] *v.tr.* [pass.rem. *io incussi, tu incutésti ecc.*; part.pass. *incusso*] suscitare un determinato sentimento: *— paura, rispetto.*
indaco [ìn-da-co] *s.m.* **1** sostanza colorante azzurro-violacea, di origine vegetale o sintetica **2** il colore proprio di tale sostanza ♦ *agg.invar.* che ha il colore dell'indaco: *una stoffa —.*
indaffarato [in-daf-fa-rà-to] *agg.* che ha molto da fare; affaccendato: *essere — nei preparativi.*
indagabile [in-da-gà-bi-le] *agg.* che si può indagare.
indagare [in-da-gà-re] *v.tr.* e *intr.* [*io indago, tu indaghi ecc.*; aus. dell'intr. *avere*] compiere ricerche per conoscere qlco., per scoprire la verità su qlco. o qlcu.: *— su un furto.*
indagato [in-da-gà-to] *s.m.* (*dir.*) nel processo penale, colui che è sottoposto a indagini preliminari.
indagatore [in-da-ga-tó-re] *agg.* e *s.m.* [f. *-trice*] che/chi indaga, ricerca: *sguardo —*, penetrante.
indagine [in-dà-gi-ne] *s.f.* **1** ricerca sistematica volta a conoscere, a scoprire qlco.: *— statistica, di mercato* **2** (spec. *pl.*) investigazione di un'autorità giudiziaria.
indarno [in-dàr-no] *avv.* (*lett.*) inutilmente, invano.
indebitamento [in-de-bi-ta-mén-to] *s.m.* l'indebitarsi, l'essere indebitato; il debito contratto.
indebitare [in-de-bi-tà-re] *v.tr.* [*io indébito ecc.*] gravare di debiti: *l'acquisto della casa lo ha indebitato* ♦ **indebitarsi** *v.rifl.* contrarre debiti: *— con una banca.*
indebito [in-dé-bi-to] *agg.* **1** che non è dovuto: *pagamento —* | ingiusto, immeritato: *onori indebiti* **2** illecito, abusivo: *appropriazione indebita* □ **indebitamente** *avv.* ingiustamente, illecitamente.
indebolimento [in-de-bo-li-mén-to] *s.m.* l'indebolire, l'indebolirsi, l'essere indebolito: *— fisico, della memoria.*
indebolire [in-de-bo-lì-re] *v.tr.* [*io indebolisco, tu indebolisci ecc.*] rendere debole: *— la resistenza nemica* ♦ **indebolirsi** *v.intr.pron.* diventare debole: *gli si è indebolita la vista.*
indebolito [in-de-bo-lì-to] *agg.* che è divenuto debole: *corpo —.*
indecente [in-de-cèn-te] *agg.* che offende la morale o le convenienze: *una condotta —* □ **indecentemente** *avv.*
indecenza [in-de-cèn-za] *s.f.* l'essere indecente: *l'— di un atteggiamento* | ciò che è indecente: *è una vera —!*
indecifrabile [in-de-ci-frà-bi-le] *agg.* che non si può decifrare (anche *fig.*): *una scrittura —; un persona dal carattere —.*
indecisione [in-de-ci-ʃió-ne] *s.f.* mancanza di decisione: *un momento d'—.*
indeciso [in-de-cì-ʃo] *agg.* incerto, titubante: *essere — sul da farsi* | *colore —*, non netto.
indeclinabile [in-de-cli-nà-bi-le] *agg.* **1** (*gramm.*) che non si può declinare: *aggettivo —* **2** (*lett.*) che non si può rifiutare, evitare: *un invito —.*
indeclinabilità [in-de-cli-na-bi-li-tà] *s.f.* l'essere indeclinabile.
indecoroso [in-de-co-ró-so] *agg.* che è contrario al decoro, alla dignità: *contegno —* □ **indecorosamente** *avv.*
indefesso [in-de-fès-so] *agg.* assiduo, instancabile: *lavoratore —* □ **indefessamente** *avv.*
indefettibile [in-de-fet-tì-bi-le] *agg.* (*lett.*) **1** che non può venire meno: *amicizia, fede —* **2** che non può avere difetti: *l'— perfezione divina.*
indefinibile [in-de-fi-nì-bi-le] *agg.* che non si può determinare con precisione; che non si può esprimere a parole: *colore, sentimento —.*
indefinibilità [in-de-fi-ni-bi-li-tà] *s.f.* l'essere indefinibile.
indefinitezza [in-de-fi-ni-téz-za] *s.f.* (*non com.*) l'essere indefinito.
indefinito [in-de-fi-nì-to] *agg.* **1** non definito, non determinato: *un numero — di volte* **2** non risolto: *lasciare la questione indefinita* **3** in grammatica: *aggettivo —*, quello che aggiunge al sostantivo un'idea generica di quantità o qualità (p.e. *ciascuno, qualche*); *pronome —*, che designa qlcu. o qlco. in modo vago o generale (p.e. *qualcuno, chiunque*); *modi indefiniti*, modi verbali privi di determinazioni di numero e persona

(l'infinito, il participio e il gerundio) □ **indefinitamente** *avv.* in modo indefinito | per un tempo indeterminato.
indeformabile [in-de-for-mà-bi-le] *agg.* non deformabile: *materiale —.*
indeformabilità [in-de-for-ma-bi-li-tà] *s.f.* l'essere indeformabile.
indegnità [in-de-gni-tà] *s.f.* **1** l'essere indegno **2** azione indegna: *commettere un'—.*
indegno [in-dé-gno] *agg.* **1** di persona, non degno, non meritevole: *essere — di stima* | (*assol.*) spregevole, *un essere —* **2** di cosa, che non si addice, che non si conviene: *atto — di una persona civile* | (*assol.*) vergognoso: *comportamento —.*
indeiscente [in-dei-scèn-te] *agg.* (*bot.*) si dice di frutto che non si apre spontaneamente per fare uscire il seme.
indeiscenza [in-dei-scèn-za] *s.f.* (*bot.*) l'essere indeiscente.
indelebile [in-de-lè-bi-le] *agg.* che non si può cancellare (anche *fig.*): *ricordo —* □ **indelebilmente** *avv.*
indelibato [in-de-li-bà-to] *agg.* (*lett.*) **1** non assaporato **2** intatto, illibato.
indelicatezza [in-de-li-ca-téz-za] *s.f.* **1** l'essere indelicato: *l'— di una frase* **2** atto, discorso indelicato: *dire un'—.*
indelicato [in-de-li-cà-to] *agg.* che manca di delicatezza; indiscreto: *una domanda indelicata* □ **indelicatamente** *avv.*
indemoniato [in-de-mo-nià-to] *agg.* e *s.m.* [f. *-a*] **1** che/chi è posseduto dal demonio: *esorcizzare gli indemoniati* **2** (*fig.*) esagitato, scalmanato: *un bambino —.*
indenne [in-dèn-ne] *agg.* che non ha riportato danno; illeso, incolume: *uscire — da un incidente.*
indennità [in-den-ni-tà] *s.f.* **1** risarcimento di un danno subito **2** somma corrisposta dal datore di lavoro al lavoratore per spese, oneri, rischi sostenuti: *— di mensa, di trasferta.*
indennizzabile [in-den-niʒ-ʒà-bi-le] *agg.* che si può o si deve indennizzare: *un danno —.*
indennizzare [in-den-niʒ-ʒà-re] *v.tr.* compensare mediante il pagamento di un'indennità.
indennizzo [in-den-nìʒ-ʒo] *s.m.* l'indennizzare; la somma versata per indennizzare: *ottenere un —.*
indentro [in-dén-tro], o **in dentro**, *avv.* nell'interno: *spingetevi più —* | *all'—*, verso l'interno: *la porta si apre all'—.*
inderogabile [in-de-ro-gà-bi-le] *agg.* a cui non si può derogare, che va assolutamente rispettato: *scadenza, principio —* □ **inderogabilmente** *avv.*
inderogabilità [in-de-ro-ga-bi-li-tà] *s.f.* l'essere inderogabile.
indescrivibile [in-de-scri-vì-bi-le] *agg.* che è impossibile descrivere | (*iperb.*) grandissimo: *una gioia —.*
indesiderabile [in-de-si-de-rà-bi-le] *agg.* **1** che non può essere desiderato: *una conoscenza —* **2** si dice di straniero la cui presenza non è gradita alle autorità.
indesiderato [in-de-si-de-rà-to] *agg.* non desiderato, non gradito: *ospite —; effetti indesiderati.*
indeterminabile [in-de-ter-mi-nà-bi-le] *agg.* che non si può determinare: *un periodo —.*
indeterminatezza [in-de-ter-mi-na-téz-za] *s.f.* **1** l'essere indeterminato: *l'— di un concetto* **2** mancanza di risolutezza: *— di propositi.*
indeterminativo [in-de-ter-mi-na-tì-vo] *agg.* che non determina | *articolo —*, (*gramm.*) quello che non determina il nome a cui è premesso (p.e. *un* libro, *una* donna).
indeterminato [in-de-ter-mi-nà-to] *agg.* **1** non determinato, non precisato: *un luogo —* | *articolo —*, (*gramm.*) indeterminativo **2** vago, incerto: *parole di senso —* **3** (*mat.*) si dice di equazione che ammette infinite soluzioni.
indeuropeo e *deriv.* → **indoeuropeo** e *deriv.*
indi [ìn-di] *avv.* (*lett.*) **1** poi, in seguito **2** da quel luogo.
indiana [in-dià-na] *s.f.* tessuto leggero di cotone stampato a colori vivaci.
indianistica [in-dia-nì-sti-ca] *s.f.* disciplina che ha come oggetto di studio la civiltà dell'India.
indiano [in-dià-no] *agg.* **1** dell'India **2** delle Indie occidentali, cioè dell'America; amerindio | *in fila indiana*, (*fig.*) uno dietro l'altro ♦ *s.m.* [f. *-a*] **1** abitante o nativo dell'India **2** indigeno delle Indie occidentali; amerindio | *fare l'—*, (*fig.*) far finta di non capire.
indiavolarsi [in-dia-vo-làr-si] *v.intr.pron.* arrabbiarsi, infuriarsi: *se lo contraddici s'indiavola.*
indiavolato [in-dia-vo-là-to] *agg.* **1** infuriato | estremamente agitato, vivace: *un bambino —* **2** frenetico, convulso: *un ballo —; chiasso —*, molto forte.
indicabile [in-di-cà-bi-le] *agg.* che si può indicare; consigliabile, opportuno.
indicare [in-di-cà-re] *v.tr.* [*io ìndico, tu ìndichi ecc.*] **1** far vedere puntando il dito; far vedere o far capire con un cenno, con parole o altro: *— la strada giusta* | segnare, segnalare: *il cartello indica divieto* **2** precisare, specificare: *— un prezzo* **3** suggerire, prescrivere: *— una cura* **4** rivelare, lasciar intendere: *ciò indica che non hanno capito* | significare, esprimere: *"no smoking" indica divieto di fumare.*
indicativo [in-di-ca-tì-vo] *agg.* **1** rivelatore, significativo: *un fatto —* | in grammatica: *modo —*, modo del verbo che esprime la realtà, la certezza; *aggettivi indicativi*, determinativi **2** approssimativo: *prezzo —* ♦ *s.m.* (*gramm.*) modo indicativo del verbo □ **indicativamente** *avv.* approssimativamente.
indicato [in-di-cà-to] *agg.* opportuno, adatto: *la persona più indicata per un incarico.*
indicatore [in-di-ca-tó-re] *agg.* [f. *-trice*] che indica: *cartello —* ♦ *s.m.* nome generico di strumenti o dispositivi che servono a dare indicazioni | *— di direzione*, nei veicoli, dispositivo a luce inter-

mittente che indica un imminente cambiamento di direzione.

indicazione [in-di-ca-zió-ne] *s.f.* l'indicare; il segno o le parole che indicano qlco.: *fornire indicazioni* | prescrizione: *attenersi alle indicazioni.*

indice [ìn-di-ce] *s.m.* **1** il secondo dito della mano, tra il pollice e il medio | *puntare l'— contro qlcu.*, (*fig.*) accusarlo **2** lancetta di uno strumento di misura **3** (*fig.*) segno, indizio: *un comportamento che è — di maleducazione* **4** la parte di un libro che reca l'elenco dei capitoli con l'indicazione della pagina corrispondente: *— analitico*, elenco dei concetti principali trattati e delle pagine in cui se ne tratta | *Indice dei libri proibiti*, elenco dei libri di cui la chiesa cattolica proibiva la lettura | *mettere all'—* (*fig.*) mettere al bando **5** (*stat.*) numero che esprime le variazioni di una grandezza nel tempo o nello spazio: *l'— della produzione industriale.*

indicibile [in-di-cì-bi-le] *agg.* che non si può dire, che non si può esprimere | (*iperb.*) grandissimo: *gioia —.*

indicizzabile [in-di-ciʒ-ʒà-bi-le] *agg.* che può essere indicizzato.

indicizzare [in-di-ciʒ-ʒà-re] *v.tr.* (*econ.*) adeguare automaticamente una grandezza al variare di un'altra: *— i salari al costo della vita.*

indicizzato [in-di-ciʒ-ʒà-to] *agg.* soggetto ad indicizzazione.

indicizzazione [in-di-ciʒ-ʒa-zió-ne] *s.f.* l'indicizzare, l'essere indicizzato.

indietreggiare [in-die-treg-già-re] *v.intr.* [*io indietréggio ecc.*; aus. *essere* o *avere*] retrocedere, farsi indietro (anche *fig.*): *— alla prima difficoltà.*

indietro [in-diè-tro] *avv.* indica la direzione alle spalle di una persona: *stare, tornare, volgersi —*; *camminare all'—*, a ritroso | *tirarsi —*, (*fig.*) esimersi dal fare una cosa | *essere — con qlco.*, (*fig.*) in ritardo rispetto al previsto | *essere, andare —*, detto di orologio, ritardare | *chiedere, volere — qlco.*, in restituzione; *dare, rimandare —*, restituire.

indifendibile [in-di-fen-dì-bi-le] *agg.* che non può essere difeso (anche *fig.*): *posizione, tesi —.*

indifeso [in-di-fé-so] *agg.* non difeso, privo di protezione | (*estens.*) di persona, fragile, vulnerabile: *un ragazzo —.*

indifferente [in-dif-fe-rèn-te] *agg.* **1** non differente; equivalente: *oggi o domani per me è —* | che non suscita particolare interesse: *ciò mi è —* | *non —*, notevole: *una somma non —* **2** che non prova o non manifesta emozioni; freddo: *la notizia lo ha lasciato completamente —* ♦ *s.m.* e *f.* persona indifferente, fredda □ **indifferentemente** *avv.* senza differenza: *due sinonimi che si possono usare —.*

indifferenza [in-dif-fe-rèn-za] *s.f.* l'essere indifferente; atteggiamento di chi è indifferente: *ascoltare con —.*

indifferenziato [in-dif-fe-ren-zià-to] *agg.* che non differisce da altri; indistinto.

indifferibile [in-dif-fe-rì-bi-le] *agg.* che non si può differire, rimandare: *appuntamento —.*

indifferibilità [in-dif-fe-ri-bi-li-tà] *s.f.* l'essere indifferibile.

indigeno [in-dì-ge-no] *agg.* originario del luogo: *popolazione indigena* ♦ *s.m.* [f. *-a*] chi è originario del luogo.

indigente [in-di-gèn-te] *agg.* e *s.m.* e *f.* povero, bisognoso: *una persona —.*

indigenza [in-di-gèn-za] *s.f.* lo stato di chi è indigente: *vivere nell'—.*

indigeribile [in-di-ge-rì-bi-le] *agg.* che non si può digerire: *cibo —.*

indigeribilità [in-di-ge-ri-bi-li-tà] *s.f.* l'essere indigeribile.

indigestione [in-di-ge-stió-ne] *s.f.* **1** disturbo acuto della digestione, causato in genere dall'eccessiva quantità o dalla cattiva qualità dei cibi ingeriti **2** (*fig.*) acquisizione eccessiva e indiscriminata di cose lette o viste: *fare un'— di film.*

indigesto [in-di-gè-sto] *agg.* **1** che si digerisce con difficoltà: *cibo —* **2** (*fig.*) noioso, che si sopporta a fatica: *persona indigesta.*

indignare [in-di-gnà-re] *v.tr.* muovere a sdegno: *un comportamento che indigna* ♦ **indignarsi** *v. intr.pron.* provare sdegno, risentimento: *— per un'offesa.*

indignato [in-di-gnà-to] *agg.* preso da sdegno, da vivo risentimento: *essere — con qlcu. per qlco.*

indignazione [in-di-gna-zió-ne] *s.f.* stato dell'animo indignato; sdegno: *fatti che suscitano —.*

indilazionabile [in-di-la-zio-nà-bi-le] *agg.* che non si può dilazionare; indifferibile: *pagamento —.*

indimenticabile [in-di-men-ti-cà-bi-le] *agg.* che non si può dimenticare, che si imprime profondamente nella memoria: *spettacolo —* □ **indimenticabilmente** *avv.*

indimenticato [in-di-men-ti-cà-to] *agg.* (*lett.*) che non è dimenticato, che rimane impresso nella memoria.

indimostrabile [in-di-mo-strà-bi-le] *agg.* che non si può dimostrare, provare: *ipotesi —.*

indimostrabilità [in-di-mo-stra-bi-li-tà] *s.f.* l'essere indimostrabile.

indimostrato [in-di-mo-strà-to] *agg.* non dimostrato; dubbio: *affermazioni indimostrate.*

indio[1] [ìn-dio] *s.m.* [f. *-a*; pl.m. *indi* o *ìndios*] indigeno del Messico e dell'America centro-meridionale | Usato anche come *agg.*: *arte india.*

indio[2] *s.m.* elemento chimico di simbolo *In*; è un metallo tenero, usato nella composizione di leghe facilmente fusibili.

indipendente [in-di-pen-dèn-te] *agg.* **1** che non dipende da altri, autonomo: *carattere —* **2** si dice di cose che non sono in relazione tra loro: *due fatti indipendenti* **3** (*mat.*) in una funzione, si dice della variabile dal cui valore dipende quello della variabile dipendente ♦ *s.m.* parlamentare non iscritto a un partito: *— di sinistra* □ **indipendentemente** *avv.* in modo indipendente; senza relazione di dipendenza: *vivere —.*

indipendentismo [in-di-pen-den-tì-ʃmo] *s.m.* atteggiamento o movimento politico che mira a ottenere l'indipendenza di un paese o di una regione.
indipendentista [in-di-pen-den-tì-sta] *s.m.* e *f.* [pl.m. *-sti*] chi è fautore dell'indipendentismo ♦ *agg.* [pl.m. *-sti*] indipendentistico.
indipendentistico [in-di-pen-den-tì-sti-co] *agg.* [pl.m. *-ci*] dell'indipendentismo, degli indipendentisti.
indipendenza [in-di-pen-dèn-za] *s.f.* l'essere indipendente: — *economica* | la condizione politica di uno stato non soggetto a un potere straniero: *combattere per l'—.*
indire [in-dì-re] *v.tr.* [coniugato come *dire*] ordinare pubblicamente; bandire: — *le elezioni.*
indiretto [in-di-rèt-to] *agg.* non diretto: *causa indiretta* | *complementi indiretti,* (*gramm.*) quelli che, a differenza del complemento oggetto (o diretto), si uniscono al verbo o ad altre parti del discorso per mezzo di preposizioni | *imposte indirette,* (*fin.*) quelle che colpiscono i consumi o i trasferimenti di proprietà □ **indirettamente** *avv.*
indirizzare [in-di-riz-zà-re] *v.tr.* **1** far andare in un luogo, in una direzione: *mi hanno indirizzato qui* **2** (*fig.*) avviare, instradare: — *al bene* **3** rivolgere: — *la parola a qlcu.* **4** spedire a un determinato indirizzo: — *una lettera a qlcu.* ♦ **indirizzarsi** *v.rifl.* incamminarsi, avviarsi.
indirizzario [in-di-riz-zà-rio] *s.m.* **1** raccolta ordinata di indirizzi **2** (*inform.*) directory.
indirizzo [in-di-rìz-zo] *s.m.* **1** complesso di indicazioni (nome del destinatario, via, numero civico, città, codice di avviamento postale) necessarie per il recapito della corrispondenza **2** direzione, tendenza: — *culturale, politico* | *all'— di,* contro, verso: *proferire minacce all'— di qlcu.*
indisciplina [in-di-sci-plì-na] *s.f.* mancanza di disciplina: *atto d'—.*
indisciplinatezza [in-di-sci-pli-na-téz-za] *s.f.* **1** l'essere indisciplinato **2** atto di indisciplina.
indisciplinato [in-di-sci-pli-nà-to] *agg.* che non rispetta le regole della disciplina: *una scolaresca indisciplinata* □ **indisciplinatamente** *avv.*
indiscreto [in-di-scré-to] *agg.* **1** si dice di persona che manca di discrezione, che mira a informarsi su fatti privati che non la riguardano **2** di atto o detto, sconveniente e importuno: *una domanda indiscreta* □ **indiscretamente** *avv.*
indiscrezione [in-di-scre-zió-ne] *s.f.* **1** l'essere indiscreto: *peccare di —* **2** atto o detto indiscreto; rivelazione di notizie segrete: *indiscrezioni di stampa.*
indiscriminato [in-di-scri-mi-nà-to] *agg.* privo di discernimento; messo in atto senza distinzioni di sorta: *condanne indiscriminate* □ **indiscriminatamente** *avv.*
indiscusso [in-di-scùs-so] *agg.* che non si pone in discussione, che è accettato da tutti: *superiorità indiscussa.*
indiscutibile [in-di-scu-tì-bi-le] *agg.* che non si può mettere in discussione; assolutamente certo: *persona di — onestà* □ **indiscutibilmente** *avv.* senza alcun dubbio.
indispensabile [in-di-spen-sà-bi-le] *agg.* di cui non si può fare a meno: *un oggetto —* ♦ *s.m.* ciò di cui non si può fare a meno: *avere l'— per vivere.*
indispensabilità [in-di-spen-sa-bi-li-tà] *s.f.* l'essere indispensabile.
indispettire [in-di-spet-tì-re] *v.tr.* [*io indispettisco, tu indispettisci ecc.*] provocare dispetto; irritare: *con i suoi modi mi indispettisce* ♦ **indispettirsi** *v.intr.pron.* irritarsi, stizzirsi: — *per un nonnulla.*
indispettito [in-di-spet-tì-to] *agg.* irritato, stizzito.
indisponente [in-di-spo-nèn-te] *agg.* che indispone, irritante: *contegno —* □ **indisponentemente** *avv.*
indisponibile [in-di-spo-nì-bi-le] *agg.* **1** non disponibile: *una casa —* **2** non disposto a fare qlco.: *essere — per fare qlco.*
indisponibilità [in-di-spo-ni-bi-li-tà] *s.f.* l'essere indisponibile; mancanza di disponibilità.
indisporre [in-di-spór-re] *v.tr.* [coniugato come *porre*] rendere mal disposto, irritare: *un modo di fare che indispone.*
indisposizione [in-di-spo-ʃi-zió-ne] *s.f.* leggero malessere: *assente per —.*
indisposto [in-di-spó-sto] *agg.* colpito da leggero malessere: *non verrà perché è —.*
indissolubile [in-dis-so-lù-bi-le] *agg.* che non si può sciogliere: *nodo, legame —* □ **indissolubilmente** *avv.*
indissolubilità [in-dis-so-lu-bi-li-tà] *s.f.* l'essere indissolubile: *l'— di un contratto.*
indistinguibile [in-di-stin-guì-bi-le] *agg.* che non si può distinguere: *suoni indistinguibili,* confusi.
indistinto [in-di-stìn-to] *agg.* non distinto, vago: *ricordo —* □ **indistintamente** *avv.* **1** senza fare distinzioni: *rivolgersi a tutti —* **2** in maniera vaga: *ricordare —.*
indistruttibile [in-di-strut-tì-bi-le] *agg.* che non si può distruggere | (*iperb.*) molto resistente: *tessuto —.*
indistruttibilità [in-di-strut-ti-bi-li-tà] *s.f.* l'essere indistruttibile.
indisturbato [in-di-stur-bà-to] *agg.* senza subire disturbo: *allontanarsi —.*
indivia [in-dì-via] *s.f.* varietà di cicoria le cui foglie si mangiano crude o cotte.
individuale [in-di-vi-du-à-le] *agg.* che concerne l'individuo: *libertà —; caratteristiche individuali* | *gara —,* (*sport*) disputata tra concorrenti singoli □ **individualmente** *avv.* singolarmente.
individualismo [in-di-vi-du-a-lì-ʃmo] *s.m.* tendenza a far prevalere gli interessi individuali su quelli collettivi | (*estens.*) egoismo.
individualista [in-di-vi-du-a-lì-sta] *s.m.* e *f.* [pl.m. *-sti*] chi tende all'individualismo: *essere un —* | (*estens.*) egoista | Usato anche come *agg.*: *mentalità —.*
individualistico [in-di-vi-dua-lì-sti-co] *agg.*

[pl.m. *-ci*] proprio dell'individualismo; da individualista: *atteggiamento* — □ **individualisticamente** *avv.*
individualità [in-di-vi-du-a-li-tà] *s.f.* 1 l'essere individuale; qualità di ciò che è singolo, unico 2 il complesso dei caratteri che distinguono una persona o una cosa da tutte le altre 3 personalità, carattere ben rilevato e originale: *avere una forte* —.
individualizzare [in-di-vi-du-a-liʒ-ʒà-re] *v.tr.* adattare alle caratteristiche del singolo individuo: — *il lavoro.*
individualizzazione [in-di-vi-dua-liʒ-ʒa-zió-ne] *s.f.* l'individualizzare, l'essere individualizzato; personalizzazione: — *dell'insegnamento.*
individuare [in-di-vi-du-à-re] *v.tr.* [*io indivìduo ecc.*] determinare o riconoscere con precisione: — *la posizione di una stella* | identificare, scoprire: — *il colpevole.*
individuazione [in-di-vi-du-a-zió-ne] *s.f.* l'individuare, l'individuarsi, l'essere individuato.
individuo [in-di-vì-du-o] *s.m.* 1 organismo vivente considerato distintamente da ogni altro della specie o del genere a cui appartiene 2 la persona considerata nella sua singolarità: *ogni — ha diritto alla libertà* 3 persona che non si conosce o di cui non si vuol dire il nome (spec. *spreg.*): *un — sospetto.*
indivisibile [in-di-vi-ʃì-bi-le] *agg.* 1 che non può essere diviso in parti: *l'atomo era ritenuto* — 2 che non può essere separato da qlco.: *le parti indivisibili di un meccanismo* 3 che non può essere venduto separatamente: *tre volumi indivisibili.*
indivisibilità [in-di-vi-ʃi-bi-li-tà] *s.f.* l'essere indivisibile: *l'— di un patrimonio.*
indiviso [in-di-vì-ʃo] *agg.* che non è diviso: *proprietà indivisa.*
indiziare [in-di-zià-re] *v.tr.* [*io indìzio ecc.*] indicare qlcu. in base a indizi come colpevole.
indiziario [in-di-zià-rio] *agg.* che si basa solo su indizi: *prove indiziarie.*
indiziato [in-di-zià-to] *agg.* e *s.m.* [f. *-a*] si dice di persona contro la quale vi siano indizi di colpa.
indizio [in-dì-zio] *s.m.* segno, circostanza da cui si possa argomentare con fondamento che qlco. avverrà o è avvenuto: *l'oscurarsi del cielo è — di temporale* | (*dir.*) fatto che lascia presumere un determinato avvenimento: *l'accusa si fonda su indizi.*
indizione [in-di-zió-ne] *s.f.* 1 (*burocr.*) l'indire, l'essere indetto: *l'— delle elezioni* 2 (*st.*) ciclo di quindici anni usato dai romani per le revisioni fiscali, e ripreso nel Medioevo come riferimento nel computo degli anni.
indo- primo elemento di parole composte, che significa 'indiano' o 'relativo all'India' (*indoeuropeo*).
indoario [in-do-à-rio] *agg.* (*ling.*) si dice in riferimento alle lingue indoeuropee parlate nell'India.
indocile [in-dò-ci-le] *agg.* non docile, ribelle: *carattere* —.
indocinese [in-do-ci-né-se] *agg.* dell'Indocina: *la popolazione* — ♦ *s.m.* 1 [anche *f.*] chi è nato, chi abita in Indocina 2 gruppo di lingue a cui appartengono la maggior parte delle parlate dell'Asia sudorientale.
indoeuropeista [in-do-eu-ro-pe-ì-sta], o **indeuropeista**, *s.m.* e *f.* [pl.m. *-sti*] studioso di linguistica indoeuropea.
indoeuropeistica [in-do-eu-ro-pe-ì-sti-ca], o **indeuropeistica**, *s.f.* parte della glottologia che studia le lingue indoeuropee.
indoeuropeo [in-do-eu-ro-pè-o], o **indeuropeo**, *agg.* 1 si dice della lingua comune da cui sarebbe derivato un gruppo di lingue europee e asiatiche: *il latino, il greco, il sanscrito sono lingue indoeuropee* | relativo alle lingue indoeuropee: *linguistica indoeuropea* 2 si dice di persona o popolazione di lingua indoeuropea ♦ *s.m.* la lingua indoeuropea.
indoiranico [in-do-i-rà-ni-co] *agg.* [pl.m. *-ci*] delle antiche popolazioni indoeuropee diffuse nelle regioni asiatiche dell'India e dell'Iran: *lingue indoiraniche.*
indole [ìn-do-le] *s.f.* 1 inclinazione naturale, carattere: *essere di buona* — 2 (*estens.*) qualità, modo di essere, natura: *considerazioni d'— generale.*
indolente [in-do-lèn-te] *agg.* 1 svogliato, pigro: *avere un carattere* — 2 (*med.*) che non dà dolore ♦ *s.m.* e *f.* persona pigra □ **indolentemente** *avv.*
indolenza [in-do-lèn-za] *s.f.* 1 l'essere indolente; pigrizia: *scuotere qlcu. dalla sua* — 2 (*med.*) mancanza di dolore.
indolenzimento [in-do-len-zi-mén-to] *s.m.* sensazione di leggero dolore diffuso: *avere un — a una gamba.*
indolenzire [in-do-len-zì-re] *v.tr.* [*io indolenzisco, tu indolenzisci ecc.*] provocare un indolenzimento: *lo scrivere a lungo indolenzisce la mano* ♦ **indolenzirsi** *v.intr.pron.* essere preso da indolenzimento: *mi si è indolenzita una gamba.*
indolenzito [in-do-len-zì-to] *agg.* affetto da un indolenzimento: *braccio* —.
indolore [in-do-ló-re] *agg.* che non dà dolore: *ago* —.
indomabile [in-do-mà-bi-le] *agg.* che non si lascia domare (anche *fig.*): *volontà* —.
indomani [in-do-mà-ni] *s.m.* solo nella loc. avv. *l'indomani*, il giorno dopo: *rimandare tutto all'*—.
indomito [in-dò-mi-to] *agg.* (*lett.*) non domato; fiero, ribelle: *coraggio* — □ **indomitamente** *avv.*
indonesiano [in-do-ne-ʃià-no] *agg.* dell'Indonesia ♦ *s.m.* [f. *-a*] nativo, abitante dell'Indonesia.
indoor [/ in'dɔr /] *agg.invar.* (*ingl.*) (*sport*) si dice di gara di atletica che si svolge in ambienti coperti: *campionati* —.
indoramento [in-do-ra-mén-to] *s.m.* l'indorare, l'essere indorato.
indorare [in-do-rà-re] *v.tr.* [*io indòro ecc.*] 1 dorare, ricoprire di uno strato d'oro o di similoro | — *la pillola*, (*fig.*) imporre un sacrificio a qlcu. cercando di farglielo sembrare meno pesante 2

passare un alimento nell'uovo sbattuto prima di friggerlo: *— il pesce.*
indossare [in-dos-sà-re] *v.tr.* [*io indòsso ecc.*] mettersi indosso, o avere indosso un indumento: *— un soprabito.*
indossatore [in-dos-sa-tó-re] *s.m.* [f. *-trice*] chi indossa e presenta al pubblico i nuovi modelli di abbigliamento.
indossatrice [in-dos-sa-trì-ce] *s.f.* donna che indossa e presenta al pubblico nuovi modelli di abbigliamento.
indosso [in-dòs-so] *avv.* addosso, sul corpo: *avere dei gioielli —.*
indostano [in-do-stà-no] *agg.* dell'Indostan, regione storica dell'India ♦ *s.m.* [f. *-a*] nativo, abitante dell'Indostan.
indotto[1] [in-dòt-to] *agg.* (*lett.*) privo di cultura, ignorante.
indotto[2] [in-dót-to] *agg.* **1** persuaso, spinto, istigato: *— da promesse* **2** (*fis.*) che risulta da induzione **3** si dice di opinioni o comportamenti determinati dall'esterno, che non sono frutto di scelte autonome ♦ *s.m.* il complesso delle attività economiche minori legate alle grandi produzioni industriali: *le imprese dell'—.*
indottrinamento [in-dot-tri-na-mén-to] *s.m.* l'indottrinare, l'essere indottrinato.
indottrinare [in-dot-tri-nà-re] *v.tr.* addottrinare, specialmente a scopo di propaganda politica | (*estens.*) costringere ad un'assimilazione acritica di idee o nozioni.
indovinabile [in-do-vi-nà-bi-le] *agg.* che si può indovinare, che è facile indovinare: *la risposta è —.*
indovinare [in-do-vi-nà-re] *v.tr.* **1** cogliere la verità su una cosa nascosta o futura: *indovina che cos'è!* | *tirare a —*, rispondere a una domanda sperando di dare la risposta esatta **2** azzeccare, riuscire bene nella scelta di qlco.: *— un accostamento di colori* | *non ne indovina mai una*, si dice di persona a cui non riesce mai nulla.
indovinato [in-do-vi-nà-to] *agg.* ben riuscito, azzeccato: *un regalo —.*
indovinello [in-do-vi-nèl-lo] *s.m.* gioco enigmistico in cui con parole ambigue o allusive si accenna a una cosa da indovinare: *risolvere un —.*
indovino [in-do-vì-no] *s.m.* [f. *-a*] chi indovina o pretende di indovinare il futuro: *consultare un —.*
indù [in-dù] *s.m.* e *f.* abitante dell'India non musulmana ♦ *agg.* relativo agli indù, alla loro civiltà: *un tempio —.*
indubbio [in-dùb-bio] *agg.* che non dà luogo a dubbi; certo: *un uomo di — valore* □ **indubbiamente** *avv.* certamente.
indubitabile [in-du-bi-tà-bi-le] *agg.* che non si può mettere in dubbio; certo: *verità —* □ **indubitabilmente** *avv.*
indubitabilità [in-du-bi-ta-bi-li-tà] *s.f.* (*non com.*) l'essere indubitabile; certezza.
indugiare [in-du-già-re] *v.tr.* [*io indùgio ecc.*] *v.intr.* [aus. *avere*] tardare, esitare: *— a rispondere* ♦ **indugiarsi** *v.intr.pron.* (*non com.*) attardarsi: *— con gli amici.*
indugio [in-dù-gio] *s.m.* l'indugiare; lo spazio di tempo durante il quale si indugia | *senza —*, senza esitazione.
induismo [in-du-ì-ʃmo] *s.m.* l'insieme delle credenze religiose che, a partire dal sec. III a.C., si sono sviluppate in India sulla base del brahmanesimo.
induista [in-du-ì-sta] *s.m.* e *f.* [pl.m. *-sti*] seguace dell'induismo | Usato come *agg.* induistico.
induistico [in-du-ì-sti-co] *agg.* [pl.m. *-ci*] dell'induismo, degli induisti: *riti induistici.*
indulgente [in-dul-gèn-te] *agg.* che perdona facilmente, che non è severo: *essere — con qlcu.* □ **indulgentemente** *avv.*
indulgenza [in-dul-gèn-za] *s.f.* **1** l'essere indulgente; disposizione a perdonare: *mostrare — verso qlcu.* **2** (*teol.*) nella dottrina cattolica, la remissione delle pene temporali dovute per i peccati, già cancellati dal sacramento della penitenza.
indulgere [in-dùl-ge-re] *v.intr.* [pres. *io indulgo, tu indulgi ecc.*; pass.rem. *io indulsi, tu indulgésti ecc.*; part.pass. *indulto*; aus. *avere*] **1** mostrarsi indulgente: *— alle scappatelle dei figli* **2** (*estens.*) lasciarsi andare a qlco.; abbandonarsi: *— ai piaceri della tavola.*
indulto [in-dùl-to] *s.m.* **1** (*dir.*) provvedimento di carattere generale con cui il capo dello stato condona, in tutto o in parte, una pena già inflitta: *concedere l'—* **2** (*eccl.*) liberazione temporanea da un vincolo canonico, concessa dall'autorità ecclesiastica.
indumento [in-du-mén-to] *s.m.* qualsiasi capo di vestiario: *indumenti estivi* | *indumenti intimi*, quelli che stanno direttamente a contatto del corpo.
indurente [in-du-rèn-te] *agg.* e *s.m.* (*tecn.*) si dice di sostanza che, aggiunta a un'altra, ne provoca l'indurimento.
indurimento [in-du-ri-mén-to] *s.m.* l'indurire, l'indurirsi, l'essere indurito.
indurire [in-du-rì-re] *v.tr.* [*io indurisco, tu indurisci ecc.*] rendere duro (anche *fig.*): *l'egoismo indurisce i cuori* ♦ **indurirsi** *v.intr.pron.* diventare duro.
indurito [in-du-rì-to] *agg.* che è divenuto duro (anche *fig.*): *lineamenti induriti.*
indurre [in-dùr-re] *v.tr.* [coniugato come *addurre*] **1** muovere, spingere qlcu. a fare qlco.: *— in tentazione, a peccare* **2** (*non com.*) suscitare: *— tristezza* **3** (*fis.*) provocare l'induzione in un corpo ♦ **indursi** *v.rifl.* risolversi, decidersi a fare qlco.: *l'imputato si è indotto a confessare.*
industria [in-dù-stria] *s.f.* **1** insieme delle attività economiche che trasformano i prodotti naturali in manufatti | organizzazione della produzione basata sull'uso di macchine e la divisione del lavoro **2** l'insieme delle imprese che operano in uno specifico settore della produzione: *— tessile, della gomma* **3** qualsiasi attività produttiva: *— primaria*, l'agricoltura; *— secondaria*,

l'industria; — *terziaria*, i servizi **4** (*lett.*) operosità: *l'— delle api* | abilità, accorgimento: *adoperarsi con ogni —*.
industriale [in-du-strià-le] *agg.* dell'industria, relativo all'industria: *stabilimento —* | *zona —*, zona in cui esistono molte industrie ♦ *s.m.* e *f.* chi agisce nell'industria come imprenditore □ **industrialmente** *avv.* da un punto di vista industriale; con metodi industriali.
industrialismo [in-du-stria-lì-ʃmo] *s.m.* il riconoscere all'industria un ruolo fondamentale nello sviluppo socio-economico.
industrializzare [in-du-stria-liʒ-ʒà-re] *v.tr.* **1** trasformare un'attività economica secondo criteri industriali: *— la produzione del vino* **2** promuovere la produzione industriale in un paese o in una regione.
industrializzazione [in-du-stria-liʒ-ʒa-zió-ne] *s.f.* l'industrializzare, l'industrializzarsi, l'essere industrializzato: *l'— dell'agricoltura*.
industriarsi [in-du-striàr-si] *v.intr.pron.* [*io mi indùstrio ecc.*] darsi da fare; adoperarsi: *— per trovare una soluzione* | arrangiarsi: *ognuno s'industria come può*.
industrioso [in-du-strió-so] *agg.* laborioso, ingegnoso: *un uomo —* □ **industriosamente** *avv.*
induttivo [in-dut-tì-vo] *agg.* **1** (*filos.*) che è basato sul procedimento dell'induzione: *ragionamento, metodo —* **2** (*fis.*) che concorre a produrre fenomeni di induzione: *circuito —* □ **induttivamente** *avv.*
induttore [in-dut-tó-re] *s.m.* (*elettr.*) circuito di una macchina elettrica che produce la variazione di campo magnetico necessaria a indurre tensione o corrente in un altro circuito.
induzione [in-du-zió-ne] *s.f.* **1** (*filos.*) procedimento logico, opposto a quello della deduzione, che muove dal particolare al generale, dai fatti ai principi: *ragionamento per —* **2** (*fis.*) azione che determinati corpi, interessati da fenomeni elettrici o magnetici, esercitano a distanza su altri corpi: *— magnetica*, magnetizzazione a distanza.
inebetire [i-ne-be-tì-re] *v.tr.* [*io inebetisco, tu inebetisci ecc.*] rendere ebete o come ebete: *lo spavento lo ha inebetito* ♦ **inebetirsi** *v.intr.pron.* diventare ebete.
inebetito [i-ne-be-tì-to] *agg.* ridotto allo stato di ebete; stordito: *restare —*.
inebriamento [i-ne-bri-a-mén-to] *s.m.* l'inebriare, l'inebriarsi, l'essere inebriato.
inebriante [i-ne-bri-àn-te] *agg.* che inebria (anche *fig.*): *profumo, musica —*.
inebriare [i-ne-bri-à-re] *v.tr.* [*io inèbrio ecc.*] (*non com.*) rendere ebbro, ubriacare | (*fig.*) mettere in uno stato di esaltazione ♦ **inebriarsi** *v.intr.pron.* diventare ebbro | (*fig.*) provare vivo piacere, esaltarsi: *s'inebriava all'ascolto della musica*.
ineccepibile [i-nec-ce-pì-bi-le] *agg.* a cui non si può muovere alcuna critica; irreprensibile: *una condotta —* □ **ineccepibilmente** *avv.*
ineccepibilità [i-nec-ce-pi-bi-li-tà] *s.f.* l'essere ineccepibile: *l'— d'un castigo*.
inedia [i-nè-dia] *s.f.* digiuno prolungato; il conseguente deperimento: *morire d'—*.
inedificabile [i-ne-di-fi-cà-bi-le] *agg.* si dice di terreno su cui la legge proibisce di edificare.
inedito [i-nè-di-to] *agg.* **1** non ancora pubblicato: *libro —* | *autore —*, di cui non è stato pubblicato nulla **2** (*fig.*) non ancora reso noto: *notizia inedita* | originale: *un — accostamento di colori* ♦ *s.m.* opera non ancora pubblicata.
ineducato [i-ne-du-cà-to] *agg.* non educato; rozzo: *un ragazzo —* □ **ineducatamente** *avv.*
ineducazione [i-ne-du-ca-zió-ne] *s.f.* mancanza di educazione; rozzezza.
ineffabile [i-nef-fà-bi-le] *agg.* di cosa troppo bella per essere espressa adeguatamente a parole: *una gioia —* □ **ineffabilmente** *avv.*
ineffabilità [i-nef-fa-bi-li-tà] *s.f.* l'essere ineffabile.
ineffettuabile [i-nef-fet-tu-à-bi-le] *agg.* che non può essere effettuato: *un progetto —*.
inefficace [i-nef-fi-cà-ce] *agg.* non efficace: *cura, provvedimento —*.
inefficacia [i-nef-fi-cà-cia] *s.f.* l'essere inefficace; mancanza d'efficacia.
inefficiente [i-nef-fi-cièn-te] *agg.* non efficiente: *impiegato, impianto —*.
inefficienza [i-nef-fi-cièn-za] *s.f.* l'essere inefficiente; mancanza di efficienza.
ineguagliabile [i-ne-gua-glià-bi-le], o inuguagliabile, *agg.* che non ha eguali, che non può essere eguagliato: *un talento —*.
ineguaglianza [i-ne-gua-gliàn-za], o inuguaglianza, *s.f.* l'essere ineguale: *— di trattamento* | ciò che interrompe l'uniformità di qlco.: *le ineguaglianze di un terreno*.
ineguale [i-ne-guà-le], o inuguale, *agg.* non uguale: *forze ineguali* | (*estens.*) discontinuo: *umore, temperamento —*.
inelegante [i-ne-le-gàn-te] *agg.* privo di eleganza: *abito, atteggiamento —*.
ineleganza [i-ne-le-gàn-za] *s.f.* l'essere inelegante; mancanza di eleganza.
ineleggibile [i-ne-leg-gì-bi-le] *agg.* che non possiede i requisiti necessari per essere eletto: *essere — a una carica*.
ineleggibilità [i-ne-leg-gi-bi-li-tà] *s.f.* condizione di chi non può essere eletto.
ineludibile [i-ne-lu-dì-bi-le] *agg.* che non si può eludere; inevitabile: *impegno —*.
ineludibilità [i-ne-lu-di-bi-li-tà] *agg.* l'essere ineludibile.
ineluttabile [i-ne-lut-tà-bi-le] *agg.* contro cui non si può lottare; inevitabile: *destino —* □ **ineluttabilmente** *avv.*
ineluttabilità [i-ne-lut-ta-bi-li-tà] *s.f.* l'essere ineluttabile: *l'— del fato*.
inenarrabile [i-ne-nar-rà-bi-le] *agg.* che non si può narrare; indescrivibile: *sofferenza —* □ **inenarrabilmente** *avv.*
inequivocabile [i-ne-qui-vo-cà-bi-le] *agg.* che non si presta a equivoci: *affermazione —* □ **inequivocabilmente** *avv.*

inerbire [i-ner-bì-re] *v.tr.* [*io inerbisco, tu inerbisci ecc.*] coprire d'erba; seminare a erba: *— un terreno.*

inerente [i-ne-rèn-te] *agg.* che è strettamente connesso con qlco., che si riferisce a qlco.: *spesa — al trasporto.*

inerenza [i-ne-rèn-za] *s.f.* l'essere inerente.

inerire [i-ne-rì-re] *v.intr.* [*io inerisco, tu inerisci ecc.*; non sono usati il part. pass. e i tempi composti] essere strettamente connesso con qlco.; riferirsi a qlco.: *difetti che ineriscono alla natura umana.*

inerme [i-nèr-me] *agg.* privo d'armi, di difesa (anche *fig.*): *cittadini inermi.*

inerpicarsi [i-ner-pi-càr-si] *v.intr.pron.* [*io mi inérpico, tu ti inérpichi ecc.*] risalire faticosamente un pendio scosceso: *— su per la montagna.*

inerpicato [i-ner-pi-cà-to] *agg.* situato in un luogo alto e scosceso: *paesino — sui monti.*

inerte [i-nèr-te] *agg.* **1** inattivo, inoperoso; immobile: *restare — al suolo* **2** che è in stato di quiete, di inerzia: *materia —* **3** (*chim.*) si dice di elemento o composto che non reagisce: *sostanza —*; *gas inerti*, quelli che non si combinano con altri elementi chimici.

inerzia [i-nèr-zia] *s.f.* **1** l'essere inerte; inattività, inoperosità: *giacere nell'—*; *scuotersi dall'—* **2** (*fis.*) proprietà di ogni corpo di persistere nel proprio stato di quiete o di moto | *forza d'—*, resistenza che un corpo oppone a una forza tendente a variarne lo stato di quiete o di moto | *per forza d'—*, (*fig.*) per abitudine, senza una specifica volontà.

inerziale [i-ner-zià-le] *agg.* (*fis.*) relativo all'inerzia.

inesattezza [i-ne-ʃat-téz-za] *s.f.* l'essere inesatto: *l'— di un calcolo* | errore: *una relazione piena di inesattezze.*

inesatto[1] [i-ne-ʃàt-to] *agg.* privo di esattezza, impreciso: *notizia inesatta.*

inesatto[2] *agg.* si dice di somma che non è stata riscossa.

inesaudibile [i-ne-ʃau-dì-bi-le] *agg.* che non può essere esaudito: *desiderio —.*

inesaudito [i-ne-ʃau-dì-to] *agg.* non esaudito: *preghiera inesaudita.*

inesauribile [i-ne-ʃau-rì-bi-le] *agg.* che non si esaurisce mai (anche *fig.*): *ricchezze inesauribili*; *una forza —.*

inesauribilità [i-ne-ʃau-ri-bi-li-tà] *s.f.* l'essere inesauribile.

inesausto [i-ne-ʃàu-sto] *agg.* (*lett.*) non esausto; che non si esaurisce: *talento —.*

ineseguibile [i-ne-ʃe-guì-bi-le] *agg.* che non si può eseguire: *un lavoro —.*

inesigibile [i-ne-ʃi-gì-bi-le] *agg.* si dice di credito di cui non può essere chiesto il pagamento.

inesigibilità [i-ne-ʃi-gi-bi-li-tà] *s.f.* l'essere inesigibile | impossibilità di essere riscosso: *— di un credito.*

inesistente [i-ne-ʃi-stèn-te] *agg.* che non esiste; immaginario: *un pericolo —* | (*fam.*) di scarsissima entità: *un danno —.*

inesistenza [i-ne-ʃi-stèn-za] *s.f.* il non esistere, l'essere inesistente.

inesorabile [i-ne-ʃo-rà-bi-le] *agg.* **1** che non si lascia vincere dalla preghiere; inflessibile: *giudice —* **2** (*fig.*) si dice di cosa a cui non ci si può sottrarre, ineluttabile: *destino —* □ **inesorabilmente** *avv.*

inesorabilità [i-ne-ʃo-ra-bi-li-tà] *s.f.* l'essere inesorabile: *l'— di un male.*

inesperienza [i-ne-spe-rièn-za] *s.f.* l'essere inesperto; mancanza di esperienza: *l'— dei giovani.*

inesperto [i-ne-spèr-to] *agg.* che non ha esperienza; poco pratico: *guidatore —* | che non ha esperienza della vita: *un ragazzo —.*

inespiato [i-ne-spi-à-to] *agg.* che non è stato espiato: *delitto —.*

inesplicabile [i-ne-spli-cà-bi-le] *agg.* che non si può comprendere o spiegare: *fenomeno —.*

inesplicabilità [i-ne-spli-ca-bi-li-tà] *s.f.* l'essere inesplicabile.

inesplorabile [i-ne-splo-rà-bi-le] *agg.* che non si può esplorare (anche *fig.*): *mistero —.*

inesplorato [i-ne-splo-rà-to] *agg.* non esplorato: *terre inesplorate.*

inesploso [i-ne-splò-ʃo] *agg.* si dice di proiettile o ordigno rinvenuto integro dove era previsto che esplodesse: *bomba inesplosa.*

inespressivo [i-ne-spres-sì-vo] *agg.* privo di espressione; che non esprime nulla: *viso —.*

inespresso [i-ne-sprès-so] *agg.* non espresso, non manifestato: *un amore —.*

inesprimibile [i-ne-spri-mì-bi-le] *agg.* che è impossibile o difficile esprimere adeguatamente con parole: *una gioia —.*

inespugnabile [i-ne-spu-gnà-bi-le] *agg.* che non si può espugnare: *fortezza —.*

inespugnabilità [i-ne-spu-gna-bi-li-tà] *s.f.* l'essere inespugnabile.

inessenziale [i-nes-sen-zià-le] *agg.* che non è essenziale; accessorio.

inestimabile [i-ne-sti-mà-bi-le] *agg.* che non è possibile stimare o quantificare: *beni inestimabili*; *valore —.*

inestinguibile [i-ne-stin-guì-bi-le] *agg.* che non si può estinguere, spegnere, smorzare: *fuoco, sete, odio —.*

inestirpabile [i-ne-stir-pà-bi-le] *agg.* che non si può estirpare (spec. *fig.*): *vizio —.*

inestricabile [i-ne-stri-cà-bi-le] *agg.* che non si può districare, sciogliere: *groviglio, questione —.*

inettitudine [i-net-ti-tù-di-ne] *s.f.* **1** (*non com.*) mancanza di attitudine per qlco.: *— agli studi* **2** incapacità; dappocaggine: *dimostrare —.*

inetto [i-nèt-to] *agg.* **1** privo di attitudine per un determinato compito: *essere — al comando* **2** incapace; incompetente: *un medico —* ♦ *s.m.* [f. *-a*] buono a nulla □ **inettamente** *avv.*

inevaso [i-ne-và-ʃo] *agg.* (*burocr.*) non trattato, non sbrigato: *pratiche inevase.*

inevitabile [i-ne-vi-tà-bi-le] *agg.* che non si può evitare: *danno* — ♦ *s.m.* ciò che non si può evitare, che non può non accadere: *rassegnarsi all'* — □ **inevitabilmente** *avv.*
inevitabilità [i-ne-vi-ta-bi-li-tà] *s.f.* l'essere inevitabile.
in extremis [/ ineks'trɛmis /] *loc.avv.* (*lat.*) **1** negli ultimi momenti della vita: *essere* —, essere in fin di vita **2** (*fig.*) all'ultimo momento, appena in tempo: *salvataggio* —.
inezia [i-nè-zia] *s.f.* cosa da nulla; bazzecola.
infagottare [in-fa-got-tà-re] *v.tr.* [*io infagòtto ecc.*] **1** (*non com.*) avvolgere qlco. facendone un fagotto **2** (*fig.*) avvolgere una persona in abiti pesanti e voluminosi: — *il bambino in uno scialle* ♦ **infagottarsi** *v.rifl.* avvolgersi in abiti pesanti.
infagottato [in-fa-got-tà-to] *agg.* avvolto in abiti pesanti e voluminosi: *essere tutto* —.
infallibile [in-fal-lì-bi-le] *agg.* che non può sbagliare; che non sbaglia mai: *nessuno è* —; *rimedio* —, di sicuro effetto □ **infallibilmente** *avv.* senza possibilità di sbagliare | immancabilmente.
infallibilità [in-fal-li-bi-li-tà] *s.f.* l'essere infallibile; impossibilità di sbagliare: *l'* — *di Dio*.
infamante [in-fa-màn-te] *agg.* che infama; vergognoso: *accusa* —.
infamare [in-fa-mà-re] *v.tr.* coprire d'infamia; screditare: — *qlcu. con turpi accuse* ♦ **infamarsi** *v.rifl.* o *intr.pron.* coprirsi d'infamia.
infamatorio [in-fa-ma-tò-rio] *agg.* che tende a infamare, che reca infamia: *scritto* —.
infame [in-fà-me] *agg.* **1** che ha pessima fama, che merita disprezzo: *un* — *assassino* | che è fatto o detto con animo scellerato: *un'azione* — **2** (*scherz.*) pessimo: *un tempo* — ♦ *s.m.* e *f.* persona infame, scellerata.
infamia [in-fà-mia] *s.f.* **1** biasimo pubblico per un'azione spregevole: *macchiarsi d'* — | *senza* — *e senza lode*, senza meriti né demeriti **2** azione o espressione infame: *commettere un'* —.
infamità [in-fa-mi-tà] *s.f.* (*merid.*) **1** l'essere infame: *l'* — *di un'azione* **2** azione, detto infame: *dire* —.
infangare [in-fan-gà-re] *v.tr.* [*io infango, tu infanghi ecc.*] **1** sporcare di fango: *infangarsi le scarpe* **2** (*fig.*) disonorare: — *il proprio nome* ♦ **infangarsi** *v.rifl.* o *intr.pron.* **1** sporcarsi di fango **2** (*fig.*) coprirsi di disonore.
infante¹ [in-fàn-te] *s.m.* e *f.* (*lett.*) bambino molto piccolo; neonato.
infante² *s.m.* [f. *-a*] titolo che veniva dato ai figli dei re di Spagna e di Portogallo.
infanticida [in-fan-ti-cì-da] *s.m.* e *f.* [pl.m. *-di*] chi ha commesso infanticidio.
infanticidio [in-fan-ti-cì-dio] *s.m.* uccisione di un neonato.
infantile [in-fan-tì-le] *agg.* **1** proprio dei bambini piccoli, dell'infanzia: *malattia, asilo* — **2** puerile, immaturo: *comportamento* — □ **infantilmente** *avv.*
infantilismo [in-fan-ti-lì-ʃmo] *s.m.* (*med., psicol.*) persistenza, nell'adulto o nell'adolescente, di caratteri somatici o psichici infantili | (*estens.*) immaturità, puerilità.
infanzia [in-fàn-zia] *s.f.* **1** periodo della vita umana che va dalla nascita all'adolescenza: *i giochi dell'* — **2** i bambini nel loro insieme: *leggi per la tutela dell'* —.
infarcire [in-far-cì-re] *v.tr.* [*io infarcisco, tu infarcisci ecc.*] **1** (*gastr.*) imbottire con un ripieno; farcire: — *un pollo* **2** (*fig.*) riempire, inzeppare: — *un discorso di citazioni*.
infarinare [in-fa-ri-nà-re] *v.tr.* **1** cospargere di farina o di un'altra sostanza polverizzata: — *la torta di vaniglia* **2** (*estens.*) imbiancare: *la neve ha infarinato i tetti*.
infarinatura [in-fa-ri-na-tù-ra] *s.f.* **1** l'infarinare, l'essere infarinato: *l'* — *del pesce* **2** (*fig.*) conoscenza superficiale di una materia, di una disciplina, di un'arte: *avere un'* — *di matematica*.
infarto [in-fàr-to] *s.m.* (*med.*) lesione di un tessuto, dovuta a occlusione di un'arteria: — *cerebrale, cardiaco* | in particolare, infarto cardiaco: *morire d'* —.
infartuato [in-far-tu-à-to] *agg.* e *s.m.* [f. *-a*] (*med.*) si dice di persona colpita da infarto cardiaco.
infastidire [in-fa-sti-dì-re] *v.tr.* [*io infastidisco, tu infastidisci ecc.*] recare noia, fastidio a qlcu.: — *gli altri con le proprie lamentele* ♦ **infastidirsi** *v.intr.pron.* seccarsi: — *per tutto*.
infaticabile [in-fa-ti-cà-bi-le] *agg.* che non si stanca mai; tenace: *un lavoratore* — □ **infaticabilmente** *avv.* senza mai stancarsi; con tenacia.
infaticabilità [in-fa-ti-ca-bi-li-tà] *s.f.* l'essere infaticabile; tenacia.
infatti [in-fàt-ti] *cong.* in realtà, difatti, invero (introduce una proposizione dichiarativa, che conferma o spiega quanto è stato detto precedentemente): *hai ragione,* — *non era mai accaduto* | usato da solo, sottintendendo il resto della frase: *ha detto che avrebbe telefonato,* —!
infatuare [in-fa-tu-à-re] *v.tr.* [*io infàtuo ecc.*] provocare in qlcu. un entusiasmo intenso ma effimero: *lo ha infatuato delle sue idee* ♦ **infatuarsi** *v.intr.pron.* lasciarsi prendere da un'infatuazione: — *di una donna*.
infatuato [in-fa-tu-à-to] *agg.* preso da infatuazione.
infatuazione [in-fa-tu-a-zió-ne] *s.f.* entusiasmo, passione esagerata e superficiale: *avere un'* — *per una persona*.
infausto [in-fàu-sto] *agg.* non fausto, portatore di sventura: *giorno* — | legato ad avvenimenti dolorosi: *ricordo* —.
infecondità [in-fe-con-di-tà] *s.f.* l'essere infecondo; sterilità.
infecondo [in-fe-cón-do] *agg.* **1** non fecondo, non atto a procreare; sterile: *donna infeconda* **2** che non dà frutto: *terreno* — **3** (*fig.*) che non produce nulla; infruttuoso: *un ingegno* —.
infedele [in-fe-dé-le] *agg.* **1** che non tiene fede agli impegni, alla parola data: *essere* — *a un giuramento*; *coniuge* —, che non rispetta la fedeltà

coniugale **2** che non si attiene alla realtà dei fatti: *testimone* — | che si discosta dal modello, dall'originale: *traduzione* — ♦ *s.m.* e *f.* un tempo, chi professava una fede religiosa diversa dalla propria: *le crociate contro gli infedeli* □ **infedelmente** *avv.*

infedeltà [in-fe-del-tà] *s.f.* l'essere infedele: — *coniugale.*

infelice [in-fe-lì-ce] *agg.* **1** che non è felice, che non riesce a soddisfare le proprie aspirazioni: *sentirsi* — **2** che è causa di infelicità, di sofferenze: *un'infanzia* —; *amore* —, non corrisposto **3** riuscito male; sfavorevole; inopportuno: *scelta* —; *esito, battuta* — ♦ *s.m.* e *f.* chi non è felice | chi è afflitto da qualche grave imperfezione fisica o mentale: *è un povero* — □ **infelicemente** *avv.*

infelicità [in-fe-li-ci-tà] *s.f.* **1** stato di chi è infelice: *vivere nell'*— **2** l'essere inopportuno, errato: *l'— di una decisione.*

infeltrimento [in-fel-tri-mén-to] *s.m.* l'infeltrire, l'infeltrirsi, l'essere infeltrito.

infeltrire [in-fel-trì-re] *v.tr.* [*io infeltrisco, tu infeltrisci ecc.*] rendere un tessuto sodo e compatto come il feltro ♦ **infeltrirsi** *v.intr.pron.* assumere la compattezza del feltro: *la maglia si è infeltrita.*

inferenza [in-fe-rèn-za] *s.f.* ragionamento deduttivo mediante il quale da una o più premesse si ricava una conclusione.

inferiore [in-fe-rió-re] *agg.* [compar. di *basso*] **1** che sta sotto, più in basso: *il piano — di una casa*; *gli arti inferiori*, le gambe **2** si dice di persona o cosa che in una scala di valori occupa una posizione meno elevata: *statura — alla norma*; *risultare — ad altri* | *scuola media* —, il primo triennio della scuola secondaria ♦ *s.m.* chi, in una gerarchia, ha un grado più basso □ **inferiormente** *avv.* nella parte inferiore.

inferiorità [in-fe-rio-ri-tà] *s.f.* l'essere inferiore; stato di chi è inferiore: *condizione di* — | *complesso di* —, sentimento di inferiorità rispetto agli altri.

inferire [in-fe-rì-re] *v.tr.* [pres. *io inferisco, tu inferisci ecc.*; pass.rem. *io infèrsi, tu inferisti ecc.* nel sign. 1, *io inferìi, tu inferisti ecc.* nel sign. 2; part.pass. *infèrto* nel sign. 1, *inferito* nel sign. 2] **1** dare, arrecare: *l'offensiva ha inferto gravi perdite al nemico* **2** compiere un'inferenza; dedurre: — *dalle prove la colpevolezza dell'imputato.*

infermeria [in-fer-me-rì-a] *s.f.* locale adibito alla visita medica, al ricovero e alla cura degli ammalati facenti parte di una comunità: *l'— della caserma.*

infermiere [in-fer-miè-re] *s.m.* [f. *-a*] chi per professione assiste i malati, seguendo le prescrizioni del medico | Usato anche come *agg.*: *suora infermiera.*

infermieristico [in-fer-mie-rì-sti-co] *agg.* [pl.m. *-ci*] che concerne gli infermieri.

infermità [in-fer-mi-tà] *s.f.* malattia, specialmente di lunga durata: *essere colpito da una grave* — | — *mentale*, (*dir.*) incapacità di intendere e di volere.

infermo [in-fér-mo] *agg.* colpito da infermità; malato | — *di mente*, affetto da malattia mentale ♦ *s.m.* [f. *-a*] persona inferma.

infernale [in-fer-nà-le] *agg.* **1** dell'inferno: *spiriti infernali* **2** (*fig.*) terribile, spaventoso: *una giornata* —.

inferno [in-fèr-no] *s.m.* **1** nell'antichità pagana, la sede dei morti e degli dei sotterranei; gli inferi **2** secondo la religione cristiana, luogo di dannazione e di pena eterna in cui sono relegate le anime dei peccatori non pentiti | *mandare qlcu. all'*—, (*fig.*) maledirlo | *va' all'*—!, (*fam.*) esclamazione d'insofferenza | *soffrire le pene dell'*—, (*fig.*) soffrire moltissimo | *d'*—, (*fig.*) infernale, terribile: *vita, giornata d'* — **3** (*fig.*) luogo o cosa che dà sofferenze, che procura immenso fastidio: *quella casa è un* —; *la vita con lui è un* —.

infero [ìn-fe-ro] *agg.* (*lett.*) infernale ♦ *s.m.pl.* gli dei o i luoghi dell'oltretomba pagano.

inferocire [in-fe-ro-cì-re] *v.tr.* [*io inferocisco, tu inferocisci ecc.*] rendere feroce: *la fame inferocisce le belve* | (*iperb.*) irritare fortemente ♦ **inferocirsi** *v.intr.pron.* diventare feroce: *alcuni cani possono* — | (*iperb.*) irritarsi fortemente.

inferocito [in-fe-ro-cì-to] *agg.* reso feroce: *un toro* — | (*iperb.*) fortemente adirato: *se ne andò* —.

inferriata [in-fer-rià-ta] *s.f.* **1** struttura fissa a sbarre o a grata che si pone a protezione delle finestre per impedire l'accesso o l'uscita **2** cancellata.

infervoramento [in-fer-vo-ra-mén-to] *s.m.* l'infervorare, l'infervorarsi, l'essere infervorato.

infervorare [in-fer-vo-rà-re] *v.tr.* [*io infervóro* o *infèrvoro ecc.*] entusiasmare; infiammare: *il discorso infervorò gli animi* ♦ **infervorarsi** *v. intr.pron.* entusiasmarsi, accalorarsi: — *per un'idea.*

infervorato [in-fer-vo-rà-to] *agg.* pieno di fervore, di entusiasmo: *sentirsi* —.

infestare [in-fe-stà-re] *v.tr.* [*io infèsto ecc.*] **1** svolgere azione dannosa e criminosa in un luogo o in un ambiente: *i pirati infestavano i mari* **2** di animali e vegetali, accentrarsi in gran numero in un luogo, producendo gravi danni: *il loglio infesta i campi* | (*med.*) detto di parassiti, invadere un organismo.

infestazione [in-fe-sta-zió-ne] *s.f.* **1** l'infestare, l'essere infestato **2** (*med.*) presenza di parassiti in un organismo.

infettare [in-fet-tà-re] *v.tr.* [*io infètto ecc.*] **1** rendere infetto; provocare un'infezione: *la polvere infetta le ferite* | (*estens.*) contaminare: *miasmi che infettano l'aria* **2** (*fig.*) guastare moralmente ♦ **infettarsi** *v.intr.pron.* contrarre un'infezione: *la ferita si è infettata.*

infettivo [in-fet-tì-vo] *agg.* relativo a infezione; che provoca infezione, che deriva da infezione: *malattia, febbre infettiva.*

infetto [in-fèt-to] *agg.* **1** colpito da infezione: *ferita infetta* **2** che porta i germi di un'infezione: *acque infette* **3** (*fig.*) corrotto: *ambiente* —.

infeudamento [in-feu-da-mén-to] *s.m.* l'infeudare, l'infeudarsi, l'essere infeudato.

infeudare [in-feu-dà-re] *v.tr.* [*io infèudo ecc.*] **1** (*st.*) concedere come feudo: *— una terra a un vassallo* | assoggettare a vincoli feudali: *— un comune* **2** (*estens.*) sottoporre al proprio controllo ♦ **infeudarsi** *v.rifl.* **1** (*st.*) sottoporsi a un vincolo feudale: *— a un principe* **2** (*fig.*) assoggettarsi, asservirsi a qlcu.

infezione [in-fe-zió-ne] *s.f.* **1** (*med.*) ingresso o presenza di microrganismi patogeni in un organismo: *focolaio d'—* | nell'uso comune, processo suppurativo: *la ferita ha fatto —* **2** contagio: *impedire che l'— si propaghi* **3** (*fig.*) corruzione morale.

infiacchimento [in-fiac-chi-mén-to] *s.m.* l'infiacchire, l'infiacchirsi, l'essere infiacchito.

infiacchire [in-fiac-chì-re] *v.tr.* [*io infiacchisco, tu infiacchisci ecc.*] rendere fiacco; indebolire: *la malattia lo ha infiacchito* ♦ **infiacchirsi** *v.intr. pron.* diventare fiacco: *— nell'ozio.*

infialare [in-fia-là-re] *v.tr.* mettere, confezionare in fiale: *— un medicinale.*

infiammabile [in-fiam-mà-bi-le] *agg.* che prende fuoco con facilità: *sostanza —.*

infiammabilità [in-fiam-ma-bi-li-tà] *s.f.* l'essere infiammabile.

infiammare [in-fiam-mà-re] *v.tr.* **1** accendere con una fiamma: *— le polveri* **2** (*estens.*) rendere di color rosso: *la collera gli infiammò il viso* **3** (*fig.*) accendere di passione; suscitare in qlcu. un forte sentimento: *— il cuore d'odio* **4** (*med.*) produrre un'infiammazione ♦ **infiammarsi** *v. intr.pron.* **1** prendere fuoco: *la benzina s'infiamma* **2** (*estens.*) divenire di color rosso: *il viso s'infiammò* **3** (*fig.*) essere preso da un sentimento repentino: *— di sdegno* **4** (*med.*) essere colpito da infiammazione: *mi si è infiammata la gola.*

infiammato [in-fiam-mà-to] *agg.* **1** che brucia con fiamma: *un gas —* **2** (*fig.*) arrossato: *viso —* **3** (*fig.*) ardente di passione: *animi infiammati* **4** (*med.*) affetto da un processo infiammatorio: *tonsille infiammate.*

infiammatorio [in-fiam-ma-tò-rio] *agg.* (*med.*) di infiammazione: *processo —.*

infiammazione [in-fiam-ma-zió-ne] *s.f.* (*med.*) reazione locale dell'organismo contro agenti infettivi o stimoli d'altro genere; si manifesta con rossore, calore, dolore, tumefazione: *— alla gola.*

infiascare [in-fia-scà-re] *v.tr.* [*io infiasco, tu infiaschi ecc.*] mettere in fiaschi: *— il vino.*

infiascatrice [in-fia-sca-trì-ce] *s.f.* macchina per infiascare.

inficiare [in-fi-cià-re] *v.tr.* [*io inficio ecc.*] **1** (*dir.*) togliere autenticità o validità a qlco.: *le dichiarazioni dell'imputato furono inficiate dai testimoni* **2** (*estens.*) privare di valore: *i risultati sono inficiati da alcuni dati sbagliati.*

infido [in-fi-do] *agg.* di cui non ci si può fidare: *persona infida* | malsicuro, pieno di insidie: *mare —.*

in fieri [/ in'fieri /] *loc.agg.invar.* (*lat.*) si dice di cosa in via di formazione, di elaborazione, o anche soltanto progettata: *un romanzo —.*

infierire [in-fie-rì-re] *v.intr.* [*io infierisco, tu infierisci ecc.*; aus. *avere*] **1** comportarsi in modo crudele, feroce: *— contro i deboli, sui vinti* **2** manifestarsi con particolare violenza; infuriare: *la peste infieriva.*

infiggere [in-fìg-ge-re] *v.tr.* [coniugato come *figgere*; part.pass. *infisso*] ficcar dentro: *gli infisse la spada nel petto* | (*fig.*) imprimere profondamente: *infiggersi qlco. nella mente* ♦ **infiggersi** *v.intr.pron.* penetrare in profondità (anche *fig.*): *l'idea gli si era infissa nella testa.*

infilare [in-fi-là-re] *v.tr.* **1** far passare un filo o un oggetto sottile dentro qlco.: *— il filo nell'ago, il dito nell'anello* | far passare un oggetto tutt'attorno a qlco. di sottile: *— le perle in un cordoncino* | *— la porta,* (*fig.*) uscire in modo rapido e deciso | *— una strada,* (*fig.*) imboccarla risolutamente **2** (*estens.*) indossare, calzare: *—* (*o infilarsi*) *la giacca, le scarpe* ♦ **infilarsi** *v.rifl.* entrare, mettersi dentro: *— nel letto* | intrufolarsi: *— tra gli invitati.*

infilata [in-fi-là-ta] *s.f.* serie di cose infilate o messe in fila: *un'— di stanze.*

infiltramento [in-fil-tra-mén-to] *s.m.* infiltrazione.

infiltrare [in-fil-trà-re] *v.tr.* (*non com.*) immettere, far penetrare attraverso fessure ♦ **infiltrarsi** *v.intr.pron.* **1** penetrare attraverso un materiale poroso o attraverso fessure: *l'acqua s'infiltra nei muri* **2** (*fig.*) penetrare: *— tra i nemici*: *lo scontento s'era infiltrato tra la gente.*

infiltrato [in-fil-trà-to] *agg. e s.m.* [f. *-a*] si dice di persona che si è introdotta in un gruppo, in un'organizzazione, per spiarla o danneggiarla.

infiltrazione [in-fil-tra-zió-ne] *s.f.* **1** l'infiltrare, l'infiltrarsi, l'essere infiltrato (anche *fig.*): *— d'acqua*; *l'— di una spia in un ambiente* **2** (*med.*) inoculazione di sostanze terapeutiche ad azione locale.

infilzamento [in-fil-za-mén-to] *s.m.* l'infilzare, l'infilzarsi, l'essere infilzato.

infilzare [in-fil-zà-re] *v.tr.* **1** trafiggere: *— il nemico con la spada* | infiggere: *— un pollo sullo spiedo* **2** infilare più cose una dopo l'altra, formando una filza: *— le perle* | (*fig.*) fare o dire di seguito: *— bugie* ♦ **infilzarsi** *v.rifl.* trafiggersi: *— su un paletto.*

infilzata [in-fil-zà-ta] *s.f.* serie di cose infilzate (anche *fig.*): *un'— di scuse.*

infilzato [in-fil-zà-to] *agg.* trafitto; infilato | *madonnina infilzata,* (*fig. iron.*) donna solo apparentemente ingenua e pudica (per l'espressione del volto, simile a quella della Madonna Addolorata).

infimo [ìn-fi-mo] *agg.* [superl. di *basso*] che è il più basso in una scala di valori: *gente di — rango*; *merce di infima qualità.*

infine [in-fi-ne] *avv.* **1** alla fine, finalmente: *— venne ad aprire* **2** insomma, in conclusione: *—, si può sapere che cosa vuoi?*

infingardaggine [in-fin-gar-dàg-gi-ne] *s.f.* **1** l'essere infingardo **2** azione da persona infingarda.
infingardo [in-fin-gàr-do] *agg.* svogliato, indolente; infido: *persona infingarda* ♦ *s.m.* [f. *-a*] persona infingarda.
infingimento [in-fin-gi-mén-to] *s.m.* (*lett.*) finzione, simulazione: *senza infingimenti*, schiettamente, sinceramente.
infinità [in-fi-ni-tà] *s.f.* **1** l'essere infinito: *l'— dello spazio* **2** (*iperb.*) quantità grandissima: *un'— di gente.*
infinitesimale [in-fi-ni-te-ʃi-mà-le] *agg.* **1** estremamente piccolo: *differenza —* **2** *calcolo —*, (*mat.*) l'insieme dei procedimenti fondati sulle operazioni di derivazione e integrazione.
infinitesimo [in-fi-ni-tè-ʃi-mo] *agg.* infinitamente piccolo: *dose infinitesima* ♦ *s.m.* parte o quantità piccolissima.
infinitezza [in-fi-ni-téz-za] *s.f.* (*non com.*) l'essere infinito.
infinitivale [in-fi-ni-ti-và-le] *agg.* (*gramm.*) che concerne il modo infinito: *suffissi infinitivali.*
infinitivo [in-fi-ni-tì-vo] *agg.* (*gramm.*) che concerne il modo infinito del verbo.
infinito [in-fi-nì-to] *agg.* **1** che non ha principio né fine, che non comporta limiti: *l'universo è —* **2** immenso, smisurato (anche *fig.*): *una pazienza infinita* **3** (*estens.*) innumerevole: *superare infinite difficoltà* ♦ *s.m.* **1** ciò che non comporta limiti di spazio o di tempo | *all'—*, un'infinità di volte, senza fine: *ripetere all'— i soliti discorsi* **2** (*mat.*) grandezza illimitata **3** (*gramm.*) modo del verbo che esprime l'azione senza distinzione di persona o di numero □ **infinitamente** *avv.* all'infinito; immensamente: *essere — grato.*
infinocchiare [in-fi-noc-chià-re] *v.tr.* [*io infinòcchio ecc.*] (*fam.*) imbrogliare, raggirare: *farsi —.*
infioccare [in-fioc-cà-re] *v.tr.* [*io infiòcco, tu infiòcchi ecc.*] ornare, abbellire con fiocchi.
infiocchettare [in-fioc-chet-tà-re] *v.tr.* [*io infiocchétto ecc.*] **1** adornare con fiocchetti: *— un vestito* **2** (*fig.*) abbellire con artifici stilistici: *— un discorso di citazioni latine* ♦ **infiocchettarsi** *v.rifl.* adornarsi con fiocchi o altri fronzoli.
infiochire [in-fio-chì-re] *v.tr.* [*io infiochisco, tu infiochisci ecc.*] rendere fioco ♦ *v.intr.* [aus. *essere*] diventare fioco.
infiorare [in-fio-rà-re] *v.tr.* [*io infióro ecc.*] **1** ornare con fiori: *— la tavola* **2** (*fig.*) abbellire: *— un discorso di citazioni.*
infiorata [in-fio-rà-ta] *s.f.* l'infiorare una chiesa, una strada o un altro luogo in occasione di feste e cerimonie; l'insieme dei fiori che servono da ornamento.
infiorescenza [in-fio-re-scèn-za], o **inflorescenza**, *s.f.* (*bot.*) raggruppamento di più fiori disposti in modo da sembrare un unico fiore.
infiorettare [in-fio-ret-tà-re] *v.tr.* [*io infiorétto ecc.*] ornare di abbellimenti, di fronzoli.
infiorettatura [in-fio-ret-ta-tù-ra] *s.f.* **1** l'infiorettare, l'essere infiorettato **2** (spec. *pl.*) abbellimento usato per adornare un brano musicale, uno scritto, un discorso: *prosa semplice, senza infiorettature.*
infirmare [in-fir-mà-re] *v.tr.* invalidare, rendere meno efficace o nullo: *— una tesi, un atto.*
infischiarsi [in-fi-schiàr-si] *v.intr.pron.* [*io mi infischio ecc.*] (*fam.*) non curarsi affatto di qlcu. o qlco. (quasi sempre rafforzato dalla particella *ne*): *infischiarsene di tutti.*
infisso [in-fis-so] *s.m.* telaio murato dei serramenti di un edificio: *gli infissi delle finestre.*
infittire [in-fit-tì-re] *v.tr.* [*io infittisco, tu infittisci ecc.*] rendere fitto, più fitto: *— la trama di un tessuto*; *— le visite* ♦ *v.intr.* [aus. *essere*], **infittirsi** *v.intr.pron.* diventare fitto, più fitto: *la nebbia infittisce*; *la siepe si è infittita.*
inflativo [in-fla-tì-vo] *agg.* (*econ.*) inflazionistico.
inflazionare [in-fla-zio-nà-re] *v.tr.* [*io inflazióno ecc.*] portare all'inflazione: *— il mercato, la moneta.*
inflazionato [in-fla-zio-nà-to] *agg.* (*econ.*) svalutato per inflazione: *moneta inflazionata* | (*fig.*) troppo diffuso e pertanto ridotto di significato e di valore: *un titolo di studio —.*
inflazione [in-fla-zió-ne] *s.f.* **1** (*econ.*) diminuzione del potere d'acquisto della moneta che porta a un rialzo generale dei prezzi **2** (*fig.*) abbondanza o diffusione eccessiva di qlco., e conseguente deprezzamento: *— di laureati.*
inflazionismo [in-fla-zio-nì-smo] *s.m.* (*econ.*) tendenza a favorire l'inflazione.
inflazionistico [in-fla-zio-nì-sti-co] *agg.* [pl.m. *-ci*] (*econ.*) di inflazione; che provoca inflazione: *provvedimento —.*
inflessibile [in-fles-sì-bi-le] *agg.* che dimostra rigorosa fermezza: *volontà —* □ **inflessibilmente** *avv.*
inflessibilità [in-fles-si-bi-li-tà] *s.f.* l'essere inflessibile.
inflessione [in-fles-sió-ne] *s.f.* cadenza, intonazione della voce: *— dialettale.*
infliggere [in-flìg-ge-re] *v.tr.* [coniugato come *affliggere*] imporre, far subire: *— una condanna, una dura lezione.*
inflorescenza → **infiorescenza.**
influente [in-flu-èn-te] *agg.* che ha influenza, autorità, credito: *personaggio —.*
influenza [in-flu-èn-za] *s.f.* **1** azione esercitata su qlcu. o qlco.: *l'— delle piogge sulla vegetazione* | capacità di imporre il proprio volere; autorità: *avere — su qlcu.* | *zona, sfera d'—*, territorio su cui uno stato straniero esercita un controllo politico o economico; ambito in cui una persona o un gruppo di persone fa valere la propria autorità **2** (*med.*) malattia virale acuta che colpisce le vie respiratorie: *prendere l'—.*
influenzabile [in-flu-en-zà-bi-le] *agg.* che si fa influenzare: *una persona facilmente —.*
influenzale [in-flu-en-zà-le] *agg.* (*med.*) relativo all'influenza: *febbre —.*

influenzare [in-flu-en-zà-re] *v.tr.* [*io influènzo ecc.*] avere influenza, condizionare il comportamento degli altri: *la stampa influenza l'opinione pubblica* | *lasciarsi* —, subire un'influenza ♦ **influenzarsi** *v.rifl.rec.* esercitare influenza l'uno sull'altro ♦ *v.intr.pron.* (*med.*) prendere l'influenza.

influenzato [in-fluen-zà-to] *agg.* (*med.*) ammalato d'influenza: *essere* —.

influire [in-flu-ì-re] *v.intr.* [*io influisco, tu influisci ecc.*; aus. *avere*] avere influenza su qlcu. o qlco.: *i venti influiscono sul regime delle piogge.*

influsso [in-flùs-so] *s.m.* **1** presunta azione esercitata dagli astri sugli uomini e sulle cose: — *benefico, malefico* **2** (*estens.*) influenza: *avere un — su qlcu.*

infocare [in-fo-cà-re], o **infuocare**, *v.tr.* [*io infuòco* o *infòco, tu infuòchi* o *infòchi ecc.*] **1** far diventare rosso come il fuoco: *l'ira gli infocava il volto* **2** eccitare, infiammare: — *gli animi* ♦ **infocarsi** *v.intr.pron.* **1** prendere fuoco, incendiarsi; arroventarsi **2** (*estens.*) diventare rosso come il fuoco: *il viso gli s'era infocato per il gran caldo* **3** (*fig.*) infervorarsi: — *nella discussione.*

infocato [in-fo-cà-to], o **infuocato** *agg.* **1** rovente: *sabbia infocata*; *parole infocate* | *clima* —, torrido; (*fig.*) atmosfera di grande eccitazione **2** (*estens.*) rosso come il fuoco: *guance infocate.*

infognarsi [in-fo-gnàr-si] *v.intr.pron.* [*io mi infógno ecc.*] (*fam.*) cacciarsi in situazioni difficili; impelagarsi: — *nei debiti.*

in folio [/ in'fɔljo /] *loc.agg.invar.* (*lat.*) si dice di formato di stampa o di edizione di grandi dimensioni, in cui il foglio è piegato una sola volta.

infoltire [in-fol-tì-re] *v.tr.* [*io infoltisco, tu infoltisci ecc.*] rendere folto, più folto: *cura per — i capelli* ♦ **infoltirsi** *v.intr.pron.* divenire folto, più folto: *la siepe s'è infoltita.*

infondatezza [in-fon-da-téz-za] *s.f.* l'essere infondato; mancanza di fondatezza: *l'— di un'accusa.*

infondato [in-fon-dà-to] *agg.* privo di fondamento, non fondato su basi reali o su validi motivi: *sospetto* — □ **infondatamente** *avv.*

infondere [in-fón-de-re] *v.tr.* [coniugato come *fondere*] suscitare, destare, ispirare: — *coraggio.*

inforcare [in-for-cà-re] *v.tr.* [*io infórco, tu infórchi ecc.*] **1** afferrare con la forca: — *il foraggio* **2** montare su qlco. mettendosi a cavalcioni: — *la bicicletta* | — *gli occhiali*, metterseli: — *un paletto*, nello sci, passare sopra un paletto che delimita una porta nelle gare di slalom.

inforcatura [in-for-ca-tù-ra] *s.f.* il punto in cui qlco. si divide in due parti come la forca; la parte del corpo umano dove finisce il busto e cominciano le cosce.

informale [in-for-mà-le] *agg.* **1** che avviene al di fuori delle formalità; non ufficiale, amichevole: *riunione* — | *stile, tono* —, colloquiale **2** si dice di tendenza pittorica di tipo astratto caratterizzata dalla mancanza di forme ben definite: *pittore* — ♦ *s.m.* [anche *f.*] pittore seguace dell'arte informale □ **informalmente** *avv.* non ufficialmente; in via amichevole.

informare [in-for-mà-re] *v.tr.* [*io infórmo ecc.*] **1** dare informazioni, notizie: — *di un fatto* **2** (*lett.*) conformare, indirizzare, modellare: — *il proprio comportamento a un principio* ♦ **informarsi** *v.intr.pron.* **1** procurarsi notizie, chiedere informazioni: — *di* (o *su*) *qlco.* **2** adeguarsi, conformarsi: *il progetto si informa alle nuove direttive.*

informatica [in-for-mà-ti-ca] *s.f.* scienza che studia l'elaborazione e il trattamento automatico dei dati mediante elaboratori elettronici.

informatico [in-for-mà-ti-co] *agg.* [pl.m. *-ci*] relativo all'informatica: *sistemi informatici* ♦ *s.m.* [f. *-a*] esperto di informatica.

informativa [in-for-ma-tì-va] *s.f.* (*burocr.*) nota di un ufficio che informa su un dato argomento: *trasmettere un'*—.

informativo [in-for-ma-tì-vo] *agg.* **1** che serve a comunicare notizie, a dare informazioni: *articolo, rapporto* — **2** (*lett.*) che impronta a un'idea, a un principio: *i criteri informativi di una procedura.*

informatizzare [in-for-ma-tiʒ-ʒà-re] *v.tr.* applicare sistemi informatici a qlco.: — *il catalogo di una biblioteca.*

informatizzazione [in-for-ma-tiʒ-ʒa-zió-ne] *s.f.* l'informatizzare, l'essere informatizzato.

informato [in-for-mà-to] *agg.* **1** che è a conoscenza, al corrente di qlco.: *essere bene* — **2** (*lett.*) conformato, improntato a un'idea, a un principio: *un discorso — ad alti concetti.*

informatore [in-for-ma-tó-re] *s.m.* [f. *-trice*] chi dà notizie, chi fornisce informazioni: *un — della polizia* ♦ *agg.* (*lett.*) che dà forma, che impronta: *concetto — di un'opera.*

informazione [in-for-ma-zió-ne] *s.f.* l'informare, l'informarsi, l'essere informato: *libertà d'*—; *diritto all'*— | notizia, ragguaglio: *chiedere informazioni*; *ufficio informazioni.*

informe [in-fór-me] *agg.* senza forma definita: *un ammasso* —; *un progetto ancora* —, appena abbozzato.

informicolimento [in-for-mi-co-li-mén-to] *s.m.* formicolio che si avverte in una parte del corpo.

infornare [in-for-nà-re] *v.tr.* [*io infórno ecc.*] mettere a cuocere in forno: — *una torta.*

infornata [in-for-nà-ta] *s.f.* **1** l'operazione dell'infornare; la quantità di pane o d'altro che si cuoce in una volta **2** (*fig.*, *scherz.*) gran quantità di persone o cose che sopraggiungono insieme: *un'— di ospiti.*

infortunarsi [in-for-tu-nàr-si] *v.intr.pron.* subire un infortunio: — *sul lavoro.*

infortunato [in-for-tu-nà-to] *agg.* e *s.m.* [f. *-a*] che/chi ha subito un infortunio: *atleta* —.

infortunio [in-for-tù-nio] *s.m.* incidente che provoca un danno fisico: *subire un* —.

infortunistica [in-for-tu-nì-sti-ca] *s.f.* lo studio degli infortuni e dei mezzi atti a evitarli o a limitarne le conseguenze.

infortunistico [in-for-tu-nì-sti-co] *agg.* [pl.m. *-ci*]

relativo agli infortuni o all'infortunistica: *prevenzione infortunistica.*

infoscare [in-fo-scà-re] *v.tr.* [*io infósco, tu infóschi ecc.*] rendere fosco ♦ **infoscarsi** *v.intr. pron.* diventare fosco, cupo (anche *fig.*): — *in volto.*

infossamento [in-fos-sa-mén-to] *s.m.* **1** l'infossare, l'infossarsi, l'essere infossato **2** avvallamento, depressione, cavità: *un — del terreno.*

infossarsi [in-fos-sàr-si] *v.intr.pron.* [*io mi infósso ecc.*] formare una fossa, un avvallamento: *il terreno si è infossato* | (*estens.*) incavarsi: *le guance gli si erano infossate.*

infossatura [in-fos-sa-tù-ra] *s.f.* infossamento.

infracidire [in-fra-ci-dì-re] *v.intr.* [*io infracidisco, tu infracidisci ecc.*; aus. *essere*] marcire, putrefarsi: *la frutta non raccolta infracidisce.*

infradiciamento [in-fra-di-cia-mén-to] *s.m.* l'infradiciare, l'infradiciarsi.

infradiciare [in-fra-di-cià-re] *v.tr.* [*io infràdicio ecc.*] **1** inzuppare d'acqua **2** rendere marcio ♦ **infradiciarsi** *v.intr.pron.* **1** bagnarsi completamente: — *di pioggia* **2** marcire, imputridire: *il legno s'infradicia facilmente.*

infradiciatura [in-fra-di-cia-tù-ra] *s.f.* l'infradiciare, l'infradiciarsi.

inframmettere [in-fram-mét-te-re] *v.tr.* [coniugato come *mettere*] frammettere, interporre ♦ **inframmettersi** *v.intr.pron.* mettersi in mezzo; intromettersi, ingerirsi nei fatti altrui.

inframmezzare [in-fram-meʒ-ʒà-re] *v.tr.* [*io inframmèʒʒo ecc.*] intramezzare.

inframmischiare [in-fram-mi-schià-re] *v.tr.* [*io inframmìschio ecc.*] frammischiare.

infrangere [in-fràn-ge-re] *v.tr.* [coniugato come *frangere*] **1** rompere, spezzare, frantumare (anche *fig.*): — *ogni resistenza* **2** (*fig.*) violare, trasgredire: — *i patti* ♦ **infrangersi** *v.intr.pron.* rompersi, spezzarsi: *le onde s'infrangevano sul molo.*

infrangibile [in-fran-gì-bi-le] *agg.* che non si rompe; difficile a rompersi: *bicchiere —.*

infranto [in-fràn-to] *agg.* rotto, spezzato (spec. *fig.*): *ideali infranti.*

infrarosso [in-fra-rós-so] *agg.* (*fis.*) si dice di radiazione elettromagnetica, invisibile all'occhio umano, di lunghezza d'onda di poco superiore a quella del rosso.

infrascare [in-fra-scà-re] *v.tr.* [*io infrasco, tu infraschi ecc.*] **1** sostenere piante rampicanti con frasche: — *i piselli* | coprire, rivestire, nascondere con frasche **2** in bachicoltura, mandare i bachi al bosco ♦ **infrascarsi** *v.rifl.* nascondersi tra le frasche.

infrascritto [in-fra-scrìt-to] *agg.* scritto sotto; seguente: *clausole infrascritte.*

infrasettimanale [in-fra-set-ti-ma-nà-le] *agg.* che cade o si attua nel corso della settimana lavorativa: *festività —.*

infrastruttura [in-fra-strut-tù-ra] *s.f.* (spec. *pl.*) complesso dei servizi e degli impianti necessari allo sviluppo economico e sociale di un paese (rete stradale o ferroviaria, rete elettrica e telefonica ecc.).

infrastrutturale [in-fra-strut-tu-rà-le] *agg.* che si riferisce all'infrastruttura.

infrasuono [in-fra-suò-no] *s.m.* (*fis.*) onda della stessa natura delle onde sonore, ma di frequenza inferiore a quelle udibili dall'orecchio umano.

infrattare [in-frat-tà-re] *v.tr.* (*fam.*) nascondere, imboscare: — *una pratica* ♦ **infrattarsi** *v.rifl.* (*fam.*) nascondersi; imboscarsi.

infrazione [in-fra-zió-ne] *s.f.* trasgressione, violazione: *commettere un'—; — al codice.*

infreddatura [in-fred-da-tù-ra] *s.f.* leggero raffreddore: *prendersi un'—.*

infreddolirsi [in-fred-do-lìr-si] *v.intr.pron.* [*io mi infreddolisco, tu ti infreddolisci ecc.*; aus. *essere*] prendere freddo.

infreddolito [in-fred-do-lì-to] *agg.* preso dal freddo; intirizzito: *essere tutto —.*

infrequente [in-fre-quèn-te] *agg.* non frequente; raro: *un fenomeno —.*

infrollimento [in-frol-li-mén-to] *s.m.* l'infrollire, l'infrollirsi, l'essere infrollito: — *della selvaggina.*

infrollire [in-frol-lì-re] *v.tr.* [*io infrollisco, tu infrollisci ecc.*] **1** rendere frollo | riferito a carne, sottoporre a frollatura **2** (*fig.*) privare di energia, di vigore ♦ *v.intr.* [aus. *essere*], **infrollirsi** *v. intr.pron.* **1** divenire frollo: *mettere la carne a —* **2** (*fig.*) perdere vigore fisico o morale.

infruttescenza [in-frut-te-scèn-za] *s.f.* (*bot.*) insieme di frutti derivati da un'infiorescenza, talvolta raggruppati in modo da sembrare un frutto unico (*p.e.* il fico).

infruttifero [in-frut-tì-fe-ro] *agg.* non fruttifero, che non dà frutto: *albero —* | (*fig.*) che non dà reddito, che non produce interessi: *capitale —.*

infruttuosità [in-frut-tu-o-si-tà] *s.f.* l'essere infruttuoso: *l'— di un terreno.*

infruttuoso [in-frut-tu-ó-so] *agg.* **1** che non dà frutto: *terreno —* | (*fig.*) che non dà profitto: *capitale —* **2** (*fig.*) che non raggiunge il proprio scopo: *ricerche infruttuose* □ **infruttuosamente** *avv.*

infula [ìn-fu-la] *s.f.* **1** benda con cui nell'antichità i sacerdoti si cingevano il capo o circondavano il capo delle vittime **2** (*lit.*) ciascuna delle due strisce che pendono dalla mitra dei vescovi.

infungibile [in-fun-gì-bi-le] *agg.* (*dir.*) si dice di un bene determinato e non sostituibile con un altro della stessa specie.

infungibilità [in-fun-gi-bi-li-tà] *s.f.* (*dir.*) l'essere infungibile: — *di un bene.*

infuocare e *deriv.* → **infocare** e *deriv.*

infuori [in-fuò-ri] *avv.* solo nella loc. *all'—*, verso l'esterno: *una trave che sporge all'—* | *all'— di*, eccetto, tranne: *c'erano tutti all'— di te.*

infurbirsi [in-fur-bìr-si] *v.intr.pron.* [*io mi infurbisco, tu ti infurbisci ecc.*] diventare furbo.

infuriare [in-fu-rià-re] *v.intr.* [*io infùrio ecc.*] scatenarsi, manifestarsi violentemente; imperversare: *la tempesta infuria* ♦ **infuriarsi** *v.intr.pron.* diventare furibondo: *alla minima difficoltà s'infuria.*

infuriato [in-fu-rià-to] *agg.* arrabbiato, adirato violentemente; furente: *essere —*.
infusibile [in-fu-ʃi-bi-le] *agg.* che non si può fondere; che non fonde.
infusibilità [in-fu-ʃi-bi-li-tà] *s.f.* l'essere infusibile.
infusione [in-fu-ʃió-ne] *s.f.* operazione con la quale si fanno macerare erbe in acqua o alcol al fine di estrarne i principi attivi: *il tè si prepara per —* | il liquido così preparato; infuso: *un'— di camomilla.*
infuso [in-fù-ʃo] *agg.* soprattutto nella loc. *scienza infusa,* (*teol.*) quella posseduta per dono soprannaturale, non acquisita; (*fam.*) la scienza di chi presume di sapere tutto senza avere studiato ♦ *s.m.* il liquido ottenuto per infusione: *un — di malva.*
ingabbiare [in-gab-bià-re] *v.tr.* [*io ingàbbio ecc.*] **1** chiudere in una gabbia: *— un uccello* **2** (*estens.*) serrare in uno spazio da cui è difficile uscire; intrappolare **3** (*edil.*) costruire l'ingabbiatura di un edificio.
ingabbiatura [in-gab-bia-tù-ra] *s.f.* (*edil.*) lo scheletro portante, in cemento armato o acciaio, di una costruzione.
ingaggiare [in-gag-già-re] *v.tr.* [*io ingàggio ecc.*] **1** assicurarsi le prestazioni di qlcu. con un contratto; arruolare, assoldare: *— un equipaggio* **2** incominciare, attaccare: *— battaglia* | impegnarsi in qlco.: *— la lotta* ♦ **ingaggiarsi** *v.intr.pron.* arruolarsi.
ingaggio [in-gàg-gio] *s.m.* **1** l'ingaggiare, l'essere ingaggiato; la somma corrisposta a chi viene ingaggiato: *l'— di un calciatore* **2** nell'hockey, lancio del disco con cui l'arbitro dà inizio alla partita.
ingagliardire [in-ga-gliar-dì-re] *v.tr.* [*io ingagliardisco, tu ingagliardisci ecc.*] rendere gagliardo, robusto: *il vino ingagliardisce* ♦ **ingagliardirsi** *v.intr.pron.* diventare gagliardo; irrobustirsi: *col moto il corpo s'ingagliardisce.*
ingannabile [in-gan-nà-bi-le] *agg.* che si può ingannare; che si lascia ingannare facilmente.
ingannare [in-gan-nà-re] *v.tr.* **1** operare con frode e malizia ai danni di qlcu.; imbrogliare: *— il prossimo* | indurre, trarre in errore: *— l'avversario; l'apparenza inganna* **2** deludere: *— la fiducia altrui* | eludere: *— la vigilanza* **3** (*fig.*) rendere meno gravosa una situazione facendo qualcos'altro: *leggere per — il tempo* ♦ **ingannarsi** *v. intr.pron.* sbagliarsi, essere in errore.
ingannatore [in-gan-na-tó-re] *agg.* e *s.m.* [f. *-trice*] (*lett.*) che/chi inganna: *parole ingannatrici.*
ingannevole [in-gan-né-vo-le] *agg.* che inganna, che può indurre in errore: *speranze ingannevoli* □ **ingannevolmente** *avv.*
inganno [in-gàn-no] *s.m.* **1** l'azione di chi inganna; imbroglio, raggiro: *tramare inganni* **2** l'errore in cui cade chi si inganna: *indurre in —.*
ingarbugliamento [in-gar-bu-glia-mén-to] *s.m.* l'ingarbugliare, l'ingarbugliarsi, l'essere ingarbugliato.
ingarbugliare [in-gar-bu-glià-re] *v.tr.* [*io ingarbùglio ecc.*] **1** mescolare più cose e confonderle in modo che non sia facile riordinarle: *— i fili di una matassa* **2** (*fig.*) complicare: *— una questione* ♦ **ingarbugliarsi** *v.intr.pron.* **1** intricarsi, imbrogliarsi: *i fili si sono ingarbugliati* **2** (*fig.*) complicarsi: *la faccenda si ingarbuglia* **3** (*fig.*) confondersi nel parlare; impappinarsi: *— per l'emozione.*
ingarbugliato [in-gar-bu-glià-to] *agg.* arruffato, intricato (anche *fig.*): *un affare —.*
ingegnarsi [in-ge-gnàr-si] *v.intr.pron.* [*io mi ingégno ecc.*] darsi da fare, impegnarsi con ogni mezzo per superare una difficoltà; arrabattarsi: *— per vivere, a trovare una soluzione.*
ingegnere [in-ge-gnè-re] *s.m.* laureato in ingegneria | laureato che si occupa professionalmente di un moderno settore scientifico-tecnologico che ha come denominazione di base la parola *ingegneria*: *— dell'informazione, finanziario.*
ingegneria [in-ge-gne-rì-a] *s.f.* scienza e tecnica della progettazione e della realizzazione di costruzioni edili, di vie e mezzi di trasporto, di macchine e impianti industriali: *— civile, mineraria, elettronica* | qualunque disciplina scientifico-tecnologica che analizza problemi e prospetta soluzioni su basi matematiche: *— genetica, sanitaria, dei sistemi.*
ingegneristico [in-ge-gne-rì-sti-co] *agg.* di ingegneria, relativo all'ingegneria.
ingegno [in-gé-gno] *s.m.* **1** facoltà di intuire, di giudicare, di apprendere le cose con prontezza: *un uomo d'—; un — brillante* | *opere dell'—*, denominazione giuridica delle opere letterarie, musicali, artistiche, protette dal diritto d'autore **2** persona dotata di grande ingegno, di alte qualità intellettuali: *una nazione ricca di ingegni.*
ingegnosità [in-ge-gno-si-tà] *s.f.* l'essere ingegnoso.
ingegnoso [in-ge-gnó-so] *agg.* **1** dotato di ingegno pronto, versatile; abile nel risolvere situazioni difficili, nell'escogitare cose nuove: *il bisogno rende ingegnosi* **2** fatto con ingegno: *un meccanismo —* □ **ingegnosamente** *avv.*
ingelosire [in-ge-lo-sì-re] *v.tr.* [*io ingelosisco, tu ingelosisci ecc.*] rendere geloso: *— il marito* ♦ **ingelosirsi** *v.intr.pron.* diventare geloso: *— dei successi altrui.*
ingemmare [in-gem-mà-re] *v.tr.* [*io ingèmmo ecc.*] ornare di gemme (anche *fig.*): *i fiori ingemmano i prati.*
ingenerare [in-ge-ne-rà-re] *v.tr.* [*io ingènero ecc.*] causare, provocare: *— confusione* ♦ **ingenerarsi** *v.intr.pron.* avere origine: *l'errore si è ingenerato da un equivoco.*
ingenerato [in-ge-ne-rà-to] *agg.* (*lett.*) ingenito, innato: *un vizio —.*
ingenerosità [in-ge-ne-ro-si-tà] *s.f.* l'essere ingeneroso; mancanza di generosità.
ingeneroso [in-ge-ne-ró-so] *agg.* non generoso, privo di generosità: *mostrarsi —* □ **ingenerosamente** *avv.*

ingenito [in-gè-ni-to] *agg.* che si ha per natura; congenito, connaturato: *tendenze ingenite nell'uomo.*
ingente [in-gèn-te] *agg.* molto grande: *danno —* □ **ingentemente** *avv.*
ingentilimento [in-gen-ti-li-mén-to] *s.m.* l'ingentilire, l'ingentilirsi, l'essere ingentilito: *l'— dei costumi.*
ingentilire [in-gen-ti-lì-re] *v.tr.* [*io ingentilisco, tu ingentilisci ecc.*] rendere gentile o più gentile: *— gli animi* ♦ **ingentilirsi** *v.intr.pron.* diventare gentile o più gentile.
ingenuità [in-ge-nu-i-tà] *s.f.* **1** l'essere ingenuo; innocenza: *l'— di un bambino* | sprovvedutezza: *approfittare dell'— altrui* **2** affermazione o azione da persona ingenua: *dire, commettere delle —.*
ingenuo [in-gè-nu-o] *agg.* **1** privo di malizia; innocente: *un bambino —* | semplicione: *è così — da credere a ogni cosa* **2** che rivela ingenuità: *una domanda ingenua* ♦ *s.m.* [f. *-a*] **1** persona ingenua □ **ingenuamente** *avv.* senza malizia.
ingerenza [in-ge-rèn-za] *s.f.* intromissione indebita: *non tollerare ingerenze.*
ingerimento [in-ge-ri-mén-to] *s.m.* ingestione: *l'— di medicinali.*
ingerire [in-ge-rì-re] *v.tr.* [*io ingerisco, tu ingerisci ecc.*] inghiottire, mandar giù: *— una medicina* ♦ **ingerirsi** *v.intr.pron.* intromettersi in questioni che riguardano altri: *— nei fatti altrui.*
ingessare [in-ges-sà-re] *v.tr.* [*io ingèsso ecc.*] immobilizzare un arto fratturato con bende intrise di gesso: *— un braccio.*
ingessatura [in-ges-sa-tù-ra] *s.f.* **1** l'operazione dell'ingessare **2** il rivestimento realizzato con bende gessate: *togliere l'—.*
ingestione [in-ge-stió-ne] *s.f.* l'ingerire: *— di un cibo.*
inghiottimento [in-ghiot-ti-mén-to] *s.m.* l'inghiottire, l'essere inghiottito.
inghiottire [in-ghiot-tì-re] *v.tr.* [*io inghiottisco* o *inghiótto, tu inghiottisci* o *inghiótti ecc.*] **1** far scendere nell'esofago quello che si ha in bocca: *— un boccone* **2** (*estens.*) assorbire, far sparire: *la voragine lo inghiottì.*
inghiottitoio [in-ghiot-ti-tó-io] *s.m.* buca o crepaccio che inghiotte le acque superficiali.
inghippo [in-ghìp-po] *s.m.* (*region.*) imbroglio, inganno.
inghirlandare [in-ghir-lan-dà-re] *v.tr.* ornare con ghirlande ♦ **inghirlandarsi** *v.rifl.* ornarsi, cingersi di ghirlande.
ingiallimento [in-gial-li-mén-to] *s.m.* l'ingiallire, l'essere ingiallito.
ingiallire [in-gial-lì-re] *v.tr.* [*io ingiallisco, tu ingiallisci ecc.*] far diventare giallo: *l'autunno ingiallisce le foglie* ♦ *v.intr.* [aus. *essere*], **ingiallirsi** *v.intr.pron.* divenire giallo: *la pergamena ingiallisce.*
ingigantire [in-gi-gan-tì-re] *v.tr.* [*io ingigantisco, tu ingigantisci ecc.*] considerare assai più grande di quel che non sia; esagerare: *— una difficoltà* ♦ **ingigantirsi** *v.intr.pron.* divenire gigantesco: *il problema si è ingigantito.*
inginocchiamento [in-gi-noc-chia-mén-to] *s.m.* l'inginocchiarsi.
inginocchiarsi [in-gi-noc-chiàr-si] *v.intr.pron.* [*io mi inginòcchio ecc.*] mettersi in ginocchio: *— davanti all'altare.*
inginocchiatoio [in-gi-noc-chia-tó-io] *s.m.* mobile di legno munito di un gradino sul quale ci si mette in ginocchio per pregare.
ingioiellare [in-gio-iel-là-re] *v.tr.* [*io ingioièllo ecc.*] ornare di gioielli ♦ **ingioiellarsi** *v.rifl.* ornarsi di gioielli.
ingiù [in-giù] *avv.* soprattutto nella loc. *all'—*, verso il basso: *guardare all'—.*
ingiudicato [in-giu-di-cà-to] *agg.* (*dir.*) si dice di questione sulla quale non è stato dato un giudizio definitivo.
ingiungere [in-giùn-ge-re] *v.tr.* [coniugato come *giungere*] ordinare; intimare: *— la resa.*
ingiuntivo [in-giun-tì-vo] *agg.* che si riferisce a un ordine, a un'ingiunzione: *decreto —.*
ingiunzione [in-giun-zió-ne] *s.f.* **1** l'ingiungere; l'ordine con cui s'ingiunge: *ricevere l'— di partire* **2** (*dir.*) ordine di adempiere un'obbligazione: *— di pagamento.*
ingiuria [in-giù-ria] *s.f.* **1** offesa, oltraggio: *recare — a qlcu.* | espressione ingiuriosa: *coprire qlcu. di ingiurie* **2** (*fig.*) danno: *le ingiurie del tempo.*
ingiuriare [in-giu-rià-re] *v.tr.* [*io ingiùrio ecc.*] offendere con ingiurie; insultare ♦ **ingiuriarsi** *v. rifl.rec.* scambiarsi ingiurie.
ingiurioso [in-giu-rió-so] *agg.* che reca ingiuria; offensivo: *parole ingiuriose* □ **ingiuriosamente** *avv.*
ingiustificabile [in-giu-sti-fi-cà-bi-le] *agg.* che non può essere giustificato: *un ritardo —.*
ingiustificato [in-giu-sti-fi-cà-to] *agg.* non giustificato, che non ha giustificazione: *reazione ingiustificata.*
ingiustizia [in-giu-stì-zia] *s.f.* **1** l'essere ingiusto: *l'— di un provvedimento* **2** atto contrario alla giustizia: *commettere un'—.*
ingiusto [in-giù-sto] *agg.* **1** che agisce o giudica senza rispettare i principi della giustizia: *un padre — con i figli* **2** contrario o non conforme a giustizia: *punizione ingiusta* □ **ingiustamente** *avv.*
inglese [in-glé-se] *agg.* dell'Inghilterra; più genericamente, del Regno Unito: *lingua —* | *chiave —*, (*mecc.*) tipo di chiave regolabile | *zuppa —*, dolce di pan di Spagna farcito con crema | *giardino all'—*, giardino che ricorda un paesaggio naturale ♦ *s.m.* **1** [anche *f.*] chi è nato o abita in Inghilterra **2** lingua del gruppo germanico parlata in Gran Bretagna, negli Stati Uniti d'America e in altri paesi.
inglobamento [in-glo-ba-mén-to] *s.m.* l'inglobare, l'essere inglobato.
inglobare [in-glo-bà-re] *v.tr.* [*io inglòbo ecc.*] accogliere in sé, incorporare: *la città sta inglobando molti paesi.*

inglorioso [in-glo-rió-so] *agg.* non glorioso, disonorevole: *una morte ingloriosa* □ **ingloriosamente** *avv.*
ingobbire [in-gob-bì-re] *v.tr.* [*io ingobbisco, tu ingobbisci ecc.*] rendere gobbo ♦ *v.intr.* [aus. *essere*], **ingobbirsi** *v.intr.pron.* diventare gobbo: *con gli anni s'è ingobbito.*
ingobbito [in-gob-bì-to] *agg.* curvo: *vecchietto —.*
ingoffare [in-gof-fà-re] *v.tr.* [*io ingòffo ecc.*] rendere, far apparire goffo: *un vestito che ingoffa.*
ingoiare [in-go-ià-re] *v.tr.* [*io ingóio ecc.*] **1** inghiottire | (*fig. scherz.*) trangugiare: *— il pranzo* **2** (*fig.*) sopportare, tollerare: *— molte umiliazioni* **3** (*fig.*) far sprofondare e assorbire dentro di sé: *le onde ingoiarono la nave.*
ingolfamento [in-gol-fa-mén-to] *s.m.* nei motori a scoppio, eccesso di benzina nella miscela all'interno della camera di combustione, che impedisce l'avviamento.
ingolfare [in-gol-fà-re] *v.tr.* [*io ingólfo ecc.*] provocare l'ingolfamento di un motore a scoppio ♦ **ingolfarsi** *v.intr.pron.* **1** detto del mare, formare un'insenatura nella costa **2** (*fig.*) cacciarsi in una situazione difficile: *— nei debiti* **3** detto di un motore a scoppio, non avviarsi per ingolfamento.
ingombrante [in-gom-bràn-te] *agg.* che intralcia per le sue dimensioni eccessive: *un armadio —* | (*fig.*) che disturba; invadente: *un ospite —.*
ingombrare [in-gom-brà-re] *v.tr.* [*io ingómbro ecc.*] **1** occupare uno spazio costituendo un intralcio: *le bancarelle ingombrano la strada* **2** (*fig.*) occupare con cose che creano impaccio: *— la mente di nozioni inutili.*
ingombro[1] [in-góm-bro] *agg.* ingombrato, ostruito: *un tavolo — di libri.*
ingombro[2] *s.m.* **1** l'ingombrare: *essere d'—* | la cosa che ingombra: *togliere gli ingombri* **2** lo spazio occupato da un oggetto: *merci di poco —.*
ingordigia [in-gor-dì-gia] *s.f.* l'essere ingordo; avidità di cibo: *mangiare con —* | (*fig.*) cupidigia: *— di ricchezze.*
ingordo [in-gór-do] *agg.* **1** smodato nel mangiare e nel bere: *un ragazzo —* **2** (*fig.*) avido: *— di guadagni* □ **ingordamente** *avv.*
ingorgare [in-gor-gà-re] *v.tr.* [*io ingórgo, tu ingórghi ecc.*] ostruire, intasare: *— il lavandino* ♦ **ingorgarsi** *v.intr.pron.* **1** detto di liquidi, formare un gorgo | (*estens.*) addensarsi ostruendo un passaggio: *un incrocio in cui il traffico s'ingorga* **2** intasarsi: *il tubo di scarico si è ingorgato.*
ingorgo [in-gór-go] *s.m.* [pl. *-ghi*] l'ingorgarsi; ostruzione, intasamento: *— stradale.*
ingovernabile [in-go-ver-nà-bi-le] *agg.* che non si può governare, che è difficile da governare: *situazione —.*
ingovernabilità [in-go-ver-na-bi-li-tà] *s.f.* l'essere ingovernabile: *l'— di un paese.*
ingozzamento [in-goz-za-mén-to] *s.m.* l'ingozzare, l'ingozzarsi.
ingozzare [in-goz-zà-re] *v.tr.* [*io ingózzo ecc.*] **1** nutrire a forza un volatile perché ingrassi: *— le oche* | (*estens.*) riferito a persona, far mangiare eccessivamente: *non — il bambino!* **2** inghiottire avidamente; trangugiare: *— una fetta di torta* | ingoiare controvoglia: *— una medicina disgustosa* ♦ **ingozzarsi** *v.rifl.* riempirsi di cibo; trangugiare: *— di dolci.*
ingozzata [in-goz-zà-ta] *s.f.* l'ingozzare, l'ingozzarsi: *fare un'— di qlco.*, mangiarne in gran quantità e avidamente.
ingranaggio [in-gra-nàg-gio] *s.m.* **1** meccanismo costituito da due ruote dentate che ingranano l'una nell'altra: *gli ingranaggi del motore* **2** (*fig.*) realtà che ha le caratteristiche di un meccanismo, che lega in maniera obbligatoria: *essere preso nell'— del lavoro.*
ingranare [in-gra-nà-re] *v.intr.* [aus. *avere*] **1** detto degli elementi di un ingranaggio, essere in posizione tale che i denti dell'uno impegnano quelli dell'altro **2** (*fig.*) iniziare bene un lavoro o un'attività; cominciare a funzionare, a rendere: *col lavoro ancora non si riesce a —* ♦ *v.tr.* avvicinare i due elementi di un ingranaggio in modo che i rispettivi denti entrino in contatto: *— la marcia di un'automobile.*
ingrandimento [in-gran-di-mén-to] *s.m.* **1** l'ingrandire, l'ingrandirsi | *lente d'—*, che dà una immagine ingrandita delle cose **2** (*foto.*) procedimento per ottenere copie di formato maggiore; la fotografia così ottenuta.
ingrandire [in-gran-dì-re] *v.tr.* [*io ingrandisco, tu ingrandisci ecc.*] **1** rendere grande o più grande: *— un negozio* **2** di un sistema ottico, far apparire maggiori le dimensioni dell'oggetto osservato: *un microscopio che ingrandisce diecimila volte* **3** (*fig.*) far apparire qlco. più grande di quanto non sia in realtà; esagerare: *— una difficoltà* ♦ **ingrandirsi** *v.intr.pron.* **1** diventare più grande: *la città si è ingrandita* **2** (*fig.*) allargare le proprie attività o aumentare l'estensione della propria abitazione, del proprio negozio.
ingranditore [in-gran-di-tó-re] *s.m.* (*foto.*) apparecchio per ottenere ingrandimenti.
ingrassaggio [in-gras-sàg-gio] *s.m.* lubrificazione di organi meccanici con grasso.
ingrassamento [in-gras-sa-mén-to] *s.m.* l'ingrassare l'ingrassarsi: *cura contro l'—.*
ingrassare [in-gras-sà-re] *v.tr.* **1** far diventare grasso o più grasso: *i dolci ingrassano* **2** concimare: *— il terreno* **3** lubrificare con grasso: *— un ingranaggio* ♦ *v.intr.* [aus. *essere*], **ingrassarsi** *v.intr.pron.* **1** diventar grasso o più grasso **2** (*fig.*) arricchirsi, soprattutto in maniera illecita: *— imbrogliando gli altri.*
ingrassatore [in-gras-sa-tó-re] *s.m.* **1** [f. *-trice*] operaio addetto all'ingrassaggio di macchine **2** dispositivo attraverso il quale si introduce il lubrificante in organi meccanici.
ingrasso [in-gràs-so] *s.m.* **1** riferito ad animale, il venire ingrassato: *tenere il maiale all'—* **2** (*agr.*) concimazione di un terreno; il concime stesso.

ingraticciata [in-gra-tic-cià-ta] *s.f.* riparo, recinzione o sostegno fatto con graticci.
ingratitudine [in-gra-ti-tù-di-ne] *s.f.* l'essere ingrato; mancanza di gratitudine.
ingrato [in-grà-to] *agg.* **1** che non è grato, riconoscente: *mostrarsi — verso qlcu.* **2** non gradito, spiacevole: *un compito —* ♦ *s.m.* [f. *-a*] chi manca di gratitudine: *comportarsi da —* □ **ingratamente** *avv.*
ingravidamento [in-gra-vi-da-mén-to] *s.m.* l'ingravidare, l'ingravidarsi, l'essere ingravidata.
ingravidare [in-gra-vi-dà-re] *v.tr.* [*io ingràvido ecc.*] rendere gravido ♦ *v.intr.* [aus. *essere*], **ingravidarsi** *v.intr.pron.* diventare gravida.
ingraziarsi [in-gra-ziàr-si] *v.tr.* [*io mi ingràzio ecc.*] rendere benevolo; cattivarsi il favore di qlcu.: *— il professore.*
ingrediente [in-gre-dièn-te] *s.m.* **1** ogni sostanza che entra nella preparazione di una vivanda: *gli ingredienti di una torta* **2** (*fig.*) elemento di una composizione, di un fenomeno complesso: *gli ingredienti tipici dei romanzi gialli.*
ingressione [in-gres-sió-ne] *s.f.* (*geol.*) fenomeno di sommersione, da parte del mare, di tratti più o meno ampi di terraferma.
ingressivo [in-gres-sì-vo] *agg.* (*ling.*) si dice di suono la cui articolazione è ottenuta con ingresso di aria nell'apparato di fonazione.
ingresso [in-grès-so] *s.m.* **1** il passaggio, l'apertura per cui si entra in un luogo: *l'— del palazzo; porta d'—* | l'ambiente di una casa su cui dà la porta d'ingresso **2** l'atto dell'entrare in un luogo: *fare — in casa* **3** facoltà di entrare in un luogo: *— libero, a pagamento, vietato.*
ingrigire [in-gri-gì-re] *v.intr.* [*io ingrigisco, tu ingrigisci ecc.*; aus. *essere*] (*lett.*) **1** assumere colore grigio **2** (*fig.*) assumere un tono dimesso.
ingrippare [in-grip-pà-re] *v.tr.* e *intr.* [aus. dell'intr. *avere*], **ingripparsi** *v.intr.pron.* grippare, gripparsi.
ingrommare [in-grom-mà-re] *v.tr.* [*io ingrómmo ecc.*] coprire di gromma ♦ **ingrommarsi** *v.intr.pron.* coprirsi di gromma.
ingrossamento [in-gros-sa-mén-to] *s.m.* **1** l'ingrossare, l'ingrossarsi, l'essere ingrossato: *— del fegato* **2** la parte ingrossata: *il tubo ha un —.*
ingrossare [in-gros-sà-re] *v.tr.* [*io ingròsso ecc.*] **1** rendere grosso o più grosso; gonfiare: *le piogge hanno ingrossato il fiume* **2** far apparire più grosso del vero: *un vestito che ingrossa* ♦ *v.intr.* [aus. *essere*], **ingrossarsi** *v.intr.pron.* diventare grosso o più grosso: *con l'età si è ingrossato.*
ingrossatura [in-gros-sa-tù-ra] *s.m.* ingrossamento.
ingrosso [in-gròs-so] solo nella loc. *all'—*, detto della compravendita di merci in grandi quantità: *commercio all'—.*
ingrugnarsi [in-gru-gnàr-si] *v.intr.pron.* (*fam.*) mettere il broncio.
inguadabile [in-gua-dà-bi-le] *agg.* non guadabile: *fiume —.*
inguaiare [in-gua-ià-re] *v.tr.* [*io inguàio ecc.*] (*fam.*) mettere nei guai ♦ **inguaiarsi** *v.rifl.* (*fam.*) cacciarsi nei guai.
inguainare [in-guai-nà-re] *v.tr.* [*io inguaìno ecc.*] mettere in una guaina | *— la spada*, infilarla nel fodero.
ingualcibile [in-gual-cì-bi-le] *agg.* che non si gualcisce, che non si spiegazza: *tessuto —.*
inguantare [in-guan-tà-re] *v.tr.* coprire con un guanto ♦ **inguantarsi** *v.rifl.* mettersi i guanti.
inguantato [in-guan-tà-to] *agg.* coperto da un guanto; che porta i guanti: *mani inguantate.*
inguaribile [in-gua-rì-bi-le] *agg.* che non si può guarire: *una malattia —* | (*estens.*) incorreggibile: *un — sognatore* □ **inguaribilmente** *avv.*
inguinale [in-gui-nà-le] *agg.* (*anat.*) dell'inguine: *ernia —.*
inguine [ìn-gui-ne] *s.m.* (*anat.*) regione del corpo situata tra le cosce e l'addome.
ingurgitare [in-gur-gi-tà-re] *v.tr.* [*io ingùrgito ecc.*] inghiottire in fretta; trangugiare: *— un boccale di birra.*
inibire [i-ni-bì-re] *v.tr.* [*io inibisco, tu inibisci ecc.*] **1** vietare d'autorità; impedire **2** frenare psicologicamente; intimidire: *la sua presenza lo inibisce* ♦ **inibirsi** *v.rifl.* o *intr.pron.* subire un'inibizione; bloccarsi.
inibito [i-ni-bì-to] *agg.* e *s.m.* [f. *-a*] che/chi soffre di inibizioni.
inibitore [i-ni-bi-tó-re] *agg.* [f. *-trice*] che inibisce; inibitorio ♦ *s.m.* (*chim.*) ogni sostanza atta a ostacolare determinate reazioni: *— di corrosione.*
inibitorio [i-ni-bi-tò-rio] *agg.* **1** che vale a inibire, a proibire d'autorità: *sentenza inibitoria* **2** (*psicol.*) che si riferisce all'inibizione: *freno —.*
inibizione [i-ni-bi-zió-ne] *s.f.* **1** l'inibire; proibizione, divieto **2** (*chim.*) blocco o rallentamento di una reazione **3** (*fisiol.*) processo nervoso od ormonale che blocca o frena il funzionamento di un organo **4** (*psicol.*) blocco psicologico: *soffrire di inibizioni.*
inidoneo [i-ni-dò-neo] *agg.* non idoneo, inadatto: *essere — al servizio militare.*
iniettabile [i-niet-tà-bi-le] *agg.* che si può iniettare: *medicinale — in vena.*
iniettare [i-niet-tà-re] *v.tr.* [*io inietto ecc.*] **1** introdurre mediante iniezione: *il medico gli iniettò un calmante* **2** introdurre mediante l'uso di un iniettore: *— il carburante nel cilindro* ♦ **iniettarsi** *v.intr.pron.* solo nella loc. *iniettarsi di sangue*, detto degli occhi, arrossarsi per afflusso eccessivo di sangue.
iniettore [i-niet-tó-re] *s.m.* (*tecn.*) dispositivo che serve a introdurre in un ambiente chiuso sostanze sotto forma di getto a pressione: *— di vapore.*
iniezione [i-nie-zió-ne] *s.f.* **1** operazione con cui si immette un farmaco nell'organismo mediante un ago cavo; il farmaco così immesso: *— endovenosa, intramuscolare* | (*fig.*) azione di aiuto, di conforto: *ricevere un'— di coraggio* **2** (*tecn.*) introduzione di una sostanza in una cavi-

tà mediante un getto a pressione: — *di cemento in un muro.*

inimicare [i-ni-mi-cà-re] *v.tr.* [*io inimico, tu inimichi ecc.*] rendere nemico, ostile: — *i compagni* ♦ **inimicarsi** *v.rifl.rec.* divenire nemici: *si sono inimicati.*

inimicizia [i-ni-mi-cì-zia] *s.f.* l'essere nemico; avversione, ostilità: — *tra famiglie.*

inimitabile [i-ni-mi-tà-bi-le] *agg.* che non si può imitare, che non si può uguagliare: *un artista* —.

inimmaginabile [i-nim-ma-gi-nà-bi-le] *agg.* che non si può immaginare, che supera ogni immaginazione: *una bellezza* —.

ininfiammabile [i-nin-fiam-mà-bi-le] *agg.* non infiammabile: *materiale* —.

ininfluente [i-nin-flu-èn-te] *agg.* che non ha influenza: *un particolare* —.

inintelligibile [i-nin-tel-li-gì-bi-le] *agg.* che non si può comprendere: *scrittura* —, che non si riesce a decifrare.

ininterrotto [i-nin-ter-rót-to] *agg.* che procede senza interruzione; incessante: *un — viavai di persone* □ **ininterrottamente** *avv.*

iniquità [i-ni-qui-tà] *s.f.* **1** l'essere iniquo: *l'— di un provvedimento* **2** parola, atto iniquo: *commettere un'—.*

iniquo [i-nì-quo] *agg.* **1** che è contrario all'equità; ingiusto: *una sentenza iniqua* **2** (*estens.*) scellerato: *intenzioni inique* □ **iniquamente** *avv.*

iniziabile [i-ni-zià-bi-le] *agg.* che si può iniziare.

iniziale [i-ni-zià-le] *agg.* che si trova all'inizio, che costituisce l'inizio: *capitolo* — ♦ *s.f.* la lettera con cui si inizia una parola: — *minuscola, maiuscola* | *le iniziali*, le lettere con cui cominciano il nome e il cognome: *firmare con le sole iniziali* □ **inizialmente** *avv.* all'inizio, da principio.

inizializzazione [i-ni-zia-liʒ-ʒa-zió-ne] *s.f.* (*inform.*) l'insieme delle operazioni con cui si pone un programma nella condizione di poter iniziare l'elaborazione dei dati.

iniziare [i-ni-zià-re] *v.tr.* [*io inìzio ecc.*] **1** dare inizio a qlco.; intraprendere un'attività: — *un lavoro* **2** ammettere in un'associazione segreta o di tipo religioso attraverso particolari riti: — *alla massoneria* | (*estens.*) avviare a una disciplina, a una carriera: — *un allievo allo studio dei classici* ♦ *v.intr.* [aus. *essere*] avere inizio: *lo spettacolo inizia alle 21.*

iniziatico [i-ni-zià-ti-co] *agg.* [pl.m. *-ci*] **1** che concerne un'iniziazione, gli iniziati: *cerimonia iniziatica* **2** (*estens.*) oscuro, comprensibile solo agli iniziati: *linguaggio* —.

iniziativa [i-ni-zia-tì-va] *s.f.* **1** atto volontario per cui si dà inizio a qlco.: *assumere un'—* | ciò che si intraprende: — *culturale* **2** intraprendenza: *spirito d'—.*

iniziato [i-ni-zià-to] *s.m.* [f. *-a*] chi, attraverso particolari riti o pratiche, è ammesso a un culto o a un'associazione segreta: *gli iniziati alla massoneria.*

iniziatore [i-ni-zia-tó-re] *agg.* e *s.m.* [f. *-trice*] che/chi inizia; promotore: *l'— di un movimento.*

iniziazione [i-ni-zia-zió-ne] *s.f.* cerimonia con cui si inizia qualcuno a un culto, a un'associazione segreta | (*estens.*) avviamento a una disciplina, a un'attività: — *alla vita politica.*

inizio [i-nì-zio] *s.m.* **1** atto con cui si comincia; principio | *all'—, agli inizi*, da principio **2** la prima fase di qlco. che abbia uno svolgimento: *l'— della primavera.*

in loco [/ in'lɔko /] *loc.avv.* (*lat.*) nello stesso luogo, sul posto: *il ferito fu medicato* —.

innaffiare e *deriv.* → **annaffiare** e *deriv.*

innalzamento [in-nal-za-mén-to] *s.m.* l'innalzare, l'innalzarsi, l'essere innalzato.

innalzare [in-nal-zà-re] *v.tr.* **1** portare o rivolgere verso l'alto (anche *fig.*): — *gli occhi al cielo, la mente a Dio* **2** edificare: — *un monumento* **3** aumentare, far salire: *l'alta marea innalza il livello delle acque* **4** (*fig.*) elevare di grado, di condizione: — *al trono* ♦ **innalzarsi** *v.rifl.* o *intr.pron.* **1** alzarsi, spostarsi verso l'alto | ergersi: *montagne che s'innalzano al cielo* **2** (*fig.*) elevarsi di grado, di condizione: — *al di sopra della massa.*

innamoramento [in-na-mo-ra-mén-to] *s.m.* l'innamorarsi, l'essere innamorato.

innamorare [in-na-mo-rà-re] *v.tr.* [*io innamóro ecc.*] **1** (*non com.*) accendere d'amore: *lo innamorò con la sua bellezza* | *far* —, far sorgere in altri l'amore **2** (*estens.*) affascinare, incantare (anche *assol.*): *una musica che innamora* ♦ **innamorarsi** *v.intr.pron.* **1** essere preso da amore per qlcu.: *s'innamorò di lei* **2** (*estens.*) accendersi di desiderio, di entusiasmo per qlco.: — *della campagna* ♦ *v.rifl.rec.* sentire amore l'uno per l'altro: — *a prima vista.*

innamorato [in-na-mo-rà-to] *agg.* **1** preso d'amore: *essere* — **2** (*estens.*) pieno di entusiasmo per qlco.: — *della musica* ♦ *s.m.* [f. *-a*] chi prova amore per qlcu.; fidanzato: *uscire con l'—.*

innanzi [in-nàn-zi] *avv.* (*non com.*) avanti | *d'ora* —, poi, in seguito | — *che*, prima che: — *che tu parta devo parlarti* ♦ *prep.* **1** davanti a, in presenza di: *l'ho sempre — agli occhi*; *camminava — a lui*; *comparire — al giudice* **2** prima di: — *tutto* ♦ *agg.invar.* antecedente, che precede nel tempo: *il giorno* —.

innato [in-nà-to] *agg.* **1** che si ha per natura, indipendentemente dall'esperienza; non acquisito: *facoltà innata* **2** (*estens.*) spontaneo: *un'innata generosità.*

innaturale [in-na-tu-rà-le] *agg.* privo di naturalezza: *una recitazione* — □ **innaturalmente** *avv.*

innegabile [in-ne-gà-bi-le] *agg.* che non si può negare: *verità* — | *essere* —, essere evidente.

inneggiare [in-neg-già-re] *v.intr.* [*io innéggio ecc.*; aus. *avere*] celebrare, esaltare: — *alla pace.*

innegoziabile [in-ne-go-zià-bi-le] *agg.* che è escluso da qualsiasi negoziazione: *condizione* —.

innervare [in-ner-và-re] *v.tr.* [*io innèrvo ecc.*] **1** (*anat.*) detto dei nervi, diramarsi in una determinata parte del corpo: *il trigemino innerva il vi-*

so **2** (*fig.*) animare, vivificare, irrobustire: *un discorso innervato da idee originali.*

innervosire [in-ner-vo-sì-re] *v.tr.* [*io innervosisco, tu innervosisci ecc.*] rendere nervoso, irritare: *l'attesa lo innervosisce* ♦ **innervosirsi** *v.intr.pron.* diventare nervoso, irritarsi.

innescamento [in-ne-sca-mén-to] *s.m.* operazione dell'innescare.

innescare [in-ne-scà-re] *v.tr.* [*io innésco, tu innéschi ecc.*] **1** mettere l'esca all'amo **2** applicare l'innesco a una carica esplosiva **3** (*fig.*) iniziare, provocare un'azione eclatante: — *la rivolta* ♦ **innescarsi** *v.intr.pron.* detto di un fenomeno, di un processo, prendere l'avvio.

innesco [in-né-sco] *s.m.* [pl.m. *-schi*] **1** dispositivo che dà inizio all'esplosione di una carica; detonatore: — *elettrico* **2** (*fig.*) fatto, circostanza che da l'avvio a un'azione eclatante.

innestare [in-ne-stà-re] *v.tr.* [*io innèsto ecc.*] **1** (*agr.*) inserire su una pianta un ramoscello prelevato da un'altra pianta:— *un limone* **2** (*med.*) trapiantare una parte di tessuto od organo da un organismo a un altro o sullo stesso organismo **3** (*mecc.*) inserire un elemento in un altro in modo da renderli solidali o da stabilire un contatto: — *la marcia* **4** (*fig.*) inserire, introdurre ♦ **innestarsi** *v.intr.pron.* introdursi, inserirsi.

innestatoio [in-ne-sta-tó-io] *s.m.* (*agr.*) coltello per innestare.

innestatura [in-ne-sta-tù-ra] *s.f.* (*agr.*) l'operazione e il modo dell'innestare | il punto in cui viene praticato l'innesto.

innesto [in-nè-sto] *s.m.* **1** l'innestare, l'essere innestato: *l'— di una pianta* **2** ciò che viene innestato: *proteggere l'— dal gelo* **3** (*fig.*) congiunzione, inserimento.

innevamento [in-ne-va-mén-to] *s.m.* la presenza, la quantità di neve che si trova in una data zona in un determinato periodo | — *artificiale*, effettuato producendo la neve con apposite apparecchiature.

innevare [in-ne-và-re] *v.tr.* [*io innévo ecc.*] coprire di neve: — *una pista* ♦ **innevarsi** *v.intr.pron.* coprirsi di neve.

innevato [in-ne-và-to] *agg.* coperto di neve: *montagne innevate.*

inno [ìn-no] *s.m.* **1** nella letteratura antica, componimento poetico celebrativo: *gli inni omerici* | nel culto cristiano, canto di lode a Dio o ai santi | nelle letterature moderne, componimento lirico di ispirazione religiosa o civile: *l'— di Mameli* **2** (*fig.*) discorso o scritto celebrativo: *le sue parole erano un — alla pace.*

innocente [in-no-cèn-te] *agg.* **1** che non ha commesso ciò di cui è accusato: *dichiararsi —* **2** che è senza esperienza del male: *una fanciulla —* **3** che è fatto senza malizia: *uno scherzo —* ♦ *s.m.* e *f.* chi non è colpevole: *accusare un —* □ **innocentemente** *avv.*

innocentino [in-no-cen-tì-no] *s.m.* [f. *-a*] chi finge innocenza mascherando malizia: *fare l'—.*

innocentista [in-no-cen-tì-sta] *s.m.* e *f.* [pl.m. *-sti*] chi, nelle discussioni nate intorno a un processo, è sostenitore dell'innocenza dell'imputato (si contrappone a *colpevolista*).

innocenza [in-no-cèn-za] *s.f.* **1** l'essere innocente; purezza, ingenuità: *l'— di un bambino* **2** il non aver commesso ciò di cui si è accusati: *dimostrare l'— di un imputato.*

innocuità [in-no-cu-i-tà] *s.f.* l'essere innocuo.

innocuo [in-nò-cu-o] *agg.* che non nuoce; inoffensivo: *scherzi innocui.*

innominabile [in-no-mi-nà-bi-le] *agg.* che per riguardo alla decenza o alla superstizione non si può nominare: *un vizio —.*

innominato [in-no-mi-nà-to] *agg.* e *s.m.* [f. *-a*] si dice di persona di cui non si vuol dire o si ignora il nome.

innovamento [in-no-va-mén-to] *s.m.* innovazione.

innovare [in-no-và-re] *v.tr.* [*io innòvo ecc.*] mutare un sistema introducendo qlco. di nuovo: — *un ordinamento.*

innovativo [in-no-va-tì-vo] *agg.* che tende a innovare, che presenta innovazioni: *programma —.*

innovatore [in-no-va-tó-re] *agg.* e *s.m.* [f. *-trice*] che/chi innova o tende a innovare.

innovazione [in-no-va-zió-ne] *s.f.* l'innovare; novità: *introdurre un'—.*

in nuce [/ in' nutʃe /] *loc.agg.invar.* (*lat.*) **1** che è esposto negli elementi essenziali **2** allo stadio embrionale: *fenomeno —.*

innumerabile [in-nu-me-rà-bi-le] *agg.* (*lett.*) non numerabile; innumerevole.

innumere [in-nù-me-re] *agg.* (*lett.*) senza numero, innumerevole.

innumerevole [in-nu-me-ré-vo-le] *agg.* numerosissimo: *una folla —* □ **innumerevolmente** *avv.*

-ino suffisso di aggettivi e di sostantivi che può avere valore diminutivo e vezzeggiativo (*nastrino, piccolino*), o anche stabilire una relazione (*marino, postino*).

inoccultabile [i-noc-cul-tà-bi-le] *agg.* che non può essere occultato.

inoculare [i-no-cu-là-re] *v.tr.* [*io inòculo ecc.*] **1** (*med.*) introdurre una sostanza nell'organismo mediante iniezione o incisione della pelle: — *un siero* **2** (*fig.*) insinuare, istillare: — *i germi del sospetto.*

inoculazione [i-no-cu-la-zió-ne] *s.f.* l'inoculare, l'essere inoculato.

inodore [i-no-dó-re], o **inodoro**, *agg.* che non ha odore: *liquido —.*

inoffensivo [i-nof-fen-sì-vo] *agg.* che non può fare del male; innocuo: *un cane —.*

inoltrare [i-nol-trà-re] *v.tr.* [*io inóltro ecc.*] (*burocr.*) inviare a destinazione; trasmettere: — *domanda* ♦ **inoltrarsi** *v.rifl.* avanzare, addentrarsi: — *nel bosco.*

inoltrato [i-nol-trà-to] *agg.* **1** (*burocr.*) avviato, trasmesso: *pratica inoltrata* **2** avanzato: *raggiunsero Roma a inverno —.*

inoltre [i-nól-tre] *avv.* per di più, in aggiunta: *è un luogo bellissimo, e — tranquillo.*
inoltro [i-nól-tro] *s.m.* (*burocr.*) l'inoltrare: *l'— di una domanda.*
inondare [i-non-dà-re] *v.tr.* [*io inóndo ecc.*] **1** allagare; sommergere: *il fiume ha inondato i campi* **2** (*lett.*) bagnare copiosamente: *le lacrime gli inondavano il viso* **3** (*fig.*) invadere; diffondersi: *un prodotto che ha inondato il mercato.*
inondazione [i-non-da-zió-ne] *s.f.* **1** l'inondare, l'essere inondato; allagamento **2** (*fig.*) invasione: *un'— di prodotti stranieri.*
inoperabile [i-no-pe-rà-bi-le] *agg.* (*med.*) si dice di malattia o di malato non curabile chirurgicamente: *tumore —.*
inoperante [i-no-pe-ràn-te] *agg.* non operante; privo di efficacia o validità: *legge —.*
inoperosità [i-no-pe-ro-si-tà] *s.f.* l'essere inoperoso; inattività.
inoperoso [i-no-pe-ró-so] *agg.* che non è operoso; inattivo: *restare —.*
inopia [i-nò-pia] *s.f.* (*lett.*) povertà, indigenza.
inopinabile [i-no-pi-nà-bi-le] *agg.* (*lett.*) inimmaginabile; imprevedibile.
inopinato [i-no-pi-nà-to] *agg.* (*lett.*) improvviso, inatteso: *evento —* □ **inopinatamente** *avv.*
inopportunità [i-nop-por-tu-ni-tà] *s.f.* l'essere inopportuno.
inopportuno [i-nop-por-tù-no] *agg.* non opportuno, inadatto: *domanda inopportuna* | che non ha il senso dell'opportunità: *persona inopportuna* □ **inopportunamente** *avv.*
inoppugnabile [i-nop-pu-gnà-bi-le] *agg.* **1** che non si può controbattere, indiscutibile: *prova —* **2** (*dir.*) che non può essere impugnato: *sentenza —.*
inoppugnabilità [i-nop-pu-gna-bi-li-tà] *s.f.* l'essere inoppugnabile: *— di un giudizio.*
inorganicità [i-nor-ga-ni-ci-tà] *s.f.* l'essere inorganico; mancanza di organicità.
inorganico [i-nor-gà-ni-co] *agg.* [pl.m. *-ci*] **1** non organico; che appartiene o si riferisce al mondo minerale: *sostanza inorganica* **2** (*fig.*) privo di organicità, di coerenza: *un progetto —.*
inorgoglire [i-nor-go-glì-re] *v.tr.* [*io inorgoglisco, tu inorgoglisci ecc.*] riempire di orgoglio: *il successo lo ha inorgoglito* ♦ **inorgoglirsi** *v.intr.pron.* divenire orgoglioso: *— per la vittoria.*
inorridire [i-nor-ri-dì-re] *v.tr.* [*io inorridisco, tu inorridisci ecc.*] far provare orrore: *un racconto che fa —* ♦ *v.intr.* [aus. *essere*] provare orrore: *a quella vista inorridì.*
inosabile [i-no-ʃà-bi-le] *agg.* (*lett.*) che non si può o non si deve osare: *un'impresa —* ♦ *s.m.* ciò che non è osabile: *osare l'—.*
inospitale [i-no-spi-tà-le] *agg.* **1** non ospitale; scortese con gli ospiti: *gente —* **2** non confortevole; non adatto ad essere abitato: *una regione —.*
inospitalità [i-no-spi-ta-li-tà] *s.f.* l'essere inospitale.
inosservabile [i-nos-ser-và-bi-le] *agg.* che non si può adempiere, rispettare: *una norma —.*
inosservante [i-nos-ser-vàn-te] *agg.* che non rispetta prescrizioni morali, religiose o di legge: *essere — delle regole.*
inosservanza [i-nos-ser-vàn-za] *s.f.* l'essere inosservante; mancato rispetto: *l'— del contratto.*
inosservato [i-nos-ser-và-to] *agg.* **1** che sfugge all'osservazione, all'attenzione altrui: *passare —* **2** non rispettato: *una norma inosservata.*
inossidabile [i-nos-si-dà-bi-le] *agg.* che non si ossida: *acciaio —.*
inossidabilità [i-nos-si-da-bi-li-tà] *s.f.* l'essere inossidabile.
inox [i-nox; / 'inoks /] *agg.invar.* **1** inossidabile: *acciaio —* **2** fatto con acciaio inossidabile: *posate —.*
in pectore [/ im'pɛktore /] *loc.agg.invar.* (*lat.*) si dice di persona che si prevede rivestirà un dato incarico, prima della designazione ufficiale.
in primis [/ im'primis /] *loc.avv.* (*lat.*) in primo luogo, per prima cosa.
in progress [/ in'prəgres /] *loc.agg.invar.* (*ingl.*) in corso di esecuzione, in via di elaborazione: *un lavoro —.*
input [/ 'input /] *s.m.invar.* (*ingl.*) **1** (*inform.*) introduzione di dati in un elaboratore elettronico; l'insieme dei dati introdotti **2** (*estens.*) avvio, inizio: *dare l'— a un'iniziativa.*
inquadramento [in-qua-dra-mén-to] *s.m.* l'inquadrare, l'essere inquadrato.
inquadrare [in-qua-drà-re] *v.tr.* **1** (*non com.*) mettere in cornice: *— un dipinto* **2** (*fig.*) valutare qlco. collocandola nel proprio contesto: *— un periodo storico* **3** disporre nei quadri, ordinare in reparti: *— le reclute* | (*estens.*) collocare in una determinata posizione amministrativa: *— come impiegato* **4** (*foto., cine.*) riprendere un soggetto entro il campo visivo della macchina da presa: *— una scena* ♦ **inquadrarsi** *v.intr.pron.* collocarsi, inserirsi all'interno di un contesto più ampio: *un provvedimento che si inquadra in una strategia più generale.*
inquadratura [in-qua-dra-tù-ra] *s.f.* immagine fotografica o cinematografica: *un'— suggestiva.*
inqualificabile [in-qua-li-fi-cà-bi-le] *agg.* **1** che non presenta i requisiti prescritti per poter essere qualificato: *una prova — per vizio di forma* **2** (*fig.*) tanto riprovevole da non poter essere qualificato: *un contegno —* □ **inqualificabilmente** *avv.* in modo totalmente riprovevole.
inquartato [in-quar-tà-to] *agg.* e *s.m.* (*arald.*) si dice di scudo diviso in quattro parti uguali da due linee incrociate.
inquietante [in-quie-tàn-te] *agg.* che provoca inquietudine; preoccupante: *una prospettiva —.*
inquietare [in-quie-tà-re] *v.tr.* [*io inquièto ecc.*] rendere inquieto; preoccupare: *pensieri che inquietano l'animo* ♦ **inquietarsi** *v.intr.pron.* (*non com.*) irritarsi, spazientirsi: *si inquieta per un nonnulla.*
inquieto [in-quiè-to] *agg.* **1** non tranquillo, irre-

quieto: *gioventù inquieta* **2** preoccupato: *era — per il loro silenzio* **3** crucciato, risentito.
inquietudine [in-quie-tù-di-ne] *s.f.* lo stato d'animo di chi è inquieto; apprensione: *destare —* | ciò che rende inquieto: *avere molte inquietudini.*
inquilino [in-qui-lì-no] *s.m.* [f. *-a*] chi abita una casa altrui corrispondendo un canone al proprietario.
inquinamento [in-qui-na-mén-to] *s.m.* **1** immissione nell'ambiente di sostanze che alterano l'equilibrio ecologico, danneggiando gli organismi viventi: *— atmosferico* **2** (*fig.*) contaminazione, corruzione: *— delle coscienze* | *— delle prove,* (*dir.*) alterazione fraudolenta dei mezzi di prova giudiziaria.
inquinante [in-qui-nàn-te] *agg.* e *s.m.* si dice di ciò che produce inquinamento: *sostanza —.*
inquinare [in-qui-nà-re] *v.tr.* **1** produrre inquinamento: *— l'aria, le acque* **2** (*fig.*) contaminare, corrompere: *dottrine che inquinano le coscienze.*
inquirente [in-qui-rèn-te] *agg.* e *s.m.* e *f.* (*dir.*) che/chi conduce un'investigazione, un'inchiesta giudiziaria: *magistrato —.*
inquisibile [in-qui-ʃì-bi-le] *agg.* (*dir.*) che si può inquisire.
inquisire [in-qui-ʃì-re] *v.tr.* e *intr.* [*io inquiʃisco, tu inquiʃisci ecc.*; aus. dell'intr. *avere*] sottoporre a indagine per raggiungere la verità su fatti o persone; indagare: *— una persona*; *— su una vicenda oscura.*
inquisitivo [in-qui-ʃi-tì-vo] *agg.* che serve, che tende a inquisire: *procedimento —.*
inquisitore [in-qui-ʃi-tó-re] *agg.* [f. *-trice*] che inquisisce: *sguardo —* ♦ *s.m.* chi inquisisce.
inquisitorio [in-qui-ʃi-tò-rio] *agg.* **1** relativo all'inquisizione: *attività inquisitoria* **2** da inquisitore: *tono —.*
inquisizione [in-qui-ʃi-zió-ne] *s.f.* **1** (*st.*) l'organizzazione giudiziaria della Chiesa cattolica per la repressione e la prevenzione delle eresie **2** (*estens.*) indagine, interrogatorio condotti con metodi autoritari e pressioni psicologiche.
insabbiamento [in-sab-bia-mén-to] *s.m.* l'insabbiare, l'insabbiarsi, l'essere insabbiato (spec. *fig.*): *l'— di una pratica.*
insabbiare [in-sab-bià-re] *v.tr.* [*io insàbbio ecc.*] **1** coprire di sabbia **2** (*fig.*) non far procedere; arrestare nel corso del suo svolgimento: *— un'inchiesta* | occultare, nascondere: *— uno scandalo* ♦ **insabbiarsi** *v.rifl.* o *intr.pron.* **1** coprirsi di sabbia, immergersi nella sabbia **2** riferito a un porto, diventare inagibile per l'accumularsi di sabbia sul fondo **3** arenarsi nella sabbia: *il battello si è insabbiato* **4** (*fig.*) non procedere, bloccarsi: *l'iter della pratica si è insabbiato.*
insabbiatura [in-sab-bia-tù-ra] *s.f.* sabbiatura terapeutica.
insaccamento [in-sac-ca-mén-to] *s.m.* l'insaccare, l'essere insaccato.
insaccare [in-sac-cà-re] *v.tr.* [*io insacco, tu insacchi ecc.*] **1** mettere in sacchi: *— il grano* **2** (*estens.*) mettere in un budello la carne di maiale tritata per farne salsicce o salumi.
insaccato [in-sac-cà-to] *s.m.* (spec. *pl.*) salsiccia; salume: *antipasto di insaccati misti.*
insaccatrice [in-sac-ca-trì-ce] *s.f.* macchina per insaccare automaticamente materiali e prodotti vari (*p.e.* farina, cemento, salumi).
insaccatura [in-sac-ca-tù-ra] *s.f.* l'operazione dell'insaccare.
insacchettare [in-sac-chet-tà-re] *v.tr.* [*io insacchétto ecc.*] confezionare in sacchetti.
insacchettatrice [in-sac-chet-ta-trì-ce] *s.f.* macchina per insacchettare.
insalata [in-sa-là-ta] *s.f.* **1** piatto di verdure crude condite con olio, aceto (o limone) e sale: *— mista, di pomodori* | *in —*, si dice di verdure condite in tale modo: *zucchine in —.* DIM. *insalatina* **2** nome generico di varie verdure che si mangiano condite in insalata: *lavare l'—* **3** (*estens.*) piatto freddo costituito da una mescolanza di verdure e carni condite in insalata con eventuale aggiunta di salse: *— di riso, di pollo*; *— russa,* a base di verdure cotte e maionese.
insalatiera [in-sa-la-tiè-ra] *s.f.* recipiente in cui si serve l'insalata.
insalivare [in-sa-li-và-re] *v.tr.* inumidire con la saliva: *insalivarsi le labbra.*
insalivazione [in-sa-li-va-zió-ne] *s.f.* l'azione con cui i cibi, durante la masticazione, vengono inumiditi dalla saliva.
insalubre [in-sa-lù-bre] *agg.* (*lett.*) nocivo alla salute; malsano: *clima —.*
insalubrità [in-sa-lu-bri-tà] *s.f.* (*lett.*) l'essere insalubre: *l'— dell'aria.*
insalutato [in-sa-lu-tà-to] *agg.* (*lett.*) non salutato | *partire — ospite,* (*scherz.*) andarsene senza salutare, alla chetichella.
insanabile [in-sa-nà-bi-le] *agg.* che non si può sanare; inguaribile: *male —* | (*fig.*) per cui non c'è rimedio: *contrasto —* □ **insanabilmente** *avv.*
insanabilità [in-sa-na-bi-li-tà] *s.f.* l'essere insanabile: *l'— di un contrasto.*
insanguinare [in-san-gui-nà-re] *v.tr.* [*io insànguino ecc.*] **1** bagnare, sporcare di sangue: *— i vestiti* | *insanguinarsi le mani,* (*fig.*) rendersi responsabile di un omicidio **2** (*fig.*) funestare con episodi cruenti: *la guerra insanguinò il paese* ♦ **insanguinarsi** *v.rifl.* bagnarsi, sporcarsi di sangue.
insania [in-sà-nia] *s.f.* (*lett.*) **1** stato di chi è malato di mente; pazzia **2** atto da pazzo: *commettere un'—.*
insano [in-sà-no] *agg.* causato da follia; irragionevole, inconsulto: *un gesto —.*
insaponare [in-sa-po-nà-re] *v.tr.* [*io insapóno ecc.*] strofinare con il sapone; coprire con schiuma di sapone: *— il bucato* ♦ **insaponarsi** *v.rifl.* strofinarsi con il sapone, cospargersi di schiuma di sapone.
insaponata [in-sa-po-nà-ta] *s.f.* rapida insaponatura: *darsi un'—.*
insaponatura [in-sa-po-na-tù-ra] *s.f.* l'operazione dell'insaponare, dell'insaponarsi.

insapore [in-sa-pó-re], o insaporo, *agg.* che non ha sapore: *l'acqua è —.*
insaporire [in-sa-po-rì-re] *v.tr.* [*io insaporisco, tu insaporisci ecc.*] dare sapore, rendere saporito: *— una salsa* ♦ **insaporirsi** *v.intr.pron.* divenire saporito.
insaporo → **insapore.**
insaputa [in-sa-pù-ta] *s.f.* solo nella loc. avv. *all'—*, senza che qlcu. lo sappia; di nascosto: *fare qlco. all'— di tutti.*
insaturo [in-sà-tu-ro] *agg.* (*chim.*) non saturo: *soluzione insatura.*
insaziabile [in-sa-zià-bi-le] *agg.* **1** che non si sazia mai: *fame —* **2** (*fig.*) che non si può soddisfare: *desiderio —* □ **insaziabilmente** *avv.* senza saziarsi mai: *mangiare —.*
insaziabilità [in-sa-zia-bi-li-tà] *s.f.* l'essere insaziabile.
inscatolamento [in-sca-to-la-mén-to] *s.m.* l'inscatolare, l'essere inscatolato: *— delle sardine.*
inscatolare [in-sca-to-là-re] *v.tr.* [*io inscàtolo ecc.*] mettere in scatola: *— la merce.*
inscatolatrice [in-sca-to-la-trì-ce] *s.f.* macchina che serve a inscatolare automaticamente prodotti vari.
inscenare [in-sce-nà-re] *v.tr.* [*io inscèno ecc.*] **1** mettere in scena, allestire: *— uno spettacolo* **2** (*fig.*) simulare: *— un furto* | preparare, organizzare: *— una manifestazione.*
inscindibile [in-scin-dì-bi-le] *agg.* che non si può scindere, separare: *vincolo —.*
inscindibilità [in-scin-di-bi-li-tà] *s.f.* l'essere inscindibile.
inscrittibile [in-scrit-tì-bi-le] *agg.* (*geom.*) che può essere inscritto: *poligono — in una circonferenza.*
inscrivere [in-scrì-ve-re] *v.tr.* [coniugato come *scrivere*] (*geom.*) tracciare un poligono dentro una circonferenza il quale abbia i vertici su di essa (*poligono inscritto*) o una circonferenza dentro un poligono in modo che sia tangente ai suoi lati (*circonferenza inscritta*) ♦ **inscriversi** *v.intr.pron.* inserirsi, collocarsi: *fatti che si inscrivono in tempi lontani.*
inscrivibile [in-scri-vì-bi-le] *agg.* (*geom.*) inscrittibile.
inscrizione [in-scri-zió-ne] *s.f.* (*geom.*) l'inscrivere, l'essere inscritto.
inscurire [in-scu-rì-re] *v.tr.* [*io inscurisco, tu inscurisci ecc.*] rendere più scuro: *— una tinta* ♦ *v.intr.* [aus. *essere*], **inscurirsi** *v.intr.pron.* diventare più scuro: *al sole la pelle s'inscurisce.*
insecchire [in-sec-chì-re] *v.tr.* [*io insecchisco, tu insecchisci ecc.*] rendere secco: *la siccità insecchisce le piante* ♦ **insecchirsi** *v.intr.pron.* diventare secco.
insediamento [in-se-dia-mén-to] *s.m.* l'insediare, l'insediarsi, l'essere insediato: *— in una carica* | sede di stanziamento: *— preistorico.*
insediare [in-se-dià-re] *v.tr.* [*io insèdio ecc.*] investire ufficialmente di una carica ♦ **insediarsi** *v.intr.pron.* **1** prendere possesso ufficialmente di una carica **2** stanziarsi in un luogo: *gli Arabi si insediarono in Sicilia.*
insegna [in-sé-gna] *s.f.* **1** contrassegno che indica una qualità, un grado, una dignità: *insegne regali* **2** stemma, simbolo: *l'— di Firenze è il giglio* | *all'— di*, (*fig.*) in modo conforme a: *una riunione all'— dell'amicizia* **3** cartello, scritta all'esterno di negozi, alberghi ecc.: *— luminosa.*
insegnamento [in-se-gna-mén-to] *s.m.* **1** l'attività, la professione dell'insegnare: *l'— della matematica; metodi d'—* **2** ciò che viene insegnato: *l'— paterno.*
insegnante [in-se-gnàn-te] *s.m.* e *f.* chi insegna; professore, maestro: *— di lettere.*
insegnare [in-se-gnà-re] *v.tr.* [*io inségno ecc.*] **1** fare apprendere una disciplina o un'arte: *— musica; — a guidare* | (*assol.*) esercitare la professione d'insegnante: *— in un liceo* **2** addestrare a ripetere determinati gesti: *— un gioco* **3** dare ammaestramenti sul modo di comportarsi: *— ad amare la natura* **4** mostrare, indicare: *— la strada.*
inseguimento [in-se-gui-mén-to] *s.m.* **1** l'inseguire, l'essere inseguito: *lanciarsi all'— di qlcu.* **2** (*sport*) gara ciclistica su pista fra corridori che partono distanziati.
inseguire [in-se-guì-re] *v.tr.* [*io inséguo ecc.*] **1** correre dietro a qlcu. che fugge per raggiungerlo: *— un ladro* **2** (*fig.*) cercare di ottenere: *— il successo* ♦ **inseguirsi** *v.rifl.rec.* **1** rincorrersi: *i bambini giocano a —* **2** (*fig.*) susseguirsi a breve distanza: *le notizie si inseguono.*
inseguitore [in-se-gui-tó-re] *agg.* [f. *-trice*] che insegue: *il gruppo —* ♦ *s.m.* chi insegue: *sfuggire agli inseguitori.*
insellare [in-sel-là-re] *v.tr.* [*io insèllo ecc.*] curvare a forma di sella: *— un ponte* ♦ **insellarsi** *v.intr.pron.* curvarsi a forma di sella.
inselvatichirsi [in-sel-va-ti-chìr-si] *v.intr.pron.* [*io mi inselvatichisco, tu ti inselvatichisci ecc.*] tornare allo stato selvatico | (*fig.*) diventare poco socievole.
inseminare [in-se-mi-nà-re] *v.tr.* [*io insémino ecc.*] sottoporre a inseminazione.
inseminazione [in-se-mi-na-zió-ne] *s.f.* (*biol.*) introduzione del seme maschile negli organi genitali femminili per ottenere la fecondazione dell'ovulo.
insenatura [in-se-na-tù-ra] *s.f.* piccola rientranza della costa o delle sponde di un fiume.
insensatezza [in-sen-sa-téz-za] *s.f.* l'essere insensato | azione, discorso da insensato: *dire insensatezze.*
insensato [in-sen-sà-to] *agg.* **1** che non ha buon senso; irragionevole: *un ragazzo —* **2** prodotto da mancanza di buon senso: *modo di agire —* **3** privo di senso, di significato: *parole insensate* ♦ *s.m.* [f. *-a*] chi è privo di buon senso: *agire da —* □ **insensatamente** *avv.*
insensibile [in-sen-sì-bi-le] *agg.* **1** tanto piccolo che non può essere percepito dai sensi; impercettibile: *una — differenza di colore* **2** che non av-

verte sensazioni fisiche o sentimenti: *essere — al dolore* ♦ *s.m.* e *f.* persona priva di sentimenti □ **insensibilmente** *avv.*
insensibilità [in-sen-si-bi-li-tà] *s.f.* l'essere insensibile; mancanza di sensibilità: *— per le sofferenze altrui.*
inseparabile [in-se-pa-rà-bi-le] *agg.* che non si può separare; inscindibile | *amici inseparabili,* che stanno sempre insieme.
inseparabilità [in-se-pa-ra-bi-li-tà] *s.f.* l'essere inseparabile.
insepolto [in-se-pól-to] *agg.* che non è stato sepolto: *cadavere —.*
inserimento [in-se-ri-mén-to] *s.m.* l'inserire, l'inserirsi, l'essere inserito.
inserire [in-se-rì-re] *v.tr.* [*io inserisco, tu inserisci ecc.*] mettere una cosa dentro un'altra o fra altre; introdurre: *— un biglietto nella busta* | includere: *— una clausola in un contratto* ♦ **inserirsi** *v. intr.pron.* introdursi, entrare a far parte: *— in una conversazione* | integrarsi in un determinato ambiente: *a scuola non riesce a —.*
inserito [in-se-rì-to] *agg.* si dice di persona che è ben integrata in un ambiente: *essere ben — in città.*
inserto [in-sèr-to] *s.m.* **1** tavola illustrativa, foglio o fascicoletto aggiunti a una pubblicazione: *— illustrato, a colori* | breve filmato inserito in un film: *— pubblicitario* **2** pezzo di tessuto inserito in un altro a scopo ornamentale; intarsio.
inservibile [in-ser-vì-bi-le] *agg.* di cui non ci si può servire; inutilizzabile: *un arnese —.*
inserviente [in-ser-vièn-te] *s.m.* e *f.* persona addetta a servizi pesanti in alberghi, ospedali ecc.
inserzione [in-ser-zió-ne] *s.f.* **1** l'inserire, l'essere inserito: *l'— di un nome in un elenco* **2** annuncio pubblicitario o economico in un giornale o in un periodico: *pubblicare un'—.*
inserzionista [in-ser-zio-nì-sta] *agg.* e *s.m.* e *f.* [pl.m. *-sti*] che/chi fa pubblicare un'inserzione.
inserzionistico [in-ser-zio-nì-sti-co] *agg.* [pl.m. *-ci*] che riguarda le inserzioni su giornali o periodici.
insettario [in-set-tà-rio] *s.m.* luogo attrezzato per allevare insetti a scopo scientifico o di esposizione al pubblico.
insetti [in-sèt-ti] *s.m.pl.* (*zool.*) classe di artropodi dal corpo diviso in capo, torace e addome, con sei zampe e due antenne, quasi sempre fornito di uno o due paia di ali.
insetticida [in-set-ti-cì-da] *agg.* e *s.m.* [pl.m. *-di*] si dice di prodotto usato per uccidere gli insetti: *polvere —.*
insettifugo [in-set-tì-fu-go] *agg.* e *s.m.* [pl.m. *-ghi*] si dice di sostanza capace di allontanare gli insetti.
insettivori [in-set-tì-vo-ri] *s.m.pl.* (*zool.*) ordine di piccoli mammiferi che si nutrono prevalentemente di insetti.
insettivoro [in-set-tì-vo-ro] *agg.* che si nutre di insetti: *pianta insettivora.*
insetto [in-sèt-to] *s.m.* ogni artropode appartenente alla classe degli insetti.
insicurezza [in-si-cu-réz-za] *s.f.* mancanza di sicurezza nelle proprie capacità; difficoltà ad assumersi responsabilità: *senso d'—.*
insicuro [in-si-cù-ro] *agg.* **1** che manca di sicurezza, di fiducia in sé stesso: *un uomo —* | che rivela insicurezza: *una risposta insicura* **2** che non dà affidamento: *un rifugio —* ♦ *s.m.* [f. *-a*] persona insicura.
insidia [in-sì-dia] *s.f.* **1** inganno; tranello: *tendere un'—* **2** (*estens.*) pericolo nascosto: *le insidie del mare.*
insidiare [in-si-dià-re] *v.tr.* e *intr.* [*io insìdio ecc.*; aus. dell'intr. *avere*] tendere insidie: *— la* (o *alla*) *vita di qlcu.* | *— una ragazza,* tentare di sedurla.
insidioso [in-si-dió-so] *agg.* che nasconde un'insidia: *domanda insidiosa* | che tende insidie: *un nemico —* □ **insidiosamente** *avv.*
insieme [in-siè-me] *avv.* **1** indica compagnia, unione: *cenare —*; *dormire —,* nella stessa stanza o nello stesso letto | *mettere —,* riunire, accumulare: *mettere — gli sforzi* | *cose che stanno bene —,* che si accordano | *— con, — a,* in compagnia di, in unione a: *era — a suo padre* **2** indica contemporaneità: *arrivare —*; *insieme a,* contemporaneamente **3** indica totalità: *riunirsi tutti —*; *agire tutti quanti —* **4** indica reciprocità: *obbligarsi — a rispettare un patto* ♦ *s.m.* **1** unione di più elementi; complesso: *un — di cose* **2** (*mat.*) serie di elementi considerati come un tutto unico: *teoria degli insiemi.*
insiemistica [in-sie-mì-sti-ca] *s.f.* (*mat.*) teoria basata sul concetto matematico di insieme.
insiemistico [in-sie-mì-sti-co] *agg.* [pl.m. *-ci*] che si riferisce a un insieme matematico o all'insiemistica.
insigne [in-sì-gne] *agg.* che si distingue per qualità eccezionali; illustre: *uomo, opera —.*
insignificante [in-si-gni-fi-càn-te] *agg.* **1** che ha poco significato; trascurabile: *un gesto —*; *una cifra —,* molto bassa **2** privo di personalità; banale: *un uomo —* | di scarso pregio: *un'opera —.*
insignificanza [in-si-gni-fi-càn-za] *s.f.* l'essere insignificante, non significativo.
insignire [in-si-gnì-re] *v.tr.* [*io insignisco, tu insignisci ecc.*] onorare con un titolo, un'onorificenza: *— del titolo di conte.*
insignorire [in-si-gno-rì-re] *v.tr.* [*io insignorisco, tu insignorisci ecc.*] (*lett.*) rendere signore di un territorio ♦ **insignorirsi** *v.intr.pron.* (*lett.*) impadronirsi.
insilare [in-si-là-re] *v.tr.* mettere in un silo, nei silos: *— il grano.*
insincerità [in-sin-ce-ri-tà] *s.f.* l'essere insincero; mancanza di sincerità.
insincero [in-sin-cè-ro] *agg.* non sincero; falso: *un uomo —*; *lodi insincere.*
insindacabile [in-sin-da-cà-bi-le] *agg.* che non può essere sindacato, contestato: *il giudizio della corte è —.*
insindacabilità [in-sin-da-ca-bi-li-tà] *s.f.* l'essere insindacabile: *l'— di una decisione.*

insinuante [in-si-nu-àn-te] *agg.* suadente, carezzevole: *maniere insinuanti.*

insinuare [in-si-nu-à-re] *v.tr.* [*io insìnuo ecc.*] **1** introdurre in un'apertura stretta: *insinuò la mano nella fenditura* **2** (*fig.*) far nascere con parole vaghe e allusive un dubbio, un sospetto: *— la diffidenza in qlcu.* | avanzare un'accusa in modo velato e indiretto: *vorresti — che sono stato io?* ♦ **insinuarsi** *v.rifl.* o *intr.pron.* **1** penetrare, introdursi, infiltrarsi (anche *fig.*): *il sospetto si insinuò nell'animo* **2** (*fig.*) entrare subdolamente: *— nelle grazie di qlcu.*

insinuazione [in-si-nu-a-zió-ne] *s.f.* **1** l'insinuare, l'insinuarsi **2** (*fig.*) accusa di colpe vere o presunte, espressa in forma di allusione maligna e subdola: *respingere un'—.*

insipidezza [in-si-pi-déz-za] *s.f.* **1** l'essere insipido: *l'— di un cibo* **2** frase, discorso insipido: *dire insipidezze.*

insipidità [in-si-pi-di-tà] *s.f.* insipidezza.

insipido [in-sì-pi-do] *agg.* **1** poco saporito; troppo poco salato: *cibo —* **2** (*fig.*) scialbo, banale: *un libro —.*

insipiente [in-si-pièn-te] *agg.* (*lett.*) ignorante, stolto: *un individuo —.*

insipienza [in-si-pièn-za] *s.f.* (*lett.*) l'essere insipiente.

insistente [in-si-stèn-te] *agg.* **1** che insiste nel chiedere, anche oltre i limiti della convenienza: *un corteggiatore —* **2** ripetuto con insistenza: *domande insistenti* | che dura a lungo, persistente: *una pioggerella —* □ **insistentemente** *avv.*

insistenza [in-si-stèn-za] *s.f.* **1** l'essere insistente; ostinazione: *chiedere qlco. con —* **2** richiesta insistente: *cedere alle insistenze.*

insistere [in-sì-ste-re] *v.intr.* [part.pass. *insistito*; aus. *avere*] **1** continuare in un'azione, anche a costo di arrecare molestia: *— in una ricerca, con una proposta* **2** star sopra, poggiare: *un edificio che insiste su una roccia* | *angolo che insiste su un arco,* (*geom.*) i cui lati hanno origine nel centro della circonferenza e passano per gli estremi dell'arco.

insito [in-si-to] *agg.* innato; naturalmente presente: *virtù insite nei cuori.*

insoddisfacente [in-sod-di-sfa-cèn-te] *agg.* non soddisfacente, deludente: *risultato —.*

insoddisfatto [in-sod-di-sfàt-to] *agg.* non soddisfatto, scontento: *essere — di qlco.*; *domanda insoddisfatta,* che non ha ottenuto risposta adeguata; *ambizioni insoddisfatte,* non realizzate.

insoddisfazione [in-sod-di-sfa-zió-ne] *s.f.* l'essere insoddisfatto; scontentezza: *provare —.*

insofferente [in-sof-fe-rèn-te] *agg.* che non riesce a sopportare, a tollerare: *essere — alle costrizioni.*

insofferenza [in-sof-fe-rèn-za] *s.f.* l'essere insofferente: *dare segni di —.*

insolazione [in-so-la-zió-ne] *s.f.* **1** l'esposizione alla luce e al calore del sole **2** (*med.*) malore provocato dall'esposizione troppo prolungata ai raggi solari; colpo di sole: *prendere un'—.*

insolente [in-so-lèn-te] *agg.* che non mostra il dovuto rispetto; arrogante: *ragazzo, frase —* ♦ *s.m.* e *f.* persona insolente □ **insolentemente** *avv.*

insolentire [in-so-len-tì-re] *v.tr.* [*io insolentisco, tu insolentisci ecc.*] investire con parole insolenti: *— i passanti.*

insolenza [in-so-lèn-za] *s.f.* **1** l'essere insolente: *rispondere con —* **2** offesa, insulto: *coprire qlcu. d'insolenze.*

insolito [in-sò-li-to] *agg.* non solito; inconsueto: *una domanda, un'ora insolita* □ **insolitamente** *avv.*

insolubile [in-so-lù-bi-le] *agg.* **1** che non può essere risolto: *mistero —* **2** (*chim.*) che non può essere sciolto da un determinato solvente: *composto — in acqua* □ **insolubilmente** *avv.*

insolubilità [in-so-lu-bi-li-tà] *s.f.* l'essere insolubile: *l'— di una sostanza.*

insoluto [in-so-lù-to] *agg.* **1** non spiegato, non risolto: *un interrogativo ancora —* **2** (*chim.*) non disciolto **3** non pagato nei modi e tempi prescritti: *debito —.*

insolvente [in-sol-vèn-te] *agg.* e *s.m.* e *f.* (*dir.*) che/chi non paga i debiti: *debitore —.*

insolvenza [in-sol-vèn-za] *s.f.* (*dir.*) il mancato pagamento dei propri debiti; l'impossibilità di pagarli: *stato di —.*

insolvibile [in-sol-vì-bi-le] *agg.* che non è in grado di pagare: *debitore —.*

insolvibilità [in-sol-vi-bi-li-tà] *s.f.* l'essere insolvibile.

insomma [in-sóm-ma] *avv.* **1** in conclusione, infine: *—, il problema è questo* **2** usato come esclamazione, per esprimere impazienza: *"—, vieni o no?".*

insondabile [in-son-dà-bi-le] *agg.* che non si può sondare; inesplorabile (anche *fig.*): *un mistero —.*

insondato [in-son-dà-to] *agg.* non verificato, non indagato.

insonne [in-sòn-ne] *agg.* che trascorre senza dormire le ore riservate al sonno: *rimanere — fino all'alba* | *notte —,* durante la quale non si è preso sonno.

insonnia [in-sòn-nia] *s.f.* difficoltà o impossibilità a prendere sono: *soffrire d'—.*

insonnolito [in-son-no-lì-to] *agg.* pieno di sonno, mezzo addormentato: *essere —.*

insonorizzante [in-so-no-riʒ-ʒàn-te] *s.m.* isolante acustico.

insonorizzare [in-so-no-riʒ-ʒà-re] *v.tr.* isolare acusticamente: *— un ambiente.*

insonorizzato [in-so-no-riʒ-ʒà-to] *agg.* dotato di isolamento acustico: *locale —.*

insonorizzazione [in-so-no-riʒ-ʒa-zió-ne] *s.f.* l'insonorizzare, l'essere insonorizzato.

insopportabile [in-sop-por-tà-bi-le] *agg.* che non si può sopportare o si sopporta a stento: *dolore —*; *un carattere —* □ **insopportabilmente** *avv.*

insopportabilità [in-sop-por-ta-bi-li-tà] *s.f.* l'essere insopportabile.

insopprimibile [in-sop-pri-mì-bi-le] *agg.* che non si può sopprimere, eliminare: *bisogno —*.
insopprimibilità [in-sop-pri-mi-bi-li-tà] *s.f.* (*non com.*) l'essere insopprimibile.
insorgente [in-sor-gèn-te] *agg.* che comincia a manifestarsi: *una malattia —*.
insorgenza [in-sor-gèn-za] *s.f.* l'insorgere, il manifestarsi specialmente di un fenomeno morboso: *l'— della febbre*.
insorgere [in-sór-ge-re] *v.intr.* [coniugato come *sorgere*; aus. *essere*] **1** sollevarsi, ribellarsi: — *contro l'invasore* **2** sorgere, manifestarsi, specialmente di cosa spiacevole: *sono insorte nuove difficoltà*.
insormontabile [in-sor-mon-tà-bi-le] *agg.* che non si può sormontare; insuperabile: *difficoltà, ostacolo —*.
insorto [in-sór-to] *agg.* **1** che prende o ha preso parte a un'insurrezione: *le popolazioni insorte* | Usato anche come *s.m.*: *gli insorti* **2** sopravvenuto: *complicazioni insorte*.
insospettabile [in-so-spet-tà-bi-le] *agg.* **1** che è al di sopra di ogni sospetto: *persona —* **2** si dice di cosa di cui non si sarebbe sospettata l'esistenza: *rivelare doti insospettabili di agilità* □ **insospettabilmente** *avv.*
insospettabilità [in-so-spet-ta-bi-li-tà] *s.f.* l'essere insospettabile.
insospettato [in-so-spet-tà-to] *agg.* **1** che non ha destato sospetti **2** si dice di cosa di cui non si era sospettata l'esistenza: *generosità insospettata* □ **insospettatamente** *avv.*
insospettire [in-so-spet-tì-re] *v.tr.* [*io insospettisco, tu insospettisci ecc.*] destare sospetto: *atteggiamento che insospettisce* ♦ **insospettirsi** *v.intr.pron.* entrare in sospetto: *— per tutto*.
insostenibile [in-so-ste-nì-bi-le] *agg.* **1** che non si può sostenere; che è palesemente falso: *argomento —* **2** che non si può sopportare: *spesa —*.
insostenibilità [in-so-ste-ni-bi-li-tà] *s.f.* l'essere insostenibile.
insostituibile [in-so-sti-tu-ì-bi-le] *agg.* si dice di cosa o persona che non può essere sostituita: *credersi —*.
insostituibilità [in-so-sti-tu-i-bi-li-tà] *s.f.* l'essere insostituibile.
insozzare [in-soz-zà-re] *v.tr.* [*io insózzo ecc.*] **1** rendere sozzo; insudiciare: *— un vestito* **2** (*fig.*) coprire di vergogna: *— il proprio nome* ♦ **insozzarsi** *v.rifl.* o *intr.pron.* **1** sporcarsi: *— di grasso* **2** (*fig.*) macchiarsi moralmente: *— di atroci delitti*.
insperabile [in-spe-rà-bi-le] *agg.* che non si può sperare, che è al di là di ogni aspettativa: *una fortuna —*.
insperato [in-spe-rà-to] *agg.* che non si era sperato, che supera ogni aspettativa: *un successo —* □ **insperatamente** *avv.* oltre ogni speranza.
inspessire e *deriv.* → **ispessire** e *deriv.*
inspiegabile [in-spie-gà-bi-le] *agg.* che non ha spiegazione; inesplicabile: *fenomeno —* □ **inspiegabilmente** *avv.*
inspirare [in-spi-rà-re] *v.tr.* introdurre aria o altro gas nei polmoni (anche *assol.*): *— profondamente*.
inspiratore [in-spi-ra-tó-re] *agg.* (*anat.*) che inspira, che serve all'inspirazione: *muscoli inspiratori*.
inspiratorio [in-spi-ra-tò-rio] *agg.* (*med.*) relativo all'inspirazione: *movimento —*.
inspirazione [in-spi-ra-zió-ne] *s.f.* l'inspirare | (*med.*) la fase della respirazione durante la quale l'aria viene immessa nei polmoni.
instabile [in-stà-bi-le] *agg.* **1** che non è stabile; malfermo: *una sedia —*; *equilibrio —*, precario **2** soggetto a mutamenti, variabile: *tempo —* | (*fig.*) volubile, incostante: *umore —* **3** (*fis., chim.*) soggetto a modificazioni di struttura: *legame —*.
instabilità [in-sta-bi-li-tà] *s.f.* l'essere instabile: *l'— della situazione*.
installare [in-stal-là-re], o **istallare**, *v.tr.* **1** collocare un impianto, un apparecchio, un sistema nel luogo prescelto ed eseguire tutte le operazioni necessarie al suo funzionamento: *— il telefono* **2** collocare in una carica, in un ufficio; insediare ♦ **installarsi** *v.rifl.* insediarsi stabilmente: *— su un territorio*.
installatore [in-stal-la-tó-re], o **istallatore**, *agg.* e *s.m.* [f. *-trice*] che/chi installa impianti, macchinari, attrezzature varie.
installazione [in-stal-la-zió-ne], o **istallazione**, *s.f.* l'installare, l'installarsi, l'essere installato | l'attrezzatura installata: *installazioni di bordo*, tutte le macchine e gli impianti necessari al funzionamento di una nave o di un aeromobile.
instancabile [in-stan-cà-bi-le] *agg.* che non si stanca; infaticabile: *un lavoratore —* | (*estens.*) incessante: *un'attività —* □ **instancabilmente** *avv.*
instancabilità [in-stan-ca-bi-li-tà] *s.f.* (*non com.*) l'essere instancabile.
instant-book [/ 'instantbuk /] *loc.sost.m. invar.* (*ingl.*) libro scritto e pubblicato in tempi brevissimi per illustrare e commentare una vicenda d'attualità.
instant-movie [/ 'instant'muvi /] *loc.sost.m. invar.* (*ingl.*) film concepito e girato in un tempo molto breve, per sfruttare un interesse del momento.
instaurare [in-stau-rà-re], o **istaurare**, *v.tr.* [*io instàuro ecc.*] istituire; dare avvio: *— una nuova moda* ♦ **instaurarsi** *v.intr.pron.* costituirsi; avere inizio: *si instaurò una nuova epoca*.
instauratore [in-stau-ra-tó-re], o **istauratore**, *agg.* e *s.m.* [f. *-trice*] che/chi instaura.
instaurazione [in-stau-ra-zió-ne], o **istaurazione**, *s.f.* l'instaurare, l'instaurarsi, l'essere instaurato.
insterilire → **isterilire**.
instillare → **istillare**.
instradare e *deriv.* → **istradare** e *deriv.*
insù [in-sù] *avv.* nelle loc. *all'—*, *dall'—*, verso l'alto: *nasino all'—*.
insubordinato [in-su-bor-di-nà-to] *agg.* che vie-

ne meno ai doveri di subordinazione; che è insofferente alla disciplina: *truppa insubordinata.*

insubordinazione [in-su-bor-di-na-zió-ne] *s.f.* **1** l'essere insubordinato: *punire per —* **2** atto che viola i doveri di subordinazione: *commettere un'—.*

insubre [ìn-su-bre] *agg.* e *s.m.* e *f.* appartenente a un'antica popolazione celtica stanziatasi verso il 450 a.C. in Italia settentrionale: *Galli insubri.*

insuccesso [in-suc-cès-so] *s.m.* cattiva riuscita, esito negativo: *l'— di una spedizione.*

insudiciare [in-su-di-cià-re] *v.tr.* [*io insùdicio ecc.*] **1** rendere sudicio: *— la tovaglia di sugo* **2** (*fig.*) macchiare moralmente: *— il proprio nome* ♦ **insudiciarsi** *v.rifl.* o *intr.pron.* **1** sporcarsi, imbrattarsi: *— d'inchiostro* **2** (*fig.*) compromettere la propria dignità.

insufficiente [in-suf-fi-cièn-te] *agg.* **1** non sufficiente, scarso: *provviste insufficienti* **2** nel linguaggio scolastico, che è al di sotto della sufficienza: *voto —.*

insufficienza [in-suf-fi-cièn-za] *s.f.* **1** l'essere insufficiente per qualità o quantità; scarsità: *— di mezzi, di personale* **2** voto, giudizio scolastico inferiore alla sufficienza: *avere un'— nella pagella* **3** (*med.*) insufficiente funzionalità di un organo: *— cardiaca.*

insufflare [in-suf-flà-re] *v.tr.* **1** soffiare dentro o sopra; introdurre aria **2** (*fig., lett.*) ispirare, infondere; instillare, insinuare.

insufflazione [in-suf-fla-zió-ne] *s.f.* (*med.*) introduzione di aria in una cavità organica a scopo terapeutico o diagnostico.

insula [ìn-su-la] *s.f.* (*archeol.*) nella città romana, isolato, caseggiato.

insulare [in-su-là-re] *agg.* di isola, delle isole: *clima —.*

insularità [in-su-la-ri-tà] *s.f.* (*non com.*) l'essere un'isola o formato da isole.

insulina [in-su-lì-na] *s.f.* (*chim., biol.*) ormone che regola il metabolismo degli zuccheri e la glicemia; la sua carenza provoca il diabete.

insulinico [in-su-lì-ni-co] *agg.* [pl.m. *-ci*] (*biol.*) di insulina, a base di insulina: *preparato —.*

insulinoterapia [in-su-li-no-te-ra-pì-a] *s.f.* (*med.*) qualsiasi cura a base di insulina.

insulsaggine [in-sul-sàg-gi-ne] *s.f.* **1** l'essere insulso **2** atto, detto insulso.

insulso [in-sùl-so] *agg.* privo di spirito, sciocco: *ragazzo, discorso —* □ **insulsamente** *avv.*

insultante [in-sul-tàn-te] *agg.* offensivo: *un contegno —.*

insultare [in-sul-tà-re] *v.tr.* offendere; oltraggiare.

insulto [in-sùl-to] *s.m.* parola o atto offensivo: *lanciare un — contro qlcu.*

insuperabile [in-su-pe-rà-bi-le] *agg.* **1** che non si può superare; insormontabile: *difficoltà —* **2** (*estens.*) eccezionale, straordinario: *un interprete —* □ **insuperabilmente** *avv.*

insuperato [in-su-pe-rà-to] *agg.* che non è stato superato; che finora è il migliore: *un primato rimasto —.*

insuperbire [in-su-per-bì-re] *v.tr.* [*io insuperbisco, tu insuperbisci ecc.*] far diventare superbo: *le lodi eccessive fanno —* ♦ **insuperbirsi** *v.intr.pron.* diventare superbo, inorgoglire: *— per una vittoria.*

insurrezionale [in-sur-re-zio-nà-le] *agg.* di insurrezione; degli insorti: *movimento —.*

insurrezionalismo [in-sur-re-zio-na-lì-ʃmo] *s.m.* tendenza, volontà insurrezionale; politica fautrice di un'insurrezione.

insurrezione [in-sur-re-zió-ne] *s.f.* ribellione collettiva, specialmente contro i poteri dello stato: *— popolare.*

insussistente [in-sus-si-stèn-te] *agg.* che non sussiste; falso, infondato: *un'accusa —.*

insussistenza [in-sus-si-stèn-za] *s.f.* l'essere insussistente; infondatezza.

intabarrarsi [in-ta-bar-ràr-si] *v.rifl.* coprirsi con un tabarro | (*estens.*) coprirsi molto, imbacuccarsi: *si era tutto intabarrato.*

intaccabile [in-tac-cà-bi-le] *agg.* che può essere intaccato (anche *fig.*): *una fama difficilmente —.*

intaccare [in-tac-cà-re] *v.tr.* [*io intacco, tu intacchi ecc.*] **1** fare una o più tacche in qlco.: *— una lama* **2** (*estens.*) corrodere, consumare: *la ruggine intacca il ferro* | (*fig.*) cominciare a consumare: *— un patrimonio* **3** (*fig.*) ledere, incrinare: *— la reputazione di qlcu.*

intaccatura [in-tac-ca-tù-ra] *s.f.* **1** l'intaccare, l'intaccarsi, l'essere intaccato **2** tacca: *un coltello pieno d'intaccature.*

intacco [in-tàc-co] *s.m.* [pl. *-chi*] tacca, incisione.

intagliare [in-ta-glià-re] *v.tr.* [*io intàglio ecc.*] incidere in rilievo o in incavo: *— il legno, l'avorio.*

intagliatore [in-ta-glia-tó-re] *s.m.* [f. *-trice*] chi esegue lavori di intaglio.

intagliatura [in-ta-glia-tù-ra] *s.f.* l'intagliare, l'essere intagliato; intaglio.

intaglio [in-tà-glio] *s.m.* **1** l'arte, l'operazione dell'intagliare: *lavori d'—* **2** il prodotto di tale arte: *un — in legno* **3** incavo, solco; tacca: *gli intagli della chiave.*

intangibile [in-tan-gì-bi-le] *agg.* che si deve lasciare intatto; inviolabile: *diritto —.*

intangibilità [in-tan-gi-bi-li-tà] *s.f.* l'essere intangibile.

intanto [in-tàn-to] *avv.* **1** nel frattempo: *tu sali sul treno, io — faccio i biglietti* **2** con valore avversativo: *dici sempre così e — non fai nulla* **3** con valore conclusivo: *— anche questa è fatta!*

intarsiare [in-tar-sià-re] *v.tr.* [*io intàrsio ecc.*] decorare a intarsio: *— un tavolino.*

intarsiatore [in-tar-sia-tó-re] *agg.* e *s.m.* [f. *-trice*] che/chi esegue lavori d'intarsio: *maestro —.*

intarsiatura [in-tar-sia-tù-ra] *s.f.* l'intarsiare | l'oggetto intarsiato.

intarsio [in-tàr-sio] *s.m.* **1** tecnica di decorazione consistente nel ritagliare elementi di forme e colori vari, e incastrarli su una superficie dello stesso o di altro materiale: *decorare a —* | l'opera intarsiata: *un — di madreperla* **2** tipo di ricamo ottenuto inserendo l'uno dentro l'altro tessuti di-

versi senza sovrapporli **3** in odontoiatria, otturazione mediante incastro di un elemento metallico.

intasamento [in-ta-sa-mén-to *o* intaʃaménto] *s.m.* ostruzione, ingorgo: — *del lavandino*; — *del traffico.*

intasare [in-ta-sà-re *o* intaʃàre] *v.tr.* **1** ostruire un condotto: — *lo scarico* **2** (*estens.*) provocare un ingorgo stradale: *un incidente ha intasato l'autostrada* ♦ **intasarsi** *v.intr.pron.* otturarsi, ostruirsi: *si è intasato il lavandino.*

intascare [in-ta-scà-re] *v.tr.* [*io intasco, tu intaschi ecc.*] mettersi in tasca | (*estens.*) guadagnare con mezzi più o meno leciti: — *un premio.*

intatto [in-tàt-to] *agg.* non mai toccato da alcuno; integro: *un patrimonio* — | immutato: *il suo entusiasmo è rimasto* —.

intavolare [in-ta-vo-là-re] *v.tr.* [*io intàvolo ecc.*] iniziare, dare l'avvio: — *una discussione.*

integerrimo [in-te-gèr-ri-mo] *agg.* [superl. di *integro*] onestissimo, incorruttibile: *un funzionario* —.

integrabile [in-te-grà-bi-le] *agg.* **1** che si può integrare **2** (*mat.*) che ammette l'integrale: *funzione* —.

integrabilità [in-te-gra-bi-li-tà] *s.f.* l'essere integrabile.

integrale [in-te-grà-le] *agg.* **1** totale, completo: *edizione — di un'opera* **2** si dice di sostanza alimentare non raffinata, che conserva tutte le sue parti costituenti: *zucchero, farina* — **3** *calcolo* —, (*mat.*) parte del calcolo infinitesimale che studia il calcolo degli integrali e le sue applicazioni ♦ *s.m.* (*mat.*) la ricerca delle funzioni di cui si conosce la derivata e il calcolo dell'area delle parti di piano da esse delimitate □ **integralmente** *avv.*

integralismo [in-te-gra-li-ʃmo] *s.m.* tendenza ad applicare in modo intransigente i principi di una dottrina o di un'ideologia: — *religioso.*

integralista [in-te-gra-lì-sta] *s.m.* e *f.* [pl.m. *-sti*] seguace dell'integralismo | Usato anche come *agg.*: *partito* —.

integralistico [in-te-gra-lì-sti-co] *agg.* [pl.m. *-ci*] dell'integralismo, degli integralisti □ **integralisticamente** *avv.*

integralità [in-te-gra-li-tà] *s.f.* l'essere integrale; interezza, totalità.

integrante [in-te-gràn-te] *agg.* essenziale, fondamentale: *le clausole sono parte — del contratto.*

integrare [in-te-grà-re] *v.tr.* [*io ìntegro ecc.*] **1** completare aggiungendo gli elementi mancanti: — *un testo lacunoso* **2** inserire; rendere parte integrante: — *i portatori di handicap nel mondo del lavoro* **3** (*mat.*) eseguire un'integrazione ♦ **integrarsi** *v.rifl.* entrare a far parte di un ambiente, di una struttura; inserirsi: — *nel sistema* ♦ *v.rifl.rec.* completarsi a vicenda: *due elementi che si integrano.*

integrativo [in-te-gra-tì-vo] *agg.* che integra, che serve a integrare: *assegno* —.

integrato [in-te-grà-to] *agg.* **1** composto di più parti strettamente unite | si dice di un elemento ben inserito in un insieme | *circuito* —, (*elettr.*) quello formato da un'unica piastrina di materiale semiconduttore su cui vengono realizzati tutti gli elementi **2** (*inform.*) si dice di software che racchiude un gruppo di programmi diversi, omogenei nelle regole e in grado di scambiare e mettere in comune dati fra loro: *software — per l'editoria* ♦ *s.m.* **1** (*elettr.*) circuito integrato **2** [f. *-a*] persona che si è inserita perfettamente in un ambiente inizialmente creduto ostile | (*spreg.*) conformista.

integrazione [in-te-gra-zió-ne] *s.f.* **1** aggiunta integrativa: — *di stipendio* | — *razziale*, fusione della popolazione bianca e di quella di colore in un'unica comunità **2** rapporto di stretta cooperazione tra stati, organizzazioni militari o economiche con interessi comuni: — *europea* **3** (*mat.*) calcolo di un integrale o risoluzione di un'equazione differenziale.

integrità [in-te-gri-tà] *s.f.* l'essere integro (anche *fig.*): — *fisica, dei costumi.*

integro [ìn-te-gro] *agg.* [superl. *integerrimo*] **1** completo; intatto: *testo* — **2** (*fig.*) onesto, incorruttibile: *uomo* — □ **integramente** *avv.*

intelaiare [in-te-la-ià-re] *v.tr.* [*io intelàio ecc.*] mettere sul telaio; munire di telaio.

intelaiatura [in-te-la-ia-tù-ra] *s.f.* **1** l'intelaiare **2** insieme di pezzi connessi tra loro a formare un sorta di telaio: — *di cemento armato* **3** (*fig.*) struttura, compagine: — *di un romanzo.*

intellegibile e *deriv.* → **intelligibile** e *deriv.*

intellettivo [in-tel-let-tì-vo] *agg.* relativo all'intendere; proprio dell'intelletto: *facoltà intellettiva* □ **intellettivamente** *avv.* per capacità intellettiva.

intelletto [in-tel-lèt-to] *s.m.* **1** il complesso delle facoltà umane che consentono di pensare e comprendere; intelligenza | *perdere il ben dell'*—, impazzire, sragionare **2** persona dotata di grande intelligenza: *i migliori intelletti del tempo.*

intellettuale [in-tel-let-tu-à-le] *agg.* che concerne l'intelletto: *attività* — ♦ *agg.* e *s.m.* e *f.* che/chi ha spiccati interessi culturali o svolge professionalmente un'attività di pensiero: *la classe degli intellettuali* □ **intellettualmente** *avv.* **1** per mezzo dell'intelletto: *lavorare* — **2** dal punto di vista intellettuale: *una persona — molto attiva.*

intellettualismo [in-tel-let-tu-a-lì-ʃmo] *s.m.* predominio, specialmente in arte, dei valori dell'intelletto; cerebralismo: *l'— del teatro pirandelliano.*

intellettualista [in-tel-let-tu-a-lì-sta] *s.m.* e *f.* [pl.m. *-sti*] persona, artista incline all'intellettualismo | Usato come *agg.* intellettualistico.

intellettualistico [in-tel-let-tu-a-lì-sti-co] *agg.* [pl.m. *-ci*] **1** dell'intellettualismo, degli intellettualisti **2** cerebrale: *un'arte intellettualistica* □ **intellettualisticamente** *avv.*

intellettualità [in-tel-let-tu-a-li-tà] *s.f.* **1** l'appartenere alla sfera intellettiva: *l'— di un processo conoscitivo* **2** la classe degli intellettuali.

intellettualizzare [in-tel-let-tua-liʒ-ʒà-re] *v.tr.* rendere intellettuale o intellettualistico.

intellettualizzazione [in-tel-let-tua-liʒ-ʒa-zió-ne] *s.f.* l'intellettualizzare, l'essere intellettualizzato.

intellettualoide [in-tel-let-tu-a-lòi-de] *agg.* e *s.m.* e *f.* (*spreg.*) che/chi si atteggia a intellettuale.

intelligence [/ in'tellidʒens /] *s.f.invar.* (*ingl.*) servizio segreto di informazioni.

intelligente [in-tel-li-gèn-te] *agg.* **1** che è dotato di intelligenza: *l'uomo è un essere —* **2** che dimostra capacità intellettuali superiori alla media: *un giovane —* **3** che rivela intelligenza: *una domanda —* **4** (*inform.*) si dice di prodotto caratterizzato da intelligenza artificiale □ **intelligentemente** *avv.*

intelligenza [in-tel-li-gèn-za] *s.f.* **1** la facoltà, propria della mente umana, di intendere, pensare, elaborare giudizi e soluzioni | *quoziente d'—*, la misura delle capacità intellettive di una persona | *— artificiale*, (*inform.*) l'insieme degli studi e delle tecniche che tendono a realizzare macchine capaci di risolvere problemi che rientrano nel dominio dell'intelligenza umana **2** la qualità di chi ha particolari doti intellettuali: *dare prova d'—* **3** accordo; intesa segreta: *operare d'— con qlcu.*

intellighenzia [in-tel-li-ghèn-zia] *s.f.* **1** nella Russia zarista, la classe degli intellettuali **2** (*estens.*) l'élite intellettuale.

intelligibile [in-tel-li-gì-bi-le], o **intellegibile**, *agg.* che può essere facilmente compreso o percepito: *voce appena —* □ **intelligibilmente** *avv.*

intelligibilità [in-tel-li-gi-bi-li-tà], o **intellegibilità**, *s.f.* l'essere intelligibile: *l'— di un discorso.*

intemelio [in-te-mè-lio] *agg.* di Ventimiglia ♦ *s.m.* [f. *-a*] abitante, nativo di Ventimiglia.

intemerato [in-te-me-rà-to] *agg.* (*lett.*) puro, virtuoso.

intemperante [in-tem-pe-ràn-te] *agg.* che non sa moderare i propri impulsi e i propri desideri: *essere — nel cibo* | che rivela intemperanza: *atto —.*

intemperanza [in-tem-pe-ràn-za] *s.f.* l'essere intemperante: *— nel bere* | azione o detto intemperante: *commettere un'—.*

intemperie [in-tem-pè-rie] *s.f.pl.* l'insieme delle perturbazioni atmosferiche: *i danni provocati dalle —.*

intempestività [in-tem-pe-sti-vi-tà] *s.f.* l'essere intempestivo: *l'— di un intervento.*

intempestivo [in-tem-pe-stì-vo] *agg.* che non giunge al momento giusto; inopportuno: *domanda intempestiva* □ **intempestivamente** *avv.*

intendente [in-ten-dèn-te] *s.m.* chi è a capo di un'intendenza: *— di finanza.*

intendenza [in-ten-dèn-za] *s.f.* ufficio o settore amministrativo di un ente | *— di finanza*, ufficio del ministero delle finanze che vigila sull'attività di prelievo tributario svolta nell'ambito di una provincia.

intendere [in-tèn-de-re] *v.tr.* [coniugato come *tendere*] **1** udire: *— un rumore* | venire a sapere: *ho inteso che si è sposato* **2** comprendere, capire | *fare —*, far capire qlco. in modo allusivo | *s'intende che*, è ovvio, è scontato che | *dare a —*, far credere cose non vere **3** attribuire come significato: *per cultura non s'intende erudizione* **4** avere intenzione di fare qlco.: *non intendo riceverlo* ♦ **intendersi** *v.rifl.rec.* **1** accordarsi: *— sul prezzo* **2** capirsi: *— male sull'ora dell'appuntamento* **3** andare d'accordo: *due che non s'intendono* | *intendersela con qlcu.*, (*fam.*) avere una relazione amorosa ♦ *v.intr.pron.* avere profonda conoscenza o esperienza di qlco.: *— di musica.*

intendimento [in-ten-di-mén-to] *s.m.* **1** intenzione: *è mio — chiarire la questione* **2** la facoltà e l'atto dell'intendere: *persona di scarso —.*

intenditore [in-ten-di-tó-re] *s.m.* [f. *-trice*] chi s'intende di qlco.; conoscitore: *un — di vini.*

intenerimento [in-te-ne-ri-mén-to] *s.m.* l'intenerirsi; pietà, commozione.

intenerire [in-te-ne-rì-re] *v.tr.* [*io intenerisco, tu intenerisci ecc.*] **1** rendere tenero **2** (*fig.*) impietosire, commuovere ♦ **intenerirsi** *v.intr.pron.* **1** divenire tenero **2** (*fig.*) commuoversi: *un uomo facile a —.*

intenerito [in-te-ne-rì-to] *agg.* impietosito, commosso.

intensificare [in-ten-si-fi-cà-re] *v.tr.* [*io intensìfico, tu intensìfichi ecc.*] rendere più intenso; aumentare: *— la produzione* ♦ **intensificarsi** *v. intr.pron.* divenire più intenso: *il traffico si è intensificato.*

intensificazione [in-ten-si-fi-ca-zió-ne] *s.f.* l'intensificare, l'intensificarsi, l'essere intensificato.

intensità [in-ten-si-tà] *s.f.* **1** l'essere intenso; forza, energia: *l'— del caldo, di un sentimento* **2** misura di una grandezza fisica: *— di corrente.*

intensivo [in-ten-sì-vo] *agg.* **1** che aumenta l'intensità di qlco.: *prefissi intensivi*, (*ling.*) quelli che rafforzano il significato della parola **2** intenso: *corso —; terapia intensiva* □ **intensivamente** *avv.*

intenso [in-tèn-so] *agg.* **1** dotato di forza, di energia: *luce intensa* | *desiderio, dolore —*, acuto, vivo | *sguardo —*, penetrante **2** condotto con assiduità e concentrazione: *attività intensa* | *giornata, vita intensa*, piena di impegni, di esperienze □ **intensamente** *avv.*

intentare [in-ten-tà-re] *v.tr.* [*io intènto ecc.*] (*dir.*) promuovere, iniziare (un'azione giudiziaria): *— causa a* (o *contro*) *qlcu.*

intentato [in-ten-tà-to] *agg.* non tentato: *non lasciare nulla d'—.*

intento[1] [in-tèn-to] *agg.* di persona, che rivolge attentamente i sensi o la mente a qlco.: *essere — a scrivere* □ **intentamente** *avv.*

intento[2] *s.m.* proposito, intenzione: *riuscire nell'—.*

intenzionale [in-ten-zio-nà-le] *agg.* che è detto o fatto con intenzione; volontario: *omicidio —* □ **intenzionalmente** *avv.*

intenzionalità [in-ten-zio-na-li-tà] *s.f.* l'essere intenzionale.

intenzionato [in-ten-zio-nà-to] *agg.* che ha una determinata intenzione: *essere — a sposarsi* | *bene, male —*, che ha buone, cattive intenzioni.
intenzione [in-ten-zió-ne] *s.f.* proposito, scopo, fine: *avere — di fare qlco.* | *con —*, di proposito; *senza —*, involontariamente | *fare il processo alle intenzioni*, giudicare qlcu. non per ciò che ha fatto, ma per ciò che si ritiene intendesse fare.
inter- prefisso indicante posizione intermedia (*interlinea*), reciprocità (*interdipendente*) o unione (*internazionale*).
interagente [in-te-ra-gèn-te] *agg.* si dice di cosa che interagisce con un altra: *cause interagenti*.
interagire [in-te-ra-gì-re] *v.intr.* [coniugato come *agire*; aus. *avere*] agire l'uno sull'altro, esercitare un'influenza reciproca: *fenomeni che interagiscono*.
interalleato [in-te-ral-le-à-to] *agg.* comune a due o più alleati; che si riferisce ai loro rapporti reciproci: *accordo —*.
interarmi [in-te-ràr-mi], o **interarme**, *agg.* si dice di operazioni militari eseguite da reparti di forze armate diverse: *manovre —*.
interasse [in-te-ràs-se] *s.m.* (*tecn.*) distanza tra due assi paralleli.
interatomico [in-te-ra-tò-mi-co] *agg.* [pl.m. *-ci*] che esiste o agisce tra due o più atomi: *legame —*.
interattività [in-te-rat-ti-vi-tà] *s.f.* la capacità di essere interattivo.
interattivo [in-te-rat-tì-vo] *agg.* che interagisce, che può interagire □ **interattivamente** *avv.*
interaziendale [in-te-ra-ʒien-dà-le] *agg.* che riguarda più aziende: *contratto —*.
interazione [in-te-ra-zió-ne] *s.f.* **1** influenza reciproca tra due realtà, fenomeni ecc. **2** (*sociol.*) relazione tra due soggetti nel corso della quale ciascuno modifica i propri comportamenti in rapporto a quelli dell'altro.
interbancario [in-ter-ban-cà-rio] *agg.* che riguarda due o più banche: *accordo —*.
interbellico [in-ter-bèl-li-co] *agg.* compreso tra due guerre: *periodo —*.
intercalare[1] [in-ter-ca-là-re] *agg.* (*non com.*) che si intercala, si aggiunge in una serie | *giorno —*, nel calendario gregoriano, il 29 febbraio | *coltura —*, coltura secondaria che si effettua quando il terreno è a riposo ♦ *s.m.* **1** gruppo di versi che si ripete al termine d'ogni strofa; ritornello **2** espressione priva di contenuto informativo che si inframmezza nel discorrere: *"Cioè" era il suo —*.
intercalare[2] *v.tr.* **1** inserire, interporre a determinati intervalli: *— lo sport allo studio* **2** usare un intercalare nel discorso: *intercala continuamente "dunque"*.
intercambiabile [in-ter-cam-bià-bi-le] *agg.* che si può scambiare di posto con un altro; che si può sostituire: *ruoli intercambiabili* □ **intercambiabilmente** *avv.*
intercambiabilità [in-ter-cam-bia-bi-li-tà] *s.f.* l'essere intercambiabile.
intercapedine [in-ter-ca-pè-di-ne] *s.f.* spazio vuoto tra due superfici ravvicinate: *— tra due muri*.
intercategoriale [in-ter-ca-te-go-rià-le] *agg.* che è comune a più categorie di lavoratori o di datori di lavoro: *contratto, sindacato —*.
intercedere [in-ter-cè-de-re] *v.intr.* [coniug. come *cedere*; aus. *avere*] intervenire presso qlcu. perché conceda qlco. ad altri: *— presso qlcu. per qlco.*
intercellulare [in-ter-cel-lu-là-re] *agg.* (*biol.*) che si trova tra le cellule: *spazio —*.
intercervicale [in-ter-cer-vi-cà-le] *agg.* (*anat.*) che è situato tra le vertebre cervicali.
intercessione [in-ter-ces-sió-ne] *s.f.* l'intercedere, l'aver interceduto.
intercessore [in-ter-ces-só-re] *s.m.* [f. *interceditrice*] chi intercede.
intercettamento [in-ter-cet-ta-mén-to] *s.m.* intercettazione.
intercettare [in-ter-cet-tà-re] *v.tr.* [*io intercètto ecc.*] **1** impedire che persone o cose giungano a destinazione: *— una lettera, un aereo nemico* **2** prendere conoscenza di comunicazioni, lettere, messaggi all'insaputa del mittente e del destinatario: *— una notizia, una telefonata*.
intercettatore [in-ter-cet-ta-tó-re] *agg.* e *s.m.* [f. *-trice*] che/chi intercetta.
intercettazione [in-ter-cet-ta-zió-ne] *s.f.* l'intercettare, l'essere intercettato: *— telefonica*.
intercettore [in-ter-cet-tó-re] *s.m.* (*mil.*) aereo da caccia o missile impiegato per intercettare aerei o missili nemici.
intercity [/ inter'siti /] *agg.* e *s.m.invar.* si dice di treno rapido che collega due città italiane.
interclassismo [in-ter-clas-sì-ʃmo] *s.m.* atteggiamento politico volto a promuovere la collaborazione e la solidarietà tra le diverse classi sociali.
interclassista [in-ter-clas-sì-sta] *s.m.* e *f.* [pl.m. *-sti*] fautore dell'interclassismo ♦ *agg.* **1** che sostiene l'interclassismo **2** interclassistico.
interclassistico [in-ter-clas-sì-sti-co] *agg.* [pl.m. *-ci*] relativo all'interclassismo: *tendenze interclassistiche*.
intercolunnio [in-ter-co-lùn-nio] *s.m.* (*arch.*) spazio fra due colonne.
intercomunicante [in-ter-co-mu-ni-càn-te] *agg.* che si trova in diretta e reciproca comunicazione con un'altra cosa simile: *stanze intercomunicanti*.
interconfessionale [in-ter-con-fes-sio-nà-le] *agg.* che è comune a più confessioni religiose.
interconfessionalismo [in-ter-con-fes-sio-na-lì-ʃmo] *s.m.* tendenza a stabilire relazioni tra più confessioni religiose.
interconfessionalità [in-ter-con-fes-sio-na-li-tà] *s.f.* l'essere interconfessionale.
interconnessione [in-ter-con-nes-sió-ne] *s.f.* connessione reciproca | (*telecom.*) collegamento tra più linee, reti, canali telefonici o televisivi | (*inform.*) possibilità data a più elaboratori di usare le stesse unità periferiche e di comunicare tra loro.
interconnettere [in-ter-con-nét-te-re] *v.tr.* [co-

niugato come *connettere*] effettuare un'interconnessione.
interconsonantico [in-ter-con-so-nàn-ti-co] *agg.* [pl.m. *-ci*] (*ling.*) che si trova tra due consonanti: *vocale interconsonantica.*
intercontinentale [in-ter-con-ti-nen-tà-le] *agg.* che collega due o più continenti: *linea aerea* —.
intercorrente [in-ter-cor-rèn-te] *agg.* 1 esistente, sussistente tra due momenti o realtà diversi: *gli anni intercorrenti fra le due guerre* 2 si dice di malattia che sopraggiunge durante il decorso di un'altra malattia.
intercorrere [in-ter-cór-re-re] *v.intr.* [coniugato come *correre*; aus. *essere*] essere frapposto, trovarsi in mezzo: *tra i due alberi intercorrono cinque metri.*
intercostale [in-ter-co-stà-le] *agg.* (*anat., med.*) situato, localizzato tra due costole: *dolore* —.
interdentale [in-ter-den-tà-le] *agg.* (*anat.*) situato tra due denti: *fessura* — | *filo* —, (*farm.*) filo per l'igiene orale da passare tra gli interstizi dei denti.
interdentario [in-ter-den-tà-rio] *agg.* (*anat.*) interdentale.
interdetto[1] [in-ter-dét-to] *s.m.* [f. *-a*] (*dir.*) chi è in stato di interdizione.
interdetto[2] *agg.* confuso, disorientato: *rimanere* —.
interdipendente [in-ter-di-pen-dèn-te] *agg.* si dice di fatti o fenomeni che dipendono l'uno dall'altro □ **interdipendentemente** *avv.*
interdipendenza [in-ter-di-pen-dèn-za] *s.f.* rapporto di reciproca dipendenza.
interdire [in-ter-dì-re] *v.tr.* [coniugato come *dire*] 1 vietare, proibire: — *un passaggio*; — *a qlcu. di fare qlco.* 2 (*dir.*) dichiarare l'interdizione di qlcu.
interdisciplinare [in-ter-di-sci-pli-nà-re] *agg.* che riguarda discipline diverse: *ricerca* —.
interdisciplinarità [in-ter-di-sci-pli-na-ri-tà] *s.f.* carattere di ciò che è interdisciplinare: *l'— di un'indagine.*
interdittorio [in-ter-dit-tò-rio] *agg.* (*dir.*) che riguarda l'interdizione; che vale a interdire.
interdizione [in-ter-di-zió-ne] *s.f.* l'interdire, l'essere interdetto | — *dai pubblici uffici*, (*dir.*) pena che consiste nel privare il condannato dei diritti politici e della possibilità di ricoprire un ufficio pubblico | *fuoco, tiro di* —, (*mil.*) azione di fuoco dell'artiglieria che tende a ostacolare il movimento del nemico.
interessamento [in-te-res-sa-mén-to] *s.m.* 1 l'interessarsi a qlco.: *mostrare* — *per un lavoro* 2 premuroso interesse per le vicende altrui; intervento in favore di qlcu.: *ottenere un favore per l'— di un amico.*
interessante [in-te-res-sàn-te] *agg.* che desta interesse: *uno spettacolo* — | *essere in stato* —, (*fam.*) essere incinta.
interessare [in-te-res-sà-re] *v.tr.* [*io interèsso ecc.*] 1 suscitare interesse: *cose che interessano poco* 2 far prendere interesse a qlco.: — *i giovani alla politica* 3 riguardare, concernere: *un problema che interessa molti* ♦ *v.intr.* [non si usa ai tempi composti] avere importanza, essere d'interesse; stare a cuore: *la salute interessa a tutti* ♦
interessarsi *v.intr.pron.* 1 mostrare, prendere interesse a qlco.: — *alla narrazione* 2 prendersi cura, occuparsi di qlcu. o di qlco.: — *dei bambini.*
interessato [in-te-res-sà-to] *agg.* 1 che ha interesse a qlco.: *un alunno* — *alla materia* 2 che agisce pensando solo al proprio tornaconto: *una persona interessata* | finalizzato al proprio tornaconto: *proposte interessate* ♦ *s.m.* [f. *-a*] la persona che ha interesse a qlco. o è interessata da qlco.: *chiamare l'—* □ **interessatamente** *avv.* per interesse.
interesse [in-te-rès-se] *s.m.* 1 (*econ.*) differenza tra una somma ricevuta in prestito e quella da restituire alla scadenza: *tasso di* —, la misura percentuale dell'interesse 2 vantaggio, utilità: *badare al proprio* — | ciò che è economicamente vantaggioso: *l'avvocato cura gli interessi dei clienti* | — *privato in atti d'ufficio*, (*dir.*) reato commesso dal pubblico ufficiale che trae un vantaggio personale da un atto inerente al suo ufficio 3 curiosità, desiderio di conoscere; particolare attenzione: *mostrare* — *per una persona* | curiosità, attitudine verso una determinata materia: *avere interessi artistici* 4 capacità di destare attenzione: *un libro di grande* — | (*estens.*) importanza, rilievo: *particolare senza* —.
interetnico [in-te-rèt-ni-co] *agg.* [pl.m. *-ci*] di più etnie, relativo a più popoli: *comunità interetnica.*
intereuropeo [in-te-reu-ro-pè-o] *agg.* che si riferisce ai rapporti reciproci tra le nazioni europee.
interezza [in-te-réz-za] *s.f.* l'essere intero; totalità: *considerare un problema nella sua* —.
interfaccia [in-ter-fàc-cia] *s.f.* [pl. *-ce*] o *s.m. invar.* (*inform.*) elemento di collegamento tra l'elaboratore e un'entità esterna (periferica, linea di comunicazione ecc.) che consente il passaggio delle informazioni da uno all'altra.
interfacciare [in-ter-fac-cià-re] *v.tr.* [*io interfàccio ecc.*] (*inform.*) collegare per mezzo di un'interfaccia.
interfacoltà [in-ter-fa-col-tà] *agg.invar.* che riguarda due o più facoltà universitarie: *torneo* —.
interferenza [in-ter-fe-rèn-za] *s.f.* 1 (*fis.*) fenomeno per cui due onde, sovrapponendosi, producono una nuova onda uguale alla somma o alla differenza delle due | (*telecom.*) disturbo della trasmissione: — *telefonica* 2 (*fig.*) intromissione, ingerenza: *non tollerare interferenze nel proprio lavoro.*
interferire [in-ter-fe-rì-re] *v.intr.* [*io interferisco, tu interferisci ecc.*; aus. *avere*] 1 (*fis.*) detto di onde luminose o sonore, dar luogo a interferenza 2 (*fig.*) intromettersi, ingerirsi: — *negli affari altrui.*
interferone [in-ter-fe-ró-ne] *s.m.* (*biol.*) sostanza proteica antivirale prodotta da vari tipi di cellule nel momento in cui vengono a contatto con un virus.
interfonico [in-ter-fò-ni-co] *agg.* [pl.m. *-ci*] relativo a interfono ♦ *s.m.* interfono.

interfono [in-ter-fò-no] *s.m.* (*telecom.*) apparecchio che consente comunicazioni a voce a breve distanza, tra diversi locali di uno stesso edificio o a bordo di navi, aerei ecc.
interforze [in-ter-fòr-ze] *agg.invar.* (*mil.*) che riguarda due o più forze armate: *esercitazione —*.
intergalattico [in-ter-ga-làt-ti-co] *agg.* che si trova, si svolge tra galassie: *spazio —*.
interglaciale [in-ter-gla-cià-le] *agg.* (*geol.*) compreso tra due periodi glaciali: *fase —*.
interiettivo [in-te-riet-tì-vo] *agg.* (*gramm.*) che ha valore di interiezione: *locuzione interiettiva.*
interiezione [in-te-rie-zió-ne] *s.f.* (*gramm.*) parte del discorso (o anche locuzione) che esprime un moto improvviso dell'animo (p.e. *oh!*, *santo cielo!*, *evviva!*).
interim [/ ˈinterim /] *s.m.invar.* (*lat.*) periodo che intercorre tra la fine del mandato di un alto funzionario e la nomina del successore; il mandato provvisorio conferito in tale periodo: *ministro ad —*.
interinale [in-te-ri-nà-le] *agg.* che si riferisce a un interim; temporaneo, provvisorio: *lavoro —*.
interinato [in-te-ri-nà-to] *s.m.* periodo di tempo in cui un ufficio o un incarico è retto ad interim; l'ufficio così esercitato.
interiora [in-te-rió-ra] *s.f.pl.* gli intestini e gli altri organi degli animali: *le — del pollo.*
interiore [in-te-rió-re] *agg.* [compar. di *interno*] **1** (*non com.*) che è dentro o più dentro **2** (*fig.*) che riguarda i sentimenti e i pensieri intimi: *vita —* □ **interiormente** *avv.* **1** all'interno, dalla parte più interna **2** (*fig.*) nell'intimo dell'anima: *soffrire —*.
interiorità [in-te-rio-ri-tà] *s.f.* **1** l'essere interiore **2** (*fig.*) il complesso di pensieri, moti dell'animo che costituisce la vita interiore di un individuo; spiritualità: *una ricca —*.
interiorizzare [in-te-rio-riʒ-ʒà-re] *v.tr.* trasferire nella propria interiorità, nella propria coscienza: *— un divieto.*
interiorizzazione [in-te-rio-riʒ-ʒa-zió-ne] *s.f.* l'interiorizzare, l'essere interiorizzato.
interlinea [in-ter-lì-ne-a] *s.f.* **1** spazio bianco che separa due righe stampate o manoscritte **2** (*estens.*) scrittura aggiunta tra due righe di uno scritto.
interlineare [in-ter-li-ne-à-re] *agg.* che si trova nell'interlinea: *traduzione —*.
interlineatura [in-ter-li-nea-tù-ra] *s.f.* (*tip.*) l'operazione, il modo d'interlineare.
interlinguistico [in-ter-lin-guì-sti-co] *agg.* [pl.m. *-ci*] (*ling.*) comune a più lingue: *fenomeno —*.
interlocutore [in-ter-lo-cu-tó-re] *s.m.* [f. *-trice*] **1** chi prende parte a un dialogo o a una discussione **2** la persona con cui si parla: *rivolgersi al proprio —* | (*estens.*) persona con cui si instaura un dialogo, un rapporto: *un — stimolante.*
interlocutorio [in-ter-lo-cu-tò-rio] *agg.* che serve a tenere aperto il dialogo, la trattativa, senza essere definitivo: *risposta interlocutoria.*
interloquire [in-ter-lo-quì-re] *v.intr.* [*io interloquisco, tu interloquisci ecc.*; aus. *avere*] intromettersi in una conversazione.
interludio [in-ter-lù-dio] *s.m.* brano sinfonico che collega due scene o atti di un'opera musicale o teatrale.
intermediario [in-ter-me-dià-rio] *agg.* che ha funzioni di mediazione: *attività intermediaria* ♦ *s.m.* [f. *-a*] mediatore: *fare da —*.
intermediazione [in-ter-me-dia-zió-ne] *s.f.* attività intermediaria; mediazione.
intermedio [in-ter-mè-dio] *agg.* che è in mezzo fra due (anche *fig.*): *soluzione intermedia.*
intermezzo [in-ter-mèʒ-ʒo] *s.m.* **1** breve spettacolo rappresentato tra un atto e l'altro di un'azione teatrale o di un altro spettacolo: *— radiofonico* **2** (*mus.*) azione comica in musica che nel sec. XVIII si rappresentava fra un atto e l'altro di un'opera seria: *gli intermezzi di Pergolesi* | nell'opera lirica, interludio | composizione pianistica in forma libera: *un — di Brahms* **3** (*estens.*) pausa, intervallo di riposo: *un breve — sul lavoro* **4** pietanza leggera servita fra due piatti.
interminabile [in-ter-mi-nà-bi-le] *agg.* che non ha mai termine, senza fine | (*iperb.*) lunghissimo: *una lezione —*.
interministeriale [in-ter-mi-ni-ste-rià-le] *agg.* che riguarda diversi ministri o ministeri: *riunione —*.
intermittente [in-ter-mit-tèn-te] *agg.* che non è continuo; che s'interrompe a intervalli più o meno regolari: *suono, luce —*.
intermittenza [in-ter-mit-tèn-za] *s.f.* **1** l'essere intermittente; interruzione momentanea e ripetuta: *l'— di un segnale* **2** (*elettr.*) dispositivo che interrompe un circuito a intervalli regolari.
intermolecolare [in-ter-mo-le-co-là-re] *agg.* che esiste o agisce fra le molecole: *spazio —*.
internamento [in-ter-na-mén-to] *s.m.* l'internare, l'essere internato.
internare [in-ter-nà-re] *v.tr.* [*io intèrno ecc.*] rinchiudere in campi di concentramento: *— i prigionieri* | ricoverare in un ospedale psichiatrico.
internato[1] [in-ter-nà-to] *agg.* e *s.m.* [f. *-a*] che/chi è stato rinchiuso in un campo di concentramento o è stato ricoverato in un ospedale psichiatrico.
internato[2] *s.m.* **1** condizione di alunno interno in un collegio **2** condizione di laureando o laureato in medicina che frequenta un ospedale come interno | il periodo trascorso in tale condizione.
internazionale [in-ter-na-zio-nà-le] *agg.* che riguarda, interessa, abbraccia più nazioni o stati: *accordo —*; *godere di fama —* | *diritto —*, complesso delle norme che regolano i rapporti tra stati diversi ♦ *s.f.* (*st.*) nome di varie organizzazioni operaie costituitesi a partire dalla seconda metà del sec. XIX □ **internazionalmente** *avv.* a livello internazionale.
internazionalismo [in-ter-na-zio-na-lì-ʃmo] *s.m.* tendenza che mira al superamento delle barriere nazionali per il raggiungimento di fini comuni: *— socialista.*

internazionalista [in-ter-na-zio-na-lì-sta] *s.m.* e *f.* [pl.m. *-sti*] **1** sostenitore dell'internazionalismo **2** appartenente all'internazionale socialista | Usato come *agg.* internazionalistico.

internazionalistico [in-ter-na-zio-na-lì-sti-co] *agg.* [pl.m. *-ci*] **1** proprio dell'internazionalismo: *movimento* — **2** che riguarda l'internazionale socialista.

internazionalità [in-ter-na-zio-na-li-tà] *s.f.* carattere di ciò che è internazionale: *l'— di un ente.*

internazionalizzare [in-ter-na-zio-na-liʒ-ʒà-re] *v.tr.* rendere internazionale, far assumere diffusione internazionale: — *un'iniziativa* ♦ **internazionalizzarsi** *v.intr.pron.* diventare internazionale.

internazionalizzazione [in-ter-na-zio-na-liʒ-ʒa-zió-ne] *s.f.* l'internazionalizzare, l'internazionalizzarsi, l'essere internazionalizzato.

internista [in-ter-nì-sta] *s.m.* e *f.* [pl.m. *-sti*] medico specializzato in medicina interna.

interno [in-tèr-no] *agg.* [compar. *interiore*; superl. *intimo*] **1** che è dentro, di dentro: *scala, parete interna* | *numero* —, quello che contrassegna i singoli appartamenti di un palazzo | *medicina interna*, clinica medica **2** (*geog.*) che si trova dentro un certo territorio: *regione interna*, senza sbocco al mare; *acque interne*, fiumi e laghi; *mare* —, circondato quasi interamente da terre **3** che si attua dentro una comunità, una società, uno stato (spesso in opposizione a *estero*): *politica interna* ♦ *s.m.* **1** la parte che è dentro: *l'— dell'edificio* **2** (*geog.*) parte interna di una regione: *spingersi verso l'—* **3** ciò che è pertinente agli affari interni di uno stato: *ministro dell'—* (o *degli interni*) **4** ambiente chiuso: *un — luminoso* **5** numero interno di un appartamento **6** nel calcio, mezzala **7** alunno che segue le lezioni nel collegio dove è alloggiato | laureando o specializzando in medicina che presta servizio presso un reparto □ **internamente** *avv.* **1** nell'interno, al di dentro **2** (*fig.*) nell'intimo dell'animo: *gioire* —.

inter nos [/ inter' nɔs /] *loc.avv.* (*lat.*) fra di noi: *la cosa resti* —.

intero [in-tè-ro *o* intéro] *agg.* **1** che conserva tutti gli elementi costitutivi: *una collezione intera* | *latte* —, non scremato **2** considerato in tutta la sua grandezza, estensione, durata: *mangiarsi un pollo* —; *biglietto* —, senza riduzione **3** non rotto; sano, intatto: *lo specchio è caduto ma è rimasto* — **4** *numero* —, (*mat.*) ciascun numero della serie dei numeri naturali negativi o positivi **5** (*fig.*) pieno, assoluto: *avere intera fiducia in qlcu.* ♦ *s.m.* **1** il tutto, tutta la quantità: *dividere l'—* | *per* —, interamente **2** (*mat.*) numero intero **3** (*mus.*) semibreve □ **interamente** *avv.* del tutto; totalmente.

interparlamentare [in-ter-par-la-men-tà-re] *agg.* che riguarda i due rami del parlamento, che è formato dai rappresentanti dei due rami del parlamento: *commissione* —.

interpellante [in-ter-pel-làn-te] *agg.* e *s.m.* e *f.* che/chi presenta un'interpellanza parlamentare.

interpellanza [in-ter-pel-làn-za] *s.f.* domanda rivolta da uno o più parlamentari al governo su aspetti generali della sua condotta politica: *presentare un'—*.

interpellare [in-ter-pel-là-re] *v.tr.* [*io interpèllo ecc.*] **1** rivolgere una domanda; chiedere un consiglio, un parere: — *uno specialista* **2** presentare un'interpellanza: — *il governo.*

interpellato [in-ter-pel-là-to] *s.m.* [f. *-a*] colui al quale è stata rivolta una domanda: *l'— non rispose.*

interpersonale [in-ter-per-so-nà-le] *agg.* che si svolge, che esiste tra due o più persone: *rapporto* —.

interplanetario [in-ter-pla-ne-tà-rio] *agg.* che si trova, si svolge tra i pianeti: *satellite* —.

interpolamento [in-ter-po-la-mén-to] *s.m.* interpolazione.

interpolare [in-ter-po-là-re] *v.tr.* [*io intèrpolo ecc.*] effettuare un'interpolazione.

interpolatore [in-ter-po-la-tó-re] *s.m.* [f. *-trice*] chi inserisce interpolazioni in un testo.

interpolazione [in-ter-po-la-zió-ne] *s.f.* **1** inserzione in un testo di parole estranee all'originale; la parola o le parole inserite **2** (*mat.*) determinazione dei valori intermedi di una funzione in base a valori noti.

interporre [in-ter-pór-re] *v.tr.* [coniugato come *porre*] **1** porre in mezzo, frapporre: — *ostacoli*; — *tempo*, indugiare **2** mettere in campo, far valere: — *la propria autorità* ♦ **interporsi** *v.rifl.* o *intr.pron.* **1** porsi, collocarsi nel mezzo **2** (*fig.*) mettersi in mezzo; intervenire.

interporto [in-ter-pòr-to] *s.m.* grande area attrezzata per la raccolta, lo smistamento e lo scambio di merci sia trasportate da treni sia autotrasportate.

interposizione [in-ter-po-ʃi-zió-ne] *s.f.* l'interporre, l'interporsi, l'essere interposto.

interposto [in-ter-pó-sto] *agg.* posto in mezzo | *per interposta persona*, tramite un intermediario.

interpretabile [in-ter-pre-tà-bi-le] *agg.* che si può interpretare.

interpretare [in-ter-pre-tà-re] *v.tr.* [*io intèrpreto ecc.*] **1** dare una spiegazione, un significato a qlco.: — *un comportamento, un sogno* **2** recitare una parte al cinema o a teatro: — *Amleto* | (*mus.*) eseguire: — *una sonata per pianoforte.*

interpretativo [in-ter-pre-ta-tì-vo] *agg.* che tende a interpretare; che si riferisce all'interpretazione: *commento* —.

interpretazione [in-ter-pre-ta-zió-ne] *s.f.* atto, modo di interpretare: *l'— di un testo, di un brano musicale.*

interprete [in-tèr-pre-te] *s.m.* e *f.* **1** chi interpreta, spiega: *un sottile — di poesia* **2** chi traduce oralmente da una lingua in un'altra: *fare da — a qlcu.* **3** chi esprime a una persona i sentimenti, il pensiero di altri: *farsi — della riconoscenza di tutti* **4** che interpreta un brano musicale, una parte al cinema o a teatro: *un film con ottimi interpreti.*

interpungere [in-ter-pùn-ge-re] *v.tr.* [coniugato come *pungere*] mettere la punteggiatura in uno scritto.
interpunzione [in-ter-pun-zió-ne] *s.f.* (*gramm.*) punteggiatura: *segni di* —.
interramento [in-ter-ra-mén-to] *s.m.* l'interrare, l'essere interrato.
interrare [in-ter-rà-re] *v.tr.* [*io intèrro ecc.*] introdurre nella terra; sotterrare: — *un seme.*
interrato [in-ter-rà-to] *s.m.* locale o appartamento situato sotto il livello stradale: *abitare in un* —.
interrazziale [in-ter-raz-zià-le] *agg.* che concerne più razze umane: *rapporti interrazziali.*
interregionale [in-ter-re-gio-nà-le] *agg.* che concerne più regioni: *accordo* — | *treno* —, nome di treni a breve percorso che toccano due o più regioni.
interregno [in-ter-ré-gno] *s.m.* il periodo intercorrente fra la morte, l'abdicazione o la deposizione di un sovrano e la nomina del successore | (*estens.*) periodo di passaggio, di transizione.
interrelato [in-ter-re-là-to] *agg.* che è in rapporto di interrelazione.
interrelazione [in-ter-re-la-zió-ne] *s.f.* relazione reciproca; interdipendenza.
interrogante [in-ter-ro-gàn-te] *agg.* e *s.m.* e *f.* che/chi interroga, presenta un'interrogazione.
interrogare [in-ter-ro-gà-re] *v.tr.* [*io intèrrogo, tu intèrroghi ecc.*] **1** rivolgere una o più domande: — *qlcu. su qlco.* **2** (*dir.*) sottoporre a interrogatorio: — *l'imputato.*
interrogativo [in-ter-ro-ga-tì-vo] *agg.* che indica o introduce una interrogazione: *frase interrogativa* | in grammatica: *proposizione interrogativa*, quella con cui si pone una domanda; *proposizione interrogativa retorica*, frase espressa in forma interrogativa, che non ha bisogno però di risposta in quanto la contiene già in sé (p.e. *è questo il modo di rispondere?*); *pronomi, avverbi, aggettivi interrogativi*, che introducono una proposizione interrogativa; *punto* —, segno d'interpunzione che si pospone alle frasi interrogative dirette ♦ *s.m.* **1** quesito, domanda: *sollevare un* — **2** ciò che desta incertezza, perplessità: *l'avvenire è un grande* — □ **interrogativamente** *avv.*
interrogatorio [in-ter-ro-ga-tò-rio] *s.m.* **1** (*dir.*) complesso delle domande e delle risposte rivolte dal magistrato alle parti di un processo civile o penale: *sottoporre a* — **2** (*estens.*) serie fitta e incalzante di domande.
interrogazione [in-ter-ro-ga-zió-ne] *s.f.* l'interrogare, l'essere interrogato; la domanda o le domande con cui si interroga: — *scolastica* | — *parlamentare*, richiesta di chiarimenti avanzata da uno o più parlamentari a un ministro su materia di sua competenza.
interrompere [in-ter-róm-pe-re] *v.tr.* [coniugato come *rompere*] **1** lasciare a mezzo; sospendere, smettere: — *i lavori* **2** rompere una continuità: *una frana interrompe la strada* **3** impedire a qlcu. di continuare un discorso: *interrompe sempre quando gli altri parlano* ♦ **interrompersi** *v. intr.pron.* fermarsi, arrestarsi: — *nel mezzo di una frase.*
interrotto [in-ter-rót-to] *agg.* **1** non continuo, spezzato: *discorso* — **2** impedito, troncato: *comunicazioni interrotte.*
interruttore [in-ter-rut-tó-re] *s.m.* (*elettr.*) apparecchio che attiva o disattiva la continuità di un circuito elettrico: — *della luce.*
interruzione [in-ter-ru-zió-ne] *s.f.* l'interrompere, l'interrompersi, l'essere interrotto: — *delle trattative*; *senza* —, di continuo | — *di gravidanza*, aborto.
interscambio [in-ter-scàm-bio] *s.m.* scambio reciproco; — *commerciale.*
intersecare [in-ter-se-cà-re] *v.tr.* [*io intèrseco, tu intèrsechi ecc.*] attraversare tagliando; incrociare: *retta che interseca un cerchio* ♦ **intersecarsi** *v. rifl.rec.* attraversarsi, incrociarsi: *strade che s'intersecano.*
intersezione [in-ter-se-zió-ne] *s.f.* **1** l'intersecare, l'intersecarsi: *linea di* — *tra due piani* | luogo, punto in cui due cose si intersecano: *all'* — *delle due strade* **2** (*mat.*) l'insieme formato dagli elementi comuni a più insiemi.
intersiderale [in-ter-si-de-rà-le] *agg.* situato tra più corpi celesti; interstellare: *spazio* —.
interstellare [in-ter-stel-là-re] *agg.* che intercorre, che è situato tra stella e stella: *distanza* —.
interstiziale [in-ter-sti-zià-le] *agg.* **1** dell'interstizio; che sta in un interstizio **2** (*med.*) si dice di ciò che sta tra una cellula e l'altra: *liquido* —.
interstizio [in-ter-stì-zio] *s.m.* breve spazio tra due corpi: *gli interstizi dei denti.*
intertempo [in-ter-tèm-po] *s.m.* (*sport*) tempo impiegato da un atleta per effettuare una parte di una gara a cronometro.
intertropicale [in-ter-tro-pi-cà-le] *agg.* situato, compreso tra i due tropici: *regione* —.
interurbano [in-te-rur-bà-no] *agg.* che collega due o più città: *telefonata interurbana.*
intervallare [in-ter-val-là-re] *v.tr.* distanziare stabilendo degli intervalli: — *le partenze.*
intervallo [in-ter-vàl-lo] *s.m.* **1** spazio che intercorre tra due oggetti: *tra gli alberi c'è l'* — *di cinque metri* **2** periodo di tempo che intercorre tra due eventi; pausa: *un* — *di dieci minuti* | *a intervalli*, periodicamente **3** (*mus.*) differenza di altezza fra due suoni **4** (*mat.*) insieme dei numeri reali compresi fra due numeri reali dati.
intervenire [in-ter-ve-nì-re] *v.intr.* [coniugato come *venire*; aus. *essere*] **1** mettersi in mezzo per risolvere una situazione: *la polizia è intervenuta* **2** partecipare, prendere parte: — *a una cerimonia* **3** (*med.*) effettuare un intervento chirurgico: — *d'urgenza su un paziente.*
interventismo [in-ter-ven-tì-ʃmo] *s.m.* orientamento politico che propugna l'intervento militare di uno stato in una guerra in corso.
interventista [in-ter-ven-tì-sta] *s.m.* e *f.* [pl.m. *-sti*] chi sostiene l'interventismo | Usato anche come *agg.*: *politica* —.
interventistico [in-ter-ven-tì-sti-co] *agg.* [pl.m.

-ci] relativo all'interventismo, agli interventisti.

intervento [in-ter-vèn-to] *s.m.* **1** l'intervenire: *l'— dei vigili del fuoco* **2** il prendere la parola in una riunione; il discorso pronunciato: *un — polemico* **3** (*sport*) azione compiuta da un giocatore: *un — falloso* **4** (*med.*) operazione chirurgica: *un — difficile.*

intervenuto [in-ter-ve-nù-to] *s.m.* [f. *-a*] chi partecipa a una riunione, a una cerimonia: *ringraziare gli intervenuti.*

intervertebrale [in-ter-ver-te-brà-le] *agg.* (*anat.*) situato, localizzato tra due vertebre: *disco —.*

intervista [in-ter-vì-sta] *s.f.* scambio di domande e risposte tra un giornalista e una persona, che sarà diffuso pubblicamente: *rilasciare un'—* | il resoconto di tale colloquio: *trasmettere un'—.*

intervistare [in-ter-vi-stà-re] *v.tr.* interrogare in un'intervista: *— un uomo politico.*

intervistato [in-ter-vi-stà-to] *agg.* e *s.m.* [f. *-a*] che/chi è interrogato in un'intervista.

intervistatore [in-ter-vi-sta-tó-re] *s.m.* [f. *-trice*] chi intervista.

intervocalico [in-ter-vo-cà-li-co] *agg.* [pl.m. *-ci*] (*ling.*) che si trova tra due vocali: *consonante intervocalica.*

interzato [in-ter-zà-to] *s.m.* (*arald.*) scudo diviso in tre parti da due linee parallele verticali, orizzontali od oblique.

intesa [in-té-sa] *s.f.* **1** accordo; patto: *raggiungere un'—; agire d'—*, d'accordo **2** collaborazione, affiatamento: *— di squadra.*

inteso [in-té-so] *agg.* **1** che mira a un fine; destinato: *un agire — al bene comune* **2** capito: *parole non intese nel giusto senso* **3** stabilito, pattuito: *rimanere —* | d'accordo, accordato: *siamo intesi sul da farsi.*

intessere [in-tès-se-re] *v.tr.* [coniugato come *tessere*] **1** tessere, intrecciare insieme: *— fili* **2** (*fig.*) comporre: *— un discorso* | ordire, tramare: *— inganni.*

intessuto [in-tes-sù-to] *agg.* **1** intrecciato, commisto: *un vestito — di fili d'argento* **2** (*fig.*) pieno: *un discorso — di luoghi comuni.*

intestabile [in-te-stà-bi-le] *agg.* che si può intestare.

intestardirsi [in-te-star-dir-si] *v.intr.pron.* [*io mi intestardisco, tu ti intestardisci ecc.*] mettersi in testa di fare qlco. a ogni costo; ostinarsi: *— in un proposito.*

intestare [in-te-stà-re] *v.tr.* [*io intèsto ecc.*] **1** scrivere l'intestazione di un foglio: *— una lettera* **2** indicare qlcu. come titolare di un bene: *— una casa ai figli* | indicare su un documento il contraente degli impegni e dei diritti lì specificati: *— un contratto, una fattura.*

intestatario [in-te-sta-tà-rio] *agg.* e *s.m.* [f. *-a*] **1** si dice di colui al quale è intestato qlco.; titolare, proprietario: *l'— di una licenza* **2** si dice di colui il cui nome è scritto in testa a un foglio, a una busta ecc.

intestato[1] [in-te-stà-to] *agg.* **1** che ha un'intestazione: *carta intestata*, carta per corrispondenza su cui sono stampati nome e indirizzo del mittente **2** che è posto a nome di qlcu.: *un assegno — a suo nome.*

intestato[2] *agg.* e *s.m.* [f. *-a*] (*dir.*) si dice di chi muore senza aver fatto testamento: *morire —.*

intestazione [in-te-sta-zió-ne] *s.f.* **1** l'intestare: *— di un titolo di credito* **2** insieme di diciture che formano la testata di un foglio.

intestinale [in-te-sti-nà-le] *agg.* dell'intestino: *colica —.*

intestino[1] [in-te-stì-no] *agg.* interno: *lotta, guerra intestina*, che avviene in seno a un'organizzazione, a uno stato.

intestino[2] *s.m.* (*anat.*) parte dell'apparato digerente, a forma di tubo, che va dallo stomaco all'ano: *— tenue, crasso.*

intiepidire [in-tie-pi-dì-re] *v.tr.* [*io intiepidisco, tu intiepidisci ecc.*] **1** rendere tiepido: *il sole primaverile intiepidisce l'aria* **2** (*fig.*) mitigare, affievolire (un sentimento acceso): *— gli entusiasmi* ♦ **intiepidirsi** *v.intr.pron.* **1** diventare tiepido: *l'acqua s'è intiepidita* **2** (*fig.*) affievolirsi.

intignarsi [in-ti-gnàr-si] *v.intr.pron.* (*region.*) insistere testardamente; ostinarsi.

intimare [in-ti-mà-re] *v.tr.* [*io intìmo ecc.*] ordinare d'autorità: *— l'alt.*

intimazione [in-ti-ma-zió-ne] *s.f.* l'atto, le parole con cui si intima.

intimidatorio [in-ti-mi-da-tò-rio] *agg.* che tende a intimidire: *azione intimidatoria.*

intimidazione [in-ti-mi-da-zió-ne] *s.f.* parola o atto che tende a intimidire; minaccia: *cedere a un'—.*

intimidire [in-ti-mi-dì-re] *v.tr.* [*io intimidisco, tu intimidisci ecc.*] **1** rendere timido: *una presenza che intimidisce* **2** intimorire: *— qlcu. con minacce* ♦ **intimidirsi** *v.intr.pron.* diventare timido.

intimismo [in-ti-mì-ʃmo] *s.m.* disposizione propria di chi presta attenzione ai moti più intimi e sottili dell'animo.

intimista [in-ti-mì-sta] *agg.* e *s.m.* e *f.* [pl.m. *-sti*] si dice di chi è incline all'intimismo.

intimistico [in-ti-mì-sti-co] *agg.* proprio dell'intimismo; che presenta i caratteri dell'intimismo: *poesia intimistica.*

intimità [in-ti-mi-tà] *s.f.* **1** l'essere intimo; familiarità, confidenza: *— di rapporti* **2** ambiente intimo (anche *fig.*): *l'— della famiglia, della coscienza* | *nell'—*, nella vita intima.

intimo [ìn-ti-mo] *agg.* [superl. di *interno*] **1** (*non com.*) che è il più interno, il più addentro | *parti intime del corpo*, i genitali; *igiene intima*, che riguarda tali parti | *biancheria intima*, che si indossa a contatto della pelle **2** (*fig.*) che è il più profondo, il più riposto: *le intime radici di un male* | che si prova nel profondo dell'animo: *un senso — di smarrimento* **3** stretto, legato da un vincolo d'affetto: *amico —* | *cerimonia intima*, a cui partecipano solo amici o parenti stretti | *ambiente —*, accogliente, familiare | *essere in rapporti inti-*

mi con qlcu., in confidenza | *avere rapporti intimi con qlcu.*, rapporti sessuali ♦ *s.m.* **1** la zona più interna, più segreta (spec. *fig.*): *l'— dell'animo* **2** amico o parente stretto: *una cena con pochi intimi* □ **intimamente** *avv.* **1** confidenzialmente: *conversare —* **2** nell'intimo dell'animo: *— commosso* | in modo approfondito: *conoscere — una materia* **3** strettamente: *fatti — connessi.*

intimorimento [in-ti-mo-ri-mén-to] *s.m.* l'intimorire, l'intimorirsi, l'essere intimorito.

intimorire [in-ti-mo-rì-re] *v.tr.* [*io intimorisco, tu intimorisci ecc.*] incutere timore ♦ **intimorirsi** *v.intr.pron.* essere preso da timore.

intingere [in-tìn-ge-re] *v.tr.* [coniugato come *tingere*] immergere parzialmente in un liquido: *— il pane nel sugo, la penna nell'inchiostro.*

intingolo [in-tìn-go-lo] *s.m.* nome generico di qualsiasi salsa nella quale si cuoce una vivanda.

intirizzimento [in-ti-riʒ-ʒi-mén-to] *s.m.* l'intirizzire, l'intirizzirsi, l'essere intirizzito.

intirizzire [in-ti-riʒ-ʒì-re] *v.tr.* [*io intiriʒʒisco, tu intiriʒʒisci ecc.*] agghiacciare fino al punto di avere una sensibilità ridotta di una parte del corpo: *un gelo che intirizzisce i piedi* ♦ *v.intr.* [aus. *essere*], **intirizzirsi** *v.intr.pron.* intorpidirsi per il freddo.

intirizzito [in-ti-riʒ-ʒì-to] *agg.* intorpidito per il freddo: *mani intirizzite.*

intitolare [in-ti-to-là-re] *v.tr.* [*io intìtolo ecc.*] **1** dare il titolo a un'opera: *— un libro* **2** dedicare una strada, una piazza, un'edificio: *— la piazza ai Caduti.*

intitolazione [in-ti-to-la-zió-ne] *s.f.* **1** l'intitolare, l'essere intitolato; titolo **2** intestazione di un atto pubblico **3** dedica.

intoccabile [in-toc-cà-bi-le] *agg.* che non può o non deve essere toccato: *un oggetto —* ♦ *s.m.* e *f.* **1** in India, paria: *la casta degli intoccabili* **2** (*fig.*) persona che non può essere oggetto di critiche o di censure: *essere un —.*

intollerabile [in-tol-le-rà-bi-le] *agg.* **1** che non si può o non si deve tollerare: *sopruso —* **2** che è difficile da sopportare: *caldo —* □ **intollerabilmente** *avv.*

intollerabilità [in-tol-le-ra-bi-li-tà] *s.f.* l'essere intollerabile.

intollerante [in-tol-le-ràn-te] *agg.* **1** che non tollera, non sopporta | che si spazientisce facilmente; insofferente: *carattere —* **2** che non ammette opinioni diverse dalla propria; intransigente.

intolleranza [in-tol-le-ràn-za] *s.f.* **1** incapacità di tollerare: *— del dolore* | *— a un medicinale*, allergia **2** insofferenza: *un gesto d'—* **3** atteggiamento abituale di chi non ammette opinioni diverse dalle proprie.

intonacare [in-to-na-cà-re] *v.tr.* [*io intònaco, tu intònachi ecc.*] rivestire con uno strato di intonaco: *— un muro.*

intonacatura [in-to-na-ca-tù-ra] *s.f.* l'intonacare, l'essere intonacato | intonaco.

intonaco [in-tò-na-co] *s.m.* [pl. *-ci* o *-chi*] strato di malta applicato a una muratura per renderne liscia la superficie.

intonamento [in-to-na-mén-to] *s.m.* (*mus.*) l'intonare; accordo.

intonare [in-to-nà-re] *v.tr.* [*io intòno ecc.*] **1** (*mus.*) impostare nella giusta tonalità la voce o uno strumento musicale: *— col diapason* **2** cominciare a cantare o a suonare le prime note di un brano musicale **3** (*fig.*) armonizzare, accordare: *— la cravatta col vestito* ♦ **intonarsi** *v.intr.pron.* armonizzarsi, accordarsi: *un colore che s'intona col viso.*

intonato [in-to-nà-to] *agg.* **1** che è nel tono giusto; che produce il tono giusto: *strumento —* | *persona intonata*, che canta senza stonare **2** (*fig.*) che è in accordo, in armonia: *cravatta intonata alla camicia.*

intonazione [in-to-na-zió-ne] *s.f.* **1** (*mus.*) il modo di emettere un suono rispetto alla sua altezza: *un'— giusta* | l'essere intonato **2** avvio di un canto corale, dato da uno strumento o da una voce solista **3** (*fig.*) armonia di suoni o colori **4** (*ling.*) variazione di altezza nei suoni delle parole; modulazione: *parlare con un'— monotona* **5** (*fig.*) tono, carattere: *un discorso d'— polemica.*

intonso [in-tòn-so *o* intónso] *agg.* **1** (*lett.*) non tosato: *pecore intonse* **2** (*estens.*) si dice di libro con le pagine non ancora tagliate; (*fig.*) di libro mai letto.

intontimento [in-ton-ti-mén-to] *s.m.* lo stato di chi è intontito.

intontire [in-ton-tì-re] *v.tr.* [*io intontisco, tu intontisci ecc.*] stordire, confondere: *il frastuono mi intontisce* ♦ **intontirsi** *v.intr.pron.* stordirsi.

intontito [in-ton-tì-to] *agg.* stordito, istupidito: *rimanere —* | che esprime stordimento: *sguardo —.*

intoppare [in-top-pà-re] *v.intr.* [*io intòppo ecc.*; aus. *essere* o *avere*] imbattersi (in un ostacolo, in una difficoltà): *— in un problema* ♦ **intopparsi** *v.intr.pron.* non riuscire a procedere, bloccarsi.

intoppo [in-tòp-po] *s.m.* ostacolo: *creare intoppi*, ostacolare.

intorbidamento [in-tor-bi-da-mén-to] *s.m.* l'intorbidare, l'intorbidarsi, l'essere intorbidato.

intorbidare [in-tor-bi-dà-re] *v.tr.* [*io intórbido ecc.*] **1** far diventare torbido: *le piogge intorbidano il fiume* | *— le acque*, (*fig.*) provocare ad arte confusione per conseguire meglio i propri scopi **2** (*fig.*) annebbiare, offuscare: *— la vista* ♦ **intorbidarsi** *v.intr.pron.* **1** diventare torbido **2** (*fig.*) offuscarsi.

intorbidimento [in-tor-bi-di-mén-to] *s.m.* intorbidamento.

intorbidire [in-tor-bi-dì-re] *v.tr.* [*io intorbidisco, tu intorbidisci ecc.*] intorbidare ♦ **intorbidirsi** *v.intr.pron.* intorbidarsi.

intorno [in-tór-no] *avv.* in giro, nello spazio circostante; attorno: *non c'è nessuno qui —* | *andare —*, qua e là | *levarsi qlcu. d'—*, liberarsene ♦ Nella loc. prep. *— a*, nello spazio circostante, attorno: *— alla casa*; *stare — a qlcu.*, stargli sempre vici-

no 2 indica approssimazione rispetto a quantità, misure, date: *— al 1800* 3 indica argomento: *discutere — a un problema* ♦ *agg.invar.* circostante: *i paesi —.*
intorpidimento [in-tor-pi-di-mén-to] *s.m.* l'intorpidire, l'intorpidirsi, l'essere intorpidito (anche *fig.*): *l'— della sensibilità.*
intorpidire [in-tor-pi-dì-re] *v.tr.* [*io intorpidisco, tu intorpidisci ecc.*] far diventare torpido: *il freddo intorpidisce le membra* | (*fig.*) rendere pigro, privo di lucidità: *il bere gli ha intorpidito la mente* ♦ *v.intr.* [aus. *essere*], **intorpidirsi** *v. intr.pron.* diventare torpido.
intorpidito [in-tor-pi-dì-to] *agg.* preso da torpore: *gamba, cervello —.*
intossicare [in-tos-si-cà-re] *v.tr.* [*io intòssico, tu intòssichi ecc.*] provocare uno stato di intossicazione: *il fumo intossica l'organismo* | (*fig.*) corrompere moralmente: *letture che intossicano l'animo* ♦ **intossicarsi** *v.rifl.* o *intr.pron.* subire un'intossicazione: *— con cibi avariati.*
intossicato [in-tos-si-cà-to] *s.m.* [f. *-a*] chi è affetto da intossicazione.
intossicazione [in-tos-si-ca-zió-ne] *s.f.* (*med.*) stato morboso provocato dall'azione di sostanze tossiche; avvelenamento.
in toto [/ in'tɔto /] *loc.avv.* (*lat.*) totalmente.
intra- primo elemento di parole composte, che significa 'dentro, all'interno, tra' (*intramuscolare, intramezzare*).
intradermico [in-tra-dèr-mi-co] *agg.* [pl.m. *-ci*] (*anat.*) che è all'interno del derma | *iniezione intradermica,* praticata superficialmente con un ago molto sottile.
intradosso [in-tra-dòs-so] *s.m.* 1 (*arch.*) la superficie interna, concava, di un arco o di una volta | il vano interno di una finestra o di una porta 2 (*aer.*) la superficie inferiore di un'ala.
intraducibile [in-tra-du-cì-bi-le] *agg.* che non si può rendere adeguatamente in traduzione: *espressione —.*
intraducibilità [in-tra-du-ci-bi-li-tà] *s.f.* l'essere intraducibile.
intralciare [in-tral-cià-re] *v.tr.* [*io intràlcio ecc.*] impedire lo svolgimento di qlco.; ostacolare: *— un'attività* ♦ **intralciarsi** *v.rifl.rec.* ostacolarsi: *— l'un l'altro.*
intralcio [in-tràl-cio] *s.m.* ostacolo, impedimento: *essere d'—.*
intralicciatura [in-tra-lic-cia-tù-ra] *s.f.* (*tecn.*) struttura a traliccio.
intrallazzare [in-tral-laz-zà-re] *v.intr.* [aus. *avere*] fare intrallazzi.
intrallazzatore [in-tral-laz-za-tó-re] *s.m.* [f. *-trice*] chi intrallazza.
intrallazzo [in-tral-làz-zo] *s.m.* scambio illecito di beni o di favori: *fare intrallazzi.*
intramezzare [in-tra-meʒ-ʒà-re] *v.tr.* [*io intramèʒʒo ecc.*] mettere in mezzo; inframmezzare, alternare.
intramolecolare [in-tra-mo-le-co-là-re] *agg.* (*chim., fis.*) che si trova, si verifica all'interno della molecola.
intramontabile [in-tra-mon-tà-bi-le] *agg.* che conserva intatte nel tempo le sue qualità e la sua fama: *un attore —.*
intramuscolare [in-tra-mu-sco-là-re] *agg.* (*med.*) che sta dentro un muscolo: *cisti —* | che si pratica in un muscolo: *iniezione —* ♦ *s.f.* iniezione intramuscolare.
intransigente [in-tran-si-gèn-te] *agg.* che non transige, che non ammette trasgressioni; rigido: *un giudice —.*
intransigenza [in-tran-si-gèn-za] *s.f.* l'essere intransigente.
intransitabile [in-tran-si-tà-bi-le] *agg.* su cui o attraverso cui non è possibile transitare: *strada —.*
intransitabilità [in-tran-si-ta-bi-li-tà] *s.f.* l'essere intransitabile: *l'— di un passo.*
intransitivo [in-tran-si-tì-vo] *agg.* e *s.m.* (*gramm.*) si dice di verbo che non può avere un complemento oggetto □ **intransitivamente** *avv.* con valore, con uso intransitivo.
intrappolare [in-trap-po-là-re] *v.tr.* [*io intràppolo ecc.*] prendere in trappola: *— un topo* | (*fig.*) far cadere in un tranello.
intraprendente [in-tra-pren-dèn-te] *agg.* che ha spirito d'iniziativa: *un uomo —* □ **intraprendentemente** *avv.*
intraprendenza [in-tra-pren-dèn-za] *s.f.* l'essere intraprendente.
intraprendere [in-tra-prèn-de-re] *v.tr.* [coniugato come *prendere*] accingersi a un lavoro, a un'impresa: *— una spedizione* | *— una carriera,* abbracciarla, iniziarla.
intrasferibile [in-tra-sfe-rì-bi-le] *agg.* che non può essere trasferito.
intrasferibilità [in-tra-sfe-ri-bi-li-tà] *s.f.* l'essere intrasferibile.
intrasportabile [in-tra-spor-tà-bi-le] *agg.* che non si può trasportare.
intrattabile [in-trat-tà-bi-le] *agg.* non trattabile, difficilmente trattabile | *persona —,* con cui è difficile avere a che fare.
intrattabilità [in-trat-ta-bi-li-tà] *s.f.* l'essere intrattabile.
intrattenere [in-trat-te-né-re] *v.tr.* [coniugato come *tenere*] far passare il tempo piacevolmente: *— gli ospiti conversando* | *— qlcu. su un argomento,* parlargliene ♦ **intrattenersi** *v.intr.pron.* 1 passare piacevolmente il tempo con qlcu.: *— con gli amici* 2 soffermarsi a parlare.
intrattenimento [in-trat-te-ni-mén-to] *s.m.* 1 l'intrattenere 2 passatempo, trattenimento, festa.
intrattenitore [in-trat-te-ni-tó-re] *s.m.* [f. *-trice*] chi intrattiene, divertendo o conversando: *uno spiritoso —.*
intrauterino [in-tra-u-te-rì-no] *agg.* (*anat., med.*) che è o avviene all'interno della cavità uterina.
intravascolare [in-tra-va-sco-là-re] *agg.* (*anat.,*

med.) che è o avviene all'interno dei vasi sanguigni.

intravedere [in-tra-ve-dé-re] *v.tr.* [coniugato come *vedere*] **1** vedere in modo indistinto: — *qlco. nella nebbia* **2** (*fig.*) intuire: — *la verità*.

intrecciare [in-trec-cià-re] *v.tr.* [*io intréccio ecc.*] **1** unire in una treccia; intessere: — *una ghirlanda* **2** (*fig.*) allacciare, stringere: — *rapporti di amicizia* ♦ **intrecciarsi** *v.rifl.rec.* aggrovigliarsi: *i fili si sono intrecciati*.

intrecciatura [in-trec-cia-tù-ra] *s.f.* l'operazione dell'intrecciare, dell'intessere | il modo d'intrecciare: — *a stuoia*.

intreccio [in-tréc-cio] *s.m.* **1** l'intrecciare: *lavori d'*— **2** insieme di cose intrecciate: *un — di fili* **3** (*fig.*) la trama di un film o di un romanzo.

intrepidezza [in-tre-pi-déz-za] *s.f.* (*lett.*) l'essere intrepido.

intrepido [in-trè-pi-do] *agg.* che non ha paura; impavido: *animo* — □ **intrepidamente** *avv.*

intricare [in-tri-cà-re] *v.tr.* [*io intrico, tu intrichi ecc.*] **1** avvolgere, avviluppare in modo disordinato: — *i fili di una matassa* **2** (*fig.*) confondere, imbrogliare: — *un affare* ♦ **intricarsi** *v.intr.pron.* aggrovigliarsi, imbrogliarsi (anche *fig.*): *la faccenda si va intricando*.

intricato [in-tri-cà-to] *agg.* avviluppato, aggrovigliato: *vegetazione intricata* | (*fig.*) confuso, complicato: *questione intricata* □ **intricatamente** *avv.*

intrico [in-trì-co] *s.m.* [pl. *-chi*] insieme disordinato e confuso di cose intrecciate fra loro (anche *fig.*): *un — di sentimenti*.

intridere [in-trì-de-re] *v.tr.* [pass.rem. *io intrisi, tu intridésti ecc.*; part.pass. *intriso*] imbevere di liquido una sostanza solida o in polvere per fare un impasto.

intrigante [in-tri-gàn-te] *agg.* **1** che ha l'abitudine di tramare imbrogli: *un avvocato* — **2** che attira l'attenzione; accattivante: *sguardi intriganti* ♦ *s.m.* e *f.* persona intrigante: *è un* —.

intrigare [in-tri-gà-re] *v.tr.* [*io intrigo, tu intrighi ecc.*] **1** avviluppare, intricare: — *una matassa* **2** (*fig.*) affascinare, interessare: *un film che intriga lo spettatore*.

intrigo [in-trì-go] *s.m.* [pl. *-ghi*] **1** macchinazione, complotto **2** situazione intricata, non chiara: — *amoroso*.

intrinsecarsi [in-trin-se-càr-si] *v.intr.pron.* [*io mi intrìnseco, tu ti intrìnsechi ecc.*] (*lett.*) acquisire intima amicizia, confidenza, familiarità | immedesimarsi.

intrinsecità [in-trin-se-ci-tà] *s.f.* (*non com.*) l'essere intrinseco.

intrinseco [in-trìn-se-co] *agg.* [pl.m. *-ci*] che è proprio di una cosa, che è inerente alla sua natura (si contrappone a *estrinseco*): *valore* — □ **intrinsecamente** *avv.*

intripparsi [in-trip-pàr-si] *v.rifl.* (*pop.*) riempirsi di cibo; mangiare moltissimo.

intriso [in-trì-so] *agg.* imbevuto; permeato (anche *fig.*): *abito — di pioggia*; *racconto — di malinconia*.

intristimento [in-tri-sti-mén-to] *s.m.* (*non com.*) l'intristirsi; tristezza.

intristire [in-tri-stì-re] *v.intr.* [*io intristisco, tu intristisci ecc.*; aus. *essere*] diventare triste; assumere un aspetto triste.

intro- primo elemento di parole composte, che significa 'dentro, verso l'interno' (*intromettere, introversione*).

introdotto [in-tro-dót-to] *agg.* **1** che ha molte cognizioni; esperto: *essere — in una materia* **2** che ha molte conoscenze: *persona introdotta in un ambiente*.

introducibile [in-tro-du-cì-bi-le] *agg.* che si può introdurre.

introdurre [in-tro-dùr-re] *v.tr.* [coniugato come *addurre*] **1** mettere dentro, inserire: — *la chiave nella toppa* | importare: — *prodotti dall'estero* **2** far entrare, inserire (anche *fig.*): — *qlcu. in casa, in un ambiente* **3** mettere in uso; diffondere: — *nuove mode* **4** avviare, incominciare: — *un discorso* | (*gramm.*) detto di preposizioni e congiunzioni, precedere determinati complementi o proposizioni **5** avviare, iniziare a qlco.: — *nei segreti del mestiere* ♦ **introdursi** *v.rifl.* o *intr.pron.* **1** entrare, penetrare: — *di soppiatto nella stanza* **2** entrare a far parte di un ambiente: *riuscì a — nel gruppo*.

introduttivo [in-tro-dut-tì-vo] *agg.* che serve a introdurre: *discorso* —.

introduttore [in-tro-dut-tó-re] *s.m.* chi introduce, propone, divulga: *l'— di un dibattito*.

introduzione [in-tro-du-zió-ne] *s.f.* **1** l'introdurre, l'introdursi, l'essere introdotto: — *della chiave, di un prodotto* **2** ciò che si scrive o si dice per presentare l'argomento di un libro o di un discorso; premessa.

introflessione [in-tro-fles-sió-ne] *s.f.* (*biol.*) ripiegamento in dentro di un tessuto o di un organo.

introflesso [in-tro-flès-so] *agg.* (*biol.*) ripiegato in dentro, detto di organo o tessuto.

introflettersi [in-tro-flèt-ter-si] *v.intr.pron.* [*io mi introflètto ecc.*] (*biol.*) ripiegarsi in dentro, detto di organo o tessuto.

introiettare [in-tro-iet-tà-re] *v.tr.* [*io introiètto ecc.*] ricevere per introiezione; assimilare, far propri.

introiezione [in-tro-ie-zió-ne] *s.f.* processo mediante il quale una persona assimila e fa propri opinioni, atteggiamenti altrui.

introitare [in-troi-tà-re] *v.tr.* [*io intròito ecc.*] (*burocr.*) percepire, riscuotere, incassare.

introito [in-trò-i-to] *s.m.* **1** incasso, entrata: *l'— della giornata* **2** (*lit.*) l'ingresso del sacerdote che celebra la messa.

intromettersi [in-tro-mét-ter-si] *v.rifl.* [*io mi intrométto ecc.*; coniugato come *mettere*] mettersi in mezzo tra due persone: — *a far da paciere* | ingerirsi in qlco.; immischiarsi: — *negli affari altrui*.

intromissione [in-tro-mis-sió-ne] *s.f.* l'intromettersi; ingerenza: *non tollerare intromissioni*.

intronare [in-tro-nà-re] *v.tr.* [*io intròno ecc.*] stordire con rumori assordanti: *un fragore che introna*.

intronato [in-tro-nà-to] *agg.* (*fam.*) intontito, stordito: *rimanere —.*
introspettivo [in-tro-spet-tì-vo] *agg.* che concerne l'introspezione; che è basato sull'introspezione: *esame —* | che è portato all'introspezione: *mente introspettiva.*
introspezione [in-tro-spe-zió-ne] *s.f.* analisi interiore.
introvabile [in-tro-và-bi-le] *agg.* si dice di cosa difficile da trovare per la sua rarità: *un modello ormai —* | di persona che è difficile reperire.
introversione [in-tro-ver-sió-ne] *s.f.* tendenza del soggetto a ritirarsi in sé, a rifiutare il contatto con l'esterno (si contrappone a *estroversione*).
introverso [in-tro-vèr-so] *agg.* e *s.m.* che/chi ha tendenza all'introversione: *un carattere —.*
intrufolare [in-tru-fo-là-re] *v.tr.* [*io intrùfolo ecc.*] (*fam.*) introdurre di soppiatto ♦ **intrufolarsi** *v. rifl.* introdursi di soppiatto o indebitamente: *— in una festa* | (*fig.*) intromettersi.
intrugliare [in-tru-glià-re] *v.tr.* [*io intrùglio ecc.*] (*fam.*) mescolare sostanze diverse ricavandone un intruglio.
intruglio [in-trù-glio] *s.m.* **1** mescolanza disgustosa di cibi o bevande **2** (*estens.*) scritto, discorso, lavoro raffazzonato.
intruppare [in-trup-pà-re] *v.tr.* (*non com.*) unire in truppa; riunire alla truppa ♦ **intrupparsi** *v.rifl.* unirsi alla truppa | (*estens.*) aggregarsi a un gruppo.
intrusione [in-tru-ʃió-ne] *s.f.* introduzione forzata o indebita di elementi estranei.
intrusivo [in-tru-ʃì-vo] *agg.* di intrusione | *rocce intrusive*, (*geol.*) quelle formate dal consolidamento del magma all'interno della crosta terrestre.
intruso [in-trù-ʃo] *agg.* e *s.m.* [f. *-a*] di persona che si è introdotta indebitamente in un ambiente: *sentirsi un —.*
intubare [in-tu-bà-re] *v.tr.* (*med.*) sottoporre a intubazione.
intubazione [in-tu-ba-zió-ne] *s.f.* (*med.*) temporanea introduzione di un tubo in un condotto anatomico, per immettere o estrarre sostanze.
intuibile [in-tu-ì-bi-le] *agg.* che si può intuire; immaginabile: *verità —.*
intuibilità [in-tu-i-bi-li-tà] *s.f.* l'essere intuibile.
intuire [in-tu-ì-re] *v.tr.* [*io intuisco, tu intuisci ecc.*] **1** cogliere l'essenza di qlco. mediante intuizione: *— le ragioni di un fatto* **2** (*estens.*) immaginare, prevedere: *— di che cosa si tratta.*
intuitività [in-tu-i-ti-vi-tà] *s.f.* l'essere intuitivo: *l'— di un concetto.*
intuitivo [in-tu-i-tì-vo] *agg.* **1** relativo all'intuizione: *facoltà intuitiva* **2** che si intuisce facilmente; evidente: *verità intuitive* **3** dotato di prontezza d'intuito: *persona intuitiva* □ **intuitivamente** *avv.*
intuito [in-tùi-to] *s.m.* **1** l'intuire; intuizione: *capire per —* **2** capacità d'intuire facilmente: *avere —.*
intuizione [in-tui-zió-ne] *s.f.* **1** percezione pronta e acuta della realtà: *ebbe subito l'— del pericolo* **2** la capacità d'intuire; disposizione naturale a cogliere prontamente la soluzione di un problema: *essere dotato d'—.*
intumescenza [in-tu-me-scèn-za] *s.f.* (*bot.*) escrescenza che si forma sulla superficie delle piante.
intumidire [in-tu-mi-dì-re] *v.intr.* [*io intumidisco, tu intumidisci ecc.*; aus. *essere*] (*lett.*) diventare tumido, gonfio.
inturgidimento [in-tur-gi-di-mén-to] *s.m.* l'inturgidire, l'inturgidirsi; la parte inturgidita.
inturgidirsi [in-tur-gi-dìr-si] *v.intr.pron.* [*io mi inturgidisco, tu ti inturgidisci ecc.*] *v.intr.pron.* diventare turgido, gonfiarsi.
inuguale e *deriv.* → **ineguale** e *deriv.*
inulto [i-nùl-to] *agg.* (*lett.*) invendicato.
inumano [i-nu-mà-no] *agg.* privo di umanità; disumano: *gesto —.*
inumare [i-nu-mà-re] *v.tr.* seppellire: *— una salma.*
inumazione [i-nu-ma-zió-ne] *s.f.* sepoltura.
inumidimento [i-nu-mi-di-mén-to] *s.m.* l'inumidire, l'inumidirsi, l'essere inumidito.
inumidire [i-nu-mi-dì-re] *v.tr.* [*io inumidisco, tu inumidisci ecc.*] rendere umido: *— la biancheria prima di stirarla* ♦ **inumidirsi** *v.intr.pron.* diventare umido.
inurbamento [i-nur-ba-mén-to] *s.m.* il trasferirsi di larghi strati di popolazione dalle campagne nelle città.
inurbanità [i-nur-ba-ni-tà] *s.f.* l'essere inurbano, scortese: *— di comportamento.*
inurbano [i-nur-bà-no] *agg.* privo di cortesia e gentilezza; maleducato: *modi inurbani.*
inusitato [i-nu-ʃi-tà-to] *agg.* (*lett.*) non usuale, insolito, inconsueto.
inutile [i-nù-ti-le] *agg.* che non serve a nulla; superfluo, inefficace: *lavoro —* □ **inutilmente** *avv.* invano: *sforzarsi —.*
inutilità [i-nu-ti-li-tà] *s.f.* l'essere inutile; inefficacia: *l'— di un provvedimento.*
inutilizzabile [i-nu-ti-liʒ-ʒà-bi-le] *agg.* che non può essere utilizzato; inservibile: *una macchina —.*
inutilizzato [i-nu-ti-liʒ-ʒà-to] *agg.* che non viene utilizzato; in disuso: *un ripostiglio pieno di cose inutilizzate.*
invadente [in-va-dèn-te] *agg.* e *s.m.* e *f.* che/chi si immischia troppo nei fatti altrui; indiscreto.
invadenza [in-va-dèn-za] *s.f.* l'essere invadente.
invadere [in-và-de-re] *v.tr.* [pass.rem. *io invaʃi, tu invadésti ecc.*; part.pass. *invaʃo*] **1** occupare con la violenza un territorio | (*iperb.*) affollare: *la piazza fu invasa da una moltitudine* **2** (*fig.*) propagarsi, dilagare: *il colera aveva invaso la città* | impossessarsi dell'animo, della mente: *un furore cieco l'invase* **3** (*fig.*) arrogarsi qlco. che spetta ad altri; usurpare: *— gli altrui poteri.*
invaghimento [in-va-ghi-mén-to] *s.m.* (*lett.*) l'invaghirsi, l'essere invaghito.
invaghirsi [in-va-ghìr-si] *v.intr.pron.* [*io mi inva-*

ghisco, tu ti invaghisci ecc.] accendersi di desiderio per qlcu. o per qlco.; innamorarsi, infatuarsi: *— di una donna.*

invalicabile [in-va-li-cà-bi-le] *agg.* che non può essere valicato, superato (anche *fig.*): *montagna, difficoltà —.*

invalicabilità [in-va-li-ca-bi-li-tà] *s.f.* l'essere invalicabile.

invalidabile [in-va-li-dà-bi-le] *agg.* che può essere invalidato.

invalidamento [in-va-li-da-mén-to] *s.m.* l'invalidare, l'essere invalidato: *l'— di un provvedimento.*

invalidante [in-va-li-dàn-te] *agg.* **1** (*dir.*) che rende nullo, non valido: *clausola —* **2** che causa invalidità fisica: *lesioni invalidanti.*

invalidare [in-va-li-dà-re] *v.tr.* [*io invàlido ecc.*] **1** (*dir.*) rendere nullo, non valido: *— un contratto* **2** (*estens.*) dimostrare l'infondatezza, l'erroneità di qlco.: *— una tesi.*

invalidazione [in-va-li-da-zió-ne] *s.f.* invalidamento.

invalidità [in-va-li-di-tà] *s.f.* **1** (*dir.*) mancanza di validità giuridica: *— di un atto* **2** detto di persona, l'essere invalido.

invalido [in-và-li-do] *agg.* **1** si dice di persona che per malattia o infortunio non è più in grado di lavorare normalmente: *rimanere —* **2** (*dir.*) privo di validità giuridica: *documento —* ♦ *s.m.* [f. *-a*] persona invalida: *— di guerra, civile.*

invalso [in-vàl-so] *agg.* usato, praticato; diffuso: *comportamento, sistema —.*

invano [in-và-no] *avv.* inutilmente; senza risultato: *lottare, chiamare, tentare —* | *essere —*, essere inutile.

invariabile [in-va-rià-bi-le] *agg.* **1** non variabile; costante, fisso: *clima, umore —* **2** (*gramm.*) si dice di parte del discorso o singola parola non soggetta a flessione □ **invariabilmente** *avv.* senza mai variare; costantemente: *rispondeva — di no.*

invariabilità [in-va-ria-bi-li-tà] *s.f.* l'essere invariabile.

invariante [in-va-riàn-te] *agg.* e *s.f.* (*mat., fis.*) si dice di qualsiasi ente che conserva sempre lo stesso valore o la stessa forma rispetto ad altre variabili.

invariantivo [in-va-rian-tì-vo] *agg.* (*scient.*) che non varia; che non produce variazione: *proprietà invariantiva.*

invariato [in-va-rià-to] *agg.* che non ha subito variazioni; immutato: *condizioni invariate.*

invasamento [in-va-ʃa-mén-to] *s.m.* l'essere invasato; esaltazione.

invasare[1] [in-va-ʃà-re] *v.tr.* impossessarsi dell'animo e della mente di qlcu.: *essere invasato dal demonio*, esserne posseduto ♦ **invasarsi** *v.intr.pron.* entusiasmarsi: *— di un'idea.*

invasare[2] *v.tr.* mettere una pianta in un vaso.

invasato [in-va-ʃà-to] *agg.* e *s.m.* [f. *-a*] si dice di chi è dominato, ossessionato da una passione esclusiva e incontrollabile.

invasatura [in-va-ʃa-tù-ra] *s.f.* il mettere una pianta in un vaso.

invasione [in-va-ʃió-ne] *s.f.* l'invadere, l'essere invaso: *le invasioni barbariche.*

invasivo [in-va-ʃì-vo] *agg.* (*med.*) si dice di processo morboso che tende a propagarsi nell'organismo.

invaso [in-và-ʃo] *s.m.* **1** l'operazione con cui si dispone una pianta in un vaso; invasatura **2** la capacità di un serbatoio idrico.

invasore [in-va-ʃó-re] *agg.* e *s.m.* che/chi invade: *esercito —.*

invecchiamento [in-vec-chia-mén-to] *s.m.* **1** l'invecchiare, il diventare vecchio **2** in enologia, maturazione dei vini che, conservati a lungo, migliorano in gusto e qualità.

invecchiare [in-vec-chià-re] *v.intr.* [*io invècchio ecc.*; aus. *essere*] **1** diventare vecchio o più vecchio | (*estens.*) assumere le caratteristiche della vecchiaia: *essere molto invecchiato* **2** (*fig.*) passare di moda, perdere attualità: *un romanzo che non invecchia mai* ♦ *v.tr.* **1** rendere, lasciar diventare vecchio: *— un vino* **2** far sembrare più vecchio: *questo vestito ti invecchia.*

invece [in-vé-ce] *avv.* al contrario: *credevo di trovarlo, — non c'era* | *— di*, in luogo di, al posto di: *— di Giorgio rispose Massimo.*

inveire [in-ve-ì-re] *v.intr.* [*io inveisco, tu inveisci ecc.*; aus. *avere*] protestare con parole violente contro qlcu. o qlco.: *— contro qlcu.*

invelenire [in-ve-le-nì-re] *v.tr.* [*io invelenisco, tu invelenisci ecc.*] riempire di rancore: *le malignità lo hanno invelenito* ♦ **invelenirsi** *v.intr.pron.* risentirsi aspramente: *— per i torti ricevuti.*

invelenito [in-ve-le-nì-to] *agg.* cattivo, animoso: *un rancore —.*

invendibile [in-ven-dì-bi-le] *agg.* che non si può o non si riesce a vendere: *merce —.*

invendibilità [in-ven-di-bi-li-tà] *s.f.* l'essere invendibile.

invendicato [in-ven-di-cà-to] *agg.* non vendicato: *delitto —.*

invenduto [in-ven-dù-to] *agg.* non venduto: *prodotto —* ♦ *s.m.* la merce invenduta: *rendere l'—.*

inventare [in-ven-tà-re] *v.tr.* [*io invènto ecc.*] **1** ideare, escogitare cose nuove: *Galileo inventò il cannocchiale* **2** concepire, creare con la fantasia: *— una trama avvincente* **3** pensare o dire cose non vere: *— una scusa.*

inventariare [in-ven-ta-rià-re] *v.tr.* [*io inventàrio ecc.*] (*burocr.*) registrare in un inventario: *— i libri di una biblioteca.*

inventario [in-ven-tà-rio] *s.m.* elenco particolareggiato e completo di una serie di beni o di oggetti: *l'— di un patrimonio, dei mobili di un ufficio* | registro in cui si elencano i beni o gli oggetti inventariati.

inventato [in-ven-tà-to] *agg.* non reale, falso.

inventiva [in-ven-tì-va] *s.f.* facoltà d'inventare, d'immaginare; fantasia: *essere ricco d'—.*

inventivo [in-ven-tì-vo] *agg.* che si riferisce all'inventare, alla creazione fantastica: *forza inven-*

tiva | che è ricco di immaginazione creativa: *ingegno —*.

inventore [in-ven-tó-re] *s.m.* [f. *-trice*] chi inventa qlco.: *l'— del telefono.*

invenzione [in-ven-zió-ne] *s.f.* **1** l'inventare, l'essere inventato; la cosa inventata: *l'— della ruota; un'— utilissima* **2** bugia, falsità: *non credergli, è un'—* **3** nella retorica classica, la scelta preliminare degli argomenti da trattare in un'opera **4** prodotto dell'immaginazione: *— poetica* **5** stratagemma, trovata: *una — diabolica.*

inveramento [in-ve-ra-mén-to] *s.m.* (*lett.*) l'inverarsi, il farsi vero.

inverare [in-ve-rà-re] *v.tr.* [*io invéro ecc.*] (*lett.*) rendere vero; riconoscere come vero ♦ **inverarsi** *v.intr.pron.* (*lett.*) acquistare concretezza, realtà; realizzarsi, attuarsi.

inverdire [in-ver-dì-re] *v.intr.* [*io inverdisco, tu inverdisci ecc.*] rendere verede ♦ *v.intr.* [aus. *essere*], **inverdirsi** *v.intr.pron.* divenire verde: *la campagna si è inverdita.*

inverecondia [in-ve-re-cón-dia] *s.f.* (*lett.*) mancanza di verecondia; spudoratezza.

inverecondo [in-ve-re-cón-do] *agg.* (*lett.*) privo di verecondia; spudorato: *atto —.*

invernale [in-ver-nà-le] *agg.* **1** dell'inverno; che è proprio dell'inverno: *clima, freddo —* **2** adatto all'inverno: *abito —* **3** che avviene o si fa d'inverno: *vacanze invernali.*

invernata [in-ver-nà-ta] *s.f.* una singola stagione invernale: *un'— molto fredda.*

inverno [in-vèr-no] *s.m.* la stagione più fredda dell'anno; nel nostro emisfero inizia il 21 dicembre e termina il 21 marzo.

invero [in-vé-ro] *avv.* (*lett.*) veramente, in verità.

inverosimiglianza [in-ve-ro-si-mi-gliàn-za] *s.f.* **1** l'essere inverosimile: *l'— di una notizia* **2** (spec. *pl.*) ciò che è inverosimile: *le inverosimiglianze d'un racconto.*

inverosimile [in-ve-ro-sì-mi-le] *agg.* non verosimile, incredibile: *una storia —* | straordinario, enorme: *una folla —* ♦ *s.m.* cio che è inverosimile, assurdo: *mangiare fino all'—* □ **inverosimilmente** *avv.*

inversione [in-ver-sió-ne] *s.f.* l'invertire, l'essere invertito: *— di rotta* | *— di tendenza*, radicale mutamento nella linea di sviluppo di un fenomeno.

inverso [in-vèr-so] *agg.* **1** contrario, opposto rispetto a un altro o al precedente: *senso, ordine —* **2** (*mat.*) si dice del numero o della frazione che moltiplicati per il numero di partenza danno 1: *1/2 è — di 2* | *funzione inversa* quella che si ottiene scambiando la x e la y in una funzione ♦ *s.m.* l'opposto, il contrario: *fa sempre l'— di quello che dovrebbe* | *all'—*, alla rovescia, in senso opposto □ **inversamente** *avv.* in senso, in ordine inverso: *grandezze — proporzionali.*

invertasi [in-ver-tà-ʃi] *s.f.* (*chim.*) enzima presente nei succhi intestinali, capace di scindere il saccarosio in glucosio e fruttosio.

invertebrato [in-ver-te-brà-to] *agg.* e *s.m.* **1** (*zool.*) si dice di animale privo di scheletro interno (*p.e.* molluschi, artropodi, celenterati, protozoi) **2** (*fig.*) si dice di persona debole, priva di carattere.

invertibile [in-ver-tì-bi-le] *agg.* che si può invertire.

invertire [in-ver-tì-re] *v.tr.* [*io invèrto ecc.*] **1** volgere nel senso, nella direzione opposta: *— la rotta* **2** mettere in una disposizione contraria a quella precedente: *— di posto* | *— le parti*, capovolgere la situazione così che uno si trovi nella condizione di un altro e viceversa | *— una frazione*, (*mat.*) scambiare il numeratore con il denominatore ♦ **invertirsi** *v.intr.pron.* capovolgersi, rovesciarsi: *le parti si sono invertite.*

invertito [in-ver-tì-to] *agg.* disposto in senso contrario; rovesciato: *pagine invertite* ♦ *agg.* e *s.m.* [f. *-a*] (*spreg.*) omosessuale.

invertitore [in-ver-ti-tó-re] *s.m.* **1** (*tecn.*) dispositivo che serve a invertire il senso di un movimento **2** (*elettr.*) dispositivo che trasforma la corrente continua in corrente alternata.

investibile [in-ve-stì-bi-le] *agg.* che si può investire: *capitale —.*

investigare [in-ve-sti-gà-re] *v.tr.* [*io invèstigo, tu invèstighi ecc.*] cercare di conoscere la verità di un fatto, seguendo accuratamente ogni indizio: *— i fenomeni della natura* ♦ *v.intr.* [aus. *avere*] compiere minuziose ricerche; indagare: *la polizia sta investigando sul delitto.*

investigativo [in-ve-sti-ga-tì-vo] *agg.* d'investigazione, che concerne l'investigazione: *attività investigativa* | che ha il compito d'investigare, che è addetto alle investigazioni: *nucleo —.*

investigatore [in-ve-sti-ga-tó-re] *agg.* e *s.m.* [f. *-trice*] che/chi investiga | *— privato*, chi per professione svolge investigazioni su incarico di privati; detective.

investigazione [in-ve-sti-ga-zió-ne] *s.f.* l'investigare; indagine: *— storica*; *— giudiziaria*, quella condotta dall'autorità giudiziaria, al fine di accertare le responsabilità di un reato.

investimento [in-ve-sti-mén-to] *s.m.* **1** (*econ.*) impiego di fondi in attività produttive o in beni (azioni, titoli, immobili ecc.) che assicurano un rendimento elevato: *un — di 10 miliardi* **2** urto di un veicolo contro un altro o contro pedoni o animali; incidente stradale: *restare vittima di un —.*

investire [in-ve-stì-re] *v.tr.* [*io invèsto ecc.*] **1** conferire ufficialmente un titolo, un ufficio, una carica: *— del titolo di duca* **2** (*econ.*) effettuare un investimento: *— in azioni* **3** colpire, battere con violenza: *le onde investivano la scogliera* | riferito a un mezzo di trasporto, urtare violentemente, sbattere contro: *l'automobile investì un passante* | (*fig.*) aggredire: *— qlcu. con insulti* ♦ **investirsi** *v.rifl.* immedesimarsi, compenetrarsi: *— di un ruolo.*

investito [in-ve-stì-to] *agg.* e *s.m.* [f. *-a*] che/chi ha subito un investimento stradale.

investitore [in-ve-sti-tó-re] *agg.* e *s.m.* [f. *-trice*]

1 che/chi procura un investimento stradale 2 (*econ.*) che/chi realizza un investimento.
investitura [in-ve-sti-tù-ra] *s.f.* conferimento di un titolo, di una carica; la cerimonia con cui si investe.
inveterato [in-ve-te-rà-to] *agg.* che data da lungo tempo così da essere molto radicato: *odio* —.
invetriare [in-ve-tri-à-re] *v.tr.* [*io invétrio ecc.*] ricoprire qlco. di una vernice vitrea: — *le maioliche.*
invetriata [in-ve-tri-à-ta] *s.f.* chiusura a vetri di una finestra, di una veranda ecc.; vetrata.
invetriatura [in-ve-tria-tù-ra] *s.f.* l'invetriare terrecotte e maioliche; la vernice vitrea usata.
invettiva [in-vet-tì-va] *s.f.* discorso accusatorio irruente: *pronunciare un'*—.
inviare [in-vi-à-re] *v.tr.* [*io invìo ecc.*] mandare, spedire, indirizzare (anche *fig.*): — *una lettera, il saluto.*
inviato [in-vi-à-to] *s.m.* [f. *-a*] chi è stato mandato in un luogo con determinati incarichi: — *del governo*; — *speciale*, giornalista mandato in una località per seguire avvenimenti di grande importanza o per svolgere un'inchiesta.
invidia [in-vì-dia] *s.f.* 1 sentimento di cruccio astioso per la felicità altrui: *nutrire — per qlcu.*; *crepare d'*— | (*teol.*) uno dei sette vizi capitali 2 desiderio di avere ciò che altri ha, ma non accompagnato da malanimo; ammirazione: *ha una salute da fare* —.
invidiabile [in-vi-dià-bi-le] *agg.* che suscita ammirazione e invidia: *trovarsi in una situazione* —.
invidiare [in-vi-dià-re] *v.tr.* [*io invìdio ecc.*] provare invidia per qlco. o qlcu.: — *qlcu. per i suoi successi* | ammirare qlco. che altri ha, desiderandola anche per sé: *invidio la tua calma* | *non avere niente da — a qlcu.*, non essere da meno di lui.
invidioso [in-vi-dió-so] *agg.* che prova invidia: *essere — di qlco.* | che rivela invidia: *parole invidiose* ♦ *s.m.* [f. *-a*] persona invidiosa □ **invidiosamente** *avv.*
invigorimento [in-vi-go-ri-mén-to] *s.m.* l'invigorire, l'invigorirsi.
invigorire [in-vi-go-rì-re] *v.tr.* [*io invigorisco, tu invigorisci ecc.*] rendere vigoroso; rafforzare: *gli esercizi fisici invigoriscono il corpo* ♦ **invigorirsi** *v.intr.pron.* acquistare vigore; rafforzarsi.
invilirsi [in-vi-lìr-si] *v.intr.pron.* [*io mi invilisco, tu ti invilisci ecc.*] 1 avvilirsi, perdersi d'animo 2 divenire spregevole, perdere reputazione.
inviluppare [in-vi-lup-pà-re] *v.tr.* avviluppare, avvolgere: — *in un mantello* ♦ **invilupparsi** *v.rifl.* avvilupparsi | (*fig.*) invischiarsi, impelagarsi: — *in situazioni intricate.*
inviluppo [in-vi-lùp-po] *s.m.* 1 tutto ciò che avviluppa, avvolge; involucro 2 insieme di cose avviluppate; groviglio, intrico.
invincibile [in-vin-cì-bi-le] *agg.* 1 che non può essere vinto; imbattibile: *un atleta* — 2 (*fig.*) che non si può sopraffare; di cui non si può aver ragione: *fede* —; *difficoltà invincibili* □ **invincibilmente** *avv.*
invincibilità [in-vin-ci-bi-li-tà] *s.f.* l'essere invincibile.
invio [in-vì-o] *s.m.* 1 l'inviare, l'essere inviato: *l'— di un pacco* 2 ciò che è stato inviato: *un — di merce avariata.*
inviolabile [in-vi-o-là-bi-le] *agg.* che non può o non deve essere violato: *principio, patto* — | a cui non si può o non si deve recare alcun danno: *la persona umana è* —.
inviolabilità [in-vi-o-la-bi-li-tà] *s.f.* l'essere inviolabile.
inviolato [in-vi-o-là-to] *agg.* non violato; integro, incorrotto: *promessa* —; *foresta inviolata*, inesplorata.
inviperirsi [in-vi-pe-rìr-si] *v.intr.pron.* [*io mi inviperisco, tu ti inviperisci ecc.*] infuriarsi divenendo astioso: *s'inviperisce a ogni minima contrarietà.*
inviperito [in-vi-pe-rì-to] *agg.* animato da rabbia astiosa: *gli si rivoltò contro inviperita.*
invischiare [in-vi-schià-re] *v.tr.* [*io invìschio ecc.*] 1 cospargere di vischio: — *i rami per catturare gli uccelli* 2 (*fig.*) attirare qlcu. con lusinghe; irretire: *lasciarsi — in un brutto affare* ♦ **invischiarsi** *v.intr.pron.* impegolarsi, impantanarsi: — *nel gioco.*
invisibile [in-vi-ʃì-bi-le] *agg.* 1 che non si riesce a vedere: *stelle invisibili* 2 (*iperb.*) molto piccolo; minuscolo: *stampa in caratteri invisibili* □ **invisibilmente** *avv.*
invisibilità [in-vi-ʃi-bi-li-tà] *s.f.* l'essere invisibile.
inviso [in-vì-ʃo] *agg.* che è considerato con antipatia; malvisto: *un provvedimento — a tutti.*
invitante [in-vi-tàn-te] *agg.* allettante, attraente: *proposte invitanti.*
invitare [in-vi-tà-re] *v.tr.* 1 chiamare qlcu. a partecipare a una festa, a una riunione: — *a cena, a un ballo* | — *qlcu. a nozze*, (*fig.*) chiedergli di fare una cosa per lui molto piacevole 2 pregare, chiedere di fare o dire qlco.: — *i presenti a esprimere il proprio parere* | rivolgere con cortesia puramente formale un ordine: *l'agente lo invitò a seguirlo in questura* 3 indurre, allettare, invogliare: *il bel tempo invita a passeggiare.*
invitato [in-vi-tà-to] *agg.* e *s.m.* [f. *-a*] si dice di persona che, su invito, partecipa a una festa, a una riunione, a una cerimonia.
invito [in-vì-to] *s.m.* 1 l'invitare, l'essere invitato: — *a cena*; *accettare, declinare un* — 2 lo scritto con cui si invita: *spedire un* — 3 richiesta di fare o dire qlco.; ordine, ingiunzione: — *a esibire i documenti* | esortazione: *non ha ascoltato l'— a lasciar perdere* 4 allettamento, richiamo, attrazione: *non resistere all'— della buona cucina.*
in vitro [/ in'vitro /] *loc.agg.invar.* e *avv.* (*lat.*) si dice con riferimento a processi biologici che si svolgono in laboratorio, al di fuori di un organismo vivente: *fecondazione* —.
invitto [in-vìt-to] *agg.* (*lett.*) che non è stato mai vinto; invincibile: *animo* —, indomito.

invivibile [in-vi-vì-bi-le] *agg.* detto di ambiente, nel quale non si può vivere: *una casa —.*
invivibilità [in-vi-vi-bi-li-tà] *s.f.* l'essere invivibile; insopportabile, intollerabile: *condizioni di —.*
invocare [in-vo-cà-re] *v.tr.* [*io invòco, tu invòchi ecc.*] **1** chiamare in aiuto, a conforto: *— Dio, la Madonna* **2** implorare, chiedere ardentemente: *— soccorso* **3** appellarsi a qlco., citare a proprio vantaggio: *— la legge, una testimonianza.*
invocazione [in-vo-ca-zió-ne] *s.f.* **1** l'invocare; le parole con cui si invoca: *un'— d'aiuto* **2** la parte iniziale di un poema epico in cui il poeta invoca la musa o la divinità.
invogliare [in-vo-glià-re] *v.tr.* [*io invòglio ecc.*] far venire voglia; indurre, stimolare: *— un bambino allo studio.*
involare [in-vo-là-re] *v.tr.* [*io invólo ecc.*] (*lett.*) sottrarre furtivamente; rubare | *— alla vista*, celare ♦ **involarsi** *v.intr.pron.* sparire, dileguarsi.
involgarire [in-vol-ga-rì-re] *v.tr.* [*io involgarisco, tu involgarisci ecc.*] rendere volgare: *un trucco che involgarisce* ♦ *v.intr.* [aus. *essere*], **involgarirsi** *v.intr.pron.* diventare volgare.
involo [in-vó-lo] *s.m.* (*aer.*) lo staccarsi da terra di un aeromobile; decollo.
involontario [in-vo-lon-tà-rio] *agg.* non volontario: *uno sbaglio —* | *esilio —*, forzato □ **involontariamente** *avv.*
involtare [in-vol-tà-re] *v.tr.* [*io invòlto ecc.*] (*fam.*) fare un involto di qlco.: *— un oggetto nella carta.*
involtino [in-vol-tì-no] *s.m.* (*gastr.*) fettina di carne arrotolata, farcita e cotta in umido: *— di prosciutto.*
involto *s.m.* **1** insieme di cose avvolte; fagotto **2** ciò che avvolge qlco.; involucro: *un — di carta.*
involucro [in-vò-lu-cro] *s.m.* ciò che avvolge; rivestimento esterno di qlco.: *un — di cartone.*
involutivo [in-vo-lu-tì-vo] *agg.* di involuzione: *processo —.*
involuto [in-vo-lù-to] *agg.* contorto, oscuro (riferito a modo di esprimersi): *discorso —.*
involuzione [in-vo-lu-zió-ne] *s.f.* **1** l'essere involuto: *— di stile* **2** il regredire a uno stadio di sviluppo precedente; decadimento: *— di una civiltà.*
invulnerabile [in-vul-ne-rà-bi-le] *agg.* che non può essere ferito: *eroe —* | (*estens.*) inespugnabile, inattaccabile.
invulnerabilità [in-vul-ne-ra-bi-li-tà] *s.f.* l'essere invulnerabile.
inzaccherare [in-zac-che-rà-re] *v.tr.* [*io inzàcchero ecc.*] sporcare con schizzi di fango: *— le scarpe* ♦ **inzaccherarsi** *v.rifl.* o *intr.pron.* sporcarsi di fango.
inzavorrare [in-ʒa-vor-rà-re] *v.tr.* [*io inzavòrro ecc.*] caricare di zavorra: *— una nave.*
inzeppamento [in-zep-pa-mén-to] *s.m.* l'inzeppare, l'inzepparsi, l'essere inzeppato.
inzeppare[1] [in-zep-pà-re] *v.tr.* [*io inzéppo ecc.*] fissare o chiudere con una o più zeppe.
inzeppare[2] *v.tr.* [*io inzéppo ecc.*] spingere dentro con forza; riempire quanto più è possibile: *— la valigia di roba.*
inzolfare [in-zol-fà-re] *v.tr.* [*io inzólfo ecc.*] sottoporre a un trattamento a base di zolfo: *— le viti*, per prevenire malattie; *— le botti*, per impedire la formazione di muffe.
inzolfatoio [in-zol-fa-tó-io] *s.m.* sorta di mantice che serve per inzolfare le viti.
inzolfatura [in-zol-fa-tù-ra] *s.f.* l'operazione d'inzolfare.
inzotichire [in-ʒo-ti-chì-re] *v.tr.* [*io inʒotichisco, tu inʒotichisci*] rendere zotico, rozzo ♦ *v.intr.* [aus. *essere*], **inzotichirsi** *v.intr.pron.* diventare zotico.
inzuccherare [in-zuc-che-rà-re] *v.tr.* [*io inzùcchero ecc.*] **1** cospargere di zucchero: *— le fragole* **2** (*fig.*) rendere dolce; mitigare: *— un rimprovero.*
inzuccheratura [in-zuc-che-ra-tù-ra] *s.f.* la copertura di zucchero di qlco.
inzuppamento [in-zup-pa-mén-to] *s.m.* l'inzuppare, l'inzupparsi, l'essere inzuppato.
inzuppare [in-zup-pà-re] *v.tr.* intingere qlco. in un liquido in modo che se ne impregni: *— il pane nel latte* | rendere zuppo; infradiciare: *la pioggia inzuppa gli abiti* ♦ **inzupparsi** *v.intr.pron.* assorbire fino a essere zuppo; infradiciarsi.
inzuppato [in-zup-pà-to] *agg.* molto bagnato, zuppo: *abiti inzuppati*; *un babà ben — di rum.*
io [ì-o] *pron.pers.m.* e *f. di prima pers.sing.* indica la persona che parla; si impiega solo in funzione di soggetto o come predicativo (nelle altre funzioni è sostituito dalla forma tonica *me* o dalle forme atone *mi, me*) ♦ *s.m.invar.* **1** il proprio essere, la propria persona: *culto esagerato dell'io*; *pensare solo al proprio io*, a sé stesso; *nel proprio —*, dentro di sé, nell'intimo **2** (*filos.*) il soggetto pensante in quanto ha coscienza di sé, contrapposto al mondo esterno.
iodato [io-dà-to] *agg.* (*chim.*) che contiene iodio: *acqua iodata* ♦ *s.m.* (*chim.*) sale dell'acido iodico.
iodico [iò-di-co] *agg.* [pl.m. *-ci*] di iodio; che è a base di iodio: *cura iodica.*
iodidrico [io-dì-dri-co] *agg.* [pl.m. *-ci*] si dice del più semplice degli acidi dello iodio.
iodio [iò-dio] *s.m.* elemento chimico di simbolo *I*; è un non-metallo cristallino, nerastro | *tintura di —*, soluzione antisettica a base di iodio.
iodismo [io-dì-ʃmo] *s.m.* (*med.*) intossicazione cronica da preparati a base di iodio.
iodoformio [io-do-fòr-mio] *s.m.* (*chim.*) sostanza organica usata come antisettico.
ioduro [io-dù-ro] *s.m.* (*chim.*) sale dell'acido iodidrico.
ioga → **yoga**.
iogurt → **yogurt**.
ioide [iòi-de] *agg.* e *s.m.* (*anat.*) si dice di un piccolo osso a forcella, situato tra la base della lingua e la laringe.
iò-iò → **yo-yo**.
ione [ió-ne] *s.m.* (*chim.*, *fis.*) atomo, gruppo di

atomi o molecola dotati di carica elettrica positiva o negativa.

ioni [iò-ni] *s.m.pl.* antica popolazione di stirpe greca che abitava la Ionia, regione costiera dell'Asia Minore, e altri territori (l'Attica, l'Eubea, varie isole dell'Egeo).

ionico[1] [iò-ni-co] *agg.* [pl.m. *-ci*] della Ionia o degli ioni: *colonie ioniche* | *ordine* —, uno dei tre ordini architettonici greci classici, caratterizzato dall'uso di colonne con capitelli a volute laterali | *periodo* —, il periodo più antico della letteratura greca ♦ *s.m.* il dialetto ionico usato da Omero.

ionico[2] *agg.* [pl.m. *-ci*] **1** del mare Ionio: *litorale* — **2** delle isole Ionie.

ionico[3] *agg.* [pl.m. *-ci*] (*chim., fis.*) relativo agli ioni.

ionizzante [io-niʒ-ʒàn-te] *agg.* che ionizza: *radiazioni ionizzanti*, radiazioni, naturali o artificiali, che generano ioni; sono molto dannosi sulle cellule viventi.

ionizzare [io-niʒ-ʒà-re] *v.tr.* (*chim., fis.*) scindere in ioni.

ionizzazione [io-niʒ-ʒa-zió-ne] *s.f.* (*chim., fis.*) dissociazione di un composto in ioni.

ionoforesi [io-no-fo-rè-ʃi] *s.f.* (*med.*) metodo con il quale si fanno penetrare farmaci nell'organismo attraverso la pelle senza perforarla, mediante l'azione della corrente galvanica.

ionosfera [io-no-sfè-ra] *s.f.* regione dell'atmosfera, compresa tra i 60 e i 500 chilometri, fortemente ionizzata per effetto delle radiazioni solari.

ionosferico [io-no-sfè-ri-co] *agg.* [pl.m. *-ci*] relativo alla ionosfera.

ionoterapia [io-no-te-ra-pì-a] *s.f.* (*med.*) lo stesso che *ionoforesi*.

iosa [iò-ʃa] solo nella loc. avv. *a* —, in abbondanza, in grande quantità: *averne a* —.

iota [iò-ta] *s.m.invar.* nome della nona lettera dell'alfabeto greco, corrispondente alla vocale latina *i*.

iper- primo elemento di parole composte, che significa 'sopra, oltre' (*ipertensione*) o indica quantità, grado superiore al normale (*iperalimentazione*).

iperacidità [i-pe-ra-ci-di-tà] *s.f.* (*med.*) eccesso di acido cloridrico nei succhi gastrici.

iperacusia [i-pe-ra-cu-ʃì-a] *s.f.* (*med.*) aumento eccessivo della sensibilità uditiva, proprio di alcune malattie nervose.

iperaffaticamento [i-pe-raf-fa-ti-ca-mén-to] *s.m.* (*med.*) affaticamento eccessivo: — *fisico*.

iperalgesia [i-pe-ral-ge-ʃì-a] *s.f.* (*med.*) aumento della sensibilità al dolore.

iperalimentazione [i-pe-ra-li-men-ta-zió-ne] *s.f.* (*med.*) superalimentazione.

iperattivismo [i-pe-rat-ti-vì-ʃmo] *s.m.* attivismo, operosità eccessiva, esagerata.

iperbarico [i-per-bà-ri-co] *agg.* [pl.m. *-ci*] **1** relativo ad alta pressione atmosferica **2** *camera iperbarica*, camera di decompressione.

iperbarismo [i-per-ba-rì-ʃmo] *s.m.* la condizione in cui la pressione di un ambiente è nettamente superiore a quella atmosferica.

iperbato [i-pèr-ba-to] *s.m.* figura retorica consistente nel mettere in evidenza una parola modificando la sua posizione nella frase.

iperbole [i-pèr-bo-le] *s.f.* **1** figura retorica che consiste nell'esagerare un concetto oltre i limiti del verosimile (p.e.: *è un secolo che aspetto!*); esagerazione **2** (*mat.*) curva formata dai punti del piano le cui distanze da due punti fissi del piano stesso (fuochi) hanno differenza costante.

iperbolicità [i-per-bo-li-ci-tà] *s.f.* l'essere iperbolico.

iperbolico [i-per-bò-li-co] *agg.* [pl.m. *-ci*] **1** che costituisce un'iperbole o fa uso di iperboli: *linguaggio* — | (*estens.*) esagerato: *una cifra iperbolica* **2** (*mat.*) che si riferisce all'iperbole; che ha forma di iperbole: *funzione iperbolica*.

iperboloide [i-per-bo-lòi-de] *s.m.* (*mat.*) superficie ottenuta dalla rotazione di un'iperbole attorno a un suo asse.

iperboreo [i-per-bò-reo] *agg.* (*lett.*) che è situato all'estremo nord; settentrionale.

ipercalorico [i-per-ca-lò-ri-co] *agg.* [pl.m. *-ci*] che fornisce un numero di calorie particolarmente elevato: *dieta ipercalorica*.

ipercorrettismo [i-per-cor-ret-tì-ʃmo] *s.m.* (*ling.*) errore che consiste nel correggere una forma o una pronuncia esatta, ritenuta scorretta per apparente analogia con forme o pronunce realmente scorrette.

ipercorretto [i-per-cor-rèt-to] *agg.* (*ling.*) si dice di forma o pronuncia caratterizzata da ipercorrezione.

ipercorrezione [i-per-cor-re-zió-ne] *s.f.* (*ling.*) correzione erronea di una forma o di una pronuncia esatta, ritenuta scorretta per apparente analogia con altre forme realmente scorrette.

ipercriticismo [i-per-cri-ti-cì-ʃmo] *s.m.* tendenza a essere ipercritico.

ipercritico [i-per-crì-ti-co] *agg.* [pl.m. *-ci*] che è troppo critico, che muove una critica eccessivamente severa: *atteggiamento* —.

ipercromia [i-per-cro-mì-a] *s.f.* (*med.*) **1** aumento della pigmentazione, e quindi dell'intensità del colore della pelle **2** aumento dell'emoglobina nei globuli rossi.

iperdattilia [i-per-dat-ti-lì-a] *s.f.* (*med.*) anomalia costituita dalla presenza, nella mano o nel piede, di un numero di dita superiore al normale.

ipereccitabilità [i-pe-rec-ci-ta-bi-li-tà] *s.f.* (*med.*) aumentata reattività a stimoli fisici o psichici.

iperemia [i-pe-re-mì-a] *s.f.* (*med.*) aumentato afflusso sanguigno a un organo o a un tessuto.

iperemotività [i-pe-re-mo-ti-vi-tà] *s.f.* (*psicol.*) eccessiva reattività agli stimoli emotivi.

iperestesia [i-pe-re-ste-ʃì-a] *s.f.* (*med.*) eccessiva sensibilità agli stimoli sensoriali: — *acustica*.

iperfocale [i-per-fo-cà-le] *agg.* (*foto.*) si dice della distanza oltre la quale sono a fuoco tutti i soggetti sino all'infinito.

iperfunzione [i-per-fun-zió-ne] *s.f.* (*med.*) attivi-

tà di un organo che oltrepassa il limite normale: — *della tiroide*.

iperglicemia [i-per-gli-ce-mì-a; / iperglitʃe'mia /] *s.f.* (*med.*) aumento anormale del glucosio contenuto nel sangue.

iperglobulia [i-per-glo-bu-lì-a] *s.f.* (*med.*) anormale aumento del numero di globuli rossi nel sangue.

iperlipemia [i-per-li-pe-mì-a] *s.f.* (*med.*) aumento patologico dei lipidi contenuti nel sangue.

ipermercato [i-per-mer-cà-to] *s.m.* grande supermercato.

ipermetro [i-pèr-me-tro] *agg.* (*metr.*) si dice di verso che supera la misura regolare: *endecasillabo —*.

ipermetrope [i-per-mè-tro-pe] *agg.* (*med.*) affetto da ipermetropia ♦ *s.m.* e *f.* persona che soffre di ipermetropia.

ipermetropia [i-per-me-tro-pì-a] *s.f.* (*med.*) difetto della vista per cui si ha un'immagine sfocata degli oggetti vicini; è l'opposto della miopia.

ipernutrizione [i-per-nu-tri-zió-ne] *s.f.* nutrizione più abbondante o sostanziosa di quella normale.

iperone [i-pe-ró-ne] *s.m.* (*fis.*) particella elementare instabile la cui massa è maggiore di quella del protone.

iperonimo [i-pe-rò-ni-mo] *agg.* e *s.m.* (*ling.*) si dice di un termine che designa una classe di oggetti, rispetto a un altro che designa un elemento di tale classe: *"fiore" è — di "rosa"*.

iperpiressia [i-per-pi-res-sì-a] *s.f.* (*med.*) temperatura corporea molto elevata, superiore ai 39 °C.

iperplasia [i-per-pla-ʃì-a] *s.f.* (*biol.*) aumento del volume di un organo o di un tessuto, determinato dall'aumento del numero delle cellule che li costituiscono.

iperproteico [i-per-pro-tèi-co] *agg.* [pl.m. *-ci*] che contiene molte proteine: *alimento —*.

iperrealismo [i-per-re-a-lì-ʃmo] *s.m.* movimento artistico sorto negli Stati Uniti all'inizio degli anni Settanta, che riproduce meccanicamente la realtà (facendo uso di calchi, fotografie, persone vive ecc.).

iperrealista [i-per-re-a-lì-sta] *s.m.* e *f.* [pl.m. *-sti*] artista seguace dell'iperrealismo.

iperrealistico [i-per-re-a-lì-sti-co] *agg.* [pl.m. *-ci*] relativo all'iperrealismo | (*estens.*) caratterizzato da realismo molto accentuato.

ipersecrezione [i-per-se-cre-zió-ne] *s.f.* (*med.*) aumento della secrezione di una struttura ghiandolare: — *gastrica*.

ipersensibile [i-per-sen-sì-bi-le] *agg.* molto sensibile ♦ *agg.* e *s.m.* e *f.* **1** si dice di persona dotata di una sensibilità eccessiva; suscettibile **2** (*med.*) affetto da iperestesia.

ipersensibilità [i-per-sen-si-bi-li-tà] *s.f.* **1** l'essere ipersensibile **2** (*med.*) iperestesia.

ipersostentatore [i-per-so-sten-ta-tó-re] *s.m.* (*aer.*) superficie mobile che, posta sul bordo di un'ala, ne incrementa la portanza.

ipersostentazione [i-per-so-sten-ta-zió-ne] *s.f.* (*aer.*) aumento della capacità di sostentazione aerodinamica di un'ala.

iperspazio [i-per-spà-zio] *s.m.* (*mat.*) spazio astratto avente più di tre dimensioni.

ipertensione [i-per-ten-sió-ne] *s.f.* (*med.*) eccessiva pressione del sangue nei vasi sanguigni: — *arteriosa* | (*estens.*) eccessiva pressione di altro liquido in una cavità organica.

ipertensivo [i-per-ten-sì-vo] *agg.* (*med.*) **1** relativo all'ipertensione arteriosa: *crisi ipertensiva* **2** che accresce la pressione arteriosa: *farmaco —* ♦ *s.m.* farmaco ipertensivo.

ipertermia [i-per-ter-mì-a] *s.f.* (*med.*) forte aumento della temperatura corporea.

iperteso [i-per-té-so] *agg.* e *s.m.* [f. *-a*] (*med.*) si dice di persona affetta da ipertensione.

ipertesto [i-per-tè-sto] *s.m.* **1** (*ling.*) insieme di più testi strutturato come un unico testo **2** (*inform.*) insieme di informazioni suddivise in più blocchi di testi, note, illustrazioni ecc., collegati in modo non sequenziale, secondo gerarchie e connessioni logiche che l'utente può percorrere variamente.

ipertiroideo [i-per-ti-roi-dè-o] *agg.* (*med.*) di ipertiroidismo: *stato —* ♦ *agg.* e *s.m.* [f. *-a*] si dice di persona affetta da ipertiroidismo.

ipertiroidismo [i-per-ti-roi-dì-ʃmo] *s.m.* (*med.*) eccessiva attività della tiroide.

ipertricosi [i-per-tri-cò-ʃi] *s.f.* (*med.*) sviluppo esagerato dei peli sul corpo.

ipertrofia [i-per-tro-fì-a] *s.f.* (*biol.*) aumento del volume di un organo o di un tessuto: — *cardiaca*.

ipertrofico [i-per-trò-fi-co] *agg.* [pl.m. *-ci*] **1** che presenta ipertrofia: *muscolatura ipertrofica* **2** (*fig.*) che si è sviluppato eccessivamente: *apparato burocratico —*.

iperuranio [i-pe-ru-rà-nio] *agg.* (*lett.*) che si trova al di là del cielo ♦ *s.m.* (*filos.*) luogo ideale fuori dello spazio ove Platone colloca il mondo delle idee.

iperventilazione [i-per-ven-ti-la-zió-ne] *s.f.* (*med.*) incremento della ventilazione polmonare dovuto a una maggiore frequenza e profondità degli atti respiratori.

ipervitaminico [i-per-vi-ta-mì-ni-co] *agg.* [pl.m. *-ci*] molto ricco di vitamine: *frutto —*.

ipervitaminosi [i-per-vi-ta-mi-nò-ʃi] *s.f.* (*med.*) condizione patologica provocata da una eccessiva assunzione di vitamine.

ipno- primo elemento di parole composte della terminologia dotta e scientifica che indica attinenza con il sonno (*ipnopatia*).

ipnologia [ip-no-lo-gì-a] *s.f.* studio dei fenomeni connessi al sonno.

ipnopatia [ip-no-pa-tì-a] *s.f.* (*med.*) tendenza patologica al sonno.

ipnosi [ip-nò-ʃi] *s.f.* stato psicofisico simile al sonno indotto artificialmente e caratterizzato dall'aumento della suggestionabilità.

ipnoterapia [ip-no-te-ra-pì-a] *s.f.* (*med.*) metodo psicoterapico che si avvale dell'ipnosi.

ipnoterapista [ip-no-te-ra-pì-sta] *s.m.* e *f.* [pl.m. *-sti*] chi pratica l'ipnoterapia.

ipnotico [ip-nò-ti-co] *agg.* [pl.m. *-ci*] **1** di ipnosi, di ipnotismo: *stato* — **2** che provoca il sonno: *farmaco* — **3** (*estens.*) che esercita una suggestione irresistibile: *fascino* — ♦ *s.m.* farmaco ipnotico.

ipnotismo [ip-no-tì-ʃmo] *s.m.* la tecnica e la pratica dell'ipnosi; il complesso dei fenomeni connessi con l'ipnosi.

ipnotizzare [ip-no-tiʒ-ʒà-re] *v.tr.* [*io ipnotizzo ecc.*] **1** indurre qlcu. in stato d'ipnosi **2** (*fig.*) esercitare una forte attrazione; incantare: *un attore che ipnotizza il pubblico.*

ipnotizzatore [ip-no-tiʒ-ʒa-tó-re] *s.m.* [f. *-trice*] chi ipnotizza o ha la capacità di ipnotizzare.

ipo- primo elemento di parole composte, che significa 'sotto' (*ipoderma*) o indica quantità, grado inferiore al normale (*ipotensione*).

ipoacidità [i-po-a-ci-di-tà] *s.f.* (*med.*) ipocloridria.

ipoacusia [i-po-a-cu-ʃì-a] *s.f.* (*med.*) diminuzione della capacità uditiva.

ipoalgesia [i-po-al-ge-ʃì-a] *s.f.* (*med.*) diminuzione della sensibilità al dolore.

ipoalimentazione [i-po-a-li-men-ta-zió-ne] *s.f.* (*med.*) alimentazione insufficiente.

ipocalorico [i-po-ca-lò-ri-co] *agg.* [pl.m. *-ci*] che apporta una scarsa quantità di calorie: *dieta ipocalorica.*

ipocentro [i-po-cèn-tro] *s.m.* in geofisica, punto interno della crosta terrestre da cui ha origine un terremoto.

ipoclorito [i-po-clo-rì-to] *s.m.* (*chim.*) sale dell'acido ipocloroso, usato come antisettico o decolorante.

ipocloroso [i-po-clo-ró-so] *agg.* (*chim.*) si dice di un acido costituito da un atomo di cloro, uno di idrogeno e uno di ossigeno.

ipocolesterolemia [i-po-co-le-ste-ro-le-mì-a] *s.f.* (*med.*) diminuzione della quantità di colesterolo nel sangue.

ipocondria [i-po-con-drì-a] *s.f.* **1** (*med.*) preoccupazione morbosa per la propria salute **2** (*lett.*) grave malinconia.

ipocondriaco [i-po-con-drì-a-co] *agg.* [pl.m. *-ci*] (*med.*) relativo all'ipocondria; affetto da ipocondria: *stato* — | (*estens.*) malinconico: *carattere* — ♦ *s.m.* [f. *-a*] persona ipocondriaca.

ipocondrio [i-po-còn-drio] *s.m.* (*anat.*) regione superiore e laterale dell'addome.

ipocrisia [i-po-cri-ʃì-a] *s.f.* simulazione di buoni sentimenti o di buone intenzioni; falsità | atto, discorso da ipocrita: *mettere da parte le ipocrisie.*

ipocrita [i-pò-cri-ta] *agg.* [pl.m. *-ti*] che agisce con ipocrisia: *un uomo* — | che rivela ipocrisia: *discorso, sorriso* — ♦ *s.m.* e *f.* persona ipocrita □ **ipocritamente** *avv.*

ipocromia [i-po-cro-mì-a] *s.f.* (*med.*) **1** diminuzione della pigmentazione cutanea **2** diminuzione della quantità di emoglobina contenuta nei globuli rossi.

ipocromico [i-po-crò-mi-co] *agg.* [pl.m. *-ci*] (*med.*) caratterizzato da ipocromia, che presenta ipocromia: *anemia ipocromica.*

ipoderma [i-po-dèr-ma] *s.m.* [pl. *-mi*] **1** (*anat.*) lo strato della cute che si trova sotto il derma **2** (*bot.*) tessuto che si trova sotto l'epidermide della pianta.

ipodermico [i-po-dèr-mi-co] *agg.* [pl.m. *-ci*] (*anat.*, *bot.*) dell'ipoderma.

ipoeccitabilità [i-po-ec-ci-ta-bi-li-tà] *s.f.* (*med.*) diminuzione della reattività a stimoli fisici e psichici.

ipoestesia [i-po-e-ste-ʃì-a] *s.f.* (*med.*) diminuzione della sensibilità sensoriale.

ipoevolutismo [i-po-e-vo-lu-tì-ʃmo] *s.m.* (*med.*) insufficienza dello sviluppo somatico e psichico in relazione all'età dell'individuo.

ipofisario [i-po-fi-ʃà-rio] *agg.* (*anat.*) relativo all'ipofisi.

ipofisi [i-pò-fi-ʃi] *s.f.* (*anat.*) ghiandola endocrina situata alla base del cervello che elabora numerosi ormoni e sovrintende alla funzionalità delle altre ghiandole endocrine.

ipofonia [i-po-fo-nì-a] *s.f.* (*med.*) indebolimento patologico della voce.

ipofosfato [i-po-fo-sfà-to] *s.m.* (*chim.*) sale dell'acido ipofosforico.

ipofosfito [i-po-fo-sfì-to] *s.m.* (*chim.*) sale dell'acido ipofosforoso.

ipofosforico [i-po-fo-sfò-ri-co] *agg.* [pl.m. *-ci*] **1** (*med.*) povero di fosforo: *dieta ipofosforica* **2** *acido* —, (*chim.*) ossiacido del fosforo tetravalente.

ipofosforoso [i-po-fo-sfo-ró-so] *agg.* solo in *acido* —, (*chim.*) ossiacido del fosforo trivalente.

ipofunzione [i-po-fun-zió-ne] *s.f.* (*med.*) insufficiente funzionamento di un organo: — *dell'ipofisi.*

ipogastrico [i-po-gà-stri-co] *agg.* [pl.m. *-ci*] (*anat.*) dell'ipogastrio.

ipogastrio [i-po-gà-strio] *s.m.* (*anat.*) la parte inferiore mediana dell'addome.

ipogeo [i-po-gè-o] *agg.* (*scient.*) che vive, si sviluppa sottoterra: *fauna ipogea* | (*lett.*) sotterraneo: *luoghi ipogei* ♦ *s.m.* (*archeol.*) costruzione sotterranea: *un sepolcro a* —.

ipoglicemia [i-po-gli-ce-mi-a; / ipoglitʃe'mia /] *s.f.* (*med.*) diminuzione della quantità di glucosio presente nel sangue.

ipoglicemico [i-po-gli-ce-mi-co; / ipogli'tʃɛmiko /] *agg.* [pl.m. *-ci*] (*med.*) di ipoglicemia, provocato da ipoglicemia: *coma* —.

ipoglicidico [i-po-gli-ci-di-co; / ipogli'tʃidiko /] *agg.* [pl.m. *-ci*] (*med.*) che contiene pochi zuccheri: *dieta ipoglicidica.*

ipoglobulia [i-po-glo-bu-lì-a] *s.f.* (*med.*) diminuzione del numero di globuli rossi nel sangue.

ipoglosso [i-po-glòs-so] *s.m.* (*anat.*) dodicesimo paio dei nervi cranici, che svolge funzione motoria nei confronti dei muscoli della lingua.

ipolipidico [i-po-li-pì-di-co] *agg.* [pl.m. *-ci*] (*med.*) povero di grassi: *dieta ipolipidica.*

ipometro [i-pò-me-tro] *agg.* (*metr.*) si dice di verso inferiore alla misura regolare.
iponimo [i-pò-ni-mo] *agg.* e *s.m.* (*ling.*) si dice di un termine che designa un elemento appartenente a una classe, rispetto al termine che designa la classe: *"mela" è — di "frutto"*.
iponutrizione [i-po-nu-tri-zió-ne] *s.f.* insufficienza di alimentazione.
ipoplasia [i-po-pla-ʃì-a] *s.f.* (*biol.*) sviluppo insufficiente o diminuzione di volume di un organo.
ipoproteico [i-po-pro-tèi-co] *agg.* [pl.m. *-ci*] a basso contenuto di proteine: *dieta ipoproteica*.
iposcenio [i-po-scè-nio] *s.m.* nel teatro greco, la parte sottostante al proscenio.
iposecrezione [i-po-se-cre-zió-ne] *s.f.* (*med.*) insufficienza dell'attività secretoria delle ghiandole.
iposensibilità [i-po-sen-si-bi-li-tà] *s.f.* (*med.*) diminuzione della sensibilità; ipoestesia.
iposodico [i-po-sò-di-co] *agg.* [pl.m. *-ci*] che contiene poco sale: *dieta iposodica*.
iposolfito [i-po-sol-fi-to] *s.m.* (*chim.*) sale dell'acido iposolforoso, usato come conservante per alimenti.
iposolforoso [i-po-sol-fo-ró-so] *agg.* (*chim.*) di acido che costituisce un ossiacido dello zolfo.
iposomia [i-po-so-mì-a] *s.f.* (*med.*) accrescimento corporeo inferiore alla norma.
ipostasi [i-pò-sta-ʃi] *s.f.* (*lett.*) trasformazione di un concetto in qualcosa di concreto; personificazione: *Ulisse è l'— dell'ardire umano*.
ipostatizzare [i-po-sta-tiʒ-ʒà-re] *v.tr.* **1** (*filos.*) trasformare ciò che è relativo, contingente in entità assoluta | (*estens.*) assolutizzare **2** (*lett.*) personificare un valore astratto.
ipostilo [i-pò-sti-lo] *agg.* (*arch.*) si dice di edificio o di sala il cui soffitto è sorretto da colonne.
ipotalamo [i-po-tà-la-mo] *s.m.* (*anat.*) parte dell'encefalo che è sede del sistema nervoso vegetativo.
ipotassi [i-po-tàs-si] *s.f.* (*ling.*) costruzione del periodo fondata sulla subordinazione di una o più proposizioni a un'altra.
ipotattico [i-po-tàt-ti-co] *agg.* [pl.m. *-ci*] (*ling.*) costruito secondo l'ipotassi: *periodo —*.
ipoteca [i-po-tè-ca] *s.f.* (*dir.*) diritto che attribuisce al creditore il potere di espropriare un bene vincolato a garanzia del suo credito: *accendere, spegnere un'—; mettere, porre un'— su qlco.*, (*fig.*) riservarla per sé, garantirsene il possesso futuro.
ipotecabile [i-po-te-cà-bi-le] *agg.* che si può ipotecare (anche *fig.*): *terreno —; il futuro non è —*.
ipotecare [i-po-te-cà-re] *v.tr.* [*io ipotèco, tu ipotèchi ecc.*] **1** (*dir.*) gravare d'ipoteca: *— una casa* **2** (*fig.*) dare per certo qlco. che ancora non è avvenuto: *— il futuro*.
ipotecario [i-po-te-cà-rio] *agg.* (*dir.*) dell'ipoteca: *iscrizione ipotecaria* | garantito da ipoteca: *mutuo —*.
ipotensione [i-po-ten-sió-ne] *s.f.* (*med.*) abbassamento della pressione nel sangue nelle arterie: *— arteriosa*.
ipotensivo [i-po-ten-sì-vo] *agg.* (*med.*) **1** relativo all'ipotensione: *stato —* **2** che provoca l'abbassamento della pressione arteriosa: *farmaco —* ♦ *s.m.* (*med.*) farmaco ipotensivo.
ipotenusa [i-po-te-nù-ʃa] *s.f.* (*geom.*) in un triangolo rettangolo, il lato opposto all'angolo retto.
ipotermia [i-po-ter-mì-a] *s.f.* (*med.*) forte diminuzione della temperatura corporea.
ipotesi [i-pò-te-ʃi] *s.f.* **1** supposizione, spiegazione congetturale avanzata in mancanza di dati certi: *formulare un'—; le — sull'origine dell'universo* | *— di lavoro*, idea che serve di orientamento per affrontare una ricerca, un'attività **2** (*estens.*) caso, eventualità | *nell'— che, se per —*, nel caso, nell'eventualità che **3** (*mat.*) in un teorema, premessa o condizione che si suppone sia vera e da cui si ricava la tesi.
ipoteso [i-po-té-so] *agg.* e *s.m.* [f. *-a*] (*med.*) si dice di persona affetta da ipotensione.
ipotetico [i-po-tè-ti-co] *agg.* [pl.m. *-ci*] **1** dell'ipotesi, che si fonda su un'ipotesi: *ragionamento —* | *periodo —*, (*gramm.*) quello formato da due proposizioni di cui una, detta *protasi*, esprime la condizione per la realizzazione dell'altra, detta *apodosi* (*se continuerà a piovere, resteremo a casa*) **2** (*estens.*) eventuale, immaginario: *un guadagno —* □ **ipoteticamente** *avv.* per ipotesi.
ipotiposi [i-po-ti-pò-ʃi] *s.f.* figura retorica consistente nel descrivere una persona, un fatto o una situazione con viva immediatezza ed evidenza rappresentativa.
ipotiroideo [i-po-ti-ro-i-dè-o] *agg.* (*med.*) di ipotiroidismo: *stato —* ♦ *agg.* e *s.m.* [f. *-a*] si dice di persona affetta da ipotiroidismo.
ipotiroidismo [i-po-ti-ro-i-dì-ʃmo] *s.m.* (*med.*) insufficiente funzionamento della tiroide.
ipotizzabile [i-po-tiʒ-ʒà-bi-le] *agg.* che si può ipotizzare; supponibile.
ipotizzare [i-po-tiʒ-ʒà-re] *v.tr.* supporre, ammettere come ipotesi.
ipotonia [i-po-to-nì-a] *s.f.* (*med.*) diminuzione del tono muscolare o dell'eccitabilità nervosa.
ipotricosi [i-po-tri-cò-ʃi] *s.f.* (*med.*) insufficiente sviluppo dei peli.
ipotrofia [i-po-tro-fì-a] *s.f.* (*biol.*) diminuzione del volume di un organo o di un tessuto.
ipotrofico [i-po-trò-fi-co] *agg.* [pl.m. *-ci*] di ipotrofia; che presenta ipotrofia.
ipovitaminosi [i-po-vi-ta-mi-nò-ʃi] *s.f.* (*med.*) carenza di vitamine nell'organismo.
ippica [ìp-pi-ca] *s.f.* lo sport dell'equitazione, del gareggiare con i cavalli.
ippico [ìp-pi-co] *agg.* [pl.m. *-ci*] di cavalli, dell'ippica: *concorso —*.
ippo- primo elemento di parole composte, che significa 'cavallo' (*ippogrifo, ippodromo*).
ippocampo [ip-po-càm-po] *s.m.* piccolo pesce marino teleosteo, noto comunemente come *cavalluccio marino*.
ippocastanacee [ip-po-ca-sta-nà-ce-e] *s.f.pl.*

(*bot.*) famiglia di piante dicotiledoni a cui appartiene l'ippocastano.
ippocastano [ip-po-ca-stà-no] *s.m.* grande albero con foglie caduche, fiori bianchi raccolti in pannocchie e frutti non commestibili simili a castagne.
ippocratico [ip-po-crà-ti-co] *agg.* [pl.m. *-ci*] di Ippocrate, famoso medico greco di Cos (secc. v-iv a.C.), fondatore della medicina classica | *la scienza ippocratica*, la medicina.
ippodromo [ip-pò-dro-mo] *s.m.* campo attrezzato per lo svolgimento di gare ippiche.
ippoglosso [ip-po-glòs-so] *s.m.* pesce di fondo dei mari freddi, commestibile, con enorme corpo ovale piatto.
ippogrifo [ip-po-grì-fo] *s.m.* animale favoloso con la testa di grifone e il corpo di cavallo alato.
ippologia [ip-po-lo-gì-a] *s.f.* la scienza che si occupa del cavallo dal punto di vista biologico e della tecnica di allevamento.
ippologo [ip-pò-lo-go] *s.m.* [f. *-a*; pl.m. *-gi*] esperto di ippologia.
ippomanzia [ip-po-man-zì-a] *s.f.* nell'antichità, arte di trarre predizioni osservando i nitriti e i movimenti dei cavalli.
ippopotamo [ip-po-pò-ta-mo] *s.m.* grosso e tozzo mammifero africano erbivoro, con muso largo, zampe corte, pelle spessa.
ippotrago [ip-pò-tra-go] *s.m.* [pl. *-ghi*] (*zool.*) genere di grosse antilopi africane, con corna ricurve all'indietro a forma di scimitarra.
iprite [i-prì-te], o **yprite**, *s.f.* (*chim.*) composto organico a base di cloro e zolfo, dotato di proprietà vescicatorie e tossiche; è usato come arma chimica.
ipse dixit [/ ˈipseˈdiksit /] *loc.sost.m.invar.* (*lat.*) espressione usata per polemizzare o ironizzare su chi ritiene indiscutibili le proprie opinioni o le fonda esclusivamente sull'autorità altrui.
ipsilon [ì-psi-lon] *s.f.* o *m.invar.* nome della lettera *y*, detta anche *i greca*.
ipso- primo elemento di parole composte della terminologia scientifica, che significa 'altezza, sommità' (*ipsometria*).
ipsodonte [i-pso-dón-te] *agg.* si dice di dente a crescita continua, come le zanne degli elefanti e i molari dei cavalli | dell'animale che ha tale tipo di denti.
ipso facto [/ ˈipsoˈfakto /] *loc.avv.* (*lat.*) immediatamente, lì per lì: — *decise di partire*.
ipsofilo [ip-sò-fi-lo] *agg.* (*biol.*) si dice di organismo animale o vegetale che vive in zone d'alta montagna.
ipsometria [i-pso-me-trì-a] *s.f.* determinazione dell'altitudine di un luogo mediante la misurazione della pressione atmosferica.
ipsometrico [i-pso-mè-tri-co] *agg.* [pl.m. *-ci*] che si riferisce alla ipsometria.
ipsometro [i-psò-me-tro] *s.m.* strumento per la misurazione della pressione atmosferica al fine della determinazione dell'altitudine.

ira [ì-ra] *s.f.* **1** stato emotivo di intensa irritazione; collera: *scatto d'—*; *essere un'— di Dio*, (*fig.*) si dice di persona o cosa terribile **2** (*teol.*) uno dei sette peccati capitali **3** (*estens.*) furia, violenza degli elementi naturali: *l'— dei venti*.
iracheno [i-ra-chè-no], o **irakeno**, *agg.* dell'Iraq ♦ *s.m.* [f. *-a*] nativo, abitante dell'Iraq.
iracondia [i-ra-cón-dia] *s.f.* l'essere iracondo; irascibilità.
iracondo [i-ra-cón-do] *agg.* che ha inclinazione ad adirarsi: *carattere —* | che rivela ira: *parole iraconde*.
irakeno → **iracheno**.
iraniano [i-ra-nià-no] *agg.* del moderno Iran ♦ *s.m.* [f. *-a*] nativo, abitante del moderno Iran.
iranico [i-rà-ni-co] *agg.* [pl.m. *-ci*] dell'antico Iran: *arte iranica* | *lingue iraniche*, famiglia di lingue indoeuropee parlate nell'altopiano iranico ♦ *s.m.* [f. *-a*] nativo, abitante dell'antico Iran.
iranista [i-ra-nì-sta] *s.m.* e *f.* [pl.m. *-sti*] studioso, esperto di iranistica.
iranistica [i-ra-nì-sti-ca] *s.f.* lo studio della lingua, della letteratura e della storia dell'antico Iran.
irascibile [i-ra-scì-bi-le] *agg.* che si arrabbia, si stizzisce facilmente; sucettibile: *un uomo —*.
irascibilità [i-ra-sci-bi-li-tà] *s.f.* l'essere irascibile.
irato [i-rà-to] *agg.* pieno d'ira; adirato: *essere — con* (o *contro*) *qlcu.* □ **iratamente** *avv.*
irco [ìr-co] *s.m.* (*lett.*) capro, caprone.
ircocervo [ir-co-cèr-vo] *s.m.* (*lett.*) **1** animale favoloso, metà caprone e metà cervo **2** (*fig.*) cosa assurda; chimera.
irenico [i-rè-ni-co] *agg.* [pl.m. *-ci*] (*lett.*) di pace; che ispira e promuove la pace: *ideale —*.
irenismo [i-re-nì-ʃmo] *s.m.* (*relig.*) indirizzo teologico mirante alla riconciliazione di tutte le chiese cristiane.
iridacee [i-ri-dà-ce-e] *s.f.pl.* (*bot.*) famiglia di piante erbacee monocotiledoni, con foglie lanceolate, fiori a tre stami, frutto a capsula; ne fanno parte l'iris e il gladiolo.
iridato [i-ri-dà-to] *agg.* che ha i colori dell'iride; variopinto | *maglia iridata*, maglia attraversata da una fascia con i colori dell'iride, assegnata al vincitore di un campionato del mondo di ciclismo.
iride [ì-ri-de] *s.f.* **1** (*lett.*) arcobaleno | *i colori dell'—*, i sette colori fondamentali che compaiono nell'arcobaleno (rosso, arancio, giallo, verde, blu, indaco, violetto) **2** (*anat.*) parte, variamente colorata, della membrana vascolare dell'occhio, che circoscrive la pupilla.
iridectomia [i-ri-dec-to-mì-a] *s.f.* (*med.*) asportazione chirurgica di una parte dell'iride.
irideo [i-ri-dè-o] *agg.* (*anat.*) relativo all'iride.
iridescente [i-ri-de-scèn-te] *agg.* che ha i colori dell'iride; che presenta il fenomeno dell'iridescenza: *una perla —*.
iridescenza [i-ri-de-scèn-za] *s.f.* fenomeno ottico per cui alcuni corpi, investiti dalla luce, assumono riflessi cangianti simili ai colori dell'iride.

iridico [i-rì-di-co] *agg.* [pl.m. *-ci*] (*chim.*) si dice di composto dell'iridio.

iridio [i-rì-dio] *s.m.* elemento chimico di simbolo *Ir*; è un metallo bianco brillante, durissimo, inattaccabile dagli acidi.

iris [ì-ris] *s.f.invar.* (*bot.*) genere di piante erbacee comprendente numerose specie ornamentali tra cui il giaggiolo.

irlandese [ir-lan-dé-se] *agg.* dell'Irlanda ♦ *s.m.* 1 [anche *f.*] chi abita o è nato in Irlanda 2 la lingua celtica che si parla in Irlanda.

ironia [i-ro-nì-a] *s.f.* 1 particolare modo di esprimersi che conferisce alle parole un significato contrario o diverso da quello letterale, con intento critico o derisorio: — *pungente, grossolana* 2 (*estens.*) scherno, dileggio: *un sorriso pieno d'—* | — *della sorte,* (*fig.*) evento imprevedibile che sembra beffarsi delle aspettative di qlcu.

ironico [i-rò-ni-co] *agg.* [pl.m. *-ci*] detto o fatto con ironia; che rivela ironia: *sguardo* — | che fa dell'ironia: *scrittore* — □ **ironicamente** *avv.*

ironizzare [i-ro-niʒ-ʒà-re] *v.intr.* [aus. *avere*] fare dell'ironia: — *su di sé.*

iroso [i-ró-so] *agg.* 1 pieno d'ira: *voce irosa* | che si arrabbia facilmente: *uomo* — 2 (*lett.*) detto di elemento naturale, turbolento, infuriato: *flutti irosi* □ **irosamente** *avv.*

irpino [ir-pì-no] *agg.* dell'Irpinia, regione storica corrispondente alla provincia di Avellino ♦ *s.m.* [f. *-a*] 1 nativo, abitante dell'Irpinia 2 chi apparteneva alla popolazione sannitica che abitava l'Irpinia.

irraccontabile [ir-rac-con-tà-bi-le] *agg.* che non si può o non si deve raccontare: *un episodio* —.

irradiamento [ir-ra-dia-mén-to] *s.m.* l'irradiare, l'irradiarsi, l'essere irradiato | (*fis.*) irraggiamento.

irradiare [ir-ra-dià-re] *v.tr.* [*io irràdio ecc.*] 1 illuminare con i propri raggi: *il Sole irradia la Terra* | (*fig.*) rendere vivo, splendente: *felicità che irradia da un volto* 2 (*estens.*) emanare, diffondere: — *luce, gioia* 3 (*med.*) sottoporre a radiazioni a scopo terapeutico: — *un tumore* ♦ *v.intr.* [aus. *essere*] diffondersi sotto forma di raggi: *luce che irradia dagli astri* ♦ **irradiarsi** *v.intr.pron.* propagarsi in diverse direzioni: *semirette che si irradiano dal centro.*

irradiazione [ir-ra-dia-zió-ne] *s.f.* 1 emissione di luce e di calore in tutte le direzioni 2 (*estens.*) diffusione, propagazione 3 esposizione a radiazioni.

irraggiamento [ir-rag-gia-mén-to] *s.m.* 1 l'irraggiare, l'irraggiarsi, l'essere irraggiato 2 (*fis.*) emissione di radiazioni da parte di una sorgente: — *termico.*

irraggiare [ir-rag-già-re] *v.tr.* e *intr.* [*io irràggio ecc.*; aus. dell'intr. *essere*] irradiare ♦ **irraggiarsi** *v.intr.pron.* irradiarsi.

irraggiungibile [ir-rag-giun-gì-bi-le] *agg.* che non può essere raggiunto: *vetta, meta* —.

irraggiungibilità [ir-rag-giun-gi-bi-li-tà] *s.f.* l'essere irraggiungibile.

irragionevole [ir-ra-gio-né-vo-le] *agg.* 1 che non è provvisto di ragione: *gli animali sono esseri irragionevoli* | che non vuole intendere ragione; capriccioso: *persona* — 2 che non è conforme a ragione; assurdo: *paura* — | eccessivo, esagerato: *pretese irragionevoli* □ **irragionevolmente** *avv.*

irragionevolezza [ir-ra-gio-ne-vo-léz-za] *s.f.* l'essere irragionevole: *l'— di una proposta.*

irrancidimento [ir-ran-ci-di-mén-to] *s.m.* l'irrancidire, l'essere irrancidito.

irrancidire [ir-ran-ci-dì-re] *v.intr.* [*io irrancidisco, tu irrancidisci ecc.*; aus. *essere*] diventare rancido, stantio: *il burro irrancidisce* | (*fig.*) perdere vitalità, diventare vecchio: *istituzioni che sono irrancidite.*

irrappresentabile [ir-rap-pre-ʃen-tà-bi-le] *agg.* che non può essere rappresentato, messo in scena: *un'opera teatrale* —.

irrazionale [ir-ra-zio-nà-le] *agg.* 1 non dotato di ragione: *un essere* — 2 non fondato su ragioni valide; irragionevole: *ipotesi* — 3 privo di razionalità, di funzionalità: *un appartamento* — 4 (*filos.*) che non è riducibile agli schemi logici della ragione 5 (*mat.*) si dice di numero reale che non è rappresentabile in forma di frazione □ **irrazionalmente** *avv.* 1 in modo contrario alla ragione: *agire* — 2 in modo non funzionale: *spazio sfruttato* —.

irrazionalismo [ir-ra-zio-na-lì-smo] *s.m.* (*filos.*) atteggiamento di pensiero secondo il quale la ragione non è sufficiente a far luce sulla totalità dell'esperienza.

irrazionalista [ir-ra-zio-na-lì-sta] *s.m.* e *f.* [pl.m. *-sti*] seguace dell'irrazionalismo | Usato anche come *agg.*: *corrente* —.

irrazionalistico [ir-ra-zio-na-lì-sti-co] *agg.* [pl.m. *-ci*] che riguarda l'irrazionalismo; che ha carattere d'irrazionalità: *concezione irrazionalistica.*

irrazionalità [ir-ra-zio-na-li-tà] *s.f.* l'essere irrazionale.

irreale [ir-re-à-le] *agg.* non reale; fantastico, illusorio: *mondo* —.

irrealizzabile [ir-re-a-liʒ-ʒà-bi-le] *agg.* che non può essere realizzato: *progetto* —.

irrealizzabilità [ir-re-a-liʒ-ʒa-bi-li-tà] *s.f.* l'essere irrealizzabile.

irrealtà [ir-re-al-tà] *s.f.* l'essere irreale: *l'— di un'ipotesi* | *periodo ipotetico dell'—,* (*gramm.*) quello che pone una condizione irrealizzabile (p.e. *se avessi vent'anni di meno...*).

irrecuperabile [ir-re-cu-pe-rà-bi-le] *agg.* che non può essere recuperato: *tesoro, serenità* —.

irrecuperabilità [ir-re-cu-pe-ra-bi-li-tà] *s.f.* l'essere irrecuperabile.

irrecusabile [ir-re-cu-ʃà-bi-le] *agg.* 1 (*non com.*) che non si può rifiutare: *offerta* — 2 che non si può confutare: *testimonianza* —.

irrecusabilità [ir-re-cu-ʃa-bi-li-tà] *s.f.* l'essere irrecusabile.

irredentismo [ir-re-den-tì-ʃmo] *s.m.* movimento politico che ha lo scopo di congiungere alla madrepatria territori sottoposti a una dominazione straniera.

irredentista [ir-re-den-tì-sta] *s.m.* e *f.* [pl.m. *-sti*] fautore dell'irredentismo | Usato anche come *agg.* irredentistico.
irredentistico [ir-re-den-tì-sti-co] *agg.* [pl.m. *-ci*] relativo all'irredentismo o agli irredentisti: *movimento* —.
irredento [ir-re-dèn-to] *agg.* non redento, non liberato: *terre irredente.*
irredimibile [ir-re-di-mì-bi-le] *agg.* (*lett.*) che non si può redimere, riscattare.
irredimibilità [ir-re-di-mi-bi-li-tà] *s.f.* (*lett.*) l'essere irredimibile.
irrefragabile [ir-re-fra-gà-bi-le] *agg.* (*lett.*) che non si può contrastare, confutare; irrefutabile: *ragioni irrefragabili.*
irrefrenabile [ir-re-fre-nà-bi-le] *agg.* che non si può frenare, trattenere: *impulso* — □ **irrefrenabilmente** *avv.*
irrefrenabilità [ir-re-fre-na-bi-li-tà] *s.f.* l'essere irrefrenabile.
irrefutabile [ir-re-fu-tà-bi-le] *agg.* che non si può confutare: *prova* —.
irrefutabilità [ir-re-fu-ta-bi-li-tà] *s.f.* l'essere irrefutabile.
irreggimentare [ir-reg-gi-men-tà-re] *v.tr.* [*io irreggiménto ecc.*] **1** (*mil.*) inquadrare in un reggimento o in un altro reparto: — *le reclute* **2** (*fig.*) sottoporre a disciplina rigida; inquadrare.
irreggimentazione [ir-reg-gi-men-ta-zió-ne] *s.f.* l'irreggimentare, l'essere irreggimentato.
irregolare [ir-re-go-là-re] *agg.* **1** che è in contrasto con le regole: *procedura* — | *nomi, verbi irregolari,* (*gramm.*) quelli che disattendono le regole della flessione **2** che si allontana dalla forma, dal tipo comune: *viso* — **3** non uniforme; disuguale: *percorso* —; *polso* —, aritmico □ **irregolarmente** *avv.*
irregolarità [ir-re-go-la-ri-tà] *s.f.* **1** l'essere irregolare: — *di lineamenti* **2** azione non conforme alle regole, alle leggi: *commettere un'*— | (*sport*) fallo.
irrelato [ir-re-là-to] *agg.* privo di relazione con altri elementi: *concetto* —.
irreligiosità [ir-re-li-gio-si-tà] *s.f.* l'essere irreligioso.
irreligioso [ir-re-li-gió-so] *agg.* che non ha sentimento religioso; che offende la religione: *discorso* —.
irremissibile [ir-re-mis-sì-bi-le] *agg.* (*lett.*) che non può essere perdonato, che non merita perdono: *peccato* — | (*estens.*) tenace, che non dà tregua: *odio* —.
irremovibile [ir-re-mo-vì-bi-le] *agg.* che non recede dalle proprie convinzioni; fermo: *mostrarsi* — □ **irremovibilmente** *avv.*
irremovibilità [ir-re-mo-vi-bi-li-tà] *s.f.* l'essere irremovibile: *l'— di una decisione.*
irreparabile [ir-re-pa-rà-bi-le] *agg.* a cui non si può porre rimedio: *errore* — ♦ *s.m.* cosa, fatto a cui non si può rimediare: *è accaduto l'*— □ **irreparabilmente** *avv.*
irreparabilità [ir-re-pa-ra-bi-li-tà] *s.f.* l'essere irreparabile.
irreperibile [ir-re-pe-rì-bi-le] *agg.* introvabile, che non si riesce a reperire: *rendersi* —.
irreperibilità [ir-re-pe-ri-bi-li-tà] *s.f.* l'essere irreperibile.
irreprensibile [ir-re-pren-sì-bi-le] *agg.* a cui non si può muovere nessuna critica: *condotta* — □ **irreprensibilmente** *avv.*
irreprensibilità [ir-re-pren-si-bi-li-tà] *s.f.* l'essere irreprensibile.
irreprimibile [ir-re-pri-mì-bi-le] *agg.* che non si può reprimere, soffocare: *uno sfogo* —.
irrequietezza [ir-re-quie-téz-za] *s.f.* l'essere irrequieto.
irrequieto [ir-re-qui-è-to] *agg.* **1** che non trova quiete, tranquillità **2** vivace, esuberante: *un bambino* —.
irrequietudine [ir-re-quie-tù-di-ne] *s.f.* l'essere irrequieto.
irresistibile [ir-re-si-stì-bi-le] *agg.* a cui non si può resistere: *fascino* — □ **irresistibilmente** *avv.*
irresistibilità [ir-re-si-sti-bi-li-tà] *s.f.* (*non com.*) l'essere irresistibile.
irresolubile [ir-re-so-lù-bi-le] *agg.* (*lett.*) che non si può sciogliere: *un legame* — | (*fig.*) che non si può risolvere: *enigma* —.
irresolutezza [ir-re-so-lu-téz-za], o irrisolutezza, *s.f.* l'essere irresoluto.
irresoluto [ir-re-so-lù-to], o irrisoluto, *agg.* privo di risolutezza; indeciso: *mostrarsi* — □ **irresolutamente** *avv.*
irresoluzione [ir-re-so-lu-zió-ne], o irrisoluzione, *s.f.* mancanza di risolutezza; indecisione.
irrespirabile [ir-re-spi-rà-bi-le] *agg.* che non si può respirare: *aria* —; *c'è un clima, un'aria* —, (*fig.*) si dice di un ambiente in cui ci si trova a disagio.
irrespirabilità [ir-re-spi-ra-bi-li-tà] *s.f.* l'essere irrespirabile.
irresponsabile [ir-re-spon-sà-bi-le] *agg.* **1** (*dir.*) che non deve rispondere delle sue azioni **2** (*estens.*) che agisce con leggerezza, da incosciente: *ragazzo* — | Usato anche come *s.m.* e *f.*: *essere un* — □ **irresponsabilmente** *avv.*
irresponsabilità [ir-re-spon-sa-bi-li-tà] *s.f.* l'essere irresponsabile.
irrestringibile [ir-re-strin-gì-bi-le] *agg.* si dice di tessuto, filato o indumento che, lavato, non si restringe.
irretimento [ir-re-ti-mén-to] *s.m.* l'irretire, l'essere irretito.
irretire [ir-re-tì-re] *v.tr.* [*io irretisco, tu irretisci ecc.*] attrarre, sedurre con l'inganno: *lasciarsi* — *con false promesse.*
irretrattabile e *deriv.* → **irritrattabile** e *deriv.*
irreversibile [ir-re-ver-sì-bi-le] *agg.* che non è reversibile: *procedimento* — | *reazione chimica* —, che non può avvenire in senso inverso | *lesione* —, menomazione permanente | *pensione* —, non trasferibile ad altri dopo la morte del titolare □ **irreversibilmente** *avv.*

irreversibilità [ir-re-ver-si-bi-li-tà] *s.f.* l'essere irreversibile.

irrevocabile [ir-re-vo-cà-bi-le] *agg.* che non si può revocare, annullare: *sentenza, decisione* — □ **irrevocabilmente** *avv.*

irrevocabilità [ir-re-vo-ca-bi-li-tà] *s.f.* l'essere irrevocabile: *l'— di un provvedimento.*

irriconoscente [ir-ri-co-no-scèn-te] *agg.* non riconoscente, ingrato.

irriconoscibile [ir-ri-co-no-scì-bi-le] *agg.* che è impossibile o difficile riconoscere: *così conciato era —.*

irriconoscibilità [ir-ri-co-no-sci-bi-li-tà] *s.f.* l'essere irriconoscibile.

irridere [ir-rì-de-re] *v.tr.* [pass.rem. *io irrifi, tu irridésti ecc.*; part.pass. *irrifo*] (*lett.*) deridere, schernire.

irriducibile [ir-ri-du-cì-bi-le] *agg.* **1** che non si può ridurre: *prezzo, spesa* — | *frazione* —, (*mat.*) quella i cui termini non hanno un divisore comune **2** (*fig.*) che non si può vincere, piegare: *un avversario* — **3** (*med.*) che non si può rimettere, far rientrare al suo posto: *frattura* — ♦ *s.m.* e *f.* persona irriducibile □ **irriducibilmente** *avv.*

irriducibilità [ir-ri-du-ci-bi-li-tà] *s.f.* l'essere irriducibile.

irriferibile [ir-ri-fe-rì-bi-le] *agg.* che non si può riferire per ragioni di convenienza o decenza: *espressioni irriferibili.*

irriflessività [ir-ri-fles-si-vi-tà] *s.f.* l'essere irriflessivo.

irriflessivo [ir-ri-fles-sì-vo] *agg.* che agisce senza riflettere: *ragazzo* — | compiuto senza riflettere: *gesto —.*

irrigabile [ir-ri-gà-bi-le] *agg.* che si può irrigare: *terreno —.*

irrigamento [ir-ri-ga-mén-to] *s.m.* irrigazione.

irrigare [ir-ri-gà-re] *v.tr.* [*io irrigo, tu irrighi ecc.*] **1** fornire al terreno l'acqua necessaria per le colture: *— un campo, una piantagione* **2** (*med.*) introdurre in una cavità del corpo un liquido medicamentoso.

irrigatore [ir-ri-ga-tó-re] *agg.* [f. *-trice*] che irriga: *canale* — ♦ *s.m.* **1** impianto o dispositivo usato per irrigare i terreni **2** (*med.*) strumento usato per compiere irrigazioni: *— vaginale.*

irrigatorio [ir-ri-ga-tò-rio] *agg.* di irrigazione; che serve all'irrigazione: *canale —.*

irrigazione [ir-ri-ga-zió-ne] *s.f.* **1** distribuzione di acqua nei campi coltivati: *canale d'—* **2** (*med.*) introduzione di un liquido medicamentoso in una cavità del corpo.

irrigidimento [ir-ri-gi-di-mén-to] *s.m.* l'irrigidire, l'irrigidirsi; perdita di flessibilità: *— cadaverico; l'— di un principio.*

irrigidire [ir-ri-gi-dì-re] *v.tr.* [*io irrigidisco, tu irrigidisci ecc.*] rendere rigido: *il freddo — le membra; — una pena,* renderla più severa ♦ **irrigidirsi** *v.intr.pron.* diventare rigido: *il clima si è irrigidito; — in un atteggiamento.*

irrigidito [ir-ri-gi-dì-to] *agg.* rigido: *volto — in una smorfia; era — sulle sue posizioni.*

irriguardoso [ir-ri-guar-dó-so] *agg.* che manca del dovuto riguardo; insolente: *essere — verso i superiori* □ **irriguardosamente** *avv.*

irriguo [ir-rì-guo] *agg.* **1** ben irrigato: *campo* — **2** che serve all'irrigazione: *canale —.*

irrilevante [ir-ri-le-vàn-te] *agg.* di scarsa importanza; trascurabile: *particolare —.*

irrilevanza [ir-ri-le-vàn-za] *s.f.* l'essere irrilevante.

irrimandabile [ir-ri-man-dà-bi-le] *agg.* indifferibile: *impegno —.*

irrimediabile [ir-ri-me-dià-bi-le] *agg.* per cui non vi è rimedio: *perdita* — □ **irrimediabilmente** *avv.*

irrimediabilità [ir-ri-me-dia-bi-li-tà] *s.f.* l'essere irrimediabile.

irrintracciabile [ir-rin-trac-cià-bi-le] *agg.* che non si può rintracciare: *una persona —.*

irrinunciabile [ir-ri-nun-cià-bi-le], o **irrinunziabile**, *agg.* a cui non si può o non si deve rinunciare: *diritto —.*

irrinunciabilità [ir-ri-nun-cia-bi-li-tà], o **irrinunziabilità**, *s.f.* caratteristica di ciò che è irrinunciabile: *— di un bene.*

irripetibile [ir-ri-pe-tì-bi-le] *agg.* **1** che non si può ripetere; eccezionale, unico: *esperienza* — **2** che, per decenza, non è opportuno riferire: *un'espressione —.*

irripetibilità [ir-ri-pe-ti-bi-li-tà] *s.f.* l'essere irripetibile.

irriproducibile [ir-ri-pro-du-cì-bi-le] *agg.* che non si può riprodurre: *fotografia —.*

irriproducibilità [ir-ri-pro-du-ci-bi-li-tà] *s.f.* l'essere irriproducibile.

irrisione [ir-ri-ʃió-ne] *s.f.* l'irridere; scherno.

irriso [ir-rì-ʃo] *agg.* deriso, schernito.

irrisolto [ir-ri-sòl-to] *agg.* che è rimasto senza soluzione: *problema —.*

irrisoluto e *deriv.* → **irresoluto** e *deriv.*

irrisolvibile [ir-ri-sol-vì-bi-le] *agg.* che non può essere risolto: *problema —.*

irrisorio [ir-ri-ʃò-rio] *agg.* **1** che è detto o fatto per irridere: *parole irrisorie* **2** inadeguato al punto da sembrare quasi un'irrisione; minimo: *compenso* — □ **irrisoriamente** *avv.*

irrispettoso [ir-ri-spet-tó-so] *agg.* che manca del dovuto rispetto: *contegno* — □ **irrispettosamente** *avv.*

irritabile [ir-ri-tà-bi-le] *agg.* **1** che si irrita facilmente; suscettibile: *persona* — **2** (*med.*) che si infiamma facilmente: *pelle —.*

irritabilità [ir-ri-ta-bi-li-tà] *s.f.* l'essere irritabile.

irritante [ir-ri-tàn-te] *agg.* che irrita, indispettisce: *comportamento* — | che provoca infiammazione: *sostanza —.*

irritare [ir-ri-tà-re] *v.tr.* [*io ìrrito ecc.*] **1** provocare stizza; far perdere la calma: *aspettare mi irrita* | *— i nervi,* (*fam.*) far innervosire **2** (*med.*) provocare infiammazione: *l'ortica irrita la pelle* ♦ **irritarsi** *v.intr.pron.* **1** stizzirsi **2** (*med.*) infiammarsi.

irritato [ir-ri-tà-to] *agg.* **1** incollerito, risentito **2** (*med.*) infiammato.
irritazione [ir-ri-ta-zió-ne] *s.f.* **1** l'irritare, l'irritarsi; lo stato di chi è irritato: *provare una forte —* **2** (*med.*) infiammazione.
irritrattabile [ir-ri-trat-tà-bi-le], o **irretrattabile**, *agg.* che non può essere ritrattato: *un'accusa —*.
irritrattabilità [ir-ri-trat-ta-bi-li-tà], o **irretrattabilità**, *s.f.* l'essere irritrattabile.
irrituale [ir-ri-tu-à-le] *agg.* (*dir.*) si dice di atto processuale compiuto in modo non conforme a quello prescritto dalla legge: *notificazione —*.
irrivelabile [ir-ri-ve-là-bi-le] *agg.* che non può essere rivelato: *segreto —*.
irriverente [ir-ri-ve-rèn-te] *agg.* che manca della dovuta riverenza; irrispettoso: *atteggiamento —*.
irriverenza [ir-ri-ve-rèn-za] *s.f.* l'essere irriverente: *comportarsi con —* | atto o detto irriverente.
irrobustire [ir-ro-bu-stì-re] *v.tr.* [*io irrobustisco, tu irrobustisci ecc.*] rendere robusto: *il moto irrobustisce il corpo* ♦ **irrobustirsi** *v.intr.pron.* diventare robusto: *— crescendo.*
irrogare [ir-ro-gà-re] *v.tr.* [*io irrògo, tu irròghi ecc.*] (*dir.*) infliggere: *— una pena.*
irrogazione [ir-ro-ga-zió-ne] *s.f.* (*dir.*) l'irrogare.
irrompere [ir-róm-pe-re] *v.intr.* [coniugato come *rompere*; mancano il part. pass. e i tempi composti] entrare a forza e impetuosamente: *la polizia irruppe nel locale.*
irrorare [ir-ro-rà-re] *v.tr.* [*io irròro ecc.*] **1** bagnare di gocce: *il pianto le irrorava il volto* **2** (*agr.*) spargere sulle piante liquidi antiparassitari **3** (*biol.*) detto di liquidi organici (sangue, linfa), rifornire organi e tessuti.
irrorazione [ir-ro-ra-zió-ne] *s.f.* l'irrorare, l'essere irrorato.
irruente [ir-ru-èn-te], o **irruento**, *agg.* **1** (*lett.*) che irrompe con impeto: *folla —* **2** (*fig.*) impetuoso: *temperamento —* □ **irruentemente** *avv.*
irruenza [ir-ru-èn-za] *s.f.* l'essere irruente: *l'— delle passioni.*
irruvidimento [ir-ru-vi-di-mén-to] *s.m.* l'irruvidire, l'irruvidirsi, l'essere irruvidito.
irruvidire [ir-ru-vi-dì-re] *v.tr.* [*io irruvidisco, tu irruvidisci ecc.*] rendere ruvido: *il freddo irruvidisce la pelle* ♦ **irruvidirsi** *v.intr.pron.* diventare ruvido.
irruzione [ir-ru-zió-ne] *s.f.* l'entrare in un luogo con impeto: *un'— della polizia* | *fare —*, irrompere.
irsutismo [ir-su-tì-ʃmo] *s.m.* (*med.*) sviluppo eccessivo di peli, soprattutto nella donna; ipertricosi.
irsuto [ir-sù-to] *agg.* che ha peli folti: *petto —*.
irto [ìr-to] *agg.* **1** ispido, pungente: *barba irta* **2** che ha sporgenze aguzze: *un ramo — di spine* **3** (*fig.*) che presenta molte difficoltà: *un'impresa irta di ostacoli.*
isagono [i-ʃà-go-no] *agg.* e *s.m.* si dice di figura geometrica che ha gli angoli uguali a quelli di un'altra.
ischeletrire [i-sche-le-trì-re] *v.tr.* [*io ischeletrisco, tu ischeletrisci ecc.*] ridurre come uno scheletro, far dimagrire notevolmente: *la malattia l'ha ischeletrito* ♦ **ischeletrirsi** *v.intr. pron.* ridursi come uno scheletro per eccessiva magrezza.
ischemia [i-sche-mì-a] *s.f.* (*med.*) deficiente irrorazione sanguigna di un organo: *— cerebrale.*
ischemico [i-schè-mi-co] *agg.* [pl.m. *-ci*] (*med.*) di ischemia, relativo a ischemia.
ischialgia [i-schial-gì-a] *s.f.* (*med.*) sciatica.
ischiatico [i-schià-ti-co] *agg.* [pl.m. *-ci*] (*anat.*) che si riferisce all'ischio: *nervo —*, nervo sciatico.
ischio [ì-schio] *s.m.* (*anat.*) osso del bacino che con l'ilio e il pube costituisce l'osso iliaco.
iscritto [i-scrìt-to] *agg.* e *s.m.* [f. *-a*] che/chi ha compiuto l'iscrizione a un'organizzazione, a un'istituzione | *per —*, per via scritta, tramite uno scritto.
iscrivere [i-scrì-ve-re] *v.tr.* [coniugato come *scrivere*] annotare in un registro, in un elenco: *— qlcu. in una lista* | chiedere per qlcu. l'inclusione in un'organizzazione, in un'istituzione: *— il figlio a una scuola* ♦ **iscriversi** *v.rifl.* compiere le formalità richieste per diventare membro, socio, partecipante.
iscrizione [i-scri-zió-ne] *s.f.* **1** l'iscrivere, l'iscriversi, l'essere iscritto: *— a una gara, a un partito* | registrazione: *l'— di un avvocato all'ordine forense* **2** qualsiasi scritto inciso su pietra o altro materiale: *un'— etrusca.*
islam [i-ʃlàm, o ìʃlam] *s.m.* **1** *Islam*, la religione monoteistica fondata da Maometto nel sec. VII d.C. **2** (*estens.*) il mondo musulmano, la civiltà musulmana.
islamico [i-ʃlà-mi-co] *agg.* [pl.m. *-ci*] dell'Islam, dell'islamismo; musulmano: *religione islamica*; *il mondo —* ♦ *s.m.* [f. *-a*] seguace dell'islamismo.
islamismo [i-ʃla-mì-ʃmo] *s.m.* la religione predicata da Maometto | (*estens.*) la civiltà del mondo islamico.
islamista [i-ʃla-mì-sta] *s.m.* e *f.* [pl.m. *-sti*] esperto d'islamistica.
islamistica [i-ʃla-mì-sti-ca] *s.f.* studio della religione, della civiltà e della cultura islamiche.
islamizzare [i-ʃla-miʒ-ʒà-re] *v.tr.* convertire all'islamismo, ai valori religiosi e culturali dell'Islam ♦ **islamizzarsi** *v.rifl.* o *intr.pron.* convertirsi all'islamismo; aderire alla cultura islamica.
islamizzazione [i-ʃla-miʒ-ʒa-zió-ne] *s.f.* l'islamizzare, l'islamizzarsi, l'essere islamizzzato.
islandese [i-ʃlan-dé-se] *agg.* dell'Islanda ♦ *s.m.* **1** [anche *f.*] chi è nato, chi abita in Islanda **2** lingua germanica parlata in Islanda.
ismaelita [i-ʃma-e-lì-ta] *agg.* e *s.m.* e *f.* [pl.m. *-ti*] arabo, in quanto discendente dal patriarca biblico Ismaele.
ismailita [i-ʃmai-lì-ta] *agg.* [pl.m. *-ti*] della setta musulmana sciita che considera Ismail come imam occulto ♦ *s.m.* e *f.* seguace di tale setta.
-ismo suffisso usato per la formazione di voci dotte di valore astratto che indicano dottrine, movimenti (*islamismo, empirismo, romanticismo*), atteggiamenti, tendenze, caratteri (*eroi-*

smo, dispotismo, ottimismo), condizioni, qualità, difetti, abitudini (*egoismo, strabismo, alcolismo*), attività (*turismo, ciclismo*).

iso- primo elemento di parole composte, che significa 'uguale, affine' (*isocrono, isomero*).

isobara [i-ʃò-ba-ra] *s.f.* linea che congiunge sulle carte geografiche tutti i punti aventi uguale pressione atmosferica.

isobarico [i-ʃo-bà-ri-co] *agg.* [pl.m. *-ci*] che riguarda le isobare.

isobaro [i-ʃò-ba-ro] *agg.* (*fis.*) si dice di nuclei che hanno lo stesso numero di massa atomica.

isobata [i-ʃò-ba-ta] *s.f.* linea che congiunge sulle carte geografiche tutti i punti aventi uguale profondità sotto il livello del mare.

isoclinale [i-ʃo-cli-nà-le] *s.f.* (*geol.*) piega della crosta terrestre con falde parallele.

isocronismo [i-ʃo-cro-nì-ʃmo] *s.m.* (*fis.*) corrispondenza della durata di due fenomeni che hanno periodo uguale.

isocrono [i-ʃò-cro-no] *agg.* **1** che ha durata uguale **2** (*fis.*) che ha periodo uguale.

isodattilia [i-ʃo-dat-ti-lì-a] *s.f.* (*med.*) malformazione congenita della mano che presenta le dita tutte della stessa lunghezza.

isofrequenza [i-ʃo-fre-quèn-za] *s.f.* frequenza radio costante: *trasmissione radiofonica in —*, diramata in qualsiasi zona alla stessa frequenza.

isogamete [i-ʃo-ga-mè-te] *s.m.* (*biol.*) ciascuno dei gameti di forma e dimensioni uguali.

isogamia [i-ʃo-ga-mì-a] *s.f.* (*biol.*) riproduzione sessuale che avviene in certi organismi inferiori (*p.e.* alghe e funghi) tra due isogameti.

isoglossa [i-ʃo-glòs-sa] *s.f.* linea tracciata su una carta geografica per segnare il limite di un fenomeno linguistico.

isoieta [i-ʃo-iè-ta] *s.f.* linea che congiunge sulle carte geografiche i punti caratterizzati da uguale piovosità.

isoipsa [i-ʃo-ì-psa] *s.f.* linea che congiunge sulle carte geografiche i punti aventi uguale altitudine.

isola [ì-ʃo-la] *s.f.* **1** porzione di terra emersa, completamente circondata dall'acqua. DIM. *isoletta, isolotto* (m.) **2** (*estens.*) la popolazione di un'isola: *tutta l'— si sollevò* **3** (*fig.*) territorio che si distingue dalle regioni circostanti per caratteri peculiari: *— etnica* | *— pedonale*, zona chiusa al traffico in un centro abitato **4** (*anat.*) nome dato ad agglomerati di cellule a struttura omogenea.

isolabile [i-ʃo-là-bi-le] *agg.* che si può isolare: *virus non —*.

isolamento [i-ʃo-la-mén-to] *s.m.* **1** l'isolare, l'isolarsi, l'essere isolato: *vivere nell'—* | *reparto di —*, in un ospedale, quello in cui vengono accolti i malati contagiosi **2** condizione di uno stato che non ha rapporti politici, economici e culturali con altri paesi.

isolano [i-ʃo-là-no] *agg.* di un'isola o dei suoi abitanti ♦ *s.m.* [f. *-a*] nativo, abitante di un'isola.

isolante [i-ʃo-làn-te] *agg.* e *s.m.* si dice di sostanza o di materiale che presenta forte resistenza al passaggio dell'elettricità, del calore o del suono: *nastro, pannello —*.

isolare [i-ʃo-là-re] *v.tr.* [*io ìsolo ecc.*] **1** separare qlco. da ciò che la circonda; tenere qlcu. lontano dagli altri: *— una frase dal contesto*; *— un ammalato contagioso* | *— una nazione*, privarla dei contatti politici ed economici con le altre nazioni **2** (*chim.*) separare una sostanza da altre con cui è in composizione **3** (*biol.*) individuare germi o altri agenti patogeni: *— un virus* **4** impedire lo scambio elettrico, termico o acustico fra corpi o ambienti, introducendo un isolante ♦ **isolarsi** *v.rifl.* tenersi lontano dagli altri: *— dal mondo* | di nazione, attuare una politica d'isolazionismo.

isolato[1] [i-ʃo-là-to] *agg.* **1** appartato, separato: *luogo —*; *vivere —* **2** che non fa parte di un gruppo o di un insieme; singolo: *fenomeno —* **3** che presenta condizioni di isolamento elettrico, termico o acustico: *ambiente —* ♦ *s.m.* [f. *-a*] persona che vive senza contatti con gli altri □ **isolatamente** *avv.*

isolato[2] *s.m.* edificio o gruppo di edifici circondati tutt'intorno da strade urbane.

isolatore [i-ʃo-la-tó-re] *s.m.* (*tecn.*) elemento o apparecchio che serve a isolare elettricamente un corpo.

isolazionismo [i-ʃo-la-zio-nì-ʃmo] *s.m.* condotta politica di uno stato che ne determina l'isolamento politico, economico e culturale rispetto agli altri stati.

isolazionista [i-ʃo-la-zio-nì-sta] *s.m.* e *f.* [pl.m. *-sti*] fautore dell'isolazionismo | Usato anche come *agg.*: *politica —*.

isolazionistico [i-ʃo-la-zio-nì-sti-co] *agg.* [pl.m. *-ci*] di isolazionismo, relativo all'isolazionismo.

isomeria [i-ʃo-me-rì-a] *s.f.* (*chim.*) fenomeno per cui sostanze di uguale composizione hanno diversa struttura molecolare e, di conseguenza, proprietà chimiche e fisiche differenti.

isomerizzazione [i-ʃo-me-riʒ-ʒa-zió-ne] *s.f.* (*chim.*) trasformazione molecolare che dà luogo a isomeri.

isomero [i-ʃò-me-ro] *agg.* e *s.m.* (*chim.*) si dice di composto che presenta isomeria.

isometria [i-ʃo-me-trì-a] *s.f.* **1** carta geografica basata su curve isometriche **2** (*geom.*) trasformazione che mantiene tutte le misure invariate: *la traslazione è un'—*.

isometrico [i-ʃo-mè-tri-co] *agg.* [pl.m. *-ci*] **1** in cartografia, si dice di linea che collega tutti i punti nei quali un certo fenomeno (*p.e.* temperatura, piovosità, profondità marina ecc.) presenta lo stesso valore **2** (*geom.*) caratterizzato da isometria **3** (*min.*) si dice di un cristallo che ha uno sviluppo simile lungo i tre assi.

isomorfismo [i-ʃo-mor-fì-ʃmo] *s.m.* (*chim., min.*) fenomeno per cui sostanze chimicamente diverse si cristallizzano in forme strutturalmente simili.

isomorfo [i-ʃo-mòr-fo] *agg.* che presenta isomorfismo.

isoscele [i-ʃò-sce-le] *agg.* (*geom.*) si dice di triangolo o trapezio avente due lati uguali.
isosillabico [i-ʃo-sil-là-bi-co] *agg.* [pl.m. *-ci*] che ha lo stesso numero di sillabe: *verso —*.
isosillabismo [i-ʃo-sil-la-bì-ʃmo] *s.m.* l'essere isosillabico.
isoterma [i-ʃo-tèr-ma] *s.f.* linea che congiunge sulle carte geografiche i punti aventi la stessa temperatura media.
isotermia [i-ʃo-ter-mì-a] *s.f.* (*scient.*) temperatura costante di un corpo o di un sistema.
isotermico [i-ʃo-tèr-mi-co] *agg.* [pl.m. *-ci*] (*fis.*) di fenomeno che avviene a temperatura costante.
isotopia [i-ʃo-to-pì-a] *s.f.* (*chim.*) la proprietà per cui due elementi sono isotopi.
isotopo [i-ʃò-to-po] *agg.* e *s.m.* (*chim.*) si dice di elementi aventi lo stesso numero atomico, uguali proprietà chimiche, ma peso atomico differente: *— radioattivo*.
isotteri [i-ʃòt-te-ri] *s.m.pl.* (*zool.*) ordine di insetti che comprende la famiglia delle termiti.
ispanico [i-spà-ni-co] *agg.* [pl.m. *-ci*] **1** della Spagna; spagnolo **2** di un paese di lingua spagnola: *le popolazioni ispaniche del Sud America*.
ispanismo [i-spa-nì-ʃmo] *s.m.* (*ling.*) parola, locuzione o costrutto spagnolo entrato in un'altra lingua.
ispanista [i-spa-nì-sta] *s.m.* e *f.* [pl.m. *-sti*] studioso, esperto di lingua, letteratura e civiltà spagnola.
ispanizzare [i-spa-niʒ-ʒà-re] *v.tr.* adattare a civiltà, a cultura e usanze spagnole ♦ **ispanizzarsi** *v.intr.pron.* adottare usanze, modi spagnoli.
ispanizzazione [i-spa-niʒ-ʒa-zió-ne] *s.f.* l'ispanizzare, l'ispanizzarsi, l'essere ispanizzato: *l'— dell'America latina*.
ispano [i-spà-no] *agg.* della Spagna antica ♦ *s.m.* [f. *-a*] nativo, abitante della Spagna antica.
ispano-americano [i-spà-no a-me-ri-cà-no] *agg.* **1** che si riferisce alla Spagna e agli Stati Uniti, o alla Spagna e all'America centro-meridionale: *guerre ispano-americane* **2** relativo agli stati dell'America centro-meridionale di lingua spagnola: *lingue ispano-americane*.
ispanofono [i-spa-nò-fo-no] *agg.* e *s.m.* [f. *-a*] che/chi parla spagnolo.
ispessimento [i-spes-si-mén-to], o inspessimento, *s.m.* l'ispessire, l'ispessirsi; aumento di spessore: *— di un tessuto, di una sostanza*.
ispessire [i-spes-sì-re], o inspessire, *v.tr.* [*io ispessisco, tu ispessisci ecc.*] **1** aumentare lo spessore di qlco.; rendere più fitto, più denso **2** (*non com.*) rendere più frequente: *— i turni di vigilanza* ♦ **ispessirsi** *v.intr.pron.* **1** divenire più spesso; acquistare maggiore densità **2** (*non com.*) farsi più frequente: *le sue visite si sono ispessite*.
ispettivo [i-spet-tì-vo] *agg.* che concerne l'ispezione; fatto a scopo d'ispezione: *controllo —*.
ispettorato [i-spet-to-rà-to] *s.m.* **1** carica, grado di ispettore **2** organo pubblico che ha il compito di controllare e vigilare su determinate attività o servizi: *Ispettorato del lavoro* **3** la sede degli uffici di un organo ispettivo.
ispettore [i-spet-tó-re] *s.m.* [f. *-trice*] **1** chi ha l'incarico di vigilare sullo stato o l'andamento di qlco. **2** funzionario di un'amministrazione statale con mansioni ispettive: *— scolastico* **3** nella polizia, il grado superiore al sovrintendente.
ispezionare [i-spe-zio-nà-re] *v.tr.* [*io ispezióno ecc.*] sottoporre a ispezione: *— una scuola* | esaminare per controllo: *— le caldaie*.
ispezione [i-spe-zió-ne] *s.f.* **1** attento esame volto a controllare lo stato, l'andamento di qlco.: *giro d'—* **2** visita di un ispettore: *chiedere un'—*.
ispidezza [i-spi-déz-za] *s.f.* l'essere ispido.
ispido [ì-spi-do] *agg.* **1** duro, ruvido, irto: *barba ispida* **2** (*estens.*) rivestito di elementi pungenti: *foglie ispide* **3** (*fig.*) rude, scontroso: *un uomo —* | detto di cosa, difficile da trattare: *un argomento —*.
ispirare [i-spi-rà-re] *v.tr.* **1** suscitare, infondere nell'animo: *— simpatia* **2** attivare la fantasia creatrice di un artista: *l'amore ispira i poeti* **3** comunicare, trasmettere per virtù soprannaturale: *i vangeli sono ispirati da Dio* ♦ **ispirarsi** *v.intr.pron.* **1** trarre ispirazione: *— alla natura* **2** trarre un indirizzo, conformarsi: *leggi che si ispirano al diritto naturale*.
ispirato [i-spi-rà-to] *agg.* **1** acceso da ispirazione artistica o divina: *poeta, profeta —* | scritto per ispirazione divina: *libri ispirati*, le sacre scritture **2** ricco di ispirazione, illuminato: *parole ispirate*.
ispiratore [i-spi-ra-tó-re] *agg.* e *s.m.* [f. *-trice*] che/chi ispira: *l'— di una rivolta* | che/chi è fonte d'ispirazione artistica: *musa ispiratrice*.
ispirazione [i-spi-ra-zió-ne] *s.f.* **1** stato di creatività artistica: *cercare l'—* | motivo ispiratore: *l'arte rinascimentale trasse — da quella classica* **2** intuizione brillante: *mi è venuta l'— di fare così* **3** il prendere spunto, l'improntarsi a un modello: *trarre — dall'esempio altrui*.
israeliano [i-ʃra-e-lià-no] *agg.* del moderno stato d'Israele ♦ *s.m.* [f. *-a*] cittadino dello stato d'Israele.
israelita [i-ʃra-e-lì-ta] *s.m.* e *f.* [pl.m. *-ti*] chi appartiene al popolo ebraico o professa la religione ebraica | Usato anche come *agg.*: *popolo —*.
israelitico [i-ʃra-e-lì-ti-co] *agg.* [pl.m. *-ci*] degli Israeliti; ebraico: *comunità israelitica*.
issa *inter.* si usa come incitazione quando più persone insieme devono smuovere qlco. di molto pesante.
issare [is-sà-re] *v.tr.* **1** sollevare, innalzare, per mezzo di una carrucola, di un cavo: *— l'ancora, una bandiera* **2** (*estens.*) sollevare qualcosa di pesante: *— il carico sulla nave*.
-issimo suffisso con cui si forma normalmente il superlativo assoluto degli aggettivi (*altissimo, bellissimo*).
issopo [is-sò-po] *s.m.* pianta medicinale spontanea dai cui fiori si ricava un infuso contro la tosse.

-ista suffisso con cui si formano sostantivi e aggettivi connessi con i termini in *-ismo* (*altruista, ciclista, socialista*) e sostantivi di diversa derivazione indicanti attività, professioni (*barista, dentista*).
istallare e *deriv.* → **installare** e *deriv.*
istamina [i-sta-mì-na] *s.f.* (*chim. biol.*) amminoacido la cui liberazione nei tessuti è il fattore principale delle manifestazioni allergiche.
istantanea [i-stan-tà-ne-a] *s.f.* fotografia scattata con un brevissimo tempo di posa.
istantaneità [i-stan-ta-ne-i-tà] *s.f.* l'essere istantaneo.
istantaneo [i-stan-tà-ne-o] *agg.* che accade in un istante; immediato: *morte istantanea* □ **istantaneamente** *avv.*
istante [i-stàn-te] *s.m.* **1** momento brevissimo, attimo: *all'—*, immediatamente; *nell'— che*, nel momento in cui **2** (*estens.*) breve spazio di tempo: *torno tra un —*.
istanza [i-stàn-za] *s.f.* **1** richiesta scritta rivolta a un'autorità; domanda fatta in giudizio: *presentare, respingere un'—* | *giudizio di prima, seconda —*, (*dir.*) di primo, secondo grado | *in ultima —*, si dice di decisione definitiva presa dopo lunghe discussioni **2** sollecitazione per ottenere qlco.: *cedere alle istanze di qlcu.* **3** esigenza, necessità: *istanze sociali.*
istaurare e *deriv.* → **instaurare** e *deriv.*
isterectomia [i-ste-rec-to-mì-a] *s.f.* asportazione chirurgica dell'utero.
isteria [i-ste-rì-a] *s.f.* (*med.*) isterismo.
isterico [i-stè-ri-co] *agg.* [pl.m. *-ci*] (*med.*) di isterismo, provocato da isterismo: *crisi isterica* ♦ *agg.* e *s.m.* [f. *-a*] **1** si dice di chi è affetto da isterismo **2** (*estens.*) si dice di chi ha umore irritabile, è facile agli scatti nervosi □ **istericamente** *avv.*
isterilimento [i-ste-ri-li-mén-to] *s.m.* l'isterilire, l'isterilirsi; condizione di ciò che è divenuto sterile: *— di un terreno, dell'immaginazione.*
isterilire [i-ste-ri-lì-re], o **insterilire**, *v.tr.* [*io isterilisco, tu isterilisci ecc.*] rendere sterile ♦ **isterilirsi** *v.intr.pron.* divenire sterile: *la sua creatività si è isterilita.*
isterismo [i-ste-rì-ʃmo] *s.m.* **1** (*med.*) grave forma di nevrosi caratterizzata da disturbi fisici e conflitti psichici non legati a fatti organici **2** (*estens.*) atteggiamento da isterico; scatto d'ira: *smettila con i tuoi isterismi* | emotività, eccitazione incontrollata: *— collettivo.*
isteroscopia [i-ste-ro-sco-pì-a] *s.f.* (*med.*) esame endoscopico dell'utero.
isterotomia [i-ste-ro-to-mì-a] *s.f.* (*med.*) incisione della muscolatura uterina.
-istico suffisso con cui si formano aggettivi connessi con i sostantivi in *-ismo* e in *-ista* (*eufemistico, dentistico*).
istigamento [i-sti-ga-mén-to] *s.m.* l'istigare, l'essere istigato.
istigare [i-sti-gà-re] *v.tr.* [*io istìgo, tu istìghi ecc.*] indurre a compiere azioni negative: *— qlcu. a commettere un delitto.*
istigatore [i-sti-ga-tó-re] *agg.* e *s.m.* [f. *-trice*] che/chi istiga: *parole istigatrici.*
istigazione [i-sti-ga-zió-ne] *s.f.* l'istigare, l'essere istigato: *— alla violenza, a delinquere.*
istillare [i-stil-là-re], o **instillare**, *v.tr.* **1** introdurre a goccia a goccia: *— il collirio negli occhi* **2** (*fig.*) infondere nell'animo: *— l'amore per il bene.*
istintività [i-stin-ti-vi-tà] *s.f.* l'essere istintivo.
istintivo [i-stin-tì-vo] *agg.* **1** fatto per istinto, senza riflettere: *gesto —* | che proviene dall'istinto: *antipatia istintiva* **2** si dice di persona che agisce d'istinto; impulsivo | Usato come *s.m.* [f. *-a*] persona istintiva □ **istintivamente** *avv.* per istinto, d'istinto.
istinto [i-stìn-to] *s.m.* tendenza innata che spinge gli esseri viventi a comportamenti volti alla conservazione dell'individuo e della specie: *— materno, sessuale* | nell'uomo, impulso ad agire in un determinato modo: *seguire, frenare l'—* | *d'—*, senza riflettere: *decidere d'—.*
istituire [i-sti-tu-ì-re] *v.tr.* [*io istituisco, tu istituisci ecc.*] **1** fondare, instaurare qualcosa che sia di pubblico interesse: *— una scuola, una festività* **2** stabilire mettendo in relazione due o più elementi: *— un confronto, un rapporto* **3** nominare, designare: *— qlcu. proprio erede.*
istitutivo [i-sti-tu-tì-vo] *agg.* che istituisce, atto a istituire: *norma istitutiva.*
istituto [i-sti-tù-to] *s.m.* **1** ogni istituzione o ente, pubblico o privato, organizzato per raggiungere determinati fini: *— scolastico, religioso* | *— di bellezza*, per la cura estetica della persona | *— di istruzione*, scuola | *— di credito*, banca **2** istituzione che regola una determinata sfera della vita civile, sociale o religiosa: *l'— della famiglia, dello stato, della chiesa.*
istitutore [i-sti-tu-tó-re] *s.m.* [f. *-trice*] **1** chi istituisce; fondatore: *l'— di un ordine religioso* **2** precettore.
istituzionale [i-sti-tu-zio-nà-le] *agg.* **1** che è proprio di un'istituzione; relativo alle istituzioni dello stato: *norma, riforma —* **2** che concerne i fondamenti di una scienza: *corso —* □ **istituzionalmente** *avv.* dal punto di vista delle istituzioni, in relazione alle istituzioni.
istituzionalizzare [i-sti-tu-zio-na-liʒ-ʒà-re] *v.tr.* dare carattere di istituzione, conferire forma giuridica: *— una prassi, una consuetudine* | (*estens.*) rendere stabile, costante: *— un rapporto di collaborazione* ♦ **istituzionalizzarsi** *v.intr.pron.* assumere carattere istituzionale, costante.
istituzionalizzazione [i-sti-tu-zio-na-liʒ-ʒa-zió-ne] *s.f.* l'istituzionalizzare, l'istituzionalizzarsi, l'essere istituzionalizzato.
istituzione [i-sti-tu-zió-ne] *s.f.* **1** l'istituire, l'essere istituito: *l'— di un'accademia* **2** organo o ente istituito per un determinato fine: *— assistenziale* **3** serie di norme, fondate su leggi o consuetudini, che regolano un determinato ambito del vivere collettivo; istituto: *l'— del matrimonio* | *pl.* gli organismi fondamentali dello stato e i principi generali a cui si ispirano **4** *pl.* i fon-

damenti di una disciplina: *istituzioni di diritto romano.*
istmico [ìst-mi-co] *agg.* [pl.m. *-ci*] di un istmo | *giochi istmici*, (*st.*) quelli che si celebravano nell'antica Grecia sull'istmo di Corinto.
istmo [ìst-mo] *s.m.* **1** lingua di terra tra due mari, che unisce due continenti o una penisola e un continente **2** (*anat.*) parte ristretta di un organo.
isto- primo elemento di parole composte della terminologia scientifica che indica relazione con i tessuti organici (*istologia*).
istogramma [i-sto-gràm-ma] *s.m.* [pl. *-mi*] (*stat.*) rappresentazione grafica di una serie di grandezze mediante elementi geometrici (segmenti, settori circolari ecc.) di dimensioni proporzionali alle grandezze stesse.
istologia [i-sto-lo-gì-a] *s.f.* branca della biologia che studia la struttura microscopica dei tessuti animali o vegetali.
istologico [i-sto-lò-gi-co] *agg.* [pl.m. *-ci*] che concerne l'istologia o i tessuti organici: *esame —.*
istologo [i-stò-lo-go] *s.m.* [f. *-a*; pl.m. *-gi*] studioso, esperto di istologia.
istoriare [i-sto-rià-re] *v.tr.* [*io istòrio ecc.*] ornare con immagini legate tra loro da un nesso narrativo: *— le pareti di una chiesa* | (*estens.*) decorare; miniare.
istoriato [i-sto-rià-to] *agg.* ornato con raffigurazioni artistiche legate da un nesso narrativo: *vaso —.*
istradamento [i-stra-da-mén-to], o **instradamento**, *s.m.* l'istradare, l'istradarsi, l'essere istradato.
istradare [i-stra-dà-re], o **instradare**, *v.tr.* **1** avviare per una strada: *— il traffico per una via secondaria* **2** (*fig.*) avviare, indirizzare a uno studio, a un'arte, a un'attività: *— qlcu. in una professione* ♦ **istradarsi** *v.intr.pron.* intraprendere una carriera, una professione: *— verso la carriera militare.*
istriano [i-stri-à-no] *agg.* dell'Istria ♦ *s.m.* **1** [f. *-a*] nativo, abitante dell'Istria **2** il dialetto dell'Istria.
istrice [ì-stri-ce] *s.m.* **1** mammifero roditore ricoperto di lunghi aculei **2** (*fig.*) persona intrattabile, scontrosa.
istrione [i-stri-ó-ne] *s.m.* **1** attore che recita con particolare enfasi per ottenere facili effetti scenici **2** (*fig.*) chi nella vita assume atteggiamenti teatrali: *non fare l'—!*
istrionesco [i-stri-o-né-sco] *agg.* [pl.m. *-schi*] (*spreg.*) da istrione: *atteggiamento —.*
istrionico [i-stri-ò-ni-co] *agg.* [pl.m. *-ci*] proprio degli istrioni; da istrione.
istrionismo [i-stri-o-nì-ʃmo] *s.m.* tendenza ad assumere, sulla scena o nella vita, atteggiamenti da istrione.
istruire [i-stru-ì-re] *v.tr.* [*io istruisco, tu istruisci ecc.*; part.pass. *istruito*] **1** far apprendere a qlcu. nozioni di una disciplina, di un'arte, di un mestiere: *— in matematica, nel canto* | addestrare: *— i soldati nell'uso delle armi* **2** dare istruzioni, direttive: *— qlcu. sul modo di comportarsi* **3** in usi burocratici: *— un processo, una causa*, raccogliere prove ed elementi necessari per il giudizio; *— una pratica*, raccogliere il necessario per espletarla ♦ **istruirsi** *v.rifl.* acquisire nozioni su qlco.
istruito [i-stru-ì-to] *agg.* che possiede una buona istruzione: *una persona istruita.*
istruttivo [i-strut-tì-vo] *agg.* che serve a istruire; da cui si può trarre un insegnamento: *un libro —.*
istruttore [i-strut-tó-re] *s.m.* [f. *-trice*] chi istruisce, addestra: *— di tennis.*
istruttoria [i-strut-tò-ria] *s.f.* fase di un processo in cui si compiono gli atti necessari a istruirlo.
istruttorio [i-strut-tò-rio] *agg.* dell'istruttoria, relativo a un'istruttoria | *segreto —*, l'obbligo della segretezza sugli atti di un processo penale.
istruzione [i-stru-zió-ne] *s.f.* **1** l'istruire, l'essere istruito: *l'— dei giovani*; *— universitaria* | *ministero della pubblica —*, quello a cui compete l'organizzazione della scuola pubblica **2** le conoscenze che sono alla base della cultura: *avere una buona —* **3** (spec. *pl.*) direttiva data intorno a ciò che si deve fare o dire: *chiedere istruzioni* **4** *pl.* scritto allegato a prodotti od oggetti posti in vendita, per spiegarne l'uso **5** nella procedura penale, fase istruttoria.
istupidimento [i-stu-pi-di-mén-to] *s.m.* l'istupidirsi; lo stato di chi è istupidito.
istupidire [i-stu-pi-dì-re] *v.tr.* [*io istupidisco, tu istupidisci ecc.*] rendere stupido; frastornare ♦ **istupidirsi** *v.intr.pron.* diventare stupido; restare intontito.
italianismo [i-ta-lia-nì-ʃmo] *s.m.* (*ling.*) vocabolo, locuzione o costrutto italiano accolto in un'altra lingua.
italianista [i-ta-lia-nì-sta] *s.m.* e *f.* [pl.m. *-sti*] studioso di lingua, letteratura, cultura italiana.
italianità [i-ta-lia-ni-tà] *s.f.* l'essere, il sentirsi italiano: *spirito d'—.*
italianizzare [i-ta-lia-niʒ-ʒà-re] *v.tr.* **1** far assumere modi, costumi, lingua, cittadinanza italiani **2** dare forma italiana a un vocabolo, a un costrutto: *— un'espressione inglese* ♦ **italianizzarsi** *v.intr.pron.* subire un processo di italianizzazione.
italianizzazione [i-ta-lia-niʒ-ʒa-zió-ne] *s.f.* l'italianizzare, l'italianizzarsi, l'essere italianizzato: *l'— di un territorio* | adattamento di una voce straniera al sistema linguistico italiano.
italiano [i-ta-lià-no] *agg.* dell'Italia: *popolo —* ♦ *s.m.* **1** [f. *-a*] abitante, nativo dell'Italia **2** lingua romanza parlata in Italia | la lingua e la letteratura italiana, in quanto materia d'insegnamento nelle scuole: *esame d'—.*
italico [i-tà-li-co] *agg.* [pl.m. *-ci*] dell'Italia antica: *popoli, dialetti italici* ♦ *s.m.* [f. *-a*] chi apparteneva alle antiche popolazioni indoeuropee dell'Italia centro-meridionale.
italiota [i-ta-liò-ta] *s.m.* e *f.* [pl.m. *-ti*] (*st.*) abitan-

te delle colonie della Magna Grecia ♦ *agg.* della Magna Grecia: *le colonie italiote.*

italoamericano [i-ta-lo-a-me-ri-cà-no], o **italo-americano**, *agg.* che si riferisce all'Italia e agli Stati Uniti ♦ *s.m.* [f. *-a*] cittadino statunitense di origine italiana.

italofono [i-ta-lò-fo-no] *agg.* e *s.m.* [f. *-a*] che/chi parla l'italiano.

-ite suffisso di parole composte della terminologia medica, indicanti infiammazione (*appendicite, sinusite*).

iter [/ 'iter /] *s.m.invar.* (*lat.*) (*burocr.*) procedura che una pratica deve seguire per essere espletata | *— parlamentare*, il passaggio del testo di legge attraverso le varie fasi che precedono la sua approvazione in parlamento.

iterabile [i-te-rà-bi-le] *agg.* (*lett.*) che si può iterare, ripetere.

iterare [i-te-rà-re] *v.tr.* [*io ìtero ecc.*] (*lett.*) ripetere, rinnovare: *— una richiesta.*

iterativo [i-te-ra-tì-vo] *agg.* che esprime ripetizione, iterazione | *verbi iterativi*, (*ling.*) quelli che esprimono il ripetersi di un'azione (p.e. *salterellare*); *prefissi, suffissi iterativi*, quelli che conferiscono a un verbo aspetto iterativo (p.e. *ri-* in *ritentare*, *-ettare* in *fischiettare*).

iterato [i-te-rà-to] *agg.* (*lett.*) ripetuto, rinnovato: □ **iteratamente** *avv.* ripetutamente.

iterazione [i-te-ra-zió-ne] *s.f.* (*lett.*) ripetizione | in retorica, ripetizione di concetti o frasi con intenti stilistici.

itinerante [i-ti-ne-ràn-te] *agg.* che viaggia, che si sposta di luogo in luogo: *mostra —.*

itinerario [i-ti-ne-rà-rio] *s.m.* percorso di un viaggio, una gita, una competizione: *cambiare —.*

itterbio [it-tèr-bio], o **ytterbio**, *s.m.* elemento chimico di simbolo *Yb*; è un metallo delle terre rare.

itterico [it-tè-ri-co] *agg.* [pl.m. *-ci*] (*med.*) di ittero, relativo a ittero: *colorito —* ♦ *agg.* e *s.m.* [f. *-a*] (*med.*) affetto da ittero.

itterizia [it-te-rì-zia] *s.f.* (*med.*) ittero.

ittero [ìt-te-ro] *s.m.* (*med.*) accumulo di pigmenti biliari nel sangue, che determina la colorazione giallastra della pelle.

ittico [ìt-ti-co] *agg.* [pl.m. *-ci*] che si riferisce ai pesci: *fauna ittica.*

ittio- primo elemento di parole composte, che significa 'pesce' o indica relazione con i pesci (*ittiologia*).

ittiofago [it-tiò-fa-go] *agg.* e *s.m.* [f. *-a*; pl.m. *-gi*] che/chi si nutre esclusivamente o prevalentemente di pesci.

ittiofauna [it-tio-fàu-na] *s.f.* l'insieme delle varie specie di pesci di una data regione.

ittiolo [it-tiò-lo] *s.m.* (*farm.*) pomata ricavata da scisti bituminosi contenenti pesci fossili, usata come antisettico nelle affezioni della pelle.

ittiologia [it-tio-lo-gì-a] *s.f.* parte della zoologia che studia i pesci.

ittiologico [it-tio-lò-gi-co] *agg.* [pl.m. *-ci*] che concerne l'ittiologia.

ittiologo [it-tiò-lo-go] *s.m.* [f. *-a*; pl.m. *-gi*] studioso, esperto di ittiologia.

ittiosauro [it-tio-sàu-ro], o **ictiosauro**, *s.m.* grande rettile fossile marino, vissuto dal periodo triassico al cretaceo.

ittita [it-tì-ta], o **hittita**, *agg.* [pl.m. *-ti*] relativo a un'antica popolazione indoeuropea stanziata in Asia Minore nel secondo millennio a.C.: *la civiltà ittita* ♦ *s.m.* **1** [anche *f.*] appartenente a questa popolazione **2** lingua della famiglia indoeuropea parlata dagli ittiti.

ittrio [ìt-trio], o **yttrio**, *s.m.* elemento chimico di simbolo *Y*; è un metallo delle terre rare.

-itudine suffisso usato per formare sostantivi astratti derivati da aggettivi e indicanti qualità, stato (*altitudine, gratitudine*).

iucca [iùc-ca] *s.f.* (*bot.*) genere di piante con foglie lineari fibrose e fiori bianchi raccolti in pannocchia.

iugero [iù-ge-ro] *s.m.* antica misura romana di superficie pari a circa 2500 m^2.

iuglandacee [iu-glan-dà-ce-e] *s.f.pl.* (*bot.*) famiglia di piante arboree dicotiledoni, con frutti a drupa contenenti semi ricchi di olio; vi appartiene il noce.

iugoslavo [iu-go-ʃlà-vo], o **jugoslavo**, *agg.* dell'ex Iugoslavia ♦ *s.m.* [f. *-a*] abitante, nativo dell'ex Iugoslavia.

iugulare¹ → **giugulare**.

iugulare² [iu-gu-là-re] *v.tr.* [*io iùgulo ecc.*] (*lett.*) strozzare, scannare | (*fig.*) costringere qlcu. ad accettare condizioni per lui svantaggiose, approfittando del suo stato d'inferiorità.

iugulatorio [iu-gu-la-tò-rio] *agg.* oppressivo, vessatorio: *condizioni iugulatorie.*

iugulazione [iu-gu-la-zió-ne] *s.f.* metodo di macellazione che consiste nella recisione delle vene giugulari.

iunior → **junior**.

iussivo [ius-sì-vo] *agg.* e *s.m.* (*ling.*) si dice di forma verbale o costruzione che esprime un comando, un ordine (*p.e.* le forme dell'imperativo).

iuta [iù-ta] *s.f.* fibra tessile di origine vegetale, usata per fare stuoie, cordami e tessuti da imballaggio.

iutificio [iu-ti-fì-cio] *s.m.* fabbrica in cui si lavora la iuta.

ivi [ì-vi] *avv.* (*lett.*) in quel luogo.

-ivo suffisso usato per formare aggettivi indicanti capacità, disposizione, qualità ecc. (*difensivo, oggettivo, sportivo*).

ivoriano [i-vo-rià-no] *agg.* della Costa d'Avorio ♦ *s.m.* [f. *-a*] nativo, abitante della Costa d'Avorio.

-izia suffisso usato per formare sostantivi astratti derivati da aggettivi (*avarizia, giustizia, pigrizia*).

-izio suffisso presente in sostantivi di origine latina (*giudizio, sposalizio*) o in aggettivi derivati da sostantivi (*creditizio, impiegatizio*).

-izzare suffisso verbale che indica per lo più attuazione, trasformazione (*canalizzare, fraternizzare, vivacizzare*).

J

j *s.f.* o *m.* decima lettera dell'alfabeto, il cui nome è *i lunga*; nei nomi originari italiani si pronuncia come *i*.
j'accuse [/ ʒa'kyz /] *loc.sost.m.invar.* (*fr.*) denuncia pubblica di un'ingiustizia, di un sopruso: *pronunciare un —*.
jack [/ dʒɛk /] *s.m.invar.* (*ingl.*) **1** (*elettr.*) presa coassiale a più contatti, diffusa negli apparecchi portatili (radio, registratori ecc.) come presa per l'auricolare o la cuffia **2** il fante, nelle carte da gioco francesi.
jacquard [/ ʒa'kar /] *agg.* e *s.m.invar.* (*fr.*) si dice di un punto a maglia col quale, alternando fili di diversi colori, si ottengono dei disegni; anche, di capo lavorato con questo punto: *maglione —*.
jais [/ ʒɛ /] *s.m.invar.* (*fr.*) materiale nero e brillante da cui si ricavano piccoli bottoni o ornamenti per passamanerie.
jazz [/ dʒɛts /] *s.m.invar.* (*ingl.*) genere musicale nato presso le comunità nere del sud degli Stati Uniti dall'incontro di tradizioni musicali popolari occidentali con elementi africani; si caratterizza per lo straordinario rilievo che vi hanno il ritmo e l'improvvisazione | Usato anche come *agg.*: *musica —*.
jazzato [jaz-za-to; / dʒɛt'tsato /] *agg.* (*mus.*) si dice di brano musicale suonato in stile jazz.
jazz-band [/ dʒɛts'bɛnd /] *loc.sost.m.invar.* (*ingl.*) orchestra di musica jazz.
jazzista [jaz-zi-sta; / dʒɛt'tsista /] *s.m.* e *f.* [pl. *-ti*] chi suona in un'orchestra jazz.
jazzistico [jaz-zi-sti-co; / dʒɛt'tsistiko /] *agg.* [pl.m. *-ci*] del jazz, che si riferisce al jazz.
jeans [/ dʒins /] *s.m.pl.invar.* (*ingl.*) **1** tela robusta di cotone per indumenti sportivi: *giubbotto di —* | Anche come *agg.invar.*: *tela —* **2** blue-jeans | pantaloni sportivi della stessa foggia del blue-jeans, anche se di altro tessuto: *— di velluto*.
jeanseria [jean-se-ri-a; / dʒinse'ria /] *s.f.* negozio che vende blue-jeans e altri capi d'abbigliamento sportivo.
jeep® [/ dʒip /] *s.f.invar.* (*ingl.*) camionetta scoperta a quattro ruote motrici, adatta alla marcia su terreni accidentati | (*estens.*) automobile fuoristrada.
jersey [/ 'dʒɛrsi /] *s.m.invar.* (*ingl.*) tessuto pettinato a maglia rasata, morbido e liscio.
jet [/ dʒɛt /] *s.m.invar.* (*ingl.*) aeroplano con motore a getto; aviogetto.
jet-set [/ dʒɛt'sɛt /] *loc.sost.m.invar.* (*ingl.*) jet-society.
jet-society [/ dʒɛt so'sajeti /] *loc.sost.f.invar.* (*ingl.*) l'alta società internazionale.
jihâd [/ ʒi'had /] *s.f.invar.* (*ar.*) la guerra santa dei maomettani contro i nemici dell'Islam.
jingle [/ dʒiŋgl /] *s.m.invar.* (*ingl.*) breve motivo musicale che accompagna una comunicazione audiovisiva.
jockey [/ 'dʒɔkei /] *s.m.invar.* (*ingl.*) il fantino, nelle corse al galoppo.
jogging [/ 'dʒɔggiŋg /] *s.m.invar.* (*ingl.*) corsa leggera e prolungata; footing: *praticare il —*.
joint-venture [/ dʒɔin'vɛntʃur /] *loc.sost.f.invar.* (*ingl.*) (*econ.*) associazione tra imprese per l'esecuzione di opere o impianti industriali al fine di sommare competenze diverse e ripartire i rischi.
jolly [/ 'dʒɔlli /] *s.m.invar.* (*ingl.*) in alcuni giochi di carte, la carta che può assumere qualsiasi valore | (*estens.*) cosa o persona capace di svolgere diverse funzioni.
joule [/ 'dʒaul /] *s.m.invar.* (*ingl.*) (*fis.*) unità di misura dell'energia e del lavoro nel Sistema Internazionale, pari al lavoro compiuto dalla forza di 1 newton quando il suo punto di applicazione si sposta di 1 m.
joystick [/ 'dʒɔistik /] *s.m.invar.* (*ingl.*) unità periferica di elaboratore elettronico, munita di una cloche con cui si controlla il movimento delle immagini sullo schermo; è usata nei videogiochi.
judo [/ dʒu'dɔ /] *s.m.invar.* (*giapp.*) lotta sportiva basata sull'offesa dei punti più vulnerabili del corpo elaborata in Giappone come metodo di difesa personale.
judoista [ju-do-i-sta; / dʃudo'ista /] *s.m.* e *f.* [pl.m. *-sti*] chi pratica il judo.
judoka [/ dʒu'dɔka /] *s.m.* e *f.invar.* (*giapp.*) judoista.
jugoslavo → **iugoslavo**.
juke-box [/ dʒu'bɔks /] *s.m.invar.* (*ingl.*) apparecchio installato nei locali pubblici, che suona il disco richiesto da chi vi introduce un gettone.
jumbo [/ 'dʒumbo /] *s.m.invar.* (*ingl.*) jumbo-jet.
jumbo-jet [/'dʒumbo'dʒɛt /] *s.m.invar.* (*ingl.*) nome dell'aereo a reazione Boeing 747, in grado di trasportare un carico molto elevato di passeggeri e di merci.

junghiano [jun-ghià-no] *agg.* che si riferisce allo psicoanalista svizzero C.G. Jung (1875-1961).
junior [jù-nior], o **iunior**, *agg.* (*lat.*) si usa dopo un nome proprio di persona, per indicare il più giovane di due membri omonimi della stessa famiglia; si abbrevia in *jun.* o *jr.* ♦ *agg.* e *s.m.* e *f.* [pl. *juniores*; / ju'niɔres /] (*sport*) si dice di atleti appartenenti a una categoria giovanile.
junker [/ 'juŋker /] *s.m.invar.* (ted.) membro dell'aristocrazia prussiana.

K

k *s.f.* o *m.* undicesima lettera dell'alfabeto, il cui nome è *cappa*; si pronuncia come occlusiva velare sorda.

kafkiano [kaf-kià-no] *agg.* **1** dello scrittore F. Kafka (1883-1924) o relativo alla sua opera **2** (*estens.*) angoscioso, assurdo, paradossale: *situazione kafkiana.*

kaiser [/ 'kaizer /] *s.m.invar.* (*ted.*) titolo dell'imperatore, nei paesi di lingua tedesca.

kajal [/ ka'ʒal /] *s.m.invar.* (*hindi*) cosmetico di colore blu o nero che si applica all'interno della palpebra inferiore.

kamikaze [ka-mi-ka-ze; / kami'kaze /] *s.m.invar.* (*giapp.*) durante la seconda guerra mondiale, aviatore giapponese che si lanciava col proprio aereo carico di esplosivo contro un obbiettivo nemico | (*estens.*) guerrigliero o terrorista che compie un'azione suicida | (*fig.*) chi affronta un rischio che comporta un pericolo estremo.

kantiano [kan-tià-no] *agg.* del filosofo tedesco I. Kant (1724-1804), o relativo al suo pensiero, alla sua filosofia: *la morale kantiana.*

kantismo [kan-tì-ʃmo] *s.m.* il complesso delle dottrine filosofiche di Kant.

kapò [ka-pò] *s.m.* e *f.* nei campi di concentramento nazisti, prigioniero addetto alla sorveglianza e al mantenimento dell'ordine.

kapok [ka-pòk] *s.m.invar.* sorta di bambagia che avvolge la parete del frutto di vari alberi tropicali; si usa come materiale per imbottiture.

kappaò [kap-pa-ò] *avv.* (*fam.*) knock-out, fuori combattimento: *mettere* —.

karakiri → **harakiri**.

karaoke [ka-ra-ò-ke] *s.m.* gioco che consiste nel cantare su una base musicale preregistrata.

karatè [ka-ra-tè] *s.m.* lotta giapponese in cui è permesso servirsi anche dei piedi, e i colpi con le mani sono vibrati di taglio.

karateka [ka-ra-tè-ka] *s.m.* e *f.invar.* chi pratica il karatè.

karkadè → **carcadè**.

kart [/ kart /] *s.m.invar.* (*ingl.*) piccolo veicolo a quattro ruote con motore a due tempi e senza carrozzeria, per gare di corsa.

kartismo [kar-tì-ʃmo] *s.m.* lo sport del kart.

kartista [kar-tì-sta] *s.m.* e *f.* [pl.m. *-sti*] chi pratica il kartismo.

kartodromo [kar-tò-dro-mo] *s.m.* pista per le corse dei kart.

kasba → **casba**.

kasher [/ kaʃ'ʃer /], o **kosher** [/ koʃ'ʃer /], *agg.invar.* (*ebr.*) nella legge religiosa ebraica, si dice di ogni cibo ritualmente puro.

kashmir [/ kaʃ'mir /] *s.m.invar.* (*ingl.*) cachemire.

kayak [/ ka'jak /] *s.m.invar.* (*ingl.*) imbarcazione eschimese da pesca a un solo posto, sospinta a pagaia | canoa da competizione che ne rappresenta una versione perfezionata.

kay-way → **k-way**.

kazako [ka-ʒà-ko] *agg.* del Kazakistan, stato dell'Asia centro occidentale ♦ *s.m.* **1** [f. *-a*] abitante, nativo del Kazakistan **2** lingua del ceppo turco parlata in Kazakistan.

kefiyyah [/ kɛ'fija /] *s.f.invar.* (*ar.*) sorta di fazzoletto di tela a disegni geometrici che gli uomini di diverse popolazioni arabe portano sul capo in varia foggia.

kelvin [/ 'kɛlvin /] *s.m.invar.* (*ingl.*) (*fis.*) unità di misura della temperatura nel Sistema Internazionale.

keniota [ke-niò-ta] *agg.* del Kenia ♦ *s.m.* e *f.* [pl.m. *-i*] nativo, abitante del Kenia.

kennediano [ken-ne-dià-no] *agg.* del presidente degli Stati Uniti d'America John F. Kennedy (1917-1963) o di suo fratello Robert (1925-1968); che si riferisce alla loro politica.

kermesse [/ ker'mɛs /] *s.f.* (*fr.*) **1** festa popolare, fiera **2** (*estens.*) festeggiamento rumoroso; dimostrazione di allegria collettiva.

kerosene → **cherosene**.

ketchup [/ 'kɛtʃap /] *s.m.invar.* (*ingl.*) salsa di pomodoro con aceto e spezie.

keyword [/ 'kɛiword /] *s.f.invar.* (*ingl.*) (*inform.*) parola chiave.

khmer [/ kmɛr /] *agg.invar.* cambogiano ♦ *s.m.invar.* **1** [anche *f.*] abitante, nativo della Cambogia **2** lingua parlata in Cambogia.

kibbutz [/ kib'buts /] *s.m.invar.* (*ebr.*) in Israele, fattoria con organizzazione collettivistica.

kidnapping [/ 'kidnɛppiŋ /] *s.m.invar.* (*ingl.*) sequestro di bambini a scopo di estorsione.

killer [/ 'killer /] *s.m.* e *f.invar.* (*ingl.*) chi uccide per conto di altri; sicario | Come *agg.invar.* che uccide: *sostanza* —.

kilo- → **chilo-**.

kilobyte [ki-lo-by-te; / kilo'bait /] *s.m.invar.* (*inform.*) unità di misura della memoria di massa pari a 1.024 byte.

kilt [/ kilt /] *s.m.invar.* (*ingl.*) il tradizionale gon-

nellino a pieghe degli scozzesi, a riquadri di vari colori.

kimberlite [kim-ber-lì-te] *s.f.* (*min.*) roccia eruttiva la cui presenza è spesso indizio della presenza di giacimenti di diamanti.

kimono → **chimono**.

kindergarten [/ kinder'garten /] *s.m.invar.* (*ted.*) asilo infantile.

kinderheim [/ 'kinderaim /] *s.m.invar.* (*ted.*) albergo in cui vengono ospitati e sorvegliati bambini per le vacanze.

kinesiologia e *deriv.* → **chinesiologia** e *deriv.*

kinesiterapia → **chinesiterapia**.

king [/ kiŋg /] *s.m.invar.* (*ingl.*) il re, nelle carte da gioco francesi.

king-size [/ kiŋg'saiz /] *loc.agg.invar.* (*ingl.*) di formato maggiore del normale.

kippur [/ kip'pur /], o **kipur**, *s.m.invar.* (*ebr.*) nella religione ebraica, giorno di espiazione e di digiuno.

kirghiso → **chirghiso**.

kirsch [/ kirʃ /] *s.m.invar.* (*ted.*) acquavite di ciliegie.

kit [/ kit /] *s.m.invar.* (*ingl.*) **1** nel modellismo e nel fai da te, insieme dei pezzi con i quali è possibile costruire un manufatto **2** astuccio che contiene un assortimento di strumenti per un dato scopo: — *di pronto soccorso.*

kitsch [/ kitʃ /] *s.m.invar.* (*ted.*) tendenza del gusto che predilige manufatti e oggetti stravaganti e volgari oppure imitazioni dozzinali di opere d'arte: *il portafiori a forma di torre di Pisa è un esempio di* — | Come *agg.invar.* di cattivo gusto: *un oggetto* —.

kiwi [kì-wi; / 'kivi /], o **kivi**, *s.m.* **1** (*zool.*) grosso uccello non volatore della Nuova Zelanda, con corpo tozzo, becco lunghissimo e sottile, zampe forti atte alla corsa **2** (*bot.*) arbusto rampicante che dà frutti carnosi a polpa verde ricchi di vitamine.

knock-down [/ nɔk'daun /] *s.m.invar.* (*ingl.*) (*sport*) si dice del colpo che nel pugilato atterra momentaneamente l'avversario senza metterlo fuori combattimento.

knock-out [/ nɔk'aut /], abbr. k.o. [/ kappa'ɔ /], *s.m.invar.* (*ingl.*) (*sport*) si dice del colpo che nel pugilato mette fuori combattimento l'avversario: *vincere per* —; *essere* —, fuori combattimento.

know how [/ no'wau /] *loc.sost.m.invar.* (*ingl.*) il patrimonio di conoscenze tecnologiche riguardanti singoli prodotti, processi o settori industriali.

k.o. → **knock-out**.

koala [ko-à-la] *s.m.invar.* mammifero marsupiale australiano con soffice pelliccia grigiastra, simile a un orsacchiotto (è detto anche *orsetto* —).

kodiak [kò-diak] *s.m.invar.* (*zool.*) sottospecie dell'orso bruno diffusa nell'America del Nord; è il più grosso carnivoro vivente.

koinè [koi-nè], o coinè, *s.f.invar.* **1** la lingua comune, di base attica, che i Greci adottarono alla fine del sec. IV a.C. **2** (*estens.*) lingua comune che in una data zona si sovrappone alle varietà locali **3** (*fig.*) base comune spirituale o culturale.

kolchoz [/ 'kɔlkos /] *s.m.invar.* (*st.*) azienda agricola che era tipica dell'Unione Sovietica, con organizzazione collettivistica di tipo cooperativo.

kolossal [/ ko'lɔssal / o / 'kɔlossal /] *s.m.invar.* (*ted.*) film o altro spettacolo realizzato con grande impegno produttivo e con un eccezionale cast di attori: — *televisivo.*

kore [kò-re] *s.f.* [pl. *korai*] statua votiva della scultura greca arcaica raffigurante una giovane donna in piedi e ammantata.

kosher → **kasher**.

krapfen [/ 'krapfen /] *s.m.invar.* (*ted.*) frittella di pasta lievitata, talora con ripieno di crema o marmellata.

kümmel [/ 'kymmel /] *s.m.invar.* (*ted.*) liquore dolce e forte, ottenuto dalla distillazione dei semi di cumino.

kung fu [/ kuŋg'fu /] *loc.sost.m.invar.* (*giapp.*) lotta giapponese derivata dal karatè, ma assai più dura e violenta.

kuros [kù-ros] *s.m.* [pl. *kuroi* o *kouroi*] statua votiva della scultura greca arcaica raffigurante un giovinetto nudo e in piedi.

kuwaitiano [ku-wai-tia-no; / kuvai'tjano / o / kuwai'tjano /] *agg.* del Kuwait, stato arabo del golfo Persico ♦ *agg.* e *s.m.* [f. *-a*] abitante, nativo del Kuwait.

k-way® [/ kei'wɛi /], o kay-way, *s.m.invar.* giacca impermeabile leggerissima e ripiegabile.

L

l *s.f.* o *m.* dodicesima lettera dell'alfabeto, il cui nome è *elle*; rappresenta la consonante laterale alveolare.

la[1] *art.determ.f.sing.* [m.sing. *il*] si premette ai vocaboli femminili singolari (si elide davanti a vocale): *la casa*; *l'alba* | si premette a cognomi di donna non accompagnati dal nome: *la Duse*, *la Deledda* | in usi regionali è premesso ai nomi di battesimo femminili: *la Maria*.

la[2] *s.m.* nota musicale, la sesta della scala di do | *dare il* —, dare la nota su cui accordare gli strumenti; (*fig.*) dare l'avvio a qlco.

la[3] *pron.pers.f. di terza pers.sing.* [forma complementare atona di *ella*, *essa*] si usa come compl. oggetto in posizione sia proclitica sia enclitica: *l'ho incontrata poco fa*; *aspettiamola* | si usa rivolgendo il discorso a persona con cui non si sia in familiarità, anche di sesso maschile, nel qual caso si accorda al maschile: *La prego, signore, stia comodo* | con valore indeterminato, in espressioni ellittiche: *smettila*; *ce l'ha fatta*; *per farla breve*.

là *avv.* **1** in quel luogo (indica un luogo genericamente lontano da chi parla e da chi ascolta): *posalo là* **2** con valore rafforzativo o enfatico: *guarda là che disastro!* | *chi è là?*, *chi va là?*, *alto là!*, usati da chi è di guardia | *ehi là*, *ohi là*, come richiamo o rimprovero | *va' là*, (*sett.*) per esprimere incredulità, disapprovazione, impazienza **3** unito a un avverbio o a una determinazione di luogo: *là dentro*; *là intorno* | *essere*, *andare di là*, nell'altra stanza | *essere più di là che di qua*, essere vicino a morire | *al di là*, oltre, più in là | *di là da*, *al di là di*, dall'altra parte di: *di là da venire*, con riferimento a un futuro lontano e incerto | *tirarsi*, *farsi in là*, scansarsi | *andare in là*, proseguire, andare avanti | *essere in là*, essere lontano, avanti: *essere in là con gli anni*, in età avanzata | *da oggi*, *d'ora in là*, in avanti | *più in là di*, oltre **4** in correlazione con *qua*, per indicare luogo indeterminato: *correre di qua e di là*; *guardare in qua e in là*.

labaro [là-ba-ro] *s.m.* stendardo formato da un drappo pendente da una barretta trasversale all'asta.

labbo [làb-bo] *s.m.* grosso uccello simile al gabbiano, ma più tozzo, con piumaggio grigio, nero e bianco.

labbro [làb-bro] *s.m.* [pl. *le labbra* nei sign. 1, 2 e 3; *i labbri* nei sign. 4 e 5] **1** ciascuna delle due pieghe muscolo-membranose che costituiscono la parte anteriore della bocca e ne circoscrivono l'apertura: *il — superiore*, *inferiore* **2** *pl.* la bocca come organo della parola: *le parole gli morirono sulle labbra* | *pendere dalle labbra di qlcu.*, (*fig.*) ascoltarlo con grande attenzione | *a fior di labbra*, a voce bassissima **3** *grandi*, *piccole labbra*, (*anat.*) pieghe cutanee che circondano l'orifizio vaginale **4** margine di una ferita **5** orlo rilevato; bordo: *i labbri del vaso*.

labellato [la-bel-là-to] *agg.* (*bot.*) si dice di fiore munito di labello.

labello [la-bèl-lo] *s.m.* (*bot.*) petalo centrale incurvato a forma di labbro, proprio delle orchidee.

labiale [la-bià-le] *agg.* delle labbra ♦ *agg.* e *s.f.* (*ling.*) si dice di consonante articolata stringendo le labbra.

labializzare [la-bia-liʒ-ʒà-re] *v.tr.* (*ling.*) rendere labiale, sottoporre a labializzazione ♦ **labializzarsi** *v.intr.pron.* subire un processo di labializzazione.

labializzazione [la-bia-liʒ-ʒa-zió-ne] *s.f.* (*ling.*) trasformazione di un suono in labiale.

labiate [la-bià-te] *s.f.pl.* (*bot.*) famiglia di piante, per lo più aromatiche, con foglie opposte e fiori labiati raccolti in spighe (*p.e.* salvia, basilico).

labiato [la-bià-to] *agg.* (*scient.*) che ha forma simile a labbra.

labile [là-bi-le] *agg.* **1** (*lett.*) che scompare presto; fugace, passeggero: *labili tracce* | *memoria* —, di breve durata **2** (*scient.*) instabile: *composto* — □ **labilmente** *avv.*

labilità [la-bi-li-tà] *s.f.* l'essere labile; caducità; instabilità: — *psichica*.

labio- primo elemento di parole composte della terminologia scientifica, che indica relazione con le labbra (*labiodentale*).

labiodentale [la-bio-den-tà-le] *agg.* e *s.f.* (*ling.*) si dice di consonante articolata con il labbro inferiore e gli incisivi superiori (p.e. /f/ e /v/).

labiovelare [la-bio-ve-là-re] *agg.* (*ling.*) si dice di consonante articolata con arrotondamento delle labbra e accostamento della lingua al velo del palato (p.e. /k/ seguita da *u* semiconsonantica, in parole come *cuore*, *quadro*).

labirintico [la-bi-rìn-ti-co] *agg.* [pl.m. *-ci*] **1** di un labirinto, simile a un labirinto **2** (*fig.*) complicato, tortuoso **3** (*med.*) che concerne il labirinto dell'orecchio.

labirintite [la-bi-rin-tì-te] *s.f.* (*med.*) infiammazione del labirinto dell'orecchio.

labirinto [la-bi-rìn-to] *s.m.* **1** nel mondo antico, struttura architettonica a pianta molto complessa che rendeva difficile orientarsi o trovare l'uscita: *il — di Creta*, quello fatto costruire da Minosse per imprigionarvi il Minotauro **2** (*estens.*) edificio o complesso di edifici, di strade in cui sia difficile orientarsi **3** (*fig.*) viluppo di difficoltà inestricabili; situazione molto complicata **4** (*anat.*) sistema di piccoli canali nell'orecchio interno che regolano il senso dell'equilibrio.

laboratorio [la-bo-ra-tò-rio] *s.m.* **1** locale o complesso di locali attrezzati per ricerche o esercitazioni scientifiche: *— farmaceutico* | *— linguistico*, dotato di apparecchiature per l'apprendimento di una lingua straniera **2** officina annessa a un negozio; locale dove si svolgono attività artigianali: *il — di una gioielleria.*

laboriosità [la-bo-rio-si-tà] *s.f.* l'essere laborioso.

laborioso [la-bo-rió-so] *agg.* **1** difficile a compiersi; che costa sforzo, fatica: *trattative laboriose* **2** che lavora molto, con buona volontà; attivo: *un ragazzo —* **3** (*estens.*) ricco di opere, di lavoro; produttivo: *vita laboriosa* □ **laboriosamente** *avv.*

labrace [la-brà-ce] *s.m.* nome scientifico del pesce detto comunemente *spigola* o *branzino.*

labrador [la-bra-dòr] *s.m.invar.* **1** grosso e robusto cane da caccia, dal pelo fitto, per lo più nero **2** nome commerciale di una varietà di merluzzo.

laburismo [la-bu-rì-ʃmo] *s.m.* movimento e partito politico inglese di tendenza socialista riformista.

laburista [la-bu-rì-sta] *agg.* [pl.m. *-sti*] del laburismo, che riguarda il laburismo: *partito —* ♦ *s.m.* e *f.* chi aderisce al laburismo, lo sostiene.

laburistico [la-bu-rì-sti-co] *agg.* [pl.m. *-ci*] che concerne il laburismo o i laburisti.

lacca *s.f.* **1** nome corrente della gomma lacca greggia, sostanza resinosa vegetale usata nella preparazione di vari prodotti **2** pigmento usato per preparare inchiostri e tinte; l'inchiostro o la tinta stessi **3** fissatore per capelli **4** smalto per unghie.

laccare [lac-cà-re] *v.tr.* [*io lacco, tu lacchi ecc.*] ricoprire, verniciare con lacca.

laccato [lac-cà-to] *agg.* verniciato con lacca.

laccatura [lac-ca-tù-ra] *s.f.* l'operazione del laccare | lo strato di lacca applicato.

lacchè [lac-chè] *s.m.* **1** servo in livrea che seguiva o precedeva a piedi il padrone in carrozza **2** (*estens.*) persona servile.

laccio [làc-cio] *s.m.* **1** fune con cappio a nodo scorsoio per catturare uccelli, selvaggina o animali bradi: *prendere al —* | cappio per impiccagione: *mettere, avere il — al collo*, (*fig.*) costringere, essere costretto a fare qlco. **2** cordoncino, nastro per legare due parti di un abito o cose simili: *i lacci delle scarpe* | *— emostatico*, (*med.*) tubicino elastico che, stretto intorno a un arto, rallenta il flusso del sangue. DIM. *laccetto* **3** (*fig.*) legame, vincolo: *— amoroso.*

lacedemone [la-ce-dè-mo-ne], o **lacedemonio** [la-ce-de-mò-nio], *agg.* e *s.m.* (*lett.*) spartano.

lacerante [la-ce-ràn-te] *agg.* **1** che lacera, che ha la capacità di lacerare **2** (*fig.*) che colpisce fortemente; straziante: *dolore —.*

lacerare [la-ce-rà-re] *v.tr.* [*io làcero ecc.*] **1** rompere con forza qlco.; strappare, ridurre in brandelli: *— un vestito* **2** (*fig.*) squarciare con violenza; straziare, tormentare: *un suono che lacera le orecchie* ♦ **lacerarsi** *v.intr.pron.* strapparsi, squarciarsi.

lacerazione [la-ce-ra-zió-ne] *s.f.* **1** il lacerare, il lacerarsi, l'essere lacerato | (*med.*) rottura traumatica di un tessuto o di un organo: *— cutanea* **2** (*fig.*) grande afflizione; strazio.

lacero [là-ce-ro] *agg.* **1** strappato, ridotto a brandelli: *abito —* **2** che porta abiti sdruciti, strappati: *un vecchio tutto —.*

lacero-contuso [là-ce-ro-con-tù-ʃo] *agg.* (*med.*) si dice di ferita prodotta da un corpo lacerante e contundente insieme.

lacertidi [la-cèr-ti-di] *s.m.pl.* (*zool.*) famiglia di rettili a cui appartiene la lucertola.

lacerto [la-cèr-to] *s.m.* **1** (*lett.*) muscolo del braccio | (*estens.*) brandello di carne **2** *— fibroso*, (*anat.*) espansione fibrosa del bicipite corrispondente alla piega del gomito.

lacinia [la-cì-nia] *s.f.* (*scient.*) frammento, frangia.

laciniato [la-ci-nià-to] *agg.* (*scient.*) si dice di parti anatomiche o vegetali che presentano sfrangiature.

laconicità [la-co-ni-ci-tà] *s.f.* la qualità di chi è laconico o di ciò che è espresso in modo laconico.

laconico [la-cò-ni-co] *agg.* [pl.m. *-ci*] **1** della Laconia, antica regione della Grecia in cui si trovava Sparta; di Sparta **2** si dice di persona che si esprime concisamente, che è di poche parole | (*estens.*) breve, conciso: *una risposta laconica* □ **laconicamente** *avv.* in breve, con poche parole.

lacrima [là-cri-ma] *s.f.* **1** liquido secreto dalle ghiandole lacrimali, che stilla dagli occhi per irritazione o come espressione di dolore fisico, di forti emozioni | *scoppiare in lacrime*, mettersi a piangere improvvisamente | *ingoiare le lacrime*, (*fig.*) trattenere il pianto | *valle di lacrime* (*fig.*) il mondo, la vita terrena. DIM. *lacrimuccia* ACCR. *lacrimona, lacrimone* (m.) **2** (*estens.*) goccia, stilla: *una — di resina* | piccolissima quantità di un liquido: *una — di vino.*

lacrimale [la-cri-mà-le] *agg.* delle lacrime, relativo alle lacrime: *ghiandole lacrimali*, (*anat.*) quelle che secernono il liquido lacrimale.

lacrimare [la-cri-mà-re] *v.intr.* [*io làcrimo ecc.*; aus. *avere*] versare lacrime, piangere: *occhi che lacrimano.*

lacrimato [la-cri-mà-to] *agg.* (*lett.*) rimpianto, compianto | desiderato, implorato.

lacrimatorio [la-cri-ma-tò-rio] *agg.* (*anat.*) delle lacrime, lacrimale.

lacrimazione [la-cri-ma-zió-ne] *s.f.* **1** secrezio-

ne lacrimale: — *abbondante* 2 (*estens.*) gocciolamento, stillamento.

lacrimevole [la-cri-mé-vo-le] *agg.* che muove al pianto, che provoca compassione: *un fatto* —.

lacrimogeno [la-cri-mò-ge-no] *agg.* che fa lacrimare: *gas* —, aggressivo chimico che produce infiammazione delle ghiandole lacrimali con conseguente lacrimazione.

lacrimoso [la-cri-mó-so] *agg.* 1 pieno di lacrime: *occhi lacrimosi* | *voce lacrimosa*, di chi parla piangendo 2 che è cagione di pianto; commovente: *un racconto* — □ **lacrimosamente** *avv.*

lacuale [la-cu-à-le] *agg.* di lago; lacustre: *navigazione* —.

lacuna [la-cù-na] *s.f.* 1 mancanza, vuoto: *colmare una* — 2 (*scient.*) cavità, spazio vuoto.

lacunare [la-cu-nà-re] *s.m.* riquadro decorato del soffitto: *un soffitto a lacunari.*

lacunosità [la-cu-no-si-tà] *s.f.* l'essere lacunoso; incompletezza.

lacunoso [la-cu-nó-so] *agg.* che presenta lacune; incompiuto: *testo* —; *una preparazione lacunosa* □ **lacunosamente** *avv.*

lacustre [la-cù-stre] *agg.* proprio di un lago o dei laghi; che sta o vive nei laghi: *paesaggio* —.

ladano *s.m.* lo storione dalle cui uova si produce il caviale.

laddove [lad-dó-ve] *cong.* (*lett.*) mentre (con valore avversativo) ♦ *avv.* (*lett.*) 1 nel luogo in cui, o verso cui, per cui 2 nel tempo in cui; allorché, quando.

ladino [la-dì-no] *agg.* relativo all'area linguistica alpina comprendente i Grigioni, il Friuli e alcune vallate dolomitiche: *dialetti ladini* ♦ *s.m.* 1 [f. *-a*] abitante, nativo di una delle località comprese in quest'area 2 denominazione comune dei dialetti neolatini parlati in quest'area.

ladreria [la-dre-rì-a] *s.f.* azione da ladro; ruberia, furto.

ladresco [la-dré-sco] *agg.* [pl.m. *-schi*] da ladro: *impresa ladresca* □ **ladrescamente** *avv.*

ladro [là-dro] *s.m.* [f. *-a*] 1 chi ruba: — *di professione*; — *in guanti gialli*, che ha l'aspetto di persona perbene | — *di galline, di polli*, (*fig.*) che ruba cose di scarso valore; ladro da strapazzo | *al* —*!*, grido per richiamare l'attenzione su un ladro che sta fuggendo. ACCR. *ladrone* 2 (*estens.*) chi richiede prezzi o compensi eccessivi, sproporzionati ♦ *agg.* che ruba: *cassiere* — | *prov.*: *l'occasione fa l'uomo* —.

ladrocinio → **latrocinio.**

ladrone [la-dró-ne] *s.m.* [f. *-a*] ladro di strada, brigante.

ladroneria [la-dro-ne-rì-a] *s.f.* 1 l'essere ladro, ladrone 2 grossa ruberia.

ladruncolo [la-drùn-co-lo] *s.m.* ragazzo che ruba | ladro che compie furti facili e da poco.

lady [/ ˈleɪdi /] *s.f.invar.* (*ingl.*) titolo femminile corrispondente al maschile *lord* | (*estens.*) donna di grande signorilità.

lager [/ ˈlager /] *s.m.invar.* (*ted.*) 1 nella Germania nazista, campo di concentramento per prigionieri di guerra o per condannati politici; campo di sterminio 2 (*estens.*) luogo dove si praticano forme disumane di segregazione o si infliggono pesanti maltrattamenti.

laggiù [lag-giù] *avv.* là in basso; in quel luogo lontano: — *in fondo alla strada* | con riferimento a luoghi, paesi situati a sud: — *gli inverni sono miti.*

lagna [là-gna] *s.f.* protesta o lamento ripetuto, insistente | (*estens.*) testo, discorso, brano musicale lento, prolisso, noioso | (*fig.*) persona lamentosa, noiosa.

lagnanza [la-gnàn-za] *s.f.* il lagnarsi; le parole con cui ci si lagna | (spec. *pl.*) lamentela: *le lagnanze dei cittadini.*

lagnarsi [la-gnàr-si] *v.intr.pron.* 1 emettere lamenti, lamentarsi 2 dolersi; manifestare il proprio malcontento o risentimento: — *di qlcu.*, *di* (o *per*) *qlco.*

lagnone [la-gnó-ne] *s.m.* [f. *-a*] (*fam.*) persona lagnosa.

lagnoso [la-gnó-so] *agg.* si dice di persona noiosa, che si lagna, si lamenta di continuo □ **lagnosamente** *avv.*

lago [là-go] *s.m.* [pl. *-ghi*] 1 (*geog.*) depressione del suolo occupata da acqua per lo più dolce, che non comunica direttamente col mare: *il* — *di Garda* | — *artificiale*, non naturale, creato con sbarramenti | — *glaciale*, che occupa una cavità modellata da un ghiacciaio. DIM. *laghetto* 2 (*fig.*) grande quantità di liquido sparso: *un* — *di sangue.*

laguna [la-gù-na] *s.f.* (*geog.*) tratto di mare basso parzialmente chiuso da una lingua di terra, da una barriera corallina o dal delta di un fiume: *la* — *veneta*, quella compresa tra il delta del Po e la foce del Piave.

lagunare [la-gu-nà-re] *agg.* di laguna, delle lagune: *navigazione* — ♦ *s.m.* soldato di speciali reparti dell'esercito italiano, addestrato alla difesa delle coste basse.

lai *s.m.pl.* (*poet.*) lamenti.

laicale [lai-cà-le] *agg.* proprio di un laico o dei laici: *condizione* —.

laicato [lai-cà-to] *s.m.* 1 la condizione di chi è laico 2 l'insieme dei laici, in contrapposizione al clero.

laicismo [lai-cì-ʃmo] *s.m.* 1 tendenza a considerare il pensiero e l'attività dell'uomo autonomi da precetti religiosi o dall'intromissione dell'autorità ecclesiastica 2 l'essere laico; laicità.

laicista [lai-cì-sta] *s.m.* e *f.* [pl.m. *-sti*] chi sostiene il laicismo | Usato anche come *agg.*: *pensiero* —.

laicistico [lai-cì-sti-co] *agg.* [pl.m. *-ci*] relativo al laicismo o ai laicisti; che si ispira al laicismo: *movimento* —.

laicità [lai-ci-tà] *s.f.* l'essere laico: *la* — *della cultura.*

laicizzare [lai-ciʒ-ʒà-re] *v.tr.* rendere laico: — *la scuola*, sottrarla al controllo delle autorità ecclesiastiche ♦ **laicizzarsi** *v.intr.pron.* assumere carattere laico.

laicizzazione [lai-ciʒ-ʒa-zió-ne] *s.f.* il laicizzare; traformazione in senso laico: *la — della politica.*

laico [lài-co] *agg.* [pl.m. *-ci*] **1** che non appartiene al clero: *un predicatore —* | che non ha ricevuto gli ordini sacerdotali: *frate —* **2** che si ispira a concezioni di autonomia rispetto all'autorità ecclesiastica; che s'informa al laicismo: *stato —*; *cultura laica* | *partiti laici*, che non si ispirano a una fede religiosa ♦ *s.m.* **1** [f. *-a*] chi non appartiene al clero **2** frate laico □ **laicamente** *avv.*

laidezza [lai-déz-za] *s.f.* (*lett.*) **1** l'essere laido; sporcizia; bruttezza **2** atto, discorso laido; oscenità **3** corruzione, abiezione.

laido [lài-do] *agg.* (*lett.*) **1** sporco da suscitare ribrezzo o ripugnanza; lurido: *vesti laide* **2** (*fig.*) turpe, osceno: *parole laide* □ **laidamente** *avv.*

laidume [lai-dù-me] *s.m.* (*lett.*) **1** sudiciume ripugnante **2** insieme di cose laide.

-lalia secondo elemento di parole composte, che significa 'il parlare, il modo di parlare'.

lallazione [lal-la-zió-ne] *s.f.* (*med.*) il balbettio del bambino che sta imparando a parlare.

lalopatia [la-lo-pa-tì-a] *s.f.* (*med.*) difficoltà a esprimersi verbalmente.

lama[1] [là-ma] *s.f.* **1** la parte tagliente di un coltello, di un'arma; l'organo tagliente di una macchina: *il filo della —*; *la — della falciatrice.* DIM. *lametta* **2** (*sport*) nei pattini da ghiaccio, la lamina a doppia affilatura che poggia sul ghiaccio **3** (*estens.*) strato sottile e continuo: *— d'acqua.*

lama[2] *s.m.invar.* mammifero ruminante delle Ande, grande come un cervo, con pelame lungo e soffice; addomesticato, è usato come animale da soma e da lana.

lama[3] *s.m.invar.* monaco buddista tibetano.

lama[4] *s.f.* palude o terreno paludoso che si forma nei luoghi bassi per il radunarsi di acque di piena.

lamaismo [la-ma-ì-ʃmo] *s.m.* il buddismo tibetano nel quale hanno una posizione centrale i lama.

lamantino [la-man-tì-no] *s.m.* mammifero marino con capo tozzo e ampia pinna caudale arrotondata a disco.

lambda [làmb-da] *s.m.invar.* nome dell'undicesima lettera dell'alfabeto greco, corrispondente a *l* nei caratteri latini.

lambdacismo [lamb-da-cì-ʃmo] *s.m.* pronuncia difettosa del suono *l.*

lambiccamento [lam-bic-ca-mén-to] *s.m.* il lambiccare, il lambiccarsi (spec. *fig.*): *— di cervello.*

lambiccare [lam-bic-cà-re] *v.tr.* [*io lambicco, tu lambicchi ecc.*] solo nella loc. *lambiccarsi il cervello*, fare ogni sforzo per cercare una soluzione, per comprendere o scoprire qlco. ♦ **lambiccarsi** *v.rifl.* sforzarsi, riflettere; scervellarsi.

lambiccato [lam-bic-cà-to] *agg.* troppo studiato; artificioso, privo di spontaneità: *stile —.*

lambiccatura [lam-bic-ca-tù-ra] *s.f.* cura eccessiva | (*estens.*) ragionamento arzigogolato.

lambire [lam-bì-re] *v.tr.* [*io lambisco, tu lambisci ecc.*] **1** sfiorare con la lingua, leccare lievemente: *il cane lambiva la mano del padrone* **2** (*estens.*) toccare appena, sfiorare: *le fiamme lambivano il soffitto.*

lambrusco [lam-brù-sco] *s.m.* nome di un vitigno, dell'uva nera e del vino rosso e frizzante che se ne ricava, prodotto nella provincia di Modena.

lambswool [/ ˈlɛmzvul /] *s.m.invar.* (*ingl.*) lana pregiata di agnellino, morbida e leggermente pelosa.

lamé [/ laˈme /] *agg.* e *s.m.invar.* (*fr.*) si dice di filato o tessuto laminato: *abito di —.*

lamella [la-mèl-la] *s.f.* **1** lamina sottile **2** (*biol.*) strato sottile di un tessuto animale o vegetale.

lamellare [la-mel-là-re] *agg.* **1** costituito da lamelle; che ha forma di lamella **2** (*min.*) si dice di minerale che si sfalda in lamine sottili.

lamellato [la-mel-là-to] *agg.* si dice di corpo vegetale che presenta lamelle.

lamellibranchi [la-mel-li-bràn-chi] *s.m.pl.* (*zool.*) bivalvi.

lamelliforme [la-mel-li-fór-me] *agg.* che ha forma di lamella | (*min.*) lamellare.

lamentare [la-men-tà-re] *v.tr.* [*io laménto ecc.*] **1** esprimere dolore o rincrescimento per qlco.; compiangere: *— la morte di qlcu.* **2** (*estens.*) esprimere risentimento, protesta per qlco.: *— un disservizio* ♦ **lamentarsi** *v.intr.pron.* **1** emettere lamenti per dolori fisici o morali: *— per il mal di denti* **2** (*estens.*) esprimere il proprio risentimento, la propria scontentezza: *— di un'ingiustizia* | *non —, non poter —*, essere abbastanza soddisfatto.

lamentazione [la-men-ta-zió-ne] *s.f.* **1** (*non com.*) serie di lamenti; un lamentarsi insistente **2** componimento o genere letterario detto più comunemente *lamento.*

lamentela [la-men-tè-la] *s.f.* lamento continuo o ripetuto; lagnanza: *una — generale.*

lamentevole [la-men-té-vo-le] *agg.* **1** che esprime lamento; piagnucoloso, querulo: *tono —* **2** degno di compianto; miserevole: *una condizione —* □ **lamentevolmente** *avv.*

lamento [la-mén-to] *s.m.* **1** suono, parola che esprime dolore: *un — straziante* | verso di dolore di un animale: *il — di un cane ferito* | *— funebre*, manifestazione rituale di cordoglio, espressa davanti alla salma **2** (*estens.*) suono flebile e triste: *il — di un violino* **3** espressione di risentimento; lagnanza, rimostranza **4** componimento in versi diffuso nel Medioevo, per lo più di carattere popolare, in cui si esprime il dolore per la morte di una persona.

lamentoso [la-men-tó-so] *agg.* pieno di lamenti, che esprime lamento: *voce lamentosa* □ **lamentosamente** *avv.*

lametta [la-mét-ta] *s.f.* la lama sottile e affilatissima che si usa col rasoio di sicurezza.

lamia [là-mia] *s.f.* (*region.*) copertura a volta assai ribassata, tipica delle case rustiche della Puglia.

lamiera [la-miè-ra] *s.f.* lastra metallica prodotta mediante laminazione: *— ondulata.*

lamierista [la-mie-rì-sta] *s.m.* [pl. *-sti*] chi fabbrica o ripara oggetti di lamiera.
lamina [là-mi-na] *s.f.* 1 piastra, lastra molto sottile: — *d'oro* 2 (*anat.*) sottile formazione ossea o cartilaginea; membrana 3 (*bot.*) la parte espansa della foglia; lembo.
laminare[1] [la-mi-nà-re] *agg.* che ha forma di lamina; sottile come una lamina.
laminare[2] *v.tr.* [*io làmino ecc.*] 1 sottoporre a laminatura 2 sottoporre a laminazione.
laminaria [la-mi-nà-ria] *s.f.* alga di forma simile a ciuffi di foglie, comune sugli scogli marini.
laminato[1] [la-mi-nà-to] *agg.* e *s.m.* si dice di filato o tessuto in cui sono intrecciati fili di lucentezza metallica.
laminato[2] *agg.* 1 sottoposto a laminatura o a laminazione 2 (*geol.*) si dice di roccia scistosa che ha una struttura a foglietti ♦ *s.m.* semilavorato ottenuto mediante laminazione: *laminati metallici.*
laminatoio [la-mi-na-tó-io] *s.m.* macchina a cilindri in cui un materiale malleabile viene ridotto in lamine, fogli, barre o profilati di varia forma.
laminatore [la-mi-na-tó-re] *s.m.* operaio addetto alla laminazione nell'industria siderurgica.
laminatura [la-mi-na-tù-ra] *s.f.* 1 applicazione di una lamina di materiale pregiato su un supporto di altro materiale 2 (*tecn.*) laminazione.
laminazione [la-mi-na-zió-ne] *s.f.* 1 (*metall.*) produzione di lamiere e profilati mediante laminatoio 2 (*chim.*) produzione di semilavorati plastici (lastre, profilati ecc.) mediante calandratura, estrusione ecc. 3 (*tecn.*) rivestimento di materiale vario con uno o più strati di plastica 4 nell'industria tessile, produzione di fili metallizzati | rivestimento di tessuti con una pellicola di plastica impermeabilizzante.
lamniformi [lam-ni-fór-mi] *s.m.pl.* (*zool.*) ordine di pesci a cui appartengono i pescicani.
lampada [làm-pa-da] *s.f.* 1 qualsiasi sorgente artificiale di luce: — *al neon*; — *a stelo, da tavolo* | — *UVA*, per l'abbronzatura artificiale 2 lume che si accende davanti a un altare, a una tomba: — *votiva* 3 apparecchio per scaldare o saldare: — *a spirito.*
lampadario [lam-pa-dà-rio] *s.m.* oggetto d'arredamento da appendere al soffitto, costituito da una struttura rigida che sostiene le fonti di luce.
lampadina [lam-pa-dì-na] *s.f.* bulbo di vetro contenente un filamento metallico che, percorso da corrente elettrica, emette luce: *una — da 100 candele.*
lampante [lam-pàn-te] *agg.* molto evidente: *una verità chiara e —* 2 *olio —*, olio d'oliva non commestibile e perciò adatto a essere bruciato nelle lampade.
lampara [lam-pà-ra] *s.f.* barca dotata di una grossa lampada usata per la pesca notturna con una speciale rete | la lampada e la rete usate per questa pesca.
lampeggiamento [lam-peg-gia-mén-to] *s.m.* il lampeggiare; serie di lampi.
lampeggiare [lam-peg-già-re] *v.intr.* [*io lampéggio ecc.*; aus. *avere*] 1 mandare lampi, sfolgorare (anche *fig.*): *occhi che lampeggiano* 2 emettere una luce intermittente, a lampi successivi: *far — i proiettori* ♦ *v.intr.impers.* [aus. *essere* o *avere*] apparire di lampi nel cielo: *lampeggiò a lungo.*
lampeggiatore [lam-peg-gia-tó-re] *s.m.* negli autoveicoli e nei motoveicoli, fanalino a luce intermittente che segnala i mutamenti di direzione | fanale a luce intermittente per la segnalazione di automezzi di soccorso o di pubblica utilità.
lampeggio[1] [lam-pég-gio] *s.m.* 1 il lampeggiare una volta, di lampi atmosferici o altre luci 2 di proiettori o fanali di autoveicoli, emissione di luce a lampi.
lampeggio[2] [lam-peg-gì-o] *s.m.* un lampeggiare ripetuto e frequente.
lampionaio [lam-pio-nà-io] *s.m.* chi accendeva e spegneva i lampioni a gas o a olio nelle strade.
lampione [lam-pió-ne] *s.m.* lume sostenuto da una colonna o sospeso, per l'illuminazione di strade, piazze, cortili. DIM. *lampioncino.*
lampiridi [lam-pì-ri-di] *s.f.pl.* (*zool.*) famiglia di insetti coleotteri a cui appartengono le lucciole.
lampo [làm-po] *s.m.* 1 luce improvvisa e abbagliante prodotta da scariche elettriche nell'atmosfera (fulmini) | *veloce come un —*, velocissimo 2 (*estens.*) emissione luminosa molto breve e intensa; rapido bagliore o luccichio (anche *fig.*): *un — di luce*; — *di genio*, intuizione improvvisa e geniale 3 (*fig.*) cosa di brevissima durata: *un — di speranza* | cosa o persona velocissima: *a fare i conti è un —* ♦ Come *agg.invar.* per indicare grande rapidità: *guerra —* | *chiusura, cerniera —*, chiusura rapida costituita da un cursore che fa combaciare a incastro due file di piccoli denti di metallo o di plastica.
lampone [lam-pó-ne] *s.m.* 1 arbusto perenne dai frutti commestibili a forma di mora, rossi, di sapore acidulo 2 il frutto di tale pianta: *marmellata di lamponi* | *rosso —*, rosso cupo.
lampreda [lam-prè-da] *s.f.* nome di varie specie di pesci commestibili, marini o fluviali, somiglianti alle anguille, ma dotati di una caratteristica bocca a ventosa con papille cornee simili a denti.
lampridiformi [lam-pri-di-fór-mi] *s.m.pl.* (*zool.*) ordine di pesci marini di profondità, con bocca priva di denti e grandi occhi.
lana [là-na] *s.f.* 1 il pelo della pecora e di altri animali; il prodotto della loro tosatura: — *di cammello, di alpaca* 2 la fibra tessile ricavata da tale pelo: *matassa di —* 3 (*estens.*) il pelo, la lanugine che ricopre alcuni fiori, foglie e frutti 4 nome di alcune sostanze che hanno l'aspetto o la consistenza della lana: — *di vetro*, materiale isolante costituito da sottilissime fibre di vetro.
lanaggio [la-nàg-gio] *s.m.* insieme di lane diverse, gregge o lavorate.
lanca [làn-ca] *s.f.* (*sett.*) braccio morto di fiume, per lo più a forma di mezzaluna.

lanceolato [lan-ceo-là-to] *agg.* detto di foglia, a forma di lancia.
lancere → lanciere.
lancetta [lan-cét-ta] *s.f.* **1** indice girevole di uno strumento di misura: *le lancette dell'orologio* **2** strumento chirurgico tagliente usato un tempo per praticare incisioni.
lancia[1] [làn-cia] *s.f.* [pl. *-ce*] **1** arma di offesa costituita da un'asta con un'estremità metallica appuntita: *scagliare la* — | *partire* — *in resta*, prepararsi a un combattimento; (*fig.*) affrontare una situazione con energia | *spezzare una* — *in favore di qlcu.*, (*fig.*) aiutarlo con parole o atti **2** oggetto di forma simile a una lancia: *le lance del cancello* | asta munita di arpione per la pesca dei pesci che affiorano in superficie **4** — *termica*, attrezzo che produce una fiamma ad altissima temperatura capace di fondere metalli e altri materiali resistenti.
lancia[2] *s.f.* [pl. *-ce*] (*mar.*) imbarcazione a poppa quadra, leggera e veloce, adibita al trasporto di persone: — *di salvataggio*, quella in dotazione alle navi in caso di naufragio.
lanciafiamme [lan-cia-fiàm-me] *s.m.invar.* arma che lancia sostanze incendiarie (*p.e.* napalm) contenute in un serbatoio.
lanciagranate [lan-cia-gra-nà-te] *agg.* e *s.m.invar.* arma a retrocarica portatile, che lancia piccole granate.
lanciamissili [lan-cia-mìs-si-li] *agg.invar.* che serve a lanciare missili: *rampa* — ♦ *s.m.invar.* dispositivo, impianto per lanciare missili.
lanciarazzi [lan-cia-ràʒ-ʒi] *s.m.invar.* **1** struttura metallica o di plastica rigida che impartisce la direzione a proiettili-razzo; può anche essere un tubo portatile (bazooka) **2** congegno per il lancio di razzi di segnalazione ♦ *agg.invar.* che serve a lanciare razzi: *pistola* —.
lanciare [lan-cià-re] *v.tr.* [*io làncio ecc.*] **1** gettare, scagliare (anche *fig.*): — *un sasso*; *una sfida* **2** (*estens.*) far partire con impeto, imprimere una forte accelerazione a qlco.: — *un missile* **3** (*fig.*) cercare di imporre al pubblico con una campagna promozionale o pubblicitaria: — *un profumo, un'attrice* **4** (*inform.*) mandare in esecuzione: — *un programma* ♦ **lanciarsi** *v.rifl.* gettarsi con impeto (anche *fig.*): — *in un'attività*.
lanciasiluri [lan-cia-si-lù-ri] *agg.* e *s.m.invar.* si dice dell'impianto usato sulle navi da guerra, sui sommergibili e sugli aeromobili da combattimento, per lanciare siluri.
lanciato [lan-cià-to] *agg.* **1** si dice di veicolo o di persona che proceda velocemente dopo una accelerazione iniziale: *arrivare* — | chilometro —, nel ciclismo e in altri sport, prova di velocità sulla distanza di un chilometro, in cui il tempo viene calcolato a partire dal momento in cui il concorrente passa in velocità da un punto stabilito del percorso | (*fig.*) si dice di chi è molto infervorato in un discorso, in un lavoro: *quando è* — *nessuno lo ferma* **2** (*fig.*) che si è imposto all'attenzione del pubblico; affermato: *un cantante* —.
lanciatore [lan-cia-tó-re] *s.m.* [f. *-trice*] **1** chi lancia **2** (*sport*) atleta specializzato nelle gare di lancio: — *di disco* | nel baseball, il difensore che ha il compito di lanciare la palla al battitore avversario.
lanciere [lan-ciè-re], o **lancere**, *s.m.* soldato a cavallo armato di lancia | appartenente a reparti dell'esercito che impiegano veicoli da combattimento con corazza e armamento leggeri.
lancinante [lan-ci-nàn-te] *agg.* si dice di dolore fisico molto acuto: *fitte lancinanti*.
lancio [làn-cio] *s.m.* **1** il lanciare, il lanciarsi, l'essere lanciato: — *dal trampolino* **2** in atletica leggera, prova che consiste nel lanciare un attrezzo il più lontano possibile: — *del disco* **3** campagna pubblicitaria o promozionale per far conoscere qlcu. o qlco. al pubblico, per favorirne l'affermazione o la diffusione: *il* — *di un attore, di un prodotto*.
landa [làn-da] *s.f.* territorio pianeggiante arido, sabbioso, inadatto alle coltivazioni | (*estens.*) terreno incolto, abbandonato.
-landia secondo elemento di parole composte, che nei nomi geografici significa 'terra, paese' (*Finlandia*); si incontra anche in formazioni lessicali effimere come *cinelandia, edenlandia* ecc.
landò [lan-dò] *s.m.* carrozza signorile a quattro ruote, tirata da due cavalli e con chiusura a due mantici.
laneria [la-ne-rì-a] *s.f.* assortimento di filati e di tessuti di lana.
lanetta [la-nét-ta] *s.f.* **1** lana leggera, sottile **2** (*region.*) tessuto di lana mista a cotone.
languidezza [lan-gui-déz-za] *s.f.* l'essere languido, languore (anche *fig.*).
languido [làn-gui-do] *agg.* **1** privo della naturale energia; debole **2** (*fig.*) appassionatamente tenero; svenevole: *occhi languidi* □ **languidamente** *avv.*
languire [lan-guì-re] *v.intr.* [*io languisco* o *languo, tu languisci* o *langui* ecc.; aus. *avere*] **1** essere privo di forze; trovarsi in uno stato prolungato di abbattimento fisico: — *per la fame* | (*estens.*) vivere in condizioni penose: — *in prigione* | (*fig.*) struggersi: — *di desiderio* **2** scemare, divenire debole, svanire (anche *fig.*): *una conversazione che languisce*.
languore [lan-guó-re] *s.m.* **1** stato di abbattimento fisico; spossatezza, sfinimento: *cadere in un profondo* — | — *di stomaco*, sensazione di vuoto allo stomaco, di fame. DIM. *languorino* **2** (*estens.*) abbandono, tenerezza svenevole: *uno sguardo pieno di* — **3** *pl.* svenevolezze, smancerie: *evitate i languori!*
languoroso [lan-guo-ró-so] *agg.* (*lett.*) languido.
laniccio [la-nìc-cio] *s.m.* **1** materia lanosa che si forma sotto i letti o nelle pieghe dei tessuti di lana **2** filo di bava con cui i bachi da seta cominciano il bozzolo.
laniere [la-niè-re] *s.m.* industriale della lana.
laniero [la-niè-ro] *agg.* della lana; attinente alla lavorazione e al commercio della lana: *industria*

laniera ♦ *s.m.* [f. *-a*] chi lavora nell'industria della lana.
lanificio [la-ni-fi-cio] *s.m.* stabilimento dove si lavora la lana per trasformarla in filato e in tessuto.
lanina [la-nì-na] *s.f.* lana di bassa qualità | lana mista a cotone.
lanolina [la-no-lì-na] *s.f.* sostanza cerosa estratta dalla lana di pecora, usata in cosmetica e in farmacia per unguenti e pomate.
lanosità [la-no-si-tà] *s.f.* qualità o aspetto di ciò che è lanoso.
lanoso [la-nó-so] *agg.* **1** (*lett.*) che ha molta lana, che è coperto di lana | (*estens.*) ricoperto di pelo simile a lana: *foglie lanose* **2** di aspetto simile alla lana: *capelli lanosi.*
lantana [lan-tà-na] *s.f.* arboscello con foglie pelose che si trova nei luoghi montuosi.
lantanide [lan-tà-ni-de] *s.m.* (*chim.*) ciascuno dei 15 elementi che hanno proprietà analoghe a quelle del lantanio.
lantanio [lan-tà-nio] *s.m.* elemento chimico di simbolo *La*; è il primo dei lantanidi, ai quali ha dato il nome, e si usa per leghe speciali.
lanterna [lan-tèr-na] *s.f.* **1** lume portatile o fisso, chiuso in un telaio rigido con pareti di vetro | *cercare col lanternino,* (*fig.*) cercare con grande pazienza e cura qlco. difficile da trovare DIM. *lanternino* (m.) **2** (*cine.*) parte del proiettore che racchiude la lampada da proiezione | — *magica,* apparecchio ottico capace di proiettare ingrandite delle immagini dipinte su vetro **3** la parte più alta della torre d'un faro, contenente le sorgenti luminose; il faro stesso **4** (*arch.*) tamburo con finestre sovrastante una cupola | lucernario.
lanugine [la-nù-gi-ne] *s.f.* **1** peli morbidi e corti che ricoprono le guance dei giovani prima della comparsa della barba **2** (*fisiol.*) peluria che può ricoprire il corpo del neonato, per scomparire entro poche settimane **3** (*bot.*) peluria che ricopre i fiori, i frutti o le foglie di certe piante **4** peluria corta di lana o simile alla lana.
lanuginoso [la-nu-gi-nó-so] *agg.* coperto di lanugine: *foglie lanuginose.*
lanzichenecco [lan-zi-che-néc-co] *s.m.* [pl. *-chi*] **1** in età rinascimentale, soldato mercenario tedesco **2** gioco d'azzardo più noto col nome di *zecchinetta.*
laotiano [lao-tià-no], non com. **laoziano** [lao-zià-no], *agg.* del Laos ♦ *s.m.* [f. *-a*] nativo, abitante del Laos.
lapalissiano [la-pa-lis-sià-no] *agg.* ovvio, assolutamente evidente: *verità lapalissiana.*
laparo- primo elemento di parole composte della terminologia medica, che significa 'ventre, addome' (*laparoscopia, laparotomia*).
laparoscopia [la-pa-ro-sco-pì-a] *s.f.* (*med.*) esplorazione della cavità addominale mediante il laparoscopio.
laparoscopio [la-pa-ro-scò-pio] *s.m.* (*med.*) strumento a sonda usato per esplorare la cavità addominale attraverso una piccola incisione.
laparotomia [la-pa-ro-to-mì-a] *s.f.* (*med.*) apertura chirurgica della cavità addominale praticata a scopo diagnostico o terapeutico.
laparotomico [la-pa-ro-tò-mi-co] *agg.* [pl.m. *-ci*] (*med.*) di laparotomia: *taglio —.*
lapidare [la-pi-dà-re] *v.tr.* [*io làpido ecc.*] **1** colpire qlcu. con sassate per ucciderlo **2** (*fig.*) criticare aspramente; distruggere a parole.
lapidario [la-pi-dà-rio] *agg.* **1** che riguarda le iscrizioni scolpite su lapide: *arte lapidaria* **2** (*fig.*) conciso e solenne, sentenzioso: *stile —* □ **lapidariamente** *avv.* concisamente.
lapidazione [la-pi-da-zió-ne] *s.f.* il lapidare, l'essere lapidato: *la — di santo Stefano.*
lapide [là-pi-de] *s.f.* **1** lastra di pietra, marmo o altro materiale che chiude un sepolcro e sulla quale può essere incisa un'iscrizione funebre **2** lastra recante un'iscrizione commemorativa, posta su monumenti, facciate di edifici ecc.
lapillo [la-pìl-lo] *s.m.* frammento di lava eruttato da un vulcano durante la fase esplosiva.
lapin [/ la'pɛn /] *s.m.invar.* (*fr.*) pelliccia di coniglio: *una giacca di —.*
lapis [là-pis] *s.m.invar.* matita.
lapislazzuli [la-pi-ʃlàʒ-ʒu-li] *s.m.* minerale siliceo e sulfureo di alluminio e sodio, di colore turchino violaceo, usato come pietra ornamentale.
lappatura [lap-pa-tù-ra] *s.f.* (*mecc.*) finitura di precisione che si esegue mediante abrasivi finissimi.
lappone [lap-pó-ne *o* làppone] *agg.* della Lapponia, relativo alla Lapponia: *popolazione —* ♦ *s.m.* **1** [anche *f.*] chi è nato o abita in Lapponia **2** lingua del gruppo ugro-finnico parlata dai lapponi.
lapsus [/ 'lapsus /] *s.m.invar.* (*lat.*) errore involontario, commesso nello scrivere o nel parlare.
lap-top computer [/ lap'top kom'pjuter /], o **lap-top**, *loc.sost.m. invar.* (*ingl.*) personal computer portatile.
lardellare [lar-del-là-re] *v.tr.* [*io lardèllo ecc.*] **1** introdurre dadini di lardo in un pezzo di carne da cucinare per renderla più saporita **2** (*fig.*) riempire uno scritto o un discorso di parole superflue o fuori luogo: *— un testo di spropositi.*
lardellatura [lar-del-la-tù-ra] *s.f.* insieme di pezzetti di lardo con cui si lardella la carne.
lardello [lar-dèl-lo] *s.m.* pezzetto di lardo.
lardo [làr-do] *s.m.* **1** lo strato di grasso sottocutaneo del maiale, usato in cucina: *fare il battuto col —* | *essere una palla di —,* (*scherz.*) si dice di persona molto grassa **2** (*tosc.*) strutto.
lardoso [lar-dó-so] *agg.* che ha molto lardo | (*scherz.*) eccessivamente grasso.
lare [là-re] *s.m.* (spec. *pl.*) anima di un defunto considerata dagli antichi Romani come spirito protettore della casa.
large [/ 'lardʒ /] *agg.invar.* (*ingl.*) nel linguaggio commerciale, si dice di capo d'abbigliamento di taglia grande.
largheggiare [lar-gheg-già-re] *v.intr.* [*io larghéggio ecc.*; aus. *avere*] essere prodigo, concedere con larghezza: *— nelle lodi.*

larghezza [lar-ghéz-za] *s.f.* **1** (*geom.*) una delle tre dimensioni dei solidi, insieme alla lunghezza e all'altezza; una delle due dimensioni delle figure piane, insieme alla lunghezza **2** (*estens.*) ampiezza: *la — di una strada*; *la — del torace*, la misura della sua circonferenza | (*tip.*) spessore dei caratteri **3** (*fig.*) disposizione a concedere, a donare con abbondanza; generosità, liberalità: *dimostrare — con gli amici* **4** abbondanza, dovizia, gran quantità: *raccontare con — di particolari* **5** (*fig.*) apertura intellettuale, ampiezza di vedute: *— di idee*.

largire [lar-gì-re] *v.tr.* [*io largisco, tu largisci ecc.*] (*lett.*) dare, concedere, dispensare con larghezza, con liberalità; elargire.

largizione [lar-gi-zió-ne] *s.f.* (*lett.*) il largire, la cosa largita; elargizione.

largo [làr-go] *agg.* [pl.m. *-ghi*] **1** esteso in larghezza: *un ponte — venti metri* | vasto, ampio (anche *fig.*): *una larga parte del pubblico, un — margine di sicurezza* | *stare larghi*, avere molto spazio intorno | *essere di larghe vedute*, (*fig.*) avere grande apertura mentale | *in senso —*, (*fig.*) nel significato più vasto, in modo non restrittivo: *interpretare una legge in senso —* | *prenderla larga, alla larga*, deviare un percorso per tenersi lontano da un ostacolo; (*fig.*) non entrare subito nel vivo di un discorso | *stare alla larga*, (*fig.*) tenersi lontano **2** (*fig.*) generoso nel donare, nel concedere o nello spendere: *essere — di consigli* ♦ *s.m.* **1** larghezza: *in lungo e in —*, in tutte le direzioni | spazio libero: *fare un po' di —* | *farsi —*, aprirsi un varco; (*fig.*) conquistarsi una posizione **2** mare aperto, lontano dalla costa: *prendere il —*, allontanarsi dalla riva; (*fig.*) fuggire, rendersi irreperibile **3** slargo all'incrocio di più vie: *Largo Battisti* **4** (*mus.*) movimento sostenuto, più lento dell'adagio ♦ *avv.* stando alla larga: *curvare —* □ **largamente** *avv.* **1** diffusamente: *parlare — di qlco.* **2** in larga misura: *una tecnologia — superata* | generosamente: *ricompensare —*.

lariano [la-rià-no] *agg.* che si riferisce al lago o alla città di Como.

larice [là-ri-ce] *s.m.* albero delle conifere con foglie aghiformi caduche; il legno è usato per costruzioni navali e falegnameria pesante.

lariformi [la-ri-fór-mi] *s.m.pl.* (*zool.*) ordine di uccelli acquatici buoni volatori a cui appartengono i gabbiani.

laringale [la-rin-gà-le] *agg.* (*anat.*) della laringe ♦ *agg.* e *s.f.* (*ling.*) si dice di consonante il cui suono è prodotto all'interno della laringe.

laringe [la-rìn-ge] *s.f.* o *m.* (*anat.*) parte dell'apparato respiratorio situato nel collo al di sopra della trachea; è l'organo essenziale della fonazione.

laringectomia [la-rin-gec-to-mì-a] *s.f.* (*med.*) asportazione chirurgica della laringe.

laringeo [la-rìn-geo *o* laringèo] *agg.* della laringe, che concerne la laringe: *spasmo —*.

laringite [la-rin-gì-te] *s.f.* (*med.*) infiammazione della laringe.

laringo- primo elemento di parole composte della terminologia medica che significa 'laringe' (*laringoscopia*).

laringoiatra [la-rin-go-ià-tra] *s.m.* e *f.* [pl.m. *-tri*] specialista delle malattie della laringe.

laringoiatria [la-rin-go-ia-trì-a] *s.f.* branca della medicina che studia le malattie della laringe.

laringoiatrico [la-rin-go-ià-tri-co] *agg.* [pl.m. *-ci*] relativo alla laringoiatria.

laringoscopia [la-rin-go-sco-pì-a] *s.f.* (*med.*) esame della laringe mediante laringoscopio.

laringoscopio [la-rin-go-scò-pio] *s.f.* (*med.*) strumento ottico a forma di tubo per esplorare la laringe.

laringotomia [la-rin-go-to-mì-a] *s.f.* (*med.*) incisione chirurgica della laringe.

laringotracheite [la-rin-go-tra-che-ì-te] *s.f.* (*med.*) infiammazione della laringe e della trachea.

larva [làr-va] *s.f.* **1** nella religione romana, il fantasma senza pace di chi era stato malvagio in vita **2** (*estens. lett.*) spettro, fantasma | (*fig.*) falsa apparenza; illusione, finzione: *inseguire larve di gloria* | *una — d'uomo*, uomo inetto, privo di forza morale **3** (*fig.*) persona mal ridotta, magrissima, priva di forze: *una — umana* **4** (*zool.*) prima forma, giovanile e transitoria, degli animali soggetti a metamorfosi: *il bruco è la — di una farfalla*.

larvale [lar-và-le] *agg.* **1** di larva; che ha forma, aspetto di larva: *lo stato — di un insetto* **2** (*lett.*) indistinto, impalpabile.

larvare [lar-và-re] *v.tr.* (*lett.*) mascherare, truccare.

larvato [lar-và-to] *agg.* presentato in modo diverso dal reale; mascherato, velato, coperto: *minacce larvate* □ **larvatamente** *avv.*

lasagna [la-ʃà-gna] *s.f.* (spec. *pl.*) sfoglia all'uovo tagliata in larghe strisce che si cuoce al forno sovrapposta in più strati, con condimenti vari. DIM. *lasagnetta*.

lasca [là-sca] *s.f.* nome di diverse specie di pesci d'acqua dolce.

lascare [la-scà-re] *v.tr.* [*io lasco, tu laschi ecc.*] (*mar,*) allascare; allentare.

lasciapassare [la-scia-pas-sà-re] *s.m.invar.* permesso scritto che autorizza ad accedere o a transitare in un luogo altrimenti interdetto.

lasciare [la-scià-re] *v.tr.* [*io làscio ecc.*] **1** smettere di tenere, di sostenere, di stringere: *— il volante* **2** non prendere con sé; far rimanere in un luogo; dimenticare: *— gli occhiali in macchina* | *lasciarci le penne*, (*fig. fam.*) morire | *o prendere o —*, si dice nel fare un'offerta che dev'essere accettata o respinta subito **3** separarsi da qlcu., allontanarsi da qlco.; abbandonare qlcu. dopo una convivenza, un legame amoroso: *— il paese natale*; *— moglie e figli* | *— il mondo*, (*fig.*) morire; anche, farsi religioso **4** far restare qlcu. o qlco. in un particolare stato: *— nei guai*; *— la finestra aperta* | *— in pace*, non disturbare **5** far rimanere un segno, una traccia: *— l'impronta* | *— detto*,

scritto, comunicare a qlcu. assente **6** dare, consegnare, affidare: *— una mancia*; *— un compito* | trasmettere per testamento: *gli ha lasciato tutto* **7** permettere (seguito da un inf. o da *che* e il congiunt.): *lasciar passare*; *lascia che ti racconti* | *— andare, correre, perdere*, (*fig.*) disinteressarsi di qlco.; sorvolare | *— a desiderare*, non soddisfare | *— dire, fare*, non curarsi di ciò che una persona dice o fa | *lasciarsi andare*, abbandonarsi: *lasciarsi andare allo sconforto* ♦ **lasciarsi** *v.rifl.rec.* separarsi; rompere un legame d'amore.

lasciata [la-scià-ta] *s.f.* nella loc. proverbiale *ogni — è persa*, un'occasione favorevole non sfruttata è perduta per sempre.

lascito [là-sci-to] *s.m.* attribuzione testamentaria di un bene a un ente o a persona diversa dagli eredi; legato: *fare un — a un ospizio*.

lascivia [la-scì-via] *s.f.* **1** sensualità licenziosa; lussuria **2** atto lascivo.

lascivo [la-scì-vo] *agg.* **1** che ha o dimostra lascivia; che è pieno di lascivia o induce alla lascivia; impudico, lussurioso: *un uomo —*; *discorsi lascivi* □ **lascivamente** *avv.*

lasco [là-sco] *agg.* [pl.m. *-schi*] **1** (*mar.*) detto di sartia, cavo ecc., non tesato, non stretto **2** (*estens.*) largo, allentato ♦ *s.m.* (*mar.*) andatura a vele allentate per sfruttare meglio il vento.

laser [là-ʃer] *s.m.invar.* dispositivo che emette fasci intensi e concentrati di radiazioni elettromagnetiche; ha molte applicazioni scientifiche e tecnologiche | Usato come *agg.invar.*: *raggio —*.

laserista [la-ʃe-rì-sta] *s.m.* e *f.* [pl.m. *-sti*] tecnico specializzato nell'installazione, l'uso o la riparazione di apparecchiature laser.

laserterapia [la-ʃer-te-ra-pì-a] *s.f.* (*med.*) cura effettuata per mezzo del laser.

lassativo [las-sa-tì-vo] *agg.* che facilita l'evacuazione: *sciroppo —* ♦ *s.m.* sostanza medicamentosa dotata di blanda azione purgativa.

lassismo [las-sì-ʃmo] *s.m.* tendenza ad attenuare il rigore delle leggi e della disciplina o a tollerarne l'inosservanza; eccessiva indulgenza nei costumi, nella condotta.

lassista [las-sì-sta] *s.m.* e *f.* [pl.m. *-sti*] chi è incline al lassismo | Usato come *agg.*: *atteggiamento —*.

lassistico [las-si-stì-co] *agg.* [pl.m. *-ci*] di lassismo; incline al lassismo: *educazione lassistica*.

lasso[1] [làs-so] *agg.* (*ant.*) **1** stanco **2** infelice, misero (specialmente in esclamazioni).

lasso[2] *agg.* **1** (*non com.*) largo, allentato **2** (*scient.*) che non presenta compattezza; molle, rilassato: *tendine —*.

lasso[3] *s.m.* solo nella loc. *— di tempo*, arco, periodo.

lassù [las-sù] *avv.* in quel luogo là in alto: *da — si vede il mare* | con riferimento a luoghi, paesi situati a nord: *— gli inverni sono rigidi*.

lastra [là-stra] *s.f.* **1** pezzo di materiale solido di spessore ridotto: *— di ghiaccio*. ACCR. *lastrone* (m.) **2** (*foto.*) supporto di vetro su cui è applicata l'emulsione sensibile alla luce **3** pellicola radiografica impressionata | *farsi le lastre*, (*fam.*) farsi fare delle radiografie **4** (*tip.*) supporto da cui si ricava una matrice di stampa | (*estens.*) la matrice stessa.

lastricare [la-stri-cà-re] *v.tr.* [*io làstrico, tu làstrichi ecc.*] ricoprire, pavimentare con lastre di pietra: *— una strada*.

lastricato [la-stri-cà-to] *agg.* ricoperto con lastre di pietra ♦ *s.m.* pavimentazione costituita da lastre di pietra disposte su uno strato di malta: *un — stradale*.

lastricatura [la-stri-ca-tù-ra] *s.f.* l'operazione e il risultato del lastricare.

lastrico [là-stri-co] *s.m.* [pl. *-chi*, meno com. *-ci*] **1** l'insieme delle lastre che formano il rivestimento di una massicciata stradale | (*estens.*) rivestimento stradale **2** (*estens.*) strada | *lasciare, gettare, ridursi sul —*, (*fig.*) in miseria.

lastrone [la-stró-ne] *s.m.* in alpinismo, parete inclinata di roccia, priva o quasi di appigli.

latente [la-tèn-te] *agg.* che non si manifesta esternamente; riposto, nascosto: *malattia —*, priva di sintomi □ **latentemente** *avv.*

latenza [la-tèn-za] *s.f.* l'essere latente: *fase di — dell'infezione*.

laterale [la-te-rà-le] *agg.* **1** che si trova al lato, ai lati, sul fianco: *porta —* | *via —*, via che si dirama da una via principale | nel calcio: *fallo —*, quello commesso dal giocatore che fa andare la palla oltre la linea laterale del campo; *rimessa —*, tiro eseguito a mano da un avversario nel punto in cui la palla è uscita dal campo **2** (*fig.*) secondario, accessorio, collaterale: *problema —* ♦ *agg.* e *s.f.* (*ling.*) si dice di consonante articolata applicando la parte anteriore della lingua a quella anteriore del palato e lasciando uscire l'aria dalle due aperture ai lati (p.e. *l* in *lana* e *gl* in *figli*) ♦ *s.m.* (*sport*) nel calcio, mediano □ **lateralmente** *avv.* a lato, ai lati, di fianco: *collocare —*.

lateralità [la-te-ra-li-tà] *s.f.* (*non com.*) l'essere laterale.

lateranense [la-te-ra-nèn-se] *agg.* che si riferisce alla basilica romana di San Giovanni in Laterano o ai palazzi annessi: *concilio —* | *patti lateranensi*, quelli stipulati nel 1929 nei palazzi lateranensi tra Italia e Santa Sede, con i quali si regolavano i rapporti tra stato e chiesa in Italia.

laterite [la-te-rì-te] *s.f.* (*min.*) roccia sedimentaria rossastra, prodotta dall'alterazione di rocce silicate in regioni tropicali caldo-umide.

laterizio [la-te-rì-zio] *agg.* di terracotta o di mattoni: *materiale —* ♦ *s.m.pl.* nome generico dei materiali ceramici da costruzione come mattoni, tegole ecc.: *fabbrica di laterizi*.

latero- primo elemento di parole composte della terminologia medica, che significa 'laterale, relativo al fianco' (*lateroversione*).

lateroflessione [la-te-ro-fles-sió-ne] *s.f.* (*med.*) deviazione laterale di un organo, che risulta inclinato rispetto alla posizione normale: *— dell'utero*.

lateroversione [la-te-ro-ver-sió-ne] *s.f.* (*med.*)

deviazione totale di un organo dalla posizione normale, con un'estremità inclinata verso destra e l'altra verso sinistra.

latice [là-ti-ce], o **lattice**, *s.m.* liquido viscoso di colore biancastro, ricco di gomma, grassi, cere e resine, ricavato dalla corteccia di varie piante | — *naturale di gomma*, quello dal quale si ricava il caucciù.

laticlavio [la-ti-clà-vio] *s.m.* presso gli antichi Romani, veste bianca con una larga striscia di porpora, portata dai senatori.

latifoglio [la-ti-fò-glio] *agg.* (*bot.*) si dice di pianta a foglie larghe.

latifondiario [la-ti-fon-dià-rio] *agg.* di latifondo, relativo al latifondo.

latifondista [la-ti-fon-dì-sta] *s.m.* e *f.* [pl.m. *-sti*] chi possiede un latifondo | (*estens.*) ricco proprietario terriero.

latifondo [la-ti-fón-do] *s.m.* ampia proprietà fondiaria coltivata con sistemi non intensivi.

latineggiante [la-ti-neg-giàn-te] *agg.* che arieggia il latino: *stile* —.

latinismo [la-ti-nì-ʃmo] *s.m.* parola, locuzione o costrutto propri del latino adottati in un'altra lingua.

latinista [la-ti-nì-sta] *s.m.* e *f.* [pl.m. *-sti*] studioso di lingua e letteratura latina.

latinità [la-ti-ni-tà] *s.f.* **1** l'essere latino: *la — di una tradizione* | conformità alla lingua latina: *la — di un costrutto* **2** la lingua e la letteratura latina; l'epoca in cui la lingua latina fu parlata e scritta: *la tarda* —.

latinizzare [la-ti-niʒ-ʒà-re] *v.tr.* **1** introdurre presso un popolo la lingua e la cultura latina **2** tradurre in lingua latina | dare forma latina a parole di altra lingua: — *il proprio cognome* ♦ **latinizzarsi** *v.intr.pron.* assumere usi e costumi latini.

latinizzazione [la-ti-niʒ-ʒa-zió-ne] *s.f.* il latinizzare, il latinizzarsi, l'essere latinizzato: *la — della Gallia* | la forma latinizzata di una parola.

latin lover [/ 'latin 'lɔver /] *loc.sost.m.invar.* (*ingl.*) amante focoso e romantico, come nei paesi nordeuropei si ritiene che siano gli uomini dei paesi latini.

latino [la-tì-no] *agg.* **1** dell'antico Lazio o degli antichi Romani: *la civiltà latina* | che si riferisce alla lingua parlata e scritta dagli antichi Romani: *sintassi latina* | *croce latina*, quella a bracci disuguali **2** delle civiltà e dei popoli neolatini: *le nazioni latine* | *America latina*, la parte dell'America colonizzata da spagnoli e portoghesi **3** (*eccl.*) cattolico romano: *rito* — ♦ *s.m.* **1** [f. *-a*] abitante dell'antico Lazio o dell'antica Roma **2** lingua indoeuropea del gruppo italico parlata dalle antiche popolazioni latine, poi diffusasi in Italia e in molte regioni europee: — *classico*, *medievale* | la lingua e la letteratura latina, come disciplina di studio e materia d'insegnamento: *esame di* — □ **latinamente** *avv.* secondo i costumi dei latini | secondo il modello e le norme della lingua latina.

latino-americano [la-tì-no-a-me-ri-cà-no] *agg.* dell'America latina: *la letteratura latino-americana* ♦ *s.m.* [f. *-a*] nativo, abitante dell'America latina.

latitante [la-ti-tàn-te] *agg.* **1** (*dir.*) che si sottrae volontariamente all'esecuzione di un mandato di cattura: *essere* — | Usato anche come *s.m.* e *f.*: *catturare un* — **2** (*fig.*) che si sottrae alle proprie responsabilità: *dirigenti latitanti*.

latitanza [la-ti-tàn-za] *s.f.* **1** (*dir.*) la condizione di chi è latitante | (*estens.*) clandestinità **2** (*fig.*) assenza; inazione: *la — del governo*.

latitare [la-ti-tà-re] *v.intr.* [*io làtito ecc.*; aus. *avere*] **1** stare nascosto, non farsi trovare **2** (*fig.*) venire meno alle proprie responsabilità.

latitudinale [la-ti-tu-di-nà-le] *agg.* che concerne la latitudine □ **latitudinalmente** *avv.* nel senso della latitudine.

latitudine [la-ti-tù-di-ne] **1** una delle due coordinate geografiche terrestri; è la distanza di un luogo dall'equatore misurata in gradi | — *celeste*, (*astr.*) distanza angolare di un astro dall'eclittica **2** (*lett.*) estensione in larghezza; ampiezza, vastità.

lato[1] [là-to] *s.m.* **1** fianco, parte laterale del corpo umano: *dormire sul — destro* | (*estens.*) la parte destra o sinistra di una qualsiasi cosa: *l'altro — della strada* | *a — di*, *di — a*, di fianco a | *in ogni* —, dovunque, dappertutto **2** (*fig.*) aspetto, profilo, punto di vista: *vedere il — buono di una persona* | *parenti dal — del padre*, *della madre*, per parte paterna, materna **3** (*geom.*) ciascuno dei segmenti di retta che costituiscono il perimetro di un poligono; ciascuna delle due semirette che formano un angolo.

lato[2] *agg.* **1** (*lett.*) largo, spazioso **2** (*fig.*) ampio, esteso: *in senso* —, non ristretto, non letterale □ **latamente** *avv.* ampiamente.

latomia [la-to-mì-a] *s.f.* (spec. *pl.*) nel mondo antico, cava di pietra in cui lavoravano i prigionieri di guerra e i condannati a pene detentive.

latore [la-tó-re] *s.m.* [f. *-trice*] chi è incaricato di recapitare una lettera o un messaggio: — *di buone notizie*.

-latra secondo elemento di parole composte, che significa 'adoratore' (*idolatra*).

latrare [la-trà-re] *v.intr.* [aus. *avere*] **1** abbaiare con forza o con rabbia **2** (*estens.*) gridare forte; sbraitare.

latrato [la-trà-to] *s.m.* il latrare; il verso del cane che latra.

latria [la-trì-a] *s.f.* (*teol.*) culto esterno di adorazione, riservato esclusivamente a Dio.

-latria secondo elemento di parole composte, che significa 'culto, adorazione' (*idolatria*).

latrina [la-trì-na] *s.f.* **1** locale dotato di servizi igienici; gabinetto, ritirata **2** (*estens.*) ambiente o luogo sporco, lurido.

latrocinio [la-tro-cì-nio], o **ladrocinio**, *s.m.* il rubare con l'inganno; furto, ruberia.

latta [làt-ta] *s.f.* **1** lamiera sottile d'acciaio ricoperta sulle due superfici da uno strato protettivo di stagno **2** recipiente di latta o di altro materiale sottile: *una — d'alluminio* | il contenuto di una latta: *una — d'olio.* DIM. *lattina.*

lattaio *s.m.* [f. *-a*] chi vende latte o lo porta a domicilio.

lattante [lat-tàn-te] *agg.* e *s.m.* e *f.* di bambino che si nutre esclusivamente di latte.

lattasi [lat-tà-ʃi] *s.f.* (*chim.*) enzima contenuto nel succo intestinale, che scinde il lattosio in glucosio e galattosio.

lattazione [lat-ta-zió-ne] *s.f.* **1** (*fisiol.*) la secrezione del latte dalle ghiandole mammarie | il periodo di tempo durante il quale tale secrezione perdura **2** (*zootec.*) la quantità di latte prodotta da una mucca in un anno.

latte [làt-te] *s.m.* **1** liquido bianco e dolce secreto dalle ghiandole mammarie della donna e delle femmine dei mammiferi: *dare il —*, allattare | *fratelli di —*, quelli che, senza essere fratelli, hanno avuto la stessa balia | *denti da —*, quelli della prima dentizione | *vitello, maialino di —*, giovanissimo, non ancora divezzato | *puzzare ancora di —*, (*fig.*) si dice di chi è ancora molto giovane ma si dà arie da adulto | *far venire il — alle ginocchia*, (*fig.*) annoiare oltre misura **2** il latte degli animali come prodotto alimentare: *— scremato*, a cui è stata tolta la panna; *— pastorizzato*, sottoposto a riscaldamento per eliminare i germi patogeni; *— a lunga conservazione*, trattato in modo che si conservi inalterato a temperatura ambiente | *fior di —*, la panna del latte; anche, tipo di mozzarella molto tenera **3** liquido che ha somiglianza col latte: *— di cocco*, liquido lattiginoso commestibile, contenuto nelle noci di cocco; *— detergente*, emulsione lattiginosa usata in cosmetica per pulire il viso ♦ *agg.invar.* nelle loc.: *bianco —, color —*, di colore bianco come il latte.

latteo [làt-teo] *agg.* **1** di latte; che concerne il latte o è a base di latte: *secrezione lattea* | *farina lattea*, latte evaporato mescolato con farina | *montata lattea*, (*fisiol.*) la prima secrezione di latte dopo il parto **2** che è simile al latte per colore, per aspetto: *carnagione lattea* | *Via Lattea*, nome popolare della nostra galassia, in quanto appare come una striscia più chiara e luminosa nel cielo notturno.

latteria [lat-te-rì-a] *s.f.* **1** impianto industriale per la raccolta e la lavorazione del latte **2** negozio dove si vendono latte e latticini.

latterino [lat-te-rì-no] *s.m.* piccolo pesce commestibile che vive in branchi nel Mediterraneo.

lattescente [lat-te-scèn-te] *agg.* si dice di liquido che presenta il colore e l'opacità caratteristici del latte.

lattice → **latice**.

latticello [lat-ti-cèl-lo] *s.m.* parte sierosa del latte che si separa durante la fabbricazione del burro.

latticinio [lat-ti-cì-nio] *s.m.* (spec. *pl.*) ogni prodotto alimentare ricavato dal latte (panna, burro, ricotta, yogurt, formaggi).

lattico [làt-ti-co] *agg.* [pl.m. *-ci*] del latte, che si riferisce al latte: *fermento —* | *acido —*, (*chim.*) ossiacido che si forma nel latte per la scissione del lattosio e di altri zuccheri, e nei muscoli per effetto della contrazione muscolare.

lattiera [lat-tiè-ra] *s.f.* recipiente per servire il latte.

lattiero [lat-tiè-ro] *agg.* che riguarda la produzione del latte: *industria lattiera.*

lattifero [lat-tì-fe-ro] *agg.* **1** che produce latte: *vacca lattifera* | *pianta lattifera*, da cui stilla il latice **2** (*anat.*) che concerne la secrezione del latte: *canale —.*

lattiginoso [lat-ti-gi-nó-so] *agg.* **1** che è simile a latte annacquato: *un liquido —* **2** si dice di erba o pianta che secerne latice.

lattina [lat-tì-na] *s.f.* piccolo recipiente di latta o di altra lamiera sottile, usato per contenere bibite, olio ecc.

lattoalbumina [lat-to-al-bu-mì-na] *s.f.* (*med.*) albumina del latte.

lattobacillo [lat-to-ba-cìl-lo] *s.m.* (*biol.*) genere di batteri che provocano la fermentazione degli zuccheri con produzione di acido lattico.

lattoflavina [lat-to-fla-vì-na] *s.f.* (*chim.*) nome della vitamina B_2.

lattone [lat-tó-ne] *s.m.* lattonzolo.

lattoniere [lat-to-niè-re] *s.m.* **1** chi fabbrica o ripara oggetti di latta; stagnaio **2** operaio addetto alla lavorazione delle parti in lamiera della carrozzeria degli autoveicoli; battilastra.

lattonzolo [lat-tón-zo-lo], o **lattonzo**, *s.m.* maialino o vitello poppante; lattone.

lattoscopio [lat-to-scò-pio] *s.m.* apparecchio per valutare la purezza e la quantità di grassi contenuta nel latte.

lattosio [lat-tò-ʃio] *s.m.* (*chim.*) zucchero contenuto nel latte.

lattuga [lat-tù-ga] *s.f.* pianta erbacea coltivata negli orti, le cui foglie si mangiano in insalata | *— di mare*, alga marina dal tallo increspato, di color verde chiaro.

lauda [làu-da] *s.f.* nella letteratura italiana medievale, componimento poetico di contenuto religioso e di intonazione popolare, a volte in forma drammatica.

laudano [làu-da-no] *s.m.* medicamento formato da estratto di oppio e tintura di zafferano, usato un tempo come calmante dei dolori viscerali.

laudativo [lau-da-tì-vo] *agg.* (*lett.*) elogiativo: *discorso —.*

lauracee [lau-rà-ce-e] *s.f.pl.* (*bot.*) famiglia di piante dicotiledoni sempreverdi, a cui appartengono l'alloro, la canfora, la cannella e l'avocado.

laurea [làu-rea] *s.f.* titolo di dottore conferito da un'università a chi ha compiuto il previsto corso di studi: *— in medicina*; *tesi di —* | *— breve*, diploma universitario conferito alla fine di un corso di studi più breve di quello ordinario, che prepara all'esercizio di una specifica professione.

laureando [lau-re-àn-do] *agg.* e *s.m.* [f. *-a*] si dice di studente universitario prossimo a sostenere l'esame di laurea.

laureare [lau-re-à-re] *v.tr.* [*io làureo ecc.*] **1**

(*lett.*) conferire un alto riconoscimento cingendo con la corona d'alloro: *il Petrarca fu laureato poeta in Campidoglio* **2** conferire la laurea: *— a pieni voti* **3** (*estens.*) riconoscere a qlcu. una qualifica, assegnargli un titolo ♦ **laurearsi** *v.intr. pron.* **1** conseguire la laurea: *— con 110 e lode* **2** (*estens.*) ottenere una qualifica, un riconoscimento, un titolo: *— campione italiano.*

laureato [lau-re-à-to] *agg.* **1** (*lett.*) coronato d'alloro: *poeta —* **2** che ha conseguito la laurea | Usato anche come *s.m.* [f. *-a*]: *un — in economia e commercio.*

laurenziano [lau-ren-zià-no] *agg.* **1** di san Lorenzo: *basilica laurenziana* **2** (*lett.*) di Lorenzo de' Medici: *poesia laurenziana* **3** *periodo —,* (*geol.*) il periodo più antico dell'era arcaica, dal nome del fiume San Lorenzo, in Nord America.

laurenzio [lau-rèn-zio] *s.m.* elemento chimico artificiale radioattivo di simbolo *Lw.*

lauro [làu-ro] *s.m.* (*lett.*) alloro.

lauto [làu-to] *agg.* abbondante; magnifico, sontuoso: *un — pranzo* □ **lautamente** *avv.*

lava [là-va] *s.f.* massa incandescente di minerali fusi che fuoriesce dai vulcani in eruzione: *colata di —.*

lavabiancheria [la-va-bian-che-rì-a] *s.f.invar.* lavatrice per uso domestico.

lavabile [la-và-bi-le] *agg.* che può essere lavato senza subire alterazioni: *carta da parati —.*

lavabo [la-và-bo] *s.m.* [pl.invar. o *-bi*] lavandino.

lavacro [la-và-cro] *s.m.* (*lett.*) **1** recipiente, bacino per lavarsi **2** il lavare, il lavarsi come rito purificatorio | (*estens.*) purificazione.

lavaggio [la-vàg-gio] *s.m.* **1** l'operazione del lavare: *il — della biancheria* | *— del cervello,* (*fig.*) forte pressione psicologica su qlcu. per imporre le proprie idee **2** (*tecn.*) asportazione delle impurità contenute in un corpo solido, liquido o gassoso.

lavagna [la-và-gna] *s.f.* **1** ardesia: *tegole di —* **2** lastra nera incorniciata da un telaio, sulla quale si scrive col gesso; è usata nelle scuole: *chiamare un alunno alla —* | *— luminosa,* apparecchio che proietta su uno schermo disegni o scritti tracciati su fogli traslucidi. DIM. *lavagnetta.*

lavamacchine [la-va-màc-chi-ne] *s.m.invar.* operaio addetto al lavaggio di autoveicoli.

lavamano [la-va-mà-no] *s.m.* [pl. *invar.* o *-ni*] suppellettile costituita da una catinella sostenuta da un treppiede, usata un tempo per lavarsi.

lavanda[1] [la-vàn-da] *s.f.* **1** nella liturgia della messa, abluzione delle mani da parte del celebrante prima della consacrazione **2** (*med.*) lavaggio di cavità interne del corpo a scopo terapeutico: *— gastrica.*

lavanda[2] *s.f.* pianta erbacea con fiori violacei odorosi, dai quali si estrae un'essenza usata in profumeria.

lavandaia [la-van-dà-ia] *s.f.* donna che per mestiere lava biancheria e indumenti.

lavanderia [la-van-de-rì-a] *s.f.* **1** locale attrezzato per il lavaggio della biancheria e di indumenti in genere: *la — di un albergo* **2** esercizio pubblico in cui si provvede al lavaggio ad acqua o a secco di capi di vestiario: *— a gettone,* in cui i clienti possono azionare direttamente delle macchine lavatrici a gettone.

lavandino [la-van-dì-no] *s.m.* vaschetta fissa, con carico e scarico d'acqua, usata per lavare cibi e stoviglie o per la pulizia personale; acquaio, lavello.

lavapavimenti [la-va-pa-vi-mén-ti] *s.f.invar.* elettrodomestico per lavare i pavimenti.

lavapiatti [la-va-piàt-ti] *s.m.* e *f.invar.* **1** chi in alberghi, ristoranti, comunità ha il compito di lavare le stoviglie **2** (*estens.*) sguattero ♦ *s.f.invar.* lavastoviglie.

lavare [la-và-re] *v.tr.* **1** rendere pulito con acqua o altra sostanza detergente: *— i panni*; *lavarsi il viso* | (*assol.*) fare il bucato: *a casa sua si lava ogni martedì* | *— a secco,* senza acqua, con il solo uso di smacchiatori e sgrassanti | *— il capo a qlcu.,* (*fig.*) rimproverarlo severamente | *lavarsi le mani di qlco.,* (*fig.*) non volersene interessare **2** (*fig.*) togliere via, cancellare quanto costituisce una colpa, una macchia: *— un'offesa nel sangue,* vendicarla in modo cruento **3** (*tecn.*) effettuare un'operazione di lavaggio ♦ **lavarsi** *v.rifl.* lavare il proprio corpo: *ai bambini non piace —.*

lavasecco [la-va-séc-co] *s.m.* o *f.invar.* lavanderia a secco.

lavastoviglie [la-va-sto-vì-glie] *s.f.invar.* macchina per il lavaggio delle stoviglie.

lavata [la-và-ta] *s.f.* il lavare, il lavarsi in fretta e alla meglio: *dare una — ai piatti* | *— di testa, di capo,* (*fig.*) rimprovero, sgridata severa.

lavativo [la-va-tì-vo] *s.m.* [f. *-a*] persona che non ha voglia di lavorare; fannullone, scansafatiche.

lavato [la-và-to] *agg.* che è stato sottoposto a lavaggio, che è ben pulito.

lavatoio [la-va-tó-io] *s.m.* stanza di un'abitazione o luogo pubblico adibito al lavaggio manuale dei panni; la vasca in cui si lava la biancheria.

lavatrice [la-va-trì-ce] *s.f.* qualsiasi macchina per eseguire operazioni di lavaggio | apparecchio elettrodomestico per il lavaggio automatico di biancheria e indumenti.

lavatura [la-va-tù-ra] *s.f.* **1** lavaggio **2** l'acqua in cui si è lavato qlco. | *— di piatti,* si dice di brodo o bevanda troppo acquosi, insipidi.

lavavetri [la-va-vé-tri] *s.m.* e *f.invar.* **1** chi è addetto alla pulizia di finestre, vetrate o vetrine **2** spatola rigida di gomma usata per pulire vetri di finestre, cristalli di autoveicoli ecc. ♦ *s.f.invar.* elettrodomestico per il lavaggio dei vetri.

lavello [la-vèl-lo] *s.m.* acquaio, lavandino.

lavico [là-vi-co] *agg.* [pl.m. *-ci*] di lava: *colata lavica.*

lavorabile [la-vo-rà-bi-le] *agg.* che si può lavorare: *un terreno —.*

lavorante [la-vo-ràn-te] *s.m.* e *f.* chi fa lavori manuali di carattere artigianale in posizione di subordinato: *le lavoranti di una sartoria.*

lavorare [la-vo-rà-re] *v.intr.* [*io lavóro ecc.*; aus.

avere] **1** dedicare le energie del corpo e della mente a un'attività produttiva: — *per vivere*; — *in fabbrica*; — *a un nuovo progetto* | — *in proprio*, senza dipendere da un datore di lavoro | — *per la gloria*, (*scherz.*) senza compenso | — *di fantasia*, fantasticare, immaginare cose poco verosimili | — *d'astuzia*, agire astutamente, trovare stratagemmi **2** detto di animale, compiere una fatica utile all'uomo: *i buoi lavorano nei campi* **3** detto di fabbrica, impianto, macchina, funzionare, essere in azione: *lo stabilimento lavora notte e giorno* | riferito a parti del corpo umano: *il suo fegato non lavora bene* **4** avere un giro d'affari; avere una clientela: *una sartoria che lavora poco* **5** (*fig.*) agire copertamente, di nascosto; macchinare, tramare: *lavorava per farmi del male* | detto di cosa, agire, avere un dato effetto: *il tempo lavora a suo favore* ♦ *v.tr.* operare su una determinata materia per ridurla alla forma voluta o per trasformarla: — *l'oro*; — *la terra*, coltivarla | *lavorarsi qlcu.*, (*fig.*) cercare con pazienza di influenzarlo, convincerlo.

lavorativo [la-vo-ra-tì-vo] *agg.* di lavoro; relativo al lavoro o a una lavorazione: *ciclo* — | si dice di periodo di tempo dedicato al lavoro: *ore lavorative.*

lavorato [la-vo-rà-to] *agg.* si dice di ciò che è stato sottoposto a una lavorazione, che è abbellito, impreziosito da una lavorazione: *oro* —.

lavoratore [la-vo-ra-tó-re] *s.m.* [f. *-trice*] **1** chi lavora esercitando un mestiere o una professione: — *autonomo* | chi presta la propria opera alle dipendenze di qlcu. in cambio di una retribuzione: *sindacato dei lavoratori* **2** chi lavora molto, impegnandosi a fondo: *quel ragazzo è un gran* — ♦ *agg.* che lavora: *classe lavoratrice.*

lavorazione [la-vo-ra-zió-ne] *s.f.* **1** il lavorare un materiale; la procedura di tale operazione: *la — del cuoio*; *ciclo di* —; *essere in* —, si dice di prodotto non ancora finito **2** il complesso delle operazioni e delle attività necessarie per la realizzazione di un'opera: *la — di un film.*

lavoretto [la-vo-rét-to] *s.m.* **1** lavoro leggero, di poco impegno; lavoro precario, occasionale **2** oggetto, opera di piccola mole ma di fine fattura.

lavoricchiare [la-vo-ric-chià-re] *v.intr.* [*io lavorìcchio ecc.*; aus. *avere*] (*fam.*) **1** lavorare poco e di mala voglia **2** lavorare poco per mancanza di lavoro.

lavorio [la-vo-rì-o] *s.m.* **1** lavoro intenso e continuato **2** (*fig.*) lavoro nascosto; maneggio, intrigo.

lavoro [la-vó-ro] *s.m.* **1** impiego di energia volto a uno scopo determinato: *il — dei muscoli* | attività umana diretta alla produzione di un bene o di un servizio: — *manuale*; *mettersi al* — | *lavori domestici*, le faccende di casa | *il — dei campi*, le operazioni che riguardano la coltivazione della terra | *lavori pubblici*, fatti eseguire dallo stato o dagli enti locali per la realizzazione di opere pubbliche. DIM. *lavoretto* ACCR. *lavorone* PEGG. *lavoraccio* **2** occupazione retribuita; esercizio di un mestiere, di una professione, di un'arte: *vivere del proprio* — | attività svolta alle dipendenze di qlcu. in cambio di una retribuzione: *ambiente di* —; *diritto del* —, quello che disciplina i rapporti tra lavoratori e datori di lavoro | il luogo dove si lavora: *andare al* — **3** (spec. *pl.*) serie di attività svolte da gruppi di persone o organi collegiali: *lavori parlamentari* **4** il risultato, il prodotto dell'attività lavorativa: *un — di oreficeria* **5** l'azione degli agenti naturali: *il — delle acque* **6** (*fis.*) quantità di energia impiegata per lo spostamento di un corpo.

lay-out [/ ˈlɛiˈaut /] *loc.sost.m.invar.* (*ingl.*) **1** in un impianto industriale, disposizione razionale delle macchine e degli addetti **2** bozzetto di libro, articolo, annuncio pubblicitario, in cui le illustrazioni e il testo assumono la disposizione definitiva.

laziale [la-zià-le] *agg.* del Lazio ♦ *s.m.* e *f.* chi è nato, chi abita nel Lazio.

lazo [/ ˈladdzo /] *s.m.invar.* (*sp.*) laccio con cappio all'estremità, usato per la cattura di quadrupedi nelle praterie americane.

lazurite [la-ʒu-rì-te] *s.f.* (*min.*) lapislazzuli.

lazzaretto [laʒ-ʒa-rét-to] *s.m.* ospedale dove un tempo venivano ricoverate le persone affette da malattie contagiose.

lazzaronata [laz-za-ro-nà-ta] *s.f.* (*fam.*) azione da lazzarone; mascalzonata.

lazzarone [laʒ-ʒa-ró-ne] *s.m.* [f. *-a*] birbante, malandrino.

lazzo [làz-zo] *s.m.* **1** scena mimica della commedia dell'arte **2** atto, motto buffonesco: *comicità di lazzi.*

le[1] [lé] *art.determ.f.pl.* [m. sing. *il*] si premette ai vocaboli femminili plurali (non si elide mai davanti a vocale): *le case*, *le armi.*

le[2] *pron.pers.f. di terza pers.sing.* [forma complementare atona di *ella*, *essa*] si usa come compl. di termine, in posizione sia enclitica sia proclitica: *le scrissi io di venire*; *dicendole così, uscì*; *la lettera è sul tavolo, puoi darle un'occhiata* | si usa in riferimento a persona con cui non si sia in familiarità, anche di sesso maschile, nel qual caso si accorda al maschile: *le scriverò, stia tranquillo.*

le[3] *pron.pers.f. di terza pers.pl.* [forma complementare atona di *esse*, *loro*] si usa come compl. oggetto, in posizione sia enclitica sia proclitica: *le incontrai ieri*; *certe cose non le fare*; *guardandole* | con valore indeterminato in espressioni ellittiche: *se le va a cercare*; *le inventa tutte.*

leader [/ ˈlider /] *s.m.invar.* (*ingl.*) **1** capo riconosciuto di un partito, di un'organizzazione, di un gruppo: *un — politico* | Come *agg.invar.* che esercita una funzione di guida: *azienda* — **2** (*sport*) chi occupa il primo posto in classifica o è il primo durante una gara.

leadership [/ ˈliderʃip /] *s.f.invar.* (*ingl.*) posizione di preminenza, funzione di guida; egemonia: *la — di un movimento.*

leale [le-à-le] *agg.* che rifugge da menzogne e tradimenti; sincero, onesto: *un amico* — | che si bat-

te apertamente: *un avversario* — | che è condotto secondo le regole, senza imbrogli: *combattimento* — □ **lealmente** *avv.*
lealismo [le-a-lì-ʃmo] *s.m.* atteggiamento di lealtà politica nei confronti del potere costituito.
lealista [le-a-lì-sta] *s.m.* e *f.* [pl.m. *-sti*] chi pratica, chi sostiene il lealismo ♦ *agg.* di lealismo, caratterizzato da lealismo: *politica* —.
lealtà [le-al-tà] *s.f.* l'essere leale; onestà, sincerità: *dare prova di* —.
leardo [le-àr-do] *agg.* e *s.m.* si dice di cavallo dal mantello grigio, misto di peli bianchi e neri.
leasing [/ ˈliziŋg /] *s.m.invar.* (*ingl.*) contratto per cui si concede, dietro pagamento di un canone, la disponibilità di un bene, con facoltà di acquisirne la proprietà allo scadere del contratto: — *immobiliare.*
lebbra [lèb-bra] *s.f.* **1** malattia infettiva cronica che si manifesta con lesioni alla pelle e alle mucose, e con fenomeni di paralisi motoria **2** nome generico di alcune malattie delle piante **3** (*fig.*) male morale che intacca e corrompe; piaga: *la — della corruzione.*
lebbrosario [leb-bro-sà-rio] *s.m.* ospedale per il ricovero e la cura dei lebbrosi.
lebbroso [leb-bró-so] *agg.* e *s.m.* [f. *-a*] si dice di persona affetta da lebbra | *sfuggire qlcu. come un* —, evitarlo con disprezzo, con ripugnanza.
lecanio [le-cà-nio] *s.m.* insetto del gruppo delle cocciniglie che infesta varie piante.
leccaculo [lec-ca-cù-lo] *s.m.* e *f.* [pl. *invar.* o *-li*] (*volg.*) adulatore servile; leccapiedi.
lecca-lecca [léc-ca-léc-ca] *loc.sost.m.invar.* sorta di grossa caramella piatta, che si lecca tenendola per il bastoncino su cui è infilata.
leccamento [lec-ca-mén-to] *s.m.* il leccare, l'essere leccato.
leccapiedi [lec-ca-piè-di] *s.m.* e *f.invar.* adulatore servile.
leccarda [lec-càr-da] *s.f.* vaschetta metallica che si pone sotto lo spiedo o la griglia per raccogliere il grasso che cola durante la cottura delle carni.
leccare [lec-cà-re] *v.tr.* [*io lécco, tu lécchi ecc.*] **1** fare scorrere la lingua su qlco.: — *un francobollo* | *leccarsi le dita, i baffi*, (*fig.*) si dice per esprimere il particolare gradimento di un cibo o di una bevanda | *leccarsi le ferite*, (*fig.*) cercare di lenire un dolore, un dispiacere | — *qlcu.*, adularlo in modo servile **2** (*fig.*) curare, rifinire eccessivamente un lavoro o un'opera ♦ **leccarsi** *v.rifl.* **1** di animali, passare la lingua sul proprio corpo per pulirsi **2** (*fig.*) curarsi, agghindarsi per apparire bello.
leccata [lec-cà-ta] *s.f.* il leccare. DIM. *leccatina.*
leccato [lec-cà-to] *agg.* affettato, artificioso: *stile* —.
lecceto [lec-cé-to] *s.m.* terreno piantato a lecci; bosco di lecci.
lecchino [lec-chì-no] *s.m.* [f. *-a*] (*spreg.*) adulatore, leccapiedi.
leccia [léc-cia] *s.f.* **1** pesce di mare simile all'ombrina, di colore verde-azzurro **2** grande squalo dal corpo snello di colore bruno scuro.
leccio [léc-cio] *s.m.* albero sempreverde simile alla quercia, con foglie ovali coriacee; il legno è usato in carpenteria.
leccone [lec-có-ne] *s.m.* [f. *-a*] (*fam.*) leccapiedi.
leccornia [lec-cor-nì-a] *s.f.* **1** boccone ghiotto, cibo squisito **2** (*fig.*) cosa molto gradevole, desiderabile.
lecitina [le-ci-tì-na] *s.f.* (*chim.*) composto organico presente nel tuorlo d'uovo e in molti tessuti vegetali e animali; è usato nell'industria alimentare.
lecito [lé-ci-to] *agg.* che è consentito dalla legge o dalla morale, dalle convenienze, dal decoro: *domanda lecita* | *essere* —, essere permesso, consentito ♦ *s.m.* ciò che è permesso: *pretendere il* —.
lectio brevis [/ ˈlɛktsio ˈbrɛvis /] *loc.sost.f.invar.* (*lat.*) giornata scolastica abbreviata, di solito in un giorno che precede un periodo di vacanza.
ledere [lè-de-re] *v.tr.* [pres. *io lèdo ecc.*; pass.rem. *io léʃi, tu ledésti ecc.*; part.pass. *léʃo*] **1** offendere, danneggiare, sotto l'aspetto morale o giuridico: — *i diritti altrui* **2** danneggiare con una lesione: — *la pelle.*
lega[1] [lé-ga] *s.f.* **1** associazione, alleanza temporanea, di natura politica o sociale, per conseguire finalità di comune interesse: — *sindacale* | nome di partiti politici di tendenza federalista affermatisi in Italia agli inizi degli anni Novanta: *Lega Nord* **2** (*spreg.*) cricca, combriccola: *far — con i peggiori* **3** (*metall.*) miscela solidificata di due o più componenti metallici: — *di stagno e argento* | *di buona, cattiva* —, fatto con una lega metallica pregiata o di nessun valore; (*fig.*) di buona, cattiva qualità, gusto: *umorismo di pessima* —.
lega[2] *s.f.* unità di misura delle distanze, di diverso valore a seconda dei paesi: — *marina*, di circa cinque chilometri e mezzo.
legaccio [le-gàc-cio] *s.m.* nastro o cordoncino che serve per legare: *i legacci delle scarpe.*
legale [le-gà-le] *agg.* **1** di legge; che concerne la legge: *l'aspetto — di un problema* | *studio* —, che dà pareri e presta assistenza legale alla clientela **2** conforme alla legge, che ha nella legge il suo fondamento: *procedura* — | *vie legali*, i mezzi che la legge consente per tutelare i propri diritti: *adire le vie legali* ♦ *s.m.* nome generico con cui si indicano avvocati, procuratori, consulenti legali: *rivolgersi a un* — □ **legalmente** *avv.* dal punto di vista legale | in modo conforme alla legge, per vie legali: *procedere* —.
legalismo [le-ga-lì-ʃmo] *s.m.* atteggiamento di rispetto, talvolta esasperato, della legalità.
legalista [le-ga-lì-sta] *s.m.* e *f.* [pl.m. *-sti*] chi sostiene il legalismo | Come *agg.* nello stesso sign. di *legalistico.*
legalistico [le-ga-lì-sti-co] *agg.* [pl.m. *-ci*] relativo al legalismo, ai legalisti: *atteggiamento* —.
legalità [le-ga-li-tà] *s.f.* la condizione di ciò che è conforme alle leggi: *la — di un provvedimento*;

agire nella —, nei limiti consentiti dall'ordinamento giuridico.

legalitario [le-ga-li-tà-rio] *agg.* che fa professione di legalismo | che si avvale solo di mezzi consentiti dalla legge.

legalizzare [le-ga-liʒ-ʒà-re] *v.tr.* **1** dichiarare legalmente valido; autenticare: — *un attestato* **2** regolarizzare, rendere conforme alle leggi: — *un rapporto di lavoro.*

legalizzazione [le-ga-liʒ-ʒa-zió-ne] *s.f.* il legalizzare, l'essere legalizzato; regolarizzazione.

legame [le-gà-me] *s.m.* **1** vincolo morale o sentimentale: *il — dell'amicizia* **2** (*fig.*) rapporto, relazione, nesso logico: *un — tra due avvenimenti* **3** (*chim.*) l'insieme delle forze che attraggono e riuniscono gli atomi nelle molecole: — *ionico.*

legamento [le-ga-mén-to] *s.m.* **1** il legare; legame **2** (*anat.*) tessuto connettivo fibroso che unisce in modo non rigido due strutture anatomiche **3** (*ling.*) mutamento fonetico che il suono finale di una parola può subire per influsso del suono iniziale della parola successiva, o viceversa.

legante [le-gàn-te] *agg.* e *s.m.* **1** si dice di materiale che fa presa in presenza di acqua e in grado di unire saldamente corpi incoerenti **2** (*gastr.*) di sostanza che serve a rendere densi sughi e salse.

legare[1] [le-gà-re] *v.tr.* [*io légo, tu léghi ecc.*] **1** stringere, avvolgere con una fune o altro una persona, una cosa o più cose: *il guardiano fu legato e imbavagliato;* — *i capelli con un nastro* | *pazzo da* —, furioso; (*scherz.*) persona molto stravagante | — *le mani a qlcu.*, (*fig.*) non permettergli di agire liberamente **2** attaccare, fermare una cosa a un'altra: — *la bicicletta all'inferriata* | *legarsela al dito*, (*fig.*) non dimenticare un torto ricevuto **3** eseguire la legatura di un libro; rilegare **4** in gioielleria e in bigiotteria, incastonare: *pietre dure legate in argento* **5** (*fig.*) congiungere, unire: — *in matrimonio* **6** (*mus.*) eseguire un gruppo di note senza interruzione di suono **7** (*metall.*) unire per formare una lega: — *l'oro con il platino* **8** (*gastr.*) rendere più densi sughi e salse con l'aggiunta di farina, panna o altro ♦ *v.intr.* [aus. *avere*] **1** far lega, unirsi: *il ferro lega con il carbonio* **2** (*fig.*) star bene insieme, andare d'accordo: *due ragazzi che hanno legato* ♦ **legarsi** *v.rifl.* e *rifl.rec.* unirsi con un vincolo o un legame affettivo: — *con un giuramento.*

legare[2] *v.tr.* [*io légo, tu léghi ecc.*] (*dir.*) lasciare come legato in testamento: *legò i suoi beni all'ospedale.*

legatario [le-ga-tà-rio] *s.m.* [f. *-a*] (*dir.*) il destinatario di un legato.

legato[1] [le-gà-to] *agg.* **1** stretto, tenuto insieme, unito **2** si dice di persona priva di scioltezza, di agilità ♦ *agg.* e *s.m.* (*mus.*) si dice dell'esecuzione di un gruppo di note senza interruzioni tra un suono e l'altro.

legato[2] *s.m.* rappresentante della Santa Sede presso uno stato.

legato[3] *s.m.* (*dir.*) disposizione testamentaria che assegna un determinato bene a persona diversa dall'erede.

legatore [le-ga-tó-re] *s.m.* [f. *-trice*] chi è addetto a operazioni di legatura di libri.

legatoria [le-ga-to-rì-a] *s.f.* **1** arte e pratica del rilegare libri **2** laboratorio o reparto industriale attrezzato per rilegare libri.

legatura [le-ga-tù-ra] *s.f.* **1** il legare, l'essere legato; il modo in cui qlco. è legata: *una — stretta* **2** la cosa che lega; il punto in cui qlco. è legata: *stringere la —* **3** rilegatura: *libro antico in — originale* **4** in oreficeria o bigiotteria, montatura: — *in oro* **5** (*mus.*) la linea curva applicata a una serie di note che si devono eseguire senza interruzione di suono | l'esecuzione delle note secondo tale modalità.

legazione [le-ga-zió-ne] *s.f.* **1** rappresentanza diplomatica presso uno stato straniero; l'edificio in cui ha sede **2** carica, ufficio di legato; la durata della carica | (*estens.*) ambasceria.

legenda [/ le'dʒɛnda /] *s.f.invar.* (*lat.*) tavola delle abbreviazioni e dei segni convenzionali.

legge [lég-ge] *s.f.* **1** regola o insieme di regole stabilite per organizzare la vita e garantire l'ordine sociale: — *positiva*, quella emanata dagli organi di un potere legislativo; — *naturale*, l'insieme dei principi di giustizia che si ritiene siano connaturati alla natura umana **2** ogni atto dello stato che fissa regole di condotta vincolanti per la generalità dei cittadini: *gli articoli di una —; promulgare, abrogare una —* | *dettar —*, (*fig.*) imporre la propria volontà **3** l'ordinamento giuridico di uno stato: *la — francese; in nome della —*, in base all'autorità conferita dalla legge **4** la scienza del diritto; giurisprudenza: *studiare —; uomo di —*, giurista, magistrato, avvocato **5** regola fondamentale di una disciplina, di un'arte: *le leggi della pittura* | norma che regola un rapporto, delle relazioni, una pratica: *la — del mercato* **6** (*scient.*) norma costante che regola fatti o fenomeni naturali: *la — di gravità.*

leggenda [leg-gèn-da] *s.f.* **1** narrazione di un fatto, di argomento religioso, eroico o cavalleresco, in cui entrano molti elementi fantastici: *la — di re Artù* | *entrare nella —*, si dice di personaggio o avvenimento destinato ad assumere carattere leggendario **2** (*estens.*) avvenimento storico che la fantasia popolare ha arricchito di particolari inventati: *la — napoleonica* **3** (*fig.*) cosa inventata, non vera: *i suoi viaggi sono solo leggende* **4** spiegazione dei segni convenzionali e delle abbreviazioni usati in un testo, in una carta geografica, in un grafico (è detta anche *legenda*) | motto, iscrizione: *la — di uno stemma.*

leggendario [leg-gen-dà-rio] *agg.* **1** che appartiene alla leggenda; che è entrato nella leggenda: *il — West* **2** (*estens.*) ricordato da tutti; di cui ancora si parla: *il — Tour de France del 1948* | degno di entrare nella leggenda; meraviglioso, eccezionale: *una festa leggendaria.*

leggere [lèg-ge-re] *v.tr.* [pres. *io lèggo, tu lèggi ecc.*; pass.rem. *io lèssi, tu leggésti ecc.*; part.pass.

lètto] **1** (*assol.*) seguire con gli occhi i caratteri di una scrittura, capendo il significato di parole e frasi: *saper — e scrivere* **2** (*estens.*) venire a conoscenza del contenuto di un testo mediante la lettura: *— una lettera*; *— Leopardi*, i suoi scritti **3** pronunciare ad alta voce un testo scritto per comunicarne ad altri il contenuto: *— una relazione* **4** dare una determinata versione o interpretazione di un testo | (*fig.*) interpretare, analizzare un fatto, un comportamento, degli eventi: *— gli avvenimenti secondo il proprio punto di vista* **5** capire il significato di segni particolari: *— una carta geografica* | *— la musica*, distinguere nella musica scritta i suoni rappresentati dalle note | *— la mano*, cercare di indovinare il carattere e il destino di qlcu. dalle linee del palmo della mano **6** (*fig.*) scoprire, intuire, conoscere o riconoscere come se si leggesse: *— nel cuore degli uomini*.

leggerezza [leg-ge-réz-za] *s.f.* **1** l'esser leggero: *la — di una piuma* | agilità, sveltezza: *— di movimenti* | delicatezza: *— di tocco* **2** (*fig.*) mancanza di serietà, di riflessione; superficialità: *comportarsi con —* | errore dovuto a superficialità: *commettere un'imperdonabile —*.

leggero [leg-gè-ro] *agg.* **1** che ha poco peso: *il sughero è un materiale —* | *cibo —*, che non appesantisce lo stomaco | *atletica leggera*, settore dell'atletica comprendente le corse, la marcia, i salti, i lanci e le prove multiple. DIM. *leggerino* **2** che ha sopra di sé un carico poco pesante: *il bastimento partì —* **3** agile, svelto, spedito nei movimenti: *avere il passo —* **4** (*fig.*) che può essere agevolmente sopportato, che non affatica eccessivamente; lieve: *un — mal di testa* | che non richiede grande impegno della mente: *letture leggere* | *musica leggera*, quella costituita da canzoni, in contrapposizione alla musica classica, alla musica popolare, al jazz **5** (*fig.*) piccolo, di poca importanza o entità; moderato, lieve: *un — difetto*; *una leggera differenza*| *caffè —*, poco concentrato | *sonno —*, che si interrompe al minimo rumore **6** (*fig.*) che agisce senza riflettere; superficiale, poco serio: *un ragazzo —* | *alla leggera*, *a cuor —*, con spensieratezza eccessiva, senza riflessione ♦ *avv.* in maniera leggera: *vestire —*, indossare abiti leggeri; *mangiare —*, astenersi dai cibi difficili da digerire □ **leggermente** *avv.* **1** in modo leggero, lievemente: *il vento soffiava —* **2** con leggerezza, superficialmente: *hai risolto la questione troppo —* **3** di poco: *è — più piccolo*.

leggiadria [leg-gia-drì-a] *s.f.* (*lett.*) l'esser leggiadro; bellezza; grazia, armonia: *la — di un sorriso*.

leggiadro [leg-già-dro] *agg.* (*lett.*) pieno di grazia, eleganza e gentilezza: *portamento —* □ **leggiadramente** *avv.*

leggibile [leg-gì-bi-le] *agg.* che si può leggere: *firma —* □ **leggibilmente** *avv.*

leggibilità [leg-gi-bi-li-tà] *s.f.* l'essere leggibile.

leggicchiare [leg-gic-chià-re] *v.tr.* [*io leggìcchio ecc.*] leggere con difficoltà, a stento: *— l'inglese* | leggere svogliatamente: *— i giornali*.

leggina [leg-gì-na] *s.f.* legge, generalmente dal testo breve, che regola materie di interesse molto particolare.

leggio [leg-gì-o] *s.m.* piccolo supporto su cui si appoggia un libro o uno spartito musicale, per leggerli senza tenerli in mano.

leggiucchiare [leg-giuc-chià-re] *v.tr.* [*io leggiùcchio ecc.*] leggicchiare.

leghismo [le-ghì-ʃmo] *s.m.* il fenomeno politico delle Leghe, esploso in Italia all'inizio degli anni Novanta.

leghista [le-ghì-sta] *s.m.* e *f.* [pl.m. *-sti*] chi fa parte di una lega; chi aderisce al leghismo.

legiferare [le-gi-fe-rà-re] *v.intr.* [*io legìfero ecc.*; aus. *avere*] **1** redigere, emanare leggi: *— in materia fiscale* **2** (*scherz.*) dettar legge, dare ordini; sputare sentenze.

legiferatore [le-gi-fe-ra-tó-re] *agg.* e *s.m.* che/chi legifera.

legionario [le-gio-nà-rio] *agg.* della legione: *truppe legionarie* ♦ *s.m.* soldato di una legione: *i legionari garibaldini* | militare che fa parte della Legione straniera.

legione [le-gió-ne] *s.f.* **1** (*st.*) la più grande unità tattica dell'esercito romano: *le legioni di Cesare* **2** unità dei carabinieri e della guardia di finanza comandata da un colonnello **3** corpo militare non regolare: *Legione straniera*, unità dell'esercito francese costituita nel 1831, composta di elementi stranieri | *Legione d'onore*, ordine cavalleresco della Repubblica francese, al quale vengono ammesse personalità che si sono distinte per meriti straordinari **4** (*estens.*) schiera, moltitudine: *una — di bagnanti*.

legislativo [le-gi-ʃla-tì-vo] *agg.* del legislatore; che concerne la legislazione: *funzioni legislative* | *potere —*, il potere di fare le leggi; anche, gli organi che lo esercitano □ **legislativamente** *avv.* in sede legislativa; per mezzo di leggi.

legislatore [le-gi-ʃla-tó-re] *s.m.* la persona o l'organo che fa le leggi.

legislatura [le-gi-ʃla-tù-ra] *s.f.* il periodo nel quale dura in carica un'assemblea legislativa o un'altra assemblea elettiva.

legislazione [le-gi-ʃla-zió-ne] *s.f.* il complesso delle leggi di uno stato, o di una data epoca, di un regime: *la — italiana* | insieme di leggi che regolano un determinato settore della vita sociale: *— sanitaria*.

legittima [le-gìt-ti-ma] *s.f.* (*dir.*) la parte del patrimonio riservata per legge ai legittimari.

legittimare [le-git-ti-mà-re] *v.tr.* [*io legìttimo ecc.*] **1** riconoscere come legittimo: *— un figlio* **2** comprovare come legittimo, rendere giuridicamente valido: *— un contratto* | riconoscere l'idoneità giuridica di una persona a compiere un determinato atto **3** (*estens.*) giustificare, rendere accettabile: *niente legittima il suo operato*.

legittimario [le-git-ti-mà-rio] *s.m.* [f. *-a*] (*dir.*) erede a cui la legge riserva obbligatoriamente una quota di eredità.

legittimazione [le-git-ti-ma-zió-ne] *s.f.* il legitti-

mare, l'essere legittimato: *— di un figlio nato fuori dal matrimonio.*
legittimismo [le-git-ti-mì-ʃmo] *s.m.* dottrina politica, sorta nel sec. XIX, che afferma l'origine divina e quindi la legittimità del potere monarchico.
legittimista [le-git-ti-mì-sta] *s.m.* e *f.* [pl.m. *-sti*] fautore, sostenitore del legittimismo | Come *agg.* nel sign. di *legittimistico*.
legittimistico [le-git-ti-mì-sti-co] *agg.* [pl.m. *-ci*] che concerne il legittimismo, i legittimisti.
legittimità [le-git-ti-mi-tà] *s.f.* l'essere legittimo, valido, fondato: *la — di una richiesta* | (*dir.*) conformità alla legge di un atto amministrativo.
legittimo [le-gìt-ti-mo] *agg.* **1** che è conforme alle leggi, che presenta i caratteri richiesti dalle leggi | *figlio —*, nato da genitori uniti in matrimonio | *sovrano —*, che regna per diritto o che avrebbe diritto di regnare | *successore —*, che è tale per disposizione della legge | *legittima difesa*, l'uso della violenza per difendersi, consentito dalla legge in determinate condizioni **2** (*estens.*) conforme a norme o a consuetudini prestabilite; lecito, giustificato □ **legittimamente** *avv.* conformemente alle leggi, alle regole, alla convenienza.
legna [lé-gna] *s.f.* [solo *sing.*] pezzi di legno da bruciare: *forno a —.*
legnaia [le-gnà-ia] *s.f.* deposito della legna.
legnaiolo [le-gna-iò-lo] *s.m.* chi, per mestiere, taglia e sgrossa la legna.
legname [le-gnà-me] *s.m.* legno destinato alle costruzioni o ad applicazioni industriali: *— semilavorato.*
legnata [le-gnà-ta] *s.f.* colpo dato con un legno; bastonata: *prendere a legnate* | (*fig.*) grave insuccesso, batosta.
legno [lé-gno] *s.m.* **1** la parte dura del tronco, dei rami e delle radici degli alberi e degli arbusti **2** il materiale da costruzione, da falegnameria o destinato ad altri usi che si ricava dal tronco e dai rami di alcuni alberi: *— di noce*; *scultura in —* | *testa di —*, (*fig.*) persona poco intelligente **3** pezzo di legno; bastone: *picchiare con un —.* DIM. *legnetto* **4** *pl.* (*mus.*) famiglia di strumenti a fiato costruiti originariamente in legno (ottavino, flauto, oboe ecc.).
legnosità [le-gno-si-tà] *s.f.* l'essere legnoso.
legnoso [le-gnó-so] *agg.* **1** costituito da legno: *fusto —*; *piante legnose*, alberi e arbusti **2** (*estens.*) duro, fibroso come il legno: *carne legnosa* **3** (*fig.*) rigido, impacciato: *movimenti legnosi* □ **legnosamente** *avv.* rigidamente, senza elasticità.
leguleio [le-gu-lè-io] *s.m.* (*spreg.*) avvocato, giurista cavilloso.
legume [le-gù-me] *s.m.* **1** baccello; anche, pianta che produce baccelli **2** *pl.* i semi commestibili contenuti nel baccello (fave, piselli, fagioli): *minestra di legumi.*
legumiera [le-gu-miè-ra] *s.f.* piatto di portata per legumi e verdure.
legumina [le-gu-mì-na] *s.f.* (*biol.*) proteina contenuta in varie specie di leguminose.
leguminose [le-gu-mi-nó-se] *s.f.pl.* (*bot.*) famiglia di piante dicotiledoni che producono semi chiusi in baccelli (*p.e.* il fagiolo).
lei [lèi] *pron.pers.f. di terza pers.sing.* [forma complementare tonica di *ella*; sostituisce *ella* anche in funzione di soggetto] **1** si riferisce a persona di sesso femminile: *partirà con —*; *l'ho fatto per lei* **2** si usa nel rivolgere il discorso a persona con cui non si sia in familiarità, anche di sesso maschile, nel qual caso si accorda al maschile: *mi dica lei, dottore, che cosa potrei fare* ♦ *s.m.* la terza persona come forma allocutiva: *dare del — a qlcu.*, rivolgerglisi in tale forma, quindi non essere in confidenza.
leitmotiv [/ laitmo'tif /] *s.m.invar.* (*ted.*) **1** (*mus.*) tema ricorrente **2** (*estens.*) tema, argomento dominante e ricorrente in un'opera letteraria o in un discorso.
lembo [lém-bo] *s.m.* **1** parte inferiore di una veste; margine, falda: *il — della gonna* **2** (*estens.*) bordo, orlo: *il — di una tovaglia* | parte estrema, propaggine: *un lontano — d'Italia* **3** piccola parte; zona ristretta: *un — di terra* | (*fig. lett.*) frammento, brandello **4** (*bot.*) parte piatta della foglia o del petalo; lamina.
lemma [lèm-ma] *s.m.* [pl. *-mi*] **1** (*filos.*) proposizione che si assume come premessa per dimostrare un'altra proposizione | (*mat.*) teorema che si premette a un altro teorema e serve a dimostrarlo **2** la parola o la locuzione di cui tratta ciascun articolo di un dizionario o di un'enciclopedia, e che figura in evidenza all'inizio dell'articolo stesso.
lemmario [lem-mà-rio] *s.m.* l'elenco dei lemmi di un dizionario o di un'enciclopedia.
lemmatizzare [lem-ma-tiʒ-ʒà-re] *v.tr.* registrare come lemma in un dizionario.
lemmatizzazione [lem-ma-tiʒ-ʒa-zió-ne] *s.f.* il lemmatizzare, l'essere lemmatizzato.
lemme lemme [lèm-me lèm-me] *loc.avv.* (*fam.*) pian piano, con molta flemma: *avviarsi —* | (*estens.*) tranquillamente, senza scosse.
lemming [/ 'lɛmmiŋg /] *s.m.invar.* (*ingl.*) piccolo mammifero migratore dell'Europa e dell'Asia settentrionali.
lemna [lèm-na] *s.f.* pianta comune nelle acque dolci stagnanti, detta anche *lenticchia d'acqua* o *di palude.*
lemure [lè-mu-re] *s.m.* **1** nelle credenze religiose degli antichi romani, ombra di un defunto che tornava sulla terra per tormentare i vivi **2** (*zool.*) genere di proscimmie del Madagascar, con corpo snello, muso appuntito, grandi occhi rotondi estroflessi.
lemuridi [le-mù-ri-di] *s.m.pl.* (*zool.*) famiglia di primati che comprende anche i lemuri.
lena [lé-na] *s.f.* **1** forza, energia, vigore fisico o morale: *lavorare di buona —*, con tenacia ed entusiasmo **2** (*lett.*) fiato, respiro.
lenci® [lèn-ci] *agg.* e *s.m.* si dice di tessuto molto compatto e leggero, simile al feltro.
lendine [lèn-di-ne] *s.m.* o *f.* uovo di pidocchio.

lenimento [le-ni-mén-to] *s.m.* il lenire; sollievo fisico o morale.
leninismo [le-ni-nì-ʃmo] *s.m.* la dottrina politica di Lenin (1870-1924).
leninista [le-ni-nì-sta] *agg.* e *s.m.* e *f.* [pl.m. *-sti*] di Lenin; seguace del leninismo.
lenire [le-nì-re] *v.tr.* [*io lenisco, tu lenisci ecc.*] attenuare, mitigare, alleviare: — *il dolore.*
lenitivo [le-ni-tì-vo] *agg.* che lenisce il dolore: *farmaco* — ♦ *s.m.* medicamento per calmare un dolore | (*estens.*) quanto serve ad alleviare un dolore morale.
lenocinio [le-no-cì-nio] *s.m.* (*lett.*) **1** attività di chi, per ricavare lucro, favorisce la prostituzione; mezzaneria, ruffianeria | (*dir.*) delitto commesso da chi induce alla prostituzione o la sfrutta **2** (*fig.*) blandizie, lusinga | ornamento, abbellimento espressivo.
lenone [le-nó-ne] *s.m.* (*lett.*) favoreggiatore, sfruttatore della prostituzione; ruffiano, mezzano.
lente [lèn-te] *s.f.* **1** disco di vetro o altro materiale trasparente che rifrange la luce formando immagini ottiche alterate rispetto alla realtà: — *d'ingrandimento*, che ingrandisce l'immagine | — *a contatto*, piccola lente di plastica che si applica alla cornea **2** *pl.* gli occhiali o le lenti a contatto: *portare le lenti* **3** oggetto a forma di lente: *la — del pendolo*, la massa metallica all'estremità dell'asta oscillante.
lentezza [len-téz-za] *s.f.* l'essere lento: — *di movimenti.*
lenticchia [len-tìc-chia] *s.f.* **1** pianta erbacea che fornisce baccelli contenenti semi commestibili a forma di piccola lente | — *d'acqua, di palude*, lemna **2** il seme commestibile di tale pianta: *minestra di lenticchie* **3** (*pop.*) lentiggine, efelide.
lenticella [len-ti-cèl-la] *s.f.* (*bot.*) piccola apertura sull'epidermide delle piante, che favorisce lo scambio dei gas fra le parti interne della pianta e l'esterno.
lenticolare [len-ti-co-là-re] *agg.* che ha forma di lente biconvessa: *seme* — | *ruota* —, (*sport*) ruota per bicicletta da corsa, senza raggi, costituita da un disco di materiale sintetico resistente e leggero.
lentiggine [len-tìg-gi-ne] *s.f.* (spec. *pl.*) macchiolina giallo-bruna della pelle, caratteristica delle persone con capelli biondi o rossi: *viso cosparso di lentiggini.*
lentigginoso [len-tig-gi-nó-so] *agg.* che ha lentiggini, pieno di lentiggini: *viso* —.
lentisco [len-tì-sco], o **lentischio**, *s.m.* [pl. *-schi*] arbusto sempreverde a rami contorti che dà un legno compatto, usato in ebanisteria.
lento [lèn-to] *agg.* **1** che impiega troppo tempo nel fare qlco.; non veloce, non sollecito: — *nel parlare*; — *come una lumaca, una tartaruga*, lentissimo **2** si dice di ciò che si compie in troppo tempo o procede troppo adagio: *ritmo* — | *fuoco* —, basso **3** non teso; allentato: *fune lenta* | *abito* —, non aderente **4** (*mus.*) movimento più sostenuto del largo e meno sostenuto dell'adagio ♦ *s.m.* ballo di ritmo lento: *ballare un* — ♦ *avv.* con lentezza: *camminare* — □ **lentamente** *avv.* in modo lento; con lentezza.
lenza [lèn-za] *s.f.* **1** attrezzo da pesca costituito da un filo sottile di nailon trasparente, alla cui estremità si attacca l'amo **2** (*gerg.*) persona astuta, furbo matricolato.
lenzuolo [len-zuò-lo] *s.m.* [pl. *i lenzuòli*; anche *le lenzuòla*] ciascuno dei due teli che si stendono sul letto e fra i quali si giace: — *a due piazze*; *rimboccare le lenzuola*; *bianco come un* —, bianchissimo.
leonardesco [leo-nar-dé-sco] *agg.* [pl.m. *-schi*] di Leonardo da Vinci (1452-1519) o che si riferisce alla sua opera, al suo stile: *paesaggio* — ♦ *s.m.* pittore della scuola di Leonardo da Vinci.
leoncino [leon-cì-no] *s.m.* cucciolo del leone.
leone [le-ó-ne] *s.m.* **1** grande felino africano dal pelame raso color fulvo, con testa adorna nel maschio di folta criniera, zampe robuste, dentatura potente | è assunto come simbolo di forza, di fierezza, di coraggio: *lottare come un* —; *sentirsi un* —, pieno di vigore e di ardimento; *far la parte del* —, prendersi la parte migliore. DIM. *leoncino* **2** nome di altri animali che per l'aspetto o per alcune caratteristiche ricordano il leone: — *americano*, puma; — *marino*, otaria **3** *Leone*, (*astr.*) costellazione e segno dello zodiaco nel quale il Sole transita tra il 23 luglio e il 23 agosto.
leonessa [leo-nés-sa] *s.f.* la femmina del leone.
leonino [leo-nì-no] *agg.* del leone, da leone (anche *fig.*): *chioma leonina*; *coraggio* —.
leontiasi [le-on-tì-a-si] *s.f.* (*med.*) deformazione della faccia, che assume un aspetto leonino; è causata da ipertrofia ossea o da accumulo di lepromi.
leopardiano [leo-par-dià-no] *agg.* del poeta Giacomo Leopardi (1798-1837) o che si riferisce alla sua arte, alle sue opere, al suo pensiero: *pessimismo* —.
leopardo [leo-pàr-do] *s.m.* **1** grande felino agilissimo, con mantello a pelo raso color ocra pallido a macchie scure; vive in Africa e Asia **2** la pelliccia di questo animale, molto pregiata | *a pelle di* —, a chiazze, a macchie.
lepidezza [le-pi-déz-za] *s.f.* **1** l'essere lepido **2** facezia.
lepido [lè-pi-do] *agg.* (*lett.*) arguto, spiritoso: *risposta lepida* □ **lepidamente** *avv.*
lepidotteri [le-pi-dòt-te-ri] *s.m.pl.* (*zool.*) ordine d'insetti comprendente le farfalle.
lepisma [le-pì-ʃma] *s.f.* piccolo insetto di color argenteo che s'insinua nelle fessure, tra le vecchie carte o nelle sostanze alimentari.
leporino [le-po-rì-no] *agg.* di lepre, da lepre | *labbro* —, (*med.*) malformazione congenita del labbro superiore, che presenta una fenditura verticale che ricorda la forma del labbro della lepre.
lepre [lè-pre] *s.f.* **1** mammifero con lunghe orecchie, grandi occhi, mantello grigio-bruno, lunghe zampe posteriori; di indole timida, veloce nella corsa, è cacciata per le sue carni pregiate:

correre come una —; pauroso come una — **2** la carne dell'animale usata come vivanda: *pappardelle al sugo di —.*

leproma [le-prò-ma] *s.m.* [pl. *-mi*] (*med.*) granuloma cutaneo, sottocutaneo o mucoso tipico della lebbra.

leproso [le-pró-so] *agg.* (*med.*) della lebbra, tipico della lebbra: *granuloma —.*

leprotto [le-pròt-to] *s.m.* lepre giovane.

leptospira [lep-to-spì-ra] *s.f.* (*biol.*) genere di microrganismi patogeni con corpo filamentoso a spirale, privo di ciglia o flagelli.

leptospirosi [lep-to-spi-rò-ʃi] *s.f.* (*med.*) denominazione generica di malattie infettive causate da microrganismi del genere leptospira.

lercio [lèr-cio *o* lércio] *agg.* [pl.f. *-ce*] sudicio, lurido in modo ripugnante: *vestito —* | (*fig.*) turpe, immondo: *azioni lerce.*

lerciume [ler-ciù-me] *s.m.* insieme di cose lerce; sudiciume (anche *fig.*): *— morale.*

lesbica [lè-ʃbi-ca] *s.f.* donna omosessuale.

lesbico [lè-ʃbi-co] *agg.* [pl.m. *-ci*] **1** dell'isola di Lesbo **2** di lesbismo, caratterizzato da lesbismo: *amore —.*

lesbismo [le-ʃbì-ʃmo] *s.m.* omosessualità femminile.

lesena [le-ʃè-na] *s.f.* (*arch.*) elemento decorativo verticale che ha l'aspetto di un pilastro parzialmente incassato in un muro.

lesina [lé-ʃi-na *o* lèʃina] *s.f.* attrezzo da calzolaio consistente in un'asticella d'acciaio appuntita, che serve per forare il cuoio che deve essere cucito.

lesinare [le-ʃi-nà-re] *v.tr.* e *intr.* [*io léʃino* o *lèʃino ecc.*; aus. dell'intr. *avere*] risparmiare il più possibile, fino all'avarizia: *— il centesimo.*

lesionare [le-ʃio-nà-re] *v.tr.* [*io leʃióno ecc.*] danneggiare provocando lesioni: *il terremoto ha lesionato molti edifici* ♦ **lesionarsi** *v.intr.pron.* rimanere danneggiato da lesioni.

lesione [le-ʃió-ne] *s.f.* **1** il ledere, l'essere leso; danno, offesa: *una — della reputazione* **2** (*med.*) alterazione di un tessuto o di un organo, di origine traumatica o patologica: *lesioni interne* **3** crepa, fenditura, cedimento in un corpo o in un'opera muraria: *le lesioni di un edificio.*

lesivo [le-ʃì-vo] *agg.* che lede, danneggia materialmente o moralmente: *atto — degli interessi altrui.*

leso [lé-ʃo] *agg.* che presenta una lesione: *arto —* | *parte lesa,* (*dir.*) in un giudizio, quella che è stata danneggiata da un comportamento altrui | *delitto di lesa maestà,* (*st.*) attentato alla vita del sovrano o contro la sicurezza dello stato.

lessare [les-sà-re] *v.tr.* [*io lésso ecc.*] cuocere facendo bollire nell'acqua: *— le patate.*

lessatura [les-sa-tù-ra] *s.f.* il lessare, l'essere lessato.

lessicale [les-si-cà-le] *agg.* del lessico, che riguarda il lessico: *il patrimonio — italiano.*

lessicalizzare [les-si-ca-liʒ-ʒà-re] *v.tr.* (*ling.*) trasformare in unità lessicale una sequenza di parole (p.e. *per lo più, dopo cena*), un alterato (*p.e.* un diminutivo: *forchetta*), o una forma della flessione nominale (*p.e.* un femminile: *lavatrice*) o verbale (*p.e.* un participio: *cantante*) ♦ **lessicalizzarsi** *v.intr.pron.* trasformarsi in unità lessicale.

lessico [lès-si-co] *s.m.* [pl. *-ci*] **1** l'insieme dei vocaboli e delle locuzioni propri di una lingua o di un settore particolare di essa: *il — inglese, dello sport* **2** dizionario che raccoglie le parole di un settore particolare: *— matematico.*

lessicografia [les-si-co-gra-fì-a] *s.f.* **1** la scienza e la tecnica della registrazione e della definizione dei vocaboli di una lingua; l'arte di compilare dizionari **2** l'insieme delle opere lessicografiche relative a una lingua o a un paese, un'epoca, un settore: *la — italiana; — giuridica.*

lessicografico [les-si-co-grà-fi-co] *agg.* [pl.m. *-ci*] **1** che riguarda la lessicografia: *opere lessicografiche.*

lessicografo [les-si-cò-gra-fo] *s.m.* [f. *-a*] studioso di lessicografia; compilatore di dizionari.

lessicologia [les-si-co-lo-gì-a] *s.f.* studio scientifico del lessico | l'insieme degli studi sul lessico di un paese, di un'epoca.

lessicologico [les-si-co-lò-gi-co] *agg.* [pl.m. *-ci*] che concerne la lessicologia: *studio —.*

lessicologo [les-si-cò-lo-go] *s.m.* [f. *-a*; pl.m. *-gi*] studioso di lessicologia.

lesso [lés-so] *agg.* cotto in acqua bollente; lessato: *pesce —* ♦ *s.m.* pietanza di carne lessa; bollito | il taglio di carne che si usa per tale pietanza: *comprare un chilo di —.*

lesto [lè-sto] *agg.* **1** che agisce con prontezza, con rapidità; veloce, svelto: *— di mano,* pronto e rapido nel picchiare o nel rubare **2** che si fa o avviene in poco tempo; rapido, sbrigativo.

lestofante [le-sto-fàn-te] *s.m.* chi inganna con discorsi o raggiri; imbroglione, truffatore.

letale [le-tà-le] *agg.* di morte, che provoca la morte: *malattia —.*

letalità [le-ta-li-tà] *s.f.* l'essere letale | *quoziente di —,* (*stat.*) il rapporto tra il numero di coloro che muoiono per una data malattia e il numero di coloro che ne sono affetti.

letamaio [le-ta-mà-io] *s.m.* **1** luogo in cui si ammucchia letame **2** (*estens.*) luogo molto sudicio, sporco.

letamare [le-ta-mà-re] *v.tr.* concimare con il letame.

letamazione [le-ta-ma-zió-ne] *s.f.* concimazione con letame.

letame [le-tà-me] *s.m.* **1** concime organico prodotto dalla fermentazione di escrementi del bestiame **2** (*estens.*) sporcizia, sudiciume.

letargia [le-tar-gì-a] *s.f.* **1** (*med.*) sonno profondo di origine patologica **2** (*fig. lett.*) stato d'inerzia psichica o morale.

letargico [le-tàr-gi-co] *agg.* [pl.m. *-ci*] **1** di letargo, che ha carattere di letargo: *stato —* | che va, che cade in letargo: *animali letargici* **2** (*fig.*) inerte, torpido.

letargo [le-tàr-go] *s.m.* [pl. *-ghi*] **1** stato, simile al sonno profondo, di alcuni animali durante l'ibernazione invernale **2** nell'uomo, letargia | (*scherz.*) sonno lungo e profondo: *cadere in* — **3** (*fig.*) stato di torpore, d'inerzia fisica o morale.

letizia [le-tì-zia] *s.f.* sentimento di profonda gioia spirituale; sensazione di pace e felicità: *animo pieno di* —.

letta [lèt-ta] *s.f.* lettura frettolosa: *dare una — al giornale.*

lettera [lèt-te-ra] *s.f.* **1** ciascuno dei segni dell'alfabeto: *una parola di otto lettere* | *dire a chiare lettere*, (*fig.*) con estrema franchezza **2** (*mat.*) simbolo sostitutivo di un'entità numerica non determinata **3** carattere di stampa **4** l'interpretazione più restrittiva e ovvia delle parole di un testo: *interpretare una legge secondo la* — | *alla* —, attenendosi alle parole precise; testualmente: *tradurre alla* — | *rimanere — morta*, (*fig.*) si dice di cosa non eseguita, di consiglio non ascoltato **5** comunicazione scritta che si invia a qlcu.: — *aperta*, rivolta a una determinata persona, ma diffusa pubblicamente **6** *pl.* la letteratura, gli studi umanistici: *laurea in lettere.*

letterale [let-te-rà-le] *agg.* **1** che riguarda il significato preciso delle parole di un testo: *senso* — | *traduzione* —, che rende parola per parola il testo originale **2** (*mat.*) si dice di calcolo in cui figurino, anziché numeri, quantità variabili simboleggiate da lettere □ **letteralmente** *avv.* **1** alla lettera, in modo letterale: *interpretare* — **2** nel vero senso della parola: *la piazza era — gremita di gente.*

letteralità [let-te-ra-li-tà] *s.f.* l'essere letterale; interpretazione letterale: *la — di un testo.*

letterarietà [let-te-ra-rie-tà] *s.f.* carattere letterario: *la — di un'espressione.*

letterario [let-te-rà-rio] *agg.* **1** che riguarda la letteratura, i letterati: *generi letterari, critica letteraria* **2** si dice di stile, linguaggio, e di singole parole o locuzioni che appartengono alla lingua colta, al registro elevato □ **letterariamente** *avv.*

letterato [let-te-rà-to] *agg.* e *s.m.* [f. *-a*] **1** che/chi coltiva lo studio delle lettere o vi si dedica per professione **2** (*non com.*) che/chi ha un certo grado di istruzione.

letteratura [let-te-ra-tù-ra] *s.f.* **1** le opere scritte in prosa o in versi che hanno valore artistico; l'insieme di tali opere scritte in una lingua o proprie di un paese, di un'epoca, di un genere: *la — mondiale*; *la — dell'Ottocento*; *la — drammatica*, l'insieme dei testi di teatro **2** il complesso delle opere relative a una scienza, a una materia; la bibliografia relativa a un autore: — *giuridica.*

lettiera [let-tiè-ra] *s.f.* strato di paglia o di foglie che serve da giaciglio agli animali nelle stalle; strame | (*estens.*) strato di sabbia destinato ad assorbire gli escrementi degli animali d'allevamento.

lettiga [let-tì-ga] *s.f.* **1** nell'antichità, portantina o letto portatile usati per il trasporto a spalle di persone **2** barella.

lettighiere [let-ti-ghiè-re] *s.m.* [f. *-a*] infermiere addetto al trasporto di ammalati su lettighe o autoambulanze; barelliere.

lettino [let-tì-no] *s.m.* sorta di letto stretto e rigido su cui i medici visitano i pazienti | — *solare*, attrezzatura a forma di letto per l'abbronzatura artificiale.

letto [lèt-to] *s.m.* **1** mobile su cui si riposa e si dorme: — *a due piazze*; *camera da* — | *andare a — con le galline*, (*fig.*) coricarsi molto presto | *andare a — con qlcu.*, avere rapporti sessuali | *figlio di primo, di secondo* —, nato dal primo, dal secondo matrimonio | *essere inchiodato a* —, (*fig.*) essere colpito da lunga e grave infermità | *cascare giù dal* —, (*fig.*) alzarsi la mattina molto più presto del solito | — *di morte*, in cui giace chi è prossimo a morire o è già morto. DIM. *lettino* ACCR. *lettone* | Usato come *agg.*: *divano* —, trasformabile in letto; *vagone* —, vagone ferroviario attrezzato con letti a castello ribaltabili **2** (*estens.*) qualsiasi struttura su cui può essere disteso il corpo: — *operatorio* | qualsiasi cosa su cui ci si corica: *un — di foglie* **3** lettiera: *fare il — alle mucche* **4** (*geog.*) parte dell'alveo di un fiume dove scorre l'acqua.

lettone [lèt-to-ne] *agg.* della Lettonia ♦ *s.m.* **1** [anche *s.f.*] chi è nato o abita in Lettonia **2** lingua del gruppo baltico parlata dai lettoni.

lettorato [let-to-rà-to] *s.m.* l'ufficio di lettore presso un'università; la durata di tale ufficio.

lettore[1] [let-tó-re] *s.m.* [f. *-trice*] **1** chi legge: *un — attento* **2** l'insegnante che svolge corsi pratici di una lingua straniera presso un'università.

lettore[2] *s.m.* **1** strumento che facilita la lettura, l'osservazione di qlco. | — *per microfilm*, apparecchio ottico che proietta i singoli fotogrammi di un microfilm consentendone l'esame **2** (*inform.*) dispositivo di un elaboratore in grado di rilevare dati da un supporto esterno e di convertirli in impulsi elettrici: — *di* CD-ROM | — *ottico*, strumento in grado di leggere caratteri oppure simboli (*p.e.* codici a barre), disegni ecc. e di trasformarli in dati suscettibili di elaborazione; scanner.

lettura [let-tù-ra] *s.f.* **1** il leggere, l'esercizio del leggere; il modo in cui si legge: *dare — di qlco.*, leggerla ad alta voce | — *del pensiero*, percezione extrasensoriale che permetterebbe di conoscere il pensiero altrui **2** (*estens.*) lo scritto, il libro che si legge: *"Pinocchio" non è una — solo per ragazzi* **3** (*fig.*) interpretazione; modo di vedere, di analizzare: *la — di un fenomeno* **4** lezione, conferenza in cui si spiega un testo: *una — dantesca.*

leucemia [leu-ce-mì-a] *s.f.* malattia caratterizzata da forte aumento dei globuli bianchi.

leucemico [leu-cè-mi-co] *agg.* [pl.m. *-ci*] che riguarda la leucemia ♦ *agg.* e *s.m.* [f. *-a*] che/chi è affetto da leucemia.

leucina [leu-cì-na] *s.f.* (*chim.*) amminoacido a sei atomi di carbonio, presente nei tessuti muscolari.

leuco- primo elemento di parole composte della terminologia scientifica, che indica colore bianco o chiaro (*leucocita, leucoma*); nella terminologia medica fa riferimento ai globuli bianchi (*leucopenia*).

leucocita [leu-co-cì-ta], o **leucocito**, *s.m.* [pl. *-ti*] (*biol.*) globulo bianco del sangue.

leucocitario [leu-co-ci-tà-rio] *agg.* relativo ai leucociti: *formula leucocitaria.*

leucocito → **leucocita.**

leucocitosi [leu-co-ci-tò-ʃi] *s.f.* (*med.*) aumento dei globuli bianchi del sangue.

leucodermia [leu-co-der-mì-a] *s.f.* (*med.*) presenza sulla pelle di macchie biancastre per scomparsa del normale pigmento.

leucoma [leu-cò-ma] *s.m.* [pl. *-mi*] (*med.*) macchia di colore bianco opaco che si forma sulla cornea dell'occhio in seguito a lesioni traumatiche o infiammatorie.

leucopenia [leu-co-pe-nì-a] *s.f.* (*med.*) diminuzione dei globuli bianchi del sangue.

leucoplasia [leu-co-pla-ʃì-a] *s.f.* (*med.*) affezione delle mucose della bocca, caratterizzata dalla formazione di chiazze biancastre.

leucorrea [leu-cor-rè-a] *s.f.* (*med.*) perdita di secrezioni biancastre dalla mucosa uterina o vaginale.

leva[1] [lè-va] *s.f.* **1** (*fis.*) macchina semplice, consistente in una barra che può ruotare attorno a un punto fisso (fulcro) soggetto all'azione di due forze contrastanti (potenza e resistenza) | *far — su un punto*, applicarvi la resistenza o il fulcro di una leva, per spostarlo o per spostare un altro oggetto; (*fig.*) agire su qlco. per raggiungere un fine: *far — sui sentimenti* **2** (*fig.*) stimolo, incentivo: *il denaro è una — potente* **3** (*mecc.*) asta di comando di un dispositivo meccanico: *— del cambio.* DIM. *levetta* **4** (*fig.*) mezzo con cui si dirige, si comanda: *le leve del potere.*

leva[2] *s.f.* **1** il complesso delle operazioni per la chiamata alle armi dei giovani; coscrizione obbligatoria: *servizio di —*, il servizio militare obbligatorio; *visita di —*, visita medica che ha lo scopo di determinare l'idoneità al servizio militare | (*fam.*) il servizio militare stesso: *finire la —* **2** l'insieme dei giovani chiamati alle armi in un anno: *la — del 1975* **3** (*estens.*) gruppo di persone della stessa generazione, che entra in un campo d'attività: *le nuove leve del cinema.*

levante [le-vàn-te] *agg.* che sorge: *sole —*, come si presenta all'alba ♦ *s.m.* parte dell'orizzonte dove si leva il Sole; est, oriente: *vento di —*, che spira da est.

levantino [le-van-tì-no] *agg.* **1** del Levante; che proviene dal Levante **2** (*fig.*) scaltro, infido, soprattutto nel commercio e negli affari ♦ *s.m.* [f. *-a*] **1** nativo, abitante dei paesi del Levante **2** (*fig.*) persona scaltra e infida.

levare[1] [le-và-re] *v.tr.* [*io lèvo ecc.*] **1** alzare, sollevare: *— le braccia* | *— l'ancora*, salpare | *— un grido, un lamento*, gridare, lamentarsi **2** portar via, togliere, rimuovere (talora rafforzato con l'avv. *via*): *— il tappo alla bottiglia*; *— via una macchia dal vestito* | *— un dente*, estrarlo | *— di mezzo, di torno*, togliere qlco. che costituiva un impedimento; riferito a persona, liberarsene | *levarsi il pane di bocca*, (*fig.*) sacrificarsi per altri ♦ **levarsi** *v.rifl.* o *intr.pron.* **1** alzarsi, sorgere, innalzarsi (anche *fig.*): *si levò un vento impetuoso* | *— in difesa di qlcu.*, prenderne le difese **2** alzarsi dal letto: *— di cattivo umore* **3** allontanarsi | *— dai piedi, di mezzo, di torno*, (*fam.*) andarsene; (*fig.*) smettere di interferire in qlco.

levare[2] *s.m.* **1** il sorgere di un astro sull'orizzonte: *salpare al levar del sole* **2** nella direzione musicale, gesto della mano o con la bacchetta che indica il tempo debole della battuta: *movimento in —.*

levata [le-và-ta] *s.f.* **1** il levare, il levarsi: *la — del Sole* | *— di scudi*, (*fig.*) atto di aperta ribellione od ostilità **2** (*fam.*) idea improvvisa, risposta inaspettata: *cosa significa questa —?*

levataccia [le-va-tàc-cia] *s.f.* l'alzarsi dal letto molto presto: *fare una —.*

levatoio [le-va-tó-io] *agg.* che può essere sollevato e abbassato: *ponte —.*

levatrice [le-va-trì-ce] *s.f.* (*pop.*) donna che assiste le partorienti; ostetrica.

levatura [le-va-tù-ra] *s.f.* grado d'intelligenza, di capacità intellettuale o professionale; dignità morale: *persona di grande —* | riferito a cosa, livello qualitativo, rilievo, portata: *un'opera di eccezionale —.*

levigare [le-vi-gà-re] *v.tr.* [*io lèvigo, tu lèvighi ecc.*] **1** rendere liscia una superficie ruvida; polire: *— la pietra* **2** (*fig.*) perfezionare, rifinire con grande cura: *— un discorso.*

levigatezza [le-vi-ga-téz-za] *s.f.* l'essere levigato (anche *fig.*): *— di stile.*

levigato [le-vi-gà-to] *agg.* **1** liscio per levigatura: *marmo —* | (*estens.*) liscio: *pelle levigata* **2** (*fig.*) molto curato, ben rifinito, limato: *prosa levigata.*

levigatrice [le-vi-ga-trì-ce] *s.f.* macchina per levigare superfici.

levigatura [le-vi-ga-tù-ra] *s.f.* l'operazione del levigare; levigazione.

levigazione [le-vi-ga-zió-ne] *s.f.* **1** il levigare, l'essere levigato: *la — del marmo* **2** (*geog.*) fenomeno per cui le rocce vengono levigate a opera degli agenti atmosferici o dei ghiacciai.

levita [le-vì-ta] *s.m.* [pl. *-ti*] **1** presso gli antichi ebrei, membro della tribù di Levi, cui era affidato il servizio religioso **2** (*lett.*) sacerdote, ministro del culto.

levità [le-vi-tà] *s.f.* (*lett.*) leggerezza.

levitare [le-vi-tà-re] *v.intr.* [*io lèvito ecc.*; aus. *avere* o *essere*] fare un'esperienza di levitazione.

levitazione [le-vi-ta-zió-ne] *s.f.* fenomeno paranormale per cui una persona o un oggetto pesante si solleva e resta sospeso in aria.

levitico [le-vì-ti-co] *agg.* [pl.m. *-ci*] **1** dei leviti: *tribù levitica* **2** (*lett.*) dei sacerdoti, sacerdotale ♦ *s.m.* nella Bibbia, nome del terzo libro del Pentateuco, contenente l'elenco degli uffici sacerdotali.

levogiro [le-vo-gì-ro] *agg.* che gira verso sinistra,

cioè nel senso contrario a quello delle lancette dell'orologio: *rotazione levogira.*

levriere [le-vriè-re], o **levriero**, *s.m.* cane da caccia di forme molto snelle, con zampe lunghe e sottili e muso appuntito; oggi è usato come cane da corsa.

lewisite [le-wi-ʃi-te; / lui'zite /] *s.f.* **1** (*min.*) minerale contenente calcio, titanio e antimonio in piccoli cristalli **2** (*chim.*) potente aggressivo chimico organico, contenente cloro e arsenico, ad azione vescicante.

lezionario [le-zio-nà-rio] *s.m.* (*lit.*) libro in cui sono raccolti i brani dei testi sacri da leggere nella messa.

lezione [le-zió-ne] *s.f.* **1** insegnamento che il docente impartisce senza interruzione in un arco determinato di tempo: *un'ora di —*; *— di storia*; *prendere lezioni private* | quanto di una materia si assegna da studiare di volta in volta: *ripetere la —.* DIM. *lezioncina* **2** (*fig.*) ammaestramento, esempio: *dare una — di vita* | duro rimprovero; punizione severa: *gli ha dato la — che meritava* **3** (*filol.*) la forma di una parola o di un passo in uno specifico testo.

leziosaggine [le-zio-sàg-gi-ne] *s.f.* **1** l'essere lezioso, affettato, svenevole **2** atto, discorso lezioso.

leziosità [le-zio-si-tà] *s.f.* l'essere lezioso.

lezioso [le-zió-so] *agg.* che si comporta in modo affettato, con svenevolezza: *una bambina leziosa* | fatto o detto con affettazione: *modi leziosi.* DIM. *leziosetto* □ **leziosamente** *avv.*

lezzo [léʒ-ʒo] *s.m.* cattivo odore che emana da un corpo o da una cosa sudicia; fetore.

li[1] *art.determ.m.pl.* oggi è usato solo nelle date di corrispondenza o di documenti ufficiali: *Perugia, li 12 novembre.*

li[2] *pron.pers.m. di terza pers.pl.* [forma complementare atona di *essi*, *loro*] si usa come compl. oggetto in posizione sia proclitica sia enclitica: *li ho incontrati ieri*; *li comprerò io*; *eccoli.*

lì *avv.* **1** in quel luogo (indica un luogo lontano da chi parla e da chi ascolta): *mettilo lì*; *stai lì fermo*; *eccolo lì* **2** con valore rafforzativo o enfatico: *quella donna lì*; *fermo lì!*; *guarda lì cosa ha combinato!* **3** unito a un avverbio o a una determinazione di luogo: *lì dentro*; *lì sopra* | *di lì*, *da lì*, da quel luogo: *sono partiti ora di lì* | *di lì*, *per lì*, per, attraverso quel luogo: *si entra di lì*; *sono passati per lì* | *fin lì*, fino a quel luogo; (*fig.*) fino a quel punto: *fin lì avevi ragione tu* | *giù di lì*, press'a poco, all'incirca: *avrà cinquant'anni o giù di lì* | *lì per lì*, sul momento: *lì per lì non ho saputo rispondere* | *di lì a...*, con valore temporale, da quel momento: *di lì a un anno* | *essere lì*, essere vicini: *se non sono cento, siamo lì*, sono cento o quasi | *essere lì lì per*, essere vicinissimo a, essere sul punto di | *finir lì*, finire a quel punto, non avere seguito | contrapposto a *qui* o *qua*: *da qui a lì*; *di qua a lì.*

liana [li-à-na] *s.f.* nome generico di piante tropicali a fusto sottile che s'attaccano e intrecciano ad altre piante per cercare migliori condizioni di illuminazione.

libagione [li-ba-gió-ne] *s.f.* **1** nella religione del mondo classico, cerimonia consistente nello spargere alcune gocce di liquido come offerta agli dei **2** (*lett.* o *scherz.*) abbondante bevuta di vino e alcolici.

libanese [li-ba-né-se] *agg.* del Libano ♦ *s.m.* e *f.* chi è nato, chi abita nel Libano.

libare [li-bà-re] *v.tr.* **1** (*relig.*) versare un liquido facendo una libagione: *— vino agli dei* **2** (*lett.*) assaporare con l'estremità delle labbra | (*estens.*) brindare.

libatorio [li-ba-tò-rio] *agg.* (*lett.*) di libagione, relativo a libagione.

libbra [lìb-bra] *s.f.* unità di peso in uso nei paesi anglosassoni, corrispondente a 454 grammi.

libeccio [li-béc-cio] *s.m.* vento umido tipico del Mediterraneo, spira a forti raffiche da sud-ovest | (*estens.*) la direzione di sud-ovest.

libello [li-bèl-lo] *s.m.* scritto diffamatorio o violentemente satirico, in genere anonimo.

libellula [li-bèl-lu-la] *s.f.* insetto dal corpo sottile con quattro grandi ali trasparenti | è assunto come simbolo di leggerezza, agilità, eleganza nei movimenti: *muoversi come una —.*

liberal [/ 'liberal /] *agg.invar.* (*ingl.*) di orientamento ideologico progressista, democratico.

liberale [li-be-rà-le] *agg.* **1** disposto a donare largamente e spontaneamente; generoso: *essere — verso chi ha bisogno* | che dimostra generosità o nobiltà d'animo: *un gesto —* **2** che rispetta la libertà altrui; tollerante: *educazione —* **3** fautore del liberalismo, che s'ispira ai principi del liberalismo: *teorie liberali* **4** *arti liberali*, nel Medioevo, le arti del trivio e del quadrivio ♦ *s.m.* e *f.* chi appartiene al partito liberale; chi è fautore del liberalismo economico e politico □ **liberalmente** *avv.* **1** generosamente **2** secondo principi di libertà.

liberaleggiante [li-be-ra-leg-giàn-te] *agg.* incline, favorevole al liberalismo: *idee liberaleggianti.*

liberalismo [li-be-ra-lì-ʃmo] *s.m.* ideologia che afferma l'intangibilità dei diritti individuali e assegna allo stato il compito di garantirli | (*econ.*) indirizzo che vede nella libera attuazione delle iniziative individuali il modo per garantire il miglior funzionamento di un sistema economico.

liberalistico [li-be-ra-lì-sti-co] *agg.* [pl.m. *-ci*] che concerne il liberalismo o i liberali: *tendenze liberalistiche.*

liberalità [li-be-ra-li-tà] *s.f.* **1** l'essere liberale nel dare; generosità, larghezza **2** atto di persona liberale.

liberalizzare [li-be-ra-liʒ-ʒà-re] *v.tr.* **1** (*econ.*) rendere conforme ai principi del liberismo, eliminando dazi, restrizioni valutarie e altri vincoli alla circolazione di merci e denaro **2** rendere libero, non soggetto a divieti, limitazioni, controlli: *— i programmi di studio.*

liberalizzazione [li-be-ra-liʒ-ʒa-zió-ne] *s.f.* il liberalizzare, l'essere liberalizzato: *— degli scam-*

bi, abolizione di dazi, divieti e altre restrizioni al commercio estero.

liberare [li-be-rà-re] *v.tr.* [*io lìbero ecc.*] **1** rendere libero, restituire alla libertà (anche *fig.*): — *la mente dai pregiudizi* **2** sciogliere da un vincolo, da un impedimento: — *dalle catene*; — *la casa da un'ipoteca* | (*fig.*) esimere, affrancare: — *da un impegno* **3** salvare da un pericolo, da un male; sottrarre a danni o fastidi: *Dio ce ne scampi e liberi!* **4** rendere sgombro, sgombrare: — *il tavolo* **5** lasciare uscire dando libero sfogo: — *l'animo dall'angoscia* | (*fig.*) esprimere, manifestare: — *le proprie energie nel gioco* **6** (*chim.*) separare un elemento o dar luogo a un nuovo composto in una reazione: — *ossigeno* | (*estens.*) sprigionare: *una reazione che libera calore* ♦ **liberarsi** *v.rifl.* o *intr.pron.* **1** rendersi libero, sciogliersi da un vincolo; sottrarsi, disimpegnarsi: — *di un seccatore* **2** diventare libero, disponibile: *s'è liberato il bagno.*

liberatore [li-be-ra-tó-re] *agg.* e *s.m.* [f. *-trice*] che/chi libera: — *della patria.*

liberatorio [li-be-ra-tò-rio] *agg.* **1** che libera: *sfogo* — **2** (*dir.*) che libera da un'obbligazione: *pagamento* —.

liberazione [li-be-ra-zió-ne] *s.f.* il liberare, il liberarsi, l'essere liberato (anche *fig.*): *guerra di* —, combattuta contro un occupante straniero.

libercolo [li-bèr-co-lo] *s.m.* (*spreg.*) libro di poco o nessun valore.

liberismo [li-be-rì-ʃmo] *s.m.* corrente di pensiero economico favorevole al libero scambio e ostile a ogni forma di protezionismo nel commercio internazionale; liberalismo economico.

liberista [li-be-rì-sta] *agg.* [pl.m. *-sti*] relativo al liberismo: *politica* — ♦ *agg.* e *s.m.* e *f.* che/chi sostiene il liberismo.

liberistico [li-be-rì-sti-co] *agg.* [pl.m. *-ci*] relativo al liberismo o ai liberisti; fondato sul liberismo.

libero [lì-be-ro] *agg.* **1** non soggetto all'altrui autorità; che può agire senza subire costrizioni: *un — cittadino* **2** che è padrone dei propri atti, che ha piena facoltà di fare o non fare una cosa: *essere — di andare o rimanere* | che non è legato da obblighi, da impegni: *essere — solo di sera* **3** non soggetto a divieti; esente da controlli e restrizioni: *stampa libera*; *ingresso* —, possibilità di entrare in un locale pubblico senza pagare; — *scambio*, condizione del commercio internazionale quando nessuna barriera economica ostacola la circolazione di beni e servizi | *carta libera*, (*burocr.*) la carta non bollata | — *professionista*, chi esercita in proprio un'attività professionale per la quale è prevista l'iscrizione a un apposito albo **4** non costretto da regole rigide: *traduzione libera*, non letterale | *esercizi a corpo* —, esercizi ginnici eseguiti senza attrezzi **5** non legato, non impedito; che può muoversi: *imputato a piede* —, per il quale non è stato ordinato l'arresto | *a ruota libera*, (*fig.*) in totale libertà, senza seguire schemi: *parlare a ruota libera* | *disegno a mano libera*, senza l'aiuto di strumenti **6** non ostruito, non ingombro, non occupato: *la strada è libera* | *avere via libera*, (*fig.*) facoltà di agire, di fare ciò che si vuole **7** non impegnato, disponibile: *tempo* —, quello che resta dopo l'attività lavorativa **8** (*chim.*) si dice di un elemento non combinato con altri: *ossigeno* — ♦ *s.m.* (*sport*) nel calcio, battitore libero □ **liberamente** *avv.*

liberoscambismo [li-be-ro-scam-bi-ʃmo] *s.m.* liberismo.

libertà [li-ber-tà] *s.f.* **1** l'essere libero, la condizione di chi è libero; assenza di costrizione: *rimettere in* — | in diritto: — *provvisoria*, provvedimento che, in attesa dell'esito del processo, libera l'imputato dalla custodia preventiva; — *vigilata*, misura di sicurezza per la quale la persona è libera ma sottoposta a sorveglianza **2** facoltà dell'uomo di pensare e agire in piena autonomia: — *di pensiero*; — *di stampa*, quando non è sottoposta a censura **3** la condizione di un popolo che non è asservito allo straniero né è governato da una dittatura: *lottare per la* — **4** l'essere libero da vincoli, obblighi, impedimenti: *essere geloso della propria* — | l'essere libero da occupazioni, da impegni: *prendersi un giorno di* — | *mettersi in* —, mettersi vestiti da casa per stare più comodo **5** mancanza di controllo del comportamento o del linguaggio: *parlare con troppa* — | *prendersi la — di dire, di fare qlco.*, permettersi | *prendersi delle* —, agire con troppa confidenza o senza rispetto.

libertario [li-ber-tà-rio] *agg.* attinente alla libertà; basato sulla libertà, ispirato alla sua difesa: *principi libertari* ♦ *agg.* e *s.m.* [f. *-a*] fautore di un'assoluta libertà individuale, superiore a ogni legge e autorità.

liberticida [li-ber-ti-cì-da] *agg.* e *s.m.* e *f.* [pl.m. *-di*] che/chi sopprime la libertà.

liberticidio [li-ber-ti-cì-dio] *s.m.* soppressione, violazione della libertà.

libertinaggio [li-ber-ti-nàg-gio] *s.m.* **1** modo di vivere dissoluto e licenzioso; vita da libertino **2** (*estens.*) abuso delle proprie libertà, a danno di quelle altrui.

libertinismo [li-ber-ti-nì-ʃmo] *s.m.* (*st.*) movimento contrario a ogni forma di dogmatismo in campo religioso, sviluppatosi in Francia e in Italia nel sec. XVII | (*estens.*) tendenza a sostenere la totale libertà del pensiero.

libertino [li-ber-tì-no] *agg.* **1** licenzioso, dissoluto, gaudente: *far vita libertina* **2** che si riferisce al libertinismo e ai libertini del sec. XVII **3** che sostiene una completa libertà di pensiero ♦ *s.m.* [f. *-a*] **1** uomo di costumi licenziosi **2** (*st.*) seguace del libertinismo | sostenitore del libero pensiero in campo religioso.

liberto [li-bèr-to] *s.m.* [f. *-a*] nell'antica Roma, lo schiavo affrancato.

liberty [/ ˈliberti /] *agg.* e *s.m.invar.* (*ingl.*) si dice di uno stile affermatosi tra la fine dell'Ottocento e il primo Novecento, caratterizzato da motivi ornamentali di frutti, fiori e foglie, e dal prevalere di linee curve e spirali.

libico [lì-bi-co] *agg.* [pl.m. *-ci*] della Libia ♦ *s.m.* 1 [f. *-a*] nativo, abitante della Libia 2 lingua di origine camitica parlata dagli antichi popoli della Libia.

libidico [li-bì-di-co] *agg.* [pl.m. *-ci*] (*psicoan.*) della libido.

libidine [li-bì-di-ne] *s.f.* 1 forte desiderio sessuale: *atti di —* 2 (*estens.*) desiderio smodato: *— di potere.*

libidinoso [li-bi-di-nó-so] *agg.* che è preso, dominato da libidine: *un individuo —* | che esprime libidine, che è effetto di libidine: *sguardi libidinosi* □ **libidinosamente** *avv.*

libido [li-bì-do] *s.f.* (*psicoan.*) le pulsioni sessuali.

libraio [li-brà-io] *s.m.* [f. *-a*] proprietario o gestore di una libreria.

librare [li-brà-re] *v.tr.* 1 (*lett.*) equilibrare | (*fig.*) giudicare, valutare ♦ **librarsi** *v.rifl.* o *intr.pron.* tenersi sospeso o in equilibrio: *— in aria*, volare.

librario [li-brà-rio] *agg.* dei libri, che riguarda i libri: *mercato —.*

librato [li-brà-to] *agg.* sospeso: *uccelli librati in aria* | *volo —*, quello degli alianti e degli uccelli quando volano ad ali ferme, durante il quale il corpo scende solo per effetto della gravità e della resistenza dell'aria.

libreria [li-bre-rì-a] *s.f.* 1 negozio di libri 2 mobile a ripiani destinato a contenere e conservare i libri: *una — di noce* 3 raccolta di libri, biblioteca: *una — ricchissima.*

libresco [li-bré-sco] *agg.* [pl.m. *-schi*] (*spreg.*) tratto dai libri e non da esperienza diretta o da riflessione personale: *un sapere —* □ **librescamente** *avv.*

librettista [li-bret-tì-sta] *s.m.* e *f.* [pl.m. *-sti*] chi scrive il libretto di un'opera musicale: *F.M. Piave fu uno dei librettisti di Verdi.*

librettistica [li-bret-tì-sti-ca] *s.f.* il genere letterario dei libretti d'opera.

libretto [li-brét-to] *s.m.* 1 piccolo registro o quaderno destinato ad annotazioni varie: *il — delle spese* 2 documento a più pagine rilasciato da enti pubblici o privati, che ha per lo più valore ufficiale: *— degli assegni*; *— universitario* 3 testo letterario redatto per essere musicato: *il — del "Barbiere di Siviglia".*

libro [lì-bro] *s.m.* 1 insieme di fogli stampati cuciti insieme e racchiusi da una copertina; volume: *— di narrativa*; *pubblicare un —* | *parlare come un — stampato*, (*scherz.*) parlare in modo ricercato | *essere un — aperto*, (*fig.*) si dice di persona i cui pensieri sono facili da capire | *— bianco*, raccolta di dati e documenti su questioni di grande interesse, in genere a scopo di denuncia. DIM. *libretto, libriccino* PEGG. *libraccio* 2 ciascuna delle parti in cui è divisa un'opera letteraria, filosofica o scientifica dell'età classica: *il terzo — dell'Eneide* 3 registro di uffici pubblici, aziende, associazioni in cui sono registrati l'elenco dei soci, la contabilità o altri dati ufficiali: *— mastro, giornale*; *— paga*, registro riguardante le retribuzioni dei dipendenti | *libri di navigazione, di bordo*, l'insieme dei documenti d'una nave o d'un aeromobile 4 (*bot.*) la parte del tronco di un albero vicina alla corteccia, ricca di vasi fibrosi.

libro-gioco [li-bro-giò-co] *loc.sost.m.* [pl. *libri-gioco*] libro illustrato con giochi, per bambini in età prescolare.

licantropia [li-can-tro-pì-a] *s.f.* nelle leggende, il fenomeno della trasformazione magica dell'uomo in lupo mannaro.

licantropo [li-càn-tro-po] *s.m.* [f. *-a*] nella fantasia popolare, uomo trasformato in lupo; essere mostruoso mezzo uomo e mezzo lupo.

liccio [lìc-cio] *s.m.* elemento del telaio che serve ad alzare e abbassare alternatamente i fili dell'ordito.

licciolo [lic-ciò-lo] *s.m.* nel telaio, ciascuna delle due stecche che reggono le maglie del liccio.

liceale [li-ce-à-le] *agg.* del liceo: *licenza —* ♦ *s.m.* e *f.* studente o studentessa di liceo.

liceità [li-cei-tà] *s.f.* l'essere lecito; condizione di ciò che non è vietato dalle leggi civili o morali: *la — di un comportamento.*

licenza [li-cèn-za] *s.f.* 1 permesso, facoltà di fare qlco.: *chiedere — di assentarsi* 2 concessione, da parte di un organo competente, di una determinata autorizzazione; il documento che comprova l'autorizzazione concessa: *— di costruzione, di pesca* 3 facoltà concessa ai militari di lasciare temporaneamente il corpo; il periodo di tempo in cui il permesso è valido: *— premio*; *una — di quindici giorni* 4 (*lett.*) commiato, congedo: *prendere — da qlcu.* 5 nelle scuole pubbliche primarie e secondarie, l'esame che si sostiene al termine del corso e il relativo diploma: *avere la — media* 6 (*estens.*) libertà: *prendersi la — di dire qlco.* | *— poetica*, libertà che il poeta si prende di deviare dalle regole consuete della lingua 7 abuso di libertà; comportamento che non rispetta regole: *prendersi troppe licenze.*

licenziamento [li-cen-zia-mén-to] *s.m.* il licenziare, il licenziarsi, l'essere licenziato: *lettera di —.*

licenziare [li-cen-zià-re] *v.tr.* [*io licènzio ecc.*] 1 (*non com.*) accomiatare, congedare: *— gli invitati* | *— un libro, un articolo*, autorizzarne la pubblicazione 2 detto del datore di lavoro, porre fine unilateralmente a un contratto di lavoro subordinato: *— in tronco*, senza preavviso 3 conferire la licenza al termine di un corso di studi: *quest'anno la scuola ha licenziato cento studenti* ♦ **licenziarsi** *v.rifl.* 1 (*lett.*) accomiatarsi 2 dare le dimissioni, dimettersi da un impiego: *— da una ditta* 3 conseguire una licenza a scuola: *— con un buon giudizio.*

licenziatario [li-cen-zia-tà-rio] *s.m.* [f. *-a*] persona a cui è stata rilasciata la licenza per lo sfruttamento di un brevetto.

licenziato [li-cen-zià-to] *agg.* e *s.m.* [f. *-a*] 1 che/chi ha ottenuto una licenza scolastica 2 che/chi ha ricevuto il licenziamento da parte del datore di lavoro.

licenziosità [li-cen-zio-si-tà] *s.f.* 1 l'esser licen-

zioso: — *di costumi* 2 atto, discorso licenzioso: *dire delle* —.
licenzioso [li-cen-zió-so] *agg.* che non rispetta la morale sessuale, il pudore: *costumi licenziosi* □ **licenziosamente** *avv.*
liceo [li-cè-o] *s.m.* 1 scuola secondaria di grado superiore che prepara all'università: — *classico, scientifico* 2 edificio in cui ha sede un liceo.
lichene [li-chè-ne] *s.m.* (*bot.*) organismo vegetale derivato dall'associazione di un'alga e di un fungo; appare come un'incrostazione verde-giallastra su tronchi d'albero, su terreni o rocce.
licitare [li-ci-tà-re] *v.intr.* [*io lìcito ecc.*; aus. *avere*] offrire un prezzo a un'asta; concorrere a una licitazione.
licitazione [li-ci-ta-zió-ne] *s.f.* (*dir.*) offerta a un'asta | — *privata*, procedura per aggiudicare l'appalto di un lavoro pubblico, invitando solo determinate imprese, tra le quali si sceglie quella che ha presentato l'offerta più bassa.
licopodio [li-co-pò-dio] *s.m.* pianta erbacea simile al muschio, che cresce nei luoghi umidi e ombrosi delle zone temperate e tropicali.
licosa [li-có-sa] *s.f.* (*zool.*) genere di ragni a cui appartiene la tarantola.
lidio [lì-dio] *agg.* della Lidia, antica regione dell'Asia Minore ♦ *s.m.* 1 [f. *-a*] abitante della Lidia 2 lingua parlata anticamente in Lidia.
lido [lì-do] *s.m.* 1 striscia di terra pianeggiante bagnata dal mare | spiaggia attrezzata con stabilimenti balneari | come toponimo di località marine: *Lido di Camaiore* 2 lingua di terra che separa una laguna dal mare aperto: *il* — *di Venezia.*
Lied [/ lid /] *s.m.* [pl. *Lieder* / 'lider /] (*ted.*) canzone vocale tedesca, fiorita nell'Ottocento in forme sia popolari sia d'arte: *i Lieder di Schubert.*
liederistica [lie-de-ri-sti-ca; / lide'ristika /] *s.f.* (*mus.*) l'arte, il genere dei Lieder.
liederistico [lie-de-ri-sti-co; / lide'ristiko /] *agg.* [pl.m. *-ci*] che concerne il Lied, i Lieder.
lie detector [/ 'lai de'tɛktor /] *loc.sost.m.invar.* (*ingl.*) macchina della verità.
lieto [liè-to] *agg.* 1 che prova un sentimento di contentezza, di gioia serena: *sono* — *di saperlo* | *molto* —, frase di cortesia che si pronuncia nelle presentazioni 2 che esprime, manifesta gioia: *viso* — 3 che desta, che provoca gioia; piacevole, favorevole: *un film a* — *fine* | — *evento*, la nascita di un figlio 4 (*lett.*) detto di luogo, ameno, ridente □ **lietamente** *avv.* 1 con gioia; esprimendo gioia 2 in modo piacevole.
lieve [liè-ve] *agg.* 1 leggero; di poco peso: *un* — *carico* 2 di poca difficoltà o gravità: *una* — *indisposizione* 3 (*fig.*) di poca entità; piccolo, tenue, debole: *una* — *scossa* □ **lievemente** *avv.* 1 con leggerezza: *si posò* — 2 poco, leggermente, appena: *era* — *più grande.*
lievità [lie-vi-tà] *s.f.* l'essere lieve; leggerezza, tenuità.
lievitare [lie-vi-tà-re] *v.intr.* [aus. *essere* o *avere*] 1 gonfiarsi per effetto della fermentazione prodotta dal lievito: *il pane non è* (o *non ha*) *lievitato* 2 (*fig.*) aumentare, crescere come gonfiandosi: *i prezzi lievitano.*
lievitazione [lie-vi-ta-zió-ne] *s.f.* il lievitare.
lievito [liè-vi-to] *s.m.* 1 fungo unicellulare che in assenza di ossigeno produce fermentazione: — *di birra*, usato nella panificazione | (*estens.*) ogni microrganismo capace di provocare processi di fermentazione; fermento 2 (*fig.*) ciò che suscita un sentimento, fa nascere una disposizione: *il* — *della libertà.*
lifting [/ 'liftiŋg /] *s.m.invar.* (*ingl.*) intervento di chirurgia estetica tendente a eliminare le rughe del viso e del collo.
light [/ 'lait /] *agg.invar.* (*ingl.*) di cibo o bevanda a basso contenuto calorico; dietetico: *maionese* —.
ligio [lì-gio] *agg.* [pl.f. *-gie*] fedelissimo, scrupolosamente osservante: — *al dovere, alle tradizioni.*
lignaggio [li-gnàg-gio] *s.m.* (*lett.*) stirpe, discendenza: *persona d'alto* —.
ligneo [lì-gneo] *agg.* 1 di legno, fatto di legno: *strutture lignee* 2 simile a legno: *consistenza lignea.*
lignificare [li-gni-fi-cà-re] *v.tr.* [*io lignìfico, tu lignìfichi ecc.*] (*bot.*) determinare la lignificazione delle cellule vegetali ♦ **lignificarsi** *v.intr.pron.* (*bot.*) detto delle cellule vegetali, subire la lignificazione.
lignificazione [li-gni-fi-ca-zió-ne] *s.f.* (*bot.*) processo di formazione della lignina sulla membrana delle cellule vegetali.
lignina [li-gnì-na] *s.f.* (*chim.*) sostanza organica molto complessa che è uno dei costituenti essenziali del legno.
lignite [li-gnì-te] *s.f.* combustibile fossile contenente un'alta percentuale di carbonio.
ligroina [li-gro-ì-na] *s.f.* (*chim.*) distillato del petrolio usato come solvente o combustibile; è detta anche *nafta leggera.*
ligure [lì-gu-re] *agg.* della Liguria: *riviera* — ♦ *s.m.* 1 [anche *f.*] abitante, nativo della Liguria 2 dialetto della Liguria.
ligustro [li-gù-stro] *s.m.* (*bot.*) arbusto sempreverde con foglie ovate e fiori bianchi profumati raccolti in grappolo.
liliacee [li-lià-ce-e] *s.f.pl.* (*bot.*) famiglia di piante monocotiledoni a cui appartiene il giglio.
lilla [lìl-la] *agg.* e *s.m.invar.* di colore tra il rosa e il viola, tipico dei fiori di alcune specie del lillà.
lillà [lil-là] *s.m.invar.* (*bot.*) piccolo albero ornamentale con fiori violacei o bianchi profumati.
lillipuziano [lil-li-pu-zià-no] *agg.* assai piccolo di statura; di dimensioni molto ridotte: *un omino* — ♦ *s.m.* [f. *-a*] persona di corporatura minuscola.
lima [lì-ma] *s.f.* utensile manuale costituito da una barra di acciaio temprato sulla cui superficie sono ricavati numerosi denti a bordo tagliente; è usato per sgrossare, spianare, levigare | *lavoro di* —, (*fig.*) lavoro di perfezionamento e di rifinitura.
limaccia [li-màc-cia] *s.f.* (*zool.*) lumaca, lumacone.
limaccio [li-màc-cio] *s.m.* melma, mota.

limaccioso [li-mac-ció-so] *agg.* **1** pieno di mota; torbido per la mota: *fiume —* **2** (*fig.*) torbido, oscuro: *stile —*.

limacidi [li-mà-ci-di] *s.m.pl.* (*zool.*) famiglia di molluschi gasteropodi noti comunemente come lumache o lumaconi.

limare [li-mà-re] *v.tr.* **1** sottoporre all'azione della lima | (*estens.*) ridurre di poco o a poco a poco: *— le risorse* **2** (*fig.*) rodere, tormentare: *un'ansia che lima il cuore* **3** (*fig.*) perfezionare, rifinire: *— un testo*.

limato [li-mà-to] *agg.* lavorato con la lima | (*fig.*) elaborato con estrema cura.

limatore [li-ma-tó-re] *s.m.* operaio che lavora alla limatrice.

limatrice [li-ma-trì-ce] *s.f.* macchina utensile usata per lavori di spianamento, levigatura, per scanalature ecc.

limatura [li-ma-tù-ra] *s.f.* **1** l'operazione e il risultato del limare, del ridurre di poco **2** (*estens.*) le minuscole particelle di materiale che si staccano dal pezzo limato: *— di piombo*.

limbo [lìm-bo] *s.m.* **1** (*teol.*) il luogo e lo stato in cui si trovano le anime di coloro che sono morti col debito del solo peccato originale **2** (*fig. lett.*) stato di indeterminatezza, di incertezza: *il — del dubbio*.

limetta[1] [li-mét-ta] *s.f.* (*bot.*) arbusto sempreverde con frutti simili a limoni; il succo del frutto è usato in gastronomia.

limetta[2] *s.f.* lima sottile, impiegata per la limatura delle unghie.

limicolo [li-mì-co-lo] *agg.* (*biol.*) si dice di animale che vive nel fondo melmoso dei mari e delle acque dolci.

liminare [li-mi-nà-re] *agg.* (*lett.*) della soglia, relativo a una soglia; confinante, vicino.

limine [lì-mi-ne] *s.m.* (*lett.*) soglia.

limitare[1] [li-mi-tà-re] *s.m.* (*lett.*) **1** soglia **2** punto dove ha termine o inizio un determinato spazio; limite: *il — del bosco*.

limitare[2] *v.tr.* [*io lìmito ecc.*] **1** circoscrivere con limiti: *— l'orto con una siepe* **2** (*fig.*) stabilire, fissare un limite a qlco.; ridurre, contenere: *— le spese* ♦ **limitarsi** *v.rifl.* contenersi entro certi limiti, non eccedere: *— nel mangiare* | *— a dire, a fare qlco.*, a dire, a fare soltanto quella.

limitatezza [li-mi-ta-téz-za] *s.f.* l'essere limitato.

limitativo [li-mi-ta-tì-vo] *agg.* che tende a limitare, che ha potere di limitare: *clausola limitativa* □ **limitativamente** *avv.*

limitato [li-mi-tà-to] *agg.* **1** che è o deve essere contenuto entro determinati limiti: *periodo di tempo —* **2** non grandissimo; esiguo, scarso: *disporre di mezzi limitati* | detto di persona, poco intelligente; mediocre, di scarse capacità **3** che si mantiene entro certi limiti; controllato: *essere — nel bere* □ **limitatamente** *avv.* **1** entro dati limiti: *— al primo semestre* **2** in modo limitato: *possiamo spendere —*.

limitatore [li-mi-ta-tó-re] *s.m.* dispositivo applicato a macchine o impianti per contenere il valore di determinate grandezze fisiche: *— di pressione*.

limitazione [li-mi-ta-zió-ne] *s.f.* **1** il limitare, l'essere limitato: *— dei consumi* **2** limite, restrizione: *approvare senza limitazioni*.

limite [lì-mi-te] *s.m.* **1** linea terminale o divisoria; confine: *i limiti di un terreno* **2** oggetto posto a indicare un confine (*p.e.* un paletto, una siepe): *piantare i limiti* | *— di guardia*, asta graduata, collocata lungo l'argine di un fiume, che indica il livello massimo a cui possono salire le acque senza pericolo di inondazione (anche *fig.*): *la tensione è al — di guardia* **3** (*fig.*) punto estremo a cui può arrivare qlco.: *— di velocità* | *caso —*, quello che si considera come il modo estremo di presentarsi di un fenomeno **4** (*fig.*) termine che non si può o non si deve superare: *c'è un — a tutto* | *— d'età*, quello stabilito per la cessazione o l'inizio di determinati diritti o rapporti | *al — di qlco.*, al massimo grado, nella misura massima: *si è impegnato al — delle sue possibilità* | *al —*, tutt'al più, come ultima ipotesi: *al — potrei finire entro domani* | *entro certi limiti*, parzialmente **5** (*mat.*) valore a cui tende una funzione quando la variabile indipendente si approssima a un determinato valore.

limitrofo [li-mì-tro-fo] *agg.* confinante, adiacente: *zone limitrofe*.

limnologia [lim-no-lo-gì-a] *s.f.* studio dei laghi, del loro ambiente biologico e della sedimentazione lacustre.

limo [lì-mo] *s.m.* **1** fango, fanghiglia **2** (*geol.*) terriccio molto fine che si trova in sospensione nelle acque.

limonaia [li-mo-nà-ia] *s.f.* serra in cui si conservano al riparo dal freddo le piante di limone.

limonata [li-mo-nà-ta] *s.f.* bevanda di succo di limone | bibita gassata a base di succo di limone.

limoncina [li-mon-cì-na] *s.f.* pianta con foglie aromatiche, detta anche *cedrina*.

limone [li-mó-ne] *s.m.* **1** albero con foglie sempreverdi, fiori bianchi e frutti gialli contenenti un succo ricco di acido citrico **2** il frutto, il succo del limone: *scorza di —* | *— spremuto*, (*fig.*) persona che è stata sfruttata e poi messa da parte ♦ *agg.invar.* di una tonalità di giallo chiaro tipica della buccia di limone.

limoneto [li-mo-né-to] *s.m.* terreno coltivato a limoni.

limonite [li-mo-nì-te] *s.f.* (*min.*) minerale costituito da idrossido di ferro in masse terrose di color giallo ferruginoso o in masse compatte nerastre.

limoso [li-mó-so] *agg.* pieno di limo, fangoso: *acque limose*.

limousine [/ limu'zin /] *s.f.invar.* (*fr.*) grossa e lussuosa automobile a quattro porte.

limpidezza [lim-pi-déz-za] *s.f.* l'essere limpido (anche *fig.*): *la — di un ragionamento*.

limpidità [lim-pi-di-tà] *s.f.* limpidezza (spec. *fig.*): *— di coscienza*.

limpido [lìm-pi-do] *agg.* chiaro e trasparente, senza nulla di fosco o torbido (anche *fig.*): *acqua limpida*; *mente limpida*, che intende con chiarezza e giudica con serenità; *sguardo* —, sincero; *prosa limpida*, chiara □ **limpidamente** *avv.*

linacee [li-nà-ce-e] *s.f.pl.* (*bot.*) famiglia di piante dicotiledoni a cui appartiene il lino.

linaiolo [li-na-iò-lo] *s.m.* [f. *-a*] (*antiq.*) chi lavora o vende lino.

lince [lìn-ce] *s.f.* grosso felino selvatico con zampe lunghe, muso da gatto, orecchie alte e appuntite; è ricercato per la morbida pelliccia grigiobiancastra a macchie scure | *occhi di* —, (*fig.*) acuti, penetranti.

linceo [lìn-ceo, *lett.* lin-cè-o] *agg.* **1** che ha natura o qualità di lince | (*fig.*) acutissimo, perspicace: *sguardo* — **2** [sempre *lincèo*] relativo all'Accademia dei Lincei, fondata a Roma nel 1603 per lo studio delle scienze e delle lettere.

linciaggio [lin-ciàg-gio] *s.m.* esecuzione sommaria, da parte di un gruppo o di una folla, di una persona ritenuta colpevole di un grave delitto: *sottrarre qlcu. al* — | — *morale*, denigrazione spietata.

linciare [lin-cià-re] *v.tr.* [*io lìncio ecc.*] sottoporre a linciaggio.

lindezza [lin-déz-za] *s.f.* l'essere lindo.

lindo [lìn-do] *agg.* netto, molto pulito: *biancheria linda* | *coscienza linda*, (*fig.*) senza macchia, pura | detto di persona, molto curato nell'aspetto □ **lindamente** *avv.*

lindore [lin-dó-re] (*lett.*) lindezza.

linea [lì-ne-a] *s.f.* **1** figura geometrica costituita dall'insieme di tutte le posizioni successive occupate da un punto in movimento; il segno grafico che la rappresenta: — *retta, curva* | *linee della mano*, pieghe della pelle del palmo della mano, dalle quali in chiromanzia si traggono responsi | *distanza in* — *d'aria*, distanza fra due luoghi misurata in linea retta e non su un percorso stradale. DIM. *lineetta* **2** nei termometri, ciascuno dei tratti che suddividono un grado di temperatura in decimi: *avere qualche* — *di febbre* **3** contorno, sagoma, profilo di un oggetto, di un corpo: *armonia di linee*; *descrivere a grandi linee*, (*fig.*) in modo generico | la figura umana: *avere una bella* —, un bel fisico; *perdere la* —, ingrassare **4** foggia particolare di un abito; caratteristica di una moda: *giacca di* — *sportiva* **5** limite: — *di partenza*; — *laterale, mediana, di fondo*, in diversi sport, nome delle delimitazioni del campo di gioco | — *di cambiamento di data*, (*geog.*) linea convenzionale corrispondente all'antimeridiano di Greenwich, oltrepassando il quale verso oriente si ripete la data del giorno precedente, verso occidente si salta alla data del successivo **6** traiettoria o direzione in cui si sviluppa un movimento: *avanzare in* — *retta* **7** (*fig.*) maniera di comportamento; indirizzo, strategia: — *d'azione* | *essere in* — *con qlcu.*, essere d'accordo, seguire gli stessi orientamenti | *in* — *di*, sotto l'aspetto, dal punto di vista: *in* — *di principio*; *in* — *di massima*, in generale **8** insieme di persone o di oggetti disposti l'uno dietro l'altro o l'uno accanto all'altro; fila: *mettersi in* — | *prima* —, fronte su cui sono disposte le truppe direttamente a contatto con la zona controllata dal nemico | *vittoria su tutta la* —, completa, piena **9** serie di prodotti dotati di caratteristiche analoghe: — *di accessori in pelle* **10** ordine di successione in una parentela: *discendente in* — *diretta* **11** servizio di comunicazione che collega due o più località; il percorso che compie un mezzo di trasporto durante tale servizio: — *ferroviaria*; *la* — *Roma-Milano* | *di* —, si dice di servizi regolari di trasporto terrestre, aereo o marittimo: *volo di* — **12** insieme di dispositivi, impianti o elementi costituenti una serie ininterrotta, per realizzare un collegamento, per effettuare lavorazioni successive ecc.: — *elettrica* | collegamento telefonico: *è caduta la* —, si è interrotto il collegamento **13** l'insieme delle lettere scritte o composte su una sola riga: — *di stampa.*

lineamenti [li-ne-a-mén-ti] *s.m.pl.* **1** fattezze del volto umano: — *regolari* **2** (*fig.*) elementi fondamentali di una dottrina, di una disciplina: — *di storia romana.*

lineare [li-ne-à-re] *agg.* **1** che procede per linea retta o si sviluppa prevalentemente nel senso della lunghezza | *misure lineari*, quelle di lunghezza: *metro* —, contrapposto a *quadrato* o *cubo* | *foglia* —, (*bot.*) diritta e sottile **2** (*mat.*) si dice di equazione, funzione o espressione in cui compaiono solo incognite o variabili di primo grado **3** (*fig.*) che procede secondo una linea, una direzione sola; coerente, chiaro: *ragionamento* — □ **linearmente** *avv.*

linearità [li-nea-ri-tà] *s.f.* **1** l'essere lineare **2** (*fig.*) coerenza; chiarezza.

lineetta [li-ne-ét-ta] *s.f.* segno grafico usato per introdurre un discorso diretto, per aprire e chiudere un inciso o per altri usi particolari.

lineria [li-ne-rì-a] *s.f.* assortimento e vendita all'ingrosso di tessuti di lino.

linfa [lìn-fa] *s.f.* **1** (*anat.*) liquido contenente proteine, sali, grassi e linfociti; circola nei vasi linfatici e negli spazi interstiziali dei tessuti **2** (*bot.*) liquido che circola nella pianta e la nutre **3** (*zool.*) liquido incolore circolante nel corpo degli insetti, con la funzione di trasporto delle sostanze **5** (*fig.*) alimento, vigore: *dar nuova* — *all'ispirazione.*

linfadenite [lin-fa-de-nì-te] *s.f.* (*med.*) infiammazione delle ghiandole linfatiche.

linfadenoma [lin-fa-de-nò-ma] *s.m.* [pl. *-mi*] (*med.*) tumore benigno delle ghiandole linfatiche.

linfangioma [lin-fan-giò-ma] *s.m.* [pl. *-mi*] (*med.*) tumore benigno dei vasi linfatici, spesso a carattere cistico.

linfatico [lin-fà-ti-co] *agg.* [pl.m. *-ci*] **1** (*anat.*) che concerne la linfa: *ghiandole linfatiche* **2** (*med.*) relativo a linfatismo ♦ *agg.* e *s.m.* [f. *-a*] (*med.*) che/chi è affetto da linfatismo.

linfatismo [lin-fa-tì-ʃmo] *s.m.* (*med.*) ingrossamento delle ghiandole linfatiche, con diminuita resistenza alle malattie.

linfo- primo elemento di parole composte della terminologia scientifica che significa 'linfa' (*linfonodo*).

linfocito [lin-fo-cì-to] *s.m.* (*anat.*) particolare tipo di leucocita che ha il compito di produrre anticorpi.

linfocitopenia [lin-fo-ci-to-pe-nì-a] *s.f.* (*med.*) diminuzione dei linfociti nel sangue.

linfocitosi [lin-fo-ci-tò-ʃi] *s.f.* (*med.*) aumento del numero dei linfociti nel sangue.

linfoghiandola [lin-fo-ghiàn-do-la] *agg.* (*med.*) linfonodo.

linfogranuloma [lin-fo-gra-nu-lò-ma] *s.m.* [pl. *-mi*] (*med.*) ogni malattia che colpisce il tessuto linfatico, con ingrossamento dei linfonodi.

linfoma [lin-fò-ma] *s.m.* [pl. *-mi*] (*med.*) tumore delle ghiandole linfatiche.

linfonodo [lin-fo-nò-do] *s.m.* (*anat.*) ciascuno dei corpiccioli di tessuto linfatico che sono anche detti *gangli linfatici* o *ghiandole linfatiche*.

linfosarcoma [lin-fo-sar-cò-ma] *s.m.* [pl. *-mi*] (*med.*) tumore maligno delle ghiandole linfatiche.

lingerie [/ lenʒ'ri /] *s.f. invar.* (*fr.*) biancheria intima femminile.

lingotto [lin-gòt-to] *s.m.* massello di metallo ottenuto per colata e destinato a successive lavorazioni: *un — d'oro*.

lingua [lìn-gua] *s.f.* **1** organo mobile della bocca, che compie movimenti necessari alla masticazione, alla deglutizione e all'articolazione della voce: *tirar fuori la —*, per farla osservare al medico o anche come atto di scherno | *mordersi la —*, (*fig.*) sforzarsi di tacere | *avere qlco. sulla punta della —*, (*fig.*) essere lì lì per dire qlco. che però in quel momento non si ricorda | *avere la — lunga*, (*fig.*) esser capace di risposte pronte o impudenti | *non avere peli sulla —*, (*fig.*) parlare con grande schiettezza | *tenere a freno la —*, (*fig.*) tacere, o parlare con moderazione. DIM. *linguetta, linguina* PEGG. *linguaccia* **2** la lingua di un animale | come cibo: *— in salsa verde* **3** (*estens.*) cosa che ha somiglianza con la forma della lingua: *— di terra* **4** nome corrente di piante che hanno in genere foglie a forma di lingua: *— cervina, di bue* **5** sistema fonematico, grammaticale e lessicale per mezzo del quale gli appartenenti a una comunità comunicano tra loro: *— italiana*; *— parlata*, quella della comunicazione orale, che s'impiega nella vita quotidiana; *— scritta*, la lingua delle comunicazioni scritte, più attenta e controllata **6** la lingua italiana: *parlare in —*, non in dialetto **7** lingua straniera: *parlare due lingue* **8** modo particolare di esprimersi di un ambiente, di un'epoca, di uno scrittore o di un'arte, di una scienza; linguaggio: *la — del Trecento*.

linguaccia [lin-guàc-cia] *s.f.* **1** il gesto del tirar fuori la lingua per scherno: *fare la —* **2** (*fig.*) persona pettegola, maldicente.

linguacciuto [lin-guac-ciù-to] *agg.* che ha la lingua lunga; pettegolo, maldicente.

linguaggio [lin-guàg-gio] *s.m.* **1** la facoltà degli esseri umani di comunicare tra loro per mezzo della lingua: *il — verbale* | la capacità propria degli appartenenti ad altre specie viventi di comunicare tra loro mediante un sistema di segnali: *il — delle api* **2** (*estens.*) la facoltà di esprimersi usando un qualsiasi sistema: *il — dei sordomuti* | l'insieme dei mezzi espressivi e stilistici propri di una determinata arte: *il — della musica* **3** modo particolare di esprimersi, con riferimento alla lingua di un certo ambiente sociale o professionale, allo stile di uno scrittore, al tono di un discorso: *— infantile, della pubblicità* **4** nelle moderne discipline logiche, matematiche, informatiche e linguistiche, ogni sistema di simboli dotato di un vocabolario e di una grammatica | *— di programmazione*, (*inform.*) l'insieme dei simboli e delle regole di combinazione, mediante il quale si comunicano agli elaboratori elettronici le istruzioni per compiere determinate operazioni.

linguale [lin-guà-le] *agg.* **1** (*anat.*) della lingua: *arteria —* **2** (*ling.*) si dice di articolazione di un suono alla quale partecipi la lingua.

linguetta [lin-guét-ta] *s.f.* nome di piccoli oggetti a forma di lingua o terminanti a forma di lingua: *— delle scarpe*.

linguiforme [lin-gui-fór-me] *agg.* (*scient.*) che ha forma di lingua: *foglie linguiformi*.

linguina [lin-guì-na] *s.f.* (spec. *pl.*) pasta alimentare del tipo della tagliatella, ma più sottile.

linguista [lin-guì-sta] *s.m.* e *f.* [pl.m. *-sti*] studioso del linguaggio; esperto di linguistica.

linguistica [lin-guì-sti-ca] *s.f.* scienza che studia il linguaggio e le lingue; glottologia.

linguistico [lin-guì-sti-co] *agg.* [pl.m. *-ci*] che riguarda la lingua o la linguistica: *esame —* □ **linguisticamente** *avv.* da un punto di vista linguistico.

linicolo [li-nì-co-lo] *agg.* che riguarda la coltivazione del lino.

linicoltura [li-ni-col-tù-ra] *s.f.* coltivazione del lino.

liniero [li-niè-ro] *agg.* del lino; che concerne la produzione di filati e tessuti di lino: *industria liniera*.

linificio [li-ni-fì-cio] *s.m.* stabilimento in cui si lavorano le fibre e i filati di lino.

linimento [li-ni-mén-to] *s.m.* olio medicinale che si applica sulla parte malata per frizione.

linizzazione [li-niʒ-ʒa-zió-ne] *s.f.* lavorazione di un filato o di un tessuto per renderlo simile a lino.

lino [lì-no] *s.m.* pianta erbacea con fiori azzurri e foglie lanceolate, dal cui fusto si ricava una fibra tessile: *un campo di —* | la fibra ricavata da tale pianta; il filato e il tessuto fatti con essa: *camicia di —*.

linoleum® [li-nò-le-um] *s.m.invar.* materiale di rivestimento in fogli ottenuti pressando su tessuto di iuta un impasto a base di olio di lino; si usa per ricoprire pavimenti.

linosa [li-nó-sa] *s.f.* seme di lino da cui si ricava l'olio.

linotipia [li-no-ti-pì-a] *s.f.* sistema di composizione tipografica a piombo con la linotype.
linotipista [li-no-ti-pì-sta] *s.m.* e *f.* [pl.m. *-sti*] compositore addetto alla linotype.
linotype® [/ lino'taip /] *s.f.invar.* (*ingl.*) nella composizione tipografica a piombo, macchina a tastiera che compone e fonde una riga di caratteri in un blocco unico.
liocorno [li-o-còr-no] *s.m.* animale favoloso con corpo di cavallo, coda di leone, barba di capra e un lungo corno in fronte.
liofilizzare [li-o-fi-liʒ-ʒà-re] *v.tr.* sottoporre a liofilizzazione.
liofilizzato [li-o-fi-liʒ-ʒà-to] *agg.* e *s.m.* si dice di sostanza che è stata sottoposta a liofilizzazione: *caffè —.*
liofilizzazione [li-o-fi-liʒ-ʒa-zió-ne] *s.f.* operazione industriale consistente nel disidratare una sostanza congelata per conservarne inalterate le proprietà.
lipasi [li-pà-ʃi] *s.f.* (*biol.*) enzima che attiva la scissione dei grassi neutri in acidi grassi e glicerina.
lipectomia [li-pec-to-mì-a] *s.f.* (*med.*) asportazione chirurgica di tessuto adiposo.
lipide [li-pì-de] *s.m.* (*biol.*) sostanza organica naturale detta comunemente *grasso.*
lipidico [li-pì-di-co] *agg.* [pl.m. *-ci*] (*biol.*) dei lipidi, concernente i lipidi: *metabolismo —.*
lipizzano [li-piz-zà-no] *agg.* si dice di una razza di cavalli grigi da sella e da carrozza.
lipo- primo elemento di parole composte della terminologia scientifica, che significa 'grasso' (*liposolubile*) o 'tessuto adiposo' (*liposarcoma*).
lipogramma [li-po-gràm-ma] *s.m.* [pl. *-mi*] componimento in prosa o in poesia nel quale l'autore per artificio non fa mai comparire una lettera dell'alfabeto.
lipoide [li-pòi-de] *s.m.* (*biol.*) ciascun appartenente a un gruppo di sostanze grasse ricche di fosforo o di azoto tra cui sono la lecitina e il colesterolo.
lipolisi [li-po-lì-ʃi] *s.f.* (*med.*) mobilizzazione e diminuzione del tessuto adiposo nell'organismo.
lipoma [li-pò-ma] *s.m.* [pl. *-mi*] (*med.*) tumore benigno formato da tessuto adiposo.
liposarcoma [li-po-sar-cò-ma] *s.m.* [pl. *-mi*] (*med.*) tumore maligno del tessuto adiposo.
liposolubile [li-po-so-lù-bi-le] *agg.* (*chim.*) si dice di sostanza che si scioglie nei grassi.
liposoma [li-po-sò-ma] *s.m.* in cosmesi, ciascuna delle sferette microscopiche contenenti sostanze idratanti che, applicate alla pelle sotto forma di crema, garantiscono un'idratazione duratura: *crema ai liposomi.*
liposuzione [li-po-su-zió-ne] *s.f.* tecnica di chirurgia estetica che consente di rimuovere il grasso sottocutaneo aspirandolo con apposite cannule.
lippa [lìp-pa] *s.f.* gioco di ragazzi consistente nel far saltare un bastoncino percuotendolo con un bastone, e nel ribatterlo al volo per scagliarlo lontano.
liquame [li-quà-me] *s.m.* liquido che si raccoglie nelle fognature | (*estens.*) liquido organico infetto; anche, liquido disgustoso, maleodorante.
liquefare [li-que-fà-re] *v.tr.* [pres. *io liquefàccio* o *liquefò, tu liquefai, egli liquefà, noi liquefacciamo, voi liquefate, essi liquefanno*; in tutti gli altri tempi e modi coniugato come *fare*] **1** (*fis.*) ridurre un gas allo stato liquido: — *l'aria* **2** (*estens.*) fondere: — *il burro* **3** (*fig.*) scialacquare, disperdere: — *un patrimonio* ♦ **liquefarsi** *v. intr.pron.* **1** (*fis.*) passare allo stato liquido: *l'aria si liquefà sotto pressione* **2** (*estens.*) sciogliersi, fondersi: *la neve si è liquefatta al sole* **3** (*fig.*) disperdersi rapidamente, facilmente: *i risparmi si sono liquefatti.*
liquefazione [li-que-fa-zió-ne] *s.f.* **1** (*fis.*) passaggio di un gas allo stato liquido **2** (*estens.*) fusione, scioglimento: *la — del ghiaccio.*
liquescente [li-que-scèn-te] *agg.* si dice di un corpo che tende a passare allo stato liquido.
liquescenza [li-que-scèn-za] *s.f.* l'essere liquescente; stato liquido di un corpo.
liquidare [li-qui-dà-re] *v.tr.* [*io lìquido ecc.*] **1** calcolare il dare e l'avere di un rapporto economico saldando quanto è eventualmente dovuto: — *la pensione,* calcolarla e assegnarla | — *un dipendente,* pagargli l'indennità che gli spetta alla scadenza del rapporto di lavoro | — *una società,* regolarne i conti prima di dichiarare la cessazione dell'attività **2** (*estens.*) pagare, saldare: — *un debito* **3** vendere a prezzo inferiore a quello normalmente praticato: — *una merce* **4** trasformare in moneta; realizzare: — *un bene patrimoniale* **5** (*fig.*) portare a termine, risolvere, concludere: — *una questione* | — *una persona,* sbarazzarsene, allontanarla; anche, ucciderla | — *l'avversario,* vincerlo facilmente.
liquidatore [li-qui-da-tó-re] *s.m.* [f. *-trice*] chi, su mandato di un magistrato, cura la liquidazione di un fallimento | Usato anche come *agg.*: *perito —.*
liquidazione [li-qui-da-zió-ne] *s.f.* **1** il liquidare, l'essere liquidato; pagamento, riscossione **2** la vendita del patrimonio sociale di una società, l'estinzione dei debiti e la ripartizione dell'eventuale residuo tra i soci **3** somma corrisposta dal datore di lavoro al lavoratore quando cessa il rapporto di lavoro **4** vendita di merci a prezzo inferiore a quello normale; svendita: *articoli in —.*
liquidità [li-qui-di-tà] *s.f.* **1** l'essere liquido: *la — di un corpo* **2** possibilità di un bene economico di essere convertito rapidamente in moneta, senza perdita di valore **3** capacità dell'impresa di far fronte ai suoi obblighi.
liquido [lì-qui-do] *agg.* **1** (*fis.*) si dice di qualsiasi corpo fluido che ha volume proprio ma che assume la forma del recipiente che lo contiene | *stato* —, la condizione di un corpo liquido **2** (*estens.*) fuso, disciolto (di sostanze solide); liquefatto (di

sostanze gassose): *cera liquida*; *gas* — | poco denso: *salsa liquida* | *alimenti liquidi*, che si possono ingerire senza masticazione **3** (*ling.*) si dice dei suoni consonantici *l* e *r* **4** (*econ.*) si dice di denaro contante o di debito o credito con scadenza a breve termine ♦ *s.m.* **1** sostanza liquida: *l'olio è un* — | — *amniotico*, (*anat.*) quello contenuto nella cavità dell'amnio **2** denaro contante: *avere disponibilità di* —.

liquirizia [li-qui-rì-zia] *s.f.* **1** pianta erbacea dalle cui radici si estrae un succo dolciastro **2** succo di liquirizia usato nell'industria dolciaria e in farmacia | caramella a base di succo di liquirizia: *mangiare una* —.

liquore [li-quó-re] *s.m.* **1** bevanda di elevata gradazione alcolica a base di essenze aromatiche e zucchero: — *d'arancia* **2** (*farm.*) medicamento in soluzione acquosa o alcolica non zuccherina.

liquoreria [li-quo-re-rì-a] *s.f.* fabbrica o negozio di liquori e altri alcolici.

liquoroso [li-quo-ró-so] *agg.* che, per gradazione alcolica e densità, presenta le caratteristiche di un liquore: *vino* —.

lira[1] *s.f.* [lì-ra] **1** unità monetaria italiana: *cambiare le lire in dollari* **2** unità monetaria di alcuni stati esteri: — *sterlina*, del Regno Unito; — *egiziana*, *turca*, *israeliana* **3** (*estens.*) denaro, soldo (con riferimento a quantità minime): *non avere una* — | *non valere una* —, non valere nulla.

lira[2] *s.f.* antico strumento a corde simile alla cetra, ma con cassa più piccola.

lirica [lì-ri-ca] *s.f.* **1** genere di poesia che esprime in modo soggettivo i sentimenti e gli affetti del poeta **2** componimento poetico di genere lirico: *una* — *di Leopardi* | breve composizione musicale per voce e strumento, o per voce e orchestra, su un testo poetico: *una* — *di Schumann* **3** la produzione letteraria di genere lirico: *la* — *cinquecentesca* **4** la produzione di opere in musica; il genere del melodramma: *la* — *verdiana*.

liricità [li-ri-ci-tà] *s.f.* la qualità e il tono della poesia lirica | (*estens.*) tono lirico presente in altre opere artistiche: *la* — *di alcune pagine manzoniane*.

liricizzare [li-ri-ciʒ-ʒà-re] *v.tr.* dare intonazione lirica, trattare liricamente: — *un racconto*.

lirico [lì-ri-co] *agg.* [pl.m. *-ci*] **1** si dice di componimento poetico o musicale che esprime in modo soggettivo sentimenti e affetti dell'autore: *canto* — **2** (*estens.*) si dice di tutto ciò che richiama il tono della poesia lirica: *slancio* — | (*fig.*) patetico, sentimentale: *effusione lirica* **3** che si riferisce all'opera in musica; melodrammatico: *cantante* — | *teatro* —, in cui si allestiscono opere liriche | *ente* —, che provvede all'allestimento di opere liriche ♦ *s.m.* poeta lirico, autore di poesie liriche: *i lirici greci* □ **liricamente** *avv.* **1** in poesia lirica **2** con tono lirico.

liriodendro [li-rio-dèn-dro] *s.m.* albero piuttosto alto, con foglie divise in quattro lobi e fiori simili a tulipani di colore giallo.

lirismo [li-rì-ʃmo] *s.m.* **1** liricità; tono lirico **2** (*estens.*) patetismo, sentimentalismo.

lisca [lì-sca] *s.f.* **1** la spina dorsale dei pesci | qualsiasi elemento osseo o cartilagineo dello scheletro dei pesci; spina: *un pesce pieno di lische* **2** (*pop.*) pronunzia difettosa della lettera *s*.

liscia [lì-scia] *s.f.* [pl. *-sce*] **1** arnese usato dal calzolaio per lisciare e lucidare il cuoio **2** nell'industria cartaria, macchina a rulli per stirare la carta.

lisciamento [li-scia-mén-to] *s.m.* **1** il lisciare, il lisciarsi; lisciatura **2** (*fig.*) adulazione.

lisciare [li-scià-re] *v.tr.* [*io lìscio ecc.*] **1** rendere liscio; spianare, levigare: — *un'asse di legno* | (*fig.*) rifinire, perfezionare un lavoro con cura eccessiva **2** (*estens.*) accarezzare un animale nel verso del pelo: — *il cane* **3** (*fig.*) adulare, lusingare: *liscia sempre tutti per ottenere dei favori* | (*iron.*) bastonare, picchiare **4** nel linguaggio sportivo, mancare la palla nel tentativo di colpirla o di arrestarla ♦ **lisciarsi** *v.rifl.* **1** detto di animale, leccarsi il pelo per renderlo pulito: *il gatto passa molto tempo a* — **2** detto di persona, farsi elegante con eccessiva cura; agghindarsi, azzimarsi.

lisciata [li-scià-ta] *s.f.* **1** il lisciare sommariamente, in fretta: *darsi una* — *ai capelli* **2** (*fig.*) adulazione, lusinga.

lisciato [li-scià-to] *agg.* **1** che è reso liscio; levigato **2** (*fig.*) rifinito con cura eccessiva: *stile* — | agghindato, azzimato: *uscì tutto* —.

lisciatrice [li-scia-trì-ce] *s.f.* (*mecc.*) macchina che esegue la lisciatura.

lisciatura [li-scia-tù-ra] *s.f.* **1** il lisciare, l'essere lisciato **2** (*mecc.*) levigatura di superfici metalliche.

liscio [lì-scio] *agg.* [pl.f. *-sce*] **1** che non presenta asperità o diseguaglianze sulla sua superficie: *pietra liscia*; *pelle liscia*, senza rughe **2** (*fig.*) che non presenta difficoltà o complicazioni; semplice: *la questione non è liscia* | *andar* —, procedere senza intoppi: *finora è andato tutto* — | *passarla liscia*, cavarsela senza conseguenze negative **3** privo di ornamenti: *un abito* — **4** (*fig.*) si dice di bevanda alcolica bevuta senza aggiunta di altro: *un cognac* — **5** (*pop.*) si dice di ballo o di musica ballabile tradizionale, come il valzer, la polka, la mazurka ♦ *s.m.* **1** nel linguaggio sportivo, il lisciare la palla: *fare un* — **2** nel gioco del tressette e della briscola, carta di nessun valore **3** ballo liscio: *festival del* —.

liscivia [li-scì-via] *s.f.* **1** soluzione acquosa dei composti solubili della cenere, usata come detersivo; ranno **2** (*chim.*) soluzione di composti inorganici alcalini per impieghi industriali.

lisciviare [li-sci-vià-re] *v.tr.* [*io liscìvio ecc.*] (*chim.*) sottoporre a lisciviazione.

lisciviatura [li-sci-via-tù-ra] *s.f.* nell'industria della carta, il trattamento degli stracci con agenti chimici per ridurli in pasta.

lisciviazione [li-sci-via-zió-ne] *s.f.* **1** lavaggio mediante liscivia **2** (*chim.*) operazione consistente nel separare uno o più componenti solubili da una sostanza solida per mezzo di opportuni solventi.

liscoso [li-scó-so] *agg.* pieno di lische: *pesce —*.

lisergico [li-ʃèr-gi-co] *agg.* [pl.m. *-ci*] (*chim.*) si dice dell'acido organico dal quale è derivato l'allucinogeno noto con la sigla LSD.

liseuse [/ li'zøz /] *s.f.invar.* (*fr.*) giacchettina o mantellina di maglia di lana da indossare sopra la camicia da notte.

lisi [lì-ʃi] *s.f.* **1** (*biol.*) disgregazione di una sostanza organica a opera di un enzima **2** (*med.*) disgregazione di un tessuto per effetto di necrosi, putrefazione o fermentazione **3** (*med.*) abbassamento graduale della febbre.

-lisi secondo elemento di parole composte, che significa 'soluzione, scomposizione' (*elettrolisi*).

lisina [li-ʃì-na] *s.f.* **1** (*chim.*) amminoacido presente in tutte le proteine **2** (*biol.*) sostanza presente nel siero del sangue capace di produrre la lisi di cellule e microrganismi.

liso [lì-ʃo] *agg.* consumato dall'uso; consunto, logoro: *abito —*.

lisoformio [li-ʃo-fòr-mio] *s.m.* soluzione saponosa usata come disinfettante e detergente.

lisozima [li-ʃo-ʒì-ma] *s.m.* [pl. *-mi*] (*biol.*) enzima ad azione antibatterica contenuto in gran quantità nelle lacrime e nella saliva.

lista [lì-sta] *s.f.* **1** striscia di un materiale di forma stretta e allungata; fascia: *una — di cuoio* | segno grafico a forma di lista; riga, banda tracciata sulla carta o su un altro materiale: *la — nera sulle buste da lutto.* DIM. *listarella, listello* (m.) **2** foglio di carta su cui sono elencati nomi, cifre, dati; nota, elenco: *la — degli invitati* | *— elettorale*, elenco delle persone che hanno diritto di voto in un'elezione; elenco dei candidati che si presentano a un'elezione sotto un unico simbolo | *— civica*, lista elettorale per le elezioni comunali, autonoma rispetto ai partiti nazionali | *mettere in —*, includere in un elenco | *— di collocamento*, elenco in cui gli uffici del lavoro iscrivono i lavoratori in cerca di occupazione | *— nera*, (*fig.*) elenco di persone sgradite.

listare [li-stà-re] *v.tr.* contrassegnare, ornare, rinforzare con liste: *— di nero.*

listato [li-stà-to] *agg.* ornato, fornito di liste: *carta listata a lutto* ♦ *s.m.* (*inform.*) elenco di tutte le istruzioni di un programma.

listatura [li-sta-tù-ra] *s.f.* l'operazione di listare; elencazione, preparazione di liste.

listello [li-stèl-lo] *s.m.* piccola striscia di legno o di altro materiale usata come rinforzo o come ornamento per vari tipi di costruzioni | sottile modanatura verticale piana usata come decorazione di elementi architettonici.

listino [li-stì-no] *s.m.* **1** elenco degli articoli in vendita con i relativi prezzi: *comprare a prezzo di —* **2** prospetto in cui vengono pubblicate giornalmente le quotazioni dei titoli trattati in borsa.

-lita → **-lito**[1] o **-lito**[2].

litania [li-ta-nì-a] *s.f.* **1** preghiera costituita da una serie di invocazioni a Dio, alla Madonna, ai Santi; la pratica liturgica di questa preghiera **2** (*fig.*) sequenza lunga e noiosa di nomi, parole, lamentele: *ripetere sempre la stessa —*.

litanico [li-tà-ni-co] *agg.* [pl.m. *-ci*] (*lett.*) che ha il carattere delle litanie: *formule litaniche.*

litantrace [li-tan-trà-ce] *s.m.* (*min.*) carbone fossile nero lucente, ad alto contenuto di carbonio.

litchi [/ 'litʃi /] *s.f.invar.* pianta legnosa coltivata nell'Estremo Oriente, che dà un frutto di sapore dolce detto *susina cinese.*

lite [lì-te] *s.f.* **1** controversia, discussione violenta; contesa, litigio: *attaccare — con qlcu.* **2** nel linguaggio giudiziario, causa civile: *intentare —*.

-lite → **-lito**[1].

litiasi [li-tì-a-ʃi] *s.f.* (*med.*) formazione di calcoli nei reni, nelle vie biliari o nella vescica.

litico[1] [lì-ti-co] *agg.* [pl.m. *-ci*] di pietra: *oggetti litici.*

litico[2] *agg.* [pl.m. *-ci*] (*biol.*) si dice di ciò che produce la dissoluzione di cellule o microrganismi; anche, dell'azione prodotta.

litigante [li-ti-gàn-te] *s.m.* e *f.* chi litiga | *prov.*: *tra due litiganti il terzo gode*, c'è sempre chi trae vantaggio dal disaccordo altrui.

litigare [li-ti-gà-re] *v.intr.* [*io lìtigo, tu lìtighi ecc.*; aus. *avere*] far lite, venire a diverbio: *— con qlcu.* ♦ *v.tr.* (con la particella pronominale) disputarsi, contendersi: *— una caramella.*

litigata [li-ti-gà-ta] *s.f.* litigio prolungato.

litigio [li-tì-gio] *s.m.* vivace e animata contesa a parole tra due o più persone: *venire a —*.

litigiosità [li-ti-gio-si-tà] *s.f.* l'essere litigioso; carattere di persona litigiosa.

litigioso [li-ti-gió-so] *agg.* che litiga facilmente e frequentemente; rissoso, attaccabrighe: *carattere —* □ **litigiosamente** *avv.*

litio [lì-tio] *s.m.* elemento chimico di simbolo *Li*; è un metallo bianco, tenero, usato in metallurgia, in medicina e nell'industria ceramica.

lito- primo elemento di parole composte, che significa 'pietra, roccia, calcare' (*litografia*).

-lito[1], o -lita, -lite, secondo elemento di parole composte, che significa 'pietra, roccia, calcare' (*monolito*).

-lito[2], o -lita, secondo elemento di parole composte della terminologia scientifica, che indica l'attitudine di certi corpi a scomporsi nelle sostanze componenti o a passare in soluzione (*elettrolita*).

litoclasi [li-tò-cla-ʃi] *s.f.* (*geol.*) frattura delle rocce causata da corrugamenti e dislocamenti tettonici.

litofotografia [li-to-fo-to-gra-fì-a] *s.f.* fotolitografia.

litogenesi [li-to-gè-ne-ʃi] *s.f.* (*geol.*) insieme dei fenomeni e dei processi che determinano la formazione delle rocce.

litografare [li-to-gra-fà-re] *v.tr.* [*io litògrafo ecc.*] riprodurre in litografia; stampare con procedimento litografico.

litografia [li-to-gra-fì-a] *s.f.* **1** procedimento di stampa su matrici di pietra o metalliche, sulle

quali le scritte e i disegni da riprodurre vengono trasferiti con sostanze ricettive all'inchiostro | la stampa così ottenuta 2 (*estens.*) il moderno sistema di stampa in offset, basato sugli stessi principi della litografia 3 stabilimento o reparto in cui si eseguono stampe in litografia o in offset.
litografico [li-to-grà-fi-co] *agg.* [pl.m. *-ci*] di litografia, in litografia: *stampa litografica.*
litografo [li-tò-gra-fo] *s.m.* [f. *-a*] tecnico specializzato in lavori di stampa litografica o in offset.
litoide [li-tòi-de] *agg.* che è simile a pietra o ne ha l'aspetto, ne possiede alcune qualità.
litologia [li-to-lo-gì-a] *s.f.* (*geol.*) studio delle pietre e delle loro caratteristiche chimiche, fisiche e di struttura; petrografia.
litorale [li-to-rà-le] *agg.* del lido; che sta lungo il lido: *città —* ♦ *s.m.* costa marina; striscia, fascia costiera: *il — tirrenico.*
litoraneo [li-to-rà-ne-o] *agg.* del litorale; che sta o si sviluppa lungo il litorale: *vegetazione litoranea* | *strada litoranea*, che corre lungo il litorale.
litosfera [li-to-sfè-ra] *s.f.* l'involucro roccioso che costituisce la parte esterna della Terra; crosta terrestre.
litostratigrafia [li-to-stra-ti-gra-fì-a] *s.f.* (*geol.*) studio della stratificazione dei terreni fondato sui caratteri fisici delle rocce.
litote [li-tò-te] *s.f.* figura retorica consistente nell'affermare un concetto negando il suo contrario (p.e. *non nego che...* per dire *ammetto che...*
litoteca [li-to-tè-ca] *s.f.* raccolta di minerali.
litro [lì-tro] *s.m.* 1 unità di misura di capacità e di volume per liquidi e aridi; è pari a un decimetro cubo 2 (*estens.*) recipiente bollato della capacità di un litro; la quantità di liquido corrispondente a questa capacità: *bere un — di vino.*
-litro secondo elemento di parole composte che designano multipli o sottomultipli del litro (*decalitro*, *decilitro*).
littore [lit-tó-re] *s.m.* nell'antica Roma, ufficiale di scorta a un magistrato, che portava come simbolo un fascio di verghe entro cui era inserita una scure.
littorina [lit-to-rì-na] *s.f.* termine che indicava un tipo di automotrice ferroviaria.
littorio [lit-tò-rio] *agg.* 1 dei littori | *fascio —*, quello portato dei littori romani; fu assunto poi come simbolo del fascismo 2 (*estens.*) fascista ♦ *s.m.* il fascio littorio come emblema del fascismo | (*estens.*) il fascismo stesso: *la gioventù del —.*
lituano [li-tu-à-no] *agg.* della Lituania ♦ *s.m.* 1 [f. *-a*] nativo, abitante della Lituania 2 lingua del gruppo baltico parlata in Lituania.
liturgia [li-tur-gì-a] *s.f.* 1 (*relig.*) il complesso dei riti e delle cerimonie che caratterizzano un culto religioso pubblico; l'insieme delle norme che si riferiscono a tali riti o cerimonie: *la — cattolica* 2 (*estens.*) serie di gesti o parole che si ripetono abitualmente; rituale, cerimonia: *la — della premiazione.*
liturgico [li-tùr-gi-co] *agg.* [pl.m. *-ci*] 1 che appartiene o si riferisce alla liturgia: *canto —* | prescritto dalla liturgia: *lingua liturgica* 2 (*estens.*) abituale, rituale □ **liturgicamente** *avv.* secondo la liturgia.
liutaio [li-u-tà-io] *s.m.* [f. *-a*] chi fabbrica o ripara liuti e altri strumenti a corde.
liuteria [li-u-te-rì-a] *s.f.* 1 arte di costruire liuti e altri strumenti a corde 2 laboratorio, bottega di liutaio.
liutista [li-u-tì-sta] *s.m.* e *f.* [pl.m. *-sti*] chi suona il liuto.
liuto [li-ù-to] *s.m.* antico strumento musicale a corde, costituito da una cassa a fondo panciuto, manico corto e caviglieре rivoltato ad angolo; si suona a pizzico.
live [/ 'laiv /] *agg.invar.* (*ingl.*) si dice di registrazione musicale effettuata dal vivo, non in studio: *disco —.*
livella [li-vèl-la] *s.f.* strumento usato per verificare l'orizzontalità di un piano o di una retta.
livellamento [li-vel-la-mén-to] *s.m.* il livellare, il livellarsi, l'essere livellato (anche *fig.*): *— sociale.*
livellare [li-vel-là-re] *v.tr.* [*io livèllo ecc.*] 1 mettere, ridurre allo stesso livello, allo stesso piano (anche *fig.*): *— le retribuzioni* 2 in topografia, fare la livellazione di un terreno ♦ **livellarsi** *v. intr.pron.* 1 spianarsi, divenire piano: *il fondale si è livellato* 2 raggiungere un dato livello; portarsi a uno stesso livello: *nei vasi comunicanti un liquido si livella* | (*fig.*) pareggiarsi, equilibrarsi: *gli stipendi tendono a —.*
livellatore [li-vel-la-tó-re] *agg.* 1 che compie operazioni di livellamento, di spianamento di un terreno 2 che mira ad abolire diseguaglianze, diversità, discriminazioni: *una politica livellatrice.*
livellatrice [li-vel-la-trì-ce] *s.f.* macchina per ridurre in piano terreni ondulati o accidentati.
livellazione [li-vel-la-zió-ne] *s.f.* operazione topografica che serve a determinare la differenza di livello tra due o più punti di un terreno.
livelletta [li-vel-lét-ta] *s.f.* tratto a pendenza costante di una strada.
livello [li-vèl-lo] *s.m.* 1 altezza di un piano, di un punto o di un luogo rispetto a un altro piano, punto o luogo preso come riferimento: *il terrazzo è al — della strada* | (*estens.*) l'altezza a cui giunge la superficie libera di una massa liquida: *il — dell'acqua in un serbatoio* | *— del mare*, la superficie marina assunta come riferimento per misurare l'altitudine di un luogo: *un paese a 300 m sul — del mare* | *passaggio a —*, incrocio sullo stesso piano tra una ferrovia e una strada 2 (*fig.*) grado, qualità, condizione: *— culturale, di vita* | *ad alto —*, al rango, alla qualifica più elevata: *riunione ad alto —* | *a —*, dal punto di vista: *a — operativo non tutti i problemi sono risolti* 3 (*geol.*) strato roccioso contraddistinto da caratteristiche comuni.
lividezza [li-vi-déz-za] *s.f.* colore, aspetto di ciò che è livido: *— cadaverica.*
livido [lì-vi-do] *agg.* 1 si dice del colore blu-verdastro che assume la pelle umana dopo una con-

tusione: *avere una macchia livida sul braccio* | mortalmente pallido; cadaverico: *faccia livida di paura* 2 (*estens.*) grigio, plumbeo: *cielo* — 3 (*fig.*) pieno di livore, di astio: *sguardo* — ♦ *s.m.* macchia bluastra che si forma sulla pelle in seguito a una contusione: *farsi un* — □ **lividamente** *avv.* con rancore, con astio.

lividore [li-vi-dó-re] *s.m.* macchia livida, lividura | aspetto livido, lividezza.

lividume [li-vi-dù-me] *s.m.* (*non com.*) livido esteso, diffuso; insieme di macchie livide.

lividura [li-vi-dù-ra] *s.f.* segno o macchia livida sulla pelle.

livore [li-vó-re] *s.m.* sentimento di aspra e sorda invidia; astio, rancore: *animo pieno di* —.

livoroso [li-vo-ró-so] *agg.* pieno di livore, invidioso.

livrea [li-vrè-a] *s.f.* 1 uniforme in passato indossata dai servitori delle grandi famiglie signorili: *cocchiere in* — 2 (*zool.*) aspetto e colore del piumaggio degli uccelli.

lizza [lìz-za] *s.f.* recinto in cui si svolgevano tornei, giostre e altri giochi cavallereschi: *entrare, scendere in* —, prendere parte a una gara, a un combattimento; (*fig.*) partecipare a una disputa.

lo[1] [ló] *art.determ.m.sing.* [forma complementare di *il*] si premette ai vocaboli comincianti per vocale, *s* impura, *gn, ps, x, z* (negli altri casi si usa *il*); si elide davanti a vocale: *lo specchio, lo gnomo, lo psichiatra, lo xilofono, lo zoo, l'amico* | si usa davanti a consonante semplice solo nelle espressioni *per lo più* e *per lo meno*.

lo[2] *pron.pers.m. di terza pers.sing.* [forma complementare atona di *egli, esso*] 1 si usa come compl. oggetto riferito a persona o cosa, in posizione sia enclitica sia proclitica: *lo invidio molto*; *l'ho comprato per te*; *leggilo* 2 può assumere il valore di *ciò*: *vuole ritornare, me lo ha detto lui*; *lo sapevo che sarebbe accaduto*.

lobare [lo-bà-re] *agg.* (*anat.*) relativo a un lobo: *arteria* —.

lobato [lo-bà-to] *agg.* a forma di lobo; suddiviso in lobi: *foglia lobata*.

lobbia [lòb-bia] *s.f.* cappello da uomo di feltro morbido, a tese larghe e con una infossatura nel mezzo.

lobbista [lob-bì-sta] *s.m.* e *f.* [pl.m. *-sti*] chi fa parte di una lobby.

lobbistico [lob-bì-sti-co] *agg.* [pl.m. *-ci*] di lobby, relativo a una lobby; da lobbista.

lobby [/ ˈlɔbbi /] *s.f.invar.* (*ingl.*) gruppo di interesse che, esercitando pressioni su uomini politici, ottiene provvedimenti a proprio favore.

lobelia [lo-bè-lia] *s.f.* pianta erbacea con fiori di vari colori in grappoli e foglie lanceolate; è coltivata nelle regioni temperate.

lobo [lò-bo] *s.m.* (*biol.*) elemento tondeggiante di un organo animale o vegetale, separato dalla parte restante da un solco o da una fenditura: — *del cervello, di una foglia* | — *dell'orecchio*, la parte molle con cui termina in basso l'orecchio.

lobotomia [lo-bo-to-mì-a] *s.f.* (*med.*) intervento chirurgico con cui si interrompono le vie nervose del lobo frontale del cervello.

lobotomizzare [lo-bo-to-miʒ-ʒà-re] *v.tr.* (*med.*) sottoporre a intervento di lobotomia.

lobulare [lo-bu-là-re] *agg.* costituito da lobuli: *struttura* —.

lobulo [lò-bu-lo] *s.m.* piccolo lobo: *il — dell'orecchio*.

locale[1] [lo-cà-le] *agg.* 1 di luogo: *l'avverbio "dopo" può avere valore — o temporale* 2 proprio o caratteristico di un luogo; limitato a un luogo, a una zona: *artigianato* — 3 (*med.*) che è limitato a una parte del corpo umano; topico: *anestesia* — ♦ *s.m.* 1 (spec. *pl.*) abitante di un luogo; indigeno 2 vecchia denominazione del treno regionale o interregionale □ **localmente** *avv.* in un luogo, in una zona delimitata.

locale[2] *s.m.* 1 ambiente, stanza, vano: *appartamento di tre locali* 2 luogo di ritrovo o di spettacolo; esercizio pubblico come caffè, ristorante ecc.: — *notturno*. DIM. *localino*.

località [lo-ca-li-tà] *s.f.* centro urbano di piccole dimensioni; cittadina, paese: — *turistica*.

localizzabile [lo-ca-liʒ-ʒà-bi-le] *agg.* che si può localizzare.

localizzare [lo-ca-liʒ-ʒà-re] *v.tr.* individuare, determinare il punto preciso in cui si trova o si verifica qlco.: — *un giacimento di petrolio* ♦ **localizzarsi** *v.intr.pron.* instaurarsi, fissarsi in un luogo; rimanere circoscritto: *l'infezione si è localizzata alla faringe*.

localizzato [lo-ca-liʒ-ʒà-to] *agg.* di cui si è individuata la posizione o l'origine; delimitato, circoscritto: *fenomeno* —.

localizzatore [lo-ca-liʒ-ʒa-tó-re] *s.m.* apparecchio che serve a individuare l'origine di una sorgente d'energia o la posizione di un oggetto: — *ultrasonoro*.

localizzazione [lo-ca-liʒ-ʒa-zió-ne] *s.f.* il localizzare, il localizzarsi, l'essere localizzato: — *di un giacimento petrolifero*.

locanda [lo-càn-da] *s.f.* albergo di modesto livello; trattoria con alloggio.

locandiere [lo-can-diè-re] *s.m.* [f. *-a*] gestore o proprietario di una locanda.

locandina [lo-can-dì-na] *s.f.* avviso pubblicitario di forma rettangolare, più piccolo di un manifesto, contenente il programma di uno spettacolo: — *teatrale*.

locare [lo-cà-re] *v.tr.* [*io lòco, tu lòchi ecc.*] cedere l'uso di un bene per un tempo determinato in cambio del pagamento di un canone; affittare: — *una casa*.

locatario [lo-ca-tà-rio] *s.m.* [f. *-a*] chi riceve un bene in locazione; affittuario: *il — di un appartamento*.

locativo [lo-ca-tì-vo] *agg.* di locazione, derivante da una locazione: *valore* —, il reddito ricavabile dalla locazione di un immobile.

locatizio [lo-ca-tì-zio] *agg.* (*dir.*) che si riferisce a locazione: *contratto* —.

locatore [lo-ca-tó-re] *s.m.* [f. *-trice*] chi cede un bene in locazione: *il — di un appartamento.*

locatorio [lo-ca-tò-rio] *agg.* 1 locativo 2 del locatore, relativo al locatore.

locazione [lo-ca-zió-ne] *s.f.* (*dir.*) contratto con cui una parte (locatore) concede a un'altra (locatario) il godimento di un bene mobile o immobile per un certo tempo e dietro un corrispettivo determinato; affitto: *dare una casa in —.*

locomotiva [lo-co-mo-tì-va] *s.f.* 1 veicolo ferroviario a motore atto a trainare un convoglio: *— elettrica* | *sbuffare come una —*, (*scherz.*) ansimare, sbuffare forte 2 (*fig.*) l'elemento trainante di un processo: *la — dello sviluppo.*

locomotore [lo-co-mo-tó-re] *agg.* [f. *-trice*] relativo alla locomozione | *apparato —*, (*biol.*) l'insieme degli organi di un corpo umano o animale la cui azione produce lo spostamento volontario del corpo ♦ *s.m.* locomotiva elettrica.

locomotorio [lo-co-mo-tò-rio] *agg.* che riguarda la locomozione; locomotore.

locomotorista [lo-co-mo-to-rì-sta] *s.m.* [pl. *-sti*] ferroviere che conduce locomotive elettriche.

locomotrice [lo-co-mo-trì-ce] *s.f.* locomotiva elettrica.

locomozione [lo-co-mo-zió-ne] *s.f.* 1 facoltà e attività, proprie degli esseri viventi, di spostarsi da un luogo a un altro 2 spostamento di persone o cose da un luogo a un altro mediante veicoli: *mezzo di —*, veicolo atto al trasporto di persone o cose.

loculo [lò-cu-lo] *s.m.* 1 nicchia interrata o murata che nei cimiteri serve ad accogliere i resti di un defunto 2 (*zool.*) ciascuna delle cellette esagonali del vespaio.

locusta [lo-cù-sta] *s.f.* 1 (*zool.*) cavalletta 2 (*fig. lett.*) persona avida, molesta e dannosa.

locutore [lo-cu-tó-re] *s.m.* [f. *- trice*] (*ling.*) il soggetto che produce un enunciato; parlante, emittente.

locutorio [lo-cu-tó-rio] *agg.* (*ling.*) che riguarda l'enunciazione; che si limita a informare, a constatare: *atto —.*

locuzione [lo-cu-zió-ne] *s.f.* 1 (*ling.*) combinazione fissa di due o più parole che esprime un significato particolare e unitario (p.e. *a quattr'occhi, stanco morto*) 2 (*estens.*) modo di dire, espressione; frase idiomatica.

lodare [lo-dà-re] *v.tr.* [*io lòdo ecc.*] 1 esaltare con parole il merito di una persona o la bontà di una cosa; elogiare: *— qlcu. per la sua onestà* 2 celebrare con parole o inni di esaltazione e di riverente omaggio: *— il Signore* | *sia lodato il cielo!*, esclamazione di soddisfazione per aver ottenuto ciò che si desiderava | *sia lodato Gesù Cristo!*, formula di saluto che si rivolge a religiosi ♦ **lodarsi** *v.rifl.* esaltare sé stesso, vantarsi.

lodativo [lo-da-tì-vo] *agg.* (*lett.*) atto a lodare; elogiativo: *discorso —.*

lodato [lo-dà-to] *agg.* approvato, celebrato, decantato: *il mai abbastanza — maestro* □ **lodatamente** *avv.*

lodatore [lo-da-tó-re] *s.m.* [f. *-trice*] chi loda, soprattutto per interesse.

lode [lò-de] *s.f.* 1 piena approvazione, a voce o per iscritto, nei confronti di una persona o del suo operato; elogio: *parole di —* | *senza infamia e senza —*, si dice di ciò che non è criticabile, ma neanche merita lode 2 omaggio, esaltazione, glorificazione: *tessere le lodi di qlcu.* | *in — di qlcu.*, al fine di lodarlo o esaltarlo | *cantare le lodi di Dio*, cantare inni in suo onore 3 particolare elogio dato agli studenti universitari, oltre il massimo dei punti, in un esame o nel conferimento della laurea: *laurearsi con 110 e —.*

loden [/ 'lɔden /] *s.m.invar.* (*ted.*) tessuto di lana a pelo lungo, leggermente impermeabile, per lo più di colore verde scuro | cappotto confezionato con tale stoffa.

lodevole [lo-dé-vo-le] *agg.* degno di lode: *un'iniziativa —* □ **lodevolmente** *avv.*

lodo *s.m.* (*dir.*) decisione emessa collegialmente dagli arbitri di una vertenza, che diventa esecutiva per decreto del pretore.

lodolaio [lo-do-là-io] *s.m.* falco con piumaggio nero nella parte superiore, bianco giallognolo in quella inferiore, che può essere addestrato alla caccia delle allodole.

loffio [lòf-fio] *agg.* 1 (*tosc.*) floscio, cadente 2 (*region.*) fiacco, inconcludente, squallido: *un tipo —.*

loft [/ lɔft /] *s.m.invar.* (*ingl.*) grande solaio o ex-magazzino trasformato in abitazione o studio a spazio aperto.

logaritmico [lo-ga-rìt-mi-co] *agg.* [pl.m. *-ci*] (*mat.*) di logaritmo, che riguarda i logaritmi.

logaritmo [lo-ga-rìt-mo] *s.m.* (*mat.*) esponente che si deve assegnare a una data base per avere un determinato numero: *il — in base dieci di cento è due*, in quanto cento è uguale a dieci con esponente due (cioè 10^2).

loggia [lòg-gia] *s.f.* [pl. *-ge*] 1 (*arch.*) edificio o parte di edificio aperti su uno o più lati, con copertura sorretta da pilastri o colonne 2 (*region.*) balcone, terrazza 3 luogo di riunione dei massoni | (*estens.*) sezione dell'organizzazione massonica 4 (*anat.*) cavità in cui è contenuto un organo: *— renale.*

loggiato [log-già-to] *s.m.* (*arch.*) serie di logge.

loggione [log-gió-ne] *s.m.* la parte più alta del teatro, sopra i palchi, dove sono i posti di minor prezzo | gli spettatori che lo occupano: *i fischi del —.*

loggionista [log-gio-nì-sta] *s.m.* e *f.* [pl.m. *-sti*] chi assiste abitualmente a spettacoli teatrali dal loggione.

-logia secondo elemento di parole composte, che significa 'studio, trattazione' (*psicologia, teologia*).

logica [lò-gi-ca] *s.f.* 1 (*filos.*) studio delle condizioni in base alle quali un'argomentazione risulta corretta 2 il sistema di logica di un autore, di una scuola: *la — di Aristotele* 3 (*estens.*) rigore ed esattezza di ragionamento, coerenza nel discorso: *argomentazioni prive di —* | *a rigor di —*, secondo la logica, da un punto di vista strettamente logico | *la — dei fatti*, il modo in cui si sono svolti, la loro consequenzialità **4** modo di ragionare: *secondo la tua — è così, secondo la mia no.*

logicismo [lo-gi-cì-ʃmo] *s.m.* eccesso di logica; tendenza a ridurre tutte le attività mentali a operazioni logiche.

logicità [lo-gi-ci-tà] *s.f.* l'essere logico; rigore, coerenza logica: *— di una dimostrazione.*

logico [lò-gi-co] *agg.* [pl.m. *-ci*] **1** (*filos.*) che concerne la logica: *principi logici* **2** conforme alla logica; razionale, coerente, consequenziale: *nesso —*; *deduzione logica* | *è —*, è naturale, è ovvio **3** detto di persona, che ragiona con logica, con coerenza: *siamo logici!*, ragioniamo ♦ *s.m.* [f. *-a*] studioso di logica □ **logicamente** *avv.* **1** con logica, in modo logico **2** (*estens.*) naturalmente, evidentemente; di conseguenza.

logistica [lo-gì-sti-ca] *s.f.* parte dell'arte militare che organizza rifornimenti, trasporti, movimenti degli eserciti | (*estens.*) la distribuzione, la disposizione di persone o di mezzi che risultino più funzionali a un determinato fine.

logistico [lo-gì-sti-co] *agg.* [pl.m. *-ci*] relativo alla logistica militare: *servizi logistici* | (*estens.*) che riguarda la disposizione, la distribuzione funzionale di persone o mezzi: *problemi logistici.*

loglio [lò-glio] *s.m.* genere di piante erbacee con foglie lineari e infiorescenze verdi a spiga; comprende alcune specie da foraggio, altre infestanti (come la zizzania) o addirittura tossiche | *separare il grano dal —*, (*fig.*) separare il buono dal cattivo.

logo [lò-go] *s.m.* [pl. *-ghi*] logotipo, marchio.

logo- primo elemento di parole composte che significa 'parola, discorso, linguaggio' (*logopedia, logorrea*).

-logo secondo elemento di parole composte che denominano chi è esperto in una scienza o in una disciplina il cui nome ha come secondo elemento *-logia* (*archeologo, glottologo*).

logografo [lo-gò-gra-fo] *s.m.* nell'antica Grecia, scrittore di racconti mitico-storici in prosa; in seguito, chi componeva a pagamento orazioni giudiziarie per conto di altri.

logogrifo [lo-go-grì-fo] *s.m.* gioco enigmistico che consiste nell'ottenere da una parola altre parole formate solo con alcune sue lettere (*p.e.* da *reattore*: *teatro, Ettore, retate, torta, atto*).

logopatia [lo-go-pa-tì-a] *s.f.* (*med.*) difetto del linguaggio che dipende da disturbi dell'attività psichica.

logopedia [lo-go-pe-dì-a] *s.f.* (*med.*) studio della fisiologia e patologia degli organi del linguaggio, e cura dei relativi disturbi.

logopedista [lo-go-pe-dì-sta] *s.m.* e *f.* [pl.m. *-sti*] chi professionalmente rieduca persone che soffrono di disturbi del linguaggio.

logoplegia [lo-go-ple-gì-a] *s.f.* (*med.*) paralisi degli organi della parola.

logorabile [lo-go-rà-bi-le] *agg.* che si può logorare.

logorabilità [lo-go-ra-bi-li-tà] *s.f.* l'essere logorabile.

logoramento [lo-go-ra-mén-to] *s.m.* il logorare, il logorarsi, l'essere logorato: *processo di —.*

logorante [lo-go-ràn-te] *agg.* che logora; faticoso, pesante, deprimente: *un'attesa —.*

logorare [lo-go-rà-re] *v.tr.* [*io lógoro ecc.*] consumare a poco a poco, ridurre in cattivo stato; rendere inservibile, inefficace (anche *fig.*): *logorarsi i nervi* ♦ **logorarsi** *v. rifl.* o *intr.pron.* consumarsi, deteriorarsi (anche *fig.*): *gli abiti si logorano con l'uso*; *— nel dolore.*

logorato [lo-go-rà-to] *agg.* consunto, sciupato | (*fig.*) superato, abusato.

logorio [lo-go-rì-o] *s.m.* logoramento continuo e intenso.

logoro [ló-go-ro] *agg.* logorato, consumato, ridotto in cattivo stato: *scarpe logore* | (*fig.*) reso inefficace dal largo uso; sorpassato, superato: *idee logore.*

logorrea [lo-gor-rè-a] *s.f.* **1** (*med.*) flusso precipitoso di parole, proprio di certe malattie mentali **2** (*estens.*) loquacità eccessiva, verbosità irrefrenabile.

logorroico [lo-gor-ròi-co] *agg.* [pl.m. *-ci*] **1** (*med.*) di logorrea; affetto da logorrea **2** (*estens.*) eccessivamente loquace, verboso □ **logorroicamente** *avv.* verbosamente.

logos [lò-gos] *s.m.invar.* (*filos.*) la manifestazione del pensiero razionale dell'uomo attraverso il discorso.

logoterapista [lo-go-te-ra-pì-sta] *s.m.* e *f.* [pl.m. *-sti*] logopedista.

logotipo [lo-go-tì-po] *s.m.* **1** (*tip.*) gruppo di lettere unite in un unico carattere **2** breve testo (nome, titolo, frase) in una data forma grafica, che identifica un prodotto, un'azienda, un ente.

lolita [lo-lì-ta] *s.f.* adolescente precoce che suscita desideri sessuali in uomini maturi; ninfetta.

lolla [lòl-la] *s.f.* scarto della trebbiatura o di altre lavorazioni dei cereali, costituito dagli involucri che avvolgono i chicchi; pula.

lombaggine [lom-bàg-gi-ne] *s.f.* (*med.*) crisi dolorosa che colpisce i muscoli della regione lombare.

lombalgia [lom-bal-gì-a] *s.f.* (*med.*) dolore nella regione lombare.

lombardo [lom-bàr-do] *agg.* della Lombardia: *la pianura lombarda* ♦ *s.m.* **1** [f. *-a*] abitante, nativo della Lombardia **2** dialetto parlato in Lombardia.

lombare [lom-bà-re] *agg.* (*anat.*) dei lombi; situato nella zona dei lombi: *vertebre lombari.*

lombata [lom-bà-ta] *s.f.* in macelleria, taglio di carne compreso fra l'anca e le prime costole dell'animale | (*gastr.*) piatto costituito da una fetta di tale carne, cucinata in vario modo. DIM. *lombatina.*

lombo [lóm-bo] *s.m.* **1** (*anat.*) regione del dorso

compresa fra l'ultima costola e il bacino **2** *pl.* (*estens.*) i fianchi, la schiena **3** nel corpo degli animali, massa muscolare interna del dorso (è termine di macelleria): *bistecca di —*.

lombosacrale [lom-bo-sa-crà-le] *agg.* (*anat.*) che riguarda le regioni lombare e sacrale.

lombrico [lom-brì-co] *s.m.* [pl. *-chi*] nome comune di varie specie di vermi dal corpo cilindrico diviso in anelli; è detto anche *verme di terra*.

lombricoltura [lom-bri-col-tù-ra] *s.f.* allevamento dei lombrichi.

londinese [lon-di-né-se] *agg.* di Londra ♦ *s.m.* e *f.* chi è nato, chi abita a Londra.

longa manus [/ 'lɔnga 'manus /] *loc.sost.f.invar.* (*lat.*) persona o ente che opera, più o meno nascostamente, per conto di altri.

longanime [lon-gà-ni-me] *agg.* che ha animo generoso, paziente e tollerante.

long drink [/ 'lɔng 'drink /] *loc.sost.m.invar.* (*ingl.*) bibita alcolica diluita con acqua, succhi di frutta o altro, servita ghiacciata.

longevità [lon-ge-vi-tà] *s.f.* l'essere longevo.

longevo [lon-gè-vo] *agg.* che vive più a lungo della media della propria specie: *un uomo —*.

longherina [lon-ghe-rì-na] *s.f.* **1** (*edil.*) profilato d'acciaio con sezione a doppia T, usato come architrave **2** trave di legno o d'acciaio su cui poggia la rotaia dei binari senza traversine.

longilineo [lon-gi-lì-ne-o] *agg.* e *s.m.* [f. *-a*] si dice di tipo fisico in cui la lunghezza degli arti supera quella del tronco | (*estens.*) si dice di persona snella.

longitipo [lon-gi-tì-po] *s.m.* (*med.*) tipo costituzionale longilineo.

longitudinale [lon-gi-tu-di-nà-le] *agg.* **1** che si riferisce alla longitudine **2** che si sviluppa nel senso della lunghezza: *taglio —* □ **longitudinalmente** *avv.* nel senso della lunghezza.

longitudine [lon-gi-tù-di-ne] *s.f.* (*geog.*) distanza di un luogo dal meridiano di Greenwich, misurata in gradi lungo l'arco del parallelo passante per quel luogo.

longobardico [lon-go-bàr-di-co] *agg.* [pl.m. *-ci*] dei Longobardi.

longobardo [lon-go-bàr-do] *agg.* che si riferisce a un'antica popolazione germanica che, nei secc. VI-VIII, si stabilì in alcune regioni dell'Italia settentrionale e centrale: *il regno —* ♦ *s.m.* **1** [f. *-a*] chi apparteneva al popolo longobardo **2** lingua parlata dai Longobardi.

long playing [/ 'lɔng 'pleing /] *loc.agg.* e *sost.m.invar.* (*ingl.*) si dice di disco microsolco che gira alla velocità di 33 giri al minuto; è comunemente indicato con la sigla LP.

longuette [/ lɔn'gɛt /] *agg.* e *s.f.invar.* (*fr.*) di gonna o abito femminile lunghi fino al polpaccio.

lontananza [lon-ta-nàn-za] *s.f.* **1** l'essere lontano; lunga distanza: *non vedere qlco. a causa della —* | *in —*, da lontano, in un punto lontano: *scorgere in —* **2** condizione di chi è lontano dai propri luoghi, dalla propria casa, da una persona amata: *soffrire per la —*.

lontano [lon-tà-no] *agg.* **1** che si trova a grande distanza, che è separato da un lungo spazio: *regioni lontane*; *un amico —* | che si trova a una distanza determinata: *l'albergo è — un centinaio di metri* **2** remoto, distante nel tempo: *tempi lontani*; *un — avvenire* **3** distante in senso ideale: *essere — dal vero*; *essere ben — dal fare, dire qlco.*, non volere o non essere ancora in grado di farlo, dirlo; *essere — parente*, non stretto | vago, incerto, indeterminato: *una lontana somiglianza* | diverso, divergente: *un modo di pensare ben — dal suo* | *alla lontana*, alla larga, in modo vago: *lo conosco solo alla lontana*; *pigliarla alla lontana*, incominciare un discorso senza affrontare subito l'argomento principale ♦ *avv.* in un luogo distante: *andare —* | *mirare —*, (*fig.*) avere grandi ambizioni | *vedere —*, (*fig.*) saper prevedere l'evolvere delle cose | *andare —*, (*fig.*) avere successo | Nelle loc. avv. *da —*, *di —*: *chiamare da —* | Nella loc. prepositiva *— da*: *— da casa* □ **lontanamente** *avv.* in modo vago: *somiglia — al fratello*.

lontra [lón-tra] *s.f.* **1** mammifero carnivoro poco più grande di un gatto, abile nuotatore e cacciatore di pesci; ha corpo allungato, zampe corte e palmate, pelliccia scura folta e morbida **2** pelliccia di lontra.

lonza *s.f.* [lón-za] (*sett.*) lombata di maiale macellato; salume fatto con questa parte | in altre regioni, nome di parti diverse di carne macellata.

look [/ luk /] *s.m.invar.* (*ingl.*) immagine che una persona offre esteriormente di sé, soprattutto con riferimento all'abbigliamento, al trucco, alla pettinatura.

loppa [lòp-pa] *s.f.* **1** lolla **2** (*metall.*) scoria della produzione della ghisa d'alto forno.

loquace [lo-quà-ce] *agg.* **1** che parla molto e facilmente; ciarliero: *una donna —* **2** (*fig. lett.*) espressivo, eloquente: *un'occhiata —* □ **loquacemente** *avv.*

loquacità [lo-qua-ci-tà] *s.f.* l'essere loquace.

loquela [lo-què-la] *s.f.* (*lett.*) **1** facoltà, capacità di parlare **2** modo di parlare; lingua, idioma.

lorantacee [lo-ran-tà-ce-e] *s.f.pl.* (*bot.*) famiglia di piante dicotiledoni a cui appartiene il vischio.

lord [/ lɔrd /] *s.m.* (*ingl.*) titolo attribuito in Gran Bretagna ai pari del regno e ad alcuni alti funzionari.

lordare [lor-dà-re] *v.tr.* [*io lórdo ecc.*] rendere lordo, sporcare, insudiciare ♦ **lordarsi** *v.rifl.* insudiciarsi, sporcarsi.

lordo [lór-do] *agg.* **1** (*lett.*) sporco, sudicio, imbrattato **2** si dice di peso comprensivo della tara; di importo dal quale non siano state sottratte ritenute, spese ecc. (si contrappone a *netto*): *peso, incasso —* ♦ *s.m.* peso o importo lordo: *dedurre il netto dal —* | *al —*, compresa la tara o comprese le spese, le ritenute: *calcolare al —* □ **lordamente** *avv.* in modo sporco, sudicio.

lordosi [lor-dò-ʃi] *s.f.* (*med.*) accentuazione della normale curvatura lombosacrale della colonna vertebrale.

lordume [lor-dù-me] *s.m.* quantità di cose lorde; immondizia, sudiciume.

lordura [lor-dù-ra] *s.f.* (*lett.*) sporcizia, sozzura (anche *fig.*): — *morale.*

lori [lò-ri] *s.m.* piccola proscimmia asiatica notturna, priva di coda, con enormi occhi rotondi cerchiati di nero e pelame morbido grigio fulvo.

lorica [lo-rì-ca] *s.f.* **1** corazza di cuoio, poi metallica, in uso presso gli antichi greci e romani **2** (*zool.*) corazza ossea che protegge il corpo di vari animali.

loricati [lo-ri-cà-ti] *s.m.pl.* (*zool.*) termine con cui si sono indicati diversi gruppi di animali provvisti di corazza (taluni molluschi, i coccodrilli ecc.).

loricato [lo-ri-cà-to] *agg.* si dice di animale che ha il corpo protetto da una lorica.

loro[1] [ló-ro] *agg.poss.invar. di terza pers.pl.* **1** che appartiene a essi, a esse: *la — automobile*; *i — averi* **2** che è proprio delle persone di cui si parla, abituale di esse: *le — mani*; *abbiamo ascoltato le — parole*; *il — atteggiamento non mi piace* | in locuzioni di cerimonia: *le Loro altezze*; *le Loro Maestà* **3** indica relazione di parentela, amicizia, lavoro ecc.: *la — mamma*; *il — medico*; *i — clienti* ♦ *pron.poss.invar. di terza pers.pl.* ha gli stessi usi e significati dell'aggettivo ed è sempre preceduto dall'art. determ.: *i nostri amici sono partiti, i — sono ancora in città* | in loc. ellittiche: *noi siamo dalla —*, dalla loro parte; *abbiamo ricevuto la —*, la loro lettera; *ne hanno combinato una delle —*, sciocchezze, cattive azioni; *passano le feste con i —*, genitori, parenti; *stanno spendendo del —*, dei loro averi.

loro[2] *pron.pers.m.* e *f. di terza pers.pl.* [forma complementare di *essi*, *esse*] si riferisce a persone: *ho visto proprio —*; *a — scriverò poi*; *ho trascorso un mese con —*; *sono — che mi hanno chiamato* | come compl. di termine senza prep.: *ho detto — di venire.*

losanga [lo-ʃàn-ga] *s.f.* rombo.

losco [ló-sco] *agg.* [pl.m. *-schi*] **1** si dice di modo di guardare bieco, torvo: *sguardo —* **2** (*fig.*) poco chiaro, disonesto; illecito: *un individuo —*; *traffici loschi* ♦ *avv.* di sbieco, di traverso (anche *fig.*): *guardare —* □ **loscamente** *avv.*

lossodromia [los-so-dro-mì-a *o* los-so-drò-mia] *s.f.* (*geog.*) linea che unisce due punti della Terra tagliando con angolo costante tutti i meridiani incontrati.

lossodromico [los-so-drò-mi-co] *agg.* [pl.m. *-ci*] (*geog.*) di lossodromia: *linea lossodromica*, lossodromia.

lotaringio [lo-ta-rìn-gio] *agg.* [pl.f. *-ge*] della Lotaringia, antico nome della Lorena ♦ *s.m.* [f. *-a*] nativo, abitante della Lotaringia.

loto [lò-to] *s.m.* **1** nome generico di varie piante erbacee acquatiche, con foglie galleggianti e fiori bianchi o rosati: — *bianco d'Egitto*, ninfea bianca **2** (*bot.*) genere di piante erbacee o arbustive dicotiledoni con fiori gialli, rossicci o bianchi.

lotta [lòt-ta] *s.f.* **1** scontro fisico tra due o più persone o animali, o tra persone e animali, nel quale l'uno cerca di sopraffare l'altro: *la — tra la mangusta e il serpente* | scontro armato; battaglia, guerra: — *senza quartiere* **2** (*sport*) pratica agonistica dell'atletica pesante in cui due contendenti combattono corpo a corpo cercando di atterrarsi: — *libera* **3** conflitto tra due parti che si affrontano, con mezzi anche non violenti, per prevalere o per raggiungere i propri fini: — *di classe* | insieme di iniziative per debellare eventi negativi, mali sociali ecc.: *la — contro il cancro* **4** (*fig.*) disaccordo, dissidio: *essere in — con tutti.*

lottare [lot-tà-re] *v.intr.* [*io lòtto ecc.*] sostenere uno scontro fisico, un conflitto politico, sociale, un contrasto morale, psicologico; battersi: — *corpo a corpo*; — *per la libertà* | — *con la morte*, essere in condizioni di salute gravissime | — *con sé stesso*, per dominare i propri impulsi o sentimenti.

lottatore [lot-ta-tó-re] *s.m.* [f. *-trice*] **1** chi ha spirito combattivo **2** (*sport*) chi pratica un tipo di lotta.

lotteria [lot-te-rì-a] *s.f.* gioco nel quale vengono estratti a sorte dei premi tra coloro che hanno acquistato dei biglietti: *vincere alla —.*

lottizzare [lot-tiʒ-ʒà-re] *v.tr.* **1** suddividere in lotti: — *un terreno* **2** spartire, distribuire con lottizzazione politica.

lottizzatore [lot-tiʒ-ʒa-tó-re] *agg.* e *s.m.* [f. *-trice*] che/chi lottizza.

lottizzazione [lot-tiʒ-ʒa-zió-ne] *s.f.* **1** suddivisione in lotti: — *di un'area fabbricabile* **2** (*estens.*) la pratica politica della distribuzione tra i partiti delle cariche in enti pubblici o soggetti a controllo pubblico.

lotto [lòt-to] *s.m.* **1** gioco d'azzardo gestito dallo stato consistente nell'estrarre, in ogni sede di estrazione, cinque numeri e premiare chi abbia pronosticato uno o più di quei numeri: *giocare due numeri al —* | *dare i numeri del —*, (*fig.*) parlare a vanvera **2** ognuna delle parti in cui viene diviso un tutto; in particolare, ognuno degli appezzamenti di terreno in cui viene suddivisa un'area fabbricabile | partita di merce: *acquistare un — di calzature* **3** gruppo di partecipanti a una gara; nell'ippica, l'insieme dei cavalli che prendono parte a una corsa: *il — dei partenti.*

love story [/ lʌv'stɔri /] *loc.sost.f.invar.* (*ingl.*) storia d'amore, relazione amorosa.

lozione [lo-zió-ne] *s.f.* prodotto farmaceutico per l'igiene della pelle o del cuoio capelluto: — *dopobarba.*

LP [/ ɛlle'pi /] *s.m.invar.* sigla di *long playing.*

LSD [/ 'ɛlle 'ɛsse 'di /] *s.m.invar.* sostanza derivata dall'acido lisergico, usata come droga per le sue proprietà allucinogene; nell'uso gergale è detto *acido.*

lubricità [lu-bri-ci-tà] *s.f.* (*non com.*) l'essere lubrico.

lubrico [lù-bri-co, *anche* lubrìco] *agg.* [pl.m. *-ci*] (*non com.*) che offende il pudore; indecente, osceno: *gesto —* | di persona, che fa o dice cose oscene.

lubrificante [lu-bri-fi-càn-te] *agg.* e *s.m.* si dice di sostanza usata per evitare l'usura di parti meccaniche in attrito: *olio —*.

lubrificare [lu-bri-fi-cà-re] *v.tr.* [*io lubrìfico, tu lubrìfichi ecc.*] rendere più scorrevoli organi meccanici mediante lubrificante.

lubrificazione [lu-bri-fi-ca-zió-ne] *s.f.* il lubrificare, l'essere lubrificato: *la — di un ingranaggio.*

lucanidi [lu-cà-ni-di] *s.m.pl.* (*zool.*) famiglia di coleotteri di grandi dimensioni, i cui maschi sono provvisti di una mandibola sviluppatissima.

lucano [lu-cà-no] *agg.* dell'antica Lucania o dell'attuale Basilicata ♦ *s.m.* **1** [f. *-a*] abitante, nativo dell'antica Lucania o dell'attuale Basilicata **2** dialetto parlato in Basilicata.

lucchetto [luc-chét-to] *s.m.* serratura metallica mobile in cui l'elemento di chiusura è una barretta d'acciaio, in genere piegata a U, articolata al corpo centrale che reca il dispositivo di blocco: *il — del baule.*

luccicante [luc-ci-càn-te] *agg.* che luccica; scintillante, sfavillante: *tessuto —*.

luccicare [luc-ci-cà-re] *v.intr.* [*io lùccico, tu lùccichi ecc.*; aus. *essere* o *avere*] riflettere la luce con piccoli, frequenti bagliori; brillare, scintillare: *la lama luccicava al sole.*

luccichio [luc-ci-chì-o] *s.m.* un luccicare frequente, ripetuto: *il — delle onde.*

luccicone [luc-ci-có-ne] *s.m.* grossa lacrima: *aveva i lucciconi agli occhi.*

luccicore [luc-ci-có-re] *s.m.* (*non com.*) luccichio.

luccio [lùc-cio] *s.m.* grosso pesce teleosteo d'acqua dolce, con corpo allungato, muso a spatola, bocca ampia con denti acuti; ha carni pregiate.

lucciola [lùc-cio-la] *s.f.* **1** piccolo insetto coleottero caratterizzato dalla luminosità degli ultimi segmenti dell'addome | *prendere lucciole per lanterne*, (*fig.*) una cosa per un'altra **2** (*eufem.*) prostituta.

luce [lù-ce] *s.f.* **1** radiazione elettromagnetica che rende visibile all'occhio la realtà che lo circonda: *la — del sole, di una lampada, di una candela; — artificiale, naturale* | *essere in piena —*, illuminato da forte luce diretta | *mettere in buona, in cattiva —*, (*fig.*) mostrare i pregi o i difetti di qlcu. | *mettere in —*, (*fig.*) svelare, far notare | *alla — del sole*, (*fig.*) apertamente, senza sotterfugi: *agire alla — del sole* | *essere la — degli occhi di qlcu.*, (*fig.*) essergli molto caro | *dare alla —*, generare, partorire | *vedere la —, venire alla —*, nascere **2** la luminosità del sole: *le piante hanno bisogno di —* **3** (*fam.*) l'energia elettrica: *è andata via la —; bolletta della —*, relativa al consumo di energia elettrica | *cinema a luci rosse*, quello in cui si proiettano film pornografici **4** (*fig.*) simbolo di ciò che illumina la mente dell'uomo liberandola dall'ignoranza e dal pregiudizio: *la — della verità* **5** qualsiasi apertura atta a illuminare: *negozio a tre luci*, con tre aperture tra vetrine e porte **6** distanza tra i punti di appoggio di una trave o di un arco: *la — di un ponte.*

lucente [lu-cèn-te] *agg.* che manda o riflette luce; che risplende: *astro —* □ **lucentemente** *avv.*

lucentezza [lu-cen-téz-za] *s.f.* l'essere lucente, luminoso, lucido: *la — della seta.*

lucerna [lu-cèr-na] *s.f.* **1** lampada portatile a combustibile liquido: *— a olio* **2** (*pop.*) cappello da prete | cappello dell'alta uniforme di gala dei carabinieri.

lucernario [lu-cer-nà-rio] *s.m.* apertura nel tetto di un edificio chiusa da una vetrata per dare luce a scale, soffitte o stanze interne.

lucertola [lu-cèr-to-la] *s.f.* **1** genere di piccoli rettili terrestri con capo appiattito, corpo terminante in una lunga coda sottile, zampe corte, lingua bifida | *essere una —*, (*fig.*) esporsi molto al sole **2** la pelle conciata dell'iguana: *una borsa di —*.

lucherino [lu-che-rì-no] *s.m.* piccolo uccello passeriforme dal piumaggio giallo-verdastro striato di nero.

lucidalabbra [lu-ci-da-làb-bra] *s.m.invar.* cosmetico che serve a rendere lucide le labbra.

lucidante [lu-ci-dàn-te] agg. e *s.m.* si dice di sostanza usata per lucidare; lucido.

lucidare [lu-ci-dà-re] *v.tr.* [*io lùcido ecc.*] rendere lucido impiegando opportune sostanze: *— la carrozzeria.*

lucidatoio [lu-ci-da-tó-io] *s.m.* apparecchio per ricalcare disegni.

lucidatore [lu-ci-da-tó-re] *s.m.* [f. *-trice*] chi esegue lavori di lucidatura: *— di mobili.*

lucidatrice [lu-ci-da-trì-ce] *s.f.* **1** apparecchio elettrodomestico per lucidare i pavimenti **2** macchina per lucidare superfici lavorate: *— per pezzi metallici.*

lucidatura [lu-ci-da-tù-ra] *s.f.* **1** il lucidare: *— dei pavimenti* **2** il ricalcare un disegno su un foglio di carta semitrasparente (carta lucida).

lucidezza [lu-ci-déz-za] *s.f.* qualità di ciò che è lucido.

lucidista [lu-ci-dì-sta] *s.m.* e *f.* [pl.m. *-sti*] chi è addetto alla lucidatura di disegni.

lucidità [lu-ci-di-tà] *s.f.* chiarezza razionale; acutezza e obiettività intellettuale: *esaminare una questione con —* | pieno possesso delle proprie facoltà mentali; stato di normale coscienza.

lucido [lù-ci-do] *agg.* **1** si dice di corpo che brilla di luce riflessa: *pavimento —* | *occhi lucidi*, per il pianto o per la febbre | *pelle lucida*, untuosa | *carta lucida*, carta semitrasparente usata per la riproduzione di disegni tecnici **2** (*fig.*) che dimostra chiarezza e obiettività: *un — esame della situazione* | acuto, perspicace: *mente lucida; non essere —*, non avere il normale possesso delle proprie facoltà mentali ♦ *s.m.* **1** lucentezza: *dare il — ai mobili* **2** sostanza che serve a lucidare: *— per le scarpe* **3** disegno su carta lucida | foglio trasparente per la lavagna luminosa □ **lucidamente** *avv.* con lucidità; con razionalità e chiarezza.

luciferino [lu-ci-fe-rì-no] *agg.* demoniaco, diabolico: *astuzia luciferina.*

lucignolo [lu-cì-gno-lo] *s.m.* piccola treccia di fili che, messa nell'olio delle lucerne o nelle cande-

le, viene accesa e mantiene la fiamma; stoppino.
lucioperca [lu-cio-pèr-ca] *s.m.* o *f.* [*pl.m.invar.; f. -che*] vorace pesce d'acqua dolce con corpo slanciato, pinna dorsale doppia e pinna caudale a strisce chiare e scure.
lucrare [lu-crà-re] *v.tr.* guadagnare, ottenere come profitto.
lucrativo [lu-cra-tì-vo] *agg.* che dà lucro, remunerativo: *attività lucrativa.*
lucro [lù-cro] *s.m.* guadagno, vantaggio economico: *fare qlco. a scopo di —.*
lucroso [lu-cró-so] *agg.* che dà lucro, che è fonte di notevole guadagno: *speculazione lucrosa.*
luculliano [lu-cul-lià-no] *agg.* si dice di banchetto sontuoso e raffinato.
lucumone [lu-cu-mó-ne] *s.m.* presso gli etruschi, magistrato supremo che deteneva il potere politico, militare e religioso.
luddismo [lud-dì-ʃmo] *s.m.* (*st.*) movimento operaio inglese dell'inizio del sec. XIX, contrario all'introduzione delle macchine nell'industria, considerate causa principale della disoccupazione | (*estens.*) ogni tendenza sindacale contraria all'introduzione di processi di lavorazione automatici.
luddista [lud-dì-sta] *s.m.* e *f.* [pl.m. *-sti*] **1** (*st.*) chi propugnava e sosteneva il luddismo **2** (*estens.*) chi tende a contrastare l'uso delle macchine in sostituzione del lavoro umano | Anche come *agg.*: *sindacato —.*
ludibrio [lu-dì-brio] *s.m.* derisione, scherno pungente e umiliante: *esporre al pubblico —* | oggetto di derisione, di scherno: *essere il — di tutti.*
ludico [lù-di-co] *agg.* [pl.m. *-ci*] **1** (*lett.*) relativo al gioco, al giocare **2** (*estens.*) disimpegnato; divertito, giocoso: *atteggiamento —* □ **ludicamente** *avv.*
ludo [lù-do] *s.m.* (spec. *pl.*) nell'antica Roma, giochi, spettacoli pubblici: *ludi circensi.*
ludoteca [lu-do-tè-ca] *s.f.* locale pubblico in cui sono raccolti giochi e giocattoli che possono essere utilizzati da bambini e ragazzi.
lue [lù-e] *s.f.* **1** (*med.*) sifilide **2** (*fig. lett.*) vizio, corruzione.
luetico [lu-è-ti-co] *agg.* [pl.m. *-ci*] (*med.*) di lue ♦ *agg.* e *s.m.* [f. *-a*] che/chi è malato di lue.
luganega [lu-gà-ne-ga] *s.f.* (*sett.*) tipo di salsiccia sottile e lunga, non segmentata, da consumare fresca.
luglio [lù-glio] *s.m.* settimo mese dell'anno.
lugubre [lù-gu-bre] *agg.* che esprime, provoca grande tristezza o suscita immagini di dolore, di morte: *discorsi lugubri* □ **lugubremente** *avv.*
lui [lùi] *pron.pers.m. di terza pers.sing.* [forma complementare tonica di *egli*; nell'uso corrente lo sostituisce anche come soggetto] si riferisce a persona: *ho incontrato proprio —; consegnalo a —; ho molta fiducia in —.*
luigi [lu-ì-gi] *s.m.* moneta aurea francese coniata per la prima volta da Luigi XIII nel 1640.
lumaca [lu-mà-ca] *s.f.* **1** (*zool.*) mollusco gasteropodo terrestre dal corpo nudo e viscido, grigiorossiccio, con quattro tentacoli neri retrattili sulla testa; lumacone **2** tipo di chiocciola commestibile: *lumache in umido—; a passo di —*, molto lentamente **3** (*fig.*) persona lenta, pigra.
lumachella [lu-ma-chèl-la] *s.f.* (*min.*) roccia formata quasi totalmente da conchiglie cementate.
lumacone [lu-ma-có-ne] *s.m.* **1** grossa chiocciola **2** (*zool.*) lumaca **3** [f. *-a*] (*fig.*) persona lenta nel muoversi e nell'agire.
lume [lù-me] *s.m.* **1** apparecchio che produce luce; lampada: *— a petrolio.* DIM. *lumicino, lumino* **2** (*estens.*) qualsiasi sorgente luminosa; chiarore, luce: *cenare a — di candela* | *il — degli occhi*, la vista: *perdere il — degli occhi*, (*fig.*) infuriarsi **3** (*fig.*) ciò che dà luce alla mente; consiglio, ammaestramento: *ho bisogno dei tuoi lumi* | *il — della ragione*, la capacità di ragionare: *perdere il — della ragione*, infuriarsi | *il secolo dei lumi*, il Settecento, in quanto caratterizzato dall'Illuminismo **4** *pl.* (*lett.*) gli occhi **5** (*anat.*) l'interno di un canale o di un organo cavo: *— arterioso.*
lumeggiamento [lu-meg-gia-mén-to] *s.m.* in pittura e in cartografia, il lumeggiare.
lumeggiare [lu-meg-già-re] *v.tr.* [*io luméggio ecc.*] **1** in pittura, dare rilievo alle parti più luminose per mezzo di colori più chiari | in cartografia, ombreggiare le zone che corrispondono ai rilievi, per accentuarne l'evidenza **2** mettere in rilievo con le parole, chiarire: *— un avvenimento.*
lumeggiatura [lu-meg-gia-tù-ra] *s.f.* in pittura e in cartografia, il lumeggiare.
lumen [lù-men] *s.m.invar.* (*fis.*) unità di misura del flusso luminoso nel Sistema Internazionale.
lumenometro [lu-me-nò-me-tro] *s.m.* (*fis.*) strumento atto alla misura del flusso luminoso emesso da una sorgente di luce.
lumia [lu-mì-a] *s.f.* (*merid.*) varietà di limetta che produce grossi frutti di sapore dolciastro, coltivata in Sicilia; il frutto stesso.
lumicino [lu-mi-cì-no] *s.m.* candela, lucerna o altro piccolo lume | *cercare col —*, (*fig.*) cercare con cura e pazienza qlco. che è difficile da trovare | *ridursi al —*, (*fig.*) agli estremi, in fin di vita; detto di cosa, stare per finire: *i nostri risparmi sono ormai al —* **2** lumino funebre.
luminare [lu-mi-nà-re] *s.m.* professionista insigne per grandi capacità e fama: *un — della medicina.*
luminaria [lu-mi-nà-ria] *s.f.* **1** addobbo luminoso di un luogo pubblico in occasione di una festa **2** (*estens.*) grande quantità di lumi accesi.
luminescente [lu-mi-ne-scèn-te] *agg.* dotato di luminescenza.
luminescenza [lu-mi-ne-scèn-za] *s.f.* (*fis.*) emissione di luce fredda, che non dipende perciò dalla temperatura della sorgente ma da altri fenomeni; si contrappone a *incandescenza.*
luminismo [lu-mi-nì-ʃmo] *s.m.* tecnica pittorica che ricerca particolari effetti di luce: *il — del Tintoretto.*
luministico [lu-mi-nì-sti-co] *agg.* [pl.m. *-ci*] relativo al luminismo o ai luministi: *effetto —.*

lumino [lu-mì-no] *s.m.* candela bassa e larga accesa davanti a immagini sacre o sulle tombe.

luminosità [lu-mi-no-si-tà] *s.f.* 1 l'essere luminoso 2 (*fis.*) brillanza.

luminoso [lu-mi-nó-so] *agg.* 1 che emana luce, che splende di luce; pieno di luce: *astro —*; *una stanza luminosa* 2 (*fig.*) evidente, manifesto: *verità luminosa* 3 (*fig.*) eccellente, straordinario: *un — esempio di eroismo* □ **luminosamente** *avv.*

luna [lù-na] *s.f.* 1 satellite naturale della Terra, intorno alla quale compie un'intera rivoluzione in circa 27 giorni; la faccia del satellite verso la Terra, che riflette la luce solare: *la luce della —*; *— piena*, plenilunio; *— nuova*, novilunio | *chiedere la —*, (*fig.*) pretendere l'impossibile | *far vedere la — nel pozzo*, (*fig.*) dare a intendere cose inverosimili; ingannare, illudere | *avere la testa nella —*, essere distratto | *prov.*: *gobba a ponente — crescente, gobba a levante — calante* 2 ciclo delle quattro fasi lunari, mese lunare; mese in genere | *— di miele*, (*fig.*) il primo periodo di vita matrimoniale, quello del viaggio di nozze | *avere la — di traverso*, *le lune*, (*fig.*) essere di cattivo umore 3 satellite naturale di altri pianeti: *le lune di Giove* 4 *pesce —*, pesce d'alto mare a forma di grande disco e dalle squame variopinte 5 *pietra di —*, (*min.*) lunaria.

luna park [lù-na park] *loc.sost.m.invar.* parco di divertimenti all'aperto, con giostre, tiro a segno ecc.

lunare [lu-nà-re] *agg.* della Luna, relativo alla Luna: *fasi lunari*; *eclissi —*.

lunaria [lu-nà-ria] *s.f.* (*min.*) varietà bianca di ortoclasio con riflessi opalescenti, usata per scopi ornamentali.

lunario [lu-nà-rio] *s.m.* libretto popolare che contiene un calendario con le fasi della Luna, previsioni meteorologiche, oroscopi e consigli pratici di vario tipo | *sbarcare il —*, guadagnare in misura appena sufficiente per vivere.

lunaticheria [lu-na-ti-che-rì-a] *s.f.* (*non com.*) 1 l'essere lunatico 2 atto, comportamento, discorso da lunatico; stravaganza.

lunatico [lu-nà-ti-co] *agg.* e *s.m.* [f. *-a*; pl.m. *-ci*] si dice di persona volubile, strana, facile agli sbalzi d'umore.

lunazione [lu-na-zió-ne] *s.f.* (*astr.*) intervallo di tempo (29 giorni, 12 ore, 44 minuti, 3 secondi) impiegato dalla Luna per ritornare alla stessa fase.

lunch [/ lantʃ /] *s.m.invar.* (*ingl.*) pasto leggero consumato a metà della giornata.

lunedì [lu-ne-dì] *s.m.* primo giorno della settimana.

lunetta [lu-nét-ta] *s.f.* 1 (*arch.*) porzione di muro limitata superiormente da un arco; anche, apertura a forma d'arco posta sopra una finestra | nelle arti figurative, dipinto o bassorilievo che orna una lunetta 2 parte di un oggetto o di un arnese a forma di mezzaluna 3 nella pallacanestro, il semicerchio che delimita lo spazio dal quale il giocatore deve battere i tiri liberi.

lungaggine [lun-gàg-gi-ne] *s.f.* il tirare in lungo nel fare o nel dire qlco.; lentezza, ritardo: *le lungaggini della burocrazia.*

lunghezza [lun-ghéz-za] *s.f.* 1 (*geom.*) estensione di un segmento: *la — di un lato del triangolo* | quella delle tre dimensioni di un solido che si sviluppa maggiormente in senso orizzontale; la misura di tale dimensione: *moltiplicare la — per la larghezza* 2 (*estens.*) la massima estensione di qlco., anche in senso verticale; la misura che la esprime: *la — di una strada*, *di un palo*; *prendere la —*, misurarla | *— di un fiume*, distanza dalla sorgente alla foce misurata lungo il suo corso 3 il protrarsi di qlco. nel tempo; durata: *— di un discorso* | (*ling.*) la natura lunga di una vocale o di una sillaba 4 (*sport*) la distanza che separa i concorrenti di una corsa rispetto ad una data unità di misura: *vincere per mezza —* 5 *— d'onda*, (*fis.*) nei fenomeni di propagazione per onde, la distanza percorsa dall'onda in un periodo.

lungi [lùn-gi] *avv.* (*lett.*) lontano | *— da*, lontano da: *— da me una simile idea!*; *essere — dal fare qlco.*, non avere nessuna intenzione di farla.

lungimirante [lun-gi-mi-ràn-te] *agg.* si dice di persona accorta, che sa prevedere i futuri sviluppi dei fatti; anche, di ciò che è fatto con tale previdente accortezza: *politica —*.

lungimiranza [lun-gi-mi-ràn-za] *s.f.* l'essere lungimirante.

lungo [lùn-go] *agg.* [pl.m. *-ghi*] 1 che si estende nello spazio nel senso della lunghezza: *un'asse lunga tre metri e larga due* 2 che ha una lunghezza notevole o maggiore rispetto alla media, o rispetto a un'altra possibile misura inferiore: *capelli lunghi*; *gonna lunga* | *saperla lunga*, (*fig.*) essere molto ben informato; essere abile, scaltro | *fare il passo più — della gamba*, (*fig.*) intraprendere un'impresa superiore alle proprie capacità 3 si dice di persona molto alta, soprattutto se magra 4 che si estende nel tempo, che dura da o per molto tempo: *una lunga assenza* | *a — andare*, continuando per molto tempo | *a — termine*, *a lunga scadenza*, destinato a durare, a valere per molto tempo: *investimento a — termine* | *di*, *da lunga data*, da tempo lontano, da molto tempo prima: *amici di lunga data* 5 (*fam.*) si dice di persona lenta, che impiega molto tempo per fare qlco.: *essere — nel mangiare* 6 si dice di bevanda o cibo preparato con una quantità d'acqua maggiore rispetto alla misura normale: *caffè —* 7 (*ling.*) si dice di suono che ha una durata di emissione maggiore di un altro, detto *breve*: *vocali lunghe* ♦ Dà luogo a numerose loc. avverbiali: *a —*, per molto tempo; *per —*, nel senso della lunghezza; *in — e in largo*, dappertutto; *alla lunga*, a lungo andare; *per le lunghe*, per molto tempo senza una rapida conclusione ♦ *prep.* 1 rasente, accosto: *camminare — la riva* 2 durante: *— il corso dei secoli* □ **lungamente** *avv.* a lungo, per molto tempo: *attendere — una risposta.*

lungodegente [lun-go-de-gèn-te] *s.m.* e *f.* [pl. *-ti*] chi, per malattia grave ma non acuta, deve restare in ospedale per un lungo tempo.

lungodegenza [lun-go-de gèn-za] *s.f.* degenza ospedaliera di lunga durata.
lungofiume [lun-go-fiù-me] *s.m.* [pl. *-mi*] strada che corre lungo la riva di un fiume.
lungolago [lun-go-là-go] *s.m.* [pl. *-ghi*] strada che corre lungo la riva di un lago.
lungomare [lun-go-mà-re] *s.m.* [pl. *-ri*] strada che costeggia la riva del mare.
lungometraggio [lun-go-me-tràg-gio], o **lungo metraggio**, *s.m.* [pl. *-gi*] (*cine.*) film di lunghezza normale, oltre i sessanta minuti.
lunisolare [lu-ni-so-là-re] *agg.* (*astr.*) relativo alla Luna e al Sole, e ai loro effetti combinati: *anno —*, l'anno in cui coincidono le date d'inizio dell'anno lunare e solare.
lunotto [lu-nòt-to] *s.m.* vetro posteriore delle automobili: *— termico*, attraversato da resistenze elettriche che riscaldandosi ne impediscono l'appannamento.
luogo [luò-go] *s.m.* [pl. *-ghi*] **1** porzione determinata dello spazio: *far —*, fare spazio; *in — di*, invece di, al posto di; *tenere il — di qlcu.*, (*fig.*) farne le veci; *in primo —*, (*fig.*) anzitutto | *— geometrico*, insieme dei punti di un piano o di uno spazio aventi tutti la stessa proprietà **2** parte determinata e limitata della superficie terrestre; località, zona caratteristica: *— di nascita, di villeggiatura* | *i luoghi santi*, per i cristiani la Palestina; per altre religioni, località legate alla vita di profeti o alla venerazione di divinità | *— aperto*, tratto di campagna esposto al sole e all'aria; qualsiasi spazio che non abbia copertura | *— pubblico*, quello a cui chiunque può accedere senza alcuna limitazione | *— aperto al pubblico*, quello in cui può entrare chiunque a determinate condizioni di orario o pagamento | *complementi di —*, (*gramm.*) quelli che indicano una relazione di luogo, cioè determinano un punto dello spazio in rapporto con lo stato o l'azione espressi dal verbo **3** edificio destinato a determinati scopi o attività: *— di pena*, carcere **4** parte di un oggetto o di un corpo; punto: *un dipinto scrostato in vari luoghi* **5** passo di uno scritto; punto di un'argomentazione: *nel — citato*, nel passo citato | *luoghi comuni*, argomenti triti e non motivati, frasi fatte **6** (*fig.*) situazione determinata; occasione: *ogni cosa va fatta a tempo e —*, al momento opportuno | *fuori —*, inopportuno: *una critica fuori —* | *dar — a*, provocare: *dar — a malintesi* | *aver —*, avvenire, realizzarsi: *la premiazione avrà — domenica.*
luogotenente [luo-go-te-nèn-te] *s.m.* che fa temporaneamente le veci del re o di un'alta carica politico-militare, o governa in loro nome un determinato territorio.
luogotenenza [luo-go-te-nèn-za] *s.f.* il grado, l'ufficio di luogotenente; la durata di tale ufficio.
lupa [lù-pa] *s.f.* **1** la femmina del lupo | *la — capitolina*, emblema di Roma **2** (*lett.*) donna sessualmente avida.
lupacchiotto [lu-pac-chiòt-to] *s.m.* lupo molto giovane; cucciolo di lupo.
lupanare [lu-pa-nà-re] *s.m.* (*lett.*) **1** bordello, postribolo: *frasi da —*, volgari **2** (*fig.*) luogo corrotto, ambiente immorale.
lupara [lu-pà-ra] *s.f.* **1** cartuccia per fucili da caccia caricata con pallettoni **2** fucile da caccia a canne mozzate | *— bianca*, (*fig.*) assassinio compiuto facendo sparire ogni traccia del cadavere.
lupesco [lu-pé-sco] *agg.* [pl.m. *-schi*] da lupo; simile a lupo: *sguardo —.*
lupetto [lu-pét-to] *s.m.* **1** cucciolo di lupo o di cane lupo **2** denominazione dei bambini dai 7 agli 11 anni che fanno parte dell'associazione dei giovani esploratori.
lupinella [lu-pi-nèl-la] *s.f.* pianta erbacea da foraggio con foglie pennate e fiori rossi.
lupino[1] [lu-pì-no] *agg.* da lupo; lupesco: *fame lupina.*
lupino[2] *s.m.* pianta erbacea che produce semi gialli commestibili simili alle fave | il seme stesso.
lupo [lù-po] *s.m.* **1** mammifero carnivoro selvatico simile al cane, che vive in branchi ed è caratterizzato da muso aguzzo, orecchie grandi ed erette, pelame folto e muscolatura robusta; è simbolo di aggressività, forza malvagia, voracità: *mangiare come un —*, mangiare molto e avidamente | *— mannaro*, (*pop.*) licantropo; mostro feroce, spauracchio | *— di mare*, (*fig.*) marinaio di lunga esperienza | *in bocca al —!*, (*fig.*) augurio per chi deve affrontare una prova di esito incerto | *il — e l'agnello*, (*fig.*) si dice per rappresentare la situazione in cui il debole deve cedere alla violenza del forte | *tempo da lupi*, (*fig.*) pessimo, burrascoso | *prov.*: *il — perde il pelo ma non il vizio*, difficilmente si perdono le cattive abitudini. DIM. *lupacchiotto, lupetto* **2** *cane —*, grosso cane con pelo lungo, muso allungato, orecchie diritte, impiegato come cane guida, da guardia e poliziotto; pastore tedesco.
luppolina [lup-po-lì-na] *s.f.* miscuglio di sostanze amare e di resine estratte dal luppolo, di cui costituisce il principio attivo.
luppolo [lùp-po-lo] *s.m.* pianta erbacea rampicante dalle cui infiorescenze femminili, a forma di cono, si ricava una sostanza amara usata per aromatizzare la birra.
lupus [lù-pus] *s.m.invar.* (*med.*) alterazione patologica della pelle.
lupus in fabula [/ 'lupus in'fabula /] *loc.inter.* (*lat.*) espressione proverbiale che si usa quando sopraggiunge inaspettatamente la persona di cui si stava parlando.
lurco [lùr-co] *agg.* [pl.m. - *chi*] (*lett.*) ghiottone, mangione, ingordo.
lurido [lù-ri-do] *agg.* **1** repellente, schifoso per la molta sporcizia: *casa lurida* **2** (*fig.*) corrotto, fortemente disonesto: *un — imbroglione* □ **luridamente** *avv.*
luridume [lu-ri-dù-me] *s.m.* **1** l'essere lurido (anche *fig.*): *— morale* **2** cosa lurida o insieme di cose luride; ambiente lurido: *vivere nel —.*
lusco [lù-sco] *agg.* [pl.m. *-schi*] (*lett.*) losco | Usa-

to come *s.m.* nella loc. *tra il — e il brusco,* si dice di situazione incerta o di espressione del volto tra indulgente e severa: *mi guardò tra il — e il brusco.*

lusinga [lu-ʃin-ga] *s.f.* **1** allettamento fatto di adulazioni e false promesse, con cui si cerca di guadagnare l'altrui simpatia per propri interessi: *cedere alle lusinghe* **2** (*lett.*) speranza ingannevole; promessa, attesa di felicità.

lusingare [lu-ʃin-gà-re] *v.tr.* [*io luʃingo, tu luʃinghi ecc.*] **1** allettare, illudere con lusinghe **2** esser causa di soddisfazione, di compiacimento: *la sua approvazione mi lusinga.*

lusinghevole [lu-ʃin-ghé-vo-le] *agg.* (*lett.*) pieno di lusinghe, lusingatore: *parole lusinghevoli.*

lusinghiero [lu-ʃin-ghiè-ro] *agg.* **1** (*lett.*) che lusinga, alletta **2** che soddisfa l'amor proprio o appaga l'ambizione, la vanità: *giudizio —.*

lusitano [lu-ʃi-tà-no] *agg.* dell'antica Lusitania, l'odierno Portogallo | (*lett.*) portoghese ♦ *s.m.* **1** [f. *-a*] abitante, nativo della Lusitania | (*lett.*) portoghese **2** la lingua portoghese, compresa la varietà brasiliana.

lussare [lus-sà-re] *v.tr.* (*med.*) provocare una lussazione in un'articolazione ossea: *lussarsi una spalla.*

lussatura [lus-sa-tù-ra] *s.f.* (*med.*) lussazione.

lussazione [lus-sa-zió-ne] *s.f.* (*med.*) spostamento reciproco dei capi ossei componenti un'articolazione: *— dell'anca.*

lussemburghese [lus-sem-bur-ghé-se] *agg.* della città, del granducato di Lussemburgo ♦ *agg.* e *s.m.* e *f.* chi è nato, chi abita nella città o nel granducato di Lussemburgo.

lusso [lùs-so] *s.m.* **1** sfoggio di ricchezza, di abbondanza; la ricchezza, l'abbondanza stessa: *vivere nel —* | (*fig.*) dovizia, sovrabbondanza **2** ogni cosa che costa molto in proporzione all'utilità o alle possibilità economiche di chi la considera; ogni cosa che non sia necessaria: *la barca a vela è l'unico — che si permette* | *di —*, si dice di ciò che costa molto ed è fatto con finezza particolare: *appartamento di —* | *permettersi il —*, (*scherz.*) fare qlco. che si desidera fare, senza temerne conseguenze dannose.

lussuoso [lus-su-ó-so] *agg.* di lusso; costoso e appariscente: *un'automobile lussuosa* □ **lussuosamente** *avv.*

lussureggiante [lus-su-reg-giàn-te] *agg.* **1** rigoglioso, florido: *vegetazione —* **2** (*fig.*) ricco, abbondante: *stile —.*

lussureggiare [lus-su-reg-già-re] *v.intr.* [*io lussuréggio ecc.*; aus. *avere*] essere lussureggiante.

lussuria [lus-sù-ria] *s.f.* desiderio sfrenato di piaceri sessuali; nella teologia cattolica, uno dei sette peccati capitali.

lussurioso [lus-su-rió-so] *agg.* di lussuria, pieno di lussuria: *vita lussuriosa* ♦ *agg.* e *s.m.* [f. *-a*] che/chi ha il vizio della lussuria, ne è dominato: *una persona lussuriosa* □ **lussuriosamente** *avv.*

lustrale [lu-strà-le] *agg.* (*lett.*) di lustrazione, purificatorio | (*lit.*) si dice dell'acqua benedetta.

lustrare [lu-strà-re] *v.tr.* far diventare lucido strofinando: *— i pavimenti con la cera* | *— le scarpe a qlcu.*, (*fig.*) adularlo bassamente, con servilismo ♦ *v.intr.* [aus. *avere*; ma raro nei tempi composti] risplendere, luccicare: *le lustravano gli occhi per la gioia.*

lustrascarpe [lu-stra-scàr-pe] *s.m.invar.* chi, per mestiere, pulisce e lucida scarpe.

lustratura [lu-stra-tù-ra] *s.f.* il lustrare; lucidatura.

lustrazione [lu-stra-zió-ne] *s.f.* (*lit.*) rito di purificazione compiuto aspergendo con l'acqua benedetta.

lustrino [lu-strì-no] *s.m.* **1** ciascuno dei dischetti lucidi che si applicano per ornamento ad abiti e accessori **2** (*fig.*) ornamento vistoso e senza valore; orpello.

lustro[1] [lù-stro] *agg.* che ha la superficie liscia e pulita così da riflettere la luce; lucido: *scarpe lustre* ♦ *s.m.* **1** lucentezza: *dare il — ai mobili* **2** (*fig.*) onore, distinzione, prestigio: *una presenza che dà — al paese* | persona o cosa che costituisce vanto: *essere il — della famiglia.*

lustro[2] *s.m.* (*lett.*) spazio di cinque anni, quinquennio.

luteina [lu-te-ì-na] *s.f.* (*biol.*) progesterone.

luteo [lù-te-o] *agg.* **1** (*lett.*) di color giallo **2** *corpo —*, (*biol.*) formazione che compare nell'ovaio dopo l'ovulazione.

luteranesimo [lu-te-ra-né-ʃi-mo] *s.m.* la dottrina religiosa e l'insieme delle chiese cristiane che si ispirano al pensiero e all'opera di Martin Lutero (1483-1545).

luterano [lu-te-rà-no] *agg.* di Lutero, che si riferisce a Lutero o al luteranesimo: *chiesa luterana* ♦ *s.m.* [f. *-a*] seguace di Lutero o del luteranesimo.

lutezio [lu-tè-zio] *s.m.* elemento chimico di simbolo *Lu*; è un metallo delle terre rare.

lutoterapia [lu-to-te-ra-pì-a] *s.f.* (*med.*) cura con fanghi termali.

lutreola [lu-trè-o-la] *s.f.* (*zool.*) piccolo mammifero carnivoro, con zampe corte palmate, pelliccia lucida, bruna sul dorso e grigia sul ventre; è detto anche *lontra minore* e *visone d'Europa.*

lutto [lùt-to] *s.m.* **1** sentimento di vivo dolore che si prova per la morte di qlcu. o per gravi disgrazie: *— di famiglia*; *— nazionale*, cordoglio pubblico ufficialmente proclamato in tutto il territorio di uno stato **2** usanze rituali a cui sono tenuti i parenti di un defunto per un determinato periodo: *— stretto*, che comporta il vestire di nero; *abiti da —*, neri; *mettere, portare il —*, gli abiti neri o altri segni convenzionali **3** (*estens.*) perdita, morte di una persona cara: *avere avuto un — in famiglia* | sventura, calamità: *la guerra è causa di lutti.*

luttuoso [lut-tu-ó-so] *agg.* che è causa di lutto; gravemente doloroso: *avvenimento —* □ **luttuosamente** *avv.*

lutulento [lu-tu-lèn-to] *agg.* (*lett.*) fangoso.

lux *s.m.invar.* (*fis.*) unità di misura dell'illuminamento nel Sistema Internazionale.

M

m *s.f.* o *m.* tredicesima lettera dell'alfabeto, il cui nome è *emme*; rappresenta la consonante nasale bilabiale.

ma[1] *cong.* **1** però, bensì (contrappone due elementi che hanno la stessa funzione sintattica): *un libro difficile ma interessante*; *gli ho scritto, ma non mi ha risposto* | corregge o rafforza un'affermazione precedente: *non buono, ma eccellente* | in espressioni familiari con valore rafforzativo: *bella, ma bella davvero* | premesso come rafforzativo ad altre congiunzioni avversative: *ma pure*; *ma tuttavia*; *ma nondimeno* **2** in principio di periodo indica passaggio ad altro argomento: *ma parliamo d'altro* | nell'uso fam. è usata con valore enfatico nelle proposizioni esclamative o interrogative: *ma che splendida giornata!*; *ma che dici?* ♦ *s.m.invar.* indica un'obiezione, un ostacolo: *sbrigati, senza tanti ma e però.*

ma[2], o **mah**, *inter.* indica incertezza, dubbio nelle risposte: "*E' uscito?*" "*Ma! Non lo so*" | Si usa anche in tono di disapprovazione o rassegnazione: *gli lasciano fare tutto ciò che vuole... Ma!*

macabro [mà-ca-bro] *agg.* spaventoso, orrido, raccapricciante: *spettacolo* — | Usato anche come *s.m.*: *avere il gusto del* —.

macaco [ma-cà-co] *s.m.* [pl. *-chi*] **1** genere di scimmie grigio-brune dal corpo tozzo, con coda breve o assente **2** (*fig.*) persona sciocca o goffa.

macaone [ma-ca-ó-ne] *s.m.* farfalla diurna con ali gialle a macchie e venature nere e con un occhio rosso sulle ali inferiori.

maccarello [mac-ca-rèl-lo] *s.m.* (*zool.*) scombro.

maccartismo [mac-car-tì-ʃmo] *s.m.* clima politico che caratterizzò gli Stati Uniti negli anni dal 1950 al 1953, per l'opera del senatore J.R. McCarthy (1909-1957) | atteggiamento politico improntato a violento anticomunismo.

macché [mac-ché] *inter.* si usa per esprimere una forte negazione o opposizione: —*, non è vero!*

maccherone [mac-che-ró-ne] *s.m.* **1** (spec. *pl.*) tipo di pasta alimentare lunga e bucata; spaghetto, bucatino: *maccheroni al sugo* | *essere come il cacio sui maccheroni*, (*fig. fam.*) si dice di cosa che giunge opportuna, a proposito. DIM. *maccheroncino* **2** (*fig.*) persona sciocca; babbeo.

maccheronico [mac-che-rò-ni-co] *agg.* [pl.m. *-ci*] **1** si dice di un linguaggio burlesco, in uso nella letteratura del Cinquecento, costituito da parole italiane o dialettali con desinenze e regole di sintassi latine: *latino* —; *poesia maccheronica*, in linguaggio maccheronico **2** (*estens.*) di qualsiasi lingua storpiata, parlata o scritta male: *parla un inglese* —.

macchia[1] [màc-chia] *s.f.* **1** area di colore diversa dal resto di una superficie: *una — sul volto* | ciuffo di peli di altro colore sul corpo d'un animale: *mantello a macchie* | (*anat.*, *med.*) macula | — *solare*, (*astr.*) area oscura visibile con lenti schermate sul disco solare **2** chiazza lasciata da una sostanza sulla superficie di un corpo: — *di unto* | *allargarsi a — d'olio*, allargarsi rapidamente e in tutte le direzioni **3** (*fig.*) colpa, onta, vergogna: *una vita senza* —.

macchia[2] *s.f.* boscaglia fitta, di difficile accesso: — *mediterranea*, vegetazione tipica delle zone rivierasche dei paesi mediterranei | *darsi alla* —, nascondersi per sfuggire alla cattura; (*fig. scherz.*) rendersi irreperibile.

macchiaiolo [mac-chia-iò-lo] *s.m.* pittore appartenente a un movimento sorto a Firenze intorno alla metà del sec. XIX, che praticò una tecnica impressionistica basata sulla giustapposizione di macchie di colore.

macchiare [mac-chià-re] *v.tr.* [*io màcchio ecc.*] **1** sporcare con una o più macchie: — *la tovaglia di vino* | (*assol.*) lasciare macchie: *l'inchiostro macchia* **2** (*estens.*) aggiungere a un alimento una piccola quantità di un'altra sostanza che ne modifica il colore naturale: — *il caffè*, con un po' di latte **3** (*fig.*) corrompere la purezza originaria; disonorare: — *il proprio nome* ♦ **macchiarsi** *v.intr.pron.* coprirsi di una macchia o di macchie (anche *fig.*): — *di una colpa.*

macchiato [mac-chià-to] *agg.* **1** sporco; cosparso di macchie (anche *fig.*): *onore* — **2** si dice di alimento a cui è stata aggiunta un'altra sostanza che ne ha modificato il colore: *latte* —, con un po' di caffè | cosparso di macchie di colore diverso: *il mantello — di un animale*, con ciuffi di peli di altro colore.

macchietta [mac-chiét-ta] *s.f.* **1** (*pitt.*) bozzetto preparatorio | piccola figura inserita in quadri di paesaggio | (*estens.*) schizzo, vignetta, caricatura **2** nel teatro e in opere di narrativa, personaggio secondario caricaturale | (*estens.*) persona buffa e stravagante.

macchiettare [mac-chiet-tà-re] *v.tr.* [*io macchiétto ecc.*] cospargere di piccole macchie di colore diverso: — *un tessuto.*

macchiettato [mac-chiet-tà-to] *agg.* con piccole macchie qua e là: *foglio giallo — di rosso.*
macchiettatura [mac-chiet-ta-tù-ra] *s.f.* insieme di piccole macchie di colore diverso dal fondo su cui sono sparse.
macchiettista [mac-chiet-tì-sta] *s.m.* e *f.* [pl.m. *-sti*] **1** pittore di macchiette **2** attore che impersona macchiette.
macchiettistico [mac-chiet-tì-sti-co] *agg.* [pl.m. *-ci*] da macchietta, da macchiettista: *teatro —.*
macchina [màc-chi-na] *s.f.* **1** sistema costituito da uno o più meccanismi per compiere operazioni che imitano o potenziano le capacità umane oppure per trasformare un tipo di energia in un'altra utile a compiere un lavoro: *— per scrivere, per cucire*; *macchine motrici*, quelle che trasformano in energia meccanica altre forme di energia; *macchine elettriche*, quelle che trasformano energia meccanica in energia elettrica o viceversa | *— da guerra*, ogni tipo di macchina d'assedio **2** qualsiasi tipo di macchina (quale sia si deduce dal contesto): *mobili lavorati a —*; *orlo fatto a —*, non a mano; *fare un viaggio in —*, in automobile; *sala macchine*, dove sono alloggiati i motori di una nave; *battere a —*, sulla macchina per scrivere. DIM. *macchinina, macchinetta* **3** (*lett.*) qualsiasi struttura molto complessa: *la — umana*, il corpo dell'uomo | (*fig.*) apparato complesso: *la — dello stato, della legge.*
macchinale [mac-chi-nà-le] *agg.* si dice di movimento o atto meccanico, compiuto senza l'intervento della volontà: *gesto —.*
macchinare [mac-chi-nà-re] *v.tr.* [*io màcchino ecc.*] **1** (*non com.*) lavorare, passare a macchina: *— il legname* **2** (*fig.*) studiare, preparare di nascosto: *— una burla* | (*assol.*) ordire, tramare: *— contro qlcu.*
macchinario [mac-chi-nà-rio] *s.m.* complesso di macchine che concorrono a una lavorazione.
macchinazione [mac-chi-na-zió-ne] *s.f.* il macchinare; trama, intrigo: *sventare una —.*
macchinetta [mac-chi-nét-ta] *s.f.* piccola macchina | (*fam.*) qualsiasi congegno impiegato per un determinato uso (*p.e.* l'accendino, la caffettiera) | *parlare come una —*, (*fig.*) in continuità e rapidamente.
macchinista [mac-chi-nì-sta] *s.m.* [pl. *-sti*] **1** chi è addetto a far funzionare una macchina | conduttore di una locomotiva o addetto all'apparato motore di una nave **2** in teatro e negli studi televisivi, operaio addetto al montaggio delle scene; nel cinema, operaio che cura gli spostamenti della macchina da presa.
macchinosità [mac-chi-no-si-tà] *s.f.* l'essere macchinoso.
macchinoso [mac-chi-nó-so] *agg.* eccessivamente elaborato, complicato: *progetto —* □ **macchinosamente** *avv.*
macedone [ma-cè-do-ne] *agg.* della Macedonia, regione balcanica ♦ *s.m.* **1** [anche *f.*] chi abita o è nativo della Macedonia **2** la lingua parlata in Macedonia.
macedonia [ma-ce-dò-nia] *s.f.* **1** miscuglio di frutta varia, tagliata a piccoli pezzi, condita con zucchero e succo di limone o liquore **2** (*fig.*) mescolanza di elementi eterogenei.
macellaio [ma-cel-là-io] *s.m.* [f. *-a*] chi macella le bestie | chi vende le carni in una macelleria.
macellare [ma-cel-là-re] *v.tr.* [*io macèllo ecc.*] **1** ammazzare bestie che servono all'alimentazione dell'uomo, preparandone le carni per il commercio **2** (*estens.*) uccidere, far morire un gran numero di persone; massacrare.
macellatore [ma-cel-la-tó-re] *s.m.* chi abbatte, scuoia e squarta le bestie nei macelli.
macellazione [ma-cel-la-zió-ne] *s.f.* il macellare, l'essere macellato: *animali pronti per la —.*
macelleria [ma-cel-le-rì-a] *s.f.* la bottega in cui si vendono le carni macellate.
macello [ma-cèl-lo] *s.m.* **1** luogo in cui si macellano le bestie; mattatoio **2** macellazione: *bestie da —* **3** (*fig.*) grande strage di uomini; carneficina: *l'esplosione causò un —* | *condurre al —*, a morte certa | *carne da —*, si dice di soldati impiegati in operazioni in cui perderanno la vita **4** (*fig. fam.*) disastro, sconquasso: *i bambini hanno fatto un —.*
macerare [ma-ce-rà-re] *v.tr.* [*io màcero ecc.*] **1** tenere una sostanza a bagno in un solvente affinché perda la sua durezza o per estrarne dei componenti **2** sottoporre a decomposizione: *l'acqua macera le foglie* | (*ind.*) sottoporre al processo di macerazione: *— gli stracci* **3** (*fig. lett.*) tormentare, affliggere, angustiare ♦ **macerarsi** *v. intr.pron.* essere sottoposto a macerazione ♦ *v. rifl.* tormentarsi, angustiarsi, rodersi: *— nel rimorso.*
macerato [ma-ce-rà-to] *agg.* **1** decomposto | sottoposto a macerazione **2** che ha aspetto di cosa macerata: *volto —*, molto segnato, sofferente.
macerazione [ma-ce-ra-zió-ne] *s.f.* **1** il macerare, il macerarsi, l'essere macerato **2** trattamento degli steli di canapa, lino e altre piante tessili per separare le fibre dalla parte legnosa **3** trattamento degli stracci di cotone, della carta da macero o della paglia di cereali per ricavarne la pasta da carta **4** (*fig.*) tormento, angustia | mortificazione, penitenza corporale.
maceria [ma-cè-ria] *s.f.* (spec. *pl.*) ammasso di materiali prodotto dal crollo di edifici e strutture murarie: *un cumulo di macerie.*
macero [mà-ce-ro] *agg.* **1** macerato, marcio: *foglie macere* **2** (*estens.*) pesto, contuso | (*fig.*) sparuto, smunto: *viso —* ♦ *s.m.* vasca in cui si effettua la macerazione: *carta da —.*
machete [/ ma'tʃete /] *s.m.invar.* (*sp.*) grosso coltello a un solo taglio usato nell'America centro-meridionale.
-machia secondo elemento di parole composte di origine greca, che significa 'combattimento, battaglia' (*tauromachia*).
machiavellico [ma-chia-vèl-li-co] *agg.* [pl.m. *-ci*] (*spreg.*) astuto e privo di scrupoli; subdolo:

piano — □ **machiavellicamente** *avv.* astutamente, subdolamente.
machiavellismo [ma-chia-vel-lì-ʃmo] *s.m.* 1 corrente di pensiero politico che si ricollega alle dottrine di N. Machiavelli (1469-1527), interpretate come la teorizzazione del primato della politica sulla morale 2 (*estens.*) opportunismo, utilitarismo nei rapporti politici 3 (*fig.*) atto o condotta astuti, improntati a doppiezza.
macho [/ ˈmatʃo /] *s.m.invar.* (*sp.*) (*gerg.*) uomo che ostenta la sua mascolinità ♦ *agg.invar.* (*gerg.*) che sottolinea una mascolinità esteriore ed esibita: *atteggiamento* —.
macigno [ma-cì-gno] *s.m.* 1 pietra arenaria grigiastra molto dura, usata come pietra da costruzione 2 (*estens.*) masso, pietra di notevole grandezza.
macilento [ma-ci-lèn-to] *agg.* magro, emaciato: *una figura macilenta.*
macina [mà-ci-na] *s.f.* grossa mola di pietra per macinare il grano o le olive nei mulini o nei frantoi.
macinacaffè [ma-ci-na-caf-fè] *s.m.invar.* macinino per il caffè.
macinapepe [ma-ci-na-pé-pe] *s.m.invar.* macinino per il pepe.
macinare [ma-ci-nà-re] *v.tr.* [*io màcino ecc.*] 1 ridurre in polvere o in frammenti minuti: — *il grano* | — *chilometri*, (*fig.*) percorrere in breve tempo lunghi tratti di strada 2 (*fig.*) ritornare continuamente od ossessivamente su pensieri, idee, propositi: — *rancore.*
macinato [ma-ci-nà-to] *s.m.* 1 il prodotto della macinazione; in particolare, la farina: *tassa sul* — 2 (*fam.*) carne tritata.
macinatoio [ma-ci-na-tó-io] *s.m.* arnese che serve a macinare | mulino, frantoio.
macinatura [ma-ci-na-tù-ra] *s.f.* il macinare, l'essere macinato; macinazione.
macinazione [ma-ci-na-zió-ne] *s.f.* macinatura.
macinino [ma-ci-nì-no] *s.m.* 1 piccola macchina azionata a mano o elettricamente per macinare caffè, pepe ecc. 2 (*scherz.*) automobile o altro veicolo vecchio e malandato.
maciste [ma-cì-ste] *s.m.* (*scherz.*) si dice di uomo fortissimo, dalla corporatura particolarmente robusta.
maciullamento [ma-ciul-la-mén-to] *s.m.* il maciullare, l'essere maciullato; stritolamento.
maciullare [ma-ciul-là-re] *v.tr.* 1 separare meccanicamente le parti fibrose del fusto della canapa o di un'altra pianta tessile dalle parti legnose 2 (*estens.*) stritolare: *l'ingranaggio gli ha maciullato la mano.*
macramè [ma-cra-mè] *s.m.* sorta di trina pesante usata per guarnizioni.
macro- primo elemento di parole composte, che significa 'grande, di notevole estensione' (*macrocosmo*); in medicina indica sviluppo superiore al normale di un organo o di una sua parte (*macrocefalia*).
macrobiotica [ma-cro-biò-ti-ca] *s.f.* 1 disciplina ispirata ai principi dell'antica medicina cinese, che si propone di allungare la vita umana 2 dieta macrobiotica.
macrobiotico [ma-cro-biò-ti-co] *agg.* [pl.m. -*ci*] si dice di alimento che conserva integre le proprietà nutritive originarie | *dieta macrobiotica*, basata su cereali integrali, verdure e pochi alimenti di origine animale.
macrocefalia [ma-cro-ce-fa-lì-a] *s.f.* (*med.*, *vet.*) sviluppo eccessivo del cranio degli uomini o degli animali.
macrocefalo [ma-cro-cè-fa-lo] *agg.* e *s.m.* [f. -*a*] (*med.*, *vet.*) si dice di chi è affetto da macrocefalia.
macrochiri [ma-cro-chì-ri] *s.m.pl.* (*zool.*) ordine di uccelli con zampe corte e ali molto sviluppate, al quale appartengono le rondini e i colibrì.
macrocito [ma-cro-cì-to], o **macrocita** [pl. -*ti*], *s.m.* (*biol.*) globulo rosso di dimensioni più grandi del normale.
macrocitosi [ma-cro-ci-tó-ʃi] *s.f.* (*med.*) presenza di macrociti nel sangue.
macroclima [ma-cro-clì-ma] *s.m.* [pl. -*mi*] (*geog.*) il complesso dei fenomeni climatici che riguardano una vasta regione.
macrocosmo [ma-cro-cò-ʃmo] *s.m.* (*filos.*) l'universo, considerato in contrapposizione all'uomo, che costituisce un piccolo mondo a sé (microcosmo).
macroeconomia [ma-cro-e-co-no-mì-a] *s.f.* il ramo dell'economia che studia globalmente fenomeni quali il prodotto nazionale, i consumi, gli investimenti, l'occupazione, il livello dei prezzi.
macroeconomico [ma-cro-e-co-nò-mi-co] *agg.* [pl.m. -*ci*] relativo alla macroeconomia: *analisi macroeconomica.*
macrofotografia [ma-cro-fo-to-gra-fì-a] *s.f.* tecnica di ripresa fotografica per ottenere immagini ingrandite di oggetti molto piccoli; la fotografia ottenuta con tale tecnica.
macrogamete [ma-cro-ga-mè-te] *s.m.* (*biol.*) si dice del gamete femminile (ovulo), che è molto più grande del gamete maschile (spermatozoo).
macroistruzione [ma-cro-i-stru-zió-ne] *s.f.* (*inform.*) istruzione complessa che sintetizza più istruzioni in linguaggio macchina.
macromelia [ma-cro-me-lì-a] *s.f.* (*med.*) sviluppo abnorme degli arti.
macromolecola [ma-cro-mo-lè-co-la] *s.f.* (*chim.*) molecola di grandi dimensioni e di elevato peso molecolare.
macronucleo [ma-cro-nù-cle-o] *s.m.* (*biol.*) nucleo molto sviluppato che in alcuni protozoi assolve le funzioni della cellula.
macroplasia [ma-cro-pla-ʃì-a] *s.f.* (*med.*) sviluppo eccessivo di una parte del corpo.
macroscopico [ma-cro-scò-pi-co] *agg.* [pl.m. -*ci*] 1 si dice di oggetto o fenomeno che è visibile a occhio nudo 2 (*fig.*) evidente, enorme: *un errore* — □ **macroscopicamente** *avv.*

macrosisma [ma-cro-sì-ʃma] *s.m.* terremoto di intensità tale da essere percepito dall'uomo.
macrosomia [ma-cro-so-mì-a] (*med.*) gigantismo.
macrostruttura [ma-cro-strut-tù-ra] *s.f.* struttura macroscopica di un corpo, di un organismo.
macula [mà-cu-la] *s.f.* (*anat.*, *med.*) piccola zona dell'epidermide diversa per colore dal tessuto circostante; macchia | — *lutea*, piccola area nella parte centrale della retina, che ha il massimo potere visivo.
maculare *agg.* 1 (*med.*) relativo a una macula 2 che si riferisce alle macchie.
maculato [ma-cu-là-to] *agg.* (*lett.*) chiazzato, screziato.
macumba [ma-cùm-ba] *s.f.* rito propiziatorio diffuso in Brasile e nelle Antille; la musica e la danza eseguite durante tale rito.
madama [ma-dà-ma] *s.f.* 1 titolo di riguardo che veniva rivolto in passato a una signora; oggi usato solo in tono scherzoso 2 nel gergo della malavita, la polizia.
madamigella [ma-da-mi-gèl-la] *s.f.* titolo di riguardo che in passato veniva rivolto a una signorina; oggi usato solo in tono scherzoso.
maddalena[1] [mad-da-lé-na] *s.f.* peccatrice redenta.
maddalena[2] *s.f.* piccolo dolce a forma di conchiglia.
made in [/ 'meid in /] *loc.agg.invar.* (*ingl.*) formula d'uso internazionale stampigliata sui prodotti commerciali, che indica il luogo di fabbricazione del prodotto: *made in Italy*.
madia [mà-dia] *s.f.* mobile di legno rettangolare, munito di un coperchio a cerniera, usato tradizionalmente nelle case di campagna per impastarvi il pane e per conservarvi generi alimentari.
madido [mà-di-do] *agg.* (*lett.*) umido, bagnato alla superficie: *fronte madida di sudore*.
madonna [ma-dòn-na] *s.f.* 1 *Madonna*, la Vergine Maria, madre di Cristo: *invocare la Madonna*; *la Madonna Addolorata*, *Assunta*, *del Rosario*, a seconda dei vari attributi | *avere le madonne*, (*pop.*) essere adirato, di cattivo umore | *essere una* —, (*fig.*) si dice di donna di armoniosa e serena bellezza. DIM. *madonnina* 2 opera d'arte figurativa che rappresenta la Vergine Maria: *le madonne di Raffaello*.
madonnaro [ma-don-nà-ro] *s.m.* 1 artista che disegna madonne o soggetti sacri con i gessi colorati sui marciapiedi 2 venditore di immagini della Madonna.
madonnina [ma-don-nì-na] *s.f.* 1 piccola riproduzione pittorica o scultorea della Madonna 2 medaglietta con l'immagine della Madonna.
madornale [ma-dor-nà-le] *agg.* di straordinaria gravità; spropositato: *un errore* —.
madornalità [ma-dor-na-li-tà] *s.f.* l'essere madornale; enormità: *la — di un errore*.
madras [ma-dràs] *s.m.invar.* tessuto leggero di seta o di cotone con righe o quadrati di colori vivaci.
madre [mà-dre] *s.f.* 1 donna che ha generato dei figli, considerata rispetto ai figli stessi: *divenire* —; *essere orfano di* — | — *di famiglia*, che si dedica alle cure dei figli e della casa | *fare da — a qlcu.*, aiutarlo a crescere con amore materno | *parente per parte di* —, in linea materna 2 la femmina di animali che ha generato dei figli 3 titolo che si dà alle suore che rivestono nel convento una carica particolare: *la — badessa* 4 (*fig.*) si usa per richiamare una nozione generica di maternità: *la grande* —, la terra; — *natura*, la natura in quanto generatrice di tutti gli esseri viventi; *santa — chiesa*, la chiesa cattolica, in quanto accoglie tutti i fedeli come figli 5 (*fig.*) causa, origine: *la guerra è — di lutti* 6 matrice: *ricevuta a — e figlia* 7 — *dell'aceto*, massa gelatinosa che si sviluppa nell'aceto 8 *dura* —, *pia* —, (*anat.*) due delle tre meningi che avvolgono i centri nervosi, la più esterna e la più interna ♦ *agg.* 1 che è madre, che ha figli: *ragazza* —, che ha avuto dei figli senza essere sposata | *regina* —, titolo che si dà alla madre di un re 2 (*fig.*) che costituisce il principio, l'origine o l'elemento più importante, da cui tutti gli altri dipendono: *scienza* —, da cui derivano le altre scienze | *scena* —, in un dramma, quella in cui si svolgono le azioni principali; scena di grande effetto, dai toni melodrammatici | *casa* —, la casa religiosa di un ordine da cui dipendono altre sedi; anche, la sede principale di un'impresa commerciale.
madrelingua [ma-dre-lìn-gua] *s.f.* [pl. *madrelingue*] la lingua del paese d'origine, appresa nella prima infanzia: *insegnante di — inglese*.
madrepatria [ma-dre-pà-tria] *s.f.* [pl. *madrepatrie*] il paese di origine per chi vive all'estero.
madreperla [ma-dre-pèr-la] *s.f.* [pl. *madreperle*] strato interno della conchiglia di alcuni molluschi, di colore bianco perlaceo, iridescente, utilizzato per la fabbricazione di oggetti ornamentali: *bottoni di* — | Usato come *agg.invar.* di colore bianco perlaceo.
madreperlaceo [ma-dre-per-là-ce-o] *agg.* di madreperla; che è simile alla madreperla per il colore o per l'aspetto: *riflesso* —.
madreperlato [ma-dre-per-là-to] *agg.* che è di aspetto simile alla madreperla o che è stato lavorato a madreperla.
madrepora [ma-drè-po-ra] *s.f.* (*zool.*) genere di celenterati marini dei mari tropicali simili a coralli; riuniti in colonie, formano banchi, barriere e atolli.
madreporico [ma-dre-pò-ri-co] *agg.* [pl.m. *-ci*] di madrepora; formato da madrepore: *banco* —.
madrevite [ma-dre-vì-te] *s.f.* [pl. *madreviti*] (*mecc.*) 1 elemento cavo filettato che si accoppia con una vite 2 utensile usato per eseguire la filettatura di viti.
madrigale [ma-dri-gà-le] *s.m.* 1 breve componimento in versi di contenuto amoroso; fu in uso dal XIV al XVII sec. 2 (*mus.*) composizione polifonica a più voci, di soggetto profano, sviluppatasi tra il sec. XIV e il XVII.

madrigalista [ma-dri-ga-lì-sta] *s.m.* e *f.* [pl.m. *-sti*] scrittore, autore o esecutore di madrigali.
madrigalistico [ma-dri-ga-lì-sti-co] *agg.* [pl.m. *-ci*] che si riferisce al madrigale: *musica madrigalistica.*
madrileno [ma-dri-lè-no] *agg.* di Madrid ♦ *s.m.* [f. *-a*] abitante, nativo di Madrid.
madrina [ma-drì-na] *s.f.* **1** donna che tiene a battesimo o a cresima un bambino **2** (*estens.*) donna che presiede a una cerimonia in segno beneaugurale: *fare la — al varo di una nave* | donna che patrocina un'iniziativa benefica.
maestà [ma-e-stà] *s.f.* **1** nobiltà d'aspetto; imponenza che suscita riverenza e ammirazione: *la — di un edificio* **2** titolo e appellativo riservato a sovrani e imperatori: *Sua Maestà la Regina* | *delitto di lesa —*, (*dir.*) un tempo, denominazione generica di vari reati contro il sovrano o contro la sicurezza dello stato **3** in pittura, la rappresentazione di Cristo o della Vergine seduta sul trono, in atteggiamento di potenza: *la — di Simone Martini.*
maestosità [ma-e-sto-si-tà] *s.f.* l'essere maestoso; grandiosità.
maestoso [ma-e-stó-so] *agg.* **1** pieno di maestà; imponente, grandioso: *aspetto —* **2** (*mus.*) indicazione che prescrive una esecuzione lenta e solenne di un brano □ **maestosamente** *avv.*
maestra [ma-è-stra] *s.f.* **1** insegnante in una scuola elementare. DIM. *maestrina* **2** donna che istruisce in una determinata attività: *— di pianoforte* **3** (*estens.*) donna esperta nel fare qlco.: *è — nell'arte di intrattenere gli ospiti* **4** (*fig.*) guida ed esempio: *la storia è — di vita* **5** in marina: *albero —*, quello principale e più alto di un veliero; *vela di —*, quella dell'albero di maestra.
maestrale [ma-e-strà-le] *s.m.* **1** vento freddo e secco di nord-ovest, tipico del Mediterraneo centrale **2** (*estens.*) la direzione di questo vento.
maestranza [ma-e-stràn-za] *s.f.* (spec. *pl.*) l'insieme degli operai che lavorano presso un complesso industriale, un arsenale o un porto.
maestria [ma-e-strì-a] *s.f.* **1** grande capacità, abilità; perizia da maestro: *dipingere con —* **2** astuzia, accortezza: *giocare di —.*
maestro [ma-è-stro] *s.m.* **1** chi insegna un'arte, una scienza, una dottrina | (*estens.*) chi, per scienza o abilità in un determinato campo, è considerato un modello da seguire: *Socrate fu il — di Platone*; *essere un — d'eleganza* | *darsi arie da —*, assumere atteggiamenti da persona saccente | *un lavoro da —*, perfetto | *un colpo da —*, si dice di un'azione condotta con molta perizia e con ottimi risultati **2** insegnante di una scuola elementare **3** musicista diplomato in un conservatorio | *— del coro*, in un'orchestra, chi istruisce e prepara i cori **4** operaio specializzato che ha alle sue dipendenze altri lavoranti; mastro: *— muratore* **5** pittore o scultore che sia a capo di una bottega o di una scuola **6** chi è a capo, dirige: *gran — dell'ordine di Malta*; *— di cerimonie*, cerimoniere; *— venerabile*, il capo di una loggia massonica **7** maestrale | nella bussola e nella rosa dei venti, il nord-ovest ♦ *agg.* **1** abile, esperto: *lavorare con mano maestra* | *colpo —*, fatto con abilità **2** principale, il più importante: *strada maestra* | *muro —*, quello su cui grava il carico maggiore della costruzione | *albero —*, *vela maestra*, (*mar.*) albero, vela di maestra.
mafia [mà-fia] *s.f.* **1** organizzazione criminale originaria della Sicilia che esercita un controllo parassitario su attività economiche e produttive o su traffici illeciti come quello degli stupefacenti: *delitto di —* **2** (*estens.*) ogni gruppo di potere che opera illecitamente.
mafiosità [ma-fio-si-tà] *s.f.* l'essere mafioso, carattere mafioso: *la — di un comportamento.*
mafioso [ma-fió-so] *agg.* della mafia, secondo i metodi della mafia: *delitto —* ♦ *s.m.* [f. *-a*] chi appartiene alla mafia; chi opera con metodi simili a quelli della mafia □ **mafiosamente** *avv.*
maga [mà-ga] *s.f.* **1** donna che esercita la magia **2** (*fig.*) donna seducente, ammaliatrice | donna straordinariamente abile: *in cucina è una —.*
magagna [ma-gà-gna] *s.f.* guasto, difetto; imperfezione non grave, non appariscente: *un legno con qualche —* | malanno, acciacco: *le magagne dell'età.*
magari [ma-gà-ri] *inter.* esprime vivo desiderio: "*Ti piacerebbe fare un viaggio?*" "*Magari!*" ♦ *cong.* **1** volesse il cielo che: *— fosse vero!* **2** (*fam.*) quand'anche, anche se: *lo aspetterò, — dovessi restare qui un giorno intero!* ♦ *avv.* forse: *— dirà di non saperne niente.*
magazine [/ ˈmagazin /] *s.m.invar.* (*ingl.*) rotocalco illustrato.
magazzinaggio [ma-gaʒ-ʒi-nàg-gio] *s.m.* **1** l'immagazzinare, l'essere immagazzinato **2** somma che si paga per depositare merci in un magazzino altrui.
magazziniere [ma-gaʒ-ʒi-niè-re] *s.m.* [f. *-a*] chi è addetto alla custodia o alla gestione di un magazzino.
magazzino [ma-gaʒ-ʒì-no] *s.m.* **1** locale per il deposito o la conservazione di merci o materiali: *il — delle materie prime* **2** l'insieme delle merci in giacenza in un magazzino: *giacenze di —* **3** (spec. *pl.*) locale molto ampio o complesso di locali per la vendita al dettaglio di una grande varietà di merci; supermercato: *i grandi magazzini.*
magenta [ma-gèn-ta] *agg.* e *s.m.invar.* si dice di colore rosso cremisi scuro.
maggese [mag-gé-se] *s.m.* **1** pratica agricola consistente nel lasciare un terreno a riposo per un certo tempo, concimandolo e lavorandolo per fargli riacquistare fertilità: *tenere un campo a —* **2** (*estens.*) il terreno sottoposto a tale trattamento.
maggio [màg-gio] *s.m.* quinto mese dell'anno.
maggiociondolo [mag-gio-ción-do-lo] *s.m.* piccolo albero di montagna con foglie a trifoglio e fiori gialli in grappolo.
maggiolino [mag-gio-lì-no] *s.m.* insetto bruno-

rossiccio, con testa nera, antenne frangiate e un prolungamento ricurvo nell'addome.
maggiorana [mag-gio-rà-na] *s.f.* erba aromatica usata in culinaria.
maggioranza [mag-gio-ràn-za] *s.f.* **1** la parte numericamente superiore di un tutto **2** in un'elezione, la quota maggiore dei votanti | in un organo collegiale, il gruppo che dispone del maggior numero di voti e può quindi far valere la propria volontà: *avere la —; eleggere a —* | *— parlamentare*, l'insieme dei partiti che, in parlamento, sostengono il governo | *— assoluta*, quella che raccoglie più della metà dei voti complessivi | *— relativa*, quella che raccoglie più voti di ciascuno degli schieramenti o dei candidati contrapposti.
maggiorare [mag-gio-rà-re] *v.tr.* [*io maggióro ecc.*] far diventare maggiore, aumentare: *— un prezzo del 20%.*
maggiorascato [mag-gio-ra-scà-to] *s.m.* (*dir.*) l'istituto del maggiorasco.
maggiorasco [mag-gio-rà-sco] *s.m.* [pl. *-schi*] (*dir.*) istituto in base al quale il patrimonio familiare passava come eredità indivisibile a un solo parente maschio, il più vicino di grado o il maggiore per età.
maggiorata [mag-gio-rà-ta] *agg.* e *s.f.* si dice di donna che ha forme prosperose.
maggiorazione [mag-gio-ra-zió-ne] *s.f.* aggiunta, aumento: *— dei prezzi.*
maggiordomo [mag-gior-dò-mo] *s.m.* chi, nei palazzi signorili, è a capo della servitù e cura l'andamento della casa.
maggiore [mag-gió-re] *agg.* [compar. di *grande*] **1** più grande (per numero, altezza, volume ecc.); preminente, più importante: *Roma ha un'estensione — di Milano; il maggior esperto in un campo* | *a maggior ragione*, tanto più | *forza —*, quella che dipende da cause esterne e a cui non ci si può opporre: *è partito per cause di forza —* | *scala —*, (*mus.*) quella nella quale tra la seconda e la terza nota c'è l'intervallo di un tono **2** preceduto dall'articolo, ha valore di superlativo relativo: *Dante e Petrarca sono i maggiori poeti del Trecento* | *la maggior parte*, la parte più numerosa, la maggioranza **3** più anziano, nato prima: *è il — dei fratelli* | aggiunto al nome di un personaggio lo distingue da altro omonimo, più giovane o vissuto in epoca posteriore: *Catone —* o *il Vecchio*, in contrapposizione a *Catone minore* o *il Giovane* | *la — età*, quella in cui si è maggiorenni **4** all'interno di un grado o di un ordine gerarchico, superiore: *sergente —* | *gli ordini maggiori*, nel vecchio ordinamento della chiesa cattolica il suddiaconato, il diaconato e il sacerdozio | *andare per la —*, avere molto successo ♦ *s.m.* **1** [anche *f.*] chi, rispetto ad altri, è più anziano di età; figlio primogenito **2** chi, in un ordine gerarchico, occupa un grado superiore a quello di altri | (*mil.*) ufficiale dell'esercito o dell'aviazione di grado compreso tra capitano e tenente colonnello □ **maggiormente** *avv.* di più, in misura maggiore; con maggiore intensità.
maggiorenne [mag-gio-rèn-ne] *agg.* e *s.m.* e *f.* si dice di chi ha compiuto la maggiore età e ha pertanto acquistato piena capacità giuridica.
maggiorente [mag-gio-rèn-te] *s.m.* (spec. *pl.*) persona ragguardevole per autorità, prestigio, posizione sociale o economica: *i maggiorenti della città.*
maggioritario [mag-gio-ri-tà-rio] *agg.* che si riferisce alla maggioranza | *sistema —*, sistema elettorale secondo il quale tutti i seggi o una quota preponderante di essi vengono attribuiti alla lista che ha ottenuto il maggior numero di voti.
magia [ma-gì-a] *s.f.* **1** pratica rituale che tende ad agire, mediante arti occulte, sulla natura o sull'uomo: *— nera*, quella esercitata con intenti malefici; *— bianca*, quella esercitata a scopi benefici | incantesimo, fattura: *fare una — a qlcu.* **2** (*fig.*) fascino, incanto: *la — del cinema.*
magiaro [ma-già-ro] *agg.* e *s.m.* [f. *-a*] **1** appartenente alla popolazione ugrofinnica stanziatasi sul territorio dell'attuale Ungheria nel sec. IX **2** (*lett.*) ungherese.
magico [mà-gi-co] *agg.* [pl.m. *-ci*] **1** della magia, dei maghi: *formula magica* **2** (*fig.*) che incanta, che affascina: *la luce magica della luna* **3** (*fig.*) che ha effetti straordinari: *la magica potenza del denaro* | detto di cose che, con accorgimenti tecnici, producono particolari effetti: *lanterna magica* □ **magicamente** *avv.*
magione [ma-gió-ne] *s.f.* (*lett.*) abitazione, dimora.
magistero [ma-gi-stè-ro] *s.m.* **1** opera, ufficio, autorità di maestro; la professione dell'insegnare: *esercitare il —* **2** (*estens.*) insegnamento elevato e autorevole: *il — del papa.*
magistrale [ma-gi-strà-le] *agg.* **1** da maestro; che denota grande abilità e maestria: *esecuzione —* **2** che si riferisce ai maestri o all'insegnamento elementare: *istituto —*, quello che prepara all'insegnamento nelle scuole elementari □ **magistralmente** *avv.* con grande maestria: *eseguire — un lavoro.*
magistrato [ma-gi-strà-to] *s.m.* **1** chi esercita la funzione di amministrare la giustizia; giudice: *— di cassazione* **2** (*st.*) chi rivestiva un'alta carica pubblica elettiva temporanea: *i magistrati di Roma antica, dei Comuni medioevali* **3** denominazione di alcuni uffici pubblici che sovrintendono al governo delle acque: *il — del Po.*
magistratura [ma-gi-stra-tù-ra] *s.f.* **1** l'ufficio, la carica del magistrato: *esercitare la —* **2** l'insieme degli organi civili, penali e amministrativi che costituiscono il potere giudiziario; il complesso dei magistrati: *l'autonomia della —* **3** in età antica e comunale, alta carica pubblica elettiva temporanea.
maglia [mà-glia] *s.f.* **1** ciascuno degli intrecci di filo nei lavori eseguiti a mano o con apposite macchine: *— diritta, rovescia; lavorare a —* | il tessuto eseguito in tale modo: *un vestito di —* **2** ciascuno degli elementi (anelli, cerchietti, fili)

che, intrecciati fra loro, formano una catena o una rete: *le — della catenina* | *cadere nelle maglie di qlcu., di qlco.*, (*fig.*) restarne irretito **3** indumento lavorato a maglia con cui si ricopre il busto e le braccia: *una — a righe*. DIM. *maglietta, maglina* ACCR. *maglione* (m.) **4** casacca indossata dagli sportivi con i colori della squadra a cui appartengono: *— a strisce bianconere* | *— azzurra*, quella usata dagli atleti delle squadre nazionali italiane | *— rosa*, indossata dal primo in classifica nel Giro d'Italia **5** nel Medioevo, indumento costituito da maglie metalliche, portato sotto l'armatura.

magliaia [ma-glià-ia] *s.f.* donna che per mestiere esegue lavori a maglia | operaia che lavora in un maglificio.

magliaro [ma-glià-ro] *s.m.* [f. *-a*] (*pop.*) venditore ambulante di stoffe o indumenti | (*spreg.*) commerciante disonesto.

maglieria [ma-glie-rì-a] *s.f.* **1** laboratorio in cui si confezionano tessuti e indumenti a maglia | negozio in cui si vendono indumenti lavorati a maglia **2** l'insieme dei tessuti e dei lavori a maglia: *capo di —*.

maglierista [ma-glie-rì-sta] *s.m.* e *f.* [pl.m. *-sti*] chi è addetto alla confezione di capi di maglieria.

maglietta [ma-gliét-ta] *s.f.* maglia leggera di lana o cotone a maniche corte.

maglificio [ma-gli-fì-cio] *s.m.* fabbrica di tessuti e indumenti a maglia.

maglina [ma-glì-na] *s.f.* leggero tessuto a maglia per abiti: *— di seta*.

maglio [mà-glio] *s.m.* **1** (*mecc.*) macchina impiegata per la fucinatura e lo stampaggio di materiali metallici **2** mazza.

maglione [ma-glió-ne] *s.m.* pesante maglia di lana che si indossa sopra la camicia. DIM. *maglioncino*.

magma [màg-ma] *s.m.* [pl. *-mi*] **1** (*geol.*) massa fusa di silicati ad altissima temperatura, situata in profondità nella crosta terrestre **2** (*fig.*) insieme disordinato e caotico di elementi: *un — di pensieri*.

magmatico [mag-mà-ti-co] *agg.* [pl.m. *-ci*] **1** (*geol.*) relativo a magma; formato da magma: *bacino —* **2** (*fig.*) disordinato, caotico.

magmatismo [mag-ma-tì-ʃmo] *s.m.* (*geol.*) l'insieme dei fenomeni connessi alla genesi e all'attività dei magmi.

magnanimità [ma-gna-ni-mi-tà] *s.f.* l'essere magnanimo; generosità, liberalità.

magnanimo [ma-gnà-ni-mo] *agg.* che ha un animo nobile e generoso: *uomo —* | che dimostra magnanimità, grandezza d'animo: *un — perdono* □ **magnanimamente** *avv.*

magnate [ma-gnà-te] *s.m.* grande industriale; grande finanziere: *un — dell'industria petrolifera*.

magnatizio [ma-gna-tì-zio] *agg.* di magnati, degno di un magnate: *famiglia magnatizia*.

magnesia [ma-gnè-ʃia] *s.f.* (*chim.*) ossido di magnesio, usato in medicina contro l'iperacidità e come blando purgante | *— effervescente*, miscela a base di carbonato di magnesio usata per preparare una bevanda blandamente lassativa.

magnesio [ma-gnè-ʃio] *s.m.* elemento chimico di simbolo *Mg*; è un metallo bianco-argenteo, leggero, tenero, ossidabile, usato per preparare leghe leggere e in medicina: *solfato di —*, purgante detto anche *sale inglese* | *lampada al —*, (*foto.*) quella che sfrutta il flash provocato dalla combustione di un filamento di magnesio.

magnesite [ma-gne-ʃì-te] *s.f.* (*min.*) minerale costituito da carbonato di magnesio.

magnete [ma-gnè-te] *s.m.* **1** (*fis.*) denominazione di qualsiasi corpo in grado di produrre il fenomeno del magnetismo; calamita: *— artificiale*, corpo che assume proprietà magnetiche perché immerso in un campo magnetico; *— temporaneo*, elettromagnete **2** (*elettr.*) generatore di corrente elettrica alternata che si impiega per alimentare il circuito di accensione di taluni motori a scoppio.

magnetico [ma-gnè-ti-co] *agg.* [pl.m. *-ci*] **1** relativo al magnete o al magnetismo: *forza magnetica* | *ago —*, quello calamitato della bussola | *campo —*, zona in cui si esercitano delle forze magnetiche | *polo —*, ciascuno dei due punti opposti della Terra, non coincidenti con i poli geografici, verso cui si dirige l'ago della bussola **2** che può essere magnetizzato per la registrazione e riproduzione di suoni, immagini, dati: *nastro —* **3** (*fig.*) che affascina, che esercita una suggestione irresistibile: *sguardo —* □ **magneticamente** *avv.* dal punto di vista magnetico; con forza magnetica.

magnetismo [ma-gne-tì-ʃmo] *s.m.* **1** fenomeno fisico dovuto al movimento di cariche elettriche, dal quale deriva la proprietà di alcuni corpi di attrarre e trattenere il ferro | *— terrestre*, campo di attrazione magnetica dovuto alla Terra, che si comporta come un'enorme calamita; geomagnetismo **2** (*fig.*) forza di attrazione particolarmente intensa: *il — di uno sguardo*.

magnetite [ma-gne-tì-te] *s.f.* minerale di ferro, di colore nero e fortemente magnetico, costituito da ossido ferroso e ferrico con tracce di altri metalli.

magnetizzabile [ma-gne-tiʒ-ʒà-bi-le] *agg.* che si può magnetizzare.

magnetizzare [ma-gne-tiʒ-ʒà-re] *v.tr.* **1** conferire a un corpo proprietà magnetiche **2** (*fig.*) affascinare, suggestionare: *un fascino che magnetizza* ♦ **magnetizzarsi** *v.intr.pron.* acquistare proprietà magnetiche.

magnetizzazione [ma-gne-tiʒ-ʒa-zió-ne] *s.f.* il magnetizzare, il magnetizzarsi, l'essere magnetizzato.

magneto- primo elemento di parole composte, che significa 'magnetico' o 'che riguarda il magnetismo' (*magnetochimica, magnetofono*).

magnetochimica [ma-gne-to-chì-mi-ca] *s.f.* parte della chimica che studia il comportamento dei magneti e dei loro composti.

magnetofono® [ma-gne-tò-fo-no] *s.m.* apparecchio che registra i suoni mediante la magnetizzazione di un nastro ricoperto di materiale magnetizzabile.

magnetometro [ma-gne-tò-me-tro] *s.m.* (*fis.*) strumento che serve per misurare l'intensità e la direzione di un campo magnetico.

magnetoottica [ma-gne-to-òt-ti-ca] *s.f.* parte dell'ottica che studia gli effetti di campi magnetici o elettromagnetici sulle radiazioni luminose e sulle proprietà ottiche dei corpi.

magnetosfera [ma-gne-to-sfè-ra] *s.f.* spazio intorno alla Terra entro il quale è più sensibile l'azione del campo magnetico terrestre.

magnetostatica [ma-gne-to-stà-ti-ca] *s.f.* parte dell'elettromagnetismo relativa allo studio dei magneti e dei campi da essi prodotti.

magnificare [ma-gni-fi-cà-re] *v.tr.* [*io magnìfico, tu magnìfichi ecc.*] esaltare, celebrare: — *un'impresa gloriosa* | lodare esageratamente qlcu. o qlco. ♦ **magnificarsi** *v.rifl.* ostentare i propri meriti; vantarsi.

magnificazione [ma-gni-fi-ca-zió-ne] *s.f.* **1** il magnificare, il magnificarsi, l'essere magnificato **2** (*tecn.*) amplificazione, ingrandimento.

magnificenza [ma-gni-fi-cèn-za] *s.f.* **1** la grandiosità propria delle cose belle o di gran pregio: *la — di un palazzo* | cosa magnifica, di straordinaria bellezza: *una villa che è una —* **2** pompa, sontuosità, sfarzo: *nozze celebrate con grande —* **3** (*lett.*) qualità di chi compie gesti grandiosi o generosi; liberalità, munificenza: *la — dei signori rinascimentali*.

magnifico [ma-gnì-fi-co] *agg.* [pl.m. *-ci*; superl. *magnificentissimo*] **1** ammirevole per grandiosità, eccellenza o bellezza; splendido, straordinario: *una giornata magnifica* **2** (*non com.*) liberale, munifico | *fare il —*, (*iron.*) ostentare grandezze esagerate **3** in passato, appellativo di prìncipi, sovrani o personaggi di rilievo: *Lorenzo il Magnifico* | oggi, titolo spettante al rettore di un'università □ **magnificamente** *avv.*

magniloquente [ma-gni-lo-quèn-te] *agg.* (*lett.*) che parla o scrive con stile solenne e ricercato: *un oratore —* | ampolloso, ridondante: *prosa —*.

magniloquenza [ma-gni-lo-quèn-za] *s.f.* l'essere magniloquente: *esprimersi con —*.

magnitudine [ma-gni-tù-di-ne] *s.f.* **1** (*astr.*) misura dello splendore dei corpi celesti **2** (*geol.*) misura dell'intensità dell'energia liberata da un terremoto.

magno [mà-gno] *agg.* **1** (*lett.* o *scherz.*) grande | *in pompa magna*, con gran lusso e fasto | *aula magna*, nelle scuole e nelle università, grande sala riservata alle riunioni **2** appellativo di personaggi storici illustri: *Carlo Magno*.

magnolia [ma-gnò-lia] *s.f.* (*bot.*) genere di piante dicotiledoni coltivate a scopo ornamentale per i grandi fiori bianchi e rosa profumati.

magnoliacee [ma-gno-lià-ce-e] *s.f.pl.* (*bot.*) famiglia di piante dicotiledoni arboree o arbustacee, diffuse nelle zone temperate e subtropicali; vi appartiene la magnolia.

magnum [/ 'maɲɲum /] *s.m.invar.* **1** bottiglia di capacità doppia del normale **2** cartuccia per pistola con carica potenziata | (*estens.*) pistola adatta a sparare tale cartuccia.

mago [mà-go] *s.m.* [pl. *-ghi*] **1** chi esercita la magia; stregone, negromante | personaggio fantastico della letteratura infantile: *il — Merlino* **2** artista di varietà o di circo che esegue esperimenti di illusionismo o giochi di destrezza; prestidigitatore **3** (*fig.*) chi è abilissimo in un'attività, un'arte, una professione: *un — del computer*.

magone [ma-gó-ne] *s.m.* nodo alla gola; dispiacere, afflizione: *avere il —*.

magra [mà-gra] *s.f.* **1** stato di un fiume o di un torrente la cui portata è minima o nulla a causa delle scarse precipitazioni **2** (*fig.*) carestia, penuria: *periodo di —* **3** (*fam.*) figuraccia: *fare una —*.

magrebino [ma-gre-bì-no] *agg.* del Magreb, che concerne il Magreb (cioè l'insieme dei paesi arabi dell'Africa nord-occidentale): *regione magrebina* ♦ *s.m.* [f. *-a*] abitante, nativo del Magreb.

magrezza [ma-gréz-za] *s.f.* **1** l'essere magro: *una — impressionante* **2** (*estens.*) sterilità, aridità: *la — di un terreno* **3** (*fig.*) scarsità, penuria: *— di guadagni*.

magro [mà-gro] *agg.* **1** che ha scarso tessuto adiposo; scarno, secco: *un bambino —*; *gambe magre*; *— come un chiodo*, magrissimo. DIM. *magrino, magrolino* **2** che non contiene grasso o ne contiene poco: *latte —* | *cibi magri*, poveri di grassi e calorie **3** (*fig.*) povero, insufficiente, scarso: *magra ricompensa* **4** (*fig.*) misero, meschino: *una magra soddisfazione* ♦ *s.m.* la parte magra delle carni degli animali macellati: *mangiare solo il —* | *giorni di —*, quelli in cui è prescritto ai cattolici di astenersi dal mangiare carne □ **magramente** *avv.* in modo povero, misero: *vivere —* | in modo insufficiente, scarso: *essere — ricompensato*.

mah → **ma**[2].

mai *avv.* **1** nessuna volta, in nessun tempo, in nessun caso: *non l'ho mai letto*; *non verrà mai*; *tu l'hai fatto qualche volta, io mai* | rafforzato da *più*: *non accadrà mai più*, nessun'altra volta in futuro | *prov.*: *meglio tardi che mai* **2** usato assolutamente nelle risposte, ha valore di negazione molto forte: *"Ti scrive qualche volta?" "Mai"* (anche *"Mai e poi mai!"*) | con valore enfatico: *mai gli ho parlato*; *mai che arrivi puntuale!* **3** in espressioni comparative, in nessun altro tempo, nessun'altra volta: *oggi, più che mai, mi accorgo di aver sbagliato* | con valore pleonastico: *quante volte mai te l'ho detto!* **4** una volta, qualche volta, in qualsiasi tempo: *l'hai mai incontrato?*; *chi mai l'ha visto?* | *caso mai*, nel caso, eventualmente.

maialata [ma-ia-là-ta] *s.f.* (*fam.*) parola o azione sconcia, ignobile.

maiale [ma-ià-le] *s.m.* **1** mammifero domestico con corpo grosso e tozzo rivestito di setole e muso a grugno; viene allevato per le carni e altri prodotti derivati. DIM. *maialino*, *maialetto*

ACCR. *maialone* **2** la carne del maiale macellato: *zampone di —* **3** (*fig.*) persona molto sporca o eccessivamente grassa, ingorda | persona moralmente riprovevole o che si comporta in modo dissoluto **4** (*mar.*) mezzo d'assalto subacqueo simile a un siluro.

maialesco [ma-ia-lé-sco] *agg.* [pl.m. *-schi*] da maiale (spec. *fig.*): *azioni maialesche.*

maidico [ma-ì-di-co] *agg.* [pl.m. *-ci*] del mais, che concerne il mais.

maidicolo [mai-dì-co-lo] *agg.* che concerne la coltivazione del mais.

maiestatico [ma-ie-stà-ti-co] *agg.* [pl.m. *-ci*] di maestà.

maieutica [ma-ièu-ti-ca] *s.f.* (*filos.*) il metodo di insegnamento socratico, secondo il quale, interrogando abilmente un interlocutore, lo si aiuta a mettere in luce il suo pensiero.

maieutico [ma-ièu-ti-co] *agg.* [pl.m. *-ci*] della maieutica, relativo alla maieutica: *metodo —* □ **maieuticamente** *avv.* per mezzo del metodo maieutico.

mailing [/ ˈmeiliŋ /] *s.m.invar.* (*ingl.*) pubblicità per corrispondenza.

mainframe [/ ˈmeinfreim /] *s.m.invar.* (*ingl.*) (*inform.*) elaboratore di grande potenza e memoria; viene impiegato come calcolatore centrale di una rete di terminali.

maiolica [ma-iò-li-ca] *s.f.* **1** ceramica ricoperta da uno strato di vernice vetrificata o di smalto; oggetto di tale materiale: *una collezione di maioliche* **2** roccia sedimentaria costituita da strati di calcare compatto, finissimo, di colore bianco.

maiolicare [ma-io-li-cà-re] *v.tr.* ricoprire con lo smalto proprio della maiolica o rivestire con piastrelle di maiolica.

maiolicato [ma-io-li-cà-to] *agg.* ricoperto di maiolica ♦ *s.m.* parete ricoperta di piastrelle di maiolica.

maionese [ma-io-né-ʃe] *s.f.* (*gastr.*) salsa fredda a base di tuorli d'uovo, olio e limone o aceto.

mais [màis] *s.m.invar.* granturco: *farina di —.*

maître [/ mɛtr /] *s.m.invar.* (*fr.*) **1** maggiordomo **2** *— d'hôtel*, chi dirige il servizio di sala in un ristorante di lusso; direttore di sala.

maître à penser [/ mɛtrapanˈse /] *loc.sost.m. invar.* (*fr.*) personalità di grande prestigio le cui idee influenzano il modo di pensare e gli atteggiamenti culturali di un intero gruppo sociale.

maîtresse [/ metrˈɛs /] *s.f.invar.* (*fr.*) donna che gestiva una casa di tolleranza.

maiuscola [ma-iù-sco-la] *s.f.* lettera dell'alfabeto o carattere tipografico maiuscolo.

maiuscoletto [ma-iu-sco-lét-to] *s.m.* carattere tipografico di forma uguale al maiuscolo, ma di altezza uguale al minuscolo.

maiuscolo [ma-iù-sco-lo] *agg.* **1** si dice di carattere o lettera dell'alfabeto più grande e di forma diversa rispetto al minuscolo; è usata specialmente nelle iniziali dei nomi propri e all'inizio del periodo **2** (*fig.*) straordinario, eccezionale: *una prestazione maiuscola* ♦ *s.m.* carattere maiuscolo: *stampare un titolo in —.*

majorette [/ maʒɔˈrɛt /] *s.f.invar.* (*fr.*) nelle sfilate delle bande musicali, ciascuna delle ragazze in divisa che precedono i suonatori.

make-up [/ meiˈkap /] *s.m.invar.* (*ingl.*) trucco del viso.

mala [mà-la] *s.f.* (*gerg.*) malavita.

malaccetto [ma-lac-cèt-to], o **mal accetto**, *agg.* accettato volentieri; sgradito: *persone malaccette; un dono —.*

malaccortezza [ma-lac-cor-téz-za] *s.f.* l'essere malaccorto.

malaccorto [ma-lac-còr-to] *agg.* non accorto, che manca di prudenza o avvedutezza: *un gesto —* □ **malaccortamente** *avv.*

malachite [ma-la-chì-te] *s.f.* minerale di carbonato basico di rame, di colore verde intenso, usato come pietra dura ornamentale e come pigmento per colorare tessuti, produrre lacche ecc.

malaco- primo elemento di parole composte della terminologia scientifica, che significa 'mollusco' (*malacologia*).

malacologia [ma-la-co-lo-gì-a] *s.f.* parte della zoologia che studia i molluschi.

malacreanza [ma-la-cre-àn-za] *s.f.* [pl. *malecreanze*] cattiva educazione; scortesia.

malafatta [ma-la-fàt-ta], o **malefatta**, *s.f.* [pl. *malefatte*] (spec. *pl.*) errore in genere; cattiva azione: *combinare delle malefatte.*

malafede [ma-la-fé-de] *s.f.* **1** stato d'animo di chi inganna con consapevolezza; slealtà: *agire in —* **2** (*dir.*) comportamento attuato con la coscienza di pregiudicare un diritto altrui.

malaffare [ma-laf-fà-re] *s.m.* azione, comportamento che va contro le norme civili o morali | *donna di —*, prostituta.

malagevole [ma-la-gé-vo-le] *agg.* non agevole; che presenta ostacoli, difficoltà: *strada —.*

malagrazia [ma-la-grà-zia] *s.f.* sgarbatezza, scortesia: *rispondere con —.*

malalingua [ma-la-lìn-gua] *s.f.* [pl. *malelingue*] persona che ama sparlare del prossimo; maldicente.

malandato [ma-lan-dà-to] *agg.* mal ridotto, in cattivo stato: *essere — in salute.*

malandrinata [ma-lan-dri-nà-ta] *s.f.* azione, comportamento da malandrino, da furfante.

malandrino [ma-lan-drì-no] *s.m.* [f. *-a*] **1** persona disonesta, priva di scrupoli **2** (*scherz.*) bambino, ragazzo molto furbo e vivace ♦ *agg.* **1** disonesto: *gente malandrina* **2** (*fig. scherz.*) malizioso, che affascina: *sguardo —.*

malanimo [ma-là-ni-mo] *s.m.* animo ostile; astio, avversione: *avere — contro qlcu.*

malanno [ma-làn-no] *s.m.* **1** disgrazia; danno: *gli è capitato un —* **2** malattia non grave; acciacco: *prendersi un —.*

malaparata [ma-la-pa-rà-ta] *s.f.* [solo sing.] (*fam.*) pericolo, insidia; situazione difficile: *vista la —, se n'andò.*

malapena [ma-la-pé-na] solo nella loc. avv. *a —*, a stento: *tenersi in piedi a —*.

malaria [ma-là-ria] *s.f.* malattia infettiva trasmessa all'uomo dalle zanzare del genere anofele; è caratterizzata da febbre intermittente, anemia e tumefazione della milza e del fegato.

malarico [ma-là-ri-co] *agg.* [pl.m. *-ci*] (*med.*) di malaria; causato dalla malaria: *febbre malarica* | infestato dalla malaria: *zona malarica* ♦ *agg.* e *s.m.* [f. *-a*] che/chi è affetto da malaria.

malasorte [ma-la-sòr-te] *s.f.* [pl. *malesorti*] disgrazia, cattiva ventura: *essere perseguitato dalla —*.

malassorbimento [ma-las-sor-bi-mén-to] *s.m.* (*med.*) disturbo dell'assorbimento intestinale degli alimenti.

malaticcio [ma-la-tìc-cio] *agg.* [pl.f. *-ce*] cagionevole di salute; affetto da malanni ricorrenti o cronici, ma non gravi: *un bambino —*.

malato [ma-là-to] *agg.* **1** che ha una malattia; infermo: *— di cuore* | detto di un organo, che presenta un'alterazione patologica: *occhi malati* **2** (*estens.*) si dice di pianta che cresce a stento o è attaccata da parassiti **3** (*fig.*) sconvolto, turbato, esaltato: *mente malata* | dominato morbosamente da una passione: *— di gelosia* | *— d'amore*, innamorato **4** (*fig.*) che è in cattivo stato: *un'economia malata* ♦ *s.m.* [f. *-a*] chi è affetto da malattia; infermo: *un — grave*; *— di mente*, psicopatico.

malattia [ma-lat-tì-a] *s.f.* **1** denominazione generica di qualsiasi alterazione dell'integrità anatomica e funzionale di un organismo: *— ereditaria*; *— della pelle, nervosa* | *— del secolo*, quella contro la quale, in una data epoca, la medicina è impotente | *mettersi in —*, assentarsi dal lavoro per motivi di salute **2** (*estens.*) condizione di una pianta che cresce in maniera stentata o è attaccata da parassiti | alterazione di una sostanza organica: *— delle perle* **3** (*fig.*) qualsiasi turbamento dell'equilibrio psichico o morale; vizio, difetto: *l'invidia è una brutta —* | *farsi una — di* (o *per*) *qlco.*, soffrirne molto o desiderarla intensamente **4** (*fig.*) stato di crisi, condizione negativa: *le malattie della vita politica italiana.*

malaugurato [ma-lau-gu-rà-to] *agg.* che causa o ha causato sventura; infausto: *un'idea malaugurata* | che si desidera non avvenga; deprecabile: *un'ipotesi malaugurata* □ **malauguratamente** *avv.* sventuratamente, disgraziatamente.

malaugurio [ma-lau-gù-rio] *s.m.* cattivo augurio, presagio infausto: *essere di —* | *uccello del —*, (*fig.*) si dice di persona che fa tristi previsioni; iettatore.

malavita [ma-la-vì-ta] *s.f.* **1** vita condotta fuori della legge; delinquenza: *darsi alla —* **2** l'insieme di coloro che praticano questo genere di vita: *il gergo della —*.

malavitoso [ma-la-vi-tó-so] *agg.* e *s.m.* [f. *-a*] che/chi fa parte della malavita.

malavoglia [ma-la-vò-glia] *s.f.* [solo sing.] mancanza di buona volontà; svogliatezza | *di —*, svogliatamente: *studiare di —*.

malavveduto [ma-lav-ve-dù-to] *agg.* incauto, malaccorto: *un gesto —* □ **malavvedutamente** *avv.*

malbianco [mal-biàn-co], o **mal bianco**, *s.m.* (*agr.*) malattia delle piante provocata da funghi parassiti.

malcapitato [mal-ca-pi-tà-to] *agg.* e *s.m.* [f. *-a*] che/chi è venuto a trovarsi, senza sua colpa, in una situazione difficile; sfortunato.

malconcio [mal-cón-cio] *agg.* [pl.f. *-ce*] conciato male, ridotto in cattivo stato: *uscire — da una zuffa.*

malcontento [mal-con-tèn-to] *agg.* non soddisfatto; scontento, insofferente ♦ *s.m.* **1** [f. *-a*] chi non è contento e si lamenta contro qlcu. o qlco. **2** scontentezza, insoddisfazione; malumore: *suscitare il — generale.*

malcostume [mal-co-stù-me] *s.m.* modo di comportarsi illecito o contrario alla morale; disonestà, corruzione: *— dilagante.*

maldestro [mal-dè-stro] *agg.* **1** inesperto; non abile: *un guidatore —* **2** eseguito senza abilità: *un tentativo —* □ **maldestramente** *avv.*

maldicente [mal-di-cèn-te] *agg.* e *s.m.* e *f.* che/chi ama sparlare degli altri per malignità o leggerezza.

maldicenza [mal-di-cèn-za] *s.f.* **1** l'abitudine di dire male del prossimo; diffamazione, calunnia **2** discorso da maldicente; chiacchiera malevola: *sono tutte maldicenze.*

maldisposto [mal-di-spó-sto] *agg.* che ha cattiva disposizione d'animo; ostile, prevenuto: *essere — verso qlcu.*

male [mà-le] *avv.* [compar. *peggio*; superl. *malissimo* o *pessimamente*] **1** in modo non buono, non equo, non giusto: *trattare — qlcu.* | *parlare — di qlcu.*, dire cose spiacevoli sul suo conto | *pensare — di qlcu.*, averne un cattivo concetto **2** in modo non soddisfacente, non conveniente, non rispondente alle aspettative: *riuscire —* | *finire —*, avere cattivo esito; di persona, mettersi su una cattiva strada o fare una brutta morte | *vedere —*, (*fig.*) considerare sfavorevolmente | *mettersi —*, lasciar prevedere una soluzione sfavorevole: *la cosa si mette —* | *rimanere —*, deluso e insoddisfatto | *prendere — qlco.*, non affrontarla convenientemente; anche, risentirsi per qlco. | *trovarsi —*, a disagio | *sentirsi —*, essere colto da malore | *star —*, si dice di cosa che non si addice, non è adatta: *questo vestito ti sta —* | *stare —*, essere malato; essere depresso | *bene o —*, in un modo o nell'altro | *di — in peggio*, sempre peggio **3** in modo imperfetto: *parlare —*, in modo non corretto | in modo maldestro: *nuotare —* | in modo spiacevole, sgradevole: *nella miseria si vive —*. VEZZ. *maluccio* PEGG. *malaccio* **4** non del tutto, non completamente: *una mal celata antipatia* ♦ *inter.* esprime disapprovazione o rammarico: *il lavoro non è finito? —!* ♦ *s.m.* **1** il contrario del bene; tutto ciò che si oppone alla virtù, all'onestà ed è oggetto di riprovazione: *fuggire il — | che — c'è?, non c'è nulla di —*, si dice per controbattere un giudizio di riprovazione ritenuto ingiusto **2** cosa non buona, inopportuna; danno, svantaggio, sventura: *fare ciò è un — | fare —*, sbagliare: *hai fatto — a parlare | fare del — a qlcu.*, nuocergli | *volere — a qlcu.*, nutrire risentimento contro di lui | *aversela a —*, offendersi | *andare a —*, guastarsi, deteriorarsi | *non c'è —*, abbastanza bene: *"Come stai?" "Non c'è —"* **3** sofferenza, dolore; disagio fisico o morale: *mal di mare | — oscuro*, malattia fisica o morale non evidente, ma che produce disagio | *far —*, provocare dolore fisico o morale: *vedere ciò fa —* **4** malattia di animali o di piante.

maledetto [ma-le-dét-to] *agg.* **1** colpito da maledizione; che apporta sciagure: *giorno —* **2** (*fam.*) che reca noia, disturbo; fastidioso, molesto: *— telefono!* | terribile, insopportabile: *un caldo —* | in espressioni di rabbia o di imprecazione: *—, me la pagherà!* ♦ *s.m.* [f. *-a*] **1** chi porta su di sé una maledizione: *— da Dio* **2** persona molesta o verso cui si nutre rancore: *se n'è andato quel —?* □ **maledettamente** *avv.* (*fam.*) terribilmente: *sono — stanco.*

maledire [ma-le-dì-re] *v.tr.* [imperf. *io maledicévo ecc.* (pop. *io maledivo ecc.*); pass.rem. *io maledissi, tu maledicésti ecc.* (pop. *io maledìi, tu maledisti ecc.*); imp. *maledici*; per le altre forme coniugato come *dire*] **1** invocare il castigo divino contro qlcu. | detto di Dio, colpire con il proprio castigo: *Dio maledisse Caino* **2** imprecare contro qlcu. o qlco.: *— la sorte.*

maledizione [ma-le-di-zió-ne] *s.f.* **1** il maledire, l'essere maledetto: *invocare la — di Dio* **2** imprecazione: *coprire qlcu. di maledizioni* **3** (*fig.*) persona o cosa che è causa di dolore, di fastidio: *è una —!* ♦ *inter.* esprime cruccio, ira, disappunto: *Maledizione! ho lasciato il rubinetto aperto.*

maleducato [ma-le-du-cà-to] *agg.* e *s.m.* [f. *-a*] che/chi non ha avuto una buona educazione; screanzato, villano □ **maleducatamente** *avv.*

maleducazione [ma-le-du-ca-zió-ne] *s.f.* **1** l'essere maleducato **2** atto, comportamento da maleducato: *è — interrompere chi sta parlando.*

malefatta → **malafatta**.

maleficio [ma-le-fì-cio] *s.m.* incantesimo, magia che mira a recare danno.

malefico [ma-lè-fi-co] *agg.* [pl.m. *-ci*] **1** che reca danno; nocivo: *un uomo —* **2** di maleficio; che è frutto di maleficio: *influsso —* □ **maleficamente** *avv.*

maleodorante [ma-le-o-do-ràn-te] *agg.* che emana cattivo odore: *rifiuti maleodoranti.*

malerba [ma-lèr-ba] *s.f.* **1** erba inutile e nociva **2** (*fig.*) cosa dannosa che si diffonde: *la — dell'invidia | la — non muore mai*, le persone malvagie hanno vita lunga.

malese [ma-lé-se] *agg.* della Malesia: *arcipelago —* ♦ *s.m.* **1** [anche *f.*] chi è nato, chi abita nella Malesia **2** lingua del gruppo indonesiano parlata nella Malesia.

malessere [ma-lès-se-re] *s.m.* **1** indisposizione, malore fisico non ben definito: *un — generale* **2** (*estens.*) inquietudine, turbamento; condizione di disagio, di difficoltà.

malevolenza [ma-le-vo-lèn-za] *s.f.* sentimento e atteggiamento ostile; avversione, malanimo: *rispondere con —.*

malevolo [ma-lè-vo-lo] *agg.* [superl. *malevolentissimo*] che prova o dimostra malevolenza: *un giudizio —* □ **malevolmente** *avv.*

malfamato [mal-fa-mà-to] *agg.* che ha cattiva fama: *quartiere —*, frequentato da gente equivoca.

malfatto [mal-fàt-to] *agg.* **1** detto del fisico, non ben proporzionato, sgraziato **2** di cosa, mal costruito, imperfetto: *muro — | azione malfatta*, (*fig.*) moralmente riprovevole ♦ *s.m.* **1** cattiva azione: *pentirsi del —* **2** *pl.* (*gastr.*) gnocchi a base di spinaci, impastati con uova, ricotta e altri ingredienti.

malfattore [mal-fat-tó-re] *s.m.* [f. *-trice*] chi commette cattive azioni; malvivente, furfante: *una banda di malfattori.*

malfermo [mal-fér-mo] *agg.* che non si regge bene; debole, instabile (anche *fig.*): *salute malferma.*

malfidato [mal-fi-dà-to] *agg.* e *s.m.* [f. *-a*] diffidente, sospettoso.

malfido [mal-fi-do] *agg.* che non dà affidamento; infido: *un uomo —* | insidioso, pericoloso: *sabbie malfide.*

malfondato [mal-fon-dà-to] *agg.* che ha cattivo fondamento (spec. *fig.*): *fiducia malfondata.*

malformato [mal-for-mà-to] *agg.* **1** formato male; di brutta forma **2** (*biol., med.*) che presenta una malformazione: *organo —.*

malformazione [mal-for-ma-zió-ne] *s.f.* (*biol., med.*) anormale conformazione di un organismo o di una sua parte.

malfrancese [mal-fran-cé-ʃe] *s.m.* (*antiq.*) sifilide.

malfunzionamento [mal-fun-zio-na-mén-to] *s.m.* funzionamento cattivo, difettoso, inadeguato: *— di un servizio pubblico.*

malga [màl-ga] *s.f.* **1** pascolo alpino estivo **2** costruzione rustica dei pascoli alpini estivi, comprendente l'abitazione dei pastori e la stalla.

malgarbo [mal-gàr-bo] *s.m.* **1** modo d'agire, contegno sgarbato: *trattare con —* **2** (*non com.*) sgarbo: *fare un —.*

malgascio [mal-gà-scio] *agg.* [pl.f. *-sce*] del Madagascar ♦ *s.m.* **1** [f. *-a*] abitante, nativo del Madagascar **2** lingua del gruppo indonesiano, parlata nel Madagascar.

malgiudicare [mal-giu-di-cà-re] *v.tr.* [coniugato come *giudicare*] giudicare in modo non giusto.

malgoverno [mal-go-vèr-no] *s.m.* cattiva amministrazione dello stato, di istituzioni pubbliche o private.

malgradito [mal-gra-dì-to] *agg.* non gradito, non apprezzato: *un complimento —.*
malgrado [mal-grà-do] *avv.* a dispetto di, contro la volontà di: *dovremo partire, nostro —* ♦ *prep.* nonostante: *è uscito — la pioggia* ♦ *cong.* benché, nonostante che: *— lo avessi avvertito, non mi ha dato ascolto.*
malia [ma-lì-a] *s.f.* **1** incantesimo che mira ad assoggettare la volontà altrui; stregoneria, maleficio: *Calipso trattenne Ulisse con una —* **2** (*fig.*) attrazione, fascino irresistibile: *la — di uno sguardo.*
maliardo [ma-liàr-do] *agg.* che incanta, che affascina: *sorriso —* ♦ *s.m.* [f. *-a*] persona affascinante, seducente (detto spec. di donna).
malignare [ma-li-gnà-re] *v.intr.* [aus. *avere*] dire o pensare male di qlcu. o di qlco.: *la gente comincia a —.*
malignità [ma-li-gni-tà] *s.f.* **1** l'essere maligno; malizia, cattiveria: *non c'è — nelle sue parole* **2** (*lett.*) l'essere avverso, sfavorevole, dannoso: *la — del destino* **3** (*med.*) carattere maligno di una malattia **4** cosa detta o fatta malignamente: *dire — sul conto di qlcu.*
maligno [ma-lì-gno] *agg.* **1** che ha la tendenza a pensare e a parlare male del prossimo o a vedere il male dove non c'è: *un critico —* | (*estens.*) di cosa, che rivela cattiveria, che è effetto di cattiveria; malvagio, malevolo: *sguardo —.* DIM. *malignetto* **2** (*lett.*) avverso, sfavorevole: *sorte maligna* **3** (*med.*) di malattia, che ha un decorso molto grave, che può portare alla morte: *tumore —* ♦ *s.m.* [f. *-a*] persona maligna: *le insinuazioni dei maligni* | *il Maligno*, il diavolo □ **malignamente** *avv.*
malinconia [ma-lin-co-nì-a] *s.f.* **1** stato d'animo dolente ma temperato da una certa dolcezza; tristezza, mestizia: *la — del paesaggio autunnale* **2** cosa, pensiero che suscita tristezza: *scacciare le malinconie.*
malinconico [ma-lin-cò-ni-co] *agg.* [pl.m. *-ci*] **1** che tende per disposizione d'animo alla malinconia: *temperamento —* **2** che dimostra, esprime malinconia: *volto —* | che invita alla malinconia: *paesaggio —* □ **malinconicamente** *avv.*
malincuore [ma-lin-cuò-re] usato solo nella loc. avv. *a —*, malvolentieri, con rincrescimento: *accettò a —.*
malinformato [ma-lin-for-mà-to] *agg.* informato in modo insufficiente o inesatto.
malintenzionato [ma-lin-ten-zio-nà-to] *agg.* e *s.m.* [f. *-a*] che/chi ha cattive intenzioni; che/chi ha intenzione di nuocere, di danneggiare: *essere — verso qlcu.*
malinteso [ma-lin-té-so] *agg.* non compreso nel giusto valore; mal interpretato o mal applicato: *un — senso di riguardo* ♦ *s.m.* interpretazione errata di parole o atti altrui; equivoco: *chiarire un —.*
malioso [ma-lió-so] *agg.* pieno di malia; affascinante: *sorriso —.*
malizia [ma-lì-zia] *s.f.* **1** disposizione ad agire deliberatamente contro il bene, il giusto; malignità: *fare qlco. con —* **2** consapevolezza di ciò che vi può essere di maligno o di audace, di piccante: *parlare con —; un'occhiata carica di —* **3** astuzia, espediente che mira a raggiungere uno scopo; furberia: *le malizie del mestiere.*
maliziosità [ma-li-zio-si-tà] *s.f.* **1** l'essere malizioso **2** atto, pensiero, detto malizioso.
malizioso [ma-li-zió-so] *agg.* **1** che ha malizia: *una persona maliziosa.* DIM. *maliziosetto* **2** che denota malizia: *un sorriso —* | brioso, vivace, vispo: *occhi maliziosi* □ **maliziosamente** *avv.*
malleabile [mal-le-à-bi-le] *agg.* **1** si dice di sostanza solida, e in particolare di metallo o lega metallica, che si lascia ridurre in lamine sottili senza rompersi: *l'oro è —* **2** (*fig.*) che si lascia convincere facilmente; docile, arrendevole: *un carattere —.*
malleabilità [mal-le-a-bi-li-tà] *s.f.* l'essere malleabile.
malleolare [mal-le-o-là-re] *agg.* (*anat.*) relativo al malleolo: *frattura —.*
malleolo [mal-lè-o-lo] *s.m.* (*anat.*) ciascuna delle due sporgenze ossee laterali dell'estremità inferiore della tibia.
mallet [/ ˈmallet /] *s.m.invar.* (*ingl.*) mazzuolo per suonare strumenti a percussione.
mallevadore [mal-le-va-dó-re] *s.m.* [f. *-drice*] **1** chi garantisce l'adempimento di un'obbligazione assunta da un'altra persona: *farsi — di qlcu.* **2** (*estens.*) chi è garante di qlco.: *farsi — delle buone intenzioni altrui.*
malleveria [mal-le-ve-rì-a] *s.f.* impegno assunto dal mallevadore.
mallo [màl-lo] *s.m.* (*bot.*) involucro coriaceo, di color verde, che ricopre noci e mandorle non ancora mature e che poi si stacca.
malloppo [mal-lòp-po] *s.m.* **1** fagotto, involto grosso e pesante **2** (*gerg.*) refurtiva: *restituire il —.*
malmaritata [mal-ma-ri-tà-ta] *agg.* e *s.f.* (*antiq.*) si dice di donna che ha avuto un matrimonio infelice.
malmenare [mal-me-nà-re] *v.tr.* [*io malméno ecc.*] **1** percuotere, picchiare con violenza: *l'hanno malmenato e derubato* **2** (*fig.*) maltrattare, strapazzare.
malmesso [mal-més-so] *agg.* **1** si dice di chi porta vesti dimesse; trasandato, sciatto **2** che rivela povertà o mancanza di cura: *una casa vecchia e malmessa* | (*fig.*) che versa in difficili condizioni economiche o di salute: *trovarsi piuttosto —.*
malmignatta [mal-mi-gnàt-ta] *s.f.* ragno velenoso detto anche *vedova nera.*
malnato [mal-nà-to] *agg.* **1** nato sotto cattiva stella; disgraziato, malcapitato **2** (*fig.*) dannoso, deplorevole **3** screanzato, rozzo, maleducato.
malnoto [mal-nò-to] *agg.* non ben noto: *una regione malnota.*
malnutrito [mal-nu-trì-to] *agg.* nutrito in modo

insufficiente e non corretto; denutrito: *un bimbo —*.

malnutrizione [mal-nu-tri-zió-ne] *s.f.* nutrizione non sufficiente o non corretta; la condizione patologica derivante da essa.

malo [mà-lo] *agg.* (*lett.*) cattivo, brutto, tristo: *in — modo*, malamente, in modo sbagliato □ **malamente** *avv.* male, in cattivo modo: *cadere —*, rovinosamente.

malocchio [ma-lòc-chio] *s.m.* nella credenza popolare, influsso malefico attribuito allo sguardo di certe persone: *gettare il —*.

malora [ma-ló-ra] *s.f.* rovina, perdizione: *andare in —*, rovinarsi | *va' in —!*, va' all'inferno!; *alla —!*, al diavolo! | *della —*, maledetto, terribile: *fa un freddo della —*.

malore [ma-ló-re] *s.m.* improvviso male fisico, mancamento repentino: *essere colto da —*.

malpensante [mal-pen-sàn-te] *agg.* e *s.m.* e *f.* si dice di persona che pensa male degli altri.

malridotto [mal-ri-dót-to] *agg.* ridotto in cattive condizioni; malconcio.

malriuscito [mal-ri-u-scì-to] *agg.* che risulta difettoso, sbagliato, inadeguato allo scopo: *tentativo —*.

malsano [mal-sà-no] *agg.* **1** detto di persona, che ha salute cagionevole **2** che nuoce alla salute; nocivo, insalubre: *clima —* **3** (*fig.*) morboso, vizioso, immorale: *fantasie malsane*.

malsicuro [mal-si-cù-ro] *agg.* privo di stabilità, sicurezza o affidabilità: *ponte —*.

malta [màl-ta] *s.f.* (*edil.*) impasto di sabbia, acqua e cemento o calce, usato come cementante: *— idraulica*, che fa presa anche sott'acqua; *— aerea*, che indurisce a contatto dell'aria.

maltagliato [mal-ta-glià-to] *s.m.* (spec. *pl.*) tipo di pasta per minestra in pezzi irregolari di forma romboidale.

maltasi [mal-tà-ʃi] *s.f.* (*chim.*) enzima pancreatico e intestinale che scinde le molecole di maltosio.

maltempo [mal-tèm-po] *s.m.* tempo cattivo: *il — invernale*.

maltenuto [mal-te-nù-to] *agg.* tenuto con poca cura: *una casa maltenuta*.

maltese [mal-té-se] *agg.* di Malta: *l'arcipelago —* | *cane —*, piccolo cane di lusso dal pelo lungo di color bianco lucente ♦ *s.m.* **1** [anche *f.*] chi è nato o abita nell'isola di Malta **2** lingua affine all'arabo parlata a Malta.

malthusianesimo [mal-thu-ʃia-né-ʃi-mo] *s.m.* **1** teoria (formulata dall'economista inglese Th.R. Malthus nel 1798) secondo la quale la crescita della popolazione tende a sopravanzare la crescita dei mezzi di sussistenza **2** (*estens.*) ogni teoria che veda nella società umana forme di lotta per la vita tipiche del mondo animale | ogni teoria o pratica favorevole al controllo artificiale delle nascite (rifiutato da Malthus).

maltina [mal-tì-na] *s.f.* (*chim.*) complesso di enzimi ottenuti dal malto, che trasformano l'amido in maltosio.

malto [màl-to] *s.m.* prodotto della germinazione dei semi di cereali; è usato nella fabbricazione di bevande alcoliche: *birra doppio —*, fatta con malto d'orzo e frumento mescolati.

maltolto [mal-tòl-to] *agg.* e *s.m.* si dice di ciò che è stato preso ad altri ingiustamente: *restituire il —*.

maltosio [mal-tò-ʃio] *s.m.* (*chim.*) zucchero disaccaride che si trova nel malto.

maltrattamento [mal-trat-ta-mén-to] *s.m.* il maltrattare, l'essere maltrattato: *patire maltrattamenti*.

maltrattare [mal-trat-tà-re] *v.tr.* **1** trattare male a parole o con atti violenti o villani: *— gli animali* **2** usare male, senza cura; strapazzare (anche *fig.*): *— un'arte*, esercitarla senza competenza.

malumore [ma-lu-mó-re] *s.m.* **1** stato d'animo crucciato e irritabile: *essere di —* **2** incomprensione, dissapore: *creare dei malumori* **3** scontento, insoddisfazione; fermento di ribellione: *nel popolo serpeggiava il —*.

malva [màl-va] *s.f.* pianta erbacea con fiori di colore tra il lilla e il rosa, usata per decotti e infusi ♦ *agg.* e *s.m.invar.* si dice di colore tra il lilla e il rosa, come quello dei fiori della pianta.

malvacee [mal-và-ce-e] *s.f.pl.* (*bot.*) famiglia di piante dicotiledoni a cui appartiene la malva.

malvagio [mal-và-gio] *agg.* [pl.f. *-gie*] cattivo, perfido, malefico: *azioni malvagie* ♦ *s.m.* [f. *-a*] persona perfida, crudele □ **malvagiamente** *avv.*

malvagità [mal-va-gi-tà] *s.f.* l'essere malvagio | azione malvagia: *commettere una —*.

malvasia [mal-va-ʃì-a] *s.f.* denominazione di vini prodotti da uve del vitigno omonimo, bianche o più raramente rosse.

malversare [mal-ver-sà-re] *v.tr.* [*io malvèrso ecc.*] usare in modo illecito denaro o beni altrui che si hanno in amministrazione o in custodia.

malversatore [mal-ver-sa-tó-re] *s.m.* [f. *-trice*] chi si rende colpevole di malversazione.

malversazione [mal-ver-sa-zió-ne] *s.f.* (*dir.*) reato commesso dal pubblico ufficiale o dall'incaricato di un pubblico servizio che si appropri di denaro o di beni appartenenti a privati di cui egli ha il possesso per ragione del suo ufficio.

malvestito [mal-ve-stì-to] *agg.* **1** vestito con abiti dimessi: *si presentò sudicio e —* **2** vestito senza gusto ed eleganza.

malvissuto [mal-vis-sù-to] *agg.* che ha speso male la propria vita: *un vecchio —*.

malvisto [mal-vì-sto] *agg.* guardato con antipatia o con sospetto: *persona malvista*.

malvivente [mal-vi-vèn-te] *s.m.* chi appartiene alla malavita; malfattore, delinquente: *una banda di malviventi*.

malvolentieri [mal-vo-len-tiè-ri] *avv.* di malavoglia, contro voglia: *fare qlco. —*.

malvolere[1] [mal-vo-lé-re] *v.tr.* [usato solo nell'inf. e nel part. pass. *malvoluto*] provare o dimostrare malevolenza verso qlcu.: *è malvoluto da tutti*.

malvolere[2] *s.m.* **1** (*lett.*) disposizione d'animo ostile; volontà di fare il male **2** cattiva volontà; indolenza: *non riesce negli studi per —*.

malvone [mal-vó-ne] *s.m.* pianta erbacea coltivata a scopo ornamentale per i suoi fiori colorati.

mambo [màm-bo] *s.m.invar.* ballo di origine sudamericana di ritmo moderato.

mamma [màm-ma] *s.f.* **1** (*fam.*) madre | *—!*, *— mia!*, esclamazione di ansia, spavento, meraviglia ecc. DIM. *mammina* **2** chi ha cura di qlcu. facendogli da madre o servendogli da guida: *era la — dei poveri*.

mammalogia [mam-ma-lo-gì-a] *s.f.* parte della zoologia che studia i mammiferi.

mammalucco [mam-ma-lùc-co] *s.m.* [f. *-a*; pl.m. *-chi*] persona sciocca o goffa: *fare il —*.

mammana [mam-mà-na] *s.f.* (*region.*) levatrice.

mammario [mam-mà-rio] *agg.* (*anat.*) della mammella: *ghiandola mammaria*.

mammasantissima [mam-ma-san-tìs-si-ma] *s.m.invar.* (*gerg.*) capo supremo della camorra napoletana o della mafia siciliana.

mammella [mam-mèl-la] *s.f.* organo ghiandolare esterno dei mammiferi, particolarmente sviluppato nelle femmine; ha la funzione di secernere il latte per l'alimentazione dei figli nel primo periodo di vita: *attaccarsi alla —*, succhiarne il latte.

mammiferi [mam-mì-fe-ri] *s.m.pl.* (*zool.*) classe di vertebrati, a cui appartiene l'uomo, caratterizzati da ghiandole mammarie, sistema nervoso molto sviluppato, respirazione polmonare, circolazione sanguigna doppia e completa.

mammifero [mam-mì-fe-ro] *agg.* si dice di animale vertebrato dotato di ghiandole mammarie.

mammillare [mam-mil-là-re] *agg.* **1** (*anat.*) della mammella, che concerne la mammella **2** che è a forma di mammella.

mammismo [mam-mì-ʃmo] *s.m.* **1** tendenza a esagerare, in età adulta, il bisogno di protezione materna **2** attaccamento eccessivo della madre al figlio.

mammografia [mam-mo-gra-fì-a] *s.f.* (*med.*) radiografia della mammella femminile.

mammografico [mam-mo-grà-fi-co] *agg.* [pl.m. *-ci*] (*med.*) relativo alla mammografia: *esame —*.

mammola [màm-mo-la] *s.f.* **1** pianta erbacea con fiori violetti profumati. DIM. *mammoletta* **2** (*scherz.*) persona timida e modesta | Usato anche come *agg.*: *viola —*.

mammone [mam-mó-ne] *s.m.* [f. *-a*] (*fam.*) bambino molto attaccato alla mamma | adulto troppo legato alla madre.

mammut [mam-mùt] *s.m.invar.* elefante fossile vissuto nel paleolitico; aveva pelo lungo e folto, cranio molto sviluppato e lunghe zanne ricurve.

management [/ 'manadʒment /] *s.m.invar.* (*ingl.*) l'attività di direzione e gestione di un'impresa.

manager [/ 'manadʒer /] *s.m.* e *f.invar.* (*ingl.*) **1** dirigente di un'impresa o di un suo settore **2** chi cura gli interessi di un personaggio dello spettacolo, dello sport ecc.; impresario.

manageriale [ma-na-ge-rià-le] *agg.* di manager, proprio del manager: *capacità —*.

managerialità [ma-na-ge-ria-li-tà] *s.f.* capacità di dirigere un'impresa.

manata [ma-nà-ta] *s.f.* **1** colpo dato con il palmo della mano aperta **2** quantità che si può prendere con una mano; manciata: *una — di terra*.

manca [màn-ca] *s.f.* la mano sinistra | la parte sinistra: *a destra e a —*, dappertutto.

mancamento [man-ca-mén-to] *s.m.* improvviso malore che causa la perdita dei sensi; svenimento: *avere un —*.

mancante [man-càn-te] *agg.* che manca, che non c'è: *le pagine mancanti di un libro* | privo, difettoso: *un ragionamento — di logica*.

mancanza [man-càn-za] *s.f.* **1** il mancare; assenza: *— di denaro* **2** errore, fallo: *commettere una —* **3** difetto, deficienza: *un'opera che presenta delle mancanze*.

mancare [man-cà-re] *v.intr.* [*io manco, tu manchi ecc.*; aus. *essere* (*avere* nei sign. 5 e 6)] **1** non bastare, non essere sufficiente; non esserci: *manca il tempo* **2** distare, intercorrere (di spazio o tempo che separa da un termine): *manca un chilometro all'arrivo* | *mancarci poco che...*, essere sul punto di | *ci mancherebbe altro!*, per deprecare un evento spiacevole che si desidera che non avvenga **3** venir meno: *sentirsi — le forze* | *sentirsi — la terra sotto i piedi*, (*fig.*) trovarsi d'un tratto senza appoggio né difesa **4** di persona, essere assente, lontano: *— da casa* | essere rimpianto, desiderato: *— molto* | (*eufem.*) morire: *è mancato un mese fa* **5** essere privo: *— di iniziativa* **6** sottrarsi, venir meno a qlco.: *— di rispetto a qlcu.*; *— di parola*, non mantenerla | (*assol.*) commettere una mancanza; sbagliare: *stavolta ho mancato io* | tralasciare, trascurare (in frasi negative): *non mancherà di farlo* ♦ *v.tr.* **1** fallire: *— il bersaglio* **2** (*fam.*) perdere: *— l'occasione*.

mancato [man-cà-to] *agg.* **1** non riuscito, andato a vuoto, fallito: *un colpo —* **2** di persona, che non ha realizzato le sue aspirazioni o non ha sviluppato un talento naturale: *pittore, attore —*.

manche [/ manʃ /] *s.f.* (*fr.*) **1** (*sport*) ciascuna delle prove in cui è suddivisa una gara **2** nei giochi di carte, partita, giro, mano.

manchette [/ man'ʃɛt /] *s.f.invar.* (*fr.*) breve testo pubblicitario a lato della testata di un giornale.

manchevole [man-ché-vo-le] *agg.* che ha delle mancanze, dei difetti; incompleto, imperfetto: *resoconto —* □ **manchevolmente** *avv.* difettosamente.

manchevolezza [man-che-vo-léz-za] *s.f.* **1** l'essere manchevole **2** difetto, imperfezione: *un lavoro pieno di manchevolezze* **3** atto irriguardoso o sconveniente: *compiere una —*.

mancia [màn-cia] *s.f.* [pl. *-ce*] denaro che si dà, oltre al dovuto, a chi presta un servizio: *lasciare una —*. DIM. *mancetta*.

manciata [man-cià-ta] *s.f.* la quantità che può

essere contenuta in una mano: *una — di riso* | *a manciate*, in gran quantità.
mancina [man-cì-na] *s.f.* la mano sinistra.
mancinismo [man-ci-nì-ʃmo] *s.m.* tendenza a usare prevalentemente il braccio e la mano della parte sinistra del corpo.
mancino [man-cì-no] *agg.* **1** sinistro: *parte mancina* **2** (*fig.*) che nuoce gravemente; sleale, scorretto: *giocare un tiro —* ♦ *agg.* e *s.m.* [f. *-a*] che/chi presenta mancinismo: *un calciatore —.*
manco *avv.* (*fam.*) nemmeno, neanche: *non aveva — mille lire.*
mandamento [man-da-mén-to] *s.m.* (*dir.*) la circoscrizione giudiziaria nel cui ambito svolge la propria attività il pretore.
mandante [man-dàn-te] *s.m.* e *f.* **1** (*dir.*) chi affida ad altri (mandatario) il compimento di un atto giuridico (mandato) **2** chi affida ad altri l'esecuzione di un atto illecito: *il — di un delitto.*
mandarancio [man-da-ràn-cio] *s.m.* frutto ottenuto dall'incrocio tra il mandarino e l'arancio amaro; clementina.
mandare [man-dà-re] *v.tr.* **1** riferito a persona, farla andare in un determinato luogo per un preciso scopo: *mandalo a casa!* | *— al diavolo, a quel paese*, allontanare bruscamente qlcu.; lasciar perdere completamente qlco. | *— all'altro mondo, al creatore*, uccidere | *— in galera*, far arrestare | *— in estasi*, estasiare **2** riferito a cosa, farla pervenire a qlcu.; inviare, spedire: *— i saluti* | *— in onda*, trasmettere | *che Dio ce la mandi buona!*, che ci protegga! | *— all'aria, a monte, a rotoli, in fumo*, far sfumare, rendere vano, non realizzare | *— avanti*, far procedere | *— in pezzi*, rompere, distruggere | *— giù*, inghiottire; (*fig.*) sopportare, subire: *— giù un'offesa* **3** emanare, emettere: *— un grido* **4** (*non com.*) far funzionare un meccanismo: *l'acqua manda la macina del mulino.*
mandarinesco [man-da-ri-né-sco] *agg.* [pl.m. *-schi*] (*spreg.*) da mandarino: *atteggiamento —.*
mandarinetto [man-da-ri-nét-to] *s.m.* liquore che si ottiene con essenza di mandarino.
mandarinismo [man-da-ri-nì-ʃmo] *s.m.* tendenza a far valere la propria autorità politica al fine di conservare i privilegi di cui si gode.
mandarino[1] [man-da-rì-no] *s.m.* nella Cina imperiale, alto dignitario di corte che godeva di ampi privilegi | (*estens.*) funzionario che gode di ampi privilegi e si comporta in modo autoritario.
mandarino[2] *s.m.* albero che produce un frutto simile all'arancia, ma più piccolo e dal sapore più dolce | il frutto di tale albero ♦ *agg.invar.* che ha il colore del mandarino: *giallo —.*
mandata [man-dà-ta] *s.f.* **1** il mandare, l'inviare; la quantità di cose che si manda in una volta **2** scatto della stanghetta di una serratura ottenuto con un giro di chiave: *chiudere a doppia —.*
mandatario [man-da-tà-rio] *s.m.* [f. *-a*] (*dir.*) chi ha ricevuto un mandato e agisce per conto del mandante.
mandato *s.m.* **1** incarico di agire per conto di altri: *operare su — di qlcu.* | *— elettorale*, quello che gli elettori affidano all'eletto **2** (*dir.*) contratto con il quale una parte (mandatario) si obbliga a compiere un atto giuridico per conto dell'altra (mandante): *affidare un —* **3** ordine, ingiunzione: *— di comparizione, di pagamento.*
mandibola [man-dì-bo-la] *s.f.* **1** (*anat.*) l'osso mascellare mobile del cranio su cui poggiano i denti **2** la parte inferiore dell'apparato boccale degli animali.
mandibolare [man-di-bo-là-re] *agg.* (*anat.*) della mandibola: *nervo —.*
mandola [man-dò-la] *s.f.* strumento musicale a corda simile al mandolino, ma più grande e con manico corto.
mandolinista [man-do-li-nì-sta] *s.m.* e *f.* [pl.m. *-sti*] sonatore di mandolino.
mandolino [man-do-lì-no] *s.m.* strumento a corda della famiglia del liuto; è formato da una cassa armonica convessa di forma ovale e da un manico simile a quello della chitarra.
mandorla [màn-dor-la] *s.f.* **1** il frutto del mandorlo, con un nocciolo che contiene uno o due semi commestibili: *latte di mandorle*, sciroppo a base di mandorle schiacciate, acqua e zucchero; *occhi a —*, allungati verso l'esterno **2** nell'arte gotica, motivo ornamentale a forma di mandorla **3** *— di mare*, piccolo mollusco provvisto di una sottile conchiglia biancastra.
mandorlato [man-dor-là-to] *agg.* **1** a forma di mandorla **2** che contiene mandorle: *cioccolato —* ♦ *s.m.* dolce a base di mandorle.
mandorlo [màn-dor-lo] *s.m.* albero con fiori bianchi o rosati e foglie lanceolate, coltivato per i suoi frutti (mandorle).
mandragola [man-drà-go-la], o **mandragora**, *s.f.* pianta erbacea perenne con fiori violetti o bianchi e foglie lanceolate, alle cui radici, in realtà tossiche, erano un tempo attribuite virtù magiche.
mandria [màn-dria] *s.f.* **1** branco numeroso di grossi quadrupedi domestici **2** (*spreg.*) gruppo di persone incapaci di agire e di pensare autonomamente.
mandriano [man-drià-no] *s.m.* [f. *-a*] il guardiano di una mandria.
mandrillo [man-drìl-lo] *s.m.* **1** (*zool.*) genere di grosse scimmie africane dal corpo coperto di pelame bruno, con muso glabro rosso e azzurro, natiche rosso porpora, coda ridottissima **2** (*scherz.*) uomo molto attivo sessualmente.
mandrino [man-drì-no] *s.m.* nome di parti di macchine utensili o di attrezzi che hanno in genere la funzione di allargare o serrare tubi.
mane [mà-ne] *s.f.* (*lett.*) mattina: *da — a sera.*
-mane secondo elemento di nomi di persona che corrispondono ai sostantivi astratti in *-mania*, e indicano chi ha una tendenza patologica oppure un'irresistibile attrazione per qlco. (*cleptomane, mitomane*).
maneggevole [ma-neg-gé-vo-le] *agg.* che si maneggia facilmente: *uno strumento —.*

maneggevolezza [ma-neg-ge-vo-léz-za] *s.f.* l'essere maneggevole: *la — di un attrezzo.*
maneggiare [ma-neg-già-re] *v.tr.* [*io manéggio ecc.*] **1** lavorare con le mani; manipolare: *— l'argilla* **2** (*estens.*) adoperare abilmente; far funzionare: *— un'arma* **3** (*fig.*) amministrare: *— molto denaro*, avere un gran giro d'affari | *— una persona*, manovrarla.
maneggio[1] [ma-nég-gio] *s.m.* **1** il maneggiare, l'adoperare: *abilità nel — delle armi* **2** (*fig.*) amministrazione, governo: *il — del denaro* **3** (*fig.*) attività sotterranea per raggiungere propri scopi; intrigo: *— politico* **4** l'addestramento del cavallo; il luogo dove si addestra: *scuola di —.*
maneggio[2] [ma-neg-gì-o] *s.m.* un continuo maneggiare.
maneggione [ma-neg-gió-ne] *s.m.* [f. *-a*] (*spreg.*) chi ha per le mani molti traffici e affari; intrigante, faccendiere.
manesco [ma-né-sco] *agg.* [pl.m. *-schi*] che usa con facilità le mani per picchiare: *un uomo —.*
manetta [ma-nét-ta] *s.f.* **1** levetta o manopola per la regolazione manuale di dispositivi, valvole ecc.: *la — del gas* **2** *pl.* strumento che le forze dell'ordine usano per serrare i polsi dell'arrestato: *mettere le manette.*
manforte [man-fòr-te] *s.f.invar.* sostegno, aiuto, appoggio: *dare, prestare — a qlcu.*
manfrina [man-fri-na] *s.f.* atteggiamento insistente e petulante con cui si cerca di ottenere qlco.
manganatura [man-ga-na-tù-ra] *s.f.* (*tess.*) rifinitura al mangano dei tessuti di fibre vegetali ruvide (lino, canapa, iuta ecc.), per renderne la superficie compatta e liscia.
manganellare [man-ga-nel-là-re] *v.tr.* [*io manganèllo ecc.*] colpire col manganello; dare manganellate.
manganellata [man-ga-nel-là-ta] *s.f.* colpo dato col manganello o altro bastone: *prendere a manganellate qlcu.*
manganello [man-ga-nèl-lo] *s.m.* il randello rivestito di gomma usato dalle forze dell'ordine; sfollagente.
manganese [man-ga-né-se] *s.m.* elemento chimico di simbolo *Mn*; è un metallo grigiastro, duro e fragile, usato in metallurgia e nell'industria vetraria e farmaceutica.
mangano [màn-ga-no] *s.m.* **1** antica macchina bellica per lanciare grossi proiettili **2** (*ind. tess.*) macchina costituita da cilindri metallici per eseguire la manganatura dei tessuti.
mangereccio [man-ge-réc-cio] *agg.* [pl.f. *-ce*] che è da mangiare, che è buono a mangiarsi; commestibile: *fungo —.*
mangeria [man-ge-rì-a] *s.f.* (*fam.*) appropriazione illecita di denaro; ruberia.
mangia [màn-gia] *s.m.invar.* (*pop.*) solo nella loc.: *un — —*, (*fig.*) una situazione da cui molti traggono profitti illeciti; mangeria.
mangiabile [man-già-bi-le] *agg.* che si può mangiare: *cibo non ottimo, ma —.*
mangiadischi® [man-gia-dì-schi] *s.m.invar.* fonografo portatile automatico per la riproduzione di dischi a 45 giri, oggi in disuso.
mangiafumo [man-gia-fù-mo] *agg.invar.* si dice di un tipo di candela che attenua l'odore del fumo di tabacco.
mangianastri® [man-gia-nà-stri] *s.m.invar.* apparecchio automatico portatile, per l'ascolto di musicassette.
mangiapane [man-gia-pà-ne] *s.m.* e *f.invar.* persona che vive alle spalle degli altri; è usato spec. nella loc. *— a tradimento.*
mangiapreti [man-gia-prè-ti] *s.m.* e *f.invar.* chi non tollera i preti; anticlericale accanito.
mangiare[1] [man-già-re] *v.tr.* [*io màngio ecc.*] **1** ingerire alimenti solidi masticandoli e inghiottendoli; consumare un pasto: *— di gusto*; *— in trattoria* | *roba da —*, cibo | *fare da —*, cucinare | *— in bianco*, senza condimenti elaborati| *— leggero*, cibi facilmente digeribili| *— un boccone*, (*fig.*) consumare un pasto frugale | *— con gli occhi*, (*fig.*) guardare con avidità, con desiderio | *— la foglia*, (*fig.*) accorgersi di un inganno, di un tranello | *mangiarsi qlcu.*, (fig.) subissarlo con minacce, rimproveri; anche, avere facilmente la meglio su di lui in una competizione **2** (*estens.*) rosicchiare; consumare: *mangiarsi le unghie* | *mangiarsi l'eredità*, (*fig.*) dilapidarla | *— le parole*, (*fig.*) non pronunciarle distintamente | *mangiarsi il fegato*, (*fig.*) rodersi dalla rabbia **3** (*fig. fam.*) guadagnare illecitamente: *sono in troppi a — in quell'affare* **4** nel gioco degli scacchi o della dama, prendere un pezzo all'avversario.
mangiare[2] *s.m.* **1** l'atto del mangiare: *controllarsi nel —* **2** ciò che si mangia: *il — era buono.*
mangiarino [man-gia-rì-no] *s.m.* (*fam.*) cibo delicato e appetitoso.
mangiasoldi [man-gia-sòl-di] *agg.invar.* si dice di macchina automatica per il gioco d'azzardo funzionante a monete o a gettoni: *macchina —*, slot-machine.
mangiata [man-già-ta] *s.f.* il mangiare molto; scorpacciata: *farsi una bella — di dolci.*
mangiatoia [man-gia-tó-ia] *s.f.* **1** nelle stalle, grosso cassone dentro il quale si mette il foraggio per gli animali **2** (*spreg.*) situazione da cui si traggono guadagni facili o illeciti.
mangiatore [man-gia-tó-re] *s.m.* [f. *-trice*] **1** chi mangia molto: *è un forte —* **2** chi mangia d'abitudine un determinato cibo: *un — di pesce* **3** (*estens.*) giocoliere che si esibisce introducendosi in gola degli oggetti: *— di spade.*
mangiaufo [man-gia-ù-fo] *s.m.* e *f.invar.* scroccone.
mangime [man-gì-me] *s.m.* insieme di prodotti di origine vegetale o animale che servono all'alimentazione del bestiame.
mangione [man-gió-ne] *s.m.* [f. *-a*] **1** chi abitualmente mangia molto o con avidità **2** (*fig.*) chi approfitta di ogni circostanza favorevole per ricavare guadagni illeciti.
mangiucchiare [man-giuc-chià-re] *v.tr.* [*io man-*

giùcchio ecc.] mangiare diverse cose, in piccole quantità; spilluzzicare | (*assol.*) mangiare spesso, a brevi intervalli; mangiare con lentezza o svogliatamente: *più che mangiare, mangiucchia.*

mango [màn-go] *s.m.* [pl. *-ghi*] pianta arborea originaria dell'India, coltivata per i grossi frutti commestibili di forma ovale e dalla polpa dolce e profumata.

mangrovia [man-grò-via], o **mangrova**, *s.f.* vegetazione tipica dei litorali lagunosi tropicali, formata da piante con radici aeree che affondano nel fango e risalgono verticalmente intricandosi con i rami.

mangusta [man-gù-sta] *s.f.* nome comune a varie specie di piccoli animali carnivori, con corpo snello, muso aguzzo e coda folta; si nutrono di piccoli animaletti e attaccano i serpenti.

mani [mà-ni] *s.m.pl.* presso gli antichi Romani, le anime dei defunti, divinizzate e considerate come protettrici della casa.

mania [ma-nì-a] *s.f.* **1** (*psich.*) alterazione mentale che si esprime in un atteggiamento ossessivo, in un'idea fissa: — *di persecuzione* **2** (*estens.*) tendenza, predilezione fanatica; abitudine bizzarra e incorreggibile: *la — della musica*; *una persona piena di manie.*

-mania secondo elemento di parole composte, che indica una tendenza ossessiva o patologica, oppure un'attrazione irresistibile per qlco. (*cleptomania, ninfomania*).

maniacale [ma-nia-cà-le] *agg.* **1** (*psich.*) che si riferisce alla mania, o che rientra nei suoi sintomi, nelle sue manifestazioni: *crisi —* **2** (*estens.*) smodato, ossessivo: *atteggiamento —* □ **maniacalmente** *avv.*

maniaco [ma-nì-a-co] *agg.* [pl.m. *-ci*] (*psich.*) di mania, che riguarda la mania; maniacale: *stato —* ♦ *agg.* e *s.m.* [f. *-a*] **1** si dice di chi è affetto da mania: *un soggetto —* **2** (*estens.*) fissato, fanatico: *un — dei film dell'orrore.*

manica [mà-ni-ca] *s.f.* **1** parte dell'abito che copre il braccio: *maniche corte*; *mezze maniche*, maniche fino al gomito | *rimboccarsi le maniche*, (*fig.*) accingersi con impegno a un lavoro faticoso | *in maniche di camicia*, senza giacca | *è un altro paio di maniche*, (*fig.*) è una questione completamente diversa | *essere di — larga, stretta*, (*fig.*) essere indulgente, molto esigente **2** (*estens.*) oggetto a forma di manica: — *a vento*, tubo di tela che, gonfiato dal vento, ne indica la direzione **3** (*pop. spreg.*) accolta, gruppo: *una — di lazzaroni.*

manicaretto [ma-ni-ca-rét-to] *s.m.* pietanza gustosa, preparata con cura.

manicheismo [ma-ni-che-ì-ʃmo] *s.m.* dottrina o atteggiamento che tende a contrapporre radicalmente il bene e il male.

manicheo [ma-ni-chè-o] *agg.* si dice di ogni dottrina o atteggiamento che contrapponga nettamente il bene e il male ♦ *s.m.* [f. *-a*] chi esaspera le diversità di posizioni, idee, scelte.

manichetta [ma-ni-chét-ta] *s.f.* **1** mezza manica **2** tubo di tela o di altro materiale flessibile che serve da conduttura.

manichino [ma-ni-chì-no] *s.m.* **1** fantoccio che riproduce la figura umana utilizzato come modello: *il — dei sarti*; *i manichini delle vetrine* | *sembrare un —*, essere vestito con ricercata eleganza | *stare come un —*, immobile, impalato **2** (*fig.*) individuo privo di personalità, che agisce secondo la volontà altrui.

manico [mà-ni-co] *s.m.* [pl. *-ci* o *-chi*] parte di un oggetto o di un arnese che si afferra con la mano per adoperarlo o per sollevarlo: — *della scopa, della chitarra.*

manicomiale [ma-ni-co-mià-le] *agg.* di manicomio, da manicomio.

manicomio [ma-ni-cò-mio] *s.m.* **1** istituto in cui si ricoveravano i malati di mente; ospedale psichiatrico **2** (*fam.*) luogo o situazione pieni di confusione, disordine: *quella casa è un —* | *roba da —*, cose assurde, inverosimili.

manicotto [ma-ni-còt-to] *s.m.* **1** sorta di manica grossa e corta di pelliccia in cui si infilano le mani per ripararle dal freddo **2** (*mecc.*) giunto a forma di cilindro cavo usato per collegare tubi o barre o per trasmettere il moto rotatorio fra due alberi coassiali.

manicure [/ maniˈkyr /] *s.m.* o *f.invar.* (*fr.*) **1** chi per professione cura le mani e soprattutto le unghie **2** l'operazione del curare le mani e le unghie: *farsi la —.*

maniera [ma-niè-ra] *s.f.* **1** modo: — *di vivere, di fare qlco.* | *che — è questa?, che maniere!*, espressioni di rimprovero rivolte a chi si è comportato in modo scortese | *uomo di buone maniere*, di modi educati e cortesi | *alla —*, secondo il costume: *alla — marchigiana* | *c'è modo e — (di fare o dire qlco.)*, in riferimento a cose dette o fatte in modo poco opportuno **2** lo stile di un artista, di una scuola o di un'epoca artistica: *seguace della — dei macchiaioli* | pratica artistica che si fonda sull'imitazione e sulla ripetizione di formule scontate, senza ispirazione e naturalezza: *un artista di —* **3** (*lett.*) sorta, specie: *gente di ogni —.*

manierato [ma-nie-rà-to] *agg.* **1** privo di naturalezza, non spontaneo, affettato: *gesti manierati* **2** detto di artista o di opera d'arte, che manca di originalità: *pittura manierata.*

manierismo [ma-nie-rì-ʃmo] *s.m.* nel campo delle arti figurative e della letteratura, ogni tendenza che si ispiri a precedenti modelli, riproducendo il loro linguaggio espressivo.

manierista [ma-nie-rì-sta] *s.m.* e *f.* [pl.m. *-sti*] artista, scrittore di maniera, privo di originalità | Usato anche come *agg.*: *pittore —.*

manieristico [ma-nie-rì-sti-co] *agg.* [pl.m. *-ci*] che concerne il manierismo o i manieristi □ **manieristicamente** *avv.*

maniero [ma-niè-ro] *s.m.* nel Medioevo, palazzo feudale di campagna senza torri o fortificazioni | (*estens.*) castello, palazzo di campagna.

manieroso [ma-nie-ró-so] *agg.* di maniere gentili ma affettate; complimentoso, lezioso.

manifattura [ma-ni-fat-tù-ra] *s.f.* **1** l'insieme delle operazioni che trasformano le materie prime in prodotti di consumo, in manufatti: *la — dei tessuti* **2** il locale, il luogo in cui si eseguono questi lavori; anche, l'azienda che li esegue: *una — di calzature.*

manifatturiere [ma-ni-fat-tu-riè-re] *s.m.* [f. *-a*] proprietario o dipendente di una manifattura.

manifatturiero [ma-ni-fat-tu-riè-ro] *agg.* relativo alla manifattura: *industria manifatturiera.*

manifestante [ma-ni-fe-stàn-te] *agg.* e *s.m.* e *f.* che/chi partecipa a una dimostrazione pubblica: *i manifestanti sfilarono in corteo.*

manifestare [ma-ni-fe-stà-re] *v.tr.* [*io manifèsto ecc.*] **1** rendere noto, mostrare apertamente; palesare, esprimere: *— i propri sentimenti* **2** (*assol.*) partecipare a una dimostrazione pubblica: *— contro i licenziamenti* ♦ **manifestarsi** *v.rifl.* o *intr.pron.* detto di persona, farsi conoscere; mostrare la propria personalità: *non ebbe occasione di —* | detto di cosa, rivelarsi.

manifestazione [ma-ni-fe-sta-zió-ne] *s.f.* **1** il manifestare, il manifestarsi; ciò che serve a manifestare: *la — d'una malattia*, i suoi sintomi **2** dimostrazione pubblica che esprime una protesta, una richiesta: *— per la pace* **3** spettacolo a partecipazione pubblica: *— musicale.*

manifestino [ma-ni-fe-stì-no] *s.m.* piccolo foglio distribuito o lanciato per propaganda politica o per scopi pubblicitari.

manifesto[1] [ma-ni-fè-sto] *agg.* evidente, chiaro, palese; noto a tutti: *colpa manifesta; rendere —* □ **manifestamente** *avv.*

manifesto[2] *s.m.* **1** foglio di carta che si affigge in luogo pubblico per portare a conoscenza di tutti quanto vi è scritto o raffigurato: *— elettorale.* DIM. *manifestino* **2** scritto programmatico di movimenti politici e culturali: *il Manifesto del partito comunista.*

maniglia [ma-nì-glia] *s.f.* elemento facilmente impugnabile che si applica a cassetti, porte, valigie, bauli ecc. per poterli aprire, sollevare o trasportare | *cavallo con maniglie*, (*sport*) attrezzo ginnico con due grossi semianelli sul dorso che consentono la presa delle mani.

manigoldo [ma-ni-gól-do] *s.m.* [f. *-a*] furfante, canaglia.

manina [ma-nì-na] *s.f.* (*bot.*) ditola.

manioca [ma-niò-ca] *s.f.* pianta arbustiva originaria dell'America meridionale, dalle cui radici si estrae la tapioca.

manipolare [ma-ni-po-là-re] *v.tr.* [*io manìpolo ecc.*] **1** preparare una sostanza mescolando insieme vari ingredienti: *— unguenti* | sottoporre a determinati trattamenti, servendosi di manipolatori: *— sostanze radioattive* **2** massaggiare: *— una zona muscolare* **3** (*fig.*) adulterare, alterare, contraffare: *— una notizia* **4** (*fig.*) condizionare il comportamento di qlcu. senza coercizioni apparenti: *— le coscienze.*

manipolatore [ma-ni-po-la-tó-re] *s.m.* **1** [f. *-trice*] chi manipola **2** nome di vari dispositivi con cui si manipolano sostanze che è pericoloso trattare a mano: *— di sostanze radioattive* | nome di dispositivi a comando manuale: *— telegrafico.*

manipolazione [ma-ni-po-la-zió-ne] *s.f.* **1** il manipolare, l'essere manipolato (anche *fig.*): *— di dati* | *— del patrimonio genetico*, (*biol.*) intervento con mezzi chimico-biologici per modificare i caratteri ereditari **2** (*fig.*) intrigo, imbroglio.

manipolo [ma-nì-po-lo] *s.m.* **1** (*st.*) divisione della legione romana **2** (*lett.*) piccola schiera di soldati | (*estens.*) piccolo gruppo di uomini.

maniscalco [ma-ni-scàl-co] *s.m.* [pl. *-chi*] **1** chi ferra gli animali da tiro e da sella **2** (*st.*) alto dignitario delle corti medievali.

manizza [ma-nìz-za] *s.f.* **1** (*mar.*) ciascuna delle impugnature della ruota del timone **2** *pl.* tipo di guanti che coprono il palmo della mano e parte delle dita, usati dai ciclisti e dai motociclisti.

manna [màn-na] *s.f.* **1** cibo che secondo la Bibbia cadde miracolosamente dal cielo per nutrire gli ebrei nel deserto | *aspettare la — dal cielo*, (*fig.*) attendere, senza fare nulla, che una situazione negativa migliori **2** (*fig.*) qualsiasi cosa utile e favorevole che giunga improvvisa o inattesa: *questa pioggia è una — per la campagna* **3** (*fig.*) cibo, bevanda molto gradevole: *senti che —!* **4** succo zuccherino che si ottiene dal tronco di alcune specie di frassino; è usato in farmacia come lassativo.

mannaggia [man-nàg-gia] *inter.* (*fam.*) imprecazione che esprime ira, irritazione, contrarietà.

mannaia [man-nà-ia] *s.f.* **1** grossa scure, un tempo strumento del boia | (*estens.*) la lama della ghigliottina **2** grande coltello con pesante lama rettangolare adoperato in macelleria per spezzare gli ossi.

mannaro [man-nà-ro] *agg.* solo nella loc. *lupo —*, (*pop.*) licantropo; (*fam.*) essere mostruoso che mangia i bambini.

mannello [man-nèl-lo] *s.m.*, o **mannella** *s.f.*, piccolo fascio di spighe.

mannequin [/ man'kɛn /] *s.f.invar.* (*fr.*) indossatrice.

mano [mà-no] *s.f.* [pl. *mani*] **1** estremità dell'arto superiore formata dal polso, dalla palma, dal dorso e dalle cinque dita; ha funzione di organo prensile e tattile | *passare di — in —*, dalle mani di una persona a quelle di un'altra | *prendere qlcu. per —*, (*fig.*) guidarlo nelle decisioni | *dare, stringere la —*, porgere la propria mano e afferrare quella di un'altra persona in segno di saluto, congratulazione ecc. | *battere le mani*, applaudire | *alzare le mani*, in segno di resa | *alzare la —*, per chiedere la parola o per votare | *fregarsi le mani*, per esprimere soddisfazione | *chiedere la — di una donna*, (*fig.*) chiederla in sposa | *calcare la —*, (*fig.*) esagerare | *dare una — a qlcu.*, (*fig.*) aiutarlo | *avere le mani legate*, (*fig.*) non poter agire secondo la propria volontà per una costrizione esterna | *avere le mani bucate*, (*fig.*) spendere senza controllo | *capitare per le mani*, (*fig.*) si dice di ciò di cui si viene in possesso casualmente | *avere le mani in pasta in qlco.*, (*fig.*) esservi addentro | *toccare con —*, (*fig.*) sincerarsi personalmente | *fallo di —*, nel gioco del calcio, fallo che un giocatore commette toccando il pallone con la mano o con il braccio | *venire alle mani*, azzuffarsi | *alzare le mani su qlcu.*, picchiarlo | *menare le mani*, picchiare, essere manesco | *mettere le mani addosso a qlcu.*, aggredirlo | *mettere le mani su qlco.*, impossessarsene | *mettere — al portafogli*, pagare | *avere le mani sporche, pulite*, (*fig.*) comportarsi in modo disonesto od onesto | *mani pulite*, nel linguaggio giornalistico, le inchieste giudiziarie che hanno avuto come oggetto la corruzione politica italiana nella prima metà degli anni Novanta | *lavarsene le mani*, (*fig.*) disinteressarsene | *stare con le mani in —*, (*fig.*) senza far nulla | *mettere le mani avanti*, (*fig.*) cercare scuse prima che sia necessario o richiesto | *fare man bassa di qlco.*, prenderne il più possibile | *man — che*, introduce una proposizione dipendente la cui azione si svolge parallelamente a quella della reggente: *man — che entravano, si sedevano* | *a — a —* (o soltanto *man —*), di volta in volta; gradatamente | *a piene mani*, (*fig.*) largamente, generosamente | *presentarsi a mani vuote*, (*fig.*) senza un regalo | *a — armata*, con le armi in pugno | *di seconda —*, si dice di oggetto che si compra già usato | *sotto —*, vicino, a disposizione | *a portata di —*, facilmente raggiungibile | *fuori —*, lontano | *a —*, si dice di cosa che si porta o si usa con le mani: *bagaglio a —* | *alla —*, di cosa, pronta da usare; di persona, cordiale e semplice: *un uomo alla —* | *a quattro mani*, si dice di composizione per pianoforte scritta per essere eseguita da due pianisti sullo stesso strumento | *a due mani*, si dice di opere eseguite in coppia | *mettere — a un lavoro*, incominciarlo | *avere la — leggera*, (*fig.*) fare qlco. con delicatezza | *avere la — pesante*, (*fig.*) intervenire duramente; esagerare | *fare la — a qlco.*, abituarvisi | *fatto a —*, di lavoro eseguito senza l'impiego di macchine o strumenti: *maglione fatto a —* | *di — di qlcu.*, autografo: *uno scritto di sua —* | *cadere nelle mani di qlcu., in — a qlcu.*, (*fig.*) in suo potere | *tenere in —*, (*fig.*) controllare, dominare | *sfuggire di —*, (*fig.*) detto di situazione di cui si perde il controllo | *mettersi nelle mani di qlcu.*, (*fig.*) affidarsi a lui | *prendere la —*, si dice di persona o di cosa che sfugge al controllo di chi la guida. DIM. *manina* ACCR. *manona* **2** (*fig.*) stile caratteristico di una persona: *in questa casa si vede la — di un architetto* **3** ognuna delle due direzioni in cui si muove il traffico in una strada: *andare contro —*, in senso vietato **4** strato di vernice o di altra sostanza che si stende su una superficie: *dare una — di bianco alle pareti* **5** nei giochi di carte, giro di gioco | *essere di —*, giocare per primo | *passare la —*, in alcuni giochi saltare il proprio turno; (*fig.*) trasferire a qlcu. una responsabilità.

manodopera [ma-no-dò-pe-ra] *s.f.* [solo *sing.*] **1** complesso di persone che compiono un lavoro manuale subordinato: — *qualificata* **2** il costo del lavoro umano occorrente per la produzione di un bene: *incidenza della — sul costo complessivo.*

manomesso [ma-no-més-so] *agg.* che è stato indebitamente toccato, aperto, danneggiato: *un cassetto —.*

manometro [ma-nò-me-tro] *s.m.* (*fis.*) strumento che serve a misurare la pressione dei fluidi.

manomettere [ma-no-mét-te-re] *v.tr.* [coniugato come *mettere*] **1** manipolare, alterare o danneggiare qlco. indebitamente o per fini illeciti: — *la serratura* **2** (*fig.*) violare: — *un diritto altrui.*

manomissione [ma-no-mis-sió-ne] *s.f.* il manomettere, l'essere manomesso: *i cassetti presentano segni di —.*

manomorta [ma-no-mòr-ta] *s.f.* [pl. *manimorte*] (*st.*) il complesso dei beni ecclesiastici che non erano soggetti a tasse di successione.

manopola [ma-nò-po-la] *s.f.* **1** impugnatura di una leva, di un manubrio **2** comando manuale girevole di un apparecchio o di un dispositivo: *le manopole della radio* **3** guanto col solo dito pollice separato.

manoscritto [ma-no-scrìt-to] *agg.* scritto a mano: *foglio —* ♦ *s.m.* **1** testo scritto a mano **2** in paleografia, filologia e bibliografia, documento scritto a mano su carta o pergamena; libro manoscritto, codice: *un — del secolo XIV.*

manovalanza [ma-no-va-làn-za] *s.f.* **1** l'insieme dei manovali e la loro opera **2** (*estens.*) in un'organizzazione, l'insieme di coloro che svolgono attività puramente esecutive.

manovale [ma-no-và-le] *s.m.* e *f.* **1** operaio non qualificato che compie generici lavori manuali; l'aiutante del muratore **2** (*estens.*) chi, all'interno di un'organizzazione, ha compiti puramente esecutivi: *i manovali della delinquenza.*

manovella [ma-no-vèl-la] *s.f.* leva munita di un'impugnatura perpendicolare, usata per azionare manualmente un meccanismo collegato all'estremità opposta: *la — del cric.*

manovra [ma-nò-vra] *s.f.* **1** l'insieme delle operazioni necessarie per mettere in azione una macchina o un dispositivo: *la — degli scambi ferroviari* | complesso di operazioni necessarie per cambiare la velocità, la posizione, la direzione di un mezzo di trasporto: — *di atterraggio* | *libertà di —*, (*fig.*) possibilità di agire autonomamente: *avere libertà di —* **2** movimento di reparti militari per esercitazione o a fini strategici: — *diversiva* **3** insieme di azioni studiate e compiute per raggiungere un determinato fine nell'ambito di organizzazioni complesse: — *finanziaria* **4** (*fig.*) insieme di azioni per lo più segrete e illecite; maneggio, raggiro: — *elettorale.*

manovrabile [ma-no-vrà-bi-le] *agg.* che si può manovrare.

manovrabilità [ma-no-vra-bi-li-tà] *s.f.* l'essere manovrabile.

manovrare [ma-no-vrà-re] *v.tr.* [*io manòvro*

ecc.] **1** mettere in azione mediante manovre: — *le vele* **2** (*fig.*) far agire una persona, un gruppo di persone o un organismo secondo i propri intendimenti: — *un'assemblea* ♦ *v.intr.* [aus. *avere*] **1** effettuare una manovra, delle manovre: — *per parcheggiare l'auto* **2** (*fig.*) dirigere gli sviluppi di una situazione in modo da ricavarne un utile; tramare, brigare: — *per ottenere un incarico.*

manovratore [ma-no-vra-tó-re] *agg.* [f. *-trice*] che manovra ♦ *s.m.* chi è addetto alla manovra di qlco.; nelle ferrovie, l'addetto alle manovre dei treni.

manrovescio [man-ro-vè-scio] *s.m.* ceffone dato col dorso della mano.

mansarda [man-sàr-da] *s.f.* (*arch.*) tetto con falda spezzata in due tratti, inclinato e fornito di finestre che danno luce a locali abitabili | (*estens.*) l'insieme di tali locali.

mansardato [man-sar-dà-to] *agg.* si dice di ambiente a forma di mansarda o fornito di mansarda: *soffitta mansardata.*

mansionario *s.m.* (*burocr.*) elenco delle mansioni a cui sono tenuti, a seconda dei livelli di inquadramento, i dipendenti di un ente o di un'azienda.

mansione [man-sió-ne] *s.f.* compito, attività da svolgere: *affidare a qlcu. una difficile* — | (spec. *pl.*) l'insieme dei compiti previsti per una data figura professionale: *mansioni direttive.*

mansueto [man-su-è-to] *agg.* **1** si dice di animale docile e inoffensivo: *un cane* — **2** (*estens.*) si dice di persona mite, paziente | di cosa, che esprime bontà e sottomissione: *sguardo* —.

mansuetudine [man-su-e-tù-di-ne] *s.f.* l'essere mansueto; mitezza.

-mante secondo elemento di parole composte, che significa 'indovino' (*chiromante, rabdomante*).

manteca [man-tè-ca] *s.f.* (*gastr.*) qualsiasi impasto molto ben mescolato, omogeneo: — *di burro e acciughe.*

mantecare [man-te-cà-re] *v.tr.* [*io mantèco, tu mantèchi ecc.*] (*gastr.*) lavorare più ingredienti in modo da ottenere un impasto ben amalgamato.

mantecato [man-te-cà-to] *agg.* ben lavorato e amalgamato ♦ *s.m.* tipo di gelato a grana molto fine: — *di nocciola.*

mantella [man-tèl-la] *s.f.* il mantello portato dalle donne o quello delle uniformi militari. DIM. *mantellina.*

mantellata [man-tel-là-ta] *s.f.* (*edil.*) opera di protezione degli argini di un corso d'acqua.

mantello [man-tèl-lo] *s.m.* **1** soprabito lungo e ampio, senza maniche, che un tempo si portava appoggiato sulle spalle: — *a ruota* | ampio soprabito femminile; cappa: *un — di visone* **2** (*estens.*) ciò che ricopre uniformemente una superficie: — *di neve* **3** (*geol.*) zona della superficie terrestre immediatamente sotto la crosta, formata da masse rocciose allo stato fuso **4** il pelame che ricopre il corpo dei mammiferi, considerato dal punto di vista del colore: *un cavallo dal — baio* **5** — *cerebrale,* (*anat.*) pallio.

mantenere [man-te-né-re] *v.tr.* [coniugato come *tenere*] **1** tenere, far durare in modo che non venga meno: — *i contatti con qlcu.* **2** tener saldo, difendere: — *un primato* **3** non mancare a qlco., tener fede: — *le promesse* | — *un segreto,* non rivelarlo **4** provvedere al sostentamento, dare da vivere: — *la famiglia* **5** finanziare: — *un'istituzione benefica* ♦ **mantenersi** *v.rifl.* **1** sostentarsi: *lavorare per* — **2** tenersi, conservarsi: — *in forma* ♦ *v.intr.pron.* rimanere in un determinato stato: *il tempo si mantiene brutto.*

mantenimento [man-te-ni-mén-to] *s.m.* il mantenere, il mantenersi, l'essere mantenuto: *il — dell'ordine.*

mantenuto [man-te-nù-to] *s.m.* [f. *-a*] chi si fa mantenere dall'amante.

mantice [màn-ti-ce] *s.m.* apparecchio che produce un soffio d'aria, usato per attivare la combustione o per far funzionare alcuni strumenti musicali (*p.e.* l'organo).

mantide [màn-ti-de] *s.f.* insetto dal corpo snello e allungato di colore verde, con zampe anteriori molto sviluppate; è detta anche *mantide religiosa.*

mantiglia [man-tì-glia] *s.f.* ampio scialle di pizzo che si appunta sul capo e copre le spalle, tradizionalmente portato dalle donne spagnole.

manto [màn-to] *s.m.* **1** mantello ampio e lungo, spesso con strascico e in stoffa pregiata, indossato da sovrani o alti personaggi in cerimonie importanti: — *regale* **2** (*estens.*) ciò che ricopre uniformemente una superficie; strato: *un — di folta vegetazione* | — *stradale,* lo strato di bitume che ricopre la massicciata **3** (*fig.*) finzione, apparenza: *celare l'egoismo sotto il — della generosità.*

mantovana [man-to-và-na] *s.f.* **1** ornamento a forma di frangia, che corre lungo i bordi dello spiovente dei tetti **2** parte fissa del tendaggio che copre l'estremità superiore delle tende.

manuale[1] [ma-nu-à-le] *agg.* della mano; fatto con le mani: *lavoro* — | di dispositivo, apparecchio, comando che devono essere azionati a mano ♦ *s.m.* (*mus.*) la tastiera dell'organo □ **manualmente** *avv.* a mano, con le mani: *azionare — i comandi.*

manuale[2] *s.m.* libro contenente le nozioni fondamentali di un'arte o di una disciplina, esposte in modo da permettere una rapida consultazione: *un — di fotografia* | *da* —, si dice di ciò che è fatto perfettamente, a regola d'arte: *un goal da* —. DIM. *manualetto.*

manualistico [ma-nu-a-lì-sti-co] *agg.* [pl.m. *-ci*] di manuale, da manuale: *trattazione manualistica.*

manualità [ma-nu-a-li-tà] *s.f.* **1** carattere manuale: *la — di un lavoro* **2** capacità, abilità nel lavorare con le mani: *la — del chirurgo.*

manubrio [ma-nù-brio] *s.m.* **1** (*mecc.*) leva con due impugnature opposte e un mozzo centrale, usata per manovrare o mettere in movimento un meccanismo: — *di guida,* per comandare lo sterzo di cicli, motocicli e macchine semoventi **2**

elemento che per la forma ricorda un manubrio: — *sternale*, (*anat.*) la parte superiore dello sterno **3** nel sollevamento pesi, attrezzo costituito da un'impugnatura che collega due dischi di peso variabile.

manufatto [ma-nu-fàt-to] *agg.* si dice di oggetto fatto a mano o con attrezzi manuali ♦ *s.m.* oggetto lavorato a mano: — *preistorico* | prodotto dell'industria manifatturiera: *un — tessile*.

manu militari [/ 'manu mili'tari /] *loc.avv.* si dice con riferimento ad azioni compiute a mano armata, con la forza delle armi.

manutengolo [ma-nu-tèn-go-lo] *s.m.* [f. *-a*] chi tiene mano a qlcu. in azioni illecite | ruffiano.

manutenzione [ma-nu-ten-zió-ne] *s.f.* insieme di operazioni volte a mantenere in efficienza e in buono stato un impianto, un apparecchio, un edificio: *spese di —*.

-manzia secondo elemento di parole composte, che significa 'arte del predire, del profetizzare' (*chiromanzia, rabdomanzia*).

manzo [màn-ʒo] *s.m.* bovino di sesso maschile, di età tra uno e quattro anni, castrato e destinato alla macellazione: *bistecca di —*.

manzoniano [man-ʒo-nià-no] *agg.* di A. Manzoni (1785-1873): *opere manzoniane* ♦ *s.m.* [f. *-a*] imitatore di Manzoni; seguace della teoria linguistica di Manzoni.

mao [mà-o], o **mau**, *inter.* voce onomatopeica che imita il verso del gatto.

maoismo [ma-o-ì-ʃmo] *s.m.* (*st.*) teoria e pratica politica ispirata dall'uomo politico cinese Mao Dzedong (1893-1976).

maoista [ma-o-ì-sta] *agg.* [pl.m. *-sti*] di Mao Dzedong, ispirato al suo pensiero ♦ *s.m.* e *f.* [pl.m. *-sti*] seguace del maoismo.

maomettano [ma-o-met-tà-no] *agg.* e *s.m.* [f. *-a*] seguace della religione di Maometto (570 ca -632); islamico, musulmano.

maori [ma-ò-ri] *s.m.* **1** [anche *f.*] chi appartiene a una popolazione autoctona della Nuova Zelanda di stirpe polinesiana **2** la lingua, di ceppo polinesiano, parlata da tale popolazione ♦ *agg.* che si riferisce a tale popolazione: *l'arte, la cultura —*.

mapo [mà-po] *s.m.invar.* denominazione del frutto ottenuto dall'incrocio del mandarino con il pompelmo.

mappa [màp-pa] *s.f.* **1** rappresentazione grafica dettagliata in grande scala di una zona (diversa dalla *pianta*, che rappresenta centri abitati) | — *catastale*, che riporta i limiti delle proprietà fondiarie e le stime fiscali di tali proprietà **2** (*estens.*) carta geografica **3** (*fig.*) prospetto dettagliato di un fenomeno sociale: *la — dell'associazionismo giovanile*.

mappamondo [map-pa-món-do] *s.m.* **1** planisfero | — *celeste*, rappresentazione piana del cielo con le costellazioni **2** globo girevole intorno a un asse, sul quale è rappresentata la superficie terrestre.

maquillage [/ maki'jaʒ /] *s.m.invar.* (*fr.*) trucco.

marabù [ma-ra-bù] *s.m.* grande uccello diffuso nelle zone ricche d'acqua dell'Africa tropicale e dell'Asia; le piume, molto morbide, erano usate come guarnizione di abiti femminili.

maraca [/ ma'raka /] *s.f.* [pl. *maracas*] strumento tipico della musica popolare sudamericana, consistente in una zucca vuota o in una sfera cava riempita di grani duri; si suona agitandolo ritmicamente.

marachella [ma-ra-chèl-la] *s.f.* azione illecita, non grave, commessa di nascosto da bambini o ragazzi; bricconata, ragazzata: *scoprire una —*.

maragià [ma-ra-già] *s.m.invar.* titolo di principi dell'India.

maramaldo [ma-ra-màl-do] *s.m.* persona vile, che infierisce su chi non può più difendersi.

marameo [ma-ra-mè-o] *inter.* (*fam.*) si dice accompagnando un gesto scherzoso di canzonatura.

marasca [ma-rà-sca], o **amarasca**, *s.f.* varietà di ciliegia a polpa succosa con la quale si prepara il maraschino.

maraschino [ma-ra-schì-no] *s.m.* liquore dolce ottenuto dalla distillazione delle marasche.

marasco [ma-rà-sco], o **amarasco**, *s.m.* [pl. *-schi*] varietà di ciliegio che produce le marasche.

marasma [ma-rà-ʃma] *s.m.* [pl. *-ʃmi*] **1** (*med.*) decadimento estremo dell'organismo, dovuto a vecchiaia o a gravi malattie: — *senile* **2** (*fig.*) decadenza di istituzioni sociali, organizzazioni: — *politico* | grande confusione, disordine, caos.

marasso [ma-ràs-so] *s.m.* vipera palustre.

maratona [ma-ra-tó-na] *s.f.* **1** (*sport*) gara olimpica di corsa a piedi su strada sulla distanza di 42,195 km **2** (*estens.*) gara di resistenza: — *di ballo* **3** (*estens.*) camminata lunga e faticosa **4** (*fig.*) qualsiasi attività che richieda una fatica continua e prolungata.

maratoneta [ma-ra-to-nè-ta] *s.m.* e *f.* [pl.m. *-ti*] chi corre la maratona; atleta specializzato nella maratona.

maratonina [ma-ra-to-nì-na] *s.f.* (*sport*) gara di corsa sulla distanza di circa venti chilometri.

marca[1] [màr-ca] *s.f.* **1** segno o simbolo impresso su un oggetto per indicarne la proprietà, il luogo di fabbricazione, la qualità o altro; marchio | *di —*, di qualità scelta **2** (*estens.*) l'impresa produttrice in quanto identificata da un segno: *le marche di automobili* **3** contromarca **4** sorta di francobollo che attesta l'avvenuto pagamento di un tributo: — *da bollo* **5** (*fig.*) carattere, impronta: *umorismo di — inglese*.

marca[2] *s.f.* nell'impero carolingio, territorio di frontiera; il termine sopravvive nella toponomastica: *le Marche*, regione italiana.

marcamento [mar-ca-mén-to] *s.m.* nel calcio e in altri giochi a squadre, azione di controllo che si esercita su un avversario o su una zona del campo: — *a uomo*.

marcantonio [mar-can-tò-nio] *s.m.* [f. *-a*] (*scherz.*) persona alta e robusta.

marcapiano [mar-ca-pià-no] *s.m.* [pl. *-ni*] striscia colorata o in rilievo che, sulla parete esterna di una casa, indica il limite tra un piano e l'altro.

marcare [mar-cà-re] *v.tr.* [*io marco, tu marchi ecc.*] **1** segnare qlco. con una marca o un marchio; bollare: — *le pecore* **2** (*tecn.*) segnare una misura, effettuare il rilevamento di un dato: — *la temperatura* **3** (*sport*) controllare un avversario o una zona del campo: — *stretto* | segnare un punto a proprio favore: — *due reti* **4** (*fig.*) rendere qlco. più visibile, più accentuata: — *le linee di un disegno.*
marcato [mar-cà-to] *agg.* **1** segnato con un marchio **2** rilevato, accentuato: *lineamenti marcati* □ **marcatamente** *avv.* in modo rilevato, evidente.
marcatore [mar-ca-tó-re] *s.m.* nel calcio e in altri sport di squadra, giocatore che realizza un punto | giocatore che marca un avversario.
marcatura [mar-ca-tù-ra] *s.f.* **1** il marcare, l'essere marcato; marca **2** (*sport*) marcamento | goal, punto segnato.
marcescente [mar-ce-scèn-te] *agg.* (*lett.*) che marcisce.
marcescenza [mar-ce-scèn-za] *s.f.* (*lett.*) l'essere marcescente.
marcescibile [mar-ce-scì-bi-le] *agg.* (*lett.*) che può marcire.
march → **marsc'**.
marchesa [mar-ché-ʃa] *s.f.* **1** nobildonna titolare di un marchesato **2** moglie di un marchese.
marchesato [mar-che-ʃà-to] *s.m.* **1** grado e titolo di marchese **2** territorio soggetto a un marchese.
marchese [mar-ché-ʃe] *s.m.* **1** nell'ordinamento feudale, titolare di una marca **2** titolo che nella gerarchia nobiliare precede quello di conte e segue quello di duca.
marchetta [mar-chét-ta] *s.f.* **1** marca usata in passato per comprovare il versamento di contributi assicurativi **2** (*pop.*) nelle case di tolleranza, gettone che le prostitute ricevevano per ogni prestazione | *fare marchette*, prostituirsi.
marchettaro [mar-chet-tà-ro] *s.m.* (*roman. volg.*) omosessuale che si prostituisce.
marchiano [mar-chià-no] *agg.* grosso, eccessivo: *errore* —.
marchiare [mar-chià-re] *v.tr.* [*io màrchio ecc.*] contrassegnare con un marchio (anche *fig.*): — *d'infamia.*
marchiatura [mar-chia-tù-ra] *s.f.* il marchiare, l'essere marchiato.
marchigiano [mar-chi-già-no] *agg.* delle Marche ♦ *s.m.* **1** [f. *-a*] abitante, nativo delle Marche **2** dialetto parlato nelle Marche.
marchingegno [mar-chin-gé-gno] *s.m.* **1** apparecchio, dispositivo complicato, di cui è difficile capire il funzionamento o lo scopo **2** (*fig.*) trovata, espediente efficace, anche se astruso.
marchio [màr-chio] *s.m.* **1** segno impresso su un oggetto o su un animale per distinguerlo dagli altri: — *a fuoco* **2** segno un tempo impresso a fuoco sulla fronte o sulle spalle di chi si era macchiato di gravi delitti: — *d'infamia* | (*fig.*) indice caratteristico di una qualità morale o intellettuale: *il — del genio* **3** denominazione commerciale o emblema distintivo di una merce: — *registrato*, quello depositato, la cui contraffazione è vietata dalla legge; — *di qualità*, quello che attesta la conformità di un prodotto a determinate norme.
marcia [màr-cia] *s.f.* [pl. *-ce*] **1** il marciare: *mettersi in* — **2** (*sport*) specialità dell'atletica leggera, che si differenzia dalla corsa per il fatto che uno dei piedi deve sempre essere a contatto col suolo **3** (*estens.*) corteo: *la — contro la fame nel mondo* **4** (*mus.*) composizione strumentale di ritmo marcato in due o quattro tempi: *la — trionfale dell'"Aida"* | brano musicale con cui si accompagna e si regola il passo di marcia dei soldati: — *militare.* DIM. *marcetta* **5** movimento di macchine o di meccanismi: *mettere in — la rotativa* **6** in un veicolo a motore, velocità corrispondente ai vari rapporti di trasmissione; dispositivo azionato dal cambio di velocità: *innestare la* — | — *indietro* (o *retromarcia*), movimento di retrocessione di un veicolo; (*fig.*) il recedere da un proposito: *fare — indietro* | *avere una — in più*, (*fig.*) avere capacità superiori a quelle degli altri.
marcialonga [mar-cia-lón-ga] *s.f.* [pl. *marcelonghe*] (*sport*) **1** gara sciistica di fondo **2** (*estens.*) gara podistica di fondo.
marciano [mar-cià-no] *agg.* dell'evangelista Marco, protettore di Venezia.
marciapiede [mar-cia-piè-de] *s.m.* [pl. *invar.* o *-di*] parte laterale rialzata della sede stradale, riservata ai pedoni | *battere il* —, prostituirsi per strada.
marciare [mar-cià-re] *v.intr.* [*io màrcio ecc.*; aus. *avere*] **1** procedere a passo uniforme e cadenzato (detto di militari); camminare, avanzare con un certo ordine e nella stessa direzione (detto di un gruppo di persone): — *in colonna, in corteo* | *far — qlcu.*, (*fig.*) farlo rigare diritto | *marciarci*, (*region.*) cercare di approfittare di una situazione **2** (*estens.*) dirigersi con andamento deciso (detto di più persone) **3** andare, procedere: *gli autobus non possono — con le porte aperte.*
marciatore [mar-cia-tó-re] *s.m.* [f. *-trice*] **1** chi marcia | (*estens.*) buon camminatore **2** atleta che pratica lo sport della marcia.
marcio [màr-cio] *agg.* [pl.f. *-ce*, lett. *-cie*] **1** che è andato a male, putrido: *uova marce* **2** (*pop.*) guasto per infezione, suppurato (detto di parte del corpo) **3** deteriorato dall'umidità; fradicio: *legno* — **4** (*fig.*) corrotto: *una società marcia* | *avere torto* —, completamente torto ♦ *s.m.* **1** la parte marcia di qlco.: *togliere il — a una mela* **2** (*fig.*) corruzione morale, bruttura: *c'è del — in quella situazione.*
marcire [mar-cì-re] *v.intr.* [*io marcisco, tu marcisci ecc.*; aus. *essere*] **1** divenire marcio: *la frutta è marcita* **2** (*fig.*) degradarsi nel corpo e nello spirito; languire: — *nell'ozio.*
marcita [mar-cì-ta] *s.f.* **1** (*geog.*) formazione na-

turale costituita da prati molto umidi, ricchi di erbe grasse 2 prato su cui si fa scorrere in continuazione un velo d'acqua per favorire la crescita dell'erba da foraggio.

marciume [mar-ciù-me] *s.m.* 1 insieme di cose marce; materia marcia 2 (*bot.*) degenerazione di tessuti vegetali provocata da funghi o da batteri 3 (*fig.*) corruzione morale: *il — della società.*

marco [màr-co] *s.m.* [pl. *-chi*] unità monetaria della Germania.

marconista [mar-co-nì-sta] *s.m.* e *f.* [pl.m. *-sti*] tecnico addetto alle radiocomunicazioni su una nave o su un aereo.

marconiterapia [mar-co-ni-te-ra-pì-a] *s.f.* (*med.*) applicazione sul corpo del paziente di onde corte, ultracorte e di microonde a scopo terapeutico.

mare [mà-re] *s.m.* 1 le acque salate che ricoprono la maggior parte della superficie terrestre: — *grosso*, in burrasca | *tenere il* —, detto di natante, essere in grado di navigare con relativa facilità anche in acque agitate | *alto* —, lontano dalla costa: *essere in alto* —, (*fig.*) lontano dal compimento di un'opera | *forze di* —, (*mil.*) la marina militare | *lupo di* —, navigatore esperto | *promettere mari e monti*, (*fig.*) fare grandi promesse | *gettare a — qlco.* o *qlcu.*, (*fig.*) disfarsene, abbandonarlo | *goccia nel* —, (*fig.*) si dice di elemento minimo trascurabile in un insieme | *essere un porto di* —, (*fig.*) si dice di luogo in cui c'è un continuo andirivieni | *frutti di* —, crostacei e molluschi marini commestibili 2 nelle denominazioni geografiche, zona di mare circondata dalle terre: *mar Mediterraneo* | — *chiuso*, residuo di mare che non comunica con un oceano 3 (*estens.*) ampia distesa: *un immenso — di sabbia* 4 (*fig.*) gran quantità: *un — di soldi, di parole.*

marea [ma-rè-a] *s.f.* 1 (*geog.*) alterno e periodico abbassamento e innalzamento del livello del mare per effetto dell'attrazione esercitata dalla Luna e dal Sole: *bassa, alta* — 2 (*estens.*) massa liquida o molle: *una — di fango* 3 (*fig.*) grande quantità di cose o di persone: *una — di gente.*

mareggiata [ma-reg-già-ta] *s.f.* burrasca di mare e di vento che si abbatte contro la costa.

mare magnum [/ ˈmare ˈmaɲɲum /] *loc. sost.m.invar.* (*lat.*) quantità grande e confusa: *un — di carte.*

maremma [ma-rém-ma] *s.f.* (*geog.*) pianura leggermente ondulata lungo la costa marina, coperta da acqua o paludi: *la — toscana* (per antonomasia, *la Maremma*), zona costiera compresa tra la Toscana meridionale e il Lazio settentrionale.

maremmano [ma-rem-mà-no] *agg.* 1 di maremma; relativo a una maremma: *zona maremmana* 2 della maremma toscana | *cane* —, cane pastore con pelame bianco o fulvo e coda lunga ♦ *s.m.* [f. *-a*] abitante, nativo della maremma toscana.

maremoto [ma-re-mò-to] *s.m.* (*geog.*) sommovimento marino di grande ampiezza, causato da scosse sismiche sottomarine.

marena [ma-rè-na] *s.f.* pesce commestibile d'acqua dolce con corpo fusiforme, pinna dorsale alta e stretta e pinna caudale fortemente incisa.

marengo [ma-rén-go] *s.m.* [pl. *-ghi*] moneta d'oro da venti franchi fatta coniare da Napoleone dopo la vittoriosa battaglia di Marengo (14 giugno 1800).

mareografo [ma-re-ò-gra-fo] *s.m.* strumento usato per registrare le variazioni del livello marino in un certo periodo di tempo.

maresciallo [ma-re-sciàl-lo] *s.m.* in Italia, il grado più alto nella gerarchia dei sottufficiali | in alcuni eserciti, il più alto grado di tutta la gerarchia militare: *— di Francia.*

maretta [ma-rét-ta] *s.f.* 1 agitazione del mare con onde piccole e brevi 2 (*fig.*) situazione di nervosismo, di tensione: *c'è — in ufficio.*

marezzare [ma-reʒ-ʒà-re] *v.tr.* [*io maréʒʒo ecc.*] dare il marezzo a qlco.: *— un tessuto.*

marezzato [ma-reʒ-ʒà-to] *agg.* variegato, striato, venato: *seta marezzata* | *mantello* —, pelame di animale a chiazze di diverso colore.

marezzatura [ma-reʒ-ʒa-tù-ra] *s.f.* operazione del marezzare; marezzo.

marezzo [ma-réʒ-ʒo] *s.m.* 1 striatura fitta e irregolare, di colore diverso dal fondo, sul marmo o sul legno 2 striatura impressa su stoffe, lastre di metallo ecc. 3 pittura variegata a imitazione di legno o marmo.

margarina [mar-ga-rì-na] *s.f.* grasso alimentare solido di origine vegetale o animale, usato come sostitutivo del burro.

margherita [mar-ghe-rì-ta] *s.f.* 1 pianta erbacea con infiorescenza a capolino, gialla nel mezzo e circondata da brattee bianche | l'infiorescenza stessa. DIM. *margheritina* 2 nelle macchine per scrivere e nelle stampanti, elemento circolare mobile su cui sono montati tutti i caratteri di scrittura: *stampante a —.*

marginale [mar-gi-nà-le] *agg.* 1 del margine; che sta sul margine o ai margini: *zona* — 2 (*estens.*) di secondaria importanza: *problema* — □ **marginalmente** *avv.* ai margini, in margine | in modo indiretto, secondario: *toccare — una questione.*

marginalità [mar-gi-na-li-tà] *s.f.* carattere marginale, secondario, accessorio.

marginalizzare [mar-gi-na-liʒ-ʒà-re] *v.tr.* mettere ai margini; emarginare, estromettere.

marginare [mar-gi-nà-re] *v.tr.* [*io màrgino ecc.*] in tipografia e in dattilografia, stabilire i margini di una pagina, di un foglio.

marginatura [mar-gi-na-tù-ra] *s.f.* l'operazione del marginare: *— di una pagina.*

margine [màr-gi-ne] *s.m.* 1 la parte estrema di una superficie; orlo, ciglio: *il — di una ferita*, il labbro | *vivere ai margini della società*, (*fig.*) essere emarginati, non inseriti nella vita sociale 2 nei fogli scritti o nelle pagine stampate, lo spazio bianco che si lascia sui quattro lati **3** (*fig.*) quantità di tempo, spazio o denaro che eccede quanto è necessario: *un — di due ore* | differenza tra ricavi e costi: *— ristretto di guadagno.*

margotta [mar-gòt-ta] *s.f.* (*agr.*) tecnica di riproduzione artificiale delle piante, consistente nel curvare e ricoprire un ramo della pianta con terra umida finché ne germoglino radici.

margravio [mar-grà-vio] *s.m.* nel Medioevo, feudatario germanico corrispondente al marchese dei paesi latini.

mariano [ma-rià-no] *agg.* di Maria Vergine: *mese —*, il mese di maggio, consacrato alla Vergine.

marijuana [/ marju'ana /], o **marihuana**, *s.f. invar.* droga derivata dalle foglie della canapa indiana seccate e triturate.

marina [ma-rì-na] *s.f.* **1** striscia di terra vicino al mare; litorale: *la — veneta* **2** (*pitt.*) quadro raffigurante una veduta di mare: *un pittore di marine* **3** l'insieme degli uomini, dei mezzi e delle risorse che consentono la navigazione sui mari: *— mercantile, militare.*

marinaio [ma-ri-nà-io] *s.m.* **1** persona che svolge la propria attività a bordo di una nave; esperto uomo di mare | *promessa da —*, (*fig.*) che non sarà mantenuta **2** militare di marina non graduato.

marinara [ma-ri-nà-ra] *s.f.* **1** abito che nella foggia e nei colori ricorda l'uniforme dei marinai **2** cappello di paglia con la tesa rialzata e con nastro di tela.

marinare [ma-ri-nà-re] *v.tr.* (*gastr.*) immergere il pesce, fritto o arrostito, in un infuso di aceto e spezie per aromatizzarlo o conservarlo; far macerare in aceto o vino aromatizzato carni crude | *— la scuola*, (*fig.*) fare vacanza senza autorizzazione.

marinaresco [ma-ri-na-ré-sco] *agg.* [pl.m. *-schi*] di marinaio, da marinaio; che riguarda la vita sul mare.

marinaro [ma-ri-nà-ro] *agg.* di mare, relativo al mare; che si riferisce ai marinai: *vita marinara* | *alla marinara*, secondo l'uso dei marinai, detto di cibi a base di pesce o di fogge d'abito: *zuppa, vestito alla marinara.*

marinata [ma-ri-nà-ta] *s.f.* (*gastr.*) infuso di aceto e spezie usato per marinare le vivande.

marinato [ma-ri-nà-to] *agg.* che è stato fatto macerare in aceto o vino: *acciughe marinate.*

marinatura [ma-ri-na-tù-ra] *s.f.* preparazione di carni o pesci marinati.

marine [/ ma'rin /] *s.m.invar.* [pl. *marines*; / ma'rins /] (*ingl.*) soldato americano o inglese di una speciale truppa da sbarco.

marineria [ma-ri-ne-rì-a] *s.f.* marina | l'insieme degli uomini e dei mezzi della marina militare di uno stato: *la — inglese.*

marinismo [ma-ri-nì-ʃmo] *s.m.* lo stile letterario di G.B. Marino (1569-1625) e dei suoi imitatori, caratterizzato da una grande ricercatezza formale e da ardite immagini e metafore.

marino[1] [ma-rì-no] *agg.* di mare, relativo al mare: *acqua marina; flora marina*, che vive nel mare | *blu —*, colore blu scuro, come quello delle divise dei marinai.

marino[2] *s.m.* vino bianco secco da pasto prodotto nella zona di Marino, nei colli Albani.

marioleria [ma-rio-le-rì-a] *s.f.* **1** l'essere mariolo **2** azione da mariolo.

mariolo [ma-ri-ò-lo] *s.m.* [f. *-a*] (*non com.*) ladro, furfante.

marionetta [ma-rio-nét-ta] *s.f.* **1** fantoccio snodato, di legno o cartapesta, azionato dall'alto attraverso fili: *il teatro delle marionette* **2** (*fig.*) chi agisce eseguendo ordini altrui, senza convinzioni personali: *essere una —; far la —*, comportarsi senza dignità.

marionettista [ma-rio-net-tì-sta] *s.m.* e *f.* [pl.m. *-sti*] chi allestisce spettacoli di marionette | chi manovra i fili delle marionette.

marionettistico [ma-rio-net-tì-sti-co] *agg.* [pl.m. *-ci*] che si riferisce alle marionette, al teatro delle marionette.

maritale [ma-ri-tà-le] *agg.* proprio del marito, che riguarda il marito: *doveri maritali* □ **maritalmente** *avv.* come marito e moglie: *convivere —.*

maritare [ma-ri-tà-re] *v.tr.* **1** dare marito a una donna, farla sposare | (*estens.*) unire in matrimonio **2** (*fig.*) unire, congiungere, accoppiare: *— la vite all'olmo* ♦ **maritarsi** *v.rifl.* prendere marito: *— molto giovane* ♦ *v.rifl.rec.* unirsi in matrimonio: *si mariteranno presto.*

maritato [ma-ri-tà-to] *agg.* che ha marito: *donna maritata.*

marito [ma-rì-to] *s.m.* uomo sposato, considerato in relazione alla moglie: *essere — e moglie; prendere —*, sposarsi | *in età da —*, si dice di ragazza che ha l'età per sposarsi.

maritozzo [ma-ri-tòz-zo] *s.m.* dolce di pasta lievitata a forma di panino ovale, condito con uva passa e pinoli.

marittimo [ma-rìt-ti-mo] *agg.* **1** del mare, che ha attinenza col mare: *stazione marittima* | *clima —*, clima con estate relativamente fresca e inverno mite, caratteristico delle regioni marine **2** che si svolge sul mare: *commercio —* ♦ *s.m.* chi svolge un'attività nell'ambito della marina mercantile: *sciopero dei marittimi.*

marketing [/ 'marketing /] *s.m.invar.* (*ingl.*) in un'impresa, l'insieme delle attività che permettono la migliore commercializzazione dei beni e dei servizi offerti: *ricerca di —.*

marmaglia [mar-mà-glia] *s.f.* **1** insieme di gente spregevole; gentaglia **2** (*scherz.*) gruppo chiassoso di bambini o ragazzi.

marmellata [mar-mel-là-ta] *s.f.* conserva di polpa di frutta cotta con zucchero: *— di ciliege.*

marmetta [mar-mét-ta] *s.f.* (*edil.*) mattonella di graniglia usata per pavimentazioni.

marmifero [mar-mì-fe-ro] *agg.* **1** che contiene marmo; che abbonda di marmo: *cava marmifera* **2** che si riferisce all'estrazione e alla lavorazione del marmo: *produzione marmifera.*

marmista [mar-mì-sta] *s.m.* e *f.* [pl.m. *-sti*] **1** chi scolpisce, chi lavora il marmo 2 chi vende marmi.

marmitta [mar-mìt-ta] *s.f.* 1 grosso recipiente di cucina 2 (*aut.*) parte terminale del tubo di scappamento dei motori a combustione interna, che ha funzione di silenziatore: — *catalitica*, dotata di catalizzatore per la depurazione dei gas di scarico.

marmo [màr-mo] *s.m.* 1 calcare cristallino di vario colore, più o meno venato; ogni tipo di roccia suscettibile di lucidatura, usata per rivestimenti e decorazioni: — *di Carrara*; *statua di* — | *freddo come il* —, gelido | *essere di* —, (*fig.*) essere duro, insensibile 2 (*estens.*) oggetto artistico ottenuto dalla lavorazione del marmo; scultura, lapide: *i marmi del Partenone.*

marmocchio [mar-mòc-chio] *s.m.* [f. *-a*] (*scherz.*) bambino.

marmoraria [mar-mo-rà-ria] *s.f.* arte di lavorare il marmo.

marmoreo [mar-mò-re-o] *agg.* 1 di marmo: *lapide marmorea* 2 (*fig.*) che sembra avere le qualità proprie del marmo: *durezza marmorea.*

marmorizzare [mar-mo-riʒ-ʒà-re] *v.tr.* dare apparenza di marmo.

marmorizzato [mar-mo-riʒ-ʒà-to] *agg.* caratterizzato da venature simili a quelle del marmo: *legno* —.

marmorizzazione [mar-mo-riʒ-ʒa-zió-ne] *s.f.* l'operazione del marmorizzare.

marmotta [mar-mòt-ta] *s.f.* 1 mammifero roditore con testa grossa, zampe corte, folto pelo grigio-rossastro; vive in zone di montagna passando l'inverno in letargo | *dormire come una* —, (*fig.*) a lungo, profondamente 2 (*fig. fam.*) persona dormigliona, pigra o lenta.

marna [màr-na] *s.f.* roccia sedimentaria grigio-giallastra a grana fine, formata da calcare e argilla; è usata nell'industria delle costruzioni.

marnoso [mar-nó-so] *agg.* ricco di marna: *terreno* —.

marò [ma-rò] *s.m.* marinaio della marina militare appartenente alle truppe da sbarco.

marocchinare [ma-roc-chi-nà-re] *v.tr.* conciare la pelle di capra in modo da farne marocchino.

marocchinatura [ma-roc-chi-na-tù-ra] *s.f.* l'operazione del marocchinare.

marocchino[1] [ma-roc-chì-no] *agg.* del Marocco ♦ *s.m.* [f. *-a*] abitante, nativo del Marocco.

marocchino[2] *s.m.* cuoio pregiato ricavato dalla pelle di capra conciata con trattamenti vegetali, punteggiata e variamente colorata.

maronita [ma-ro-nì-ta] *s.m.* e *f.* [pl.m. *-ti*] membro della chiesa cattolica di rito orientale del Libano | Usato anche come *agg.*: *cristiani maroniti.*

maroso [ma-ró-so] *s.m.* (spec. *pl.*) ondata di mare tempestoso.

marpione [mar-pió-ne] *s.m.* [f. *-a*] (*fam.*) individuo furbo, capace di approfittare di ogni situazione.

marra [màr-ra] *s.f.* 1 sorta di zappa, con ferro corto e leggero, per lavorare superficialmente il terreno o per rimestare la calcina 2 (*mar.*) estremità appuntita dei bracci di un'ancora.

marrano [mar-rà-no] *s.m.* 1 (*st.*) appellativo ingiurioso rivolto dagli spagnoli ai musulmani e agli ebrei convertiti al cristianesimo 2 (*estens.*) persona zotica, villana.

marrone [mar-ró-ne] *s.m.* 1 varietà di castagno; il frutto di tale albero 2 il colore del guscio della castagna 3 (*volg.*) testicolo 4 (*pop.*) errore, sbaglio madornale ♦ *agg.* [pl. *invar.* o *-ni*] del colore del guscio della castagna: *scarpe* — (o *marroni*).

marron glacé [/ ma'rɔn gla'se /] *loc.sost.m. invar.* (*fr.*) marrone candito e glassato.

marruca [mar-rù-ca] *s.f.* pianta arbustacea con rami spinosi, foglie ovali e piccoli fiori gialli; viene coltivata per fare siepi.

marsala [mar-sà-la] *s.m.invar.* [anche *f.*] vino profumato ad alta gradazione alcolica, prodotto nei dintorni della omonima città siciliana.

marsalare [mar-sa-là-re] *v.tr.* conferire a un vino fragranza e sapore di marsala ♦ **marsalarsi** *v. intr.pron.* detto di vino vecchio e non ben conservato, acquisire le caratteristiche organolettiche del marsala.

marsc' [/ 'marʃ /], o **march**, **marsch**, *inter.* comando d'inizio d'una marcia: *avanti,* —! | (*scherz.*) si usa per sollecitare qlcu. a fare qlco.: *subito a fare i compiti,* —!

marsicano [mar-si-cà-no] *agg.* della Marsica, regione dell'Abruzzo | *orso* —, varietà di orso bruno tipica dell'Appennino, ora in via d'estinzione.

marsigliese [mar-si-glié-se] *agg.* di Marsiglia ♦ *s.m.* [anche *f.*] chi abita o è nato a Marsiglia ♦ *s.f.* inno nazionale francese composto nel 1792 come canto dei volontari marsigliesi.

marsina [mar-sì-na] *s.f.* abito maschile da cerimonia nero a falde strette; frac.

marsupiale [mar-su-pià-le] *agg.* del marsupio, che concerne il marsupio.

marsupiali [mar-su-pià-li] *s.m.pl.* (*zool.*) ordine di mammiferi le cui femmine portano i neonati in una caratteristica tasca ventrale (marsupio) o se li caricano sul dorso; vi appartengono il canguro e l'opossum.

marsupio [mar-sù-pio] *s.m.* 1 (*zool.*) borsa ventrale aperta all'esterno, in cui le femmine dei marsupiali tengono i neonati per tutto il periodo dell'allattamento 2 (*estens.*) sacca da appendere al collo per trasportare un bambino piccolo 3 borsetta a tasca dotata di una cintura che la tiene legata alla vita.

marte [màr-te] *s.m.* 1 (*lett.*) guerra | *campo di* —, piazza d'armi 2 (*ant.*) martedì | *prov.*: *di venere e di — non si sposa e non si parte* 3 *Marte*, (*astr.*) pianeta del sistema solare, il quarto in ordine di distanza dal Sole.

martedì [mar-te-dì] *s.m.* secondo giorno della settimana | — *grasso*, l'ultimo giorno di carnevale.

martellamento [mar-tel-la-mén-to] *s.m.* il martellare, l'essere martellato (anche *fig.*): — *di domande.*

martellante [mar-tel-làn-te] *agg.* incalzante, ripetuto, insistente: *una pubblicità —.*

martellare [mar-tel-là-re] *v.tr.* [*io martèllo ecc.*] 1 lavorare, foggiare a colpi di martello: — *il ferro incandescente* 2 (*fig.*) colpire ripetutamente con violenza; incalzare: — *qlcu. di domande* ♦ *v.intr.* [aus. *avere*] pulsare violentemente: *sentirsi — le tempie.*

martellata [mar-tel-là-ta] *s.f.* colpo dato con un martello.

martellato [mar-tel-là-to] *agg.* 1 lavorato o battuto col martello: *rame —* 2 (*mus.*) nella tecnica pianistica e violinistica, si dice di nota fortemente staccata.

martellatore [mar-tel-la-tó-re] *s.m.* [f. *-trice*] operaio addetto a lavori di martellatura (su pelli, rame, ferro ecc.).

martellatura [mar-tel-la-tù-ra] *s.f.* il martellare, l'essere martellato.

martelletto [mar-tel-lét-to] *s.m.* nome generico di elementi meccanici che, azionati come una leva, servono a battere su qlco.: *i martelletti del pianoforte.*

martellina [mar-tel-lì-na] *s.f.* attrezzo simile a un martello, di forma diversa secondo l'uso al quale è destinato: — *da muratore, da saldatore.*

martellio [mar-tel-lì-o] *s.m.* un martellare continuo o frequente.

martello [mar-tèl-lo] *s.m.* 1 attrezzo che serve per battere colpi direttamente su un materiale, costituito da un blocchetto metallico fissato a un manico: — *da falegname*; *lavorare di —.* DIM. *martelletto* 2 qualsiasi oggetto che abbia forma di martello o uso analogo | — *pneumatico*, macchina portatile ad aria compressa che produce una percussione continuata; si usa per scavi o demolizioni | — *della campana*, quello che, negli orologi delle torri, batte sulla campana per suonare le ore | *suonare le campane a —*, con rintocchi rapidi e regolari, per avvertire di un pericolo imminente 3 nell'atletica leggera, attrezzo da lancio formato da una sfera metallica a cui è fissato un filo d'acciaio con impugnatura rigida: *lancio del —* 4 (*anat.*) il più laterale e il più voluminoso degli ossicini dell'orecchio medio 5 *pesce —*, pesce cartilagineo del Mediterraneo, con grossa testa a forma di martello.

martinetto [mar-ti-nét-to] *s.m.* 1 macchina capace di esercitare una notevole forza con una corsa limitata, usata per sollevare grandi pesi a piccola altezza; cricco: — *idraulico* 2 (*mar.*) mezzo di spinta usato nel varo delle navi per avviare lo scafo verso l'acqua.

martingala [mar-tin-gà-la] *s.f.* piccola cintura ornamentale applicata posteriormente a un abito, una giacca o un cappotto.

martinicca [mar-ti-nìc-ca] *s.f.* freno a ceppi dei veicoli a trazione animale (carri, carrozze ecc.).

martin pescatore [mar-tìn pe-sca-tó-re] *loc. sost.m.* [pl. *martin pescatori*] piccolo uccello con corpo tozzo, piumaggio a colori smaglianti, becco lungo e dritto e coda corta; si ciba di animali acquatici.

martire [màr-ti-re] *s.m.* e *f.* 1 nel cristianesimo, chi affronta anche la morte pur di non rinnegare la propria fede 2 (*estens.*) chi sopporta ogni pena in nome della propria fede o dei propri ideali: — *del Risorgimento* 3 (*estens.*) chi si dedica a un'attività affrontando ogni sorta di sacrificio: *un — della scienza* 4 (*fig.*) chi è afflitto da grandi dolori fisici e morali | chi è ingiustamente maltrattato | *fare il —*, (*scherz.*) atteggiarsi a vittima.

martirio [mar-tì-rio] *s.m.* 1 la morte o le sofferenze che affronta un martire: *sottoporre al —* 2 (*fig.*) sofferenza, dolore: *la sua vita è stata un lungo —* | (*scherz.*) fastidio, noia insopportabile: *quella conferenza, che —!*

martirizzare [mar-ti-riʒ-ʒà-re] *v.tr.* 1 sottoporre a martirio: *san Lorenzo fu martirizzato* 2 (*fig.*) tormentare, torturare, affliggere: *smettila di — quel gatto.*

martirologio [mar-ti-ro-lò-gio] *s.m.* libro liturgico in cui sono elencati tutti i martiri e i santi che la chiesa festeggia giorno per giorno.

martora [màr-to-ra] *s.f.* piccolo mammifero carnivoro con corpo lungo e snello, zampe corte, pelliccia bruno-giallognola pregiata.

martoriare [mar-to-rià-re] *v.tr.* [*io martòrio ecc.*] tormentare, affliggere: — *qlcu. con richieste assillanti* ♦ **martoriarsi** *v.intr.pron.* affliggersi, tormentarsi.

marxiano [mar-xià-no] *agg.* del filosofo tedesco K. Marx (1818-1883); che si riferisce al suo pensiero filosofico, politico ed economico.

marxismo [mar-xì-ʃmo] *s.m.* il complesso delle dottrine economiche, politiche e filosofiche di K. Marx (1818-1883) e F. Engels (1820-1895); l'insieme degli indirizzi politico-culturali che si richiamano a tali dottrine.

marxismo-leninismo [mar-xì-ʃmo-le-ni-nì-ʃmo] *s.m.* l'elaborazione teorica e pratica del marxismo fornita da V.I. Lenin (1870-1924) | (*estens.*) teoria e pratica politica che ha per modello tale elaborazione.

marxista [mar-xì-sta] *s.m.* e *f.* [pl.m. *-sti*] seguace del marxismo | Usato come *agg.* marxistico.

marxistico [mar-xì-sti-co] *agg.* [pl.m. *-ci*] del marxismo, dei marxisti.

marza [màr-za] *s.f.* (*agr.*) ramoscello o tralcio tagliato per essere innestato su un'altra pianta.

marzaiola [mar-za-iò-la] *s.f.* varietà di anatra selvatica con capo bruno e piumaggio variopinto.

marzapane [mar-za-pà-ne] *s.m.* pasta dolce a base di mandorle pestate, zucchero e albume d'uova: *frutta di —.*

marziale [mar-zià-le] *agg.* 1 (*lett.*) che si riferisce a Marte, dio della guerra, o alla guerra stessa | *corte —*, tribunale militare | *legge —*, che conferisce ogni potere all'autorità militare in caso di guerra | *arti marziali*, le tecniche tradizionali giapponesi di difesa, trasformate oggi in discipli-

ne sportive 2 (*fig.*) fiero, energico: *camminare con passo —.*
marziano [mar-zià-no] *s.m.* [f. *-a*] 1 ipotetico abitante del pianeta Marte | (*estens.*) extraterrestre 2 (*fig.fam.*) chi ha capacità fuori del comune.
marzo [màr-zo] *s.m.* terzo mese dell'anno.
marzocco [mar-ʒòc-co] *s.m.* [pl. *-chi*] stemma di Firenze, costituito da un leone accasciato che regge uno scudo con giglio.
marzolino [mar-zo-lì-no] *agg.* (*non com.*) di marzo: *brezza marzolina.*
mascalzonata [ma-scal-zo-nà-ta] *s.f.* azione da mascalzone.
mascalzone [ma-scal-zó-ne] *s.m.* [f. *-a*] persona capace di azioni spregevoli o disoneste: *comportarsi da —.* DIM. *mascalzoncello.*
mascara [ma-scà-ra] *s.m.invar.* cosmetico liquido o in pasta per colorare le ciglia.
mascarpone [ma-scar-pó-ne] *s.m.* formaggio cremoso di colore bianco, preparato con panna di latte di mucca.
mascella [ma-scèl-la] *s.f.* (*anat.*) ciascuna delle due parti che formano lo scheletro della faccia e in cui sono infissi i denti; in senso stretto, solo quella superiore (l'inferiore è detta *mandibola*).
mascellare [ma-scel-là-re] *agg.* (*anat.*) delle mascelle, relativo alle mascelle: *nervo —* ♦ *s.m.* (*anat.*) osso della mascella: *— superiore.*
maschera [mà-sche-ra] *s.f.* 1 finta testa o finto volto con sembianze umane o animali, che si porta a scopo scherzoso, di spettacolo o rituale | *essere una — di sangue*, (*fig.*) si dice di viso reso irriconoscibile dal sangue che lo ricopre | *gettare la —*, (*fig.*) rivelarsi per quello che veramente si è. ACCR. *mascherone* (m.) 2 (*fig.*) finzione, apparenza: *la sua onestà è solo una —* 3 travestimento che ricopre l'intera persona; la persona così travestita: *ballo in —; corteo di maschere* 4 personaggio fisso, tipo della commedia dell'arte: *Pulcinella è una — italiana* 5 (*fig.*) volto dai lineamenti molto espressivi o che rivela una determinata condizione fisica e spirituale: *il suo volto era la — della disperazione* 6 nei locali di spettacolo, inserviente che controlla i biglietti e accompagna gli spettatori al loro posto 7 (*med.*) particolare aspetto del viso o del fisico in determinati stati organici: *— gravidica*, nelle gestanti 8 arnese o apparecchio che si applica al viso a scopo protettivo: *— da scherma* | *— subacquea*, quella di gomma e vetro usata da chi s'immerge sott'acqua | *— antigas*, dispositivo usato per difendere l'organismo da gas tossici | *— di bellezza*, strato di cosmetici steso sul viso per pulire e tonificare la pelle.
mascheramento [ma-sche-ra-mén-to] *s.m.* il mascherare, il mascherarsi, l'essere mascherato | ciò che serve a mascherare.
mascherare [ma-sche-rà-re] *v.tr.* [*io màschero ecc.*] 1 ricoprire con una maschera: *mascherarsi il viso* | vestire in maschera; travestire: *— i bambini per il carnevale* 2 (*estens.*) coprire, celare: *— l'entrata con una tenda* | (*fig.*) dissimulare sotto falsa apparenza: *— un sentimento* ♦ **mascherarsi** *v.rifl.* 1 vestirsi in maschera; travestirsi: *— da torero* 2 (*fig.*) mostrarsi diverso da come si è in realtà: *— da benefattore.*
mascherata [ma-sche-rà-ta] *s.f.* 1 insieme di più persone mascherate 2 (*fig.*) messa in scena vistosa e ridicola; buffonata.
mascherato [ma-sche-rà-to] *agg.* coperto da una maschera; vestito in maschera | *ballo —*, a cui partecipano persone in maschera □ **mascheratamente** *avv.* in modo mascherato, in maschera.
mascheratura [ma-sche-ra-tù-ra] *s.f.* il mascherare, il mascherarsi, l'essere mascherato | ciò che serve a mascherare.
mascherina [ma-sche-rì-na] *s.f.* 1 mezza maschera che copre il viso dalla fronte al naso 2 persona, spec. bambino o bambina, vestita in maschera 3 macchia di colore diverso sul muso di un animale.
mascherone [ma-sche-ró-ne] *s.m.* ornamento architettonico in forma di grossa faccia deforme o grottesca.
maschiaccio [ma-schiàc-cio] *s.m.* (*scherz.*) ragazzo irrequieto e turbolento | ragazza dai modi energici e simpaticamente esuberanti.
maschietta [ma-schiét-ta] *s.f.* ragazza indipendente e dai modi spigliati | *alla —*, si dice di acconciatura femminile con capelli corti e lisci.
maschietto [ma-schiét-to] *s.m.* bambino di sesso maschile.
maschile [ma-schì-le] *agg.* di maschio, da maschio (si contrappone a *femminile*): *sesso —* | *classe —*, composta solo da maschi | *genere —*, (*gramm.*) una delle classi del genere grammaticale ♦ *s.m.* (*gramm.*) il genere maschile.
maschilismo [ma-schi-lì-ʃmo] *s.m.* atteggiamento psicologico fondato sulla presunta superiorità dell'uomo sulla donna; comportamento determinato da tale atteggiamento.
maschilista [ma-schi-lì-sta] *agg.* [pl.m. *-sti*] proprio del maschilismo; che denota maschilismo: *mentalità —* ♦ *s.m.* e *f.* chi pratica il maschilismo.
maschilistico [ma-schi-lì-sti-co] *agg.* [pl.m. *-ci*] maschilista.
maschio[1] [mà-schio] *s.m.* 1 (*biol.*) ogni individuo portatore di gameti maschili: *il — della tigre* | essere umano di sesso maschile. DIM. *maschietto* PEGG. *maschiaccio* 2 (*mecc.*) pezzo fatto per entrare nell'incavo corrispondente di un altro pezzo: *collegamento a — e femmina*, a incastro 3 utensile d'acciaio usato per eseguire la filettatura dei fori ♦ *agg.* 1 di sesso maschile: *ha due figli maschi* | si usa come *agg.invar.* per indicare il sesso maschile di animali che hanno uno stesso nome per tutti e due i generi: *una lepre —* 2 (*estens.*) virile, forte, energico: *modi maschi* □ **maschiamente** *avv.* da maschio, in modo virile.
maschio[2] *s.m.* torre principale di un castello o di una rocca, più alta delle circostanti fortificazioni: *il Maschio Angioino*, a Napoli.

mascolinità [ma-sco-li-ni-tà] *s.f.* l'essere mascolino.
mascolinizzare [ma-sco-li-niʒ-ʒà-re] *v.tr.* (*non com.*) rendere mascolino ♦ **mascolinizzarsi** *v. rifl.* o *intr.pron.* assumere atteggiamenti maschili, detto di una donna.
mascolinizzazione [ma-sco-li-niʒ-ʒa-zió-ne] *s.f.* il mascolinizzare, il mascolinizzarsi.
mascolino [ma-sco-lì-no] *agg.* **1** maschile, proprio del maschio: *tratti mascolini* **2** poco femminile: *una donna mascolina.*
mascotte [/ masˈkɔt /] *s.f.* (*fr.*) persona, animale o cosa considerata come portafortuna: *la — di una squadra.*
masnada [ma-ʃnà-da] *s.f.* **1** insieme di furfanti, di gente disonesta: *una — di ladri* | (*scherz.*) gruppo di persone rumorose, turbolente **2** nel Medioevo, compagnia di armati al seguito di un signore.
masnadiere [ma-ʃna-diè-re] *s.m.* (*lett.*) brigante di strada; furfante | (*estens.*) persona poco raccomandabile, disonesta: *faccia da —.*
maso [mà-ʃo] *s.m.* nelle Alpi Orientali, l'insieme costituito da podere, casa colonica e attrezzature agricole.
masochismo [ma-ʃo-chì-ʃmo] *s.m.* **1** (*psicol.*) perversione per cui il soggetto prova piacere erotico nel subire violenze fisiche e umiliazioni (si contrappone a *sadismo*) **2** (*estens.*) tendenza di chi, per bisogno di punirsi, accetta passivamente sofferenze e umiliazioni.
masochista [ma-ʃo-chì-sta] *s.m.* e *f.* [pl.m. *-sti*] (*psicol.*) chi è affetto da masochismo | (*estens.*) chi mostra un certo compiacimento nel soffrire.
masochistico [ma-ʃo-chì-sti-co] *agg.* [pl.m. *-ci*] di masochista, da masochista: *piacere —* □ **masochisticamente** *avv.*
masonite® [ma-ʃo-nì-te] *s.f.* materiale da costruzione ottenuto comprimendo un impasto di fibre di legno di scarso pregio.
massa [màs-sa] *s.f.* **1** quantità di materia che si presenta come un insieme più o meno compatto: *una — di argilla*; *masse d'aria calda* **2** (*estens.*) grande quantità, mucchio: *una — di sciocchezze* **3** gran numero di persone con caratteristiche omogenee: *una — di fannulloni*; *le masse popolari*, il popolo | *di —*, si dice di fenomeno economico, sociale o culturale che interessa un gran numero di persone: *cultura di —*, diffusa a tutti i livelli sociali; *mezzi di comunicazione di —*, mass media | *in —*, tutti insieme, in blocco: *ribellarsi in —* **4** (*fis.*) quantità di materia che costituisce un corpo **5** (*elettr.*) nelle apparecchiature elettriche, la carcassa o il telaio metallico, di solito collegato a terra **6** (*arch.*) volume di una costruzione o di una sua parte: *l'equilibrio delle masse in un edificio* **7** *memoria di —*, (*inform.*) dispositivo di memoria permanente di grande capacità.
massacrante [mas-sa-cràn-te] *agg.* molto faticoso, estenuante: *un lavoro —.*
massacrare [mas-sa-crà-re] *v.tr.* **1** uccidere con ferocia, trucidare: *— i prigionieri* | (*estens.*) picchiare con violenza, fin quasi a uccidere: *— di colpi* **2** (*fig.*) affaticare molto, spossare: *un lavoro che massacra* **3** (*fig.*) rovinare irrimediabilmente: *— un'automobile.*
massacro [mas-sà-cro] *s.m.* **1** eccidio di animali o di persone; strage, carneficina: *salvare una specie dal —* **2** (*fig.*) rovina, disastro.
massaggiare [mas-sag-già-re] *v.tr.* [*io massàggio ecc.*] sottoporre a massaggio: *— i muscoli.*
massaggiatore [mas-sag-gia-tó-re] *s.m.* **1** [f. *-trice*] chi per professione pratica massaggi **2** apparecchio con cui si eseguono massaggi.
massaggio [mas-sàg-gio] *s.m.* trattamento fisioterapico che consiste nel praticare sul corpo frizioni o pressioni per riattivare le funzioni dei muscoli | *— cardiaco*, (*med.*) stimolazione manuale tesa a riattivare il cuore in casi di blocco improvviso delle contrazioni.
massaia [mas-sà-ia] *s.f.* donna che si occupa della cura della propria casa.
massaio [mas-sà-io], o **massaro**, *s.m.* (*region.*) custode del bestiame da lavoro e dei locali di una masseria.
massellare [mas-sel-là-re] *v.tr.* [*io massèllo ecc.*] ridurre un metallo in masselli.
massellatura [mas-sel-la-tù-ra] *s.f.* l'operazione del massellare: *la — del ferro.*
massello [mas-sèl-lo] *s.m.* **1** lingotto metallico non lavorato o appena sbozzato **2** (*edil.*) blocco di pietra a forma di parallelepipedo **3** (*estens.*) legno da lavorazione massiccio: *un tavolo in — di noce.*
masseria [mas-se-rì-a] *s.f.* piccola azienda rurale condotta da un massaio | la casa colonica abitata dal massaio.
masserizia [mas-se-rì-zia] *s.f.pl.* l'insieme dei mobili e delle suppellettili di cui è fornita una casa.
massetere [mas-se-tè-re] *s.m.* (*anat.*) muscolo masticatorio situato nella parte posteriore della faccia | Anche *agg.*: *muscolo —.*
masseto [mas-sé-to] *s.m.* terreno incolto e pieno di sassi.
massicciata [mas-sic-cià-ta] *s.f.* strato di ghiaia o pietrisco compressi su cui poggia la pavimentazione di una strada o l'armamento di una ferrovia.
massiccio [mas-sìc-cio] *agg.* [pl.f. *-ce*] **1** che è costituito da un'unica massa solida e piena: *un vaso d'oro —* **2** solido e resistente, ma privo di eleganza: *edificio —* | riferito a persona o a parte del corpo, grosso e tozzo: *fisico —* **3** (*fig.*) attuato con forza e compattezza: *un — intervento delle forze dell'ordine* ♦ *s.m.* **1** (*geog.*) gruppo montagnoso imponente e isolato: *il — del Gran Sasso* **2** *— facciale*, (*anat.*) l'insieme delle ossa che formano la parte anteriore e inferiore del cranio □ **massicciamente** *avv.*
massificare [mas-si-fi-cà-re] *v.tr.* [*io massìfico, tu massìfichi ecc.*] uniformare le singole personalità degli individui privandoli di ciò che è specifico di ciascuno; rendere massa uniforme.
massificato [mas-si-fi-cà-to] *agg.* sottoposto a massificazione: *società massificata.*

massificazione [mas-si-fi-ca-zió-ne] *s.f.* il massificare, l'essere massificato: *la — della cultura.*
massima1 [màs-si-ma] *s.f.* **1** principio al quale ci si attiene come norma dell'agire; regola di condotta: *è buona — contare solo su di sé* | *in linea di —*, in generale **2** frase breve e sentenziosa in cui è enunciata una norma di vita; motto: *— morale.*
massima2 *s.f.* **1** temperatura massima **2** (*med.*) valore massimo della pressione arteriosa.
massimale [mas-si-mà-le] *agg.* che costituisce il limite massimo ♦ *s.m.* limite massimo, quota massima: *assicurarsi per un — di cento milioni.*
massimalismo [mas-si-ma-li-ʃmo] *s.m.* **1** tendenza, all'interno di un partito politico o di un movimento, che mira a realizzare il massimo del proprio programma **2** (*fig.*) atteggiamento intransigente, che esclude ogni forma di conciliazione.
massimalista [mas-si-ma-lì-sta] *s.m.* e *f.* [pl.m. *-sti*] fautore del massimalismo.
massimalistico [mas-si-ma-lì-sti-co] *agg.* [pl.m. *-ci*] del massimalismo, dei massimalisti: *corrente massimalistica.*
massimizzare [mas-si-miʒ-ʒà-re] *v.tr.* (*non com.*) rendere massimo, portare al limite massimo.
massimo [màs-si-mo] *agg.* [superl. di *grande*] grandissimo, il più grande; estremo: *lavorare col — impegno* | *temperatura massima*, la più alta registrata in una località in un dato arco di tempo | *pressione massima*, (*med.*) il valore più alto della pressione arteriosa di una persona | *— comun divisore*, (*mat.*) fra due o più numeri interi, il più grande fra i divisori comuni dei numeri dati | *tempo —*, (*sport*) nelle gare di corsa, il tempo più lungo concesso agli atleti per compiere il percorso | *peso —*, nel pugilato, nella lotta e nel sollevamento pesi, atleta appartenente alla categoria di peso maggiore ♦ *s.m.* **1** la quantità più grande possibile; il grado più elevato: *condannare al — della pena* | *al —*, tutt'al più; al più tardi: *al — fra otto giorni* **2** (*sport*) peso massimo: *la categoria dei massimi* □ **massimamente** *avv.* soprattutto, principalmente.
massivo [mas-sì-vo] *agg.* **1** massiccio, in gran quantità: *dose massiva* **2** (*fis.*) che si riferisce alla massa.
mass media [/ mas'mɛdia /] *loc.sost.m.pl.* (*ingl.*) il complesso degli organi di stampa e dei mezzi audiovisivi (cinema, radio, televisione ecc.) in grado di raggiungere e influenzare un pubblico molto esteso.
massmediologo [mass-me-diò-lo-go] *s.m.* [pl. *-gi*] esperto di problemi che concernono i mezzi di comunicazione di massa.
masso [màs-so] *s.m.* grosso blocco di roccia compatta; sasso voluminoso: *caduta massi*, nella segnaletica stradale.
massone [mas-só-ne] *s.m.* chi appartiene alla massoneria.
massoneria [mas-so-ne-rì-a] *s.f.* **1** società segreta sorta in Inghilterra nel 1717 con l'intento di perseguire ideali di solidarietà e di progresso **2** (*estens.*) spirito di corpo che spinge gli appartenenti a uno stesso ambiente a sostenersi tra loro.
massonico [mas-sò-ni-co] *agg.* [pl.m. *-ci*] della massoneria: *loggia massonica.*
massoterapia [mas-so-te-ra-pì-a] *s.f.* (*med.*) terapia basata sulla pratica del massaggio.
mastalgia [ma-stal-gì-a] *s.f.* (*med.*) dolore della mammella.
mastectomia [ma-stec-to-mì-a] *s.f.* (*med.*) asportazione chirurgica della mammella.
mastello [ma-stèl-lo] *s.m.* recipiente di legno a doghe, due delle quali sporgenti e forate, in modo da poter farvi passare un bastone o una corda per il trasporto: *un — di uva.*
master [/ 'master /] *s.m.invar.* (*ingl.*) **1** corso e titolo di specializzazione in una disciplina aziendale o amministrativa **2** (*tecn.*) registrazione magnetica definitiva di un film, di un'esecuzione musicale, di banche dati ecc., da cui si ottengono le copie che verranno messe in commercio.
mastermind® [/ 'mastermaind /] *s.m. invar.* (*ingl.*) gioco da tavolo in cui un giocatore deve indovinare il colore e la disposizione di quattro (o cinque) pioletti che l'altro giocatore ha collocato su una tavoletta forata.
masticabile [ma-sti-cà-bi-le] *agg.* che si può masticare.
masticare [ma-sti-cà-re] *v.tr.* [*io màstico, tu màstichi ecc.*] **1** triturare, schiacciare con i denti: *— il cibo* | *— amaro*, (*fig.*) covare rabbia, rancore **2** (*fig.*) borbottare, pronunziare in modo poco chiaro: *— una scusa* | *— male una lingua*, parlarla in maniera approssimativa.
masticatoio [ma-sti-ca-tó-io] *s.m.* parte dei finimenti dei cavalli da lavoro, costituita da una catenella d'acciaio che sta in bocca al posto del morso.
masticatorio [ma-sti-ca-tò-rio] *agg.* che concerne la masticazione; che serve alla masticazione: *apparato —.*
masticatura [ma-sti-ca-tù-ra] *s.f.* **1** ciò che si mastica o si è masticato **2** (*fig.*) rimasticatura.
masticazione [ma-sti-ca-zió-ne] *s.f.* **1** il masticare: *— lenta* **2** (*chim.*) trattamento meccanico della gomma naturale che ne aumenta la plasticità.
mastice [mà-sti-ce] *s.m.* **1** resina a base di oli essenziali e acidi aromatici, usata come adesivo e nella preparazione di vernici **2** prodotto adesivo di rapida essiccazione, usato per incollare oggetti di materiale diverso o per otturare fessure, fori ecc.
mastino [ma-stì-no] *s.m.* **1** cane da guardia grosso e robusto, con testa voluminosa, naso schiacciato, dentatura molto sviluppata: *— napoletano* **2** (*fig.*) persona aggressiva e collerica.
mastite [ma-stì-te] *s.f.* (*med.*) infiammazione del tessuto ghiandolare o connettivo della mammella.
masto- primo elemento di parole composte del-

la terminologia scientifica, che significa ‘mammella’ (*mastopatia*).

mastodonte [ma-sto-dón-te] *s.m.* **1** gigantesco mammifero dell’era terziaria, simile all’elefante, con corpo allungato, arti corti, talora con quattro zanne **2** (*estens.*) qualsiasi cosa di dimensioni gigantesche | persona grossa e goffa.

mastodontico [ma-sto-dòn-ti-co] *agg.* [pl.m. *-ci*] enorme, gigantesco: *costruzione mastodontica.*

mastoide [ma-stòi-de] *s.f.* (*anat.*) prominenza dell’osso temporale dietro il padiglione auricolare.

mastoideo [ma-stoi-dè-o] *agg.* (*anat.*) della mastoide, che si riferisce alla mastoide: *regione mastoidea.*

mastoidite [ma-stoi-dì-te] *s.f.* (*med.*) infiammazione della mastoide.

mastopatia [ma-sto-pa-tì-a] *s.f.* (*med.*) termine generico con cui si indicano le affezioni mammarie.

mastro [mà-stro] *s.m.* artigiano di grande esperienza ♦ *agg.libro —*, libro contabile.

masturbare [ma-stur-bà-re] *v.tr.* [*io mastùrbo ecc.*] praticare la masturbazione su altri ♦ **masturbarsi** *v.rifl.* compiere la masturbazione su sé stessi.

masturbatorio [ma-stur-ba-tò-rio] *agg.* della masturbazione: *pratiche masturbatorie.*

masturbazione [ma-stur-ba-zió-ne] *s.f.* **1** l’atto di manipolare i genitali al fine di procurare il piacere sessuale; onanismo **2** (*fig.*) autocompiacimento morboso: *— intellettuale.*

matador [/ mata'dɔr /] *s.m.invar.* (*sp.*) il torero che uccide il toro a conclusione della corrida.

matassa [ma-tàs-sa] *s.f.* quantità di filo avvolto su sé stesso in più giri: *— di lana* | *dipanare la —*, (*fig.*) chiarire una situazione complicata | *cercare il bandolo della —*, (*fig.*) il modo di risolvere un problema.

match [/ mɛtʃ /] *s.m.invar.* (*ingl.*) (*sport*) gara, incontro.

match ball [/ 'mɛtʃbol /] *loc.sost.m.invar.* (*ingl.*) (*sport*) nel tennis e nella pallavolo, palla giocando la quale uno dei due contendenti può vincere l’incontro.

match point [/ 'mɛtʃpoint /] *loc.sost.m.invar.* (*ingl.*) (*sport*) in una gara a punti, il punto che aggiudica la vittoria.

match winner [/ 'mɛtʃ'winner /] *loc.sost.m.* e *f.invar.* (*ingl.*) (*sport*) giocatore il cui apporto è decisivo alla vittoria della sua squadra.

matematica [ma-te-mà-ti-ca] *s.f.* **1** l’insieme delle scienze che studiano i numeri, le figure geometriche o enti astratti analoghi: *— elementare*, quella che comprende lo studio dell’aritmetica, del calcolo algebrico elementare e della geometria elementare **2** materia scolastica incentrata sull’insegnamento della matematica: *esame di —.*

matematico [ma-te-mà-ti-co] *agg.* [pl.m. *-ci*] **1** proprio della matematica, relativo alla matematica: *calcolo —* **2** (*estens.*) esatto, preciso, assoluto: *certezza —* ♦ *s.m.* [f. *-a*] chi si dedica allo studio della matematica: *un insigne —* □ **matematicamente** *avv.* **1** per mezzo di calcoli matematici **2** (*estens.*) con certezza, in modo inequivocabile: *la cosa è — sicura.*

matematizzare [ma-te-ma-tiʒ-ʒà-re] *v.tr.* **1** interpretare la realtà in base a principi o procedimenti matematici **2** ricondurre una teoria, un ragionamento, una disciplina a un modello matematico.

materassaio [ma-te-ras-sà-io] *s.m.* [f. *-a*] artigiano od operaio che confeziona o rinnova materassi, guanciali ecc.

materassino [ma-te-ras-sì-no] *s.m.* **1** (*sport*) tappeto imbottito sul quale si svolgono gli incontri di lotta **2** piccolo materasso pneumatico su cui ci si stende sull’acqua facendo il bagno, per dormire in tenda ecc.

materasso [ma-te-ràs-so] *s.m.* involucro di tessuto ripieno di lana o altri materiali soffici che si stende sul piano del letto per attutirne la durezza: *— di lana* | *— a molle*, al quale l’elasticità è conferita da molle poste all’interno. DIM. *materassino.*

materia [ma-tè-ria] *s.f.* **1** la sostanza di cui sono fatti i corpi; la sostanza di cui un oggetto è costituito: *— infiammabile* | *materie plastiche*, prodotti industriali di larghissimo impiego, costituiti da polimeri sintetici o naturali modificati | *— prima*, la sostanza grezza che è oggetto di lavorazione **2** (*filos.*) la componente sensibile di ogni essere; la realtà corporea dell’uomo (contrapposta a *spirito*) **3** (*anat.*) sostanza organica, cellulare: *— grigia*, le zone del cervello costituite da cellule nervose **4** ciò di cui si tratta in un discorso, in uno scritto; argomento, soggetto: *entrare in —*; *catalogo per materie* | *in — di*, per quanto riguarda: *in — di diritto è un esperto* | *in —*, sulla questione di cui si parla: *non so nulla in —* **5** qualunque disciplina oggetto di studio e insegnamento: *materie letterarie, scientifiche* **6** occasione, motivo, pretesto: *offrire — a pettegolezzi.*

materiale [ma-te-rià-le] *agg.* **1** proprio della materia, avente carattere di materia; che consta di materia: *sostanza —* **2** che riguarda la concretezza delle cose, gli aspetti fisici della realtà e della vita: *aiuto —* | *necessità materiali*, economiche | *errore —*, errore di esecuzione, che non investe la validità complessiva di un procedimento | *non avere il tempo — per fare qlco.*, il tempo effettivamente richiesto per compierla **3** rozzo, grossolano: *un uomo —* ♦ *s.m.* ciò che serve a un determinato uso; insieme di strumenti, di mezzi necessari per svolgere un’attività, eseguire un lavoro: *— elettrico* | *— umano*, il complesso delle persone in quanto mezzo per conseguire un fine □ **materialmente** *avv.* **1** in modo materiale **2** fisicamente, concretamente: *è — impossibile.*

materialismo [ma-te-ria-lì-ʃmo] *s.m.* **1** (*filos.*) dottrina che pone la materia come unico principio della realtà **2** pratica di vita e di comportamento che valorizza e ricerca i beni e i piaceri materiali.

materialista [ma-te-ria-lì-sta] *s.m.* e *f.* [pl.m. *-sti*] **1** (*filos.*) seguace del materialismo **2** chi impronta a materialismo la propria vita | Usato come *agg.* materialistico.

materialistico [ma-te-ria-lì-sti-co] *agg.* [pl.m. *-ci*] del materialismo, dei materialisti: *concezione materialistica* □ **materialisticamente** *avv.*

materialità [ma-te-ria-li-tà] *s.f.* **1** carattere di ciò che è materiale; concretezza **2** (*fig.*) grossolanità, volgarità.

materializzare [ma-te-ria-liʒ-ʒà-re] *v.tr.* rendere materiale, concretare ♦ **materializzarsi** *v. intr.pron.* **1** detto di spirito, assumere forma corporea | (*scherz.*) comparire improvvisamente **2** prendere corpo, acquistare concretezza: *un progetto che si va materializzando.*

materializzazione [ma-te-ria-liʒ-ʒa-zió-ne] *s.f.* il materializzare, il materializzarsi.

materialone [ma-te-ria-ló-ne] *s.m.* [f. *-a*] (*fam.*) persona rozza, grossolana.

materico [ma-tè-ri-co] *agg.* [pl.m. *-ci*] della materia, relativo alla materia.

maternità [ma-ter-ni-tà] *s.f.* **1** l'essere madre, il diventare madre: *le gioie della* — | *entrare in* —, usufruire del periodo di congedo dal lavoro previsto dalla legge in occasione del parto **2** reparto ospedaliero riservato alle partorienti e alle puerpere **3** rappresentazione artistica della Madonna con Gesù bambino: *una — del Quattrocento.*

materno [ma-tèr-no] *agg.* **1** di madre, della madre: *latte, istinto* — **2** da madre, degno di una madre: *sentimento* — | *scuola materna*, quella per i bambini al di sotto dei sei anni **3** da parte di madre: *nonno* — | *lingua materna*, la madrelingua □ **maternamente** *avv.*

matinée [/ mati'ne /] *s.f.invar.* (*fr.*) spettacolo tenuto di mattina.

matita [ma-tì-ta] *s.f.* strumento per scrivere, disegnare o colorare, costituito da un sottile cilindro di grafite (mina) contenuto in una guaina di legno: — *copiativa* | — *per gli occhi, per le labbra*, usata per il trucco.

matriarca [ma-tri-àr-ca] *s.f.* (*etnol.*) la figura della donna-madre nelle società matriarcali | (*scherz.*) donna autoritaria, che comanda in una grande famiglia.

matriarcale [ma-triar-cà-le] *agg.* del matriarcato: *società* —.

matriarcato [ma-tri-ar-cà-to] *s.m.* **1** (*etnol.*) sistema sociale nel quale la donna, madre e capo di famiglia, realizza il dominio sul gruppo **2** (*estens.*) organizzazione familiare o sociale in cui la donna ha la massima autorità.

matrice [ma-trì-ce] *s.f.* **1** ogni oggetto che costituisce la forma con la quale viene modellato, prodotto o riprodotto un altro oggetto **2** nei moduli costituiti da due elementi separabili, la parte che rimane all'emittente: *la — di un assegno* **3** (*fig.*) origine, radice: *la — culturale di un fenomeno.*

matricida [ma-tri-cì-da] *s.m.* e *f.* [pl.m. *-di*] chi ha ucciso la propria madre.

matricidio [ma-tri-cì-dio] *s.m.* uccisione della propria madre.

matricola [ma-trì-co-la] *s.f.* **1** registro in cui sono elencati progressivamente i nomi di persone o cose appartenenti a una determinata categoria: — *militare* | *numero di* —, quello attribuito a una persona o a un oggetto in tale registro **2** il numero di matricola: *la mia — è 18734* **3** studente iscritto al primo anno di università **4** (*estens.*) chi è nuovo nell'esercizio di un mestiere o di un'attività.

matricolare [ma-tri-co-là-re] *agg.* della matricola: *registro, foglio* —.

matricolato [ma-tri-co-là-to] *agg.* solo in loc. come *furbo, bugiardo* —, molto abile, incallito.

matrigna [ma-trì-gna] *s.f.* la nuova moglie del padre, rispetto ai figli da lui avuti precedentemente | (*fig.*) madre poco amorevole.

matrilineare [ma-tri-li-ne-à-re] *agg.* (*etnol.*) che segue la matrilinearità: *società* —.

matrilinearità [ma-tri-li-ne-a-ri-tà] *s.f.* (*etnol.*) sistema di parentela vigente presso alcune popolazioni, nel quale, per l'ascendenza e la discendenza, si considera la linea di madre in figlio.

matrimoniale [ma-tri-mo-nià-le] *agg.* del matrimonio, concernente il matrimonio: *anello* —, fede | *letto* —, a due piazze.

matrimonialista [ma-tri-mo-nia-lì-sta] *s.m.* e *f.* [pl.m. *-sti*] avvocato specializzato nelle cause di diritto matrimoniale | studioso di diritto matrimoniale.

matrimonio [ma-tri-mò-nio] *s.m.* **1** rapporto morale e giuridico esistente tra un uomo e una donna che si sono impegnati, davanti a un pubblico ufficiale o a un ministro del culto, a una completa comunanza di vita: *unirsi in* —, sposarsi **2** (*estens.*) la vita coniugale; la durata dell'unione coniugale: *un felice, lungo* — **3** la cerimonia, il rito nuziale: *un — sfarzoso.*

matrizzare [ma-triʒ-ʒà-re] *v.intr.* [aus. *avere*] (*non com.*) assomigliare alla madre.

matrona [ma-trò-na] *s.f.* **1** presso gli antichi Romani, donna sposata di condizione libera **2** (*scherz.*) donna alta e formosa.

matronale [ma-tro-nà-le] *agg.* di matrona, da matrona: *aspetto* —.

matroneo [ma-tro-nè-o] *s.m.* (*arch.*) nelle basiliche paleocristiane e romaniche, il loggiato interno riservato alle donne.

matronimico [ma-tro-nì-mi-co] *agg.* e *s.m.* [pl.m. *-ci*] si dice di nome derivato da quello della madre (p.e. il cognome *Della Giovanna*).

matta [màt-ta] *s.f.* carta da gioco alla quale può essere attribuito il valore che si vuole; jolly.

mattacchione [mat-tac-chió-ne] *s.m.* [f. *-a*] persona allegra e bizzarra; burlone, pazzerellone.

mattana [mat-tà-na] *s.f.* (*fam.*) estroso mutamento d'umore; irragionevole manifestazione d'ira o di sfrenata allegria: *avere le mattane.*

mattanza [mat-tàn-za] *s.f.* (*merid.*) uccisione dei tonni imprigionati nella tonnara.

mattata [mat-tà-ta] *s.f.* (*fam.*) azione da matto.

mattatoio [mat-ta-tó-io] *s.m.* luogo in cui vengono macellati gli animali; macello: — *comunale.*
mattatore [mat-ta-tó-re] *s.m.* **1** chi abbatte gli animali nei macelli **2** (*teat.*) attore che mira ad accentrare su di sé tutto l'interesse degli spettatori | (*estens.*) chi in un gruppo fa in modo di predominare sugli altri.
matterello [mat-te-rèl-lo] *s.m.* lungo cilindro di legno usato in cucina per spianare la sfoglia di pasta.
mattina [mat-tì-na] *s.f.* parte del giorno compresa tra il sorgere del sole e il mezzogiorno; mattino | *di prima* —, nelle prime ore del giorno | *dalla — alla sera*, tutto il giorno | *cambiare idea dalla sera alla* —, (*fig.*) in poco tempo, facilmente.
mattinale [mat-ti-nà-le] *agg.* (*lett.*) della mattina, mattutino.
mattinata [mat-ti-nà-ta] *s.f.* lo spazio della mattina, considerato rispetto alle condizioni atmosferiche o a ciò che in esso si fa o accade: *una — gelida, di lavoro* | *in* —, prima che finisca la mattina.
mattiniero [mat-ti-niè-ro] *agg.* e *s.m.* [f. *-a*] che/chi si alza presto al mattino: *essere* —.
mattino [mat-tì-no] *s.m.* la parte del giorno compresa tra il sorgere del sole e il mezzogiorno; mattina: *le luci del* — | *di buon* —, molto presto | *giornale del* —, che esce nelle prime ore del giorno | *prov.*: *il buon giorno si vede dal* —, dalle prime manifestazioni si può vedere la riuscita di qlco.
matto[1] [màt-to] *agg.* **1** che ha perso in parte o completamente la ragione; pazzo: *essere — da legare* | *fossi —!*, per indicare che non si intende assolutamente fare una cosa | *andare — per qlco.* o *per qlcu.*, avere una grande passione, amare molto: *va — per la musica* **2** (*estens.*) stravagante, bizzarro; estroso: *una testa matta* | *risate matte*, molto allegre | *voglia matta*, incontenibile **3** *carta matta*, carta opaca usata per la stampa fotografica ♦ *s.m.* [f. *-a*] **1** persona che non è in grado di ragionare; pazzo **2** (*estens.*) persona che si comporta in modo stravagante, bizzarro: *fare il* — | *gabbia di matti*, insieme di persone bizzarre | *roba da matti*, cose incredibili | *mi piace da matti*, moltissimo □ **mattamente** *avv.* pazzamente.
matto[2] *agg.* solo nella loc. *scacco* —, nel gioco degli scacchi, la mossa che immobilizza il re, risolvendo la partita: *dare scacco* —.
mattoide [mat-tòi-de] *agg.* e *s.m.* e *f.* che/chi si comporta come se fosse matto, assumendo atteggiamenti stravaganti, bizzarri.
mattonare [mat-to-nà-re] *v.tr.* [*io mattóno ecc.*] ammattonare.
mattonata [mat-to-nà-ta] *s.f.* **1** colpo dato con un mattone **2** (*fig. fam.*) cosa noiosa.
mattonato [mat-to-nà-to] *agg.* e *s.m.* si dice di pavimento lastricato a mattoni; ammattonato.
mattonatura [mat-to-na-tù-ra] *s.f.* il pavimentare a mattoni; pavimento di mattoni.
mattone [mat-tó-ne] *s.m.* **1** laterizio di argilla a forma di parallelepipedo, usato nelle costruzioni edilizie **2** (*fig.*) peso molto gravoso: *avere un — sullo stomaco*, avere difficoltà a digerire | cosa o persona pesante e noiosa: *che — quel libro!* ♦ *agg.invar.* si dice di colore rosso cupo come quello della terracotta: *rosso* —.
mattonella [mat-to-nèl-la] *s.f.* **1** laterizio per lo più di forma quadrata di cemento, graniglia o ceramica, usato per pavimentazioni e rivestimenti; piastrella **2** denominazione generica di oggetti che hanno una forma simile a una mattonella: — *di carbone.*
mattutino [mat-tu-tì-no] *agg.* delle prime ore del mattino: *luce mattutina* | che si fa di mattina: *passeggiata mattutina.*
maturando [ma-tu-ràn-do] *agg.* e *s.m.* [f. *-a*] si dice di studente che deve sostenere l'esame di maturità.
maturare [ma-tu-rà-re] *v.intr.* [aus. *essere*] **1** di frutto, diventare maturo: *l'uva matura in settembre* **2** di persona, raggiungere la maturità fisica e intellettuale: *le ragazze maturano prima dei ragazzi* **3** di cose o avvenimenti, compiere il proprio corso, raggiungere il massimo sviluppo: *i tempi stanno maturando* **4** (*comm.*) raggiungere la scadenza prevista: *crediti maturati* | costituirsi col trascorrere del tempo: *sul capitale maturano gli interessi* ♦ *v.tr.* **1** rendere maturo: *le esperienze maturano un uomo* **2** (*fig.*) raggiungere gradualmente, in modo meditato: — *una decisione* ♦ **maturarsi** *v.intr.pron.* diventare maturo.
maturazione [ma-tu-ra-zió-ne] *s.f.* il maturare, il maturarsi, l'essere maturato: — *mentale.*
maturità [ma-tu-ri-tà] *s.f.* **1** l'essere maturo: *la — di un frutto* **2** l'età compresa tra la giovinezza e la vecchiaia | pienezza delle capacità intellettuali; completo sviluppo fisico: *essere nel pieno della* — **3** diploma di stato che si consegue alla fine di un corso di scuola media superiore: — *classica* | *esame di* —, quello che si sostiene per ottenere tale diploma.
maturo [ma-tù-ro] *agg.* **1** di frutto o altro prodotto del suolo, che ha raggiunto un completo sviluppo: *pesca matura* **2** di persona, che si trova in età compresa tra la giovinezza e la vecchiaia: *uomo* — **3** di cosa o avvenimento, che ha completato un ciclo, che ha compiuto un determinato corso: *parto* —, che ha luogo a tempo opportuno **4** (*fig.*) che ha doti intellettuali e morali sviluppate, equilibrate: *un bambino — per la sua età* | si dice del candidato che ha superato l'esame di maturità **5** ponderato, approfondito, serio: *un — esame della situazione* **6** (*comm.*) si dice di credito divenuto esigibile ♦ *s.m.* [f. *-a*] (*fam.*) studente che ha superato l'esame di maturità.
matusa [ma-tù-ʃa] *s.m.* e *f.invar.* nel gergo giovanile, persona anziana, dalla mentalità superata.
matusalemme [ma-tu-ʃa-lèm-me] *s.m.invar.* (*fam.*) persona molto vecchia, decrepita: *essere un* —.
mau → **mao**.

mausoleo [mau-ʃo-lè-o] *s.m.* (*arch.*) sepolcro monumentale: *il — di Teodorico*, a Ravenna | (*estens.*) edificio di imponente maestosità.
mauve [/ mov /] *agg.* e *s.m.invar.* (*fr.*) si dice di colore violaceo, simile a quello dei fiori di malva.
maxi- primo elemento di parole composte, che indica dimensioni molto grandi.
maxicappotto [ma-xi-cap-pòt-to] *s.m.* cappotto maschile o femminile lungo fino alle caviglie.
maxigonna [ma-xi-gón-na] *s.f.* gonna lunga fino alle caviglie.
maxillo- primo elemento di parole composte della terminologia medica, che significa 'mascella' (*maxillofacciale*).
maxillofacciale [ma-xil-lo-fac-cià-le] *agg.* (*anat.*) relativo alla mascella e alla faccia: *chirurgia —*.
maximum [/ 'maksimum /] *s.m.invar.* (*lat.*) (*econ.*) prezzo massimo.
maya [mà-ya] *s.m.invar.* **1** [anche *f.*] appartenente a una popolazione indigena dell'America centrale stanziata nello Yucatán e nelle regioni vicine **2** lingua parlata da tale popolazione ♦ *agg.* dei Maya, a essi relativo: *civiltà —*.
mazurca [ma-ʒùr-ca], o **mazurka**, *s.f.* danza di origine polacca, di andamento moderato, in tre tempi | aria musicale a tempo di mazurca: *una — di Chopin*.
mazza [màz-za] *s.f.* **1** robusto bastone; randello **2** bastone con un pomo all'estremità superiore, un tempo insegna di distinzione | *— ferrata*, antica arma formata da un manico e da una grossa testa metallica con punte **3** grosso martello con manico lungo, usato per spaccare pietre e per lavori pesanti di fucinatura. DIM. *mazzetta* **4** (*sport*) nel baseball, bastone con cui il battitore respinge la palla | bastone da golf **5** denominazione popolare di piante a forma di clava o che presentano organi di quella forma: *— di san Giuseppe*.
mazzafionda [maz-za-fión-da] *s.f.* [pl. *mazzefionde*] (*region.*) fionda.
mazzafrusto [maz-za-frù-sto] *s.m.* [pl. *mazzafrusti*] antica arma formata da un corto manico e una o più catenelle di metallo con all'estremità delle palle di ferro o di piombo.
mazzancolla [maz-zan-còl-la] *s.f.* [pl. *mazzancolle*] (*region.*) grosso gambero commestibile.
mazzapicchio [maz-za-pìc-chio] *s.m.* [pl. *mazzapicchi*] **1** grosso mazzuolo usato per cerchiare le botti **2** mazzeranga.
mazzata [maz-zà-ta] *s.f.* **1** colpo di mazza **2** (*fig. fam.*) dolore intenso o danno grave che giunge improvviso: *la notizia fu per lui una —*.
mazzeranga [maz-ze-ràn-ga] *s.f.* (*agr.*) attrezzo costituito da una piastra, munita di manico lungo, con cui si batte il terreno appena seminato per farvi aderire bene i semi.
mazzetta[1] [maz-zét-ta] *s.f.* denominazione di attrezzi in forma di piccola mazza o di grosso martello: *— da minatore*.
mazzetta[2] *s.f.* **1** mazzo di banconote dello stesso taglio **2** (*fam.*) somma di denaro che si dà a una persona per corromperla.
mazziere[1] [maz-ziè-re] *s.m.* chi, munito di mazza, precede un corteo o segna il tempo a una banda musicale.
mazziere[2] *s.m.* [f. *-a*] chi, giocando, distribuisce le carte.
mazziniano [maz-zi-nià-no] *agg.* di Giuseppe Mazzini (1805-1872); che si riferisce al suo pensiero o ne segue la dottrina: *gli ideali mazziniani* ♦ *s.m.* [f. *-a*] seguace delle dottrine di Mazzini.
mazzo [màz-zo] *s.m.* **1** insieme di più cose, legate o unite insieme: *un — di rose, di chiavi* | *mettere nello stesso —*, considerare allo stesso modo, senza fare distinzioni **2** serie completa di carte da gioco: *tagliare il —*. DIM. *mazzetto*.
mazzolare [maz-zo-là-re] *v.tr.* [*io mazzòlo ecc.*] colpire con il mazzuolo; bastonare, percuotere.
mazzolata [maz-zo-là-ta] *s.f.* **1** colpo dato col mazzuolo **2** (*fig. fam.*) duro colpo, specialmente economico: *il conto dell'albergo è stato una —*.
mazzuolo [maz-zuò-lo] *s.m.* **1** piccola mazza con testa a barilotto usata per assestare colpi su superfici relativamente delicate **2** bastone con testa sferica imbottita, che serve per suonare la grancassa.
me [mé] *pron.pers.m.* e *f. di prima pers.sing.* [forma complementare tonica del pron. pers. *io*] **1** si usa come compl. oggetto, quando si vuole dare a esso particolare rilievo, e nei complementi introdotti da preposizioni: *cercano proprio me*; *parlavano di me*; *a me non importa* | *da me*, da solo, senza l'aiuto altrui | *per me*, per quel che mi riguarda | *secondo me*, a mio parere | *tra me* (o *tra me e me*), dentro di me, nel mio intimo **2** si usa come soggetto nelle esclamazioni e nelle comparazioni: *povero me!*; *me infelice!*; *non sei come me* **3** si usa come compl. di termine in luogo del pron. pers. *mi* in presenza delle forme pronominali atone *lo*, *la*, *li*, *le* e della particella *ne*: *me lo disse*; *mandamelo*; *parlamene*.
mea culpa [/ mɛa'kulpa /] *loc.sost.m.invar.* riconoscimento del proprio torto: *recitare il —*.
meandro [me-àn-dro] *s.m.* **1** doppia ansa o serpentina formata da un fiume **2** andamento tortuoso (anche *fig.*): *i meandri della psiche*.
meato [me-à-to] *s.m.* (*anat.*) orifizio, apertura: *— urinario*.
mecca [mèc-ca] *s.f.* **1** (*fam.*) luogo remoto **2** (*fig.*) luogo in cui vanno molte persone sperando di realizzare i propri sogni: *Hollywood è la — del cinema internazionale*.
meccanica [mec-cà-ni-ca] *s.f.* **1** parte della fisica che studia il moto (dinamica) e l'equilibrio (statica) dei corpi | *— celeste*, studio del moto dei corpi celesti **2** attività tecnologica che ha per oggetto la costruzione di macchine e meccanismi: *essere appassionato di —* **3** l'insieme degli elementi di un meccanismo e il modo in cui funzionano: *la — di un orologio* **4** (*fig.*) il modo in cui si svolgono alcuni processi naturali o anche determinati fatti: *la — di un incidente*.

meccanicismo [mec-ca-ni-cì-ʃmo] *s.m.* qualunque concezione filosofica che spieghi il mondo naturale esclusivamente mediante le leggi della materia e del movimento.

meccanicista [mec-ca-ni-cì-sta] *s.m.* e *f.* [pl.m. *-sti*] sostenitore del meccanicismo.

meccanicistico [mec-ca-ni-cì-sti-co] *agg.* [pl.m. *-ci*] del meccanicismo, dei meccanicisti □ **meccanicisticamente** *avv.*

meccanicità [mec-ca-ni-ci-tà] *s.f.* carattere di ciò che è meccanico (spec. *fig.*): *la — di un gesto.*

meccanico [mec-cà-ni-co] *agg.* [pl.m. *-ci*] **1** di un meccanismo, di una macchina; che riguarda i meccanismi o le macchine: *guasto —* **2** che si fa con una macchina: *tessitura meccanica* **3** (*fig.*) che viene fatto in modo automatico, senza l'intervento della volontà o dell'intelligenza: *lavoro —* **4** relativo alla meccanica: *leggi meccaniche* ♦ *s.m.* operaio specializzato che provvede alla riparazione e alla manutenzione di macchine: *portare l'automobile dal —* | chi costruisce elementi meccanici per conto di altri: *— dentista* □ **meccanicamente** *avv.* **1** per mezzo di macchine: *lavorazioni svolte —* **2** (*fig.*) senza intervento della volontà o dell'intelligenza: *sorridere —.*

meccanismo [mec-ca-nì-ʃmo] *s.m.* **1** complesso di organi meccanici articolati in modo da trasmettere un movimento: *il — dell'orologio* **2** il modo in cui funziona tale complesso di elementi: *il — del motore a scoppio* **3** (*fig.*) il modo in cui funziona un'organizzazione oppure avviene un processo fisico, psicologico o sociale: *il — della memoria.*

meccanizzare [mec-ca-niʒ-ʒà-re] *v.tr.* **1** introdurre l'uso delle macchine in un'attività che prima si svolgeva in modo manuale: *— l'agricoltura* **2** (*fig.*) far diventare simile a una macchina ♦ **meccanizzarsi** *v.intr.pron.* **1** trasformarsi in seguito all'introduzione delle macchine: *l'agricoltura si è meccanizzata* **2** fornirsi di mezzi di trasporto a motore: *le moderne fanterie si sono meccanizzate.*

meccanizzato [mec-ca-niʒ-ʒà-to] *agg.* **1** che dispone di macchine: *reparto —*, reparto militare dotato di automezzi **2** trasformato dalla diffusione delle macchine; organizzato con meccanica precisione: *società meccanizzata.*

meccanizzazione [mec-ca-niʒ-ʒa-zió-ne] *s.f.* il meccanizzare, il meccanizzarsi, l'essere meccanizzato: *— dell'agricoltura.*

meccano® [mec-cà-no] *s.m.invar.* gioco per ragazzi composto di elementi metallici modulari, che si possono unire tra loro per ottenere costruzioni o macchine in miniatura.

meccano- primo elemento di parole composte, che significa 'macchina' o indica l'impiego di mezzi meccanici (*meccanografia*).

meccanografia [mec-ca-no-gra-fì-a] *s.f.* procedimento meccanico o elettromeccanico di calcolo, selezione e classificazione di dati.

meccanografico [mec-ca-no-grà-fi-co] *agg.* [pl.m. *-ci*] che si riferisce all'elaborazione di dati mediante mezzi meccanici o elettromeccanici: *centro —.*

mecenate [me-ce-nà-te] *s.m.* e *f.* persona munifica che favorisce e protegge le arti e gli artisti.

mecenatismo [me-ce-na-tì-ʃmo] *s.m.* munifica protezione di artisti, tesa a favorire le arti e le lettere: *il — dei principi del Rinascimento.*

mèche [/ mɛʃ /] *s.f.invar.* (*fr.*) ciocca di capelli di colore diverso dal resto della capigliatura.

medaglia [me-dà-glia] *s.f.* **1** dischetto metallico simile a una moneta, che reca figure e iscrizioni, destinato a ricordare una persona o un avvenimento: *— commemorativa* | *il rovescio della —*, (*fig.*) l'altro aspetto di una situazione. DIM. *medaglietta* ACCR. *medaglione* (m.) **2** distintivo in forma di medaglia conferito in segno di onore o premio: *— d'oro al valore militare* | (*estens.*) la persona decorata: *le medaglie d'oro della resistenza.*

medagliere [me-da-gliè-re] *s.m.* raccolta di medaglie o di monete | *il — olimpico dell'Italia*, l'insieme delle medaglie conquistate alle Olimpiadi dagli atleti italiani.

medaglietta [me-da-gliét-ta] *s.f.* piccola medaglia con effigie sacra, che si porta al collo per devozione: *una — di san Francesco.*

medaglione [me-da-glió-ne] *s.m.* **1** gioiello a forma di medaglia che racchiude il ritratto di una persona cara **2** motivo architettonico ornamentale formato da una cornice, circolare od ovale, che racchiude un ritratto **3** breve profilo biografico-critico di un personaggio.

medesimo [me-dé-ʃi-mo] *agg.dimostr.* **1** indica identità rispetto ad altra persona o cosa; stesso: *essere della medesima idea* | rafforzato pleonasticamente da *stesso*: *si tratta della stessa medesima cosa* | con valore rafforzativo si usa dopo i pron. pers.: *me —* **2** uguale per quantità, qualità, grandezza: *hanno il — peso* ♦ *pron.dimostr.* [f. *-a*] la stessa persona.

media¹ [mè-dia] *s.f.* **1** valore intermedio, determinato matematicamente, fra una serie di valori della stessa specie; misura di mezzo tra un minimo e un massimo: *la — delle temperature* | *— aritmetica*, la somma di due o più valori divisa per il numero di essi | *— oraria*, la velocità media sviluppata su un dato percorso in un tempo determinato, espressa in km all'ora | *in —*, calcolando il valore medio **2** nel linguaggio scolastico, la media aritmetica dei voti ottenuti nelle singole materie: *avere la — dell'otto* **3** scuola media inferiore: *frequentare la —.*

media² [/ 'mɛdja /] *s.m.pl.* (*ingl.*) mass media.

mediale [me-dià-le] *agg.* relativo ai mass media.

mediana [me-dià-na] *s.f.* **1** (*geom.*) ciascuna delle rette o dei segmenti che in un triangolo congiungono un vertice con il punto medio del lato opposto **2** (*sport*) nel gioco del calcio, del rugby e sim., lo schieramento dei giocatori di seconda linea, fra i terzini e gli attaccanti.

medianicità [me-dia-ni-ci-tà] *s.f.* carattere proprio dei fenomeni medianici.
medianico [me-dià-ni-co] *agg.* [pl.m. *-ci*] che è proprio di un medium; che avviene per mezzo di un medium: *potere —.*
medianismo [me-dia-nì-ʃmo] *s.m.* l'attività svolta da un medium; l'insieme dei fenomeni medianici.
medianità [me-dia-ni-tà] *s.f.* il potere del medium.
mediano [me-dià-no] *agg.* che è in mezzo ♦ *s.m.* (*sport*) nel calcio, nel rugby e sim., giocatore di seconda linea, che fa da raccordo tra i difensori e gli attaccanti.
mediante [me-diàn-te] *prep.* per mezzo di, con l'aiuto di: *essere assunto — un'agenzia.*
mediare [me-dià-re] *v.tr.* [*io mèdio ecc.*; aus. *essere*] fare da mediatore, da intermediario: *— un accordo.*
mediastino [me-dia-stì-no] *s.m.* (*anat.*) lo spazio compreso fra la colonna vertebrale, lo sterno e i polmoni, che contiene il cuore.
mediato [me-dià-to] *agg.* indiretto, non immediato: *cause mediate e immediate.*
mediatore [me-dia-tó-re] *agg.* [f. *-trice*] che media, che esercita opera di mediazione: *funzione mediatrice* ♦ *s.m.* **1** chi si interpone fra due parti per far loro conseguire un accordo: *fare da —* **2** agente che mette in contatto venditore e compratore ai fini della stipulazione di un contratto: *— d'affari.*
mediazione [me-dia-zió-ne] *s.f.* **1** l'attività, l'azione svolta dal mediatore: *fare opera di —* **2** il compenso che spetta al mediatore.
medicabile [me-di-cà-bi-le] *agg.* che si può medicare (anche *fig.*).
medicamento [me-di-ca-mén-to] *s.m.* ogni sostanza usata a scopo curativo; farmaco.
medicamentoso [me-di-ca-men-tó-so] *agg.* che serve come medicamento, che ha proprietà terapeutiche: *polvere medicamentosa.*
medicare [me-di-cà-re] *v.tr.* [*io mèdico, tu mèdichi ecc.*] curare una lesione esterna con applicazioni di medicamenti, bende ecc.; sottoporre a trattamento terapeutico locale: *— un ferito, una piaga* ♦ **medicarsi** *v.rifl.* farsi una medicazione.
medicazione [me-di-ca-zió-ne] *s.f.* il medicare, il medicarsi, l'essere medicato; l'insieme delle bende e dei medicamenti applicati sulla parte ferita.
medicina [me-di-cì-na] *s.f.* **1** disciplina che studia le malattie e i mezzi per riconoscerle, curarle e prevenirle | *reparto —*, in un ospedale, quello di medicina interna o di medicina generale | *— legale*, quella che tratta problemi medici in rapporto con le scienze giuridiche **2** ogni preparato che serve a curare; farmaco: *prendere la —* **3** (*fig.*) ogni cosa che rappresenta un rimedio a mali fisici o morali: *il tempo è la migliore —* **4** facoltà universitaria che prepara alla professione medica: *iscriversi a —.*
medicinale [me-di-ci-nà-le] *agg.* che è usato in medicina, che ha proprietà curative: *pianta —* ♦ *s.m.* prodotto farmaceutico per la cura delle malattie: *vendita di medicinali.*
medico [mè-di-co] *agg.* [pl.m. *-ci*] **1** che riguarda la medicina: *cure mediche* **2** del medico, relativo ai medici: *certificato —*, rilasciato da un medico ♦ *s.m.* **1** chi pratica la medicina avendo conseguito il titolo accademico e l'abilitazione all'esercizio della professione: *l'ordine dei medici* | *— chirurgo*, titolo di chi ha conseguito la laurea in medicina e chirurgia e l'abilitazione alla professione | *— generico*, non specialista **2** (*fig.*) persona o cosa che può portare rimedio a mali fisici o morali: *— dell'anima.*
medietà [me-die-tà] *s.f.* (*lett.*) carattere di ciò che è medio, intermedio tra due estremi.
medievale [me-die-và-le], o **medioevale**, *agg.* **1** del Medioevo: *storia —* **2** (*fig. spreg.*) retrivo, superato, retrogrado: *mentalità —.*
medievalista [me-die-va-lì-sta], o **medioevalista**, *s.m.* e *f.* [pl.m. *-sti*] medievista.
medievalistica [me-die-va-lì-sti-ca], o **medioevalistica**, *s.f.* l'insieme delle discipline filologico-storiche che studiano la civiltà medievale.
medievista [me-die-vì-sta] *s.m.* e *f.* [pl.m. *-sti*] studioso della civiltà medievale.
medio [mè-dio] *agg.* **1** che è nel mezzo tra due estremi; che si trova a metà tra il massimo e il minimo: *statura media* | *dito —*, il terzo dito della mano | *scuola media*, quella che segue le elementari (*inferiore*) e precede l'università (*superiore*) | *pesi medi*, (*sport*) una delle categorie in cui sono divisi, in base al peso, i pugili, i lottatori e i sollevatori di pesi | *onde medie*, in radiofonia, quelle la cui lunghezza d'onda è compresa tra i 200 e i 545 m | *termini medi*, (*mat.*) in una proporzione, il primo divisore e il secondo dividendo | *verbo —*, (*ling.*) in alcune lingue, coniugazione verbale che sta fra l'attivo e il passivo ed esprime l'azione che l'agente esercita per sé o su sé stesso **2** che è ottenuto facendo la media tra diverse grandezze: *temperatura media* ♦ *s.m.* (*sport*) pugile, lottatore o sollevatore di pesi appartenente alla categoria dei pesi medi □ **mediamente** *avv.* in media.
mediocre [me-diò-cre] *agg.* **1** che è inferiore alla media, alla norma; piccolo, scarso, basso: *guadagno —* **2** di scarse doti, di limitate capacità; di poco pregio: *attore —* ♦ *s.m.* e *f.* persona di limitate capacità e qualità: *la massa dei mediocri* □ **mediocremente** *avv.*
mediocrità [me-dio-cri-tà] *s.f.* **1** condizione di ciò che si trova a uguale distanza fra due estremi **2** l'essere mediocre, di scarse doti e capacità: *uscire dalla —* **3** si dice di persona mediocre: *essere una —.*
medioevale e *deriv.* → **medievale** e *deriv.*
medioevo [me-dio-è-vo] *s.m.* epoca storica compresa tra l'età antica e l'età moderna, i cui termini sono fissati convenzionalmente tra il 476 (caduta dell'Impero Romano d'Occidente) e il 1492 (scoperta dell'America): *alto, basso —*, prima o dopo l'anno 1000.

mediolatino [me-dio-la-tì-no] *agg.* della cultura latina medievale; del latino medievale ♦ *s.m.* il latino medievale, cioè la lingua latina parlata o scritta nel Medioevo.
medioleggero [me-dio-leg-gè-ro] *agg.* e *s.m.* (*sport*) si dice di una delle categorie in cui sono divisi secondo il peso i pugili, i lottatori e i sollevatori di pesi | atleta appartenente a tale categoria.
mediologia [me-dio-lo-gì-a] *s.f.* studio dei mezzi di comunicazione di massa.
mediologo [me-diò-lo-go] *s.m.* [pl. *-gi*] studioso dei mezzi di comunicazione di massa.
mediomassimo [me-dio-màs-si-mo] *agg.* e *s.m.* (*sport*) si dice di una delle categorie in cui sono divisi secondo il peso i pugilatori, i lottatori e i sollevatori di pesi | atleta appartenente a tale categoria.
mediopalatale [me-dio-pa-la-tà-le] *agg.* (*ling.*) si dice di fonema articolato nella parte centrale del palato: *consonante —*.
mediopassivo [me-dio-pas-sì-vo] *agg.* (*ling.*) si dice di forma verbale che ha coniugazione passiva e significato sia passivo sia medio.
mediorientale [me-dio-rien-tà-le] *agg.* relativo al Medio Oriente.
meditabondo [me-di-ta-bón-do] *agg.* che sta assorto in meditazione; che ha l'aspetto di chi medita: *espressione meditabonda*.
meditare [me-di-tà-re] *v.tr.* [*io mèdito ecc.*] **1** considerare attentamente e a lungo un'idea, un problema: *— un passo della Bibbia* **2** preparare nella mente qlco. che si vuole realizzare; progettare: *— la fuga* ♦ *v.intr.* [aus. *avere*] **1** soffermarsi a lungo su una dottrina, un argomento, uno scritto; raccogliersi in sé stessi: *— sul significato della vita* **2** (*assol.*) riflettere: *ritirarsi a —*.
meditativo [me-di-ta-tì-vo] *agg.* portato a meditare; dedito alla meditazione: *carattere —*.
meditato [me-di-tà-to] *agg.* che è stato ben ponderato, che è frutto di seria meditazione: *un parere —* □ **meditatamente** *avv.*
meditazione [me-di-ta-zió-ne] *s.f.* **1** il meditare: *sprofondare nella —* **2** (*relig.*) raccoglimento dello spirito intorno alle verità della fede **3** scritto religioso o filosofico che intende suscitare riflessione su un argomento.
mediterraneo [me-di-ter-rà-ne-o] *agg.* **1** si dice di mare quasi completamente circondato da terre | *mar Mediterraneo*, per antonomasia, il mare tra Europa, Asia e Africa **2** delle terre bagnate dal mar Mediterraneo: *popoli mediterranei* | *anemia mediterranea*, (*med.*) talassemia.
medium[1] [mè-dium] *s.m.* e *f.invar.* persona dotata di poteri paranormali, che sarebbe in grado di comunicare con gli spiriti dei defunti.
medium[2] [/ 'midjum /] *agg.invar.* (*ingl.*) nel linguaggio commerciale, si dice di capo d'abbigliamento di taglia media.
medusa [me-dù-ʃa] *s.f.* animale marino dei celenterati, con corpo gelatinoso a forma di ombrello, orlato da una frangia di filamenti urticanti.
meeting [/ 'mitiŋ /] *s.m.invar.* (*ingl.*) **1** convegno, congresso **2** raduno sportivo: *un — di atletica leggera*.
meeting point [/ 'mitiŋ'pɔint /] *loc.sost.m. invar.* (*ingl.*) luogo di incontro di più persone che devono partecipare a un'attività comune.
mefistofelico [me-fi-sto-fè-li-co] *agg.* [pl.m. *-ci*] di Mefistofele, il diavolo della leggenda tedesca di Faust | (*estens.*) diabolico, maligno: *riso —* □ **mefistofelicamente** *avv.*
mefitico [me-fì-ti-co] *agg.* [pl.m. *-ci*] **1** fetido, irrespirabile, malsano: *aria mefitica* **2** (*fig.*) moralmente corrotto: *un ambiente —*.
mega- primo elemento di parole composte, che significa 'grande, grosso' (*megalite*) o indica eccessivo sviluppo (*megacolon*); anteposto a un'unità di misura ne moltiplica il valore per 10^6 (*megahertz*).
megabyte [me-ga-by-te; / mega'bait /] *s.m. invar.* (*inform.*) unità di misura della memoria di massa pari a 1.048.576 byte.
megacolon [me-ga-cò-lon] *s.m.invar.* (*med.*) dilatazione patologica del colon.
megaconcerto [me-ga-con-cèr-to] *s.m.* concerto di musica leggera caratterizzato da grande spettacolarità e presenza di numerosissimo pubblico.
megafono [me-gà-fo-no] *s.m.* strumento acustico elementare, costituito da un tubo troncoconico di lamiera che concentra e amplifica la voce.
megagalattico [me-ga-ga-làt-ti-co] *agg.* [pl.m. *-ci*] nel linguaggio della fantascienza, si dice di ciò che ha una grandezza rapportabile a quella delle maggiori galassie | (*scherz.*) altissimo, eccelso, in una scala gerarchica o sociale.
megahertz [me-ga-hertz; / mega'ɛrts /] *s.m. invar.* (*fis.*) unità di misura di frequenza, pari a 1 milione di hertz.
-megalia secondo elemento di parole composte del linguaggio medico, che indica aumento di volume, grandezza eccessiva (*epatomegalia*).
megalite [me-ga-lì-te] *s.m.* (*archeol.*) monumento preistorico caratteristico dell'età del rame e del bronzo, formato da grandi blocchi di pietra.
megalitico [me-ga-lì-ti-co] *agg.* [pl.m. *-ci*] relativo ai megaliti; che costituisce un megalite: *monumento —*.
megalo- primo elemento di parole composte, che significa 'grande, grandezza' (*megalomania*).
megalomane [me-ga-lò-ma-ne] *agg.* e *s.m.* e *f.* che/chi è affetto da megalomania.
megalomania [me-ga-lo-ma-nì-a] *s.f.* mania di grandezza; tendenza a fare le cose in grande, a presumere esageratamente delle proprie capacità.
megalopoli [me-ga-lò-po-li] *s.f.* grande metropoli.
megaohm [me-ga-ohm; / mega'ɔm /] *s.m.invar.* (*elettr.*) unità di misura della resistenza elettrica, pari a 1 milione di ohm.
megatermo [me-ga-tèr-mo] *agg.* (*bot.*) si dice di

pianta che per vegetare richiede temperatura elevata.

megaton [mè-ga-ton], o **megatone** [me-ga-tó-ne], *s.m.* (*fis.*) unità di misura della potenza delle esplosioni nucleari; è pari alla potenza di 1 milione di tonnellate di tritolo.

megavolt [me-ga-vòlt] *s.m.invar.* (*fis.*) unità di tensione elettrica pari a 1 milione di volt.

megawatt [me-ga-watt; / mega'vat /] *s.m.invar.* unità di misura della potenza elettrica pari a 1 milione di watt.

megera [me-gè-ra] *s.f.* **1** donna brutta, maligna, di carattere perfido e litigioso: *una vecchia* — **2** farfalla dalle ali giallo-rossastre, macchiettate di nero.

meglio [mè-glio] *avv.* [compar. di *bene*] in modo migliore: *riflettere* — | *star* —, trovarsi in condizioni migliori o più soddisfacenti; riferito a cose, essere più adatto: *quel colore le sta* — | *andar* —, procedere in modo migliore o più soddisfacente | *andare di bene in* —, migliorare sempre più | *cambiare in* —, migliorare ♦ *agg.compar.invar.* migliore, preferibile: *essere*, *sembrare* —; *non avere di* — | con valore di agg. neutro: *è* — *non parlare*; — *così!* | con ellissi del nome: *la* — *delle tre*, (*fam.*) la migliore; *avere la* —, (*fig.*) riuscire a prevalere; *alla bell'e* —, non bene, in qualche modo ♦ *s.m.invar.* la cosa o la parte migliore: *lasciare il* — | *fare del proprio* —, tutto ciò che è possibile | *per il* —, nel modo migliore: *le cose vanno per il* — | *nel* — *di qlco.*, (*fam.*) nel momento migliore | *al* —, al massimo: *battersi al* — *delle proprie possibilità.*

meiosi [me-iò-ʃi] *s.f.* (*biol.*) processo di divisione del nucleo che determina nelle cellule germinali la riduzione a metà del numero di cromosomi.

mela [mé-la] *s.f.* **1** il frutto del melo | *bianco e rosso come una* —, (*fam.*) si dice di viso florido, colorito **2** oggetto a forma di mela: *la* — *dell'annaffiatoio* **3** *pl.* (*fig.*) guance carnose e rosse ♦ *agg.invar.* si dice di una tonalità chiara di verde.

melagrana [me-la-grà-na] *s.f.* [pl. *melagrane*] frutto del melograno, costituito da numerosissimi grani rosso rubino agrodolci contenuti in un involucro sferico coriaceo.

mélange [/ me'lanʒ /] *s.m.* (*fr.*) **1** mescolanza di colori **2** filato costituito da fibre di vari colori.

melangola [me-làn-go-la] *s.f.* frutto del melangolo.

melangolo [me-làn-go-lo] *s.m.* albero tropicale, simile all'arancio, con frutti di sapore amaro.

melanico [me-là-ni-co] *agg.* [pl.m. *-ci*] di colore nero o scuro | *cellule melaniche*, (*biol.*) contenenti melanina.

melanina [me-la-nì-na] *s.f.* (*chim.*, *biol.*) pigmento bruno-nerastro presente nell'epidermide, nei capelli, nei peli e nella retina.

melanismo [me-la-nì-ʃmo] *s.m.* (*biol.*) eccesso di pigmentazione che scurisce il mantello dei mammiferi e il piumaggio degli uccelli.

melanite [me-la-nì-te] *s.f.* (*min.*) varietà scura di granato.

melano- primo elemento di parole composte del linguaggio scientifico, che significa 'nero, colorazione scura' (*melanodermia*).

melanodermia [me-la-no-der-mì-a] *s.f.* (*med.*) aumento abnorme della pigmentazione cutanea.

melanoma [me-la-nò-ma] *s.m.* [pl. *-mi*] (*med.*) tumore della cute derivato da cellule ricche di melanina.

melanosi [me-la-nò-ʃi] *s.f.* (*med.*) aumento patologico della pigmentazione della cute, delle mucose o di altri tessuti.

melanzana [me-lan-ʒà-na] *s.f.* **1** pianta erbacea coltivata per i frutti commestibili di forma oblunga od ovoidale, con buccia violacea lucente e polpa amarognola **2** il frutto stesso: *melanzane alla parmigiana.*

melarancia [me-la-ràn-cia] *s.f.* [pl. *melarance*] il frutto del melarancio.

melarancio [me-la-ràn-cio] *s.m.* varietà di arancio con frutti agrodolci.

melario [me-là-rio] *s.m.* negli alveari, la parte dell'arnia in cui le api depositano il miele.

melassa [me-làs-sa] *s.f.* liquido sciropposo che è un prodotto secondario dell'estrazione dello zucchero; si impiega nella preparazione dell'alcol etilico.

melato [me-là-to], o mielato, *agg.* **1** addolcito con miele **2** (*fig.*) dolce come il miele; affettatamente garbato e gentile: *parole melate.*

melchita [mel-chì-ta] *s.m.* e *f.* [pl.m. *-ti*] cattolico di rito bizantino e di lingua araba.

meleagridi [me-le-à-gri-di] *s.m.pl.* (*zool.*) famiglia di uccelli galliformi, a cui appartiene il tacchino.

meleagrina [me-le-a-grì-na] *s.f.* mollusco dei mari caldi, con conchiglia a due valve semicircolari spesse e verdastre; è il principale produttore di perle e madreperla.

melensaggine [me-len-sàg-gi-ne] *s.f.* l'essere melenso | atto, discorso da persona melensa.

melenso [me-lèn-so] *agg.* **1** che è tardo nell'intendere e nel muoversi; goffo e inerte nell'aspetto: *persona melensa* **2** scipito, insulso: *parole melense* □ **melensamente** *avv.*

meleto [me-lé-to] *s.m.* terreno piantato a meli.

-melia secondo elemento di parole composte della terminologia medica, che indica anomalie congenite degli arti (*macromelia*).

meliacee [me-lià-ce-e] *s.f.pl.* (*bot.*) famiglia di piante dicotiledoni tropicali, comprendente specie produttrici di legname pregiato (*p.e.* il mogano).

melica [mè-li-ca] *s.f.* presso gli antichi Greci e in altre letterature più recenti, la poesia lirica composta per il canto: — *corale.*

melico [mè-li-co] *agg.* [pl.m. *-ci*] si dice di poesia destinata al canto; anche, di autore di tale poesia: *poeta* — ♦ *s.m.* poeta melico: *i melici greci.*

meliga [mè-li-ga] *s.f.* saggina.

melina [me-lì-na] *s.f.* (*gerg.*) nel calcio e nella pallacanestro, azione ostruzionistica che consiste nel trattenere a lungo la palla per impedire agli

avversari di giocarla e mantenere così il risultato: *far* —.
melisma [me-lì-ʃma] *s.m.* [pl. *-ʃmi*] (*mus.*) nella musica vocale, ornamentazione melodica costituita dall'esecuzione di più note su una sola sillaba del testo.
melissa [me-lìs-sa] *s.f.* pianta erbacea con fiori bianchi profumati e foglie ovali, usate in farmacia per le loro proprietà stimolanti e antispasmodiche; cedronella, limoncina.
mellifero [mel-lì-fe-ro] *agg.* (*lett.*) portatore, produttore di miele: *api mellifere.*
mellificare [mel-li-fi-cà-re] *v.intr.* [*io mellìfico, tu mellìfichi ecc.*; aus. *avere*] produrre il miele, detto delle api.
mellificazione [mel-li-fi-ca-zió-ne] *s.f.* la produzione di miele da parte delle api.
mellifluità [mel-li-flu-i-tà] *s.f.* l'essere mellifluo.
mellifluo [mel-lì-flu-o] *agg.* **1** (*lett.*) da cui fluisce miele; stillante miele **2** (*fig.*) di una dolcezza affettata, insincera: *parole melliflue* □ **mellifluamente** *avv.*
mellito [mel-lì-to] *agg.* (*med.*) si dice del diabete dovuto a insufficienza insulinica ♦ *s.m.* (*farm.*) medicinale liquido dolcificato con miele.
melma [mél-ma] *s.f.* **1** terra intrisa d'acqua, molle e appiccicosa, che si deposita sul fondo di fiumi e paludi o viene lasciata dalle piene; fanghiglia, limo **2** (*fig.*) abiezione, sozzura morale: *la — del vizio.*
melmosità [mel-mo-si-tà] *s.f.* l'essere melmoso; stato di un terreno coperto di melma.
melmoso [mel-mó-so] *agg.* pieno di melma, coperto di melma: *terreno* —.
melo [mé-lo] *s.m.* albero con rami lucidi rossobruni, fiori bianchi e foglie ovali seghettate; produce frutti commestibili di forma tondeggiante.
melo- primo elemento di parole composte, che significa 'canto, melodia, musica' (*melodramma*).
melodia [me-lo-dì-a] *s.f.* **1** (*mus.*) successione di suoni avente senso musicale compiuto **2** composizione musicale basata su una frase semplice e orecchiabile: — *popolare* **3** (*estens.*) dolcezza, armonia di voci, di suoni: *la — del canto degli uccelli.*
melodica [me-lò-di-ca] *s.f.* strumento musicale ad ance libere, di uso prevalentemente didattico, che viene imboccato come un flauto diritto e si suona mediante una tastiera.
melodico [me-lò-di-co] *agg.* [pl.m. *-ci*] di melodia, che ha carattere di melodia: *andamento* — □ **melodicamente** *avv.*
melodioso [me-lo-dió-so] *agg.* che ha il carattere di una melodia | (*estens.*) che ha suono dolce, soave: *voce melodiosa* □ **melodiosamente** *avv.*
melodramma [me-lo-dràm-ma] *s.m.* [pl. *-mi*] composizione drammatica in versi, musicata e cantata; opera lirica: *i melodrammi verdiani.*
melodrammatico [me-lo-dram-mà-ti-co] *agg.* [pl.m. *-ci*] **1** proprio del melodramma **2** (*estens.*) esagerato, enfatico, teatrale: *tono* — □ **melodrammaticamente** *avv.*
melograno [me-lo-grà-no] *s.m.* [pl. *melograni*] arbusto con fiori rossi e foglie ovali, coltivato per i frutti commestibili (melagrane).
melologo [me-lò-lo-go] *s.m.* [pl. *-ghi*] declamazione di un testo letterario con accompagnamento musicale.
melomane [me-lò-ma-ne] *s.m.* e *f.* persona molto appassionata di musica.
melomania [me-lo-ma-nì-a] *s.f.* passione straordinaria per la musica.
melone [me-ló-ne] *s.m.* pianta erbacea con foglie lobate e fusto strisciante, coltivata nelle regioni temperate per i frutti commestibili | il frutto della pianta, sferico od ovoidale, con polpa dolce e profumata. DIM. *meloncino.*
melos [mè-los] *s.m.* (*lett.*) melodia, canto.
membrana [mem-brà-na] *s.f.* **1** (*anat.*) strato sottile di tessuto che avvolge un organo o chiude cavità: — *del timpano* **2** (*biol.*) strato di molecole che avvolge la cellula o il suo nucleo: — *cellulare* **3** pergamena, cartapecora | pelle tesa sui tamburi e altri strumenti a percussione **4** sottile lamina metallica di apparecchi elettroacustici **5** (*tecn.*) sottilissima struttura elastica inserita in strumenti, dispositivi idraulici ecc.
membranaceo [mem-bra-nà-ce-o] *agg.* formato da una membrana; simile a una membrana: *organo* — | *codice* —, volume formato di fogli di pergamena.
membraniforme [mem-bra-ni-fór-me] *agg.* che ha forma e aspetto di membrana.
membranofono [mem-bra-nò-fo-no] *s.m.* ciascuno degli strumenti musicali il cui suono è dato dalla percussione di una pelle tesa sopra una cassa di risonanza.
membranoso [mem-bra-nó-so] *agg.* formato da una o più membrane; simile a membrana: *rivestimento* —.
membratura [mem-bra-tù-ra] *s.f.* **1** forma e disposizione delle membra considerate nel loro insieme: — *robusta* **2** (*arch.*) elemento o insieme di elementi che costituisce un'unità strutturale o decorativa (*p.e.* la trabeazione).
membro [mèm-bro] *s.m.* [pl. *i membri*; *le membra*, del corpo umano considerate collettivamente] **1** ciascuna delle parti in cui si articola il corpo umano | — *virile*, il pene **2** (*fig.*) ciascuna delle persone che formano un gruppo, una collettività, un'associazione: *i membri della commissione* **3** (*mat.*) ciascuna parte di un'uguaglianza o di un'equazione **4** (*gramm.*) parte compiuta di un periodo **5** (*arch.*) membratura.
memorabile [me-mo-rà-bi-le] *agg.* si dice di cosa o fatto straordinario, degno di essere ricordato: *un'impresa* — □ **memorabilmente** *avv.*
memorando [me-mo-ràn-do] *agg.* (*lett.*) che deve essere ricordato; memorabile.
memorandum [/ memo'randum /] *s.m.invar.* **1** documento in cui sono ricordati per sommi capi i termini di una questione: — *diplomatico* **2**

libriccino in cui si annotano le cose da ricordare.
memore [mè-mo-re] *agg.* (*lett.*) che conserva il ricordo di un'esperienza, di un fatto: — *dei benefici ricevuti.*
memoria [me-mò-ria] *s.f.* 1 facoltà della mente di conservare e richiamare alla coscienza nozioni ed esperienze del passato: *perdere la* — | *rinfrescare la — a qlcu.*, ricordargli qlco. di cui si è dimenticato | *imparare a* —, apprendere un testo in modo tale da poterlo ripetere esattamente | — *visiva*, che ritiene in mente le cose così come si sono presentate alla vista | *a — d'uomo*, dai tempi più lontani di cui si abbia ricordo 2 idea o immagine di cose, fatti o persone che si conserva nella mente: *la — del passato* | *in — di*, in ricordo di una persona o di un fatto 3 ciò che fa rivivere nell'animo il passato; testimonianza, ricordo: *una raccolta di memorie garibaldine* 4 *pl.* scritto autobiografico in cui si rievocano vicende vissute: *un libro di memorie* 5 breve dissertazione su un argomento circoscritto: *una — scientifica* | breve scritto in cui si ricapitola una questione e si espongono le proprie ragioni: *consegnare una — al giudice* 6 (*inform.*) dispositivo o insieme di dispositivi per l'immagazzinamento dei dati in un elaboratore elettronico: — *principale*, quella dell'unità centrale di calcolo.
memorial [/ me'mɔrial /] *s.m.invar.* (*ingl.*) 1 riunione sportiva o manifestazione artistica organizzata in memoria di un personaggio famoso 2 complesso monumentale commemorativo di un personaggio scomparso o di un avvenimento importante.
memoriale [me-mo-rià-le] *s.m.* 1 narrazione di fatti degni di memoria, che l'autore conosce direttamente 2 scritto in cui si presenta una richiesta o si giustifica la propria condotta.
memorialista [me-mo-ria-lì-sta] *s.m.* e *f.* [pl.m. *-sti*] scrittore di un libro di memorie: *un — dell'Ottocento.*
memorialistica [me-mo-ria-lì-sti-ca] *s.f.* il genere letterario delle memorie e dei memoriali.
memorialistico [me-mo-ria-lì-sti-co] *agg.* [pl.m. *-ci*] relativo alla memorialistica, ai memorialisti.
memorizzare [me-mo-riʒ-ʒà-re] *v.tr.* 1 imprimere, fissare nella memoria 2 (*inform.*) registrare informazioni e dati nella memoria di un elaboratore elettronico.
memorizzazione [me-mo-riʒ-ʒa-zió-ne] *s.f.* il memorizzare, l'essere memorizzato.
menabò [me-na-bò] *s.m.* (*tip.*) schema di lavoro di un progetto grafico o di un lavoro a stampa, con l'indicazione degli spazi destinati ai testi e alle illustrazioni.
menade [mè-na-de] *s.f.* (*lett.*) baccante.
menadito [me-na-dì-to] solo nella loc. avv. *a* —, esattamente, benissimo: *conoscere qlco. a* —.
ménage [/ me'naʒ /] *s.m.invar.* (*fr.*) andamento della vita coniugale o familiare: *un — sereno* | l'amministrazione della vita familiare: *un — dispendioso.*
menagramo [me-na-grà-mo] *s.m.* e *f. invar.* (*region.*) iettatore.
menaide [me-nài-de] *s.f.* (*mar.*) rete rettangolare usata per la pesca di sardine e di acciughe, che viene immersa verticalmente e resta sospesa nell'acqua grazie all'azione combinata di galleggianti e di piombi.
menarca [me-nàr-ca] *s.m.* [pl. *-chi*] (*med.*) inizio nella donna dell'attività ovarica, che si manifesta con la comparsa della prima mestruazione.
menare [me-nà-re] *v.tr.* [*io méno ecc.*] 1 condurre, portare: — *il cavallo per la cavezza* | — *il can per l'aia*, (*fig.*) rinviare la conclusione di qlco. | — *qlco. per le lunghe*, (*fig.*) rinviarla nel tempo | — *qlcu. per il naso*, (*fig.*) prenderlo in giro 2 trascorrere, vivere: — *un'esistenza modesta* 3 muovere rapidamente, agitare: — *la coda*, scodinzolare | — *le mani*, picchiare 4 assestare, dare con forza: — *un ceffone* 5 (*fam.*) picchiare: *se non la smetti, ti meno* ♦ **menarsi** *v.rifl.rec.* (*fam.*) picchiarsi: — *di santa ragione.*
menata [me-nà-ta] *s.f.* (*fam.*) bastonatura.
menda [mèn-da] *s.f.* (*lett.*) difetto, manchevolezza.
mendace [men-dà-ce] *agg.* (*lett.*) che dice menzogne; che contiene menzogne; falso, bugiardo: *promesse mendaci* □ **mendacemente** *avv.*
mendacità [men-da-ci-tà] *s.f.* (*lett.*) l'essere mendace.
mendelevio [men-de-lè-vio] *s.m.* (*chim.*) elemento transuranico radioattivo artificiale, di simbolo *Md.*
mendicante [men-di-càn-te] *agg.* e *s.m.* e *f.* che/chi chiede l'elemosina; che/chi vive di elemosina.
mendicare [men-di-cà-re] *v.tr.* [*io méndico, tu méndichi ecc.*] 1 chiedere per elemosina qlco.: — *un tozzo di pane* | (*assol.*) chiedere l'elemosina: *essere costretto a* — 2 (*estens.*) chiedere con insistenza; invocare quasi come un'elemosina: — *un aiuto.*
mendicità [men-di-ci-tà] *s.f.* condizione di chi vive mendicando.
mendico [men-dì-co] *agg.* e *s.m.* [pl.m. *-chi*] (*lett.*) si dice di persona molto povera, costretta a mendicare per vivere.
menefreghismo [me-ne-fre-ghì-ʃmo] *s.m.* ostentata noncuranza degli altri o, anche, dei propri doveri.
menefreghista [me-ne-fre-ghì-sta] *agg.* e *s.m.* e *f.* [pl.m. *-sti*] che/chi dà prova di menefreghismo.
meneghino [me-ne-ghì-no] *agg.* (*fam.*) milanese, con riferimento agli aspetti più tradizionali della città.
menestrello [me-ne-strèl-lo] *s.m.* 1 nel Medioevo, giullare che componeva e cantava poesie e canzoni nelle corti feudali 2 (*scherz.*) chi canta canzoni e serenate.
menhir [mèn-hir *o* menhìr] *s.m.invar.* (*archeol.*) monumento preistorico comune all'Europa occidentale e all'Africa settentrionale, costituito da

una grande pietra di forma allungata infissa verticalmente in terra.

meninge [me-nìn-ge] *s.f.* (*anat.*) ciascuna delle tre membrane che avvolgono l'encefalo e il midollo spinale | *spremersi le meningi*, (*fig. fam.*) concentrarsi, fare uno sforzo per capire.

meningeo [me-nin-gè-o *o* menìngeo] *agg.* (*anat.*) delle meningi, che si riferisce alle meningi: *vasi meningei*.

meningite [me-nin-gì-te] *s.f.* (*med.*) processo infiammatorio che colpisce le meningi: — *virale*.

meningo- primo elemento di parole composte della terminologia medica, che significa 'meninge' (*meningococco*).

meningococco [me-nin-go-còc-co] *s.m.* [pl. *-chi*] (*med.*) agente patogeno della meningite.

menisco [me-nì-sco] *s.m.* [pl. *-schi*] **1** (*anat.*) diaframma fibro-cartilagineo frapposto tra le superfici contigue di alcune articolazioni: *i menischi del ginocchio* **2** lente convessa da una parte e concava dall'altra **3** (*fis.*) forma concava o convessa assunta dalla superficie di un liquido in un tubo di piccola sezione.

meno [mé-no] *avv.* [*compar.* di *poco*] **1** in minor quantità, grado o misura: *una strada — lunga*; *lavorare —*; *chi ha più e chi —* | contribuisce a formare il comparativo e il superlativo di minoranza: *l'argento è — prezioso dell'oro*; *la spiegazione — convincente di tutte* | con valore di *no*: *non so se verrà o —* | *più o —*, all'incirca | *men che —*, *— che mai*, ancor meno | *né più né —*, per l'appunto, proprio: *le cose sono andate né più né — così* | *— male*, esprime il sollievo di constatare che le cose sono andate meglio di come si temeva | *quanto —*, almeno, per lo meno: *scrivere o quanto — telefonare* | *senza —*, (*region.*) certamente: *lo farà senza —* | *a — che*, *a — di*, eccetto che, sempre che, salvo che: *verrò, a — che non piova* | *niente —* (o *nientemeno*), addirittura: *voleva, niente —, che gli prestassi un milione!* | *per lo —* (o *perlomeno*), a dir poco; almeno | *essere da —*, essere inferiore | *fare a — di qlcu., di qlco.* privarsene, fare senza | *venir —*, mancare, venire a cessare; detto di persona, svenire **2** indica la sottrazione, la differenza: *dieci — due è uguale a otto*; *sono le sette — dieci* | nelle misurazioni di temperatura, indica i gradi al di sotto dello zero: *il termometro segna — tre* | *in —*, *di —*, in quantità minore rispetto all'aspettativa: *mi ha dato mille lire in —* | *uno più uno —*, per indicare un'approssimazione che non incide sostanzialmente sull'insieme: *giorno più giorno —* ♦ *agg.compar. invar.* minore; in minor numero, in quantità minore: *impiegare — tempo*; *c'era — gente* | *in men che non si dica*, molto rapidamente, in un attimo ♦ *prep.* fuorché, tranne, eccetto: *c'erano tutti — loro*; *è aperto tutti i giorni, — la domenica* ♦ *s.m.invar.* **1** la minor cosa: *è il — che gli potesse capitare*, il minor danno, il minor male | *parlare del più e del —*, di cose poco importanti **2** in matematica, la lineetta che è simbolo di sottrazione o di quantità negativa: *il segno del —* **3** *pl.* riferito a persone, la minoranza: *coloro che firmarono furono i —*.

meno- primo elemento di parole composte della terminologia medica, che significa 'mestruazione' (*menopausa*).

menomare [me-no-mà-re] *v.tr.* [*io mènomo ecc.*] danneggiare fisicamente o moralmente: *un incidente lo ha menomato*.

menomato [me-no-mà-to] *agg.* e *s.m.* [f. *-a*] che/chi ha subito una menomazione fisica.

menomazione [me-no-ma-zió-ne] *s.f.* il menomare, l'essere menomato; danno fisico o morale: *subire una —*.

menopausa [me-no-pàu-ʃa] *s.f.* nella donna, cessazione definitiva delle mestruazioni.

menorragia [me-nor-ra-gì-a] *s.f.* (*med.*) aumento eccessivo del flusso mestruale.

menorrea [me-nor-rè-a] *s.f.* (*med.*) menorragia.

menostasi [me-no-stà-ʃi], o **menostasia**, *s.f.* (*med.*) cessazione delle mestruazioni per cause patologiche.

mensa [mèn-sa] *s.f.* **1** tavola a cui ci si siede per mangiare: *imbandire la —* **2** l'insieme delle vivande che si consumano a tavola, con riferimento alla loro qualità o quantità: *— frugale* **3** organizzazione che allestisce i pasti per i membri di una comunità; il locale dove si prendono tali pasti: *— aziendale* **4** (*lit.*) altare, piano dell'altare.

mensile [men-sì-le] *agg.* **1** del mese; che avviene o ricorre ogni mese: *salario —* **2** che dura un mese: *abbonamento —* ♦ *s.m.* **1** somma, stipendio che si riscuote ogni mese: *percepire un buon —* **2** periodico che si pubblica ogni mese □ **mensilmente** *avv.* ogni mese: *essere pagato —*.

mensilità [men-si-li-tà] *s.f.* **1** l'essere mensile; periodicità mensile **2** somma corrisposta ogni mese; stipendio mensile: *tredicesima —*, stipendio aggiuntivo che i lavoratori dipendenti ricevono in dicembre.

mensola [mèn-so-la] *s.f.* **1** elemento architettonico incorporato in muri o in pilastri per sostenere una struttura aggettante o una parte di edificio **2** asse di legno o lastra di materiale rigido fissata orizzontalmente a una parete, usata come piano d'appoggio **3** sostegno metallico per linee elettriche o telefoniche fissato sul muro di un edificio **4** la parte superiore dell'arpa, a cui si attaccano le corde mediante cavicchi.

menta [mén-ta] *s.f.* **1** genere di piante erbacee aromatiche con foglie ovate e seghettate e piccoli fiori in spighe **2** (*estens.*) liquore, bibita, caramella a base di menta: *bere una —*.

mentale [men-tà-le] *agg.* **1** della mente: *facoltà —* **2** fatto con la mente, non espresso a voce o per iscritto: *calcolo —* | *riserva —*, restrizione che si fa mentalmente, tra sé e sé, del senso delle parole che si pronunziano □ **mentalmente** *avv.* dal punto di vista mentale: *essere affaticato —* | con la mente: *pregare —*.

mentalità [men-ta-li-tà] *s.f.* struttura mentale di un individuo; modo particolare di considerare le cose: — *ristretta* | l'insieme degli atteggiamenti, delle tendenze, delle opinioni di un gruppo etnico o sociale: *la — dei popoli latini.*

mente [mén-te] *s.f.* **1** l'insieme delle facoltà intellettive che permettono all'uomo di conoscere la realtà, di pensare e di giudicare: *ragionare con la — e non col cuore* | *a — fresca*, quando è ricca di energie dopo il riposo | *malato di* —, chi presenta alterazioni delle facoltà mentali **2** la sede in cui l'attività del pensiero ha luogo; testa, capo: *che cosa ti salta in —?* **3** particolare attitudine, inclinazione mentale: *avere una — calcolatrice* **4** intelligenza, capacità intellettiva: — *acuta* | *uscire di* —, perdere la ragione **5** il pensiero, l'attenzione: *essere altrove con la —* | *fare — locale*, accentrare il proprio pensiero intorno a una data cosa | volontà, intenzione: *avere in — una cosa*, avere intenzione di farla; *levarsi qlco. dalla* —, dissuadersi da un proposito **6** memoria: *tenere a* —, ricordare | *uscire di* —, dimenticarsi **7** il complesso delle idee, delle cognizioni di una persona; anche, la persona fornita di determinate qualità: *educare la* —; *una — geniale* | *il braccio e la* —, chi esegue materialmente un'impresa e chi la dirige.

-mente suffisso che forma la maggior parte degli avverbi di modo derivati da aggettivi qualificativi (*felicemente, prudentemente*).

mentecatto [men-te-càt-to] *agg.* e *s.m.* [f. *-a*] infermo di mente: *un povero —!*

mentina [men-tì-na] *s.f.* pasticca aromatizzata alla menta.

mentire [men-tì-re] *v.intr.* [*io mènto* o *ménto ecc.* (anche *io mentìsco, tu mentìsci ecc.*); aus. *avere*] affermare il falso consapevolmente: — *spudoratamente* | (*estens.*) riferito a cosa, essere ingannevole, falso: *i suoi occhi non mentono.*

mentito [men-tì-to] *agg.* falso, finto: *sotto mentite spoglie*, con aspetto camuffato □ **mentitamente** *avv.*

mentitore [men-ti-tó-re] *agg.* e *s.m.* [f. *-trice*] che/chi mente; bugiardo: *è un —.*

mento [mén-to] *s.m.* la parte del viso al di sotto del labbro inferiore: — *lungo* | *doppio* —, pappagorgia.

-mento suffisso presente in sostantivi indicanti azione, risultato, effetto (*cambiamento, nutrimento*).

mentolo [men-tò-lo] *s.m.* (*chim.*) alcol presente nell'olio essenziale di menta; è usato in farmacia e in profumeria.

mentoniera [men-to-niè-ra] *s.f.* accessorio del violino e della viola che si applica alla base dello strumento e serve per appoggiarvi il mento.

mentore [mèn-to-re] *s.m.* (*lett.*) consigliere fidato, guida saggia, precettore.

mentre [mén-tre] *cong.* **1** nel tempo in cui; nel momento in cui; intanto che: *accadde — dormivo* **2** e invece: *si lamenta — dovrebbe essere soddisfatto* **3** finché: *fallo, — sei in tempo.*

mentuccia [men-tùc-cia] *s.f.* [pl. *-ce*] nome di alcune erbe aromatiche dalle foglie piccole e dal profumo simile a quello della menta, usate per aromatizzare i cibi.

menu [/ me'nu /] *s.m.invar.* (*fr.*) **1** lista delle vivande che viene presentata alla clientela nei ristoranti | (*estens.*) l'insieme delle vivande di un pranzo: *un banchetto con un — raffinato* **2** (*inform.*) l'elenco delle opzioni offerte da un programma e visualizzate sullo schermo.

menzionare [men-zio-nà-re] *v.tr.* [*io menzióno ecc.*] far menzione di qlcu. o qlco.; nominare, ricordare, citare: — *un autore.*

menzione [men-zió-ne] *s.f.* citazione, segnalazione di persona o di cosa che si fa in uno scritto o in un discorso: *degno di* —, che merita di essere ricordato.

menzogna [men-zó-gna] *s.f.* (*lett.*) affermazione consapevolmente falsa: *una — spudorata.*

menzognero [men-zo-gnè-ro] *agg.* che dice menzogne: *un individuo —* | che contiene menzogne; ingannevole, fallace: *illusioni menzognere.*

meraviglia [me-ra-vì-glia] *s.f.* **1** sentimento di viva sorpresa suscitato da qlco. di nuovo, strano o inatteso: *destare —* | *far* —, stupire | *a* —, ottimamente: *tutto va a —* **2** persona o cosa che per la sua bellezza o il carattere straordinario suscita ammirazione: *le meraviglie della natura* | *dire meraviglie di qlcu., di qlco.*, parlarne molto bene.

meravigliare [me-ra-vi-glià-re] *v.tr.* [*io meravìglio ecc.*] destare meraviglia: *una decisione che meraviglia* ♦ **meravigliarsi** *v.intr.pron.* provare meraviglia, stupirsi: *si meravigliò di vedermi.*

meravigliato [me-ra-vi-glià-to] *agg.* pieno di meraviglia, stupito: *sembrare —.*

meraviglioso [me-ra-vi-glió-so] *agg.* che desta meraviglia e ammirazione; magnifico, stupendo: *tramonto* — ♦ *s.m.* ciò che suscita meraviglia: *il — di un fatto* | l'insieme degli eventi straordinari che intervengono in un'opera di fantasia: *il — nell'"Orlando Furioso"* □ **meravigliosamente** *avv.*

mercante [mer-càn-te] *s.m.* (*antiq.*) chi pratica il commercio | — *d'arte*, chi commercia in opere d'arte | — *di schiavi*, chi comprava e vendeva schiavi; negriero | *fare orecchi da* —, (*fig.*) far finta di non sentire.

mercanteggiamento [mer-can-teg-gia-mén-to] *s.m.* il mercanteggiare, l'essere mercanteggiato: — *di voti.*

mercanteggiare [mer-can-teg-già-re] *v.intr.* [*io mercantéggio ecc.*; aus. *avere*] contrattare tirando sul prezzo ♦ *v.tr.* far mercato di beni e cose non venali, farne oggetto di traffico come se fosse mercanzia: — *la propria dignità.*

mercantesco [mer-can-té-sco] *agg.* [pl.m. *-schi*] da mercante (*spreg.*): *avidità mercantesca.*

mercantile [mer-can-tì-le] *agg.* **1** attinente al commercio: *attività —* | *nave* —, destinata al trasporto di merci e di passeggeri **2** di mercante, da mercante: *spirito* — ♦ *s.m.* nave da trasporto di merci.

mercantilismo [mer-can-ti-lì-ʃmo] *s.m.* dottrina e politica economica dei secc. XVII e XVIII che da-

va preminente importanza al commercio con l'estero.
mercantilista [mer-can-ti-lì-sta] *s.m.* e *f.* [pl.m. -*sti*] fautore del mercantilismo | Usato come *agg.* mercantilistico.
mercantilistico [mer-can-ti-lì-sti-co] *agg.* [pl.m. -*ci*] relativo al mercantilismo.
mercanzia [mer-can-zì-a] *s.f.* **1** merce, insieme di merci: *un magazzino pieno di —* **2** (*fam.*) roba in genere.
mercatino [mer-ca-tì-no] *s.m.* **1** piccolo mercato rionale **2** (*econ.*) mercato dei titoli non quotati ufficialmente in borsa.
mercato [mer-cà-to] *s.m.* **1** luogo chiuso o all'aperto dove si incontrano i venditori e i compratori di beni: *il — del pesce* | il riunirsi di compratori e venditori in luoghi e giorni fissi: *oggi è giorno di —*. DIM. *mercatino* **2** l'insieme delle contrattazioni che riguardano un bene: *il — dell'automobile* | *prezzo di —*, quello comunemente praticato; *a buon —*, a poco prezzo; (*fig.*) con poco danno: *cavarsela a buon —* | *leggi di —*, quelle che riguardano la domanda e l'offerta e regolano i prezzi | *ricerche di —*, indagini svolte dal produttore sui comportamenti dei consumatori | *— nero*, quello in cui si trattano merci illegali o razionate **3** (*fig. spreg.*) traffico, commercio illecito; mercimonio: *far — di cose sacre.*
merce [mèr-ce] *s.f.* **1** qualunque bene economico mobile destinato alla vendita: *inventario della —* | *carro merci*, *treno merci*, adibiti al solo trasporto di merci | *scalo merci*, attrezzato per i movimenti delle merci **2** (*fig.*) bene, valore spirituale: *l'onestà è una — rara.*
mercé [mer-cé] *s.f.* (*lett.*) aiuto, grazia, pietà: *implorare —* | *essere alla — di qlcu.*, in suo potere ♦ *prep.* (*lett.*) per merito di, in virtù di, grazie a: *è riuscito — il nostro aiuto.*
mercede [mer-cé-de] *s.f.* **1** (*lett.*) paga, salario **2** (*lett.*) ricompensa, premio | *rendere —*, ringraziare.
mercenario [mer-ce-nà-rio] *agg.* **1** che presta la propria opera a pagamento: *soldati mercenari* | fatto a pagamento: *amore —* **2** (*spreg.*) che pensa solo al vantaggio economico; venale, prezzolato: *scrittore —* ♦ *s.m.* soldato mercenario.
mercenarismo [mer-ce-na-rì-ʃmo] *s.m.* **1** il fenomeno storico delle truppe mercenarie **2** (*spreg.*) tendenza a svolgere un'attività per il solo fine del guadagno.
merceologia [mer-ce-o-lo-gì-a] *s.f.* scienza applicata che studia l'origine, le proprietà chimiche e fisiche, gli usi delle merci.
merceologico [mer-ce-o-lò-gi-co] *agg.* [pl.m. -*ci*] che riguarda la merceologia: *analisi merceologica* □ **merceologicamente** *avv.* da un punto di vista merceologico.
merceologo [mer-ce-ò-lo-go] *s.m.* [f. -*a*; pl.m. -*gi*] esperto di merceologia.
merceria [mer-ce-rì-a] *s.f.* **1** (spec. *pl.*) l'insieme degli articoli minuti usati per lavori di cucito **2** negozio in cui si vendono tali articoli.
merchandising [/ mertʃan'daiziŋ /] *s.m.invar.* (*ingl.*) tecnica di promozione ed esposizione al pubblico dei prodotti nei punti di vendita.
merciaio [mer-cià-io] *s.m.* [f. -*a*] chi vende articoli di merceria.
mercificare [mer-ci-fi-cà-re] *v.tr.* [*io mercìfico, tu mercìfichi ecc.*] ridurre a merce ciò che non dovrebbe avere natura commerciale: *— la cultura.*
mercificazione [mer-ci-fi-ca-zió-ne] *s.f.* il mercificare, l'essere mercificato: *la — dei rapporti umani.*
mercimonio [mer-ci-mò-nio] *s.m.* commercio, traffico illecito: *far — del proprio corpo.*
mercoledì [mer-co-le-dì] *s.m.* terzo giorno della settimana.
mercuriale[1] [mer-cu-rià-le] *s.f.* listino dei prezzi medi delle merci redatto dalle camere di commercio.
mercuriale[2] *agg.* si dice di preparato farmaceutico che contiene mercurio.
mercuriano [mer-cu-rià-no] *agg.* del pianeta Mercurio.
mercurio [mer-cù-rio] *s.m.* **1** *Mercurio*, (*astr.*) pianeta del sistema solare più vicino al Sole **2** elemento chimico di simbolo *Hg*; è un metallo liquido a temperatura ordinaria, pesante, mobilissimo, argenteo.
merda [mèr-da] *s.f.* (*volg.*) **1** escremento, sterco **2** (*fig.*) cosa che disgusta; persona spregevole; situazione ripugnante.
merenda [me-rèn-da] *s.f.* spuntino che si fa nel pomeriggio; il cibo che si mangia in tale occasione: *far —* | *entrarci come i cavoli a —*, (*fam.*) non avere nulla a che vedere con qlco. DIM. *merendina.*
merendina [me-ren-dì-na] *s.f.* spuntino dolce preconfezionato destinato ai bambini.
meretrice [me-re-trì-ce] *s.f.* (*lett.*) prostituta.
meretricio [me-re-trì-cio] *s.m.* (*lett.*) prostituzione.
-meria secondo elemento di termini scientifici composti, che indica la condizione dei corrispondenti termini in *-mero* (*polimeria*), oppure significa 'formazione, successione, suddivisione di parti' (*mesomeria*).
meridiana [me-ri-dià-na] *s.f.* **1** la linea retta secondo la quale il piano del meridiano geografico di un luogo interseca il piano dell'orizzonte **2** orologio solare basato sulla posizione dell'ombra proiettata da un'asta durante le varie ore del giorno.
meridiano [me-ri-dià-no] *agg.* di mezzogiorno: *ora meridiana* ♦ *s.m.* (*geog.*) circolo massimo passante per i poli terrestri (*— terrestre*) o per i poli celesti (*— celeste*) | *— zero*, quello di Greenwich, presso Londra, dal quale convenzionalmente si parte per la misura della longitudine.
meridionale [me-ri-dio-nà-le] *agg.* **1** che è posto a sud, a mezzogiorno rispetto a un altro punto: *Europa —* | che è nato o abita nella parte a sud di un paese, di una regione: *emigranti meridionali* **2** che è proprio dei popoli, dei paesi del meridione: *accento —* | *questione —*, l'insieme dei

problemi storici, sociali e politici del meridione d'Italia ♦ *s.m.* e *f.* chi è nato nel meridione di un paese.
meridionalismo [me-ri-dio-na-lì-ʃmo] *s.m.* 1 tendenza a considerare i problemi sociali ed economici del meridione d'Italia rilevanti per l'intera comunità nazionale 2 (*ling.*) termine, locuzione, costrutto proprio delle parlate meridionali d'Italia.
meridionalista [me-ri-dio-na-lì-sta] *s.m.* e *f.* [pl.m. *-sti*] esperto dei problemi dell'Italia meridionale.
meridionalistico [me-ri-dio-na-lì-sti-co] *agg.* [pl.m. *-ci*] 1 tipico, caratteristico del meridione 2 che riguarda il meridionalismo, la questione meridionale.
meridione [me-ri-dió-ne] *s.m.* 1 punto cardinale corrispondente al sud; mezzogiorno 2 insieme delle regioni di un paese situate a sud: *il — della Francia* | per antonomasia, l'Italia meridionale: *vivere nel —.*
meriggio [me-rìg-gio] *s.m.* (*lett.*) mezzogiorno | (*estens.*) le ore più calde della giornata, intorno al mezzogiorno.
meringa [me-rìn-ga] *s.f.* 1 chiara d'uovo montata a neve con zucchero a velo, usata in pasticceria 2 dolce fatto con tale composto e cotto al forno.
meringato [me-rin-gà-to] *agg.* fatto di meringa, rivestito di meringa: *torta meringata.*
merino [me-rì-no] *s.m.* 1 razza di pecore originaria dell'Africa, dalla lana morbida e fine 2 la lana e il tessuto che se ne ricava | Anche come *agg.invar.*: *lana —.*
meristema [me-ri-stè-ma] *s.m.* [pl. *-mi*] (*bot.*) tessuto vegetale formato da cellule capaci di dividersi e dare così origine a nuove cellule.
meritare [me-ri-tà-re] *v.tr.* [*io mèrito ecc.*] 1 essere degno di avere, ricevere qlco.: *— fiducia, una punizione* | *se lo merita!*, ben gli sta 2 valere effettivamente: *questo quadro non merita la cifra richiesta* 3 far ottenere, procurare: *le sue capacità gli meritarono il successo.*
meritato [me-ri-tà-to] *agg.* ottenuto secondo il merito; giusto, ben assegnato: *castigo —* □ **meritatamente** *avv.* secondo il merito; giustamente.
meritevole [me-ri-té-vo-le] *agg.* che merita: *— di lodi* | (*assol.*) che merita un premio, un riconoscimento: *essere —* □ **meritevolmente** *avv.* con merito.
merito [mè-ri-to] *s.m.* 1 ciò che rende degno di stima, di ricompensa; diritto alla stima, alla ricompensa acquistato con le proprie capacità: *persona di —; avere — di qlco.* | *andare a — di qlcu.*, si dice di qlco. che fa onore alla persona che l'ha detto o fatto | *a pari —*, in gare e concorsi, si dice di due o più concorrenti che vengano giudicati di uguale valore 2 qualità positiva di una cosa o di una persona; pregio: *avere dei meriti* 3 aspetto sostanziale, opposto a quello formale: *entrare nel — di una questione*, esaminarla nei suoi aspetti essenziali e reali | *in — a*, riguardo a.
meritocratico [me-ri-to-crà-ti-co] *agg.* [pl.m. *-ci*] ispirato alla meritocrazia: *criterio —.*
meritocrazia [me-ri-to-cra-zì-a] *s.f.* sistema di distribuzione di riconoscimenti e compensi basato esclusivamente sui meriti individuali.
meritorio [me-ri-tò-rio] *agg.* che dà merito; degno di riconoscimento: *atto —* □ **meritoriamente** *avv.*
merlare [mer-là-re] *v.tr.* [*io mèrlo ecc.*] (*arch.*) guarnire di merli: *— una torre.*
merlato [mer-là-to] *agg.* (*arch.*) guarnito di merli: *torre merlata.*
merlatura [mer-la-tù-ra] *s.f.* (*arch.*) ordine, serie di merli in muratura.
merlettaia [mer-let-tà-ia] *s.f.* donna che esegue o vende lavori di merletto.
merlettare [mer-let-tà-re] *v.tr.* [*io merlétto ecc.*] guarnire di merletti: *— la biancheria.*
merlettatura [mer-let-ta-tù-ra] *s.f.* il merlettare; guarnizione di merletto.
merletto [mer-lét-to] *s.m.* tessuto leggero e trasparente, costituito da una trama di fili intrecciati a formare motivi decorativi.
merlo[1] [mèr-lo] *s.m.* 1 uccello con piumaggio nero e becco giallo, dal canto sonoro e melodioso 2 (*fig.*) persona sciocca e ingenua.
merlo[2] *s.m.* (*arch.*) ciascuno dei rialzi in muratura eretti a intervalli regolari come coronamento dei muri perimetrali di castelli, torri e palazzi a scopo di difesa od ornamento.
merluzzo [mer-lùz-zo] *s.m.* 1 grosso pesce di mare diffuso nell'Atlantico settentrionale, di colore grigio verdastro a macchie gialle; lo si consuma fresco, seccato (*stoccafisso*) o seccato e salato (*baccalà*) 2 (*pop.*) nasello.
mero [mè-ro] *agg.* vero e proprio, che è tale e niente altro; puro e semplice: *per mera curiosità* □ **meramente** *avv.* semplicemente; solo, soltanto.
-mero secondo elemento di parole composte, che significa 'parte, costituito di parti' (*isomero, polimero*).
merovingico [me-ro-vìn-gi-co] *agg.* [pl.m. *-ci*] dei Merovingi, dinastia che regnò sui franchi dal sec. V all'VIII.
mesata [me-sà-ta] *s.f.* (*fam.*) la paga di un mese di lavoro | canone mensile: *pagare due mesate d'affitto.*
mescal [me-scàl] *s.m.invar.* succo fermentato di alcune specie di agavi, usato in Messico come bevanda alcolica.
mescalina [me-sca-lì-na] *s.f.* (*chim.*) alcaloide estratto da una specie di cactus messicana, dotato di proprietà allucinogene.
mescere [mé-sce-re] *v.tr.* [*io mésco, tu mésci ecc.*; part.pass. *mesciuto*] versare il vino o altra bevanda in un recipiente da cui si possa bere | (*assol.*) versare da bere, per lo più vino: *— ai convitati.*
meschineria [me-schi-ne-rì-a] *s.f.* meschinità.
meschinità [me-schi-ni-tà] *s.f.* 1 l'essere meschino: *— d'animo* 2 azione, parola meschina: *dire delle meschinità.*

meschino [me-schì-no] *agg.* **1** (*lett. region.*) infelice, sventurato; che è in povertà o in miseria. DIM. *meschinello* **2** che è troppo scarso; insufficiente, inadeguato: *compenso* — **3** che ha idee e sentimenti gretti, limitati: *un uomo* — | che rivela la povertà di spirito, ristrettezza mentale: *sentimenti meschini* | *fare una figura meschina*, brutta e ridicola ♦ *s.m.* [f. *-a*] **1** (*lett. region.*) persona disgraziata e infelice **2** persona gretta □ **meschinamente** *avv.*

mescita [mé-sci-ta] *s.f.* **1** il mescere: *la — del vino* **2** bottega in cui si servono al banco vini e liquori | *vino da* —, robusto.

mescitore [me-sci-tó-re] *s.m.* [f. *-trice*] chi mesce; chi è addetto a un banco di mescita.

mescolamento [me-sco-la-mén-to] *s.m.* il mescolare, il mescolarsi, l'essere mescolato; mescolatura.

mescolanza [me-sco-làn-za] *s.f.* **1** (*chim.*) il risultato dell'unione di due o più componenti fluidi senza formazione di composti chimici nuovi; miscela **2** qualsiasi insieme costituito da due o più componenti eterogenei: — *di stili.*

mescolare [me-sco-là-re] *v.tr.* [*io méscolo ecc.*] **1** unire due o più componenti diversi in modo da formare un insieme: — *dei liquidi* **2** confondere, accostare indebitamente: — *il sacro col profano* **3** agitare, rimestare: — *il caffè col cucchiaino* **4** mettere in disordine, disporre in ordine casuale | — *le carte*, (*fig.*) confondere le cose, le idee ♦ **mescolarsi** *v.intr.pron.*, *rifl.* o *rifl.rec.* **1** unirsi in un insieme, fondersi: *l'olio non si mescola con l'acqua* **2** finire insieme senza ordine né distinzione: *i fogli si sono tutti mescolati* | detto di persone, confondersi con altri: — *alla folla.*

mescolata [me-sco-là-ta] *s.f.* il mescolare, una sola volta o rapidamente: *dare una — alle carte.*

mescolio [me-sco-lì-o] *s.m.* un mescolare continuato.

mese [mé-se] *s.m.* **1** ciascuno dei dodici periodi di tempo in cui è suddiviso l'anno civile; ha una durata che varia da 28 a 31 giorni: *ai primi del* —; *il — entrante* | — *lunare*, intervallo di tempo fra una luna nuova e la successiva; lunazione **2** periodo di circa trenta giorni, che può non coincidere con un mese del calendario | *da mesi*, (*fig.*) da molto tempo **3** quota d'affitto mensile.

mesencefalo [me-ʃen-cè-fa-lo] *s.m.* (*anat.*) la parte dell'encefalo che sta alla base del cervello e che, insieme ad altre strutture, lo collega al midollo spinale.

mesentere [me-ʃen-tè-re] *s.m.* (*anat.*) ripiegatura membranosa del peritoneo che copre e tiene sospeso l'intestino tenue congiungendolo alla parete posteriore dell'addome.

mesetto [me-sét-to] *s.m.* un mese scarso, un mese circa: *star via un* —.

meso- primo elemento di parole composte della terminologia scientifica, che significa 'medio, che sta in posizione intermedia' (*mesencefalo, mesocarpo*).

mesocarpo [me-ʃo-càr-po], o **mesocarpio**, *s.m.* (*bot.*) lo strato intermedio del frutto, fra l'epicarpo e l'endocarpo.

mesocefalia [me-ʃo-ce-fa-lì-a] *s.f.* conformazione del cranio intermedia tra la dolicocefalia e la brachicefalia.

mesocefalo [me-ʃo-cè-fa-lo] *agg.* che presenta i caratteri antropometrici della mesocefalia: *cranio* —.

mesofita [me-ʃò-fi-ta] *s.f.* (*bot.*) pianta che vive in ambiente di media umidità.

mesolitico [me-ʃo-lì-ti-co] *agg.* e *s.m.* [pl.m. *-ci*] si dice del periodo preistorico intermedio tra quello paleolitico e quello neolitico, e di tutto ciò che a esso si riferisce: *reperto* —.

mesomeria [me-ʃo-me-rì-a] *s.f.* (*chim.*) caso particolare di isomeria riferita agli elettroni; risonanza.

mesomero [me-ʃò-me-ro] *agg.* e *s.m.* (*chim.*) si dice di composto che presenta mesomeria.

mesone [me-ʃó-ne] *s.m.* (*fis.*) particella elementare, di massa intermedia tra quella dell'elettrone e quella del protone.

mesopausa [me-ʃo-pàu-ʃa] *s.f.* nell'atmosfera terrestre, strato di transizione fra la mesosfera e la termosfera.

mesopotamico [me-ʃo-po-tà-mi-co] *agg.* [pl.m. *-ci*] della Mesopotamia, regione storico-geografica dell'Asia occidentale.

mesosfera [me-ʃo-sfè-ra] *s.f.* la regione dell'atmosfera terrestre situata tra i 45 e i 95 km di altitudine.

mesotelio [me-ʃo-tè-lio] *s.m.* (*anat.*) tessuto epiteliale che riveste le membrane sierose dell'organismo.

mesoterapia [me-ʃo-te-ra-pì-a] *s.f.* (*med.*) terapia locale contro artrosi, nevriti, celluliti ecc., consistente nel praticare iniezioni multiple con una serie di aghi corti e sottili fissati su una piastra metallica.

mesotorace [me-ʃo-to-rà-ce] *s.m.* (*zool.*) il secondo segmento del torace degli insetti.

mesozoi [me-ʃo-ʒòi] *s.m.pl.* (*zool.*) gruppo di organismi animali costituiti da poche cellule non differenziate; vivono solo come endoparassiti.

mesozoico [me-ʃo-ʒòi-co] *agg.* e *s.m.* [pl.m. *-ci*] si dice della terza era geologica, caratterizzata da un grande sviluppo dei rettili: *fossile* —.

messa[1] [més-sa] *s.f.* **1** nella religione cattolica, il sacrificio del corpo e del sangue di Cristo sotto le specie del pane e del vino: *celebrare la* —; *servire* —, assistere il celebrante all'altare; — *solenne*, cantata e con rituale complesso; — *da requiem* (o pop. *da morto*), in suffragio dei defunti **2** composizione musicale comprendente le parti cantate della messa: — *per coro e organo.*

messa[2] *s.f.* il mettere; si usa solo in alcune locuzioni in cui è seguito da una preposizione: *la — in vendita di un prodotto* | — *a terra*, (*elettr.*) collegamento al terreno della struttura portante metallica degli apparecchi elettrici o elettromeccanici | — *a fuoco*, (*foto.*) regolazione dell'obiettivo per ottenere immagini nitide; (*fig.*) l'esatta precisazione dei termini di una questione | — *a punto*, complesso di operazioni eseguite per ottenere le migliori prestazioni da una macchina o da un apparecchio | — *in opera*, installazione | — *in piega*, operazione con cui si dà una piega ai capelli.

messaggeria [mes-sag-ge-rì-a] *s.f.* (spec. *pl.*) impresa di trasporto e distribuzione di merci nel settore editoriale.

messaggero [mes-sag-gè-ro] *s.m.* [f. *-a*] **1** chi reca un messaggio, un annuncio: — *di pace* **2** dipendente delle poste addetto al trasporto della corrispondenza sui treni o sulle navi.

messaggio [mes-sàg-gio] *s.m.* **1** notizia trasmessa ad altri: *trasmettere, ricevere un* — **2** solenne discorso rivolto al popolo da un'alta autorità: *il — del capo dello stato* **3** (*fig.*) l'annuncio di una concezione innovatrice: *il — evangelico.*

messale [mes-sà-le] *s.m.* libro liturgico contenente i testi di tutte le messe dell'anno: — *romano.*

messe [mès-se] *s.f.* **1** (*lett.*) mietitura; l'insieme dei cereali da mietere o mietuti: *un'abbondante* — | (*fig.*) ciò che si ricava, in abbondanza, da un'attività, da un'opera intrapresa: *raccogliere una — di consensi* **2** (spec. *pl.*) le piante del grano o anche d'altri cereali.

messere [mes-sè-re] *s.m.* titolo d'onore che un tempo spettava a giudici e giureconsulti (oggi *scherz.*).

messia [mes-sì-a] *s.m.* **1** *il Messia*, (*relig.*) il salvatore promesso da Dio agli ebrei, riconosciuto dai cristiani in Gesù Cristo **2** (*fig.*) salvatore miracoloso: *accogliere qlcu. come un* — | *aspettare il* —, aspettare a lungo e inutilmente una persona desiderata.

messianicità [mes-sia-ni-ci-tà] *s.f.* carattere messianico.

messianico [mes-si-à-ni-co] *agg.* [pl.m. *-ci*] che riguarda il Messia; che si riferisce al messianismo: *profezie messianiche.*

messianismo [mes-si-a-nì-ʃmo] *s.m.* **1** (*relig.*) fede nell'avvento del Messia **2** (*fig.*) intensa aspettazione di qualche grande rivolgimento politico o sociale.

messicano [mes-si-cà-no] *agg.* del Messico ♦ *s.m.* [f. *-a*] nativo, abitante del Messico.

messidoro [mes-si-dò-ro] *s.m.* nome del decimo mese del calendario rivoluzionario francese (20 giugno - 19 luglio).

messinscena [mes-sin-scè-na], o **messa in scena**, *s.f.* [pl. *messinscene* o *messe in scena*] **1** il complesso delle attività necessarie per allestire uno spettacolo teatrale | l'insieme di tutti gli elementi che appaiono sulle scene durante uno spettacolo: *una — suggestiva* **2** (*fig.*) finzione, simulazione: *il suo dolore era solo una* —.

messo *s.m.* **1** (*lett.*) messaggero: — *di Dio*, angelo **2** dipendente di enti pubblici o privati incaricato di portare lettere, avvisi; usciere, fattorino: — *del tribunale.*

mestare [me-stà-re] *v.tr.* [*io mésto ecc.*] **1** agitare mescolando **2** (*fig.*) darsi da fare intrigando.

mestatore [me-sta-tó-re] *s.m.* [f. *-trice*] persona intrigante; maneggione.

mestica [mè-sti-ca] *s.f.* (*pitt.*) miscela di colori e olio di lino usata per la preparazione delle tele da dipingere.

mesticanza [me-sti-càn-za] *s.f.* (*region.*) insalatina mista.

mestichino [me-sti-chì-no] *s.m.* spatola usata dai pittori per mescolare i colori sulla tavolozza.

mestierante [me-stie-ràn-te] *s.m.* e *f.* chi svolge un'attività in modo mediocre, badando solo al guadagno.

mestiere [me-stiè-re] *s.m.* **1** attività che una persona svolge abitualmente traendone guadagno: *il — di sarto*; *imparare un* — | *essere del* —, avere competenza in un dato campo | *i ferri del* —, ciò che è necessario per eseguire un lavoro | *gli incerti del* —, gli inconvenienti connessi con una determinata attività | *fare qlco. di* —, come lavoro abituale **2** la pratica di un lavoro e la conoscenza approfondita delle sue tecniche: *è molto sveglio, ma gli manca il* — **3** (*spreg.*) attività che si svolge solo a fine di guadagno: *ridurre l'arte a puro* —.

mestizia [me-stì-zia] *s.f.* tristezza, malinconia: *parole piene di* —.

mesto [mè-sto] *agg.* che prova mestizia: *essere* — | che rivela o suscita mestizia □ **mestamente** *avv.*

mestola [mé-sto-la] *s.f.* **1** arnese da cucina, a forma di cucchiaio spianato e talvolta bucherellato, con manico di varia lunghezza **2** cazzuola del muratore.

mestolo [mé-sto-lo] *s.m.* piccola mestola senza buchi, usata per mescolare i cibi in cottura.

mestruale [me-stru-à-le] *agg.* che concerne la mestruazione: *ciclo* —.

mestruata [me-stru-à-ta] *agg.* si dice di donna che ha le mestruazioni.

mestruazione [me-stru-a-zió-ne] *s.f.* fenomeno fisiologico della donna in età feconda, consistente in un flusso sanguigno dall'utero, normalmente ogni 28 giorni.

mestruo [mè-stru-o] *s.m.* mestruazione.

meta [mè-ta] *s.m.* **1** il punto al quale si è diretti, al quale si deve giungere: *vagare senza* — **2** (*fig.*) fine da raggiungere: *prefiggersi una* — **3** (*archeol.*) nei circhi antichi, ciascuno dei due elementi di pietra posti alle estremità della pista, attorno ai quali i carri in gara dovevano girare **4** (*sport*) nel rugby, marcatura che si ottiene ponendo il pallone a terra oltre la linea che delimita sul fondo la metà campo degli avversari.

metà [me-tà] *s.f.* **1** una delle due parti uguali che insieme formano un intero: *quattro è la — di otto* | *per* —, *a* —, in due parti uguali: *fare le cose a* —, non condurle a termine; *fare a* —, dividere qlco. in parti uguali **2** (*scherz.*) uno dei due coniugi rispetto all'altro: *la mia* — **3** il punto che divide qlco. segnando anche idealmente la

metà: *la — della pagina* | (*estens.*) mezzo: *vendere a — prezzo.*
meta- primo elemento di parole composte, che può indicare modificazione (*metamorfosi*), trasposizione (*metatesi*), trasferimento (*metempsicosi*), successione (*metameria*), posteriorità (*metacarpo*), e, per influenza del termine *metafisica*, superamento di limiti (*metapsichica*).
metabasi [me-tà-ba-ʃi] *s.f.* nella retorica classica, passaggio ad altro argomento nell'ambito dello stesso discorso.
metabolico [me-ta-bò-li-co] *agg.* [pl.m. *-ci*] (*biol.*) che riguarda il metabolismo, che è effetto del metabolismo: *processo* — □ **metabolicamente** *avv.* dal punto di vista metabolico; per metabolismo.
metabolismo [me-ta-bo-lì-ʃmo] *s.m.* (*biol.*) il complesso delle trasformazioni chimiche che avvengono negli organismi viventi; ricambio.
metabolita [me-ta-bo-lì-ta] *s.m.* [pl. *-i*] (*biol.*) sostanza che è un prodotto intermedio o finale del metabolismo.
metabolizzare [me-ta-bo-liʒ-ʒà-re] *v.tr.* **1** (*biol.*) trasformare per metabolismo **2** (*fig.*) assorbire trasformando in qlco. di compatibile con sé; assimilare.
metacarpo [me-ta-càr-po] *s.m.* (*anat.*) il complesso delle cinque ossa che formano lo scheletro della mano tra il carpo e le prime falangi delle dita.
metadone [me-ta-dó-ne] *s.m.* (*chim.*) composto sintetico usato in medicina come sostituto della morfina e per il trattamento delle tossicodipendenze.
metafisica [me-ta-fì-ʃi-ca] *s.f.* parte della filosofia che tratta dei principi primi della realtà, posti oltre la conoscenza sensibile: *la — di Aristotele.*
metafisico [me-ta-fì-ʃi-co] *agg.* [pl.m. *-ci*] **1** (*filos.*) della metafisica, relativo alla metafisica: *principio* — **2** (*spreg.*) astruso; astratto: *sottigliezze metafisiche* ♦ *s.m.* [f. *-a*] **1** filosofo che si occupa di metafisica **2** (*spreg.*) persona priva di senso pratico, o che ama fare ragionamenti astrusi □ **metafisicamente** *avv.* **1** sul piano della metafisica **2** (*spreg.*) in modo astratto, senza realismo.
metafora [me-tà-fo-ra] *s.f.* figura retorica per la quale al termine proprio se ne sostituisce un altro legato al primo da un rapporto di somiglianza (p.e. *sei un fulmine*, invece di *sei veloce come un fulmine*).
metaforico [me-ta-fò-ri-co] *agg.* [pl.m. *-ci*] di metafora, che contiene una o più metafore; figurato: *significato* — □ **metaforicamente** *avv.* in metafora, mediante metafore: *esprimersi* —.
metaforizzare [me-ta-fo-riʒ-ʒà-re] *v.tr.* (*non com.*) esprimere in forma metaforica: — *un concetto.*
metagalassia [me-ta-ga-làs-sia] *s.f.* (*astr.*) l'insieme delle galassie esterne al nostro sistema stellare.
metal detector [/ ˈmetal deˈtektor /] *loc. sost.m.invar.* (*ingl.*) dispositivo elettromagnetico che serve a individuare la presenza di oggetti metallici.
metalinguaggio [me-ta-lin-guàg-gio] *s.m.* (*ling.*) ogni linguaggio, in quanto indaga o descrive un altro linguaggio assunto come oggetto.
metalinguistico [me-ta-lin-guì-sti-co] *agg.* [pl. m. *-ci*] del metalinguaggio; che pertiene al metalinguaggio.
metallico [me-tàl-li-co] *agg.* [pl.m. *-ci*] **1** di metallo, fatto di metallo o di metalli: *lega metallica* **2** proprio dei metalli: *suono* — □ **metallicamente** *avv.* al modo del metallo: *risuonare* —.
metallifero [me-tal-lì-fe-ro] *agg.* che contiene metalli: *giacimento* —.
metallizzare [me-tal-liʒ-ʒà-re] *v.tr.* **1** ricoprire di uno strato di metallo o di lega metallica a scopo protettivo **2** dare una lucentezza metallica: — *la carrozzeria di un'automobile.*
metallizzato [me-tal-liʒ-ʒà-to] *agg.* **1** si dice di oggetto sottoposto a metallizzazione **2** che contiene metalli; che ha riflessi metallici: *vernice metallizzata.*
metallo [me-tàl-lo] *s.m.* **1** nome generico di tutti gli elementi chimici dotati di lucentezza, buoni conduttori del calore e dell'elettricità e che, combinati con l'ossigeno, danno luogo a ossidi basici **2** (*estens.*) lega formata da metalli diversi.
metallografia [me-tal-lo-gra-fì-a] *s.f.* **1** scienza che studia la struttura e le proprietà chimico-fisiche dei metalli e delle leghe metalliche **2** riproduzione a stampa con lastre metalliche.
metalloide [me-tal-lòi-de] *s.m.* termine improprio con cui si designa ogni elemento chimico che abbia caratteristiche opposte a quelle dei metalli (oggi è preferita la denominazione *non-metallo*).
metallorganico [me-tal-lor-gà-ni-co] *agg.* [pl.m. *-ci*] (*chim.*) si dice di ogni composto chimico la cui molecola contenga atomi metallici uniti direttamente ad atomi di carbonio di un radicale organico.
metallurgia [me-tal-lur-gì-a] *s.f.* la tecnica dell'estrazione dei metalli e della loro lavorazione industriale.
metallurgico [me-tal-lùr-gi-co] *agg.* [pl.m. *-ci*] che riguarda la metallurgia: *industria metallurgica* ♦ *agg.* e *s.m.* [f. *-a*] si dice di operaio che lavora nell'industria metallurgica.
metallurgista [me-tal-lur-gì-sta] *s.m.* e *f.* [pl.m. *-sti*] studioso, esperto di metallurgia.
metalmeccanico [me-tal-mec-cà-ni-co] *agg.* [pl.m. *-ci*] che concerne la metallurgia e la meccanica insieme ♦ *agg.* e *s.m.* [f. *-a*] si dice di operaio che lavora nelle industrie metalmeccaniche.
metameria [me-ta-me-rì-a] *s.f.* **1** (*biol.*) struttura particolare del corpo di alcuni animali nel quale uno o più organi si ripetono in segmenti disposti in serie **2** (*chim.*) tipo di isomeria presentato dai metameri.
metamerico [me-ta-mè-ri-co] *agg.* [pl.m. *-ci*] (*biol., chim.*) caratterizzato da metameria.
metamero [me-tà-me-ro] *s.m.* **1** (*biol.*) ciascu-

no dei segmenti disposti in serie che formano il corpo di molti animali **2** (*chim.*) ciascuno dei composti chimici di uguale composizione e peso molecolare, ma che hanno costituzione chimica diversa e perciò proprietà chimiche diverse.

metamorfico [me-ta-mòr-fi-co] *agg.* [pl.m. *-ci*] **1** di metamorfosi, relativo a metamorfosi **2** (*geol.*) che risulta da metamorfismo: *rocce metamorfiche.*

metamorfismo [me-ta-mor-fì-ʃmo] *s.m.* (*geol.*) il complesso delle trasformazioni subite da minerali e rocce a causa di pressioni, alte temperature o azioni chimiche.

metamorfosi [me-ta-mòr-fo-ʃi] *s.f.* **1** nella mitologia e nella letteratura popolare, la trasformazione soprannaturale di un essere in un altro di natura diversa: *la — di Dafne in alloro* **2** (*fig.*) mutamento, cambiamento: *subire una —* **3** (*biol.*) la serie dei mutamenti di forma e di struttura cui vanno soggetti molti animali (*p.e.* gli insetti) prima di giungere allo sviluppo completo.

metanifero [me-ta-nì-fe-ro] *agg.* che produce metano: *pozzo —.*

metanizzare [me-ta-niʒ-ʒà-re] *v.tr.* **1** fornire di metano: *— una zona della città* **2** rendere un'apparecchiatura atta al funzionamento a metano: *— un impianto.*

metanizzazione [me-ta-niʒ-ʒa-zió-ne] *s.f.* il metanizzare, l'essere metanizzato.

metano [me-tà-no] *s.m.* (*chim.*) idrocarburo composto da un atomo di carbonio e quattro di ossigeno; gas incoloro, inodoro, infiammabile, presente in molte miscele di gas naturali, è usato come combustibile.

metanodotto [me-ta-no-dót-to] *s.m.* conduttura per il trasporto e la distribuzione del metano.

metanolo [me-ta-nò-lo] *s.m.* (*chim.*) alcol metilico.

metaplasia [me-ta-pla-ʃì-a] *s.f.* (*biol.*) processo per cui negli elementi di un tessuto mutano i caratteri originari.

metaplasma [me-ta-plà-ʃma] *s.m.* [pl. *-mi*] (*biol.*) sostanza elaborata dalle cellule che riempie gli spazi intercellulari.

metapsichica [me-ta-psì-chi-ca] *s.f.* parapsicologia.

metapsichico [me-ta-psì-chi-co] *agg.* [pl.m. *-ci*] si dice di qualsiasi fenomeno paranormale, di ordine fisico o psichico, come la levitazione, la telepatia, la percezione extrasensoriale.

metastasi [me-tà-sta-ʃi] *s.f.* (*med.*) il riprodursi di processi tumorali, in un punto lontano dal focolaio d'origine; la formazione tumorale riprodottasi.

metastatico [me-ta-stà-ti-co] *agg.* [pl.m. *-ci*] (*med.*) relativo a metastasi.

metastatizzare [me-ta-sta-tiʒ-ʒà-re] *v.intr.* [aus. *avere*], **metastatizzarsi** *v.intr.pron.* (*med.*) produrre metastasi.

metastoria [me-ta-stò-ria] *s.f.* ciò che permane costante nel fluire della storia.

metastoricità [me-ta-sto-ri-ci-tà] *s.f.* carattere di ciò che è metastorico.

metastorico [me-ta-stò-ri-co] *agg.* [pl.m. *-ci*] che trascende la storia; che può riferirsi a più periodi o contesti storici: *valore —.*

metatarso [me-ta-tàr-so] *s.m.* (*anat.*) l'insieme delle cinque ossa lunghe del piede, intermedie tra il tarso e le prime falangi.

metatesi [me-tà-te-ʃi] *s.f.* (*ling.*) trasposizione di suoni all'interno di una parola (p.e. *padule* per *palude*).

metatorace [me-ta-to-rà-ce] *s.m.* (*zool.*) il terzo segmento del torace degli insetti.

metazoi [me-ta-ʒò-i] *s.m.pl.* (*zool.*) sottoregno comprendente gli animali costituiti da più cellule, a differenza dei protozoi che sono unicellulari.

metempsicosi [me-tem-psi-cò-ʃi] *s.f.* in alcune teorie religiose o filosofiche, trasmigrazione dell'anima, dopo la morte, in altri corpi; reincarnazione.

meteo [mè-te-o] *agg.invar.* abbr. di *metereologico*: *bollettino —.*

meteoecologia [me-te-o-e-co-lo-gì-a] *s.f.* settore dell'ecologia che studia i rapporti fra il clima e l'ambiente, in relazione ai riflessi dell'inquinamento sul clima.

meteora [me-tè-o-ra] *s.f.* **1** (*geog.*) ogni fenomeno naturale dell'atmosfera **2** (*astr.*) meteorite che passando attraverso l'atmosfera si consuma lasciando una scia luminosa; stella cadente.

meteorico[1] [me-te-ò-ri-co] *agg.* [pl.m. *-ci*] (*astr.*) di meteora, relativo a meteore: *sciame —* | (*geog.*) che riguarda i fenomeni che avvengono nell'atmosfera.

meteorico[2] *agg.* [pl.m. *-ci*] (*med.*) relativo a meteorismo; che presenta meteorismo: *addome —.*

meteorismo [me-te-o-rì-ʃmo] *s.m.* (*med.*) rigonfiamento dell'addome per accumulo di gas nell'intestino o nello stomaco.

meteorite [me-te-o-rì-te] *s.m.* o *f.* (*astr.*) frammento di corpo celeste che vaga nello spazio e può precipitare verso la superficie di un pianeta, in genere disintegrandosi prima di raggiungere il suolo.

meteoritico [me-te-o-rì-ti-co] *agg.* [pl.m. *-ci*] relativo ai meteoriti: *cratere —*, provocato da un meteorite.

meteorografo [me-te-o-rò-gra-fo] *s.m.* strumento costituito da un barografo, un termografo e un igrografo, usato per i rilevamenti meteorologici in quota.

meteorologia [me-te-o-ro-lo-gì-a] *s.f.* scienza che studia l'atmosfera terrestre e i fenomeni che vi si verificano.

meteorologico [me-te-o-ro-lò-gi-co] *agg.* [pl.m. *-ci*] relativo ai fenomeni atmosferici o alla meteorologia: *previsioni meteorologiche* □ **meteorologicamente** *avv.* dal punto di vista meteorologico.

meteorologo [me-te-o-rò-lo-go] *s.m.* [pl. *-gi*] stu-

dioso di meteorologia; esperto nelle previsioni del tempo.
meteoropatia [me-te-o-ro-pa-tì-a] *s.f.* (*med.*) insieme di disturbi psichici e neurovegetativi conseguenti a determinate condizioni e variazioni meteorologiche.
meteoropatico [me-te-o-ro-pà-ti-co] *agg.* [pl.m. *-ci*] (*med.*) di meteoropatia: *disturbi meteoropatici* ♦ *agg.* e *s.m.* [f. *-a*] che/chi soffre di meteoropatia.
meticciamento [me-tic-cia-mén-to] *s.m.* (*zootecn.*) riproduzione effettuata accoppiando tra loro animali di razze o varietà diverse.
meticcio [me-tìc-cio] *agg.* e *s.m.* [pl.f. *-ce*] si dice di persona nata da genitori la cui pelle è di colore diverso | (*zootec.*) si dice di animale nato dall'incrocio di due individui di razza diversa.
meticolosità [me-ti-co-lo-si-tà] *s.f.* l'essere meticoloso.
meticoloso [me-ti-co-ló-so] *agg.* **1** che agisce con scrupolo e zelo, talora pedante: *impiegato* — **2** fatto in modo preciso e minuzioso: *revisione meticolosa* | caratterizzato da scrupolosa diligenza: *precisione meticolosa* □ **meticolosamente** *avv.*
metil- primo elemento di nomi composti della terminologia chimica, che indica la presenza del radicale *metile.*
metile [me-tì-le] *s.m.* (*chim.*) radicale monovalente derivabile dal metano per sottrazione di un atomo di idrogeno.
metilene [me-ti-lè-ne] *s.m.* (*chim.*) radicale bivalente derivabile dal metano per sottrazione di due atomi di idrogeno.
metilico [me-tì-li-co] *agg.* [pl.m. *-ci*] (*chim.*) si dice del gruppo costituito dal radicale metile o di composto la cui molecola contenga il radicale metile | *alcol* —, alcol usato come solvente e nella preparazione di molti composti; metanolo.
metodica [me-tò-di-ca] *s.f.* metodo, metodologia nell'espletamento di una procedura.
metodicità [me-to-di-ci-tà] *s.f.* l'essere metodico: — *nel lavoro.*
metodico [me-tò-di-co] *agg.* [pl.m. *-ci*] **1** si dice di cosa fatta con metodo: *studio* — **2** di persona, che osserva un metodo di vita, di lavoro □ **metodicamente** *avv.*
metodismo [me-to-dì-ʃmo] *s.m.* movimento evangelico sorto in seno all'anglicanesimo, oggi molto diffuso negli Stati Uniti d'America.
metodista [me-to-dì-sta] *s.m.* e *f.* [pl.m. *-sti*] seguace del metodismo | Usato come *agg.* metodistico: *dottrina* —.
metodistico [me-to-dì-sti-co] *agg.* [pl.m. *-ci*] relativo al metodismo o ai metodisti: *principi metodistici.*
metodo [mè-to-do] *s.m.* **1** insieme di regole e di principi in base al quale si svolge un'attività; modo di procedere razionale per raggiungere determinati risultati: — *di lavorazione*; *applicare un* — **2** manuale tecnico in cui la materia è esposta sotto forma di esercizi graduati: — *di chitarra* **3** modo di agire, di comportarsi: *usare metodi drastici.*
metodologia [me-to-do-lo-gì-a] *s.f.* **1** (*filos.*) studio dei principi e delle regole che permettono lo sviluppo delle conoscenze in una determinata disciplina **2** metodo: *le moderne metodologie critiche.*
metodologico [me-to-do-lò-gi-co] *agg.* [pl.m. *-ci*] che concerne il metodo, la metodologia □ **metodologicamente** *avv.* dal punto di vista metodologico.
metonimia [me-to-nì-mia] *s.f.* figura retorica consistente nella sostituzione di un termine con un altro ad esso contiguo; *p.e.* la causa per l'effetto (*vivere del proprio lavoro*), il contenente per il contenuto (*bere un bicchiere di vino*) ecc.
metonimico [me-to-nì-mi-co] *agg.* [pl.m. *-ci*] di metonimia; che costituisce metonimia: *espressioni metonimiche* □ **metonimicamente** *avv.* per metonimia.
metopa [mè-to-pa] *s.f.* (*archeol.*) spazio rettangolare fra due triglifi del fregio dorico, in genere occupato da motivi ornamentali in bassorilievo.
metraggio [me-tràg-gio] *s.m.* **1** misurazione in metri, a metri: *la tela si vende a* — **2** lunghezza calcolata in metri | *film a lungo* —, lungometraggio.
metralgia [me-tral-gì-a] *s.f.* [pl. *-gie*] (*med.*) dolore di origine uterina.
metratura [me-tra-tù-ra] *s.f.* **1** misurazione in metri della lunghezza o della superficie di un oggetto: *la — di una stoffa* **2** lunghezza, ampiezza espressa in metri: *appartamenti di varie metrature.*
-metria secondo elemento di parole composte scientifiche, che significa 'misura' (*isometria*) o 'misurazione' (*craniometria*).
metrica [mè-tri-ca] *s.f.* **1** l'insieme delle norme che regolano la composizione dei versi: *studiare* — | — *accentuativa*, quella della poesia moderna, in cui il ritmo si basa sulla disposizione degli accenti tonici e ritmici **2** il complesso dei metri usati in un'epoca, in un ambiente letterario, da un poeta: *la — classica, del Petrarca.*
metrico [mè-tri-co] *agg.* [pl.m. *-ci*] **1** che riguarda la misura o le misure | *sistema — decimale*, sistema in cui le unità di misura sono multipli e sottomultipli decimali delle unità fondamentali **2** di un metro poetico, della metrica: *schema* — □ **metricamente** *avv.* dal punto di vista della metrica, secondo le regole della metrica.
-metrico secondo elemento di aggettivi composti derivati dai sostantivi in *-metria* o in *-metro* (*geometrico, barometrico*).
metro [mè-tro] *s.m.* **1** unità di misura della lunghezza nel Sistema Internazionale, definito in rapporto alla velocità della luce; ha simbolo *m* | — *quadrato*, unità di misura di superficie equivalente a quella di un quadrato di 1 m di lato | — *cubo*, unità di misura di volume equivalente a quello di un cubo di 1 m di lato **2** nastro o regolo della lunghezza di 1 m: — *da sarto* **3** (*fig.*) crite-

rio di giudizio: *giudicare tutti con lo stesso —* 4 unità di misura del versi nella poesia greco-latina; il verso o la strofa costituiti da queste unità: *— saffico* | nella poesia moderna, la struttura particolare di un verso o di una strofa, o lo schema metrico di un componimento: *il — del sonetto.*

metró [me-tró] *s.m.* metropolitana.

metro-, -metro primo e secondo elemento di parole composte, che significa 'misura' (*perimetro*), 'misuratore' (*termometro*), 'metro poetico, piede' (*esametro*).

metrologia [me-tro-lo-gì-a] *s.f.* 1 scienza che studia i problemi inerenti alla misurazione e alla scelta delle unità di misura e dei sistemi di misurazione 2 studio dei sistemi metrici e monetari antichi 3 studio dei sistemi metrici adottati in poesia.

metrologico [me-tro-lò-gi-co] *agg.* [pl.m. *-ci*] che concerne la metrologia.

metronomo [me-trò-no-mo] *s.m.* strumento usato per battere il tempo in musica.

metronotte [me-tro-nòt-te] *s.m.invar.* guardia notturna.

metropoli [me-trò-po-li] *s.f.* 1 nella Grecia antica, la città madre rispetto alle colonie da essa fondate 2 (*antiq.*) città principale o capitale di uno stato, di una regione 3 città notevolmente estesa e popolata: *le grandi — industriali.*

metropolita [me-tro-po-lì-ta] *s.m.* [pl. *-ti*] nelle chiese cattolica e anglicana, il vescovo del capoluogo di una provincia ecclesiastica, al quale spetta il titolo di arcivescovo.

metropolitana [me-tro-po-li-tà-na] *s.f.* sistema ferroviario, in gran parte sotterraneo, per il trasporto rapido di persone nelle grandi città | il convoglio che percorre tale ferrovia: *prendere la —.*

metropolitano [me-tro-po-li-tà-no] *agg.* 1 di una grande città: *area metropolitana* 2 proprio di un metropolita: *chiesa metropolitana* ♦ *s.m.* [f. *-a*] (*non com.*) vigile urbano di una grande città.

metroscopia [me-tro-sco-pì-a] *s.f.* (*med.*) esame endoscopico dell'utero.

mettere [mét-te-re] *v.tr.* [pres. *io métto ecc.*; pass.rem. *io mísi, tu mettésti ecc.*; part.pass. *mésso*] 1 disporre, collocare, porre (anche *fig.*): *— un'idea in testa a qlcu.* | *— al mondo*, partorire | *— al muro*, fucilare | *— alla porta*, scacciare | *— a nudo*, svelare | *— a profitto*, far fruttare | *— mano a qlco.*, iniziarla | *— a parte*, far partecipe | *— a tacere*, far passare sotto silenzio; riferito a persona, metterla in condizione di non avere più obiezioni da opporre | *— alle strette*, costringere | *— la testa a partito*, diventare giudizioso | *— a posto*, sistemare; riferito a persona, darle una lezione | *— a segno*, colpire il bersaglio | *— a punto*, registrare un dispositivo, una macchina, in modo che sia nelle migliori condizioni di funzionamento; (*fig.*) precisare i termini di un problema, di una questione | *— in pratica*, attuare | *— su*, allestire, impiantare: *— su casa* | *— insieme*, radunare, raccogliere: *— insieme una bella compagnia* | *mettersi l'anima in pace*, rassegnarsi | *— gli occhi addosso*, adocchiare; (*fig.*) desiderare 2 indossare: *— la giacca* 3 applicare, appendere: *— le tende a una finestra* | (*fam.*) installare, impiantare: *— il telefono* 4 [con la particella pron. *ci*] dedicare; impiegare: *metterci tre ore*; *metterci del proprio*, pagare di tasca propria | *mettercela tutta*, impegnarsi a fondo 5 supporre: *mettiamo che non sia vero* 6 emettere, produrre: *— i denti* ♦ *v.intr.* [aus. *avere*] sboccare; fare capo: *la via mette in una piazzetta* ♦ **mettersi** *v.rifl.* 1 porsi, collocarsi: *— in salvo* | *— in malattia*, assentarsi dal lavoro per malattia | *— con qlcu.*, stringere una relazione 2 vestirsi: *— in abito da sera* 3 iniziare: *si è messo a lavorare da lunedì* ♦ *v.intr.pron.* 1 profilarsi, assumere un andamento: *— male, bene*, si dice di situazione che evolve in senso negativo, positivo 2 di pioggia, neve ecc., iniziare: *si è messo a piovere*; *il tempo si mette al bello*, si rasserena.

MeV [mèv] *s.m.* (*fis.*) unità di misura di energia usata in fisica nucleare, pari a 1 milione di elettronvolt.

mezza [mè-ʒa] *s.f.* 1 la mezz'ora: *sono le due e mezza* 2 mezzogiorno e mezzo: *pranzare alla —.*

mezzacalzetta [meʒ-ʒa-cal-zét-ta] *s.f.* [pl. *mezzecalzette*] persona di mediocri capacità.

mezzacartuccia [meʒ-ʒa-car-tùc-cia] *s.f.* [pl. *mezzecartucce*] persona che non vale molto, che non ha apprezzabili requisiti fisici o intellettuali.

mezzacosta [meʒ-ʒa-cò-sta] *s.f.* [pl. *mezzecoste*] zona mediana di un pendio, di una pendice montuosa, di una collina: *camminare a —.*

mezzadria [meʒ-ʒa-drì-a] *s.f.* contratto agrario, ora abolito, che prevedeva la coltivazione di un fondo in proprio da parte di un colono (mezzadro), che divideva poi a metà col proprietario gli utili della coltivazione.

mezzadro [meʒ-ʒà-dro] *s.m.* [f. *-a*] coltivatore di un podere altrui in base a un contratto di mezzadria.

mezzala [meʒ-ʒà-la] *s.f.* [pl. *mezzali*] (*sport*) nel calcio, il giocatore di prima linea situato fra il centrattacco e l'ala: *— destra.*

mezzaluna [meʒ-ʒa-lù-na] *s.f.* [pl. *mezzelune*] 1 la parte di Luna visibile quando il satellite è illuminato per metà 2 figura di mezza luna emblema dell'islamismo: *— rossa*, il corrispondente nei paesi musulmani della *croce rossa* | (*estens.*) l'islamismo stesso 3 coltello con lama ricurva e due impugnature alle estremità, per tritare carni e verdure.

mezzamanica [meʒ-ʒa-mà-ni-ca] *s.f.* [pl. *mezzemaniche*] (spec. *pl.*) manica di tela nera, usata un tempo da impiegati e scrivani per proteggere le maniche della camicia | (*spreg.*) impiegato di basso livello.

mezzana [meʒ-ʒà-na] *s.f.* donna che favorisce amori illeciti; ruffiana.

mezzanino [meʒ-ʒa-nì-no] *s.m.* piano di un edi-

ficio situato tra il pian terreno e il primo piano; ammezzato.
mezzano [meʒ-ʒà-no] *agg.* che è in mezzo; che occupa un posto intermedio: *fratello* —, di età intermedia tra il maggiore e il minore ♦ *s.m.* [f. *-a*] chi favorisce amori illeciti; ruffiano.
mezzanotte [meʒ-ʒa-nòt-te] *s.f.* [pl. *mezzanotti*] la ventiquattresima ora del giorno, fine di una giornata e inizio della successiva.
mezz'aria [meʒ-ʒ'à-ria] solo nella loc. avv. *a* —, a media altezza: *volare a* — | *discorsi a* —, (*fig.*) reticenti, non espliciti.
mezz'asta [meʒ-ʒ'à-sta] solo nella loc. avv. *a* —, si dice di bandiera innalzata solo fino a metà dell'asta, in segno di lutto.
mezzatinta [meʒ-ʒa-tìn-ta] *s.f.* [pl. *mezzetinte*] tonalità di colore tra il chiaro e lo scuro | (*pitt.*) tonalità attenuata, usata per passare dalla tinta in luce a quella in ombra.
mezzeria [meʒ-ʒe-rì-a] *s.f.* punto, luogo di mezzo | la linea che divide in due parti una strada nel senso della lunghezza.
mezzo [mèʒ-ʒo] *agg.* che è metà dell'intero: — *chilo*; *mezza porzione* | *mezza età*, l'età non più giovanile e non ancora senile | *mezza stagione*, la primavera e l'autunno | in usi familiari: *una mezza idea*, un'idea molto vaga; — *morto*, molto mal ridotto ♦ *s.m.* **1** la metà di un tutto: *un* — *del ricavato* | dopo un numerale, sottintendendo il sostantivo precedente: *due chili e* — **2** il punto, la linea, il momento che divide a metà idealmente uno spazio o un periodo di tempo: *in* — *alla strada*; *nel* — *della festa* | *via di* —, (*fig.*) soluzione intermedia | *età di* —, il Medioevo | *andar di* —, essere coinvolto | *levar di* — *qlco.*, gettarla via, liberarsene | *levar di* — *qlcu.*, allontanarlo, ucciderlo | *non porre tempo in* —, non indugiare | *in quel* —, nel frattempo | *esserci di* —, avere parte, essere coinvolto in qlco. | *mettere in* — *qlcu.*, comprometterlo, coinvolgerlo **3** (*scient.*) la sostanza nel quale un fenomeno si verifica: — *fluido* **4** strumento di cui ci si serve: *tentare ogni* —; *mezzi di trasporto* | *complemento di* —, (*gramm.*) quello che indica lo strumento con cui si compie l'azione espressa dal verbo (*p.e.* verrò *in bicicletta*) **5** veicolo per il trasporto di cose o di persone: — *pubblico*; *prendere un* —, un mezzo pubblico **6** *pl.* dote, capacità: *un atleta di grandi mezzi* **7** *pl.* possibilità economiche, risorse finanziarie: *gente priva di mezzi*.
mezzobusto [meʒ-ʒo-bù-sto] *s.m.* [pl. *mezzibusti*] figura che rappresenta la testa, il collo e la parte superiore del busto | *a* —, si dice di quadro, fotografia, inquadratura che riprende queste parti.
mezzocontralto [meʒ-ʒo-con-tràl-to] *s.m.* [pl. *mezzicontralti*] **1** voce femminile appartenente alla classe dei contralti, nella quale ha il timbro più acuto **2** [anche *f.*] la cantante che ha tale voce.
mezzodì [meʒ-ʒo-dì] *s.m.* (*antiq.*) mezzogiorno.
mezzofondista [meʒ-ʒo-fon-dì-sta] *s.m.* e *f.* [pl.m. *-sti*] (*sport*) atleta specializzato nelle prove di mezzofondo.
mezzofondo [meʒ-ʒo-fón-do] *s.m.* [pl. *mezzofondi*] (*sport*) nell'atletica leggera e nel nuoto, gara su media distanza (*p.e.* 800 m) | nel ciclismo, gara in pista dietro motori, su distanza inferiore ai 100 km.
mezzogiorno [meʒ-ʒo-giór-no] *s.m.* [pl. *mezzogiorni*] **1** il momento in cui il Sole culmina; le ore dodici locali **2** (*estens.*) il sud: *casa esposta a* — **3** la parte meridionale di un paese: *il* — *della Francia* | *il Mezzogiorno*, l'Italia meridionale.
mezzomarinaio [meʒ-ʒo-ma-ri-nà-io] *s.m.* [pl. *mezzimarinai*] (*mar.*) asta per l'attracco; alighiero.
mezzopunto [meʒ-ʒo-pùn-to] *s.m.* [pl. *mezzipunti*] punto a croce impiegato per lavori di ricamo.
mezzora [meʒ-ʒó-ra] *s.f.* [pl. *meʒʒore*] la metà di un'ora. DIM. *mezzoretta*.
mezzosangue [meʒ-ʒo-sàn-gue] *s.m.* e *f.invar.* **1** cavallo che è purosangue soltanto da parte di uno dei genitori **2** (*estens.*) meticcio.
mezzoservizio [meʒ-ʒo-ser-vì-zio] *s.m.* [solo *sing.*] prestazione di lavoro domestico limitata a metà giornata.
mezzosoprano [meʒ-ʒo-so-prà-no] *s.m.* [pl. *mezzisoprani*] **1** registro di voce femminile che sta tra il soprano e il contralto **2** [anche *f.*] la cantante che ha tale voce.
mezzotondo [meʒ-ʒo-tón-do] *s.m.invar.* (*scult.*) tecnica in cui il soggetto è scolpito solo in una parte dei suoi volumi, come aggettante da un piano o da una parete di fondo: *raffigurazione a* —.
mezzuccio [meʒ-ʒùc-cio] *s.m.* espediente meschino.
mezzule [meʒ-ʒù-le] *s.m.* la parte centrale del fondo di una botte, munita di sportello per la pulizia dell'interno.
mi[1] *pron.pers. di prima pers.sing.* [forma complementare atona del pron. pers. *io*] **1** si usa in luogo di *me* o *a me* quando non si vuol dare a essi particolare rilievo: *mi ha scritto ieri*; *eccomi giunto*; *ditemi se è vero* | si usa nella coniugazione dei verbi pronominali: *mi vesto*; *mi pento* **2** esprime l'intensa partecipazione affettiva di chi parla all'azione espressa nel discorso: *stammi bene*.
mi[2] *s.m.* nota musicale, la terza della scala di do.
mi[3] *s.m.* nome della dodicesima lettera dell'alfabeto greco, corrispondente a *m* nei caratteri latini.
miagolamento [mia-go-la-mén-to] *s.m.* il miagolare.
miagolare [mia-go-là-re] *v.intr.* [*io miàgolo ecc.*; aus. *avere*] **1** detto del gatto, emettere il caratteristico verso **2** (*fig.*) detto di persona, parlare o cantare con voce leziosa e strascicata.
miagolata [mia-go-là-ta] *s.f.* il miagolare a lungo.
miagolio [mia-go-lì-o] *s.m.* un miagolare insistente.
mialgia [mi-al-gì-a] *s.f.* (*med.*) dolore muscolare.
miao [mià-o] *inter.* voce onomatopeica, che imita il verso del gatto ♦ *s.m.invar.* miagolio.
miasma [mi-à-ʃma] *s.m.* [pl. *-smi*] esalazione fe-

tida e nociva proveniente da sostanze in putrefazione o da acque stagnanti | (*estens.*) forte odore cattivo.

miasmatico [mia-ʃmà-ti-co] *agg.* [pl.m. *-ci*] che esala miasmi; contaminato, prodotto da miasmi: *paludi miasmatiche.*

miastenia [mi-a-ste-nì-a] *s.f.* (*med.*) malattia caratterizzata da indebolimento muscolare progressivo e generalizzato.

mica[1] [mì-ca] *avv.* (*fam.*) **1** affatto, per nulla (come rafforzativo di una negazione): *non sto — male* | per caso (in espressioni dubitative o interrogative): *non ti sarai — offeso?* **2** non (usato senz'altra negazione): *sono cose vere, — storie* | *— male*, indica condizione o giudizio favorevole | *— tanto*, poco: *"Ti sei divertito?" "Mica tanto".*

mica[2] *s.f.* denominazione generica di un gruppo di minerali componenti essenziali di molte rocce, caratterizzati da facilissima sfaldatura in sottili lamine flessibili.

micascisto [mi-ca-scì-sto] *s.m.* (*min.*) roccia metamorfica a struttura scistosa costituita essenzialmente di mica e quarzo.

miccia [mìc-cia] *s.f.* [pl. *-ce*] filo combustibile usato per trasmettere a distanza l'accensione a ordigni esplosivi: *— a combustione lenta* | *dar fuoco alla —*, (*fig.*) iniziare una rivolta, una lite.

micelio [mi-cè-lio] *s.m.* (*bot.*) corpo vegetativo dei funghi, formato dalle ife.

miceneo [mi-ce-nè-o] *agg.* dell'antica città di Micene, nell'Argolide; relativo alla civiltà ivi fiorita nel II millennio a.C.: *arte micenea* ♦ *s.m.* [f. *-a*] abitante, nativo dell'antica Micene.

micete [mi-cè-te] *s.m.* (*bot.*) fungo.

micetologia [mi-ce-to-lo-gì-a] *s.f.* micologia.

michelangiolesco [mi-che-lan-gio-lé-sco] *agg.* [pl.m. *-schi*] **1** di Michelangelo Buonarroti (1475-1564) **2** che ricorda la solennità dell'arte di Michelangelo: *figura michelangiolesca.*

michetta [mi-chét-ta] *s.f.* (*sett.*) piccolo pane di forma rotonda; rosetta.

micidiale [mi-ci-dià-le] *agg.* **1** che procura la morte: *un veleno —* **2** (*iperb.*) estremamente nocivo; pesante, insopportabile: *clima —.*

micio [mì-cio] *s.m.* [f. *-a*; pl.f. *-cie* o *-ce*] (*fam.*) gatto domestico. DIM. *micetto, micino* ACCR. *micione.*

mico- primo elemento di parole composte della terminologia scientifica che significa 'fungo' o indica attinenza con i funghi (*micologia*).

micobatteri [mi-co-bat-tè-ri] *s.m.pl.* (*bot.*) lo stesso che *actinomiceti.*

micologia [mi-co-lo-gì-a] *s.f.* settore della botanica che studia i funghi.

micologo [mi-cò-lo-go] *s.m.* [f. *-a*; pl.m. *-gi*] studioso di micologia.

micosi [mi-cò-ʃi] *s.f.* malattia prodotta da funghi parassiti microscopici.

micotico [mi-cò-ti-co] *agg.* [pl.m. *-ci*] che concerne la micosi.

micragna [mi-cràgna] *s.f.* (*region.*) **1** miseria, povertà | scarsezza, penuria **2** avarizia, taccagneria.

micragnoso [mi-cra-gnó-so] *agg.* (*region.*) **1** che si trova in miseria; povero **2** taccagno, tirchio.

micro- primo elemento di parole composte, che significa 'piccolo' (*microonda, microbilancia*), 'di sviluppo limitato' (*microcefalia*), oppure 'microscopico' (*microrganismo*); anteposto a un'unità di misura, ne moltiplica il valore per 10^{-6} (*microampere*).

microampere [mi-cro-am-pe-re; / microam'per /] *s.m.invar.* (*fis.*) unità di misura di intensità di corrente, pari a 1 milionesimo di ampere.

microanalisi [mi-cro-a-nà-li-ʃi] *s.f.* analisi chimica che stima quantità minime di sostanza.

microbico [mi-crò-bi-co] *agg.* [pl.m. *-ci*] di microbo, da microbi: *infezione microbica.*

microbilancia [mi-cro-bi-làn-cia] *s.f.* [pl. *-ce*] bilancia con sensibilità fino a un milionesimo di grammo.

microbio [mi-crò-bio] *s.m.* (*biol.*) microrganismo animale o vegetale, per lo più patogeno.

microbiologia [mi-cro-bi-o-lo-gì-a] *s.f.* parte della biologia che studia i microrganismi.

microbiologo [mi-cro-bi-ò-lo-go] *s.m.* [f. *-a*; pl.m. *-gi*] studioso di microbiologia.

microbo [mì-cro-bo] *s.m.* **1** microbio **2** (*fig.*) persona insignificante e meschina.

microcamera [mi-cro-cà-me-ra] *s.f.* apparecchio fotografico di piccolissime dimensioni.

microcefalia [mi-cro-ce-fa-lì-a] *s.f.* (*med.*) sviluppo ridotto del cranio.

microcefalo [mi-cro-cè-fa-lo] *agg.* e *s.m.* (*med.*) che/chi è affetto da microcefalia.

microchip [mi-cro-chip; / mikro'tʃip /] *s.m.invar.* (*inform.*) chip molto miniaturizzato.

microchirurgia [mi-cro-chi-rur-gì-a] *s.f.* tecnica chirurgica che prevede l'uso del microscopio e di adeguati strumenti per interventi di particolare precisione.

microcircuito [mi-cro-cir-cùi-to] *s.m.* circuito elettronico con componenti miniaturizzati.

microcitemia [mi-cro-ci-te-mì-a] *s.f.* (*med.*) presenza di microciti nel sangue.

microcito [mi-cro-cì-to] *s.m.* (*med.*) globulo rosso di dimensioni inferiori alla media.

microclima [mi-cro-clì-ma] *s.m.* [pl. *-mi*] l'insieme delle condizioni climatiche esistenti nell'immediata vicinanza del suolo | il clima di un'area limitata della superficie terrestre.

microclimatologia [mi-cro-cli-ma-to-lo-gì-a] *s.f.* disciplina che studia il clima relativo alla regione atmosferica posta al di sotto dei due metri d'altitudine.

microcosmo [mi-cro-cò-ʃmo] *s.m.* **1** (*filos.*) nel pensiero antico e rinascimentale, l'uomo inteso come un'entità che riassume in sé l'intero universo **2** (*scient.*) l'insieme dei sistemi infinitamente piccoli che costituiscono la materia **3** (*lett.*) ambiente circoscritto | (*spreg.*) mondo angusto e limitato.

microcriminalità [mi-cro-cri-mi-na-li-tà] *s.f.* attività delinquenziale che concerne reati di lieve entità.
microcristallino [mi-cro-cri-stal-lì-no] *agg.* (*min.*) si dice di roccia o di aggregato di minerali i cui cristalli sono invisibili a occhio nudo.
microdattilia [mi-cro-dat-ti-lì-a] *s.f.* (*med.*) ridotto sviluppo delle dita delle mani o dei piedi.
microdelinquenza [mi-cro-de-lin-quèn-za] *s.f.* lo stesso che *microcriminalità*.
microeconomia [mi-cro-e-co-no-mì-a] *s.f.* branca dell'economia che studia le singole unità produttive.
microeconomico [mi-cro-e-co-nò-mi-co] *agg.* [pl.m. *-ci*] che riguarda la microeconomia.
microelemento [mi-cro-e-le-mén-to] *s.m.* (*chim.*, *biol.*) oligoelemento.
microelettronica [mi-cro-e-let-trò-ni-ca] *s.f.* parte dell'elettronica che studia la realizzazione e le applicazioni industriali dei circuiti miniaturizzati.
microfiche [/ mikrɔ'fiʃ /] *s.f.invar.* microscheda.
microfillo [mi-cro-fìl-lo] *agg.* (*bot.*) si dice di pianta che ha le foglie molto piccole ♦ *s.m.* foglia di piccole dimensioni, con caratteri poco sviluppati.
microfilm [mi-cro-film] *s.m.invar.* pellicola di piccole dimensioni usata per fotografare scritti, documenti.
microfilmare [mi-cro-fil-mà-re] *v.tr.* riprodurre in microfilm: — *un codice*.
microfisiologia [mi-cro-fi-ʃio-lo-gì-a] *s.f.* settore della biologia che studia i fenomeni fisiologici che avvengono a livello cellulare | il complesso di tali fenomeni.
microfonista [mi-cro-fo-nì-sta] *s.m.* e *f.* [pl.m. *-sti*] (*cine.*) tecnico addetto all'installazione e al funzionamento di microfoni durante le riprese.
microfono [mi-crò-fo-no] *s.m.* apparecchio che trasforma le vibrazioni acustiche in oscillazioni elettriche permettendo così la trasmissione e l'amplificazione del suono.
microfotografia [mi-cro-fo-to-gra-fì-a] *s.f.* **1** fotografia di oggetti molto piccoli **2** fotografia eseguita con una microcamera.
microgrammo [mi-cro-gràm-mo] *s.m.* milionesimo di grammo.
microistruzione [mi-cro-i-stru-zió-ne] *s.f.* (*inform.*) istruzione elementare di un microprogramma.
microlettore [mi-cro-let-tó-re] *s.m.* apparecchio da proiezione per la lettura di microfilm.
micromelia [mi-cro-me-lì-a] *s.f.* (*med.*) deficiente sviluppo di uno o più arti.
micrometeorologia [mi-cro-me-teo-ro-lo-gì-a] *s.f.* branca della meteorologia che studia i fenomeni dello strato d'aria prossimo al suolo, in zone circoscritte e con particolare riguardo agli inquinamenti.
micrometrico [mi-cro-mè-tri-co] *agg.* [pl.m. *-ci*] relativo al micrometro.
micrometro[1] [mi-crò-me-tro] *s.m.* strumento per misure lineari di precisione dell'ordine dei millesimi di millimetro.
micrometro[2] [mi-cro-mè-tro] *s.m.* milionesimo di metro, un tempo detto *micron*.
micromicete [mi-cro-mi-cè-te] *s.m.* (*bot.*) fungo microscopico.
micromotore [mi-cro-mo-tó-re] *s.m.* piccolo motore, applicato a biciclette o veicoli molto leggeri; la bicicletta o il veicolo che ne è dotato.
microonda [mi-cro-ón-da] *s.f.* (*fis.*) onda elettromagnetica di lunghezza compresa fra 25 mm e 60 cm | *forno a microonde*, forno domestico che sfrutta il calore delle microonde per la cottura rapida dei cibi.
microprocessore [mi-cro-pro-ces-só-re] *s.m.* (*inform.*) unità centrale di elaborazione costruita su un singolo circuito integrato.
microprogramma [mi-cro-pro-gràm-ma] *s.m.* [pl. *-mi*] (*inform.*) programma costituito da microistruzioni che consentono di effettuare operazioni complesse non previste nel repertorio di istruzioni di un elaboratore.
microrganismo [mi-cror-ga-nì-ʃmo] *s.m.* nome generico con cui si indicano esseri animali e vegetali visibili solo al microscopio.
microriproduttore [mi-cro-ri-pro-dut-tó-re] *s.m.* apparecchio fotografico per microfilmare.
microscheda [mi-cro-schè-da] *s.f.* scheda di carta sensibile su cui è possibile riprodurre fotograficamente più pagine di un testo in formato ridotto.
microscopico [mi-cro-scò-pi-co] *agg.* [pl.m. *-ci*] **1** relativo al miscroscopio, eseguito col microscopio: *analisi microscopica* **2** tanto piccolo da essere visibile solo al microscopio: *organismo* — | (*iperb.*) minuscolo, piccolissimo: *omino* — □ **microscopicamente** *avv.* **1** per mezzo del microscopio: *analizzare — qlco.* **2** (*iperb.*) in modo microscopico: *un bikini — piccolo.*
microscopio [mi-cro-scò-pio] *s.m.* strumento ottico che consente di vedere oggetti non percepibili a occhio nudo: — *elettronico*, che utilizza un fascio di elettroni e ingrandisce oltre 100.000 volte | *osservare qlco. al* —, (*fig.*) esaminarla con minuzia, con pedanteria.
microsecondo [mi-cro-se-cón-do] *s.m.* milionesimo di secondo.
microsisma [mi-cro-sì-ʃma] *s.m.* [pl. *-ʃmi*] sisma di minima intensità.
microsismico [mi-cro-sì-ʃmi-co] *agg.* [pl.m. *-ci*] relativo a microsisma.
microsismografo [mi-cro-si-ʃmò-gra-fo] *s.m.* strumento per la registrazione e misurazione di microsismi.
microsolco [mi-cro-sól-co] *s.m.* [pl. *-chi*] **1** solco per l'incisione fonografica particolarmente sottile **2** il disco fonografico così inciso: *un — a 45* giri | Usato anche come *agg.invar.*: *disco* —.
microspia [mi-cro-spì-a] *s.f.* microfono miniaturizzato per intercettare conversazioni.
microspora [mi-cro-spò-ra] *s.f.* (*bot.*) spora che dà origine al gametofito maschile.

microstoria [mi-cro-stò-ria] *s.f.* indirizzo della storiografia che indaga su realtà geograficamente limitate, ponendo attenzione alla vita quotidiana e alla mentalità collettiva.

microstruttura [mi-cro-strut-tù-ra] *s.f.* la struttura di un corpo come appare al microscopio.

microtelefono [mi-cro-te-lè-fo-no] *s.m.* la parte dell'apparecchio telefonico che contiene i dispositivi di trasmissione e ricezione della voce.

microtermo [mi-cro-tèr-mo] *agg.* si dice di pianta che per vegetare ha bisogno di una temperatura media annua da 0 a 15 °C.

mida [mì-da] *s.m.invar.* uomo favolosamente ricco.

midolla [mi-dól-la] *s.f.* la parte molle del pane; mollica.

midollare [mi-dol-là-re] *agg.* del midollo, relativo al midollo: *sostanza —.*

midollo [mi-dól-lo] *s.m.* [pl.f. *-la* nel sign.3] **1** (*anat.*) la parte centrale di un organo; in particolare, il tessuto spugnoso che occupa le cavità del tessuto osseo | *— spinale*, parte del sistema nervoso centrale che occupa il canale vertebrale **2** (*bot.*) tessuto parenchimatico posto al centro dei fusti e delle radici di una pianta **3** (*fig.*) la parte più interna di una persona o di una cosa: *bagnarsi fino alle midolla.*

midolloso [mi-dol-ló-so] *agg.* che contiene molto midollo: *osso —.*

midriasi [mi-drì-a-ʃi] *s.f.* (*med.*) dilatazione della pupilla.

mielato → **melato**.

miele [miè-le] *s.m.* sostanza molto dolce di color biondo, prodotta dalle api: *— di castagno*, quello prodotto da api che si nutrono del nettare dei fiori di castagno | *dolce come il —*, dolcissimo ♦ *agg.invar.* si dice di colore biondo ambrato: *giallo —.*

mielencefalo [mie-len-cè-fa-lo] *s.m.* (*anat.*) segmento terminale dell'encefalo embrionale che dà origine al midollo allungato.

mielite [mie-lì-te] *s.f.* (*med.*) infiammazione del midollo osseo e del midollo spinale.

mielo- primo elemento di parole composte della terminologia medica, che indica relazione col midollo osseo o spinale (*mieloma*).

mielocito [mie-lo-cì-to], o **mielocita**, *s.m.* (*biol.*) cellula che si forma nel midollo osseo e che dà origine ai leucociti plurinucleari.

mielografia [mie-lo-gra-fì-a] *s.f.* (*med.*) esame radiologico del midollo spinale.

mieloma [mie-lò-ma] *s.m.* [pl. *-mi*] (*med.*) tumore maligno del midollo osseo.

mielosi [mie-lò-ʃi] *s.f.* (*med.*) affezione degenerativa del midollo spinale: *— leucemica.*

mieloso [mie-ló-so] *agg.* **1** di sapore dolciastro **2** (*fig.*) sdolcinato, mellifluo: *parole mielose.*

mietere [miè-te-re] *v.tr.* [*io mièto ecc.*] **1** tagliare a mano o a macchina i cereali maturi: *— il grano* | (*assol.*) eseguire la mietitura del grano: *è tempo di —* **2** (*fig.*) uccidere, far morire: *le guerre mietono molte vittime* **3** (*fig.*) raccogliere in gran quantità: *— successi.*

mietilega [mie-ti-lé-ga] *s.f.* (*agr.*) macchina per mietere cereali e legarli in covoni.

mietitore [mie-ti-tó-re] *s.m.* [f. *-trice*] chi miete, chi lavora alla mietitura.

mietitrebbia [mie-ti-tréb-bia] *s.f.* (*agr.*) mietitrebbiatrice.

mietitrebbiatrice [mie-ti-treb-bia-trì-ce] *s.f.* (*agr.*) macchina per mietere i cereali e trebbiarli.

mietitrice [mie-ti-trì-ce] *s.f.* macchina che compie la mietitura.

mietitura [mie-ti-tù-ra] *s.f.* **1** operazione del mietere **2** il periodo in cui si miete **3** la quantità di cereali mietuti; messe: *un'abbondante —.*

migliaccio [mi-gliàc-cio] *s.m.* (*region.*) frittella larga e sottile che si mangia spolverata di zucchero e arrotolata | *— di maiale*, sanguinaccio.

migliaio [mi-glià-io] *s.m.* [pl.f. *migliaia*] **1** insieme di mille o di circa mille unità: *un — di persone* **2** (*iperb.*) un numero grandissimo: *avere migliaia di cose da fare* | *a migliaia*, in gran quantità.

miglio[1] [mì-glio] *s.m.* [pl.f. *miglia*] unità di misura delle distanze, di valore diverso secondo i tempi e i luoghi | *— inglese*, equivalente a 1609,34 m | *— marino*, pari a 1853,18 m | *lontano un —*, *mille miglia*, a grande distanza.

miglio[2] *s.m.* pianta erbacea con foglie lineari e infiorescenze a pannocchia; i frutti della pianta, usati sia per l'alimentazione umana sia come becchime per uccelli.

miglioramento [mi-glio-ra-mén-to] *s.m.* **1** il rendere migliore; l'opera fatta per rendere migliore: *apportare un —* **2** il diventare migliore: *il — della situazione* **3** lo stare meglio, specialmente durante una malattia.

migliorare [mi-glio-rà-re] *v.tr.* [*io miglióro ecc.*] **1** rendere migliore; perfezionare: *— il rendimento di una macchina* | *— un terreno*, (*agr.*) renderne migliore la composizione chimica ♦ *v.intr.* [aus. *essere*; anche *avere* nel sign. 2] **1** diventare migliore: *il tempo non accenna a —* **2** ristabilirsi in salute: *l'ammalato va migliorando* | progredire: *la classe ha migliorato molto.*

migliorativo [mi-glio-ra-tì-vo] *agg.* che ha lo scopo di far migliorare; che introduce miglioramenti: *provvedimento —.*

migliore [mi-glió-re] *agg.* [compar. di *buono*] **1** più buono (per qualità, valore, pregio ecc.): *prodotto, posto —* | *passare a miglior vita*, (*eufem.*) morire **2** più soddisfacente; più conveniente: *comprare a un prezzo —* ♦ *s.m.* [anche *f.*] la persona, la cosa migliore: *vinca il —.*

miglioria [mi-glio-rì-a] *s.f.* opera di miglioramento di fondi, strade, edifici.

migliorismo [mi-glio-rì-ʃmo] *s.m.* (*polit.*) concezione che confida non in soluzioni radicali ma in un progresso graduale e costante delle condizioni umane e sociali.

migliorista [mi-glio-rì-sta] *s.m.* e *f.* [pl-m. *-i*] fautore, sostenitore del migliorismo.

mignatta [mi-gnàt-ta] *s.f.* **1** sanguisuga **2** (*fig.*) persona molto invadente e appiccicosa.

mignolo [mì-gno-lo] *s.m.* e *agg.* si dice del quinto e più piccolo dito della mano o del piede.

mignon [/ miɲ'ɲɔn /] *agg.invar.* (*fr.*) di piccole dimensioni, di piccolo formato: *pasticceria* —.

mignonnette [/ miɲɲo'nɛt /] *s.f.* (*fr.*) bottiglietta di liquore che riproduce perfettamente la confezione standard.

mignotta [mi-gnòt-ta] *s.f.* (*region. volg.*) prostituta.

migrante [mi-gràn-te] *agg.* (*non com.*) che migra, si sposta.

migrare [mi-grà-re] *v.intr.* [aus. *essere*] lasciare il luogo in cui si vive per stabilirsi altrove: *uccelli che migrano.*

migratore [mi-gra-tó-re] *agg.* e *s.m.* [f. *-trice*] che/chi migra: *uccelli migratori.*

migratorio [mi-gra-tò-rio] *agg.* di migrazione, che concerne le migrazioni: *correnti migratorie.*

migrazione [mi-gra-zió-ne] *s.f.* **1** il migrare; spostamento temporaneo o definitivo di gruppi etnici da una sede a un'altra: *le migrazioni dei barbari* | spostamento periodico di alcune specie animali: *le migrazioni delle anguille* **2** (*fis.*) movimento degli ioni verso gli elettrodi nella elettrolisi **3** (*med.*) spostamento di un organo, di una cellula o di una manifestazione patologica dalla sede primitiva in un'altra.

-mila [mì-la] secondo elemento di agg.num.card. multipli di mille (*settemila*).

milanese [mi-la-né-se] *agg.* di Milano | *alla* —, alla maniera dei milanesi: *cotoletta alla* —, cotoletta di vitello impanata e fritta ♦ *s.m.* **1** [anche *f.*] abitante, nativo di Milano **2** dialetto di Milano.

miliardario [mi-liar-dà-rio] *agg.* e *s.m.* [f. *-a*] si dice di chi possiede più miliardi di lire | (*estens.*) persona straricca: *una villa da miliardari.*

miliardesimo [mi-liar-dè-ʃi-mo] *agg.* che in una serie occupa il posto corrispondente a un miliardo ♦ *s.m.* la miliardesima parte di un tutto.

miliardo [mi-liàr-do] *s.m.* **1** indica una quantità composta da mille milioni di unità: *un — di dollari* | (*estens.*) un miliardo di lire **2** (*iperb.*) quantità, numero enorme: *gliel'ho detto un — di volte!*

miliare [mi-lià-re] *agg.* si dice di indicazione che segna il numero di miglia di una strada | *pietra* —, (*fig.*) avvenimento che costituisce una tappa fondamentale: *la scoperta della penicillina è una pietra — nella storia della medicina.*

milieu [/ mi'ljø /] *s.m.invar.* (*fr.*) (*lett.*) ambiente, contesto, ambito: — *culturale.*

milionario [mi-lio-nà-rio] *agg.* e *s.m.* [f. *-a*] si diceva un tempo di chi possedeva più milioni di lire.

milione [mi-lió-ne] *s.m.* **1** indica una quantità composta da mille migliaia di unità: *un — di persone* | (*estens.*) un milione di lire. DIM. *milioncino* **2** (*iperb.*) quantità, numero enorme: *l'ho visto un — di volte!*

milionesimo [mi-lio-nè-ʃi-mo] *agg.* che in una serie occupa il posto corrispondente a un milione ♦ *s.m.* la milionesima parte di un tutto.

militante [mi-li-tàn-te] *agg.* che milita; che partecipa attivamente alla vita di un movimento politico, culturale ecc. | *chiesa* —, (*teol.*) l'insieme dei fedeli viventi ♦ *s.m.* e *f.* attivista di un movimento o di un partito.

militanza [mi-li-tàn-za] *s.f.* **1** attività a sostegno di idee, di organizzazioni ecc.: — *femminista* **2** insieme dei militanti.

militare[1] [mi-li-tà-re] *agg.* relativo alle forze armate o ai soldati: *carriera* —; *marina, aeronautica* — | *tribunale* —, quello che giudica di reati militari ♦ *s.m.* appartenente alle forze armate di uno stato: *i militari e i civili* | *fare il* —, prestare servizio militare di leva □ **militarmente** *avv.* **1** secondo le consuetudini militari: *salutare* — **2** dal punto di vista militare: *un territorio — ben munito* | con le forze armate: *occupare — un paese* **3** (*fig.*) militarescamente, rigidamente: *un ragazzo educato* —.

militare[2] *v.intr.* [*io mìlito ecc.*; aus. *avere*] **1** prestare servizio militare: — *nell'aeronautica* **2** (*estens.*) partecipare attivamente alla vita di un movimento politico, culturale ecc.: *Carlo Carrà militò nel futurismo* **3** (*fig.*) essere di sostegno, d'appoggio: *argomenti che militano a nostro favore.*

militaresco [mi-li-ta-ré-sco] *agg.* [pl.m. *-schi*] di militare, da militare (spec. *spreg.*): *linguaggio* — □ **militarescamente** *avv.*

militarismo [mi-li-ta-rì-ʃmo] *s.m.* spirito militare esasperato | tendenza a incrementare lo sviluppo delle forze armate e degli armamenti.

militarista [mi-li-ta-rì-sta] *s.m.* e *f.* [pl.m. *-sti*] sostenitore del militarismo | Usato come *agg.* militaristico.

militaristico [mi-li-ta-rì-sti-co] *agg.* [pl.m. *-ci*] da militarista; del militarismo: *spirito* —.

militarizzare [mi-li-ta-riʒ-ʒà-re] *v.tr.* **1** assoggettare temporaneamente, in caso di guerra o di emergenza, alla disciplina militare: — *i ferrovieri* | (*estens.*) organizzare secondo schemi, principi militari: — *un partito* **2** fortificare militarmente: — *un porto* ♦ **militarizzarsi** *v.rifl.* assoggettarsi a disciplina militare; organizzarsi militarmente.

militarizzazione [mi-li-ta-riʒ-ʒa-zió-ne] *s.f.* il militarizzare, il militarizzarsi, l'essere militarizzato.

milite [mì-li-te] *s.m.* **1** soldato | — *ignoto*, salma di un soldato non identificato onorata come simbolo di tutti i caduti in guerra **2** chi fa parte di particolari corpi militari: — *della guardia di finanza.*

militesente [mi-li-te-ʃèn-te] *agg.* e *s.m.* (*pop.*) esente dal servizio militare per averlo già assolto o per non doverlo assolvere.

milizia [mi-lì-zia] *s.f.* **1** il mestiere di soldato; la vita militare **2** (*st.*) corpo di soldati armati: *milizie mercenarie* **3** (*fig.*) attività svolta con grande impegno per una causa ideale: — *politica.*

miliziano [mi-li-zià-no] *s.m.* appartenente a milizie speciali o volontarie.
millantare [mil-lan-tà-re] *v.tr.* vantare cose o qualità che non si possiedono: — *nobili origini.*
millantatore [mil-lan-ta-tó-re] *agg.* e *s.m.* [f. *-trice*] che/chi millanta; fanfarone.
millanteria [mil-lan-te-rì-a] *s.f.* vanteria esagerata o senza fondamento: *dire qlco. per* — | il discorso con cui ci si vanta; spacconata: *nessuno crede più alle sue millanterie.*
mille [mìl-le] *agg.num.card.invar.* **1** numero naturale corrispondente a dieci centinaia: — *metri* **2** indica un numero indeterminato assai elevato; moltissimo: *fare — scuse.*
millefoglie [mil-le-fò-glie] *s.m.invar.* dolce fatto di vari strati di pasta sfoglia inframmezzati con crema.
millenario [mil-le-nà-rio] *agg.* **1** che ha mille anni, che dura o è durato uno o più millenni: *civiltà millenaria* **2** che ricorre ogni mille anni: *celebrazioni millenarie* ♦ *s.m.* ricorrenza del millesimo anno di un avvenimento memorabile; la cerimonia che si celebra in tale occasione: *il — della fondazione di una città.*
millenarismo [mil-le-na-rì-ʃmo] *s.m.* credenza secondo la quale in un futuro più o meno lontano si verificheranno eventi che sovvertiranno l'ordine sociale e politico del mondo.
millenarista [mil-le-na-rì-sta] *s.m.* e *f.* [pl.m. *-sti*] seguace del millenarismo | Usato anche come *agg.* in luogo di *millenaristico.*
millenaristico [mil-le-na-rì-sti-co] *agg.* [pl.m. *-ci*] proprio del millenarismo o dei millenaristi: *dottrina millenaristica.*
millennio [mil-lèn-nio] *s.m.* periodo di mille anni: *il terzo — a.C.*
millepiedi [mil-le-piè-di] *s.m.* denominazione popolare di alcune specie di miriapodi forniti di due paia di zampe per segmento.
millerighe [mil-le-rì-ghe] *agg.invar.* si dice di un tessuto a più colori disposti in modo da ottenere effetti cangianti ♦ *s.m.invar.* tessuto millerighe.
millesimo [mil-lè-ʃi-mo] *agg.num.ord.* che in una serie occupa il posto corrispondente al numero mille ♦ *s.m.* **1** la millesima parte di un tutto **2** in una data, la cifra delle migliaia.
milleusi [mil-le-ù-ʃi] *agg.invar.* si dice di strumento adatto a più usi o composto di elementi utili per usi diversi: *coltello —.*
milli- primo elemento di parole composte, che anteposto a un'unità di misura ne moltiplica il valore per 10^{-3} (*millimetro*).
millibar [mil-li-bàr] *s.m.invar.* (*fis.*, *meteor.*) unità di misura della pressione atmosferica, pari a un millesimo di bar.
milligrammo [mil-li-gràm-mo] *s.m.* [pl. *-mi*] millesimo di grammo; ha come simbolo *mg.*
millilitro [mil-lì-li-tro] *s.m.* millesimo di litro.
millimetrare [mil-li-me-trà-re] *v.tr.* [*io millìmetro ecc.*] misurare, dividere in millimetri.
millimetrato [mil-li-me-trà-to] *agg.* diviso in millimetri: *squadra millimetrata* | *carta millimetrata*, carta sulla quale è impresso un reticolo di quadratini d'un millimetro di lato.
millimetrico [mil-li-mè-tri-co] *agg.* [pl.m. *-ci*] **1** diviso in millimetri: *reticolo* — **2** valutabile in millimetri; piccolissimo: *distanza millimetrica* **3** (*fig.*) estremamente preciso: *atterraggio —.*
millimetro [mil-lì-me-tro] *s.m.* millesimo di metro; ha come simbolo *mm* | *fare qlco. al —*, (*fig.*) con estrema precisione.
millisecondo [mil-li-se-cón-do] *s.m.* millesimo di secondo.
millivolt [mil-li-vòlt] *s.m.invar.* (*fis.*) unità di misura della differenza di potenziale, pari a un millesimo di volt.
milord [/ mi'lɔrd /] *s.m.invar.* (*ingl.*) **1** gentiluomo inglese **2** (*scherz.*) persona elegante e ricercata.
milza [mìl-za] *s.f.* (*anat.*) organo situato nella parte superiore sinistra dell'addome, nel quale si formano i globuli bianchi e vengono distrutti i globuli rossi alterati.
mimare [mi-mà-re] *v.tr.* rappresentare con i gesti del corpo e le espressioni del volto senza usare le parole, come fanno i mimi; imitare: — *una scena.*
mimesi [mi-mè-ʃi] *s.f.* (*lett.*) imitazione.
mimetica [mi-mè-ti-co] *s.f.* (*mil.*) divisa di colore adatto alla mimetizzazione.
mimetico [mi-mè-ti-co] *agg.* [pl.m. *-ci*] **1** di imitazione; imitativo: *abilità mimetica* **2** che si mimetizza: *tuta mimetica* | che serve a mimetizzare; che è mimetizzato: *vernice mimetica* □ **mimeticamente** *avv.*
mimetismo [mi-me-tì-ʃmo] *s.m.* **1** fenomeno per cui alcune specie animali e vegetali assumono forme e colori simili a quelli dell'ambiente in cui vivono **2** (*fig.*) capacità di cambiare idee e atteggiamenti col mutare della situazione: — *ideologico.*
mimetizzare [mi-me-tiʒ-ʒà-re] *v.tr.* mascherare qlco. in modo da renderlo simile all'ambiente naturale circostante: — *un carro armato* ♦ **mimetizzarsi** *v.rifl.* **1** di soldati, mascherarsi a scopo tattico per confondersi con l'ambiente circostante: — *con foglie e rami* | di animali e piante, presentare il fenomeno del mimetismo: *il camaleonte si mimetizza* **2** (*fig.*) mutare, a seconda delle circostanze, il proprio comportamento, il proprio atteggiamento.
mimetizzazione [mi-me-tiʒ-ʒa-zió-ne] *s.f.* il mimetizzare, il mimetizzarsi, l'essere mimetizzato.
mimica [mì-mi-ca] *s.f.* **1** l'arte scenica di esprimersi solo mediante i gesti e le espressioni del volto **2** (*estens.*) l'insieme dei gesti con cui si accompagna o si sostituisce la parola: — *facciale.*
mimico [mì-mi-co] *agg.* [pl.m. *-ci*] **1** che riguarda il mimo, la mimica: *arte mimica* **2** che si esprime per mezzo di gesti: *linguaggio* — □ **mimicamente** *avv.* per mezzo della mimica, mediante gesti: *esprimersi —.*
mimo [mì-mo] *s.m.* **1** [f. *-a*] attore che interpreta un'azione scenica valendosi solo della mimi-

ca, senza parole | (*spreg.*) istrione **2** (*teat.*) azione scenica basata solo sulla mimica; arte mimica: *uno spettacolo di —.*

mimosa [mi-mó-sa] *s.f.* **1** (*bot.*) genere di arbusti con foglie bipennate caduche, rami spinosi, infiorescenze a capolino **2** nome corrente di certe varietà di acacia, con fiori profumati gialli, simili a palline vellutate.

mimosacee [mi-mo-sà-ce-e] *s.f.pl.* (*bot.*) famiglia di piante dicotiledoni spinose con foglie composte e fiori in capolini; vi appartiene la mimosa.

mina [mì-na] *s.f.* **1** cavità artificiale in cui viene inserito l'esplosivo per abbattere rocce o murature; l'esplosivo stesso: *polvere da —* **2** (*mil.*) ordigno esplosivo che scoppia se urtato **3** bastoncino sottilissimo di grafite impastata con argilla che, inserito nella matita, serve per scrivere.

minaccia [mi-nàc-cia] *s.f.* [pl. *-ce*] **1** il minacciare; atto o parole con cui si minaccia: *costringere con le minacce* **2** (*fig.*) indizio che fa temere un male futuro; pericolo incombente: *— di tempesta.*

minacciare [mi-nac-cià-re] *v.tr.* [*io minàccio ecc.*] **1** far temere a qlcu. un male futuro, per costringerlo o dissuaderlo dal fare qlco.: *— di morte* **2** (*fig.*) mettere in pericolo: *un contrasto che minaccia la pace* **3** (*fig.*) far presentire un danno, un pericolo, l'aggravarsi di una condizione: *la febbre minaccia di salire.*

minaccioso [mi-nac-ció-so] *agg.* **1** che contiene o esprime minaccia: *sguardo —* **2** (*fig.*) che costituisce un pericolo; che preannuncia un male, un danno: *tempo —* **3** (*fig. lett.*) di cosa che per la sua grandiosità ispira timore: *vette minacciose* □ **minacciosamente** *avv.*

minare [mi-nà-re] *v.tr.* **1** praticare mine in una roccia o in una costruzione: *— un ponte* | collocare mine a scopo offensivo o difensivo: *— l'ingresso di un porto* **2** (*fig.*) insidiare, indebolire, corrodere: *— le istituzioni dello stato.*

minareto [mi-na-ré-to] *s.m.* torre annessa alla moschea, dalla quale il muezzin chiama i credenti alla preghiera.

minato [mi-nà-to] *agg.* **1** cosparso di mine | *terreno —*, (*fig.*) situazione insidiosa, da affrontare con estrema cautela **2** corroso, indebolito: *salute minata.*

minatore [mi-na-tó-re] *s.m.* operaio che lavora nelle miniere.

minatorio [mi-na-tò-rio] *agg.* che minaccia, che contiene minacce: *lettera minatoria.*

minchione [min-chió-ne] *s.m.* [f. *-a*] (*pop.*) persona sciocca, credulona.

minchioneria [min-chio-ne-rì-a] *s.f.* (*pop.*) **1** l'essere minchione; dabbenaggine **2** atto o parola da minchione; stupidaggine.

minerale [mi-ne-rà-le] *s.m.* sostanza naturale inorganica, solida a temperatura ordinaria, che fa parte della litosfera terrestre ♦ *agg.* **1** che ha natura di minerale; che si estrae da minerali o contiene minerali: *carbone —* | *acqua —*, acqua potabile terapeutica contente sali minerali **2** che riguarda o comprende i minerali: *regno —*, una delle tre partizioni dei corpi presenti in natura.

mineralizzare [mi-ne-ra-liʒ-ʒà-re] *v.tr.* **1** trasformare in minerale **2** impregnare un materiale organico con sali minerali ♦ **mineralizzarsi** *v.intr.pron.* trasformarsi in minerale.

mineralizzazione [mi-ne-ra-liʒ-ʒa-zió-ne] *s.f.* il mineralizzare, il mineralizzarsi: *la — del legno.*

mineralogia [mi-ne-ra-lo-gì-a] *s.f.* scienza che studia i minerali nei loro caratteri fisici e chimici.

mineralogico [mi-ne-ra-lò-gi-co] *agg.* [pl.m. *-ci*] che concerne i minerali o la mineralogia: *trattato —.*

mineralogista [mi-ne-ra-lo-gì-sta] *s.m.* e *f.* [pl.m. *-sti*] studioso di mineralogia.

mineralometria [mi-ne-ra-lo-me-trì-a] *s.f.* (*med.*) misurazione della percentuale di minerali contenuta in determinati tessuti od organi, a scopo terapeutico.

minerario [mi-ne-rà-rio] *agg.* relativo alle miniere e ai minerali da esse estratti: *giacimento —.*

minerogenesi [mi-ne-ro-gè-ne-ʃi] *s.f.* processo di formazione dei minerali e dei giacimenti minerari.

minerva® [mi-nèr-va] *s.m.invar.* tipo di fiammiferi con capocchia priva di fosforo, che si accendono solo se strofinati sull'apposita superficie della loro confezione.

minestra [mi-nè-stra] *s.f.* primo piatto a base di pasta o riso cotti in brodo o in acqua con legumi e verdure: *— di pasta e fagioli* | *— riscaldata*, (*fig.*) si dice di cosa passata che si vuol far rivivere ma che non ha più il valore di un tempo. DIM. *minestrina* ACCR. *minestrone* (m.).

minestrina [mi-ne-strì-na] *s.f.* minestra in brodo leggera con pastina.

minestrone [mi-ne-stró-ne] *s.m.* **1** minestra di verdure e legumi, con o senza pasta o riso **2** (*fam.*) insieme confuso di cose varie: *fare di tutto un —.*

mingherlino [min-gher-lì-no] *agg.* di costituzione fisica gracile, esile: *ragazzo —.*

mini [mì-ni] *agg.invar.* piccolo, corto, minimo: *una casa —* ♦ *s.f.* minigonna.

mini- primo elemento di parole composte, che significa 'molto piccolo, di formato ridotto' (*miniappartamento*).

miniabito [mi-ni-à-bi-to] *s.m.* abito femminile corto sopra il ginocchio.

miniappartamento [mi-ni-ap-par-ta-mén-to] *s.m.* appartamento di piccole dimensioni.

miniare [mi-nià-re] *v.tr.* [*io mìnio ecc.*] **1** dipingere con la tecnica della miniatura | ornare di miniature **2** (*estens.*) rappresentare con molta precisione e grazia; cesellare.

miniatore [mi-nia-tó-re] *s.m.* [f. *-trice*] **1** chi esegue miniature **2** (*estens.*) artista che rifinisce la sua opera fin nei minimi particolari.

miniatura [mi-nia-tù-ra] *s.f.* **1** l'arte, la tecnica di dipingere in dimensioni ridottissime: *— gotica* **2** il dipinto eseguito con tale tecnica: *codice*

ricco di miniature | *essere una* —, (*fig.*) si dice di cosa minuta e aggraziata: *un viso che è una* — **3** oggetto costruito in scala ridotta | *in* —, di proporzioni ridotte: *una nave in* —.
miniaturistico [mi-nia-tu-rì-sti-co] *agg.* [pl.m. *-ci*] che concerne la miniatura; che è proprio delle miniature: *una precisione miniaturistica.*
miniaturizzare [mi-nia-tu-riʒ-ʒà-re] *v.tr.* (*elettr.*) sottoporre a miniaturizzazione: — *un circuito* | (*estens.*) riprodurre oggetti in dimensioni piccolissime.
miniaturizzato [mi-nia-tu-riʒ-ʒà-to] *agg.* costruito con la tecnica della miniaturizzazione: *microfono* —.
miniaturizzazione [mi-nia-tu-riʒ-ʒa-zió-ne] *s.f.* (*elettr.*) tecnica costruttiva mediante la quale vengono ridotte al minimo le dimensioni dei circuiti elettronici | (*estens.*) riproduzione di oggetti in dimensioni piccolissime.
minibar [mi-ni-bàr] *s.m.invar.* assortimento di bibite e liquori contenuto in un piccolo frigorifero.
minibasket [mi-ni-bà-sket] *s.m.invar.* gioco analogo alla pallacanestro ma semplificato e con canestro più basso, giocato da squadre di bambini.
minibus [mi-ni-bùs] *s.m.invar.* piccolo autobus adibito a brevi trasporti; pulmino.
minidisco [mi-ni-dì-sco] *s.m.* [pl.m. *-schi*] (*inform.*) piccolo disco magnetico usato come supporto esterno per la registrazione di dati nei personal computer; floppy disk, dischetto.
miniera [mi-niè-ra] *s.f.* **1** l'insieme di un giacimento di minerale utile e delle attrezzature necessarie per il suo sfruttamento: — *di zolfo* **2** (*fig.*) fonte ricchissima: *questo libro è una* — *di notizie.*
minigolf [mi-ni-gòlf] *s.m.invar.* gioco simile al golf, praticato in uno spazio più ristretto, su piste che riproducono artificialmente le difficoltà di un campo normale.
minigonna [mi-ni-gòn-na] *s.f.* gonna molto corta.
minima [mì-ni-ma] *s.f.* **1** (*mus.*) valore di nota e di pausa che corrisponde a metà della semibreve **2** (*meteor.*) la temperatura più bassa registrata in una località in un dato intervallo di tempo **3** (*med.*) valore minimo della pressione arteriosa.
minimale [mi-ni-mà-le] *agg.* che costituisce il limite minimo: *tariffa* — ♦ *s.m.* limite minimo, quota minima.
minimalismo [mi-ni-ma-lì-ʃmo] *s.m.* **1** all'interno di un partito o di un movimento, tendenza favorevole alla realizzazione di un programma politico minimo **2** movimento letterario, affermatosi negli Stati Uniti nel corso degli anni Ottanta, caratterizzato dalla tendenza a raccontare in stile scarno piccole storie di vita quotidiana.
minimalista [mi-ni-ma-lì-sta] *s.m.* e *f.* [pl.m. *-sti*] sostenitore del minimalismo politico | seguace del minimalismo artistico | Usato anche come *agg.* in luogo di *minimalistico.*
minimalistico [mi-ni-ma-lì-sti-co] *agg.* [pl.m. *-ci*] del minimalismo; da minimalista.
minimassimo [mi-ni-màs-si-mo] *s.m.* (*mat.*) il minore tra i valori massimi di una funzione.
minimizzare [mi-ni-miʒ-ʒà-re] *v.tr.* ridurre l'importanza di un fatto, far apparire qlco. come poco rilevante: — *una sconfitta.*
minimo [mì-ni-mo] *agg.* [*superl.* di *piccolo*] piccolissimo, il più piccolo: *fare il* — *sforzo* | *pressione minima*, (*med.*) il valore più basso della pressione arteriosa di una persona | — *comune multiplo*, (*mat.*) il più piccolo dei multipli comuni a più numeri | *ridurre una frazione ai minimi termini*, (*mat.*) trasformarla in un'altra frazione dello stesso valore nella quale numeratore e denominatore siano numeri primi tra loro; *ridurre ai minimi termini*, (*fig.*) di cosa, ridurla alle dimensioni più piccole; (*scherz.*) di persona, ridurla male ♦ *s.m.* **1** la quantità più piccola possibile: *il* — *della pena* | *al* —, per lo meno: *ci vuole al* — *un'ora* **2** nei motori a combustione interna, il regime di giri più basso, al di sotto del quale il motore si spegne: *un motore che non regge il* — □ **minimamente** *avv.* **1** in modo minimo, in minima quantità **2** per niente, affatto (come rafforzativo di negazioni): *non pensa* — *agli altri.*
minimosca [mi-ni-mó-sca] *s.m.invar.* (*sport*) la categoria dei pugili più leggeri | pugile di tale categoria.
minimum [/ 'minimum /] *s.m.invar.* minimo: *stabilire un* — *retributivo.*
minio [mì-nio] *s.m.* (*chim.*) ossido di piombo di colore rosso-arancione, impiegato nell'industria delle vernici come protettivo antiruggine.
ministeriale [mi-ni-ste-rià-le] *agg.* di un ministro o di un ministero: *decreto* — ♦ *s.m.* (*burocr.*) dipendente di un ministero.
ministero [mi-ni-stè-ro] *s.m.* **1** (*lett.*) ufficio, compito di alto valore ideale: — *di pace* | in particolare, il sacerdozio: *le cure del* — **2** l'insieme dei ministri; gabinetto, governo: *formare il* — **3** ognuno dei settori, con a capo un ministro, nei quali si suddivide l'attività di amministrazione e di governo dello stato; dicastero: — *degli interni* | edificio nel quale ha sede un ministero: *recarsi al* — **4** *pubblico* —, (*dir.*) il magistrato che esercita la pubblica accusa nel processo penale.
ministro [mi-nì-stro] *s.m.* **1** chi esercita un alto ufficio: *i ministri di Dio*, i sacerdoti | (*fig.*) chi svolge un'opera attiva per un nobile scopo: — *di pace* **2** membro del governo a capo di un dicastero: — *di grazia e giustizia* | — *senza portafoglio*, membro del governo che non è a capo di un dicastero ma ha rango di ministro e svolge incarichi particolari **3** in diplomazia, titolo inferiore a quello di ambasciatore: — *plenipotenziario.*
minoico [mi-nòi-co] *agg.* [pl.m. *-ci*] **1** relativo a Minosse, mitico re di Creta **2** proprio della civiltà fiorita a Creta nel secondo millennio a.C.: *architettura minoica.*
minoranza [mi-no-ràn-za] *s.f.* **1** gruppo di persone o di cose che rappresenta la parte minore

dell'insieme a cui appartiene: *la — dei presenti* **2** in un organo collegiale, inferiorità numerica di votanti o di voti: *essere in —* | il partito o il gruppo di partiti che nelle elezioni ha ottenuto un minor numero di voti ed è perciò all'opposizione: *— parlamentare* **3** in uno stato, l'insieme dei cittadini di etnia, religione, lingua diversa da quella maggioritaria: *— etnica.*

minorato [mi-no-rà-to] *agg.* e *s.m.* [f. *-a*] si dice di persona che, per cause congenite o acquisite, non ha l'integrità fisica o psichica; handicappato: *— psichico.*

minorazione [mi-no-ra-zió-ne] *s.f.* **1** diminuzione, riduzione: *— dei prezzi* **2** condizione di chi è minorato; handicap, menomazione: *— fisica.*

minore [mi-nó-re] *agg.* [*compar.* di *piccolo*] **1** più piccolo, meno grande (per quantità, numero, durata, importanza ecc.): *numero —; dimensioni minori* | si dice della produzione di un'artista o di un'epoca ritenuta di minor valore rispetto alle opere considerate maggiori: *il Verdi —* | *frati minori*, i francescani | *ordini minori*, (*eccl.*) quelli, oggi aboliti, che comprendevano ostiari, lettori, esorcisti e accoliti | *arti minori*, le attività artistiche meno importanti, come la ceramica, la vetreria, l'oreficeria ecc. | *scala —*, (*mus.*) quella nella quale tra la seconda e la terza nota c'è l'intervallo di un semitono | *Asia —*, (*geog.*) quella comprendente la Turchia asiatica e i paesi del Levante | *Orsa —*, (*astr.*) costellazione boreale, più piccola e meno splendente dell'Orsa maggiore; piccolo carro **2** più giovane, nato dopo: *figlia —*; *la — età*, quella in cui si è minorenni | si aggiunge al nome di un personaggio per distinguerlo da un altro dello stesso nome, ma più vecchio o vissuto in epoca anteriore: *Bruto —* **3** (*mat.*) si dice di elemento o numero che, in una successione, ne precede un altro ♦ *s.m.* e *f.* **1** chi è più giovane d'età rispetto ad altri: *il — di due fratelli* **2** (*dir.*) minorenne: *corruzione di —* **3** persona inferiore a un'altra per importanza, grado, valore.

minorenne [mi-no-rèn-ne] *agg.* e *s.m.* e *f.* (*dir.*) che/chi non ha ancora compiuto il diciottesimo anno d'età e non ha ancora, per il diritto, la piena capacità di agire: *essere —.*

minorile [mi-no-rì-le] *agg.* di minore, dei minorenni: *carcere —.*

minorita [mi-no-rì-ta] *s.m.* [pl. *-ti*] (*relig.*) frate minore francescano.

minorità [mi-no-ri-tà] *s.f.* (*dir.*) età, condizione di minorenne: *uscire di —*, diventare maggiorenne.

minoritario [mi-no-ri-tà-rio] *agg.* della minoranza; che rappresenta la minoranza: *corrente minoritaria.*

minuendo [mi-nu-èn-do] *s.m.* (*mat.*) il primo termine di una sottrazione.

minuetto [mi-nu-ét-to] *s.m.* antica danza francese di andamento moderato in tempo di 3/4.

minuscola [mi-nù-sco-la] *s.f.* lettera o carattere minuscolo dell'alfabeto.

minuscolo [mi-nù-sco-lo] *agg.* **1** si dice delle lettere dell'alfabeto normalmente usate, in contrapposizione a quelle di altezza maggiore (maiuscole) **2** (*fig.*) piccolissimo: *un nasino —* ♦ *s.m.* carattere minuscolo: *scrivere in —.*

minuta [mi-nù-ta] *s.f.* prima stesura di uno scritto, che sarà poi rivista e corretta; brutta copia: *la — del compito in classe.*

minutaggio [mi-nu-tàg-gio] *s.m.* la durata in minuti di una ripresa o registrazione audiovisiva; il conteggio stesso dei minuti.

minutaglia [mi-nu-tà-glia] *s.f.* (spec. *pl.*) insieme di cose minute e di scarso valore: *sprecar tempo in minutaglie.*

minuteria [mi-nu-te-rì-a] *s.f.* **1** insieme di piccoli oggetti ornamentali; ninnoli: *una bancarella di minuterie* **2** meccanismo degli orologi meccanici che provvede al movimento delle lancette.

minutezza [mi-nu-téz-za] *s.f.* l'essere minuto; piccolezza.

minuto[1] [mi-nù-to] *agg.* **1** molto piccolo: *oggetti minuti* **2** formato di piccole parti: *pioggerella minuta* **3** di poca importanza, di poco conto: *spese minute* **4** delicato; fine: *lineamenti minuti* **5** preciso, minuzioso, curato nei particolari: *descrizione minuta* ♦ *s.m.* (*non com.*) parte minuta | *al —*, in piccole quantità, al dettaglio: *comprare al —* □ **minutamente** *avv.* **1** in piccole parti, a pezzettini: *tritare —* **2** in modo dettagliato, minuziosamente: *esporre —.*

minuto[2] *s.m.* **1** unità di misura di tempo: *— primo*, la sessantesima parte dell'ora; *— secondo*, la sessantesima parte del minuto primo **2** nel linguaggio comune, minuto primo: *la lancetta dei minuti* | *contare i minuti*, (*fig.*) aspettare qlco. con ansia | *spaccare il —*, (*fig.*) essere puntualissimo; di orologio, essere molto preciso **3** (*fig.*) brevissimo spazio di tempo; attimo: *in un —, tra un —*, prestissimo | *non avere un — da perdere*, avere molta fretta | *avere i minuti contati*, non avere tempo da perdere **4** (*geom.*) unità di misura di angolo, pari a un sessantesimo di grado.

minuzia [mi-nù-zia] *s.f.* **1** (spec. *pl.*) cosa di poco conto; particolare minimo: *badare alle minuzie* **2** cura, attenzione, minuziosità: *— pedantesca.*

minuziosaggine [mi-nu-zio-sàg-gi-ne] *s.f.* (*spreg.*) **1** minuziosità **2** (*estens.*) minuzia; cavillo: *le minuziosaggini dei pedanti.*

minuziosità [mi-nu-zio-si-tà] *s.f.* l'essere minuzioso: *la — di una ricerca.*

minuzioso [mi-nu-zió-so] *agg.* **1** che cura anche le minuzie; scrupoloso, meticoloso: *esaminatore —* **2** si dice di cosa detta o fatta con cura delle minuzie: *inchiesta minuziosa* □ **minuziosamente** *avv.*

minuzzaglia [mi-nuz-zà-glia] *s.f.* (*spreg.*) **1** minutaglia **2** (*fig.*) popolino, marmaglia.

minzione [min-zió-ne] *s.f.* (*fisiol.*) emissione dell'urina.

mio [mì-o] *agg.poss. di prima pers.sing.* [f.sing. *mia*; pl.m. *miei*; pl.f. *mie*] **1** che appartiene a me: *la mia casa* **2** che è proprio di me, caratteristico o abituale di me: *il — cuore*; *le mie speranze*; *il — riposino pomeridiano* **3** indica relazione di parentela, d'affetto, d'amicizia, di lavoro ecc.: *— padre*; *un — amico*; *i miei clienti* ♦ *pron.poss. di prima pers.sing.* ha gli stessi usi e sign. dell'agg. ed è sempre preceduto dall'art. determ.: *questa casa è come la mia* | in loc. ellittiche: *i miei* (genitori); *ho detto la mia* (opinione); *ci rimetto sempre del —* (dei miei averi).

mio- primo elemento di parole composte scientifiche, che significa 'muscolo, che ha relazione con i muscoli' (*miocardio*).

miocardico [mio-càr-di-co] *agg.* [pl.m. *-ci*] (*anat.*) che si riferisce al miocardio: *fibre miocardiche*.

miocardio [mi-o-càr-dio] *s.m.* (*anat.*) la massa muscolare contrattile del cuore, rivestita internamente dall'endocardio ed esternamente dall'epicardio.

miocardiopatia [mio-car-dio-pa-tì-a] *s.f.* (*med.*) nome generico delle affezioni del miocardio.

miocardite [mio-car-dì-te] *s.f.* (*med.*) infiammazione del miocardio, per lo più di origine reumatica.

miocele [mio-cè-le] *s.m.* (*med.*) ernia muscolare causata da sforzi ripetuti.

miocene [mi-o-cè-ne] (*geol.*) penultimo periodo dell'era cenozoica.

miocenico [mio-cè-ni-co] *agg.* [pl.m. *-ci*] (*geol.*) del miocene; riguardante il miocene ♦ *s.m.* miocene.

miologia [mi-o-lo-gì-a] *s.f.* parte dell'anatomia che studia l'apparato muscolare.

miopatia [mi-o-pa-tì-a] *s.f.* (*med.*) termine generico che indica una qualsiasi affezione muscolare.

miope [mì-o-pe] *agg.* e *s.m.* e *f.* **1** (*med.*) che/chi è affetto da miopia: *occhiali da —* **2** (*fig.*) che/chi manca di acume, lungimiranza: *politica —*.

miopia [mi-o-pì-a] *s.f.* **1** (*med.*) difetto di rifrazione nell'occhio per cui gli oggetti appaiono sfocati e si distinguono bene solo quelli molto vicini: *una leggera —* **2** (*fig.*) mancanza di acume, di lungimiranza: *peccare di —*.

mioplastica [mi-o-plà-sti-ca] *s.f.* (*med.*) intervento di chirurgia plastica muscolare.

miosclerosi [mi-o-scle-rò-ʃi] *s.f.* (*med.*) sclerosi muscolare.

miosi [mi-ò-ʃi] *s.f.* (*med.*) restringimento della pupilla.

miosotide [mio-ʃò-ti-de] *s.f.* e *m.* pianta erbacea perenne o annuale con piccoli fiori azzurri in racemi e foglioline lanceolate pelose; nontiscordardimé.

mira [mì-ra] *s.f.* **1** il puntare un'arma verso un bersaglio per centrarlo con la maggior precisione possibile: *avere una buona —*; *avere di — qlco.*, (*fig.*) cercare di raggiungerla | *prendere di — qlcu.*, (*fig.*) perseguitarlo, tormentarlo **2** (*estens.*) l'oggetto, il segno a cui si mira: *cogliere la —* | (*fig.*) il fine, lo scopo a cui si tende: *sua unica — è il successo* **3** asta graduata che serve a individuare i punti da collimare nei rilevamenti topografici.

mirabile [mi-rà-bi-le] *agg.* degno di ammirazione; meraviglioso: *un ingegno —* □ **mirabilmente** *avv.*

mirabilia [/ mira'bilia /] *s.f.pl.* (*lat.*) cose meravigliose, eccezionali (spec. *scherz.*): *promettere —*.

mirabolante [mi-ra-bo-làn-te] *agg.* (*scherz.*) stupefacente, straordinario: *avventure mirabolanti*.

miracolare [mi-ra-co-là-re] *v.tr.* [*io miràcolo ecc.*] fare oggetto di un miracolo; guarire miracolosamente: *lo ha miracolato la Madonna*.

miracolato [mi-ra-co-là-to] *agg.* e *s.m.* [f. *-a*] si dice di persona che si ritiene sia stata oggetto di un miracolo | *— dalla sorte*, si dice di persona scampata a un grave pericolo.

miracolo [mi-rà-co-lo] *s.m.* **1** (*teol.*) fatto sensibile, ma estraneo al corso naturale, che Dio compie, anche per intercessione della Madonna o dei santi, per rivelare il suo potere e confermare l'uomo nella fede: *fare un —* | *gridare al —*, (*fig.*) manifestare una meraviglia sproporzionata all'evento che la suscita | *raccontare vita, morte e miracoli di qlcu.*, ogni cosa su di lui **2** (*iperb.*) cosa o fatto meraviglioso, fuori del comune: *i miracoli della scienza* | *fare miracoli*, fare qlco. che si riteneva impossibile: *una cura che fa miracoli* | *per —*, a malapena; per caso: *prendere l'aereo per —* | *essere un — di*, si dice di persona o cosa che ha capacità o caratteristiche straordinarie: *mio figlio è un — di memoria*.

miracoloso [mi-ra-co-ló-so] *agg.* **1** che compie miracoli: *una reliquia miracolosa* **2** prodotto da un miracolo: *guarigione miracolosa* **3** (*iperb.*) si dice di persona straordinaria, o di cosa che produce effetti strabilianti: *medicina miracolosa* □ **miracolosamente** *avv.*

miraggio [mi-ràg-gio] *s.m.* **1** fenomeno ottico per cui oggetti lontani possono apparire capovolti, oppure librati nell'aria **2** (*fig.*) illusione, speranza infondata: *il — di facili guadagni*.

mirare [mi-rà-re] *v.tr.* (*lett.*) **1** osservare con attenzione e interesse; contemplare **2** considerare attentamente ♦ *v.intr.* [aus. *avere*] **1** puntare un'arma prendendo la mira: *— al cuore* **2** (*fig.*) tendere, aspirare: *— a guadagni facili* | avere come scopo ♦ **mirarsi** *v.rifl.* guardarsi attentamente: *— e rimirarsi*.

mirato [mi-rà-to] *agg.* indirizzato, teso a un certo obiettivo.

miria- primo elemento di parole composte della terminologia scientifica, che anteposto al nome di un'unità di misura ne moltiplica per diecimila il valore (*miriagrammo*).

miriade [mi-rì-a-de] *s.f.* **1** nell'antico sistema numerale greco, diecimila **2** (*estens.*) numero grandissimo, grande moltitudine: *una — di stelle* | *a miriadi*, in numero smisuratamente grande.

miriagrammo [mi-ria-gràm-mo] *s.m.* (*fis.*) unità di misura di peso o di massa pari a diecimila grammi.

miriapodi [mi-rià-po-di] *s.m.pl.* (*zool.*) classe di artropodi terrestri, con corpo cilindrico molto allungato suddiviso in segmenti, ciascuno dei quali porta uno o due paia di zampe.

miringe [mi-rìn-ge] *s.f.* (*anat.*) membrana del timpano.

mirino [mi-rì-no] *s.m.* **1** piccolo rilievo posto all'estremità della canna di un'arma da fuoco portatile, per prendere la mira **2** dispositivo di uno strumento ottico che consente di osservare e inquadrare un oggetto: *— del microscopio.*

miristica [mi-rì-sti-ca] *s.f.* albero sempreverde il cui seme è conosciuto come noce moscata.

mirmeco- primo elemento di parole composte della terminologia scientifica, che indica relazione con le formiche (*mirmecofago*).

mirmecofagidi [mir-me-co-fà-gi-di] *s.m.pl.* (*zool.*) famiglia dei mammiferi xenartri cui appartiene il formichiere.

mirmecofago [mir-me-cò-fa-go] *s.m.* [pl. *-gi*] (*zool.*) formichiere.

mirra [mìr-ra] *s.f.* resina aromatica di colore rosso bruno che trasuda dalla corteccia di alcuni alberi dell'Africa e dell'Arabia; è usata in farmacia e in profumeria.

mirtacee [mir-tà-ce-e] *s.f.pl.* (*bot.*) famiglia di piante dicotiledoni legnose alla quale appartiene il mirto.

mirteto [mir-té-to] *s.m.* bosco di mirti.

mirtillo [mir-tìl-lo] *s.m.* **1** piccolo arbusto comune nei boschi, che produce frutti bluastri a bacca di sapore dolce **2** il frutto di questa pianta: *marmellata di mirtilli.*

mirto [mìr-to] *s.m.* arbusto sempreverde delle regioni mediterranee, con foglie ovate di color verde scuro, piccoli fiori bianchi e bacche blu-nerastre; mortella.

mis- prefisso che dà valore negativo o peggiorativo alla parola alla quale è premesso (*miscredente, misfatto*).

misantropia [mi-ʃan-tro-pì-a] *s.f.* (*psicol.*) sentimento di avversione nei confronti dei propri simili che si manifesta con un morboso desiderio di isolarsi | (*estens.*) scarsa socievolezza, scontrosità.

misantropo [mi-ʃàn-tro-po] *agg.* e *s.m.* [f. *-a*] **1** (*psicol.*) che/chi soffre di misantropia **2** (*estens.*) che/chi manifesta poca socievolezza.

miscela [mi-scè-la] *s.f.* **1** (*chim., fis.*) aggregato di due o più sostanze solide, liquide o gassose | nei motori a due tempi, la mescolanza di benzina e olio lubrificante **2** mescolanza di varie qualità di caffè **3** (*fig.*) miscuglio di cose eterogenee: *una — di sapori.*

miscelare [mi-sce-là-re] *v.tr.* [*io miscèlo ecc.*] unire più sostanze per farne una miscela.

miscelato [mi-sce-là-to] *agg.* misto; di varie qualità: *olio —.*

miscelatore [mi-sce-la-tó-re] *s.m.* apparecchio per preparare miscele ♦ *agg.* che serve a miscelare.

miscelatura [mi-sce-la-tù-ra] *s.f.* operazione, risultato del miscelare.

miscelazione [mi-sce-la-zió-ne] *s.f.* operazione, risultato del miscelare.

miscellanea [mi-scel-là-ne-a] *s.f.* **1** (*lett.*) mescolanza di cose varie **2** raccolta di opuscoli vari rilegati insieme.

miscellaneo [mi-scel-là-ne-o] *agg.* (*lett.*) si dice di volume o di pubblicazione che riunisce scritti diversi.

mischia [mì-schia] *s.f.* **1** combattimento accanito e disordinato di più persone; rissa, zuffa: *buttarsi nella —* | (*fig.*) disputa verbale accanita tra più persone: *— ideologica* | *essere al di sopra della —*, (*fig.*) tenersi al di fuori di una contesa **2** (*sport*) nel rugby, azione compiuta dagli avanti che si disputano la palla con i piedi | nel calcio, ammassamento di giocatori davanti a una porta.

mischiare [mi-schià-re] *v.tr.* [*io mìschio ecc.*] mescolare ♦ **mischiarsi** *v.rifl.* **1** mescolarsi, confondersi: *— tra la folla* **2** (*fig.*) immischiarsi: *non mischiarti, per favore!* ♦ *v.rifl.rec.* mescolarsi l'uno all'altro: *sapori che si mischiano.*

mischiata [mi-schià-ta] *s.f.* il mischiare una volta o in modo sommario: *dare una — alle carte.*

miscibile [mi-scì-bi-le] *agg.* atto a formare una miscela omogenea: *l'acqua e l'olio non sono miscibili.*

miscidare [mi-sci-dà-re] *v.tr.* (*lett.*) mischiare, mescolare | *lingua miscidata*, che è frutto della mescolanza di elementi di provenienza disparata non bene fusi.

misconoscere [mi-sco-nó-sce-re] *v.tr.* [coniugato come *conoscere*] non riconoscere, non apprezzare nel giusto valore; disconoscere.

misconoscimento [mi-sco-no-sci-mén-to] *s.m.* (*non com.*) il misconoscere, l'essere misconosciuto.

miscredente [mi-scre-dèn-te] *agg.* e *s.m.* e *f.* si dice di chi rifiuta in tutto o in parte la dottrina di una religione | (*estens.*) si dice di persona irreligiosa o atea.

miscuglio [mi-scù-glio] *s.m.* **1** mescolanza confusa e non omogenea di cose o sostanze diverse (anche *fig.*): *— d'interessi* **2** (*chim.*) insieme di due o più sostanze mescolate, ma non combinate chimicamente; mescolanza.

mise [/ miz /] *s.f.invar.* (*fr.*) vestito, abito: *una — originale.*

miserabile [mi-ʃe-rà-bi-le] *agg.* **1** degno di commiserazione per le sue condizioni materiali disagiate o per la sua infelicità: *una famiglia —* **2** (*estens.*) moralmente spregevole: *un — traditore* **3** scarso, meschino, di poco valore: *un — aiuto* ♦ *s.m.* e *f.* persona miserabile □ **miserabilmente** *avv.*

miserando [mi-ʃe-ràn-do] *agg.* degno di grande compassione: *un caso —.*

miserevole [mi-ʃe-ré-vo-le] *agg.* che desta compassione; miserando: *la sua è una storia —.*

miseria [mi-ʃè-ria] *s.f.* **1** stato di grave indigenza, di estrema povertà: *cadere in —* | *piangere —*, lamentarsi delle proprie condizioni | *porca —!*, (*fam.*) imprecazione di stizza **2** (*estens.*) meschinità, pochezza; degradazione: *— morale* **3** (*fig.*) inezia, cosa da poco: *litigare per una —* |

somma trascurabile di denaro: *guadagnare una —*.

misericordia [mi-ʃe-ri-còr-dia] *s.f.* **1** sentimento di profonda compassione che induce all'aiuto e al perdono: *implorare la — di Dio* **2** nome di confraternite istituite per assistere ammalati e pellegrini e per seppellire i morti: *la Compagnia della Misericordia* ♦ *inter.* si usa per invocare misericordia, o per esprimere spavento, stupore, rammarico.

misericordioso [mi-ʃe-ri-cor-dió-so] *agg.* che esprime misericordia, che è frutto di misericordia: *atto —* ♦ *agg.* e *s.m.* [f. *-a*] che/chi usa misericordia: *un giudice —* □ **misericordiosamente** *avv.*

misero [mì-ʃe-ro] *agg.* [superl. *miʃerìssimo*, lett. *miʃèrrimo*] **1** povero, afflitto da miseria: *un'esistenza misera.* DIM. *miserello* **2** infelice, disgraziato: *le misere vittime* **3** abietto, spregevole, meschino: *un comportamento —* **4** scarso, insufficiente, da poco: *un — compenso* ♦ *s.m.* [f. *-a*] persona misera □ **miseramente** *avv.* **1** in modo misero; nella miseria: *vivere —* **2** in modo meschino, spregevole: *agire —* **3** in modo miserevole, che suscita compassione: *lamentarsi —*.

misfatto [mi-sfàt-to] *s.m.* scelleratezza, grave delitto: *un orrendo —*.

miso- primo elemento di parole composte, che indica odio o avversione nei confronti di ciò che è indicato dal secondo elemento (*misogino*).

misoginia [mi-ʃo-gi-nì-a] *s.f.* (*psicol.*) repulsione per le donne da parte dell'uomo.

misogino [mi-ʃò-gi-no] *agg.* caratterizzato da misoginia ♦ *agg.* e *s.m.* [f. *-a*] che/chi nutre misoginia.

misoneismo [mi-ʃo-ne-ì-ʃmo] *s.m.* avversione pregiudiziale nei confronti di ogni novità.

misoneista [mi-ʃo-ne-ì-sta] *s.m.* e *f.* [pl.m. *-sti*] chi è affetto da misoneismo ♦ *agg.* misoneistico.

miss [/ mis /] *s.f.invar.* (*ingl.*) titolo che si dà alla vincitrice di un concorso di bellezza: *— Italia.*

missaggio [mis-sàg-gio] *s.m.* **1** (*cine.*, *tv*) registrazione su un'unica colonna sonora di suoni, rumori e dialoghi prima registrati separatamente **2** (*mus.*) incisione discografica su di un'unica banda sonora di parti musicali e vocali registrate separatamente.

missare [mis-sà-re] *v.tr.* effettuare un missaggio.

missile [mìs-si-le] *s.m.* apparecchio a propulsione autonoma, autoguidato o telecomandato, in grado di volare a grande velocità; è impiegato per ricerche scientifiche, nella navigazione spaziale e per scopi bellici: *— terra-aria.*

missilistica [mis-si-lì-sti-ca] *s.f.* scienza e tecnica relative alla costruzione e all'impiego dei missili.

missilistico [mis-si-lì-sti-co] *agg.* [pl.m. *-ci*] relativo ai missili: *ingegneria missilistica.*

missino [mis-sì-no] *agg.* e *s.m.* [f. *-a*] che/chi apparteneva al partito di destra italiano denominato Movimento Sociale Italiano, o ne era fautore.

missionario [mis-sio-nà-rio] *s.m.* [f. *-a*] **1** religioso o laico inviato a diffondere la fede cristiana tra popoli d'altra religione **2** (*fig.*) persona che si dedica alla diffusione di un nobile ideale: *— di pace* ♦ *agg.* dei missionari, delle missioni: *suora missionaria.*

missione [mis-sió-ne] *s.f.* **1** il mandare, l'essere mandato da un'autorità presso qlcu. per assolvere un compito specifico: *partire in —* | il compito stesso: *— diplomatica* | delegazione: *la — italiana all'ONU* **2** (*burocr.*) trasferta di un dipendente pubblico: *indennità di —* **3** (*relig.*) invio di missionari per la diffusione della fede cristiana **4** (*estens.*) attività svolta con dedizione e spirito di servizio: *per lei insegnare è una —*.

missiva [mis-sì-va] *s.f.* lettera.

mister [/ 'mister /] *s.m.invar.* (*ingl.*) nel calcio, appellativo dell'allenatore o del direttore tecnico.

misterico [mi-stè-ri-co] *agg.* [pl.m. *-ci*] riguardante i misteri delle religioni pagane: *culto —*.

misteriosità [mi-ste-rio-si-tà] *s.f.* l'essere misterioso: *la — di un evento.*

misterioso [mi-ste-rió-so] *agg.* **1** che costituisce un mistero, che non si riesce a spiegare: *malattia misteriosa* **2** fatto o detto di nascosto; poco chiaro, che desta sospetti: *comportamento —* **3** detto di persona, che non è conosciuta o che si comporta in modo indecifrabile: *ha un fidanzato —* | Anche come *s.m.* [f. *-a*]: *fare il —* □ **misteriosamente** *avv.*

mistero [mi-stè-ro] *s.m.* **1** nella teologia cristiana, verità soprannaturale inspiegabile razionalmente: *il — della trinità* **2** fatto, fenomeno che non si riesce a spiegare o che è tenuto segreto: *il suo passato è un —* | *non fare — di qlco.*, non tenerla nascosta **3** *pl.* nel mondo antico, culti religiosi fondati su riti e dottrine noti ai soli iniziati: *misteri eleusini* **4** nel Medioevo, azione scenica di soggetto sacro in lingua volgare.

mistica [mì-sti-ca] *s.f.* **1** la parte della teologia che ha per oggetto l'ascesi dell'uomo a Dio: *la — cristiana* **2** il genere letterario costituito dai testi di mistica di determinate epoche o scuole.

misticeti [mi-sti-cè-ti] *s.m.pl.* (*zool.*) sottordine di cetacei, privi di denti ma provvisti di fanoni, comprendente le balene.

misticheggiante [mi-sti-cheg-giàn-te] *agg.* incline al misticismo: *una religiosità —*.

misticismo [mi-sti-cì-ʃmo] *s.m.* **1** (*teol.*) credenza religiosa o atteggiamento dello spirito per cui la conoscenza perfetta è data dall'unione dell'uomo con il divino **2** (*estens.*) atteggiamento di dedizione profonda a un'idea, a un valore | stato d'animo di distacco dagli interessi immediati.

misticità [mi-sti-ci-tà] *s.f.* l'essere mistico; qualità di ciò che è mistico.

mistico [mì-sti-co] *agg.* [pl.m. *-ci*] **1** (*teol.*) che concerne la mistica **2** di misticismo: *estasi mistica* **3** (*fig.*) puro, spirituale: *amore —* ♦ *s.m.* [f. *-a*] chi pratica il misticismo o scrive opere di mistica: *i mistici medievali* □ **misticamente** *avv.*

mistificante [mi-sti-fi-càn-te] *agg.* che mistifica, travisa: *una versione — dei fatti.*
mistificare [mi-sti-fi-cà-re] *v.tr.* [*io mistìfico, tu mistìfichi ecc.*] **1** ingannare qlcu. approfittando della sua buona fede; raggirare **2** falsificare, adulterare: *— la verità.*
mistificatore [mi-sti-fi-ca-tó-re] *s.m.* [f. *-trice*] chi mistifica.
mistificatorio [mi-sti-fi-ca-tò-rio] *agg.* che mira a mistificare.
mistificazione [mi-sti-fi-ca-zió-ne] *s.f.* inganno, travisamento.
mistilineo [mi-sti-lì-ne-o] *agg.* formato da linee rette e linee curve: *perimetro —.*
mistilingue [mi-sti-lìn-gue] *agg.* **1** si dice di popolazione composta di gruppi etnici di lingua diversa, o di regione abitata da tale popolazione **2** si dice di opera scritta in più lingue.
mistilinguismo [mi-sti-lin-guì-ʃmo] *s.m.* carattere di ciò che è mistilingue: *il — di una popolazione.*
misto [mì-sto] *agg.* **1** mescolato con altri elementi: *pioggia mista a grandine* **2** costituito da elementi di diversa natura: *piatto —* | *matrimonio —*, contratto tra persone appartenenti a religioni o gruppi etnici diversi ♦ *s.m.* miscuglio, mescolanza: *un — d'italiano e inglese.*
mistrà [mi-strà] *s.m.* liquore di anice.
mistral [/ mis'tral /] *s.m.invar.* (*provenz.*) vento freddo e secco di nord-ovest, che soffia d'inverno nella valle del Rodano.
mistura [mi-stù-ra] *s.f.* mescolanza di sostanze diverse; miscuglio.
misura [mi-ʃù-ra] *s.f.* **1** rapporto fra una grandezza e un'altra a essa omogenea, scelta convenzionalmente come unità | espressione quantitativa di tale rapporto; misurazione: *prendere la — di un'altezza* **2** (*estens.*) dimensione: *le misure di un mobile*; *vestito su —*, confezionato sulle dimensioni di una persona; *città a — d'uomo*, (*fig.*) adeguata alle sue esigenze | taglia di fabbricazione degli indumenti: *scarpe di tutte le misure* **3** unità di misura; oggetto che costituisce un'unita di misura | *la — è colma*, (*fig.*) si dice quando qlcu. ha abusato della pazienza altrui | *usare due pesi e due misure*, (*fig.*) giudicare con criteri diversi cose della stessa natura; *vincere di —*, per una differenza minima **4** giusto limite; moderazione: *avere il senso della —*; *oltre —*, eccessivamente **5** (spec. *pl.*) provvedimento, disposizione: *adottare nuove misure* **6** (*mus.*) battuta **7** (*sport*) nel pugilato e nella scherma, distanza di combattimento.
misurabile [mi-ʃu-rà-bi-le] *agg.* che si può misurare: *una distanza facilmente —.*
misurabilità [mi-ʃu-ra-bi-li-tà] *s.f.* l'essere misurabile; qualità di ciò che è misurabile.
misurare [mi-ʃu-rà-re] *v.tr.* **1** calcolare la misura, le dimensioni di qlco.: *— la temperatura* **2** provare un indumento indossandolo: *— un cappello* **3** (*fig.*) valutare, stimare: *— le difficoltà di un'impresa* **4** limitare, contenere: *— le parole*, parlare con prudenza ♦ *v.intr.* [aus. *avere*] avere una determinata misura: *la casa misura in altezza venti metri* ♦ **misurarsi** *v.rifl.* **1** limitarsi, contenersi: *— nei consumi* **2** mettere alla prova le proprie forze e capacità; cimentarsi: *— con qlcu.*
misurato [mi-ʃu-rà-to] *agg.* contenuto; sobrio, moderato: *— nel parlare* □ **misuratamente** *avv.* con misura, con moderazione.
misuratore [mi-ʃu-ra-tó-re] *s.m.* qualsiasi strumento che serve a misurare grandezze fisiche.
misurazione [mi-ʃu-ra-zió-ne] *s.f.* l'operazione del misurare: *la — della pressione.*
misurino [mi-ʃu-rì-no] *s.m.* piccolo recipiente graduato, per il dosaggio di quantità limitate di sostanze liquide, in polvere o in grani.
mite [mì-te] *agg.* **1** incline alla benevolenza e alla pazienza: *persona —* | che rivela moderazione: *venire a più miti consigli*, moderare le proprie richieste **2** detto di animale, docile, mansueto | detto di clima, temperato: *un inverno —* **3** (*fig.*) contenuto, non grave: *condanna —* ♦ *s.m.* e *f.* persona mite □ **mitemente** *avv.*
mitezza [mi-téz-za] *s.f.* l'essere mite: *la — del clima.*
miticità [mi-ti-ci-tà] *s.f.* l'essere mitico; carattere di chi o di ciò che è mitico.
mitico [mì-ti-co] *agg.* [pl.m. *-ci*] **1** che appartiene al mito: *personaggio —* **2** che è diventato un mito; leggendario: *i mitici anni Trenta* | che costituisce un sogno; utopistico: *una città mitica* **3** (*gerg.*) straordinario, eccezionale □ **miticamente** *avv.*
mitigabile [mi-ti-gà-bi-le] *agg.* che può essere mitigato.
mitigare [mi-ti-gà-re] *v.tr.* [*io mìtigo, tu mìtighi ecc.*] rendere più mite; temperare, attenuare: *— il dolore* | *— una pena*, ridurne la durata ♦ **mitigarsi** *v.intr.pron.* diventare più mite; attenuarsi.
mitigazione [mi-ti-ga-zió-ne] *s.f.* (*non com.*) il mitigare, il mitigarsi, l'essere mitigato.
mitilicoltura [mi-ti-li-col-tú-ra] *s.f.* allevamento dei mitili in acque costiere.
mitilo [mì-ti-lo] *s.m.* mollusco marino commestibile con conchiglia bivalve a cuneo, nera all'esterno e madreperlacea all'interno; è detto anche *cozza.*
mitizzare [mi-tiʒ-ʒà-re] *v.tr.* **1** trasformare in mito **2** (*estens.*) esaltare eccessivamente; far diventare leggendario: *— un attore.*
mitizzazione [mi-tiʒ-ʒa-zió-ne] *s.f.* il mitizzare, l'essere mitizzato.
mito [mì-to] *s.m.* **1** racconto delle gesta degli dei e degli eroi leggendari: *il — di Prometeo* **2** immagine idealizzata di un fatto o di un personaggio che esprime le aspirazioni di una collettività: *il — della tecnica* | motivo ispiratore nell'opera di un artista: *il — dell'infanzia in Pavese.*
mitocondrio [mi-to-còn-drio] *s.m.* (*biol.*) elemento granulare delle cellule, che partecipa alla respirazione e alla produzione di energia.

mitografia [mi-to-gra-fì-a] *s.f.* raccolta, descrizione e studio dei miti.
mitografo [mi-tò-gra-fo] *s.m.* nella letteratura greca e latina, autore di opere che raccolgono e riordinano la tradizione mitologica.
mitologia [mi-to-lo-gì-a] *s.f.* il complesso dei miti di una religione o di un popolo: — *classica*, l'insieme dei miti dell'antichità greco-romana.
mitologico [mi-to-lò-gi-co] *agg.* [pl.m. *-ci*] **1** della mitologia, relativo alla mitologia: *personaggio* — **2** (*estens.*) favoloso, leggendario □ **mitologicamente** *avv.*
mitologista [mi-to-lo-gì-sta] *s.m.* e *f.* [pl.m. *-sti*] studioso di mitologia.
mitomane [mi-tò-ma-ne] *agg.* e *s.m.* e *f.* (*psicol.*) che/chi è affetto da mitomania | (*estens.*) visionario, illuso.
mitomania [mi-to-ma-nì-a] *s.f.* (*psicol.*) tendenza morbosa a raccontare fatti immaginari o a deformare la realtà in modo fantastico.
mitopoiesi [mi-to-po-iè-ʃi] *s.f.* la creazione dei miti come attitudine propria dello spirito umano.
mitopoietico [mi-to-po-iè-ti-co] *agg.* [pl.m. *-ci*] che concerne la mitopoiesi.
mitosi [mi-tò-ʃi] *s.f.* (*biol.*) divisione del nucleo di una cellula che porta alla sua riproduzione; cariocinesi.
mitra[1] [mì-tra] *s.f.* copricapo alto e rigido aperto verso l'alto e con due nastri ricadenti sulla nuca; è portato dai vescovi nelle cerimonie solenni.
mitra[2] *s.m.invar.* pistola mitragliatrice; fucile mitragliatore.
mitraglia [mi-trà-glia] *s.f.* scarica di colpi sparati da una mitragliatrice | (*estens.*) gragnuola di proiettili | (*fig.*) sfilza, sequela di parole.
mitragliamento [mi-tra-glia-mén-to] *s.m.* **1** il mitragliare; azione di fuoco di più mitragliatrici **2** (*fig.*) serie continua e incalzante: *un — di domande.*
mitragliare [mi-tra-glià-re] *v.tr.* [*io mitràglio ecc.*] **1** sparare raffiche di colpi; colpire con raffiche di mitragliatrice **2** (*fig.*) incalzare a ritmo serrato; bombardare: — *qlcu. di domande.*
mitragliata [mi-tra-glià-ta] *s.f.* **1** raffica di mitragliatrice o di altra arma a tiro rapido **2** (*fig.*) serie continua e incalzante: *una — di pugni.*
mitragliatore [mi-tra-glia-tó-re] *agg.* [f. *-trice*] si dice di arma automatica che può mitragliare: *fucile* — ♦ *s.m.* (*mil.*) fucile mitragliatore.
mitragliatrice [mi-tra-glia-trì-ce] *s.f.* arma da fuoco automatica di calibro da 15 a 45 mm, in grado di sparare da 800 a 1400 colpi al minuto | *sembrare una* —, (*scherz.*) si dice di chi parla molto rapidamente.
mitragliera [mi-tra-gliè-ra] *s.f.* mitragliatrice di grande calibro, per il tiro contraereo ravvicinato.
mitragliere [mi-tra-gliè-re] *s.m.* soldato specializzato nell'impiego delle mitragliatrici.
mitraglietta [mi-tra-gliét-ta] *s.f.* pistola mitragliatrice.
mitraico [mi-trài-co] *agg.* [pl.m. *-ci*] (*relig.*) del dio Mitra o relativo al mitraismo; mitriaco.
mitraismo [mi-tra-ì-ʃmo] *s.m.* (*relig.*) culto di Mitra, divinità indo-iranica della luce, diffusosi nel mondo ellenistico-romano nel I sec. d.C.
mitrale [mi-trà-le] *agg.* simile a una mitra | *valvola* —, (*anat.*) quella che nel cuore collega l'atrio sinistro al ventricolo sinistro.
mitralico [mi-trà-li-co] *agg.* [pl.m. *-ci*] (*med.*) relativo alla valvola mitrale: *insufficienza mitralica.*
mitreo [mi-trè-o] *s.m.* (*archeol.*) santuario del dio Mitra.
mitriaco [mi-trì-a-co] *agg.* [pl.m. *- ci*] (*relig.*) del dio Mitra o relativo al mitraismo; mitraico: *misteri mitriaci.*
mitridatismo [mi-tri-da-tì-ʃmo] *s.m.* (*med.*) assuefazione dell'organismo ai veleni, acquisita con l'assunzione protratta a dosi crescenti.
mitteleuropeo [mit-te-leu-ro-pè-o] *agg.* dell'Europa centrale: *cultura mitteleuropea.*
mittente [mit-tèn-te] *s.m.* e *f.* chi spedisce una lettera, un pacco: *nome e indirizzo del* —.
mix [/ miks /] *s.m.invar.* (*ingl.*) combinazione; mescolanza equilibrata: — *di prodotti.*
mixage [/ mik'saʒ /] *s.m.invar.* (*fr.*) missaggio.
mixare [mi-xà-re] *v.tr.* **1** missare **2** miscelare, mescolare.
mixer [/ 'mikser /] *s.m.invar.* (*ingl.*) **1** vaso graduato in cui si miscelano bevande **2** la parte del frullatore che agita e mescola gli alimenti **3** (*cine.*, *tv*) apparecchio per effettuare il missaggio **4** (*tv*) apparecchio per il controllo contemporaneo di due o più segnali audio o video **5** tecnico del missaggio.
mixosarcoma [mi-xo-sar-cò-ma] *s.m.* [pl. *-mi*] (*med.*) tumore maligno delle mucose.
mnemonica [mne-mò-ni-ca] *s.f.* l'arte di esercitare la memoria con accorgimenti appropriati.
mnemonico [mne-mò-ni-co] *agg.* [pl.m. *-ci*] **1** della memoria, concernente la memoria: *sforzo* — **2** basato sulla memoria: *studio* — □ **mnemonicamente** *avv.* a memoria; solo con la memoria.
mnemonismo [mne-mo-nì-ʃmo] *s.m.* (*pedag.*) preminente importanza data da alcuni sistemi educativi all'esercizio mnemonico.
mnemotecnica [mne-mo-tèc-ni-ca] *s.f.* mnemonica.
mnemotecnico [mne-mo-tèc-ni-co] *agg.* [pl.m. *-ci*] che è proprio della mnemotecnica: *sussidi mnemotecnici.*
mo' [mò] *s.m.* troncamento di *modo*, usato solo nella loc. *a — di*, a guisa di, in funzione di: *a — d'esempio.*
mobile [mò-bi-le] *agg.* **1** che può essere mosso, rimosso, spostato; che non è fisso, stabile: *beni mobili* | *la squadra* —, lo speciale reparto della polizia giudiziaria per operazioni di pronto intervento **2** che si muove o può muoversi: *sabbie mobili*, cedevoli **3** che si muove incessantemente: *occhi mobilissimi* | (*fig.*) duttile, vivace: *un ingegno* — | (*fig.*) mutevole, incostante: *carattere* — ♦ *s.m.* **1** (*fis.*) ogni corpo che può essere mos-

so o è capace di muoversi: *il moto dei mobili nello spazio* **2** ciascuno degli oggetti di arredamento di una casa: *un — d'antiquariato*. DIM. *mobiletto* □ **mobilmente** *avv.* con mobilità.
mobilia [mo-bì-lia] *s.f.* il complesso dei mobili di una casa o di un ambiente.
mobiliare [mo-bi-lià-re] *agg.* (*econ.*) che concerne i beni mobili: *patrimonio —* | che riguarda titoli azionari e obbligazionari: *mercato —* | attinente agli investimenti industriali a medio termine: *credito —*.
mobiliere [mo-bi-liè-re] *s.m.* [f. *-a*] chi fabbrica o vende mobili.
mobilificio [mo-bi-li-fì-cio] *s.m.* fabbrica di mobili.
mobilità [mo-bi-li-tà] *s.f.* **1** qualità di ciò che può essere mosso o può muoversi | *— sociale*, passaggio di individui da una posizione sociale a un'altra | *— (del lavoro)*, nell'uso sindacale, la possibilità di spostare un lavoratore da un'attività a un'altra **2** (*fig.*) prontezza, vivacità: *— d'ingegno* | (*fig.*) incostanza, instabilità: *— di carattere*.
mobilitare [mo-bi-li-tà-re] *v.tr.* [*io mobìlito ecc.*] **1** (*mil.*) chiamare alle armi: *— una classe di leva* | mettere in assetto di guerra: *— l'esercito* **2** (*estens.*) richiamare l'attenzione di qlcu. per indurlo a collaborare, a cooperare: *— l'opinione pubblica* ♦ **mobilitarsi** *v.rifl.* mettersi in movimento, darsi da fare.
mobilitazione [mo-bi-li-ta-zió-ne] *s.f.* **1** (*mil.*) il mobilitare, il mobilitarsi, l'essere mobilitato: *— civile*, invito rivolto alla popolazione civile perchè collabori con le forze militari **2** (*estens.*) invito all'impegno, all'azione: *— sindacale*.
moca [mò-ca], o **moka**, *s.m.invar.* **1** qualità pregiata di caffè proveniente dalla città di Moca nello Yemen **2** (*estens.*) caffè espresso ♦ *s.f.* macchinetta per preparare in casa il caffè espresso.
mocassino [mo-cas-sì-no] *s.m.* calzatura di pelle, bassa e senza lacci.
moccio [móc-cio] *s.m.* (*fam.*) muco che cola dal naso.
moccioso [moc-ció-so] *agg.* pieno, sporco di moccio: *naso —* ♦ *s.m.* [f. *-a*] **1** bambino piccolo che ancora si sporca di moccio **2** (*estens.*) ragazzino che si dà arie da grande.
moccolo [mòc-co-lo] *s.m.* **1** candela; mozzicone di candela | *reggere il —*, (*fig., fam.*) accompagnare due innamorati, assistere alle loro effusioni **2** (*scherz.*) moccio che pende dal naso **3** (*pop.*) bestemmia: *tirar moccoli*.
moda [mò-da] *s.f.* **1** usanza che s'impone nelle abitudini, nei modi di vivere, nelle forme del vestire: *la — italiana*; *all'ultima —*, che segue i gusti più recenti; *passare di, —*, non essere più conforme al gusto del tempo **2** (*estens.*) l'industria, il commercio dell'abbigliamento di qualità: *il mondo della —*; *disegnatore di —*, stilista.
modale [mo-dà-le] *agg.* di modo, che esprime il modo | *proposizione —*, (*gramm.*) subordinata che indica il modo con cui avviene quanto è espresso nella reggente (*p.e.* entrò *sorridendo*).
modalità [mo-da-li-tà] *s.f.* **1** maniera particolare di essere: *la — di un rapporto* **2** circostanza che regola un procedimento giuridico o burocratico: *le — previste dalla legge*.
modanare [mo-da-nà-re] *v.tr.* [*io mòdano ecc.*] dotare di modanature, ornare con modanature.
modanato [mo-da-nà-to] *agg.* ornato di modanature.
modanatore [mo-da-na-tó-re] *s.m.* [f. *-trice*] operaio specializzato nella modanatura di mobili.
modanatura [mo-da-na-tù-ra] *s.f.* in architettura e nella decorazione dei mobili, elemento ornamentale costituito da una fascia aggettante sagomata.
modella [mo-dèl-la] *s.f.* donna che posa per pittori, scultori o fotografi | donna che posa per fotografie indossando capi di abbigliamento; indossatrice.
modellare [mo-del-là-re] *v.tr.* [*io modèllo ecc.*] **1** dare forma a qlco. utilizzando un materiale plastico; plasmare: *— una statua* | (*estens.*) dar forma sagomando; far risaltare una forma: *un vestito che modella la figura* **2** (*fig.*) formare ispirandosi a un modello: *— il proprio stile su quello dei classici* ♦ **modellarsi** *v.rifl.* conformarsi a un modello: *— su qlco.*
modellato [mo-del-là-to] *s.m.* **1** forma impressa alla materia scultorea **2** l'insieme delle qualità plastiche di una scultura o una pittura: *il — leonardesco*.
modellatura [mo-del-la-tù-ra] *s.f.* il modellare, l'essere modellato: *la — di una statua*.
modellino [mo-del-lì-no] *s.m.* riproduzione in dimensioni ridotte di un oggetto o di una struttura: *un — ferroviario*.
modellismo [mo-del-lì-ʃmo] *s.m.* **1** attività e tecnica di riprodurre in scala ridotta oggetti o strutture a scopo di sperimentazione o di hobby **2** collezionismo di modellini.
modellista [mo-del-lì-sta] *s.m.* e *f.* [pl.m. *-sti*] **1** nell'industria della moda, chi idea e realizza i modelli d'abbigliamento da produrre **2** chi pratica il modellismo o la modellistica.
modellistica [mo-del-lì-sti-ca] *s.f.* la tecnica e l'attività volte a realizzare modelli di macchine o strutture, a scopo sperimentale.
modellistico [mo-del-lì-sti-co] *agg.* [pl.m. *-ci*] che riguarda la modellistica.
modello [mo-dèl-lo] *s.m.* **1** ogni cosa o persona ritenuta esemplare e degna di essere imitata: *un — architettonico* **2** originale da riprodurre, a cui conformarsi: *seguire un —* | oggetto o persona che un artista intende riprodurre **3** uomo che posa per fotografie indossando capi di abbigliamento; indossatore **4** oggetto prodotto in serie che riproduce un prototipo industriale: *un nuovo — di utilitaria* | in sartoria, esemplare in carta sul quale si conduce il taglio di un abito; cartamodello | in fonderia, forma da cui si ricava lo stampo **5** abito confezionato in un solo esemplare secondo un disegno originale | (*estens.*) il dise-

gno, la linea d'un capo d'abbigliamento: *un bel — di scarpe* **6** riproduzione in scala ridotta di un oggetto o di una struttura: *un — in legno.* DIM. *modellino* **7** (*burocr.*) modulo ♦ *agg.invar.* riferito a persona, a struttura o attività, che è degno di essere preso a esempio: *scolaro, ospedale —.*

modem [mò-dem] *s.m.invar.* (*telecom.*) apparecchio usato per la trasmissione dei dati elaborati elettronicamente attraverso le linee telefoniche.

moderare [mo-de-rà-re] *v.tr.* [*io mòdero ecc.*] contenere entro giusti limiti: *— la velocità* | *— i termini*, non usare espressioni sconvenienti ♦ **moderarsi** *v.rifl.* contenersi, trattenersi, frenarsi: *— nel mangiare.*

moderatezza [mo-de-ra-téz-za] *s.f.* moderazione.

moderatismo [mo-de-ra-tì-ʃmo] *s.m.* atteggiamento politico da moderato, dei moderati.

moderato [mo-de-rà-to] *agg.* **1** tenuto entro giusti limiti; contenuto: *prezzo —* **2** che sa moderarsi; misurato: *essere — nel bere* **3** che è su posizioni politiche aliene da radicalismo: *un partito —* **4** (*mus.*) si dice di movimento più rapido dell'andante e più lento dell'allegro ♦ *s.m.* **1** [f. *-a*] chi ha idee moderate, non radicali o estremistiche **2** (*mus.*) movimento moderato □ **moderatamente** *avv.* in modo moderato: *un aperitivo — alcolico* | con moderazione: *bere —.*

moderatore [mo-de-ra-tó-re] *agg.* [f. *-trice*] che modera: *influenza moderatrice* ♦ *s.m.* [f. *-trice*] **1** chi modera: *un — politico* **2** chi coordina un dibattito, una tavola rotonda.

moderazione [mo-de-ra-zió-ne] *s.f.* **1** il moderare, l'essere moderato: *— delle pretese* **2** la virtù di chi è moderato; sobrietà, temperanza: *comportarsi con —.*

modernariato [mo-der-na-rià-to] *s.m.* commercio e collezionismo di oggetti artistici moderni.

modernismo [mo-der-nì-ʃmo] *s.m.* tendenza a rinnovare idee e sistemi per adeguarli alle necessità moderne.

modernista [mo-der-nì-sta] *s.m.* e *f.* [pl.m. *-sti*] fautore del modernismo ♦ *agg.* modernistico.

modernistico [mo-der-nì-sti-co] *agg.* [pl.m. *-ci*] che concerne il modernismo; proprio dei modernisti.

modernità [mo-der-ni-tà] *s.f.* **1** l'essere moderno; qualità di chi o di ciò che è moderno: *la — di un edificio* | carattere di chi o di ciò che, pur appartenendo al passato, risulta attuale; attualità: *la — di Socrate* **2** complesso di elementi che caratterizzano l'epoca moderna.

modernizzare [mo-der-niʒ-ʒà-re] *v.tr.* rendere moderno; adeguare ai tempi moderni: *— le istituzioni* ♦ **modernizzarsi** *v.rifl.* adeguarsi ai tempi moderni.

modernizzazione [mo-der-niʒ-ʒa-zió-ne] *s.f.* il modernizzare, il modernizzarsi, l'essere modernizzato.

moderno [mo-dèr-no] *agg.* **1** che si riferisce o appartiene al tempo presente: *il mondo —* | *arte moderna*, dei secc. XIX-XX | *età moderna*, periodo storico che va dalla scoperta dell'America al primo Ottocento **2** attuale, aggiornato: *una mentalità moderna* ♦ *s.m.* **1** ciò che è moderno o esprime il gusto dell'età moderna: *ammiro il —* **2** uomo dell'età moderna: *gli antichi e i moderni* □ **modernamente** *avv.* in modo moderno: *pensare —.*

modestia [mo-dè-stia] *s.f.* **1** qualità morale di chi non nutre presunzione, né si vanta dei propri meriti | *— a parte*, (*fam.*) formula usata per scusarsi del fatto che si devono menzionare meriti propri: *— a parte, il lavoro mi è riuscito bene* **2** pudore, riservatezza, ritegno: *uno sguardo pieno di —* | (*estens.*) parsimoniosità, moderazione: *sono ricchi ma vivono con —* **3** limitatezza, scarsità, mediocrità: *la — di un guadagno.*

modesto [mo-dè-sto] *agg.* **1** si dice di persona che ha modestia: *fare il —*, ostentare una falsa modestia **2** pudico, verecondo: *un abito — e castigato* **3** moderato, contenuto: *modeste pretese* | semplice, non vistoso: *la casa ha una facciata modesta* **4** mediocre, limitato: *doti modeste* | umile, di bassa condizione: *una famiglia di origini modeste* | economicamente disagiato: *vivere in condizioni modeste* □ **modestamente** *avv.* in modo modesto: *vivere —* | usato per attenuare o enfatizzare un'affermazione: *—, l'ho fatto meglio io.*

modicità [mo-di-ci-tà] *s.f.* l'essere modico; qualità di ciò che è modico.

modico [mò-di-co] *agg.* [pl.m. *-ci*] riferito a un costo, a una spesa, modesto, contenuto, non eccessivo: *prezzi modici* □ **modicamente** *avv.*

modifica [mo-dì-fi-ca] *s.f.* modificazione, cambiamento: *apportare delle modifiche.*

modificabile [mo-di-fi-cà-bi-le] *agg.* che si può modificare.

modificabilità [mo-di-fi-ca-bi-li-tà] *s.f.* l'essere modificabile.

modificare [mo-di-fi-cà-re] *v.tr.* [*io modìfico, tu modìfichi ecc.*] introdurre un cambiamento ritenuto utile o necessario in qlco.: *— una legge* ♦ **modificarsi** *v.intr.pron.* subire un cambiamento: *il carattere si modifica con gli anni.*

modificatore [mo-di-fi-ca-tó-re] *agg.* e *s.m.* [f. *-trice*] che/chi modifica.

modificazione [mo-di-fi-ca-zió-ne] *s.f.* il modificare, il modificarsi, l'essere modificato; modifica.

modista [mo-dì-sta] *s.f.* donna che confeziona o vende cappelli femminili.

modisteria [mo-di-ste-rì-a] *s.f.* **1** laboratorio o negozio di modista **2** il mestiere della modista.

modo [mò-do] *s.m.* **1** maniera particolare in cui una persona si comporta, un'azione si svolge, un fenomeno si manifesta: *— di camminare*; *piovere in — burrascoso* | *— di vedere*, opinione | *— di fare*, comportamento | *— di dire*, parola o locuzione caratteristica di una lingua, di un dialetto, o di un singolo individuo: *per — di dire*, per esempio| *in questo —*, così | *in che —*, come: *non* *so in che — ci sia riuscito* | *in un certo qual* —, in un certo senso | *di — che, in — da*, cosicché, così da: *fate in — che non si accorga di nulla* | *in* —, seguita o preceduta da un agg. qualificativo, dà luogo a una locuzione equivalente all'avverbio dell'aggettivo: *in — corretto*, correttamente; *in special* —, specialmente **2** maniera usuale di comportarsi, di fare; abitudine, usanza: *avere modi bruschi* | *a — mio*, come so, voglio o mi piace fare | *c'è — e* —, per dire che le cose cambiano a seconda della maniera in cui si fanno o si dicono: *c'è — e — di parlare* **3** mezzo per raggiungere un fine; procedimento, espediente: *trovare un — rapido e sicuro* | *dare* —, dare l'opportunità: *dammi — di pensarci* | *a ogni* —, in ogni caso, comunque: *sarà difficile, a ogni — prova* | *in nessun* —, per nessuna ragione | *non esserci* —, non esser possibile: *non c'è — di convincerla* **4** procedura, modalità: *nei modi di legge* **5** limite, misura: *oltre* —, esageratamente | *a* —, bene: *una persona a* —, educata e corretta **6** (*gramm.*) categoria della coniugazione verbale che esprime l'atteggiamento del soggetto di fronte all'azione o allo stato enunciati dal verbo (*p.e.* certezza, possibilità, desiderio ecc.); in italiano i modi sono: indicativo, congiuntivo, condizionale, imperativo (*modi finiti*); infinito, participio, gerundio (*modi infiniti*) | *complemento, avverbio di* —, quelli che indicano la modalità in cui si compie l'azione del predicato **7** (*mus.*) sistema organizzato di intervalli che dà luogo a diverse scale.

modulabile [mo-du-là-bi-le] *agg.* che si può modulare.

modulare[1] [mo-du-là-re] *v.tr.* [*io mòdulo ecc.*] **1** (*mus.*) variare il tono di un canto, di un suono; passare da una tonalità a un'altra **2** (*estens.*) pronunciare variando l'intensità o la cadenza della voce: *— un discorso* **3** (*fig.*) organizzare secondo uno schema flessibile, modificabile: *— un programma* **4** (*telecom.*) effettuare una modulazione.

modulare[2] *agg.* **1** di modulo; relativo a modulo: *schema* — **2** costituito da elementi singoli componibili variamente fra loro: *scaffali modulari*.

modulario [mo-du-là-rio] *s.m.* **1** fascicolo di moduli dello stesso tipo **2** raccolta di moduli diversi.

modularità [mo-du-la-ri-tà] *s.f.* l'essere modulare.

modulato [mo-du-là-to] *agg.* di suono o voce, ricco di modulazioni, di andamento melodico □ **modulatamente** *avv.*

modulatore [mo-du-la-tó-re] *s.m.* (*telecom.*) **1** apparecchio che effettua la modulazione d'onda **2** modem ♦ *agg.* che modula.

modulazione [mo-du-la-zió-ne] *s.f.* **1** il modulare, l'essere modulato **2** (*telecom.*) trasformazione in onda di un segnale elettrico da trasmettere: *— di frequenza*.

modulistica [mo-du-lì-sti-ca] *s.f.* **1** tecnica relativa alla realizzazione di moduli stampati **2** insieme di moduli predisposti per un dato uso.

modulo [mò-du-lo] *s.m.* **1** formula prestabilita per la stesura di un documento | lo stampato, da completare caso per caso, che contiene tali formule: *compilare un* — **2** (*fig.*) modello, canone: *i moduli del gusto classico* **3** parte di un insieme autonoma e separabile dal resto: *carta a moduli*, quella con fogli separabili | singolo elemento di un mobile o di un prefabbricato componibile **4** la portata media annua di un torrente.

modus vivendi [/ 'mɔdus vi'vɛndi /] *loc.sost.m.invar.* modo di vivere, stile di vita.

mofeta [mo-fé-ta *o* mofèta] *s.f.* (*geol.*) esalazione di anidride carbonica asciutta e calda da terreni di origine vulcanica.

moffetta [mof-fét-ta] *s.f.* piccolo mammifero carnivoro americano dal corpo snello, folta pelliccia nera a strisce bianche sul dorso, fornito di ghiandole anali da cui schizza, per difesa, un liquido fetido.

mogano [mò-ga-no] *s.m.* legno pregiato di color rosso bruno, ricavato da un albero originario dell'America settentrionale e centrale.

moggio [mòg-gio] *s.m.* [pl. *le moggia*] **1** antica misura di capacità per aridi | recipiente di tale capacità, di forma cilindrica **2** antica unità di misura agraria.

mogio [mò-gio] *agg.* [pl.f. *-gie*] abbattuto, avvilito; stanco: *starsene tutto* —.

moglie [mó-glie] *s.f.* la donna sposata, considerata in relazione al marito: *prendere in* —. DIM. *mogliettina*.

mohair [/ mo'ɛr /] *s.m.invar.* (*fr.*) fibra tessile sottile con pelo lungo e lucente, ricavata dalla lana delle capre d'angora | il tessuto che se ne ottiene.

moina [mo-ì-na] *s.f.* gesto, atto affettuoso | vezzo infantile; comportamento lezioso, sdolcinato.

moka → **moca**.

mola [mò-la] *s.f.* **1** macina di mulino **2** dispositivo rotante costituito da un disco di materiale abrasivo, usato in diverse macchine utensili (molatrici, levigatrici ecc.).

molare[1] [mo-là-re] *v.tr.* [*io mòlo ecc.*] lavorare con la molatrice o altra macchina dotata di mola: *— uno specchio*, levigarne i bordi.

molare[2] *agg.* di mola: *pietra* —, con la quale vengono fatte le macine ♦ *agg.* e *s.m.* (*med.*) si dice di ciascuno dei denti che, nell'uomo e in altri mammiferi, hanno la funzione di masticare il cibo.

molatore [mo-la-tó-re] *s.m.* [f. *-trice*] operaio addetto a lavori di molatura.

molatrice [mo-la-trì-ce] *s.f.* (*mecc.*) macchina utensile dotata di mola.

molatura [mo-la-tù-ra] *s.f.* il molare, l'essere molato: *— di una lama*.

molazza [mo-làz-za] *s.f.* **1** macina **2** macchina impastatrice formata da due mole verticali che ruotano dentro una vasca, usata in edilizia per le malte.

moldavo [mol-dà-vo] *agg.* della Moldavia, stato

dell'Europa orientale ♦ *s.m.* [f. *-a*] abitante, nativo della Moldavia.

mole [mò-le] *s.f.* **1** grossezza, grandezza: *la — smisurata di una statua* | (*fig.*) quantità, entità: *una gran — di lavoro* **2** (*estens.*) costruzione grandiosa | *la Mole Antonelliana*, a Torino.

molecola [mo-lè-co-la] *s.f.* **1** (*chim., fis.*) il più piccolo aggregato di atomi di una sostanza, che possiede le caratteristiche chimiche specifiche della sostanza stessa **2** (*estens.*) parte piccolissima di qlco.

molecolare [mo-le-co-là-re] *agg.* (*chim., fis.*) di molecola, relativo alle molecole: *peso —*.

molestare [mo-le-stà-re] *v.tr.* [*io molèsto ecc.*] recare molestia, importunare, disturbare: *rumori che molestano*.

molestatore [mo-le-sta-tó-re] *s.m.* [f. *-trice*] (*non com.*) chi molesta.

molestia [mo-lè-stia] *s.f.* **1** fastidio, disagio che disturba o irrita **2** azione molesta: *sopportare le altrui molestie*.

molesto [mo-lè-sto] *agg.* che reca molestia; fastidioso, noioso, importuno: *una persona molesta*.

molibdeno [mo-lib-dè-no] *s.m.* elemento chimico di simbolo *Mo*; è un metallo difficilmente fusibile, usato in elettrotecnica e in elettronica.

molisano [mo-li-ʃà-no] *agg.* del Molise ♦ *s.m.* **1** [f. *-a*] abitante, nativo del Molise **2** dialetto parlato nel Molise.

molitore [mo-li-tó-re] *s.m.* **1** [f. *-trice*] chi è addetto alla molitura dei cereali **2** macchina che esegue la molitura.

molitorio [mo-li-tò-rio] *agg.* che concerne la molitura dei cereali: *industria molitoria*.

molitura [mo-li-tù-ra] *s.f.* macinazione dei cereali e di un qualsiasi materiale granulare.

molla [mòl-la] *s.f.* **1** organo meccanico elastico che si deforma sotto l'azione di una forza, e riprende la forma primitiva al cessare di tale azione: *le molle del materasso* | *scattare come una —*, (*fig.*) con grande rapidità **2** (*fig.*) stimolo, motivazione: *la — del guadagno* **3** *pl.* lunga pinza d'acciaio per afferrare carboni o legni accesi | *prendere con le molle*, (*fig.*) con le dovute cautele: *un tipo da prendere con le molle*.

mollaccione [mol-lac-ció-ne] *s.m.* [f. *-a*] persona pigra, indolente, fiacca.

mollare [mol-là-re] *v.tr.* [*io mòllo ecc.*] **1** lasciar andare, allentare: *— la presa* | *— gli ormeggi*, (*mar.*) togliere i cavi di ormeggio per salpare | *tira e molla*, (*fig. fam.*) espressione con cui si indica il ripetersi di indugi e contraddizioni: *basta con questo tira e molla!* **2** (*fig. fam.*) abbandonare, piantare: *— la fidanzata* **3** (*fig. fam.*) appioppare, assestare: *— un ceffone* ♦ *v.intr.* [aus. *avere*] **1** cedere, desistere: *— dopo una lunga resistenza* **2** (*fig. fam.*) smettere, farla finita: *quando comincia a parlare, non molla più*.

molle [mòl-le] *agg.* **1** che cede al tatto, alla pressione; soffice, morbido: *cera —* | *palato —*, (*anat.*) la parte posteriore del palato **2** inzuppato, intriso d'acqua o di un altro liquido: *prato — di pioggia* **3** (*fig.*) fiacco, privo di energia: *una vita — e oziosa* ♦ *s.m.* **1** ciò che è soffice, morbido: *dormire sul —* **2** terreno bagnato: *camminare sul —* **3** liquido in cui tiene in immersione qlco.: *mettere a — la biancheria* □ **mollemente** *avv.* con mollezza: *abbandonarsi — su un divano*.

molleggiamento [mol-leg-gia-mén-to] *s.m.* il molleggiare, il molleggiarsi.

molleggiare [mol-leg-già-re] *v.intr.* [*io mollèggio ecc.*; aus. *avere*] avere elasticità (detto di divani, materassi a molle ecc.) ♦ *v.tr.* dotare di molleggio: *— una vettura* ♦ **molleggiarsi** *v.rifl.* muoversi con elasticità: *— sulle gambe*.

molleggiato [mol-leg-già-to] *agg.* fornito di molleggio: *un'auto ben molleggiata* | elastico, flessuoso: *passo —*.

molleggio [mol-lég-gio] *s.m.* **1** sistema di molle che conferisce elasticità: *il — di una poltrona* | (*estens.*) l'elasticità conferita a un oggetto da tale sistema: *automobile con un buon —* **2** esercizio ginnico consistente nel flettersi sulle ginocchia e nel ritornare in posizione eretta.

molletta [mol-lét-ta] *s.f.* **1** dispositivo a molla per appuntare o fermare qlco.: *— per capelli* **2** *pl.* piccole pinze, terminanti a forma di cucchiaio, per prendere zollette di zucchero, cubetti di ghiaccio ecc.

mollettone [mol-let-tó-ne] *s.m.* panno morbido e felpato usato per imbottiture o come sottotovaglia.

mollezza [mol-léz-za] *s.f.* **1** qualità di ciò che è molle (anche *fig.*): *— d'animo* **2** *pl.* lusso, piaceri, eccessive comodità: *vivere nelle mollezze*.

mollica [mol-lì-ca] *s.f.* **1** la parte interna e molle del pane **2** *pl.* briciole.

molliccio [mol-lìc-cio] *agg.* [pl.f. *-ce*] alquanto molle: *terreno —* | (*fig.*) piuttosto debole, fiacco: *carattere —* ♦ *s.m.* terreno bagnato, fangoso.

mollo [mòl-lo] *agg.* (*pop.*) molle | *essere una pappa molla*, (*fig.*) si dice di persona fiacca, priva di nerbo.

mollusco [mol-lù-sco] *s.m.* [pl. *-schi*] **1** tipo di animale invertebrato dal corpo molle, quasi sempre provvisto di conchiglia **2** (*fig. spreg.*) persona priva di carattere e di volontà.

molo [mò-lo] *s.m.* opera portuale di protezione dal moto ondoso costruita in muratura su solidissime fondamenta.

molosso [mo-lòs-so] *s.m.* antica razza di cane da guardia di corporatura forte e muscolosa, con pelame fulvo corto, muso breve e nero, labbra pendule.

molotov [mò-lo-tov] *s.f.invar.* bomba rudimentale da lancio, costituita di una bottiglia di vetro contenente benzina alla quale viene applicata una miccia.

molteplice [mol-té-pli-ce] *agg.* **1** che è costituito di molti strati o di molte parti: *uno strumento —* **2** numeroso, svariato: *difficoltà molteplici*.

molteplicità [mol-te-pli-ci-tà] *s.f.* l'essere molteplice: *— di soluzioni*.

moltiplica [mol-tì-pli-ca] *s.f.* nella trasmissione a catena della bicicletta, rapporto fra il numero dei denti della ruota dentata centrale e il numero dei denti del pignone.

moltiplicabile [mol-ti-pli-cà-bi-le] *agg.* che si può moltiplicare.

moltiplicando [mol-ti-pli-càn-do] *s.m.* (*mat.*) in una moltiplicazione, il numero da moltiplicare per un altro, cioè il primo dei due fattori.

moltiplicare [mol-ti-pli-cà-re] *v.tr.* [*io moltìplico, tu moltìplichi ecc.*] **1** rendere molto maggiore di numero, accrescere grandemente: — *gli sforzi* | (*estens.*) incrementare, ingrandire: — *i guadagni* **2** (*mat.*) eseguire la moltiplicazione: — *un numero per un altro* ♦ **moltiplicarsi** *v.rifl.* o *intr.pron.* **1** crescere di numero riproducendo individui della stessa specie **2** diventare più numeroso: *le difficoltà si sono moltiplicate.*

moltiplicativo [mol-ti-pli-ca-tì-vo] *agg.* (*mat.*) proprio della moltiplicazione: *coefficiente* —.

moltiplicatore [mol-ti-pli-ca-tó-re] *agg.* [f. *-trice*] che moltiplica ♦ *s.m.* **1** dispositivo atto a moltiplicare qlco. (*p.e.* un movimento, giri di ruote ecc.) **2** (*mat.*) in una moltiplicazione, il numero che moltiplica un altro.

moltiplicazione [mol-ti-pli-ca-zió-ne] *s.f.* **1** il moltiplicare, il moltiplicarsi, l'essere moltiplicato: *la — delle difficoltà* | — *vegetativa*, (*bot.*) metodo di propagazione delle piante che si compie per distacco di una parte del vegetale **2** (*mat.*) operazione aritmetica che a due numeri associa il loro prodotto.

moltitudine [mol-ti-tù-di-ne] *s.f.* **1** gran quantità, gran numero: *una — di insetti* **2** insieme di molte persone riunite; folla: *una — si radunò nella piazza.*

molto [mól-to] *agg.indef.* indica grande quantità, misura, estensione consistente: *spendere — denaro*; *faceva — freddo* | troppo, eccessivo: *pagare un milione è* — ♦ *avv.* grandemente, assai: *è — strano* ♦ *pron.indef.* **1** [f. *-a*] ha gli stessi sign. dell'agg. e sottintende un sostantivo precedentemente espresso: *"Hai carta da lettere?" "Ne ho molta"* **2** *pl.* molte persone: *eravamo in molti* **3** indica una quantità abbondante: *non è né — né poco*; *fra non* —, non molto tempo; *non ci vuole — a capirlo*, molta intelligenza; *hanno fatto — per lui*, lo hanno molto aiutato; *è già — se viene*, è già gran cosa; *a dir* —, tutt'al più ♦ *s.m.* ciò che è molto: *il — e il poco.*

momentaneo [mo-men-tà-ne-o] *agg.* che dura un momento, che ha breve durata: *malessere* — □ **momentaneamente** *avv.* al momento, in questo momento.

momento [mo-mén-to] *s.m.* **1** brevissimo spazio di tempo; attimo, istante: *non c'è un — da perdere*; *un — di collera* | *per il* —, per ora: *per il — sono occupato* | *fino a questo* —, finora | *da un — all'altro*, fra breve; improvvisamente: *può arrivare da un — all'altro* | *sul* —, lì per lì: *sul — non ci fece caso* | *dal — che*, dato che, poiché: *dal — che sei qui, aiutami* | *ogni* —, continuamente | *il fatto del* —, quello che è d'attualità | *a momenti*, tra poco; per poco: *a momenti cadevo dalle scale* | *non vedere il — di fare qlco.*, essere impaziente di farla **2** periodo di tempo considerato in relazione alle condizioni che in esso si determinano; circostanza: *è stato un brutto* —; *vivere momenti felici.* PEGG. *momentaccio* **3** (*estens.*) occasione, opportunità: *cogliere il — favorevole* **4** — *musicale*, breve composizione per pianoforte: *i momenti musicali di Schubert* **5** (*fis.*) grandezza fisica che si riferisce all'applicazione di una forza rispetto a un punto.

monaca [mò-na-ca] *s.f.* **1** appartenente a un ordine monastico femminile: — *benedettina* **2** nome di vari animali i cui colori richiamano quelli dell'abito delle monache: — *di mare*, foca dell'Atlantico e del Mediterraneo oggi in via d'estinzione (detta anche *foca monaca*).

monacale [mo-na-cà-le] *agg.* **1** di monaci, di monache: *ordine* — **2** (*fig.*) da monaco; severo, austero: *condurre una vita* —.

monacarsi [mo-na-càr-si] *v.rifl.* [*io mi mònaco, tu ti mònachi ecc.*] farsi monaco o monaca.

monacato [mo-na-cà-to] *s.m.* stato, vita di monaco o di monaca.

monacazione [mo-na-ca-zió-ne] *s.f.* il farsi monaco o monaca | la cerimonia durante la quale viene indossato per la prima volta l'abito monacale.

monachella [mo-na-chèl-la] *s.f.* **1** (*fam.*) ragazza timida e modesta o che ostenta timidezza e modestia **2** nome di diverse specie di uccelli dei passeriformi, contraddistinti da capo grande, becco sottile, corpo tozzo con piume nere: — *testabianca.*

monachese [mo-na-ché-se] *agg.* di Monaco di Baviera ♦ *s.m.* e *f.* chi è nato o abita a Monaco di Baviera.

monachesimo [mo-na-ché-ʃi-mo] *s.m.* **1** forma di vita religiosa che si attua nel distacco dal mondo e in una solitudine dedita alle cose dello spirito: — *buddhista* **2** l'insieme delle istituzioni monastiche e delle loro regole: *il — occidentale.*

monaco [mò-na-co] *s.m.* [pl. *-ci*] chi ha abbracciato il monachesimo; nel cattolicesimo, membro di un ordine monastico: — *benedettino* | *prov.*: *l'abito non fa il* —, l'aspetto di una persona non rivela la sua vera natura.

monade [mò-na-de] *s.f.* (*filos.*) in Leibniz, ognuna delle sostanze attive e indivisibili che rispecchiano tutta la realtà.

monadismo [mo-na-dì-ʃmo] *s.m.* (*filos.*) ogni dottrina che concepisca la realtà costituita da una pluralità di monadi, distinte le une dalle altre.

monandro [mo-nàn-dro] *agg.* (*bot.*) si dice di fiore che ha un solo stame e di pianta che ha fiori di tale tipo.

monarca [mo-nàr-ca] *s.m.* [pl. *-chi*] chi detiene il potere supremo di uno stato retto a monarchia; re, sovrano.

monarchia [mo-nar-chì-a] *s.f.* **1** forma istituzionale di governo in cui il potere supremo è nelle mani di un singolo per diritto di sangue: — *assoluta*, quella in cui il sovrano esercita un potere illimitato; — *costituzionale*, quella in cui i poteri del sovrano sono limitati da una costituzione o da uno statuto **2** stato in cui vige tale regime politico: *le monarchie europee*.

monarchico [mo-nàr-chi-co] *agg.* [pl.m. *-ci*] **1** di monarchia, relativo a una monarchia: *regime* — **2** fautore della monarchia: *partito* — **3** retto a monarchia: *stato monarchico* ♦ *s.m.* [f. *-a*] fautore della monarchia; chi è iscritto a un partito monarchico □ **monarchicamente** *avv.* in forma monarchica.

monastero [mo-na-stè-ro] *s.m.* **1** edificio o complesso di edifici in cui vive una comunità di monaci o di monache: *un — del* XV *secolo*; *entrare in* —, farsi monaco |(*estens.*) convento **2** la comunità di monaci o monache che risiede in un monastero.

monastico [mo-nà-sti-co] *agg.* [pl.m. *-ci*] di monaco, di monaca o da monaci, da monache: *ordine* — □ **monasticamente** *avv.* in modo, con spirito monastico.

monatto [mo-nàt-to] *s.m.* nei secc. XVI e XVII, inserviente pubblico che, durante le pestilenze, era addetto al trasporto dei malati e alla sepoltura dei morti.

moncare [mon-cà-re] *v.tr.* [*io mónco ecc.*] (*non com.*) troncare, mozzare: — *le parole in bocca a qlcu.*

moncherino [mon-che-rì-no] *s.m.* **1** moncone di un arto superiore **2** (*estens.*) ciò che resta di un oggetto semidistrutto o spezzato.

monco [món-co] *agg.* [pl.m. *-chi*] **1** privo di una o ambedue le mani, degli avambracci o delle intere braccia | riferito a un arto, privo di una parte: *una mano monca delle dita* **2** (*fig.*) incompleto, manchevole: *frasi monche* ♦ *s.m.* [f. *-a*] persona monca.

moncone [mon-có-ne] *s.m.* **1** il segmento di arto rimanente dopo un'amputazione parziale **2** (*estens.*) parte che resta di un oggetto mozzato, spezzato **3** (*fig.*) opera incompiuta.

monda [món-da] *s.f.* pulitura delle risaie dalle erbe nocive.

mondana [mon-dà-na] *s.f.* (*eufem.*) prostituta.

mondanità [mon-da-ni-tà] *s.f.* **1** (*lett.*) l'essere mondano, l'appartenere alle cose del mondo; laicità: *la — della politica* **2** ciò che è mondano, che rivela attaccamento ai valori mondani: *non amare le* — **3** (*estens.*) vita brillante, ricca di feste, propria della società elegante; l'insieme delle persone dell'alta società: *frequentare la* —.

mondano [mon-dà-no] *agg.* **1** del mondo, della vita terrena: *beni mondani* **2** proprio della società elegante: *vita mondana* **3** riferito a persona, che partecipa alla vita di società: *ha amici molto mondani* ♦ *s.m.* chi fa vita di società □ **mondanamente** *avv.* in modo mondano | secondo gli usi mondani.

mondare [mon-dà-re] *v.tr.* [*io móndo ecc.*] **1** pulire separando da ciò che non si utilizza: — *il riso*, estirpare le erbacce dalle risaie **2** (*fig. lett.*) rendere mondo, purificare: — *lo spirito*.

mondatura [mon-da-tù-ra] *s.f.* l'operazione, il risultato del mondare.

mondezzaio [mon-dez-zà-io] *s.m.* **1** luogo in cui si raccoglie l'immondizia **2** (*estens.*) luogo sporco: *un ambiente ridotto a* — **3** (*fig.*) ambiente moralmente sudicio; cumulo di cose sordide: *un — di calunnie*.

mondiale [mon-dià-le] *agg.* **1** del mondo, che riguarda il mondo intero; che è esteso a tutto il mondo: *fama* — | *campionato* —, competizione sportiva fra atleti di ogni parte del mondo **2** (*fig. fam.*) meraviglioso, fantastico □ **mondialmente** *avv.* in tutto il mondo: *scienziato — noto*.

mondializzare [mon-dia-liʒ-ʒà-re] *v.tr.* estendere a livello mondiale.

mondializzazione [mon-dia-liʒ-ʒa-zió-ne] *s.f.* il mondializzare, l'essere mondializzato.

mondina [mon-dì-na] *s.f.* operaia stagionale addetta alla monda del riso nelle risaie.

mondo¹ [món-do] *agg.* (*lett.*) pulito, netto | (*estens.*) lindo, ordinato | (*fig.*) puro, incontaminato: *animo* —.

mondo² *s.m.* **1** l'universo e tutto ciò che lo costituisce | *è la fine del* —, (*fig. fam.*) si dice di cosa o persona che suscita un grande interesse, perché straordinaria, bellissima, bravissima ecc.: *un'automobile che è la fine del —!* | *da che — è* —, da sempre **2** il globo terrestre, la Terra: *girare mezzo* —, viaggiare molto; *in capo al* —, molto lontano; *essere fuori del* —, non rendersi conto della realtà; *la cosa più semplice del* —, cosa semplicissima; *per niente al* —, in nessun modo | *il nuovo* —, le Americhe | *terzo* —, l'insieme dei paesi in via di sviluppo | *quarto* —, i paesi più poveri della terra, privi sia di strutture produttive sia di risorse naturali **3** la Terra in quanto teatro delle vicende umane e simbolo della vita: *mettere al* —, partorire, generare; *stare al* —, vivere | *essere solo al* —, non avere più alcuna persona cara | *l'altro* —, l'aldilà: *andare all'altro* —, morire | *cose dell'altro* —, (*fig.*) stupefacenti, inaudite | *tutto il — è paese*, dappertutto succedono le stesse cose **4** tutti gli uomini; l'umanità: *rivolgere un appello al* — | *mezzo* —, (*fig.*) moltissima gente **5** il vivere in società: *fuggire il* —, fare vita ritirata o darsi alla vita religiosa | *uomo di* —, che ha vasta esperienza di vita **6** popolazioni appartenenti alla stessa civiltà: *il — greco* | insieme di persone aventi principi, interessi, attività comuni: *il — del cinema*; *il bel* —, l'alta società **7** il complesso di sentimenti, idee, consuetudini che costituiscono la vita spirituale e affettiva di una persona: *il — di un bambino* | l'universo poetico di un artista: *il — di Montale* **8** (*filos.*) sfera nella quale sono comprese realtà dello stesso genere: *il — sensibile* **9** *un* —, (*fam.*) gran quantità: *un — di cose da fare* | come loc. avv., moltissimo, in espressioni come *divertirsi un* — **10** gioco di ragazzi che consiste nel saltellare con un solo piede nei riquadri di una figura tracciata sul pavimento; è detto anche *campana* o *settimana*.

mondovisione [mon-do-vi-ʃió-ne] *s.f.* collegamento televisivo intercontinentale via satellite: *trasmettere in —*.

monegasco [mo-ne-gà-sco] *agg.* [pl.m. *-schi*] del principato di Monaco ♦ *s.m.* [f. *-a*] nativo, abitante del principato di Monaco.

monelleria [mo-nel-le-rì-a] *s.f.* **1** l'essere monello **2** azione da monello.

monellesco [mo-nel-lé-sco] *agg.* [pl.m. *-schi*] (*non com.*) da monello: *comportamento —*.

monello [mo-nèl-lo] *s.m.* [f. *-a*] **1** ragazzo discolo o poco educato; ragazzo di strada. PEGG. *monellaccio* **2** (*estens.*) ragazzo molto vivace, impertinente, irrequieto.

monema [mo-nè-ma] *s.m.* [pl. *-mi*] (*ling.*) la più piccola unità linguistica dotata di significato o di funzione grammaticale.

moneta [mo-né-ta] *s.f.* **1** dischetto metallico coniato da un'autorità statale che ne stabilisce la lega, la misura e il potere d'acquisto: *monete romane, d'oro; il dritto, il rovescio di una —* | (*estens.*) banconota o qualsiasi altro oggetto che può essere impiegato come mezzo di scambio per l'acquisto di beni e servizi | *pagare della stessa —*, (*fig.*) rendere il contraccambio, vendicarsi. DIM. *monetina* **2** unità monetaria propria di un determinato paese: *la — italiana è la lira*; *— legale*, quella che lo stato obbliga ad accettare come mezzo di pagamento; *— forte, debole*, quella che tende ad acquistare o a perdere valore rispetto alle altre.

monetabile [mo-ne-tà-bi-le] *agg.* che si può monetare, che si può valutare in moneta.

monetare [mo-ne-tà-re] *v.tr.* [*io monéto ecc.*] ridurre a moneta; trasformare un metallo in moneta: *— l'oro.*

monetario [mo-ne-tà-rio] *agg.* di moneta, che riguarda la moneta: *sistema — internazionale*, l'insieme dei rapporti di cambio tra le varie monete; *unità monetaria*, moneta scelta in un dato paese come unità di misura del valore.

monetazione [mo-ne-ta-zió-ne] *s.f.* processo con cui si trasforma il metallo grezzo in moneta.

monetizzare [mo-ne-tiʒ-ʒà-re] *v.tr.* tradurre in termini di moneta; valutare una cosa nel suo equivalente in denaro.

monetizzazione [mo-ne-tiʒ-ʒa-zió-ne] *s.f.* l'operazione del monetizzare.

mongolfiera [mon-gol-fiè-ra] *s.f.* pallone aerostatico il cui fluido sostentatore è l'aria calda.

mongolico [mon-gò-li-co] *agg.* [pl.m. *-ci*] **1** della Mongolia; dei Mongoli: *popolazioni mongoliche* **2** (*estens.*) che ha caratteristiche simili a quelle dei Mongoli: *occhi mongolici*, a mandorla.

mongolismo [mon-go-lì-ʃmo] *s.m.* (*med.*) denominazione corrente della *sindrome di Down.*

mongolo [mòn-go-lo] *agg.* della Mongolia; mongolico: *popolazioni mongole* ♦ *s.m.* **1** [f. *-a*] che/chi appartiene alla popolazione mongolica **2** (*ling.*) famiglia di dialetti parlati in Mongolia.

mongoloide [mon-go-lòi-de] *agg.* (*antrop.*) si dice di gruppo umano di corporatura tarchiata, carnagione giallastra, capelli neri e occhi di taglio obliquo ♦ *agg.* e *s.m.* denominazione corrente di chi è affetto da sindrome di Down e di ciò che la caratterizza: *tratti mongoloidi.*

monile [mo-nì-le] *s.m.* (*lett.*) collana d'oro o di pietre preziose | (*estens.*) gioiello.

monismo [mo-nì-ʃmo] *s.m.* (*filos.*) ogni sistema filosofico che ponga a fondamento di tutta la realtà un unico principio.

monistico [mo-nì-sti-co] *agg.* [pl.m. *-ci*] (*filos.*) del monismo, relativo al monismo: *sistema —*.

monito [mò-ni-to] *s.m.* ammonimento severo e solenne: *rivolgere un —*.

monitor [/ 'mɔnitor /] *s.m.invar.* (*ingl.*) **1** dispositivo con teleschermo per visualizzare e controllare l'andamento di un fenomeno **2** dispositivo che riproduce direttamente le immagini riprese da una telecamera **3** dispositivo di un elaboratore elettronico che consente la visualizzazione su uno schermo dei dati in entrata e in uscita.

monitoraggio [mo-ni-to-ràg-gio] *s.m.* **1** controllo o rilevazione eseguiti con un monitor | (*med.*) controllo continuo delle funzioni vitali di un organo o di un paziente **2** (*estens.*) qualunque controllo sistematico e continuativo di una situazione o di un processo.

monitorare [mo-ni-to-rà-re] *v.tr.* [*io monìtoro ecc.*] effettuare un monitoraggio.

monna [mòn-na] *s.f.* (*ant.*) signora, come appellativo di rispetto o di cortesia: *— Lisa.*

mono [mò-no] *agg.invar.* forma abbreviata corrente di *monofonico*: *giradischi —*.

mono- primo elemento di parole composte, che significa 'uno, unico, formato da uno solo' (*monogamia, monoposto*).

monoalbero [mo-no-àl-be-ro] *agg.* (*mecc.*) si dice del meccanismo di distribuzione dei motori a combustione interna alternativi con un solo albero a camme.

monoasse [mo-no-às-se] *agg.* **1** (*scient.*) dotato di un solo asse (ottico, di simmetria ecc.) **2** (*tecn.*) si dice di rimorchio a due ruote.

monoatomico [mo-no-a-tò-mi-co] *agg.* [pl.m. *-ci*] (*fis.*) si dice di sostanza la cui molecola è costituita da un solo atomo: *gas —*.

monobasico [mo-no-bà-ʃi-co] *agg.* (*chim.*) si dice di base la cui molecola presenta un solo gruppo ossidrilico sostituibile con un atomo di idrogeno.

monoblocco [mo-no-blòc-co] *agg.invar.* costituito da un solo blocco: *motore —* ♦ *s.m.* [pl. *-chi*] **1** il complesso dei cilindri di un motore a combustione interna ricavato in un unico pezzo di fusione **2** insieme compatto comprendente gli elettrodomestici di cucina e l'impianto idraulico.

monocamera [mo-no-cà-me-ra] *s.f.* appartamentino costituito da una sola camera più servizi; monolocale.

monocamerale [mo-no-ca-me-rà-le] *agg.* si dice di sistema parlamentare basato su una sola camera di rappresentanti.
monocarbossilico [mo-no-car-bos-sì-li-co] *agg.* [pl.m. *-ci*] (*chim.*) si dice di acido la cui molecola presenta un solo gruppo carbossilico.
monocellulare [mo-no-cel-lu-là-re] *agg.* (*biol.*) costituito da una sola cellula.
monocilindrico [mo-no-ci-lìn-dri-co] *agg.* [pl.m. *-ci*] si dice di motore a combustione interna a un solo cilindro.
monocito [mo-no-cì-to] [pl. *-ti*] *s.m.* (*biol.*) denominazione di una varietà di globuli bianchi del tipo dei linfociti, ma più grandi.
monocolo [mo-nò-co-lo] *agg.* che ha un solo occhio; che vede da un occhio solo ♦ *s.m.* **1** lente che si applica a un occhio: *portare il* — **2** piccolo cannocchiale prismatico a una sola canna.
monocolore [mo-no-co-ló-re] *agg.invar.* **1** che è di un solo colore **2** si dice di governo in cui tutti i ministri appartengono a uno stesso partito.
monocoltura [mo-no-col-tù-ra] *s.f.* **1** coltura di una sola specie vegetale praticata per più anni su uno stesso terreno **2** (*estens.*) produzione agricola di un determinato territorio concentrata su un solo prodotto.
monocorde [mo-no-còr-de] *agg.* (*lett.*) monotono, uniforme: *discorso* —.
monocotiledone [mo-no-co-ti-lè-do-ne] *agg.* (*bot.*) si dice di pianta fanerogama col seme fornito di un solo cotiledone.
monocotiledoni [mo-no-co-ti-lè-do-ni] *s.f.pl.* (*bot.*) classe di piante fanerogame caratterizzate da embrione con un solo cotiledone.
monocottura [mo-no-cot-tù-ra] *s.f.invar.* tecnica di produzione di ceramiche per pavimenti e rivestimenti mediante cottura contemporanea del supporto e dello smalto.
monocrazia [mo-no-cra-zì-a] *s.f.* (*lett.*) forma di governo che accentra i poteri in un unico individuo o in un unico organo; dominio esercitato da un singolo.
monocromatico [mo-no-cro-mà-ti-co] *agg.* [pl.m. *-ci*] **1** di un solo colore; monocromo: *pittura monocromatica* **2** (*fis.*) si dice di fascio luminoso composto di onde della medesima lunghezza e d'un solo colore.
monocromatismo [mo-no-cro-ma-tì-ʃmo] *s.m.* **1** (*pitt.*) stile monocromo, monocromatico: *un pittura basata sul* — **2** (*med.*) difetto visivo per cui si è totalmente insensibili alle differenze dei colori.
monocromia [mo-no-cro-mì-a] *s.f.* tecnica pittorica e tipografica basata sull'uso di un solo colore; la pittura o la stampa che ne risulta.
monocromo [mo-no-crò-mo *o* monòcromo] *agg.* di un solo colore; dipinto in un'unica tinta, con gradazioni chiare e scure: *una vetrata monocroma.*
monoculare [mo-no-cu-là-re] *agg.* che riguarda un solo occhio: *strabismo* — | che serve per un solo occhio: *lente* —.
monocultura [mo-no-cul-tù-ra] *s.f.* (*antrop.*) in una società o in un gruppo etnico, cultura che è frutto dell'assimilazione di culture diverse.
monodia [mo-no-dì-a] *s.f.* (*mus.*) canto a una sola voce, eseguito da uno o più cantanti, con o senza accompagnamento strumentale.
monodico [mo-nò-di-co] *agg.* [pl.m. *-ci*] di monodia: *canto* — | *lirica monodica*, nella letteratura greca antica, forma di poesia cantata o recitata da una sola voce.
monodose [mo-no-dò-ʃe] *agg.invar.* si dice di confezione farmaceutica contenente una sola dose.
monodromo [mo-nò-dro-mo] *agg.* (*mat.*) si dice di funzione che assume un unico valore per ogni valore della variabile indipendente.
monoelica [mo-no-è-li-ca] *agg.invar.* (*mecc.*) dotato di una sola elica.
monofase [mo-no-fà-ʃe] *agg.* (*fis.*) che ha una sola fase: *corrente* —.
monofillo [mo-no-fìl-lo] *agg.* (*bot.*) che ha una sola foglia.
monofisismo [mo-no-fi-ʃì-ʃmo] *s.m.* (*teol.*) dottrina eterodossa cristiana sorta nel V sec., che riconosce in Cristo la sola natura divina; è ancora sostenuta da alcune chiese orientali.
monofisita [mo-no-fi-ʃì-ta] *agg.* [pl.m. *-ti*] relativo al monofisismo ♦ *agg.* e *s.m.* e *f.* seguace del monofisismo.
monofito [mo-nò-fi-to] *agg.* (*agr.*) si dice di coltivazione costituita da una sola specie vegetale.
monofonico [mo-no-fò-ni-co] *agg.* [pl.m. *-ci*] in elettroacustica, si dice di apparecchio o dispositivo che registra o riproduce i suoni non in stereofonia.
monofora [mo-nò-fo-ra] *agg.* e *s.f.* (*arch.*) si dice di finestra priva di suddivisioni, con una sola apertura.
monogamia [mo-no-ga-mì-a] *s.f.* **1** istituto matrimoniale per cui un uomo può essere unito coniugalmente a una sola donna (si contrappone a *poligamia*) **2** (*zool.*) tendenza degli individui di alcune specie animali ad accoppiarsi con un solo individuo di sesso diverso.
monogamico [mo-no-gà-mi-co] *agg.* [pl.m. *-ci*] di monogamia, relativo a monogamia: *unione monogamica.*
monogamo [mo-nò-ga-mo] *agg.* e *s.m.* [f. *-a*] che/chi pratica la monogamia | (*estens.*) si dice di uomo fedele a una sola donna o viceversa.
monogenesi [mo-no-gè-ne-ʃi] *s.f.* unicità di origine, discendenza da un unico progenitore: — *di una specie.*
monografia [mo-no-gra-fì-a] *s.f.* scritto che tratta di un solo argomento: *una — sulla rivoluzione francese.*
monografico [mo-no-grà-fi-co] *agg.* [pl.m. *-ci*] che si riferisce a monografia; che ha carattere di monografia: *studio* —.
monogramma [mo-no-gràm-ma] *s.m.* [pl. *-mi*] simbolo grafico consistente di una o più lettere intrecciate, che possono essere le iniziali di un

nome, di una frase, di un motto ecc.; cifra: *ricamare il proprio — sui fazzoletti.*
monokini [mo-no-kì-ni] *s.m.* topless.
monolatria [mo-no-la-trì-a] *s.f.* (*relig.*) adorazione di un solo dio a preferenza di qualunque altro; è considerata fase primitiva del monoteismo.
monolingue [mo-no-lìn-gue] *agg.* **1** che conosce, che parla una sola lingua **2** scritto in una sola lingua: *iscrizione —* | *dizionario —*, che raccoglie le parole di una lingua e le spiega nella stessa lingua.
monolitico [mo-no-lì-ti-co] *agg.* [pl.m. *-ci*] **1** costituito da un monolito: *statua monolitica* **2** (*fig.*) rigidamente unitario e compatto: *un partito —* | fermo, incrollabile: *un carattere —* □ **monoliticamente** *avv.* in modo monolitico | con estrema compattezza o rigidezza: *ragionare —.*
monolitismo [mo-no-li-tì-ʃmo] *s.m.* carattere monolitico, rigidamente unitario: *il — di un'ideologia.*
monolito [mo-nò-li-to] *s.m.* **1** pietra in un solo pezzo di grandi dimensioni **2** elemento architettonico od ornamentale ricavato da un unico blocco di pietra o di marmo.
monolocale [mo-no-lo-cà-le] *s.m.* abitazione costituita da un solo locale più servizi.
monologare [mo-no-lo-gà-re] *v.intr.* [*io monòlogo, tu monòloghi ecc.*; aus. *avere*] **1** parlare da solo; fare un soliloquio **2** recitare un monologo.
monologo [mo-nò-lo-go] *s.m.* [pl. *-ghi*] **1** parte di un componimento teatrale in cui un personaggio parla da solo sulla scena **2** breve componimento drammatico scritto per un solo attore **3** (*estens.*) discorso di una persona con sé stessa o diretto ad ascoltatori dai quali non aspetta risposta; soliloquio.
monomandatario [mo-no-man-da-tà-rio] *agg.* si dice di agente di vendita che opera per conto di una sola azienda.
monomania [mo-no-ma-nì-a] *s.f.* **1** (*psich.*) fissazione su una singola idea delirante **2** (*estens.*) attaccamento esagerato a un'idea, a un progetto, a un'attività.
monomaniacale [mo-no-ma-ni-a-cà-le] *agg.* monomaniaco.
monomaniaco [mo-no-ma-nì-a-co] *agg.* [pl.m. *-ci*] di monomania, relativo a monomania: *delirio —* ♦ *agg.* e *s.m.* [f. *-a*] che/chi è affetto da monomania.
monomero [mo-nò-me-ro] *s.m.* (*chim.*) molecola semplice capace di unirsi ad altre simili per formare un polimero.
monomio [mo-nò-mio] *s.m.* (*mat.*) espressione algebrica costituita dal prodotto di più fattori dei quali uno è un numero (coefficiente) e gli altri sono lettere (parte letterale).
monomotore [mo-no-mo-tó-re] *agg.* e *s.m.* si dice di aeroplano dotato di un solo motore.
mononucleato [mo-no-nu-cle-à-to] *agg.* (*biol.*) che ha un solo nucleo: *cellule mononucleate* ♦ *s.m.* (*biol.*) globulo bianco caratterizzato da un nucleo compatto.
mononucleosi [mo-no-nu-cle-ò-ʃi] *s.f.* (*med.*) leucocitosi caratterizzata da aumento nel sangue di globuli bianchi mononucleati.
monopartitismo [mo-no-par-ti-tì-ʃmo] *s.m.* sistema politico fondato sull'esistenza di un solo partito.
monopattino [mo-no-pàt-ti-no] *s.m.* veicolo-giocattolo costituito da un'assicella con due piccole ruote e un manubrio; vi si monta sopra con un piede spingendosi con l'altro.
monopetto [mo-no-pèt-to] *agg.* e *s.m.invar.* si dice di giacca a un petto solo, con un'unica fila di bottoni; anche, di abito con tale giacca.
monoplano [mo-no-plà-no] *s.m.* tipo di aeroplano con un solo piano alare.
monoplegia [mo-no-ple-gì-a] *s.f.* (*med.*) paralisi che colpisce un solo arto o un solo muscolo o gruppo muscolare.
monopoli® [mo-nò-po-li] *s.m.* gioco con i dadi che simula situazioni di compravendita di terreni e fabbricati.
monopolio [mo-no-pò-lio] *s.m.* **1** (*econ.*) controllo esclusivo, da parte di un'impresa, del mercato di una merce o di un servizio: *avere il — di un prodotto* | (*estens.*) l'impresa in grado di esercitare un monopolio: *il potere dei grandi monopoli* **2** (*fig.*) privilegio esclusivo, diritto riservato: *la verità non è — di nessuno.*
monopolista [mo-no-po-lì-sta] *s.m.* e *f.* [pl.m. *-sti*] chi detiene un monopolio.
monopolistico [mo-no-po-lì-sti-co] *agg.* [pl.m. *-ci*] di monopolio: *regime —.*
monopolizzare [mo-no-po-liʒ-ʒà-re] *v.tr.* **1** (*econ.*) instaurare un monopolio: *— i tabacchi* **2** (*fig.*) porre sotto il proprio potere, la propria esclusiva influenza: *— la cultura* | accaparrarsi, tenere interamente per sé: *— l'attenzione.*
monopolizzatore [mo-no-po-liʒ-ʒa-tó-re] *agg.* e *s.m.* [f. *-trice*] che/chi monopolizza.
monopolizzazione [mo-no-po-liʒ-ʒa-zió-ne] *s.f.* il monopolizzare, l'essere monopolizzato.
monoposto [mo-no-pó-sto] *agg.* e *s.m.* e *f.invar.* si dice di aereo, autovettura o altro veicolo a un solo posto.
monopsonio [mo-no-psò-nio] *s.m.* (*econ.*) situazione di mercato in cui a molti venditori corrisponde un unico acquirente.
monoreattore [mo-no-re-at-tó-re] *agg.* e *s.m.* si dice di aereo dotato di un solo motore a getto.
monorotaia [mo-no-ro-tà-ia] *s.f.* ferrovia a una sola rotaia: *trasporti su —* | Usato come *agg.invar.*: *ferrovia —.*
monosaccaride [mo-no-sac-cà-ri-de] *s.m.* (*chim.*) zucchero semplice che non può essere ulteriormente scisso (*p.e.* il fruttosio).
monosci [mo-no-scì] *s.m.* **1** sci d'acqua più lungo e più largo del normale, che si usa da solo appoggiandovi entrambi i piedi **2** monoski.
monoscocca [mo-no-scòc-ca] *s.f.* autoveicolo la cui scocca, costruita in un'unica struttura rigida, ha funzione portante.
monoscopio [mo-no-scò-pio] *s.m.* (*tv*) immagi-

ne fissa trasmessa prima dell'inizio dei programmi, per consentire la messa a punto del sistema trasmittente e degli apparecchi riceventi.
monosillabico [mo-no-sil-là-bi-co] *agg.* [pl.m. *-ci*] formato di una sola sillaba: *parola monosillabica* | *lingua monosillabica*, quella in cui ogni parola è costituita da una sola sillaba (*p.e.* il cinese).
monosillabo [mo-no-sìl-la-bo] *agg.* che è formato di una sola sillaba ♦ *s.m.* parola di una sola sillaba (p.e. *re*, *qua*) | *rispondere a monosillabi*, (*fig.*) in maniera molto stringata.
monoski [mo-no-skì] *s.m.invar.* sport invernale che consiste nello sciare con uno sci unico, più largo del normale.
monospermia [mo-no-sper-mì-a] *s.f.* (*biol.*) penetrazione nell'uovo di un solo spermatozoo; è la modalità fisiologica di fecondazione.
monossido [mo-nòs-si-do] *s.m.* (*chim.*) ossido la cui molecola ha un solo atomo di ossigeno.
monostrofico [mo-no-strò-fi-co] *agg.* [pl.m. *-ci*] (*metr.*) costituito da una sola strofa.
monoteismo [mo-no-te-ì-ʃmo] *s.m.* ogni dottrina religiosa o filosofica che affermi l'esistenza di un unico dio.
monoteista [mo-no-te-ì-sta] *s.m.* e *f.* [pl.m. *-sti*] assertore, seguace del monoteismo | Usato come *agg.* monoteistico.
monoteistico [mo-no-te-ì-sti-co] *agg.* [pl.m. *-ci*] del monoteismo: *religione monoteistica.*
monotematico [mo-no-te-mà-ti-co] *agg.* [pl.m. *-ci*] **1** (*mus.*) si dice di una composizione musicale basata su un solo tema **2** (*estens.*) che tratta un unico argomento: *un corso —.*
monotipia [mo-no-ti-pì-a] *s.f.* composizione tipografica ottenuta con la monotype.
monotipista [mo-no-ti-pì-sta] *s.m.* e *f.* [pl.m. *-sti*] operaio addetto alla monotype.
monotipo [mo-nò-ti-po] *s.m.* stampa in un solo esemplare di un disegno eseguito con inchiostro apposito direttamente su lastra di rame o di zinco.
monotonia [mo-no-to-nì-a] *s.f.* l'essere monotono; la sensazione di tedio provocata da una cosa monotona: *la — d'uno spettacolo.*
monotono [mo-nò-to-no] *agg.* che ha un tono uniforme | (*estens.*) che è sempre uguale, noioso: *vita monotona.*
monotremi [mo-no-trè-mi] *s.m.pl.* (*zool.*) ordine di mammiferi dotati di marsupio, diffusi in Australia, Tasmania e Nuova Zelanda, a cui appartiene l'ornitorinco.
monottongazione [mo-not-ton-ga-zió-ne] *s.f.* (*ling.*) processo per il quale un dittongo si riduce a una vocale semplice (*p.e.* il dittongo *au* del lat. *āurum* dà *ǫ* dell'it. *oro*).
monotype® [/ mono'taip /] *s.f.invar.* (*ingl.*) macchina per la composizione tipografica che fonde e compone i caratteri a uno a uno; oggi è poco in uso.
monouso [mo-no-ù-ʃo] *agg.invar.* che si usa una volta sola e poi si butta: *siringa —.*
monovalente [mo-no-va-lèn-te] *agg.* **1** (*chim.*) si dice di ogni elemento capace di combinarsi con un atomo di idrogeno o di sostituirlo, o che nei composti cede o acquista un solo elettrone **2** (*med.*) si dice di farmaco che agisce contro una sola malattia: *vaccino —.*
monovolume [mo-no-vo-lù-me] *agg.* e *s.f.* si dice di automobile che racchiude in un solo volume l'abitacolo e il vano bagagli.
monovulare [mo-no-vu-là-re] *agg.* (*biol.*) monozigote.
monozigote [mo-no-ʒi-gò-te] *agg.* (*biol.*) si dice di ciascuno dei gemelli che derivano dallo stesso uovo fecondato.
monregalese [mon-re-ga-lé-se] *agg.* di Mondovì, comune in provincia di Cuneo ♦ *s.m.* e *f.* chi abita o è nato a Mondovì.
monsignore [mon-si-gnó-re] *s.m.* titolo onorifico spettante a vescovi ed ecclesiastici investiti di particolari dignità.
monsone [mon-só-ne] *s.m.* (*geog.*) vento periodico che spira in inverno dalla terra verso il mare e in estate dal mare verso la terra; è proprio delle regioni tropicali e in particolar modo dell'oceano Indiano.
monsonico [mon-sò-ni-co] *agg.* [pl.m. *-ci*] di monsone, relativo ai monsoni: *clima —.*
monta [món-ta] *s.f.* **1** accoppiamento di bestie d'allevamento; il luogo in cui avviene tale accoppiamento: *portare un animale alla —* **2** atto e modo di cavalcare: *sistema inglese di —.*
montacarichi [mon-ta-cà-ri-chi] *s.m.invar.* impianto di sollevamento in verticale riservato al trasporto di cose.
montaggio [mon-tàg-gio] *s.m.* **1** operazione con cui si collegano i diversi elementi di una macchina, di una struttura o le parti costitutive di un oggetto **2** (*cine.*) la fase definitiva della lavorazione di un film, nella quale vengono scelte e collegate le scene girate in precedenza.
montagna [mon-tà-gna] *s.f.* **1** monte: *scalare una —* | *essere grande come una —*, (*fig.*) avere dimensioni enormi | *montagne russe*, (*fig.*) nei luna park, ferrovia in miniatura in cui si percorrono salite e discese ripidissime; otto volante **2** (*estens.*) luogo montuoso, zona montuosa: *andare in —* **3** (*fig.*) grande quantità, mucchio: *una — di libri.*
montagnoso [mon-ta-gnó-so] *agg.* ricco di monti, montuoso: *regione montagnosa.*
montalettighe [mon-ta-let-tì-ghe] *s.m.invar.* ascensore accessoriato per il trasporto di lettighe negli ospedali.
montanaro [mon-ta-nà-ro] *agg.* di montagna; proprio di chi abita in montagna: *gente montanara* ♦ *s.m.* [f. *-a*] chi è nato o vive in montagna: *un canto di montanari.*
montano [mon-tà-no] *agg.* di monte, di montagna: *villaggio —.*
montante [mon-tàn-te] *agg.* che monta: *colletto —*, alto sul collo ♦ *s.m.* **1** qualsiasi elemento verticale rigido di una struttura: *i montanti dello scaffale* **2** (*sport*) nel pugilato, colpo portato dal

basso verso l'alto a braccio piegato e diretto al mento o allo stomaco.

montare [mon-tà-re] *v.intr.* [*io mónto ecc.*; aus. *essere*] **1** salire sopra qlco., per lo più d'un balzo o compiendo uno sforzo: — *a cavallo, in barca* **2** detto di masse liquide, crescere di livello: *marea che monta* | di panna o uovo che si frulla, gonfiarsi: *la maionese è montata* **3** (*lett.*) aumentare, crescere ♦ *v.tr.* **1** salire: — *un gradino* | — *la guardia*, fare la guardia **2** cavalcare: *imparare a* — **3** detto di grossi animali (*p.e.* buoi, cavalli), accoppiarsi con la femmina **4** far crescere, far gonfiare (anche *fig.*): — *una notizia*, riferirla con eccessiva evidenza | — *una persona*, farle credere di valere molto; sobillarla contro qlcu. o qlco. | — *la testa a qlcu.*, farlo insuperbire, esaltare **5** eseguire l'operazione del montaggio: — *una libreria* | — *una pellicola cinematografica*, scegliere e collegare le singole scene per comporre il film ♦ **montarsi** *v.intr.pron.* esaltarsi, insuperbirsi: — *per gli elogi ricevuti*.

montascale [mon-ta-scà-le] *s.m.invar.* impianto in grado di spostare lungo il passamano di una scala interna di un edificio un sedile o una carrozzella per invalidi.

montata [mon-tà-ta] *s.f.* (*non com.*) il montare, il salire su: *la — dei salmoni*, | — *lattea*, (*fisiol.*) inizio della secrezione del latte dalle mammelle della puerpera.

montato [mon-tà-to] *agg.* **1** che è stato frullato perché risulti gonfio: *panna montata* **2** (*fig.*) che è pieno di sé, che si dà delle arie: *un ragazzo* —.

montatore [mon-ta-tó-re] *agg.* e *s.m.* [f. *-trice*] si dice di chi è addetto alle operazioni di montaggio: — *cinematografico*, tecnico che cura il montaggio di un film.

montatura [mon-ta-tù-ra] *s.f.* **1** l'operazione del montare; montaggio **2** la struttura che tiene unite le varie parti di uno strumento; il supporto di un oggetto: *la — degli occhiali* **3** (*fig.*) esagerazione, gonfiatura di un fatto: *una — giornalistica*.

montavivande [mon-ta-vi-vàn-de] *s.m.invar.* in alberghi, collegi ecc., piccolo montacarichi per il trasporto delle vivande dalla cucina ai piani superiori.

monte [món-te] *s.m.* **1** rilievo naturale di notevoli proporzioni, che si eleva oltre i 500 m sul livello del mare: *i piedi, la cima del* — | *a — di*, in un luogo più elevato rispetto a un punto di riferimento | *risolvere un problema a* —, (*fig.*) risalire alla causa che è all'origine del problema **2** (*fig.*) grande quantità, mucchio: *avere un — di ragioni* **3** nei giochi di carte, l'insieme delle carte scartate o rimaste dopo la distribuzione | *mandare a — una partita*, interromperla | *andare a* —, (*fig.*) fallire: *un progetto andato a* — **4** istituto di credito: *Monte dei Paschi di Siena* | — *di pietà*, istituto che forniva ai meno abbienti prestiti su pegno | — *dei pegni*, nome degli istituti di credito che esercitano l'attività del prestito su pegno di beni mobili **5** — *di Venere*, (*anat.*) cuscinetto di tessuto adiposo sovrastante l'organo femminile.

montebianco [mon-te-biàn-co] *s.m.invar.* (*gastr.*) dolce a base di castagne e cioccolato, ricoperto di panna montata.

montenegrino [mon-te-ne-grì-no] *agg.* del Montenegro, regione dei Balcani ♦ *s.m.* [f. *-a*] nativo, abitante del Montenegro.

montepremi [mon-te-prè-mi], o **monte premi**, *s.m.invar.* la somma da ripartire fra i vincitori di un concorso o di una lotteria.

montepulciano [mon-te-pul-cià-no] *s.m.* vino rosso, asciutto, prodotto nell'omonimo comune in provincia di Siena.

montgomery [/ mon'gɔmeri /] *s.m.invar.* (*ingl.*) cappotto corto, con cappuccio e chiusura ad alamari.

montonato [mon-to-nà-to] *agg.* si dice di roccia modellata dai ghiacciai in piccoli rilievi o depressioni rotondeggianti.

montone [mon-tó-ne] *s.m.* il maschio della pecora | la carne o la pelle di tale animale | giaccone in pelle di montone.

montuosità [mon-tuo-si-tà] *s.f.* **1** l'essere montuoso: *la — di una regione* **2** rilievo del terreno; zona montuosa.

montuoso [mon-tuó-so] *agg.* **1** che presenta monti, che ha conformazione montagnosa: *regione montuosa* **2** che è costituito di monti: *rilievo* —.

monumentale [mo-nu-men-tà-le] *agg.* **1** che è proprio o si riferisce a un monumento, ai monumenti: *stile* — **2** (*estens.*) di gran mole; grandioso: *costruzione* — **3** che è posto come monumento: *arco* — | che è ricco di monumenti: *cimitero* —.

monumentalità [mo-nu-men-ta-li-tà] *s.f.* l'essere monumentale; caratteristica di ciò che è monumentale: *la — di un edificio*.

monumento [mo-nu-mén-to] *s.m.* **1** scultura o struttura architettonica in memoria di un personaggio o di un avvenimento di grande rilievo: — *ai caduti*; — *equestre*, di un personaggio a cavallo **2** (*estens.*) qualsiasi opera architettonica che abbia valore storico-artistico: *un — romano* | — *nazionale*, bene immobile tutelato dalla stato per il suo valore storico o artistico **3** le vestigia di un'antica civiltà: *le necropoli sono i monumenti della civiltà etrusca*.

moquettato [mo-quet-ta-to; / moket'tato /] *agg.* rivestito di moquette.

moquette [/ mɔ'kɛt /] *s.f.invar.* (*fr.*) materiale da rivestimento simile a un tappeto, usato per ricoprire i pavimenti di ambienti interni.

mora¹ [mò-ra] *s.f.* frutto del gelso o del rovo.

mora² *s.f.* (*dir.*) ritardo ingiustificato nell'adempimento di un'obbligazione: *cadere in* — | (*estens.*) l'interesse che si applica per il ritardato pagamento di quanto dovuto: *pagare la* —.

morale [mo-rà-le] *agg.* **1** che riguarda l'agire umano in rapporto all'idea che si ha del bene e del male: *giudizio* —; *senso* —, l'istintiva percezione del bene e del male | *danno* —, (*dir.*) danno costituito dalle sofferenze non materiali patite da chi ha subito un reato **2** che è conforme ai principi del giusto e dell'onesto: *un comportamento* — | di persona, che agisce con rettitudine: *un uomo* — **3** che concerne l'animo, la coscienza, la sfera spirituale: *aiuto* — | *schiaffo* —, umiliazione cocente | *vincitore* —, chi, pur non avendo vinto, avrebbe meritato la vittoria ♦ *s.f.* **1** dottrina filosofica o religiosa che definisce le norme dell'agire umano; etica: *la — cattolica* **2** l'insieme delle norme che regolano la vita dell'uomo e della società: — *collettiva* **3** l'insegnamento derivante da una favola, da una parabola o da un evento che si racconti | *la — della favola*, (*scherz.*) la conclusione, l'esito di qlco. ♦ *s.m.* stato d'animo, situazione psicologica: *essere su, giù di* — □ **moralmente** *avv.* sotto l'aspetto morale: *un'azione — riprovevole* | secondo la morale: *comportarsi* —.

moraleggiare [mo-ra-leg-già-re] *v.intr.* [*io moraléggio ecc.*; aus. *avere*] fare osservazioni di carattere morale, fare il moralista: — *su tutto e su tutti.*

moralismo [mo-ra-lì-ʃmo] *s.m.* **1** tendenza a considerare i valori morali come preminenti rispetto agli altri **2** (*spreg.*) eccessivo o arbitrario rigore nel giudicare i comportamenti altrui.

moralista [mo-ra-lì-sta] *s.m.* e *f.* [pl.m. *-sti*] **1** scrittore che analizza i costumi di un ambiente o di un'epoca: *Montaigne è un grande* — **2** filosofo che approfondisce i temi della morale **3** chi ostenta un eccessivo rigore morale ♦ *agg.* **1** di scrittore o filosofo che approfondisce i temi morali **2** moralistico.

moralistico [mo-ra-lì-sti-co] *agg.* [pl.m. *-ci*] del moralismo; di moralista, da moralista: *atteggiamento* — □ **moralisticamente** *avv.*

moralità [mo-ra-li-tà] *s.f.* **1** l'essere conforme alla norma del giusto e dell'onesto: — *di costumi* **2** norme di comportamento e di vita conformi a determinati principi; morale: — *pubblica.*

moralizzare [mo-ra-liʒ-ʒà-re] *v.tr.* rendere morale, adeguare alle norme morali: — *i costumi.*

moralizzatore [mo-ra-liʒ-ʒa-tó-re] *agg.* e *s.m.* [f. *-trice*] che/chi moralizza: *un — della vita pubblica.*

moralizzazione [mo-ra-liʒ-ʒa-zió-ne] *s.f.* il moralizzare, l'essere moralizzato: — *dei costumi.*

moratoria [mo-ra-tò-ria] *s.f.* **1** (*dir.*) sospensione della scadenza di un'obbligazione concessa per legge in circostanze eccezionali **2** (*estens.*) sospensione: *la — degli esperimenti nucleari.*

moratorio [mo-ra-tò-rio] *agg.* **1** di sospensione, di attesa: *provvedimento* — **2** relativo a mora: *interessi moratori.*

morbida [mòr-bi-da] *s.f.* regime di un fiume o di un torrente compreso fra quello di piena e quello di magra: *il Po è in* —.

morbidezza [mor-bi-déz-za] *s.f.* **1** l'essere morbido (anche *fig.*): — *di carattere* **2** (*pitt.*) dolcezza di tratto, armonia di tinte, attenuazione delle sfumature: — *di colore* **3** *pl.* (*fig.*) mollezze, raffinatezze.

morbido [mòr-bi-do] *agg.* **1** molle e cedevole al tatto; soffice, tenero: *pasta morbida* **2** liscio, levigato, vellutato: *pelle morbida* **3** (*fig.*) arrendevole, malleabile: *carattere* — **4** si dice di opera pittorica o scultoria delicata di tinte o di tratto **5** (*fig.*) delicato, raffinato ♦ *s.m.* cosa morbida: *cadere sul* — □ **morbidamente** *avv.*

morbillo [mor-bìl-lo] *s.m.* (*med.*) malattia contagiosa che colpisce soprattutto i bambini; si manifesta con febbre e macchie rosse sul viso e sul corpo.

morbilloso [mor-bil-ló-so] *agg.* proprio del morbillo: *esantema* —.

morbo [mòr-bo] *s.m.* **1** (*lett.*) malattia: *l'infierire del* — | (*med.*) accompagnato da una determinazione, indica una particolare malattia: — *di Parkinson* **2** (*fig.*) male, cosa dannosa, corruzione morale.

morbosità [mor-bo-si-tà] *s.f.* l'essere morboso (spec. *fig.*): *la — di una passione.*

morboso [mor-bó-so] *agg.* **1** di morbo; che ha natura di morbo: *infezione morbosa* **2** (*fig.*) si dice di sentimento, passione eccessivi, abnormi, quasi patologici; anche, di persona che prova tali sentimenti: *gelosia morbosa* □ **morbosamente** *avv.*

morchia [mòr-chia] *s.f.* residuo lasciato dall'olio di oliva | (*estens.*) sudiciume untuoso.

mordacchia [mor-dàc-chia] *s.f.* strumento che si mette alla bocca degli animali perché non mordano | *mettere la — a qlcu.*, (*fig.*) impedirgli di parlare.

mordace [mor-dà-ce] *agg.* **1** che addenta, stringe forte; che corrode: *acido* — **2** (*fig.*) aggressivo, pungente, caustico: *risposta* —.

mordacità [mor-da-ci-tà] *s.f.* l'essere mordace: *la — di un epigramma.*

mordente [mor-dèn-te] *agg.* che morde (anche *fig.*): *satira* — ♦ *s.m.* **1** (*tecn.*) nell'industria tessile, sostanza usata per fissare i coloranti sulle fibre **2** (*tecn.*) sostanza usata per far aderire una superficie metallica a una superficie di altro materiale | soluzione acida usata per incidere lastre metalliche **3** (*fig.*) combattività, spirito aggressivo: *avere* — | capacità di persuadere; incisività: *uno stile ricco di* —.

mordere [mòr-de-re] *v.tr.* [pres. *io mòrdo ecc.*; pass.rem. *io mòrsi, tu mordésti ecc.*; part.pass. *mòrso*] **1** afferrare e stringere con i denti; addentare: *un cane che morde* | — *il freno*, (*fig.*) tacere e ubbidire per costrizione | *mordersi la mani*, (*fig.*) provare rabbia o rimorso | *mordersi la lingua*, (*fig.*) trattenersi dal parlare o pentirsi per aver parlato **2** (*fam.*) detto di insetti, pungere: *lo ha morso una vespa* **3** (*fig.*) dare una sensazione pungente: *oggi il freddo morde* **4** (*fig.*) intaccare, corrodere: *l'acido morde il metallo* | far presa, aderire: *i pneumatici mordevano l'asfalto.*

mordicchiare [mor-dic-chià-re] *v.tr.* [*io*

mordìcchio ecc.] mordere con morsi piccoli e frequenti: *mordicchiarsi le dita.*
mordorè [mor-do-rè] *agg.* detto di pellami, di colore bruno dorato con riflessi violacei.
morello [mo-rèl-lo] *agg.* di colore quasi nero ♦ *s.m.* cavallo dal manto nero.
morena [mo-rè-na] *s.f.* (*geol.*) accumulo di materiali rocciosi staccatisi dalle pareti delle valli, trasportati e depositati dai ghiacciai.
morenico [mo-rè-ni-co] *agg.* [pl.m. *-ci*] (*geol.*) di morena, originato da morena: *anfiteatro —.*
morente [mo-rèn-te] *agg.* **1** che sta per morire: *lo trovarono —* | Usato anche come *s.m.* e *f.*: *assistere un —* **2** (*fig.*) che sta per estinguersi; che si va affievolendo, spegnendo: *un'istituzione —.*
moresco [mo-ré-sco] *agg.* [pl.m. *-schi*] relativo all'arte e alla civiltà degli arabi nell'Africa settentrionale, in Spagna e in Sicilia: *stile —.*
more solito [/ ˈmɔre ˈsɔlito /] *loc.avv.* come al solito (si usa per biasimare un'abitudine riprovevole): *anche oggi, —, non ha lavorato.*
more uxorio [/ ˈmɔre ukˈsɔrjo /] *loc.avv.* (*lat.*) si dice con riferimento alla condizione di un uomo e una donna che vivono insieme come marito e moglie, pur non essendo coniugati: *vivere —.*
morfema [mor-fè-ma] *s.m.* [pl. *-mi*] (*ling.*) ogni elemento che all'interno di una parola serve a indicarne la funzione grammaticale (p.e. *-iamo* in *andiamo*).
morfina [mor-fì-na] *s.f.* (*chim.*) il principale alcaloide dell'oppio, impiegato in medicina come analgesico e sonnifero.
morfinismo [mor-fi-nì-ʃmo] *s.m.* (*med.*) intossicazione cronica da morfina.
morfinomane [mor-fi-nò-ma-ne] *agg.* e *s.m.* e *f.* che/chi è affetto da morfinomania.
morfinomania [mor-fi-no-ma-nì-a] *s.f.* (*med.*) assuefazione morbosa all'assunzione di morfina.
-morfismo secondo elemento di sostantivi composti derivati da aggettivi in *-morfo* (*isomorfismo*).
morfo-, -morfo primo e secondo elemento di parole composte, che significa 'forma', 'che riguarda la forma' o, come secondo elemento, 'che ha forma di' (*morfologia, isomorfo*).
morfogenesi [mor-fo-gè-ne-ʃi] *s.f.* (*biol.*) complesso dei fenomeni embriologici che conducono alla formazione di un organismo e dei suoi componenti.
morfologia [mor-fo-lo-gì-a] *s.f.* **1** settore della linguistica che studia sia la struttura sia i processi di flessione, derivazione e composizione delle parole **2** scienza che studia la forma e la struttura di organismi, corpi, elementi: *— delle rocce.*
morfologico [mor-fo-lò-gi-co] *agg.* [pl.m. *-ci*] relativo alla morfologia □ **morfologicamente** *avv.* dal punto di vista morfologico.
morfosintassi [mor-fo-sin-tàs-si] *s.f.* settore della linguistica che studia le connessioni tra morfologia e sintassi.
morganatico [mor-ga-nà-ti-co] *agg.* [pl.m. *-ci*] si dice del matrimonio tra un sovrano e una persona di condizione inferiore, in cui il coniuge e i figli nati dal matrimonio sono esclusi dalla successione dinastica.
moria [mo-rì-a] *s.f.* **1** elevata mortalità di animali, determinata da malattie epidemiche: *una — di polli* **2** (*bot.*) morte per disseccazione di alcune specie di piante, causata da infezioni parassitarie.
moribondo [mo-ri-bón-do] *agg.* e *s.m.* [f. *-a*] che/chi sta per morire.
morigeratezza [mo-ri-ge-ra-téz-za] *s.f.* l'essere morigerato.
morigerato [mo-ri-ge-rà-to] *agg.* di buoni costumi: *un uomo —* | moderato nei desideri: *vita morigerata* □ **morigeratamente** *avv.*
morire [mo-rì-re] *v.intr.* [pres. *io muòio, tu muòri, egli muòre, noi moriamo, voi morite, essi muòiono*; fut. *io morirò* o *morrò ecc.*; pass.rem. *io morìi, tu moristi ecc.*; congiunt.pres. *io muòia..., noi moriamo, voi moriate, essi muòiano*; cond. *io morirèi* o *morrèi ecc.*; part.pass. *mòrto*; aus. *essere*] **1** cessare di vivere, detto di persone, animali o piante | *— come un cane*, solo e abbandonato | *lasciarsi —*, non far nulla per evitare la morte, anzi cercarla **2** (*fig.*) soffrire fortemente; provare una sensazione, un'emozione intensa: *mi sento — al pensiero di andarmene* | *— dal ridere*, ridere a più non posso **3** (*fig.*) estinguersi, spegnersi; scomparire: *usanze che sono morte da anni.*
morituro [mo-ri-tù-ro] *agg.* e *s.m.* [f. *-a*] (*lett.*) che/chi sta per morire.
mormone [mor-mó-ne] *s.m.* e *f.* appartenente a una confessione religiosa fondata negli Stati Uniti nel sec. XIX, che trae fondamento da una pretesa rivelazione divina.
mormonico [mor-mò-ni-co] *agg.* [pl.m. *-ci*] dei mormoni, del mormonismo: *dottrina mormonica.*
mormonismo [mor-mo-ni-smo] *s.m.* la dottrina dei mormoni.
mormorare [mor-mo-rà-re] *v.intr.* [*io mórmoro ecc.*; aus. *avere*] **1** fare un rumore leggero e continuo, detto di acque o di fronde **2** parlare sommessamente; bisbigliare, sussurrare **3** esprimere malcontento a mezza voce; protestare: *il pubblico cominciò a —* | fare dei pettegolezzi, delle insinuazioni su qlcu.: *si mormora sul loro conto* ♦ *v.tr.* dire parlando sommessamente: *— qlco. all'orecchio* | *si mormora che...*, si va dicendo che...
mormoratore [mor-mo-ra-tó-re] *s.m.* [f. *-trice*] chi esprime malcontento; chi fa della maldicenza.
mormorazione [mor-mo-ra-zió-ne] *s.f.* il mormorare; il fare della maldicenza, dei pettegolezzi | ciò che si mormora.
mormorio [mor-mo-rì-o] *s.m.* un mormorare prolungato: *un — di disapprovazione.*
moro[1] [mò-ro] *agg.* di colore scuro: *capelli mori* ♦ *s.m.* **1** [f. *-a*] (*antiq.*) saraceno, musulmano: *i Mori di Spagna* | *testa di —*, colore marrone scuro dalla tonalità molto calda **2** [f. *-a*] persona bruna di carnagione e di capelli.
moro[2] *s.m.* (*bot.*) gelso.

morosità [mo-ro-si-tà] *s.f.* (*dir.*) condizione di chi è in mora: *sfratto per —*.
moroso [mo-ró-so] *agg.* e *s.m.* [f. *-a*] (*dir.*) che/chi è in mora: *contribuente —*.
morra [mòr-ra] *s.f.* gioco in cui i due giocatori abbassano simultaneamente il pugno mostrando alcune dita e gridando un numero; vince chi grida il numero che equivale alla somma delle dita mostrate da entrambi.
morsa [mòr-sa] *s.f.* **1** (*tecn.*) attrezzo fissato al banco da lavoro per tenere fermo il pezzo in lavorazione; è costituito da due ganasce serrate da un meccanismo a vite **2** (*fig.*) stretta che imprigiona: *la — del gelo* **3** *pl.* (*edil.*) mattoni che si lasciano sporgere da un muro per servire da attacco e collegamento a un altro muro.
morse [/ 'mɔrse /] *agg.* e *s.m.invar.* (*ingl.*) (*telecom.*) si dice di un codice alfabetico usato un tempo nelle comunicazioni telegrafiche.
morsetto [mor-sét-to] *s.m.* **1** (*tecn.*) attrezzo di varia forma usato per serrare pezzi di piccole dimensioni: *— a mano* **2** (*elettr.*) dispositivo per collegare due o più conduttori elettrici, o un conduttore a un apparecchio elettrico.
morsicare [mor-si-cà-re] *v.tr.* [*io mòrsico, tu mòrsichi ecc.*] addentare, mordere: *essere morsicato da un cane* | (*fam.*) detto di insetti, pungere.
morsicatura [mor-si-ca-tù-ra] *s.f.* il morsicare, l'essere morsicato; il segno lasciato da un morso.
morsicchiare [mor-sic-chià-re] *v.tr.* [*io morsìcchio ecc.*] mordere leggermente; mangiare a piccoli morsi: *— un frutto*.
morso [mòr-so] *s.m.* **1** il mordere: *il — di una vipera* **2** la ferita provocata da un morso: *medicare un —* **3** pezzo di cibo che si stacca con un morso; boccone: *un — di pane* **4** (*fig.*) sensazione fisica o spirituale molto forte, quasi dolorosa: *i morsi della fame* **5** barretta d'acciaio che si pone in bocca al cavallo e a cui si attaccano le redini | *allentare il —*, (*fig.*) diminuire il proprio controllo su qlcu.
morta [mòr-ta] *s.f.* braccio morto di un fiume, dove le acque sono stagnanti | punto di un fiume dove la corrente è meno forte.
mortadella [mor-ta-dèl-la] *s.f.* salume di carne suina o mista a grana finissima, impastata con lardo, aromatizzata con spezie e cotta.
mortaio [mor-tà-io] *s.m.* **1** (*chim.*) recipiente usato per frantumare e polverizzare, con un apposito attrezzo (pestello), sostanze solide o per mescolare sostanze diverse | *pestare l'acqua nel —*, (*fig.*) fare una fatica inutile **2** pezzo di artiglieria con canna molto corta e traiettoria curva, che lancia proietti con la carica di lancio incorporata.
mortaista [mor-ta-ì-sta] *s.m.* [pl. *-sti*] soldato addetto all'impiego di un mortaio.
mortale [mor-tà-le] *agg.* **1** che dà o può dare la morte: *incidente —* | *peccato —*, nella teologia cattolica, quello che priva l'anima della grazia divina; (*fig.*) errore imperdonabile, atto assurdo: *è un peccato — perdere quest'occasione* | *scontro —*, che si conclude con la morte di uno dei contendenti | *offesa —*, (*iperb.*) offesa gravissima | *nemico —*, (*iperb.*) nemico acerrimo | *salto —*, (*sport*) quello che i ginnasti eseguono capovolgendosi in aria e tornando ritti a terra **2** (*iperb.*) che dà grave sofferenza; insopportabile, terribile: *noia —* **3** della morte; di morto: *pallore —* | *spoglie mortali*, la salma **4** soggetto a morire: *l'uomo è —* **5** umano, proprio dell'uomo: *vita —* ♦ *s.m.* [anche *f.*] l'uomo, in quanto soggetto a morire: *un semplice —* □ **mortalmente** *avv.* a morte; molto gravemente, intensamente: *ferire, odiare —*.
mortalità [mor-ta-li-tà] *s.f.* il numero dei morti rispetto al numero dei viventi, considerato in un determinato tempo su una certa popolazione: *quoziente di —*.
mortaretto [mor-ta-rét-to] *s.m.* cilindretto di cartone carico di polvere da sparo, che si fa esplodere in segno di festa.
mortasa [mor-tà-ʃa] *s.f.* (*tecn.*) incavo praticato nel legno per introdurvi il tenone e realizzare il tipo di incastro detto appunto *a tenone e —*.
morte [mòr-te] *s.f.* **1** cessazione della vita: *— naturale*; *darsi la —*, uccidersi | *— eterna*, la dannazione dell'anima | *— civile*, privazione dei diritti civili | *— clinica, cerebrale*, (*med.*) cessazione dell'attività cerebrale pur permanendo altre funzioni vitali | *atto di —*, col quale il medico testimonia l'avvenuto decesso | *in punto di —*, prossimo a morire | *di —*, funereo, mortale: *silenzio di —* | *a —*, da procurare la morte (anche *fig.*): *ferire, annoiarsi a —* | *questione di vita o di —*, (*fig.*) della massima importanza | *aver visto la — in faccia*, (*fig.*) essersi trovato in una situazione di gravissimo pericolo **2** pena capitale: *condannare a —* **3** (*fig.*) grave afflizione, profonda angoscia: *avere la — nel cuore* **4** (*fig.*) fine, cessazione, scomparsa: *la — di un'istituzione*.
mortella [mor-tèl-la] *s.f.* (*bot.*) mirto.
mortifero [mor-tì-fe-ro] *agg.* (*lett.*) **1** che porta o può portare la morte: *veleno —* **2** (*fig.*) assai dannoso.
mortificante [mor-ti-fi-càn-te] *agg.* che mortifica, umilia, avvilisce: *una situazione —*.
mortificare [mor-ti-fi-cà-re] *v.tr.* [*io mortìfico, tu mortìfichi ecc.*] **1** far vergognare; umiliare nell'amor proprio: *— qlcu. con un'osservazione* **2** reprimere gli impulsi dei sensi con la penitenza: *— la carne* ♦ **mortificarsi** *v.rifl.* punirsi, far penitenza ♦ *v.intr.pron.* provare vergogna, dispiacere: *al minimo rimprovero si mortifica*.
mortificato [mor-ti-fi-cà-to] *agg.* umiliato, dispiaciuto: *sentirsi —*.
mortificazione [mor-ti-fi-ca-zió-ne] *s.f.* il mortificare, il mortificarsi, l'essere mortificato; umiliazione.
morto [mòr-to] *agg.* **1** che ha cessato di vivere: *cadere —*; *foglie morte*, cadute dalla pianta | *più — che vivo, mezzo —*, malconcio, malridotto | *essere un uomo —*, essere spacciato, senza scampo |

essere — e sepolto, (*fig.*) si dice di ciò che è definitivamente passato | *essere — di paura*, averne moltissima | *stanco —*, stanchissimo **2** (*fig.*) che non è capace di attività; che non permette lo svolgimento di un'attività: *stagione morta*, in cui gli affari languiscono | *binario —*, che a un certo punto finisce | *giungere a un punto —*, si dice di situazione senza sbocco | *peso —*, il peso che esercita un grave quando è immobile; (*fig.*) carico inutile; di persona, parassita: *un peso — per la società* | *essere lettera morta*, si dice di disposizione o legge della quale nessuno tiene conto | *lingua morta*, non più parlata da nessuno ♦ *s.m.* **1** [f. *-a*] persona morta: *seppellire un —* | *il giorno dei morti*, il 2 novembre, in cui la chiesa cattolica commemora i defunti | *suonare a —*, detto delle campane, suonare a rintocchi lenti per la morte di qlcu. | *un — di fame*, (*fig.*) uno spiantato | *pallido come un —*, pallidissimo | *fare il —*, galleggiare supino sull'acqua **2** in alcuni giochi di carte, il giocatore immaginario a cui si distribuiscono ugualmente le carte: *giocare col —*.

mortorio [mor-tò-rio] *s.m.* ambiente, riunione senza vita né brio: *la festa è stata un —*.

mortuario [mor-tu-à-rio] *agg.* che concerne i morti: *registro —* | *camera mortuaria*, stanza d'ospedale o di cimitero in cui si pongono le salme in attesa della sepoltura.

morula [mò-ru-la] *s.f.* (*biol.*) stadio iniziale di sviluppo dell'embrione.

morva [mòr-va] *s.f.* (*vet.*) malattia infettiva degli equini, con neoformazioni tendenti a suppurare e ulcerarsi.

mosaicista [mo-ʃai-cì-sta] *s.m.* e *f.* [pl.m. *-sti*] chi fa lavori di mosaico.

mosaico [mo-ʃài-co] *s.m.* [pl. *-ci*] **1** tecnica di decorazione parietale o pavimentale consistente nel creare un disegno con cubetti o frammenti colorati di pietra, vetro ecc.: *pavimento a —* | decorazione eseguita con tale tecnica: *i mosaici di Pompei* **2** (*estens.*) tecnica od opera tendente a ottenere effetti decorativi mediante l'accostamento di elementi di colore diverso: *aiuola a —* **3** (*fig.*) insieme di elementi disparati.

mosaicoltura [mo-ʃai-col-tù-ra] *s.f.* coltura di piante da fiore disposte a mosaico.

mosca [mó-sca] *s.f.* **1** insetto dal corpo scuro, con proboscide protrattile e un paio di ali trasparenti | *— tse tse*, insetto diffuso nelle zone tropicali, che trasmette la malattia del sonno | *essere una — bianca*, (*fig.*) si dice di persona o cosa rarissima | *non far male a una —*, (*fig.*) si dice di persona molto mite | *non si sente volare una —*, (*fig.*) c'è un silenzio assoluto | *restare con un pugno di mosche*, (*fig.*) non aver ricavato il minimo profitto da qlco. | *far saltare la — al naso*, (*fig.*) far perdere la pazienza | *pesi —*, (*sport*) nel pugilato e nella lotta, categoria che comprende atleti del peso minimo; l'atleta appartenente a tale categoria **2** nella pesca con l'amo, qualunque esca artificiale che imiti un insetto.

moscacieca [mo-sca-ciè-ca], o **mosca cieca**, *s.f.* gioco in cui uno dei partecipanti, a occhi bendati, cerca di afferrare e riconoscere un altro, che, se è identificato, verrà a sua volta bendato.

moscardino [mo-scar-dì-no] *s.m.* **1** mammifero roditore simile a un ghiro ma di dimensioni più piccole **2** mollusco marino commestibile simile a un piccolo polpo.

moscatello [mo-sca-tèl-lo] *s.m.* varietà di vitigno e di vino moscato ♦ *agg.* del vitigno moscatello: *uva moscatella*.

moscato [mo-scà-to] *s.m.* vitigno coltivato in molte regioni italiane, che dà uve bianche o nere, con intenso aroma muschiato | il vino che se ne ricava ♦ *agg.* **1** del vitigno moscato: *uva moscata* **2** che ha profumo o sapore di muschio: *noce moscata*.

moscerino [mo-sce-rì-no] *s.m.* **1** nome comune di varie specie di insetti ditteri molto piccoli che volano a sciami **2** (*scherz.*) persona di proporzioni minuscole.

moschea [mo-schè-a] *s.f.* edificio di culto dei musulmani.

moschettiere [mo-schet-tiè-re] *s.m.* guardia del re di Francia, nei secc. XVI e XVII.

moschetto [mo-schét-to] *s.m.* arma da fuoco portatile simile a un fucile a canna corta, leggero e maneggevole | *— automatico*, mitra.

moschettone [mo-schet-tó-ne] *s.m.* gancio metallico con apertura a molla; in alpinismo, quello che si aggancia ai chiodi e in cui si fa scorrere la corda.

moschicida [mo-schi-cì-da] *agg.* e *s.m.* [pl.m. *-di*] si dice di sostanza o preparato che serve a uccidere le mosche: *carta —*.

moschino [mo-schì-no] *s.m.* moscerino.

moscio [mó-scio] *agg.* [pl.f. *-sce*] **1** floscio, molle, privo di sodezza: *colletto —* **2** (*fig.*) fiacco, senza vigore fisico o morale; depresso: *avere un'aria moscia* | *erre moscia*, erre alla francese, con articolazione uvulare □ **mosciamente** *avv.*

mosco [mò-sco] *s.m.* [pl. *-schi*] mammifero ruminante asiatico; nel maschio, una ghiandola ventrale secerne una sostanza odorosa chiamata *muschio*.

moscone [mo-scó-ne] *s.m.* **1** nome di varie specie di mosche più grosse delle comuni **2** pattino.

moscovita [mo-sco-vì-ta] *agg.* [pl.m. *-ti*] della città di Mosca ♦ *s.m.* e *f.* chi è nato, chi abita a Mosca.

mossa [mòs-sa] *s.f.* **1** movimento di parti del corpo; gesto, movenza: *fare una — col capo*. DIM. *mossetta, mossettina* **2** movimento o atto avente un fine preciso: *una — di karatè* **3** nel gioco degli scacchi e della dama, spostamento di un pezzo da una casella a un'altra: *vincere in poche mosse* | *fare la prima —*, (*fig.*) prendere l'iniziativa | *fare una bella —*, (*fig.*) compiere un'azione che assicuri un vantaggio | *fare una — falsa*, (*fig.*) agire incautamente **4** *prendere le mosse da...*, (*fig.*) cominciare, partire da...

mosso [mòs-so] *agg.* **1** che ha subito un movimento **2** che è in movimento: *mare* —, agitato | *capelli mossi*, ondulati **3** (*mus.*) indicazione dinamica che prescrive un'esecuzione animata, vivace: *andante* —.

mostacciolo [mo-stac-ciò-lo] *s.m.* piccolo dolce a base di farina, zucchero, fichi secchi, canditi e uva passa.

mostarda [mo-stàr-da] *s.f.* salsa a base di senape, aceto e aromi, usata per condire carni e verdure | — *di Cremona*, frutta candita in sciroppo di senape.

mosto [mó-sto] *s.m.* succo ottenuto dalla spremitura dell'uva non ancora fermentato.

mostra [mó-stra] *s.f.* **1** il mostrare, specialmente per ostentazione: *far — delle proprie ricchezze* | *mettersi in* —, farsi notare **2** finta, simulazione: *far* —, fingere **3** esposizione pubblica di oggetti d'arte o di esemplari particolarmente belli di animali; il luogo in cui si tiene tale esposizione: — *di pittura, canina* **4** il risvolto del bavero di giacche e cappotti quando è di colore diverso dal resto.

mostrare [mo-strà-re] *v.tr.* [*io móstro ecc.*] **1** far vedere, sottoporre all'attenzione di altri: — *la merce al cliente* | — *la lingua*, come atto di scherno; anche, far esaminare la lingua al medico **2** esibire: — *i documenti* | ostentare, mettere in mostra: — *le gambe* **3** indicare: — *la strada*; — *a dito*, additare **4** spiegare, dimostrare, insegnare: — *il funzionamento di un apparecchio*; *mi ha mostrato come fare* **5** lasciar vedere, lasciar intendere; manifestare: — *di capire*; — *comprensione* **6** lasciar credere, fingere, simulare: — *sorpresa* ♦ **mostrarsi** *v.rifl.* o *intr.pron.* **1** farsi vedere, apparire: — *in pubblico* **2** dimostrarsi: — *all'altezza della situazione*.

mostrina [mo-strì-na] *s.f.* (spec. *pl.*) distintivo di tessuto o di materiale rigido sull'uniforme militare per distinguere l'arma, il corpo, il reparto.

mostrino [mo-strì-no] *s.m.* negli orologi, il piccolo quadrante dei secondi.

mostro [mó-stro] *s.m.* **1** creatura fantastica dalle forme innaturali (*p.e.* la sfinge) **2** essere vivente che presenta forti anomalie (*p.e.* un cane con due teste). DIM. *mostriciattolo* **3** (*fig.*) persona bruttissima (anche *scherz.*): *conciato così, sei un* — **4** (*fig.*) persona estremamente crudele, malvagia | chi si è macchiato di crimini efferati a sfondo sessuale **5** (*fig.*) persona che possiede doti eccezionali: *un — d'intelligenza* | — *sacro*, persona che gode di grandissimo prestigio in un campo d'attività.

mostruosità [mo-stru-o-si-tà] *s.f.* **1** anormalità nella conformazione di un individuo | carattere mostruoso (anche *fig.*): *la — di un delitto* **2** azione, cosa mostruosa: *le — della guerra*.

mostruoso [mo-stru-ó-so] *agg.* **1** di mostro, che è un mostro: *esseri mostruosi* **2** straordinario per deformità o grandezza: *naso* — **3** (*fig.*) degno di un mostro; estremamente crudele, malvagio: *delitto* — **4** (*fig.*) eccezionale, portentoso: *intelligenza mostruosa* □ **mostruosamente** *avv.*

mota [mò-ta] *s.f.* (*lett.*) fango.

motel [mo-tèl] *s.m.invar.* albergo per automobilisti, situato lungo le autostrade, con parcheggio e servizi per autoveicoli.

motilità [mo-ti-li-tà] *s.f.* la proprietà dell'organismo vivente di modificare la propria posizione o quella di una sua parte rispetto all'ambiente | la proprietà di certi organi di muoversi indipendentemente dalla volontà: — *intestinale*.

motivare [mo-ti-và-re] *v.tr.* **1** causare, provocare: *la lite fu motivata da un malinteso* **2** esporre i motivi da cui ha origine qlco.: — *una decisione, una sentenza* **3** indurre una motivazione, suscitare un interesse: — *uno studente allo studio*.

motivato [mo-ti-và-to] *agg.* **1** precisato, chiarito nei suoi motivi: *parere* — **2** fondato: *una protesta motivata* **3** di persona, che ha motivazione a fare qlco.: *alunno poco* —.

motivazionale [mo-ti-va-zio-nà-le] *agg.* che riguarda i motivi, le ragioni del comportamento | *ricerca* —, nel marketing, ricerca volta a indagare le ragioni delle scelte del pubblico.

motivazione [mo-ti-va-zió-ne] *s.f.* **1** esposizione dei motivi che determinano un fatto, un modo di agire; i motivi stessi: *la — di un accaduto* **2** (*psicol.*) stimolo che motiva il comportamento.

motivo [mo-tì-vo] *s.m.* **1** ciò per cui si fa o non si fa qlco.; ragione, causa: *viaggio per motivi di lavoro* **2** (*mus.*) spunto melodico riconoscibile nella trama di un pezzo musicale; melodia, aria: *un — orecchiabile* | — *conduttore*, Leitmotiv. DIM. *motivetto* **3** (*estens.*) tema fondamentale di un'opera letteraria, teatrale, cinematografica ecc.: *il — del ricordo nella poesia di Leopardi* **4** nelle arti figurative, nell'abbigliamento, nell'arredamento, elemento funzionale o decorativo più volte ripetuto: *un tessuto con un — geometrico*.

moto[1] [mò-to] *s.m.* **1** lo spostarsi di un corpo nello spazio; movimento: *il — dei pianeti* | *mettere in* —, avviare il motore di una macchina; (*fig.*) avviare una procedura | *essere in* —, si dice di macchina in funzione, di veicolo in movimento | *verbi di* —, (*gramm.*) che indicano movimento | *complementi di — a luogo, da luogo, per luogo*, (*gramm.*) quelli che indicano rispettivamente il luogo verso il quale, dal quale o attraverso il quale avviene un movimento **2** il muoversi per esercizio del corpo: *fare un po' di* — **3** atto, gesto: *avere un — di stizza* **4** impulso sentimentale o intellettuale; emozione: *un — di commozione* **5** sommossa, agitazione di popolo: *i moti del 1821* **6** (*mus.*) il procedere di una linea melodica: — *ascendente, discendente*, da una nota più grave a una più acuta, e viceversa | *con* —, si dice di brano musicale da eseguire con andamento notevolmente rapido.

moto[2] *s.f.invar.* abbr. di *motocicletta*: *fare un giro in* —.

moto- primo elemento di parole composte di formazione moderna, che indica veicoli che funzionano a motore (*motocarrello*), imbarcazioni azionate da motore a combustione interna (*motonave*) od operazioni compiute con mezzi meccanici (*motocoltura*); in taluni casi è abbr. di *motocicletta*.

motoaliante [mo-to-a-liàn-te] *s.m.* aliante fornito di un piccolo motore ausiliario che ne consente il volo orizzontale e talvolta anche il decollo autonomo.

motobarca [mo-to-bàr-ca] *s.f.* barca a motore.

motocannoniera [mo-to-can-no-niè-ra] *s.f.* (*mar.*) unità leggera della marina da guerra, armata di piccoli cannoni e missili.

motocarrello [mo-to-car-rèl-lo] *s.m.* carrello a motore usato per trasporti leggeri nelle ferrovie, nei cantieri ecc.

motocarro [mo-to-càr-ro] *s.m.* veicolo da trasporto a motore, con tre ruote e guida generalmente a manubrio.

motocarrozzetta [mo-to-car-roz-zét-ta] *s.f.* motocicletta a tre ruote con un carrozzino laterale per il trasporto di un passeggero; sidecar.

motocicletta [mo-to-ci-clét-ta] *s.f.* veicolo a due ruote mosso da un motore a combustione interna.

motociclismo [mo-to-ci-clì-ʃmo] *s.m.* lo sport delle corse in motocicletta.

motociclista [mo-to-ci-clì-sta] *s.m.* e *f.* [pl.m. *-sti*] chi va in motocicletta | chi pratica il motociclismo | Usato anche come *agg.*: *corridore —*.

motociclistico [mo-to-ci-clì-sti-co] *agg.* [pl.m. *-ci*] di motociclismo, dei motociclisti; che concerne le motociclette: *gare motociclistiche*.

motociclo [mo-to-cì-clo] *s.m.* nome generico dei veicoli a motore a due ruote.

motocisterna [mo-to-ci-stèr-na] *s.f.* (*mar.*) motonave attrezzata per il trasporto di liquidi.

motocoltivatore [mo-to-col-ti-va-tó-re] *s.m.* macchina agricola a motore, di dimensioni e potenza limitate, usata per lavorare la terra, falciare, seminare.

motocoltura [mo-to-col-tù-ra] *s.f.* (*agr.*) la coltivazione dei campi eseguita con mezzi meccanici.

motocompressore [mo-to-com-pres-só-re] *s.m.* macchina costituita dall'unione di un compressore con un motore che serve a produrre aria compressa per usi industriali.

motocorazzato [mo-to-co-raz-zà-to] *agg.* (*mil.*) si dice di unità militare che dispone di mezzi motorizzati e corazzati.

motocross [mo-to-cròss] *s.m.invar.* gara motociclistica fuori strada, su terreno accidentato; la specialità sportiva di tali gare.

motocrossista [mo-to-cros-sì-sta] *s.m.* e *f.* [pl. m. *-sti*] chi pratica il motocross.

motodromo [mo-tò-dro-mo] *s.m.* impianto sportivo per gare motociclistiche.

motoelica [mo-to-è-li-ca] *s.f.* (*aer.*) gruppo propulsore aeronautico costituito dall'accoppiamento di uno o più motori a combustione interna con una o più eliche.

motofalciatrice [mo-to-fal-cia-trì-ce] *s.f.* (*agr.*) macchina a motore per la falciatura.

motofurgone [mo-to-fur-gó-ne] *s.m.* motoveicolo furgonato a tre ruote adibito al trasporto di merci.

motolancia [mo-to-làn-cia] *s.f.* [pl. *-ce*] (*mar.*) lancia a motore.

motonauta [mo-to-nàu-ta] *s.m.* e *f.* [pl.m. *-ti*] (*mar.*) chi naviga per diporto con imbarcazioni a motore o partecipa a competizioni motonautiche.

motonautica [mo-to-nàu-ti-ca] *s.f.* **1** la navigazione con imbarcazioni a motore, per diporto o competizione **2** la tecnica della costruzione e della guida dei motoscafi.

motonautico [mo-to-nàu-ti-co] *agg.* relativo alla motonautica.

motonave [mo-to-nà-ve] *s.f.* nave mossa da uno o più motori a combustione interna.

motoneurone [mo-to-neu-ró-ne] *s.m.* (*biol.*) cellula nervosa periferica che costituisce l'anello finale della catena di trasmissione degli impulsi motori.

motopeschereccio [mo-to-pe-sche-réc-cio] *s. m.* grossa barca da pesca a motore.

motopista [mo-to-pì-sta] *s.f.* pista o corsia stradale riservata ai ciclomotori.

motopompa [mo-to-póm-pa] *s.f.* gruppo composto di un motore e di una pompa idraulica, per usi agricoli, antincendio ecc.

motopropulsore [mo-to-pro-pul-só-re] *agg.* e *s.m.* (*mar.*) si dice di gruppo costituito dall'accoppiamento di un motore con un propulsore (*p.e.* l'elica).

motoraduno [mo-to-ra-dù-no] *s.m.* raduno sportivo o turistico di motociclisti.

motore [mo-tó-re] *agg.* [f. *-trice*] che serve a muovere; che imprime o trasmette il moto: *albero —* ♦ *s.m.* **1** ciò che dà impulso; causa, movente: *la ricerca del profitto è il — dell'economia* **2** macchina atta a trasformare una forma di energia in energia meccanica, destinata a vari usi: *— elettrico*, *idraulico*, che utilizza energia elettrica o idraulica; *— a combustione interna*, che utilizza la pressione prodotta dallo scoppio del carburante; *— a scoppio*, in cui il carburante è una miscela di aria e benzina | *a —*, azionato da un motore: *veicolo a —*.

motoretta [mo-to-rét-ta] *s.f.* motoveicolo di piccola cilindrata, con carenatura e ruote di diametro ridotto; motorscooter | motocicletta di piccola cilindrata.

motorino [mo-to-rì-no] *s.m.* (*fam.*) ciclomotore.

motorio [mo-tò-rio] *agg.* del moto, che serve al moto: *centro —*.

motorismo [mo-to-rì-ʃmo] *s.m.* nome con cui si indicano complessivamente tutti gli sport fatti con mezzi a motore.

motorista [mo-to-rì-sta] *agg.* e *s.m.* [pl. *-sti*] si dice di chi è addetto alla riparazione e al funzionamento dei motori dei mezzi di trasporto: *il — di un aereo*.

motoristica [mo-to-rì-sti-ca] *s.f.* la tecnica di progettare e costruire motori per competizioni sportive.
motoristico [mo-to-rì-sti-co] *agg.* [pl.m. *-ci*] che riguarda gli sport praticati con mezzi a motore: *gara motoristica.*
motorizzare [mo-to-riʒ-ʒà-re] *v.tr.* **1** munire di motore un veicolo, un'apparecchiatura **2** dotare di mezzi di trasporto a motore: — *una pattuglia* ♦ **motorizzarsi** *v.rifl.* **1** adottare mezzi di trasporto a motore **2** (*fam.*) munirsi di un autoveicolo o un motoveicolo.
motorizzato [mo-to-riʒ-ʒà-to] *agg.* **1** che è stato munito di motore: *un barcone* — **2** dotato di mezzi di trasporto a motore: *truppe motorizzate.*
motorizzazione [mo-to-riʒ-ʒa-zió-ne] *s.f.* **1** il motorizzare, il motorizzarsi, l'essere motorizzato: — *ferroviaria* **2** il complesso dei problemi tecnici e delle attività burocratiche che riguardano la circolazione di mezzi a motore: *ispettorato per la* —.
motorscooter [/ mtor'skuter /] *s.m.invar.* (*ingl.*) motoretta.
motoscafo [mo-to-scà-fo] *s.m.* imbarcazione veloce azionata da un motore a combustione interna, entrobordo o fuoribordo: — *da competizione.*
motoscuter [mo-to-scù-ter] *s.m.* motorscooter.
motosega [mo-to-sé-ga] *s.f.* sega portatile azionata da un motorino a combustione interna.
motosilurante [mo-to-si-lu-ràn-te] *s.f.* veloce unità navale della marina da guerra armata con siluri e spinta da un motore a combustione interna.
motoslitta [mo-to-ʃlìt-ta] *s.f.* slitta azionata da un motore a cingoli.
mototorpediniera [mo-to-tor-pe-di-niè-ra] *s.f.* nave da guerra analoga alla motosilurante.
motovedetta [mo-to-ve-dét-ta] *s.f.* piccola motonave armata addetta alla vigilanza costiera: *una — della guardia di finanza.*
motoveicolo [mo-to-ve-ì-co-lo] *s.m.* ogni veicolo a motore a due o tre ruote.
motoveliero [mo-to-ve-liè-ro] *s.m.* veliero dotato di motore.
motovettura [mo-to-vet-tù-ra] *s.f.* motoveicolo a tre ruote, dotato di carrozzeria chiusa.
motozappa [mo-to-ʒap-pa] *s.f.* macchina agricola per zappare e sarchiare, dotata di un piccolo motore a combustione interna.
motozattera [mo-to-ʒàt-te-ra] *s.f.* grosso natante a motore, a fondo piatto e prua quadrata, usato come mezzo bellico da sbarco.
motrice [mo-tri-ce] *s.f.* macchina atta a produrre energia meccanica e a imprimere movimento a un veicolo | carrozza tranviaria o ferroviaria, provvista di motore, che traina le altre carrozze.
motricità [mo-tri-ci-tà] *s.f.* complesso delle condizioni neurofisiologiche che consentono all'individuo tutti i movimenti corporei richiesti dalla vita di relazione.
motteggiamento [mot-teg-gia-mén-to] *s.m.* il motteggiare; motteggio insistente.
motteggiare [mot-teg-già-re] *v.intr.* [*io mottéggio ecc.*; aus. *avere*] dire motti, scherzare: — *su tutto* ♦ *v.tr.* burlare, canzonare.
motteggio [mot-tég-gio] *s.m.* il motteggiare | le parole, gli atti con cui si motteggia.
mottetto [mot-tét-to] *s.m.* **1** componimento poetico costituito da pochi versi in rima, di carattere popolare e tono arguto **2** (*mus.*) forma sacra polifonica, vocale o vocale-strumentale, di origine medievale.
motto [mòt-to] *s.m.* **1** detto scherzoso o pungente: — *di spirito* **2** frase breve e sentenziosa riportata su uno stemma; massima, sentenza **3** (*lett.*) parola: *non aggiungere* —.
motuleso [mo-tu-lé-ʃo] *agg.* e *s.m.* [f. *-a*] (*med.*) che/chi ha subito una lesione che compromette le capacità motorie.
mountain bike [/ 'maunten 'baik /] *loc. sost.f.invar.* (*ingl.*) bicicletta dotata di un sistema con molti rapporti di velocità, costruita per percorrere sentieri ripidi e accidentati; rampichino.
mouse [/ 'mauz /] *s.m.invar.* (*ingl.*) (*inform.*) dispositivo di un elaboratore utilizzato per spostare il cursore sullo schermo e comandare l'esecuzione di determinate operazioni.
mousse [/ mus /] *s.f.invar.* (*fr.*) (*gastr.*) **1** vivanda a base di fegato, tonno, prosciutto o altro, ghiacciata in uno stampo e guarnita con gelatina **2** dolce spumoso a base di uova, panna montata e cioccolata.
movente [mo-vèn-te] *s.m.* motivo che induce a compiere un'azione; impulso, stimolo: *il — di un delitto.*
movenza [mo-vèn-za] *s.f.* **1** atteggiamento della persona nel muoversi: *danzare con movenze agili* **2** (*fig.*) andamento stilistico di uno scritto o di un discorso: *un periodare dalle movenze classicheggianti.*
movimentare [mo-vi-men-tà-re] *v.tr.* [*io moviménto ecc.*] animare, vivacizzare: — *una serata* | (*fin.*) sottoporre a un vivace movimento di entrate-uscite, di investimenti, di operazioni: — *il mercato.*
movimentato [mo-vi-men-tà-to] *agg.* pieno di movimento, di animazione; agitato: *una vita movimentata.*
movimentismo [mo-vi-men-tì-ʃmo] *s.m.* tendenza a seguire e a promuovere le iniziative politiche spontanee, rispetto a quelle organizzate da partiti, sindacati ecc.
movimentista [mo-vi-men-tì-sta] *s.m.* e *f.* [pl.m. *-sti*] fautore del movimentismo | Usato anche come *agg.* in luogo di *movimentistico.*
movimentistico [mo-vi-men-tì-sti-co] *agg.* [pl.m. *-ci*] del movimentismo o dei movimentisti.
movimento [mo-vi-mén-to] *s.m.* **1** il muovere, il muoversi; spostamento: *libertà di* — | — *della popolazione*, il suo variare nel numero e nella composizione, per cause biologiche e sociali | — *di cassa*, il totale delle operazioni effettuate in un

determinato periodo **2** animazione di persone, intensità di traffico: *nelle vie del centro c'era molto —* **3** nelle arti figurative, impressione di moto prodotta dalla disposizione degli elementi della composizione; in un'opera letteraria o teatrale, dinamicità del ritmo narrativo: *una commedia ricca di —* **4** corrente artistica, culturale o politica: *il — futurista; storia del — operaio* **5** (*mus.*) grado di velocità prescritto per l'esecuzione di un pezzo musicale: *"adagio" è un'indicazione di —* | ciascuna delle parti in cui si dividono alcune forme compositive: *la sinfonia classica consta di quattro movimenti.*

moviola [mo-viò-la] *s.f.* **1** (*cine.*) apparecchiatura per esaminare le singole scene o i singoli fotogrammi di una pellicola | apparecchiatura che consente di esaminare più pellicole contemporaneamente e di trasferire spezzoni dall'una all'altra **2** (*tv*) apparecchiatura per rallentare, arrestare e ripetere immagini registrate.

mozarabico [mo-ʒa-rà-bi-co] *agg.* [pl.m. *-ci*] dei mozarabi, cristiani di Spagna che conservarono la loro religione durante la dominazione araba: *letteratura mozarabica.*

mozartiano [mo-zar-tià-no] *agg.* del compositore Wolfgang Amadeus Mozart (1756-1791); che si riferisce al suo stile, alla sua opera.

mozione [mo-zió-ne] *s.f.* richiesta o proposta avanzata in un'assemblea perché sia discussa e messa ai voti.

mozzafiato [moz-za-fià-to] *agg.invar.* che toglie il respiro, che impressiona vivamente: *uno spettacolo —.*

mozzare [moz-zà-re] *v.tr.* [*io mózzo ecc.*] tagliare violentemente; recidere in un sol colpo: *— il capo* | *— il fiato,* (*fig.*) provocare una forte emozione, quasi impedendo di respirare: *una paura da — il fiato.*

mozzarella [moz-za-rèl-la] *s.f.* formaggio fresco a pasta bianca e molle, prodotto con latte di bufala o di vacca.

mozzetta [moz-zét-ta] *s.f.* mantellina che ricopre l'abito ecclesiastico, chiusa davanti da una serie di bottoni.

mozzicare [moz-zi-cà-re] *v.tr.* [*io mózzico, tu mózzichi ecc.*] (*region.*) mordere.

mozzico [móz-zi-co] *s.m.* [pl. *-chi*] (*region.*) morso: *mangiare a mozzichi.*

mozzicone [moz-zi-có-ne] *s.m.* ciò che rimane di una cosa mozzata, spezzata o bruciata: *— di sigaretta.*

mozzo[1] [móz-zo] *agg.* mozzato, reciso, troncato: *fucile a canne mozze* | (*fig.*) tronco, incompleto: *parole mozze.*

mozzo[2] *s.m.* (*mar.*) giovane minore di diciotto anni imbarcato su una nave mercantile per apprendervi il mestiere di marinaio.

mozzo[3] [mòʒ-ʒo] *s.m.* parte centrale di un organo rotante, in genere di forma cilindrica, avente la funzione di fissare l'organo stesso al suo asse.

mucca [mùc-ca] *s.f.* vacca da latte.

mucchio [mùc-chio] *s.m.* **1** quantità di cose ammassate, cumulo: *un — di stracci* | *colpire nel —,* (*fig.*) senza distinguere chi si colpisce; (*fig.*) lanciare accuse indiscriminate. DIM. *mucchietto* **2** (*estens.*) grande numero, gran quantità: *un — di sciocchezze.*

mucillagine [mu-cil-là-gi-ne], o **mucillaggine,** *s.f.* **1** (*bot.*) sostanza organica gommosa, simile alle gomme naturali, presente in molte piante, che ha la capacità di assorbire e trattenere l'acqua **2** (*estens.*) sostanza viscosa che si forma nelle acque per effetto dell'eutrofizzazione.

mucillaginoso [mu-cil-la-gi-nó-so] *agg.* formato da mucillagine; che ha aspetto di mucillagine: *liquido —.*

muciparo [mu-cì-pa-ro] *agg.* **1** (*bot.*) si dice delle cellule vegetali che producono mucillagine **2** (*biol.*) si dice delle ghiandole che producono muco.

muco [mù-co] *s.m.* [pl. *-chi*] liquido denso e viscoso secreto dalle mucose a scopo protettivo.

mucosa [mu-có-sa] *s.f.* (*biol.*) membrana epiteliale che ricopre le cavità interne e i condotti; è mantenuta sempre umida dal muco.

mucoso [mu-có-so] *agg.* **1** delle mucose: *tessuto —* **2** di muco; simile al muco: *secrezione mucosa* | che secerne muco: *ghiandole mucose.*

muda [mù-da] *s.f.* il cambiamento annuale delle penne degli uccelli; il periodo in cui esso avviene.

muezzin [mu-eʒ-ʒìn] *s.m.invar.* addetto al culto islamico che dall'alto del minareto chiama i fedeli alla preghiera cinque volte al giorno.

muffa [mùf-fa] *s.f.* denominazione di un complesso di funghi microscopici, biancastri o verdognoli, che proliferano su sostanze organiche in decomposizione: *fare la —,* ricoprirsi di muffa; (*fig.*) restare inattivo.

muffire [muf-fì-re] *v.intr.* [*io muffisco, tu muffisci ecc.*; aus. *essere*] fare la muffa, ammuffire (spec. *fig.*): *— in casa.*

muffola [mùf-fo-la] *s.f.* **1** guanto senza divisioni per le dita o con il solo dito pollice indipendente **2** (*tecn.*) contenitore in materiale refrattario per racchiudere sostanze che, introdotte in un forno, non devono stare a diretto contatto col fuoco.

muflone [mu-fló-ne] *s.m.* ruminante simile alla pecora, con pelame corto, diffuso in Sardegna e in Corsica.

mugghiare [mug-ghià-re] *v.intr.* [*io mùgghio ecc.*; aus. *avere*] (*lett.*) **1** muggire forte e a lungo, detto dei buoi **2** (*fig. lett.*) rumoreggiare, detto del mare, del vento o del tuono.

mugghio [mùg-ghio] *s.m.* (*lett.*) il mugghiare.

muggine [mùg-gi-ne] *s.m.* (*zool.*) genere di pesci costieri di acque marine o salmastre, con corpo fusiforme, due pinne dorsali, pinna caudale incisa; vi appartiene il cefalo.

muggire [mug-gì-re] *v.intr.* [*io muggisco, tu muggisci, egli muggisce ecc.*; aus. *avere*] emettere muggiti, detto di bovini.

muggito [mug-gì-to] *s.m.* verso caratteristico dei bovini.

mughetto [mu-ghét-to] *s.m.* **1** pianta erbacea con fiorellini bianchi profumati raccolti in grappolo **2** (*med.*) malattia della mucosa della bocca dovuta a un fungo; si manifesta con chiazze biancastre.

mugiliformi [mu-gi-li-fór-mi] *s.m.pl.* (*zool.*) ordine di pesci marini o d'acqua dolce a cui appartiene il cefalo.

mugnaio [mu-gnà-io] *s.m.* [f. *-a*] chi fa il mestiere di macinare al mulino grano e granaglie | proprietario o conduttore di un mulino.

mugo [mù-go] *s.m.* [pl. *-ghi*] arbusto con foglie aghiformi da cui si estrae una resina profumata.

mugolare [mu-go-là-re] *v.intr.* [*io mùgolo ecc.*; aus. *avere*] **1** di cani o altri animali, emettere suoni sommessi e lamentosi **2** (*fig.*) di persona, gemere, lamentarsi: *— di dolore* ♦ *v.tr.* mormorare, borbottare: *cosa mugoli?*

mugolio [mu-go-lì-o] *s.m.* un mugolare ripetuto, insistente.

mugugnare [mu-gu-gnà-re] *v.intr.* [aus. *avere*] brontolare.

mugugno [mu-gù-gno] *s.m.* manifestazione di scontento o di risentimento; brontolio.

mujaheddin [/ mudʒai'din /], o **mujahidin**, *s.m.invar.* (*ar.*) guerrigliero islamico.

mulacchia [mu-làc-chia] *s.f.* cornacchia grigia.

mulattiera [mu-lat-tiè-ra] *s.f.* sentiero di montagna percorribile soltanto con muli o altri animali da soma.

mulattiere [mu-lat-tiè-re] *s.m.* chi guida muli.

mulattiero [mu-lat-tiè-ro] *agg.* **1** da mulo, adatto ai muli: *strada mulattiera* **2** relativo ai muli e al loro allevamento.

mulatto [mu-làt-to] *s.m.* [f. *-a*] figlio di un genitore di pelle bianca e di uno di pelle nera | Usato anche come *agg.*: *una bambina mulatta.*

muliebre [mu-lì-e-bre] *agg.* (*lett.*) di donna, da donna: *grazia —.*

mulinare [mu-li-nà-re] *v.tr.* **1** roteare, far girare in tondo: *— un bastone* **2** (*fig.*) architettare, macchinare: *— propositi di vendetta* | (*assol.*) fantasticare ♦ *v.intr.* [aus. *avere*] **1** roteare, girare in tondo: *il — delle foglie secche* **2** (*fig.*) di pensieri, idee e sim., agitarsi, muoversi tumultuosamente: *mille pensieri gli mulinavano nella mente.*

mulinello [mu-li-nèl-lo] *s.m.* **1** vortice formato dall'acqua corrente o dal vento **2** nome generico di vari apparecchi costituiti da un'elica rotante su un perno **3** giocattolo consistente in un'elica di carta o di plastica, che gira al vento; girandola **4** dispositivo applicato alla canna da pesca, consistente in una bobina attorno a cui si avvolge la lenza.

mulino [mu-lì-no] *s.m.* edificio in cui si esegue la macinatura del grano e di altri cereali; la macchina che effettua tale operazione: *— a vento* | *tirare l'acqua al proprio —*, (*fig.*) agire nel proprio interesse | *combattere con i mulini a vento*, (*fig.*) contro nemici immaginari.

mulo [mù-lo] *s.m.* [f. *-a*] quadrupede domestico infecondo, nato dall'incrocio dell'asino con la cavalla; è usato come bestia da soma e come cavalcatura in montagna | *essere un —*, *cocciuto come un —*, (*fig.*) si dice di persona testarda.

multa [mùl-ta] *s.f.* **1** (*dir.*) pena pecuniaria prevista per determinati reati **2** (*estens.*) sanzione pecuniaria prevista per infrazioni o inadempienze: *— per eccesso di velocità.*

multare [mul-tà-re] *v.tr.* infliggere una multa.

multi- primo elemento di parole composte, che significa 'che ha molti, di molti' (*multilaterale*, *multimilionario*).

multicolore [mul-ti-co-ló-re] *agg.* di vari colori: *palline multicolori.*

multidisciplinare [mul-ti-di-sci-pli-nà-re] *agg.* che riguarda contemporaneamente più discipline, più campi di studio: *approccio —.*

multifocale [mul-ti-fo-cà-le] *agg.* in ottica, che ha molti fuochi: *obiettivo —.*

multiforme [mul-ti-fór-me] *agg.* che ha varie forme, che presenta molteplici aspetti: *ingegno —*, versatile.

multifunzionale [mul-ti-fun-zio-nà-le] *agg.* si dice di ciò che può avere contemporaneamente diverse funzioni.

multifunzionalità [mul-ti-fun-zio-na-li-tà] *s.f.* l'essere multifunzionale.

multifunzione [mul-ti-fun-zió-ne] *agg.invar.* multifunzionale.

multigrade [/ 'multigreid /] *agg.* e *s.m.invar.* (*ingl.*) si dice di olio lubrificante adatto a una vasta gamma di temperature esterne.

multilaterale [mul-ti-la-te-rà-le] *agg.* **1** che concerne più lati **2** che riguarda più parti: *accordo —.*

multilingue [mul-ti-lìn-gue] *agg.* di persona, che parla più lingue; di luogo, in cui si parlano più lingue: *popolazione —.*

multimediale [mul-ti-me-dià-le] *agg.* che si avvale di diversi strumenti di comunicazione e d'informazione audiovisivi e testuali: *campagna pubblicitaria —.*

multimiliardario [mul-ti-mi-liar-dà-rio] *agg.* e *s.m.* [f. *-a*] che/chi possiede molti miliardi.

multinazionale [mul-ti-na-zio-nà-le] *agg.* e *s.f.* si dice di impresa presente sul mercato mondiale con organizzazioni produttive in diversi paesi.

multipara [mul-tì-pa-ra] *agg.* e *s.f.* si dice di donna o femmina di animale che ha avuto più parti o che ha partorito più figli in un solo parto.

multiplo [mùl-ti-plo] *agg.* che è composto di più parti | *presa di corrente multipla*, quella che collega contemporaneamente più spine ♦ *agg.* e *s.m.* (*mat.*) si dice di numero che si ottiene moltiplicando un numero dato per un numero intero: *9 è — di 3* | *minimo comune —*, il più piccolo fra i multipli comuni a due o più numeri.

multipolare [mul-ti-po-là-re] *agg.* **1** (*fis.*) che ha più poli **2** (*fig.*) fondato su più poli (di sviluppo, di influenza ecc.).

multipolo [mul-ti-pò-lo] *agg.* e *s.m.* (*fis.*) si dice di

qualsiasi distribuzione di cariche elettriche statiche o oscillanti: *campo —*.
multiprocessore [mul-ti-pro-ces-só-re] *s.m.* (*inform.*) grande elaboratore elettronico dotato di più processori che hanno stessa potenza e lavorano in modo coordinato, gestiti da un unico sistema operativo.
multiprogrammazione [mul-ti-pro-gram-ma-zió-ne] *s.f.* (*inform.*) in un elaboratore elettronico, esecuzione contemporanea e sovrapposta di più programmi.
multiproprietà [mul-ti-pro-prie-tà] *s.f.* comproprietà di un immobile, del quale i diversi proprietari utilizzano il bene solo per un dato periodo dell'anno.
multirazziale [mul-ti-raz-zià-le] *agg.* concernente molte razze | si dice di società che riconosce uguali diritti ai diversi gruppi etnici di cui si compone.
multisale [mul-ti-sà-le] *agg.invar.* si dice di cinema che dispone di più sale di proiezione.
multisecolare [mul-ti-se-co-là-re] *agg.* antico di molti secoli.
multistadio [mul-ti-stà-dio] *agg.invar.* si dice di missile costituito da più parti, alcune delle quali vengono sganciate e abbandonate durante il volo, quando hanno esaurito la loro funzione.
multistrato [mul-ti-strà-to] *agg.* e *s.m.* detto di materiale ottenuto per sovrapposizione di più strati di materiale.
multiuso [mul-ti-ù-ʃo] *agg.invar.* adatto a più usi; dotato di più strumenti per usi diversi: *coltello —*.
mummia [mùm-mia] *s.f.* **1** cadavere imbalsamato: *le mummie dei faraoni egiziani* **2** (*fig.*) persona vecchia e incartapecorita.
mummificare [mum-mi-fi-cà-re] *v.tr.* [*io mummìfico, tu mummìfichi ecc.*] sottoporre a mummificazione: *— un cadavere* ♦ **mummificarsi** *v.intr.pron.* **1** subire un processo di mummificazione **2** (*fig.*) diventare simile a mummia, fisicamente o spiritualmente.
mummificazione [mum-mi-fi-ca-zió-ne] *s.f.* trattamento praticato su cadaveri per assicurarne la conservazione.
mungere [mùn-ge-re] *v.tr.* [pres. *io mungo, tu mungi ecc.*; pass.rem. *io munsi, tu mungésti ecc.*; part.pass. *munto*] **1** spremere le mammelle di animali lattiferi per trarne il latte: *— le mucche* **2** (*fig.*) spillare soldi: *— un parente ricco.*
mungitoio [mun-gi-tó-io] *s.m.* luogo dove avviene la mungitura; recipiente nel quale si raccoglie il latte munto.
mungitore [mun-gi-tó-re] *s.m.* [f. *-trice*] chi è addetto alla mungitura.
mungitrice [mun-gi-trì-ce] *s.f.* apparecchio per la mungitura meccanica delle vacche.
mungitura [mun-gi-tù-ra] *s.f.* operazione del mungere: *— meccanica* | il latte munto: *— abbondante.*
municipale [mu-ni-ci-pà-le] *agg.* **1** del municipio: *giunta —* **2** (*spreg.*) campanilistico: *rivalità municipali.*
municipalesco [mu-ni-ci-pa-lé-sco] *agg.* [pl.m. *-schi*] (*spreg.*) municipale, campanilistico.
municipalismo [mu-ni-ci-pa-lì-ʃmo] *s.m.* esagerato attaccamento alla propria città; tendenza a difendere i soli interessi locali.
municipalistico [mu-ni-ci-pa-lì-sti-co] *agg.* [pl.m. *-ci*] di municipalismo: *interesse —*.
municipalità [mu-ni-ci-pa-li-tà] *s.f.* l'insieme delle autorità di un municipio.
municipalizzare [mu-ni-ci-pa-liʒ-ʒà-re] *v.tr.* trasferire al comune la gestione di un servizio pubblico: *— i trasporti.*
municipalizzato [mu-ni-ci-pa-liʒ-ʒà-to] *agg.* posto sotto la gestione del comune: *aziende municipalizzate.*
municipalizzazione [mu-ni-ci-pa-liʒ-ʒa-zió-ne] *s.f.* **1** il municipalizzare, l'essere municipalizzato **2** l'insieme delle aziende municipalizzate.
municipio [mu-ni-cì-pio] *s.m.* il comune, l'amministrazione comunale; la sede del comune: *sposarsi in —*.
munificenza [mu-ni-fi-cèn-za] *s.f.* **1** l'essere munifico; generosità, liberalità **2** azione munifica; dono generoso.
munifico [mu-nì-fi-co] *agg.* [pl.m. *-ci*; superl. *munificentìssimo*] **1** che dona con grande generosità: *un principe —* **2** che rivela molta generosità: *dono —*.
munire [mu-nì-re] *v.tr.* [*io munisco, tu munisci ecc.*] **1** dotare di mezzi di difesa e di fortificazione: *— i confini* **2** (*estens.*) corredare di quanto è necessario a una funzione, a uno scopo: *— qlcu. di salvacondotto* ♦ **munirsi** *v.rifl.* fornirsi, provvedersi, premunirsi: *— di pazienza.*
munito [mu-nì-to] *agg.* **1** fortificato: *una postazione ben munita* **2** fornito, provveduto: *— di carta e penna.*
munizione [mu-ni-zió-ne] *s.f.* (spec. *pl.*) l'insieme dei proiettili con cui si caricano le armi da fuoco: *deposito di munizioni.*
muovere [muò-ve-re] *v.tr.* [pres. *io muòvo ecc.*; pass.rem. *io mòssi, tu movésti ecc.*; part.pass. *mòsso*] **1** porre in moto, mettere in movimento; spostare, trascinare: *— la testa* | *— i primi passi*, detto di bambino, cominciare a camminare; (*fig.*) intraprendere un'attività, un'arte, una professione | *non — un dito*, (*fig.*) oziare o non far nulla per qlcu. **2** dare l'avvio a un'azione ostile; rivolgere, formulare: *— guerra, un'accusa* **3** suscitare un sentimento, indurre a un'azione; incitare, eccitare: *— a compassione*; *— il riso* ♦ *v.intr.* [aus. *essere* o *avere*] procedere, partire; avviarsi: *— incontro a qlcu.* | (*fig.*) cominciare, derivare: *un ragionamento che muove da premesse sbagliate* ♦ **muoversi** *v.rifl.* o *intr.pron.* **1** mettersi in movimento; allontanarsi: *non — da casa* | sbrigarsi, affrettarsi: *muovetevi, per favore!* **2** (*fig.*) entrare in azione; impegnarsi: *nessuno si mosse in suo aiuto* **3** (*fig.*) commuoversi:

— *a compassione* **4** detto di cose, essere in movimento: *la Luna si muove intorno alla Terra.*

muraglia [mu-rà-glia] *s.f.* **1** muro esterno alto e robusto | *la grande* —, baluardo, lungo oltre 6500 km, che gli antichi imperatori eressero a difesa della parte settentrionale della Cina. ACCR. *muraglione* (m.) **2** (*estens.*) parete rocciosa verticale.

muraglione [mu-ra-glió-ne] *s.m.* grossa muraglia di sostegno in costruzioni stradali, ferroviarie o portuali.

muraiola [mu-ra-iò-la] *s.f.* pianta erbacea con foglie ovali ruvide e fiori verdognoli, che cresce sui muri; parietaria.

muraiolo [mu-ra-iò-lo] *agg.* e *s.m.* si dice di piante o animali che s'arrampicano sui muri.

murale [mu-rà-le] *agg.* **1** di muro, da muro: *manifesto* — | *pittura* —, eseguita sul muro **2** si dice di pianta che cresce sui muri; rampicante.

murales [/ mu′rales /] *s.m.pl.* (*sp.*) pitture realizzate su muri esterni di edifici o su grandi pannelli all'aperto, spesso con intento di contestazione politica e sociale.

murare [mu-rà-re] *v.tr.* **1** chiudere un'apertura con un muro: — *una porta* | fissare qlco. nel muro: — *un gancio* | incassare in un vano del muro: — *una cassaforte* **2** (*assol.*) costruire muri: — *a secco*, senza calcina o altro legante ♦ **murarsi** *v.rifl.* rinchiudersi, ritirarsi in un luogo: — *in casa.*

murario [mu-rà-rio] *agg.* relativo al murare, alla muratura: *struttura muraria* | *cinta muraria*, la cerchia di mura di una città, di una fortezza,

murata [mu-rà-ta] *s.f.* (*mar.*) ciascuna delle due parti laterali esterne dello scafo, sopra la linea di galleggiamento.

muratore [mu-ra-tó-re] *s.m.* operaio che costruisce opere in muratura.

muratura [mu-ra-tù-ra] *s.f.* **1** il murare: *lavoro di* — **2** lavoro murario, muro: — *in calcestruzzo.*

murena [mu-rè-na] *s.f.* pesce teleosteo commestibile simile all'anguilla; inocula col morso un liquido velenoso.

murenidi [mu-rè-ni-di] *s.m.pl.* (*zool.*) famiglia di pesci teleostei cui appartiene la murena.

muriatico [mu-rià-ti-co] *agg.* [pl.m. *-ci*] solo in *acido* —, (*chim.*) altro nome dell'acido cloridrico.

muricciolo [mu-ric-ciò-lo] *s.m.* muro basso che serve a delimitare una proprietà.

murice [mù-ri-ce] *s.m.* mollusco gasteropodo marino con conchiglia spinosa a spira, da cui gli antichi estraevano la porpora.

muridi [mù-ri-di] *s.m.pl.* (*zool.*) famiglia di mammiferi roditori a cui appartengono i topi.

muro [mù-ro] *s.m.* [pl. *i muri*; *le mura*, con valore collettivo o nel sign. 3] **1** costruzione in muratura che è parte costitutiva di un edificio: *innalzare un* —; — *maestro*, muro portante; — *a secco*, costruito senza malta | — *del pianto*, a Gerusalemme, muro costituito dai resti del tempio di Salomone, che è oggetto di culto da parte degli ebrei | *mettere al* —, fucilare | *mettere qlcu. con le spalle al* —, (*fig.*) costringerlo a fare o dire quanto si pretende | *parlare al* —, (*fig.*) a una persona che non vuole intendere | *chiudersi fra quattro mura*, (*fig.*) fare vita ritirata. DIM. *muretto*, *muricciolo* **2** (*fig.*) ciò che per compattezza o altro sembra un muro; barriera, ostacolo: *un* — *di silenzio* | — *del suono*, (*fis.*) brusco aumento della resistenza aerodinamica incontrata da un corpo che viaggia a una velocità pari a quella del suono **3** *pl.* complesso di opere murarie di una città o fortezza: *mura romane* | *fuori le mura*, fuori della cinta muraria di una città.

musa [mù-ʃa] *s.f.* **1** (*mit.*) ciascuna delle nove dee protettrici delle arti e delle scienze | *la decima* —, l'arte del cinema **2** (*fig.*) la persona o la cosa che ispira una creazione artistica.

muschiato [mu-schià-to] *agg.* **1** che contiene muschio, che ha odore di muschio: *olio* — **2** si dice di animale che secerne muschio: *topo* —.

muschio[1] [mù-schio] *s.m.* **1** sostanza odorosa prodotta dal mosco e da altri animali, usata in profumeria e in medicina **2** il profumo ricavato da tale sostanza.

muschio[2] → **musco.**

musco [mù-sco], o **muschio**, *s.m.* [pl. *-schi*] nome comune di minute pianticelle briofite che crescono addossate le une alle altre ricoprendo tronchi e rocce in luoghi umidi e ombrosi.

muscolare [mu-sco-là-re] *agg.* di muscolo, proprio dei muscoli: *forza* — | *tessuto* —, (*anat.*) quello che costituisce i muscoli e consta di cellule allungate molto contrattili | *tono* —, (*fisiol.*) contrazione parziale che permane anche nel muscolo a riposo.

muscolatura [mu-sco-la-tù-ra] *s.f.* il complesso dei muscoli: — *robusta.*

muscolazione [mu-sco-la-zió-ne] *s.f.* potenziamento della muscolatura mediante una ginnastica appropriata: *esercizi per la* —.

muscolo [mù-sco-lo] *s.m.* **1** (*anat.*) ciascun organo contrattile che, saldato alle ossa mediante i tendini, serve al movimento; è costituito da cellule riunite in fascetti, a loro volta raccolti in fasci più grossi | *muscoli involontari*, quelli dell'apparato digestivo, respiratorio e circolatorio, il cui movimento è controllato dal sistema nervoso vegetativo | *muscoli volontari*, quelli il cui movimento è regolato dalla volontà; sono raggruppati intorno alle parti mobili dello scheletro **2** (*fig.*) come simbolo di forza fisica, di vigore: *mostrare i muscoli* **3** taglio di carne di seconda scelta, costituito dai muscoli di bovini ed equini **4** (*region.*) mitilo.

muscolosità [mu-sco-lo-si-tà] *s.f.* **1** l'essere muscoloso **2** parte muscolosa del corpo umano o animale.

muscoloso [mu-sco-ló-so] *agg.* che ha muscoli forti e in rilievo: *braccia muscolose.*

muscoso [mu-scó-so] *agg.* coperto di musco.

musello [mu-ʃèl-lo] *s.m.* nei ruminanti, regione

del muso compresa fra le narici e il labbro superiore.
museo [mu-ʃè-o] *s.m.* luogo dove vengono raccolte ed esposte al pubblico collezioni di opere d'arte, documenti, oggetti di interesse naturale, scientifico, tecnico ecc.: — *scientifico* | *da* —, (*scherz.*) si dice di cosa vecchia, inattuale: *roba da* —.
museografia [mu-ʃe-o-gra-fì-a] *s.f.* scienza che studia il modo di costruire e sistemare un museo.
museografico [mu-ʃeo-grà-fi-co] *agg.* [pl.m. *-ci*] di museografia: *tecnica museografica.*
museotecnica [mu-ʃeo-tèc-ni-ca] *s.f.* tecnica di ordinare scientificamente e funzionalmente i musei.
museruola [mu-ʃe-ruò-la] *s.f.* arnese a forma di gabbia tronca che si applica al muso dei cani perché non mordano o dei buoi perché non mangino | *mettere la — a qlcu.*, (*fig.*) impedirgli di dire quello che pensa.
musetta [mu-ʃét-ta] *s.f.* sacca contenente la biada che si lega al collo dei cavalli.
musica [mù-ʃi-ca] *s.f.* **1** l'arte di combinare insieme i suoni, secondo determinate leggi e convenzioni: *maestro di* — | *mettere in* —, musicare **2** ogni opera composta per mezzo di suoni; lo stile, la produzione musicale di un'epoca, un paese, un autore: — *per pianoforte*; — *classica, da camera* | *leggere la* —, conoscere la notazione musicale e saperne ricavare il suono corrispondente. DIM. *musichetta* **3** (*fig.*) suono o rumore dolce e piacevole: *la — del mare* | (*iron.*) voce o rumore fastidioso e prolungato: *senti che —!*
musicabile [mu-ʃi-cà-bi-le] *agg.* che può essere musicato.
musical [/ 'mjuzikol /] *s.m.invar.* (*ingl.*) commedia musicale.
musicale [mu-ʃi-cà-le] *agg.* **1** di musica, relativo alla musica: *critico* — **2** che ha sensibilità o disposizione alla musica: *avere orecchio* — **3** che ha un andamento armonioso simile a quello della musica: *una voce* — □ **musicalmente** *avv.* in modo musicale.
musicalità [mu-ʃi-ca-li-tà] *s.f.* l'essere musicale; armoniosità, dolcezza di suono: *la — di una lingua.*
musicante [mu-ʃi-càn-te] *s.m.* **1** musicista di mediocre levatura **2** componente di una banda musicale | Usato come *agg.* che suona: *angeli musicanti.*
musicare [mu-ʃi-cà-re] *v.tr.* [*io mùʃico, tu mùʃichi ecc.*] mettere in musica: — *una poesia.*
musicassetta [mu-ʃi-cas-sét-ta] *s.f.* cassetta che contiene un nastro magnetico con brani musicali preregistrati.
music-hall [/ mjuzik'hɔl /] *s.m.invar.* (*ingl.*) teatro adibito a spettacoli di varietà di carattere musicale | il genere di spettacolo che vi si rappresenta.
musicista [mu-ʃi-cì-sta] *s.m.* e *f.* [pl.m. *-sti*] **1** compositore di musica **2** esecutore di composizioni musicali.
musico [mù-ʃi-co] [pl. *-ci*] *s.m.* (*antiq.*) musicista: — *di corte.*
musicografo [mu-ʃi-cò-gra-fo] *s.m.* chi scrive su argomenti musicali.
musicologia [mu-ʃi-co-lo-gì-a] *s.f.* il complesso delle discipline di studio e di ricerca inerenti alla musica.
musicologo [mu-ʃi-cò-lo-go] *s.m.* [f. *-a*; pl.m. *-gi*] studioso di musicologia.
musicomane [mu-ʃi-cò-ma-ne] *s.m.* e *f.* chi ha la mania della musica; chi è esageratamente appassionato di musica.
musicoterapia [mu-ʃi-co-te-ra-pì-a] *s.f.* (*med.*) intervento terapeutico o riabilitativo che utilizza la musica come stimolo delle funzioni motorie, linguistiche ecc.
musivo [mu-ʃì-vo] *agg.* di mosaico, relativo a mosaico: *arte musiva.*
muso [mù-ʃo] *s.m.* **1** la parte anteriore della testa degli animali: *il — del cane* **2** (*scherz.* o *spreg.*) il viso dell'uomo: *rompere il — a qlcu.*, picchiarlo duramente | atteggiamento, espressione del volto: *a — duro*, in modo risoluto; *storcere il* —, fare un'espressione di disgusto; *tenere, mettere il* —, il broncio; *avere il — lungo*, essere imbronciato **3** (*estens.*) la parte anteriore della carrozzeria di un'automobile o della fusoliera di un aeroplano.
musone [mu-ʃó-ne] *s.m.* [f. *-a*] chi tiene il broncio; persona taciturna e scontrosa.
musoneria [mu-ʃo-ne-rì-a] *s.f.* l'essere musone; scontrosità.
mussare [mus-sà-re] *v.intr.* [aus. *avere*] spumeggiare, detto del vino o altra bevanda.
mussola [mùs-so-la], o **mussolina**, *s.f.* tessuto fine, leggero e trasparente, di seta, lana o cotone.
mussulmano → **musulmano.**
must [/ mast /] *s.m.invar.* (*ingl.*) cosa che si deve avere o che si deve fare per essere alla moda: *far vacanze in paesi esotici è un* —.
mustacchio [mu-stàc-chio] *s.m.* (spec. *pl.*) baffi folti e lunghi.
mustang [/ mus'tang /] *s.m.invar.* cavallo selvatico con manto pezzato e folta criniera, diffuso in Messico e USA.
mustelidi [mu-stè-li-di] *s.m.pl.* (*zool.*) famiglia di mammiferi carnivori di dimensioni medie o piccole, con corpo allungato, zampe corte e folta pelliccia; vi appartengono, tra gli altri, la martora e la faina.
musulmano [mu-sul-mà-no], o mussulmano, *agg.* che appartiene o si riferisce all'islamismo; islamico ♦ *s.m.* [f. *-a*] chi professa la religione islamica.
muta[1] [mù-ta] *s.f.* **1** (*non com.*) il mutare, il sostituire; avvicendamento, cambio: *la — dei cavalli*, il cambio dei cavalli nei lunghi viaggi in diligenza **2** (*biol.*) nei rettili, negli insetti e in altri animali, cambiamento periodico della pelle, delle penne e di qualsiasi tipo di rivestimento cutaneo **3** (*mil.*) l'insieme delle sentinelle che compiono lo stesso turno di guardia **4** insieme di og-

getti necessari a un determinato uso e sostituibili con altri analoghi: *una — di biancheria* 5 tuta subacquea.

muta[2] *s.f.* gruppo di cani impiegati nella caccia.

mutabile [mu-tà-bi-le] *agg.* che può essere mutato, sostituito | che è soggetto a cambiamento; variabile, incostante: *umore —.*

mutabilità [mu-ta-bi-li-tà] *s.f.* l'essere mutabile.

mutageno [mu-tà-ge-no] *agg.* (*biol.*) si dice di fattore o agente che può provocare mutazioni genetiche.

mutamento [mu-ta-mén-to] *s.m.* il mutare, l'essere mutato; cambiamento, variazione: *— di clima.*

mutande [mu-tàn-de] *s.f.pl.* indumento intimo costituito da una sorta di calzoncini corti che si portano a contatto con la pelle: *— da uomo.* DIM. *mutandine* ACCR. *mutandoni* (m.).

mutandine [mu-tan-dì-ne] *s.f.pl.* mutande da donna o per bambini.

mutante [mu-tàn-te] *s.m.* (*biol.*) individuo portatore di una mutazione.

mutare [mu-tà-re] *v.tr.* 1 sostituire qlco. con un'altra simile o diversa; cambiare, variare: *— sistema di vita* 2 rendere diverso, trasformare: *la situazione è mutata* ♦ *v.intr.* [aus. *essere*] diventare diverso: *— in meglio, in peggio* ♦ **mutarsi** *v.rifl.* o *intr.pron.* subire un mutamento, trasformarsi: *la crisalide si muta in farfalla.*

mutatis mutandis [/ mu'tatis mu'tandis /] *loc.avv.* fatti i debiti mutamenti, fatte le correzioni necessarie (si usa per indicare l'identità di due fatti, al di là delle differenze contingenti): *ci troviamo, —, nella stessa situazione.*

mutazionale [mu-ta-zio-nà-le] *agg.* (*biol.*) relativo a mutazione genetica.

mutazione [mu-ta-zió-ne] *s.f.* 1 cambiamento, trasformazione: *subire una —* 2 (*biol.*) variazione del patrimonio ereditario di un organismo, che provoca cambiamenti dei caratteri morfologici ed è trasmissibile alla discendenza.

mutevole [mu-té-vo-le] *agg.* che muta facilmente; incostante, volubile: *umore —* □ **mutevolmente** *avv.*

mutevolezza [mu-te-vo-léz-za] *s.f.* l'essere mutevole: *la — della sorte.*

mutilare [mu-ti-là-re] *v.tr.* [*io mùtilo ecc.*] 1 provocare la perdita di un arto: *lo scoppio lo ha mutilato di una mano* 2 (*fig.*) rendere incompleto, privare di una parte essenziale.

mutilato [mu-ti-là-to] *s.m.* [f. *-a*] persona che ha perduto parzialmente o totalmente un arto o un altro organo: *— di guerra.*

mutilazione [mu-ti-la-zió-ne] *s.f.* il mutilare, l'essere mutilato: *subire una —.*

mutilo [mù-ti-lo] *agg.* (*lett.*) mancante di una parte: *manoscritto —.*

muting [/ 'mjutiŋ /] *s.m.invar.* (*ingl.*) (*elettron.*) dispositivo a filtro che riduce i rumori di fondo nei sintonizzatori radio.

mutismo [mu-tì-ʃmo] *s.m.* 1 (*med.*) incapacità di parlare, di articolare distintamente i suoni, il linguaggio 2 (*estens.*) lo stare muto, il tacere deliberatamente: *chiudersi in un ostinato —.*

muto [mù-to] *agg.* 1 si dice di chi non può parlare perché affetto da mutismo o da sordomutismo: *un ragazzo —* 2 si dice di persona che rimane silenziosa per emozione improvvisa: *restare — d'ammirazione* 3 di cosa, che è priva di suono, di scritte ecc.: *carta muta*, carta geografica in cui non sono indicati i nomi dei luoghi; *consonante muta*, che non si pronunzia, pur essendo scritta; *cinema —*, senza suoni né parlato | *fare scena muta*, non rispondere a un'interrogazione scolastica | *— come un pesce*, si dice di chi sta assolutamente zitto 4 che non trova espressione: *dolore —* ♦ *s.m.* 1 [f. *-a*] persona affetta da mutismo; sordomuto 2 cinema muto: *una diva del —* □ **mutamente** *avv.* senza parlare.

mutria [mù-tria] *s.f.* (*lett.*) atteggiamento del viso improntato a superbia o altezzosità.

mutua [mù-tu-a] *s.f.* 1 (*dir.*) ente che tutela gli interessi economici degli associati applicando il principio della socializzazione degli oneri 2 (*estens.*) nome generico di un istituto preposto all'assistenza sanitaria: *essere iscritto alla —* | *medico della —*, medico convenzionato con un ente mutualistico.

mutuabile [mu-tu-à-bi-le] *agg.* si dice di ciò che può essere corrisposto dall'ente mutualistico: *farmaco —.*

mutualismo [mu-tu-a-lì-ʃmo] *s.m.* (*biol.*) forma di simbiosi tra due individui con vantaggio reciproco.

mutualistico [mu-tu-a-lì-sti-co] *agg.* [pl.m. *-ci*] 1 relativo alla mutualità: *principio —* 2 che si riferisce alla mutua: *ente —* 3 (*biol.*) proprio del mutualismo □ **mutualisticamente** *avv.*

mutualità [mu-tu-a-li-tà] *s.f.* il soccorrersi attraverso l'unione e le associazioni di reciproco aiuto | l'insieme delle istituzioni che assicurano contro rischi particolari e che prevedono la ripartizione dei relativi oneri fra gli assicurati.

mutuante [mu-tu-àn-te] *agg.* e *s.m.* e *f.* (*dir.*) che/chi concede un mutuo.

mutuare [mu-tu-à-re] *v.tr.* [*io mùtuo ecc.*] 1 (*dir.*) dare o prendere denaro in prestito: *somma mutuata* 2 (*fig.*) assumere da altri; prendere, imitare: *— lo stile dai classici.*

mutuato[1] [mu-tu-à-to] *agg.* preso in prestito | (*fig.*) derivato, desunto.

mutuato[2] *s.m.* [f. *-a*] chi è assistito dalla mutua: *i mutuati di un ente* | Usato anche come *agg.*: *paziente —.*

mutuo[1] [mù-tu-o] *agg.* scambievole, vicendevole, reciproco: *— consenso* | *— soccorso*, forma mutualistica volta ad assicurare un aiuto economico agli associati in caso di necessità.

mutuo[2] *s.m.* (*dir.*) prestito a lungo termine assistito da garanzie immobiliari e rimborsabile per quote a scadenze determinate: *— ipotecario.*

mystery [/ 'misteri /] *s.m.invar.* (*ingl.*) racconto, film di intreccio giallo.

N

n *s.f.* o *m.* quattordicesima lettera dell'alfabeto, il cui nome è *enne*; rappresenta la consonante nasale dentale.

nababbo [na-bàb-bo] *s.m.* **1** (*st.*) titolo di principi indiani musulmani **2** (*scherz.*) persona molto ricca che conduce una vita di agi e di lusso: *vivere da —.*

nacchera [nàc-che-ra] *s.f.* (spec. *pl.*) strumento musicale a percussione spagnolo, costituito da due tavolette di legno concave internamente, che si fanno risonare battendole l'una contro l'altra nel palmo della mano.

nadir [na-dìr] *s.m.invar.* (*astr.*) punto della sfera celeste opposto allo zenit.

nafta [nàf-ta] *s.f.* gasolio.

naftalina [naf-ta-lì-na] *s.f.* (*chim.*) idrocarburo ricavato dal catrame usato in varie produzioni industriali e come insetticida antitarme.

naftene [naf-tè-ne] *s.m.* (*chim.*) nome comune a una serie di idrocarburi ciclici saturi, presenti nei petroli e usati per la produzione di composti aromatici.

naftogenesi [naf-to-gè-ne-ʃi] *s.f.* (*geol.*) processo chimico-fisico che porta alla formazione di petroli, bitumi e gas naturali.

naia[1] [nà-ia] *s.f.* (*zool.*) genere di serpenti velenosi diffusi in Africa e Asia; le specie più note sono il cobra e l'aspide di Cleopatra.

naia[2] *s.f.* (*gerg.*) il servizio militare di leva.

naïade [nà-ia-de] *s.f.* (*mit.*) ninfa dei fiumi e delle fonti.

naïf [/ na'if /] *agg.invar.* (*fr.*) si dice di pittura o di forma d'arte caratterizzati da uno stile ingenuo, immediato ♦ *s.m.* e *f.invar.* pittore naïf.

nandù [nan-dù] *s.m.* grosso uccello corridore dell'America meridionale, simile allo struzzo.

nanismo [na-nì-ʃmo] *s.m.* **1** (*med.*) anomalia dello sviluppo corporeo per cui un individuo adulto presenta dimensioni molto inferiori alla media **2** lo stesso fenomeno in animali e piante.

nanna [nàn-na] *s.f.* nel linguaggio dei bambini, il sonno, il dormire: *fare la —.*

nano [nà-no] *agg.* che presenta nanismo; che ha dimensioni notevolmente ridotte rispetto alla norma: *barboncino —* | *stella nana,* (*astr.*) stella di bassa luminosità e di dimensioni inferiori a quelle del Sole ♦ *s.m.* [f. *-a*] persona che presenta il fenomeno del nanismo; persona di bassissima statura | nella tradizione popolare europea, essere fantastico simile a uno gnomo: *i nani di Biancaneve.* DIM. *nanetto* DIM. e PEGG. *nanerottolo.*

nanocefalia [na-no-ce-fa-lì-a] *s.f.* (*med.*) sviluppo insufficiente della testa.

nanocurie [na-no-cu-rie; / nanoky'ri /] *s.m.invar.* (*fis.*) unità di misura della radioattività corrispondente a un miliardesimo di curie.

nanosecondo [na-no-se-cón-do] *s.m.* unità di misura di tempo pari a un miliardesimo di secondo.

naos [nà-os] *s.m.invar.* (*archeol.*) la cella del tempio greco che custodiva la statua del dio.

napalm [nà-palm *o* napàlm] *s.m.invar.* (*chim.*) miscela gelatinosa di sali di alluminio e acidi grassi usata per bombe incendiarie e per alimentare lanciafiamme: *bombe al —.*

napoleone [na-po-le-ó-ne] *s.m.* **1** moneta aurea da 20 franchi fatta coniare da Napoleone nel 1803 **2** nome di un solitario fatto con le carte da gioco **3** bicchiere da cognac con gambo.

napoleonico [na-po-le-ò-ni-co] *agg.* [pl.m. *-ci*] di Napoleone I Bonaparte (1769-1821); che concerne Napoleone o i suoi tempi: *codice —* ♦ *s.m.* **1** [f. *-a*] seguace di Napoleone I **2** soldato militante nelle truppe di Napoleone.

napoletana [na-po-le-tà-na] *s.f.* **1** caffettiera a due recipienti sovrapposti, che si capovolge quando l'acqua del recipiente sottostante comincia a bollire **2** nel tressette e in altri giochi di carte, combinazione che comprende l'asso, il due e il tre dello stesso seme: *una — a denari.*

napoletano [na-po-le-tà-no] *agg.* di Napoli: *dialetto —* | *alla napoletana,* al modo dei napoletani: *pizza alla napoletana* ♦ *s.m.* **1** [f. *-a*] nativo, abitante di Napoli **2** il dialetto parlato a Napoli.

nappa [nàp-pa] *s.f.* **1** fiocco a più fili di seta, cotone o altro, usato per ornamento in tendaggi, uniformi militari, paramenti liturgici: *la — di un berretto* **2** pelle sottile e morbidissima, usata per guanti, borsette ecc.

narcisismo [nar-ci-ʃì-ʃmo] *s.m.* eccesso di ammirazione o di compiacimento per sé stessi o per i propri meriti.

narcisista [nar-ci-ʃì-sta] *s.m.* e *f.* [pl.m. *-sti*] chi è affetto da narcisismo | chi pecca di narcisismo.

narcisistico [nar-ci-ʃì-sti-co] *agg.* [pl.m. *-ci*] relativo al narcisismo, che dimostra narcisismo: *comportamento —* □ **narcisisticamente** *avv.*

narciso[1] [nar-cì-ʃo] *s.m.* (*bot.*) genere di piante bulbose con foglie lineari e fiori bianchi o gialli.

narciso[2] *s.m.* persona molto vanesia, eccessivamente compiaciuta di sé, del proprio aspetto.
narco- primo elemento di parole composte della terminologia scientifica, che significa 'sonno' (*narcoterapia*); in alcuni composti è abbr. di *narcotico* (*narcodollari, narcotrafficante*).
narcodollari [nar-co-dòl-lari] *s.m.pl.* denaro in dollari statunitensi proveniente dal traffico della droga.
narcolessia [nar-co-les-sì-a] *s.f.* (*med.*) condizione patologica caratterizzata da crisi improvvise di sonno, che colgono il soggetto anche in piena attività.
narcosi [nar-cò-ʃi] *s.f.* (*med.*) anestesia totale.
narcoterapia [nar-co-te-ra-pì-a] *s.f.* (*med.*) terapia del sonno.
narcotest [nar-co-tèst] *s.m.invar.* prova volta ad accertare se un individuo abbia assunto sostanze stupefacenti.
narcotico [nar-cò-ti-co] *agg.* [pl.m. *-ci*] che è in grado di indurre uno stato di narcosi: *sostanza narcotica* ♦ *s.m.* sostanza naturale o artificiale che determina narcosi: *somministrare un —*.
narcotizzare [nar-co-tiʒ-ʒà-re] *v.tr.* far cadere in stato di narcosi: *— un paziente.*
narcotizzazione [nar-co-tiʒ-ʒa-zió-ne] *s.f.* il narcotizzare, l'essere narcotizzato.
narcotrafficante [nar-co-traf-fi-càn-te] *s.m.* e *f.* chi è implicato nel grande traffico della droga.
narcotraffico [nar-co-tràf-fico] *s.m.* l'insieme delle operazioni illecite di produzione e compravendita all'ingrosso di droghe.
nardo [nàr-do] *s.m.* nome di varie piante odorose, tra cui alcune specie di lavanda.
narghilè [nar-ghi-lè] *s.m.* pipa diffusa nei paesi musulmani, in cui il fumo arriva alla bocca dopo essere passato attraverso un recipiente colmo di acqua profumata.
narice [na-rì-ce] *s.f.* ciascuno dei due orifizi della cavità nasale.
narrabile [nar-rà-bi-le] *agg.* che si può narrare: *un evento difficilmente —*.
narrare [nar-rà-re] *v.tr.* esporre un avvenimento con ordine e ricchezza di particolari; raccontare: *— un'avventura* ♦ *v.intr.* [aus. *avere*] parlare intorno a un argomento: *mi narrò della sua infanzia.*
narrativa [nar-ra-tì-va] *s.f.* il genere narrativo; l'insieme delle opere di carattere narrativo o dei narratori di un certo periodo, di una determinata corrente: *la — dell'Ottocento.*
narrativo [nar-ra-tì-vo] *agg.* che ha per oggetto la narrazione di avvenimenti reali o fantastici; che è proprio del narrare: *tono —* | *genere —*, genere letterario che comprende il romanzo, la novella, il racconto e la fiaba □ **narrativamente** *avv.* dal punto di vista narrativo; in forma narrativa.
narratologia [nar-ra-to-lo-gì-a] *s.f.* teoria e tipologia dei modelli narrativi fondata su metodi semiotici.
narratore [nar-ra-tó-re] *s.m.* [f. *-trice*] chi narra: *un — piacevole* | scrittore di opere di narrativa: *i narratori del Novecento.*
narrazione [nar-ra-zió-ne] *s.f.* **1** il narrare; il modo del narrare: *una — molto vivace* **2** ciò che è narrato; racconto, storia: *una — fantastica.*
nartece [nar-tè-ce] *s.m.* (*arch.*) atrio delle basiliche paleocristiane e di quelle romaniche più antiche, riservato ai penitenti e ai catecumeni.
narvalo [nar-và-lo] *s.m.* grosso cetaceo dei mari artici, dal corpo tozzo pisciforme; il maschio ha un dente canino attorcigliato a spirale che sporge per qualche metro.
nasale [na-sà-le] *agg.* **1** (*anat.*) del naso: *setto —* **2** (*ling.*) si dice di suono articolato con il velo del palato abbassato (*p.e.* m, n) **3** (*estens.*) si dice di voce che abbia particolare risonanza nelle fosse nasali ♦ *s.f.* (*ling.*) consonante nasale.
nasalità [na-sa-li-tà] *s.f.* (*ling.*) caratteristica di un suono nasale.
nasalizzare [na-sa-liʒ-ʒà-re] *v.tr.* (*ling.*) pronunciare con suono nasale: *— una vocale.*
nasalizzato [na-sa-liʒ-ʒà-to] *agg.* (*ling.*) si dice di suono continuo prodotto col velo palatino abbassato in modo che l'aria fuoriesca sia dal canale orale sia da quello nasale: *vocale nasalizzata.*
nasalizzazione [na-sa-liʒ-ʒa-zió-ne] *s.f.* (*ling.*) il nasalizzare, l'essere nasalizzato.
nascente [na-scèn-te] *agg.* **1** che nasce, che ha inizio: *giorno —* | *astro —*, (*fig.*) si dice di persona molto promettente in un dato campo **2** *stato —*, (*chim.*) quello di alcuni elementi (spec. idrogeno e ossigeno) nel momento in cui, durante le reazioni, si liberano dal composto di cui facevano parte.
nascere [nà-sce-re] *v.intr.* [pres. *io nasco, tu nasci ecc.*; pass.rem. *io nacqui, tu nascésti ecc.*; part.pass. *nato*; aus. *essere*] **1** di uomini e animali, essere partorito, venire alla luce: *— prematuro* | *— con la camicia*, (*fig.*) si dice di persona sempre fortunata | *essere nato per qlco.*, avere molta disposizione per essa | *non essere nato ieri*, non essere ingenuo | *aver visto — qlcu.*, (*fig.*) conoscerlo bene **2** di piante, germogliare, spuntare: *un fiore che nasce in primavera* | *— come funghi*, si dice di cose che spuntano in fretta e in gran numero **3** di peli, capelli, denti, spuntare e crescere: *non gli è ancora nata la barba* **4** di astri, sorgere, levarsi all'orizzonte: *a Bari il sole nasce dal mare* **5** di fiumi, derivare, avere la sorgente: *il Po nasce dal Monviso* **6** (*fig.*) insorgere, manifestarsi: *sono nate complicazioni* | *stroncare qlco. sul —*, al suo primo manifestarsi | *da cosa nasce cosa*, un qualsiasi evento può avere sviluppi imprevedibili.
nascita [nà-sci-ta] *s.f.* **1** il nascere, l'essere nato: *certificato di —* | *controllo delle nascite*, l'insieme dei metodi per limitare il numero delle nascite **2** origine, estrazione; famiglia: *essere di — umile* **3** (*fig.*) il primo manifestarsi di qlco.; inizio, principio: *la — di un movimento artistico.*
nascituro [na-sci-tù-ro] *agg.* e *s.m.* [f. *-a*] che/chi è sul punto di nascere: *i diritti del —*.
nascondarello [na-scon-da-rèl-lo] *s.m.* (*region.*) nascondino, rimpiattino.

nascondere [na-scón-de-re] *v.tr.* [pres. *io nascóndo ecc.*; pass.rem. *io nascósi, tu nascondésti ecc.*; part.pass. *nascósto*] 1 mettere in luogo nascosto per sottrarre alla vista; occultare: — *la refurtiva* 2 ostacolare la vista; non lasciar vedere: *il faro è nascosto dalla nebbia* 3 (*fig.*) non mostrare, dissimulare: — *il proprio disappunto* ♦ **nascondersi** *v.rifl.* o *intr.pron.* 1 sistemarsi in modo da non essere visti o trovati: — *dietro una colonna* 2 (*fig.*) essere celato, non manifesto: *dietro l'ironia si può nascondere il pessimismo.*

nascondiglio [na-scon-dì-glio] *s.m.* luogo adatto a nascondere o a nascondersi: *cercare un* —.

nascondino [na-scon-dì-no] *s.m.* gioco di ragazzi in cui uno cerca gli altri che si sono nascosti; rimpiattino: *giocare a* —.

nascosto [na-scó-sto] *agg.* 1 che non si vede; celato, occultato: *casa nascosta tra gli alberi* 2 (*fig.*) non evidente: *doti nascoste* 3 (*fig.*) segreto, dissimulato: *pensiero* — | *di* —, segretamente: *incontrarsi di* — □ **nascostamente** *avv.* di nascosto, segretamente.

nasello [na-sèl-lo] *s.m.* pesce di mare commestibile, simile al merluzzo, ma più piccolo.

nasiera [na-siè-ra] *s.f.* 1 anello che si fissa alle narici dei buoi per trattenerli e guidarli 2 nell'elmo, parte della visiera che ripara il naso.

naso [nà-so] *s.m.* 1 organo prominente situato al centro del viso; svolge funzione respiratoria ed è sede dell'olfatto: *soffiarsi il* — | *non mettere il* — *fuori di casa*, non uscire | *parlare col* —, con voce nasale | *arricciare il* —, per esprimere disgusto, contrarietà | *avere* —, avere un olfatto fine; (*fig.*) avere intuito | *ficcare il* — *nelle faccende altrui*, (*fig.*) occuparsene indiscretamente | *lasciare qlcu. con un palmo di* —, (*fig.*) lasciare deluso | *non vedere più in là del proprio* —, (*fig.*) essere di idee molto ristrette | *far saltare la mosca al* — *a qlcu.*, (*fig.*) fargli perdere la pazienza. DIM. *nasino* ACCR. *nasone* 2 la parte corrispondente del muso degli animali: *il* — *del cane.*

nasone [na-só-ne] *s.m.* [f. *-a*] (*scherz.*) persona che ha un naso grande.

nassa [nàs-sa] *s.f.* attrezzo per la pesca di fondo, costituito da una campana di giunchi intrecciati, con un'apertura a imbuto fatta in modo che il pesce, una volta entrato, non riesca più ad uscire.

nastia [na-stì-a] *s.f.* (*bot.*) ciascuno dei movimenti delle piante dovuti a stimoli luminosi o termici.

nastriforme [na-stri-fór-me] *agg.* a forma di nastro: *foglie nastriformi.*

nastrino [na-strì-no] *s.m.* fettuccia cucita sulla giubba militare in luogo delle decorazioni | (*estens.*) piccolo nastro con i colori di un partito, di un'associazione, da appuntare sul vestito.

nastro [nà-stro] *s.m.* 1 tessuto stretto e lungo impiegato per guarnizioni, orlature, legature: — *per capelli.* DIM. *nastrino* 2 (*estens.*) termine generico con cui si indica qualunque cosa a forma di nastro: — *adesivo*, striscia di carta o materiale plastico che reca, da un lato, una sostanza adesiva; — *isolante*, nastro adesivo di materiale plastico usato per isolare conduttori elettrici; — *magnetico*, rivestito di sostanze magnetiche, per registrare suoni, immagini, dati di elaboratori elettronici; — *trasportatore*, apparecchiatura a motore per il trasferimento di materiale.

nastroteca [na-stro-tè-ca] *s.f.* raccolta di nastri magnetici registrati.

nasturzio [na-stùr-zio] *s.m.* (*bot.*) genere di piante erbacee perenni dicotiledoni delle regioni temperate e umide, a cui appartengono il crescione e il rafano.

nasuto [na-sù-to] *agg.* che ha un grosso naso.

natabile [na-tà-bi-le] *agg.* si dice di tratto d'acqua in cui sia possibile la navigazione.

natale[1] [na-tà-le] *agg.* (*lett.*) della nascita, relativo alla nascita; di luogo o tempo in cui qlcu. è nato: *terra* —.

natale[2] *s.m.* 1 (*lett.*) giorno della nascita; anniversario del giorno della nascita: *il* — *di Roma*, la data in cui sarebbe stata fondata Roma (21 aprile 753 a.C.) 2 *Natale*, festa liturgica ricorrente il 25 dicembre per ricordare la nascita di Cristo: *fare* — *in famiglia* | *durare da* — *a S. Stefano*, (*fig.*) si dice di cosa che dura pochissimo 3 (spec. *pl.*) nascita; origine: *la città che diede i natali al Manzoni.*

natalità [na-ta-li-tà] *s.f.* (*stat.*) numero delle nascite rilevate in un dato luogo in un dato periodo | *indice di* —, rapporto tra il numero dei nati e quello dei componenti di una popolazione.

natalizio [na-ta-lì-zio] *agg.* di Natale, del Natale: *vacanze natalizie.*

natante [na-tàn-te] *agg.* che nuota; che galleggia: *mina* — ♦ *s.m.* qualunque mezzo di piccole o medie dimensioni per il trasporto acquatico.

natatoia [na-ta-tó-ia] *s.f.* organo del movimento nei pesci | ciascuno degli arti trasformati dei mammiferi acquatici (cetacei, pinnipedi).

natatorio [na-ta-tò-rio] *agg.* che riguarda il nuoto | *vescica natatoria*, (*zool.*) vescica piena di gas, al di sotto della colonna vertebrale di molti pesci, che serve come organo di galleggiamento.

natica [nà-ti-ca] *s.f.* ciascuna delle due parti carnose formate dai muscoli glutei.

natio [na-tì-o] *agg.* (*lett.*) che costituisce il luogo di nascita; del luogo di nascita: *terra natia.*

natività [na-ti-vi-tà] *s.f.* nascita della Madonna o di Cristo; il dipinto o la scultura che rappresenta tali eventi: *una* — *del Correggio.*

nativo [na-tì-vo] *agg.* 1 che è luogo di nascita; del luogo di nascita: *paese* — | che è nato in un determinato luogo: *essere* — *di Roma* 2 (*chim.*) si dice di elemento che si trova in natura non combinato con altre sostanze: *oro* — ♦ *s.m.* [f. *-a*] chi è nato in un luogo; indigeno.

nato [nà-to] *agg.* venuto al mondo: *bambino appena* — | — *morto*, venuto alla luce già morto | — *stanco*, (*scherz.*) si dice di chi è pigro, indolente | *essere artista, commerciante* —, avere una forte vocazione per l'attività che si svolge ♦ *s.m.* [f. *-a*] persona nata: *i nati nel 1960* | (*estens.*) figlio: *il primo* —.

natrice [na-trì-ce] *s.f.* rettile acquatico con capo largo, tronco piatto e coda breve; biscia d'acqua.

natta [nàt-ta] *s.f.* nome generico di vari tipi di tumore benigno del cuoio capelluto.

natura [na-tù-ra] *s.f.* **1** il complesso delle cose e degli esseri dell'universo: *i fenomeni della* — | *il gran libro della* —, la natura considerata come fonte di sapere | *i tre regni della* —, animale, vegetale e minerale | *pagare in* —, in beni e in servizi invece che in denaro | *secondo* —, seguendo le leggi naturali **2** personificazione delle forze, dei fenomeni naturali: *il risveglio della* — | *madre* —, la natura come generatrice di tutto **3** — *morta*, (*pitt.*) genere che consiste nella raffigurazione di soli oggetti inanimati (cibi, fiori, frutta ecc.); il dipinto che rappresenta tali soggetti: *una collezione di nature morte* **4** l'insieme delle qualità e inclinazioni che fanno di un essere quello che è; indole, carattere: *essere buono per* —; *cambiare* —, modo di essere **5** qualità o complesso di qualità che una cosa possiede naturalmente; specie, tipo, genere: *questioni di* — *privata*.

naturale [na-tu-rà-le] *agg.* **1** della natura; relativo alla natura: *legge* — **2** che deriva dalla natura; che si ha per natura: *qualità* — | *diritto* —, quello intrinseco alla natura umana e indipendente dal diritto positivo | *confini naturali*, quelli segnati da montagne, fiumi ecc. | *figlio* —, nato da genitori non coniugati | *morte* —, dovuta a malattia o vecchiaia | *vita natural durante*, per tutta la vita **3** (*estens.*) genuino, non alterato: *capelli di un biondo* — | *colorante* —, quello costituito da sostanze presenti in natura | *gas* —, quello che si trova nel sottosuolo | *grandezza* —, corrispondente alle dimensioni reali **4** conforme all'ordine di natura; pienamente prevedibile o spiegabile: *è* — *che un figlio ami la madre* | come risposta asseverativa: *"Verrai anche tu?" "Naturale!"* **5** *numero* —, (*mat.*) qualsiasi numero intero e positivo □ **naturalmente** *avv.* **1** per natura, per indole: *un carattere* — *allegro* **2** in modo logico, prevedibile: *non mi hai avvisato e* — *sono partito* **3** con valore asseverativo, nelle risposte: *"Hai portato i soldi?" "Naturalmente!"*.

naturalezza [na-tu-ra-léz-za] *s.f.* **1** l'essere conforme alla natura e al vero; verosimiglianza: *una scena descritta con* — **2** semplicità, spontaneità; assenza di artificio, di affettazione: *comportarsi con* —.

naturalismo [na-tu-ra-lì-ʃmo] *s.m.* **1** ogni dottrina filosofica che spiega la realtà con le sole leggi naturali, senza l'intervento di un principio trascendente o spirituale: *il* — *rinascimentale* **2** teoria estetica affermatasi in Francia nella seconda metà del sec. XIX, secondo la quale l'opera d'arte deve rappresentare, in modo rigoroso e impersonale, la psicologia umana e l'ambiente sociale.

naturalista [na-tu-ra-lì-sta] *s.m.* e *f.* [pl.m. *-sti*] **1** chi si dedica allo studio delle scienze naturali **2** seguace del naturalismo nell'arte.

naturalistico [na-tu-ra-lì-sti-co] *agg.* [pl.m. *-ci*] **1** del naturalismo, relativo al naturalismo: *indirizzo* — **2** che riguarda le scienze naturali: *studi naturalistici*.

naturalizzare [na-tu-ra-liʒ-ʒà-re] *v.tr.* (*dir.*) concedere la cittadinanza a uno straniero: *essere naturalizzato cittadino americano* ♦ **naturalizzarsi** *v.rifl.* o *intr.pron.* **1** (*dir.*) ottenere la cittadinanza di un paese straniero **2** (*biol.*) adattarsi in un ambiente diverso da quello originario, detto di specie vegetali e animali.

naturalizzazione [na-tu-ra-liʒ-ʒa-zió-ne] *s.f.* **1** (*dir.*) la concessione della cittadinanza a uno straniero: *ottenere la* — **2** (*biol.*) ambientamento di specie animali e vegetali in luoghi diversi da quello di origine.

nature [/ na'tyr /] *agg.invar.* (*fr.*) si dice di chi o di ciò che appare di assoluta naturalezza, senza alterazioni o mistificazioni: *una bellezza* —.

naturismo [na-tu-rì-ʃmo] *s.m.* movimento che propone una vita più vicina alla natura (vita all'aria aperta, nudità comune, rispetto per l'ambiente naturale ecc.).

naturista [na-tu-rì-sta] *s.m.* e *f.* [pl.m. *-sti*] seguace del naturismo | Usato anche come *agg.* in luogo di *naturistico*: *movimento* —.

naturistico [na-tu-rì-sti-co] *agg.* [pl.m. *-ci*] del naturismo, che si riferisce al naturismo: *teorie naturistiche*.

naufragare [nau-fra-gà-re] *v.intr.* [*io nàufrago, tu nàufraghi ecc.*; aus. *essere*] **1** affondare, fare naufragio **2** (*fig.*) fallire, andare in rovina; avere un esito disastroso: *l'impresa è miseramente naufragata*.

naufragio [nau-frà-gio] *s.m.* **1** affondamento di una nave a causa di una tempesta o di altro accidente: *far* — **2** (*fig.*) rovina, fallimento; perdita totale: *il* — *di un'azienda*.

naufrago [nàu-fra-go] *s.m.* [f. *-a*; pl.m. *-ghi*] chi ha fatto naufragio; superstite d'un naufragio: *trarre in salvo i naufraghi*.

naumachia [nau-ma-chì-a] *s.f.* spettacolo, in voga nella Roma imperiale e ripreso nel Rinascimento, che riproduceva una battaglia navale in laghetti naturali o artificiali.

nausea [nàu-ʃe-a] *s.f.* **1** sensazione di fastidio allo stomaco accompagnata da altri malesseri, che spesso precede il vomito: *avere un senso di* — | *mangiare fino alla* —, fino all'estrema sazietà **2** (*fig.*) sentimento di repulsione; vivo disgusto | noia, tedio: *ripetere qlco. sino alla* —.

nauseabondo [nau-ʃe-a-bón-do] *agg.* che dà nausea (anche *fig.*): *un'ipocrisia nauseabonda*.

nauseante [nau-ʃe-àn-te] *agg.* che suscita nausea (anche *fig.*): *scena* —.

nauseare [nau-ʃe-à-re] *v.tr.* [*io nàuʃeo ecc.*] eccitare la nausea (anche *fig.*): *un comportamento che nausea*.

nauseato [nau-ʃe-à-to] *agg.* vivamente disgustato: *essere* — *di tutto*.

-nauta secondo elemento di parole composte, che significa 'navigante, pilota' (*astronauta, cosmonauta*).
nautica [nàu-ti-ca] *s.f.* **1** il complesso delle cognizioni tecniche e pratiche necessarie per governare e condurre una nave **2** l'insieme delle imbarcazioni da diporto e delle attrezzature a esse relative: *un negozio di —.*
nautico [nàu-ti-co] *agg.* [pl.m. *-ci*] che riguarda la navigazione: *club —.*
navale [na-và-le] *agg.* che si riferisce alle navi o alla navigazione: *base, ingegneria —.*
navata [na-và-ta] *s.f.* (*arch.*) ciascuno degli spazi longitudinali in cui è divisa una chiesa: *basilica a tre navate.*
nave [nà-ve] *s.f.* grande mezzo di trasporto acquatico fornito di mezzi propri di propulsione: *— mercantile, da guerra; — cisterna*, attrezzata per il trasporto di liquidi (*p.e.* petrolio); *— scuola*, per l'istruzione di ufficiali e marinai. DIM. *navicella.*
navetta [na-vét-ta] *s.f.* **1** organo delle macchine per tessere e per cucire, in forma di navicella, che contiene la spola **2** *— spaziale*, (*aer.*) veicolo spaziale che può essere usato per compiere più viaggi **3** veicolo che percorre continuamente nei due sensi lo stesso percorso: *la — dall'areoporto alla stazione.*
navicella [na-vi-cèl-la] *s.f.* **1** nei palloni aerostatici e nei dirigibili, il vano dove sono alloggiati l'equipaggio e le apparecchiature | nei veicoli spaziali, capsula in cui si trovano l'equipaggio e gli strumenti scientifici **2** (*chim.*) recipiente metallico in cui si fa avvenire la combustione di determinate sostanze.
navigabile [na-vi-gà-bi-le] *agg.* si dice di canale, fiume, specchio d'acqua in cui sia possibile la navigazione.
navigabilità [na-vi-ga-bi-li-tà] *s.f.* **1** l'essere navigabile: *la — di un canale* **2** il complesso di requisiti necessari a una nave o a un aereo per poter navigare o volare: *certificato di —.*
navigante [na-vi-gàn-te] *agg.* e *s.m.* e *f.* che/chi naviga | in particolare, del personale che presta servizio su navi o aerei: *personale —.*
navigare [na-vi-gà-re] *v.intr.* [*io nàvigo, tu nàvighi ecc.*; aus. *avere*] **1** spostarsi a bordo di un'imbarcazione; viaggiare per mare su di una nave: *Colombo navigò verso occidente* | *— col vento in poppa*, (*fig.*) attraversare un periodo felice | *— in cattive acque*, (*fig.*) trovarsi in precarie condizioni economiche **2** detto di natante o di aeromobile, percorrere uno spazio acquatico o aereo: *— ad alta quota* **3** detto di merci e materiali, essere trasportato per mare **4** (*fig.*) spostarsi con un movimento simile a quello di una nave: *nubi che navigano per il cielo* **5** (*fig.*) barcamenarsi, destreggiarsi **6** (*inform.*) spostarsi da un punto all'altro di un programma di ipertesto, seguendo un proprio percorso di ricerca ♦ *v.tr.* percorrere navigando: *— gli oceani.*
navigato [na-vi-gà-to] *agg.* di marinaio, che ha molta esperienza del mare e della navigazione | (*fig.*) si dice di chi ha esperienza del mondo, della vita: *una persona navigata.*
navigatore [na-vi-ga-tó-re] *s.m.* [f. *-trice*] **1** uomo di mare, marinaio; chi compie imprese marinare o lunghi viaggi per mare: *Colombo fu un grande —* **2** ufficiale d'un aereo o d'una nave che ha il compito di tracciare la rotta **3** (*sport*) nelle corse di rally, l'aiutante del pilota che fornisce tutte le indicazioni utili sul percorso e sulla condotta di guida ♦ *agg.* che naviga, che si dedica alla navigazione: *popolo —.*
navigazione [na-vi-ga-zió-ne] *s.f.* **1** il navigare, il modo di navigare; l'attività del navigare (detto di navi e di aerei): *— interna*, su fiumi, laghi e canali; *— di cabotaggio*, a poca distanza dalla costa **2** viaggio compiuto per nave; traversata.
naviglio [na-vì-glio] *s.m.* **1** insieme di navi con caratteristiche d'impiego comuni: *— militare* **2** (*sett.*) canale navigabile.
nazareno [na-ʒa-rè-no] *agg.* di Nazaret, antica città della Galilea in cui si svolse l'infanzia di Gesù: *Gesù —.*
nazi [ná-zi] *s.m.invar.* abbr. di *nazista.*
nazifascismo [na-zi-fa-scì-ʃmo] *s.m.* **1** termine con cui si designano unitariamente il fascismo italiano e il nazionalsocialismo tedesco: *la lotta al —* **2** l'insieme delle dottrine e dei sistemi di governo propri del nazismo e del fascismo.
nazifascista [na-zi-fa-scì-sta] *s.m.* e *f.* [pl.m. *-sti*] seguace del nazifascismo ♦ *agg.* proprio del nazifascismo o dei suoi seguaci: *violenza —.*
nazionale [na-zio-nà-le] *agg.* della nazione considerata come unità etnica, politica e culturale: *sentimento —* | *biblioteca —*, biblioteca statale che ha la funzione di raccogliere tutta la cultura scritta di una nazione ♦ *s.f.* **1** squadra di atleti che rappresenta una nazione in gare internazionali: *giocare in —* **2** sigaretta di una marca di produzione nazionale ♦ *s.m.* e *f.* atleta che fa parte della squadra nazionale.
nazionalismo [na-zio-na-lì-ʃmo] *s.m.* esaltazione dell'idea di nazione o di tutto ciò che appartiene alla propria nazione.
nazionalista [na-zio-na-lì-sta] *s.m.* e *f.* [pl.m. *-sti*] assertore del nazionalismo | Usato anche come *agg.* in luogo di *nazionalistico*: *politica —.*
nazionalistico [na-zio-na-lì-sti-co] *agg.* [pl.m. *-ci*] del nazionalismo, dei nazionalisti: *concezioni nazionalistiche.*
nazionalità [na-zio-na-li-tà] *s.f.* **1** l'essere nazionale **2** appartenenza a una nazione; cittadinanza: *avere la — italiana* **3** nazione: *gente di ogni —.*
nazionalizzare [na-zio-na-liʒ-ʒà-re] *v.tr.* trasferire un'attività di interesse pubblico dalla gestione privata a quella dello stato: *— le ferrovie.*
nazionalizzazione [na-zio-na-liʒ-ʒa-zió-ne] *s.f.* il nazionalizzare, l'essere nazionalizzato.
nazionalpopolare [na-zio-nal-po-po-là-re] *agg.* si dice di un fenomeno culturale che, avendo radici in tutti gli strati della popolazione, riesce a

esprimere i valori più significativi dell'intera nazione: *letteratura —*.
nazionalsocialismo [na-zio-nal-so-cia-lì-ʃmo] *s.m.* movimento politico fondato nel 1920 da A. Hitler (1889-1945), basato sulla pretesa superiorità razziale del popolo germanico sugli altri popoli; nazismo.
nazionalsocialista [na-zio-nal-so-cia-lì-sta] *s.m.* e *f.* [pl.m. *-sti*] seguace del nazionalsocialismo; nazista | Usato anche come *agg.*: *il regime —*.
nazione [na-zió-ne] *s.f.* insieme di genti legate da comunanza di tradizioni storiche, di lingua, di costumi (è concetto distinto da quello di *stato*, che è un'entità politico-giuridica): *l'impero ottomano era un mosaico di nazioni* | (*estens.*) stato: *nazioni in via di sviluppo.*
naziskin [na-zi-skin] *s.m.* e *f.invar.* giovane appartenente a una banda teppistica neonazista.
nazismo [na-zì-ʃmo] *s.m.* il nazionalsocialismo; il regime nazionalsocialista.
nazista [na-zì-sta] *s.m.* e *f.* [pl.m. *-sti*] **1** nazionalsocialista **2** (*spreg.*) chi attua principi e metodi di particolare violenza e crudeltà | Usato anche come *agg.*: *la barbarie —*.
nazistico [na-zì-sti-co] *agg.* [pl.m. *-ci*] del nazismo, dei nazisti; da nazista: *metodi nazistici.*
'ndrangheta ['ndràn-ghe-ta] *s.f.* delinquenza organizzata di tipo mafioso, propria della Calabria.
ne *pron.m.* e *f.*, *sing.* e *pl.* [forma atona che si usa in posizione sia enclitica sia proclitica] **1** di lui, di lei, di loro: *appena lo conobbe, ne divenne amico; ne parlano spesso* | in usi pleonastici: *ne ha fin troppe di idee!* **2** di questo, di quello, di ciò: *dammi una caramella, io non ne ho più; è un argomento delicato, non voglio parlarne* | in espressioni ellittiche: *farne di tutti i colori* **3** da questo, da quello, da ciò: *non saprei trarne altra conclusione* | da lui, da parte sua, da parte loro: *è stata sempre gentile con lei, ma non ne ha ricevuto che sgarbi* ♦ *avv.* di lì, di là, di qui, di qua: *ne venne fuori bene* | in usi pleonastici: *me ne vado via subito* | in taluni usi verbali con costruzione pronominale (*andarsene, venirsene, starsene ecc.*): *se ne sta là tutto solo.*
né *cong.* coordina con valore negativo due o più membri di una stessa proposizione (in questo caso va sempre ripetuta davanti a ciascuno di essi): *rispondere né sì né no* | coordina due o più proposizioni negative, con il valore di *e non*: *non lo disapprovo né lo giustifico.*
neanche [ne-àn-che] *avv.* e *cong.* neppure, nemmeno (con valore negativo ed esclusivo): *non gli ho scritto e — voglio scrivergli* | come rafforzativo di una negazione: *non ci penso —* | col valore di *anche... non*: *— un bambino si comporterebbe così* | con valore concessivo: *— a pagarlo a peso d'oro; — a farlo apposta*, per indicare un evento sfavorevole che si aggiunge ad altri inconvenienti.
nebbia [néb-bia] *s.f.* **1** sospensione nell'aria di minutissime gocce formatesi per condensazione del vapore acqueo: *un banco di —*. DIM. *nebbiolina* ACCR. *nebbione* (m.) **2** (*fig.*) ciò che costituisce un offuscamento per la comprensione, l'intelligenza: *la — dell'ignoranza.*
nebbiolo [neb-biò-lo] *s.m.* vitigno pregiato che dà vini rossi forti e asciutti; il vino stesso.
nebbiosità [neb-bio-si-tà] *s.f.* l'essere nebbioso (anche *fig.*): *la — di un ricordo.*
nebbioso [neb-bió-so] *agg.* pieno, coperto di nebbia: *cielo —*.
nebulizzare [ne-bu-liʒ-ʒà-re] *v.tr.* **1** ridurre un liquido in gocce minutissime disperse in un mezzo gassoso: *— un profumo* **2** (*agr.*) cospargere piante e frutti di sostanze antiparassitarie nebulizzate.
nebulizzatore [ne-bu-liʒ-ʒa-tó-re] *s.m.* apparecchio che serve a nebulizzare un liquido.
nebulizzazione [ne-bu-liʒ-ʒa-zió-ne] *s.f.* il nebulizzare, l'essere nebulizzato.
nebulosa [ne-bu-ló-sa] *s.f.* **1** (*astr.*) massa gassosa interna a una galassia, costituita soprattutto di idrogeno ed elio: *nebulose planetarie*, quelle che circondano una stella **2** (*fig.*) insieme confuso di idee, sentimenti, propositi.
nebulosità [ne-bu-lo-si-tà] *s.f.* l'essere nebuloso: *la — del cielo* | (*meteor.*) quantità di superficie del cielo coperta da nubi, considerata su una scala da 0 (= sereno) a 10 (= tutto coperto): *— bassa.*
nebuloso [ne-bu-ló-so] *agg.* **1** nebbioso, nuvoloso: *cielo —* **2** (*fig.*) confuso, indeterminato: *un progetto —*
nécessaire [/ nese'sɛr /] *s.m.invar.* (*fr.*) astuccio, borsetta in cui sono contenuti gli oggetti necessari per un determinato scopo: *— da viaggio.*
necessario [ne-ces-sà-rio] *agg.* **1** di cui non si può fare a meno; che è indispensabile: *il riposo è —* **2** (*dir.*) previsto obbligatoriamente dalla legge: *erede —* ♦ *s.m.* ciò che occorre per un determinato uso o scopo: *essere privo del —*, non disporre dei mezzi essenziali di sostentamento □ **necessariamente** *avv.* per necessità, per forza.
necessità [ne-ces-si-tà] *s.f.* **1** l'essere necessario; esigenza, bisogno assoluto: *la — del cibo* | *in caso di —*, se fosse necessario | *fare di — virtù*, rassegnarsi all'inevitabile **2** forza superiore al volere degli uomini, che ne determina l'agire; destino: *piegarsi alla —* **3** cosa necessaria: *le — della vita* **4** miseria, indigenza: *trovarsi in grave —*, in strettezze.
necessitare [ne-ces-si-tà-re] *v.tr.* [*io necèssito ecc.*] (*non com.*) esigere per necessità: *problema che necessita una soluzione* ♦ *v.intr.impers.* [aus. *essere*] aver bisogno: *il palazzo necessita di restauri* ♦ *v.intr.impers.* [aus. *essere*] essere necessario: *necessita fare il punto della situazione.*
necro- primo elemento di parole composte, che indica attinenza con i cadaveri o con i resti di organismi morti (*necrobiosi, necrofilia*).
necrobiosi [ne-cro-bi-ò-ʃi] *s.f.* (*biol.*) lenta forma di necrosi degli elementi cellulari preceduta da fenomeni involutivi e regressivi.
necrofagia [ne-cro-fa-gì-a] *s.f.* abitudine, carat-

teristica di vari animali, di nutrirsi di carni putrefatte.

necrofago [ne-crò-fa-go] *agg.* [pl.m. *-gi*] si dice di animale che si nutre di carni putrefatte.

necrofilia [ne-cro-fi-lì-a] *s.f.* (*psich.*) perversione che porta a provare attrazione sessuale per i cadaveri.

necrofilo [ne-crò-fi-lo] *agg.* e *s.m.* [f. *-a*] (*psich.*) che/chi è affetto da necrofilia.

necrofobia [ne-cro-fo-bì-a] *s.f.* (*psicol.*) orrore ossessivo per la vista dei cadaveri.

necroforo [ne-crò-fo-ro] *s.m.* becchino.

necrologia [ne-cro-lo-gì-a] *s.f.* annunzio funebre pubblicato sui quotidiani | scritto o breve discorso intorno alla morte di qlcu.

necrologico [ne-cro-lò-gi-co] *agg.* [pl.m. *-ci*] di necrologia; che ha carattere di necrologia: *annunzio —*.

necrologio [ne-cro-lò-gio] *s.m.* **1** registro delle morti tenuto da una chiesa **2** necrologia.

necrologista [ne-cro-lo-gì-sta] *s.m.* e *f.* [pl.m. *-sti*] chi scrive una necrologia | chi, in un giornale, redige le necrologie.

necropoli [ne-crò-po-li] *s.f.* **1** (*archeol.*) complesso di antiche sepolture: — *etrusca* **2** (*lett.*) grande cimitero moderno.

necroscopia [ne-cro-sco-pì-a] *s.f.* (*med.*) autopsia.

necroscopico [ne-cro-scò-pi-co] *agg.* [pl.m. *-ci*] (*med.*) di necroscopia, che riguarda la necroscopia: *esame —*.

necrosi [ne-crò-ʃi] *s.f.* (*biol.*) processo irreversibile di morte delle cellule e dei tessuti di un organismo, dovuto a gravi difetti di circolazione del sangue o ad altre cause.

necrotico [ne-crò-ti-co] *agg.* [pl.m. *-ci*] (*biol.*) di necrosi; che presenta necrosi: *processo —*.

necrotizzare [ne-cro-tiʒ-ʒà-re] *v.tr.* (*biol.*) provocare la necrosi, ridurre in stato di necrosi: — *un tessuto* ♦ **necrotizzarsi** *v.intr.pron.* essere colpito da necrosi.

necton [nèc-ton] *s.m.invar.* (*zool.*) il complesso degli animali acquatici che si muovono liberamente con movimenti propri (*p.e.* cefalopodi, pesci, cetacei).

neerlandese [ne-er-lan-dé-se] *s.m.* lingua del gruppo germanico comprendente l'olandese e il fiammingo.

nefandezza [ne-fan-déz-za] *s.f.* **1** l'essere nefando: *la — di una calunnia* **2** atto nefando: *macchiarsi di ogni —*.

nefando [ne-fàn-do] *agg.* turpe, scellerato, empio: *delitto —*.

nefasto [ne-fà-sto] *agg.* luttuoso, funesto; infausto, sfavorevole: *impresa nefasta* □ **nefastamente** *avv.*

nefelometria [ne-fe-lo-me-trì-a] *s.f.* (*meteor.*) misura della direzione e della velocità di movimento delle nubi.

nefrectomia [ne-frec-to-mì-a] *s.f.* (*med.*) asportazione chirurgica di un rene.

nefrite [ne-frì-te] *s.f.* (*med.*) malattia caratterizzata da infiammazione acuta o cronica del rene.

nefritico [ne-frì-ti-co] *agg.* [pl.m. *-ci*] (*med.*) di nefrite, relativo a nefrite ♦ *agg.* e *s.m.* [f. *-a*] si dice di persona affetta da nefrite.

nefro- primo elemento di parole composte della terminologia medica, che significa 'rene' (*nefropatia*).

nefroide [ne-fròi-de] *agg.* (*scient.*) a forma di rene, simile a un rene: *curva —*.

nefrolito [ne-frò-li-to] *s.m.* (*med.*) calcolo renale.

nefrologia [ne-fro-lo-gì-a] *s.f.* settore della medicina che studia la fisiologia e la patologia del rene.

nefrologo [ne-frò-lo-go] *s.m.* [f. *-a*; pl.m. *-gi*] medico specialista in nefrologia.

nefropatia [ne-fro-pa-tì-a] *s.f.* (*med.*) denominazione generica di qualsiasi malattia dei reni.

nefrosi [ne-frò-ʃi] *s.f.* (*med.*) termine generico che designa qualsiasi processo degenerativo del rene.

negare [ne-gà-re] *v.tr.* [*io négo, tu néghi ecc.*] **1** dichiarare che una cosa non è vera: — *tutte le accuse*; — *l'evidenza*, non volerla riconoscere | (*assol.*) dire di no: *negò di averlo incontrato* **2** non concedere, rifiutare: — *l'autorizzazione* ♦ **negarsi** *v.rifl.* fingersi assente per evitare una persona non gradita: — *al telefono*.

negativa [ne-ga-tì-va] *s.f.* **1** il negare; rifiuto, risposta negativa: *mantenersi sulla —* **2** (*foto.*) negativo.

negatività [ne-ga-ti-vi-tà] *s.f.* l'essere negativo.

negativo [ne-ga-tì-vo] *agg.* **1** che nega; che esprime negazione: *proposizione negativa* **2** (*estens.*) contrario, sfavorevole; non costruttivo: *giudizio, atteggiamento —* **3** (*fig.*) che costituisce un difetto: *il lato — di una cosa* **4** si dice del risultato di una ricerca o di un'analisi che non ha trovato quel che si cercava: *l'esame istologico è risultato —* **5** (*mat.*) si dice di numero reale inferiore a zero **6** (*scient.*) si dice per caratterizzare oggetti o qualità di fenomeni in opposizione ad altri designati come positivi: *magnetismo —* **7** (*foto.*) si dice di immagine con valori cromatici inversi a quelli che risulteranno nell'immagine positiva ♦ *s.m.* (*foto.*) immagine negativa; pellicola o lastra su cui tale immagine è impressa □ **negativamente** *avv.* in modo negativo, sfavorevole: *giudicare —* | dicendo di no: *rispondere —*.

negato [ne-gà-to] *agg.* che non ha inclinazione, attitudine, predisposizione per qlco.: *essere — per la matematica*.

negatrone [ne-ga-tró-ne] *s.m.* (*fis.*) elettrone.

negazione [ne-ga-zió-ne] *s.f.* **1** il negare; espressione che nega: — *esplicita* | (*gramm.*) elemento linguistico (avverbio, congiunzione ecc.) che esprime negazione (p.e. *non, né*) **2** (*fig.*) ciò che è o appare contrario: *una sentenza che è la — della giustizia*.

neghittosità [ne-ghit-to-si-tà] *s.f.* (*lett.*) l'essere neghittoso.

neghittoso [ne-ghit-tó-so] *agg.* (*lett.*) **1** pigro nell'agire; svogliato, ozioso **2** che è proprio di una natura oziosa e indolente □ **neghittosamente** *avv.*

negletto [ne-glèt-to] *agg.* (*lett.*) **1** abbandonato, derelitto **2** sciatto, trasandato: *stile* —.

negli [né-gli] *prep.art.m.pl.* composta da *in* e *gli.*

négligé [/ negli'ʒe /] *s.m.* (*fr.*) vestaglia o veste femminile da camera.

negligente [ne-gli-gen-te; / negli'dʒɛnte /] *agg.* **1** che trascura i propri doveri; che è pigro nell'adempiere i propri compiti: *essere — nello studio* | trascurato, trasandato: — *nel vestire* **2** (*lett.*) che mostra noncuranza; che rivela scarsa cura e impegno: *attenzione* — □ **negligentemente** *avv.*

negligenza [ne-gli-gen-za / negli'dʒɛntsa /] *s.f.* **1** l'essere negligente; incuria, trascuratezza: *la — di un impiegato* **2** mancanza dovuta a disattenzione, a trascuratezza: *commettere una* — **3** (*dir.*) omissione nell'adempimento di una obbligo.

negossa [ne-gòs-sa] *s.f.* rete da pesca conica, appesa a un cerchio di legno o metallo e manovrabile mediante una pertica.

negoziabile [ne-go-zià-bi-le] *agg.* che può essere negoziato: *un accordo* —.

negoziabilità [ne-go-zia-bi-li-tà] *s.f.* l'essere negoziabile.

negoziale [ne-go-zià-le] *agg.* (*dir.*) che riguarda un negozio giuridico; contrattuale: *volontà* —.

negoziante [ne-go-ziàn-te] *s.m.* e *f.* chi gestisce un negozio di vendita al pubblico; esercente: — *al minuto.*

negoziare [ne-go-zià-re] *v.tr.* [*io negòzio ecc.*] **1** trattare per la compravendita; contrattare: — *azioni in Borsa* **2** condurre le trattative per raggiungere un accordo: — *la pace* ♦ *v.intr.* [aus. *avere*] esercitare il commercio; commerciare: — *in granaglie.*

negoziato [ne-go-zià-to] *s.m.* trattativa per stipulare un contratto o raggiungere un accordo: *concludere un* —.

negoziatore [ne-go-zia-tó-re] *s.m.* [f. *-trice*] chi conduce un negoziato, una trattativa.

negoziazione [ne-go-zia-zió-ne] *s.f.* il negoziare, l'essere negoziato; trattativa: *avviare le negoziazioni.*

negozio [ne-gò-zio] *s.m.* **1** affare, operazione commerciale: *concludere un* — | — *giuridico*, (*dir.*) dichiarazione di volontà di un privato per raggiungere o modificare un accordo giuridico (*p.e.* un testamento o una compravendita) **2** locale accessibile dalla strada dove si vendono merci al minuto; bottega: *un — di articoli sportivi*; *aprire un* —. DIM. *negozietto* **3** (*lett.*) attività, occupazione.

negride [né-gri-de] *agg.* (*antrop.*) che appartiene al gruppo umano dei negri africani.

negriero [ne-griè-ro] *s.m.* **1** nei secoli scorsi, chi trafficava nel commercio di schiavi negri | (*estens.*) mercante di schiavi in genere **2** [f. *-a*] (*fig.*) chi sfrutta il lavoro subalterno e maltratta i propri dipendenti.

negritudine [ne-gri-tù-di-ne] *s.f.* l'insieme dei valori etnici e culturali dei popoli negri; la consapevolezza e l'affermazione di tali valori da parte dei negri.

negro [né-gro] *agg.* **1** che appartiene a un gruppo umano originario dell'Africa, con pelle nera o scura, naso camuso, capelli lanosi, labbra tumide; nero: *le popolazioni negre d'America* **2** che si riferisce alle popolazioni di tale gruppo umano: *musica negra* ♦ *s.m.* [f. *-a*] **1** individuo che appartiene al gruppo umano dei negri; nero **2** (*gerg.*) chi scrive testi per autori famosi.

negroamericano [ne-gro-a-me-ri-cà-no] *agg.* dei neri d'America.

negroide [ne-gròi-de] *agg.* e *s.m.* e *f.* che/chi presenta caratteri fisici simili a quelli dei negridi.

negromante [ne-gro-màn-te] *s.m.* e *f.* chi pratica la negromanzia; mago, indovino.

negromantico [ne-gro-màn-ti-co] *agg.* [pl.m. *-ci*] che concerne la negromanzia, di negromante: *arte negromantica.*

negromanzia [ne-gro-man-zì-a] *s.f.* **1** antica arte di predire il futuro fondata sull'evocazione delle ombre dei morti **2** (*estens.*) arte divinatoria; pratica magica.

negus [nè-gus] *s.m.invar.* (*st.*) titolo dell'imperatore di Etiopia.

nei [néi] *prep.art.m.pl.* composta da *in* e *i.*

nel [nél] *prep.art.m.sing.* composta da *in* e *il.*

nella [nél-la] *prep.art.f.sing.* composta da *in* e *la.*

nelle [nél-le] *prep.art.f.pl.* composta da *in* e *le.*

nello [nél-lo] *prep.art.m.sing.* composta da *in* e *lo.*

nelumbio [ne-lùm-bio], o **nelumbo**, *s.m.* (*bot.*) pianta acquatica con foglie ampie galleggianti, coltivata a scopo ornamentale.

nematelminti [ne-ma-tel-mìn-ti] *s.m.pl.* (*zool.*) tipo di vermi dal corpo cilindrico o filiforme, non segmentato, rivestito di una cuticola chitinosa.

nematoceri [ne-ma-tò-ce-ri] *s.m.pl.* (*zool.*) sottordine di ditteri dotati di lunghi arti e lunghe antenne, a cui appartengono le zanzare.

nembo [ném-bo] *s.m.* (*meteor.*) nube scura, densa di pioggia.

nembostrato [nem-bo-strà-to] *s.m.* (*meteor.*) nube densa di colore grigio scuro a bordi sfrangiati, che apporta pioggia o neve.

nemesi [nè-me-ʃi] *s.f.* (*lett.*) espiazione fatale di una colpa; vendetta | *nemesi storica*, giustizia che colpirebbe nei discendenti le colpe dei progenitori.

nemico [ne-mì-co] *agg.* [pl.m. *-ci*] **1** che nutre profonda avversione, ostilità verso qlcu. e ne desidera il male: *dimostrarsi* — | di cosa, che si rivela avversa, sfavorevole: *sorte nemica* **2** (*fig.*) che detesta, aborrisce qlco.: *essere — delle chiacchiere* **3** che appartiene o si riferisce allo stato, all'esercito contro cui si è in guerra: *attacco* — **4** (*fig.*) dannoso, nocivo: *i grassi sono nemici del fegato* ♦ *s.m.* **1** [f. *-a*] chi nutre avversione verso qlcu. o qlco.: *un — implacabile* | — *pubblico*, locuzione con cui si indica un pericoloso delinquente ricercato dalla polizia **2** chi appartiene allo stato o all'esercito contro cui si è in guerra: *sconfiggere i nemici*.

nemmeno [nem-mé-no] *avv.* e *cong.* neanche.

nenia [nè-nia] *s.f.* **1** canto lamentoso e monotono intonato un tempo durante i funerali **2** cantilena che si canta ai bambini per farli addormentare **3** (*fig.*) piagnucolio insistente e fastidioso | discorso lungo e noioso.

neo [nè-o] *s.m.* **1** (*med.*) piccola massa cutanea tondeggiante di colore scuro dovuta a eccesso di pigmentazione | (*estens.*) macchiolina scura sulla pelle **2** (*fig.*) piccolo difetto, imperfezione appena percettibile: *è un bel lavoro, a parte qualche —*.

neo- primo elemento di parole composte, che significa 'nuovo, moderno, recente' (*neoclassicismo, neologismo*).

neoavanguardia [ne-o-a-van-guàr-dia] *s.f.* ogni corrente artistica o letteraria contemporanea che si richiami alle avanguardie storiche del primo Novecento.

neocapitalismo [ne-o-ca-pi-ta-lì-ʃmo] *s.m.* fase di sviluppo del capitalismo caratterizzata dalla crescente concentrazione del potere economico.

neoclassicismo [ne-o-clas-si-cì-ʃmo] *s.m.* tendenza culturale manifestatasi in Europa tra la fine del Settecento e i primi dell'Ottocento, che mirava a ripristinare i canoni dell'arte e della letteratura classica: *il — del Canova*.

neoclassicista [ne-o-clas-si-cì-sta] *s.m.* e *f.* [pl.m. *-sti*] seguace del neoclassicismo.

neoclassico [ne-o-clàs-si-co] *agg.* [pl.m. *-ci*] del neoclassicismo; che si ispira ai principi del neoclassicismo: *gusto —* ♦ *s.m.* **1** [f. *-a*] seguace del neoclassicismo **2** stile neoclassico □ **neoclassicamente** *avv.* secondo i principi, il gusto neoclassici.

neocolonialismo [ne-o-co-lo-nia-li-ʃmo] *s.m.* politica attuata dalle potenze mondiali per mantenere in sudditanza i paesi in via di sviluppo, attraverso il dominio delle loro economie e l'ingerenza nella loro politica.

neocolonialistico [ne-o-co-lo-nia-lì-sti-co] *agg.* [pl.m. *-ci*] del neocolonialismo, fondato sul neocolonialismo.

neodimio [ne-o-dì-mio] *s.m.* elemento chimico di simbolo *Nd*; è un metallo delle terre rare.

neoebraico [ne-o-e-brài-co] *agg.* e *s.m.* [pl.m. *-ci*] si dice della lingua ebraica postbiblica (dall'età cristiana a oggi).

neoeletto [ne-o-e-lèt-to] *agg.* e *s.m.* [f. *-a*] si dice di chi è stato da poco eletto a una carica pubblica: *i deputati neoeletti*.

neoellenico [ne-o-el-lè-ni-co] *agg.* [pl.m. *-ci*] si dice della lingua e letteratura della Grecia moderna ♦ *s.m.* la lingua greca moderna; neogreco.

neofascismo [ne-o-fa-scì-ʃmo] *s.m.* movimento che in Italia, dopo il 1945, ha ripreso l'azione politica del fascismo.

neofascista [ne-o-fa-scì-sta] *s.m.* e *f.* [pl.m. *-sti*] seguace del neofascismo | Si usa anche come *agg.*: *movimento —*.

neofita [ne-ò-fi-ta], o **neofito**, *s.m.* e *f.* [pl.m. *-ti*] **1** chi si è di recente convertito a una religione **2** (*estens.*) chi ha abbracciato di recente un'idea, una dottrina, un partito.

neoformazione [ne-o-for-ma-zió-ne] *s.f.* **1** (*med.*) produzione spesso patologica di nuovi tessuti (*p.e.* un tumore) **2** (*ling.*) parola di formazione recente.

neogene [ne-o-gè-ne] *s.m.* (*geol.*) seconda parte del cenozoico, che comprende il miocene e il pliocene.

neoghibellinismo [ne-o-ghi-bel-li-nì-ʃmo] *s.m.* (*st.*) movimento politico e letterario del Risorgimento italiano che, in opposizione al neoguelfismo, sosteneva ideali unitari e repubblicani.

neogotico [ne-o-gò-ti-co] *s.m.* movimento culturale e artistico, sviluppatosi in Europa nei secc. XVIII-XIX, che mirava a riproporre le forme del gotico, soprattutto in architettura ♦ *agg.* [pl.m. *-ci*] relativo a tale movimento: *stile —*.

neogreco [ne-o-grè-co] *agg.* [pl.m. *-ci*] della Grecia moderna: *letteratura neogreca* ♦ *s.m.* lingua neogreca; greco moderno.

neoguelfismo [ne-o-guel-fì-ʃmo] *s.m.* (*st.*) movimento cattolico-liberale del Risorgimento, che auspicò una confederazione di stati italiani sotto la presidenza del papa: *il — di Gioberti*.

neolalia [ne-o-la-lì-a] *s.f.* (*psich.*) disturbo, presente in alcune malattie mentali, che consiste nell'uso frequente di forme linguistiche inventate.

neolatino [ne-o-la-tì-no] *agg.* si dice delle lingue che derivano dal latino, delle letterature scritte in tali lingue, dei popoli che le parlano e della loro civiltà: *l'italiano è una lingua neolatina*.

neolaureato [ne-o-lau-re-à-to] *agg.* e *s.m.* [f. *-a*] che/chi ha da poco conseguito la laurea.

neolitico [ne-o-lì-ti-co] *agg.* e *s.m.* [pl.m. *-ci*] si dice del terzo periodo dell'età della pietra, caratterizzato dall'uso di strumenti di pietra levigati.

neologismo [ne-o-lo-gì-ʃmo] *s.m.* (*ling.*) parola o costrutto introdotto di recente nella lingua, oppure nuova accezione assunta da una parola già esistente: *"realizzare" nel senso di "rendersi conto" è un —*.

neon [nè-on] *s.m.* elemento chimico di simbolo *Ne*; è un gas nobile, usato per le lampade a luminescenza e le insegne luminose: *luce al —*.

neonatale [ne-o-na-tà-le] *agg.* del neonato, che riguarda il neonato: *medicina —*.

neonato [ne-o-nà-to] *agg.* **1** che è nato da poco: *un bambino —* **2** (*estens.*) che ha origine recente, appena costituito: *il programma del — partito* ♦ *s.m.* [f. *-a*] bambino appena nato: *l'alimentazione dei neonati*.

neonatologia [ne-o-na-to-lo-gì-a] *s.f.* (*med.*) branca della pediatria che si occupa della fisiologia e della patologia dei neonati.

neonatologo [ne-o-na-tò-lo-go] *s.m.* [f. *-a*; pl.m. *-gi*] medico specialista in neonatologia.

neonazismo [ne-o-na-zì-ʃmo] *s.m.* movimento politico di estrema destra ispirato al nazionalsocialismo.

neonazista [ne-o-na-zì-sta] *s.m.* e *f.* [pl.m. *-sti*] seguace del neonazismo ♦ *agg.* del neonazismo, che concerne il neonazismo: *gruppo —*.

neoplasia [ne-o-pla-ʃì-a] *s.f.* (*med.*) formazione patologica di nuove cellule | (*estens.*) tumore maligno.

neoplastico [ne-o-plà-sti-co] *agg.* [pl.m. *-ci*] (*med.*) di neoplasia, che ha natura di neoplasia; tumorale: *formazione neoplastica.*

neoplatonico [ne-o-pla-tò-ni-co] *agg.* [pl.m. *-ci*] (*filos.*) del neoplatonismo: *scuola neoplatonica* ♦ *s.m.* [f. *-a*] seguace del neoplatonismo.

neoplatonismo [ne-o-pla-to-nì-ʃmo] *s.m.* corrente filosofica greca (secc. III-VI) che riprese elementi platonici, fondendoli con influenze stoiche, aristoteliche e della cultura orientale.

neopositivismo [ne-o-po-ʃi-ti-vì-ʃmo] *s.m.* indirizzo filosofico sorto a Vienna negli anni Venti, basato su una forte attenzione alla scienza e sulla rivalutazione della logica formale.

neopositivista [ne-o-po-ʃi-ti-vì-sta] *s.m.* e *f.* [pl.m. *-sti*] (*filos.*) seguace del neopositivismo | Usato anche come *agg.* in luogo di *neopositivistico*: *movimento —*.

neopositivistico [ne-o-po-ʃi-ti-vì-sti-co] *agg.* [pl.m. *-ci*] (*filos.*) del neopositivismo: *indirizzo —*.

neoprene [ne-o-prè-ne] *s.m.* nome comune a vari tipi di gomma sintetica assai resistente, usata principalmente come rivestimento isolante di conduttori elettrici.

neorealismo [ne-o-re-a-lì-ʃmo] *s.m.* tendenza del cinema, dell'arte e della letteratura a rappresentare con fedeltà la realtà quotidiana; si affermò in Italia nel secondo dopoguerra: *il — dei film di Rossellini.*

neorealista [ne-o-re-a-lì-sta] *s.m.* e *f.* [pl.m. *-sti*] seguace del neorealismo | Usato anche come *agg.* in luogo di *neorealistico*: *un romanzo —*.

neorealistico [ne-o-re-a-lì-sti-co] *agg.* [pl.m. *-ci*] del neorealismo, ispirato alla teorie del neorealismo: *tendenza neorealistica.*

neotestamentario [ne-o-te-sta-men-tà-rio] *agg.* del Nuovo Testamento: *esegesi neotestamentaria.*

neozelandese [ne-o-ʒe-lan-dé-se] *agg.* della Nuova Zelanda ♦ *s.m.* e *f.* chi è nato o abita nella Nuova Zelanda.

neozoico [ne-o-ʒòi-co] *agg.* [pl.m. *-ci*] (*geol.*) si dice dell'era geologica attuale della Terra, caratterizzata dalla comparsa dell'uomo e dal fenomeno delle glaciazioni: *flora neozoica* ♦ *s.m.* era neozoica.

nepalese [ne-pa-lé-se] *agg.* del Nepal ♦ *s.m.* e *f.* chi è nato o abita nel Nepal.

nepitella [ne-pi-tèl-la] *s.f.* pianta erbacea con foglie ovali e fiori bianchi e rossi raccolti in infiorescenze a cima.

nepotismo [ne-po-tì-ʃmo] *s.m.* **1** la tendenza dei papi, nei secc. XV e XVI, a favorire i propri familiari **2** (*estens.*) il favorire indebitamente parenti o amici nell'assegnazione di incarichi, uffici pubblici.

nepotista [ne-po-tì-sta] *s.m.* e *f.* [pl.m. *-sti*] chi pratica il nepotismo; chi fa uso del proprio potere per favorire parenti o amici | Usato anche come *agg.*: *papa —*.

nepotistico [ne-po-tì-sti-co] *agg.* [pl.m. *-ci*] di nepotismo, da nepotista.

neppure [nep-pù-re] *avv.* e *cong.* neanche.

nequizia [ne-quì-zia] *s.f.* (*lett.*) malvagità d'animo; crudeltà, perversità.

nerastro [ne-rà-stro] *agg.* di colore che tende al nero: *una pozza d'acqua nerastra.*

nerbata [ner-bà-ta] *s.f.* percossa, colpo dati col nerbo o con un bastone.

nerbo [nèr-bo] *s.m.* **1** scudiscio costituito di tendini di bue disseccati e intrecciati **2** (*fig.*) la parte più forte, il nucleo essenziale di qlco.: *il — delle truppe* | forza, vigoria, efficacia: *stile senza —*.

nerboruto [ner-bo-rù-to] *agg.* fornito di muscolatura forte ed evidente; robusto, forzuto: *uomo —*.

nereide [ne-rèi-de] *s.f.* (*mit.*) ciascuna delle ninfe del mare, figlie di Nereo.

neretto [ne-rét-to] *s.m.* **1** (*tip.*) carattere tipografico ad asta grossa, usato per titoli o parti del testo da evidenziare; grassetto: *comporre in —* **2** nei giornali, breve articolo o inserzione pubblicati in grassetto.

neritico [ne-rì-ti-co] *agg.* [pl.m. *-ci*] (*geol.*) si dice di ambiente marino fino ai 200 metri di profondità, i cui fondali sono ricchi di vita animale e vegetale: *zona neritica.*

nero [né-ro] *agg.* **1** si dice del colore più scuro esistente in natura, proprio del carbone e della pece | *pane —*, integrale | *caffè —*, senza latte | *continente —*, l'Africa | *occhiali neri*, con lenti scure | *oro —*, il petrolio | *pecora nera*, (*fig.*) chi, in un gruppo familiare o sociale, è o è ritenuto diverso per qualche caratteristica negativa | *libro —*, lista di persone sgradite **2** (*fig.*) luttuoso, doloroso; pieno di avversità, di contrarietà: *una giornata nera* **3** (*fig.*) triste, malinconico: *essere — in volto*, corrucciato | *vedere tutto —*, essere pessimista | *romanzo —*, dell'orrore **4** (*fig.*) cattivo, scellerato: *un'anima nera* | *cronaca nera*, quella dei delitti e degli incidenti **5** (*fig.*) illegale; che non è fatto nell'osservanza delle leggi: *lavoro —*; *fondi neri*, in un'azienda, quelli che non risultano iscritti in bilancio **6** del fascismo; relativo al terrorismo di destra: *l'eversione nera* | *camicia nera*, quella della divisa fascista ♦ *s.m.* **1** il colore nero; sostanza di tale colore: *— di seppia* | *mettere — su bianco*, (*fig.*) fissare per iscritto un impegno o altro | *pagare in —*, (*fam.*) in modo da evadere le leggi previdenziali e tributarie **2** [f.

-*a*] persona di pelle nera: *i neri d'America* **3** fascista; estremista di destra.

nerofumo [ne-ro-fù-mo] *s.m.* (*chim. ind.*) deposito di finissime particelle di carbone, ottenuto per combustione incompleta di sostanze organiche (gas, catrame).

neroli [nè-ro-li] *s.m.*, o **nerola** *s.f.*, essenza ricavata dai fiori d'arancio, usata in profumeria.

nervato [ner-và-to] *agg.* fornito di nervi o di nervatura.

nervatura [ner-va-tù-ra] *s.f.* **1** il complesso dei nervi di un organismo vivente **2** ognuno dei piccoli canali che attraversano le ali degli insetti **3** (*bot.*) fascio conduttore che si dirama sulla foglia e che diffonde la linfa **4** ogni elemento di rafforzo e sostegno in una struttura architettonica | il complesso dei cordoni sagomati che limitano le sezioni delle volte a crociera **5** rilievo ornamentale nel dorso dei libri rilegati.

nervino [ner-vì-no] *agg.* si dice di farmaco o di altra sostanza che agisce sui nervi: *gas* —.

nervo [nèr-vo] *s.m.* **1** (*anat.*) ciascuno dei fasci di fibre, che hanno origine dai centri del cervello e del midollo spinale e arrivano fino alle zone periferiche dell'organismo; sono organi della trasmissione del moto e della sensibilità: — *ottico* | in espressioni fig.: *dare sui nervi*, *far venire i nervi*, fare spazientire; *avere i nervi*, essere irritato; *avere i nervi a fior di pelle*, essere in uno stato di grande eccitabilità; *avere i nervi a pezzi*, essere prossimo a una crisi nervosa; *avere i nervi saldi*, avere grande capacità di autocontrollo; *tenere i nervi a posto*, mantenere la calma **2** nel linguaggio corrente, tendine: *un taglio di carne pieno di nervi* **3** (*bot.*) nervatura della foglia.

nervosismo [ner-vo-sì-ʃmo] *s.m.* l'essere nervoso, facilmente irritabile: *momenti di* —.

nervosità [ner-vo-si-tà] *s.f.* **1** l'essere nervoso; nervosismo, irritabilità: *vincere la propria* — **2** (*fig.*) incisività, asciuttezza: — *di un discorso*.

nervoso [ner-vó-so] *agg.* **1** di nervo, dei nervi: *sistema* — | *esaurimento* —, termine corrente per indicare una distonia neurovegetativa o uno stato di nevrosi **2** che manifesta esternamente la propria tensione emotiva; che tende a irritarsi, ad agitarsi facilmente: *diventare* — **3** che rivela agitazione, nervosismo: *una risata nervosa* **4** muscoloso, asciutto: *gambe nervose* **5** (*fig.*) conciso, incisivo: *prosa nervosa* **6** si dice di tessuto vegetale che presenti numerose nervature: *un legno* — ♦ *s.m.* (*fam.*) stato d'animo irritato; nervosismo: *far venire il* — □ **nervosamente** *avv.*

nespola [nè-spo-la] *s.f.* **1** frutto del nespolo **2** (*scherz.*) botta, colpo, schiaffo.

nespolo [né-spo-lo] *s.m.* arbusto con foglie ellittiche, fiori bianchi e frutti globosi color ruggine.

nesso [nès-so] *s.m.* **1** connessione, legame, relazione: *idee senza* — *logico* **2** (*ling.*) gruppo di due o più suoni o lettere considerati unitariamente: — *consonantico*.

nessuno [nes-sù-no] *agg.indef.* [manca del *pl.*; davanti a vocale si comporta come *uno*] **1** neppure uno: *non c'è nessuna novità*; *di nessun valore* | con valore puramente rafforzativo: *senza nessuna fretta* **2** qualche: *hai nessun suggerimento da darmi?* ♦ *pron.indef.* **1** neppure uno: *non è venuto* —; — *di noi l'ha visto* | *si dà tante arie, ma non è* —, è una persona di nessun valore **2** (con valore positivo) qualcuno: *guarda se c'è* —.

net [/ nɛt /] *s.m.* (*ingl.*) nel tennis e nel ping-pong, la battuta nulla, che si ha quando la palla tocca il bordo superiore della rete e la oltrepassa.

nettare[1] [nèt-ta-re] *s.m.* **1** sostanza zuccherina secreta da speciali organi dei fiori; elaborata dalle api, si trasforma in miele **2** (*mit.*) la bevanda degli dei; ambrosia | (*estens.*) bevanda squisita; vino eccellente **3** nella tecnologia alimentare, bevanda a base di succo e polpa di frutta con l'aggiunta di sciroppo zuccherino.

nettare[2] [net-tà-re] *v.tr.* [*io nétto ecc.*] (*lett.*) pulire, mondare: *nettarsi le scarpe*.

nettario [net-tà-rio] *s.m.* (*bot.*) organo vegetale che, nei fiori, secerne il nettare.

nettezza [net-téz-za] *s.f.* **1** l'essere netto; pulizia: *la* — *della casa* | — *urbana*, servizio municipale che cura la pulizia delle strade e la raccolta delle immondizie **2** (*fig.*) purezza, onestà, integrità **3** chiarezza, precisione, nitore: — *di contorni*.

netto [nét-to] *agg.* **1** pulito, senza macchie (anche *fig.*): *coscienza netta* **2** chiaro, preciso; secco, deciso: *colpo* —; *superiorità netta* | *di* —, completamente e con sicurezza: *tagliare di* — **3** libero da detrazioni, imposizioni o gravami (si contrappone a *lordo*): *peso* —, senza la tara | *al* —, fatte le debite detrazioni: *guadagno al* — *delle spese* ♦ *avv.* chiaramente; senza sottintesi: *parlare chiaro e* — □ **nettamente** *avv.* **1** con nettezza; in modo nitido e chiaro: *i contorni si distinguevano* — **2** con decisione: *opporsi* — *a qlco*.

nettunio [net-tù-nio] *s.m.* elemento chimico artificiale radiattivo di simbolo *Np*.

Nettuno [Net-tù-no] *s.m.* **1** (*mit.*) il dio del mare **2** (*astr.*) nel sistema solare, l'ottavo pianeta in ordine di distanza dal Sole.

netturbino [net-tur-bì-no] *s.m.* operaio della nettezza urbana; spazzino.

netturo [net-tù-ro] *s.m.* (*zool.*) genere di anfibi dal corpo allungato, rossastro a macchie scure, con coda piatta e arti cortissimi; vivono nelle acque stagnanti e hanno abitudini notturne.

network [/ 'nɛtwork /] *s.m.invar.* (*ingl.*) **1** rete di stazioni televisive associate tra loro **2** (*inform.*) rete telematica.

neuma [nèu-ma] *s.m.* [pl. -*mi*] (*mus.*) nome generico di vari segni usati nella notazione medievale per indicare l'altezza di una nota.

neurale [neu-rà-le] *agg.* (*anat.*) che si riferisce a strutture nervose.

neurectomia [neu-rec-to-mì-a] *s.f.* (*med.*) recisione e asportazione chirurgica di un tratto di nervo.

neurite [neu-rì-te], o **nevrite** *s.f.*(*med.*) infiammazione dei nervi.
neuritico [neu-rì-ti-co], o **nevritico**, *agg.* (*med.*) di neurite, caratterizzato da neurite.
neuro [nèu-ro] *s.f.invar.* (*fam.*) clinica neurologica.
neuro-, o **nevro-**, primo elemento di parole composte della terminologia scientifica, che significa 'nervo, nervoso, relativo al sistema nervoso' (*neurochirurgia*).
neurobiologia [neu-ro-bio-lo-gì-a] *s.f.* disciplina che studia i fenomeni biologici del sistema nervoso.
neurobiologo [neu-ro-bi-ò-lo-go] *s.m.* [f. *-a*; pl.m. *-gi*] specialista in neurobiologia.
neuroblasto [neu-ro-blà-sto] *s.m.* (*biol.*) cellula embrionale da cui ha origine la cellula nervosa.
neurochimica [neu-ro-chì-mi-ca] *s.f.* chimica applicata allo studio della struttura e del funzionamento del sistema nervoso.
neurochirurgia [neu-ro-chi-rur-gì-a] *s.f.* branca della chirurgia che interviene sul sistema nervoso.
neurochirurgico [neu-ro-chi-rùr-gi-co] *agg.* [pl.m. *-ci*] della neurochirurgia, relativo alla neurochirurgia.
neurochirurgo [neu-ro-chi-rùr-go] *s.m.* [pl. *-ghi* o *-gi*] chirurgo specializzato in neurochirurgia.
neurocomputer [neu-ro-com-pu-ter; / neuro-kom'pjuter /] *s.m. invar.* computer architettato simulando le connessioni dei neuroni umani; si differenzia dai normali computer per il fatto che la memoria non è separata dal processore e perché utilizza dati analogici.
neurofibrilla [neu-ro-fi-brìl-la] *s.f.* (*biol.*) denominazione generica di ognuna delle strutture filiformi del citoplasma delle cellule nervose.
neurofisiologia [neu-ro-fi-ʃio-lo-gì-a] *s.f.* settore della fisiologia che studia le funzioni del sistema nervoso.
neuroglia → **nevroglia**.
neurolabile [neu-ro-là-bi-le] *agg.* e *s.m.* e *f.* (*med.*) si dice di chi è facilmente soggetto a turbe funzionali del sistema nervoso.
neurolettico [neu-ro-lèt-ti-co] *agg.* e *s.m.* [pl.m. *-ci*] (*med.*) si dice di farmaco ad azione sedativa; tranquillante.
neurologia [neu-ro-lo-gì-a] *s.f.* parte della medicina che studia l'anatomia, la fisiologia e la patologia del sistema nervoso.
neurologico [neu-ro-lò-gi-co] *agg.* [pl.m. *-ci*] relativo alla neurologia; di neurologo: *visita neurologica* □ **neurologicamente** *avv.* dal punto di vista neurologico.
neurologo [neu-rò-lo-go] *s.m.* [f. *-a*; pl.m. *-gi*] medico specializzato in neurologia.
neuroma [neu-rò-ma] *s.m.* [pl. *-mi*] (*med.*) tumore costituito da tessuto nervoso.
neurone [neu-ró-ne] *s.m.* (*anat.*) cellula nervosa.
neuropatia [neu-ro-pa-tì-a], o **nevropatia**, *s.f.* (*med.*) denominazione generica di qualsiasi malattia nervosa.
neuropatico [neu-ro-pà-ti-co], o **nevropatico**, *agg.* [pl.m. *-ci*] (*med.*) di neuropatia ♦ *agg.* e *s.m.* [f. *-a*] che/chi è affetto da neuropatia.
neuropatologia [neu-ro-pa-to-lo-gì-a] *s.f.* disciplina che studia le malattie del sistema nervoso.
neuropatologo [neu-ro-pa-tò-lo-go] *s.m.* [f. *-a*; pl.m. *-gi*] medico specialista in neuropatologia.
neuropsichiatra [neu-ro-psi-chià-tra] *s.m.* e *f.* [pl.m. *-tri*] medico specialista in neuropsichiatria.
neuropsichiatria [neu-ro-psi-chia-trì-a] *s.f.* branca della medicina che studia le malattie nervose e mentali.
neuropsichiatrico [neu-ro-psi-chià-tri-co] *agg.* [pl.m. *-ci*] relativo alla neuropsichiatria.
neuropsicologia [neu-ro-psi-co-lo-gì-a] *s.f.* scienza che studia le attività mentali e i comportamenti dal punto di vista della neurofisiologia.
neurormone [neu-ror-mó-ne] *s.m.* (*biol.*) sostanza ormonale secreta dai neuroni.
neurospora [neu-ro-spò-ra] *s.f.* (*bot.*) genere di funghi ascomiceti che comprende fra le sue specie la muffa rossa del pane.
neurotrasmettitore [neu-ro-tra-ʃmet-ti-tó-re] *s.m.* (*biol.*) agente chimico responsabile della neurotrasmissione.
neurotrasmissione [neu-ro-tra-ʃmis-sió-ne] *s.f.* (*biol.*) trasmissione di un impulso nervoso da un neurone all'altro.
neurotteri [neu-ròt-te-ri] *s.m.pl.* (*zool.*) ordine di insetti che hanno corpo sottile e due paia di ali trasparenti fornite di un fitto reticolato di nervature.
neurovegetativo [neu-ro-ve-ge-ta-tì-vo] *agg.* (*med.*) relativo al sistema nervoso autonomo che presiede alle funzioni vegetative.
neuston [nèu-ston] *s.m.invar.* (*biol.*) il complesso degli organismi viventi sullo strato superficiale delle acque (protozoi, ragni, gasteropodi ecc.).
neutrale [neu-trà-le] *agg.* **1** che non parteggia per nessuno tra i contendenti: *mantenersi —* | *stato —*, che rimane estraneo a una guerra fra altri stati **2** che appartiene a uno stato neutrale: *zona —*.
neutralismo [neu-tra-lì-ʃmo] *s.m.* politica di neutralità; tendenza a restare neutrale in un conflitto.
neutralista [neu-tra-lì-sta] *agg.* e *s.m.* e *f.* [pl.m. *-sti*] che/chi è favorevole al neutralismo: *politica —*.
neutralità [neu-tra-li-tà] *s.f.* **1** l'essere neutrale; non schierarsi con nessuna delle parti in conflitto **2** (*chim.*) la condizione di un composto neutro.
neutralizzabile [neu-tra-liʒ-ʒà-bi-le] *agg.* che si può neutralizzare.
neutralizzare [neu-tra-liʒ-ʒà-re] *v.tr.* **1** rendere vana, inefficace un'azione, opponendo a essa una forza contraria; annullare gli effetti di un fenomeno negativo: *— un attacco* **2** (*chim.*) portare una soluzione a dare reazione neutra.
neutralizzazione [neu-tra-liʒ-ʒa-zió-ne] *s.f.* il neutralizzare, l'essere neutralizzato.

neutrino [neu-trì-no] *s.m.* (*fis.*) particella subatomica priva di carica elettrica.
neutro [nèu-tro] *agg.* non ben definito; che sta a mezzo tra due modi di essere o di fare: *colore* —, indefinito | *stato* —, stato neutrale | *campo* —, (*sport*) campo di gioco che non appartiene né all'una né all'altra delle squadre contendenti | *reazione neutra*, (*chim.*) reazione che non è né acida né basica | *conduttore* —, (*fis.*) in un impianto elettrico, conduttore messo a terra o a potenziale zero; *atomo* —, quello in cui protoni ed elettroni sono in equilibrio ♦ *s.m.* (*elettr.*) conduttore neutro.
neutrone [neu-tró-ne] *s.m.* (*fis.*) particella elementare priva di carica elettrica, costituente fondamentale del nucleo atomico.
neutronico [neu-trò-ni-co] *agg.* [pl.m. *-ci*] (*fis.*) dei neutroni, relativo ai neutroni.
nevaio [ne-và-io] *s.m.* accumulo di neve perenne raccolta in conche montuose; il luogo dove si è ammassata la neve.
nevato [ne-và-to] *agg.* (*lett.*) **1** coperto di neve, innevato **2** simile a neve; niveo: *bianco* — ♦ *s.m.* ammasso di neve e ghiaccio che si accumula al di sopra del limite delle nevi e che, consolidandosi, dà luogo ai ghiacciai; vedretta.
neve [né-ve] *s.f.* **1** precipitazione atmosferica costituita da aggregati di finissimi aghetti di ghiaccio, formatisi per condensazione del vapore acqueo: *fiocco, tempesta di* — | *di* —, bianchissimo: *carnagione di* — | *da* —, si dice di oggetto utile in un ambiente innevato: *guanti da* — | *montare a* —, frullare l'albume fino a renderlo spumoso | — *artificiale*, la neve prodotta con apposite apparecchiature di cui si ricoprono le piste da sci poco innevate | *effetto* —, (*tv*) disturbo della ricezione televisiva che si manifesta come una serie di puntini bianchi e neri sullo schermo **2** (*gerg.*) cocaina.
nevicare [ne-vi-cà-re] *v.intr.impers.* [*névica*; aus. *essere* o *avere*] cadere neve.
nevicata [ne-vi-cà-ta] *s.f.* **1** il nevicare: *dopo la — tornò il sereno* **2** quantità di neve caduta: *un'abbondante* —.
neviera [ne-viè-ra] *s.f.* luogo sotterraneo in cui un tempo si raccoglieva la neve per refrigerare i cibi o altri usi.
nevischio [ne-vì-schio] *s.m.* precipitazione formata da neve minutissima mista ad acqua.
nevosità [ne-vo-si-tà] *s.f.* l'esser nevoso; quantità di neve che cade mediamente in un luogo in un periodo di tempo determinato: *la — di una regione.*
nevoso[1] [ne-vó-so] *agg.* **1** di neve: *manto* — | che è coperto di neve: *cime nevose* **2** si dice di periodo o di stagione in cui cade o minaccia di cadere la neve: *tempo* —.
nevoso[2] [ne-vó-so] *s.m.* nome del quarto mese del calendario rivoluzionario francese (21 dicembre - 19 gennaio).
nevralgia [ne-vral-gì-a] (*med.*) dolore acuto e persistente causato dall'irritazione di un tratto o di un plesso nervoso: — *del trigemino.*
nevralgico [ne-vràl-gi-co] *agg.* [pl.m. *-ci*] (*med.*) di nevralgia: *dolore* — | *punto* —, dove il dolore è più forte; (*fig.*) il punto più delicato, più difficile: *il punto — di una questione.*
nevrasse [ne-vràs-se] *s.m.* (*anat.*) l'insieme dell'encefalo e del midollo spinale.
nevrastenia [ne-vra-ste-nì-a] *s.f.* (*med.*) termine generico con cui si designano certi disturbi funzionali del sistema nervoso caratterizzati da uno stato di particolare irritabilità.
nevrastenico [ne-vra-stè-ni-co] *agg.* [pl.m. *-ci*] (*med.*) di nevrastenia ♦ *agg.* e *s.m.* [f. *-a*] **1** che/chi è affetto da nevrastenia **2** (*estens.*) che/chi è molto nervoso, facilmente irritabile: *oggi sei —!*
nevrite e *deriv.* → **neurite** e *deriv.*
nevro- → **neuro-**.
nevroglia [ne-vro-gli-a; / nevro'glia /], o **neuroglia** [/ neuro'glia /], *s.f.* (*anat.*) struttura di sostegno del sistema nervoso; glia.
nevropatia e *deriv.* → **neuropatia** e *deriv.*
nevrosi [ne-vrò-ʃi] *s.f.* (*med.*) disturbo della sfera affettiva e dell'emotività, originato da conflitti psichici.
nevrotico [ne-vrò-ti-co] *agg.* [pl.m. *-ci*] (*med.*) di nevrosi: *sintomo* — ♦ *agg.* e *s.m.* [f. *-a*] **1** che/chi è affetto da nevrosi **2** (*estens.*) che/chi si mostra sempre nervoso, facilmente irritabile □ **nevroticamente** *avv.*
nevrotizzare [ne-vro-tiʒ-ʒà-re] *v.tr.* rendere nevrotico ♦ **nevrotizzarsi** *v.intr.pron.* diventare nevrotico.
nevrotizzazione [ne-vro-tiʒ-ʒa-zió-ne] *s.f.* il nevrotizzare, il nevrotizzarsi, l'essere nevrotizzato.
nevvero [nev-vé-ro] *inter.* (*lett.*) non è vero (alla fine di una frase, per chiedere conferma di quanto si è detto): *sei stato tu, —?*
news [/ njuz /] *s.f.pl.* (*ingl.*) ultime notizie.
newton [/ 'njuton /] *s.m.* (*ingl.*) (*fis.*) unità di misura della forza nel Sistema internazionale, equivalente alla forza necessaria a imprimere a un corpo della massa di un chilogrammo un'accelerazione di un metro al secondo per secondo.
newyorkese [new-yor-ke-se; / njujor'kese /] *agg.* di New York, relativo a New York ♦ *s.m.* e *f.* chi è nato o abita a New York.
ni *s.m.* nome della tredicesima lettera dell'alfabeto greco, corrispondente a *n* nei caratteri latini.
nibbio [nìb-bio] *s.m.* uccello rapace diurno di color fulvo variegato di nero, con testa e gola biancastre e coda forcuta.
nibelungo [ni-be-lùn-go] *s.m.* [pl. *-ghi* o *-gi*] **1** nella mitologia nordica, ognuno degli appartenenti alla stirpe di nani demoniaci del cui tesoro si impadronirono i Burgundi **2** appartenente alla stirpe dei Burgundi.
nicaraguense [ni-ca-ra-guèn-se] *agg.* del Nicaragua ♦ *s.m.* e *f.* chi è nato o abita in Nicaragua.
nicchia [nìc-chia] *s.f.* **1** cavità semicilindrica aperta nello spessore di un muro, per porvi sta-

tue o oggetti decorativi; può anche avere funzione di deposito e riparo. DIM. *nicchietta* 2 cavità superficiale nelle rocce 3 (*fig.*) posto tranquillo e comodo; rifugio.

nicchiare [nic-chià-re] *v.intr.* [*io nìcchio ecc.*; aus. *avere*] mostrarsi incerto, esitante; tergiversare, tentennare: *ha nicchiato un po', poi ha accettato.*

niccianesimo → **nietzschianesimo**.

nicciano → **nietzschiano**.

nichel [nì-chel], o **nickel**, *s.m.* elemento chimico di simbolo *Ni*; è un metallo tenace, grigio, lucente, malleabile, usato in rivestimenti protettivi o per formare leghe.

nichelare [ni-che-là-re] *v.tr.* [*io nìchelo ecc.*] ricoprire con nichel un oggetto metallico, a scopo protettivo od ornamentale.

nichelatura [ni-che-la-tù-ra] *s.f.* operazione del nichelare | lo strato di nichel che ricopre un oggetto metallico.

nichilismo [ni-chi-lì-ʃmo] *s.m.* atteggiamento o dottrina che nega in modo radicale un sistema di valori: *il — di Nietzsche.*

nichilista [ni-chi-lì-sta] *s.m.* e *f.* [pl.m. *-sti*] fautore del nichilismo | Usato anche come *agg.*: *dottrina —.*

nichilistico [ni-chi-lì-sti-co] *agg.* [pl.m. *-ci*] relativo a nichilismo; da nichilista: *atteggiamento —.*

nickel → **nichel**.

nicotina [ni-co-tì-na] *s.f.* alcaloide velenoso contenuto nel tabacco.

nicotinico [ni-co-tì-ni-co] *agg.* [pl.m. *-ci*] della nicotina, relativo alla nicotina.

nicotinismo [ni-co-ti-nì-ʃmo] *s.m.* (*med.*) il complesso dei disturbi fisici e psichici causati dall'intossicazione da nicotina; tabagismo.

nictofobia [nic-to-fo-bì-a] *s.f.* (*psicol.*) paura ossessiva del buio notturno e dell'oscurità in genere.

nidiata [ni-dià-ta] *s.f.* 1 tutti gli uccellini nati da una stessa covata: *una — di passerotti* | (*estens.*) i cuccioli di qualsiasi animale nati in un parto solo: *una — di barboncini* 2 (*fig.*) gruppo di bambini figli degli stessi genitori.

nidificare [ni-di-fi-cà-re] *v.intr.* [*io nidìfico, tu nidìfichi ecc.*; aus. *avere*] fare il nido.

nidificazione [ni-di-fi-ca-zió-ne] *s.f.* il nidificare; il modo del nidificare: *la — primaverile delle rondini.*

nido [nì-do] *s.m.* 1 riparo costruito dagli uccelli, e anche da taluni pesci e mammiferi, per covarvi le uova e allevare i piccoli: *un — di scoiattoli* | *— d'ape*, ricamo a cellette, che ricorda nel disegno il favo delle api 2 (*spreg.*) covo: *— di vipere*, gruppo di persone sleali | Usato come *agg.invar.* nella loc. *asilo —*, istituto che ospita i bambini più piccoli.

niellare [ni-el-là-re] *v.tr.* [*io nièllo ecc.*] decorare mediante niellatura.

niellatura [ni-el-la-tù-ra] *s.f.* decorazione di oggetti d'oro o d'argento che si esegue incidendo la superficie e riempiendo le incisioni con niello; l'oggetto niellato.

niello [ni-èl-lo] *s.m.* 1 lega di colore nero usata per riempire le incisioni praticate nella niellatura; si ottiene fondendo polvere d'argento, rame, piombo e zolfo 2 (*estens.*) niellatura.

niente [nièn-te] *pron.indef.* 1 nessuna cosa: *— ci ostacola; non sapevo —* | *— di —*, assolutamente niente: *non sa — di —* | *per —*, senza nessun compenso o risultato; inutilmente: *lavorare per —* | *di —*, si usa come risposta nelle formule di cortesia: *"Grazie" "Di —"* | *non far —*, non produrre alcun effetto; non avere importanza | *non farsi —*, non farsi alcun male | *non poter farci —*, non essere in grado di trovare alcun rimedio | *non aver — a che fare con qlcu.*, non avere rapporti con lui; *non aver — a che fare con qlco.*, esserne al di fuori 2 qualche cosa: *ti serve —?* 3 (*estens.*) poca cosa: *l'ho pagato — rispetto al suo valore; questo ti pare —?* | *come se — fosse*, con noncuranza, con la massima facilità | *da —*, da poco, di poco conto: *una cosa da —* ♦ *agg.invar.* (*fam.*) nessuno, nessuna: *non ha — furbizia*, non è per niente furbo; *— paura!*, non abbiate paura ♦ *s.m.* nessuna cosa; poca cosa: *venire dal —*, essere di umili origini; *comprare qlco. per —*, a poco prezzo | *un bel —*, assolutamente nulla: *non ottenere un bel —; non costa — | per —*, assolutamente no: *non ci penso per —* | *— affatto*, rafforza una risposta negativa: *"Ti convince?" "Niente affatto!".*

nientedimeno [nien-te-di-mé-no] o **nientemeno**, *avv.* addirittura: *pretende — la metà degli utili.*

nientepopodimeno [nien-te-po-po-di-mé-no] *avv.* (*scherz.*) nientedimeno.

nietzschianesimo [nietz-schia-né-ʃi-mo; / nittʃa'nezimo /], o **niccianesimo** *s.m.* (*filos.*) il pensiero del filosofo tedesco F.W. Nietzsche (1844-1900).

nietzschiano [nietz-schià-no; / nit'tʃano /], o **nicciano**, *agg.* di F.W. Nietzsche, relativo alla sua dottrina: *il pensiero —.*

nife [nì-fe] *s.m.* (*geol.*) secondo alcune teorie, massa di nichel e ferro che costituirebbe il nucleo terrestre.

nigeriano [ni-ge-rià-no] *agg.* della Nigeria, stato dell'Africa occidentale ♦ *s.m.* [f. *-a*] nativo, abitante della Nigeria.

night-club [/ 'naitklɛb /], abbr. in **night**, *s.m.* (*ingl.*) locale notturno.

nilotico [ni-lò-ti-co] *agg.* [pl.m. *-ci*] che si riferisce alle regioni attorno al Nilo o ai loro abitanti: *altopiano —.*

nimbo [nìm-bo] *s.m.* (*lett.*) nube luminosa, luce intensa.

ninfa [nìn-fa] *s.f.* 1 (*mit.*) ciascuna delle divinità minori che popolavano i boschi, i monti e le acque 2 (*zool.*) negli insetti con metamorfosi completa, stadio di sviluppo intermedio tra la larva e l'adulto; pupa, crisalide.

ninfale [nin-fà-le] *agg.* (*lett.*) di ninfa, delle ninfe: *le favole ninfali* ♦ *s.m.* opera letteraria d'ambiente pastorale nel quale compaiono ninfe.

ninfea [nin-fè-a] *s.f.* pianta acquatica ornamen-

tale, con larghe foglie carnose e fiori bianchi.
ninfeacee [nin-fe-à-ce-e] *s.f.pl.* (*bot.*) famiglia di piante dicotiledoni con foglie natanti generalmente larghe e frutti simili a bacche; vi appartiene la ninfea.
ninfeo [nin-fè-o] *s.m.* **1** (*archeol.*) grotta o costruzione consacrata alle ninfe **2** fontana monumentale, nelle grandi ville rinascimentali e barocche.
ninfetta [nin-fét-ta] *s.f.* adolescente che tende a mettere precocemente in risalto la propria femminilità.
ninfomane [nin-fò-ma-ne] *s.f.* (*psicol.*) donna affetta da ninfomania.
ninfomania [nin-fo-ma-nì-a] *s.f.* (*psicol.*) tendenza ossessiva della donna a ripetere esperienze sessuali con uomini diversi.
ninfosi [nin-fò-ʃi] *s.f.* (*zool.*) negli insetti, il passaggio dallo stadio di larva a quello di ninfa, durante la metamorfosi.
ninna [nìn-na] *s.f.* nel linguaggio infantile, il sonno: *fare la —*, dormire.
ninnananna [nin-na-nàn-na], o **ninna nanna**, *s.f.* **1** cantilena con cui si fanno addormentare i bambini **2** (*mus.*) breve brano musicale vocale o strumentale il cui andamento richiama le ninnananne infantili: *una — di Chopin*.
ninnare [nin-nà-re] *v.tr.* (*fam.*) cercare di far addormentare i bambini cantando la ninnananna; cullare.
ninnolo [nìn-no-lo] *s.m.* **1** giocattolo, trastullo per bambini molto piccoli **2** piccolo oggetto ornamentale; gingillo. DIM. *ninnoletto*.
niobio [ni-ò-bio] *s.m.* elemento chimico di simbolo *Nb*; è un metallo raro simile al platino, impiegato nella tecnologia nucleare.
nipiologia [ni-pio-lo-gìa] *s.f.* (*med.*) branca della pediatria che studia lo sviluppo e le malattie del bambino durante i primi mesi di vita.
nipote [ni-pó-te] *s.m.* e *f.* **1** il figlio o la figlia del figlio o della figlia; il figlio o la figlia del fratello o della sorella: *mio —*. DIM. *nipotino* **2** *pl.* (*lett.*) i discendenti, i posteri.
nipponico [nip-pò-ni-co] *agg.* [pl.m. *-ci*] (*lett.*) giapponese: *l'impero —*.
nirvana [nir-và-na] *s.m.invar.* **1** secondo il buddismo, stato di beatitudine raggiungibile con il distacco dalle cose del mondo e dalle passioni **2** (*estens.*) stato di perfetta serenità | stato di passività, di indifferenza verso sé stessi e gli altri.
nirvanico [nir-và-ni-co] *agg.* [pl.m. *-ci*] di nirvana, del nirvana: *stato —*.
nitidezza [ni-ti-déz-za] *s.f.* l'essere nitido (anche *fig.*): *— di stile*.
nitido [nì-ti-do] *agg.* **1** pulito e splendente; limpido: *cristallo —* **2** (*estens.*) chiaro e preciso nei contorni: *immagine nitida* | vivo, ben presente nella memoria: *ricordo —* **3** (*fig.*) accurato, preciso, elegante: *stile —* □ **nitidamente** *avv.*
nitore [ni-tó-re] *s.m.* (*lett.*) nitidezza, lucentezza: *il — del cielo* | (*fig.*) chiarezza, eleganza: *il — della prosa classica*.
nitrare [ni-trà-re] *v.tr.* (*chim.*) sottoporre a nitrazione.
nitratare [ni-tra-tà-re] *v.tr.* (*agr.*) sottoporre a nitratazione.
nitratazione [ni-tra-ta-zió-ne] *s.f.* (*agr.*) fertilizzazione del terreno con concimi nitrici.
nitrato [ni-trà-to] *s.m.* (*chim.*) sale dell'acido nitrico: *— di calcio*, usato come fertilizzante; *— di potassio*, salnitro.
nitratura [ni-tra-tù-ra] *s.f.* lo stesso chè *nitratazione*.
nitrazione [ni-tra-ziò-ne] *s.f.* (*chim.*) reazione che ha lo scopo di introdurre un nitrogruppo in una molecola organica.
nitrico [nì-tri-co] *agg.* [pl.m. *-ci*] (*chim.*) si dice di composto che contiene il nitrogruppo.
nitrificazione [ni-tri-fi-ca-zió-ne] *s.f.* in chimica agraria, processo microbiologico naturale durante il quale l'ammoniaca originatasi nella putrefazione delle sostanze organiche del terreno si trasforma in nitriti e nitrati.
nitrile [ni-trì-le] *s.m.* (*chim.*) **1** estere dell'acido cianidrico **2** nitrogruppo.
nitrire [ni-trì-re] *v.intr.* [*io nitrisco, tu nitrisci ecc.*; aus. *avere*] detto del cavallo, emettere il verso caratteristico.
nitrito[1] [ni-trì-to] *s.m.* il nitrire; il verso caratteristico del cavallo.
nitrito[2] *s.m.* (*chim.*) sale o estere dell'acido nitroso.
nitro [nì-tro] *s.m.* (*chim.*) **1** *— del Cile*, concime chimico naturale derivato dai depositi di guano **2** salnitro **3** *gruppo —*, nitrogruppo.
nitrocellulosa [ni-tro-cel-lu-ló-sa] *s.f.* (*chim.*) sostanza gialla amorfa ottenuta per nitrazione della cellulosa e usata per esplosivi, vernici, pellicole fotografiche ecc.
nitroderivato [ni-tro-de-ri-và-to] *s.m.* (*chim.*) ogni composto organico contenente nella molecola uno o più nitrogruppi.
nitroglicerina [ni-tro-gli-ce-ri-na; / nitrogli tʃe'rina /] *s.f.* liquido incolore o giallastro ottenuto per nitrazione della glicerina, in grado di esplodere al minimo urto; è usato per fabbricare dinamite e gelatine esplosive.
nitroglicol [ni-tro-gli-col; / nitro'glikol /] *s.m.invar.* (*chim.*) potente esplosivo, analogo alla nitroglicerina, usato per preparare cariche di lancio dei proiettili.
nitrogruppo [ni-tro-grùp-po] *s.m.* (*chim.*) radicale monovalente costituito da un atomo di azoto e due di ossigeno.
nitrosile [ni-tro-sì-le] *s.m.* (*chim.*) radicale monovalente positivo costituito da un atomo di azoto e uno di ossigeno; è detto anche *gruppo nitroso*.
nitroso [ni-tró-so] *agg.* (*chim.*) si dice di composto dell'azoto trivalente: *ossido —*.
nittitazione [nit-ti-ta-zió-ne] *s.f.* (*fisiol.*) atto involontario consistente nel rapido abbassarsi e sollevarsi delle palpebre, necessario per mantenere umida la congiuntiva.
niuno [ni-ù-no] *agg.* e *pron.indef.* (*lett.*) nessuno.

nivale [ni-và-le] *agg.* **1** (*lett.*) nevoso, niveo: *clima —* **2** (*geog.*) delle nevi: *limite, zona —*, delle nevi permanenti.
niveo [nì-ve-o] *agg.* (*lett.*) bianco come la neve: *carnagione nivea.*
nivometro [ni-vò-me-tro] *s.m.* apparecchio per la misurazione delle precipitazioni nevose.
nizzardo [niz-zàr-do] *agg.* di Nizza | *insalata alla nizzarda,* (*gastr.*) insalata mista a base di pomodori, capperi, filetti di acciughe e olive nere ♦ *s.m.* [f. *-a*] nativo, abitante di Nizza.
no [nò] *avv.* **1** negazione equivalente a una frase negativa, usata specialmente nelle risposte (si contrappone a *sì*): *"L'hai visto?" "No"* | *no e poi no!*, per negare in maniera recisa | *speriamo di no*, che non sia così | *dire di no*, negare, rifiutare | *se no,* (*fam.*) altrimenti: *devo andare a casa, se no saranno guai* | *come no!*, altro che, eccome: *"Ti piacciono le castagne?" "Come no!"* | *e perché no*, come risposta affermativa a una proposta: *"Andiamo al cinema?" "E perché no!"* | *anzi che no*, alquanto, piuttosto: *un film noioso anziché no* | *sì e no*, neanche, appena: *ci saranno state sì e no venti persone* | *un giorno sì e uno no*, a giorni alterni **2** nelle proposizioni disgiuntive stabilisce una contrapposizione: *dimmi se ti piace o no*; *chi studia, chi no* | *sì o no?*, per esprimere impazienza: *vieni sì o no?* **3** con valore rafforzativo o enfatico: *no, non verrò!* | *ma no!*, per esprimere sorpresa, incredulità o una forte emozione: *"Ho avuto un incidente" "Ma no!"* **4** con il valore di *non è vero?*: *ti piacerebbe se fosse così, no?* ♦ *s.m.invar.* **1** la parola *no*; risposta negativa, rifiuto: *dire un no risoluto* | *decidersi per il no*, decidere in senso negativo **2** *pl.* l'insieme dei voti contrari, di coloro che hanno votato contro: *i no sono più numerosi dei sì* | Usato come *agg. invar.* (*fam.*) negativo, sfavorevole: *una giornata —.*
Nobel [/ noʹbɛl /] *s.m.invar.* (*sved.*) chi ha ottenuto il premio Nobel: *un — della fisica.*
nobelio [no-bè-lio] *s.m.* elemento chimico artificiale radioattivo di simbolo *No.*
nobildonna [no-bil-dòn-na] *s.f.* (*antiq.*) titolo attribuito a una donna di famiglia aristocratica senza titolo nobiliare specifico.
nobile [nò-bi-le] *agg.* **1** che, per nascita o per privilegio concesso da un sovrano, appartiene alla classe sociale di rango più elevato: *famiglia —* | (*estens.*) molto dignitoso, signorile: *portamento —* **2** (*fig.*) che possiede finezza, elevatezza, generosità di sentimenti: *animo —* **3** che si distingue per il valore o l'eccellenza della sua natura: *una — tradizione* **4** (*chim.*) si dice di elemento che reagisce o si combina difficilmente con altri: *gas —* ♦ *s.m.* e *f.* chi appartiene a famiglia nobile: *un — decaduto* □ **nobilmente** *avv.* con elevatezza d'animo; con generosità | con dignità, signorilmente.
nobiliare [no-bi-lià-re] *agg.* della nobiltà, dei nobili: *titolo —.*
nobilitare [no-bi-li-tà-re] *v.tr.* [*io nobìlito ecc.*] conferire dignità; accrescere valore e prestigio: *il lavoro nobilita l'uomo* ♦ **nobilitarsi** *v.rifl.* elevarsi mediante nobili azioni: *— con il sacrificio.*
nobilitazione [no-bi-li-ta-zió-ne] *s.f.* il nobilitare, l'essere nobilitato.
nobiltà [no-bil-tà] *s.f.* **1** l'essere nobile; la condizione di nobile: *— di spada*, conseguita attraverso imprese militari; *— di toga*, acquisita per avere esercitato importanti cariche civili **2** l'insieme dei nobili, la classe dei nobili: *la — feudale* **3** eccellenza, prestigio: *la — di un'antica usanza* **4** (*fig.*) distinzione, signorilità: *— d'animo.*
nobiluomo [no-bi-luò-mo] *s.m.* (*antiq.*) titolo attribuito a un uomo di famiglia aristocratica.
nocca [nòc-ca] *s.f.* giuntura delle dita delle mani e dei piedi.
nocchia [nòc-chia] *s.f.* (*region.*) nocciola.
nocchiere [noc-chiè-re], o **nocchiero**, *s.m.* (*lett.*) pilota, timoniere di una nave | barcaiolo, traghettatore.
nocchieruto [noc-chie-rù-to] *agg.* pieno di nocchi, nodoso: *un tronco —.*
nocchio [nòc-chio] *s.m.* **1** ingrossamento del fusto di un albero; nodo **2** (*estens.*) nodosità, formazione sporgente: *i nocchi dei frutti.*
nocciola [noc-ciò-la] *s.f.* il frutto e il seme del nocciolo, che si consuma come frutta o si impiega nella preparazione di dolciumi | Usato come *agg.invar.* che ha il colore marrone chiaro del guscio della nocciola.
nocciolato [noc-cio-là-to] *s.m.* cioccolato farcito di nocciole.
noccioleto [noc-cio-lé-to] *s.m.* terreno coltivato a noccioli.
nocciolina [noc-cio-lì-na] *s.f.* denominazione corrente dell'arachide.
nocciolo¹ [nòc-cio-lo] *s.m.* **1** l'endocarpo legnoso di certi frutti, contenente il seme: *il — dell'oliva* **2** (*estens.*) la parte centrale di un congegno | in un reattore nucleare, la parte più interna, in cui hanno luogo le reazioni di fissione **3** (*fig.*) il punto più importante, l'aspetto essenziale, il fulcro: *venire al —.*
nocciolo² [noc-ciò-lo] *s.m.* pianta arbustacea diffusa nei boschi montani di Europa e Asia, con foglie ovali e frutti rotondi commestibili chiusi entro un guscio legnoso.
noce¹ [nó-ce] *s.m.* **1** grande albero delle zone temperate, con foglie composte e frutti commestibili con un solo seme (gheriglio), da cui si estrae un olio **2** il legno ricavato da tale albero, usato per mobili pregiati e rivestimenti.
noce² *s.f.* **1** il frutto del noce, composto di una parte esterna verde (mallo), di un guscio bivalve e di una parte interna commestibile (gheriglio) | la parte commestibile della noce **2** (*estens.*) frutto che per qualche caratteristica ricorda la noce: *— moscata*, seme della miristica, che ha sapore aromatico e fa parte delle spezie; *— di cocco*, il grosso frutto della pianta tropicale, con polpa bianca e liquido lattiginoso | (*fig.*) oggetto che per la forma assomiglia a una noce: *— di burro*, pez-

zetto di burro delle dimensioni di una noce; — *di vitello*, in macelleria, taglio di vitello posto sotto il girello.

nocella [no-cèl-la] *s.f.* protuberanza ossea nel polso.

nocepesca [no-ce-pè-sca] *s.f.* frutto del nocepesco, detto anche *pesca noce*.

nocepesco [no-ce-pè-sco] *s.m.* varietà di pesco con frutto la cui buccia ricorda il mallo delle noci; è detto anche *pesco noce*.

nocino [no-cì-no] *s.m.* liquore dolce e mediamente alcolico a base di noci.

nocività [no-ci-vi-tà] *s.f.* l'essere nocivo; dannosità.

nocivo [no-cì-vo] *agg.* che nuoce; dannoso, pernicioso: *alimento* — | detto di animale, che danneggia le colture o che uccide animali considerati utili: *insetti nocivi alle piante* □ **nocivamente** *avv.*

no comment [/ no'kɔmment /] *loc.sost.m.invar.* (*ingl.*) formula che si usa per evitare di rispondere a una domanda.

nocumento [no-cu-mén-to] *s.m.* (*lett.*) il nuocere; danno, danneggiamento: *arrecare — a qlcu.*

nodale [no-dà-le] *agg.* **1** di un nodo, relativo a un nodo **2** (*fig.*) di fondamentale importanza; cruciale: *il punto — di una questione.*

nodello [no-dèl-lo] *s.m.* **1** (*zool.*) parte degli arti dei quadrupedi compresa fra lo stinco e la pastoia **2** (*bot.*) ingrossamento a forma di anello nel fusto di una canna.

nodino [no-dì-no] *s.m.* **1** fiocchetto, nastrino **2** particolare punto di ricamo, detto anche *punto a nodi* **3** (*sett.*) costata di vitello.

nodo [nò-do] *s.m.* **1** legamento di due capi di una fune o di due nastri, di due fili: — *scorsoio* | avvolgimento di una fune, di un nastro, di un filo su sé stesso: *il — della cravatta.* DIM. *nodino* **2** groppo, viluppo, groviglio: *districarsi i nodi dei capelli* | prov.: *tutti i nodi vengono al pettine*, prima o poi si deve render conto di ogni mancanza **3** sensazione fisica di costrizione: *sentire un — in gola* | (*fig.*) momento cruciale, decisivo: *il — della questione* **4** formazione rotondeggiante presente in un tessuto animale o vegetale per accumulo di elementi specifici: — *linfatico* **5** punto di incrocio di elementi appartenenti a un'unica struttura: — *stradale*, di più strade **6** (*mar.*) unità di misura della velocità di una nave, pari a un miglio orario (1852 m all'ora).

nodosità [no-do-si-tà] *s.f.* **1** l'esser nodoso: *la — di un ramo* **2** nodo del legno: *un albero pieno di —.*

nodoso [no-dó-so] *agg.* pieno di nodi: *bastone* — | *mani nodose*, magre, ossute.

nodulare [no-du-là-re] *agg.* (*scient.*) che costituisce un nodulo o che è costituito da noduli: *formazione —.*

nodulo [nò-du-lo] *s.m.* **1** (*geol.*) concentrazione di un minerale presente in rocce sedimentarie di differente natura **2** (*anat.*) piccola formazione tondeggiante e dura che insorge in diversi tessuti: — *delle corde vocali.*

noduloso [no-du-ló-so] *agg.* che presenta noduli, che è costituito da noduli.

noi [nói] *pron.pers.m.* e *f. di prima pers.pl.* **1** si usa come soggetto quando la persona che parla indica sé stessa insieme ad altri: *lo faremo noi e voi; poveri noi!* | *dopo i verbi essere, parere, sembrare ecc.*, con valore predicativo: *"Chi è?" "Siamo noi"* **2** si usa come complemento (come compl. oggetto o compl. di termine è sostituito dalle forme atone *ce, ci* quando non si vuol dare particolare rilievo al pronome): *hanno chiamato noi* (*ci hanno chiamato*); *il premio l'hanno dato a noi* (*ci hanno dato il premio*); *venite con noi* **3** con valore impersonale: *quando noi consideriamo che...*, quando si considera che... **4** viene usato in luogo del pron. di prima pers. sing. come plurale di modestia da parte di oratori e scrittori, come plurale maiestatico da parte di sovrani, papi e altre massime autorità.

noia [nò-ia] *s.f.* **1** sensazione sgradevole prodotta dal ripetersi monotono delle stesse azioni o da uno stato di inerzia, di tristezza; tedio: *morir di* — | *venire a* —, stancare; divenire insopportabile | *avere a —, prendere a* —, considerare fastidioso **2** fastidio, molestia, seccatura: *il fumo mi dà —; procurare molte noie* **3** persona, cosa che infastidisce, procura molestia: *che — quel film!*

noialtri [no-iàl-tri], o **noi altri**, *pron.m.pl.* [f. *-e*] composto da *noi* e *altri*, rafforzativo del pron.pers. *noi*: — *non la pensiamo così.*

noiosità [no-io-si-tà] *s.f.* **1** l'essere noioso **2** noia, cosa noiosa.

noioso [no-ió-so] *agg.* che dà noia; fastidioso, molesto: *una giornata noiosa*; *un — mal di testa* | Anche *s.m.* [f. *-a*] persona noiosa □ **noiosamente** *avv.*

noir [/ nu'ar /] *agg.invar.* (*fr.*) si dice di genere letterario o cinematografico incentrato su vicende cruente e caratterizzato da atmosfere cupe e violente ♦ *s.m.invar.* racconto, romanzo, film appartenente a tale genere.

noleggiare [no-leg-già-re] *v.tr.* [*io noléggio ecc.*] **1** prendere a noleggio: — *una barca* **2** dare a noleggio: *mi ha noleggiato un'auto.*

noleggiatore [no-leg-gia-tó-re] *s.m.* [f. *-trice*] chi prende o dà a noleggio: — *di film.*

noleggio [no-lég-gio] *s.m.* **1** (*dir.*) contratto con il quale il proprietario di un veicolo o di un altro bene si obbliga, dietro compenso, a cederne l'uso: *il — di un'auto* **2** il prezzo che si paga per il noleggiare: *pattuire il* — **3** il locale dove si noleggiano veicoli o altre cose: *un — di biciclette.*

nolente [no-lèn-te] *agg.* (*lett.*) che non vuole | si usa correntemente solo nella loc. *volente o* —, che si voglia o non si voglia, che piaccia o no.

nolo [nò-lo] *s.m.* **1** il noleggiare; noleggio: *prendere a — qlco.* **2** compenso spettante a chi dà un veicolo o un oggetto a noleggio **3** prezzo del trasporto di cose per nave o per aereo.

nomade [nò-ma-de] *agg.* caratterizzato da nomadismo: *le popolazioni nomadi dell'Africa* ♦ *agg.* e *s.m.* e *f.* **1** appartenente a un gruppo etni-

co nomade: *accampamento di nomadi* **2** (*estens.*) si dice di chi muta spesso residenza o è senza fissa dimora; girovago: *il suo lavoro l'ha fatto diventare —.*
nomadismo [no-ma-dì-ʃmo] *s.m.* **1** (*antrop.*) regime di vita proprio di popoli o tribù che non vivono stabilmente su un territorio, ma si spostano a seconda degli andamenti stagionali e climatici: *il — degli zingari* **2** (*estens.*) tendenza a far vita da nomade, cambiando spesso residenza.
nomare [no-mà-re] *v.tr.* [*io nòmo ecc.*] (*lett.*) **1** indicare con il nome, denominare **2** chiamare per nome, appellare ♦ **nomarsi** *v.rifl.* (*lett.*) chiamarsi, aver nome.
nome [nó-me] *s.m.* **1** elemento linguistico che indica esseri viventi, oggetti, idee, fatti o sentimenti; denominazione: *ogni cosa ha un —; — proprio, comune* | *essere qlco. solo di —*, solo nominalmente, non di fatto | *chiamare le cose col loro —*, (*fig.*) dire le cose come stanno, senza reticenze | *in — di*, in rappresentanza di: *in — del popolo italiano* | *a — di*, da parte di, per conto di: *presèntati a mio —* | *— depositato*, quello protetto da un brevetto **2** nome proprio che designa individualmente una persona all'interno della famiglia a cui appartiene (è detto anche *nome di battesimo*): *il — Giovanni è comunissimo*; *— d'arte*, pseudonimo adottato da un'artista | l'insieme del nome di battesimo e del cognome: *il suo — è Mario Rossi* | *— d'arte*, pseudonimo con cui un artista esercita la sua attività: *Totò era il — d'arte dell'attore Antonio De Curtis* **3** (*fig.*) fama, celebrità; reputazione, prestigio: *difendere il proprio —; farsi un —*, acquistare notorietà **4** (*estens.*) persona eminente, che eccelle in un dato campo: *nella chirurgia è un —.*
nomea [no-mè-a] *s.f.* rinomanza: *ha la — di disonesto.*
nomenclatore [no-men-cla-tó-re] *s.m.* [f. *-trice*] **1** chi classifica un insieme sistematico attribuendo un nome ai singoli elementi che lo compongono **2** repertorio che registra i nomi appartenenti a un insieme sistematico | Anche come *agg.*: *lessico —.*
nomenclatura [no-men-cla-tù-ra] *s.f.* il complesso sistematico dei nomi di una certa disciplina o di un determinato settore: *— chimica.*
nomenklatura [no-men-kla-tù-ra] *s.f.* nell'uso giornalistico, la classe dirigente dell'apparato burocratico in un regime centralizzato o autoritario.
-nomia secondo elemento di parole composte, che significa 'governo, amministrazione' (*agronomia, economia*).
nomignolo [no-mì-gno-lo] *s.m.* soprannome, che allude a caratteristica fisica, a qualità morale: *appioppare un —.*
nomina [nò-mi-na] *s.f.* l'atto col quale chi ne ha l'autorità prepone una persona a un ufficio e le conferisce una dignità: *— ministeriale*; *— a cavaliere.*
nominale [no-mi-nà-le] *agg.* **1** (*gramm.*) del nome, che riguarda i nomi: *predicato —*, costituito dalle forme del verbo *essere* (copula) seguite da un sostantivo o da un aggettivo (nome del predicato); *frase —*, senza un verbo di modo finito **2** che esiste solo di nome: *presidente solo —*, che non ha potere reale | *valore — di un'azione*, la quota di capitale sociale che essa rappresenta □ **nominalmente** *avv.* di nome, non di fatto.
nominalismo [no-mi-na-lì-ʃmo] *s.m.* dottrina filosofica secondo cui soltanto gli individui sono reali, mentre i concetti generali non sono altro che nomi.
nominalista [no-mi-na-lì-sta] *s.m.* e *f.* [pl.m. *-sti*] seguace del nominalismo | Anche come *agg.* in luogo di *nominalistico*: *teoria —.*
nominalistico [no-mi-na-lì-sti-co] *agg.* [pl.m. *-ci*] **1** (*filos.*) relativo al nominalismo **2** (*spreg.*) che riguarda una mera questione di nomi, che non tocca la sostanza delle cose: *una disputa nominalistica.*
nominalizzare [no-mi-na-liʒ-ʒà-re] *v.tr.* (*ling.*) trasformare in nome; effettuare una nominalizzazione.
nominalizzazione [no-mi-na-liʒ-ʒa-zió-ne] *s.f.* (*ling.*) il procedimento per cui un aggettivo o un verbo, acquistando o perdendo un suffisso, si trasforma in nome (p.e. *socialismo* da *sociale*, *indennizzo* da *indennizzare*).
nominare [no-mi-nà-re] *v.tr.* [*io nòmino ecc.*] **1** chiamare per nome; ricordare: *— spesso qlcu.* **2** conferire, con un atto di autorità, una dignità o una carica; preporre a un ufficio: *essere nominato presidente.*
nomination [/ nomi'nɛʃʃon /] *s.f.invar.* (*ingl.*) negli Stati Uniti, scelta di un candidato a un incarico politico elettivo, fatta da un partito: *ottenere la — a presidente* | (*estens.*) candidatura: *un film che ha ottenuto otto —*, per l'assegnazione degli Oscar.
nominatività [no-mi-na-ti-vi-tà] *s.f.* l'esser nominativo: *la — di un elenco* | la registrazione di un bene mobile sotto il nome del proprietario: *la — di un titolo.*
nominativo [no-mi-na-tì-vo] *agg.* **1** che contiene, riporta dei nomi: *elenco —* **2** (*gramm.*) nelle lingue con declinazione dei nomi, si dice del caso che esprime il soggetto della frase ♦ *s.m.* **1** (*burocr.*) nome: *un elenco con molti nominativi* **2** (*gramm.*) caso nominativo □ **nominativamente** *avv.* per nome.
nominato [no-mi-nà-to] *agg.* **1** chiamato per nome; ricordato **2** che ha ricevuto l'incarico di ricoprire una carica.
-nomo secondo elemento di parole composte, che significa 'che governa, che amministra' (*agronomo, economo*).
non [nón] *avv.* **1** serve a negare il concetto espresso dal verbo a cui si riferisce: *non venne*; *non c'è alcun dubbio* | può essere rafforzato da *affatto, per niente, mica* ecc.: *non ci credo affatto* | *non c'è di che*, nelle espressioni di cortesia, in ri-

sposta a un ringraziamento: "*Grazie*" "*Non c'è di che*" | *un non so che*, per indicare qlco. di indefinibile, di vago **2** si usa nelle interrogative dirette e indirette che attendono una risposta affermativa e nelle interrogative retoriche: *non è vero?*; *come potevo non credergli?* | in usi pleonastici: *è più facile di quanto tu non creda*; *per poco non è caduto*; *non appena*, appena che; *in men che non si dica*, in un attimo | in frasi esclamative: *le cose che non ha fatto!* **3** preposto a un aggettivo, un sostantivo o un avverbio: *un'impresa non facile*, difficile; *non pochi la pensano come noi*, parecchi; *non sempre*, raramente; *non senza fatica*, con notevole fatica **4** come prefisso negativo davanti a un sostantivo (anche con grafia unita) costituisce locuzioni sostantivali: *i non credenti*; *la nonviolenza*.

non aggressione [non ag-gres-sió-ne] *loc.sost.f.* (*dir.*) principio per cui gli stati si impegnano a non attaccarsi militarmente: *patto di —*.

non allineato [non al-li-ne-à-to] *agg.* si dice di paese che segue una politica estera di equidistanza tra blocchi politico-militari contrapposti.

non belligeranza [non bel-li-ge-ràn-za] *loc. sost.f.* (*dir.*) condizione di uno stato che, pur senza dichiararsi neutrale, si impegna a non partecipare a un conflitto armato.

nonchalance [/ nonʃa'lans /] *s.f.invar.* (*fr.*) atteggiamento di disinteressato distacco; indifferenza, indolenza: *ostentare —*.

nonché [non-ché] *cong.* e anche, e inoltre: *lo dirò a lui, — a suo padre*.

non credente [non cre-dèn-te] *loc.sost.m.* e *f.* persona che rifiuta consapevolmente di aderire a una qualsiasi religione; ateo.

noncurante [non-cu-ràn-te] *agg.* **1** incurante, che non si preoccupa: *— del pericolo* **2** trascurato, negligente: *— nel fare il proprio dovere*.

noncuranza [non-cu-ràn-za] *s.f.* l'atteggiamento di chi non ha cura di qlcu. o qlco.; disinteresse ostentato: *agire con —*.

nondimeno [non-di-mé-no], o **non di meno**, *cong.* pure, tuttavia, ciò nonostante (con valore avversativo): *non so se potrò partire, — ci proverò*.

non essere [non ès-se-re] *loc.sost.m.* (*filos.*) principio antitetico all'essere; il nulla.

non fumatore [non fu-ma-tó-re] *loc.sost.m.* [f. *-trice*] chi non fuma: *compartimento per non fumatori*.

non intervento [non in-ter-vèn-to] *loc.sost.m.* (*dir.*) atteggiamento di uno stato che si astiene dall'intromettersi in controversie fra stati.

non-metallo [non-me-tàl-lo] *loc.sost.m.* ciascuno degli elementi chimici che non presentano le caratteristiche proprie dei metalli e che possiedono un'elevata elettronegatività.

nonna [nòn-na] *s.f.* la madre del padre o della madre. DIM. *nonnina*.

nonnismo [non-nì-ʃmo] *s.m.* (*gerg.*) tradizionale condizione di privilegio del soldato anziano (nonno) rispetto alle reclute.

nonno [nòn-no] *s.m.* **1** il padre del padre o della madre: *— paterno*. DIM. *nonnino* **2** (*gerg.*) soldato che ha una certa anzianità di leva.

nonnulla [non-nùl-la] *s.m.invar.* cosa da nulla, di nessuna importanza; inezia: *prendersela per un —*.

nono [nò-no] *agg.num.ord.* che in una serie occupa il posto numero nove ♦ *s.m.* la nona parte di un'unità, di un tutto.

nonostante [no-no-stàn-te] *prep.* malgrado, a dispetto, senza curarsi di: *è uscito — la pioggia* | *— tutto*, malgrado tutto il resto: *— tutto mi è simpatico* | *ciò —*, tuttavia ♦ *cong.* benché, quantunque: *non ha eseguito il lavoro — gliel'avessi ordinato*.

non plus ultra [/ nomplu'sultra /] *loc.sost.m.invar.* (*lat.*) il massimo cui si possa pervenire, il più alto grado raggiungibile: *il — della virtù*.

nonsense [/ 'nɔnsens /] *s.m.invar.* (*ingl.*) breve testo fondato su un gioco paradossale di parole, ma che nasconde allusioni ricche di humour.

nonsenso [non-sèn-so], o **non senso**, *s.m.invar.* cosa senza senso; assurdità, sciocchezza: *è un — comprare libri senza leggerli*.

non so che [non so ché] *loc.sost.m.invar.* cosa che non si riesce a cogliere, a definire con precisione: *un — di strano*.

non stop [/ non'stɔp /] *loc.agg.invar.* e *avv.* (*ingl.*) ininterrotto, senza soste: *una trasmissione — di cinque ore*.

nontiscordardimé [non-ti-scor-dar-di-mé], o **non ti scordar di me**, *s.m.* (*bot.*) miosotide.

non udente [non u-dèn-te] *loc.agg.* e *sost.m.* e *f.* sordo.

nonuplo [nò-nu-plo] *agg.* (*non com.*) nove volte maggiore.

non vedente [non ve-dèn-te] *loc.sost.m.* e *f.* cieco.

nonviolento [non-vio-lèn-to] *agg.* e *s.m.* [f. *-a*] che/chi nella lotta politica è assertore della nonviolenza: *movimento —*.

nonviolenza [non-vio-lèn-za] *s.f.invar.* atteggiamento di chi rifiuta programmaticamente l'impiego della violenza nelle lotte politiche e sociali.

norcineria [nor-ci-ne-rì-a] *s.f.* (*region.*) macelleria suina | bottega del norcino.

norcino [nor-cì-no] *s.m.* (*region.*) chi macella i maiali e ne lavora la carne.

nord [nòrd] *s.m.* **1** (*geog.*) punto cardinale che nell'emisfero boreale è indicato dalla stella polare; settentrione | la direzione intorno a questo punto, opposta al sud: *polo —* **2** in un territorio, la parte che si trova a nord, considerata in rapporto alla parte meridionale: *il — dell'Italia* **3** *il — del mondo*, i paesi più ricchi e industrializzati, concentrati quasi tutti nell'emisfero boreale.

nordafricano [nor-da-fri-cà-no] *agg.* dell'Africa settentrionale: *i paesi nordafricani* ♦ *s.m.* [f. *-a*] nativo, abitante dell'Africa settentrionale.

nordamericano [nor-da-me-ri-cà-no] *agg.* dell'America settentrionale; in particolare, degli Stati Uniti d'America: *musica nordamericana* ♦

s.m. [f. *-a*] abitante, nativo dell'America settentrionale.
nord-est [nord-èst] *s.m.* (*geog.*) punto dell'orizzonte equidistante dal nord e dall'est.
nordeuropeo [nor-deu-ro-pè-o] *agg.* dell'Europa settentrionale: *i popoli nordeuropei* ♦ *s.m.* [f. *-a*] abitante, nativo dell'Europa settentrionale.
nordico [nòr-di-co] *agg.* [pl.m. *-ci*] del nord dell'Europa: *usanze nordiche* | *lingue nordiche*, le lingue germaniche del gruppo settentrionale, cioè l'islandese, lo svedese, il norvegese e il danese ♦ *s.m.* [f. *-a*] abitante, nativo di un paese del nord dell'Europa.
nordista [nor-dì-sta] *s.m.* e *f.* [pl.m. *-sti*] nella guerra di secessione americana (1861-1865), chi combatteva per gli stati del Nord ♦ *agg.* **1** relativo agli stati del Nord durante la guerra di secessione americana: *esercito —* **2** della parte settentrionale di un paese diviso in due: *il governo —*.
nord-ovest [nord-ò-vest] *s.m.* (*geog.*) punto dell'orizzonte equidistante dal nord e dall'ovest.
noria [nò-ria] *s.f.* macchina per il sollevamento di liquidi, costituita da una serie di secchie collegate a una catena che si avvolge su una puleggia motrice.
norma [nòr-ma o nórma] *s.f.* **1** precetto, regola che prescrive una condotta da tenere: *— giuridica; violare una —* | *a — di legge*, (*burocr.*) secondo quanto da essa prescritto **2** consuetudine, abitudine: *di — faccio così* **3** avvertenza, istruzione, indicazione: *norme per l'uso* **4** (*ling.*) sistema coerente di usi e di regole **5** (*tecn.*) elemento che si assume a riferimento per determinare una proporzione o una misura.
normale [nor-mà-le] *agg.* **1** che è di norma, che corrisponde alla norma; solito, abituale: *situazione —*; *persona —*, che si comporta come i più; *polso —*, non alterato **2** (*geom.*) perpendicolare: *retta — a un piano* □ **normalmente** *avv.* secondo la norma; regolarmente, abitualmente: *comportarsi —*.
normalità [nor-ma-li-tà] *s.f.* l'esser normale; condizione, situazione normale: *ritorno alla —*.
normalizzare [nor-ma-liʒ-ʒà-re] *v.tr.* **1** rendere normale; riportare alla normalità: *— i rapporti tra due stati* **2** adottare sistemi uniformi; standardizzare: *— i procedimenti industriali* ♦ **normalizzarsi** *v.intr.pron.* ritornare alla normalità: *il quadro clinico va normalizzandosi.*
normalizzatore [nor-ma-liʒ-ʒa-tó-re] *agg.* e *s.m.* [f. *-trice*] che/chi normalizza.
normalizzazione [nor-ma-liʒ-ʒa-zió-ne] *s.f.* **1** il normalizzare, il normalizzarsi, l'essere normalizzato **2** uniformazione, standardizzazione: *la — di un procedimento.*
normanno [nor-màn-no] *agg.* **1** della Normandia, regione della Francia settentrionale: *villaggio —* **2** (*st.*) delle popolazioni scandinave di stirpe germanica che si stabilirono in varie regioni dell'Europa settentrionale e meridionale fino al sec. XI: *civiltà normanna* ♦ *s.m.* **1** [f. *-a*] abitante, nativo della Normandia **2** [f. *-a*] (*st.*) appartenente al popolo normanno **3** dialetto della Normandia.
normativa [nor-ma-tì-va] *s.f.* (*burocr.*) insieme di norme, di precetti che regolano un determinato settore: *la — sulle pensioni.*
normativo [nor-ma-tì-vo] *agg.* **1** che prescrive una o più norme | *potere —*, (*dir.*) quello di emanare norme giuridiche | *grammatica normativa*, (*ling.*) quella che fissa le regole di una lingua e ne censura gli errori **2** che ha valore di legge, in quanto contiene delle norme precise: *accordo —* □ **normativamente** *avv.* in base a una norma o delle norme.
normo- primo elemento di parole composte della terminologia scientifica, che significa 'normalità, valore normale'.
normoblasto [nor-mo-blà-sto] *s.m.* (*biol.*) cellula del midollo osseo, progenitrice normale del globulo rosso.
normocito [nor-mo-cì-to] *s.m.* (*biol.*) eritrocito di forma e dimensione normali.
normografo [nor-mò-gra-fo] *s.m.* striscia di materia trasparente, in cui sono intagliati lettere e numeri; è usata per ottenere una scrittura uniforme.
normotipo [nor-mo-tì-po] *agg.* e *s.m.* (*med.*) si dice di tipo costituzionale che ha proporzioni corporee normali.
norvegese [nor-ve-gé-se] *agg.* della Norvegia: *il popolo —* ♦ *s.m.* **1** [anche *f.*] nativo, abitante della Norvegia **2** la lingua parlata in Norvegia.
noso- primo elemento di parole composte della terminologia medica, che significa 'malattia' (*nosologia*).
nosocomio [no-ʃo-cò-mio] *s.m.* (*lett.*) ospedale.
nosofobia [no-ʃo-fo-bì-a] *s.f.* (*med.*) paura ossessiva delle malattie.
nosologia [no-ʃo-lo-gì-a] *s.f.* (*med.*) descrizione e classificazione delle malattie.
nosologico [no-ʃo-lò-gi-co] *agg.* [pl.m. *-ci*] di, relativo a nosologia.
nosoterapia [no-ʃo-te-ra-pì-a] *s.f.* (*med.*) cura di una malattia attraverso l'inoculamento di germi che attivano un processo morboso che contrasta quello primario.
nossignore [nos-si-gnó-re] *avv.* [se rivolta a una persona di sesso femminile: *nossignora*] forma cortese di negazione; anche, forma rafforzata di negazione: *"Nossignore, hai proprio torto".*
nostalgia [no-stal-gì-a] *s.f.* desiderio intenso e struggente di una persona o una cosa lontana: *la — del paese natio.*
nostalgico [no-stàl-gi-co] *agg.* [pl.m. *-ci*] **1** di nostalgia; che rivela nostalgia: *tono —* **2** che ha nostalgia, che soffre di nostalgia: *animo —* | (*iron.*) che rimpiange un regime politico ormai passato ♦ *s.m.* [f. *-a*] persona nostalgica □ **nostalgicamente** *avv.*
nostrano [no-strà-no] *agg.* del nostro paese; delle nostre regioni: *formaggio —*.

nostro [nò-stro] *agg.poss.* di *prima pers.pl.* **1** che appartiene a noi: *il — gatto* **2** che è proprio di noi, particolare di noi, o abituale di noi: *il — coraggio*; *i nostri auguri*; *il — tè pomeridiano* | con valore reciproco: *il — amore* **3** indica relazione di parentela, d'affetto, d'amicizia, di lavoro ecc.: *nostra mamma*; *il — fratellino*; *i nostri clienti* **4** riferito a un soggetto sing. ha valore di plurale di modestia o maiestatico: *a — avviso...* ♦ *pron.poss.* di *prima pers.pl.* ha gli stessi usi e sign. dell'agg. ed è sempre preceduto dall'art. determ.: *la vostra casa è accanto alla nostra* | in loc. ellittiche: *state dalla nostra?*, dalla nostra parte; *la nostra del 20 gennaio*, la nostra lettera; *viviamo del —*, dei nostri averi | *il Nostro*, (*antiq.*) l'autore, il personaggio di cui si tratta.

nostromo [no-strò-mo] *s.m.* (*mar.*) sottufficiale preposto ai servizi marinareschi e di bordo.

nota [nò-ta] *s.f.* **1** segno particolare, caratteristica che contraddistingue: *la puntualità è la sua — caratteristica* **2** segno convenzionale con il quale si rappresentano graficamente l'altezza e la durata di un suono musicale; il suono rappresentato da tale segno: *le sette note* | *trovare la — giusta*, (*fig.*) il modo, il tono adatto | *mettere una — allegra*, (*fig.*) portare allegria | *le dolenti note*, la parte più sgradevole di un episodio, di un discorso **3** breve appunto, annotazione: *prendere — di qlco.* | *degno di —*, (*fig.*) che merita di essere considerato con interesse **4** spiegazione, commento di un testo aggiunto in margine o a piè di pagina: *— critica* | *— introduttiva*, breve testo che si premette a un'opera per fornire elementi utili alla lettura | *— del redattore* (abbreviato *n.d.r.*), in un articolo giornalistico, breve chiarimento che l'estensore appone in parentesi nel corso della citazione di un testo altrui **5** comunicazione scritta di carattere ufficiale: *— diplomatica* **6** giudizio espresso da un superiore su un dipendente, da un insegnante su un allievo ecc.: *— di biasimo* **7** lista di importi pagati o da pagare: *la — dell'albergo.*

nota bene [nò-ta bè-ne] *loc.sost.m.invar.* in un testo scritto, indicazione per richiamare l'attenzione del lettore su qlco. (si abbrevia in N.B.).

notabile [no-tà-bi-le] *s.m.* persona importante, autorevole; maggiorente: *i notabili della città.*

notaio [no-tà-io] *s.m.* libero professionista che svolge funzioni di pubblico ufficiale; riceve e redige atti, contratti ecc., attribuisce loro pubblica fede e li conserva.

notare [no-tà-re] *v.tr.* [*io nòto ecc.*] **1** distinguere, contraddistinguere con segni: *— gli errori di un compito* **2** registrare in una lista: *— le spese* | prendere appunti; scrivere, annotare: *— i nomi dei candidati* **3** accorgersi di qlco., soffermare l'attenzione su qlco.; osservare, considerare: *non — nulla di strano* | *farsi —*, richiamare l'attenzione su di sé **4** sottolineare, mettere in evidenza: *una cosa da — con particolare risalto.*

notariato [no-ta-rià-to] *s.m.* l'attività professionale del notaio.

notarile [no-ta-rì-le] *agg.* **1** di notaio: *studio —* | *procura —*, procura rilasciata con l'intervento di un notaio **2** da notaio: *linguaggio —.*

notazione [no-ta-zió-ne] *s.f.* **1** il notare; annotazione, segnatura: *la — delle pagine*, la loro numerazione | (*fig.*) osservazione, considerazione: *fare delle notazioni molto acute* **2** (*mus.*) sistema di rappresentazione delle note; scrittura musicale **3** (*chim.*) l'insieme dei simboli e delle formule.

note-book [/ 'notbuk /] *loc.sost.m.invar.* (*ingl.*) computer portatile che ha pressappoco le dimensioni di un'agenda.

notes [nò-tes] *s.m.invar.* libriccino per appunti, taccuino.

notevole [no-té-vo-le] *agg.* degno di nota; rilevante, considerevole: *avere una — esperienza* □ **notevolmente** *avv.*

notifica [no-tì-fi-ca] *s.f.* (*burocr.*) notificazione.

notificare [no-ti-fi-cà-re] *v.tr.* [*io notìfico, tu notìfichi ecc.*] **1** (*dir.*) rendere noto, portare a conoscenza di un atto processuale o amministrativo: *— una citazione* **2** (*burocr.*) dichiarare, comunicare: *— i propri redditi.*

notificazione [no-ti-fi-ca-zió-ne] *s.f.* **1** il notificare, l'essere notificato: *la — del cambio di residenza* **2** (*dir.*) avviso che porta a conoscenza dell'interessato un determinato atto: *— amministrativa.*

notizia [no-tì-zia] *s.f.* **1** informazione, comunicazione che rende noto un fatto, un avvenimento accaduto di recente: *diffondere una notizia*; *le ultime notizie* | *non avere notizie di qlcu.*, non saperne niente **2** (*estens.*) nozione, dato che informa su qlcu. o su qlco.: *un libro pieno di notizie.*

notiziario [no-ti-zià-rio] *s.m.* **1** in un giornale o in una trasmissione radiofonica o televisiva, rubrica in cui si danno notizie di minore importanza: *— regionale* **2** insieme di notizie pubblicate su un quotidiano o su un periodico: *— bibliografico* | trasmissione radiofonica o televisiva di notizie.

noto [nò-to] *agg.* che è ben conosciuto: *personaggio —*; *un nome tristemente —*, famigerato | *rendere —*, divulgare ♦ *s.m.* ciò che si conosce: *il — e l'ignoto.*

notorietà [no-to-rie-tà] *s.f.* l'essere notorio; fama, rinomanza: *la — di un personaggio.*

notorio [no-tò-rio] *agg.* **1** che è comunemente noto, risaputo: *un fatto —* | *atto —*, (*dir.*) dichiarazione giurata sulla verità di un fatto **2** chiaro, palese: *pericolo —* **3** celebre, famoso: *un personaggio —* □ **notoriamente** *avv.*

nottambulismo [not-tam-bu-lì-ʃmo] *s.m.* l'essere nottambulo; l'avere abitudini da nottambulo.

nottambulo [not-tàm-bu-lo] *s.m.* [f. *-a*] chi di notte va a divertirsi; chi fa vita notturna.

nottata [not-tà-ta] *s.f.* la durata di una notte, considerata in rapporto a ciò che vi accade: *una — di baldoria* | *far —*, trascorrere svegli l'intera notte. PEGG. *nottataccia.*

notte [nòt-te] *s.f.* **1** parte del giorno solare, dal tramonto all'alba, in cui il Sole rimane sotto l'orizzonte: *una — serena* | *di —*, durante la notte | *l'una di —*, un'ora dopo la mezzanotte | *il far della —*, l'imbrunire | *il cuore della —*, la notte inoltrata | *da —*, si dice di cose che si usano durante la notte: *camicia da —* | *buona —*, come saluto e augurio | *giorno e —*, continuamente: *lavorare giorno e —* | *peggio che andar di —*, si dice di cosa che va molto male | *passare una — in bianco*, senza dormire **2** (*lett.*) oscurità, tenebra delle ore notturne | (*fig.*) condizione di oscuramento mentale o spirituale: *la — del Medioevo*.

nottetempo [not-te-tèm-po] *avv.* di notte, nel cuore della notte: *arrivare —* (o *di —*).

nottiluca [not-ti-lù-ca] *s.f.* (*zool.*) protozoo provvisto di flagello, che vive nelle acque dei mari caldi; di colore rosso durante il giorno, diviene fosforescente durante la notte.

nottola[1] [nòt-to-la] *s.f.* nome comune del più grande pipistrello europeo, caratterizzato da pelame rossiccio, con ali e orecchie nere.

nottola[2] *s.f.* dispositivo di legno girevole su un perno, usato per chiudere usci, imposte, sportelli.

nottolino [not-to-lì-no] *s.m.* **1** piccolo catenaccio **2** (*mecc.*) levetta che impedisce il moto retrogrado della ruota dentata.

nottuidi [not-tùi-di] *s.m.pl.* (*zool.*) famiglia di insetti comprendente numerose specie di farfalle crepuscolari o notturne, con corpo robusto e peloso.

notturna [not-tùr-na] *s.f.* incontro sportivo che si svolge di sera.

notturno [not-tùr-no] *agg.* della notte; che avviene, si svolge, funziona, è aperto di notte: *quiete notturna*; *locale —* | *animali notturni*, attivi durante la notte ♦ *s.m.* **1** (*mus.*) breve composizione pianistica, ispirata alla notte o di carattere intimo e raccolto: *i "Notturni" di Chopin* **2** riproduzione pittorica o fotografica di un paesaggio notturno.

notula [nò-tu-la] *s.f.* conto degli onorari dovuti a un professionista.

nova [nò-va] *s.f.* (*astr.*) stella che a causa di un'esplosione aumenta rapidamente la propria luminosità ritornando poi allo splendore iniziale.

novanta [no-vàn-ta] *agg.num.card.* numero corrispondente a nove decine | *pezzo da —*, pezzo d'artiglieria che ha un calibro di novanta millimetri; (*scherz.*) persona autorevole.

novantenne [no-van-tèn-ne] *agg.* e *s.m.* e *f.* che/chi ha novanta anni.

novantina [no-van-tì-na] *s.f.* complesso di novanta o circa novanta unità.

nove [nò-ve] *agg.num.card.* numero naturale corrispondente a otto unità più una | *prova del —*, prova aritmetica per controllare l'esattezza delle operazioni elementari; (*fig.*) verifica rapida e inconfutabile.

novecentesco [no-ve-cen-té-sco] *agg.* [pl.m. *-schi*] del Novecento (sec. XX).

novecentismo [no-ve-cen-tì-ʃmo] *s.m.* il complesso delle tendenze artistiche e letterarie fiorite nel Novecento.

novecentista [no-ve-cen-tì-sta] *s.m.* e *f.* [pl.m. *-sti*] **1** scrittore o artista del Novecento **2** studioso della letteratura, dell'arte, della storia del XX secolo.

novecento [no-ve-cèn-to] *agg.num.card.* numero naturale corrispondente a nove volte cento | *il Novecento* il sec. XX: *la pittura del —*.

novella [no-vèl-la] *s.f.* **1** (*lett.*) annuncio, racconto di un fatto nuovo, accaduto di recente: *recare buone novelle* | *la buona —*, il Vangelo **2** racconto in prosa di estensione più breve rispetto all'epica o al romanzo: *Il "Decameron" è una raccolta di novelle* | il genere letterario della novella; novellistica.

novellame [no-vel-là-me] *s.m.* termine generico con cui si indicano i piccoli dei pesci.

novellare [no-vel-là-re] *v.intr.* [*io novèllo ecc.*] (*lett.*) **1** raccontare novelle **2** (*estens.*) discorrere.

novellatore [no-vel-la-tó-re] *s.m.* [f. *-trice*] (*lett.*) chi racconta novelle | scrittore di novelle; novelliere.

novelletta [no-vel-lét-ta] *s.f.* (*mus.*) composizione pianistica di forma libera e carattere fantasioso: *le novellette di Schumann*.

novelliere [no-vel-liè-re] *s.m.* [f. *-a*] chi scrive o racconta novelle.

novellino [no-vel-lì-no] *agg.* appena nato, spuntato: *erba novellina* ♦ *agg.* e *s.m.* [f. *-a*] si dice di chi è agli inizi di un'attività ed è ancora inesperto: *quell'avvocato è un —*.

novellistica [no-vel-lì-sti-ca] *s.f.* l'arte di scrivere novelle; il genere letterario della novella: *la — italiana del Cinquecento*.

novellistico [no-vel-lì-sti-co] *agg.* [pl.m. *-ci*] di novellistica, relativo al genere letterario della novella.

novello [no-vèl-lo] *agg.* **1** che è appena nato o spuntato da poco; recente, fresco: *patate novelle* **2** che si trova da poco in una certa condizione: *sposo —* **3** (*lett.*) si dice di persona, cosa o evento che ha caratteristiche di qlcu. o qlco. del passato: *una novella Waterloo*.

novembre [no-vèm-bre] *s.m.* undicesimo mese dell'anno.

novembrino [no-vem-brì-no] *agg.* di novembre: *nebbie novembrine*.

novena [no-vè-na] *s.f.* (*relig.*) pratica devozionale cattolica che consiste nella ripetizione di preghiere o riti per nove giorni consecutivi: *la — di Natale*.

novenario [no-ve-nà-rio] *agg.* e *s.m.* si dice di verso formato da nove sillabe metriche.

novennale [no-ven-nà-le] *agg.* **1** che dura nove anni: *ciclo —* **2** che ricorre ogni nove anni: *celebrazione —*.

novennio [no-vèn-nio] *s.m.* periodo di nove anni.

noverare [no-ve-rà-re] *v.tr.* [*io nòvero ecc.*] (*lett.*) enumerare, contare.

novero [nò-ve-ro] *s.m.* (*lett.*) enumerazione | (*estens.*) categoria, gruppo: *essere nel — degli amici.*
novilunio [no-vi-lù-nio] *s.m.* prima fase del mese lunare, durante la quale la Luna resta invisibile; è detta anche *Luna nuova.*
novità [no-vi-tà] *s.f.* **1** l'esser nuovo, originale; la caratteristica di ciò che è nuovo, che si è manifestato di recente: *avere carattere di —* **2** cosa nuova, apparsa recentemente: *le — letterarie* **3** nuovo procedimento, innovazione: *le — di un processo produttivo* **4** notizia recente: *raccontare le ultime —.*
noviziato [no-vi-zià-to] *s.m.* **1** il periodo di formazione del novizio; la casa religiosa dove tale formazione avviene **2** (*estens.*) periodo d'apprendistato in un'arte o in un'attività: *un lungo —.*
novizio [no-vì-zio] *s.m.* [f. *-a*] **1** (*eccl.*) chi entra in un ordine religioso per un periodo di preparazione e di prova prima di prendere i voti **2** (*estens.*) chi è all'inizio di un'attività e non è ancora esperto nel suo esercizio.
nozionale [no-zio-nà-le] *agg.* che costituisce o riguarda una nozione, un insieme di nozioni.
nozione [no-zió-ne] *s.f.* **1** conoscenza elementare, intuitiva di qlco.: *non avere la — del tempo,* non accorgersi del suo passare | *pl.* l'insieme degli elementi fondamentali per conoscere una disciplina: *possedere nozioni di geografia* **2** (*filos.*) qualsiasi concetto o idea costituiti nell'intelletto come contenuto della conoscenza.
nozionismo [no-zio-nì-ʃmo] *s.m.* conoscenza che si fonda sull'apprendimento acritico di notizie e dati; atteggiamento didattico che sopravvaluta l'importanza delle nozioni: *uno sterile —.*
nozionista [no-zio-nì-sta] *s.m.* e *f.* [pl.m. *-sti*] (*spreg.*) si dice di chi, apprendendo o insegnando, dà eccessiva importanza alle nozioni.
nozionistico [no-zio-nì-sti-co] *agg.* [pl.m. *-ci*] che è proprio del nozionismo: *preparazione nozionistica* □ **nozionisticamente** *avv.*
nozze [nòz-ze] *s.f.pl.* matrimonio, sposalizio: *celebrare le —* | *— d'argento, d'oro,* venticinquesimo e cinquantesimo anniversario di matrimonio | *andare a —,* (*fig.*) fare una cosa molto volentieri | *invitare a —,* (*fig.*) proporre a qlcu. una cosa molto gradita.
nuance [/ nu'ans /] *s.f.invar.* (*fr.*) gradazione della tonalità di un colore | (*estens.*) sfumatura in genere: *— di sapore.*
nube [nù-be] *s.f.* **1** ammasso visibile di goccioline d'acqua o di aghetti di ghiaccio, formati per condensazione attorno a nuclei di polvere e in sospensione nell'atmosfera: *nubi alte* **2** (*estens.*) massa di particelle di varia natura sospese nell'aria: *— tossica,* massa d'aria in cui sono presenti sostanze tossiche **3** (*fig.*) si dice di cosa che turba l'animo: *una — di malinconia; è una — passeggera,* si dice di un litigio privo di conseguenze.
nubifragio [nu-bi-frà-gio] *s.m.* temporale improvviso e violento, con pioggia abbondante e raffiche di vento: *i nubifragi danneggiano le colture.*
nubile [nù-bi-le] *agg.* e *s.f.* si dice di donna non maritata.
nuca [nù-ca] *s.f.* (*anat.*) la parte alta posteriore del collo; cervice: *battere la —.*
nucleare [nu-cle-à-re] *agg.* **1** (*fis.*) che è proprio o si riferisce al nucleo dell'atomo: *fisica —,* la parte della fisica che studia le proprietà e i fenomeni che concernono il nucleo degli atomi; *energia —,* quella contenuta nel nucleo atomico, liberata per sintesi nel processo di fusione o per scissione nel processo di fissione | *armi nucleari,* quelle che utilizzano energia nucleare **2** (*biol.*) che è proprio o si riferisce al nucleo cellulare: *membrana —* ♦ *s.m.* tutto quanto è attinente all'energia nucleare come fonte di energia elettrica: *l'impiego del — è osteggiato dagli ecologisti.*
nucleasi [nu-cle-à-ʃi] *s.f.* (*chim. biol.*) enzima elettrolitico della cellula che scinde gli acidi nucleici.
nucleato [nu-cle-à-to] *agg.* (*biol.*) dotato di nucleo.
nucleico [nu-clèi-co] *agg.* [pl.m. *-ci*] (*biol.*) si dice di ogni acido organico a struttura complessa, a forma di doppia elica, presente nelle proteine del nucleo cellulare in forma di DNA O RNA.
nucleina [nu-cle-ì-na] *s.f.* (*chim.*) sostanza organica proteica fosforata presente nel nucleo di tutte le cellule.
nucleo [nù-cle-o] *s.m.* **1** la parte più interna o centrale di qlco.; il primo elemento intorno a cui si è formato un organismo: *il — di una teoria* **2** (*biol.*) corpuscolo sferoidale costituente la parte vitale ed essenziale della cellula **3** (*fis.*) parte centrale dell'atomo formata da protoni e neutroni **4** (*astr.*) la parte più luminosa di una cometa, composta di frammenti di materia solida **5** (*geol.*) la parte centrale della sfera terrestre, costituita da un ammasso di materiale incandescente **6** (*fig.*) piccolo gruppo di persone; reparto formato di pochi uomini con particolari mansioni: *i nuclei antiscippo della polizia* | *— familiare,* l'insieme di individui che costituisce una famiglia.
nucleolo [nu-clè-o-lo] *s.m.* (*biol.*) ciascuno dei corpuscoli omogenei presenti nel nucleo della cellula.
nucleone [nu-cle-ó-ne] *s.m.* (*fis.*) termine generico che indica le particelle elementari (protoni e neutroni) componenti il nucleo atomico.
nucleotermoelettrico [nu-cleo-ter-mo-e-lèt-tri-co] *agg.* [pl.m. *-ci*] si dice di impianto per la trasformazione di energia nucleare in energia termica e di questa in energia elettrica: *centrale nucleotermoelettrica,* centrale nucleare.
nude-look [/ nud'luk /] *loc.sost.m.invar.* (*ingl.*) tipo di abbigliamento femminile che lascia trasparire il seno.
nudismo [nu-dì-ʃmo] *s.m.* movimento affine al naturismo, che propone l'abolizione degli indumenti, nel quadro di un modo di vivere più spontaneo e naturale.

nudista [nu-dì-sta] *s.m.* e *f.* [pl.m. *-sti*] chi pratica il nudismo | Usato anche come *agg.*: *colonia —.*
nudità [nu-di-tà] *s.f.* **1** l'esser nudo; stato, condizione di chi è nudo **2** (spec. *pl.*) corpo nudo; le parti del corpo lasciate nude: *coprire le —.*
nudo [nù-do] *agg.* **1** detto del corpo umano o di una sua parte, non coperto da vesti; spogliato: *prendere il sole a torso —*; *essere mezzo —*, appena coperto; *a piedi nudi*, scalzo **2** (*estens.*) detto di cosa, mancante del rivestimento, della copertura, di ciò che dovrebbe avere: *parete nuda di quadri* | *guardare a occhio —*, senza binocolo o lenti | *mettere a — qlco.*, (*fig.*) metterla in evidenza, scoprirla **3** (*fig.*) schietto, semplice; senza abbellimenti: *verità nuda e cruda* | *nuda proprietà*, (*dir.*) quella che impedisce al proprietario di ricavarne utili e gli lascia la sola titolarità del diritto ♦ *s.m.* rappresentazione artistica di una persona nuda: *un pittore di nudi* □ **nudamente** *avv.* in modo semplice, essenziale: *esporre — i fatti.*
nugolo [nù-go-lo] *s.m.* gran numero: *un — di frecce.*
nulla [nùl-la] *pron.indef.invar.* niente, nessuna cosa: *— è immutabile*; *non fare —* | *per —*, per niente, affatto | *di —*, si usa come risposta nelle formule di cortesia ♦ *s.m.invar.* **1** ciò che non esiste; condizione di inesistenza: *creare qlco. dal —* | *un —*, una piccolissima cosa **2** (*filos.*) termine che designa l'opposto dell'essere; il non essere **3** (*fig.*) persona di nessun valore; nullità: *sentirsi un —* ♦ *avv.* niente, affatto: *non valere —.*
nullafacente [nul-la-fa-cèn-te] *agg.* e *s.m.* e *f.* che/chi non fa nessun lavoro | che/chi vive oziosamente.
nulla osta [nùl-la ò-sta], o **nullaosta**, *loc. sost.m.invar.* dichiarazione con cui l'autorità competente certifica che non esistono impedimenti all'emanazione di un provvedimento o all'esercizio di un'attività: *concedere il —.*
nullatenente [nul-la-te-nèn-te] *agg.* e *s.m.* e *f.* che/chi non è proprietario di alcun bene immobile e non ha alcun reddito oltre quello derivante dal proprio lavoro: *un impiegato —.*
nullificare [nul-li-fi-cà-re] *v.tr.* [*io nullìfico, tu nullìfichi ecc.*] ridurre a nulla: *— gli sforzi* ♦ **nullificarsi** *v.intr.pron.* diventare nulla.
nullificazione [nul-li-fi-ca-zió-ne] *s.f.* il nullificare, il nullificarsi; annientamento.
nullità [nul-li-tà] *s.f.* **1** (*lett.*) l'essere nullo; totale mancanza di valore, di qualità, d'importanza: *la — delle cose umane* **2** cosa o persona di nessun valore: *sentirsi una —* **3** (*dir.*) condizione di un atto giuridico che manca di uno dei suoi requisiti essenziali, e dunque non è valido: *la — di un matrimonio.*
nullo [nùl-lo] *agg.* che non ha valore, importanza, effetto: *conseguenze nulle*; *scheda nulla*, in uno spoglio elettorale, scheda non valida | (*mat.*) che ha valore zero: *grandezza nulla* | (*dir.*) che manca di requisiti essenziali: *atto —.*
nume [nù-me] *s.m.* (*lett.*) **1** divinità della mitologia classica: *i numi dell'Olimpo* | *— tutelare*, divinità che esercita la sua protezione su un popolo o su un individuo; (*fig.*) persona importante che protegge **2** persona di grande autorevolezza; persona presa a modello e guida: *i numi della cultura contemporanea.*
numerabile [nu-me-rà-bi-le] *agg.* che può essere numerato.
numerale [nu-me-rà-le] *agg.* di numero; dei numeri: *sistema —* | *aggettivo —*, (*gramm.*) quello che determina una quantità (*cardinale*: p.e. *uno, tre, cento ecc.*) o il posto occupato in una serie (*ordinale*: p.e. *primo, terzo, centesimo ecc.*).
numerare [nu-me-rà-re] *v.tr.* [*io nùmero ecc.*] segnare con numeri progressivi: *— le pagine di un manoscritto.*
numerato [nu-me-rà-to] *agg.* segnato con un numero: *esemplare —* | *posto —*, in teatri, stadi ecc., quello contrassegnato da un numero.
numeratore [nu-me-ra-tó-re] *s.m.* (*mat.*) termine della frazione scritto sopra il segno orizzontale; indica quante delle parti di unità significate dal denominatore si assumono per formare la frazione: *il — di tre quarti è tre.*
numerazione [nu-me-ra-zió-ne] *s.f.* **1** il numerare, l'essere numerato: *la — delle pagine* **2** il sistema dei numeri e il modo di rappresentarli: *— araba, romana.*
numerico [nu-mè-ri-co] *agg.* [pl.m. *-ci*] di numero, dei numeri: *valore —* □ **numericamente** *avv.* **1** quanto al numero: *essere — superiore* **2** mediante numeri: *esprimere —.*
numero [nù-me-ro] *s.m.* **1** ente matematico che rappresenta un'unità, più unità o frazioni di unità (*— cardinale*); la posizione occupata da ciascun elemento in un ordine dato (*— ordinale*): *— intero*, che rappresenta un'unità o più unità; *— decimale*, non intero; *— positivo*, che indica quantità superiori allo zero; *— negativo*, che indica quantità inferiori allo zero; *— pari, dispari*, divisibile, non divisibile per due; *— primo*, divisibile solo per uno e per sé stesso; *— frazionario*, che si esprime come il rapporto fra due numeri interi | *— atomico*, (*fis.*) numero dei protoni contenuti nel nucleo atomico di un elemento **2** simbolo che rappresenta un numero; cifra: *numeri arabi* | la cifra o l'insieme di cifre che distingue un elemento all'interno della serie a cui appartiene: *— di targa*; *— civico*, quello delle abitazioni | *— verde*, numero telefonico che è possibile chiamare da tutto il territorio nazionale al costo di un solo scatto **3** contrassegno numerato: *ritirare il —.* DIM. *numeretto* **4** (*estens.*) quantità non determinata di cose o di persone: *un gran — di oggetti*; *essere nel —*, nel gruppo; *uscire dal —*, distinguersi; *far —*, contribuire ad aumentare una quantità | *— legale*, quantità minima di membri di un organo collegiale che devono essere presenti perché l'organo stesso sia validamente costituito | *— chiuso*, limite massimo entro cui un'istituzione scolastica accetta le domande di coloro che intendono frequentarla **5** ciascuno

dei numeri del lotto, della tombola o di un altro gioco: *l'estrazione dei numeri* | *dare i numeri*, (*fam.*) suggerire i numeri da giocare; (*fig.*) far discorsi sconclusionati **6** ciascuna edizione di una pubblicazione quotidiana o periodica: *richiedere un — arretrato* **7** ognuna delle parti di cui è costituito uno spettacolo di varietà: *un — comico* **8** *pl.* qualità, dote, requisito: *quel ragazzo ha i numeri per sfondare* **9** (*gramm.*) nella flessione del verbo, del nome, del pronome, dell'aggettivo e dell'articolo, la categoria che permette di distinguere il singolo (*— singolare*) dal molteplice (*— plurale*).

numerologia [nu-me-ro-lo-gì-a] *s.f.* l'arte di rintracciare significati magici o mistici nei numeri.

numerosità [nu-me-ro-si-tà] *s.f.* l'esser numeroso, in gran quantità: *la — degli spettatori*.

numeroso [nu-me-ró-so] *agg.* che consta di parecchi elementi: *famiglia numerosa* | che è presente in gran numero, in grande quantità □ **numerosamente** *avv.*

numismatica [nu-mi-ʃmà-ti-ca] *s.f.* scienza che studia le monete e le medaglie sotto l'aspetto storico, economico, artistico e giuridico: *— antica*.

numismatico [nu-mi-ʃmà-ti-co] *agg.* [pl.m. *-ci*] che riguarda la numismatica ♦ *s.m.* [f. *-a*] cultore, studioso di numismatica.

nummulite [num-mu-lì-te] *s.f.* genere di foraminiferi fossili i cui gusci depositati nei fondi marini hanno contribuito alla formazione di importanti strati di rocce calcaree.

nummulitico [num-mu-lì-ti-co] *agg.* [pl.m. *-ci*] di nummuliti, contenente nummuliti: *calcari nummulitici* ♦ *s.m.* (*geol.*) paleogene.

nunziatura [nun-zia-tù-ra] *s.f.* ufficio, dignità del nunzio apostolico; la durata del suo incarico e la sede in cui lo esplica: *la — di Parigi*.

nunzio [nùn-zio] *s.m.* (*lett.*) chi annunzia; messaggero, ambasciatore | *— apostolico*, prelato che rappresenta la S. Sede presso uno stato.

nuocere [nuò-ce-re] *v.intr.* [pres. *io nòccio* o *nuòccio, tu nuòci, egli nuòce, noi nociamo* o *nuociamo, voi nocéte* o *nuocéte, essi nòcciono* o *nuòcciono*; imperf. *io nocévo* o *nuocévo ecc.*; pass.rem. *io nòcqui, tu nocésti* o *nuocésti ecc.*; fut. *io nocerò* o *nuocerò ecc.*; pres.congiunt. *io nòccia* o *nuòccia..., noi nociamo* o *nuociamo ecc.*; imperf.congiunt. *io nocéssi* o *nuocéssi ecc.*; cond. *io nocerèi* o *nuocerèi ecc.*; imp. *nuòci, nocéte* o *nuocéte*; dif. del part.pres.; part. pass. *nociuto* o *nuociuto*; aus. *avere*] danneggiare materialmente o moralmente: *la sua caparbietà gli ha nuociuto* | *prov.*: *tentare non nuoce*.

nuora [nuò-ra] *s.f.* la moglie del figlio rispetto ai genitori di questo.

nuotare [nuo-tà-re] *v.intr.* [*io nuòto ecc.*; aus. *avere*] **1** eseguire un insieme di movimenti coordinati per spostarsi sulla superficie dell'acqua o sott'acqua: *imparare a —* | praticare uno stile di nuoto: *— a rana* **2** (*estens.*) galleggiare, essere immerso: *la carne nuota nel sugo* | in usi fig.: *— nell'abbondanza*, essere fornito di tutto **3** (*fig.*, *fam.*) stare molto largo in un capo di vestiario: *i piedi nuotavano nelle scarpe* ♦ *v.tr.* (*sport*) gareggiare a nuoto su una determinata distanza: *— i duecento metri* | praticare un dato stile di nuoto: *— il delfino*.

nuotata [nuo-tà-ta] *s.f.* **1** il periodo di tempo in cui si nuota o il percorso compiuto a nuoto: *una bella —* **2** il modo di nuotare, lo stile di nuoto: *una — potente*.

nuotatore [nuo-ta-tó-re] *s.m.* [f. *-trice*] chi nuota, chi è abile nel nuoto; chi pratica abitualmente lo sport del nuoto: *essere un buon —*.

nuoto [nuò-to] *s.m.* l'azione, la pratica del nuotare; la maniera, la tecnica di nuoto: *scuola di —* | *— sincronizzato*, specialità che consiste nell'eseguire in acqua delle figure coordinate al suono di una musica.

nuova [nuò-va] *s.f.* (*lett.*) notizia di fatti recenti: *ricevere buone nuove*.

nuovo [nuò-vo] *agg.* **1** che è stato fatto, costruito o è accaduto di recente; che ha avuto inizio da poco: *un — vestito*; *una nuova tendenza*; *vino —*, fatto con l'uva dell'ultima vendemmia; *le nuove generazioni*, i giovani | *— di zecca*, nuovissimo | *essere — di* (*a*) *qlco.*, non conoscerla, non avervi fatto ancora l'abitudine **2** che comincerà tra poco, che è all'inizio; prossimo: *il — anno* **3** mai visto, né udito prima; insolito, originale: *un viso, un fatto —* **4** mutato, rinnovato: *il — volto della città* **5** altro, ulteriore, successivo: *passare a nuove nozze* **6** si dice di persona o di cosa che assomiglia a un'altra precedente: *un'attrice che è la nuova Duse* | nei toponimi, distingue una città, un'isola, una regione e sim. da un'altra che portava o che porta lo stesso nome: *Nuova York* **7** si dice di persona che adempie da poco a certe funzioni, avendone sostituita un'altra: *il — professore* ♦ *s.m.* ciò che è nuovo, che costituisce una novità: *essere nemico del —* | *di —*, ancora: *l'ho visto di —* | *rimettere a —*, nella condizione di cosa nuova □ **nuovamente** *avv.* di nuovo, un'altra volta: *si è — ammalata*.

nuraghe [nu-rà-ghe] *s.m.* [pl. *-ghi* o *invar.*] (*archeol.*) costruzione preistorica della Sardegna, di forma troncoconica e costruita con grossi massi sovrapposti senza malta.

nuragico [nu-rà-gi-co] *agg.* [pl.m. *-ci*] dei nuraghi: *civiltà nuragica* | costituito di nuraghi: *villaggio —*.

nurse [/ nɛrs /] *s.f.invar.* (*ingl.*) bambinaia, governante; infermiera.

nursery [/ ˈnɛrsri /] *s.f.invar.* (*ingl.*) locale attrezzato per il soggiorno di bambini molto piccoli: *la — di un ospedale*.

nutazione [nu-ta-zió-ne] *s.f.* (*astr.*) piccolo spostamento dell'asse di un corpo celeste per attrazione degli astri vicini.

nutria [nù-tria] *s.f.* (*zool.*) piccolo mammifero

roditore diffuso in Sud America, Europa e Asia, la cui pelliccia è messa in commercio col nome di *castorino.*

nutrice [nu-trì-ce] *s.f.* donna che allatta un bambino; balia.

nutriente [nu-tri-èn-te] *agg.* si dice di sostanza che nutre, che ha potere nutritivo: *il miele è —* | *crema —*, in cosmesi, preparato che apporta nutrimento alla pelle.

nutrimento [nu-tri-mén-to] *s.m.* il nutrire, il modo in cui si nutre o ci si nutre | ciò che serve a nutrire, alimento.

nutrire [nu-trì-re] *v.tr.* [*io nutro ecc.*; anche *io nutrisco, tu nutrisci ecc.*] **1** somministrare a un essere animato il cibo necessario alla sua sopravvivenza: — *un bambino* | (*assol.*) dare nutrimento: *un cibo che nutre* **2** (*fig.*) fornire di alimento spirituale: — *la mente di buone letture* | conservare, coltivare un sentimento: — *amore* ♦ **nutrirsi** *v. rifl.* cibarsi: — *di latte.*

nutritivo [nu-tri-tì-vo] *agg.* che serve a nutrire | *potere —*, l'insieme dei principi alimentari (grassi, proteine, zuccheri, vitamine ecc.) contenuti in un alimento: *cibi ad alto potere —.*

nutrito [nu-trì-to] *agg.* **1** che è stato o si è sempre ben alimentato; forte, vigoroso: *un bambino ben —* **2** (*fig.*) fitto, folto, denso: *una folla nutrita.*

nutrizionale [nu-tri-zio-nà-le] *agg.* (*med.*) di nutrizione, relativo alla nutrizione.

nutrizione [nu-tri-zió-ne] *s.f.* **1** il nutrire, il nutrirsi, l'essere nutrito; il modo in cui si nutre o ci si nutre: *una — povera di grassi* **2** (*biol.*) l'insieme dei processi biologici che consentono l'utilizzazione di sostanze alimentari per la sopravvivenza dell'organismo: *scienza della —.*

nutrizionista [nu-tri-zio-nì-sta] *s.m.* e *f.* [pl.m. *-sti*] chi studia i problemi della nutrizione; esperto di scienza della nutrizione.

nutrizionistica [nu-tri-zio-nì-sti-ca] *s.f.* disciplina che studia la fisiologia della nutrizione, i regimi alimentari, l'uso e i valori nutritivi degli alimenti; scienza della nutrizione.

nuvola [nù-vo-la] *s.f.* **1** lo stesso che *nube* (termine rispetto al quale è di uso più comune): *nuvole grigie* | in locuzioni fig.: *avere la testa fra le nuvole*, essere abitualmente distratto; *vivere nelle nuvole*, essere un sognatore; *cascare dalle nuvole*, meravigliarsi fortemente. DIM. *nuvoletta* **2** (*estens.*) qualsiasi formazione che per l'aspetto richiama la forma di una nuvola: *una — di polvere* | (*fig.*) ciò che ottenebra la vista, offusca lo sguardo e sim.: *una — d'odio.*

nuvolaglia [nu-vo-là-glia] *s.f.* ammasso di nuvole sparse e irregolari: *una — scura.*

nuvolo [nù-vo-lo] *agg.* nuvoloso: *oggi è —* ♦ *s.m.* tempo nuvoloso.

nuvolosità [nu-vo-lo-si-tà] *s.f.* l'essere nuvoloso; quantità di nuvole nel cielo: *la — è in aumento.*

nuvoloso [nu-vo-ló-so] *agg.* coperto di nubi: *cielo —.*

nuziale [nu-zià-le] *agg.* di nozze, delle nozze; matrimoniale: *anello —* | *livrea —*, (*biol.*) il complesso delle modificazioni esteriori di taluni animali all'epoca degli amori.

nuzialità [nu-zia-li-tà] *s.f.* (*stat.*) il numero dei matrimoni celebrati in un certo periodo in un determinato luogo: *bassa, alta —.*

nylon® [/ ˈnailon /] *s.m.invar.* (*ingl.*) sostanza resistente ed elastica che costituisce la più importante fibra tessile artificiale.

O

o[1] [ò] *s.f.* o *m.* quindicesima lettera dell'alfabeto; rappresenta una vocale velare di pronuncia semiaperta (*òca*) o semichiusa (*odóre*).
o[2] [ó] *cong.* [davanti a parola che comincia con *o-* nell'uso scritto talora **od**] **1** coordina più elementi della stessa natura grammaticale, esprimendo un'alternativa, una contrapposizione, una reciproca esclusione; equivale a *oppure*: *subito o mai più*; *ci andremo nel pomeriggio o stasera* | ripetuto davanti a ciascun termine può sottolineare il fatto che le alternative citate sono le sole possibili: *o la borsa o la vita*; *o la va o la spacca* **2** con valore esplicativo, indica un'equivalenza fra due o più termini; equivale a *ovvero*: *la spigola, o branzino*.
o[3] [ó] *inter.* rafforza il vocativo; si usa in espressioni esclamative: *o Signore, aiutami tu!* | (*fam.*) si usa per chiamare qlcu. ad alta voce: *o voi di casa!*
oasi [ò-a-ʃi] *s.f.* **1** area all'interno di un deserto, che la presenza di acqua rende fertile e abitabile **2** (*estens.*) luogo o ambiente che presenta caratteristiche migliori rispetto a quelli che lo circondano o gli si possono paragonare: *un'— di verde nella città*; *un'— di pace*.
obbediente [ob-be-dièn-te], o **ubbidiente**, *agg.* che obbedisce, che è solito obbedire: *un bambino —*.
obbedienza [ob-be-diën-za], o **ubbidienza**, *s.f.* **1** l'obbedire; l'abitudine di obbedire: *agire per —* **2** sottomissione dovuta dai religiosi ai loro superiori, o da subordinati a superiori gerarchici (sempre nella forma *obbedienza*): *far voto di —*.
obbedire [ob-be-dì-re], o **ubbidire**, *v.intr.* [*io obbedisco, tu obbedisci ecc.*; aus. *avere*] **1** fare ciò che viene ordinato; sottostare all'altrui volontà: *— ai genitori* | (*estens.*) detto di un organo, rispondere a un comando, a una sollecitazione: *la mano obbedisce agli stimoli del cervello* **2** (*fig.*) assecondare: *— alle leggi della natura* | rassegnarsi, adeguarsi: *— alle necessità*.
obbiettare e *deriv.* → **obiettare** e *deriv.*
obbiettivo e *deriv.* → **obiettivo** e *deriv.*
obbligante [ob-bli-gàn-te] *agg.* **1** che obbliga, che crea un obbligo: *clausola —* **2** che è così gentile, cortese da sollecitare in risposta altrettanta gentilezza e cortesia: *un fare —*.
obbligare [ob-bli-gà-re] *v.tr.* [*io òbbligo, tu òbblighi ecc.*] **1** sottoporre a un obbligo; imporre a qlcu. un vincolo giuridico o morale: *— al servizio militare* **2** (*estens.*) porre in stato di necessità; costringere: *— qlcu. a dimettersi* **3** indurre con insistenze, con maniere cortesi: *mi hanno obbligato a pranzare con loro* **4** impegnare a un dovere di riconoscenza, di gratitudine: *la vostra cortesia mi obbliga* ♦ **obbligarsi** *v.rifl.* **1** impegnarsi, sottoporsi a un obbligo: *— a finire il lavoro entro un mese* **2** divenire legato da un debito di riconoscenza: *non chiedere favori per non —* **3** (*dir.*) vincolarsi per effetto di un'obbligazione: *— come mallevadore*.
obbligato [ob-bli-gà-to] *agg.* **1** vincolato da un obbligo; costretto da una necessità: *essere — a un impegno* **2** legato da un senso di gratitudine, di riconoscenza: *sentirsi — verso qlcu.* **3** che non si può evitare; non libero, non facoltativo: *percorso —* | *scelta obbligata*, non libera, in quanto è l'unica possibile □ **obbligatamente** *avv.* per obbligo, per necessità.
obbligatorietà [ob-bli-ga-to-rie-tà] *s.f.* l'essere obbligatorio: *l'— del servizio militare*.
obbligatorio [ob-bli-ga-tò-rio] *agg.* **1** che è d'obbligo, che non è facoltativo: *istruzione obbligatoria* **2** (*dir.*) che si riferisce a un'obbligazione □ **obbligatoriamente** *avv.* per obbligo.
obbligazionario [ob-bli-ga-zio-nà-rio] *agg.* (*fin.*) di obbligazione, di obbligazioni: *mercato —*.
obbligazione [ob-bli-ga-zió-ne] *s.f.* **1** l'obbligare, l'obbligarsi; l'impegno, il debito che ne consegue: *liberarsi da ogni —* **2** (*dir.*) vincolo giuridico che deriva da una legge, da un contratto **3** (*fin.*) titolo di credito emesso da un ente pubblico o privato per ottenere prestiti a medio e lungo termine.
obbligazionista [ob-bli-ga-zio-nì-sta] *s.m.* e *f.* [pl.m. *-sti*] (*fin.*) chi detiene obbligazioni.
obbligo [òb-bli-go] *s.m.* [pl. *-ghi*] comportamento a cui si è tenuti per un vincolo imposto da una legge, da un'autorità, da ragioni morali; dovere: *— di coscienza* | *scuola dell'—*, quella che deve essere frequentata per legge da tutti entro determinati limiti di età | *— di leva*, il servizio militare | *d'—*, obbligatorio: *per guidare è d'— la patente*.
obbrobrio [ob-brò-brio] *s.m.* **1** cosa o persona che è motivo di disonore, di vergogna | (*estens.*) cosa che offende il buon gusto, il senso estetico; mostruosità: *un — della natura* **2** grave vergogna, infamia: *subire l'— del carcere*.
obbrobriosità [ob-bro-brio-si-tà] *s.f.* (*non com.*) l'essere obbrobrioso.

obbrobrioso [ob-bro-brió-so] *agg.* che è cagione di infamia, di disonore: *gesto* — | (*estens.*) estremamente brutto, di cattivo gusto: *un vestito* — □ **obbrobriosamente** *avv.*
obelisco [o-be-lì-sco] *s.m.* [pl. *-schi*] pilastro monolitico con funzione celebrativa od ornamentale di origine egizia; è per lo più ornato di geroglifici.
oberare [o-be-rà-re] *v.tr.* [*io òbero ecc.*] (*non com.*) sovraccaricare, gravare: — *qlcu. di lavoro.*
oberato [o-be-rà-to] *agg.* **1** gravato da passività o da oneri economici: *essere — di debiti* **2** (*fig.*) sovraccarico: *essere — d'impegni.*
obesità [o-be-ʃi-tà] *s.f.* (*med.*) eccessivo accumulo di tessuto adiposo nell'organismo; grassezza.
obeso [o-bè-ʃo *o* obéʃo] *agg.* (*med.*) affetto da obesità; grasso: *persona obesa* | Usato anche come *s.m.* [f. *-a*]: *le malattie degli obesi.*
obice [ò-bi-ce] *s.m.* pezzo di artiglieria capace di tiri a traiettoria curva, per battere obiettivi molto lontani o coperti da ostacoli.
obiettare [o-biet-tà-re], o **obbiettare**, *v.tr.* [*io obiètto ecc.*] opporre, presentare come argomento contrario: *non avere nulla da* — | (*assol.*) fare obiezione: — *su tutto.*
obiettività [o-biet-ti-vi-tà], o **obbiettività**, *s.f.* atteggiamento obiettivo; imparzialità: — *di giudizio.*
obiettivo [o-biet-tì-vo], o **obbiettivo**, *agg.* non influenzato da preconcetti o interessi soggettivi; imparziale: *giudizio* — ♦ *s.m.* **1** (*fis.*) sistema di lenti che fornisce un'immagine ingrandita o rimpicciolita di un oggetto, in microscopi, macchine fotografiche e altri strumenti ottici **2** il punto su cui viene puntata una bocca da fuoco, un razzo ecc.: *centrare l'*— **3** (*estens.*) scopo, meta, risultato che ci si propone di ottenere: *raggiungere un* — □ **obiettivamente** *avv.* con obiettività, con imparzialità.
obiettore [o-biet-tó-re], o **obbiettore**, *s.m.* [f. *-trice*] (*non com.*) chi obietta | — *di coscienza*, chi si rifiuta di compiere determinati atti per obiezione di coscienza.
obiezione [o-bie-zió-ne], o **obbiezione**, *s.f.* argomento con cui si obietta, con cui si contrasta un'opinione, una teoria ecc.: *obbedire senza fare* — | — *di coscienza*, rifiuto di compiere determinati atti imposti o consentiti dalla legge (*p.e.* il servizio militare) per ragioni ideologiche, religiose o morali.
obitorio [o-bi-tò-rio] *s.m.* locale in cui si conservano i cadaveri in attesa del riconoscimento o dell'autopsia; camera mortuaria.
oblatività [o-bla-ti-vi-tà] *s.f.* (*psicol.*) l'essere oblativo.
oblativo [o-bla-tì-vo] *agg.* (*psicol.*) si dice di comportamento incline a soddisfare i bisogni e gli affetti altrui senza attendersi un contraccambio.
oblato [o-blà-to] *agg.* e *s.m.* [f. *-a*] si dice di chi vive in un monastero seguendone la regola, ma senza pronunciare i voti.
oblatore [o-bla-tó-re] *s.m.* [f. *-trice*] **1** chi fa un'offerta per opere di beneficenza **2** (*dir.*) chi compie un'oblazione.
oblazione [o-bla-zió-ne] *s.f.* **1** offerta di denaro per opere di beneficenza **2** (*lit.*) l'offerta del pane e del vino nella messa **3** (*dir.*) pagamento volontario di una somma di denaro che estingue una contravvenzione.
obliare [o-bli-à-re] *v.tr.* [*io oblìo ecc.*] (*lett.*) dimenticare ♦ **obliarsi** *v.rifl.* (*lett.*) dimenticare, trascurare sé stesso.
oblio [o-blì-o] *s.m.* (*lett.*) dimenticanza totale; perdita di ogni ricordo: *giacere nell'*—, essere del tutto dimenticato.
obliquità [o-bli-qui-tà] *s.f.* l'essere obliquo.
obliquo [o-blì-quo] *agg.* **1** (*geom.*) si dice di retta o piano che incontri altra retta o piano secondo un angolo non retto; inclinato, diagonale: *raggi obliqui* **2** (*fig.*) indiretto: *venire a sapere per vie oblique* **3** (*fig.*) storto, sbieco: *uno sguardo* — | non sincero, sleale, ambiguo: *mire oblique* □ **obliquamente** *avv.* **1** in posizione, in direzione obliqua: *traversare* — **2** (*fig.*) per vie traverse, ambiguamente.
obliterare [o-bli-te-rà-re] *v.tr.* [*io oblìtero ecc.*] **1** (*lett.*) cancellare una parola o uno scritto **2** (*burocr.*) annullare un francobollo, una marca da bollo, un biglietto, apponendovi un timbro **3** (*fig.*) far dimenticare, far svanire: *ricordi obliterati dagli anni* ♦ **obliterarsi** *v.intr.pron.* (*med.*) occludersi.
obliteratore [o-bli-te-ra-tó-re] *agg.* [f. *-trice*] (*non com.*) che annulla | *macchina obliteratrice*, dispositivo che annulla francobolli, biglietti ecc.
obliterazione [o-bli-te-ra-zió-ne] *s.f.* **1** (*burocr.*) annullamento di un francobollo, di un biglietto e sim., mediante timbro o altro segno **2** (*fig.*) superamento, annullamento di un ricordo, di una consuetudine.
oblò [o-blò] *s.m.* finestra circolare nella murata delle navi o nella fusoliera degli aerei | (*estens.*) piccola finestra circolare.
oblungo [o-blùn-go] *agg.* [pl.m. *-ghi*] (*non com.*) più lungo che largo: *vassoio* —.
obnubilamento [ob-nu-bi-la-mén-to], o **onnubilamento**, *s.m.* l'obnubilarsi, l'essere obnubilato; annebbiamento, offuscamento: — *della vista.*
obnubilare [ob-nu-bi-là-re], o **onnubilare**, *v.tr.* [*io obnùbilo ecc.*] (*lett.*) annebbiare, offuscare; (*fig.*) confondere, privare di lucidità: — *la mente.*
obnubilato [ob-nu-bi-là-to], o **onnubilato**, *agg.* (*lett.*) annebbiato, offuscato, ottenebrato: *intelletto* —.
oboe [ò-bo-e] *s.m.* strumento musicale a fiato formato da un tubo cilindrico di legno munito di chiavi, con imboccatura ad ancia doppia.
oboista [o-bo-ì-sta] *s.m.* e *f.* [pl.m. *-sti*] chi suona l'oboe.
obolo [ò-bo-lo] *s.m.* elemosina; piccola offerta in denaro: *dare il proprio* —.
obsolescente [ob-so-le-scèn-te] *agg.* (*lett.*) che è in stato di obsolescenza; superato, disusato.

obsolescenza [ob-so-le-scèn-za] *s.f.* perdita progressiva di efficienza, di funzionalità, di valore; lento invecchiamento | (*econ.*) scadimento del valore economico di un bene.

obsoleto [ob-so-lè-to] *agg.* disusato, antiquato, superato: *un vocabolo —.*

obtorto collo [/ ob'tɔrto 'kɔllo /] *loc.avv.* (*lat.*) malvolentieri, controvoglia.

oc [/ ɔk /] *s.m.* (*provenz.*) usato solo nella denominazione *lingua d'—*, il provenzale antico, antica lingua letteraria dei poeti cortesi della Francia meridionale.

oca [ò-ca] *s.f.* **1** grosso uccello con piedi palmati, collo lungo e becco robusto, allevato per le carni e le piume | *far venire la pelle d'—*, far rabbrividire | *gioco dell'—*, gioco da tavolo che si fa con un cartellone suddiviso in caselle numerate, lungo le quali si procede tirando i dadi | *passo dell'—*, passo militare nel quale la gamba portata in avanti resta completamente rigida. DIM. *ochetta* **2** (*fig.*) si dice di donna di scarsa intelligenza, insulsa, vuota.

ocaggine [o-càg-gi-ne] *s.f.* stupidità.

ocarina [o-ca-rì-na] *s.f.* strumento musicale a fiato di forma ovoidale, costruito in argilla e munito di fori.

occamismo [oc-ca-mì-ʃmo] *s.m.* (*filos.*) indirizzo di pensiero, iniziato da Guglielmo d'Occam (1290-1349), i cui seguaci sostenevano dottrine teologiche e scientifiche nettamente contrastanti con le concezioni tradizionali della filosofia medievale.

occamista [oc-ca-mì-sta] *s.m.* [pl. *-sti*] seguace dell'occamismo.

occasionale [oc-ca-ʃio-nà-le] *agg.* **1** che avviene per caso; fortuito, casuale: *incontro —*; *lavoro —*, saltuario **2** che dà occasione, motivo, pretesto: *la causa — di qlco.* □ **occasionalmente** *avv.* in modo occasionale, casuale; saltuariamente.

occasione [oc-ca-ʃió-ne] *s.f.* **1** circostanza, situazione particolare: *festeggiare in — del compleanno* | *frasi, discorsi d'—*, dettati dalle circostanze, convenzionali **2** momento favorevole, opportunità: *cogliere un'—* | *d'—*, si dice di un bene o un oggetto non nuovo, posto in vendita a un prezzo inferiore a quello normale: *automobile d'—* **3** bene, oggetto che si può acquistare a un prezzo vantaggioso: *vetrina delle occasioni* **4** motivo, pretesto: *essere — di litigio.*

occaso [oc-cà-ʃo] *s.m.* (*lett.*) **1** calata del sole, tramonto **2** occidente, ponente **3** (*fig.*) fine, termine; morte.

occhiaia [oc-chià-ia] *s.f.* **1** orbita oculare: *le occhiaie del teschio* **2** *pl.* lividi sotto gli occhi, dovuti a stanchezza o a malessere.

occhialetto [oc-chia-lét-to] *s.m.* lente unica incastrata nell'orbita dell'occhio; monocolo.

occhiali [oc-chià-li] *s.m.pl.* coppia di lenti inserite in una montatura che poggia sul naso e sulle orecchie: *— da vista*; *inforcare gli —.* DIM. *occhialetti.*

occhialino [oc-chia-lì-no] *s.m.* occhialetto.

occhialuto [oc-chia-lù-to] *agg.* e *s.m.* [f. *-a*] (*scherz.*) si dice di persona che porta occhiali grandi e vistosi.

occhiata[1] [oc-chià-ta] *s.f.* il guardare senza fermare a lungo lo sguardo: *lanciare un'—* | *dare un'— a qlco., a qlcu.*, (*fam.*) guardarlo rapidamente; anche, custodirlo, sorvegliarlo per un po'. DIM. *occhiatina* PEGG. *occhiataccia.*

occhiata[2] *s.f.* pesce marino commestibile di colore argenteo, con grandi occhi e striscia nera alla base della coda; è comunissimo nel Mediterraneo.

occhiato [oc-chià-to] *agg.* che ha macchie, segni, buchi rotondi simili a occhi: *le penne occhiate del pavone.*

occhiatura [oc-chia-tù-ra] *s.f.* caratteristica di alcuni formaggi che hanno pasta compatta con molti buchi.

occhieggiare [oc-chieg-già-re] *v.tr.* [*io occhiéggio ecc.*] guardare con ammirazione o desiderio ♦ *v.intr.* [aus. *avere*] (*lett.*) fare capolino: *le margherite occhieggiano tra l'erba.*

occhiello [oc-chièl-lo] *s.m.* **1** piccolo taglio orlato, praticato in un tessuto per farvi passare un bottone o un gancio: *appuntare un fiore all'—* **2** anello rigido di rinforzo di un taglio o di un foro: *occhielli metallici* **3** in giornali e riviste, breve frase posta sopra il titolo di un articolo.

occhietto [oc-chiét-to] *s.m.* occhiolino: *fare l'—*, ammiccare.

occhio [òc-chio] *s.m.* **1** nell'uomo e negli altri vertebrati, ciascuno dei due organi simmetrici della vista: *occhi chiari, scuri*, secondo il colore dell'iride | *avere le lacrime agli occhi*, essere sul punto di piangere | *cavare gli occhi*, accecare | *a quattr'occhi*, a tu per tu | *sognare a occhi aperti*, fantasticare | *essere come il fumo negli occhi*, essere antipatico, odioso | *pagare un — della testa*, (*fig.*) moltissimo | *prov.*: *— per —, dente per dente*, la legge del taglione, che impone una pena uguale al danno causato. DIM. *occhietto* ACCR. *occhione* **2** l'organo della vista, con riferimento allo sguardo, alla capacità visiva: *a vista d'—*, per quanto si può vedere direttamente: *crescere a vista d'—*, (*fig.*) molto rapidamente | *a perdita d'—*, fin dove può giungere lo sguardo | *colpo d'—*, veduta d'insieme; (*fig.*) prima impressione | *gettar l'— su qlco.*, guardarla di sfuggita | *vedere qlco. con i propri occhi*, verificarla di persona | *vedere a — nudo*, senza l'aiuto di strumenti ottici | *saltare agli occhi*, essere evidentissimo | *dar nell'—*, farsi notare, attirare l'attenzione | *piantare gli occhi addosso a qlcu.*, guardare con attenzione e insistenza | *tener d'—*, sorvegliare a vista | *non credere ai propri occhi*, essere stupito, incredulo | *avere gli occhi foderati di prosciutto*, non vedere l'evidenza **3** con riferimento alla capacità di osservare, all'attenzione, al discernimento: *essere tutt'occhi*, stare molto attento | *a —*, secondo una stima superficiale, senza una misurazione precisa | *—!*, attenzione!: *— al gradino!* | *avere —*, saper ben giudicare, scegliere | *a occhi chiusi*, (*fig.*) senza riflettere; con grande facilità: *fare qlco. a occhi chiusi* | *chiudere un* —, (*fig.*) essere tollerante | *aprire gli occhi*, (*fig.*) rendersi conto della realtà | *far l'— a qlco.*, abituarcisi | *è un pugno in un* —, (*fig.*) si dice di ciò che è bruttissimo, di pessimo gusto | *anche l'— vuole la sua parte*, l'aspetto esteriore ha la sua importanza **4** con riferimento alla capacità di esprimere emozioni, sentimenti: *leggere negli occhi*, intuire dall'espressione del volto | *far tanto d'occhi*, esprimere in viso stupore, incredulità | *vedere di buon* —, con favore **5** ciò che per aspetto o per funzioni è simile a un occhio; elemento circolare o tondeggiante: *occhi del formaggio*, i buchi | — *di un ciclone*, (*meteor.*) l'area centrale calma, attorno a cui ruotano masse d'aria ad altissima velocità: *essere nell'— del ciclone*, (*fig.*) al centro di difficoltà, di conflitti acuti **6** (*bot.*) gemma: *gli occhi della patata* **7** — *di tigre*, (*min.*) pietra dura con striature di colore, dotata di un particolare effetto di luce.

occhiolino [oc-chio-lì-no] *s.m.* nella loc. *far l'* —, strizzare l'occhio, ammiccare.

occhione [oc-chió-ne] *s.m.* **1** elemento anteriore del dispositivo d'aggancio di un rimorchio, che termina con un anello in cui si inserisce il gancio del veicolo trainante **2** uccello con zampe lunghe, piedi palmati, testa grossa e grandi occhi sporgenti.

occhiuto [oc-chiù-to] *agg.* **1** (*lett.*) che ha molti occhi | (*fig.*) che vede e spia dappertutto **2** (*estens.*) che ha molte macchie simili a occhi; occhiato.

occidentale [oc-ci-den-tà-le] *agg.* **1** di occidente; situato a occidente: *Africa* — **2** che è proprio dell'Europa e di quei paesi extraeuropei la cui cultura e civiltà sono più vicine a quelle europee: *il mondo* — ♦ *s.m.* e *f.* abitante dell'Europa e dell'America del nord.

occidentalismo [oc-ci-den-ta-lì-ʃmo] *s.m.* orientamento di pensiero che considera fondamentale l'apporto dell'occidente alla civiltà mondiale.

occidentalizzare [oc-ci-den-ta-liʒ-ʒà-re] *v.tr.* conformare altri paesi ai modelli economici, politici e culturali europei e nordamericani ♦ **occidentalizzarsi** *v.intr.pron.* assimilare, seguire modelli di vita occidentali.

occidentalizzazione [oc-ci-den-ta-liʒ-ʒa-zió-ne] *s.f.* l'occidentalizzare, l'occidentalizzarsi; assimilazione di modelli occidentali.

occidente [oc-ci-dèn-te] *s.m.* **1** la parte dell'orizzonte dove tramonta il sole, detta anche *ovest* o *ponente*; la posizione d'un punto geografico che sia a ovest rispetto a un altro: *viaggiare verso* — **2** (*estens.*) regioni situate a occidente | *Occidente*, le regioni europee rispetto a quelle asiatiche.

-occio suffisso alterativo di aggettivi; ha valore diminutivo-vezzeggiativo (*grassoccio*).

occipitale [oc-ci-pi-tà-le] *agg.* (*anat.*) dell'occipite: *osso* —.

occipite [oc-cì-pi-te] *s.m.* (*anat.*) la regione posteriore del cranio.

occludere [oc-clù-de-re] *v.tr.* [pass.rem. *io occluʃi, tu occludésti ecc.*; part.pass. *occluʃo*] (*scient.*) interrompere, ostruire un flusso, un passaggio in una cavità, in un canale, in un tubo: — *un vaso sanguigno*.

occlusione [oc-clu-ʃió-ne] *s.f.* l'occludere, l'essere occluso | — *intestinale*, (*med.*) stato patologico causato dalla stagnazione del contenuto dell'intestino.

occlusivo [oc-clu-ʃì-vo] *agg.* che si riferisce, che è dovuto a un'occlusione | *consonanti occlusive*, (*ling.*) consonanti nella cui articolazione il canale vocale rimane momentaneamente chiuso per riaprirsi subito dopo (in it. *p*, *b*, *t*, *d*, *c* e *g* gutturali).

occluso [oc-clù-ʃo] *agg.* (*med.*) che è in stato di occlusione intestinale.

occorrente [oc-cor-rèn-te] *agg.* che serve, che occorre per raggiungere un determinato fine: *il materiale — per la costruzione* ♦ *s.m.* ciò che occorre per realizzare uno scopo o per eseguire un lavoro: *l'— per scrivere*.

occorrenza[1] [oc-cor-rèn-za] *s.f.* bisogno, necessità | *all'*—, in caso di necessità.

occorrenza[2] *s.f.* ciascuna delle volte che un elemento linguistico compare in un testo | (*estens.*) ricorrenza di un qualsiasi fatto o fenomeno.

occorrere [oc-cór-re-re] *v.intr.* [coniugato come *correre*; aus. *essere*] essere necessario: *mi occorreva del denaro* ♦ *v.intr.impers.* essere necessario, bisognare: *occorre far presto*.

occultabile [oc-cul-tà-bi-le] *agg.* che si può occultare.

occultamento [oc-cul-ta-mén-to] *s.m.* l'occultare, l'essere occultato: — *di cadavere*.

occultare [oc-cul-tà-re] *v.tr.* **1** mettere qlco. in un luogo dove sia impossibile o difficile trovarla; nascondere: — *la refurtiva* **2** (*fig.*) impedire che qlco. venga a conoscenza di altri: — *la verità* **3** (*astr.*) eclissare un corpo celeste ♦ **occultarsi** *v. rifl.* o *intr.pron.* nascondersi; eclissarsi.

occultazione [oc-cul-ta-zió-ne] *s.f.* **1** occultamento **2** (*astr.*) sparizione parziale o totale di un astro dietro un altro; eclissi.

occultismo [oc-cul-tì-ʃmo] *s.m.* l'insieme delle pratiche mediante le quali si presume di poter indagare l'esistenza di forze che sarebbero presenti in natura ma non spiegabili scientificamente.

occultista [oc-cul-tì-sta] *s.m.* e *f.* [pl.m. *-sti*] chi si dedica all'occultismo.

occultistico [oc-cul-tì-sti-co] *agg.* [pl.m. *-ci*] che si riferisce all'occultismo, agli occultisti: *pratiche occultistiche*.

occulto [oc-cùl-to] *agg.* non manifesto; nascosto, segreto, misterioso: *poteri occulti* | *scienze occulte*, le dottrine dell'occultismo ♦ *s.m.* ciò che ha a che fare con l'occultismo: *il mondo dell'*— □ **occultamente** *avv.* in modo occulto; di nascosto.

occupante [oc-cu-pàn-te] *agg.* e *s.m.* e *f.* che/chi occupa.

occupare [oc-cu-pà-re] *v.tr.* [*io òccupo ecc.*] **1** prendere possesso di un luogo, di locali, in maniera legittima o illegittima: — *il suolo pubblico*; — *un palazzo*; — *un posto*, in sale di spettacolo, nei treni e sim., starvi seduto o riservarlo per qlcu. | controllare un territorio conquistato militarmente: *la Francia fu occupata dai tedeschi* **2** riempire uno spazio: *lo scaffale occupa la parete* **3** (*fig.*) ricoprire un ufficio, un incarico: — *un posto di responsabilità* **4** dar lavoro a qlcu., tenerlo alle proprie dipendenze: *un'azienda che occupa trecento persone* **5** impiegare il tempo: — *le giornate leggendo* **6** (*fig.*) impegnare; tenere intento, assorto: — *la mente* ♦ **occuparsi** *v. intr.pron.* **1** interessarsi, dedicarsi: — *di musica* | prendersi cura, badare: — *dei bambini* **2** impiegarsi: — *in un'azienda.*

occupato [oc-cu-pà-to] *agg.* **1** si dice di spazio, locale, servizio non disponibile perché impegnato da altri: *il telefono è* — | *paese* —, invaso da un esercito nemico | *fabbrica, scuola occupata*, di cui si sono impadroniti i lavoratori, gli studenti per protesta | *casa occupata*, abitata da persone che non ne hanno il titolo legale **2** detto di persona, indaffarato, impegnato: *essere molto* — | che ha un lavoro, un'occupazione regolare ♦ *s.m.* [f. *-a*] persona che ha un'occupazione, un lavoro (si contrappone a *disoccupato*).

occupazionale [oc-cu-pa-zio-nà-le] *agg.* che riguarda gli occupati, l'occupazione da lavoro.

occupazione [oc-cu-pa-zió-ne] *s.f.* **1** l'occupare, l'essere occupato: — *di suolo pubblico* | invasione e controllo militare di un territorio: *truppe d'*— | forma di protesta per cui i locali in cui si svolge un'attività vengono occupati da coloro che vi operano, per impedire il regolare svolgimento dell'attività stessa: *l'— di una scuola* **2** lavoro o impiego retribuito: *giovani in cerca di prima* — | attività in genere: *avere molte occupazioni* **3** (*econ.*) l'insieme delle persone che svolgono un'attività economica non saltuaria: *ridurre l'*—.

oceanico [o-ce-à-ni-co] *agg.* [pl.m. *-ci*] **1** proprio dell'oceano: *corrente oceanica* | *clima* —, quello dei territori che si affacciano sull'oceano **2** (*fig.*) estesissimo, immenso: *folla oceanica.*

oceanina [o-ce-a-nì-na] *s.f.* (*mit.*) ninfa del mare.

oceano [o-cè-a-no] *s.m.* **1** ciascuna delle tre vaste distese di acqua salata che separano i continenti: — *Atlantico, Pacifico, Indiano* **2** (*fig.*) estensione, quantità enorme: *un — di sabbia.*

oceanografia [o-ce-a-no-gra-fì-a] *s.f.* scienza che studia mari e oceani sotto l'aspetto fisico, chimico, biologico e dinamico; talassografia.

oceanografico [o-ce-a-no-grà-fi-co] *agg.* [pl.m. *-ci*] che riguarda l'oceanografia: *museo* —.

oceanografo [o-ce-a-nò-gra-fo] *s.m.* [f. *-a*] studioso, esperto di oceanografia.

ocellato [o-cel-là-to] *agg.* (*zool.*) **1** che ha ocelli **2** che ha macchie a forma di ocelli.

ocello [o-cèl-lo] *s.m.* (*zool.*) **1** piccolo occhio semplice degli insetti e di altri invertebrati **2** ciascuna delle macchie rotonde e scure caratteristiche del piumaggio o del pelame di vari animali, come pavoni o giaguari.

ocelot [/ ose'lo /] *s.m.invar.* (*fr.*) lo stesso che *ozelot* | la pelliccia, molto pregiata, dell'animale.

ocra [ò-cra] *s.f.* **1** varietà di argilla di colore dal giallo al rosso bruno, usata come pigmento nella preparazione di materiali coloranti **2** colore giallo rossiccio | Usato anche come *agg.invar.*: *una tinta* —.

octopus [òc-to-pus] *s.m.invar.* (*zool.*) genere di molluschi cefalopodi a cui appartiene il polpo.

oculare [o-cu-là-re] *agg.* dell'occhio, che riguarda l'occhio: *globo* — | *testimone* —, che riferisce ciò che ha visto con i propri occhi ♦ *s.m.* negli strumenti ottici, lente o sistema di lenti che permette l'osservazione dell'immagine fornita dall'obiettivo.

oculatezza [o-cu-la-téz-za] *s.f.* l'essere oculato; carattere oculato: — *di giudizio.*

oculato [o-cu-là-to] *agg.* **1** che agisce con prudenza e cautela; accorto, avveduto: *un amministratore* — **2** che è fatto con prudenza e ponderazione: *scelta oculata.*

oculiforme [o-cu-li-fór-me] *agg.* (*scient.*) simile a un occhio.

oculista [o-cu-lì-sta] *s.m.* e *f.* [pl.m. *-sti*] medico specializzato in oculistica.

oculistica [o-cu-lì-sti-ca] *s.f.* branca della medicina che studia e cura le malattie dell'occhio e della vista.

oculistico [o-cu-lì-sti-co] *agg.* [pl.m. *-ci*] che concerne l'oculistica, gli oculisti: *gabinetto* —.

od → **o**².

odalisca [o-da-lì-sca] *s.f.* nell'impero ottomano, schiava addetta al servizio delle dame | (*estens.*) concubina di pascià o sultani.

ode [ò-de] *s.f.* nella poesia greca e latina, componimento lirico a struttura metrica variabile | nella poesia italiana, componimento poetico di strofe di cinque o sei versi.

odiare [o-dià-re] *v.tr.* [*io òdio ecc.*] **1** avere in odio: *farsi* — | — *a morte*, odiare profondamente **2** provare avversione o ripugnanza per qlco.: — *le polemiche* ♦ **odiarsi** *v.rifl.* odiare sé stesso ♦ *v.rifl.rec.* provare un reciproco sentimento di odio.

odiato [o-dià-to] *agg.* che è oggetto di odio; detestato: *l'— tiranno.*

odierno [o-dièr-no] *agg.* **1** di oggi: *il comunicato* — **2** dei nostri giorni; attuale: *l'uso* — □ **odiernamente** *avv.* oggi, al giorno d'oggi.

odio [ò-dio] *s.m.* **1** sentimento di grande ostilità per cui si desidera il male altrui: *covare un — profondo* | *avere in* —, odiare | *essere in — a qlcu.*, essere odiato da lui | *venire in — a qlcu.*, diventargli odioso **2** senso di ripugnanza, di contrarietà, d'intolleranza per qlco.: *avere in — i compromessi.*

odiosità [o-dio-si-tà] *s.f.* **1** l'essere odioso: *l'— di una persona* **2** (*non com.*) atto, fatto odioso: *le — della guerra.*

odioso [o-dió-so] *agg.* degno d'essere odiato; che

suscita odio e avversione o che risulta antipatico, molesto: *azione odiosa*; *un lavoro* — □ **odiosamente** *avv.*

odissea [o-dis-sè-a] *s.f.* serie di avventure, di peripezie, di disgrazie: *la sua vita fu una lunga* —.

odontalgia [o-don-tal-gì-a] *s.f.* (*med.*) mal di denti.

odontalgico [o-don-tàl-gi-co] *agg.* e *s.m.* [pl.m. -*ci*] (*med.*) si dice di rimedio contro il mal di denti.

odonto- primo elemento di parole composte della terminologia medica, che significa 'denti' (*odontalgia, odontotecnico*).

odontoiatra [o-don-to-ià-tra] *s.m.* e *f.* [pl.m. -*tri*] medico specialista in odontoiatria.

odontoiatria [o-don-to-ia-trì-a] *s.f.* branca della medicina che si occupa della cura delle malattie dei denti.

odontoiatrico [o-don-to-ià-tri-co] *agg.* [pl.m. -*ci*] che riguarda l'odontoiatria o gli odontoiatri: *cure odontoiatriche.*

odontologia [o-don-to-lo-gì-a] *s.f.* lo studio dei denti e delle loro malattie; odontoiatria.

odontologico [o-don-to-lò-gi-co] *agg.* [pl.m. -*ci*] di odontologia; odontoiatrico.

odontopatia [o-don-to-pa-tì-a] *s.f.* nome generico delle malattie dei denti.

odontostomatologia [o-don-to-sto-ma-to-lo-gì-a] *s.f.* settore della medicina che studia le malattie della bocca e dei denti.

odontotecnica [o-don-to-tèc-ni-ca] *s.f.* tecnica sanitaria che si occupa della costruzione di protesi dentarie.

odontotecnico [o-don-to-tèc-ni-co] *agg.* [pl.m. -*ci*] che riguarda l'odontotecnica: *laboratorio* — ♦ *s.m.* tecnico specializzato nella costruzione di protesi dentarie.

odorare [o-do-rà-re] *v.tr.* [*io odóro ecc.*] **1** sentire l'odore di qlco.; annusare: — *un profumo* **2** (*fig.*) intuire, presentire, subodorare: — *un buon affare* ♦ *v.intr.* [aus. *avere*] **1** mandare odore: — *di pulito* **2** (*fig.*) dare sentore; far presagire: *un affare che odora d'imbroglio.*

odorato [o-do-rà-to] *s.m.* senso dell'olfatto: *avere un — molto fine.*

odore [o-dó-re] *s.m.* **1** sensazione prodotta dal contatto di molecole emanate da una sostanza con i recettori dell'olfatto: — *penetrante, di chiuso.* DIM. *odorino* **2** (*fig.*) indizio, sentore: *sentire — d'imbroglio* **3** *pl.* erbe aromatiche usate in cucina.

odorifero [o-do-rì-fe-ro] *agg.* (*lett.*) che emana odore, odoroso.

odoroso [o-do-ró-so] *agg.* che ha, che emana un gradevole odore; profumato: *essenza odorosa.*

off [/ ɔf /] *agg.invar.* (*ingl.*) **1** in diciture su interruttori e altre apparecchiature, indica la posizione di non funzionamento (si contrappone a *on*) **2** riferito a spettacoli o ad altre forme di comunicazione, indica che è fuori dai circuiti ufficiali, che è alternativo: *teatro* —.

offendere [of-fèn-de-re] *v.tr.* [pres. *io offèndo ecc.*; pass.rem. *io offési, tu offendésti ecc.*; part.pass. *offéso*] **1** arrecare danno morale; oltraggiare: — *qlcu. nell'onore* **2** urtare la suscettibilità, la sensibilità altrui: *se non accetti, mi offendi* **3** violare, profanare, oltraggiare: — *il buon gusto* **4** colpire materialmente; ledere, lesionare: *il proiettile non ha offeso organi vitali* **5** colpire con molestia; infastidire: *una luce che offende la vista* ♦ **offendersi** *v.rifl.rec.* scambiarsi ingiurie, offese ♦ *v.intr.pron.* sentirsi offeso; impermalirsi: — *per un nonnulla.*

offensiva [of-fen-sì-va] *s.f.* **1** attacco militare in grande stile: *sferrare un'* — **2** (*estens.*) energica iniziativa volta a ottenere qlco.: *un'* — *di pace*; — *pubblicitaria*, campagna di propaganda molto attiva.

offensivo [of-fen-sì-vo] *agg.* **1** che offende, che reca ingiuria; oltraggioso: *gesto* — **2** che serve per offendere, per attaccare: *manovra offensiva* □ **offensivamente** *avv.* in modo offensivo, oltraggioso.

offensore [of-fen-só-re] *s.m.* [f. *offenditrice*] chi muove guerra per primo; aggressore.

offerente [of-fe-rèn-te] *s.m.* e *f.* **1** chi fa un'offerta **2** chi offre un prezzo nelle aste: *vendere al miglior* —.

offerta [of-fèr-ta] *s.f.* **1** l'offrire, l'offrirsi, l'essere offerto: — *di denaro* | proposta di vendita a condizioni vantaggiose: — *speciale* **2** il denaro, le cose che si offrono: *deporre le offerte sull'altare* **3** (*econ.*) la quantità di un bene che i produttori vendono a un dato prezzo (si contrappone a *domanda*) **4** proposta di prezzo da parte dell'acquirente: *fare un'* — *più bassa.*

offerto [of-fèr-to] *agg.* dato, concesso, presentato, proposto | posto in vendita.

offertorio [of-fer-tò-rio] *s.m.* (*lit.*) parte della messa in cui il sacerdote offre a Dio il pane e il vino prima della loro consacrazione.

offesa [of-fé-sa] *s.f.* **1** l'offendere, l'essere offeso; le parole o l'atto con cui si offende: — *alla dignità*; *vendicare un'* — **2** azione di attacco: *armi da* —.

offeso [of-fé-so] *agg.* **1** che ha ricevuto un'offesa e ne è risentito: *mostrarsi* — **2** si dice di organo o di parte del corpo che abbia subito una lesione o che sia rimasto invalido: *avere un braccio* — ♦ *s.m.* [f. -*a*] chi ha ricevuto un'offesa | *fare l'*—, comportarsi in modo manifestamente risentito.

office automation [/ ˈoffis autoˈmeʃʃon /] *loc.sost.f. invar.* (*ingl.*) l'applicazione delle tecnologie informatiche e telematiche alle attività d'ufficio, per razionalizzarle e velocizzarle; automazione del lavoro d'ufficio.

officiante [of-fi-ciàn-te] *agg.* e *s.m.* (*eccl.*) che/chi presiede una cerimonia sacra come celebrante.

officiare [of-fi-cià-re] *v.intr.* [*io officio ecc.*; aus. *avere*] (*eccl.*) celebrare gli uffici divini.

officiatura → **ufficiatura**.

officina [of-fi-cì-na] *s.f.* complesso di impianti adibiti a lavorazioni artigianali o industriali; i locali in cui sono installati tali impianti | laboratorio meccanico per la riparazione di veicoli a motore: *portare l'auto in —*.

officinale [of-fi-ci-nà-le] *agg.* che serve a scopi farmaceutici: *piante officinali*.

off limits [/ ɔf'limits /] *loc.agg.invar.* (*ingl.*) **1** si dice di luogo in cui è vietato l'accesso **2** (*fig.*) non permesso, proibito: *comportamento —*.

off line [/ ɔf'lain /] *loc.agg.invar.* (*ingl.*) (*inform.*) si dice di apparecchiature o di archivi di dati che non sono in collegamento con un elaboratore (si contrappone a *on line*).

offrire [of-frì-re] *v.tr.* [pres. *io òffro ecc.*; pass.rem. *io offrìi* o *offèrsi, tu offristi ecc.*; part.pass. *offèrto*] **1** fare atto di dare a qlcu. una cosa perché l'accetti; esprimere a parole tale intenzione: *— il proprio aiuto*; *— da bere* **2** dichiararsi disposto a pagare una certa cifra per qlco. o a dare un'altra cosa in cambio: *— un indennizzo* **3** presentare, dare, fornire: *la terrazza offre una magnifica vista* **4** presentare alla divinità: *gli antichi offrivano sacrifici agli dei* ♦ **offrirsi** *v.rifl.* dichiarare la propria disponibilità a fare qlco.; mettersi a disposizione: *— volontario* ♦ *v.intr.pron.* mostrarsi, presentarsi: *uno spettacolo grandioso si offrì ai loro occhi*.

offset [/ 'ɔfset /] *agg.* e *s.m.invar.* (*ingl.*) si dice di procedimento di stampa litografica indiretta, in cui l'immagine viene trasportata dalla matrice su un cilindro di gomma e da questo impressa sulla carta; della macchina che realizza questo procedimento.

offshore [/ ɔf'ʃɔr /] *agg.invar.* (*ingl.*) **1** si dice di gara motonautica d'altura; anche, dei grandi motoscafi che la disputano **2** si dice di società finanziaria operante in paesi che offrono particolari vantaggi fiscali.

offuscamento [of-fu-sca-mén-to] *s.m.* l'offuscare, l'offuscarsi, l'essere offuscato: *— della ragione*.

offuscare [of-fu-scà-re] *v.tr.* [*io offusco, tu offuschi ecc.*] **1** rendere fosco, scuro: *le nubi offuscano il sole* **2** (*fig.*) far scadere; diminuire, sminuire: *una bellezza che gli anni hanno offuscato* **3** privare di chiarezza, rendere confuso: *l'odio offusca la mente* ♦ **offuscarsi** *v.intr.pron.* **1** diventare fosco; oscurarsi: *il cielo si offuscò all'improvviso* **2** perdere chiarezza, confondersi: *gli si offuscò la vista*.

ofidi [o-fì-di] *s.m.pl.* (*zool.*) sottordine di rettili squamati, chiamati comunemente *serpenti*.

ofiologia [o-fio-lo-gì-a] *s.f.* settore della zoologia che studia i serpenti.

oftalmia [of-tal-mì-a] *s.f.* (*med.*) infiammazione degli occhi.

oftalmico [of-tàl-mi-co] *agg.* [pl.m. *-ci*] che si riferisce agli occhi, alle malattie degli occhi: *clinica oftalmica*.

oftalmo- primo elemento di parole della terminologia scientifica, che indica relazione con gli occhi (*oftalmoscopia*).

oftalmologia [of-tal-mo-lo-gì-a] *s.f.* (*med.*) studio dell'occhio, delle sue funzioni e delle sue malattie.

oftalmologo [of-tal-mò-lo-go] *s.m.* [f. *-a*; pl.m. *-gi*] studioso di oftalmologia.

oftalmoscopia [of-tal-mo-sco-pì-a] *s.f.* (*med.*) osservazione interna dell'occhio.

oftalmoscopio [of-tal-mo-scò-pio] *s.m.* strumento usato per l'oftalmoscopia.

oggettistica [og-get-tì-sti-ca] *s.f.* il settore commerciale della produzione e vendita di oggetti da regalo e per la casa.

oggettivare [og-get-ti-và-re] *v.tr.* **1** rendere oggettivo; estrinsecare, esprimere in forma concreta: *— uno stato d'animo* **2** (*estens.*) rendere concreto, evidente e percepibile un concetto astratto o una nozione teorica ♦ **oggettivarsi** *v.intr.pron.* divenire oggettivo, estrinseco, concreto.

oggettivazione [og-get-ti-va-zió-ne] *s.f.* l'oggettivare, l'oggettivarsi, l'essere oggettivato.

oggettivismo [og-get-ti-vì-ʃmo] *s.m.* (*filos.*) ogni concezione che riconosca l'esistenza della realtà indipendentemente dal soggetto che la conosce (si contrappone a *soggettivismo*): *l'— di Platone*.

oggettività [og-get-ti-vi-tà] *s.f.* **1** l'essere oggettivo; realtà oggettiva **2** obiettività, imparzialità (contrapposta a *soggettività*): *giudicare con —*.

oggettivo [og-get-tì-vo] *agg.* **1** che concerne la realtà in sé; che si presenta come cosa in sé: *realtà oggettiva* | *proposizione oggettiva*, (*gramm.*) proposizione dipendente che ha la funzione di complemento oggetto del verbo della reggente (p.e. disse *che non poteva venire*) **2** obiettivo, imparziale, spassionato: *giudizio —* □ **oggettivamente** *avv.* **1** nei fatti; in base a dati di fatto **2** con imparzialità, spassionatamente.

oggetto [og-gèt-to] *s.m.* **1** (*filos.*) tutto ciò che è percepito dal soggetto come diverso da sé; il mondo esterno **2** ciò che costituisce il termine di un'attività, di un sentimento; fine, scopo: *l'— delle ricerche*; *essere — di venerazione* | *complemento —*, (*gramm.*) termine su cui si esercita direttamente l'azione del verbo **3** ciò che cade sotto i sensi; cosa concreta, materiale: *oggetti d'uso*; *un — di valore*. DIM. *oggettino* **4** materia, argomento, contenuto: *l'— del discorso* | Usato anche come *agg.invar.* riferito a persona, per sottolineare che viene considerata alla stregua di una cosa, come se fosse priva di volontà e sentimenti: *donna —*.

oggettuale [og-get-tu-à-le] *agg.* dell'oggetto, relativo all'oggetto, agli oggetti.

oggi [òg-gi] *avv.* **1** nel giorno in corso: *arriverà —* | in espressioni rafforzate: *— stesso* | *d'— in poi*, a partire da questo momento | *— come —*, al presente **2** contrapposto a *ieri* o *domani*, con valore più generico: *— vuole una cosa domani un'altra* **3** nel tempo presente, nell'epoca attuale: *— i giovani sono più indipendenti* ♦ *s.m.* **1** il giorno presente: *la notizia è di —*; *per — basta così* | *dall'— al domani*, (*fig.*) improvvisamente, di colpo **2** il presente, l'epoca attuale: *l'— è più certo del domani* | *al giorno d'—*, in questi tempi, attualmente.

oggidì [og-gi-dì] *avv.* e *s.m.* oggigiorno.
oggigiorno [og-gi-giór-no] *avv.* al giorno d'oggi, al tempo presente: — *trovar lavoro non è facile* ♦ *s.m.* il tempo presente: *gli uomini d'—*.
ogiva [o-gì-va] *s.f.* **1** nell'architettura gotica, nervatura diagonale di rinforzo delle volte: *volta a —*, si dice di una volta a sesto acuto del tipo di quella gotica **2** parte anteriore di un proiettile o di un missile.
ogivale [o-gi-và-le] *agg.* conformato a ogiva, a sesto acuto: *finestra —*.
ogni [ó-gni] *agg.indef.* [solo *sing.*] **1** ciascuno (si riferisce a un singolo elemento considerato come parte di un insieme): — *giorno c'è una novità* **2** qualsiasi, qualunque: *persone d'— età* | *in — caso*, comunque | *in — modo*, a qualunque costo | *a — modo*, tuttavia | *oltre — dire*, più di quanto si possa dire **3** con valore distributivo: — *50 km c'è una stazione di servizio* | — *tanto*, di tanto in tanto | — *due*, — *tre ecc.*, uno sì e uno no, uno sì e due no ecc.
ogniqualvolta [o-gni-qual-vòl-ta], o **ogni qual volta**, *cong.* ogni volta che: — *hai bisogno, chiamami.*
Ognissanti [O-gnis-sàn-ti] *s.m.* la festa cattolica di tutti i santi, celebrata il 1° novembre.
-ognolo suffisso usato per formare aggettivi indicanti una tonalità sbiadita di colore o in genere un livello minore della qualità espressa dal termine da cui derivano (*azzurrognolo, amarognolo*).
ognora [o-gnó-ra] *avv.* (*lett.*) sempre.
ognuno [o-gnù-no] *pron.indef.* [solo *sing.*] ciascun uomo, ciascuna persona: — *è artefice del proprio destino* | seguito dal partitivo: — *di noi.*
oh [òh *o* óh] *inter.* esprime, secondo il tono con cui è pronunciata, dolore, piacere, meraviglia, sdegno, compassione ecc.
ohi [òhi] *inter.* esprime dolore, disappunto, meraviglia o altro.
ohibò [ohi-bò], o **oibò**, *inter.* esprime sdegno, disapprovazione, viva sorpresa e sim.
ohimè [ohi-mè], o **oimè**, *inter.* esprime dolore e disperazione; equivale a 'povero me': —, *che ho fatto!*
ohm [/ ɔm /] *s.m.invar.* (*ted.*) (*fis.*) unità di misura del Sistema Internazionale, pari alla resistenza elettrica esistente tra due punti di un conduttore quando la differenza di potenziale di 1 volt tra loro produce la corrente di 1 ampere.
ohmmetro [ohm-me-tro; / 'ɔmmetro /] *s.m.* (*fis.*) strumento per la misurazione in ohm di resistenze elettriche.
oibò → **ohibò**.
-oide secondo elemento di parole composte, che indica somiglianza, affinità, relazione, analogia con ciò che è espresso dal primo membro (*antropoide*); può anche avere sfumatura scherzosa (*mattoide*) o negativa (*intellettualoide*).
oïl [/ o'il /] *s.m.* (*fr.*) usato solo nella denominazione *lingua d'—*, il francese antico, antica lingua letteraria della Francia settentrionale e centrale.
oimè → **ohimè**.
o.k. [/ o'kɛi /] *inter.* (*ingl.*) sigla anglosassone di assenso, autorizzazione e sim. ♦ *s.m.* benestare, approvazione: *dare l'—*.
okapi [o-kà-pi] *s.m.* mammifero ruminante africano con pelame bruno-rossastro, muso allungato, arti alti e zebrati.
okay [/ o'kɛi /] *inter.* (*ingl.*) lo stesso che *o.k.*
ola [ò-la] *s.f.* movimento coreografico degli spettatori in uno stadio, che si alzano e si risiedono in successione, dando l'impressione visiva di un'onda che si sposta.
olà [o-là] *inter.* modo di richiamare imperiosamente l'attenzione altrui (spesso *scherz.*): —, *fermatevi!*
olandese [o-lan-dé-se] *agg.* dell'Olanda ♦ *s.m.* **1** [anche *f.*] nativo, abitante dell'Olanda **2** lingua dell'Olanda **3** formaggio dolce a pasta compatta, prodotto in forme sferiche colorate di rosso all'esterno.
olandria [o-lan-drì-a] *s.f.* in genetica, ereditarietà legata al sesso, per cui un certo carattere si trasmette solo agli individui maschi.
olé [o-lé] *inter.* usata scherzosamente come esortazione o per dare risalto a un gesto.
oleacee [o-le-à-ce-e] *s.f.pl.* (*bot.*) famiglia di piante dicotiledoni, arboree o arbustive, a cui appartengono l'olivo e il frassino.
oleandro [o-le-àn-dro] *s.m.* arbusto ornamentale con foglie lanceolate e fiori profumati bianchi o rosa raccolti in corimbi.
oleario [o-le-à-rio] *agg.* dell'olio: *mercato —* | *mosca olearia*, mosca le cui larve si nutrono di olive.
oleato [o-le-à-to] *agg.* (*non com.*) oliato | *carta oleata*, impregnata di cera o paraffina e resa impermeabile.
oleico [o-lèi-co] *agg.* [pl.m. *-ci*] (*chim.*) si dice di acido presente nei grassi animali e negli oli vegetali; è usato per fabbricare lubrificanti, resine, detersivi ecc.
oleicolo [o-le-ì-co-lo] *agg.* olivicolo.
oleicoltore [o-lei-col-tó-re] *s.m.* olivicoltore.
oleicoltura [o-lei-col-tù-ra] *s.f.* olivicoltura.
oleifero [o-le-ì-fe-ro] *agg.* che dà olio: *seme —*.
oleificio [o-lei-fì-cio] *s.m.* stabilimento per la produzione dell'olio.
oleo- primo elemento di parole composte della terminologia scientifica e tecnica, che significa 'olio, sostanza grassa' (*oleodotto*) o indica connessione con l'olio o con le olive (*oleoso*).
oleochimica [o-leo-chì-mi-ca] *s.f.* la parte della chimica che studia gli oli e le sostanze grasse.
oleodotto [o-le-o-dót-to] *s.m.* conduttura fissa per il trasporto del petrolio greggio dai campi petroliferi alle raffinerie o ai porti d'imbarco, e dei prodotti finiti dalle raffinerie ai depositi.
oleografia [o-le-o-gra-fì-a] *s.f.* **1** procedimento di stampa che consiste nel distribuire dei colori grassi su una lastra che si imprime poi su fogli | l'immagine così ottenuta, che ricorda i dipinti a

olio 2 (*estens.*) illustrazione, dipinto di scarso valore, privo di originalità.

oleografico [o-le-o-grà-fi-co] *agg.* [pl.m. *-ci*] 1 relativo alla oleografia 2 (*fig.*) privo di originalità; convenzionale, manierato: *descrizione oleografica* □ **oleograficamente** *avv.* 1 con tecnica oleografica 2 in modo convenzionale.

oleografismo [o-le-o-gra-fì-ʃmo] *s.m.* in arte, ricercatezza manierata, priva di originalità e di forza espressiva.

oleoresina [o-leo-rè-ʃi-na] *s.f.* soluzione di resina naturale in oli essenziali volatili.

oleosità [o-le-o-si-tà] *s.f.* l'essere oleoso; consistenza e aspetto delle sostanze oleose.

oleoso [o-le-ó-so] *agg.* 1 che contiene olio: *semi oleosi* 2 che ha l'aspetto o la consistenza dell'olio: *liquido —*.

olezzante [o-leʒ-ʒàn-te] *agg.* (*lett.*) profumato, odoroso.

olezzare [o-leʒ-ʒà-re] *v.intr.* [*io oléʒʒo ecc.*; aus. *avere*] (*lett.*) emanare un odore gradevole.

olezzo [o-léʒ-ʒo] *s.m.* 1 (*lett.*) odore gradevole, profumo 2 (*scherz.*) cattivo odore, puzzo.

olfattivo [ol-fat-tì-vo] *agg.* dell'olfatto: *sensibilità olfattiva.*

olfatto [ol-fàt-to] *s.m.* il senso con il quale si percepiscono gli odori; odorato: *l'— molto sviluppato dei cani.*

olfattorio [ol-fat-tò-rio] *agg.* dell'olfatto: *nervo —*, (*anat.*) nervo cranico che innerva la mucosa nasale e trasmette al cervello le sensazioni olfattive.

oliare [o-lià-re] *v.tr.* [*io òlio ecc.*] cospargere di olio; ungere, lubrificare: *— un ingranaggio.*

oliata [o-lià-ta] *s.f.* (*fam.*) il condire o il lubrificare con olio: *dare un'— alla serratura.*

oliato [o-lià-to] *agg.* 1 lubrificato con olio: *motore —* 2 condito con olio: *insalata ben oliata.*

oliatore [o-lia-tó-re] *s.m.* contenitore portatile di olio lubrificante, munito di lungo becco.

oliatura [o-lia-tù-ra] *s.f.* l'oliare, l'essere oliato.

oliera [o-liè-ra] *s.f.* contenitore di olio da tavola.

oligarchia [o-li-gar-chì-a] *s.f.* 1 tipo di governo in cui i poteri sono concentrati nelle mani di pochi cittadini: *l'— ateniese dei trenta tiranni* 2 (*estens.*) ristretta cerchia di persone che detiene il potere in organizzazioni, istituzioni, enti.

oligarchico [o-li-gàr-chi-co] *agg.* [pl.m. *-ci*] proprio dell'oligarchia: *governo —* ♦ *s.m.* [f. *-a*] sostenitore dell'oligarchia □ **oligarchicamente** *avv.* in forma oligarchica: *stato governato —.*

oligo- primo elemento di parole composte della terminologia scientifica, che significa 'poco, pochi' (*oligominerale, oligarchia*).

oligocene [o-li-go-cè-ne] *s.m.* (*geol.*) terza epoca del paleogene.

oligocheti [o-li-go-chè-ti] *s.m.pl.* (*zool.*) classe di anellidi di terra o d'acqua dolce, a cui appartengono i lombrichi.

oligocitemia [o-li-go-ci-te-mì-a] *s.f.* (*med.*) diminuzione del numero degli elementi corpuscolari del sangue | diminuzione dei soli globuli rossi.

oligofrenia [o-li-go-fre-nì-a] *s.f.* (*med.*) deficienza mentale congenita o acquisita.

oligofrenico [o-li-go-frè-ni-co] *agg.* [pl.m. *-ci*] (*med.*) relativo a oligofrenia: *stato —* ♦ *agg.* e *s.m.* [f. *-a*] si dice di chi è affetto da oligofrenia.

oligominerale [o-li-go-mi-ne-rà-le] *agg.* si dice di acqua minerale contenente sostanze minerali in percentuale non superiore a 0,2 grammi per litro.

oligopolio [o-li-go-pò-lio] *s.m.* (*econ.*) situazione di mercato in cui una merce o un servizio sono offerti da un ristretto numero di operatori, che sono pertanto in grado di influenzare il mercato.

oligopolistico [o-li-go-po-lì-sti-co] *agg.* [pl.m. *-ci*] (*econ.*) proprio dell'oligopolio: *mercato —.*

olimpiade [o-lim-pì-a-de] *s.f.* 1 nella Grecia antica, giochi celebrati ogni quattro anni nella città di Olimpia, ai quali partecipavano cittadini di tutti gli stati greci 2 (spec. *pl.*) manifestazione sportiva che si svolge ogni quattro anni in un paese sempre diverso e riguarda quasi tutti gli sport praticati: *le olimpiadi di Atlanta* | *olimpiadi invernali*, riservate agli sport della neve e del ghiaccio.

olimpicità [o-lim-pi-ci-tà] *s.f.* calma imperturbabile.

olimpico[1] [o-lìm-pi-co] *agg.* [pl.m. *-ci*] 1 del monte Olimpo, ritenuto sede degli dei nell'antica religione greca 2 (*fig.*) sereno, imperturbabile: *calma olimpica* □ **olimpicamente** *avv.* imperturbabilmente.

olimpico[2] *agg.* di Olimpia, delle olimpiadi: *campione —* | *piscina olimpica*, che ha le misure richieste per le gare delle olimpiadi.

olimpionico [o-lim-piò-ni-co] *agg.* [pl.m. *-ci*] 1 delle olimpiadi: *primato —* 2 si dice di costume da bagno femminile in un solo pezzo, del tipo di quello usato dalle nuotatrici nelle gare olimpiche ♦ *agg.* e *s.m.* [f. *-a*] che/chi partecipa a un'olimpiade: *squadra olimpionica.*

olimpo [o-lìm-po] *s.m.* 1 *Olimpo*, (*mit.*) monte della Grecia ritenuto la sede degli dei 2 (*fig.*) il gruppo ristretto al vertice di una classe, di una categoria e sim.: *entrare nell'— dei vincitori.*

-olino secondo elemento di aggettivi e sostantivi alterati con valore diminutivo e vezzeggiativo insieme (*magrolino, pesciolino*).

olio [ò-lio] *s.m.* 1 sostanza liquida untuosa, di composizione varia, insolubile in acqua | *oli vegetali*, ricavati dai semi o dai frutti di alcune piante: *— d'oliva*, spremuto dalle olive; *colori a —*, preparati stemperando i pigmenti in oli vegetali | *oli animali*, estratti da tessuti animali: *— di fegato di merluzzo*, usato in medicina per il suo alto contenuto di vitamine A e D | *oli minerali*, idrocarburi presenti in natura allo stato liquido o ricavati da sostanze minerali (asfalti, bitumi, scisti, ligniti, carboni): *— di vaselina*; *oli combustibili*, impiegati per la produzione di energia termica e meccanica; *oli lubrificanti*, usati per la lubrificazione di parti meccaniche | *oli essenziali*, sostanze volatili di odore penetrante estratte da fiori, frutti o altre parti di piante, usate in medicina e in profumeria **2** olio d'oliva | — *santo*, (*lit.*) olio d'oliva consacrato che s'impiega nel sacramento dell'unzione degli infermi: *ricevere l'— santo* **3** in loc. fig.: *gettare — sul fuoco*, rinfocolare ire o passioni; *mare liscio come l'—*, calmissimo | — *di gomito*, (*scherz.*) il lavoro manuale faticoso e ripetitivo, ma efficace **4** qualsiasi cosmetico liquido di consistenza oleosa: — *solare*, che protegge la pelle da scottature **5** (*pitt.*) quadro, dipinto con colori a olio: *un — di Modigliani*.

olismo [o-lì-ʃmo] *s.m.* **1** teoria biologica secondo la quale l'organismo deve essere studiato in quanto totalità e non in quanto semplice somma di parti **2** ogni concezione filosofica e sociologica secondo cui la società è una totalità non riducibile alla somma degli individui e delle loro azioni.

oliva [o-lì-va] *s.f.* il frutto dell'olivo, costituito da una piccola drupa ovale ricca di olio commestibile: *snocciolare le olive* | *verde —*, il colore verde proprio dell'oliva non ancora matura. DIM. *olivetta*.

olivastro [o-li-và-stro] *agg.* detto di carnagione, di color bruno tendente al verde: *pelle olivastra*.

olivetano [o-li-ve-tà-no] *s.m.* monaco benedettino della congregazione fondata dal beato Bernardo Tolomei nel 1313 sul monte Oliveto.

oliveto [o-li-vé-to], o **uliveto**, *s.m.* terreno piantato a olivi.

olivicolo [o-li-vì-co-lo] *agg.* che concerne la coltivazione dell'olivo.

olivicoltore [o-li-vi-col-tó-re] *s.m.* [f. *-trice*] chi si dedica alla coltivazione dell'olivo; oleicoltore.

olivicoltura [o-li-vi-col-tù-ra] *s.f.* coltivazione dell'olivo; oleicoltura.

olivina [o-li-vì-na] *s.f.* minerale del gruppo dei silicati, una varietà del quale si usa come gemma.

olivo [o-lì-vo], o **ulivo**, *s.m.* albero sempreverde tipico della zona mediterranea, con foglie ovali di color verde scuro nella pagina superiore, verde argenteo in quella inferiore, e drupe verdastre o nere, dalle quali si estrae l'olio | *ramoscello d'—*, è simbolo di pace.

olla [òl-la] *s.f.* (*archeol.*) nell'antica Roma, vaso panciuto che conteneva le ceneri di un defunto.

olmacee [ol-mà-ce-e] *s.f.pl.* (*bot.*) famiglia di piante dicotiledoni, a cui appartiene l'olmo.

olmio [òl-mio] *s.m.* elemento chimico di simbolo *Ho*; è un metallo delle terre rare.

olmo [ól-mo] *s.m.* albero di alto fusto con foglie ovali e piccoli fiori rossicci riuniti in mazzetti.

-olo secondo elemento che unito ad aggettivi o sostantivi forma alterati con valore diminutivo o vezzeggiativo (*bestiola*), oppure stabilisce una relazione, una provenienza (*campagnolo*).

olocausto [o-lo-càu-sto] *s.m.* sacrificio totale, supremo: *offrirsi in —* | (*st.*) lo sterminio degli ebrei durante la seconda guerra mondiale.

olocene [o-lo-cè-ne] *s.m.* (*geol.*) il più recente periodo dell'era neozoica, iniziato con il ritiro dei ghiacciai dopo l'ultima glaciazione.

olocenico [o-lo-cè-ni-co] *agg.* [pl.m. *-ci*] (*geol.*) dell'olocene.

olofrastico [o-lo-frà-sti-co] *agg.* [pl.m. *-ci*] (*ling.*) si dice di parola che sta al posto di un'intera frase (p.e. *sì*, *no* nelle risposte).

ologenesi [o-lo-gè-ne-ʃi] *s.f.* (*biol.*) teoria secondo la quale l'evoluzione delle specie procede in modo analogo allo sviluppo di un singolo individuo, indipendentemente da fattori esterni.

ologinia [o-lo-gi-nì-a] *s.f.* in genetica, ereditarietà legata al sesso, per cui un certo carattere si trasmette solo agli individui femmine.

olografia [o-lo-gra-fì-a] *s.f.* procedimento di registrazione e ricostruzione di ologrammi.

olografico [o-lo-grà-fi-co] *agg.* di olografia, ottenuto per olografia □ **olograficamente** *avv.* con procedimento olografico.

olografo [o-lò-gra-fo] *agg.* (*dir.*) si dice del testamento scritto per intero di proprio pugno dal testatore.

ologramma [o-lo-gràm-ma] *s.m.* [pl. *-mi*] immagine fotografica tridimensionale prodotta dall'incrocio di due fasci laser.

oloturia [o-lo-tù-ria] *s.f.* animale marino degli echinodermi dal corpo a forma di sacco allungato; cetriolo di mare.

oltra- → **oltre-** e **ultra-**

oltraggiare [ol-trag-già-re] *v.tr.* [*io oltràggio ecc.*] fare segno di oltraggio; offendere gravemente.

oltraggio [ol-tràg-gio] *s.m.* **1** ingiuria, offesa grave arrecata con parole o atti: *vendicarsi di un —* | — *a pubblico ufficiale*, (*dir.*) reato commesso da chi reca offesa all'onore o al prestigio di un pubblico ufficiale **2** (*estens.*) ciò che rappresenta violazione di una norma, di un principio: — *al pudore*.

oltraggioso [ol-trag-gió-so] *agg.* che costituisce oltraggio; offensivo, ingiurioso: *un discorso —* □ **oltraggiosamente** *avv.*

oltralpe [ol-tràl-pe] *avv.* di là dalle Alpi, rispetto all'Italia: *vivere —* ♦ *s.m.invar.* i paesi che, rispetto all'Italia, sono di là dalle Alpi: *usi d'—*.

oltranza [ol-tràn-za] *s.f.* nella loc. *a oltranza*, fino all'ultimo, fino alle estreme conseguenze: *resistere a —*.

oltranzismo [ol-tran-zì-ʃmo] *s.m.* l'atteggiamento, il comportamento degli oltranzisti.

oltranzista [ol-tran-zì-sta] *s.m.* e *f.* [pl.m. *-sti*] chi in politica è su posizioni estremistiche, radicali | Usato anche come *agg.*: *politica —*.

oltranzistico [ol-tran-zì-sti-co] *agg.* [pl.m. *-ci*] di oltranzismo, caratterizzato da oltranzismo □ **oltranzisticamente** *avv.*

oltre [ól-tre] *avv.* **1** più avanti nello spazio: *passare —* | *andare —*, (*fig.*) oltrepassare determinati limiti **2** più in là nel tempo: *una settimana e —* ♦ *prep.* **1** al di là di, di là da (anche *fig.*): — *ogni limite* **2** più di: *è — un'ora che lo aspetto* | in più, in aggiunta a (per lo più costruito con la prep. *a*): — *a questo* | con lo stesso sign.: — *che* (o *oltreché*), — *a*: — *che essere bello è anche utile* **3** all'infuori di: — *a questo, non ho altro da dirti*.

oltre-, o oltra-, primo elemento di parole composte, che significa 'oltre, al di là' di un certo luogo o limite reale (*oltralpe*, *oltremarino*) o figurato (*oltremodo*).

oltrefrontiera [ol-tre-fron-tiè-ra], o oltre frontiera, *agg.* e *s.m.invar.* si dice di paese che si trova al di là della frontiera; di ciò che a esso si riferisce: *i territori* — ♦ *avv.* al di là della frontiera.

oltremanica [ol-tre-mà-ni-ca], o oltre Manica, *agg.* e *s.m.invar.* si dice dell'Inghilterra, della Gran Bretagna; di ciò che a esse si riferisce ♦ *avv.* al di là della Manica.

oltremare [ol-tre-mà-re] *avv.* di là dal mare: *andare* — ♦ *s.m.invar.* **1** territorio situato al di là del mare: *notizie d'—* **2** colore azzurro intenso | Usato come *agg.invar.* di colore azzurro intenso: *blu —*.

oltremarino [ol-tre-ma-rì-no] *agg.* **1** d'oltremare: *terre oltremarine* **2** che ha colore azzurro intenso: *azzurro —*.

oltremisura [ol-tre-mi-ʃù-ra], o oltre misura, *avv.* più del normale; moltissimo, oltremodo.

oltremodo [ol-tre-mò-do] *avv.* oltre la misura normale; straordinariamente, moltissimo: *ciò mi fa — piacere.*

oltremondano [ol-tre-mon-dà-no], lett. ultramondano, *agg.* del mondo dell'al di là; soprannaturale: *esistenza oltremondana.*

oltreoceano [ol-tre-o-cè-a-no] *avv.* di là dall'oceano, con riferimento all'America rispetto all'Europa e viceversa: *andare* — ♦ *s.m.invar.* si dice di paese situato al di là dell'oceano; di ciò che a esso si riferisce: *terre d'—*.

oltrepassare [ol-tre-pas-sà-re] *v.tr.* passare oltre, andare al di là, superare (anche *fig.*): *— i limiti*, esagerare, eccedere.

oltretomba [ol-tre-tóm-ba] *s.m.invar.* ciò che si ritiene sia al di là della morte; il mondo dei morti: *l'— cristiano.*

-oma suffisso di parole composte della terminologia medica che indicano tumefazioni (*ematoma*) o tumori (*fibroma*).

omaccio [o-màc-cio] *s.m.* uomo dal fisico robusto e dall'aspetto minaccioso. ACCR. *omaccione.*

omaggiare [o-mag-già-re] *v.tr.* [*io omàggio ecc.*] (*lett.*) fare, rendere omaggio.

omaggio [o-màg-gio] *s.m.* **1** (*st.*) l'atto con cui il vassallo si univa nel vincolo feudale al suo signore **2** atto di ossequio, di devozione: *rendere — a qlcu.* **3** *pl.* saluto rispettoso, in formule di cortesia: *le porgo i miei omaggi* **4** (*lett.*) offerta, dono: *ricevere un —* | (*estens.*) prodotto distribuito in regalo a scopo pubblicitario: *un — della ditta* | Usato anche come *agg.invar.*: *buono —*.

omaro [ò-ma-ro] *s.m.* gambero di mare; scampo.

omaso [o-mà-ʃo] *s.m.* (*zool.*) la terza delle quattro cavità dello stomaco dei ruminanti.

ombelicale [om-be-li-cà-le] *agg.* dell'ombelico: *cordone —*.

ombelico [om-be-lì-co] *s.m.* [pl. *-chi*] (*anat.*) la cicatrice situata nel punto in cui è stato reciso e legato il cordone ombelicale.

ombra [óm-bra] *s.f.* **1** zona di oscurità prodotta da un corpo opaco che ostacola la luce: *l'— della casa; il muschio cresce sul lato in — del tronco; fare —*, proiettarla | *ombre cinesi*, quelle proiettate su una parete con le mani in modo da richiamare figure di animali | *tramare nell'—*, (*fig.*) di nascosto | *restare nell'—*, (*fig.*) non farsi notare **2** (*estens. lett.*) scarsezza, mancanza di luce; buio, tenebra: *le ombre della sera* **3** l'ombra rispetto al corpo che la produce, del quale essa ripete la sagoma: *vedere la propria — sul pavimento; aver paura della propria —*, (*fig.*) impaurirsi per nulla | *sembrare l'— di sé stesso*, (*fig.*) essere molto dimagrito; aver perduto energia | *esser l'— di qlcu.*, (*fig.*) esserne inseparabile | *all'— di qlcu., di qlco.*, (*fig.*) sotto la sua guida, la sua protezione: *attività che prosperano all'— della malavita* **4** persona o cosa di cui si veda solo una sagoma confusa: *un'— nella nebbia* **5** lo spirito dei morti; spettro, fantasma: *il regno delle ombre* **6** (*fig.*) cosa senza consistenza, mera apparenza: *correre dietro alle ombre* **7** (*estens.*) quantità minima: *senz'— di dubbio* **8** (*fig.*) ciò che turba la serenità, l'equilibrio o che genera fraintendimenti, sospetti: *la notizia getta un'ombra sul suo passato* **9** (*pitt.*) la rappresentazione della zona d'ombra, che dà rilievo alle figure: *contrasto di luce e —* **10** macchia leggera, alone: *dove si è smacchiato è rimasta un'—* | Usato in funzione di *agg.*: *governo —*, gruppo di uomini politici che in un partito d'opposizione svolge compiti analoghi a quelli dei ministri del governo.

ombrare [om-brà-re] *v.tr.* [*io ómbro ecc.*] graduare le ombre per dar rilievo a figure disegnate ♦ **ombrarsi** *v.intr.pron.* presentare delle macchie, delle ombre: *la tovaglia si è ombrata.*

ombratile → **umbratile.**

ombrato [om-brà-to] *agg.* (*non com.*) **1** ombreggiato, offuscato, velato; che presenta macchie diffuse, aloni **2** di disegno o dipinto, che ha le ombreggiature.

ombreggiamento [om-breg-gia-mén-to] *s.m.* l'ombreggiare; ombreggiatura.

ombreggiare [om-breg-già-re] *v.tr.* [*io ombréggio ecc.*] **1** fare ombra a qlco., proiettare ombra su qlco.: *gli alberi ombreggiano il viale* **2** completare con ombreggiature, con chiaroscuri un disegno, un dipinto.

ombreggiato [om-breg-già-to] *agg.* **1** coperto d'ombra, ricco di ombre: *giardino —* **2** che ha ombreggiature: *disegno —*.

ombreggiatura [om-breg-gia-tù-ra] *s.f.* (*pitt.*) rappresentazione del rilievo mediante il chiaroscuro o il tratteggio, per ottenere un graduale variare dei toni.

ombrella [om-brèl-la] *s.f.* (*bot.*) infiorescenza a peduncoli disposti a raggiera inclinata.

ombrellaio [om-brel-là-io] *s.m.* [f. *-a*] chi fabbrica, vende o ripara ombrelli.

ombrellata [om-brel-là-ta] *s.f.* colpo dato con un ombrello.
ombrellifere [om-brel-lì-fe-re] *s.f.pl.* (*bot.*) famiglia di piante dicotiledoni con infiorescenze a ombrella, di cui fanno parte il sedano, la carota, il prezzemolo e il finocchio.
ombrelliforme [om-brel-li-fór-me] *agg.* (*scient.*) che ha forma di ombrello.
ombrellino [om-brel-lì-no] *s.m.* ombrello femminile per ripararsi dal sole.
ombrello [om-brèl-lo] *s.m.* **1** arnese per ripararsi dalla pioggia o dal sole, formato da una cupola di tessuto applicata a un telaio di stecche a raggiera, sostenuto da un fusto la cui estremità funge da impugnatura **2** (*estens.*) qualsiasi oggetto che per la forma o la funzione richiama un ombrello **3** (*fig.*) sistema difensivo militare: — *nucleare*, complesso di apprestamenti difensivi attivi e passivi contro eventuali attacchi nucleari.
ombrellone [om-brel-ló-ne] *s.m.* grosso ombrello che serve a riparare dal sole, sulle spiagge o nei giardini.
ombretto [om-brét-to] *s.m.* cosmetico usato per ombreggiare le palpebre.
ombrina [om-brì-na] *s.f.* grosso pesce marino commestibile di colore argenteo con strisce dorate; ha un bargiglio alla mascella inferiore e pinne con molti raggi.
ombrinale [om-bri-nà-le] *s.m.* (*mar.*) ciascuno dei fori praticati nella murata della nave, per lo scarico in mare dell'acqua dalla coperta.
ombrosità [om-bro-si-tà] *s.f.* l'essere ombroso (anche *fig.*): — *di carattere*.
ombroso [om-bró-so] *agg.* **1** che è in ombra, che ha molta ombra: *luogo* — **2** (*fig.*) che si spaventa facilmente, che si adombra (detto di cavallo) | (*estens.*) permaloso, diffidente, suscettibile (detto di persona o di carattere) **3** che prospera nell'ombra (detto di pianta).
omega [o-mè-ga] *s.m.invar.* nome della ventiquattresima e ultima lettera dell'alfabeto greco, corrispondente a *o* lunga latina | *dall'alfa all'*—, (*fig.*) dal principio alla fine.
omelette [/ ɔmˈlɛt /] *s.f.invar.* (*fr.*) frittata ripiegata, ripiena di ingredienti dolci o salati: — *al prosciutto*.
omelia [o-me-lì-a] *s.f.* (*lit.*) sermone tenuto durante la messa a commento delle letture della Bibbia e del Vangelo | (*estens.*) predica tenuta durante una celebrazione liturgica.
omento [o-mén-to] *s.m.* (*anat.*) parte del peritoneo che, dopo avere avvolto la massa gastrointestinale (*piccolo* —), scende a guisa di grembiule nella parte anteriore della cavità addominale (*grande* —).
omeo- primo elemento di parole composte del linguaggio scientifico, che significa 'simile' (*omeopolare*).
omeopata [o-me-ò-pa-ta] *s.m.* e *f.* [pl.m. *-ti*] medico che cura gli ammalati con il metodo omeopatico.
omeopatia [o-me-o-pa-tì-a] *s.f.* (*med.*) teoria medica secondo la quale le malattie si curano somministrando in minime dosi le stesse sostanze che assunte dall'uomo sano inducono i medesimi sintomi della malattia che si vuole curare.
omeopatico [o-me-o-pà-ti-co] *agg.* [pl.m. *-ci*] (*med.*) che concerne, che segue l'omeopatia: *metodo* — | *dose omeopatica*, (*fig.*) minima □ **omeopaticamente** *avv.* con metodo omeopatico.
omeopolare [o-me-o-po-là-re] *agg.* (*chim. fis.*) si dice di legame chimico in cui gli elettroni vengono condivisi più o meno simmetricamente da entrambi gli atomi interessati; covalente.
omeostasi [o-me-o-stà-ʃi] *s.f.* (*biol.*) la capacità degli organismi viventi di mantenere un equilibrio stabile, nonostante il variare delle condizioni esterne.
omeoteleuto [o-me-o-te-lèu-to] *s.m.* (*ret.*) artificio che consiste nel dare terminazioni simili o uguali a frasi o parole simmetricamente contrapposte.
omeotermo [o-me-o-tèr-mo] *agg.* e *s.m.* si dice di animale che possiede meccanismi di termoregolazione tali da mantenere costante la temperatura del corpo (*p.e.* gli uccelli e i mammiferi).
omerale [o-me-rà-le] *agg.* (*anat.*) dell'omero: *arteria* —.
omerico [o-mè-ri-co] *agg.* [pl.m. *-ci*] **1** di Omero, relativo a Omero, poeta greco vissuto presumibilmente tra il IX e il VII sec. a.C.: *poemi omerici*, l'Iliade e l'Odissea **2** (*fig.*) che è proprio o degno dei personaggi dei poemi omerici | (*scherz.*) grandioso, eccezionale: *risata omerica*, lunga e sonora.
omero [ò-me-ro] *s.m.* **1** (*anat.*) osso lungo che va dalla spalla al gomito e costituisce lo scheletro del braccio **2** (*lett.*) spalla.
omertà [o-mer-tà] *s.f.* forma di solidarietà per cui si mantiene il silenzio su un delitto per ostacolare la ricerca e la punizione del colpevole | (*estens.*) silenzio su mancanze, colpe altrui, per salvaguardare propri interessi.
omertoso [o-mer-tó-so] *agg.* di omertà, che si fonda sull'omertà: *solidarietà omertosa* □ **omertosamente** *avv.*
omesso [o-més-so] *agg.* tralasciato intenzionalmente.
omettere [o-mét-te-re] *v.tr.* [coniugato come *mettere*] tralasciare intenzionalmente: — *un particolare*.
ometto [o-mét-to] *s.m.* uomo piccolo fisicamente o moralmente meschino | (*fam.*) bambino giudizioso, assennato.
omiciattolo [o-mi-ciàt-to-lo] *s.m.* uomo dappoco, meschino.
omicida [o-mi-cì-da] *agg.* [pl.m. *-di*] che dà o che ha dato la morte: *mano* — ♦ *s.m.* e *f.* chi ha commesso un omicidio.
omicidio [o-mi-cì-dio] *s.m.* l'uccisione di una persona: *commettere un* — | in diritto: — *premeditato*, realizzato con premeditazione, preparato con cura; — *volontario*, eseguito avendo la vo-

lontà di uccidere, ma senza premeditazione; — *preterintenzionale*, che è conseguenza di lesioni e percosse, ma senza che l'uccisore avesse volontà di uccidere; — *colposo*, commesso per colpa, ma involontariamente.

omicron [ò-mi-cron] *s.m.invar.* nome della quindicesima lettera dell'alfabeto greco, corrispondente a *o* breve latina.

ominazione [o-mi-na-zió-ne] *s.f.* (*antrop.*) processo evolutivo che ha condotto ai tipi umani attuali.

ominidi [o-mì-ni-di] *s.m.pl.* famiglia di primati comparsa all'inizio del pleistocene, che comprende l'uomo attuale e le forme fossili dei suoi progenitori.

omissione [o-mis-sió-ne] *s.f.* l'omettere, l'essere omesso: — *di un atto* | *reato di* —, (*dir.*) reato di chi si astiene dal compiere atti ai quali è obbligato dalla legge: — *di soccorso* | *peccati di* —, quelli che si commettono tralasciando di compiere ciò che è prescritto dalla legge morale o religiosa.

omissis [/ o'missis /] *s.m.invar.* (*lat.*) **1** parola che, inserita in citazioni o copie, avverte che una parte del testo originale è stata tralasciata **2** (*estens.*) argomento importante taciuto deliberatamente in uno scritto o in un discorso: *una relazione ricca di* —.

omni- → **onni-**.

omnibus [òm-ni-bus] *s.m.invar.* nell'Ottocento, diligenza a cavalli che faceva servizio pubblico.

omo- primo elemento di parole composte, che indica uguaglianza, identità (*omogeneo*, *omonimo*).

omocromia [o-mo-cro-mì-a] *s.f.* (*zool.*) fenomeno per cui un animale assume la stessa colorazione dell'ambiente in cui vive; mimetismo.

omocromo [o-mò-cro-mo] *agg.* (*scient.*) che ha lo stesso colore o colore simile | detto di animale, che presenta omocromia.

omofilia [o-mo-fi-lì-a] *s.f.* omosessualità.

omofonia [o-mo-fo-nì-a] *s.f.* **1** (*ling.*) l'essere omofono **2** (*mus.*) caratteristica di una composizione eseguita da più voci o strumenti che procedono all'unisono.

omofonico [o-mo-fò-ni-co] *agg.* [pl.m. *-ci*] che si riferisce a omofonia.

omofono [o-mò-fo-no] *agg.* **1** (*ling.*) si dice di parole che hanno suono uguale, ma diversa origine e significato (p.e. *fiera* 'belva', e *fiera* 'mercato') e a volte anche diversa grafia (p.e. *hanno* e *anno*); si dice anche di segni grafici diversi che rappresentano lo stesso suono (*p.e.* la *c* e la *q* di *cuore* e *quota*) **2** (*mus.*) si dice di composizione musicale che presenta omofonia ♦ *s.m.* parola omofona.

omogamia [o-mo-ga-mì-a] *s.f.* (*bot.*) maturazione contemporanea dei gameti maschili e femminili nei fiori ermafroditi.

omogeneità [o-mo-ge-nei-tà] *s.f.* l'essere omogeneo; compattezza, regolarità.

omogeneizzare [o-mo-ge-neiʒ-ʒà-re] *v.tr.* rendere omogeneo: — *dei dati.*

omogeneizzato [o-mo-ge-neiʒ-ʒà-to] *agg.* e *s.m.* si dice di sostanza alimentare che è stata sottoposta a omogeneizzazione per essere resa più uniforme e digeribile: *omogeneizzati per bambini.*

omogeneizzazione [o-mo-ge-neiʒ-ʒa-ʒió-ne] *s.f.* l'operazione e il risultato dell'omogeneizzare.

omogeneo [o-mo-gè-ne-o] *agg.* **1** della medesima natura, del medesimo genere: *grandezze omogenee* **2** che è composto di più parti affini tra loro, aventi le stesse qualità e proprietà: *un miscuglio* — **3** (*estens.*) si dice di un insieme formato da parti ben armonizzate tra loro: *un complesso* — □ **omogeneamente** *avv.*

omografo [o-mò-gra-fo] *agg.* (*ling.*) si dice di suoni diversi che vengono rappresentati dallo stesso segno grafico (p.e. *g* di *gesto* e *g* di *gamba*) e di parole che hanno uguale grafia ma origine, significato e pronuncia diversi (p.e. *vénti*, numero e *vènti*, correnti d'aria) ♦ *s.m.* parola omografa.

omologare [o-mo-lo-gà-re] *v.tr.* [*io omòlogo, tu omòloghi ecc.*] **1** riconoscere conforme a una legge, a un regolamento, e quindi approvare: — *una delibera* **2** (*estens.*) ratificare, riconoscere ufficialmente come valido: — *un primato.*

omologato [o-mo-lo-gà-to] *agg.* conforme a un modello stabilito, e dunque approvato dall'autorità competente; regolare: *casco* —.

omologazione [o-mo-lo-ga-zió-ne] *s.f.* l'omologare, l'essere omologato.

omologia [o-mo-lo-gì-a] *s.f.* **1** l'essere omologo; somiglianza, identità **2** (*biol.*) corrispondenza di strutture di organismi di specie diversa, dovuta a un'originaria forma comune (*p.e.* braccio dell'uomo, zampa anteriore di quadrupede).

omologo [o-mò-lo-go] *agg.* [pl.m. *-ghi*] che corrisponde a un altro; che ha le stesse caratteristiche di un altro: *cromosomi omologhi* ♦ *s.m.* [f. *-a*] chi o ciò che è omologo di altro: *un elemento e il suo* —.

omonimia [o-mo-ni-mì-a] *s.f.* l'essere omonimo; l'esistenza di omonimi: *caso di* —.

omonimo [o-mò-ni-mo] *agg.* **1** che ha lo stesso nome, che si chiama allo stesso modo: *due località omonime* **2** (*ling.*) si dice di parola che ha lo stesso suono di un'altra (omofono) o la stessa grafia (omografo), ma significato diverso (p.e. *salutare* 'salubre' e *salutare* 'rivolgere il saluto') ♦ *s.m.* **1** (*ling.*) parola omonima **2** persona che ha lo stesso nome e cognome di un'altra o solo l'uno o l'altro dei due.

omoplasia [o-mo-pla-ʃì-a] *s.f.* (*biol.*) analogia rilevabile tra organi che hanno differente origine embriologica ma uguale funzione.

omosessuale [o-mo-ses-su-à-le] *agg.* e *s.m.* e *f.* si dice di chi prova attrazione sessuale per individui del suo stesso sesso; anche, di ciò che ha attinenza con tale condizione (si contrappone a *eterosessuale*): *rapporto* —.

omosessualità [o-mo-ses-su-a-li-tà] *s.f.* tendenza, inclinazione omosessuale; la condizione di omosessuale (si contrappone a *eterosessualità*): — *latente*; *accettare l'*—.

omosfera [o-mo-sfè-ra] *s.f.* regione dell'atmosfera terrestre caratterizzata dall'uniformità della composizione dell'aria; si colloca tra il suolo e i 100 km di altezza.
omotteri [o-mòt-te-ri] *s.m.pl.* (*zool.*) sottordine d'insetti con apparati boccali perforanti e succhiatori, ali ridotte o assenti; sono dannosi alle piante.
omozigote [o-mo-ʒi-gò-te] *agg.* e *s.m.* **1** (*biol.*) si dice di una coppia di cromosomi avente, nei punti corrispondenti, due geni identici **2** (*estens.*) si dice di individuo che ha ereditato lo stesso carattere da entrambi i genitori | *gemelli omozigoti*, quelli nati dalla fecondazione di un solo uovo e che hanno tutti i geni identici.
omuncolo [o-mùn-co-lo] *s.m.* uomo dappoco, omiciattolo.
on [/ ɔn /] *agg.invar.* (*ingl.*) in diciture apposte su varie apparecchiature, indica che sono accese, in funzione (si contrappone a *off*).
onagro [ò-na-gro *o* onàgro] *s.m.* asino selvatico di taglia piccola con mantello molto chiaro, diffuso in Asia.
onanismo [o-na-nì-ʃmo] *s.m.* (*lett.*) masturbazione.
onanista [o-na-nì-sta] *s.m.* e *f.* [pl.m. *-sti*] (*lett.*) chi pratica abitualmente la masturbazione.
oncia [ón-cia] *s.f.* [pl. *-ce*] **1** antica unità di misura di peso, corrispondente a 30 grammi ca **2** (*estens.*) minima quantità: *non avere un'— di giudizio.*
onco- primo elemento di parole composte della terminologia medica, che significa 'tumore' (*oncologia*).
oncogenesi [on-co-gè-ne-ʃi] *s.f.* (*med.*) l'insieme dei processi che portano alla formazione dei tumori.
oncogeno [on-cò-ge-no] *agg.* (*med.*) si dice di qualsiasi fattore capace di provocare la formazione di tumori.
oncologia [on-co-lo-gì-a] *s.f.* branca della medicina che si occupa dello studio e della cura dei tumori.
oncologico [on-co-lò-gi-co] *agg.* [pl.m. *-ci*] (*med.*) di oncologia; attinente all'oncologia: *istituto —.*
oncologo [on-cò-lo-go] *s.m.* [f. *-a*; pl.m. *-gi*] medico specialista di oncologia.
oncoterapia [on-co-te-ra-pì-a] *s.f.* (*med.*) cura dei tumori.
onda [ón-da] *s.f.* **1** massa d'acqua che alternativamente si alza e si abbassa sulla superficie del mare o di un altro specchio d'acqua, per effetto del vento o altro: *scogliera battuta dalle onde*; *la cresta dell'—*, la parte più alta di essa; *seguire l'—*, assecondarla; (*fig.*) fare ciò che fanno gli altri | *essere sulla cresta dell'—*, (*fig.*) avere successo **2** (*estens. lett.*) la superficie del mare o di un'altra massa liquida; il mare stesso | l'acqua, le acque **3** (*estens.*) movimento o aspetto simile a quello di un'onda o di una superficie mossa da onde; la cosa che ha tale aspetto: *farsi le onde*, ondularsi i capelli **4** (*fig.*) impeto, forza travolgente; grande quantità di qlco. che irrompe: *l'— dei ricordi*; *un'— di luce* | *— lunga*, fenomeno di lunga durata **5** (*fis.*) il fenomeno di propagazione dell'energia mediante vibrazioni progressive da un punto all'altro di un mezzo fisico: *onde sonore*; *— d'urto*, l'onda generata da un corpo quando, viaggiando nell'aria, supera la velocità del suono; *onde corte, medie, lunghe*, onde hertziane usate nelle radiocomunicazioni | *mandare in —*, trasmettere (con riferimento a programmi radiotelevisivi).
ondata [on-dà-ta] *s.f.* **1** colpo di grossa onda, colpo di mare: *un'— capovolse l'imbarcazione* **2** (*estens.*) afflusso improvviso e intenso, ma transitorio, di qlco.: *un'— di maltempo* | *a ondate*, con arrivi, con movimenti successivi: *i turisti arrivano a ondate.*
onde [ón-de] *avv.* (*lett.*) da dove, di dove: *tornò — era partito* ♦ *pron.rel.* (*lett.*) di cui, da cui, con cui, per cui ♦ *cong.* (*lett.*) **1** affinché, perché: *ti dico questo — ti persuada* **2** per la qual cosa, sicché.
ondeggiamento [on-deg-gia-mén-to] *s.m.* l'ondeggiare: *l'— di una barca.*
ondeggiare [on-deg-già-re] *v.intr.* [*io ondéggio ecc.*; aus. *avere*] **1** muoversi a onde, detto del mare o di altra superficie liquida; detto di imbarcazione, oscillare seguendo il moto delle onde: *la barca cominciò a —* **2** (*estens.*) alzarsi e abbassarsi, o spostarsi, con movimento alterno; oscillare: *le bandiere ondeggiano al vento* | camminare ancheggiando o barcollando **3** (*fig.*) cambiare idea più volte; essere indeciso, tentennare: *— tra il sì e il no.*
ondina [on-dì-na] *s.f.* **1** nel folclore germanico, ninfa fluviale o marina che col suo canto adesca i naviganti (come la sirena della mitologia classica) **2** nuotatrice esperta.
ondosità [on-do-si-tà] *s.f.* condizione di mare ondoso.
ondoso [on-dó-so] *agg.* **1** delle onde: *moto —* **2** agitato dalle onde: *mare —.*
ondulante [on-du-làn-te] *agg.* che ondeggia, oscilla leggermente.
ondulare [on-du-là-re] *v.tr.* [*io óndulo ecc.*] dare a qualcosa una piega a onda: *— i capelli* ♦ *v.intr.* [aus. *avere*] (*lett.*) ondeggiare, oscillare leggermente.
ondulato [on-du-là-to] *agg.* fatto a onde; simile alla superficie del mare mosso da onde: *lamiera ondulata*; *capelli ondulati*, mossi a onde.
ondulatore [on-du-la-tó-re] *s.m.* (*elettr.*) **1** apparecchio che trasforma la corrente continua in corrente alternata **2** apparecchio per la registrazione di correnti elettriche variabili.
ondulatorio [on-du-la-tò-rio] *agg.* che si propaga per onde: *moto —* | *teoria ondulatoria*, (*fis.*) quella secondo cui la luce consiste in un fenomeno di propagazione di onde e non di corpuscoli.
ondulazione [on-du-la-zió-ne] *s.f.* **1** movimento ondulatorio; oscillazione **2** disposizione a onde; forma o aspetto ondulato: *— del terreno* **3**

operazione con cui si rende ondulato qlco.: — *a caldo*.

-one[1] suffisso che forma l'accrescitivo di aggettivi e sostantivi (*pigro - pigrone*; *libro - librone*); unito a una base verbale o nominale, forma nomi di persona che indicano abitudine o eccesso nel fare ql.co. (*brontolone*, *chiacchierone*) o mettono in rilievo una caratteristica (*baffone*).

-one[2] in chimica organica suffisso proprio dei chetoni (*acetone*).

-one[3] suffisso che in fisica indica entità elementari (*elettrone*); in biologia unità biologiche (*neurone*).

onerare [o-ne-rà-re] *v.tr.* [*io ònero ecc.*] **1** (*lett.*) gravare, caricare di un peso **2** gravare di obblighi, di impegni: *essere onerato di imposte*.

onerato [o-ne-rà-to] *agg.* e *s.m.* (*dir.*) si dice di persona a cui la legge o un contratto impongono un onere; si dice di erede a cui il testatore ha imposto l'obbligo di adempiere un legato.

onere [ò-ne-re] *s.m.* peso non materiale; obbligo, impegno: *assumersi l'— della spesa* | *oneri fiscali*, il complesso dei tributi di cui è gravato un contribuente | *oneri sociali*, i contributi previdenziali.

onerosità [o-ne-ro-si-tà] *s.f.* qualità di ciò che è oneroso; pesantezza, gravezza: — *di una tassa*.

oneroso [o-ne-ró-so] *agg.* che costituisce un onere, un obbligo; gravoso, pesante: *impegno* — □ **onerosamente** *avv.*

onestà [o-ne-stà] *s.f.* qualità di chi o di ciò che è onesto: — *di vita*; *persona di grande* —.

onesto [o-nè-sto] *agg.* **1** che agisce con rettitudine, lealtà, giustizia: *una persona onesta* **2** conforme a principi di moralità; retto, giusto: *intenzioni oneste* | *prezzo* —, equo, non eccessivo **3** lecito, plausibile: *richiesta onesta* ♦ *s.m.* **1** [f. *-a*] persona onesta **2** ciò che è onesto; onestà: *il giusto e l'*— □ **onestamente** *avv.* **1** in modo onesto, con onestà: *comportarsi* — **2** in verità, in coscienza: *riconoscere — di aver sbagliato*.

-oni suffisso che serve a formare diversi avverbi, indicanti per lo più una particolare posizione del corpo (*bocconi*, *cavalcioni*).

onice [ò-ni-ce] *s.f.* (*min.*) varietà pregiata di calcedonio con zone concentriche di colore contrastante, usata come pietra ornamentale; è detta anche *agata*.

onico- primo elemento di parole composte della terminologia scientifica, che significa 'unghia' (*onicofagia*).

onicofagia [o-ni-co-fa-gì-a] *s.f.* (*med.*) l'abitudine di rosicchiarsi le unghie.

-onimia secondo elemento di parole composte che rappresentano il sostantivo astratto della corrispondente forma in *-onimo* (*sinonimia*).

-onimo secondo elemento di parole composte, che significa 'nome, denominazione' (*omonimo*, *sinonimo*).

onirico [o-nì-ri-co] *agg.* [pl.m. *-ci*] **1** del sogno, dei sogni: *attività onirica* | simile a sogno: *sensazioni oniriche* **2** (*estens.*) di sogno; irreale: *l'atmosfera onirica di un film* □ **oniricamente** *avv.*

onirismo [o-ni-rì-ʃmo] *s.m.* (*psicol.*) attività mentale caratterizzata dal succedersi di allucinazioni visive, vissute dal soggetto come reali.

onirologia [o-ni-ro-lo-gì-a] *s.f.* ramo della psicologia che studia i sogni.

onisco [o-nì-sco] *s.m.* [pl. *-schi*] piccolo crostaceo terrestre che vive nel terreno sotto le pietre; toccato, si avvolge a palla.

onisco [o-nì-sco] *s.m.* [pl. *-schi*] piccolo crostaceo terrestre che vive sotto le pietre.

on line [/ on'lain /] *loc.agg.invar.* (*ingl.*) (*inform.*) si dice di apparecchiature o di archivi di dati che sono in collegamento con un elaboratore (si contrappone a *off line*).

onni-, o omni-, primo elemento di parole composte, che significa 'tutto' o 'dappertutto' (*onnipotente*, *onnipresente*).

onnicomprensivo [on-ni-com-pren-sì-vo] *agg.* (*lett.*) che racchiude tutto: *vocabolo* —.

onnipotente [on-ni-po-tèn-te] *agg.* **1** che può tutto (è attributo di Dio, delle sue manifestazioni): *l'— bontà divina* | Come *s.m.*: *l'Onnipotente*, Dio **2** (*estens.*) si dice di persona che ha grande potere, molto influente.

onnipotenza [on-ni-po-tèn-za] *s.f.* **1** l'essere onnipotente: *l'— divina* **2** (*estens.*) potenza, potere grandissimo: *l'— del denaro*.

onnipresente [on-ni-pre-ʃèn-te] *agg.* **1** che è presente dappertutto (è attributo di Dio) **2** (*scherz.*) si dice di persona che si incontra dovunque.

onnipresenza [on-ni-pre-ʃèn-za] *s.f.* l'essere onnipresente.

onnisciente [on-ni-scièn-te] *agg.* che sa tutto (è attributo di Dio).

onniscienza [on-ni-sciè-za] *s.f.* l'essere onnisciente.

onniveggente [on-ni-veg-gèn-te] *agg.* che vede, che sa tutto: *Dio è* —.

onniveggenza [on-ni-veg-gèn-za] *s.f.* l'essere onniveggente.

onnivoro [on-nì-vo-ro] *agg.* che si nutre di alimenti di origine sia animale sia vegetale; che mangia qualsiasi cibo: *l'uomo è* —.

onnubilare e *deriv.* → **obnubilare** e *deriv.*

onomastica [o-no-mà-sti-ca] *s.f.* ramo della linguistica che studia i nomi propri di persona (antroponimi) o di luogo (toponimi).

onomastico [o-no-mà-sti-co] *agg.* [pl.m. *-ci*] che riguarda l'onomastica, i nomi propri: *lessico* —, dizionario dei nomi propri ♦ *agg.* e *s.m.* si dice del giorno dell'anno in cui si festeggia il santo di cui si porta il nome.

onomatopea [o-no-ma-to-pè-a] *s.f.* (*ling.*) formazione di una parola che evoca attraverso i propri suoni ciò che significa (p.e. *bau bau*, *scricchiolio*) | (*estens.*) la parola così formata.

onomatopeico [o-no-ma-to-pèi-co] *agg.* [pl.m. *-ci*] di onomatopea, che è formato per onomatopea: *parola onomatopeica*.

onorabile [o-no-rà-bi-le] *agg.* che può, che deve essere onorato; rispettabile: *nome* —.

onorabilità [o-no-ra-bi-li-tà] *s.f.* l'essere onorabile; rispettabilità, dignità: *dubitare dell'— di qlcu.*

onoranza [o-no-ràn-za] *s.f.* (spec. *pl.*) atto, manifestazione pubblica di ossequio, di omaggio: *tributare onoranze ai caduti* | *onoranze funebri*, funerali.

onorare [o-no-rà-re] *v.tr.* [*io onóro ecc.*] **1** tributare omaggio, ossequio a persona o cosa degna; rendere onore: *onora il padre e la madre*, il quarto comandamento della legge mosaica | con valore enfatico, in formule di cortesia: *mi onora della sua amicizia* **2** rendere degno della massima considerazione; dare a qlcu. o a qlco. motivo di prestigio: *un atleta che onora lo sport* **3** adempiere, soddisfare: *— i propri impegni* | *— una cambiale*, pagarla.

onorario[1] [o-no-rà-rio] *agg.* fatto o conferito per onorare qlcu.: *cittadinanza onoraria* | di persona, che è insignito di un titolo solo a titolo d'onore, senza gli obblighi e i diritti inerenti: *socio —.*

onorario[2] *s.m.* compenso spettante a un professionista per l'attività svolta.

onorato [o-no-rà-to] *agg.* **1** che è oggetto di onore, di rispetto; rispettabile: *una professione onorata* | *ritenersi —*, ritenere per sé un onore: *mi considero — di averla con noi* | *l'onorata società*, la camorra napoletana **2** onorevole, che dà onore: *morte onorata* □ **onoratamente** *avv.*

onore [o-nó-re] *s.m.* **1** buona reputazione acquistata con l'onestà; dignità, prestigio: *giurare sul proprio —*; *perdere l'—* | *uomo d'—*, galantuomo; (*gerg.*) affiliato alla mafia | *dare la parola d'—*, promettere qlco. impegnando il proprio onore **2** in società che riprovano i rapporti sessuali prematrimoniali o extra-matrimoniali da parte della donna, la dignità che si ritiene derivi alla donna e alla sua famiglia, dal non avere tali rapporti: *attentare all'— di una ragazza*, alla sua verginità; *delitto d'—*, omicidio commesso per punire una violazione di tale codice di comportamento **3** stima, rispetto tributato ad altri per i loro meriti: *avere qlcu., qlco. in grande —* | *a onor del vero*, per dire il vero **4** vanto, prestigio: *l'— della vittoria* | *farsi — in una professione*, comportarsi in modo da meritare l'ammirazione altrui | *far — al proprio nome*, essere all'altezza della propria fama **5** atto d'omaggio, dimostrazione di reverenza a cosa o persona meritevole; privilegio: *ricevere qlcu. con tutti gli onori* | *fare gli onori di casa*, accogliere gli ospiti | *tribuna d'—*, riservata alle autorità | *fare — alla tavola*, mangiare con gusto **6** (spec. *pl.*) grado, titolo di onorificenza: *pervenire ai più alti onori* **7** *pl.* le carte più importanti nel gioco del bridge, del tressette ecc.

onorevole [o-no-ré-vo-le] *agg.* **1** degno di onore: *persona —* | in Italia, titolo dato ai membri del parlamento **2** che fa onore, che costituisce motivo di onore: *tenere un comportamento —* | che non lede l'onore: *soluzione —* ♦ *s.m.* e *f.* chi è membro del parlamento □ **onorevolmente** *avv.*

onorificenza [o-no-ri-fi-cèn-za] *s.f.* segno di onore (titolo, carica, decorazione) concesso in riconoscimento di particolari benemerenze: *insignire di un'alta —.*

onorifico [o-no-rì-fi-co] *agg.* [pl.m. *-ci*] che dà onore, che è conferito per onorare: *titolo —.*

onta [ón-ta] *s.f.* **1** disonore, vergogna: *subire l'— della sconfitta* **2** (*antiq.*) offesa, oltraggio: *lavare l'— nel sangue* | *a — di*, a dispetto di, nonostante.

ontano [on-tà-no] *s.m.* albero con chioma larga, foglie ovate e legno duro, usato per costruzioni.

onto- primo elemento di parole composte, che in filosofia vale 'essere, esistenza' (*ontologia*), in biologia 'organismo, essere vivente' (*ontogenesi*).

ontogenesi [on-to-gè-ne-ʃi] *s.f.* (*biol.*) l'insieme dei processi di sviluppo di un organismo, dall'uovo o germe fino alla formazione dell'individuo adulto.

ontogenetico [on-to-ge-nè-ti-co] *agg.* [pl.m. *-ci*] (*biol.*) di ontogenesi, relativo all'ontogenesi.

ontologia [on-to-lo-gì-a] *s.f.* parte della filosofia che studia l'essere nelle sue caratteristiche generali, e non i fenomeni in cui si concreta e specifica.

ontologico [on-to-lò-gi-co] *agg.* [pl.m. *-ci*] (*filos.*) che concerne l'ontologia □ **ontologicamente** *avv.* in senso ontologico, dal punto di vista ontologico.

ontologismo [on-to-lo-gì-ʃmo] *s.m.* dottrina filosofica che pone come condizione prima di ogni nostra conoscenza l'intuizione diretta di Dio: *l'— di V. Gioberti.*

onusto [o-nù-sto] *agg.* (*lett.*) carico: *— di anni.*

oo- primo elemento di parole composte del linguaggio scientifico, che significa 'uovo, gamete femminile' o indica somiglianza di forma con l'uovo (*oosfera*).

ooblasto [o-o-blà-sto] *s.m.* (*biol.*) cellula dalla quale deriva l'uovo.

oocita [o-o-cì-ta], o **ovocita**, *s.m.* (*biol.*) gamete femminile non ancora maturo.

oogamia [o-o-ga-mì-a], o **ovogamia**, *s.f.* (*biol.*) riproduzione sessuata in cui i due gameti sono rappresentati rispettivamente dall'uovo e dallo spermio.

oogenesi [o-o-gè-ne-ʃi] *s.f.* (*biol.*) l'insieme dei processi che portano alla formazione dell'uovo.

oogonio [o-o-gò-nio] *s.m.* **1** (*bot.*) organo sessuale femminile contenente una o più oosfere **2** (*biol.*) stadio primitivo dell'uovo all'interno del follicolo ovarico.

oosfera [o-o-sfè-ra] *s.f.* (*bot.*) gamete femminile vegetale.

opacimetro [o-pa-cì-me-tro] *s.m.* strumento per il controllo della quantità di idrocarburi incombusti presenti nei gas di scarico di un motore diesel.

opacità [o-pa-ci-tà] *s.f.* l'essere opaco; mancanza di trasparenza, di lucidità (anche *fig.*): *l'— di un suono.*

opacizzare [o-pa-ciʒ-ʒà-re] *v.tr.* rendere opaco: *— un tessuto* ♦ **opacizzarsi** *v.intr.pron.* diventare opaco.

opacizzazione [o-pa-ciʒ-ʒa-zió-ne] *s.f.* l'opacizzare, l'opacizzarsi, l'essere opacizzato.
opaco [o-pà-co] *agg.* [pl.m. *-chi*] **1** che non si lascia attraversare completamente dalla luce: *vetro* — **2** (*scient.*) che non si lascia attraversare da determinate radiazioni: — *ai raggi X* **3** (*estens.*) privo di lucentezza: *tessuto* — **4** (*fig.*) che manca di acutezza, di vivacità; ottuso, inespressivo: *sguardo* — | non brillante, mediocre: *una prestazione sportiva opaca* □ **opacamente** *avv.* in modo inespressivo, ottuso, mediocre.
opale [o-pà-le] *s.m.* o *f.* silice idrata dall'aspetto di gelatina indurita, di cui alcune varietà vengono usate per scopi ornamentali.
opalescente [o-pa-le-scèn-te] *agg.* che presenta opalescenza.
opalescenza [o-pa-le-scèn-za] *s.f.* aspetto lattiginoso e iridescente che hanno alcuni solidi, liquidi e gas.
opalina [o-pa-lì-na] *s.f.* **1** lastra di vetro traslucido che imita l'opale **2** cartoncino semilucido **3** tessuto di cotone molto leggero, a trama rada, semitrasparente.
opalino [o-pa-lì-no] *agg.* di opale; opalescente.
ope legis [/ 'ɔpe 'lɛdʒis /] *loc.avv.* e *agg.invar.* (*lat.*)(*dir.*) per effetto di legge, in forza di una legge.
open [/ 'open /] *agg.invar.* (*ingl.*) **1** (*sport*) si dice di gara o di torneo aperto a professionisti e dilettanti **2** si dice di biglietto aereo, navale o ferroviario in cui non è precisata la data del viaggio.
open space [/ 'open 'speis /] *loc.sost.m.invar.* (*ingl.*) sistemazione di ambienti interni, soprattutto uffici, con grandi locali suddivisi in zone soltanto da elementi di arredamento.
opera [ò-pe-ra] *s.f.* **1** ogni attività, azione, lavoro diretti a un fine: *l'— della natura*; *un'— buona*; *mettersi all'—*, intraprendere un lavoro; *essere all'—*, star facendo un lavoro **2** l'effetto, il risultato di un'attività artistica, intellettuale, materiale: — *letteraria* | *mettere in* —, attuare; installare, mettere in funzione | *opere pubbliche*, l'insieme delle infrastrutture che vengono fatte costruire da enti pubblici a vantaggio della comunità **3** rappresentazione musicata e cantata con orchestra, solisti e coro, realizzata sulla scena di un teatro; opera lirica, melodramma: *libretto d'—*; *andare all'—* **4** nome di istituzioni di beneficenza: *Pontificie Opere Missionarie* | fabbrica di una chiesa: *l'— del Duomo*.
operabile [o-pe-rà-bi-le] *agg.* che si può sottoporre a operazione chirurgica: *un malato* —.
operabilità [o-pe-ra-bi-li-tà] *s.f.* l'essere operabile.
operaio [o-pe-rà-io] *s.m.* [f. *-a*] chi svolge un'attività lavorativa manuale alle dipendenze di qlcu.: — *specializzato* ♦ *agg.* **1** (*non com.*) che fa l'operaio | *api operaie*, quelle infeconde che svolgono tutti i lavori necessari alla vita della comunità **2** degli operai: *classe operaia*.
operaismo [o-pe-ra-ì-ʃmo] *s.m.* (*polit.*) tendenza a privilegiare le esigenze della classe operaia.
operaistico [o-pe-ra-ì-sti-co] *agg.* [pl.m. *-ci*] dell'operaismo, che concerne l'operaismo: *ideologia operaistica*.
operante [o-pe-ràn-te] *agg.* attivo, efficace: *accordo* —.
opera omnia [/ 'ɔpera 'ɔmnja /] *loc.sost.f.invar.* (*lat.*) raccolta di tutte le opere di un autore: *l'— di Leopardi*.
operare [o-pe-rà-re] *v.intr.* [*io òpero ecc.*; aus. *avere*] **1** agire, fare, lavorare: — *nell'altrui interesse* | compiere azioni: *la squadriglia operava sul fronte orientale* **2** produrre un effetto: *un farmaco che opera velocemente* ♦ *v.tr.* **1** compiere, fare; produrre: — *una trasformazione in qlcu.* **2** sottoporre a operazione chirurgica (anche *assol.*): — *d'urgenza* | intervenire chirurgicamente su un organo o una parte malata: — *il cuore* ♦ **operarsi** *v.intr.pron.* **1** accadere, compiersi, prodursi: *si operò in lui un cambiamento repentino* **2** (*fam.*) sottoporsi a intervento chirurgico: — *di ernia*.
operatività [o-pe-ra-ti-vi-tà] *s.f.* l'essere operativo; attività, funzionamento, efficacia.
operativo [o-pe-ra-tì-vo] *agg.* **1** che ha la capacità di operare: *efficacia operativa* **2** che serve a operare; fatto in vista di un'azione: *piano* — **3** che riguarda la fase di attuazione pratica; esecutivo: *ordine* — | *settore* —, relativo a operazioni belliche **4** (*burocr.*) che è in vigore, che ha efficacia: *accordo* — □ **operativamente** *avv.* in modo operativo; sul piano operativo, dal punto di vista operativo.
operato [o-pe-rà-to] *agg.* **1** che è stato sottoposto a intervento chirurgico: *il paziente* — **2** detto di tessuto, cuoio ecc., a disegni in rilievo ♦ *s.m.* **1** [f. *-a*] chi ha subito un'operazione chirurgica **2** ciò che è stato fatto; il modo di comportarsi, di agire: *render conto del proprio* —.
operatore [o-pe-ra-tó-re] *s.m.* [f. *-trice*] **1** chi è addetto a far funzionare macchine, impianti: — *cinematografico*, chi manovra la macchina da presa | chi è addetto alle operazioni di input e output di un calcolatore elettronico **2** (*econ.*) chi agisce come acquirente o come venditore su un mercato: — *di borsa* **3** chi presta la propria opera in un determinato settore: — *sanitario* **4** — *aritmetico*, (*mat.*) quello che indica un'operazione aritmetica (+, -,:, x) ♦ *agg.* che opera: *macchina operatrice*, qualsiasi macchina che compie operazioni di lavorazione di materiali.
operatorio [o-pe-ra-tò-rio] *agg.* **1** che riguarda un'operazione chirurgica: *tavolo* — **2** (*mat.*) che concerne le operazioni.
operazione [o-pe-ra-zió-ne] *s.f.* **1** l'operare; azione, procedimento: *un'— facilissima* **2** insieme di atti volti a un fine: — *finanziaria* | attuazione di un piano complesso che viene designato con un nome convenzionale: — *Ariete* **3** intervento chirurgico: *subire un'— allo stomaco* **4** (*mat.*) procedimento di calcolo su numeri o su altri enti astratti: *operazioni aritmetiche*.
opercolo [o-pèr-co-lo] *s.m.* **1** (*scient.*) organo,

fisso o mobile, che chiude l'apertura di una cavità in animali e vegetali **2** (*farm.*) capsula di gelatina rigida, solubile nell'apparato digerente, che contiene polveri medicinali.

operetta [o-pe-rét-ta] *s.f.* **1** breve componimento letterario in prosa o in poesia: *le "Operette morali" di Leopardi* **2** genere di teatro musicale in cui brani cantati si alternano a danze e a scene recitate: *un'— di J. Strauss* | *da —*, (*fig.*) si dice di avvenimento o personaggio frivolo, poco serio: *un matrimonio da —*.

operettistico [o-pe-ret-tì-sti-co] *agg.* [pl.m. *-ci*] **1** che concerne l'operetta: *il genere —* **2** (*fig.*) da operetta; frivolo, fatuo.

operismo [o-pe-rì-ʃmo] *s.m.* il melodramma inteso come genere musicale; la produzione operistica.

operistico [o-pe-rì-sti-co] *agg.* [pl.m. *-ci*] del melodramma: *stagione operistica.*

operosità [o-pe-ro-si-tà] *s.f.* l'essere operoso; laboriosità.

operoso [o-pe-ró-so] *agg.* **1** che opera molto; laborioso, attivo: *un impiegato —* **2** ricco di opere, di lavoro: *una vita operosa* □ **operosamente** *avv.*

-opia secondo elemento di parole composte della terminologia medica, che significa 'vista' (*miopia*).

opificio [o-pi-fì-cio] *s.m.* (*antiq.*) fabbrica, stabilimento industriale.

opimo [o-pì-mo] *agg.* (*lett.*) **1** grasso, pingue: *bue —* **2** (*estens.*) ricco, fertile: *terra opima.*

opinabile [o-pi-nà-bi-le] *agg.* non certo, discutibile: *materia —* □ **opinabilmente** *avv.*

opinare [o-pi-nà-re] *v.tr.* e *intr.* [aus. dell'intr. *avere*] (*lett.* o *scherz.*) avere come opinione; ritenere, supporre.

opinione [o-pi-nió-ne] *s.f.* **1** ciò che si pensa di qlcu. o di qlco.; parere, giudizio: *cambiare —*; *rimanere della propria —* | *essere dell'—*, ritenere | *— corrente*, quella della maggior parte della gente | *articolo di —*, pezzo giornalistico di interpretazione e valutazione di fatti politici o di costume | *— pubblica*, il modo di giudicare e di pensare della collettività, dei cittadini; i cittadini stessi che pensano e giudicano: *sensibilizzare l'— pubblica* **2** stima, considerazione: *avere un'alta — di sé*, reputarsi di grande valore.

opinionista [o-pi-nio-nì-sta] *s.m.* e *f.* [pl.m. *-sti*] chi scrive articoli di opinione.

op là [óp là] *loc.inter.* grido con cui si incita il cavallo a saltare; esclamazione che si fa saltando o compiendo qualche movimento simile.

oplita [o-plì-ta] *s.m.* [pl. *-ti*] (*st.*) soldato greco di fanteria con armatura pesante.

oploteca [o-plo-tè-ca] *s.f.* raccolta, collezione di armi | sezione di un museo in cui sono esposte armi e armature.

opossum [o-pòs-sum] *s.m.invar.* mammifero marsupiale americano con muso aguzzo, arti brevi e pelliccia dal pelo lungo e folto, assai ricercata.

oppiaceo [op-pià-ce-o] *agg.* e *s.m.* si dice di sostanza o preparato che contiene oppio o suoi derivati.

oppiato [op-pià-to] *agg.* si dice di sostanza a cui è stato aggiunto oppio: *tabacco —* ♦ *s.m.* preparato farmaceutico contenente oppio.

oppio [òp-pio] *s.m.* **1** miscela di alcaloidi con proprietà narcotiche estratta dal papavero bianco **2** (*fig.*) ciò che provoca oblio, illusioni e vaneggiamenti, che offusca le capacità intellettuali.

oppiomane [op-piò-ma-ne] *s.m.* e *f.* chi usa abitualmente l'oppio come stupefacente.

oppiomania [op-pio-ma-nì-a] *s.f.* uso abituale di oppio come stupefacente.

opponibile [op-po-nì-bi-le] *agg.* **1** che si può opporre | si dice del pollice, in quanto può opporsi a ogni altro dito della mano **2** (*dir.*) contro il quale può essere fatta opposizione: *provvedimento —*.

opporre [op-pór-re] *v.tr.* [coniugato come *porre*] mettere, porre contro (sul piano fisico, morale, intellettuale): *— resistenza, un rifiuto* ♦ **opporsi** *v.rifl.* o *intr.pron.* porsi contro: *il pollice si oppone alle altre dita* | (*fig.*) costituire contrasto, fare ostacolo: *nulla si oppone.*

opportunismo [op-por-tu-nì-ʃmo] *s.m.* atteggiamento di chi si adegua di volta in volta alle circostanze cercando di sfruttarle a proprio vantaggio: *— politico.*

opportunista [op-por-tu-nì-sta] *s.m.* e *f.* [pl.m. *-sti*] chi si comporta con opportunismo | Usato anche come *agg.*: *una scelta —*.

opportunistico [op-por-tu-nì-sti-co] *agg.* [pl.m. *-ci*] caratterizzato da opportunismo; proprio degli opportunisti: *gioco —* □ **opportunisticamente** *avv.*

opportunità [op-por-tu-ni-tà] *s.f.* **1** l'essere opportuno: *l'— di una scelta* **2** occasione, circostanza favorevole: *perdere un'—*.

opportuno [op-por-tù-no] *agg.* che si addice, che è adeguato alla circostanza; adatto, favorevole: *momento —*.

oppositivo [op-po-ʃi-tì-vo] *agg.* di opposizione, che stabilisce un'opposizione.

oppositore [op-po-ʃi-tó-re] *s.m.* [f. *-trice*] chi si oppone, chi assume una posizione contraria; avversario: *un accanito —*.

opposizione [op-po-ʃi-zió-ne] *s.f.* **1** l'opporre, l'opporsi, l'essere opposto; argomento con cui ci si oppone: *incontrare l'— dei genitori* **2** azione di contrasto svolta legalmente dai partiti contrari alla politica del governo; l'insieme dei parlamentari appartenenti a tali partiti: *passare all'—* **3** contrasto, contraddizione: *due principi in — tra loro* **4** (*filos.*) relazione fra due termini che si negano a vicenda **5** (*dir.*) ricorso contro un provvedimento dell'autorità per ottenerne la revoca **6** (*astr.*) posizione di due corpi celesti diametralmente opposti rispetto a un terzo.

opposto [op-pó-sto] agg. **1** che è posto di fronte: *lato —* **2** (*fig.*) contrario, contrapposto: *opinioni opposte* **3** si dice di termine che è in rap-

porto di opposizione con altro termine (p.e. *essere - non essere*) ♦ *s.m.* il contrario, la cosa contraria: *è l'— di suo padre* | *all'—*, al contrario.
oppressione [op-pres-sió-ne] *s.f.* **1** l'opprimere, l'essere oppresso; dominio, soggezione: *l'— straniera* **2** (*fig.*) sensazione spiacevole di fastidio fisico o di ansietà, di angoscia: *sentire un'— al cuore.*
oppressivo [op-pres-sì-vo] *agg.* che opprime: *leggi oppressive* □ **oppressivamente** *avv.*
oppresso [op-près-so] *agg.* che è sottoposto a oppressione; che non ha libertà: *popoli oppressi* | afflitto: *animo —* ♦ *s.m.* [f. *-a*] chi è vittima di sopraffazioni, vessazioni: *i deboli e gli oppressi.*
oppressore [op-pres-só-re] *s.m.* chi opprime, chi esercita un'oppressione: *insorgere contro l'—* | Usato anche come *agg.*: *regime —.*
opprimente [op-pri-mèn-te] *agg.* che dà oppressione; pesante, insopportabile: *un caldo —.*
opprimere [op-prì-me-re] *v.tr.* [pass.rem. *io opprèssi, tu opprimésti ecc.*; part.pass. *opprèsso*] **1** tenere in soggezione, in schiavitù; tiranneggiare: *un popolo oppresso dalla dittatura* **2** provocare un fastidio, una sensazione di peso su qlco. o qlcu. (anche *fig.*): *essere oppresso dalle preoccupazioni.*
oppugnabile [op-pu-gnà-bi-le] *agg.* che si può oppugnare; confutabile □ **oppugnabilmente** *avv.*
oppugnabilità [op-pu-gna-bi-li-tà] *s.f.* l'essere oppugnabile: *l'— di una sentenza.*
oppugnare [op-pu-gnà-re] *v.tr.* (*lett.*) controbattere, contrastare, confutare: *— un'opinione.*
oppugnazione [op-pu-gna-zió-ne] *s.f.* (*lett.*) opposizione, confutazione: *l'— di una teoria.*
oppure [op-pù-re] *cong.* **1** forma rafforzata della congiunzione *o* (con valore disgiuntivo): *vuoi un libro — un disco?* **2** con il valore di *altrimenti, in caso contrario*: *sbrigati, — perderai il treno.*
-opsia secondo elemento di parole composte della terminologia medica, che significa 'esame visivo, diretto' (*autopsia, biopsia*).
optare [op-tà-re] *v.intr.* [*io òpto ecc.*; aus. *avere*] fare un'opzione, una scelta tra due o più cose: *— per una soluzione.*
optimum [/ 'ɔptimum /] *s.m.invar.* (*lat.*) il massimo livello a cui si possa giungere in un dato campo: *atleta all'— della forma.*
optional [/ 'ɔpʃonal /] *s.m.invar.* (*ingl.*) accessorio che si può avere pagando un sovrapprezzo rispetto al modello di serie: *gli — di un'autovettura.*
opto- primo elemento di parole composte della terminologia medica che fa riferimento all'occhio, alla vista (*optometria*).
optometria [op-to-me-trì-a] *s.f.* misurazione della vista che si effettua per poterne correggere i difetti con l'uso di lenti.
optometrista [op-to-me-trì-sta] *s.m.* e *f.* [pl.m. *-sti*] ottico diplomato abilitato alla misurazione della vista e alla prescrizione di lenti.
opulento [o-pu-lèn-to] *agg.* **1** (*lett.*) molto ricco, abbondante: *rendita opulenta* **2** (*fig.*) troppo abbondante; ridondante: *stile —* | *donna opulenta*, dalle forme prosperose.
opulenza [o-pu-lèn-za] *s.f.* **1** (*lett.*) l'essere opulento; ricchezza, sfarzo: *vivere nell'—* **2** (*fig.*) ridondanza: *l'— dello stile.*
opunzia [o-pùn-zia] *s.f.* (*bot.*) genere di piante grasse a cui appartiene il fico d'India.
opuscolo [o-pù-sco-lo] *s.m.* libretto di poche pagine, di carattere divulgativo o pubblicitario: *— d'informazioni.* DIM. *opuscoletto.*
opzionale [op-zio-nà-le] *agg.* **1** che si può scegliere; facoltativo: *materia —* **2** che non fa parte del modello di serie, che costituisce un optional: *fanale antinebbia —.*
opzione [op-zió-ne] *s.f.* **1** libera scelta fra due o più possibilità incompatibili: *riservarsi facoltà d'—* **2** diritto di preferenza: *avere l'— su un acquisto.*
or [ór] *avv.* troncamento di *ora*, usato solo in alcune locuzioni, p.e. *otto giorni or sono.*
ora[1] [ó-ra] *s.f.* **1** unità di tempo pari alla ventiquattresima parte del giorno solare, corrispondente a 60 minuti primi; lo spazio di tempo di tale durata: *un quarto d'—*; *un'— di lezione* | *— locale*, calcolata in base al fuso orario del luogo | *— legale*, ora adottata convenzionalmente in determinati periodi dell'anno al posto di quella propria del fuso orario (*— solare*) | *le ore piccole*, le prime dopo la mezzanotte: *fare le ore piccole*, stare sveglio fino a tardi | *a ore*, secondo il numero delle ore di servizio prestate: *lavorare a ore.* DIM. *oretta* **2** (*estens.*) spazio di tempo indeterminato: *trascorrere ore felici* | *di — in —*, con progressione rapida: *la situazione peggiora di — in —* | *ore di punta*, le parti della giornata nelle quali il traffico è più intenso **3** un determinato momento del tempo (nell'indicazione di un'ora particolare, la parola *ora* viene omessa): *"Che — è?"*; *"Sono le cinque"*; *l'— di pranzo* | *non vedere l'— di fare qlco.*, desiderarlo ardentemente | *è — di fare qlco.*, è opportuno farla | *di buon'—*, al mattino presto | *dell'ultima —*, recentissimo: *notizie dell'ultima —*; anche, tardivo: *un democratico dell'ultima —.*
ora[2] *avv.* **1** in questo momento, adesso; attualmente: *— non posso uscire*; *cose che — non si usano più*, al giorno d'oggi | *anni or sono*, alcuni anni fa | *per —*, *— come —*, per il momento, in queste circostanze | *d'— in poi*, *d'— in avanti*, da questo momento in poi, per tutto il tempo futuro | *fin d'—*, a partire da subito e così nel futuro | *prima d'—*, nel passato | *fin —*, finora **2** nell'immediato passato; poco fa: *se ne è andato —* **3** nell'immediato futuro; tra poco: *— lo chiamo* ♦ *cong.* **1** con valore avversativo e rafforzativo: *tu credi di aver ragione, — io ti dico che hai torto* **2** con valore introduttivo, per riprendere un discorso, un racconto: *— avvenne che...* | con valore conclusivo: *— che faresti al mio posto?* **3** con funzione correlativa, un momento... un altro, una volta... un'altra: *— qui, — lì* | Nella loc. cong. *— che*,

adesso che (introduce una prop. temporale): — *che ci penso, hai ragione.*
oracolare [o-ra-co-là-re] *agg.* (*non com.*) di oracolo, da oracolo: *responso* —.
oracoleggiare [o-ra-co-leg-già-re] *v.intr.* [*io oracoléggio ecc.*; aus. *avere*] (*scherz.*) fare profezie, sentenziare, parlare come un oracolo.
oracolo [o-rà-co-lo] *s.m.* **1** nel mondo antico, responso profetico dato da una divinità o da un essere soprannaturale; il santuario in cui veniva dato il responso: *l'— di Delfi* **2** (*iron.*) parere o risposta di persona autorevole; la persona stessa: *tutti attendono il suo —.*
orafo [ò-ra-fo] *s.m.* **1** chi lavora metalli preziosi **2** (*lett.*) orefice ♦ *agg.* che si riferisce all'oreficeria: *arte orafa.*
orale [o-rà-le] *agg.* **1** (*scient.*) della bocca: *cavità — | per via —*, per bocca, riferito a farmaci da assumere **2** (*ling.*) di suono la cui articolazione si produce nella cavità orale (si contrappone a *nasale*) **3** detto a voce, non scritto; che avviene mediante un colloquio: *esame — | tradizione —*, tramandata a voce ♦ *s.m.* esame, prova orale: *andare male agli orali* □ **oralmente** *avv.*
oralità [o-ra-li-tà] *s.f.* **1** l'essere orale | carattere proprio della comunicazione che non utilizza la scrittura: *l'— della cultura folclorica* **2** (*psicol.*) la capacità di usare la bocca come mezzo di conoscenza e di rapporto, tipica dei bambini piccoli.
oramai → **ormai**.
orango [o-ràn-go] *s.m.* [pl. *-ghi*] grossa scimmia antropomorfa con muso sporgente e braccia lunghissime, molto intelligente e addomesticabile.
orangutan [o-ran-gu-tàn] *s.m.invar.* orango.
orante [o-ràn-te] *agg.* e *s.m.* e *f.* (*lett.*) che/chi prega | si dice di personaggio raffigurato nell'atto di pregare.
orario [o-rà-rio] *agg.* che concerne l'ora: *segnale —*, con cui si comunica l'ora esatta; *velocità oraria*, velocità media di un corpo mobile in un'ora; *senso —*, quello in cui ruotano le lancette dell'orologio ♦ *s.m.* **1** l'ora o le ore in cui si svolge un certo fatto o un'attività: *— d'ufficio | — di apertura*, ora in cui negozi e uffici sono aperti al pubblico | *essere in —*, arrivare all'ora prevista **2** prospetto che indica le ore stabilite per determinate attività: *— scolastico* | fascicolo o tabellone contenente le ore di partenza e arrivo di un servizio di trasporto: *l'— ferroviario.*
orata [o-rà-ta] *s.f.* pesce marino dal corpo piuttosto grosso con dorso arcuato, di colore grigio argenteo a macchie e strisce dorate; ha carni pregiate.
oratore [o-ra-tó-re] *s.m.* [f. *-trice*] chi professa l'arte oratoria, o è particolarmente abile nel pronunciare discorsi in pubblico; chi parla in pubblico: *Demostene fu un grande —.*
oratoria [o-ra-tò-ria] *s.f.* l'eloquenza; l'insieme di teniche che regola tale arte: *— forense* | il genere letterario dei discorsi; l'insieme degli oratori e delle orazioni di una determinata epoca storica o civiltà: *— greca.*
oratoriale [o-ra-to-rià-le] *agg.* che concerne l'oratorio (come forma musicale).
oratorio[1] [o-ra-tò-rio] *agg.* **1** che concerne gli oratori, le orazioni: *stile —* **2** (*fig.*) retorico, enfatico, ampolloso: *tono —.*
oratorio[2] *s.m.* **1** edificio, annesso a una chiesa, destinato al culto privato di confraternite, collegi, associazioni di laici: *l'— del Borromini a Roma* **2** ambiente attiguo alla parrocchia, in cui bambini e ragazzi svolgono attività ricreative: *frequentare l'—* **3** forma musicale drammatica di argomento religioso, eseguita senza messinscena teatrale.
orazione [o-ra-zió-ne] *s.f.* **1** preghiera rivolta a Dio, alla Madonna e ai santi: *recitare le orazioni* **2** discorso pubblico solenne: *le orazioni di Cicerone.*
orbene [or-bè-ne], o **or bene**, *cong.* (*lett.*) dunque (con valore conclusivo o esortativo; si usa sempre a inizio di frase): *—, non si torni sul passato!*
orbita [òr-bi-ta] *s.f.* **1** traiettoria di un corpo che si muove nello spazio attorno a un altro corpo: *l'— di un pianeta intorno al Sole | lanciare in —*, imprimere a un satellite la velocità necessaria a fargli descrivere intorno alla Terra l'orbita prefissata **2** (*fig.*) ambito, limite: *restare nell'— delle proprie competenze* | zona d'influenza: *le piccole aziende sono attratte nell'— delle grandi* **3** (*anat.*) ciascuna delle due cavità del cranio che contengono i globi oculari.
orbitale [or-bi-tà-le] *agg.* di un'orbita, relativo a un'orbita: *cavità —*, (*anat.*) orbita.
orbitante [or-bi-tàn-te] *agg.* che descrive, che segue un'orbita; che è in orbita: *satellite —.*
orbitare [or-bi-tà-re] *v.intr.* [*io òrbito ecc.*; aus. *avere*] **1** (*astr.*) descrivere un'orbita, muoversi secondo una determinata orbita: *la Terra orbita intorno al Sole* **2** (*fig.*) essere nella sfera d'influenza di altri: *una grande nazione intorno a cui orbitano molti stati.*
orbo [òr-bo] *agg.* **1** (*lett.*) privo, privato di una persona o di una cosa essenziale **2** privo della vista: *— da un occhio* ♦ *s.m.* [f. *-a*] chi è privo della vista; chi vede poco o male | *botte da orbi*, (*fam.*) botte date alla cieca.
orca [òr-ca] *s.f.* **1** cetaceo dal corpo lungo fino a 10 metri, nero superiormente e bianco inferiormente, con pinna dorsale altissima; feroce e ingordo, è presente anche nel Mediterraneo **2** mostro marino favoloso, che si diceva divorasse gli uomini.
orchessa [or-chés-sa] *s.f.* nelle fiabe, la moglie dell'orco.
orchestra [or-chè-stra] *s.f.* **1** (*archeol.*) nell'antico teatro greco, la parte davanti alla scena riservata alle danze **2** nei moderni teatri lirici, la parte antistante il palcoscenico, riservata agli strumentisti **3** (*estens.*) l'insieme dei suonatori e degli strumenti necessari a una esecuzione musicale: *— sinfonica.* DIM. *orchestrina.*
orchestrale [or-che-strà-le] *agg.* di orchestra,

dell'orchestra ♦ *s.m.* e *f.* chi suona in un'orchestra.
orchestrare [or-che-strà-re] *v.tr.* [*io orchèstro ecc.*] **1** scrivere le parti per i vari strumenti dell'orchestra **2** (*fig.*) predisporre e distribuire un insieme di elementi secondo un progetto organico; organizzare: — *una campagna pubblicitaria.*
orchestrazione [or-che-stra-zió-ne] *s.f.* l'orchestrare, l'essere orchestrato.
orchestrina [or-che-strì-na] *s.f.* piccola orchestra di musica leggera.
orchi- primo elemento di parole composte della terminologia medica, che significa 'testicolo' (*orchiectomia*).
orchidea [or-chi-dè-a] *s.f.* nome generico dato alle piante di una famiglia i cui fiori, di vario colore, sono particolarmente pregiati per la loro bellezza.
orchiectomia [or-chiec-to-mì-a] *s.f.* (*med.*) asportazione chirurgica di uno o di entrambi i testicoli.
orcio [ór-cio] *s.m.* [pl. *gli orci*] grande vaso panciuto di terracotta, un tempo usato per conservare l'olio. DIM. *orciolo.*
orco [òr-co] *s.m.* [pl. *-chi*] nelle fiabe, essere mostruoso che divora gli uomini e i bambini: *sembrare un* —, si dice di persona brutta e minacciosa | *voce da* —, cupa, cavernosa.
orda [òr-da] *s.f.* **1** gruppo disordinato di armati che si sposta compiendo violenze e razzie: *le orde barbariche* **2** (*spreg.*) massa disordinata di persone chiassose: *le orde dei gitanti.*
ordigno [or-dì-gno] *s.m.* **1** congegno bellico atto a esplodere o a sprigionare sostanze tossiche: — *nucleare* **2** (*scherz.*) arnese strano, complicato.
ordinabile [or-di-nà-bi-le] *agg.* che si può ordinare.
ordinale [or-di-nà-le] *agg.* e *s.m.* (*gramm.*) si dice di numerale che indica l'ordine in una successione (p.e. *primo, secondo, terzo* ecc.).
ordinamento [or-di-na-mén-to] *s.m.* **1** l'ordinare, l'essere ordinato; ordine, disposizione: *l'— di un archivio* **2** il complesso di norme e istituti vigenti in un determinato ambito o settore: — *scolastico.*
ordinante [or-di-nàn-te] *agg.* e *s.m.* e *f.* che/chi ha dato un ordine o ha fatto un'ordinazione.
ordinanza [or-di-nàn-za] *s.f.* **1** (*dir.*) atto normativo emanato da un ministro, da un prefetto o da un sindaco: — *ministeriale* **2** (*mil.*) qualsiasi prescrizione o ordinamento| *d'*—, conforme al regolamento militare: *uniforme d'*—.
ordinare [or-di-nà-re] *v.tr.* [*io órdino ecc.*] **1** mettere in ordine, disporre in un certo ordine: — *un archivio* | dettare criteri, norme, leggi per regolare un insieme: — *legislativamente un settore* **2** imporre come ordine; comandare: — *la ritirata* | prescrivere come terapia: — *una cura* | commissionare una merce o un lavoro: — *una partita di tessuti* | in bar, ristoranti ecc., chiedere ciò che si desidera consumare (anche *assol.*): — *un caffè* **3** (*eccl.*) conferire a qlcu. gli ordini sacri: *il vescovo ordinerà nuovi sacerdoti* ♦ **ordinarsi** *v.rifl.* disporsi secondo un certo ordine: *i ginnasti si ordinarono in due file.*
ordinarietà [or-di-na-rie-tà] *s.f.* l'essere ordinario, normale | (*estens.*) cattiva qualità; rozzezza, volgarità.
ordinario [or-di-nà-rio] *agg.* **1** che non esce dall'ordine comune delle cose, che rientra nella norma; consueto: *affari di ordinaria amministrazione* **2** di scarsa qualità; grossolano, dozzinale: *un tessuto* — | rozzo, volgare: *uomo* — **3** *professore* —, nell'insegnamento universitario, professore di ruolo di prima fascia ♦ *s.m.* **1** ciò che è consueto: *fuori dell'*—, insolito **2** professore ordinario: — *di storia moderna* □ **ordinariamente** *avv.* in condizioni ordinarie; normalmente, abitualmente.
ordinata[1] [or-di-nà-ta] *s.f.* (*fam.*) il mettere in ordine frettolosamente: *dare un'— ai libri.*
ordinata[2] *s.f.* (*mat.*) in un piano cartesiano, la misura della distanza di un punto dall'asse delle ascisse; la coordinata verticale del piano cartesiano.
ordinativo [or-di-na-tì-vo] *s.m.* ordinazione di merce: *passare un* —.
ordinato [or-di-nà-to] *agg.* **1** che è in ordine: *cassetto* — | che si svolge con ordine: *società ordinata* **2** che tiene le sue cose in ordine; che fa tutto con ordine: *uno scolaro* — □ **ordinatamente** *avv.* con ordine: *le elezioni si svolsero* —.
ordinatore [or-di-na-tó-re] *agg.* e *s.m.* [f. *-trice*] che/chi ordina: *criterio* —.
ordinazione[1] [or-di-na-zió-ne] *s.f.* (*eccl.*) conferimento del sacramento dell'ordine.
ordinazione[2] *s.f.* ordine, incarico di fornire una merce o di eseguire un lavoro: *lavorare su* — | in bar, ristoranti ecc., richiesta di cibi o bevande.
ordine [ór-di-ne] *s.m.* **1** disposizione d'ogni cosa secondo un criterio; lo stato delle cose quando sono disposte secondo un criterio: — *alfabetico*; *procedere con* —; *numero d'*—, indicante la posizione in una serie | — *pubblico*, il normale svolgimento della vita sociale nel rispetto delle leggi | *tutori dell'*—, gli appartenenti alle forze di polizia | — *costituito*, il complesso delle leggi e delle istituzioni su cui si fonda una società | *richiamare all'*—, alla disciplina | — *d'arrivo*, (*sport*) la successione secondo la quale i concorrenti giungono al traguardo | *in — a*, per quanto riguarda: *in — alla vostra proposta...* | — *del giorno*, elenco degli argomenti che devono essere discussi in una riunione; *essere all'— del giorno*, (*fig.*) essere comune, diffuso **2** serie ordinata di cose; il posto occupato da ogni singola cosa in una serie: *l'— dei piani di un edificio*; *scuole di ogni — e grado* | *di prim'*—, di ottima qualità; *di terz'*—, di qualità scadente **3** insieme di persone o cose che formano una categoria a sé: — *equestre*, in Roma antica, il ceto dei cavalieri | — *professionale*, associazione, riconosciuta giuridicamente, tra coloro che esercitano una stessa professione: — *de-*

gli avvocati | — *religioso*, comunità di religiosi legati all'osservanza di una regola canonicamente approvata **4** nella classificazione zoologica o botanica, categoria sistematica compresa tra la classe e la famiglia **5** nell'architettura classica, sistema architettonico contraddistinto dall'uso di un certo tipo di colonna e di trabeazione: — *dorico, ionico, corinzio* **6** (*teol.*) il sacramento che conferisce il sacerdozio: *ricevere l'—*, essere ordinato sacerdote **7** precisa disposizione, comando: *prendere ordini da qlcu.* | *parola d'—*, parola segreta che serve per essere riconosciuti **8** disposizione data dal titolare di un diritto per il compimento di un determinato atto; il documento in cui la disposizione è contenuta: — *di pagamento* **9** richiesta di merce o servizi; ordinazione: *soddisfare un —*.

ordire [or-dì-re] *v.tr.* [*io ordisco, tu ordisci ecc.*] **1** disporre longitudinalmente i fili sul telaio per formare l'ordito **2** (*fig.*) organizzare nelle linee essenziali; abbozzare: — *l'intreccio di un romanzo* **3** (*fig.*) organizzare occultamente; macchinare, tramare: — *una congiura*.

ordito [or-dì-to] *s.m.* **1** insieme di fili tesi sul telaio, che incrociati con la trama formeranno il tessuto **2** (*fig.*) organizzazione, ideazione di qlco. di complesso: *un — di menzogne*.

orditoio [or-di-tó-io] *s.m.* macchina tessile sulla quale si prepara l'ordito.

orditore [or-di-tó-re] *s.m.* [f. *-trice*] chi organizza trame, macchinazioni occulte: *un — di inganni*.

orditura [or-di-tù-ra] *s.f.* **1** operazione del disporre l'ordito sul telaio **2** (*estens.*) l'insieme degli elementi che costituiscono la struttura portante di un tetto o di un solaio **3** (*fig.*) progettazione mentale di qlco. di occulto; trama, macchinazione.

orecchia [o-réc-chia] *s.f.* **1** (*region.*) orecchio **2** (*estens.*) piega fatta all'angolo di una pagina, per trascuratezza o come segnale.

orecchiabile [o-rec-chià-bi-le] *agg.* si dice di musica facile da seguire e da ricordare: *un motivo —*.

orecchiabilità [o-rec-chia-bi-li-tà] *s.f.* l'essere orecchiabile.

orecchiante [o-rec-chiàn-te] *agg.* e *s.m.* e *f.* **1** si dice di chi suona o canta senza aver studiato la musica **2** (*fig.*) che/chi si occupa di una materia senza conoscerla a fondo.

orecchiare [o-rec-chià-re] *v.tr.* [*io orécchio ecc.*] conoscere superficialmente, ripetere a orecchio: — *un motivetto*.

orecchietta [o-rec-chiét-ta] *s.f.* **1** (*anat.*) altro nome dell'atrio cardiaco **2** (spec. *pl.*) tipo di pasta alimentare di grano duro, a forma di piccole semisfere schiacciate: *orecchiette al sugo*.

orecchino [o-rec-chì-no] *s.m.* gioiello che si porta all'orecchio.

orecchio [o-réc-chio] *s.m.* [pl. *gli orecchi* o *le orecchie*] **1** l'organo dell'udito, duplice nell'uomo e negli animali superiori: *infiammazione dell'—* **2** con riferimento all'udito e quindi alla conoscenza, all'attenzione: *avere l'— fine*, avere un eccellente udito; *tapparsi le orecchie*, per non sentire | *prestare —*, (*fig.*) ascoltare con attenzione; esaudire | *tendere l'—*, (*fig.*) cercare di cogliere un rumore o il senso di un discorso | *essere tutt'orecchi*, (*fig.*) ascoltare con la massima attenzione | *avere le orecchie foderate di prosciutto*, (*fig.*) non voler capire | *fare — da mercante*, (*fig.*) fingere di non capire | *essere duro d'—*, sentirci poco | *fare l'— a qlco.*, (*fig.*) abituarsi | *entrare da un — e uscire dall'altro*, (*fig.*) si dice di cosa di cui non si fa alcun conto: *le critiche gli entrano da un — e gli escono dall'altro* **3** sensibilità per la musica; capacità di apprendere le melodie: *avere —* | *suonare a —*, senza conoscere la musica **4** la parte esterna dell'organo dell'udito; il padiglione auricolare: *orecchie a sventola* | *dare una tirata d'orecchi a qlcu.*, (*fig.*) rimproverarlo **5** (*estens.*) oggetto la cui forma ricorda quella di un orecchio | piegatura all'angolo di una pagina.

orecchioni [o-rec-chió-ni] *s.m.pl.* nome popolare della *parotite epidemica*.

orecchiuto [o-rec-chiù-to] *agg.* che ha orecchi grandi, lunghi: *coniglio —*.

orefice [o-ré-fi-ce] *s.m.* e *f.* chi vende oggetti di oreficeria.

oreficeria [o-re-fi-ce-rì-a] *s.f.* **1** l'arte di lavorare i metalli preziosi per realizzare oggetti ornamentali **2** insieme di gioielli e di oggetti preziosi **3** negozio di orefice.

orfano [òr-fa-no] *agg.* e *s.m.* [f. *-a*] **1** si dice di bambino o ragazzo che ha perduto uno o entrambi i genitori: *essere — di padre*. DIM. *orfanello* **2** (*estens.*) che/chi è rimasto privo di una persona amata o di chi costituiva un sostegno.

orfanotrofio [or-fa-no-trò-fio] *s.m.* istituto dove sono accolti ed educati i bambini orfani.

orfico [òr-fi-co] *agg.* [pl.m. *-ci*] (*lett.*) **1** che si riferisce a Orfeo, all'orfismo: *culto —* **2** (*estens.*) misterioso, iniziatico: *un rito —* **3** (*fig.*) riferito a espressione artistica, indica il valore creativo, magico dei segni (parole, colori, suoni) in cui tale espressione si concreta: *poesia orfica* ♦ *s.m.* [f. *-a*] seguace dell'orfismo.

orfismo [or-fi-ʃmo] *s.m.* **1** religione misterica dell'antica Grecia, caratterizzata dalla dottrina della metempsicosi e da riti di purificazione dell'anima **2** (*fig.*) il carattere orfico della liricità, dell'arte.

organdi [or-gàn-di], o **organdis**, *s.m.invar.* organza.

organetto [or-ga-nét-to] *s.m.* **1** piccolo piano meccanico montato su ruote; è usato dai suonatori ambulanti **2** piccola fisarmonica | armonica a bocca.

organicismo [or-ga-ni-cì-ʃmo] *s.m.* **1** dottrina che concepisce la società come un organismo analogo a quello degli esseri viventi **2** (*psicol.*) indirizzo che attribuisce a cause fisiologiche o anatomiche la genesi dei disturbi psichici **3** (*med.*) teoria che interpreta le malattie come

alterazioni degli equilibri interni dell'organismo.
organicistico [or-ga-ni-cì-sti-co] *agg.* [pl.m. *-ci*] di organicismo, relativo all'organicismo: *teoria organicistica.*
organicità [or-ga-ni-ci-tà] *s.f.* **1** qualità di ciò che è organico **2** ordinata connessione delle parti di un tutto: *l'— di un programma.*
organico [or-gà-ni-co] *agg.* [pl.m. *-ci*] **1** che è proprio o si riferisce agli esseri viventi in quanto dotati di organi: *il regno —*, che comprende vegetali e animali | *materia organica*, quella costitutiva degli organismi viventi | *chimica organica*, settore della chimica che tratta delle sostanze contenenti il carbonio **2** che riguarda un organo o gli organi di cui sono dotati gli esseri viventi: *malattia organica*, dovuta all'alterazione di un organo o di un tessuto | che si riferisce all'organismo umano o che è a esso inerente; costituzionale: *deperimento —* **3** (*fig.*) che costituisce un insieme ben strutturato in tutte le parti di cui si compone; coerente, omogeneo: *un tutto —* | che appartiene in modo omogeneo a qlco., che è funzionale a essa: *un personaggio — a un ambiente* ♦ *s.m.* **1** il complesso del personale di un ufficio, di un'amministrazione: *ridurre l'—* **2** l'insieme degli elementi che costituiscono un'orchestra, un complesso musicale, una squadra sportiva □ **organicamente** *avv.* **1** da un punto di vista organico **2** (*fig.*) in modo ben coordinato.
organigramma [or-ga-ni-gràm-ma] *s.m.* [pl. *-mi*] rappresentazione grafica della struttura organizzativa di un ufficio, un ente, un'azienda.
organismo [or-ga-nì-ʃmo] *s.m.* **1** ogni essere vivente, in quanto costituito di un complesso di organi vitali: *— vegetale* | il corpo umano, considerato rispetto alla sua costituzione o al suo stato di salute: *— sano* **2** (*fig.*) insieme funzionale di elementi che operano per un fine comune; organizzazione: *— amministrativo.*
organista [or-ga-nì-sta] *s.m.* e *f.* [pl.m. *-sti*] suonatore di organo.
organistico [or-ga-nì-sti-co] *agg.* [pl.m. *-ci*] che riguarda l'organo, strumento musicale, o gli organisti: *musica organistica.*
organizzare [or-ga-niʒ-ʒà-re] *v.tr.* coordinare i vari elementi che costituiscono un insieme in modo che concorrano alla realizzazione di un fine comune: *— un servizio* | predisporre quanto è necessario per la buona riuscita di qlco.: *— una festa* ♦ **organizzarsi** *v.rifl.* predisporre, ordinare le proprie cose in vista di un risultato, o per dare a esse un assetto più funzionale: *nel lavoro è necessario —* | associarsi in modo da formare un insieme ordinato, compatto: *— in comunità* ♦ *v. intr.pron.* (*biol.*) formarsi costituendosi come organo, come essere vivente: *il feto si organizza per stadi successivi.*
organizzativo [or-ga-niʒ-ʒa-tì-vo] *agg.* di organizzazione, che concerne l'organizzazione: *doti organizzative* □ **organizzativamente** *avv.* dal punto di vista organizzativo.
organizzato [or-ga-niʒ-ʒà-to] *agg.* preparato, predisposto ordinatamente: *viaggio —* | che costituisce un complesso ordinato e coerente: *gruppo —.*
organizzatore [or-ga-niʒ-ʒa-tó-re] *agg.* e *s.m.* [f. *-trice*] che/chi organizza: *essere un ottimo —.*
organizzazione [or-ga-niʒ-ʒa-zió-ne] *s.f.* **1** l'organizzare, l'essere organizzato; il modo in cui si organizza qlco.: *— aziendale* **2** complesso organizzato; organismo, associazione: *— sindacale* **3** (*biol.*) la forma e la disposizione degli organi che costituiscono una struttura corporea.
organo [òr-ga-no] *s.m.* **1** ogni parte del corpo animale o vegetale avente una particolare funzione: *— dell'udito* **2** (*estens.*) ogni singola parte di un congegno complesso: *gli organi del motore* **3** (*burocr.*) ufficio di un ente dotato di funzioni specifiche: *— di controllo* **4** ogni giornale o rivista che sia portavoce ufficiale di un partito o di un gruppo organizzato **5** (*mus.*) strumento a tastiera in cui il suono viene prodotto immettendo aria in più serie di canne per mezzo di un mantice: *musica per —.* DIM. *organetto.*
organogeno [or-ga-nò-ge-no] *agg.* (*geol.*) si dice di roccia sedimentaria formata dall'accumulo di resti di organismi animali e vegetali.
organolettico [or-ga-no-lèt-ti-co] *agg.* [pl.m. *-ci*] si dice di proprietà che può essere rilevata dai sensi, come l'odore, il colore ecc.: *esame — di una sostanza*, quello basato sulla valutazione delle proprietà organolettiche.
organologia [or-ga-no-lo-gì-a] *s.f.* parte dell'anatomia che studia la struttura e il funzionamento degli organi animali o vegetali.
organometallo [or-ga-no-me-tàl-lo] *s.m.* composto chimico contenente un metallo unito direttamente ad atomi di carbonio organico.
organoscopia [or-ga-no-sco-pì-a] *s.f.* (*med.*) esame di organi effettuato con strumenti ottici.
organza [or-gàn-ʒa] *s.f.* tessuto di seta leggero e trasparente.
organzino [or-gan-ʒì-no] *s.m.* filato di seta composto di più fili ritorti insieme; il tessuto con esso prodotto.
orgasmo [or-gà-ʃmo] *s.m.* **1** la fase culminante dell'eccitazione sessuale **2** (*estens.*) agitazione, irrequietezza, ansia.
orgia [òr-gia] *s.f.* [pl. *-ge*] **1** riunione di più persone che danno libero sfogo ai propri desideri sessuali **2** (*fig.*) abbondanza, eccesso che turba o che eccita: *un'— di colori.*
orgiastico [or-già-sti-co] *agg.* [pl.m. *-ci*] di orgia sessuale; licenzioso: *piaceri orgiastici* □ **orgiasticamente** *avv.*
orgoglio [or-gó-glio] *s.m.* **1** grandissima stima di sé e dei propri meriti: *peccare di —* **2** (*estens.*) senso della propria dignità; fierezza, amor proprio: *parlare con legittimo —* **3** cosa o persona che sia motivo di vanto: *essere l'— della famiglia.*
orgoglioso [or-go-glió-so] *agg.* **1** pieno di orgoglio; che rivela orgoglio: *un contegno —* **2** fiero,

soddisfatto, inorgoglito: *un maestro — dell'allievo* □ **orgogliosamente** *avv.*

orientabile [o-rien-tà-bi-le] *agg.* che si può orientare in diverse direzioni: *antenna —.*

orientale [o-rien-tà-le] *agg.* **1** dell'oriente; situato a oriente o più a oriente (si contrappone a *occidentale*): *venti orientali* **2** che è proprio dell'Asia: *cultura —* **3** che si riferisce ai territori che appartenevano all'impero romano d'oriente: *il monachesimo —* | *chiese orientali*, le chiese cristiane ortodosse o cattoliche di rito bizantino ♦ *s.m.* e *f.* nativo, abitante dell'Oriente; asiatico.

orientaleggiante [o-rien-ta-leg-giàn-te] *agg.* che tende ad assumere caratteri propri dell'Oriente: *gusto —.*

orientalista [o-rien-ta-lì-sta] *s.m.* e *f.* [pl.m. *-sti*] studioso di lingue e civiltà orientali.

orientalistica [o-rien-ta-lì-sti-ca] *s.f.* l'insieme delle discipline volte allo studio delle lingue e civiltà orientali.

orientalizzare [o-rien-ta-liʒ-ʒà-re] *v.tr.* imporre o far assimilare la cultura, gli usi e i costumi orientali ♦ **orientalizzarsi** *v.rifl.* o *intr.pron.* assumere forme di vita e di cultura orientali; acquisire caratteristiche orientali.

orientalizzazione [o-rien-ta-liʒ-ʒa-zió-ne] *s.f.* l'orientalizzare, l'orientalizzarsi, l'essere orientalizzato.

orientamento [o-rien-ta-mén-to] *s.m.* **1** l'orientare, l'orientarsi | *senso di —*, facoltà istintiva di orientarsi **2** (*fig.*) direzione, indirizzo: *l'— di una ricerca* **3** (*geog.*) l'insieme delle operazioni aventi lo scopo di determinare i punti cardinali del luogo in cui ci si trova.

orientare [o-rien-tà-re] *v.tr.* [*io oriènto ecc.*] **1** disporre, volgere qlco. nella direzione di un certo punto cardinale **2** dirigere, indirizzare (anche *fig.*): *— gli studenti alla ricerca* ♦ **orientarsi** *v. rifl.* **1** riconoscere il luogo in cui ci si trova rispetto a un luogo di riferimento o ai punti cardinali **2** (*fig.*) capire in quale modo si debbano svolgere ricerche, attività ecc.; raccapezzarsi: *— nella nuova organizzazione del lavoro* **3** (*fig.*) rivolgere le proprie scelte o preferenze in una direzione; indirizzarsi: *— verso una professione.*

orientativo [o-rien-ta-tì-vo] *agg.* che serve a orientare: *indagine orientativa* □ **orientativamente** *avv.* in modo, a scopo orientativo.

orientato [o-rien-tà-to] *agg.* **1** disposto in direzione di un punto cardinale: *appartamento — a nord* **2** (*fig.*) diretto, indirizzato verso un'attività, un interesse: *un giovane ben — negli studi.*

orientazione [o-rien-ta-zió-ne] *s.f.* l'orientare, l'essere orientato.

oriente [o-rièn-te] *s.m.* **1** la parte dell'orizzonte dove sorge il Sole, detta anche *est* o *levante*; la posizione di un punto geografico che si trovi a est rispetto a un altro: *navigare verso —* **2** (*estens.*) regioni situate a oriente | *Oriente*, le regioni asiatiche rispetto a quelle europee | *Medio Oriente*, l'Asia occidentale, dal Mediterraneo all'Iran | *Estremo Oriente*, l'Asia orientale (Cina, Giappone ecc.) **3** la sede di una loggia massonica: *l'— di Milano* | *Grande —*, denominazione complessiva della massoneria **4** trasparenza che costituisce uno dei pregi maggiori delle perle.

orifizio [o-ri-fì-zio] *s.m.* **1** stretta apertura all'estremità di un condotto, per lo sbocco o il passaggio di un fluido **2** (*anat.*) apertura che mette in comunicazione una cavità del corpo con un'altra o con l'esterno: *— anale.*

origami [o-ri-gà-mi] *s.m.* l'arte, di antica tradizione giapponese, di ottenere oggetti ornamentali da fogli di carta variamente piegati.

origano [o-rì-ga-no] *s.m.* erba aromatica perenne con foglioline ovali, tipica delle zone mediterranee; è usata in cucina come aromatizzante.

originale [o-ri-gi-nà-le] *agg.* **1** dell'origine; che esiste dall'origine | *peccato —*, nella teologia cristiana, la colpa conseguente al peccato di Adamo, trasmessa a tutti gli uomini e cancellata dal battesimo **2** che rappresenta la prima realizzazione di qlco. di riproducibile, copiabile: *un documento —* | *leggere un'opera nel testo —*, nel testo integrale, senza tagli né modifiche; anche, nella lingua originale, non in traduzione | *versione — di un film*, con il parlato nella sua lingua d'origine **3** di cosa, che non è frutto di imitazione; autentico, non contraffatto: *tessuti scozzesi originali* **4** (*estens.*) interamente nuovo, che non ripete modelli precedenti: *opera —* **5** (*fig.*) strano, stravagante: *un abbigliamento —* ♦ *s.m.* **1** ciò che è originale, che non è copia, riproduzione, traduzione: *copia conforme all'—* **2** [anche *f.*] persona originale; tipo curioso, stravagante □ **originalmente** *avv.* **1** all'origine; originariamente **2** in modo originale, insolito: *vestire —.*

originalità [o-ri-gi-na-li-tà] *s.f.invar.* **1** qualità di chi o di ciò che è originale: *l'— di un'idea, di un modello* **2** (*estens.*) stravaganza: *le — della moda.*

originare [o-ri-gi-nà-re] *v.tr.* [*io orìgino ecc.*] dare origine a qlco.; causare: *— sospetti* ♦ **originarsi** *v.intr.pron.* avere origine: *dal primo errore si originarono gli altri.*

originario [o-ri-gi-nà-rio] *agg.* **1** che ha origine, provenienza da un luogo: *un popolo — dell'Asia* **2** che dà o ha dato origine a qlcu. o a qlco.: *l'ambiente — di una cultura* **3** dell'origine, proprio delle origini; primitivo: *l'— splendore* □ **originariamente** *avv.* all'origine, all'inizio.

origine [o-rì-gi-ne] *s.f.* **1** principio da cui deriva qlco.; il punto, il momento in cui ha inizio qlco.: *l'— della vita*; *l'— di una retta* | *risalire all'—*, alle prime manifestazioni di un fenomeno | *in —*, dapprima, in principio **2** fatto da cui un evento si è prodotto; causa: *l'— di una malattia* | *trarre —*, derivare, essere causato **3** provenienza: *vino a denominazione di — controllata*; *paese d'—* | ambiente, condizione sociale da cui si proviene: *essere di nobile —* **4** (*mat.*) in un sistema di coordinate, punto dal quale si cominciano a contare le distanze.

origliare [o-ri-glià-re] *v.intr.* [*io orìglio ecc.*; aus. *avere*] ascoltare di nascosto: *— alla porta.*

orina → **urina**.
orinale [o-ri-nà-le] *s.m.* vaso da notte, pitale.
orinare [o-ri-nà-re], o **urinare**, *v.intr.* [aus. *avere*] emettere, eliminare urina ♦ *v.tr.* emettere con l'urina: — *sangue*.
orinatoio [o-ri-na-tó-io] *s.m.* impianto pubblico per orinare, di uso maschile.
oriundo [o-riùn-do] *agg.* e *s.m.* [f. *-a*] che/chi è originario di un luogo: *un argentino — italiano*.
orizzontale [o-riʒ-ʒon-tà-le] *agg.* **1** parallelo al piano dell'orizzonte (contrapposto a *verticale*): *posizione —* **2** (*fig.*) in un'organizzazione, si dice di sezione, ufficio, gruppo che è allo stesso livello di un'altro ♦ *s.f.pl.* nei cruciverba, le parole da collocare in senso orizzontale □ **orizzontalmente** *avv.* in senso, in posizione orizzontale.
orizzontalità [o-riʒ-ʒon-ta-li-tà] *s.f.* l'essere orizzontale; posizione orizzontale.
orizzontamento [o-riʒ-ʒon-ta-mén-to] *s.m.* **1** l'orizzontare, l'orizzontarsi **2** (*edil.*) struttura orizzontale di sostegno o di copertura.
orizzontare [o-riʒ-ʒon-tà-re] *v.tr.* [*io oriʒʒónto ecc.*] mettere in una data posizione rispetto all'orizzonte | (*estens.*) orientare ♦ **orizzontarsi** *v. rifl.* **1** riconoscere il luogo in cui ci si trova e la direzione da prendere; orientarsi: — *nella nebbia* **2** (*fig.*) capire in quale modo si debbano svolgere ricerche, attività; raccapezzarsi: — *tra le leggi fiscali*.
orizzonte [o-riʒ-ʒón-te] *s.m.* **1** linea ideale che delimita il raggio visuale di un luogo e lungo la quale il cielo sembra toccare la superficie terrestre | (*estens.*) la zona del cielo o della superficie terrestre delimitata da tale linea: *il sole tramonta sull'—* **2** (*fig.*) campo di attività; prospettiva futura: *gli orizzonti della scienza* | *fare un giro d'—*, esaminare panoramicamente tutti gli aspetti di una situazione.
orlare [or-là-re] *v.tr.* [*io órlo ecc.*] provvedere di orlo, di orlatura; bordare: — *un fazzoletto*.
orlato [or-là-to] *agg.* che ha un orlo cucito: *teli per tenda orlati* | (*estens.*) che presenta un orlo, un margine di diversa materia o colore: *nuvole orlate di rosa*.
orlatura [or-la-tù-ra] *s.f.* **1** l'orlare, l'essere orlato; orlo **2** materiale che serve per orlare; bordura, profilo.
orlo [ór-lo] *s.m.* **1** la parte con cui qlco. termina o inizia; margine, limite estremo: *bicchiere pieno fino all'—*, colmo; *essere sull'— di un precipizio*, (*fig.*) in una situazione di gravissimo rischio | *essere sull'— del fallimento*, sul punto di fallire **2** l'estremo lembo di un tessuto, ripiegato e cucito perché non si sfili.
orma [ór-ma] *s.f.* **1** segno lasciato dal piede dell'uomo o di un animale sul terreno: *orme sulla neve* | *calcare le orme di qlcu.*, (*fig.*) imitarlo, seguirne l'esempio **2** (*fig.*) impronta, segno, traccia: *lasciare nella coscienza un'— indelebile* | (*lett.*) resto, vestigio: *le orme di un passato glorioso*.
ormai [or-mài], o **oramai** [o-ra-mài], *avv.* **1** adesso, a questo punto, allo stato attuale: — *è tempo di decidere* | per sottolineare l'inevitabilità o l'irrimediabilità di una situazione: — *non si può fare più nulla* | con valore enfatico, in riferimento al tempo trascorso: *sono — due mesi che non lo vedo* **2** allora, a quel punto (riferito al passato o al futuro): *quando lui arrivò lei — era partita*; *domani sarà — troppo tardi*.
ormeggiare *v.tr.* [*io orméggio ecc.*] (*mar.*) fissare un'imbarcazione con ancore e cavi a uno o più punti, per impedire che sia spostata dalle correnti o dal vento ♦ **ormeggiarsi** *v.intr.pron.* assicurarsi con ormeggi, detto di un natante: — *in rada*.
ormeggiatore [or-meg-gia-tó-re] *s.m.* (*mar.*) chi in un porto è addetto alle manovre di ormeggio.
ormeggio [or-még-gio] *s.m.* (*mar.*) **1** l'ormeggiare, l'ormeggiarsi, l'essere ormeggiato; il posto in cui si ormeggia: *cercare un — sicuro* **2** *pl.* le ancore, i cavi o le catene con cui è ormeggiato un natante: *mollare gli ormeggi*, salpare.
ormonale [or-mo-nà-le] *agg.* (*biol.*) che riguarda gli ormoni: *disfunzione —* | (*med.*) che contiene, utilizza ormoni: *terapia —*.
ormone [or-mó-ne] *s.m.* (*biol.*) ciascuna delle sostanze prodotte dalle ghiandole endocrine, che stimolano specifiche risposte fisiologiche nelle cellule.
ormonico [or-mò-ni-co] *agg.* [pl.m. *-ci*] (*biol.*, *med.*) ormonale.
ormonoterapia [or-mo-no-te-ra-pì-a] *s.f.* (*med.*) terapia basata sull'impiego di ormoni.
ornamentale [or-na-men-tà-le] *agg.* di ornamento, che serve da ornamento: *fregio —* | *pianta —*, che si coltiva per la sua bellezza.
ornamentazione [or-na-men-ta-zió-ne] *s.f.* l'abbellire con ornamenti: *l'— di una sala* | complesso di ornamenti: *un'— troppo carica*.
ornamento [or-na-mén-to] *s.m.* **1** l'ornare: *l'— di una tavola* | *d'—*, ornamentale: *pietre d'—* **2** ciò che serve a ornare, ad abbellire: — *architettonico*.
ornare [or-nà-re] *v.tr.* [*io órno ecc.*] **1** rendere più bello, più attraente aggiungendo qlco.; decorare, abbellire: *quadri che ornano le pareti* | — *lo stile*, renderlo più raffinato con artifici retorici **2** (*fig.*) dare lustro, prestigio | insignire: — *di un'insegna cavalleresca* ♦ **ornarsi** *v.rifl.* o *intr.pron.* adornarsi: — *di gioielli*.
ornativo [or-na-tì-vo] *agg.* (*non com.*) che serve di ornamento; ornamentale, esornativo.
ornato[1] [or-nà-to] *agg.* **1** adorno: *vestito — di trine* **2** elegante, forbito: *prosa ornata* □ **ornatamente** *avv.*
ornato[2] *s.m.* **1** complesso di elementi con funzione decorativa | (*arch.*) l'insieme degli elementi ornamentali posti sul corpo della costruzione: *l'— di una facciata barocca* **2** parte dello studio del disegno che riguarda la rappresentazione di ornamenti decorativi.
ornello [or-nèl-lo] *s.m.* pianta arborea simile al frassino comune, coltivata per la manna che si ricava dal fusto inciso.
ornito- primo elemento di parole composte,

che significa ‘uccello’ (*ornitologia, ornitorinco*).

ornitofilo [or-ni-tò-fi-lo] *agg.* si dice di impollinazione operata da uccelli; anche, di pianta in cui avviene questo tipo di impollinazione.

ornitologia [or-ni-to-lo-gì-a] *s.f.* ramo della zoologia che studia gli uccelli.

ornitologico [or-ni-to-lò-gi-co] *agg.* [pl.m. *-ci*] che riguarda l'ornitologia: *museo —*.

ornitologo [or-ni-tò-lo-go] *s.m.* [f. *-a*; pl.m. *-gi*] studioso, esperto di ornitologia.

ornitomanzia [or-ni-to-man-zì-a] *s.f.* forma di divinazione che trae auspici dal volo e dal canto degli uccelli.

ornitorinco [or-ni-to-rìn-co] *s.m.* [pl. *-chi*] mammifero oviparo che vive lungo i fiumi dell'Australia e della Tasmania; ha corpo allungato, becco simile a quello di un'anatra, coda grossa e piedi palmati.

ornitosi [or-ni-tò-ʃi] *s.f.* (*med.*) malattia infettiva virale che colpisce gli uccelli e che da questi può essere trasmessa all'uomo e a vari animali.

oro [ò-ro] *s.m.* **1** elemento chimico di simbolo *Au*; è un metallo nobile di colore giallo-lucente, presente in natura in giacimenti di limitate quantità, considerato da sempre il materiale prezioso per eccellenza: *monete d'—*; *— zecchino* | in quanto materiale prezioso per antonomasia dà luogo a loc. fig.: *non fare una cosa per tutto l'— del mondo*, a nessuna condizione; *vale tant'— quanto pesa*, vale molto, detto sia di cosa sia di persona; *prendere tutto per — colato*, credere a tutto | in relazione all'eccellenza dell'oro: *un uomo d'—*, persona di grande bontà | *età dell'—*, età primitiva nella quale tutto sarebbe stato felice | *secolo d'—*, quello che si considera il più splendido nella storia di una civiltà o di una letteratura | *— nero*, (*fig.*) il petrolio | *prov.*: *non è tutt'— quel che riluce*, l'apparenza spesso inganna **2** (*estens.*) denaro, ricchezze: *nuotare nell'—* **3** colore giallo lucente: *capelli d'—*, biondi come l'oro | Anche in funzione di *agg.invar.*: *paramenti neri e —* **4** materiale dorato: *abito profilato in —* **5** *pl.* oggetti d'oro: *ori ellenistici* **6** *pl.* uno dei quattro semi delle carte da gioco italiane; denari.

oro-¹ primo elemento di parole composte, che significa ‘monte’ (*orografia*).

oro-² primo elemento di parole composte della terminologia medica, che significa ‘della bocca, orale’ (*orofaringe*).

orofaringe [o-ro-fa-rìn-ge] *s.f.* (*anat.*) parte media della faringe, situata in corrispondenza della cavità orale.

orogenesi [o-ro-gè-ne-ʃi] *s.f.* (*geol.*) insieme dei fenomeni che determinano la formazione delle catene montuose.

orogenetico [o-ro-ge-nè-ti-co] *agg.* [pl.m. *-ci*] (*geol.*) che riguarda l'orogenesi: *fenomeni orogenetici*.

orografia [o-ro-gra-fì-a] *s.f.* **1** settore della geografia che studia i rilievi terrestri **2** distribuzione dei rilievi sulla Terra o in una data regione; la relativa rappresentazione cartografica.

orografico [o-ro-grà-fi-co] *agg.* [pl.m. *-ci*] (*geog.*) che riguarda l'orografia: *carta orografica*, che mette in evidenza i rilievi di una regione e ne segnala le altitudini.

oroidrografia [o-ro-i-dro-gra-fì-a] *s.f.* settore della geografia che studia i rilievi terrestri e i corsi d'acqua che ne discendono.

orologeria [o-ro-lo-ge-rì-a] *s.f.* **1** l'arte di fabbricare orologi **2** meccanismo simile a quello degli orologi, capace di produrre un effetto a una scadenza prefissata: *bomba a —* **3** negozio di orologiaio.

orologiaio [o-ro-lo-già-io] *s.m.* [f. *-a*] chi fabbrica, vende o ripara orologi.

orologio [o-ro-lò-gio] *s.m.* strumento per misurare il tempo in ore e frazioni di ore: *— da polso* | *un'ora d'—*, un'ora esatta | *essere un —*, (*fig.*) detto di meccanismo, funzionare perfettamente; detto di persona, essere molto puntuale. DIM. *orologetto, orologino*.

oronimo [o-rò-ni-mo] *s.m.* (*ling.*) nome di monte o di catena montuosa.

oroscopo [o-rò-sco-po] *s.m.* predizione del futuro basata sulla posizione degli astri nel momento della nascita |(*estens.*) libro o pagina di giornale che riporta le previsioni per i vari segni zodiacali: *leggere l'—*.

orpellare [or-pel-là-re] *v.tr.* [*io orpèllo ecc.*] (*lett.*) **1** ornare, coprire con orpello **2** (*fig.*) nascondere, mascherare con false apparenze.

orpello [or-pèl-lo] *s.m.* **1** lega di rame e zinco di colore simile all'oro **2** (*fig.*) apparenza ingannevole: *mascherare l'ignoranza sotto l'— della retorica* | ornamento inutile del discorso: *stile pieno di orpelli*.

orrendo [or-rèn-do] *agg.* **1** che desta orrore, raccapriccio per il suo carattere atroce, crudele, o perché repellente, ignobile, blasfemo: *delitto —* **2** (*iperb.*) bruttissimo, pessimo: *un film —* □ **orrendamente** *avv.*

orribile [or-rì-bi-le] *agg.* **1** che suscita orrore; orrendo, spaventoso: *fare una fine —* **2** (*iperb.*) pessimo, bruttissimo: *tempo —* □ **orribilmente** *avv.*

orrido [òr-ri-do] *agg.* che desta orrore per la bruttezza o per l'aspetto selvaggio: *— mostro* ♦ *s.m.* **1** aspetto orrido; ciò che è orrido: *il gusto dell'—* **2** precipizio o canalone a pareti aspre ed erte □ **orridamente** *avv.*

orripilante [or-ri-pi-làn-te] *agg.* **1** che fa rizzare i capelli per l'orrore e lo spavento; orribile, raccapricciante: *una scena —* **2** (*iperb.*) brutto, sgradevole.

orripilazione [or-ri-pi-la-zió-ne] *s.f.* (*fisiol.*) fenomeno per cui, nell'uomo e in altri mammiferi, i peli tendono a raddrizzarsi sulla pelle in seguito a freddo o a paura.

orrore [or-ró-re] *s.m.* **1** sentimento di paura e ribrezzo destato da ciò che appare crudele, ripugnante in senso fisico o morale: *fare —* | *film dell'—*, che tende a suscitare sensazioni di paura o disgusto, con scene di crudeltà e personaggi mostruosi 2 (*estens.*) cosa, fatto, situazione che desta tale sentimento: *gli orrori della guerra* 3 (*estens.*) persona o cosa particolarmente brutta: *un monumento che è un —.*

orsa [ór-sa] *s.f.* 1 la femmina dell'orso 2 *Orsa Maggiore, Minore,* (*astr.*) costellazioni dell'emisfero boreale composte di sette stelle ciascuna; la seconda comprende la stella polare.

orsacchiotto [or-sac-chiòt-to] *s.m.* 1 cucciolo d'orso; orsetto 2 pupazzo morbido e peloso a forma di piccolo orso: *giocare con l'—.*

orsaggine [or-sàg-gi-ne] *s.f.* l'essere poco socievole; scontrosità.

orsetto [or-sét-to] *s.m.* 1 orsacchiotto | — *lavatore,* procione | — *koala,* koala 2 pupazzo in forma di piccolo orso.

orso [ór-so] *s.m.* [f. *-a*] 1 (*zool.*) genere di grossi mammiferi plantigradi, con testa grossa, arti brevi, forti unghioni, pelo foltissimo: — *bruno,* specie europea e asiatica con pelliccia di colore bruno; — *polare,* specie che abita le zone artiche in prossimità dei poli. DIM. *orsacchiotto, orsetto* 2 per le sue movenze lente e impacciate è simbolo di goffaggine fisica: *ballare come un —,* in maniera goffa | per le sue abitudini di animale solitario, indica una persona scontrosa, poco socievole: *è un —, non ha amici* 3 nel gergo della borsa, situazione di mercato tendente al ribasso (si contrappone a *toro*).

orsù [or-sù] *inter.* (*lett.*) esprime incitamento, esortazione: *—, partiamo!*

ortaggio [or-tàg-gio] *s.m.* denominazione generica delle piante erbacee commestibili coltivate negli orti.

ortensia [or-tèn-sia] *s.f.* arbusto ornamentale con fiori raccolti in corimbi, di colore rosa, azzurro e bianco.

ortesi [òr-te-ʃi] *s.f.* (*med.*) apparecchio che si applica al corpo per correggerne una funzione meccanica difettosa, ma che non sostituisce una parte anatomica mancante.

ortica [or-tì-ca] *s.f.* pianta erbacea perenne diffusa nei luoghi incolti delle zone temperate, con fusto e foglie coperti di peli irritanti; ha proprietà medicinali | *gettare qlco. alle ortiche,* (*fig.*) abbandonarla definitivamente.

orticacee → **urticacee**.

orticante [or-ti-càn-te], o **urticante**, *agg.* 1 si dice dei peli di alcune piante, come l'ortica, che provocano irritazione della pelle 2 (*estens.*) si dice di qualsiasi sostanza che provochi un'irritazione simile: *liquido —.*

orticaria [or-ti-cà-ria] *s.f.* (*med.*) manifestazione allergica cutanea, caratterizzata da macchioline rosse pruriginose.

orticolo [or-tì-co-lo] *agg.* che concerne gli orti, l'orticoltura: *produzione orticola.*

orticoltore [or-ti-col-tó-re] *s.m.* chi si occupa di orticoltura.

orticoltura [or-ti-col-tù-ra] *s.f.* la coltivazione razionale degli orti.

ortivo [or-tì-vo] *agg.* 1 coltivato a orto: *terreno* — 2 da orto, che cresce negli orti: *piante ortive.*

orto [òr-to] *s.m.* 1 piccolo appezzamento di terreno in cui si coltivano erbaggi commestibili e piante da frutto: *zappare l'—* 2 — *botanico,* terreno attrezzato in cui sono coltivate diverse varietà di piante a scopo di studio e di ricerca. DIM. *orticello.*

orto- primo elemento di parole composte, che significa 'esatto, giusto, corretto' (*ortografia, ortopedia*); in geometria, significa 'retto, perpendicolare'.

ortocentro [or-to-cèn-tro] *s.m.* (*mat.*) punto di incontro delle tre altezze di un triangolo.

ortoclasio [or-to-clà-ʃio] *s.m.* (*min.*) silicato di alluminio e potassio bianco o rosato, usato nell'industria delle porcellane.

ortodonzia [or-to-don-zì-a] *s.f.* (*med.*) settore della stomatologia che si occupa della correzione delle malformazioni dentarie.

ortodossia [or-to-dos-sì-a] *s.f.* 1 l'insieme dei principi che costituiscono il fondamento ufficiale di un sistema religioso, ideologico: *l'— cattolica* | (*estens.*) la rispondenza di una posizione teorica o di un agire a tali principi (si contrappone a *eterodossia*): *deviare dall'—* | (*fig.*) fedeltà, rispondenza a una prassi normalmente usata: *azioni che mancano di —* 2 (*relig.*) la dottrina delle chiese cristiane orientali di rito bizantino; l'insieme di tali chiese.

ortodosso [or-to-dòs-so] *agg.* 1 che aderisce, che è rispondente a un'ortodossia: *medicina ortodossa,* quella tradizionale | (*estens.*) che segue delle regole consolidate: *un procedimento —* 2 (*relig.*) che si riferisce alle chiese cristiane che fanno parte dell'ortodossia: *la chiesa russo-ortodossa* ♦ *s.m.* [f. *-a*] 1 chi è ortodosso 2 chi appartiene alla chiesa ortodossa.

ortodromia [or-to-dro-mì-a] *s.f.* (*geog.*) arco di circolo massimo che, congiungendo due punti della superficie del mare o della terra, corrisponde alla rotta più breve.

ortoepia [or-to-e-pì-a] *s.f.* la corretta pronuncia dei suoni e delle parole di una lingua: *manuale di —.*

ortofonia [or-to-fo-nì-a] *s.f.* disciplina medica che studia e applica tecniche rieducative per i difetti di pronuncia.

ortofonista [or-to-fo-nì-sta] *s.m.* e *f.* [pl.m. *-sti*] (*med.*) persona abilitata all'applicazione di tecniche di ortofonia.

ortofrenia [or-to-fre-nì-a] *s.f.* parte della psicologia che si occupa dei soggetti oligofrenici e studia criteri e metodi per la loro educazione.

ortofrutticolo [or-to-frut-tì-co-lo] *agg.* che concerne l'orticoltura, la frutticoltura e i loro prodotti: *mercato —.*

ortofrutticoltura [or-to-frut-ti-col-tù-ra] *s.f.* coltivazione di ortaggi e frutta.

ortogonale [or-to-go-nà-le] *agg.* (*mat.*) perpendicolare, normale: *proiezione —* □ **ortogonalmente** *avv.* in posizione ortogonale; perpendicolarmente.

ortogonalità [or-to-go-na-li-tà] *s.f.* (*mat.*) l'essere ortogonale.
ortografia [or-to-gra-fì-a] *s.f.* parte della grammatica che prescrive la corretta scrittura di una lingua: *errori di —*.
ortografico [or-to-grà-fi-co] *agg.* [pl.m. *-ci*] che riguarda l'ortografia □ **ortograficamente** *avv.* secondo le regole dell'ortografia.
ortolano [or-to-là-no] *s.m.* 1 [f. *-a*] chi coltiva un orto e ne vende i prodotti 2 piccolo uccello con piumaggio variopinto e becco conico.
ortomercato [or-to-mer-cà-to] *s.m.* [pl. *ortomercati*] mercato ortofrutticolo all'ingrosso.
ortopedagogia [or-to-pe-da-go-gì-a] *s.f.* tecnica educativa per il recupero e il reinserimento sociale di soggetti con difficoltà mentali e caratteriali.
ortopedia [or-to-pe-dì-a] *s.f.* 1 branca della medicina che si occupa delle affezioni della colonna vertebrale, delle ossa e delle articolazioni 2 tecnica di costruire apparecchi per correggere difetti degli arti o della colonna vertebrale.
ortopedico [or-to-pè-di-co] *agg.* [pl.m. *-ci*] di ortopedia: *scarpe ortopediche*, per correggere malformazioni dei piedi ♦ *s.m.* 1 medico specialista in ortopedia 2 chi costruisce e vende apparecchi ortopedici.
ortoscopia [or-to-sco-pì-a] *s.f.* (*med.*) radioscopia effettuata mantenendo il soggetto in posizione eretta.
ortotteri [or-tòt-te-ri] *s.m.pl.* (*zool.*) ordine di insetti volatori e saltatori, con ali anteriori indurite, posteriori membranose, apparato boccale masticatore; vi appartengono il grillo e la cavalletta.
ortottica [or-tòt-ti-ca] *s.f.* (*med.*) settore dell'oculistica che si occupa della correzione dello strabismo.
ortottico [or-tòt-ti-co] *agg.* [pl.m. *-ci*] (*med.*) relativo all'ortottica: *esercizi ortottici*.
ortottista [or-tot-tì-sta] *s.m.* e *f.* [pl.m. *-sti*] persona abilitata all'applicazione di tecniche di ortottica.
ortovivaismo [or-to-vi-va-ì-ʃmo] *s.m.* l'attività di chi coltiva ortaggi e piante in vivaio.
orza [òr-za] *s.f.* (*mar.*) il lato di un'imbarcazione colpito dal vento (si contrappone a *poggia*).
orzaiolo [or-ʒa-iò-lo], o **orzarolo**, *s.m.* (*med.*) piccolo ascesso sull'orlo delle palpebre.
orzare [or-zà-re] *v.intr.* [*io òrzo ecc.*; aus. *avere*] (*mar.*) navigare con la prora contro vento.
orzarolo → **orzaiolo**.
orzata [or-ʒà-ta] *s.f.* bibita fatta con mandorle triturate, zucchero e acqua.
orzo [òr-ʒo] *s.m.* pianta erbacea simile al frumento; si impiega come foraggio, nella preparazione della birra e nell'alimentazione umana.
osanna [o-ʃàn-na] *s.m.invar.* 1 nella tradizione biblica, espressione di lode e saluto a Dio 2 (*estens.*) grido di gioia, di esultanza: *gli — della folla*.
osannare [o-ʃan-nà-re] *v.intr.* [aus. *avere*] 1 gridare evviva: *il popolo osannava al re* 2 (*estens.*) fare lodi pubbliche: *— ai divi dello sport* ♦ *v.tr.* fare oggetto di accesa ammirazione; celebrare, esaltare: *un'attrice osannata dal pubblico*.
osare [o-ʃà-re] *v.tr.* [*io òso ecc.*] avere il coraggio di fare; fare coraggiosamente, rischiare: *— l'impossibile* | *come osa?*, come si permette?
oscar [ò-scar] *s.m.invar.* 1 la statuetta d'oro conferita ogni anno negli Stati Uniti come premio per le migliori realizzazioni cinematografiche | (*estens.*) il film o l'artista che ha ricevuto tale premio 2 (*estens.*) premio concesso al primo classificato di talune manifestazioni: *ricevere l'— del commercio*.
oscenità [o-sce-ni-tà] *s.f.* 1 l'essere osceno: *l'— di uno scritto* 2 parola o atto osceno: *scrivere —* 3 opera molto brutta, di cattivo gusto: *questo quadro è un'—*.
osceno [o-scè-no] *agg.* 1 che offende il senso del pudore: *atti osceni* 2 (*estens.*) molto brutto, orribile, di cattivo gusto: *un edificio —* □ **oscenamente** *avv.*
oscillante [o-scil-làn-te] *agg.* 1 che oscilla (anche *fig.*): *opinioni oscillanti* 2 che opera compiendo un moto oscillatorio: *sega —*.
oscillare [o-scil-là-re] *v.intr.* [aus. *avere*] 1 muoversi secondo una traiettoria, percorrendola alternamente nell'uno e nell'altro senso: *il pendolo oscilla* 2 (*fig.*) detto di grandezza, prezzo, quotazione ecc., calare e aumentare alternativamente: *i prezzi oscillano* 3 (*fig.*) tentennare, essere indeciso: *— tra idee opposte* | essere alternante tra due posizioni antitetiche: *parlando oscillava tra il tragico e il comico*.
oscillatore [o-scil-la-tó-re] *s.m.* (*fis.*) generatore di correnti o tensioni elettriche alternate.
oscillatorio [o-scil-la-tò-rio] *agg.* che avviene con oscillazioni, che ha carattere di oscillazione: *andamento — dei prezzi*.
oscillazione [o-scil-la-zió-ne] *s.f.* l'oscillare: *l'— di un pendolo* | (*fig.*) tentennamento.
oscillografo [o-scil-lò-gra-fo] *s.m.* (*elettr.*) strumento per registrare correnti o tensioni elettriche variabili.
oscillometro [o-scil-lò-me-tro] *s.m.* 1 (*med.*) apparecchio usato per misurare la capacità di espansione delle pareti arteriose di un arto 2 (*mar.*) strumento per rilevare l'ampiezza delle oscillazioni di rollio di una nave.
oscilloscopio [o-scil-lo-scò-pio] *s.m.* strumento elettronico che rende visibile l'andamento di grandezze elettriche variabili periodicamente nel tempo.
osco [ò-sco] *agg.* [f. *-a*; pl.m. *-sci* o *-schi*] relativo a una popolazione italica che occupava il territorio corrispondente approssimativamente all'attuale Campania ♦ *s.m.* 1 [f. *-a*] chi apparteneva alla popolazione osca 2 lingua osca.
oscuramento [o-scu-ra-mén-to] *s.m.* l'oscurare, l'oscurarsi, l'essere oscurato: *— delle facoltà mentali*.
oscurantismo [o-scu-ran-tì-ʃmo] *s.m.* opposi-

zione sistematica al progresso e alla diffusione della cultura.

oscurantista [o-scu-ran-tì-sta] *s.m.* e *f.* [pl.m. *-sti*] fautore dell'oscurantismo; retrogrado | Usato anche come *agg.*: *politica —*.

oscurantistico [o-scu-ran-tì-sti-co] *agg.* [pl.m. *-ci*] dell'oscurantismo, degli oscurantisti: *tendenza oscurantistica*.

oscurare [o-scu-rà-re] *v.tr.* **1** rendere oscuro, privare di luce: *— una stanza* | *— una stazione televisiva*, (*fig.*) impedirle di trasmettere **2** (*fig.*) sminuire o privare di importanza, di gloria al proprio confronto; offuscare, fare impallidire: *Giotto oscurò la fama di Cimabue* ♦ **oscurarsi** *v.intr.pron.* diventare oscuro o meno chiaro: *la vista si oscura* | *— in volto*, accigliarsi, rabbuiarsi.

oscurità [o-scu-ri-tà] *s.f.* **1** l'essere oscuro; assenza di luce, buio: *abituare gli occhi all'—* **2** (*fig.*) mancanza di chiarezza, di intelligibilità: *l'— di un testo* | espressione oscura, inintelligibile: *una legge piena di —* **3** (*fig.*) mancanza di notorietà, di fama: *uscire dall'—* **4** (*fig.*) mancanza di cognizioni o di notizie: *vivere nell'— di tutto*.

oscuro [o-scù-ro] *agg.* **1** non illuminato; scuro, buio: *cielo —* **2** (*fig.*) difficile a comprendersi, a interpretarsi: *una vicenda oscura* | che non è esplicito e come tale dà inquietudine: *un — presagio* **3** (*fig.*) poco noto, di cui si hanno scarse notizie: *un episodio —* | non famoso, non illustre: *oscuri natali*, umili origini **4** (*fig.*) disonorevole, vergognoso: *i secoli oscuri della nostra storia* ♦ *s.m.* ciò che è oscuro | *essere all'— di qlco.*, (*fig.*) ignorarla □ **oscuramente** *avv.* **1** in modo non chiaro, difficile: *parlare —* **2** senza fama, senza onore: *vivere —*.

osé [/ o'ze /] *agg.invar.* (*fr.*) audace, spinto, licenzioso: *un film —*.

-osi suffisso che forma sostantivi della terminologia medica, in cui indica situazioni patologiche.

-osio, o **-oso**, suffisso che in chimica organica indica carboidrato (*fruttosio*).

osmio [ò-ʃmio] *s.m.* elemento chimico di simbolo *Os*; è un metallo raro usato come ossidante e nella formazione di leghe dure.

osmosi [o-ʃmò-ʃi] *s.f.* **1** fenomeno di passaggio e fusione di due liquidi attraverso membrane semipermeabili **2** (*fig.*) scambio reciproco di elementi; compenetrazione, fusione: *— tra due culture*.

osmotico [o-ʃmò-ti-co] *agg.* [pl.m. *-ci*] di osmosi, relativo a osmosi: *processo —*.

-oso[1] suffisso usato nella terminologia chimica per indicare ossiacidi inorganici o sali derivanti da elementi a basso grado di ossidazione (*acido solforoso*).

-oso[2] suffisso di aggettivi; indica presenza, caratteristica, qualità ecc. (*coraggioso, pidocchioso, schifoso*).

-oso[3] → **-osio**.

osol [ò-sol] *s.m.invar.* (*geol.*) spesso involucro del nucleo terrestre, formato prevalentemente da ossidi e solfuri.

ospedale [o-spe-dà-le] *s.m.* istituto pubblico nel quale si curano gli ammalati: *— militare* | *mandare qlcu. all'—*, picchiarlo gravemente.

ospedaliero [o-spe-da-liè-ro] *agg.* dell'ospedale, degli ospedali: *assistenza ospedaliera* ♦ *s.m.* [f. *-a*] **1** chi presta servizio in un ospedale **2** membro di una congregazione religiosa che si dedica alla cura dei malati negli ospedali.

ospedalizzare [o-spe-da-liʒ-ʒà-re] *v.tr.* ricoverare in ospedale.

ospedalizzazione [o-spe-da-liʒ-ʒa-zió-ne] *s.f.* ricovero, degenza in ospedale.

ospitale [o-spi-tà-le] *agg.* che riceve gli ospiti con cortesia e cordialità: *famiglia —* | detto di luogo o di ambiente, che è accogliente, nel quale i forestieri sono trattati bene: *un paese —* □ **ospitalmente** *avv.* con ospitalità.

ospitalità [o-spi-ta-li-tà] *s.f.* **1** l'essere ospitale; cortesia, affabilità verso chi è ospite, forestiero: *l'— di una famiglia* **2** l'ospitare, l'essere ospitato: *offrire —*.

ospitante [o-spi-tàn-te] *agg.* e *s.m.* e *f.* che/chi ospita | *squadra —*, (*sport*) quella sul cui campo ha luogo l'incontro.

ospitare [o-spi-tà-re] *v.tr.* [*io òspito ecc.*] **1** accogliere, tenere nella propria casa, città, paese: *— degli amici* | *— una squadra*, (*sport*) disputare con essa un incontro sul proprio campo **2** (*estens.*) avere al proprio interno: *il museo ospita una raccolta di sculture*.

ospite [ò-spi-te] *s.m.* e *f.* **1** chi accoglie in casa propria una persona; la persona accolta: *essere — di un amico* | *— d'onore*, in uno spettacolo radiofonico o televisivo, personaggio importante che interviene con una partecipazione secondaria **2** (*biol.*) organismo a spese del quale un parassita vive ♦ *agg.* **1** che ospita, che dà ospitalità: *il paese —* **2** che riceve ospitalità | (*sport*) si dice di squadra che disputa un incontro sul campo degli avversari.

ospizio [o-spì-zio] *s.m.* luogo in cui sono ricoverate persone molto anziane bisognose di assistenza.

ossalico [os-sà-li-co] *agg.* [pl.m. *-ci*] (*chim.*) si dice del più semplice acido organico bivalente, costituito da due gruppi carbossilici collegati fra loro.

ossalidacee [os-sa-li-dà-ce-e] *s.f.pl.* (*bot.*) famiglia di piante dicotiledoni che comprende l'acetosella.

ossame [os-sà-me] *s.m.* (*lett.*) insieme, mucchio di ossa.

ossario [os-sà-rio] *s.m.* **1** nei cimiteri, luogo dove sono conservate le ossa dei defunti; in edifici religiosi antichi, cappella dove le ossa dei defunti sono conservate e talora esposte **2** grande costruzione destinata a raccogliere le spoglie di quanti non hanno potuto avere sepoltura individuale.

ossatura [os-sa-tù-ra] *s.f.* **1** l'insieme delle ossa del corpo o di una sua parte; struttura e ordine delle ossa: *l'— del capo* **2** (*fig.*) l'insieme delle strutture di sostegno di una costruzione; intelaiatura: *l'— di un ponte* 3 (*fig.*) schema, trama essenziale: *l'— di un romanzo.*

osseina [os-se-ì-na] *s.f.* (*biol.*) sostanza proteica presente nelle ossa.

osseo [òs-se-o] *agg.* 1 dell'osso, delle ossa: *callo* — 2 (*estens.*) simile a osso, duro come l'osso: *consistenza ossea.*

ossequente [os-se-quèn-te] *agg.* (*lett.*) che ha o mostra ossequio e rispetto: *— alle leggi.*

ossequiare [os-se-quià-re] *v.tr.* [*io ossèquio ecc.*] fare oggetto di ossequio; riverire: *— le autorità.*

ossequio [os-sè-quio] *s.m.* 1 profondo rispetto verso persone di alta dignità o merito, o verso istituzioni, ideali: *rendere — a qlcu.* | *in — alla legge*, in conformità a essa 2 atto, parola riverente: *porga i miei ossequi alla signora.*

ossequiosità [os-se-quio-si-tà] *s.f.* l'essere ossequioso.

ossequioso [os-se-quió-so] *agg.* che ha, che esprime ossequio, deferenza: *atteggiamento —* □ **ossequiosamente** *avv.*

osservabile [os-ser-và-bi-le] *agg.* che può essere osservato: *una stella — a occhio nudo.*

osservante [os-ser-vàn-te] *agg.* che osserva, che rispetta una norma, una disposizione; che segue i precetti di una religione: *cattolico —* ♦ *s.m.* e *f.* chi rispetta rigidamente delle norme o i precetti di una religione □ **osservantemente** *avv.* con rigida osservanza, scrupolosamente.

osservanza [os-ser-vàn-za] *s.f.* l'osservare le leggi, le prescrizioni, le regole: *cattolico di stretta —*, che si attiene scrupolosamente ai precetti della chiesa | *in — a*, (*burocr.*) in conformità a: *in — alle norme vigenti.*

osservare [os-ser-và-re] *v.tr.* [*io ossèrvo ecc.*] 1 esaminare con cura, guardare con attenzione: *— un sostanza al microscopio* 2 notare o far notare; rilevare: *far — a qlcu. i suoi errori* 3 rispettare, non trasgredire: *— una prescrizione.*

osservatore [os-ser-va-tó-re] *agg.* [f. *-trice*] che osserva, che ha capacità di osservazione: *una mente osservatrice* ♦ *s.m.* 1 chi osserva, chi ha capacità di osservazione: *un — acuto* 2 chi partecipa a un convegno da esterno, assistendo senza intervenire: *essere presente in veste di —* 3 (*dir.*) agente che uno stato invia presso un altro stato per seguire un'operazione o esercitare un controllo.

osservatorio [os-ser-va-tò-rio] *s.m.* 1 luogo o edificio munito delle attrezzature necessarie per l'osservazione di eventi naturali o per il controllo militare di una zona: *— astronomico* 2 istituzione che rileva e analizza l'andamento di fenomeni economici o sociali: *— dei prezzi.*

osservazione [os-ser-va-zió-ne] *s.f.* 1 l'osservare, l'essere osservato: *avere spirito di —* | *essere in —*, si dice di paziente sottoposto a una serie di controlli ed esami 2 giudizio, critica: *fare delle osservazioni intelligenti* 3 riprensione, rimprovero: *ricevere un'—.*

ossessionante [os-ses-sio-nàn-te] *agg.* che ossessiona, ossessivo | esasperante, molto fastidioso: *una musica —.*

ossessionare [os-ses-sio-nà-re] *v.tr.* [*io ossessióno ecc.*] 1 turbare in modo grave e persistente lo stato psichico di qlcu.; tormentare, perseguitare: *essere ossessionato dai ricordi* 2 (*estens.*) infastidire in modo assillante; esasperare: *— qlcu. con continue richieste.*

ossessione [os-ses-sió-ne] *s.f.* 1 (*psicoan.*) convinzione o comportamento irragionevoli, accompagnati da stati di ansia 2 (*estens.*) pensiero fisso, preoccupazione assillante: *l'— della gelosia* | persona o cosa che ossessiona, che assilla: *sei un'—!*, sei molesto, assillante.

ossessività [os-ses-si-vi-tà] *s.f.* l'essere ossessivo.

ossessivo [os-ses-sì-vo] *agg.* 1 (*psicoan.*) caratterizzato da ossessione: *condotta ossessiva* 2 (*estens.*) che costituisce un'ossessione; ossessionante: *pensiero —* 3 (*estens.*) esasperante, assillante: *ritmo —* □ **ossessivamente** *avv.*

ossesso [os-sès-so] *agg.* e *s.m.* [f. *-a*] 1 che/chi ha l'anima posseduta dal demonio; indemoniato: *esorcizzare gli ossessi* 2 (*estens.*) che/chi è molto agitato e quasi fuori di sé: *cerca di calmare quell'—.*

ossi- primo elemento di parole composte della terminologia chimica, ricavato da *ossigeno*; in chimica inorganica indica la presenza di ossigeno; in chimica organica, la presenza di uno o più gruppi ossidrilici.

ossia [os-sì-a] *cong.* cioè, per meglio dire (coordina due proposizioni o due elementi nella stessa proposizione, in modo che il secondo chiarisca il primo): *la matematica, — la scienza dei numeri.*

ossiacido [os-si-à-ci-do] *s.m.* (*chim.*) 1 ogni acido inorganico contenente ossigeno nella propria molecola 2 in chimica organica, composto nella cui molecola sono presenti gruppi carbossilici e ossidrilici.

ossicomposto → **oxocomposto**.

ossidabile [os-si-dà-bi-le] *agg.* che si ossida, si può ossidare.

ossidabilità [os-si-da-bi-li-tà] *s.f.* l'essere ossidabile: *l'— di un metallo.*

ossidante [os-si-dàn-te] *agg.* e *s.m.* (*chim.*) si dice di sostanza capace di ossidarne altre.

ossidare [os-si-dà-re] *v.tr.* [*io òssido ecc.*] (*chim.*) combinare una sostanza con l'ossigeno | determinare una patina opaca sui metalli come effetto della combinazione della loro superficie con l'ossigeno atmosferico ♦ **ossidarsi** *v.intr.pron.* combinarsi con l'ossigeno | coprirsi di una patina di ossido: *all'aria molti metalli si ossidano.*

ossidasi [os-si-dà-ʃi] *s.f.* (*biol.*) categoria di enzimi che negli organismi animali o vegetali promuovono processi di ossidazione.

ossidativo [os-si-da-tì-vo] *agg.* (*chim.*) di ossidazione: *processo —.*

ossidazione [os-si-da-zió-ne] *s.f.* 1 (*chim.*) l'ossidare, l'ossidarsi | (*estens.*) aumento di valenza di un elemento 2 patina di ossido che ricopre i metalli.

ossidiana [os-si-dià-na] *s.f.* (*geol.*) roccia vulcanica nera e di aspetto vetroso.
ossido [òs-si-do] *s.m.* (*chim.*) composto dell'ossigeno con un altro elemento: — *di carbonio*, gas inodoro, velenosissimo, che si produce nella combustione incompleta del carbone.
ossidoriduzione [os-si-do-ri-du-zió-ne] *s.f.* (*chim.*) l'insieme delle reazioni di ossidazione e riduzione che riguardano un medesimo substrato.
ossidrico [os-sì-dri-co] *agg.* [pl.m. *-ci*] (*chim.*) che è composto di ossigeno e idrogeno: *cannello* —, attrezzo che miscela i due gas, per produrre la fiamma (*fiamma ossidrica*).
ossidrile [os-si-drì-le] *s.m.* (*chim.*) radicale chimico con carica negativa formato da un atomo di ossigeno e uno di idrogeno, presente in molti composti.
ossidrilico [os-si-drì-li-co] *agg.* [pl.m. *-ci*] (*chim.*) di ossidrile: *gruppo* —, l'ossidrile.
ossiemoglobina [os-si-e-mo-glo-bì-na] *s.f.* (*med.*) emoglobina combinata con l'ossigeno; conferisce al sangue arterioso il suo caratteristico colore.
ossificare [os-si-fi-cà-re] *v.tr.* [*io ossìfico, tu ossìfichi ecc.*] (*biol.*) rendere osseo, trasformare in tessuto osseo ♦ **ossificarsi** *v.intr.pron.* (*biol.*) diventare osseo, trasformarsi in tessuto osseo.
ossificazione [os-si-fi-ca-zió-ne] *s.f.* (*biol.*) l'ossificare, l'ossificarsi; il formarsi di tessuto osseo.
ossigenare [os-si-ge-nà-re] *v.tr.* [*io ossìgeno ecc.*] trattare con ossigeno, arricchire di ossigeno: — *un organo* | — *i capelli*, schiarirli con acqua ossigenata ♦ **ossigenarsi** *v.rifl.* **1** ritemprarsi respirando aria ricca di ossigeno: *andare in montagna a* — **2** trattare i propri capelli con acqua ossigenata per schiarirli.
ossigenato [os-si-ge-nà-to] *agg.* **1** (*chim.*) che contiene ossigeno, che è stato trattato con ossigeno: *acqua ossigenata*, la cui molecola contiene un atomo di ossigeno in più del normale **2** (*estens.*) ricco di ossigeno, salubre: *aria molto ossigenata* **3** che è stato trattato con acqua ossigenata: *capelli ossigenati*, schiariti | riferito a persona, che ha i capelli ossigenati: *una bionda ossigenata*.
ossigenatore [os-si-ge-na-tó-re] *s.m.* apparecchio che serve a immettere ossigeno in un recipiente contenente un fluido.
ossigenatura [os-si-ge-na-tù-ra] *s.f.* ossigenazione dei capelli.
ossigenazione [os-si-ge-na-zió-ne] *s.f.* l'ossigenare, l'ossigenarsi, l'essere ossigenato.
ossigeno [os-sì-ge-no] *s.m.* elemento chimico di simbolo *O*; è un gas inodoro e incoloro, costituente dell'aria e dell'acqua, indispensabile a gran parte dei processi vitali | *tenda a* —, (*med.*) tenda che circonda il letto di un ammalato, nella quale si immette ossigeno | *dare* —, (*fig.*) sollevare da una situazione difficile.
ossigenoterapia [os-si-ge-no-te-ra-pì-a] *s.f.* (*med.*) cura basata sull'immissione di ossigeno nell'organismo, mediante inalazione diretta o con la permanenza sotto una tenda a ossigeno.
ossimoro [os-sì-mo-ro] *s.m.* figura retorica che consiste nell'accostare parole di senso opposto (p.e. *un morto vivente*).
ossitono [os-sì-to-no] *agg.* nella grammatica greca, si dice di parola accentata sull'ultima sillaba; tronco.
ossiuro [os-si-ù-ro] *s.m.* piccolissimo verme filiforme che vive come parassita nell'intestino dei bambini.
osso [òs-so] *s.m.* [pl. *le ossa*, nei sign. 1 e 3, spec. con valore collettivo; negli altri casi, *gli ossi*] **1** ciascuna delle parti dure che formano lo scheletro dell'uomo e degli altri animali vertebrati: — *sacro*; *fratturarsi un* — | *essere una persona in carne e ossa*, essere proprio lui, lì presente | *essere di carne e ossa*, essere, come ogni uomo, soggetto a debolezze e passioni | *essere pelle e ossa*, essere magrissimo | *essere un — duro*, (*fig.*) una persona con cui è difficile spuntarla; anche, costituire una grossa difficoltà | *farsi le ossa*, (*fig.*) far pratica, esperienza | *rompere le ossa a qlcu.*, percuoterlo duramente | *uscirne con le ossa rotte*, (*fig.*) uscire sconfitto da una prova | *ridurre all'*—, (*fig.*) al minimo limite possibile. DIM. *ossetto*, *ossicino* **2** con riferimento alle parti ossee di animali macellati: *bistecca con l'*— | *molla l'—!* (*fig. scherz.*) si dice a chi trattiene qlco. per ingiungergli di lasciarla **3** *pl.* spoglie, resti mortali **4** la parte compatta delle ossa animali lavorata per trarne oggetti d'uso: *bottoni d'*— **5** (*estens.*) ciò che somiglia a un osso o che ha analoga funzione: — *di seppia*, la conchiglia interna.
ossobuco [os-so-bù-co], o **osso buco**, *s.m.* [pl. *ossibuchi*] in macelleria, muscolo dello stinco bovino tagliato in grosse fette, con la sezione di osso ricco di midollo.
ossuto [os-sù-to] *agg.* che ha ossa grandi, o sporgenti per eccessiva magrezza: *un viso* —.
ostacolare [o-sta-co-là-re] *v.tr.* [*io ostàcolo ecc.*] essere d'ostacolo, opporre ostacoli; impedire, intralciare: *un progetto ostacolato da tutti* ♦ **ostacolarsi** *v.rifl.rec.* disturbarsi, danneggiarsi a vicenda: — *involontariamente*.
ostacolista [o-sta-co-lì-sta] *s.m.* e *f.* [pl.m. *-sti*] (*sport*) **1** atleta specialista delle corse a ostacoli **2** cavallo che, nei concorsi ippici, è addestrato al superamento degli ostacoli.
ostacolo [o-stà-co-lo] *s.m.* **1** tutto ciò che impedisce o intralcia: — *insormontabile* **2** (*sport*) nell'atletica, barriera disposta lungo il percorso di alcune specialità di corsa, per accrescerne le difficoltà: *corsa a ostacoli* | nell'equitazione, barriera che il cavallo deve superare saltando.
ostaggio [o-stàg-gio] *s.m.* persona trattenuta dal nemico per farne oggetto di rappresaglia | persona sequestrata da una banda di malviventi per ottenere qlco. in cambio della sua liberazione: *prendere in* —.
ostare [o-stà-re] *v.intr.* [*io òsto ecc.*; manca del pass.rem., del part.pass. e dei tempi composti] (*non com. burocr.*) essere d'ostacolo, d'impedi-

mento: *nulla osta all'accoglimento della richiesta.*
oste [ò-ste] *s.m.* [f. *-éssa*] chi gestisce un'osteria | *fare i conti senza l'—*, (*fig.*) agire senza tener conto delle complicazioni che potrebbero derivare dall'intervento di altri.
osteggiare [o-steg-già-re] *v.tr.* [*io ostéggio ecc.*] contrastare, ostacolare: *— un'iniziativa.*
ostello [o-stèl-lo] *s.m.* **1** (*lett.*) alloggio, dimora **2** albergo in cui si fornisce vitto e alloggio a basso prezzo: *— della gioventù*, per i giovani che viaggiano
ostensione [o-sten-sió-ne] *s.f.* (*lett.*) **1** il mostrare; esibizione | esposizione ai fedeli di una reliquia, di un oggetto sacro, dell'ostia consacrata **2** (*fig.*) spiegazione, enunciazione | rappresentazione.
ostensorio [o-sten-sò-rio] *s.m.* arredo sacro che serve a esporre l'ostia consacrata.
ostentare [o-sten-tà-re] *v.tr.* [*io ostènto ecc.*] mostrare con intenzione perché non passi inosservato; esibire: *— la propria ricchezza* | (*estens.*) affettare, fingere.
ostentato [o-sten-tà-to] *agg.* messo in mostra con ostentazione: *un'ostentata disinvoltura* □ **ostentatamente** *avv.*
ostentazione [o-sten-ta-zió-ne] *s.f.* l'ostentare, il mostrare: *— di sicurezza* | (*estens.*) esibizione affettata.
osteo- primo elemento di parole composte della terminologia medica e biologica, che significa 'osso' (*osteoporosi*).
osteoalgia [o-ste-o-al-gì-a] *s.f.* (*med.*) dolore osseo.
osteoblasto [o-ste-o-blà-sto] *s.m.* (*biol.*) ciascuna delle cellule che producono la sostanza ossea.
osteocita [o-ste-o-cì-ta], o **osteocito**, *s.m.* [pl. *-ti*] (*med.*) cellula fondamentale del tessuto osseo.
osteodistrofia [o-steo-di-stro-fì-a] *s.f.* (*med.*) nome con cui si indicano diverse malattie croniche delle ossa.
osteogenesi [o-steo-gè-ne-ʃi] *s.f.* (*biol.*) formazione di sostanza ossea.
osteologia [o-ste-o-lo-gì-a] *s.f.* branca dell'anatomia che studia le ossa.
osteomielite [o-ste-o-mie-lì-te] *s.f.* (*med.*) processo infiammatorio che colpisce le ossa e il loro midollo.
osteopatia [o-ste-o-pa-tì-a] *s.f.* (*med.*) denominazione generica delle malattie delle ossa.
osteoplastica [o-ste-o-plà-sti-ca] *s.f.* (*med.*) intervento chirurgico per sostituire un osso o una parte di esso.
osteoporosi [o-ste-o-po-rò-ʃi] *s.f.* (*med.*) rarefazione del tessuto osseo per diminuzione dell'attività degli osteoblasti, legata all'età o a malattie.
osteosarcoma [o-ste-o-sar-cò-ma] *s.m.* [pl. *-mi*] (*med.*) tumore maligno delle ossa.
osteosclerosi [o-steo-scle-rò-ʃi] *s.f.* (*med.*) aumento di spessore delle ossa.
osteosi [o-ste-ò-ʃi] *s.f.* (*med.*) termine generico con cui si indica qualsiasi malattia non infiammatoria delle ossa.
osteotomia [o-ste-o-to-mì-a] *s.f.* (*med.*) resezione chirurgica di un osso.
osteria [o-ste-rì-a] *s.f.* locale pubblico dove si servono vino e altre bevande e pasti alla buona.
ostessa [o-stés-sa] *s.f.* **1** donna che gestisce un'osteria **2** moglie di un oste.
ostetrica [o-stè-tri-ca] *s.f.* infermiera abilitata ad assistere la donna durante il parto e il puerperio, e il neonato nei primi giorni di vita; levatrice.
ostetricia [o-ste-trì-cia] *s.f.* branca della medicina che studia la gestazione, il parto e il puerperio, e ne cura le patologie, in connessione con la ginecologia.
ostetrico [o-stè-tri-co] *agg.* [pl.m. *-ci*] di ostetricia, che riguarda l'ostetricia: *clinica ostetrica* ♦ *s.m.* medico chirurgo specializzato in ostetricia.
ostia [ò-stia] *s.f.* **1** (*lit.*) sfoglia sottile di pane azzimo, rotonda, che il sacerdote consacra nella messa e distribuisce nel rito della comunione **2** (*estens.*) sfoglia sottile di farina usata come involucro di polveri medicinali da inghiottire.
ostico [ò-sti-co] *agg.* [pl.m. *-ci*] sgradito; duro, difficile: *una lingua ostica.*
ostile [o-stì-le] *agg.* che è avverso, contrario, nemico: *atteggiamento —* □ **ostilmente** *avv.*
ostilità [o-sti-li-tà] *s.f.* **1** l'essere ostile; avversione, inimicizia, malanimo: *trattare qlcu. con —* **2** (spec. *pl.*) azione di guerra: *scoppio delle —* | (*estens.*) atto, atteggiamento ostile: *subire le — dei colleghi.*
ostinarsi [o-sti-nàr-si] *v.intr.pron.* rimanere fermo in un'opinione o in un atteggiamento con irragionevole tenacia; intestardirsi: *— a non rispondere.*
ostinato [o-sti-nà-to] *agg.* **1** eccessivamente tenace nei propri propositi; caparbio, testardo: *un uomo —* **2** si dice di ciò che è fatto da persona ostinata; che rivela tenacia, costanza: *una ricerca ostinata* **3** si dice di cosa sgradevole, che dura più a lungo del previsto; persistente: *una tosse ostinata* **4** (*mus.*) si dice di breve disegno melodico, affidato di solito alla voce o allo strumento più grave, che si ripete più volte e che si contrappone, nella sua staticità, al movimento delle altre parti □ **ostinatamente** *avv.* con ostinazione; durevolmente.
ostinazione [o-sti-na-zió-ne] *s.f.* l'ostinarsi, l'essere ostinato; caparbietà, testardaggine: *negava l'evidenza con —* | persistenza molesta di qlco.: *l'— del maltempo.*
ostracismo [o-stra-cì-ʃmo] *s.m.* **1** nell'antica Atene, esilio inflitto ai cittadini giudicati pericolosi per lo stato | (*estens.*) esilio pubblico **2** (*fig.*) atteggiamento persecutorio nei confronti di qlcu. per ostacolarne l'attività | azione tesa a ostacolare un'attività, impedire un'iniziativa: *fare — a qlco.*
ostracizzare [o-stra-ciʒ-ʒà-re] *v.tr.* **1** nell'antica Atene, condannare all'ostracismo | (*estens.*) esiliare, bandire **2** (*fig.*) contrastare, impedire, boicottare.
ostrakon [ò-stra-kon] *s.m.* [pl. *ostraka*] pezzo di

coccio o di pietra calcarea mediante il quale nell'antica Atene ogni cittadino votava nell'assemblea popolare le condanne all'ostracismo.

ostrica [ò-stri-ca] *s.f.* mollusco marino commestibile, con conchiglia divisa in due valve disuguali | *essere chiuso come un'—*, (*fig.*) avere carattere chiuso, taciturno o molto riservato.

ostricoltura [o-stri-col-tù-ra] *s.f.* l'allevamento delle ostriche.

ostrogoto [o-stro-gò-to] *agg.* che si riferisce a una popolazione gotica che nel 489 invase l'Italia fondando un regno abbattuto dai Bizantini nel 553: *l'esercito* — ♦ *s.m.* **1** [f. *-a*] appartenente alla popolazione ostrogota **2** lingua ostrogota; (*fig.*) modo di parlare incomprensibile.

ostruente [o-stru-èn-te] *agg.* che ostruisce, che vale a ostruire; ostruttivo.

ostruire [o-stru-ì-re] *v.tr.* [*io ostruisco, tu ostruisci ecc.*] chiudere, impedire: — *un condotto* ♦ **ostruirsi** *v.intr.pron.* rimanere chiuso, intasato: *il canale si è ostruito.*

ostruito [o-stru-ì-to] *agg.* otturato, sbarrato: *passaggio* —.

ostruttivo [o-strut-tì-vo] *agg.* (*non com.*) che serve a ostruire; ostruente.

ostruzione [o-stru-zió-ne] *s.f.* **1** l'ostruire, l'essere ostruito | *fallo di* —, (*sport*) fallo che consiste nel porsi irregolarmente davanti all'avversario per impedirgli di continuare l'azione **2** ciò che ostruisce, che impedisce un passaggio; occlusione **3** (*med.*) occlusione di un canale anatomico **4** (*fig.*) impedimento, impaccio | *fare* —, ostruzionismo.

ostruzionismo [o-stru-zio-nì-ʃmo] *s.m.* **1** opposizione sistematica per impedire lo svolgimento di un'attività o il raggiungimento di un fine: — *parlamentare*, effettuato da una minoranza parlamentare per impedire l'approvazione di una legge **2** (*sport*) fallo di ostruzione.

ostruzionista [o-stru-zio-nì-sta] *s.m.* e *f.* [pl.m. *-sti*] chi fa ostruzionismo | Usato anche come *agg.* in luogo di *ostruzionistico*: *minoranza* —.

ostruzionistico [o-stru-zio-nì-sti-co] *agg.* [pl.m. *-ci*] di ostruzionismo, dell'ostruzionismo: *metodo* — □ **ostruzionisticamente** *avv.*

otalgia [o-tal-gì-a] *s.f.* (*med.*) dolore dell'orecchio.

otalgico [o-tàl-gi-co] *agg.* [pl.m. *-ci*] (*med.*) di otalgia.

otaria [o-tà-ria] *s.f.* mammifero dei mari antartici, simile alla foca, da cui si distingue per gli arti più lunghi e per la presenza di minuti padiglioni auricolari.

otico [ò-ti-co] *agg.* [pl.m. *-ci*] (*med.*) relativo all'orecchio.

otite [o-tì-te] *s.f.* (*med.*) infiammazione dell'orecchio.

oto- primo elemento di parole composte del linguaggio scientifico, che significa 'orecchio' (*otoiatria*).

otoiatra [o-to-ià-tra] *s.m.* e *f.* [pl.m. *-tri*] medico specialista nella cura delle malattie dell'orecchio.

otoiatria [o-to-ia-trì-a] *s.f.* parte della medicina che studia le malattie dell'orecchio.

otoiatrico [o-to-ià-tri-co] *agg.* [pl.m. *-ci*] (*med.*) di otoiatria: *cure otoiatriche.*

otorino [o-to-rì-no] *s.m.* e *f.invar.* forma abbreviata di *otorinolaringoiatra.*

otorinolaringoiatra [o-to-ri-no-la-rin-go-ià-tra] *s.m.* e *f.* [pl.m. *-tri*] medico specialista in otorinolaringoiatria.

otorinolaringoiatria [o-to-ri-no-la-rin-go-ia-trì-a] *s.f.* parte della medicina che studia le malattie dell'orecchio, del naso e della gola.

otorinolaringoiatrico [o-to-ri-no-la-rin-go-ià-tri-co] *agg.* [pl.m. *-ci*] (*med.*) di otorinolaringoiatria: *reparto* —.

otorragia [o-tor-ra-gì-a] *s.f.* (*med.*) fuoruscita di sangue dall'orecchio.

otoscopia [o-to-sco-pì-a] *s.f.* (*med.*) esame diagnostico del condotto uditivo, che si effettua con l'otoscopio.

otoscopio [o-to-scò-pio] *s.m.* (*med.*) strumento ottico a specchio per effettuare l'otoscopia.

otre [ó-tre] *s.m.* recipiente di pelle animale usato nell'antichità per la conservazione e il trasporto di liquidi: *un — di vino* | *pieno come un* —, si dice di persona che ha mangiato senza misura.

otricolo [o-trì-co-lo] *s.m.* (*anat.*) parte del labirinto membranoso dell'orecchio interno che presiede al senso dell'equilibrio.

otta- primo elemento di parole composte, che significa 'otto' (*ottaedro, ottano*).

ottaedro [ot-ta-è-dro] *s.m.* (*geom.*) poliedro con otto facce triangolari.

ottagonale [ot-ta-go-nà-le] *agg.* che ha forma di ottagono: *battistero a pianta* —.

ottagono [ot-tà-go-no] *s.m.* (*geom.*) poligono con otto angoli e otto lati.

ottametro [ot-tà-me-tro] *s.m.* nella metrica classica, verso costituito da otto piedi.

ottano [ot-tà-no] *s.m.* (*chim.*) idrocarburo della serie del metano, la cui molecola contiene otto atomi di carbonio.

ottanta [ot-tàn-ta] *agg.num.card.invar.* **1** numero naturale corrispondente a otto decine.

ottante [ot-tàn-te] *s.m.* (*mat.*) ciascuna delle otto porzioni di spazio determinate dai tre piani ortogonali fra loro aventi un punto in comune.

ottantenne [ot-tan-tèn-ne] *agg.* e *s.m.* e *f.* che/chi ha ottanta anni di età.

ottantennio [ot-tan-tèn-nio] *s.m.* periodo di ottanta anni.

ottantina [ot-tan-tì-na] *s.f.* complesso di ottanta o circa ottanta unità: *un'— di persone.*

ottativo [ot-ta-tì-vo] *agg.* e *s.m.* (*ling.*) si dice di modo del verbo greco che esprime desiderio e possibilità.

ottava [ot-tà-va] *s.f.* **1** nella metrica italiana, strofa di otto endecasillabi, i primi sei a rima alternata, gli ultimi due a rima baciata: *poema in ottave* **2** (*mus.*) nel sistema tonale, intervallo tra due suoni la cui distanza è costituita da 8 note (p.e. do-do).

ottavino [ot-ta-vì-no] *s.m.* piccolo flauto con suoni di un'ottava superiore a quelli del flauto comune.

ottavo [ot-tà-vo] *agg.num.ord.* che in una serie occupa il posto numero otto ♦ *s.m.* **1** *ottavi di finale*, (*sport*) nelle gare a eliminazione, la quartultima fase della competizione, che qualifica coloro che parteciperanno ai quarti di finale **2** (*mus.*) croma.

ottemperante [ot-tem-pe-ràn-te] *agg.* (*non com.*) docile, obbediente agli altrui comandi.

ottemperanza [ot-tem-pe-ràn-za] *s.f.* (*burocr.*) l'ottemperare; obbedienza, osservanza: *in — alle norme vigenti.*

ottemperare [ot-tem-pe-rà-re] *v.intr.* [*io ottèmpero ecc.*; aus. *avere*] (*burocr.*) adempiere a un obbligo: *— a una formalità.*

ottenebramento [ot-te-ne-bra-mén-to] *s.m.* l'ottenebrare, l'ottenebrarsi; offuscamento: *— della coscienza.*

ottenebrare [ot-te-ne-brà-re] *v.tr.* [*io ottènebro ecc.*] rendere tenebroso; oscurare, offuscare: *l'ira ottenebra la mente* ♦ **ottenebrarsi** *v.intr.pron.* diventare tenebroso; oscurarsi, offuscarsi: *il cielo si ottenebrò.*

ottenebrato [ot-te-ne-brà-to] *agg.* oscuro: *cielo —* | (*fig.*) privo di lucidità, confuso: *mente ottenebrata.*

ottenere [ot-te-né-re] *v.tr.* [coniugato come *tenere*] **1** riuscire ad avere ciò che si desidera o si richiede; conseguire, raggiungere: *— un premio* **2** ricavare, trarre: *la benzina si ottiene dal petrolio.*

ottenimento [ot-te-ni-mén-to] *s.m.* l'ottenere; conseguimento, raggiungimento.

ottentotto [ot-ten-tòt-to] *s.m.* **1** [f. *-a*] chi appartiene a una popolazione dell'Africa meridionale con caratteri affini a quelli dei Boscimani **2** la lingua parlata da tale popolazione ♦ *agg.* degli ottentotti: *la civiltà ottentotta.*

ottetto [ot-tét-to] *s.m.* **1** (*mus.*) complesso di otto strumenti; composizione musicale per otto strumenti **2** (*chim.*, *fis.*) strato a otto elettroni esterni tipico dei gas rari, elio escluso.

ottica [òt-ti-ca] *s.f.* **1** parte della fisica che studia i fenomeni di emissione, propagazione e assorbimento della luce **2** tecnica del fabbricare strumenti ottici **3** l'insieme delle lenti, dei diaframmi, degli specchi di cui è composto uno strumento ottico **4** (*fig.*) punto di vista, modo di vedere le cose: *mettersi in una certa —.*

ottico [òt-ti-co] *agg.* [pl.m. *-ci*] **1** che riguarda l'apparato visivo dell'uomo: *nervo —* **2** che riguarda l'ottica **3** che impiega una tecnologia laser per la lettura o il trasferimento di segnali e dati: *disco —* ♦ *s.m.* chi costruisce o vende strumenti ottici; optometrista □ **otticamente** *avv.* sotto l'aspetto ottico.

ottimale [ot-ti-mà-le] *agg.* che rappresenta quanto di meglio si possa avere: *condizioni di vita ottimali.*

ottimate [ot-ti-mà-te] *s.m.* nelle antiche città-stato e nei comuni medievali, cittadino influente per censo o posizione sociale: *governo degli ottimati.*

ottimismo [ot-ti-mì-ʃmo] *s.m.* tendenza a vedere il lato migliore delle cose, degli uomini, degli avvenimenti, a ben sperare per il futuro (si contrappone a *pessimismo*): *considerare la situazione con —.*

ottimista [ot-ti-mì-sta] *s.m.* e *f.* [pl.m. *-sti*] chi per natura o per esperienza è disposto all'ottimismo, a giudicare le cose con ottimismo ♦ *agg.* incline all'ottimismo; che prevede lo sviluppo positivo di una situazione: *un atteggiamento —.*

ottimistico [ot-ti-mì-sti-co] *agg.* [pl.m. *-ci*] che rivela ottimismo, che è improntato a ottimismo: *visione ottimistica della realtà* □ **ottimisticamente** *avv.* con ottimismo.

ottimizzare [ot-ti-miʒ-ʒà-re] *v.tr.* rendere ottimale, migliorare al massimo | perfezionare un procedimento, un impianto, in modo da ottenere il massimo rendimento.

ottimizzazione [ot-ti-miʒ-ʒa-zió-ne] *s.f.* l'ottimizzare, l'essere ottimizzato.

ottimo [òt-ti-mo] *agg.* [*superl.* di *buono*] buonissimo, molto buono, il più buono; eccellente, superiore: *un — padre*; *un'ottima memoria* ♦ *s.m.* **1** ciò che è o si considera ottimo; il risultato migliore possibile: *richiedere l'—* | stato, condizione ottimale; optimum: *raggiungere l'— della forma* **2** massima qualifica di merito data come valutazione scolastica | Anche come *inter.* per esprimere completa soddisfazione: *—!, possiamo concludere quest'affare* □ **ottimamente** *avv.* benissimo, nel migliore dei modi.

otto [òt-to] *agg.num.card.invar.* numero naturale corrispondente a sette unità più una | *in quattro e quattr'—*, (*fig.*) in brevissimo tempo e con facilità | *— volante*, castello metallico su più piani in forma di otto, su cui corrono dei vagoncini; montagne russe.

ottobre [ot-tó-bre] *s.m.* decimo mese dell'anno.

ottobrino [ot-to-brì-no] *agg.* d'ottobre: *sole —* | che matura in ottobre: *frutti ottobrini.*

ottocentesco [ot-to-cen-té-sco] *agg.* [pl.m. *-schi*] **1** dell'Ottocento: *un palazzo —* **2** (*fig.*) antiquato, superato: *idee ottocentesche.*

ottocentista [ot-to-cen-tì-sta] *s.m.* e *f.* [pl.m. *-sti*] **1** scrittore, artista dell'Ottocento **2** studioso specializzato negli studi sull'Ottocento **3** (*sport*) atleta o nuotatore che gareggia sugli 800 m.

ottocento [ot-to-cèn-to] *agg.num.card.invar.* numero naturale corrispondente a otto volte cento | *l'Ottocento*, il secolo XIX: *la pittura dell'Ottocento.*

ottomana [ot-to-mà-na] *s.f.* divano facilmente trasformabile in letto.

ottomano [ot-to-mà-no] *agg.* che appartiene o si riferisce alla dinastia turca fondata nel sec. XIV da Othman I, sopravvissuta fino al 1923: *l'impero —* ♦ *s.m.* [f. *-a*] turco ottomano.

ottonare [ot-to-nà-re] *v.tr.* [*io ottóno ecc.*] (*tecn.*) ricoprire con un sottile strato di ottone.

ottonario [ot-to-nà-rio] *agg.* e *s.m.* nella metrica italiana, si dice di verso di otto sillabe, con l'ultimo accento ritmico sulla settima sillaba.

ottonatura [ot-to-na-tù-ra] *s.f.* l'operazione dell'ottonare | (*estens.*) strato di rivestimento in ottone.

ottone [ot-tó-ne] *s.m.* **1** lega inossidabile di rame e zinco, di colore giallastro, impiegata per la costruzione e la copertura di oggetti vari: *lampadario di —* **2** *pl.* (*mus.*) famiglia di strumenti a fiato con tubo e bocchino di metallo: *trombe e corni sono ottoni.*

ottopodi [ot-tò-po-di] *s.m.pl.* (*zool.*) ordine di molluschi cefalopodi con otto tentacoli, a cui appartiene il polpo.

ottotipo [ot-tò-ti-po] *s.m.* tavola su cui sono stampati segni o lettere, che serve per misurare l'acutezza visiva.

ottuagenario [ot-tu-a-ge-nà-rio] *agg.* e *s.m.* [f. *-a*] (*lett.*) ottantenne.

ottundere [ot-tùn-de-re] *v.tr.* [pass.rem. *io ottuʃi, tu ottundésti ecc.*; part.pass. *ottuʃo*] rendere tardo, inetto; intorpidire: *— la mente* ♦ **ottundersi** *v.intr.pron.* perdere di acutezza; offuscarsi, intorpidirsi.

ottundimento [ot-tun-di-mén-to] *s.m.* l'ottundere, l'ottundersi; intorpidimento, offuscamento: *— dei sensi.*

otturamento [ot-tu-ra-mén-to] *s.m.* l'otturare, l'otturarsi; occlusione, blocco.

otturare [ot-tu-rà-re] *v.tr.* turare, ostruire, chiudere: *— un buco* | *— un dente*, (*med.*) riempire con un amalgama la cavità provocata dalla carie ♦ **otturarsi** *v.intr.pron.* intasarsi; rimanere ostruito, occluso: *si è otturato lo scarico.*

otturato [ot-tu-rà-to] *agg.* **1** ostruito, non libero: *tubo —* **2** detto di dente, che ha un'otturazione.

otturatore [ot-tu-ra-tó-re] *agg.* [f. *-trice*] *s.m.* **1** congegno che consente la chiusura della culatta di un'arma a retrocarica **2** nelle macchine fotografiche, dispositivo che regola la durata dell'esposizione della pellicola alla luce.

otturazione [ot-tu-ra-zió-ne] *s.f.* **1** l'otturare, l'otturarsi, l'essere otturato | l'otturare un dente cariato **2** (*estens.*) il materiale con cui è otturata un'apertura, una cavità | il materiale usato per otturare un dente.

ottusangolo [ot-tu-ʃàn-go-lo] *agg.* (*geom.*) si dice di un triangolo avente un angolo ottuso.

ottusità [ot-tu-ʃi-tà] *s.f.* l'essere ottuso | lentezza, torpore: *— di mente.*

ottuso [ot-tù-ʃo] *agg.* **1** non acuminato, smussato **2** (*geom.*) si dice di angolo maggiore dell'angolo retto **3** (*fig.*) non acuto, poco perspicace; torpido, tardo: *cervello —* **4** (*fig.*) detto di suono, sordo, cupo □ **ottusamente** *avv.* con ottusità mentale, senza intelligenza.

out [/ 'aut /] *avv.* (*ingl.*) nella loc. *essere —*, essere fuori moda, superato (si contrappone a *in*) | Anche come *agg.invar.*: *un personaggio —.*

output [/ 'autput /] *s.m.invar.* (*ingl.*, *inform.*) l'uscita delle informazioni prodotte da un calcolatore elettronico visualizzate su video, stampate o registrate su memoria magnetica (si contrappone a *input*).

outsider [/ aut'saider /] *s.m.invar.* (*ingl.*) **1** (*sport*) atleta o cavallo che vince una gara, pur non essendo tra i favoriti **2** (*estens.*) chi emerge in una situazione competitiva nella quale non era favorito.

ouverture [/ uver'tyr /] *s.f.invar.* (*fr.*) (*mus.*) composizione strumentale che precede un'opera, un balletto o una suite.

ovaia [o-và-ia] *s.f.* (*anat.*) organo genitale femminile destinato alla produzione degli ovuli.

ovale [o-và-le] *agg.* che ha forma ellittica, simile alla sezione longitudinale di un uovo: *un tavolo —* ♦ *s.m.* oggetto di forma ovale | la linea di contorno del volto: *un bell'—.*

ovarico [o-và-ri-co] *agg.* [pl.m. *-ci*] **1** (*bot.*) dell'ovario **2** (*anat.*) dell'ovaia, delle ovaie: *cisti ovarica.*

ovariectomia [o-va-ri-ec-to-mì-a] *s.f.* (*med.*) asportazione chirurgica di una o di entrambe le ovaie.

ovario [o-và-rio] *s.m.* **1** (*bot.*) parte inferiore allargata del pistillo, contenente gli ovuli **2** (*antiq.*) ovaia.

ovatta [o-vàt-ta] *s.f.* **1** denominazione di diversi semilavorati tessili simili a feltro non pressato **2** feltro morbido di cotone usato per imbottiture; bambagia **3** cotone idrofilo per medicazioni.

ovattare [o-vat-tà-re] *v.tr.* **1** imbottire con ovatta **2** (*fig.*) smorzare, attenuare: *— i rumori.*

ovattato [o-vat-tà-to] *agg.* tenue, attutito, smorzato: *suono —.*

ovattatura [o-vat-ta-tù-ra] *s.f.* imbottitura di ovatta.

ovazione [o-va-zió-ne] *s.f.* accoglienza molto calorosa con applausi entusiastici e prolungati: *una lunga — salutò l'oratore.*

ove [ó-ve] *avv.* (*lett.*) dove (indica stato in luogo o moto a luogo) ♦ *cong.* (*lett.*) **1** se mai, qualora, nel caso che (con valore condizionale): *— non fosse possibile* **2** mentre, invece (con valore avversativo).

overdose [/ over'doz /] *s.f.invar.* (*ingl.*) dose eccessiva di droga: *morire per —.*

oversize [/ 'oversaiz /] *agg.invar.* (*ingl.*) si dice di indumento di taglia più grande del normale o del necessario.

ovest [ò-vest] *s.m.* **1** uno dei quattro punti cardinali, individuato dal tramonto del sole negli equinozi; ponente, occidente **2** (*estens.*) territorio situato a occidente rispetto ad altri: *l'— dell'Europa.*

ovi- → **ovo-**.

ovigero [o-vì-ge-ro] *agg.* (*biol.*) che contiene l'uovo.

ovile [o-vì-le] *s.m.* edificio rustico per il ricovero di pecore e capre | *tornare all'—*, (*fig.*) in famiglia, in un'organizzazione, o a un'ideologia abbandonata.

ovini [o-vì-ni] *s.m.pl.* **1** (*zool.*) sottofamiglia di ruminanti con zampe a unghioni, coda corta e corna a spirale; comprende le pecore **2** (*zootec.*) denominazione generica delle pecore e delle capre domestiche.

ovino [o-vì-no] *agg.* di pecora, delle pecore; di pecore e di capre: *carne ovina*.

oviparo [o-vì-pa-ro] *agg.* si dice di animale il cui embrione, in seguito alla deposizione di uova, si sviluppa fuori del corpo materno.

ovo-, o **ovi-**, primo elemento di parole composte, che significa 'uovo' (*ovocellula*).

ovocellula [o-vo-cèl-lu-la] *s.f.* **1** (*bot.*) oosfera **2** (*biol.*) gamete femminile, ovulo.

ovocita → **oocita**.

ovogamia → **oogamia**.

ovogenesi [o-vo-gè-ne-si] *s.f.* (*med.*) complesso dei fenomeni che conducono alla maturazione dell'ovocellula.

ovoidale [o-voi-dà-le] *agg.* che ha forma simile a quella di un uovo; ovale.

ovolaccio [o-vo-làc-cio] *s.m.* fungo velenoso con gambo di color giallo pallido e cappello rosso cosparso di scaglie bianche.

ovolo [ò-vo-lo] *s.m.* **1** fungo commestibile pregiato, con gambo sottile e cappello liscio di color aranciato **2** (*arch.*) motivo ornamentale di forma ovoidale.

ovopositore [o-vo-po-ʃi-tó-re] *agg.* e *s.m.* (*zool.*) si dice di organo situato all'estremità dell'addome delle femmine di numerosi insetti, atto a deporre le uova.

ovovia [o-vo-vì-a] *s.f.* funivia con piccole cabine a due posti di forma ovoidale.

ovoviviparo [o-vo-vi-vì-pa-ro] *agg.* e *s.m.* si dice di animale che si riproduce per mezzo di uova che si schiudono nel corpo della madre, e non all'esterno (*p.e.* le vipere).

ovulare[1] [o-vu-là-re] *agg.* **1** (*biol.*) relativo all'ovulo **2** che ha forma ovale.

ovulare[2] *v.intr.* [*io òvulo ecc.*; aus. *avere*] (*biol.*) avere l'ovulazione.

ovulazione [o-vu-la-zió-ne] *s.f.* (*biol.*) produzione delle cellule germinative femminili da parte dell'ovaia | il distacco dell'ovulo maturo dall'ovaia; il periodo in cui tale distacco si verifica.

ovulo [ò-vu-lo] *s.m.* **1** (*bot.*) cellula germinale femminile, racchiusa nell'ovaia, che dopo la fecondazione si trasforma in embrione **2** (*farm.*) sorta di supposta di forma ovale, per uso vaginale.

ovunque [o-vùn-que] *avv.* (*lett.*) dovunque.

ovvero [ov-vé-ro] *cong.* (*lett.*) ossia, cioè (si usa per precisare un concetto precedentemente espresso): *l'autore dei "Promessi Sposi", — Alessandro Manzoni*.

ovverosia [ov-ve-ro-sì-a] *cong.* (*lett.*) ossia.

ovvia [ov-vì-a], anche o **via**, *inter.* (*region.*) suvvia (esprime incoraggiamento, esortazione).

ovviare [ov-vi-à-re] *v. intr.* [*io ovvìo ecc.*; aus. *avere*] porre rimedio a qlco.: — *a un inconveniente*.

ovvietà [ov-vie-tà] *s.f.* l'essere ovvio: *l'— di una conclusione*.

ovvio [òv-vio] *agg.* che si presenta subito alla mente, di immediata comprensione; evidente, logico: *una risposta ovvia* □ **ovviamente** *avv.* in modo ovvio; evidentemente, naturalmente.

oxford [/ 'ɔksford /] *s.m.invar.* (*ingl.*) tipo di tela di cotone per camiceria.

oxocomposto [o-xo-com-pó-sto], od **ossicomposto**, *s.m.* (*chim.*) ogni composto organico in cui il carbonio è legato direttamente a un atomo di ossigeno.

oxoniense [o-xo-nièn-se] *agg.* (*lett.*) della città inglese di Oxford: *l'università —*.

ozelot [o-ʒe-lòt] *s.m.invar.* gattopardo americano, ricercato per la bella pelliccia grigio-fulva a macchie e strisce scure.

oziare [o-zià-re] *v.intr.* [*io òzio ecc.*; aus. *avere*] stare in ozio, passare il tempo senza far nulla: — *tutto il giorno*.

ozio [ò-zio] *s.m.* **1** il non far nulla per abitudine, per pigrizia o per qualche impedimento: *un — forzato* **2** (*lett.*) riposo dalle occupazioni ordinarie, tempo libero: *nei momenti di — mi dedico alla lettura*.

oziosaggine [o-zio-sàg-gi-ne] *s.f.* l'abitudine, il desiderio di stare in ozio; pigrizia.

oziosità [o-zio-si-tà] *s.f.* **1** l'essere ozioso; lo stare in ozio **2** (*fig.*) l'essere inutile, superfluo: *l'— di certe domande*.

ozioso [o-zió-so] *agg.* **1** si dice di persona che sta in ozio: *un uomo —* | di tempo, passato nell'ozio, inoperoso: *giornate oziose* **2** (*fig.*) si dice di ciò che è detto o scritto inutilmente; superfluo: *discorsi oziosi* ♦ *s.m.* [f. *-a*] persona oziosa □ **oziosamente** *avv.*

ozonico [o-ʒò-ni-co] *agg.* [pl.m. *-ci*] relativo all'ozono.

ozonizzare [o-ʒo-niʒ-ʒà-re] *v.tr.* trattare con ozono: — *l'acqua*, per sterilizzarla.

ozonizzatore [o-ʒo-niʒ-ʒa-tó-re] *s.m.* apparecchio che, mediante l'azione di scariche elettriche sull'aria o sull'ossigeno puro, trasforma l'ossigeno in ozono.

ozonizzazione [o-ʒo-niʒ-ʒa-zió-ne] *s.f.* l'ozonizzare, l'essere ozonizzato: — *dell'acqua*.

ozono [o-ʒò-no] *s.m.* (*chim.*) gas allotropo dell'ossigeno, incolore e dall'odore pungente; è usato come disinfettante, decolorante e deodorante | *buco nell'—*, assottigliamento o vuoto nello strato di ozono della stratosfera, causato dall'inquinamento chimico; è pericoloso perché viene meno l'azione di filtro di alcune radiazioni ultraviolette nocive.

ozonosfera [o-ʒo-no-sfè-ra] *s.f.* regione della stratosfera a massima concentrazione di ozono; è compresa tra i 15 e i 60 km di quota.

ozonoterapia [o-ʒo-no-te-ra-pì-a] *s.f.* (*med.*) terapia basata sulla somministrazione di ossigeno ozonizzato.

P

p *s.f.* o *m.* sedicesima lettera dell'alfabeto il cui nome è *pi*; rappresenta la consonante occlusiva bilabiale sorda.
paca [pà-ca] *s.m.invar.* mammifero roditore notturno dell'America centro-meridionale, con pelame ispido bruno a strisce longitudinali chiare.
pacatezza [pa-ca-téz-za] *s.f.* l'essere pacato; calma, tranquillità: *rispondere con* —.
pacato [pa-cà-to] *agg.* che ha o dimostra calma e serenità: *uomo, discorso* — □ **pacatamente** *avv.*
pacca [pàc-ca] *s.f.* (*fam.*) colpo amichevole dato con la mano aperta: — *sulla spalla* | (*estens.*) schiaffo, sberla.
pacchetto [pac-chét-to] *s.m.* **1** involucro usato come confezione di piccole quantità di un prodotto; il contenuto di tale involucro: — *di sigarette.* DIM. *pacchettino* **2** complesso di elementi che costituiscono un insieme: *un — di proposte*; — *azionario*, numero consistente di azioni di una società appartenenti a un unico proprietario **3** (*inform.*) programma complesso o insieme di programmi per risolvere specifici problemi.
pacchia [pàc-chia] *s.f.* (*fam.*) condizione di vita facile, piacevole, con abbondanza di beni materiali; cuccagna.
pacchianata [pac-chia-nà-ta] *s.f.* cosa pacchiana: *fare, dire pacchianate.*
pacchianeria [pac-chia-ne-rì-a] *s.f.* l'essere pacchiano.
pacchiano [pac-chià-no] *agg.* grossolano, vistoso, di cattivo gusto: *vestito* —.
pacciame [pac-cià-me] *s.m.* strato di foglie e altri residui vegetali in decomposizione che si ammucchia naturalmente sotto gli alberi.
pacco [pàc-co] *s.m.* [pl. *-chi*] confezione di un oggetto o di un insieme di oggetti in forma compatta e regolare, ben legata o sigillata; — *regalo*, che è confezionato con carta elegante e contiene qlco. da regalare; — *postale*, fatto per essere spedito per posta. DIM. *pacchetto.*
paccottiglia [pac-cot-tì-glia] *s.f.* insieme di cose di poco valore e di cattivo gusto; merce scadente.
pace [pà-ce] *s.f.* **1** condizione di un popolo o di uno stato che non sia in guerra con altri popoli o altri stati e non abbia situazioni di lotta armata al suo interno: *tempo di* — | cessazione di una guerra: *trattato di* — | atto ufficiale con cui si pone fine a una guerra: *firmare la* — **2** tranquillità, concordia tra individui: — *familiare*; *fare — con qlcu.*, rappacificarsi con lui **3** stato d'animo di serenità, di tranquillità interiore: *essere in — con la propria coscienza* | *darsi* —, *mettersi l'animo in* —, rassegnarsi **4** stato di tranquillità materiale, dovuta ad assenza di rumore, di movimento, di chiasso: *la — della notte* | tregua, riposo, requie: *non avere mai* —; *lasciare in — qlcu.*, non dargli fastidio | *riposare in* —, essere morto nella grazia di Dio.
pace-maker [/ pez'mεker /] *loc.sost.m.invar.* (*ingl.*) (*med.*) generatore elettronico di impulsi alimentato a pila, che si applica sotto la pelle ed è usato come stimolatore e regolatore del ritmo cardiaco.
pachiderma [pa-chi-dèr-ma] *s.m.* [pl. *-mi*] **1** (*zool.*) nome generico di mammiferi erbivori non ruminanti, con pelle di notevole spessore: *l'ippopotamo è un* — **2** (*estens.*) persona grossa e lenta nei movimenti | persona priva di tatto e sensibilità.
pachistano [pa-chi-stà-no], o pakistano, *agg.* del Pakistan ♦ *s.m.* [f. *-a*] abitante, nativo del Pakistan.
paciere [pa-ciè-re] *s.m.* [f. *-a*] chi mette pace o tenta di mettere pace: *fare da* —.
pacificare [pa-ci-fi-cà-re] *v.tr.* [*io pacìfico, tu pacìfichi ecc.*] **1** indurre qlcu. a far pace con altri; riconciliare: — *il padre col figlio* **2** mettere in pace, ricondurre alla pace: — *il paese* ♦ **pacificarsi** *v.rifl.rec.* fare pace, rappacificarsi ♦ *v.intr. pron.* **1** fare pace: — *con la famiglia* **2** trovare pace, placarsi: *la controversia si è pacificata.*
pacificatore [pa-ci-fi-ca-tó-re] *agg.* e *s.m.* [f. *-trice*] che/chi pacifica: *opera pacificatrice.*
pacificazione [pa-ci-fi-ca-zió-ne] *s.f.* il pacificare, il pacificarsi, l'essere pacificato: *fare opera di* —.
pacifico [pa-cì-fi-co] *agg.* [pl.m. *-ci*] **1** che ama la pace, la tranquillità; che è contrario alla violenza o alla guerra: *nazione pacifica* | che non comporta l'uso della violenza: *protesta pacifica* **2** che è proprio di una situazione di pace, di tranquillità: *condurre una vita pacifica* **3** (*fig.*) comunemente accettato, non soggetto a controversia: *il riconoscimento di certi diritti è* — | *è — che*, è fuori discussione che □ **pacificamente** *avv.*
pacifismo [pa-ci-fì-ʃmo] *s.m.* **1** movimento che esclude il ricorso alla guerra come mezzo per risolvere le controversie tra gli stati **2** (*estens.*) amore della pace.

pacifista [pa-ci-fi-sta] *s.m.* e *f.* [pl.m. *-sti*] sostenitore, seguace del pacifismo ♦ *agg.* del pacifismo, da pacifista: *teorie pacifiste.*

pacioccone [pa-cioc-có-ne] *s.m.* [f. *-a*] (*fam.*) persona grassa e paffuta, dall'indole gioviale, bonaria.

pacione [pa-ció-ne] *s.m.* [f. *-a*] (*fam.*) che è amante del quieto vivere, della tranquillità: *essere un —* | Anche come *agg.*: *un uomo —.*

pacioso [pa-ció-so] *agg.* (*fam.*) tranquillo, pacifico.

pack [/ pak /] *s.m.invar.* (*ingl.*; *geog.*) distesa di lastre di ghiaccio staccatesi dalla banchisa polare e galleggianti sul mare.

packfong [/ pak'fɔng /] *s.m.invar.* (*ingl.*) nome comune di una serie di leghe bianche, dette anche ottoni al nichel, i cui componenti principali sono rame, nichel e zinco.

padano [pa-dà-no] *agg.* del Po, della valle del Po: *pianura padana.*

padella [pa-dèl-la] *s.f.* **1** recipiente di cucina tondo e basso, con lungo manico, usato per friggere: *pesce cotto in —*; *cadere dalla — nella brace,* (*fig.*) passare da una situazione difficile a una ancora peggiore | padellata: *una — di funghi.* DIM. *padellina, padellino* (m.) ACCR. *padellone* (m.) **2** recipiente che serve per orinare e defecare a chi è costretto a letto **3** (*region.*) macchia d'unto su abiti o tessuti.

padellata [pa-del-là-ta] *s.f.* **1** quantità di cibo che si cuoce in una padella: *una — di frittelle* **2** colpo dato con una padella.

padiglione [pa-di-glió-ne] *s.m.* **1** tenda da campo di grandi dimensioni, destinata ad accogliere personaggi importanti **2** (*estens.*) edificio dalle strutture leggere, costruito in giardini e parchi signorili per servire da riparo | costruzione che sorge in una zona recintata come parte di un più ampio complesso edilizio: *i padiglioni dell'ospedale* **3** nella carrozzeria degli autoveicoli, la parte superiore, che fa da copertura **4** — *auricolare,* (*anat.*) parte esterna cartilaginea dell'orecchio dell'uomo e della maggior parte dei mammiferi.

padre [pà-dre] *s.m.* **1** uomo che ha generato dei figli: *essere —*; *di — in figlio,* di generazione in generazione; *fare da — a qlcu.*, educarlo con amore paterno | — *putativo,* chi è ritenuto padre di qlcu., senza in realtà esserlo | — *di famiglia,* il padre, in quanto responsabile dell'andamento e del mantenimento della famiglia **2** (*estens.*) animale maschio che ha generato dei piccoli **3** (*fig.*) uomo che svolge una funzione di guida nei confronti di qlcu.: — *spirituale,* sacerdote che guida nella vita spirituale | — *della patria,* appellativo che si dava un tempo a chi aveva salvato la patria in pericolo **4** *il Padre,* (*teol.*) Dio, in quanto creatore dell'uomo; nel cristianesimo, la prima persona della Trinità: *il Padre eterno* **5** (*estens.*) capostipite, progenitore, antenato: *la terra dei padri* **6** (*fig.*) fondatore, iniziatore: *Dante è il — della lingua italiana* | causa prima, origine: *l'ozio è il — dei vizi* **7** titolo di rispetto che si dà ai religiosi | *il Santo Padre,* il papa.

padrenostro [pa-dre-nò-stro] *s.m.* [pl. *padrenostri*] la preghiera insegnata da Gesù, che comincia con le parole "Padre nostro".

padreterno [pa-dre-tèr-no] *s.m.* **1** Dio Padre **2** [pl. *padreterni*] (*fam.*) persona di grande importanza e influenza, o che si ritiene tale: *atteggiarsi a —.*

padrigno → **patrigno**.

padrino [pa-drì-no] *s.m.* **1** (*relig.*) l'uomo che presenta al battesimo o alla cresima il battezzando o il cresimando **2** chi fa da testimone in un duello **3** (*gerg.*) capo di una cosca mafiosa | (*estens.*) personaggio influente, in grado di condizionare importanti settori della società: *i padrini della finanza.*

padronale [pa-dro-nà-le] *agg.* del padrone: *casa —* | *organizzazione —*, dei datori di lavoro.

padronanza [pa-dro-nàn-za] *s.f.* capacità di controllare, di tenere a freno; dominio, sicurezza: *perdere la — di sé* | conoscenza profonda; grande competenza: *trattare un argomento con —.*

padronato [pa-dro-nà-to] *s.m.* il ceto, la categoria dei padroni, dei datori di lavoro.

padroncino [pa-dron-cì-no] *s.m.* **1** giovane padrone; figlio del padrone **2** piccolo imprenditore | autotrasportatore o tassista proprietario di un unico veicolo da lui stesso guidato.

padrone [pa-dró-ne] *s.m.* [f. *-a*] **1** chi ha la proprietà di qlco.: — *di un'automobile, di un cane* | — *di casa,* chi ospita rispetto agli ospitati; chi affitta un appartamento rispetto all'inquilino. DIM.: *padroncino* **2** proprietario di un'impresa, di un'azienda che ha qlcu. alle proprie dipendenze: *il — ha respinto le richieste degli operai* | *non aver padroni,* non dipendere da nessuno **3** chi esercita un dominio assoluto; chi può agire a proprio arbitrio: *i ribelli rimasero padroni della città* | *farla da —*, spadroneggiare, voler imporre la propria volontà **4** (*fig.*) chi ha padronanza, controllo, piena conoscenza di qlco.: *essere — di sé, di una materia* **5** chi è libero di decidere: *sei — di andartene* **6** (*mar.*) comandante di piccole imbarcazioni mercantili | Usato come *agg.*, che fa da padrone, si comporta come un padrone: *serva padrona,* domestica che spadroneggia in casa; *padre —*, eccessivamente autoritario.

padroneggiare [pa-dro-neg-già-re] *v.tr.* [*io padronéggio ecc.*] dominare, controllare; conoscere appieno: — *i propri istinti, una materia.*

paella [/ pa'ɛλλa /] *s.f.invar.* (*sp.*) (*gastr.*) piatto tipico spagnolo consistente in un risotto con verdure, carne, frutti di mare e aromi vari.

paesaggio [pa-e-ʃàg-gio] *s.m.* **1** aspetto di un luogo, di un territorio quale appare quando lo si abbraccia con lo sguardo: — *pittoresco* **2** (*geog.*) particolare conformazione di un territorio che risulta dall'insieme degli aspetti fisici, biologici e umani: — *marino, urbano* **3** pittura, fotografia che ha per soggetto un paesaggio: *un — di Cézanne.*

paesaggismo [pa-e-ʃag-gì-ʃmo] *s.m.* il genere della pittura di paesaggi | (*estens.*) in letteratura, la descrizione, l'evocazione di paesaggi.

paesaggista [pa-e-ʃag-gì-sta] *s.m.* e *f.* [pl.m. *-sti*] pittore o fotografo di paesaggi; paesista | (*estens.*) scrittore che rappresenta, evoca paesaggi.

paesaggistica [pa-e-ʃag-gì-sti-ca] *s.f.* l'arte e la tecnica della rappresentazione o della ripresa di paesaggi.

paesaggistico [pa-e-ʃag-gì-sti-co] *agg.* [pl.m. *-ci*] **1** che concerne il paesaggio: *bellezze paesaggistiche* **2** che concerne la pittura o la fotografia di paesaggi □ **paesaggisticamente** *avv.* dal punto di vista del paesaggio.

paesano [pa-e-ʃà-no] *agg.* di paese, proprio di un paese: *gente, cucina paesana* | *alla paesana*, secondo il costume di paese; con semplicità, alla buona ♦ *s.m.* [f. *-a*] **1** abitante di paese **2** (*region.*) compaesano.

paese [pa-é-ʃe] *s.m.* **1** territorio piuttosto esteso che si presenta omogeneo sotto un determinato aspetto: *i paesi caldi* | *Paesi Bassi*, denominazione propria dell'Olanda **2** territorio di uno stato; nazione, patria: *amare il proprio —* **3** piccolo centro abitato; la popolazione che vi abita (si contrappone a *città*): *— di mare, di montagna* | *mandare a quel —*, (*fig.*) mandare al diavolo | *prov.*: *— che vai, usanza che trovi*, ogni luogo ha i suoi usi. DIM. *paesello, paesino* ACCR. *paesone.*

paesista [pa-e-ʃì-sta] *s.m.* e *f.* [pl.m. *-sti*] paesaggista.

paesistico [pa-e-ʃì-sti-co] *agg.* [pl.m. *-ci*] paesaggistico □ **paesisticamente** *avv.* per ciò che riguarda il paesaggio.

paffuto [paf-fù-to] *agg.* grassoccio e sodo: *bambino —.* DIM. *paffutello.*

paga [pà-ga] *s.f.* retribuzione con cui si compensa un lavoro; stipendio, salario: *giorno di —*, quello in cui si riscuote | Usato anche come *agg.invar.*: *busta —*; *libro —*, libro in cui si registrano i salari degli operai.

pagabile [pa-gà-bi-le] *agg.* che si può o si deve pagare: *acquisto — a rate.*

pagaia [pa-gà-ia] *s.f.* remo a pala larga che si manovra liberamente senza appoggio allo scalmo | corto remo a due pale che si impugna al centro e s'immerge alternamente a destra e a sinistra dello scafo.

pagaiare [pa-ga-ià-re] *v.intr.* [*io pagàio ecc.*; aus. *avere*] remare con la pagaia.

pagamento [pa-ga-mén-to] *s.m.* **1** il pagare, l'essere pagato: *ricevuta di —* **2** somma pagata o da pagare: *inviare un —.*

paganeggiante [pa-ga-neg-giàn-te] *agg.* che ha o rivela una visione della vita simile a quella del paganesimo classico: *cultura —.*

paganesimo [pa-ga-né-ʃi-mo] *s.m.* **1** l'insieme dei culti dell'antichità greco-romana, contrapposti al cristianesimo | (*estens.*) religione politeistica **2** (*estens.*) concezione della vita ispirata a quella dell'antichità classica.

pagano [pa-gà-no] *agg.* **1** che si riferisce al paganesimo, che professa il paganesimo; non cristiano **2** (*estens.*) che si riferisce o è espressione di una concezione della vita simile a quella del mondo classico ♦ *s.m.* [f. *-a*] **1** seguace del paganesimo **2** (*estens.*) chi professa una concezione pagana della vita □ **paganamente** *avv.* da pagano.

pagante [pa-gàn-te] *agg.* e *s.m.* e *f.* che/chi paga: *spettatori paganti.*

pagare [pa-gà-re] *v.tr.* [*io pago, tu paghi ecc.*] **1** corrispondere una somma di denaro in cambio di beni acquistati o servizi ricevuti: *— in contanti, a rate*; *— in natura*, con prodotti naturali e non con denaro; *— caro, salato, un occhio*, molto **2** offrire qlco. a qlcu. assumendone la spesa: *— un caffè, da bere* **3** (*fig.*) rendere il contraccambio; ricompensare, ripagare: *— con la stessa moneta*, trattare come si è stati trattati **4** (*fig.*) scontare, espiare: *— caro uno sbaglio*; *— il fio*, scontare il danno fatto; *— di persona*, personalmente; *— col sangue*, con la vita; *farla — a qlcu.*, vendicarsi | *prov.*: *chi rompe paga*, chi fa un danno deve porvi rimedio **5** (*assol.*) portare utilità, vantaggio: *il delitto non paga.*

pagatore [pa-ga-tó-re] *agg.* e *s.m.* [f. *-trice*] che/chi paga | *ufficiale —*, (*mil.*) quello incaricato dei pagamenti al personale.

pagella [pa-gèl-la] *s.f.* **1** documento scolastico su cui si trascrivono le valutazioni riportate da un alunno agli scrutini e agli esami **2** (*estens.*) valutazione complessiva di una prestazione: *le pagelle dei calciatori.*

pagello [pa-gèl-lo] *s.m.* pesce di mare commestibile dal corpo appiattito di colore argenteo-rossastro, comune nel Mediterraneo.

paggio [pàg-gio] *s.m.* **1** giovinetto nobile che serviva nelle corti e poteva essere avviato alla vita cavalleresca | *acconciatura alla —*, coi capelli a caschetto **2** bambino che sorregge lo strascico dell'abito di una sposa. DIM. *paggetto.*

pagherò [pa-ghe-rò] *s.m.* titolo di credito mediante il quale si promette il pagamento di una somma alla scadenza indicata; cambiale.

pagina [pà-gi-na] *s.f.* **1** ciascuna delle due facce di ognuno dei fogli che costituiscono un libro, un giornale, un quaderno; il foglio stesso che contiene le due facce: *volume di cinquecento pagine*; *strappare una — dal quaderno* | *terza —*, pagina di giornale in cui tradizionalmente vengono pubblicati articoli di argomento culturale | *pagine gialle*, elenco telefonico che raggruppa aziende, professionisti e commercianti distinti per categorie **2** (*estens.*) ciò che è scritto in una pagina: *leggere le prime pagine di un romanzo* **3** (*fig.*) brano, passo di un testo: *le pagine migliori di un autore* **4** (*fig.*) episodio importante, fatto memorabile: *una — gloriosa di storia* **5** (*bot.*) ciascuno dei due lati di una foglia.

paginatura [pa-gi-na-tù-ra] *s.f.* la numerazione delle pagine di un libro.

paglia [pà-glia] *s.f.* **1** l'insieme degli steli disseccati dei cereali già mietuti e battuti: *cappello di —*; *sedia di —*, col sedile impagliato | *fuoco di —*, (*fig.*) entusiasmo, passione violenta ma di breve durata; *avere la coda di —*, essere suscettibile, sentendosi in colpa o in difetto; *uomo di —*, prestanome, fantoccio. DIM. *pagliuzza* **2** (*non com.*) stelo singolo di paglia: *leggero come una —* **3** cappello, borsa o altro oggetto prodotto con la paglia: *le paglie di Firenze* **4** — *di ferro*, matassina di trucioli metallici usata per pulire o lucidare; è detta anche *paglietta* ♦ *agg.invar.* di colore giallo simile a quello della paglia: *biondo —*.

pagliaccesco [pa-gliac-cé-sco] *agg.* [pl.m. *-schi*] da pagliaccio; buffonesco.

pagliaccetto [pa-gliac-cét-to] *s.m.* indumento intimo femminile con mutandine e corpetto uniti | indumento analogo per bambini piccoli.

pagliacciata [pa-gliac-cià-ta] *s.f.* azione, comportamento da pagliaccio; buffonata: *fare una —*.

pagliaccio [pa-gliàc-cio] *s.m.* [f. *-a*] **1** il personaggio del buffone che si esibisce nei circhi; clown. DIM. *pagliaccetto* ACCR. *pagliaccione* **2** (*estens.*) persona che si comporta in modo buffonesco | (*spreg.*) chi manca di serietà, di responsabilità.

pagliaio [pa-glià-io] *s.m.* **1** grande cumulo di paglia o fieno, retto da un palo centrale, per lo più di forma conica | *cercare un ago in un —*, (*fig.*) tentare una ricerca impossibile **2** edificio rustico dove si tiene la paglia.

paglierìccio [pa-glie-rìc-cio] *s.m.* **1** saccone pieno di paglia o foglie secche usato come materasso **2** (*estens.*) struttura formata da un telaio di legno, molle d'acciaio e imbottitura, atta a sostenere il materasso.

paglierino [pa-glie-rì-no] *agg.* di colore giallo chiaro, simile a quello della paglia.

paglietta [pa-gliét-ta] *s.f.* **1** cappello di paglia da uomo, con cupola piatta e tesa rigida **2** matassina di trucioli metallici, usata per pulire o lucidare utensili da cucina o pavimenti.

pagliuzza [pa-gliùz-za] *s.f.* **1** piccolo fuscello di paglia **2** piccolissima parte d'oro o d'altro metallo lucente incorporato in una massa compatta di minerale o di terra.

pagnotta [pa-gnòt-ta] *s.f.* **1** forma di pane grande e tondeggiante **2** (*fig., fam.*) quanto è indispensabile a vivere, a sostentarsi: *lavorare per la —*.

pago [pà-go] *agg.* [pl.m. *-ghi*] appagato, soddisfatto: *essere — di qlco.*

pagoda [pa-gò-da] *s.f.* edificio sacro buddista a forma di torre piramidale | *tetto a —*, molto sporgente e formato da spioventi concavi.

paguro [pa-gù-ro] *s.m.* crostaceo marino che si introduce e vive in conchiglie vuote.

paillette [/ paˈjɛt /] *s.f.invar.* (*fr.*) lustrino.

paio [pà-io] *s.m.* [pl.f. *paia*] **1** due cose della stessa specie considerate insieme; riferito a persone o ad animali, due elementi che si considerano insieme, ma non formano una coppia: *un — di guanti*; *un — di testimoni* | *essere un altro — di maniche*, (*fig.*) essere una cosa del tutto diversa | *fare il —*, si dice di due persone o cose che si assomigliano **2** oggetto formato da due parti non separabili: *un — di forbici* **3** numero limitato non precisabile: *l'avrò visto un — di volte.*

paiolo [pa-iò-lo] *s.m.* recipiente da cucina di rame o d'alluminio, rotondo e profondo, che si appende a una catena al centro del camino.

pakistano → **pachistano**.

pala[1] [pà-la] *s.f.* **1** attrezzo costituito da una lama larga d'acciaio fissata a un lungo manico di legno, per caricare, ammucchiare, rimuovere terra o altri materiali: *scavare con la —* | *— da fornaio*, quella usata per infornare e sfornare il pane. DIM. *paletta* **2** (*tecn.*) ciascuno degli elementi appiattiti fissati a un organo rotante, quali un'elica, una turbina ecc.: *le pale del mulino*, *di un elicottero* **3** parte terminale, piatta e allargata, del remo o del timone, che viene immersa nell'acqua **4** — *meccanica*, macchina semovente, a ruote o cingolata, per la rimozione di terra o altri materiali **5** — *d'altare*, grande tavola dipinta o lastra scolpita di soggetto sacro da collocarsi sull'altare.

pala[2] *s.f.* **1** montagna con parete di roccia ripidissima: *Pale di San Martino* **2** lungo prato molto inclinato che si spinge fin sotto una parete rocciosa.

paladino [pa-la-dì-no] *s.m.* **1** (*st.*) cavaliere nobile e di provato valore militare che viveva presso la corte carolingia come guardia del re | nella letteratura cavalleresca, ciascuno dei dodici valorosi cavalieri scelti da Carlo Magno come suoi campioni **2** [f. *-a*] (*fig.*) difensore, propugnatore acceso di una causa: *un — della libertà.*

palafitta [pa-la-fìt-ta] *s.f.* (*etnol.*) abitazione primitiva costituita da una piattaforma di legno che poggia su pali, di solito infissi in terreni paludosi.

palafitticolo [pa-la-fit-tì-co-lo] relativo alle palafitte: *cultura palafitticola* ♦ *agg.* e *s.m.* [f. *-a*] che/chi abita in capanne costruite su palafitte.

palafreniere [pa-la-fre-niè-re] *s.m.* **1** chi era addetto alla cura di un palafreno; staffiere, scudiero **2** (*mil.*) istruttore degli allievi cavallerizzi.

palafreno [pa-la-fré-no *o* palafrèno] *s.m.* cavallo da viaggio e da parata dei cavalieri medievali.

palaghiaccio [pa-la-ghiàc-cio] *s.m.* impianto coperto per gli sport su ghiaccio.

palamita [pa-la-mì-ta] *s.f.* pesce di mare commestibile simile al tonno.

palamite [pa-là-mi-te] *s.m.* attrezzo da pesca costituito da un lungo filo a cui sono annodati a distanza costante delle cordicelle munite di amo.

palanca[1] [pa-làn-ca] *s.f.* **1** grossa trave, tavolone **2** (*estens.*) opera difensiva costituita da una serie di grossi pali conficcati nel terreno e da un terrapieno di rinforzo **3** (*mar.*) ponticello mobile.

palanca[2] *s.f.* antica moneta da un soldo | *le palanche*, (*region.*) i soldi, il denaro.
palanchino [pa-lan-chì-no] *s.m.* sorta di portantina per personaggi illustri in uso in alcuni paesi orientali.
palandrana [pa-lan-drà-na] *s.f.* **1** veste da casa per uomo, ampia e lunga **2** (*scherz.*) qualsiasi abito lungo e largo.
palasport [pa-la-spòrt] *s.m.invar.* palazzo dello sport.
palata [pa-là-ta] *s.f.* **1** quantità di materiale che una pala può contenere: *una — di neve* | *a palate*, (*fig.*) in grande quantità: *far soldi a palate* **2** colpo dato con una pala.
palatale [pa-la-tà-le] *agg.* **1** (*anat.*) del palato; palatino **2** (*ling.*) si dice di suono articolato con il dorso della lingua appoggiato al palato duro: *consonanti palatali* (p.e. / tʃ / in *cena*, / dʒ / in *giro*); *vocali palatali*, quelle anteriori (in it. / e, ɛ, i /) ♦ *s.f.* (*ling.*) consonante o vocale palatale.
palatalizzare [pa-la-ta-liʒ-ʒà-re] *v.tr.* (*ling.*) sottoporre a palatalizzazione ♦ **palatalizzarsi** *v. intr.pron.* (*ling.*) divenire palatale.
palatalizzazione [pa-la-ta-liʒ-ʒa-zió-ne] *s.f.* (*ling.*) processo mediante il quale un suono diventa palatale.
palatino[1] [pa-la-tì-no] *agg.* **1** di un palazzo reale o imperiale: *cappella palatina* **2** (*st.*) titolo appartenente ai principi elettori del Sacro Romano Impero: *l'elettore —* **3** denominazione di istituti culturali che godevano di privilegi reali o imperiali: *Accademia palatina.*
palatino[2] *agg.* (*anat.*) del palato: *velo —*, il palato molle.
palato [pa-là-to] *s.m.* **1** (*anat.*) parete superiore della cavità orale, tra la bocca e le fosse nasali, costituita da una volta ossea rivestita di mucosa: *— duro, osseo*, parte anteriore del palato; *— molle*, parte posteriore del palato, velo palatino **2** il senso del gusto: *sapore che soddisfa il —.*
palazzina [pa-laz-zì-na] *s.f.* abitazione signorile non molto grande, per lo più con giardino.
palazzinaro [pa-laz-zi-nà-ro] *s.m.* (*spreg.*) costruttore edile arricchitosi con la speculazione edilizia.
palazzo [pa-làz-zo] *s.m.* **1** edificio di grandi proporzioni e di pregio architettonico, adibito un tempo ad abitazione di famiglie nobiliari, e oggi per lo più a sede di uffici pubblici: *— reale*, dove risiede il re. DIM. *palazzetto* ACCR. *palazzotto* PEGG. *palazzaccio* **2** (*estens.*) corte di un sovrano: *congiura di —*, organizzata all'interno stesso della corte **3** (*fig.*) nell'uso giornalistico, simbolo del potere politico **4** grande edificio destinato a una particolare funzione: *— di giustizia*, dove hanno sede gli uffici giudiziari di una città; *— dello sport*, impianto per manifestazioni sportive al coperto **5** casa di abitazione civile grande, a più piani e con molti appartamenti.
palcato [pal-cà-to] *s.m.* (*edil.*) insieme di travi che formano la struttura portante di un palco, un solaio ecc.
palchetto [pal-chét-to] *s.m.* ripiano orizzontale di armadi, scaffali, librerie.
palco [pàl-co] *s.m.* [pl. *-chi*] **1** piano di copertura fatto di assi connesse tra loro; solaio, soppalco | ripiano di un armadio, di uno scaffale. DIM. *palchetto* **2** tavolato provvisorio per l'esecuzione di opere murarie o decorative | costruzione provvisoria rialzata da terra per servire da tribuna: *il — delle autorità* | in teatro, palcoscenico **3** ciascuno dei vani che si affacciano su una sala teatrale, dai quali si può assistere allo spettacolo **4** (*zool.*) ciascuna delle ramificazioni delle corna dei cervidi.
palcoscenico [pal-co-scè-ni-co] *s.m.* [pl. *palcoscenici*] **1** il palco su cui recitano gli attori **2** (*fig.*) il teatro, l'arte teatrale: *amare il —.*
palemone [pa-lè-mo-ne *o* palemóne] *s.m.* (*zool.*) genere di crostacei marini e d'acqua dolce commestibili, detti comunemente *gamberetti.*
paleo [pa-lè-o] *s.m.* nome generico di varie piante delle graminacee.
paleo- primo elemento di parole composte della terminologia scientifica o dotta, che significa 'antico' (*paleocristiano, paleolitico*).
paleoantropologia [pa-le-o-an-tro-po-lo-gì-a] *s.f.* disciplina che studia i reperti fossili dei primi uomini.
paleobiologia [pa-le-o-bi-o-lo-gì-a] *s.f.* paleontologia | paleoecologia.
paleobotanica [pa-le-o-bo-tà-ni-ca] *s.f.* ramo della paleontologia che studia i reperti fossili vegetali.
paleocene [pa-le-o-cè-ne] *s.m.* (*geol.*) prima epoca del paleogene.
paleoclimatologia [pa-le-o-cli-ma-to-lo-gì-a] *s.f.* disciplina che mira a ricostruire i climi caratteristici delle varie ere geologiche.
paleocristiano [pa-le-o-cri-stià-no] *agg.* che è proprio o appartiene ai primi secoli del cristianesimo, dalle origini al sec. VI: *arte paleocristiana.*
paleoecologia [pa-le-o-e-co-lo-gì-a] *s.f.* ramo della paleontologia che studia le condizioni ambientali in cui vissero specie animali e vegetali conosciute in forme fossili.
paleoetnologia e *deriv.* → **paletnologia** e *deriv.*
paleogene [pa-le-o-gè-ne] *s.m.* (*geol.*) primo periodo dell'era cenozoica (compreso tra 70 e 25 milioni di anni fa).
paleogeografia [pa-le-o-ge-o-gra-fì-a] *s.f.* disciplina che mira a ricostruire l'aspetto geografico della Terra in relazione a ogni periodo geologico.
paleografia [pa-le-o-gra-fì-a] *s.f.* scienza che studia l'evoluzione delle scritture antiche, al fine di interpretare, datare e localizzare i testi presi in esame: *— greca, latina*, che studia i testi scritti in caratteri greci o latini.
paleografico [pa-le-o-grà-fi-co] *agg.* [pl.m. *-ci*] che concerne la paleografia: *studi paleografici.*
paleografo [pa-le-ò-gra-fo] *s.m.* [f. *-a*] studioso di paleografia.

paleolitico [pa-le-o-lì-ti-co] *agg.* [pl.m. *-ci*] si dice del periodo più antico della preistoria (da 2 milioni a 8500 anni fa), caratterizzato dall'uso di pietre scheggiate per fabbricare armi e utensili: *manufatto* — ♦ *s.m.* era paleolitica.

paleontologia [pa-le-on-to-lo-gì-a] *s.f.* scienza che studia i resti fossili di organismi vegetali e animali.

paleontologico [pa-le-on-to-lò-gi-co] *agg.* [pl.m. *-ci*] proprio della paleontologia.

paleontologo [pa-le-on-tò-lo-go] *s.m.* [f. *-a*; pl.m. *-gi*] studioso di paleontologia.

paleozoico [pa-le-o-ʒòi-co] *agg.* [pl.m. *-ci*] si dice della seconda delle cinque ere geologiche (che va da 600 a 225 milioni di anni fa), caratterizzata dalla comparsa delle prime tracce della vita: *fauna paleozoica* ♦ *s.m.* era paleozoica.

paleozoologia [pa-le-o-ʒo-o-lo-gì-a] *s.f.* ramo della paleontologia che studia i reperti fossili animali.

palesare [pa-le-ʃà-re] *v.tr.* [*io paléʃo ecc.*] (*lett.*) rendere manifesto; esternare, rivelare: — *i propri pensieri* ♦ **palesarsi** *v.rifl.* o *intr.pron.* (*lett.*) divenire palese, manifestarsi; rivelarsi, farsi conoscere.

palese [pa-lé-ʃe] *agg.* che appare evidente, manifesto; che è noto, conosciuto da tutti: *contraddizione* — □ **palesemente** *avv.*

palestinese [pa-le-sti-né-se] *agg.* della Palestina ♦ *s.m.* e *f.* abitante, nativo della Palestina.

palestra [pa-lè-stra] *s.f.* **1** impianto sportivo al coperto costituito da un ampio locale fornito di attrezzi per fare ginnastica **2** (*fig.*) esercizio intellettuale o morale: *lo studio del latino è una — mentale.*

paletnologia [pa-let-no-lo-gì-a], o paleoetnologia, *s.f.* scienza che studia le civiltà dei popoli preistorici.

paletnologico [pa-let-no-lò-gi-co], o paleoetnologico, *agg.* [pl.m. *-ci*] relativo ai popoli preistorici o alla paletnologia: *museo* —.

paletnologo [pa-let-nò-lo-go], o paleoetnologo, *s.m.* [f. *-a*; pl.m. *-gi*] studioso di paletnologia.

paletot [/ pal'to /] *s.m.invar.* (*fr.*) cappotto, paltò.

paletta [pa-lét-ta] *s.f.* **1** piccola pala usata come attrezzo domestico: *la — della spazzatura* | piccola pala che usano i bambini per giocare sulla spiaggia **2** (*mecc.*) elemento a forma di pala di dimensioni ridotte di un organo rotante **3** disco con lungo manico con cui il capostazione dà il segnale di partenza al treno o la polizia intima l'alt a un veicolo **4** (*mus.*) parte terminale del manico della chitarra; cavigliere.

palettata [pa-let-tà-ta] *s.f.* quantità di roba che si può prendere in una volta sola con una paletta: *una — di sabbia.*

paletto [pa-lét-to] *s.m.* **1** piccolo palo metallico o di legno che si conficca nel terreno per fissarvi qlco.; picchetto **2** sorta di chiavistello che, scorrendo in apposite guide, ferma il battente di porte o finestre.

palificare [pa-li-fi-cà-re] *v.tr.* [*io palìfico, tu palìfichi ecc.*] irrobustire, rinforzare con pali: — *un argine* ♦ *v.intr.* [aus. *avere*] piantare pali nel terreno; costruire palizzate.

palificazione [pa-li-fi-ca-zió-ne] *s.f.* **1** messa in opera di pali **2** (*edil.*) fondazione su pali **3** l'insieme dei pali che sostengono una linea aerea elettrica o telefonica.

palina [pa-lì-na] *s.f.* **1** asta colorata a strisce bianche e rosse usata nei rilevamenti topografici **2** palo di sostegno delle linee telefoniche ed elettriche.

palindromo [pa-lìn-dro-mo] *agg.* e *s.m.* si dice di parola, frase, verso che può essere letto indifferentemente da sinistra a destra o viceversa (p.e. *ossesso*).

palingenesi [pa-lin-gè-ne-ʃi] *s.f.* **1** secondo alcune concezioni religiose e filosofiche, la rinascita dell'uomo dopo la morte o la ricostituzione del mondo dopo la sua distruzione **2** (*estens.*) rinnovamento profondo; rigenerazione, rinascita.

palinodia [pa-li-no-dì-a] *s.f.* componimento poetico in cui si smentisce ciò che si è affermato in un componimento precedente | (*estens.*) scritto o discorso in cui si ritrattano idee già professate.

palinsesto [pa-lin-sè-sto] *s.m.* **1** antico codice manoscritto di pergamena su cui, raschiata la prima scrittura, è stato scritto un nuovo testo **2** quadro d'insieme delle trasmissioni radiotelevisive programmate da una rete per un dato periodo.

palio [pà-lio] *s.m.* drappo o stendardo di tessuto dipinto o ricamato che, in manifestazioni tradizionali di alcune città italiane, viene dato in premio al vincitore di una gara: *il — di Siena* | (*estens.*) la gara stessa: *vincere il* — | *mettere in — qlco.*, offrirla come premio in una gara.

paliotto [pa-liòt-to] *s.m.* la parte anteriore dell'altare, in genere decorata a intarsio o a rilievo.

palissandro [pal-lis-sàn-dro] *s.m.* legno pregiato di color rosso scuro, pesante e compatto, fornito da vari alberi tropicali e usato in falegnameria e in ebanisteria.

palizzata [pa-liz-zà-ta] *s.f.* serie di pali infissi l'uno accanto all'altro nel terreno come opera di riparo, di sostegno o di recinzione: *erigere una* —.

palla[1] [pàl-la] *s.f.* **1** corpo di forma sferica: *una — di marmo, di vetro, di neve.* DIM. *pallina* **2** sfera di gomma, cuoio, legno o altro materiale, con cui si gioca: — *di biliardo, da tennis*; *giocare a* — | *prendere, cogliere la — al balzo*, (*fig.*) sfruttare al volo un'occasione propizia **3** (*estens.*) gioco che si fa con una palla: — *prigioniera* **4** grossa sfera di ferro o di piombo che si legava al piede dei condannati | *essere una — al piede*, (*fig.*) essere di peso, d'intralcio **5** proiettile di un'arma da fuoco: — *da cannone* **6** (*arald.*) figura costituita da un numero determinato di sfere poste sullo scudo **7** (*volg.*) testicolo | *essere una* —, (*fig.*) si dice di persona o cosa noiosa, importuna | *che palle!*, esclamazione di fastidio, impazienza, noia **8** (*pop.*) bugia, frottola: *raccontare palle* | Usato come *agg.invar.*: *pesce* —, pesce che può gonfiarsi come una palla.

palla[2] *s.f.* 1 ampia sopravveste che veniva indossata dalle matrone romane 2 (*lit.*) piccolo quadrato di tela bianca inamidata che copre il calice durante la messa.

pallacanestro [pal-la-ca-nè-stro] *s.f.* sport in cui due squadre, di cinque giocatori ciascuna, cercano di lanciare con le mani la palla in un canestro di rete posto in alto all'estremità del campo avversario.

pallacorda [pal-la-còr-da] *s.f.* antico gioco di origine italiana, consistente nel lanciare una palla nella metà campo avversaria facendole superare una corda tesa; si praticava con le mani oppure usando una sorta di racchetta.

palladio[1] [pal-là-dio] *agg.* (*lett.*) di Pallade, sacro a Pallade: *l'olivo* — ♦ *s.m.* statua di Pallade che, secondo gli antichi greci, proteggeva la città che la venerava, rendendola inespugnabile.

palladio[2] *s.m.* elemento chimico di simbolo *Pd*; è un metallo simile al platino.

pallamaglio [pal-la-mà-glio] *s.m.* o *f.* antico gioco d'origine italiana consistente nel colpire una palla con una mazza di legno per farle compiere un determinato percorso.

pallamano [pal-la-mà-no] *s.f.* sport simile al calcio ma praticato esclusivamente con le mani da due squadre di sette giocatori ciascuna.

pallanuotista [pal-la-nuo-tì-sta] *s.m.* e *f.* [pl.m. *-sti*] chi pratica lo sport della pallanuoto.

pallanuoto [pal-la-nuò-to] *s.f.* sport che si pratica in acqua tra due squadre di sette giocatori ciascuna, che cercano di lanciare con le mani la palla nella porta avversaria.

pallavolista [pal-la-vo-lì-sta] *s.m.* e *f.* [pl.m. *-sti*] chi pratica lo sport della pallavolo.

pallavolo [pal-la-vó-lo] *s.f.* sport praticato da due squadre, di sei giocatori ciascuna, su un campo diviso a metà da una rete sospesa a un'altezza di circa due metri e mezzo da terra; le due squadre devono rinviarsi la palla con le mani senza che questa tocchi terra nel proprio campo.

palleggiamento [pal-leg-gia-mén-to] *s.m.* il palleggiare, il palleggiarsi (spec. *fig.*): — *di responsabilità.*

palleggiare [pal-leg-già-re] *v.tr.* [*io palléggio ecc.*] 1 far saltare più volte una palla | (*estens.*) far passare ripetutamente da una mano all'altra un oggetto: — *un bastone* 2 ricevere e rinviare più volte qlco. da una persona all'altra: *palleggiarsi un'arancia* | (*fig.*) scambiare, rinfacciare, attribuire ripetutamente l'uno all'altro: *palleggiarsi un'accusa* ♦ *v.intr.* [aus. *avere*] 1 giocare con la palla lanciandola in aria, per terra o contro un muro e poi riprendendola: — *di testa e di piede* 2 detto di due o più giocatori, lanciarsi e rilanciarsi la palla per allenamento.

palleggiatore [pal-leg-gia-tó-re] *s.m.* [f. *-trice*] giocatore abile nel palleggio.

palleggio [pal-lég-gio] *s.m.* il palleggiare, il modo in cui si palleggia: *esercizi di* — | (*fig.*) scambio ripetuto: *il — delle accuse.*

pallet [/ 'pallet /] *s.m.invar.* (*ingl.*) piattaforma rigida sollevabile per mezzo di carrelli elevatori a forchetta, sulla quale si impilano merci imballate.

pallettone [pal-let-tó-ne] *s.m.* grosso pallino per cartucce da caccia: *fucile caricato a pallettoni.*

palliativo [pal-lia-tì-vo] *agg.* e *s.m.* 1 (*med.*) si dice di medicamento che attenua i sintomi di una malattia, senza risolverne le cause 2 (*fig.*) si dice di rimedio che alleggerisce temporaneamente gli effetti di una circostanza negativa, ma non rimuove le cause che li determinano: *le mezze riforme sono inutili palliativi.*

palliato [pal-lià-to] *agg.* (*lett.*) vestito col pallio: *statua palliata* | *palliata*, nel teatro latino, commedia in cui gli attori recitavano indossando il pallio; i suoi maggiori esponenti furono Plauto e Terenzio.

pallidezza [pal-li-déz-za] *s.f.* (*non com.*) l'essere pallido, pallore.

pallidiccio [pal-li-dìc-cio] *agg.* alquanto pallido; smorticcio.

pallido [pàl-li-do] *agg.* 1 senza colorito; cereo, esangue: *viso* —; — *come un morto*, pallidissimo 2 (*estens.*) di colore, tenue, scialbo: *rosa* — 3 (*fig.*) vago, debole, evanescente: *un — ricordo* | *non avere la più pallida idea di qlco.*, non saperne nulla □ **pallidamente** *avv.*

pallina [pal-lì-na] *s.f.* piccola palla di vetro con cui giocano i bambini; bilia.

pallino [pal-lì-no] *s.m.* 1 nel gioco del biliardo e delle bocce, la palla più piccola a cui le altre devono accostarsi; boccino 2 (*fig.*) chiodo fisso, piccola mania: *il — della pesca* | inclinazione naturale: *un ragazzo con il — della chimica* 3 (spec. *pl.*) ciascuna delle sferette di piombo con cui si caricano le cartucce da caccia 4 *pl.* dischetti stampati su un tessuto di colore diverso; pois: *cravatta blu a pallini rossi.*

pallio [pàl-lio] *s.m.* 1 telo rettangolare di stoffa che anticamente greci e romani portavano avvolto intorno al corpo al di sopra della tunica 2 (*lit.*) lunga stola di lana bianca, con due strisce frangiate pendenti, portata dal papa, dai patriarchi e dagli arcivescovi durante le funzioni solenni 3 (*anat.*) parte del telencefalo che nei mammiferi costituisce la corteccia degli emisferi cerebrali.

pallonaio [pal-lo-nà-io], region. **pallonaro**, *s.m.* [f. *-a*] 1 chi fabbrica o vende i palloni 2 (*scherz.*) chi racconta fandonie; fanfarone.

pallonata [pal-lo-nà-ta] *s.f.* 1 colpo di pallone: *ricevere una — in faccia* 2 (*scherz.*) fandonia, balla, frottola.

palloncino [pal-lon-cì-no] *s.m.* 1 involucro di gomma sottilissimo e vivacemente colorato, gonfiato con aria o gas più leggeri e legato a un filo, con cui giocano i bambini 2 (*aer.*) la camera d'aria degli aerostati 3 lampioncino di carta colorata 4 (*fam.*) etilometro.

pallone [pal-ló-ne] *s.m.* 1 grossa palla di cuoio o

di gomma, di dimensioni e forme diverse a seconda del gioco in cui si impiega: — *da calcio, da rugby* | *essere, andare nel* —, (*fig., fam.*) avere la mente confusa, perdere lucidità | — *gonfiato*, (*fig.*) persona boriosa ma priva di qualità o di meriti. DIM. *palloncino* **2** (*estens.*) nome di alcuni giochi tradizionali con la palla | il gioco del calcio: *partita di* — **3** (*aer.*) aerostato privo di motore, gonfiato con un gas più leggero dell'aria: — *frenato*, ancorato a terra mediante uno o più cavi; — *sonda*, usato per esplorare gli strati superiori dell'atmosfera o per ricognizioni militari **4** (*chim.*) recipiente di vetro di forma sferica usato nei laboratori chimici.

pallonetto [pal-lo-nét-to] *s.m.* nei giochi con la palla, tiro effettuato in modo da imprimere alla palla una traiettoria molto alta che scavalca l'avversario.

pallore [pal-ló-re] *s.m.* l'essere pallido in volto; colore pallido del viso: — *mortale*.

palloso [pal-ló-so] *agg.* (*gerg.*) noioso.

pallottola [pal-lòt-to-la] *s.f.* **1** piccola palla di legno, metallo o altro materiale solido. DIM. *pallottolina* **2** proiettile per armi da fuoco portatili: — *di fucile*.

pallottoliere [pal-lot-to-liè-re] *s.m.* strumento costituito da un telaio con bacchette di legno o fili metallici paralleli nei quali sono infilate pallottole di vario colore, usato per insegnare ai bambini calcoli aritmetici molto semplici.

palma[1] [pàl-ma] *s.f.* la parte interna della mano; palmo | *portare, tenere qlcu. in — di mano*, (*fig.*) averlo in grande considerazione.

palma[2] *s.f.* **1** (*bot.*) genere di piante arboree con fusto a colonna sormontato da un pennacchio di foglie verdi, lucenti e flessibili: — *da cocco*; *olio di* — **2** (*lit.*) ramo di palma o di olivo benedetto che viene distribuito ai fedeli nella domenica precedente la Pasqua (detta *domenica delle palme*) **3** ghirlanda o ramo di palma che nell'antichità greco-romana si attribuiva in segno di vittoria | (*fig.*) vittoria, premio: *ottenere la* —; *la — del martirio*, la gloria acquistata col proprio sacrificio.

palmacee [pal-mà-ce-e] *s.f.pl.* (*bot.*) famiglia di piante a cui appartengono le palme.

palmare [pal-mà-re] *agg.* **1** (*anat.*) della palma della mano: *muscolo* — **2** (*fig.*) che appare chiaro, evidente, ovvio: *una verità* —.

palmarès [/ palma'rɛs /] *s.m.invar.* (*fr.*) classifica dei vincitori di un premio: *il — del festival cinematografico di Cannes*.

palmato [pal-mà-to] *agg.* che ha la forma della palma della mano | *foglia palmata*, (*bot.*) divisa in segmenti disposti a ventaglio | *piede* —, (*zool.*) quello dei palmipedi, con le dita collegate da una membrana.

palmento [pal-mén-to] *s.m.* **1** macina da mulino; luogo in cui si macina | *mangiare a quattro palmenti*, (*fig.*) mangiare molto e con ingordigia **2** vasca larga e piatta per la pigiatura dell'uva.

palmeto [pal-mé-to] *s.m.* piantagione di palme.

palmipede [pal-mì-pe-de] *agg.* e *s.m.* (*zool.*) si dice di uccello nuotatore con piedi palmati.

palmizio [pal-mì-zio] *s.m.* **1** albero della palma **2** (*lit.*) ramo di palma o di olivo intrecciato che viene benedetto la domenica delle palme.

palmo [pàl-mo] *s.m.* **1** distanza tra la punta del pollice e quella del mignolo, misurata con la mano aperta; un tempo costituiva un'unità di misura corrispondente a circa 25 cm: *è caduto un — di neve* | (*iperb.*) grandezza minima: *possedere un — di terra*; *restare con un — di naso*, sorpreso o deluso | *a — a* —, a poco a poco, pezzo per pezzo; (*fig.*) in ogni particolare: *conosco la mia città — a* — **2** (*tosc.*) la palma della mano: *tenere, portare in — di mano*.

palo [pà-lo] *s.m.* **1** (*edil.*) lungo cilindro di legno, cemento armato o acciaio, che si conficca interamente nel terreno per consolidarlo o per servire da sostegno ad altre strutture: — *di fondazione, di sostegno* **2** asta di legno o di altro materiale rigido parzialmente conficcata nel terreno: — *della luce* | (*estens.*) traliccio d'acciaio: *i pali dell'alta tensione*. DIM. *paletto* **3** (*sport*) ognuno dei due sostegni della traversa che delimitano la porta nel campo di calcio, di rugby ecc.: *incrocio dei pali*, intersezione tra un palo e la traversa | — *di partenza, d'arrivo*, nell'ippica, quelli che all'interno della pista indicano l'inizio e la fine del percorso | *restare al* —, non partire; (*fig.*) perdere una buona occasione **4** (*gerg.*) chi vigila mentre i compagni compiono un furto.

palomba [pa-lóm-ba] *s.f.* (*region.*) colomba.

palombaro [pa-lom-bà-ro] *s.m.* chi esegue lavori sott'acqua (pesca, ricerche, ricuperi ecc.) munito di scafandro.

palombo [pa-lóm-bo] *s.m.* **1** colombo selvatico **2** (*zool.*) pesce cartilagineo, presente nel Mediterraneo, la cui forma richiama quella dello squalo.

palpabile [pal-pà-bi-le] *agg.* **1** che si può palpare, toccare con la mano **2** (*fig.*) tangibile, evidente, palese: *errore* —.

palpabilità [pal-pa-bi-li-tà] *s.f.* (*non com.*) l'essere palpabile.

palpare [pal-pà-re] *v.tr.* **1** toccare leggermente con il palmo della mano; tastare **2** (*med.*) effettuare la palpazione.

palpata [pal-pà-ta] *s.f.* il palpare; un toccare ripetuto: *dare una* —. DIM. *palpatina*.

palpazione [pal-pa-zió-ne] *s.f.* **1** (*non com.*) il palpare, l'essere palpato **2** (*med.*) esame di alcune regioni del corpo o di alcuni organi eseguito con le mani a scopo diagnostico.

palpebra [pàl-pe-bra] *s.f.* (*anat.*) ciascuna delle due membrane che proteggono l'occhio: *battere le palpebre*.

palpebrale [pal-pe-brà-le] *agg.* (*anat.*) di una palpebra, delle palpebre: *vene palpebrali*.

palpeggiamento [pal-peg-gia-mén-to] *s.m.* (*non com.*) il palpeggiare, l'essere palpeggiato.

palpeggiare [pal-peg-già-re] *v.tr.* [*io palpéggio ecc.*] palpare ripetutamente.

palpitante [pal-pi-tàn-te] *agg.* **1** che palpita, che guizza; che mostra ancora un moto di vita: *membra ancora palpitanti* | (*estens.*) che è in stato di palpitazione, di forte emozione: *cuore — di gioia* **2** (*fig.*) fremente, appassionato: *donna — d'amore* | che suscita vivo interesse: *fatto di — attualità.*
palpitare [pal-pi-tà-re] *v.intr.* [*io pàlpito ecc.*; aus. *avere*] **1** battere, pulsare con un ritmo frequente e più forte del normale; sussultare: *cuore che palpita d'affanno* **2** (*estens.*) avere il batticuore per un'emozione molto intensa: *— di paura* | (*fig.*) essere preso da un sentimento molto intenso; fremere: *— d'amore per qlcu.*
palpitazione [pal-pi-ta-zió-ne] *s.f.* **1** (*med.*) aumento della frequenza dei battiti del cuore a cui si accompagna una sensazione molesta: *— cardiaca* **2** (*fig.*) agitazione, viva emozione: *la — di un'attesa angosciosa.*
palpitio [pal-pi-tì-o] *s.m.* (*lett.*) un palpitare breve e intenso; fremito.
palpito [pàl-pi-to] *s.m.* **1** battito, pulsazione del cuore: *palpiti irregolari* **2** (*fig.*) agitazione provocata da un'emozione o un sentimento intenso: *avere un — di paura.*
paltò [pal-tò] *s.m.* soprabito invernale da uomo o da donna; cappotto.
paltoncino [pal-ton-cì-no] *s.m.* cappotto per bambini o soprabito per signora di linea semplice e giovanile.
paludamento [pa-lu-da-mén-to] *s.m.* **1** in Roma antica, mantello corto portato dai generali in occasioni solenni **2** (*estens.*) veste ampia e solenne **3** (*fig.*) ornamentazione stilistica sovrabbondante: *prosa ricca di paludamenti.*
paludare [pa-lu-dà-re] *v.tr.* rivestire, coprire di paludamento o di paludamenti ♦ **paludarsi** *v. rifl.* vestirsi con un paludamento | (*estens.*) agghindarsi in modo eccessivamente ricercato e vistoso.
paludato [pa-lu-dà-to] *agg.* **1** che è rivestito di paludamenti **2** (*fig.*) solenne, ampolloso: *linguaggio —.*
palude [pa-lù-de] *s.f.* terreno di una certa estensione in cui si raccolgono acque stagnanti; acquitrino: *bonificare, prosciugare una —.*
paludicolo [pa-lu-dì-co-lo] *agg.* si dice di organismo vegetale o animale che vive nelle paludi.
paludismo [pa-lu-dì-ʃmo] *s.m.* (*med.*) malaria.
paludoso [pa-lu-dó-so] *agg.* che è ricco di paludi, acquitrinoso: *terreno —.*
palustre [pa-lù-stre] *agg.* di palude: *pianta, uccello —.*
pampa [/ 'pampa /] *s.f.* [pl. *pampas*] (*sp.*) vasta prateria simile alla steppa, caratteristica di larga parte del territorio argentino.
pamphlet [/ pam'flɛ /] *s.m.invar.* (*fr.*) breve scritto di contenuto violentemente polemico o satirico; libello.
pamphlettista [pam-phlet-tì-sta; / pamflet'ti sta /] *s.m.* e *f.* [pl.m. *-sti*] autore di pamphlet; scrittore satirico.
pamphlettistica [pam-phlet-tì-sti-ca] *s.f.* la letteratura dei pamphlet; l'insieme dei pamphlet di una certa epoca, autore, argomento.
pampino [pàm-pi-no] *s.m.* foglia della vite.
pan- primo elemento di parole composte, che significa 'tutto, intero, interamente' (*panafricano, panteismo*).
panacea [pa-na-cè-a] *s.f.* **1** (*lett.*) nome di una pianta medicinale a cui i greci e i latini riconoscevano straordinarie virtù curative **2** (*estens.*) rimedio che guarisce tutti i mali: *il denaro non è una —.*
panafricano [pa-na-fri-cà-no] *agg.* che concerne tutti gli stati e i popoli dell'Africa: *congresso —.*
panama [pà-na-ma] *s.m.invar.* leggero cappello estivo maschile a tese larghe, fatto con una speciale paglia americana.
panamense [pa-na-mèn-se] *agg.* di Panama, città e stato dell'America centrale ♦ *s.m.* e *f.* abitante, nativo di Panama.
panamericano [pa-na-me-ri-cà-no] *agg.* che concerne tutti gli stati delle Americhe: *conferenza panamericana.*
panarabismo [pa-na-ra-bì-ʃmo] *s.m.* movimento che mira a promuovere la solidarietà e l'unificazione politica di tutti i popoli arabi.
panarabo [pa-nà-ra-bo] *agg.* che concerne tutti i popoli arabi; relativo al panarabismo.
panare [pa-nà-re] *v.tr.* impanare: *— una cotoletta.*
panasiatico [pa-na-ʃià-ti-co] *agg.* [pl.m. *-ci*] che concerne tutti i popoli asiatici.
panca [pàn-ca] *s.f.* sedile rustico di legno per più persone, generalmente senza braccioli e senza spalliera: *le panche di una chiesa.* DIM. *panchetta, panchetto* (m.) PEGG. *pancaccia.*
pancaccio [pan-càc-cio] *s.m.* tavolato di legno usato come giaciglio nelle carceri o nelle celle di rigore delle caserme; tavolaccio.
pancake [/ paŋ'keik /] *s.m.invar.* (*ingl.*) cosmetico che si stende sul viso per dare un colore omogeneo alla pelle; fondotinta.
pancarré [pan-car-ré] *s.m.* tipo di pane senza crosta, a forma di parallelepipedo, usato per fare toast e tramezzini; pane in cassetta.
pancetta [pan-cét-ta] *s.f.* **1** lardo del ventre del suino, usato come condimento o come salume: *— affumicata* **2** (*fam.*) pancia prominente: *mettere su —*, ingrassare.
panchetto [pan-chét-to] *s.m.*, o **panchetta** *s.f.*, piccolo sgabello che può servire da sedile o per appoggiarvi i piedi.
panchina [pan-chì-na] *s.f.* sedile per più persone, generalmente con schienale, che si colloca all'aperto in parchi e giardini.
pancia [pàn-cia] *s.f.* [pl. *-ce*] **1** (*fam.*) ventre, addome (dell'uomo o di un animale): *avere mal di —*; *essere a — piena, vuota*, aver mangiato, essere digiuno | *grattarsi la —*, (*fig.*) stare in ozio | *starsene a — all'aria*, stare disteso, supino; (*fig.*) stare in ozio **2** (*estens.*) ventre ingrossato per obesità, gravidanza o altra causa: *avere la —*; *mettere su*

—, ingrassare **3** (*fig.*) parte centrale e tondeggiante di qlco.: *la — del fiasco*.

panciata [pan-cià-ta] *s.f.* urto dato con la pancia da un tuffatore contro la superficie dell'acqua.

panciera [pan-ciè-ra] *s.f.* **1** fascia di lana o di tessuto elastico che si porta intorno all'addome per tenerlo caldo o per sostenerlo **2** (*st.*) parte dell'armatura che proteggeva il ventre.

panciolle [pan-ciòl-le] *avv.* solo nella loc. avv. *in —*, (*scherz.*) in ozio, con la pancia all'aria: *stare in —*.

pancione [pan-ció-ne] *s.m.* **1** (*fam.*) rigonfiamento del ventre che mostrano le donne durante gli ultimi mesi della gravidanza: *avere il —* **2** [f. *-a*] (*fam.*) persona che ha una grossa pancia.

panciotto [pan-ciòt-to] *s.m.* corpetto corto e senza maniche che si porta tra la camicia e la giacca; gilè.

panciuto [pan-ciù-to] *agg.* **1** (*fam.*) che ha una grossa pancia: *un signore —* **2** (*estens.*) si dice di oggetto tondeggiante o che presenta un rigonfiamento nella parte centrale: *vaso —*.

pancone [pan-có-ne] *s.m.* **1** asse di legno di notevole spessore, destinata, dopo la stagionatura, a essere ulteriormente tagliata in assi più sottili **2** strato di terreno duro e compatto, che ostacola lo sviluppo delle radici e il drenaggio delle acque.

pancotto [pan-còt-to] *s.m.* zuppa di pane bollito, condita con vari ingredienti.

pancreas [pàn-cre-as] *s.m.invar.* (*anat.*) ghiandola addominale avente una secrezione esterna (succo pancreatico), che completa la digestione degli alimenti, e una secrezione interna (insulina), che consente alle cellule di utilizzare il glucosio.

pancreatico [pan-cre-à-ti-co] *agg.* [pl.m. *-ci*] (*anat.*) del pancreas, che concerne il pancreas | *succo —*, liquido ricco di fermenti digestivi, prodotto dal pancreas e riversato nel duodeno.

pancreatina [pan-cre-a-tì-na] *s.f.* **1** (*chim., biol.*) ormone prodotto dal duodeno che attiva la secrezione pancreatica **2** (*chim., farm.*) sostanza dotata di proprietà digestive.

pancreatite [pan-cre-a-tì-te] *s.f.* (*med.*) infiammazione del pancreas.

pancristiano [pan-cri-stià-no] *agg.* si dice di movimento inteso a promuovere l'unità delle chiese cristiane.

pancromatico [pan-cro-mà-ti-co] *agg.* [pl.m. *-ci*] (*foto.*) si dice di pellicola che registra tutte le tonalità di colore.

panda [pàn-da] *s.m.invar.* nome di due mammiferi carnivori diffusi in una ristretta zona dell'Asia: *— minore*, grosso come un cane di media statura, con grandi orecchie, larghissima coda e pelo fulvo; *— maggiore*, o *gigante*, lungo fino a 1,80 m, con un folto mantello bicolore bianco e nero e coda brevissima.

pandano [pan-dà-no] *s.m.* albero delle regioni tropicali con grandi foglie lineari raccolte in ciuffi, da cui si ricavano fibre tessili.

pandemia [pan-de-mì-a] *s.f.* (*med.*) epidemia a diffusione vastissima: *— influenzale*.

pandemico [pan-dè-mi-co] *agg.* [pl.m. *-ci*] (*med.*) di pandemia; che ha carattere di pandemia: *malattia pandemica*.

pandemonio [pan-de-mò-nio] *s.m.* frastuono assordante; grande confusione: *scatenare un —*.

pandette [pan-dèt-te] *s.f.pl.* (*dir.*) **1** una delle parti del codice civile dell'imperatore Giustiniano (sec. VI) **2** (*estens.*) raccolta, compilazione di leggi.

pandispagna [pan-di-spà-gna], o **pan di Spagna**, *s.m.invar.* (*gastr.*) torta di uova, zucchero e farina, per lo più usata come base per dolci più elaborati.

pandit [pàn-dit] *s.m.invar.* titolo che si dà in India a un uomo delle caste superiori di elevato livello culturale.

pandolce [pan-dól-ce] *s.m.* (*gastr.*) dolce natalizio simile al panettone, ma più basso e compatto; è una specialità genovese.

pandoro [pan-dò-ro] *s.m.* (*gastr.*) dolce molto lievitato a base di uova, zucchero, burro e farina; è una specialità veronese.

pane[1] [pà-ne] *s.m.* **1** alimento costituito da un impasto di acqua, sale e farina, lievitato e cotto al forno in forme diverse: *impastare, infornare il —; filone di — | trovare — per i propri denti*, (*fig.*) trovare un ostacolo, un avversario che mette a dura prova le proprie capacità | *buono come il —*, si dice di persona molto mite | *vendere, comprare qlco. per un tozzo di —*, (*fig.*) a prezzo bassissimo | *dire — al —, vino al vino*, (*fig.*) chiamare le cose con il loro nome, parlare chiaro **2** ciascuna delle forme di pasta lievitata che vengono cotte al forno: *la moltiplicazione dei pani*, quella operata miracolosamente da Gesù, secondo il racconto dei Vangeli | *— in cassetta*, soffice e leggero, a forma di parallelepipedo, usato per fare toast e tramezzini; pancarré. DIM. *panino* **3** (*estens.*) vitto, mezzo di sostentamento: *guadagnarsi il —* **4** pezzo compatto di alcune sostanze ridotte in forma di parallelepipedo: *un — di burro, di piombo*. DIM. *panetto* **5** (*agr.*) blocco di terra che si lascia attorno alle radici di piante da trapiantare **6** *albero del —*, pianta che cresce nelle Indie orientali e produce frutti commestibili ricchi di amido | *— delle scimmie*, frutto commestibile del baobab.

pane[2] *s.m.* (*mecc.*) filetto della vite.

panegirico [pa-ne-gì-ri-co] *s.m.* [pl. *-ci*] **1** discorso elogiativo o celebrativo; nella letteratura cristiana, scritto o discorso in lode di un santo **2** (*fig.*) elogio ampolloso, esaltazione esagerata: *fare il — di qlcu.*

panegirista [pa-ne-gi-rì-sta] *s.m.* e *f.* [pl.m. *-sti*] **1** autore di panegirici **2** (*fig.*) chi intesse lodi esagerate.

panellenico [pa-nel-lè-ni-co] *agg.* [pl.m. *-ci*] si dice di ciò che riguarda la Grecia classica nel suo insieme: *feste panelleniche*.

panellenismo [pa-nel-le-nì-ʃmo] *s.m.* (*st.*) movimento sorto alla fine del sec. XVIII, che mirava a riunire in un'unica nazione tutti i popoli greci.

panello [pa-nèl-lo] *s.m.* formella ottenuta per compressione di semi oleosi, usata come alimento per il bestiame.

panettatrice [pa-net-ta-trì-ce] *s.f.* macchina che nei caseifici serve a confezionare il burro in pani di forma e peso determinati.

panetteria [pa-net-te-rì-a] *s.f.* luogo dove si fa o si vende il pane.

panettiere [pa-net-tiè-re] *s.m.* [f. *-a*] **1** chi fa il pane; fornaio **2** lavorante in un panificio.

panetto [pa-nét-to] *s.m.* pane di burro o di sostanza simile.

panettone [pa-net-tó-ne] *s.m.* (*gastr.*) dolce natalizio dalla caratteristica forma a cupola, a base di uova, zucchero, farina, lievito, burro e canditi; è una specialità milanese.

paneuropeo [pa-neu-ro-pè-o] *agg.* che riguarda tutta l'Europa, tutti gli europei.

panfilo [pàn-fi-lo] *s.m.* (*mar.*) **1** imbarcazione militare a remi o a vela, simile alla galea, in uso nel Mediterraneo nei secc. XIV-XV **2** oggi, grossa imbarcazione a vela o a motore; yacht.

panforte [pan-fòr-te] *s.m.* (*gastr.*) dolce tenace e compatto di forma piatta e rotonda a base di farina, miele, spezie, nocciole, mandorle e canditi; è una specialità senese.

pangermanesimo [pan-ger-ma-né-ʃi-mo], o **pangermanismo**, *s.m.* movimento culturale e politico mirante a riunire in un'unica nazione tutti i popoli di lingua tedesca.

pangiallo [pan-giàl-lo], o **pan giallo**, *s.m.* (*gastr.*) dolce natalizio a base di farina di granturco, uva passa, nocciole, mandorle, noci e pinoli; è una specialità romana.

pangolino [pan-go-lì-no] *s.m.* mammifero insettivoro africano e asiatico con corpo lungo rivestito di grosse squame, arti brevi, coda lunghissima; in caso di pericolo si appallottola.

pangrattato [pan-grat-tà-to], o **pan grattato**, *s.m.* pane raffermo grattugiato che si usa soprattutto per impanare le vivande.

pania [pà-nia] *s.f.* **1** sostanza collosa ricavata dalle bacche del vischio, usata per catturare piccoli uccelli; vischio **2** (*fig.*) lusinga ingannevole; raggiro: *cadere nella —*.

panicato [pa-ni-cà-to] *agg.* (*vet.*) si dice di carne macellata suina e bovina affetta da panicatura.

panicatura [pa-ni-ca-tù-ra] *s.f.* (*vet.*) infestazione delle carni suine e bovine da parte di larve, visibili in forma di puntini bianchi.

panicità [pa-ni-ci-tà] *s.f.* (*lett.*) carattere panico; panismo.

panico [pà-ni-co] *agg.* [pl.m. *-ci*] **1** (*mit.*) del dio Pan | si dice di paura improvvisa e irrefrenabile come quella che si credeva fosse causata dalla presenza del dio Pan: *timor —* **2** (*lett.*) ispirato dal senso panteistico della natura: *poesia panica* ♦ *s.m.* terrore improvviso e incontrollabile: *lasciarsi prendere dal —*.

panicolato [pa-ni-co-là-to] *agg.* (*bot.*) a forma di pannocchia.

paniera [pa-niè-ra] *s.f.* cesta di vimini larga e bassa a due manici.

panierata [pa-nie-rà-ta] *s.f.* la quantità di oggetti, merce contenuta in un paniere.

paniere [pa-niè-re] *s.m.* **1** cesta per lo più di vimini, di forma varia, provvista di manico arcuato per infilarvi il braccio | *rompere le uova nel —*, (*fig.*) far fallire i progetti altrui. DIM. *panierino* **2** contenuto di un paniere: *un — di funghi* **3** (*econ.*) insieme di beni di largo consumo considerati necessari per una famiglia media, in base al quale viene misurato il costo della vita.

panierino [pa-nie-rì-no] *s.m.* cestino chiuso usato dai bambini per portare a scuola la merenda.

panificare [pa-ni-fi-cà-re] *v.tr.* [*io panìfico, tu panìfichi ecc.*] trasformare in pane: *farina panificata* ♦ *v.intr.* [aus. *avere*] fare il pane: *i forni oggi non panificano.*

panificazione [pa-ni-fi-ca-zió-ne] *s.f.* il procedimento di lavorazione del pane.

panificio [pa-ni-fi-cio] *s.m.* **1** stabilimento per la fabbricazione del pane **2** negozio per la vendita del pane, dotato di un proprio forno per la panificazione | (*estens.*) panetteria.

paniforte [pa-ni-fòr-te] *s.m.* semilavorato di legno costituito da listelli incollati a formare un piano poi rivestito di compensato.

panineria [pa-ni-ne-rì-a] *s.f.* paninoteca.

panino [pa-nì-no] *s.m.* piccolo pane di forma rotonda o ovale, di pasta salata o dolce: *— imbottito,* tagliato a metà e riempito con prosciutto, salame o altro.

paninoteca [pa-ni-no-tè-ca] *s.f.* locale pubblico con grande assortimento di panini imbottiti, tramezzini e cibi pronti.

panislamico [pa-ni-ʃlà-mi-co] *agg.* [pl.m. *-ci*] che riguarda tutti i popoli o gli stati islamici: *conferenza panislamica.*

panismo [pa-nì-ʃmo] *s.m.* (*lett.*) spirito di comunione, di compenetrazione dell'uomo con la natura: *il — della poesia dannunziana.*

panna[1] [pàn-na] *s.f.* la parte più grassa del latte, che si condensa in superficie, quando viene lasciato riposare; crema | *— montata,* quella sbattuta fino a farle assumere una consistenza soffice e schiumosa.

panna[2] *s.f.* (*mar.*) disposizione delle vele in linea con la direzione del vento, tale da arrestare il moto della nave | (*estens.*) condizione di un veliero fermo, per il particolare orientamento delle vele o per mancanza di vento.

panne [/ pan /] *s.f.invar.* (*fr.*) arresto di un meccanismo o di un motore: *un'automobile in —*; *rimanere in —*.

panneggiamento [pan-neg-gia-mén-to] *s.m.* il panneggiare; panneggio.

panneggiare [pan-neg-già-re] *v.intr.* [*io pannéggio ecc.*; aus. *avere*] disporre ad arte un tessuto in modo che formi pieghe armoniose; drappeg-

giare | in pittura e in scultura, rappresentare le pieghe delle vesti ♦ *s.m.* panneggio: *maestro nel —.*
panneggiato [pan-neg-già-to] *agg.* disposto a panneggio; drappeggiato: *tessuto —.*
panneggio [pan-nég-gio] *s.m.* insieme di pieghe di un tessuto disposte armoniosamente; drappeggio | in pittura e in scultura, rappresentazione delle pieghe delle vesti.
pannello [pan-nèl-lo] *s.m.* **1** panni di tessuto leggero **2** elemento piano, compreso in un riquadro, di cui costituisce una copertura o un rivestimento: *i pannelli di un armadio* **3** quadro dei comandi di un apparecchio, di una macchina: *— di controllo* **4** *— solare,* (*tecn.*) dispositivo che assorbe e utilizza i raggi solari per produrre energia elettrica a scopo industriale o domestico **5** (*edil.*) elemento murario prefabbricato per costruire tramezzi.
pannicello [pan-ni-cèl-lo] *s.m.* pezzuola di tela con cui si effettuano impacchi | *pannicelli caldi,* (*fig.*) rimedi inefficaci.
pannicolo [pan-nì-co-lo] *s.m.* (*anat.*) membrana, strato: *— adiposo,* accumulo di grasso sotto la pelle.
panno [pàn-no] *s.m.* **1** tessuto di lana cardata, in cui non si distingue l'intreccio delle fibre | (*estens.*) qualsiasi tessuto pesante: *il — verde del biliardo* **2** pezzo di tessuto destinato a un uso specifico: *— per lucidare, da stiro* | *essere bianco come un — lavato,* si dice di persona pallidissima **3** *pl.* gli indumenti, i vestiti: *panni estivi, invernali* | *mettersi nei panni di qlcu.,* (*fig.*) immaginare di trovarsi nella situazione in cui si trova un'altra persona | *prov.*: *i panni sporchi si lavano in famiglia, in casa,* le faccende private vanno trattate con riservatezza.
pannocchia [pan-nòc-chia] *s.f.* **1** (*bot.*) infiorescenza ricca di ramificazioni: *la — della vite* **2** spiga del granturco: *arrostire le pannocchie sulla brace.*
pannografico [pan-no-grà-fi-co] *agg.* solo nella loc. *lavagna pannografica,* sussidio didattico costituito da un pannello di tessuto su cui si possono applicare figure ritagliate.
pannolano [pan-no-là-no] *s.m.* [pl. *pannilani*] tessuto morbido di lana.
pannolenci® [pan-no-lèn-ci] *s.m.* [pl. *invar.* o *pannilenci*] panno leggero, molto morbido e compatto, in colori vivaci, usato per vesti di bambole, costumi, patchwork.
pannolino [pan-no-lì-no] *s.m.* pezzuola di materiale assorbente che si usa per l'igiene intima dei neonati e della donna.
panoplia [pa-nò-plia] *s.f.* **1** l'armatura completa di un guerriero **2** trofeo d'armi che si appende al muro.
panorama [pa-no-rà-ma] *s.m.* [pl. *-mi*] **1** veduta di un paesaggio che si offre generalmente da un luogo elevato: *— marino, lacustre; ammirare il —* **2** (*fig.*) quadro d'insieme di un fenomeno complesso: *il — della letteratura inglese del Novecento* **3** (*teat.*) fondale semicircolare che abbraccia il fondo e i lati della scena.
panoramica [pa-no-rà-mi-ca] *s.f.* **1** veduta, sguardo d'insieme | (*fig.*) rassegna, resoconto sommario di un fenomeno: *fare una — della situazione* **2** fotografia di un paesaggio molto ampio | ripresa cinematografica o televisiva effettuata facendo ruotare gradualmente la macchina da presa **3** strada panoramica.
panoramicità [pa-no-ra-mi-ci-tà] *s.f.* detto di un luogo, una strada, una veduta, l'essere panoramico: *la — di un'altura.*
panoramico [pa-no-rà-mi-co] *agg.* [pl.m. *-ci*] **1** che permette di godere un'ampia vista del paesaggio: *strada panoramica* | *ripresa panoramica,* (*foto., cine., tv*) panoramica | *schermo —,* (*cine.*) di grande larghezza **2** (*fig.*) che abbraccia in maniera complessiva, anche se sommariamente, gli elementi di un insieme: *ricognizione panoramica dei fatti.*
panpepato [pan-pe-pà-to], o **pan pepato**, *s.m.* dolce a base di zucchero, farina, miele, canditi, mandorle e pepe, prodotto in varie regioni italiane.
panromanzo [pan-ro-màn-ʒo] *agg.* comune a tutte le lingue romanze: *voce panromanza.*
pansé [pan-sé] *s.f.* viola del pensiero; pensée.
pantacalze [pan-ta-cal-ze] *s.m.pl.* pantacollant.
pantacollant [pan-ta-col-lant; / pantacol'lan /] *s.m.pl.* pantaloni da donna molto aderenti in tessuto di maglia o elasticizzato, con sottopiede o piede finale; pantacalze.
pantagruelico [pan-ta-gru-è-li-co] *agg.* [pl.m. *-ci*] (*lett.*) **1** detto di pranzo, straordinariamente abbondante e vario | *fame pantagruelica,* insaziabile, smodata **2** (*fig.*) enorme, gigantesco.
pantalassico [pan-ta-làs-si-co] *agg.* [pl.m. *-ci*] (*biol.*) si dice di organismo marino capace di vivere sia sotto costa sia al largo.
pantalonaio [pan-ta-lo-nà-io] *s.m.* [f. *-a*] lavorante di sartoria specializzato nella confezione di pantaloni.
pantalone [pan-ta-ló-ne] *s.m.* (spec. *pl.*) calzone: *pantaloni da uomo.* DIM. *pantaloncino* | In funzione di *agg.*: *gonna —,* capo di vestiario femminile costituito da un paio di pantaloni corti al ginocchio, tanto ampi da sembrare una gonna.
pantano [pan-tà-no] *s.m.* **1** terreno coperto da acque stagnanti | (*estens.*) terreno fangoso; melma, fanghiglia: *il — delle strade* **2** (*fig.*) situazione equivoca; intrigo, imbroglio.
pantanoso [pan-ta-nó-so] *agg.* pieno di pantani, acquitrinoso, melmoso: *terreno —.*
pantedesco [pan-te-dé-sco] *agg.* [pl.m. *-schi*] che concerne tutti i popoli di lingua e cultura tedesche.
pantegana [pan-te-gà-na] *s.f.* (*sett.*) grosso topo di fogna.
panteismo [pan-te-ì-ʃmo] *s.m.* (*filos.*) dottrina che attribuisce all'universo caratteri divini, per cui tutta la realtà si identifica con Dio.
panteista [pan-te-ì-sta] *s.m.* e *f.* [pl.m. *-sti*] fautore, sostenitore del panteismo.

panteistico [pan-te-ì-sti-co] *agg.* [pl.m. *-ci*] del panteismo, dei panteisti: *concezione panteistica.*
pantera [pan-tè-ra] *s.f.* 1 leopardo asiatico dal pelame nero | *corpo di —*, agile e snello 2 (*gerg.*) automobile delle pattuglie volanti della polizia.
pantesco [pan-té-sco] *agg.* [pl.m. *-schi*] dell'isola di Pantelleria ♦ *s.m.* [f. *-a*] abitante, nativo di Pantelleria.
pantheon [pàn-the-on] *s.m.invar.* 1 nella religione greco-romana, tempio dedicato a tutti gli dei | (*estens.*) l'insieme di tutte le divinità di una religione politeistica: *il — induista* 2 tempio dove sono sepolti i re e i personaggi illustri di una nazione.
panto- primo elemento di parole composte, che significa 'tutto, ogni cosa' (*pantocratore, pantografo*).
pantocratore [pan-to-cra-to-re] *agg.* e *s.m.* (*lett.*) che/chi è onnipotente: *Giove —* | *Cristo —* (o *il Pantocratore*), immagine del Cristo benedicente posta in molte chiese bizantine o ispirata all'arte bizantina.
pantofobia [pan-to-fo-bì-a] *s.f.* (*med.*) timore morboso di qualsiasi cosa, tipico di gravi malattie psichiche.
pantofola [pan-tò-fo-la] *s.f.* scarpa da casa morbida e comoda di tessuto o di pelle | *mettersi in pantofole*, (*fig.*) condurre una vita scarsamente attiva e senza ambizioni.
pantofolaio [pan-to-fo-là-io] *s.m.* [f. *-a*] 1 chi fabbrica o vende pantofole 2 (*spreg.*) chi ama eccessivamente il quieto vivere, la vita ritirata ♦ *agg.* scarsamente attivo, rinunciatario.
pantofoleria [pan-to-fo-le-rì-a] *s.f.* fabbrica, negozio di pantofole.
pantografista [pan-to-gra-fì-sta] *s.m.* e *f.* [pl.m. *-sti*] tecnico che esegue lavori di incisione su vetro o metallo con il pantografo.
pantografo [pan-tò-gra-fo] *s.m.* 1 strumento che serve a copiare disegni in varie scale di grandezza 2 (*tip.*) strumento che, partendo da un originale, disegna e incide nelle varie grandezze le matrici dei caratteri di stampa 3 apparecchio che trasmette la corrente elettrica dai fili al locomotore ferroviario.
pantomima [pan-to-mì-ma] *s.f.* 1 rappresentazione teatrale affidata esclusivamente all'azione mimica 2 (*estens.*) il gesticolare di chi vuol farsi intendere a segni da qlcu. senza che altri se ne accorga 3 (*fig.*) messinscena: *non bisogna credergli, è solo una —!*
pantomimo [pan-to-mì-mo] *s.m.* 1 attore che esegue una pantomima; mimo 2 azione mimica; pantomima.
pants [/ pɛnts /] *s.m.pl.* (*ingl.*) pantaloni corti da donna.
panunto [pa-nùn-to], o **pan unto**, *s.m.* fetta di pane abbrustolita su cui si fa cadere l'unto di salsiccia o di carni arrostite.
panzana [pan-zà-na] *s.f.* frottola, fandonia, bugia: *raccontare panzane.*
panzanella [pan-za-nèl-la] *s.f.* pane raffermo bagnato e condito con olio, aceto, sale, pepe, pomodoro, cipolla e basilico; è un piatto rustico tipico dell'Italia centro-meridionale.
panzarotto [pan-za-ròt-to], o **panzerotto**, *s.m.* (*gastr.*) grosso raviolo ripieno di prosciutto, formaggio, uova e altri ingredienti, per lo più fritto; è una specialità pugliese.
panzer [/ 'pantser /] *s.m.invar.* (*ted.*) 1 carro armato 2 (*scherz.*) persona che mira dritto allo scopo, travolgendo ogni ostacolo che incontra sul suo cammino.
panzerotto → **panzarotto**.
paolino [pao-lì-no] *agg.* relativo all'apostolo Paolo o a un papa di nome Paolo: *l'insegnamento —.*
paonazzo [pa-o-nàz-zo] *agg.* di colore rosso-violaceo: *diventare — in viso* ♦ *s.m.* colore paonazzo.
papa [pà-pa] *s.m.* [pl. *-pi*] il vescovo di Roma e capo della chiesa cattolica | *il — nero*, il generale dei gesuiti | *a ogni morte di —*, (*fig.*) si dice di ciò che avviene molto raramente | *stare, vivere come un —*, (*fig.*) condurre vita comoda e agiata | *prov.*: *morto un — se ne fa un altro*, nessuno è veramente insostituibile.
papà [pa-pà] *s.m.* (*fam.*) padre | *figlio di —*, (*spreg.*) chi vive contando sul denaro e il prestigio della famiglia.
papabile [pa-pà-bi-le] *agg.* e *s.m.* 1 si dice di un cardinale che ha probabilità di essere eletto papa 2 (*estens.*) si dice di chi ha probabilità di essere scelto per una certa carica.
papaia [pa-pà-ia], o **papaya**, *s.f.* albero tropicale d'origine americana, coltivato per i frutti commestibili simili a meloni.
papale [pa-pà-le] *agg.* del papa: *benedizione —* | Usato come avv.: *parlare, dire qlco. — —*, (*fam.*) in modo chiaro, esplicito, senza alcuna reticenza.
papalina [pa-pa-lì-na] *s.f.* 1 piccolo copricapo tondo e rigido tipico dei prelati e del papa; zucchetto 2 berretto di lana tondo e senza tesa, che un tempo portavano in casa gli uomini anziani.
papalino [pa-pa-lì-no] *agg.* del papa; pontificio: *le truppe papaline* ♦ *s.m.* 1 [f. *-a*] fautore del potere temporale dei papi 2 soldato pontificio.
paparazzo [pa-pa-ràz-zo] *s.m.* (*gerg.*) fotoreporter mondano che va a caccia di foto sensazionali e scandalistiche.
papato [pa-pà-to] *s.m.* 1 dignità, carica di un papa; pontificato: *essere elevato al —* | periodo di tempo in cui un papa resta in carica: *il — di Paolo VI* 2 l'istituzione del governo della chiesa, in cui l'autorità suprema è esercitata dal papa.
papaveracee [pa-pa-ve-rà-ce-e] *s.f.pl.* (*bot.*) famiglia di piante erbacee dicotiledoni caratterizzate da foglie alterne, fiori ermafroditi con corolle di quattro petali e stami numerosi; ne fa parte il papavero.
papaverina [pa-pa-ve-rì-na] *s.f.* (*chim.*) alcaloide dell'oppio ricavato come sottoprodotto dell'estrazione della morfina.
papavero [pa-pà-ve-ro] *s.m.* 1 (*bot.*) pianta er-

bacea con frutti a capsula, coltivata a scopo ornamentale o per estrarne l'oppio **2** (*fig.*) persona molto importante, che occupa un posto di primissimo piano: *i papaveri della finanza.*

papaya → **papaia.**

papera [pà-pe-ra] *s.f.* **1** oca domestica | (*fig.*) donna sciocca e ciarliera **2** (*fam.*) errore commesso parlando in pubblico o recitando: *fare, prendere una —.*

paperback [/ 'peiperbɛk /] *s.m.invar.* (*ingl.*) libro in edizione economica.

papero [pà-pe-ro] *s.m.* oca domestica di sesso maschile.

papessa [pa-pés-sa] *s.f.* titolo di una donna che fosse elevata al pontificato: *la leggenda della — Giovanna.*

papilionacee [pa-pi-lio-nà-ce-e] *s.f.pl.* (*bot.*) famiglia di piante dicotiledoni con frutto a legume.

papilla [pa-pìl-la] *s.f.* **1** (*anat.*) piccolissima prominenza di forma conica: *papille gustative, tattili,* quelle che recepiscono rispettivamente le sensazioni del gusto e del tatto **2** (*bot.*) una delle piccolissime prominenze sull'epidermide dei petali di taluni fiori, che nell'insieme conferiscono alla superficie un aspetto vellutato.

papillare [pa-pil-là-re] *agg.* di papilla, delle papille; che ha natura o forma di papilla.

papilloma [pa-pil-lò-ma] *s.m.* [pl. *-mi*] (*med.*) tumore benigno dell'epitelio di rivestimento della cute o di una mucosa.

papillon [/ papi'jɔn /] *s.m.invar.* (*fr.*) cravatta con fiocco a farfalla; cravattino.

papilloso [pa-pil-ló-so] *agg.* (*bot.*) ricoperto di papille.

papiro [pa-pì-ro] *s.m.* **1** pianta erbacea originaria delle paludi dell'Egitto e dell'Arabia, con fusto molto alto e infiorescenza a ombrello **2** materiale scrittorio in fogli che si ricava dal midollo dei fusti di papiro secondo una tecnica messa a punto dagli antichi egizi: *rotolo di —* **3** testo scritto su papiro: *decifrare un antico —.*

papirologia [pa-pi-ro-lo-gì-a] *s.f.* scienza che si occupa del restauro, della decifrazione e della trascrizione di testi antichi scritti su papiro: *— greca, latina.*

papirologo [pa-pi-rò-lo-go] *s.m.* [f. *-a*; pl.m. *-gi*] studioso, esperto di papirologia.

papismo [pa-pì-ʃmo] *s.m.* nella polemica dei teologi protestanti, il principio dell'autorità assoluta del papa nell'ambito della chiesa cattolica.

papista [pa-pì-sta] *s.m.* e *f.* [pl.m. *-sti*] sostenitore, fautore del papismo | (*spreg.*) cattolico romano.

pappa [pàp-pa] *s.f.* **1** minestra semiliquida di pane o semolino cotti in acqua, latte o brodo | (*estens.*) qualsiasi cibo dei bambini appena svezzati | *essere una —,* (*fig.*) si dice di cibo che si è sfatto per eccesso di cottura, o di sostanza densa e collosa | *volere, trovare la — pronta,* (*fig. fam.*) si dice a proposito di chi non intende o non ha bisogno di impegnarsi per ottenere quanto desidera. DIM. *pappetta* **2** *— reale,* alimento energetico che le api operaie producono per il nutrimento delle regine e delle loro larve.

pappafico [pap-pa-fì-co] *s.m.* [pl. *-chi*] (*mar.*) la vela quadra più alta dell'albero di trinchetto; velaccino.

pappagallesco [pap-pa-gal-lé-sco] *agg.* [pl.m. *-schi*] da pappagallo (solo *fig.*): *un'imitazione pappagallesca* □ **pappagallescamente** *avv.*

pappagallismo [pap-pa-gal-lì-ʃmo] *s.m.* **1** tendenza a ripetere meccanicamente ciò che si sentito o visto fare **2** il comportamento di chi molesta le donne per strada.

pappagallo [pap-pa-gàl-lo] *s.m.* **1** uccello esotico addomesticabile, con caratteristico becco adunco e colori smaglianti; alcune specie imitano le parole del linguaggio umano **2** (*fig.*) chi ripete o imita meccanicamente parole o comportamenti altrui **3** uomo che molesta le donne per strada con inopportuni corteggiamenti **4** recipiente di cui si servono gli uomini costretti a letto per orinare **5** pinza da idraulici o da meccanici, con manici lunghi e apertura regolabile.

pappagorgia [pap-pa-gòr-gia] *s.f.* [pl. *-ge*] rotolo adiposo che si forma sotto il mento delle persone grasse: *avere la —.*

pappamolle [pap-pa-mòl-le], o **pappamolla,** *s.m.* e *f.invar.* persona di carattere indolente o fisicamente fiacca.

pappardella [pap-par-dèl-la] *s.f.* **1** (spec. *pl.*) tipo di lasagna che si condisce con sugo di carne: *pappardelle al sugo di lepre* **2** (*fig.*) scritto o discorso lungo e noioso: *non la finisce più con la sua —.*

pappare [pap-pà-re] *v.tr.* (*fam.*) **1** mangiare abbondantemente e con avidità **2** (*fig.*) appropriarsi con rapacità di un bene, un vantaggio, un guadagno: *— tutto.*

pappata [pap-pà-ta] *s.f.* (*fam.*) il pappare.

pappataci [pap-pa-tà-ci] *s.m.* piccolo insetto che si nutre del sangue di molti vertebrati, compreso l'uomo; è diffuso nelle zone umide delle regioni temperate.

pappatoria [pap-pa-tò-ria] *s.f.* (*fam.*) pappata, gran mangiata | (*estens.*) i cibi, le vivande approntate per un pranzo.

pappolata [pap-po-là-ta] *s.f.* (*fam.*) **1** vivanda papposa **2** (*fig.*) discorso prolisso e insulso.

pappone [pap-pó-ne] *s.m.* **1** [f. *-a*] (*fam.*) persona ingorda; mangione **2** (*gerg.*) sfruttatore di prostitute.

papposo [pap-pó-so] *agg.* che ha consistenza di pappa: *minestra papposa.*

paprica [pà-pri-ca], o **paprika,** *s.f.* sostanza alimentare piccante, ottenuta seccando e polverizzando peperoni rossi.

pap-test [pap-tèst] *s.m.invar.* (*med.*) test per la diagnosi precoce di malattie dell'apparato genitale femminile.

papuano [pa-pu-à-no], o **papuaso,** *agg.* della Papuasia o Nuova Guinea, stato dell'Oceania ♦ *s.m.* [f. *-a*] abitante, nativo della Papuasia.

para [pà-ra] *s.f.* gomma naturale di prima qualità: *scarpe con suola di —.*
parà [pa-rà] *s.m.* paracadutista.
para-[1] primo elemento di parole composte, che indica vicinanza, somiglianza, affinità o contrapposizione (*paramilitare, paranormale*).
para-[2] primo elemento di parole composte, tratto da *parare*; indica riparo, protezione rispetto a ciò che è espresso dal secondo elemento (*paracadute, parafango*).
parabasi [pa-rà-ba-ʃi] *s.f.* nella commedia greca antica, pausa dell'azione durante la quale il coro si rivolgeva al pubblico esprimendo le idee del poeta.
parabile [pa-rà-bi-le] *agg.* che si può parare: *tiro —.*
parabola[1] [pa-rà-bo-la] *s.f.* **1** (*mat.*) curva algebrica ottenuta sezionando un cono mediante un piano parallelo a una sua generatrice | conica che rappresenta il luogo dei punti equidistanti da un punto fisso (fuoco) e da una retta fissa (direttrice) | *— di un proiettile, di un pallone*, la traiettoria descritta in aria dal punto di partenza a quello di arrivo **2** (*fig.*) andamento di un fenomeno che dopo avere raggiunto il culmine incomincia a declinare.
parabola[2] *s.f.* breve racconto allegorico che esprime un insegnamento morale o religioso: *la — del figliol prodigo.*
parabolico [pa-ra-bò-li-co] *agg.* [pl.m. *-ci*] (*mat.*) di parabola; che ha figura di parabola: *moto —; curva parabolica* | *antenna parabolica*, antenna radiotelevisiva che per la sua forma è in grado di captare segnali trasmessi da satelliti artificiali.
parabordo [pa-ra-bór-do] *s.m.invar.* (*mar.*) riparo di sughero, plastica o altro materiale, che si pone lungo i fianchi di un'imbarcazione per attutire urti e sfregamenti.
parabrezza [pa-ra-bréʒ-ʒa] *s.m.invar.* nei veicoli, vetro anteriore di protezione.
paracadutare [pa-ra-ca-du-tà-re] *v.tr.* lanciare col paracadute: *— rifornimenti* ♦ **paracadutarsi** *v.rifl.* lanciarsi col paracadute: *— sull'isola.*
paracadute [pa-ra-ca-dù-te] *s.m.invar.* dispositivo atto a ridurre la velocità di caduta libera di un corpo nell'aria, costituito da una o più calotte semisferiche di tessuto leggero: *lanciarsi col —.*
paracadutismo [pa-ra-ca-du-tì-ʃmo] *s.m.* l'attività, l'esercizio di paracadutarsi da un aereo in volo a scopo bellico o sportivo.
paracadutista [pa-ra-ca-du-tì-sta] *s.m.* e *f.* [pl.m. *-sti*] chi pratica il paracadutismo.
paracalli [pa-ra-càl-li] *s.m.* anello di ovatta o feltro che si applica intorno ai calli del piede per evitarne il contatto con la scarpa.
paracamino [pa-ra-ca-mì-no] *s.m.* pannello che chiude la bocca del camino quando il fuoco è spento.
paracarro [pa-ra-càr-ro] *s.m.* ciascuna delle colonnine di pietra, cemento o plastica infisse a intervalli regolari lungo i bordi delle strade per segnalare il margine della carreggiata.
paracenere [pa-ra-cé-ne-re] *s.m.invar.* basso riparo metallico per caminetti che si usa per impedire alla cenere di spargersi sul pavimento.
paracentesi [pa-ra-cen-tè-ʃi *o* paracènteʃi] *s.f.* (*med.*) prelievo di liquido da una cavità interna del corpo: *— addominale.*
paracusia [pa-ra-cu-ʃì-a] *s.f.* (*med.*) alterazione della percezione del tono e dell'intensità dei suoni.
paradenite [pa-ra-de-nì-te] *s.f.* (*med.*) infiammazione del tessuto connettivo che circonda una ghiandola.
paradenti [pa-ra-dèn-ti] *s.m.* sorta di cuscinetto di gomma che i pugili stringono fra i denti per proteggerli dai colpi durante l'incontro.
paradigma [pa-ra-dìg-ma] *s.m.* [pl. *-mi*] **1** (*gramm.*) modello della coniugazione di un verbo o della declinazione di un nome **2** esempio, modello; termine di paragone assoluto.
paradigmatico [pa-ra-dig-mà-ti-co] *agg.* [pl.m. *-ci*] **1** (*gramm.*) relativo a un paradigma **2** (*lett.*) che serve di modello, di esempio; esemplare, emblematico.
paradisea [pa-ra-dì-ʃe-a] *s.f.* uccello onnivoro della Nuova Guinea dai colori vistosi; uccello del paradiso.
paradisiaco [pa-ra-di-ʃì-a-co] *agg.* [pl.m. *-ci*] **1** del paradiso: *beatitudine paradisiaca* **2** (*fig.*) da paradiso, degno del paradiso; celestiale: *quiete paradisiaca.*
paradiso [pa-ra-dì-ʃo] *s.m.* **1** secondo la religione cristiana, stato di beatitudine eterna riservato alle anime dei giusti dopo la morte | *avere dei santi in —*, (*fig.*) avere amicizie influenti **2** *— terrestre*, secondo l'Antico Testamento, il giardino dove Dio pose Adamo ed Eva dopo averli creati; Eden **3** (*estens.*) l'oltretomba dei buoni, variamente inteso a seconda delle diverse religioni: *il — dei maomettani* **4** (*fig.*) stato di completa felicità: *sentirsi in —* | luogo delizioso: *questa campagna è un —* | *— artificiale*, stato di beatitudine prodotto dall'assunzione di droghe **5** *uccello del —*, (*zool.*) paradisea.
paradossale [pa-ra-dos-sà-le] *agg.* che ha natura di paradosso; assurdo, o apparentemente tale: *ragionamento —* | (*estens.*) bizzarro, stravagante: *personaggio —* □ **paradossalmente** *avv.*
paradossalità [pa-ra-dos-sa-li-tà] *s.f.* l'essere paradossale: *la — di una situazione.*
paradosso [pa-ra-dòs-so] *s.m.* **1** affermazione, opinione che, nonostante sia in contrasto con l'esperienza comune, si dimostra fondata: *— fisico, matematico* | (*filos.*) ragionamento logico che parte da un presupposto falso; sofisma **2** (*estens.*) affermazione, ragionamento sorprendente: *ragionare per paradossi* | fatto, comportamento che si presenta come contrario alla logica: *tutta la sua vita è stata un —.*
parafango [pa-ra-fàn-go] *s.m.* [pl. *-ghi*] elemento di lamiera o di plastica che contorna la parte superiore delle ruote di un veicolo per impedire spruzzi di acqua e fango.

parafarmacia [pa-ra-far-ma-cì-a] *s.f.* la produzione dei parafarmaci; l'insieme dei parafarmaci.
parafarmaco [pa-ra-fàr-ma-co] *s.m.* [pl. *-ci*] prodotto cosmetico, dietetico ecc. che, pur non essendo un farmaco, produce effetti sull'organismo e viene commercializzato attraverso le farmacie.
parafernale [pa-ra-fer-nà-le] *agg.* (*dir.*) si dice di un bene della moglie che non fa parte della dote.
paraffina [pa-raf-fi-na] *s.f.* sostanza grassa, solida, combustibile, costituita da una miscela di idrocarburi, ricavata dalla lavorazione del petrolio e utilizzata nella preparazione di candele, appretti, isolanti elettrici ecc. | *prova del guanto di* —, sistema usato dalla polizia scientifica per rivelare tracce di polvere da sparo sulle mani di un indiziato.
paraffinico [pa-raf-fi-ni-co] *agg.* [pl.m. *-ci*] relativo a paraffina.
parafrasare [pa-ra-fra-ʃà-re] *v.tr.* [*io paràfraso ecc.*] fare la parafrasi di un testo: — *una poesia.*
parafrasi [pa-rà-fra-ʃi] *s.f.* esposizione del contenuto di un testo con parole proprie.
parafrenia [pa-ra-fre-nì-a] *s.f.* (*psich.*) sindrome di tipo schizofrenico caratterizzata da stati deliranti e allucinatori.
parafulmine [pa-ra-fùl-mi-ne] *s.m.* dispositivo costituito da un'asta metallica appuntita collegata al terreno con un grosso filo metallico, per attirare i fulmini e farli scaricare a terra | *fare da* —, (*fig.*) prendere su di sé rimproveri o punizioni per proteggere altri.
parageusia [pa-ra-geu-ʃìa] *s.f.* (*med.*) alterazione della sensibilità gustativa.
paraggio [pa-ràg-gio] *s.m.* (spec. *pl.*) **1** (*mar.*) tratto di mare vicino alla costa **2** (*estens.*) vicinanze, dintorni: *abitare nei paraggi della stazione.*
paragocce [pa-ra-góc-ce] *agg.* e *s.m.invar.* si dice di particolari tappi con beccuccio che si applicano alle bottiglie per impedire che il liquido sgoccioli dal collo.
paragonabile [pa-ra-go-nà-bi-le] *agg.* che si può paragonare: *due realtà paragonabili.*
paragonare [pa-ra-go-nà-re] *v.tr.* [*io paragóno ecc.*] **1** esaminare due persone o cose per formulare un giudizio che ne valuti la somiglianza, l'affinità o la diversità; confrontare: — *un tessuto a* (o *con*) *un altro* **2** ritenere simile; assomigliare: — *la Terra a una palla* ♦ **paragonarsi** *v.rifl.* porsi a confronto: — *con qlcu.*
paragone [pa-ra-gó-ne] *s.m.* **1** il paragonare; confronto: *mettere a — due cose* | *a — di, in — a,* rispetto a: *la mia casa, a — della sua, è molto piccola* | *reggere il* —, non sfigurare | *complemento di* —, (*gramm.*) il secondo termine di una comparazione **2** esempio di cosa considerata simile a un'altra: *un — sbagliato* **3** somiglianza, affinità: *non c'è — tra le due cose* | *essere senza* —, si dice di cosa indiscutibilmente superiore alle altre **4** *pietra di* —, diaspro nero usato un tempo per saggiare l'oro; (*fig.*) termine di confronto.
paragrafare [pa-ra-gra-fà-re] *v.tr.* [*io paràgrafo ecc.*] segnare con paragrafi, dividere in paragrafi: — *un testo.*
paragrafo [pa-rà-gra-fo] *s.m.* **1** ciascuna delle parti in cui sono suddivisi i capitoli di un testo **2** segno per indicare il paragrafo [§].
paraguaiano [pa-ra-gua-ià-no], o **paraguayano**, *agg.* del Paraguay, stato dell'America meridionale ♦ *s.m.* [f. *-a*] nativo, abitante del Paraguay.
paraletterario [pa-ra-let-te-rà-rio] *agg.* relativo alla paraletteratura.
paraletteratura [pa-ra-let-te-ra-tù-ra] *s.f.* letteratura di consumo.
paralipomeni [pa-ra-li-pò-me-ni] *s.m.pl.* scritto, opera che costituisce il completamento o la continuazione di un'opera precedente.
paralisi [pa-rà-li-ʃi] *s.f.* **1** (*med.*) perdita della sensibilità e della mobilità di uno o più muscoli per lesioni delle vie nervose **2** (*fig.*) arresto, blocco della normale attività di qlco.: — *del traffico.*
paralitico [pa-ra-lì-ti-co] *agg.* [pl.m. *-ci*] (*med.*) che è proprio della paralisi: *stato* — ♦ *agg.* e *s.m.* [f. *-a*] che/chi è affetto da paralisi.
paralizzare [pa-ra-liʒ-ʒà-re] *v.tr.* **1** (*med.*) rendere paralitico **2** (*fig.*) arrestare, impedire, bloccare: *il maltempo ha paralizzato le comunicazioni.*
paralizzato [pa-ra-liʒ-ʒà-to] *agg.* **1** (*med.*) colpito da paralisi: *braccio* — **2** (*fig.*) impedito, bloccato: *traffico* —.
parallasse [pa-ral-làs-se] *s.f.* (*fis.*) spostamento apparente di un oggetto rispetto a un riferimento quando lo si osservi da due punti diversi.
parallela [pa-ral-lè-la] *s.f.* **1** (*geom.*) retta parallela **2** *pl.* strumento usato per tracciare linee parallele **3** *pl.* attrezzo da ginnastica costituito da due sbarre di legno parallele tra loro, sostenute da supporti | *parallele asimmetriche*, con le sbarre poste ad altezze disuguali, usate solo nella ginnastica femminile.
parallelepipedo [pa-ral-le-le-pì-pe-do] *s.m.* (*geom.*) prisma che ha per facce sei parallelogrammi.
parallelinervio [pa-ral-le-li-nèr-vio] *agg.* (*bot.*) si dice di foglia con nervature parallele.
parallelismo [pa-ral-le-lì-ʃmo] *s.m.* **1** (*geom.*) relazione tra due o più enti paralleli **2** (*estens.*) disposizione parallela di due o più oggetti **3** (*fig.*) relazione di corrispondenza, di analogia tra due o più fenomeni: *stabilire un — tra due fatti.*
parallelo [pa-ral-lè-lo] *agg.* **1** (*geom.*) si dice di rette o piani che in ogni loro punto sono equidistanti **2** (*estens.*) si dice di cose che procedono equidistanti nella stessa direzione: *strade parallele* **3** (*fig.*) si dice di fatti o fenomeni che si svolgono in modo analogo **4** (*inform.*) che utilizza più canali, unità o dispositivi simultaneamente: *interfaccia parallela* ♦ *s.m.* **1** (*geom.*) cerchio che si ottiene intersecando una superficie di rotazione con un piano perpendicolare all'asse di rotazione **2** (*geog.*) circolo ideale tracciato sulla superficie terrestre, parallelo all'equatore **3** (*fig.*)

confronto, paragone: *istituire un — tra due opere* □ **parallelamente** *avv.* in posizione o direzione parallela: *disporre — due travi* | (*fig.*) analogamente, contemporaneamente: *agire — a un'altra persona.*
parallelogramma [pa-ral-le-lo-gràm-ma], o **parallelogrammo**, *s.m.* [pl. *-mi*] (*geom.*) quadrilatero avente i lati opposti uguali e paralleli fra loro.
paralogismo [pa-ra-lo-gì-ʃmo] *s.m.* (*filos.*) ragionamento errato dal punto di vista logico.
paraluce [pa-ra-lù-ce] *s.m.invar.* (*foto., cine.*) schermo che si applica all'obiettivo per proteggerlo dalla luce laterale.
paralume [pa-ra-lù-me] *s.m.* schermo di tessuto, carta o altro materiale che si applica a una lampada per attenuarne la luce.
paramagnetico [pa-ra-ma-gnè-ti-co] *agg.* [pl.m. *-ci*] (*fis.*) dotato di paramagnetismo.
paramagnetismo [pa-ra-ma-gne-tì-ʃmo] *s.m.* (*fis.*) proprietà per cui alcune sostanze sono debolmente attratte da una calamita.
paramecio [pa-ra-mè-cio] *s.m.* (*zool.*) genere di protozoi con corpo ovale provvisto di ciglia vibratili, presenti nelle acque stagnanti.
paramedico [pa-ra-mè-di-co] *agg.* e *s.m.* [pl.m. *-ci*] si dice di chi esercita professioni sanitarie diverse da quelle di medico e farmacista (*p.e.* infermiere, fisioterapista ecc.): *personale —.*
paramento [pa-ra-mén-to] *s.m.* **1** (*lit.*) ciascuno degli indumenti indossati dal sacerdote durante le celebrazioni religiose **2** addobbo con cui si adornavano i palazzi signorili **3** (*edil.*) ciascuna delle superfici laterali di una costruzione muraria: *i paramenti di una diga.*
parametrazione [pa-ra-me-tra-zió-ne] *s.f.* il riferimento a determinati parametri dei livelli retributivi previsti nei contratti collettivi di lavoro.
parametrico [pa-ra-mè-tri-co] *agg.* [pl.m. *-ci*] (*mat., fis.*) di parametro, proprio di un parametro; comprendente un parametro.
parametrio [pa-ra-mè-trio] *s.m.* (*anat.*) ampia fascia di tessuto connettivo, ricoperta dal peritoneo, che circonda e sostiene l'utero.
parametro [pa-rà-me-tro] *s.m.* **1** (*mat., fis.*) costante arbitraria che può assumere diversi valori e che determina l'andamento di una funzione, di una legge fisica ecc. **2** (*fig.*) criterio di misurazione e di valutazione: *giudicare secondo i propri parametri.*
paramilitare [pa-ra-mi-li-tà-re] *agg.* che ha caratteristiche simili a quelle militari: *organizzazione —.*
paramosche [pa-ra-mó-sche] *s.m.invar.* copertura a rete usata per proteggere i cibi dalle mosche.
paranco [pa-ràn-co] *s.m.* [pl. *-chi*] apparecchio usato per sollevare grossi pesi, costituito da carrucole fisse e mobili collegate da funi o catene.
paraneve [pa-ra-né-ve] *s.m.invar.* **1** dispositivo adottato per riparare dalla neve linee ferroviarie e strade **2** ghetta o cavigliera applicata dagli sciatori e dagli alpinisti sopra ai calzoni e allo scarpone per evitare che la neve vi penetri.
paraninfo [pa-ra-nìn-fo] *s.m.* [f. *-a*] **1** nell'antica Grecia, colui che conduceva la sposa in casa del marito **2** (*estens.*) chi combina matrimoni; (*spreg.*) mezzano, ruffiano.
paranoia [pa-ra-nò-ia] *s.f.* (*psich.*) **1** forma di delirio caratterizzata da convinzioni in apparenza coerenti, ma contrastanti con la realtà **2** stato di alterazione o confusione mentale.
paranoico [pa-ra-nòi-co] *agg.* [pl.m. *-ci*] (*psich.*) di paranoia, che concerne la paranoia; delirante: *reazione paranoica* ♦ *agg.* e *s.m.* [f. *-a*] (*psich.*) che/chi è affetto da paranoia.
paranoide [pa-ra-nòi-de] *agg.* (*psich.*) che ha relazione con la paranoia: *schizofrenia —*, quella caratterizzata da idee deliranti.
paranormale [pa-ra-nor-mà-le] *agg.* **1** (*med.*) non pienamente normale **2** si dice di quei fenomeni fisici e psichici che non sono spiegabili scientificamente (*p.e.* telepatia, chiaroveggenza) | *facoltà paranormali*, quelle di cui sono dotati i medium ♦ *s.m.* tutto ciò che non rientra nei fenomeni fisici e psichici normali: *il mondo del —.*
paranza [pa-ràn-za] *s.f.* **1** grossa barca usata per la pesca a strascico **2** (*estens.*) rete da pesca a strascico, trainata da una o due paranze.
paraocchi [pa-ra-òc-chi] *s.m.* coppia di schermi di cuoio fissati alla briglia, che riparano lateralmente gli occhi del cavallo | *avere, mettersi i —*, (*fig.*) ignorare o voler ignorare cose evidenti.
paraolio [pa-ra-ò-lio] *s.m.invar.* (*mecc.*) dispositivo di tenuta (*p.e.* guarnizione di gomma) posto in corrispondenza del passaggio di un albero rotante per impedire la fuoruscita del lubrificante.
paraorecchi [pa-ra-o-réc-chi], o **paraorecchie**, *s.m.* **1** (*sport*) casco imbottito usato dai giocatori di rugby per proteggere gli orecchi durante le mischie **2** fascia di lana usata per coprire gli orecchi in caso di freddo intenso.
parapendio [pa-ra-pen-dì-o] *s.m.invar.* paracadute orientabile a sezione rettangolare, usato per calarsi da pareti ripide di montagne.
parapetto [pa-ra-pèt-to] *s.m.* **1** struttura rigida di sicurezza posta ai bordi di ponti, terrazze, finestre, strade rialzate **2** (*mar.*) prolungamento della fiancata delle navi al di sopra del ponte di coperta **3** (*mil.*) struttura fissa che protegge dal tiro nemico i soldati mentre fanno fuoco.
parapiglia [pa-ra-pì-glia] *s.m.invar.* grande e improvvisa confusione di gente e di cose; tafferuglio, trambusto: *successe un —.*
paraplegia [pa-ra-ple-gì-a] *s.f.* (*med.*) paralisi degli arti inferiori.
paraplegico [pa-ra-plè-gi-co] *agg.* [pl.m. *-ci*] (*med.*) di paraplegia, che riguarda la paraplegia: *sintomo —* ♦ *agg.* e *s.m.* [f. *-a*] che/chi è affetto da paraplegia.
parapsicologia [pa-ra-psi-co-lo-gì-a] *s.f.* disciplina che si prefigge di studiare i fenomeni psichici paranormali.
parare [pa-rà-re] *v.tr.* **1** ornare, rivestire di paramenti: *— la chiesa a lutto* **2** difendere, riparare: *— gli occhi dalla luce* **3** deviare, evitare, schi-

vare: — *il colpo* | nel calcio e in altri sport, bloccare con le mani la palla tirata da un avversario: *il portiere para il pallone* ♦ *v.intr.* [aus. *avere*] tendere, mirare a un effetto: *dove vanno a — le tue parole?* ♦ **pararsi** *v.rifl.* o *intr.pron.* **1** difendersi, ripararsi: — *dai colpi* **2** presentarsi all'improvviso: *un ostacolo gli si parò davanti.*

parascolastico [pa-ra-sco-là-sti-co] *agg.* [pl.m. *-ci*] che affianca, integra la scuola, i suoi programmi, i suoi strumenti di studio: *attività parascolastiche.*

parasimpatico [pa-ra-sim-pà-ti-co] *agg.* e *s.m.* [pl.m. *-ci*] (*anat.*) si dice della parte del sistema neurovegetativo che fa capo ai centri situati nel mesencefalo e nel bulbo.

parasole [pa-ra-só-le] *s.m.invar.* **1** ombrello per ripararsi dai raggi del sole **2** (*foto.*) paraluce.

parassita [pa-ras-sì-ta] *agg.* [pl.m. *-ti*] **1** (*biol.*) si dice di organismo animale o vegetale che vive a spese di un altro, stabilendosi sulla superficie o all'interno del suo corpo: *insetto*, *pianta* — **2** (*fig.*) non produttivo, socialmente inutile ♦ *s.m.* **1** (*biol.*) organismo parassita: *parassiti domestici*, pulci, pidocchi ecc. **2** [anche *f.*] (*fig.*) persona che vive alle spalle degli altri.

parassitario [pa-ras-si-tà-rio] *agg.* **1** (*biol.*) relativo ai parassiti: *malattie parassitarie* **2** (*fig.*) improduttivo: *rendita parassitaria*, che non deriva da un'attività produttiva.

parassitismo [pa-ras-si-tì-ʃmo] *s.m.* **1** (*biol.*) condizione di vita di un organismo parassita **2** (*fig.*) il comportamento di chi vive da parassita.

parassitologia [pa-ras-si-to-lo-gì-a] *s.f.* studio dei parassiti e delle malattie che essi causano.

parassitosi [pa-ras-si-tò-ʃi] *s.f.* (*med.*) qualsiasi malattia prodotta da parassiti.

parastatale [pa-ra-sta-tà-le] *agg.* si dice di ente pubblico non gestito direttamente dallo Stato, ma posto sotto il suo controllo ♦ *s.m.* e *f.* impiegato di un ente parastatale.

parastato [pa-ra-stà-to] *s.m.* (*burocr.*) insieme degli enti parastatali e dei loro dipendenti: *sciopero del* —.

parastinchi [pa-ra-stìn-chi] *s.m.invar.* cuscinetto protettivo degli stinchi, usato dai calciatori e da altri atleti.

parata[1] [pa-rà-ta] *s.f.* **1** il parare **2** (*sport*) nella scherma e nel pugilato, azione con cui ci si oppone al colpo portato dall'avversario | nel calcio e in altri sport, l'azione del portiere che blocca, devia o respinge con le mani la palla.

parata[2] *s.f.* **1** solo nella loc. *vedere la mala* —, intuire che le cose si mettono male **2** sfoggio, esibizione: *abito da* —, di gala | — *militare*, sfilata di soldati e mezzi militari in occasione di feste o manifestazioni: *passo da* —, il passo con cui i soldati sfilano.

paratassi [pa-ra-tàs-si] *s.f.* (*ling.*) costruzione del periodo fondata sull'accostamento di proposizioni indipendenti; coordinazione (si contrappone a *ipotassi*).

paratesto [pa-ra-tè-sto] *s.m.* insieme degli elementi accessori e complementari di un testo a stampa, quali il titolo, l'introduzione, le note.

paratia [pa-ra-tì-a] *s.f.* **1** (*mar.*) ciascuno dei tramezzi verticali che dividono in compartimenti la parte immersa della nave | *paratie stagne*, quelle che impediscono il passaggio dell'acqua da un locale all'altro della nave **2** (*edil.*) parete verticale per impedire infiltrazioni d'acqua nelle fondazioni.

paratifo [pa-ra-tì-fo] *s.m.* (*med.*) malattia infettiva simile al tifo, ma meno grave, provocata da un particolare tipo di batteri (salmonelle).

parato [pa-rà-to] *s.m.* **1** drappo: *i parati dell'altare* **2** (spec. *pl.*) rivestimento per pareti in tessuto o carta: *carta da parati.*

paratoia [pa-ra-tó-ia] *s.f.* portello mobile di legno o d'acciaio che permette di regolare il flusso delle acque in un canale.

parauniversitario [pa-ra-u-ni-ver-si-tà-rio] *agg.* si dice di corso di livello universitario impartito da un'istituzione che non sia l'università.

paraurti [pa-ra-ùr-ti] *s.m.invar.* **1** dispositivo deformabile, di metallo o di plastica, applicato sulla parte anteriore e posteriore di un autoveicolo, per proteggere la carrozzeria in caso di urti **2** respingenti posti all'estremità di binari tronchi per impedire ai treni di oltrepassarla.

paravento [pa-ra-vèn-to] *s.m.* **1** intelaiatura mobile costituita da pannelli ricoperti di tessuto o di carta, che serve a isolare una parte di una stanza | *fare*, *servire da* —, (*fig.*) coprire le malefatte altrui o favorirle **2** (*fig.*) pretesto, copertura **3** (*pop.*) persona furba, che sa destreggiarsi nelle situazioni con abilità **4** (*etnol.*) forma di abitazione primitiva costituita da rami, stuoie o pelli disposti in modo da riparare dal vento.

parboiled [/ par'boiled /] *agg.* (*ingl.*) si dice di riso che ha subito un parziale processo di cottura, in modo da risultare più resistente e non addensarsi alla cottura definitiva.

parcella [par-cèl-la] *s.f.* **1** nota delle spese e degli onorari che un professionista presenta al cliente **2** piccolo appezzamento di terreno: — *catastale*, particella catastale.

parcellare [par-cel-là-re] *agg.* **1** relativo a parcelle di terreno: *catasto* — **2** (*med.*) si dice di processo morboso che interessa una zona limitata.

parcellazione [par-cel-la-zió-ne] *s.f.* suddivisione di un vasto appezzamento di terreno in parcelle, a fini agricoli o catastali.

parcellizzare [par-cel-liʒ-ʒà-re] *v.tr.* suddividere in piccole parti: — *un lavoro.*

parcellizzazione [par-cel-liʒ-ʒa-zió-ne] *s.f.* il parcellizzare, l'essere parcellizzato.

parcheggiare [par-cheg-già-re] *v.tr.* [*io parchéggio ecc.*] collocare un veicolo in uno spazio opportuno e lasciarvelo per un certo tempo: — *la macchina.*

parcheggiatore [par-cheg-gia-tó-re] *s.m.* [f. *-trice*] **1** chi parcheggia **2** custode di un parcheggio; posteggiatore: — *abusivo.*

parcheggio [par-chég-gio] *s.m.* **1** il parcheggiare; sosta di veicoli in uno spazio appositamente riservato: *area di* — | manovra effettuata per parcheggiare: *effettuare un — perfetto* **2** luogo destinato alla sosta di veicoli; posteggio: — *a pagamento, incustodito.*

parchettatura [par-chet-ta-tù-ra] *s.f.* il coprire un pavimento con un parquet | il parquet stesso.

parchettista [par-chet-tì-sta] *s.m.* e *f.* [pl.m. *-sti*] chi esegue lavori di parchettatura.

parchimetro [par-chì-me-tro] *s.m.* apparecchio installato in un parcheggio pubblico, che registra la durata della sosta di un veicolo.

parco¹ [pàr-co] *s.m.* [pl. *-chi*] **1** distesa boscosa recintata in cui si alleva selvaggina, con divieto di caccia | — *naturale*, territorio in cui vivono specie rare di piante e d'animali | — *nazionale*, vasto territorio tutelato dallo stato per la salvaguardia del paesaggio e delle specie viventi | — *giochi, dei divertimenti*, zona recintata in cui sono impiantate attrezzature di gioco per bambini e ragazzi **2** vasto giardino pubblico o privato **3** recinto in cui si custodisce materiale vario, come armi, automezzi ecc.; il materiale stesso che vi è raccolto | — *macchine*, insieme delle autovetture di cui dispone un ente, una ditta, una collettività.

parco² *agg.* [pl.m. *-chi*] moderato, sobrio, frugale: — *nel mangiare*; *una parca cena* | parsimonioso: — *nello spendere* □ **parcamente** *avv.*

pardon [/ par' dɔn /] *inter.* (*fr.*) formula usata per scusarsi o chiedere permesso.

parecchio [pa-réc-chio] *agg.indef.* [pl.m. *parecchi*; pl.f. *parecchie*] non poco (indica quantità o numero rilevante, ma non eccessivo): *parecchie persone*; — *denaro* ♦ *pron.indef.* **1** ciò che è in quantità o numero rilevante: *"Hai pazienza?" "Sì, parecchia"* **2** *pl.* parecchie persone: *essere in parecchi* ♦ *avv.* alquanto: *è stato criticato* —.

pareggiamento [pa-reg-gia-mén-to] *s.m.* il pareggiare; pareggio: — *del bilancio.*

pareggiare [pa-reg-già-re] *v.tr.* [*io paréggio ecc.*] **1** rendere pari; portare allo stesso livello: — *l'erba del prato* | — *il bilancio*, (*econ.*) chiuderlo in pareggio **2** uguagliare: *nessuno può — lui* **3** (*sport*) concludere in parità: — *un incontro* ♦ *v. intr.* [aus. *avere*] (*sport*) conseguire un punteggio pari in una competizione ♦ **pareggiarsi** *v.rifl. rec.* essere pari, equivalersi: *forze che si pareggiano.*

pareggio [pa-rég-gio] *s.m.* **1** il pareggiare; condizione di parità **2** situazione contabile in cui entrate e uscite sono uguali: *chiudere il bilancio in* — **3** (*sport*) punteggio pari raggiunto da due squadre o due contendenti in una gara.

parenchima [pa-rèn-chi-ma] *s.m.* [pl. *-mi*] (*anat., biol.*) struttura o tessuto che costituisce la parte attiva, funzionale di un organo animale o vegetale.

parenchimatico [pa-ren-chi-mà-ti-co] *agg.* (*anat., biol.*) del parenchima, che costituisce il parenchima.

parentado [pa-ren-tà-do] *s.m.* l'insieme dei parenti (spesso *scherz.*): *conoscere tutto il* —.

parentale [pa-ren-tà-le] *agg.* (*lett.*) dei genitori: *autorità* —, che i genitori esercitano sui figli | *malattia* —, ereditaria.

parente [pa-rèn-te] *s.m.* e *f.* **1** chi è legato ad altra persona da vincoli di parentela: — *stretto*; — *acquisito*, divenuto tale in seguito a un matrimonio **2** (*fig.*) cosa molto simile: *il sonno è — della morte.*

parentela [pa-ren-tè-la] *s.f.* **1** vincolo naturale tra discendenti da un capostipite comune, o tra affini: *grado di* — **2** l'insieme dei parenti, il parentado: *invitare tutta la* — **3** (*fig.*) comunanza, affinità dovuta a origine comune: *la — fra le lingue neolatine.*

parenterale [pa-ren-te-rà-le] *agg.* (*med.*) si dice di somministrazione di farmaci o altre sostanze che avvenga per via diversa da quella orale (*p.e.* attraverso iniezioni).

parentesi [pa-rèn-te-ʃi] *s.f.* **1** espressione sintatticamente autonoma che si inserisce in un testo o in un discorso per meglio chiarire o precisare; inciso: *aprire, chiudere una* — **2** ciascuno dei due segni che racchiudono una parentesi: — *tonde, quadre, graffe*, usate in espressioni matematiche per indicare delle priorità nell'esecuzione delle operazioni | *fra* —, (*fig.*) incidentalmente **3** (*fig.*) intervallo di tempo in cui si interrompe il normale svolgimento di un'attività: *la — delle vacanze.*

parentetico [pa-ren-tè-ti-co] *agg.* [pl.m. *-ci*] che è tra parentesi; che costituisce una parentesi: *frase parentetica.*

pareo [pa-rè-o] *s.m.* copricostume femminile che imita un tipico indumento polinesiano, consistente in un grande rettangolo di tela a disegni e colori molto vivaci che si avvolge intorno al corpo.

parere¹ [pa-ré-re] *v.intr.* [*io pàio, tu pari, egli pare, noi paiamo, voi paréte, essi pàiono*; fut. *io parrò, tu parrai ecc.*; pass.rem. *io parvi, tu parésti ecc.*; congiunt.pres. *io pàia... noi paiamo, voi paiate, essi pàiano*; cond.pres. *io parrèi, ecc.*; part.pres. *parvente*; part.pass. *parso*; dif. dell'imp.; aus. *essere*] **1** avere una certa apparenza; apparire, sembrare: *mi pare una brava persona* | *pare ieri*, si dice in riferimento a un fatto accaduto molto tempo prima, ma che si ricorda come se fosse recente **2** essere di una determinata opinione; credere, pensare: *mi pare giusto così* | *ti pare?, non ti pare?*, per sollecitare l'assenso di altri, per chiedere l'approvazione o come formula di cortesia: *ho ragione io, non ti pare?* **3** (*fam.*) volere: *fai un po' come ti pare* ♦ *v.intr.impers.* apparire probabile, verosimile; sembrare: *pare che voglia piovere.*

parere² *s.m.* **1** modo di giudicare; avviso, opinione personale: *cambiare* —; *restare del proprio* —, continuare a pensarla come prima; *a mio* —, secondo il mio modo di vedere **2** giudizio, consiglio: *chiedere il — di un esperto.*

paresi [pa-rè-ʃi] *s.f.* (*med.*) perdita parziale della capacità di muovere i muscoli; paralisi incompleta.

parete [pa-ré-te] *s.f.* **1** elemento di separazione fra due spazi contigui | (*edil.*) elemento verticale in muratura che delimita un ambiente: — *esterna, divisoria*; *tra le pareti domestiche*, (*fig.*) nell'intimità familiare **2** superficie interna o esterna che delimita una cavità, un organo ecc.: *le pareti di una caverna*; — *addominale, toracica* **3** (*fig.*) ostacolo, barriera, muro **4** fianco roccioso e ripido di una montagna: *scalare una* —.

paretimologia [pa-re-ti-mo-lo-gì-a] *s.f.* (*ling.*) accostamento etimologico apparentemente esatto, che tuttavia non ha fondamento scientifico; etimologia popolare.

pargolo [pàr-go-lo] *s.m.* (*lett.*) bambino, fanciullo. DIM. *pargoletto*.

pari [pà-ri] *agg.* **1** uguale, equivalente: *essere di peso* — | *essere — a*, corrispondere, equivalere a: *un chilo è — a mille grammi*; *essere — alla propria fama* | *di — passo*, con passo uguale; (*fig.*) concordemente **2** uguale per entità, punteggio, valore: *la partita è finita* — **3** senza sporgenze, rientranze o dislivelli: *una fila di mattoni tutti* — | *saltare a piè* —, con le gambe e i piedi uniti; (*fig.*) tralasciare, evitare completamente: *saltare a piè — una difficoltà* **4** (*mat.*) si dice di numero intero che è divisibile per due (contrapposto a *dispari*) ♦ *avv.* in modo pari, in parità: *arrivare* — | — —, senza differenze, precisamente: *copiare un testo — —*, alla lettera | *alla* —, si dice di persona che soggiorna presso una famiglia e ricambia l'ospitalità col suo lavoro ♦ *s.m.* **1** uguaglianza, parità; risultato di parità | *in* —, al medesimo livello; (*fig.*) in regola: *mettersi in — con lo studio* | *al — di*, allo stesso modo di: *sono esperto al — di lui* **2** [anche *f.*] persona di ugual grado, rango, condizione sociale: *è un nostro* — | *da par suo*, conformemente al suo carattere e alle sue qualità | *trattare qlcu. da — a* —, come se fosse di uguale condizione | *essere senza* —, *non aver* —, non avere uguali, essere impareggiabile **3** [anche *f.*] in età feudale, titolo spettante ai nobili | nobile che fa parte della camera alta del parlamento britannico; lord: *la camera dei* —.

paria [pà-ria] *s.m.invar.* **1** in India, persona che appartiene alle caste più basse della società **2** (*estens.*) persona socialmente emarginata.

parietale [pa-rie-tà-le] *agg.* **1** si dice di pittura o scultura su parete **2** (*anat.*) della parete laterale della volta cranica.

parietaria [pa-rie-tà-ria] *s.f.* (*bot.*) pianta erbacea propria delle regioni temperate, con foglie ovali ruvide e fiori verdognoli in spighette; erba vetriola, muraiola.

parifica [pa-rì-fi-ca] *s.f.* (*burocr.*) il parificare, l'essere parificato: *ottenere la* —.

parificare [pa-ri-fi-cà-re] *v.tr.* [*io parìfico, tu parìfichi ecc.*] rendere o riconoscere pari: — *i diritti* | — *una scuola*, riconoscerle la condizione di scuola parificata.

parificato [pa-ri-fi-cà-to] *agg.* legalmente riconosciuto dallo stato: *scuola parificata*.

parificazione [pa-ri-fi-ca-zió-ne] *s.f.* il parificare, l'essere parificato: *la — di una scuola*.

parigino [pa-ri-gì-no] *agg.* di Parigi: *moda parigina* ♦ *s.m.* [f. *-a*] abitante, nativo di Parigi.

pariglia [pa-rì-glia] *s.f.* **1** coppia di cose uguali **2** coppia di cavalli da tiro simili **3** (*fig.*) uguale trattamento, contraccambio: *rendere la — a qlcu.*, ricambiare nello stesso modo un torto, un'offesa.

parigrado [pa-ri-grà-do], o **pari grado**, *agg.* e *s.m.* e *f.invar.* che/chi ha il medesimo grado.

parimenti [pa-ri-mén-ti] *avv.* (*lett.*) ugualmente, nello stesso modo.

pario [pà-rio] *agg.* dell'isola di Paro, nel mar Egeo: *marmo* —, marmo bianco usato nell'antichità per sculture e architetture.

paripennato [pa-ri-pen-nà-to] *agg.* (*bot.*) si dice di foglia pennata, composta di un numero pari di foglioline.

parisillabo [pa-ri-sìl-la-bo] *agg.* **1** (*gramm.*) si dice di nome latino che presenta lo stesso numero di sillabe nel nominativo e nel genitivo **2** (*metr.*) si dice di verso che ha un numero pari di sillabe (*p.e.* l'ottonario, il decasillabo) ♦ *s.m.* (*gramm.*) sostantivo o aggettivo parisillabo.

parità [pa-ri-tà] *s.f.* **1** l'essere pari; uguaglianza: — *di diritti* | *a — di*, nel caso vi sia uguaglianza: *a — di condizioni* **2** risultato eguale conseguito da due avversari in una competizione: *finire la partita in* —.

paritario [pa-ri-tà-rio] *agg.* di parità, fondato sulla parità: *condizioni paritarie* □ **paritariamente** *avv.*

paritetico [pa-ri-tè-ti-co] *agg.* [pl.m. *-ci*] basato su condizioni di parità: *commissione paritetica*, commissione nominata per risolvere una controversia, nella quale le parti hanno ugual numero di rappresentanti □ **pariteticamente** *avv.*

parka [/ 'parka /] *s.m.invar.* (*ingl.*) giaccone in pelle impermeabile con cappuccio foderato di pelliccia.

parlamentare[1] [par-la-men-tà-re] *agg.* del parlamento, che si riferisce al parlamento: *dibattito* — | *regime* —, regime politico in cui il governo è legittimato nelle sue funzioni dalla fiducia che gli accorda il parlamento ♦ *s.m.* membro del parlamento, deputato o senatore.

parlamentare[2] *v.intr.* [*io parlaménto ecc.*; aus. *avere*] discutere con qlcu. per venire a un accordo, a un accomodamento.

parlamentarismo [par-la-men-ta-rì-ʃmo] *s.m.* sistema politico nel quale si conferisce al parlamento, oltre alla funzione legislativa, anche quella di controllo del governo.

parlamentino [par-la-men-tì-no] *s.m.* in un'organizzazione politica, sindacale, scolastica ecc., piccola assemblea direttiva eletta in rappresentanza di una base più vasta.

parlamento [par-la-mén-to] *s.m.* **1** nello stato

moderno, l'assemblea dei rappresentanti eletti dal popolo, articolata in una o due camere, che esercita la funzione legislativa **2** (*estens.*) l'edificio in cui tale assemblea si riunisce **3** (*st.*) assemblea, adunanza pubblica.

parlante [par-làn-te] *agg.* **1** che parla: *gli animali parlanti delle favole* **2** (*fig.*) tanto simile al vero o tanto espressivo da sembrare che possa parlare: *ritratto —* ♦ *s.m.* chi parla | (*ling.*) chi fa uso di una certa lingua: *i parlanti italiano.*

parlantina [par-lan-tì-na] *s.f.* (*fam.*) facilità di parola; loquacità.

parlare [par-là-re] *v.intr.* [aus. *avere*] **1** pronunciare parole; esprimere con parole pensieri o sentimenti: *— a* (o *con*) *qlcu.* | *— chiaro*, dire le cose come stanno | *chi parla?, con chi parlo?*, formule che si usano al telefono quando non si sa chi sia l'interlocutore **2** sostenere una conversazione; ragionare, discutere, dialogare: *— di politica*; *— del più e del meno*, conversare di argomenti vari, poco importanti | *far — di sé*, suscitare l'interesse della gente | *senti chi parla!*, si dice a persona che è la meno adatta a pronunciarsi su qlco. | *non se ne parla neanche*, si dice di cosa che non si vuole assolutamente fare **3** tenere un discorso pubblico: *— alla televisione* | *— a braccio*, improvvisando **4** (*estens.*) trattare di un argomento per iscritto; esprimere un pensiero o un sentimento con mezzi diversi dalla parola: *tutti i giornali parlano del processo*; *— con gli occhi* **5** manifestare un'intenzione; far progetti riguardo a qlco.: *parlano di andare in Spagna* **6** rivelare segreti; confessare: *l'imputato non ha parlato* **7** (*fig.*) essere particolarmente espressivo: *musica che parla al cuore* ♦ *v.tr.* usare, per esprimersi, una determinata lingua: *— bene l'inglese* ♦ **parlarsi** *v.rifl.rec.* **1** rivolgersi reciprocamente la parola: *— al telefono* **2** avere rapporti amichevoli, essere in buoni rapporti: *dopo il litigio non si parlano più.*

parlata [par-là-ta] *s.f.* il particolare modo di esprimersi di una persona o di una comunità: *la — toscana.*

parlato [par-là-to] *agg.* **1** che concerne il linguaggio orale, in contrapposizione a quello scritto: *uso — della lingua* **2** si dice di film o di cinema dotato di colonna sonora ♦ *s.m.* **1** linguaggio parlato **2** il dialogo registrato sulla colonna sonora di un film | il cinema parlato **3** (*mus.*) complesso delle parti recitate in una rappresentazione scenica musicale.

parlatore [par-la-tó-re] *s.m.* [f. *-trice*] chi parla bene, con facilità, in modo eloquente o persuasivo: *essere un gran —.*

parlatorio [par-la-tò-rio] *s.m.* nelle carceri, nei collegi e nei conventi, locale in cui i visitatori si incontrano con gli ospiti della comunità.

parlottare [par-lot-tà-re] *v.intr.* [*io parlòtto ecc.*; aus. *avere*] chiacchierare a voce bassa e con circospezione.

parlottio [par-lot-tì-o] *s.m.* un parlottare continuato; chiacchierio sommesso.

parlucchiare [par-luc-chià-re] *v.tr.* [*io parlùcchio ecc.*] parlare una lingua alla meglio, in modo approssimativo: *parlucchiare un po' di tedesco.*

parmigiana [par-mi-già-na] *s.f.* (*gastr.*) vivanda di melanzane o zucchine preparate alla parmigiana.

parmigiano [par-mi-già-no] *agg.* di Parma | *alla parmigiana*, (*gastr.*) si dice di un particolare modo di cuocere melanzane e zucchine, che consiste nel friggerle, condirle con salsa di pomodoro e formaggio grana, e passarle al forno ♦ *s.m.* **1** [f. *-a*] abitante, nativo di Parma **2** formaggio grana prodotto nel territorio di Parma.

parnaso [par-nà-ʃo] *s.m.* (*lett.*) la poesia | (*fig.*) l'insieme dei poeti di una nazione, di un'epoca, di una civiltà: *il — greco.*

parnassianismo [par-nas-sia-nì-ʃmo], o **parnassianesimo** [par-nas-sia-né-ʃi-mo], *s.m.* scuola letteraria francese della seconda metà dell'Ottocento che teorizzò e praticò una poesia di estrema raffinatezza formale.

parnassiano [par-nas-sià-no] *agg.* del parnassianismo; che concerne il parnassianismo: *poeta —* ♦ *s.m.* [f. *-a*] seguace del parnassianismo.

-paro secondo elemento di aggettivi composti, che significa 'che genera, che partorisce' (*oviparo, primipara*).

parodia [pa-ro-dì-a] *s.f.* **1** composizione letteraria o musicale che contraffà con intento comico o satirico un'opera conosciuta: *mettere in — un poema* **2** (*estens.*) imitazione caricaturale: *fare la — di qlcu.* **3** (*fig.*) persona o cosa che si dimostra inadeguata allo scopo, così da apparire una ridicola contraffazione: *una — di professore.*

parodiare [pa-ro-dià-re] *v.tr.* [*io paròdio ecc.*] fare la parodia, mettere in parodia: *— un personaggio famoso.*

parodico [pa-rò-di-co] *agg.* [pl.m. *-ci*] (*non com.*) parodistico.

parodista [pa-ro-dì-sta] *s.m.* e *f.* [pl.m. *-sti*] chi si esibisce in imitazioni caricaturali.

parodistico [pa-ro-dì-sti-co] *agg.* [pl.m. *-ci*] di parodia: *tono —.*

parodonto [pa-ro-dón-to] *s.m.* (*anat.*) periodonto.

parola [pa-rò-la] *s.f.* **1** ciascun elemento di una lingua che esprime un significato compiuto: *— italiana, inglese* | *mangiarsi le parole*, parlare affrettatamente tanto da troncare le parole che si pronunciano | *gioco di parole*, scherzo basato sui diversi significati di uno stesso vocabolo | *giro di parole*, perifrasi | *parole incrociate*, cruciverba | *— per —*, fedelmente, alla lettera: *ripetere — per —* | *la persona in —*, di cui si sta parlando | *buttare là mezza —*, fare un'allusione | *dire una — buona a qlcu.*, confortarlo | *dire, mettere una buona — per qlcu.*, raccomandarlo | *non avere parole, non trovare parole*, non riuscire a esprimersi adeguatamente | *in altre parole*, esprimendosi diversamente | *levare la — di bocca a qlcu.*, prevenirlo in quello che sta per dire | *misurare, pesare le pa-*

role, parlare con cautela, riflettendo su ciò che si dice | *non è detta l'ultima* —, la questione non è ancora definitivamente risolta | *passare la* —, (*fig.*) trasmettere una notizia, un avviso | — *d'ordine*, parola o frase di riconoscimento per le sentinelle. DIM. *parolina* ACCR. *parolona*, *parolone* (m.) **2** facoltà di parlare che è propria dell'uomo: *il dono della* —; *perdere la* —, diventare muto | facoltà, possibilità data a qlcu. di parlare: *dare, prendere la* —; *libertà di* —, di esprimere le proprie idee **3** il modo in cui ci si esprime: *avere la — facile* **4** impegno, promessa, offerta: *mantenere la — data*; *uomo di* —, che mantiene i propri impegni; — *d'onore*, affermazione o promessa fatta sul proprio onore | impegno verbale non ancora definito; trattativa: *essere in — con qlcu.* **5** (spec. *pl.*) chiacchiere, discorsi inutili: *ci voglion fatti, non parole* | *è una —!*, è facile a dirsi ma difficile a farsi **6** *pl.* in una composizione per canto, i versi rispetto alla musica che li accompagna **7** nella religione cristiana, il Cristo, il Verbo; anche, la Sacra Scrittura | *liturgia della* —, prima parte della messa che comprende la lettura e il commento di brani della Bibbia **8** (*inform.*) unità logica minima di informazione, costituita da un gruppo di caratteri | — *chiave*, codice che identifica un documento o una parte di esso facilitandone l'individuazione o la ricerca | — *d'ordine* o *d'accesso*, password.

parolaccia [pa-ro-làc-cia] *s.f.* [pl. *-ce*] parola sconcia, volgare, o detta per offendere.

parolaio [pa-ro-là-io] *s.m.* [f. *-a*] chi parla molto e in modo poco concludente; chiacchierone, ciarlatano ♦ *agg.* che abbonda di parole, che è fatto solo di vane parole: *critica parolaia*.

paroliere [pa-ro-liè-re] *s.m.* autore dei versi di una canzone o di una commedia musicale.

parolina [pa-ro-lì-na] *s.f.* cenno, discorsetto, per lo più confidenziale: *devo dirti due paroline*.

parolona [pa-ro-ló-na] *s.f.*, o **parolone** *s.m.*, parola difficile e, in genere, vuota di significato: *un discorso pieno di paroloni*.

paronomasia [pa-ro-no-mà-ʃia] *s.f.* figura retorica che consiste nell'accostare parole di suono simile, ma di significato differente (p.e. *il troppo stroppia*).

parosmia [pa-ro-ʃmì-a] *s.f.* (*med.*) alterazione del senso dell'olfatto.

parossismo [pa-ros-sì-ʃmo] *s.m.* **1** (*med.*) la fase culminante di una malattia **2** (*geol.*) la fase più violenta di un'eruzione vulcanica **3** (*fig.*) massimo grado di tensione; esasperazione.

parossistico [pa-ros-sì-sti-co] *agg.* [pl.m. *-ci*] di parossismo, relativo a parossismo: *crisi parossistica* □ **parossisticamente** *avv.*

parossitono [pa-ros-sì-to-no] *agg.* nella grammatica greca, si dice di parola con accento sulla penultima sillaba.

parotide [pa-rò-ti-de] *s.f.* (*anat.*) la più voluminosa delle ghiandole salivari, situata tra la mandibola e l'orecchio.

parotite [pa-ro-tì-te] *s.f.* (*med.*) infiammazione della ghiandola parotide.

parquet [/ par'kɛ /] *s.m.invar.* (*fr.*) pavimento di listelli o tasselli di legno uniti tra loro a formare disegni geometrici.

parricida [par-ri-cì-da] *s.m.* e *f.* [pl.m. *-di*] chi si è macchiato di parricidio.

parricidio [par-ri-cì-dio] *s.m.* uccisione del padre.

parrocchia [par-ròc-chia] *s.f.* (*eccl.*) la più piccola circoscrizione territoriale in cui è divisa una diocesi | la chiesa in cui il parroco esercita il suo ministero.

parrocchiale [par-roc-chià-le] *agg.* della parrocchia; del parroco: *chiesa* —.

parrocchiano [par-roc-chià-no] *s.m.* [f. *-a*] ciascuno dei fedeli che appartengono a una parrocchia.

parroco [pàr-ro-co] *s.m.* [pl. *-ci*] (*eccl.*) sacerdote a capo di una parrocchia, nella quale esercita la cura delle anime.

parrozzo® [par-ròz-zo] dolce tipico abruzzese a base di una pasta lievitata con mandorle e ricoperta di cioccolato.

parrucca [par-rùc-ca] *s.f.* capigliatura posticcia, fabbricata con capelli veri o artificiali: *mettersi la* —. DIM. *parrucchino* (m.).

parrucchiere [par-ruc-chiè-re] *s.m.* [f. *-a*] chi taglia e acconcia i capelli.

parrucchino [par-ruc-chì-no] *s.m.* piccola parrucca per uomo che si applica nelle zone calve del capo.

parruccone [par-ruc-có-ne] *s.m.* [f. *-a*] (*spreg.*) persona con idee antiquate, superate.

parsec [pàr-sec] *s.m.invar.* unità di lunghezza di distanze astronomiche pari a 30.840 miliardi di km, ovvero a 3,26 anni luce.

parsimonia [par-si-mò-nia] *s.f.* **1** moderazione, giusta misura nello spendere: *vivere con* — **2** (*estens.*) sobrietà nell'usare qlco.: *narrare con — di parole*.

parsimonioso [par-si-mo-nió-so] *agg.* che usa parsimonia: *persona parsimoniosa* | che denota parsimonia o è fatto con parsimonia: *vita parsimoniosa* □ **parsimoniosamente** *avv.*

partaccia [par-tàc-cia] *s.f.* [pl. *-ce*] nella loc. *fare una — a qlcu.*, sgridarlo aspramente.

parte [pàr-te] *s.f.* **1** ciascuno degli elementi che, uniti insieme, formano un tutto: *dividere in tre parti*; *le parti del corpo* | *fare le parti*, dividere qlco. tra diverse persone | *prender — a qlco.*, parteciparvi | *fare la propria* —, fare quello che si deve | *in* —, non in tutto, non completamente; *in gran* —, *in buona* —, in misura notevole | *gran* —, *la maggior* —, il grosso, la maggioranza: *la maggior — dei presenti* | —... —, gli uni... gli altri: — *dei convenuti erano favorevoli,* — *contrari*; un po'... un po': *pagherò — subito — a rate* | *anche l'occhio vuole la sua* —, è necessario soddisfare anche le esigenze estetiche. DIM. *particella* **2** zona, regione, lato, direzione: *la — montuosa del paese* | *a* —, separatamente | *da* —, in disparte:

mettere da —, riporre, accumulare; *farsi da —*, defilarsi | *da — mia*, per conto mio | *da queste, quelle parti*, in questi, in quei luoghi | *da una —*, da un lato, in un certo senso: *da una — sono contento* | *d'altra —*, del resto **3** periodo di tempo: *gran — dell'anno* | *da un anno a questa —*, da un anno in qua **4** ognuna delle sezioni in cui è suddivisa un'opera letteraria o scientifica: *volume primo, — seconda* | ciascun gruppo di esecuzioni musicali che, separate da un intervallo, costituiscono un concerto: *la prima — comprende tre sonate di Chopin* **5** partito, fazione: *la — ghibellina* | *uomo di —*, persona faziosa, parziale | *prendere le parti di qlcu.*, difenderlo | *essere dalla — della ragione, del torto*, avere ragione, torto | *essere senz'arte né —*, essere privo di un'occupazione e di mezzi | *da* (o *per*) *— di*, per conto di; anche, secondo la discendenza: *siamo cugini per — di padre* **6** (*dir.*) ciascuno dei contendenti in un giudizio o dei soggetti in un rapporto bilaterale | *essere — in causa*, in un processo, essere una delle parti; (*fig.*) essere direttamente interessato in qlco. | *— civile*, in un processo penale, colui che ha subito danno da un reato e chiede al responsabile un risarcimento | *parti sociali*, le due categorie socio-economiche dei datori di lavoro e dei lavoratori dipendenti **7** (*estens.*) ciascuno degli avversari in un contrasto o un conflitto: *dare ragione a una delle parti* **8** l'insieme delle battute spettanti all'attore che interpreta un determinato personaggio; il personaggio stesso: *studiare la —* **9** funzione che si compie, atteggiamento che si assume: *fare la — della vittima*, atteggiarsi a vittima **10** in un'esecuzione musicale, tutto ciò che deve essere eseguito dai singoli cantanti o strumenti: *la — del tenore*.

partecipante [par-te-ci-pàn-te] *agg.* e *s.m.* e *f.* che/chi partecipa: *i partecipanti alla gara*.

partecipare [par-te-ci-pà-re] *v.intr.* [*io partécipo ecc.*; aus. *avere*] **1** prendere parte: *— a un gioco, a una manifestazione* **2** essere, diventare partecipe: *— delle gioie altrui* ♦ *v.tr.* rendere noto, annunziare, comunicare: *— le proprie nozze*.

partecipativo [par-te-ci-pa-tì-vo] *agg.* di partecipazione; che consente di partecipare | *democrazia partecipativa*, alla quale contribuiscono tutti i cittadini partecipando direttamente.

partecipazione [par-te-ci-pa-zió-ne] *s.f.* **1** il partecipare, il prendere parte: *un film con la — di attori famosi* **2** il rendere noto, il comunicare ad altri | biglietto con cui si comunica un matrimonio, una nascita, un lutto: *spedire le partecipazioni* **3** (*fin.*) quota del capitale sociale detenuta da un socio | *partecipazioni statali*, le quote che lo stato detiene in società per azioni private.

partecipazionismo [par-te-ci-pa-zio-nì-ʃmo] *s.m.* tendenza a estendere al massimo la partecipazione dei cittadini alla vita politica e sociale.

partecipe [par-té-ci-pe] *agg.* che prende parte a qlco.: *essere — del dolore di qlcu.*

parteggiare [par-teg-già-re] *v.intr.* [*io partéggio ecc.*; aus. *avere*] sostenere una parte politica contro un'altra: *— per un candidato* | (*estens.*) prendere le parti di qlcu.: *— per il più debole*.

partenogenesi [par-te-no-gè-ne-ʃi] *s.f.* (*biol.*) modo di riproduzione di alcune piante e animali inferiori, in cui lo sviluppo dell'uovo avviene senza fecondazione.

partenogenetico [par-te-no-ge-nè-ti-co] *agg.* [pl.m. *-ci*] (*biol.*) relativo a partenogenesi; che si sviluppa per partenogenesi: *uovo —*.

partenopeo [par-te-no-pè-o] *agg.* (*lett.*) della città di Napoli, anticamente chiamata Partenope ♦ *s.m.* [f. *-a*] (*lett.*) nativo, abitante di Napoli.

partenza [par-tèn-za] *s.f.* **1** il partire: *la — dell'aereo* | *essere in* (o *di*) *—*, essere sul punto di partire | *punto di —*, punto in cui ha origine un moto; (*fig.*) il punto da cui ha inizio una ricerca, un discorso **2** (*sport*) momento in cui ha inizio la gara | *falsa —*, irregolare, che va ripetuta.

parterre [/ par'tɛr /] *s.m.invar.* (*fr.*) **1** giardinetto all'italiana, con aiuole artisticamente disposte: *un — di viole* **2** in teatri, sale cinematografiche e da concerto, l'ordine di posti che sta più in basso; platea.

particella [par-ti-cèl-la] *s.f.* **1** *— elementare*, (*fis.*) costituente fondamentale della materia | *— catastale*, (*dir.*) unità immobiliare derivante dalla suddivisione della superficie di un certo territorio **2** (*gramm.*) parola monosillabica atona che serve da legamento o ha funzione accessoria nella frase: *— pronominale*.

particellare [par-ti-cel-là-re] *agg.* **1** (*fis.*) relativo alle particelle elementari; formato da particelle elementari: *la struttura — della materia* **2** (*dir.*) costituito da particelle catastali; suddiviso col sistema delle particelle: *mappa —*.

particina [par-ti-cì-na] *s.f.* ruolo, personaggio di scarsa importanza in una rappresentazione.

participiale [par-ti-ci-pià-le] *agg.* (*gramm.*) del participio, che si riferisce al participio: *forme participiali del verbo*.

participio [par-ti-cì-pio] *s.m.* (*gramm.*) forma nominale del verbo, generalmente con valore di aggettivo o di sostantivo: *— presente, passato*.

particola [par-tì-co-la] *s.f.* (*lit.*) la piccola ostia con la quale si comunicano i fedeli.

particolare [par-ti-co-là-re] *agg.* **1** che non è proprio di tutti o di un tutto, ma solo di una parte; specifico: *interesse —* | *segni particolari*, quelli che possono facilitare il riconoscimento di una persona (*p.e.* cicatrici, nei) **2** che è fuori del comune; singolare, eccezionale: *una bellezza —* ♦ *s.m.* **1** ciò che è particolare: *il — e l'universale* **2** ciascuno degli elementi che fanno parte di un tutto; ciascuna delle circostanze di un fatto: *il — di un quadro* □ **particolarmente** *avv.* **1** nei particolari, in dettaglio: *esaminare —* **2** soprattutto, principalmente: *lo dico — a te* **3** in modo speciale; molto: *spettacolo — interessante*.

particolareggiato [par-ti-co-la-reg-già-to] *agg.* curato nei particolari, minuzioso: *racconto —*.

particolarismo [par-ti-co-la-rì-ʃmo] *s.m.* **1** cura di un interesse particolare **2** parzialità nei riguardi di una persona o di un gruppo di persone; favoritismo.

particolaristico [par-ti-co-la-rì-sti-co] *agg.* [pl.m. *-ci*] proprio del particolarismo; che denota particolarismo: *comportamento* —.

particolarità [par-ti-co-la-ri-tà] *s.f.* **1** l'essere particolare, speciale, non comune: *la — di un caso* **2** elemento, fatto particolare; minuzia, dettaglio: *descrivere ogni —* **3** caratteristica specifica, distintiva.

partigianeria [par-ti-gia-ne-rì-a] *s.f.* l'essere partigiano; atteggiamento fazioso; parzialità.

partigiano [par-ti-già-no] *s.m.* [f. *-a*] **1** chi parteggia per un'idea, una fazione, un gruppo **2** chi appartiene a un gruppo armato irregolare che combatte contro chi governa illegalmente il proprio paese | (*st.*) appartenente a un movimento di resistenza contro i nazifascisti ♦ *agg.* **1** fazioso, di parte: *spirito —* **2** dei partigiani: *lotta partigiana* □ **partigianamente** *avv.*

partire [par-tì-re] *v.intr.* [aus. *essere*] **1** allontanarsi da un luogo per recarsi in un altro; iniziare un viaggio: *— da Milano per Londra*; *— per affari* | iniziare a muoversi, avviarsi: *l'automobile non parte*; *— in quarta*, a grande velocità; (*fig.*) iniziare qlco. con impeto **2** (*fig.*) provenire; avere origine: *dall'antenna partono due cavi* | *a — da*, cominciando il calcolo da: *l'orario cambierà a — da domani* **3** (*fig., fam.*) rompersi, guastarsi: *il televisore è partito* | sragionare; ubriacarsi: *gli basta bere un bicchierino e parte.*

partita *s.f.* **1** quantità di merce omogenea che si compra all'ingrosso: *una — di tessuti* **2** registrazione contabile: *— doppia*, metodo contabile consistente nel registrare ogni operazione sotto l'aspetto del dare e dell'avere | *saldare la —*, (*fig.*) regolare i conti, sistemare una questione in sospeso **3** incontro, gara, competizione sportiva: *— di calcio* | *dare — vinta a qlcu.*, (*fig.*) cedere alle sue pretese. DIM. *partitella, partitina* PEGG. *partitaccia* **4** azione di più persone condotta per divertimento: *— di caccia* | *essere della —*, partecipare a un'attività, aderire a un'iniziativa **5** (*mus.*) composizione strumentale barocca costituita da una serie di variazioni su un dato tema | suite.

partitario [par-ti-tà-rio] *s.m.* scrittura contabile che registra la situazione di un'azienda nei confronti dei singoli fornitori o clienti.

partitico [par-tì-ti-co] *agg.* [pl.m. *-ci*] di partito, relativo a uno o più partiti: *accordi partitici.*

partitismo [par-ti-tì-ʃmo] *s.m.* tendenza ad attribuire ai partiti una funzione determinante nella vita politica di un paese.

partitissima [par-ti-tìs-si-ma] *s.f.* (*sport*) partita decisiva o di eccezionale interesse.

partitivo [par-ti-tì-vo] *agg.* (*gramm.*) che indica partizione: *complemento, genitivo —*, che indica il tutto di cui si considera una parte (*p.e.* alcuni *degli studenti*) ♦ *s.m.* (*gramm.*) complemento partitivo, genitivo partitivo.

partito [par-tì-to] *s.m.* **1** associazione di cittadini mirante allo svolgimento di una comune attività politica: *— repubblicano.* DIM. *partitino* **2** soluzione che si può adottare; decisione, alternativa: *non sapere che — prendere* | *per — preso*, in modo preconcetto **3** stato, condizione: *essere ridotto a mal —*, in cattive condizioni **4** uomo o donna che si presenti come occasione di matrimonio: *un ottimo —.*

partitocratico [par-ti-to-crà-ti-co] *agg.* [pl.m. *-ci*] di partitocrazia; relativo alla partitocrazia: *regime —.*

partitocrazia [par-ti-to-cra-zì-a] *s.f.* (*spreg.*) accentramento del potere politico reale negli organi dirigenti dei partiti, a scapito del parlamento e del governo.

partitura [par-ti-tù-ra] *s.f.* (*mus.*) rappresentazione grafica di una composizione a più parti simultanee che permette di averle tutte sott'occhio contemporaneamente.

partizione [par-ti-zió-ne] *s.f.* il dividere, l'essere suddiviso in più parti: *la — di un'opera in capitoli* | ciascuna delle parti in cui una cosa è divisa.

partner [/ ˈpartner /] *s.m.* e *f.invar.* (*ingl.*) **1** chi fa coppia con altri in una gara o in uno spettacolo **2** ognuna delle due persone legate fra loro da un rapporto amoroso **3** socio in un'attività economica; alleato.

partnership [/ ˈpartnerʃip /] *s.f.invar.* (*ingl.*) collaborazione politica, economica; alleanza militare: *la — atlantica.*

parto[1] [pàr-to] *s.m.* **1** espulsione naturale o estrazione con mezzi artificiali del bambino dal ventre materno, a conclusione della gravidanza: *— prematuro, cesareo* **2** la creatura partorita **3** (*fig.*) qualsiasi prodotto dell'ingegno: *— letterario* | *— della fantasia*, (*scherz.*) cosa non vera, bugia.

parto[2] *s.m.* appartenente a un'antica popolazione originaria probabilmente della Scizia stanziatasi nel sec. III a.C. in Persia.

partoriente [par-to-rièn-te] *agg.* e *s.f.* si dice di donna che sta partorendo o che è in procinto di partorire.

partorire [par-to-rì-re] *v.tr.* [*io partorisco, tu partorisci ecc.*] **1** dare alla luce: *— due gemelli* | (*assol.*) dare alla luce un figlio: *partorirà tra un mese* **2** (*fig.*) produrre un'opera dell'ingegno (anche *scherz.*): *ha partorito un nuovo libro.*

part time [/ parˈtaim /] *loc.sost.m.invar.* (*ingl.*) rapporto di lavoro con orario ridotto: *lavorare a —* | Usato anche come *loc.agg.invar.*: *contratto —.*

party [/ ˈparti /] *s.m.invar.* (*ingl.*) festa, trattenimento, ricevimento.

parure [/ paˈryr /] *s.f.invar.* (*fr.*) insieme di più oggetti d'abbigliamento o d'ornamento, da usare insieme: *una — di gioielli.*

parvenu [/ parveˈny /] *s.m.invar.* (*fr.*) persona di umile condizione che si è arricchita rapidamente.

parvenza [par-vèn-za] *s.f.* **1** (*lett.*) apparenza, aspetto esteriore **2** (*fig.*) vaga somiglianza; traccia, accenno: *una — di realtà.*

parziale [par-zià-le] *agg.* **1** che è solo una parte, che riguarda una parte; che avviene solo in parte: *risultato* — **2** che parteggia per qlcu., poco obiettivo: *giudizio* — ♦ *s.m.* (*sport*) risultato non definitivo, per lo più al termine della prima frazione di una gara □ **parzialmente** *avv.* **1** in parte: *lavoro eseguito* — **2** con parzialità: *giudicare* —.

parzialità [par-zia-li-tà] *s.f.* l'essere parziale, scarsamente obiettivo verso qlcu. | atto, comportamento parziale: *fare* —.

pascal [pa-scàl] *s.m.invar.* (*fis.*) unità di misura della pressione nel Sistema Internazionale, pari alla pressione esercitata dalla forza di 1 newton applicata a una superficie di 1 m^2.

pascere [pà-sce-re] *v.tr.* [*io pasco, tu pasci ecc.*; pass.rem. *io pascètti* o *pascéi, tu pascésti ecc.*; part.pass. *pasciuto*] **1** mangiare, cibarsi (detto di animali al pascolo): — *l'erba* | (*assol.*) pascolare, essere al pascolo **2** condurre al pascolo: — *le mucche* | nutrire, alimentare (spec. *fig.*): — *la mente di cognizioni* ♦ **pascersi** *v.rifl.* nutrirsi (anche *fig.*): — *di illusioni.*

pascià [pa-scià] *s.m.* (*st.*) titolo onorifico turco, che nell'impero ottomano era attribuito agli alti gradi militari e civili | *fare il* —, *vivere come un* —, (*fig.*) vivere negli agi e nelle comodità.

pasciuto [pa-sciù-to] *agg.* nutrito abbondantemente; che ha l'aspetto florido: *un tipo ben* —.

pascolare [pa-sco-là-re] *v.tr.* [*io pàscolo ecc.*] condurre al pascolo, sorvegliare gli animali al pascolo: — *le pecore* ♦ *v.intr.* [aus. *avere*] stare al pascolo, mangiare l'erba del pascolo: *le pecore pascolano sul prato.*

pascolo [pà-sco-lo] *s.m.* **1** terreno coperto di erbe dove il bestiame viene portato a mangiare; le erbe stesse: — *abbondante* **2** il pascolare: *divieto di* —.

paso doble [/ 'paso'doble /] *loc.sost.m.invar.* (*sp.*) (*mus.*) danza di origine spagnola, apparsa agli inizi del sec. XX, di ritmo binario e andamento allegro.

Pasqua [Pà-squa] *s.f.* **1** nell'ebraismo, la festa con cui si ricorda la liberazione dalla schiavitù dell'Egitto con il passaggio del mar Rosso **2** nel cristianesimo, la domenica della resurrezione di Cristo e la festività che la commemora | — *alta, bassa*, quella che, nell'anno, cade tardi o presto | *uovo di* —, quello tradizionale di cioccolato | *essere contento come una* —, molto contento.

pasquale [pa-squà-le] *agg.* di Pasqua, che si riferisce alla Pasqua: *vacanze pasquali* | *precetto* —, (*relig.*) l'obbligo che i fedeli hanno di confessarsi e di fare la comunione in occasione della Pasqua.

pasquetta [pa-squét-ta] *s.f.* (*pop.*) nome che si dà in alcune regioni al lunedì dopo Pasqua.

pasquinata [pa-squi-nà-ta] *s.f.* breve satira di contenuto politico.

passa [pàs-sa] solo nella loc. avv. *e* —, e oltre, e più: *quarant'anni e* —.

passabile [pas-sà-bi-le] *agg.* accettabile, discreto, abbastanza buono: *un film* — □ **passabilmente** *avv.*

passacaglia [pas-sa-cà-glia] *s.f.* (*mus.*) composizione affermatasi dal sec. XVII, costituita da una serie di variazioni su un basso ostinato, di ritmo ternario e andamento moderato: *una* — *di Frescobaldi.*

passacarte [pas-sa-càr-te] *s.m.* e *f.invar.* (*fam.*) chi, in uffici pubblici o privati, svolge mansioni di poco rilievo.

passaggio [pas-sàg-gio] *s.m.* **1** il passare attraverso un luogo o da un luogo a un altro: *il* — *dei ciclisti* | *essere di* —, fermarsi in un luogo per poco tempo | *accennare a qlco. di* —, (*fig.*) incidentalmente e brevemente **2** (*fig.*) il variare stato, condizione; il trasferire qlco. ad altri; mutamento, trasferimento: — *dallo stato solido allo stato liquido*; — *di proprietà* **3** l'insieme delle persone o delle cose che passano per un determinato luogo: *una strada con molto* — **4** luogo per cui si passa: *aprire un* — | — *pedonale*, spazio in cui i pedoni devono attraversare una strada trafficata | — *a livello*, punto nel quale una strada s'incrocia con una ferrovia **5** breve tragitto compiuto gratis su un veicolo altrui: *chiedere, offrire un* — **6** (*mus.*) il passare da una tonalità all'altra | breve episodio musicale con particolari caratteristiche **7** passo, brano di un'opera letteraria: *i passaggi lirici di un poema epico* **8** (*astr.*) istante in cui un astro attraversa il meridiano di un luogo **9** (*sport*) nei giochi di squadra, il passare la palla ad altro giocatore: — *all'indietro.*

passamaneria [pas-sa-ma-ne-rì-a] *s.f.* **1** l'insieme dei vari tipi di passamani per guarnizione **2** fabbrica o negozio di passamani.

passamano[1] [pas-sa-mà-no] *s.m.* [pl. *invar.* o *-ni*] **1** atto compiuto da una fila di persone che si passano un oggetto di mano in mano: *far* — *per scaricare i mattoni* **2** (*region.*) corrimano.

passamano[2] *s.m.* [pl. *invar.* o *-ni*] nastro, cordoncino o frangia che si applica per guarnizione ad abiti, tendaggi, tappezzerie.

passamontagna [pas-sa-mon-tà-gna] *s.m.invar.* berretto di lana che copre la testa e il collo, lasciando scoperta solo una parte del volto.

passante [pas-sàn-te] *agg.* che passa | *colpo* —, (*sport*) nel tennis, colpo che mira a scavalcare l'avversario sceso a rete ♦ *s.m.* **1** [anche *f.*] persona che passa, che cammina per la strada: *l'automobile investì un* — **2** piccola striscia di stoffa o di cuoio, attraverso cui si fanno passare cinture, cinghie, stringhe **3** — *ferroviario*, tronco ferroviario che collega più stazioni di linee diverse.

passaparola [pas-sa-pa-rò-la] *s.m.invar.* il passarsi sottovoce e velocemente una parola tra più persone.

passapatate [pas-sa-pa-tà-te] *s.m.invar.* schiacciapatate.

passaporto [pas-sa-pòr-to] *s.m.* [pl. *-ti*] **1** documento personale che consente al cittadino di uno stato di recarsi all'estero **2** (*fig.*) ciò che consente di ottenere un certo risultato: *lo studio è il — per il proprio futuro.*

passare [pas-sà-re] *v.intr.* [aus. *essere*] **1** muoversi attraversando un luogo per andare in un altro (anche *fig.*): *— per una strada, attraverso mille difficoltà* | detto di fluido, scorrere: *l'acqua passa nelle condutture* | detto di linea, percorso, strada, fiume ecc., toccare un luogo, giungervi e oltrepassarlo: *l'Arno passa per Firenze* **2** transitare: *qui non passa mai nessuno* | *— avanti, oltre*, procedere | *— davanti a qlcu.*, superarlo (anche *fig.*) | *— sopra a qlco.*, (*fig.*) non curarsene, essere indulgente **3** trasferirsi da un luogo a un altro; (*fig.*) cambiare stato, condizione, attività: *da Roma passò a Milano*; *— dal pianto al riso* | *— alla storia*, (*fig.*) diventare celebre | *— ad altro*, (*fig.*) cambiare argomento | *— di mente*, (*fig.*) venire dimenticato **4** penetrare attraverso un luogo, un'apertura: *la luce passa attraverso le imposte* | *— per la testa*, (*fig.*) venire in mente **5** andare in un luogo o da qlcu. per intrattenervisi brevemente: *passerò da te a salutarti* **6** detto di tempo, trascorrere, fluire: *sono passati due anni* | intercorrere (anche *fig.*): *tra loro passano dieci anni* **7** cessare, terminare: *la paura è passata* | *gli passerà!*, prima o poi ritornerà di buon umore **8** (*fig.*) ottenere approvazione; essere promosso: *la legge è passata* | essere accettabile: *non è un capolavoro ma può —* **9** (*fig.*) essere considerato: *— da bugiardo* ♦ *v.tr.* **1** andare oltre qlco.; oltrepassare, superare (anche *fig.*): *— il fiume a nuoto* | *— gli esami*, ottenere la promozione | *— il segno, il limite*, (*fig.*) esagerare | *— in rassegna*, procedere davanti a reparti schierati sull'attenti; (*fig.*) esaminare | *passarsela bene, male*, (*fig., fam.*) trovarsi in buone, in cattive condizioni **2** far cambiare posto a qlco., spostarla; anche, dare, cedere ad altri: *passami la bottiglia* | *— parola, la voce*, (*fig.*) trasmettere una notizia, un avviso | *— la palla*, (*sport*) indirizzarla a un compagno | *passo!*, (*telecom.*) formula con cui chi trasmette comunica di interrompere la trasmissione per consentire a chi riceve di trasmettere a sua volta **3** far entrare o uscire da un'apertura o attraverso un foro: *— il filo nell'ago* **4** nel linguaggio di cucina, ridurre in poltiglia mediante un utensile con molti fori: *— le patate* | far rosolare rapidamente, saltare: *— gli spinaci in padella* | filtrare, colare: *— il brodo* **5** distribuire, spalmare, far scorrere su una superficie: *— la cera sul pavimento* **6** trascorrere un periodo di tempo: *— l'estate al mare* | *— un brutto quarto d'ora*, (*fig.*) vivere un momento difficile **7** (*fam.*) tollerare, perdonare: *te ne ho passate già troppe.*

passascotte [pas-sa-scòt-te] *s.m.invar.* (*mar.*) ciascuno degli attrezzi che, a destra e a sinistra dello scafo, trattengono la scotta del fiocco e dello spinnaker.

passata [pas-sà-ta] *s.f.* **1** il passare rapidamente un oggetto su una superficie: *dare una — di straccio* | *di —*, di sfuggita. DIM. *passatina* **2** (*gastr.*) passato di pomodoro usato come base per sughi.

passatella [pas-sa-tèl-la] *s.f.* gioco d'osteria, nel quale i partecipanti bevono il vino comprato collettivamente secondo quanto stabilito da un padrone e un sottopadrone, scelti di volta in volta mediante un gioco di carte o di dadi.

passatempo [pas-sa-tèm-po] *s.m.* [pl. *-pi*] attività, occupazione che serve a passare il tempo piacevolmente: *ascoltare musica è il suo —.*

passatismo [pas-sa-tì-ʃmo] *s.m.* atteggiamento di chi è legato a idee, dottrine, tendenze del passato.

passatista [pas-sa-tì-sta] *s.m.* e *f.* [pl.m. *-sti*] chi mostra attaccamento ai costumi, alle idee, alle tendenze del passato.

passato [pas-sà-to] *agg.* trascorso, andato oltre; lontano nel tempo: *i dolori passati*; *l'anno —*, quello appena trascorso | *— di moda*, che non si usa più, antiquato | *essere acqua passata*, (*fig.*) si dice di situazione ormai superata ♦ *s.m.* **1** il tempo trascorso e ciò che vi è avvenuto; la vita trascorsa: *rimpiangere il —* **2** (*gramm.*) tempo del verbo che indica azione già compiuta rispetto al tempo di chi parla: *— prossimo, remoto* **3** (*gastr.*) vivanda di verdure o altri ingredienti schiacciati e ridotti in crema o in poltiglia: *— di piselli.*

passatoia [pas-sa-tó-ia] *s.f.* striscia di tappeto o stuoia stesa sul pavimento di una stanza o lungo un corridoio o una scala.

passatutto [pas-sa-tùt-to] *s.m.invar.* utensile da cucina per tritare e passare verdure, legumi ecc.

passaverdura [pas-sa-ver-dù-ra], o **passaverdure**, *s.m.invar.* utensile da cucina, usato per passare verdure, legumi ecc.

passavivande [pas-sa-vi-vàn-de] *s.m.invar.* apertura per far passare i cibi dal luogo in cui vengono preparati a quello in cui vengono consumati.

passeggero [pas-seg-gè-ro] *agg.* che passa presto, che ha breve durata (per lo più *fig.*): *malumore —* ♦ *s.m.* [f. *-a*] persona che viaggia su un mezzo di trasporto: *i passeggeri di un treno.*

passeggiare [pas-seg-già-re] *v.intr.* [*io passéggio ecc.*; aus. *avere*] andare a spasso, camminare per svago, senza una meta precisa: *— lungo il mare* | (*estens.*) andare avanti e indietro: *— per la stanza.*

passeggiata [pas-seg-già-ta] *s.f.* **1** il passeggiare, a piedi o su un mezzo di trasporto; il percorso che si compie passeggiando: *— in bicicletta*; *una lunga —* | *essere una —*, si dice di percorso agevole; (*fig.*) di impresa facile a compiersi. DIM. *passeggiatina* **2** (*estens.*) strada ampia e comoda in cui si può passeggiare: *— a mare.*

passeggiatrice [pas-seg-gia-trì-ce] *s.f.* (*eufem.*) prostituta da marciapiede.

passeggino [pas-seg-gì-no] *s.m.* seggiolino montato su telaio a ruote, sul quale si portano a passeggio i bambini piccoli.

passeggio [pas-ség-gio] *s.m.* **1** il passeggiare:

andare a — **2** l'insieme della gente che passeggia: *guardare il* —.

passe-partout [/ paspar'tu /] *s.m.invar.* (*fr.*) **1** chiave che apre tutte le serrature **2** (*fig.*) soluzione buona per tutti i problemi **3** riquadro di cartone che si mette tra la cornice e l'oggetto da incorniciare.

passera [pàs-se-ra] *s.f.* **1** (*pop.*) nome di alcuni uccelli dei passeriformi **2** — *di mare*, pesce teleosteo commestibile che abita i fondi fangosi marini e le acque salmastre; ha corpo ovale appiattito.

passeracei [pas-se-rà-cei] *s.m.pl.* (*zool.*) passeriformi.

passerella [pas-se-rèl-la] *s.f.* **1** ponte stretto e leggero che consente di transitare sopra un corso d'acqua o un altro ostacolo, di salire e scendere da navi o aerei ecc. **2** pedana su cui sfilano gli artisti al termine di uno spettacolo oppure le indossatrici per presentare i modelli; la sfilata stessa: *fare la* — | (*estens.*) esibizione pubblicitaria di personaggi famosi.

passeriformi [pas-se-ri-fór-mi] *s.m.pl.* (*zool.*) ordine di uccelli canori di varie dimensioni, con il capo piccolo e l'alluce volto all'indietro.

passero [pàs-se-ro] *s.m.* [f. *-a*] uccello di colore castano-grigio, con ali e zampe piccole; si nutre di insetti e di cereali | — *solitario*, uccello dal piumaggio grigio-azzurro e dal canto melodioso, che vive isolato.

passerotto [pas-se-ròt-to] *s.m.* passero giovane | (*fig.*) appellativo vezzeggiativo usato tra innamorati o rivolgendosi a bambini.

passi [pàs-si] *s.m.* documento che autorizza l'ingresso in un ufficio.

passibile [pas-sì-bi-le] *agg.* che può subire qlco.; suscettibile: *prezzo — di aumento* | che può essere punito con una determinata pena: *essere — di reclusione.*

passiflora [pas-si-flò-ra] *s.f.* (*bot.*) genere di piante erbacee originarie dell'America, con fiori chiamati comunemente *fiori della passione.*

passim [/ 'passim /] *avv.* (*lat.*) qua e là, in diversi luoghi (si usa nelle citazioni bibliografiche per rinviare a più luoghi di un'opera).

passino [pas-sì-no] *s.m.* colino.

passionale [pas-sio-nà-le] *agg.* **1** di passione, dovuto a passione: *impulso, reazione* — | *delitto* —, che ha per movente una violenta passione **2** che sente fortemente le emozioni, gli impulsi; che si lascia trasportare dalla passione amorosa: *temperamento* — □ **passionalmente** *avv.*

passionalità [pas-sio-na-li-tà] *s.f.* l'essere passionale; carattere di chi o di ciò che è passionale.

passione [pas-sió-ne] *s.f.* **1** sofferenza fisica | *la Passione*, l'insieme delle sofferenze sopportate da Cristo dall'ultima cena alla crocifissione, raccontate dai Vangeli **2** qualsiasi sentimento capace di dominare l'intera personalità; in particolare, trasporto amoroso incontenibile: *essere accecato dalla* — | la persona stessa che è oggetto di tale amore: *quell'uomo è la sua* —. DIM. *passioncella* **3** (*estens.*) inclinazione, interesse vivo per qlco.: *avere — per lo sport*; *fare qlco. con* —, con entusiasmo e dedizione; *fare qlco. per* —, per puro diletto, non per guadagno | la cosa stessa, l'attività che è oggetto di tale interesse: *la pittura è la sua* —.

passionista [pas-sio-nì-sta] *s.m.* [pl. *-sti*] membro della congregazione religiosa fondata da san Paolo della Croce (1694-1775).

passista [pas-sì-sta] *s.m.* e *f.* [pl.m. *-sti*] (*sport*) ciclista che sa mantenere a lungo un'andatura sostenuta su un percorso pianeggiante.

passito [pas-sì-to] *agg.* e *s.m.* si dice di vino liquoroso fatto con uva passa.

passivante [pas-si-vàn-te] *agg.* (*gramm.*) si dice di forme che danno luogo a costruzione passiva | *si* —, la particella pronominale *si* che, premessa alle terze persone di un verbo attivo, gli conferisce valore passivo (p.e. *si costruirono molti grattacieli*, cioè *furono costruiti*).

passività [pas-si-vi-tà] *s.f.* **1** l'essere passivo **2** (*econ.*) spesa, debito.

passivo [pas-sì-vo] *agg.* **1** che subisce l'azione altrui; privo di iniziativa: *atteggiamento* — | *verbo* —, (*gramm.*) indicante che un'azione non è fatta ma subita dal soggetto (p.e. *Paolo è stimato da tutti*) **2** (*econ.*) si dice di bilancio che presenta un deficit, ossia un'eccedenza dei costi rispetto ai ricavi ♦ *s.m.* **1** (*econ.*) passività: *il — supera l'attivo* | *chiudere il bilancio in* —, in perdita **2** (*sport*) l'insieme delle reti o dei punti subiti da una squadra **3** (*gramm.*) forma verbale passiva: *volgere al* — □ **passivamente** *avv.* con passività, senza reazioni: *accettare qlco.* —.

passo[1] [pàs-so] *s.m.* **1** ciascuno dei movimenti alterni che si compiono camminando: *fare, muovere un* — | *a grandi passi*, velocemente | *a ogni* —, (*fig.*) molto frequentemente | — —, *un — dopo l'altro*, (*fig.*) poco per volta | *fare un — falso*, mettere un piede in fallo; (*fig.*) commettere un errore | *tornare sui propri passi*, percorrere a ritroso il cammino fatto in precedenza; (*fig.*) ricominciare da principio | *fare il — più lungo della gamba*, (*fig.*) voler fare di più di quanto consentano le proprie possibilità. DIM. *passetto, passettino* **2** la distanza che si può coprire con un passo; breve distanza: *abita a un — da qui* | *essere a un* —, (*fig.*) vicino al raggiungimento di qlco. | *il — è breve*, (*fig.*) non ci vuole molto **3** la maniera di camminare, l'andatura: — *veloce* | *di pari* —, con la stessa andatura; (*fig.*) parallelamente, insieme | *di questo* —, (*fig.*) proseguendo in questa maniera | *andare, stare al* —, marciare allo stesso ritmo di altre persone; (*fig.*) essere in armonia: *stare al — con i tempi* | *andare, procedere a — d'uomo*, (*fig.*) molto lentamente, riferito a veicoli | *—!*, (*mil.*) ordine dato durante la marcia, che si esegue battendo energicamente il piede sinistro in terra **4** movimento particolare dei piedi, della gamba o di tutto il corpo in una figurazione di danza: — *di valzer* **5** l'andatura di un animale quando non corre: *cavallo che va al* — **6** nel ciclismo, l'andatura che un corridore può tenere in pianura: *essere forte sul —* 7 (*fig.*) iniziativa che si prende per ottenere qlco.: *ha fatto i passi necessari per riuscire nell'intento* | *fare un — importante*, prendere una decisione di rilievo 8 brano di uno scritto, di un discorso, di un pezzo musicale: *antologia di passi scelti* 9 (*cine.*) distanza tra due fori consecutivi ai lati della pellicola | (*estens.*) larghezza della pellicola: *film a — normale, ridotto.*

passo[2] *s.m.* 1 luogo attraverso il quale si passa; passaggio: *lasciare libero il —; cedere il —*, lasciar passare qlcu. per primo, in segno di cortesia | *uccelli di —*, che migrano in autunno 2 in una catena montuosa, depressione che facilita le comunicazioni tra i due versanti; valico: *— del Monginevro.*

passo[3] *agg.* appassito, secco: *uva passa.*

password [/ ˈpasword /] *s.f.invar.* (*ingl.*; *inform.*) parola d'accesso, parola d'ordine per accedere a particolari informazioni e programmi.

pasta [pà-sta] *s.f.* 1 impasto a base di farina, acqua e altri ingredienti, lavorato finché sia diventato compatto e sodo: *fare la —* | *— sfoglia*, pasta a base di farina e burro che, una volta cotta, risulta divisa in tanti fogli sottili e friabili | *avere le mani in — in qlco.*, (*fig.*) esservi addentro 2 impasto a base di farina di frumento che, tagliato in varie forme ed essiccato, si cuoce e si mangia in brodo o asciutto: *— all'uovo*; *— e fagioli.* DIM. *pastina* 3 dolce di piccole dimensioni; pasticcino: *— alla crema* 4 ogni sostanza densa e plasmabile: *— dentifricia* 5 (*fig.*) natura, indole, carattere: *essere fatti della stessa —*, essere simili.

pastafrolla [pa-sta-fròl-la], o **pasta frolla**, *s.f.* [pl. *-le*] pasta dolce a base di farina, zucchero, uova e burro | *essere di —*, (*fig.*) essere debole, fiacco.

pastarella [pa-sta-rèl-la] *s.f.* (*region.*) pasticcino.

pastasciutta [pa-sta-sciùt-ta], o **pasta asciutta**, *s.f.* [pl. *pastasciutte* o *paste asciutte*] piatto tipico della cucina italiana composto di pasta cotta in acqua bollente salata, scolata e variamente condita: *— col pomodoro.*

pasteggiare [pa-steg-già-re] *v.intr.* [*io pastéggio ecc.*; aus. *avere*] consumare i pasti (bevendo qlco.): *— con vino, a champagne.*

pastella [pa-stèl-la] *s.f.* pasta molle di farina e acqua, usata per fare frittelle o per ricoprire cibi da friggere.

pastello [pa-stèl-lo] *s.m.* 1 impasto solido di colore in forma di piccolo cilindro, usato per dipingere: *una scatola di pastelli* | (*estens.*) tecnica pittorica basata sull'uso dei pastelli: *ritratto a —* 2 dipinto eseguito con i pastelli ♦ *agg.invar.* di tonalità tenue e luminosa: *rosa, verde —.*

pastetta [pa-stét-ta] *s.f.* 1 pastella 2 (*fig.*, *pop.*) accordo segreto; imbroglio, raggiro.

pasticca [pa-stìc-ca] *s.f.* (*fam.*) pastiglia: *— per la tosse.* DIM. *pasticchetta.*

pasticceria [pa-stic-ce-rì-a] *s.f.* 1 l'arte di preparare dolci; l'industria della fabbricazione dei dolci 2 assortimento di paste dolci: *— da tè* 3 negozio dove si vendono dolci.

pasticciare [pa-stic-ciàre] *v.tr.* [*io pasticcio ecc.*] 1 eseguire male, in modo confuso, disordinato: *— un compito* | (*assol.*) far pasticci, confusione 2 fare sgorbi su qlco.; sporcare: *— un foglio.*

pasticciato [pa-stic-cià-to] *agg.* 1 eseguito male; disordinato 2 sporco, rovinato 3 si dice di vivanda ricoperta da una sfoglia di pasta o besciamella e cotta al forno: *maccheroni pasticciati.*

pasticciere [pa-stic-ciè-re] *s.m.* [f. *-a*] chi fa o vende dolci | Usato come *agg.* nella loc. *crema pasticciera*, crema densa, a base di latte, rossi d'uovo, farina e zucchero.

pasticcino [pa-stic-cì-no] *s.m.* piccola pasta dolce, particolarmente indicata per il tè.

pasticcio [pa-stìc-cio] *s.m.* 1 pietanza composta di vari ingredienti, per lo più avvolti da una sfoglia di pasta e cotti al forno: *— di maccheroni* 2 (*fig.*) lavoro disordinato, male eseguito 3 (*fig.*) situazione intricata; guaio: *togliere qlcu. dai pasticci* 4 (*mus.*) opera costituita da pezzi di più autori; pastiche.

pasticcione [pa-stic-ció-ne] *s.m.* [f. *-a*] chi lavora in maniera disordinata; chi agisce confusamente, ingarbugliando le cose o le idee.

pastiche [/ pasˈtiʃ /] *s.m.invar.* (*fr.*) 1 in arte, in musica o in letteratura, opera modellata sullo stile di altri autori o composta di elementi di provenienza diversa 2 *— linguistico*, fusione di parole o espressioni di provenienza varia.

pastiera [pa-stiè-ra] *s.f.* torta di pasta frolla con ripieno di ricotta, grano macerato e canditi; è una specialità napoletana.

pastificare [pa-sti-fi-cà-re] *v.tr.* e *intr.* [*io pastìfico, tu pastìfichi ecc.*; aus. dell'intr. *avere*] eseguire la pastificazione.

pastificazione [pa-sti-fi-ca-zió-ne] *s.f.* insieme delle operazioni necessarie per trasformare la farina in pasta.

pastificio [pa-sti-fi-cio] *s.m.* 1 stabilimento per la fabbricazione di paste alimentari 2 (*estens.*) negozio dove si vendono paste alimentari.

pastiglia [pa-stì-glia] *s.f.* 1 preparato farmaceutico o dolciario a forma di piccolo disco: *pastiglie per la gola.* DIM. *pastiglietta* 2 (*mecc.*) piccolo disco metallico inserito come guarnizione d'attrito tra due organi in movimento: *le pastiglie dei freni.*

pastina [pa-stì-na] *s.f.* pasta alimentare di piccolo formato, che si mangia in brodo.

pastinaca [pa-sti-nà-ca] *s.f.* 1 pianta erbacea con infiorescenza gialla e radici carnose commestibili 2 grosso pesce di mare dal corpo appiattito.

pasto [pà-sto] *s.m.* 1 l'atto del mangiare a ore determinate; il pranzo o la cena: *fare due pasti al giorno* | *vino da —*, adatto a essere bevuto durante il pasto | *dare in —*, (*fig.*) offrire alla curiosità altrui, rendere di pubblico dominio: *dare una notizia in — alla stampa* 2 l'insieme dei cibi che si mangiano in un pasto: *— abbondante, frugale.*

pastoia [pa-stó-ia] *s.f.* 1 fune che si lega alle zampe degli animali al pascolo perché non si allontanino 2 (*fig.*) legame, impaccio che intralcia un'attività: *pastoie burocratiche* 3 (*zool.*) parte dell'arto degli equini, dei bovini e di altri ungulati.

pastone [pa-stó-ne] *s.m.* 1 miscuglio di crusca o farina di granturco, intriso d'acqua, che si dà come mangime agli animali 2 (*fig.*) insieme di cose male assortite; guazzabuglio 3 nel linguaggio giornalistico, articolo di argomento politico che rielabora notizie tratte da diverse fonti.

pastorale[1] [pa-sto-rà-le] *agg.* 1 di pastore, relativo ai pastori: *canti pastorali* | *poesia, dramma, favola* —, ispirate all'ambiente dei pastori e alla vita campestre 2 (*eccl.*) che si riferisce al sacerdote, in quanto guida spirituale dei fedeli: *attività* — ♦ *s.f.* 1 lettera inviata dal vescovo ai parroci e ai fedeli della diocesi 2 insieme delle iniziative della chiesa in un determinato settore: *la — del matrimonio*.

pastorale[2] *s.f.* 1 dramma pastorale 2 (*mus.*) composizione che si ispira a scene della vita dei pastori: *la "Pastorale" di Beethoven*.

pastorale[3] *s.m.* (*eccl.*) bastone ricurvo che simboleggia l'autorità del vescovo.

pastore [pa-stó-re] *s.m.* [f. *-a*] 1 chi guida al pascolo le greggi. DIM. *pastorello* 2 (*fig.*) capo, guida spirituale, sacerdote: — *di anime* | nelle chiese protestanti, il ministro del culto 3 denominazione comune a cani di varie razze, adatti alla guardia delle greggi: — *tedesco, maremmano*.

pastorella [pa-sto-rèl-la] *s.f.* nella letteratura italiana dei primi secoli, componimento lirico di origine provenzale che rappresentava il dialogo tra un cavaliere e una pastorella.

pastorizia [pa-sto-rì-zia] *s.f.* l'attività di allevare gli ovini e di utilizzarne i prodotti: *praticare la* —.

pastorizio [pa-sto-rì-zio] *agg.* che si riferisce alla pastorizia: *prodotti pastorizi*.

pastorizzare [pa-sto-riʒ-ʒà-re] *v.tr.* sottoporre il latte o altro liquido organico alla pastorizzazione.

pastorizzato [pa-sto-riʒ-ʒà-to] *agg.* che ha subito un processo di pastorizzazione: *latte* —.

pastorizzazione [pa-sto-riʒ-ʒa-zió-ne] *s.f.* processo termico mediante il quale si distruggono i germi nei liquidi alimentari: *la — del latte*.

pastosità [pa-sto-si-tà] *s.f.* l'essere pastoso.

pastoso [pa-stó-so] *agg.* 1 che ha consistenza di pasta; cedevole al tatto: *materia pastosa* 2 (*fig.*) morbido, caldo, gradevole: *voce pastosa*.

pastrano [pa-strà-no] *s.m.* soprabito pesante da uomo, tipico delle divise militari.

pastrocchio [pa-stròc-chio] *s.m.* (*fam.*) intruglio, pasticcio.

pastura [pa-stù-ra] *s.f.* 1 il pascere all'aperto; terreno destinato a pascolo: *terreni tenuti a* — | (*estens.*) l'erba con cui si nutrono gli animali 2 cibo gettato in acqua ai pesci per attirarli.

patacca [pa-tàc-ca] *s.f.* 1 moneta di poco valore | (*fig.*) cosa di poco pregio; oggetto falso 2 (*scherz.*) medaglia, decorazione vistosa, ma di scarsa importanza 3 (*fam.*) grossa macchia d'unto: *una — sul vestito*.

pataccone [pa-tac-có-ne] *s.m.* (*fam.*) vecchio e grosso orologio da tasca.

patarino [pa-ta-rì-no] *s.m.* seguace di un movimento medievale che propugnava una radicale riforma religiosa e politica ♦ *agg.* relativo al movimento dei patarini.

patata [pa-tà-ta] *s.f.* 1 pianta erbacea con fiori bianchi o violetti, originaria dell'America meridionale 2 il tubero commestibile di questa pianta: *patate fritte* | — *bollente*, (*fig.*) problema scottante | *naso a* —, (*fig.*) corto e con la punta arrotondata. DIM. *patatina*.

patatina [pa-ta-tì-na] *s.f.* fettina di patata, generalmente fritta.

patatràc [pa-ta-tràc] *inter.* voce onomatopeica che imita il rumore di qlco. di pesante che crolla o si sfascia ♦ *s.m.invar.* crollo (spec. *fig.*): *è successo un* —.

patavino [pa-ta-vì-no] *agg.* (*lett.*) di Padova, padovano ♦ *s.m.* [f. *-a*] abitante, nativo di Padova.

patchwork [/ ˈpɛtʃwork /] *s.m.invar.* (*ingl.*) lavoro di cucito o di maglia formato da molte pezze di colori diversi unite insieme.

pâté [/ paˈte /] *s.m.invar.* (*fr.*) (*gastr.*) pasticcio di consistenza cremosa: — *di olive*.

patella [pa-tèl-la] *s.f.* 1 (*anat.*) rotula del ginocchio 2 piccolo mollusco marino commestibile, con conchiglia a forma di cono appiattito.

patema [pa-tè-ma] *s.m.* [pl. *-mi*] grave turbamento, afflizione, ansietà: — *d'animo*, stato ansioso.

patena [pa-tè-na] *s.f.* piccolo piatto rotondo d'oro o d'argento, su cui il sacerdote posa l'ostia durante la messa.

patentato [pa-ten-tà-to] *agg.* 1 (*non com.*) munito di patente; abilitato 2 (*scherz.*) ben noto per certe qualità e caratteristiche negative; matricolato: *ladro* —.

patente [pa-tèn-te] *s.f.* 1 concessione o licenza che abilita all'esercizio di un'attività o di una professione | documento che autorizza a condurre autoveicoli 2 (*scherz.*) qualifica negativa: *dare a qlcu. la — di bugiardo*.

patentino [pa-ten-tì-no] *s.m.* patente provvisoria o che comporta delle limitazioni.

pater [/ ˈpater /] *s.m.invar.* (*lat.*) abbr. di *pater noster*, prime due parole del testo latino del padrenostro.

patera [pà-te-ra] *s.f.* nell'antichità greco-romana, sorta di tazza larga, bassa e senza anse, usata nei sacrifici alle divinità.

pateracchio [pa-te-ràc-chio] *s.m.* (*spreg.*) accordo non chiaro; garbuglio, pasticcio.

patereccio [pa-te-réc-cio] *s.m.* (*med.*) infiammazione acuta dei tessuti attorno alle unghie della mano.

paternale [pa-ter-nà-le] *s.f.* rimprovero grave e solenne; ramanzina: *fare una lunga* —.

paternalismo [pa-ter-na-li-ʃmo] *s.m.* atteggiamento politico di sovrani assoluti che concedevano provvedimenti favorevoli al popolo come atti di benevolenza personale | (*estens.*) atteggiamento analogo del datore di lavoro verso i dipendenti o, più in generale, del superiore verso l'inferiore, dell'anziano verso il giovane.

paternalista [pa-ter-na-lì-sta] *s.m.* e *f.* [pl.m. *-sti*] chi si comporta con paternalismo | Usato anche come *agg.*: *atteggiamento —*.

paternalistico [pa-ter-na-lì-sti-co] *agg.* [pl.m. -*ci*] proprio del paternalismo; ispirato a paternalismo: *metodo —* □ **paternalisticamente** *avv.*

paternità [pa-ter-ni-tà] *s.f.* **1** la condizione di padre **2** (*burocr.*) nome, identità del padre in documenti anagrafici **3** appartenenza di un'opera a un determinato autore: *la — di un'opera* | (*estens.*) responsabilità: *la — di un attentato.*

paterno [pa-tèr-no] *agg.* **1** del padre: *amore —* | da parte di padre: *nonno —* **2** (*fig.*) simile a un padre; affettuoso, benevolo: *gesto —* □ **paternamente** *avv.*

pateticità [pa-te-ti-ci-tà] *s.f.* l'essere patetico.

patetico [pa-tè-ti-co] *agg.* [pl.m. *-ci*] **1** che suscita nell'animo compassione: *una storia patetica* **2** di sentimentalismo eccessivo: *atteggiamento —* **3** imbarazzante, penoso: *comportarsi in modo —* ♦ *s.m.* **1** ciò che fa leva sul sentimento e tende a commuovere: *cadere nel —* **2** [f. *-a*] persona svenevole: *fare il —* □ **pateticamente** *avv.*

patetismo [pa-te-tì-ʃmo] *s.m.* sentimentalismo malinconico: *il — della musica di Čajkovskij.*

pathos [pà-thos] *s.m.invar.* sentimento intenso che conferisce drammaticità ed efficacia a una creazione artistica: *un dramma pieno di —* | (*estens.*) tensione emotiva.

-patia secondo elemento di parole composte, che si riferisce a determinati affetti, sentimenti, passioni (*antipatia, apatia*) o designa una particolare capacità percettiva (*telepatia*); in medicina, denota un disturbo relativo a un organo (*cardiopatia*).

patibolare [pa-ti-bo-là-re] *agg.* da patibolo, degno del patibolo: *faccia —*, da delinquente.

patibolo [pa-tì-bo-lo] *s.m.* qualsiasi strumento (forca, ghigliottina ecc.) per l'esecuzione di condanne a morte | (*estens.*) la condanna e l'esecuzione stessa: *mandare al —*.

-patico secondo elemento di aggettivi derivati da sostantivi in *-patia* (*antipatico, cardiopatico*).

patimento [pa-ti-mén-to] *s.m.* il patire: *— di freddo* | dolore fisico o morale; sofferenza: *una vita di patimenti.*

patina [pà-ti-na] *s.f.* **1** velatura che si forma col tempo su dipinti e altri oggetti antichi | *— del tempo*, (*fig.*) il segno lasciato dal trascorrere del tempo **2** lo strato di pigmenti che si stende su un tipo di carta da stampa per renderla liscia e lucida **3** (*med.*) velo giallastro che talora si forma sulla lingua **4** (*estens.*) strato sottile che ricopre qlco.

patinare [pa-ti-nà-re] *v.tr.* [*io pàtino ecc.*] coprire di patina, stendere la patina su qlco.

patinato [pa-ti-nà-to] *agg.* **1** ricoperto di patina: *carta patinata* **2** (*fig.*) caratterizzato da perfezione tutta esteriore o apparente: *la bellezza patinata delle dive.*

patinatura [pa-ti-na-tù-ra] *s.f.* **1** l'operazione di rivestire di una patina la superficie di un oggetto per farlo apparire antico **2** trattamento per rendere liscia e lucida la carta da stampa.

patinoso [pa-ti-nó-so] *agg.* simile a patina, ricoperto di patina.

patio [/ ˈpatjo /] *s.m.invar.* (*sp.*) cortile di ville e case di campagna in stile spagnolo, provvisto di fontane e piante e circondato da un porticato.

patire [pa-tì-re] *v.tr.* [*io patisco, tu patisci ecc.*] **1** provare, subire qlco. che causi dolore, danno, offesa: *— il freddo, un'ingiustizia* **2** sopportare, tollerare: *non poter — qlco.* **3** (*assol.*) provare sofferenze: *ha molto patito* **4** ricevere danno da qlco., guastarsi per qlco.: *farmaco che patisce l'umidità.*

patito [pa-tì-to] *agg.* deperito, sofferente, smunto: *un volto —* ♦ *s.m.* [f. *-a*] chi è molto appassionato di qlco.: *un — del calcio.*

pato- primo elemento di parole composte della terminologia medica, che significa 'malattia' (*patogeno, patologia*).

patofobia [pa-to-fo-bì-a] *s.f.* (*psicol.*) paura morbosa di contrarre malattie.

patogenesi [pa-to-gè-ne-ʃi] *s.f.* (*med.*) complesso delle modalità con cui si origina una malattia.

patogeno [pa-tò-ge-no] *agg.* (*med.*) capace di provocare una malattia: *germe —*.

patologia [pa-to-lo-gì-a] *s.f.* **1** branca della medicina che studia le malattie: *— generale* **2** (*estens.*) malattia.

patologico [pa-to-lò-gi-co] *agg.* [pl.m. *-ci*] **1** che riguarda la patologia; che si manifesta in condizioni morbose: *anatomia patologica* **2** (*fig.*) anormale, abnorme: *timidezza patologica* □ **patologicamente** *avv.*

patologo [pa-tò-lo-go] *s.m.* [f. *-a*; pl.m. *-gi*] studioso di patologia.

patria [pà-tria] *s.f.* **1** la terra propria di un popolo, alla quale ciascuno dei suoi membri sente di appartenere per nascita e per vincoli di carattere affettivo, culturale | *la — celeste*, (*fig.*) il paradiso **2** (*lett.*) città, paese natale: *Certaldo, — del Boccaccio* **3** (*estens.*) luogo d'origine, luogo di nascita: *l'Inghilterra è la — della democrazia.*

patriarca [pa-tri-àr-ca] *s.m.* [pl. *-chi*] **1** (*etnol.*) il capo di una grande famiglia o tribù | (*estens.*) uomo vecchio, capo di una numerosa famiglia **2** nell'Antico Testamento, denominazione dei tre antichi padri (Abramo, Isacco, Giacobbe), da cui ebbe origine il popolo ebraico **3** (*eccl.*) alto prelato: *il — di Venezia.*

patriarcale [pa-triar-cà-le] *agg.* **1** che è organizzato sotto la guida e l'autorità del padre di famiglia; che si fonda sul patriarcato: *società —* **2** di patriarca, da patriarca: *autorità —* | (*estens.*) semplice e austero: *vita —* **3** (*eccl.*) di patriarca: *sede —*.

patriarcato [pa-triar-cà-to] *s.m.* **1** (*etnol.*) sistema sociale nel quale l'autorità spetta all'uomo più anziano di ciascuna famiglia e nel quale la trasmissione dei beni e dei diritti avviene secondo la linea maschile 2 (*eccl.*) dignità e giurisdizione ecclesiastica di un patriarca.

patrigno [pa-trì-gno], o **padrigno**, *s.m.* il nuovo marito della madre rispetto ai figli da lei avuti in precedenza.

patrilineare [pa-tri-li-ne-à-re] *agg.* (*etnol.*) che segue la linea di discendenza paterna.

patrimoniale [pa-tri-mo-nià-le] *agg.* del patrimonio; che si riferisce al patrimonio: *rendita, imposta* —.

patrimonio [pa-tri-mò-nio] *s.m.* 1 il complesso dei beni appartenenti a una persona, a una famiglia, a un ente | (*estens.*) somma rilevante di denaro: *la casa è costata un* — 2 insieme di elementi propri di un ambiente: — *faunistico, boschivo* | (*fig.*) l'insieme dei valori spirituali, culturali che una persona o una collettività hanno accumulato nel tempo: — *morale.*

patrio [pà-trio] *agg.* 1 del padre: *patria potestà* | (*estens.*) degli avi: *le virtù patrie* 2 della patria: *amor* —.

patriota [pa-tri-ò-ta] *s.m.* e *f.* [pl.m. *-ti*] chi ama la patria, e per essa combatte e si sacrifica: *i patrioti del Risorgimento.*

patriottico [pa-tri-òt-ti-co] *agg.* [pl.m. *-ci*] di patriota, da patriota; ispirato da amor patrio: *spirito* — □ **patriotticamente** *avv.*

patriottismo [pa-tri-ot-tì-ʃmo] *s.m.* vivo e sincero amore per la propria patria.

patristica [pa-trì-sti-ca] *s.f.* 1 nella storia del cristianesimo, il periodo caratterizzato dall'insegnamento dei padri della chiesa (secc. II-VII) 2 la produzione teologico-letteraria dei padri della chiesa: *la* — *greca, latina.*

patristico [pa-trì-sti-co] *agg.* [pl.m. *-ci*] relativo ai padri della chiesa o alla patristica.

patriziato [pa-tri-zià-to] *s.m.* 1 nell'antica Roma, la dignità di patrizio; il ceto dei patrizi 2 (*estens.*) il ceto dei nobili, l'aristocrazia: *il* — *milanese.*

patrizio [pa-trì-zio] *agg.* e *s.m.* [f. *-a*] 1 nella Roma antica, che/chi apparteneva per diritto di nascita alla classe sociale dominante: *lotte tra patrizi e plebei* 2 (*estens.*) che/chi appartiene a famiglia aristocratica; nobile: *essere di sangue* —.

patrocinante [pa-tro-ci-nàn-te] *agg.* e *s.m.* e *f.* (*dir.*) che/chi difende una parte in un giudizio: *avvocato* —.

patrocinare [pa-tro-ci-nà-re] *v.tr.* [*io patrocìno ecc.*] 1 (*dir.*) detto di un avvocato o di un procuratore legale, difendere in giudizio: — *una causa* 2 (*estens.*) sostenere, appoggiare: — *una manifestazione.*

patrocinatore [pa-tro-ci-na-tó-re] *s.m.* [f. *-trice*] 1 (*dir.*) chi esercita il patrocinio legale 2 (*estens.*) sostenitore, difensore: *farsi* — *di una giusta causa.*

patrocinio [pa-tro-cì-nio] *s.m.* 1 (*dir.*) la rappresentanza e la difesa che un legale assicura al suo cliente nel corso di un giudizio 2 (*estens.*) sostegno, appoggio, protezione.

patrologia [pa-tro-lo-gì-a] *s.f.* 1 disciplina che studia le opere dei padri della chiesa: — *greca, latina* 2 l'insieme degli scritti dei padri della chiesa.

patron [/ paˈtrɔn /] *s.m.invar.* (*fr.*) chi organizza gare sportive, festival o altre manifestazioni.

patronale [pa-tro-nà-le] *agg.* del patrono, che si riferisce al santo patrono: *festa* —.

patronato [pa-tro-nà-to] *s.m.* 1 appoggio, tutela, protezione: *l'alto* — *del capo dello stato* 2 istituzione assistenziale o sindacale: — *scolastico.*

patronimico [pa-tro-nì-mi-co] *agg.* e *s.m.* [pl.m. *-ci*] si dice di nome di persona derivato da quello del padre o di un avo (p.e. *Pelide* da *Peleo*).

patrono [pa-trò-no] *s.m.* 1 avvocato che cura gli interessi di una parte in una causa: — *di parte civile* 2 [f. *-a*] santo riconosciuto come protettore di un paese, una città, una comunità: *san Francesco è il* — *d'Italia* 3 [f. *-essa*] persona influente che dà il proprio sostegno a un'iniziativa 4 nell'antica Roma, cittadino autorevole che tutelava e difendeva i clienti e gli schiavi liberati.

patta[1] [pàt-ta] *s.f.* 1 risvolto esterno delle tasche 2 (*region.*) lista di stoffa che copre i bottoni lungo un'allacciatura 3 (*region.*) presa che si usa in cucina per maneggiare pentole e tegami.

patta[2] *s.f.* punteggio pari nel gioco delle carte e degli scacchi: *fare* —, terminare una partita alla pari | *essere pari e* —, (*fig.*) in condizione di parità.

patteggiamento [pat-teg-gia-mén-to] *s.m.* 1 il patteggiare; trattativa conclusa con un compromesso 2 (*dir.*) nelle fasi iniziali di un processo penale, procedura con cui le parti si accordano per chiedere una pena ridotta rispetto a quella normale e un rito processuale abbreviato.

patteggiare [pat-teg-già-re] *v.tr.* [*io pattéggio ecc.*] trattare, fare oggetto di trattative: — *la resa* ♦ *v.intr.* [aus. *avere*] 1 condurre trattative: — *col nemico* 2 scendere a patti, a compromessi: — *con la propria coscienza.*

patteggiatore [pat-teg-gia-tó-re] *s.m.* [f. *-trice*] chi patteggia.

pattern [/ ˈpattern /] *s.m.invar.* (*ingl.*) schema, modello di riferimento.

pattinaggio [pat-ti-nàg-gio] *s.m.* lo sport praticato con i pattini; l'esercizio del pattinare: — *su ghiaccio.*

pattinare [pat-ti-nà-re] *v.intr.* [*io pàttino ecc.*; aus. *avere*] muoversi scivolando sul ghiaccio con i pattini a lama | correre con i pattini a rotelle 2 (*estens.*) sdrucciolare, slittare.

pattinatore [pat-ti-na-tó-re] *s.m.* [f. *-trice*] chi pratica il pattinaggio.

pattino[1] [pàt-ti-no] *s.m.* 1 lama di acciaio che si applica a un particolare tipo di calzatura e permette di scivolare sul ghiaccio | — *a rotelle*, telaio con quattro piccole ruote che, applicato sotto le scarpe, consente di correre su superfici levigate 2 (*tecn.*) elemento che scorre su una superficie per guidare il moto di un organo.

pattino[2] [pat-tì-no] *s.m.* tipo di imbarcazione leggera da diporto; moscone.

patto [pàt-to] *s.m.* accordo fra due o più parti; ciascuno dei punti stabiliti in un accordo: — *di alleanza*; *stare ai patti*, rispettarli; *scendere, venire a patti*, raggiungere un compromesso | *a — che*, a condizione che | *a nessun* —, a nessuna condizione.

pattuglia [pat-tù-glia] *s.f.* 1 piccolo gruppo di militari o di agenti di polizia incaricati di compiti di controllo e di vigilanza: — *stradale*, di polizia stradale 2 (*estens.*) piccolo gruppo di persone legate da un interesse comune: *una — di tifosi*.

pattugliamento [pat-tu-glia-mén-to] *s.m.* lo svolgimento del servizio di pattuglia.

pattugliante [pat-tu-gliàn-te] *s.m.* chi fa parte di una pattuglia di soldati o di agenti di polizia.

pattugliare [pat-tu-glià-re] *v.intr.* [*io pattùglio ecc.*; aus. *avere*] andare in pattuglia, compiere il servizio di pattuglia ♦ *v.tr.* perlustrare con una pattuglia; sorvegliare: — *una zona*.

pattuire [pat-tu-ì-re] *v.tr.* [*io pattuisco, tu pattuisci ecc.*] stabilire con un patto, un accordo; stipulare, trattare: — *la resa*.

pattuito [pat-tu-ì-to] *agg.* stabilito insieme, concordato mediante patto: *prezzo* —.

pattume [pat-tù-me] *s.m.* (*tosc.*) roba sudicia e inutile; spazzatura, immondizia.

pattumiera [pat-tu-miè-ra] *s.f.* recipiente in cui si raccoglie la spazzatura.

paturnie [pa-tùr-nie] *s.f.pl.* (*pop.*) malumore, stizza: *far venire le* —.

paulonia [pau-lò-nia] *s.f.* albero ornamentale di grandi dimensioni con foglie ovali e fiori violetti in grappolo.

pauperismo [pau-pe-rì-ʃmo] *s.m.* 1 l'ideale di povertà di alcuni ordini e comunità cristiane: *il — francescano* 2 condizione di povertà di strati della popolazione di un paese.

pauperistico [pau-pe-rì-sti-co] *agg.* [pl.m. *-ci*] del pauperismo, relativo al pauperismo: *ideale* —.

paura [pa-ù-ra] *s.f.* 1 sensazione che si prova in relazione a un pericolo vero o immaginato: *tremare di* — | *mettere, far — a qlcu.*, spaventarlo | *avere una — del diavolo*, grandissima | *brutto da far* —, bruttissimo 2 (*estens.*) timore, preoccupazione: *ho — di non riuscirci*.

pauroso [pau-ró-so] *agg.* 1 che abitualmente ha paura: *bambino* — 2 che incute paura: *spettacolo* — | che desta profonda impressione per la sua gravità: *un — incidente* 3 (*fam.*) straordinario, fuori del comune: *una memoria paurosa* □ **paurosamente** *avv.*

pausa [pàu-ʃa] *s.f.* 1 interruzione, intervallo di breve durata: *fare una — durante il lavoro* 2 intervallo di silenzio in un discorso 3 (*mus.*) interruzione temporanea del canto o della musica | segno convenzionale con cui si indica sullo spartito la durata di un silenzio musicale.

pavana [pa-và-na] *s.f.* danza in tempo binario, di andamento moderato e solenne, tipica dei secc. XVI e XVII.

paventare [pa-ven-tà-re] *v.tr.* [*io pavènto ecc.*] (*lett.*) temere ♦ *v.intr.* [aus. *avere*] (*lett.*) aver paura, essere in ansia.

pavesare [pa-ve-ʃà-re] *v.tr.* [*io pavéʃo ecc.*] ornare di pavese una nave | (*estens.*) ornare a festa un edificio con bandiere e festoni.

pavese[1] [pa-vé-ʃe] *agg.* di Pavia ♦ *s.m.* [anche *f.*] abitante, nativo di Pavia.

pavese[2] *s.m.* insieme di bandiere e altri addobbi con cui si orna una nave o un edificio in segno di festa.

pavidità [pa-vi-di-tà] *s.f.* l'essere pavido; carattere pavido, pauroso.

pavido [pà-vi-do] *agg.* e *s.m.* [f. *-a*] (*lett.*) abitualmente pauroso, timoroso | codardo: *soldato* — □ **pavidamente** *avv.*

pavimentale [pa-vi-men-tà-le] *agg.* del pavimento: *mosaico* —.

pavimentare [pa-vi-men-tà-re] *v.tr.* [*io paviménto ecc.*] fare il pavimento di una stanza o il lastricato di una strada.

pavimentazione [pa-vi-men-ta-zió-ne] *s.f.* il pavimentare | il pavimento stesso; il lastricato delle vie, l'asfalto stradale.

pavimentista [pa-vi-men-tì-sta] *s.m.* e *f.* [pl.m. *-sti*] operaio addetto a lavori di pavimentazione.

pavimento [pa-vi-mén-to] *s.m.* rivestimento del piano di calpestio con mattonelle, marmo, legno o altro materiale | — *stradale*, lastricato, asfalto.

pavoncella [pa-von-cèl-la] *s.f.* uccello insettivoro dell'Europa settentrionale, con piumaggio verde striato di rosso e di azzurro.

pavone [pa-vó-ne] *s.m.* 1 grosso uccello dai colori smaglianti; il maschio ha sul dorso e sulla coda magnifiche penne che può alzare e allargare a ruota 2 (*fig.*) uomo vanitoso, eccessivamente compiaciuto di sé.

pavoneggiarsi [pa-vo-neg-giàr-si] *v.intr.pron.* [*io mi pavonéggio ecc.*] compiacersi in modo esagerato di sé, darsi delle arie.

pavonesco [pa-vo-né-sco] *agg.* [pl.m. *-schi*] (*lett.*) da pavone (spec. *fig.*): *boria pavonesca*.

pavonia [pa-vò-nia] *s.f.* grossa farfalla notturna di colore fulvo con macchie circolari sulle ali.

pay TV [/ pɛitivˈ vu /] *loc.s.f.invar.* (*ingl.*) rete televisiva che trasmette con segnale codificato, decifrabile mediante installazione di un apposito dispositivo che si ottiene dietro pagamento di un canone.

pazientare [pa-zien-tà-re] *v.intr.* [*io paziènto ecc.*; aus. *avere*] avere pazienza.

paziente [pa-ziè-n-te] *agg.* 1 che ha pazienza | detto di animale, che è docile, che tollera lavori gravosi: *il bue è un animale* — 2 che richiede pazienza o che è stato fatto con pazienza: *un — lavoro di ricerca* ♦ *s.m.* [anche *f.*] chi si sottopone alle cure di un medico □ **pazientemente** *avv.*

pazienza [pa-ziè-n-za] *s.f.* 1 qualità di chi sopporta serenamente avversità, molestie, contrattempi: *avere* —; *perdere la* — | *pazienza!*, esclamazione con cui si esprime rassegnazione, condiscendenza: *è andata così, —!* 2 (*estens.*) costanza, diligenza, precisione: *lavoro che richiede*

— **3** riferito ad animali, docilità, mansuetudine.
pazzerellone [paz-ze-rel-ló-ne] *agg.* e *s.m.* [f. *-a*] che/chi ama scherzare e divertirsi con allegria spensierata.
pazzesco [paz-zé-sco] *agg.* [pl.m. *-schi*] **1** di pazzo, da pazzo: *un discorso* — **2** (*fig.*) straordinariamente grande; esagerato, eccessivo: *un prezzo* —.
pazzia [paz-zì-a] *s.f.* **1** ogni forma di malattia mentale; follia: *dare segni di* — **2** (*estens.*) azione, discorso da pazzo: *fare, dire pazzie* | azione avventata, sconsiderata, stravagante: *in gioventù si commettono pazzie.*
pazzo [pàz-zo] *agg.* **1** malato di mente; folle: *diventare* — | *essere* — *di gioia*, (*iperb.*) provare una gioia straordinaria | *andare* — *per qlcu.*, *per qlco.*, provare una forte passione, sentire grande attrazione **2** (*estens.*) degno di chi è pazzo; sconsiderato, insensato: *spese pazze* | bizzarro, stravagante: *un tipo* — | *tempo* —, incostante. DIM. *pazzerello* ♦ *s.m.* [f. *-a*] **1** chi è affetto da pazzia **2** (*estens.*) persona sconsiderata, insensata | *cose da pazzi*, cose strane, insensate, fuori del comune **3** (*iperb.*) persona bizzarra, stravagante □ **pazzamente** *avv.* **1** da pazzo **2** (*iperb.*) moltissimo, straordinariamente: *amare* — *il teatro.*
pazzoide [paz-zòi-de] *agg.* un po' pazzo, mezzo matto: *un tipo un po'* — | (*estens.*) originale, stravagante.
peana [pe-à-na] *s.m.* [pl. *invar.* o *-ni*] **1** nella poesia greca, inno in onore di Apollo **2** (*estens.*) componimento che celebra una vittoria o che esalta il valore, la gloria militare.
pecari [pè-ca-ri] *s.m.* mammifero sudamericano simile a un piccolo cinghiale, addomesticabile, ricercato per la pelle pregiata.
pecca [pèc-ca] *s.f.* vizio, difetto.
peccaminoso [pec-ca-mi-nó-so] *agg.* che è origine di peccato, che stimola al peccato; pieno di peccati: *vita peccaminosa.*
peccare [pec-cà-re] *v.intr.* [*io pècco, tu pècchi ecc.*; aus. *avere*] **1** (*teol.*) commettere peccato: — *di superbia* **2** (*estens.*) mancare, sbagliare: — *d'ingratitudine* | (*fig.*) avere dei difetti: *un lavoro che pecca nella cura dei particolari.*
peccato [pec-cà-to] *s.m.* **1** (*teol.*) ogni violazione volontaria della legge di Dio: *cadere in* —; *rimettere i peccati*, assolvere; — *originale*, lo stato di colpa connaturato a ogni essere umano e che si cancella col battesimo. DIM. *peccatuccio* **2** (*estens.*) colpa, errore: — *di gioventù* **3** (*fig.*) fatto o situazione inopportuna, deplorevole: *è un* — *che non sia venuto.*
peccatore [pec-ca-tó-re] *agg.* e *s.m.* [f. *-trice*] (*teol.*) che/chi ha commesso un peccato o commette abitualmente peccati: *tutti gli uomini sono peccatori* | — *impenitente*, incorreggibile.
pecchiaiolo [pec-chia-iò-lo] *s.m.* nome comune di un falco che si nutre preferibilmente di api e vespe.
pece [pé-ce] *s.f.* residuo nero molto viscoso della distillazione del catrame, impiegato come materiale protettivo e isolante, nella produzione di asfalti artificiali ecc. | *nero come la* —, nerissimo.
pecetta [pe-cét-ta] *s.f.* (*tosc.*) cerotto | (*estens.*) pezzo di carta o altro materiale che serve per rattoppare.
pechblenda [pech-blen-da; / pek'blɛnda /] *s.f.* minerale costituito da una miscela di ossidi di uranio, da cui si estrae questo metallo.
pechinese [pe-chi-né-se] *agg.* di Pechino ♦ *s.m.* **1** [anche *f.*] chi abita o è nato a Pechino **2** piccolo cane da compagnia con orecchie pendenti e pelo lungo e liscio.
pecionata [pe-cio-nà-ta] *s.f.* (*roman.*) lavoro raffazzonato, malfatto.
pecora [pè-co-ra] *s.f.* **1** mammifero ruminante di media grandezza, allevato per il latte, la carne e la lana. DIM. *pecorella* ACCR. *pecorone* (m.) | *essere la* — *nera*, (*fig.*) distinguersi dagli altri per una qualità negativa **2** (*fig.*) persona sciocca, stupida, oppure imbelle, servile | si dice anche di animale docile e mite.
pecoraggine [pe-co-ràg-gi-ne] *s.f.* il comportarsi come una pecora, con viltà ed eccessiva remissività.
pecoraio [pe-co-rà-io], region. **pecoraro**, *s.m.* [f. *-a*] **1** guardiano di pecore **2** (*fig.*) uomo rozzo e ignorante.
pecorame [pe-co-rà-me] *s.m.* **1** insieme di pecore **2** (*fig.*) gruppo di persone che si comportano servilmente.
pecoreccio [pe-co-réc-cio] *agg.* [pl.f. *-ce*] volgare, grossolano: *uno spettacolo* —.
pecorella [pe-co-rèl-la] *s.f.* **1** pecora giovane; agnello | *prov.*: *cielo a pecorelle, pioggia a catinelle*, quando il cielo è coperto da nuvole a fiocchi, si presagisce pioggia abbondante **2** (*fig.*) il cristiano (in quanto appartiene al gregge dei fedeli) | — *smarrita*, chi vive in peccato; chi si è allontanato dalla propria famiglia, dal proprio gruppo.
pecorino [pe-co-rì-no] *agg.* di pecora: *lana pecorina* ♦ *s.m.* formaggio di pasta dura, dolce o salato, prodotto con latte intero di pecora.
pecorone [pe-co-ró-ne] *s.m.* [f. *-a*] **1** grossa pecora **2** (*fig.*) persona conformista, vile, sottomessa.
pectina [pe-ctì-na] *s.f.* (*chim.*) ciascuno dei polisaccaridi vegetali che in acqua producono un gel forte e stabile; si impiegano nella preparazione di marmellate e gelatine e in farmacia.
pectizzazione [pec-tiʒ-ʒa-zió-ne] *s.f.* (*chim.*) processo di formazione di un gel.
peculato [pe-cu-là-to] *s.m.* (*dir.*) reato di un pubblico ufficiale che si appropria di denaro o di altri beni a lui affidati dalla pubblica amministrazione.
peculiare [pe-cu-lià-re] *agg.* proprio, particolare, speciale, caratteristico: *qualità, carattere* — □ **peculiarmente** *avv.*
peculiarità [pe-cu-lia-ri-tà] *s.f.* l'essere peculiare; qualità particolare, tratto caratteristico: *la* — *di un prodotto.*

peculio [pe-cù-lio] *s.m.* **1** nel diritto romano, il complesso dei beni paterni di cui il figlio poteva disporre liberamente **2** (*estens.*) somma di denaro accumulata; gruzzolo, capitale.
pecunia [pe-cù-nia] *s.f.* (*lett.*) denaro.
pecuniario [pe-cu-nià-rio] *agg.* che si riferisce al denaro; che è espresso in denaro: *danno* — | pena pecuniaria, (*dir.*) multa, ammenda.
pedaggio [pe-dàg-gio] *s.m.* tassa pagata per poter percorrere certi itinerari, attraversare certi punti obbligati o transitare sulle autostrade.
pedagogia [pe-da-go-gì-a] *s.f.* [pl. *-gie*] disciplina che studia le teorie, i metodi e i problemi che concernono l'educazione dei giovani.
pedagogico [pe-da-gò-gi-co] *agg.* [pl.m. *-ci*] che riguarda la pedagogia □ **pedagogicamente** *avv.* in maniera pedagogica, dal punto di vista pedagogico.
pedagogismo [pe-da-go-gì-ʃmo] *s.m.* tendenza a dare rilievo eccessivo ai problemi educativi o ad attenersi con pedanteria a un metodo pedagogico.
pedagogista [pe-da-go-gì-sta] *s.m.* e *f.* [pl.m. *-sti*] studioso di pedagogia.
pedagogo [pe-da-gò-go] *s.m.* [f. *-a*; pl.m. *-ghi*] (*lett.*) educatore, precettore di bambini.
pedalabile [pe-da-là-bi-le] *agg.* si dice di strada che può essere agevolmente percorsa in bicicletta.
pedalare [pe-da-là-re] *v.intr.* [aus. *avere*] muovere i pedali della bicicletta con la pressione dei piedi | (*estens.*) andare in bicicletta.
pedalata [pe-da-là-ta] *s.f.* ogni spinta data al pedale della bicicletta; il modo di pedalare: *una — agile.*
pedalatore [pe-da-la-tó-re] *s.m.* [f. *-trice*] chi pedala; ciclista.
pedale [pe-dà-le] *s.m.* organo di comando di un sistema, azionato dalla pressione del piede: *il — della bicicletta, del freno* | (*mus.*) in vari strumenti musicali, meccanismo da azionare col piede al fine di produrre determinate note o effetti: *il — del pianoforte.*
pedaliera [pe-da-liè-ra] *s.f.* **1** la parte di una macchina o di un dispositivo costituita dai pedali: *la — dell'automobile* **2** (*mus.*) nell'organo, tastiera di grandi dimensioni azionata con i piedi e che produce i suoni più gravi.
pedalino [pe-da-lì-no] *s.m.* (*region.*) calzino da uomo.
pedalò [pe-da-lò] *s.m.* pattino sospinto da un'elica azionata a pedali.
pedana [pe-dà-na] *s.f.* struttura su cui si appoggiano i piedi: *la — della cattedra.*
pedante [pe-dàn-te] *agg.* **1** che ostenta con pignoleria il proprio sapere: *un critico* — **2** (*estens.*) troppo meticoloso nell'osservanza di regole o regolamenti: *un impiegato* — ♦ *s.m.* e *f.* persona pedante.
pedanteria [pe-dan-te-rì-a] *s.f.* l'essere pedante; pignoleria da pedante.
pedantesco [pe-dan-té-sco] *agg.* [pl.m. *-schi*] da pedante; che dimostra eccessivo scrupolo e pignoleria: *osservazione pedantesca* | *lingua pedantesca*, quella elaborata letterariamente nel corso del sec. XVI, per satireggiare il pomposo linguaggio dei maestri di scuola e degli umanisti □ **pedantescamente** *avv.*
pedata [pe-dà-ta] *s.f.* **1** colpo dato col piede; calcio: *prendere qlcu. a pedate* **2** il piano orizzontale dello scalino, su cui appoggia il piede **3** impronta, orma del piede.
-pede secondo elemento di parole composte della terminologia zoologica, che significa 'piede, zampa' (*bipede, palmipede*).
pedemontano [pe-de-mon-tà-no] *agg.* (*geog.*) che è proprio di una zona sita ai piedi di catene o massicci montuosi: *ghiacciaio* —.
pederasta [pe-de-rà-sta] *s.m.* [pl. *-sti*] chi pratica la pederastia.
pederastia [pe-de-ra-stì-a] *s.f.* omosessualità maschile rivolta in particolare verso giovani e adolescenti.
pedestre [pe-dè-stre] *agg.* **1** (*lett.*) che va a piedi | che si fa a piedi: *viaggio* — **2** (*fig.*) di livello basso; sciatto, disadorno: *un discorso* —.
pediatra [pe-dià-tra] *s.m.* e *f.* [pl.m. *-tri*] medico specialista in pediatria.
pediatria [pe-dia-trì-a] *s.f.* branca della medicina che studia le malattie del bambino.
pediatrico [pe-dià-tri-co] *agg.* [pl.m. *-ci*] della pediatria, di pediatra: *visita pediatrica.*
pedice [pè-di-ce] *s.m.* in espressioni matematiche, cifra o lettera posta al piede di altra cifra o lettera.
pedicellaria [pe-di-cel-là-ria] *s.f.* (*zool.*) ciascuna delle appendici peduncolate degli echinodermi, fornite all'estremità di una pinza.
pedicello¹ [pe-di-cèl-lo] *s.m.* **1** (*bot.*) peduncolo di un organo vegetale (foglia, fiore ecc.) **2** — *ambulacrale*, (*zool.*) rudimentale organo di locomozione di alcuni invertebrati.
pedicello² *s.m.* **1** (*med.*) acaro della scabbia **2** (*region.*) piccola pustola; brufolo.
pedicelloso [pe-di-cel-ló-so] *agg.* (*region.*) coperto di pedicelli; brufoloso.
pediculosi [pe-di-cu-lò-ʃi] *s.f.* (*med.*) malattia della pelle prodotta da pidocchi.
pedicure [pe-di-cù-re] *s.m.invar.* **1** [anche *f.*] chi è addetto alla cura e al trattamento estetico del piede: *andare dal* — **2** (*fam.*) cura del piede.
pedigree [/ pedi'gri /] *s.m.invar.* (*ingl.*) albero genealogico di un animale di razza.
pediluvio [pe-di-lù-vio] *s.m.* bagno ai piedi, a scopo riposante o curativo.
pedina [pe-dì-na] *s.f.* **1** ciascuno dei dischetti bianchi o neri usati nel gioco della dama: *muovere una* —, spostarla da una casella all'altra | *essere una — nelle mani di qlcu.*, (*fig.*) agire assecondando in tutto la volontà altrui **2** (*fig.*) si dice di persona che in un'organizzazione ha un ruolo poco importante.
pedinamento [pe-di-na-mén-to] *s.m.* il pedinare, l'essere pedinato.
pedinare [pe-di-nà-re] *v.tr.* seguire qlcu. con cir-

cospezione, per spiarne di nascosto le azioni: *essere pedinato dalla polizia* | (*estens.*) andare dietro a una persona, talora importunandola: — *una ragazza*.

pedissequo [pe-dìs-se-quo] *agg.* che segue, che imita passivamente qlcu. o qlco. senza alcuna originalità: *un esecutore* — □ **pedissequamente** *avv.*

pedivella [pe-di-vèl-la] *s.f.* barra d'acciaio che a un'estremità porta il pedale e all'altra si innesta nel perno di movimento della bicicletta.

pedo [pè-do] *s.m.* **1** nel mondo antico, grosso bastone ricurvo che serviva ai pastori per guidare il gregge **2** (*lit.*) bastone diritto sormontato da una croce che costituisce una delle insegne del papa.

pedofilia [pe-do-fi-lì-a] *s.f.* perversione sessuale caratterizzata da attrazione erotica verso i bambini.

pedofilo [pe-dò-fi-lo] *s.m.* [f. *-a*] chi ha inclinazione alla pedofilia.

pedologia [pe-do-lo-gì-a] *s.f.* [pl. *-gie*] scienza che studia l'origine, la composizione e le caratteristiche del suolo; geologia agraria.

pedonale [pe-do-nà-le] *agg.* del pedone, di pedoni: *traffico, circolazione* — | riservato ai pedoni: *passaggio* —, zona contrassegnata da strisce bianche per l'attraversamento pedonale di una strada.

pedonalizzare [pe-do-na-liʒ-ʒà-re] *v.tr.* riservare alla circolazione pedonale, escludendo tutti i mezzi a motore: — *il centro storico di una città*.

pedonalizzazione [pe-do-na-liʒ-ʒa-zió-ne] *s.f.* il pedonalizzare, l'essere pedonalizzato.

pedone [pe-dó-ne] *s.m.* **1** [f. *-a*] persona che va, si sposta a piedi: *dare la precedenza ai pedoni* **2** nel gioco degli scacchi, ciascuno degli otto pezzi di valore inferiore a quello delle figure **3** l'impugnatura della canna da pesca alla quale si fissa il mulinello.

peduccio [pe-dùc-cio] *s.m.* **1** zampetto di maiale o di capretto **2** (*arch.*) elemento pensile sporgente in forma di mensola o di capitello, che sostiene l'imposta di un arco o di una volta.

pedula [pe-dù-la *o* pèdula] *s.f.* scarponcino leggero con suola di gomma per escursioni in montagna.

pedule [pe-dù-le] *s.m.* la parte della calza a contatto con la pianta del piede.

peduncolare [pe-dun-co-là-re] *agg.* (*scient.*) del peduncolo, dei peduncoli.

peduncolato [pe-dun-co-là-to] *agg.* (*scient.*) provvisto di peduncolo: *organo* —.

peduncolo [pe-dùn-co-lo] *s.m.* **1** (*bot.*) porzione superiore del ramo che termina con un fiore **2** (*zool.*) organo di appoggio di animali invertebrati; in molti insetti, segmento che collega il torace con l'addome **3** (*anat.*) formazione allungata che mette in comunicazione un organo con un altro.

peeling [/ ˈpiliŋg /] *s.m.invar.* (*ingl.*) intervento di chirurgia estetica consistente nell'asportazione degli strati più superficiali dell'epidermide del volto | (*estens.*) abrasione superficiale dell'epidermide ottenuta con sostanze farmacologiche o cosmetiche.

peggio [pèg-gio] *avv.* [compar. di *male*] in modo peggiore: *lo tratta — di uno schiavo* | *andar* —, procedere in modo peggiore | *andare di male in* —, peggiorare sempre più | *cambiare in* —, peggiorare | *il — possibile*, nel peggior modo possibile ♦ *agg.compar.invar.* **1** peggiore: *oggi il tempo è — di ieri* **2** con valore di agg. neutro: *è — non dirgli niente* | con ellissi del nome: *avere la* —, soccombere, essere sconfitto; *alla* —, *al* —, nel peggiore dei casi | *alla meno* —, in qualche modo, più male che bene: *fare qlco. alla meno* — ♦ *s.m.* la cosa o la parte peggiore: *aspettarsi il* —.

peggioramento [peg-gio-ra-mén-to] *s.m.* il peggiorare, l'essere peggiorato.

peggiorare [peg-gio-rà-re] *v.tr.* [*io peggióro ecc.*] rendere peggiore, ridurre in uno stato peggiore: — *il proprio stato di salute* ♦ *v.intr.* [aus. *essere*; anche *avere* nel sign. 2] **1** diventare peggiore: *il tempo è peggiorato* **2** subire un aggravamento delle condizioni di salute: *il malato ha peggiorato*.

peggiorativo [peg-gio-ra-tì-vo] *agg.* che fa peggiorare ♦ *s.m.* (*gramm.*) forma alterata di un sostantivo o di un aggettivo che esprime un'idea negativa (p.e. *poetastro, scarpaccia*).

peggiore [peg-gió-re] *agg.* [compar. di *cattivo*] **1** che è inferiore per qualità, abilità, valore: *è il — individuo che conosca*; *non poteva farmi un'accoglienza* — **2** meno soddisfacente; meno conveniente: *nella — delle ipotesi* ♦ *s.m.* [anche *f.*] persona peggiore.

pegmatite [peg-ma-tì-te] *s.f.* (*min.*) roccia eruttiva a grana molto grossa, contenente cristalli di minerali rari, che si presenta sotto forma di filoni.

pegno [pé-gno] *s.m.* **1** bene mobile che il debitore consegna al creditore a garanzia del pagamento di un debito: *dare dei gioielli in* — | *banco dei pegni*, dove si presta denaro depositando in garanzia oggetti vari **2** in alcuni giochi, oggetto depositato da chi perde finché non abbia eseguito una penitenza; la penitenza stessa da eseguire: *chi perde paga* — **3** (*fig.*) segno, testimonianza di un impegno morale: — *d'amore*.

peiote [pe-iò-te] *s.m.invar.* cactus diffuso nelle regioni desertiche messicane | la droga allucinogena che se ne ricava (detta anche *mescalina*).

pelagico [pe-là-gi-co] *agg.* [pl.m. *-ci*] (*scient.*) che si trova negli abissi marini; che vive in mare aperto: *fauna, flora pelagica*.

pelago [pè-la-go] *s.m.* [pl. *-ghi*] (*lett.*) mare aperto e profondo; distesa marina.

pelame [pe-là-me] *s.m.* l'insieme dei peli che formano il mantello di un animale.

pelandrone [pe-lan-dró-ne] *s.m.* [f. *-a*] (*fam.*) scansafatiche, fannullone.

pelapatate [pe-la-pa-tà-te] *s.m.invar.* piccolo arnese da cucina per sbucciare le patate.

pelare [pe-là-re] *v.tr.* [*io pélo ecc.*] **1** toglier via i peli dalla pelle di animali; togliere le penne dalla pelle di uccelli: — *un pollo* | *gatta da* —, (*fig.*) problema, situazione difficile da risolvere **2** (*scherz.*) tagliare eccessivamente i capelli a qlcu.: *il barbiere lo ha pelato* **3** (*estens.*) sbucciare frutta o verdura: — *le patate* **4** (*fig. fam.*) spillare denaro a qlcu. richiedendo prezzi troppo alti: *in quell'albergo pelano i clienti.*

pelargonio [pe-lar-gò-nio] *s.m.* (*bot.*) genere di piante erbacee, con foglie odorose e fiori colorati, a cui appartengono i gerani.

pelasgico [pe-là-ʃgi-co] *agg.* [pl.m. -*ci*] che si riferisce ai Pelasgi, antichissima popolazione mediterranea.

pelata[1] [pe-là-ta] *s.f.* il pelare, il venir pelato: *dare una — al pollo.*

pelata[2] *s.f.* (*scherz.*) testa calva | parte della testa completamente priva di capelli.

pelato [pe-là-to] *agg.* **1** che è senza peli | *testa pelata*, calva o rasata **2** (*estens.*) privato della buccia: *pomodori pelati* ♦ *s.m.* (*fam.*) uomo calvo.

pelatura [pe-la-tù-ra] *s.f.* il pelare, l'essere pelato.

pellaccia [pel-làc-cia] *s.f.* [pl. -*ce*] **1** pelle particolarmente dura **2** (*fig.*) si dice di persona resistente a ogni disagio, fatica o dolore.

pellagra [pel-là-gra] *s.f.* (*med.*) malattia dovuta a mancanza di vitamina PP, che si manifesta con bolle, disturbi nervosi e dell'apparato digerente.

pellaio [pel-là-io] *s.m.* [f. -*a*] chi concia o vende pelli.

pellame [pel-là-me] *s.m.* (spec. *pl.*) quantità di pelli conciate: *negozio di pellami.*

pelle [pèl-le] *s.f.* **1** tessuto che riveste esternamente il corpo umano; cute: *le malattie della* — | *essere — e ossa*, (*fig.*) essere magrissimo | *avere la — dura*, (*fig.*) essere resistente alle malattie, alle avversità | *non stare più nella* —, (*fig.*) non riuscire a contenere la gioia o l'impazienza | *avere i nervi a fior di* —, (*fig.*) essere particolarmente teso e nervoso **2** (*fig.*) vita: *rimetterci la* —, morire; *vender cara la* —, combattere fino alla fine; *fare la — a qlcu.*, ammazzarlo | *amici per la* —, inseparabili **3** rivestimento esterno del corpo di molti animali: *la — del serpente, dell'elefante* | pelle di animali conciata: *guanti di* — | *avere la — d'oca*, (*fig.*) rabbrividire per il freddo o la paura **4** (*estens.*) buccia, strato sottile di un prodotto vegetale: *la — della pesca, dei peperoni.*

pellegrinaggio [pel-le-gri-nàg-gio] *s.m.* il recarsi per devozione o penitenza in un luogo sacro: — *in Terrasanta.*

pellegrino [pel-le-grì-no] *s.m.* [f. -*a*] **1** chi compie un pellegrinaggio **2** (*lett.*) viaggiatore; viandante ♦ *agg.* **1** (*lett.*) forestiero, straniero | ramingo, errante **2** *falco* —, grosso uccello rapace diurno con piumaggio grigio-azzurro.

pellerossa [pel-le-rós-sa], o **pellirossa**, *s.m.* e *f.* [pl. *invar.* o *pellirosse*] indigeno dell'America del Nord: *tribù di* —.

pellet [/ 'pɛlet /] *s.m.invar.* (*ingl.*) prodotto granulare ottenuto da pellettizzazione.

pelletteria [pel-let-te-rì-a] *s.f.* **1** l'attività, la tecnica della lavorazione di oggetti in pelle **2** assortimento di oggetti in pelle lavorata **3** luogo di produzione o di vendita di tali oggetti.

pellettiere [pel-let-tiè-re] *s.m.* [f. -*a*] chi fabbrica o vende oggetti di pelletteria.

pellettizzazione [pel-let-tiʒ-ʒa-zió-ne] *s.f.* operazione industriale per mezzo della quale si riducono in forma sferoidale o cilindrica materiali originariamente polverulenti (nella confezione di fertilizzanti, mangimi, prodotti farmaceutici ecc.).

pellicano [pel-li-cà-no] *s.m.* uccello nuotatore e pescatore dal becco enorme, con piume bianche, ali rosse e piedi palmati.

pellicceria [pel-lic-ce-rì-a] *s.f.* **1** l'attività, la tecnica della lavorazione delle pellicce **2** assortimento di pellicce: *commerciante di* — **3** luogo dove si fabbricano o si vendono pellicce.

pelliccia [pel-lìc-cia] *s.f.* [pl. -*ce*] **1** mantello d'animale dal pelo lungo e fitto: *la — dell'orso* **2** pelle d'animale conciata in modo che conservi il pelo morbido e lucente | (*estens.*) indumento confezionato con tali pelli: — *di volpe*; *animali da* —, quelli da cui si ricavano pellicce pregiate. DIM. *pelliccetta.*

pellicciaio [pel-lic-cià-io] *s.m.* **1** [f. -*a*] chi concia pelli per far pellicce; chi confeziona o vende pellicce **2** piccolo insetto bruno scuro, la cui larva si insedia su pelli e pellicce danneggiandole.

pellicciotto [pel-lic-ciòt-to] *s.m.* giacca di pelliccia corta e sportiva.

pellicola [pel-lì-co-la] *s.f.* **1** pelle sottile | (*estens.*) strato superficiale, membrana molto sottile **2** (*foto., cine.*) striscia di celluloide o di cellulosa su cui si registrano le immagini negative | (*fam.*) film: *che — danno questa sera?*

pellicolare [pel-li-co-là-re] *agg.* di pellicola; che ha forma, consistenza di pellicola: *membrana, rivestimento* —.

pellirossa → **pellerossa**.

pellucido [pel-lù-ci-do] *agg.* si dice di corpo semitrasparente che lascia passare la luce senza che si possano distinguere gli oggetti al di là di esso.

pelo [pé-lo] *s.m.* **1** formazione cornea dell'epidermide, costituita di stelo, radice e bulbo; l'insieme dei peli di una persona o di un animale: *i peli della barba*; *un cane dal — fulvo* | *avere il — sullo stomaco*, (*fig.*) essere insensibile, privo di scrupoli | *cercare il — nell'uovo*, (*fig.*) andare a caccia di ogni minima imperfezione | *mancare un* —, (*fig.*) mancare poco: *mancò un — che perdessi il treno* | *per un* —, (*fig.*) per poco: *per un — non cadde* **2** (*bot.*) formazione dello strato epidermico di fusti, foglie, radici o fiori **3** peluria dei tessuti di lana: *il — del cappotto* **4** pelliccia di animale conciata e lavorata: *un colletto di* — **5** (*fig.*) la superficie di un liquido: *il — dell'acqua.*

pelosità [pe-lo-si-tà] *s.f.* l'essere peloso.

peloso [pe-ló-so] *agg.* che ha molti peli, coperto di peli: *gambe pelose* | *carità pelosa*, (*fig.*) fatta per interesse.

pelota [pe-lò-ta] *s.f.* sport di origine basca che si gioca in un campo rettangolare tra squadre di due o tre giocatori; consiste nel lanciare contro una parete, con una racchetta, una pallina che gli avversari devono rilanciare a loro volta.

pelta [pèl-ta] *s.f.* nell'antica Grecia, piccolo scudo leggero rotondo o a mezza luna.

peltro [pél-tro] *s.m.* nome di un vasto gruppo di leghe a base di stagno, usate per imitare l'argento nella fabbricazione di oggetti: *piatto di —*.

peluche [/ pe'luʃ /] *s.f.invar.* (*fr.*) tessuto di fibre naturali o sintetiche dal pelo lungo e morbido, usato per confezionare pupazzi: *orsacchiotto di —*.

peluria [pe-lù-ria] *s.f.* insieme di peli radi, corti e sottili che ricoprono alcune parti del corpo dell'uomo e degli animali | insieme dei filamenti che rivestono alcune parti di vegetali.

pelvi [pèl-vi] *s.f.* (*anat.*) l'insieme delle ossa che formano lo scheletro del bacino | *— renale*, formazione imbutiforme del rene in cui si raccoglie l'urina.

pelvico [pèl-vi-co] *agg.* [pl.m. *-ci*] (*anat.*) della pelvi, che si riferisce alla pelvi: *osso —*.

pena [pé-na] *s.f.* **1** patimento, sofferenza morale: *pene d'amore*; *essere un'anima in —*, una persona tormentata | *darsi — per qlcu., per qlco.*, darsi da fare, disturbarsi | *a mala —*, con difficoltà, a stento **2** sentimento di pietà per i dolori altrui: *provare — per qlcu.* | *far —*, suscitare commiserazione **3** (*dir.*) sanzione punitiva prevista dall'ordinamento giuridico a carico di chi ha commesso un reato **4** (*estens.*) danno fisico o morale che si subisce come conseguenza di una mancanza commessa: *pagare una — ingiusta* | (*relig.*) castigo inflitto all'anima dopo la morte per i peccati commessi: *le pene dell'inferno*.

penale [pe-nà-le] *agg.* (*dir.*) che riguarda i reati e fissa le pene corrispondenti: *diritto, codice —* ♦ *s.f.* (*dir.*) sanzione prevista per un'infrazione; la somma che deve pagare chi viola le clausole di un contratto: *pagare la —* □ **penalmente** *avv.* secondo le norme del diritto penale.

penalista [pe-na-lì-sta] *s.m.* e *f.* [pl.m. *-sti*] studioso di diritto penale; avvocato specializzato in cause penali.

penalità [pe-na-li-tà] *s.f.* **1** pena, penale: *pagare una —* **2** (*sport*) diminuzione del punteggio o altro svantaggio con cui si punisce chi ha commesso un'irregolarità.

penalizzare [pe-na-liʒ-ʒà-re] *v.tr.* punire con una penalità, sottoporre a una penale | (*fig.*) danneggiare.

penalizzazione [pe-na-liʒ-ʒa-zió-ne] *s.f.* il penalizzare, l'essere penalizzato; la penalità stessa.

penalty [/ 'pɛnalti /] *s.f.invar.* (*ingl.*) nel calcio, lo stesso che *calcio di rigore*.

penare [pe-nà-re] *v.intr.* [*io péno ecc.*; aus. *avere*] **1** patire pene fisiche o morali; soffrire, tribolare: *— per i figli* **2** faticare per superare una difficoltà: *— a lungo prima di ottenere qlco.*

penati [pe-nà-ti] *s.m.pl.* presso gli antichi Romani, le divinità protettrici della famiglia e della casa.

pencolare [pen-co-là-re] *v.intr.* [*io pèncolo ecc.*; aus. *avere*] pendere più o meno da una parte, minacciando di cadere; vacillare | (*fig.*) tentennare, essere incerto.

pendaglio [pen-dà-glio] *s.m.* **1** oggetto ornamentale che pende; monile, ciondolo | *— da forca*, delinquente che meriterebbe di essere impiccato; avanzo di galera **2** doppia cinghia di cuoio per appendere al cinturone una sciabola o una spada.

pendant [/ pan'dan /] *s.m.invar.* (*fr.*) **1** corrispondenza di due oggetti disposti in modo simmetrico: *due vasi che fanno —* **2** orecchino con pendaglio; pendente.

pendente [pen-dèn-te] *agg.* **1** che pende dall'alto; appeso, sospeso: *una lampada —* | (*estens.*) inclinato: *la torre — di Pisa* **2** (*fig.*) non definito, irrisolto, non ancora deciso: *controversia —* | *carichi pendenti*, (*dir.*) procedimenti penali in corso nei confronti di una persona ♦ *s.m.* **1** ciondolo **2** (spec. *pl.*) orecchino con pendagli.

pendentif [/ pandan'tif /] *s.m.invar.* (*fr.*) gioiello pendente da un nastro o da una catenella per ornamento del petto.

pendenza [pen-dèn-za] *s.f.* **1** l'essere pendente; inclinazione: *tetto a forte —* **2** (*estens.*) luogo in pendenza; pendio **3** (*dir.*) situazione di incertezza di un procedimento legale in corso | (*estens.*) controversia non risolta; conto non liquidato: *regolare una —*.

pendere [pèn-de-re] *v.intr.* [pres. *io pèndo ecc.*; pass.rem. *io pendéi* (o *pendètti*), *tu pendésti ecc.*; non usato il part.pass. e i tempi composti] **1** essere sospeso, appeso a qlco.: *la lampada pende dal soffitto*; *— dalle labbra di qlcu.*, (*fig.*) ascoltarlo attentamente | (*fig.*) non essere definito o risolto: *la lite pende ancora* **2** (*estens.*) sovrastare, incombere: *pericolo che pende sul capo* **3** essere inclinato rispetto alla linea orizzontale o verticale: *il quadro pende a sinistra* **4** (*fig.*) essere favorevole a qlco. piuttosto che a un'altra: *— per il sì*.

pendice [pen-dì-ce] *s.f.* (*lett.*) pendio; costa di un monte, di un colle.

pendio [pen-dì-o] *s.m.* **1** pendenza, inclinazione rispetto alla linea orizzontale: *strada in —* **2** luogo in pendenza: *un — erboso*.

pendola [pèn-do-la] *s.f.* orologio il cui movimento è regolato dalle oscillazioni di un pendolo.

pendolare[1] [pen-do-là-re] *v.intr.* [*io pèndolo ecc.*; aus. *avere*] **1** compiere un movimento ritmico di oscillazione simile a quello del pendolo **2** (*estens.*) andare avanti e indietro lungo un percorso.

pendolare[2] *agg.* **1** si dice di movimento simile a quello del pendolo **2** si dice di lavoratore che raggiunge il luogo di lavoro con un viaggio quotidiano di andata e ritorno | Usato anche come *s.m.* e *f.*: *un treno di pendolari*.

pendolarismo [pen-do-la-rì-ʃmo] *s.m.* **1** carat-

tere di ciò che è pendolare | (*fig.*) comportamento oscillante, contraddittorio **2** il fenomeno dei lavoratori pendolari.
pendolarità [pen-do-la-ri-tà] *s.f.* condizione di lavoratore pendolare.
pendolino[1] [pen-do-lì-no] *s.m.* **1** piccolo pendolo usato da maghi e rabdomanti **2** elettrotreno ad alta velocità.
pendolino[2] *s.m.* piccolo uccello delle zone umide che ha il capo biancastro con fascia frontale nera.
pendolo [pèn-do-lo] *s.m.* **1** (*fis.*) solido che oscilla in un piano verticale intorno a un asse fisso orizzontale. DIM. *pendolino* **2** asta pendente della pendola che, oscillando intorno a un punto fisso, ne regola il movimento | (*estens.*) la pendola stessa **3** filo a piombo.
pendulo [pèn-du-lo] *agg.* **1** (*lett.*) che pende **2** *velo* —, (*anat.*) la parte molle del palato, che separa la bocca dalle fosse nasali; velo palatino.
pene [pè-ne] *s.m.* (*anat.*) organo esterno dell'apparato genitale maschile.
penepiano [pe-ne-pià-no] *s.m.* (*geog.*) regione leggermente ondulata o quasi piana.
penetrabile [pe-ne-trà-bi-le] *agg.* che può essere penetrato, in cui si può penetrare (anche *fig.*): *mistero non facilmente* —.
penetrali [pe-ne-trà-li] *s.m.pl.* **1** presso gli antichi Romani, la parte più interna della casa o del tempio **2** (*fig.lett.*) la parte più segreta, più intima di qlco.: *i — della coscienza.*
penetrante [pe-ne-tràn-te] *agg.* **1** che penetra: *freddo* —, intenso; *odore* —, acuto **2** (*fig.*) che indaga, che esamina a fondo: *sguardo* — | incisivo: *parole penetranti.*
penetrare [pe-ne-trà-re] *v.intr.* [*io pènetro ecc.*; aus. *essere*] entrare, spingersi dentro superando una resistenza, una difficoltà: *il vento penetra dalle fessure* ♦ *v.tr.* **1** trapassare, attraversare: *un odore che penetra l'aria*, la pervade, l'impregna **2** (*fig.*) riuscire a capire: — *un segreto.*
penetrazione [pe-ne-tra-zió-ne] *s.f.* **1** il penetrare, l'essere penetrato: *forza, capacità di* — **2** (*fig.*) facoltà di comprendere a fondo: *analisi condotta con grande* —.
penicillina [pe-ni-cil-lì-na] *s.f.* (*farm.*) antibiotico estratto da un fungo microscopico (muffa).
peninsulare [pe-nin-su-là-re] *agg.* di penisola, relativo a una penisola; che si configura come una penisola: *l'Italia* —.
penisola [pe-nì-ʃo-la] *s.f.* territorio che si protende in un mare o in un lago: — *italiana, iberica.* DIM. *penisoletta.*
penitente [pe-ni-tèn-te] *agg.* che si pente, che fa penitenza dei propri peccati: *anima* — ♦ *s.m.* e *f.* **1** chi fa penitenza **2** (*teol.*) fedele che si accosta al sacramento della confessione **3** qualifica di chi appartiene ad alcune comunità o confraternite religiose.
penitenza [pe-ni-tèn-za] *s.f.* **1** espiazione del male commesso attraverso opere di privazione o di mortificazione: *fare* — **2** in alcuni giochi, la piccola pena che si impone per scherzo a chi perde: *fare la* — **3** castigo che si dà ai bambini: *per — stasera non mangerai il dolce.*
penitenziale [pe-ni-ten-zià-le] *agg.* (*relig.*) che concerne la pratica della penitenza: *ritto* — | *salmi penitenziali*, che si recitano nei riti di penitenza.
penitenziario [pe-ni-ten-zià-rio] *s.m.* stabilimento carcerario.
penna [pén-na] *s.f.* **1** formazione di natura cornea che riveste e protegge il corpo degli uccelli (*penne copritrici*) o ne dirige il volo (*penne remiganti, timoniere*) | *lasciarci, rimetterci le penne*, (*fig.*) morire, andare in rovina **2** strumento per scrivere costituito da una penna d'oca temperata | (*estens.*) qualsiasi strumento per scrivere che utilizzi l'inchiostro: — *stilografica*, munita di serbatoio per l'inchiostro; — *a sfera*, in cui il pennino è sostituito da una piccola sfera metallica **3** (*estens.*) nome dato a oggetti allungati o appuntiti che ricordano la forma della penna: *la — della freccia*, la parte opposta alla punta **4** *pl.* tipo di pasta alimentare corta e bucata, a tagli romboidali.
pennacchio [pen-nàc-chio] *s.m.* **1** ciuffo di penne usato per ornare cappelli militari, acconciature femminili, teste di cavalli: *il — dei corazzieri* **2** (*estens.*) oggetto o figura a forma di pennacchio: *un — di fumo* **3** (*arch.*) parti della volta a forma di triangolo sferico che collega la struttura di base alla calotta di una cupola.
pennaccino [pen-nac-cì-no] *s.m.* nei velieri, asta verticale fissata al bompresso.
pennaiolo [pen-na-iò-lo] *s.m.* [f. *-a*] (*spreg.*) scrittore o giornalista di scarso valore o che esercita la sua attività solo a scopo di lucro.
pennarello [pen-na-rèl-lo] *s.m.* tipo di penna con punta di feltro pressato e imbevuto di inchiostro a rapida essiccazione.
pennato[1] [pen-nà-to] *agg.* **1** provvisto di penne **2** che ha forma di penna | *foglia pennata*, foglia composta, con le foglioline disposte ai due lati della nervatura mediana.
pennato[2] *s.m.* (*agr.*) attrezzo da boscaiolo a forma di grossa roncola con una cresta (o penna) tagliente sul dorso.
pennecchio [pen-néc-chio] *s.m.* quantità di lino, lana o altra fibra, che si avvolge attorno alla rocca per filarla con il fuso.
pennellare [pen-nel-là-re] *v.tr.* [*io pennèllo ecc.*] (*non com.*) ricoprire con il colore usando il pennello: — *le finestre* | spalmare, applicare col pennello: — *una vernice.*
pennellata [pen-nel-là-ta] *s.f.* **1** tratto di colore, di vernice o altra sostanza steso con un colpo di pennello: *una — di colla* | (*estens.*) colpo di pennello; modo di usare il pennello: *dipingere con pennellate leggere.* DIM. *pennellatina* **2** (*fig.*) elemento descrittivo di particolare vivacità: *descrivere con poche pennellate.*
pennellatura [pen-nel-la-tù-ra] *s.f.* applicazione,

mediante pennello, di una sostanza medicamentosa su una parte malata.

pennellessa [pen-nel-lés-sa] *s.f.* pennello a sezione rettangolare, di forma larga e piatta.

pennello [pen-nèl-lo] *s.m.* 1 attrezzo costituito da un mazzetto di peli naturali o di fibre sintetiche fissato all'estremità di un supporto di legno, usato per dipingere o per spalmare sostanze semiliquide: — *da imbianchino, da pittore* | — *da barba*, con cui ci si insapona il viso prima della rasatura | *a* —, alla perfezione: *quel vestito ti sta a* —. DIM. *pennellino* 2 argine costruito perpendicolarmente a una riva, per regolare il corso delle correnti 3 in fisica: — *luminoso*, fascio sottile di luce; — *elettronico*, fascio di elettroni emesso da un catodo.

pennichella [pen-ni-chèl-la] *s.f.* (*roman.*) sonno pomeridiano di breve durata; siesta.

penniforme [pen-ni-fór-me] *agg.* (*scient.*) che è a forma di penna: *muscolo* —.

penninervio [pen-ni-nèr-vio] *agg.* (*bot.*) si dice di foglia dalla cui nervatura centrale si dipartono delle nervature secondarie.

pennino [pen-nì-no] *s.m.* piccola lamina di metallo a punta, che s'innesta sul cannello della penna per scrivere.

pennivendolo [pen-ni-vén-do-lo] *s.m.* [f. *-a*] scrittore o giornalista prezzolato.

pennone [pen-nó-ne] *s.m.* 1 lunga asta che regge una bandiera 2 (*mar.*) asta di legno o di metallo disposta a croce sugli alberi per sostenere certi tipi di vela.

pennuto [pen-nù-to] *agg.* provvisto di penne: *animali pennuti* ♦ *s.m.* uccello.

penny [/ ˈpɛnni /] *s.m.invar.* (*ingl.*) moneta inglese equivalente alla centesima parte di una sterlina.

penombra [pe-nóm-bra] *s.f.* condizione intermedia tra l'ombra e la luce: *stanza in* —.

penosità [pe-no-si-tà] *s.f.* l'essere penoso; carattere penoso: *la — di una situazione.*

penoso [pe-nó-so] *agg.* 1 che procura pena, fatica, disagio: *lavoro* — 2 che suscita pena; pietoso, compassionevole: *situazione penosa* □ **penosamente** *avv.* in modo penoso | con sforzo, a fatica.

pensabile [pen-sà-bi-le] *agg.* che può essere pensato; concepibile: *non è — che possa far questo.*

pensante [pen-sàn-te] *agg.* che pensa, che ha facoltà di pensare: *l'uomo è un essere* —.

pensare [pen-sà-re] *v.intr.* [*io pènso ecc.*; aus. *avere*] 1 esercitare l'attività del pensiero; meditare, riflettere: *prima di agire, bisogna* — 2 volgere la mente a qlcu. o qlco.; richiamare, rievocare alla mente: — *a qlcu. con affetto* | *dar da* —, suscitare una preoccupazione 3 provvedere, badare: *penso io a tutto* 4 avere un'opinione, giudicare: — *in un certo modo* ♦ *v.tr.* 1 raffigurare nella mente, immaginare: *pensa che soddisfazione!* 2 architettare, macchinare: *una ne fa e cento ne pensa* 3 considerare, meditare, ricordare: — *a lungo una risposta* 4 ritenere, credere, giudicare: *penso che sia meglio tacere* 5 progettare, decidere: *ho pensato di partire.*

pensata [pen-sà-ta] *s.f.* idea nuova, originale; trovata: *avere una bella* —.

pensatoio [pen-sa-tó-io] *s.m.* (*scherz.*) luogo in cui ci si ritira a pensare, a riflettere.

pensatore [pen-sa-tó-re] *s.m.* [f. *-trice*] chi pensa, chi medita con intelligenza e profondità; filosofo: *i pensatori antichi* | *libero* —, chi in materia di religione rivendica piena libertà di coscienza.

pensée [/ panˈse /] *s.f.invar.* (*fr.*) viola del pensiero.

pensierino [pen-sie-rì-no] *s.m.* 1 breve frase che gli alunni delle elementari compongono su un tema proposto 2 piccolo dono: *fare un — a qlcu.*

pensiero [pen-siè-ro] *s.m.* 1 attività psichica mediante la quale l'uomo elabora dei contenuti mentali; la facoltà del pensare: *il — è proprio dell'uomo* | (*estens.*) la mente, concepita come la sede dell'attività del pensare: *leggere nel* —, riuscire a indovinare quello che gli altri pensano 2 (*filos.*) l'attività propriamente speculativa dell'uomo: *libertà di* —; *uomo di* —, pensatore | (*estens.*) indirizzo filosofico: *il — di Platone* | il modo di pensare di una persona: *rispettare il — degli altri* 3 ciò che si pensa; il contenuto, l'oggetto del pensiero: *conoscere i pensieri di qlcu.* 4 (*estens.*) ansia, preoccupazione: *avere molti pensieri* | *stare in* —, *darsi* —, essere preoccupato 5 (*fam.*) cura, attenzione affettuosa: *avere un — gentile* | piccolo dono: *gradisca questo* —. DIM. *pensierino* 6 riflessione, considerazione; motto, sentenza: *i "Pensieri" di Pascal.*

pensierosità [pen-sie-ro-si-tà] *s.f.* l'essere pensieroso.

pensieroso [pen-sie-ró-so] *agg.* che ha molti pensieri; che è assorto in pensieri: *essere* —.

pensile [pèn-si-le] *agg.* sospeso nell'aria; sollevato da terra | *archetto* —, non sostenuto da una colonna | *giardino* —, sistemato sopra una terrazza ♦ *s.m.* piccolo mobile sollevato dal suolo e appeso al muro: *un — di legno.*

pensilina [pen-si-lì-na] *s.f.* tettoia posta al di sopra di un marciapiede o di una tribuna, per riparo dalla pioggia e dal sole.

pensionabile [pen-sio-nà-bi-le] *agg.* 1 che può essere conteggiato ai fini della pensione: *periodo* — 2 che ha raggiunto i limiti di età e di servizio necessari a ricevere la pensione: *impiegato* —.

pensionamento [pen-sio-na-mén-to] *s.m.* provvedimento con il quale si collocano a riposo i lavoratori.

pensionante [pen-sio-nàn-te] *s.m.* e *f.* chi sta a pensione; ospite pagante.

pensionare [pen-sio-nà-re] *v.tr.* [*io pensióno ecc.*] collocare a riposo un lavoratore assegnandogli la pensione.

pensionato [pen-sio-nà-to] *agg.* che riceve una pensione ♦ *s.m.* 1 [f. *-a*] chi gode di una pensione o ha come fonte di reddito principale una pen-

sione **2** istituto dove ricevono vitto e alloggio determinate categorie di persone: — *universitario*.
pensione [pen-sió-ne] *s.f.* **1** somma di denaro percepita periodicamente da chi ha smesso di lavorare per raggiunti limiti di età (— *di vecchiaia*) o ha prestato un certo numero di anni di servizio (— *di anzianità*) o è rimasto invalido (— *di invalidità*): *riscuotere la* —; — *sociale*, quella che spetta a chi non percepisce alcun reddito | (*estens.*) la condizione di chi riceve tale pagamento: *essere, andare in* — **2** prestazione di vitto e alloggio a un prezzo stabilito; la somma che si paga per essa: *vivere a* —; *pagare la* — **3** locale pubblico di tipo alberghiero che fornisce vitto e alloggio.
pensionistico [pen-sio-nì-sti-co] *agg.* [pl.m. -*ci*] di pensione, relativo alle pensioni: *sistema* —.
pensosità [pen-so-si-tà] *s.f.* l'essere pensoso.
pensoso [pen-só-so] *agg.* assorto in riflessioni, meditazioni; pensieroso | (*estens.*) propenso alla riflessione: *carattere* — □ **pensosamente** *avv.*
penta- primo elemento di parole composte, che significa 'cinque' (*pentametro, pentathlon*).
pentaedro [pen-ta-è-dro] *s.m.* (*geom.*) poliedro a cinque facce.
pentagonale [pen-ta-go-nà-le] *agg.* del pentagono, che ha forma di pentagono.
pentagono [pen-tà-go-no] *s.m.* (*geom.*) poligono di cinque lati.
pentagramma [pen-ta-gràm-ma] *s.m.* [pl. -*mi*] (*mus.*) l'insieme delle cinque linee parallele orizzontali e dei quattro spazi che le separano, sul quale si trascrivono i segni delle note e delle pause.
pentagrammato [pen-ta-gram-mà-to] *agg.* si dice della carta su cui sono disegnati o stampati i pentagrammi.
pentametro [pen-tà-me-tro] *s.m.* (*metr. class.*) verso costituito da cinque piedi.
pentano [pen-tà-no] *s.m.* (*chim.*) idrocarburo a cinque atomi di carbonio, presente nel petrolio greggio e nei gas naturali.
pentapartito [pen-ta-par-tì-to] *s.m.* governo formato o sostenuto dalla coalizione di cinque partiti.
pentathlon [pèn-ta-thlon], o pentatlon, *s.m.invar.* (*sport*) specialità maschile dell'atletica leggera che si articola in cinque prove, due di corsa, una di salto in lungo, due di lancio | — *moderno*, disciplina che comprende cinque prove di cinque sport diversi (equitazione, scherma, tiro, nuoto, corsa campestre).
pentatleta [pen-ta-tlè-ta] *s.m.* e *f.* [pl. -*ti*] atleta specialista di pentathlon.
pentatlon → **pentathlon**.
pentatomico [pen-ta-tò-mi-co] *agg.* [pl.m. -*ci*] (*chim., fis.*) che è costituito da cinque atomi: *molecola pentatomica*.
pentavalente [pen-ta-va-lèn-te] *agg.* (*chim.*) che ha valenza cinque: *atomo* —.
pentecostale [pen-te-co-stà-le] *agg.* **1** della Pentecoste **2** seguace di un movimento religioso sorto in ambito protestante all'inizio del XX secolo.
Pentecoste [pen-te-cò-ste] *s.f.* **1** festa ebraica che cade il cinquantesimo giorno dopo Pasqua **2** festa cristiana che si celebra cinquanta giorni dopo Pasqua per ricordare la discesa dello Spirito Santo sugli Apostoli.
pentimento [pen-ti-mén-to] *s.m.* **1** sentimento di contrizione e di dolore per aver trasgredito una legge morale o religiosa **2** (*estens.*) rammarico, rincrescimento, rimpianto **3** cambiamento di opinione, di comportamento: *scegliete, e dopo niente pentimenti!*
pentirsi [pen-tìr-si] *v.intr.pron.* [*io mi pènto ecc.*] **1** provare pentimento, rimorso: — *di aver peccato* **2** rammaricarsi di aver fatto o di non aver fatto qlco.: — *di non aver studiato musica* **3** cambiare opinione: *disse di no, ma si pentì subito*.
pentitismo [pen-ti-tì-ʃmo] *s.m.* nel linguaggio giornalistico, il fenomeno dei pentiti di mafia o di terrorismo.
pentito [pen-tì-to] *s.m.* [f. -*a*] **1** chi si pente **2** imputato di reati di terrorismo o di mafia che collabora con la giustizia, favorendo la condanna dei colpevoli.
pentola [pén-to-la] *s.f.* **1** recipiente di forma cilindrica con due manici e coperchio, usato per cuocere cibi | — *a pressione*, fornita di chiusura ermetica che permette una cottura rapidissima dei cibi | *qualcosa bolle in* —, (*fig.*) si sta preparando qualcosa di nuovo. DIM. *pentolina, pentolino* (m.) ACCR. *pentolone* (m.) **2** quel che è contenuto in una pentola: *una* — *di fagioli*.
pentolaccia [pen-to-làc-cia] *s.f.* gioco in cui i partecipanti, con gli occhi bendati, devono rompere a bastonate delle pentole di coccio sospese in alto.
pentolame [pen-to-là-me] *s.m.* insieme di pentole e altri recipienti da fuoco per cucina.
pentolata [pen-to-là-ta] *s.f.* (*non com.*) quantità contenuta in una pentola
pentolino [pen-to-lì-no] *s.m.* piccolo recipiente a un solo manico, usato per cucinare o per scaldare piccole quantità di cibo; la quantità di cibo in esso contenuta: *un* — *di minestra*.
pentrite [pen-trì-te] *s.f.* (*chim.*) composto chimico usato come esplosivo.
penultimo [pe-nùl-ti-mo] *agg.* e *s.m.* [f. -*a*] che/chi occupa, in una serie o in una graduatoria, il posto immediatamente prima dell'ultimo.
penuria [pe-nù-ria] *s.f.* insufficienza, mancanza di cibo e di altre cose necessarie; scarsità: — *di materie prime*.
penzolare [pen-ʒo-là-re] *v.intr.* [*io pènʒolo ecc.*; aus. *avere*] stare sospeso dall'alto, pendere dondolando.
penzoloni [pen-ʒo-ló-ni] *avv.* in maniera da pendere dondolando nel vuoto: *sedere con le gambe* — | *a* —, penzolando.
peón [/ pe'on /] *s.m.* [pl. *peones*] (*sp.*) nome dato nell'America meridionale al bracciante giornaliero di povera condizione.

peonia [pe-ò-nia] *s.f.* pianta erbacea ornamentale con fiori grandi color rosa, bianco o violaceo.
pepare [pe-pà-re] *v.tr.* [*io pépo ecc.*] condire con pepe.
pepato [pe-pà-to] *agg.* **1** condito con pepe | *pan* —, dolce composto di molti ingredienti, tra cui il pepe; panpepato **2** (*fig.*) pungente, mordace: *una risposta pepata.*
pepe [pé-pe] *s.m.* **1** pianta tropicale rampicante le cui bacche rotonde, nere, di forte aroma, sono usate come condimento **2** la spezia che si ricava dalla pianta del pepe, dal caratteristico sapore piccante: — *in grani, macinato* | *essere tutto* —, (*fig.*) si dice di persona vivace e arguta.
peperino[1] [pe-pe-rì-no] *s.m.* persona di carattere molto vivace.
peperino[2] *s.m.* (*geol.*) tufo grigiastro di origine vulcanica, usato come pietra da costruzione.
peperonata [pe-pe-ro-nà-ta] *s.f.* pietanza a base di peperoni tagliati a fette e cotti in padella.
peperoncino [pe-pe-ron-cì-no] *s.m.* varietà di peperone che dà frutti piccoli e molto piccanti, usati come condimento.
peperone [pe-pe-ró-ne] *s.m.* **1** pianta erbacea che produce frutti a bacca commestibili di colore rosso o verde o giallo e sapore piccante o dolciastro **2** (*estens.*) il frutto della pianta | *diventare rosso come un* —, arrossire vistosamente.
pepiera [pe-piè-ra] *s.f.* vasetto o piccolo contenitore nel quale si porta in tavola il pepe macinato.
pepita [pe-pì-ta] *s.f.* piccola massa arrotondata di oro o di platino.
peplo [pè-plo] *s.m.* veste di lana bianca che portavano le donne nell'antica Grecia.
peppola [pèp-po-la] *s.f.* uccello con becco conico, testa e dorso nero lucente, simile al fringuello.
pepsi [pè-psi] *s.f.* (*med.*) digestione.
pepsina [pe-psì-na] *s.f.* (*biol.*) enzima contenuto nel succo gastrico, che trasforma le proteine in sostanze meno complesse.
peptico [pep-tì-co] *agg.* [pl.m. *-ci*] (*med.*) che riguarda la digestione, i processi digestivi | *ulcera peptica*, si dice dell'ulcera gastrica e duodenale, provocate dall'azione dei succhi gastrici.
peptidasi [pep-ti-dà-ʃi] *s.f.* (*chim., biol.*) ciascuna delle proteasi che catalizzano la scissione in amminoacidi dei polipeptidi costituenti le molecole proteiche; è detta anche *polipeptidasi*.
peptide [pèp-ti-de] *s.m.* (*biol.*) sostanza organica che deriva dalla scomposizione delle proteine.
peptone [pep-tó-ne] *s.m.* (*biol.*) prodotto della digestione operata dalla pepsina sulle proteine.
per [pér] *prep.* **1** determina il luogo attraversato da un corpo in movimento o attraverso il quale passa qlco. (anche *fig.*): *il treno passerà per Bologna*; *pensiero che passa per la mente* | specifica lo spazio circoscritto entro cui un moto si svolge o l'ambito entro cui un fenomeno, una condizione si verificano: *passeggiare per il giardino*; *avere dolori per tutto il corpo* **2** indica una destinazione: *partire per Parigi*; *la strada per il mare* | (*estens.*) esprime la persona o la cosa verso cui si ha un'inclinazione: *simpatia per qlcu.*; *passione per la musica* **3** introduce uno stato in luogo, riferito per lo più a uno spazio di una certa estensione: *incontrare qlcu. per strada*; *avere la testa per aria* **4** esprime tempo continuato: *aspettare per ore* | se introduce un tempo determinato, esprime per lo più una scadenza nel futuro: *sarà di ritorno per le dieci* **5** introduce un mezzo: *comunicare per telefono* **6** esprime la causa: *essere stanco per la fatica*; *gridare per il dolore* **7** introduce il fine o lo scopo: *libro per ragazzi*; *lotta per la sopravvivenza* | in dipendenza da verbi che indicano preghiera, giuramento, promessa, esortazione: *vi scongiuro per Dio*; *per carità, fate che non si sappia* **8** introduce la persona o la cosa a vantaggio o a svantaggio della quale un'azione si compie o una circostanza si verifica: *fare tutto per i figli*; *clima nocivo per la salute* **9** determina il limite, l'ambito entro cui un'azione, un modo di essere, uno stato hanno validità: *per diligenza è il migliore della classe*; *per me, state sbagliando* **10** introduce il modo, la maniera in cui un'azione si compie: *comunicare per iscritto*; *pagare per contanti* **11** indica un prezzo, una stima: *vendere una casa per cento milioni* | introduce una pena: *essere multato per centomila lire* **12** in funzione distributiva: *marciare per due*; *disporsi per file* | indica percentuale: *per cento* (per lo più scritto %) | nelle operazioni matematiche, dice quante volte un numero si moltiplica: *moltiplicare 5 per 2* **13** introduce una misura o un'estensione: *l'esercito avanzò per 5 miglia*; *il grattacielo si innalza per più di 100 m* **14** introduce una funzione predicativa, equivalendo a *come*: *avere per amico*; *prendere per moglie* **15** indica scambio, sostituzione: *l'ho preso per suo fratello*; *capire una cosa per un'altra* **16** seguita dal verbo all'infinito introduce una prop. finale: *scrivere per ringraziare*; *si fa per dire* | causale: *fu punito per aver risposto male* | consecutiva: *è troppo bello per essere vero* **17** nelle loc. perifrastiche *essere, stare per*, essere sul punto, in procinto di: *sto per partire*; *era quasi per commuoversi* **18** concorre alla formazione di numerose loc. avv.: *per il momento*; *per tempo*; *l'appunto ecc.* | è presente nelle loc. cong.: *per il fatto che*; *per ciò che* ecc.
per- prefisso con valore intensivo, che nella terminologia chimica indica una qualità o una caratteristica nel grado maggiore (*perborato, permanganato*).
pera [pé-ra] *s.f.* **1** frutto del pero: *succo di* — | *essere una — cotta*, (*fig.*) debole, goffo, sciocco **2** (*estens.*) qualsiasi oggetto a forma di pera | *ragionamento a* —, (*fig.*) insensato, illogico **3** (*gerg.*) iniezione di eroina: *farsi una* —.
peraltro [pe-ràl-tro], o **per altro**, *avv.* del resto, però, d'altra parte: —, *ti avevo avvertito.*
perbacco [per-bàc-co] *inter.* esclamazione di meraviglia o disappunto: *non riesco a crederci,* —*!*

perbene [per-bè-ne] *agg.invar.* onesto, di buoni costumi, di buona condizione sociale: *famiglia —* ♦ *avv.* bene; in modo adatto, con cura: *far le cose —.*
perbenismo [per-be-nì-ʃmo] *s.m.* atteggiamento, comportamento di chi desidera apparire una persona perbene, rispettosa delle consuetudini sociali: *— borghese.*
perbenista [per-be-nì-sta] *s.m.* e *f.* [pl.m. *-sti*] chi mostra perbenismo.
perbenistico [per-be-nì-sti-co] *agg.* [pl.m. *-ci*] che nasce da perbenismo o denota perbenismo: *modi perbenistici.*
perborato [per-bo-rà-to] *s.m.* (*chim.*) **1** sale dell'acido perborico **2** denominazione corrente di sali impiegati come candeggianti.
perborico [per-bò-ri-co] *agg.* [pl.m. *-ci*] (*chim.*) si dice di un acido contenente un atomo di idrogeno, uno di boro e tre di ossigeno.
percalle [per-càl-le] *s.m.* tela di cotone molto leggera con i due versi uguali.
percentuale [per-cen-tu-à-le] *agg.* misurato in ragione di un tanto ogni cento: *incremento —* ♦ *s.f.* **1** (*mat.*) numero indicante quante parti di una grandezza corrispondono a cento di un'altra: *la — di promossi* **2** compenso, quota misurata in ragione di un tanto per cento □ **percentualmente** *avv.*
percentualizzare [per-cen-tua-liʒ-ʒà-re] *v.tr.* ricavare i risultati in percentuale da dati statistici o matematici.
percepibile [per-ce-pì-bi-le] *agg.* che si può percepire; che si può riscuotere.
percepibilità [per-ce-pi-bi-li-tà] *s.f.* l'essere percepibile.
percepire [per-ce-pì-re] *v.tr.* [*io percepisco, tu percepisci ecc.*] **1** acquistare coscienza di una realtà esterna per mezzo dei sensi o dell'intuito: *— un suono, un pericolo* **2** ricevere, riscuotere: *— lo stipendio.*
percettibile [per-cet-tì-bi-le] *agg.* che si può percepire, distinguere, riconoscere: *differenza appena —.*
percettibilità [per-cet-ti-bi-li-tà] *s.f.* l'essere percettibile.
percettivo [per-cet-tì-vo] *agg.* **1** della percezione: *processo —* **2** capace di percepire: *facoltà percettiva.*
percettore [per-cet-tó-re] *s.m.* [f. *-trice*] chi percepisce, chi riscuote; esattore.
percezione [per-ce-zió-ne] *s.f.* **1** la facoltà, l'attività del percepire: *la — di un sapore* **2** (*estens.*) sensazione, intuizione: *la — di un pericolo.*
perché [per-ché] *avv.* per quale ragione (per chiedere la causa o lo scopo di un comportamento, di un'azione): *— non sei venuto?*; *dimmi — non mi hai scritto* | con una negazione, per invitare a fare qlco.: *— non scendi?* ♦ *cong.* **1** poiché (introduce una prop. causale): *non sono venuto — ero ammalato*; *vorrei farlo subito, — dopo potrebbe essere troppo tardi* **2** affinché (introduce una prop. finale): *te lo dico — tu lo sappia* **3** cosicché (introduce una prop. consecutiva): *è troppo caro — possa comprarlo* ♦ *s.m.* **1** motivo, causa, scopo: *per tutto c'è un —*; *porsi dei —*, delle domande | *il — e il percome*, (*fam.*) tutte le ragioni: *voler sapere il — e il percome di un fatto* **2** interrogativo, dubbio: *a certi — non si può dare una risposta.*
perciformi [per-ci-fór-mi] *s.m.pl.* (*zool.*) ordine di pesci teleostei comprendente numerosissime specie commestibili di mare e d'acqua dolce.
perciò [per-ciò] *cong.* per questo motivo, per questo fatto (con valore conclusivo): *sono stanco, — vado a letto.*
perclorato [per-clo-rà-to] *s.m.* (*chim.*) sale dell'acido perclorico, usato per preparare esplosivi.
perclorico [per-clò-ri-co] *agg.* [pl.m. *-ci*] (*chim.*) si dice dell'acido del cloro al grado massimo di ossidazione.
percome [per-có-me] *avv.* e *s.m.invar.* si usa solo nella loc. fam. *perché e —*: *spiegare perché e —* (o *il perché e il —*), dire tutte le ragioni.
percorrenza [per-cor-rèn-za] *s.f.* il tratto percorso da un mezzo di trasporto pubblico; il tempo necessario a percorrerlo: *treni a lunga —.*
percorrere [per-cór-re-re] *v.tr.* [coniugato come *correre*] **1** compiere un determinato tragitto: *— una strada* **2** attraversare un luogo in tutta la sua estensione (anche *fig.*): *— tutti i gradi della carriera.*
percorribile [per-cor-rì-bi-le] *agg.* che si può percorrere.
percorribilità [per-cor-ri-bi-li-tà] *s.f.* l'essere percorribile: *— stradale.*
percorso [per-cór-so] *s.m.* **1** tratto di strada che si percorre: *lungo —* | (*sport*) itinerario che i concorrenti di una gara devono seguire: *un — difficile* **2** (*inform.*) procedura logica per localizzare un file all'interno di una struttura ad albero.
percossa [per-còs-sa] *s.f.* **1** colpo inferto con un pugno, uno schiaffo, un calcio o con un oggetto contundente | urto violento di una persona contro una superficie **2** (*estens.*) il segno lasciato da una percossa; lesione, contusione.
percuotere [per-cuò-te-re] *v.tr.* [pass.rem. *io percòssi, tu percuotésti* ecc.; part.pass. *percòsso*] **1** battere, colpire con le mani o con un oggetto; infliggere una percossa a qlcu. | malmenare, picchiare: *fu percosso duramente* **2** colpire con violenza: *la quercia fu percossa dal fulmine* ♦ **percuotersi** *v.rifl.rec.* picchiarsi l'un l'altro.
percussione [per-cus-sió-ne] *s.f.* il percuotere, l'essere percosso | *armi da fuoco a —*, munite di percussore | *strumenti a —*, (*mus.*) che si suonano percuotendo membrane, lamine o tubi metallici (*p.e.* il tamburo).
percussionista [per-cus-sio-nì-sta] *s.m.* e *f.* [pl.m. *-sti*] (*mus.*) chi suona uno o più strumenti a percussione.
percussore [per-cus-só-re] *s.m.* nelle armi da fuoco moderne, parte del meccanismo di sparo che provoca l'accensione della carica e l'espulsione del proiettile.

perdente [per-dèn-te] *agg.* e *s.m.* e *f.* **1** che/chi è stato sconfitto in una contesa, una competizione sportiva, un gioco **2** (*fig.*) che/chi è deluso, frustrato.

perdere [pèr-de-re] *v.tr.* [pres. *io pèrdo ecc.*; pass.rem. *io pèrsi* (o *perdéi* o *perdètti*), *tu perdésti ecc.*; part.pass. *pèrso* o *perduto*] **1** restare privo di una persona cara o di qlco. che si possedeva; smarrire: — *un amico, un anello* | — *i sensi*, svenire | — *la vita*, morire | — *di vista, d'occhio*, non vedere più **2** sciupare, sprecare, non impiegare utilmente: — *tempo* **3** non fare in tempo a prendere qlco., ad assistere a un avvenimento: — *il treno, lo spettacolo* **4** (*lett.*) rovinare, distruggere: *i vizi lo hanno perduto* **5** dover pagare, rimetterci: — *un milione al gioco* **6** uscire sconfitto da una lotta, una competizione, una gara; soccombere: — *una battaglia, una partita, una scommessa* **7** fare uscire una sostanza: *il barile perde acqua* ♦ *v.intr.* [aus. *avere*] **1** diminuire, scemare: *la faccenda perde d'importanza* | *lasciar* —, smettere di occuparsi di qlco. **2** subire una perdita finanziaria: *l'azienda continua a* — **3** *vuoto a* —, contenitore che non si restituisce al commerciante dopo averne utilizzato il contenuto ♦ **perdersi** *v.intr.pron.* **1** smarrirsi: — *nel bosco* | — *d'animo*, scoraggiarsi **2** (*fig.*) dileguare, svanire: *la figura si perdeva nella nebbia.*

perdifiato [per-di-fià-to] solo nella loc. avv. *a* —, fino a restare senza fiato: *correre a* —.

perdigiorno [per-di-giòr-no] *s.m.* e *f.invar.* persona oziosa, scioperata.

perdinci [per-dìn-ci] *inter.* espressione di disappunto, impazienza o meraviglia.

perdita [pèr-di-ta] *s.f.* **1** il perdere, il perdersi, l'essere perso: *la* — *di un oggetto*, il suo smarrimento; — *di tempo*, spreco di tempo | *a* — *d'occhio*, fin dove lo sguardo può giungere **2** riferito a persona, abbandono, separazione | (*eufem.*) morte: *la* — *della madre* **3** dispersione, uscita limitata ma costante di un fluido: — *di gas* **4** progressivo venir meno: — *delle forze* **5** sconfitta che causa un danno | (*estens.*) il danno subito: *subire gravi perdite* **6** (*econ.*) eccedenza dei costi sui ricavi: *lavorare, chiudere in* —.

perditempo [per-di-tèm-po] *s.m.invar.* **1** cosa che fa perdere tempo **2** [anche *f.*] chi perde tempo, chi non conclude nulla.

perdizione [per-di-zió-ne] *s.f.* **1** grave danno, rovina morale **2** (*relig.*) dannazione: *la* — *dell'anima.*

perdonabile [per-do-nà-bi-le] *agg.* che si può perdonare; scusabile.

perdonare [per-do-nà-re] *v.tr.* [*io perdóno ecc.*] **1** non punire qlcu. per un danno o un'offesa, vincendo il risentimento: — *un insulto*; — *qlcu. del male fatto* **2** (*relig.*) rimettere i peccati: *Dio lo perdonerà* **3** scusare (in formule di cortesia): *mi perdoni se l'interrompo* ♦ *v.intr.* [aus. *avere*] concedere il perdono: — *per amor di pace* | *non* —, (*fig.*) essere inesorabile, spietato: *un male che non perdona.*

perdono [per-dó-no] *s.m.* **1** il perdonare, l'essere perdonato **2** scusa (in formule di cortesia): *chiedo* — *del fastidio.*

perdurare [per-du-rà-re] *v.intr.* [aus. *avere*] **1** durare a lungo; continuare: *il maltempo perdura* **2** perseverare: — *nei propri errori.*

perduto [per-dù-to] *agg.* **1** riferito a cosa, sottratto, smarrito, scomparso: *ritrovare un oggetto* — **2** riferito a persona, venuto meno, mancato; anche, morto: *piangere l'amico* — | (*estens.*) che è in condizioni disperate: *sentirsi* —; *anima perduta*, dannata | (*fig.*) dissoluto, corrotto: *un uomo* — □ **perdutamente** *avv.* con una passione travolgente, con un sentimento di disperazione: *amare* —.

peregrinare [pe-re-gri-nà-re] *v.intr.* [aus. *avere*] (*lett.*) andare vagando fuori dalla propria terra; errare, vagabondare.

peregrinazione [pe-re-gri-na-zió-ne] *s.f.* (*lett.*) il peregrinare; vagabondaggio di luogo in luogo.

peregrinità [pe-re-gri-ni-tà] *s.f.* (*lett.*) eleganza, ricercatezza: — *di idee.*

peregrino [pe-re-grì-no] *agg.* e *s.m.* (*lett.*) raro, singolare, fuori del comune: *idee peregrine.*

perenne [pe-rèn-ne] *agg.* **1** destinato a durare sempre nel tempo: *ricordo* — | *nevi perenni*, (*geog.*) che non si sciolgono mai **2** (*estens.*) continuo, ininterrotto: *sorgente* —, che sgorga tutto l'anno □ **perennemente** *avv.* **1** per sempre **2** di continuo.

perentorietà [pe-ren-to-rie-tà] *s.f.* l'essere perentorio: *la* — *di una scadenza.*

perentorio [pe-ren-tò-rio] *agg.* **1** che non ammette dilazioni: *termine* — **2** che va attuato immediatamente e senza incertezze: *ordine* — | *atteggiamento* —, che denota sicurezza, autorevolezza □ **perentoriamente** *avv.*

perequare [pe-re-quà-re] *v.tr.* [*io perèquo ecc.*] (*non com.*) ripartire equamente; eliminare o ridurre le più forti disuguaglianze.

perequativo [pe-re-qua-tì-vo] *agg.* che perequa, che tende a perequare: *politica perequativa.*

perequazione [pe-re-qua-zió-ne] *s.f.* il perequare | ripartizione equa: — *fiscale.*

peretta [pe-rét-ta] *s.f.* **1** oggetto a forma di piccola pera **2** attrezzo igienico-sanitario di gomma per praticare clisteri **3** interruttore a pulsante posto all'estremità di un filo elettrico.

perfettibile [per-fet-tì-bi-le] *agg.* che si può perfezionare; che è in grado di perfezionarsi.

perfettibilità [per-fet-ti-bi-li-tà] *s.f.* l'essere perfettibile.

perfetto [per-fèt-to] *agg.* **1** compiuto in tutte le sue parti; completo: *un lavoro* — **2** che è senza difetti; ottimo, eccellente: *una moglie perfetta* ♦ *s.m.* (*gramm.*) tempo del verbo che indica un'azione compiuta nel passato □ **perfettamente** *avv.* in modo perfetto: *è andato tutto* — | assolutamente, pienamente: *essere* — *consapevole.*

perfezionabile [per-fe-zio-nà-bi-le] *agg.* che può essere perfezionato: *un progetto* —.

perfezionamento [per-fe-zio-na-mén-to] *s.m.* il

perfezionare; correzione, miglioramento | *scuola, corso di* —, destinati a offrire una preparazione specializzata.
perfezionare [per-fe-zio-nà-re] *v.tr.* [*io perfezióno ecc.*] condurre a perfezione, a compimento; correggere, modificare, migliorare ♦ **perfezionarsi** *v.rifl.* o *intr.pron.* **1** giungere a un ottimo grado di qualità, di completezza, di conoscenze **2** seguire un corso di perfezionamento: — *in archeologia.*
perfezione [per-fe-zió-ne] *s.f.* **1** l'essere perfetto; assenza di difetti o lacune | *a* (o *alla*) —, benissimo **2** qualità che si possiede in sommo grado: *avere tutte le perfezioni.*
perfezionismo [per-fe-zio-nì-ʃmo] *s.m.* atteggiamento di chi tende a un irraggiungibile ideale di perfezione.
perfezionista [per-fe-zio-nì-sta] *s.m.* e *f.* [pl.m. *-sti*] chi tende al perfezionismo.
perfidia [per-fì-dia] *s.f.* **1** l'essere perfido; tendenza a comportarsi abitualmente con subdola malvagità **2** atto, discorso perfido: *dire delle perfidie.*
perfido [pèr-fi-do] *agg.* **1** che non tiene fede alla parola data; sleale **2** che agisce con intenzioni malvagie, procurando danni ad altre persone | che denota subdola malvagità: *azione perfida* □ **perfidamente** *avv.*
perfino [per-fì-no] *avv.* anche, addirittura (introduce ciò che si considera come il limite estremo a cui si può giungere): *ha osato offendere — suo padre; è stato — in India.*
perforabile [per-fo-rà-bi-le] *agg.* che può essere perforato.
perforabilità [per-fo-ra-bi-li-tà] *s.f.* attitudine di una roccia a essere perforata da un utensile.
perforante [per-fo-ràn-te] *agg.* che perfora: *ulcera* — | *proiettile* —, (*mil.*) capace di penetrare nelle corazze di mezzi blindati.
perforare [per-fo-rà-re] *v.tr.* [*io perfóro ecc.*] forare, praticare fori in profondità; forare da parte a parte ♦ **perforarsi** *v.intr.pron.* bucarsi, forarsi da parte a parte.
perforato [per-fo-rà-to] *agg.* che ha subìto una perforazione; che ha uno o più fori.
perforatore [per-fo-ra-tó-re] *s.m.* **1** [f. *-trice*] chi perfora **2** strumento per la perforazione mineraria.
perforatrice [per-fo-ra-trì-ce] *s.f.* (*tecn.*) macchina per operare perforazioni di terreni o rocce.
perforazione [per-fo-ra-zió-ne] *s.f.* il perforare, il perforarsi, l'essere perforato: — *del terreno.*
performance [/ per'fɔrmans /] *s.f.invar.* (*ingl.*) **1** prestazione, esibizione, risultato: *la — di un attore, di una squadra* **2** (*teatr.*) spettacolo fondato sull'improvvisazione e sul coinvolgimento del pubblico da parte degli attori.
pergamena [per-ga-mè-na] *s.f.* **1** pelle di agnello, pecora o capra macerata, poi raschiata e levigata, che si usava un tempo come materiale scrittorio; cartapecora: *codice in* — **2** (*estens.*) documento scritto su tale materiale: *un'antica* —.
pergamenaceo [per-ga-me-nà-ce-o] *agg.* di pergamena: *codice* —.
pergola [pèr-go-la] *s.f.* impalcatura di sostegno per viti o altre piante rampicanti, formata da graticci in ferro o legno.
pergolato [per-go-là-to] *s.m.* **1** lunga pergola; insieme di pergole: *l'ombra di un* — **2** coltivazione a pergola della vite.
peri- primo elemento di parole composte, che significa 'intorno, esternamente' (*pericardio, periplo*).
perianzio [pe-ri-àn-zio] *s.m.* (*bot.*) involucro del fiore, costituito dal calice e dalla corolla.
periartrite [pe-ri-ar-trì-te] *s.f.* (*med.*) infiammazione delle borse sierose attorno alle articolazioni.
pericardio [pe-ri-càr-dio] *s.m.* (*anat.*) membrana sierosa che riveste il cuore.
pericardite [pe-ri-car-dì-te] *s.f.* (*med.*) infiammazione acuta o cronica del pericardio.
pericarpo [pe-ri-càr-po] *s.m.* (*bot.*) la parte del frutto che circonda i semi.
pericolante [pe-ri-co-làn-te] *agg.* **1** che è in pericolo, che minaccia di cadere: *edificio* — **2** (*fig.*) che è in crisi, sull'orlo di una crisi: *azienda* —.
pericolo [pe-rì-co-lo] *s.m.* **1** circostanza o situazione da cui può derivare un grave danno: *essere in —; correre un* — | *essere fuori* —, aver superato il momento critico di una malattia **2** persona o cosa che può essere causa di pericolo | — *pubblico*, persona particolarmente pericolosa (anche *scherz.*) **3** (*fam.*) probabilità, caso: *non c'è — che ubbidisca.*
pericolosità [pe-ri-co-lo-si-tà] *s.f.* l'essere pericoloso | — *sociale*, (*dir.*) probabilità che un soggetto possa compiere reati.
pericoloso [pe-ri-co-ló-so] *agg.* **1** pieno di pericoli, che comporta dei pericoli; rischioso: *curva pericolosa; è — camminare sul ghiaccio* **2** che può recare danno, che può fare del male: *un uomo* — | *gioco* —, nel calcio, azione fallosa di chi entra a piedi uniti o a gamba tesa sull'avversario □ **pericolosamente** *avv.*
pericondrio [pe-ri-còn-drio] *s.m.* (*anat.*) membrana che avvolge la cartilagine.
pericope [pe-rì-co-pe] *s.f.* (*filol.*) breve passo estratto da un testo | (*lit.*) brano della Sacra Scrittura.
peridotite [pe-ri-do-tì-te] *s.f.* (*min.*) roccia di colore scuro, formata quasi esclusivamente da olivina.
perielio [pe-ri-è-lio] *s.m.* (*astr.*) punto di minima distanza dal Sole di un corpo che descrive un'orbita intorno a esso.
periferia [pe-ri-fe-rì-a] *s.f.* la zona esterna, più lontana dal centro di una città: *abitare in* — | (*estens.*) zona esterna, marginale.
periferica [pe-ri-fè-ri-ca] *s.f.* (*inform.*) in un sistema di elaborazione elettronica, ogni unità diversa dall'unità centrale.
periferico [pe-ri-fè-ri-co] *agg.* [pl.m. *-ci*] **1** della periferia, che è in periferia: *abitare in un quartie-*

re — | *sistema nervoso* —, (*anat.*) l'insieme dei nervi e delle loro terminazioni **2** (*fig.*) marginale: *considerazioni periferiche.*

perifrasi [pe-rì-fra-ʃi] *s.f.* giro di parole che si usa per spiegare meglio un concetto o per evitare di esprimerlo direttamente; circonlocuzione.

perifrastico [pe-ri-frà-sti-co] *agg.* [pl.m. *-ci*] costituito da una perifrasi; espresso mediante perifrasi: *locuzione perifrastica* □ **perifrasticamente** *avv.* con una perifrasi, per mezzo di una perifrasi.

perigeo [pe-ri-gè-o] *s.m.* (*astr.*) il punto più vicino alla Terra nell'orbita descritta da un corpo attorno a essa.

periglio [pe-rì-glio] *s.m.* (*lett.*) pericolo.

perigonio [pe-ri-gò-nio] *s.m.* (*bot.*) involucro di fiore non differenziato in calice e corolla, costituito da foglie simili tra loro, dette *tepali.*

perilunio [pe-ri-lù-nio] *s.m.* (*astr.*) punto di minima distanza dalla Luna di un corpo (*p.e.* un veicolo spaziale) che descrive un'orbita intorno a essa.

perimetrale [pe-ri-me-trà-le] *agg.* di perimetro; che sta lungo il perimetro: *muro* —, quello esterno di un edificio □ **perimetralmente** *avv.* lungo un perimetro.

perimetro [pe-rì-me-tro] *s.m.* **1** (*geom.*) la linea chiusa che delimita un poligono; la misura di tale linea **2** (*estens.*) linea di contorno che racchiude una zona: *il* — *del giardino.*

perinatale [pe-ri-na-tà-le] *agg.* relativo al periodo che precede e segue immediatamente la nascita: *medicina* —.

perinatologia [pe-ri-na-to-lo-gì-a] *s.f.* parte della medicina che studia la patologia perinatale.

perineo [pe-ri-nè-o] *s.m.* (*anat.*) regione anatomica costituita dalle parti molli che chiudono l'apertura inferiore del bacino.

periodare [pe-ri-o-dà-re] *s.m.* modo di scrivere, di costruire i periodi: *un* — *complesso.*

periodicità [pe-ri-o-di-ci-tà] *s.f.* **1** l'essere periodico: *la* — *di un fenomeno* **2** il lasso di tempo che intercorre tra fatti periodici: — *settimanale.*

periodico [pe-ri-ò-di-co] *agg.* [pl.m. *-ci*] **1** che accade o si rinnova a intervalli di tempo regolari: *venti periodici* **2** (*mat., fis.*) che si ripete a intervalli di tempo o di spazio regolari: *moto* — | *numero* —, numero decimale le cui cifre, da un certo punto in poi, si ripetono indefinitamente a gruppi identici **3** *sistema* — *degli elementi*, (*chim.*) classificazione degli elementi chimici che mette in evidenza certe proprietà ricorrenti ♦ *s.m.* pubblicazione che esce con frequenza regolare: *un* — *scientifico.*

periodizzare [pe-ri-o-diʒ-ʒà-re] *v.tr.* dividere in periodi il tempo, la storia.

periodizzazione [pe-ri-o-diʒ-ʒa-zió-ne] *s.f.* la divisione della storia in periodi.

periodo [pe-rì-o-do] *s.m.* **1** ciascuna delle parti in cui si può dividere la durata di qlco.; spazio di tempo caratterizzato da una particolare situazione: *il* — *feudale*; *attraversare un brutto* — | *andare a periodi*, (*fig.*) essere mutevole, incostante **2** (*geol.*) intervallo di tempo in cui si suddivide ciascuna era geologica **3** (*gramm.*) insieme di due o più proposizioni collegate grammaticalmente e logicamente **4** (*mus.*) successione di frasi musicali collegate in un insieme organico **5** (*fis.*) in un moto che si svolge lungo una traiettoria chiusa, intervallo di tempo impiegato da un corpo per ritornare nella posizione iniziale **6** (*astr.*) tempo impiegato da un astro a compiere un'intera rotazione sul proprio asse o un'intera rivoluzione intorno a un altro astro.

periodontite [pe-ri-o-don-tì-te] *s.f.* (*med.*) infiammazione acuta del periodonto.

periodonto [pe-ri-o-dòn-to] *s.m.* (*anat.*) il tessuto che circonda la radice del dente.

periostio [pe-ri-ò-stio] *s.m.* (*anat.*) membrana fibrosa, ricca di vasi sanguigni, che riveste le ossa.

peripatetica [pe-ri-pa-tè-ti-ca] *s.f.* (*eufem.*) prostituta di marciapiede.

peripatetico [pe-ri-pa-tè-ti-co] *agg.* e *s.m.* [pl.m. *-ci*] si dice di filosofo appartente alla scuola di Aristotele.

peripezia [pe-ri-pe-zì-a] *s.f.* (spec. *pl.*) disavventura, traversia: *attraversare mille peripezie.*

periplo [pè-ri-plo] *s.m.* navigazione tutt'intorno a un'isola o a un continente; circumnavigazione: — *della Sicilia.*

perire [pe-rì-re] *v.intr.* [*io perisco, tu perisci ecc.*; congiunt.pres. *io perisca ecc.*; aus. *essere*] **1** morire di morte non naturale: — *in un incidente stradale* **2** (*lett.*) andare distrutto, perduto (anche *fig.*): *gloria che non perirà*, eterna.

periscopio [pe-ri-scò-pio] *s.m.* strumento ottico costituito da un lungo tubo telescopico e da prismi, che permette di esplorare l'orizzonte da una posizione da cui non sia possibile la visione diretta; è usato nei sommergibili e nei carri armati.

perissodattili [pe-ris-so-dàt-ti-li] *s.m.pl.* (*zool.*) ordine di mammiferi ungulati erbivori con dita in numero dispari per ogni piede.

peristalsi [pe-ri-stàl-si] *s.f.* (*fisiol.*) l'insieme delle contrazioni delle pareti del tubo digerente, che ne spingono in avanti il contenuto.

peristaltico [pe-ri-stàl-ti-co] *agg.* [pl.m. *-ci*] (*fisiol.*) di peristalsi: *movimento* —.

peristilio [pe-ri-stì-lio] *s.m.* (*archeol.*) ampio cortile interno circondato da un portico a colonne, tipico del tempio egizio e della casa greca e romana.

peritale [pe-ri-tà-le] *agg.* (*dir.*) proprio di un perito o di una perizia: *accertamento* —.

peritarsi [pe-ri-tàr-si] *v.intr.pron.* [*io mi pèrito ecc.*] (*lett.*) esitare, non osare: — *di dire, di fare qlco.*

perito [pe-rì-to] *s.m.* **1** [f. *-a*] chi, per particolari competenze tecniche, è incaricato di compiere accertamenti o dare valutazioni: — *nominato dal tribunale* **2** persona dotata di titolo di studio rilasciato da vari istituti tecnici: — *agrario.*

peritoneale [pe-ri-to-ne-à-le] *agg.* (*anat.*) del peritoneo: *cavità* —.

peritoneo [pe-ri-to-nè-o] *s.m.* (*anat.*) sottile

membrana sierosa che riveste le pareti della cavità addominale e i visceri.

peritonite [pe-ri-to-nì-te] *s.f.* (*med.*) infiammazione acuta o cronica del peritoneo.

perizia [pe-rì-zia] *s.f.* **1** l'essere abile o esperto in qlco.: *dimostrare — nel pilotaggio* **2** esame eseguito da un esperto | (*dir.*) attività svolta da un perito in un processo penale: *— medico-legale.*

periziare [pe-ri-zià-re] *v.tr.* [*io perìzio ecc.*] (*burocr.*) sottoporre a perizia.

perizoma [pe-ri-ʒò-ma] *s.m.* [pl. *-mi*] presso popoli extraeuropei o popolazioni antiche, fascia che avvolge i fianchi e copre i genitali.

perla [pèr-la] *s.f.* **1** formazione madreperlacea prodotta da certi molluschi, come l'ostrica, per difendersi da un corpo estraneo introdottosi nella conchiglia; ha forma di piccola sfera ed è pregiatissima come ornamento: *una collana di perle* | *essere una —*, (*fig.*) si dice di persona o cosa esemplare per le sue qualità. DIM. *perlina* **2** (*estens.*) oggetto di forma e colore simile a quello delle perle, prodotto sinteticamente ♦ *agg.invar.* di colore grigio chiaro e luminoso: *grigio —.*

perlaceo [per-là-ce-o] *agg.* che ha il colore della perla; madreperlaceo.

perlaquale [per-la-quà-le], o **per la quale**, *agg. invar.* (*fam.*) per bene, ammodo: *non è un tipo molto —* ♦ *avv.* bene, in modo soddisfacente: *l'esame non è andato troppo —.*

perlato [per-là-to] *agg.* del colore o dell'aspetto della perla: *bianco, grigio —* | *riso, orzo —*, trattati in modo da acquisire lucentezza e omogeneità.

perlifero [per-lì-fe-ro] *agg.* che produce perle: *ostrica perlifera.*

perlina [per-lì-na] *s.f.* **1** piccola perla | (*estens.*) goccia di vetro o di altra materia lavorata in forma di perla: *un braccialetto di perline* **2** stretta tavola di legno usata per formare tavolati di rivestimento.

perlinato [per-li-nà-to] *s.m.* tavolato di legno composto di perline.

perlinatura [per-li-na-tù-ra] *s.f.* **1** rivestimento di pareti o soffitti con tavole di legno **2** applicazione di uno strato di perline di vetro su uno schermo cinematografico per aumentarne la superficie riflettente e quindi la luminosità.

perlomeno [per-lo-mé-no], o **per lo meno**, *avv.* **1** almeno: *se non vuoi venire, — telefonami* **2** a dir poco: *c'erano — trecento invitati.*

perlopiù [per-lo-più], o **per lo più**, *avv.* di solito, generalmente: *— mi sveglio alle sette.*

perlustrare [per-lu-strà-re] *v.tr.* (*mil.*) percorrere una zona esplorandola sistematicamente, per rilevare la presenza di persone o cose pericolose: *i soldati perlustrarono la città* | (*estens.*) ispezionare attentamente; esplorare.

perlustrazione [per-lu-stra-zió-ne] *s.f.* il perlustrare; ispezione: *mandare in —.*

permagelo [per-ma-gè-lo] *s.m.* (*geog.*) terreno permanentemente gelato anche in profondità.

permalosità [per-ma-lo-si-tà] *s.f.* l'essere permaloso.

permaloso [per-ma-ló-so] *agg.* e *s.m.* [f. *-a*] che/chi si offende facilmente.

permanente [per-ma-nèn-te] *agg.* che rimane, che dura; stabile, fisso: *mostra —* | *dentizione —*, quella dell'adulto ♦ *s.f.* ondulazione artificiale e duratura dei capelli ottenuta con particolari sostanze chimiche: *farsi la —.*

permanenza [per-ma-nèn-za] *s.f.* **1** il permanere, l'essere continuo nel tempo | *in —*, di continuo, senza interruzioni: *il governo è riunito in —* **2** il trattenersi in un luogo: *una lunga — in città.*

permanere [per-ma-né-re] *v.intr.* [pres. *io permango, tu permani, egli permane, noi permaniamo, voi permanéte, essi permàngono*; pass.rem. *io permasi, tu permanésti ecc.*; fut. *io permarrò ecc.*; congiunt.pres. *io permanga.., noi permaniamo, voi permaniate, essi permàngano*; cond. *io permarrèi ecc.*; part.pass. *permaso*; aus. *essere*] perdurare, rimanere: *la situazione permane critica.*

permanganato [per-man-ga-nà-to] *s.m.* (*chim.*) sale dell'acido permanganico: *— di potassio*, usato come disinfettante.

permanganico [per-man-gà-ni-co] *agg.* [pl.m. *-ci*] (*chim.*) si dice di acido contenente un atomo di idrogeno, uno di manganese e quattro di ossigeno.

permeabile [per-me-à-bi-le] *agg.* si dice di corpo che può essere attraversato da sostanze fluide: *terreno —.*

permeabilità [per-me-a-bi-li-tà] *s.f.* proprietà dei corpi permeabili.

permeare [per-me-à-re] *v.tr.* [*io pèrmeo ecc.*] **1** detto di liquido o di gas, passare attraverso un corpo diffondendosi in esso: *la carta era permeata d'olio* **2** (*fig.*) compenetrare, pervadere: *un libro che è permeato di religiosità.*

permesso[1] [per-més-so] *agg.* che può essere fatto; che non è proibito | *è —?*, formula di cortesia con cui si chiede di poter entrare, di avere libero il passo.

permesso[2] *s.m.* **1** atto, parola, scritto con cui si autorizza qlcu. a fare qlco.; concessione, autorizzazione: *chiedere il — di entrare* **2** autorizzazione data a impiegati o militari di assentarsi per un breve periodo dall'ufficio o dal reparto: *essere in —; una settimana di —.*

permettere [per-mét-te-re] *v.tr.* [coniugato come *mettere*] dare a qlcu. la possibilità di fare qlco.; concedere, consentire, lasciar fare: *— una manifestazione* ♦ **permettersi** *v.intr.pron.* prendersi la libertà: *mi permetto di contraddirti* | *ma come ti permetti!*, ma come osi!

permiano [per-mià-no] *agg.* e *s.m.* (*geol.*) si dice dell'ultimo periodo dell'era paleozoica.

permissivismo [per-mis-si-vì-ʃmo] *s.m.* atteggiamento esageratamente permissivo.

permissività [per-mis-si-vi-tà] *s.f.* l'essere permissivo.

permissivo [per-mis-sì-vo] *agg.* che tende a permettere, a concedere, a lasciar fare; che mostra notevole tolleranza: *atteggiamento* — □ **permissivamente** *avv.*
permuta [pèr-mu-ta] *s.f.* (*dir.*) contratto che comporta il reciproco trasferimento di beni o diritti tra due persone; baratto: *fare una* —.
permutabile [per-mu-tà-bi-le] *agg.* che può essere oggetto di permuta; che si può scambiare: *beni permutabili.*
permutabilità [per-mu-ta-bi-li-tà] *s.f.* l'essere permutabile.
permutare [per-mu-tà-re] *v.tr.* [*io pèrmuto ecc.*] **1** effettuare una permuta; barattare, scambiare **2** (*mat.*) eseguire una permutazione.
permutazione [per-mu-ta-zió-ne] *s.f.* **1** il permutare, il permutarsi, l'essere permutato **2** (*mat.*) operazione consistente nello scambiare l'ordine di successione di due o più elementi di una serie ordinata.
pernacchia [per-nàc-chia] *s.f.* suono volgare emesso con un forte soffio a labbra serrate, in segno di disprezzo o di scherno: *fare una* —.
pernice [per-nì-ce] *s.f.* uccello di media grandezza, con piumaggio bruno, becco e zampe rosse, cacciato per le carni squisite.
perniciosa [per-ni-ció-sa] *s.f.* (*med.*) febbre provocata da una grave infezione malarica.
pernicioso [per-ni-ció-so] *agg.* che provoca grave danno: *effetto* — □ **perniciosamente** *avv.*
perno [pèr-no] *s.m.* **1** asticciola di legno o di metallo che tiene uniti due elementi o due organi meccanici **2** (*fig.*) sostegno, elemento principale, essenziale: *il — del ragionamento.*
pernottamento [per-not-ta-mén-to] *s.m.* il pernottare.
pernottare [per-not-tà-re] *v.intr.* [*io pernòtto ecc.*; aus. *avere*] passare la notte fuori di casa: — *in albergo.*
pernotto [per-nòt-to] *s.m.* (*burocr.*) permesso, concesso a militari e marinai, di pernottare fuori e di ritornare in caserma o a bordo la mattina successiva.
pero [pé-ro] *s.m.* **1** albero con fiori bianchi e foglie ovali, coltivato per il suo frutto **2** il legno del pero.
però [pe-rò] *cong.* **1** ma (rispetto a cui ha valore più recisamente avversativo): *è strano, — è così* | nella lingua parlata e familiare è spesso unita con *ma*: *te lo do, ma — voglio qualcosa in cambio* | può anche esprimere sorpresa contenuta o un certo apprezzamento: —, *niente male!* **2** tuttavia, nondimeno (con valore concessivo): *è una macchina vecchia, funziona — ancora bene.*
perone [pe-ró-ne *o* pèrone] *s.m.* (*anat.*) osso laterale della gamba.
peronismo [pe-ro-nì-ʃmo] *s.m.* regime instaurato in Argentina nel 1946 da J.D. Perón (1895-1974), caratterizzato da una spiccata tendenza populistica; durò fino al 1955.
peronospora [pe-ro-nò-spo-ra] *s.f.* (*bot.*) genere di funghi microscopici, parassiti delle piante coltivate: — *della vite, del frumento.*
perorare [pe-ro-rà-re] *v.tr.* [*io pèroro ecc.*] sostenere, difendere con calore e convinzione: — *una causa* ♦ *v.intr.* [aus. *avere*] parlare in favore di qlcu., di qlco.: — *in difesa di un amico.*
perorazione [pe-ro-ra-zió-ne] *s.f.* **1** il perorare **2** nella retorica classica, la parte finale di un'orazione, in cui l'oratore mirava soprattutto a commuovere l'uditorio.
perossido [pe-ròs-si-do] *s.m.* (*chim.*) composto formato dalla combinazione di due atomi di ossigeno con altri elementi | — *d'idrogeno*, acqua ossigenata, usata come disinfettante.
perpendicolare [per-pen-di-co-là-re] *agg.* **1** che cade a piombo: *parete — al suolo* **2** (*geom.*) che forma angoli retti: *rette perpendicolari*, che si tagliano formando quattro angoli retti ♦ *s.f.* retta perpendicolare: *la — a un piano* □ **perpendicolarmente** *avv.* in direzione perpendicolare.
perpendicolarità [per-pen-di-co-la-ri-tà] *s.f.* l'essere perpendicolare.
perpendicolo [per-pen-dì-co-lo] *s.m.* la linea segnata dal filo a piombo | *a* —, lungo la direzione del filo a piombo.
perpetrare [per-pe-trà-re] *v.tr.* [*io pèrpetro ecc.*] (*lett.*) compiere azioni disoneste: — *un delitto.*
perpetua [per-pè-tu-a] *s.f.* (*fam.*) la domestica di un sacerdote | (*estens.*) domestica anziana e ciarliera.
perpetuabile [per-pe-tu-à-bi-le] *agg.* che si può perpetuare.
perpetuare [per-pe-tu-à-re] *v.tr.* [*io perpètuo ecc.*] rendere perpetuo, durevole; eternare: — *il ricordo di qlcu.* ♦ **perpetuarsi** *v.intr.pron.* prolungarsi nel tempo; eternarsi.
perpetuazione [per-pe-tu-a-zió-ne] *s.f.* il perpetuare, il perpetuarsi, l'essere perpetuato: *la — della specie.*
perpetuità [per-pe-tui-tà] *s.f.* (*non com.*) l'essere perpetuo.
perpetuo [per-pè-tu-o] *agg.* che non ha fine, che è destinato a durare sempre; incessante, continuo: *un — ricordo* | *moto* —, (*fis.*) moto che si presume possa perdurare indefinitamente □ **perpetuamente** *avv.* per sempre | di continuo.
perplessità [per-ples-si-tà] *s.f.* l'essere perplesso; incertezza, titubanza.
perplesso [per-plès-so] *agg.* dubbioso, titubante, incerto.
perquisire [per-qui-ʃì-re] *v.tr.* [*io perquiʃisco, tu perquiʃisci ecc.*] cercare, in un luogo o su una persona, oggetti attinenti a un reato: — *un appartamento.*
perquisizione [per-qui-ʃi-zió-ne] *s.f.* il perquisire, l'essere perquisito | *mandato di* —, (*dir.*) ordine di perquisire emesso dall'autorità giudiziaria.
perscrutare [per-scru-tà-re] *v.tr.* (*lett.*) indagare, scrutare.
persecutore [per-se-cu-tó-re] *agg.* e *s.m.* [f. *-trice*] che/chi perseguita.

persecutorio [per-se-cu-tò-rio] *agg.* proprio di chi perseguita: *intento* — □ **persecutoriamente** *avv.*
persecuzione [per-se-cu-zió-ne] *s.f.* **1** il perseguitare | complesso di azioni di forza dirette contro una minoranza etnica, politica o religiosa: *la — dei cristiani* | *mania di* —, (*psich.*) alterazione psichica consistente nel credersi odiati e perseguitati **2** (*fig.*) cosa o persona che costituisce un continuo fastidio: *con la sua insistenza è una vera —!*
perseguibile [per-se-guì-bi-le] *agg.* **1** che può essere perseguito, conseguito: *risultato difficilmente —* **2** (*dir.*) che può essere oggetto di un'azione penale: *reato — a norma di legge.*
perseguimento [per-se-gui-mén-to] *s.m.* (*non com.*) il perseguire, l'essere perseguito.
perseguire [per-se-guì-re] *v.tr.* [*io perséguo ecc.*; pass.rem. *io perseguìi, tu perseguisti ecc.*] **1** cercare di raggiungere, di conseguire: — *uno scopo* **2** (*lett.*) perseguitare.
perseguitare [per-se-gui-tà-re] *v.tr.* [*io perséguito ecc.*] **1** colpire o cercare di colpire ripetutamente qlcu. con una serie di azioni in suo danno, per motivi etnici, politici o religiosi: *gli ebrei furono perseguitati dal nazismo* **2** (*fig.*) tormentare; disturbare, molestare: *la sfortuna mi perseguita.*
perseguitato [per-se-gui-tà-to] *s.m.* [f. *-a*] persona che è oggetto di una persecuzione: *— politico.*
perseverante [per-se-ve-ràn-te] *agg.* costante, saldo nei propositi: *un ragazzo —.*
perseveranza [per-se-ve-ràn-za] *s.f.* il perseverare; costanza, tenacia: *studiare con —.*
perseverare [per-se-ve-rà-re] *v.intr.* [*io persèvero ecc.*; aus. *avere*] mantenersi fermo nei propositi; continuare un'attività con costanza e fermezza: *— nel lavoro.*
persiana [per-sià-na] *s.f.* imposta esterna delle finestre formata da stecche orizzontali montate su un telaio girevole o scorrevole | *— avvolgibile*, fatta di stecche senza telaio che si avvolgono su un rullo; tapparella.
persiano [per-sià-no] *agg.* della Persia: *l'impero —* | *gatto —*, gatto di razza pregiata con corpo massiccio, testa larga, pelo lungo ♦ *s.m.* **1** [f. *-a*] abitante, nativo della Persia **2** la lingua dei persiani **3** pelliccia pregiata ricavata dagli agnelli di una razza originaria dell'Asia **4** gatto persiano.
persico [pèr-si-co] *agg.* [pl.m. *-ci*] **1** della Persia, persiano: *Golfo Persico* **2** *pesce —*, pesce d'acqua dolce commestibile, di colore verdognolo con strisce nerastre.
persino [per-sì-no] *avv.* perfino.
persistente [per-si-stèn-te] *agg.* che persiste; durevole: *febbre —* □ **persistentemente** *avv.*
persistenza [per-si-stèn-za] *s.f.* il persistere: *la — della febbre.*
persistere [per-sì-ste-re] *v.intr.* [coniugato come *assistere*; aus. *avere*] **1** mantenersi ostinatamente fermo in un atteggiamento; insistere, perseverare: *— nel rifiuto* **2** durare a lungo: *il caldo persiste.*
perso [pèr-so] *agg.* sprecato, perduto: *quanto tempo —!* | *lavorare a tempo —*, nei ritagli di tempo.
persona [per-só-na] *s.f.* **1** ogni essere umano, senza distinzione di sesso, età e condizione: *una famiglia di quattro persone* | *a —*, per ciascuno, a ognuno: *diecimila lire a —* | *delitti contro la —*, (*dir.*) quelli che danneggiano fisicamente o moralmente l'individuo. DIM. *personcina* **2** l'individuo considerato per le funzioni che esercita: *la — del presidente* **3** il corpo, le fattezze fisiche di un individuo: *avere cura della propria —* | *in —*, *di —*, personalmente **4** (*dir.*) individuo (*— fisica*) o ente, società (*— giuridica*) in quanto soggetto di diritto **5** (*teol.*) ognuno dei tre componenti della SS. Trinità: *Dio è uno in tre persone* **6** (*gramm.*) categoria che indica il soggetto grammaticale di un'azione: *prima, seconda, terza —* | *in prima —*, (*fig.*) direttamente.
personaggio [per-so-nàg-gio] *s.m.* **1** persona importante, di grande prestigio o rinomanza; personalità: *un — della politica* **2** ciascuna delle persone che agiscono in un'opera narrativa: *i personaggi dei "Promessi Sposi"* **3** (*fam.*) tipo strano, singolare.
personal computer [/ ˈpɛrsonal komˈpjuter /] *loc.sost.m.invar.* (*ingl.*) (*inform.*) elaboratore elettronico destinato all'uso di piccole aziende o di professionisti, tecnici, privati.
personale [per-so-nà-le] *agg.* **1** relativo alla persona, proprio di un determinato individuo: *effetti personali*; *biglietto —*, che non si può cedere ad altri; *cura, igiene —*, del proprio corpo **2** *pronome —*, (*gramm.*) che si riferisce alla prima, seconda o terza persona (p.e. *io, tu, egli ecc.*) ♦ *s.m.* **1** l'aspetto fisico della persona, la sua figura: *avere un bel —* **2** l'insieme dei dipendenti impiegati in un'azienda: *— alberghiero* ♦ *s.f.* mostra in cui si espongono le opere di un artista vivente □ **personalmente** *avv.* **1** in persona, di persona: *occuparsi — di qlco.* **2** per quanto riguarda una determinata persona: *lui — non ha colpe.*
personalismo [per-so-na-lì-ʃmo] *s.m.* **1** nella filosofia del Novecento, dottrina che considera la persona come principio fondamentale **2** tendenza a dare esagerata importanza a questioni e interessi personali.
personalista [per-so-na-lì-sta] *s.m.* e *f.* [pl.m. *-sti*] **1** (*filos.*) seguace della dottrina del personalismo **2** chi tende a far prevalere sempre il proprio punto di vista o interesse personale.
personalistico [per-so-na-lì-sti-co] *agg.* [pl.m. *-ci*] proprio del personalismo; che denota personalismo.
personalità [per-so-na-li-tà] *s.f.* **1** (*psicol.*) l'insieme degli aspetti intellettuali, affettivi e volitivi che caratterizzano un individuo | carattere: *avere una — forte* | *culto della —*, ammirazione esagerata di un individuo **2** persona ragguarde-

vole per fama, prestigio, autorità: *le più alte — dello stato* 3 — *giuridica*, (*dir.*) il fatto di essere soggetto di diritto.

personalizzare [per-so-na-liʒ-ʒà-re] *v.tr.* 1 rendere personale, considerare come personale: — *i contrasti politici* 2 adattare ai gusti, alle esigenze di una persona o di un gruppo: — *un ambiente.*

personalizzato [per-so-na-liʒ-ʒà-to] *agg.* adattato ai gusti, alle esigenze di una o più persone: *arredamento —.*

personalizzazione [per-so-na-liʒ-ʒa-zió-ne] *s.f.* il personalizzare, l'essere personalizzato.

personificare [per-so-ni-fi-cà-re] *v.tr.* [*io personìfico, tu personìfichi ecc.*] 1 attribuire a un'idea astratta o a una cosa inanimata i caratteri di persona umana: — *la virtù* 2 simboleggiare: *Virgilio personifica la ragione umana.*

personificazione [per-so-ni-fi-ca-zió-ne] *s.f.* 1 il personificare, l'essere personificato 2 rappresentazione che raffigura in forma di persona cose o idee astratte: *statua che è — della vittoria* | chi rappresenta al sommo grado una qualità o un difetto: *quell'uomo è la — dell'onestà.*

perspicace [per-spi-cà-ce] *agg.* 1 che ha intuito acuto e profondo, che sa comprendere e valutare con prontezza le situazioni: *mente —* 2 che dimostra intelligenza e lungimiranza: *politica —* □ **perspicacemente** *avv.*

perspicacia [per-spi-cà-cia] *s.f.* [pl. *-cie*] l'essere perspicace; sagacia, avvedutezza: *uomo di grande —.*

perspicuità [per-spi-cui-tà] *s.f.* l'essere perspicuo: *la — di una spiegazione.*

perspicuo [per-spì-cuo] *agg.* chiaro, evidente: *discorso —* □ **perspicuamente** *avv.*

persuadere [per-su-a-dé-re] *v.tr.* [pass.rem. *io persuaʃi, tu persuadésti ecc.*; part.pass. *persuaʃo*] 1 indurre qlcu. in una convinzione o spingerlo a compiere determinate azioni: — *di qlco.* 2 ottenere approvazione, ispirare fiducia: *l'opera ha persuaso i critici* ♦ **persuadersi** *v.rifl.* acquistare la convinzione, convincersi; capacitarsi, rendersi conto: *mi persuasi che aveva ragione.*

persuasione [per-su-a-ʃió-ne] *s.f.* il persuadere, il persuadersi; convincimento, convinzione: *persona dotata di grande —* | — *occulta*, che avviene in modo inconsapevole.

persuasiva [per-sua-ʃì-va] *s.f.* (*non com.*) capacità di persuadere: *un oratore che manca di —.*

persuasività [per-su-a-ʃi-vi-tà] *s.f.* l'essere persuasivo; capacità di persuadere.

persuasivo [per-su-a-ʃì-vo] *agg.* 1 che è in grado di persuadere; convincente: *tono, argomento —* 2 che piace, che ottiene successo: *interpretazione persuasiva.*

persuaso [per-su-à-ʃo] *agg.* che ha acquisito una determinata convinzione; convinto, deciso.

persuasore [per-su-a-ʃó-re] *s.m.* [f. *persuaditrice*] chi persuade; chi istiga | *persuasori occulti*, si dice dei tecnici pubblicitari, in quanto sono in grado di condizionare le scelte dei consumatori.

pertanto [per-tàn-to] *cong.* perciò, quindi (con valore conclusivo): *sono stanco, — non esco.*

pertica [pèr-ti-ca] *s.f.* 1 lungo bastone adibito a usi agricoli: *bacchiare le olive con la —* 2 (*fig. fam.*) persona altissima e magra 3 attrezzo ginnico costituito da un palo verticale di legno levigato su cui ci si arrampica 4 antica unità di misura di lunghezza e di superficie.

pertinace [per-ti-nà-ce] *agg.* 1 tenace nelle idee e nei propositi; costante, ostinato 2 che denota tenacia: *comportamento —* □ **pertinacemente** *avv.*

pertinacia [per-ti-nà-cia] *s.f.* l'essere pertinace; fermezza, costanza, tenacia: *difendere con — un'idea.*

pertinente [per-ti-nèn-te] *agg.* che si riferisce, appartiene, spetta a qlcu. o a qlco.: *domanda —, non —*, che riguarda, non riguarda l'argomento in discussione □ **pertinentemente** *avv.*

pertinenza [per-ti-nèn-za] *s.f.* l'essere pertinente: *la — di una domanda*; *essere di — di qlcu.*, di sua competenza.

pertosse [per-tós-se] *s.f.* malattia infettiva, frequente nei bambini, che si manifesta con violenti accessi di tosse; è detta anche *tosse asinina* o *canina.*

pertugio [per-tù-gio] *s.m.* buco, fessura | (*estens.*) passaggio molto stretto: *luce che penetra attraverso un —.*

perturbare [per-tur-bà-re] *v.tr.* 1 turbare profondamente, sconvolgere: — *l'ordine pubblico* 2 (*astr.*) produrre una perturbazione su un corpo celeste ♦ **perturbarsi** *v.intr.pron.* turbarsi; perdere la calma, la serenità | detto di condizioni atmosferiche, guastarsi, peggiorare: *verso sera il tempo si perturbò.*

perturbato [per-tur-bà-to] *agg.* turbato, sconvolto.

perturbatore [per-tur-ba-tó-re] *agg.* e *s.m.* [f. *-trice*] che/chi perturba.

perturbazione [per-tur-ba-zió-ne] *s.f.* 1 il perturbare, il perturbarsi, l'essere perturbato | — *atmosferica*, alterazione delle condizioni meteorologiche che provoca cattivo tempo 2 (*astr.*) alterazione dell'orbita di un pianeta intorno al Sole, per influsso del campo gravitazionale degli altri pianeti.

peruviano [pe-ru-vià-no] *agg.* del Perú ♦ *s.m.* [f. *-a*] abitante, nativo del Perú.

pervadere [per-và-de-re] *v.tr.* [pass.rem. *io pervaʃi, tu pervadésti ecc.*; part.pass. *pervaʃo*] penetrare e diffondersi (anche *fig.*): *essere pervaso da un'immensa gioia.*

pervasivo [per-va-ʃì-vo] *agg.* (*lett.*) che tende a diffondersi; che pervade, che permea (spec. *fig.*): *un sentimento —.*

pervenire [per-ve-nì-re] *v.intr.* [coniugato come *venire*; aus. *essere*] arrivare, venire, giungere: *le domande per il concorso devono — entro la fine del mese* | (*fig.*) raggiungere: — *al grado di colonnello.*

perversione [per-ver-sió-ne] *s.f.* pervertimento, degenerazione | (*psicol.*) alterazione o deviazione degli istinti.

perversità [per-ver-si-tà] *s.f.* **1** l'essere perverso **2** (*estens.*) azione perversa.

perverso [per-vèr-so] *agg.* **1** che ama fare il male, che è volto al male; cattivo, malvagio: *animo* — **2** degenerato, non naturale: *gusti perversi* **3** dannoso, aberrante, negativo: *logica perversa* □ **perversamente** *avv.*

pervertimento [per-ver-ti-mén-to] *s.m.* il pervertire, il pervertirsi; degenerazione, corruzione: *il — della legge morale.*

pervertire [per-ver-tì-re] *v.tr.* [*io pervèrto ecc.*] far degenerare, corrompere: — *gli animi* ♦ **pervertirsi** *v.intr.pron.* degenerare, corrompersi: *i costumi si vanno pervertendo.*

pervertito [per-ver-tì-to] *s.m.* [f. *-a*] chi è affetto da perversione sessuale.

pervertitore [per-ver-ti-tó-re] *agg.* e *s.m.* [f. *-trice*] che/chi perverte.

pervicace [per-vi-cà-ce] *agg.* caparbio, accanito; protervo: *carattere* — □ **pervicacemente** *avv.*

pervicacia [per-vi-cà-cia] *s.f.* l'essere pervicace; accanimento, protervia: *persistere con — nell'errore.*

pervinca [per-vìn-ca] *s.f.* pianta erbacea ornamentale con fiori azzurro-violacei e piccole foglie ovali ♦ *s.m.* colore azzurro-violaceo tipico del fiore di tale pianta ♦ *agg.invar.* di colore azzurro-violaceo: *abito* —.

pervio [pèr-vio] *agg.* (*lett.*) praticabile, che consente il passaggio.

pesa [pé-sa] *s.f.* **1** pesatura delle merci al dazio **2** apparecchio per pesare; anche, il luogo in cui si effettua la pesatura: — *pubblica.*

pesalettere [pe-sa-lèt-te-re] *s.m.invar.* piccola bilancia per pesare le lettere e calcolare la relativa affrancatura.

pesante [pe-sàn-te] *agg.* **1** che pesa; che ha un peso notevole o superiore al normale: *l'olio è meno — dell'acqua*; *coperta, indumento* —, adatti per la stagione fredda **2** (*estens.*) che dà una sensazione di peso, d'impaccio: *sentirsi la testa* — | *cibo* —, difficile da digerire | *sonno* —, profondo | *aria* —, che si respira a fatica; (*fig.*) atmosfera tesa, opprimente **3** che manca di agilità, che è poco spedito nei movimenti: *passo* —; *stile* —, greve, ampolloso | che agisce con forza eccessiva: *colpo* —; *avere la mano* —, picchiare con violenza; (*fig.*) essere troppo severo; *gioco* —, (*sport*) duro, falloso **4** (*fig.*) grave, offensivo: *accusa* — **5** (*fig.*) che richiede molta fatica o resistenza; gravoso: *un lavoro* — | che arreca noia, fastidio: *una persona* — **6** si dice di nuova unità monetaria il cui valore nominale è pari a un multiplo della precedente: *franco* — **7** si dice di cose contrapposte ad altre, dette *leggere*, che sono di portata o dimensioni minori: *industria* —, l'industria siderurgica e metallurgica | *droghe pesanti*, quelle, come l'eroina e la cocaina, che provocano gli effetti più devastanti □ **pesantemente** *avv.* **1** in modo pesante **2** con tutto il peso del corpo: *cadere* —.

pesantezza [pe-san-téz-za] *s.f.* **1** l'essere pesante (anche *fig.*): *la — di un carico*; *— di stile* **2** sensazione di peso: *— di stomaco.*

pesapersone [pe-sa-per-só-ne] *s.f.invar.* bilancia da terra per pesare persone in piedi.

pesare [pe-sà-re] *v.tr.* [*io péso ecc.*] **1** misurare, calcolare il peso di qlcu. o di qlco.: — *la farina* **2** (*fig.*) valutare, ponderare: — *i pro e i contro*; — *le parole*, essere prudente nel parlare ♦ *v.intr.* [aus. *avere* o *essere*] **1** avere un dato peso: *alla nascita il bimbo pesava quattro chili* | (*assol.*) essere molto pesante: *il baule pesa* **2** (*fig.*) avere importanza, essere determinante: *in quella risoluzione pesò il suo parere* **3** gravare (anche *fig.*): *il lavoro gli pesa*, gli riesce molto faticoso | — *sulla coscienza*, (*fig.*) provocare rimorso ♦ **pesarsi** *v.rifl.* sottoporsi a pesatura per controllare il proprio peso.

pesata [pe-sà-ta] *s.f.* **1** il pesare **2** la quantità pesata in una sola volta.

pesatura [pe-sa-tù-ra] *s.f.* il pesare, l'essere pesato: — *delle merci.*

pesca¹ [pè-sca] *s.f.* il frutto del pesco.

pesca² [pé-sca] *s.f.* **1** il pescare: *canna da* — **2** (*estens.*) ciò che si pesca, la quantità di pesce pescato: *una — abbondante* **3** (*fig.*) sorta di lotteria in cui si estraggono da un'urna biglietti, alcuni dei quali danno diritto a premi: — *di beneficenza.*

pescaggio [pe-scàg-gio] *s.m.* (*mar.*) l'altezza della parte di scafo che rimane immersa nell'acqua.

pescaia [pe-scà-ia] *s.f.* sbarramento di pietre o di travi posto lungo il corso dei fiumi per catturare i pesci o per deviare la corrente.

pescanoce [pe-sca-nó-ce], o **pesca noce**, *s.f.* [pl. *peschenoci* o *pesche noci*] frutto di una varietà di pesco, con buccia liscia e lucida.

pescare [pe-scà-re] *v.tr.* [*io pésco, tu péschi ecc.*] **1** prendere pesci o altri animali acquatici usando strumenti opportuni (rete, lenza, amo, fucile ecc.): — *trote, granchi* | (*estens.*) cercare di prendere o di recuperare qlco. che si trova nell'acqua: — *un cappello caduto nel fiume* **2** (*fig.*) prendere, tirare su a caso: — *una carta dal mazzo* **3** (*fig.*) trovare; cogliere di sorpresa: *guai se ti pesco ancora!* ♦ *v.intr.* [aus. *avere*] essere immerso fino a una certa profondità: *lo scafo pesca 6 metri.*

pescata [pe-scà-ta] *s.f.* **1** il pescare **2** quantità di pesce pescato in una volta.

pescatore [pe-sca-tó-re] *s.m.* [f. *-trice*] chi si dedica alla pesca per mestiere o per sport: — *di fiume*; — *di frodo*, chi pesca senza licenza o con mezzi proibiti ♦ *agg.* si dice di animale che vive catturando pesci: *martin* —; *rana pescatrice* | *alla pescatora*, si dice di piatto cucinato secondo l'uso dei pescatori.

pesce [pé-sce] *s.m.* **1** animale vertebrato acquatico di varia grandezza provvisto di pinne per nuotare, con respirazione branchiale e scheletro osseo o cartilagineo | *nuotare come un* —, (*fig.*) benissimo | *essere, sentirsi un — fuor d'ac-*

qua, (*fig.*) sentirsi a disagio in un ambiente che non si conosce | *non sapere che pesci pigliare*, (*fig.*) non sapere che decisione prendere | — *grosso, piccolo*, (*fig.*) persona molto, poco potente | — *d'aprile*, burla che si fa tradizionalmente il primo di aprile. DIM. *pescetto, pesciolino* **2** (*estens.*) la carne del pesce come cibo; vivanda di pesce: — *lesso*; *zuppa di* — **3** *pl. Pesci*, (*astr.*) costellazione e segno dello zodiaco in cui il Sole transita dal 20 febbraio al 20 marzo.

pescecane [pe-sce-cà-ne] *s.m.* [pl. *pescicani* o *pescecani*] **1** denominazione comune di molti squali predatori **2** (*fig.*) speculatore.

peschereccio [pe-sche-réc-cio] *agg.* [pl.f. *-ce*] che si riferisce alla pesca ♦ *s.m.* motobarca attrezzata per la pesca d'alto mare.

pescheria [pe-sche-rì-a] *s.f.* negozio dove si vende il pesce.

peschiera [pe-schiè-ra] *s.f.* vivaio di pesci; bacino o vasca in cui si tengono o si allevano pesci.

pesciaiola [pe-scia-iò-la] *s.f.* recipiente di forma allungata, nel quale si può cuocere il pesce intero.

pesciera [pe-sciè-ra] *s.f.* pesciaiola | vassoio per servire in tavola il pesce.

pescivendolo [pe-sci-vén-do-lo] *s.m.* [f. *-a*] chi vende pesce.

pesco [pè-sco] *s.m.* [pl. *-schi*] albero con fiori rosei e foglie lanceolate che dà frutti commestibili, tondeggianti, dalla polpa dolce.

pesconoce [pe-sco-nó-ce], o **pesco noce**, *s.m.* [pl. *peschinoce* o *peschi noce*] lo stesso che *nocepesco*.

pescosità [pe-sco-si-tà] *s.f.* l'essere pescoso: *la — di un fiume*.

pescoso [pe-scó-so] *agg.* ricco, abbondante di pesci: *mare* —.

peseta [/ pe'zeta /] *s.f.* [pl. *pesetas*] (*sp.*) unità monetaria della Spagna.

pesista [pe-sì-sta] *s.m.* [pl. *-sti*] (*sport*) **1** atleta che pratica il sollevamento pesi **2** [anche *f.*] atleta che pratica il lancio del peso.

pesistica [pe-sì-sti-ca] *s.f.* lo sport del sollevamento pesi.

peso[1] [pé-so] *s.m.* **1** forza che un corpo esercita su ciò che lo sostiene per effetto della gravità terrestre; la misura di tale forza: *tre quintali di* —; *vendere a* —, secondo il peso | — *lordo*, quello comprensivo della tara | — *netto*, senza la tara | *pagare a — d'oro*, (*fig.*) moltissimo | — *morto*, (*fig.*) gravame inutile; persona inattiva, parassita **2** la cosa stessa che esercita il peso: *caricare i pesi sul carro* | *avere un — sullo stomaco*, (*fig.*) un senso di pesantezza | *avere un — sulla coscienza*, (*fig.*) un rimorso **3** oggetto di metallo, corrispondente a una determinata unità di peso, che serve per pesare: *i pesi della bilancia* | *usare due pesi e due misure*, (*fig.*) giudicare in modo non imparziale **4** (*sport*) ciascuna delle categorie in cui si dividono i pugili, i lottatori ecc., in base al loro peso: — *medio, massimo* **5** (*sport*) attrezzo metallico sferico che l'atleta scaglia alla massima distanza possibile: *lancio del* — | attrezzo costituito da una barra orizzontale che si solleva a forza di braccia; manubrio: *sollevamento pesi* **6** (*fig.*) oppressione, affanno: *il — degli anni* | *essere di — per qlcu.*, (*fig.*) gravare su di lui senza dargli alcun aiuto **7** (*fig.*) importanza, valore, autorità: *una cosa di poco* —.

peso[2] [/ 'pezo /] *s.m.* [pl. *pesos*] (*sp.*) unità monetaria di diversi paesi dell'America latina e delle Filippine.

pessimismo [pes-si-mì-ʃmo] *s.m.* **1** tendenza a cogliere soprattutto gli aspetti negativi della vita e della realtà | (*estens.*) previsione negativa; mancanza di fiducia: *guardare al futuro con* — **2** (*filos.*) dottrina secondo la quale l'esistenza umana è dominata dall'infelicità e dal dolore.

pessimista [pes-si-mì-sta] *s.m.* e *f.* [pl.m. *-sti*] **1** chi giudica con pessimismo, chi è portato a fare previsioni sfavorevoli: *essere un* — **2** sostenitore del pessimismo filosofico ♦ *agg.* incline al pessimismo; che prevede in senso negativo il futuro sviluppo di una situazione: *essere — sull'esito di un'impresa*.

pessimistico [pes-si-mì-sti-co] *agg.* [pl.m. *-ci*] che è proprio del pessimismo, dei pessimisti; improntato a pessimismo: *atteggiamento* — □ **pessimisticamente** *avv.*

pessimo [pès-si-mo] *agg.* [superl. di *cattivo*] molto cattivo, il più cattivo: *un — soggetto*; *una cosa di — gusto* □ **pessimamente** *avv.*

pesta [pé-sta] *s.f.* (*non com.*) **1** orma, traccia **2** (*fig.*) difficoltà, situazione complicata: *trovarsi nelle peste*.

pestaggio [pe-stàg-gio] *s.m.* il percuotere, il picchiare duramente qlcu.: *subire un* — | (*estens.*) colluttazione, rissa.

pestare [pe-stà-re] *v.tr.* [*io pésto ecc.*] **1** battere qlco. con un attrezzo in modo da triturarla o ridurla in polvere: — *il sale* **2** schiacciare col piede, calpestare: — *l'uva*, pigiarla | — *i piedi*, batterli ripetutamente contro il terreno in segno di stizza | — *i piedi, i calli a qlcu.*, (*fig.*) agire in modo da disturbarlo o danneggiarlo **3** picchiare, riempire di percosse: *l'hanno pestato sodo*.

pestata [pe-stà-ta] *s.f.* **1** il pestare, l'essere pestato: *dare una — alla bistecca* **2** colpo dato su qlco. col piede: *ricevere una — su un piede* **3** pestaggio.

peste [pè-ste] *s.f.* **1** malattia infettiva contagiosa, di carattere epidemico, spesso mortale, determinata da un bacillo che viene trasmesso all'uomo dal topo **2** (*fig.*) puzzo, fetore insopportabile: *che — quel sigaro!* **3** (*fig.*) cosa gravemente dannosa; male, rovina: *la — della corruzione* | *dire — e corna di qlcu.*, (*fam.*) dirne tutto il male possibile **4** (*fig. scherz.*) persona molto irrequieta e turbolenta: *tuo figlio è una* —.

pestello [pe-stèl-lo] *s.m.* arnese di metallo o di legno usato per pestare nel mortaio.

pesticida [pe-sti-cì-da] *s.m.* [pl. *-di*] agente chimico usato in agricoltura per distruggere insetti, topi o altri organismi nocivi.

pestifero [pe-stì-fe-ro] *agg.* **1** che porta, diffonde la peste; pestilenziale **2** (*fig.*) che ha un odore nauseabondo, insopportabile: *miasmi pestiferi* **3** (*fig.*) gravemente dannoso, nocivo | (*iperb.*) che reca molestia, fastidio: *un bambino —*.
pestilenza [pe-sti-lèn-za] *s.f.* **1** epidemia di peste o di altra grave malattia infettiva **2** (*fig.*) cosa rovinosa, dannosa.
pestilenziale [pe-sti-len-zià-le] *agg.* **1** di peste; che ha le caratteristiche della peste: *epidemia —* **2** (*fig.*) estremamente dannoso, molesto: *caldo —* **3** che emana un odore fetido; puzzolente: *aria —*.
pesto [pé-sto] *agg.* pestato | *occhi pesti*, gonfi e lividi per il sonno o le percosse | *buio —*, (*fig.*) molto fitto ♦ *s.m.* ogni composto di ingredienti tritati o pestati | salsa a base di basilico per condire la pastasciutta, tipica della cucina genovese: *lasagne al —*.
petalo [pè-ta-lo] *s.m.* (*bot.*) ciascuna delle parti che formano la corolla del fiore.
petardo [pe-tàr-do] *s.m.* bomba di carta, piccola e rudimentale, che viene fatta esplodere in segno di festa.
petecchia [pe-téc-chia] *s.f.* (*med.*) emorragia cutanea puntiforme che caratterizza determinate malattie.
petecchiale [pe-tec-chià-le] *agg.* (*med.*) che si manifesta con petecchie: *tifo —*.
petit-gris [/ peti'gri /] *s.m.invar.* (*fr.*) pelliccia pregiata confezionata con pelli di scoiattoli siberiani.
petizione [pe-ti-zió-ne] *s.f.* **1** domanda scritta, indirizzata da privati a un'autorità per chiedere qlco.: *fare, rivolgere una —* **2** *— di principio*, (*filos.*) errore di logica che consiste nell'assumere come premessa di un ragionamento ciò che si vuole dimostrare.
peto [pé-to] *s.m.* emissione di gas dagli intestini.
-peto secondo elemento di aggettivi composti; indica movimento o sviluppo nella direzione specificata dal primo termine, in genere contrapponendosi a *-fugo* (*centripeto*).
petrarchesco [pe-trar-ché-sco] *agg.* [pl.m. *-schi*] **1** del poeta F. Petrarca (1304-1374): *il "Canzoniere" —* **2** che imita lo stile del Petrarca: *la poesia petrarchesca del Rinascimento.*
petrarchismo [pe-trar-chì-ʃmo] *s.m.* **1** l'imitazione dello stile della poesia del Petrarca **2** corrente poetica ispirata allo stile e ai temi della poesia del Petrarca.
petrarchista [pe-trar-chì-sta] *s.m.* e *f.* [pl.m. *-sti*] **1** chi in poesia imita lo stile del Petrarca: *i petrarchisti cinquecenteschi* **2** studioso del Petrarca ♦ *agg.* che riguarda il petrarchismo; petrarchesco.
petrodollari [pe-tro-dòl-la-ri] *s.m.pl.* nel linguaggio giornalistico, fondi in dollari statunitensi ricevuti in pagamento dai paesi produttori di petrolio.
petrografia [pe-tro-gra-fì-a] *s.f.* scienza che studia la costituzione chimica, fisica e mineralogica delle rocce e la loro genesi.
petrolchimica [pe-trol-chì-mi-ca] *s.f.* settore della chimica industriale che studia e realizza la trasformazione chimica del petrolio e di altri idrocarburi liquidi o gassosi.
petrolchimico [pe-trol-chì-mi-co] *agg.* [pl.m. *-ci*] della petrolchimica ♦ *s.m.* stabilimento petrolchimico: *il — di Marghera.*
petroliera [pe-tro-liè-ra] *s.f.* nave cisterna per il trasporto di liquidi combustibili.
petroliere [pe-tro-liè-re] *s.m.* [f. *-a*] proprietario di giacimenti petroliferi o industriale del settore petrolifero.
petroliero [pe-tro-liè-ro] *agg.* del petrolio; che concerne il petrolio e le fasi della sua lavorazione.
petrolifero [pe-tro-lì-fe-ro] *agg.* che contiene, produce petrolio; che riguarda l'estrazione e la lavorazione del petrolio: *giacimento —; industria petrolifera.*
petrolio [pe-trò-lio] *s.m.* miscuglio naturale di idrocarburi che deriva dalla trasformazione di residui organici accumulatisi in epoche geologiche remote; allo stato greggio è un liquido oleoso, infiammabile, di colore nero, dalla cui distillazione si ricavano benzine, cherosene, gasolio, oli lubrificanti e, con successivi trattamenti, materie plastiche, gomma, fibre sintetiche, fertilizzanti.
petrologia [pe-tro-lo-gì-a] *s.f.* scienza che studia la formazione delle rocce.
pettegola [pet-té-go-la] *s.f.* uccello di palude con zampe rosse o gialle, becco lungo, dorso e gola bianchi.
pettegolare [pet-te-go-là-re] *v.intr.* [*io pettégolo ecc.*; aus. *avere*] fare pettegolezzi, malignare: *— sul conto di qlcu.*
pettegolezzo [pet-te-go-léz-zo] *s.m.* discorso indiscreto e maligno sui fatti altrui: *fare pettegolezzi.*
pettegolo [pet-té-go-lo] *agg.* **1** si dice di persona che parla spesso con morbosa curiosità e con malizia di fatti e comportamenti altrui **2** proprio di persone pettegole: *chiacchiere pettegole* ♦ *s.m.* [f. *-a*] persona pettegola.
pettinare [pet-ti-nà-re] *v.tr.* [*io pèttino ecc.*] **1** ravviare i capelli con il pettine; acconciare i capelli | riferito ad animali domestici, ravvivarne il pelo con il pettine o la spazzola **2** (*ind. tess.*) eseguire la pettinatura delle fibre ♦ **pettinarsi** *v.rifl.* ravviarsi i capelli con il pettine.
pettinata [pet-ti-nà-ta] *s.f.* il pettinare, il pettinarsi.
pettinato [pet-ti-nà-to] *agg.* e *s.m.* si dice di fibra tessile che ha subito la pettinatura e del tessuto prodotto con tali fibre: *un — di lana.*
pettinatrice [pet-ti-na-trì-ce] *s.f.* **1** donna che per mestiere cura l'acconciatura di capigliature femminili; parrucchiera **2** (*ind. tess.*) macchina per eseguire la pettinatura delle fibre.
pettinatura [pet-ti-na-tù-ra] *s.f.* **1** il pettinare, il pettinarsi, l'essere pettinato | (*estens.*) acconciatura dei capelli: *cambiare —* **2** (*ind. tess.*) operazione eseguita da un'apposita macchina (pettinatrice) sulle fibre tessili prima della filatura, al

fine di liberarle dalle impurità residue e di renderle parallele.

pettine [pèt-ti-ne] *s.m.* **1** arnese per acconciare i capelli, costituito di una serie di denti più o meno fitti innestati su un'impugnatura | *parcheggio a* —, (*fig.*) con i veicoli disposti perpendicolarmente a un marciapiede | *prov.*: *tutti i nodi vengono al* —, presto o tardi i problemi accantonati o gli errori tenuti nascosti si ripresentano e vanno affrontati. DIM. *pettinino* **2** (*ind. tess.*) telaio di lamelle verticali parallele, fissate in una cornice rigida, per tenere divisi i fili d'ordito e serrare tra loro i fili di trama **3** mollusco marino commestibile con la conchiglia formata da due grandi valve.

petting [/ 'pɛttiŋg /] *s.m.invar.* (*ingl.*) pratica erotica che non giunge al rapporto sessuale completo.

pettirosso [pet-ti-rós-so] *s.m.* piccolo uccello canterino dal becco sottile, con fronte, gola e petto rossi.

petto [pèt-to] *s.m.* **1** la parte anteriore del tronco umano, compresa tra il collo e l'addome: *ferita al* — | *malattie di* —, che riguardano i polmoni o i bronchi | *voce di* —, la più naturale e limpida | *do di* —, il più acuto che può emettere un tenore | *battersi il* —, in segno di pentimento, di contrizione | *prendere qlco., qlcu. di* —, (*fig.*) affrontarlo decisamente, con irruenza **2** (*fig.*) cuore, animo: *avere in — un proposito* **3** le mammelle della donna, il seno: *un — prosperoso* | *avere un bimbo al* —, allattarlo **4** in macelleria, taglio di carne bovina compresa tra il collo e i lati; negli uccelli, la parte carnosa sopra lo sterno: — *di pollo* **5** parte di un vestito che copre il petto: *giacca a doppio* —, in cui le due metà del davanti si sovrappongono sul petto.

pettorale [pet-to-rà-le] *agg.* del petto: *muscoli pettorali* ♦ *s.m.* **1** cinghia di cuoio che si fa passare davanti al petto del cavallo o di altri animali da tiro **2** (*sport*) riquadro di tessuto, su cui è segnato un numero, che ciascun partecipante a una gara appunta sul petto come contrassegno.

pettorina [pet-to-rì-na] *s.f.* **1** pezzo di tessuto con cui le donne coprivano il petto sotto l'allacciatura del busto **2** parte del grembiule che copre il petto.

pettoruto [pet-to-rù-to] *agg.* che ha un petto robusto: *uomo* — | (*estens.*) che cammina con il petto in fuori; impettito.

petulante [pe-tu-làn-te] *agg.* **1** che chiede e insiste in modo fastidioso e importuno: *una persona* — **2** molesto, noioso: *domande petulanti*.

petulanza [pe-tu-làn-za] *s.f.* l'essere petulante.

petunia [pe-tù-nia] *s.f.* pianta erbacea ornamentale con foglie ovate e fiori di vario colore.

peyote [/ pe'jɔte /] *s.m.invar.* (*sp.*) sostanza allucinogena costituita dalle infiorescenze essiccate di alcune specie di cactacee contenenti mescalina.

pezza [pèz-za] *s.f.* **1** pezzo, ritaglio di tessuto: *una — di cotone* | — *da piedi*, straccio per asciugare i piedi; (*fig.*) persona di cui non si fa alcun conto | *bambola di* —, di panno. DIM. *pezzetta* **2** riquadro di tessuto con cui si chiude un buco; toppa: *cucire una — sui pantaloni* | *mettere una — a qlco.*, (*fig.*) rimediare alla meglio a una situazione difficile **3** lunga striscia di tessuto avvolta intorno a un cilindro che i commercianti tengono per la vendita **4** macchia del manto degli equini: *cavallo bianco con pezze nere* **5** (*burocr.*) carta, documento: — *d'appoggio*, documento che serve per giustificare una spesa o altro; (*estens.*) fondamento per una argomentazione, una presa di posizione **6** figura araldica sullo scudo **7** *da lunga* —, da molto tempo.

pezzato [pez-zà-to] *agg.* si dice di mantello di animale che presenta larghe macchie di colore: *cavallo* — | (*estens.*) che presenta macchie di colore: *marmo bianco — di nero* ♦ *s.m.* cavallo pezzato.

pezzatura[1] [pez-za-tù-ra] *s.f.* l'insieme delle macchie sul mantello di un animale: *cavallo con — nera*.

pezzatura[2] *s.f.* la dimensione o la forma dei pezzi di merce posta in vendita: *la — del legname*.

pezzente [pez-zèn-te] *s.m.* e *f.* mendicante, straccione | (*estens.*) persona meschina, eccessivamente attaccata al denaro.

pezzenteria [pez-zen-te-rì-a] *s.f.* (*non com.*) l'essere pezzente | azione, comportamento da pezzente.

pezzo [pèz-zo] *s.m.* **1** quantità, parte non determinata di un materiale solido: — *di ferro* | *essere un — di legno, di ghiaccio*, (*fig.*) essere insensibile | *per un — di pane*, (*fig.*) a bassissimo prezzo. DIM. *pezzetto, pezzettino* **2** parte, porzione di un tutto; frammento: *un — di cielo, di torta* | *fare a pezzi qlco.*, ridurla in parti, spezzarla | *in mille pezzi*, (*iperb.*) in frantumi | *cadere a pezzi*, (*fig.*) andare in rovina | *a pezzi e bocconi*, (*fig.*) a più riprese, poco alla volta **3** ogni elemento che, unito ad altri, costituisce un insieme unitario: *i pezzi del meccano* | *costume a due pezzi*, costume da bagno femminile costituito da reggiseno e slip; bikini | *essere tutto d'un* —, (*fig.*) essere estremamente coerente **4** oggetto considerato in relazione a una serie di altri oggetti simili: *un — da 500* | ogni oggetto artistico o manufatto di valore: — *d'antiquariato* **5** in artiglieria, bocca da fuoco **6** passo, brano di un'opera musicale o letteraria: *suonare un — al pianoforte* **7** articolo giornalistico: *un — di cronaca* **8** si dice di persona robusta o particolarmente avvenente: *un — d'uomo*; *un bel — di ragazza* | — *grosso*, (*fig.*) persona importante **9** tratto di spazio o periodo di tempo: *lavorare un — di terreno*; *è un — che aspetto*.

pezzuola [pez-zuò-la] *s.f.* **1** piccola pezza: *lavare una ferita con una* — **2** (*region.*) grande fazzoletto.

pfennig [/ 'pfɛnig /] *s.m.invar.* (*ted.*) moneta divisionale tedesca, pari a 1 centesimo di marco.

pH [/ pi'akka /] *s.m.invar.* (*chim.*) grado di acidità o basicità di una soluzione acquosa: — *neutro*, quello dell'acqua, che ha valore 7.

phi [/ pi / *o* / fi /] *s.m.* nome della ventunesima lettera dell'alfabeto greco, che viene resa *ph* nei caratteri latini.

phon → **fon**.

pi *s.m.* **1** [anche *f.*] nell'alfabeto italiano, nome della lettera *p* **2** nome della sedicesima lettera dell'alfabeto greco, corrispondente a *p* nei caratteri latini | — *greco*, (*mat.*) simbolo che esprime il rapporto fra la lunghezza della circonferenza e il suo diametro; è indicato dalla lettera greca π e corrisponde a un numero irrazionale approssimativamente uguale a 3,1415.

piacente [pia-cèn-te] *agg.* che piace, attraente, anche se non più molto giovane: *una donna* —.

piacere[1] [pia-cé-re] *v.intr.* [pres. *io piàccio, tu piaci, egli piace, noi piacciamo, voi piacéte, essi piàcciono*; pass.rem. *io piàcqui, tu piacésti ecc.*; congiunt.pres. *io piàccia ecc.*; part.pass. *piaciuto*; aus. *essere*] **1** riuscire gradito ai sensi, all'animo; corrispondere al gusto di qlcu.: *mi piace il cioccolato* **2** (*assol.*) suscitare l'approvazione, il consenso; attrarre: *una persona che piace*.

piacere[2] *s.m.* **1** sensazione gradevole derivante da una soddisfazione; godimento, diletto: *dare, fare* —; *aver — di qlco.*, goderne **2** cosa che dà piacere; gioia, divertimento: *i piaceri dell'animo, dei sensi* | *viaggio di* —, che si fa per diletto **3** onore, motivo di compiacimento: *è stato un — conoscerla!* | —*!*, formula di cortesia usata quando si viene presentati a qlcu. **4** servizio, favore: *chiedere, fare un* — | *per* —, formula di cortesia usata per chiedere qlco. **5** volontà, libera scelta: *fa' pure a tuo* — | *a* —, a volontà, secondo le preferenze personali.

piacevole [pia-cé-vo-le] *agg.* che piace, che dà piacere; gradevole, divertente □ **piacevolmente** *avv.*

piacevolezza [pia-ce-vo-léz-za] *s.f.* **1** l'essere piacevole **2** detto, atto piacevole; battuta scherzosa: *racconto pieno di piacevolezze*.

piacimento [pia-ci-mén-to] *s.m.* piacere, gradimento: *non è di mio* — | *a* —, a piacere, a volontà.

piadina [pia-dì-na] *s.f.* focaccia piatta, non lievitata, tipica della Romagna.

piaga [pià-ga] *s.f.* **1** lesione della pelle o di una mucosa, più o meno profonda, che presenta difficoltà a rimarginarsi: *avere il corpo coperto di piaghe* **2** (*fig.*) grave male, flagello: *la — dell'alcolismo* **3** (*fig.*) dolore cocente: *riaprire una vecchia* — | *mettere il dito sulla* —, toccare un argomento doloroso o imbarazzante **4** (*scherz.*) persona molto noiosa, lamentosa: *essere una* —.

piagare [pia-gà-re] *v.tr.* [*io piago, tu piaghi ecc.*] causare una o più piaghe, ferire: — *il corpo, l'animo*.

piagato [pia-gà-to] *agg.* coperto di piaghe: *avere il corpo tutto* —.

piaggeria [piag-ge-rì-a] *s.f.* (*lett.*) adulazione palese, smaccata: *fare, dire qlco. per* —.

piaggia [piàg-gia] *s.f.* [pl. *-ge*] (*lett.*) luogo in pendio; declivio che scende verso il mare o un corso d'acqua.

piagnisteo [pia-gni-stè-o] *s.m.* pianto, lamento prolungato e noioso.

piagnone [pia-gnó-ne] *s.m.* [f. *-a*] (*fam.*) chi si lagna sempre; chi piange a lungo e in modo noioso.

piagnucolamento [pia-gnu-co-la-mén-to] *s.m.* (*non com.*) il piagnucolare.

piagnucolare [pia-gnu-co-là-re] *v.intr.* [*io piagnùcolo ecc.*; aus. *avere*] piangere a lungo, sommessamente e lamentosamente.

piagnucolio [pia-gnu-co-lì-o] *s.m.* un piagnucolare continuato.

piagnucolone [pia-gnu-co-ló-ne] *s.m.* [f. *-a*] chi piagnucola spesso, continuamente.

piagnucoloso [pia-gnu-co-ló-so] *agg.* che piagnucola, pronto a piagnucolare: *bambino* — | proprio di chi piagnucola: *voce piagnucolosa* □ **piagnucolosamente** *avv.*

pialla [piàl-la] *s.f.* utensile del falegname, usato per spianare, levigare o assottigliare il legno. DIM. *pialletta*.

piallaccio [pial-làc-cio] *s.m.* foglio sottilissimo di legno pregiato che serve per rivestire legni di minor pregio mediante impiallacciatura.

piallare [pial-là-re] *v.tr.* spianare, levigare o assottigliare con la pialla o con la piallatrice: — *un'asse di legno*.

piallata [pial-là-ta] *s.f.* colpo di pialla; piallatura sommaria: *dare una* —.

piallatrice [pial-la-trì-ce] *s.f.* macchina per piallare.

piallatura [pial-la-tù-ra] *s.f.* il piallare, l'essere piallato: — *a mano, meccanica*.

pialletto [pial-lét-to] *s.m.* **1** utensile simile alla pialla, ma più corto **2** assicella o lama piatta d'acciaio rettangolare, che i muratori usano per spianare e lisciare l'intonaco.

piana [pià-na] *s.f.* terreno pianeggiante, pianura.

pianale [pia-nà-le] *s.m.* **1** tratto di terreno pianeggiante **2** (*tecn.*) piano di un vagone, di autoveicolo su cui si appoggia il carico.

pianeggiante [pia-neg-giàn-te] *agg.* piano o quasi piano: *terreno, zona* —.

pianella [pia-nèl-la] *s.f.* **1** pantofola con tacco basso, morbida e leggera, aperta nella parte posteriore. DIM. *pianelletta, pianellina* **2** mattonella sottile in laterizio, usata per coprire tetti o pavimenti.

pianerottolo [pia-ne-ròt-to-lo] *s.m.* **1** ripiano tra due rampe successive di scale **2** spazio in una parete di roccia nel quale gli arrampicatori possono sostare.

pianeta[1] [pia-né-ta] *s.m.* [pl. *-ti*] **1** (*astr.*) corpo celeste che gira intorno al Sole, dal quale riceve luce: *la Terra è un* — **2** (*fig.*) ciò che costituisce una sorta di mondo a sé: *il — donna*.

pianeta[2] *s.f.* paramento che il sacerdote indossa sopra il camice durante la messa.

piangente [pian-gèn-te] *agg.* che piange, che è in lacrime; triste, lacrimoso: *parlare con voce* — | *sa-*

lice —, (*fig.*) che ha i rami pendenti verso terra.

piangere [piàn-ge-re] *v.intr.* [pres. *io piango, tu piangi ecc.*; pass.rem. *io piansi, tu piangésti ecc.*; part.pass. *pianto*; aus. *avere*] **1** versare lacrime per un dolore, un'emozione o anche per il contatto con sostanze che irritano gli occhi: — *di gioia, di rabbia*; *le cipolle fanno* — | — *sul latte versato*, (*fig.*) dolersi di qlco. quando ormai non si può più rimediare **2** (*estens.*) soffrire | *mi piange il cuore*, mi rincresce molto ♦ *v.tr.* **1** versare lacrime: — *lacrime amare* **2** (*estens.*) manifestare il proprio dolore per la morte di qlcu.: — *un amico* **3** lamentarsi per qlco.: — *i propri errori*; — *miseria*, lamentarsi di essere povero.

piangiucchiare [pian-giuc-chià-re] *v.intr.* [*io piangiùcchio ecc.*; aus. *avere*] piagnucolare; piangere sommessamente.

pianificabile [pia-ni-fi-cà-bi-le] *agg.* che può essere pianificato.

pianificare [pia-ni-fi-cà-re] *v.tr.* [*io pianìfico, tu pianìfichi ecc.*] ordinare, regolare secondo un piano.

pianificato [pia-ni-fi-cà-to] *agg.* regolato da un piano; che segue un piano prestabilito: *economia pianificata.*

pianificatore [pia-ni-fi-ca-tó-re] *s.m.* [f. *-trice*] **1** chi elabora una pianificazione **2** chi sostiene l'opportunità di adottare pianificazioni.

pianificazione [pia-ni-fi-ca-zió-ne] *s.f.* il pianificare, l'essere pianificato; programmazione di un'attività sulla base di un piano prestabilito: *la* — *di un lavoro* | — *economica*, centralizzazione delle decisioni relative al sistema economico | — *familiare*, controllo delle nascite.

pianissimo [pia-nìs-si-mo] *s.m.* (*mus.*) didascalia che prescrive, nell'esecuzione di un brano, una sonorità molto tenue.

pianista [pia-nì-sta] *s.m.* e *f.* [pl.m. *-sti*] chi suona il pianoforte per professione.

pianistico [pia-nì-sti-co] *agg.* [pl.m. *-ci*] di pianoforte, che riguarda il pianoforte: *concerto* —.

piano[1] [pià-no] *agg.* **1** privo di rilievi e sporgenze; che ha andamento orizzontale: *superficie piana* | *figura piana*, (*geom.*) giacente su un piano; *geometria piana*, che concerne le figure piane **2** (*fig.*) comune, usuale, semplice: *parlare con parole piane* **3** (*gramm.*) si dice di parola accentata sulla penultima sillaba | (*metr.*) si dice di verso che finisce con una parola piana **4** (*mus.*) didascalia che prescrive, nell'esecuzione di un brano, una sonorità piuttosto tenue **5** nell'atletica leggera, si dice di corsa che si svolge su un terreno senza ostacoli: *correre i 400 m piani* ♦ *avv.* **1** lentamente; con cautela: *camminare* —; *procedere pian* — | *andarci* — *con qlco.*, (*fam.*) agire con prudenza. DIM. *pianino* **2** a voce bassa: *parlare* —.

piano[2] *s.m.* **1** superficie piana: *un* — *di legno*; — *di lavoro*, superficie piana su cui si lavora | — *inclinato*, (*fis.*) superficie piana inclinata che facilita il sollevamento di un corpo o il superamento di un dislivello **2** (*geom.*) superficie che contiene interamente una retta passante per due punti qualsiasi di essa **3** distesa di terreno pianeggiante **4** ciascuno dei piani in cui si può immaginare scomposta una composizione figurativa | (*cine.*) inquadratura definita in base alla distanza dell'immagine messa a fuoco dall'obiettivo della macchina da presa: *primo* —, inquadratura di un personaggio dalle spalle in su **5** livello: *mettere due cose sullo stesso* —, (*fig.*) trattarle come se avessero uguale importanza | *di primo, di secondo* — (*fig.*), che ha maggiore, minore rilevanza **6** ciascuna delle parti sovrapposte di un edificio compresa tra il pavimento e il soffitto: *abitare al primo, al terzo* —.

piano[3] *s.m.* **1** (*geom.*) disegno rappresentante un oggetto o una struttura in proiezione su una superficie piana **2** programma in cui si predispongono le modalità e gli sviluppi di un'azione o di un'attività: — *di lavoro, di battaglia* | — *economico*, documento che indica la quantità di beni da produrre per conseguire gli obiettivi fissati | — *regolatore*, quello che definisce i limiti dell'attività edificatoria nel territorio del comune **3** (*estens.*) ciò che si ha intenzione di fare; progetto: *avere dei piani per il futuro.*

piano[4] *s.m.* pianoforte.

piano-bar [pia-no-bàr] *s.m.invar.* locale pubblico che fa servizio di bar, con un sottofondo musicale eseguito da un pianista.

pianoforte [pia-no-fòr-te] *s.m.* **1** strumento musicale a corde percosse da martelletti azionati da una tastiera, munito di due o tre pedali: — *a coda*, con cassa orizzontale; — *verticale*, con cassa verticale **2** (*estens.*) la tecnica del suonare questo strumento: *prendere lezioni di* —.

pianola [pia-nò-la] *s.f.* pianoforte meccanico dotato di un dispositivo automatico che mette in moto i tasti, riproducendo così una determinata melodia.

pianoro [pia-nò-ro] *s.m.* zona di terreno pianeggiante, non molto vasta e situata a media altitudine.

pianoterra [pia-no-tèr-ra], meno com. **piano terra**, *s.m.invar.* pianterreno.

pianta [piàn-ta] *s.f.* **1** nome generico di ogni vegetale arboreo, arbustivo o erbaceo: *una* — *di ciclamino, di fico*; — *da frutto.* DIM. *pianticella, piantina* **2** la parte del piede volta verso terra | (*estens.*) la parte inferiore della scarpa: *un modello di scarpe a* — *larga* | *di sana* —, (*fig.*) completamente, del tutto **3** proiezione su un piano orizzontale, in proporzioni ridotte, di un edificio o di un elemento architettonico: *la* — *di un appartamento* | rappresentazione in scala di una zona; carta topografica: *la* — *di una città.*

piantaggine [pian-tàg-gi-ne] *s.f.* (*bot.*) genere di piante erbacee perenni dicotiledoni, tipiche delle zone temperate, con piccoli fiori verdognoli raccolti in spighe.

piantagione [pian-ta-gió-ne] *s.f.* **1** terreno su cui si coltivano ortaggi o alberi da frutto; l'insieme delle piante coltivate **2** azienda agricola di grande estensione nella quale si coltiva un unico tipo di pianta: *una — di cotone.*

piantagrane [pian-ta-grà-ne] *s.m.* e *f.invar.* persona cavillosa che solleva questioni anche su fatti di poca importanza.

piantana [pian-tà-na] *s.f.* **1** sostegno verticale che regge librerie, scaffalature | ciascuna delle aste verticali metalliche che sostengono le impalcature nelle costruzioni **2** lampada a stelo.

piantare [pian-tà-re] *v.tr.* **1** introdurre nel terreno un seme o un germoglio perché ne nasca una pianta: *— un olivo; — un terreno a viti* **2** (*estens.*) conficcare, collocare: *— un chiodo* | *— le tende*, accamparsi; (*scherz.*) stabilirsi in un luogo | *— grane*, (*fig.*) sollevare questioni spiacevoli **3** (*fig. fam.*) abbandonare, lasciare all'improvviso: *— il lavoro, il marito* | *piantala!*, smettila! ♦ **piantarsi** *v.rifl.* o *intr.pron.* **1** (*fam.*) fermarsi in un luogo con l'intenzione di restarci: *— in casa di qlcu.* **2** fermarsi, porsi di fronte a qlcu. con aria risoluta: *le si piantò davanti minacciosamente* **3** conficcarsi: *mi si è piantata una spina nel piede.*

piantato [pian-tà-to] *agg.* **1** coltivato: *campo — a gelsi* **2** confitto, conficcato: *palo — nel terreno* **3** che ha robusta costituzione fisica: *un ragazzo ben —* **4** fermo, impettito: *stava — in mezzo alla strada.*

piantello [pian-tèl-lo] *s.m.* macchina per torcere seta e fibre tessili.

pianterreno [pian-ter-ré-no], meno com. **pian terreno**, *s.m.* il piano più basso di un edificio, quello a livello del suolo: *abitare a —.*

pianto [piàn-to] *s.m.* **1** il piangere; le lacrime: *prorompere in —; occhi pieni di —* **2** (*lett.*) dolore, lutto **3** tutto ciò che provoca tristezza: *che — quella campagna così desolata!* | (*scherz.*) cosa mal fatta, mal riuscita; persona noiosa, fastidiosa: *quel vestito è un —!*

piantonamento [pian-to-na-mén-to] *s.m.* il piantonare, l'essere piantonato.

piantonare [pian-to-nà-re] *v.tr.* [*io piantóno ecc.*] (*mil.*) sorvegliare, vigilare strettamente, a vista: *— un locale.*

piantone [pian-tó-ne] *s.m.* militare o agente di polizia che ha ricevuto l'ordine di sorvegliare a vista qlco. o qlcu.: *essere di —* | nelle caserme, soldato addetto a servizi di pulizia e vigilanza non armata.

pianura [pia-nù-ra] *s.f.* vasta zona pianeggiante e uniforme, di solito situata a un'altitudine piuttosto bassa: *la — padana.*

piastra [pià-stra] *s.f.* **1** lastra sottile o lamina spessa di metallo o altro materiale resistente: *— protettiva, di rivestimento* | nelle cucine, fornello elettrico a forma di disco. DIM. *piastrella, piastrina* **2** parte piana ed esterna della serratura **3** apparecchio che, insieme all'amplificatore e agli altoparlanti, costituisce un impianto per la registrazione e la riproduzione del suono.

piastrella [pia-strèl-la] *s.f.* **1** elemento di piccolo spessore con cui si coprono pavimenti o si rivestono pareti **2** pietra piatta o disco di legno o di plastica che serve per un gioco di ragazzi: *giocare alle piastrelle.*

piastrellamento [pia-strel-la-mén-to] *s.m.* rimbalzo sull'acqua di un idrovolante o di un motoscafo, provocato da un eccesso di velocità o da un errore di manovra | rimbalzo di un aereo sul suolo durante l'atterraggio.

piastrellare [pia-strel-là-re] *v.tr.* [*io piastrèllo ecc.*] ricoprire con piastrelle: *— un pavimento.*

piastrellista [pia-strel-lì-sta] *s.m.* e *f.* [pl.m. *-sti*] operaio specializzato nella fabbricazione e nella messa in opera di piastrelle.

piastrina [pia-strì-na] *s.f.* **1** targhetta metallica su cui sono incisi dei dati **2** (*biol.*) elemento del sangue, di forma tondeggiante, molto importante per i processi di coagulazione.

piastrone [pia-stró-ne] *s.m.* (*zool.*) parte ventrale della corazza delle tartarughe.

piattabanda [piat-ta-bàn-da] *s.f.* (*arch.*) elemento in muratura, simile all'architrave, che delimita superiormente vani di porte e finestre.

piattaforma [piat-ta-fór-ma] *s.f.* **1** spazio di terreno spianato e rinforzato; ripiano sul fianco di una montagna | superficie piana metallica, fissa o mobile, in genere sollevata da terra | *— di lancio*, attrezzata per il lancio dei missili | *— stradale*, la superficie della strada che comprende la carreggiata e le banchine | *— continentale*, (*geog.*) fascia di terra sommersa che circonda fino a una profondità di 200 metri le terre emerse **2** nelle vetture tranviarie o ferroviarie, spazio privo di sedili destinato al transito dei passeggeri: *vietato sostare sulla —* **3** (*sport*) struttura rigida da cui si eseguono gare di tuffi **4** (*fig.*) insieme di principi, di proposte o di richieste: *— sindacale.*

piattaia [piat-tà-ia] *s.f.* ripiano o scaffale su cui si espongono piatti o vasellame.

piattello [piat-tèl-lo] *s.m.* piccolo disco a forma di piatto: *il — del candeliere* | *tiro al —*, sport che consiste nello sparare a un piccolo disco di gesso lanciato in aria.

piattezza [piat-téz-za] *s.f.* l'essere piatto (spec. *fig.*): *la — di un racconto.*

piattina [piat-tì-na] *s.f.* filo elettrico appiattito costituito da due o tre conduttori contenuti in una sola guaina.

piattino [piat-tì-no] *s.m.* **1** piccolo piatto sul quale si pongono tazzine o bicchieri **2** contenuto di un piattino | (*estens.*) manicaretto.

piatto [piàt-to] *agg.* **1** che ha una superficie piana, che non è né concavo né convesso: *barca a fondo —* | *angolo —*, (*mat.*) di 180° **2** (*fig.*) scialbo, monotono: *vita piatta* **3** riferito a diagramma, che ha un andamento orizzontale, privo di variazioni apprezzabili: *tracciato —* | *elettroencefalogramma —*, (*med.*) che indica l'assenza di attività cerebrale ♦ *s.m.* **1** recipiente rotondo o tondeggiante in cui si servono e si mangiano le vivande: *— fondo, piano; servizio di piatti* | la quantità di cibo contenuta in un piatto: *un — di riso.* DIM. *piattino* **2** ciascuna delle portate di cui si compone un pranzo: *primo, secondo —*, la minestra, la pietanza | vivanda: *un — elaborato*; — *tipico*, caratteristico di una determinata regione o paese **3** (*estens.*) qualsiasi oggetto a forma di piatto: *il — della bilancia* | *pl.* (*mus.*) strumento a percussione costituito da due dischi concavi di bronzo che vengono battuti l'uno contro l'altro **4** superficie piatta: *il — di una lama*, la parte piatta di essa | *colpire di —*, con la parte piatta di un oggetto; nel calcio, con la parte interna del piede **5** nei giochi d'azzardo, la posta messa in palio □ **piattamente** *avv.* in modo scialbo, monotono.

piattola [piàt-to-la] *s.f.* **1** pidocchio parassita dell'uomo **2** (*fig.*) persona molesta della quale non ci si riesce a liberare.

piazza [piàz-za] *s.f.* **1** ampio spazio urbano contornato da edifici, nel quale confluiscono più strade | *scendere in —*, inscenare una dimostrazione. DIM. *piazzetta, piazzola* **2** (*estens.*) la gente adunata in una piazza; il popolo: *temere le reazioni della —* **3** spazio libero; luogo esteso e sgombro | *far — pulita*, sgomberare, liberare un luogo da qlco.; (*fig.*) eliminare radicalmente qlco. che nuoce **4** posto: *letto a una —, a due piazze*, singolo, matrimoniale **5** (*comm.*) luogo di operazioni economiche o finanziarie; mercato: *vendere azioni sulla — di Torino*; *assegno su, fuori —*, (*banc.*) a seconda che venga incassato o meno da una banca che è nella stessa città di quella che lo ha emesso | *rovinare la — a qlcu.*, (*fig.*) rovinargli la reputazione **6** (*mil.*) centro fortificato | *— d'armi*, ampia zona all'aperto per le esercitazioni.

piazzaforte [piaz-za-fòr-te] *s.f.* [pl. *piazzeforti*] **1** città, luogo fortificato **2** (*fig.*) baluardo.

piazzale [piaz-zà-le] *s.m.* ampio spiazzo; piazza notevolmente ampia e non completamente circondata da edifici: *il — della stazione*.

piazzamento [piaz-za-mén-to] *s.m.* (*sport*) posizione in una classifica o graduatoria: *ottenere un buon —*.

piazzare [piaz-zà-re] *v.tr.* **1** collocare, mettere in una data posizione: *— l'automobile davanti al cancello* | *— un pugno, un colpo*, nel pugilato, portarli a segno **2** vendere, collocare un prodotto presso un compratore: *— la propria merce* ♦ **piazzarsi** *v.rifl.* **1** collocarsi in un posto; sistemarsi bene, comodamente: *— al balcone* **2** classificarsi tra i primi in una gara sportiva, in un concorso: *— secondo* **3** negli sport di squadra, disporsi nella posizione più adatta per prendere parte al gioco.

piazzata [piaz-zà-ta] *s.f.* litigio, schiamazzo, scenata volgare: *fare una —*.

piazzato [piaz-zà-to] *agg.* **1** (*non com.*) detto di persona, robusto, ben messo | (*fig.*) si dice di chi ha conseguito una buona posizione: *ormai è un uomo —* **2** (*sport*) nell'ippica, si dice del cavallo arrivato secondo o terzo in una corsa; negli altri sport, di chi ha ottenuto un buon piazzamento **3** *calcio —*, nel rugby e nel calcio, tiro effettuato con la palla ferma a terra.

piazzista [piaz-zì-sta] *s.m.* e *f.* [pl.m. *-sti*] **1** chi è incaricato da un' azienda di raccogliere ordini o vendere prodotti su una determinata piazza commerciale **2** (*estens.*) viaggiatore di commercio.

piazzola [piaz-zò-la] *s.f.* **1** slargo ai margini di una strada o di un'autostrada che serve da area di sosta per i veicoli **2** nel gioco del golf, zona circostante la buca per un raggio di diciotto metri.

pica [pì-ca] *s.f.* **1** (*region.*) gazza **2** (*med.*) pervertimento del gusto per cui si desidera mangiare cose non commestibili o di sapore cattivo.

picaresco [pi-ca-ré-sco] *agg.* [pl.m. *-schi*] proprio di un genere romanzesco sorto in Spagna nel sec. XVI e diffusosi poi in tutta Europa, imperniato sulle avventure del picaro: *romanzo —*.

picaro [pì-ca-ro] *s.m.* personaggio di popolano imbroglione che vive di espedienti e trovate ingegnose; è il protagonista dei romanzi picareschi.

picca[1] [pìc-ca] *s.f.* **1** lunga asta con punta di ferro, usata un tempo come arma dalla fanteria **2** *pl.* uno dei quattro semi delle carte da gioco francesi | *rispondere picche*, (*fig.*) rispondere con un deciso rifiuto.

picca[2] *s.f.* puntiglio dovuto a risentimento, orgoglio, ostinazione; ripicca.

piccante [pic-càn-te] *agg.* **1** di sapore forte e pungente: *salsa —* **2** (*fig.*) arguto, mordace: *parole piccanti* **3** (*fig.*) licenzioso, un po' spinto: *storiella —*.

piccarsi [pic-càr-si] *v.intr.pron.* [*io mi picco, tu ti picchi ecc.*] **1** insistere con puntiglio nel fare qlco.; pretendere di conoscere qlco.: *si picca di essere il migliore* **2** impermalirsi.

piccata [pic-cà-ta] *s.f.* (*gastr.*) fettina di vitello cucinata in teglia con burro, succo di limone e prezzemolo trito. DIM. *piccatina* | Usato anche come *agg.*: *carne —*.

piccato [pic-cà-to] *agg.* risentito, impermalito: *rispondere in tono —*.

picchettaggio [pic-chet-tàg-gio] *s.m.* durante uno sciopero, il presidiare in gruppo le entrate dei luoghi di lavoro per impedire l'ingresso di coloro che non aderiscono.

picchettare [pic-chet-tà-re] *v.tr.* [*io picchétto ecc.*] **1** segnare un tracciato sul terreno mediante dei picchetti **2** presidiare con picchetti: *— una fabbrica*.

picchettato [pic-chet-tà-to] *s.m.* (*mus.*) nella tecnica violinistica, l'esecuzione in un solo movimento di andata e ritorno dell'arco di una serie di note staccate e rapide | nel canto, tecnica d'abilità consistente nell'emissione veloce di note staccate.

picchettatura [pic-chet-ta-tù-ra] *s.f.* la definizione di un tracciato mediante l'infissione di picchetti nel terreno.

picchetto [pic-chét-to] *s.m.* **1** paletto di legno, cemento o metallo che viene conficcato nel terreno come segnale, per fissare una tenda o altro **2** gruppo di militari incaricato di servizi d'ordine o d'onore | *ufficiale di —*, ufficiale addetto alla sorveglianza della caserma **3** gruppo di lavoratori in sciopero che fanno un picchettaggio.

picchiare [pic-chià-re] *v.tr.* [*io pìcchio ecc.*] colpire, battere, percuotere: — *qlcu. di santa ragione*; — *la testa*, urtarla contro qlco. ♦ *v.intr.* [aus. *avere*] **1** dare colpi: — *alla porta*, bussare **2** (*aer.*) eseguire una picchiata.

picchiata [pic-chià-ta] *s.f.* **1** il picchiare; colpo o serie di colpi dati a qlco. o a qlcu.: *prendersi una solenne* — **2** (*aer.*) discesa di un aeroplano con la prora fortemente inclinata verso terra | *scendere in* —, (*fig.*) a gran velocità.

picchiato [pic-chià-to] *agg.* e *s.m.* [f. *-a*] si dice di persona un po' sciocca, ma simpaticamente stravagante. DIM. *picchiatello.*

picchiatore [pic-chia-tó-re] *s.m.* **1** [f. *-trice*] (*non com.*) chi picchia | persona incaricata di malmenare o intimidire qlcu. **2** (*gerg.*) pugile aggressivo e potente.

picchierellare [pic-chie-rel-là-re] *v.tr.* e *intr.* [*io picchierèllo ecc.*; aus. dell'intr. *avere*] battere con colpi leggeri e fitti; tamburellare: — *con le dita sul vetro.*

picchiettare [pic-chiet-tà-re] *v.intr.* [*io picchiétto ecc.*; aus. *avere*] **1** picchiare leggermente e con frequenza: *la pioggia picchiettava sui vetri* **2** (*mus.*) eseguire col violino, con un solo colpo di arco, una serie di note brevi e staccate ♦ *v.tr.* punteggiare di piccole macchie: *tessuto picchiettato di rosso.*

picchiettio [pic-chiet-tì-o] *s.m.* un picchiettare continuo: *il — della pioggia sui vetri.*

picchio [pìc-chio] *s.m.* uccello dal becco lungo, atto a forare il legno e la corteccia degli alberi per catturare gli insetti o per costruire il nido.

piccineria [pic-ci-ne-rì-a] *s.f.* meschinità di mente, grettezza d'animo | azione meschina, gretta.

piccino [pic-cì-no] *agg.* **1** piccolo per età, statura, dimensioni: *un bambino* — **2** (*fig.*) meschino, gretto: *idee piccine* ♦ *s.m.* [f. *-a*] **1** bambino: *spettacolo per grandi e piccini* **2** figlio piccolo; cucciolo di animale: *la gatta e i suoi piccini.*

picciolato [pic-cio-là-to] *agg.* (*bot.*) si dice di organo provvisto di picciolo: *foglia picciolata.*

picciolo [pic-ciò-lo] *s.m.* (*bot.*) la parte allungata che sostiene la foglia collegandola al ramo | il sostegno del frutto; peduncolo.

piccionaia [pic-cio-nà-ia] *s.f.* **1** locale dove si tengono i piccioni a nidificare; colombaia | *tirare sassi in* —, (*fig.*) provocare scompiglio **2** (*estens.*) sottotetto, soffitta **3** (*scherz.*) il loggione di un teatro.

piccioncino [pic-cion-cì-no] *s.m.* [f. *-a*] (*fam.*) persona innamorata, detto con riferimento alle sue effusioni amorose.

piccione [pic-ció-ne] *s.m.* [f. *-a*] nome comune del colombo domestico | *tiro al* —, gara sportiva in cui i concorrenti cercano di abbattere con un colpo di fucile un piccione fatto uscire improvvisamente da una gabbia (oggi l'animale è sostituito da una sagoma lanciata in aria) | *prendere due piccioni con una fava*, (*fig.*) ottenere due risultati in una sola volta. DIM. *piccioncino.*

picciotto [pic-ciòt-to] *s.m.* (*dial.*) **1** giovanotto **2** il grado più basso della gerarchia mafiosa.

picco [pìc-co] *s.m.* [pl. *-chi*] **1** cima aguzza di un monte, isolata e con i pendii molto ripidi | *a* —, a perpendicolo: *costa a — sul mare*; *andare, colare a* —, affondare; (*fig.*) andare in rovina **2** in un diagramma, il punto che segna il valore massimo | (*fig.*) il momento di massimo sviluppo **3** (*mar.*) asta di legno o di metallo applicata con un'estremità a un albero della nave e rivolta verso l'alto, per issarvi la bandiera o sostenere una vela di randa.

piccolezza [pic-co-léz-za] *s.f.* **1** l'essere piccolo | (*fig.*) grettezza, meschinità: — *d'animo* **2** cosa di poca importanza, futile o meschina; inezia: *preoccuparsi per ogni* —.

piccolo [pìc-co-lo] *agg.* [compar. *minore* o *più piccolo*; superl. *minimo* o *piccolissimo*] **1** inferiore al normale: *un — paese*. DIM. *piccoletto, piccolino* **2** che ha dimensioni minori di una cosa della stessa specie: *è partito con la valigia piccola* **3** di pochi anni di età: *è troppo — per capire* **4** di poco conto, di modesta entità: *un — errore* **5** (*fig.*) di condizione modesta, non elevata: *un — commerciante* **6** (*fig.*) meschino, gretto: *idee molto piccole* ♦ *s.m.* [f. *-a* nei sign. 1 e 2] **1** bambino: *il — si è addormentato* **2** (*estens.*) nato di animale; cucciolo: *i piccoli della cagna* **3** moneta antica di basso valore | *in* —, in proporzioni ridotte: *riproduzione in* — | *nel mio* —, nei limiti delle mie possibilità.

picconare [pic-co-nà-re] *v.tr.* e *intr.* [*io piccóno ecc.*; aus. dell'intr. *avere*] dare colpi di piccone; rompere, demolire col piccone.

picconata [pic-co-nà-ta] *s.f.* colpo di piccone.

piccone [pic-có-ne] *s.m.* attrezzo costituito da un elemento di acciaio leggermente ricurvo, con un'estremità appuntita e l'altra a forma di zappa molto stretta, fissato a un lungo manico di legno; è usato per scavare o per demolire costruzioni in muratura | *dare il primo colpo di* —, iniziare un lavoro di demolizione o di fondazione | — *pneumatico*, azionato ad aria compressa.

picconiere [pic-co-niè-re] *s.m.* chi lavora di piccone; chi è addetto in cave o miniere all'abbattimento di minerali e allo scavo di gallerie.

piccozza [pic-còz-za] *s.f.* sorta di piccone di piccole dimensioni, con manico di legno che serve anche da bastone, usato in alpinismo.

pick-up [/ pi'kap /] *s.m.invar.* (*ingl.*) **1** nei giradischi, dispositivo elettromeccanico dotato di una puntina che trasforma le ondulazioni dei solchi in impulsi elettrici **2** nelle chitarre elettriche, dispositivo che trasforma le vibrazioni delle corde in impulsi elettrici.

picnic [pic-nìc] *s.m.invar.* scampagnata con pranzo o merenda all'aperto | la colazione stessa.

picnometro [pic-nò-me-tro] *s.m.* (*chim.*) appa-

recchio di vetro a forma di boccetta usato per determinare la densità di corpi liquidi e solidi.
pico- primo elemento della terminologia scientifica che, anteposto a un'unità di misura, la divide per mille miliardi.
picosecondo [pi-co-se-cón-do] *s.m.* unità di misura del tempo pari a un millesimo di nanosecondo.
picrico [pì-cri-co] *agg.* [pl.m. *-ci*] (*chim.*) di acido derivato dal fenolo, usato come disinfettante o come esplosivo.
pidgin [/ 'pidʒin /] *s.m.invar.* (*ingl.*) lingua ausiliaria molto semplificata, nata dall'incontro dell'inglese con altre lingue, spec. orientali, per soddisfare le esigenze di comunicazione negli scambi commerciali.
pidiessino [pi-di-es-sì-no] *agg.* e *s.m.* [f. *-a*] appartenente al Partito democratico della sinistra, formazione politica derivata nel 1991 dal Partito comunista italiano.
pidocchieria [pi-doc-chie-rì-a] *s.f.* grettezza, avarizia, taccagneria estrema | atto gretto, meschino, da taccagno.
pidocchio [pi-dòc-chio] *s.m.* **1** piccolo insetto dal corpo piatto, che succhia il sangue dell'uomo vivendo da parassita sulla testa, sul corpo o nei vestiti **2** piccolo insetto parassita di piante o di animali **3** (*spreg.*) persona gretta, avara.
pidocchioso [pi-doc-chió-so] *agg.* **1** pieno di pidocchi **2** (*fig.*) avaro, spilorcio, taccagno □ **pidocchiosamente** *avv.* da persona avara e meschina.
piduista [pi-du-ì-sta] *agg.* e *s.m.* [pl.m. *-sti*] affiliato alla loggia massonica P2, disciolta per legge nel 1981.
piè *s.m.* (*poet.*) piede | *saltare a — pari*, a piedi uniti; (*fig.*) trascurare completamente | *a ogni — sospinto*, a ogni passo, in ogni istante, spesso | *a — di*, in fondo, in basso: *a — di pagina.*
pièce [/ pjɛs /] *s.f.invar.* (*fr.*) opera teatrale: — *comica.*
pied-à-terre [/ pjeda'tɛr /] *s.m.invar.* (*fr.*) piccolo alloggio usato per brevi soggiorni.
pied-de-poule [/ pjed'pul /] *s.m.invar.* (*fr.*) disegno a piccoli riquadri irregolari che ricordano la forma della zampa di gallina; è tipico di alcuni tessuti per abiti sportivi | stoffa con tale disegno.
piede [piè-de] *s.m.* **1** nell'uomo, la parte estrema degli arti inferiori; negli animali, la parte terminale delle zampe: *piedi nudi*, scalzi | *andare a piedi*, senza usare mezzi di trasporto | *camminare in punta di piedi*, per non far rumore | *stare in piedi*, stare ritto; (*fig.*) essere ben strutturato: *ragionamento che non sta in piedi* | *essere sul — di guerra*, pronto per una guerra | *mettere in piedi*, (*fig.*) produrre, allestire (uno spettacolo); fondare (un'istituzione) | *a — libero*, si dice di imputato non arrestato | *da capo a piedi*, (*fig.*) da cima a fondo, interamente | *su due piedi*, (*fig.*) immediatamente, senza pensarci | *prendere —*, (*fig.*) diffondersi, espandersi | *tenere il — in due staffe*, (*fig.*) barcamenarsi tra due fazioni | *fatto con i piedi*, (*fig.*) si dice di cosa fatta male. DIM. *piedino* ACCR. *piedone* **2** la parte bassa di un elemento naturale: *i piedi del monte* | parte di sostegno di un oggetto o di una struttura: *i piedi di un armadio* **3** qualsiasi oggetto che abbia la forma di un piede: — *di porco*, leva d'acciaio usata per spostare oggetti molto pesanti o per scardinare porte e saracinesche **4** unità di misura di lunghezza, in uso nell'antichità e ancora oggi nei paesi anglosassoni; in Inghilterra è pari a 30,48 cm **5** nella metrica classica, la più piccola unità ritmica di un verso.
piedipiatti [pie-di-piàt-ti] *s.m.* (*gerg.*) poliziotto.
piedistallo [pie-di-stàl-lo] *s.m.* sostegno in pietra o muratura su cui poggiano statue e colonne | *mettere qlcu. sul —*, (*fig.*) esaltarlo, idealizzarlo.
piedritto [pie-drìt-to] *s.m.* (*arch.*) struttura verticale che ha funzione di sostegno (*p.e.* colonna, pilastro).
piega [piè-ga] *s.f.* **1** il piegare, il piegarsi; il punto in cui qlco. si piega: *la — del braccio, dei capelli* **2** segno lasciato da una pressatura: *vestito pieno di pieghe* | *messa in —*, ondulazione artificiale dei capelli **3** parte del tessuto ripiegata su sé stessa, usata anche per ornamento: *gonna a pieghe* **4** ruga, grinza: *le pieghe del volto* | *ragionamento che non fa una —*, (*fig.*) chiaro, lineare **5** (*geol.*) flessione più o meno accentuata degli strati rocciosi **6** (*fig.*) parte intima e nascosta: *scrutare nelle pieghe dell'anima* **7** (*fig. fam.*) andamento: *prendere una buona, una cattiva —*, di persona, prendere buone o cattive abitudini; di cosa, prendere un andamento favorevole o sfavorevole.
piegamento [pie-ga-mén-to] *s.m.* il piegare, il piegarsi; movimento ginnico che si esegue piegandosi sul busto o sulle ginocchia: *piegamenti sulle gambe.*
piegare [pie-gà-re] *v.tr.* [*io piègo, tu pièghi ecc.*] **1** curvare, flettere: — *a U, ad angolo retto* **2** accostare il lembo di una pagina, di un tessuto al lembo opposto: — *un foglio in quattro* **3** inclinare, abbassare: — *il busto in avanti* | — *il capo*, (*fig.*) sottomettersi, umiliarsi **4** (*fig.*) domare, vincere, sottomettere: — *l'avversario* | persuadere, indurre: — *qlcu. alla propria volontà* ♦ *v.intr.* [aus. *avere*] dirigersi, inclinarsi: *la strada piega a sinistra* ♦ **piegarsi** *v.rifl.* o *intr.pron.* **1** inclinarsi, incurvarsi, abbassarsi: *gli alberi si piegano al vento* **2** (*fig.*) cedere, sottomettersi, arrendersi: — *ai voleri di qlcu.*
piegatrice [pie-ga-trì-ce] *s.f.* **1** (*tip.*) macchina che piega i fogli stampati **2** (*mecc.*) macchina che piega lamiere e profilati metallici.
piegatura [pie-ga-tù-ra] *s.f.* **1** il piegare, l'essere piegato **2** il punto in cui una cosa è piegata; la piega stessa.
pieghettare [pie-ghet-tà-re] *v.tr.* [*io pieghétto ecc.*] fare molte piccole pieghe ravvicinate e ben marcate su una stoffa.
pieghettato [pie-ghet-tà-to] *agg.* si dice di tessuto lavorato a piccole pieghe.

pieghettatura [pie-ghet-ta-tù-ra] *s.f.* il pieghettare, l'essere pieghettato | l'insieme delle pieghe presenti su un capo di vestiario o altro.

pieghevole [pie-ghé-vo-le] *agg.* **1** che si può facilmente piegare **2** che può essere ripiegato su sé stesso: *sedia* — ♦ *s.m.* foglio stampato e ripiegato, recante per lo più indicazioni pubblicitarie; dépliant.

pieghevolezza [pie-ghe-vo-léz-za] *s.f.* l'essere pieghevole.

pielite [pi-e-lì-te] *s.f.* (*med.*) infiammazione della pelvi renale.

pielo- primo elemento di parole composte della terminologia medica, che significa 'bacinetto, pelvi renale' (*pielografia*).

pielografia [pi-e-lo-gra-fì-a] *s.f.* (*med.*) esame radiologico delle vie urinarie (pelvi renale e uretere).

piemontese [pie-mon-té-se] *agg.* del Piemonte ♦ *s.m.* **1** [anche *f.*] chi è nato o abita in Piemonte **2** dialetto del Piemonte.

piena [piè-na] *s.f.* **1** forte aumento della portata di un corso d'acqua: *fiume in* — | (*estens.*) la massa d'acqua di un fiume in piena: *case sommerse dalla* — **2** (*fig.*) punto di massima intensità; foga, impeto: *la — dei sentimenti* **3** affollamento, calca: *stasera a teatro c'è una — mai vista.*

pienezza [pie-néz-za] *s.f.* l'essere pieno (spec. *fig.*): — *di sentimenti.*

pieno [piè-no] *agg.* **1** che contiene tutto quello che può contenere; riempito, colmato: *bicchiere — d'acqua*; — *come un uovo, fino all'orlo*, completamente riempito | *a piene mani*, (*fig.*) con grande abbondanza | *avere piene le tasche di qlco., di qlcu.*, (*fig., fam.*) esserne stufo **2** che contiene grande quantità di qlco.; che ha in abbondanza: *pagina piena di errori* | *essere — di sé*, presuntuoso, borioso | *essere — di vita*, vivace e dinamico | *giornata piena*, con molti impegni **3** (*fam.*) che ha mangiato abbastanza; sazio, rimpinzato: *sentirsi* — | *a stomaco* —, dopo aver mangiato **4** che non ha in sé spazi vuoti, che è composto di materia compatta: *mura piene* **5** che presenta un certo volume o rilievo; tornito, bene in carne: *guance piene* **6** (*fig.*) che è al suo colmo, nella sua maggiore intensità; completo, intero: *in — inverno*; *a pieni voti*, col massimo dei voti ♦ *s.m.* **1** la parte piena, compatta di una struttura architettonica **2** (*fig.*) il colmo, il momento più intenso o culminante: *nel — delle forze* | *in* —, del tutto; precisamente: *ha accolto in — le richieste* **3** carico completo di un contenitore, di un deposito: *fare il* — **4** grande affollamento di persone; pienone □ **pienamente** *avv.* del tutto, senza riserve: *rimanere — soddisfatto.*

pienone [pie-nó-ne] *s.m.* grande affluenza di persone.

pienotto [pie-nòt-to] *agg.* grassoccio, paffuto.

pietà [pie-tà] *s.f.* **1** sentimento di compassione suscitato dai dolori o dalla infelicità altrui; misericordia, commiserazione: *avere — di qlcu.* | *senza* —, crudelmente, spietatamente: *punire senza* — | *far* —, suscitarla; (*fam.*) si dice di cose mal fatte, sgraziate o molto brutte: *un lavoro che fa* — | *Monte di Pietà*, istituto di prestito su pegno **2** (*lett.*) affetto, amore: — *filiale* **3** (*relig.*) devozione: *pratiche di* — **4** *Pietà*, nelle arti figurative, opera raffigurante il Cristo morto sorretto dalla Madonna: *la Pietà di Michelangelo.*

pietanza [pie-tàn-za] *s.f.* ogni vivanda che si mangia a tavola | la vivanda che si serve dopo il primo piatto: — *di carne, di pesce.*

pietismo [pie-tì-ʃmo] *s.m.* **1** corrente religiosa sviluppatasi nei secc. XVII e XVIII nell'ambito del cristianesimo luterano tedesco **2** (*spreg.*) devozione esagerata, affettata | commiserazione inopportuna.

pietistico [pie-tì-sti-co] *agg.* [pl.m. *-ci*] **1** del pietismo, dei pietisti: *il pensiero* — **2** (*spreg.*) caratterizzato da un fervore affettato, bigotto: *atteggiamento* —.

pietoso [pie-tó-so] *agg.* **1** che desta pietà; commovente: *un caso* — | (*fam.*) brutto, mal fatto; meschino: *fare una figura pietosa* **2** che sente o manifesta pietà; caritatevole, misericordioso: *un'anima pietosa* **3** fatto per pietà; dettato dalla pietà: *una pietosa bugia* **4** (*lett.*) pio, devoto □ **pietosamente** *avv.*

pietra [piè-tra] *s.f.* nome generico per indicare blocchi o frammenti di minerale o di roccia: — *viva*, compatta e netta; — *dura*, di elevata durezza, usata come ornamento; *pietre preziose*, frammenti di minerali rari e pregiati, usati per la fabbricazione di gioielli; gemme | — *di paragone*, (*fig.*) termine di comparazione, di confronto | *età della* —, periodo preistorico in cui l'uomo usava solo arnesi o manufatti in pietra | — *angolare*, quella che in un edificio sostiene due muri ad angolo; (*fig.*) elemento fondamentale | — *tombale, sepolcrale*, lastra che copre una tomba | *porre la prima* —, dare inizio alla costruzione di un edificio; (*fig.*) dare inizio a qlco. | *avere un cuore di* —, (*fig.*) non avere pietà | *mettere una — sopra qlco.*, (*fig.*) non pensarci più. DIM. *pietruzza* ACCR. *pietrone* (m.).

pietraia [pie-trà-ia] *s.f.* **1** cumulo di pietre; terreno pietroso **2** cava di pietre.

pietrame [pie-trà-me] *s.m.* ammasso di pietre.

pietrificare [pie-tri-fi-cà-re] *v.tr.* [*io pietrìfico, tu pietrìfichi ecc.*] **1** far diventare pietra o simile a pietra: *la Medusa pietrificava chi la guardasse* **2** (*fig.*) far restare attonito; paralizzare: *sguardo che pietrifica* ♦ **pietrificarsi** *v.intr.pron.* **1** diventare di pietra o simile a pietra **2** (*fig.*) rimanere di stucco, di sasso: — *per la paura.*

pietrificato [pie-tri-fi-cà-to] *agg.* **1** che è diventato pietra, che si è mineralizzato, fossilizzato: *foresta pietrificata* **2** (*fig.*) stupefatto, stordito: *rimanere — dalla meraviglia.*

pietrificazione [pie-tri-fi-ca-zió-ne] *s.f.* il pietrificare, il pietrificarsi, l'essere pietrificato.

pietrina [pie-trì-na] *s.f.* cilindretto di lega di cerio e ferro usato negli accendini per produrre scintille.

pietrisco [pie-trì-sco] *s.m.* [pl. *-schi*] roccia ridotta in frantumi e usata per massicciate, terrapieni o per la fabbricazione del calcestruzzo.

pietroso [pie-tró-so] *agg.* **1** di pietra; simile a pietra: *materiale —* **2** pieno di pietre: *il greto — di un fiume.*

pievano [pie-và-no] *s.m.* sacerdote che reggeva una pieve.

pieve [piè-ve] *s.f.* nel Medioevo, chiesa parrocchiale di campagna | la comunità di fedeli che a essa faceva capo | il territorio su cui abitava questa comunità.

piezo- primo elemento di parole composte della terminologia tecnico-scientifica, che significa 'pressione' (*piezoelettricità, piezometro*).

piezoelettricità [pie-ʒo-e-let-tri-ci-tà] *s.f.* (*fis.*) proprietà di alcune sostanze cristalline di elettrizzarsi quando vengono deformate.

piezoelettrico [pie-ʒo-e-lèt-tri-co] *agg.* [pl.m. *-ci*] (*fis.*) della piezoelettricità; che presenta il fenomeno della piezoelettricità.

piezometria [pie-ʒo-me-trì-a] *s.f.* (*fis.*) misurazione della compressibilità dei fluidi.

piezometrico [pie-ʒo-mè-tri-co] *agg.* [pl.m. *-ci*] (*fis.*) relativo alla misura della pressione di un fluido o al valore di essa.

piezometro [pie-ʒò-me-tro] *s.m.* (*fis.*) strumento che serve a misurare la compressibilità dei fluidi.

pifferaio [pif-fe-rà-io] *s.m.* [f. *-a*] suonatore di piffero.

piffero [pìf-fe-ro] *s.m.* strumento musicale a fiato di uso popolare, simile a un piccolo flauto diritto.

pigiama [pi-già-ma] *s.m.* [pl. *invar.* o *-mi*] indumento formato da pantaloni e giacca, che si indossa a letto. DIM. *pigiamino.*

pigia pigia [pì-gia pì-gia] *loc.sost.m.invar.* calca, folla che preme da tutte le parti.

pigiare [pi-già-re] *v.tr.* [*io pìgio ecc.*] premere, spingere (anche *assol.*): *la folla pigiava da tutte le parti* | *— l'uva*, schiacciarla per fare il mosto.

pigiatrice [pi-gia-trì-ce] *s.f.* macchina per pigiare l'uva.

pigiatura [pi-gia-tù-ra] *s.f.* il pigiare, l'essere pigiato.

pigionante [pi-gio-nàn-te] *s.m.* e *f.* chi vive a pigione in casa d'altri.

pigione [pi-gió-ne] *s.f.* **1** locazione di una casa o di una parte di essa; affitto: *dare, prendere a —* **2** somma dovuta per la locazione di un immobile: *pagare la —.*

pigliare [pi-glià-re] *v.tr.* [*io pìglio ecc.*] (*fam.*) prendere in modo energico o rapido; afferrare.

pigliatutto [pi-glia-tùt-to] *agg.invar.* (*fam.*) si dice di persona avida e prepotente; accaparratore.

piglio [pì-glio] *s.m.* **1** modo di guardare, atteggiamento del volto: *— minaccioso* **2** (*fig.*) tono: *racconto dal — brioso.*

pigmalione [pig-ma-lió-ne] *s.m.* chi fa da maestro a persona rozza e incolta, sviluppandone le qualità e affinandone i modi.

pigmentale [pig-men-tà-le] *agg.* e *s.f.* (*biol.*) si dice di cellula che contiene pigmento.

pigmentare [pig-men-tà-re] *v.tr.* [*io pigménto ecc.*] (*chim.*) colorire con pigmenti ♦ **pigmentarsi** *v.intr.pron.* (*biol.*) assumere una particolare colorazione per effetto di un pigmento.

pigmentazione [pig-men-ta-zió-ne] *s.f.* (*biol.*) formazione e distribuzione dei pigmenti in un organismo: *la — della cute.*

pigmentifero [pig-men-tì-fe-ro] *agg.* (*biol.*) che contiene pigmenti.

pigmento [pig-mén-to] *s.m.* **1** (*biol.*) sostanza colorante organica presente nei tessuti animali e vegetali **2** (*chim.*) sostanza colorata, naturale o sintetica, usata nell'industria.

pigmeo [pig-mè-o] *s.m.* [f. *-a*] **1** appartenente a un gruppo etnico dell'Africa equatoriale, caratterizzato da bassissima statura | Usato anche come *agg.*: *popolazione pigmea* **2** (*estens.*) persona molto piccola di statura; nano | (*fig.*) persona di nessun conto; nullità.

pigna [pì-gna] *s.f.* **1** frutto conico delle conifere costituito da squame legnose che racchiudono i semi **2** ornamento architettonico che ha la forma di questo frutto.

pignatta [pi-gnàt-ta] *s.f.* pentola molto capace, per lo più di terracotta.

pignolata [pi-gno-là-ta] *s.f.* (*gastr.*) dolce a base di pinoli.

pignoleggiare [pi-gno-leg-già-re] *v.intr.* [*io pignoléggio ecc.*; aus. *avere*] comportarsi da pignolo.

pignoleria [pi-gno-le-rì-a] *s.f.* **1** l'essere pignolo; pedanteria, meticolosità eccessiva **2** detto, atto da pignolo: *perdersi in pignolerie.*

pignolesco [pi-gno-lé-sco] *agg.* [pl.m. *-schi*] (*non com.*) da pignolo: *minuziosità pignolesca* □ **pignolescamente** *avv.*

pignolo [pi-gnò-lo] *s.m. agg.* e *s.m.* [f. *-a*] si dice di persona eccessivamente meticolosa, pedante: *un ispettore —.*

pignone[1] [pi-gnó-ne] *s.m.* (*edil.*) elemento sporgente in un argine trasversale di muraglia che protegge dall'erosione della corrente le testate dei ponti o le rive dei fiumi.

pignone[2] *s.m.* (*mecc.*) in una coppia di ruote dentate, la ruota con minore numero di denti; rocchetto.

pignorabile [pi-gno-rà-bi-le] *agg.* (*dir.*) si dice di un bene che può essere oggetto di pignoramento.

pignorabilità [pi-gno-ra-bi-li-tà] *s.f.* (*dir.*) l'essere pignorabile.

pignoramento [pi-gno-ra-mén-to] *s.m.* (*dir.*) atto iniziale dell'espropriazione forzata, in base al quale l'ufficiale giudiziario ingiunge al debitore di mantenere a disposizione determinati beni come garanzia del credito.

pignorante [pi-gno-ràn-te] *s.m.* e *f.* (*dir.*) il creditore su istanza del quale viene eseguito un pignoramento.

pignorare [pi-gno-rà-re] *v.tr.* [*io pìgnoro* o *pignòro ecc.*] (*dir.*) sottoporre a pignoramento.
pignoratario [pi-gno-ra-tà-rio] *s.m.* (*dir.*) chi subisce il pignoramento dei beni.
pigolamento [pi-go-la-mén-to] *s.m.* il pigolare con insistenza.
pigolare [pi-go-là-re] *v.intr.* [*io pìgolo ecc.*; aus. *avere*] **1** emettere pigolii **2** (*fig.*) chiedere con insistenza; lamentarsi, piagnucolare.
pigolio [pi-go-lì-o] *s.m.* il verso caratteristico degli uccellini e dei pulcini, costituito da suoni brevi, acuti e ripetuti.
pi greco [pi grè-co] *loc.sost.m.* (*mat.*) simbolo che esprime il rapporto fra la lunghezza della circonferenza e il suo diametro; è indicato dalla lettera greca π e corrisponde a un numero irrazionale approssimativamente espresso da 3,1415...
pigrizia [pi-grì-zia] *s.f.* l'essere pigro; indolenza, neghittosità.
pigro [pì-gro] *agg.* **1** che cerca di evitare la fatica o rifugge da ogni impegno; che è lento e svogliato nell'operare: *essere — nello studio.* ACCR. *pigrone* **2** (*estens.*) che denota pigrizia, lentezza: *gesto —* **3** (*fig.*) inerte, ottuso; lento ad agire: *intelletto —* ♦ *s.m.* [f. *-a*] persona pigra □ **pigramente** *avv.*
pila[1] [pì-la] *s.f.* **1** insieme di oggetti disposti l'uno sopra l'altro: *— di libri, di piatti* **2** ciascuno dei pilastri di sostegno su cui poggiano le arcate di un ponte; pilone **3** (*elettr.*) generatore di corrente che trasforma l'energia chimica in energia elettrica.
pila[2] *s.f.* **1** recipiente di pietra o di marmo, grande e profondo: *la — del lavandino* **2** (*region.*) pentola.
pilaf [pi-làf] *agg.* e *s.m.invar.* (*gastr.*) piatto orientale a base di riso rosolato e poi cotto in forno.
pilare [pi-là-re] *v.tr.* sottoporre il chicco del riso a una serie di operazioni industriali che lo rendono pulito e bianco.
pilastro [pi-là-stro] *s.m.* **1** (*arch.*) elemento costruttivo verticale di pietra, mattoni o cemento armato, di forma quadrangolare, che serve a sostenere archi o volte. DIM. *pilastrino* **2** (*fig.*) elemento fondamentale, basilare: *essere il — della famiglia.*
pilatura [pi-la-tù-ra] *s.f.* l'operazione del pilare.
pile [/ 'pail /] *s.m.invar.* (*ingl.*) tessuto sintetico morbido e resistente, leggermente peloso, usato per confezionare capi d'abbigliamento sportivo: *una tuta in —.*
pilifero [pi-lì-fe-ro] *agg.* costituito, ricoperto da peli; che produce peli: *manto —*, la pelliccia degli animali.
pillo [pìl-lo] *s.m.* **1** grosso ceppo con due manici con cui si battono o si spianano massicciate; mazzeranga **2** ceppo con impugnatura usato dai conciatori per pestare cuoio e pelli.
pillola [pìl-lo-la] *s.f.* **1** (*farm.*) preparato farmaceutico di forma tondeggiante, da prendere per via orale: *addolcire la —*, (*fig.*) rendere una cosa meno sgradevole di quanto non sia | pillola anticoncezionale: *prendere la —.* DIM. *pilloletta, pillolina* **2** (*fig.*) piccola dose: *scienza ridotta in pillole*, esposta in modo facile e graduale.
pilo [pì-lo] *s.m.* arma da getto della fanteria romana, costituita da un'asta di legno con la punta di ferro.
pilone [pi-ló-ne] *s.m.* **1** grosso pilastro in muratura o calcestruzzo, che costituisce l'elemento di sostegno di cupole o ponti **2** palo di metallo o di cemento armato che sostiene i cavi delle funivie e delle linee elettriche **3** nel rugby, ciascuno dei due giocatori della prima linea di mischia.
piloro [pi-lò-ro] *s.m.* (*anat.*) orifizio che mette in comunicazione lo stomaco col duodeno.
pilota [pi-lò-ta] *s.m.* e *f.* [pl.m. *-ti*] **1** un tempo, chi guidava la nave lungo la rotta stabilita | oggi, chi nei porti o nei canali conduce le navi all'approdo o le riporta in mare aperto **2** chi guida un aeroplano | chi conduce un'automobile, una motocicletta da corsa: *— di formula uno* ♦ *agg. invar.* **1** si dice di tutto ciò che fa da guida: *nave —* | *pesce —*, pesce di mare dal corpo affusolato, così detto perché accompagna squali e navi **2** (*fig.*) si dice di ciò che ha una funzione sperimentale e serve da modello: *progetto, impianto —.*
pilotabile [pi-lo-tà-bi-le] *agg.* che si può pilotare.
pilotaggio [pi-lo-tàg-gio] *s.m.* il pilotare | l'insieme delle manovre necessarie per guidare un autoveicolo o un aeromobile.
pilotare [pi-lo-tà-re] *v.tr.* [*io pilòto ecc.*] **1** dirigere, guidare come pilota: *— un aereo, un'auto da corsa* **2** (*fig.*) gestire, manovrare secondo i propri scopi: *— un'elezione.*
pilotato [pi-lo-tà-to] *agg.* guidato, manovrato | *parto —*, (*med.*) quello che viene provocato e accelerato mediante la somministrazione di farmaci.
pilotina [pi-lo-tì-na] *s.f.* (*mar.*) piccola imbarcazione che porta il pilota a bordo di una nave in arrivo o che fa da guida a una nave in tratti di mare difficili.
piluccare [pi-luc-cà-re] *v.tr.* [*io pilucco, tu pilucchi ecc.*] mangiare i chicchi da un grappolo d'uva staccandoli a uno a uno | (*estens.*) mangiare prendendo piccoli bocconi qua e là: *— un dolce.*
pimento [pi-mén-to] *s.m.* spezia alimentare simile al pepe; pepe della Giamaica.
pimpante [pim-pàn-te] *agg.* (*fam.*) **1** vistoso, sgargiante (detto di cosa) **2** vivace, allegro, baldanzoso (detto di persona): *essere tutto —.*
pimpinella [pim-pi-nèl-la] *s.f.* (*bot.*) genere di piante erbacee annuali o perenni comprendente varie specie, tra cui l'anice.
pin [/ pin /] *s.m. invar.* (*elettron.*) ogni terminazione metallica che stabilisce un contatto elettrico fra circuiti multipli o tra un componente e un sistema.
pinacee [pi-nà-ce-e] *s.f.pl.* (*bot.*) famiglia di conifere d'alto fusto, resinose, a cui appartengono il pino, il larice e l'abete.
pinacoteca [pi-na-co-tè-ca] *s.f.* galleria di quadri.

pinastro [pi-nà-stro] *s.m.* pino selvatico che cresce nelle zone litoranee; pino marittimo.

pince [/ pɛns /] *s.f.invar.* (*fr.*) in sartoria, piccolissima piega, rientrante e cucita, fatta per modellare o restringere un abito.

pince-nez [/ pɛns'ne /] *s.m.invar.* (*fr.*) occhiali che si fissano sul naso mediante una molla.

pinco [pìn-co] *s.m.* [pl. *-chi*] (*fam.*) sciocco | *Pinco Pallino*, nome con cui si indica una persona sconosciuta o di poca importanza.

pindarico [pin-dà-ri-co] *agg.* [pl.m. *-ci*] del poeta greco Pindaro (518-438 a.C. ca) o che si riferisce alle sue opere, al suo stile: *strofe pindarica* | *volo —*, (*fig.*) passaggio brusco da un argomento a un altro.

pineale [pi-ne-à-le] *agg.* (*scient.*) che è a forma di pigna | *ghiandola* (o *corpo*) —, (*anat.*) epifisi.

pinella [pi-nèl-la] *s.f.* nel gioco della canasta, il due.

pineta [pi-né-ta] *s.f.*, lett. **pineto** *s.m.*, bosco formato da piante di pino.

ping-pong [/ ping'pɔng /] *s.m.invar.* gioco simile al tennis che si svolge su un apposito tavolo, diviso a metà da una reticella, tra due giocatori o due coppie che si rilanciano una pallina di plastica con racchette di legno; tennis da tavolo.

pingue [pìn-gue] *agg.* (*lett.*) **1** che ha molto adipe; grasso: *un uomo —* **2** (*estens.*) fertile: *le pingui valli* | (*fig.*) ricco, abbondante: *pingui guadagni.*

pinguedine [pin-guè-di-ne] *s.f.* obesità, adiposità.

pinguino [pin-guì-no] *s.m.* uccello marino delle zone glaciali o fredde dell'emisfero australe; ha corpo robusto inetto al volo, arti superiori trasformati in palette natatorie e arti inferiori brevi e palmati.

pinna[1] [pìn-na] *s.f.* **1** (*zool.*) organo di movimento e di stabilizzazione dei pesci, costituito da una lamina membranosa **2** spatola di gomma che i nuotatori calzano per muoversi più velocemente **3** (*anat.*) ciascuna delle due parti molli e cartilaginose che delimitano esternamente le narici; aletta nasale.

pinna[2] *s.f.* grosso mollusco marino con la conchiglia divisa in due valve coniche; è ricercato per il bisso che produce.

pinnacolo[1] [pin-nà-co-lo] *s.m.* **1** guglia di forma piramidale o conica, caratteristica dello stile gotico **2** (*estens.*) vetta appuntita di una montagna, a pareti ripide e lisce.

pinnacolo[2] *s.m.* gioco di carte simile al ramino.

pinnato [pin-nà-to] *agg.* munito di pinne | *nuoto —*, (*sport*) quello eseguito calzando pinne di gomma.

pinnipedi [pin-nì-pe-di] *s.m.pl.* (*zool.*) sottordine di mammiferi carnivori adattati alla vita acquatica, abilissimi nuotatori ma goffi e lenti sulla terraferma (*p.e.* le foche, i trichechi, le otarie).

pinnula [pìn-nu-la] *s.f.* pinna di piccole dimensioni che in alcune specie di pesci è posta dietro la pinna dorsale e anale.

pino [pì-no] *s.m.* **1** (*bot.*) genere di piante d'alto fusto diffuse in tutto l'emisfero boreale, con foglie aghiformi sempreverdi e semi raccolti in pigne **2** (*estens.*) il legno che si ricava da tali piante.

pinocchiata [pi-noc-chià-ta] *s.f.* (*gastr.*) pasta dolce che si fa con chiara d'uovo montata a neve, zucchero e pinoli.

pinolo [pi-nò-lo] *s.m.* seme commestibile del pino contenuto nella pigna.

pinot [/ pi'no /] *s.m.invar.* (*fr.*) vitigno che produce vini pregiati sia bianchi sia rossi; il vino che se ne ricava: — *nero, bianco, grigio.*

pinta [pìn-ta] *s.f.* antica misura per liquidi, oggi ancora in uso nei paesi anglosassoni; in Gran Bretagna equivale a litri 0,568.

pinza [pìn-za] *s.f.* **1** (spec. *pl.*) nome generico di numerosi attrezzi e dispositivi utilizzati per afferrare, stringere, collegare: *le pinze del meccanico, del dentista* | *prendere con le pinze*, (*fig.*) trattare con cautela. DIM. *pinzetta* **2** (*pop.*) ciascuna delle chele dei crostacei.

pinzatrice [pin-za-trì-ce] *s.f.* attrezzo di cancelleria o di legatoria per unire fogli con punti metallici; cucitrice.

pinzatura [pin-za-tù-ra] *s.f.* cucitura effettuata con la pinzatrice.

pinzetta [pin-zét-ta] *s.f.* (spec. *pl.*) pinza a molla di piccole dimensioni: *la — dell'orologiaio.*

pinzimonio [pin-zi-mò-nio] *s.m.* miscuglio di olio, aceto, pepe e sale in cui si intingono alcuni ortaggi (sedani, finocchi, carciofi), per mangiarli crudi.

pinzochero [pin-zò-che-ro] *s.m.* [f. *-a*] bigotto, bacchettone.

pio [pì-o] *agg.* **1** che è sinceramente osservante delle pratiche religiose; devoto: *una donna pia* | che rivela religiosità: *atteggiamento —* **2** che è volto a fini di religione; sacro, consacrato: *luoghi pii*, quelli in cui si tiene il culto | *— desiderio*, (*scherz.*) progetto destinato a rimanere irrealizzato: *quest'anno le vacanze sono un pio desiderio* **3** animato da sentimenti di misericordia e carità; pietoso: *anima pia*, persona disposta ad aiutare gli altri | *opere pie*, di beneficenza □ **piamente** *avv.*

piodermite [pio-der-mì-te] *s.f.* (*med.*) infezione acuta della pelle dovuta a germi piogeni.

piogeno [pi-ò-ge-no] *agg.* e *s.m.* (*med.*) si dice di germe che provoca una infiammazione purulenta.

pioggerella [piog-ge-rèl-la] *s.f.* pioggia leggera e minuta. DIM. *pioggerellina.*

pioggia [piòg-gia] *s.f.* [pl. *-ge*] **1** precipitazione atmosferica costituita da gocce d'acqua formate per condensazione del vapore acqueo: *un rovescio di —* | *— acida*, pioggia a elevata acidità dovuta a inquinamento atmosferico **2** (*estens.*) insieme di cose che cadono in abbondanza dall'alto: *una — di fiori* | *a —*, (*fig.*) si dice di ciò che è distribuito, concesso in modo indiscriminato: *fi-*

nanziamenti a — **3** (*fig.*) quantità copiosa, sequela ininterrotta: *una — di parole.*
piolo [pi-ò-lo] *s.m.* **1** bastoncino cilindrico, generalmente di legno, infisso in un supporto e usato come elemento di sostegno: *il — dell'attaccapanni*; *scala a pioli*, scala portatile i cui gradini sono costituiti da pioli | *stare dritto come un —*, impettito, immobile **2** (*agr.*) paletto appuntito a un'estremità con cui si fanno buchi nel terreno.
piombagginare [piom-bag-gi-nà-re] *v.tr.* [*io piombàggino ecc.*] dare la piombaggine, strofinare con polvere di piombaggine.
piombaggine [piom-bàg-gi-ne] *s.f.* **1** nome commerciale della grafite impura **2** pianta erbacea con fiori di colore bianco o azzurro raccolti in grappoli.
piombaggio [piom-bàg-gio] *s.m.* chiusura con sigilli di piombo.
piombare[1] [piom-bà-re] *v.intr.* [*io piómbo ecc.*; aus. *essere*] **1** essere perpendicolare, cadere a piombo **2** cadere con moto violento dall'alto; precipitare | (*fig.*) sprofondare, precipitare: *— nella disperazione* **3** (*estens.*) giungere all'improvviso; avventarsi: *la polizia piombò sui sequestratori.*
piombare[2] *v.tr.* [*io piómbo ecc.*] **1** ricoprire o otturare con piombo: *— una lamiera, una fessura* | chiudere con un sigillo di piombo: *— un pacco* **2** otturare una cavità dentaria.
piombato [piom-bà-to] *agg.* **1** chiuso con sigillo di piombo: *forziere —* **2** ricoperto di piombo; munito di uno strato di piombo: *mazza piombata* | *vetro —*, specchio.
piombatura [piom-ba-tù-ra] *s.f.* **1** il piombare, l'essere piombato; impiombatura: *la — di un plico* **2** il piombo stesso che serve a ricoprire o a chiudere: *togliere la — di un pacco* **3** otturazione di un dente: *la — dei denti cariati.*
piombifero [piom-bì-fe-ro] *agg.* che contiene piombo, che è ricco di piombo.
piombino [piom-bì-no] *s.m.* **1** pezzetto di piombo utilizzato come peso, di forma varia a seconda dell'uso a cui è destinato: *il — del filo a piombo* | *— dello scandaglio*, di forma cilindroconica, usato per misurare il fondale | *— della lenza*, per renderla pesante **2** dischetto di piombo con due fori all'interno in cui si fa passare lo spago, usato per sigillare: *chiudere un pacco con il —* **3** attrezzo per liberare condutture intasate **4** proiettile per fucili ad aria compressa.
piombo [pióm-bo] *s.m.* **1** elemento chimico di simbolo *Pb*; è un metallo grigio molto pesante, malleabile, tenero, che trova molte applicazioni industriali, da solo o in lega | *pesare come il —*, *sembrare di —*, (*fig.*) essere molto pesante | *andare coi piedi di —*, (*fig.*) procedere con la massima cautela **2** pezzo, oggetto, struttura in lega di piombo, usati come peso, zavorra o per sigillare una chiusura: *i piombi delle reti* | *filo a —*, strumento per stabilire o controllare una perpendicolarità, costituito da un filo alla cui estremità è attaccato un peso **3** (*lett.*) proiettile di un'arma da fuoco: *cadere sotto il — nemico* | *anni di —*, (*fig.*) anni caratterizzati da azioni terroristiche **4** (*tip.*) elemento in lega di piombo usato per la composizione **5** (*fig.*) colore grigio scuro con riflessi bluastri: *un cielo, un mare di —.*
pioniere [pi-o-niè-re] *s.m.* [f. *-a*] chi esplora terre disabitate per stabilirvi nuovi insediamenti e sfruttarne le risorse | (*fig.*) chi promuove nuove iniziative o diffonde nuove idee: *un — del progresso.*
pionierismo [pi-o-nie-rì-ʃmo] *s.m.* atteggiamento, mentalità da pioniere | (*estens.*) intraprendenza, spirito di iniziativa nella ricerca del nuovo.
pionieristico [pi-o-nie-rì-sti-co] *agg.* [pl.m. *-ci*] di pioniere, da pioniere: *spirito —* □ **pionieristicamente** *avv.*
pioppaia [piop-pà-ia] *s.f.* luogo piantato a pioppi.
pioppeto [piop-pé-to] *s.m.* bosco di pioppi.
pioppicoltura [piop-pi-col-tù-ra] *s.f.* coltivazione di pioppi.
pioppo [piòp-po] *s.m.* **1** (*bot.*) pianta arborea d'alto fusto che cresce nei luoghi umidi e freschi **2** (*estens.*) il legno che si ricava dalla pianta, usato in falegnameria e per l'estrazione della cellulosa.
piorrea [pi-or-rè-a] *s.f.* (*med.*) emissione di pus | *— alveolare*, malattia che provoca la caduta dei denti.
piovano [pio-và-no] *agg.* di pioggia: *acqua piovana.*
piovasco [pio-và-sco] *s.m.* [pl. *-schi*] scroscio di pioggia accompagnato da forte vento e talvolta anche da grandine.
piovere [piò-ve-re] *v.intr.impers.* [pres. *piòve*; pass.rem. *piòvve*; part.pass. *piovuto*; aus. *essere* o *avere*] **1** detto della pioggia, cadere giù: *è piovuto tutto il giorno* | *piove sul bagnato*, (*fig.*) si dice di un evento che giunge a peggiorare una situazione già negativa, o a migliorare una situazione già buona | *non ci piove*, (*fig.*) non ci sono dubbi **2** detto dell'acqua piovana, passare, trapelare: *qui sotto non piove* ♦ *v.intr.* [aus. *essere*] cadere dall'alto e in abbondanza: *piovono sassi, foglie* | *— dal cielo*, (*fig.*) giungere inaspettato | *— addosso*, (*fig.*) capitare in abbondanza; venire in folla: *mi sono piovuti addosso molti guai.*
pioviccicare [pio-vic-ci-cà-re] *v.intr.impers.* [*piovìccica*; aus. *essere* o *avere*] piovigginare.
piovigginare [pio-vig-gi-nà-re] *v.intr.impers.* [*piovìggina*; aus. *essere* o *avere*] piovere leggermente, a gocce rade e minute.
piovigginoso [pio-vig-gi-nó-so] *agg.* si dice del cielo o del tempo quando pioviggina.
piovosità [pio-vo-si-tà] *s.f.* **1** l'essere piovoso: *la — di una regione* **2** (*meteor.*) quantità di pioggia che cade in una regione in un dato tempo: *— invernale media.*
piovoso[1] [pio-vó-so] *agg.* **1** che è apportatore di pioggia: *vento —* **2** che è caratterizzato da piogge frequenti, abbondanti: *un mese, un paese —.*
piovoso[2] [pio-vó-so] *s.m.* nome del quinto mese

del calendario rivoluzionario francese (20 gennaio - 18 febbraio).

piovra [piò-vra] *s.f.* **1** nome generico di molti molluschi cefalopodi marini di grandi dimensioni, con lunghissimi tentacoli muniti di ventose | *essere una* —, (*fig.*) si dice di persona che si attacca a qlcu. o a qlco. per sfruttarli **2** nell'uso giornalistico, mafia.

pipa[1] [pì-pa] *s.f.* **1** strumento per fumatori formato da un piccolo contenitore (fornello) dove si brucia il tabacco, collegato con una cannuccia da cui si aspira il fumo: *fumare la* —, con la pipa **2** (*mecc.*) elemento di raccordo fra due tubi ad assi convergenti **3** (spec. *pl.*) tipo di pasta alimentare a forma di pipa.

pipa[2] *s.f.* anfibio dell'America meridionale, simile alla rana.

pipata [pi-pà-ta] *s.f.* quantità di tabacco contenuta in una pipa | fumata di pipa.

pipe-line [/ 'paip'lain /] *s.f.invar.* (*ingl.*) oleodotto.

piperacee [pi-pe-rà-ce-e] *s.f.pl.* (*bot.*) famiglia di piante dicotiledoni tropicali, con foglie disposte a elica, fiori minuscoli in spighe o in grappoli e frutti a bacca o a drupa; vi appartiene il pepe.

piperita [pi-pe-rì-ta] *agg.f.* si dice di una particolare qualità di menta di sapore pungente.

pipetta [pi-pét-ta] *s.f.* (*chim.*) piccolo tubo di vetro mediante il quale è possibile prelevare per aspirazione piccole quantità di liquido.

pipì [pi-pì] *s.f.* (*fam.*) urina: *fare la* —.

pipistrello [pi-pi-strèl-lo] *s.m.* **1** piccolo mammifero insettivoro notturno che ha il corpo simile a quello di un topo; gli arti anteriori, trasformati in ali da una membrana, lo rendono atto al volo **2** (*estens.*) pastrano senza maniche con mantellina, tipico dell'abbigliamento dell'Ottocento.

pipita [pi-pì-ta] *s.f.* **1** malattia infettiva dei polli **2** (*fam.*) pellicola che si solleva intorno alle unghie.

piqué [/ pi'ke /] *s.m.invar.* (*fr.*) tessuto lavorato di cotone con effetti in rilievo.

pira [pì-ra] *s.f.* (*lett.*) catasta di legna per la cremazione dei cadaveri o, un tempo, per il rogo di condannati a morte.

piramidale [pi-ra-mi-dà-le] *agg.* **1** che ha forma di piramide: *costruzione* — **2** (*fig.*) si dice della struttura di un'organizzazione che abbia una base operativa molto ampia, vari livelli intermedi e un vertice decisionale ristretto.

piramide [pi-rà-mi-de] *s.f.* **1** (*geom.*) poliedro con una faccia costituita da un poligono e le altre da triangoli con un vertice in comune **2** (*archeol.*) monumento sepolcrale di forma piramidale quadrangolare, tipico dell'antico Egitto, ma presente anche presso le civiltà azteca e maya **3** qualsiasi oggetto che abbia forma di piramide o qualsiasi insieme di elementi che siano disposti a piramide | — *umana*, gruppo di persone, disposte alcune sulle spalle delle altre, a forma di piramide.

pirandelliano [pi-ran-del-lià-no] *agg.* **1** dello scrittore L. Pirandello (1867-1936) o che si riferisce alla sua opera **2** (*fig.*) che richiama il clima angoscioso e paradossale delle opere di Pirandello: *situazione pirandelliana.*

pirandellismo [pi-ran-del-lì-ʃmo] *s.m.* il complesso delle concezioni filosofico-letterarie e dei procedimenti tecnici adottati da L. Pirandello | l'imitazione dello stile, delle trovate sceniche di Pirandello.

piranha [/ pi'raɲa /] *s.m.invar.* (*port.*) pesce d'acqua dolce dell'America meridionale, di dimensioni piccole e di colori vivaci, molto aggressivo e vorace.

pirata [pi-rà-ta] *s.m.* [pl. *-ti*] **1** chi pratica la pirateria | — *della strada*, (*fam.*) chi guida senza rispettare i diritti degli altri utenti della strada | — *dell'aria*, chi dirotta un aereo **2** (*fig.*) chi ruba o estorce denaro; chi sfrutta il lavoro altrui | Usato come *agg.invar.* **1** che esercita la pirateria: *vascello* — **2** si dice di edizione di libro, disco, nastro registrato prodotti e venduti senza autorizzazione: *copia* —.

pirateria [pi-ra-te-rì-a] *s.f.* **1** esercizio della navigazione a fini di rapina: *la — turca nel Cinquecento* | oggi, si riferisce anche al dirottamento degli aerei: *atto di — aerea* **2** (*estens.*) ruberia: *è una — vendere a questi prezzi* **3** attività di chi trae copie non autorizzate di prodotti coperti da copyright e le commercia: — *discografica*, *informatica*.

piratesco [pi-ra-té-sco] *agg.* [pl.m. *-schi*] di pirata, da pirata: *azione piratesca.*

pireliometro [pi-re-liò-me-tro] *s.m.* (*fis.*) strumento per la misurazione delle radiazioni calorifiche solari.

pirenaico [pi-re-nài-co] *agg.* [pl.m. *-ci*] dei Pirenei: *catena pirenaica.*

pirene [pi-rè-ne] *s.m.* (*chim.*) idrocarburo ricavato dal catrame di carbon fossile.

piressia [pi-res-sì-a] *s.f.* (*med.*) temperatura corporea più alta del normale; febbre.

piretico [pi-rè-ti-co] *agg.* [pl.m. *-ci*] (*med.*) di febbre, febbrile.

piretrina [pi-re-trì-na] *s.f.* (*chim.*) sostanza presente nei fiori del piretro, ad elevata azione insetticida.

piretro [pi-rè-tro *o* pìretro] *s.m.* pianta erbacea perenne con infiorescenze a capolino di vario colore, contenenti la piretrina.

pirex → **pyrex**.

pirico [pì-ri-co] *agg.* [pl.m. *-ci*] che concerne il fuoco; che produce fuoco | *polvere pirica*, esplosivo costituito da una miscela di salnitro, zolfo e carbone | *spettacolo* —, spettacolo pirotecnico.

pirite [pi-rì-te] *s.f.* (*min.*) minerale costituito da bisolfuro di ferro, usato per la produzione dell'acido solforico.

piritico [pi-rì-ti-co] *agg.* [pl.m. *-ci*] di pirite; che contiene pirite.

pirla [pìr-la] *s.m.invar.* (*sett.*) sciocco.

piro- primo elemento di parole composte, che significa 'fuoco, combustione, alta temperatura' (*pirometro*), oppure 'funzionamento a vapore' (*piroscafo*).
piroconducibilità [pi-ro-con-du-ci-bi-li-tà] *s.f.* (*fis.*) proprietà di talune sostanze di presentare una modificazione notevole della conducibilità elettrica con il variare della temperatura.
piroelettricità [pi-ro-e-let-tri-ci-tà] *s.f.* (*fis.*) proprietà di alcuni cristalli di elettrizzarsi se sottoposti a variazione di temperatura.
piroetta [pi-ro-ét-ta] *s.f.* **1** figura della danza e del pattinaggio artistico consistente in una rapida rotazione del corpo intorno a sé, compiuta sulla punta di un piede **2** (*estens.*) rapido movimento rotatorio compiuto con agilità; giravolta, capriola.
piroettare [pi-ro-et-tà-re] *v.intr.* [*io piroétto ecc.*; aus. *avere*] (*non com.*) far piroette | (*estens.*) muoversi velocemente, con agilità.
pirofila [pi-rò-fi-la] *s.f.* stoviglia da cucina fabbricata con materiale pirofilo.
pirofilo [pi-rò-fi-lo] *agg.* si dice di sostanza che resiste al fuoco: *vetro* —.
pirofobia [pi-ro-fo-bì-a] *s.f.* (*psicol.*) paura morbosa del fuoco.
piroga [pi-rò-ga] *s.f.* imbarcazione primitiva a remi o a vela, scavata in un tronco d'albero o fabbricata con corteccia d'albero e pelli cucite insieme.
pirogeno [pi-rò-ge-no] *agg.* e *s.m.* (*med.*) si dice di sostanza che provoca la febbre.
pirografare [pi-ro-gra-fà-re] *v.tr.* [*io pirògrafo ecc.*] incidere mediante pirografia.
pirografia [pi-ro-gra-fì-a] *s.f.* tecnica che consiste nel disegnare, con una punta metallica arroventata (pirografo), su cuoio, cartone o legno; il disegno così ottenuto.
pirografico [pi-ro-grà-fi-co] *agg.* [pl.m. *-ci*] **1** che riguarda la pirografia: *tecnica pirografica* **2** che è eseguito mediante la pirografia: *disegno* —.
pirografista [pi-ro-gra-fì-sta] *s.m.* e *f.* [pl.m. *-sti*] chi è specializzato nella tecnica pirografica.
pirografo [pi-rò-gra-fo] *s.m.* strumento con cui si eseguono le pirografie.
pirolisi [pi-ro-lì-ʃi] *s.f.* (*chim.*) decomposizione di sostanze organiche provocata dal calore.
pirolizzare [pi-ro-liʒ-ʒà-re] *v.tr.* (*chim.*) sottoporre a pirolisi.
pirolo [pi-rò-lo] *s.m.* **1** (*region.*) piolo **2** (*mus.*) bischero. DIM. *pirolino.*
piromane [pi-rò-ma-ne] *s.m.* e *f.* (*psich.*) chi è affetto da piromania.
piromania [pi-ro-ma-nì-a] *s.f.* (*psich.*) impulso irrefrenabile di dare fuoco alle cose; mania incendiaria.
pirometria [pi-ro-me-trì-a] *s.f.* (*fis.*) misurazione delle alte temperature.
pirometrico [pi-ro-mè-tri-co] *agg.* [pl.m. *-ci*] relativo a pirometria.
pirometro [pi-rò-me-tro] *s.m.* (*fis.*) termometro usato per la misurazione di alte temperature.
piropo [pi-rò-po] *s.m.* (*min.*) varietà di granato di color rosso fuoco, usato come pietra preziosa.
piroscafo [pi-rò-sca-fo] *s.m.* nave a vapore: — *da carico.*
piroscissione [pi-ro-scis-sió-ne] *s.f.* (*chim.*) rottura di legami chimici mediante riscaldamento, attuata nell'industria petrolchimica.
pirosfera [pi-ro-sfè-ra] *s.f.* (*geol.*) strato magmatico sottostante la litosfera.
pirosseno [pi-ròs-se-no] *s.m.* (*min.*) nome generico di molti minerali contenenti silice e silicati verdi o neri, frequenti nelle rocce cristalline e metamorfiche.
pirotecnica [pi-ro-tèc-ni-ca], o **pirotecnia** [pi-ro-tec-nì-a], *s.f.* arte di fabbricare e far esplodere i fuochi d'artificio.
pirotecnico [pi-ro-tèc-ni-co] *agg.* [pl.m. *-ci*] **1** relativo alla pirotecnica: *spettacolo* — **2** (*fig.*) pieno di inventiva e di vivacità; molto brillante: *il concerto ha avuto un finale* — ♦ *s.m.* **1** [f. *-a*] chi fabbrica fuochi artificiali **2** stabilimento militare in cui si allestiscono munizioni.
pirrotite [pir-ro-tì-te] *s.f.* (*min.*) minerale di color giallo bronzo costituito da solfuro di ferro con piccole percentuali di altri metalli.
piscatorio [pi-sca-tò-rio] *agg.* (*lett.*) di pescatore, da pescatore | *anello* —, anello del papa con sigillo, così detto in quanto egli è successore di san Pietro, pescatore di anime.
piscia [pì-scia] *s.f.* (*volg.*) orina.
pisciare [pi-scià-re] *v.intr.* [*io pìscio ecc.*; aus. *avere*] (*volg.*) orinare | *pisciarsi sotto*, (*fig.*) avere molta paura | *pisciarsi addosso dal ridere*, (*fig.*) ridere a crepapelle ♦ *v.tr.* espellere per via urinaria: — *sangue*, orina mescolata con sangue.
pisciata [pi-scià-ta] *s.f.* (*volg.*) emissione di orina.
pisciatoio [pi-scia-tó-io] *s.m.* (*pop.*) orinatoio.
piscicoltore [pi-sci-col-tó-re] *s.m.* [f. *-trice*] allevatore di pesci.
piscicoltura [pi-sci-col-tù-ra] *s.f.* tecnica dell'allevamento dei pesci.
piscina [pi-scì-na] *s.f.* **1** vasca riempita di acqua dolce o marina, di dimensioni sufficienti per praticarvi il nuoto | complesso edilizio che comprende la piscina e gli ambienti accessori: — *coperta*, *scoperta* **2** peschiera, vivaio di pesci.
piscio [pì-scio] *s.m.* (*pop.*) orina.
pisello [pi-sèl-lo *o* pi-ʃèl-lo] *s.m.* **1** pianta erbacea rampicante con fiori bianchi o colorati, foglie composte e baccelli contenenti semi verdi rotondeggianti **2** il seme commestibile di tale pianta: *minestra con piselli.* DIM. *pisellino* ACCR. *pisellone* | Usato anche come *agg.invar.*: *verde* —, verde di tonalità piuttosto chiara **3** (*fam.*) pene.
pisolare [pi-ʃo-là-re] *v.intr.* [*io pìʃolo ecc.*; aus. *avere*] (*fam.*) dormire un sonno leggero; sonnecchiare.
pisolo [pì-ʃo-lo] *s.m.* (*fam.*) breve dormita; sonno breve e leggero. DIM. *pisolino.*
pispola [pì-spo-la] *s.f.* **1** uccello dalle piume oli-

vastre e gialle, simile all'allodola **2** fischietto da richiamo che imita il verso della pispola.

pisside [pìs-si-de] *s.f.* **1** (*lit.*) vaso di metallo prezioso o dorato, fatto a coppa e provvisto di coperchio, in cui si conservano le particole consacrate; ciborio **2** (*bot.*) frutto secco a forma di coppa che si apre con una fenditura trasversale e la cui parte superiore si ribalta come un piccolo coperchio.

pista [pì-sta] *s.f.* **1** traccia, orma: *le piste di un animale* | indizio o insieme di indizi: *battere, seguire una* —, orientare la ricerca in una direzione **2** (*estens.*) sentiero, via di terra battuta segnati dal passaggio frequente di persone, animali o mezzi: *una — nel deserto* **3** circuito chiuso, generalmente a forma di anello o di ellisse, su cui si effettuano gare di corsa: — *di atletica, automobilistica; giro di* — | — *del circo*, l'arena circolare in cui si svolge lo spettacolo | — *da ballo*, piattaforma destinata alle danze **4** tracciato di neve battuta usato per la pratica dello sci **5** (*aer.*) tratto di terreno appositamente preparato per le manovre degli aeroplani **6** in nastri e dischi magnetici o in pellicole cinematografiche, ciascuna delle linee lungo le quali può avvenire una registrazione o un'impressione; traccia.

pistacchio [pi-stàc-chio] *s.m.* **1** albero con fiori rossi raccolti in pannocchie e frutto che contiene un seme commestibile di color verde | — *di terra*, arachide **2** il seme del pistacchio, tenero e profumato, di largo impiego in pasticceria | Usato come *agg.invar.*: *verde* —, *color* —, tonalità di verde pallido.

pistard [/ pis'tar /] *s.m.invar.* (*fr.*) (*sport*) ciclista che corre su pista.

pistillifero [pi-stil-lì-fe-ro] *agg.* (*bot.*) che porta pistilli.

pistillo [pi-stìl-lo] *s.m.* (*bot.*) organo femminile del fiore, formato dall'ovario, dallo stilo e dallo stimma.

pistola [pi-stò-la] *s.f.* **1** arma da fuoco a canna corta, che si maneggia con una sola mano, usata per colpire bersagli non troppo distanti: *colpo di* —; — *a tamburo*, rivoltella; — *scacciacani*, che spara a salve | — *lanciarazzi*, usata per lanciare razzi segnaletici **2** (*estens.*) qualsiasi attrezzo o strumento a forma di pistola: — *saldatrice*; — *a spruzzo*, aerografo.

pistolero [pi-sto-lè-ro] *s.m.* [f. *-a*] chi è abile nel tirare di pistola.

pistolettata [pi-sto-let-tà-ta] *s.f.* colpo di pistola.

pistolotto [pi-sto-lòt-to] *s.m.* **1** scritto o discorso di rimprovero o di esortazione | scritto o discorso enfatico e retorico **2** (*teat.*) battuta particolarmente lunga ed enfatica all'interno di un dialogo.

pistone [pi-stó-ne] *s.m.* **1** (*mecc.*) organo di trasmissione del moto dal cilindro alla biella o viceversa. DIM. *pistoncino* **2** (*mus.*) meccanismo di alcuni tipi di strumenti a fiato, che si abbassa all'interno del tubo variandone la lunghezza e permettendo di emettere l'intera serie dei suoni: *tromba a pistoni*.

pitagorico [pi-ta-gò-ri-co] *agg.* [pl.m. *-ci*] di Pitagora (560-480 a.C.), filosofo e scienziato greco; attinente al pitagorismo | *tavola pitagorica*, (*mat.*) tabella di moltiplicazione dei primi dieci numeri naturali ♦ *s.m.* filosofo seguace del pitagorismo.

pitagorismo [pi-ta-go-rì-ʃmo] *s.m.* scuola filosofica e scientifica fiorita nel sec. V a.C. per opera dei seguaci di Pitagora.

pitale [pi-tà-le] *s.m.* (*pop.*) orinale.

pitch-pine [/ pitʃ'pain /] *s.m.invar.* (*ingl.*) albero dell'America settentrionale che può superare i venti metri di altezza; il legno di tale albero, elastico e resistente, è utilizzato per serramenti esterni, intelaiature e costruzioni navali.

pitecantropo [pi-te-càn-tro-po] *s.m.* (*antrop.*) ominide vissuto circa 700.000 anni fa.

pitiriasi [pi-ti-rì-a-ʃi] *s.f.* (*med.*) abbondante desquamazione dell'epidermide.

pitoccheria [pi-toc-che-rì-a] *s.f.* **1** l'essere pitocco; avarizia, tirchieria **2** azione da pitocco.

pitocco [pi-tòc-co] *s.m.* [f. *-a*; pl.m. *-chi*] **1** (*antiq.*) mendicante, accattone **2** (*fig.*) chi vive miseramente per avarizia; tirchio, spilorcio.

pitone [pi-tó-ne] *s.m.* **1** serpente arboricolo non velenoso di grandi dimensioni, presente in Africa e in Asia **2** la pelle conciata dell'animale: *scarpe di* —.

pitonessa [pi-to-nés-sa] *s.f.* **1** sacerdotessa di Apollo; pizia **2** (*fig.*) donna che predice il futuro; indovina.

pitonidi [pi-tò-ni-di] *s.m.pl.* (*zool.*) famiglia di ofidi comprendente serpenti di dimensioni molto grandi.

pitosforo → **pittosporo**.

pittima[1] [pìt-ti-ma] *s.f.* uccello con becco lungo e zampe esili, che vive sulla costa.

pittima[2] *s.f.* **1** (*ant.*) sorta di decotto usato come impiastro **2** (*fig.*) persona noiosa, che si lamenta in continuazione.

pittografia [pit-to-gra-fì-a] *s.f.* forma primitiva di scrittura che consiste nel rappresentare idee e fatti per mezzo di disegni.

pittogramma [pit-to-gràm-ma] *s.m.* [pl. *-mi*] ciascuno dei disegni usati in pittografia.

pittore [pit-tó-re] *s.m.* [f. *-trice*] **1** chi dipinge; chi esercita l'arte della pittura **2** chi per mestiere tinteggia le pareti delle case.

pittoresco [pit-to-ré-sco] *agg.* [pl.m. *-schi*] **1** si dice di paesaggio, scena, persona, oggetto caratteristici, pieni di colore ed espressività: *ambiente* —; *costumi pittoreschi* **2** (*fig.*) espressivo, efficace: *il linguaggio — del popolo*.

pittoricità [pit-to-ri-ci-tà] *s.f.* (*lett.*) l'essere pittorico, espressivo, vivace: *la — di una descrizione*.

pittorico [pit-tò-ri-co] *agg.* [pl.m. *-ci*] **1** di pittura; che si riferisce alla pittura: *stile* — **2** (*fig.*) che raggiunge effetti di grande espressività e vivacità: *racconto di grande efficacia pittorica* □ **pittori-**

camente *avv.* in modo pittorico | relativamente alla pittura.

pittosporo [pit-tò-spo-ro], o **pitosforo**, *s.m.* pianta ornamentale molto resistente ai venti marini, con foglie lucide e fiori bianchi profumati.

pittura [pit-tù-ra] *s.f.* **1** l'arte del dipingere, del rappresentare per mezzo di linee e di colori; la produzione pittorica di un autore o di un periodo, un luogo, una scuola: *— a tempera, a olio; la — italiana dell'Ottocento* | (*estens.*) l'opera ottenuta dipingendo: *un'antica — su legno* **2** (*fig.*) descrizione vivace ed espressiva: *— di un ambiente* **3** (*region.*) vernice o altro materiale colorante: *dare una mano di —*.

pitturare [pit-tu-rà-re] *v.tr.* **1** dipingere; ornare con pitture **2** verniciare: *— un cancello* ♦ **pitturarsi** *v.rifl.* (*fam.*) imbellettarsi.

pituitario [pi-tui-tà-rio] *agg.* (*anat.*) della mucosa nasale: *membrana pituitaria*, quella che riveste le fosse nasali | *ghiandola pituitaria*, ipofisi.

più *avv.* [compar. di *molto*] **1** maggiormente; in maggior quantità, grado o maniera: *comportarsi più gentilmente; dormire di più* | *più o meno*, all'incirca | *chi più, chi meno*, tutti, sebbene in misura diversa | *tanto più, molto più, ancor più*, a maggior ragione | *tanto più che*, a maggior ragione dal momento che | *per di più*, inoltre **2** premesso ad aggettivi o avverbi forma il comparativo di maggioranza: *è più intelligente di lui; corre più velocemente di quanto pensassi* **3** preceduto dall'art. determ. forma il superlativo relativo di maggioranza: *è il più simpatico di tutti* | *più che*, molto: *mi sarà più che utile* **4** (*mat.*) indica l'operazione di addizione: *nove più tre è uguale a dodici* | nelle indicazioni delle temperature, esprime valori sopra lo zero: *il termometro segna più diciotto* | *in più, di più*, in eccesso: *sono in più* (o *di più*) | *uno più uno meno, giorno più giorno meno*, con misura approssimativa **5** in frasi negative indica che un fatto o un'azione è cessata o cesserà: *non parlò più* ♦ *agg.compar.invar.* **1** maggiore; in maggior numero, in quantità maggiore: *occorre più denaro di quanto pensavo* **2** più di uno, parecchi: *mi fermerò più giorni* ♦ *s.m.invar.* **1** la cosa maggiore, principale; ciò che è più importante: *il più è fatto* | *parlare del più e del meno*, di cose di poca importanza | *per lo più*, generalmente, di solito | *tutt'al più*, al massimo **2** (*mat.*) il simbolo dell'addizione o di un valore positivo (si esprime con il segno +) **3** *pl.* la maggioranza; il maggior numero: *seguire l'opinione dei —*.

piuccheperfetto [piuc-che-per-fèt-to] *s.m.* (*gramm.*) tempo del verbo che indica un'azione compiuta prima di un'altra già avvenuta nel passato; trapassato prossimo.

piuma [più-ma] *s.f.* **1** formazione cornea dell'epidermide degli uccelli, simile alla penna, ma più corta, morbida e fine | *leggero come una —*, leggerissimo | *peso —*, atleta appartenente a una delle categorie più leggere di peso **2** piumaggio.

piumaggio [piu-màg-gio] *s.m.* l'insieme di penne e di piume che rivestono il corpo di un uccello.

piumato [piu-mà-to] *agg.* coperto, adorno di piume: *cappello —*.

piumetta [piu-mét-ta] *s.f.* (*bot.*) porzione superiore della piantina giovane.

piumino [piu-mì-no] *s.m.* **1** l'insieme delle piume più morbide e leggere degli uccelli: *trapunta di — d'oca* **2** ampio cuscino o coperta da letto riempiti di piume **3** giubbotto imbottito di piume **4** nappetta di piume per spargere la cipria sul viso | attrezzo per spolverare **5** proiettile per carabine e pistole ad aria compressa, formato da una punta di metallo e una coda di piume o di cotone.

piumone® [piu-mó-ne] *s.m.* **1** giaccone impermeabile imbottito di piumino d'oca **2** coperta da letto imbottita di piume o di altro materiale soffice.

piuttosto [piut-tò-sto] *avv.* **1** più spesso, preferibilmente: *non ho fame, berrei — un caffè* | *o —*, o meglio: *vediamoci in piazza, o — venite a casa mia* **2** alquanto: *è — antipatico* **3** invece: *dimmi — come la pensi* | *— che*, anziché, pur di non: *— che cedere, si farebbe uccidere.*

piva [pì-va] *s.f.* cornamusa | *andarsene, tornare con le pive nel sacco*, (*fig.*) senza aver ottenuto nulla, scornato e deluso.

pivello [pi-vèl-lo] *s.m.* [f. *-a*] (*fam.*) ragazzo inesperto; principiante, novellino. DIM. *pivellino.*

piviale [pi-vià-le] *s.m.* paramento sacro costituito da un ampio mantello, che viene indossato dal sacerdote in particolari funzioni liturgiche.

piviere [pi-viè-re] *s.m.* piccolo uccello migratore che predilige le paludi e le zone umide, con corpo nerastro a macchie gialle, becco corto e gambe lunghe.

pivot [/ pi'vo /] *s.m.invar.* (*fr.*) nella pallacanestro, giocatore d'attacco.

pizia [pì-zia] *s.f.* profetessa e sacerdotessa di Apollo a Delfi | (*estens.*) profetessa.

pizza [pìz-za] *s.f.* **1** (*gastr.*) focaccia di pasta lievitata, dolce o salata: *— rustica* | focaccia di forma molto schiacciata condita con olio, pomodoro e altri ingredienti: *— margherita, quattro stagioni.* DIM. *pizzetta* **2** la scatola piatta e circolare in cui si custodisce un rotolo di pellicola cinematografica **3** (*fig.*) si dice di persona o cosa estremamente noiosa.

pizzaiolo [piz-za-iò-lo] *s.m.* [f. *-a*] chi fa le pizze; gestore di una pizzeria | *alla pizzaiola*, si dice di vivanda cotta nell'olio e condita con salsa di pomodoro, aglio, sale, pepe e origano: *carne alla pizzaiola.*

pizzeria [piz-ze-rì-a] *s.f.* locale pubblico in cui si preparano e si servono vari tipi di pizza.

pizzicagnolo [piz-zi-cà-gno-lo] *s.m.* [f. *-a*] chi gestisce una pizzicheria; salumiere.

pizzicare [piz-zi-cà-re] *v.tr.* [*io pìzzico, tu pìzzichi ecc.*] **1** stringere con il pollice e l'indice una parte molle del corpo: *— la guancia* **2** (*estens.*) pungere: *le zanzare pizzicano* **3** stimolare con un sapore piccante o una sensazione frizzante: *ci-*

bi che pizzicano 4 (*fig., fam.*) sorprendere, cogliere in fallo: *l'hanno pizzicato mentre rubava* 5 (*mus.*) far vibrare le corde di uno strumento con il polpastrello delle dita o con il plettro ♦ *v.intr.* [aus. *avere*] dare prurito: *mi pizzica una mano* ♦ **pizzicarsi** *v.rifl.rec.* 1 scambiarsi dei pizzichi 2 (*fig., fam.*) stuzzicarsi, punzecchiarsi.
pizzicata [piz-zi-cà-ta] *s.f.* (*region.*) pizzico.
pizzicato [piz-zi-cà-to] *s.m.* (*mus.*) particolare maniera di far vibrare le corde di uno strumento, toccandole con le punte delle dita; la musica che si esegue con tale tecnica.
pizzicheria [piz-zi-che-rì-a] *s.f.* (*region.*) bottega in cui si vendono salumi, formaggi e altri generi alimentari; salumeria.
pizzichino [piz-zi-chì-no] *agg.* (*fam.*) piccante; frizzante.
pizzico [pìz-zi-co] *s.m.* [pl. *-chi*] 1 lo stringere con il pollice e l'indice una parte molle del corpo; l'atto del pizzicare: *dare un — a qlcu.* ACCR. *pizzicotto* 2 (*estens.*) quantità di roba che si può prendere con i polpastrelli delle dita: *un — di sale* | (*fig.*) quantità minima di qlco.: *un — di formaggio; ridursi un —*, farsi piccolo piccolo 3 puntura di insetto: *— di zanzara.*
pizzicore [piz-zi-có-re] *s.m.* prurito.
pizzicotto [piz-zi-còt-to] *s.m.* pizzico dato per scherzo o con intenzione affettuosa.
pizzo [pìz-zo] *s.m.* 1 parte estrema e appuntita di qlco.: *il — di un fazzoletto* 2 cima aguzza di un monte 3 foggia di barba tagliata a punta che ricopre il solo mento. DIM. *pizzetto* 4 merletto, trina: *una vestaglia con i pizzi* 5 (*gerg.*) somma estorta da un'organizzazione mafiosa a commercianti e imprenditori.
pizzutello [piz-zu-tèl-lo] *s.m.* (*roman.*) varietà di uva da tavola con acini duri, lunghi e assottigliati | Anche come *agg.*: *uva pizzutella.*
placabile [pla-cà-bi-le] *agg.* che si può placare: *un'ira difficilmente —.*
placare [pla-cà-re] *v.tr.* [*io placo, tu plachi ecc.*] calmare, tranquillizzare; ricondurre allo stato di quiete: *— la collera* | *— la fame, la sete*, soddisfarle ♦ **placarsi** *v.rifl.* o *intr.pron.* 1 acquietarsi, tranquillizzarsi: *si placò al ritorno del figlio* 2 diventare calmo: *il mare si è placato.*
placca [plàc-ca] *s.f.* 1 lamina di metallo o di altro materiale usata per lo più come rivestimento. DIM. *placchetta* 2 sorta di distintivo che si porta sul vestito o sul berretto | targhetta accanto o sopra una porta d'ingresso con l'indicazione del nome di chi vi abita 3 (*med.*) bolla o macchia tondeggiante sulla pelle o sulle mucose | *— batterica*, accumulo di batteri che aderisce allo smalto dentario e favorisce l'insorgere della carie 4 (*geol.*) zolla continentale 5 (*fis.*) elettrodo positivo (anodo) di un tubo elettronico.
placcaggio [plac-càg-gio] *s.m.* nel rugby, l'azione del placcare un avversario.
placcare [plac-cà-re] *v.tr.* [*io placco, tu placchi ecc.*] 1 applicare uno strato di metallo o di legno su un altro materiale a scopo di abbellimento o protezione: *— d'oro una cornice di legno; — di noce un mobile d'abete*, impiallacciarlo 2 nel rugby, bloccare un avversario afferrandolo alle gambe o alla vita.
placcato [plac-cà-to] *agg.* rivestito di metallo o altro materiale pregiato: *braccialetto — d'oro* ♦ *s.m.* oggetto di metallo placcato.
placcatura [plac-ca-tù-ra] *s.f.* l'operazione e il risultato del placcare un oggetto: *— metallica.*
placchètta [plac-chét-ta] *s.f.* piccolo bassorilievo in avorio, bronzo o argento usato come ornamento di oggetti d'uso (*p.e.* cofanetti, fermagli).
placebo [/ pla'tʃɛbo /] *s.m.invar.* (*lat.*) preparato privo di sostanze medicamentose, che si somministra per ottenere un effetto terapeutico basato sull'autosuggestione.
placenta [pla-cèn-ta] *s.f.* (*anat.*) formazione spugnosa e tondeggiante, ricca di vasi sanguigni, che in gravidanza si costituisce sulla parete interna dell'utero e, attraverso il cordone ombelicale, consente gli scambi necessari alla nutrizione e alla respirazione del feto.
placentati [pla-cen-tà-ti] *s.m.pl.* (*zool.*) sottoclasse di mammiferi dotati di placenta e privi di cloaca e marsupio.
placet [/ 'platʃet /] *s.m.invar.* (*lat.*) approvazione, permesso: *dare, ricevere il —.*
placidità [pla-ci-di-tà] *s.f.* l'essere placido.
placido [plà-ci-do] *agg.* che è profondamente calmo, sereno, tranquillo: *uomo, temperamento —* | (*lett.*) che è in una quiete profonda, che è privo di qualsiasi perturbazione: *notte placida* □ **placidamente** *avv.*
placito [plà-ci-to] *s.m.* 1 nei regni romano-barbarici, assemblea generale del popolo convocata periodicamente dal sovrano 2 sentenza di un'autorità giudiziaria medievale | (*estens.*) sentenza, opinione espressa da persona autorevole.
plafond [/ pla'fɔn /] *s.m.invar.* (*fr.*) (*comm.*) limite massimo: *il — del credito.*
plafoniera [pla-fo-niè-ra] *s.f.* apparecchio di illuminazione costituito da una calotta che si applica direttamente al soffitto e contiene una o più lampade.
plaga [plà-ga] *s.f.* [pl. *-ghe*] (*lett.*) regione piuttosto vasta della superficie terrestre, del mare o del cielo: *plaghe desertiche, celesti.*
plagiare [pla-già-re] *v.tr.* [*io plàgio ecc.*] 1 contraffare un'opera altrui presentandola come propria 2 soggiogare psicologicamente una persona.
plagiario [pla-già-rio] *agg.* e *s.m.* [f. *-a*] si dice di chi ha commesso il plagio di un'opera.
plagiato [pla-già-to] *s.m.* [f. *-a*] 1 chi ha subìto un plagio 2 chi dipende totalmente dalla volontà di altri.
plagiatore [pla-gia-tó-re] *agg.* e *s.m.* [f. *-trice*] si dice di una persona che ne plagia un'altra
plagio [plà-gio] *s.m.* 1 illecita appropriazione e divulgazione di un'opera che è frutto dell'ingegno altrui, soprattutto in campo artistico e lette-

rario 2 (*dir.*) il reato consistente nell'assoggettare una persona al proprio volere, annullandone l'autonomia di giudizio.

plaid [/ plɛid /] *s.m.invar.* (*ingl.*) coperta di lana o di fibra sintetica, di solito con frange e a riquadri di vari colori.

planamento [pla-na-mén-to] *s.m.* (*aer.*) il planare; planata.

planare[1] [pla-nà-re] *agg.* che ha forma piana, struttura piatta: *elemento —*.

planare[2] *v.intr.* [aus. *avere*] **1** (*aer.*) compiere un volo discendente sfruttando la sola forza di sostentamento delle superfici alari: *un aereo che plana sulla pista* **2** (*mar.*) procedere a forte velocità con la carena quasi completamente fuori dell'acqua: *gli aliscafi planano.*

planata [pla-nà-ta] *s.f.* (*aer.*) l'operazione del planare.

plancia [plàn-cia] *s.f.* [pl. *-ce*] (*mar.*) **1** ponte di comando della nave, dove sono situati gli strumenti per la navigazione **2** passerella per l'imbarco e lo sbarco di merci e passeggeri.

planctologia [plan-cto-lo-gì-a] *s.f.* settore della biologia che studia il plancton.

plancton [plàn-cton] *s.m.invar.* (*biol.*) complesso di organismi animali e vegetali che vivono sospesi nelle acque, costituendo il nutrimento di molti animali acquatici.

planetario [pla-ne-tà-rio] *agg.* **1** (*astr.*) di pianeta; che concerne i pianeti: *sistema —* **2** che è proprio della Terra; terrestre: *la popolazione planetaria* | che si estende a tutta la Terra; mondiale: *fenomeno di dimensioni planetarie* ♦ *s.m.* **1** macchina che riproduce, a scopo didattico, il movimento dei pianeti intorno al Sole **2** proiettore speciale che riproduce l'immagine del cielo e degli astri in movimento | l'edificio in cui si effettua tale proiezione.

planetologia [pla-ne-to-lo-gì-a] *s.f.* (*astr.*) lo studio dei pianeti.

plani-, o **plano-**, primo elemento di parole scientifiche, che si riferiscono alla rappresentazione in piano di un oggetto (*planimetria*).

planimetria [pla-ni-me-trì-a] *s.f.* **1** in topografia, studio dell'andamento della superficie del terreno riferita a un piano orizzontale **2** parte della geometria che studia le figure piane **3** disegno in pianta di una struttura tridimensionale secondo una certa scala.

planimetrico [pla-ni-mè-tri-co] *agg.* [pl.m. *-ci*] relativo alla planimetria: *rilievo —*.

planimetro [pla-nì-me-tro] *s.m.* strumento che consente di misurare l'area di una figura piana percorrendone il perimetro.

planisfero [pla-ni-sfè-ro] *s.m.* **1** rappresentazione cartografica della sfera celeste **2** carta geografica che rappresenta in piano tutta la superficie terrestre.

plano- → **plani-**.

plantare [plan-tà-re] *agg.* (*anat.*) relativo alla pianta del piede: *muscolo —* ♦ *s.m.* strumento ortopedico costituito da una suoletta rigida che si introduce nella scarpa per correggere malformazioni della pianta del piede.

plantigrado [plan-tì-gra-do] *agg.* e *s.m.* [f. *-a*] si dice di mammifero che, camminando, poggia a terra l'intera pianta del piede (*p.e.* l'orso).

plaquette [/ pla'kɛt /] *s.f.invar.* (*fr.*) **1** pubblicazione costituita da un piccolo opuscolo tirato in poche copie **2** piccola targa commemorativa.

-plasia secondo elemento di parole scientifiche, che significa 'alterazione o trasformazione di tessuti animali o vegetali' (*displasia, neoplasia*).

plasma [plà-ʃma] *s.m.* [pl. *-ʃmi*] (*anat.*) parte liquida del sangue nella quale sono sospesi globuli rossi, globuli bianchi e piastrine.

plasmabile [pla-ʃmà-bi-le] *agg.* che può essere plasmato (anche *fig.*): *materiale —; un carattere poco —*.

plasmabilità [pla-ʃma-bi-li-tà] *s.f.* qualità di chi o di ciò che è plasmabile.

plasmacellula [pla-ʃma-cèl-lu-la] *s.f.* (*biol.*) particolare cellula del connettivo che contribuisce alla produzione degli anticorpi.

plasmaferesi [pla-ʃma-fè-re-ʃi] *s.f.* (*med.*) procedimento di separazione del plasma dagli altri elementi che costituiscono il sangue.

plasmare [pla-ʃmà-re] *v.tr.* **1** lavorare una materia informe e malleabile per farle assumere la forma voluta; foggiare, modellare: *— la cera* | (*estens.*) dar forma concreta a un'idea **2** (*fig.*) modellare il carattere, l'indole, la cultura di una persona; educare, formare: *— i giovani.*

plasmatico [pla-ʃmà-ti-co] *agg.* [pl.m. *-ci*] (*med.*) che si riferisce al plasma sanguigno.

plasmocito [pla-ʃmo-cì-to], o **plasmocita**, *s.m.* (*biol.*) cellula ematica e del midollo osseo che svolge una funzione essenziale nella produzione degli anticorpi.

plasmodiale [pla-ʃmo-dià-le] *agg.* (*biol.*) del plasmodio.

plasmodio [pla-ʃmò-dio] *s.m.* (*biol.*) massa di citoplasma contenente molti nuclei | *— della malaria*, protozoo parassita dei globuli rossi che provoca la malaria.

plastica [plà-sti-ca] *s.f.* **1** l'arte del plasmare, del modellare materiali plastici, creando figure, oggetti e immagini in rilievo **2** (*med.*) operazione di chirurgia plastica: *— facciale, nasale* **3** materia plastica: *modellino in —*.

plasticismo [pla-sti-cì-ʃmo] *s.m.* (*pitt.*) la tendenza a conseguire gli effetti del rilievo, come nella scultura.

plasticità [pla-sti-ci-tà] *s.f.* **1** la qualità, propria dei materiali plastici, di essere facilmente modellabili: *la — dell'argilla* | (*fig.*) plasmabilità, malleabilità, duttilità **2** nelle arti figurative e nelle altre arti, evidenza delle qualità plastiche di un'opera: *la — dei particolari di una statua.*

plastico [plà-sti-co] *agg.* [pl.m. *-ci*] **1** si dice di materiale che può essere facilmente plasmato | *materie plastiche*, materiali sintetici che possono essere facilmente stampati o modellati | *esplosivi plastici*, miscugli di composti esplosivi che formano una massa plasmabile **2** che plasma, che dà una forma: *arte plastica*, la scultura; *chirurgia plastica*, chirurgia ricostruttiva **3** che rappresenta in rilievo, che dà l'effetto del rilievo; scultoreo: *rappresentazione plastica di un monte* **4** si dice di dipinto in cui le immagini abbiano forte rilievo | (*fig.*) che produce un effetto di particolare espressività e concretezza: *la descrizione plastica di un paesaggio* ♦ *s.m.* **1** rappresentazione in rilievo e in scala di una determinata porzione della superficie terrestre | modello in scala ridotta di un'opera architettonica **2** esplosivo plastico: *bomba al —* □ **plasticamente** *avv.*

plastidio [pla-stì-dio] *s.m.* (*bot.*) corpuscolo presente nel citoplasma delle cellule vegetali.

plastificante [pla-sti-fi-càn-te] *agg.* e *s.m.* si dice di sostanza che, incorporata a materie plastiche, ne migliora le caratteristiche di morbidezza, elasticità e plasticità.

plastificare [pla-sti-fi-cà-re] *v.tr.* [*io plastìfico, tu plastìfichi ecc.*] **1** rendere plastico un materiale **2** ricoprire con uno strato di plastica.

plastificazione [pla-sti-fi-ca-zió-ne] *s.f.* il plastificare, l'essere plastificato.

plastilina® [pla-sti-lì-na] *s.f.* materiale plastico usato per modellare.

plastomero [pla-stò-me-ro] *s.m.* (*chim.*) polimero dotato di notevole plasticità.

platano [plà-ta-no] *s.m.* (*bot.*) genere di piante arboree d'alto fusto con corteccia grigiastra e grandi foglie palmate caduche.

platea [pla-tè-a] *s.f.* **1** nei teatri e nei cinematografi, la superficie della sala antistante il palcoscenico, dove prendono posto gli spettatori: *posto di —* **2** (*estens.*) il pubblico della platea: *gli applausi della —* **3** (*edil.*) elemento delle fondazioni degli edifici, costituito da una piattaforma in calcestruzzo posta a contatto del terreno **4** (*geog.*) rilievo sottomarino con sommità pianeggiante.

plateale [pla-te-à-le] *agg.* che avviene in piazza; pubblico | (*estens.*) molto evidente; ostentato, smaccato: *gesto, offesa —* □ **platealmente** *avv.* in modo ostentato; volgarmente: *ridere —*.

platealità [pla-tea-li-tà] *s.f.* qualità di ciò che è plateale.

plateau [/ pla'to /] *s.m.* (*fr.*) **1** vassoio **2** (*geog.*) altopiano.

platelminti [pla-tel-mìn-ti] *s.m.pl.* (*zool.*) tipo di animali parassiti dal corpo allungato e appiattito diviso in segmenti; vi appartiene la tenia.

platina [plà-ti-na *o* platìna] *s.f.* **1** piano mobile del torchio per la stampa, che s'abbassa e preme sul foglio di carta; anche, la macchina munita di tale piano **2** piastra metallica su cui sono montati tutti i componenti degli orologi meccanici a bilanciere.

platinare [pla-ti-nà-re] *v.tr.* [*io plàtino ecc.*] **1** ricoprire con uno strato di platino **2** trattare chimicamente i capelli in modo da conferire loro il colore e la lucentezza del platino.

platinato [pla-ti-nà-to] *agg.* **1** ricoperto di platino: *oro —* **2** che ha il colore del platino: *capelli platinati*.

platinatura [pla-ti-na-tù-ra] *s.f.* il platinare, l'essere platinato.

platino [plà-ti-no] *s.m.* elemento chimico di simbolo *Pt*; è un metallo nobile raro, di color bianco lucente, malleabile e resistente, usato in elettrotecnica, in gioielleria ecc. ♦ *agg.invar.* del colore del platino: *biondo —*.

platirrine [pla-tir-rì-ne] *s.f.pl.* (*zool.*) sottordine di scimmie americane con naso largo e schiacciato e coda generalmente prensile.

platonico [pla-tò-ni-co] *agg.* [pl.m. *-ci*] del filosofo greco Platone (427-347 a.C.), o che si riferisce al suo pensiero, alla sua opera: *i dialoghi platonici* | *amore —*, l'amore spirituale, contrapposto all'amore sensuale ♦ *s.m.* [f. *-a*] seguace della filosofia di Platone □ **platonicamente** *avv.* **1** alla maniera di Platone **2** spiritualmente, non sensualmente: *amare —*.

platonismo [pla-to-nì-ʃmo] *s.m.* la dottrina filosofica platonica | (*estens.*) ogni concezione che, ispirandosi a Platone, ammette l'esistenza di realtà trascendenti.

plaudente [plau-dèn-te] *agg.* (*lett.*) che applaude, che acclama: *folla —*.

plaudire [plau-dì-re] *v.intr.* [*io plàudo ecc.*; aus. *avere*, ma i tempi composti sono poco usati] (*lett.*) **1** applaudire **2** (*fig.*) approvare con entusiasmo: *— a un'iniziativa*.

plausibile [plau-ʃì-bi-le] *agg.* che può essere accettato come vero, possibile, logico; verosimile: *una ragione —* □ **plausibilmente** *avv.*

plausibilità [plau-ʃi-bi-li-tà] *s.f.* l'essere plausibile: *la — di un argomento*.

plauso [plàu-ʃo] *s.m.* **1** (*lett.*) applauso, battimano: *ricevere il — della folla* **2** (*estens.*) approvazione, consenso generale.

plaustro [plàu-stro] *s.m.* in Roma antica, tipo di carro a due o quattro ruote.

play-back [/ 'plɛibɛk /] *s.m.invar.* (*ingl.*) **1** (*cine.*) registrazione dei dialoghi e dei suoni separatamente dalla ripresa delle immagini **2** (*tv*) messa in onda di un brano musicale precedentemente registrato, mentre l'esecutore simula un'esecuzione in diretta: *cantare in —*.

playboy [/ plei'bɔi /] *s.m.invar.* (*ingl.*) grande amatore, conquistatore di donne.

playmaker [/ plei'meiker /] *s.m.invar.* (*ingl.*) (*sport*) nella pallacanestro e in altri giochi di squadra, chi imposta e guida le azioni di attacco.

play-off [/ plei'ɔf /] *s.m.pl.* (*ingl.*) (*sport*) in un campionato, girone di spareggio per l'assegnazione del titolo finale che si disputa tra le squadre classificatesi ai primi posti di un girone di qualificazione.

plebaglia [ple-bà-glia] *s.f.* (*spreg.*) plebe, marmaglia.

plebe [plè-be] *s.f.* **1** nell'antica Roma, la parte della popolazione libera che non godeva dei privilegi della classe patrizia: *i tribuni della —* **2**

(*spreg.*) la parte del popolo socialmente e culturalmente meno evoluta: *la — cittadina.*

plebeo [ple-bè-o] *agg.* **1** della plebe: *persona di origine plebea* **2** (*spreg.*) volgare, grossolano: *modi plebei* ♦ *s.m.* **1** nell'antica Roma, chi apparteneva alla plebe: *le lotte tra i patrizi e i plebei* **2** (*lett.* o *spreg.*) popolano.

plebiscitario [ple-bi-sci-tà-rio] *agg.* **1** di plebiscito, fondato su un plebiscito: *voto —* **2** (*fig.*) che nasce o è espresso dalla volontà generale; unanime: *consenso —* □ **plebiscitariamente** *avv.* unanimemente.

plebiscito [ple-bi-scì-to] *s.m.* **1** nell'antica Roma, deliberazione presa dall'assemblea della plebe **2** (*dir.*) consultazione diretta del popolo, chiamato a pronunciarsi su specifiche scelte; referendum **3** (*fig.*) consenso generale, unanime: *un — di approvazioni.*

-plegia secondo elemento di parole composte della terminologia medica, che significa 'paralisi' (*paraplegia*).

-plegico secondo elemento di aggettivi corrispondenti ai composti in *-plegia* (*paraplegico*).

pleiade [plè-ia-de] *s.f.* **1** (*lett.*) gruppo di persone che si distinguono per qualità insigni: *una — di scrittori* **2** *pl.* gruppo di stelle che fa parte della costellazione del Toro.

pleistocene [plei-sto-cè-ne] *s.m.* (*geol.*) primo periodo dell'era neozoica o quaternaria, caratterizzato dalle grandi glaciazioni e dalla comparsa dei primi ominidi.

plenario [ple-nà-rio] *agg.* **1** (*lett.*) pieno, completo, totale | *indulgenza plenaria,* (*teol.*) remissione totale della pena dovuta per i peccati già confessati **2** che non è soggetto ad alcun vincolo o restrizione: *amnistia plenaria* | si dice di organo collegiale a cui partecipano tutti i membri: *assemblea plenaria* □ **plenariamente** *avv.*

plenilunio [ple-ni-lù-nio] *s.m.* la fase in cui la faccia illuminata della Luna è interamente visibile dalla Terra; luna piena.

plenipotenziario [ple-ni-po-ten-zià-rio] *agg.* e *s.m.* (*dir.*) si dice di chi è investito di un mandato che gli attribuisce pieni poteri riguardo a una trattativa politica o diplomatica.

plenum [/ 'plɛnum /] *s.m.invar.* (*lat.*) riunione plenaria degli organi dirigenti di stati o partiti.

pleonasmo [ple-o-nà-ʃmo] *s.m.* (*ling.*) espressione ridondante (p.e. *a me mi piace*).

pleonastico [ple-o-nà-sti-co] *agg.* [pl.m. *-ci*] (*ling.*) di pleonasmo; che costituisce pleonasmo: *espressione pleonastica* | (*estens.*) superfluo: *una puntualizzazione pleonastica* □ **pleonasticamente** *avv.*

plessimetro [ples-sì-me-tro] *s.m.* **1** (*med.*) strumento diagnostico costituito da una piastrina che viene applicata alla superficie del corpo e percossa col dito medio **2** (*mus.*) metronomo.

plesso [plès-so] *s.m.* **1** (*anat.*) formazione costituita da un intreccio di elementi affini: *— nervoso, vascolare* **2** (*burocr.*) struttura funzionale costituita da un insieme di organi che svolgono attività affini: *— scolastico.*

pletora [plè-to-ra] *s.f.* **1** sovrabbondanza, eccesso rispetto alle necessità o alla norma **2** (*med.*) anormale aumento della massa sanguigna: *— arteriosa, venosa* **3** (*bot.*) produzione eccessiva di succhi in una pianta.

pletorico [ple-tò-ri-co] *agg.* [pl.m. *-ci*] **1** eccessivo, sovrabbondante: *burocrazia pletorica* **2** (*med.*) affetto o caratterizzato da pletora: *stato, soggetto —* □ **pletoricamente** *avv.*

plettro [plèt-tro] *s.m.* piccola lamina di osso, avorio o altro materiale, a forma di mandorla, con cui si fanno vibrare le corde di certi strumenti (chitarra, mandolino ecc.): *strumento a —.*

pleura [plèu-ra] *s.f.* (*anat.*) membrana sierosa che riveste il polmone (*— viscerale*) e la superficie interna della cavità che lo contiene (*— parietale*).

pleurico [plèu-ri-co] *agg.* [pl.m. *-ci*] (*anat., med.*) della pleura: *versamento —.*

pleurite [pleu-rì-te] *s.f.* (*med.*) infiammazione della pleura.

pleuritico [pleu-rì-ti-co] *agg.* [pl.m. *-ci*] (*med.*) relativo a pleurite: *affezione pleuritica* ♦ *agg.* e *s.m.* [f. *-a*] che/chi è affetto da pleurite.

pleuro- primo elemento di parole composte della terminologia scientifica, che indica posizione su un fianco o relazione con la pleura.

pleuroscopia [pleu-ro-sco-pì-a] *s.f.* (*med.*) esame della cavità pleurica.

pleuston [plèu-ston] *s.m.invar.* (*bot.*) insieme di organismi vegetali macroscopici che vivono in sospensione nell'acqua o alla sua superficie.

plexiglas® [plè-xi-glas *o* plexiglàs] *s.m.* materia plastica trasparente e infrangibile, usata per la fabbricazione di vetri di sicurezza e altri articoli.

plica [plì-ca] *s.f.* (*anat.*) qualsiasi ripiegatura in un tessuto: *— cutanea.*

plicato [pli-cà-to] *agg.* **1** (*anat.*) caratterizzato da una o più pliche **2** (*bot.*) ripiegato, pieghettato.

plico [plì-co] *s.m.* [pl. *-chi*] busta, per lo più sigillata, contenente documenti, carte, lettere.

plinto [plìn-to] *s.m.* **1** (*arch.*) base quadrangolare su cui poggia la colonna **2** attrezzo ginnico a forma di tronco di piramide, su cui si eseguono esercizi di salto e volteggio **3** (*arald.*) figura rettangolare simile nella forma a un mattone.

pliocene [pli-o-cè-ne] *s.m.* (*geol.*) ultima epoca geologica dell'era cenozoica o terziaria.

plissé [/ plis'se /] *agg.* e *s.m.invar.* (*fr.*) si dice di tessuto lavorato a macchina con pieghe fitte e ben segnate; plissettato, pieghettato.

plissettare [plis-set-tà-re] *v.tr.* [*io plissétto ecc.*] realizzare una serie di piccole pieghe ben segnate su un tessuto.

plissettato [plis-set-tà-to] *agg.* pieghettato: *stoffa plissettata.*

plissettatura [plis-set-ta-tù-ra] *s.f.* operazione e risultato del plissettare.

plot [/ plɔt /] *s.m.invar.* (*ingl.*) trama, intreccio di un romanzo, di un racconto, di un film.

plotone [plo-tó-ne] *s.m.* **1** (*mil.*) suddivisione di una compagnia, costituita a sua volta da più squadre e comandata da un ufficiale subalterno | — *d'esecuzione*, reparto militare che esegue una condanna a morte mediante fucilazione **2** nel ciclismo, gruppo di corridori: *il — degli inseguitori*.
plotter [/ 'plɔtter /] *s.m.invar.* (*ingl.*) (*inform.*) negli elaboratori elettronici, terminale scrivente in grado di eseguire grafici e disegni.
plumbeo [plùm-be-o] *agg.* **1** (*lett.*) di piombo **2** del colore del piombo: *cielo* — | (*fig.*) opprimente, pesante: *atmosfera plumbea*.
plum-cake [/ plum'keik /] *s.m.invar.* (*ingl.*) dolce a base di farina, uova, burro, zucchero, uva passa e canditi, cotto al forno in stampi rettangolari.
plurale [plu-rà-le] *agg.* (*gramm.*) che si riferisce a più cose o persone: *sostantivo* — ♦ *s.m.* (*gramm.*) forma della flessione del nome e del verbo che indica la pluralità | — *maiestatico*, uso della prima persona plurale in luogo della prima singolare da parte di chi ricopre incarichi istituzionali nei discorsi ufficiali.
pluralis maiestatis [/ plu'ralis majes'tatis /] *loc.sost.m.invar.* (*lat.*) plurale maiestatico.
pluralismo [plu-ra-lì-ʃmo] *s.m.* il convivere all'interno di una società di una molteplicità di opinioni e credenze: — *politico, religioso*.
pluralista [plu-ra-lì-sta] *s.m.* e *f.* [pl.m. *-sti*] sostenitore del pluralismo ♦ *agg.* pluralistico: *società pluralista*.
pluralistico [plu-ra-lì-sti-co] *agg.* [pl.m. *-ci*] del pluralismo, ispirato a pluralismo.
pluralità [plu-ra-li-tà] *s.f.* **1** molteplicità: — *di opinioni* **2** (*gramm.*) categoria del plurale.
pluri- primo elemento di parole composte, che indica molteplicità numerica (*pluridecorato, plurivalente*).
pluriaggravato [plu-ri-ag-gra-và-to] *agg.* (*dir.*) si dice di reato caratterizzato da più circostanze aggravanti: *omicidio* —.
pluricellulare [plu-ri-cel-lu-là-re] *agg.* (*biol.*) composto di più cellule: *organismo* —.
pluriclasse [plu-ri-clàs-se] *s.f.* nella scuola elementare, gruppo di più classi riunite insieme per l'insegnamento in comune | Usato anche come *agg.invar.*: *scuola* —.
pluricoltura [plu-ri-col-tù-ra] *s.f.* (*agr.*) coltivazione di più specie vegetali nella stessa zona o nella stessa azienda.
pluridecorato [plu-ri-de-co-rà-to] *agg.* che ha avuto più decorazioni: *combattente* —.
pluridimensionale [plu-ri-di-men-sio-nà-le] *agg.* che ha più dimensioni: *spazio* —.
pluridirezionale [plu-ri-di-re-zio-nà-le] *agg.* orientato, espanso in più direzioni.
pluriennale [plu-ri-en-nà-le] *agg.* che dura parecchi anni | *esperienza* —, che è frutto di molti anni.
plurienne [plu-ri-èn-ne] *agg.* (*bot.*) si dice di pianta che fiorisce dopo due o più anni dalla semina.
plurietnico [plu-ri-èt-ni-co] *agg.* [pl.m. *-ci*] caratterizzato da più etnie: *stato* —.
plurigemellare [plu-ri-ge-mel-là-re] *agg.* (*med.*) che dà luogo alla nascita di più di due gemelli: *parto* —.
plurilaterale [plu-ri-la-te-rà-le] *agg.* si dice di relazione che interessa più di due parti contemporaneamente; multilaterale: *patto* —.
plurilingue [plu-ri-lìn-gue] *agg.* detto di luogo, in cui si parlano più lingue: *territorio* —.
plurilinguismo [plu-ri-lin-guì-ʃmo] *s.m.* compresenza di più lingue in una stessa zona: *il — svizzero*.
plurimiliardario [plu-ri-mi-liar-dà-rio] *agg.* e *s.m.* [f. *-a*] che/chi possiede più miliardi.
plurimillenario [plu-ri-mil-le-nà-rio] *agg.* che è durato più millenni o dura da più millenni.
plurimo [plù-ri-mo] *agg.* molteplice.
plurimotore [plu-ri-mo-tó-re] *agg.* e *s.m.* si dice di aeromobile che ha più di un apparato motore.
plurinominale [plu-ri-no-mi-nà-le] *agg.* si dice di sistema elettorale in cui le votazioni danno luogo all'elezione di più candidati per ciascun collegio: *collegio* —.
plurinucleato [plu-ri-nu-cle-à-to] *agg.* (*biol.*) fornito di più nuclei; polinucleato: *cellula plurinucleata*.
pluriomicida [plu-ri-o-mi-cì-da] *s.m.* e *f.* [pl.m. *-di*] chi ha commesso più omicidi.
pluripartitico [plu-ri-par-tì-ti-co] *agg.* [pl.m. *-ci*] **1** che riguarda contemporaneamente più di due partiti: *accordo* — **2** che prevede l'esistenza di più partiti politici: *stato* —.
pluripartitismo [plu-ri-par-ti-tì-ʃmo] *s.m.* sistema politico che prevede l'esistenza di più partiti.
plurisecolare [plu-ri-se-co-là-re] *agg.* che dura da più secoli o è durato più secoli: *tradizione* —.
plurisillabo [plu-ri-sìl-la-bo] *agg.* polisillabo.
pluristilismo [plu-ri-sti-lì-ʃmo] *s.m.* compresenza in un testo di differenti registri di stile: *il — dantesco*.
pluriuso [plu-ri-ù-ʃo] *agg.invar.* che ha più usi: *coltello* —.
plurivalente [plu-ri-va-lèn-te] *agg.* polivalente.
plusvalenza [plus-va-lèn-za] *s.f.* (*econ.*) incremento del valore di un bene.
plusvalore [plus-va-ló-re] *s.m.* nella teoria economica di K. Marx, differenza tra il valore prodotto dal lavoratore e il valore del suo salario.
pluteo [plù-te-o] *s.m.* **1** (*mil.*) macchina da guerra usata anticamente per proteggere gli assedianti durante l'attacco alle mura delle città **2** (*arch.*) balaustra a lastre rettangolari massicce che divide i vari settori di una chiesa **3** in alcune biblioteche, sorta di armadio-leggio sul quale si conservano i codici di maggior valore.
plutocrazia [plu-to-cra-zì-a] *s.f.* (*antiq.*) predominio politico dei plutocrati, ovvero dell'alta finanza e della grande industria.

plutone [plu-tó-ne] *s.m.* 1 *Plutone*, (*astr.*) nel sistema solare, il pianeta più distante dal Sole 2 (*geol.*) massa rocciosa di origine magmatica consolidatasi in profondità nella crosta terrestre.
plutoniano [plu-to-nià-no] *agg.* (*astr.*) che si riferisce al pianeta Plutone: *orbita plutoniana*.
plutonio [plu-tò-nio] *s.m.* elemento chimico di simbolo *Pu*; è usato nei reattori nucleari.
pluviale [plu-vià-le] *agg.* (*scient.*) della pioggia: *acqua* —, piovana | *foresta* —, la foresta fittissima e sempreverde tipica della zona equatoriale, dove l'umidità è altissima.
pluvio- primo elemento di parole composte della terminologia scientifica, che significa 'pioggia' (*pluviografo*).
pluviografo [plu-viò-gra-fo] *s.m.* pluviometro registratore.
pluviometria [plu-vio-me-trì-a] *s.f.* misurazione della quantità di pioggia caduta per mezzo del pluviometro.
pluviometrico [plu-vio-mè-tri-co] *agg.* [pl.m. *-ci*] relativo alla pluviometria: *livello* — | effettuato col pluviometro: *misurazioni pluviometriche*.
pluviometro [plu-viò-me-tro] *s.m.* strumento per misurare la quantità di pioggia che cade in una località in un dato periodo.
pneumatico [pneu-mà-ti-co] *agg.* [pl.m. *-ci*] (*fis.*) che si riferisce all'aria; che utilizza l'aria come fluido operativo: *freno* — | che funziona ad aria compressa: *martello* — ♦ *s.m.* rivestimento delle ruote dei veicoli, costituito da un involucro elastico di gomma dura rinforzato da altri materiali.
pneumatologia [pneu-ma-to-lo-gì-a] *s.f.* 1 (*filos.*) scienza degli spiriti e delle sostanze semplici in generale 2 (*teol.*) dottrina sullo Spirito Santo.
pneumectomia [pneu-mec-to-mì-a] *s.f.* (*med.*) asportazione chirurgica parziale o totale del polmone.
pneumo-[1] primo elemento di parole composte della moderna terminologia medica, che indica attività respiratoria o presenza d'aria in una cavità del corpo (*pneumotorace*).
pneumo-[2] primo elemento di parole composte della moderna terminologia medica, che significa 'polmone' (*pneumococco*).
pneumococco [pneu-mo-còc-co] *s.m.* [pl. *-chi*] (*biol.*) microrganismo patogeno, principale agente delle polmoniti batteriche.
pneumografia [pneu-mo-gra-fì-a] *s.f.* (*med.*) registrazione grafica della frequenza e della profondità dei movimenti respiratori.
pneumografo [pneu-mò-gra-fo] *s.m.* (*med.*) apparecchio con il quale si effettua la pneumografia.
pneumologia [pneu-mo-lo-gì-a] *s.f.* scienza che studia anatomia, fisiologia e patologia dei polmoni.
pneumopatia [pneu-mo-pa-tì-a] *s.f.* (*med.*) qualsiasi affezione del polmone.
pneumorragia [pneu-mor-ra-gì-a] *s.f.* (*med.*) emorragia dal polmone; emottisi.
pneumotorace [pneu-mo-to-rà-ce] *s.m.* (*med.*) presenza di gas nella cavità pleurica.
po' → **poco**.
pochade [/ pɔʃ'ʃad /] *s.f.invar.* (*fr.*) commedia leggera fatta di intrighi e avventure galanti, in voga fra Otto e Novecento.
pochezza [po-chéz-za] *s.f.* 1 scarsità, esiguità: — *di mezzi* 2 (*fig.*) modestia, povertà: — *di ingegno*.
pocket [/ 'pɔket /] *agg.invar.* (*ingl.*) tascabile: *formato, libro* — | Usato come *s.m.invar.* libro tascabile.
poco [pò-co], tronc. po', *agg.indef.* [pl.m. *-chi*; si elide solo in *poc'anzi*] che è in piccola quantità o misura, in piccolo numero: — *denaro* | scarso, debole, insufficiente: *c'era — vento* | breve, corto: *c'è — spazio* | piccolo, esiguo: *con poca spesa* | nella loc. avv. *un po'*, ha valore attenuativo: *sono un po' stanco* | con valore enfatico: *guarda un po' che cosa ha combinato!* | *un bel po'*, parecchio, molto | *un po'... un po'...*, in parte... in parte...: *un po' per una ragione, un po' per l'altra* | *un — di buono*, persona di dubbia onestà ♦ *pron.indef.* [f. *-a*, pl.m. *pochi*] in piccola quantità o misura: "*Hai del pane?*" "*Sì, ma ne ho —*" 2 *pl.* non molte persone: *eravamo in pochi* 3 con valore neutro: *da qui alla stazione c'è —*, poca distanza; *oggi ho speso —*, poco denaro; *aspettava da un po'*, da un certo tempo; *oggi c'è — da fare*, poche cose; *un po' di pane, un po' di vino*, una piccola quantita | *ci vuole poco*, è sufficiente un piccolo sforzo: *ci vuole poco a capirlo* | *per — non*, quasi: *per — non cadeva*. DIM. *pochetto*, *pochino* ♦ *s.m.* ciò che è poco; pochi beni, poche sostanze: *contentarsi di —*; *vive con il — che ha*.
podagra [po-dà-gra] *s.f.* (*med.*) gotta localizzata nell'alluce.
podagrico [po-dà-gri-co] *agg.* [pl.m. *-ci*] (*med.*) di podagra; podagroso.
podagroso [po-da-gró-so] *agg.* (*med.*) di podagra, dovuto a podagra ♦ *agg.* e *s.m.* [f. *-a*] (*med.*) che/chi è affetto da podagra.
podalico [po-dà-li-co] *agg.* [pl.m. *-ci*] (*med.*) si dice del parto in cui il feto si presenta girato dalla parte dei piedi.
podalirio [po-da-lì-rio] *s.m.* grande farfalla gialla striata di nero, con sottili prolungamenti neri alle ali posteriori.
-pode → **-podo**.
poderale [po-de-rà-le] *agg.* del podere, proprio di un podere: *casa* — | *strada* —, che attraversa un podere o collega più poderi.
podere [po-dé-re] *s.m.* fondo rustico coltivato, di solito formato di più campi e con annessa casa colonica.
poderoso [po-de-ró-so] *agg.* che ha forza, potenza, gagliardia (anche *fig.*): *pugno* —; *una voce poderosa* □ **poderosamente** *avv.*
podestà [po-de-stà], lett. potestà, *s.m.* (*st.*) 1 nei secoli XIII-XIV, magistrato che era a capo del

comune cittadino **2** durante il fascismo, il capo dell'amministrazione comunale, nominato dall'autorità di governo.

podestarile [po-de-sta-rì-le] *agg.* del podestà, che riguarda il podestà: *autorità* —.

podice [pò-di-ce] *s.m.* (*anat.*) estremità inferiore del tronco del feto.

podio [pò-dio] *s.m.* **1** nell'architettura classica, zoccolo su cui s'innalza una costruzione **2** sorta di pedana su cui sale il direttore d'orchestra | il palco soprelevato da cui parla l'oratore **3** basamento a due o tre livelli su cui ha luogo la premiazione dei primi tre classificati in una gara sportiva.

podismo [po-dì-ʃmo] *s.m.* lo sport della marcia e della corsa a piedi.

podista [po-dì-sta] *s.m.* e *f.* [pl.m. *-sti*] atleta specializzato nella marcia o nella corsa a piedi.

podistico [po-dì-sti-co] *agg.* [pl.m. *-ci*] che riguarda il podismo o i podisti: *gara podistica.*

podo-, **-podo**, o -pode, primo e secondo elemento di parole composte, che significa 'piede, zoccolo, peduncolo, appendice' (*podologia, tripode*).

podofillina [po-do-fil-lì-na] *s.f.* resina che si estrae dalle radici e dal fusto del podofillo, impiegata in farmacia per la sua azione purgativa.

podofillo [po-do-fil-lo] *s.m.* pianta erbacea americana con germogli che terminano con due foglie a forma di piede d'anitra.

podologia [po-do-lo-gì-a] *s.f.* **1** branca della veterinaria che si occupa del piede degli animali **2** attività professionale del podologo.

podologo [po-dò-lo-go] *s.m.* [f. *-a*] specialista nella cura esterna, nell'igiene e nella cosmesi del piede; pedicure, callista.

podometro [po-dò-me-tro] *s.m.* strumento che misura il piede del cavallo per la ferratura.

poema [po-è-ma] *s.m.* [pl. *-mi*] **1** narrazione poetica di notevole ampiezza, generalmente ripartita in canti o libri; il genere letterario dei poemi: — *epico, didascalico* | — *sinfonico*, (*mus.*) composizione per orchestra di ispirazione letteraria o pittorica. DIM. *poemetto* **2** (*scherz.*) scritto molto più lungo di quanto sarebbe necessario: *questo articolo è un —!*

poemetto [po-e-mét-to] *s.m.* componimento in versi, per tono e contenuto simile al poema, ma molto più breve.

poesia [po-e-ʃì-a] *s.f.* **1** l'arte e la tecnica di comporre versi: — *lirica, epica* | il complesso delle opere poetiche appartenenti a un periodo storico, a una nazione, a una scuola, a un poeta: *la — italiana* **2** componimento in versi: *scrivere poesie* **3** (*estens.*) capacità di impressionare la mente e la fantasia; qualità di ciò che produce emozione, commozione: *la — del tramonto.*

poeta [po-è-ta] *s.m.* [f. *-essa*; pl.m. *-ti*] **1** chi compone poesie: — *lirico, epico.* PEGG. *poetastro, poetucolo* **2** (*estens.*) chi ha ricca fantasia ed è ammiratore delle cose belle ed elevate: *avere un animo da —.*

poetare [po-e-tà-re] *v.intr.* [*io poèto ecc.*; aus. *avere*] comporre poesie.

poetessa [poe-tés-sa] *s.f.* donna che scrive poesie.

poetica [po-è-ti-ca] *s.f.* **1** l'arte del poetare | trattato che si occupa del poetare e ne fissa le regole: *la "Poetica" di Aristotele* **2** la concezione della poesia propria di un artista, di una scuola, di un'epoca; teoria dell'arte: *la — del verismo.*

poeticità [po-e-ti-ci-tà] *s.f.* l'essere poetico; carattere poetico: — *di linguaggio.*

poetico [po-è-ti-co] *agg.* [pl.m. *-ci*] **1** di poesia, della poesia; di poeta: *immagine poetica; il valore — di un testo* | *parola poetica*, che si usa prevalentemente in poesia | *licenza poetica*, l'occasionale discostarsi del poeta dalle abituali norme della lingua **2** (*estens.*) che dimostra disposizione alla poesia; sensibile, delicato: *animo* — | (*fig.*) che è fonte d'ispirazione per la poesia: *un tramonto —* □ **poeticamente** *avv.*

poggia [pòg-gia] *s.f.* [pl. *-ge*] (*mar.*) **1** lato della nave o dell'imbarcazione opposto a quello dal quale arriva il vento (si contrappone a *orza*) **2** il cavo per tendere la vela dal lato di sottovento.

poggiamano [pog-gia-mà-no] *s.m.invar.* corrimano.

poggiapiedi [pog-gia-piè-di] *s.m.invar.* panchetto per appoggiarvi i piedi.

poggiare[1] [pog-già-re] *v.tr.* [*io pòggio ecc.*] (*lett.*) appoggiare; posare ♦ *v.intr.* [aus. *essere*] appoggiarsi, fondarsi, basarsi: *casa che poggia sulla roccia* ♦ **poggiarsi** *v.rifl.* (*lett.*) appoggiarsi.

poggiare[2] *v.intr.* [*io pòggio ecc.*; aus. *avere*] (*mar.*) **1** allontanare la prora della nave dalla direzione da cui spira il vento **2** spostarsi lateralmente accostando a qlco.: — *a destra, a sinistra.*

poggiatesta [pog-gia-tè-sta] *s.m.invar.* accessorio del sedile dei veicoli su cui si appoggia la testa.

poggio [pòg-gio] *s.m.* modesta altura o collina tondeggiante.

poggiolo [pog-giò-lo] (*sett.*) terrazzino, balconcino.

pogrom [/ ˈpɔgrom /] *s.m.invar.* (*russo*) sollevazione di popolo, con massacri e saccheggi contro una minoranza.

poi [pòi] *avv.* **1** in seguito, dopo, appresso: *verrà* — | in successione: *prima entrò il padre, — la madre* | *prima o* —, un giorno o l'altro | *in* —, in avanti: *d'ora in* — **2** inoltre, in secondo luogo: *non sarebbe onesto, e — non ne vedo la necessità* **3** usato per riprendere il discorso o per introdurre un altro argomento: *quanto — all'argomento di cui si tratta...* | con valore conclusivo: *che ha detto — di male?* | con valore avversativo: *questo è il mio consiglio, tu — fai come credi* | in espressioni enfatiche: *questa —!* ♦ *s.m.* l'avvenire: *pensiamo al* — | *il giorno del* —, (*scherz.*) mai | *il senno di* —, la facile saggezza di chi ragiona a cose fatte.

poiana [po-ià-na] *s.f.* uccello rapace diurno di color bruno-rossiccio, simile al falco.

poiché [poi-ché] *cong.* perché, giacché (introduce una prop. causale): — *le cose stanno così, non insisto.*

-poiesi secondo elemento di parole composte, che significa 'produzione, creazione' (*emopoiesi, mitopoiesi*).

-poietico secondo elemento di aggettivi composti, derivati da nomi che hanno come secondo elemento *-poiesi.*

pointer [/ 'pɔinter /] *s.m.invar.* (*ingl.*) cane da caccia di origine inglese, snello ed elegante, con muso allungato, orecchie pendenti, mantello pezzato in nero o marrone.

pois [/ pu'a /] *s.m.invar.* (*fr.*) solo nella loc. *a pois*, a pallini: *stoffa a —.*

poker [/ 'pɔker /] *s.m.invar.* gioco di carte di origine americana, di cui è tipica la combinazione di quattro carte dello stesso valore | (*estens.*) la combinazione stessa.

polacca [po-làc-ca] *s.f.* **1** (*mus.*) danza e forma musicale di origine polacca, di carattere maestoso in tempo moderato **2** stivaletto a punta con fitta allacciatura a stringa **3** giacchetta corta femminile in uso nell'Ottocento.

polacco [po-làc-co] *agg.* [pl.m. *-chi*] della Polonia ♦ *s.m.* **1** [f. *-a*] nativo, abitante della Polonia **2** lingua del gruppo slavo parlata in Polonia.

polare [po-là-re] *agg.* (*geog., astr.*) del polo; che si riferisce ai poli: *terre polari*; *freddo* —, molto intenso | *circolo* —, parallelo terrestre che delimita l'area intorno al polo | *calotta* —, l'area delimitata dal circolo polare | *stella* —, stella dell'Orsa Minore, molto vicina al polo Nord celeste.

polarità [po-la-ri-tà] *s.f.* **1** (*scient.*) la proprietà di un ente che presenta dei poli magnetici o elettrici: — *positiva* **2** (*estens.*) l'essere opposto, in antitesi: *la — di due concezioni.*

polarizzabile [po-la-riʒ-ʒà-bi-le] *agg.* (*fis.*) che può essere polarizzato.

polarizzare [po-la-riʒ-ʒà-re] *v.tr.* **1** (*fis.*) provocare un fenomeno di polarizzazione **2** (*fig.*) orientare verso uno scopo; far convergere, accentrare su qlcu. o su qlco.: — *su di sé l'attenzione* ♦ **polarizzarsi** *v.intr.pron.* orientarsi, accentrarsi verso uno scopo, su una persona.

polarizzato [po-la-riʒ-ʒà-to] *agg.* (*fis.*) che ha subito polarizzazione: *luce polarizzata.*

polarizzatore [po-la-riʒ-ʒa-tó-re] *agg.* e *s.m.* (*fis.*) si dice di ciò che provoca la polarizzazione della luce o polarizzazione ottica.

polarizzazione [po-la-riʒ-ʒa-zió-ne] *s.f.* **1** (*fis.*) proprietà di alcuni fenomeni fisici di presentare orientamenti ben definiti in condizioni determinate | — *ottica, della luce*, fenomeno per cui le vibrazioni di un'onda luminosa avvengono costantemente in un determinato piano | — *magnetica*, magnetizzazione permanente o temporanea di un corpo immerso in un campo magnetico **2** (*fig.*) il polarizzare o il polarizzarsi verso uno scopo o su una persona: *la — dell'attenzione.*

polaroid® [po-la-ròid] *agg.* e *s.f.invar.* nome commerciale di un materiale in lastre trasparenti che ha la proprietà di polarizzare la luce | (*estens.*) si dice di macchina fotografica in grado di fornire il positivo dopo pochi secondi dallo scatto.

polca [pòl-ca], o **polka**, *s.f.* danza veloce in ritmo binario, di origine boema.

polemica [po-lè-mi-ca] *s.f.* **1** controversia accesa e prolungata, fatta a voce o per iscritto: *entrare in — con qlcu.* **2** (*spreg.*) discussione, contestazione fine a sé stessa.

polemicità [po-le-mi-ci-tà] *s.f.* l'essere polemico; carattere polemico.

polemico [po-lè-mi-co] *agg.* [pl.m. *-ci*] **1** proprio della polemica, che ha carattere di polemica: *scritto* — **2** si dice di persona che difende con aggressività il proprio punto di vista; combattivo, battagliero: *temperamento* — **3** (*spreg.*) che critica, contesta per puro spirito di contraddizione; provocatorio: *intervento, tono* — □ **polemicamente** *avv.*

polemista [po-le-mì-sta] *s.m.* e *f.* [pl.m. *-sti*] **1** autore di scritti polemici **2** chi ha tendenza a essere polemico.

polemizzare [po-le-miʒ-ʒà-re] *v.intr.* [aus. *avere*] **1** dar vita a una polemica; essere in polemica con qlcu. **2** (*spreg.*) sostenere una discussione fine a sé stessa, per puro spirito di contraddizione.

polemologia [po-le-mo-lo-gì-a] *s.f.* **1** studio della guerra dal punto di vista militare **2** studio sociologico delle cause e delle condizioni di guerra.

polena [po-lè-na] *s.f.* figura o busto di legno che si poneva come ornamento sulla prora delle navi.

polenta [po-lèn-ta] *s.f.* cibo rustico preparato con farina di granturco cotta a lungo in acqua dentro un paiolo. DIM. *polentina* ACCR. *polentona* PEGG. *polentaccia.*

polentone [po-len-tó-ne] *s.m.* [f. *-a*] (*scherz.*) gran mangiatore di polenta.

pole position [/ polpo'ziʃʃon /] *loc.sost.f.invar.* (*ingl.*) (*sport*) nelle gare motoristiche, posizione di partenza in prima fila, che viene assegnata a chi ha conseguito il miglior tempo nei giri di prova | (*estens.*) primo posto, prima posizione.

polesine [po-lé-ʃi-ne] *s.m.* zona pianeggiante, d'aspetto insulare, compresa tra due bracci di un fiume | *il Polesine*, la zona del Veneto compresa tra l'Adige a nord e il Po a sud.

poli- primo elemento di parole composte, che indica molteplicità (*poliglotta, politeismo*).

-poli secondo elemento di parole composte, che significa 'città' (*metropoli, tendopoli*).

poliambulatorio [po-li-am-bu-la-tò-rio] *s.m.* ambulatorio attrezzato per la cura di diverse malattie.

poliammide [po-li-am-mì-de] *s.f.* (*chim.*) ciascuno dei composti polimerici la cui molecola comprende gruppi ammidici, usati per la preparazione di materie plastiche e fibre sintetiche (*p.e.* il nylon).

poliandria [po-li-an-drì-a] *s.f.* **1** (*etnol.*) unione coniugale di una donna con più uomini **2** (*zool.*) poligamia della femmina.

poliarchia [po-li-ar-chì-a] *s.f.* tipo di governo

in cui i poteri sono nelle mani di molti cittadini.
poliartrite [po-li-ar-trì-te] *s.f.* (*med.*) artrite che colpisce più articolazioni | — *cronica primaria*, reumatismo articolare cronico.
policarbonato [po-li-car-bo-nà-to] *s.m.* (*chim.*) ciascuno dei composti appartenenti a un gruppo di resine sintetiche, trasparenti, facilmente lavorabili.
policarpico [po-li-càr-pi-co] *agg.* [pl.m. *-ci*] (*bot.*) si dice di pianta che fiorisce e fruttifica più volte nella sua vita.
policentrico [po-li-cèn-tri-co] *agg.* [pl.m. *-ci*] **1** che ha più centri **2** (*arch.*) si dice di arco la cui superficie concava è formata da più archi di cerchio.
policentrismo [po-li-cen-trì-ʃmo] *s.m.* l'avere più centri; l'esistenza di più centri di decisione in un sistema economico, amministrativo, politico.
policlinico [po-li-clì-ni-co] *s.m.* [pl. *-ci*] ospedale suddiviso in più reparti o cliniche per le diverse specialità mediche e chirurgiche.
policoltura [po-li-col-tù-ra] *s.f.* (*agr.*) pluricoltura.
policromatico [po-li-cro-mà-ti-co] *agg.* [pl.m. *-ci*] **1** (*non com.*) multicolore, policromo **2** (*fis.*) si dice di luce o, in generale, di qualsiasi radiazione elettromagnetica costituita da più componenti monocromatiche.
policromia [po-li-cro-mì-a] *s.f.* molteplicità di colori in una pittura o in altra opera d'arte | tecnica di impiego di più colori a fini decorativi o artistici.
policromo [po-lì-cro-mo] *agg.* di più colori, multicolore: *intarsio* —.
polidattilia [po-li-dat-ti-lì-a] *s.f.* (*med.*) malformazione congenita delle mani o dei piedi che presentano un numero di dita superiore a cinque.
polidipsia [po-li-di-psì-a] *s.f.* (*med.*) sensazione continua di sete; può essere un sintomo di diabete o di stati nevrotici.
polidromia [po-li-dro-mì-a] *s.f.* (*mat.*) proprietà di una funzione matematica di assumere più valori per uno stesso valore della variabile indipendente.
polidromo [po-lì-dro-mo] *agg.* (*mat.*) che gode della proprietà della polidromia; plurivoco: *funzione polidroma.*
poliedricità [po-li-e-dri-ci-tà] *s.f.* l'essere poliedrico (spec. *fig.*): — *di interessi.*
poliedrico [po-li-è-dri-co] *agg.* [pl.m. *-ci*] **1** (*geom.*) di poliedro: *forma poliedrica* **2** (*fig.*) che ha capacità, aspetti molteplici; multiforme: *intelligenza poliedrica* □ **poliedricamente** *avv.*
poliedro [po-li-è-dro] *s.m.* (*geom.*) solido limitato da facce poligonali: — *regolare*, quello le cui facce, uguali fra loro, sono poligoni regolari.
poliennale [po-li-en-nà-le] *agg.* di più anni, che dura più anni; pluriennale: *buoni del tesoro poliennali.*
poliestere [po-li-è-ste-re] *s.m.* (*chim.*) composto polimerico che costituisce la base di un gran numero di materie plastiche ♦ *agg.* di poliestere: *resina* —.
polietilene [po-li-e-ti-lè-ne] *s.m.* (*chim.*) materia plastica impiegata nella fabbricazione di rivestimenti isolanti, sacchetti, recipienti ecc.
polifonia [po-li-fo-nì-a] *s.f.* (*mus.*) insieme simultaneo di più combinazioni di suoni, eseguite da voci o strumenti: — *vocale, strumentale.*
polifonico [po-li-fò-ni-co] *agg.* [pl.m. *-ci*] (*mus.*) di polifonia: *canto* — □ **polifonicamente** *avv.* secondo la tecnica polifonica.
polifosfato [po-li-fo-sfà-to] *s.m.* (spec. *pl.*) denominazione di un gruppo di composti chimici usati nel trattamento delle acque industriali e nella preparazione di detergenti.
polifunzionale [po-li-fun-zio-nà-le] *agg.* **1** che può svolgere più funzioni; che può dar vita ad attività diverse: *struttura* — **2** (*chim.*) si dice di composto polivalente.
poligala [po-lì-ga-la] *s.f.* (*bot.*) genere di piante erbacee con foglie lanceolate e fiori di vario colore disposti a spiga.
poligamia [po-li-ga-mì-a] *s.f.* **1** (*etnol.*) unione coniugale di un individuo con più individui di sesso opposto **2** (*zool.*) tendenza di un animale ad accoppiarsi con più individui del sesso opposto **3** (*bot.*) presenza di fiori ermafroditi e unisessuati sullo stesso individuo o su individui diversi della stessa specie.
poligamico [po-li-gà-mi-co] *agg.* [pl.m. *-ci*] di poligamia; che concerne la poligamia.
poligamo [po-lì-ga-mo] *agg.* e *s.m.* [f. *-a*] che/chi è in stato di poligamia.
poligene [po-li-gè-ne] *s.m.* in genetica, gene che partecipa con altri geni diversi alla formazione di un solo carattere.
poligenesi [po-li-gè-ne-ʃi] *s.f.* origine plurima: — *delle lingue.*
poliginia [po-li-gi-nì-a] *s.f.* **1** (*etnol.*) unione coniugale di un uomo con più donne **2** (*zool.*) poligamia del maschio.
poliglotta [po-li-glòt-ta] *agg.* [pl.m. *-ti*] si dice di chi conosce e parla molte lingue ♦ *s.m.* e *f.* persona poliglotta.
poliglottismo [po-li-glot-tì-ʃmo] *s.m.* l'essere poliglotta; plurilinguismo: *il* — *di una regione.*
poligonale [po-li-go-nà-le] *agg.* di poligono, che ha forma di poligono: *sezione* — *di un pilastro* ♦ *s.f.* (*geom.*) linea spezzata composta di segmenti di retta.
poligono [po-lì-go-no] *s.m.* **1** (*geom.*) ogni figura piana chiusa da segmenti di retta: — *regolare* **2** — *di tiro*, superficie di terreno adibita a esercitazioni di tiro con armi da fuoco.
poligrafico [po-li-grà-fi-co] *agg.* [pl.m. *-ci*] che stampa con vari sistemi d'impressione: *stabilimento* — ♦ *s.m.* [f. *-a*] operaio di uno stabilimento poligrafico: *sindacato dei poligrafici.*
poligrafo [po-lì-gra-fo] *s.m.* **1** apparecchio usato un tempo per la riproduzione in più copie di uno scritto o un disegno **2** [f. *-a*] chi scrive su svariati argomenti.

polimaterico [po-li-ma-tè-ri-co] *agg.* [pl.m. *-ci*] si dice di opera plastica o pittorica realizzata con l'impiego di materiali diversi.

polimeria [po-li-me-rì-a] *s.f.* 1 (*chim.*) fenomeno per cui molecole semplici, o monomere, si uniscono l'una all'altra formando molecole complesse; proprietà delle sostanze polimere 2 (*biol.*) partecipazione di più geni alla determinazione di un solo carattere.

polimerico [po-li-mè-ri-co] *agg.* [pl.m. *-ci*] 1 (*chim.*) che ha struttura di polimero, che è costituito da polimeri: *composto* — 2 (*biol.*) che presenta polimeria: *sistema* —.

polimerizzare [po-li-me-riʒ-ʒà-re] *v.tr.* (*chim.*) sottoporre a polimerizzazione ♦ **polimerizzarsi** *v.intr.pron.* (*chim.*) subire la polimerizzazione.

polimerizzazione [po-li-me-riʒ-ʒa-zió-ne] *s.f.* (*chim.*) il processo che dà luogo alla polimeria.

polimero [po-lì-me-ro] *agg.* e *s.m.* 1 (*chim.*) si dice di composto costituito da macromolecole e ottenuto per mezzo di polimerizzazione 2 *gene* —, (*biol.*) poligene.

polimetro [po-lì-me-tro] *agg.* e *s.m.* si dice di componimento poetico che alterna al suo interno versi di varia misura.

polimorfia [po-li-mor-fì-a] *s.f.* polimorfismo.

polimorfico [po-li-mòr-fi-co] *agg.* [pl.m. *-ci*] relativo a polimorfismo.

polimorfismo [po-li-mor-fì-ʃmo] *s.m.* 1 (*biol.*) esistenza contemporanea di due o più forme distinte negli organismi di una stessa specie 2 (*min.*) proprietà di alcuni minerali di cristallizzare in sistemi di simmetria diversi.

polimorfo [po-li-mòr-fo] *agg.* che presenta polimorfismo.

polinesiano [po-li-ne-ʃià-no] *agg.* della Polinesia: *le isole polinesiane* ♦ *s.m.* [f. *-a*] abitante, nativo della Polinesia.

polinomio [po-li-nò-mio] *s.m.* (*mat.*) somma algebrica di più monomi non simili.

polio [pò-lio] *s.f.invar.* (*fam.*) poliomielite.

poliomielite [po-lio-mie-lì-te] *s.f.* (*med.*) malattia infettiva virale caratterizzata da infiammazione della sostanza grigia del midollo spinale; provoca l'atrofia di alcuni muscoli.

poliomielitico [po-lio-mie-lì-ti-co] *agg.* [pl.m. *-ci*] (*med.*) di poliomielite; causato da poliomielite: *epidemia poliomielitica* ♦ *agg.* e *s.m.* [f. *-a*] si dice di chi si è ammalato di poliomielite.

polipeptidasi [po-li-pep-ti-dà-ʃi] *s.f.* (*chim.*, *biol.*) peptidasi.

polipeptide [po-li-pep-tì-de] *s.m.* (*chim.*, *biol.*) prodotto di scissione parziale delle proteine, composto da una catena di peptidi.

polipo [pò-li-po] *s.m.* 1 (*zool.*) piccolo animale acquatico dei celenterati con corpo a forma di calice, munito di tentacoli. DIM. *polipetto* 2 (*med.*) tumore benigno che si sviluppa sulle mucose.

poliposi [po-li-pò-ʃi] *s.f.* (*med.*) affezione caratterizzata dalla presenza di numerosi polipi: — *intestinale.*

poliptoto [po-lip-tò-to] *s.m.* figura retorica che consiste nell'usare lo stesso vocabolo a breve distanza con funzioni morfo-sintattiche differenti (p.e. *Io, vecchio, parlai a un vecchio della vecchiaia*).

polireme [po-li-rè-me] *s.f.* (*mar.*) nome generico delle antiche navi da guerra a più ordini di remi.

poliritmia [po-li-rit-mì-a] *s.f.* (*mus.*) impiego simultaneo di parti vocali o strumentali con ritmi diversi: *la — del jazz.*

polis [pò-lis] *s.f.invar.* forma di organizzazione politica e civile tipica del mondo greco; città-stato.

polisaccaride [po-li-sac-cà-ri-de] *s.m.* (*chim.*) composto organico derivante dalla condensazione di più molecole di zuccheri semplici.

polisemia [po-li-se-mì-a] *s.f.* (*ling.*) molteplicità di significati di una parola o di un'espressione.

polisemico [po-li-sè-mi-co] *agg.* [pl.m. *-ci*] (*ling.*) che ha più significati, che presenta polisemia.

polisenso [po-li-sèn-so] *agg.* [pl.m. *-i*, f. *invar.*] che ha più significati; che può essere variamente interpretato ♦ *s.m.* 1 (*lett.*) molteplicità di significati 2 gioco enigmistico basato su una parola che abbia più significati differenti.

polisillabico [po-li-sil-là-bi-co] *agg.* [pl.m. *-ci*] (*ling.*) costituito di due o più sillabe.

polisillabo [po-li-sìl-la-bo] *agg.* e *s.m.* (*ling.*) si dice di parola che abbia più sillabe.

polisindeto [po-li-sìn-de-to] *s.m.* (*gramm.*) tipo di coordinazione caratterizzato dalla ripetizione della medesima congiunzione.

polisolfuro [po-li-sol-fù-ro] *s.m.* (*chim.*) solfuro contenente un numero di atomi di zolfo superiore al normale.

polisportiva [po-li-spor-tì-va] *s.f.* società polisportiva.

polisportivo [po-li-spor-tì-vo] *agg.* che permette la pratica di molti sport: *centro* — | che cura la pratica di più sport: *società polisportiva.*

polista [po-lì-sta] *s.m.* e *f.* [pl.m. *-sti*] (*sport*) chi pratica il polo.

polistilo [po-lì-sti-lo] *agg.* (*arch.*) si dice di pilastro costituito da più colonne, caratteristico dell'arte gotica.

polistirene [po-li-sti-rè-ne] *s.m.* (*chim. ind.*) materiale plastico usato per imballaggi e per articoli tecnici e casalinghi; polistirolo.

polistirolo [po-li-sti-rò-lo] *s.m.* (*chim. ind.*) polistirene | — *espanso*, poliuretano espanso.

politeama [po-li-te-à-ma] *s.m.* [pl. *-mi*] edificio destinato a spettacoli teatrali, cinematografici o musicali.

politecnico [po-li-tèc-ni-co] *agg.* [pl.m. *-ci*] che concerne più arti e scienze: *istituto* — ♦ *s.m.* istituto universitario per l'insegnamento delle scienze fisiche, chimiche e matematiche e delle loro applicazioni.

politeismo [po-li-te-ì-ʃmo] *s.m.* forma di religione caratterizzata dalla credenza in una molteplicità di dei.

politeista [po-li-te-ì-sta] *s.m.* e *f.* [pl.m. *-sti*] chi segue e pratica il politeismo.

politeistico [po-li-te-ì-sti-co] *agg.* [pl.m. *-ci*] relativo al politeismo, ai politeisti: *religione politeistica.*

politezza [po-li-téz-za] *s.f.* (*lett.*) **1** l'essere liscio, levigato: *la — del marmo* **2** (*fig.*) eleganza, perfezione formale: *la — dello stile.*

politica [po-lì-ti-ca] *s.f.* **1** teoria e pratica che hanno per oggetto l'organizzazione e il governo dello stato: *— interna, economica* **2** l'attività di chi prende parte alla vita pubblica; modo di governare, di gestire: *— aziendale* **3** (*estens.*) tutto ciò che riguarda la vita pubblica: *parlare di —.*

politicante [po-li-ti-càn-te] *s.m.* e *f.* (*spreg.*) chi si dà alla politica per trarne vantaggi personali.

politichese [po-li-ti-ché-se] *s.m.* (*spreg.*) il linguaggio dei politici, in quanto caratterizzato da oscurità e complicazioni che lo rendono incomprensibile ai più.

politicità [po-li-ti-ci-tà] *s.f.* l'essere politico; l'avere tendenza o carattere politico.

politicizzare [po-li-ti-ciʒ-ʒà-re] *v.tr.* **1** dare carattere politico a qlco. che dovrebbe esserne privo **2** sensibilizzare qlcu. alla partecipazione politica: *— le masse contadine* ♦ **politicizzarsi** *v.rifl.* sensibilizzarsi alla politica ♦ *v.intr.pron.* assumere valore politico; entrare nella sfera della politica: *la questione si è politicizzata.*

politicizzato [po-li-ti-ciʒ-ʒà-to] *agg.* **1** che ha contenuti politici; che viene caricato di valore politico: *uno sciopero —* **2** che mostra viva sensibilità politica; che si occupa attivamente di politica: *studente —.*

politicizzazione [po-li-ti-ciʒ-ʒa-zió-ne] *s.f.* il politicizzare, il politicizzarsi, l'essere politicizzato.

politico [po-lì-ti-co] *agg.* [pl.m. *-ci*] **1** (*filos.*) dello stato, che concerne lo stato: *la dottrina politica di Hegel* **2** della politica, che riguarda la politica, che si occupa di politica: *ordinamento, partito —; diritti politici*, quelli di eleggere, di essere eletti e di rivestire cariche pubbliche; *uomo —*, che si dedica professionalmente alla politica | *reato —*, quello commesso per ragioni politiche o rivolto contro gli interessi dello stato | *prigioniero —*, persona arrestata o detenuta per reati politici | *elezioni politiche*, quelle con le quali si elegge il parlamento nazionale | *prezzo —*, (*econ.*) che è imposto in misura inferiore al costo, per ragioni di natura sociale e politica | *scienze politiche*, l'insieme delle scienze che si occupano della politica **3** (*non com.*) che ha una vita sociale e civile: *l'uomo è un animale —* ♦ *s.m.* **1** uomo politico: *il linguaggio dei politici* **2** (*fig.*) persona astuta, che agisce con accortezza e diplomazia **3** [solo *sing.*] sfera pubblica, sociale di una persona: *il privato e il —* □ **politicamente** *avv.* **1** dal punto di vista politico **2** (*fig.*) con abilità, con astuzia.

politicone [po-li-ti-có-ne] *s.m.* [f. *-a*] (*spreg.*) persona che si destreggia abilmente per raggiungere i suoi fini.

polito [po-lì-to] *agg.* (*lett.*) raffinato, forbito: *eloquenza polita.*

politologia [po-li-to-lo-gì-a] *s.f.* disciplina che studia le realtà politiche e i loro sviluppi.

politologo [po-li-tò-lo-go] *s.m.* [f. *-a*; pl.m. *-gi*] studioso di politologia; esperto di politica.

politonale [po-li-to-nà-le] *agg.* caratterizzato da politonalità.

politonalità [po-li-to-na-li-tà] *s.f.* **1** (*mus.*) impiego simultaneo di due o più tonalità diverse nella medesima composizione **2** (*fig.*) varietà di toni, in un autore o in un'opera letteraria.

politrasfuso [po-li-tra-sfú-ʃo] *agg.* e *s.m.* (*med.*) si dice di paziente che è stato sottoposto a molte trasfusioni di sangue.

polittico [po-lìt-ti-co] *s.m.* [pl. *-ci*] **1** dipinto o rilievo composto di più tavole incernierate fra loro | pala d'altare composta di più pannelli **2** (*fig.*) composizione letteraria o musicale composta di più parti collegate fra loro.

poliuretano [po-li-u-re-tà-no] *s.m.* (*chim.*) resina polimerica usata per rivestimenti protettivi o per preparare colle e vernici | *— espanso*, materiale spugnoso, usato come isolante e negli imballaggi; è detto anche *polistirolo espanso.*

poliuria [po-li-ù-ria] *s.f.* (*med.*) aumento della quantità di urina emessa nelle 24 ore.

polivalente [po-li-va-lèn-te] *agg.* **1** (*chim.*) si dice di ogni elemento capace di variare la valenza e di combinarsi con uno stesso elemento in proporzioni differenti, dando origine a composti diversi | polifunzionale **2** (*estens.*) che serve o si adatta a diversi usi; che produce più effetti: *vaccino —.*

polivalenza [po-li-va-lèn-za] *s.f.* l'essere polivalente.

polivinile [po-li-vi-nì-le] *s.m.* (*chim.*) ogni prodotto di polimerizzazione del vinile, impiegato nella produzione di vernici, adesivi ecc.

polivinilico [po-li-vi-nì-li-co] *agg.* [pl.m. *-ci*] (*chim.*) di polivinile.

polizia [po-li-zì-a] *s.f.* **1** azione svolta dallo stato per prevenire i reati, individuare i loro autori e tutelare l'ordine pubblico: *provvedimenti di —* **2** il complesso dei servizi e degli agenti impiegati dallo stato con compiti di polizia: *forze di —; — stradale, giudiziaria, tributaria*, a seconda dei compiti a cui è demandata | *— scientifica*, ramo della polizia che si avvale di metodi scientifici per le indagini sui reati.

poliziesco [po-li-zié-sco] *agg.* [pl.m. *-schi*] **1** di polizia, della polizia: *inchiesta poliziesca* | (*spreg.*) inquisitorio, arbitrario, violento: *metodo —* **2** si dice di opera letteraria o cinematografica che ha per argomento un delitto e le relative indagini della polizia: *film —.*

poliziotto [po-li-ziòt-to] *s.m.* [f. *-a*] **1** agente della polizia di stato | *— privato*, chi svolge privatamente indagini poliziesche; detective **2** (*estens.*) chi governa in maniera repressiva | Usato anche come *agg.invar.*: *donna —*, poliziotta | *cane —*, addestrato per essere di aiuto alla polizia.

polizza [pò-liz-za] *s.f.* scrittura privata attestante

un contratto o l'avvenuto ricevimento di merce o denaro.

polka → **polca**.

polla [pól-la] *s.f.* vena d'acqua che scaturisce dal terreno.

pollaio [pol-là-io] *s.m.* **1** locale rustico o recinto in cui si tengono i polli | (*estens.*) l'insieme dei polli di un pollaio **2** (*fig.*) luogo sporco e disordinato | riunione di persone schiamazzanti; gran chiasso.

pollaiolo [pol-la-iò-lo] *s.m.* [f. *-a*] chi alleva e vende polli.

pollame [pol-là-me] *s.m.* denominazione generica di polli, capponi, tacchini, anatre e oche allevati per l'alimentazione umana.

pollastra [pol-là-stra] *s.f.* **1** gallina giovane, che non ha ancora fatto uova. DIM. *pollastrella* **2** (*scherz.*) ragazza piacente e sempliciotta.

pollastro [pol-là-stro] *s.m.* pollo giovane.

polleria [pol-le-rì-a] *s.f.* negozio in cui si vende pollame.

pollice [pòl-li-ce] *s.m.* **1** il primo e più grosso dito della mano, opponibile alle altre dita e costituito di due sole falangi | *avere il — verde*, (*fig.*) essere portati per il giardinaggio **2** antica unità di misura di lunghezza, corrispondente a 1/12 di piede, cioè a 25,4 mm; è tuttora in vigore nel sistema anglosassone | (*estens.*) misura minima, spazio piccolissimo: *non indietreggiare di un —*.

pollicoltore [pol-li-col-tó-re] *s.m.* [f. *-trice*] chi si occupa di pollicoltura.

pollicoltura [pol-li-col-tù-ra] *s.f.* pratica e tecnica di allevare il pollame; l'allevamento stesso.

polline [pòl-li-ne] *s.m.* (*bot.*) polvere, per lo più gialla, che si forma sulle antere di un fiore, e che contiene l'elemento fecondatore della pianta.

pollinosi [pol-li-nò-ʃi] *s.f.* (*med.*) complesso delle manifestazioni allergiche conseguenti alla sensibilizzazione dell'organismo verso i pollini dei fiori.

pollivendolo [pol-li-vén-do-lo] *s.m.* [f. *-a*] chi vende polli.

pollo [pól-lo] *s.m.* **1** nome generico del gallo e della gallina giovani | *conoscere i propri polli*, (*fig. fam.*) le persone con cui si ha a che fare | *far ridere i polli*, (*fig. fam.*) comportarsi in modo ridicolo, balordo **2** (*fig.*) semplicione, gonzo.

pollone [pol-ló-ne] *s.m.* **1** germoglio che si sviluppa dal rizoma o dal tronco di una pianta **2** (*lett.*) rampollo, discendente.

polluzione [pol-lu-zió-ne] *s.f.* **1** (*fisiol.*) eiaculazione involontaria che ha luogo durante il sonno **2** (*non com.*) contaminazione, inquinamento: *— atmosferica*.

polmonare [pol-mo-nà-re] *agg.* (*anat.*, *med.*) del polmone, dei polmoni: *arteria*, *enfisema —*.

polmonaria [pol-mo-nà-ria] *s.f.* pianta erbacea perenne con foglie ruvide macchiate di bianco e fiori azzurro-violacei.

polmonati [pol-mo-nà-ti] *s.m.pl.* (*zool.*) sottoclasse di molluschi gasteropodi terrestri o d'acqua dolce, caratterizzati dal fatto che la cavità del mantello funziona come un polmone; vi appartengono la chiocciola e la lumaca.

polmone [pol-mó-ne] *s.m.* **1** (*anat.*) ciascuno dei due organi della respirazione dei vertebrati (esclusi i pesci), che si trovano nella cavità toracica: *respirare a pieni polmoni*, inspirando ed espirando profondamente; *gridare a pieni polmoni*, con tutta la forza del proprio fiato | *— d'acciaio*, (*med.*) respiratore automatico usato da soggetti affetti da paralisi dei muscoli dell'apparato respiratorio **2** (*fig.*) zona verde che purifica l'aria in centri urbani: *i parchi sono il — della città* | (*estens.*) elemento propulsore, centro vitale: *il turismo è il — dell'economia italiana*.

polmonite [pol-mo-nì-te] *s.f.* (*med.*) infiammazione acuta o cronica dei polmoni.

polo[1] [pò-lo] *s.m.* **1** (*geog.*) ciascuno dei due punti in cui l'asse di rotazione terrestre interseca la superficie del globo: — *Nord*, nell'emisfero artico; — *Sud*, nell'emisfero antartico **2** (*astr.*) ciascuno dei due punti in cui il prolungamento dell'asse terrestre incontra la sfera celeste **3** (*estens.*) regione geografica situata nei pressi di uno dei due poli terrestri **4** (*fig.*) posizione, situazione antitetica: *opinioni che sono ai due poli opposti* **5** (*scient.*) punto dotato di particolari caratteristiche: — *magnetico*, punto verso cui si dirige l'ago magnetico della bussola; — *positivo*, *negativo*, le estremità degli elettrodi di una pila o di un accumulatore **6** (*fig.*) punto, centro: — *di sviluppo*.

polo[2] *s.m.* (*sport*) gioco che si disputa fra due squadre di quattro cavalieri che cercano di mandare nella porta avversaria una palla rigida colpendola con una mazza ♦ *s.f.invar.* maglietta con collo piccolo e allacciatura a due bottoni, come quello indossato dai giocatori di polo.

polonio [po-lò-nio] *s.m.* elemento chimico di simbolo *Po*; è un metallo radioattivo derivante dalla disintegrazione del radio.

polpa [pól-pa] *s.f.* **1** la carne senza ossa e senza grasso degli animali macellati: — *di manzo* | nell'uomo, le carni, in opposizione alle ossa **2** la parte molle e succosa di un frutto: *la — di un'albicocca* **3** — *dentale*, *dentaria*, (*anat.*) la parte interna del dente, ricca di vasi sanguigni e di terminazioni nervose **4** (*fig.*) la parte essenziale di un discorso, di uno scritto; nocciolo, succo.

polpaccio [pol-pàc-cio] *s.m.* la massa muscolosa e tondeggiante nella parte posteriore della gamba, sotto il ginocchio.

polpastrello [pol-pa-strèl-lo] *s.m.* la parte carnosa e tondeggiante dell'ultima falange di ogni dito.

polpetta [pol-pét-ta] *s.f.* pietanza di carne o altra sostanza tritata, variamente condita e preparata in piccole forme rotonde e schiacciate | *far polpette di qlcu.*, (*scherz.*) conciarlo in malo modo; stravincere su di lui. DIM. *polpettina*.

polpettone [pol-pet-tó-ne] *s.m.* **1** impasto di carne tritata e condimenti diversi, al quale si dà la forma di un grosso cilindro **2** (*fig.*) discorso, scritto, opera noiosi e prolissi: *quel libro è un —*.

polpo [pól-po] *s.m.* mollusco cefalopodo marino privo di conchiglia, con corpo carnoso, testa larga, grossi occhi sporgenti e otto lunghi tentacoli provvisti di ventose.
polposo [pol-pó-so] *agg.* 1 ricco di polpa: *frutto* — 2 simile a polpa: *consistenza polposa.*
polputo [pol-pù-to] *agg.* che ha molta polpa, detto di parti del corpo: *fianchi polputi.*
polsino [pol-sì-no] *s.m.* striscia di stoffa, chiusa da bottoni o da gemelli, con cui terminano le maniche delle camicie.
polso [pól-so] *s.m.* 1 parte dell'arto superiore dell'uomo in cui la mano si congiunge con l'avambraccio 2 (*estens.*) nell'abbigliamento maschile e femminile, la parte terminale della manica di una giacca, un abito, un cappotto. DIM. *polsino* 3 (*fisiol.*) battito ritmico prodotto dalla dilatazione dei vasi sanguigni per l'afflusso del sangue, particolarmente avvertibile nel polso: — *regolare*; *sentire il* — | *tastare il — a qlcu.*, (*fig.*) tentare di scoprirne le intenzioni, di individuarne le capacità 4 (*fig.*) energia, forza fisica e morale; autorità, autorevolezza: *uomo di* —.
polta [pól-ta] *s.f.* presso gli antichi romani, sorta di polenta preparata con farina di frumento o di fave | oggi, cibo per animali da cortile.
poltiglia [pol-tì-glia] *s.f.* 1 miscuglio semiliquido di sostanze varie: *la minestra è diventata una* — | *ridurre qlcu. in* —, (*fig.*) annientarlo 2 fanghiglia.
poltrire [pol-trì-re] *v.intr.* [*io poltrisco, tu poltrisci ecc.*; aus. *avere*] 1 indugiare pigramente nel letto senza dormire: — *sotto le coperte* 2 (*estens.*) condurre una vita oziosa; stare senza far niente.
poltrona [pol-tró-na] *s.f.* 1 sedia ampia e comoda, per lo più imbottita e provvista di braccioli. DIM. *poltroncina* 2 in teatro, posto situato nel settore anteriore della platea 3 (*fig.*) posto di potere, incarico di prestigio: *ambire alla — di presidente.*
poltronaggine [pol-tro-nàg-gi-ne] *s.f.* l'esser poltrone; pigrizia, indolenza.
poltrone [pol-tró-ne] *s.m.* [f. *-a*] 1 persona pigra, che ama poltrire, stare in ozio: *non fare il —!* 2 (*zool.*) bradipo.
poltroneria [pol-tro-ne-rì-a] *s.f.* l'essere poltrone; pigrizia.
poltronissima [pol-tro-nìs-si-ma] *s.f.* nei teatri, poltrona di prima fila.
polvere [pól-ve-re] *s.f.* 1 [solo *sing.*] l'insieme dei minutissimi e impalpabili frammenti di terra arida che, sollevati dal vento, si depositano sulle cose: *libri coperti di* —; *alzare la* —, sollevarla | *gettare la — negli occhi a qlcu.*, (*fig.*) ingannarlo con false apparenze | *far mangiare la — a qlcu.*, (*fig.*) superarlo, vincerlo. ACCR. *polverone* (m.) 2 (*estens.*) qualsiasi sostanza naturale o artificiale che ha l'aspetto di polvere: *latte, cacao in* — | *ridurre in* —, macinare; (*fig.*) fare a pezzi, annientare. DIM. *polverina* 3 nome generico di sostanze esplosive: — *da sparo* | *innescare le polveri*, applicare un mezzo d'accensione alla carica di scoppio.
polveriera [pol-ve-riè-ra] *s.f.* 1 deposito di esplosivi 2 polverificio 3 (*fig.*) luogo in cui l'accumularsi di tensioni sociali, politiche o militari lascia prevedere l'esplosione di violenti conflitti.
polverificio [pol-ve-ri-fì-cio] *s.m.* stabilimento dove si producono e si lavorano gli esplosivi.
polverina [pol-ve-rì-na] *s.f.* 1 sostanza medicinale in polvere | (*gerg.*) stupefacente in polvere 2 (*pop.*) additivo per sofisticare sostanze alimentari: *vino fatto con le polverine.*
polverio [pol-ve-rì-o] *s.m.* quantità di polvere sollevata dal vento, da un veicolo o da altro.
polverizzabile [pol-ve-riʒ-ʒà-bi-le] *agg.* che può essere polverizzato.
polverizzare [pol-ve-riʒ-ʒà-re] *v.tr.* 1 ridurre in polvere o in minuti frammenti: — *il sale* | (*fig.*) annientare, stravincere: — *l'avversario* | — *un record*, superarlo, batterlo con largo margine 2 (*estens.*) ridurre in minutissime goccioline un liquido; nebulizzare ♦ **polverizzarsi** *v.intr.pron.* ridursi in polvere | (*fig.*) ridursi a niente; sparire: *lo stipendio si è polverizzato.*
polverizzatore [pol-ve-riʒ-ʒa-tó-re] *agg.* [f. *-trice*] *s.m.* 1 apparecchio usato per polverizzare sostanze solide 2 nebulizzatore.
polverizzazione [pol-ve-riʒ-ʒa-zió-ne] *s.f.* il polverizzare, il polverizzarsi, l'essere polverizzato.
polverone [pol-ve-ró-ne] *s.m.* grande quantità di polvere sollevata dal vento, da veicoli o da altro | *alzare, sollevare un* —, (*fig.*) creare confusione; suscitare polemiche, discussioni, commenti.
polveroso [pol-ve-ró-so] *agg.* 1 pieno di polvere, coperto di polvere: *scaffale* — 2 che ha natura di polvere, che è simile a polvere: *neve polverosa.*
polverulento [pol-ve-ru-lèn-to] *agg.* 1 che è in polvere, che ha la consistenza e l'aspetto della polvere: *polline* — 2 (*lett.*) coperto di polvere 3 (*lett.*) che solleva polvere.
pomacee [po-mà-ce-e] *s.f.pl.* (*bot.*) famiglia di piante dicotiledoni che hanno per frutto un pomo.
pomata [po-mà-ta] *s.f.* preparato cosmetico o farmaceutico molle e untuoso, da applicarsi sulla pelle; unguento.
pomellato [po-mel-là-to] *agg.* si dice di cavallo dal mantello grigio, con macchie tondeggianti più chiare o più scure.
pomello [po-mèl-lo] *s.m.* 1 la parte rilevata e tondeggiante della gota, corrispondente allo zigomo: *avere i pomelli rossi per il freddo* 2 oggetto sferico o tondeggiante, usato come maniglia, come impugnatura o come ornamento: *il — di un cassetto.* DIM. *pomellino.*
pomeridiano [po-me-ri-dià-no] *agg.* del pomeriggio; che avviene o si fa nel pomeriggio: *sonnellino* —.
pomeriggio [po-me-rìg-gio] *s.m.* la parte del giorno compresa tra il mezzogiorno e la sera: *primo, tardo* —.
pomerio [po-mè-rio] *s.m.* nell'antica Roma, lo

spazio di terreno lungo la mura, considerato sacro e mantenuto libero da costruzioni.

pomfo [pòm-fo], o ponfo, *s.m.* (*med.*) rigonfiamento della pelle, arrossato e pruriginoso, caratteristico di alcune dermatosi e allergie.

pomice [pó-mi-ce] *s.f.* varietà porosa e leggerissima di ossidiana, usata per levigare o lucidare | Anche in funzione di *agg.*: *pietra* —.

pomiciare [po-mi-cià-re] *v.tr.* [*io pómicio ecc.*] (*non com.*) levigare, lucidare con pomice in polvere ♦ *v.intr.* [aus. *avere*] (*pop.*) scambiarsi effusioni intime.

pomiciata [po-mi-cià-ta] *s.f.* (*pop.*) lo scambiarsi effusioni intime.

pomiciatura [po-mi-cia-tù-ra] *s.f.* levigatura di pelli, marmi o metalli con pomice in polvere.

pomo [pó-mo] *s.m.* **1** (*lett.*) mela | melo **2** (*lett.*) qualsiasi frutto d'albero | — *della discordia*, nella mitologia greca, la mela d'oro destinata alla dea più bella, che fu causa della guerra di Troia; (*fig.*) cosa o persona che sia causa di un contrasto, di una lite **3** (*estens.*) elemento sferico collocato all'estremità di un oggetto, come impugnatura o come ornamento: *il* — *del bastone* **4** — *d'Adamo*, (*anat.*) sporgenza formata dalla laringe nella parte mediana anteriore del collo.

pomodorata [po-mo-do-rà-ta] *s.f.* lancio di un pomodoro contro qlcu. o qlco. in segno di disprezzo o di protesta: *l'oratore fu preso a pomodorate.*

pomodoro [po-mo-dò-ro] *s.m.* [pl. *pomodori*] **1** pianta erbacea annuale con fiori gialli in grappoli e frutto a bacca **2** il frutto rosso, carnoso e commestibile di tale pianta, usato come vivanda e come condimento: *salsa di* — | *rosso come un* —, molto rosso **3** — *di mare*, (*zool.*) attinia.

pomologia [po-mo-lo-gì-a] *s.f.* lo studio scientifico degli alberi da frutto e della loro coltivazione.

pompa[1] [póm-pa] *s.f.* **1** (*mecc.*) macchina o apparecchio che si usa per sollevare o spingere un liquido, oppure per comprimere o rarefare un gas | — *da bicicletta*, piccola pompa azionata a mano o a pedale, usata per comprimere aria nei pneumatici delle biciclette. DIM. *pompetta* **2** distributore di carburante per autoveicoli: — *di benzina.*

pompa[2] *s.f.* **1** apparato solenne e fastoso, in occasione di cerimonie e feste: *celebrare le nozze con* — | *impresa di pompe funebri*, che provvede a organizzare le cerimonie per il seppellimento di un defunto **2** (*estens.*) sfarzo, lusso | *mettersi in* — *magna*, (*scherz.*) vestirsi sfarzosamente.

pompaggio [pom-pàg-gio] *s.m.* operazione del pompare.

pompare [pom-pà-re] *v.tr.* [*io pómpo ecc.*] **1** aspirare o comprimere un fluido mediante una pompa: — *acqua da un pozzo*; — *aria in un pneumatico* | mettere in pressione mediante una pompa; gonfiare: — *le gomme della bicicletta* | (*assol.*) azionare una pompa **2** (*fig.*) esagerare l'importanza di qlco.; gonfiare, montare: — *una notizia.*

pompata [pom-pà-ta] *s.f.* breve pompaggio. DIM. *pompatina.*

pompelmo [pom-pèl-mo] *s.m.* **1** albero sempreverde degli agrumi, con foglie ovali e frutti simili a grosse arance **2** il frutto di tale albero, con scorza gialla e polpa di sapore agrodolce: *succo di* —.

pompiere [pom-piè-re] *s.m.* **1** (*pop.*) vigile del fuoco **2** (*fig.*) chi agisce in modo da placare le tensioni: *fare da* —.

pompista [pom-pì-sta] *s.m.* e *f.* [pl.m. *-sti*] persona addetta a un distributore di carburante per autoveicoli.

pompon [/ pɔm'pɔn /] *s.m.invar.* (*fr.*) fiocco o nappa di lana, seta o altri filati, usata per ornamento: *un berretto col* — | Usato come *agg.invar.*: *ragazze* —, che sostengono le squadre americane di football o di baseball, agitando vistosi pompon ai bordi del campo.

pomposità [pom-po-si-tà] *s.f.* l'essere pomposo.

pomposo [pom-pó-so] *agg.* **1** che è fatto con molta appariscenza; sfarzoso, fastoso: *cerimonia pomposa* **2** ampolloso, tronfio: *discorso* — □ **pomposamente** *avv.*

poncho [/ 'pɔntʃo /] *s.m.invar.* (*sp.*) indumento tradizionale dell'America latina, costituito da un quadrato di stoffa forato nel centro per passarvi la testa, usato come mantello.

ponderabile [pon-de-rà-bi-le] *agg.* che si può ponderare, valutare.

ponderabilità [pon-de-ra-bi-li-tà] *s.f.* l'essere ponderabile.

ponderale [pon-de-rà-le] *agg.* (*scient.*) che si riferisce al peso: *unità, sistema* —.

ponderare [pon-de-rà-re] *v.tr.* [*io pòndero ecc.*] considerare, valutare con attenzione: — *i vantaggi e gli svantaggi* | (*assol.*) riflettere bene su qlco. prima di agire.

ponderatezza [pon-de-ra-téz-za] *s.f.* qualità, abitudine di chi pondera, di chi riflette a fondo prima di prendere una decisione.

ponderato [pon-de-rà-to] *agg.* **1** fatto con ponderazione, ben meditato: *decisione ponderata* **2** che riflette attentamente prima di agire e di decidere: *un uomo* — □ **ponderatamente** *avv.* con ponderatezza.

ponderazione [pon-de-ra-zió-ne] *s.f.* il ponderare; riflessione, attento esame: *agire con* —.

ponderoso [pon-de-ró-so] *agg.* **1** pesante, di grande mole: *carico* — **2** (*fig.*) difficile e gravoso, che richiede impegno e fatica: *studio* — □ **ponderosamente** *avv.*

ponente [po-nèn-te] *s.m.* **1** la parte dell'orizzonte dove tramonta il Sole; occidente: *navigare verso* — **2** vento che spira da occidente.

ponentino [po-nen-tì-no] *s.m.* (*region.*) brezza di mare che spira nelle ore pomeridiane sulle coste del Lazio.

ponfo → **pomfo.**

pongo® [pón-go] *s.m.invar.* denominazione commerciale di un materiale plastico usato da bambini e ragazzi per giochi e attività creative.

pontato [pon-tà-to] *agg.* (*mar.*) si dice di natante il cui scafo sia dotato di ponte di coperta.

ponte [pón-te] *s.m.* **1** struttura architettonica che consente di superare una depressione del terreno, un tratto d'acqua, un'altra via di comunicazione: — *stradale*; — *girevole*, su un tratto d'acqua, che si apre per lasciar passare le navi; — *levatoio*, quello sollevabile all'ingresso di castelli e fortezze medievali | *rompere i ponti con qlcu.*, (*fig.*) troncare ogni rapporto | *ne è passata di acqua sotto i ponti!*, (*fig.*) è trascorso tanto tempo. DIM. *ponticello* **2** (*estens.*) qualsiasi mezzo o struttura che serva di collegamento o comunicazione | — *aereo*, collegamento tra due località mediante una serie continua di voli aerei | — *radio*, collegamento tra due località mediante comunicazioni radiofoniche **3** (*mar.*) ciascuno dei piani orizzontali che dividono l'interno di una nave: — *di coperta* **4** (*edil.*) ciascuna delle strutture provvisorie di legno e ferro che costituiscono un ponteggio **5** (*mecc.*) gruppo dell'autoveicolo, che comprende il differenziale e i due semiassi che trasmettono il moto alle ruote **6** protesi che sostituisce i denti mancanti fissandosi agli altri **7** esercizio ginnico che consiste nell'arcuare il corpo all'indietro fino a poggiare le mani o la testa in terra **8** (*fig.*) periodo di vacanza che si ottiene inframezzando uno o più giorni di ferie tra una festa infrasettimanale e la domenica precedente o successiva: *fare il* — **9** (*mus.*) nella forma sonata, episodio di transizione che collega il primo al secondo tema; passaggio.

pontefice [pon-té-fi-ce] *s.m.* presso gli antichi romani, ciascuno dei membri del collegio sacerdotale che vigilava sul culto: — *massimo*, il capo di questo collegio | *sommo* —, nella chiesa cattolica, il papa.

ponteggio [pon-tég-gio] *s.m.* (*edil.*) l'insieme dei ponti su cui lavorano gli operai nella costruzione di un edificio; impalcatura.

ponticello [pon-ti-cèl-lo] *s.m.* (*mus.*) negli strumenti a corda, assicella di legno che tiene sollevate le corde e ne trasmette le vibrazioni alla cassa armonica.

pontiere [pon-tiè-re] *s.m.* (*mil.*) soldato del genio addetto alla costruzione di ponti.

pontificale [pon-ti-fi-cà-le] *agg.* **1** nell'antica Roma, di pontefice: *autorità* — **2** nella chiesa cattolica, del sommo pontefice: *dignità* — ♦ *s.m.* **1** funzione solenne celebrata da un vescovo o dal papa: *assistere al* — **2** libro contenente il rituale per le funzioni celebrate dal papa o dai vescovi.

pontificare [pon-ti-fi-cà-re] *v.intr.* [*io pontìfico, tu pontìfichi ecc.*; aus. *avere*] **1** celebrare un pontificale, detto del papa o di un vescovo **2** (*scherz.*) assumere un tono di ostentata superiorità.

pontificato [pon-ti-fi-cà-to] *s.m.* **1** nell'antica Roma, titolo e ufficio del pontefice **2** nella chiesa cattolica, dignità di sommo pontefice; papato: *essere elevato al* — **3** il periodo di tempo durante il quale un papa esercita la sua autorità.

pontificio [pon-ti-fi-cio] *agg.* [pl.f. *-cie*] **1** nell'antica Roma, del pontefice **2** nella chiesa cattolica, del papa: *bolla pontificia*; *stato* —, organismo statale governato dal papa, durato fino al 1870.

pontile [pon-tì-le] *s.m.* costruzione in legno, acciaio o cemento armato che sporge perpendicolarmente dalla riva per agevolare l'attracco di imbarcazioni e consentirne l'ormeggio.

pontone [pon-tó-ne] *s.m.* grosso e robusto galleggiante a fondo piatto, usato per il trasporto di grossi pesi o come sostegno di ponti provvisori: — *gru*, dotato di gru.

pony [/ ˈpɔni /] *s.m.invar.* (*ingl.*) **1** cavallo di piccola taglia dal pelo ruvido e lungo **2** fattorino motorizzato che lavora per conto di una società privata di recapiti postali.

pool [/ pul /] *s.m.invar.* (*ingl.*) **1** (*econ.*) cartello di imprese **2** gruppo di persone che si dedica allo stesso lavoro; équipe: — *di magistrati*.

pop [/ pɔp /] *agg.invar.* (*ingl.*) **1** popolare, di massa: *cultura* — **2** che aderisce alla pop-art o alla pop-music: *pittore, cantante* —.

pop-art [/ pɔˈpart /] *loc.sost.f.invar.* (*ingl.*) movimento artistico sviluppatosi negli Stati Uniti intorno al 1960, incline a usare oggetti comuni come materiali dell'opera d'arte.

pop-corn [/ pɔpˈkɔrn /] *loc.sost.m.invar.* (*ingl.*) granoturco soffiato, che si ottiene ponendo i chicchi in un recipiente con poco olio su fuoco vivace.

pope [pò-pe] *s.m.invar.* appellativo del sacerdote nella chiesa ortodossa.

popeline [/ ˈpɔpelin /] *s.f.* o *m.invar.* (*fr.*) tessuto di lana, seta o cotone, in cui l'ordito è più fitto della trama.

poplite [pò-pli-te] *s.m.* (*anat.*) regione posteriore al ginocchio.

pop-music [/ pɔpˈmjuzik /] *loc.sost.f.invar.* (*ingl.*) negli anni '60, la musica giovanile che ha rotto con gli schemi formali della canzone tradizionale, dando maggior risalto al ritmo rispetto alla melodia.

popolamento [po-po-la-mén-to] *s.m.* il popolare, il popolarsi, l'essere popolato.

popolano [po-po-là-no] *agg.* che appartiene al popolo, che è proprio del popolo: *usanze popolane* ♦ *s.m.* [f. *-a*] persona che appartiene al popolo, alle classi popolari.

popolare[1] [po-po-là-re] *v.tr.* [*io pòpolo ecc.*] **1** rendere abitato un luogo attraverso insediamenti: — *una regione disabitata* | abitare: *il castello era popolato da fantasmi* **2** riempire, affollare: *i tifosi popolano lo stadio* ♦ **popolarsi** *v.intr.pron.* divenire abitato, popoloso; riempirsi di gente: *a settembre le città si popolano di nuovo*.

popolare[2] *agg.* **1** del popolo in quanto insieme di tutti i cittadini: *referendum* — | *linguaggio* —, quello comune e quotidiano dei ceti meno colti **2** del popolo, delle classi meno abbienti e socialmente meno elevate; fatto in favore di tali classi, destinato a esse: *case popolari* **3** che trae origine dal popolo, che ne esprime idee e sentimenti: *tradizioni popolari* **4** che è molto noto o diffuso tra il popolo, che ne gode le simpatie: *canzone, attore* — ♦ *agg.* e *s.m.* e *f.* appartenente al Partito popolare italiano, formazione derivata nel 1994 dalla Democrazia cristiana □ **popolarmente** *avv.* da parte del popolo, presso il popolo; in forme popolari.

popolareggiante [po-po-la-reg-giàn-te] *agg.* si dice di artista o di prodotto artistico che si ispira alla semplicità dell'arte popolare: *romanzo* —.

popolaresco [po-po-la-ré-sco] *agg.* [pl.m. *-schi*] che è proprio del popolo, che è caratteristico dei gusti e della mentalità del popolo: *maniere popolaresche.*

popolarità [po-po-la-ri-tà] *s.f.* **1** l'essere proprio del popolo: — *di modi, di linguaggio* **2** l'avere il favore del popolo; notorietà: *godere di vasta* —.

popolato [po-po-là-to] *agg.* che è abitato, frequentato da un buon numero di persone: *quartiere* —.

popolazione [po-po-la-zió-ne] **1** il complesso degli abitanti di un luogo: *la crescita della* — | — *attiva*, che esercita un'attività di lavoro **2** (*estens.*) l'insieme degli animali o delle piante di un dato luogo o ambiente: — *ittica, boschiva* **3** insieme di individui che hanno caratteristiche comuni: *la* — *scolastica.*

popolazionismo → **populazionismo.**

popolino [po-po-lì-no] *s.m.* (*spreg.*) il popolo socialmente e culturalmente meno evoluto: *le chiacchiere del* —.

popolo [pò-po-lo] *s.m.* **1** insieme degli abitanti di una nazione, regione o città: *il* — *italiano* | il complesso dei cittadini di uno stato: *il* — *è sovrano*; *a furor di* —, per volere unanime dei cittadini **2** l'insieme delle classi sociali di più modeste condizioni economiche e civili: *donna del* — **3** complesso di persone accomunate da lingua, origini, tradizioni, credenze comuni: *il* — *ebreo.*

popoloso [po-po-ló-so] *agg.* che ha molti abitanti: *città popolosa.*

popone [po-pó-ne] *s.m.* (*tosc.*) melone.

poppa[1] [póp-pa] *s.f.* la parte posteriore di un'imbarcazione o di una nave | *navigare col vento in* —, navigare col favore del vento; (*fig.*) procedere senza difficoltà.

poppa[2] *s.f.* (*pop.*) mammella.

poppante [pop-pàn-te] *agg.* e *s.m.* e *f.* lattante.

poppare [pop-pà-re] *v.tr.* e *intr.* [*io póppo ecc.*; aus. *avere*] succhiare il latte dal seno materno o dal poppatoio.

poppata [pop-pà-ta] *s.f.* ogni singolo pasto del lattante; la quantità di latte poppato o da poppare.

poppatoio [pop-pa-tó-io] *s.m.* bottiglia munita di tettarella di gomma, usata nell'allattamento artificiale; biberon.

poppavia [pop-pa-vì-a] *s.f.* (*mar.*) orientamento verso poppa.

poppiere [pop-piè-re] *s.m.* marinaio che sta a poppa.

poppiero [pop-piè-ro] *agg.* (*mar.*) di poppa, che si trova a poppa o è rivolto verso poppa: *parte poppiera della nave.*

popstar [/ pɔps'tar /] *s.f.invar.* (*ingl.*) cantante, musicista pop di grande successo.

populazionismo [po-pu-la-zio-nì-ʃmo], o popolazionismo, *s.m.* movimento politico e sociale tendente a favorire l'incremento demografico.

populismo [po-pu-lì-ʃmo] *s.m.* atteggiamento o movimento politico, sociale, culturale che ritiene il popolo unico depositario di valori positivi.

populista [po-pu-lì-sta] *agg.* [pl.m. *-sti*] del populismo: *movimento* — ♦ *s.m.* e *f.* sostenitore, seguace del populismo.

populistico [po-pu-lì-sti-co] *agg.* [pl.m. *-ci*] che concerne il populismo, che ha caratteri di populismo: *ideologia populistica.*

porca [pòr-ca] *s.f.* striscia rilevata di terra tra un solco e l'altro.

porcaio[1] [por-cà-io] *s.m.* **1** luogo molto sporco **2** (*fig.*) ambiente corrotto; situazione immorale.

porcaio[2] *s.m.* guardiano di porci.

porcareccia [por-ca-réc-cia] *s.f.* [pl. *-ce*] stalla, recinto in cui si allevano i maiali; porcile.

porcata [por-cà-ta] *s.f.* (*volg.*) azione indegna, sleale, disonesta; porcheria.

porcellana [por-cel-là-na] *s.f.* **1** mollusco dei mari temperati dalla caratteristica conchiglia traslucida **2** materiale ceramico di grande finezza, bianco, compatto, traslucido, ottenuto mediante cottura di sostanze argillose **3** (*estens.*) ogni oggetto, per lo più pregiato, fabbricato con questo materiale: *negozio di porcellane.*

porcellanare [por-cel-la-nà-re] *v.tr.* ricoprire di uno smalto bianco e traslucido, simile a porcellana: — *una vasca metallica.*

porcellanato [por-cel-la-nà-to] *agg.* rivestito di materiale ceramico simile alla porcellana: *pentole porcellanate.*

porcellino [por-cel-lì-no] *s.m.* in zoologia: — *d'India*, cavia; — *di terra*, piccolo crostaceo terrestre, simile all'onisco.

porcello [por-cèl-lo] *s.m.* [f. *-a*] **1** maiale giovane. DIM. *porcellino* **2** (*fam.*) persona sporca o dal comportamento morale riprovevole. ACCR. *porcellone.*

porcellone [por-cel-ló-ne] *s.m.* [f. *-a*] (*scherz.*) persona sudicia, fisicamente o moralmente; sporcaccione.

porcheria [por-che-rì-a] *s.f.* **1** sudiciume; cosa sporca | (*fig.*) atto, detto indecente: *dire porcherie* **2** (*fam.*) cosa riprovevole fatta a danno di qlcu.: *combinare delle porcherie* | (*fam.*) cosa fatta male, opera mal riuscita: *che* — *quel film!*

porchetta [por-chét-ta] *s.f.* maiale svuotato delle interiora, riempito di sale, pepe, lardo, aglio, rosmarino e cotto intero allo spiedo; è una specialità della cucina romana.

porcilaia [por-ci-là-ia] *s.f.* porcile | insieme di porcili.

porcile [por-cì-le] *s.m.* **1** stalla per i maiali **2**

(*fig.*) luogo molto sudicio: *questa stanza è un —!*
porcino [por-cì-no] *agg.* di porco: *carne porcina* ♦ *s.m.* fungo commestibile assai pregiato, con gambo grosso biancastro e cappello spugnoso bruno-castano.
porco [pòr-co] *s.m.* [f. *-a*; pl.m. *-ci*] **1** maiale | *piede di —*, (*fig.*) leva d'acciaio che nella punta ricorda il piede del maiale usata per spostare grossi pesi; è l'attrezzo classico degli scassinatori **2** (*volg.*) persona che fa o dice cose oscene | Usato come *agg.* (*pop.*) in imprecazioni o bestemmie: *— mondo!* | *fare i propri porci comodi*, essere totalmente incurante degli altri.
porcospino [por-co-spì-no] *s.m.* [pl. *porcospini*] istrice; riccio | (*fig.*) persona chiusa e scontrosa.
porfido [pòr-fi-do] *s.m.* (*geol.*) roccia durissima di origine vulcanica e di composizione variabile, di colore violetto, rosso, grigio o verde, usata per pavimentazioni stradali o per monumenti.
porfirico [por-fi-ri-co] *agg.* [pl.m. *-ci*] (*min.*) si dice di roccia formata da grossi cristalli immersi in una matrice cristallina o vetrosa: *struttura porfirica*, quella propria di tali rocce.
porfirizzare [por-fi-riʒ-ʒà-re] *v.tr.* (*farm.*) triturare una sostanza fino a ottenerne una polvere finissima e impalpabile.
porgere [pòr-ge-re] *v.tr.* [pres. *io pòrgo, tu pòrgi ecc.*; pass.rem. *io pòrsi, tu porgésti ecc.*; part.pass. *pòrto*] **1** tendere qlco. a qlcu.; dare, offrire: *— il braccio a qlcu.*, perché si appoggi camminando; *— la mano a qlcu.*, perché la stringa; *— orecchio, ascolto*, ascoltare con attenzione **2** (*lett.*) dire, riferire qlco. | (*assol.*) pronunziare parole accompagnandole con gesti appropriati: *— con eleganza.*
poriferi [po-rì-fe-ri] *s.m.pl.* (*zool.*) tipo di animali acquatici a struttura semplice caratterizzati da un insieme di fori e canali attraverso cui circola acqua; sono detti comunemente *spugne*.
porno [pòr-no] *agg.invar.* pornografico: *film, rivista —.*
porno- primo elemento di parole composte di formazione moderna, che indica relazione con la pornografia (*pornostar*).
pornodiva [por-no-dì-va] *s.f.* pornostar.
pornofilm [por-no-film] *s.m.invar.* film pornografico.
pornografia [por-no-gra-fi-a] *s.f.* trattazione o rappresentazione (in scritti, disegni, fotografie, spettacoli) di temi o soggetti osceni.
pornografico [por-no-grà-fi-co] *agg.* [pl.m. *-ci*] che ha rapporto con la pornografia, che ha carattere di pornografia; osceno: *film —.*
pornografo [por-nò-gra-fo] *s.m.* [f. *-a*] autore di opere pornografiche.
pornoshop [/ pornoʃ'ʃɔp /] *s.m.invar.* (*ingl.*) negozio che vende materiale pornografico e strumenti per pratiche erotiche.
pornoshow [/ pornoʃ'ʃɔ /] *s.m.invar.* spettacolo teatrale pornografico.
pornostar [por-no-stàr] *s.f.invar.* attrice che si esibisce in spettacoli pornografici di successo.
poro [pò-ro] *s.m.* **1** (*anat.*) orifizio microscopico della cute in cui sboccano le ghiandole sudoripare e sebacee: *pori cutanei* | *sprizzare felicità, salute da tutti i pori*, (*fig.*) essere felicissimo, sanissimo **2** ciascuno dei piccoli spazi vuoti nell'interno o sulla superficie di corpi apparentemente compatti: *i pori del legno, del marmo.*
porosità [po-ro-si-tà] *s.f.* l'essere poroso.
poroso [po-ró-so] *agg.* che ha molti pori: *pelle porosa.*
porpora [pór-po-ra] *s.f.* **1** sostanza colorante rossa ottenuta da un mollusco marino o prodotta chimicamente **2** colore rosso vermiglio | *diventare di —*, (*fig.*) arrossire violentemente **3** stoffa pregiata tinta di porpora; veste fatta di tale stoffa, simbolo di una particolare dignità: *la — cardinalizia* **4** (*fig.*) titolo, dignità di cardinale: *esser elevato alla —* ♦ *agg.invar.* vermiglio: *rosso —.*
porporato [por-po-rà-to] *s.m.* (*eccl.*) cardinale.
porporina [por-po-rì-na] *s.f.* **1** pigmento rosso **2** colorante a base di polvere metallica, che dà una tinta dorata o argentata.
porporino [por-po-rì-no] *agg.* (*non com.*) del colore della porpora; purpureo.
porre [pór-re] *v.tr.* [pres. *io póngo, tu póni, egli póne, noi poniamo, voi ponéte, essi póngono*; fut. *io porrò ecc.*; pass.rem. *io pósi, tu ponésti, egli póse, noi ponémmo, voi ponéste, essi pósero*; pres.congiunt. *io pónga,... noi poniamo, voi poniate, essi póngano*; condiz. *io porrèi ecc.*; part.pass. *pósto*; dal tema *pon-* le altre forme: *ponévo, ponèndo ecc.*] **1** mettere, collocare (anche *fig.*): *— i vestiti nell'armadio*; *— in dubbio, al riparo* | *— mano a*, iniziare | *— piede in un luogo*, entrarvi, arrivarvi **2** rivolgere: *— una domanda* | *— una questione*, impostarla | *— una candidatura*, presentarla **3** supporre, ammettere: *poniamo che sia così* ♦ **porsi** *v.rifl.* mettersi, collocarsi (anche *fig.*): *— a sedere, in salvo.*
porro [pòr-ro] *s.m.* **1** pianta erbacea commestibile, con bulbo bianco e foglie tubolari **2** (*pop.*) verruca.
porta [pòr-ta] *s.f.* **1** apertura attraverso la quale si entra in una stanza, in un edificio, in un luogo recintato, in una città, o se ne esce; serramento a uno o due battenti che si applica a tale apertura: *passare per la —* | *fuori —*, fuori della cinta muraria di una città; nella periferia, nei dintorni | *infilare, prendere la —*, uscire, andarsene | *mettere alla —*, licenziare bruscamente, scacciare | *battere, bussare a tutte le porte*, (*fig.*) chiedere supplicando | *vendere — a —*, offrendo la propria merce direttamente nelle case dei clienti | *abitare — a —*, vicinissimi, accanto | *chiudere la — in faccia a qlcu.*, (*fig.*) respingerlo con durezza | *uscire dalla — e rientrare dalla finestra*, (*fig.*) ripresentarsi in nuove forme. DIM. *porticina* ACCR. *portone* (m.) **2** (*sport*) in alcuni giochi a squadre, intelaiatura posta ai due estremi del campo, entro la quale le squadre cercano di spedire la palla o il disco per ottenere il punto: *tirare in —* | nello sci,

passaggio obbligato che i concorrenti devono attraversare nelle gare di slalom **3** portello, portiera: *le porte del treno* **4** (*inform.*) interfaccia esterna dell'unità centrale di un elaboratore che consente il collegamento con una periferica.

portabagagli [por-ta-ba-gà-gli] *s.m.* **1** facchino **2** struttura applicata esternamente a un veicolo per sostenere i bagagli durante il viaggio **3** (*fam.*) bagagliaio di un autoveicolo ♦ *agg.* che serve a contenere i bagagli durante un trasporto: *vano — di un'automobile* | che serve a trasportare bagagli: *carrello —*.

portabandiera [por-ta-ban-diè-ra] *s.m.* e *f.invar.* **1** chi porta la bandiera in una sfilata **2** (*fig.*) il principale esponente di un movimento politico o culturale: *Marinetti fu il — del futurismo.*

portabiancheria [por-ta-bian-che-rì-a] *s.m.invar.* mobiletto adibito a contenere la biancheria da lavare | Usato anche come *agg.invar.*: *mobile, cesto —*.

portabile [por-tà-bi-le] *agg.* che si può portare: *carico —* | che si può indossare: *giacca — in tutte le stagioni.*

portaborse [por-ta-bór-se] *s.m.* e *f.invar.* collaboratore di una persona importante che si comporta servilmente nei suoi confronti.

portabottiglie [por-ta-bot-tì-glie] *s.m.invar.* scaffale in cui si dispongono le bottiglie per conservarle | cesto a scompartimenti per trasportare bottiglie.

portacarta [por-ta-càr-ta] *s.m.invar.* accessorio della stanza da bagno in cui si inserisce il rotolo della carta igienica.

portacarte [por-ta-càr-te] *s.m.invar.* busta o cartella in cui si custodiscono in ordine carte di varia natura | Usato anche come *agg.invar.*: *astuccio —*.

portacassette [por-ta-cas-sét-te] *s.m.invar.* contenitore per raccogliere audiocassette.

portacenere [por-ta-cé-ne-re] *s.m.invar.* recipiente che serve per raccogliere la cenere e i mozziconi di sigarette e di sigari; posacenere.

portachiavi [por-ta-chià-vi] *s.m.invar.* anello o custodia in cui si tengono raccolte le chiavi | Usato anche come *agg.*: *anello —*.

portacipria [por-ta-cì-pria] *s.m.invar.* astuccio per borsetta che contiene cipria, un piumino e un piccolo specchio | Anche come *agg.invar.*: *scatola —*.

portacontainers [por-ta-con-tai-ners; / porta-kon'teiners /] *agg.* e *s.m.* o *f.invar.* si dice di mezzo di trasporto attrezzato per portare container: *nave —*.

portacravatte [por-ta-cra-vàt-te] *s.m.invar.* sostegno fisso o mobile per appendere le cravatte nell'armadio | contenitore rigido per trasportare le cravatte senza sgualcirle.

portadischi [por-ta-dì-schi] *s.m.invar.* album o mobiletto per riporre dischi musicali | Usato anche come *agg.*: *mobile —*.

portadocumenti [por-ta-do-cu-mén-ti] *s.m.invar.* custodia per patenti, carte di credito, tessere, a forma di busta o piccola borsa pieghevole.

portaelicotteri [por-ta-e-li-còt-te-ri] *s.f.invar.* nave da guerra attrezzata per il trasporto, il decollo e l'atterraggio di elicotteri.

portaerei [por-ta-è-rei] *s.f.invar.* nave da guerra di grande tonnellaggio, dotata di un ampio ponte di volo che permette il decollo e l'atterraggio di aeroplani ♦ *s.m.* aeroplano di grandi dimensioni che può portare uno o più aviogetti di piccola mole | Usato anche come *agg.*: *aereo, nave —*.

portaferiti [por-ta-fe-rì-ti] *s.m.invar.* militare addetto al trasporto dei feriti.

portafinestra [por-ta-fi-nè-stra], o **porta-finestra**, *s.f.* [pl. *portefinestre* (o *porte-finestre*)] finestra aperta sino a terra, che consente sia l'illuminazione dell'ambiente interno, sia il passaggio delle persone.

portafiori [por-ta-fió-ri] *s.m.invar.* recipiente per tenervi i fiori recisi | Usato anche come *agg.*: *vaso —*.

portafoglio [por-ta-fò-glio] *s.m.* **1** custodia tascabile di pelle o altro materiale, con scompartimenti interni per tenervi denaro e documenti di identità: *mettere mano al —*, pagare; *alleggerire qlcu. del —*, rubarglielo | *gonna a —*, quella che si avvolge intorno ai fianchi e si allaccia in vita **2** (*fig.*) la carica e le funzioni di ministro; ministero: *il — degli esteri* | *ministro senza —*, membro del governo che non ha la titolarità di un ministero, ma è incaricato di compiti speciali **3** (*econ.*) insieme delle attività e delle passività detenute da un individuo o da un'impresa | *— cambiali*, l'insieme delle cambiali detenute da un istituto di credito.

portafortuna [por-ta-for-tù-na] *s.m.invar.* oggetto, ma anche animale o persona, a cui si attribuisce la facoltà di portare fortuna | Usato anche come *agg.*: *ciondolo —*.

portafotografie [por-ta-fo-to-gra-fì-e] *s.m.invar.* custodia in cui si tengono una o più fotografie.

portafrutta [por-ta-frùt-ta] *s.m.invar.* fruttiera | Usato anche come *agg.*: *piatto —*.

portaghiaccio [por-ta-ghiàc-cio] *s.m.invar.* contenitore per ghiaccio in cubetti | Usato anche come *agg.*: *secchiello —*.

portagioie [por-ta-giò-ie] *s.m.invar.* cofanetto, custodia per riporre o trasportare gioielli | Usato anche come *agg.*: *cofanetto —*.

portagiornali [por-ta-gior-nà-li] *s.m.invar.* piccolo mobile o sacca di tela per contenere giornali e riviste.

portaimmondizie [por-ta-im-mon-dì-zie] *s.m.invar.* recipiente per la spazzatura | Usato anche come *agg.*: *bidone —*.

portaimpronta [por-ta-im-prón-ta] *s.m.invar.* strumento odontotecnico sul quale si distribuisce la pasta per rilevare l'impronta dentaria.

portalampada [por-ta-làm-pa-da] *s.m.invar.* dispositivo su cui si fissa una lampadina elettrica.

portale [por-tà-le] *s.m.* **1** porta monumentale di chiese e palazzi **2** (*mecc.*) struttura costruttiva ottenuta collegando una trave orizzontale con due travi verticali.

portalettere [por-ta-lèt-te-re] *s.m.* e *f.invar.* dipendente delle poste che è addetto al recapito a domicilio della corrispondenza; postino.

portamatite [por-ta-ma-tì-te] *s.m.invar.* astuccio per contenere matite.

portamento [por-ta-mén-to] *s.m.* modo di atteggiare la persona nel muoversi e nel camminare: — *elegante*.

portamina [por-ta-mì-na], o **portamine**, *s.m.invar.* matita costituita da un tubetto in cui la mina può scorrere o essere bloccata in modo che sporga solo quanto è necessario per scrivere | parte del compasso in cui si fissa la punta di grafite.

portamissili [por-ta-mìs-si-li] *s.m.invar.* attrezzatura bellica adibita al trasporto e al lancio di missili, installata su unità aeree e navali; l'aereo, la nave dotati di tale attrezzatura.

portamonete [por-ta-mo-né-te] *s.m.invar.* contenitore tascabile per tenervi monete metalliche; borsellino.

portamunizioni [por-ta-mu-ni-zió-ni] *s.m.invar.* militare addetto al trasporto delle munizioni.

portante [por-tàn-te] *agg.* si dice di elemento o struttura che ha funzione di sostegno: *fune* —, fune d'acciaio alla quale è sospeso un elemento fisso o mobile; *muro* —, quello su cui grava il peso dell'edificio ♦ *s.m.* ambio del cavallo.

portantina [por-tan-tì-na] *s.f.* **1** sorta di sedia o cabina per il trasporto di persone, fissata a lunghe stanghe e portata da uomini, usata un tempo per brevi tragitti **2** lettiga per il trasporto degli infermi.

portantino [por-tan-tì-no] *s.m.* **1** uomo di fatica addetto un tempo al trasporto delle portantine **2** negli ospedali, inserviente addetto al trasporto dei malati in lettiga; barelliere.

portanza [por-tàn-za] *s.f.* **1** (*ing.*) capacità massima di carico: — *di una struttura* **2** (*aer.*) la componente verticale, verso l'alto, della forza aerodinamica che agisce su un'ala di aeroplano.

portaoggetti [por-ta-og-gèt-ti] *s.m.invar.* contenitore o supporto per oggetti diversi | Usato anche come *agg.*: *vano, ripiano* —.

portaombrelli [por-ta-om-brèl-li] *s.m.invar.* sorta di grande vaso in cui si pongono gli ombrelli | Usato anche come *agg.*: *vaso* —.

portaordini [por-ta-òr-di-ni] *s.m.invar.* militare che ha l'incarico di portare ordini e messaggi.

portapacchi [por-ta-pàc-chi] *s.m.invar.* **1** fattorino addetto alla consegna a domicilio dei pacchi **2** sostegno montato su biciclette e altri veicoli per il trasporto di pacchi.

portapenne [por-ta-pén-ne] *s.m.invar.* contenitore per penne da scrivere | Usato anche come *agg.invar.*: *astuccio* —.

portapipe [por-ta-pì-pe] *s.m.invar.* rastrelliera per pipe.

portaposate [por-ta-po-sà-te] *s.m.invar.* cassetta a scomparti in cui si ripongono le posate.

portare [por-tà-re] *v.tr.* [*io pòrto ecc.*] **1** reggere, sostenere un oggetto o un peso, spostandolo o trasferendolo da un luogo a un altro: — *lo zaino sulle spalle* | — *in tavola*, servire il pranzo **2** recare, consegnare, dare (anche *fig.*): — *qlco. in dono*; — *soccorso, aiuto*, soccorrere, aiutare; — *qlco. a conoscenza di qlcu.*, fargliela sapere **3** essere in grado di sostenere un peso, avere una determinata capacità di carico: *un camion che porta cinquanta quintali* **4** recare su di sé o indosso; avere: — *un vestito rosso* | riferito a parti del corpo, tenerle in una determinata posizione: — *la testa alta* **5** accompagnare, scortare: — *i bambini a spasso* **6** condurre: — *a termine* | — *avanti*, svolgere, far progredire: — *avanti un'azione* | — *via*, togliere, trasportare altrove; anche, sottrarre, rubare: — *via tutti i libri*; — *via il portafoglio* **7** guidare, pilotare: — *bene l'automobile* **8** indurre: *ciò porta a pensare che tu abbia ragione* **9** produrre; causare: — *fortuna* | addurre: — *delle testimonianze* **10** nutrire nell'animo: — *odio*; — *rispetto*, rispettare; — *pazienza*, pazientare **11** nelle operazioni aritmetiche, fare il riporto, riportare: *8+7 fa 15, scrivo 5 e porto 1* ♦ **portarsi** *v.rifl.* o *intr.pron.* trasferirsi, andare, recarsi: — *sul luogo del disastro* | spostarsi: *il furgone si portò sulla corsia di emergenza.*

portaritratti [por-ta-ri-tràt-ti] *s.m.invar.* cornice o custodia in cui si tengono ritratti o fotografie.

portariviste [por-ta-ri-vì-ste] *s.m.invar.* mobiletto di forma e materiale vari in cui si tengono giornali e riviste; portagiornali | Usato anche come *agg.*: *mobile* —.

portasapone [por-ta-sa-pó-ne] *s.m.invar.* contenitore o supporto per saponette; contenitore per sapone liquido o in polvere | Usato anche come *agg.*: *scatoletta* —.

portasci [por-ta-scì] *s.m.invar.* ognuna delle rastrelliere che si montano in coppia sul tetto di un autoveicolo per fissarvi gli sci durante il trasporto | Usato anche come *agg.*: *custodia* —.

portasciugamano [por-ta-sciu-ga-mà-no], o **portasciugamani**, *s.m.* [pl. *invar.* o *-ni*] accessorio della stanza da bagno costituito da un supporto per reggere gli asciugamani.

portasigarette [por-ta-si-ga-rét-te] *s.m.invar.* astuccio tascabile o da tavolo per tenervi le sigarette: — *d'argento* | Usato anche come *agg.*: *scatola* —.

portasigari [por-ta-sì-ga-ri] *s.m.invar.* scatola da tasca o da tavolo per conservare i sigari | Usato anche come *agg.*: *astuccio* —.

portaspilli [por-ta-spìl-li] *s.m.invar.* **1** contenitore metallico per spilli **2** puntaspilli.

portastuzzicadenti [por-ta-stuz-zi-ca-dèn-ti] *s.m.invar.* piccolo contenitore per tenere gli stuzzicadenti in tavola.

portata [por-tà-ta] *s.f.* **1** ognuna delle vivande che vengono servite in tavola: *banchetto di dieci portate* **2** il valore massimo misurabile da uno strumento di misura: *bilancia con 50 kg di* — | la capacità di carico di un mezzo di trasporto: *la — di un vagone* **3** (*mil.*) la massima distanza alla quale può essere lanciato un proiettile; gittata: *cannone a grandissima —* **4** il punto dove si può giungere con la vista, la mano, la voce: *essere a — di mano* | (*fig.*) possibilità, capacità di capire, acquistare, raggiungere ecc.: *discorso alla — di tutti* **5** (*fig.*) valore, importanza: *scoperta di grande —* **6** quantità d'acqua di un fiume che scorre per un luogo nell'unità di tempo: *la — del Po.*

portatessere [por-ta-tès-se-re], o **portatessera**, *s.m.invar.* custodia in cui si ripongono tessere o altri documenti.

portatile [por-tà-ti-le] *agg.* che si può portare con sé, che si trasporta con facilità: *radio, televisione —.*

portato [por-tà-to] (*fig.*) che ha inclinazione, disposizione: *ragazzo — per la matematica* ♦ *s.m.* (*lett.*) il risultato, l'effetto: *il — della civiltà.*

portatore [por-ta-tó-re] *s.m.* [f. *-trice*] **1** chi porta; latore | *— di handicap,* handicappato **2** chi è addetto al trasporto di carichi **3** possessore di un titolo di credito non nominativo: *titoli al —* **4** (*med.*) individuo che trasmette ad altri i bacilli di malattie infettive, anche senza contrarre la malattia: *— sano.*

portatovagliolo [por-ta-to-va-gliò-lo] *s.m.* [pl. *invar.* o *-li*] custodia o anello di varia forma in cui si ripone il tovagliolo perché si possa poi distinguerlo da quello degli altri.

portauova [por-ta-uò-va] *s.m.invar.* recipiente a vaschette che serve a contenere più uova senza pericolo che si rompano.

portauovo [por-ta-uò-vo] *s.m.invar.* contenitore di materiale vario, a forma di piccolo calice, in cui si pone l'uovo cotto alla coque per mangiarlo.

portavalori [por-ta-va-ló-ri] *s.m.invar.* chi è incaricato del trasporto di valori per conto di una banca, di un'azienda ♦ *agg.invar.* adibito al trasporto di valori: *furgone —.*

portavasi [por-ta-và-ʃi] *s.m.invar.* recipiente o sostegno in cui vengono sistemati uno o più vasi di fiori.

portavivande [por-ta-vi-vàn-de] *s.m.invar.* contenitore che serve per tenere in caldo ed eventualmente trasportare piatti già pronti | Usato anche come *agg.*: *carrello —.*

portavoce [por-ta-vó-ce] *s.m.invar.* [anche *f.*] chi è incaricato di esprimere il punto di vista di un ente, di un uomo politico ecc.: *il — del ministro.*

porte-enfant [/ portan'fan /] *s.m.invar.* (*fr.*) sorta di sacchetto di tessuto, adorno di ricami e guarnizioni, nel quale si pone un neonato per tenerlo in braccio; si usa nella cerimonia del battesimo.

portellino [por-tel-lì-no] *s.m.* oblò.

portello [por-tèl-lo] *s.m.* **1** piccola porta praticata in un portone **2** imposta di un armadio; sportello **3** apertura rettangolare nella murata di una nave o nella fusoliera di un aereo. DIM. *portellino* ACCR. *portellone.*

portellone [por-tel-ló-ne] *s.m.* **1** portello attraverso cui si imbarcano merci e passeggeri su navi o aerei **2** portello di apertura del vano bagagli delle automobili a tre o cinque porte.

portento [por-tèn-to] *s.m.* prodigio, miracolo: *un — della tecnica* | (*estens.*) persona dalle qualità eccezionali, straordinarie: *quell'attore è un —.*

portentoso [por-ten-tó-so] *agg.* prodigioso, miracoloso, straordinario ♦ *s.m.* ciò che ha carattere di portento: *un'impresa che ha del —* □ **portentosamente** *avv.*

porticato [por-ti-cà-to] *s.m.* portico lungo e largo; complesso di portici ♦ *agg.* fornito di portici: *una strada porticata.*

portico [pòr-ti-co] *s.m.* [pl. *-ci*] **1** fabbricato aperto su uno o più lati, costruito al piano del suolo e sorretto da pilastri. DIM. *portichetto* **2** nelle fattorie, tettoia su pilastri usata come ricovero di carri e attrezzi agricoli.

portiera [por-tiè-ra] *s.f.* **1** sportello di autoveicolo **2** tenda pesante che si pone davanti alle porte, per ornamento o per riparo **3** portinaia.

portierato [por-tie-rà-to] *s.m.* mansione, funzione di portiere di uno stabile.

portiere [por-tiè-re] *s.m.* **1** [f. *-a*] chi vigila l'ingresso di edifici pubblici o privati e svolge talora anche altri servizi; portinaio **2** (*sport*) in alcuni giochi di squadra, il giocatore che difende la porta.

portinaio [por-ti-nà-io] *s.m.* [f. *-a*] chi custodisce l'ingresso di uno stabile privato; portiere ♦ *agg.* si dice di religioso che custodisce la porta di un convento: *frate —.*

portineria [por-ti-ne-rì-a] *s.f.* locale posto all'ingresso di edifici, in cui abita o svolge le sue funzioni il portiere.

porto¹ [pòr-to] *s.m.* **1** luogo sulla riva del mare, di un lago o di un fiume che può dare sicuro ricovero alle navi e permettere operazioni di imbarco e sbarco di merci e passeggeri: *— naturale, artificiale* | *— canale,* che si trova nel punto di sbocco in mare di un canale | *— franco,* zona portuale dove le merci possono sostare ed essere rispedite all'estero senza dover pagare imposte doganali | *— di mare,* (*fig.*) luogo frequentatissimo. DIM. *porticciolo* **2** (*fig.*) meta, conclusione; rifugio sicuro e tranquillo: *condurre in — un affare,* concluderlo favorevolmente; *giungere, essere in —,* al sicuro o alla fine di un lavoro, di un'impresa.

porto² *s.m.* **1** il portare | *— d'armi,* licenza di portare con sé armi, rilasciata dal questore **2** prezzo dovuto per il trasporto di merci.

porto³ *s.m.* vino rosso pregiato da aperitivo o da dessert, prodotto in Portogallo.

portoghese [por-to-ghé-se] *agg.* del Portogallo: *lingua —* ♦ *s.m.* **1** [anche *f.*] chi abita, chi è nato in Portogallo **2** lingua neolatina parlata in Portogallo, in Brasile e in altri paesi **3** (*fig.*) chi riesce a entrare in un teatro o a viaggiare su un autobus senza pagare il biglietto: *fare il —.*

portolano [por-to-là-no] *s.m.* libro marittimo che descrive coste, porti, condizioni idrografiche e meteorologiche.

portone [por-tó-ne] *s.m.* porta di notevoli dimensioni, che costituisce l'ingresso principale di un edificio. DIM. *portoncino*.

portoricano [por-to-ri-cà-no] *agg.* di Portorico ♦ *s.m.* [f. *-a*] chi abita, chi è nato a Portorico.

portuale [por-tu-à-le] *agg.* di porto, attinente al porto: *lavori portuali* ♦ *s.m.* chi lavora in un porto: *sindacato dei portuali*.

portuario [por-tu-à-rio] *agg.* relativo al porto; portuale: *norme portuarie*.

portuoso [por-tu-ó-so] *agg.* ricco di porti: *costa portuosa*.

porzione [por-zió-ne] *s.f.* 1 parte di un tutto: *una — di terreno* 2 quantità di cibo servita a un commensale: *fare le porzioni*. DIM. *porzioncina*.

posa [pò-sa] *s.f.* 1 il porre: *la — della prima pietra* 2 (*lett.*) riposo, quiete | *senza —*, ininterrottamente 3 il posare per essere ritratti; l'atteggiamento assunto da chi deve essere ritratto: *mettersi in —* | *teatro di —*, stabilimento in cui vengono filmate scene cinematografiche 4 (*fig.*) atteggiamento studiato, affettato: *fare qlco. per —* 5 (*foto.*) esposizione del materiale sensibile alla luce: *tempo di —* 6 deposito che rimane sul fondo di un recipiente quando si lascia decantare un liquido: *la — del vino*.

posacavi [po-sa-cà-vi] *s.f.invar.* nave attrezzata per la posa e la riparazione dei cavi sottomarini | Usato anche come *agg.*: *nave —*.

posacenere [po-sa-cé-ne-re] *s.m.invar.* portacenere.

posamine [po-sa-mì-ne] *s.f.invar.* nave da guerra attrezzata per la posa in mare di mine o torpedini.

posapiano [po-sa-pià-no] *s.m.* e *f.invar.* (*scherz.*) persona lenta e tranquilla.

posare [po-sà-re] *v.tr.* [*io pòso ecc.*] mettere giù, deporre; appoggiare: *— a terra la valigia* | *— lo sguardo su qlco.*, fermarlo, fissarlo ♦ *v.intr.* [aus. *avere*] 1 poggiare su qlco.: *la tettoia posa su pilastri* | (*fig.*) avere per fondamento: *ragionamento che posa su solide basi* 2 di liquido, depositare sul fondo del recipiente le particelle in sospensione: *lasciar — il vino* 3 restare immobile in un atteggiamento per farsi ritrarre; mettersi in posa: *— per un quadro* 4 (*fig.*) comportarsi in modo affettato, non naturale: *quanto posa quella ragazza!* ♦ **posarsi** *v.rifl.* o *intr.pron.* fermarsi cadendo o scendendo dall'alto: *il passero si posò sul ramo*.

posata [po-sà-ta] *s.f.* ciascuno degli utensili (cucchiaio, forchetta, coltello) che servono per mangiare.

posateria [po-sa-te-rì-a] *s.f.* insieme di posate; servizio di posate.

posatezza [po-sa-téz-za] *s.f.* l'essere posato; calma, riflessività.

posato [po-sà-to] *agg.* si dice di persona calma, riflessiva o di cosa che denota equilibrio, ponderatezza: *ragazzo, discorso —*.

posatoio [po-sa-tó-io] *s.m.* ramo, bastone, bacchetta su cui si posano gli uccelli in gabbia e i polli nel pollaio.

posatubi [po-sa-tù-bi] *agg.invar.* si dice di macchina attrezzata per la posa di tubi o condutture, a terra o in acqua.

poscia [pò-scia] *avv.* (*lett.*) poi, dopo, in seguito.

poscritto [po-scrìt-to] *s.m.* ciò che si aggiunge a una lettera già firmata (si abbrevia P.S.).

posdomani [po-ʃdo-mà-ni] *avv.* (*lett.*) dopodomani.

positiva [po-ʃi-tì-va] *s.f.* (*foto.*) immagine fotografica in cui luci, ombre e colori corrispondono alla realtà fotografata (si contrappone a *negativa*).

positivismo [po-ʃi-ti-vì-ʃmo] *s.m.* 1 movimento filosofico della seconda metà del sec. XIX, che rifiutava ogni forma di metafisica e poneva i dati scientifici come unico fondamento della conoscenza 2 (*estens.*) spirito pratico, senso della realtà; concretezza.

positivista [po-ʃi-ti-vì-sta] *s.m.* e *f.* [pl.m. *-sti*] filosofo seguace del positivismo.

positivistico [po-ʃi-ti-vì-sti-co] *agg.* [pl.m. *-ci*] (*filos.*) relativo al positivismo: *teoria positivistica*.

positività [po-ʃi-ti-vi-tà] *s.f.* l'essere positivo: *la — di un giudizio*.

positivo [po-ʃi-tì-vo] *agg.* 1 che esiste di fatto o si basa su elementi certi; reale, effettivo: *fatto —* | *scienze positive*, le scienze sperimentali (fisica, scienze naturali) e le scienze esatte (matematica) | *diritto —*, l'insieme delle norme giuridiche codificate che sono in vigore 2 utile, fecondo, favorevole: *l'aspetto — di una situazione* | affermativo: *risposta —* 3 si dice di persona che bada al concreto: *tipo —* 4 (*mat.*) si dice di ogni numero reale maggiore dello zero 5 (*scient.*) si dice per caratterizzare convenzionalmente un oggetto, un fenomeno, in opposizione a un altro detto *negativo*: *polo, elettrodo —* 6 (*gramm.*) si dice dell'aggettivo nel suo grado di base, cioè né comparativo né superlativo ♦ *s.m.* ciò che è sicuro, certo □ **positivamente** *avv.*

positrone [po-ʃi-tró-ne], o **positone**, *s.m.* (*fis.*) particella elementare che ha massa uguale a quella dell'elettrone, ma carica opposta (positiva).

positura [po-ʃi-tù-ra] *s.f.* (*lett.*) modo in cui è posta una cosa | posizione del corpo.

posizionale [po-ʃi-zio-nà-le] *agg.* relativo alla posizione, dipendente dalla posizione: *forza —*.

posizionamento [po-ʃi-zio-na-mén-to] *s.m.* il posizionare, l'essere posizionato.

posizionare [po-ʃi-zio-nà-re] *v.tr.* [*io poʃizióno ecc.*] mettere in posizione, disporre nella posizione più opportuna.

posizionatore [po-ʃi-zio-na-tó-re] *s.m.* (*tecn.*) apparecchio per posizionare automaticamente un interruttore, un dispositivo.

posizione [po-ʃi-zió-ne] *s.f.* 1 il luogo in cui è posta una cosa, per lo più in relazione a un punto o a un sistema di riferimento: *la — di una stella* | *luci di —*, (*aut.*) che servono a segnalare la presenza di un veicolo | *prendere —*, (*fig.*) assumere un determinato atteggiamento a proposito di una controversia 2 il posto occupato in una classifica, in una graduatoria o in una gara: *essere in prima —* 3 (*fig.*) stato, situazione, condizione in cui uno si trova: *una — delicata, imbarazzante* | condizione sociale ed economica gratificante: *farsi una —* **4** modo di stare di una persona; atteggiamento del corpo: *mettersi in — comoda* **5** (*mil.*) luogo, terreno fortificato o difeso: — *strategica*, luogo fornito di difese naturali | *guerra di* —, in cui i due avversari si fronteggiano per lungo tempo senza attaccare **6** (*fig.*) convinzione, opinione, principio: — *ideologica*.

posologia [po-ʃo-lo-gì-a] *s.f.* (*farm., med.*) indicazione delle dosi e delle modalità di somministrazione dei medicinali.

posporre [po-spór-re] *v.tr.* [coniugato come *porre*] **1** mettere dopo: — *il cognome al nome* | (*fig.*) subordinare, considerare meno importante: — *il proprio interesse a quello generale* **2** posticipare, ritardare: — *la data della partenza*.

posposizione [po-spo-ʃi-zió-ne] *s.f.* il posporre, l'essere posposto.

possa [pòs-sa] *s.f.* (*lett.*) forza, potenza, vigore.

posse [pòs-se] *s.f.pl.* gruppo musicale che esegue canzoni di protesta nello stile del rap.

possedere [pos-se-dé-re] *v.tr.* [coniugato come *sedere*] **1** avere in possesso, in proprietà, in dominio: — *case, terreni* | — *una donna*, unirsi carnalmente con lei **2** (*fig.*) avere in sé: — *ingegno* **3** (*fig.*) tenere in proprio potere, dominare: *essere posseduto dalla passione* | conoscere a fondo: — *un'arte*.

possedimento [pos-se-di-mén-to] *s.m.* **1** (*non com.*) il possedere; possesso **2** le terre possedute da un privato: *avere vasti possedimenti* | i domini posseduti da uno stato: *i possedimenti olandesi nelle Antille*.

possente [pos-sèn-te] *agg.* potente, forte: *voce* —.

possessione [pos-ses-sió-ne] *s.f.* invasamento di una persona da parte di una forza diabolica.

possessivo [pos-ses-sì-vo] *agg.* **1** (*gramm.*) che indica possesso: *aggettivo* — **2** che tende al possesso, al dominio morale: *amore* — □ **possessivamente** *avv.*

possesso [pos-sès-so] *s.m.* **1** potere che si esercita di fatto su una cosa o su un bene, godendone i frutti, anche senza averne la proprietà: *entrare in* — | *prendere — di un ufficio, di una carica*, assumerne le funzioni **2** (*fig.*) padronanza, dominio: *essere nel pieno — delle proprie facoltà* **3** (spec. *pl.*) possedimento, terra posseduta.

possessore [pos-ses-só-re] *s.m.* [f. *posseditrice*] chi ha il possesso di un bene.

possessorio [pos-ses-sò-rio] *agg.* (*dir.*) che si riferisce al possesso: *azione possessoria*, stabilita per riottenere o tutelare il possesso di un bene.

possibile [pos-sì-bi-le] *agg.* **1** che può accadere o che può esser fatto: *soluzione* — | per esprimere dubbio o incredulità: *è — una cosa simile?* **2** si dice di ciò che può essere vero; pensabile, concepibile: *una spiegazione* — ♦ *s.m.* ciò che si può fare: *fare il — per aiutare qlcu.* □ **possibilmente** *avv.* potendo, se è possibile.

possibilismo [pos-si-bi-lì-ʃmo] *s.m.* disponibilità a trovare un accordo con altri, rinunciando a una posizione intransigente.

possibilista [pos-si-bi-lì-sta] *s.m.* e *f.* [pl.m. *-sti*] chi dà prova di possibilismo | Usato anche come *agg.*: *politica* —.

possibilistico [pos-si-bi-lì-sti-co] *agg.* [pl.m. *-ci*] da possibilista; che non esclude l'eventualità di compromessi.

possibilità [pos-si-bi-li-tà] *s.f.* **1** l'essere possibile: — *di riuscita* **2** capacità, potere, occasione di fare qlco.: *non avere — di agire* **3** *pl.* mezzi materiali o morali di cui si dispone: — *economiche*.

possidente [pos-si-dèn-te] *s.m.* e *f.* chi possiede beni immobili: *piccolo* —.

post- primo elemento di parole composte, che significa 'dopo' (*postbellico*); davanti a consonante, la *t* spesso cade (*posdomani, posporre*).

posta [pò-sta] *s.f.* **1** luogo dove il cacciatore attende il passaggio della selvaggina: *stare alla* — | *fare la — a una persona*, (*fig.*) attenderne il passaggio, sorvegliarla **2** stazione a cui si fermavano le diligenze per il cambio dei cavalli: *stazione di* — **3** servizio pubblico per la spedizione e il recapito della corrispondenza: *spedire, ricevere per* — | — *elettronica*, qualsiasi sistema per lo scambio di messaggi scritti per via telematica | *fermo* —, fermoposta **4** (spec. *pl.*) l'amministrazione che cura il servizio postale; il complesso degli uffici e del personale che a essa fa capo: *ministero delle poste e telecomunicazioni* | l'edificio in cui hanno sede gli uffici postali: *andare alla* — **5** la corrispondenza che viene recapitata attraverso il servizio postale: — *in arrivo, in partenza* **6** ciò che si arrischia al gioco o in una scommessa (anche *fig.*): *la — in gioco è alta*.

postacelere [po-sta-cè-le-re] *s.m.invar.* servizio delle poste italiane che garantisce la consegna della corrispondenza nel giorno successivo a quello di spedizione.

postagiro [po-sta-gì-ro] *s.m.* [pl. *invar.* e *-ri*] operazione con la quale chi ha un conto corrente postale ordina il trasferimento di fondi a favore di altro correntista.

postale [po-stà-le] *agg.* della posta, attinente alla posta: *ufficio* —; *cartolina* —, messa in vendita con affrancatura stampata; *pacco* —, spedito per posta; *cassetta* —, in cui viene imbucata la corrispondenza ♦ *s.m.* nave mercantile, treno, corriera, aeroplano adibiti al servizio postale.

postazione [po-sta-zió-ne] *s.f.* **1** (*mil.*) luogo riparato e difeso in cui si collocano armi pesanti (mitragliatrici, cannoni ecc.) **2** (*estens.*) luogo di osservazione per cronisti e operatori radiotelevisivi.

postbellico [post-bèl-li-co] *agg.* [pl.m. *-ci*] del periodo che segue immediatamente una guerra: *crisi postbellica*.

postcomunismo [post-co-mu-nì-ʃmo] *s.m.* situazione politica successiva al crollo del comunismo.

postcomunista [post-co-mu-nì-sta] *agg.* [pl.m. *-sti*] relativo al postcomunismo.
postconciliare [post-con-ci-lià-re] *agg.* successivo al concilio Vaticano II: *chiesa —.*
postcongressuale [post-con-gres-su-à-le] *agg.* successivo a un congresso.
postconsonantico [post-con-so-nàn-ti-co] *agg.* [pl.m. *-ci*] (*ling.*) si dice di suono che viene dopo una consonante; anche, della posizione di tale suono.
postdatare [post-da-tà-re] *v.tr.* **1** apporre su un documento una data posteriore a quella della sua stesura effettiva **2** attribuire a un'opera o a un avvenimento una data posteriore a quella generalmente accettata.
postdatato [post-da-tà-to] *agg.* che porta una data posteriore a quella reale: *assegno —.*
postdatazione [post-da-ta-zió-ne] *s.f.* il postdatare, l'essere postdatato: *— di un documento.*
posteggiare [po-steg-già-re] *v.tr.* [*io postéggio ecc.*] lasciare un veicolo in sosta in un posteggio: *— l'auto in via Manzoni.*
posteggiatore [po-steg-gia-tó-re] *s.m.* [f. *-trice*] custode di un posteggio.
posteggio [po-stég-gio] *s.m.* **1** spazio riservato alla sosta di autoveicoli, motoveicoli, biciclette: *— gratuito, a pagamento* **2** in un mercato, spazio riservato a un rivenditore: *tassa di —.*
postelegrafonico [po-ste-le-gra-fò-ni-co] *agg.* [pl.m. *-ci*] che si riferisce ai servizi postali, telegrafici e telefonici ♦ *s.m.* [f. *-a*] chi è addetto a tali servizi.
poster [/ ˈpɔster /] *s.m.invar.* (*ingl.*) manifesto illustrato da appendere alle pareti.
posteriore [po-ste-rió-re] *agg.* **1** che viene dietro, dopo; che segue nello spazio o nel tempo: *gli arti posteriori di un animale* **2** (*ling.*) si dice di suono che si articola nella parte più interna della bocca | *vocali posteriori*, le vocali *ò, ó, u* ♦ *s.m.* (*scherz.*) il sedere □ **posteriormente** *avv.* **1** nella parte posteriore, dietro **2** dopo, in seguito.
posteriorità [po-ste-rio-ri-tà] *s.f.* l'essere posteriore: *la — di un fatto rispetto a un altro.*
posterità [po-ste-ri-tà] *s.f.* l'insieme di tutti i posteri; la discendenza, i discendenti: *tramandare alla —.*
postero [pò-ste-ro] *s.m.* (spec. *pl.*) chi verrà nel tempo molto dopo di noi; i nostri lontani discendenti.
post factum [/ pɔstˈfaktum /] *loc.avv.* (*lat.*) a cose fatte, a fatto avvenuto.
postfazione [post-fa-zió-ne] *s.f.* commento a un libro, analogo alla prefazione ma posto dopo il testo.
postglaciale [post-gla-cià-le] *agg.* (*geol.*) che è successivo all'ultima glaciazione quaternaria.
posticcia [po-stìc-cia] *s.f.* [pl. *-ce*] (*agr.*) insieme di alberi piantati a filare, a rinforzo e difesa di argini.
posticcio [po-stìc-cio] *agg.* [pl.f. *-ce*] artificiale, finto: *capelli posticci* ♦ *s.m.* **1** ciuffo di capelli per acconciature posticce **2** (*agr.*) terreno in cui si tengono le piantine in attesa di trapianto.
posticipare [po-sti-ci-pà-re] *v.tr.* [*io postìcipo ecc.*] rinviare, rimandare a un tempo successivo a quello consueto o prestabilito: *— la data delle nozze.*
posticipato [po-sti-ci-pà-to] *agg.* che si fa o avviene dopo il tempo stabilito o normale: *stipendio —* □ **posticipatamente** *avv.* dopo il tempo stabilito.
posticipazione [po-sti-ci-pa-zió-ne] *s.f.* il posticipare, l'essere posticipato: *— di una scadenza.*
postiglione [po-sti-glió-ne] *s.m.* chi guidava i cavalli delle vetture di posta | cocchiere che cavalcava uno dei cavalli delle carrozze signorili.
postilla [po-stìl-la] *s.f.* **1** breve nota scritta sul margine di un libro o di un documento **2** (*fig.*) osservazione, precisazione: *fare una — a un discorso.*
postillare [po-stil-là-re] *v.tr.* annotare con postille, apporre postille.
postindustriale [post-in-du-strià-le] *agg.* che è successivo alla civiltà industriale; della società industriale avanzata e di ciò che la caratterizza.
postino [po-stì-no] *s.m.* [f. *-a*] (*pop.*) portalettere.
post-it® [/ ˈpostit /] *s.m. invar.* biglietto autoadesivo rimovibile, usato per promemoria.
postludio [post-lù-dio] *s.m.* (*mus.*) pezzo che conclude una composizione.
postmoderno [post-mo-dèr-no] *agg.* si dice di tendenza artistica o letteraria che, in polemica con l'ideologia del progresso, persegue la commistione di modi e forme del passato con elementi e spunti innovativi.
posto [pó-sto] *s.m.* **1** luogo in cui si trova una persona o una cosa; spazio, sito: *ogni cosa ha il suo —* | *essere a —*, in ordine | *mettere le cose a —*, rimettere ordine; (*fig.*) ristabilire la verità | *mettere a — qlcu.*, rimproverarlo | *stare al proprio —*, (*fig.*) non prevaricare | *essere a — con la propria coscienza*, (*fig.*) non avere nulla da rimproverarsi | *tenere le mani a —*, non toccare ciò che non si deve; (*fig.*) non essere manesco | *avere la testa a —*, (*fig.*) essere assennato, equilibrato | *essere una persona a —*, (*fig.*) una persona onesta, perbene | *al — di*, in luogo, in vece di: *cosa faresti al mio —?* DIM. *posticino* **2** luogo stabilito o assegnato per lo svolgimento di un particolare compito: *— di combattimento, di guardia* **3** spazio limitato fornito di particolari attrezzature: *— di ristoro* **4** luogo o spazio destinato ad accogliere qlcu.; sedile, poltrona: *— di guida*; *prenotare un —* | *posti-letto*, la disponibilità di letti di un albergo, un ospedale **5** impiego, occupazione: *cercare, perdere il —* **6** luogo, località, paese: *la gente del —*, i nativi; *gli usi, i prodotti del —*, locali.
posto-auto [pó-sto-àu-to] *loc.sost.m.* [pl. *posti-auto*] in cortili o garage condominiali, spazio riservato al parcheggio di un'autovettura.
postoperatorio [po-sto-pe-ra-tò-rio] *agg.* che viene dopo un'operazione chirurgica: *trattamento —.*

postprandiale [post-pran-dià-le] *agg.* **1** (*lett.*) che segue il pranzo **2** (*med.*) che si verifica dopo un pasto: *sonnolenza* —.
post-produzione [post-pro-du-zió-ne] *s.f.* insieme delle operazioni eseguite dopo la fine delle riprese di un film, di uno spettacolo televisivo e sim., fino alla realizzazione dell'opera completa.
postribolare [po-stri-bo-là-re] *agg.* di postribolo, da postribolo: *linguaggio* —.
postribolo [po-strì-bo-lo] *s.m.* (*lett.*) casa di prostituzione; bordello.
post scriptum [/ pɔst'skriptum /] *loc.sost.m.invar.* (*lat.*) poscritto.
postulante [po-stu-làn-te] *agg.* e *s.m.* e *f.* **1** che/chi chiede con insistenza; che/chi domanda benefici o cariche **2** (*eccl.*) che/chi ha chiesto di essere ammesso in un ordine religioso.
postulare [po-stu-là-re] *v.tr.* [*io pòstulo ecc.*] **1** chiedere insistentemente, spec. benefici, favori **2** (*filos., mat.*) ammettere per vero: — *un principio* **3** presupporre, implicare: *il progresso scientifico postula libertà di ricerca.*
postulato [po-stu-là-to] *s.m.* (*mat., filos.*) proposizione non dimostrata e non dimostrabile che viene ammessa come vera, in quanto necessaria ai fini di una dimostrazione.
postumo [pò-stu-mo] *agg.* **1** si dice di figlio nato dopo la morte del padre **2** (*estens.*) si dice di opera, composizione pubblicata dopo la morte dell'autore: *scritto* — | che si consegue dopo la morte: *fama postuma* **3** (*estens.*) che avviene in ritardo: *pentimento* — ♦ *s.m.* (spec. *pl.*) **1** disturbo lasciato da una malattia: *i postumi di una bronchite* **2** (*estens.*) conseguenza, ripercussione di un avvenimento: *i postumi di una crisi.*
postuniversitario [po-stu-ni-ver-si-tà-rio] *agg.* successivo al corso di studi universitario: *corso* —.
postura [po-stù-ra] *s.f.* **1** (*non com.*) posizione **2** (*scient.*) posizione del corpo o di parti di esso | (*zool.*) l'atteggiamento abituale di un animale.
posturale [po-stu-rà-le] *agg.* (*scient.*) della postura, che si riferisce alla postura: *tono* —, tono muscolare.
postvocalico [post-vo-cà-li-co] *agg.* [pl.m. *-ci*] (*ling.*) si dice di suono che viene subito dopo una vocale; della posizione di tale suono.
potabile [po-tà-bi-le] *agg.* che si può bere senza danno per la salute; bevibile: *acqua* —.
potabilità [po-ta-bi-li-tà] *s.f.* l'essere potabile.
potabilizzare [po-ta-bi-liʒ-ʒà-re] *v.tr.* rendere potabile: — *l'acqua di un pozzo.*
potabilizzazione [po-ta-bi-liʒ-ʒa-zió-ne] *s.f.* processo di depurazione e correzione a cui si sottopone l'acqua per renderla potabile.
potamo-, -potamo primo e secondo elemento di parole composte, che significa 'fiume' (*potamologia, ippopotamo*).
potamologia [po-ta-mo-lo-gì-a] *s.f.* lo studio dei fiumi e del loro ambiente biologico.
potare [po-tà-re] *v.tr.* [*io póto ecc.*] (*agr.*) tagliare i rami degli alberi o degli arbusti per favorirne la crescita o modificarne la forma: — *la vite.*
potassa [po-tàs-sa] *s.f.* carbonato di potassio, usato per la fabbricazione di detersivi, ceramiche, smalti ecc.
potassico [po-tàs-si-co] *agg.* [pl.m. *-ci*] (*chim.*) di potassio; composto di potassio: *sale* —.
potassio [po-tàs-sio] *s.m.* elemento chimico di simbolo *K*; è un metallo alcalino, bianco argenteo, leggerissimo, presente nella maggior parte degli organismi viventi, nel mare e in molti minerali.
potatoio [po-ta-tó-io] *s.m.* tipo di roncola usato per la potatura.
potatore [po-ta-tó-re] *s.m.* [f. *-trice*] (*agr.*) chi pota; lavoratore addetto alla potatura.
potatura [po-ta-tù-ra] *s.f.* (*agr.*) il potare: *la — delle viti* | l'insieme dei rami potati.
potentato [po-ten-tà-to] *s.m.* (*lett.*) governo, stato: *i potentati italiani del sec. XV.*
potente [po-tèn-te] *agg.* **1** che esercita un grande potere; che ha notevole autorità o influenza: *organizzazione* — **2** che ha grande forza o vigoria: *muscolatura* — **3** che ha molta efficacia, che produce effetti notevoli: *motore* — ♦ *s.m.* persona che ha grande potere e autorità: *i potenti della finanza* □ **potentemente** *avv.*
potenza [po-tèn-za] *s.f.* **1** l'essere potente; forza, energia, efficacia: — *militare* **2** persona, cosa, ente che esercita un potere: *le potenze infernali* | stato sovrano di rilevante importanza internazionale: *gli Stati Uniti sono una grande potenza* **3** (*filos.*) possibilità di produrre o subire mutamenti | *in* —, che è nello stato di pura possibilità; potenziale, virtuale **4** (*fis.*) lavoro compiuto nell'unità di tempo; energia erogata nell'unità di tempo: *la — di una macchina* **5** (*mat.*) prodotto di un numero (base) moltiplicato per sé stesso tante volte quante sono indicate da un secondo numero (esponente): *elevare un numero alla terza* — | *elevare all'ennesima* —, a una potenza determinata pari al valore di *n*; (*fig.*) al massimo grado **6** (*geol.*) spessore di uno o più strati rocciosi.
potenziale [po-ten-zià-le] *agg.* **1** che è in potenza, che ha la possibilità di realizzarsi: *pericolo* — | *essere allo stato* —, non essersi ancora realizzato **2** (*gramm.*) si dice di modo o tempo verbale che esprime la possibilità di un'azione: *congiuntivo* — ♦ *s.m.* **1** (*fis.*) in un campo di forze, il lavoro necessario per spostare l'unità di massa o di carica positiva da un punto a un altro che si pone convenzionalmente come punto di riferimento **2** (*fig.*) insieme di mezzi, capacità, possibilità di cui dispone una persona, un ente, un organismo: — *bellico, industriale* □ **potenzialmente** *avv.* in potenza, in modo potenziale.
potenzialità [po-ten-zia-li-tà] *s.f.* **1** l'essere potenziale: *la — di un evento* | (*estens.*) capacità, disponibilità, possibilità: — *finanziaria* **2** (*mecc.*) capacità di una macchina o di un impianto di

produrre nell'unità di tempo una certa quantità di lavoro.

potenziamento [po-ten-zia-mén-to] *s.m.* il potenziare, l'essere potenziato: *il — di una struttura.*

potenziare [po-ten-zià-re] *v.tr.* [*io potènzio ecc.*] rendere potente o più potente: *— il commercio.*

potenziometro [po-ten-ziò-me-tro] *s.m.* (*elettr.*) apparecchio per la misurazione di differenze di potenziale fra due punti di un circuito elettrico.

potere[1] [po-té-re] *v.intr.* [pres. *io pòsso, tu puòi, egli può, noi possiamo, voi potéte, essi pòssono*; imperf. *io potévo, tu potévi, egli potéva, noi potevamo, voi potevate, essi potévano*; pass.rem. *io potéi, tu potésti ecc.*; fut. *io potrò, tu potrai ecc.*; pres.congiunt. *io pòssa, tu pòssa, egli pòssa, noi possiamo, voi possiate, essi pòssano*; imperf.congiunt. *io potéssi ecc.*; cond. *io potrèi, tu potrésti ecc.*; ger. *potèndo*; part.pres. *potènte* (lett. *possènte*); part.pass. *potuto.* Come verbo indipendente, si coniuga con l'aus. *avere*; come verbo servile, con l'ausiliare richiesto dal verbo cui si accompagna (p.e. *ho potuto mangiare*; *non sono potuto venire*)] **1** avere la forza, la capacità, la possibilità, la libertà di fare qlco.: *può fare quello che vuole*; *a più non posso*, con tutte le forze, con grande impegno; *non poterne più*, non aver più la forza di sopportare qlco. | *posso?*, posso entrare?; *si può?*, è permesso? | *prov.*: *volere è —*, una volontà tenace vince ogni ostacolo **2** aver motivo, aver ragione di: *non ci si può lamentare* **3** essere lecito, permesso, conveniente: *cose che non si possono fare* **4** (*assol.*) avere potere, forza, capacità, disponibilità, efficacia, influenza: *l'esempio del padre può molto sul figlio* **5** avere probabilità; essere possibile per qlcu.: *tutti possono sbagliare* | *può darsi, può essere*, è possibile, probabile.

potere[2] *s.m.* **1** facoltà di fare o di non fare qlco.: *il — di decidere* | (*estens.*) potenza, virtù: *il — magico della lampada di Aladino* **2** autorità, diritto di compiere determinati atti: *i poteri del giudice*; *avere pieni poteri*, disporre di un'autorità piena **3** (*estens.*) capacità di influire sulla volontà, sulle azioni di qlcu.: *avere — su qlcu.* | dominio, padronanza, balìa: *cadere in — dei nemici* **4** ciascuna delle grandi funzioni di uno stato moderno; il complesso degli organi che la assolvono: *— legislativo, esecutivo, giudiziario* | *quarto —*, (*fig.*) la stampa | *quinto —*, (*fig.*) la radio e la televisione **5** esercizio dell'autorità in un determinato campo: *— politico, economico* | l'esercizio della suprema autorità politica dello stato: *andare al —* | *— temporale*, autorità esercitata dalla chiesa in ambito non spirituale **6** capacità, proprietà di qlco. di produrre un determinato effetto: *— d'acquisto di una moneta* | (*fis.*) proprietà di un corpo o di un sistema di produrre effetti o fenomeni: *— calorifico, assorbente.*

potestà[1] [po-te-stà] *s.f.* **1** potere: *avere la — di fare qlco.*; *patria —*, (*dir.*) insieme di poteri esercitati dai genitori a tutela dei minorenni **2** *pl.* (*teol.*) una delle nove gerarchie angeliche.

potestà[2] → **podestà**.

pot-pourri [/ potpur'ri /] *s.m.invar.* (*fr.*) **1** (*non com.*) pietanza composta di carni e verdure mescolate e cotte insieme | (*estens.*) miscuglio di varie cose; guazzabuglio, accozzaglia **2** (*fig.*) testo letterario composto di brani eterogenei raccolti insieme | (*mus.*) selezione antologica di motivi tratti da opere e operette.

potus [pò-tus] *s.m.invar.* pianta ornamentale con fusto ricadente e foglie cuoriformi macchiate di giallo.

pouf [/ puf /] *s.m.invar.* (*fr.*) sorta di sgabello basso e di forma cilindrica, la cui struttura è completamente nascosta dall'imbottitura.

poveraccio [po-ve-ràc-cio] *s.m.* [f. *-a*; pl.f. *-ce*] persona misera, disgraziata, infelice: *—, come farà a cavarsela?*

poverello [po-ve-rèl-lo] *agg.* e *s.m.* [f. *-a*] persona indigente, umile e buona | *il — d'Assisi*, san Francesco.

poveretto [po-ve-rét-to] *agg.* e *s.m.* [f. *-a*] indigente; misero, infelice | Come esclamazione: *—, che figura!*

poverino [po-ve-rì-no] *agg.* e *s.m.* [f. *-a*] misero, infelice, degno di compatimento | Come esclamazione: *—, mi fa pena!*

povero [pò-ve-ro] *agg.* **1** che non possiede mezzi per vivere o ne possiede scarsamente; che possiede un reddito molto inferiore alla media: *un uomo, un paese —*; *essere — in canna*, poverissimo. DIM. *poverello, poveretto, poverino* **2** (*estens.*) che denota miseria, scarsità di mezzi: *un abito —* | che scarseggia; manchevole, insufficiente: *ragazzo — di fantasia* | *dire in parole povere*, con parole semplici | *arte povera*, movimento artistico sviluppatosi negli anni Sessanta, caratterizzato dall'uso di materiali semplici come stracci, paglia, legno ecc. **3** che è in una condizione tale da suscitare compassione, pietà, rimpianto (sempre preposto al nome): *un pover'uomo*; *un — diavolo, un — cristo*, (*fam.*) un poveraccio, un infelice | per esprimere disprezzo, ironia, minaccia: *è un — illuso* ♦ *s.m.* [f. *-a*] chi non ha mezzi per vivere; mendicante: *fare la carità a un —.* PEGG. *poveraccio* □ **poveramente** *avv.* **1** da povero, in povertà: *morì — com'era vissuto* **2** (*estens.*) scarsamente, limitatamente: *guadagnare —.*

povertà [po-ver-tà] *s.f.* **1** l'essere povero; condizione di chi ha scarsezza delle cose necessarie per vivere: *vivere in —* | *voto di —*, quello pronunciato dai religiosi, con il quale rinunciano al possesso di qualsiasi bene **2** (*estens.*) scarsità, limitatezza: *— di mezzi, di idee.*

poveruomo [po-ve-ruò-mo], o pover'uomo, *s.m.* [pl. *poveruomini*] **1** uomo che suscita compassione: *è finito proprio male, —!* **2** (*spreg.*) uomo di capacità mediocri o di animo gretto, meschino.

pozione [po-zió-ne] *s.f.* **1** bevanda medicinale: *— soporifera* **2** (*lett.*) filtro magico.

pozza [póz-za] *s.f.* **1** piccola fossa del terreno

piena d'acqua: *strada piena di pozze*. DIM. *pozzetta* **2** quantità di liquido versato in terra: *una — di sangue*.

pozzanghera [poz-zàn-ghe-ra] *s.f.* pozza d'acqua fangosa.

pozzetto [poz-zét-to] *s.m.* **1** piccola cavità per contenere liquidi **2** ciascuna delle aperture che danno accesso alle fognature **3** nelle imbarcazioni da diporto, posto protetto a poppa per i passeggeri.

pozzo [póz-zo] *s.m.* **1** scavo praticato verticalmente nel terreno, di solito a sezione circolare e rivestito in muratura, per estrarre acqua dal sottosuolo: *attingere acqua dal —* | *— di scienza*, (*fig.*) uomo molto dotto | *guadagnare un — di soldi*, (*fig.*) moltissimo. DIM. *pozzetto* **2** qualsiasi foro, naturale o artificiale, nel terreno: *— petrolifero*, per l'estrazione del petrolio | *— nero*, fossa coperta che raccoglie i rifiuti liquidi negli edifici sprovvisti di fognatura **3** nelle costruzioni navali, qualsiasi apertura fatta nel ponte di coperta o nelle sovrastrutture.

pozzolana [poz-zo-là-na] *s.f.* roccia formata da lapilli e ceneri vulcaniche cementati in modo incoerente, di color grigio o bruno rossastro; si usa nella preparazione di malte idrauliche.

praghese [pra-ghé-se] *agg.* di Praga ♦ *s.m.* e *f.* chi è nato o abita a Praga.

pragmatica [prag-mà-ti-ca] *s.f.* settore della semiotica che studia le relazioni tra i segni (messaggi, codici) e chi li usa.

pragmatico [prag-mà-ti-co] *agg.* [pl.m. *-ci*] che si riferisce all'azione, all'attività pratica; caratterizzato dal prevalere degli interessi pratici sui principi ideali: *atteggiamento —* □ **pragmaticamente** *avv.*

pragmatismo [prag-ma-tì-ʃmo] *s.m.* comportamento, atteggiamento motivato da esigenze pratiche più che da principi o valori ideali.

pragmatistico [prag-ma-tì-sti-co] *agg.* [pl.m. *-ci*] del pragmatismo, dei pragmatisti.

pralina [pra-lì-na] *s.f.* mandorla tostata rivestita di zucchero caramellato; anche, cioccolatino ripieno: *praline al caffè*.

pralinare [pra-li-nà-re] *v.tr.* rivestire di uno strato esterno di zucchero caramellato o di cioccolato: *mandorle pralinate*.

prammatica [pram-mà-ti-ca] *s.f.* regola, costumanza stabilita dalle consuetudini: *una risposta di —*.

pranoterapeuta [pra-no-te-ra-pèu-ta] *s.m.* e *f.* [pl.m. *-ti*] chi esercita la pranoterapia.

pranoterapeutico [pra-no-te-ra-pèu-ti-co] *agg.* [pl.m. *-ci*] di pranoterapia, relativo a pranoterapia.

pranoterapia [pra-no-te-ra-pì-a] *s.f.* pratica di medicina alternativa che consiste nell'imporre le mani sulla parte malata di una persona, nel presupposto che queste emanino un fluido benefico.

pranoterapico [pra-no-te-rà-pi-co] *agg.* [pl.m. *-ci*] pranoterapeutico.

pranoterapista [pra-no-te-ra-pì-sta] *s.m.* e *f.* [pl.m. *-sti*] pranoterapeuta.

pranzare [pran-ʒà-re] *v.intr.* [aus. *avere*] consumare il pranzo: *— a casa*.

pranzetto [pran-ʒét-to] *s.m.* pranzo senza formalità, semplice ma gustoso: *un — tra amici*.

pranzo [pràn-ʒo] *s.m.* **1** il pasto principale della giornata, consumato in certe regioni a mezzogiorno e in altre la sera: *sala, tavolo da —*. DIM. *pranzetto* **2** pasto lauto, per lo più con molti convitati: *— di nozze* **3** l'ora del giorno in cui normalmente si pranza; mezzogiorno: *vedersi dopo —*.

praseodimio [pra-ʃe-o-dì-mio] *s.m.* elemento chimico di simbolo *Pr*; è un metallo delle terre rare.

prassi [pràs-si] *s.f.* **1** (*filos.*) l'attività pratica dell'uomo, distinta da quella teorica o speculativa **2** (*estens.*) procedura abituale, consueta: *seguire la —*.

prataiolo [pra-ta-iò-lo] *agg.* dei prati | *fungo —*, fungo commestibile con cappello biancastro o bruno e gambo corto.

prateria [pra-te-rì-a] *s.f.* **1** vasta distesa erbosa **2** (*geog.*) ambiente in cui prevalgono le piante erbacee, caratteristico delle regioni continentali a clima temperato secco.

pratica [prà-ti-ca] *s.f.* **1** atto o insieme di atti con cui si realizza una volontà, si attua un principio, si dà luogo a una procedura: *mettere in — qlco.*; *— religiosa*, atto di culto; *in —*, nella realtà, nella sostanza | (*burocr.*) l'insieme degli atti e dei documenti necessari per definire un affare o per ottenere concessioni, autorizzazioni **2** (*estens.*) consuetudine che nasce dall'agire sempre allo stesso modo; prassi: *una — corrente* **3** conoscenza o abilità che derivano dall'esperienza e dall'esercizio: *è preparato, ma gli manca la —* | *fare —*, compiere il proprio apprendistato, esercitarsi.

praticabile [pra-ti-cà-bi-le] *agg.* **1** che si può praticare: *sport facilmente —* **2** si dice di luogo per cui si può passare: *valico — anche d'inverno* ♦ *s.m.* piattaforma su cui gli attori possono agire o su cui possono essere collocati elementi della scena.

praticabilità [pra-ti-ca-bi-li-tà] *s.f.* l'essere praticabile.

praticaccia [pra-ti-càc-cia] *s.f.* (*fam.*) capacità, abilità acquisita grazie a una lunga esperienza, ma priva di approfondite cognizioni teoriche: *avere una certa — del mestiere*.

praticantato [pra-ti-can-tà-to] *s.m.* periodo di pratica che precede l'esercizio effettivo di una professione; tirocinio, apprendistato: *— notarile*.

praticante [pra-ti-càn-te] *agg.* si dice di persona che osserva le pratiche religiose: *cattolico —* ♦ *s.m.* e *f.* chi fa tirocinio in una professione: *fare il — presso un notaio*.

praticare [pra-ti-cà-re] *v.tr.* [*io pràtico, tu pràtichi ecc.*] **1** mettere in atto, in pratica: *tribù che pratica la poligamia* **2** esercitare abitualmente o con assiduità: — *uno sport* | (*assol.*) esercitare una professione: *è medico, ma non pratica* **3** frequentare una persona o un luogo; bazzicare: — *gente disonesta* **4** fare, realizzare: — *un taglio* **5** (*comm.*) offrire, concedere: — *uno sconto.*

praticismo [pra-ti-cì-ʃmo] *s.m.* tendenza a basarsi più sulla consuetudine e sulla pratica che sulla teoria.

praticità [pra-ti-ci-tà] *s.f.* **1** l'essere pratico: — *di un sistema* **2** l'essere comodo a usarsi | *per* —, per comodità pratica.

pratico [prà-ti-co] *agg.* [pl.m. *-ci*] **1** che concerne la pratica: *esercizio* — **2** che è facilmente attuabile, realizzabile: *consiglio* — | che è facile a usarsi, a portarsi: *un abito* — **3** che tiene conto della realtà, che non si perde in questioni astratte: *un uomo* —; *non avere senso* — | *all'atto* —, in pratica **4** si dice di persona che ha pratica, esperienza, competenza in qlco.: *un operaio* — *del mestiere*; *essere* — *di una città*, conoscerla bene **5** (*filos.*) che riguarda l'azione e serve di norma all'azione: *filosofia pratica* | *ragion pratica*, quella che regola la vita morale dell'uomo □ **praticamente** *avv.* **1** in modo pratico **2** in concreto, nella sostanza.

praticolo [pra-tì-co-lo] *agg.* si dice di pianta che cresce nei terreni prativi o di animale che vive nelle praterie.

praticoltura [pra-ti-col-tù-ra] *s.f.* coltivazione dei prati attuata con sistemi razionali.

praticone [pra-ti-có-ne] *s.m.* [f. *-a*] (*spreg.*) chi esercita un'arte o una professione ignorandone i principi teorici e valendosi solo della pratica.

pratile [pra-tì-le] s.m. nome del nono mese del calendario rivoluzionario francese (20 maggio - 18 giugno).

prativo [pra-tì-vo] *agg.* **1** tenuto, coltivato a prato: *terreno* — **2** che cresce nei prati: *erbe prative.*

prato [prà-to] *s.m.* tratto di terreno coperto d'erba, spontanea o seminata. DIM. *praticello.*

pratolina [pra-to-lì-na] *s.f.* margheritina dei prati.

pravo [prà-vo] *agg.* (*lett.*) malvagio, perverso.

pre- primo elemento di parole composte che indica per lo più anteriorità nel tempo (*predestinare, prebellico*) o, più raramente, nello spazio (*preporre*). In composti di origine latina può anche esprimere superiorità, preminenza o preferenza (*predominio, predilezione*).

preadolescente [pre-a-do-le-scèn-te] *agg.* e *s.m.* e *f.* si dice di ragazzo o di ragazza tra gli 11 e i 14 anni.

preadolescenza [pre-a-do-le-scèn-za] *s.f.* periodo della vita umana compreso tra gli 11 e i 14 anni di età.

preagonico [pre-a-gò-ni-co] *agg.* [pl.m. *-ci*] (*med.*) che precede, che preannuncia l'agonia: *stato* —.

preallarme [pre-al-làr-me] *s.m.* segnale che, in caso di incursione aerea o di altro pericolo, precede quello di allarme vero e proprio | *essere in stato di* —, tenersi pronto per affrontare un pericolo incombente.

prealpino [pre-al-pì-no] *agg.* delle Prealpi, relativo alle Prealpi: *zona prealpina.*

preambolo [pre-àm-bo-lo] *s.m.* **1** parte introduttiva di un discorso, di uno scritto: *fare un* — **2** (*estens.*) premessa cerimoniosa e inutile.

preamplificatore [pre-am-pli-fi-ca-tó-re] *s.m.* (*elettron.*) amplificatore di tensione collocato fra l'entrata del sistema e l'amplificatore di potenza.

preannunciare [pre-an-nun-cià-re], o **preannunziare**, *v.tr.* [*io preannùncio ecc.*] dire, annunciare in precedenza: — *una visita* | lasciar prevedere: *si preannuncia una giornata difficile.*

preannuncio [pre-an-nùn-cio], o **preannunzio**, *s.m.* annuncio dato prima.

preappenninico [pre-ap-pen-nì-ni-co] *agg.* [pl.m. *-ci*] del Preappennino, relativo al Preappennino: *zona preappenninica.*

preavvertimento [pre-av-ver-ti-mén-to] *s.m.* avvertimento dato prima, in anticipo; premonizione.

preavvertire [pre-av-ver-tì-re] *v.tr.* [*io preavvèrto ecc.*] avvertire in precedenza: — *qlcu. del proprio arrivo.*

preavvisare [pre-av-vi-ʃà-re] *v.tr.* avvisare in precedenza.

preavviso [pre-av-vì-ʃo] *s.m.* **1** il preavvisare; avviso preventivo: *arrivare senza* — **2** nei rapporti di lavoro, la comunicazione del licenziamento o delle dimissioni.

prebarba [pre-bàr-ba] *agg.* e *s.m.invar.* si dice di lozione o altro preparato che si applica sul viso per facilitare la rasatura.

prebellico [pre-bèl-li-co] *agg.* [pl.m. *-ci*] del periodo che precede immediatamente una guerra.

prebenda [pre-bèn-da] *s.f.* **1** reddito derivante da un beneficio ecclesiastico; il beneficio stesso **2** (*estens.*) guadagno conseguito con poca fatica.

precambriano [pre-cam-brià-no] *agg.* e *s.m.* (*geol.*) archeozoico.

precampionato [pre-cam-pio-nà-to] *s.m.invar.* (*sport*) periodo che precede un campionato, durante il quale si svolgono partite di preparazione.

precariato [pre-ca-rià-to] *s.m.* la condizione di lavoratore precario | l'insieme dei precari: *il* — *scolastico.*

precarietà [pre-ca-rie-tà] *s.f.* l'essere precario; carattere precario: *la* — *di una situazione.*

precario [pre-cà-rio] *agg.* non stabile, di incerta durata, provvisorio: *impiego* — | instabile, malsicuro: *situazione precaria*; *salute precaria*, cagionevole ♦ *agg.* e *s.m.* [f. *-a*] si dice di chi ha un lavoro con contratto provvisorio □ **precariamente** *avv.*

precauzionale [pre-cau-zio-nà-le] *agg.* che è dettato da precauzione; che ha lo scopo di prevenire un pericolo, un danno: *misura* — □ **precauzionalmente** *avv.* per precauzione.

precauzione [pre-cau-zió-ne] *s.f.* **1** cautela, circospezione, prudenza: *agire con* — **2** provvedimento, misura tendente a evitare un danno, un pericolo: *prendere una —*.

precedente [pre-ce-dèn-te] *agg.* immediatamente anteriore: *il giorno — alla festa* ♦ *s.m.* fatto, evento che si è verificato prima di un altro analogo: *episodio senza precedenti*, mai accaduto prima | *creare un —*, fare qlco. che possa poi servire come norma o pretesto in casi analoghi | *— penale*, condanna riportata in un processo □ **precedentemente** *avv.* in precedenza; prima.

precedenza [pre-ce-dèn-za] *s.f.* **1** il precedere | *in —*, prima, precedentemente **2** diritto di passare prima rispetto ad altri: *dare la — a destra* **3** (*fig.*) priorità: *problemi che hanno — assoluta*.

precedere [pre-cè-de-re] *v.tr.* e *intr.* [pres. *io precèdo ecc.*; pass.rem. *io precedéi* o *precedètti*, *tu precedésti ecc.*; part.pass. *preceduto*; aus. dell'intr. *avere*] andare innanzi, stare o venire prima: *— qlcu. nel cammino*.

precessione [pre-ces-sió-ne] *s.f.* (*fis.*) lento movimento conico dell'asse di rotazione di un corpo | *— degli equinozi*, (*astr.*) movimento conico dell'asse terrestre che provoca un lieve anticipo annuo degli equinozi.

precettare [pre-cet-tà-re] *v.tr.* [*io precètto ecc.*] **1** (*burocr.*) ordinare per mezzo di un precetto scritto **2** (*mil.*) richiamare alle armi i militari in congedo | (*estens.*) disporre la requisizione di beni per ragioni di pubblica necessità **3** (*estens.*) obbligare gli addetti a un servizio di pubblica utilità in sciopero a riprendere l'attività: *— gli scioperanti*.

precettazione [pre-cet-ta-zió-ne] *s.f.* **1** il precettare, l'essere precettato **2** (*mil.*) compilazione degli elenchi di persone da mobilitare e di materiale da requisire in caso di guerra.

precettistica [pre-cet-tì-sti-ca] *s.f.* **1** insieme di precetti relativi a una particolare materia **2** (*spreg.*) tipo di insegnamento basato soltanto sull'esposizione di precetti, di regole.

precettistico [pre-cet-tì-sti-co] *agg.* [pl.m. *-ci*] da precettista, relativo alla precettistica: *metodi precettistici* □ **precettisticamente** *avv.*

precetto [pre-cèt-to] *s.m.* **1** norma, regola, comandamento: *i precetti della retorica* | *— della chiesa*, obbligo imposto dalla chiesa cattolica ai fedeli **2** intimazione di adempiere un obbligo, emessa dall'autorità giudiziaria o militare | *cartolina —*, ordine scritto di chiamata alle armi.

precettore [pre-cet-tó-re] *s.m.* [f. *-trice*] **1** (*lett.*) chi impartisce precetti, chi dà istruzioni **2** insegnante privato in collegi o famiglie signorili.

precipitare [pre-ci-pi-tà-re] *v.intr.* [*io precìpito ecc.*; aus. *essere*] **1** cadere rovinosamente dall'alto (anche *fig.*): *— dalle scale*; *— nella disperazione* **2** (*fig.*) evolvere rapidamente verso una conclusione negativa: *la situazione sta precipitando* **3** (*chim.*) detto di una sostanza, separarsi dalla soluzione in cui era sciolta e depositarsi in basso ♦ *v.tr.* **1** gettare, far cadere dall'alto con impeto: *lo precipitarono giù dalla rupe* **2** (*fig.*) affrettare, risolvere troppo rapidamente: *— una decisione* **3** (*chim.*) separare una sostanza dalla soluzione in cui è sciolta mediante l'aggiunta di opportuni reagenti ♦ **precipitarsi** *v.rifl.* **1** gettarsi dall'alto: *— nel vuoto* **2** dirigersi precipitosamente verso un luogo: *— a casa*.

precipitato [pre-ci-pi-tà-to] *agg.* **1** caduto a precipizio **2** (*fig.*) fatto o detto troppo in fretta: *una scelta precipitata* ♦ *s.m.* (*chim.*) sostanza che si deposita sul fondo di un recipiente separandosi da una soluzione.

precipitazione [pre-ci-pi-ta-zió-ne] *s.f.* **1** (*non com.*) il precipitare, l'essere precipitato | *— atmosferica*, (*meteor.*) il fenomeno per cui l'acqua contenuta nell'atmosfera si condensa e cade al suolo sotto forma di pioggia, neve o grandine **2** (*fig.*) fretta eccessiva: *agire con —* **3** (*chim.*) reazione per cui in una soluzione si forma una sostanza insolubile che si deposita in basso.

precipitevole [pre-ci-pi-té-vo-le] *agg.* (*lett.*) precipitoso □ **precipitevolmente** *avv.*

precipitevolissimevolmente [pre-ci-pi-te-vo-lis-si-me-vol-mén-te] *avv.* (*scherz.*) a precipizio, in modo molto precipitoso.

precipitoso [pre-ci-pi-tó-so] *agg.* **1** che scende a precipizio | (*estens.*) che si verifica o si muove con grande rapidità: *fuga precipitosa* **2** che agisce affrettatamente, senza riflettere; che è fatto con precipitazione, con fretta eccessiva: *essere — nel giudicare*; *decisione precipitosa* □ **precipitosamente** *avv.* in modo precipitoso: *fuggire —* | senza riflettere: *decidere —*.

precipizio [pre-ci-pì-zio] *s.m.* luogo scosceso e profondo in cui si può precipitare | *a —*, con fortissima pendenza; precipitando dall'alto con violenza; (*fig.*) precipitosamente: *il monte scendeva a — sul mare*; *cadere a —*; *correre a —*.

precipuo [pre-cì-puo] *agg.* di primaria importanza; caratteristico, essenziale: *interesse —* □ **precipuamente** *avv.*

precisabile [pre-ci-ʃà-bi-le] *agg.* che si può precisare; definibile: *data non —*.

precisare [pre-ci-ʃà-re] *v.tr.* determinare chiaramente, specificare con esattezza.

precisazione [pre-ci-ʃa-zió-ne] *s.f.* il precisare, l'essere precisato; parole con cui si precisa: *fornire una —*.

precisione [pre-ci-ʃió-ne] *s.f.* l'essere preciso; grande esattezza, estrema accuratezza: *strumento di —*.

preciso [pre-cì-ʃo] *agg.* **1** calcolato, fatto o detto con esattezza: *risposta precisa* | chiaro, ben determinato; non generico: *idea precisa* | (*estens.*) specifico, peculiare: *è tuo — dovere* **2** che agisce con accuratezza; che funziona con esattezza: *impiegato, orologio —* **3** (*fam.*) identico, uguale: *questo ombrello è — al mio* □ **precisamente** *avv.* **1** proprio, esattamente: *le cose stanno — così* **2** con precisione: *rispondere —*.

preclaro [pre-clà-ro] *agg.* (*lett.*) illustre, insigne, celebre.

precludere [pre-clù-de-re] *v.tr.* [pass.rem. *io preclusi*, *tu precludésti ecc.*; part.pass. *precluʃo*] chiu-

dere, ostacolare, impedire (spec. *fig.*): — *ogni possibilità di successo.*
preclusione [pre-clu-ʃió-ne] *s.f.* impedimento, divieto.
preclusivo [pre-clu-ʃì-vo] *agg.* che preclude, che è atto a precludere.
precoce [pre-cò-ce] *agg.* **1** che si sviluppa e matura prima del tempo: *pianta, intelligenza* — **2** che avviene innanzi tempo; prematuro: *morte* — □ **precocemente** *avv.*
precocità [pre-co-ci-tà] *s.f.* l'essere precoce: — *d'ingegno.*
precognitivo [pre-co-gni-tì-vo] *agg.* relativo alla precognizione.
precognizione [pre-co-gni-zió-ne] *s.f.* conoscenza di fatti futuri attribuita a facoltà paranormali.
precolombiano [pre-co-lom-bià-no] *agg.* si dice di tutto ciò che è anteriore alla scoperta dell'America da parte di Cristoforo Colombo (1492): *civiltà precolombiana.*
preconcetto [pre-con-cèt-to] *agg.* si dice di idea, opinione concepita irrazionalmente, per partito preso, che impedisce una valutazione obiettiva ♦ *s.m.* idea preconcetta; pregiudizio.
preconciliare [pre-con-ci-lià-re] *agg.* anteriore al concilio Vaticano II: *liturgia* —.
preconfezionamento [pre-con-fe-zio-na-mén-to] *s.m.* operazione e risultato del preconfezionare.
preconfezionare [pre-con-fe-zio-nà-re] *v.tr.* [*io preconfezióno ecc.*] confezionare in precedenza.
preconfezionato [pre-con-fe-zio-nà-to] *agg.* confezionato in precedenza: *cibo* —.
precongressuale [pre-con-gres-su-à-le] *agg.* che precede un congresso; che si fa in preparazione di un congresso.
preconizzare [pre-co-niʒ-ʒà-re] *v.tr.* (*lett.*) **1** annunciare pubblicamente e con solennità **2** (*estens.*) prevedere, predire, profetizzare.
preconizzazione [pre-co-niʒ-ʒa-zió-ne] *s.f.* (*lett.*) il preconizzare, l'essere preconizzato.
preconscio [pre-còn-scio] *s.m.* (*psicoan.*) l'insieme dei contenuti psichici (*p.e.* ricordi, emozioni) che non sono presenti alla coscienza, ma che possono facilmente riaffiorare.
preconsonantico [pre-con-so-nàn-ti-co] *agg.* [pl.m. *-ci*] (*ling.*) posto davanti a consonante.
precordiale [pre-cor-dià-le] *agg.* (*anat.*) relativo al precordio: *regione* —.
precordio [pre-còr-dio] *s.m.* **1** (*anat.*) la regione anteriore del torace in corrispondenza del cuore **2** *pl.* (*lett.*) la parte più intima dell'animo: *commuoversi fino ai precordi.*
precorrere [pre-cór-re-re] *v.tr.* [coniugato come *correre*] **1** (*lett.*) precedere correndo avanti **2** (*estens.*) anticipare, prevenire: — *i tempi*, essere all'avanguardia; — *gli eventi*, agire prima del tempo.
precorritore [pre-cor-ri-tó-re] *agg.* e *s.m.* [f. *-trice*] (*lett.*) che/chi precorre: *un — dei nuovi tempi.*
precostituire [pre-co-sti-tu-ì-re] *v.tr.* [*io precostituisco, tu precostituisci ecc.*] costituire, disporre, approntare in precedenza: *precostituirsi un alibi.*
precostituito [pre-co-sti-tu-ì-to] *agg.* costituito in precedenza: *maggioranza precostituita*, accertata prima di una votazione.
precotto [pre-còt-to] *agg.* e *s.m.* si dice di cibo preparato industrialmente e venduto già cotto o parzialmente cotto.
precottura [pre-cot-tù-ra] *s.f.* operazione industriale con cui si preparano cibi precotti.
precristiano [pre-cri-stià-no] *agg.* che è antecedente all'epoca o alla diffusione del cristianesimo: *mondo* —.
precursore [pre-cur-só-re] *agg.* [f. *precorritrice*] che precorre, precede, preannunzia: *i segni precursori del temporale* ♦ *s.m.* chi precede altri nel formulare idee o teorie; antesignano: *il Petrarca è un — dell'Umanesimo.*
preda [prè-da] *s.f.* **1** ciò di cui ci si impadronisce con la violenza: — *di guerra* | *essere — di qlcu., di qlco.* (o *essere in — a qlco.*), (*fig.*) esserne dominato, soggiogato **2** animale catturato o ucciso: *l'aquila teneva la — tra gli artigli.*
predare [pre-dà-re] *v.tr.* [*io prèdo ecc.*] prendere come preda; sottrarre con la violenza: *i pirati vivevano predando.*
predatore [pre-da-tó-re] *agg.* e *s.m.* [f. *-trice*] che/chi preda: *i predatori del mare* | *uccelli predatori*, rapaci.
predatorio [pre-da-tò-rio] *agg.* di predatore, da predatore: *atto* —.
predazione [pre-da-zió-ne] *s.f.* (*biol.*) il fenomeno per cui una data specie ricerca come alimento gli animali di un'altra specie; è un fattore rilevante per l'equilibrio di un biosistema.
predecessore [pre-de-ces-só-re] *s.m.* chi ha tenuto prima di un altro un ufficio, una carica, una dignità: *il — dell'attuale ministro* | *i predecessori*, gli antenati.
predefinito [pre-de-fi-ni-to] *agg.* definito in precedenza, preventivamente.
predella [pre-dèl-la] *s.f.* **1** largo gradino posto sotto la cattedra dell'insegnante o davanti all'altare **2** parte inferiore di un polittico o di una pala d'altare.
predellino [pre-del-lì-no] *s.m.* il gradino su cui si poggia il piede per salire o scendere in vetture tranviarie o ferroviarie.
predestinare [pre-de-sti-nà-re] *v.tr.* [*io predestìno ecc.*] destinare molto tempo prima; prestabilire.
predestinato [pre-de-sti-nà-to] *agg.* destinato, designato in precedenza: *essere — a un grande avvenire.*
predestinazione [pre-de-sti-na-zió-ne] *s.f.* **1** il predestinare, l'essere predestinato | destino già stabilito in precedenza **2** (*teol.*) decisione con cui Dio dall'eternità ordina la vita umana.
predeterminare [pre-de-ter-mi-nà-re] *v.tr.* [*io predetèrmino ecc.*] determinare anticipatamente.
predeterminazione [pre-de-ter-mi-na-zió-ne]

s.f. il predeterminare, l'essere predeterminato.
predetto [pre-dét-to] *agg.* detto in precedenza: *le ragioni predette.*
predica [prè-di-ca] *s.f.* 1 discorso su un argomento religioso o morale che il sacerdote tiene in chiesa ai fedeli | *da che pulpito viene la —!*, (*iron.*) si dice di chi vuole impartire insegnamenti dei quali avrebbe bisogno lui stesso 2 (*fam.*) discorso di esortazione o di ammonimento lungo e noioso.
predicare [pre-di-cà-re] *v.tr.* [*io prèdico, tu prèdichi ecc.*] 1 dire pubblicamente, annunciare, illustrare: — *il Vangelo* | (*assol.*) tenere una predica; fare discorsi in tono di esortazione o di ammonimento: — *dal pulpito*; — *bene e razzolare male*, si dice di chi dispensa consigli che egli stesso non osserva 2 (*estens.*) insegnare agli altri con la parola o con l'esempio: — *la virtù, il perdono.*
predicativo [pre-di-ca-tì-vo] *agg.* (*ling., filos.*) di predicato, che è un predicato: *la funzione predicativa del verbo 'essere'* | in grammatica: *verbo* —, che da solo costituisce il predicato della proposizione; *complemento* —, aggettivo o sostantivo che costituisce il predicato del soggetto o del complemento oggetto (*p.e.* trascorre i giorni *sereno*; lo elessero *senatore*).
predicato [pre-di-cà-to] *s.m.* 1 (*ling.*) parte della frase che costituisce ciò che si dice del soggetto | in grammatica: — *verbale*, costituito da un verbo predicativo (*p.e.* noi *studiamo*; essi *viaggiano*); — *nominale*, costituito da una copula e un elemento nominale (*p.e.* Franca *è buona*) 2 (*filos.*) in logica, ciò che si afferma o si nega a proposito di un soggetto 3 *essere in* —, essere tra i probabili candidati a una carica, a un titolo: *è in — di essere nominato sindaco.*
predicatore [pre-di-ca-tó-re] *s.m.* [f. *-trice*] 1 chi tiene una predica o delle prediche in chiesa 2 (*estens.*) chi si fa banditore di un'idea: *un — della pace* ♦ *agg.* (*non com.*) che predica | *frati predicatori*, i domenicani.
predicatorio [pre-di-ca-tò-rio] *agg.* da predica, da predicatore (per lo più *spreg.*): *parlare con tono —.*
predicazione [pre-di-ca-zió-ne] *s.f.* 1 genere di oratoria volto a illustrare un testo sacro o un tema religioso 2 (*filos.*) l'attribuzione di un predicato a un soggetto.
predicozzo [pre-di-còz-zo] *s.m.* (*scherz.*) ammonimento, ramanzina.
prediletto [pre-di-lèt-to] *agg.* e *s.m.* [f. *-a*] che/chi è amato più di tutti gli altri o preferito a tutti gli altri: *il mio sport — è il tennis.*
predilezione [pre-di-le-zió-ne] *s.f.* 1 il prediligere; spiccata preferenza: *avere una — per il figlio maggiore* 2 la cosa prediletta: *la pittura è la sua —.*
prediligere [pre-di-lì-ge-re] *v.tr.* [coniugato come *diligere*; manca il part.pres.] amare più di ogni altro o di ogni altra cosa; preferire.
predire [pre-dì-re] *v.tr.* [coniugato come *dire*] dire, annunciare fatti che dovrebbero accadere nel futuro: — *un brillante avvenire.*
predisporre [pre-di-spór-re] *v.tr.* [coniugato come *porre*] 1 disporre, preparare in anticipo in vista di un fine: — *un piano* 2 determinare in un organismo una disposizione a contrarre certe malattie: *il fumo predispone all'infarto* 3 mettere in uno stato d'animo favorevole a qlco.: — *gli animi alla pietà* ♦ **predisporsi** *v.rifl.* prepararsi psicologicamente: — *a un rischio.*
predisposizione [pre-di-spo-ʃi-zió-ne] *s.f.* 1 il predisporre, l'essere predisposto: *la — di una misura* 2 (*estens.*) spiccata tendenza, inclinazione: *dimostrare — alla pittura* 3 (*med.*) particolare attitudine a contrarre determinate malattie.
predisposto [pre-di-spó-sto] *agg.* 1 che è stato preparato, disposto in precedenza: *attuare il piano —* | che è fatto in modo da poter essere utilizzato per certi scopi: *televisore — per i servizi telematici* 2 propenso, incline: *animo — al bene* | (*med.*) si dice di organismo che ha predisposizione a contrarre determinate malattie.
predizione [pre-di-zió-ne] *s.f.* il predire; la cosa predetta: *fare una —.*
predominante [pre-do-mi-nàn-te] *agg.* 1 che domina sugli altri: *idea —* 2 che è più frequente, più abbondante: *la vegetazione — in una zona.*
predominanza [pre-do-mi-nàn-za] *s.f.* (*non com.*) il predominare; predominio.
predominare [pre-do-mi-nà-re] *v.intr.* [*io predòmino ecc.*; aus. *avere*] 1 avere maggiore dominio; esercitare una supremazia: — *su tutti* 2 manifestarsi con maggior frequenza; essere in quantità maggiore: *in Svezia predominano i tipi biondi.*
predominio [pre-do-mì-nio] *s.m.* il predominare; superiorità, supremazia: *il — della ragione sull'istinto.*
predone [pre-dó-ne] *s.m.* chi vive di rapine e saccheggi: — *del mare*, pirata.
preesame [pre-e-ʃa-me] *s.m.* nelle università, prova che precede l'esame vero e proprio.
preesistente [pre-e-ʃi-stèn-te] *agg.* che esisteva precedentemente: *condizione —.*
preesistenza [pre-e-ʃi-stèn-za] *s.f.* il preesistere.
preesistere [pre-e-ʃì-ste-re] *v.intr.* [aus. *essere*] esistere prima o ancora prima che si manifestasse la propria esistenza.
prefabbricare [pre-fab-bri-cà-re] *v.tr.* [*io prefàbbrico, tu prefàbbrichi ecc.*] 1 fabbricare industrialmente elementi destinati a essere messi in opera nella costruzione di edifici 2 (*fig.*) preordinare, precostituire ad arte: — *prove, documenti.*
prefabbricato [pre-fab-bri-cà-to] *agg.* 1 si dice di elemento edile fabbricato in precedenza in un luogo diverso da quello in cui verrà messo in opera | di costruzione risultante dal montaggio di tali elementi: *scuola prefabbricata* 2 (*fig.*) si dice di prova o documento approntati ad arte in precedenza ♦ *s.m.* costruzione prefabbricata.
prefatore [pre-fa-tó-re] *s.m.* (*lett.*) autore di una prefazione.

prefazio [pre-fà-zio] *s.m.* (*lit.*) solenne preghiera di lode che serve di introduzione al canone della messa.

prefazione [pre-fa-zió-ne] *s.f.* breve scritto che si premette a un'opera per illustrarne ai lettori i caratteri principali.

preferenza [pre-fe-rèn-za] *s.f.* il preferire, l'essere preferito: *dare la — a qlcu.*; *fare preferenze*, essere parziali; *non avere preferenze*, non avere particolari predilezioni | *voto di —*, con cui si sceglie un candidato tra quelli di una lista | *di —*, preferibilmente, più volentieri, piuttosto.

preferenziale [pre-fe-ren-zià-le] *agg.* di preferenza, che denota o comporta una preferenza: *trattamento —* | *corsia —*, quella che nelle vie urbane è riservata ai mezzi di trasporto pubblico □ **preferenzialmente** *avv.*

preferibile [pre-fe-rì-bi-le] *agg.* che si può o si deve preferire: *soluzione —* | *è —*, è meglio □ **preferibilmente** *avv.* più volentieri, meglio se: *vorrei un po' d'acqua, — fresca.*

preferibilità [pre-fe-ri-bi-li-tà] *s.f.* l'essere preferibile.

preferire [pre-fe-rì-re] *v.tr.* [*io preferisco, tu preferisci ecc.*] scegliere, volere qlcu. o qlco. invece di altro: *— la musica alla pittura.*

preferito [pre-fe-rì-to] *agg.* scelto, anteposto ad altro ♦ *agg.* e *s.m.* [f. *-a*] che/chi è amato più di ogni altro; prediletto: *in famiglia è lei la preferita.*

prefestivo [pre-fe-stì-vo] *agg.* che precede un giorno festivo: *giorno —* | che si riferisce a giorno prefestivo: *orario —.*

prefettizio [pre-fet-tì-zio] *agg.* del prefetto: *decreto —* | *commissario —*, funzionario, nominato dal prefetto, che amministra temporaneamente un comune al posto del sindaco.

prefetto [pre-fèt-to] *s.m.* **1** funzionario, dipendente dal ministero dell'interno, che rappresenta il governo nell'ambito di una provincia **2** in Roma antica, titolo attribuito a funzionari che agivano su delega di un magistrato **3** titolo che spetta ai cardinali preposti ad alcuni uffici della curia romana.

prefettura [pre-fet-tù-ra] *s.f.* ufficio, carica di prefetto; gli uffici che dipendono da un prefetto.

prefica [prè-fi-ca] *s.f.* **1** secondo talune usanze, donna incaricata di piangere e lamentarsi durante i funerali **2** (*scherz.*) persona che si lamenta per nulla.

prefiggere [pre-fig-ge-re] *v.tr.* [coniugato come *figgere*; part.pass. *prefisso*] prestabilire, fissare prima: *prefiggersi uno scopo.*

prefigurare [pre-fi-gu-rà-re] *v.tr.* precorrere, anticipare qlco. che si attuerà nel futuro.

prefigurazione [pre-fi-gu-ra-zió-ne] *s.f.* il prefigurare; la cosa prefigurata.

prefinanziamento [pre-fi-nan-zia-mén-to] *s.m.* concessione di un prestito a breve termine a un'impresa appaltatrice di lavori pubblici.

prefinanziare [pre-fi-nan-zià-re] *v.tr.* [*io prefinànzio ecc.*] concedere un prefinanziamento.

prefissale [pre-fis-sà-le] *agg.* (*ling.*) di prefisso, relativo a prefisso: *formazione —.*

prefissare [pre-fis-sà-re] *v.tr.* **1** fissare, stabilire in precedenza **2** (*ling.*) aggiungere un prefisso a una parola.

prefissato [pre-fis-sà-to] *agg.* fissato, stabilito in precedenza ♦ *agg.* e *s.m.* (*ling.*) si dice di parola formata mediante un prefisso.

prefissazione [pre-fis-sa-zió-ne] *s.f.* **1** il prefissare, l'essere prefissato **2** (*ling.*) il fenomeno per cui, data una parola, se ne forma un'altra mediante l'aggiunta di un prefisso (p.e. *preesistere*).

prefisso [pre-fis-so] *s.m.* **1** (*ling.*) elemento formativo che, preposto alla radice o al tema, contribuisce alla costituzione di una parola (p.e. *de*-correre, *anti*-pasto, *an*-alfabeta) **2** nella teleselezione, gruppo di cifre che identificano una località, da comporre prima del numero telefonico.

prefissoide [pre-fis-sòi-de] *s.m.* (*ling.*) primo elemento di parole composte derivante dall'abbreviazione di una parola autonoma (p.e. *auto*- nel significato di 'automobile' in *autorimessa*).

pregare [pre-gà-re] *v.tr.* [*io prègo, tu prèghi ecc.*] **1** chiedere umilmente con parole o con atti: *ti prego di aiutarmi*; *farsi —*, non concedere facilmente ciò di cui si viene richiesti **2** invitare cortesemente qlcu. a fare qlco.: *la prego, si accomodi* **3** rivolgere la mente o la parola a Dio, alla Madonna o ai santi.

pregevole [pre-gé-vo-le] *agg.* che ha pregio, che è prezioso; che è di qualità, di valore; ammirevole: *un lavoro —* □ **pregevolmente** *avv.*

pregevolezza [pre-ge-vo-léz-za] *s.f.* l'essere pregevole; pregio.

preghiera [pre-ghiè-ra] *s.f.* **1** il pregare; le parole con cui si prega: *rivolgere una —* **2** il pregare Dio; la formula, il testo che si recita nel pregare: *raccogliersi in —.*

pregiare [pre-già-re] *v.tr.* [*io prègio ecc.*] (*lett.*) avere in pregio, tenere in grande stima ♦ **pregiarsi** *v.rifl.* ritenersi, sentirsi onorato: *ci pregiamo di comunicarle*, formula di cortesia usata nelle lettere commerciali.

pregiato [pre-già-to] *agg.* che ha pregio, che vale molto: *vino —*; *valuta pregiata* | in formule epistolari di cortesia: *Pregiatissimo Signore,...*

pregio [prè-gio] *s.m.* **1** considerazione, stima: *tenere in — una cosa* **2** qualità positiva; valore, merito: *un oggetto di —*; *avere molti pregi.*

pregiudicare [pre-giu-di-cà-re] *v.tr.* [*io pregiùdico, tu pregiùdichi ecc.*] compromettere il buon esito di qlco. con un atto inopportuno: *— la riuscita di un affare* | (*estens.*) mettere in pericolo, danneggiare: *sforzi che pregiudicano la salute.*

pregiudicato [pre-giu-di-cà-to] *agg.* destinato all'insuccesso, compromesso: *situazione pregiudicata* ♦ *s.m.* [f. *-a*] chi ha riportato in passato condanne penali.

pregiudiziale [pre-giu-di-zià-le] *agg.* (*dir.*) si dice di questione che nel processo penale deve essere risolta prima della questione principale ♦ *s.f.* questione, condizione pregiudiziale: *sollevare*

una — □ **pregiudizialmente** *avv.* prima di giudicare d'altro: *esaminare qlco.* —.
pregiudizialità [pre-giu-di-zia-li-tà] *s.f.* l'essere pregiudiziale.
pregiudizievole [pre-giu-di-zié-vo-le] *agg.* che può recare pregiudizio, danno: *un'azione* — □ **pregiudizievolmente** *avv.*
pregiudizio [pre-giu-dì-zio] *s.m.* **1** giudizio, opinione errata che dipende da scarsa conoscenza dei fatti o da accettazione non critica di convinzioni correnti: *avere un — nei confronti di qlcu.* | credenza superstiziosa **2** danno: *il fumo è di grave — alla salute.*
pregnante [pre-gnàn-te] *agg.* si dice di parola o frase densa di significati.
pregnanza [pre-gnàn-za] *s.f.* di parola o frase, l'essere pregnante, densa di significati.
pregno [pré-gno] *agg.* **1** (*non com.*) gravido: *una mucca pregna* **2** (*estens.*) impregnato, saturo, pieno (anche *fig.*): *avvenimento — di conseguenze.*
prego [prè-go] *inter.* si usa in formule di cortesia per rispondere a persona che ringrazia, chiede scusa, o per invitare ad accomodarsi, a prendere qlco., a ripetere quanto detto ecc.: —, *si sieda!*; *prego, può ripetere?*
pregrafismo [pre-gra-fì-ʃmo] *s.m.* condizione precedente l'apprendimento della scrittura.
pregresso [pre-grès-so] *agg.* avvenuto in un periodo precedente a quello cui ci si riferisce: *malattie pregresse.*
pregustare [pre-gu-stà-re] *v.tr.* gustare, godere in anticipo: — *una vendetta.*
preindoeuropeo [pre-in-do-eu-ro-pè-o], o **preindeuropeo**, *agg.* si dice di fenomeno linguistico che risale a una fase precedente a quella della diffusione in una regione di una lingua indoeuropea.
preindustriale [pre-in-du-strià-le] *agg.* precedente l'industrializzazione; non ancora industrializzato: *civiltà* —.
preiscrizione [pre-i-scri-zió-ne] *s.f.* (*burocr.*) iscrizione anticipata a un corso di studi.
preistoria [prei-stò-ria] *s.f.* **1** il periodo delle più antiche manifestazioni culturali della specie umana, del quale non esiste documento scritto | il complesso degli studi che riguardano tale periodo **2** (*estens.*) le origini lontane di un fatto, un fenomeno, una disciplina: *la — della chimica moderna.*
preistorico [prei-stò-ri-co] *agg.* [pl.m. *-ci*] **1** della preistoria: *età preistoriche* **2** (*scherz.*) vecchissimo, molto antiquato.
prelatizio [pre-la-tì-zio] *agg.* di prelato, da prelato: *dignità prelatizia.*
prelato [pre-là-to] *s.m.* nella gerarchia cattolica, sacerdote investito di particolari cariche o funzioni: *un alto* —.
prelatura [pre-la-tù-ra] *s.f.* **1** dignità di prelato **2** territorio su cui il prelato ha giurisdizione.
prelavaggio [pre-la-vàg-gio] *s.m.* leggero lavaggio che le lavatrici automatiche e le lavastoviglie possono effettuare prima del lavaggio vero e proprio.
prelazione [pre-la-zió-ne] *s.f.* (*dir.*) diritto di priorità nell'acquisto di un bene o nell'esercizio di un diritto: *patto di* —.
prelevamento [pre-le-va-mén-to] *s.m.* **1** il prelevare, l'essere prelevato; il ritirare dalla banca parte di una somma depositata in precedenza **2** la cosa, la somma prelevata.
prelevare [pre-le-và-re] *v.tr.* [*io prelèvo ecc.*] **1** prendere e portar via: — *dei documenti* | — *il sangue*, per analizzarlo o per utilizzarlo a scopo trasfusionale **2** ritirare una certa quantità di denaro o di beni precedentemente accumulati: — *una somma in banca* **3** prendere e portare via una persona da un luogo, con la forza o d'autorità: *sono venuti i carabinieri a prelevarlo.*
prelibatezza [pre-li-ba-téz-za] *s.f.* l'essere prelibato; cosa prelibata, squisitezza.
prelibato [pre-li-bà-to] *agg.* squisito, eccellente, raffinato: *cibo* —.
prelievo [pre-liè-vo] *s.m.* **1** il prelevare, l'essere prelevato; prelevamento: *fare un — in banca* | — *fiscale*, operato dallo stato sui redditi dei contribuenti **2** (*med.*) il prelevare da un organismo una certa quantità di tessuto o di liquido organico: — *di sangue.*
preliminare [pre-li-mi-nà-re] *agg.* che ha funzione o valore di premessa; che viene fatto in preparazione, come preambolo di qualcos'altro: *nozioni preliminari* | *contratto* —, (*dir.*) quello mediante il quale le parti si impegnano a concludere un altro contratto futuro ♦ *s.m.* (spec. *pl.*) ciò che è preparatorio o introduttivo; premessa □ **preliminarmente** *avv.* inizialmente; anzitutto.
prelogico [pre-lò-gi-co] *agg.* [pl.m. *-ci*] (*psicol.*) si dice di pensiero che non segue schemi logici e che, secondo alcuni studiosi, caratterizzerebbe la mentalità dei primitivi e quella infantile.
preludere [pre-lù-de-re] *v.intr.* [pass.rem. *io prelùʃi, tu preludésti ecc.*; part.pass. *prelùʃo*; aus. *avere*] **1** fare da preludio, da introduzione; precedere, preannunziare: *i tuoni preludono a un temporale* **2** introdurre un argomento.
preludio [pre-lù-dio] *s.m.* **1** (*mus.*) brano strumentale che introduce una composizione, un'opera | brano caratterizzato da un intenso lirismo: *i preludi di Chopin* **2** (*estens.*) discorso introduttivo, breve presentazione **3** (*fig.*) indizio di cosa che accadrà, segno premonitore: *il — della crisi.*
prémaman [/ prema'man /] *agg.* e *s.m.invar.* (*fr.*) si dice di abito o indumento di foggia ampia, adatto alle gestanti.
prematrimoniale [pre-ma-tri-mo-nià-le] *agg.* che è precedente al matrimonio: *rapporti prematrimoniali.*
prematuro [pre-ma-tù-ro] *agg.* che avviene innanzi tempo; che si fa o si dice prima del momento giusto: *decisione prematura* | *parto* —, che avviene prima del nono mese di gravidanza ♦ *s.m.* [f. *-a*] neonato prematuro □ **prematuramente** *avv.* anzitempo, prima del previsto.

premeditare [pre-me-di-tà-re] *v.tr.* [*io premèdito ecc.*] predisporre nella propria mente; architettare, tramare: — *un delitto.*
premeditato [pre-me-di-tà-to] *agg.* si dice di delitto che sia stato pensato e preparato in precedenza □ **premeditatamente** *avv.*
premeditazione [pre-me-di-ta-zió-ne] *s.f.* il premeditare, l'essere premeditato: *omicidio con* —.
premente [pre-mèn-te] *agg.* che agisce esercitando una pressione: *pompa aspirante e* —.
premere [prè-me-re] *v.tr.* [pres. *io prèmo ecc.*; pass.rem. *io preméi* o *premètti, tu preméstì ecc.*; part.pass. *premuto*] **1** esercitare una pressione, gravare su qlco.; schiacciare, spingere: — *il pulsante* **2** (*estens.*) incalzare: *i soldati premevano il nemico* | (*fig.*) insistere: — *per ottenere qlco.* ♦ *v.intr.* [aus. *avere*] **1** fare forza, esercitare una spinta: — *con la mano su un fianco* **2** (*fig.*) importare, stare a cuore: *mi preme arrivare in tempo* **3** (*fig.*) far pressione, cercare di indurre a certi comportamenti: *preme su di lui perché si impegni di più.*
premessa [pre-més-sa] *s.f.* **1** osservazione che si formula prima del discorso principale o come punto di partenza di un'argomentazione: *fare una* — | — *di un libro,* introduzione **2** (*filos.*) ciascuna delle due prime proposizioni del sillogismo, dalle quali si ricava la conclusione.
premettere [pre-mét-te-re] *v.tr.* [coniugato come *mettere*] mettere innanzi, far precedere (a un discorso o a uno scritto): — *al libro una breve introduzione.*
premiale [pre-mià-le] *agg.* si dice di legislazione penale che accorda sconti di pena o altri vantaggi agli imputati che collaborano con la giustizia.
premiare [pre-mià-re] *v.tr.* [*io prèmio ecc.*] ricompensare con un premio: — *i vincitori.*
premiato [pre-mià-to] *agg.* e *s.m.* [f. *-a*] che/chi ha ricevuto un premio.
premiazione [pre-mia-zió-ne] *s.f.* il premiare, l'essere premiato; cerimonia in cui vengono distribuiti dei premi: *assistere a una* —.
premier [/ ˈpremjɛr /] *s.m.invar.* (*ingl.*) primo ministro.
preminente [pre-mi-nèn-te] *agg.* che ha maggiore spicco, importanza, rilievo: *posizione* —.
preminenza [pre-mi-nèn-za] *s.f.* l'essere preminente; superiorità sugli altri: *posizione di* —.
premio [prè-mio] *s.m.* **1** dono che si concede come riconoscimento di un merito o per la vittoria riportata in una gara: *assegnare un* — **2** competizione sportiva o culturale in cui è in palio un premio: — *di pittura* | l'opera, la persona premiata: *un — Nobel* **3** somma di denaro o altro bene che si vince in giochi e lotterie: *il primo — è un'automobile* **4** sussidio o altro vantaggio economico concesso al fine di incoraggiare o incrementare un'attività: — *di produzione* **5** nel contratto di assicurazione, somma che si paga per ottenere la copertura di un rischio | *contratto a* —, (*dir.*) quello in cui una delle parti, dietro pagamento di un compenso, si riserva il diritto di eseguire o annullare il contratto ♦ *agg.invar.* si dice di ciò che è concesso a titolo di premio: *viaggio, licenza* —.
premistoppa [pre-mi-stóp-pa] *s.m.invar.* (*tecn.*) dispositivo che serve per comprimere una guarnizione di tenuta per tubi o per alberi rotanti.
premolare [pre-mo-là-re] *agg.* e *s.m.* si dice di ciascuno degli otto denti che nell'uomo adulto sono posti tra i canini e i molari.
premonitore [pre-mo-ni-tó-re] *agg.* [f. *-trice*] che avverte, ammonisce in anticipo: *sogno* —.
premonitorio [pre-mo-ni-tò-rio] *agg.* che premonisce; che costituisce un avvertimento.
premonizione [pre-mo-ni-zió-ne] *s.f.* fenomeno per il quale si acquista conoscenza di eventi futuri per vie paranormali.
premorienza [pre-mo-rièn-za] *s.f.* (*dir.*) il fatto di morire prima di un'altra persona o prima di un termine prefissato.
premorire [pre-mo-rì-re] *v.intr.* [coniugato come *morire*; aus. *essere*] (*burocr.*) morire prima di un'altra persona o prima di un dato termine: *il figlio è premorto al padre.*
premunire [pre-mu-nì-re] *v.tr.* [*io premunisco, tu premunisci ecc.*] munire anticipatamente | (*fig.*) provvedere di ciò che serve di difesa: — *l'organismo contro le infezioni* ♦ **premunirsi** *v.rifl.* provvedersi di opportuni mezzi di difesa e di protezione.
premura [pre-mù-ra] *s.f.* **1** fretta, urgenza: — *di partire* **2** cura, sollecitudine: *dimostrare* —.
premurarsi [pre-mu-ràr-si] *v.intr.pron.* darsi cura; affrettarsi: *si premurò di avvertirlo.*
premurosità [pre-mu-ro-si-tà] *s.f.* l'essere premuroso.
premuroso [pre-mu-ró-so] *agg.* pieno di premure, attenzioni, riguardi: *una madre premurosa* □ **premurosamente** *avv.*
prenascere [pre-nà-sce-re] *v.intr.* [coniug. come *nascere*] (*burocr.*) nascere prima di un'altra persona o di un certo termine.
prenatale [pre-na-tà-le] *agg.* che precede la nascita: *la vita — del bambino.*
prenato [pre-nà-to] *agg.* (*burocr.*) nato prima di un altra persona o di un certo termine.
prendere [prèn-de-re] *v.tr.* [pres. *io prèndo ecc.*; pass.rem. *io prési, tu prendésti ecc.*; part.pass. *préso*] **1** afferrare, stringere, sollevare: — *un sacco sulle spalle* **2** (*fig.*) trattare una persona in un certo modo: — *qlcu. con le buone*; — *di petto*, affrontare in modo deciso; — *di mira qlcu.*, perseguitarlo **3** acciuffare un oggetto in movimento: — *a volo il pallone* | arrestare: *la polizia ha preso un ladro* | catturare, colpire, pescare: — *un fagiano* | conquistare, espugnare; (*fig.*) invadere, occupare: — *una città*; *essere preso dai rimorsi* | sottrarre con la forza o con l'astuzia: — *il portafoglio a qlcu.* | (*fig.*) cogliere di sorpresa, sorprendere: — *qlcu. con le mani nel sacco* | (*fig.*) conquistare, sedurre; anche, possedere sessualmente: — *una donna* | (*fig.*) intendere, interpretare: — *una parola nel giusto senso* | (*fig.*) stimare, considerare:

— *qlco. per buono*, accettarlo come vero; — *una persona, una cosa per un'altra*, scambiarle | *prenderla bene, male*, reagire bene, male a qlco. **4** ritirare, prelevare qlco. per utilizzarla: — *dei soldi in banca* | acquistare, comprare: — *le sigarette dal tabaccaio* | mangiare, bere; ingoiare, respirare: — *un caffè*; — *una boccata d'aria* | utilizzare un mezzo di trasporto: — *il treno* | — *tempo*, aspettare; — *posto*, sedersi; — *la mano*, sfuggire al controllo; — *piede*, affermarsi, diffondersi; — *atto*, constatare e accettare; *prendersi gioco*, burlarsi; *prendersela*, aversene a male **5** riprendere, ritrarre, fotografare: — *di profilo* **6** mettersi per una strada, imboccarla: — *l'autostrada per Torino* | — *il largo*, navigare verso il mare aperto; (*fig.*) allontanarsi, fuggire **7** rilevare una persona per accompagnarsi con lei: *mi passarono a — a casa* | ospitare, tenere con sé: — *in casa la nonna* | prescegliere una persona per un determinato fine; assumere: — *in moglie*; — *una nuova segretaria* **8** subire: — *uno schiaffo* | essere colpito da una malattia: — *il raffreddore* **9** ricevere, guadagnare, percepire: — *lo stipendio* | esigere, richiedere come compenso: *quanto prende il sarto per un cappotto?* **10** ricevere, trarre, acquisire: *una stanza che prende molta luce* | (*fig.*) accogliere nel proprio animo una sensazione, un sentimento: — *coraggio* | — *aria, acqua, sole*, esporsi a essi; — *fuoco*, incendiarsi; — *fiato*, riposarsi dopo uno sforzo ♦ *v.intr.* [aus. *avere*] **1** muoversi andando in una certa direzione, dirigersi: — *a destra, a sinistra* **2** attecchire: *le rose hanno preso bene* | accendersi: *se la legna è umida, la fiamma non prende* **3** incominciare, dare inizio a qlco.: — *a dire* **4** (*fig.*) succedere, capitare all'improvviso: *gli prese un infarto* | *che ti prende?*, si dice per esprimere stupore di fronte a un comportamento strano ♦ **prendersi** *v.intr.pron.* afferrarsi, attaccarsi con le mani: *si prese alla maniglia per non cadere* ♦ *v.rifl.rec.* (*fam.*) andare d'accordo: *sono fratelli ma non si prendono.*

prendisole [pren-di-só-le] *agg.* e *s.m.invar.* si dice di abito femminile estivo, senza maniche e molto scollato.

prenditore [pren-di-tó-re] *s.m.* [f. *-trice*] (*dir.*) colui a favore del quale è emessa una cambiale.

prenegoziato [pre-ne-go-zià-to] *s.m.* incontro informale che precede il negoziato vero e proprio, al fine di valutarne la fattibilità.

prenestino [pre-ne-stì-no] *agg.* di Preneste, antica città laziale, o dell'attuale Palestrina.

prenome [pre-nó-me] *s.m.* presso i romani, il nome personale che precedeva quello della gente: *Caio è il — di Giulio Cesare.*

prenotare [pre-no-tà-re] *v.tr.* [*io prenòto ecc.*] fissare, riservarsi in anticipo qlco.: — *un posto a teatro* ♦ **prenotarsi** *v.rifl.* mettersi in nota per riservarsi qlco.: — *per un viaggio.*

prenotato [pre-no-tà-to] *agg.* **1** riservato con prenotazione: *l'albergo è tutto —* **2** che è in possesso di prenotazione: *chi non è — non riuscirà a partire.*

prenotazione [pre-no-ta-zió-ne] *s.f.* il prenotare, il prenotarsi, l'essere prenotato; il documento attestante che si è prenotato: *fare una —.*

prensile [prèn-si-le] *agg.* (*scient.*) si dice di organo animale atto a prendere, ad afferrare: *coda —.*

preoccupante [pre-oc-cu-pàn-te] *agg.* che desta preoccupazione.

preoccupare [pre-oc-cu-pà-re] *v.tr.* [*io preòccupo ecc.*] mettere, tenere in ansia, in pensiero: *notizie che preoccupano* ♦ **preoccuparsi** *v.intr.pron.* stare in ansia, in pensiero: — *per l'avvenire.*

preoccupato [pre-oc-cu-pà-to] *agg.* ansioso, impensierito: *essere — per la salute.*

preoccupazione [pre-oc-cu-pa-zió-ne] *s.f.* **1** pensiero che occupa l'animo destandovi ansia, inquietudine: *avere una —* **2** la persona o la cosa che desta ansia, che impensierisce: *il lavoro è la sua —.*

preolimpionico [pre-o-lim-piò-ni-co] *agg.* [pl.m. *-ci*] si dice di gara che ha lo scopo di scegliere gli atleti da inviare alle olimpiadi.

preordinamento [pre-or-di-na-mén-to] *s.m.* il preordinare, l'essere preordinato; preordinazione.

preordinare [pre-or-di-nà-re] *v.tr.* [*io preórdino ecc.*] **1** mettere in ordine in anticipo **2** predisporre in vista di un fine.

preordinato [pre-or-di-nà-to] *agg.* predisposto, prestabilito □ **preordinatamente** *avv.*

preordinazione [pre-or-di-na-zió-ne] *s.f.* il preordinare, l'essere preordinato; predisposizione.

preparare [pre-pa-rà-re] *v.tr.* **1** mettere in ordine, approntare qlco. perché sia pronta all'uso: — *gli strumenti*; — *un esame*, studiare per superarlo | predisporre tutto ciò che è necessario al buon esito di qlco.: — *un viaggio* **2** addestrare, esercitare in vista di una prova, una difficoltà da sostenere: — *un atleta* **3** (*fig.*) tenere in serbo, riservare: *che cosa prepara il futuro?* ♦ **prepararsi** *v.rifl.* **1** accingersi, predisporsi a fare qlco.: — *a uscire* **2** mettersi nelle condizioni di fare, sostenere qlco.: — *a un esame* | — *al peggio*, essere pronto ad accettare anche le cose più spiacevoli ♦ *v.intr.pron.* stare per accadere, essere imminente: *si preparano anni difficili.*

preparativo [pre-pa-ra-tì-vo] *s.m.* (spec. *pl.*) ciò che serve a preparare, a predisporre; ciò che si fa in vista di qlco.: *fare i preparativi per la partenza.*

preparato [pre-pa-rà-to] *agg.* **1** disposto, pronto, apparecchiato: *tavola preparata* **2** dotato di preparazione: *un alunno —* ♦ *s.m.* prodotto di laboratorio pronto per un determinato uso: — *farmaceutico.*

preparatore [pre-pa-ra-tó-re] *s.m.* [f. *-trice*] chi prepara qlco. | — *atletico*, (*sport*) chi cura la preparazione fisica di un atleta o di una squadra.

preparatorio [pre-pa-ra-tò-rio] *agg.* che è di preparazione, che serve a preparare: *esercizio —.*

preparazione [pre-pa-ra-zió-ne] *s.f.* **1** il preparare, il prepararsi, l'essere preparato: *un piatto di difficile —* **2** addestramento in vista di un'attività o di una prova: — *professionale* **3** complesso di cognizioni o di esperienze in un determinato campo: *avere un'ottima — in una disciplina.*

prepensionamento [pre-pen-sio-na-mén-to] *s.m.* l'andare o il mandare in pensione prima del tempo stabilito.

preponderante [pre-pon-de-ràn-te] *agg.* che prevale numericamente: *il partito —* | che ha maggior forza, peso, importanza: *opinione —.*

preponderanza [pre-pon-de-ràn-za] *s.f.* superiorità numerica; prevalenza, predominio: — *delle forze nemiche.*

preporre [pre-pór-re] *v.tr.* [coniugato come *porre*] **1** mettere prima, porre innanzi: — *il nome al cognome* | (*fig.*) anteporre, preferire: — *il piacere al dovere* **2** mettere a capo: — *qlcu. all'amministrazione.*

prepositivo [pre-po-ʃi-tì-vo] *agg.* (*gramm.*) che ha funzione di preposizione: *locuzione prepositiva.*

preposizionale [pre-po-ʃi-zio-nà-le] *agg.* (*gramm.*) di preposizione; che ha funzione di preposizione: *locuzione —.*

preposizione [pre-po-ʃi-zió-ne] *s.f.* (*gramm.*) parte invariabile del discorso che, preposta a sostantivi, aggettivi, pronomi, infiniti di verbi, indica la relazione che passa tra questi e altri nomi e verbi, serve cioè a formare complementi: *preposizioni proprie* (*di, a, da, in, con, su, per, tra, fra*); *preposizioni improprie* (*davanti, dopo, lungo ecc.*); *preposizioni articolate*, quelle che risultano dalla fusione di una preposizione propria con un articolo determinativo (*dello, della, degli, delle ecc.*).

preposto [pre-pó-sto] *agg.* che è anteposto ad altri | che è a capo di una determinata attività ♦ *s.m.* (*eccl.*) prevosto.

prepotente [pre-po-tèn-te] *agg.* **1** che vuole imporsi sugli altri; che fa valere con la forza e l'arroganza la propria volontà: *un ragazzo —* **2** che si impone per la sua intensità e urgenza; irresistibile, impellente: *un desiderio —* □ **prepotentemente** *avv.*

prepotenza [pre-po-tèn-za] *s.f.* **1** l'essere prepotente; carattere prepotente **2** azione da prepotente; sopruso: *non sopportare prepotenze* | *di* —, con un atto di forza.

prepotere [pre-po-té-re] *s.m.* potere eccessivo, preponderanza esagerata: *il — della nobiltà.*

preprint [/ pre'print /] *s.m.invar.* (*ingl.*) estratto di una rivista o di un volume stampato e diffuso anticipatamente e in forma provvisoria rispetto all'edizione dell'opera.

prepuberale [pre-pu-be-rà-le], o **prepubere** [pre-pù-be-re], *agg.* che si riferisce alla prepubertà: *età —.*

prepubertà [pre-pu-ber-tà] *s.f.* periodo che precede la pubertà.

prepuzio [pre-pù-zio] *s.m.* (*anat.*) piega cutanea che ricopre il glande.

preraffaellismo [pre-raf-fa-el-lì-ʃmo] *s.m.* movimento pittorico e letterario sorto in Inghilterra verso la metà del sec. XIX, che si proponeva un ritorno alle tradizioni prerinascimentali.

preraffaellita [pre-raf-fa-el-lì-ta] *agg.* [pl.m. *-ti*] relativo al preraffaellismo: *movimento —* ♦ *s.m.* pittore o letterato seguace del preraffaellismo.

preregistrato [pre-re-gi-strà-to] *agg.* registrato in precedenza: *programma televisivo —.*

prerinascimentale [pre-ri-na-sci-men-tà-le] *agg.* precedente il Rinascimento: *arte —.*

preriscaldamento [pre-ri-scal-da-mén-to] *s.m.* (*tecn.*) riscaldamento preventivo a cui vengono sottoposti liquidi o gas circolanti in un impianto | nell'industria alimentare, riscaldamento di prodotti alimentari effettuato prima che siano chiusi in scatola e sterilizzati.

prerogativa [pre-ro-ga-tì-va] *s.f.* **1** diritto speciale, privilegio riconosciuto a determinate categorie di persone: *le prerogative dei deputati* **2** (*estens.*) qualità, dote caratteristica di qlcu. o di qlco.

preromano [pre-ro-mà-no] *agg.* si dice di tutto ciò che si manifestò in una regione prima della sua conquista da parte dei romani: *le lingue preromane della Gallia.*

preromanticismo [pre-ro-man-ti-cì-ʃmo] *s.m.* corrente culturale della seconda metà del sec. XVIII, che anticipò alcuni aspetti del romanticismo.

preromantico [pre-ro-màn-ti-co] *agg.* [pl.m. *-ci*] del preromanticismo: *gusto —* ♦ *s.m.* esponente del preromanticismo: *i preromantici inglesi.*

presa [pré-sa] *s.f.* **1** il prendere, l'afferrare: *allentare, lasciare la —* | *— di posizione*, (*fig.*) l'assumere un atteggiamento deciso | *— di possesso*, (*fig.*) l'entrare in possesso di un bene | *— in giro*, (*fig.*) canzonatura | *far —*, aderire, attaccarsi; (*fig.*) impressionare, colpire: *parole che fecero — sul pubblico* | *essere alle prese con qlco.*, (*fig.*) essere impegnato in qlco. **2** la parte per cui si afferra un oggetto | pezzo di stoffa o di tessuto che serve per maneggiare utensili molto caldi: *le prese di cucina.* DIM. *presina* **3** conquista, espugnazione di una città, di una fortezza: *la — della Bastiglia* **4** la quantità di una sostanza in polvere o in grani che si può prendere in una volta tra i polpastrelli uniti: *una — di sale* **5** apertura che serve a prelevare un liquido o un gas da una conduttura: *— d'acqua* | *— di corrente*, dispositivo di collegamento di un circuito elettrico **6** (*cine.*) complesso di operazioni con cui vengono fissate le immagini sulla pellicola: *macchina da —* | *in — diretta*, (*tv*) si dice di avvenimento che viene ripreso e trasmesso nel corso del suo svolgimento **7** (*sport*) nella lotta, mossa con cui si afferra l'avversario | nel calcio, l'azione del portiere che blocca con le mani il pallone **8** nei giochi di carte, ciascuna mano di carte conquistata; nel gioco della dama o degli scacchi, mossa con cui si prende una pedina o un pezzo dell'avversario.

presagio [pre-ʃà-gio] *s.m.* **1** predizione, profezia | (*estens.*) presentimento **2** indizio di eventi futuri, segno premonitore: *tristi presagi di guerra.*

presagire [pre-ʃa-gì-re] *v.tr.* [*io preʃagisco, tu preʃagisci ecc.*] **1** profetizzare, predire: — *il futuro* **2** presentire ciò che avverrà: — *una disgrazia.*
presago [pre-ʃà-go] *agg.* [pl.m. *-ghi*] (*lett.*) che presagisce, che prevede il futuro.
presalario [pre-sa-là-rio] *s.m.* somma di denaro che lo stato corrisponde agli studenti universitari meritevoli e bisognosi.
presbiopia [pre-ʃbi-o-pì-a] *s.f.* (*med.*) disturbo visivo legato all'età, caratterizzato da incapacità di mettere a fuoco gli oggetti vicini.
presbite [prè-ʃbi-te] *agg.* e *s.m.* e *f.* (*med.*) che/chi è affetto da presbiopia.
presbiterianesimo [pre-ʃbi-te-ria-né-ʃi-mo], o **presbiterianismo**, *s.m.* dottrina e struttura di alcune chiese protestanti di origine calvinista, in cui il governo è affidato a consigli di presbiteri, cioè di pastori e anziani laici.
presbiteriano [pre-ʃbi-te-rià-no] *agg.* relativo al presbiterianesimo: *ordinamento* — ♦ *s.m.* [f. *-a*] membro delle chiese protestanti che aderiscono al presbiterianesimo.
presbiterio [pre-ʃbi-tè-rio] *s.m.* **1** (*arch.*) spazio attorno all'altare, riservato al clero officiante **2** la casa in cui abita il parroco o il rettore di una chiesa; canonica **3** nelle chiese presbiteriane, il consiglio di governo di una comunità.
presbitero [pre-ʃbì-te-ro] *s.m.* **1** anziano incaricato del governo delle prime comunità cristiane **2** (*estens.*) sacerdote.
presbitismo [pre-ʃbi-tì-ʃmo] *s.m.* (*med.*) presbiopia.
prescegliere [pre-scé-glie-re] *v.tr.* [coniugato come *scegliere*] scegliere fra più persone o cose: *essere prescelto fra molti.*
prescelto [pre-scél-to] *agg.* e *s.m.* [f. *-a*] che/chi è stato scelto fra tanti.
prescienza [pre-scièn-za] *s.f.* **1** (*teol.*) conoscenza che Dio ha di tutto ciò che dovrà accadere **2** (*estens.*) conoscenza anticipata del futuro; capacità di prevedere l'avvenire.
prescindere [pre-scìn-de-re] *v.intr.* [pass.rem. *io prescindéi, tu prescindésti ecc.*; non com. il part.pass. *prescisso*; aus. *avere*] fare astrazione da qlco.; non considerarla: — *dai particolari.*
prescolare [pre-sco-là-re] *agg.* prescolastico.
prescolastico [pre-sco-là-sti-co] *agg.* [pl.m. *-ci*] precedente l'età in cui ha inizio la scuola obbligatoria: *età prescolastica.*
prescrittibile [pre-scrit-tì-bi-le] *agg.* (*dir.*) che è soggetto a prescrizione: *diritto* —.
prescrittibilità [pre-scrit-ti-bi-li-tà] *s.f.* (*dir.*) l'essere prescrittibile.
prescritto [pre-scrìt-to] *agg.* **1** ordinato, stabilito: *attenersi alle regole prescritte* **2** (*dir.*) estinto per prescrizione: *reato* —.
prescrivere [pre-scrì-ve-re] *v.tr.* [coniugato come *scrivere*] stabilire, ordinare; — *una cura* ♦ **prescriversi** *v.intr.pron.* (*dir.*) cadere in prescrizione.
prescrizione [pre-scri-zió-ne] *s.f.* **1** il prescrivere; norma, disposizione **2** (*dir.*) in materia civile, estinzione di un diritto che non venga esercitato durante il periodo di tempo previsto dalla legge; in materia penale, estinzione di un reato o di una pena per il trascorrere di un determinato periodo di tempo: *andare, cadere in* —.
presegnalare [pre-se-gna-là-re] *v.tr.* segnalare in precedenza, in anticipo.
preselezionare [pre-se-le-zio-nà-re] *v.tr.* [*io preselezióno ecc.*] sottoporre a preselezione: — *dei candidati.*
preselezione [pre-se-le-zió-ne] *s.f.* **1** selezione preliminare: *gare di* — **2** (*telecom.*) il primo stadio del collegamento telefonico che precede la scelta vera e propria dell'utente chiamato.
presentabile [pre-ʃen-tà-bi-le] *agg.* che si può presentare con decoro; che si può mostrare senza vergognarsene: *vestirsi in modo* —.
presentabilità [pre-ʃen-ta-bi-li-tà] *s.f.* l'essere presentabile.
presentare [pre-ʃen-tà-re] *v.tr.* [*io preʃènto ecc.*] **1** mostrare, esibire qlco. a qlcu. perché la osservi: — *il biglietto al controllore*; — *una domanda*, inoltrarla; — *una candidatura*, proporla; — *le dimissioni*, dimettersi | — *le armi*, portare l'arma nella posizione prescritta per rendere gli onori **2** esporre, far apparire, mostrare: — *una cosa come un grosso affare* | (*fig.*) prospettare; implicare, comportare: *l'offerta presenta degli svantaggi* **3** far conoscere, illustrare: — *un libro* | far fare la conoscenza di una persona a un'altra: *mi ha presentato sua moglie* **4** fare da presentatore a uno spettacolo, a una manifestazione: — *un varietà televisivo* ♦ **presentarsi** *v.rifl.* **1** andare, venire di persona: — *in molti* **2** farsi vedere, mostrarsi: — *in pessime condizioni* **3** farsi conoscere dicendo il proprio nome: *permetta che mi presenti* ♦ *v.intr.pron.* **1** apparire, mostrarsi: *la situazione si presenta difficile* **2** offrirsi, capitare: *l'occasione si è presentata.*
presentat'arm [pre-ʃen-ta-t'àrm] *loc.sost.m.invar.* comando militare con cui si ordina di presentare le armi; la posizione che si assume in seguito a tale ordine: *eseguire il* —.
presentatore [pre-ʃen-ta-tó-re] *s.m.* [f. *-trice*] chi presenta al pubblico i numeri di uno spettacolo: — *televisivo.*
presentazione [pre-ʃen-ta-zió-ne] *s.f.* **1** il presentare, il presentarsi, l'essere presentato: *la — di un dono, di una domanda* | *fare le presentazioni*, far sì che due o più persone facciano reciprocamente conoscenza dichiarando i loro nomi e cognomi **2** (*estens.*) discorso o scritto introduttivo: *la — di un libro.*
presente[1] [pre-ʃèn-te] *agg.* **1** che è nel luogo di chi parla o in quello di cui si parla: *persona — in sala* | *—!*, formula di risposta positiva a un appello | *essere — a sé stesso*, (*fig.*) essere cosciente, lucido | *avere — qlcu.* o *qlco.*, (*fig.*) ricordarlo con precisione | *tenere — qlcu.* o *qlco.*, (*fig.*) non dimenticarlo, tenerne conto | *far — qlco.*, (*fig.*) farla notare **2** attuale, contemporaneo: *situazione* —;

al momento —, ora, attualmente **3** questo: *la — lettera* ♦ *s.m.* **1** il tempo, il momento attuale: *pensare al —* **2** [anche *f.*] persona presente in un luogo: *rivolgersi ai presenti* **3** (*gramm.*) tempo del verbo indicante che l'azione espressa si realizza al momento in cui si parla ♦ *s.f.* (*burocr.*) la lettera che si sta scrivendo: *con la — vi comunichiamo che...* □ **presentemente** *avv.* attualmente, in questo periodo.

presente[2] *s.m.* dono, regalo: *fare un —*.

presentimento [pre-sen-ti-mén-to] *s.m.* il presentire; sensazione di qlco. che sta per accadere: *avere un —*.

presentire [pre-sen-tì-re] *v.tr.* [*io presènto ecc.*] avere la sensazione di qlco. che sta per accadere.

presenza [pre-ʃèn-za] *s.f.* **1** l'essere presente in un luogo: *una — che è stata notata* | *in* (o *alla — di*), al cospetto di | *— di spirito*, (*fig.*) prontezza nell'agire, nel decidere, nel rispondere **2** aspetto esteriore, figura: *uomo di bella —* **3** esistenza: *la — di banchi di nebbia*.

presenzialismo [pre-ʃen-zia-lì-ʃmo] *s.m.* tendenza a esser presenti, a partecipare a ogni tipo di avvenimento, di manifestazione.

presenzialista [pre-ʃen-zia-lì-sta] *agg.* e *s.m.* e *f.* [pl.m. *-sti*] che/chi dimostra presenzialismo.

presenziare [pre-ʃen-zià-re] *v.tr.* e *intr.* [*io preʃènzio ecc.*; aus. dell'intr. *avere*] assistere di persona, essere presente: *— una cerimonia, agli esami*.

presepio [pre-ʃè-pio], meno com. **presepe**, *s.m.* rappresentazione della nascita di Gesù che si fa tradizionalmente a Natale, con statuette collocate su uno sfondo che ha al centro la grotta di Betlemme.

preservare [pre-ser-và-re] *v.tr.* [*io presèrvo ecc.*] tenere lontano da un male, da un pericolo; proteggere, difendere.

preservativo [pre-ser-va-tì-vo] *s.m.* guaina di gomma sottilissima, usata nel rapporto sessuale a scopo antifecondativo o profilattico.

preservazione [pre-ser-va-zió-ne] *s.f.* il preservare, l'essere preservato.

preside [prè-si-de] *s.m.* [anche *f.*] capo di un istituto scolastico di istruzione secondaria o di una facoltà universitaria.

presidente [pre-si-dèn-te] *s.m.* [anche *f.*, non com. *presidentessa*] chi dirige, sovrintende, coordina l'attività di un ente, un'istituzione, una società | *— onorario*, che ha il titolo per onore, senza esercitarne le funzioni | *— della repubblica*, capo di uno stato repubblicano | *— del consiglio*, capo del governo.

presidentessa [pre-si-den-tés-sa] *s.f.* donna che esercita l'ufficio di presidente.

presidenza [pre-si-dèn-za] *s.f.* **1** ufficio, carica di presidente o di preside **2** sede di chi ricopre tale carica **3** complesso di persone che assiste il presidente o il preside nello svolgimento delle sue mansioni.

presidenziale [pre-si-den-zià-le] *agg.* di presidente, da presidente: *ufficio —* | *repubblica —*, in cui il presidente della repubblica è anche capo del governo.

presidenzialismo [pre-si-den-zia-lì-ʃmo] *s.m.* sistema politico-costituzionale in cui i poteri del presidente della repubblica sono molto accentuati.

presidiare [pre-si-dià-re] *v.tr.* [*io presìdio ecc.*] munire di presidio a scopo di vigilanza: *— una fortezza* | (*estens.*) sorvegliare, controllare con un presidio: *— i cancelli*.

presidio [pre-sì-dio] *s.m.* **1** reparto armato o gruppo di vigilanza che garantisce la sicurezza, il controllo di un luogo: *— di polizia* | (*estens.*) luogo fortificato in cui è attestato un presidio: *uscire dal —* **2** (*estens.*) guardia, protezione armata: *stare di —* | (*fig.*) salvaguardia, tutela: *provvedimento a — della salute pubblica* **3** (*mil.*) circoscrizione territoriale sottoposta a un'unica autorità militare **4** (*non com.*) ausilio, sostegno.

presiedere [pre-siè-de-re] *v.tr.* [*io presièdo ecc.*] dirigere con la funzione di presidente; sovrintendere: *— una giuria* ♦ *v.intr.* [aus. *avere*] **1** essere a capo con il titolo di presidente: *— ai lavori di una commissione* **2** (*fig.*) avere un ruolo preminente nello svolgimento di un'attività: *il cuore presiede alla funzione circolatoria*.

presistole [pre-sì-sto-le] *s.f.* (*med.*) la contrazione degli atri del cuore che precede la sistole ventricolare.

presocratico [pre-so-crà-ti-co] *agg.* [pl.m. *-ci*] si dice della filosofia greca precedente al pensiero di Socrate (469-399 a.C.): *dottrine presocratiche* ♦ *agg.* e *s.m.* si dice di pensatore greco che visse prima di Socrate.

pressa [près-sa] *s.f.* (*tecn.*) macchina utilizzata per comprimere, deformare, spianare un materiale posto fra due elementi, di cui almeno uno mobile: *— meccanica*.

pressaforaggio [pres-sa-fo-ràg-gio], o **pressaforaggi**, *s.m.invar.* macchina che comprime in balle il fieno o la paglia.

press-agent [/ ˈprɛs ˈadʒɛnt /] *s.m.* e *f.invar.* (*ingl.*) chi si occupa delle relazioni con la stampa per conto di un personaggio importante, di un'organizzazione ecc.

pressante [pres-sàn-te] *agg.* che pressa; urgente, impellente: *impegno —* □ **pressantemente** *avv.*

pressappochismo [pres-sap-po-chì-ʃmo] *s.m.* tendenza ad agire o giudicare con approssimazione, in modo impreciso o superficiale.

pressappochista [pres-sap-po-chì-sta] *s.m.* e *f.* [pl.m. *-sti*] chi indulge al pressappochismo.

pressappoco [pres-sap-pò-co] *avv.* all'incirca, più o meno; approssimativamente: *hanno — la stessa età*.

pressare [pres-sà-re] *v.tr.* [*io prèsso ecc.*] **1** calcare con forza, comprimere fortemente: *— la paglia in un sacco* | (*estens.*) stringere da ogni parte: *essere pressato dalla folla* **2** (*tecn.*) comprimere con una pressa **3** (*fig.*) incalzare, assillare | sollecitare con insistenza: *— con continue richieste*.

pressato [pres-sà-to] *agg.* (*tecn.*) prodotto o rifinito mediante pressatura: *cartone* —.

pressatura [pres-sa-tù-ra] *s.f.* (*tecn.*) compressione di un materiale mediante una pressa.

pressing [/ ˈprɛssiŋ /] *s.m.invar.* (*ingl.*) (*sport*) nella pallacanestro, nel calcio e in altri giochi, azione incalzante con cui si contrasta l'avversario per sottrargli la palla.

pressione [pres-sió-ne] *s.f.* **1** il premere su qlco. e l'effetto che ne consegue; forza, spinta: *fare — col dito* **2** (*fis.*) rapporto tra l'intensità di una forza che si esercita perpendicolarmente su una superficie e l'area della superficie stessa interessata | — *atmosferica*, (*meteor.*) la pressione esercitata dall'atmosfera terrestre sull'unità di superficie | — *sanguigna* o *arteriosa*, (*med.*) la pressione esercitata dal sangue sulle pareti delle arterie: *misurare la* — | *a* —, si dice di macchine o procedimenti tecnici che utilizzano una compressione | *essere sotto* —, (*fig.*) essere molto impegnati in un'attività **3** (*fig.*) insistenza, sollecitazione: *fare — su qlcu.*, insistere per indurlo a fare qlco.

presso [près-so] *avv.* (*lett.*) vicino, accanto: *abitano qui* — | *da* —, da vicino: *esaminare da — qlco.* | *a un di* — (o *a un dipresso*), all'incirca, approssimativamente ♦ *prep.* **1** vicino a; nei dintorni, in prossimità di (si unisce ai nomi direttamente, ai pronomi pers. per mezzo della prep. *di*): *in un paesino — Roma*; *venne a sedersi — di me* | *essere — a qlco.*, in prossimità, nelle vicinanze **2** con valore di stato in luogo figurato, indica rapporto di relazione: *impiegato — una ditta*; *godere di stima — tutti* | con il valore più specifico di *in casa di*: *vive — i nonni* | negli scritti, nelle opere, nel pensiero di: *leggere — Cicerone* | nella civiltà, negli usi, nei costumi, nelle credenze di un popolo, di un gruppo etnico, sociale ecc.: — *gli antichi l'ospite era sacro* ♦ *s.m.pl.* le vicinanze, i dintorni: *abitare nei pressi della stazione.*

pressoché [pres-so-ché], o **presso che**, *avv.* (*lett.*) quasi, circa: *erano — mille persone.*

pressofusione [pres-so-fu-ʃió-ne] *s.f.* (*metall.*) procedimento di colata mediante introduzione a pressione del metallo fuso nella forma.

pressostato [pres-sò-sta-to] *s.m.* (*tecn.*) dispositivo atto a mantenere costante la pressione di un fluido all'interno di un recipiente o di un condotto.

pressurizzare [pres-su-riʒ-ʒà-re] *v.tr.* (*tecn.*) rendere la pressione interna di un ambiente superiore a quella esterna: — *la cabina di un aereo.*

pressurizzato [pres-su-riʒ-ʒà-to] *agg.* (*tecn.*) sottoposto a pressurizzazione: *camera pressurizzata.*

pressurizzazione [pres-su-riʒ-ʒa-zió-ne] *s.f.* (*tecn.*) operazione e risultato del pressurizzare.

prestabilire [pre-sta-bi-lì-re] *v.tr.* [*io prestabilisco, tu prestabilisci ecc.*] stabilire prima; preordinare: — *un piano.*

prestabilito [pre-sta-bi-lì-to] *agg.* stabilito, fissato prima: *giorno* —.

prestampato [pre-stam-pàto] *agg.* e *s.m.* si dice di modulo con alcune parti già stampate da completare a mano con dati specifici.

prestanome [pre-sta-nó-me] *s.m.* e *f.invar.* chi firma contratti o altri documenti al posto di una persona che non può o non vuole prendere impegni col proprio nome.

prestante [pre-stàn-te] *agg.* di bell'aspetto; vigoroso, robusto: *giovane* —.

prestanza [pre-stàn-za] *s.f.* l'essere prestante: — *fisica.*

prestare [pre-stà-re] *v.tr.* [*io prèsto ecc.*] **1** dare qlco. col patto che sia restituita: — *un libro* **2** concedere, dare, porgere: — *aiuto*, aiutare; — *attenzione*, fare attenzione; — *fede*, credere; — *orecchio*, ascoltare; — *la propria opera*, lavorare per altri; — *servizio*, lavorare ♦ **prestarsi** *v.rifl.* dare il proprio aiuto; prodigarsi, adoperarsi: — *volentieri per gli altri* ♦ *v.intr.pron.* essere adatto: *l'alluminio si presta a molti usi.*

prestatore [pre-sta-tó-re] *s.m.* [f. *-trice*] chi presta | — *di lavoro*, *d'opera*, chi svolge un'attività alle dipendenze di altri.

prestazione [pre-sta-zió-ne] *s.f.* **1** il prestare la propria opera per eseguire un lavoro: — *professionale* **2** rendimento che una persona dà nello svolgere una determinata attività: *fornire una brillante* — | (spec. *pl.*) rendimento di una macchina, di un dispositivo: *le prestazioni di un motore* **3** (*dir.*) il contenuto di un'obbligazione.

prestidigitatore [pre-sti-di-gi-ta-tó-re] *s.m.* [f. *-trice*] (*non com.*) prestigiatore.

prestidigitazione [pre-sti-di-gi-ta-zió-ne] *s.f.* l'arte, la tecnica del prestigiatore.

prestigiatore [pre-sti-gia-tó-re] *s.m.* [f. *-trice*] chi fa giochi di prestigio; illusionista.

prestigio [pre-stì-gio] *s.m.* **1** reputazione che si acquista per le proprie doti o qualità; autorevolezza, credito: *godere di* —; *perdere il* — **2** illusione provocata con destrezza di mano o con trucchi ingegnosi: *gioco di* —.

prestigioso [pre-sti-gió-so] *agg.* che gode di grande prestigio; autorevole, importante, straordinario: *nome, risultato* — □ **prestigiosamente** *avv.*

prestissimo [pre-stìs-si-mo] *s.m.invar.* (*mus.*) indicazione dinamica sullo spartito che prescrive un movimento più veloce del presto.

prestito [prè-sti-to] *s.m.* **1** il prestare, l'essere prestato: *fare un* —; *dare, prendere in* — **2** la cosa prestata | somma di denaro ottenuta o concessa per un periodo di tempo determinato, con impegno di restituzione da parte del debitore, con o senza interessi **3** (*ling.*) fenomeno per cui una lingua trae da un'altra un elemento linguistico.

presto [prè-sto] *avv.* **1** entro breve tempo, tra poco; subito: *ritornerò* — | *al più* —, nel più breve tempo possibile **2** in fretta, rapidamente: *cercate di far* — **3** di buon'ora: *alzarsi* — | in anticipo, prima del tempo stabilito: *è — per decidere.* DIM. *prestino* ♦ *s.m.* (*mus.*) indicazione sullo spartito che prescrive un movimento assai vivace.

presule [prè-ʃu-le] *s.m.* vescovo, prelato.
presumere [pre-ʃù-me-re] *v.tr.* [coniugato come *assumere*] **1** congetturare, supporre, immaginare: *presumo che non verrà* **2** credere senza fondamento; pretendere oltre il possibile o il dovuto: *— di sapere tutto.*
presumibile [pre-ʃu-mì-bi-le] *agg.* che si può presumere, presupporre: *danno —* | *è — che*, si può supporre che □ **presumibilmente** *avv.* per quanto si può presumere; con buona probabilità.
presuntivo [pre-ʃun-tì-vo] *agg.* che si può presumere o calcolare in anticipo; che viene previsto sulla base di una supposizione: *bilancio —*, di previsione □ **presuntivamente** *avv.*
presunto [pre-ʃùn-to] *agg.* supposto, ritenuto tale in base a un calcolo o per congettura: *il — assassino* | *morte presunta*, *(dir.)* dichiarata dal tribunale nei confronti di una persona di cui non si abbiano più notizie certe da almeno dieci anni.
presuntuosaggine [pre-ʃun-tuo-sàg-gi-ne] *s.f.* *(non com.)* presuntuosità.
presuntuosità [pre-ʃun-tuo-si-tà] *s.f.* l'essere presuntuoso; presunzione.
presuntuoso [pre-ʃun-tu-ó-so] *agg.* che presume troppo di sé, che crede di poter fare cose superiori alle proprie capacità: *persona presuntuosa* | che rivela presunzione: *discorso —* ♦ *s.m.* [f. *-a*] persona presuntuosa □ **presuntuosamente** *avv.*
presunzione [pre-ʃun-zió-ne] *s.f.* **1** il presumere; congettura, opinione | *— di innocenza*, *(dir.)* principio secondo cui chi è imputato di un crimine è da ritenersi innocente finché non sia provata la sua colpevolezza in un processo **2** l'essere presuntuoso; opinione troppo alta di sé: *peccare di —.*
presupporre [pre-sup-pór-re] *v.tr.* [coniugato come *porre*] **1** immaginare, supporre in anticipo: *tutto è avvenuto come avevo presupposto* **2** richiedere come condizione necessaria: *ciò presuppone conoscenza dei fatti.*
presupposizione [pre-sup-po-ʃi-zió-ne] *s.f.* il presupporre; la cosa presupposta.
presupposto [pre-sup-pó-sto] *s.m.* **1** ciò che costituisce la premessa di un'argomentazione: *fondarsi su un — certo* **2** condizione necessaria: *i presupposti per ottenere qlco.*
prêt-à-porter [/ prɛtapor'te /] *loc.agg.* e *sost.m.invar.* *(fr.)* si dice di abito femminile confezionato in serie su modelli di sartoria.
pretattica [pre-tàt-ti-ca] *s.f.* nel linguaggio sportivo, l'atteggiamento di un allenatore che, alla vigilia di una gara, mantiene il massimo riserbo sulla formazione che schiererà in campo.
prete [prè-te] *s.m.* ministro di un culto; sacerdote: *— cattolico, protestante* | membro delle gerarchie inferiori del clero cattolico: *fare il —*; *farsi —*, ricevere gli ordini sacri | *scherzo da —*, *(fam.)* di cattivo gusto; tiro birbone.
pretendente [pre-ten-dèn-te] *s.m.* e *f.* chi aspira a qlco., avanza pretese su qlco.: *— al trono*, membro di una dinastia che aspira a diventare re | *(assol.)* corteggiatore: *avere molti pretendenti.*
pretendere [pre-tèn-de-re] *v.tr.* [coniugato come *tendere*] **1** volere per forza, con ostinazione, con arroganza: *pretende di dare ordini a tutti* **2** sostenere ostinatamente una tesi priva di fondamento: *pretende di avere ragione* **3** richiedere più del dovuto; esigere una cosa che non spetta: *pretende una cifra troppo alta* **4** esigere in base a un preciso diritto, chiedere con fermezza (anche *assol.*): *pretendo di essere rispettato* **5** avere la presunzione di poter fare cose superiori alle proprie forze: *— di sapere tutto* ♦ *v.intr.* [aus. *avere*] aspirare, ambire a qlco.: *— al trono.*
pretensionatore [pre-ten-sio-na-tó-re] *s.m.* *(aut.)* dispositivo che, in caso di urto frontale, sposta automaticamente all'indietro il punto di aggancio della cintura di sicurezza, tendendola in modo che il corpo non venga proiettato in avanti.
pretensione [pre-ten-sió-ne] *s.f.* **1** il pretendere; pretesa, presunzione **2** *(estens.)* ricercatezza, ostentazione eccessiva di eleganza o di lusso: *salotto arredato con —* **3** *(tecn.)* tensione preventiva.
pretensiosità [pre-ten-sio-si-tà], o **pretenziosità**, *s.f.* l'essere pretensioso.
pretensioso [pre-ten-sió-so], o **pretenzioso**, *agg.* che ha molte pretese, che rivela pretensione: *discorso, stile —*, che denotano goffa ostentazione □ **pretensiosamente** *avv.*
preterintenzionale [pre-te-rin-ten-zio-nà-le] *agg.* che va oltre l'intenzione di chi agisce | *(dir.)* si dice di evento delittuoso le cui conseguenze sono più gravi di quanto fosse nell'intenzione dell'autore: *omicidio —.*
preterintenzionalità [pre-te-rin-ten-zio-na-li-tà] *s.f.* l'essere preterintenzionale; carattere preterintenzionale.
preterito [pre-tè-ri-to] *s.m.* *(gramm.)* termine usato per indicare un tempo passato.
preterizione [pre-te-ri-zió-ne] *s.f.* figura retorica consistente nel fingere di passare sotto silenzio una cosa che in realtà si dice (p.e. *non ti dico la mia delusione*).
pretesa [pre-té-sa] *s.f.* **1** il pretendere; ciò che si pretende | *avere la — di*, avere la presunzione di **2** *(estens.)* esigenza, aspirazione: *uomo di poche pretese* | *senza pretese*, semplice, alla buona: *discorso senza pretese.*
pretesco [pre-té-sco] *agg.* [pl.m. *-schi*] *(spreg.)* da prete, che è proprio dei preti: *maniere pretesche.*
preteso [pre-té-so] *agg.* supposto, opinabile: *una pretesa superiorità.*
pretesto [pre-tè-sto] *s.m.* **1** ragione falsa, che maschera quella vera; scusa: *cercare un —* **2** *(estens.)* motivo, occasione: *cercare un — per parlargli.*
pretestuosità [pre-te-stu-o-si-tà] *s.f.* l'essere pretestuoso: *la — di una scusa.*
pretestuoso [pre-te-stu-ó-so] *agg.* che si fonda su pretesti; che costituisce un pretesto: *giustifi-*

cazione pretestuosa □ **pretestuosamente** *avv.*

pretino [pre-tì-no] *s.m.* **1** prete giovane **2** (*estens.*) chierichetto.

pretore [pre-tó-re] *s.m.* **1** (*dir.*) magistrato che giudica cause civili e penali di limitata entità **2** in Roma antica, magistrato che esercitava la giustizia.

pretoriano [pre-to-rià-no] *s.m.* **1** nell'antica Roma, guardia del corpo di capi militari | in età imperiale, soldato della guardia ufficiale dell'imperatore **2** (*fig.*) sgherro al servizio di un personaggio potente.

pretorio[1] [pre-tò-rio] *agg.* **1** (*dir.*) del pretore, proprio di un pretore **2** (*ammin.*) del municipio, proprio di un municipio: *albo* —, albo sul quale l'autorità municipale affigge atti ufficiali da esporre al pubblico **3** (*st.*) del magistrato che nella Roma repubblicana aveva titolo di pretore: *editto* — | nella Roma imperiale, dell'imperatore: *coorti pretorie.*

pretorio[2] *s.m.* **1** nell'antico accampamento militare romano, spazio su cui sorgeva la tenda del pretore **2** il corpo dei pretoriani; l'edificio in cui aveva sede.

pretto [prèt-to] *agg.* (*non com.*) genuino, puro, schietto □ **prettamente** *avv.* schiettamente, tipicamente.

pretura [pre-tù-ra] *s.f.* **1** (*dir.*) l'ufficio di pretore e l'edificio dove egli amministra la giustizia; anche, la circoscrizione di sua competenza **2** nella Roma antica, carica e dignità di pretore.

prevalente [pre-va-lèn-te] *agg.* che prevale su altri; che è più frequente o numeroso di altri: *opinione* — □ **prevalentemente** *avv.* in prevalenza, per lo più.

prevalenza [pre-va-lèn-za] *s.f.* il prevalere; l'essere prevalente | *essere in* —, in maggioranza.

prevalere [pre-va-lé-re] *v.intr.* [coniugato come *valere*; aus. *essere* o *avere*] **1** valere di più, avere maggior forza; avere la meglio, vincere: *la ragione prevale sulla forza* **2** essere di più, in maggioranza: *i consensi prevalgono sulle critiche.*

prevaricare [pre-va-ri-cà-re] *v.intr.* [*io prevàrico, tu prevàrichi ecc.*; aus. *avere*] **1** oltrepassare i limiti del giusto; trasgredire | (*estens.*) prevalere nei confronti di altri abusando della propria forza o abilità **2** abusare di un potere, di una carica per trarne vantaggi illeciti.

prevaricatore [pre-va-ri-ca-tó-re] *agg.* e *s.m.* [f. *-trice*] che/chi prevarica.

prevaricazione [pre-va-ri-ca-zió-ne] *s.f.* **1** il prevaricare **2** (*dir.*) reato di chi abusa dei propri poteri per trarne vantaggi personali.

prevedere [pre-ve-dé-re] *v.tr.* [coniugato come *vedere*] **1** supporre in anticipo, prefigurare un evento futuro; presagire, pronosticare: *si prevede bel tempo* **2** contemplare, prendere in considerazione: *caso che il codice non prevede.*

prevedibile [pre-ve-dì-bi-le] *agg.* che si può prevedere; ovvio, scontato: *conclusione* — □ **prevedibilmente** *avv.*

prevedibilità [pre-ve-di-bi-li-tà] *s.f.* l'essere prevedibile.

preveggente [pre-veg-gèn-te] *agg.* (*lett.*) che è in grado di prevedere quanto accadrà.

preveggenza [pre-veg-gèn-za] *s.f.* (*lett.*) l'essere preveggente.

prevendita [pre-vén-di-ta] *s.f.* vendita di biglietti effettuata con anticipo rispetto al momento in cui si utilizzeranno.

prevenire [pre-ve-nì-re] *v.tr.* [coniugato come *venire*] **1** precedere qlcu. arrivando prima; fare o dire qlco. prima di altri: — *un desiderio*, soddisfarlo prima che venga espresso **2** prendere in anticipo i provvedimenti necessari a evitare un evento dannoso: — *uno scandalo* **3** avvertire, avvisare in precedenza: *vi prevengo che non potrete entrare.*

preventivare [pre-ven-ti-và-re] *v.tr.* **1** prevedere una spesa e calcolarne in anticipo l'entità; fare un preventivo **2** (*estens.*) prevedere, pronosticare.

preventivo [pre-ven-tì-vo] *agg.* **1** diretto a prevenire un danno | *medicina preventiva*, settore della medicina che si occupa della prevenzione delle malattie | *carcerazione preventiva*, quella imposta all'imputato prima e durante il processo **2** che si calcola in anticipo, che si fonda su una previsione: *calcolo* — *delle spese* ♦ *s.m.* previsione del costo di un lavoro prima che esso venga iniziato; calcolo, bilancio preventivo: *fare un* — | *mettere in* —, preventivare □ **preventivamente** *avv.* **1** in modo da prevenire **2** in anticipo.

prevenuto [pre-ve-nù-to] *agg.* che ha delle prevenzioni, dei preconcetti; maldisposto: *è* — *nei nostri riguardi* ♦ *s.m.* (*dir.*) accusato, imputato.

prevenzione [pre-ven-zió-ne] *s.f.* **1** il predisporre misure utili a evitare eventi dannosi: *la* — *degli infortuni* **2** disposizione d'animo ostile; preconcetto, pregiudizio.

previdente [pre-vi-dèn-te] *agg.* che pensa a quel che può accadere e prende in anticipo provvedimenti utili a evitare danni o inconvenienti: *persona* — □ **previdentemente** *avv.*

previdenza [pre-vi-dèn-za] *s.f.* il prevedere i casi futuri e il provvedervi opportunamente; l'essere previdente | — *sociale*, complesso delle assicurazioni che garantiscono al lavoratore i mezzi di sostentamento in caso di invalidità, vecchiaia, disoccupazione.

previdenziale [pre-vi-den-zià-le] *agg.* che riguarda la previdenza sociale: *istituto, contributo* —.

previo [prè-vio] *agg.* (*burocr.*) fatto, preso, dato in precedenza: — *accordo, esame*, dopo un accordo, un esame.

previsionale [pre-vi-ʃio-nà-le] *agg.* di previsione, concernente una previsione; preventivo.

previsione [pre-vi-ʃió-ne] *s.f.* il prevedere, il supporre quello che accadrà sulla base di certi elementi: — *del futuro* | — *meteorologica* (o *del tempo*), analisi delle condizioni atmosferiche previste in un'area geografica.

previsto [pre-vì-sto] *agg.* conosciuto, saputo in anticipo; pronosticato: *un evento —* ♦ *s.m.* ciò che si è supposto, immaginato precedentemente: *tutto si è svolto secondo il —.*

prevocalico [pre-vo-cà-li-co] *agg.* [pl.m. *-ci*] (*ling.*) si dice di suono posto davanti a vocale.

prevosto [pre-vò-sto] *s.m.* dignitario ecclesiastico | (*sett.*) parroco.

preziosismo [pre-zio-sì-ʃmo] *s.m.* **1** ricerca di un'eleganza preziosa, raffinata | (*estens.*) elemento di estrema raffinatezza ed eleganza: *arte ricca di preziosismi* **2** corrente letteraria sviluppatasi in Francia nel sec. XVII, caratterizzata da un'esasperata ricerca formale.

preziosità [pre-zio-si-tà] *s.f.* **1** l'essere prezioso, di gran valore: *la — di un gioiello* | (*fig.*) eleganza ricercata, artificiosa: *— di stile* **2** (*estens.*) ciò che è prezioso.

prezioso [pre-zió-so] *agg.* **1** di gran pregio o valore; di prezzo elevato: *l'oro è un metallo —* | *pietre preziose*, gemme **2** (*fig.*) che si tiene in gran conto per l'importanza, la qualità, l'utilità: *consiglio —* **3** (*fig. fam.*) si dice di persona che si fa desiderare, che non si fa vedere o trovare facilmente: *diventare —* **4** (*fig.*) ricercato, raffinato: *eleganza preziosa* ♦ *s.m.* **1** oggetto prezioso; gioiello: *commerciare in preziosi* **2** (*fig. fam.*) si dice di persona che si fa desiderare: *non fare il —!* □ **preziosamente** *avv.*

prezzare [prez-zà-re] *v.tr.* [*io prèzzo ecc.*] applicare l'etichetta o il cartellino indicanti il prezzo su una merce da esporre al pubblico.

prezzario [prez-zà-rio] *s.m.* catalogo in cui sono elencate le merci in vendita con i relativi prezzi.

prezzatrice [prez-za-trì-ce] *s.f.* strumento per la prezzatura meccanica delle merci da mettere in vendita.

prezzatura [prez-za-tù-ra] *s.f.* operazione e risultato del prezzare la merce in vendita.

prezzemolo [prez-zé-mo-lo] *s.m.* pianta erbacea coltivata per le sue foglioline di colore verde lucente, usate in cucina per le proprietà aromatiche | *essere come il —*, (*fig.*) si dice di persona che è sempre dappertutto.

prezzo [prèz-zo] *s.m.* **1** quantità di moneta necessaria all'acquisto di un bene o all'utilizzazione di un servizio: *— fisso*, non contrattabile; *— di mercato*, determinato dal libero gioco della domanda e dell'offerta | *non avere —*, (*fig.*) si dice di cosa che ha un valore inestimabile | *a caro —*, (*fig.*) a costo di grandi sforzi o sacrifici | *a — di*, (*fig.*) dando, sopportando in contraccambio: *affermarsi a — di enormi sacrifici* **2** (*estens.*) cartellino che si pone accanto alla merce per indicarne il prezzo: *esporre il —.*

prezzolare [prez-zo-là-re] *v.tr.* [*io prèzzolo ecc.*] pagare qlcu. perché compia atti illeciti o contrari all'etica professionale: *— un giornalista.*

prezzolato [prez-zo-là-to] *agg.* assoldato per fini illeciti o riprovevoli.

pria [prì-a] *avv.* (*poet.*) prima.

priapismo [pri-a-pì-ʃmo] *s.m.* (*med.*) erezione prolungata e dolorosa del pene, senza eccitazione sessuale né eiaculazione.

prigione [pri-gió-ne] *s.f.* **1** carcere: *finire in —* | carcerazione: *scontare tre anni di —* **2** (*fig.*) luogo chiuso e opprimente: *questa casa è una —.*

prigionia [pri-gio-nì-a] *s.f.* **1** la condizione di chi è prigioniero: *fare tre anni di —* **2** (*fig. lett.*) soggezione, schiavitù: *la — del peccato.*

prigioniero [pri-gio-niè-ro] *agg.* **1** che è privato della libertà personale e rinchiuso sotto sorveglianza: *un soldato —* **2** (*estens.*) che è chiuso, intrappolato in un ambiente da cui non ha possibilità di uscire: *restare — nell'ascensore* **3** (*fig.*) che non è completamente autonomo e padrone di sé; che è schiavo di un'abitudine, di un vizio: *essere — dei pregiudizi* **4** che vive in cattività: *uccellino — in gabbia* ♦ *s.m.* **1** [f. *-a*] persona prigioniera: *un — di guerra*; *dichiararsi — politico* **2** [f. *-a*] in vari giochi di ragazzi, il giocatore che viene catturato e deve astenersi dal giocare fino a che non viene liberato.

prima[1] [prì-ma] *avv.* **1** nel tempo anteriore, in precedenza: *due giorni —* | *— o poi*, una volta o l'altra | *quanto —*, il più presto possibile **2** in un luogo, in uno spazio precedente; avanti, davanti: *un paragrafo —* **3** in primo luogo: *— lo studio, poi il divertimento* ♦ *prep.* indica anteriorità nel tempo o precedenza nello spazio (si unisce ai nomi per mezzo della prep. *di*): *— d'ora, d'oggi*; *finire — del tempo*, del tempo previsto o dovuto | Nelle loc.cong. *— di*, *— che* introduce una proposizione temporale indicante anteriorità: *— di partire*; *— che posso*, appena posso.

prima[2] *s.f.* **1** prima rappresentazione di un'opera teatrale o cinematografica: *assistere a una —* **2** la prima marcia nel cambio di velocità di motoveicoli e autoveicoli: *partire in —* **3** la prima classe di un corso di studi: *frequentare la —.*

primadonna [pri-ma-dón-na], o **prima donna**, *s.f.* [pl. *primedonne* o *prime donne*] **1** attrice o cantante a cui è affidata la parte femminile più importante di uno spettacolo **2** (*estens.*) persona che vuole primeggiare e cerca di mettersi in mostra: *fare la —.*

primario [pri-mà-rio] *agg.* **1** che è primo in una successione | *scuola primaria*, elementare | *era primaria*, (*geol.*) era paleozoica **2** che è primo per rilevanza, interesse, valore: *un problema di primaria importanza* ♦ *s.m.* **1** medico che dirige un reparto ospedaliero **2** (*econ.*) il settore dell'agricoltura, dell'allevamento, della caccia e della pesca, dell'industria mineraria.

primate [pri-mà-te] *s.m.* il vescovo della diocesi principale o più antica di una nazione: *il — della chiesa polacca.*

primati [pri-mà-ti] *s.m.pl.* (*zool.*) ordine di mammiferi comprendente scimmie e proscimmie, i cui componenti sono considerati i più evoluti del regno animale.

primaticcio [pri-ma-tìc-cio] *agg.* [pl.f. *-ce*] si dice di frutto o di ortaggio che matura prima di altre

varietà della stessa specie o prima della stagione normale: *fico* —.
primatista [pri-ma-tì-sta] *s.m.* e *f.* [pl.m. *-sti*] (*sport*) atleta che detiene un primato in una specialità sportiva: — *di salto in lungo*.
primato [pri-mà-to] *s.m.* **1** l'esser primo, l'essere superiore agli altri in una determinata attività; preminenza, supremazia: *il — mondiale nella produzione di vino* **2** (*sport*) il miglior risultato ottenuto in una specialità sportiva; record.
primatologia [pri-ma-to-lo-gì-a] *s.f.* branca della zoologia che studia i primati, soprattutto in relazione ai rapporti biologici che intercorrono tra quest'ordine di mammiferi e la specie umana.
primattore [pri-mat-tó-re], o **primo attore**, *s.m.* [pl. *primattori* o *primi attori*] attore che interpreta la parte maschile principale di un'opera teatrale o cinematografica.
primavera [pri-ma-vè-ra] *s.f.* **1** stagione intermedia fra l'inverno e l'estate; nel nostro emisfero inizia il 21 marzo e termina il 21 giugno | *prov.*: *una rondine non fa* —, un caso isolato non consente di trarre conclusioni generali **2** (*estens.*) clima mite, sereno, che è tipico della primavera: *certi paesi godono di una eterna* — **3** (*fig. lett.*) momento iniziale, denso di speranze: *la giovinezza è la — della vita* **4** (*bot.*) primula ♦ *agg.invar.* (*sport*) si dice della squadra giovanile di una società calcistica e del campionato a cui essa partecipa.
primaverile [pri-ma-ve-rì-le] *agg.* di primavera, della primavera: *giornata* —.
primaziale [pri-ma-zià-le] *agg.* si dice di chiesa o sede vescovile retta da un primate.
primeggiare [pri-meg-già-re] *v.intr.* [*io priméggio ecc.*; aus. *avere*] essere il primo o tra i primi; emergere, spiccare.
primiera [pri-miè-ra] *s.f.* **1** gioco d'azzardo che si fa con le carte da gioco italiane **2** nel gioco della scopa e dello scopone, combinazione di carte che dà diritto a un punto.
primigenio [pri-mi-gè-nio] *agg.* (*lett.*) che è proprio delle origini; che appartiene ai tempi più lontani, più remoti: *l'umanità primigenia*.
primina [pri-mì-na] *s.f.* (*fam.*) prima classe della scuola elementare, frequentata privatamente da un alunno che non ha ancora compiuto sei anni di età.
primipara [pri-mì-pa-ra] *s.f.* donna che è al primo parto.
primitivismo [pri-mi-ti-vì-ʃmo] *s.m.* tendenza a rivalutare le culture cosiddette primitive, e a ispirarsi a esse in alcune espressioni artistiche.
primitività [pri-mi-ti-vi-tà] *s.f.* l'essere primitivo; qualità, condizione di ciò che è primitivo.
primitivo [pri-mi-tì-vo] *agg.* **1** (*non com.*) di prima, di un'epoca anteriore | di un periodo iniziale; originario: *il — splendore di un sala* **2** (*etnol.*) che appartiene all'età, alle popolazioni della preistoria: *le culture primitive* | relativo a popolazioni extraeuropee, che si riteneva fossero rimaste agli stadi primari dello sviluppo della civiltà: *i popoli primitivi dell'Africa* ♦ *s.m.* [f. *-a*] (spec. *pl.*) individuo della preistoria o appartenente a una civiltà ritenuta primitiva □ **primitivamente** *avv.* in modo primitivo | all'inizio, alle origini.
primizia [pri-mì-zia] *s.f.* **1** frutto, ortaggio che matura agli inizi o fuori della stagione, ed è quindi considerato più pregiato **2** (*relig.*) presso vari popoli antichi, offerta alla divinità costituita dai primi prodotti della terra e dai primi nati degli animali **3** (*fig.*) notizia ricevuta in anticipo sugli altri.
primo [prì-mo] *agg.num.ord.* **1** che in una serie occupa il posto numero uno; che precede tutti gli altri in ordine di tempo o di spazio: *il — piano di un palazzo*; *la prima ora del giorno* | *materia prima*, che sta alla base di un procedimento di produzione | *di — grado*, del grado più basso, inferiore: *ustioni di — grado* | *minuto* —, sessantesima parte di un'ora **2** indica la parte iniziale, il principio: *il — pomeriggio* | *sulla prima, sulle prime*, inizialmente **3** principale, fondamentale: *la causa prima di un evento* | *il — cittadino*, il presidente della repubblica o, in un comune, il sindaco | *il — ministro*, il presidente del consiglio | *in — luogo, per prima cosa*, anzitutto | *di prim'ordine, di prima qualità, di prima scelta*, eccellente | *di prima mano*, (*fig.*) si dice di cosa avuta o conosciuta direttamente | *numero* —, (*mat.*) numero divisibile solamente per sé stesso e per l'unità ♦ *avv.* in primo luogo; principalmente, soprattutto ♦ *s.m.* **1** [f. *-a*] chi è al primo posto in un ordine, in una graduatoria: *il — della classe* | *il — venuto*, (*fig.*) una persona qualsiasi **2** la prima portata di un pasto, costituita per lo più da minestra in brodo o asciutta **3** il primo giorno della settimana, del mese, dell'anno: *partire ai primi di agosto* **4** minuto primo, sessantesima parte di un'ora: *un — e tre secondi*.
primogenito [pri-mo-gè-ni-to] *agg.* e *s.m.* [f. *-a*] si dice del figlio nato per primo.
primogenitura [pri-mo-ge-ni-tù-ra] *s.f.* la condizione di chi è primogenito.
primordiale [pri-mor-dià-le] *agg.* dei primordi, delle origini: *l'aspetto — della Terra* | (*estens.*) primitivo, iniziale; non progredito: *istinto* —; *progetto allo stato* —.
primordio [pri-mòr-dio] *s.m.* (spec. *pl.*) il primo manifestarsi di una realtà, di un fenomeno, di un processo; principio, origine: *i primordi della civiltà*.
primula [prì-mu-la] *s.f.* (*bot.*) pianta erbacea con foglie di colore verde chiaro e fiori gialli, rosa o violacei che sbocciano all'inizio della primavera | — *rossa*, (*fig.*) persona inafferrabile, introvabile.
primulacee [pri-mu-là-ce-e] *s.f.pl.* (*bot.*) famiglia di piante dicotiledoni a cui appartengono la primula e il ciclamino.
principale [prin-ci-pà-le] *agg.* che ha maggiore importanza, rilievo, valore: *il motivo — di una scelta* | *proposizione* —, (*gramm.*) la proposizione indipendente di un periodo, dalla quale dipendono le altre proposizioni ♦ *s.m.* e *f.* (*fam.*)

datore di lavoro; la persona alle cui dipendenze si lavora □ **principalmente** *avv.* soprattutto, massimamente, specialmente.
principato [prin-ci-pà-to] *s.m.* 1 ufficio e dignità di principe; lo stato, il territorio retto da un principe: *il — di Monaco* | (*estens.*) potere supremo esercitato da un sovrano: *il — di Traiano* 2 *pl. Principati*, (*teol.*) uno dei nove cori angelici.
principe [prìn-ci-pe] *s.m.* 1 membro di una famiglia regnante: *— ereditario*, designato alla successione al trono; *— consorte*, il marito della regina, quando non sia re 2 il titolo più elevato della gerarchia araldica, superiore a quello di duca: *i principi Torlonia* | *i principi della chiesa*, i cardinali | *vivere come un —, far vita da —*, vivere nel lusso, negli agi | *— azzurro*, nelle fiabe, il figlio del re, giovane e bello, che salva e sposa la protagonista; (*fig.*) lo sposo ideale 3 (*lett.*) signore, dominatore: *il — delle tenebre*, il demonio | (*fig.*) persona che gode di altissimo prestigio e autorità in un determinato ambito: *— del foro*, avvocato di grande notorietà 4 *— di Galles*, tessuto dal classico disegno a linee incrociate che formano riquadri di varia grandezza ♦ *agg.* (*lett.*) 1 primo; il più antico: *l'edizione — di un'opera* 2 principale, più importante: *l'argomento — di una dimostrazione*.
principesco [prin-ci-pé-sco] *agg.* [pl.m. *-schi*] di principe, da principe | (*estens.*) sontuoso, sfarzoso: *ricevimento —* □ **principescamente** *avv.*
principessa [prin-ci-pés-sa] *s.f.* sovrana di un principato; moglie o figlia di un principe; figlia di un re.
principessina [prin-ci-pes-sì-na] *s.f.* giovane figlia di un re o di un principe.
principiante [prin-ci-piàn-te] *agg.* e *s.m.* e *f.* si dice di chi solo da poco tempo si è applicato a uno studio, a un'arte, a un mestiere, e quindi è ancora inesperto: *lavoro da —*.
principiare [prin-ci-pià-re] *v.tr.* [*io princìpio ecc.*] (*non com.*) dare principio, cominciare: *— un lavoro* ♦ *v.intr.* [aus. *avere* se il sogg. è animato, *essere* se il sogg. è inanimato] (*non com.*) avere inizio.
principino [prin-ci-pì-no] *s.m.* giovane figlio di un re o di un principe.
principio [prin-cì-pio] *s.m.* 1 il cominciare; inizio, avvio: *il — dell'anno* | *in —* (o *al —*), inizialmente | *dal —*, dall'inizio 2 (*non com.*) origine, causa | *— attivo*, (*farm.*) in un preparato, il costituente che conferisce le specifiche proprietà farmacologiche 3 ciò che rappresenta il fondamento di un ragionamento, di una dottrina, di una scienza: *i principi della meccanica* | norma morale che sta alla base di un comportamento: *uomo di sani principi* | *questione di —*, che concerne i fondamenti della conoscenza o della morale | *per —*, per convinzione personale.
princisbecco [prin-ci-ʃbéc-co] *s.m.* lega di rame, zinco e stagno, di aspetto simile all'oro.
priora [pri-ó-ra] *s.f.* superiora di un convento o di un monastero.
priorato [prio-rà-to] *s.m.* ufficio, dignità di priore o di priora; la sede di tale ufficio.
priore [pri-ó-re] *s.m.* 1 superiore di una comunità di monaci o di frati 2 capo di una confraternita religiosa 3 nel comune medioevale, titolo del magistrato che presiedeva il collegio dei consoli.
priorità [pri-o-ri-tà] *s.f.* 1 l'essere anteriore, precedente nel tempo: *la — di una scoperta* 2 il venire prima rispetto ad altro, il diritto di precedere per urgenza, importanza, valore: *la — di una decisione*; *avere la —*, la precedenza.
prioritario [pri-o-ri-tà-rio] *agg.* che ha o deve avere la priorità: *scelta prioritaria* □ **prioritariamente** *avv.*
prisma [prì-ʃma] *s.m.* [pl. *-smi*] 1 (*geom.*) poliedro limitato da due poligoni uguali e paralleli (basi) e dai parallelogrammi (facce) che uniscono i lati corrispondenti dei poligoni di base 2 sistema ottico rifrangente limitato da due piani non paralleli, utilizzato per scomporre un raggio di luce nei suoi componenti.
prismatico [pri-ʃmà-ti-co] *agg.* [pl.m. *-ci*] di prisma, che ha forma di prisma.
privacy [/ ˈpraivasi /] *s.f.invar.* (*ingl.*) la dimensione più privata della vita di una persona; intimità: *difendere la propria —*.
privare [pri-và-re] *v.tr.* levare, togliere qlco. a qlcu.; lasciare qlcu. senza qlco.: *— qlcu. della libertà* ♦ **privarsi** *v.rifl.* rinunciare a qlco.; togliere a sé stesso volontariamente qlco.: *— di tutto per i figli*.
privatezza [pri-va-téz-za] *s.f.* carattere strettamente personale; la dimensione più privata della vita.
privatista [pri-va-tì-sta] *s.m.* e *f.* [pl.m. *-sti*] chi frequenta una scuola privata | chi si presenta agli esami in una scuola dopo essersi preparato privatamente.
privatistico [pri-va-tì-sti-co] *agg.* [pl.m. *-ci*] di privato, da privato: *uso — delle risorse pubbliche*.
privativa [pri-va-tì-va] *s.f.* facoltà esclusiva di esercitare alcune attività economiche; monopolio: *— dei tabacchi*.
privativo [pri-va-tì-vo] *agg.* 1 che ha potere di privare 2 (*ling.*) si dice di elemento che in parole composte indica negazione o mancanza: *prefissi privativi* (p.e. *in-fedele*; *a-morale*).
privatizzare [pri-va-tiʒ-ʒà-re] *v.tr.* rendere privato; cedere a privati ciò che era proprietà pubblica: *— un'azienda*.
privatizzazione [pri-va-tiʒ-ʒa-zió-ne] *s.f.* il privatizzare, l'essere privatizzato.
privato [pri-và-to] *agg.* 1 si dice di tutto ciò che attiene al singolo o ai singoli individui; che non ha relazione con la sfera pubblica: *agire da — cittadino*; *diritto —*, l'insieme delle norme giuridiche che regolano i rapporti civili e commerciali istituiti dai singoli tra loro | (*estens.*) che non è di pubblica proprietà o a cui il pubblico non è ammesso: *strada privata* 2 si dice di ciò che appartiene a un singolo in contrapposizione a ciò che appartiene allo stato o ad altri enti pubblici: *in-*

dustria, scuola privata **3** personale, riservato: *la sfera privata* ♦ *s.m.* **1** il cittadino in quanto opera nella sua sfera privata, non pubblica: *azienda gestita da privati* **2** la sfera della vita privata di una persona: *essere geloso del proprio* — | *in* —, nell'ambito familiare □ **privatamente** *avv.* da privato; in forma, in via privata.

privazione [pri-va-zió-ne] *s.f.* il privare, il privarsi; perdita, rinuncia.

privilegiare [pri-vi-le-già-re] *v.tr.* [*io privilègio ecc.*] **1** accordare un privilegio, un trattamento di favore a qlcu.: — *una categoria di cittadini* **2** (*estens.*) preferire, tenere in maggiore considerazione: — *la famiglia rispetto alla carriera.*

privilegiato [pri-vi-le-già-to] *agg.* e *s.m.* [f. *-a*] che/chi è fornito di privilegi; favorito, avvantaggiato: *le classi privilegiate.*

privilegio [pri-vi-lè-gio] *s.m.* **1** diritto, vantaggio particolare di cui gode qlcu. rispetto ad altri: — *economico* **2** documento attestante la concessione di un privilegio **3** onore, distinzione | pregio, merito: *avere il — della chiarezza.*

privo [prì-vo] *agg.* che manca di qlco. di utile, di necessario: *rimanere — di denaro*; *essere — di sensi*, svenuto.

pro [prò] *prep.* per, in favore di: *votare — o contro* ♦ *s.m.invar.* giovamento, utilità, vantaggio: *valutare i — e i contro*, ciò che è favorevole e ciò che è contrario.

pro-[1] primo elemento di parole composte, che può esprimere successione o estensione nel tempo e nello spazio (*proclamare, propagare*), indicare parentela indiretta (*prozio, pronipote*), oppure sostituzione (*proconsole*).

pro-[2] primo elemento di parole composte, che significa 'davanti, prima' (*prologo*).

probabile [pro-bà-bi-le] *agg.* che si considera verosimile; che si ammette possa accadere o sia accaduto: *è — che sia così*; *una congettura* — □ **probabilmente** *avv.* verosimilmente.

probabilistico [pro-ba-bi-lì-sti-co] *agg.* [pl.m. *-ci*] (*mat.*) che si riferisce al calcolo delle probabilità.

probabilità [pro-ba-bi-li-tà] *s.f.* **1** l'essere probabile, verosimile, ammissibile: *negare la — di una tesi* | *calcolo delle* —, branca della matematica che studia le regole per calcolare i valori di probabilità complesse **2** il grado, la misura in cui si considera che un evento possa accadere: *avere una — su mille.*

probante [pro-bàn-te] *agg.* che costituisce una prova, che è valido a dimostrare; convincente: *elemento, argomento* —.

probativo [pro-ba-tì-vo] *agg.* che costituisce prova, che è atto a provare: *argomento* —.

probatorio [pro-ba-tò-rio] *agg.* (*dir.*) attinente alle prove, che ha valore di prova: *documento* —.

probità [pro-bi-tà] *s.f.* l'essere probo; integrità morale, rettitudine.

problema [pro-blè-ma] *s.m.* [pl. *-mi*] **1** quesito con cui si chiede di trovare, mediante un procedimento di calcolo, uno o più dati sconosciuti, partendo dai dati noti: — *di geometria* | (*estens.*) questione di cui si cerca la soluzione: — *morale* **2** (*fig.*) situazione preoccupante, difficile da risolvere: — *economico, sociale.*

problematica [pro-ble-mà-ti-ca] *s.f.* l'insieme dei problemi relativi a una determinata questione, a una data disciplina: — *filosofica, scientifica.*

problematicità [pro-ble-ma-ti-ci-tà] *s.f.* l'essere problematico.

problematico [pro-ble-mà-ti-co] *agg.* [pl.m. *-ci*] **1** che costituisce un problema, un caso difficile da risolvere: *situazione problematica* | (*estens.*) incerto, poco probabile: *un'intesa problematica* **2** si dice di ipotesi, teoria, esposizione che esprime dei contenuti in maniera non definitiva o non schematica: *discorso* —.

problematizzare [pro-ble-ma-tiʒ-ʒà-re] *v.tr.* **1** rendere problematico ciò che non è tale per sua natura: — *una questione* **2** esaminare qlco. in modo approfondito e articolato.

probo [prò-bo] *agg.* (*lett.*) onesto, retto, moralmente integro.

proboscidati [pro-bo-sci-dà-ti] *s.m.pl.* (*zool.*) ordine di mammiferi ungulati forniti di proboscide, che comprende attualmente la sola famiglia degli elefanti.

proboscide [pro-bò-sci-de] *s.f.* (*zool.*) **1** organo prensile allungato e tubolare degli elefanti, costituito dal prolungamento del naso e del labbro superiore **2** appendice boccale di alcuni insetti (*p.e.* farfalle, mosche).

proboviro [pro-bo-vì-ro] *s.m.* [pl. *probiviri*] membro di un collegio di persone chiamato a esercitare funzioni consultive, giudicanti o di controllo in seno a società, partiti, istituzioni.

procaccia [pro-càc-cia] *s.m.* e *f.invar.* persona che recapita merci, pacchi, lettere ed esegue commissioni per conto di terzi; corriere.

procacciamento [pro-cac-cia-mén-to] *s.m.* (*non com.*) il procacciare, il procacciarsi qlco.

procacciare [pro-cac-cià-re] *v.tr.* [*io procàccio ecc.*] fare in modo di avere, di ottenere: — *il sostentamento alla famiglia.*

procacciatore [pro-cac-cia-tó-re] *agg.* e *s.m.* [f. *-trice*] che/chi procaccia: — *d'affari.*

procace [pro-cà-ce] *agg.* **1** (*lett.*) insolente, sfacciato **2** provocante, eccitante: *una donna* — □ **procacemente** *avv.*

procacità [pro-ca-ci-tà] *s.f.* l'essere procace.

pro capite [/ prɔˈkapite /] *loc.avv.* e *agg.invar.* (*lat.*) a testa, per ciascuno: *indennità* —.

procedere [pro-cè-de-re] *v.intr.* [pres. *io procèdo ecc.*; pass.rem. *io procedètti* (meno com. *procedéi*), *tu procedésti ecc.*; part.pass. *proceduto*; aus. *essere* nei sign. 1, 3 e 5, *avere* nei sign. 2, 4, 6 e 7] **1** andare avanti, muoversi avanzando: — *lentamente* **2** (*fig.*) continuare, progredire in ciò che si è intrapreso: — *in un'attività* **3** (*fig.*) detto di cosa, svolgersi, seguire il proprio corso: *come procedono gli studi?* **4** agire, comportarsi, operare: *modo di* — **5** derivare, avere origine: *tutto questo procede da voi* **6** dare avvio, inizio a

qlco.: — *all'appello* 7 (*dir.*) dar corso a un'azione legale: — *contro ignoti*.
procedibilità [pro-ce-di-bi-li-tà] *s.f.* (*dir.*) esistenza delle condizioni processuali indispensabili perché possa aver corso un'azione giudiziaria.
procedimento [pro-ce-di-mén-to] *s.m.* 1 il procedere, il modo di procedere 2 metodo con cui si risolve un problema, si esegue un'operazione: *i calcoli sono giusti ma il — è sbagliato* 3 (*dir.*) complesso di atti giuridici rivolti a uno stesso fine: — *penale, civile*, processo.
procedura [pro-ce-dù-ra] *s.f.* 1 serie di operazioni necessarie a svolgere una funzione complessa 2 (*dir.*) il complesso delle norme da seguire nello svolgimento di un procedimento giudiziario o amministrativo: — *penale, civile*.
procedurale [pro-ce-du-rà-le] *agg.* 1 (*dir.*) che concerne la procedura: *questione* — 2 (*inform.*) che riguarda le procedure per la soluzione di problemi: *programmazione* — □ **proceduralmente** *avv.* dal punto di vista della procedura.
procella [pro-cèl-la] *s.f.* (*lett.*) 1 tempesta 2 (*fig.*) sventura, sciagura.
procellaria [pro-cel-là-ria] *s.f.* uccello marino con dorso bruno, ventre bianco, ali lunghe e strette; è un volatore instancabile, capace di affrontare anche le tempeste.
procellariformi [pro-cel-la-ri-fór-mi] *s.m.pl.* (*zool.*) ordine di uccelli comprendente i grandi volatori transoceanici; vi appartengono la procellaria e l'albatro.
processabile [pro-ces-sà-bi-le] *agg.* che può essere processato.
processare [pro-ces-sà-re] *v.tr.* [*io procèsso ecc.*] sottoporre a processo: — *per omicidio*.
processionale [pro-ces-sio-nà-le] *agg.* di processione, delle processioni: *canto* — □ **processionalmente** *avv.* in processione.
processionaria [pro-ces-sio-nà-ria] *s.f.* farfalla notturna con corpo grosso e peloso.
processione [pro-ces-sió-ne] *s.f.* corteo religioso che percorre l'interno di una chiesa o le strade cittadine | (*estens.*) lunga fila di persone, animali o veicoli che si muovono lentamente: *una — di automobili* | *andare, camminare in* —, in fila e lentamente.
processo [pro-cès-so] *s.m.* 1 manifestazione, svolgimento nel tempo di un insieme di fatti o fenomeni connessi tra loro: — *storico* | — *morboso*, (*med.*) serie di manifestazioni tipiche di una malattia 2 serie di operazioni che si compiono per conseguire un determinato fine; procedimento, metodo: — *produttivo, industriale* 3 (*dir.*) il complesso delle attività attraverso cui si sviluppa e si risolve una causa giudiziaria: — *civile, penale* 4 (*inform.*) serie ordinata di operazioni che produce un risultato.
processore [pro-ces-só-re] *s.m.* (*inform.*) unità centrale di elaborazione elettronica.
processuale [pro-ces-su-à-le] *agg.* (*dir.*) del processo, relativo a un processo: *atti processuali* | *diritto* —, l'insieme delle norme che regolano lo svolgimento del processo □ **processualmente** *avv.* per quanto concerne il diritto processuale.
procinto [pro-cìn-to] *s.m.* usato solo nella loc. *in procinto di*, sul punto di fare qlco.: *essere in — di partire*.
procione [pro-ció-ne] *s.m.* (*zool.*) genere di piccoli mammiferi carnivori americani dal corpo corto e massiccio, con lunga coda, pelliccia grigio-giallognola e mascherina nera sugli occhi.
proclama [pro-clà-ma] *s.m.* [pl. *-mi*] appello, dichiarazione solenne fatta da persona autorevole.
proclamare [pro-cla-mà-re] *v.tr.* 1 pubblicare, annunziare, render noto con solennità: — *una legge* 2 affermare, dichiarare con fermezza: — *la propria innocenza* ♦ **proclamarsi** *v.rifl.* affermare, dichiarare qlco. di sé stesso apertamente e con decisione: — *innocente*.
proclamazione [pro-cla-ma-zió-ne] *s.f.* il proclamare; l'atto col quale si porta a conoscenza del pubblico in modo ufficiale una notizia di interesse generale.
proclisi [prò-cli-ʃi] *s.f.* (*ling.*) fenomeno che si produce quando una parola priva d'accento si appoggia alla parola seguente (si contrappone a *enclisi*).
proclitico [pro-clì-ti-co] *agg.* [pl.m. *-ci*] (*ling.*) si dice di parola priva d'accento che nella pronuncia si appoggia alla parola seguente: *pronome* —.
proclive [pro-clì-ve] *agg.* (*lett.*) che ha tendenza verso qlco.; propenso, incline: — *alla benevolenza*.
procombere [pro-cóm-be-re] *v.intr.* [*io procómbo ecc.*; non usati il part.pass. e i tempi composti] (*lett.*) cadere in avanti, bocconi; cadere mentre si affronta in combattimento il nemico.
proconsolare [pro-con-so-là-re] *agg.* (*st.*) di proconsole: *provincia* —, governata da un proconsole.
proconsolato [pro-con-so-là-to] *s.m.* (*st.*) carica, ufficio del proconsole.
proconsole [pro-còn-so-le] *s.m.* in Roma antica, il magistrato che, dopo aver ricoperto il consolato, assumeva un comando militare o era inviato a governare una provincia.
procrastinabile [pro-cra-sti-nà-bi-le] *agg.* (*lett.*) che si può procrastinare: *decisione* —.
procrastinare [pro-cra-sti-nà-re] *v.tr.* [*io procràstino ecc.*] (*lett.*) rimandare a un prossimo futuro; rinviare: — *una data* ♦ *v.intr.* [aus. *avere*] (*lett.*) indugiare, temporeggiare.
procrastinazione [pro-cra-sti-na-zió-ne] *s.f.* (*lett.*) il procrastinare, l'essere procrastinato.
procreare [pro-cre-à-re] *v.tr.* [*io procrèo ecc.*] generare, partorire: — *dei figli*.
procreatore [pro-crea-tó-re] *agg.* e *s.m.* [f. *-trice*] che/chi procrea.
procreazione [pro-cre-a-zió-ne] *s.f.* il procreare, l'essere procreato.
procura [pro-cù-ra] *s.f.* 1 (*dir.*) atto con cui una persona conferisce a un'altra il potere di rappresentarla; delega 2 — *della repubblica*, l'ufficio

che esercita la funzione del pubblico ministero presso un tribunale.

procurare [pro-cu-rà-re] *v.tr.* **1** avere cura che una cosa sia fatta; trovare il modo di ottenere qlco. per sé o per altri: — *di far presto*; — *il necessario* **2** causare, provocare: — *solo guai*.

procuratore [pro-cu-ra-tó-re] *s.m.* [f. *-trice*] **1** (*dir.*) chi, sulla base di una procura, è autorizzato a rappresentare una persona o una società: *il — della società* | — *legale*, laureato in giurisprudenza abilitato a rappresentare una parte in giudizio | — *della repubblica*, magistrato che esercita le funzioni di pubblico ministero presso un tribunale **2** nella Roma imperiale, funzionario con compiti amministrativi.

proda [prò-da] *s.f.* (*lett.*) la parte della riva che corre lungo la linea dell'acqua; sponda: *toccare la* —, approdare.

prode [prò-de] *agg.* (*lett.*) valoroso, coraggioso.

prodezza [pro-déz-za] *s.f.* **1** (*lett.*) qualità di chi è prode **2** atto di valore, di coraggio o di grande bravura: *le prodezze di un atleta*.

prodiere [pro-diè-re] *s.m.* (*mar.*) marinaio che svolge le sue mansioni a prua dell'imbarcazione.

prodiero [pro-diè-ro] *agg.* (*mar.*) di prua, del lato di prua: *la parte prodiera della nave*.

prodigalità [pro-di-ga-li-tà] *s.f.* **1** l'essere prodigo **2** azione da prodigo.

prodigare [pro-di-gà-re] *v.tr.* [*io pròdigo, tu pròdighi ecc.*] **1** spendere senza misura; donare con eccessiva generosità **2** (*fig.*) distribuire, dispensare largamente: — *lodi* | — *tutto sé stesso*, prodigarsi ♦ **prodigarsi** *v.rifl.* dedicarsi con tutte le forze, adoperarsi con grande impegno: — *per soccorrere chi ha bisogno*.

prodigio [pro-dì-gio] *s.m.* **1** fenomeno miracoloso **2** (*iperb.*) cosa, persona o evento fuori del comune | Usato anche come *agg.invar.*: *bambino* —.

prodigiosità [pro-di-gio-si-tà] *s.f.* l'essere prodigioso; carattere prodigioso: *la — di un evento*.

prodigioso [pro-di-gió-so] *agg.* **1** che costituisce un prodigio: *fatto* — **2** (*iperb.*) straordinario, eccezionale: *un atleta* — □ **prodigiosamente** *avv.*

prodigo [prò-di-go] *agg.* [pl.m. *-ghi*] **1** si dice di persona che spende o dona eccessivamente | *figliol* —, (*fig.*) si dice di chi, dopo un periodo di smarrimento, ritorna pentito sulla giusta via **2** (*fig.*) che distribuisce generosamente: *essere — di aiuti* ♦ *s.m.* [f. *-a*] chi spende o dona senza misura: *gli avari e i prodighi*.

proditorio [pro-di-tò-rio] *agg.* di traditore, da traditore; fatto a tradimento: *uccisione proditoria* □ **proditoriamente** *avv.*

prodotto [pro-dót-to] *s.m.* **1** il risultato di un processo naturale o di un'operazione umana: — *agricolo, industriale*; — *dell'immaginazione*, creazione fantastica, fantasia | il risultato di una produzione industriale: — *finito*; *prodotti di bellezza*, cosmetici **2** (*econ.*) il risultato del processo di produzione; produttività | — *interno lordo*, valore dei beni e dei servizi prodotti in un anno sul territorio nazionale **3** (*mat.*) il risultato di un'operazione di moltiplicazione.

prodromo [prò-dro-mo] *s.m.* (spec. *pl.*) indizio che precede e preannuncia qlco.: *i prodromi della malattia*.

producente [pro-du-cèn-te] *agg.* che produce buoni risultati; utile, vantaggioso: *tattica poco* —.

producibile [pro-du-cì-bi-le] *agg.* che si può produrre.

producibilità [pro-du-ci-bi-li-tà] *s.f.* l'essere producibile.

produrre [pro-dùr-re] *v.tr.* [pres. *io produco, tu produci ecc.*; pass.rem. *io produssi, tu producésti ecc.*; fut. *io produrrò ecc.*; cond. *io produrrèi ecc.*; part.pass. *prodótto*] **1** far nascere, far germogliare, fruttare: *terreno che produce grano* **2** fabbricare, fare: *impianto che produce laminati* | essere sede della fabbricazione, della lavorazione di qlco.: *l'Italia produce vino* **3** elaborare, secernere: *le ghiandole endocrine producono ormoni* **4** dare luogo a un'opera dell'ingegno, a una creazione intellettuale: *Balzac ha prodotto numerosi romanzi* | — *uno spettacolo*, esserne il produttore **5** causare, provocare: — *un danno* **6** (*dir.*) presentare, allegare: — *una prova, un documento* | — *un testimone*, farlo comparire in giudizio ♦ **prodursi** *v.rifl.* presentarsi in pubblico, esibirsi.

produttività [pro-dut-ti-vi-tà] *s.f.* l'essere produttivo; capacità o attitudine a produrre | — *media*, (*econ.*) rapporto tra il prodotto totale e la quantità di lavoro e di risorse impiegata per produrlo.

produttivo [pro-dut-tì-vo] *agg.* **1** che produce; che è atto a produrre: *terreno* — **2** relativo a una produzione: *fattore* — **3** che permette di conseguire risultati positivi, di realizzare un utile: *investimento* — □ **produttivamente** *avv.*

produttore [pro-dut-tó-re] *agg.* e *s.m.* [f. *-trice*] **1** che/chi produce un determinato bene: *paese — di olio*; *vendita dal — al consumatore* **2** che/chi si assume la responsabilità finanziaria della realizzazione di un film, di un disco: *casa produttrice* **3** (*biol.*) si dice di organismo capace di produrre sostanze organiche a partire da sostanze inorganiche ♦ *s.m.* agente che procura affari per conto di un'azienda.

produzione [pro-du-zió-ne] *s.f.* **1** il produrre, l'essere prodotto | (*econ.*) azione diretta a trasformare dei beni per ricavarne altri: *sistema, costo di* — **2** (*estens.*) opera prodotta dall'ingegno; il risultato dell'attività artistica: *la — teatrale di Pirandello* **3** l'insieme delle attività dirette alla creazione di un film, all'incisione di un disco.

proemiale [pro-e-mià-le] *agg.* di proemio; che fa da proemio: *scritto* —.

proemio [pro-è-mio] *s.m.* parte introduttiva di un testo scritto o di un discorso; esordio, preambolo.

proenzima [pro-en-ʒì-ma] *s.m.* [pl. *-mi*] (*chim., biol.*) la forma inattiva di un enzima, prodotta dall'organismo e in grado di trasformarsi nel corrispondente enzima attivo.

profanare [pro-fa-nà-re] *v.tr.* **1** violare ciò che è sacro: — *un tempio* **2** venir meno al rispetto dovuto a qlco.: — *la memoria dei defunti*.
profanatore [pro-fa-na-tó-re] *agg.* e *s.m.* [f. *-trice*] che/chi profana.
profanazione [pro-fa-na-zió-ne] *s.f.* violazione di una cosa o una persona sacra | (*estens.*) grave irriverenza.
profano [pro-fà-no] *agg.* **1** che è estraneo o contrario a ciò che è sacro; mondano: *arte, musica profana* **2** indegno di accostarsi a ciò che è sacro: *mano profana* ♦ *s.m.* **1** ciò che non è sacro: *mescolare il sacro e il* —, (*fig.*) mettere insieme cose tra loro contrastanti **2** [f. *-a*] persona incompetente, inesperta: *essere un — di musica*.
profase [pro-fà-ʃe] *s.f.* (*biol.*) prima fase della mitosi, durante la quale si evidenziano morfologicamente i cromosomi.
proferibile [pro-fe-rì-bi-le] *agg.* che si può proferire (usato per lo più in frasi negative): *parole non proferibili*, che non è decoroso pronunciare.
proferire [pro-fe-rì-re] *v.tr.* [pres. *io proferisco, tu proferisci ecc.*; pass.rem. *io proferìi, tu proferisti ecc.*; part.pass. *proferito*] (*lett.*) dire, esprimere: — *parole terribili* | articolare: — *un suono*.
professare [pro-fes-sà-re] *v.tr.* [*io professo ecc.*] **1** dichiarare, mostrare apertamente un sentimento, un'idea, una fede: — *il cattolicesimo* **2** esercitare una professione (anche *assol.*): *è medico, ma non professa* ♦ **professarsi** *v.rifl.* proclamarsi, dichiararsi apertamente: — *cristiano*.
professionale [pro-fes-sio-nà-le] *agg.* **1** della professione; che riguarda una professione: *competenza* — | *segreto* —, quello che alcuni professionisti hanno il diritto e il dovere di mantenere **2** si dice di attrezzatura usata nell'esercizio di una professione: *cinepresa* — □ **professionalmente** *avv.* **1** dal punto di vista professionale: *lavoro — qualificato* **2** da professionista: *fare sport* —.
professionalità [pro-fes-sio-na-li-tà] *s.f.* capacità professionale; competenza, serietà.
professionalizzare [pro-fes-sio-na-liʒ-ʒà-re] *v.tr.* rendere professionale, conferire professionalità: — *un lavoratore* ♦ **professionalizzarsi** *v.rifl.* acquisire professionalità.
professione [pro-fes-sió-ne] *s.f.* **1** il professare un sentimento, un'idea, una fede: *far — di amicizia* **2** lavoro, attività, spec. non manuale, che si svolge stabilmente allo scopo di trarne un guadagno: *la — di medico*; *libera* —, quella che non è svolta alle dipendenze di altri.
professionismo [pro-fes-sio-nì-ʃmo] *s.m.* **1** lo stato di professionista | la caratteristica di chi ha professionalità, competenza specifica **2** l'esercizio di un'attività sportiva per professione: *passare al* —.
professionista [pro-fes-sio-nì-sta] *s.m.* e *f.* [pl.m. *-sti*] **1** chi esercita una professione **2** chi esercita un'attività sportiva per professione **3** (*estens.*) persona molto esperta in qlco. | Usato anche come *agg.*: *pugile* —.
professo [pro-fès-so] *agg.* e *s.m.* [f. *-a*] (*eccl.*) si dice di religioso che ha fatto la professione dei voti.
professorale [pro-fes-so-rà-le] *agg.* **1** di professore, da professore: *esperienza* — **2** (*spreg.*) pedantesco, saccente: *aria, tono* — □ **professoralmente** *avv.* in modo saccente.
professore [pro-fes-só-re] *s.m.* [f. *-essa*] **1** chi insegna in una scuola di grado superiore all'elementare: — *di scuola media, di università* **2** (*estens.*) insegnante: — *di musica* **3** titolo di chi suona in un'orchestra.
profeta [pro-fè-ta] *s.m.* [pl. *-ti*] **1** chi parla per ispirazione di Dio, manifestandone la volontà o annunciando eventi futuri: *un — dell'Antico Testamento* **2** (*estens.*) chi prevede o crede di poter prevedere il futuro; veggente | *cattivo* —, chi prevede cose che poi non si avverano | — *di sventure*, chi fa previsioni catastrofiche.
profetare [pro-fe-tà-re] *v.tr.* e *intr.* [*io profèto ecc.*; aus. dell'intr. *avere*] **1** parlare per ispirazione di Dio **2** (*estens.*) predire il futuro.
profetessa [pro-fe-tés-sa] *s.f.* donna dotata di spirito profetico | (*estens.*) donna alla quale si attribuiscono capacità divinatorie.
profetico [pro-fè-ti-co] *agg.* [pl.m. *-ci*] **1** di profeta, da profeta; dei profeti: *spirito* — **2** (*estens.*) che preannuncia il futuro: *sogno* — □ **profeticamente** *avv.*
profetismo [pro-fe-tì-ʃmo] *s.m.* **1** il fenomeno del profetare: *il — ebraico* **2** carattere, tono profetico: *il — dell'opera dantesca*.
profetizzare [pro-fe-tiʒ-ʒà-re] *v.tr.* e *intr.* [aus. dell'intr. *avere*] fare profezie, profetare; dire, prevedere cose future.
profezia [pro-fe-zì-a] *s.f.* **1** il contenuto dell'annuncio di un profeta; la predizione di avvenimenti futuri per ispirazione divina **2** (*estens.*) predizione, vera o falsa, basata su elementi come i sogni o l'osservazione degli astri: *le profezie degli indovini*.
profferta [prof-fèr-ta] *s.f.* (*lett.*) offerta, proposta: — *amorosa*.
proficuo [pro-fì-cuo] *agg.* che dà profitto; utile, fruttuoso: *studio* — □ **proficuamente** *avv.*
profilare [pro-fi-là-re] *v.tr.* **1** delineare, disegnare il profilo di una persona o di una cosa **2** (*fig.*) rappresentare, descrivere nei tratti essenziali: — *un personaggio* **3** guarnire, orlare un abito con un bordo sottile **4** (*tecn.*) lavorare un oggetto metallico al laminatoio in modo che il suo profilo trasversale assuma una forma caratteristica ♦ **profilarsi** *v.intr.pron.* **1** delinearsi, mostrarsi di profilo: *la nave si profilò all'orizzonte* **2** (*fig.*) presentarsi, lasciarsi intravvedere: *si profila una buona occasione*.
profilassi [pro-fi-làs-si] *s.f.* (*med.*) prevenzione delle malattie infettive.
profilato [pro-fi-là-to] *agg.* **1** delineato nel profilo: *figura ben profilata* **2** guarnito di un orlo: *abito — di raso* ♦ *agg.* e *s.m.* (*tecn.*) si dice di semilavorato di metallo o altro materiale a forma di barra con sezione complessa, prodotto

mediante un procedimento di laminazione.
profilatrice [pro-fi-la-trì-ce] *s.f.* **1** macchina per produrre profilati metallici mediante piegatura a freddo di lamiera **2** macchina per produrre profilati di legno.
profilattico [pro-fi-làt-ti-co] *agg.* [pl.m. *-ci*] che riguarda la profilassi; che mira a proteggere da malattie infettive ♦ *s.m.* preservativo.
profilatura [pro-fi-la-tù-ra] *s.f.* il profilare, il sagomare secondo un determinato profilo.
profilo [pro-fi-lo] *s.m.* **1** linea di contorno di qlco.: *il — dei monti* | *di alto, basso —*, (*fig.*) di grande, scarso valore **2** la linea del viso osservato di fianco: *un — regolare* **3** disegno o dipinto che ritrae una persona di profilo **4** linea che rappresenta il contorno di un oggetto | in geologia, disegno che riproduce una sezione verticale del terreno **5** (*fig.*) descrizione dei tratti essenziali di qlcu. o di qlco. | *sotto il —*, sotto il punto di vista: *sotto il — tecnico, morale* **6** in sartoria, orlatura.
profiterole [/ prɔfite'rɔl /] *s.m.invar.* (*fr.*) (*gastr.*) piccolo bignè alla crema | (*estens.*) dolce fatto di tanti piccoli bignè ricoperti di crema o di panna montata.
profittare [pro-fit-tà-re] *v.intr.* [aus. *avere*] trarre profitto, vantaggio; approfittare: *— dell'amicizia.*
profittatore [pro-fit-ta-tó-re] *agg.* e *s.m.* [f. *-trice*] che/chi approfitta di una situazione o delle necessità altrui per trarne un vantaggio; che/chi sfrutta il lavoro degli altri.
profitto [pro-fit-to] *s.m.* **1** giovamento, utilità, beneficio: *trarre — dai consigli ricevuti* **2** (*fig.*) avanzamento, progresso: *fare — negli studi*; *lavorare con —* **3** (*econ.*) differenza tra i ricavi e i costi di un'impresa.
profluvio [pro-flù-vio] *s.m.* **1** flusso abbondante: *— di sangue* **2** (*fig.*) grande abbondanza: *— di parole.*
profondere [pro-fón-de-re] *v.tr.* [coniugato come *fondere*] dare, spendere senza misura: *— ricchezze, lodi* ♦ **profondersi** *v.intr.pron.* dire o fare qlco. con calore, con effusione: *— in ringraziamenti.*
profondimetro [pro-fon-dì-me-tro] *s.m.* **1** strumento usato dai subacquei per la misurazione della profondità **2** spessimetro.
profondità [pro-fon-di-tà] *s.f.* **1** condizione di ciò che è profondo: *la — del mare* | *in —*, molto addentro, a fondo: *esaminare un problema in —* **2** la distanza tra il fondo di una cavità e la sua estremità superiore; l'altezza di una massa d'acqua: *misurare la — di un pozzo* **3** la distanza tra i diversi piani in cui si può immaginare scomposta un'immagine: *un'immagine che dà l'impressione della —* **4** (spec. *pl.*) luogo profondo: *le — degli oceani* | (*fig.*) la parte più intima, più segreta: *le — dell'animo umano.*
profondo [pro-fón-do] *agg.* **1** che presenta una notevole distanza tra la superficie e il fondo; che penetra molto addentro: *acque profonde*; *ferita profonda* | *sospiro —*, che sale dal fondo del petto | *voce profonda*, di timbro grave | *sonno —*, molto intenso, pesante | *significato — di qlco.*, il più riposto e il più vero | *pensieri, discorsi profondi*, non superficiali, che fanno meditare **2** (*fig.*) si dice di sentimento radicato nell'animo: *amore, odio —* **3** (*fig.*) molto grande, vasto: *uomo di profonda cultura* ♦ *s.m.* la parte più profonda, più interna (anche *fig.*): *nel — del cuore* □ **profondamente** *avv.* molto addentro, in profondità; in modo profondo.
pro forma [/ prɔ'forma /] *loc.agg.invar.* e *avv.* (*lat.*) per pura formalità: *domande —* ♦ *s.m.invar.* formalità: *l'esame è soltanto un —.*
profugo [prò-fu-go] *agg.* e *s.m.* [f. *-a*; pl.m. *-ghi*] che/chi è costretto ad abbandonare il proprio paese in seguito a calamità naturali, eventi militari, persecuzioni politiche.
profumare [pro-fu-mà-re] *v.tr.* cospargere di profumo: *— la biancheria* ♦ *v.intr.* [aus. *avere*] emanare profumo: *le rose profumano* ♦ **profumarsi** *v.rifl.* cospargersi di profumo.
profumato [pro-fu-mà-to] *agg.* **1** cosparso di profumo; che emana profumo: *fiore —* **2** (*fig. non com.*) generoso, lauto: *paga profumata* □ **profumatamente** *avv.* a un prezzo molto alto: *pagare — qlco.*
profumazione [pro-fu-ma-zió-ne] *s.f.* profumo caratteristico; varietà di profumo: *un deodorante disponibile in tre profumazioni.*
profumeria [pro-fu-me-rì-a] *s.f.* **1** l'arte di preparare profumi; il laboratorio in cui si preparano **2** assortimento di profumi e cosmetici; il negozio in cui essi vengono venduti.
profumiera [pro-fu-miè-ra] *s.f.* vaso in cui si conservano o si bruciano profumi.
profumiere [pro-fu-miè-re] *s.m.* [f. *-a*] chi fabbrica o vende profumi e cosmetici.
profumiero [pro-fu-miè-ro] *agg.* che riguarda la fabbricazione dei profumi: *industria profumiera.*
profumo [pro-fù-mo] *s.m.* **1** odore gradevole: *il — dei fiori* | (*fig. lett.*) sentore, indizio: *il — dello scandalo* **2** miscela liquida di essenze odorose: *boccetta di —.*
profusione [pro-fu-ʃió-ne] *s.f.* **1** spargimento cospicuo; effusione: *— di lacrime* **2** (*fig.*) sovrabbondanza: *una — di complimenti* | *a —*, in grande abbondanza, con prodigalità.
profuso [pro-fù-ʃo] *agg.* **1** sparso, versato in gran quantità: *sudore —* **2** (*fig.*) elargito con grande larghezza; dissipato: *ricchezze profuse* □ **profusamente** *avv.* **1** in abbondanza **2** diffusamente, a lungo.
progenie [pro-gè-nie] *s.f.invar.* (*lett.*) **1** discendenza, prole, stirpe **2** (*spreg.*) genia: *una vile —.*
progenitore [pro-ge-ni-tó-re] *s.m.* [f. *-trice*] colui dal quale ha origine una famiglia o una stirpe; antenato, avo.
progesterone [pro-ge-ste-ró-ne] *s.m.* (*chim., biol.*) ormone femminile che favorisce l'impianto dell'uovo fecondato nell'utero.
progettare [pro-get-tà-re] *v.tr.* [*io progètto ecc.*] **1** pensare, ideare qlco. e studiare il modo di realizzarla: *— una spedizione* **2** ideare la costruzio-

ne di una macchina, di un edificio o di un'altra struttura: — *un ponte.*

progettazione [pro-get-ta-zió-ne] *s.f.* il progettare; elaborazione tecnica di un progetto: — *industriale.*

progettista [pro-get-tì-sta] *s.m.* e *f.* [pl.m. -*sti*] **1** autore di un progetto per la costruzione di qlco. **2** chi per professione fa progetti edili o industriali.

progettistica [pro-get-tì-sti-ca] *s.f.* l'attività e la tecnica del fare progetti nel campo delle costruzioni: *la — edile, industriale.*

progetto [pro-gèt-to] *s.m.* **1** tutto ciò che ci si propone di compiere; ideazione di un lavoro, di un'attività | — *di legge*, proposta per una nuova legge **2** il complesso degli studi, dei calcoli e dei disegni che determinano la forma e le caratteristiche di una macchina, di un edificio o di un'altra struttura.

progettuale [pro-get-tu-à-le] *agg.* di progetto, che riguarda la progettazione: *fase, attività* —.

progettualità [pro-get-tu-a-li-tà] *s.f.* carattere progettuale | attitudine a progettare, a ideare.

prognatismo [pro-gna-tì-ʃmo] *s.m.* (*anat.*) prominenza anormale di una mandibola.

prognato [pro-gnà-to] *agg.* si dice di viso che presenta prognatismo.

prognosi [prò-gno-ʃi] *s.f.* (*med.*) previsione sull'esito di una malattia | — *riservata*, che viene rinviata per la gravità e l'incertezza del caso.

programma [pro-gràm-ma] *s.m.* [pl. -*mi*] **1** esposizione ordinata e particolareggiata di ciò che si vuole o si deve fare: — *di lavoro*; *il — politico di un partito* **2** nel linguaggio scolastico, piano di lavoro da svolgersi in un corso di lezioni **3** elenco delle varie parti che compongono una manifestazione, uno spettacolo; elenco di tutti gli spettacoli di una stagione | singolo spettacolo radiofonico o televisivo | *essere in* (o *fuori*) —, essere previsto o non previsto (anche *fig.*) **4** opuscolo o foglio che contiene indicazioni relative a uno spettacolo, a una manifestazione: *il — di un convegno* **5** progetto, piano: *avere in — di fare qlco.* **6** (*inform.*) serie strutturata di istruzioni che guida un elaboratore elettronico a eseguire operazioni, trattare dati.

programmabile [pro-gram-mà-bi-le] *agg.* che si può programmare.

programmare [pro-gram-mà-re] *v.tr.* **1** mettere in programma, stabilire come programma: — *un piano d'investimenti* | proporsi, progettare: — *un viaggio* **2** predisporre una macchina per compiere determinate operazioni | (*assol.*) preparare il programma per un elaboratore elettronico.

programmatico [pro-gram-mà-ti-co] *agg.* [pl.m. -*ci*] di un programma, che segue un programma: *scelte programmatiche.*

programmato [pro-gram-mà-to] *agg.* che si attua secondo un programma, una programmazione: *economia programmata.*

programmatore [pro-gram-ma-tó-re] *s.m.* [f. -*trice*] **1** (*inform.*) chi prepara i programmi per gli elaboratori elettronici **2** chi si occupa dell'elaborazione di programmi economici o amministrativi.

programmazione [pro-gram-ma-zió-ne] *s.f.* **1** il programmare, l'essere programmato **2** (*econ.*) pianificazione economica **3** (*inform.*) preparazione di un programma.

programmista [pro-gram-mì-sta] *s.m.* e *f.* [pl.m. -*sti*] **1** persona addetta alla stesura di programmi **2** chi espone e commenta i programmi radiotelevisivi.

progredire [pro-gre-dì-re] *v.intr.* [*io progredisco, tu progredisci ecc.*; aus. *avere* con soggetto di persona, per lo più *essere* con soggetto di cosa] avanzare, inoltrarsi: — *nel cammino, negli anni* | (*assol.*) procedere verso un fine: *i lavori sono progrediti* | (*fig.*) fare progressi, migliorare: — *negli studi.*

progredito [pro-gre-dì-to] *agg.* avanzato, di alto livello: *tecnica progredita* | caratterizzato da un grado elevato di sviluppo: *paesi progrediti.*

progressione [pro-gres-sió-ne] *s.f.* **1** accrescimento regolare e continuo, avanzamento graduale **2** (*mat.*) successione di numeri ordinati secondo una determinata legge.

progressismo [pro-gres-sì-ʃmo] *s.m.* atteggiamento di chi è progressista.

progressista [pro-gres-sì-sta] *agg.* e *s.m.* e *f.* [pl.m. -*sti*] che/chi ha tendenze innovatrici in politica o in altri campi.

progressività [pro-gres-si-vi-tà] *s.f.* l'essere progressivo: *la — dell'imposizione fiscale.*

progressivo [pro-gres-sì-vo] *agg.* **1** che aumenta o diminuisce gradatamente: *crescita progressiva* | *imposta progressiva*, che aumenta all'aumentare del reddito **2** (*lett.*) che costituisce, comporta un progresso: *atteggiamento* — □ **progressivamente** *avv.*

progresso [pro-grés-so] *s.m.* **1** il progredire; processo di avanzamento, di sviluppo: *il — dei lavori* **2** perfezionamento, miglioramento: *i progressi della medicina* **3** il miglioramento delle condizioni di vita: *un paese sulla via del* —.

proibire [proi-bì-re] *v.tr.* [*io proibisco, tu proibisci ecc.*] ordinare che qlco. non venga fatta; vietare: *è proibito fumare.*

proibitivo [proi-bi-tì-vo] *agg.* **1** che tende a proibire: *leggi proibitive* **2** (*estens.*) che impedisce od ostacola qlco. che si vorrebbe fare: *prezzo* —, talmente alto da scoraggiare l'acquisto.

proibito [proi-bì-to] *agg.* vietato | *colpo* —, nel pugilato e in altri sport, colpo non ammesso dal regolamento | *sogni proibiti*, desideri non realizzabili.

proibizione [proi-bi-zió-ne] *s.f.* il proibire, l'essere proibito; divieto.

proibizionismo [proi-bi-zio-nì-ʃmo] *s.m.* **1** (*st.*) divieto di produzione e di vendita delle bevande alcoliche, introdotto negli Stati Uniti dopo la prima guerra mondiale e abolito nel 1933 **2**

(*estens.*) legislazione repressiva nei confronti della produzione e dello spaccio di sostanze stupefacenti.

proibizionista [proi-bi-zio-nì-sta] *agg.* e *s.m.* e *f.* [pl.m. *-sti*] che/chi sostiene il proibizionismo: *movimento —*.

proiettare [pro-iet-tà-re] *v.tr.* [*io proiètto ecc.*] **1** spingere, lanciare fuori o avanti con forza; scagliare: *essere proiettato fuori del veicolo* | (*fig.*) protendere lontano: — *nel futuro le proprie speranze* **2** emettere (detto di raggi luminosi): — *luce sul soffitto* **3** (*foto.*, *cine.*) inviare su uno schermo immagini impresse su lastre, diapositive o film: — *una pellicola* **4** (*geom.*) rappresentare un solido su una superficie piana; effettuare una proiezione ♦ **proiettarsi** *v.rifl.* lanciarsi, gettarsi: *i paracadutisti si proiettano nel vuoto* ♦ *v. intr.pron.* **1** indirizzarsi, andare a cadere (detto di luce od ombra): *l'ombra che si proietta sul muro* **2** (*fig.*) protendersi lontano: *una scoperta che si proietta nel futuro.*

proiettile [pro-ièt-ti-le] *s.m.* ogni corpo lanciato con violenza nello spazio | corpo lanciato con forte velocità da un'arma da fuoco leggera: — *di pistola, di fucile.*

proiettivo [pro-iet-tì-vo] *agg.* (*geom.*) che riguarda le proiezioni: *geometria proiettiva.*

proietto [pro-ièt-to] *s.m.* **1** (*geol.*) frammento solido che un vulcano lancia dal cratere durante un'eruzione **2** (*mil.*) corpo lanciato da un pezzo d'artiglieria.

proiettore [pro-iet-tó-re] *s.m.* **1** apparecchio ottico per la proiezione di film o diapositive **2** fonte luminosa assai potente che proietta un fascio illuminante a grande distanza.

proiezione [pro-ie-zió-ne] *s.f.* **1** il proiettare, l'essere proiettato: *la — di un fascio di luce* **2** (*foto.*, *cine.*) il proiettare su uno schermo, mediante un proiettore, immagini impresse su lastra, diapositive o film **3** (*geom.*) immagine piana di un oggetto tridimensionale | — *geografica* o *cartografica*, metodo con il quale si rappresenta graficamente la superficie terrestre o una sua porzione, secondo una certa scala **4** (*stat.*) previsione formulata sulla base di certi dati: — *elettorale* **5** (*psicoan.*) trasferimento su altri individui di impulsi rimossi dalla propria coscienza.

prolassato [pro-las-sà-to] *agg.* (*med.*) si dice di organo che ha subito un prolasso: *utero —*.

prolasso [pro-làs-so] *s.m.* (*med.*) abbassamento e fuoruscita di un viscere, o di una sua parte, da un'apertura naturale: — *uterino.*

prolattina [pro-lat-tì-na] *s.f.* (*chim.*, *biol.*) ormone ipofisario che promuove la secrezione lattea dopo il parto.

prole [prò-le] *s.f.* [solo *sing.*] **1** l'insieme dei figli di una famiglia: *essere sposato senza —* **2** (*biol.*) i piccoli di un animale | (*estens.*, *lett.*) i germogli di una pianta **3** (*lett.*) stirpe, discendenza.

prolegomeni [pro-le-gò-me-ni] *s.m.pl.* introduzione a un testo, allo studio di un autore o di una scienza.

prolessi [pro-lès-si] *s.f.* **1** (*ret.*) figura consistente nel dare una risposta anticipata a una prevista obiezione **2** (*ling.*) nel discorso, anticipazione di uno o più elementi che verranno ripresi successivamente.

proletariato [pro-le-ta-rià-to] *s.m.* la condizione di proletario | classe sociale costituita da tutti coloro che traggono il proprio reddito esclusivamente da lavoro salariato.

proletario [pro-le-tà-rio] *s.m.* [f. *-a*] **1** in Roma antica, chi risultava nullatenente nei censimenti **2** nella teoria marxista, chi non è proprietario dei mezzi di produzione e non possiede altro che la propria forza-lavoro ♦ *agg.* dei proletari, relativo ai proletari: *lotta proletaria.*

prolettico [pro-lèt-ti-co] *agg.* [pl.m. *-ci*] di prolessi, che costituisce prolessi.

proliferare [pro-li-fe-rà-re] *v.intr.* [*io prolìfero ecc.*; aus. *avere*] **1** (*biol.*) riprodursi per proliferazione **2** (*fig.*) espandersi, moltiplicarsi con rapidità: *iniziative che proliferano.*

proliferazione [pro-li-fe-ra-zió-ne] *s.f.* **1** (*biol.*) processo per cui da cellule animali o vegetali si generano, per divisione, altre cellule **2** (*fig.*) espansione, moltiplicazione rapida.

prolificare [pro-li-fi-cà-re] *v.intr.* [*io prolìfico, tu prolìfichi ecc.*; aus. *avere*] (*biol.*) dare vita ad altri organismi della stessa specie; generare prole: *animali che prolificano molto* | detto di piante, produrre germogli.

prolificazione [pro-li-fi-ca-zió-ne] *s.f.* il prolificare.

prolificità [pro-li-fi-ci-tà] *s.f.* l'essere prolifico.

prolifico [pro-lì-fi-co] *agg.* [pl.m. *-ci*] **1** che ha generato o che può generare molti figli: *il coniglio è un animale —* **2** (*fig.*) fecondo: *uno scrittore —*.

prolissità [pro-lis-si-tà] *s.f.* l'essere prolisso.

prolisso [pro-lìs-so] *agg.* **1** si dice di scritto o discorso troppo lungo e particolareggiato: *romanzo —* **2** di persona che parla o scrive con troppe parole: *scrittore —* □ **prolissamente** *avv.*

pro loco [/ prɔˈlɔko /] *loc.sost.f.invar.* (*lat.*) ente per la promozione turistica nei piccoli centri.

prologo [prò-lo-go] *s.m.* [pl. *-ghi*] **1** nelle opere drammatiche, scena iniziale in cui si spiega l'antefatto dell'azione **2** (*estens.*) introduzione a un'opera.

prolunga [pro-lùn-ga] *s.f.* elemento mobile utilizzato per allungare un attrezzo, una macchina: *la — di una scala* | tratto di filo elettrico usato per prolungare il cavo di alimentazione di un apparecchio.

prolungabile [pro-lun-gà-bi-le] *agg.* che si può prolungare.

prolungamento [pro-lun-ga-mén-to] *s.m.* **1** il prolungare, il prolungarsi, l'essere prolungato **2** ciò che serve a prolungare, che costituisce un'aggiunta, una continuazione: *il — di un tubo.*

prolungare [pro-lun-gà-re] *v.tr.* [*io prolungo, tu prolunghi ecc.*] **1** rendere più lungo nello spazio: — *un percorso* **2** far durare di più nel tempo: —

l'orario di un negozio ♦ **prolungarsi** *v.intr. pron.* 1 estendersi nello spazio o nel tempo 2 dilungarsi parlando o scrivendo.
prolusione [pro-lu-ʃió-ne] *s.f.* 1 discorso introduttivo a una serie di lezioni o conversazioni 2 lezione inaugurale di un professore universitario.
promanare [pro-ma-nà-re] *v.intr.* [aus. *essere*] (*lett.*) emanare: *dal giardino promana un profumo di fiori* ♦ *v.tr.* (*lett.*) diffondere, emettere: *il fosso promana un odore nauseante.*
promemoria [pro-me-mò-ria] *s.m.invar.* breve scritto o annotazione per ricordare qlco. a sé o ad altri.
promessa [pro-més-sa] *s.f.* 1 il promettere; le parole con cui si promette; ciò che è stato promesso: — *di matrimonio* | — *di marinaio*, (*fig.*) della quale non ci si può fidare | *prov.*: *ogni — è debito*, chi promette ha il dovere di mantenere 2 (*fig.*) chi dimostra notevoli capacità e sembra destinato a un futuro successo: *una — del teatro italiano.*
promesso [pro-més-so] *agg.* che è oggetto di una promessa, che è stato promesso: *un dono* — | *il — sposo, la promessa sposa*, (*lett.*) il fidanzato, la fidanzata.
prometeico [pro-me-tèi-co] *agg.* [pl.m. *-ci*] (*lett.*) 1 di Prometeo, il mitico gigante che rubò il fuoco agli dei e lo donò agli uomini 2 (*fig.*) che esprime sfida e ribellione contro un'autorità superiore, pur sapendosi impotente: *spirito* —.
prometeo [pro-mè-te-o] *s.m.* (*chim.*) promezio.
promettente [pro-met-tèn-te] *agg.* che fa sperare bene di sé, che promette di dare buon esito: *scrittore, inizio* —.
promettere [pro-mét-te-re] *v.tr.* [coniugato come *mettere*] 1 impegnarsi con altri a fare o a dare qlco.: *ha promesso che verrà* 2 (*fig.*) far sperare, lasciar intravedere: *un ragazzo che promette bene.*
promezio [pro-mè-zio] *s.m.* elemento chimico di simbolo *Pm*; è un metallo usato nelle batterie nucleari.
prominente [pro-mi-nèn-te] *agg.* che sporge notevolmente in fuori: *mento* — | elevato: *luogo* —.
prominenza [pro-mi-nèn-za] *s.f.* l'essere prominente; parte che è prominente: *le prominenze di una roccia.*
promiscuità [pro-mi-scui-tà] *s.f.* 1 l'essere promiscuo: — *di lingue* 2 presenza, in uno stesso luogo, di maschi e di femmine.
promiscuo [pro-mì-scuo] *agg.* 1 costituito dalla mescolanza di persone o cose diverse: *merce promiscua* 2 (*gramm.*) si dice di nome di animale che si riferisce sia al maschio sia alla femmina (p.e. *pantera, scoiattolo*) □ **promiscuamente** *avv.*
promontorio [pro-mon-tò-rio] *s.m.* (*geog.*) sporgenza montuosa della costa.
promosso [pro-mòs-so] *agg.* e *s.m.* [f. *-a*] si dice di chi, alla fine di un anno di studi, è ammesso a frequentare una classe superiore.
promotore [pro-mo-tó-re] *agg.* e *s.m.* [f. *-trice*] che/chi promuove, dà impulso a qlco.: *i promotori di una mostra.*
promozionale [pro-mo-zio-nà-le] *agg.* che riguarda la promozione commerciale: *campagna* —.
promozione [pro-mo-zió-ne] *s.f.* 1 il promuovere, l'avviare 2 passaggio di un alunno a una classe superiore; avanzamento nella carriera 3 (*sport*) passaggio di una squadra da una serie inferiore a una superiore 4 (*econ.*) complesso di attività per incentivare le vendite di un prodotto.
promulgare [pro-mul-gà-re] *v.tr.* [*io promulgo, tu promulghi ecc.*] 1 (*dir.*) pubblicare una legge o un regolamento imponendone l'osservanza: — *un decreto* 2 (*estens.*) diffondere, divulgare: — *una teoria.*
promulgativo [pro-mul-ga-tì-vo] *agg.* (*non com.*) che serve a promulgare: *atto* —.
promulgatore [pro-mul-ga-tò-re] *agg.* e *s.m.* [f. *-trice*] che/chi promulga.
promulgazione [pro-mul-ga-zió-ne] *s.f.* il promulgare, l'essere promulgato | (*dir.*) atto con cui il presidente della repubblica dispone la pubblicazione di una legge.
promuovere [pro-muò-ve-re] *v.tr.* [coniugato come *muovere*] 1 far avanzare, far progredire; favorire: — *le arti, la cultura* 2 avviare, iniziare: — *il giudizio*, (*dir.*) dare avvio al processo | farsi iniziatore di qlco.; proporre: — *una sottoscrizione* 3 far passare a una classe superiore; fare avanzare di grado: *essere promosso in quinta elementare, a caporeparto.*
pronao [prò-na-o] *s.m.* (*arch.*) portico a colonne antistante i templi greci e gli edifici di stile classico.
pronazione [pro-na-zió-ne] *s.f.* (*fisiol.*) movimento dell'avambraccio che porta il palmo della mano verso il basso.
pronipote [pro-ni-pó-te] *s.m.* e *f.* 1 figlio, figlia del nipote o della nipote 2 (spec. *pl.*) discendente.
prono [prò-no] *agg.* (*lett.*) 1 volto verso terra, chino 2 (*fig.*) incline, propenso, disposto | pronto a cedere; sottomesso.
pronome [pro-nó-me] *s.m.* (*gramm.*) parte variabile del discorso che ha nella frase la funzione di sostituire il nome, designando persona o cosa non nominata.
pronominale [pro-no-mi-nà-le] *agg.* di pronome, del pronome: *uso, valore* — | *particella* —, forma atona del pronome personale | *verbi pronominali*, verbi che si coniugano con la particella pronominale (*arrabbiarsi, lavarsi*).
pronosticare [pro-no-sti-cà-re] *v.tr.* [*io pronòstico, tu pronòstichi ecc.*] 1 prevedere, predire: — *una vittoria* 2 far prevedere, lasciar presagire: *nuvole che pronosticano cattivo tempo.*
pronostico [pro-nò-sti-co] *s.m.* [pl. *-ci*] previsione del futuro, per lo più basata su indizi o ipotesi: *formulare, azzardare un* —.
prontezza [pron-téz-za] *s.f.* l'essere pronto; rapidità, sveltezza: — *di spirito.*
pronto [prón-to] *agg.* 1 si dice di cosa già preparata per l'uso: *il pranzo è* — 2 si dice di persona

che è in condizione di poter fare subito qlco.: *essere — a tutto* | *pronti!*, comando dato prima del via in una gara | *—!*, formula che si usa all'inizio di una telefonata **3** rapido, sollecito, immediato: *una pronta guarigione* | *— soccorso*, luogo nel quale malati o feriti trovano immediata assistenza medica | *memoria pronta*, agile, svelta | *riflessi pronti*, scattanti **4** incline, propenso: *un uomo — al perdono* □ **prontamente** *avv.* con immediatezza, con risolutezza.

prontuario [pron-tu-à-rio] *s.m.* manuale, libretto di facile consultazione, che contiene le nozioni principali di una disciplina, le notizie più importanti di un argomento: *— medico*.

pronuba [prò-nu-ba] *s.f.* presso gli antichi romani, matrona che assisteva la sposa durante la cerimonia nuziale.

pronubo [prò-nu-bo] *agg.* e *s.m.* **1** presso gli antichi romani, si diceva di chi assisteva lo sposo nella cerimonia nuziale **2** (*estens., lett.*) si dice di persona che favorisce una relazione amorosa **3** (*biol.*) si dice di insetto che favorisce l'impollinazione.

pronuncia [pro-nùn-cia], o **pronunzia**, *s.f.* [pl. *-ce*] **1** il modo di articolare i suoni di una lingua: *— bolognese*; *difetto di —* **2** (*estens.*) maniera di parlare: *— nasale* **3** (*dir.*) decisione del giudice; sentenza.

pronunciabile [pro-nun-cià-bi-le], o **pronunziabile**, *agg.* che si può pronunciare: *suono difficilmente —*.

pronunciabilità [pro-nun-cia-bi-li-tà], o **pronunziabilità**, *s.f.* l'essere pronunciabile.

pronunciamento [pro-nun-cia-mén-to] *s.m.* **1** insurrezione militare che si propone un colpo di stato **2** (*estens.*) dichiarazione, presa di posizione pubblica.

pronunciare [pro-nun-cià-re], o **pronunziare**, *v.tr.* [*io pronùncio ecc.*] **1** articolare per mezzo della voce: *— una parola* **2** dire, esporre, dichiarare in pubblico: *— un discorso* | *— un giudizio*, esprimerlo ♦ **pronunciarsi** *v.intr.pron.* manifestare la propria opinione | emettere una sentenza: *la corte si è pronunciata*.

pronunciato [pro-nun-cià-to], o **pronunziato**, *agg.* **1** prominente, marcato: *naso, mento —* **2** (*fig.*) accentuato, spiccato: *una tendenza pronunciata*.

pronunziare e *deriv.* → **pronunciare** e *deriv.*

propagabile [pro-pa-gà-bi-le] *agg.* che può propagarsi o essere propagato.

propagabilità [pro-pa-ga-bi-li-tà] *s.f.* l'essere propagabile.

propagamento [pro-pa-ga-mén-to] *s.m.* il propagare, il propagarsi; propagazione.

propaganda [pro-pa-gàn-da] *s.f.* attività volta a far conoscere e apprezzare determinate idee o teorie, o a presentare al pubblico prodotti commerciali: *— politica, religiosa*; *— commerciale*, pubblicità.

propagandare [pro-pa-gan-dà-re] *v.tr.* diffondere, divulgare con mezzi propagandistici; pubblicizzare, sostenere pubblicamente: *— un prodotto, un'idea*.

propagandista [pro-pa-gan-dì-sta] *s.m.* e *f.* [pl.m. *-sti*] chi fa propaganda; chi propaganda i prodotti di una ditta.

propagandistico [pro-pa-gan-dì-sti-co] *agg.* [pl.m. *-ci*] che riguarda la propaganda; fatto a scopo di propaganda: *campagna propagandistica* □ **propagandisticamente** *avv.*

propagare [pro-pa-gà-re] *v.tr.* [*io propago, tu propaghi ecc.*] **1** moltiplicare animali o piante favorendo e incentivando la riproduzione: *— una specie* **2** (*fig.*) diffondere, divulgare: *— una notizia* ♦ **propagarsi** *v.intr.pron.* **1** moltiplicarsi, riprodursi **2** diffondersi: *il panico si propagò tra la folla*.

propagatore [pro-pa-ga-tó-re] *agg.* e *s.m.* [f. *-trice*] (*non com.*) che/chi propaga: *— di false notizie*.

propagazione [pro-pa-ga-zió-ne] *s.f.* **1** il propagare, il propagarsi, l'essere propagato: *la — di una malattia* **2** (*fis.*) trasporto di energia nello spazio mediante trasmissione di onde **3** (*biol.*) diffusione di una specie animale o vegetale.

propagginare [pro-pag-gi-nà-re] *v.tr.* [*io propàggino ecc.*] (*bot.*) far riprodurre le piante per propagginazione.

propagginazione [pro-pag-gi-na-zió-ne] *s.f.* (*bot.*) sistema di riproduzione delle piante, consistente nell'interrarne un ramo (propaggine).

propaggine [pro-pàg-gi-ne] *s.f.* **1** (*bot.*) ramo di pianta che viene piegato e parzialmente interrato affinché metta radici e costituisca un nuovo individuo **2** (*fig.*) diramazione: *le ultime propaggini delle Alpi*.

propagolo [pro-pà-go-lo] *s.m.* (*bot.*) organo vegetativo delle piante briofite, capace di riprodurre una nuova pianta.

propalare [pro-pa-là-re] *v.tr.* (*lett.*) diffondere, divulgare cose che dovrebbero rimanere segrete: *— una notizia*.

propalazione [pro-pa-la-zió-ne] *s.f.* (*lett.*) il propalare, il propalarsi, l'essere propalato.

propano [pro-pà-no] *s.m.* (*chim.*) idrocarburo presente nei gas petroliferi e usato come combustibile.

proparossitono [pro-pa-ros-sì-to-no] *agg.* (*ling.*) nella grammatica greca, si dice di parola accentata sulla terzultima sillaba | (*estens.*) sdrucciolo.

propedeutica [pro-pe-dèu-ti-ca] *s.f.* complesso di nozioni introduttive e preparatorie allo studio di una scienza, di una disciplina: *— filosofica*.

propedeutico [pro-pe-dèu-ti-co] *agg.* [pl.m. *-ci*] che serve di preparazione allo studio di una scienza, di una disciplina: *corso —* □ **propedeuticamente** *avv.*

propellente [pro-pel-lèn-te] *agg.* che dà la spinta in avanti: *carica —* ♦ *s.m.* sostanza combustibile, liquida o solida, utilizzata nella propulsione a getto o a razzo: *il — di un missile*.

propendere [pro-pèn-de-re] *v.intr.* [coniugato come *pendere*; aus. *avere*] essere favorevole, incline, ben disposto: — *per qlcu.*; *propendo a credere che sia così*.

propensione [pro-pen-sió-ne] *s.f.* 1 il propendere; inclinazione, favore: *avere — per qlcu.*, avere simpatia per lui 2 disposizione, attitudine naturale: *aver — per la matematica*.

propenso [pro-pèn-so] *agg.* che è ben disposto verso qlcu. o qlco.; incline: *essere — a partire*.

propilei [pro-pi-lè-i] *s.m.pl.* nell'architettura classica, colonnato posto alla sommità di una gradinata, attraverso cui si accede a un edificio monumentale.

propilene [pro-pi-lè-ne] *s.m.* (*chim.*) idrocarburo gassoso da cui si ricavano prodotti chimici (materie plastiche, glicerina ecc.).

propina [pro-pì-na] *s.f.* (*burocr.*) indennità, compenso per determinate attività.

propinare [pro-pi-nà-re] *v.tr.* somministrare qlco. di nocivo o di sgradito: — *un pessimo caffè* | (*fig.*) dare a credere: — *un mucchio di fandonie*.

propinquità [pro-pin-qui-tà] *s.f.* (*lett.*) vicinanza; parentela, affinità.

propinquo [pro-pìn-quo] *agg.* (*lett.*) vicino | (*estens.*) congiunto per parentela.

propiteco [pro-pi-tè-co] *s.m.* [pl. *-chi* e *-ci*] proscimmia del Madagascar con lunga coda sottile, capo piccolo dai grandi occhi obliqui, arti anteriori più corti dei posteriori.

propiziare [pro-pi-zià-re] *v.tr.* [*io propìzio ecc.*] rendere propizio, benigno: — *gli dei con sacrifici* | ben disporre, ingraziare: *propiziarsi l'animo di qlcu.*

propiziatore [pro-pi-zia-tó-re] *agg.* e *s.m.* [f. *-trice*] che/chi propizia | che/chi intercede presso Dio a favore degli uomini.

propiziatorio [pro-pi-zia-tò-rio] *agg.* atto a propiziare: *rito —*.

propiziazione [pro-pi-zia-zió-ne] *s.f.* il propiziare, l'essere propiziato | (*relig.*) cerimonia o sacrificio che si celebrano per propiziarsi la divinità.

propizio [pro-pì-zio] *agg.* 1 ben disposto, benigno: *sorte propizia* 2 opportuno, adatto: *occasione propizia*.

propoli [prò-po-li] *s.f.* o *m.* sostanza resinosa e vischiosa che le api prelevano da gemme e cortecce di vari alberi per rivestire e proteggere l'alveare.

proponente [pro-po-nèn-te] *s.m.* e *f.* (*burocr.*) chi presenta una proposta perché sia approvata da un'assemblea: *il — di un disegno di legge*.

proponibile [pro-po-nì-bi-le] *agg.* che può essere proposto.

proponimento [pro-po-ni-mén-to] *s.m.* impegno preso con sé stesso; proposito, intenzione.

proporre [pro-pór-re] *v.tr.* [coniugato come *porre*] 1 presentare qlco. all'esame di qlcu.: — *un dubbio, un quesito* | consigliare come utile, idoneo: — *un rimedio* 2 decidere, stabilire, prefiggere: *proporsi il raggiungimento di un fine*.

proporzionale [pro-por-zio-nà-le] *agg.* che è in proporzione, che mantiene un rapporto di proporzione: *grandezze direttamente, inversamente proporzionali*, (*scient.*) tali che se aumenta la prima, la seconda aumenta o diminuisce, secondo un rapporto fisso | *sistema —*, sistema elettorale in base al quale si assegna alle varie liste un numero di seggi che è in proporzione ai voti ottenuti □ **proporzionalmente** *avv.* in proporzione, in misura proporzionale.

proporzionalità [pro-por-zio-na-li-tà] *s.f.* l'essere proporzionale; il rapporto che intercorre tra grandezze proporzionali.

proporzionare [pro-por-zio-nà-re] *v.tr.* [*io proporzióno ecc.*] fare in modo che una cosa sia proporzionale a un'altra; adeguare, commisurare: — *le spese ai guadagni*.

proporzionato [pro-por-zio-nà-to] *agg.* di giusta proporzione; adeguato, conveniente □ **proporzionatamente** *avv.*

proporzione [pro-por-zió-ne] *s.f.* 1 rapporto di misura fra gli elementi di un insieme, tale da produrre un effetto di armonia: *corpo di proporzioni perfette*; *non avere il senso delle proporzioni*, (*fig.*) non saper valutare con equilibrio le situazioni | (*estens.*) giusta rispondenza: *deve esserci — tra la pena e la colpa* | *in —*, in misura proporzionale: *tassare in — al reddito* 2 *pl.* grandezze, dimensioni: *un incendio di notevoli proporzioni* 3 (*mat.*) uguaglianza fra due rapporti.

propositivo [pro-po-ʃi-tì-vo] *agg.* che propone qlco., che contiene una proposta: *atteggiamento —*.

proposito [pro-pò-ʃi-to] *s.m.* 1 idea deliberata di fare qlco.; ciò che ci si propone di fare: *studia col — di laurearsi* | *di —*, apposta, intenzionalmente: *fare qlco. di —* 2 argomento, tema: *chiedere spiegazioni in —* | *giungere a —*, nel momento opportuno | *a — di*, riguardo a.

proposizionale [pro-po-si-zio-nà-le] *agg.* (*ling.*) relativo a una proposizione; enunciativo.

proposizione [pro-po-ʃi-zió-ne] *s.f.* 1 concetto, pensiero espresso con parole 2 (*gramm.*) espressione di senso compiuto formata da un soggetto, un predicato e gli eventuali complementi: — *principale, subordinata* 3 (*ret.*) inizio di un'orazione o di un poema, in cui si enuncia l'argomento che sarà trattato 4 (*mat.*) enunciato di un teorema o di un problema.

proposta [pro-pó-sta] *s.f.* il proporre; ciò che si propone: *fare una —* | — *di legge*, progetto di legge presentato al parlamento.

propretore [pro-pre-tó-re] *s.m.* nella Roma antica, pretore che al termine della carica era inviato ad amministrare una provincia.

proprietà [pro-prie-tà] *s.f.* 1 qualità, carattere che è particolare e distintivo di qlco.: *erba con — medicinali* 2 l'essere appropriato, adeguato | precisione nell'uso delle parole: — *di linguaggio* 3 diritto di godere e disporre di una cosa, entro i limiti fissati dalla legge: — *pubblica, privata* 4 (*estens.*) la cosa di cui si gode e dispone in modo pieno ed esclusivo (si dice soprattutto di case e terreni): — *immobiliare, terriera*.

proprietario [pro-prie-tà-rio] *s.m.* [f. *-a*] chi ha la proprietà di qlco.: *il — di una casa.*

proprio [prò-prio] *agg.* **1** che appartiene in maniera particolare a qlcu., a qlco.; tipico, peculiare: *il linguaggio è — dell'uomo* **2** (*gramm.*) si dice di nome con cui si indica un singolo individuo o una singola cosa (p.e. *Luigi, Firenze*) **3** (*estens.*) che esprime esattamente ciò che si desidera dire: *parola, locuzione propria* | *senso —*, significato primo, letterale di una parola | *vero e —*, vero in senso letterale ♦ *avv.* **1** veramente, davvero; precisamente: *un lavoro fatto — bene; è arrivato — adesso* **2** per nulla, affatto: *non è — vero!* ♦ *agg.poss.* **1** che appartiene solamente a una persona; di lui, di lei, di loro (sostituisce *suo* e *loro*, riferendosi al soggetto della proposizione, specialmente quando il soggetto è un pron. indefinito; è d'obbligo nelle prop. con soggetto impersonale): *fidarsi della propria memoria; ascoltare la propria coscienza* **2** come rafforzativo degli aggettivi possessivi: *l'ho visto con i miei propri occhi* ♦ *s.m.* ciò che è proprietà di qlcu.: *rimetterci del —* | *lavorare in —*, senza dipendere da nessuno □

propriamente *avv.* **1** proprio, veramente | in realtà **2** in senso proprio **3** in modo appropriato: *esprimersi —.*

propugnare [pro-pu-gnà-re] *v.tr.* sostenere con impegno, con tenacia: *— l'uguaglianza dei diritti.*

propugnatore [pro-pu-gna-tó-re] *agg.* e *s.m.* [f. *-trice*] che/chi propugna.

propugnazione [pro-pu-gna-zió-ne] *s.f.* (*lett.*) il propugnare; difesa.

propulsione [pro-pul-sió-ne] *s.f.* azione con cui si imprime a un corpo una spinta in avanti: *sommergibile a — atomica.*

propulsivo [pro-pul-sì-vo] *agg.* che determina una propulsione (anche *fig.*): *energia propulsiva.*

propulsore [pro-pul-só-re] *s.m.* **1** dispositivo che, applicato a un veicolo, ne provoca il movimento: *— a getto* | Usato come *agg.*: *apparato —* **2** (*fig.*) persona o cosa che favorisce un incremento, uno sviluppo: *il — di una nuova tecnica.*

propulsorio [pro-pul-sò-rio] *agg.* che determina una propulsione; propulsivo.

prora [prò-ra] *s.f.* **1** la parte anteriore di una nave o di un'imbarcazione | (*estens., lett.*) nave **2** (*estens.*) la parte anteriore di un aeromobile **3** direzione verso cui è orientata la parte anteriore di una nave o di un aeromobile.

proravia [pro-ra-vì-a] *s.f.* (*mar.*) orientamento verso prora.

proroga [prò-ro-ga] *s.f.* il prorogare, l'essere prorogato; dilazione: *un mese di —.*

prorogabile [pro-ro-gà-bi-le] *agg.* che può essere prorogato: *scadenza non —.*

prorogabilità [pro-ro-ga-bi-li-tà] *s.f.* l'essere prorogabile.

prorogare [pro-ro-gà-re] *v.tr.* [*io pròrogo, tu pròroghi ecc.*] rinviare nel tempo una scadenza, un impegno; differire: *— un pagamento.*

prorompente [pro-rom-pèn-te] *agg.* incontenibile, impetuoso (anche *fig.*): *gioia —.*

prorompere [pro-róm-pe-re] *v.intr.* [coniugato come *rompere*; aus. *avere*, ma i tempi composti sono rari] (*lett.*) **1** uscir fuori con impeto: *il fiume prorompeva dagli argini* **2** (*fig.*) manifestarsi con forza incontenibile: *la sua ira proruppe all'improvviso* | lasciarsi andare a sfoghi violenti: *— in lacrime* **3** (*fig.*) intervenire bruscamente in un discorso: *"Non farlo!", proruppe la madre.*

prosa [prò-ʃa] *s.f.* **1** espressione linguistica che non ubbidisce a misure e ritmi regolari (contrapposta a *poesia*): *— letteraria, scientifica* | *— d'arte*, scrittura in prosa caratterizzata da una particolare cura stilistica | *— poetica*, che arieggia i modi della poesia **2** (*estens.*) scritto, opera in prosa; il complesso delle opere in prosa di un autore, di un'epoca, di un genere: *le prose del Leopardi* | *teatro di —*, quello in cui i testi sono recitati, contrapposto al teatro lirico.

prosaicità [pro-ʃai-ci-tà] *s.f.* l'essere prosaico.

prosaico [pro-ʃài-co] *agg.* [pl.m. *-ci*] **1** di prosa, che concerne la prosa: *stile —* **2** (*fig.*) quotidiano, comune: *una vita prosaica* □ **prosaicamente** *avv.*

prosasticità [pro-ʃa-sti-ci-tà] *s.f.* l'essere prosastico; tono prosastico: *la — delle satire di Orazio.*

prosastico [pro-ʃà-sti-co] *agg.* [pl.m. *-ci*] **1** scritto in prosa: *opere prosastiche* **2** (*estens.*) che ha tono dimesso, discorsivo, non poetico (pur essendo in poesia): *versi prosastici.*

prosatore [pro-ʃa-tó-re] *s.m.* [f. *-trice*] scrittore in prosa.

proscenio [pro-scè-nio] *s.m.* la parte anteriore del palcoscenico, lasciata scoperta dal sipario.

proscimmie [pro-scìm-mie] *s.f.pl.* (*zool.*) sottordine di mammiferi simili alle scimmie, con muso appuntito e occhi grandissimi.

prosciogliere [pro-sciò-glie-re] *v.tr.* [coniugato come *sciogliere*] liberare, sciogliere da impegni | (*dir.*) non rinviare a giudizio un imputato; assolverlo.

proscioglimento [pro-scio-gli-mén-to] *s.m.* il prosciogliere, l'essere prosciolto: *sentenza di —.*

prosciugamento [pro-sciu-ga-mén-to] *s.m.* il prosciugare, il prosciugarsi, l'essere prosciugato.

prosciugare [pro-sciu-gà-re] *v.tr.* [*io prosciugo, tu prosciughi ecc.*] **1** rendere interamente asciutto; liberare da acque stagnanti: *— un terreno paludoso* **2** (*fig.*) esaurire, consumare completamente: *— i risparmi* ♦ **prosciugarsi** *v.intr.pron.* diventare asciutto.

prosciutto [pro-sciùt-to] *s.m.* coscia di maiale salata e parzialmente prosciugata perché si conservi a lungo | (*estens.*) affettato di prosciutto: *mangiare pane e —* | *avere gli orecchi, gli occhi foderati di —*, (*fig.*) si dice rispettivamente di chi è duro d'udito o finge di non sentire oppure di chi non si rende conto delle cose più evidenti.

proscritto [pro-scrìt-to] *agg.* e *s.m.* [f. *-a*] che/chi è colpito da proscrizione: *la lista dei proscritti.*

proscrivere [pro-scrì-ve-re] *v.tr.* [coniugato come *scrivere*] **1** nell'antica Roma, colpire un cit-

tadino con la proscrizione 2 (*estens.*) esiliare: *i ribelli furono proscritti* 3 (*fig.*) abolire, vietare, eliminare: *— un uso.*
proscrizione [pro-scri-zió-ne] *s.f.* 1 nell'antica Roma, esilio o pena di morte che comportava anche la confisca e la vendita dei beni 2 (*estens.*) esilio, bando 3 (*fig.*) eliminazione, abolizione, divieto.
prosecco [pro-séc-co] *s.m.* vitigno che produce il vino bianco omonimo, asciutto o amabile.
prosecutore [pro-se-cu-tó-re] *s.m.* [f. *-trice*] (*non com.*) chi prosegue una cosa cominciata da altri.
prosecuzione [pro-se-cu-zió-ne] *s.f.* il proseguire, l'essere proseguito; ciò che costituisce il seguito di qlco.: *la — di un'opera.*
proseguimento [pro-se-gui-mén-to] *s.m.* il proseguire, l'essere proseguito; continuazione, seguito: *il — del viaggio.*
proseguire [pro-se-guì-re] *v.tr.* [*io proséguo ecc.*] continuare: *— il cammino* ♦ *v.intr.* [aus. *avere* se riferito a persona, *essere* o *avere* se riferito a cosa] procedere, andare avanti: *le ricerche sono proseguite tutta la notte.*
proselitismo [pro-ʃe-li-tì-ʃmo] *s.m.* l'azione di chi fa o cerca di fare proseliti.
proselito [pro-ʃè-li-to] *s.m.* [f. *-a*] nuovo seguace di una religione, di una dottrina, di un partito: *fare proseliti.*
prosenchima [pro-ʃèn-chi-ma] *s.m.* [pl. *-mi*] (*bot.*) tessuto fibroso di sostegno.
prosieguo [pro-siè-guo] *s.m.* (*burocr.*) proseguimento, continuazione | *in — di tempo*, in seguito.
prosit [/ ˈprɔzit /] *inter.* (*lat.*) formula d'augurio che si usa in occasione di un brindisi.
prosodia [pro-ʃo-dì-a] *s.f.* 1 nella metrica classica, l'insieme delle norme riguardanti la quantità delle sillabe | nella poesia italiana, le regole che governano l'accentazione dei versi 2 (*ling.*) lo studio dell'accentazione e degli altri elementi d'intonazione che caratterizzano il discorso.
prosodico [pro-ʃò-di-co] *agg.* [pl.m. *-ci*] di prosodia, che riguarda la prosodia.
prosopopea [pro-ʃo-po-pè-a] *s.f.* 1 figura retorica per cui si introducono a parlare persone assenti o morte, o si personificano cose inanimate o astratte 2 (*fig.*) solennità piena di presunzione e di sussiego: *parlare con —.*
prosperare [pro-spe-rà-re] *v.intr.* [*io pròspero ecc.*; aus. *avere*] crescere bene, essere florido: *città in cui prospera il commercio.*
prosperità [pro-spe-ri-tà] *s.f.* l'essere prospero; floridezza, benessere.
prospero [prò-spe-ro] *agg.* 1 favorevole: *sorte prospera* 2 fiorente, florido: *commercio —.*
prosperosità [pro-spe-ro-si-tà] *s.f.* l'essere prosperoso.
prosperoso [pro-spe-ró-so] *agg.* 1 fiorente: *commercio —* 2 florido, in salute | *donna prosperosa*, formosa.
prospettare [pro-spet-tà-re] *v.tr.* [*io prospètto ecc.*] presentare, esporre: *— un'ipotesi* ♦ **prospettarsi** *v.intr.pron.* presentarsi, mostrarsi: *non si prospetta alcuna via d'uscita.*
prospettico [pro-spèt-ti-co] *agg.* [pl.m. *-ci*] della prospettiva; disegnato in prospettiva: *effetto —* □ **prospetticamente** *avv.* secondo le leggi della prospettiva.
prospettiva [pro-spet-tì-va] *s.f.* 1 parte della geometria che insegna a rappresentare una figura tridimensionale su una superficie piana o curva riproducendo l'immagine data dalla visione diretta 2 rappresentazione, dipinto eseguito secondo le leggi della prospettiva 3 (*fig.*) insieme di circostanze future che si possono prevedere; possibilità, eventualità: *la — di una guerra* | *essere senza prospettive*, senza possibilità di cambiamenti o miglioramenti | *in —*, in considerazione di fatti, di sviluppi futuri: *fare una scelta in —* | *errore di —*, errore di valutazione.
prospetto [pro-spèt-to] *s.m.* 1 vista di ciò che sta di fronte; la cosa o il luogo visto di fronte: *il — di un palazzo*, la facciata 2 (*geom.*) rappresentazione grafica in proiezione ortogonale della superficie esterna anteriore di una struttura: *disegnare il — di un edificio* 3 tabella, quadro che descrive sinteticamente una situazione: *il — delle spese.*
prospezione [pro-spe-zió-ne] *s.f.* (*geol.*) complesso dei metodi usati per studiare la struttura del sottosuolo; il grafico che raffigura il risultato di tali studi.
prospiciente [pro-spi-cièn-te], o **prospicente**, *agg.* che è volto verso qlco.: *villino — il mare.*
prosseneta [pros-se-nè-ta] *s.m.* [pl. *-ti*] (*lett.*) sensale, mediatore | (*spreg.*) ruffiano.
prossimale [pros-si-mà-le] *agg.* (*anat.*) si dice della parte di un organo più vicina al centro (si contrappone a *distale*): *la falange è il segmento — del dito.*
prossimità [pros-si-mi-tà] *s.f.* l'essere prossimo | *in — di*, presso, vicino a: *una casa in — dell'autostrada*; *in — delle vacanze*, poco tempo prima.
prossimo [pròs-si-mo] *agg.* 1 molto vicino nello spazio o nel tempo: *il lavoro è — alla fine* | *parente —*, legato da uno stretto vincolo di parentela 2 il più vicino nel tempo futuro; seguente, successivo: *il mese, l'anno —* 3 (*non com.*) il più vicino nel tempo passato; recente | *passato —*, (*gramm.*) tempo del verbo che indica un'azione avvenuta in passato, ma i cui effetti perdurano nel presente ♦ *s.m.* ogni uomo rispetto a un altro uomo | (*estens.*) gli altri: *parlare male del —* □ **prossimamente** *avv.* in un futuro prossimo.
prostata [prò-sta-ta] *s.f.* (*anat.*) ghiandola di forma simile a una castagna, che avvolge la parte iniziale dell'uretra maschile.
prostatectomia [pro-sta-tec-to-mì-a] *s.f.* (*med.*) asportazione chirurgica della prostata.
prostatico [pro-stà-ti-co] *agg.* [pl.m. *-ci*] (*anat.*, *med.*) della prostata ♦ *agg.* e *s.m.* che/chi è affetto da malattia della prostata.
prostatite [pro-sta-tì-te] *s.f.* (*med.*) infiammazione della prostata.

prosternare [pro-ster-nà-re] *v.tr.* [*io prostèrno ecc.*] (*lett.*) stendere a terra, abbattere ♦ **prosternarsi** *v.rifl.* inchinarsi, piegarsi a terra in segno di venerazione.
prosternazione [pro-ster-na-zió-ne] *s.f.* (*non com.*) il prosternare, il prosternarsi.
prostilo [prò-sti-lo] *s.m.* (*arch.*) tempio con portico a colonne sulla facciata anteriore.
prostituire [pro-sti-tu-ì-re] *v.tr.* [*io prostituisco, tu prostituisci ecc.*] **1** fare commercio di cosa che sia strettamente legata alla dignità umana: — *il proprio corpo, l'ingegno* **2** indurre alla prostituzione: — *una ragazza* ♦ **prostituirsi** *v.rifl.* fare commercio di sé stessi, della propria persona; vendersi.
prostituta [pro-sti-tù-ta] *s.f.* donna che esercita la prostituzione.
prostituzione [pro-sti-tu-zió-ne] *s.f.* il prostituire, il prostituirsi; attività di chi fa commercio abituale del proprio corpo: — *femminile, maschile.*
prostrare [pro-strà-re] *v.tr.* [*io pròstro ecc.*] **1** (*lett.*) abbattere, stendere a terra **2** (*fig.*) rendere fiacco, indebolire: *la lunga malattia l'ha prostrato* | umiliare, mortificare: — *la superbia di qlcu.* ♦ **prostrarsi** *v.rifl.* piegarsi, gettarsi a terra, in segno di venerazione o sottomissione | (*fig.*) abbassarsi, umiliarsi: — *davanti ai potenti.*
prostrato [pro-strà-to] *agg.* **1** profondamente inchinato a terra: — *in atto di omaggio* **2** (*fig.*) che è in stato di debolezza fisica; psichicamente o moralmente depresso: *sentirsi* —.
prostrazione [pro-stra-zió-ne] *s.f.* stato di grande debolezza fisica o di profonda depressione psichica o morale.
protagonismo [pro-ta-go-nì-ʃmo] *s.m.* lo svolgere un ruolo di primo piano | (*spreg.*) tendenza ad assumere il ruolo del protagonista, a primeggiare: *un personaggio malato di* —.
protagonista [pro-ta-go-nì-sta] *s.m.* e *f.* [pl.m. *-sti*] **1** l'attore o l'attrice che interpreta la parte principale in un'opera teatrale, cinematografica, televisiva **2** il personaggio principale di un'azione drammatica, di una narrazione **3** chi ha la parte principale in una vicenda della vita reale.
protasi [prò-ta-ʃi] *s.f.* **1** la parte introduttiva di un poema, in cui l'autore espone l'argomento: *la — dell'Iliade* **2** (*gramm.*) la proposizione secondaria del periodo ipotetico, nella quale si pone la condizione di cui l'apodosi esprime la conseguenza (p.e.: *se continuerà a piovere*, resteremo a casa).
proteasi [pro-te-à-ʃi] *s.f.* (*chim., biol.*) l'insieme degli enzimi che promuovono la scissione delle proteine.
proteggere [pro-tèg-ge-re] *v.tr.* [pres. *io protèggo, tu protèggi ecc.*; pass.rem. *io protèssi, tu proteggésti ecc.*; part.pass., *protètto*] **1** difendere, aiutare, favorire: — *i propri figli* **2** promuovere, appoggiare un'attività: — *le scienze, le arti* **3** riparare: *l'ombrello protegge dalla pioggia* **4** (*inform.*) adottare opportuni accorgimenti per salvaguardare dati e memorie da eventuali modifiche o cancellazioni, oppure da accessi non desiderati: — *un file* ♦ **proteggersi** *v.rifl.* ripararsi, difendersi: — *dal freddo.*
proteico [pro-tèi-co] *agg.* [pl.m. *-ci*] di proteine, che contiene proteine: *alimenti ad alto contenuto* —.
proteiforme [pro-tei-fór-me] *agg.* che assume diverse forme o aspetti; versatile: *intelligenza* —.
proteina [pro-te-ì-na] *s.f.* (*biol.*) sostanza organica costituente fondamentale dei tessuti animali e vegetali.
proteinico [pro-te-ì-ni-co] *agg.* [pl.m. *-ci*] proteico.
pro tempore [/ prɔˈtɛmpore /] *loc.avv.* e *agg.invar.* (*lat.*) per un periodo limitato di tempo; provvisoriamente: *presidente* —.
protendere [pro-tèn-de-re] *v.tr.* [coniugato come *tendere*] tendere, spingere in avanti: — *le braccia verso qlcu.* ♦ **protendersi** *v.rifl.* o *intr. pron.* tendersi, spingersi in avanti: — *nel vuoto.*
proteo [prò-te-o] *s.m.* anfibio che vive nelle acque sotterranee del Carso e della Dalmazia; ha corpo sottile, occhi rudimentali, zampe ridotte.
proteolisi [pro-teo-lì-ʃi] *s.f.* (*chim., biol.*) la scomposizione delle proteine in sostanze più semplici, a opera di enzimi.
proteranzia [pro-te-ran-zì-a] *s.f.* (*bot.*) caratteristica delle piante in cui si sviluppano prima i fiori delle foglie (*p.e.* il mandorlo).
protervia [pro-tèr-via] *s.f.* l'essere protervo.
protervo [pro-tèr-vo] *agg.* superbo e arrogante: *individuo, atteggiamento* —.
protesi [prò-te-ʃi] *s.f.* **1** (*med.*) sostituzione di un organo del corpo umano, mancante o difettoso, con un apparecchio o un dispositivo artificiale; l'apparecchio o il dispositivo stesso: — *dentaria* **2** (*ling.*) aggiunta di un elemento non etimologico all'inizio di parola (p.e. *per istrada* anziché *per strada*).
protesista [pro-te-ʃì-sta] *s.m.* e *f.* [pl.m. *-sti*] chi costruisce protesi dentarie.
proteso [pro-té-so] *agg.* teso in avanti: *corpo — nel vuoto.*
protesta [pro-tè-sta] *s.f.* **1** disapprovazione, opposizione nei confronti di qlco. o qlcu.: *manifestazione di —; fare qlco. in segno di* — **2** (*non com.*) dichiarazione di un proprio sentimento o pensiero: *fare — d'amicizia.*
protestante [pro-te-stàn-te] *agg.* del protestantesimo ♦ *agg.* e *s.m.* e *f.* chi aderisce al protestantesimo, ne segue la dottrina.
protestantesimo [pro-te-stan-té-ʃi-mo] *s.m.* **1** l'insieme delle confessioni religiose cristiane che hanno avuto origine dalla Riforma **2** la concezione religiosa propria dei protestanti.
protestare [pro-te-stà-re] *v.intr.* [*io protèsto ecc.*; aus. *avere*] esprimere la propria disapprovazione o opposizione nei confronti di qlco.: — *contro l'ingiustizia* ♦ *v.tr.* **1** dichiarare un proprio sentimento, una propria condizione: — *la propria innocenza* **2** accertare il mancato pagamento di

un titolo di credito: — *una cambiale* ♦ **protestarsi** *v.rifl.* dichiararsi: — *innocente*.

protestatario [pro-te-sta-tà-rio] *agg.* che esprime protesta: *atteggiamento* —.

protesto [pro-tè-sto] *s.m.* (*dir.*) atto con il quale si accerta il mancato pagamento di un titolo di credito: *mandare in — una cambiale*.

protettivo [pro-tet-tì-vo] *agg.* che serve a proteggere: *rivestimento* — | che esprime protezione: *atteggiamento* — □ **protettivamente** *avv.*

protetto [pro-tèt-to] *agg.* munito di difese; posto al riparo | *animale* —, di cui la legge vieta o limita la caccia ♦ *s.m.* [f. *-a*] chi gode di un particolare favore o appoggio.

protettorato [pro-tet-to-rà-to] *s.m.* forma di tutela politica e militare esercitata da uno stato nei confronti di un altro: *esercitare un* — | lo stato posto sotto tale tutela: *l'Uganda era un — inglese*.

protettore [pro-tet-tó-re] *s.m.* **1** [f. *-trice*] chi protegge: *un — delle arti* **2** chi mantiene una donna con la quale ha una relazione amorosa | chi esercita una sorta di tutela o protezione su una prostituta, in realtà sfruttandola ♦ *agg.* che protegge: *santo* —.

protezione [pro-te-zió-ne] *s.f.* **1** il proteggere, il riparare da eventuali danni: *involucro di* — **2** attività di chi protegge o difende; tutela: *società per la — degli animali* | — *civile*, organizzazione dello stato che assiste la popolazione in caso di calamità naturali o di gravi catastrofi **3** (*estens.*) favoritismo: *fare carriera a forza di protezioni* **4** (*inform.*) accorgimento che serve a proteggere dati o programmi.

protezionismo [pro-te-zio-nì-ʃmo] *s.m.* politica economica che mira a proteggere i prodotti nazionali dalla concorrenza straniera.

protezionista [pro-te-zio-nì-sta] *s.m.* e *f.* [pl.m. *-sti*] sostenitore del protezionismo | Usato anche come *agg.*: *politica* —.

protezionistico [pro-te-zio-nì-sti-co] *agg.* [pl.m. *-ci*] del protezionismo: *regime* —.

protide [pro-tì-de] *s.m.* (*chim. biol.*) proteina.

protiro [prò-ti-ro] *s.m.* (*arch.*) **1** piccolo portico su due colonne addossato alla facciata delle chiese romaniche **2** nella casa romana, vestibolo.

proto [prò-to] *s.m.* capotecnico di una tipografia che cura l'impostazione e la composizione del lavoro; tipografo.

proto- primo elemento di parole composte, che significa 'primo' (*prototipo*); in biologia, designa le strutture più semplici di un organismo (*protoplasma*).

protoantropo [pro-to-àn-tro-po] *s.m.* (*antrop.*) nome che designa gli ominidi superiori fossili vissuti prevalentemente nel pleistocene medio e classificati come *Homo erectus*.

protoattinio [pro-to-at-tì-nio] *s.m.* elemento chimico di simbolo *Pa*; è un metallo radioattivo assai raro.

protocollare[1] [pro-to-col-là-re] *v.tr.* [*io protocòllo ecc.*] (*burocr.*) registrare in un protocollo: — *un documento*.

protocollare[2] *agg.* che riguarda le norme del protocollo: *uso* — | (*fig.*) conforme alle norme della debita procedura: *risposta* —.

protocollo [pro-to-còl-lo] *s.m.* **1** l'insieme delle formule iniziali di un documento antico **2** registro dove i notai trascrivono gli estremi degli atti da loro stilati | (*estens.*) libro dove si registrano in ordine cronologico lettere o altri documenti in partenza e in arrivo: *ufficio del* —; *numero di* —, il numero che accompagna ogni registrazione | *foglio di carta* —, foglio di carta del formato usato per denunce, dichiarazioni e sim. **3** documento attestante un accordo fra stati: *firmare il* — **4** l'insieme delle norme che regolano lo svolgimento di manifestazioni ufficiali: *rispettare il* —; *capo del* —, responsabile del cerimoniale.

protone [pro-tó-ne] *s.m.* (*fis.*) particella elementare di carica elettrica positiva corrispondente alla carica negativa dell'elettrone; con il neutrone è il costituente fondamentale dei nuclei atomici.

protonico[1] [pro-tò-ni-co] *agg.* [pl.m. *-ci*] (*fis.*) relativo a protone: *massa protonica*.

protonico[2] *agg.* [pl.m. *-ci*] (*ling.*) si dice di suono o di sillaba che nella parola viene immediatamente prima della vocale o sillaba accentata.

protonotario [pro-to-no-tà-rio], o **protonotaro**, *s.m.* (*st.*) segretario o funzionario di alto rango delle antiche corti.

protoplasma [pro-to-plà-ʃma] *s.m.* [pl. *-smi*] (*biol.*) il complesso del materiale che costituisce le cellule viventi animali e vegetali.

protorace [pro-to-rà-ce] *s.m.* (*zool.*) il primo dei tre segmenti di cui si compone il torace degli insetti.

protosincrotrone [pro-to-sin-cro-tró-ne] *s.m.* (*fis.*) macchina acceleratrice di protoni.

protostella [pro-to-stél-la] *s.f.* (*astr.*) addensamento di idrogeno che può dar luogo alla formazione di una stella.

protostoria [pro-to-stò-ria] *s.f.* la più antica fase della storia di una civiltà, di un popolo | la fase di passaggio dalla preistoria alla storia.

protostorico [pro-to-stò-ri-co] *agg.* [pl.m. *-ci*] della protostoria.

prototipo [pro-tò-ti-po] *s.m.* **1** primo esemplare; tipo originario da cui derivano gli altri: *il — di una macchina* **2** (*fig.*) chi possiede al massimo grado certe caratteristiche: *il — dei galantuomini* ♦ *agg.* che costituisce un prototipo: *missile* —.

protottero [pro-tòt-te-ro] *s.m.* pesce delle paludi africane di corpo allungato e fornito, oltre che di branchie, di un polmone.

protozoi [pro-to-ʒòi] *s.m.pl.* (*zool.*) sottoregno animale comprendente tutti gli organismi microscopici unicellulari.

protozoico [pro-to-ʒòi-co] *agg.* [pl.m. *-ci*] (*geol.*) archeozoico.

protrarre [pro-tràr-re] *v.tr.* [coniugato come *trarre*] prolungare nel tempo, far durare a lungo o più a lungo: — *la discussione* | spostare nel tempo, prorogare: — *l'orario di chiusura* ♦ **protrarsi** *v. intr.pron.* continuare, durare.

protrattile [pro-tràt-ti-le] *agg.* che può essere spinto in avanti, in fuori: *le unghie protrattili del gatto.*
protrazione [pro-tra-zió-ne] *s.f.* prolungamento, proroga.
protrombina [pro-trom-bì-na] *s.f.* (*chim. biol.*) proenzima presente nel sangue, che si trasforma in trombina quando il sangue viene a contatto con l'aria avviando il meccanismo della coagulazione.
protrudere [pro-trù-de-re] *v.tr.* [pass.rem. *io protruʃi, tu protrudésti ecc.*; part.pass. *protruʃo*] (*scient.*) far sporgere in fuori: — *le labbra* ♦ *v.intr.* [aus. *essere*] sporgere, determinare una sporgenza.
protrusione [pro-tru-ʃió-ne] *s.f.* (*med.*) prominenza di un organo anatomico | — *labiale*, avanzamento delle labbra.
protuberanza [pro-tu-be-ràn-za] *s.f.* sporgenza, prominenza, escrescenza: *una — del terreno.*
prova [prò-va] *s.f.* **1** ciò che si fa per conoscere, dimostrare, verificare la qualità, la natura di una cosa, le attitudini o i sentimenti di una persona, il funzionamento di una macchina ecc.: *periodo di* —; *tenere in* — | *a — di bomba*, si dice di cosa solidissima, resistente a tutti gli attacchi (anche *fig.*) | *a tutta* —, sperimentato, che non lascia dubbi: *onestà a tutta* — **2** esame: *prove scritte, orali* **3** (*mat.*) operazione di verifica di un calcolo: — *del nove* **4** competizione, gara sportiva: *vincere la — di salto* **5** (*teat.*) esecuzione parziale o totale di uno spettacolo al fine di metterlo a punto: *fare le prove* **6** cimento affrontato volontariamente o imposto da altri o dalle circostanze: *mettere qlcu. alla* — **7** tentativo: *rinunciò dopo alcune prove* **8** elemento che dimostra la verità di un'affermazione, di un fatto: *assolvere per mancanza di prove*; *fino a — contraria*, fino a che sia dimostrato il contrario **9** dimostrazione concreta di qlco.: *ricevere una — d'amicizia.*
provabile [pro-và-bi-le] *agg.* che si può provare.
provacircuiti [pro-va-cir-cùi-ti] *s.m.invar.* dispositivo atto a controllare se un circuito elettrico è interrotto o no.
provare [pro-và-re] *v.tr.* [*io pròvo ecc.*] **1** sottoporre a prova, a verifica: — *una macchina*; — *un abito*, indossarlo per vedere se va bene **2** (*teat.*) fare le prove di uno spettacolo: — *una commedia* **3** cimentare, mettere alla prova: *la vita lo ha duramente provato* **4** fare una prova, un tentativo: — *non costa niente* **5** dimostrare con prove la verità di un'affermazione, di un fatto: — *la propria innocenza* **6** conoscere per esperienza: — *la miseria* **7** avvertire in sé stessi; sentire: — *piacere, paura.*
provato [pro-và-to] *agg.* **1** che è stato sottoposto a una dura prova; affaticato, esausto: *un uomo* — **2** che è dimostrato con prove; certo, sicuro: *persona di provata fedeltà.*
provenienza [pro-ve-nièn-za] *s.f.* il provenire; il luogo da cui qlcu. o qlco. proviene; origine: *paese di* —.
provenire [pro-ve-nì-re] *v.intr.* [coniugato come *venire*; aus. *essere*, ma i tempi composti sono rari] **1** venire da un luogo: — *dal sud* **2** (*fig.*) avere origine, derivare: *parole che provengono dal greco.*
provento [pro-vèn-to] *s.m.* guadagno, rendita: *proventi di lavoro.*
provenzale [pro-ven-zà-le] *agg.* della Provenza, regione della Francia sud-orientale ♦ *s.m.* **1** [anche *f.*] abitante, nativo della Provenza **2** lingua parlata in Provenza.
provenzaleggiante [pro-ven-za-leg-giàn-te] *agg.* che si rifà ai modi dell'antica poesia provenzale: *stile* —.
provenzalismo [pro-ven-za-lì-ʃmo] *s.m.* (*ling.*) parola, locuzione della lingua provenzale entrata in un'altra lingua.
provenzalista [pro-ven-za-lì-sta] *s.m.* e *f.* [pl.m. *-sti*] studioso di lingua e letteratura provenzale.
proverbiale [pro-ver-bià-le] *agg.* **1** che ha natura di proverbio: *frase, detto* — **2** (*fig.*) che è passato in proverbio, che è noto a tutti: *ignoranza* —.
proverbio [pro-vèr-bio] *s.m.* breve detto popolare che contiene massime, norme, consigli tratti dall'esperienza | *passare in* —, si dice di persona o di cosa portata a esempio per qualche caratteristica tipica.
provetta [pro-vét-ta] *s.f.* **1** tubetto di vetro chiuso e arrotondato a un'estremità, usato per le analisi chimiche | *concepimento in* —, fecondazione artificiale **2** (*tecn.*) campione di materiale (cemento, metallo ecc.) da sottoporre a prove.
provetto [pro-vèt-to] *agg.* **1** che ha grande competenza o esperienza: *un alpinista* — **2** (*lett.*) di età avanzata, maturo.
provincia [pro-vìn-cia] *s.f.* [pl. *-ce* o *-cie*] **1** nella Roma antica, territorio conquistato dai romani e governato da un loro magistrato **2** circoscrizione amministrativa costituita da un insieme di comuni, il più importante dei quali è il capoluogo: *la — di Milano* | l'ente che amministra tale circoscrizione **3** (*estens.*) l'insieme dei piccoli centri minori, contrapposti alle grandi città: *gente, città di* — **4** (*eccl.*) circoscrizione territoriale costituita da più diocesi, retta da un arcivescovo | insieme di conventi o case religiose dipendenti da un medesimo superiore.
provinciale [pro-vin-cià-le] *agg.* **1** della provincia: *consiglio* — **2** tipico della provincia, della gente che vive in provincia (per lo più *spreg.*): *mentalità* — **3** *padre* —, (*eccl.*) in alcuni ordini religiosi, colui che presiede ai conventi situati in una stessa provincia ♦ *s.m.* e *f.* chi è nato o vive in provincia; chi rivela abitudini, mentalità, gusti tipici della provincia. PEGG. *provincialotto* ♦ *s.f.* strada provinciale.
provincialismo [pro-vin-cia-lì-ʃmo] *s.m.* (*spreg.*) l'essere provinciale; l'avere modi, mentalità, gusti da provinciale.
provincialità [pro-vin-cia-li-tà] *s.f.* caratteristica di chi o di ciò che è provinciale: — *di gusti.*

provincializzare [pro-vin-cia-liʒ-ʒà-re] *v.tr.* (*burocr.*) trasferire all'amministrazione provinciale ♦ **provincializzarsi** *v.intr.pron.* (*spreg.*) acquisire modi, mentalità, cultura provinciali.
provino [pro-vì-no] *s.m.* **1** breve prova di recitazione, di ballo o di canto volta a saggiare le capacità di un aspirante artista **2** strumento che serve a determinare la densità dei liquidi o la resistenza dei materiali **3** campione di un materiale da sottoporre a prove.
provitamina [pro-vi-ta-mì-na] *s.f.* (*chim. biol.*) composto organico contenuto negli alimenti che all'interno dell'organismo si trasforma in vitamina.
provocante [pro-vo-càn-te] *agg.* **1** che provoca sentimenti di ribellione, di sdegno; provocatorio **2** che suscita desiderio erotico: *ragazza, vestito —.*
provocare [pro-vo-cà-re] *v.tr.* [*io pròvoco, tu pròvochi ecc.*] **1** essere causa di qlco.; produrre, determinare, causare: *il fumo provoca la tosse* **2** indurre una persona a sentimenti di ribellione, di sdegno; irritare, sfidare: *reagire per essere stato provocato* | suscitare desiderio erotico.
provocatore [pro-vo-ca-tó-re] *agg.* e *s.m.* [f. *-trice*] che/chi provoca; che/chi induce a reazioni violente con parole o atti offensivi, irritanti.
provocatorio [pro-vo-ca-tò-rio] *agg.* che tende a provocare una ribellione, una reazione violenta; che costituisce una provocazione, una sfida: *tono, atteggiamento —* □ **provocatoriamente** *avv.*
provocazione [pro-vo-ca-zió-ne] *s.f.* **1** il provocare qlcu.; le parole, gli atti che provocano, che inducono a una reazione violenta: *raccogliere la —*, accettare una sfida | (*fig.*) discorso che mira a scuotere l'uditorio **2** (*dir.*) attenuante riconosciuta al reo per aver agito in reazione a un'offesa o un'ingiustizia subite.
provola [prò-vo-la] *s.f.* formaggio semiduro di latte di bufala, che si mangia fresco o affumicato; è specialità dell'Italia meridionale.
provolone [pro-vo-ló-ne] *s.m.* formaggio duro, dolce o piccante, prodotto con latte di vacca intero; è tipico dell'Italia meridionale.
provvedere [prov-ve-dé-re] *v.intr.* [coniugato come *vedere*, ma sono regolari il fut. *io provvederò ecc.* e il condiz. *io provvederèi ecc.*; aus. *avere*] **1** disporre quanto è necessario affinché qualcosa non manchi o non subisca danni o avvenga felicemente: *— alla sicurezza dei cittadini* **2** fare ciò che è necessario per risolvere una situazione; prendere dei provvedimenti ♦ *v.tr.* **1** preparare in tempo cose che si prevede saranno utili o necessarie: *— quanto occorre per la partenza* **2** fornire, dotare: *— l'automobile di accessori* ♦ **provvedersi** *v.rifl.* prendere con sé qlco. che si pensa di dover usare; fornirsi, munirsi: *— di tutti i documenti.*
provvedimento [prov-ve-di-mén-to] *s.m.* **1** (*lett.*) il provvedere; rimedio **2** la misura, la disposizione con cui si fa fronte a determinate situazioni e necessità: *— legislativo; prendere provvedimenti contro qlcu.*, punirlo.
provveditorato [prov-ve-di-to-rà-to] *s.m.* ente, dipendente da un ministero, che coordina nell'ambito di una provincia i vari uffici che si occupano di un determinato settore: *— agli studi, alle opere pubbliche.*
provveditore [prov-ve-di-tó-re] *s.m.* [f. *-trice*] **1** (*non com.*) chi provvede a qlcu. o a qlco. **2** titolo di chi è a capo di un provveditorato: *— agli studi.*
provveduto [prov-ve-dù-to] *agg.* (*non com.*) provvisto; fornito, dotato: *— di denaro.*
provvidenza [prov-vi-dèn-za] *s.f.* **1** il provvedere; ogni atto concreto con cui si provvede a qlco.: *provvidenze in favore dei senzatetto* **2** (*teol.*) l'azione costante che Dio esercita nella natura e nella storia: *sperare nella —* **3** (*estens.*) dono, favore, avvenimento che giunge inaspettato quando più è necessario: *la pioggia fu una vera — per la campagna.*
provvidenziale [prov-vi-den-zià-le] *agg.* **1** della provvidenza divina; che deriva da essa **2** (*estens.*) assai opportuno, favorevole: *intervento —.*
provvido [pròv-vi-do] *agg.* (*lett.*) che provvede con benevolenza, con lungimiranza; utile, opportuno.
provvigione [prov-vi-gió-ne] *s.f.* compenso in denaro dato a un intermediario che ha procacciato un affare: *lavorare a —*, per un compenso variabile in ragione degli affari conclusi.
provvisione [prov-vi-ʃió-ne] *s.f.* **1** stipendio, paga **2** provvista, approvvigionamento.
provvisorietà [prov-vi-ʃo-rie-tà] *s.f.* l'essere provvisorio; carattere provvisorio, precario: *la — di una sistemazione.*
provvisorio [prov-vi-ʃò-rio] *agg.* che non è definitivo; temporaneo: *impiego —* | *in via provvisoria*, temporaneamente □ **provvisoriamente** *avv.*
provvista [prov-vì-sta] *s.f.* il provvedere, il procurare quanto è necessario: *far — di olio* | ciò che si è messo da parte per necessità future: *avere abbondanti provviste.*
provvisto [prov-vì-sto] *agg.* che ha, che possiede qlco.; fornito, dotato: *casa provvista di ogni comodità.*
prozio [pro-zì-o] *s.m.* [f. *-a*] zio del padre o della madre.
prua [prù-a] *s.f.* **1** (*mar.*) prora **2** (*estens.*) la parte anteriore di un aereo o altro velivolo; muso.
prudente [pru-dèn-te] *agg.* **1** che agisce con prudenza: *un automobilista —* **2** fatto, detto con prudenza: *discorso, atteggiamento —* □ **prudentemente** *avv.*
prudenza [pru-dèn-za] *s.f.* **1** qualità di chi si comporta in modo da non correre inutili rischi: *guidare con —* **2** (*teol.*) una delle quattro virtù cardinali, quella che fa distinguere il bene dal male.
prudenziale [pru-den-zià-le] *agg.* ispirato, dettato da prudenza: *misure prudenziali.*
prudere [prù-de-re] *v.intr.* [rar. il pass. rem. *io*

prudéi, tu prudésti, egli prudé o *prudètte* ecc.; mancano il part. pass. e i tempi composti] dare prurito, pizzicare: *mi prude la schiena* | *sentirsi — le mani*, (*fig.*) avere voglia di picchiare | *sentirsi — la lingua*, (*fig.*) avere voglia di parlare.

pruderie [/ pryde'ri /] *s.f.* (*fr.*) moralismo ostentato ed esteriore.

prueggiare [pru-eg-già-re] *v.intr.* [*io pruéggio ecc.*; aus. *avere*] (*mar.*) procedere in mare a velocità ridotta, tenendo la prua contro vento.

prugna [prù-gna] *s.f.* frutto del susino; susina ♦ *agg.invar.* di colore violaceo cupo, come quello di una varietà del frutto: *vestito color —*.

prugno [prù-gno] *s.m.* **1** nome generico delle piante del genere pruno **2** susino.

prugnola [prù-gno-la] *s.f.* il frutto del prugnolo; susina selvatica.

prugnolo[1] [prù-gno-lo] *s.m.* arbusto spinoso con fiori bianchi e piccoli frutti commestibili rotondeggianti, di color nero bluastro.

prugnolo[2] [pru-gnò-lo] *s.m.* fungo mangereccio di bosco e di prato.

pruina [pru-ì-na] *s.f.* **1** (*poet.*) brina **2** (*bot.*) sottilissimo strato di sostanza cerosa che ricopre alcuni frutti rendendoli impermeabili all'acqua.

prunaio [pru-nà-io] *s.m.*, o **prunaia** *s.f.* **1** terreno ricoperto da pruni **2** (*fig.*) faccenda ingarbugliata, intrigo; ginepraio.

pruneto [pru-né-to] *s.m.* luogo pieno di pruni; prunaio.

pruno [prù-no] *s.m.* **1** (*bot.*) genere di piante arboree o arbustacee, comprendente il susino, l'albicocco, il ciliegio, il pesco **2** arbusto selvatico spinoso: *una siepe di pruni* **3** spina di pruno.

prurigine [pru-rì-gi-ne] *s.f.* **1** (*lett.*) prurito **2** (*med.*) malattia della pelle caratterizzata da forte prurito e dalla comparsa di bolle o macchie.

pruriginoso [pru-ri-gi-nó-so] *agg.* **1** che causa prurito: *bolle pruriginose* **2** (*fig.*) che eccita, che stuzzica dal punto di vista sensuale: *scena pruriginosa.*

prurito [pru-rì-to] *s.m.* **1** sensazione molesta di irritazione cutanea che induce a grattarsi: *sentire —* **2** (*fig.*) voglia improvvisa e intensa; capriccio: *gli è venuto il — di viaggiare.*

prussiano [prus-sià-no] *agg.* **1** della Prussia **2** (*fig.*) che dimostra una rigidezza, un autoritarismo intransigente: *mentalità prussiana* ♦ *s.m.* **1** [f. *-a*] nativo, abitante della Prussia **2** lingua germanica parlata un tempo in Prussia.

prussico [prùs-si-co] *agg.* [pl.m. *-ci*] (*chim.*) cianidrico.

psammofilo [psam-mò-fi-lo] *agg.* (*biol.*) si dice di organismo animale o vegetale che vive in terreni sabbiosi.

psammografia [psam-mo-gra-fì-a] *s.f.* (*geol.*) lo studio delle sabbie e della loro composizione chimica e fisica.

psammon [psàm-mon] *s.m.invar.* (*biol.*) l'insieme degli organismi vegetali e animali che vivono nelle sabbie costiere.

pseudo- primo elemento di parole composte, che significa 'falso' (*pseudonimo*).

pseudocarpo [pseu-do-càr-po] *s.m.* (*bot.*) corpo globoso che ha l'aspetto di frutto.

pseudofrutto [pseu-do-frùt-to] *s.m.* (*bot.*) falso frutto.

pseudogravidanza [pseu-do-gra-vi-dàn-za] *s.f.* (*med.*) complesso di sintomi che simulano una gravidanza: *— isterica.*

pseudoletterato [pseu-do-let-te-rà-to] *s.m.* [f. *-a*] (*spreg.*) chi si atteggia a letterato senza esserlo.

pseudonimo [pseu-dò-ni-mo] *s.m.* nome fittizio con cui un autore firma le sue opere: *Aldo Palazzeschi è lo — di Aldo Giurlani.*

pseudopodio [pseu-do-pò-dio] *s.m.* (*biol.*) protuberanza transitoria e variabile emessa da alcuni organismi unicellulari o da cellule mobili a scopo di locomozione e nutrizione.

psi *s.m.* nome della ventitreesima lettera dell'alfabeto greco, che viene resa *ps* nei caratteri latini.

psicagogia [psi-ca-go-gì-a] *s.f.* **1** (*relig.*) antica pratica consistente nell'evocare l'anima di un defunto **2** (*psicol.*) attività rivolta a guidare la personalità nel suo sviluppo.

psicanalisi e *deriv.* → **psicoanalisi** e *deriv.*

psicastenia → **psicoastenia.**

psiche[1] [psì-che] *s.f.invar.* (*psicol.*) l'insieme delle funzioni sensitive, affettive e mentali grazie alle quali l'individuo ha esperienza di sé e della realtà esterna.

psiche[2] *s.f.invar.* grande specchio mobile con cornice e montanti in legno, per camera da letto.

psichedelico [psi-che-dè-li-co] *agg.* [pl.m. *-ci*] **1** si dice di ciò che provoca allucinazioni: *farmaci psichedelici* **2** si dice di fasci luminosi colorati, lampeggianti e in movimento secondo il ritmo della musica: *luci psichedeliche* | (*estens.*) colorato, vivace, eccitante: *colori psichedelici.*

psichiatra [psi-chià-tra] *s.m.* e *f.* [pl.m. *-tri*] medico specializzato in psichiatria; studioso di psichiatria.

psichiatria [psi-chia-trì-a] *s.f.* branca della medicina che ha per oggetto la diagnosi, la terapia e la prevenzione delle malattie mentali.

psichiatrico [psi-chià-tri-co] *agg.* [pl.m. *-ci*] che riguarda la psichiatria: *clinica psichiatrica.*

psichiatrizzare [psi-chia-triʒ-ʒà-re] *v.tr.* trattare con metodi psichiatrici: *— i tossicomani.*

psichico [psì-chi-co] *agg.* [pl.m. *-ci*] della psiche, che ha attinenza con la psiche: *turbamento, trauma —* | *fatti, processi psichici*, i fatti interiori, i fenomeni dell'inconscio.

psichismo [psi-chì-ʃmo] *s.m.* (*psicol.*) l'attività psichica nel suo insieme: *— conscio, inconscio.*

psico- primo elemento di parole composte del linguaggio filosofico e scientifico, che significa 'anima, psiche' (*psicologia, psicometria*).

psicoanalisi [psi-co-a-nà-li-ʃi], o **psicanalisi**, *s.f.* disciplina di studio e tecnica terapeutica fondata da S. Freud (1856-1939), basata sull'analisi dei processi inconsci.

psicoanalista [psi-co-a-na-lì-sta], o **psicanali-**

sta, *s.m.* e *f.* [pl.m. *-sti*] psicoterapeuta che segue metodi psicoanalitici; è detto anche *analista.*

psicoanalitico [psi-co-a-na-lì-ti-co], o psicanalitico *agg.* [pl.m. *-ci*] che riguarda la psicoanalisi: *terapia psicoanalitica.*

psicoanalizzare [psi-co-a-na-liʒ-ʒà-re], o psicanalizzare, *v.tr.* sottoporre a trattamento psicoanalitico.

psicoastenia [psi-co-a-ste-nì-a], o psicastenia, *s.f.* (*med.*) nevrosi caratterizzata da stanchezza, malinconia, depressione, fobie.

psicoattivo [psi-co-at-tì-vo] *agg.* (*med.*) psicotropo.

psicodiagnostica [psi-co-dia-gnò-sti-ca] *s.f.* metodo d'indagine e di analisi della personalità.

psicodiagnostico [psi-co-dia-gnò-sti-co] *agg.* [pl.m. *-ci*] relativo alla psicodiagnostica.

psicodidattica [psi-co-di-dàt-ti-ca] *s.f.* studio dei metodi d'insegnamento rapportati alle condizioni psicologiche e ambientali dei soggetti dell'apprendimento.

psicodinamica [psi-co-di-nà-mi-ca] *s.f.* lo studio dei processi mentali con riferimento alla loro origine, alle loro relazioni e ai fattori, consci e inconsci, che li determinano.

psicodinamico [psi-co-di-nà-mi-co] *agg.* [pl.m. *-ci*] relativo alla psicodinamica.

psicodramma [psi-co-dràm-ma] *s.m.* [pl. *-mi*] tipo di psicoterapia che consiste nel far partecipare il soggetto in cura a un'azione scenica e nel fargli assumere un ruolo significativo in rapporto ai suoi disturbi psichici.

psicofarmaco [psi-co-fàr-ma-co] *s.m.* [pl. *-ci*] ogni farmaco che agisce sulla psiche di un individuo modificandone l'umore, lo stato d'animo, il comportamento.

psicofisica [psi-co-fì-ʃi-ca] *s.f.* parte della psicologia scientifica che studia le relazioni fra l'intensità degli stimoli e quella delle sensazioni a essi corrispondenti.

psicofisico [psi-co-fì-ʃi-co] *agg.* [pl.m. *-ci*] psichico e fisico nello stesso tempo; riguardante i rapporti tra processi psichici e fenomeni fisici: *equilibrio —.*

psicofisiologia [psi-co-fi-ʃio-lo-gì-a] *s.f.* disciplina che studia le relazioni tra l'attività psichica e le funzioni fisiologiche dell'uomo.

psicogeno [psi-cò-ge-no] *agg.* (*med.*) si dice di fenomeno di origine psichica.

psicolabile [psi-co-là-bi-le] *agg.* e *s.m.* e *f.* che/chi è soggetto a turbe psichiche o è psicologicamente instabile.

psicolinguista [psi-co-lin-guì-sta] *s.m.* e *f.* [pl.m. *-sti*] studioso di psicolinguistica.

psicolinguistica [psi-co-lin-guì-sti-ca] *s.f.* disciplina che studia i comportamenti verbali nei loro aspetti psicologici, con particolare attenzione al problema della comunicazione e dell'apprendimento delle lingue.

psicolinguistico [psi-co-lin-guì-sti-co] *agg.* [pl.m. *-ci*] relativo alla psicolinguistica.

psicologia [psi-co-lo-gì-a] *s.f.* **1** scienza che studia i fenomeni della vita affettiva e mentale dell'uomo | — *dell'età evolutiva*, disciplina che studia lo sviluppo delle strutture psichiche fra la nascita e l'adolescenza | — *sociale*, disciplina che indaga gli aspetti sociali del comportamento umano **2** la capacità di penetrare l'anima umana, di intuirne i moti e le reazioni: *usare un po' di —* **3** modo di pensare e di reagire: *la — dei bambini.*

psicologico [psi-co-lò-gi-co] *agg.* [pl.m. *-ci*] **1** di psicologia, che riguarda la psicologia: *indagine psicologica* **2** relativo all'anima | *problema —*, nella filosofia classica, il problema dell'anima come sostanza **3** che riguarda l'esperienza interna dell'individuo; che si fonda sull'introspezione | *romanzo —*, che dà particolare rilievo alla descrizione degli stati d'animo dei personaggi □ **psicologicamente** *avv.* dal punto di vista psicologico.

psicologismo [psi-co-lo-gì-ʃmo] *s.m.* **1** (*filos.*) la tendenza ad assumere come punto di partenza dell'indagine filosofica la riflessione interiore, la coscienza individuale **2** nella critica letteraria, tendenza a dare eccessiva importanza a fattori e interessi psicologici.

psicologo [psi-cò-lo-go] *s.m.* [f. *-a*; pl.m. *-gi*] **1** studioso di psicologia **2** (*estens.*) si dice di chi ha profonda conoscenza dell'animo umano e sa intuirne i moti e le reazioni: *dimostrarsi ottimo —.*

psicometria [psi-co-me-trì-a] *s.f.* parte della psicologia sperimentale che si occupa della misurazione dei fenomeni psichici in relazione alla loro intensità, durata e frequenza.

psicometrico [psi-co-mè-tri-co] *agg.* [pl.m. *-ci*] relativo alla psicometria: *test —.*

psicomotorio [psi-co-mo-tò-rio] *agg.* (*med.*) che riguarda la componente psichica dell'attività motoria: *turbe psicomotorie.*

psicomotricità [psi-co-mo-tri-ci-tà] *s.f.* (*med.*) la capacità di muovere il proprio corpo, considerata nelle sue componenti psichiche.

psicopatia [psi-co-pa-tì-a] *s.f.* qualsiasi forma di disturbo psichico | anomalia del comportamento caratterizzata da apatia morale e asocialità.

psicopatico [psi-co-pà-ti-co] *agg.* [pl.m. *-ci*] (*med.*) relativo a psicopatia: *manifestazioni psicopatiche* ♦ *agg.* e *s.m.* [f. *-a*] che/chi è affetto da psicopatia.

psicopatologia [psi-co-pa-to-lo-gì-a] *s.f.* (*psicol.*, *psich.*) disciplina che ha per oggetto il funzionamento anormale dell'attività psichica e che mira a individuarne le cause.

psicopatologico [psi-co-pa-to-lò-gi-co] *agg.* [pl.m. *-ci*] relativo a psicopatologia: *anomalie psicopatologiche.*

psicopatologo [psi-co-pa-tò-lo-go] *s.m.* [f. *-a*; pl.m. *-gi*] studioso, esperto di psicopatologia.

psicopedagogia [psi-co-pe-da-go-gì-a] *s.f.* parte della psicologia applicata che tende a formulare adeguati metodi pedagogici e didattici.

psicopedagogico [psi-co-pe-da-gò-gi-co] *agg.* [pl.m. *-ci*] relativo alla psicopedagogia.

psicopompo [psi-co-pòm-po] *agg.* nella religione greca antica, epiteto di divinità (quali Ermes o Caronte) che accompagnano le anime dei morti nell'oltretomba.
psicosessuale [psi-co-ses-su-à-le] *agg.* si dice di fenomeno psichico relativo alla sessualità.
psicosi [psi-cò-ʃi] *s.f.* **1** (*psich.*) complesso di disturbi psichici gravi, come la schizofrenia, le forme maniaco-depressive e il delirio cronico **2** (*estens.*) ogni fenomeno di eccitazione psichica che assuma aspetti quasi morbosi: *la — delle malattie.*
psicosociologia [psi-co-so-cio-lo-gì-a] *s.f.* psicologia sociale.
psicosomatica [psi-co-so-mà-ti-ca] *s.f.* disciplina medica che si occupa dell'influenza degli stati psichici sull'organismo e delle disfunzioni causate da fattori psicologici.
psicosomatico [psi-co-so-mà-ti-co] *agg.* [pl.m. *-ci*] relativo alla psicosomatica: *malattie psicosomatiche.*
psicotecnica [psi-co-tèc-ni-ca] *s.f.* parte della psicologia sperimentale che si occupa dei problemi del lavoro, dell'orientamento e della selezione professionale.
psicotecnico [psi-co-tèc-ni-co] *agg.* [pl.m. *-ci*] relativo alla psicotecnica: *questionario —* ♦ *s.m.* chi si occupa di psicotecnica.
psicoterapeuta [psi-co-te-ra-pèu-ta] *s.m.* e *f.* [pl.m. *-ti*] medico o psicologo specializzato nel praticare forme di psicoterapia; psicoterapista.
psicoterapeutico [psi-co-te-ra-pèu-ti-co] *agg.* [pl.m. *-ci*] psicoterapico.
psicoterapia [psi-co-te-ra-pì-a] *s.f.* trattamento sistematico dei disturbi psichici fondato sul dialogo tra paziente e terapeuta.
psicoterapico [psi-co-te-rà-pi-co] *agg.* [pl.m. *-ci*] (*med.*) relativo alla psicoterapia: *metodo —.*
psicoterapista [psi-co-te-ra-pì-sta] *s.m.* e *f.* [pl.m. *-sti*] psicoterapeuta.
psicotico [psi-cò-ti-co] *agg.* [pl.m. *-ci*] relativo a psicosi: *sintomo —* ♦ *agg.* e *s.m.* [f. *-a*] che/chi è affetto da psicosi.
psicotropo [psi-cò-tro-po] *agg.* (*med.*) si dice di farmaco che agisce sui processi psichici; psicoattivo.
psicrometro [psi-crò-me-tro] *s.m.* apparecchio che serve a misurare l'umidità dell'aria.
psittaciformi [psit-ta-ci-fór-mi] *s.m.pl.* (*zool.*) ordine di uccelli comprendente i pappagalli.
psittacosi [psit-ta-cò-ʃi] *s.f.* (*vet.*, *med.*) malattia infettiva dei pappagalli, trasmissibile anche all'uomo, che colpisce soprattutto l'apparato polmonare.
psoriasi [pso-rì-a-ʃi] *s.f.* (*med.*) malattia della pelle caratterizzata da macchie rosso-biancastre coperte da squame secche.
pteridofite [pte-ri-dò-fi-te] *s.f.pl.* (*bot.*) divisione del regno vegetale comprendente piante con alternanza di generazione, dotate di radici, fusto e foglie, ma prive di fiori e semi; ne fanno parte le felci e gli equiseti.
pterigoti [pte-ri-gò-ti] *s.m.pl.* (*zool.*) sottoclasse di insetti che comprende tutte le forme provviste di ali e quelle nelle quali la mancanza di ali è dovuta a riduzione secondaria.
ptero-, **-ptero** primo e secondo elemento di parole composte della terminologia scientifica, che significa 'ala' (*pterosauri*).
pterodattili [pte-ro-dàt-ti-li] *s.m.pl.* (*zool.*) genere di rettili fossili degli pterosauri.
pterosauri [pte-ro-sàu-ri] *s.m.pl.* (*zool.*) ordine di rettili fossili provvisti di organi atti al volo, che vissero nell'era mesozoica.
ptialina [pti-a-lì-na] *s.f.* (*chim. biol.*) enzima digestivo contenuto nella saliva.
ptialismo [pti-a-lì-ʃmo] *s.m.* (*med.*) eccessiva secrezione di saliva.
ptosi [ptò-ʃi] *s.f.* (*med.*) lo spostarsi verso il basso dei visceri addominali o di altri organi.
puah [puàh] *inter.* espressione di disgusto, disprezzo, derisione.
pub [/ pab /] *s.m.invar.* (*ingl.*) locale pubblico tipico dei paesi anglosassoni, in cui è possibile consumare bevande alcoliche.
pubalgia [pu-bal-gì-a] *s.f.* (*med.*) dolore alla regione pubica, determinato da stiramento dei muscoli che si inseriscono sul pube.
pubblicabile [pub-bli-cà-bi-le] *agg.* che si può pubblicare, che ha i requisiti necessari per la pubblicazione: *manoscritto non —.*
pubblicano [pub-bli-cà-no] *s.m.* nell'antica Roma, chi prendeva in appalto la riscossione delle imposte pubbliche.
pubblicare [pub-bli-cà-re] *v.tr.* [*io pùbblico*, *tu pùbblichi ecc.*] divulgare, rendere pubblico per mezzo della stampa: *— un articolo.*
pubblicazione [pub-bli-ca-zió-ne] *s.f.* **1** il pubblicare, l'essere pubblicato: *la — di un libro* | *pubblicazioni di matrimonio*, esposizione in municipio e in chiesa dei dati anagrafici degli sposi prima del matrimonio **2** lo scritto, il libro, il periodico pubblicato: *— mensile.*
pubblicista [pub-bli-cì-sta] *s.m.* e *f.* [pl.m. *-sti*] chi collabora a giornali e periodici senza essere giornalista di professione.
pubblicistica [pub-bli-cì-sti-ca] *s.f.* attività dei giornalisti e degli scrittori di opuscoli o articoli di attualità | l'insieme delle pubblicazioni aventi carattere d'attualità.
pubblicistico [pub-bli-cì-sti-co] *agg.* [pl.m. *-ci*] proprio della pubblicistica: *linguaggio —.*
pubblicità [pub-bli-ci-tà] *s.f.* **1** l'essere pubblico; l'essere aperto, accessibile al pubblico: *la — di un'udienza* **2** divulgazione, diffusione tra il pubblico: *dare — a una notizia* **3** insieme dei mezzi con i quali un'impresa richiama l'attenzione del pubblico sul proprio prodotto, allo scopo di incrementare le vendite.
pubblicitario [pub-bli-ci-tà-rio] *agg.* che riguarda la pubblicità, che tende a far pubblicità: *cartellone —; campagna pubblicitaria* ♦ *s.m.* [f. *-a*] chi si occupa professionalmente di pubblicità.
pubblicizzare [pub-bli-ciʒ-ʒà-re] *v.tr.* far cono-

scere al pubblico un prodotto commerciale per mezzo della pubblicità: — *un detersivo.*

pubblicizzazione [pub-bli-ciʒ-ʒa-zió-ne] *s.f.* il pubblicizzare, l'essere pubblicizzato.

pubblico [pùb-bli-co] *agg.* [pl.m. *-ci*] **1** che riguarda l'intera collettività; che rientra nell'interesse generale: *bene, ordine* — | *forza pubblica*, la polizia | — *ufficiale*, chiunque eserciti una funzione legislativa, amministrativa o giudiziaria | *diritto* —, complesso delle norme che disciplinano le attività rilevanti per la vita dello stato | — *ministero*, magistrato che sostiene l'accusa nei processi penali **2** che è di tutti; noto a tutti: *opinione pubblica* **3** che tutti possono frequentare o utilizzare: *giardini pubblici* | *servizi pubblici*, quelli di rilevante interesse collettivo (*p.e.* trasporti, sanità, telecomunicazioni) ♦ *s.m.* **1** la gente, la massa della popolazione: *giardino aperto al* — | *in* —, in luogo pubblico, a cui tutti possono accedere **2** l'insieme di coloro che leggono libri e giornali o assistono a spettacoli, trasmissioni televisive o radiofoniche: *grande affluenza di* — **3** la sfera della vita pubblica: *il* — *e il privato* □ **pubblicamente** *avv.* **1** in pubblico, davanti a tutti: *ringraziare* — **2** a tutti, fra tutti: *è un fatto* — *noto.*

pube [pù-be] *s.m.* (*anat.*) osso che forma la parte anteriore del bacino | regione anatomica dei tessuti molli anteriore a tale osso.

puberale [pu-be-rà-le] *agg.* della pubertà: *età* —.

pubere [pù-be-re] *agg.* e *s.m.* e *f.* (*lett.*) che/chi è nella pubertà.

pubertà [pu-ber-tà] *s.f.* **1** (*fisiol.*) periodo della vita compreso tra gli 11 e i 15 anni, in cui nell'uomo e nella donna hanno inizio le funzioni sessuali **2** (*estens.*) adolescenza.

pubescente [pu-be-scèn-te] *agg.* (*bot.*) si dice di organo vegetale ricoperto di fitta e corta peluria.

pubescenza [pu-be-scèn-za] *s.f.* (*bot.*) la peluria che copre alcuni organi vegetali.

pubico [pù-bi-co] *agg.* [pl.m. *-ci*] (*anat.*) del pube.

public relations [/ˈpablik reˈlɛʃʃons /] *loc. sost.f.pl.* (*ingl.*) pubbliche relazioni.

puddinga [pud-dìn-ga] *s.f.* (*geol.*) roccia formata dalla cementazione di ciottoli arrotondati.

pudende [pu-dèn-de] *s.f.pl.* (*lett.*) gli organi genitali esterni.

pudibondo [pu-di-bón-do] *agg.* (*lett.*) che ha o dimostra grande pudore.

pudicizia [pu-di-cì-zia] *s.f.* atteggiamento riservato o istintivamente ritroso verso ciò che concerne la sfera sessuale.

pudico [pu-dì-co] *agg.* [pl.m. *-chi*] **1** che ha o mostra pudicizia: *sguardo* — **2** (*lett.*) riservato; umile □ **pudicamente** *avv.*

pudore [pu-dó-re] *s.m.* **1** sentimento di riservatezza o di ritrosia verso ciò che appartiene alla sfera sessuale: *il comune senso del* — **2** (*estens.*) ritegno, misura: *mentire senza* —.

puericultore [pu-e-ri-cul-tó-re] *s.m.* [f. *-trice*] **1** medico pediatra che si occupa di puericultura **2** infermiere specializzato nell'assistenza ai neonati o ai bambini presso l'asilo nido o la scuola materna.

puericultura [pu-e-ri-cul-tù-ra] *s.f.* ramo della pediatria che si occupa della cura e dell'allevamento del bambino, sia nel periodo prenatale, sia nel periodo immediatamente successivo alla nascita e nella prima infanzia.

puerile [pu-e-rì-le] *agg.* **1** del fanciullo, dei fanciulli: *età* — **2** (*spreg.*) che rivela immaturità o eccessiva ingenuità: *discorsi puerili* □ **puerilmente** *avv.*

puerilità [pu-e-ri-li-tà] *s.f.* (*spreg.*) **1** l'essere puerile: *la* — *di un ragionamento* **2** atto, frase puerile: *dire* —.

puerizia [pu-e-rì-zia] *s.f.* (*lett.*) l'età puerile, dall'infanzia all'adolescenza.

puerpera [pu-èr-pe-ra] *s.f.* donna che ha partorito da poco.

puerperale [puer-pe-rà-le] *agg.* relativo al puerperio: *febbre* —.

puerperio [puer-pè-rio] *s.m.* periodo di tempo immediatamente successivo al parto.

puffino [puf-fì-no] *s.m.* (*zool.*) berta.

pugilato [pu-gi-là-to] *s.m.* sport in cui due atleti si affrontano su un ring colpendosi con i pugni protetti da appositi guantoni; boxe: *incontro di* —.

pugile [pù-gi-le] *s.m.* atleta che pratica il pugilato.

pugilistico [pu-gi-lì-sti-co] *agg.* [pl.m. *-ci*] che riguarda il pugilato, i pugili: *incontro* —.

pugliese [pu-glié-se] *agg.* della Puglia ♦ *s.m.* e *f.* chi abita o è nato in Puglia.

pugna [pù-gna] *s.f.* (*lett.*) battaglia, combattimento.

pugnace [pu-gnà-ce] *agg.* (*lett.*) **1** battagliero, combattivo **2** che sprona a combattere.

pugnalare [pu-gna-là-re] *v.tr.* ferire, uccidere con un pugnale: — *alle spalle*, colpire a tradimento.

pugnalata [pu-gna-là-ta] *s.f.* **1** colpo dato con un pugnale **2** (*fig.*) colpo doloroso e inaspettato: *quel voltafaccia fu per lui una* —.

pugnale [pu-gnà-le] *s.m.* arma bianca con lama corta a due tagli e punta acuta. DIM. *pugnaletto.*

pugnare [pu-gnà-re] *v.intr.* [aus. *avere*] (*lett.*) combattere.

pugno [pù-gno] *s.m.* [pl. *i pugni*] **1** la mano con le dita serrate e piegate sul palmo: *stringere il* — | *tenere, avere in* — *qlcu.*, (*fig.*) averlo in proprio potere, dominarlo | *avere la vittoria in* —, (*fig.*) avere quasi vinto | *avere il* — *di ferro*, (*fig.*) essere severo, rigido | *scrivere di proprio* —, di propria mano **2** colpo che si dà con le dita serrate a pugno: *prendere a pugni qlcu.* | *fare a pugni*, lottare coi pugni, azzuffarsi **3** la quantità di roba che si stringe nella mano serrata: *un* — *di farina* | *rimanere con un* — *di mosche*, (*fig.*) rimanere deluso per non aver ottenuto nulla **4** (*estens.*) numero limitato, piccola quantità: *un* — *di uomini.*

pula [pù-la] *s.f.* rivestimento dei semi del grano, del riso e di altri cereali, che si raccoglie come sottoprodotto della trebbiatura.

pulce [pùl-ce] *s.f.* 1 insetto saltatore di piccole dimensioni, privo di ali, parassita degli animali e dell'uomo | *mettere la — nell'orecchio*, (*fig.*) insinuare un dubbio, un sospetto in qlcu. | *gioco della —*, gioco consistente nel far saltare piccoli gettoni su quelli degli avversari | *mercato delle pulci*, in cui si vendono oggetti d'occasione di ogni genere 2 (*gerg.*) microfono miniaturizzato che si nasconde in un luogo per ascoltare i discorsi altrui.

pulcinella [pul-ci-nèl-la] *s.m.invar.* 1 *Pulcinella*, maschera napoletana della commedia dell'arte, con vestito bianco e mascherina nera | *segreto di —*, (*fig.*) cosa che tutti sanno 2 (*fig.*) persona poco seria; buffone 3 — *di mare*, uccello dei paesi freddi, abile nuotatore, con corpo tozzo e goffo, grosso becco multicolore, piumaggio nero, bianco e grigio.

pulcino [pul-cì-no] *s.m.* il piccolo della gallina e di altri uccelli | *bagnato come un —*, (*fig.*) bagnato fradicio | *essere un — bagnato*, (*fig.*) si dice di persona timida e impacciata.

pulcioso [pul-ció-so] *agg.* pieno di pulci: *animale —*.

puledro [pu-lé-dro] *s.m.* [f. *-a*] cavallo o altro equino giovane.

puleggia [pu-lég-gia] *s.f.* [pl. *-ge*] (*mecc.*) 1 ruota scanalata che serve a innalzare carichi mediante una fune o una catena; carrucola 2 organo a forma di ruota montato su un albero rotante, usato per trasmettere il moto a un organo analogo mediante un elemento flessibile (cinghia, fune, catena).

pulimentare [pu-li-men-tà-re] *v.tr.* [*io puliménto ecc.*] levigare, lucidare la superficie di materiali e oggetti di pietra, marmo, metallo.

pulimentazione [pu-li-men-ta-zió-ne] *s.f.* pulimento.

pulimento [pu-li-mén-to] *s.m.* il pulimentare, l'essere pulimentato.

pulire [pu-lì-re] *v.tr.* [*io pulisco, tu pulisci ecc.*] 1 togliere lo sporco; liberare da ciò che è inutile, nocivo: — *il pavimento*; *pulirsi le mani* 2 (*non com.*) levigare | (*fig.*) perfezionare, limare: — *uno scritto*.

pulita [pu-lì-ta] *s.f.* l'operazione del pulire rapidamente, senza tanta cura: *dare una — al tavolo*. DIM. *pulitina*.

pulitezza [pu-li-téz-za] *s.f.* (*non com.*) 1 pulizia 2 politezza.

pulito [pu-lì-to] *agg.* 1 senza macchie, senza sporco: *lenzuola pulite*; *persona pulita*, che cura la pulizia personale | *far piazza pulita*, (*fig.*) cacciar via tutti da un luogo; portarsi via tutto quello che c'è 2 (*estens.*) si dice di fonte di energia che non inquina 3 (*fig.*) onesto: *un affare poco —* | immune da colpe: *avere la coscienza pulita* | decente: *una barzelletta poco pulita* ♦ *avv.* in modo pulito; senza volgarità: *parlare —* ♦ *s.m.* luogo pulito: *camminare sul —* □ **pulitamente** *avv.*

pulitore [pu-li-tó-re] *s.m.* [f. *-trice*] chi pulisce.

pulitrice [pu-li-trì-ce] *s.f.* 1 macchina per levigare e lucidare marmo, legno o altri materiali 2 macchina per liberare il grano da pula o paglia.

pulitura [pu-li-tù-ra] *s.f.* il pulire.

pulizia [pu-li-zì-a] *s.f.* 1 l'essere pulito (anche *fig.*): — *morale* 2 l'operazione, il lavoro di pulire: *fare le pulizie*, mettere in ordine la casa | *fare —*, sgombrare, portare via tutto; (*fig.*) allontanare da un'ambiente le persone disoneste, ostili, improduttive ecc. | — *etnica*, eliminazione fisica degli appartenenti a una minoranza etnica.

pullman [/ ˈpulman /] *s.m.invar.* (*ingl.*) 1 autopullman 2 carrozza ferroviaria di lusso.

pullover [/ pulˈlɔver /] *s.m.invar.* (*ingl.*) indumento a maglia che si porta sopra la camicia. DIM. *pulloverino*.

pullulare [pul-lu-là-re] *v.intr.* [*io pùllulo ecc.*; aus. *avere*] 1 spuntare, apparire in gran quantità: *una città in cui pullulano i ristoranti* 2 essere pieno, gremito: *la piazza pullulava di turisti*.

pulmino [pul-mì-no] *s.m.* piccolo pullman, utilizzato per servizio privato o su particolari percorsi.

pulpito [pùl-pi-to] *s.m.* 1 nelle chiese, struttura a balcone, elevata e isolata, dalla quale il predicatore si rivolgeva ai fedeli | *da che — viene la predica!*, (*fig.*) frase ironica rivolta a chi pretende di consigliare ad altri cose che egli stesso non mette in pratica 2 nell'antica Roma, palco o tribuna da cui parlava un oratore.

pulsante [pul-sàn-te] *agg.* che pulsa ♦ *s.m.* parte di un congegno che, premuta, mette in funzione il congegno stesso: *il — del campanello*.

pulsantiera [pul-san-tiè-ra] *s.f.* pannello che contiene vari pulsanti.

pulsar [pùl-sar] *s.f.invar.* (*astr.*) stella che emette periodicamente brevi impulsi radio.

pulsare [pul-sà-re] *v.intr.* [aus. *avere*] 1 battere, palpitare: *il sangue pulsa nelle vene* 2 (*fig.*) essere pieno di vitalità: *la vita pulsa nelle grandi città*.

pulsazione [pul-sa-zió-ne] *s.f.* 1 (*fisiol.*) l'espansione ritmica di un vaso arterioso a seguito delle contrazioni del cuore: *avere sessanta pulsazioni al minuto* 2 oscillazione della corda di uno strumento musicale.

pulsionale [pul-sio-nà-le] *agg.* di pulsione.

pulsione [pul-sió-ne] *s.f.* impulso, spinta | (*psicoan.*) stimolo psicofisico: — *sessuale*.

pulvinare [pul-vi-nà-re] *s.m.* 1 nella Roma antica, letto su cui si posavano le immagini degli dei durante i banchetti sacri 2 (*estens.*) letto o palco riservato agli imperatori romani.

pulvino [pul-vì-no] *s.m.* (*arch.*) elemento della colonna a forma di piramide tronca rovesciata, tra il capitello e l'imposta dell'arco; è tipico dello stile bizantino.

pulviscolare [pul-vi-sco-là-re] *agg.* di pulviscolo | (*estens.*) simile a polvere finissima.

pulviscolo [pul-vì-sco-lo] *s.m.* polvere finissima | — *atmosferico*, insieme di minutissime particelle sospese nell'aria e trasportate dal vento.

pulzella [pul-zèl-la] *s.f.* (*lett.*) fanciulla non sposata | *la — d'Orléans*, Giovanna d'Arco.

puma [pù-ma] *s.m.invar.* felino americano robusto e agilissimo, caratterizzato da corpo snello, testa piccola priva di criniera, mantello bruno-rossiccio.

punch [/ pɔntʃ /] *s.m.invar.* (*ingl.*) bevanda calda composta di acqua, zucchero e alcolici.

punching ball [/ 'pantʃiŋg 'bɔl /] *s.m.invar.* (*ingl.*) (*sport*) palla di cuoio o di gomma sospesa tra il pavimento e il soffitto mediante cordoni elastici, usata dai pugili in allenamento.

pungente [pun-gèn-te] *agg.* **1** che punge: *ago* — **2** (*estens.*) acuto, penetrante: *odore* — **3** (*fig.*) che offende o ferisce moralmente; mordace: *satira* — □ **pungentemente** *avv.*

pungere [pùn-ge-re] *v.tr.* [pres. *io pungo, tu pungi ecc.*; pass.rem. *io punsi, tu pungésti ecc.*; part.pass. *punto*] **1** trafiggere leggermente con una punta sottile la pelle o altra superficie: *mi ha punto una vespa* **2** (*estens.*) produrre una sensazione irritante: *il freddo punge* **3** (*lett.*) stimolare, spronare | (*fig.*) sollecitare: *mi punge una curiosità* **4** (*fig.*) punzecchiare, offendere, ferire moralmente con atti o parole: — *qlcu. sul vivo* ♦ **pungersi** *v. rifl.* ferirsi leggermente con un oggetto a punta.

pungiglione [pun-gi-glió-ne] *s.m.* appendice appuntita e penetrante con cui api, vespe e altri animali inoculano sostanze velenose o irritanti.

pungitopo [pun-gi-tò-po] *s.m.invar.* pianta cespugliosa ornamentale, con rametti appiattiti e pungenti, fiori verdastri e frutti a bacche scarlatte.

pungolare [pun-go-là-re] *v.tr.* [*io pùngolo ecc.*] **1** colpire col pungolo: — *i buoi* **2** (*fig.*) stimolare, sollecitare, incitare.

pungolo [pùn-go-lo] *s.m.* **1** lungo bastone terminante con una punta di ferro, usato dai contadini per stimolare i buoi al lavoro **2** (*fig.*) incitamento, stimolo: *il — dell'ambizione.*

punibile [pu-nì-bi-le] *agg.* che può essere punito: *reato — con la reclusione.*

punibilità [pu-ni-bi-li-tà] *s.f.* **1** l'essere punibile **2** (*dir.*) possibilità di applicare una pena a un soggetto che ha commesso un reato.

punico [pù-ni-co] *agg.* [pl.m. *-ci*] cartaginese: *guerre puniche*, le tre guerre combattute dai romani contro i cartaginesi tra il 264 e il 146 a.C. ♦ *s.m.* lingua parlata dai cartaginesi.

punire [pu-nì-re] *v.tr.* [*io punisco, tu punisci ecc.*] **1** colpire con una pena, con un castigo: — *il colpevole, un reato* **2** (*estens.*) danneggiare, penalizzare: *una tassa che punisce i commercianti.*

punitivo [pu-ni-tì-vo] *agg.* che punisce, che tende a punire: *spedizione punitiva* □ **punitivamente** *avv.*

punitore [pu-ni-tó-re] *agg.* e *s.m.* [f. *-trice*] che/chi punisce: *mano punitrice.*

punizione [pu-ni-zió-ne] *s.f.* **1** il punire, l'essere punito; castigo, pena: *infliggere una* — **2** nel calcio e in altri sport, tiro concesso dall'arbitro a favore della squadra che ha subito un fallo: *battere una* —.

punk [/ paŋk /] *s.m.invar.* (*ingl.*) **1** genere musicale sviluppatosi negli anni '70, basato sul gusto della parodia e della provocazione **2** [anche *f.*] chi appartiene a un movimento giovanile di protesta che segue uno stile di vita anticonformistico | Usato anche come *agg.invar.*: *musica, moda* —.

punta[1] [pùn-ta] *s.f.* **1** l'estremità assottigliata e aguzza di una cosa o di un oggetto: *la — dello spillo; camminare in — di piedi*, per non far rumore | *avere qlco. sulla — della lingua* (*fig.*), essere lì lì per ricordarla, per dirla | *prendere di — qlcu.*, (*fig.*) affrontarlo o trattarlo bruscamente. DIM. *puntina* **2** (*tecn.*) nome di utensili e attrezzi con diverse funzioni: — *da trapano, da tornio* | chiodo **3** (*fig.*) la massima intensità o frequenza di un fenomeno: *la — massima del caldo* | *ore di* —, quelle di traffico o affollamento più intenso **4** (*fig.*) la parte più avanzata di un gruppo, di uno schieramento | *uomo di* —, che si distingue per il suo impegno **5** (*sport*) nel calcio e in altri sport, giocatore di prima linea, attaccante **6** quantità minima di qlco. (anche *fig.*): *una — di sale, d'invidia* **7** in macelleria, nome di particolari tagli di carne: — *di petto* **8** (*geog.*) piccola sporgenza di una costa: *oltre la — si apre il golfo.*

punta[2] *s.f.* l'atteggiamento del cane che punta la selvaggina: *cane da* —.

puntale [pun-tà-le] *s.m.* elemento di rinforzo o protezione che si pone all'estremità di un oggetto: *il — dell'ombrello.*

puntamento [pun-ta-mén-to] *s.m.* l'operazione con cui si volge un'arma da fuoco verso il bersaglio.

puntare[1] [pun-tà-re] *v.tr.* **1** appoggiare con forza su una superficie un oggetto appuntito: — *il bastone in terra* **2** dirigere, volgere verso un punto determinato: — *un'arma da fuoco* **3** scommettere una somma di denaro al gioco: — *sul rosso* **4** (*fig.*) contare, fare assegnamento su qlco. per raggiungere un risultato: — *sul proprio fascino* **5** (*fam.*) appuntare: — *un nastro su un cappello* ♦ *v.intr.* [aus. *avere*] **1** dirigersi, avviarsi verso un luogo: — *verso la costa* **2** (*fig.*) aspirare a qlco. e cercare di conseguirla: — *alla vittoria.*

puntare[2] *v.tr.* **1** detto del cane da caccia, volgere il muso in direzione della selvaggina: — *una beccaccia* **2** (*estens.*) guardare fissamente, con insistenza: — *una ragazza.*

puntasecca [pun-ta-séc-ca] *s.f.* [pl. *puntesecche*] **1** tecnica di incisione con un attrezzo a punta d'acciaio o di diamante su una lastra di rame o di zinco | la stampa ottenuta con tale tecnica **2** l'attrezzo usato per questo tipo di incisione.

puntaspilli [pun-ta-spìl-li] *s.m.invar.* cuscinetto imbottito in cui si appuntano spilli e aghi.

puntata[1] [pun-tà-ta] *s.f.* **1** incursione veloce in un territorio occupato dal nemico | (*estens.*) breve escursione in un luogo: *fare una — in città.* DIM. *puntatina* **2** (*sport*) azione d'attacco rapida e penetrante: *effettuare una — a rete* **3** il puntare al gioco; la somma di denaro che si punta: *fare una — su un cavallo.*

puntata2 *s.f.* **1** parte di un'opera pubblicata separatamente dalle altre; articolo giornalistico che fa parte di una serie: *romanzo a puntate* **2** ciascuna trasmissione televisiva o radiofonica di un programma mandato in onda in più riprese.

puntato [pun-tà-to] *agg.* segnato con un punto, seguito da un punto: *lettera puntata.*

puntatore [pun-ta-tó-re] *s.m.* [f. *-trice*] **1** chi punta **2** in artiglieria, il soldato incaricato del puntamento del pezzo **3** chi scommette al gioco **4** (*inform.*) il cursore del monitor, specialmente quando è azionato dal mouse.

punteggiare [pun-teg-già-re] *v.tr.* [*io puntéggio ecc.*] **1** segnare con una serie di punti | cospargere di piccole macchie di colore diverso; macchiettare **2** mettere i segni di interpunzione in uno scritto.

punteggiatura [pun-teg-gia-tù-ra] *s.f.* **1** il punteggiare, l'essere punteggiato; macchiettatura **2** l'insieme dei segni che separano le varie parti di un testo scritto e suggeriscono le pause e l'intonazione della voce nella lettura; interpunzione.

punteggio [pun-tég-gio] *s.m.* numero dei punti ottenuti da chi partecipa a una gara, a un gioco, a un concorso.

puntellamento [pun-tel-la-mén-to] *s.m.* il puntellare, l'essere puntellato: *il — di un edificio pericolante.*

puntellare [pun-tel-là-re] *v.tr.* [*io puntèllo ecc.*] **1** rinforzare con puntelli di sostegno qlco. che altrimenti potrebbe cedere: *— un muro* **2** (*fig.*) rendere più sicuro, più convincente; rafforzare: *— una tesi con argomentazioni valide* ♦ **puntellarsi** *v.rifl.* sostenersi, reggersi.

puntellatura [pun-tel-la-tù-ra] *s.f.* il puntellare, l'essere puntellato; l'insieme dei puntelli messi in opera: *una solida —.*

puntello [pun-tèl-lo] *s.m.* **1** grossa trave di legno o di ferro | opera muraria posta come sostegno per impedire crolli o frane **2** (*fig.*) sostegno, appoggio: *essere il — della famiglia.*

punteria [pun-te-rì-a] *s.f.* **1** (*mecc.*) nei motori a scoppio, ciascuna delle aste d'acciaio che comandano l'apertura delle valvole dei cilindri **2** (*mil.*) il complesso dei congegni che servono per il puntamento di un pezzo d'artiglieria.

punteruolo [pun-te-ruò-lo] *s.m.* attrezzo costituito da una barretta d'acciaio appuntita, usato per praticare fori.

puntiforme [pun-ti-fór-me] *agg.* che ha forma di un punto, che è piccolo come un punto: *macchioline puntiformi.*

puntiglio [pun-tì-glio] *s.m.* **1** ostinazione caparbia dovuta a orgoglio più che a vera convinzione: *discutere per puro —* **2** grande impegno e volontà: *studiare con —.*

puntigliosità [pun-ti-glio-si-tà] *s.f.* l'essere puntiglioso.

puntiglioso [pun-ti-glió-so] *agg.* che agisce per puntiglio; ostinato, caparbio, tenace: *ragazzo — nello studio* ♦ *s.m.* [f. *-a*] persona puntigliosa: *fare il —* □ **puntigliosamente** *avv.*

puntina [pun-tì-na] *s.f.* **1** sorta di chiodo a gambo corto e sottile, con testa larga e piatta, usato per fissare fogli di carta **2** nel giradischi, l'elemento di diamante o di zaffiro che scorre nel solco del disco **3** (spec. *pl.*) pasta da minestra a forma di piccole punte **4** *puntine platinate*, (*mecc.*) i due elementi che costituiscono il contatto elettrico del ruttore dello spinterogeno.

puntinismo [pun-ti-nì-ʃmo] *s.m.* movimento pittorico della fine dell'Ottocento che utilizzava una tecnica di accostamento di colori puri, stesi sulla tela a pennellate puntiformi.

puntinista [pun-ti-nì-sta] *s.m.* e *f.* [pl.m. *-sti*] seguace del puntinismo | Usato anche come *agg.*: *pittura —.*

puntinistico [pun-ti-nì-sti-co] *agg.* [pl.m. *-ci*] del puntinismo, dei puntinisti.

puntino [pun-tì-no] *s.m.* piccolo punto | *puntini di sospensione*, serie di punti posti alla fine di un periodo per indicare che il discorso è rimasto sospeso | *a —*, benissimo, esattamente: precisamente: *fare le cose a —.*

punto [pùn-to] *s.m.* **1** (*geom.*) il più semplice degli enti geometrici, privo di dimensioni | *punti cardinali*, (*astr.*) i quattro punti fondamentali dell'orizzonte (nord, sud, est, ovest) | *di — in bianco*, (*fig.*) a un tratto, all'improvviso | *— di vista*, quello dal quale si osserva un oggetto; (*fig.*) modo di giudicare le cose **2** (*mar.*) posizione geografica di una nave in mare determinata dalla longitudine e dalla latitudine | *fare il —*, (*fig.*) stabilire lo stato di una questione | *— morto*, (*fig.*) difficoltà che non si riesce a superare, situazione di stallo **3** segno grafico simile a una piccola macchia; compare sulla *i* minuscola e dopo un'abbreviazione | come segno d'interpunzione: *— fermo* (o anche solo *punto*) [.], segno che indica la fine di un periodo; *— e virgola* [;], segno che indica una pausa intermedia tra quella lunga del punto e quella della virgola; *— esclamativo* [!], *interrogativo* [?], segni che si pongono dopo una frase o un'espressione per indicarne il tono e il valore esclamativo o interrogativo; *due punti* [:], segno che introduce un discorso diretto, un'enumerazione, una spiegazione | *mettere i punti sulle i*, (*fig.*) precisare scrupolosamente qlco. DIM. *puntino* **4** (*estens.*) oggetto o segno piccolissimo; macchiolina | *— nero*, (*pop.*) comedone **5** luogo determinato; posto: *— di ritrovo* | *— dolente*, (*fig.*) l'aspetto critico, preoccupante di una situazione **6** passo di uno scritto o di un discorso | argomento, questione: *veniamo al —*, all'argomento principale **7** tempo determinato; momento, istante: *a un certo — uscì* | *essere in — di morte*, prossimo a morire | *essere sul — di*, stare per: *erano sul — di partire* | *in —*, esattamente: *le due in —* **8** livello, grado, limite (anche *fig.*): *— di cottura*; *— critico*, quello in cui un fenomeno raggiunge l'intensità massima | *mettere a —*, in grado di operare al meglio | *di tutto —*, interamente **9** ciascuna delle unità che costituiscono gli elementi di una scala di valori (voti scolastici, quotazioni di borsa, giochi ecc.): *carta che vale un* — | *dare dei punti a qlcu.*, (*fig.*) essergli superiore **10** nel cucito, tratto di filo teso tra due fori successivi fatti dall'ago nella stoffa | nodo fatto con un filo nei lavori all'uncinetto o a maglia **11** (*med.*) elemento della sutura di una ferita: *mettere, togliere i punti* **12** (*tip.*) unità di misura del carattere di stampa ♦ *agg.* (*tosc.*) alcuno, nessuno: *non ne ho punta voglia* ♦ *avv.* per niente, affatto: *senza pensarci né — né poco.*

puntuale [pun-tu-à-le] *agg.* **1** che arriva all'ora stabilita, che non giunge in ritardo: *essere* — | che è preciso negli impegni presi: *persona* — **2** (*fig.*) fatto con precisione; esatto, circostanziato: *una descrizione* — □ **puntualmente** *avv.* all'ora, al momento stabilito; con puntualità.

puntualità [pun-tu-a-li-tà] *s.f.* l'essere puntuale.

puntualizzare [pun-tu-a-liʒ-ʒà-re] *v.tr.* definire con precisione i termini di una questione.

puntualizzazione [pun-tu-a-liʒ-ʒa-zió-ne] *s.f.* il puntualizzare, l'essere puntualizzato.

puntura [pun-tù-ra] *s.f.* **1** il pungere; ferita superficiale provocata da un corpo sottile e acuminato: *la — di un'ape, di uno spillo* **2** (*pop.*) iniezione: *fare una* — **3** (*med.*) introduzione di un ago in una cavità dell'organismo per estrarne o immettervi sostanze liquide o semiliquide: — *lombare*, praticata nella colonna vertebrale.

puntuto [pun-tù-to] *agg.* appuntito, che finisce a punta: *un ferro* —.

punzecchiamento [pun-ʒec-chia-mén-to] *s.m.* punzecchiatura.

punzecchiare [pun-ʒec-chià-re] *v.tr.* [*io punzécchio ecc.*] **1** pungere leggermente più volte: *essere punzecchiato dalle zanzare* **2** (*fig.*) molestare, irritare con parole o dispetti: *smettila di punzecchiarlo!* ♦ **punzecchiarsi** *v.rifl.rec.* molestarsi reciprocamente con allusioni maligne.

punzecchiatura [pun-ʒec-chia-tù-ra] *s.f.* il punzecchiare, l'essere punzecchiato.

punzonare [pun-zo-nà-re] *v.tr.* [*io punzóno ecc.*] **1** imprimere con un punzone: — *un marchio* **2** applicare a un oggetto un marchio che garantisca l'assenza di manomissioni: — *una bilancia* | applicare particolari contrassegni ai veicoli che partecipano a una corsa: — *le biciclette* **3** forare con un punzone: — *una lamiera.*

punzonatrice [pun-zo-na-trì-ce] *s.f.* macchina per eseguire fori nelle lamiere.

punzonatura [pun-zo-na-tù-ra] *s.f.* l'operazione del punzonare.

punzone [pun-zó-ne] *s.m.* **1** attrezzo d'acciaio sagomato che si usa per imprimere un marchio su una superficie metallica o di cuoio, oppure per coniare monete o medaglie **2** attrezzo simile al precedente, con un'estremità piatta o arrotondata per forare semilavorati di piccolo spessore.

pupa[1] [pù-pa] *s.f.* **1** bambola **2** (*region.*) bambina | ragazza, giovane donna.

pupa[2] *s.f.* (*zool.*) stadio di sviluppo degli insetti, intermedio tra lo stadio larvale e quello adulto.

puparo [pu-pà-ro] *s.m.* (*region.*) burattinaio che fa agire i pupi siciliani.

pupattola [pu-pàt-to-la] *s.f.* **1** bambola **2** (*fig.*) ragazza dalla bellezza leziosa o inespressiva.

pupazzo [pu-pàz-zo] *s.m.* **1** fantoccio: *un — di stoffa.* DIM. *pupazzetto* **2** (*spreg.*) persona debole e indecisa, senza una volontà propria.

pupilla [pu-pìl-la] *s.f.* **1** (*anat.*) apertura di forma circolare situata al centro dell'iride, avente la funzione di regolare la quantità di luce che giunge alla retina **2** (*lett.*) l'iride, l'occhio.

pupillare[1] [pu-pil-là-re] *agg.* (*anat.*) della pupilla: *dilatazione* —.

pupillare[2] *agg.* (*dir.*) del pupillo, relativo al pupillo: *bene* —.

pupillo [pu-pìl-lo] *s.m.* [f. *-a*] **1** (*dir.*) il minorenne sottoposto a tutela rispetto a colui che gli fa da tutore **2** (*estens.*) chi gode di particolare protezione o preferenza: *il — della maestra.*

pupo [pù-po] *s.m.* **1** (*region.*) bambino **2** marionetta popolare siciliana: *il teatro dei pupi.*

purché [pur-ché] *cong.* a patto che, a condizione che (introduce una proposizione condizionale): *verrò anch'io, — mi riaccompagniate a casa.*

purchessia [pur-ches-sì-a] *agg.indef.invar.* (*non com.*) qualsiasi, qualunque: *dammi un giornale* —.

pure [pù-re] *cong.* **1** quand'anche; sebbene (introduce una proposizione concessiva): *pur volendo non riuscirei a farlo* | *sia* —, anche se: *un aiuto, sia — modesto* **2** tuttavia, eppure: *benché fossero avversari, — si stimavano* **3** *pur di*, al fine di (introduce una proposizione finale implicita): *farò di tutto pur di accontentarlo* ♦ *avv.* **1** anche: *lui parte oggi e io* — **2** con valore rafforzativo: *andiamo* —.

purè [pu-rè] *s.m.* passato di patate, di verdure o di legumi lessati.

purea [pu-rè-a] *s.f.* (*non com.*) lo stesso che *purè.*

purezza [pu-réz-za] *s.f.* **1** l'essere puro: — *dell'aria* | — *di linee*, semplicità, sobrietà **2** (*fig.*) onestà: — *di intenzioni* | castità: — *di costumi.*

purga [pùr-ga] *s.f.* **1** medicamento che provoca l'evacuazione del contenuto intestinale: *prendere una* — **2** l'operazione del purgare **3** (*fig.*) drastica eliminazione degli avversari politici da parte di un regime autoritario.

purgante [pur-gàn-te] *agg.* **1** che purga, che serve a purgare: *l'azione — di un medicinale* **2** (*teol.*) che si purifica, che espia i peccati nell'aldilà: *anime purganti*, quelle del purgatorio ♦ *s.m.* medicina purgativa; purga: *prendere un* —.

purgare [pur-gà-re] *v.tr.* [*io purgo, tu purghi ecc.*] **1** somministrare una purga a qlcu.: — *un bambino* **2** liberare da impurità (anche *fig.*): — *il sangue*; — *un testo*, emendarlo da tutto ciò che è osceno o sconveniente **3** (*lett.*, *fig.*) purificare l'anima; espiare una colpa: — *i propri peccati* ♦ **purgarsi** *v.rifl.* **1** prendere la purga **2** (*fig.*) purificarsi.

purgativo [pur-ga-tì-vo] *agg.* che serve a purgare, che contiene sostanze purganti: *confetto* —.

purgato [pur-gà-to] *agg.* libero da impurità, puro; scrupolosamente corretto: *edizione purgata*, dalla quale è stato eliminato ogni elemento osceno o sconveniente.
purgatorio [pur-ga-tò-rio] *s.m.* **1** (*teol.*) secondo la dottrina cattolica, condizione e luogo di penitenza in cui si trovano le anime di coloro che, pur essendo morti in stato di grazia, devono espiare i peccati commessi prima di raggiungere il paradiso **2** (*fig.*) stato di tormento, di pena: *la vita per molti è un —*.
purgatura [pur-ga-tù-ra] *s.f.* **1** il purgare qlco. da scorie, impurità **2** le impurità, le scorie rimosse.
purificare [pu-ri-fi-cà-re] *v.tr.* [*io purìfico, tu purìfichi ecc.*] **1** rendere puro, liberare da scorie o impurità; depurare: *— il vino* **2** (*fig.*) rendere spiritualmente puro: *— l'anima dal peccato* ♦ **purificarsi** *v.rifl.* o *intr.pron.* diventare puro.
purificativo [pu-ri-fi-ca-tì-vo] *agg.* atto a purificare: *un lavacro —*.
purificatore [pu-ri-fi-ca-tó-re] *agg.* [f. *-trice*] purificatorio: *fuoco —*.
purificatorio [pu-ri-fi-ca-tò-rio] *agg.* che purifica: *rito —*.
purificazione [pu-ri-fi-ca-zió-ne] *s.f.* **1** il purificare, il purificarsi, l'essere purificato **2** (*relig.*) atto o rito con cui si libera una persona o una cosa dallo stato d'impurità per renderla degna della divinità.
purismo [pu-rì-ʃmo] *s.m.* indirizzo linguistico-letterario che tende a conservare i caratteri tradizionali della lingua, rifiutando gli apporti che vengono da altre lingue.
purista [pu-rì-sta] *s.m.* e *f.* [pl.m. *-sti*] fautore, seguace del purismo; chi cura scrupolosamente la correttezza della lingua.
puristico [pu-rì-sti-co] *agg.* [pl.m. *-ci*] del purismo, dei puristi; da purista: *atteggiamento —*.
purità [pu-ri-tà] *s.f.* (*lett.*) l'essere moralmente puro; purezza.
puritanesimo [pu-ri-ta-né-ʃi-mo] *s.m.* **1** movimento religioso, sorto nel sec. XVI all'interno dell'anglicanesimo, che si proponeva di riformare la chiesa d'Inghilterra secondo i principi del calvinismo **2** (*estens.*) moralismo intransigente.
puritano [pu-ri-tà-no] *agg.* **1** del puritanesimo, dei suoi seguaci **2** (*estens.*) ispirato a un rigido moralismo: *mentalità puritana* ♦ *s.m.* [f. *-a*] **1** (*st.*) seguace del puritanesimo **2** (*estens.*) rigido moralista.
puro [pù-ro] *agg.* **1** si dice di materia che non è mescolata ad altre sostanze che ne mutino le caratteristiche o ne diminuiscano i pregi: *oro —* | *acqua pura*, limpida | *aria pura*, sana, non inquinata | *animale di razza pura*, risultante dall'accoppiamento di individui della stessa razza | *lingua pura*, priva di elementi dialettali o provenienti da altre lingue **2** si dice di disciplina non applicata ad attività pratiche: *matematica, fisica pura* **3** semplice, solo: *la pura verità* **4** non contaminato da colpa o peccato; innocente, casto: *cuore —* ♦ *s.m.* [f. *-a*] chi professa le proprie idee con coerenza, senza compromessi | persona semplice e innocente □ **puramente** *avv.* **1** in modo puro, con purezza: *vivere —* **2** semplicemente, soltanto: *ogni riferimento è — casuale*.
purosangue [pu-ro-sàn-gue] *agg.* e *s.m.* e *f.invar.* si dice di cavallo o altro animale pregiato che discende da soggetti della stessa razza.
purpureo [pur-pù-re-o] *agg.* (*lett.*) del colore della porpora; rosso vivo: *labbra purpuree*.
purtroppo [pur-tròp-po] *avv.* sfortunatamente, malauguratamente: *sperava di venire, ma — non ha potuto*.
purulento [pu-ru-lèn-to] *agg.* di pus; che contiene pus: *piaga purulenta*.
purulenza [pu-ru-lèn-za] *s.f.* **1** l'essere purulento **2** materia purulenta; pus.
pus *s.m.invar.* (*med.*) liquido viscoso biancogiallastro o verdastro che si forma in seguito a processi infiammatori.
pusillanime [pu-ʃil-là-ni-me] *agg.* si dice di chi è d'animo debole e pauroso, o di ciò che denota viltà: *uomo, comportamento —* ♦ *s.m.* e *f.* persona pusillanime.
pusillanimità [pu-ʃil-la-ni-mi-tà] *s.f.* l'essere pusillanime; debolezza, meschinità d'animo, viltà.
pustola [pù-sto-la] *s.f.* (*med.*) vescicola della pelle contenente pus.
pustoloso [pu-sto-ló-so] *agg.* di pustola; che produce pustole | che è ricoperto di pustole: *pelle pustolosa*.
puszta [/ 'pusta /] *s.f.invar.* (*ungherese*) pianura stepposa ungherese.
putacaso [pu-ta-cà-ʃo], o **puta caso**, *loc.avv.* per ipotesi, per caso: *— lo incontrassi, digli di venire*.
putativo [pu-ta-tì-vo] *agg.* che è ritenuto tale pur senza esserlo veramente: *san Giuseppe fu padre — di Gesù*.
puteale [pu-te-à-le] *s.m.* (*arch.*) parapetto circolare o poligonale del pozzo, generalmente di marmo con rilievi scolpiti.
puteolano [pu-te-o-là-no] *agg.* di Pozzuoli, comune in provincia di Napoli ♦ *s.m.* [f. *-a*] abitante, nativo di Pozzuoli.
putiferio [pu-ti-fè-rio] *s.m.* **1** grande strepito di gente che litiga: *è successo un —* **2** (*fig.*) grande confusione, disordine.
putipù [pu-ti-pù] *s.m.* strumento musicale folcloristico napoletano costituito da un recipiente ricoperto da una membrana a cui è legato un bastoncino; strofinando il bastoncino con la mano inumidita la membrana entra in vibrazione producendo un suono cupo.
putizza [pu-tìz-za] *s.f.* emanazione di idrogeno solforato e di anidride solforosa da spaccature naturali del suolo.
putredine [pu-trè-di-ne] *s.f.* **1** (*lett.*) sostanza organica putrefatta o in putrefazione **2** (*fig.*) grave corruzione morale.
putrefare [pu-tre-fà-re] *v.intr.* [*io putrefàccio, tu putrefài, egli putrefà ecc.*; coniugato come *fare*;

aus. *essere*], **putrefarsi** *v.intr.pron.* andare in putrefazione, decomporsi.
putrefattivo [pu-tre-fat-tì-vo] *agg.* di putrefazione: *processo* —.
putrefatto [pu-tre-fàt-to] *agg.* **1** andato in putrefazione, marcito: *carne putrefatta* **2** (*fig.*) corrotto.
putrefazione [pu-tre-fa-zió-ne] *s.f.* **1** decomposizione delle sostanze organiche dovuta a processi di fermentazione: *andare in* — **2** (*fig.*) grave corruzione morale: *una società in* —.
putrella [pu-trèl-la] *s.f.* trave profilata d'acciaio con sezione a doppia T, usata nelle costruzioni.
putrescente [pu-tre-scèn-te] *agg.* che si sta putrefacendo, che è in via di putrefazione.
putrescenza [pu-tre-scèn-za] *s.f.* il putrefarsi; stato di ciò che si sta putrefacendo.
putrescina [pu-tre-scì-na] *s.f.* (*chim.*) sostanza organica azotata che si origina nella putrefazione di sostanze proteiche.
putrido [pù-tri-do] *agg.* **1** che è in stato di putrefazione; marcio: *pesce* — | proprio della putrefazione, prodotto da putrefazione: *odore* — **2** (*fig.*) moralmente corrotto, guasto: *ambiente* — ♦ *s.m.* corruzione, marciume.
putridume [pu-tri-dù-me] *s.m.* **1** quantità di cose putride **2** (*fig.*) corruzione morale.
putsch [/ putʃ /] *s.m.invar.* (*ted.*) complotto, sedizione militare mirante ad attuare un colpo di stato.
puttana [put-tà-na] *s.f.* (*volg.*) prostituta, meretrice | *figlio di* —, (*fig.*) individuo scaltro e privo di scrupoli.
puttanata [put-ta-nà-ta] *s.f.* (*volg.*) **1** stupidaggine, sciocchezza **2** azione subdola, perfida.
puttanesco [put-ta-né-sco] *agg.* [pl.m. *-schi*] **1** (*volg.*) da puttana **2** *spaghetti alla puttanesca*, spaghetti conditi con pomodoro, acciughe tritate, olive nere e capperi.
puttaniere [put-ta-niè-re] *s.m.* (*volg.*) uomo che frequenta le puttane | (*estens.*) donnaiolo da strapazzo.
putto [pùt-to] *s.m.* **1** (*ant.*) bambino, fanciullo **2** pittura o scultura che rappresenta un bambino nudo: *un — di marmo.* DIM. *puttino.*
puzza [pùz-za] *s.f.* (*region.*) puzzo | *avere la — sotto il naso*, (*fam.*) darsi arie di superiorità.
puzzare [puz-zà-re] *v.intr.* [aus. *avere*] **1** emanare puzzo: — *di sudore* **2** (*fig.*) dare sentore, indizio: *una storia che puzza di losco* | anche *assol.*: *la sua generosità mi puzza*, m'insospettisce.
puzzle [/ 'pazol /] *s.m.invar.* (*ingl.*) **1** gioco di pazienza che consiste nel ricostruire un'immagine scomposta in molti pezzi **2** (*estens.*) gioco enigmistico | (*fig.*) rompicapo.
puzzo [pùz-zo] *s.m.* **1** odore cattivo: — *di fumo* **2** (*fig.*) indizio, sentore: *qui c'è — d'imbroglio.*
puzzola [pùz-zo-la] *s.f.* piccolo mammifero carnivoro con corpo allungato e pelliccia bruno-rossastra, che per difesa emette un liquido fetido.
puzzolente [puz-zo-lèn-te] *agg.* che emana puzzo: *liquido* —.
puzzone [puz-zó-ne] *s.m.* [f. *-a*] (*roman.*) **1** chi puzza **2** (*fig.*) persona spregevole o disonesta.
pyrex® [pỳ-rex], o **pirex**, *s.m.invar.* vetro resistente al fuoco, usato per confezionare casseruole, stoviglie da cucina e contenitori da laboratorio.

Q

q *s.f.* o *m.* diciassettesima lettera dell'alfabeto il cui nome è *qu*; rappresenta la consonante occlusiva velare sorda e si trova sempre davanti a *u* semiconsonantica.
qu *s.f.* o *m.* nome della lettera *q*.
qua[1] [quà] *avv.* in questo luogo (è meno determinato di *qui*): *mettilo qua*; *eccomi qua* | come rafforzativo di *questo*: *dammi questo qua* | con valore enfatico o rafforzativo: *dammi qua!* | in contrapposizione con *là*: *qua non c'è, guarda là* | unito ad altre determinazioni di luogo: *qua dentro*; *qua intorno* | *di qua, per di qua*, da questa parte | *di qua da, al di qua di*, dalla parte dove si trova chi parla: *al di qua dei monti* | *più in qua*, più vicino a chi parla: *abita più in qua della stazione* | con valore temporale: *da un anno in qua*.
qua[2] *inter.* voce onomatopeica che, ripetuta, imita il verso delle oche e delle anatre.
quacchero [quàc-che-ro] *s.m.* [f. *-a*] seguace di un movimento religioso protestante diffuso negli Stati Uniti, che si caratterizza per zelo caritativo, intransigenza puritana e semplicità di vita.
quaderno [qua-dèr-no] *s.m.* fascicolo di fogli cuciti o incollati insieme e raccolti in una copertina, destinato all'uso scolastico o usato per prendere appunti, fare conti: — *a righe*. DIM. *quadernetto* ACCR. *quadernone*.
quadrangolare [qua-dran-go-là-re] *agg.* **1** di quadrangolo, a forma di quadrangolo: *superficie* — **2** (*sport*) si dice di incontro o riunione a cui partecipano quattro squadre | Usato anche come *s.m.*: *un — di atletica leggera*.
quadrangolo [qua-dràn-go-lo] *s.m.* (*geom.*) poligono con quattro angoli; quadrilatero.
quadrante [qua-dràn-te] *s.m.* **1** (*mat.*) ciascuna delle quattro regioni in cui due assi ortogonali dividono un piano, o due diametri perpendicolari dividono un cerchio | — *della bussola*, ciascuno dei quattro settori di 90° compresi tra due punti cardinali contigui **2** scala graduata di uno strumento di misura: *il — dell'orologio* | — *solare*, meridiana **3** strumento a forma di quarto di cerchio usato per misurare la distanza angolare.
quadrare [qua-drà-re] *v.tr.* **1** ridurre a forma quadrata: — *un foglio* **2** (*geom.*) costruire un quadrato di area uguale a quella di una figura data: — *il cerchio* ♦ *v.intr.* [aus. *essere* o *avere*] **1** corrispondere esattamente: *le uscite quadrano con le entrate* | essere esatto, tornare: *i conti non quadrano* **2** essere pertinente; adattarsi, conformarsi a qlco.: *un esempio che non quadra* **3** (*fam.*) piacere, garbare; risultare soddisfacente, convincente: *i suoi modi non mi quadrano*.
quadratico [qua-drà-ti-co] *agg.* [pl.m. *-ci*] (*mat.*) che si riferisce all'elevazione al quadrato.
quadratino [qua-dra-tì-no] *s.m.* (*tip.*) spazio bianco di larghezza uguale alla metà del corpo tipografico della composizione.
quadrato[1] [qua-drà-to] *agg.* **1** che ha forma di quadrato: *un tavolo* — | *metro* —, unità di misura di superficie equivalente a un quadrato di 1 metro di lato | *radice quadrata di un numero*, numero che, moltiplicato per sé stesso, produce il numero dato **2** (*estens.*) largo, solido, robusto: *spalle quadrate* | *avere le spalle quadrate*, (*fig.*) sopportare bene la fatica, le difficoltà **3** (*fig.*) che ragiona con giudizio; assennato, equilibrato: *un ragazzo* —.
quadrato[2] *s.m.* **1** (*geom.*) figura piana delimitata da quattro lati uguali che formano tra loro angoli retti **2** (*mat.*) numero che si ottiene moltiplicando un numero per sé stesso; seconda potenza: *il — di 4 è 16* **3** oggetto, superficie, schieramento di forma quadrata: *un — di terra* | *far* —, di truppe, stringersi in uno schieramento serrato per opporre una resistenza maggiore; (*fig.*) raccogliere tutte le forze per difendersi da un avversario. DIM. *quadratino* **4** (*sport*) palco recintato da funi sul quale si disputano gli incontri di pugilato; ring.
quadratone [qua-dra-tó-ne] *s.m.* **1** grande quadrato **2** (*tip.*) spazio bianco di larghezza uguale al corpo della composizione tipografica.
quadratura [qua-dra-tù-ra] *s.f.* **1** il ridurre a forma quadrata; la divisione di una superficie in quadrati | (*estens.*) il riquadro o i riquadri che risultano da tali operazioni: *le quadrature di un soffitto* | — *mentale*, (*fig.*) chiarezza e concretezza d'idee **2** (*mat.*) procedimento per la definizione di un quadrato di area uguale a quella di una superficie data.
quadrello [qua-drèl-lo] *s.m.* **1** [pl. *le quadrèlla*] (*lett.*) dardo della balestra **2** mattonella quadrata per pavimentazione **3** lombo di agnello, maiale o vitello macellato.
quadreria [qua-dre-rì-a] *s.f.* galleria, collezione di quadri; pinacoteca.
quadrettare [qua-dret-tà-re] *v.tr.* [*io quadrétto ecc.*] dividere una superficie in quadretti tracciando delle linee incrociate a 90°.

quadrettato [qua-dret-tà-to] *agg.* suddiviso in quadretti: *carta quadrettata.*
quadrettatura [qua-dret-ta-tù-ra] *s.f.* il quadrettare; l'insieme dei quadretti in cui è suddivisa una superficie quadrettata.
quadretto [qua-drét-to] *s.m.* **1** oggetto di piccole dimensioni di forma quadrata: *un — di stoffa* | ognuno dei piccoli riquadri che risultano dalla traccia a brevi intervalli regolari di linee incrociate a 90°. DIM. *quadrettino* **2** piccolo quadro dipinto o disegnato: *un — a matita* **3** (*fig.*) scenetta graziosa o comunque caratteristica: *un — di vita familiare.*
quadri- primo elemento di parole composte, che significa 'di quattro, costituito di quattro' (*quadrilatero, quadrimotore*).
quadricipite [qua-dri-cì-pi-te] *s.m.* (*anat.*) muscolo della parte anteriore della coscia.
quadricromia [qua-dri-cro-mì-a] *s.f.* (*tip.*) procedimento di stampa che riproduce un originale usando i tre colori fondamentali (giallo, blu, rosso) più il nero | l'immagine così ottenuta.
quadridimensionale [qua-dri-di-men-sio-nà-le] *agg.* che ha quattro dimensioni | *spazio —*, in cui la quarta coordinata corrisponde al tempo.
quadriennale [qua-dri-en-nà-le] *agg.* **1** che dura quattro anni: *corso — di studi* **2** che ha luogo ogni quattro anni: *celebrazioni quadriennali* ♦ *s.f.* esposizione d'arte che si fa ogni quattro anni.
quadriennio [qua-dri-èn-nio] *s.m.* periodo di quattro anni.
quadrifido [qua-drì-fi-do] *agg.* (*bot.*) si dice di organo diviso in quattro settori: *foglia quadrifida.*
quadrifoglio [qua-dri-fò-glio] *s.m.* pianta di trifoglio che, per anomalia, ha foglie divise in quattro foglioline anziché in tre; popolarmente si crede che porti fortuna.
quadrifonia [qua-dri-fo-nì-a] *s.f.* sistema stereofonico di registrazione e riproduzione dei suoni che usa quattro canali anziché due, ottenendo una maggiore fedeltà.
quadrifora [qua-drì-fo-ra] *agg.* e *s.f.* (*arch.*) si dice di finestra divisa in quattro settori da tre colonne.
quadriga [qua-drì-ga] *s.f.* nell'antichità classica, cocchio o carro da corsa a due ruote tirato da quattro cavalli affiancati.
quadrigemino [qua-dri-gè-mi-no] *agg.* si dice di parto in cui vengono alla luce quattro figli.
quadrigetto [qua-dri-gèt-to] *agg.* e *s.m.* si dice di aeroplano dotato di quattro gruppi propulsori a getto; quadrireattore.
quadriglia [qua-drì-glia] *s.f.* danza figurata di società; la musica in tempo moderato su cui si balla.
quadrilatero [qua-dri-là-te-ro] *agg.* che ha quattro lati ♦ *s.m.* (*geom.*) figura piana limitata da quattro lati.
quadrilione [qua-dri-lió-ne] *s.m.* in Italia, Francia e Stati Uniti, il numero rappresentato dall'unità seguita da quindici zeri; in Gran Bretagna, il numero rappresentato dall'unità seguita da ventiquattro zeri.
quadrimestrale [qua-dri-me-strà-le] *agg.* **1** di un quadrimestre, relativo a un quadrimestre: *periodo —* **2** che dura un quadrimestre: *abbonamento —* **3** che si compie, che si fa ogni quadrimestre: *pubblicazione —* □ **quadrimestralmente** *avv.* ogni quadrimestre.
quadrimestralità [qua-dri-me-stra-li-tà] *s.f.* **1** durata quadrimestrale **2** periodicità quadrimestrale.
quadrimestre [qua-dri-mè-stre] *s.m.* **1** periodo di quattro mesi | ciascuno dei due periodi in cui può dividersi l'anno scolastico **2** somma che si paga ogni quattro mesi.
quadrimotore [qua-dri-mo-tó-re] *s.m.* aeroplano con quattro gruppi motori ♦ *agg.* che è mosso da quattro gruppi motori: *aereo —*.
quadrinato [qua-dri-nà-to] *agg.* (*mil.*) si dice di armi da fuoco automatiche montate a gruppi di quattro su uno stesso affusto, oppure aventi quattro canne l'una.
quadrinomio [qua-dri-nò-mio] *s.m.* (*mat.*) somma algebrica di quattro monomi non simili.
quadripartito [qua-dri-par-tì-to] *agg.* **1** diviso in quattro parti: *scudo —* **2** prodotto dal concorso di quattro parti: *accordo —* | *governo —*, che nasce dall'alleanza di quattro partiti.
quadripartizione [qua-dri-par-ti-zió-ne] *s.f.* divisione in quattro parti.
quadripetalo [qua-dri-pè-ta-lo] *agg.* (*bot.*) che ha quattro petali: *fiore —*.
quadriplano [qua-dri-plà-no] *agg.* e *s.m.* (*aer.*) si dice di velivolo che ha quattro piani alari.
quadriplegia [qua-dri-ple-gì-a] *s.f.* (*med.*) paralisi contemporanea di tutti e quattro gli arti.
quadriplegico [qua-dri-plè-gi-co] *agg.* [pl.m. *-ci*] (*med.*) di quadriplegia ♦ *agg.* e *s.m.* [f. *-a*] (*med.*) che/chi è affetto da quadriplegia.
quadripolare [qua-dri-po-là-re] *agg.* (*elettr.*) di quadripolo, che ha struttura di quadripolo.
quadripolarità [qua-dri-po-la-ri-tà] *s.f.* (*elettr.*) caratteristica di ciò che è quadripolare.
quadripolo [qua-dri-pò-lo] *s.m.* (*elettr.*) circuito elettrico fornito di quattro morsetti.
quadriportico [qua-dri-pòr-ti-co] *s.m.* [pl. *-ci*] (*arch.*) portico costruito sui quattro lati di un cortile.
quadrireattore [qua-dri-re-at-tó-re] *agg.* e *s.m.* si dice di aereo dotato di quattro reattori.
quadrireme [qua-dri-rè-me] *s.f.* nell'antichità classica, nave da guerra con quattro ordini di remi.
quadrisillabico [qua-dri-sil-là-bi-co] *agg.* [pl.m. *-ci*] composto da quattro sillabe: *verso —*.
quadrisillabo [qua-dri-sìl-la-bo] *agg.* formato da quattro sillabe: *nome —* ♦ *s.m.* **1** parola di quattro sillabe **2** verso quaternario.
quadrivio [qua-drì-vio] *s.m.* **1** luogo al quale fanno capo quattro strade o nel quale si incrociano due strade **2** *arti del —*, delle sette arti liberali che costituivano nel Medioevo il ciclo educativo, le quattro del gruppo scientifico (*aritmetica, geometria, musica, astronomia*).

quadro[1] [quà-dro] *agg.* che ha la forma di un quadrato: *piastrelle quadre* | *metro* —, metro quadrato | *spalle quadre*, spalle larghe, robuste.

quadro[2] *s.m.* **1** dipinto su tela, legno o altro supporto: — *a olio*. DIM. *quadretto* **2** vista, spettacolo che suscita particolari sentimenti o reazioni: *un — di desolante miseria* **3** rappresentazione, descrizione: *un — della situazione* **4** ciascuna delle parti in cui può essere diviso l'atto di un'opera teatrale, con cambiamento di tempo o di luogo **5** spazio, superficie di forma quadrata: *tessuto a quadri* **6** schema, tabella contenente dati di vario genere: — *riassuntivo*; *i quadri degli scrutini* **7** pannello su cui sono raccolti gli strumenti di controllo e di comando di un'apparecchiatura complessa **8** (*cine.*) il perimetro dell'immagine proiettata sullo schermo **9** *pl.* (*mil.*) i ruoli degli ufficiali: *radiare dai quadri* **10** (spec. *pl.*) chi ha funzioni di responsabilità e di guida all'interno di un'organizzazione: *i quadri di un'azienda* **11** *pl.* uno dei quattro semi delle carte da gioco francesi ♦ Usato come *agg.invar.* nella loc.: *legge* —, (*dir.*) provvedimento normativo che indica i principi fondamentali relativi all'ordinamento di una materia.

quadrotta [qua-dròt-ta] *agg.* e *s.f.* si dice di carta da scrivere di formato poco più lungo che largo.

quadruccio [qua-drùc-cio] *s.m.* **1** (*foto.*, *cine.*) apertura rettangolare che nelle macchine da presa e nei proiettori delimita il formato dei fotogrammi **2** (spec. *pl.*) pasta alimentare per brodo a forma di piccoli quadrati.

quadrumane [qua-drù-ma-ne] *agg.* e *s.m.* si dice di animale, come la scimmia, che ha mani e piedi adatti alla presa.

quadrunvirato [qua-drun-vi-rà-to], o **quadrumvirato**, *s.m.* **1** magistratura o collegio di quattro membri **2** (*estens.*) gruppo dirigente formato da quattro persone.

quadrunviro [qua-drùn-vi-ro], o **quadrumviro**, *s.m.* membro di un quadrunvirato.

quadrupede [qua-drù-pe-de] *agg.* e *s.m.* (*zool.*) si dice di ogni animale a quattro zampe.

quadruplicare [qua-dru-pli-cà-re] *v.tr.* [*io quadrùplico, tu quadrùplichi ecc.*] moltiplicare per quattro, aumentare di quattro volte: — *un numero* | (*estens.*) aumentare di molto: — *gli sforzi* ♦ **quadruplicarsi** *v.intr.pron.* divenire quattro volte maggiore | (*estens.*) accrescersi grandemente.

quadruplicazione [qua-dru-pli-ca-zió-ne] *s.f.* il quadruplicare, il quadruplicarsi, l'essere quadruplicato.

quadruplice [qua-drù-pli-ce] *agg.* che consta di quattro elementi; che risulta dalla composizione di quattro parti: *un testo in — copia*.

quadruplicità [qua-dru-pli-ci-tà] *s.f.* l'essere quadruplice.

quadruplo [quà-dru-plo] *agg.* **1** quattro volte maggiore: *una spesa quadrupla di quella prevista* **2** formato da quattro elementi o parti: *filo* — ♦ *s.m.* quantità, misura quattro volte maggiore: *costare il* —.

quaggiù [quag-giù] *avv.* in questo luogo, qui in basso: *vieni* — | con riferimento a luogo situato al sud: — *gli inverni sono miti*.

quaglia [quà-glia] *s.f.* nome comune di varie specie di uccelli migratori diffusi nelle regioni temperate, di piccole dimensioni, screziati e colorati; la quaglia comune è cacciata e allevata per le sue carni.

quagliare [qua-glià-re] *v.intr.* [*io quàglio ecc.*; aus. *essere*] **1** (*region.*) cagliare **2** (*fig.*, *fam.*) venire a una conclusione, a un risultato positivo: *un affare che non quaglia*.

qualche [quàl-che] *agg.indef.m.* e *f.* [solo *sing.*] **1** alcuni, più d'uno (si riferisce sia a persona sia a cosa): — *anno fa*; — *altra persona* | può indicare anche un solo elemento: *troverò — scusa*; — *giorno lo farò*, un giorno o l'altro; — *volta accadrà*, una volta o l'altra; *in — modo si farà*, in un modo o nell'altro | preceduto da *un*, equivale a *qualsiasi, quale che sia*: *un — rimedio ci sarà* **2** un certo: *un film di — interesse*.

qualcosa [qual-cò-sa], o **qualche cosa**, *pron.indef.* [solo *sing.*] indica in modo indeterminato una o alcune cose: *fammi sapere* —; *vuoi bere* —? | seguito da *altro* o da un compl. partitivo: *hai qualcos'altro da dirmi?* | *essere — di bello, divertente*, essere particolarmente bello, divertente | — *meno*, — *più*, un po' meno, un po' più: *è costato — meno di 100.000 lire* ♦ *s.m.* cosa vaga, di aspetto indefinibile: *c'è un — che mi fa pensare*.

qualcuno [qual-cù-no] *pron.indef.* [solo *sing.*] indica numero indeterminato ma non grande (si riferisce sia a persone sia a cose): *ho letto — dei suoi romanzi*; *conosci — dei suoi amici?* | può indicare anche un solo elemento: *c'è — che ti aspetta* ♦ *s.m.* e *f.* una persona importante: *diventare, credersi* —.

quale [quà-le] *agg.interr.m.* e *f.* [pl. *quali*] si usa per chiedere la qualità, l'identità di qlco. o di qlcu.: *quali libri preferisci?*; *con quali amici hai cenato?* ♦ *agg.escl.m.* e *f.* in usi enfatici (nel parlato è più frequente *che*): — *onore!* ♦ *agg.rel.m.* e *f.* ha lo stesso valore di *come*, ma è di uso più elevato: *città quali Venezia e Firenze* | *tale e quale*, molto somigliante, identico ♦ *agg.indef.m.* e *f.* **1** (*lett.*) qualunque, qualsivoglia (seguito da *che*): *mi comporterò così — che sia la tua opinione* **2** *quale... quale*, (*lett.*) uno... un altro **3** con valore pleonastico: *c'era una certa — amarezza nelle sue parole* ♦ *pron.interr.m.* e *f.* si usa per chiedere la qualità, l'identità di qlco. o di qlcu.: *non so — scegliere*; "*Dammi un disco*" "*Quale?*" ♦ *pron.rel.m.* e *f.* che, cui (rispetto ai quali è di uso più elevato): *la persona della — tutti parlano* | *una persona non tanto per la* —, (*fig.*, *fam.*) un cattivo soggetto ♦ *pron.indef.m.* e *f.* (*lett.*) alcuni... altri: *fra i testimoni, quali confermarono, quali negarono* ♦ *avv.* in qualità di, come: — *rappresentante della legge*.

qualifica [qua-lì-fi-ca] *s.f.* **1** appellativo, titolo che specifica una qualità: *appioppare la — di imbecille* **2** (*dir.*) termine che specifica il tipo di prestazione del lavoratore dipendente (mentre la *categoria* definisce il livello gerarchico e retributivo): — *di impiegato* **3** titolo professionale: — *di ingegnere*.

qualificabile [qua-li-fi-cà-bi-le] *agg.* che si può qualificare, definire, caratterizzare.

qualificante [qua-li-fi-càn-te] *agg.* che qualifica; che dà prestigio: *un lavoro* —.

qualificare [qua-li-fi-cà-re] *v.tr.* [*io qualìfico, tu qualìfichi ecc.*] **1** contraddistinguere con una qualità; designare, caratterizzare: *l'aggettivo qualifica il nome* **2** definire una persona o una cosa mettendone in risalto le qualità: — *qlcu. un genio* **3** far conseguire una qualifica, una preparazione professionale: — *la manodopera* **4** (*sport*) selezionare i concorrenti che passano al turno successivo di una gara ♦ **qualificarsi** *v. rifl.* **1** dire il proprio nome, il proprio titolo: — *come giornalista* **2** meritarsi una qualifica mediante una prova: — *idoneo* **3** (*sport*) superare le selezioni per partecipare a determinate gare: — *per le finali*.

qualificativo [qua-li-fi-ca-tì-vo] *agg.* che è adatto a qualificare, che serve a esprimere una qualità: *aggettivo* —.

qualificato [qua-li-fi-cà-to] *agg.* **1** fornito di qualità: *una persona qualificata* **2** dotato di titoli, di attitudini, di una data preparazione professionale: *un operaio* — | *lavoro* —, che richiede specifiche capacità.

qualificazione [qua-li-fi-ca-zió-ne] *s.f.* **1** il qualificare, il qualificarsi, l'essere qualificato: *corsi di* — *professionale* **2** (*sport*) gara o serie di gare da superare per partecipare ad altre gare di livello superiore.

qualità [qua-li-tà] *s.f.* **1** caratteristica, proprietà, condizione che caratterizza una persona o una cosa, che ne determina la natura e la distingue: *la* — *della vita* | *complemento di* —, (*gramm.*) che indica una qualità (*p.e.* uno scienziato *di valore*) | *in* — *di*, nella veste di: *in* — *di ambasciatore* **2** caratteristica o proprietà positiva: *una persona di* — **3** specie, varietà (detto di cosa): *mele di* — *diverse*.

qualitativo [qua-li-ta-tì-vo] *agg.* che riguarda la qualità: *progresso* — | *analisi chimica qualitativa*, che determina la natura dei componenti di una sostanza □ **qualitativamente** *avv.* per quanto concerne la qualità: *una merce* — *superiore*.

qualora [qua-ló-ra] *cong.* se mai, se avvenisse che (con valore ipotetico, seguita dal verbo al congiunt.): — *tu non potessi venire, avvisami*.

qualsiasi [qual-sì-a-si] *agg.indef.m.* e *f.* [solo *sing.*] qualunque, quale che sia: — *momento*; *un giorno* — | con valore limitativo: *un uomo* —, come tanti altri, di poco valore ♦ *agg.rel.indef.m.* e *f.* [solo *sing.*] qualunque, l'uno o l'altro che (è seguito dal verbo al congiunt.): *farò* — *cosa tu voglia*.

qualsivoglia [qual-si-vò-glia] *agg.indef.m.* e *f.* [solo *sing.*] (*lett.*) qualunque, qualsiasi.

qualunque [qua-lùn-que] *agg.indef.m.* e *f.* [solo *sing.*] l'uno o l'altro che sia, non importa quale; ogni: *fare* — *cosa*; *partire con* — *mezzo* | *un uomo* —, comune, come tanti altri; *l'uomo* —, l'uomo medio, l'uomo della strada ♦ *agg.rel.indef.m.* e *f.* [solo *sing.*] l'uno o l'altro che; quale che (è seguito dal verbo al congiunt.): — *cosa egli dica, ha torto*.

qualunquismo [qua-lun-quì-ʃmo] *s.m.* **1** movimento politico italiano dei primi anni del secondo dopoguerra, polemico nei confronti dei partiti e di ogni ideologia **2** (*estens.*) atteggiamento di indifferenza e di critica superficiale nei confronti della politica e della vita civile e sociale.

qualunquista [qua-lun-quì-sta] *s.m.* e *f.* [pl.m. *-sti*] **1** sostenitore del qualunquismo **2** (*estens.*) chi dimostra qualunquismo | Usato anche come *agg.* in luogo di *qualunquistico*: *mentalità* —.

qualunquistico [qua-lun-quì-sti-co] *agg.* [pl.m. *-ci*] che concerne il qualunquismo; di qualunquista, da qualunquista: *atteggiamento* — □ **qualunquisticamente** *avv.* in modo qualunquistico, generico, semplicistico.

quando [quàn-do] *avv.* **1** in quale tempo, in quale momento: — *partirai?*; *non si sa* — *verrà* | preceduto da prep.: *da* — *in qua si fa così?*; *per* — *pensi di finire?* **2** *quando... quando*, ora... ora, a volte... a volte: — *per un motivo,* — *per un altro* | *di* — *in* —, una volta ogni tanto ♦ *cong.* **1** nel tempo in cui, nel momento in cui (con valore temporale): *verrò* — *avrò finito* | *quand'ecco* (*che*), quando all'improvviso: *stavamo per uscire quand'ecco squillare il telefono* **2** ogni volta che, tutte le volte che (con valore iterativo): — *mangia legge il giornale* **3** giacché, dal momento che (con valore causale): *è sciocco insistere,* — *sai di aver torto* **4** mentre (con valore avversativo): *non ha detto una parola,* — *proprio lui avrebbe dovuto parlare* **5** se, qualora (con valore condizionale): *quand'anche fosse così, non potrei farci nulla* ♦ *s.m.invar.* il tempo, il momento, la circostanza in cui ha luogo un evento: *voler conoscere il come e il* — *di un fatto*.

quantificabile [quan-ti-fi-cà-bi-le] *agg.* che si può quantificare.

quantificare [quan-ti-fi-cà-re] *v.tr.* [*io quantìfico, tu quantìfichi ecc.*] determinare la quantità di qlco.: — *i costi*.

quantificazione [quan-ti-fi-ca-zió-ne] *s.f.* il quantificare, l'essere quantificato.

quantistico [quan-tì-sti-co] *agg.* [pl.m. *-ci*] (*fis.*) dei quanti, relativo alla teoria dei quanti: *meccanica quantistica*.

quantità [quan-ti-tà] *s.f.* **1** grandezza, massa, misura, numero di qlco.: *una grande* — *di cose* **2** moltitudine, abbondanza, gran numero: *una* — *di gente* | *avere qlco. in* —, in abbondanza **3** (*mat., fis.*) grandezza che può essere misurata o numerata: — *aritmetiche* **4** (*ling.*) durata delle vocali, che in alcune lingue (*p.e.* il latino, l'inglese) ha valore distintivo.

quantitativo [quan-ti-ta-tì-vo] *agg.* **1** che riguarda la quantità o esprime una quantità: *differenze quantitative* | *analisi chimica quantitativa*, che determina la quantità dei componenti di una miscela di sostanze, o la quantità degli elementi o dei gruppi caratteristici di una sostanza **2** (*ling.*) che riguarda la quantità delle vocali e delle sillabe | *metrica quantitativa*, quella regolata dalla quantità sillabica, come nella poesia greca e latina ♦ *s.m.* quantità, partita: *un grosso — di tessuti* □ **quantitativamente** *avv.* per quanto concerne la quantità.

quantizzare [quan-tiʒ-ʒà-re] *v.tr.* [*io quantiʒʒo ecc.*] (*non com.*) determinare la quantità di qlco.

quanto[1] [quàn-to] *agg.interr.* quale misura di, che numero di, che quantità di: *quante persone?*; *non so — tempo ci vorrà* ♦ *agg.escl.* si usa per sottolineare enfaticamente la quantità di qlco.: *quanti giorni sono passati!* ♦ *agg.rel.* **1** tutto quello che, tutti quelli che: *prendi — denaro ti occorre* **2** in correlazione con *tanto*: *c'erano tanti posti quanti erano gli invitati* | come rafforzativo di *tutto*: *partirono tutti quanti*; *perdere tutto —* ♦ *pron.interr.* ha gli stessi usi e sign. dell'agg. corrispondente: *fra — sarà pronto?*; *non so quanti verranno* | *quanti ne abbiamo?*, che giorno è? ♦ *pron.escl.* ha gli stessi usi e sign. dell'agg. corrispondente: *— ci sarebbe da dire!* ♦ *pron.rel.* **1** (tutti) coloro che; (tutti) quelli che: *quanti desiderano iscriversi, possono inviare richiesta* **2** (tutto) quello che, (tutto) ciò che: *ho — basta*; *hanno fatto — potevano* | seguito da un compl. partitivo: *è — di meglio si possa trovare* | preceduto da prep.: *più di — pensassi* | in espressioni ellittiche: *questo è —*, tutto ciò che c'era da dire **3** in correlazione con *tanto*: *ne ho tanto — ne hai tu.*

quanto[2] *avv.* **1** in che misura, in che quantità: *— sei alto?*; *non so — abbia capito* **2** con valore esclamativo: *— sono contento!*; *— mi piace!* **3** nella misura in cui, nella quantità in cui: *ha resistito — ha potuto*; *impegnarsi — basta* | *— prima*, il più presto possibile; *— meno* (o *quantomeno*), almeno **4** per ciò che riguarda: *— a me, non ho nulla da dire* **5** in correlazione con *tanto*: *— più si studia, tanto più ci si accorge di non sapere* | nei paragoni enfatici, per affermare la veridicità di ciò che si dice: *quant'è vero Dio* | *— mai*, tanto quanto mai: *ho riso — mai* **6** in loc. partic.: *in —*, per il fatto che, perché: *non sono venuto prima in — pensavo tu non fossi in casa* | *in —*, in qualità di: *in — medico* | *per —*, nonostante che: *per — egli corresse, non lo raggiunse.*

quanto[3] *s.m.* **1** (solo *sing.*) quantità, entità (di denaro o di altri beni): *fissare un —* **2** (*fis.*) valore minimo, definito e indivisibile, di una grandezza fisica; particella elementare: *— di energia*; *teoria dei quanti.*

quantomeno [quan-to-mé-no], o **quanto meno**, *avv.* al minimo, almeno: *dovevi scrivergli o — telefonargli.*

quantometro [quan-tò-me-tro] *s.m.* apparecchio spettrografico per determinare quali elementi sono presenti nel campione di una lega metallica e in quale percentuale.

quantunque [quan-tùn-que] *cong.* benché, per quanto (con valore concessivo e il verbo al congiunt.): *— sia tardi, devo lavorare*; *— irato, riuscì a dominarsi.*

quaranta [qua-ràn-ta] *agg.num.card.invar.* numero corrispondente a quattro decine.

quarantena [qua-ran-tè-na] *s.f.* periodo di quaranta giorni | periodo di isolamento e di osservazione medica al quale sono sottoposte obbligatoriamente le persone provenienti da zone in cui sono diffuse gravi malattie contagiose: *fare la —* | *mettere qlcu. in —*, (*fig.*) tenerlo isolato, in disparte.

quarantennale [qua-ran-ten-nà-le] *agg.* **1** che dura quarant'anni **2** che ricorre ogni quarant'anni ♦ *s.m.* il quarantesimo anniversario: *il — della Repubblica.*

quarantenne [qua-ran-tèn-ne] *agg.* e *s.m.* e *f.* si dice di chi ha quarant'anni.

quarantennio [qua-ran-tèn-nio] *s.m.* periodo di quarant'anni.

quarantina [qua-ran-tì-na] *s.f.* insieme di quaranta o circa quaranta unità: *una — di persone* | *essere sulla —*, avere circa quarant'anni.

quarantore [qua-ran-tó-re], o **quarant'ore**, *s.f.pl.* (*lit.*) pratica devota cattolica consistente nell'esposizione e nell'adorazione del SS. Sacramento, originariamente per quaranta ore.

quarantotto [qua-ran-tòt-to] *s.m.invar.* (*fam.*) scombussolamento, subbuglio, confusione, baccano: *fare un —* | Con valore di *agg.*: *mandare a carte —*, mandare all'aria, sconvolgere.

quaresima [qua-ré-ʃi-ma] *s.f.* il periodo liturgico penitenziale di quaranta giorni che inizia il mercoledì delle ceneri e termina il giovedì santo.

quaresimale [qua-re-ʃi-mà-le] *agg.* di quaresima, adatto al tempo di quaresima: *digiuno —* ♦ *s.m.* serie di prediche che il sacerdote tiene in una chiesa durante la quaresima.

quark [/ kwark /] *s.m.invar.* (*ingl.*) (*fis.*) ciascuna delle ipotetiche particelle i cui aggregati costituirebbero tutte le particelle elementari note.

quarta [quàr-ta] *s.f.* **1** la quarta classe di un corso di studi: *la — elementare* **2** (*mus.*) nel sistema tonale, intervallo tra due suoni la cui distanza è costituita da 4 note (p.e. do-fa) **3** nei cambi di velocità di autoveicoli e motoveicoli, la quarta marcia: *innestare la —* | *partire in —*, (*fig.*) intraprendere qlco. con irruenza.

quartana [quar-tà-na] *s.f.* (*med.*) forma malarica in cui la crisi febbrile si manifesta ogni quarto giorno.

quartettista [quar-tet-tì-sta] *s.m.* e *f.* [pl.m. *-sti*] (*mus.*) **1** chi compone musica per quartetti **2** chi fa parte di un quartetto vocale o strumentale.

quartetto [quar-tét-to] *s.m.* **1** (*mus.*) composizione destinata a quattro esecutori: *i quartetti di Haydn* | la formazione che esegue tali composizioni: *— d'archi*, due violini, una viola, un violoncello **2** gruppo di quattro persone affiatate e ben assortite: *sono un bel —!*

quartiere [quar-tiè-re] *s.m.* **1** zona circoscritta di una città, con particolari caratteristiche storiche o urbanistiche: *— residenziale* | *quartieri alti,* la zona più elegante della città 2 (*mil.*) complesso di edifici o di tende dove alloggia un reparto dell'esercito | *quartier generale*, il complesso degli uomini e dei mezzi necessari al funzionamento del comando di una grande unità; il luogo dove esso ha sede | *lotta senza —*, (*fig.*) senza esclusione di colpi.

quartina [quar-tì-na] *s.f.* strofa di quattro versi variamente rimati.

quartino [quar-tì-no] *s.m.* un quarto di litro di vino: *bersi un —* | recipiente della capacità di un quarto di litro.

quartirolo [quar-ti-rò-lo] *s.m.* formaggio magro e asciutto prodotto in Lombardia.

quarto [quàr-to] *agg.num.ord.* che in una serie occupa il posto numero quattro | *quarta dimensione*, (*fis.*) nella teoria della relatività, il tempo ♦ *s.m.* 1 la quarta parte dell'unità: *un — di litro* | *un — d'ora*, periodo di quindici minuti: *passare un brutto — d'ora*, (*fig.*) trovarsi in una situazione molto difficile 2 *in —*, (*tip.*) formato di libro ottenuto piegando in quattro il foglio di stampa, così da ricavarne otto pagine 3 *quarti di finale*, (*sport*) nelle gare a eliminazione, la prova disputata tra i vincitori degli ottavi di finale per qualificarsi alle semifinali 4 (*mus.*) semiminima.

quarzifero [quar-zì-fe-ro] *agg.* che contiene quarzo: *rocce quarzifere*.

quarzite [quar-zì-te] *s.f.* (*geol.*) roccia dura e compatta di origine metamorfica, costituita essenzialmente da quarzo.

quarzo [quàr-zo] *s.m.* minerale diffuso nelle rocce costituito da biossido di silicio; si presenta in grossi cristalli trasparenti, usati come gemme (*p.e.* l'ametista) o in applicazioni industriali: *orologio al —*.

quasar [quà-ʃar] *s.f.invar.* (*astr.*) sorgente di radiazioni molto intensa situata a enorme distanza dalla Terra.

quasi [quà-ʃi] *avv.* 1 circa, pressappoco, pressoché (indica una quantità o una qualità leggermente in difetto): *— mille lire*; *sono — le sei*; *ci sono — tutti* 2 talora indica incertezza, dubbio e si usa per attenuare un'osservazione, una proposta: *oserei — affermare che...* | anche raddoppiato: *— — vengo* 3 accompagnato da un verbo ha il valore di *mancò*, *mancava poco che...*: *— cadevo* ♦ *cong.* come se (sempre seguito dal verbo al congiunt.): *era preoccupato, — sapesse quello che stava per accadere* | Nella loc. cong. *— che*, come se: *insisteva, — che avesse ragione lui*.

quassazione [quas-sa-zió-ne] *s.f.* (*farm.*) l'operazione del ridurre in frammenti i materiali secchi vegetali da cui si vogliono ottenere infusi, oli, essenze.

quassù [quas-sù] *avv.* in questo luogo, qui in alto: *— in montagna*; *di — si vede il mare* | con riferimento a luogo situato a settentrione: *— gli inverni sono rigidi*.

quaterna [qua-tèr-na] *s.f.* nel lotto, serie di quattro numeri estratti sulla stessa ruota; nella tombola, quattro numeri nella stessa fila di una cartella.

quaternario [qua-ter-nà-rio] *agg.* 1 che è composto di quattro elementi 2 (*geol.*) che appartiene al neozoico: *era quaternaria* 3 (*chim.*) si dice di atomi di azoto uniti a quattro gruppi organici ♦ *s.m.* 1 verso di quattro sillabe 2 (*geol.*) neozoico.

quatto [quàt-to] *agg.* che sta chinato a terra, raccolto in sé stesso: *starsene — dietro un cespuglio* | (*estens.*) silenzioso, zitto: *andarsene — —*.

quattordicenne [quat-tor-di-cèn-ne] *agg.* e *s.m.* e *f.* si dice di chi ha quattordici anni d'età.

quattordicesimo [quat-tor-di-cè-ʃi-mo] *agg. num.ord.* che in una serie occupa il posto numero quattordici.

quattordici [quat-tór-di-ci] *agg.num.card.* numero corrispondente a una decina più quattro unità.

quattrino [quat-trì-no] *s.m.* 1 moneta di poco valore: *non avere un —*; *rimanere senza il becco di un —*, completamente senza denaro 2 *pl.* denaro: *guadagnare fior di quattrini*.

quattro [quàt-tro] *agg.num.card.invar.* numero corrispondente a tre unità più una | col valore di numero indeterminato, nel significato di *alcuni*, *pochi*: *lavorare per — soldi* | *farsi in — per qlcu.*, (*fig.*) aiutarlo in ogni modo | *dirne — a qlcu.*, (*fig.*) trattarlo duramente | *fare il diavolo a —*, (*fig.*) fare un gran baccano | *— gatti*, pochissima gente.

quattrocchi [quat-tròc-chi], o **quattr'occhi**, *s.m.* 1 (*scherz.*) persona che porta gli occhiali 2 anatra selvatica con due caratteristiche macchie bianche ovali sotto gli occhi 3 *a quattr'occhi*, da solo a solo, senza testimoni; in confidenza, in segreto: *parlare con qlcu. a quattr'occhi*.

quattrocentesco [quat-tro-cen-té-sco] *agg.* [pl.m. *-schi*] del Quattrocento (sec. XV).

quattrocentista [quat-tro-cen-tì-sta] *s.m.* e *f.* [pl.m. *-sti*] 1 artista del Quattrocento 2 esperto della cultura e dell'arte del Quattrocento 3 (*sport*) atleta specializzato in gare di corse o nuoto sui 400 metri.

quattrocento [quat-tro-cèn-to] *agg.num.card. invar.* numero corrispondente a quattro centinaia | *il Quattrocento*, il secolo XV.

quegli [qué-gli] *pron.dimostr.m.sing.* (*lett.*) quella persona, con riferimento a qlcu. che è lontano da chi parla.

quei [quéi] *pron.dimostr.m.sing.* (*lett.*) quegli (si usa davanti ai vocaboli che cominciano per consonante).

quello [quél-lo], o **quel** (davanti ai vocaboli che cominciano per consonante che non sia *s* impura, *gn*, *ps*, *x*, *z*), *agg.dimostr.* [pl.m. *quegli* o *quei* negli stessi casi in cui si usa *quel*; precede sempre il sostantivo] 1 indica persona o cosa lontana, nel tempo o nello spazio, sia da chi parla sia da chi ascolta: *dammi quel libro*; *sono fatti tipici di quell'epoca* | con valore enfatico: *ho preso uno di* *quegli spaventi!* | può essere rafforzato da *stesso*, *medesimo*, *tale*: *in quel medesimo istante* **2** indica persona o cosa nominata precedentemente e nota a chi ascolta: *allora arrivò quel ragazzo*; *portami quella cosa* | in espressioni ellittiche: *per — puoi star sicuro*, quanto a quella faccenda ♦ *pron.dimostr.* [la forma *quel* è d'obbligo nell'espressione *in quel di..*, facoltativa davanti a *che* e rara in altri casi] **1** indica persona o cosa lontana da chi parla e da chi ascolta, o persona o cosa non presente della quale si sta parlando: *— è il nuovo direttore*; *preferirei — in vetrina*; *vorrei —*, mostrando col gesto | per indicare una persona che non si conosce o non si vuole chiamare per nome: *— del piano di sotto* | per evitare ripetizioni: *il libro di storia e — di geografia* | contrapposto o in correlazione con *questo*: *preferisci questo o —?* | *quelli di Roma, di Torino*, gli abitanti di Roma, di Torino **2** colui, ciò (seguito da un pron. rel.): *non è — che cerco*; *tutto — che dice è vero* **3** *in quel di..*, nel territorio di: *in quel di Milano.*

querceto [quer-cé-to] *s.m.* bosco di querce.

quercia [quèr-cia] *s.f.* [pl. *-ce*] **1** albero di alto fusto con foglie a margine lobato o dentato | *essere una —*, (*fig.*) si dice di persona molto forte **2** il legno di tale albero usato in falegnameria e come materiale da costruzione.

querciolo [quer-ciò-lo] *s.m.* quercia giovane.

querela [que-rè-la] *s.f.* (*dir.*) atto con cui una persona offesa da un reato non perseguibile d'ufficio chiede che si proceda penalmente a carico del colpevole: *sporgere —*.

querelabile [que-re-là-bi-le] *agg.* (*dir.*) si dice di persona nei cui confronti può essere sporta querela.

querelante [que-re-làn-te] *agg.* e *s.m.* e *f.* (*dir.*) si dice di chi sporge o ha sporto querela.

querelare [que-re-là-re] *v.tr.* [*io querèlo ecc.*] (*dir.*) denunciare mediante querela: *lo querelò per ingiurie* ♦ **querelarsi** *v.intr.pron.* (*dir.*) sporgere, presentare querela contro qlcu.

querelato [que-re-là-to] *agg.* e *s.m.* [f. *-a*] (*dir.*) si dice di colui contro il quale viene sporta una querela.

querelle [/ ke'rɛl /] *s.f.invar.* (*fr.*) polemica, discussione, soprattutto culturale o politica.

querimonia [que-ri-mò-nia] *s.f.* (*lett.*) lamentela, lagnanza, insistente e spesso inopportuna.

querimonioso [que-ri-mo-nió-so] *agg.* (*lett.*) che si lamenta spesso; che esprime un lamento | *voce querimoniosa*, che ha tono lamentoso.

querulo [què-ru-lo] *agg.* (*lett.*) **1** che ha un tono, un suono lamentoso: *voce querula* **2** che si lamenta spesso: *un vecchio —*.

quesito [que-ʃi-to] *s.m.* domanda, questione che si pone perché venga risolta: *rivolgere un —*.

questi [qué-sti] *pron.dimostr.m.sing.* (*lett.*) questa persona, con riferimento a persona presente o della quale si sia appena parlato (si usa come soggetto).

questionare [que-stio-nà-re] *v.intr.* [*io questióno ecc.*; aus. *avere*] **1** discutere, disputare: *— di politica* **2** venire a diverbio: *— per futili motivi.*

questionario [que-stio-nà-rio] *s.m.* **1** serie di quesiti scritti su un dato argomento: *preparare un —* **2** il foglio o il modulo che li riporta: *distribuire un —*.

questione [que-stió-ne] *s.f.* **1** controversia, disputa, discussione: *— giuridica* | *i termini di una —*, la sua formulazione; i suoi punti salienti | *il caso in —*, di cui si sta parlando | *— di lana caprina*, (*fig.*) inutile, oziosa **2** materia, argomento che richiede un esame accurato: *una — spinosa* | *mettere qlco. in —*, in dubbio | *è — di*, si tratta di: *è — di vita o di morte*, è in gioco la vita **3** problema di interesse culturale, storico, politico o sociale: *la — meridionale* **4** lite, vertenza: *venire a —* | discussione, litigio: *non fate questioni ora.*

questo [qué-sto] *agg.dimostr.* [precede sempre il sostantivo] **1** indica persona o cosa vicina, nel tempo o nello spazio, a chi parla: *quest'ombrello è mio*; *questa rivista è migliore di quella*; *questa sera*, stasera, *— mese*, il mese in corso; *questa vita, — mondo*, contrapposti all'aldilà | può essere rafforzato da *stesso*, *medesimo*: *disse queste stesse parole* | con valore enfatico: *l'ho visto con questi occhi*, con i miei occhi | unito a *giorni*, *mesi*, *anni* e sim., può indicare quelli in corso o quelli immediatamente a venire: *le vicende di questi anni*; *uno di questi giorni ne parliamo* **2** indica persona o cosa di cui si sta parlando: *— avvocato è noto in città* **3** simile, siffatto, di questo genere: *non uscire con — freddo*; *questi discorsi irritano* ♦ *pron.dimostr.* [f. *-a*] **1** indica persona o cosa vicina a chi parla, o persona o cosa della quale si sta parlando: *— è il nuovo segretario*; *prendi — vicino a me* | contrapposto o in correlazione con *quello*: *vuoi — o quello?*; *lo va dicendo a — e a quello*, all'uno e all'altro, a chiunque **2** ciò, la cosa di cui si parla: *— mi preoccupa*; *a — penseremo poi*; *con — ho finito* | *e con —?*, e allora?: *ha sbagliato, e con —?*

questore [que-stó-re] *s.m.* **1** funzionario di polizia preposto a una questura **2** parlamentare che collabora col presidente dell'assemblea nel mantenere l'ordine.

questua [què-stu-a] *s.f.* il chiedere l'elemosina; la raccolta delle elemosine: *fare la —*.

questuante [que-stu-àn-te] *agg.* e *s.m.* e *f.* che/chi fa la questua.

questuare [que-stu-à-re] *v.intr.* [*io quèstuo ecc.*; aus. *avere*] fare la questua ♦ *v.tr.* elemosinare (anche *fig.*): *— favori.*

questura [que-stù-ra] *s.f.* **1** ufficio dell'amministrazione statale che in ogni provincia svolge compiti di pubblica sicurezza **2** la sede degli uffici della questura: *sporgere denunzia in —*.

questurino [que-stu-rì-no] *s.m.* (*pop.*) agente della polizia di stato; poliziotto.

quetzal [/ ket'sal /] *s.m.invar.* (*sp.*) uccello dell'America centrale, con piumaggio verde e rosso e ciuffo di piume sul capo.

qui [quì] *avv.* **1** in questo luogo (è più determinato di *qua*): *qui non c'è*; *vieni qui* | talvolta si usa come rafforzativo di *questo*: *questa cosa qui* | con valore enfatico o rafforzativo: *prendi qui!*; *guarda qui che ha combinato!* | in contrapposizione o in correlazione con *lì* o *là*: *da qui a lì*; *ora qui ora là* | unito ad avv. o ad altre determinazioni di luogo: *qui dentro*; *qui sopra*; *qui a due passi* | preceduto da prep.: *di qui*, *da qui* | *è di qui*, è originario di questo paese | *di qui*, *per qui*, *per di qui*, attraverso questo luogo: *si passa per di qui* | *fin qui*, fino a questo luogo: *sono arrivato fin qui* **2** (*fig.*) a questo punto; in questo punto: *qui comincia il bello*; *qui hai torto*; *di qui deriva che...*, da ciò; *di qui in avanti*, d'ora in avanti; *di qui a un anno*, fra un anno a partire da ora **3** (*fig.*) in questa situazione, in questo caso: *qui ci vuole molta calma*.

quid [/ kwid /] *s.m.invar.* (*lat.*) una certa cosa; un qualcosa di indeterminato, di indefinibile: *in lui c'è un — che non mi piace*.

quiescente [quie-scèn-te] *agg.* **1** (*scient.*) che è in stato di riposo, di inattività: *vulcano —* **2** (*fig.*) acquiescente.

quiescenza [quie-scèn-za] *s.f.* **1** stato di riposo, di inattività **2** (*bot.*) sospensione temporanea delle funzioni vitali di una pianta o di un suo organo, che è una fase del suo ciclo biologico.

quietanza [quie-tàn-za] *s.f.* (*dir.*) attestazione di un avvenuto pagamento, rilasciata dal creditore al debitore | *per —*, formula che precede la firma di un documento valido come ricevuta di pagamento.

quietanzare [quie-tan-zà-re] *v.tr.* attestare che un pagamento è avvenuto; firmare per quietanza: *— una fattura*.

quietare [quie-tà-re] *v.tr.* [*io quièto ecc.*] **1** riportare alla quiete; calmare, placare: *— gli animi* **2** far star tranquillo: *— i ragazzi* ♦ **quietarsi** *v.intr.pron.* ritornare in uno stato di quiete; placarsi, calmarsi.

quiete [quiè-te] *s.f.* **1** assenza di moto; immobilità: *stato di — di un corpo* **2** calma esterna; stato di silenzio, di tranquillità, di ordine: *la — della campagna* | calma dell'animo; pace, tranquillità.

quietismo [quie-tì-ʃmo] *s.m.* amore per il quieto vivere | accettazione passiva della realtà e di tutto ciò che accade.

quietista [quie-tì-sta] *s.m.* e *f.* [pl.m. *-sti*] seguace del quietismo | Usato anche come *agg.* in luogo di *quietistico*: *il pensiero —*.

quieto [quiè-to] *agg.* **1** che non si muove; fermo, tranquillo: *oggi il mare è —* **2** (*estens.*) non turbato da rumori, da confusione; silenzioso, tranquillo: *un paesino —* | *— vivere*, vita senza contrasti **3** (*fig.*) di temperamento pacifico; che non si agita, non si ribella: *gente quieta* □ **quietamente** *avv.*

quinta [quìn-ta] *s.f.* **1** la quinta classe di un corso di studi **2** (*mus.*) nel sistema tonale, intervallo tra due suoni la cui distanza è costituita da 5 note (p.e. do-sol) **3** nei cambi di velocità di autoveicoli e motoveicoli, la quinta marcia.

quinario [qui-nà-rio] *agg.* costituito di cinque elementi: *sistema —* ♦ *agg.* e *s.m.* (*metr.*) si dice di verso che ha l'ultimo accento ritmico sulla quarta sillaba.

quinci [quìn-ci] *avv.* (*lett.*) **1** da qui, da questo luogo (moto da luogo o moto per luogo) | *— e quindi*, di qua e di là, da una parte e dall'altra **2** in seguito; da questo momento.

quindi [quìn-di] *avv.* poi, in seguito: *prima sbaglia, — si pente* ♦ *cong.* perciò, di conseguenza (con valore conclusivo): *ero stanco, — andai a dormire*.

quindicennale [quin-di-cen-nà-le] *agg.* che dura o è durato quindici anni: *mutuo —*.

quindicenne [quin-di-cèn-ne] *agg.* e *s.m.* e *f.* si dice di chi ha quindici anni di età.

quindicennio [quin-di-cèn-nio] *s.m.* periodo di quindici anni.

quindicesimo [quin-di-cè-ʃi-mo] *agg.num.ord.* che in una serie occupa il posto numero quindici.

quindici [quìn-di-ci] *agg.num.card.* numero che corrisponde a una decina più cinque unità.

quindicina [quin-di-cì-na] *s.f.* **1** insieme di quindici o circa quindici unità: *una — di persone* **2** periodo di quindici o circa quindici giorni: *la prima — di novembre*.

quindicinale [quin-di-ci-nà-le] *agg.* **1** di quindici giorni, che dura quindici giorni: *ferie quindicinali* **2** che avviene, si verifica, si fa ogni quindici giorni: *turno —* ♦ *s.m.* periodico pubblicato ogni quindici giorni □ **quindicinalmente** *avv.* ogni quindici giorni.

quinquagenario [quin-qua-ge-nà-rio] *agg.* (*lett.*) che ha cinquant'anni; cinquantenne.

quinquennale [quin-quen-nà-le] *agg.* **1** che dura cinque anni: *piano —* **2** che si verifica ogni cinque anni: *celebrazione —*.

quinquennio [quin-quèn-nio] *s.m.* periodo di cinque anni.

quinta [quìn-ta] *s.f.* **1** (*teat.*) pannello rettangolare alto e stretto disposto ai lati della scena per chiuderla | *stare dietro le quinte*, (*fig.*) ispirare le azioni altrui senza darlo a vedere **2** la quinta classe di un corso di studi: *la — elementare* **3** nei cambi di velocità degli autoveicoli e dei motoveicoli, la quinta marcia: *innestare la —*.

quintale [quin-tà-le] *s.m.* unità di misura di peso corrispondente a 100 kg; ha simbolo *q*.

quinterno [quin-tèr-no] *s.m.* insieme di cinque fogli doppi inseriti l'uno nell'altro, così da formare venti pagine.

quintessenza [quin-tes-sèn-za] *s.f.* **1** nell'alchimia, essenza purissima ottenuta da cinque successive distillazioni di una sostanza **2** (*fig.*) caratteristica essenziale, intima natura | grado massimo di qlco.: *un comportamento che è la — dell'ipocrisia*.

quintetto [quin-tét-to] *s.m.* **1** (*mus.*) composizione per cinque strumenti o cinque voci soliste | complesso di cinque strumenti o cinque voci: *— vocale* **2** gruppo di cinque persone affiatate e ben assortite.

quinto [quìn-to] *agg.num.ord.* che in una serie occupa il posto numero cinque.
quintuplicare [quin-tu-pli-cà-re] *v.tr.* [*io quintùplico, tu quintùplichi ecc.*] rendere cinque volte maggiore, moltiplicare per cinque: — *una rendita* ♦ **quintuplicarsi** *v.intr.pron.* diventare cinque volte più grande.
quintuplo [quìn-tu-plo] *agg.* cinque volte maggiore ♦ *s.m.* quantità cinque volte maggiore.
quiproquò [qui-pro-quò], o **qui pro quo**, *s.m.* scambio di una parola con un'altra; equivoco, malinteso: *c'è stato un* —.
quirite [qui-rì-te] *s.m.* cittadino di Roma antica; antico romano.
quisquilia [qui-squì-lia] *s.f.* cosa di poca o nessuna importanza; inezia, bazzecola: *litigare per una* —.
quivi [quì-vi] *avv.* (*lett.*) **1** lì, nel luogo di cui si parla (lontano da chi parla e da chi ascolta) **2** in quel momento.
quiz [quìʒ *o* quìz] *s.m.invar.* quesito che si pone ai partecipanti a un gioco, a un concorso, o ai candidati a un esame per valutarne la preparazione: *i — dell'esame di guida* | gioco basato su una serie di quesiti a cui il concorrente deve rispondere: — *televisivo.*
quorum [/ 'kwɔrum /] *s.m.invar.* (*lat.*) quota minima dei voti espressi o dei votanti, richiesta perché una elezione o una delibera sia valida.
quota [quò-ta] *s.f.* **1** parte di un tutto, in quanto spetta o si riferisce a qlcu.: *le quote di una proprietà* | somma di denaro da pagare o da riscuotere: — *d'iscrizione* **2** in topografia, distanza tra un punto e la sua proiezione sul piano orizzontale di riferimento, che è in genere quello del livello del mare: *raggiungere — 2500* | (*estens.*) altezza dal suolo: *prendere* —, di aereo, alzarsi in volo; (*fig.*) di attività, crescere, progredire **3** nei concorsi come totocalcio e totip, la somma spettante a ciascun vincitore | nelle scommesse sui cavalli, cifra che esprime il multiplo della posta che sarà pagato in caso di vincita: *una — di tre a uno.*
quotare [quo-tà-re] *v.tr.* [*io quòto ecc.*] **1** stabilire la quota che ciascuno deve pagare: — *i soci per diecimila lire* **2** fissare il prezzo in borsa e nel mercato dei cambi: — *un titolo* **3** assegnare a un cavallo, a un concorrente la quota per le scommesse **4** valutare, stimare: — *un dipinto.*
quotato [quo-tà-to] *agg.* **1** che ha una quotazione: *titoli quotati in borsa* **2** (*fig.*) stimato, apprezzato: *un pittore molto* —.
quotazione [quo-ta-zió-ne] *s.f.* **1** il quotare, l'essere quotato; valutazione, stima | prezzo di un titolo risultante dalle contrattazioni di borsa | nel mercato dei cambi, tasso di cambio quotidiano delle monete **2** livello di valore, di valutazione: — *di mercato* | (*fig.*) grado di considerazione e di stima di cui qlcu. gode: *la — di un artista.*
quotidianità [quo-ti-dia-ni-tà] *s.f.* **1** l'essere quotidiano, abituale; il verificarsi quotidianamente **2** la vita, la realtà di tutti i giorni.
quotidiano [quo-ti-dià-no] *agg.* **1** che è di ogni giorno; che avviene ogni giorno: *lavoro* —; *stampa quotidiana*, i giornali che si pubblicano ogni giorno | *il pane* —, (*fig.*) quanto è necessario per vivere **2** (*fig.*) normale, usuale: *la lingua quotidiana*, il parlare familiare ♦ *s.m.* giornale che si pubblica ogni giorno: *un — economico* □ **quotidianamente** *avv.* ogni giorno.
quotista [quo-tì-sta] *s.m.* e *f.* [pl.m. *-sti*] socio di una società a responsabilità limitata.
quotizzare [quo-tiʒ-ʒà-re] *v.tr.* dividere in quote, in parti determinate.
quotizzazione [quo-tiʒ-ʒa-zió-ne] *s.f.* il quotizzare, l'essere quotizzato.
quoto [quò-to] *s.m.* (*mat.*) quoziente di una divisione senza resto | (*estens.*) quoziente di una divisione qualsiasi.
quoziente [quo-zièn-te] *s.m.* **1** (*mat.*) risultato della divisione; numero che indica quante volte il divisore è contenuto nel dividendo **2** (*stat.*) indice numerico che esprime un rapporto percentuale: — *di mortalità* | — *d'intelligenza*, (*psicol.*) numero che esprime il rapporto tra l'età mentale e l'età anagrafica di un soggetto.

R

r *s.f.* o *m.* diciottesima lettera dell'alfabeto il cui nome è *erre*; rappresenta la consonante liquida vibrante.
ra- → **ri-**.
rabarbaro [ra-bàr-ba-ro] *s.m.* **1** pianta erbacea con infiorescenze giallastre e grandi foglie; dal rizoma si ricava una sostanza amara medicinale **2** liquore digestivo, preparato con il rizoma del rabarbaro.
rabberciamento [rab-ber-cia-mén-to] *s.m.* il rabberciare, l'essere rabberciato.
rabberciare [rab-ber-cià-re] *v.tr.* [*io rabbèrcio ecc.*] accomodare, mettere a posto alla meglio: — *un vestito* | (*fig.*) correggere e sistemare in qualche modo: — *un testo.*
rabberciatura [rab-ber-cia-tù-ra] *s.f.* l'effetto del rabberciare; la cosa rabberciata.
rabbia [ràb-bia] *s.f.* **1** (*vet., med.*) grave malattia infettiva che colpisce vari animali e che può essere trasmessa anche all'uomo; si manifesta con idrofobia, agitazione, paralisi dei muscoli della respirazione e della deglutizione **2** violenta irritazione provocata da gravi contrarietà; ira, collera: *essere in preda alla* — **3** dispetto, disappunto, stizza: *mi fa una* —*!* **4** (*lett.*) furia, violenza sfrenata: *la* — *dei venti* **5** (*fig.*) accanimento: *lavorare con* —.
rabbico [ràb-bi-co] *agg.* [pl.m. *-ci*] (*vet., med.*) della rabbia, che concerne la rabbia.
rabbinico [rab-bì-ni-co] *agg.* [pl.m. *-ci*] di rabbino, dei rabbini: *seminario* —.
rabbinismo [rab-bi-nì-ʃmo] *s.m.* l'insieme delle dottrine, trasmesse dai rabbini, che riguardano l'interpretazione della legge tradizionale del giudaismo.
rabbino [rab-bi-no] *s.m.* **1** (*st.*) presso gli ebrei, titolo di dottore della legge **2** guida spirituale e religiosa di una comunità ebraica.
rabbioso [rab-bió-so] *agg.* **1** (*vet., med.*) che è malato di rabbia: *un cane* — **2** che si lascia trasportare facilmente dall'ira; pieno di rabbia, in preda alla rabbia: *un uomo* — | riferito ad atti, che manifesta uno stato di collera: *gesto* — **3** furioso, accanito, violento: *odio* — □ **rabbiosamente** *avv.*
rabboccare [rab-boc-cà-re] *v.tr.* [*io rabbócco, tu rabbócchi ecc.*] colmare di liquido un recipiente fino all'orlo: — *un fiasco d'olio.*
rabbonire [rab-bo-nì-re] *v.tr.* [*io rabbonisco, tu rabbonisci ecc.*] far tornare tranquillo, buono: — *una persona arrabbiata* ♦ **rabbonirsi** *v.intr.pron.* calmarsi, placarsi, distendersi.
rabbrividire [rab-bri-vi-dì-re] *v.intr.* [*io rabbrividisco, tu rabbrividisci ecc.*; aus. *essere*] avere, sentire i brividi: — *per il freddo, di paura.*
rabbuffare [rab-buf-fà-re] *v.tr.* **1** scompigliare, arruffare: *il vento rabbuffa i capelli* **2** (*fig.*) fare un rabbuffo; sgridare ♦ **rabbuffarsi** *v.intr.pron.* minacciare tempesta (detto del tempo, del mare ecc.).
rabbuffato [rab-buf-fà-to] *agg.* **1** disordinato, scompigliato, arruffato: *capelli rabbuffati* **2** che minaccia tempesta: *mare* — **3** accigliato, corrucciato: *viso* —.
rabbuffo [rab-bùf-fo] *s.m.* forte rimprovero, severa sgridata: *fare un* — *a qlcu.*
rabbuiarsi [rab-bu-iàr-si] *v.intr.pron.* [*io mi rabbùio ecc.*] **1** diventare buio, farsi scuro: *il cielo si sta rabbuiando* **2** (*fig.*) farsi scuro in viso; assumere un'espressione corrucciata: *sentendo quelle parole si rabbuiò.*
rabdoceli [rab-do-cè-li] *s.m.pl.* (*zool.*) ordine di piccoli vermi turbellari che vivono nell'acqua o nel terreno umido.
rabdomante [rab-do-màn-te] *s.m.* e *f.* chi esercita la rabdomanzia.
rabdomantico [rab-do-màn-ti-co] *agg.* [pl.m. *-ci*] proprio del rabdomante o della rabdomanzia: *facoltà rabdomantica.*
rabdomanzia [rab-do-man-zì-a] *s.f.* **1** l'arte divinatoria di scoprire sorgenti d'acqua sotterranee attraverso le vibrazioni di una bacchetta tenuta con le mani **2** (*estens.*) radioestesia.
raccapezzare [rac-ca-pez-zà-re] *v.tr.* [*io raccapézzo ecc.*] **1** raccogliere, mettere insieme con diligenza e fatica: — *delle notizie* **2** trovare a stento; riuscire a capire: — *il senso di uno scritto* ♦ **raccapezzarsi** *v.intr.pron.* riuscire a orientarsi, a capire: *in questo disordine non mi ci raccapezzo.*
raccapricciante [rac-ca-pric-ciàn-te] *agg.* che suscita raccapriccio, ripugnanza: *scena* —.
raccapricciare [rac-ca-pric-cià-re] *v.intr.* [*io raccapriccio ecc.*; aus. *essere*] sentire, provare raccapriccio: *uno spettacolo che fa* —.
raccapriccio [rac-ca-prìc-cio] *s.m.* turbamento profondo misto a orrore e ripugnanza: *provare* —.
raccattafieno [rac-cat-ta-fiè-no] *s.m.invar.* sorta di rastrello meccanico che si usa per raccogliere il fieno sui prati.

raccattapalle [rac-cat-ta-pàl-le] *s.m.invar.* chi raccoglie le palle sul campo di tennis o il pallone durante una partita di calcio per restituirli ai giocatori.

raccattare [rac-cat-tà-re] *v.tr.* **1** raccogliere da terra una cosa gettata o caduta: — *le cicche* **2** (*fig.*) raccogliere, mettere insieme a stento: — *voti.*

racchetta [rac-chét-ta] *s.f.* attrezzo per il gioco del tennis, formato da un lungo manico e da un telaio ovale su cui è fissata una cordatura a rete | attrezzo più piccolo per il gioco del ping-pong, con manico corto e piano battente in legno ricoperto di gomma | — *da neve,* telaio di legno con cordatura da applicarsi sotto le scarpe per camminare sulla neve fresca | — *da sci,* bastoncino da sci, provvisto nella parte terminale di un dischetto che gli impedisce di affondare nella neve.

racchettone [rac-chet-tó-ne] *s.m.* **1** racchetta da tennis di dimensioni più grandi del normale **2** grossa racchetta di legno, per giocare a rilanciarsi una palla.

racchio [ràc-hio] *agg.* e *s.m.* [f. *-a*] (*fam.*) si dice di persona brutta, sgraziata.

racchiudere [rac-chiù-de-re] *v.tr.* [coniugato come *chiudere*] chiudere in sé, contenere.

raccogliere [rac-cò-glie-re] *v.tr.* [coniugato come *cogliere*] **1** prendere, sollevare da terra: — *le cartacce* **2** prendere qlco. da terra, dove nasce o si trova abitualmente: — *le margherite* **3** radunare, riunire, mettere insieme (anche *fig.*): — *consensi, le proprie idee* | collezionare: — *francobolli* **4** restringere, ripiegare insieme: — *le vele* **5** ricevere, accettare, accogliere: — *un invito* | *non* —, (*fig.*) far finta di non sentire un insulto, una provocazione ecc. ♦ **raccogliersi** *v.intr.pron.* radunarsi, riunirsi, stringersi intorno a qlcu. o a qlco.: — *intorno ai nonni, al tavolo* | detto di cose, ammassarsi, addensarsi: *la nebbia si raccolse nella valle* ♦ *v.rifl.* **1** rannicchiare, contrarre le proprie membra: — *prima di saltare* **2** (*fig.*) volgere l'attenzione su qlco.; concentrarsi: — *in meditazione.*

raccoglimento [rac-co-gli-mén-to] *s.m.* il raccogliersi spiritualmente; concentrazione, meditazione: *un minuto di* —.

raccogliticcio [rac-co-gli-tìc-cio] *agg.* [pl.f. *-ce*] raccolto a caso, qua e là (anche *fig.*): *cultura raccogliticcia.*

raccoglitore [rac-co-gli-tó-re] *s.m.* **1** [f. *-trice*] chi raccoglie, per una collezione, una serie ecc.: *un — di canti popolari* **2** cartella per tenere documenti, schede e sim.

raccoglitrice [rac-co-gli-trì-ce] *s.f.* macchina per la raccolta automatica di prodotti agricoli.

raccolta [rac-còl-ta] *s.f.* **1** il raccogliere i frutti della terra; i frutti raccolti: *la — delle castagne* **2** (*estens.*) il raccogliere cose; insieme di cose raccolte: *organizzare la — di fondi*; *una — di monete* **3** riunione, adunata: *chiamare a* —, far convenire, riunire.

raccolto [rac-còl-to] *agg.* **1** stretto, tenuto insieme: *capelli raccolti* **2** rannicchiato: *stare tutto* — **3** (*fig.*) concentrato, intento: *stare — in preghiera* | contenuto, composto: *atteggiamento* — **4** (*fig.*) tranquillo, intimo: *un ambiente* — ♦ *s.m.* quantità di frutti o di altri prodotti della terra raccolti nell'annata: — *abbondante* □ **raccoltamente** *avv.* con raccoglimento, con concentrazione | con compostezza.

raccomandabile [rac-co-man-dà-bi-le] *agg.* che si può raccomandare, che è da raccomandarsi: *un tipo poco* —, di cui è bene non fidarsi.

raccomandare [rac-co-man-dà-re] *v.tr.* **1** affidare alla protezione o all'aiuto altrui: *ti raccomando mio figlio* **2** intercedere a favore di qlcu. perché sia agevolato: — *un candidato* **3** consigliare; sollecitare: — *un albergo, l'ubbidienza* | *mi raccomando!*, formula esortativa: *non lo dire a nessuno, mi raccomando!* ♦ **raccomandarsi** *v. rifl.* chiedere, implorare protezione, aiuto, favore; affidarsi, rimettersi: — *alla Madonna.*

raccomandata [rac-co-man-dà-ta] *s.f.* lettera o plico di cui le poste, dietro pagamento di una tassa aggiuntiva, assicurano l'inoltro al destinatario; la forma di spedizione postale che avviene in questo modo: *fare una* —; *spedire per* —.

raccomandatario [rac-co-man-da-tà-rio] *s.m.* [f. *-a*] colui al quale è stata raccomandata o affidata qlco.

raccomandato [rac-co-man-dà-to] *agg.* spedito per raccomandata: *pacco* — ♦ *agg.* e *s.m.* [f. *-a*] che/chi gode di una protezione che lo pone in condizioni di privilegio rispetto agli altri: *un concorrente* —.

raccomandazione [rac-co-man-da-zió-ne] *s.f.* **1** il raccomandare, il raccomandarsi, l'essere raccomandato **2** da parte di una persona influente, il segnalare una persona perché possa essere agevolata: *lettera di* — **3** consiglio affettuoso; esortazione autorevole: *le raccomandazioni del medico* **4** spedizione di una lettera o di un pacco per raccomandata: *tassa di* —.

raccomodare [rac-co-mo-dà-re] *v.tr.* [*io raccòmodo ecc.*] rimettere una cosa in buono stato, in ordine, a posto.

raccomodatura [rac-co-mo-da-tù-ra] *s.f.* il raccomodare, l'essere raccomodato: *una cattiva* —.

racconciare [rac-con-cià-re] *v.tr.* [*io raccóncio ecc.*] (*non com.*) rimettere a posto, riparare.

raccontabile [rac-con-tà-bi-le] *agg.* che si può raccontare: *una barzelletta non* —, perché oscena.

raccontare [rac-con-tà-re] *v.tr.* [*io raccónto ecc.*] esporre un fatto, un evento, reale o immaginario; narrare: — *una favola* | — *per filo e per segno,* non tralasciando il più piccolo particolare | *raccontarne delle belle,* riferire cose insolite, sorprendenti.

racconto [rac-cón-to] *s.m.* **1** il raccontare: *fare un — dettagliato dell'accaduto* **2** il fatto raccontato: — *popolare* **3** componimento in prosa di estensione minore rispetto al romanzo: *libro di racconti.*

raccorciare [rac-cor-cià-re] *v.tr.* [*io raccórcio ecc.*] rendere più corto o più breve; accorciare, abbreviare: — *i tempi di lavoro* ♦ **raccorciarsi**

v.intr.pron. diventare più corto o più breve: *le giornate si sono raccorciate.*
raccordare [rac-cor-dà-re] *v.tr.* [*io raccòrdo ecc.*] mettere in comunicazione, collegare per mezzo di un raccordo due strade, due linee ferroviarie, due tubi ecc.
raccordo [rac-còr-do] *s.m.* elemento, braccio, tratto che serve di collegamento | elemento tubolare impiegato per collegare due o più tratti non allineati di una tubazione o due tratti di diverso diametro: *— a gomito* | *— ferroviario*, tronco di binario che collega tra loro due binari.
raccostare [rac-co-stà-re] *v.tr.* [*io raccòsto ecc.*] **1** avvicinare: *— la sedia alla parete* **2** (*estens.*) mettere a confronto, paragonare: *— due tinte* ♦ **raccostarsi** *v.intr.pron.* accostarsi, avvicinarsi.
raccozzare [rac-coz-zà-re] *v.tr.* [*io raccòzzo ecc.*] mettere insieme a fatica o disordinatamente: *— pochi soldi.*
racemo [ra-cè-mo] *s.m.* **1** (*bot.*) grappolo **2** (*arch.*) motivo ornamentale in forma di grappolo.
racemoso [ra-ce-mó-so] *agg.* (*bot.*) che porta racemi; che ha forma di racemo.
rachi- primo elemento di parole composte della terminologia medica, che significa 'spina dorsale' (*rachialgia*).
rachialgia [ra-chi-al-gì-a] *s.f.* (*med.*) dolore alla colonna vertebrale.
rachianestesia [ra-chi-a-ne-ste-ʃi-a] *s.f.* (*med.*) anestesia spinale che si realizza iniettando l'anestetico nel liquido rachideo, all'altezza del quarto spazio intervertebrale lombare.
rachicentesi [ra-chi-cen-tè-ʃi o rachicènteʃi] *s.f.* (*med.*) puntura lombare.
rachide [rà-chi-de] *s.f.* **1** (*anat.*) colonna vertebrale **2** (*zool.*) l'asse delle penne degli uccelli **3** (*bot.*) l'asse principale di un'infiorescenza; la nervatura centrale di una foglia.
rachideo [ra-chi-dè-o] *agg.* (*anat.*) della colonna vertebrale: *liquido —.*
rachischisi [ra-chi-schì-ʃi] *s.f.* (*med.*) malformazione congenita della colonna vertebrale, che presenta una fessura verticale in una o più vertebre; è detta anche *spina bifida.*
rachitico [ra-chi-ti-co] *agg.* [pl.m. *-ci*] **1** (*med.*) che è affetto da rachitismo, che presenta postumi di rachitismo: *un bambino —* **2** (*estens.*) poco sviluppato: *un albero —* ♦ *s.m.* [f. *-a*] (*med.*) chi è affetto da rachitismo.
rachitismo [ra-chi-tì-ʃmo] *s.m.* (*med.*) malattia dell'infanzia dovuta a un difetto di calcificazione delle ossa per deficienza di vitamina D.
racimolare [ra-ci-mo-là-re] *v.tr.* [*io racìmolo ecc.*] raccogliere a poco a poco, a fatica e con poco frutto: *— una piccola somma.*
racimolo [ra-cì-mo-lo] *s.m.* ciascun rametto di un grappolo d'uva | piccolo grappolo d'uva.
racket [/ 'raket /] *s.m.invar.* (*ingl.*) organizzazione illegale che controlla determinati settori di attività economica, estorcendo denaro con l'intimidazione e il ricatto: *il — della prostituzione.*
racquetare [rac-que-tà-re] *v.tr.* [*io racquèto ecc.*] (*lett.*) rendere quieto, calmare ♦ **racquetarsi** *v.intr.pron.* calmarsi, quietarsi.
rada [rà-da] *s.f.* insenatura larga e riparata adatta all'ancoraggio delle navi.
radar [rà-dar] *s.m.invar.* apparecchio che, per mezzo di microonde, consente di localizzare oggetti, bersagli od ostacoli sulla rotta di navigazione di navi e aerei ♦ *agg. invar.* relativo al radar: *schermo —* | *uomini —*, controllori di volo.
radarista [ra-da-rì-sta] *s.m.* e *f.* [pl.m. *-sti*] operatore del radar.
radarterapia [ra-dar-te-ra-pì-a] *s.f.* (*med.*) fisioterapia che sfrutta la capacità di penetrazione delle onde radar all'interno del corpo.
raddensare [rad-den-sà-re] *v.tr.* [*io raddènso ecc.*] rendere più denso, più fitto; addensare ♦ **raddensarsi** *v.intr.pron.* diventare più denso, più fitto: *vapore che si raddensa.*
raddobbo [rad-dòb-bo] *s.m.* (*mar.*) riparazione delle avarie di una nave.
raddolcimento [rad-dol-ci-mén-to] *s.m.* (*non com.*) il raddolcire, il raddolcirsi, l'essere raddolcito.
raddolcire [rad-dol-cì-re] *v.tr.* [*io raddolcisco, tu raddolcisci ecc.*] rendere dolce o più dolce, addolcire: *— il tono della voce* ♦ **raddolcirsi** *v.intr.pron.* divenire più dolce, meno aspro.
raddoppiamento [rad-dop-pia-mén-to] *s.m.* **1** il raddoppiare, l'essere raddoppiato **2** (*ling.*) ripetizione di un elemento lessicale o morfologico (p.e. *piano piano*).
raddoppiare [rad-dop-pià-re] *v.tr.* [*io raddóppio ecc.*] rendere doppio | (*estens.*) accrescere, aumentare: *— gli sforzi* ♦ *v.intr.* [aus. *essere*] diventare doppio; accrescersi, aumentare: *il capitale è raddoppiato.*
raddoppiato [rad-dop-pià-to] *agg.* **1** aumentato fino a diventare doppio | (*estens.*) accresciuto notevolmente: *energie raddoppiate* **2** che è ripiegato su sé stesso; che è formato da due strati: *tessuto —.*
raddoppio [rad-dóp-pio] *s.m.* raddoppiamento: *il — di una linea ferroviaria*, la costruzione di un secondo binario.
raddrizzabile [rad-driz-zà-bi-le] *agg.* che si può raddrizzare.
raddrizzamento [rad-driz-za-mén-to] *s.m.* il raddrizzare, il raddrizzarsi, l'essere raddrizzato.
raddrizzare [rad-driz-zà-re] *v.tr.* **1** far tornare diritto; rimettere in posizione verticale o orizzontale: *— una lama* **2** (*fig.*) correggere: *— le idee a qlcu.* ♦ **raddrizzarsi** *v.intr. pron.* **1** rimettersi diritto **2** (*fig.*) rimettersi sulla buona strada.
raddrizzatore [rad-driz-za-tó-re] *s.m.* (*fis.*) dispositivo che consente il passaggio di corrente elettrica in una sola direzione, usato per convertire la corrente alternata in corrente continua.
radente [ra-dèn-te] *agg.* che sfiora una superficie: *volo —*, a bassissima quota.
radere [rà-de-re] *v.tr.* [pass.rem. *io rasi, tu radésti ecc.*; part.pass. *raso*] **1** tagliar via il pelo col rasoio: *— le guance*; *— qlcu.*, fargli la barba **2** abbat-

tere, distruggere: — *al suolo una città* 3 (*fig.*) rasentare, sfiorare: *le rondini volano radendo i tetti* ♦ **radersi** *v.rifl.* farsi la barba.

radiale[1] [ra-dià-le] *agg.* (*mat.*) che è nella direzione del raggio di un cerchio; che ha la direzione del raggio di un cerchio o a esso si riferisce: *linea* — | *velocità* —, (*astr.*) velocità di allontanamento o avvicinamento di un astro rispetto alla Terra.

radiale[2] *agg.* (*anat.*) del radio, osso dell'avambraccio; relativo al radio: *arteria* —.

radiante[1] [ra-diàn-te] *agg.* che emette luce o calore per irraggiamento: *pannello* —.

radiante[2] *s.m.* (*mat.*) unità di misura degli angoli piani nel Sistema Internazionale, pari all'angolo con il vertice nel centro di una circonferenza che sottende un arco uguale al raggio della circonferenza.

radiare [ra-dià-re] *v.tr.* [*io ràdio ecc.*] (*burocr.*) cancellare da un elenco di persone che hanno determinate facoltà o diritti, come sanzione disciplinare; espellere: — *un medico dall'albo professionale.*

radiato[1] [ra-dià-to] *agg.* 1 disposto a raggi; raggiato 2 contornato di raggi.

radiato[2] *agg.* e *s.m.* [f. *-a*] che/chi è stato cacciato, espulso, cassato (da un'associazione, da un ordine professionale ecc.).

radiatore [ra-dia-tó-re] *s.m.* (*tecn.*) apparecchio per il raffreddamento dei motori a combustione interna | negli impianti di riscaldamento domestico, elemento che trasmette all'ambiente il calore del fluido in esso circolante.

radiatorista [ra-dia-to-rì-sta] *s.m.* [pl. *-sti*] meccanico specializzato nel montaggio e nella riparazione di radiatori per autoveicoli.

radiazione[1] [ra-dia-zió-ne] *s.f.* (*fis.*) fenomeno per cui dalla materia viene emessa energia sotto forma di particelle o di onde elettromagnetiche; le particelle e le onde stesse: — *luminosa.*

radiazione[2] *s.f.* (*burocr.*) il radiare, l'essere radiato; cancellazione da un ruolo, da un albo professionale, da un pubblico registro.

radica [rà-di-ca] *s.f.* legno pregiato, ricavato dalla radice del noce e usato per lavori di falegnameria | il legno della radice di una specie di erica, usato per fabbricare pipe.

radicale [ra-di-cà-le] *agg.* 1 (*bot.*) della radice: *apparato* — 2 (*fig.*) che rinnova fin dalle basi; che agisce in profondità: *riforma* — | *partito* —, che propugna le dottrine del radicalismo politico ♦ *s.m.* 1 [anche *f.*] chi aderisce al partito radicale 2 (*ling.*) la radice di una parola 3 (*mat.*) il simbolo della radice con l'indice e col radicando 4 (*chim.*) atomo o gruppo atomico con un elettrone non accoppiato che si comporta nelle reazioni come individuo □ **radicalmente** *avv.* dalle radici, alla base | completamente, totalmente: *idee — diverse.*

radicaleggiante [ra-di-ca-leg-giàn-te] *agg.* che mostra simpatia per il partito radicale o, più generalmente, è favorevole a riforme radicali.

radicalismo [ra-di-ca-lì-ʃmo] *s.m.* orientamento politico favorevole a un programma di riforme sociali profondamente innovatrici | (*estens.*) atteggiamento intellettuale estremistico, che rifiuta ogni mediazione.

radicalità [ra-di-ca-li-tà] *s.f.* qualità di ciò che è radicale.

radicalizzare [ra-di-ca-liʒ-ʒà-re] *v.tr.* spingere alle posizioni estreme, alle ultime conseguenze: — *la lotta politica* ♦ **radicalizzarsi** *v.intr.pron.* assumere posizioni estreme; diventare drastico, intransigente: *le posizioni si sono radicalizzate.*

radicalizzazione [ra-di-ca-liʒ-ʒa-zió-ne] *s.f.* il radicalizzare, il radicalizzarsi, l'essere radicalizzato: *la — di un conflitto.*

radicamento [ra-di-ca-mén-to] *s.m.* il radicare, il radicarsi.

radicando [ra-di-càn-do] *s.m.* (*mat.*) espressione o numero di cui si estrae la radice.

radicare [ra-di-cà-re] *v.intr.* [*io ràdico, tu ràdichi ecc.*; aus. *essere*] mettere radici, attecchire: *pregiudizi che sono radicati* ♦ **radicarsi** *v.intr.pron.* inserirsi, penetrare profondamente, in modo definitivo: *una persona troppo radicata nelle sue abitudini.*

radicato [ra-di-cà-to] *agg.* che ha messo le radici nel terreno (detto di pianta) | (*fig.*) penetrato e fissato saldamente; tenace, profondo: *opinioni radicate.*

radicchio [ra-dìc-chio] *s.m.* varietà di cicoria che si mangia cruda come insalata o anche cotta.

radice [ra-dì-ce] *s.f.* 1 (*bot.*) organo delle piante che si addentra nel terreno e ha funzione di sostegno e di assorbimento degli alimenti: *le radici della quercia* | — *a tubero*, che presenta ingrossamento costituito da sostanze di riserva | *mettere* —, attecchire; (*fig.*) detto di un'idea, di un sentimento, di un'usanza, penetrare in profondità, affermarsi; detto di persona, sistemarsi in modo stabile in un luogo 2 (*estens.*) la parte più bassa di qlco.: *le radici del monte* | la parte da cui ha origine qlco.: *la — dei capelli* 3 (*fig.*) origine, causa: *andare alla — di un problema* 4 (*anat.*) la parte che costituisce il tratto iniziale di un organo o serve a impiantarlo: *la — del dente* 5 (*ling.*) l'elemento presente in tutta una famiglia di parole, che porta l'idea comune fondamentale (p.e. *am-* in *amore*, *amico*, *amare*, *amicizia*) 6 (*mat.*) la quantità che, elevata alla potenza espressa dall'indice del radicale, riproduce la quantità data o radicando: — *quadrata.*

radichetta [ra-di-chét-ta] *s.f.* abbozzo della radice nella piantina giovane.

radiestesia e *deriv.* → **radioestesia** e *deriv.*

radimadia [ra-di-mà-dia] *s.f.invar.* arnese metallico usato per raschiare la madia dopo l'impastatura del pane.

radio[1] [rà-dio] *s.m.invar.* (*anat.*) osso lungo che, insieme all'ulna, costituisce lo scheletro dell'avambraccio.

radio[2] *s.m.* elemento chimico di simbolo *Ra*; è

un metallo fortemente radioattivo presente nei minerali di uranio.

radio[3] *s.f.invar.* **1** radiofonia; l'organizzazione che provvede alle trasmissioni radiofoniche: *lavorare alla —* **2** apparecchio radiofonico: *spegnere la —.* DIM. *radiolina* **3** stazione trasmittente di radiofonia | Usato anche come *agg.invar.*: *collegamento —*, realizzato per mezzo di radioonde; *giornale —*, notiziario trasmesso per radio.

radio-[1] primo elemento di parole composte della terminologia tecnica e scientifica, che indica relazione con l'elemento chimico radio (*radioattività*), con i raggi roentgen (*radiografia*) o con le onde elettromagnetiche (*radiofonia*).

radio-[2] forma abbreviata di *radiofonia* o *radiofonico*, usata come primo elemento di parole composte nelle quali indica attinenza con le trasmissioni radiofoniche o con apparecchi radiofonici (*radioascoltatore, radiotaxi*).

radioamatore [ra-dio-a-ma-tó-re] *s.m.* [f. *-trice*] chi si occupa per diletto di tecnica radiofonica | chi utilizza una radio ricetrasmittente per comunicare con altre persone fornite di analoga apparecchiatura.

radioamatoriale [ra-dio-a-ma-to-rià-le] *agg.* da radioamatore; dei radioamatori: *attività —.*

radioascoltatore [ra-dio-a-scol-ta-tó-re] *s.m.* [f. *-trice*] chi ascolta le trasmissioni della radio.

radioassistenza [ra-dio-as-si-stèn-za] *s.f.* assistenza per via radio alla navigazione aerea e marittima.

radioastronomia [ra-dio-a-stro-no-mì-a] *s.f.* ramo dell'astronomia che studia i corpi celesti analizzando le radioonde che essi emettono.

radioattività [ra-dio-at-ti-vi-tà] *s.f.* (*fis.*) emissione di radiazioni di natura corpuscolare o elettromagnetica da parte di certi elementi, detti perciò radioattivi; al di sopra di certi livelli è biologicamente dannosa.

radioattivo [ra-dio-at-tì-vo] *agg.* dotato di radioattività: *elemento —* □ **radioattivamente** *avv.*

radiobussola [ra-dio-bùs-so-la] *s.f.* (*aer., mar.*) radiogoniometro di bordo.

radiocanale [ra-dio-ca-nà-le] *s.m.* (*telecom.*) banda di frequenza assegnata a una determinata stazione emittente.

radiocarbonio [ra-dio-car-bò-nio] *s.m.* (*fis.*) isotopo radioattivo del carbonio.

radiocollegamento [ra-dio-col-le-ga-mén-to] *s.m.* collegamento a distanza effettuato per mezzo di onde radio.

radiocomandare [ra-dio-co-man-dà-re] *v.tr.* comandare a distanza un dispositivo elettromeccanico per mezzo di onde elettromagnetiche.

radiocomandato [ra-dio-co-man-dà-to] *agg.* comandato, azionato, manovrato a distanza mediante onde elettromagnetiche: *missile —.*

radiocomando [ra-dio-co-màn-do] *s.m.* comando a distanza mediante onde elettromagnetiche.

radiocomunicazione [ra-dio-co-mu-ni-ca-zió-ne] *s.f.* sistema di comunicazione a distanza mediante radioonde.

radiocontaminazione [ra-dio-con-ta-mi-na-ziò-ne] *s.f.* contaminazione radioattiva di un ambiente o di una sostanza.

radiocronaca [ra-dio-crò-na-ca] *s.f.* cronaca di un avvenimento trasmessa per radio.

radiocronista [ra-dio-cro-nì-sta] *s.m.* e *f.* [pl.m. *-sti*] chi fa radiocronache: *— sportivo.*

radiocronologia [ra-dio-cro-no-lo-gì-a] *s.f.* metodo di datazione geologica basato sul processo di decadimento degli elementi radioattivi.

radiodiagnostica [ra-dio-dia-gnò-sti-ca] *s.f.* (*med.*) il complesso delle tecniche di diagnosi basate sull'uso delle radiazioni.

radiodiffusione [ra-dio-dif-fu-sió-ne] *s.f.* (*telecom.*) diffusione, mediante onde elettromagnetiche, di programmi radiofonici o televisivi.

radiodramma [ra-dio-dràm-ma] *s.m.* [pl. *-mi*] dramma scritto per essere trasmesso alla radio.

radioecologia [ra-dio-e-co-lo-gì-a] *s.f.* studio degli effetti prodotti sull'ambiente dalle radiazioni naturali o artificiali.

radioelemento [ra-dio-e-le-mén-to] *s.m.* (*chim.*) elemento radioattivo.

radioelettricità [ra-dio-e-let-tri-ci-tà] *s.f.* studio e uso delle radioonde per la trasmissione di segnali a distanza.

radioestesia [ra-dio-e-ste-ʃì-a], o **radiestesia**, *s.f.* sensibilità alle radiazioni emesse da oggetti nascosti che permetterebbe di scoprire la presenza di acque e di minerali nel sottosuolo.

radiofaro [ra-dio-fà-ro] *s.m.* stazione trasmittente di segnali radio che permette a navi e aeroplani di definire la loro posizione geografica.

radiofonia [ra-dio-fo-nì-a] *s.f.* trasmissione di suoni mediante onde radio.

radiofonico [ra-dio-fò-ni-co] *agg.* [pl.m. *-ci*] di radiofonia; che avviene mediante radiofonia: *stazione radiofonica* □ **radiofonicamente** *avv.* per mezzo della radiofonia, per via radiofonica: *un discorso trasmesso —.*

radiofonista [ra-dio-fo-nì-sta] *s.m.* [pl. *-sti*] militare del genio trasmissioni addetto ai collegamenti radiofonici.

radiofrequenza [ra-dio-fre-quèn-za] *s.f.* frequenza utilizzata per le radiocomunicazioni.

radiogoniometro [ra-dio-go-niò-me-tro] *s.m.* strumento di bordo di navi e aeromobili che serve a individuare la provenienza dei segnali di un radiofaro e quindi a stabilire la propria posizione.

radiografare [ra-dio-gra-fà-re] *v.tr.* [*io radiògrafo ecc.*] **1** sottoporre a radiografia **2** (*fig.*) esaminare, analizzare in profondità: *— una situazione.*

radiografia [ra-dio-gra-fì-a] *s.f.* **1** (*med.*) procedimento diagnostico consistente nel sottoporre una parte del corpo ai raggi X per ottenere l'immagine fotografica delle sue parti interne; la fotografia così ottenuta **2** (*fig.*) analisi molto approfondita: *la — di un fenomeno.*

radiografico [ra-dio-grà-fi-co] *agg.* [pl.m. *-ci*]

della radiografia; ottenuto per mezzo di radiografia: *esame* — □ **radiograficamente** *avv.* per mezzo della radiografia.

radiogramma [ra-dio-gràm-ma] *s.m.* [pl. *-mi*] **1** telegramma trasmesso via radio **2** pellicola radiografica impressionata.

radiogrammofono [ra-dio-gram-mò-fo-no] *s.m.* vecchio apparecchio radioricevente corredato di giradischi.

radioguidare [ra-dio-gui-dà-re] *v.tr.* guidare un aeromobile mediante trasmissione a distanza di radioonde.

radioisotopo [ra-dio-i-ʃò-to-po] *s.m.* (*chim.*) isotopo radioattivo.

radiolina [ra-dio-lì-na] *s.f.* piccolo apparecchio radioricevente portatile.

radiologia [ra-dio-lo-gì-a] *s.f.* (*med.*) teoria e tecnica dell'uso dei raggi X e delle sostanze radioattive a scopo diagnostico e curativo.

radiologico [ra-dio-lò-gi-co] *agg.* [pl.m. *-ci*] di radiologia; ottenuto per mezzo della radiologia: *esame* — □ **radiologicamente** *avv.* per mezzo di tecniche radiologiche.

radiologo [ra-diò-lo-go] *s.m.* [f. *-a*; pl.m. *-gi*] (*med.*) specialista in radiologia.

radiomessaggio [ra-dio-mes-sàg-gio] *s.m.* (*telecom.*) messaggio diffuso per radio.

radiometeorologia [ra-dio-me-te-o-ro-lo-gì-a] *s.f.* branca della meteorologia che utilizza le radioonde per lo studio dei fenomeni atmosferici.

radiometro [ra-diò-me-tro] *s.m.* (*fis.*) strumento per misurare le radiazioni.

radiomicrofono [ra-dio-mi-crò-fo-no] *s.m.* microfono radiotrasmittente che si usa senza cavo di collegamento.

radiomobile [ra-dio-mò-bi-le] *s.f.* veicolo munito di una radio ricetrasmittente.

radioonda [ra-dio-ón-da] *s.f.* (*fis.*) onda elettromagnetica impiegata nelle telecomunicazioni; è detta anche *onda hertziana*.

radioopaco e *deriv.* → **radiopaco** e *deriv.*

radiopacità [ra-dio-pa-ci-tà], o radioopacità, *s.f.* caratteristica delle sostanze radiopache.

radiopaco [ra-dio-pà-co], o radioopaco, *agg.* [pl.m. *-chi*] che non si lascia attraversare dai raggi X: *sostanze radiopache*, (*med.*) usate in radiologia come mezzo di contrasto.

radiopilota [ra-dio-pi-lò-ta] *s.m.* [pl. *-ti*] (*aer.*) dispositivo di pilotaggio automatico per radiocomandare un aeromobile.

radioregistratore [ra-dio-re-gi-stra-tó-re] *s.m.* apparecchio costituito da un registratore magnetico e da una radioricevente che hanno in comune l'amplificatore e gli altoparlanti.

radioricevente [ra-dio-ri-ce-vèn-te] *agg.* (*telecom.*) si dice di stazione o di apparecchio che riceve segnali trasmessi mediante radioonde ♦ *s.f.* radioricevitore.

radioricevitore [ra-dio-ri-ce-vi-tó-re] *s.m.* (*telecom.*) apparecchio per ricevere segnali trasmessi mediante radioonde; radioricevente.

radioricezione [ra-dio-ri-ce-zió-ne] *s.f.* (*telecom.*) ricezione di segnali trasmessi mediante radioonde.

radioripetitore [ra-dio-ri-pe-ti-tó-re] *s.m.* (*telecom.*) apparecchio che amplifica i segnali radio e li rinvia a un'altra stazione.

radioscopia [ra-dio-sco-pì-a] *s.f.* (*med.*) esame visivo di parti del corpo per mezzo dei raggi X.

radioscopico [ra-dio-scò-pi-co] *agg.* [pl.m. *-ci*] (*med.*) di radioscopia; ottenuto per mezzo della radioscopia: *esame* — □ **radioscopicamente** *avv.* per mezzo della radioscopia.

radiosità [ra-dio-si-tà] *s.f.* l'essere radioso: *la — di uno sguardo.*

radioso [ra-dió-so] *agg.* luminoso, splendente, raggiante: *volto* — □ **radiosamente** *avv.*

radiosonda [ra-dio-són-da] *s.f.* meteorografo che, portato nell'atmosfera da un pallone-sonda, invia a terra i rilevamenti effettuati.

radiospia [ra-dio-spì-a] *s.f.* radiotrasmittente miniaturizzata e facilmente occultabile che consente di ascoltare a distanza telefonate o conversazioni.

radiostazione [ra-dio-sta-zió-ne] *s.f.* (*telecom.*) stazione radiotrasmittente.

radiostella [ra-dio-stél-la] *s.f.* (*astr.*) zona molto ristretta del cielo dalla quale proviene una intensa emissione di onde elettromagnetiche.

radiostellare [ra-dio-stel-là-re] *agg.* **1** di radiostella, che si riferisce alla radiostella **2** (*estens.*) relativo alla radioastronomia.

radiostereofonia [ra-dio-ste-re-o-fo-nì-a] *s.f.* sistema di radiotrasmissione che consente la ricezione stereofonica dei suoni.

radiosveglia [ra-dio-své-glia] *s.f.* apparecchio costituito da una radio e da un orologio che l'accende all'ora voluta, in modo che possa funzionare anche da sveglia.

radiotaxi [ra-dio-tà-xi] *s.m.* taxi con radiotelefono collegato con una centrale, la quale riceve le chiamate dei clienti e indirizza le vetture libere.

radiotecnica [ra-dio-tèc-ni-ca] *s.f.* ramo dell'elettrotecnica che studia la produzione, trasmissione e ricezione di onde elettromagnetiche e le relative applicazioni pratiche.

radiotecnico [ra-dio-tèc-ni-co] *agg.* [pl.m. *-ci*] che riguarda la radiotecnica ♦ *s.m.* chi si occupa di radiotecnica.

radiotelecomando [ra-dio-te-le-co-màn-do] *s.m.* radiocomando.

radiotelefonia [ra-dio-te-le-fo-nì-a] *s.f.* (*telecom.*) comunicazione telefonica ottenuta per mezzo di radioonde.

radiotelefono [ra-dio-te-lè-fo-no] *s.m.* (*telecom.*) apparecchio che permette le comunicazioni telefoniche mediante radioonde.

radiotelegrafare [ra-dio-te-le-gra-fà-re] *v.tr.* [*io radiotelègrafo ecc.*] (*telecom.*) trasmettere mediante il radiotelegrafo.

radiotelegrafia [ra-dio-te-le-gra-fì-a] *s.f.* (*telecom.*) sistema di comunicazioni telegrafiche con radioonde.

radiotelegrafista [ra-dio-te-le-gra-fi-sta] *s.m.* e *f.* [pl.m. *-sti*] (*telecom.*) chi è addetto alla trasmissione e ricezione di messaggi con il radiotelegrafo.
radiotelegrafo [ra-dio-te-lè-gra-fo] *s.m.* (*telecom.*) apparecchio telegrafico che trasmette i segnali per mezzo di radioonde.
radiotelescopio [ra-dio-te-le-scò-pio] *s.m.* strumento usato in radioastronomia, costituito da un radioricevitore collegato a una potente antenna direttiva che capta le onde radio provenienti dallo spazio stellare.
radiotelescrivente [ra-dio-te-le-scri-vèn-te] *s.f.* (*telecom.*) telescrivente che trasmette e riceve messaggi per mezzo di radioonde.
radiotelevisione [ra-dio-te-le-vi-ʃió-ne] *s.f.* **1** sistema di trasmissione dell'immagine mediante radioonde **2** l'organizzazione che cura le trasmissioni radiofoniche e televisive: *la — italiana.*
radiotelevisivo [ra-dio-te-le-vi-ʃì-vo] *agg.* della radiotelevisione; che riguarda la radio e la televisione insieme: *ente —.*
radioterapia [ra-dio-te-ra-pì-a] *s.f.* (*med.*) cura medica per mezzo di raggi X o di sostanze radioattive.
radioterapico [ra-dio-te-rà-pi-co] *agg.* [pl.m. *-ci*] (*med.*) che riguarda la radioterapia: *trattamento —.*
radioterapista [ra-dio-te-ra-pì-sta] *s.m.* e *f.* [pl.m. *-sti*] (*med.*) radiologo specializzato in radioterapia.
radiotrasmettere [ra-dio-tra-ʃmét-te-re] *v.tr.* [coniugato come *mettere*] (*telecom.*) trasmettere mediante radioonde.
radiotrasmettitore [ra-dio-tra-ʃmet-ti-tó-re] *s.m.* (*telecom.*) apparecchio per radiotrasmettere.
radiotrasmissione [ra-dio-tra-ʃmis-sió-ne] *s.f.* **1** il radiotrasmettere **2** ciò che si radiotrasmette; trasmissione radiofonica: *ascoltare una —.*
radiotrasmittente [ra-dio-tra-ʃmit-tèn-te] *agg.* (*telecom.*) si dice di stazione o di apparecchio che trasmette segnali mediante radioonde ♦ *s.f.* stazione o apparecchio radiotrasmittente.
radioutente [ra-dio-u-tèn-te] *s.m.* e *f.* utente della radio.
rado [rà-do] *agg.* **1** che non ha compattezza: *tessuto —* **2** non folto, non fitto; distanziato: *capelli radi* **3** non frequente: *visite rade* | *di —*, raramente.
radon [rà-don] *s.m.* elemento chimico di simbolo *Rn*; è un gas nobile che si forma per disintegrazione del radio.
radunabile [ra-du-nà-bi-le] *agg.* che si può radunare.
radunare [ra-du-nà-re] *v.tr.* **1** riunire, raccogliere, mettere insieme: *— il bestiame* **2** (*estens.*) accumulare: *— tesori* ♦ **radunarsi** *v.intr.pron.* raccogliersi in uno stesso luogo: *— in piazza.*
radunata [ra-du-nà-ta] *s.f.* **1** il radunare, il radunarsi **2** le persone radunate.
raduno [ra-dù-no] *s.m.* il radunare, il radunarsi; riunione di molte persone convenute in uno stesso luogo per partecipare a una manifestazione, a una competizione sportiva: *— velico.*
radura [ra-dù-ra] *s.f.* spazio privo di alberi in un bosco o in una foresta.
rafano [rà-fa-no] *s.m.* (*bot.*) genere di piante erbacee dicotiledoni coltivate per la radice gustosa e piccante; tra le specie più note è il ravanello.
raffa [ràf-fa] solo nella loc. avv. *di riffa o di raffa*, a ogni costo, con qualsiasi mezzo.
raffaellesco [raf-fa-el-lé-sco] *agg.* [pl.m. *-schi*] di Raffaello Sanzio (1483-1520); conforme al suo stile | (*estens.*) caratterizzato da purezza di linee: *volto —.*
raffazzonamento [raf-faz-zo-na-mén-to] *s.m.* il raffazzonare, l'essere raffazzonato; raffazzonatura.
raffazzonare [raf-faz-zo-nà-re] *v.tr.* [*io raffazzóno ecc.*] aggiustare, in modo approssimativo e frettoloso, una cosa mal fatta; correggere alla meglio: *— un lavoro* | mettere insieme in fretta, senza cura: *— un pranzo.*
raffazzonatore [raf-faz-zo-na-tó-re] *s.m.* [f. *-trice*] chi raffazzona, chi fa le cose in fretta e senza cura.
raffazzonatura [raf-faz-zo-na-tù-ra] *s.f.* il raffazzonare, l'essere raffazzonato | la cosa stessa raffazzonata: *quella commedia è una —.*
rafferma [raf-fér-ma] *s.f.* **1** conferma in un incarico, in un ufficio **2** (*mil.*) rinnovo volontario della ferma da parte di un militare.
raffermare [raf-fer-mà-re] *v.tr.* [*io raffermo ecc.*] riconfermare in una carica, in un ufficio: *— un impiegato* ♦ **raffermarsi** *v.intr.pron.* (*tosc.*) rassodare, rassodarsi: *il budino si sta raffermando* ♦ *v.rifl.* (*mil.*) rinnovare la ferma: *— per un anno.*
raffermo [raf-fér-mo] *agg.* indurito, non fresco (detto di pane).
raffia → **rafia**.
raffica [ràf-fi-ca] *s.f.* **1** improvviso e violento colpo di vento | *— di pioggia*, pioggia portata trasversalmente dal vento **2** successione rapida di colpi di arma automatica: *una — di mitra* **3** (*fig.*) serie rapida continua: *domande a —.*
raffigurabile [raf-fi-gu-rà-bi-le] *agg.* che si può raffigurare.
raffigurare [raf-fi-gu-rà-re] *v.tr.* **1** rappresentare per immagini, in forme figurative: *un quadro che raffigura una città* | rappresentare nella mente; immaginare, figurare: *— una realtà ben diversa* **2** simboleggiare: *il leone di san Marco raffigura Venezia.*
raffigurazione [raf-fi-gu-ra-zió-ne] *s.f.* il raffigurare, l'essere raffigurato | la cosa raffigurata.
raffinamento [raf-fi-na-mén-to] *s.m.* il raffinare, il raffinarsi: *— del gusto.*
raffinare [raf-fi-nà-re] *v.tr.* **1** rendere più fine, purificare; sottoporre a un processo di raffinazione: *— l'olio* **2** (*fig.*) ingentilire, dirozzare, perfezionare: *— il gusto* ♦ **raffinarsi** *v.intr.pron.* ingentilirsi, dirozzarsi, perfezionarsi: *i suoi modi si sono raffinati.*

raffinatezza [raf-fi-na-téz-za] *s.f.* 1 l'essere raffinato, ingentilito: — *di maniere* 2 cosa ricercata, squisita: *raffinatezze formali.*
raffinato [raf-fi-nà-to] *agg.* 1 si dice di sostanza che ha subito il processo di raffinazione: *zucchero* — 2 (*fig.*) fine, ricercato, squisito: *pranzo* — | sottile: *perfidia raffinata* ♦ *s.m.* [f. *-a*] persona di gusti raffinati □ **raffinatamente** *avv.*
raffinatura [raf-fi-na-tù-ra] *s.f.* raffinazione.
raffinazione [raf-fi-na-zió-ne] *s.f.* processo di purificazione di sostanze allo stato grezzo, per liberarle da componenti secondari o per renderne più fine la grana: *la — del petrolio, dello zucchero.*
raffineria [raf-fi-ne-rì-a] *s.f.* 1 stabilimento per la raffinazione di prodotti industriali: *una — di petrolio* 2 laboratorio chimico clandestino per la raffinazione delle droghe.
rafforzamento [raf-for-za-mén-to] *s.m.* il rafforzare, il rafforzarsi, l'essere rafforzato (anche *fig.*): — *del carattere.*
rafforzare [raf-for-zà-re] *v.tr.* [*io raffòrzo ecc.*] rinforzare, rendere più forte, più saldo: — *le difese* ♦ **rafforzarsi** *v.intr.pron.* divenire più forte, più saldo: — *in un'idea.*
rafforzativo [raf-for-za-tì-vo] *agg.* che rafforza, atto a rafforzare.
rafforzato [raf-for-zà-to] *agg.* reso più forte | *consonante rafforzata*, (*ling.*) raddoppiata.
raffreddamento [raf-fred-da-mén-to] *s.m.* 1 il raffreddare, il raffreddarsi, l'essere raffreddato (anche *fig.*): *un — nell'amicizia* 2 (*tecn.*) eliminazione di calore da un motore o da un impianto in modo da mantenere la temperatura entro limiti che assicurino il funzionamento ottimale: — *ad acqua.*
raffreddare [raf-fred-dà-re] *v.tr.* [*io raffréddo ecc.*] 1 rendere freddo o più freddo: — *una bibita* 2 (*fig.*) rendere meno ardente, meno fervido; attenuare, smorzare: — *gli entusiasmi* ♦ **raffreddarsi** *v.intr.pron.* 1 divenire freddo o più freddo: *l'aria si è raffreddata* 2 (*fig.*) divenire meno ardente, meno intenso; intiepidirsi: *l'amicizia si è raffreddata* 3 (*fam.*) prendere un raffreddore: *d'inverno è facile* —.
raffreddato [raf-fred-dà-to] *agg.* che ha preso freddo; che ha il raffreddore: *essere un po'* —.
raffreddatore [raf-fred-da-tó-re] *s.m.* 1 (*tecn.*) apparecchio o ambiente destinato al raffreddamento di materiali in fase di lavorazione 2 in fonderia, pezzo metallico inserito nelle forme per accelerare la solidificazione del metallo fuso.
raffreddatura [raf-fred-da-tù-ra] *s.f.* (*non com.*) 1 il raffreddare, l'essere raffreddato 2 raffreddore, infreddatura.
raffreddore [raf-fred-dó-re] *s.m.* malattia delle vie respiratorie superiori, di origine virale, che si manifesta con l'infiammazione delle mucose nasali: *avere il* —.
raffrenare [raf-fre-nà-re] *v.tr.* [*io raffréno* o *raffrèno ecc.*] (*lett.*) frenare ♦ **raffrenarsi** *v.rifl.* (*non com.*) trattenersi, padroneggiarsi, contenersi: — *nel bere.*
raffrontabile [raf-fron-tà-bi-le] *agg.* che si può raffrontare.
raffrontare [raf-fron-tà-re] *v.tr.* [*io raffrónto ecc.*] confrontare, porre a confronto: — *due testi.*
raffronto [raf-frón-to] *s.m.* il raffrontare, l'essere raffrontato; confronto: *istituire un* —.
rafia [rà-fia], o **raffia** [ràf-fia], *s.f.* fibra molto resistente ricavata da una palma tropicale; è usata per lavori di intreccio e la fabbricazione di reti, corde e stuoie.
ragade [rà-ga-de] *s.f.* (*med.*) piccola ulcerazione della pelle o delle mucose, che si forma per lo più nella zona delle labbra, del capezzolo e dell'ano.
raganella [ra-ga-nèl-la] *s.f.* nome comune di varie specie di anfibi di piccole dimensioni, con zampe terminanti con cuscinetti adesivi.
ragazza [ra-gàz-za] *s.f.* 1 donna di giovane età, adolescente: *una bella* —. DIM. *ragazzetta, ragazzina* ACCR. *ragazzona, ragazzotta* PEGG. *ragazzaccia* 2 donna nubile: *firmare con il cognome da* — 3 (*fam.*) innamorata, fidanzata: *avere la* —.
ragazzata [ra-gaz-zà-ta] *s.f.* azione da ragazzo, compiuta con leggerezza, senza criterio.
ragazzo [ra-gàz-zo] *s.m.* 1 giovinetto, adolescente: *un — vivace* | giovane uomo: *ha sposato un — in gamba* | *da* —, da giovane. DIM. *ragazzetto, ragazzino* ACCR. *ragazzone, ragazzotto* PEGG. *ragazzaccio* 2 commesso, lavorante, garzone: — *di bottega* 3 (*fam.*) innamorato, fidanzato: *avere il* —.
raggelare [rag-ge-là-re] *v.tr.* [*io raggèlo ecc.*] gelare (anche *fig.*): *le sue parole raggelarono tutti* ♦ *v.intr.* [aus. *essere*], **raggelarsi** *v.intr.pron.* divenire gelido, di ghiaccio (anche *fig.*): *alla notizia si sentì* —.
raggiante [rag-giàn-te] *agg.* 1 che manda raggi; radioso, luminoso, splendente: *un sole* — 2 (*fig.*) che lascia trasparire apertamente la propria gioia; esultante: *essere — per la vittoria* 3 (*fis.*) che irradia da un corpo; radiante: *calore* —.
raggiare [rag-già-re] *v.intr.* [*io ràggio ecc.*; aus. *avere*] 1 essere raggiante; esultare: — *di gioia* 2 (*fis.*) propagarsi, irradiarsi, detto della luce o del calore.
raggiato [rag-già-to] *agg.* disposto a raggi | *mollusco* —, (*zool.*) con struttura radiale.
raggiera [rag-gièra] *s.f.* fascio di raggi che si dipartono da un punto: *la — dell'ostensorio* | *a* —, a forma di raggiera: *strade a* —.
raggio [ràg-gio] *s.m.* 1 ciascuna delle linee lungo le quali la luce sembra propagarsi da un corpo luminoso: *i raggi del sole* 2 (*fig.*) momento d'illuminazione spirituale; lampo: *un — di speranza* 3 (*fis.*) ogni radiazione che si propaga nello spazio emessa da una sorgente: *raggi ultravioletti* | *raggi X*, radiazioni elettromagnetiche capaci di attraversare i corpi opachi e rivelarne la struttura interna 4 (*geom.*) ciascuno dei segmenti condotti dal centro alla circonferenza di un cerchio o

alla superficie di una sfera **5** (*estens.*) distanza intorno a un determinato punto: *la zona fu battuta per un — di tre chilometri* | *— d'azione*, detto di armi o ordigni bellici, la distanza massima alla quale sono ancora efficaci; (*fig.*) l'ambito entro cui si risentono gli effetti di qlco. o a cui si estende l'attività, l'autorità di qlcu. | *azione a largo —*, (*fig.*) molto estesa, di vasta portata **6** elemento della ruota che congiunge il mozzo al cerchione.

raggirare [rag-gi-rà-re] *v.tr.* trarre qlcu. in inganno; abbindolare, truffare: *farsi —*.

raggiro [rag-gì-ro] *s.m.* il raggirare; inganno, imbroglio: *essere vittima di un —*.

raggiungere [rag-giùn-ge-re] *v.tr.* [coniugato come *giungere*] **1** arrivare a riunirsi con qlcu. che ci preceda: *correva ma fu raggiunto* | (*estens.*) arrivare a toccare, a cogliere, a colpire: *— il bersaglio* **2** (*estens.*) arrivare in un luogo: *— la vetta* **3** (*fig.*) ottenere, conseguire, conquistare: *— la meta*.

raggiungibile [rag-giun-gì-bi-le] *agg.* che si può raggiungere (anche *fig.*): *una meta facilmente —*.

raggiungimento [rag-giun-gi-mén-to] *s.m.* il raggiungere, l'essere raggiunto (anche *fig.*): *il — dei propri ideali*.

raggomitolare [rag-go-mi-to-là-re] *v.tr.* [*io raggomìtolo ecc.*] aggomitolare: *— il filo* ♦ **raggomitolarsi** *v.rifl.* rannicchiarsi, ripiegarsi su di sé come un gomitolo: *— in poltrona*.

raggomitolato [rag-go-mi-to-là-to] *agg.* rannicchiato: *il gatto dormiva —*.

raggranellare [rag-gra-nel-là-re] *v.tr.* [*io raggranèllo ecc.*] mettere insieme a stento, poco alla volta; racimolare: *— un po' di soldi*.

raggrinzimento [rag-grin-zi-mén-to] *s.m.* il raggrinzire, il raggrinzirsi, l'essere raggrinzito.

raggrinzire [rag-grin-zì-re] *v.tr.* [*io raggrinzisco, tu raggrinzisci ecc.*] riempire di grinze, rendere grinzoso: *il freddo raggrinzisce la pelle* ♦ *v.intr.* [aus. *essere*], **raggrinzirsi** *v.intr.pron.* divenire grinzoso: *un tessuto che si raggrinzisce facilmente*.

raggrumare [rag-gru-mà-re] *v.tr.* condensare in grumi ♦ **raggrumarsi** *v.intr.pron.* condensarsi in grumi: *il latte si è raggrumato*.

raggruppamento [rag-grup-pa-mén-to] *s.m.* **1** il raggruppare, il raggrupparsi, l'essere raggruppato **2** complesso di persone o cose riunite in gruppo: *un — di ribelli*.

raggruppare [rag-grup-pà-re] *v.tr.* riunire in uno o più gruppi: *— gli alunni in cortile* ♦ **raggrupparsi** *v.intr.pron.* riunirsi in gruppo: *— intorno alla fontana*.

ragguagliare [rag-gua-glià-re] *v.tr.* [*io ragguàglio ecc.*] **1** mettere a confronto, paragonare: *— due risultati* **2** informare minutamente, mettere bene al corrente: *— qlcu. sull'accaduto*.

ragguaglio [rag-guà-glio] *s.m.* **1** confronto, paragone **2** informazione particolareggiata: *fornire ragguagli sulla situazione*.

ragguardevole [rag-guar-dé-vo-le] *agg.* **1** meritevole di considerazione, degno di riguardo: *persona —* **2** considerevole, cospicuo: *una somma —*.

ragia [rà-gia] *s.f.* [pl. *-gie* o *-ge*] resina che cola da alcune conifere | *acqua (di) —*, acquaragia.

ragià [ra-già] *s.m.* principe indiano.

ragionamento [ra-gio-na-mén-to] *s.m.* operazione della mente per cui, partendo da alcune premesse, si giunge a una conclusione; discorso logicamente condotto; argomentazione: *— deduttivo*.

ragionare [ra-gio-nà-re] *v.intr.* [*io ragióno ecc.*; aus. *avere*] **1** usare la ragione, riflettere; argomentare in base alla logica: *— per deduzione* **2** discutere di un argomento; parlare, conversare: *— di letteratura*.

ragionativo [ra-gio-na-tì-vo] *agg.* (*lett.*) fondato sulla ragione, sulla logica: *criterio —*.

ragionato [ra-gio-nà-to] *agg.* meditato, logico, razionale: *un'obiezione ragionata* | *bibliografia ragionata*, accompagnata da osservazioni □ **ragionatamente** *avv.* in base a un ragionamento, a una riflessione; con raziocinio: *agire —*.

ragionatore [ra-gio-na-tó-re] *s.m.* [f. *-trice*] chi ragiona; chi ha la capacità di fare ragionamenti logici e coerenti: *un abile —*.

ragione [ra-gió-ne] *s.f.* **1** la capacità del pensiero di stabilire connessioni logiche tra le idee, che è a fondamento del conoscere e dell'agire: *usare la —* | *perdere il lume della —*, uscire di senno **2** (*filos.*) la facoltà conoscitiva di tipo discorsivo e dimostrativo, contrapposta all'intuizione **3** argomento che vuole provare o difendere qlco.; diritto: *far valere le proprie ragioni* | *non sentire ragioni*, non lasciarsi persuadere | *dare — a qlcu.*, approvare le sue argomentazioni | *avere —*, essere nel giusto | *aver — di qlcu.*, vincerlo, sottometterlo | *a —*, giustamente; *a maggior —*, con argomenti ancora più validi | *a ragion veduta*, dopo aver vagliato la situazione | *bastonare di santa —*, abbondantemente **4** il fondamento intelligibile di qlco.; causa, motivo: *le ragioni di un fenomeno* | *farsi una — di qlco.*, rassegnarsi a essa | *chiedere — di qlco.*, conto, soddisfazione **5** rapporto, proporzione, misura: *in — inversa*, in misura inversamente proporzionale **6** *— sociale*, (*dir.*) nome commerciale con il quale opera una società di persone.

ragioneria [ra-gio-ne-rì-a] *s.f.* **1** disciplina che rileva i fenomeni aziendali e li traduce in scritture contabili, per fornire le informazioni necessarie alle funzioni di controllo e di decisione **2** ufficio preposto al controllo della contabilità di una società, di un ente ecc. **3** nome corrente dell'istituto tecnico commerciale che conferisce il diploma di ragioniere: *iscriversi a —*.

ragionevole [ra-gio-né-vo-le] *agg.* **1** che è dotato di ragione: *l'uomo è un animale —* **2** che si lascia guidare dalla ragione, che agisce con equilibrio e buon senso: *una persona —* **3** conforme al buon senso, fondato su giuste ragioni: *sospetto —* **4** conveniente, giusto: *compenso —* □ **ragio-**

nevolmente *avv.* 1 conformemente alla ragione 2 in giusta misura.
ragionevolezza [ra-gio-ne-vo-léz-za] *s.f.* l'essere ragionevole: *la — di una richiesta.*
ragioniere [ra-gio-niè-re] *s.m.* [f. *-a*] chi ha conseguito il diploma presso un istituto tecnico commerciale; chi esercita la ragioneria.
ragionieristico [ra-gio-nie-rì-sti-co] *agg.* [pl.m. *-ci*] 1 proprio della ragioneria, dei ragionieri 2 (*estens.*) pignolo, pedante: *mentalità ragionieristica.*
raglan [ra-glàn] *agg.* e *s.f.invar.* si dice di un tipo di manica con ampia attaccatura alla base del collo: *manica alla —.*
ragliare [ra-glià-re] *v.intr.* [*io ràglio ecc.*; aus. *avere*] 1 emettere ragli: *l'asino raglia* 2 (*fig.*) cantare o parlare con voce sgradevole.
ragliata [ra-glià-ta] *s.f.* raglio prolungato.
raglio [rà-glio] *s.m.* 1 il verso dell'asino 2 (*fig.*) canto disarmonico, sgradevole.
ragna [rà-gna] *s.f.* 1 (*lett.*) ragnatela 2 rete sottile per catturare uccelli 3 (*fig.*) insidia, tranello: *tendere la —* 4 (*pop.*) bava emessa dal baco da seta all'inizio della formazione del bozzolo.
ragnatela [ra-gna-té-la] *s.f.* 1 tela di ragno: *un soffitto pieno di ragnatele* 2 (*fig.*) intreccio di inganni, raggiri.
ragno [rà-gno] *s.m.* (*zool.*) nome generico degli artropodi della classe degli aracnidi, dal corpo breve e diviso in due parti, con otto zampe e particolari apparati (filiere) che secernono il caratteristico filo | *non cavare un — da un buco,* (*fig.*) non concludere nulla.
ragtime [/ ˈrɛgtaim /] *s.m.invar.* (*ingl.*) (*mus.*) stile pianistico negro-americano, in voga negli ultimi decenni del sec. XIX; è caratterizzato da un ritmo fortemente sincopato.
ragù [ra-gù] *s.m.* condimento per pastasciutte a base di carne e salsa di pomodoro.
ragusano [ra-gu-ʃà-no] *agg.* di Ragusa, città della Sicilia ♦ *s.m.* [f. *-a*] abitante, nativo di Ragusa.
raguseo [ra-gu-ʃè-o] *agg.* di Ragusa, città della Dalmazia (in serbocroato Dubrovnik) ♦ *s.m.* [f. *-a*] abitante, nativo di Ragusa.
raid [/ ˈraid /] *s.m.invar.* (*ingl.*) 1 incursione navale o aerea; scorreria a scopo bellico 2 (*sport*) prova motoristica su percorso lungo e accidentato.
raiformi [rai-fór-mi] *s.m.pl.* (*zool.*) ordine di pesci con scheletro cartilagineo e grandi pinne pettorali; vi appartiene la razza.
raion → **rayon**.
rais [ra-ìs] *s.m.invar.* nel mondo arabo, capo, comandante.
ralenti [/ ˈralenti /] *s.m.invar.* (*fr.*) (*cine.*, *tv*) rallentatore: *sequenza al —.*
rallegramento [ral-le-gra-mén-to] *s.m.* il rallegrarsi | *pl.* esprime la gioia e il compiacimento con cui si partecipa alla felicità altrui: *i miei rallegramenti!*
rallegrare [ral-le-grà-re] *v.tr.* [*io rallégro ecc.*] rendere allegro o più allegro; destare in altri un sentimento di gioia: *la notizia rallegrò tutti* | rendere più vivace, più gaio: *il fuoco rallegrava la stanza* ♦ **rallegrarsi** *v.intr.pron.* 1 diventare più allegro; provare gioia, contentezza: *vedendolo, si rallegrò* 2 congratularsi, felicitarsi: *mi rallegro con te per la promozione.*
rallentamento [ral-len-ta-mén-to] *s.m.* il rallentare: *un — nella produzione.*
rallentando [ral-len-tàn-do] *s.m.invar.* didascalia musicale che prescrive una diminuzione di velocità nell'esecuzione.
rallentare [ral-len-tà-re] *v.tr.* [*io rallènto ecc.*] 1 rendere più lento: *— il passo* | diminuire la velocità, andare più lentamente: *— in curva* 2 (*fig.*) diminuire di intensità: *— la vigilanza* | rendere meno frequente; diradare: *— le visite* 3 (*mus.*) suonare a ritmo più lento: *— la battuta* ♦ **rallentarsi** *v.intr.pron.* divenire più lento, meno intenso: *il ritmo di lavoro si è rallentato.*
rallentatore [ral-len-ta-tó-re] *s.m.* (*cine.*, *tv*) dispositivo della cinepresa, capace di riprendere un maggior numero di fotogrammi nell'unità di tempo, con il risultato di rallentare l'azione in una proiezione normale | *al —,* (*fig.*) molto lentamente: *fare le cose al —.*
ralliformi [ral-li-fór-mi] *s.m.pl.* (*zool.*) ordine di uccelli palustri con zampe, becco e collo molto lunghi; vi appartiene la gru.
rallista [ral-lì-sta] *s.m.* e *f.* [pl.m. *-sti*] membro dell'equipaggio di una vettura che partecipa a un rally.
rally [/ ˈrɛlli /] *s.m.invar.* (*ingl.*) gara automobilistica a tappe su percorsi lunghi e accidentati: *il — di Montecarlo.*
RAM [/ ram /] *agg.* e *s.f.invar.* (*inform.*) si dice della memoria di lavoro di un elaboratore, nella quale vengono di volta in volta caricati i programmi necessari all'elaborazione.
ramadan [ra-ma-dàn] *s.m.invar.* nono mese del calendario islamico, durante il quale vi è l'obbligo del digiuno dall'alba al tramonto.
ramages [/ raˈmaʒ /] *s.m.pl.* (*fr.*) disegni di rami, foglie, fiori su carta o stoffa: *tessuto a —.*
ramaglia [ra-mà-glia] *s.f.* insieme di rami e di frasche tagliati da un albero.
ramaio [ra-mà-io] *s.m.* [f. *-a*] artigiano che fa e vende oggetti di rame; calderaio.
ramaiolo [ra-ma-iò-lo] *s.m.* cucchiaio grande e fondo di metallo o di legno, con lungo manico, usato per rimestare, schiumare, versare minestre; mestolo.
ramanzina [ra-man-ʒì-na] *s.f.* sgridata, lungo rimprovero: *prendersi una —.*
ramare [ra-mà-re] *v.tr.* 1 rivestire di un sottile strato di rame 2 (*agr.*) irrorare con una soluzione di solfato di rame: *— le viti.*
ramarro [ra-màr-ro] *s.m.* grossa lucertola col dorso color verde smeraldo a macchie e addome giallo-verdastro | Usato anche come *agg.invar.*: *verde —,* verde vivo, brillante.
ramato [ra-mà-to] *agg.* 1 del colore del rame: *capelli ramati* 2 rivestito di rame: *filo —* 3 che

contiene rame o solfato di rame: *acqua ramata* ♦ *s.m.* la soluzione di solfato di rame per le viti.

ramatura [ra-ma-tù-ra] *s.f.* **1** il ricoprire di rame una superficie metallica **2** l'irrorazione delle piante con una soluzione di solfato di rame.

ramazza [ra-màz-za] *s.f.* scopa fatta di rami sottili, usata per pulire stanze rustiche, cortili, spiazzi.

ramazzare [ra-maz-zà-re] *v.tr.* spazzare con la ramazza: *— il cortile.*

rambo [ràm-bo] *s.m.* persona che esibisce il proprio vigore fisico assumendo atteggiamenti aggressivi e sprezzanti e che pretende di giustificare le sue azioni violente con il fine di ristabilire la giustizia.

rame [rà-me] *s.m.* **1** elemento chimico di simbolo *Cu*; è un metallo rossastro, malleabile e tenace, ottimo conduttore del calore e dell'elettricità, che trova numerosissime applicazioni: *filo di —* | *età del —*, la terza delle ere preistoriche | *solfato di —*, usato nell'agricoltura come anticrittogamico **2** incisione su rame: *un — del Piranesi* | Usato anche come *agg.invar.*: *biondo —*, biondo rossiccio.

ramengo [ra-mén-go] *s.m.* (*sett.*) usato nelle loc. *andare, mandare a —*, in rovina, in malora.

ramificare [ra-mi-fi-cà-re] *v.intr.* [*io ramìfico, tu ramìfichi ecc.*; aus. *avere*] produrre rami: *gli alberi hanno ramificato* ♦ **ramificarsi** *v.intr.pron.* dividersi in rami | (*estens.*) suddividersi verso varie direzioni, articolarsi in unità minori: *il fiume si ramifica alla foce.*

ramificato [ra-mi-fi-cà-to] *agg.* **1** munito di rami: *un tronco molto —* **2** (*estens.*) diviso in rami, in elementi secondari che si sviluppano in varie direzioni: *il Po presso la foce è molto —.*

ramificazione [ra-mi-fi-ca-zió-ne] *s.f.* **1** il dipartirsi di rami da un fusto o da altri rami **2** (*estens.*) il ramificarsi di una cosa che si stacchi da un corpo principale; diramazione: *le ramificazioni di una strada.*

ramingo [ra-mìn-go] *agg.* [pl.m. *-ghi*] che va errando senza meta: *andarsene — per il mondo* | proprio di chi va errando senza meta.

ramino [ra-mì-no] *s.m.* gioco di carte che si fa con due mazzi di 52 carte francesi più quattro matte.

rammagliare [ram-ma-glià-re] *v.tr.* [*io rammàglio ecc.*] aggiustare un tessuto lavorato a maglia: *— le calze.*

rammaricare [ram-ma-ri-cà-re] *v.tr.* [*io rammàrico, tu rammàrichi ecc.*] (*non com.*) affliggere, amareggiare: *quel ricordo lo rammarica* ♦ **rammaricarsi** *v.intr.pron.* dolersi, rincrescersi; esprimere il proprio dispiacere: *è inutile —.*

rammarico [ram-mà-ri-co] *s.m.* [pl. *-chi*] il rammaricarsi; dispiacere, rincrescimento: *il — di non aver fatto qlco.*

rammemorare [ram-me-mo-rà-re] *v.tr.* [*io rammèmoro ecc.*] (*lett.*) riportare alla memoria; rammentare, ricordare ♦ **rammemorarsi** *v.intr.pron.* (*lett.*) ricordarsi.

rammendare [ram-men-dà-re] *v.tr.* [*io rammèndo ecc.*] raccomodare uno strappo, un buco o la parte logorata di un tessuto per mezzo di fili passati a intreccio: *— un calzino.*

rammendatore [ram-men-da-tó-re] *s.m.* [f. *-trice*] chi rammenda; chi fa lavori di rammendo.

rammendatura [ram-men-da-tù-ra] *s.f.* **1** rammendo **2** (*tess.*) operazione eseguita sui tessuti per riparare i difetti di orditura e tessitura.

rammendo [ram-mèn-do] *s.m.* il rammendare; la parte rammendata: *fare un — perfetto.*

rammentare [ram-men-tà-re] *v.tr.* [*io ramménto ecc.*] **1** aver presente nella memoria; ricordare: *— i particolari di un fatto* **2** richiamare alla memoria propria o di altri: *— a qlcu. i suoi doveri* ♦ **rammentarsi** *v.intr.pron.* ricordarsi di qlcu. o di qlco.: *si rammentava d'averlo incontrato.*

rammodernare [ram-mo-der-nà-re] *v.tr.* [*io rammodèrno ecc.*] ammodernare, rimodernare.

rammollimento [ram-mol-li-mén-to] *s.m.* il rammollire, il rammollirsi, l'essere rammollito: *— dei costumi.*

rammollire [ram-mol-lì-re] *v.tr.* [*io rammollisco, tu rammollisci ecc.*] **1** rendere molle: *— la cera* **2** (*fig.*) indebolire, infiacchire: *gli agi rammolliscono il carattere* ♦ **rammollirsi** *v.intr.pron.* **1** diventare molle **2** (*fig.*) divenire fiacco, debole; rimbambirsi: *— per l'ozio.*

rammollito [ram-mol-lì-to] *agg.* **1** diventato molle: *un cioccolatino —* **2** (*fig.*) infiacchito, svigorito; rimbambito: *un vecchio —* ♦ *s.m.* [f. *-a*] persona priva di vigore, di carattere, di forza d'animo.

rammorbidire [ram-mor-bi-dì-re] *v.tr.* [*io rammorbidisco, tu rammorbidisci ecc.*] rendere morbido o più morbido: *— il cuoio* | (*fig.*) rendere meno aspro, meno duro; addolcire: *— il carattere di una persona* ♦ **rammorbidirsi** *v.intr.pron.* diventare morbido o più morbido (anche *fig.*): *il suo stile s'è rammorbidito.*

ramnacee [ram-nà-ce-e] *s.f.pl.* (*bot.*) famiglia di piante dicotiledoni, in genere arboree o arbustacee, spesso rampicanti, con fiori piccoli in infiorescenze ascellari e frutti a capsula o a drupa.

ramno [ràm-no] *s.m.* (*bot.*) genere di piante arbustacee con piccoli fiori bianchi o giallastri e foglie ovali.

ramo [rà-mo] *s.m.* **1** ciascuna delle parti legnose dell'albero, che hanno origine dal fusto e portano fiori, foglie e frutti: *— carico di frutti* | *— secco*, (*fig.*) persona o cosa inutile; elemento di un sistema che non serve a nulla. DIM. *rametto* **2** (*estens.*) tutto ciò che si diparte da un corpo principale: *il fiume si divide in due rami* | *i due rami del parlamento*, camera e senato **3** (*mat.*) ciascuna delle parti disgiunte di cui si compone una curva: *— di iperbole* **4** (*anat.*) diramazione di arterie, vene e nervi **5** settore di un'attività; branca di studi: *il — dei prodotti chimici* **6** linea di parentela: *il — lorenese degli Asburgo.*

ramoscello [ra-mo-scèl-lo] *s.m.* ramo piccolo e giovane.
ramoso [ra-mó-so] *agg.* che ha molti rami; ramificato: *le corna ramose del cervo.*
rampa [ràm-pa] *s.f.* **1** tratto di scala compreso tra due piani successivi **2** (*estens.*) salita breve e ripida **3** — *di lancio*, struttura che sostiene i missili al momento del lancio.
rampante [ram-pàn-te] *agg.* **1** (*arald.*) si dice dell'animale raffigurato di profilo, ritto sulla zampa posteriore sinistra, in atto di arrampicarsi o di attaccare la preda: *leone* — **2** *arco* —, (*arch.*) arco con le due imposte a diversa altezza; è tipico dell'architettura gotica **3** (*fig.*) si dice di persona ambiziosa che mira a raggiungere un'elevata posizione sociale: *manager* —.
rampicante [ram-pi-càn-te] *agg.* e *s.m.* si dice di pianta che si appoggia su muri o altri sostegni attaccandovisi ♦ *s.m.pl.* (*zool.*) gruppo di uccelli arrampicatori, caratterizzati da piedi con due dita rivolte in avanti e due indietro (*p.e.* pappagallo e picchio).
rampichino [ram-pi-chì-no] *s.m.* (*fam.*) mountain bike.
rampinismo [ram-pi-nì-ʃmo] *s.m.* (*vet.*) difetto d'appiombo dell'arto degli equini a causa del quale l'animale procede poggiando prevalentemente sulle punte degli zoccoli.
rampino [ram-pì-no] *s.m.* chiodo a uncino, gancio per afferrare o sostenere qlco.
rampogna [ram-pó-gna] *s.f.* (*lett.*) duro, severo rimprovero.
rampognare [ram-po-gnà-re] *v.tr.* [*io rampógno ecc.*] (*lett.*) rimproverare duramente, severamente.
rampollare [ram-pol-là-re] *v.intr.* [*io rampóllo ecc.*; aus. *essere*] (*lett.*) **1** di acqua, scaturire, zampillare **2** di pianta o ramo o gemma, germogliare, nascere **3** (*fig.*) di famiglia o di stirpe, avere origine, discendere.
rampollo [ram-pól-lo] *s.m.* (*lett.*) discendente in linea retta di una famiglia: — *di un'antica stirpe* | (*scherz.*) figlio: *questo è il mio* —.
rampone [ram-pó-ne] *s.m.* **1** grossa fiocina per la pesca dei cetacei **2** attrezzo per alpinisti che si applica alla suola dello scarpone per far presa su ghiaccio e neve dura **3** attrezzo a forma di falce dentata che si fissa alle scarpe per arrampicarsi sui pali.
rana [rà-na] *s.f.* anfibio dal corpo tozzo privo di coda, con occhi sporgenti, pelle verde e gialla, lunghe zampe posteriori atte al salto: *il gracidio delle rane* | *nuoto a* —, (*sport*) stile di nuoto con movimenti che richiamano quelli della rana | *gonfio come una* —, (*fig.*) si dice di persona boriosa, tronfia | Usato come *agg.invar.* nella loc.: *uomo* —, sommozzatore appartenente a corpi militari o di polizia.
ranch [/ rɛntʃ /] *s.m.invar.* (*ingl.*) negli Stati Uniti d'America e in Canada, fattoria per l'allevamento del bestiame.
rancidezza [ran-ci-déz-za] *s.f.* l'essere rancido.
rancidire [ran-ci-dì-re] *v.intr.* [*io rancidisco, tu rancidisci ecc.*; aus. *essere*] diventare rancido.
rancido [ràn-ci-do] *agg.* **1** si dice di sostanza grassa che si è alterata e ha preso un odore e un sapore sgradevole: *burro* — **2** (*fig.*) antiquato, sorpassato: *idee rancide* ♦ *s.m.* sapore, odore forte e sgradevole, proprio delle sostanze irrancidite: *la pancetta sa di* —.
rancidume [ran-ci-dù-me] *s.m.* **1** puzzo di rancido; insieme di cose rancide **2** (*fig.*) ciò che appare antiquato, sorpassato.
rancio [ràn-cio] *s.m.* il pasto distribuito nella caserma ai militari: *preparare il* —.
rancore [ran-có-re] *s.m.* sentimento di odio nascosto; forte risentimento, malanimo: *serbare* —.
rancoroso [ran-co-ró-so] *agg.* che cova rancore; pieno di rancore.
randa [ràn-da] *s.f.* **1** (*mar.*) vela trapezoidale sostenuta dal picco e tenuta distesa inferiormente dal boma **2** sorta di compasso rudimentale, usato da muratori e artigiani.
randagio [ran-dà-gio] *agg.* [pl.f. *-gie* o *-ge*] **1** (*lett.*) si dice di chi va errando; ramingo, vagabondo **2** si dice di animale senza padrone o fuori dal branco: *cane* —.
randagismo [ran-da-gì-ʃmo] *s.m.* condizione degli animali randagi.
randeggiare [ran-deg-già-re] *v.intr.* [*io randéggio ecc.*; aus. *avere*] (*mar.*) navigare in prossimità della costa alla minima distanza consentita dalla sicurezza.
randellare [ran-del-là-re] *v.tr.* [*io randèllo ecc.*] percuotere, colpire con il randello; bastonare.
randellata [ran-del-là-ta] *s.f.* colpo di randello: *prendere a randellate.*
randello [ran-dèl-lo] *s.m.* bastone corto e tozzo.
random [/ 'random /] *agg.invar.* (*ingl.*) (*stat.*, *inform.*) casuale, aleatorio, fortuito.
randomizzare [ran-do-miʒ-ʒà-re] *v.tr.* (*stat.*) costruire una distribuzione controllata che simuli una distribuzione casuale.
ranetta → **renetta**.
ranfoteca [ran-fo-tè-ca] *s.f.* (*zool.*) astuccio corneo che riveste le mascelle degli uccelli; becco.
ranger [/ 'rɛndʒer /] *s.m.invar.* (*ingl.*) militare dei reparti speciali | guardaparco.
ranghinatore [ran-ghi-na-tó-re] *s.m.* (*agr.*) macchina a rastrelli multipli che serve a rivoltare e rastrellare il foraggio.
rango [ràn-go] *s.m.* [pl. *-ghi*] **1** (*mil.*) schiera, fila, riga di soldati: *rompere i ranghi*, sciogliere lo schieramento | *serrare i ranghi*, (*fig.*) impegnarsi tutti insieme con convinzione in qlco. | *rientrare nei ranghi*, (*fig.*) tornare ad accettare delle regole rinunciando a qualsiasi forma di opposizione **2** (*mar.*) termine per classificare le navi da guerra dell'epoca velica: *vascello di secondo* — **3** (*estens.*) grado, condizione, ceto sociale: *una donna di* —, di condizione elevata | *un artista di* —, (*fig.*) di grande qualità.
rannicchiare [ran-nic-chià-re] *v.tr.* [*io rannìcchio ecc.*] restringere, ripiegare in un piccolo

spazio: — *le gambe* ♦ **rannicchiarsi** *v.rifl.* raccogliersi su sé stesso come in una nicchia: — *per il freddo.*

ranno [ràn-no] *s.m.* miscuglio di cenere e acqua bollente usato in passato per lavare i panni.

rannodare [ran-no-dà-re] *v.tr.* [*io rannòdo ecc.*] annodare; riannodare.

rannuvolamento [ran-nu-vo-la-mén-to] *s.m.* il rannuvolare, il rannuvolarsi.

rannuvolare [ran-nu-vo-là-re] *v.tr.* [*io rannùvolo ecc.*] **1** coprire di nuvole **2** (*fig.*) offuscare, annebbiare, turbare ♦ **rannuvolarsi** *v. intr.pron.* **1** coprirsi di nuvole: *il cielo si è rannuvolato* **2** (*fig.*) oscurarsi in volto, rattristarsi d'un tratto: *alla notizia si rannuvolò.*

rannuvolato [ran-nu-vo-là-to] *agg.* **1** coperto di nuvole: *cielo* — **2** (*fig.*) cupo, accigliato: *viso* —.

ranocchio [ra-nòc-chio] *s.m.*, o **ranocchia** *s.f.* **1** la rana comune **2** (*fig.*) persona piccola e sgraziata.

rantolare [ran-to-là-re] *v.intr.* [*io ràntolo ecc.*; aus. *avere*] emettere rantoli | (*estens.*) agonizzare.

rantolio [ran-to-lì-o] *s.m.* un rantolare prolungato.

rantolo [ràn-to-lo] *s.m.* **1** il respiro affannoso dei moribondi: *il — dell'agonia* **2** (*med.*) il rumore prodotto dalla respirazione difficile in alcune malattie polmonari.

ranuncolacee [ra-nun-co-là-ce-e] *s.f.pl.* (*bot.*) famiglia di piante dicotiledoni a cui appartengono l'anemone e il ranuncolo.

ranuncolo [ra-nùn-co-lo] *s.m.* (*bot.*) genere di piante erbacee annue o perenni con fiori gialli, bianchi o rossi.

rap [/ rɛp /] *s.m.invar.* (*ingl.*) genere musicale caratterizzato dal prevalere del parlato, molto ritmato, su una base musicale uniforme e cadenzata.

rapa [rà-pa] *s.f.* **1** pianta erbacea coltivata per la radice commestibile e per le foglie e gli steli fioriferi (broccoli o cime di rapa) | *testa di* —, (*fig.*) persona ottusa, sciocca **2** (*fig.*) persona di scarsa intelligenza: *quel ragazzo è una* —.

rapace [ra-pà-ce] *agg.* **1** che vive di rapina, di preda: *uccello* — **2** che si impadronisce con la forza o con l'inganno di ciò che appartiene ad altri: *amministratore* — | che esprime avidità, bramosia di possesso: *occhi rapaci* □ **rapacemente** *avv.* con rapacità.

rapaci [ra-pà-ci] *s.m.pl.* (*zool.*) nome di un gruppo di uccelli predatori dalla vista acutissima, con becco ricurvo e forti artigli adunchi.

rapacità [ra-pa-ci-tà] *s.f.* l'essere rapace.

rapare [ra-pà-re] *v.tr.* tagliare a zero i capelli a qlcu. ♦ **raparsi** *v.rifl.* tagliarsi i capelli a zero.

rapata [ra-pà-ta] *s.f.* il rapare: *farsi dare una* —.

rapato [ra-pà-to] *agg.* rasato, tosato: *testa rapata.*

raperonzolo [ra-pe-rón-zo-lo] *s.m.* pianta erbacea con fiori violetti, foglie ovali e piccole radici carnose commestibili.

rapida [rà-pi-da] *s.f.* tratto di fiume in forte pendenza, dove l'acqua scorre rapidissima formando vortici impetuosi.

rapidità [ra-pi-di-tà] *s.f.* l'essere rapido; celerità, prontezza: — *di decisione.*

rapido [rà-pi-do] *agg.* **1** che si muove, si sposta velocemente: *partire con il mezzo più* — **2** detto di persona, che impiega pochissimo tempo per fare qlco.: *un uomo — nel decidere* **3** che si compie o avviene in breve tempo: *riso a cottura rapida* ♦ *s.m.* denominazione, non più ufficiale, di treno a lungo percorso che ferma solo nelle stazioni principali □ **rapidamente** *avv.*

rapimento [ra-pi-mén-to] *s.m.* **1** il rapire, l'essere rapito: *il — di un bambino* | (*dir.*) ratto, sequestro di persona **2** (*fig.*) l'essere completamente assorto; estasi: *ascoltare una musica con* —.

rapina [ra-pì-na] *s.f.* **1** (*dir.*) reato commesso da chi si impossessa con la violenza o con la minaccia di una cosa altrui: — *a mano armata* **2** (*estens.*) estorsione, ruberia: *questi prezzi sono una —!* **3** detto di animale, il cacciare e catturare altri animali: *uccelli di* —, rapaci.

rapinare [ra-pi-nà-re] *v.tr.* **1** derubare qlcu. mediante rapina: *lo rapinarono della borsa* **2** sottrarre, portare via con la violenza o la minaccia: *gli rapinarono due milioni* | (*estens.*) appropriarsi illecitamente di qlco.: *ha rapinato i fondi che gli erano stati affidati* **3** (*lett.*) trascinare via con violenza (detto di venti, acque e sim.).

rapinatore [ra-pi-na-tó-re] *s.m.* [f. *-trice*] chi rapina, chi commette una rapina: *un — di banca.*

rapinoso [ra-pi-nó-so] *agg.* (*lett.*) violento, travolgente: *corrente rapinosa* □ **rapinosamente** *avv.*

rapire [ra-pì-re] *v.tr.* [*io rapisco, tu rapisci ecc.*] **1** effettuare un sequestro di persona: — *un bambino* | portare via con la forza o con la frode **2** (*fig.*) attrarre fortemente; avvincere, estasiare: *musica che rapisce l'animo* **3** (*lett.*) trascinare, travolgere.

rapito [ra-pì-to] *agg.* **1** portato via con la violenza o con l'inganno **2** (*fig.*) assorto in contemplazione, estasiato: *lo ascoltava* —.

rapitore [ra-pi-tó-re] *s.m.* [f. *-trice*] chi rapisce o ha rapito una persona.

rappacificare [rap-pa-ci-fi-cà-re], meno com. riappacificare, *v.tr.* [*io rappacìfico, tu rappacìfichi ecc.*] far tornare in pace; riconciliare: — *due rivali* | (*estens.*) calmare, placare: — *gli animi* ♦ **rappacificarsi** *v.rifl.* tornare in pace, fare pace con qlcu.: — *con la moglie* ♦ *v.rifl.rec.* fare pace; riconciliarsi: *non si sono ancora rappacificati.*

rappacificazione [rap-pa-ci-fi-ca-zió-ne] *s.f.* il rappacificare, il rappacificarsi, l'essere rappacificato; riconciliazione.

rappattumare [rap-pat-tu-mà-re] *v.tr.* (*fam.*) riconciliare, rappacificare in modo provvisorio, superficiale ♦ **rappattumarsi** *v.rifl.* e *rifl.rec.* (*fam.*) riconciliarsi provvisoriamente, superficialmente.

rappezzare [rap-pez-zà-re] *v.tr.* [*io rappèzzo ecc.*] **1** aggiustare sostituendo un pezzo, metten-

do una pezza: — *un lenzuolo* 2 (*fig.*) aggiustare, mettere insieme alla meglio: — *un articolo.*
rappezzatura [rap-pez-za-tù-ra] *s.f.* 1 il rappezzare 2 la cosa rappezzata.
rappezzo [rap-pèz-zo] *s.m.* l'operazione del rappezzare: *fare un* — | la cosa, la parte rappezzata; il pezzo usato per rappezzare: *una coperta con rappezzi.*
rapportabile [rap-por-tà-bi-le] *agg.* che si può rapportare: *un fenomeno — a un altro.*
rapportare [rap-por-tà-re] *v.tr.* [*io rappòrto ecc.*] 1 mettere a raffronto due grandezze stabilendo un rapporto: — *i salari al costo della vita* 2 riprodurre disegni su scala diversa, senza alterarne le proporzioni: — *la pianta della città sulla scala di 1:25.000* ♦ **rapportarsi** *v.intr.pron.* riferirsi: *dati che si rapportano alla situazione economica.*
rapporto [rap-pòr-to] *s.m.* 1 scritto in cui si riferiscono dei fatti; ragguaglio, resoconto: *stendere un — dettagliato* | nel linguaggio militare: *chiamare a* —, si dice di superiore che chiama gli inferiori a riferire; *chiedere* —, chiedere udienza a un superiore 2 relazione tra persone: — *di lavoro*; — *giuridico*, relazione di rilevanza giuridica tra due o più soggetti e tra costoro e le cose; — *sessuale*, unione sessuale 3 legame, connessione tra cose: — *di causa ed effetto* | *in — a*, per quanto riguarda 4 (*mat.*) risultato della divisione tra due grandezze; quoto, quoziente: *il — tra gli abitanti e la superficie di uno stato* | — *di tramissione*, (*mecc.*) rapporto tra il numero di giri della ruota o dell'albero che riceve il moto e quello della ruota o dell'albero che lo trasmette 5 (*fig.*) paragone, confronto: *non è possibile fare un — tra loro.*
rapprendere [rap-prèn-de-re] *v.tr.* [coniugato come *prendere*] coagulare, far divenire più denso ♦ **rapprendersi** *v.intr.pron.* coagularsi: *il latte acido si rapprende.*
rappresaglia [rap-pre-sà-glia] *s.f.* azione intrapresa per ritorsione contro chi abbia recato un danno, specialmente in situazioni di guerra: *compiere una* —.
rappresentabile [rap-pre-ʃen-tà-bi-le] *agg.* che si può rappresentare: *un dramma difficilmente* —.
rappresentante [rap-pre-ʃen-tàn-te] *s.m.* e *f.* 1 chi rappresenta un'altra persona o un ente: — *sindacale* 2 chi simboleggia un'epoca, un'idea, un movimento: *Heine è un tipico — del romanticismo tedesco* 3 (*dir.*) chi agisce in nome e nell'interesse di un altro soggetto: — *processuale* 4 chi promuove la conclusione di affari agendo per conto di un'azienda.
rappresentanza [rap-pre-ʃen-tàn-za] *s.f.* 1 il rappresentare; il curare affari altrui sostituendosi all'interessato nel compimento di attività di rilievo giuridico: — *legale* | — *politica*, sistema per cui il popolo elegge suoi rappresentanti e delega loro l'esercizio della propria sovranità | *sala di* —, adibita a ricevimenti, riunioni, incontri ufficiali | *in — di*, per conto, a nome di: *in — del governo* 2 la persona o l'insieme delle persone che rappresentano altri: — *diplomatica* 3 il rapporto tra rappresentante e rappresentato; l'attività che ne deriva: *avere la — di una ditta straniera.*
rappresentare [rap-pre-ʃen-tà-re] *v.tr.* [*io rappreʃènto ecc.*] 1 riprodurre la realtà con figure, immagini materiali: — *una scena campestre*; *rappresentarsi qlco.*, (*fig.*) immaginarla, figurarsela | (*estens.*) riferito a opere letterarie, descrivere: *nei 'Promessi Sposi' si rappresenta la Milano del Seicento* 2 simboleggiare: *il Virgilio dantesco rappresenta la ragione umana* 3 operare in nome di altri, farne le veci: — *una ditta* 4 portare sulla scena o sullo schermo: — *una commedia* 5 costituire, significare, contare: *lui non rappresenta nulla per me.*
rappresentativa [rap-pre-ʃen-ta-tì-va] *s.f.* 1 (*sport*) squadra rappresentativa: *la — italiana di atletica leggera* 2 gruppo di persone che rappresentano enti, partiti ecc.: — *parlamentare.*
rappresentatività [rap-pre-ʃen-ta-ti-vi-tà] *s.f.* l'essere rappresentativo.
rappresentativo [rap-pre-ʃen-ta-tì-vo] *agg.* 1 che rappresenta, che è atto a rappresentare: *gesto* — 2 che simboleggia un'idea, un movimento, un'epoca, che ne riassume in sé i caratteri principali: *un artista — delle nuove tendenze* 3 basato sulla rappresentanza: *sistema politico* — □ **rappresentativamente** *avv.*
rappresentazione [rap-pre-ʃen-ta-zió-ne] *s.f.* 1 il rappresentare; la cosa rappresentata: — *simbolica* 2 (*filos.*) l'atto con il quale la coscienza riproduce in sé un oggetto esterno o uno stato d'animo | il contenuto della rappresentazione 3 spettacolo teatrale o cinematografico: *la — ha avuto successo.*
rapsodia [ra-pso-dì-a] *s.f.* 1 componimento poetico di contenuto epico recitato pubblicamente 2 testo basato sulla raccolta di brani di uno o più autori 3 (*mus.*) componimento musicale nel quale temi popolari sono svolti in libere interpretazioni: *le 'Rapsodie ungheresi' di Liszt.*
rapsodico [ra-psò-di-co] *agg.* [pl.m. *-ci*] 1 dei rapsodi; di rapsodia: *poema* — 2 (*fig.*) frammentario, saltuario: *narrazione rapsodica* □ **rapsodicamente** *avv.*
rapsodo [ra-psò-do] *s.m.* nell'antica Grecia, cantore che recitava in pubblico composizioni epiche | (*estens.*) chi recita o canta composizioni popolaresche; cantastorie.
raptus [/ 'raptus /] *s.m.invar.* (*lat.*) 1 (*psicol.*, *psich.*) impulso improvviso e incontrollabile a compiere azioni violente: — *omicida* 2 (*estens.*) momento improvviso di ispirazione, di illuminazione interiore: — *poetico.*
rarefare [ra-re-fà-re] *v.tr.* [*io rarefàccio* o *rarefò*, *tu rarefai*, *egli rarefà ecc.*; coniugato come *fare*] rendere meno denso: — *un gas* ♦ **rarefarsi** *v. intr.pron.* diventare meno denso: *l'aria si rarefà con l'altezza.*
rarefatto [ra-re-fàt-to] *agg.* 1 meno denso: *aria rarefatta* 2 (*fig.*) raffinato, sottile: *umorismo* —.

rarefazione [ra-re-fa-zió-ne] *s.f.* il rarefare, il rarefarsi, l'essere rarefatto: *— di un gas.*
rarità [ra-ri-tà] *s.f.* l'essere raro: *la — di una pietra* | cosa rara: *una — bibliografica*, un libro raro.
raro [rà-ro] *agg.* **1** non comune, non frequente; scarso, difficile a trovarsi: *rare eccezioni*; *le rare volte*, le poche volte | *una bestia rara*, (*fig.*) si dice di persona fuori del comune **2** prezioso per la sua rarità: *monete rare* | eccellente: *intelligenza rara* **3** (*non com.*) non denso, non fitto; rado: *alberi piantati rari* □ **raramente** *avv.* rare volte, di rado: *ci vediamo —.*
ras *s.m.invar.* **1** in Etiopia, capo di una regione **2** (*spreg.*) piccola autorità locale che assume atteggiamenti dispotici.
rasare [ra-sà-re] *v.tr.* **1** radere: *— la barba* **2** rendere liscia una superficie; pareggiare: *— l'erba del giardino* ♦ **rasarsi** *v.rifl.* radersi i peli della barba.
rasatello [ra-sa-tèl-lo] *s.m.* tessuto di cotone simile al raso, ma più leggero e ordinario.
rasato [ra-sà-to] *agg.* **1** che ha subito la rasatura; liscio, senza peli **2** spianato **3** si dice di tessuto liscio come raso: *velluto —* ♦ *s.m.* tessuto liscio di cotone, simile al raso.
rasatura [ra-sa-tù-ra] *s.f.* il rasare, il rasarsi, l'essere rasato | ciò che si asporta rasando.
raschiabile [ra-schià-bi-le] *agg.* che si può raschiare.
raschiamento [ra-schia-mén-to] *s.m.* il raschiare, l'essere raschiato | (*med.*) intervento chirurgico consistente nel raschiare un osso o la cavità di un organo: *— dell'utero.*
raschiaolio [ra-schia-ò-lio] *s.m.invar.* (*mecc.*) fascia elastica di ghisa o d'acciaio applicata ai pistoni dei motori a scoppio che regola la quantità di lubrificante sulla superficie dei cilindri.
raschiare [ra-schià-re] *v.tr.* [*io ràschio ecc.*] **1** fregare una superficie con uno strumento ruvido per spianarla, levigarla o pulirla: *— la ruggine* **2** (*med.*) asportare tessuti e materiali organici a scopo diagnostico o terapeutico: *— l'utero* | *raschiarsi la gola*, (*fig.*) fare un rumore con la gola per liberarsi da prurito o per richiamare l'attenzione di qlcu.
raschiata [ra-schià-ta] *s.f.* il raschiare alla meglio, in fretta.
raschiatura [ra-schia-tù-ra] *s.f.* **1** il raschiare, l'essere raschiato | la traccia che resta nella parte raschiata **2** ciò che si asporta raschiando.
raschiettare [ra-schiet-tà-re] *v.tr.* [*io raschiétto ecc.*] eseguire una raschiettatura.
raschiettatura [ra-schiet-ta-tù-ra] *s.f.* (*mecc.*) finitura di grande precisione di una superficie metallica eseguita manualmente con il raschietto.
raschietto [ra-schiét-to] *s.m.* utensile il cui elemento essenziale è una lama d'acciaio a bordo tagliente, usato per raschiare superfici diverse.
raschio [rà-schio] *s.m.* il raschiarsi la gola; il prurito causato da un'irritazione della gola.
rasentare [ra-ʃen-tà-re] *v.tr.* [*io raʃènto ecc.*] **1** passare rasente a qlco.: *— un muro* **2** (*fig.*) accostarsi, essere vicino a qlco.; sfiorare: *— il ridicolo.*
rasente [ra-ʃèn-te] *prep.* molto vicino a qlco. o a qlcu., fin quasi a sfiorarlo (si usa con verbi di movimento e si unisce ai sostantivi per mezzo della prep. *a* e talvolta direttamente): *camminare — al* (o *il*) *muro.*
raso[1] [rà-so] *agg.* **1** rasato, liscio: *cane a pelo —* | *fare tabula rasa*, (*fig.*) eliminare, abolire tutto **2** pieno fino all'orlo: *un bicchiere —* | Usato anche con valore di *prep.* nella loc. avv. e agg.invar. *— terra*, rasente la terra: *tiro — terra.*
raso[2] *s.m.* tessuto di fibre naturali o artificiali, di aspetto liscio e lucente: *vestito di —.*
rasoiata [ra-so-ià-ta] *s.f.* colpo di rasoio.
rasoio [ra-só-io] *s.m.* strumento per radere la barba, costituito nel tipo tradizionale da una lunga lama d'acciaio inserita in un manico: *affilare il —* | *— di sicurezza*, munito di lametta a doppio taglio o a taglio singolo, con protezione per evitare ferite | *— elettrico*, elettrodomestico per la rasatura senz'acqua e senza sapone.
rasoterra [ra-so-tèr-ra] *agg.* e *s.m.invar.* (*sport*) si dice di tiro rasente il terreno.
raspa [rà-spa] *s.f.* attrezzo simile a una lima, ma con denti più grossi e più radi, usato nella lavorazione del legno.
raspare [ra-spà-re] *v.tr.* **1** spianare, ridurre di spessore con la raspa: *— un'assicella* **2** (*estens.*) irritare: *questo vino raspa la gola* **3** di animale, grattare la terra con le zampe ♦ *v.intr.* [aus. *avere*] **1** grattare, raschiare: *un tessuto che raspa* **2** (*estens.*) frugare, armeggiare: *— in un cassetto.*
raspo [rà-spo] *s.m.* grappolo di uva privo dei chicchi.
raspollo [ra-spól-lo] *s.m.* piccolo grappolo d'uva con pochi chicchi.
rasposo [ra-spó-so] *agg.* ruvido.
rassegna [ras-sé-gna] *s.f.* **1** (*mil.*) ispezione fatta da un superiore a un reparto militare schierato; rivista: *passare in — le truppe* **2** (*estens.*) esame minuzioso di cose o persone **3** resoconto ordinato di avvenimenti, manifestazioni, opere; pubblicazione periodica: *fare la — stampa* **4** mostra, concorso, festival: *— cinematografica.*
rassegnare [ras-se-gnà-re] *v.tr.* [*io rasségno ecc.*] presentare, consegnare: *— le dimissioni* | *— un mandato*, rinunciarvi ♦ **rassegnarsi** *v.intr.pron.* accettare con sopportazione la volontà altrui o qlco. di doloroso, di inevitabile: *— alla cattiva sorte.*
rassegnato [ras-se-gnà-to] *agg.* che accetta con sopportazione un dolore, una prova, la volontà altrui.
rassegnazione [ras-se-gna-zió-ne] *s.f.* il rassegnarsi; disposizione d'animo di chi accetta pazientemente un dolore, una sventura: *accettare qlco. con —.*
rasserenamento [ras-se-re-na-mén-to] *s.m.* il rasserenare, il rasserenarsi, l'essere rasserenato.
rasserenante [ras-se-re-nàn-te] *agg.* che infonde serenità, tranquillità: *parole rasserenanti.*
rasserenare [ras-se-re-nà-re] *v.tr.* [*io rasseréno*

ecc.] rendere sereno: *la notizia lo rasserenò* ♦ **rasserenarsi** *v.intr.pron.* diventare sereno: *il cielo si è rasserenato.*
rasserenato [ras-se-re-nà-to] *agg.* diventato sereno: *animo* —.
rasserenatore [ras-se-re-na-tó-re] *agg.* e *s.m.* [f. *-trice*] che/chi rasserena: *sorriso* —.
rassettare [ras-set-tà-re] *v.tr.* [*io rassètto ecc.*] **1** assettare, mettere in ordine: — *una stanza* **2** accomodare, aggiustare: — *un abito* ♦ **rassettarsi** *v.rifl.* mettersi in ordine nella persona e nell'abito.
rassettatura [ras-set-ta-tù-ra] *s.f.* il rassettare, il rassettarsi, l'essere rassettato.
rassicurante [ras-si-cu-ràn-te] *agg.* che infonde sicurezza, fiducia: *espressione* —.
rassicurare [ras-si-cu-rà-re] *v.tr.* rendere sicuro; liberare da dubbi, sospetti, timori: *una calma che rassicura* ♦ **rassicurarsi** *v.intr.pron.* acquistare sicurezza e tranquillità; liberarsi da dubbi o timori: *alle parole del medico si rassicurò.*
rassicurato [ras-si-cu-rà-to] *agg.* divenuto sicuro; tranquillizzato, rincuorato: *andar via* —.
rassicurazione [ras-si-cu-ra-zió-ne] *s.f.* il rassicurare, l'essere rassicurato; parola, discorso rassicurante: *avere ampie rassicurazioni.*
rassodamento [ras-so-da-mén-to] *s.m.* il rassodare, il rassodarsi, l'essere rassodato.
rassodante [ras-so-dàn-te] *agg.* che rassoda i muscoli o i tessuti cutanei: *crema* —.
rassodare [ras-so-dà-re] *v.tr.* [*io rassòdo ecc.*] **1** rendere sodo o più sodo: — *la pelle* **2** (*fig.*) consolidare, rafforzare: — *un legame* ♦ **rassodarsi** *v.intr.pron.* **1** diventare sodo o più sodo: *con la ginnastica i muscoli si rassodano* **2** (*fig.*) consolidarsi, diventare più stabile: *l'amicizia si è rassodata.*
rassomigliante [ras-so-mi-gliàn-te] *agg.* somigliante: *ritratto poco* —.
rassomiglianza [ras-so-mi-gliàn-za] *s.f.* il rassomigliare; somiglianza: *una — notevole.*
rassomigliare [ras-so-mi-glià-re] *v.intr.* [*io rassomìglio ecc.*; aus. *essere* e *avere*] essere simile, somigliante: — *al padre* ♦ **rassomigliarsi** *v.rifl.rec.* somigliare l'un l'altro: — *come due gocce d'acqua.*
rasta [rà-sta] *agg.* e *s.m.invar.* appartenente al culto giamaicano che propugna il ritorno della popolazione nera nella madrepatria africana.
rastrellamento [ra-strel-la-mén-to] *s.m.* il rastrellare, l'essere rastrellato (spec. *fig.*): — *della polizia.*
rastrellare [ra-strel-là-re] *v.tr.* [*io rastrèllo ecc.*] **1** raccogliere col rastrello: — *il fieno* **2** (*fig.*) sottoporre una zona a controlli militari o di polizia per catturare individui pericolosi o ricuperare refurtiva: — *un quartiere* **3** (*econ.*) in borsa, comperare sistematicamente un titolo: — *azioni.*
rastrellata [ra-strel-là-ta] *s.f.* **1** il rastrellare in fretta, alla meglio | la quantità d'erba o di fieno raccolta col rastrello **2** colpo dato con un rastrello.
rastrellatura [ra-strel-la-tù-ra] *s.f.* il rastrellare, l'essere rastrellato.
rastrelliera [ra-strel-liè-ra] *s.f.* **1** intelaiatura a pioli, fissata sopra la mangiatoia, per consentire alle bestie di strappare il fieno a piccole boccate **2** (*estens.*) intelaiatura usata in cucina per far sgocciolare le stoviglie | telaio di sostegno per fucili usato nelle armerie.
rastrello [ra-strèl-lo] *s.m.* **1** arnese costituito da un lungo manico con all'estremità un'asta trasversale munita di denti (rebbi); serve per raccogliere erba, fieno o paglia | macchina agricola per raccogliere il fieno **2** (*estens.*) qualsiasi attrezzo simile per forma o per funzione al rastrello agricolo.
rastremare [ra-stre-mà-re] *v.tr.* [*io rastrèmo ecc.*] assottigliare gradualmente, dal basso verso l'alto: — *un pilastro* ♦ **rastremarsi** *v.intr.pron.* farsi più sottile dal basso verso l'alto.
rastremato [ra-stre-mà-to] *agg.* si dice di elemento architettonico che si assottigli verso l'alto.
rastremazione [ra-stre-ma-zió-ne] *s.f.* il rastremare, il rastremarsi, l'essere rastremato: *la — di una colonna.*
rastro [rà-stro] *s.m.* **1** (*lett.*) rastrello **2** (*agr.*) macchina agricola che effettua un lavoro complementare a quello dell'aratro mediante lunghi denti arcuati **3** (*mus.*) strumento per tracciare il pentagramma musicale.
rasura [ra-sù-ra] *s.f.* negli antichi manoscritti di pergamena, raschiatura per cancellare una o più parole del testo.
rata [rà-ta] *s.f.* ciascuna delle parti in cui viene divisa una somma da pagare dilazionata a scadenze prefissate: — *mensile.*
ratafià [ra-ta-fià] *s.m.* liquore prodotto con alcol, zucchero e succo di frutta di ciliegie selvatiche.
rateale [ra-te-à-le] *agg.* di rata, relativo alle rate: *scadenza* — | che si effettua a rate: *pagamento* — □ **ratealmente** *avv.* a rate.
rateare [ra-te-à-re] *v.tr.* [*io ràteo ecc.*] **1** dividere in rate; rateizzare: — *un pagamento* **2** (*estens.*) suddividere nel tempo.
rateazione [ra-te-a-zió-ne] *s.f.* il rateare, l'essere rateato.
rateizzare [ra-teiʒ-ʒà-re] *v.tr.* dividere in rate; stabilire il numero, l'importo e la scadenza delle rate: — *un pagamento.*
rateizzazione [ra-teiʒ-ʒa-zió-ne] *s.f.* l'operazione del rateizzare.
rateo [rà-te-o] *s.m.* **1** rateizzazione **2** quota dei costi o dei ricavi maturati nell'esercizio in corso, ma che verranno sostenuti o riscossi in quello successivo **3** l'ammontare degli interessi maturati in un periodo di tempo inferiore a sei mesi.
ratifica [ra-tì-fi-ca] *s.f.* **1** (*dir.*) approvazione data da un soggetto a un negozio giuridico concluso in suo nome | approvazione definitiva da parte di un organo deliberante di una decisione adottata provvisoriamente da un organo esecutivo **2** (*estens.*) conferma, convalida: — *di una nomina.*
ratificare [ra-ti-fi-cà-re] *v.tr.* [*io ratìfico, tu ratìfichi ecc.*] **1** (*dir.*) approvare mediante ratifica: —

un trattato 2 (*estens.*) confermare, convalidare: *— una nomina.*
ratificatore [ra-ti-fi-ca-tó-re] *s.m.* [f. *-trice*] (*non com.*) chi ratifica.
ratticida [rat-ti-cì-da] *s.m.* [pl. *-i*] topicida.
ratto[1] [ràt-to] *s.m.* (*lett.*) rapimento: *il — delle sabine.*
ratto[2] *s.m.* (*zool.*) genere di mammiferi roditori simili ai topi, ma più grandi, dannosi sia per la loro voracità sia per le malattie che possono trasmettere.
rattoppare [rat-top-pà-re] *v.tr.* [*io rattòppo ecc.*] **1** aggiustare con toppe: *— i calzoni* **2** (*fig.*) accomodare alla meglio, rimediare in qualche modo: *— una situazione.*
rattoppato [rat-top-pà-to] *agg.* accomodato con toppe, pieno di toppe: *calzoni rattoppati* | si dice di persona che indossa vestiti rattoppati: *va in giro tutto —.*
rattoppatura [rat-top-pa-tù-ra] *s.f.* rattoppo.
rattoppo [rat-tòp-po] *s.m.* **1** il rattoppare, l'essere rattoppato; la parte rattoppata e la toppa stessa: *calzoni pieni di rattoppi* **2** (*fig.*) rimedio trovato alla meglio.
rattrappimento [rat-trap-pi-mén-to] *s.m.* il rattrappire, il rattrappirsi, l'essere rattrappito: *il — di un arto.*
rattrappire [rat-trap-pì-re] *v.tr.* [*io rattrappisco, tu rattrappisci ecc.*] far contrarre le membra, in modo che sia faticoso il distenderle di nuovo: *il freddo rattrappisce le mani* ♦ **rattrappirsi** *v.intr.pron.* contrarsi (detto del corpo o di una sua parte): *mi si è rattrappita una gamba.*
rattrappito [rat-trap-pì-to] *agg.* contratto, impedito nel movimento: *avere gli arti rattrappiti.*
rattristare [rat-tri-stà-re] *v.tr.* rendere triste; addolorare: *una scena che rattrista* ♦ **rattristarsi** *v.intr.pron.* diventare triste, addolorarsi.
rattristato [rat-tri-stà-to] *agg.* addolorato, afflitto: *un volto —.*
rattristire [rat-tri-stì-re] *v.tr.* [*io rattristisco, tu rattristisci ecc.*] rattristare, intristire ♦ **rattristirsi** *v. intr.pron.* diventare triste.
raucedine [rau-cè-di-ne] *s.f.* abbassamento o alterazione della voce legati ad affezioni della laringe o della faringe.
rauco [ràu-co] *agg.* [pl.m. *-chi*] **1** detto di persona, affetto da raucedine: *essere — per aver parlato troppo* **2** detto di voce o suono, basso, cupo, roco: *rispondere con voce rauca.*
ravanello [ra-va-nèl-lo] *s.m.* pianta erbacea coltivata per la radice commestibile di colore rosso o bianco, dal sapore forte.
raviolo [ra-vi-ò-lo] *s.m.* (spec. *pl.*) formato di pasta all'uovo ripiena di carne o di ricotta e verdura: *ravioli al sugo.*
ravizzone [ra-viz-zó-ne] *s.m.* pianta erbacea con fiori gialli, dai cui semi si ricava un olio usato per l'alimentazione e come lubrificante.
ravvalorare [rav-va-lo-rà-re] *v.tr.* [*io ravvalóro ecc.*] (*non com.*) avvalorare, dare maggior valore.
ravvedersi [rav-ve-dér-si] *v.intr.pron.* [fut. *io mi ravvedrò* o *ravvederò ecc.*; cond. *io mi ravvedrèi* o *ravvederèi ecc.*; part.pass. *ravveduto*; negli altri tempi coniugato come *vedere*] riconoscere i propri errori e correggersi: *— dopo tanti sbagli.*
ravvedimento [rav-ve-di-mén-to] *s.m.* il ravvedersi: *un — improvviso.*
ravveduto [rav-ve-dù-to] *agg.* (*non com.*) che si è pentito, che ha riconosciuto i propri errori.
ravviamento [rav-via-mén-to] *s.m.* (*non com.*) il ravviare, il ravviarsi, l'essere ravviato.
ravviare [rav-vi-à-re] *v.tr.* [*io ravvìo ecc.*] rimettere a posto, in ordine; riordinare: *ravviarsi i capelli* ♦ **ravviarsi** *v.rifl.* riordinarsi nella persona.
ravviata [rav-vi-à-ta] *s.f.* il ravviare, il ravviarsi rapidamente: *darsi una — ai capelli.*
ravvicinamento [rav-vi-ci-na-mén-to] *s.m.* il ravvicinare, il ravvicinarsi.
ravvicinare [rav-vi-ci-nà-re] *v.tr.* **1** avvicinare di più o di nuovo: *— il tavolo alla parete* **2** (*fig.*) riconciliare: *far — due persone* ♦ **ravvicinarsi** *v.rifl.* o *intr.pron.* **1** avvicinarsi di più o di nuovo: *— alla famiglia* **2** (*fig.*) riconciliarsi con qlcu.: *— a un vecchio amico* ♦ *v.rifl.rec.* rappacificarsi, tornare in accordo.
ravviluppare [rav-vi-lup-pà-re] *v.tr.* avvolgere strettamente; avviluppare: *— una matassa* ♦ **ravvilupparsi** *v.rifl.* o *intr.pron.* avvolgersi strettamente; avvilupparsi: *— in uno scialle.*
ravvisabile [rav-vi-ʃà-bi-le] *agg.* che si può ravvisare; riconoscibile.
ravvisare [rav-vi-ʃà-re] *v.tr.* **1** riconoscere dall'aspetto: *appena l'ho visto, l'ho subito ravvisato* **2** (*estens.*) riconoscere, distinguere: *— il tocco dell'artista.*
ravvivare [rav-vi-và-re] *v.tr.* **1** rinvigorire, rianimare (anche *fig.*): *— una festa*; *— un colore*, accentuarlo **2** (*tecn.*) effettuare la ravvivatura ♦ **ravvivarsi** *v.intr.pron.* riprendere vita, vigore (anche *fig.*): *lo spettacolo si ravvivò alla fine.*
ravvivatura [rav-vi-va-tù-ra] *s.f.* (*tecn.*) l'operazione meccanica con cui si rigenera il taglio di una mola o di una lama.
ravvolgere [rav-vòl-ge-re] *v.tr.* [coniugato come *volgere*] avvolgere in modo da coprire interamente; avvolgere più volte: *— i bicchieri nella carta* ♦ **ravvolgersi** *v.rifl.* avvolgersi ben bene: *— in un mantello.*
ravvoltolare [rav-vol-to-là-re] *v.tr.* [*io ravvòltolo ecc.*] avvolgere rigirando più volte: *— un libro in un foglio di carta* ♦ **ravvoltolarsi** *v.rifl.* avvolgersi più volte in qlco.: *— in un mantello* | voltolarsi, rotolarsi: *— nel fango.*
rayon [rà-yon], o **raion**, *s.m.* fibra tessile artificiale ricavata dalla cellulosa e usata come imitazione della seta.
raziocinante [ra-zio-ci-nàn-te] *agg.* che è dotato di raziocinio: *l'uomo è un essere —* | che concerne la ragione, il raziocinio: *facoltà —.*
raziocinio [ra-zio-cì-nio] *s.m.* capacità di ragionare, di riflettere con buon senso e criterio: *mancare di —.*
razionale [ra-zio-nà-le] *agg.* **1** dotato di ragio-

ne, fornito di superiori capacità conoscitive: *l'uomo è un essere* — **2** conforme alla ragione, che deriva dalla ragione; fondato su principi logici: *ordine* — **3** elaborato o costruito in modo perfettamente corrispondente alla sua funzione: *architettura* — **4** *numeri razionali*, (*mat.*) i numeri interi, frazionari, decimali finiti e decimali periodici □ **razionalmente** *avv.* secondo principi, criteri razionali: *nutrirsi* —.

razionalismo [ra-zio-na-li-ʃmo] *s.m.* **1** (*filos.*) ogni dottrina che consideri la realtà come razionale, cioè rispondente a schemi logici | dottrina filosofica che consideri la ragione come fonte principale della conoscenza **2** (*estens.*) ogni atteggiamento dettato da criteri eminentemente razionali.

razionalista [ra-zio-na-lì-sta] *s.m.* e *f.* [pl.m. *-sti*] **1** seguace del razionalismo **2** (*estens.*) chi si affida alla ragione più che all'intuizione o al sentimento | Usato anche come *agg.* in luogo di *razionalistico*.

razionalistico [ra-zio-na-li-sti-co] *agg.* [pl.m. *-ci*] che riguarda il razionalismo o i razionalisti: *movimento* — □ **razionalisticamente** *avv.* con criterio, con atteggiamento razionalistico.

razionalità [ra-zio-na-li-tà] *s.f.* **1** l'esser dotato di ragione; facoltà, capacità di ragionare: *la — dell'uomo* **2** la proprietà di ciò che è razionale: *la — di un sistema*.

razionalizzare [ra-zio-na-liʒ-ʒà-re] *v.tr.* **1** rendere razionale, più rispondente a criteri di funzionalità ed efficienza: — *una produzione* **2** (*psicol.*) operare una razionalizzazione | (*estens.*) trasferire in termini razionali ciò che era sentito in termini emotivi: — *un rifiuto* **3** (*mat.*) operare una razionalizzazione.

razionalizzazione [ra-zio-na-liʒ-ʒa-zió-ne] *s.f.* **1** il razionalizzare, l'essere razionalizzato: *la — dell'agricoltura* **2** (*psicol.*) il processo di giustificazione razionale dei propri moti istintivi e degli atti di origine emotiva **3** (*mat.*) eliminazione dei radicali dai denominatori di un'espressione matematica.

razionamento [ra-zio-na-mén-to] *s.m.* distribuzione di un bene di cui c'è carenza con l'assegnazione a ciascuno di una quantità prestabilita.

razionare [ra-zio-nà-re] *v.tr.* [*io razióno ecc.*] dividere in razioni | effettuare un razionamento: — *la benzina*.

razione [ra-zió-ne] *s.f.* **1** parte, porzione spettante a ciascuno: *una — di carne* **2** la quantità di un bene di consumo assegnata a ciascuno in caso di razionamento **3** la quantità di cibo assegnata ogni giorno ai militari.

razza[1] [ràz-za] *s.f.* **1** (*zool.*) complesso di individui appartenenti alla stessa specie e aventi dei caratteri ereditari comuni che li differenziano dagli altri: *razze canine* | *incrocio di razze*, accoppiamento fra individui di due razze diverse | *animale di* —, che non deriva da incroci **2** (*antrop.*) tipo umano avente alcuni caratteri morfologici che lo differenziano dagli altri tipi **3** (*estens.*) famiglia, discendenza (anche *spreg.*): *sono una — di ladri!* **4** tipo, sorta, qualità di persone o di cose (per lo più *spreg.*): *che — di gente sono?*

razza[2] [ràʒ-ʒa] *s.f.* pesce marino con corpo piatto romboidale e lunga coda.

razza[3] *s.f.* (*tecn.*) raggio di una ruota: *le razze del volante*.

razzia [raz-zì-a] *s.f.* **1** spedizione armata a scopo di preda e saccheggio: *le razzie dei predoni* **2** (*estens.*) ruberia di animali: *far — di polli* | *fare* —, (*fig.*) prendere in gran quantità: *fare — di souvenir*.

razziale [raz-zià-le] *agg.* che concerne la razza; che si basa sulla razza (con riferimento a ideologie razzistiche): *discriminazione* —.

razziare [raz-zi-à-re] *v.tr.* [*io razzìo ecc.*] fare razzia di qlco.; rubare: — *bestiame*.

razziatore [raz-zia-tó-re] *agg.* e *s.m.* [f. *-trice*] che/chi fa razzie: *tribù razziatrice*.

razzismo [raz-zì-ʃmo] *s.m.* **1** convinzione che la supposta purezza della razza sia fattore determinante dello sviluppo di una società e che quindi siano da evitare le mescolanze con altri popoli **2** (*fig.*) ogni tendenza che favorisca o determini discriminazioni sociali.

razzista [raz-zì-sta] *s.m.* e *f.* [pl.m. *-sti*] fautore del razzismo | Usato anche come *agg.* in luogo di *razzistico*: *teorie razziste*.

razzistico [raz-zì-sti-co] *agg.* [pl.m. *-ci*] del razzismo; da razzista: *politica razzistica* □ **razzisticamente** *avv.* in maniera razzistica.

razzo [ràʒ-ʒo] *s.m.* **1** fuoco artificiale costituito da un tubo di cartone pieno di polvere pirica che, acceso, si innalza lasciando una scia luminosa | *partire a* —, (*fig.*) fulmineamente **2** (*aer.*) endoreattore | (*estens.*) missile azionato da uno o più razzi.

razzolare [raz-zo-là-re] *v.intr.* [*io ràzzolo ecc.*; aus. *avere*] detto di pollame, raspare il terreno per trovare cibo | *predicare bene e — male*, (*fig.*) comportarsi bene solo a parole.

re[1] [ré] *s.m.* **1** capo di una monarchia; monarca, sovrano | *il Re dei cieli*, Dio | *vita da* —, molto agiata **2** (*estens.*) persona che ha una posizione preminente, che eccelle in qualche attività (anche *iron.*): *il — degli imbroglioni* **3** animale o cosa che primeggia sugli altri animali o sulle altre cose: *il — dei vini* **4** nel gioco degli scacchi, il pezzo principale dello schieramento: *dare scacco al* — | nelle carte da gioco, la figura che rappresenta un re e costituisce l'ultima carta: — *di bastoni*.

re[2] [rè] *s.m.* nota musicale, la seconda della scala di do.

re- prefisso di verbi e di derivati verbali; è variante di *ri-*, del quale ha gli stessi significati, ma è di uso più limitato e di livello per lo più letterario o scientifico (*recedere*, *reintegrare*). Si presenta anche nella forma *red-* (*redigere*, *redimere*).

-rea secondo elemento (con *r* iniziale sempre raddoppiata) di parole composte della terminologia medica, che indica produzione, secrezione di umori, per lo più eccessiva o patologica (*diarrea, leucorrea*).

reagente [re-a-gèn-te] *s.m.* (*chim.*) reattivo.

reagire [re-a-gì-re] *v.intr.* [*io reagisco, tu reagisci ecc.*; aus. *avere*] **1** rispondere, replicare a una violenza, a un'offesa: *— agli insulti* **2** agire sotto lo stimolo di un'altra azione: *le pupille reagiscono alla luce* **3** (*fis.*) di forza, operare in direzione e verso contrari ad altra forza **4** (*chim.*) detto di sostanza o miscela di sostanze, subire trasformazioni a contatto di altre sostanze o per particolari trattamenti di attivazione.

reale[1] [re-à-le] *agg.* **1** che appartiene alla realtà, che esiste; effettivo, concreto: *un fatto —*, veramente accaduto **2** (*mat.*) si dice di numero razionale o irrazionale (si contrappone a *immaginario*) **3** (*econ.*) di reddito o salario, che è considerato nel suo effettivo potere d'acquisto e non nel suo valore nominale ♦ *s.m.* la realtà: *interpretare il —* □ **realmente** *avv.* in realtà; davvero: *fatti — accaduti.*

reale[2] *agg.* **1** di re, del re: *palazzo —* **2** *aquila —*, specie di aquila dal piumaggio bruno-fulvo, con grande apertura d'ali, che vive nelle zone di alta montagna ♦ *s.m.pl.* il re e la regina, la loro famiglia: *i reali del Belgio.*

realismo [re-a-lì-ʃmo] *s.m.* **1** ogni dottrina filosofica che ritenga il mondo esterno come esistente in sé, indipendentemente dalla nostra attività conoscitiva (si contrappone a *idealismo*) **2** atteggiamento di chi considera la realtà nella sua concretezza, senza lasciarsi guidare da considerazioni astratte: *affrontare una situazione con —* **3** in arte e in letteratura, ogni indirizzo che si ispira alla realtà, senza deformarla o idealizzarla: *il — di Courbet.*

realista[1] [re-a-lì-sta] *agg.* e *s.m.* e *f.* [pl.m. *-sti*] **1** che/chi è seguace del realismo in filosofia, in arte o in letteratura **2** che/chi considera la realtà nella sua concretezza e agisce di conseguenza.

realista[2] *agg.* e *s.m.* e *f.* [pl.m. *-sti*] che/chi sostiene il sistema monarchico | *essere più — del re*, (*fig.*) si dice di chi si batte per una causa con più impegno di coloro che ne sono toccati direttamente.

realistico [re-a-lì-sti-co] *agg.* [pl.m. *-ci*] **1** che concerne il realismo filosofico, letterario o artistico **2** che riproduce fedelmente la realtà: *scena realistica* **3** fondato sui fatti, sulla concretezza: *politica realistica* □ **realisticamente** *avv.* in modo realistico | secondo una concezione realistica.

realizzabile [re-a-liʒ-ʒà-bi-le] *agg.* **1** che si può realizzare: *progetto —* **2** (*comm.*) che si può convertire in denaro liquido.

realizzabilità [re-a-liʒ-ʒa-bi-li-tà] *s.f.* l'essere realizzabile.

realizzare [re-a-liʒ-ʒà-re] *v.tr.* **1** attuare, tradurre in realtà; mandare a effetto: *— un piano* **2** (*comm.*) convertire in moneta un bene, venderlo: *— un immobile* | ricavare: *— una discreta somma* **3** (*sport*) segnare un punto o dei punti: *— su calcio di punizione* **4** capire bene, rendersi bene conto: *— la gravità di una situazione* ♦ **realizzarsi** *v.intr.pron.* diventare reale, avverarsi: *il sogno si è realizzato* ♦ *v.rifl.* esprimere compiutamente sé stesso, la propria personalità: *— nel lavoro.*

realizzatore [re-a-liʒ-ʒa-tó-re] *s.m.* [f. *-trice*] **1** chi realizza: *il — di un'impresa* **2** (*sport*) chi segna un punto.

realizzazione [re-a-liʒ-ʒa-zió-ne] *s.f.* il realizzare, il realizzarsi, l'essere realizzato: *progetto di difficile —* | *— scenica*, insieme di operazioni necessarie alla messa in scena di un'opera.

realizzo [re-a-lìʒ-ʒo] *s.m.* (*comm.*) conversione in moneta di un bene | *liquidazione a prezzi di —*, quella con cui il venditore recupera solo il capitale investito.

Realpolitik [/ realpoli'tik /] *s.f.invar.* (*ted.*) politica che subordina le questioni di principio alle situazioni di fatto.

realtà [re-al-tà] *s.f.* **1** tutto ciò che esiste: *l'osservazione della —* | *— esterna*, il mondo che ci circonda | *— interiore*, la psicologia di un individuo **2** cosa vera, concreta; il complesso delle cose concrete, materiali: *guardate alla —!* **3** il fatto di essere reale, di esistere effettivamente, di non essere apparente o immaginario: *la — di una situazione* | *in —*, veramente, effettivamente.

reame [re-à-me] *s.m.* (*lett.*) regno (soprattutto nelle fiabe): *la più bella del —.*

reatino [re-a-tì-no] *agg.* di Rieti ♦ *s.m.* [f. *-a*] abitante, nativo di Rieti.

reato [re-à-to] *s.m.* (*dir.*) atto che viola una norma penale per il quale l'ordinamento giuridico prevede una punizione | *corpo del —*, l'oggetto che è servito a commettere un reato oppure il bottino che è frutto di un reato.

reattività [re-at-ti-vi-tà] *s.f.* l'essere reattivo.

reattivo [re-at-tì-vo] *agg.* che ha capacità di reagire; che si riferisce a reazione: *fenomeni reattivi* ♦ *s.m.* (*chim.*) sostanza che ha la proprietà di reagire al contatto con un'altra □ **reattivamente** *avv.*

reattore [re-at-tó-re] *s.m.* **1** motore che sfrutta la spinta prodotta da una massa di gas che fuoriesce ad alta velocità in direzione opposta a quella di movimento del mezzo | (*estens.*) aereo azionato da questo sistema; aviogetto **2** *— nucleare*, dispositivo capace di provocare e controllare reazioni nucleari a catena per produrre energia termica.

reazionario [re-a-zio-nà-rio] *agg.* e *s.m.* [f. *-a*] fautore della reazione politica; sostenitore di idee conservatrici: *governo —.*

reazione [re-a-zió-ne] *s.f.* **1** il reagire: *una — violenta* **2** in politica, opposizione a ogni programma riformatore e progressista | le forze politiche contrarie al progressismo **3** (*fis.*) forza uguale e contraria che agisce su un corpo quando questo esercita una forza su un altro corpo **4** (*chim.*) trasformazione che modifica la composizione di una o più sostanze **5** (*med.*) risposta dell'organismo a uno stimolo esterno.

rebbio [réb-bio] *s.m.* ciascuna delle punte della forca, del forcone, della forchetta.
reboante [re-bo-àn-te], o roboante, *agg.* **1** (*lett.*) rimbombante: *voce* — **2** (*fig.*) che è altisonante, che è espresso con parole pompose, ma di poca sostanza: *un discorso* —.
rebus [rè-bus] *s.m.invar.* **1** gioco enigmistico nel quale, da un insieme di lettere e figure, si arriva a comporre una parola o una frase: *risolvere un* — **2** (*estens.*) cosa o persona difficile da comprendere: *questo caso è un* —.
recalcitrare e *deriv.* → **ricalcitrare** e *deriv.*
recapitare [re-ca-pi-tà-re] *v.tr.* [*io recàpito ecc.*] far pervenire a un recapito, consegnare al destinatario: — *un plico.*
recapito [re-cà-pi-to] *s.m.* **1** luogo dove è possibile trovare qlcu. o dove gli si può far giungere qlco.; indirizzo: *lasciare un* — **2** atto del recapitare; consegna: — *a domicilio.*
recare [re-cà-re] *v.tr.* [*io rèco, tu rèchi ecc.*] **1** portare: — *una notizia*, riferirla | portare su di sé, avere: *il libro reca una foto in copertina* **2** arrecare, causare: — *danno* ♦ **recarsi** *v.intr.pron.* andare: — *in ufficio.*
recedere [re-cè-de-re] *v.intr.* [coniugato come *cedere*; aus. *avere*] **1** ritornare su una decisione; rinunciare, desistere: *non — di un passo* **2** (*dir.*) liberarsi dagli obblighi di un rapporto giuridico avvalendosi di una facoltà riconosciuta: — *da un contratto.*
recensione [re-cen-sió-ne] *s.f.* presentazione critica, su un giornale o una rivista, di un'opera pubblicata di recente | (*estens.*) sintetico commento di uno spettacolo, una mostra d'arte, un concerto: *avere una buona* —.
recensire [re-cen-sì-re] *v.tr.* [*io recensisco, tu recensisci ecc.*] fare la recensione di un libro, di uno spettacolo.
recensore [re-cen-só-re] *s.m.* [f. *recensitrice*] autore di una recensione; chi scrive recensioni per un giornale o una rivista.
recente [re-cèn-te] *agg.* avvenuto o fatto da poco tempo: *una scoperta* — | *di* —, poco tempo fa: *un libro pubblicato di* — □ **recentemente** *avv.* di recente.
recepire [re-ce-pì-re] *v.tr.* [*io recepisco, tu recepisci ecc.*] accogliere, far proprio: — *un'istanza.*
reception [/ reˈsɛpʃon /] *s.f.invar.* (*ingl.*) ufficio di un albergo in cui si ricevono i clienti in arrivo.
recessione [re-ces-sió-ne] *s.f.* **1** il recedere **2** (*econ.*) rallentamento della crescita o caduta dell'attività economica.
recessività [re-ces-si-vi-tà] *s.f.* (*biol.*) la condizione dei caratteri recessivi.
recessivo [re-ces-sì-vo] *agg.* **1** (*biol.*) si dice di carattere ereditario che rimane latente e si manifesta soltanto quando il gene che lo trasmette è identico nei cromosomi di entrambi i genitori **2** (*econ.*) che concerne la recessione □ **recessivamente** *avv.*
recesso [re-cès-so] *s.m.* **1** (*lett.*) luogo solitario, nascosto: *i recessi dell'anima*, (*fig.*) la sua parte più segreta **2** il recedere, il ritirarsi: — *dell'onda*, riflusso | — *da un contratto*, (*dir.*) scioglimento dal vincolo contrattuale.
recettivo e *deriv.* → **ricettivo** e *deriv.*
recettore [re-cet-tó-re] *s.m.* (*anat.*) struttura periferica sensibile all'azione degli stimoli e capace di trasmetterli ai centri nervosi.
recidere [re-cì-de-re] *v.tr.* [pass.rem. *io reciſi, tu recidésti ecc.*; part.pass. *reciſo*] tagliare netto, mozzare, troncare: — *una fune.*
recidiva [re-ci-dì-va] *s.f.* **1** (*dir.*) la condizione di chi, già condannato per un reato, ne commette altri **2** (*med.*) ricomparsa o riacutizzazione di una malattia apparentemente guarita o in via di guarigione; ricaduta.
recidività [re-ci-di-vi-tà] *s.f.* l'essere recidivo: — *in una colpa.*
recidivo [re-ci-dì-vo] *agg.* e *s.m.* [f. *-a*] **1** (*dir.*) che/chi dopo essere stato condannato per un reato ne commette un altro: *imputato* — **2** (*estens.*) che/chi è ricaduto nella stessa colpa, nello stesso errore di prima **3** (*med.*) chi è ricaduto nella stessa malattia; si dice anche di malattia che si ripresenta o si riacutizza □ **recidivamente** *avv.* con recidività.
recingere [re-cìn-ge-re] *v.tr.* [coniugato come *cingere*] cingere tutt'intorno: — *un giardino.*
recintare [re-cin-tà-re] *v.tr.* chiudere, circondare con un recinto: — *l'orto.*
recinto [re-cìn-to] *s.m.* **1** spazio circondato da uno steccato, una siepe, un muro **2** ciò che serve per recingere uno spazio (palizzata, siepe ecc.).
recinzione [re-cin-zió-ne] *s.f.* **1** il recingere, il recintare: *fare la — di un campo* **2** ciò che serve per recingere; recinto: *una — in muratura.*
recipiente [re-ci-pièn-te] *s.m.* termine generico indicante ogni involucro che possa contenere liquidi o materiali incoerenti: — *di vetro.*
reciprocità [re-ci-pro-ci-tà] *s.f.* qualità di ciò che è reciproco: — *di aiuti.*
reciproco [re-cì-pro-co] *agg.* [pl.m. *-ci*] vicendevole, scambievole: *affetto* — | *verbo riflessivo* —, (*gramm.*) quello che indica un'azione reciproca (*p.e.* accapigliarsi) □ **reciprocamente** *avv.* l'un l'altro, a vicenda: *amarsi* —.
recisione [re-ci-ſió-ne] *s.f.* **1** il recidere, l'essere reciso **2** (*fig.*) franchezza; risolutezza: *rifiutare con* —.
reciso [re-cì-ſo] *agg.* **1** troncato, tagliato: *ramo — di netto* **2** (*fig.*) brusco, risoluto, netto: *rifiuto* — □ **recisamente** *avv.* con risolutezza e decisione: *risposta — negativa.*
recita [rè-ci-ta] *s.f.* rappresentazione di un'opera teatrale: *una — di beneficenza.*
recital [/ ˈrɛsital /] *s.m.invar.* (*ingl.*) manifestazione musicale in cui un interprete si esibisce da solo | recitazione di monologhi e poesie da parte di un attore.
recitante [re-ci-tàn-te] *agg.* si dice di voce che recita con l'accompagnamento di una musica.
recitare [re-ci-tà-re] *v.tr.* [*io rècito ecc.*] **1** ripetere ad alta voce una cosa studiata a memoria; dire

o leggere declamando: — *una poesia* **2** sostenere una parte in uno spettacolo teatrale o cinematografico: — *Amleto* **3** (*estens.*) assumere atteggiamenti di simulazione e ipocrisia: *smettila di —!* **4** affermare, dire, riferito a leggi e norme: *l'articolo 3 della Costituzione recita così.*

recitativo [re-ci-ta-tì-vo] *agg.* che concerne la recitazione ♦ *s.m.* (*mus.*) stile di canto che tende a riprodurre la naturalezza del parlato.

recitazione [re-ci-ta-zió-ne] *s.f.* il recitare, l'essere recitato; interpretazione di un personaggio da parte di un attore: — *enfatica.*

reclamare [re-cla-mà-re] *v.intr.* [aus. *avere*] esporre lagnanze, reclami, lamentandosi per un'ingiustizia subita: — *presso la direzione* ♦ *v.tr.* **1** esigere, richiedere qlco. che spetta per diritto: — *la propria parte di eredità* **2** (*estens.*) detto di cose inanimate, avere urgente bisogno: *i campi reclamano la pioggia.*

réclame [/ re'klam /] *s.f.invar.* (*fr.*) **1** propaganda commerciale rivolta al pubblico per invogliarlo ad acquistare un prodotto; pubblicità: — *efficace* **2** il mezzo (cartellone, opuscolo ecc.) con cui si reclamizza qlco.

reclamizzare [re-cla-miʒ-ʒà-re] *v.tr.* fare réclame a qlco. o a qlcu.; divulgare mediante la pubblicità: — *un nuovo prodotto.*

reclamizzazione [re-cla-miʒ-ʒa-zió-ne] *s.f.* il reclamizzare, l'essere reclamizzato.

reclamo [re-clà-mo] *s.m.* protesta, lamentela con cui si reclama: *ufficio reclami.*

reclinabile [re-cli-nà-bi-le] *agg.* che si può reclinare: *sedile —.*

reclinare [re-cli-nà-re] *v.tr.* piegare verso il basso: — *il capo.*

reclusione [re-clu-ʃió-ne] *s.f.* **1** lo stare rinchiuso in prigione o come in prigione: *la vita in collegio fu una vera —* **2** (*dir.*) pena temporanea restrittiva della libertà personale, prevista per determinati reati, da scontarsi in stabilimenti appositi: *scontare tre anni di —.*

recluso [re-clù-ʃo] *s.m.* [f. *-a*] chi sta scontando la pena della reclusione.

recluta [rè-clu-ta] *s.f.* **1** soldato appena arruolato **2** (*estens.*) chi è entrato da poco in un partito, in un'associazione o è agli inizi di una attività: *le nuove reclute del cinema.*

reclutamento [re-clu-ta-mén-to] *s.m.* **1** il reclutare; il complesso delle operazioni di leva: *il — dei volontari* **2** (*estens.*) assunzione di personale: *il — di nuovi collaboratori.*

reclutare [re-clu-tà-re] *v.tr.* [*io rècluto ecc.*] **1** scegliere e arruolare cittadini per il servizio militare: — *tutti gli uomini abili* **2** (*estens.*) assumere qlcu. per un lavoro, per un'attività; ingaggiare: — *un calciatore.*

recondito [re-còn-di-to] *agg.* **1** (*lett.*) lontano, nascosto, appartato: *luogo —* **2** (*fig.*) occulto, misterioso, segreto: *pensiero —.*

record [rè-cord] *s.m.invar.* (*sport*) il miglior risultato ottenuto in una specialità sportiva; primato: *battere un —*, superarlo | *a tempo di —*, (*fig.*) in un tempo brevissimo ♦ *agg.invar.* si dice di ciò che costituisce un primato: *incasso —.*

recordman [/ 'rekordmɛn /] *s.m.invar.* (*ingl.*) (*sport*) detentore di un record; primatista.

recriminare [re-cri-mi-nà-re] *v.intr.* [*io recrìmino ecc.*; aus. *avere*] lamentarsi di ciò che si è fatto o che è stato fatto; riconsiderare con rammarico avvenimenti del passato: *è inutile —.*

recriminatorio [re-cri-mi-na-tò-rio] *agg.* di recriminazione: *tono —.*

recriminazione [re-cri-mi-na-zió-ne] *s.f.* il recriminare; lagnanza per un danno sofferto: *un'inutile —.*

recrudescenza [re-cru-de-scèn-za] *s.f.* aggravamento o ripresa di un male che sembrava in via di guarigione (anche *fig.*): *la — della delinquenza.*

recto [rèc-to] *s.m.invar.* la parte anteriore di un foglio, di una moneta o di una medaglia, contrapposta al *verso.*

recuperabile [re-cu-pe-rà-bi-le], o **ricuperabile**, *agg.* che si può recuperare: *un ritardo —.*

recuperare [re-cu-pe-rà-re], o **ricuperare**, *v.tr.* [*io recùpero ecc.*] **1** tornare in possesso di una cosa perduta, rubata o tolta; riacquistare, riottenere: — *la refurtiva* **2** (*fig.*) reinserire nella società, nel mondo del lavoro persone disabili o socialmente disadattate: — *i tossicodipendenti* **3** ritrovare, riprendere; riportare in superficie: — *il relitto di una nave* **4** riguadagnare, rimontare uno svantaggio: — *il tempo perduto* **5** riutilizzare, riciclare rifiuti o prodotti di scarto **6** (*sport*) disputare un incontro non disputato nel giorno stabilito: — *una partita.*

recupero [re-cù-pe-ro], o **ricupero**, *s.m.* **1** il recuperare cose perdute, disperse, rubate: *il — del bottino* | *corso di —*, corso per alunni in ritardo rispetto al programma degli studi **2** (*fig.*) reinserimento nella società, nel mondo del lavoro di persone disabili o socialmente disadattate **3** nuovo e più esteso impiego; rivalorizzazione: *il — del centro storico* | *materiali di —*, (*tecn.*) quelli riutilizzabili in un ciclo produttivo **4** riduzione di uno svantaggio; miglioramento rispetto a una precedente situazione negativa: — *di molte posizioni in graduatoria* **5** (*sport*) disputa di un incontro non disputato nella data stabilita: *partita di —* | *minuti di —*, quelli concessi dall'arbitro oltre il tempo regolamentare, per compensare i minuti persi per interruzioni.

redarguire [re-dar-gu-ì-re] *v.tr.* [*io redarguisco, tu redarguisci ecc.*] rimproverare energicamente qlcu.

redattore [re-dat-tó-re] *s.m.* [f. *-trice*] **1** chi redige un atto, un documento o un qualsiasi altro testo **2** chi lavora nella redazione di un giornale, di una rivista; nelle case editrici, chi cura la stesura e la messa a punto dei testi da pubblicare | — *capo*, chi coordina il lavoro redazionale.

redazionale [re-da-zio-nà-le] *agg.* da redattore; della redazione: *ufficio —* □ **redazionalmente** *avv.* a opera della redazione: *rubrica curata —.*

redazione [re-da-zió-ne] *s.f.* **1** il redigere; compilazione, stesura: *la — di un articolo* **2** attività di redattore: *avere mansioni di —* | l'insieme dei redattori; la sede in cui lavorano: *andare in —* **3** (*filol.*) ciascuna delle stesure, spesso con notevoli varianti, in cui ci è stata tramandata un'opera letteraria: *le tre redazioni dell'"Orlando furioso" di L. Ariosto.*

redditiere [red-di-tiè-re] *s.m.* [f. *-a*] chi vive percependo delle rendite.

redditività [red-di-ti-vi-tà] *s.f.* capacità di produrre un reddito: *— alta.*

redditizio [red-di-tì-zio] *agg.* che dà reddito, frutto, guadagno: *affare —.*

reddito [rèd-di-to] *s.m.* (*econ.*) complesso delle entrate monetarie e in natura conseguite in un periodo di tempo: *— annuo d'impresa* | *— nazionale*, l'insieme dei salari e profitti ottenuti dai cittadini di un paese in un dato periodo di tempo.

redditometro [red-di-tò-me-tro] *s.m.* (*econ.*) insieme di indici e di coefficienti usati dal fisco per attribuire ai contribuenti un reddito presunto in relazione al possesso di determinati beni.

reddituale [red-di-tu-à-le] *agg.* relativo al reddito.

redento [re-dèn-to] *agg.* liberato | *umanità redenta*, nel cristianesimo, il genere umano che Cristo ha riscattato dal peccato originale.

redentore [re-den-tó-re] *agg.* e *s.m.* [f. *-trice*] che/chi redime | *il Redentore*, Gesù Cristo che, col suo sacrificio, ha redento l'umanità.

redenzione [re-den-zió-ne] *s.f.* **1** il redimere, l'essere redento; liberazione, riscatto: *— dal vizio* **2** nella dottrina cristiana, la liberazione dell'uomo dal peccato originale.

redigere [re-dì-ge-re] *v.tr.* [pres. *io redigo, tu redigi ecc.*; pass.rem. *io redassi, tu redigésti ecc.*; part.pass. *redatto*] **1** raccogliere dati su un argomento e metterli per iscritto elaborandoli; stendere, compilare: *— un verbale* **2** curare in qualità di redattore: *— una rivista.*

redimere [re-dì-me-re] *v.tr.* [pass.rem. *io redènsi, tu redimésti ecc.*; part.pass. *redènto*] affrancare, liberare da una condizione negativa (politica, sociale, religiosa): *— dalla schiavitù* ♦ **redimersi** *v.rifl.* liberarsi, riscattarsi, riabilitarsi: *— da una colpa.*

redimibile [re-di-mì-bi-le] *agg.* che si può redimere | *prestito —*, debito pubblico a medio e a lungo termine che lo stato si impegna a rimborsare a una data scadenza.

redimito [re-di-mì-to] *agg.* (*lett.*) cinto, incoronato.

redine [rè-di-ne] *s.f.* (spec. *pl.*) **1** ciascuna delle due strisce di cuoio attaccate al morso del cavallo per guidarlo; briglia: *allentare le redini* **2** (*fig.*) direzione, guida: *le redini dello stato.*

redingote [/ redɛn'gɔt /] *s.f.invar.* (*fr.*) **1** elegante soprabito maschile, stretto in vita e lungo fino al ginocchio, in voga fino ai primi del Novecento **2** (*estens.*) cappotto o abito da donna allacciato sul davanti, aderente in vita e ampio nella parte inferiore.

redistribuire e *deriv.* → **ridistribuire** e *deriv.*

redivivo [re-di-vì-vo] *agg.* **1** tornato in vita; che ha le qualità di una persona estinta: *quel ragazzo sembra suo nonno —* **2** (*scherz.*) si dice di persona che si rifà viva dopo tanto tempo.

reduce [rè-du-ce] *agg.* e *s.m.* e *f.* che/chi è ritornato da una guerra o da un'impresa pericolosa: *i reduci dalla prigionia* | (*estens.*) che/chi è uscito da un'esperienza difficile: *essere — da una brutta malattia.*

reduplicare [re-du-pli-cà-re] *v.tr.* [*io redùplico, tu redùplichi ecc.*] (*lett.*) raddoppiare, ripetere.

refe [ré-fe] *s.m.* filo molto robusto costituito da fibre vegetali e ottenuto per ritorcitura di due o più filati semplici.

referendario [re-fe-ren-dà-rio] *s.m.* qualifica iniziale dei magistrati della corte dei conti e del consiglio di stato ♦ *agg.* relativo a un referendum: *voto —.*

referendum [re-fe-rèn-dum] *s.m.invar.* **1** (*dir.*) consultazione diretta del popolo che deve pronunciarsi, in termini di approvazione o di rifiuto, su una legge o su una norma: *— istituzionale* **2** (*estens.*) votazione diretta di un gruppo specifico di persone su una questione: *fare un — tra i lavoratori* **3** (*estens.*) indagine statistica.

referente [re-fe-rèn-te] *agg.* che si limita a riferire, a informare con una relazione: *commissione —* ♦ *s.m.* **1** (*ling.*) la realtà che una comunicazione linguistica esprime **2** (*estens.*) punto di riferimento.

referenza [re-fe-rèn-za] *s.f.* **1** (spec. *pl.*) informazione sulle capacità e sulla condotta di una persona: *presentare le proprie referenze* **2** (*ling.*) funzione in base alla quale ogni segno linguistico rinvia a un'entità extra-linguistica.

referenziale [re-fe-ren-zià-le] *agg.* (*ling.*) relativo al referente, alla referenza: *funzione —.*

referenziare [re-fe-ren-zià-re] *v.tr.* [*io referènzio ecc.*] dare buone referenze sul conto di qlcu.

referenziato [re-fe-ren-zià-to] *agg.* fornito di buone referenze: *cercasi segretaria referenziata.*

referto [re-fèr-to] *s.m.* **1** relazione scritta dal medico sullo stato clinico del paziente **2** (*dir.*) denuncia che deve presentare all'autorità giudiziaria chi, nell'esercizio di un'attività sanitaria, ha avuto notizia di un reato perseguibile d'ufficio.

refettorio [re-fet-tò-rio] *s.m.* sala molto vasta di collegi, conventi o altre comunità, dove si consumano i pasti in comune.

refezione [re-fe-zió-ne] *s.f.* ristoro dato dal cibo | (*estens.*) pasto semplice | *— scolastica*, il pasto fornito nei collegi e nelle scuole in cui l'attività continua nel pomeriggio; mensa.

refill [/ 'refil /] *s.m.invar.* (*ingl.*) flacone contenente un liquido da usare come ricarica (di una penna, un accendino ecc.); ricambio.

reflex [rè-flex] *agg.* e *s.m.* o *f.invar.* si dice di apparecchio fotografico in cui l'immagine è proiettata nel mirino direttamente dall'obiettivo.

refluo [rè-flu-o] *agg.* (*scient.*) che rifluisce; che subisce un flusso di ritorno | *sangue —*, (*fisiol.*) che ritorna al cuore.

reflusso [re-flùs-so] *s.m.* (*med.*) il passaggio di un liquido da un organo a un altro in senso contrario a quello normale: — *della bile nello stomaco.*

refolo [rè-fo-lo] *s.m.* soffio di vento di intensità mutevole, ma con direzione costante.

refrain [/ re'fren /] *s.m.invar.* (*fr.*) (*mus.*) ritornello, ripresa.

refrattarietà [re-frat-ta-rie-tà] *s.f.* l'essere refrattario: *la — di un materiale.*

refrattario [re-frat-tà-rio] *agg.* 1 si dice di materiale che resiste alle alte temperature senza alterarsi: *mattoni refrattari* 2 si dice di organismo resistente all'azione di microrganismi patogeni, farmaci o veleni 3 (*fig.*) che non reagisce a sollecitazioni, insensibile: — *a ogni sentimento* | (*scherz.*) che non ha predisposizione: *essere — allo studio* ♦ *s.m.* materiale refrattario □ **refrattariamente** *avv.*

refrigerante [re-fri-ge-ràn-te] *agg.* 1 che dà refrigerio: *bagno —* 2 che raffredda, che abbassa la temperatura: *fluido —* ♦ *s.m.* apparecchio o fluido che serve per refrigerare; frigorifero.

refrigerare [re-fri-ge-rà-re], *v.tr.* [*io refrìgero ecc.*] sottoporre a refrigerazione ♦ **refrigerarsi** *v.rifl.* rinfrescarsi.

refrigeratore [re-fri-ge-ra-tó-re] *agg.* [f. *-trice*] che refrigera ♦ *s.m.* fluido o apparecchio che serve a refrigerare | nei frigoriferi, comparto dove si ha la temperatura più bassa; freezer.

refrigerazione [re-fri-ge-ra-zió-ne] *s.f.* 1 raffreddamento artificiale di corpi o ambienti 2 sistema di conservazione temporanea degli alimenti mediante abbassamento della temperatura al di sopra del loro punto di congelamento.

refrigerio [re-fri-gè-rio] *s.m.* 1 ristoro dato da qlco. che mitiga il caldo, l'arsura, il bruciore; sensazione piacevole di fresco: *la brezza dà —* 2 (*fig.*) conforto in una situazione penosa; sollievo: *parole che sono di —.*

refurtiva [re-fur-tì-va] *s.f.* il bene o i beni rubati: *recuperare la —.*

refuso [re-fù-ʃo] *s.m.* (*tip.*) lettera errata usata nella composizione al posto di quella giusta; errore di stampa.

regalare [re-ga-là-re] *v.tr.* dare liberamente qlco. di utile o di gradito; donare: — *un libro.*

regale [re-gà-le] *agg.* di re, da re | (*estens.*) magnifico, solenne: *un incedere —* □ **regalmente** *avv.*

regalia [re-ga-lì-a] *s.f.* 1 regalo in denaro; mancia: — *natalizia* 2 nel Medioevo, ciascuno dei diritti spettanti al sovrano.

regalità [re-ga-li-tà] *s.f.* 1 l'essere regale; maestosità: — *di portamento* 2 l'essere re: *la — di Cristo.*

regalo [re-gà-lo] *s.m.* 1 ciò che si regala; dono, omaggio: *fare un —* 2 (*fig.*) cosa gradita, favore: *se vieni, mi fai un —* ♦ *agg.invar.* adatto a un dono, a esser regalato: *confezione —.*

regata [re-gà-ta] *s.f.* gara di velocità tra imbarcazioni a remi, a vela o a motore.

regesto [re-gè-sto] *s.m.* 1 nel Medioevo, repertorio, raccolta di atti pubblici o privati, riassunti o trascritti nelle parti essenziali 2 riassunto, copia non integrale di un documento storico.

reggae [/ 'rɛgge /] *s.m.invar.* (*ingl.*) musica giamaicana di origine popolare, che mescola elementi religiosi e sociopolitici; il ritmo risente di echi africani e di elementi del rhythm and blues e del rock.

reggente [reg-gèn-te] *agg.* e *s.m.* e *f.* si dice di chi esercita provvisoriamente una carica di cui altri è titolare: *principe —* ♦ *agg.* (*gramm.*) si dice di elemento che regge dopo di sé un costrutto sintattico: *verbo —.*

reggenza [reg-gèn-za] *s.f.* 1 ufficio, funzione di reggente; la sua durata: *consiglio di —* 2 (*gramm.*) il costrutto sintattico retto da un elemento: *la — di un verbo.*

reggere [règ-ge-re] *v.tr.* [pres. *io règgo, tu règgi ecc.*; pass.rem. *io rèssi, tu reggésti ecc.*; part.pass. *rètto*] 1 tener ritto, sorreggere; tener sollevato da terra, tenere in mano: — *una scala, uno strascico* 2 sostenere, sopportare: — *una prova* | — *il mare*, si dice di un'imbarcazione abbastanza solida da resistere al mare grosso | — *il vino*, poterne bere molto senza ubriacarsi 3 trattenere, frenare: — *un cavallo imbizzarrito* 4 (*estens.*) guidare: — *il timone* | (*fig.*) dirigere, governare: — *uno stato* 5 (*gramm.*) richiedere un determinato costrutto sintattico: *il superlativo relativo regge un complemento partitivo* ♦ *v.intr.* [aus. *avere*] 1 resistere, sostenere, sopportare: *non — a un attento esame* | *non — al paragone*, sfigurare al confronto con altre cose o persone | *il ragionamento non regge*, non ha consistenza 2 mantenersi costante; durare: *partiamo se il tempo regge* ♦ **reggersi** *v.rifl.* o *intr.pron.* 1 star saldo, star ritto; sostenersi: — *in piedi* 2 trattenersi, frenarsi: *non si resse più e disse quel che pensava* 3 governarsi (detto di un paese, di una nazione): — *a repubblica* ♦ *v.rifl.rec.* sostenersi l'un l'altro.

reggia [règ-gia] *s.f.* [pl. *-ge*] 1 complesso di fabbricati, con cortili e giardini, racchiuso entro un recinto murario e destinato a residenza del re: *la — di Caserta* 2 (*fig.*) casa grande e lussuosa: *vivere in una —.*

reggiano [reg-già-no] *agg.* della città di Reggio Emilia ♦ *s.m.* 1 [f. *-a*] nativo, abitante di Reggio Emilia 2 formaggio parmigiano reggiano.

reggicalze [reg-gi-càl-ze] *s.m.invar.* indumento femminile composto da una fascetta che si porta attorno ai fianchi, alla quale sono fissate quattro giarrettiere per sostenere le calze.

reggilibro [reg-gi-lì-bro], o **reggilibri**, *s.m. invar.* lamiera metallica piegata ad angolo retto, che serve a sorreggere una fila di libri su un tavolo o su uno scaffale.

reggimentale [reg-gi-men-tà-le] *agg.* di reggimento, del reggimento: *comando —.*

reggimento [reg-gi-mén-to] *s.m.* 1 (*mil.*) unità

dell'esercito formata di più reparti coordinati: — *di fanteria* **2** (*fig. fam.*) gran numero, moltitudine: *un — di bambini*.

reggino [reg-gì-no] *agg.* di Reggio di Calabria ♦ *s.m.* [f. *-a*] abitante, nativo di Reggio di Calabria.

reggipetto [reg-gi-pèt-to] *s.m.* [pl. *-ti*] reggiseno.

reggiseno [reg-gi-sé-no] *s.m.* [pl. *-ni*] indumento intimo femminile che sostiene il seno.

regia[re-gì-a] *s.f.* **1** direzione dell'allestimento di un'opera teatrale, cinematografica o radiotelevisiva: *curare la —* | la professione di regista: *dedicarsi alla —* **2** (*estens.*) organizzazione, coordinamento di manifestazioni, attività: *la — di una cerimonia* **3** (*sport*) organizzazione delle azioni di gioco di una squadra: *la — di una squadra di calcio.*

regicida [re-gi-cì-da] *s.m.* e *f.* [pl.m. *-di*] chi ha commesso un regicidio ♦ *agg.* (*lett.*) che ha commesso un regicidio: *mano —*.

regicidio [re-gi-cì-dio] *s.m.* l'uccisione del re o della regina.

regime [re-gì-me] *s.m.* **1** sistema politico, forma di governo: *— totalitario* | (*spreg.*) sistema di governo non democratico, dittatoriale: *la caduta del —* **2** complesso di norme che regolamentano un istituto o determinati rapporti giuridici: *— fiscale* **3** complesso di regole per governare il proprio corpo secondo principi igienici e dietetici: *— vegetariano* | *essere a —*, seguire una dieta **4** (*geog.*) andamento di un fenomeno in particolari periodi e condizioni: *— dei venti* **5** funzionamento pieno di una macchina, di un sistema.

regina [re-gì-na] *s.f.* **1** la moglie del re; donna a capo di una monarchia: *la — d'Olanda* | *la — madre*, la madre del sovrano regnante **2** (*fig.*) donna che primeggia in un ambiente o fra altre donne: *la — della festa* **3** (*fig.*) cosa che primeggia fra altre: *la rosa è la — dei fiori* **4** (*zool.*) la femmina feconda di alcuni insetti che hanno una vita organizzata in forme sociali (api, vespe, formiche, termiti) **5** nel gioco degli scacchi, il pezzo più potente a difesa del re: *scacco alla —* | nelle carte da gioco francesi, la figura che rappresenta una regina ed è di valore immediatamente inferiore al re; donna: *— di picche* | Usato come *agg.*: *ape —*, l'ape feconda di uno sciame | *uva —*, uva bianca a grossi acini.

reginetta [re-gi-nét-ta] *s.f.* titolo che si conferisce alla vincitrice di un concorso di bellezza.

regio [rè-gio] *agg.* [pl.f. *-gie*] del re, che appartiene al re: *potere —* | si dice di istituti ed enti che, in un regime monarchico, sono controllati dallo stato: *la regia università.*

regionale [re-gio-nà-le] *agg.* **1** della regione, che concerne una regione o le regioni: *consiglio —* **2** che riguarda una determinata area geopolitica: *guerre regionali* □ **regionalmente** *avv.* **1** nell'ambito di una regione: *un fatto noto —* **2** regione per regione: *statitistica condotta —*.

regionalismo [re-gio-na-lì-ʃmo] *s.m.* **1** attaccamento eccessivo alla propria regione e a tutto ciò che ha relazione con essa **2** tendenza politica a concedere autonomia politico-amministrativa alle regioni **3** (*ling.*) particolarità linguistica di una regione.

regionalistico [re-gio-na-lì-sti-co] *agg.* [pl.m. *-ci*] caratterizzato da regionalismo: *spirito —*.

regionalizzare [re-gio-na-liʒ-ʒà-re] *v.tr.* (*burocr.*) rendere di proprietà o di competenza della regione.

regione [re-gió-ne] *s.f.* **1** (*geog.*) ampia zona della superficie terrestre con caratteristiche costanti (clima, forme del terreno, fauna, flora ecc.): *la — medio-orientale* | zona del cielo, dello spazio: *— interstellare* **2** (*estens.*) territorio: *una ridente —* | (*fig. lett.*) campo, dominio: *le regioni della fantasia* **3** territorio con caratteri storici, linguistici e culturali suoi propri: *il Salento è una — della Puglia* | ente territoriale autonomo con poteri amministrativi e legislativi: *— a statuto ordinario* **4** (*anat.*) ciascuno dei settori in cui si suddivide il corpo umano: *la — lombare.*

regista [re-gì-sta] *s.m.* e *f.* [pl.m. *-sti*] **1** chi cura la regia di uno spettacolo: *— teatrale* **2** (*estens.*) organizzatore, coordinatore di manifestazioni, attività | (*sport*) nei giochi di squadra, giocatore che imposta le azioni.

registico [re-gì-sti-co] *agg.* [pl.m. *-ci*] della regia; del regista: *capacità registica.*

registrabile [re-gi-strà-bi-le] *agg.* che si può registrare: *fenomeno —*.

registrare [re-gi-strà-re] *v.tr.* **1** annotare in un apposito libro: *— una spesa* | iscrivere in un pubblico registro: *— un contratto* **2** annotare, rilevare: *il bilancio registra un passivo* **3** rilevare e rappresentare l'andamento di un fenomeno con apparecchi opportuni: *— una scossa sismica* **4** raccogliere suoni e immagini per riprodurli: *— un film con il videoregistratore* **5** (*tecn.*) mettere a punto un meccanismo, una macchina: *— i freni.*

registratore [re-gi-stra-tó-re] *s.m.* **1** strumento che fornisce il valore e l'evoluzione di una grandezza fisica, tracciando grafici su superfici in movimento **2** apparecchio meccanico, ottico o magnetico per registrare e riprodurre suoni o immagini: *— a nastro* **3** *— di cassa*, macchina scrivente, utilizzata in negozi, bar ecc., che stampa uno scontrino fiscale per ogni incasso e registra tutti gli incassi giornalieri **4** *— di volo*, su un aeromobile, apparecchio che registra i dati delle attività di volo; scatola nera.

registrazione [re-gi-stra-zió-ne] *s.f.* **1** il registrare, l'essere registrato: *— musicale* **2** (*dir.*) annotazione su pubblici registri o libri appositi di atti o dichiarazioni: *— di un contratto* **3** in radiotelevisione, programma non in diretta.

registro [re-gì-stro] *s.m.* **1** libro o quaderno in cui si registra qlco.: *— delle spese* **2** (*dir.*) documento pubblico sul quale si registrano i contratti perché abbiano validità legale anche nei confronti di terzi; l'ufficio che detiene e compila tale documento: *ufficio del —* **3** dispositivo di regolazione di meccanismi, strumenti **4** (*mus.*)

estensione melodica degli strumenti o delle voci umane: — *di soprano* | nell'organo o nel clavicembalo, serie di canne o di corde dello stesso tipo che permettono di produrre suoni di un particolare timbro; il dispositivo con il quale si azionano 5 (*ling.*) modo di parlare o scrivere; livello espressivo di una data situazione comunicativa: — *familiare* | *cambiare* —, (*fig.*) mutare tono, atteggiamento.

regnante [re-gnàn-te] *agg.* che regna: *principe* — | (*fig.*) prevalente: *opinioni regnanti* ♦ *s.m.* e *f.* (spec. *pl.*) chi regna, sovrano: *i regnanti di Spagna.*

regnare [re-gnà-re] *v.intr.* [*io régno ecc.*; aus. *avere*] 1 essere re: *Carlo V regnò sulla Spagna* 2 (*estens.*) dominare: *gli arabi regnarono sul bacino mediterraneo* 3 (*fig.*) prevalere; essere diffuso e predominante: *nell'aula regnava il silenzio.*

regno [ré-gno] *s.m.* 1 stato a regime monarchico; il territorio dello stato: *i confini del* — | la dignità di re e il tempo durante il quale egli regna: *durante il — di Carlo Alberto* 2 (*estens.*) il potere di una divinità e il luogo dove esso si estende: *il — di Giove* 3 (*fig.*) luogo in cui domina qlcu. o qlco.: *il — della fantasia* 4 ciascuna delle tre partizioni in cui viene suddiviso il mondo naturale: — *animale, vegetale, minerale.*

regola [rè-go-la] *s.f.* 1 l'ordine costante che si riscontra nello svolgimento di una serie di fatti: *ogni — ha le sue eccezioni* 2 qualsiasi formula che prescriva ciò che si deve fare in un caso determinato; norma: *attenersi alla* — | *fare qlco. a — d'arte*, in modo perfetto | *per tua norma e* —, perché tu ti sappia regolare | *essere in* —, nella condizione prescritta | *avere le carte in* —, (*fig.*) avere i requisiti necessari per un incarico, per un ufficio | *mettere in* —, mettere in ordine, regolarizzare: *mettere in — i propri affari* 3 (*gramm.*) norma che prescrive un determinato uso linguistico: *le regole della sintassi* 4 moderazione, misura: *mangiare senza* —, smodatamente 5 l'insieme delle norme che governano la vita di un ordine religioso: *la — benedettina.*

regolabile [re-go-là-bi-le] *agg.* che può essere regolato: *altezza* —.

regolamentare[1] [re-go-la-men-tà-re] *agg.* del regolamento; conforme a regolamento, prescritto dal regolamento: *procedura* —.

regolamentare[2] *v.tr.* [*io regolaménto ecc.*] (*burocr.*) sottoporre a un regolamento, a una disciplina; disciplinare formalmente: — *la circolazione stradale.*

regolamentazione [re-go-la-men-ta-zió-ne] *s.f.* (*burocr.*) 1 il regolamentare, l'essere regolamentato: *la — del diritto di sciopero* 2 il complesso delle norme che regolano una data materia.

regolamento [re-go-la-mén-to] *s.m.* 1 complesso di norme che regolano un settore di attività o il funzionamento di enti od organi pubblici o privati: *il — del condominio* 2 (*comm.*) pagamento, estinzione di un debito: — *di un conto* | — *di conti*, (*fig.*) soluzione violenta di un conflitto; vendetta: *un — di conti tra bande rivali.*

regolare[1] [re-go-là-re] *v.tr.* [*io règolo ecc.*] 1 ordinare, far procedere secondo una regola; disciplinare: — *il traffico* 2 ridurre, moderare: — *un consumo* 3 modificare, mettere a punto, in modo da ottenere il miglior rendimento: — *la pressione, la carburazione*; — *l'orologio* 4 pagare, estinguere un debito, un conto 5 (*fig.*) sistemare, definire: — *la questione* ♦ **regolarsi** *v.rifl.* 1 comportarsi in modo adeguato, conveniente: *non so come regolarmi* 2 moderarsi, limitarsi: — *nel bere.*

regolare[2] *agg.* 1 che è conforme alla regola, alle norme, al regolamento; che non presenta irregolarità: *svolgimento* — | *polso* —, che ha il ritmo normale | *verbi regolari*, (*gramm.*) quelli che si coniugano come la maggioranza degli altri verbi della stessa classe | *esercito* —, quello reclutato secondo la legge e sottoposto all'autorità di uno stato 2 si dice del clero sottoposto a una regola, cioè appartenente a ordini o congregazioni religiose □ **regolarmente** *avv.* 1 secondo la regola, la norma: *verbi coniugati* — 2 con regolarità: *pagare — le rate* | (*iron.*) costantemente, di regola: *sbagliare* — 3 secondo un determinato ordine; simmetricamente: *oggetti disposti* —.

regolarità [re-go-la-ri-tà] *s.f.* 1 l'essere regolare: — *nei pagamenti* 2 *gara di* —, (*sport*) gara motoristica in cui i concorrenti devono compiere il percorso di gara nel tempo stabilito.

regolarizzare [re-go-la-riʒ-ʒà-re] *v.tr.* mettere in regola; rendere regolare: — *la propria posizione.*

regolarizzazione [re-go-la-riʒ-ʒa-zió-ne] *s.f.* il regolarizzare, l'essere regolarizzato.

regolata [re-go-là-ta] *s.f.* 1 il regolare in fretta, alla meglio: *dare una — ai freni* 2 (*fam.*) il regolarsi, cambiando comportamento: *darsi una* —.

regolatezza [re-go-la-téz-za] *s.f.* l'essere abitualmente regolato: — *di vita.*

regolato [re-go-là-to] *agg.* 1 conforme alle regole; ben ordinato, ben organizzato 2 temperato, senza eccessi: *vita regolata* □ **regolatamente** *avv.*

regolatore [re-go-la-tó-re] *agg.* [f. *-trice*] che regola | *piano* —, complesso di norme che regolano lo sviluppo edilizio dei centri abitati ♦ *s.m.* dispositivo che regola il funzionamento di un meccanismo o di un impianto.

regolazione [re-go-la-zió-ne] *s.f.* il regolare, l'essere regolato; l'insieme delle operazioni che servono a regolare: *la — della temperatura.*

regolo [rè-go-lo] *s.m.* asta usata per tirare linee rette, controllare la planarità di una superficie ecc.; righello | — *calcolatore*, strumento, ormai non più in uso, per effettuare rapidamente taluni calcoli matematici.

regredire [re-gre-dì-re] *v.intr.* [pres. *io regredisco, tu regredisci ecc.*; part.pres. *regrediènte*; part.pass. *regredito*; aus. *essere*] 1 tornare indietro, retrocedere: — *negli studi* 2 (*psicol.*) subire una regressione.

regressione [re-gres-sió-ne] *s.f.* 1 il regredire 2 (*geol.*) lento ritiro delle acque marine da ba-

cini precedentemente occupati **3** (*psicol.*) ritorno a comportamenti e stati d'animo tipici di uno stadio meno maturo dello sviluppo psichico.
regressivo [re-gres-sì-vo] *agg.* che regredisce; che tende a regredire.
regresso [re-grès-so] *s.m.* il regredire: *il — di una malattia.*
reietto [re-ièt-to] *agg.* e *s.m.* [f. *-a*] (*lett.*) che/chi è stato respinto, ripudiato: *i reietti della società.*
reiezione [re-ie-zió-ne] *s.f.* (*dir.*) atto con cui si respinge una domanda, un ricorso: *— di una proposta di legge.*
reificare [rei-fi-cà-re] *v.tr.* [*io rèifico, tu rèifichi ecc.*] sottoporre a reificazione.
reificazione [rei-fi-ca-zió-ne] *s.f.* **1** (*psicol.*) il processo mentale con cui si traduce in termini concreti qlco. di astratto: *la — di un'idea* **2** processo per cui una persona diventa simile a una cosa, perdendo ogni valore umano.
reiformi [rei-fór-mi] *s.m.pl.* (*zool.*) ordine di uccelli inetti al volo, simili agli struzzi, ma con collo piumato e tre dita per ogni piede.
reimpiego [re-im-piè-go] *s.m.* [pl. *-ghi*] il reimpiegare, l'essere reimpiegato.
reincarico [re-in-cà-ri-co] *s.m.* [pl. *-chi*] nuovo incarico; rinnovo dell'incarico.
reincarnare [re-in-car-nà-re] *v.tr.* far rivivere, riprodurre fedelmente nelle fattezze o nel carattere: *quel ragazzo sembra — il padre* ♦ **reincarnarsi** *v.intr.pron.* assumere un nuovo corpo in virtù di una reincarnazione.
reincarnazione [re-in-car-na-zió-ne] *s.f.* **1** credenza secondo cui, dopo la morte, l'anima torna a vivere in un altro corpo **2** (*fig.*) persona che ne ricorda un'altra o ne ripete le gesta: *mio figlio è la — del nonno.*
reinserimento [re-in-se-ri-mén-to] *s.m.* nuovo inserimento di qlcu. o di qlco. in un sistema da cui era uscito: *il — degli ex-detenuti nella società.*
reinserire [re-in-se-rì-re] *v.tr.* [*io reinserisco, tu reinserisci ecc.*] inserire di nuovo; tornare a immettere in un sistema ♦ **reinserirsi** *v.rifl.* inserirsi di nuovo; tornare a far parte di un ambiente: *— nel mondo del lavoro.*
reintegrabile [re-in-te-grà-bi-le] *agg.* che può essere reintegrato.
reintegrare [re-in-te-grà-re] **1** riportare qlco. a una condizione di interezza: *il riposo reintegra le forze* **2** riportare qlcu. nella pienezza dei suoi diritti: *— qlcu. in una carica* ♦ **reintegrarsi** *v.rifl.* o *intr.pron.* reinserirsi: *— nella società.*
reintegrazione [re-in-te-gra-zió-ne] *s.f.* il reintegrare, il reintegrarsi, l'essere reintegrato; il ricollocare qlcu. in una posizione precedentemente occupata: *— in una carica* | nel restauro di opere d'arte, procedimento che ricostruisce o integra le zone mancanti.
reintrodurre [re-in-tro-dùr-re] *v.tr.* [coniugato come *introdurre*] inserire o mettere in uso qlco. che era stato tolto o abolito ♦ **reintrodursi** *v.rifl.* o *intr.pron.* entrare, penetrare, inserirsi di nuovo.
reinvestimento [re-in-ve-sti-mén-to] *s.m.* (*fin.*) il reinvestire; nuovo investimento.
reinvestire [re-in-ve-stì-re] *v.tr.* [*io reinvèsto ecc.*] (*fin.*) investire di nuovo: *— i profitti.*
reiterabile [re-i-te-rà-bi-le] *agg.* (*non com.*) che si può reiterare, ripetere.
reiterare [re-i-te-rà-re] *v.tr.* [*io reìtero ecc.*] (*lett.*) fare, dire di nuovo una cosa che è già stata fatta, detta: *— una domanda.*
reiterato [re-i-te-rà-to] *agg.* (*lett.*) ripetuto nuovamente: *reiterate scuse* □ **reiteratamente** *avv.*
reiterazione [re-i-te-ra-zió-ne] *s.f.* **1** (*lett.*) il reiterare, l'essere reiterato **2** procedimento stilistico per cui la stessa idea è variata e ripetuta (*p.e.* con sinonimi o perifrasi); ripetizione.
relativismo [re-la-ti-vì-ʃmo] *s.m.* ogni concezione filosofica che non ammette verità assolute nel campo della conoscenza o principi immutabili nella morale: *il — nel pensiero contemporaneo.*
relativistico [re-la-ti-vì-sti-co] *agg.* [pl.m. *-ci*] **1** proprio del relativismo **2** (*scient.*) proprio della teoria della relatività.
relatività [re-la-ti-vi-tà] *s.f.* **1** la proprietà di essere relativo, cioè non assoluto, ma definito in rapporto ad altro | *— della conoscenza*, relativismo **2** *teoria della —*, teoria fisico-matematica elaborata da A. Einstein (1879-1955), che sostiene il carattere relativo del moto, della velocità, della massa, e l'interdipendenza di materia, tempo e spazio.
relativizzare [re-la-ti-viʒ-ʒà-re] *v.tr.* (*non com.*) considerare relativo.
relativizzazione [re-la-ti-viʒ-ʒa-zió-ne] *s.f.* (*non com.*) il relativizzare, l'essere relativizzato.
relativo [re-la-tì-vo] *agg.* **1** che è in proporzione con un'altra cosa; che è condizionato da un rapporto con altro o è definito in rapporto ad altro: *il risultato è — allo sforzo* | *numeri relativi*, i numeri positivi e negativi **2** che è sottoposto a limiti, condizioni; parziale, discreto: *godere di relativa libertà* **3** che si riferisce a qlco., che è in relazione con qlco.; attinente: *pratiche relative ai rimborsi* | in grammatica: *proposizione relativa*, quella che si riferisce a un elemento di un'altra proposizione da cui dipende (*p.e.* il libro *che ho letto* è della biblioteca); *pronome —*, quello che serve a introdurre una proposizione relativa (p.e. *che, il quale, cui*) ♦ *s.m.* (*gramm.*) pronome relativo □ **relativamente** *avv.* in modo relativo; parzialmente: *essere — soddisfatto* | *— a*, in relazione a, per quanto concerne: *— alla vostra proposta...*
relatore [re-la-tó-re] *s.m.* chi riferisce ad altri su un determinato argomento: *il — di una proposta di legge.*
relax [re-làx] *s.m.invar.* (*ingl.*) rilassamento, distensione fisica e psichica; riposo totale: *avere bisogno di —.*
relazionale [re-la-zio-nà-le] *agg.* attinente a una relazione.
relazionare [re-la-zio-nà-re] *v.tr.* [*io relazióno ecc.*] **1** informare mediante una relazione: *— i*

superiori sull'indagine **2** (*non com.*) mettere in relazione: *— due fatti.*

relazione [re-la-zió-ne] *s.f.* **1** il modo d'essere di una cosa rispetto a un'altra; legame, rapporto tra due concetti: *la — fra due fatti* | *in — a*, con riferimento a: *in — alle vostre richieste...* **2** legame, vincolo d'affetto, d'amicizia o d'affari: *avere una — con qlcu.*, un legame amoroso | *relazioni sociali*, l'insieme dei rapporti con le altre persone | *pubbliche relazioni*, l'insieme delle attività che tendono a creare una buona opinione intorno a una persona, un'istituzione, un'azienda ecc. **3** *pl.* le persone con cui si hanno relazioni sociali; amicizie, conoscenze: *essere privo di relazioni* **4** resoconto su argomenti conosciuti: *presentare una —*.

relè [re-lè] *s.m.* (*elettr.*) dispositivo elettromagnetico che utilizzando le variazioni di corrente di un circuito può funzionare da interruttore.

relegare [re-le-gà-re], *v.tr.* [*io rèlego, tu rèleghi ecc.*] allontanare qlcu. da un luogo costringendolo a risiedere in un altro; confinare: *— ql.cu. in un paesino montano* | (*fig.*) isolare da un gruppo, lasciare in disparte: *— una cosa in soffitta.*

relegazione [re-le-ga-zió-ne] *s.f.* il relegare, l'essere relegato.

religione [re-li-gió-ne] *s.f.* **1** l'insieme delle credenze e degli atti di culto con i quali l'uomo riconosce l'esistenza della divinità: *— rivelata*, quella che si fonda su una rivelazione divina; *libertà di —*, diritto civile di professare liberamente la propria fede religiosa **2** ciascun complesso di credenze e riti storicamente e teologicamente determinato: *— cattolica, ebraica*; *— di stato*, quella che uno stato segue ufficialmente | la materia scolastica che concerne l'educazione religiosa: *professore di —* **3** (*estens.*) sentimento profondo di riverenza per un ideale, un'istituzione ecc.; le conseguenti manifestazioni di culto: *la — della famiglia* **4** (*eccl.*) ordine o congregazione religiosa: *entrare nella —*, farsi religioso.

religiosità [re-li-gio-si-tà] *s.f.* **1** l'essere religioso: *persona di profonda —* | sacralità: *la — di un luogo* **2** ossequio alle regole formali e di culto di una religione: *— esteriore* **3** maniera soggettiva di vivere i rapporti col divino: *la — di Mazzini* **4** (*fig.*) attenzione minuziosa e rispettosa; scrupolo, zelo: *osservare con — le istruzioni.*

religioso [re-li-gió-so] *agg.* **1** proprio di una religione; che concerne la religione: *insegnamento —* | *festa religiosa*, in cui si celebra un evento importante per la religione **2** che crede in una religione e si comporta secondo i suoi insegnamenti: *un uomo —* **3** conforme ai riti della religione (in contrapposizione a *civile*): *matrimonio —* **4** che riferisce a una congregazione, a un ordine riconosciuti dall'autorità ecclesiastica **5** (*fig.*) devoto, rispettoso: *un — silenzio* | scrupoloso: *— attaccamento al dovere* ♦ *s.m.* [f. *-a*] chi è membro di una congregazione religiosa o di un ordine religioso: *un istituto diretto da religiosi* □ **religiosamente** *avv.* **1** in modo religioso, secondo la religione: *vivere —* **2** (*fig.*) devotamente, rispettosamente; scrupolosamente: *custodire — un segreto.*

reliquia [re-lì-quia] *s.f.* **1** (*lett.*) ciò che resta di qlco.; vestigio: *le reliquie del passato* **2** (*relig.*) parte del corpo oppure oggetto che sia appartenuto a un santo o a un beato.

reliquiario [re-li-quià-rio] *s.m.* custodia, urna in cui si conservano una o più reliquie.

relitto [re-lìt-to] *s.m.* **1** rottame di un natante naufragato o di un aereo caduto **2** (*fig.*) persona decaduta e misera: *un — della società.*

remainder [/ re'mainder /] *s.m.invar.* (*ingl.*) copia di un volume che costituisce una giacenza di magazzino e che viene messa in vendita a prezzo ridotto; libreria specializzata nella vendita di tali libri.

remake [/ 'rimeik /] *s.m.invar.* (*ingl.*) nuova versione di uno spettacolo teatrale, di un film ecc.

remare [re-mà-re] *v.intr.* [*io rèmo ecc.*; aus. *avere*] **1** manovrare i remi per imprimere il movimento a un'imbarcazione; vogare **2** (*fig.*) muoversi come vogando: *— con le mani.*

remata [re-mà-ta] *s.f.* **1** il remare per un certo tempo: *fare una bella —* | il modo di manovrare il remo: *— energica* **2** colpo di remo nell'acqua: *con poche remate raggiunse la riva.*

rematore [re-ma-tó-re] *s.m.* [f. *-trice*] chi rema; vogatore.

remigante [re-mi-gàn-te] *agg.* e *s.f.* (*zool.*) si dice delle penne lunghe e forti poste a ventaglio sul margine posteriore delle ali, particolarmente importanti per il volo degli uccelli.

remigare [re-mi-gà-re] *v.intr.* [*io rèmigo, tu rèmighi ecc.*; aus. *avere*] di uccelli, battere lentamente e ritmicamente le ali volando.

reminiscenza [re-mi-ni-scèn-za] *s.f.* **1** il riaffiorare alla memoria di una cosa quasi dimenticata; la cosa ricordata: *reminiscenze dell'infanzia* **2** passo di un'opera d'arte in cui l'autore riecheggia temi o motivi di altre opere o altri autori: *le reminiscenze dantesche nel Petrarca.*

remissibile [re-mis-sì-bi-le] *agg.* che si può rimettere, perdonare: *pena —*, da condonare.

remissione [re-mis-sió-ne] *s.f.* **1** il condonare in tutto o in parte una colpa, un debito, una pena: *la — dei peccati* **2** (*fig.*) rimedio, scampo: *un male senza —* **3** il rimettersi alla volontà altrui; sottomissione: *la sua — al padre è totale.*

remissività [re-mis-si-vi-tà] *s.f.* l'essere remissivo; condiscendenza, sottomissione: *accettare tutto con —.*

remissivo [re-mis-sì-vo] *agg.* **1** che si rimette facilmente alla volontà altrui; sottomesso: *carattere —* **2** (*dir.*) che vale a condonare una pena: *atto —* □ **remissivamente** *avv.*

remo [rè-mo] *s.m.* asta di legno terminante in forma di pala, usata come leva per imprimere il movimento a un'imbarcazione: *barca a remi* | *tirare i remi in barca*, (*fig.*) ritirarsi da un'impresa rischiosa; anche, smettere di dedicarsi intensamente a un'attività.

remora[1] [rè-mo-ra] *s.f.* indugio, ritardo, esitazione: *senza —, non avere remore.*

remora[2] *s.f.* pesce dei teleostei provvisto sul capo di una ventosa con la quale si attacca a pesci più grossi o alle navi, lasciandosi trasportare.

remoto [re-mò-to] *agg.* **1** molto lontano nel tempo: *avvenimenti remoti* | *passato, trapassato —,* (*gramm.*) tempi dell'indicativo che indicano un'azione definitivamente compiuta rispetto al momento in cui si parla **2** molto lontano nello spazio; appartato, solitario: *un luogo —.*

remunerare e *deriv.* → **rimunerare** e *deriv.*

rena [ré-na] *s.f.* sabbia.

renale [re-nà-le] *agg.* (*anat.*) del rene, che riguarda i reni: *blocco —,* (*med.*) arresto della funzione del rene.

renano [re-nà-no] *agg.* del fiume Reno; delle regioni bagnate dal Reno: *bacino —.*

rendere [rèn-de-re] *v.tr.* [pres. *io rèndo ecc.*; pass.rem. *io rési, tu rendésti ecc.*; part.pass. *réso*] **1** ridare, riconsegnare a qlcu. ciò che gli era stato tolto o che egli ci aveva dato; restituire: *— un libro avuto in prestito* | *— l'anima a Dio,* morire | *— giustizia a qlcu.,* farne valere i diritti | *vuoto a —,* bottiglia da restituire al rivenditore dopo averne consumato il contenuto **2** tributare, dare, offrire: *— una testimonianza*; *— grazie,* ringraziare | *— conto,* spiegare, giustificare | *rendersi conto di qlco.,* spiegarsene le ragioni **3** contraccambiare: *— un favore, il saluto* | *a buon —,* si dice a chi ci ha fatto un favore, promettendo di restituirlo **4** fruttare; dare come reddito: *un titolo che rende bene* | (*assol.*) essere economicamente fruttuoso: *un'attività che rende* **5** esprimere, rappresentare, riprodurre: *— un pensiero con parole adeguate* | *— l'idea,* riuscire a spiegarsi bene **6** far diventare: *— madre*; *— ridicolo* ♦ **rendersi** *v.rifl.* comportarsi in modo da risultare in un certo modo; diventare: *— utile.*

rendez-vous [/ rande'vu /] *loc.sost.m.invar.* (*fr.*) appuntamento; incontro.

rendibile [ren-dì-bi-le] *agg.* (*non com.*) che si può rendere, restituire.

rendiconto [ren-di-cón-to] *s.m.* **1** consuntivo effettuato alla chiusura di un esercizio finanziario **2** relazione su un determinato argomento: *fare un — sull'accaduto.*

rendimento [ren-di-mén-to] *s.m.* **1** rapporto tra i risultati ottenuti e le risorse che sono state impiegate per ottenere tali risultati; produttività: *il — di una macchina, di un atleta* **2** (*fin.*) reddito di un titolo di credito in relazione al suo prezzo di mercato determinato in borsa.

rendita [rèn-di-ta] *s.f.* provento derivante dal possesso di un bene, quindi né da lavoro né da attività imprenditoriali: *vivere di —.*

rene [rè-ne] *s.m.* (*anat.*) ciascuno dei due organi posti ai lati della colonna vertebrale, nella regione lombare, che hanno il compito di depurare il sangue e di produrre l'urina | *— artificiale,* (*med.*) apparecchio atto a sostituire temporaneamente il rene nella funzione della dialisi.

renetta [re-nét-ta], o **ranetta**, *s.f.* varietà pregiata di mela con buccia gialla macchiettata di marrone | Usato anche come *agg.*: *mela —.*

reni [ré-ni] *s.f.pl.* la regione lombare: *avere male alle —.*

renio [rè-nio] *s.m.* elemento chimico di simbolo *Re*; è un metallo rarissimo di aspetto simile al platino.

renitente [re-ni-tèn-te] *agg.* e *s.m.* e *f.* che/chi rifiuta di fare ciò che gli è detto o comandato: *— alla leva,* chi non si presenta alla chiamata per il servizio militare obbligatorio.

renitenza [re-ni-tèn-za] *s.f.* l'essere renitente; il sottrarsi a un obbligo.

renna [rèn-na] *s.f.* **1** mammifero delle regioni polari euroasiatiche, simile al cervo, ma più tozzo; è allevato come animale da tiro, da soma e da latte **2** la pelle conciata di tale animale, con cui si fanno giacche, guanti, borse ecc.

rentier [/ ran'tje /] *s.m.invar.* (*fr.*) (*fin.*) chi percepisce rendite o interessi su titoli.

rentrée [/ ran'tre /] *s.f.invar.* (*fr.*) ritorno in pubblico dopo un periodo di assenza: *la — di un attore.*

reo [rè-o] *s.m.* **1** [f. *-a*] autore di un reato; colpevole: *— confesso,* che ha confessato la propria colpa **2** (*lett.*) malvagio | infelice.

reostato [re-ò-sta-to] *s.m.* (*elettr.*) resistore a resistenza variabile che in un circuito elettrico regola l'intensità della corrente.

reotropismo [re-o-tro-pì-ʃmo] *s.m.* (*bot.*) tendenza a incurvarsi di un organo vegetale in accrescimento, determinata da una corrente d'acqua.

reparto [re-pàr-to] *s.m.* **1** parte di un complesso o di un'azienda con funzioni specifiche: *il — chirurgico di un ospedale* **2** (*mil.*) unità organica all'interno di un'altra unità di ordine superiore: *i reparti della compagnia.*

repellente [re-pel-lèn-te] *agg.* che provoca una sensazione di disgusto; ripugnante: *aspetto —.*

repellenza [re-pel-lèn-za] *s.f.* **1** l'essere repellente **2** (*scient.*) proprietà di una sostanza di impedire la penetrazione di un certo liquido.

repentaglio [re-pen-tà-glio] *s.m.* spec. nella loc. *mettere a —,* mettere in grave rischio, pericolo: *mettere a — la vita.*

repente [re-pèn-te] *agg.* (*lett.*) improvviso.

repentinità [re-pen-ti-ni-tà] *s.f.* l'essere repentino: *la — di un movimento.*

repentino [re-pen-tì-no] *agg.* che avviene, si manifesta inaspettatamente e in brevissimo tempo; improvviso, subitaneo: *un — mutamento di programmi* □ **repentinamente** *avv.*

reperibile [re-pe-rì-bi-le] *agg.* che si può reperire, trovare, rintracciare: *testo facilmente —.*

reperibilità [re-pe-ri-bi-li-tà] *s.f.* l'essere reperibile: *— di fondi.*

reperimento [re-pe-ri-mén-to] *s.m.* il reperire; ritrovamento: *— del corpo del reato.*

reperire [re-pe-rì-re] *v.tr.* [pres. *io reperisco, tu reperisci ecc.*; part.pass. *reperito*] trovare, ritrovare: *— dati.*

reperto [re-pèr-to] *s.m.* **1** l'oggetto trovato nel corso di una ricerca, di un'indagine, di una perquisizione: — *archeologico* **2** ciò che viene rilevato nel corso di un esame clinico, di una prova diagnostica: — *radiologico.*
repertoriare [re-per-to-rià-re] *v.tr.* [*io repertòrio ecc.*] (*non com.*) mettere, includere in un repertorio.
repertorio [re-per-tò-rio] *s.m.* **1** l'insieme dei lavori teatrali rappresentati da una compagnia; l'insieme delle interpretazioni preferite di un attore o di un cantante, o dei brani che un'orchestra è in grado di eseguire: *avere un vasto* — | l'insieme delle opere di un autore di teatro; l'insieme delle composizioni di un musicista: *il — goldoniano* **2** insieme delle risorse disponibili; assortimento: *il — dei caratteri di una stampante* | (*fig.*) l'insieme delle risorse di cui una persona dispone in un dato settore: *il pugile ha sfoderato i colpi del suo* — **3** registro di notizie e informazioni di facile consultazione: — *bibliografico* | (*fig.*) raccolta: *questo film è un — di gag* **4** *immagini di* —, (*cine., tv*) sequenze d'archivio girate in precedenti occasioni e utilizzate per nuovi filmati.
replay [/ re'pleɪ /] *s.m.invar.* (*ingl.*) (*tv*) ripetizione di una fase saliente di un avvenimento sportivo trasmessa subito dopo il suo compimento.
replica [rè-pli-ca] *s.f.* **1** il replicare; ripetizione: — *di una cura* | la cosa replicata: *è una — senza nulla d'originale* **2** (*teat.*) ogni rappresentazione successiva alla prima: *le repliche di uno spettacolo* | (*tv*) trasmissione di un programma già andato in onda **3** risposta; obiezione: *non ammettere repliche.*
replicabile [re-pli-cà-bi-le] *agg.* (*non com.*) che si può o si deve replicare.
replicante [re-pli-càn-te] *s.m.* e *f.* nel linguaggio della fantascienza, automa che riproduce fedelmente fattezze e comportamenti umani; androide.
replicare [re-pli-cà-re] *v.tr.* [*io rèplico, tu rèplichi ecc.*] **1** fare, dire di nuovo; ripetere: — *un esperimento* **2** dare una risposta; rispondere obiettando, contraddicendo: *ascoltò senza* —.
replicato [re-pli-cà-to] *agg.* ripetuto: *sforzi replicati.*
reportage [/ repor'taʒ /] *s.m.invar.* (*fr.*) servizio giornalistico scritto o realizzato da un reporter: — *televisivo.*
reporter [/ re'pɔrter /] *s.m.invar.* (*ingl.*) corrispondente, inviato speciale; cronista: *il — di un quotidiano.*
repressione [re-pres-sió-ne] *s.f.* **1** il reprimere, l'essere represso (in senso sociale e politico): — *poliziesca* **2** (*psicoan.*) processo consapevole di cancellazione dalla propria coscienza di un'idea, un sentimento, un impulso vissuti come sgradevoli o imbarazzanti.
repressivo [re-pres-sì-vo] *agg.* che reprime, che tende a reprimere: *mezzi repressivi* □ **repressivamente** *avv.*
represso [re-près-so] *agg.* **1** tenuto a freno, soffocato: *grido* — **2** (*psicoan.*) che è o è stato oggetto di repressione: *istinti repressi* | si dice di individuo che reprime i propri impulsi.
reprimenda [re-pri-mèn-da] *s.f.* grave rimprovero; riprensione.
reprimere [re-prì-me-re] *v.tr.* [pass.rem. *io reprèssi, tu repriméstі ecc.*; part.pass. *reprèsso*] **1** contenere qlco. che tende a prorompere, a venir fuori impetuosamente: — *le lacrime* **2** domare con la forza ciò che tende a sovvertire uno stato di cose, l'ordine sociale o politico: — *una sommossa* ♦ **reprimersi** *v.rifl.* contenersi, dominarsi, frenarsi.
reprimibile [re-pri-mì-bi-le] *agg.* che si può reprimere: *impulsi non reprimibili.*
reprint [/ re'print /] *s.m.invar.* (*ingl.*) ristampa anastatica di un libro, di una rivista, di un giornale.
reprobo [rè-pro-bo] *agg.* e *s.m.* [f. *-a*] (*lett.*) riprovato, condannato da Dio | (*estens.*) cattivo, malvagio.
reptazione [rep-ta-zió-ne] *s.f.* (*zool.*) movimento strisciante tipico dei rettili.
repubblica [re-pùb-bli-ca] *s.f.* **1** (*antiq.*) la cosa pubblica; lo stato | (*lett.*) comunità, collettività: *la — delle lettere* **2** sistema politico in cui la carica di capo dello stato (*presidente della* —) è elettiva e temporanea (si contrappone a *monarchia*): — *parlamentare*, in cui il governo è condizionato dal parlamento; — *presidenziale*, in cui il presidente dispone di ampi poteri **3** il territorio e la popolazione di uno stato repubblicano.
repubblicano [re-pub-bli-cà-no] *agg.* **1** della repubblica, che costituisce una repubblica: *governo, stato* — **2** che è favorevole alla repubblica: *partito* — **3** relativo a un partito repubblicano: *congresso* — ♦ *s.m.* [f. *-a*] **1** fautore della repubblica **2** chi appartiene a un partito repubblicano.
repubblichino [re-pub-bli-chì-no] *agg.* (*spreg.*) della Repubblica Sociale Italiana, creata dal fascismo nell'Italia centro-settentrionale durante l'occupazione nazista: *esercito* — ♦ *s.m.* [f. *-a*] (*spreg.*) aderente alla Repubblica Sociale Italiana.
repulisti [/ repu'listi /] *s.m.* usato solo nella loc. *fare un* —, portare via tutto, fare piazza pulita, specialmente rubando o mangiando: *i ladri hanno fatto un* —.
repulsione [re-pul-sió-ne] *s.f.* **1** ripulsione **2** (*fis.*) la forza che allontana reciprocamente due corpi o sostanze.
repulsivo [re-pul-sì-vo] *agg.* **1** ripulsivo **2** (*fis.*) di repulsione.
reputare [re-pu-tà-re] *v.tr.* [*io rèputo*, ecc.] ritenere, credere, stimare: *reputo utile fare così* ♦ **reputarsi** *v.rifl.* ritenersi, considerarsi: — *una persona importante.*
reputato [re-pu-tà-to] *agg.* tenuto in considerazione, stimato.
reputazione [re-pu-ta-zió-ne] *s.f.* stima, consi-

derazione in cui si è tenuti dagli altri: *godere di buona —* | (*assol.*) buona reputazione: *rovinarsi la —*.
requie [rè-quie] *s.f.* calma, riposo, pace: *trovare —*.
requiem [/ 'rɛkwjem /] *s.m.invar.* (*lat.*) **1** preghiera cattolica per i defunti: *dire un — per qlcu.* | funzione in suffragio di un defunto: *messa di —* **2** (*mus.*) esecuzione musicale dei testi della messa in suffragio dei defunti: *il 'Requiem' di Verdi.*
requisire [re-qui-ʃì-re] *v.tr.* [*io requiʃisco, tu requiʃisci ecc.*] prendere d'autorità; sottoporre a requisizione: *— un albergo per alloggiare gli sfollati* | *— una persona*, (*scherz.*) impedirle di allontanarsi, monopolizzarne la compagnia.
requisito [re-qui-ʃì-to] *s.m.* qualità o condizione necessaria per accedere a una carica, sostenere un esame: *i requisiti per l'ammissione* | (*estens.*) qualità, dote: *un giovane con molti requisiti.*
requisitoria [re-qui-ʃi-tò-ria] *s.f.* **1** (*dir.*) atto con cui il pubblico ministero formula le proprie richieste nel processo penale **2** (*estens.*) discorso di accusa o di denuncia; rimprovero severo.
requisizione [re-qui-ʃi-zió-ne] *s.f.* (*dir.*) trasferimento coatto della proprietà o del godimento di un bene da un privato alla pubblica amministrazione, in casi di urgente necessità pubblica.
resa [ré-sa] *s.f.* **1** l'arrendersi al nemico: *intimare la —* | (*estens.*) il cedere, il darsi per vinto in una disputa, in una competizione: *costringere l'avversario alla —* **2** il rendere, il restituire: *— dei vuoti di bottiglia* | *— dei conti*, (*fig.*) il render conto del proprio operato; anche, il pagare per il male fatto **3** quantitativo di merce restituita al produttore perché invenduta **4** ciò che una cosa rende; rendimento: *un prodotto di ottima —*.
rescindere [re-scìn-de-re] *v.tr.* [coniugato come *scindere*] (*dir.*) annullare, sciogliere; effettuare una rescissione: *— un contratto.*
rescindibile [re-scin-dì-bi-le] *agg.* (*dir.*) che si può rescindere.
rescindibilità [re-scin-di-bi-li-tà] *s.f.* (*dir.*) l'essere rescindibile.
rescissione [re-scis-sió-ne] *s.f.* (*dir.*) dichiarazione di invalidità di un contratto pronunciata dal giudice.
rescissorio [re-scis-sò-rio] *agg.* (*dir.*) che mira a rescindere: *azione rescissoria.*
rescritto [re-scrìt-to] *s.m.* **1** (*dir.*) pronunciamento scritto di un sovrano, avente valore di legge o di decisione inappellabile **2** nel diritto canonico, decisione dell'autorità ecclesiastica su questioni teologiche: *— pontificio.*
resecare [re-se-cà-re] *v.tr.* [*io rèseco, tu rèsechi ecc.*] (*med.*) tagliare, sottoporre a resezione.
reseda [re-ʃè-da] *s.f.* (*bot.*) genere di piante erbacee diffuse nelle regioni mediterranee | *— odorata*, erba annua con fiori profumati color giallo-verdognolo; amorino.
resezione [re-se-zió-ne] *s.f.* (*med.*) asportazione chirurgica di un organo o di parte di esso: *— gastrica.*
residence [/ 'rɛzidens /] *s.m.invar.* (*ingl.*) albergo con appartamentini che si affittano per medie o lunghe permanenze.
residente [re-si-dèn-te] *agg.* che risiede, che ha dimora stabile in un luogo: *popolazione —* ♦ *s.m.* e *f.* chi ha la residenza anagrafica in un comune: *i residenti a Milano.*
residenza [re-si-dèn-za] *s.f.* **1** il risiedere; soggiorno: *una lunga — in montagna* **2** (*burocr.*) luogo, registrato nell'anagrafe comunale, in cui una persona dimora abitualmente: *avere la — a Padova* **3** luogo in cui risiede un'autorità, un ente, un'istituzione: *Roma è la — del governo italiano* **4** (*estens.*) l'edificio, l'appartamento in cui si abita: *una lussuosa —*.
residenziale [re-si-den-zià-le] *agg.* di residenza | *zona —*, che comprende solo edifici, generalmente eleganti, adibiti ad abitazione.
residuale [re-si-du-à-le] *agg.* che costituisce un residuo; rimanente, restante: *debito —*.
residuato [re-si-du-à-to] *s.m.* ciò che avanza; resto, residuo | *— bellico*, materiale bellico abbandonato alla fine della guerra.
residuo [re-sì-du-o] *agg.* che avanza; rimanente, restante: *somma residua* ♦ *s.m.* **1** ciò che rimane di quanto è impiegato in un'attività, in un processo produttivo **2** (*estens.*) ciò che resta di qlco.: *i residui di un incendio.*
resilienza [re-si-liè-za] *s.f.* (*fis.*) la proprietà dei materiali di resistere agli urti senza spezzarsi.
resina [rè-ʃi-na] *s.f.* sostanza organica viscosa, plastica, traslucida, ottenuta dalla secrezione di varie piante e utilizzata nella fabbricazione di vernici, mastici, isolanti ecc.: *la — dei pini* | *resine sintetiche*, polimeri organici sintetici, detti correntemente materie plastiche.
resinato [re-ʃi-nà-to] *agg.* profumato di resina, preparato con resina | *vino —*, vino bianco aromatizzato con resina di pino.
resinifero [re-ʃi-nì-fe-ro] *agg.* che produce o dà resina; che contiene resina.
resinoso [re-ʃi-nó-so] *agg.* di resina, proprio della resina | che contiene, produce resina.
resipiscente [re-si-pi-scèn-te] *agg.* (*lett.*) che prova resipiscenza.
resipiscenza [re-si-pi-scèn-za] *s.f.* (*lett.*) il ricredersi su qlco. riconoscendo il proprio errore; ravvedimento, pentimento.
resistente [re-si-stèn-te] *agg.* **1** che resiste; tenace, durevole: *tessuto —* **2** (*biol.*) si dice di specie o di ceppo batterico dotato di particolare resistenza.
resistenza [re-si-stèn-za] *s.f.* **1** il resistere; sforzo per opporsi a qlco., per contrastare qlcu.: *fare —* | *— passiva*, opposizione che si realizza come non collaborazione **2** capacità di tollerare; robustezza, solidità: *— al calore* | capacità di sostenere sforzi fisici prolungati: *gare di —* **3** (*fis.*) ogni forza che si oppone a una forza agente | *— elettrica*, l'impedimento che la struttura materia-

le del conduttore presenta al passaggio della corrente **4** (*elettr.*) resistore: *la — del ferro da stiro* **5** (*biol.*) capacità di alcune specie o ceppi batterici di sopravvivere a sostanze antibiotiche o a batteriofagi **6** (*st.*) movimento di lotta contro l'occupazione tedesca sorto durante la seconda guerra mondiale in vari paesi europei: *i caduti della —* | (*estens.*) qualunque movimento di opposizione armata a un invasore straniero o a una dittatura.

resistere [re-sì-ste-re] *v.intr.* [pass.rem. *io resistéi* o *resistètti, tu resistésti ecc.*; part.pass. *resistito*; aus. *avere*] **1** contrastare l'altrui forza; non lasciarsi smuovere o abbattere: *— agli attacchi* | (*fig.*) non cedere, non essere conquistato: *— al fascino altrui* **2** (*estens.*) tollerare, sostenere qlco.: *— alla fame* **3** (*fig.*) conservare la propria validità; non perdere valore: *un capolavoro che ha resistito nei secoli.*

resistività [re-si-sti-vi-tà] *s.f.* (*fis.*) resistenza elettrica specifica di ciascuna sostanza, misurata su un conduttore di quella sostanza di lunghezza e sezione unitarie.

resistore [re-si-stò-re] *s.m.* (*fis.*) dispositivo che realizza una resistenza elettrica definita.

resoconto [re-so-cón-to] *s.m.* **1** relazione scritta dettagliata di un avvenimento: *— parlamentare* | (*estens.*) descrizione, racconto minuzioso: *il — di un viaggio* **2** rendiconto: *il — delle spese.*

respingente [re-spin-gèn-te] *s.m.* dispositivo ammortizzatore situato in coppia sulle testate dei vagoni ferroviari.

respingere [re-spìn-ge-re] *v.tr.* [coniugato come *spingere*] **1** cacciare indietro; spingere lontano da sé: *— i nemici* **2** mandare indietro, rimandare, rinviare: *— una lettera al mittente* **3** non accettare, non accogliere; rifiutare: *— le accuse* | bocciare: *— un candidato agli esami.*

respinta [re-spìn-ta] *s.f.* **1** spinta in senso contrario **2** nel calcio, rinvio del pallone da parte di un difensore verso la zona di campo dell'avversario.

respinto [re-spìn-to] *agg.* e *s.m.* [f. *-a*] che/chi è stato bocciato.

respirabile [re-spi-rà-bi-le] *agg.* che è buono da respirare: *aria —.*

respirabilità [re-spi-ra-bi-li-tà] *s.f.* l'essere respirabile.

respirare [re-spi-rà-re] *v.intr.* [aus. *avere*] **1** compiere il processo della respirazione: *— a pieni polmoni* | (*estens.*) vivere: *cessare di —*, morire **2** godere di aria fresca e pulita; anche, godere di una favorevole condizione ambientale, di una comoda disponibilità di spazio: *in questa stanza non si respira* **3** (*fig.*) avere un po' di riposo, di sollievo; riprendere fiato: *un lavoro che non lascia —* ♦ *v.tr.* inspirare ed espirare l'aria: *— aria pura.*

respiratore [re-spi-ra-tó-re] *s.m.* qualsiasi dispositivo che permetta la respirazione in condizioni non normali | *— artificiale*, (*med.*) apparecchio che consente la respirazione meccanica a chi è incapace di respirare autonomamente.

respiratorio [re-spi-ra-tò-rio] *agg.* (*anat., fisiol.*) che riguarda la respirazione: *vie respiratorie.*

respirazione [re-spi-ra-zió-ne] *s.f.* (*fisiol.*) il processo mediante il quale un organismo assume dall'ambiente esterno ossigeno ed elimina anidride carbonica | *— artificiale*, tecnica per riattivare la respirazione nei casi di asfissia; la respirazione realizzata con l'ausilio del respiratore artificiale.

respiro [re-spì-ro] *s.m.* **1** il respirare; ogni singolo movimento della respirazione: *trattenere il —; un — di sollievo* | *rendere l'ultimo —*, morire | *fino all'ultimo —*, fino alla morte **2** (*fig.*) sollievo, riposo; pausa: *non avere un attimo di —* **3** (*fig.*) ampiezza di vedute, vastità di impianto, complessità di temi: *un'opera di largo —* **4** (*mus.*) apostrofo posto sopra il pentagramma per indicare a un cantante o a un suonatore di strumento a fiato quando può respirare senza interrompere la frase musicale.

responsabile [re-spon-sà-bi-le] *agg.* **1** che deve rendere ragione delle azioni proprie o altrui: *ciascuno è — del proprio comportamento* | *direttore —*, direttore di una pubblicazione che si assume la responsabilità giuridica degli scritti pubblicati **2** conscio delle proprie responsabilità: *una persona —* **3** colpevole: *rendersi — di un delitto* **4** che causa un processo negativo: *agente — di una malattia* ♦ *s.m.* e *f.* **1** chi ha la responsabilità di qlco.: *il — di un ufficio* **2** colpevole, reo: *i responsabili della truffa* □ **responsabilmente** *avv.* con senso di responsabilità: *agire —.*

responsabilità [re-spon-sa-bi-li-tà] *s.f.* **1** l'essere responsabile: *avere la — di un reparto* | *— civile*, (*dir.*) obbligo di risarcire un danno derivante da un atto illecito | *— penale*, (*dir.*) imputazione di un reato a un soggetto e conseguente applicazione a suo carico di una sanzione penale **2** consapevolezza di dover rispondere delle azioni proprie o altrui: *avere senso di —* | l'azione concreta derivante da tale consapevolezza: *l'educazione dei giovani è una —* **3** colpevolezza: *avere la — di un fatto.*

responsabilizzare [re-spon-sa-bi-liʒ-ʒà-re] *v.tr.* rendere responsabile; spingere ad assumere delle responsabilità: *— i giovani* ♦ **responsabilizzarsi** *v.rifl.* prendere consapevolezza delle proprie responsabilità; assumersi delle responsabilità.

responsabilizzazione [re-spon-sa-bi-liʒ-ʒa-zió-ne] *s.f.* il responsabilizzare, il responsabilizzarsi, l'essere responsabilizzato.

responsivo [re-spon-sì-vo] *agg.* (*lett.*) che serve a rispondere | *responsiva*, (*burocr.*) lettera di risposta.

responso [re-spòn-so] *s.m.* **1** (*lett.*) risposta data da un oracolo **2** (*estens.*) risposta data in forma ufficiale: *il — della giuria.*

responsoriale [re-spon-so-rià-le] *agg.* che ha forma di responsorio: *salmo —*, quello che si canta o si recita fra le letture della messa.

responsorio [re-spon-sò-rio] *s.m.* canto liturgico nel quale al versetto intonato dal solista risponde un ritornello corale.
ressa [rès-sa] *s.f.* affollamento di gente che preme e spinge; calca: *fare — al botteghino.*
resta[1] [rè-sta] *s.f.* nelle antiche armature, uncino applicato sulla parte destra della corazza, usato per appoggiarvi il calcio della lancia | *partire lancia in —,* (*fig.*) partire all'attacco con forza.
resta[2] *s.f.* treccia di agli o di cipolle legati insieme.
restante [re-stàn-te] *agg.* che resta; residuo, rimanente: *il denaro —* ♦ *s.m.* ciò che resta: *il — dell'anno.*
restare [re-stà-re] *v.intr.* [*io rèsto ecc.*; aus. *essere*] **1** fermarsi, trattenersi in un luogo; rimanere: — *in casa; che resti tra noi!,* che non si sappia **2** permanere in un determinato stato, posizione, condizione: — *in piedi, nel dubbio* **3** divenire: — *vedovo* | — *male,* essere dispiaciuto di qlco. | — *senza parole,* per la sorpresa | — *di stucco,* (*fig.*) per la meraviglia | *restarci secco,* morire di morte improvvisa **4** avanzare, esserci ancora: *togli tre da dieci e resta sette* **5** stare, essere situato: *dove resta piazza Cavour?*
restaurabile [re-stau-rà-bi-le] *agg.* che può essere restaurato.
restaurare [re-stau-rà-re] *v.tr.* [*io restàuro ecc.*] **1** rimettere a nuovo parti deteriorate di oggetti antichi, opere d'architettura, scultura, pittura: — *un palazzo, un libro* **2** rimettere qlco. nello stato di prima; ripristinare: — *usanze del passato.*
restauratore [re-stau-ra-tó-re] *agg.* e *s.m.* [f. *-trice*] **1** che/chi fa lavori di restauro di opere d'arte o mobili: — *di quadri* **2** (*lett.*) che/chi ripristina uno stato, una condizione precedente: *governo — della libertà.*
restaurazione [re-stau-ra-zió-ne] *s.f.* ristabilimento di una dinastia, di un governo: *la — della monarchia* | (*st.*) periodo della storia europea successivo al congresso di Vienna (1815-1830).
restauro [re-stàu-ro] *s.m.* la tecnica e l'operazione del restaurare edifici, oggetti antichi, opere d'arte: *lavori di —* | la cosa, la parte restaurata: *un — invisibile.*
restio [re-stì-o] *agg.* **1** che non vuole andare avanti, detto di animali da soma o da tiro **2** (*estens.*) si dice di persona riluttante a fare qlco.: *essere — a ubbidire.*
restituibile [re-sti-tu-ì-bi-le] *agg.* che si può restituire: *somma — in rate mensili.*
restituire [re-sti-tu-ì-re] *v.tr.* [*io restituisco, tu restituisci ecc.*] **1** ridare a qlcu. ciò che gli si era tolto o che egli ci aveva dato; rendere: — *a un popolo la libertà* **2** (*fig.*) contraccambiare, ricambiare: — *una visita* **3** (*lett.*) rimettere nello stato di prima; ristabilire: — *qlcu. nel proprio grado.*
restitutivo [re-sti-tu-tì-vo] *agg.* che ha la funzione di restituire alla condizione originaria: *chirurgia plastica restitutiva.*
restituzione [re-sti-tu-zió-ne] *s.f.* **1** il restituire, l'essere restituito: — *di un deposito* **2** (*lett.*) ristabilimento: — *sul trono di un re* | — *di un testo,* (*filol.*) ristabilimento della sua forma originaria.
resto [rè-sto] *s.m.* **1** quello che resta di un tutto dopo aver sottratto una parte; ciò che manca per completare qlco.; rimanenza: *finire il — del lavoro* | *del —,* per altro, d'altronde **2** la differenza in denaro tra la somma pagata e il prezzo della cosa acquistata: *prendere il —* **3** (*mat.*) il risultato della sottrazione | nella divisione di due numeri interi di cui uno non sia multiplo dell'altro, numero che aggiunto al prodotto del divisore per il quoziente dà il dividendo **4** *pl.* avanzi: *i resti della cena; i resti mortali,* la salma, il cadavere | vestigia, rovine: *i resti di un antico tempio.*
restringere [re-strìn-ge-re] *v.tr.* [coniugato come *stringere*] **1** stringere, raccogliere in più breve spazio; ridurre a minor larghezza o misura: — *un vestito* | (*estens.*) infittire, addensare: *far — il sugo* | (*pop.*) avere potere astringente **2** (*fig.*) ridurre, limitare: — *le spese* ♦ **restringersi** *v.rifl.* o *intr.pron.* diminuire di misura, di estensione, di ampiezza: *una stoffa che, lavata, si restringe.*
restringimento [re-strin-gi-mén-to] *s.m.* il restringere, il restringersi, l'essere ristretto | punto in cui qlco. si restringe: *il — di una conduttura.*
restrittivo [re-strit-tì-vo] *agg.* che restringe, che serve a restringere, a limitare: *provvedimento —* □ **restrittivamente** *avv.*
restrizione [re-stri-zió-ne] *s.f.* il restringere, l'essere ristretto: — *della libertà* | — *mentale,* riserva mentale su quanto si afferma.
restyling [/ re'stailiŋ /] *s.m. invar.* (*ingl.*) modifica del disegno di un prodotto industriale per migliorarne l'estetica, senza cambiarne la funzionalità.
resurrezione [re-sur-re-zió-ne], o **risurrezione**, *s.f.* **1** il ritornare alla vita dopo la morte: *la — di Cristo* **2** (*estens.*) il rivivere, il ricostituirsi, il riapparire: *la — di un'ideologia.*
resuscitare → **risuscitare**.
retablo [/ re'tablo /] *s.m.invar.* (*sp.*) grande ancona con scomparti dipinti alternati a scomparti in rilievo, inquadrata in una cornice architettonica molto elaborata; si diffuse a partire dal sec. XIV in Spagna.
retaggio [re-tàg-gio] *s.m.* (*lett.*) eredità spirituale: *il glorioso — di Roma.*
retata [re-tà-ta] *s.f.* **1** gettata di una rete da pesca; la quantità di pesce che si prende in una gettata: *una — di cefali* **2** (*fig.*) cattura di più persone, da parte della polizia, in un'unica operazione: *fare una —.*
rete [ré-te] *s.f.* **1** attrezzo costituito da fili di fibre tessili intrecciati, usato per catturare uccelli, pesci, animali selvatici: — *da pesca; gettare le reti* | (*fig.*) inganno, agguato: *cadere nella — dell'avversario.* DIM. *retina, retino* (m.) **2** (*estens.*) qualunque oggetto, di qualsiasi materiale, costituito da un intreccio di maglie: — *metallica,* formata di fili metallici, usata per ripari e recinzioni | — *del letto,* quella a maglie d'acciaio su cui poggia il materasso **3** barriera rettangolare di filato, usata in alcuni sport per dividere le due metà del

campo: *la — del tennis, della pallavolo* | nel calcio, nell'hockey ecc., quella collocata dietro ciascuna delle due porte; il punto realizzato, goal | nei circhi, quella tesa sotto i trapezi degli acrobati, per trattenerli in caso di caduta: *senza —*, senza protezione **4** (*fig.*) insieme di linee reali o ideali che s'incrociano: *la — ferroviaria di un paese* **5** (*fig.*) struttura complessa e articolata facente capo a un centro: *una — di spionaggio* **6** (*telecom.*) canale di comunicazioni radiotelevisive: *le reti private* | *— telematica*, sistema di interconnessione a distanza, per ricevere e trasmettere dati; network **7** (*inform.*) sistema integrato costituito dal collegamento di elaboratori e terminali.

reticella [re-ti-cèl-la] *s.f.* sorta di cuffia traforata di filo di cotone o altro materiale che un tempo si portava per ornamento o per trattenere i capelli.

reticente [re-ti-cèn-te] *agg.* si dice di persona che tace con intenzione qlco. che sa e che dovrebbe dire: *testimone —* | (*estens.*) proprio di chi è reticente; riluttante: *risposta —*.

reticenza [re-ti-cèn-za] *s.f.* l'essere reticente; atteggiamento di chi è reticente: *parlare senza reticenze*, schiettamente.

reticolare [re-ti-co-là-re] *agg.* che è fatto a reticolo, che ha forma di reticolo: *struttura —*.

reticolato [re-ti-co-là-to] *agg.* disegnato a forma di reticolo: *tessuto —* ♦ *s.m.* **1** graticcio di fili metallici intrecciati a rete: *circondare il giardino con un —* **2** disegno a forma di rete: *— geografico*, la rete dei meridiani e dei paralleli, come appare sulle carte geografiche.

reticolo [re-tì-co-lo] *s.m.* intreccio di fili o di linee a forma di rete; reticolato.

retina[1] [rè-ti-na] *s.f.* (*anat.*) tunica interna del globo oculare, costituita da una sottilissima membrana trasparente formata da cellule nervose e dai recettori della vista collegati al nervo ottico.

retina[2] [re-tì-na] *s.f.* sottile rete di nylon o altro materiale, usata per tenere a posto i capelli.

retinico [re-tì-ni-co] *agg.* [pl.m. *-ci*] (*anat.*) della rètina.

retinite [re-ti-nì-te] *s.f.* (*med.*) infiammazione della retina.

retino [re-tì-no] *s.m.* **1** piccola rete a sacco, a maglie strette, per catturare piccoli animali o raccogliere organismi per ricerche biologiche: *— da farfalle* **2** in varie tecnologie, schermo reticolato che si inserisce fra due elementi con funzione di filtro.

retore [rè-to-re] *s.m.* **1** nel mondo greco-romano, oratore **2** (*spreg.*) chi, nel parlare e nello scrivere, usa espressioni ampollose, enfatiche.

retorica [re-tò-ri-ca] *s.f.* **1** l'arte del parlare e dello scrivere per persuadere un uditorio; eloquenza **2** (*spreg.*) modo di parlare e di scrivere vuoto e ampolloso: *un discorso pieno di —*.

retorico [re-tò-ri-co] *agg.* [pl.m. *-ci*] **1** della retorica; conforme ai dettami della retorica: *insegnamento —* | *figura retorica*, procedimento stilistico che accresce l'efficacia di un discorso | *domanda retorica*, (*gramm.*) la cui risposta è scontata **2** (*spreg.*) ampolloso, vacuo: *stile —* □ **retoricamente** *avv.*

retrattile [re-tràt-ti-le] *agg.* che si può tirare indietro o dentro: *artigli retrattili*.

retrattilità [re-trat-ti-li-tà] *s.f.* l'essere retrattile.

retribuire [re-tri-bu-ì-re] *v.tr.* [*io retribuisco, tu retribuisci ecc.*] dare un compenso per una prestazione; pagare: *— un operaio* | (*fig.*) ricompensare, premiare: *il Signore vi retribuisca*.

retributivo [re-tri-bu-tì-vo] *agg.* della retribuzione: *aumento —*.

retribuzione [re-tri-bu-zió-ne] *s.f.* **1** il retribuire | il compenso spettante a chi svolge un lavoro per altri **2** (*fig.*) ricompensa, premio.

retrivo [re-trì-vo] *agg.* e *s.m.* [f. *-a*] che/chi è insensibile al progresso culturale e sociale, o vi si oppone per ignoranza; retrogrado: *idee retrive*.

retro [rè-tro] *avv.* (*lett.*) dietro, indietro ♦ *s.m.* la parte posteriore di qlco.: *il — della bottega*.

rétro [/ re'tro /] *agg.invar.* (*fr.*) ispirato al recente passato, ma non all'antico: *moda —*.

retro- primo elemento di parole composte, che indica movimento all'indietro o posizione arretrata nello spazio o nel tempo (*retroattivo, retrogrado*).

retroattività [re-tro-at-ti-vi-tà] *s.f.* (*dir.*) l'essere retroattivo.

retroattivo [re-tro-at-tì-vo] *agg.* che estende i suoi effetti al passato: *effetto —* | *legge retroattiva*, (*dir.*) che si applica anche a situazioni sorte prima della sua entrata in vigore □ **retroattivamente** *avv.* con effetto retroattivo.

retrobocca [re-tro-bóc-ca] *s.m.invar.* parte posteriore della cavità orale; faringe.

retrobottega [re-tro-bot-té-ga] *s.m.invar.* stanza dietro una bottega adibita a deposito di materiale o a laboratorio.

retrocarica [re-tro-cà-ri-ca] *s.f.* solo nella loc. avv. *a —*, detto di armi che si caricano dalla parte posteriore della canna.

retrocedere [re-tro-cè-de-re] *v.intr.* [pres. *io retrocèdo ecc.*; pass.rem. *io retrocèssi* o *retrocedèi* o *retrocedètti, tu retrocedésti ecc.*; part.pass. *retrocèsso* o *retroceduto*; aus. *essere*] indietreggiare, recedere: *— in serie B* ♦ *v.tr.* far tornare indietro nel grado, nella posizione.

retrocessione [re-tro-ces-sió-ne] *s.f.* **1** il retrocedere, il venire retrocesso | punizione inflitta ai militari per gravi mancanze, consistente nel retrocederli al grado inferiore **2** (*sport*) passaggio di una squadra da una serie superiore a una inferiore.

retrocucina [re-tro-cu-cì-na] *s.m.invar.* locale retrostante la cucina e in comunicazione con essa, di solito adibito a dispensa.

retrodatare [re-tro-da-tà-re] *v.tr.* **1** (*burocr.*) contrassegnare con una data anteriore a quella reale: *— un contratto* **2** attribuire a un'opera letteraria, artistica ecc., una data anteriore a quella fino ad allora ritenuta vera.

retrodatazione [re-tro-da-ta-zió-ne] *s.f.* il retrodatare, l'essere retrodatato.

retrofit [/ ˈretrofit /] *s.m.invar.* (*ingl.*) filtro applicabile alle marmitte degli autoveicoli, per catalizzare i gas di scarico nocivi convertendoli in ossigeno e azoto.

retroflessione [re-tro-fles-sió-ne] *s.f.* flessione all'indietro | — *dell'utero*, (*med.*) posizione anomala dell'utero per cui ha l'apertura rivolta all'indietro.

retroflesso [re-tro-flès-so] *agg.* caratterizzato da retroflessione: *utero* —.

retrogrado [re-trò-gra-do] *agg.* **1** che cammina, che va all'indietro | *moto* —, (*astr.*) moto apparente dei pianeti che avviene in senso contrario a quello del Sole sull'eclittica **2** (*fig.*) contrario al progresso; retrivo: *idee retrograde* | Usato anche come *s.m.* [f. *-a*]: *essere un* —.

retroguardia [re-tro-guàr-dia] *s.f.* **1** (*mil.*) reparto di un esercito in marcia, con compiti di difesa in caso di attacchi alle spalle | nel calcio, l'insieme dei giocatori della difesa **2** (*fig.*) posizione di arretratezza ideologica, politica, culturale; il complesso delle persone in tale posizione.

retrogusto [re-tro-gù-sto] *s.m.* il gusto lasciato in bocca da un cibo o da una bevanda, diverso da quello percepito all'assaggio: *un vino dal — fruttato.*

retromarcia [re-tro-màr-cia] *s.f.* [pl. *-ce*] marcia all'indietro di un veicolo: *innestare la* — | *fare* —, fare marcia indietro (anche *fig.*): *fare — su una decisione.*

retrorazzo [re-tro-ràʒ-ʒo] *s.m.* razzo sistemato su un veicolo spaziale per produrre una spinta opposta alla direzione del moto; razzo frenante.

retroscena [re-tro-scè-na] *s.f.* (*teat.*) parte del palcoscenico che sta dietro la scena ed è invisibile agli spettatori ♦ *s.m.invar.* fatti non noti che sono dietro un fatto noto.

retrospettiva [re-tro-spet-tì-va] *s.f.* mostra, rassegna che illustra le varie fasi dell'evoluzione di un artista o di un movimento culturale, artistico: *una — di Chaplin, dell'astrattismo.*

retrospettivo [re-tro-spet-tì-vo] *agg.* volto all'indietro: *sguardo* — □ **retrospettivamente** *avv.*

retrostante [re-tro-stàn-te] *agg.* si dice di luogo che sta dietro a un altro: *giardino — alla casa.*

retroterra [re-tro-tèr-ra] *s.m.invar.* **1** regione che si trova immediatamente nell'interno rispetto a una zona costiera: *il — di Genova* **2** (*fig.*) l'insieme degli interessi che fanno da sfondo a un'attività | complesso di fattori che costituiscono le basi di un evento, un fenomeno, un processo: *il — culturale dei movimenti giovanili.*

retroversione [re-tro-ver-sió-ne] *s.f.* **1** rivolgimento all'indietro **2** traduzione nella lingua originale di un testo già tradotto in altra lingua: *esercizio di* —.

retrovia [re-tro-vì-a] *s.f.* (spec. *pl.*) **1** (*mil.*) zona retrostante al fronte, nella quale si organizzano i servizi, i rifornimenti e i rinforzi | (*sport*) la zona del campo dove opera la difesa **2** (*fig.*) zona in cui si trovano gli ultimi di una serie, di una graduatoria.

retrovirus [re-tro-vì-rus] *s.m.invar.* (*biol.*) virus il cui materiale genetico è composto da RNA invece che da DNA; può provocare stati di immunodepressione (come nel caso dell'AIDS).

retrovisivo [re-tro-vi-ʃì-vo] *agg.* che serve a vedere all'indietro: *specchietto* —, quello montato sui veicoli.

retrovisore [re-tro-vi-ʃó-re] *s.m.* nei veicoli, specchietto retrovisivo: — *esterno* | Usato anche come *agg.*: *specchietto* —.

retta[1] [rèt-ta] *s.f.* solo nella loc. *dar* —, dare ascolto, prestare attenzione: *mi vuoi dar — un minuto?* | prestare fiducia, credito: *dar — a tutto quel che si dice* | ascoltare i consigli: *dai — a tuo padre!*

retta[2] *s.f.* somma che si paga, di solito ogni mese, per il vitto e l'alloggio in collegi o pensioni.

retta[3] *s.f.* (*geom.*) la linea più breve che unisce due punti prolungata indefinitamente nei due sensi.

rettale [ret-tà-le] *agg.* (*anat.*, *med.*) che riguarda l'intestino retto: *spasmo* —.

rettangolare [ret-tan-go-là-re] *agg.* che ha forma di rettangolo: *tavolo* —.

rettangolo [ret-tàn-go-lo] *agg.* si dice di ogni figura geometrica che ha uno o più angoli retti: *triangolo* — ♦ *s.m.* **1** (*geom.*) quadrangolo con i quattro angoli retti e ogni lato uguale al suo opposto, ma diverso dal consecutivo **2** — *di gioco*, (*sport*) il campo su cui si gioca.

rettifica [ret-tì-fi-ca] *s.f.* **1** il rendere retto; il raddrizzare, l'essere raddrizzato **2** ciò che corregge, modifica quanto è fatto in precedenza | nel giornalismo, correzione di una notizia inesatta pubblicata precedentemente **3** (*mecc.*) molatura a cui si sottopongono pezzi meccanici per ottenere un'elevata precisione.

rettificabile [ret-ti-fi-cà-bi-le] *agg.* che si può rettificare.

rettificare [ret-ti-fi-cà-re] *v.tr.* [*io rettìfico, tu rettìfichi ecc.*] **1** rendere retto, dare a qlco. l'aspetto di una retta; raddrizzare: — *il corso di un fiume* **2** (*fig.*) correggere, modificare precisando: — *un'affermazione* **3** (*mecc.*) sottoporre a rettifica: — *un pezzo* **4** (*chim.*) sottoporre a rettificazione.

rettificato [ret-ti-fi-cà-to] *s.m.* (*chim.*) si dice di prodotto ottenuto mediante rettificazione: *benzina rettificata.*

rettificazione [ret-ti-fi-ca-zió-ne] *s.f.* **1** il rettificare, l'essere rettificato **2** (*chim.*) distillazione di liquidi ottenuta in un'apparecchiatura munita di colonna con riflusso.

rettifilo [ret-ti-fi-lo] *s.m.* tratto di strada rettilineo.

rettilario [ret-ti-là-rio] *s.m.* complesso di ambienti chiusi da vetrine in cui si conservano rettili vivi per lo studio; reparto dello zoo in cui sono mostrati rettili vivi.

rettile [rèt-ti-le] *s.m.* 1 ciascun animale appartenente alla classe dei rettili 2 (*spreg.*) persona ipocrita, infida; serpente.

rettili [rèt-ti-li] *s.m.pl.* (*zool.*) classe di vertebrati a sangue freddo e respirazione polmonare, diffusi nei climi caldi e temperati, con corpo ricoperto di squame cornee o placche ossee; essendo privi di arti o dotati di quattro zampe molto corte, si muovono strisciando.

rettilineo [ret-ti-lì-ne-o] *agg.* 1 che è in linea retta, che procede in linea retta: *pista rettilinea* 2 (*fig.*) retto, onesto, coerente: *una comportamento* — ♦ *s.m.* tratto di strada rettilineo; rettifilo.

rettitudine [ret-ti-tù-di-ne] *s.f.* l'essere retto; onestà, dirittura morale: *agire con* —.

retto [rèt-to] *agg.* 1 diritto: *linea retta* 2 (*fig.*) onesto, leale: *un uomo* —; *la retta via*, il comportarsi in modo onesto, morale 3 (*fig.*) esatto, corretto: *la retta pronuncia di una parola* 4 *angolo* —, (*geom.*) quello di 90 gradi 5 *casi retti*, (*gramm.*) il nominativo e l'accusativo 6 *intestino* —, (*anat.*) l'ultimo tratto dell'intestino crasso che si estende dal sigma allo sfintere anale ♦ *s.m.* 1 ciò che è giusto, onesto 2 la faccia anteriore di un foglio, di una moneta; recto 3 (*anat.*) intestino retto □ **rettamente** *avv.* 1 con rettitudine: *vivere* — 2 in modo corretto: *interpretare — il senso di un brano.*

rettorato [ret-to-rà-to] *s.m.* dignità, ufficio del rettore | edificio in cui hanno sede gli uffici del rettore.

rettore [ret-tó-re] *s.m.* 1 chi dirige una comunità, un istituto; il professore a capo di un'università: *il — dell'università di Milano* 2 (*eccl.*) sacerdote a cui è affidata una chiesa non parrocchiale: *il — di un santuario* | il laico che presiede una confraternita 3 (*lett.*) chi governa.

rettoscopia [ret-to-sco-pì-a] *s.f.* (*med.*) ispezione del retto mediante rettoscopio.

rettoscopio [ret-to-scò-pio] *s.m.* (*med.*) sonda ottica per osservare le pareti interne dell'intestino retto.

reuma [rèu-ma] *s.m.* [pl. *-mi*] (*med.*) dolore di natura reumatica.

reumatico [reu-mà-ti-co] *agg.* [pl.m. *-ci*] (*med.*) del reumatismo; che causa il reumatismo: *agenti reumatici.*

reumatismo [reu-ma-tì-ʃmo] *s.m.* (*med.*) termine generico che indica un complesso di affezioni dolorose che colpiscono le articolazioni, i muscoli, i tendini e le ossa.

reumatoide [reu-ma-tòi-de] *agg.* (*med.*) che ha natura, origine reumatica: *artrite* —.

reumatologia [reu-ma-to-lo-gì-a] *s.f.* branca della medicina che studia le patologie reumatiche e le relative terapie.

reumatologo [reu-ma-tò-lo-go] *s.m.* [f. *-a*; pl.m. *-gi*] (*med.*) specialista in reumatologia.

revanscismo [re-van-scì-ʃmo] *s.m.* atteggiamento politico nazionalistico che persegue una rivincita dopo una guerra perduta: *il — tedesco dopo la prima guerra mondiale.*

revanscista [re-van-scì-sta] *s.m.* e *f.* [pl.m. *-sti*] fautore, sostenitore del revanscismo | Usato anche come *agg.* in luogo di *revanscistico.*

revanscistico [re-van-scì-sti-co] *agg.* [pl.m. *-ci*] proprio del revanscismo o dei revanscisti: *spirito* —.

reverendo [re-ve-rèn-do] *agg.* (*eccl.*) titolo attribuito ai membri del clero e degli ordini religiosi: *il — padre* ♦ *s.m.* (*fam.*) sacerdote: *vorrei parlare al* —.

reverenziale [re-ve-ren-zià-le] *agg.* che esprime riverenza; dato, fatto per riverenza: *omaggio* — | provocato da un sentimento di riverenza, di rispetto: *timore* —.

rêverie [/ re' vri /] *s.f.invar.*(*fr.*) 1 sogno, fantasticheria 2 opera artistica di carattere sognante, fantastico: *una — musicale.*

reversale [re-ver-sà-le] *s.f.* (*burocr.*) documento in base al quale viene assunta la responsabilità di qlco. all'atto della consegna: *— di cassa.*

reversibile [re-ver-sì-bi-le] *agg.* 1 si dice di rapporto o fenomeno che può essere invertito: *processo* — 2 (*dir.*) si dice di pensione che alla morte del beneficiario può essere corrisposta a suoi congiunti 3 (*fis.*) si dice di processi fisici che possono verificarsi in un senso temporale inverso 4 (*med.*) si dice di stato patologico che può regredire.

reversibilità [re-ver-si-bi-li-tà] *s.f.* l'essere reversibile | *pensione di* —, (*dir.*) pensione reversibile.

reversina [re-ver-sì-na] *s.f.* (*region.*) parte alta del lenzuolo che si ripiega sulle coperte.

revisionare [re-vi-ʃio-nà-re] *v.tr.* [*io reviʃióno ecc.*] sottoporre a revisione: *— un motore.*

revisione [re-vi-ʃió-ne] *s.f.* 1 esame fatto allo scopo di correggere o di controllare qlco.: *— di un motore, di una legge* | *— contabile*, (*comm.*) controllo della regolare gestione della contabilità di società per azioni 2 (*dir.*) mezzo straordinario di impugnazione delle sentenze penali di condanna divenute definitive.

revisionismo [re-vi-ʃio-ni-ʃmo] *s.m.* tendenza a cambiare uno stato di cose, un ordine precostituito, i principi di un'ideologia.

revisionista [re-vi-ʃio-nì-sta] *s.m.* e *f.* [pl.m. *-sti*] chi sostiene il revisionismo | Usato anche come *agg.* in luogo di *revisionistico.*

revisionistico [re-vi-ʃio-nì-sti-co] *agg.* [pl.m. *-ci*] che concerne il revisionismo o i revisionisti: *tendenza revisionistica.*

revisore [re-vi-ʃó-re] *s.m.* chi è addetto a una revisione: *— di conti.*

revival [/ re' vaival /] *s.m.invar.* (*ingl.*) ritorno in voga di usi, costumi, tendenze della moda o dell'arte di un passato non lontano: *il — degli anni Settanta.*

reviviscenza [re-vi-vi-scèn-za] *s.f.* il riprendere vita; il divenire di nuovo attuale: *la — di un sentimento.*

revoca [rè-vo-ca] *s.f.* il revocare, l'essere revocato: *— di una nomina.*

revocabile [re-vo-cà-bi-le] *agg.* che può essere revocato.
revocabilità [re-vo-ca-bi-li-tà] *s.f.* l'essere revocabile.
revocare [re-vo-cà-re] *v.tr.* [*io rèvoco, tu rèvochi ecc.*] disdire, annullare: — *un decreto* | (*burocr.*) rimuovere qlcu. da un ufficio, da un incarico: — *un funzionario.*
revocativo [re-vo-ca-tì-vo] *agg.* atto a revocare; che costituisce una revoca: *provvedimento* —.
revocatorio [re-vo-ca-tò-rio] *agg.* che serve a revocare o a ottenere la revoca: *provvedimento* —.
revolver [/ re'vɔlver /] *s.m.invar.* (*ingl.*) rivoltella.
revolverata [re-vol-ve-rà-ta] *s.f.* colpo di revolver; rivoltellata: *prendere a revolverate qlcu.*
revulsione [re-vul-sió-ne], o **rivulsione**, *s.f.* (*med.*) aumento di afflusso sanguigno nei tessuti superficiali, provocato con particolari sostanze (revulsivi), per attivare i processi reattivi o decongestionare organi sottostanti.
revulsivo [re-vul-sì-vo], o **rivulsivo**, *agg.* e *s.m.* (*med.*) si dice di medicamento che provoca revulsione.
Rh [/ erre'akka /] *s.m.invar.* (*biol.*) fattore antigene che può essere presente o assente sulla membrana dei globuli rossi del sangue: — *negativo.*
rho [/ rɔ /], o **ro**, *s.m.invar.* nome della diciassettesima lettera dell'alfabeto greco, corrispondente a *r* nei caratteri latini.
rhum → **rum**.
rhythm and blues [/ ritmɛnd'bluz /] *loc. sost.m.invar.* (*ingl.*) musica popolare afroamericana dalla quale è derivato il rock and roll.
ri-, o **ra-**, **ria-**, **rin-**, prefisso di verbi e derivati da verbi che esprime ripetizione, duplicazione (*rivedere, riaccendere*) o ritorno a una fase anteriore e quindi azione opposta (*riacquistare, risanare, ritrovare*); può avere valore intensivo (*ritornare*) o dare un significato nuovo al verbo originario (*ricavare*); in alcuni casi ha solo funzione derivativa (*ribassare* da *basso*). Può alternarsi con *re-*, che allora dà luogo a una forma più dotta e letteraria (*rimunerare* e *remunerare*). Davanti a vocale *ri-* può ridursi a *r-*; davanti al prefisso *a-*, può ridursi a *ra-* (*raffreddare*), o fondersi in *ria-* (*riaccendere*); davanti al prefisso *in-* può ridursi a *rin-* (*rimpiangere, rinchiudere*).
riabbracciare [ri-ab-brac-cià-re] *v.tr.* [*io riabbràccio ecc.*] abbracciare di nuovo, soprattutto dopo una lunga assenza: *spero di riabbracciarvi presto* ♦ **riabbracciarsi** *v.rifl.rec.* abbracciarsi di nuovo dopo lungo tempo: *dopo tanti anni poterono* —.
riabilitante [ri-a-bi-li-tàn-te] *agg.* di riabilitazione, che serve a riabilitare: *terapia* —.
riabilitare [ri-a-bi-li-tà-re] *v.tr.* [*io riabìlito ecc.*] **1** rendere nuovamente capace di normale attività; rieducare: — *un arto leso* **2** (*dir.*) ridare a qlcu. i diritti che aveva perduto per una condanna **3** (*fig.*) rendere la stima, l'onore a chi li abbia perduti; redimere: *il suo comportamento lo ha riabilitato* **4** ricostruire, ripristinare: — *un impianto* ♦ **riabilitarsi** *v.rifl.* riacquistare la pubblica stima; redimersi: — *agli occhi di tutti.*
riabilitativo [ri-a-bi-li-ta-tì-vo] *agg.* atto a riabilitare: *trattamento* —.
riabilitazione [ri-a-bi-li-ta-zió-ne] *s.f.* il riabilitare, il riabilitarsi, l'essere riabilitato.
riabituare [ri-a-bi-tu-à-re] *v.tr.* [*io riabìtuo ecc.*] far abituare di nuovo: — *qlcu. al lavoro* ♦ **riabituarsi** *v.rifl.* abituarsi di nuovo, riprendere un'abitudine: — *a fare del moto.*
riaccadere [ri-ac-ca-dé-re] *v.intr.* [coniugato come *cadere*; aus. *essere*] accadere di nuovo.
riaccendere [ri-ac-cèn-de-re] *v.tr.* [coniugato come *accendere*] accendere di nuovo: — *un antico rancore* ♦ **riaccendersi** *v.intr.pron.* accendersi di nuovo.
riacciuffare [ri-ac-ciuf-fà-re] *v.tr.* acciuffare di nuovo: *il ladro fu subito riacciuffato.*
riaccompagnare [ri-ac-com-pa-gnà-re] *v.tr.* accompagnare di nuovo; accompagnare a propria volta la persona da cui si era stati accompagnati: *ti riaccompagno a casa.*
riaccostare [ri-ac-co-stà-re] *v.tr.* [*io riaccòsto ecc.*] accostare di nuovo, richiudere: — *la porta* ♦ **riaccostarsi** *v.rifl.* o *intr.pron.* accostarsi di nuovo, riavvicinarsi (anche *fig.*): — *alla fede.*
riacquistare [ri-ac-qui-stà-re] *v.tr.* **1** acquistare di nuovo: *ha riacquistato la casa che aveva venduto* **2** recuperare ciò che si era perduto: — *la salute.*
riacutizzare [ri-a-cu-tiʒ-ʒà-re] *v.tr.* acutizzare di nuovo: — *un contrasto* ♦ **riacutizzarsi** *v.intr.pron.* acutizzarsi nuovamente: *il male si è riacutizzato.*
riadattare [ri-a-dat-tà-re] *v.tr.* adattare di nuovo | adattare, sistemare in vista di un nuovo uso: — *un vestito* ♦ **riadattarsi** *v.rifl.* adattarsi nuovamente: — *a un ambiente.*
riaddormentare [ri-ad-dor-men-tà-re] *v.tr.* [*io riaddorménto ecc.*] addormentare di nuovo ♦ **riaddormentarsi** *v.intr.pron.* addormentarsi di nuovo dopo essersi svegliati.
riaffacciare [ri-af-fac-cià-re] *v.tr.* [*io riaffàccio ecc.*] affacciare di nuovo: — *una proposta* ♦ **riaffacciarsi** *v.rifl.* o *intr.pron.* affacciarsi di nuovo: *ricordo che si riaffaccia alla mente.*
riaffermare [ri-af-fer-mà-re] *v.tr.* [*io riafférmo ecc.*] affermare di nuovo e con più forza: — *un rifiuto* ♦ **riaffermarsi** *v.rifl.* dare nuovamente prova delle proprie capacità: *si è riaffermato come uno dei migliori attori.*
riaffiorare [ri-af-fio-rà-re] *v.intr.* [*io riaffióro ecc.*; aus. *essere*] affiorare di nuovo | rivelarsi nuovamente; tornare alla memoria.
riagganciare [ri-ag-gan-cià-re] *v.tr.* [*io riaggàncio ecc.*] agganciare di nuovo ♦ **riagganciarsi** *v.rifl.* o *intr.pron.* riallacciarsi: — *alla tradizione.*
riallacciare [ri-al-lac-cià-re] *v.tr.* [*io riallàccio ecc.*] allacciare di nuovo: — *una relazione* ♦ **rial-**

lacciarsi *v.rifl.* o *intr.pron.* riconnettersi, ricollegarsi: — *al passato.*

riallineamento [ri-al-li-nea-mén-to] *s.m.* (*econ.*) in un sistema di cambi fissi, nuovo allineamento tra le monete, rispetto a una moneta base, in conseguenza del mutamento di valutazione di una di esse.

rialto [ri-àl-to] *s.m.* luogo rialzato rispetto al terreno circostante; altura, prominenza.

rialzare [ri-al-zà-re] *v.tr.* **1** alzare di nuovo **2** sollevare qlco. o qlcu. che sia caduto a terra o che si trovi in basso (anche *fig.*): — *qlcu. dalla miseria* | — *la testa*, (*fig.*) riprendere coraggio **3** rendere più alto: — *un edificio* **4** far aumentare: — *i prezzi* ♦ *v.intr.* [aus. *essere*] aumentare, crescere di prezzo: *l'oro tende a* — ♦ **rialzarsi** *v.rifl.* o *intr.pron.* **1** alzarsi di nuovo **2** sollevarsi (anche *fig.*): — *da una disgrazia* **3** aumentare, crescere: *la febbre si è rialzata.*

rialzato [ri-al-zà-to] *agg.* sollevato dal suolo: *piano* —, il piano di un edificio di poco sopraelevato rispetto al livello stradale; mezzanino.

rialzista [ri-al-zì-sta] *s.m.* e *f.* [pl.m. *-sti*] in borsa, chi gioca al rialzo, chi promuove il rialzo delle quotazioni dei titoli.

rialzo [ri-àl-zo] *s.m.* **1** aumento di prezzo, di valore (opposto a *ribasso*): — *dei generi alimentari* | *giocare al* —, in borsa, acquistare a termine, confidando di vendere alla scadenza a un prezzo maggiore; (*fig.*) avanzare richieste superiori a quelle della controparte **2** parte rialzata, elemento sporgente: *un — del terreno* **3** elemento aggiuntivo che serve a rialzare qlco.: *il — dell'armadio.*

riamare [ri-a-mà-re] *v.tr.* contraccambiare l'amore di qlcu.: *amare ed essere riamati.*

riammettere [ri-am-mét-te-re] *v.tr.* [coniugato come *mettere*] ammettere di nuovo dopo un periodo di allontanamento: — *alle lezioni uno studente sospeso.*

riammissione [ri-am-mis-sió-ne] *s.f.* il riammettere, l'essere riammesso: *ottenere la — in una squadra.*

riandare [ri-an-dà-re] *v.intr.* [coniugato come *andare*; aus. *essere*] andare di nuovo: — *con la memoria al passato.*

rianimare [ri-a-ni-mà-re] *v.tr.* [*io riànimo ecc.*] **1** far rinvenire, restituire le forze a qlcu.: *quel sorso di liquore lo ha rianimato* **2** (*fig.*) infondere di nuovo coraggio e fiducia: *le sue parole lo rianimarono* ♦ **rianimarsi** *v.intr.pron.* **1** riprendere i sensi, riaversi **2** (*fig.*) riprendere vita e movimento: *al mattino la città si rianima* | riprendere coraggio, fiducia: *parlando con gli amici, si rianimò.*

rianimazione [ri-a-ni-ma-zió-ne] *s.f.* (*med.*) insieme di interventi (respirazione artificiale, stimolazione cardiaca ecc.) atti a ristabilire funzioni vitali compromesse: *camera di* —.

riannodare [ri-an-no-dà-re] *v.tr.* [*io riannòdo ecc.*] annodare di nuovo (anche *fig.*): — *un'amicizia.*

riapertura [ri-a-per-tù-ra] *s.f.* **1** il riaprire, il riaprirsi, l'essere riaperto **2** momento in cui un luogo, un istituto riapre al pubblico; ripresa di un'attività: — *della caccia.*

riappacificare → **rappacificare**.

riapparire [ri-ap-pa-rì-re] *v.intr.* [coniugato come *apparire*; aus. *essere*] apparire di nuovo; ricomparire.

riapparizione [ri-ap-pa-ri-zió-ne] *s.f.* il riapparire; ricomparsa: — *in pubblico.*

riappropriarsi [ri-ap-pro-priàr-si] *v.intr.pron.* [*io mi riappròprio ecc.*] riprendere materialmente o moralmente ciò di cui si era stati privati: — *della libertà.*

riappropriazione [ri-ap-pro-pria-zió-ne] *s.f.* il riappropriarsi di qlco.

riaprire [ri-a-prì-re] *v.tr.* [coniugato come *aprire*] **1** aprire di nuovo | — *una piaga*, (*fig.*) rinnovare un dolore **2** rendere di nuovo accessibile al pubblico un luogo: — *un museo* | riprendere un'attività dopo un'interruzione: — *le indagini* ♦ *v.intr.* [aus. *avere*] riprendere l'attività: *a che ora riaprono le banche?* ♦ **riaprirsi** *v.intr.pron.* aprirsi di nuovo | riprendere: *le trattative si sono riaperte ieri.*

riarmare [ri-ar-mà-re] *v.tr.* **1** armare di nuovo: — *l'esercito* **2** provvedere nuovamente di armatura: — *un ponte* **3** attrezzare di nuovo, rimettere in efficienza: — *una nave* ♦ **riarmarsi** *v.rifl.* armarsi di nuovo, provvedersi nuovamente di armi: *le grandi potenze si riarmano.*

riarmo [ri-àr-mo] *s.m.* il riarmare, il riarmarsi militarmente (contrapposto a *disarmo*): *corsa al* —, l'aumento progressivo dei mezzi militari da parte di uno stato.

riarso [ri-àr-so] *agg.* bruciato; secco, arido: *pianura riarsa.*

riascoltare [ri-a-scol-tà-re] *v.tr.* [*io riascólto ecc.*] ascoltare di nuovo; ascoltare una registrazione.

riassaporare [ri-as-sa-po-rà-re] *v.tr.* [*io riassapóro ecc.*] assaporare di nuovo (anche *fig.*): — *la libertà.*

riassestare [ri-as-se-stà-re] *v.tr.* [*io riassèsto ecc.*] assestare di nuovo; rimettere in sesto, in ordine: — *il bilancio di un'azienda* ♦ **riassestarsi** *v.rifl.* o *intr.pron.* rimettersi in sesto; subire un nuovo assestamento.

riassettare [ri-as-set-tà-re] *v.tr.* [*io riassètto ecc.*] rimettere in assetto, in ordine: — *la casa* ♦ **riassettarsi** *v.rifl.* rimettersi in ordine nella persona.

riassetto [ri-as-sèt-to] *s.m.* il riassettare; nuovo assetto, nuovo ordinamento: — *delle carriere.*

riassicurazione [ri-as-si-cu-ra-zió-ne] *s.f.* (*dir.*) contratto in base al quale l'assicuratore si garantisce presso un altro assicuratore dei rischi assunti nei confronti dell'assicurato.

riassorbimento [ri-as-sor-bi-mén-to] *s.m.* il riassorbire, il riassorbirsi, l'essere riassorbito (anche *fig.*): — *della manodopera.*

riassorbire [ri-as-sor-bì-re] *v.tr.* [*io riassòrbo ecc.* (o *io riassorbisco, tu riassorbisci ecc.*)] assorbire di nuovo; assorbire completamente ♦ **riassorbirsi**

v.intr.pron. essere assorbito di nuovo o completamente: *l'acqua si è riassorbita.*
riassumere [ri-as-sù-me-re] *v.tr.* **1** assumere di nuovo: — *il comando* | riprendere alle proprie dipendenze: — *un operaio licenziato* **2** condensare in poche parole; riepilogare, compendiare: — *per sommi capi.*
riassumibile [ri-as-su-mì-bi-le] *agg.* di scritto o discorso, che si può riassumere: *libro — in poche pagine.*
riassuntivo [ri-as-sun-tì-vo] *agg.* che riassume, compendia; che contiene un riassunto: *quadro — della situazione.*
riassunto [ri-as-sùn-to] *s.m.* esposizione in forma sintetica di uno scritto, un discorso, un fatto.
riassunzione [ri-as-sun-zió-ne] *s.f.* l'assumere nuovamente; l'essere riassunto: — *del personale licenziato.*
riattaccare [ri-at-tac-cà-re] *v.tr.* [*io riattacco, tu riattacchi ecc.*] **1** attaccare di nuovo: — *un bottone* | — *il telefono,* (*fam.*) mettere giù il ricevitore interrompendo la comunicazione **2** (*fam.*) riprendere un'azione momentaneamente interrotta: — *a parlare* | (*assol.*) riprendere un turno di lavoro: *gli operai riattaccano all'una* ♦ **riattaccarsi** *v.rifl.* o *intr.pron.* attaccarsi nuovamente.
riattare [ri-at-tà-re] *v.tr.* rimettere una cosa in condizione di essere usata di nuovo, o apportarvi i cambiamenti necessari per adeguarla a nuove esigenze: — *un vestito.*
riattivare [ri-at-ti-và-re] *v.tr.* attivare di nuovo, rimettere in funzione: — *la circolazione del sangue.*
riattivazione [ri-at-ti-va-zió-ne] *s.f.* il riattivare, l'essere riattivato.
riattizzare [ri-at-tiz-zà-re] *v.tr.* attizzare di nuovo: — *una passione.*
riavere [ri-a-vé-re] *v.tr.* [*io riò, tu riai, egli rià,... essi rianno*; nelle altre forme coniugato come *avere*] **1** avere di nuovo: — *fame* **2** riacquistare, recuperare: — *la vista* | avere indietro, in restituzione: — *un libro prestato* | *far* —, (*assol.*) rianimare, far riprendere i sensi: *lo fece — con i sali* ♦ **riaversi** *v.intr.pron.* **1** riacquistare le forze, la salute; riprendere i sensi: — *da uno svenimento* | (*fig.*) riprendere coraggio: — *da un brutto colpo* **2** ritornare in buone condizioni economiche: — *da un dissesto.*
riavvicinamento [ri-av-vi-ci-na-mén-to] *s.m.* il riavvicinare, il riavvicinarsi, l'essere riavvicinato.
riavvicinare [ri-av-vi-ci-nà-re] *v.tr.* avvicinare di nuovo | (*fig.*) riconciliare: — *due amici dopo una lite* ♦ **riavvicinarsi** *v.rifl.* tornare vicino: — *alla famiglia* ♦ *v. rifl.rec.* avvicinarsi di nuovo l'un l'altro | (*fig.*) riconciliarsi.
riavvolgere [ri-av-vòl-ge-re] *v.tr.* [coniugato come *volgere*] avvolgere nuovamente: — *una bobina.*
ribadire [ri-ba-dì-re] *v.tr.* [*io ribadisco, tu ribadisci ecc.*] **1** piegare e ribattere una punta di un chiodo che abbia oltrepassato lo spessore del materiale in cui è stato conficcato, perché faccia maggior presa **2** (*fig.*) avvalorare con nuove ragioni o prove: — *un'accusa* | confermare, ripetere: — *le proprie tesi.*
ribaditura [ri-ba-di-tù-ra] *s.f.* **1** l'operazione del ribadire **2** la parte ripiegata e ribadita.
ribalderia [ri-bal-de-rì-a] *s.f.* l'essere ribaldo: *la — dei bravi di don Rodrigo* | azione da ribaldo: *commettere una —.*
ribaldo [ri-bàl-do] *s.m.* chi vive di attività disoneste, di truffe, rapine; furfante, mascalzone | Usato anche come *agg.*: *una persona ribalda.*
ribalta [ri-bàl-ta] *s.f.* **1** sportello o piano con perni che si può alzare o abbassare: *scrivania a* —, con un piano ribaltabile. DIM. *ribaltina* **2** (*teat.*) asse che, ruotando su perni, veniva alzata per coprire le luci del proscenio; il proscenio stesso: *presentarsi alla* — | *venire alla* —, (*fig.*) divenire noto, aver successo.
ribaltabile [ri-bal-tà-bi-le] *agg.* che si può ribaltare: *sedile —.*
ribaltamento [ri-bal-ta-mén-to] *s.m.* il ribaltare, il ribaltarsi, l'essere ribaltato.
ribaltare [ri-bal-tà-re] *v.tr.* far assumere una posizione opposta a quella normale; capovolgere, mandare sottosopra: — *il sedile di un'auto,* abbassarne lo schienale fino a ottenere un piano orizzontale | (*fig.*) modificare completamente: — *la situazione* ♦ **ribaltarsi** *v.intr.pron.* rivoltarsi, andare sottosopra: *l'automobile si è ribaltata.*
ribaltina [ri-bal-tì-na] *s.f.* mobile con ribalta utilizzato come scrittoio.
ribaltone [ri-bal-tó-ne] *s.m.* (*fam.*) **1** rovesciamento improvviso di un veicolo **2** (*fig.*) improvviso rovescio o dissesto: — *politico.*
ribassare [ri-bas-sà-re] *v.tr.* abbassare, ridurre, diminuire, riferito a prezzi e valori: — *le tariffe* ♦ *v.intr.* [aus. *essere*] diventare più basso, diminuire di prezzo, di valore: *l'oro tende a —.*
ribassista [ri-bas-sì-sta] *s.m.* e *f.* [pl.m. *-sti*] in borsa, chi gioca al ribasso; chi promuove il ribasso delle quotazioni dei titoli.
ribasso [ri-bàs-so] *s.m.* il ribassare, l'essere ribassato; diminuzione di prezzo, di valore (opposto a *rialzo*): — *dell'oro* | *essere in* —, calare di prezzo; (*fig.*) perdere notorietà, prestigio: *un'ideologia in* — | *giocare al* —, in borsa, vendere a termine, confidando in una diminuzione del corso dei titoli.
ribattere [ri-bàt-te-re] *v.tr.* **1** battere di nuovo o ripetutamente **2** riscrivere a macchina: — *una pagina* **3** battere di rimando, respingere: — *la palla* **4** ribadire: — *un chiodo* | — *una cucitura,* rinforzarla **5** confutare, contraddire: — *gli argomenti dell'avversario* ♦ *v.intr.* [aus. *avere*] **1** battere di nuovo: — *sullo stesso punto* **2** insistere: *batti e ribatti l'ha spuntata* **3** replicare, rimbeccare: *è sempre pronto a —.*
ribattezzare [ri-bat-teʒ-ʒà-re] *v.tr.* [*io ribattéʒʒo ecc.*] chiamare con un nuovo nome: *la città di Littoria fu ribattezzata Latina.*
ribattino [ri-bat-tì-no] *s.m.* chiodo per lamiere di piccolo diametro ribadito a freddo.

ribattuta [ri-bat-tù-ta] *s.f.* **1** il ribattere **2** nei giochi con la palla, colpo con cui si rinvia la palla **3** — *di gola*, (*mus.*) sorta di trillo, usato come abbellimento musicale.

ribeca [ri-bè-ca] *s.f.* (*mus.*) strumento ad arco medievale, usato da menestrelli e trovatori.

ribellarsi [ri-bel-làr-si] *v.intr.pron.* [*io mi ribèllo ecc.*] **1** insorgere, sollevarsi contro un'autorità costituita: *i nobili si ribellarono al re* **2** (*estens.*) opporsi risolutamente o violentemente; rifiutare di sottomettersi: — *alle ingiustizie* | dissentire aspramente; rivoltarsi: *sentendo quei discorsi si ribellò*.

ribelle [ri-bèl-le] *agg.* **1** che si ribella, che insorge: *la popolazione* — | *angeli ribelli*, quelli che, secondo la tradizione, si ribellarono a Dio; i demoni **2** che rifiuta di sottomettersi; insofferente di ogni costrizione: *ragazzo* — **3** (*fig.*) che resiste a ogni trattamento, a ogni cura: *ciuffo* —, che non si lascia pettinare ♦ *s.m.* e *f.* chi si ribella o si è ribellato.

ribellione [ri-bel-lió-ne] *s.f.* il ribellarsi contro un'autorità costituita; insurrezione, rivolta: *domare una — con la forza* | (*estens.*) rifiuto di obbedienza, di sottomissione; atteggiamento di protesta: — *ai genitori*.

ribellismo [ri-bel-lì-ʃmo] *s.m.* tendenza a ribellarsi, soprattutto sul piano politico o sociale: *il — giovanile*.

ribes [rì-bes] *s.m.invar.* (*bot.*) genere di piante di bosco con frutti raccolti in grappolo | il frutto commestibile di tale pianta, piccolo, rotondo e rosso: *marmellata di* —.

ribobolo [ri-bò-bo-lo] *s.m.* **1** (*tosc.*) frase, motto popolare ed espressivo **2** nel linguaggio della critica letteraria, idiotismo toscano usato nello scrivere: *una prosa infarcita di riboboli*.

ribollimento [ri-bol-li-mén-to] *s.m.* il ribollire (anche *fig.*): — *d'ira*.

ribollio [ri-bol-lì-o] *s.m.* (*non com.*) ribollimento intenso e continuato; lo spumeggiare e il rumore del liquido che bolle: *il — dell'uva che fermenta*.

ribollire [ri-bol-lì-re] *v.intr.* [coniugato come *bollire*; aus. *avere*] **1** bollire di nuovo **2** bollire intensamente | (*estens.*) fermentare: *il mosto ribolle nei tini* | *sentirsi — il sangue*, (*fig.*) essere in preda all'ira **3** (*fig.*) manifestarsi in modo tumultuoso: *pensieri che ribollono in testa* **4** (*fig.*) essere in preda a una passione, a un sentimento violento: — *di rabbia* ♦ *v.tr.* bollire di nuovo: — *il latte*.

ribollita [ri-bol-lì-ta] *s.f.* zuppa di verdure varie che si versa su fette di pane condito con olio, sale e pepe; è un piatto popolare toscano.

ribollitura [ri-bol-li-tù-ra] *s.f.* il ribollire, l'essere ribollito.

ribonucleico [ri-bo-nu-clèi-co] *agg.* [pl.m. *-ci*] (*chim.*, *biol.*) si dice dell'acido organico più noto come RNA.

ribosio [ri-bò-ʃio] *s.m.* (*chim.*, *biol.*) monosaccaride a cinque atomi di carbonio presente nell'acido ribonucleico.

ribosoma [ri-bo-sò-ma] *s.m.* [pl. *-mi*] (*biol.*) corpuscolo contenuto nel citoplasma delle cellule, che interviene nella sintesi cellulare delle proteine.

ribrezzo [ri-bréʒ-ʒo] *s.m.* vivo moto di repulsione causato da una sgradevole impressione fisica o morale; intensa ripugnanza: *aver — dei topi*.

ributtante [ri-but-tàn-te] *agg.* che suscita ribrezzo, repulsione; repellente: *spettacolo* —.

ributtare [ri-but-tà-re] *v.tr.* **1** vomitare: — *il pasto* **2** (*fig.*) restituire: *il mare ha ributtato i corpi dei naufraghi* **3** respingere violentemente: — *un'accusa* ♦ *v.intr.* [aus. *avere*] **1** detto di pianta, rimettere germogli: *l'oleandro non ha ancora ributtato* **2** (*fig.*) suscitare un senso di ribrezzo, di repulsione; ripugnare: *la volgarità mi ributta* ♦ **ributtarsi** *v.rifl.* buttarsi di nuovo: — *in acqua*.

ricacciare [ri-cac-cià-re] *v.tr.* [*io ricàccio ecc.*] **1** cacciare, mandar via di nuovo: — *di casa* | respingere con la forza: — *il nemico* **2** mandar giù, indietro: — *in gola un insulto a qlcu.*, costringere a ritrattarlo **3** rimettere: *ricacciarsi le mani in tasca* **4** (*fam.*) tirar fuori di nuovo; restituire: — *tutti i soldi* ♦ *v.intr.* [aus. *avere*] detto di pianta, rimettere i germogli ♦ **ricacciarsi** *v.rifl.* cacciarsi, entrare di nuovo (anche *fig.*): — *nei guai*.

ricadere [ri-ca-dé-re] *v.intr.* [coniugato come *cadere*; aus. *essere*] **1** cadere di nuovo (anche *fig.*): — *in un errore* **2** cader giù, scendere verso il basso (detto di capelli, abiti, tendaggi ecc.): *capelli che ricadono sulle spalle* **3** tornare a terra dopo essere stato lanciato in alto: *la palla ricadde oltre la siepe* **4** (*fig.*) riversarsi, gravare su qlcu.: *il peso della famiglia ricade sulle sue spalle*.

ricaduta [ri-ca-dù-ta] *s.f.* **1** il ricadere | — *radioattiva*, caduta al suolo di polveri e detriti radioattivi sospesi nell'aria in seguito a un'esplosione nucleare; fall out **2** (*fig.*) conseguenza indiretta: *la — tecnologica delle ricerche spaziali* **3** (*med.*) la ripresa di una malattia che sembrava guarita: *avere una* —.

ricalcare [ri-cal-cà-re] *v.tr.* [*io ricalco, tu ricalchi ecc.*] **1** calcare di nuovo o di più: — *le scene* | — *le orme di qlcu.*, (*fig.*) seguirne l'esempio **2** ricopiare un disegno con la carta carbone, passando una matita sopra i contorni **3** (*fig.*) seguire fedelmente un modello: *una tragedia che ricalca l'"Edipo re"*.

ricalcatoio [ri-cal-ca-tó-io] *s.m.* strumento, di solito a forma di pestello, usato in fonderia per le operazioni di formatura.

ricalcatura [ri-cal-ca-tù-ra] *s.f.* **1** il ricalcare, l'essere ricalcato | copia di un disegno ottenuta per ricalco **2** (*tecn.*) operazione con la quale si preme un pezzo metallico nel senso della lunghezza in modo da ottenere un rigonfiamento.

ricalcificare [ri-cal-ci-fi-cà-re] *v.tr.* [*io ricalcìfico, tu ricalcìfichi ecc.*] arricchire di calcio ciò che ne era impoverito ♦ **ricalcificarsi** *v.intr.pron.* ritornare ad avere il normale tenore di calcio: *l'osso deve* —.

ricalcificazione [ri-cal-ci-fi-ca-zió-ne] *s.f.* il ricalcificare, il ricalcificarsi, l'essere ricalcificato.

ricalcitrante [ri-cal-ci-tràn-te], o **recalcitrante**, *agg.* che ricalcitra: *mulo* — | (*fig.*) restio, contrario: *essere — a una proposta.*

ricalcitrare [ri-cal-ci-trà-re], o **recalcitrare**, *v. intr.* [*io ricàlcitro ecc.*; aus. *avere*] **1** detto di animali e specialmente degli equini, impuntarsi indietreggiando o tirando calci **2** (*fig.*) fare opposizione, resistere ostinatamente: — *a ogni disciplina.*

ricalco [ri-càl-co] *s.m.* [pl. *-chi*] l'operazione del ricalcare.

ricamare [ri-ca-mà-re] *v.tr.* **1** decorare un tessuto con motivi ornamentali usando ago e filo: — *un fazzoletto a mano* **2** (*fig.*) eseguire un lavoro, un'opera con particolare finezza o con troppa cura formale: — *la frase* **3** (*fig.*) aggiungere particolari inventati a un racconto, a una notizia: — *su un fatto.*

ricamatore [ri-ca-ma-tó-re] *s.m.* [f. *-trice*] **1** chi ricama; chi esegue lavori di ricamo: *una brava ricamatrice* **2** (*fig.*) chi esegue un lavoro con particolare finezza o con eccessiva cura: *un — di versi.*

ricambiare [ri-cam-bià-re] *v.tr.* [*io ricàmbio ecc.*] contraccambiare: — *gli auguri* ♦ *v.intr.* [aus. *essere*] mutare nuovamente: *il tempo ricambia* ♦ **ricambiarsi** *v.rifl.rec.* scambiarsi: — *le cortesie.*

ricambio [ri-càm-bio] *s.m.* **1** il ricambiare, l'essere ricambiato; avvicendamento, scambio: — *d'aria*; — *politico* | *di* —, si dice di parti di oggetti che si sostituiscono in caso di usura o avaria: *pezzo di* — **2** (*estens.*) pezzo di ricambio: — *originale per auto* **3** (*med.*) l'insieme delle trasformazioni chimiche che assicurano l'attività e il rinnovamento dei tessuti dell'organismo; metabolismo.

ricamo [ri-cà-mo] *s.m.* **1** l'operazione, l'attività, l'arte del ricamare: *cotone da* — **2** lavoro eseguito su un tessuto per ornamento: — *su tela* **3** (*fig.*) lavoro artistico eseguito con particolare finezza **4** *pl.* particolari inventati aggiunti a una descrizione, a un racconto: *riferire una notizia con molti ricami.*

ricandidare [ri-can-di-dà-re] *v.tr.* [*io ricàndido ecc.*] ripresentare come candidato ♦ **ricandidarsi** *v.rifl.* ripresentarsi come candidato: — *per le elezioni.*

ricapitalizzare [ri-ca-pi-ta-liʒ-ʒà-re] *v.tr.* (*econ.*) incrementare il capitale di una società per adeguarlo all'incremento dell'attività o per ricostituirlo dopo delle perdite.

ricapitalizzazione [ri-ca-pi-ta-liʒ-ʒa-zió-ne] *s.f.* (*econ.*) il ricapitalizzare, l'essere ricapitalizzato.

ricapitolare [ri-ca-pi-to-là-re] *v.tr.* [*io ricapìtolo ecc.*] riassumere per sommi capi; riepilogare: — *gli argomenti.*

ricapitolazione [ri-ca-pi-to-la-zió-ne] *s.f.* il ricapitolare; riepilogo: *una breve — della materia.*

ricarica [ri-cà-ri-ca] *s.f.* il ricaricare, l'essere ricaricato: *la — di un fucile.*

ricaricare [ri-ca-ri-cà-re] *v.tr.* [*io ricàrico, tu ricàrichi ecc.*] caricare di nuovo: — *l'orologio* | (*fig.*) dare nuova forza, nuova energia: *la notizia l'ha ricaricato* ♦ **ricaricarsi** *v.rifl.* o *intr.pron.* caricarsi di nuovo (anche *fig.*): *dopo il successo s'è ricaricato.*

ricascare [ri-ca-scà-re] *v.intr.* [*io ricasco, tu ricaschi ecc.*; aus. *essere*] (*fam.*) cascare di nuovo; ricadere (anche *fig.*): *era stato avvertito, ma ci è ricascato.*

ricattabile [ri-cat-tà-bi-le] *agg.* che può essere ricattato.

ricattare [ri-cat-tà-re] *v.tr.* estorcere a qlcu. denaro, favori, vantaggi con la minaccia di procurargli un danno.

ricattato [ri-cat-tà-to] *agg.* e *s.m.* [f. *-a*] che/chi è fatto oggetto di un ricatto.

ricattatore [ri-cat-ta-tó-re] *s.m.* [f. *-trice*] chi ricatta.

ricattatorio [ri-cat-ta-tò-rio] *agg.* che costituisce un ricatto; che ha il fine di ricattare: *discorso* —.

ricatto [ri-càt-to] *s.m.* il ricattare, l'essere ricattato: *cedere a un* —.

ricavabile [ri-ca-và-bi-le] *agg.* che può essere ricavato.

ricavare [ri-ca-và-re] *v.tr.* **1** cavare fuori; trarre, ottenere: — *una stanza da un sottoscala* **2** far derivare; dedurre: — *una conclusione da una premessa* **3** ottenere un ricavo, un provento, un utile: — *denaro da una vendita.*

ricavato [ri-ca-và-to] *s.m.* **1** denaro che si ricava da una vendita o da altre iniziative **2** (*fig.*) frutto, ricavo: *ecco il — di tante fatiche!*

ricavo [ri-cà-vo] *s.m.* **1** l'ammontare dei pagamenti che l'impresa ottiene dalla vendita di beni e servizi: — *totale* **2** (*fig.*) utilità, provento.

ricchezza [ric-chéz-za] *s.f.* **1** l'essere ricco; la condizione di chi è ricco di beni materiali: *aspirare alla* — | (*fig.*) abbondanza di beni non materiali, di doti morali, intellettuali: — *di linguaggio* **2** (*econ.*) ogni bene che può essere scambiato e che è atto a produrre reddito; il possesso di una grande quantità di tali beni **3** (*estens.*) ciò che una persona possiede e a cui attribuisce gran valore: *i figli sono la sua* — **4** patrimonio naturale o spirituale di un luogo, di un paese: *le ricchezze artistiche dell'Italia* **5** abbondanza; varietà: — *di materie prime.*

ricciarello [ric-cia-rèl-lo] *s.m.* piccolo dolce senese di pasta di mandorle a forma di losanga.

riccio[1] [rìc-cio] *agg.* [pl.f. *-ce*] **1** che è avvolto su sé stesso in modo da formare anelli: *capelli ricci* | ricciuto: *un bambino* — **2** (*estens.*) ondulato, increspato: *insalata riccia*, indivia con foglie crespe ♦ *s.m.* **1** ciocca di capelli o di peli avvolti a forma di stretta voluta: *testa piena di ricci* **2** (*estens.*) ogni cosa a forma di riccio: *un — di burro.*

riccio[2] *s.m.* **1** piccolo mammifero col dorso ricoperto di aculei, che si arrotola a palla in caso di pericolo; porcospino | *chiudersi a* —, (*fig.*) si dice di persona chiusa, diffidente, sempre pronta a difendersi **2** — *di mare*, animale marino dal corpo a palla ricoperto di aculei **3** involucro spinoso delle castagne.

ricciola [ric-ciò-la] *s.f.* (*zool.*) pesce di colore bruno argenteo e pelle non squamata; ha carni di buona qualità.

ricciolo [rìc-cio-lo] *s.m.* riccio di capelli. DIM. *ricciolino* ACCR. *ricciolone.*

riccioluto [ric-cio-lù-to] agg. **1** riccio: *testa riccioluta* **2** ricciuto: *un bambino —.*

ricciuto [ric-ciù-to] *agg.* che ha i capelli ricci: *bimbo —* | riccio: *barba ricciuta.* DIM. *ricciutello.*

ricco [rìc-co] *agg.* [pl.m. *-chi*] **1** che possiede beni in abbondanza: *un — imprenditore* | *paese —*, economicamente prospero **2** che ha abbondanza di qlco.: *un ragazzo — di fantasia* | *gonna ricca*, ampia | *vegetazione ricca*, lussureggiante **3** che è segno di ricchezza; lussuoso, sfarzoso: *una ricca festa* | *un — pranzo*, abbondante e gustoso **4** che ha grande valore: *un — gioiello* | lauto: *una ricca mancia* **5** che procura ricchezza; lucroso: *un — matrimonio* ♦ *s.m.* [f. *-a*] persona ricca economicamente. ACCR. *riccone* □ **riccamente** *avv.* con ricchezza | lussuosamente: *una mensa — imbandita.*

ricerca [ri-cér-ca] *s.f.* **1** il ricercare, l'essere ricercato: *mettersi alla — di qlcu.* **2** indagine sistematica per accrescere le cognizioni che si posseggono in una disciplina: *— storica* | *— di mercato*, condotta per valutare le possibilità di vendita di un prodotto.

ricercare [ri-cer-cà-re] *v.tr.* [*io ricérco, tu ricérchi ecc.*] **1** cercare di nuovo **2** indagare con cura e impegno per trovare, per scoprire, per conoscere: *— le cause di un fenomeno.*

ricercatezza [ri-cer-ca-téz-za] *s.f.* **1** l'essere ricercato; raffinatezza, eleganza: *— nel parlare* **2** (spec. *pl.*) atto, modo di dire ricercato: *un discorso pieno di ricercatezze.*

ricercato [ri-cer-cà-to] *agg.* **1** che è oggetto di ricerca, di indagini: *la polizia arrestò la persona ricercata* **2** apprezzato, richiesto da molti per le sue qualità: *un avvocato —* **3** che è scelto con cura; raffinato; anche, manierato, affettato: *maniere ricercate* ♦ *s.m.* [f. *-a*] persona cercata dalle autorità giudiziarie in relazione a un crimine: *il — è sfuggito alla cattura* □ **ricercatamente** *avv.* con ricercatezza.

ricercatore [ri-cer-ca-tó-re] *s.m.* [f. *-trice*] chi fa ricerche scientifiche | figura prevista dall'ordinamento universitario italiano, con prevalenti compiti di ricerca.

ricetrasmettitore [ri-ce-tra-ʃmet-ti-tó-re] *s.m.* (*telecom.*) apparecchio radio in grado di ricevere e trasmettere segnali | Usato anche come *agg.* [f. *-trice*]: *apparecchio —.*

ricetrasmittente [ri-ce-tra-ʃmit-tèn-te] *agg.* e *s.f.* (*telecom.*) si dice di apparecchio radio capace di ricevere e trasmettere; ricetrasmettitore.

ricetta [ri-cèt-ta] *s.f.* **1** prescrizione scritta con cui il medico indica la medicina che il paziente deve prendere **2** (*fig.*) rimedio: *un'ottima — contro la noia* **3** indicazione degli ingredienti, del loro dosaggio e del modo di impiegarli per preparare una vivanda: *la — della torta di mele.*

ricettacolo [ri-cet-tà-co-lo] *s.m.* **1** (*lett.*) luogo, oggetto in cui si raccoglie o si annida qlco.: *questa stanza è un — di polvere* | (*fig.*) luogo di raccolta, rifugio di persone poco raccomandabili: *quel quartiere è un — di malviventi* **2** (*bot.*) parte ingrossata dell'asse fiorale su cui sono inseriti sepali, petali, stami e pistilli.

ricettario [ri-cet-tà-rio] *s.m.* **1** raccolta di ricette: *— di pasticceria* **2** blocchetto di fogli su cui i medici scrivono le ricette.

ricettatore [ri-cet-ta-tó-re] *s.m.* [f. *-trice*] (*dir.*) chi commette il reato di ricettazione.

ricettazione [ri-cet-ta-zió-ne] *s.f.* (*dir.*) reato commesso da chi acquista o riceve denaro o cose provenienti dalla consumazione di un altro reato.

ricettività [ri-cet-ti-vi-tà], o **recettività**, *s.f.* **1** capacità di imparare, facilità di apprendimento: *uno scolaro dotato di molta —* **2** (*med.*) attitudine di un individuo a contrarre un'infezione **3** capacità di un luogo di accogliere e ospitare visitatori e turisti: *— alberghiera.*

ricettivo [ri-cet-tì-vo], o **recettivo**, *agg.* atto a ricevere; dotato di ricettività: *intelligenza ricettiva* □ **ricettivamente** *avv.*

ricetto [ri-cèt-to] *s.m.* (*lett.*) casa, abitazione | (*estens.*) ricovero, rifugio: *dare —*, accogliere, ospitare.

ricevente [ri-ce-vèn-te] *agg.* **1** che riceve **2** (*telecom.*) si dice di apparecchio atto a ricevere segnali elettromagnetici ♦ *s.m.* e *f.* **1** (*burocr.*) chi riceve; destinatario: *firma del —* **2** (*ling.*) nella comunicazione, chi riceve e decodifica un messaggio.

ricevere [ri-cé-ve-re] *v.tr.* [*io ricévo ecc.*] **1** prendere, accettare o subire ciò che viene dato o fatto da altri: *— un pacco, un favore* **2** trarre: *— conforto* **3** recepire in sé qlco. che venga dall'esterno: *il mare riceve le acque dei fiumi* **4** far entrare in casa o nel proprio ufficio chi viene in visita o chiede un colloquio: *— gli ospiti in salotto*; *il medico oggi non riceve*, non visita | ammettere: *essere ricevuto in un circolo* **5** (*telecom.*) trasformare in segni, in immagini o in suoni le onde elettromagnetiche: *questa radio riceve bene.*

ricevimento [ri-ce-vi-mén-to] *s.m.* **1** il ricevere, l'essere ricevuto: *orario di —* **2** accoglienza onorevole a persone di riguardo: *il — di un capo di stato* | ammissione di un nuovo membro in una comunità: *il — dei nuovi soci* **3** trattenimento a cui si invitano più persone: *dare un —.*

ricevitore [ri-ce-vi-tó-re] *agg.* [f. *-trice*] che riceve ♦ *s.m.* **1** (*burocr.*) chi riscuote somme di denaro per conto di enti pubblici o privati: *— del lotto* **2** (*telecom.*) apparecchio ricevente | *— telefonico*, che trasforma gli impulsi elettrici generati dal microfono e trasmessi via cavo in vibrazioni sonore.

ricevitoria [ri-ce-vi-to-rì-a] *s.f.* (*burocr.*) sede di chi svolge funzioni di ricevitore: *— del lotto*, dove si accettano le giocate.

ricevuta [ri-ce-vù-ta] *s.f.* scritto con cui si attesta di aver ricevuto una prestazione o un oggetto o una somma: *rilasciare —* | *— di ritorno*, cartonci-

no allegato a una lettera raccomandata che, firmato dal destinatario, torna al mittente come prova dell'avvenuta ricezione.
ricezione [ri-ce-zió-ne] *s.f.* **1** il ricevere, l'essere ricevuto **2** (*telecom.*) il ricevere un segnale elettromagnetico emanato da un'emittente: — *televisiva*.
richiamare [ri-chia-mà-re] *v.tr.* **1** chiamare di nuovo | — *alle armi*, chiamare nuovamente chi ha già compiuto il servizio di leva **2** chiamare indietro; far tornare: — *alla memoria* | — *in vita*, (*fig.*) far tornare a vivere: — *in vita antiche usanze* **3** far accorrere; attirare: — *l'attenzione di qlcu.* **4** rimproverare: — *un alunno* **5** citare, ricordare: — *un autore del passato* ♦ **richiamarsi** *v.intr.pron.* fare riferimento, rifarsi a qlco.: — *alla legge*.
richiamo [ri-chià-mo] *s.m.* **1** il richiamare: — *alla realtà* **2** suono, voce, gesto con cui si richiama l'attenzione: *accorrere ai richiami di qlcu.* **3** (*estens.*) attrazione, allettamento: *il* — *della natura* **4** riferimento: — *alle norme vigenti* **5** in un testo, segno che rimanda a una nota: *un asterisco di* —.
richiedente [ri-chie-dèn-te] *s.m.* e *f.* (*burocr.*) chi fa una richiesta di documenti o altro.
richiedere [ri-chiè-de-re] *v.tr.* [coniugato come *chiedere*] **1** chiedere di nuovo; chiedere con premura o insistenza: — *aiuto* **2** chiedere, ricercare per comprare: *le calzature italiane sono molto richieste* **3** chiedere per sapere; domandare: — *nome e cognome* **4** chiedere in restituzione: — *il denaro prestato* **5** (*burocr.*) fare una richiesta di documenti: — *il passaporto* **6** volere, esigere: *un lavoro che richiede impegno*.
richiesta [ri-chiè-sta] *s.f.* **1** il richiedere; domanda: — *di manodopera* | *a* (o *su*) — *di*, in seguito alla domanda di: *si rilascia a* — *dell'interessato* **2** (*burocr.*) domanda scritta per ottenere un documento o l'autorizzazione per qlco.; il foglio che la contiene: *presentare una* — *in carta bollata*.
richiesto [ri-chiè-sto] *agg.* che è oggetto di richiesta: *prodotto molto* —.
richiudere [ri-chiù-de-re] *v.tr.* [coniugato come *chiudere*] **1** chiudere di nuovo | chiudere qlco. che normalmente non è aperto: — *il cassetto* ♦ **richiudersi** *v.rifl.* o *intr.pron.* **1** chiudersi di nuovo **2** detto di ferita, rimarginarsi.
riciclabile [ri-ci-clà-bi-le] *agg.* che si può riciclare: *rifiuti riciclabili*.
riciclaggio [ri-ci-clàg-gio] *s.m.* **1** il riciclare, l'essere riciclato; riutilizzo, reimpiego: — *della manodopera in eccedenza* | — *del denaro sporco*, l'insieme delle operazioni finanziarie legali con le quali la criminalità organizzata impiega il denaro ricavato da attività criminose **2** (*tecn.*) ricupero di materiali o sostanze di rifiuto riutilizzabili in un nuovo ciclo produttivo: *il* — *della carta*.
riciclare [ri-ci-clà-re] *v.tr.* sottoporre a riciclaggio; rimettere in circolazione, riutilizzare.
ricino [rì-ci-no] *s.m.* pianta arborea o arbustacea dai cui semi si estrae un olio usato un tempo come purgante e oggi in varie lavorazioni industriali.
ricognitivo [ri-co-gni-tì-vo] *agg.* **1** di ricognizione: *spedizione ricognitiva* **2** (*dir.*) che ha per scopo il riconoscimento; che effettua un riconoscimento: *atto* —.
ricognitore [ri-co-gni-tó-re] *s.m.* aereo da ricognizione.
ricognizione [ri-co-gni-zió-ne] *s.f.* **1** (*mil.*) azione aerea, terrestre o navale per accertare l'entità e la dislocazione delle forze nemiche: *andare in* — | (*estens.*) esame, accertamento: *fare un'attenta* — **2** (*dir.*) atto con cui si conferma una situazione giuridica preesistente o si accerta l'identità di una persona.
ricollegare [ri-col-le-gà-re] *v.tr.* [*io ricollégo, tu ricolléghi ecc.*] **1** collegare di nuovo: — *una linea elettrica* **2** (*fig.*) stabilire una relazione, fare un accostamento tra due o più fatti: — *due eventi* ♦ **ricollegarsi** *v.rifl.* o *intr.pron.* **1** collegarsi di nuovo **2** fare riferimento a qlcu. o a qlco.; avere legami con qlcu. o qlco.: — *a un precedente importante* ♦ *v.rifl.rec.* essere in reciproca relazione: *fatti che si ricollegano*.
ricolmare [ri-col-mà-re] *v.tr.* [*io ricólmo ecc.*] **1** colmare di nuovo **2** colmare completamente, riempire: — *qlcu. di gentilezze*.
ricolmo [ri-cól-mo] *agg.* riempito completamente: *vaso* — *d'acqua*.
ricominciare [ri-co-min-cià-re] *v.tr.* [*io ricomìncio ecc.*] cominciare di nuovo; riprendere a fare qlco. dal punto nel quale ci si era interrotti: — *a parlare* ♦ *v.intr.* [aus. *essere* o *avere*] avere nuovamente inizio; riprendere dopo una pausa: *è ricominciato l'inverno*.
ricomparire [ri-com-pa-rì-re] *v.intr.* [coniugato come *comparire*; aus. *essere*] comparire di nuovo: *è ricomparso il sole*.
ricomparsa [ri-com-pàr-sa] *s.f.* il ricomparire; riapparizione, ritorno: *la* — *della febbre*.
ricompattare [ri-com-pat-tà-re] *v.tr.* rendere nuovamente compatto ♦ **ricompattarsi** *v. intr.pron.* tornare di nuovo compatto: *il gruppo si è ricompattato*.
ricompensa [ri-com-pèn-sa] *s.f.* ciò che si dà a qlcu. in cambio di un favore, di un lavoro, o come riconoscimento di un'azione meritevole: *ricevere una* — *in denaro* | — *al valore*, onore conferito a chi abbia dimostrato eccezionale coraggio in un atto militare o civile.
ricompensare [ri-com-pen-sà-re] *v.tr.* [*io ricompènso ecc.*] dare una ricompensa; ripagare, premiare.
ricomperare → **ricomprare**.
ricomporre [ri-com-pór-re] *v.tr.* [coniugato come *porre*] **1** comporre di nuovo, da capo: — *uno scritto* **2** riunire, rimettere insieme: — *i pezzi di un congegno* **3** rimettere in ordine; ricostruire: — *le fasi di un processo* | — *il viso*, ridargli compostezza ♦ **ricomporsi** *v.rifl.* riprendere il dominio, il controllo di sé: — *dopo un attimo di smar-*

rimento | riprendere l'espressione naturale, dopo un turbamento.

ricomposizione [ri-com-po-ʃi-zió-ne] *s.f.* il ricomporre, l'essere ricomposto.

ricomprare [ri-com-prà-re], o **ricomperare**, *v.tr.* [*io ricómpro ecc.*] comprare di nuovo: — *le azioni vendute.*

riconciliare [ri-con-ci-lià-re] *v.tr.* [*io riconcìlio ecc.*] **1** rimettere d'accordo, rappacificare: — *due avversari* **2** procurare nuovamente, far riacquistare: *la sua generosità gli riconciliò le simpatie di tutti* ♦ **riconciliarsi** *v.rifl.* e *rifl.rec.* tornare in pace, in armonia: — *con la famiglia.*

riconciliazione [ri-con-ci-lia-zió-ne] *s.f.* il riconciliarsi; rappacificazione.

riconducibile [ri-con-du-cì-bi-le] *agg.* che si può ricondurre (spec. *fig.*): *fatto — a una causa precisa.*

ricondurre [ri-con-dùr-re] *v.tr.* [coniugato come *condurre*] **1** condurre di nuovo **2** riportare qlcu. o qlco. nel luogo da cui si era allontanato: — *un animale in gabbia* **3** (*fig.*) riportare allo stato, alla condizione di prima: — *qlcu. alla ragione* **4** (*fig.*) far risalire, attribuire: — *un fenomeno alla sua causa.*

riconferma [ri-con-fér-ma] *s.f.* il riconfermare, l'essere riconfermato: — *in un ufficio.*

riconfermare [ri-con-fer-mà-re] *v.tr.* [*io riconférmo ecc.*] confermare di nuovo | confermare in un incarico ♦ **riconfermarsi** *v.rifl.* o *intr.pron.* confermarsi, dichiararsi nuovamente: — *alleato.*

riconfortare [ri-con-for-tà-re] *v.tr.* [*io riconfòrto ecc.*] confortare di nuovo | rincorare, dar conforto: — *qlcu. con buone parole* ♦ **riconfortarsi** *v.rifl.* prendere conforto; consolarsi.

ricongiungere [ri-con-giùn-ge-re] *v.tr.* [coniugato come *giungere*] congiungere di nuovo: — *le parti staccate* ♦ **ricongiungersi** *v.rifl.* e *rifl.rec.* congiungersi di nuovo; riunirsi: — *ai compagni.*

ricongiungimento [ri-con-giun-gi-mén-to] *s.m.* il ricongiungere, il ricongiungersi, l'essere ricongiunto.

ricongiunzione [ri-con-giun-zió-ne] *s.f.* ricongiungimento, detto di cose: *la — di due strade.*

riconnettere [ri-con-nèt-te-re] *v.tr.* [coniugato come *connettere*] connettere di nuovo o in modo migliore; ricollegare: — *due elementi* ♦ **riconnettersi** *v.intr.pron.* connettersi di nuovo o meglio; ricollegarsi: — *a un precedente.*

riconoscente [ri-co-no-scèn-te] *agg.* che prova, dimostra riconoscenza; grato: *essere — a qlcu.*

riconoscenza [ri-co-no-scèn-za] *s.f.* sentimento di chi mostra apprezzamento e gratitudine per il bene ricevuto: *debito di —.*

riconoscere [ri-co-nó-sce-re] *v.tr.* [coniugato come *conoscere*] **1** ravvisare, individuare una cosa o una persona conosciuta: — *qlcu. dalla voce* **2** individuare, identificare; distinguere: — *il vero dal falso* | *farsi —*, fornire gli elementi per la propria identificazione; (*fig.*) si dice di chi si fa giudicare negativamente per il proprio comportamento: *ti fai sempre —!* **3** ammettere, dichiarare; confessare: — *un errore* **4** accettare come legittimo; approvare ufficialmente: — *un'autorità*, ammetterne la legittimità; — *un figlio*, dichiarare di esserne il genitore ♦ **riconoscersi** *v.rifl.* confessarsi, dichiararsi: — *colpevole di qlco.* ♦ *v.rifl.rec.* riconoscersi vicendevolmente: *si sono incontrati e si sono riconosciuti.*

riconoscibile [ri-co-no-scì-bi-le] *agg.* che si può riconoscere; individuabile, identificabile: *elemento immediatamente —.*

riconoscibilità [ri-co-no-sci-bi-li-tà] *s.f.* l'essere riconoscibile.

riconoscimento [ri-co-no-sci-mén-to] *s.m.* **1** il riconoscere, l'essere riconosciuto; identificazione: *il — delle salme* **2** accettazione; ammissione: — *di un diritto* | (*dir.*) atto con cui il genitore dichiara ufficialmente di essere il padre o la madre di un figlio naturale **3** riconoscenza, ricompensa: — *in denaro* | attestato che sancisce un merito: *meritare un alto —.*

riconquista [ri-con-quì-sta] *s.f.* il riconquistare, l'essere riconquistato: *la — della libertà.*

riconquistare [ri-con-qui-stà-re] *v.tr.* conquistare di nuovo; conquistare ciò che si era perduto: — *una posizione.*

riconsegna [ri-con-sé-gna] *s.f.* il riconsegnare, l'essere riconsegnato.

riconsegnare [ri-con-se-gnà-re] *v.tr.* [*io riconségno ecc.*] consegnare di nuovo | restituire a qlcu. ciò che aveva dato in custodia, aveva smarrito o gli era stato tolto: — *un portafoglio al proprietario.*

riconsiderare [ri-con-si-de-rà-re] *v.tr.* [*io riconsìdero ecc.*] considerare di nuovo o più attentamente: — *una proposta.*

riconversione [ri-con-ver-sió-ne] *s.f.* il riconvertire, il riconvertirsi, l'essere riconvertito | (*econ.*) trasformazione di un impianto industriale per nuove esigenze di produzione.

riconvertire [ri-con-ver-tì-re] *v.tr.* [coniugato come *convertire*] (*econ.*) compiere una riconversione industriale ♦ **riconvertirsi** *v.rifl. o intr.pron.* (*econ.*) subire una riconversione industriale.

riconvocare [ri-con-vo-cà-re] *v.tr.* [*io ricònvoco, tu ricònvochi ecc.*] convocare di nuovo: — *l'assemblea.*

ricoperto [ri-co-pèr-to] *agg.* tutto coperto: *un dolce — di cioccolato.*

ricopertura [ri-co-per-tù-ra] *s.f.* il ricoprire, l'essere ricoperto; la cosa con cui si ricopre.

ricopiare [ri-co-pià-re] *v.tr.* [*io ricòpio ecc.*] copiare di nuovo | mettere in bella copia: — *il compito in classe.*

ricopiatura [ri-co-pia-tù-ra] *s.f.* il ricopiare, l'essere ricopiato.

ricoprire [ri-co-prì-re] *v.tr.* [coniugato come *coprire*] **1** coprire di nuovo **2** rivestire: — *una torta di glassa* **3** (*fig.*) colmare, riempire: — *di attenzioni* **4** (*fig.*) occupare, esercitare: — *un posto di responsabilità* ♦ **ricoprirsi** *v.rifl.* o *intr.pron.*

coprirsi di nuovo, rivestirsi: *i rami si ricoprono di foglie.*
ricordare [ri-cor-dà-re] *v.tr.* [*io ricòrdo ecc.*] **1** aver presente nella memoria: — *un motivo musicale* **2** richiamare alla memoria altrui: — *a qlcu. un impegno* **3** (*estens.*) rassomigliare: — *la madre nei lineamenti* **4** menzionare, citare: — *i meriti del premiato* ♦ **ricordarsi** *v.intr.pron.* aver presente nel ricordo, richiamare alla propria memoria: — *del passato.*
ricordino [ri-cor-dì-no] *s.m.* **1** piccolo oggetto che si dona in ricordo di qlco. o di qlcu. **2** immaginetta con cui si ricorda il giorno della prima comunione o persone care scomparse.
ricordo [ri-còr-do] *s.m.* **1** il ricordare, il ricordarsi; ciò che si ricorda: *serbare un buon —* **2** oggetto che serve a conservare la memoria di qlcu. o di qlco.: *questo gioiello è un — di famiglia.* DIM. *ricordino* **3** (*estens.*) segno lasciato da un evento: *la cicatrice è un — dell'incidente.*
ricorrente [ri-cor-rèn-te] *agg.* che ricorre nel tempo: *fatto —* | *motivo —*, che si ripete con frequenza in un'opera musicale o letteraria, in un discorso ecc. □ **ricorrentemente** *avv.* a intervalli, con una data frequenza.
ricorrenza [ri-cor-rèn-za] *s.f.* **1** il ricorrere costante, periodico di un fatto nel tempo: *la — di un fenomeno* **2** (*estens.*) festa che ritorna ogni anno; anniversario: *celebrare una —.*
ricorrere [ri-cór-re-re] *v.intr.* [coniugato come *correre*; aus. *essere*] **1** correre indietro, riandare al punto di partenza (anche *fig.*): — *col pensiero all'infanzia* **2** rivolgersi a qlcu. o a qlco. per ottenere aiuto o informazioni: — *a un medico* | fare uso, servirsi di qlco. per raggiungere uno scopo: — *alle maniere forti* **3** (*dir.*) presentare ricorso a un'autorità giudiziaria o amministrativa: — *in giudizio* | — *in cassazione*, impugnare una sentenza **4** ritornare, ripetersi nel tempo: *oggi ricorre il nostro anniversario* | tornare, comparire di frequente: *espressioni che ricorrono spesso.*
ricorso [ri-cór-so] *s.m.* **1** il ricorrere a qlcu. o a qlco. per ricevere aiuto, informazioni o per raggiungere uno scopo: *fare — alla violenza* **2** (*dir.*) richiesta indirizzata a un'autorità giudiziaria o amministrativa per ottenere la revoca o la modifica di un provvedimento; la domanda scritta che contiene tale richiesta: — *in appello* **3** (*lett.*) il ripetersi di fatti nel tempo.
ricostituente [ri-co-sti-tu-èn-te] *agg.* che rinvigorisce: *cura —* ♦ *s.m.* preparato medicinale che combatte l'affaticamento fisico e psichico: *prescrivere un —.*
ricostituire [ri-co-sti-tu-ì-re] *v.tr.* [*io ricostituisco, tu ricostituisci ecc.*] **1** costituire di nuovo: — *un patrimonio* **2** (*fig.*) rinvigorire, corroborare: — *l'organismo* ♦ **ricostituirsi** *v.intr.pron.* **1** costituirsi di nuovo **2** tornare in buone condizioni di salute; rimettersi, ristabilirsi.
ricostituzione [ri-co-sti-tu-zió-ne] *s.f.* il ricostituire, il ricostituirsi, l'essere ricostituito: *la — di un partito.*
ricostruire [ri-co-stru-ì-re] *v.tr.* [*io ricostruisco, tu ricostruisci ecc.*] **1** costruire di nuovo: — *la città distrutta dal terremoto* **2** riprodurre lo svolgimento di un fatto servendosi di elementi noti e di ipotesi: — *la dinamica di un incidente* | — *un testo*, (*filol.*) ricondurlo alla lezione originaria.
ricostruttore [ri-co-strut-tó-re] *agg.* e *s.m.* [f. *-trice*] che/chi ricostruisce: *opera ricostruttrice.*
ricostruzione [ri-co-stru-zió-ne] *s.f.* **1** il ricostruire, l'essere ricostruito: *la — economica del paese* | — *storica*, descrizione di fatti storici in un'opera letteraria, teatrale o cinematografica **2** la cosa o la parte ricostruita: *una — dell'originale* **3** l'insieme delle iniziative economiche, politiche e sociali volte a riparare i danni di una guerra.
ricotta [ri-còt-ta] *s.f.* latticino molle e bianco, ottenuto dalla bollitura del siero di latte rimasto dopo la lavorazione del formaggio | *aver le mani di —*, (*fig.*) lasciar cadere frequentemente le cose che si hanno in mano.
ricottaio [ri-cot-tà-io] *s.m.* [f. *-a*] chi fa o vende ricotte.
ricottura [ri-cot-tù-ra] *s.f.* il ricuocere, l'essere ricotto.
ricoverare [ri-co-ve-rà-re] *v.tr.* [*io ricóvero* o *ricòvero ecc.*] far entrare in un luogo di cura: — *un ammalato in ospedale* | offrire riparo, protezione: — *qlcu. in casa* ♦ **ricoverarsi** *v.rifl.* o *intr.pron.* entrare in un istituto di cura: — *in clinica* | trovare riparo, rifugiarsi: — *in una capanna.*
ricoverato [ri-co-ve-rà-to] *agg.* e *s.m.* [f. *-a*] che/chi è accolto in un ospedale, in un ospizio.
ricovero [ri-có-ve-ro *o* ricòvero] *s.m.* **1** il ricoverare, il ricoverarsi, l'essere ricoverato: — *d'urgenza*, per un caso grave **2** luogo dove si può trovare riparo dalle intemperie o protezione dai pericoli; rifugio: — *alpino* **3** istituto di assistenza che ospita poveri o anziani.
ricreare [ri-cre-à-re] *v.tr.* [*io ricrèo ecc.*] **1** creare di nuovo; riorganizzare, rifondare: — *un partito* **2** rinvigorire, ristorare; rallegrare e ritemprare: *uno spettacolo che ricrea* ♦ **ricrearsi** *v.rifl.* **1** distrarsi, divertirsi: — *ascoltando della musica* **2** (*lett.*) riprendere vigore, ritemprarsi: — *dalle fatiche.*
ricreativo [ri-cre-a-tì-vo] *agg.* che serve a ricreare, che ha lo scopo di ricreare il corpo e la mente: *attività ricreative.*
ricreazione [ri-cre-a-zió-ne] *s.f.* **1** riposo dal lavoro; distrazione, svago: *prendersi un po' di —* | nelle scuole, pausa tra le lezioni: *la — dura dieci minuti* **2** ciò che serve a ricreare il fisico e lo spirito: *lo sport è una —.*
ricredersi [ri-cré-der-si] *v.intr.pron.* cambiare opinione su qlcu. o su qlco. convincendosi d'aver sbagliato.
ricrescere [ri-cré-sce-re] *v.intr.* [coniugato come *crescere*; aus. *essere*] crescere di nuovo: *farsi — i capelli.*
ricrescita [ri-cré-sci-ta] *s.f.* nuova o ulteriore crescita: *la — dei capelli.*

rictus [/ 'riktus /] *s.m.invar.* (*lat.*) (*med.*) contrazione spasmodica dei muscoli del volto.

ricucire [ri-cu-cì-re] *v.tr.* [coniugato come *cucire*] **1** cucire di nuovo | cucire accuratamente, rammendare: — *uno strappo* | unire i margini di una ferita, di un taglio; suturare **2** (*fig.*) mettere insieme alla bell'e meglio discorsi, scritti: — *degli articoli per farne un libro* **3** (*fig.*) ricomporre, ricostituire appianando polemiche e motivi di contrasto: — *la spaccatura.*

ricucitura [ri-cu-ci-tù-ra] *s.f.* il ricucire, l'essere ricucito.

ricuocere [ri-cuò-ce-re] *v.tr.* [coniugato come *cuocere*] cuocere di nuovo.

ricupero e *deriv.* → **recupero** e *deriv.*

ricurvo [ri-cùr-vo] *agg.* **1** curvo, molto curvo: *un bastone* — **2** (*fig.*) si dice di persona vecchia e malferma: *un uomo* —.

ricusa [ri-cù-ʃa] *s.f.* (*lett.*) rifiuto, ripulsa: *un'ostinata* —.

ricusabile [ri-cu-ʃà-bi-le] *agg.* che si può ricusare.

ricusare [ri-cu-ʃà-re] *v.tr.* non accettare, rifiutare; non acconsentire: — *di partire* | — *un giudice*, (*dir.*) effettuarne la ricusazione.

ricusazione [ri-cu-ʃa-zió-ne] *s.f.* (*dir.*) l'atto processuale con cui si richiede la sostituzione di un giudice, per gravi motivi e nei casi previsti dalla legge.

ridacchiare [ri-dac-chià-re] *v.intr.* [*io ridàcchio ecc.*; aus. *avere*] ridere non apertamente, con intenzione canzonatoria o ironica.

ridanciano [ri-dan-cià-no] *agg.* **1** si dice di persona che ride di gusto e con facilità **2** che fa ridere: *storiella ridanciana.*

ridare [ri-dà-re] *v.tr.* [pres. *io ridò, tu ridai, egli ridà ecc.*; le altre forme coniugate come *dare*] **1** dare di nuovo: — *fiducia* **2** dare indietro; rendere, restituire: *ridammi la penna che ti ho prestato.*

ridarella [ri-da-rèl-la] *s.f.* (*fam.*) continua voglia di ridere; risata irrefrenabile: *avere la* —.

ridda [rìd-da] *s.f.* movimento agitato e scomposto di persone o cose (anche *fig.*): *una — di pensieri.*

ridente [ri-dèn-te] *agg.* **1** che ride, che esprime gioia: *un volto* — **2** che dà letizia; gradevole, ameno: *paesaggio* —.

ridere [rì-de-re] *v.intr.* [pass.rem. *io riʃi, tu ridésti ecc.*; part.pass. *riʃo*; aus. *avere*] **1** esprimere letizia, allegria con particolari variazioni della mimica facciale e l'emissione del suono caratteristico; esprimere con analoghe manifestazioni altri sentimenti (ironia, scherno, compatimento): *scoppiare a* — | — *a crepapelle*, ridere forte | — *a denti stretti*, forzatamente | — *sotto i baffi*, quasi di nascosto | — *in faccia a qlcu.*, apertamente e a suo dispetto | — *alle spalle di qlcu.*, deriderlo, canzonarlo | *non c'è niente da* —, detto bruscamente a chi scherza su cose serie o gravi | *far — i polli*, (*fig.*) essere ridicolo o sciocco, inutile: *discorsi da far — i polli* | *ma non farmi —!*, intimazione rivolta a chi ci irrita per quello che dice | *ridendo e scherzando*, (*fig.*) tra una cosa e l'altra: *ridendo e scherzando s'è fatto tardi* **2** (*fig.*) luccicare, brillare: *le ridono gli occhi* ♦ **ridersi** *v.intr.pron.* non curarsi, non preoccuparsi di qlco.; burlarsi di qlcu.: *mi rido delle sue minacce* | *ridersela*, infischiarsene, non preoccuparsi: *se la ride delle voci sul suo conto* ♦ *s.m.* l'atto di ridere: *morire dal* —.

ridestare [ri-de-stà-re] *v.tr.* [*io ridésto ecc.*] **1** destare di nuovo; risvegliare **2** (*fig.*) ravvivare, far rinascere: — *la passione* ♦ **ridestarsi** *v.intr.pron.* **1** destarsi di nuovo; risvegliarsi **2** (*fig.*) ravvivarsi: *l'attenzione si ridestò.*

ridicolaggine [ri-di-co-làg-gi-ne] *s.f.* **1** l'essere ridicolo: *la — di un discorso* **2** cosa ridicola; atto, detto ridicolo: *dire una* —.

ridicolizzare [ri-di-co-liʒ-ʒà-re] *v.tr.* rendere ridicolo, mettere in ridicolo; prendere in giro.

ridicolo [ri-dì-co-lo] *agg.* **1** che fa ridere perché sciocco, goffo o strano: *comportarsi in modo* — **2** (*estens.*) meschino, insignificante: *un compenso* — ♦ *s.m.* il fatto di essere ridicolo; carattere ridicolo, comicità: *il — di una situazione* | *mettere in — qlcu.*, farne oggetto di scherno, fare in modo che appaia ridicolo □ **ridicolmente** *avv.*

ridimensionamento [ri-di-men-sio-na-mén-to] *s.m.* il ridimensionare, il ridimensionarsi, l'essere ridimensionato: *il — di una struttura.*

ridimensionare [ri-di-men-sio-nà-re] *v.tr.* [*io ridimensióno ecc.*] riorganizzare, ristrutturare in base a nuove esigenze, riducendo le dimensioni: — *un'industria* | (*fig.*) riportare alle giuste proporzioni; valutare in maniera più realistica: — *le proprie ambizioni* ♦ **ridimensionarsi** *v.intr.pron.* ridursi a proporzioni minori, ma più realistiche: *le sue pretese si sono ridimensionate.*

ridire [ri-dì-re] *v.tr.* [coniugato come *dire*] **1** dire di nuovo; ripetere: *dire e — le stesse cose* **2** riferire: *non andate a — quello che vi ho detto* **3** narrare, esprimere: *una gioia che non si può* — **4** criticare esponendo il proprio punto di vista; biasimare, censurare: *trovare sempre da* —.

ridisegnare [ri-di-se-gnà-re] *v.tr.* [*io ridiségno ecc.*] disegnare di nuovo.

ridistribuire [ri-di-stri-bu-ì-re], o **redistribuire**, *v.tr.* [*io ridistribuisco, tu ridistribuisci ecc.*] distribuire di nuovo o in modo diverso: — *gli incarichi.*

ridistribuzione [ri-di-stri-bu-zió-ne], o **redistribuzione**, *s.f.* il ridistribuire, l'essere ridistribuito; distribuzione diversa da quella precedente: — *dei redditi*

ridiventare [ri-di-ven-tà-re] *v.intr.* [*io ridivènto ecc.*; aus. *essere*] diventare di nuovo, tornare ad essere: — *allegro.*

ridondante [ri-don-dàn-te] *agg.* sovrabbondante, eccessivamente ricco: *un discorso — di citazioni* | gonfio, ampolloso: *stile* —.

ridondanza [ri-don-dàn-za] *s.f.* l'essere ridondante: *la — di una prosa.*

ridondare [ri-don-dà-re] *v.intr.* [*io ridóndo ecc.*; aus. *essere*] sovrabbondare; eccedere in qlco.: *una prosa che ridonda di metafore.*

ridosso [ri-dòs-so] *s.m.* nella loc. *a* —, al riparo;

(*fig.*) vicino nello spazio o nel tempo: *essere a — dell'inverno.*
ridotto [ri-dót-to] *agg.* che ha subito una riduzione, un rimpicciolimento; più piccolo rispetto ad altra cosa dello stesso genere: *formato —* | *biglietto —*, biglietto a prezzo ridotto ♦ *s.m.* nei teatri, sala in cui si trattengono gli spettatori negli intervalli tra un atto e l'altro.
riducente [ri-du-cèn-te] *agg.* che riduce, che opera una riduzione | *sostanza, agente —*, (*chim.*) che è in grado di operare una riduzione.
riducibile [ri-du-cì-bi-le] *agg.* che può essere ridotto: *costi non riducibili.*
riducibilità [ri-du-ci-bi-li-tà] *s.f.* l'essere riducibile.
ridurre [ri-dùr-re] *v.tr.* [pres. *io riduco, tu riduci ecc.*; pass.rem. *io ridussi, tu riducésti ecc.*; part.pass. *ridótto*] **1** ricondurre, far ritornare al luogo di partenza; (*fig.*) riportare nelle condizioni dovute: *— qlcu. alla ragione* **2** imporre con la forza una situazione, una condizione; far pervenire a uno stato peggiore di quello precedente: *— qlcu. in fin di vita* **3** trasformare, adattare: *— un romanzo per il cinema* **4** restringere un capo di vestiario: *— una giacca* **5** far diminuire, limitare: *— i tempi di consegna* **6** (*chim.*) sottoporre una sostanza a riduzione **7** (*mat.*) effettuare un calcolo per semplificare un'espressione: *— due frazioni allo stesso denominatore* | *— una frazione ai minimi termini*, in modo che il numeratore e il denominatore non siano ulteriormente riducibili ♦ **ridursi** *v.intr.pron.* **1** scadere a una condizione peggiore: *— in miseria* | *— pelle e ossa*, (*fig.*) dimagrirsi molto | *— uno straccio*, (*fig.*) in cattive condizioni di salute | *— all'ultimo momento*, fare le cose all'ultimo momento **2** diminuire di quantità, di dimensioni: *la camicia si è ridotta lavandola* **3** ritirarsi, rifugiarsi: *— a vita privata.*
riduttivo [ri-dut-tì-vo] *agg.* **1** che determina una riduzione **2** (*estens.*) che tende a ridurre, a limitare, a sminuire: *giudizio —* □ **riduttivamente** *avv.* in modo riduttivo, limitativo.
riduttore [ri-dut-tó-re] *s.m.* **1** [f. *-trice*] chi riduce; chi trasforma adattando: *il — di un romanzo* **2** (*mecc.*) ingranaggio usato per trasmettere un movimento rotatorio con riduzione del numero dei giri **3** (*elettr.*) dispositivo che regola la tensione della corrente **4** (*chim.*) agente riducente.
riduzione [ri-du-zió-ne] *s.f.* **1** il ridurre, l'essere ridotto: *— sul prezzo* | *— cinematografica, televisiva*, adattamento di un'opera letteraria per il cinema, la televisione **2** (*med.*) intervento con cui si riaccostano i segmenti di un osso fratturato **3** (*chim.*) reazione con la quale diminuisce il grado di ossidazione o di valenza di un elemento per acquisto di elettroni.
riecco [ri-èc-co] *avv.* ecco di nuovo: *— la pioggia!*
riecheggiamento [ri-e-cheg-gia-mén-to] *s.m.* (*lett.*) il riecheggiare, l'essere riecheggiato.
riecheggiare [ri-e-cheg-già-re] *v.intr.* [*io riechéggio ecc.*; aus. *essere*] echeggiare di nuovo o a lungo: *urla che riecheggiano* | (*fig.*) essere presente, essere percepibile: *in quel romanzo riecheggiano motivi manzoniani* ♦ *v.tr.* rendere l'eco | (*fig.*) imitare; richiamare: *— lo stile dei classici.*
riedificare [ri-e-di-fi-cà-re] *v.tr.* [*io riedìfico, tu riedìfichi ecc.*] edificare di nuovo: *— una casa crollata.*
riedificazione [ri-e-di-fi-ca-zió-ne] *s.f.* il riedificare, l'essere riedificato.
riedizione [ri-e-di-zió-ne] *s.f.* **1** nuova edizione di un'opera già pubblicata **2** (*fig.*) ripresentazione, riproposizione di qlco. di già noto: *la — del vecchio sotto nuove forme.*
rieducabile [ri-e-du-cà-bi-le] *agg.* che può essere rieducato.
rieducare [ri-e-du-cà-re] *v.tr.* [*io rièduco, tu rièduchi ecc.*] **1** educare di nuovo, cercando di correggere un'educazione sbagliata **2** (*med.*) far riacquistare la funzionalità a un soggetto, a un organo o a una facoltà che hanno subito una menomazione: *— un arto paralizzato.*
rieducazione [ri-e-du-ca-zió-ne] *s.f.* **1** il rieducare, l'essere rieducato **2** (*med.*) la reintegrazione funzionale di arti o di organi lesi, mediante opportuna terapia.
rielaborare [ri-e-la-bo-rà-re] *v.tr.* [*io rielàboro ecc.*] elaborare di nuovo; rifare con nuovi criteri: *— un testo.*
rielaborazione [ri-e-la-bo-ra-zió-ne] *s.f.* il rielaborare, l'essere rielaborato.
rieleggere [ri-e-lèg-ge-re] *v.tr.* [coniugato come *eleggere*] eleggere di nuovo; riconfermare in una carica: *il presidente è stato rieletto.*
rieleggibile [ri-e-leg-gì-bi-le] *agg.* che può essere rieletto.
rieleggibilità [ri-e-leg-gi-bi-li-tà] *s.f.* l'essere rieleggibile; possibilità di essere rieletto.
rielezione [ri-e-le-zió-ne] *s.f.* il rieleggere, l'essere rieletto.
riemergere [ri-e-mèr-ge-re] *v.intr.* [coniugato come *emergere*; aus. *essere*] risalire alla superficie; emergere di nuovo (anche *fig.*): *riemergono i problemi irrisolti.*
riempimento [ri-em-pi-mén-to] *s.m.* il riempire, il riempirsi, l'essere riempito.
riempire [ri-em-pì-re] *v.tr.* [*io riémpio ecc.*] **1** rendere pieno; empire, colmare (anche *fig.*): *— qlcu. di gioia* | *— un panino*, imbottirlo **2** compilare un modulo, una scheda ecc.: *— un questionario* ♦ **riempirsi** *v.rifl.* o *intr.pron.* **1** diventare pieno: *lo stadio si è riempito* **2** (*fam.*) saziarsi, rimpinzarsi: *— di dolci.*
riempitivo [ri-em-pi-tì-vo] *agg.* che serve a riempire: *materiali riempitivi* ♦ *s.m.* parola, frase che non aggiunge nulla al concetto espresso | *essere un —*, (*fig.*) si dice di persona o di cosa che contano solo perché fanno numero, quantità.
riempitura [ri-em-pi-tù-ra] *s.f.* il riempire, l'essere riempito | ciò che serve a riempire.
rientrante [ri-en-tràn-te] *agg.* che presenta con-

cavità: *superficie* — | (*fam.*) incavato: *guance rientranti.*

rientranza [ri-en-tràn-za] *s.f.* parte che rientra rispetto all'andamento di una linea, di una superficie; concavità: *una — nel muro.*

rientrare [ri-en-trà-re] *v.intr.* [*io riéntro ecc.*; aus. *essere*] **1** ritornare nel luogo da cui si era usciti o da cui ci si era allontanati: — *in casa* **2** (*fig.*) ritornare nella condizione o situazione d'origine: — *in gara* | — *in sé*, riprendere l'autocontrollo | — *in argomento*, riparlare di qlco. **3** (*fig.*) non avere realizzazione, essere annullato: *il progetto è rientrato* **4** di linee e superfici, presentare una concavità: *un muro che rientra* **5** far parte, essere compreso: — *in una graduatoria* **6** (*fam.*) ricuperare il denaro speso, investito o prestato.

rientrato [ri-en-trà-to] *agg.* che non è riuscito, che non si è sviluppato o realizzato: *un tentativo* —.

rientro [ri-én-tro] *s.m.* il rientrare: *il — dalle vacanze.*

riepilogare [ri-e-pi-lo-gà-re] *v.tr.* [*io riepìlogo, tu riepìloghi ecc.*] fare un riepilogo; ricapitolare, riassumere: — *i fatti.*

riepilogativo [ri-e-pi-lo-ga-tì-vo] *agg.* che serve a riepilogare: *lezione riepilogativa.*

riepilogo [ri-e-pì-lo-go] *s.m.* [pl. *-ghi*] breve riassunto del contenuto di un discorso, di uno scritto o delle fasi di un avvenimento; ricapitolazione: — *dei fatti.*

riequilibrare [ri-e-qui-li-brà-re] *v.tr.* riportare, rimettere in equilibrio (anche *fig.*): — *i conti con l'estero* ♦ **riequilibrarsi** *v.rifl.* e *rifl.rec.* ritrovare l'equilibrio; rimettersi in assetto più stabile.

riequilibrio [ri-e-qui-lì-brio] *s.m.* il riequilibrare, il riequilibrarsi, l'essere riequilibrato: *il — della bilancia dei pagamenti.*

riesame [ri-e-ʃà-me] *s.m.* nuovo esame: *un attento* —.

riesaminare [ri-e-ʃa-mi-nà-re] *v.tr.* [*io rieʃàmino ecc.*] esaminare di nuovo o dal principio: — *una questione.*

riesling [/ ˈrizliŋ /] *s.m.invar.* (*ted.*) vitigno dalle cui uve si ricava l'omonimo vino bianco secco da pasto.

riesplodere [ri-e-splò-de-re] *v.tr.* [coniugato come *esplodere*] esplodere di nuovo ♦ *v.intr.* [aus. *essere*] esplodere, scoppiare nuovamente.

riessere [ri-ès-se-re] *v.intr.* [coniugato come *essere*; aus. *essere*] essere, trovarsi di nuovo | *ci risiamo!*, si dice al ripresentarsi di una situazione spiacevole.

riesumare [ri-e-ʃu-mà-re] *v.tr.* [*io rieʃùmo* o *rièʃumo ecc.*] **1** disseppellire, togliere dalla tomba: — *una salma* **2** (*fig.*) riportare alla luce; rimettere in uso, rendere di nuovo attuale: — *usanze dimenticate.*

riesumazione [ri-e-ʃu-ma-zió-ne] *s.f.* il riesumare, l'essere riesumato.

rievocare [ri-e-vo-cà-re] *v.tr.* [*io rièvoco, tu rièvochi ecc.*] **1** evocare di nuovo; richiamare alla memoria, ricordare: — *il passato* **2** (*estens.*) commemorare: — *i defunti.*

rievocativo [ri-e-vo-ca-tì-vo] *agg.* che rievoca, che ha il fine di rievocare: *film* —.

rievocazione [ri-e-vo-ca-zió-ne] *s.f.* il rievocare, l'essere rievocato | la cosa rievocata.

rifacimento [ri-fa-ci-mén-to] *s.m.* il rifare, l'essere rifatto; rielaborazione di un'opera: *il — di un romanzo* | l'opera stessa che è stata rifatta.

rifacitura [ri-fa-ci-tù-ra] *s.f.* l'operazione del rifare: *la — di un abito.*

rifare [ri-fà-re] *v.tr.* [pres. *io rifàccio* o *rifò, tu rifai, egli rifà ecc.*; le altre forme coniugate come *fare*] **1** fare di nuovo una cosa malfatta o deteriorata o consumata: — *qlco. da cima a fondo* | — *la stanza*, riordinarla | *rifarsi gli occhi*, (*fig.*) cancellare una vista sgradevole, guardando qlco. di gradevole **2** (*fig.*) ricuperare uno stato, una condizione che era compromessa: *rifarsi una vita* | *rifarsi una famiglia*, costituirne una nuova **3** compiere di nuovo, ripetere | rieleggere: *lo hanno rifatto sindaco* **4** contraffare, imitare: — *il verso a qlcu.*, imitarlo ♦ **rifarsi** *v.rifl.* o *intr.pron.* **1** farsi nuovamente, diventare di nuovo | — *vivo*, tornare a farsi vedere o sentire dopo molto tempo **2** tornare come prima: *il tempo si rifece sereno* **3** recuperare le perdite: — *di un danno* **4** prendere la rivincita: — *di un'umiliazione* **5** prendere le mosse da qlco., in un discorso o in uno scritto; richiamarsi: — *a quanto già detto.*

rifatto [ri-fàt-to] *agg.* fatto di nuovo.

riferibile [ri-fe-rì-bi-le] *agg.* **1** che si può riferire, ripetere **2** che può concernere, riguardare.

riferimento [ri-fe-ri-mén-to] *s.m.* **1** il riferire o il riferirsi; connessione, rapporto | *punto di* —, punto del terreno a cui ci si riferisce per orientarsi; (*fig.*) persona o cosa a cui si guarda per definire i propri comportamenti **2** accenno, allusione; richiamo: *fare — a qlco.*

riferire [ri-fe-rì-re] *v.tr.* [*io riferisco, tu riferisci ecc.*] **1** comunicare ad altri quanto si conosce; riportare fatti, notizie, discorsi: — *l'accaduto* **2** mettere in relazione, collegare: — *un effetto a una causa* ♦ *v.intr.* [aus. *avere*] informare con un rapporto o una relazione: — *a chi di dovere* ♦ **riferirsi** *v.intr.pron.* **1** essere in rapporto, avere attinenza; riguardare: *dati che si riferiscono alla situazione attuale* **2** richiamarsi, alludere: *a che cosa vi riferite?*

riffa[1] [rìf-fa] *s.f.* lotteria privata i cui premi consistono in oggetti.

riffa[2] *s.f.* solo nella loc. fam. *o di — o di raffa*, a ogni costo, con qualsiasi mezzo.

rifiatare [ri-fia-tà-re] *v.intr.* [aus. *avere*] respirare, riprendere fiato | (*fig.*) prendersi un po' di riposo, di ristoro: *un lavoro che non lascia* —.

rifilare [ri-fi-là-re] *v.tr.* **1** tagliare a filo i bordi; pareggiare i margini di qlco.: — *le pagine di un libro* **2** (*fam.*) affibbiare, appioppare: — *un calcio.*

rifilatura [ri-fi-la-tù-ra] *s.f.* rifinitura dei bordi di un libro, di pezzi meccanici ecc.

rifinire [ri-fi-nì-re] *v.tr.* [*io rifinisco, tu rifinisci* *ecc.*] perfezionare, ritoccare curando tutti i dettagli: — *un'opera.*

rifinitezza [ri-fi-ni-téz-za] *s.f.* qualità di ciò che è rifinito; compiutezza, perfezione.

rifinito [ri-fi-nì-to] *agg.* condotto a termine in tutti i particolari; perfettamente elaborato: *lavoro ben —.*

rifinitore [ri-fi-ni-tó-re] *s.m.* **1** [f. *-trice*] chi è addetto a operazioni di rifinitura (nell'industria, in attività artigianali) **2** chi è abile nel perfezionamento di un'opera, propria o altrui: *un sapiente — di testi.*

rifinitura [ri-fi-ni-tù-ra] *s.f.* **1** il rifinire, il completare un lavoro: *dare l'ultima —* **2** elemento decorativo che rifinisce un'opera: *rifiniture in argento.*

rifiorire [ri-fio-rì-re] *v.intr.* [*io rifiorisco, tu rifiorisci ecc.*; aus. *essere*] **1** fiorire di nuovo: *gli alberi rifioriscono* | (*fig.*) riprendere vigore; tornare prospero: *la sua salute è rifiorita* **2** riapparire, riaffiorare in superficie, riferito a macchie che erano state eliminate: *l'umidità rifiorisce sui muri.*

rifioritura [ri-fio-ri-tù-ra] *s.f.* **1** nuova fioritura (anche *fig.*): *una — di iniziative* **2** (*estens.*) abbellimento, aggiunta ornamentale: *discorso pieno di rifioriture* **3** ricomparsa di macchie che erano state eliminate.

rifiutabile [ri-fiu-tà-bi-le] *agg.* che può o deve essere rifiutato: *un invito non —.*

rifiutare [ri-fiu-tà-re] *v.tr.* **1** non accettare, respingere: — *il cibo* **2** non concedere; negare: — *il proprio consenso* **3** non acconsentire a fare qlco.: — *di rispondere* **4** non accettare, disconoscere, sconfessare: — *il proprio passato* ♦ **rifiutarsi** *v.intr.pron.* non voler fare o accettare o concedere qlco.: — *di partire.*

rifiuto [ri-fiù-to] *s.m.* **1** il rifiutare, l'essere rifiutato; diniego: *opporre un —* **2** scarto, residuo da eliminare; immondizia: *raccolta dei rifiuti* | — *della società*, (*fig.*) persona socialmente emarginata.

riflessione [ri-fles-sió-ne] *s.f.* **1** il considerare e valutare attentamente: *agire con —* | la considerazione, l'osservazione che ne scaturisce: *una — giusta* **2** (*fis.*) fenomeno per cui un raggio (luminoso, sonoro, elettromagnetico) colpendo una superficie riflettente, viene rinviato in una determinata direzione.

riflessività [ri-fles-si-vi-tà] *s.f.* l'essere riflessivo; tendenza alla riflessione.

riflessivo [ri-fles-sì-vo] *agg.* **1** che è solito considerare e valutare attentamente le cose; assennato, posato: *un ragazzo —* **2** (*gramm.*) si dice di forma verbale in cui il complemento oggetto si identifica col soggetto (p.e. *io mi lavo*) | *pronome —*, quello che entra nella forma riflessiva del verbo (*p.e.* i pronomi personali atoni *mi, ti, si* ecc. e le forme toniche *me, te, sé* ecc.) □ **riflessivamente** *avv.*

riflesso[1] [ri-flès-so] *s.m.* **1** il riflettersi; riverbero: *il — del sole* **2** (*fig.*) conseguenza, ripercussione: *i riflessi di un avvenimento* | *di —*, di rimbalzo, indirettamente **3** (*fisiol.*) reazione nervosa involontaria provocata da uno stimolo esterno | — *condizionato*, quello provocato da un determinato stimolo, di per sé neutro, dopo che a esso è stato ripetutamente associato un altro stimolo idoneo a produrre quel riflesso.

riflesso[2] *agg.* che ha subìto una riflessione: *raggio —.*

riflettente [ri-flet-tèn-te] *agg.* che riflette: *superficie —.*

riflettere [ri-flèt-te-re] *v.tr.* [pres. *io riflètto ecc.*; part. pass. *riflèsso* nella forma tr., *riflettuto* in quella intr.] **1** riprodurre un'immagine per riflessione: *lo specchio riflette le immagini* | (*fig.*) manifestare esteriormente: *gli occhi riflettono i sentimenti* **2** (*fis.*) rinviare per riflessione (onde, raggi luminosi) ♦ *v. intr.* [aus. *avere*] applicarsi con la mente; considerare con attenzione: — *su un problema* ♦ **riflettersi** *v.rifl.* **1** essere riflesso; rispecchiarsi **2** (*fig.*) ripercuotersi, influire: *l'instabilità politica si riflette sulla borsa.*

riflettore [ri-flet-tó-re] *s.m.* apparecchio costituito da una sorgente luminosa e da uno specchio concavo che proietta i raggi luminosi a grande distanza.

rifluire [ri-flu-ì-re] *v.intr.* [*io rifluisco, tu rifluisci ecc.*; aus. *essere*] **1** fluire, scorrere di nuovo: *il traffico comincia a —* **2** fluire, scorrere indietro: *il sangue rifluisce al cuore* **3** tornare ad affluire: *la folla rifluiva nella piazza.*

riflusso [ri-flùs-so] *s.m.* **1** il rifluire; movimento in senso contrario: *il — del sangue* **2** l'abbassamento del livello del mare durante la bassa marea **3** (*fig.*) calo, diminuzione: *un — delle vendite* **4** (*fig.*) ritorno a concezioni e comportamenti ritenuti in precedenza superati: *un periodo di — culturale.*

rifocillamento [ri-fo-cil-la-mén-to] *s.m.* il rifocillare, il rifocillarsi, l'essere rifocillato.

rifocillare [ri-fo-cil-là-re] *v.tr.* ristorare con cibi e bevande: — *un mendicante* ♦ **rifocillarsi** *v.rifl.* ristorarsi mangiando o bevendo.

rifondare [ri-fon-dà-re] *v.tr.* [*io rifóndo ecc.*] fondare di nuovo o su nuove basi; ricostruire: — *un partito.*

rifondazione [ri-fon-da-zió-ne] *s.f.* il rifondare, l'essere rifondato.

rifondere [ri-fón-de-re] *v.tr.* [coniugato come *fondere*] **1** ricomporre con modifiche; rifare in parte: — *uno scritto* **2** (*dir.*) rimborsare, risarcire: — *i danni.*

riforestazione [ri-fo-re-sta-zió-ne] *s.f.* rimboschimento.

riforma [ri-fór-ma] *s.f.* **1** il riformare, il modificare; legge che trasforma un ordinamento, una struttura: *la — della scuola* **2** (*st.*) movimento religioso sorto nel sec. XVI per opera di Martin Lutero e altri teologi, che diede origine alle chiese protestanti **3** (*mil.*) giudizio di non idoneità al servizio militare.

riformabile [ri-for-mà-bi-le] *agg.* che può o deve essere riformato.

riformare [ri-for-mà-re] *v.tr.* [*io rifórmo ecc.*] **1** formare di nuovo; ricostituire, ricomporre **2** trasformare secondo nuove esigenze; sottoporre a riforma: — *un partito* **3** dichiarare qlcu. inabile al servizio militare ♦ **riformarsi** *v.intr.pron.* formarsi nuovamente.

riformato [ri-for-mà-to] *agg.* che è stato modificato in seguito a una riforma: *frati riformati*, che seguono una regola modificata | *chiesa riformata*, chiesa protestante di tendenza calvinista ♦ *s.m.* [f. *-a*] **1** appartenente a una chiesa riformata **2** (*mil.*) chi è stato giudicato inabile al servizio militare.

riformatore [ri-for-ma-tó-re] *agg.* e *s.m.* [f. *-trice*] che/chi introduce una riforma: *provvedimento* —.

riformatorio [ri-for-ma-tò-rio] *s.m.* (*dir.*) luogo di reclusione per i minorenni avente finalità di recupero sociale.

riformismo [ri-for-mì-ʃmo] *s.m.* tendenza a modificare gradualmente e con mezzi legali l'ordinamento dello stato | (*estens.*) politica di riforme.

riformista [ri-for-mì-sta] *s.m.* e *f.* [pl.m. *-sti*] fautore del riformismo | Usato anche come *agg.*: *socialismo* —.

riformistico [ri-for-mì-sti-co] *agg.* [pl.m. *-ci*] relativo al riformismo; da riformista: *politica riformistica* □ **riformisticamente** *avv.*

rifornimento [ri-for-ni-mén-to] *s.m.* **1** il rifornire, il rifornirsi, l'essere rifornito: *fare — di benzina* **2** *pl.* provviste; cose di cui ci si rifornisce o si è riforniti: *esaurire i rifornimenti.*

rifornire [ri-for-nì-re] *v.tr.* [*io rifornisco, tu rifornisci ecc.*] fornire di nuovo; provvedere di cose necessarie: — *l'aereo di carburante* ♦ **rifornirsi** *v.rifl.* provvedersi di qlco.: — *di viveri.*

rifornitore [ri-for-ni-tó-re] *agg.* e *s.m.* [f. *-trice*] che/chi rifornisce | *velivolo* —, destinato a rifornire di carburante un aeromobile in volo.

rifrangente [ri-fran-gèn-te] *agg.* che dà luogo a rifrazione: *corpi rifrangenti.*

rifrangenza [ri-fran-gèn-za] *s.f.* (*fis.*) proprietà di alcuni corpi di dar luogo a rifrazione.

rifrangere [ri-fràn-ge-re] *v.tr.* [coniugato come *frangere*; part. pass. *rifratto*] (*fis.*) far subire a un raggio luminoso, o ad altra radiazione, una rifrazione; deviare: *l'acqua rifrange i raggi del sole* ♦ **rifrangersi** *v.intr.pron.* (*fis.*) subire una rifrazione attraverso un mezzo.

rifratto [ri-fràt-to] *agg.* (*fis.*) deviato per effetto della rifrazione: *luce rifratta.*

rifrattore [ri-frat-tò-re] *s.m.* **1** dispositivo di alcuni tipi di lampade che sfrutta la rifrazione delle onde luminose per migliorare l'illuminazione **2** (*astr.*) telescopio che per mezzo di lenti capta i raggi luminosi di un oggetto celeste.

rifrazione [ri-fra-zió-ne] *s.f.* (*fis.*) il cambiamento di direzione subito da un'onda (luminosa, sonora, elettromagnetica) nel passare da un mezzo a un altro.

rifreddo [ri-fréd-do] *s.m.* cibo cotto che viene conservato per essere mangiato freddo | Usato anche come *agg.*: *vitello* —.

rifriggere [ri-frìg-ge-re] *v.tr.* [coniugato come *friggere*] **1** friggere di nuovo **2** (*fig.*) ripetere le medesime cose cercando di farle sembrare nuove: — *gli stessi argomenti.*

rifritto [ri-frìt-to] *agg.* **1** fritto di nuovo **2** (*fig.*) detto molte volte, ben noto: *un discorso* —.

rifrittura [ri-frit-tù-ra] *s.f.* **1** cibo rifritto **2** (*fig.*) scritto, discorso che è un rifacimento di cose già note.

rifuggire [ri-fug-gì-re] *v.intr.* [coniugato come *fuggire*; aus. *essere*] **1** fuggire di nuovo **2** (*fig.*) essere contrario a qlco., evitarla; provare avversione per qlco.: — *dai compromessi.*

rifugiarsi [ri-fu-giàr-si] *v.intr.pron.* [*io mi rifùgio ecc.*] cercare, trovare rifugio; mettersi al riparo: — *all'estero* | (*fig.*) ricercare conforto, sollievo: — *nella preghiera.*

rifugiato [ri-fu-già-to] *s.m.* [f. *-a*] chi, per ragioni politiche, ha abbandonato il proprio paese per rifugiarsi in un altro stato.

rifugio [ri-fù-gio] *s.m.* **1** riparo, protezione: *trovare — in una grotta* **2** luogo che offre riparo e protezione: — *alpino*, costruzione in alta montagna per accogliere alpinisti ed escursionisti; — *antiatomico*, locale sotterraneo per la protezione di persone in caso di esplosione nucleare **3** (*estens.*) luogo di ritrovo abituale: *quel bar è il loro* — **4** (*fig.*) persona, ambiente, attività che offre aiuto o tranquillità: *la famiglia è il suo* —.

rifulgere [ri-fùl-ge-re] *v.intr.* [pass. rem. *io rifulsi, tu rifulgesti ecc.*; part. pass. *rifulso*; poco comuni i tempi composti; aus. *essere* o *avere*] (*lett.*) mandare luce viva e brillante; risplendere: *occhi che rifulgono.*

rifusione [ri-fu-ʃiò-ne] *s.f.* il rifondere, l'essere rifuso.

riga [rì-ga] *s.f.* **1** linea segnata o impressa su una superficie: *tessuto a righe* | *farsi la* —, la scriminatura dei capelli **2** sequenza di parole scritte su una stessa linea orizzontale; rigo: *scritto di poche righe* | *leggere tra le righe*, (*fig.*) capire quello che non è espresso apertamente | *sopra le righe*, (*fig.*) si dice di atteggiamento enfatico, caricato **3** (*estens.*) scritto di poche parole, buttato giù in modo sbrigativo; rigo: *mandare due righe di ringraziamento* **4** allineamento di persone (*p.e.* soldati, atleti) l'una di fianco all'altra; la serie delle persone così disposte: *mettersi in* — | *stare in* —, (*fig.*) obbedire **5** stecca piatta, con bordo graduato, usata per tracciare linee diritte e per misurazioni **6** (*tip.*) insieme dei caratteri che in una composizione tipografica occupano una determinata giustezza; rigo.

rigaggio [ri-gàg-gio] *s.m.* (*tip.*) numero, quantità di righe: *un — di cinquanta righe per pagina.*

rigaglia [ri-gà-glia] *s.f.* (spec. *pl.*) le interiora del pollo, del piccione o di altro volatile usate in cucina.

rigagnolo [ri-gà-gno-lo] *s.m.* **1** piccolo ruscello 2 (*estens.*) piccolo corso d'acqua che scorre ai lati delle strade quando piove.

rigare [ri-gà-re] *v.tr.* [*io rigo, tu righi ecc.*] **1** segnare con righe; tracciare una o più righe: — *un foglio* | incidere, graffiare tracciando delle righe: — *un muro* **2** (*fig.*) solcare con rivoli: *le lacrime gli rigavano il volto* ♦ *v.intr.* [aus. *avere*] solo nella loc. — *diritto*, comportarsi come si deve, correttamente.

rigatino [ri-ga-tì-no] *s.m.* tessuto di lino o cotone a piccole righe di colore diverso.

rigato [ri-gà-to] *agg.* **1** segnato, solcato da righe: *quaderno* — **2** (*fig.*) solcato da rivoli; bagnato: *volto — di lacrime.*

rigatone [ri-ga-tó-ne] *s.m.* (spec. *pl.*) tipo di pasta a forma di piccoli cilindri rigati.

rigattiere [ri-gat-tiè-re] *s.m.* [f. *-a*] chi compra e rivende roba usata di scarso valore.

rigatura [ri-ga-tù-ra] *s.f.* **1** il rigare, l'essere rigato; l'insieme delle righe segnate: *la — di un foglio* **2** l'insieme delle scanalature ad andamento elicoidale praticate nella canna di un'arma da fuoco per imprimere un moto rotatorio ai proiettili.

rigenerare [ri-ge-ne-rà-re] *v.tr.* [*io rigènero ecc.*] **1** far nascere a nuova vita; riportare alla primitiva integrità **2** (*biol.*) ricostituire parti lese o amputate di un organismo animale o vegetale **3** (*tecn.*) ricostituire le proprietà di un materiale o un prodotto usurato: — *la lana* ♦ **rigenerarsi** *v.intr.pron.* **1** (*biol.*) ricostituirsi, detto di tessuto animale o vegetale **2** (*fig.*) rinnovarsi spiritualmente: — *nella preghiera.*

rigenerativo [ri-ge-ne-ra-tì-vo] *agg.* che concerne la rigenerazione: *processo* —.

rigenerato [ri-ge-ne-rà-to] *agg.* (*tecn.*) che ha subìto una rigenerazione: *lana rigenerata* ♦ *s.m.* prodotto ottenuto mediante rigenerazione: *un — di caucciù.*

rigeneratore [ri-ge-ne-ra-tó-re] *agg.* e *s.m.* [f. *-trice*] che/chi rigenera.

rigenerazione [ri-ge-ne-ra-zió-ne] *s.f.* **1** il rigenerare, il rigenerarsi; il nascere a nuova vita, il rinnovarsi spiritualmente **2** (*tecn.*) complesso di operazioni per rigenerare un materiale o un prodotto: *la — di un catalizzatore* **3** (*biol.*) ricostruzione, da parte di un organismo animale o vegetale, di tessuti od organi lesi o amputati.

rigettare [ri-get-tà-re] *v.tr.* [*io rigètto ecc.*] **1** gettare di nuovo **2** gettare fuori, indietro | (*fig.*) rifiutare, respingere: — *un'idea* **3** (*fam.*) vomitare: *mi viene da* — ♦ *v.intr.* [aus. *avere*] detto di piante, germogliare di nuovo, ributtare.

rigetto [ri-gèt-to] *s.m.* **1** il rigettare, l'essere rigettato | (*fig.*) mancato accoglimento, bocciatura: *il — di un ricorso* **2** (*biol.*) reazione negativa al trapianto di un organo di un individuo geneticamente diverso: *crisi di* — **3** (*fig.*) rifiuto totale di idee o comportamenti sentiti come estranei: — *psicologico.*

righello [ri-ghèl-lo] *s.m.* asticella usata per tracciare righe, con uno o due bordi graduati.

righettato [ri-ghet-tà-to] *agg.* disegnato a righe sottili: *tessuto* —.

righino [ri-ghì-no] *s.m.* **1** righello **2** (*mar.*) regolo applicato sulla superficie esterna di una nave per indicare l'orlo del ponte di coperta **3** (*tip.*) riga di stampa incompleta, dopo la quale si trova un capoverso.

rigidezza [ri-gi-déz-za] *s.f.* **1** l'essere rigido (anche *fig.*): — *di costumi* **2** (*fis.*) tendenza di un corpo a non subire deformazioni se assoggettato a una sollecitazione esterna.

rigidismo [ri-gi-dì-ʃmo] *s.m.* atteggiamento di eccessiva rigidità nell'osservare norme, precetti.

rigidità [ri-gi-di-tà] *s.f.* **1** qualità e condizione di ciò che non si piega né si torce: *la — del marmo* | lo stato del corpo umano o di un arto che abbia perso la capacità di movimento: — *muscolare* **2** (*fig.*) rigidezza: — *di clima* **3** (*fis.*) la proprietà di un corpo di non deformarsi se sottoposto a una forza esterna.

rigido [rì-gi-do] *agg.* **1** che non si può piegare né deformare; non elastico: *materiale* — | detto di corpo umano o di sue parti, incapace di movimento; teso, immobile: *gamba rigida* **2** detto di clima, stagione ecc., assai freddo: *inverno* — **3** (*fig.*) severo, inflessibile: *insegnante* — □ **rigidamente** *avv.*

rigirare [ri-gi-rà-re] *v.tr.* **1** girare di nuovo o più volte; girare continuamente: — *qlco. tra le mani* **2** (*fig.*) volgere abilmente a proprio vantaggio: — *la frittata*, (*fam.*) far apparire le cose nel modo più vantaggioso **3** (*fig.*) ingannare, raggirare: *farsi — come un bambino* ♦ *v.intr.* [aus. *avere*] girare di nuovo o in senso contrario a quanto fatto prima | *gira e rigira*, (*fig.*) qualunque cosa si faccia, si dica (il risultato è sempre lo stesso) ♦ **rigirarsi** *v.rifl.* girare su sé stesso, voltarsi: — *nel letto.*

rigo [rì-go] *s.m.* [pl. *-ghi*] linea segnata o impressa su un foglio; linea di scrittura o di stampa: *saltare un — leggendo* | — *musicale*, pentagramma.

rigoglio [ri-gó-glio] *s.m.* **1** pieno sviluppo della fioritura o del fogliame di una pianta **2** (*fig.*) esuberanza, floridezza, pieno vigore: *essere nel — della giovinezza.*

rigogliosità [ri-go-glio-si-tà] *s.f.* l'essere rigoglioso.

rigoglioso [ri-go-glió-so] *agg.* **1** che è in rigoglio, in pieno sviluppo, detto di pianta **2** (*fig.*) che è pieno di vigore, di salute; esuberante: *crescere sano e* — □ **rigogliosamente** *avv.*

rigogolo [ri-gò-go-lo] *s.m.* uccello canterino migratore con piumaggio giallo e ali e coda nere nel maschio, giallo-verdastro con striature brune sul ventre nella femmina.

rigonfiamento [ri-gon-fia-mén-to] *s.m.* **1** il rigonfiare, il rigonfiarsi, l'essere rigonfiato **2** parte rigonfia di qlco.; gonfiore.

rigonfiare [ri-gon-fià-re] *v.tr.* [*io rigónfio ecc.*] gonfiare di nuovo ♦ **rigonfiarsi** *v.intr.pron.* ridivenire gonfio o più gonfio.

rigonfiatura [ri-gon-fia-tù-ra] *s.f.* rigonfiamento, gonfiore.
rigonfio [ri-gón-fio] *agg.* gonfio, molto gonfio (anche *fig.*): *essere — d'ira* ♦ *s.m.* parte gonfia di qlco.; rigonfiamento.
rigore [ri-gó-re] *s.m.* **1** rigidezza, freddo intenso: *il — dell'inverno* **2** rigorosità, austerità: *— morale* **3** durezza, inflessibilità, asprezza: *il — di una pena* | *calcio di —*, nel calcio e in altri sport, il tiro di punizione inflitto contro la squadra che ha commesso un fallo grave nell'area della propria porta (*area di —*): *battere un calcio di —* (o *un —*) | *essere di —*, (*fig.*) essere rigorosamente prescritto: *è di — l'abito scuro* **4** precisione, esattezza: *una ricerca svolta con —* | *a rigor di logica*, secondo logica.
rigorismo [ri-go-rì-ʃmo] *s.m.* eccessivo rigore nell'applicazione di una regola; atteggiamento di assoluta intransigenza.
rigorista [ri-go-rì-sta] *s.m.* e *f.* [pl.m. *-sti*] **1** chi è estremamente o eccessivamente rigoroso **2** (*sport*) chi batte i calci di rigore.
rigoristico [ri-go-rì-sti-co] *agg.* [pl.m. *-ci*] che si riferisce al rigorismo; da rigorista: *morale rigoristica* □ **rigoristicamente** *avv.*
rigorosità [ri-go-ro-si-tà] *s.f.* l'essere rigoroso: *la — di un provvedimento.*
rigoroso [ri-go-ró-so] *agg.* **1** si dice di chi si comporta con rigore, con severità: *professore —* **2** di cosa fatta con rigore, con precisione: *studio —* | logico, consequenziale: *un ragionamento —* **3** che è improntato a rigidità, che non ammette deroghe: *ordini rigorosi* □ **rigorosamente** *avv.*
rigovernare [ri-go-ver-nà-re] *v.tr.* [*io rigovèrno ecc.*] **1** lavare, asciugare e rimettere in ordine le stoviglie **2** accudire agli animali, dar loro da mangiare: *— il bestiame.*
riguadagnare [ri-gua-da-gnà-re] *v.tr.* guadagnare di nuovo, riconquistare; recuperare ciò che si era perduto: *— l'affetto di qlcu.*
riguardare [ri-guar-dà-re] *v.tr.* **1** guardare di nuovo **2** rivedere, controllare: *— i conti* | considerare attentamente **3** concernere, spettare: *il fatto non ci riguarda* ♦ **riguardarsi** *v.rifl.* tenersi lontano da un male; aver cura della propria salute.
riguardo [ri-guàr-do] *s.m.* **1** attenzione, cautela, cura: *avere — per la propria salute* | *senza —*, senza preoccupazione o ritegno: *spendere senza —* **2** cortesia, deferenza: *trattare qlcu. con —* | *di —*, che merita considerazione: *ospite di —* **3** relazione, rapporto, attinenza: *ciò non ha — con nulla* | *a questo —*, a questo proposito | *— a*, in relazione | *nei riguardi di*, nei confronti di.
riguardoso [ri-guar-dó-so] *agg.* che usa riguardo; pieno di rispetto, di deferenza: *essere — con qlcu.* □ **riguardosamente** *avv.*
rigurgitare [ri-gur-gi-tà-re] *v.intr.* [*io rigùrgito ecc.*; aus. *avere* o *essere*] **1** detto di liquido, uscire per ristrettezza di spazio fuori dal luogo in cui è contenuto: *acqua che rigurgita dal lavandino* **2** (*fig.*) essere pieno, affollato; traboccare: *la piazza rigurgita di folla* ♦ *v.tr.* far uscire dalla bocca: *il bambino ha rigurgitato il latte.*
rigurgito [ri-gùr-gi-to] *s.m.* **1** il rigurgitare; ciò che rigurgita, che trabocca: *— d'acqua* **2** (*fig.*) impulso violento e improvviso: *un — di rabbia* **3** (*fig.*) breve e improvviso ritorno di qlco. di negativo che si riteneva scomparso: *— di razzismo* **4** (*med.*) il reflusso dei cibi dalla faringe o dall'esofago per effetto di un ostacolo anatomico o funzionale.
rilanciare [ri-lan-cià-re] *v.tr.* [*io rilàncio ecc.*] **1** lanciare di nuovo; lanciare di rimando: *— la palla* **2** (*fig.*) ridare attualità, interesse a qlco.: *— una moda* **3** nelle aste, fare un'offerta più alta degli altri; nel poker, aumentare la posta stabilita dal giocatore precedente.
rilancio [ri-làn-cio] *s.m.* **1** il rilanciare, l'essere rilanciato: *— della palla* **2** nelle aste e nel poker, offerta o puntata più alta di quella degli altri concorrenti o giocatori.
rilasciamento [ri-la-scia-mén-to] *s.m.* il rilasciare, il rilasciarsi; allentamento, rilassamento (anche *fig.*): *— dei costumi.*
rilasciare [ri-la-scià-re] *v.tr.* [*io rilàscio ecc.*] **1** lasciare di nuovo **2** lasciare libero, rimettere in libertà: *— gli ostaggi* | (*scient.*) liberare, emettere: *la cistifellea rilascia la bile* **3** dare, concedere: *— un'intervista* **4** allentare la tensione; rilassare: *— i muscoli.*
rilascio [ri-là-scio] *s.m.* **1** il lasciar libero, il liberare: *il — dei prigionieri* **2** (*burocr.*) consegna: *il — di un certificato.*
rilassamento [ri-las-sa-mén-to] *s.m.* il rilassare, il rilassarsi; distensione, allentamento: *— della tensione nervosa.*
rilassare [ri-las-sà-re] *v.tr.* **1** allentare, diminuire la tensione fisica o psichica: *— la mente* **2** (*fig.*) rendere meno rigido, meno severo; alleggerire: *— la sorveglianza* ♦ **rilassarsi** *v.rifl.* o *intr.pron.* **1** diventare meno teso; distendersi fisicamente o psicologicamente: *cerca di rilassarti* **2** (*fig.*) farsi meno rigoroso; indebolirsi moralmente: *i costumi si sono rilassati.*
rilassatezza [ri-las-sa-téz-za] *s.f.* l'essere rilassato (spec. *fig.*): *— morale.*
rilassato [ri-las-sà-to] *agg.* **1** che è in stato di rilassamento; disteso, privo di tensione: *sentirsi —* **2** (*fig.*) privo di rigore, infiacchito moralmente: *disciplina rilassata.*
rilegare [ri-le-gà-re] *v.tr.* [*io rilégo, tu riléghi ecc.*] cucire e incollare i fogli di un libro rivestendoli di una copertina.
rilegatore [ri-le-ga-tó-re] *s.m.* [f. *-trice*] chi rilega libri.
rilegatura [ri-le-ga-tù-ra] *s.f.* il rilegare un libro; il modo e il materiale con cui un libro viene rilegato; legatura: *una — in cuoio.*
rileggere [ri-lèg-ge-re] *v.tr.* [coniugato come *leggere*] leggere di nuovo.
rilento [ri-lèn-to] *avv.* solo nella loc. *a —*, con grande lentezza: *procedere a —.*

rilettura [ri-let-tù-ra] *s.f.* seconda, nuova lettura: *un'attenta —.*

rilevabile [ri-le-và-bi-le] *agg.* che può essere rilevato, messo in evidenza.

rilevamento [ri-le-va-mén-to] *s.m.* **1** il rilevare; l'insieme delle operazioni con cui si mira a determinare qlco.: *— statistico* **2** (*mar.*) angolo compreso tra la direzione di un oggetto e un'altra di riferimento.

rilevante [ri-le-vàn-te] *agg.* di considerevole rilievo; importante, notevole: *danno —.*

rilevanza [ri-le-vàn-za] *s.f.* l'essere rilevante; l'avere importanza: *la — di un fenomeno.*

rilevare [ri-le-và-re] *v.tr.* [*io rilèvo ecc.*] **1** levare di nuovo **2** effettuare un rilevamento; ricavare: *— un calco* **3** mettere in evidenza; notare, rimarcare: *— gli errori* **4** raccogliere i dati inerenti a un fenomeno, per darne una descrizione o a fini statistici: *— la disoccupazione* **5** subentrare ad altri in un onere, in una responsabilità; acquistare: *— un negozio* **6** dare il cambio a qlcu.: *— una sentinella* **7** (*estens.*) andare a prendere: *— qlcu. alla stazione* ♦ *v.intr.* [aus. *avere*] avere rilievo, sporgere.

rilevatario [ri-le-va-tà-rio] *s.m.* [f. *-a*] chi subentra ad altri in un impegno o nell'esercizio di un'attività.

rilevato [ri-le-và-to] *agg.* che è in rilievo rispetto a un piano o a uno sfondo; rialzato, sporgente: *una figura dai contorni rilevati* □ **rilevatamente** *avv.*

rilevatore [ri-le-va-tó-re] *s.m.* persona o strumento che effettua un rilevamento, una rilevazione.

rilevazione [ri-le-va-zió-ne] *s.f.* il rilevare; raccolta sistematica di informazioni: *— statistica.*

rilievo [ri-liè-vo] *s.m.* **1** lo staccarsi rispetto a una superficie, a un piano di fondo: *un ricamo in —* **2** ciò che è in rilievo, che sporge da una superficie: *il — di una medaglia* | (*scult.*) tecnica di rappresentazione di figure aggettanti su un fondo con maggiore o minore stacco (*alto, basso —*); l'opera così ottenuta **3** (*fig.*) risalto, spicco, importanza: *fenomeni di scarso —; dare — a qlco.* **4** (*geog.*) sopraelevazione della superficie terrestre; l'insieme delle montuosità di una regione: *il — appenninico* **5** l'insieme delle operazioni di rilevamento e rappresentazione di un fenomeno: *— topografico* **6** osservazione; nota critica: *muovere dei rilievi a qlcu.*

rilievografia [ri-lie-vo-gra-fi-a] *s.f.* sistema speciale di stampa che permette di ottenere particolari effetti di bassorilievo.

rilucente [ri-lu-cèn-te] *agg.* che ha splendore, lucentezza: *stelle rilucenti.*

rilucere [ri-lù-ce-re] *v.intr.* [coniugato come *lucere*; dif. del part. pass. e dei tempi composti] essere luminoso; risplendere.

riluttante [ri-lut-tàn-te] *agg.* che esita a fare qlco. o la fa malvolentieri; restio, ritroso: *mostrarsi —.*

riluttanza [ri-lut-tàn-za] *s.f.* l'essere riluttante; ritrosia, esitazione a fare qlco.: *accettare con —.*

riluttare [ri-lut-tà-re] *v.intr.* [aus. *avere*] essere restio, ritroso a fare qlco.; esitare: *riluttava a farlo.*

rima [rì-ma] *s.f.* **1** identità di suono tra due o più parole dalla vocale accentata in poi; se ne fa uso in poesia: *— alternata*, di versi che rimano alternativamente; *— baciata*, di due versi consecutivi | *— interna*, rimalmezzo | *mettere in —*, scrivere in versi | *rispondere per le rime*, (*fig.*) rispondere a tono, ribattendo punto per punto **2** *pl.* (*estens.*) versi: *scrivere poche rime* | componimenti poetici: *le rime di Dante.*

rimalmezzo [ri-mal-mèʒ-ʒo], o **rima al mezzo**, *s.f.* rima che cade alla metà di un verso, detta anche *rima interna.*

rimandare [ri-man-dà-re] *v.tr.* **1** mandare di nuovo **2** mandare indietro; respingere, restituire: *— una lettera al mittente* **3** mandare via, far tornare al luogo di partenza: *— qlcu. a casa* **4** differire, procrastinare: *— la partenza* **5** far sostenere a uno studente gli esami di riparazione: *— a settembre* **6** fare riferimento ad altro luogo di un testo, a cosa già detta: *— al capitolo precedente.*

rimandato [ri-man-dà-to] *agg.* e *s.m.* [f. *-a*] si dice dello studente che deve sostenere gli esami di riparazione.

rimando [ri-màn-do] *s.m.* **1** il rimandare, l'essere rimandato; rinvio: *il — della palla* | *di —*, di ritorno, in replica **2** in uno scritto, parola o segno che invita il lettore a consultare un'altra parte del testo o un'altra opera; rinvio.

rimaneggiamento [ri-ma-neg-gia-mén-to] *s.m.* il rimaneggiare, l'essere rimaneggiato; rielaborazione: *il — di un romanzo.*

rimaneggiare [ri-ma-neg-già-re] *v.tr.* [*io rimanéggio ecc.*] **1** maneggiare di nuovo **2** rielaborare, riordinare; modificare: *— un testo teatrale.*

rimaneggiato [ri-ma-neg-già-to] *agg.* modificato, rielaborato.

rimanente [ri-ma-nèn-te] *agg.* che rimane; restante, residuo: *denaro —* ♦ *s.m.* ciò che rimane: *il — della merce.*

rimanenza [ri-ma-nèn-za] *s.f.* ciò che rimane; avanzo di magazzino, merce in giacenza: *le rimanenze di un articolo.*

rimanere [ri-ma-né-re] *v.intr.* [pres. *io rimango, tu rimani, egli rimane, noi rimaniamo, voi rimanéte, essi rimàngono*; fut. *io rimarrò ecc.*; pass.rem. *io rimasi* (o *rimaſi*), *tu rimanésti ecc.*; pres.congiunt. *io rimanga ecc.*; cond. *io rimarrèi, tu rimarrésti ecc.*; part.pass. *rimasto*; aus. *essere*] **1** fermarsi in un luogo; restare, trattenersi: *— a pranzo* | (*estens.*) essersi fermato, detto di chi sta leggendo o parlando: *a che punto eravamo rimasti?* **2** mantenersi in un particolare stato o situazione: *— stordito* | *— male*, restare deluso, mortificato | *rimanerci*, (*fam.*) morire: *ha avuto un incidente e c'è rimasto* | *rimanerci secco*, (*fam.*) morire sul colpo | *— (d'accordo)*, accordarsi: *come rimaniamo per stasera?* **3** avere un valore non effimero; durare: *un libro che rimarrà* **4** divenire, ritrovarsi: *— solo* | *— indietro*, farsi distanziare da chi precede; (*fig.*) essere in arretrato: — *indietro nel lavoro* **5** avanzare, restare: *non rimane altro da fare* **6** sopravvivere, essere superstite: *le è rimasto solo un figlio* **7** toccare, spettare: *la casa rimarrà agli eredi* **8** essere situato, trovarsi: *dove rimane via Po?*

rimangiare [ri-man-già-re] *v.tr.* [*io rimàngio ecc.*] **1** mangiare di nuovo **2** (*fig.*) ritrattare, non mantenere: *rimangiarsi la parola.*

rimarcare [ri-mar-cà-re] *v.tr.* [*io rimarco, tu rimarchi ecc.*] fare delle osservazioni, degli appunti; notare, rilevare: — *un errore.*

rimarchevole [ri-mar-ché-vo-le] *agg.* che è degno di essere notato, rimarcato; importante: *un fatto* —.

rimare [ri-mà-re] *v.intr.* [aus. *avere*] detto di parola, fare rima con un'altra: *"gatto" rima con "matto"* ♦ *v.tr.* accostare parole che facciano rima: — *"cuore" con "amore".*

rimarginare [ri-mar-gi-nà-re] *v.tr.* [*io rimàrgino ecc.*] **1** ricongiungere i margini di una ferita; cicatrizzare **2** (*fig.*) lenire: — *un dolore* ♦ **rimarginarsi** *v.intr.pron.* **1** detto di ferita, cicatrizzarsi **2** (*fig.*) detto di un dolore morale, mitigarsi, passare.

rimario [ri-mà-rio] *s.m.* prontuario delle parole di una lingua che rimano tra loro o delle rime contenute in un'opera poetica.

rimasticare [ri-ma-sti-cà-re] *v.tr.* [*io rimàstico, tu rimàstichi ecc.*] **1** masticare di nuovo **2** (*fig.*) ripensare insistentemente e con cruccio ad avvenimenti passati: — *un'offesa* **3** (*fig.*) riprendere senza originalità cose dette o scritte da altri: — *argomenti triti e ritriti.*

rimasticaticcio [ri-ma-sti-ca-tìc-cio] *s.m.* cosa rimasticata (spec. *fig.*): *un romanzo che sa di* —, che è scontato, privo di originalità.

rimasticatura [ri-ma-sti-ca-tù-ra] *s.f.* il rimasticare, ciò che è rimasticato.

rimasuglio [ri-ma-sù-glio] *s.m.* ciò che rimane; avanzo piccolo e di poco valore: *mangiare i rimasugli.*

rimato [ri-mà-to] *agg.* in rima: *versi rimati.*

rimatore [ri-ma-tó-re] *s.m.* [f. *-trice*] **1** compositore di versi rimati **2** poeta delle origini della poesia volgare: *i rimatori della scuola siciliana.*

rimbaldanzire [rim-bal-dan-zì-re] *v.tr.* [*io rimbaldanzisco, tu rimbaldanzisci ecc.*] far imbaldanzire di nuovo o di più; rendere baldanzoso: *il successo lo rimbaldanzì* ♦ **rimbaldanzirsi** *v. intr.pron.* riprendere, riacquistare baldanza; farsi baldanzoso.

rimbalzare [rim-bal-zà-re] *v.intr.* [aus. *essere* e *avere*] essere respinto in direzione opposta dopo aver urtato contro un ostacolo (anche *fig.*): *il pallone ha* (o *è*) *rimbalzato sul muro*; *una notizia che rimbalza di bocca in bocca.*

rimbalzello [rim-bal-zèl-lo] *s.m.* gioco consistente nel lanciare un ciottolo piatto sul pelo dell'acqua così da farlo rimbalzare più volte.

rimbalzino [rim-bal-zì-no] *s.m.* gioco che consiste nel gettare una moneta contro un muro in modo da farla cadere il più vicino possibile a una linea sul terreno.

rimbalzo [rim-bàl-zo] *s.m.* il rimbalzare | *di* —, (*fig.*) indirettamente, di riflesso: *la vicenda, di* —, *danneggia anche noi.*

rimbambimento [rim-bam-bi-mén-to] *s.m.* il rimbambire, il rimbambirsi; la condizione di chi è rimbambito: *stato di* —.

rimbambirsi [rim-bam-bìr-si] *v.intr.pron.* [*io mi rimbambisco, tu ti rimbambisci ecc.*] (*spreg.*) perdere la capacità di ragionare lucidamente; rimbecillire: — *con l'età* ♦ *v.tr.* stordire: — *qlcu. di parole.*

rimbambito [rim-bam-bì-to] *agg.* e *s.m.* [f. *-a*] che/chi ha perso la capacità di ragionare; rimbecillito.

rimbeccare [rim-bec-cà-re] *v.tr.* [*io rimbécco, tu rimbécchi ecc.*] contraddire, ribattere prontamente: — *continuamente qlcu.* ♦ **rimbeccarsi** *v.rifl.rec.* discutere vivacemente, a botta e risposta: *quei due non fanno che* —.

rimbecillire [rim-be-cil-lì-re] *v.tr.* [*io rimbecillisco, tu rimbecillisci ecc.*] rendere imbecille | (*estens.*) confondere, stordire: *un rumore che rimbecillisce* ♦ **rimbecillirsi** *v.intr.pron.* diventare imbecille; rincretinire.

rimbecillito [rim-be-cil-lì-to] *agg.* e *s.m.* [f. *-a*] che/chi è diventato imbecille.

rimboccare [rim-boc-cà-re] *v.tr.* [*io rimbócco, tu rimbócchi ecc.*] ripiegare la parte estrema, l'orlo di qlco.: — *il lenzuolo*, ripiegarne l'estremità superiore sulla coperta | *rimboccarsi le maniche*, (*fig.*) darsi da fare con impegno.

rimboccatura [rim-boc-ca-tù-ra] *s.f.* il rimboccare, l'essere rimboccato; la parte che si rimbocca: *la — della coperta.*

rimbocco [rim-bóc-co] *s.m.* [pl. *-chi*] rimboccatura.

rimbombante [rim-bom-bàn-te] *agg.* che rimbomba, fragoroso: *voce* — | *discorso* —, (*fig.*) di facile effetto, ma vuoto.

rimbombare [rim-bom-bà-re] *v.intr.* [*io rimbómbo ecc.*; aus. *essere* o *avere*] risonare in modo cupo e fragoroso; rintronare: *le cannonate rimbombano.*

rimbombo [rim-bóm-bo] *s.m.* **1** il rimbombare; suono che echeggia in modo cupo e fragoroso: *il — del tuono* **2** (*fis.*) fenomeno per cui, in un luogo chiuso, il suono persiste per un certo tempo, anche dopo che la sorgente sonora ha cessato di emetterlo.

rimborsabile [rim-bor-sà-bi-le] *agg.* che si può rimborsare.

rimborsabilità [rim-bor-sa-bi-li-tà] *s.f.* l'essere rimborsabile.

rimborsare [rim-bor-sà-re] *v.tr.* [*io rimbórso ecc.*] restituire a qlcu. il denaro speso per conto o per colpa di altri, o pagato per beni o servizi dei quali non ha beneficiato: — *le spese, il prezzo del biglietto.*

rimborso [rim-bór-so] *s.m.* il rimborsare, l'essere rimborsato: *il — delle spese.*

rimboscare [rim-bo-scà-re] *v.tr.* [*io rimbòsco, tu rimbòschi ecc.*] piantare ad alberi un terreno per ricostituire l'ambiente boschivo naturale.
rimboschimento [rim-bo-schi-mén-to] *s.m.* il rimboscare, l'essere rimboscato.
rimboschire [rim-bo-schì-re] *v.tr.* [*io rimboschisco, tu rimboschisci ecc.*] rimboscare.
rimbrottare [rim-brot-tà-re] *v.tr.* [*io rimbròtto ecc.*] rimproverare con asprezza; redarguire in modo brusco.
rimbrotto [rim-bròt-to] *s.m.* rimprovero aspro e risentito.
rimediabile [ri-me-dià-bi-le] *agg.* a cui si può porre rimedio: *danno —.*
rimediare [ri-me-dià-re] *v.intr.* [*io rimèdio ecc.*; aus. *avere*] porre rimedio; ovviare: *— a un inconveniente* ♦ *v.tr.* **1** aggiustare, riparare: *— un errore* **2** (*fam.*) procurarsi, ottenere (anche *iron.*): *— un invito a cena* | ricavare alla meglio: *— una giacca da un cappotto.*
rimedio [ri-mè-dio] *s.m.* **1** cura in grado di alleviare o guarire un male; medicamento: *un — per la tosse* **2** (*estens.*) provvedimento che riesce a risolvere una situazione difficile: *un — alla disoccupazione* | *prov.*: *a mali estremi, estremi rimedi.*
rimembranza [ri-mem-bràn-za] *s.f.* (*lett.*) il rimembrare, ciò che si rimembra; ricordo.
rimembrare [ri-mem-brà-re] *v.tr.* [*io rimèmbro ecc.*] (*lett.*) ricordare ♦ **rimembrarsi** *v.intr.pron.* ricordarsi.
rimeritare [ri-me-ri-tà-re] *v.tr.* [*io rimèrito ecc.*] (*lett.*) ricompensare: *che Dio ve ne rimeriti*, formula con cui si ringrazia chi ci ha fatto del bene.
rimescolamento [ri-me-sco-la-mén-to] *s.m.* il rimescolare, il rimescolarsi, l'essere rimescolato | (*fig.*) turbamento improvviso: *avere un —.*
rimescolare [ri-me-sco-là-re] *v.tr.* [*io riméscolo ecc.*] **1** mescolare di nuovo **2** mescolare più volte: *— la polenta* | *sentirsi — dalla rabbia, dall'emozione*, provare una viva agitazione, un profondo turbamento **3** (*fig.*) rivangare: *— il passato* ♦ **rimescolarsi** *v.intr.pron.* **1** confondersi, mischiarsi: *— tra la folla* **2** agitarsi, sconvolgersi (anche *fig.*): *a quella vista gli si rimescolò il sangue.*
rimescolata [ri-me-sco-là-ta] *s.f.* il rimescolare in fretta.
rimescolio [ri-me-sco-lì-o] *s.m.* un rimescolare continuato | (*fig.*) turbamento, emozione: *vedendolo provò un —.*
rimessa [ri-més-sa] *s.f.* **1** il rimettere, l'essere rimesso **2** nel calcio e in altri sport, il rilancio della palla in campo dopo che il gioco è stato interrotto: *— laterale* **3** il riporre derrate in magazzino; il magazzino e le derrate riposte **4** edificio, locale adibito a deposito di veicoli: *la — degli autobus* **5** (*fin.*) invio di denaro: *accreditare una —* **6** (*comm.*) il rimetterci; perdita: *avere una —* **7** riferito a piante, il mettere nuovi germogli.
rimessaggio [ri-mes-sàg-gio] *s.m.* **1** custodia di imbarcazioni e veicoli usati solo in certi periodi dell'anno, in ambienti attrezzati per la manutenzione **2** (*estens.*) il lavoro di manutenzione che si effettua durante il periodo di deposito.
rimesso [ri-més-so] *agg.* **1** messo di nuovo **2** condonato: *un debito —.*
rimestamento [ri-me-sta-mén-to] *s.m.* il rimestare, l'essere rimestato.
rimestare [ri-me-stà-re] *v.tr.* [*io riméstо ecc.*] **1** rimescolare: *— la minestra* **2** (*fig.*) rimettere in discussione; rivangare: *— una vecchia faccenda.*
rimettere [ri-mét-te-re] *v.tr.* [coniugato come *mettere*] **1** mettere di nuovo: *— in libertà* | *— l'orologio*, regolarlo sull'ora esatta | *— mano a qlco.*, ricominciarla | *— piede in un luogo*, tornarci | *— in piedi qlco.*, ricostruirla **2** demandare, affidare: *— una questione ad altri* **3** condonare, perdonare: *— i peccati* **4** spedire, far pervenire: *— una fattura* **5** vomitare: *mi viene da —* **6** *rimetterci*, (*fam.*) perdere; avere un danno: *rimetterci dei soldi* **7** rimandare, rinviare, rilanciare: *— la palla* | (*assol.*) fare una rimessa: *— da fondo campo* ♦ **rimettersi** *v.rifl.* o *intr.pron.* **1** mettersi di nuovo: *— in viaggio* **2** tornare in buona salute, ristabilirsi: *— da una malattia* | detto del tempo, tornare sereno: *il tempo si è rimesso* **3** riconoscere valide a priori decisioni altrui; affidarsi: *— alla clemenza della corte.*
rimirare [ri-mi-rà-re] *v.tr.* guardare con attenzione, con ammirazione: *— un'opera d'arte* ♦ **rimirarsi** *v.rifl.* guardarsi con compiacimento: *— allo specchio.*
rimmel® [rìm-mel] *s.m.invar.* cosmetico che si applica sulle ciglia per dar loro risalto e per scurirle.
rimminchionire [rim-min-chio-nì-re] *v.tr.* e *intr.* [*io rimminchionisco, tu rimminchionisci ecc.*; aus. dell'intr. *essere*] (*volg.*) rimbecillire, istupidire.
rimodellare [ri-mo-del-là-re] *v.tr.* [*io rimodèllo ecc.*] modellare di nuovo.
rimodernamento [ri-mo-der-na-mén-to] *s.m.* il rimodernare, il rimodernarsi, l'essere rimodernato.
rimodernare [ri-mo-der-nà-re] *v.tr.* [*io rimodèrno ecc.*] rendere moderno; dare a qlco. un aspetto più moderno: *— la casa* | (*estens.*) rinnovare, aggiornare: *— le proprie idee* ♦ **rimodernarsi** *v.intr.pron.* **1** detto di persona, adattarsi ai tempi moderni; aggiornarsi **2** detto di cosa, diventare moderno; assumere un aspetto più moderno.
rimonta [ri-món-ta] *s.f.* in una gara o in un campionato, il progressivo recupero di uno svantaggio: *fare una —.*
rimontare [ri-mon-tà-re] *v.tr.* [*io rimónto ecc.*] **1** montare di nuovo **2** risalire il corso di un fiume: *rimontarono il Po* | *— la corrente*, navigare contro corrente **3** recuperare uno svantaggio: *— due posizioni* ♦ *v.intr.* [aus. *essere*] **1** salire di

nuovo: — *a cavallo* **2** (*fig.*) risalire, avere origini: *tradizioni che rimontano al Medioevo.*
rimorchiare [ri-mor-chià-re] *v.tr.* [*io rimòrchio ecc.*] **1** trainare un veicolo o un natante agganciandolo a un altro **2** (*fig.*) trascinare con sé; indurre qlcu. a fare qlco.: *farsi — dai compagni* **3** (*fig. fam.*) tentare con successo un approccio amoroso; agganciare: — *una ragazza.*
rimorchiatore [ri-mor-chia-tó-re] *s.m.* (*mar.*) nave piccola e robusta, usata per manovrare le grandi navi in porti o canali, o per rimorchiare chiatte e navi danneggiate o in pericolo.
rimorchio [ri-mòr-chio] *s.m.* **1** il rimorchiare, l'essere rimorchiato: *prendere a —*, agganciare un veicolo o un natante per rimorchiarlo | *andare a —*, (*fig.*) seguire supinamente **2** ciò che si rimorchia; il veicolo senza motore che si aggancia a una motrice: *camion con —.*
rimordere [ri-mòr-de-re] *v.tr.* [coniugato come *mordere*] **1** mordere di nuovo **2** (*fig.*) tormentare con il ricordo del male fatto: *gli rimorde la coscienza.*
rimorso [ri-mòr-so] *s.m.* sentimento di dolore che si prova per le colpe commesse: *essere tormentato dal —.*
rimosso [ri-mòs-so] *s.m.* (*psicoan.*) l'oggetto della rimozione, il contenuto di un processo di rimozione.
rimostranza [ri-mo-stràn-za] *s.f.* espressione di rimprovero, di biasimo; protesta per un torto subito: *fare le proprie rimostranze.*
rimovibile [ri-mo-vì-bi-le] *agg.* che si può rimuovere.
rimozione [ri-mo-zió-ne] *s.f.* **1** il rimuovere, l'essere rimosso: *la — di un ostacolo* **2** destituzione: — *da una carica* **3** (*psicoan.*) processo inconscio con il quale il soggetto esclude dalla propria coscienza idee, ricordi, affetti sgraditi.
rimpagliatore [rim-pa-glia-tó-re] *s.m.* [f. *-trice*] artigiano che rifà o riaccomoda impagliature.
rimpallare [rim-pal-là-re] *v.intr.* [aus. *avere*] fare il rimpallo.
rimpallo [rim-pàl-lo] *s.m.* (*sport*) nel calcio e in altri sport, rimbalzo della palla verso chi l'ha calciata, dopo che questa ha colpito un avversario o un palo.
rimpannucciare [rim-pan-nuc-cià-re] *v.tr.* [*io rimpannùccio ecc.*] migliorare le condizioni economiche di qlcu. che si trova in difficoltà ♦ **rimpannucciarsi** *v.rifl.* migliorare le proprie condizioni economiche.
rimpastare [rim-pa-stà-re] *v.tr.* **1** impastare di nuovo **2** (*fig.*) rimaneggiare: — *un romanzo* | — *un governo*, effettuarne un rimpasto.
rimpasto [rim-pà-sto] *s.m.* il rimpastare; la cosa rimpastata (spec. *fig.*): — *del governo*, complesso di sostituzioni e scambi di cariche nell'ambito dello stesso governo.
rimpatriare [rim-pa-trià-re] *v.intr.* [*io rimpàtrio ecc.*; aus. *essere*] tornare in patria: — *dopo molti anni* ♦ *v.tr.* fare tornare in patria o nel luogo d'origine: — *i prigionieri.*
rimpatriata [rim-pa-trià-ta] *s.f.* (*fam.*) il ritrovarsi di amici che non si incontravano da lungo tempo: *fare una —.*
rimpatrio [rim-pà-trio] *s.m.* il rimpatriare, l'essere rimpatriato: *il — delle truppe.*
rimpetto [rim-pèt-to] *avv.* nella loc. *di — a*, di fronte, davanti a: *la casa di — alla scuola.*
rimpiangere [rim-piàn-ge-re] *v.tr.* [coniugato come *piangere*] ricordare con malinconia o nostalgia cose o persone che non si hanno più; rammaricarsi di qlco.: — *la giovinezza, una decisione presa.*
rimpianto [rim-piàn-to] *s.m.* il rimpiangere; rammarico: *il — del passato.*
rimpiattino [rim-piat-tì-no] *s.m.* gioco di ragazzi in cui uno deve cercare i compagni nascosti; nascondino: *giocare a —.*
rimpiazzare [rim-piaz-zà-re] *v.tr.* sostituire, prendere il posto, fare le veci: — *un operaio con un altro.*
rimpiazzo [rim-piàz-zo] *s.m.* il rimpiazzare; la persona, la cosa che rimpiazza: *essere messo di —*, per rimpiazzare.
rimpicciolire e *deriv.* → **rimpiccolire** e *deriv.*
rimpiccolimento [rim-pic-co-li-mén-to], meno com. rimpicciolimento, *s.m.* il rimpiccolire, il rimpiccolirsi, l'essere rimpiccolito.
rimpiccolire [rim-pic-co-lì-re], meno com. rimpicciolire, *v.tr.* [*io rimpiccolisco, tu rimpiccolisci ecc.*] rendere, far sembrare piccolo o più piccolo ♦ **rimpiccolirsi** *v.intr.pron.* diventare o cercare di sembrare piccolo o più piccolo.
rimpinguare [rim-pin-guà-re] *v.tr.* [*io rimpìnguo ecc.*] impinguare di nuovo o di più (spec. *fig.*): — *le proprie finanze* ♦ **rimpinguarsi** *v.rifl.* impinguarsi di nuovo o di più.
rimpinzare [rim-pin-zà-re] *v.tr.* riempire di cibo a sazietà | (*fig.*) riempire: — *qlcu. di frottole* ♦ **rimpinzarsi** *v.rifl.* riempirsi eccessivamente: — *di cibo.*
rimpolpare [rim-pol-pà-re] *v.tr.* [*io rimpólpo ecc.*] **1** impolpare di nuovo, rimettere in polpa **2** (*fig.*) arricchire, irrobustire: — *uno scritto* ♦ **rimpolparsi** *v.intr.pron.* rimettersi in carne, ingrassare.
rimproverare [rim-pro-ve-rà-re] *v.tr.* [*io rimpròvero ecc.*] **1** riprendere con parole; sgridare: — *un ragazzo* **2** rinfacciare: — *a qlcu. la sua maleducazione.*
rimprovero [rim-prò-ve-ro] *s.m.* il rimproverare, l'essere rimproverato; le parole di biasimo rivolte a chi ha commesso un errore: *un — aspro.*
rimuginare [ri-mu-gi-nà-re] *v.tr.* e *intr.* [*io rimùgino ecc.*; aus. *avere*] **1** frugare, rovistare: — *fra le carte* **2** (*fig.*) agitare nella mente qlco., pensarci e ripensarci, in modo quasi ossessivo: — *il passato.*
rimunerare [ri-mu-ne-rà-re], o remunerare, *v.tr.* [*io rimùnero ecc.*] **1** (*lett.*) ricompensare, ripagare: — *un sacrificio* **2** (*assol.*) dare profitto; rendere: *attività che rimunera bene.*

rimuneratività [ri-mu-ne-ra-ti-vi-tà] *s.f.* l'essere rimunerativo.
rimunerativo [ri-mu-ne-ra-tì-vo], o **remunerativo**, *agg.* che rimunera; che dà un compenso adeguato o notevole: *lavoro* — □ **rimunerativamente** *avv.*
rimunerazione [ri-mu-ne-ra-zió-ne], o **remunerazione**, *s.f.* il rimunerare, l'essere rimunerato; la cosa con cui si rimunera: *una — adeguata.*
rimuovere [ri-muò-ve-re] *v.tr.* [coniugato come *muovere*] **1** muovere di nuovo **2** togliere via, levare, allontanare: — *un ostacolo* **3** destituire: — *da un incarico* **4** (*psicoan.*) effettuare una rimozione.
rin- → **ri-**.
rinalgia [ri-nal-gì-a] *s.f.* [pl. *-gie*] (*med.*) dolore al naso.
rinascenza [ri-na-scèn-za] *s.f.* (*lett.*) rinascita: *la — carolingia.*
rinascere [ri-nà-sce-re] *v.intr.* [coniugato come *nascere*] **1** nascere a nuova vita; riacquistare la serenità, la gioia di vivere: *sembrare rinato* | (*fig.*) riacquistare vigore: *rinascono le forze* **2** germogliare, svilupparsi di nuovo; rifiorire (anche *fig.*): *rinascono le arti* | spuntare di nuovo: *gli sono rinati i capelli.*
rinascimentale [ri-na-sci-men-tà-le] *agg.* (*lett.*) del Rinascimento: *stile —.*
rinascimento [ri-na-sci-mén-to] *s.m.* (*st.*) civiltà letteraria, filosofica e artistica fiorita in Italia alla fine del sec. XIV e diffusasi in tutta Europa; segna la fine del Medioevo e l'inizio della civiltà moderna.
rinascita [ri-nà-sci-ta] *s.f.* il rinascere, il rifiorire: *la — degli studi.*
rincagnato [rin-ca-gnà-to] *agg.* si dice di viso o di naso un po' schiacciati, appiattiti: *faccia rincagnata.*
rincalcare [rin-cal-cà-re] *v.tr.* [*io rincalco, tu rincalchi ecc.*] calcare con forza, fino in fondo: — *il coperchio sulla scatola.*
rincalzare [rin-cal-zà-re] *v.tr.* mettere terra o sassi attorno a una cosa conficcata nel terreno, per assicurarne l'equilibrio o la solidità: — *un palo con delle pietre* | — *il letto*, infilare le estremità delle lenzuola e delle coperte tra il materasso e la rete.
rincalzata [rin-cal-zà-ta] *s.f.* il rincalzare in fretta, alla meglio: *dare una — al letto.*
rincalzo [rin-càl-zo] *s.m.* **1** il rincalzare, l'essere rincalzato; rinforzo, appoggio: *truppe di* — | *di* —, in aggiunta **2** (*sport*) giocatore di riserva.
rincamminarsi [rin-cam-mi-nàr-si] *v.intr.pron.* incamminarsi di nuovo; riprendere il cammino.
rincantucciare [rin-can-tuc-cià-re] *v.tr.* [*io rincantùccio ecc.*] mettere, nascondere in un cantuccio ♦ **rincantucciarsi** *v.rifl.* nascondersi, rifugiarsi in un cantuccio.
rincantucciato [rin-can-tuc-cià-to] *agg.* nascosto come in un cantuccio: *stare — in casa.*
rincarare [rin-ca-rà-re] *v.tr.* rendere più caro, aumentare di prezzo: — *l'affitto* | — *la dose*, (*fig.*) aumentare qlco. che già prima era gravoso, spiacevole ♦ *v.intr.* [aus. *essere*] diventare più costoso, salire di prezzo: *la benzina tende a —.*
rincaro [rin-cà-ro] *s.m.* il rincarare; aumento dei prezzi: *il — dei generi alimentari.*
rincasare [rin-ca-sà-re] *v.intr.* [aus. *essere*] tornare a casa: — *tardi.*
rinchiudere [rin-chiù-de-re] *v.tr.* [coniugato come *chiudere*] chiudere dentro, in un luogo da cui non si possa uscire; tener chiuso (per proteggere o per punire): — *un prigioniero* ♦ **rinchiudersi** *v.rifl.* chiudersi dentro, segregarsi: — *in convento.*
rinchiuso [rin-chiù-so] *agg.* chiuso dentro.
rincitrullire [rin-ci-trul-lì-re] *v.tr.* [*io rincitrullisco, tu rincitrullisci ecc.*] incitrullire, istupidire completamente ♦ **rincitrullirsi** *v.intr.pron.* diventare citrullo; rimbecillire, rincretinire.
rincivilimento [rin-ci-vi-li-mén-to] *s.m.* il rincivilire, l'essere rincivilito.
rincivilirsi [rin-ci-vi-lìr-si] *v.intr.pron.* [*io mi rincivilisco, tu ti rincivilisci ecc.*] diventare più civile; acquistare modi meno rozzi.
rincocefali [rin-co-cè-fa-li] *s.m.pl.* (*zool.*) ordine di rettili comprendente forme fossili del giurassico e del triassico e oggi rappresentato da un'unica specie, lo sfenodonte.
rincofori [rin-cò-fo-ri] *s.m.pl.* (*zool.*) altro nome dei *curculionidi.*
rincoglionire [rin-co-glio-nì-re] *v.tr.* (*volg.*) rendere coglione; rincretinire ♦ **rincoglionirsi** *v. intr.pron.* (*volg.*) rincretinirsi, rimbecillirsi.
rincorare [rin-co-rà-re], o **rincuorare**, *v.tr.* [*io rincòro* o *rincuòro ecc.*] dare animo; infondere nuovo coraggio ♦ **rincorarsi** *v.rifl.* riprendere coraggio, fiducia.
rincorrere [rin-cór-re-re] *v.tr.* [coniugato come *correre*] inseguire chi si allontana o fugge: — *un ladro* ♦ **rincorrersi** *v.rifl.rec.* inseguirsi l'un l'altro: *giocare a —.*
rincorsa [rin-cór-sa] *s.f.* breve corsa per acquistare slancio per saltare: *prendere la —.*
rincospermo [rin-co-spèr-mo] *s.m.* pianta arbustacea rampicante sempreverde, con fiori stellari bianchi profumati.
rincrescere [rin-cré-sce-re] *v.intr.* [coniugato come *crescere*; aus. *essere*] arrecare dispiacere, noia: *mi rincresce di non poter venire* | in formule di cortesia, dispiacere: *se non ti rincresce, me ne vado.*
rincrescimento [rin-cre-sci-mén-to] *s.m.* il rincrescere; dispiacere, rammarico: *provare —.*
rincretinire [rin-cre-ti-nì-re] *v.tr.* [*io rincretinisco, tu rincretinisci ecc.*] rendere cretino | (*estens.*) confondere, stordire ♦ **rincretinirsi** *v.intr.pron.* diventare cretino; rimbecillire.
rincretinito [rin-cre-ti-nì-to] *agg.* e *s.m.* [f. *-a*] che/chi è divenuto cretino | (*estens.*) che/chi è confuso, stordito.
rincrudelire [rin-cru-de-lì-re] *v.intr.* [*io rincrudelisco, tu rincrudelisci ecc.*; aus. *essere*], **rincrudelirsi** *v.intr.pron.* incrudelire di nuovo.
rincrudimento [rin-cru-di-mén-to] *s.m.* il rin-

crudire, il rincrudirsi, l'essere rincrudito: *il — del clima*.
rincrudire [rin-cru-dì-re] *v.tr.* [*io rincrudisco, tu rincrudisci ecc.*] rendere più crudo, più aspro: *le esperienze hanno rincrudito la sua sofferenza* ♦ **rincrudirsi** *v.intr.pron.* diventare più aspro, più rigido.
rinculare [rin-cu-là-re] *v.intr.* [aus. *avere*] **1** indietreggiare senza voltarsi **2** di un'arma da fuoco, arretrare bruscamente per effetto dello sparo.
rinculata [rin-cu-là-ta] *s.f.* il rinculare.
rinculo [rin-cù-lo] *s.m.* arretramento brusco di un'arma da fuoco al momento dello sparo, come reazione alla pressione dei gas.
rincuorare e *deriv.* → **rincorare** e *deriv.*
rinencefalo [ri-nen-cè-fa-lo] *s.m.* (*anat.*) parte dell'encefalo ove si trovano i bulbi dell'olfatto.
rinfacciamento [rin-fac-cia-mén-to] *s.m.* l'atto del rinfacciare; ciò che si rinfaccia.
rinfacciare [rin-fac-cià-re] *v.tr.* [*io rinfàccio ecc.*] **1** gettare in faccia a qlcu. parole di rimprovero: *— a qlcu. di essere pigro* **2** ricordare con risentimento a qlcu. i benefici a lui fatti: *— un favore* | con valore reciproco: *— torti e offese*.
rinfianco [rin-fiàn-co] *s.m.* [pl. *-chi*] opera muraria di sostegno; contrafforte | (*fig.*) rinforzo, sostegno.
rinfocolamento [rin-fo-co-la-mén-to] *s.m.* il rinfocolare, il rinfocolarsi.
rinfocolare [rin-fo-co-là-re] *v.tr.* [*io rinfòcolo ecc.*] **1** riattizzare il fuoco **2** (*fig.*) riaccendere, istigare nuovamente una passione: *— un desiderio* ♦ **rinfocolarsi** *v.intr.pron.* riaccendersi (anche *fig.*): *una passione che si è rinfocolata*.
rinfoderare [rin-fo-de-rà-re] *v.tr.* [*io rinfòdero ecc.*] **1** rimettere nel fodero: *— la spada* | *— gli artigli*, ritirarli **2** (*fig.*) rinunciare a dire o a sostenere qlco.: *— i propri argomenti*.
rinforzando [rin-for-zàn-do] *s.m.invar.* (*mus.*) indicazione su un testo musicale che segnala una crescita progressiva dell'intensità sonora all'interno di una frase.
rinforzare [rin-for-zà-re] *v.tr.* [*io rinfòrzo ecc.*] rendere più forte; dare maggiore stabilità e vigore (anche *fig.*): *— una tesi*, con nuovi argomenti ♦ *v.intr.* [aus. *essere*], **rinforzarsi** *v.intr.pron.* diventare più forte; rinvigorirsi.
rinforzato [rin-for-zà-to] *agg.* reso più forte; provvisto di rinforzo: *ormeggio —*.
rinforzo [rin-fòr-zo] *s.m.* **1** il rinforzare; ciò che serve a rinforzare: *essere di —*, di sostegno, di aiuto | stoffa o pelle sovrapposta nei punti di maggiore usura di un indumento **2** *pl.* (*mil.*) truppe mandate in aiuto a un'unità già operante: *inviare rinforzi*.
rinfrancamento [rin-fran-ca-mén-to] *s.m.* il rinfrancare, il rinfrancarsi, l'essere rinfrancato.
rinfrancare [rin-fran-cà-re] *v.tr.* [*io rinfranco, tu rinfranchi ecc.*] ridare coraggio: *parole che rinfrancano* ♦ **rinfrancarsi** *v.intr.pron.* riprendere sicurezza.
rinfrancato [rin-fran-cà-to] *agg.* rassicurato, tranquillizzato; che ha ripreso vigore e coraggio: *sentirsi —*.
rinfrescante [rin-fre-scàn-te] *agg.* che rinfresca, che disseta: *bevanda —*.
rinfrescare [rin-fre-scà-re] *v.tr.* [*io rinfrésco, tu rinfréschi ecc.*] **1** rendere fresco: *il temporale ha rinfrescato l'aria* **2** restaurare, riportare alla primitiva freschezza: *— un abito*, lavarlo | *— la memoria a qlcu.*, ricordargli qlco. che aveva dimenticato **3** (*fam.*) ridurre uno stato infiammatorio ♦ *v.intr.* [aus. *essere*] diventare fresco: *l'aria rinfresca* | Usato anche impersonalmente: *oggi è rinfrescato* ♦ **rinfrescarsi** *v.rifl.* ristorarsi con bevande fresche e dissetanti | di persona accaldata, lavarsi, rimettersi in ordine.
rinfrescata [rin-fre-scà-ta] *s.f.* il rinfrescare, il rinfrescarsi: *darsi una —*, lavarsi.
rinfresco [rin-fré-sco] *s.m.* [pl. *-schi*] ricevimento in occasione di nozze, cerimonie ecc. durante il quale si offrono cibi leggeri e bevande di vario genere: *dare un —* | *pl.* i cibi e le bevande offerte in queste occasioni: *servire dei rinfreschi*.
rinfronzolire [rin-fron-ʒo-lì-re] *v.tr.* [*io rinfronʒolisco, tu rinfronʒolisci ecc.*] adornare con molti fronzoli, in modo eccessivo e inelegante ♦ **rinfronzolirsi** *v.rifl.* mettersi in fronzoli.
rinfusa [rin-fù-ʃa] *s.f.* **1** nella loc. *alla —*, confusamente, senz'ordine: *gettare gli abiti alla —* | *merci alla —*, (*comm.*) merci senza imballaggio **2** *pl.* le merci o i carichi alla rinfusa: *rinfuse liquide*, petrolio, olio ecc.
ring [/ ring /] *s.m.invar.* (*ingl.*) palco quadrato cinto da corde, sul quale si disputano gli incontri di pugilato e di lotta; quadrato.
ringagliardire [rin-ga-gliar-dì-re] *v.tr.* [*io ringagliardisco, tu ringagliardisci ecc.*] rendere gagliardo; irrobustire ♦ **ringagliardirsi** *v.intr.pron.* diventare gagliardo, forte.
ringalluzzire [rin-gal-luz-zì-re] *v.tr.* [*io ringalluzzisco, tu ringalluzzisci ecc.*] (*fam.*) rendere vivace, allegro e baldanzoso come un galletto ♦ **ringalluzzirsi** *v.intr.pron.* (*fam.*) diventare vispo, baldanzoso.
ringalluzzito [rin-gal-luz-zì-to] *agg.* (*fam.*) allegro, vivace e baldanzoso.
ringhiare [rin-ghià-re] *v.intr.* [*io rìnghio ecc.*] **1** emettere un verso sordo e minaccioso: *i cani e i lupi ringhiano* **2** (*fig.*) parlare irosamente, in tono minaccioso.
ringhiera [rin-ghiè-ra] *s.f.* parapetto di cui sono forniti balconi, ballatoi, scale, terrazze ecc.: *appoggiarsi alla —*.
ringhio [rìn-ghio] *s.m.* il ringhiare; il verso dell'animale che ringhia.
ringhioso [rin-ghió-so] *agg.* **1** che ringhia: *un cane —* **2** (*fig.*) si dice di persona che si irrita facilmente e parla con tono iroso: *un tipo —* □ **ringhiosamente** *avv.*
ringiovanimento [rin-gio-va-ni-mén-to] *s.m.* il ringiovanire, l'essere ringiovanito.
ringiovanire [rin-gio-va-nì-re] *v.tr.* [*io ringiovanisco, tu ringiovanisci ecc.*] far riprendere aspetto

e vigore giovanili; rendere giovane ♦ *v.intr.* [aus. *essere*] ritornare giovane; apparire più giovane.
ringiovanito [rin-gio-va-nì-to] *agg.* ridiventato di aspetto giovane e vigoroso.
ringranare *v.tr.* (*mecc.*) ingranare di nuovo: — *la marcia* ♦ *v.intr.* [aus. *avere*] **1** (*mecc.*) riprendere a ingranare e a trasmettere il moto: *il motore sta ringranando* **2** (*fig. fam.*) riprendere la propria attività; ricominciare a funzionare, a rendere: *il lavoro non ringrana.*
ringraziamento [rin-gra-zia-mén-to] *s.m.* il ringraziare; le parole con cui si ringrazia: *biglietto di* —.
ringraziare [rin-gra-zià-re] *v.tr.* [*io ringràzio ecc.*] esprimere, dimostrare con parole la propria gratitudine: — *per qlco.* | *sia ringraziato Dio!*, esclamazione che esprime sollievo, contentezza.
rinite [ri-nì-te] *s.f.* (*med.*) infiammazione delle cavità nasali, di natura infettiva o allergica: — *acuta*, raffreddore.
rinnegamento [rin-ne-ga-mén-to] *s.m.* (*non com.*) il rinnegare, l'essere rinnegato.
rinnegare [rin-ne-gà-re] *v.tr.* [*io rinnégo* o *rinnègo, tu rinnéghi* o *rinnèghi ecc.*] sconfessare una fede, un'idea che prima si professava: — *la propria religione* | ripudiare una persona che prima si amava e rispettava: — *un amico.*
rinnegato [rin-ne-gà-to] *agg.* e *s.m.* [f. *-a*] che/chi ha sconfessato o tradito la propria patria, la propria fede.
rinnovabile [rin-no-và-bi-le] *agg.* che si può rinnovare: *contratto* —.
rinnovabilità [rin-no-va-bi-li-tà] *s.f.* l'essere rinnovabile.
rinnovamento [rin-no-va-mén-to] *s.m.* il rinnovare, il rinnovarsi, l'essere rinnovato: — *morale.*
rinnovare [rin-no-và-re] *v.tr.* [*io rinnòvo ecc.*] **1** far di nuovo una cosa; ripeterla: — *una richiesta* **2** rendere nuovo, rimettere a nuovo: — *un appartamento* **3** sostituire a una cosa vecchia una nuova: — *il mobilio* ♦ **rinnovarsi** *v.intr.pron.* **1** diventare nuovo **2** accadere nuovamente, ripetersi: *timori che si rinnovarono.*
rinnovatore [rin-no-va-tó-re] *agg.* e *s.m.* [f. *-trice*] che/chi rinnova (in senso spirituale): *opera rinnovatrice.*
rinnovellare [rin-no-vel-là-re] *v.tr.* [*io rinnovèllo ecc.*] (*lett.*) **1** rinnovare, rimettere a nuovo **2** ripetere, provare di nuovo ♦ **rinnovellarsi** *v. intr.pron.* (*lett.*) rinnovarsi.
rinnovo [rin-nò-vo] *s.m.* il rinnovare, l'essere rinnovato: *il* — *di un contratto.*
rino-, -rino primo e secondo elemento di parole composte della terminologia medica, che significa 'naso' (*rinoceronte, rinoiatria*).
rinoceronte [ri-no-ce-rón-te] *s.m.* grosso mammifero erbivoro, diffuso nelle zone tropicali dell'Asia e dell'Africa, fornito di uno o due corni sul naso.
rinofaringe [ri-no-fa-rìn-ge] *s.f.* (*anat.*) la parte superiore della faringe, all'altezza delle cavità nasali.
rinofaringite [ri-no-fa-rin-gì-te] *s.f.* (*med.*) infiammazione della rinofaringe.
rinoiatria [ri-no-ia-trì-a] *s.f.* (*med.*) cura delle malattie nasali.
rinologia [ri-no-lo-gì-a] *s.f.* (*med.*) studio del naso e delle sue affezioni.
rinomanza [ri-no-màn-za] *s.f.* l'essere molto rinomato; notorietà, fama: *avere grande* —.
rinomato [ri-no-mà-to] *agg.* molto conosciuto; famoso, celebre: *un pittore* —.
rinominare [ri-no-mi-nà-re] *v.tr.* [*io rinòmino ecc.*] nominare nuovamente.
rinopiteco [ri-no-pi-tè-co] *s.m.* [pl. *-chi*] grossa e massiccia scimmia asiatica con caratteristico naso rivolto all'insù e pelame dai colori vivaci.
rinoplastica [ri-no-plà-sti-ca] *s.f.* (*med.*) operazione di chirurgia plastica al naso.
rinorragia [ri-nor-ra-gì-a] *s.f.* (*med.*) emorragia proveniente dalle cavità nasali; epistassi.
rinorrea [ri-nor-rè-a] *s.f.* (*med.*) secrezione nasale abbondante.
rinoscopia [ri-no-sco-pì-a] *s.f.* (*med.*) esame delle cavità nasali mediante il rinoscopio.
rinoscopio [ri-no-scò-pio] *s.m.* specchietto per l'esame medico delle fosse nasali.
rinovirus [ri-no-vì-rus] *s.m.invar.* (*biol.*) nome generico dei virus che causano i raffreddori.
rinsaccarsi [rin-sac-càr-si] *v.intr.pron.* affondare la testa nelle spalle o stare con le spalle alzate e strette: — *nelle spalle.*
rinsaldamento [rin-sal-da-mén-to] *s.m.* il rinsaldare, il rinsaldarsi, l'essere rinsaldato.
rinsaldare [rin-sal-dà-re] *v.tr.* rendere più saldo; consolidare: — *un'amicizia* ♦ **rinsaldarsi** *v.rifl.* consolidarsi, confermarsi: — *nelle proprie opinioni.*
rinsanguamento [rin-san-gua-mén-to] *s.m.* il rinsanguare, il rinsanguarsi, l'essere rinsanguato.
rinsanguare [rin-san-guà-re] *v.tr.* [*io rinsànguo ecc.*] infondere nuovo sangue | (*estens.*) dare nuova energia | (*fig.*) rifornire di denaro: — *le casse dello stato* ♦ **rinsanguarsi** *v.intr.pron.* riprendere forza, vigore, nuova energia | (*fig.*) rimettersi in sesto finanziariamente.
rinsavire [rin-sa-vì-re] *v.intr.* [*io rinsavisco, tu rinsavisci ecc.*; aus. *essere*] riacquistare la ragione | (*estens.*) tornare giudizioso, mettere giudizio.
rinsecchire [rin-sec-chì-re] *v.intr.* [*io rinsecchisco, tu rinsecchisci ecc.*; aus. *essere*], **rinsecchirsi** *v.intr.pron.* diventare secco: *il pane rinsecchisce* | detto di persona, diventare magro.
rinseccolito [rin-sec-co-lì-to] *agg.* insecchito, rinsecchito: *un pezzo di pane rinseccolito.*
rinselvatichire [rin-sel-va-ti-chì-re] *v.tr.* [*io rinselvatichisco, tu rinselvatichisci ecc.*] rendere di nuovo selvatico ♦ **rinselvatichirsi** *v.intr.pron.* diventare di nuovo selvatico, ritornare allo stato selvatico: *un animale rinselvatichito.*
rinserrare [rin-ser-rà-re] *v.tr.* [*io rinsèrro ecc.*]

serrare di nuovo; rinchiudere: — *l'uscio* ♦ **rinserrarsi** *v.rifl.* chiudersi dentro: — *in casa.*
rintanarsi [rin-ta-nàr-si] *v.intr.pron.* 1 rientrare nella tana: *la lepre si è rintanata* 2 (*fig.*) rifugiarsi, nascondersi, chiudersi: — *in casa.*
rinterrare [rin-ter-rà-re] *v.tr.* [*io rintèrro ecc.*] 1 interrare di nuovo 2 riempire di terra: — *una buca* 3 in floricoltura, cambiare la terra in un vaso.
rintoccare [rin-toc-cà-re] *v.intr.* [*io rintócco, tu rintócchi ecc.*; aus. *avere* e *essere*] produrre suoni staccati e ripetuti: *la campana rintocca.*
rintocco [rin-tóc-co] *s.m.* [pl. *-chi*] ciascuno dei suoni staccati e ripetuti di una campana, della suoneria di un orologio ecc.; tocco.
rintontire [rin-ton-tì-re] *v.tr.* [*io rintontisco, tu rintontisci ecc.*] intontire fortemente: — *qlcu. con un colpo alla testa* ♦ **rintontirsi** *v.intr.pron.* diventare come tonto; stordirsi.
rintontito [rin-ton-tì-to] *agg.* e *s.m.* [f. *-a*] che/chi è divenuto come tonto; confuso, stordito.
rintracciabile [rin-trac-cià-bi-le] *agg.* che si può rintracciare, ritrovare.
rintracciare [rin-trac-cià-re] *v.tr.* [*io rintràccio ecc.*] trovare qlco. o qlcu. seguendo una traccia | (*estens.*) trovare dopo lunga ricerca: — *una persona.*
rintristire [rin-tri-stì-re] *v.intr.* [*io rintristisco, tu rintristisci ecc.*; aus. *essere*], **rintristirsi** *v.intr.pron.* intristire di nuovo; diventare più triste.
rintronamento [rin-tro-na-mén-to] *s.m.* il rintronare, l'essere rintronato.
rintronare [rin-tro-nà-re] *v.tr.* [*io rintròno ecc.*] rendere sordo, stordire: — *qlcu. con le grida* ♦ *v.intr.* [aus. *essere* o *avere*] 1 rimbombare, detto del rumore del tuono 2 (*estens.*) risonare, echeggiare come un tuono; mandare un suono cupo e fragoroso: *la sala rintronò di applausi.*
rintronato [rin-tro-nà-to] *agg.* (*fam.*) stordito per il rumore o per la stanchezza.
rintuzzare [rin-tuz-zà-re] *v.tr.* 1 rendere ottuso, spuntare: — *un chiodo* 2 (*fig.*) respingere: — *un assalto* | reprimere: — *l'orgoglio.*
rinuncia [ri-nùn-cia], o rinunzia, *s.f.* [pl. *-ce*] 1 il rinunciare; il documento con cui si rinuncia: — *all'eredità* 2 sacrificio imposto dalle circostanze, dalla povertà; privazione: *una vita di rinunce* 3 (*relig.*) la soppressione di desideri terreni per tendere esclusivamente alla perfezione spirituale.
rinunciare [ri-nun-cià-re], o rinunziare, *v.intr.* [*io rinùncio ecc.*; aus. *avere*] rifiutare, rinunciare a qlco. che è propria, che spetterebbe o che si potrebbe fare: — *a un privilegio, ai piaceri mondani.*
rinunciatario [ri-nun-cia-tà-rio] *agg.* che rinuncia a un suo diritto: *carattere* —, incline alla rinuncia | Anche come *s.m.* [f. *-a*] persona rinunciataria: *comportarsi da* —.
rinunziare e *deriv.* → **rinunciare** e *deriv.*
rinvangare → **rivangare**.
rinvasare [rin-va-ʃà-re] *v.tr.* trasferire una pianta da un vaso a un altro più grande.
rinvasatura [rin-va-ʃa-tù-ra] *s.f.* il rinvasare, l'essere rinvasato.
rinvenibile [rin-ve-nì-bi-le] *agg.* che si può rinvenire.
rinvenimento[1] [rin-ve-ni-mén-to] *s.m.* il rinvenire, l'essere rinvenuto; scoperta: *il — di un tesoro.*
rinvenimento[2] *s.m.* 1 il riprendere i sensi dopo uno svenimento 2 (*metall.*) trattamento consistente in un riscaldamento e un lento raffreddamento, a cui si sottopongono acciai e leghe leggere per ridurne l'eccessiva durezza.
rinvenire[1] [rin-ve-nì-re] *v.tr.* [coniugato come *venire*] ritrovare, scoprire: — *il corpo del reato.*
rinvenire[2] *v.intr.* [coniugato come *venire*; aus. *essere*] 1 riprendere i sensi, riacquistare coscienza dopo uno svenimento 2 recuperare la freschezza, la morbidezza, la flessibilità originarie, detto di cose appassite, secche: *far — i fiori in molta acqua* 3 detto di un metallo, essere sottoposto a rinvenimento.
rinverdire [rin-ver-dì-re] *v.tr.* [*io rinverdisco, tu rinverdisci ecc.*] 1 far tornare verde 2 (*fig. lett.*) far tornar giovane; dare nuovo vigore, ravvivare ♦ *v.intr.* [aus. *essere*] ritornare verde: *il prato è rinverdito* | (*fig.*) riprendere vigore, rifiorire.
rinviabile [rin-vi-à-bi-le] *agg.* che può essere rinviato.
rinviare [rin-vi-à-re] *v.tr.* [*io rinvìo ecc.*] 1 mandare indietro o mandare di nuovo; respingere, rispedire: — *il plico al mittente* 2 rimandare ad altro tempo: — *una decisione* | — *una causa,* (*dir.*) rinviarne la trattazione ad altra udienza 3 (*sport*) eseguire un rimando, un rinvio; rimandare: — *il pallone* 4 rimandare (a un'altra opera o a un'altra parte di un'opera): — *al primo capitolo.*
rinvigorimento [rin-vi-go-ri-mén-to] *s.m.* il rinvigorire, il rinvigorirsi.
rinvigorire [rin-vi-go-rì-re] *v.tr.* [*io rinvigorisco, tu rinvigorisci ecc.*] rendere vigoroso; rinforzare: *la montagna lo ha rinvigorito* ♦ **rinvigorirsi** *v. intr.pron.* riacquistare vigore; diventare vigoroso.
rinvio [rin-vì-o] *s.m.* 1 il rinviare, l'essere rinviato: *il — del portiere* 2 in uno scritto, rimando ad altro luogo del testo o ad altra opera 3 differimento, proroga: *chiedere un* —.
rinzeppare [rin-zep-pà-re] *v.tr.* [*io rinzéppo ecc.*] (*fam.*) inzeppare di nuovo: — *un compito di errori* | rimpinzare: — *qlcu. di cioccolatini* ♦ **rinzepparsi** *v.rifl.* (*fam.*) rimpinzarsi.
rio[1] [rì-o] *s.m.* (*poet.*) ruscello.
rio[2] *agg.* (*poet.*) malvagio, crudele.
rioccupare [ri-oc-cu-pà-re] *v.tr.* [*io riòccupo ecc.*] occupare di nuovo: — *una postazione perduta* ♦ **rioccuparsi** *v.intr.pron.* tornare a occuparsi.
rionale [ri-o-nà-le] *agg.* del rione; che è in un rione: *mercato* —.
rione [ri-ó-ne] *s.m.* quartiere cittadino: *un — periferico.*
riordinamento [ri-or-di-na-mén-to] *s.m.* nuovo

ordinamento, nuovo assetto: *il — di un settore.*
riordinare [ri-or-di-nà-re] *v.tr.* [*io riórdino ecc.*] **1** rimettere in ordine: — *una camera* **2** dare nuovo assetto, nuovo ordinamento; riorganizzare: — *l'esercito* **3** rassettare: *riordinarsi i capelli.*
riordino [ri-ór-di-no] *s.m.* (*burocr.*) riordinamento: — *amministrativo.*
riorganizzare [ri-or-ga-niʒ-ʒà-re] *v.tr.* organizzare di nuovo: — *un'azienda* ♦ **riorganizzarsi** *v.rifl.* organizzarsi di nuovo.
riorganizzazione [ri-or-ga-niʒ-ʒa-zió-ne] *s.f.* il riorganizzare, il riorganizzarsi, l'essere riorganizzato.
riottosità [ri-ot-to-si-tà] *s.f.* (*lett.*) l'essere riottoso.
riottoso [ri-ot-tó-so] *agg.* (*lett.*) litigioso | (*estens.*) indocile: *un ragazzo* — □ **riottosamente** *avv.*
ripa [rì-pa] *s.f.* (*lett.*) riva, sponda.
ripagare [ri-pa-gà-re] *v.tr.* [*io ripago, tu ripaghi ecc.*] **1** pagare di nuovo **2** rimborsare; indennizzare, risarcire: — *un danno* **3** (*fig.*) ricompensare, rimunerare: — *qlcu. con la stessa moneta*, trattarlo nello stesso modo in cui egli ci ha trattato.
riparabile [ri-pa-rà-bi-le] *agg.* che si può riparare: *errore, danno* —.
riparare¹ [ri-pa-rà-re] *v.tr.* **1** dar riparo, proteggere: *la lana ripara dal freddo* **2** porre riparo, rimedio a qlco.: — *un torto* | (*dir.*) risarcire: — *un danno* **3** rimettere in buono stato, eliminando guasti o difetti; aggiustare: — *un motore* ♦ *v.intr.* [aus. *avere*] **1** aver cura di qlco., provvedere: — *a un danno* **2** nel linguaggio scolastico, dare un esame di riparazione: — *a settembre* ♦ **ripararsi** *v.rifl.* mettersi al riparo, difendersi: — *dalla pioggia.*
riparare² *v.intr.* [aus. *essere*] rifugiarsi: — *all'estero.*
riparata [ri-pa-rà-ta] *s.f.* riparazione affrettata: *dare una — al tetto.*
riparato [ri-pa-rà-to] *agg.* che è al riparo: *luogo* — □ **riparatamente** *avv.* in modo riparato; al riparo.
riparatore [ri-pa-ra-tó-re] *agg.* e *s.m.* [f. *-trice*] che/chi ripara: *provvedimento* —.
riparazione [ri-pa-ra-zió-ne] *s.f.* **1** il riparare, l'essere riparato; risarcimento: *la — di un torto* | *esame di* —, nel linguaggio scolastico, quello che si sostiene in settembre solo per le materie in cui non si è stati promossi a fine anno **2** lavoro fatto per riparare qlco.; aggiustatura: *la — delle scarpe.*
riparlare [ri-par-là-re] *v.intr.* [aus. *avere*] parlare di nuovo | *ne riparleremo!*, formula che equivale a *la cosa non finisce qui!* ♦ **riparlarsi** *v.rifl.rec.* rivolgersi di nuovo la parola dopo un litigio; rappacificarsi: — *dopo due anni.*
riparo [ri-pà-ro] *s.m.* **1** il riparare, il ripararsi; difesa, protezione: *trovare un — sicuro* **2** rimedio: *porre — a un'ingiustizia.*
ripartibile [ri-par-tì-bi-le] *agg.* che si può ripartire: *un bene non* —.
ripartire¹ [ri-par-tì-re] *v.intr.* [*io riparto ecc.*; aus. *essere*] partire di nuovo; ritornar via | riprendere a funzionare: *un motore che stenta a ripartire.*
ripartire² *v.tr.* [*io ripartisco, tu ripartisci ecc.*] **1** dividere in parti per lo più uguali; spartire: — *il tempo* | suddividere qlco. secondo un certo criterio, un certo ordine: — *i libri negli scaffali* **2** distribuire qlco. fra più persone: — *le incombenze.*
ripartizione [ri-par-ti-zió-ne] *s.f.* **1** il ripartire, l'essere ripartito; partizione, suddivisione: *la — degli incarichi* **2** reparto amministrativo a cui è assegnata una specifica funzione.
riparto [ri-pàr-to] *s.m.* ripartizione, suddivisione: *il — degli utili.*
ripassare [ri-pas-sà-re] *v.tr.* **1** passare di nuovo; riattraversare **2** far passare di nuovo: — *il filo nell'ago* | passare sopra nuovamente (con l'inchiostro, con colori ecc.): — *un disegno* **3** esaminare, per controllare, aggiustare, mettere in efficienza: — *un motore* | — *la lezione*, ripeterla per controllare quanto si conosce ♦ *v.intr.* [aus. *essere*] passare di nuovo da un luogo; ritornare: *ripassi domani.*
ripassata [ri-pas-sà-ta] *s.f.* il ripassare in fretta, alla meglio: *dare una — alla lezione.*
ripasso [ri-pàs-so] *s.m.* il rivedere una materia di studio: *fare il* —.
ripensamento [ri-pen-sa-mén-to] *s.m.* **1** il ripensare **2** mutamento di proposito, di opinione: *avere un* —.
ripensare [ri-pen-sà-re] *v.intr.* [*io ripènso ecc.*; aus. *avere*] **1** pensare di nuovo, tornare a riflettere **2** tornare col pensiero: — *alla giovinezza* **3** cambiare parere: *ci ho ripensato, resto a casa.*
ripercorrere [ri-per-cór-re-re] *v.tr.* [coniugato come *correre*] percorrere di nuovo (anche *fig.*): — *col pensiero la propria vita.*
ripercuotere [ri-per-cuò-te-re] *v.tr.* [coniugato come *percuotere*] **1** percuotere di nuovo o più volte **2** respingere, rifrangere, detto di onde sonore o di radiazioni luminose ♦ **ripercuotersi** *v.intr.pron.* **1** tornare indietro, essere riflesso: *l'eco si ripercuote* **2** (*fig.*) causare un effetto, un contraccolpo: *avvenimenti che si ripercuotono sull'economia.*
ripercussione [ri-per-cus-sió-ne] *s.f.* il ripercuotere, il ripercuotersi, l'essere ripercosso: *le ripercussioni di un evento.*
ripescaggio [ri-pe-scàg-gio] *s.m.* recupero.
ripescare [ri-pe-scà-re] *v.tr.* [*io ripésco, tu ripéschi ecc.*] **1** pescare di nuovo | (*estens.*) recuperare, riprendere qlco. caduta in acqua: — *un'ancora* **2** (*fig.*) riscoprire, scovare: — *una notizia* | recuperare, rilanciare: — *un progetto.*
ripetente [ri-pe-tèn-te] *agg.* e *s.m.* e *f.* si dice di un alunno che ripete l'anno scolastico.
ripetere [ri-pè-te-re] *v.tr.* [*io ripèto ecc.*] **1** eseguire di nuovo, rifare: — *un'esperimento* | — *l'anno*, nel linguaggio scolastico, frequentare di nuovo la stessa classe in seguito a bocciatura **2** dire, pronunciare di nuovo: — *sempre le stesse cose* | ridire, riferire: — *qlco. come un pappagallo*, in modo passivo; — *la lezione*, dirla, esporla o ri-

passarla | (*tecn.*) riprodurre: — *un segnale* ♦ **ripetersi** *v.rifl.* replicare spesso i propri discorsi, i propri atteggiamenti ♦ *v.intr.pron.* tornare ad accadere; avvenire più volte: *incidenti che si ripetono con frequenza* | susseguirsi: *il — delle stagioni.*

ripetibile [ri-pe-tì-bi-le] *agg.* che si può ripetere: *un'espressione non —.*

ripetibilità [ri-pe-ti-bi-li-tà] *s.f.* l'essere ripetibile.

ripetitività [ri-pe-ti-ti-vi-tà] *s.f.* l'essere ripetitivo.

ripetitivo [ri-pe-ti-tì-vo] *agg.* che si ripete molto, che si presenta sempre uguale: *lavoro* — □ **ripetitivamente** *avv.*

ripetitore [ri-pe-ti-tó-re] *agg.* [f. *-trice*] che ripete | *stazione ripetitrice*, stazione radiotelevisiva che ritrasmette i segnali che riceve da un'altra stazione ♦ *s.m.* (*tecn.*) apparecchio che ripete o ritrasmette suoni, segnali | (*telecom.*) stazione ripetitrice.

ripetizione [ri-pe-ti-zió-ne] *s.f.* **1** il ripetere, l'essere ripetuto: *la — di un discorso* | *a —*, si dice di meccanismi che ripetono lo stesso movimento: *arma a —*, arma da fuoco che non deve essere ricaricata dopo ogni sparo **2** lezione privata in cui l'insegnante aiuta l'alunno nello studio degli argomenti affrontati a scuola: *prendere ripetizioni* **3** frase, parola o concetto che si ripetono con noiosa insistenza: *un discorso pieno di ripetizioni.*

ripetuto [ri-pe-tù-to] *agg.* che è fatto, replicato più volte | (*estens.*) numeroso: *assalti ripetuti* □ **ripetutamente** *avv.* in modo ripetuto; più volte, spesso.

ripianamento [ri-pia-na-mén-to] *s.m.* il ripianare, l'essere ripianato: *il — di un debito.*

ripianare [ri-pia-nà-re] *v.tr.* (*econ.*) coprire, pareggiare: *— il disavanzo* | estinguere: *— un debito.*

ripiano [ri-pià-no] *s.m.* **1** piccola zona pianeggiante che interrompe un pendio **2** (*estens.*) qualsiasi superficie piana orizzontale | ciascuno degli elementi orizzontali di uno scaffale, un armadio ecc.: *mensola a tre ripiani.*

ripicca [ri-pìc-ca] *s.f.* [pl. *-che*] ciò che si fa per puntiglio, per picca; dispetto.

ripidezza [ri-pi-déz-za] *s.f.* l'essere ripido.

ripidità [ri-pi-di-tà] *s.f.* **1** (*non com.*) ripidezza **2** in oceanografia, rapporto tra altezza e lunghezza di un'onda marina.

ripido [rì-pi-do] *agg.* che ha molta pendenza, è molto scosceso: *pendio* — □ **ripidamente** *avv.*

ripiegamento [ri-pie-ga-mén-to] *s.m.* il ripiegare, il ripiegarsi, l'essere ripiegato: *un — dell'esercito.*

ripiegare [ri-pie-gà-re] *v.tr.* [*io ripiègo, tu ripièghi ecc.*] piegare di nuovo o più volte: *— un foglio* ♦ *v.intr.* [aus. *avere*] (*mil.*) ritirarsi, arretrare: *— in disordine* | (*fig.*) deviare da un proposito, da una mira, accontentandosi di un ripiego: *— su un'altra proposta* ♦ **ripiegarsi** *v.rifl.* rifugiarsi in sé stesso; isolarsi: *— nel silenzio* ♦ *v. intr.pron.* flettersi.

ripiegatura [ri-pie-ga-tù-ra] *s.f.* il ripiegare, il ripiegarsi, l'essere ripiegato.

ripiego [ri-piè-go] *s.m.* [pl. *-ghi*] espediente, via d'uscita; mezzo ingegnoso per cavarsela: *cercare un —* | *di —*, si dice di cosa che ne sostituisca un'altra più soddisfacente: *soluzione di —.*

ripieno [ri-piè-no] *agg.* **1** completamente pieno; colmo **2** riempito; farcito: *peperoni ripieni* ♦ *s.m.* (*gastr.*) l'insieme degli ingredienti che farciscono qlco.: *il — dei tortellini.*

ripigliare [ri-pi-glià-re] *v.tr.* [*io ripìglio ecc.*] (*fam.*) pigliare di nuovo; riprendere, ricatturare: *— un evaso* ♦ **ripigliarsi** *v.rifl.* (*fam.*) riaversi, riprendersi.

ripopolamento [ri-po-po-la-mén-to] *s.m.* il ripopolare, il ripopolarsi, l'essere ripopolato: *il — di una riserva di caccia.*

ripopolare [ri-po-po-là-re] *v.tr.* [*io ripòpolo ecc.*] popolare di nuovo: *— una regione* ♦ **ripopolarsi** *v.intr.pron.* tornare a popolarsi.

riporre [ri-pór-re] *v.tr.* [coniugato come *porre*] **1** mettere qlco. dov'era prima o nel posto che le è proprio: *— la biancheria nei cassetti* **2** (*fig.*) collocare: *— delle speranze in qlcu.*

riportabile [ri-por-tà-bi-le] *agg.* (*non com.*) che può essere riportato.

riportare [ri-por-tà-re] *v.tr.* [*io ripòrto ecc.*] **1** portare di nuovo **2** ricondurre, portare indietro: *— l'auto in garage* | restituire **3** ripetere cose dette o scritte da altri; citare: *— un passo* **4** (*fig.*) ricevere, ottenere: *— la vittoria* | trarre, ricavare: *— una buona impressione di qlcu.* | conseguire, subire: *— danni* **5** trasferire, riprodurre: *— un disegno su scala più piccola* **6** nei calcoli numerici, fare il riporto ♦ **riportarsi** *v.intr.pron.* ricondursi col pensiero; riferirsi, richiamarsi: *— all'origine.*

riporto [ri-pòr-to] *s.m.* **1** il riportare, l'essere riportato | *materiale di —*, (*edil.*) detriti o materiale di scavo per riempire una depressione o formare un rialzo **2** (*mat.*) nell'addizione, la cifra delle decine o delle centinaia, delle migliaia ecc., che si aggiunge alla colonna delle cifre ancora da sommare **3** ciocca di capelli pettinata in modo da nascondere una parziale calvizie.

riposante [ri-po-sàn-te] *agg.* che dà riposo; distensivo: *una vacanza —.*

riposare *v.intr.* [*io ripòso ecc.*; aus. *avere*] **1** interrompere la fatica, prendendo un riposo: *— dopo il lavoro* **2** (*estens.*) dormire | (*eufem.*) essere morto: *— in pace* **3** poggiare, poggiarsi; essere fondato: *una tesi che riposa su solide basi* **4** di terreno agricolo, rimanere senza coltura per un certo tempo **5** di un liquido, rimanere fermo per consentire ai sedimenti di depositarsi sul fondo ♦ *v.tr.* far riposare; dar quiete: *— la mente* ♦ **riposarsi** *v.rifl.* prendere riposo: *— dopo una fatica.*

riposato [ri-po-sà-to] *agg.* ristorato dal riposo.

riposino [ri-po-sì-no] *s.m.* breve riposo; sonnellino.

riposo [ri-pò-so] *s.m.* **1** il riposare, il riposarsi;

cessazione dell'attività, della fatica: *un'ora di —* | *—!*, (*mil.*) ordine di assumere la posizione di distensione. DIM. *riposino* 2 (*estens.*) sonno: *il — notturno* | *il — eterno*, (*eufem.*) la morte 3 (*fig. lett.*) quiete, pace: *la campagna dà —* 4 (*lett.*) luogo in cui ci si riposa: *la collina è il — ideale* 5 (*agr.*) stato del terreno quando non è sfruttato per un certo periodo | riferito a un liquido, stato di quiete che permette ai sedimenti di depositarsi sul fondo | riferito a macchina o dispositivo, non funzionamento.

ripostiglio [ri-po-stì-glio] *s.m.* piccolo ambiente per riporvi cose varie.

riposto [ri-pó-sto] *agg.* appartato; recondito: *i più riposti pensieri.*

riprendere [ri-prèn-de-re] *v.tr.* [coniugato come *prendere*] 1 prendere di nuovo: *— le vecchie abitudini* 2 prendere indietro una cosa data, lasciata; riportare via con sé qlcu. condotto prima in un luogo: *— il figlio a scuola* 3 riconquistare, rioccupare: *— la città* 4 (*fig.*) riacquistare, ricuperare: *— coraggio*; *— i sensi*, rinvenire 5 colpire di nuovo: *lo ha ripreso una crisi* 6 ricominciare, continuare dopo un'interruzione: *— sonno* | (*assol.*) ricominciare a parlare (introduce un discorso diretto): *l'oratore riprese: "..."* 7 ammonire, rimproverare: *— uno scolaro* 8 riprodurre in immagini fotografiche o cinematografiche: *— una scena* 9 in sartoria, ritoccare la cucitura di un abito per stringerlo: *— una giacca* ♦ *v.intr.* [aus. *avere*] 1 ricominciare: *— a parlare* 2 (*fig.*) rinvigorire, ravvivarsi: *la pianta appassita sta riprendendo* 3 di un veicolo a motore, avere ripresa ♦ **riprendersi** *v.intr.pron.* 1 riacquistare energia, vigore fisico o morale: *— da un dissesto finanziario* 2 correggersi: *— immediatamente dopo un errore.*

ripresa [ri-pré-sa] *s.f.* 1 il riprendere, il ricominciare: *la — delle ostilità* | (*teat.*) messa in scena di uno spettacolo già presentato al pubblico 2 (*aut.*) capacità di un motore di acquistare o riacquistare velocità: *— brillante* 3 (*sport*) la seconda parte di una partita di calcio | ogni frazione in cui è diviso un incontro di pugilato 4 (*cine.*) il riprendere con la macchina da presa; la scena ripresa: *un lunga —* 5 (*mus.*) ripetizione di un'intera parte di un brano musicale; il punto in cui comincia questa ripetizione 6 fase del ciclo economico che segue la recessione e precede una nuova fase di espansione 7 in sartoria, *pince.*

ripresentare [ri-pre-ſen-tà-re] *v.tr.* [*io ripreſènto ecc.*] presentare di nuovo: *— una proposta di legge* ♦ **ripresentarsi** *v.rifl.* presentarsi di nuovo | *— alle elezioni*, candidarsi di nuovo.

ripreso [ri-pré-so] *agg.* che è stato preso di nuovo | *abito —*, ritoccato perché si adatti meglio al corpo.

ripristinare [ri-pri-sti-nà-re] *v.tr.* [*io riprìstino ecc.*] rimettere nelle condizioni originarie; restaurare, reintegrare: *— un muro abbattuto* | (*fig.*) ristabilire, rimettere in vigore o in uso: *— una legge.*

ripristino [ri-prì-sti-no] *s.m.* il ripristinare, l'essere ripristinato: *il — di una linea telefonica.*

riproducibile [ri-pro-du-cì-bi-le] *agg.* che può essere riprodotto: *disegno —.*

riproducibilità [ri-pro-du-ci-bi-li-tà] *s.f.* l'essere riproducibile.

riprodurre [ri-pro-dùr-re] *v.tr.* [coniugato come *produrre*] 1 produrre di nuovo 2 fare una o più copie di un originale: *— a colori* | (*estens.*) stampare, pubblicare: *— un comunicato sui giornali* ♦ **riprodursi** *v.rifl.* o *intr.pron.* 1 dare vita a organismi della stessa specie (detto di animali o vegetali): *— per germinazione* 2 formarsi di nuovo 3 (*fig.*) riaccadere, ripetersi.

riproduttivo [ri-pro-dut-tì-vo] *agg.* che si riferisce alla riproduzione; atto a riprodurre: *cellula riproduttiva.*

riproduttore [ri-pro-dut-tó-re] *agg.* [f. *-trice*] che riproduce: *organo —* ♦ *s.m.* 1 chi riproduce | (*tecn.*) apparecchio capace di riprodurre suoni o immagini 2 animale selezionato e destinato alla riproduzione.

riproduzione [ri-pro-du-zió-ne] *s.f.* 1 il riprodurre, il riprodursi, l'essere riprodotto; la copia riprodotta: *— fotografica* 2 (*biol.*) funzione degli organismi viventi di generare individui della stessa specie | *— agamica*, quella asessuata degli animali inferiori | *— sessuata*, quella che avviene per fusione di due cellule germinative, una maschile e una femminile 3 (*tecn.*) operazione mediante la quale si riproducono copie a stampa o suoni registrati.

riprografia [ri-pro-gra-fì-a] *s.f.* qualsiasi tecnica di duplicazione di documenti con procedimenti più rapidi di quelli fotografici.

ripromettersi [ri-pro-mét-ter-si] *v.intr.pron.* prefiggersi: *— di fare qlco.*

riprova [ri-prò-va] *s.f.* nuova prova; conferma, verifica: *avere la — di qlco.*

riprovare[1] [ri-pro-và-re] *v.tr.* [*io ripròvo ecc.*] provare di nuovo.

riprovare[2] *v.tr.* [*io ripròvo ecc.*] (*lett.*) disapprovare, biasimare, censurare: *— il comportamento di qlcu.*

riprovazione [ri-pro-va-zió-ne] *s.f.* il disapprovare, il biasimare; censura, condanna: *incontrare la — generale.*

riprovevole [ri-pro-vé-vo-le] *agg.* (*lett.*) che merita riprovazione; biasimevole: *condotta —.*

ripudiare [ri-pu-dià-re] *v.tr.* [*io ripùdio ecc.*] 1 disconoscere come propria una cosa che ci appartenga; non voler più considerare un parente o un amico come tale: *— i figli* 2 (*estens.*) rinnegare, sconfessare: *— una fede* | respingere, rifiutare: *— ogni compromesso.*

ripudio [ri-pù-dio] *s.m.* il ripudiare, l'essere ripudiato; sconfessione | (*estens.*) rifiuto: *il — della violenza.*

ripugnante [ri-pu-gnàn-te] *agg.* che suscita viva avversione o profondo disgusto; repellente: *odore —.*

ripugnanza [ri-pu-gnàn-za] *s.f.* intenso disgusto,

ribrezzo: *provare — per qlco.* | (*estens.*) riluttanza: *vincere la — a fare qlco.*
ripugnare [ri-pu-gnà-re] *v.intr.* [aus. *avere*] suscitare avversione o disgusto profondi: *un sapore che ripugna.*
ripulire [ri-pu-lì-re] *v.tr.* [*io ripulisco, tu ripulisci ecc.*] **1** pulire di nuovo **2** rendere di nuovo pulito; rimettere in ordine: — *un terreno dalle erbacce* **3** (*fig.*) limare, rifinire: — *uno scritto* ♦ **ripulirsi** *v.rifl.* **1** mettere in ordine la propria persona | (*estens.*) vestirsi in modo più accurato che in passato **2** (*fig.*) dirozzarsi, ingentilirsi.
ripulita [ri-pu-lì-ta] *s.f.* il ripulire o il ripulirsi una volta e in fretta: *darsi una —.*
ripulitura [ri-pu-li-tù-ra] *s.f.* **1** il ripulire, l'essere ripulito **2** ciò che si toglie da qlco. nel ripulirla.
ripulsa [ri-pùl-sa] *s.f.* (*lett.*) l'opporre un diniego a una richiesta; rifiuto.
ripulsione [ri-pul-sió-ne] *s.f.* ripugnanza; profondo disgusto, ribrezzo: *provare — per qlcu.*
ripulsivo [ri-pul-sì-vo] *agg.* che provoca ripulsione, ripugnanza: *un viso —.*
riquadrare [ri-qua-drà-re] *v.tr.* ridurre in forma quadrata; squadrare: — *una lastra.*
riquadro [ri-quà-dro] *s.m.* **1** parte di forma quadrangolare in cui è divisa una superficie; spazio quadrato: *i riquadri del soffitto* **2** elemento dipinto, disegnato o in rilievo, che racchiude uno spazio quadrato.
riqualificare [ri-qua-li-fi-cà-re] *v.tr.* qualificare nuovamente; dare una nuova qualifica professionale ♦ **riqualificarsi** *v.rifl.* qualificarsi nuovamente o meglio.
riqualificazione [ri-qua-li-fi-ca-zió-ne] *s.f.* il riqualificare, il riqualificarsi, l'essere riqualificato: *corso di — professionale.*
risacca [ri-sàc-ca] *s.f.* il rifluire dell'onda verso il mare dopo che si è franta sulla riva.
risaia [ri-sà-ia] *s.f.* terreno coltivato a riso.
risaiolo [ri-sa-iò-lo] *s.m.* [f. *-a*] chi è addetto alla direzione dei lavori di una risaia e alla sua irrigazione.
risalire [ri-sa-lì-re] *v.tr.* [coniugato come *salire*] salire di nuovo; tornare nel luogo da cui si era discesi: — *un monte* | — *un fiume*, navigare contro corrente | — *la china*, (*fig.*) migliorare, avere successo dopo un periodo negativo ♦ *v.intr.* [aus. *essere*] **1** salire di nuovo **2** (*fig.*) rincarare, aumentare di valore: *i prezzi tendono a —* **3** (*fig.*) ritornare col pensiero o un'indagine a fatti lontani: — *alle origini* **4** essere avvenuto un certo tempo prima: — *a dieci giorni prima* | (*estens.*) rimontare, ascendere: *il campanile risale al Quattrocento.*
risalita [ri-sa-lì-ta] *s.f.* azione del risalire: *la — del monte* | *impianti di —*, nelle stazioni sciistiche, quelli che riportano lo sciatore all'inizio della pista.
risaltare [ri-sal-tà-re] *v.tr.* e *intr.* [aus. dell'intr. *avere* o *essere*] saltare di nuovo ♦ *v.intr.* [aus. *avere*] sporgere da una superficie; mettersi in evidenza, spiccare: *far — i propri meriti* | (*fig.*) distinguersi, emergere (di persona): — *per intelligenza.*
risalto [ri-sàl-to] *s.m.* **1** il risaltare; spicco, evidenza: *un — eccessivo* | *mettere in —*, far risaltare **2** (*arch.*) sporgenza, aggetto, rilievo: *il — del fregio.*
risanabile [ri-sa-nà-bi-le] *agg.* che si può risanare, detto spec. di luogo o quartiere malsano.
risanamento [ri-sa-na-mén-to] *s.m.* **1** il risanare, il risanarsi, l'essere risanato | — *edilizio*, demolizione di quartieri malsani e loro ricostruzione secondo moderni criteri igienici e urbanistici **2** riduzione dell'indebitamento di un'impresa, dello stato, di un ente pubblico; miglioramento di gestione in un'impresa, in un settore: — *di bilancio.*
risanare [ri-sa-nà-re] *v.tr.* **1** rendere nuovamente sano; guarire: — *un malato* **2** rendere salubre, bonificare: — *un terreno paludoso* | — *un quartiere*, migliorarne le condizioni ambientali e igieniche | — *un'impresa*, riportarla in attivo ♦ *v.intr.* [aus. *essere*], **risanarsi** *v.intr.pron.* ritornare sano; guarire.
risapere [ri-sa-pé-re] *v.tr.* [*io risò, tu risai, egli risà ecc.*; coniugato come *sapere*] venire a sapere, a conoscere.
risaputo [ri-sa-pù-to] *agg.* noto a tutti: *fatto —.*
risarcibile [ri-sar-cì-bi-le] *agg.* che si può risarcire, detto di danno.
risarcimento [ri-sar-ci-mén-to] *s.m.* il risarcire, l'essere risarcito; la somma con cui si risarcisce: *il — di un danno.*
risarcire [ri-sar-cì-re] *v.tr.* [*io risarcisco, tu risarcisci ecc.*] riparare, compensare con denaro un danno materiale o morale arrecato ad altri; ripagare, rifondere: — *i danni.*
risarella [ri-sa-rèl-la] *s.f.* (*fam.*) voglia incontenibile di ridere: *avere la —.*
risata [ri-sà-ta] *s.f.* il ridere in modo sonoro e prolungato: *farsi una —.* DIM. *risatina.*
riscaldamento [ri-scal-da-mén-to] *s.m.* **1** il riscaldare, l'essere riscaldato | impianto che serve a riscaldare (un'abitazione, un edificio ecc.): — *centrale*, che riscalda un intero edificio **2** aumento di temperatura in un corpo: — *per attrito* **3** (*sport*) serie di esercizi che si compiono per sciogliere e scaldare i muscoli.
riscaldare [ri-scal-dà-re] *v.tr.* **1** scaldare ciò che si era raffreddato: — *la minestra* **2** rendere caldo, scaldare: — *l'acqua* **3** (*fig.*) eccitare, infiammare: — *gli animi* ♦ *v.intr.* [aus. *essere*] **1** produrre, apportare caldo: *una stufa che non riscalda* **2** (*tecn.*) surriscaldare: *il motore riscalda* ♦ **riscaldarsi** *v.rifl.* riacquistare calore: — *al caminetto* ♦ *v.intr.pron.* **1** divenire caldo: *l'aria comincia a —* | (*tecn.*) surriscaldarsi **2** (*fig.*) infiammarsi, eccitarsi, adirarsi.
riscaldata [ri-scal-dà-ta] *s.f.* il riscaldare o il riscaldarsi un poco, alla meglio.
riscattabile [ri-scat-tà-bi-le] *agg.* che si può riscattare: *appartamento —.*

riscattare [ri-scat-tà-re] *v.tr.* 1 riacquistare, con denaro o beni, quanto è caduto in mano di altri: — *i prigionieri* 2 (*fig.*) liberare; redimere: — *l'umanità dal peccato* 3 (*dir.*) eliminare gli obblighi derivanti da un contratto corrispondendo quanto previsto: — *un pegno* ♦ **riscattarsi** *v.rifl.* liberarsi, redimersi da uno stato, una condizione negativi: — *dal disonore.*

riscatto [ri-scàt-to] *s.m.* 1 il riscattare, il riscattarsi, l'essere riscattato: *il — dalla servitù* 2 prezzo richiesto per riscattare: *pagare un —* 3 (*dir.*) atto mediante il quale ci si libera, a determinate condizioni, da un obbligo precedentemente assunto.

rischiaramento [ri-schia-ra-mén-to] *s.m.* il rischiarare, il rischiararsi, l'essere rischiarato: *il — del cielo.*

rischiarare [ri-schia-rà-re] *v.tr.* rendere chiaro, più chiaro (anche *fig.*): — *la via*; — *le idee*, renderle meno confuse ♦ **rischiararsi** *v.intr.pron.* diventar chiaro o più chiaro: *il cielo si rischiara*, diventa sereno | — *in volto*, rasserenarsi.

rischiare [ri-schià-re] *v.tr.* [*io rìschio ecc.*] 1 mettere a rischio, a repentaglio; azzardare: — *la vita* | — *brutto*, (*fam.*) correre un rischio molto serio 2 (*estens.*) correre il pericolo di qlco.: — *il licenziamento* ♦ *v.intr.impers.* [aus. *avere* o *essere*] esserci pericolo, rischio: *rischia di piovere.*

rischio [rì-schio] *s.m.* possibilità di subire un danno, una perdita; il pericolo in cui ci si può imbattere: *affrontare un —* | *correre il — di*, rischiare | *agire a proprio — e pericolo*, fare qlco. assumendone tutte le possibili conseguenze negative | *a —*, esposto a condizioni di rischio, di pericolo: *soggetto a —*, (*med.*) si dice di chi è predisposto a contrarre una data malattia.

rischiosità [ri-schio-si-tà] *s.f.* l'essere rischioso.

rischioso [ri-schió-so] *agg.* che comporta rischio, dei rischi; pericoloso, azzardato: *gioco —* □ **rischiosamente** *avv.*

risciacquare [ri-sciac-quà-re] *v.tr.* [*io risciàcquo ecc.*] 1 sciacquare di nuovo o accuratamente: — *un bicchiere* 2 passare in acqua pulita cose lavate per togliere ogni residuo di detersivo: — *i panni.*

risciacquata [ri-sciac-quà-ta] *s.f.* il risciacquare alla svelta, alla meglio. DIM. *risciacquatina.*

risciacquatura [ri-sciac-qua-tù-ra] *s.f.* 1 il risciacquare; risciacquamento: *la — del bucato* 2 acqua in cui si è risciacquato qlco. | (*estens.*) bevanda insipida: *un caffè che è una —.*

risciacquo [ri-sciàc-quo] *s.m.* 1 l'operazione del risciacquare: *il — del bucato* 2 fase di funzionamento della lavatrice o della lavastoviglie durante la quale si effettua la risciacquatura.

risciò [ri-sciò] *s.m.* carrozzino leggero a due ruote tirato da un uomo, in uso in Estremo Oriente.

riscontare [ri-scon-tà-re] *v.tr.* [*io riscónto ecc.*] praticare il risconto.

risconto [ri-scón-to] *s.m.* (*fin.*) cessione, in pagamento o in garanzia, di cambiali già scontate.

riscontrabile [ri-scon-trà-bi-le] *agg.* che si può riscontrare: *errore —.*

riscontrare [ri-scon-trà-re] *v.tr.* [*io riscóntro ecc.*] 1 confrontare due o più elementi, dati, fatti ecc., per verificarne le corrispondenze: — *la copia con l'originale* 2 controllare l'esattezza, il funzionamento, lo stato di qlco.: — *il peso* 3 trovare, rilevare: — *errori.*

riscontro [ri-scón-tro] *s.m.* 1 il riscontrare, l'essere riscontrato: *mettere a — due cose* | *trovar —*, aver rapporto, trovare conferma: *trovare — nella realtà* 2 (*tecn.*) corrispondenza di sporgenze e incavature predisposte per l'incastro 3 (*comm.*) lettera di risposta; ricevuta.

riscoperta [ri-sco-pèr-ta] *s.f.* il riscoprire, l'essere riscoperto: *la — del passato.*

riscoprire [ri-sco-prì-re] *v.tr.* [coniugato come *scoprire*] scoprire di nuovo.

riscossa [ri-scòs-sa] *s.f.* riconquista di luoghi o cose conquistati dal nemico; riconquista dei propri diritti: *partire alla —.*

riscossione [ri-scos-sió-ne] *s.f.* il riscuotere del denaro: *la — di un credito.*

riscotibile [ri-sco-tì-bi-le], o **riscuotibile**, *agg.* che si può riscuotere: *assegno —.*

riscrittura [ri-scrit-tù-ra] *s.f.* il riscrivere, l'essere riscritto | testo, opera riscritti: *la — di un romanzo.*

riscrivere [ri-scrì-ve-re] *v.tr.* [coniugato come *scrivere*] 1 scrivere di nuovo 2 scrivere in risposta: *ti ho già riscritto.*

riscuotere [ri-scuò-te-re] *v.tr.* [coniugato come *scuotere*] 1 scuotere di nuovo | svegliare chi dorme; far uscire qlcu. dall'inerzia, dal torpore 2 ritirare, ricevere una somma di denaro: — *lo stipendio* 3 (*fig.*) ottenere, conseguire: — *applausi* ♦ **riscuotersi** *v.intr.pron.* tornare in sé, riaversi.

riscuotibile → **riscotibile**.

risega [ri-sé-ga] *s.f.* (*edil.*) rientranza in una struttura muraria per riduzione del suo spessore.

risentimento [ri-sen-ti-mén-to] *s.m.* 1 il risentirsi; irritazione, sdegno contro qlcu. a causa di un'offesa: *mostrare — verso qlcu.* 2 (*med.*) sensazione di dolore in conseguenza di un trauma o di una malattia in corso.

risentire [ri-sen-tì-re] *v.tr.* [*io risènto ecc.*] 1 sentire di nuovo, più volte | avvertire nuovamente: — *un dolore* 2 provare le conseguenze di qlco.: — *la mancanza dei genitori* ♦ *v.intr.* [aus. *avere*] avvertire le conseguenze di qlco.: — *di uno sforzo* ♦ **risentirsi** *v.rifl.rec.* sentirsi di nuovo, detto di chi parla al telefono ♦ *v.intr.pron.* offendersi: — *senza motivo.*

risentito [ri-sent-tì-to] *agg.* 1 sentito di nuovo 2 pieno di risentimento, irritato: *parole risentite* □ **risentitamente** *avv.* in modo risentito, con risentimento.

riserbo [ri-sèr-bo] *s.m.* discrezione nei propri sentimenti, nell'esprimere le proprie opinioni: *una persona piena di —* | (*estens.*) riservatezza: *mantenere il — su una questione.*

riseria [ri-se-rì-a] *s.f.* stabilimento dove si lavora il riso.

riserva [ri-sèr-va] *s.f.* **1** il riservare o l'essere riservato a uno scopo determinato; privilegio, esclusiva | *— di caccia*, diritto esclusivo di cacciare in un luogo; il luogo dove si esercita tale diritto | *— naturale*, area nella quale si preserva l'ambiente naturale **2** (*estens.*) territorio di un paese colonizzato nel quale sono confinate le popolazioni indigene: *le riserve indiane* **3** il mettere in serbo qlco. per il futuro; provvista, scorta: *consumare le riserve* | quantità minima residua di carburante nel serbatoio di un veicolo a motore che permette una limitata autonomia di funzionamento: *viaggiare in —* | parte della produzione di un'annata vinicola accantonata per l'invecchiamento: *vino — 1984* **4** (*mil.*) l'insieme delle classi in congedo che possono essere richiamate in caso di guerra: *un ufficiale della —* **5** condizione posta all'accettazione di qlco.; restrizione, limitazione: *una stima senza riserve* | *— mentale*, restrizione con cui si limita, tra sé e sé, quanto si è pubblicamente affermato **6** (*sport*) atleta che sostituisce il titolare quando questi non può partecipare a una gara.

riservare [ri-ser-và-re] *v.tr.* [*io risèrvo ecc.*] **1** destinare a una persona o a uno scopo determinato: *— il posto migliore* | prenotare: *— i posti a teatro* **2** tenere in serbo, serbare: *— per la fine del pranzo il vino migliore* **3** rimandare, rinviare qlco. con l'intenzione di farla in seguito: *riservarsi di rispondere.*

riservatezza [ri-ser-va-téz-za] *s.f.* l'atteggiamento di chi è riservato; riserbo, discrezione: *persona di grande —.*

riservato [ri-ser-và-to] *agg.* **1** che ha riserbo; schivo, discreto: *carattere —* | *prognosi riservata*, (*med.*) sospensione del giudizio, da parte del medico, circa la guarigione di un malato grave **2** che è destinato a una persona, che non è cedibile ad altri; privato: *posto —*; *notizia riservata*, da non divulgare **3** destinato a uno specifico uso o funzione: *canale —* **4** prenotato □ **riservatamente** *avv.* in modo riservato, con riservatezza.

riservista [ri-ser-vì-sta] *s.m.* [pl. *-sti*] militare in congedo che può essere mobilitato in caso di guerra.

risguardo [ri-ʃguàr-do] *s.m.* all'inizio e alla fine di un libro, foglio bianco per metà incollato alla copertina, posto a protezione delle pagine.

risibile [ri-sì-bi-le] *agg.* che merita di essere deriso; ridicolo: *proposta —.*

risibilità [ri-si-bi-li-tà] *s.f.* l'essere risibile.

risicare [ri-ʃi-cà-re] *v.tr.* [*io rìʃico, tu rìʃichi ecc.*] (*tosc.*) rischiare | *prov.*: *chi non risica non rosica*, non c'è guadagno senza rischio.

risicato [ri-ʃi-cà-to] *agg.* minimo, estremamente ridotto: *margine di tempo —.*

risico [rì-ʃi-co] *s.m.* [pl. *-chi*] (*tosc.*) rischio.

risicolo [ri-sì-co-lo] *agg.* che riguarda la coltivazione del riso; che produce riso: *paese —.*

risicoltura [ri-si-col-tù-ra] *s.f.* coltivazione del riso.

risiedere [ri-siè-de-re] *v.intr.* [*io risièdo ecc.*; aus. *avere*] **1** avere sede; avere residenza: *— a Roma* **2** (*fig.*) stare, consistere: *il fondamento del progresso risiede nella libertà.*

risiero [ri-siè-ro] *agg.* del riso, relativo al riso: *industria risiera.*

risificio [ri-si-fì-cio] *s.m.* riseria.

risiko® [rì-si-ko] *s.m.invar.* gioco di società che simula un conflitto internazionale e prevede strategie di guerra.

risma [rì-ʃma] *s.f.* **1** unità convenzionale dei fogli di carta da stampa, comprendente 500 fogli | confezione di carta da cancelleria da 400 fogli **2** (*spreg.*) genere, qualità: *gente della peggior —.*

riso[1] [rì-so] *s.m.* **1** pianta erbacea annuale con infiorescenze a pannocchia formate da spighette con frutti commestibili bianchi, duri, ricchi di amido **2** i frutti della pianta: *— in brodo.*

riso[2] *s.m.* [pl. *le risa*] **1** il ridere, il modo di ridere: *muovere il —*, suscitarlo **2** (*lett.*) sorriso **3** (*fig. lett.*) aspetto allegro, gioioso: *occhi che brillano di —* | riferito a cose della natura, splendore, gioia: *il — della primavera.*

risolare e *deriv.* → **risuolare** e *deriv.*

risolino [ri-so-li-no] *s.m.* riso a fior di labbra, appena accennato: *un — ironico.*

risollevare [ri-sol-le-và-re] *v.tr.* [*io risollèvo ecc.*] **1** sollevare di nuovo | (*fig.*) rialzare da una condizione negativa: *— qlcu. dalla miseria* | *— una questione*, riproporla **2** ricreare, rallegrare, confortare: *— il morale* ♦ **risollevarsi** *v.rifl.* sollevarsi di nuovo: *— dopo una disgrazia.*

risolto [ri-sòl-to] *agg.* che è giunto a soluzione; sciolto: *enigma —* | detto di malattia, guarita.

risolutezza [ri-so-lu-téz-za] *s.f.* l'essere risoluto; decisione, determinazione: *agire con —.*

risolutivo [ri-so-lu-tì-vo] *agg.* **1** che risolve, che è atto a risolvere; di risoluzione: *formula risolutiva* **2** che determina l'esito, la conclusione; decisivo: *fase risolutiva.*

risoluto [ri-so-lù-to] *agg.* pronto nel decidere e nell'agire; determinato, sicuro: *un'azione risoluta* □ **risolutamente** *avv.* con risolutezza, con decisione: *muoversi —.*

risoluzione [ri-so-lu-zió-ne] *s.f.* **1** il risolvere, l'essere risolto; soluzione, scioglimento: *la — di un problema* **2** il risolversi; decisione: *prendere una —* | enunciato della volontà di un'assemblea, che non comporta necessariamente un atto esecutivo: *una — dell'ONU* **3** in fotografia, cinematografia, videografica, il livello di dettaglio della riproduzione, misurato in base al numero di punti impiegati per rappresentarla; ha corrispondenza con la qualità dell'immagine: *alta, bassa —.*

risolvere [ri-sòl-ve-re] *v.tr.* [pres. *io risòlvo ecc.*; pass.rem. *io risolvéi* o *risolvètti* o *risòlsi, tu risolvésti ecc.*; part.pass. *risòlto*] **1** scomporre, separare qlco. nei suoi elementi costitutivi: *— un composto chimico* **2** trovare la soluzione di qlco. che è oscuro, incerto o che richiede l'applicazione di un procedimento: *— un'equazione* | far venire a un esito, concludere: *— una situazio-*

ne **3** decidere, deliberare: — *di agire* **4** (*dir.*) sciogliere: — *un contratto* ♦ **risolversi** *v.intr.pron.* **1** ridursi, andare a finire, concludersi: — *in un nulla di fatto* | detto di una malattia, guarire **2** prendere una decisione.

risolvibile [ri-sol-vì-bi-le] *agg.* **1** che si può risolvere: *un problema* — **2** (*dir.*) che si può sciogliere: *un contratto* —.

risolvibilità [ri-sol-vi-bi-li-tà] *s.f.* l'essere risolvibile.

risonante [ri-so-nàn-te] *agg.* **1** che risuona; sonoro: *voce* — **2** (*fis.*) che entra in risonanza; dotato di risonanza.

risonanza [ri-so-nàn-za] *s.f.* **1** (*fis.*) amplificazione del suono per effetto delle vibrazioni che si determinano in un corpo quando è investito da onde sonore di frequenza costante: — *acustica* | *cassa di* —, (*mus.*) cassa armonica, propria degli strumenti a corda **2** (*estens.*) eco, rimbombo | (*fig.*) interesse suscitato da eventi, notizie: *avere una vasta* —.

risonare → **risuonare**.

risorgere [ri-sór-ge-re] *v.intr.* [coniugato come *sorgere*; aus. *essere*] **1** sorgere, nascere di nuovo: *il sole risorge ogni mattina* **2** tornare in vita: *Cristo è risorto* **3** (*fig.*) riprendere vigore, rifiorire: *nell'Umanesimo risorsero gli studi classici.*

risorgimentale [ri-sor-gi-men-tà-le] *agg.* del Risorgimento, che riguarda il Risorgimento: *storia* —.

risorgimento [ri-sor-gi-mén-to] *s.m.* **1** il risorgere, il rinascere, il rifiorire: *il — delle lettere* **2** *Risorgimento*, il periodo della storia italiana dai primi dell'800 fino al 1870, in cui l'Italia conquistò l'indipendenza e l'unità: *i moti del Risorgimento.*

risorgiva [ri-sor-gì-va] *s.f.* (*geol.*) sorgente d'acqua che ritorna alla superficie dopo un percorso sotterraneo.

risorsa [ri-sór-sa] *s.f.* **1** mezzo con cui si provvede a fronteggiare un bisogno, una necessità: *una persona di grandi risorse*, che ha grandi capacità o che è abile nell'uscire da situazioni difficili **2** insieme di mezzi disponibili; ciò che è fonte di ricchezza: *risorse petrolifere.*

risorto [ri-sór-to] *agg.* risuscitato, rinato: *Cristo* — | (*fig.*) risollevato, tornato in condizioni floride: *una città risorta dopo la guerra.*

risotto [ri-sòt-to] *s.m.* (*gastr.*) riso cotto in brodo e servito asciutto, condito in vario modo: — *alla pescatora.*

risparmiare [ri-spar-mià-re] *v.tr.* [*io rispàrmio ecc.*] **1** consumare con parsimonia; limitare l'uso di qlco.: — *il gas*; — *le forze*, dosarle; — *il fiato*, non parlare inutilmente | (*assol.*) limitare le spese: *è necessario* — **2** spendere meno di quanto si guadagna; fare economia: — *una discreta somma ogni mese* | spendere di meno rispetto al normale: *comprando all'ingrosso si risparmia* **3** fare a meno di qlco. o di fare qlco.; evitare: — *un dolore a qlcu.* **4** evitare di togliere; conservare: — *la vita a qlcu.* | evitare di toccare, di cogliere; escludere: *l'epidemia non ha risparmiato nessuno* ♦ **risparmiarsi** *v.rifl.* evitare di affaticarsi; avere riguardo di sé, conservarsi: *non — nel lavoro.*

risparmiatore [ri-spar-mia-tó-re] *s.m.* [f. *-trice*] chi risparmia denaro, chi fa economia.

risparmio [ri-spàr-mio] *s.m.* **1** il risparmiare, l'essere risparmiato; economia: — *di fatica* | ciò che si risparmia o si è risparmiato **2** (*econ.*) il reddito non utilizzato per spese correnti, ma impiegato in una qualche forma di investimento: — *bancario*, depositato in banca.

rispecchiare [ri-spec-chià-re] *v.tr.* [*io rispècchio ecc.*] riprodurre, riflettere un'immagine | (*fig.*) esprimere, rendere: *un gesto che rispecchia il carattere* ♦ **rispecchiarsi** *v.rifl.* specchiarsi di nuovo | riflettersi.

rispedire [ri-spe-dì-re] *v.tr.* [*io rispedisco, tu rispedisci ecc.*] **1** spedire di nuovo **2** spedire, rimandare indietro: — *una lettera al mittente.*

rispettabile [ri-spet-tà-bi-le] *agg.* **1** che impone rispetto, che è degno di rispetto: *una persona* — **2** (*estens.*) considerevole, ragguardevole: *rendita* —.

rispettabilità [ri-spet-ta-bi-li-tà] *s.f.* l'essere rispettabile; qualità di chi è rispettabile: *offendere la — di qlcu.*

rispettare [ri-spet-tà-re] *v.tr.* [*io rispètto ecc.*] **1** considerare con rispetto; onorare: — *i genitori* **2** riconoscere i diritti e la dignità degli altri; riferito ad animale, non molestarlo; riferito a cosa, non rovinarla: — *le opinioni altrui* | *farsi* —, far valere la propria dignità; non tollerare offese **3** osservare scrupolosamente: — *la legge.*

rispettato [ri-spet-tà-to] *agg.* che gode del rispetto altrui, di buona reputazione.

rispettivo [ri-spet-tì-vo] *agg.* che si riferisce a ciascuna delle persone o delle cose che si sono nominate in precedenza: *le scatole con i rispettivi coperchi* □ **rispettivamente** *avv.* relativamente a ciascuno degli elementi nominati in precedenza.

rispetto [ri-spèt-to] *s.m.* **1** sentimento di deferenza e di stima nei confronti di una persona: *incutere* — | *i miei rispetti*, formula di saluto ossequioso **2** riconoscimento dei diritti, del ruolo, del valore di persone o cose; l'atteggiamento che ne deriva: *il — della natura* | *mancare di — a qlcu.*, offenderlo | — *umano*, eccessivo timore del giudizio, delle opinioni altrui **3** osservanza scrupolosa di ordini, regole ecc.: — *della legge* **4** — *a*, riguardo, in relazione a; anche, in confronto a, a paragone di: — *a lui è piccolo* **5** breve componimento in versi di carattere popolare.

rispettoso [ri-spet-tó-so] *agg.* che prova o dimostra rispetto; deferente: *un gesto* — □ **rispettosamente** *avv.* in modo rispettoso, con rispetto.

risplendente [ri-splen-dèn-te] *agg.* che risplende, che manda splendore; smagliante, radioso: *gemma* —.

risplendere [ri-splèn-de-re] *v.intr.* [coniugato come *splendere*] **1** avere, mandare splendore;

brillare: *le stelle risplendono* **2** (*fig.*) segnalarsi per qualche dote fisica o spirituale: — *per intelligenza.*
rispolverare [ri-spol-ve-rà-re] *v.tr.* [*io rispólvero ecc.*] spolverare di nuovo (anche *fig.*): — *le proprie nozioni*, rinfrescarle.
rispondente [ri-spon-dèn-te] *agg.* corrispondente, conforme, adatto: *affermazione non — al vero.*
rispondenza [ri-spon-dèn-za] *s.f.* l'essere rispondente; correlazione, conformità: — *fra ciò che si dice e ciò che si fa.*
rispondere [ri-spón-de-re] *v.intr.* [pres. *io rispóndo ecc.*; pass.rem. *io rispósi, tu rispondésti ecc.*; part.pass. *rispósto*; aus. *avere*] **1** parlare o scrivere a chi si è rivolto a noi: — *al telefono, per iscritto* | — *a tono*, prontamente e in modo adeguato **2** far seguire un'azione in risposta all'azione di un altro: — *con un'alzata di spalle* | — *al fuoco*, sparare a propria volta **3** ribattere in modo energico, o con arroganza e impertinenza: *non si risponde ai genitori!* **4** rendere conto di un'azione; assumersi la responsabilità di qlcu. o qlco.: — *del proprio operato* **5** obbedire a uno stimolo, a un comando: — *alle cure* **6** (*fig.*) essere corrispondente, adatto: — *al vero* | — *al nome di...*, chiamarsi **7** (*comm.*) far fronte a un obbligo, a un impegno **8** in alcuni giochi, gettare una carta dello stesso seme di quello giocato dall'avversario: — *a fiori* ♦ *v.tr.* parlare o scrivere per soddisfare una richiesta: *non — una parola.*
risponditore [ri-spon-di-tó-re] *s.m.* **1** [f. *-trice*] (*non com.*) chi risponde **2** in aeronautica militare, dispositivo che modifica i segnali radar che riceve in modo da confondere i radar nemici **3** segreteria telefonica semplificata che trasmette messaggi prestabiliti senza registrare le comunicazioni di chi chiama.
risposare [ri-spo-ʃà-re] *v.tr.* [*io rispòʃo ecc.*] sposare di nuovo ♦ **risposarsi** *v.rifl.* sposarsi di nuovo.
risposta [ri-spó-sta] *s.f.* **1** il rispondere; le parole, lo scritto con cui si risponde: *dare una* —; *scrivere due righe di* — | *in — a*, rispondendo a. PEGG. *rispostaccia* **2** reazione ad atti o parole altrui, spec. se ostili: *la — a una aggressione* | *a botta e* —, (*fig.*) di dialogo, con rapida successione di battute **3** modo di reagire a una sollecitazione, a uno stimolo: — *dell'organismo al farmaco* | (*tecn.*) reazione funzionale di apparati, dispositivi: *il motore ha una buona* —.
rispuntare [ri-spun-tà-re] *v.intr.* [aus. *essere*] **1** spuntare di nuovo, rimettere fuori la punta: *comincia a — l'erba* **2** (*fig.*) di persona, ricomparire.
rissa [rìs-sa] *s.f.* lite violenta con ingiurie e percosse | (*estens.*) diverbio molto acceso.
rissare [ris-sà-re] *v.intr.* [aus. *avere*] fare rissa; litigare, questionare.
rissosità [ris-so-si-tà] *s.f.* l'essere rissoso; carattere di chi è rissoso.
rissoso [ris-só-so] *agg.* incline alle risse, che litiga con facilità; proprio di chi fa spesso risse: *un tipo* — □ **rissosamente** *avv.*
ristabilimento [ri-sta-bi-li-mén-to] *s.m.* il ristabilire, il ristabilirsi, l'essere ristabilito.
ristabilire [ri-sta-bi-lì-re] *v.tr.* [*io ristabilisco, tu ristabilisci ecc.*] **1** stabilire di nuovo; rendere di nuovo stabile, certo: — *l'ordine* **2** rimettere in buone condizioni fisiche: — *la salute* ♦ **ristabilirsi** *v.intr.pron.* rimettersi in salute: *finalmente si è ristabilito.*
ristabilito [ri-sta-bi-lì-to] *agg.* che si è rimesso in salute: *tornare — dalle vacanze.*
ristagnamento [ri-sta-gna-mén-to] *s.m.* (*non com.*) il ristagnare delle acque o di altri liquidi; ristagno.
ristagnare [ri-sta-gnà-re] *v.intr.* [aus. *avere*] **1** arrestare il proprio flusso, cessare di scorrere (detto di acque correnti e di liquidi) **2** (*fig.*) ridursi d'intensità fin quasi ad arrestarsi; subire una forte crisi: *le vendite ristagnano* ♦ **ristagnarsi** *v.intr.pron.* fermarsi, cessare di defluire: *il sangue si ristagna.*
ristagno [ri-stà-gno] *s.m.* il ristagnare (anche *fig.*): — *nella produzione.*
ristampa [ri-stàm-pa] *s.f.* il ristampare; il testo, l'opera ristampata: — *anastatica.*
ristampare [ri-stam-pà-re] *v.tr.* ripubblicare un'opera già pubblicata.
ristorante [ri-sto-ràn-te] *s.m.* locale pubblico nel quale si servono i pasti (di qualità superiore rispetto a *trattoria*): *andare al* —. DIM. *ristorantino* | In funzione di *agg.invar.*: *bar* —, con servizio di ristorante.
ristorare [ri-sto-rà-re] *v.tr.* [*io ristòro ecc.*] dare ristoro, far tornare le forze; rinvigorire | (*fig.*) riconfortare, ritemprare: *un'arietta che ristora* ♦ **ristorarsi** *v.rifl.* riprendere energia con cibo, bevande, sonno: — *con un caffè.*
ristorativo [ri-sto-ra-tì-vo] *agg.* e *s.m.* (*non com.*) si dice di cosa che è atta a ristorare.
ristoratore [ri-sto-ra-tó-re] *agg.* [f. *-trice*] che ristora, che è atto a ristorare: *un pasto* — ♦ *s.m.* gestore di un ristorante o di un altro esercizio di ristoro.
ristorazione [ri-sto-ra-zió-ne] *s.f.* settore commerciale comprendente tutte le attività connesse con la fornitura di pasti in pubblici esercizi.
ristoro [ri-stò-ro] *s.m.* il ristorare, il ristorarsi, l'essere ristorato; sollievo fisico o spirituale: *trovare* — | *posto di* —, nelle stazioni e in luoghi di transito, locale attrezzato per offrire cibi e bevande.
ristrettezza [ri-stret-téz-za] *s.f.* **1** l'essere ristretto **2** (*fig.*) scarsità: — *di tempo* | (spec. *pl.*) condizione economica disagiata; povertà: *vivere in ristrettezze* **3** (*fig.*) grettezza, meschinità: — *mentale.*
ristretto [ri-strét-to] *agg.* **1** racchiuso, stretto: *un sentiero — tra due argini* **2** limitato, angusto: *un gruppo* — **3** scarso, inadeguato: *mezzi ristretti* **4** (*fig.*) gretto, meschino: *idee ristrette* **5** concentrato: *brodo* —.

ristrutturare [ri-strut-tu-rà-re] *v.tr.* **1** strutturare di nuovo o diversamente; organizzare secondo nuovi criteri: *— un'azienda* **2** (*edil.*) restaurare una costruzione modificandone le strutture interne: *— un appartamento.*

ristrutturazione [ri-strut-tu-ra-zió-ne] *s.f.* il ristrutturare, l'essere ristrutturato.

risucchiare [ri-suc-chià-re] *v.tr.* [*io risùcchio ecc.*] **1** succhiare di nuovo **2** attirare in un risucchio.

risucchio [ri-sùc-chio] *s.m.* movimento vorticoso di una massa liquida o gassosa che attrae i corpi e li trascina verso il fondo; mulinello, gorgo: *il — di una tromba d'aria.*

risulta [ri-sùl-ta] *s.f.* solo nella loc. agg. *di —*, si dice di materiale residuato dalla lavorazione di una materia prima, dalla depurazione delle acque, da una demolizione, da uno scavo ecc.

risultante [ri-sul-tàn-te] *agg.* che risulta, che deriva: *effetto —* ♦ *s.f.* **1** (*fis.*) vettore che si ottiene come risultato della somma di più vettori **2** (*fig.*) risultato conclusivo: *la — di una serie di esperimenti.*

risultanza [ri-sul-tàn-za] *s.f.* (spec. *pl.*) ciò che risulta; risultato: *risultanze processuali.*

risultare [ri-sul-tà-re] *v.intr.* [aus. *essere*] **1** derivare come conseguenza, come effetto: *— da un processo* **2** derivare come conclusione; essere accertato: *— dalle indagini* | apparire chiaro, essere evidente: *mi risulta che siano partiti* **3** dimostrarsi, rivelarsi: *— inutile* | riuscire: *— vincitore.*

risultato [ri-sul-tà-to] *s.m.* **1** ciò che risulta come conclusione o come esito di un processo, di una serie di operazioni: *il — delle votazioni* **2** (*mat.*) il numero o la formula che risolve un'operazione o un problema: *il — di una divisione.*

risuolare [ri-suo-là-re], o **risolare**, *v.tr.* [*io risuòlo ecc.*] rifare le suole: *— un paio di scarpe.*

risuolatura [ri-suo-la-tù-ra], o **risolatura**, *s.f.* il risuolare, l'essere risuolato: *la — delle scarpe.*

risuonare [ri-suo-nà-re], o **risonare**, *v.tr.* [*io risuòno ecc.*] suonare di nuovo ♦ *v.intr.* [aus. *essere* o *avere*] **1** suonare di nuovo **2** echeggiare, rimbombare (detto di corpi, oggetti, luoghi ecc.): *la sala risuonava di applausi* **3** diffondersi ed echeggiare (detto di suoni): *gli squilli di tromba risuonano* **4** (*fis.*) entrare in risonanza.

risurrezione → **resurrezione**.

risuscitare [ri-su-sci-tà-re], o **resuscitare**, *v.tr.* [*io risùscito ecc.*] **1** far ritornare in vita **2** (*fig.*) suscitare di nuovo, ravvivare: *— le discordie* ♦ *v.intr.* [aus. *essere*] **1** tornare in vita, risorgere: *Cristo è risuscitato* **2** (*fam.*) tornare a uno stato di salute e di vigore: *la cura l'ha fatto —.*

risvegliare [ri-ʃve-glià-re] *v.tr.* [*io riʃvéglio ecc.*] **1** svegliare di nuovo **2** (*fig.*) suscitare, stimolare: *— l'appetito* | ravvivare, riaccendere: *— i desideri* ♦ **risvegliarsi** *v.intr.pron.* **1** svegliarsi di nuovo **2** (*fig.*) riscuotersi dall'inerzia, dal torpore.

risveglio [ri-ʃvé-glio] *s.m.* **1** il risvegliarsi dal sonno **2** (*fig.*) il ritornare all'attività dopo un periodo di inerzia, di torpore: *il — del commercio.*

risvolto [ri-ʃvòl-to] *s.m.* **1** parte di un indumento ripiegata all'infuori: *il — dei pantaloni* **2** in un libro, parte stampata interna della copertina o della sovraccoperta | (*estens.*) il testo ivi riportato **3** aspetto secondario di una questione, di un problema.

ritagliare [ri-ta-glià-re] *v.tr.* [*io ritàglio ecc.*] **1** tagliare di nuovo **2** tagliare tutt'intorno seguendo i contorni di un disegno: *— le figure.*

ritaglio [ri-tà-glio] *s.m.* ciò che si toglie via ritagliando; il pezzetto ritagliato: *— di carta* | *— di tempo*, breve tratto di tempo libero.

ritardabile [ri-tar-dà-bi-le] *agg.* che si può ritardare; differibile.

ritardando [ri-tar-dàn-do] *s.m.invar.* (*mus.*) rallentando.

ritardante [ri-tar-dàn-te] *agg.* si dice di sostanza o dispositivo che rallenta lo svolgersi di un fenomeno o di un processo.

ritardare [ri-tar-dà-re] *v.intr.* [aus. *avere*] tardare: *— a rispondere* | (*assol.*) essere in ritardo: *il treno ritarda* ♦ *v.tr.* far tardare, rallentare; differire: *— il pagamento.*

ritardatario [ri-tar-da-tà-rio] *s.m.* chi arriva in ritardo; chi indugia a far qlco. oltre il limite stabilito.

ritardato [ri-tar-dà-to] *agg.* differito, procrastinato: *un appuntamento —* | rallentato: *moto —* ♦ *s.m.* [f. *-a*] (*psicol.*) chi presenta ritardo mentale.

ritardo [ri-tàr-do] *s.m.* **1** il ritardare, l'essere ritardato: *arrivare in —*, dopo il tempo previsto o stabilito | *— mentale*, (*psicol.*) sviluppo psichico al di sotto della norma **2** (*estens.*) indugio: *ogni — può essere fatale.*

ritegno [ri-té-gno] *s.m.* capacità di trattenere i propri impulsi; giusta misura, riserbo: *non avere —*, essere sfacciato.

ritemprare [ri-tem-prà-re] *v.tr.* [*io ritèmpro ecc.*] ridare la tempra | (*fig.*) rafforzare, rinvigorire: *— le forze* ♦ **ritemprarsi** *v.rifl.* rinvigorirsi, riprendere forza: *— dalle fatiche.*

ritenere [ri-te-né-re] *v.tr.* [coniugato come *tenére*] **1** trattenere per sé; non dare, non corrispondere: *— le rate dallo stipendio* | (*med.*) non eliminare una sostanza dall'organismo o eliminarla in modo insufficiente: *— le urine* | (*fig.*) ricordare: *— nomi e date* **2** frenare, reprimere: *— le lacrime* **3** pensare, credere, giudicare: *— qlcu. intelligente.*

ritentare [ri-ten-tà-re] *v.tr.* [*io ritènto ecc.*] tentare di nuovo; provare un'altra volta.

ritenuta [ri-te-nù-ta] *s.f.* importo dedotto da un pagamento; trattenuta | *— alla fonte*, prelievo fiscale operato sugli stipendi dei lavoratori dipendenti da parte del datore di lavoro.

ritenzione [ri-ten-zió-ne] *s.f.* il ritenere, l'essere ritenuto | (*med.*) il non espellere dal corpo ciò che è destinato all'eliminazione: *— idrica.*

ritirare [ri-ti-rà-re] *v.tr.* **1** tirare di nuovo **2** tirare indietro; ritrarre: *— la testa* **3** richiamare, far tornare indietro: *— le truppe* | prendere, farsi consegnare: — *lo stipendio* | togliere dalla circolazione: — *le vecchie banconote* **4** (*fig.*) dichiarare come non detto o non fatto; ritrattare: — *la parola data* ♦ **ritirarsi** *v.rifl.* **1** tirarsi indietro; indietreggiare: *i soldati si sono ritirati* **2** rientrare in casa: — *presto* | andare a vivere in un posto isolato: — *in campagna* | — *in sé stesso*, raccogliersi in sé **3** interrompere un'attività; rinunziare a partecipare: — *dalla politica, da una gara* | venir meno a un impegno ♦ *v.intr.pron.* **1** accorciarsi, restringersi: *il cotone bagnato si ritira* **2** arretrare, defluire: *dopo la piena, le acque cominciarono a* —.

ritirata [ri-ti-rà-ta] *s.f.* **1** ripiegamento di truppe in guerra per evitare lo scontro col nemico: *battere in* — **2** (*fig.*) il rinunciare, il cedere di fronte alle difficoltà **3** il rientro dei soldati in caserma alla sera; il segnale che ne annuncia l'ora: *suonare la* — **4** gabinetto sulle vetture ferroviarie.

ritirato [ri-ti-rà-to] *agg.* solitario, appartato: *far vita ritirata.*

ritiro [ri-tì-ro] *s.m.* **1** il ritirare richiamando o riprendendo: — *della patente* | riscossione: — *dello stipendio* **2** il ritirarsi in luogo appartato: — *spirituale*, per un periodo di meditazione e preghiera | — *collegiale*, (*sport*) periodo di preparazione tecnica e tattica di una squadra **3** il ritirarsi da un'attività pubblica, da un impiego, una gara ecc.: *il* — *dalla politica* **4** luogo appartato dove vivere in solitudine: *un* — *di campagna.*

ritmare [rit-mà-re] *v.tr.* scandire secondo un ritmo; adattare a un determinato ritmo: — *il passo.*

ritmato [rit-mà-to] *agg.* che ha, che segue un ritmo; scandito da un ritmo: *passo* —.

ritmica [rìt-mi-ca] *s.f.* (*mus.*) teoria del ritmo.

ritmicità [rit-mi-ci-tà] *s.f.* l'essere ritmico; il carattere di un movimento che si svolge secondo un ritmo.

ritmico [rìt-mi-co] *agg.* [pl.m. *-ci*] **1** che si svolge secondo un ritmo, che è caratterizzato da ritmo: *movimento* — | *ginnastica ritmica*, disciplina intermedia tra la danza e la ginnastica artistica **2** che imprime un ritmo: *accento* — **3** (*estens.*) armonico nei movimenti o nelle linee: *l'andamento* — *di una facciata* □ **ritmicamente** *avv.* in modo ritmico, secondo un ritmo.

ritmo [rìt-mo] *s.m.* **1** successione regolare, periodica, cadenzata: — *cardiaco* | (*estens.*) andamento di un fenomeno, di un'attività: — *di lavoro* **2** (*metr.*) ciò che contraddistingue la poesia dalla prosa, dato dall'alternarsi di sillabe toniche e atone: *il* — *dell'endecasillabo* | (*estens.*) andamento generale di una frase o di un testo: *il* — *di un romanzo* **3** (*mus.*) la cadenza degli elementi di una composizione che costituiscono l'accompagnamento: — *di samba* | nella musica leggera, composizione in cui prevalgono gli effetti ritmici **4** (*fig.*) successione armonica di forme nello spazio: *il* — *di una struttura architettonica.*

rito [rì-to] *s.m.* **1** cerimonia religiosa svolta secondo una norma prescritta: — *battesimale* | (*estens.*) la norma, la forma secondo cui devono svolgersi tali cerimonie **2** complesso delle cerimonie di un culto; liturgia: — *bizantino* **3** (*estens.*) usanza, costume: *il* — *del tè* | *essere di* —, essere d'uso **4** (*dir.*) procedura: — *abbreviato.*

ritoccare [ri-toc-cà-re] *v.tr.* [*io ritócco, tu ritócchi ecc.*] **1** toccare di nuovo **2** apportare a qlco. una variazione per correggere o abbellire: — *una fotografia.*

ritoccata [ri-toc-cà-ta] *s.f.* il ritoccare rapidamente. DIM. *ritoccatina.*

ritocco [ri-tóc-co] *s.m.* [pl. *-chi*] il ritoccare, l'essere ritoccato; leggera variazione: *un veloce* —.

ritorcere [ri-tòr-ce-re] *v.tr.* [coniugato come *torcere*] **1** torcere di nuovo **2** (*fig.*) rivolgere quanto viene detto o fatto contro chi ne è stato l'autore: — *un'accusa* **3** (*ind. tess.*), eseguire la ritorcitura.

ritorcitura [ri-tor-ci-tù-ra] *s.f.* (*ind. tess.*) operazione consistente nel torcere insieme due o più fili per ottenere filati più grossi.

ritornare [ri-tor-nà-re] *v.intr.* [*io ritórno ecc.*] **1** tornare, far ritorno: — *indietro* | — *su un argomento*, riparlarne, ripensarci **2** ripresentarsi, ripetersi: *un'immagine che ritorna* **3** riacquistare una qualità o uno stato precedente; ridiventare: — *buono* ♦ **ritornarsene** *v.intr.pron.* ritornare, fare ritorno.

ritornello [ri-tor-nèl-lo] *s.m.* **1** (*mus.*) parte di una composizione che viene ripetuta periodicamente **2** (*metr.*) verso o gruppi di versi che in un componimento si ripetono alla fine di ogni strofa; ripresa **3** (*fig.*) discorso ripetuto troppo spesso: *è il solito* —*!*

ritorno [ri-tór-no] *s.m.* **1** il tornare, il venire di nuovo: *viaggio di* — | *essere di* —, ritornare | *girone di* —, (*sport*) in un campionato, la seconda serie di partite, in cui le squadre si incontrano per la seconda volta | — *di fiamma*, (*fig.*) rinascita di una passione amorosa **2** restituzione: — *di un prestito* | (*estens.*) conseguenza positiva indiretta di un'azione, di un'operazione: *un* — *d'immagine.*

ritorsione [ri-tor-sió-ne] *s.f.* comportamento vendicativo nei riguardi di chi ha arrecato un danno.

ritorta [ri-tòr-ta] *s.f.* ramoscello flessibile usato per legare fascine e altro.

ritorto [ri-tòr-to] *agg.* **1** contorto: *rami ritorti* **2** si dice di filato composto di due o più fili torti e uniti insieme.

ritrarre [ri-tràr-re] *v.tr.* [coniugato come *trarre*] **1** tirare indietro; allontanare, distogliere: — *la mano* **2** rappresentare con una pittura, una fotografia, una ripresa cinematografica: — *un paesaggio* ♦ **ritrarsi** *v.rifl.* **1** tirarsi indietro | recedere da un impegno o da un'iniziativa **2** raffigurare sé stesso.

ritrattabile [ri-trat-tà-bi-le] *agg.* che si può ritrattare, che può essere disdetto: *un'accusa* —.

ritrattare *v.tr.* **1** trattare di nuovo: — *un argo-*

mento **2** smentire una propria affermazione precedente; disdire: *— un'accusa.*

ritrattazione [ri-trat-ta-zió-ne] *s.f.* **1** il ritrattare, il disdire; la dichiarazione con cui si ritratta qlco. **2** (*dir.*) in un processo, dichiarazione veritiera che smentisce una falsa testimonianza precedentemente resa.

ritrattista [ri-trat-tì-sta] *s.m.* e *f.* [pl.m. *-sti*] pittore o scultore specializzato in ritratti.

ritrattistica [ri-trat-tì-sti-ca] *s.f.* **1** (*pitt., scult.*) l'arte, la tecnica del ritratto **2** il genere del ritratto; il complesso dei ritratti eseguiti in una certa epoca o propri di un autore: *la — rinascimentale.*

ritrattistico [ri-trat-tì-sti-co] *agg.* [pl.m. *-ci*] che riguarda l'arte del ritratto: *tecnica ritrattistica.*

ritratto [ri-tràt-to] *s.m.* **1** immagine fotografica, pittorica o scultoria del viso o della figura di una persona: *— a olio* | (*estens.*) descrizione letteraria di una persona **2** (*fig.*) si dice di persona che assomiglia molto a qlcu. o sembra la personificazione di qlco.: *è il — della miseria.*

ritrazione [ri-tra-zió-ne] *s.f.* il ritirare, il ritirarsi, l'essere ritirato; restringimento, diminuzione di volume.

ritrito [ri-trì-to] *agg.* solo nella loc. *trito e ritrito*, ripetuto più volte fino alla noia: *un argomento trito e —.*

ritrosia [ri-tro-sì-a] *s.f.* l'esser ritroso; qualità di chi è ritroso | (*estens.*) scontrosità.

ritrosità [ri-tro-si-tà] *s.f.* (*non com.*) l'atteggiamento di chi è ritroso; ritrosia.

ritroso [ri-tró-so] *agg.* **1** poco socievole | che è restio a dire o a fare qlco.: *— a parlare in pubblico* **2** nella loc. avv. *a —*, all'indietro: *procedere a —.*

ritrovabile [ri-tro-và-bi-le] *agg.* che si può ritrovare; reperibile.

ritrovamento [ri-tro-va-mén-to] *s.m.* il ritrovare, l'essere ritrovato; invenzione, scoperta: *il — di documenti antichi.*

ritrovare [ri-tro-và-re] *v.tr.* [*io ritròvo ecc.*] **1** trovare qlco. smarrita o nascosta; scoprire in seguito a ricerche, a indagini: *— un documento* **2** (*fig.*) riacquistare, ricuperare: *— la serenità* **3** trovare di nuovo: *— le stesse persone* ♦ **ritrovarsi** *v.intr.pron.* capitare in un luogo, in una situazione, involontariamente o inaspettatamente: *— nei guai* ♦ *v.rifl.* **1** raccapezzarsi, trovarsi a proprio agio: *non — nella confusione* **2** incontrarsi nuovamente: *— con qlcu.*

ritrovato [ri-tro-và-to] *s.m.* ogni cosa che s'inventi, si scopra attraverso ricerche, studi: *un — della scienza* | (*estens.*) invenzione, espediente.

ritrovo [ri-trò-vo] *s.m.* **1** il ritrovarsi insieme; riunione, convegno: *il — degli alpini* **2** locale pubblico in cui ci si ritrova o ci si riunisce: *— notturno.*

ritto [rìt-to] *agg.* dritto in piedi, levato in alto; che è in posizione verticale: *stare —.*

rituale [ri-tu-à-le] *agg.* **1** che segue il rito; conforme ai riti: *preghiera —* **2** (*estens.*) conforme all'abitudine, alle consuetudini; secondo la procedura: *domanda —* ♦ *s.m.* **1** l'insieme delle formule e degli atti di un rito: *seguire il —* **2** (*estens.*) insieme di norme che regolano lo svolgimento di una cerimonia; cerimoniale: *osservare il —* □ **ritualmente** *avv.* secondo il rito.

ritualismo [ri-tua-lì-ʃmo] *s.m.* tendenza religiosa che dà più importanza ai riti che al sentimento che dovrebbe ispirarli.

ritualistico [ri-tu-a-lì-sti-co] *agg.* [pl.m. *-ci*] relativo al rito o al rituale □ **ritualisticamente** *avv.*

ritualità [ri-tu-a-li-tà] *s.f.* qualità, caratteristica delle cose rituali.

ritualizzare [ri-tu-a-liʒ-ʒà-re] *v.tr.* **1** rendere rituale, considerare come elemento di un rito **2** stabilire le norme secondo le quali si deve svolgere un rito.

ritualizzazione [ri-tua-liʒ-ʒa-zió-ne] *s.f.* il ritualizzare, l'essere ritualizzato.

rituffare [ri-tuf-fà-re] *v.tr.* tuffare di nuovo ♦ **rituffarsi** *v.rifl.* tuffarsi di nuovo (anche *fig.*): *— negli studi.*

riunione [ri-u-nió-ne] *s.f.* **1** il riunire, il riunirsi, l'essere riunito | riferito a persone, il tornare unite dopo una separazione: *la — di una famiglia* **2** il riunirsi di più persone in un luogo; adunanza, convegno: *partecipare a una —* **3** (*sport*) serie di gare che si svolgono in una stessa seduta: *— di pugilato.*

riunire [ri-u-nì-re] *v.tr.* [*io riunisco, tu riunisci ecc.*] **1** unire di nuovo: *— i pezzi di una collezione* **2** mettere insieme, radunare, raccogliere nello stesso luogo: *— alcuni amici* | (*fig.*) riconciliare, far tornare uniti ♦ **riunirsi** *v.rifl.* **1** raccogliersi, radunarsi: *— in salotto* **2** tornare a unirsi: *— dopo una separazione.*

riunito [ri-u-nì-to] *agg.* unito di nuovo; raccolto, radunato | (*estens.*) associato: *cooperative riunite.*

riuscire [ri-u-scì-re] *v.intr.* [coniugato come *uscire*; aus. *essere*] **1** uscire di nuovo **2** uscire, sboccare; arrivare: *— nella piazza* **3** (*fig.*) detto di cosa, avere un certo esito o compimento; risultare: *— male* | (*assol.*) avere buon esito: *la festa è riuscita* **4** realizzare i propri intenti: *— nella vita*, realizzare le proprie aspirazioni | essere capace, essere in grado di far qlco.: *non — a leggere senza occhiali* | usato impersonalmente: *non mi riesce di capire* **5** rivelare un'attitudine, un'abilità: *— bene in matematica* **6** apparire, sembrare: *— antipatico.*

riuscita [ri-u-scì-ta] *s.f.* il riuscire, l'essere riuscito; modo in cui una cosa si attua o una persona realizza i suoi intenti: *fare una cattiva riuscita* | (*assol.*) buona riuscita: *la — di un tentativo.*

riuso [ri-ù-ʃo] *s.m.* nuova utilizzazione.

riutilizzare [ri-u-ti-liʒ-ʒà-re] *v.tr.* utilizzare una cosa già usata, anche per uno scopo diverso: *— le buste di plastica.*

riutilizzazione [ri-u-ti-liʒ-ʒa-zió-ne] *s.f.* nuova utilizzazione; riciclaggio.

riutilizzo [ri-u-ti-lìʒ-ʒo] *s.m.* riutilizzazione.

riva [rì-va] *s.f.* l'estrema striscia di terra bagnata dalle acque del mare, di un lago o di un fiume:

giungere a —, approdare | immediato retroterra di una costa.
rivale [ri-và-le] *agg.* e *s.m.* e *f.* che/chi compete con altri; antagonista, concorrente: — *in amore* | *non avere rivali*, essere superiore a tutti.
rivaleggiare [ri-va-leg-già-re] *v.intr.* [*io rivaléggio ecc.*; aus. *avere*] competere, contendere con altri.
rivalersi [ri-va-lér-si] *v.intr.pron.* [coniugato come *valere*] **1** valersi, servirsi di nuovo: — *degli stessi mezzi* **2** farsi valere a propria volta; rifarsi, vendicarsi: — *sui più deboli.*
rivalità [ri-va-li-tà] *s.f.* l'essere rivale; sentimento, atteggiamento reciproco di invidia ed emulazione: — *tra due paesi.*
rivalsa [ri-vàl-sa] *s.f.* il rivalersi, il procurarsi il risarcimento di un danno, di una perdita; rivincita: *fare qlco. per* —.
rivalutare [ri-va-lu-tà-re] *v.tr.* [*io rivalùto* o *rivàluto ecc.*] **1** valutare di nuovo **2** considerare di maggior valore: — *un poeta considerato minore* | — *una moneta,* (*fin.*) aumentarne il valore rispetto a un'altra: — *la lira rispetto al marco* ♦ **rivalutarsi** *v.intr.pron.* valutarsi di nuovo o di più.
rivalutazione [ri-va-lu-ta-zió-ne] *s.f.* il rivalutare, il rivalutarsi, l'essere rivalutato: *la* — *della lira.*
rivangare [ri-van-gà-re], o **rinvangare**, *v.tr.* [*io rivango, tu rivanghi ecc.*] ricordare, rievocare fatti lontani che sarebbe meglio dimenticare; riaprire inutili discussioni: — *vecchie liti.*
rivedere [ri-ve-dé-re] *v.tr.* [coniugato come *vedere*] **1** vedere di nuovo, dopo lungo tempo: — *un compagno di scuola* **2** ripassare, rileggere: — *la lezione* **3** riprendere in esame; revisionare, correggere: — *uno scritto* | riferito a un meccanismo, verificarne il funzionamento: *far* — *il motore* ♦ **rivedersi** *v.rifl.rec.* vedersi, incontrarsi di nuovo: — *dopo molto tempo.*
rivedibile [ri-ve-dì-bi-le] *agg.* **1** che si può o si deve rivedere **2** si dice di militare di leva che, dichiarato momentaneamente inabile, deve ripresentarsi per una nuova visita.
rivedibilità [ri-ve-di-bi-li-tà] *s.f.* l'essere rivedibile, detto di militare di leva.
riveduto [ri-ve-dù-to] *agg.* sottoposto a revisione: *edizione riveduta e corretta.*
rivelare [ri-ve-là-re] *v.tr.* [*io rivélo ecc.*] **1** far conoscere una cosa segreta; svelare, confidare: — *una confidenza* **2** essere indizio di qlco.; mostrare con evidenza: *la risposta rivela ignoranza* **3** rendere percepibile un fenomeno non osservabile coi sensi: — *un campo magnetico* ♦ **rivelarsi** *v.rifl.* farsi conoscere, mostrarsi per ciò che si è: — *un uomo colto.*
rivelato [ri-ve-là-to] *agg.* (*teol.*) si dice di religione che fa risalire la propria origine a una rivelazione divina.
rivelatore [ri-ve-la-tó-re] *agg.* e *s.m.* [f. *-trice*] che/chi rivela ♦ *s.m.* denominazione generica di uno strumento atto a rivelare qlco.; in particolare, dispositivo che rivela la presenza di corpi estranei o di gas tossici: — *di mine, di radiazioni.*
rivelazione [ri-ve-la-zió-ne] *s.f.* **1** il rivelare, il rivelarsi, l'essere rivelato; la cosa rivelata **2** persona o cosa che si rivela in modo inaspettato e sorprendente: *un attore che è una* — **3** (*teol.*) l'atto con cui Dio manifesta sé stesso all'uomo.
rivendere [ri-vén-de-re] *v.tr.* [*io rivéndo ecc.*] vendere di nuovo | vendere ciò che si è comprato.
rivendibile [ri-ven-dì-bi-le] *agg.* che si può rivendere.
rivendicare [ri-ven-di-cà-re] *v.tr.* [*io rivéndico, tu rivéndichi ecc.*] **1** richiedere un bene di cui si sia stati ingiustamente privati; riaffermare un diritto, esigere il suo riconoscimento: — *la paternità di una scoperta* **2** (*estens.*) chiedere perentoriamente adducendo un diritto: — *un aumento di stipendio* **3** dichiararsi autore di un'azione; attribuirsela: — *un attentato.*
rivendicativo [ri-ven-di-ca-tì-vo] *agg.* di rivendicazione; che contiene delle rivendicazioni: *atteggiamento* —.
rivendicazione [ri-ven-di-ca-zió-ne] *s.f.* il rivendicare, l'essere rivendicato: — *sindacale.*
rivendita [ri-vén-di-ta] *s.f.* **1** il rivendere, l'essere rivenduto **2** spaccio in cui si vendono merci al minuto: — *di generi alimentari.*
rivenditore [ri-ven-di-tó-re] *s.m.* [f. *-trice*] chi rivende quanto acquistato da altri | chi vende al minuto.
riverberare [ri-ver-be-rà-re] *v.tr.* [*io rivèrbero ecc.*] riflettere, irradiare di riflesso (la luce, il calore o il suono) ♦ **riverberarsi** *v.intr.pron.* riflettersi, tornare indietro | (*fig.*) ripercuotersi, cadere di riflesso.
riverbero [ri-vèr-be-ro] *s.m.* il riverberare, il riverberarsi; luce, calore o suono che si riverbera: *il* — *del sole.*
riverente [ri-ve-rèn-te] *agg.* che nutre rispetto, che mostra riverenza: *mostrarsi* — *a qlcu.*
riverenza [ri-ve-rèn-za] *s.f.* **1** sentimento di profondo rispetto e di viva considerazione: *ispirare* — **2** inchino in segno di deferenza: *fare una* —.
riverire [ri-ve-rì-re] *v.tr.* [*io riverisco, tu riverisci ecc.*] **1** rispettare profondamente: — *i genitori* **2** salutare con particolare deferenza; ossequiare: *la riverisco!*
riverito [ri-ve-rì-to] *agg.* ossequiato, profondamente rispettato.
riversamento [ri-ver-sa-mén-to] *s.m.* (*tecn.*) operazione con cui si fanno passare suoni o immagini da un supporto (disco, nastro, pellicola ecc.) a un altro.
riversare [ri-ver-sà-re] *v.tr.* [*io rivèrso ecc.*] **1** versare di nuovo **2** spargere, effondere: *il vulcano riversa lava* | (*fig.*) far ricadere: — *affetto su qlcu.* **3** (*tecn.*) operare un riversamento ♦ **riversarsi** *v.intr.pron.* traboccare, spargersi: *il fiume in piena si riversò nei campi* | (*estens.*) irrompere: *la folla si riversò nella piazza.*
riverso [ri-vèr-so] *agg.* rovesciato all'indietro; supino: *cadere* —.

rivestimento [ri-ve-sti-mén-to] *s.m.* il rivestire, il rivestirsi, l'essere rivestito | il materiale usato per rivestire: *il — di una stanza.*
rivestire [ri-ve-stì-re] *v.tr.* [*io rivèsto ecc.*] **1** vestire di nuovo; rifornire di nuovi vestiti: — *qlcu. da capo a piedi* **2** coprire una superficie per protezione o per ornamento: — *una parete di piastrelle* **3** (*fig.*) mascherare, ammantare: — *l'egoismo di falsa generosità* **4** vestire, indossare: — *la toga* | — *grande importanza,* (*fig.*) averne molta **5** (*fig.*) ricoprire una carica, una dignità: — *il grado di capitano* ♦ **rivestirsi** *v.rifl.* **1** vestirsi di nuovo; ricoprirsi: *gli alberi si rivestono di foglie* **2** abbigliarsi diversamente da prima **3** (*estens.*) indossare: — *delle armi*, cingerle.
rivestito [ri-ve-stì-to] *agg.* **1** ricoperto di abiti o di altro rivestimento: — *di seta* **2** vestito a nuovo.
rivestitura [ri-ve-sti-tù-ra] *s.f.* il rivestire, l'essere rivestito; il materiale con cui si riveste: — *di paglia.*
rivettatrice [ri-vet-ta-trì-ce] *s.f.* utensile a tenaglia usato per ribattere rivetti.
rivetto [ri-vét-to] *s.f.* lo stesso che *ribattino.*
riviera [ri-viè-ra] *s.f.* **1** tratto costiero; fascia di terra lungo il mare (usato nelle denominazioni geografiche): *Riviera di Levante* **2** (*sport*) ostacolo dei concorsi ippici consistente in una siepe seguita da un fossato pieno d'acqua.
rivierasco [ri-vie-rà-sco] *agg.* [pl.m. *-schi*] della riviera; costiero: *popolazioni rivierasche.*
rivincita [ri-vìn-ci-ta] *s.f.* **1** nei giochi e negli sport, la partita concessa dal vincente all'avversario: *dare la —* **2** (*estens.*) successo riportato dopo una precedente affermazione altrui; rivalsa: *prendersi la —.*
rivisitare [ri-vi-ʃi-tà-re] *v.tr.* [*io rivìʃito ecc.*] visitare di nuovo | — *un'opera, un periodo storico,* (*fig.*) studiarli o considerarli da un nuovo punto di vista.
rivisitazione [ri-vi-ʃi-ta-zió-ne] *s.f.* il rivisitare, l'essere rivisitato.
rivista [ri-vì-sta] *s.f.* **1** il rivedere, il passare nuovamente in visione **2** (*mil.*) ispezione, controllo dell'assetto dei soldati | sfilata di truppe davanti alle autorità: *passare in — un reparto* **3** pubblicazione periodica specializzata: — *letteraria* | periodico illustrato d'attualità; rotocalco **4** spettacolo di varietà basato su numeri musicali, comici, balletti ecc.
rivisto [ri-vì-sto] *agg.* che è stato visto di nuovo; che è stato sottoposto a revisione.
rivitalizzare [ri-vi-ta-liʒ-ʒà-re] *v.tr.* rendere di nuovo vitale ♦ **rivitalizzarsi** *v.intr.pron.* acquistare nuova vitalità.
rivitalizzazione [ri-vi-ta-liʒ-ʒa-zió-ne] *s.f.* il rivitalizzare, il rivitalizzarsi, l'essere rivitalizzato.
rivivere [ri-vì-ve-re] *v.intr.* [coniugato come *vivere*; aus. *essere*] **1** vivere di nuovo, tornare a vivere **2** (*fig.*) riprendere le forze; riacquistare vigore: *sentirsi —* **3** (*fig.*) perpetuarsi, continuare: *nel figlio rivivono le qualità del padre* ♦ *v.tr.* vivere di nuovo: — *anni felici.*
rivo [rì-vo] *s.m.* (*lett.*) piccolo corso d'acqua, ruscello | (*estens.*) qualsiasi liquido che scorre: *un — di lacrime.*
rivolgere [ri-vòl-ge-re] *v.tr.* [coniugato come *volgere*] **1** volgere o volgere di nuovo; dirigere, indirizzare: — *la parola* **2** volgere da un'altra parte: — *lo sguardo altrove* ♦ **rivolgersi** *v.rifl.* **1** volgersi in una certa direzione, verso una certa persona: — *a guardare* **2** (*fig.*) indirizzarsi, ricorrere per aiuto, per informazioni: — *a uno specialista.*
rivolgimento [ri-vol-gi-mén-to] *s.m.* **1** il rivolgere, il rivolgersi, l'essere rivolto **2** (*fig.*) mutamento di un ordine costituito; sconvolgimento: — *politico.*
rivolo [rì-vo-lo] *s.m.* piccolo rivo; ruscello: *un — di sangue.*
rivolta [ri-vòl-ta] *s.f.* il rivoltarsi di più individui contro un ordine costituito; ribellione, sommossa: *sedare una —.*
rivoltante [ri-vol-tàn-te] *agg.* che ripugna al gusto o alla coscienza; ributtante: *disonestà —.*
rivoltare [ri-vol-tà-re] *v.tr.* [*io rivòlto ecc.*] **1** voltare di nuovo, rigirare: — *un guanto* | voltare dall'altra parte: — *la frittata* **2** voltare più volte rimestando: — *l'insalata* **3** causare un senso di repulsione, di disgusto; nauseare: *un cibo che rivolta* ♦ **rivoltarsi** *v.rifl.* volgersi all'indietro, da un'altra parte: *andarsene senza —* ♦ *v.intr. pron.* ribellarsi, opporsi con violenza: — *all'autorità.*
rivoltella [ri-vol-tèl-la] *s.f.* pistola a ripetizione con le cartucce inserite in un tamburo rotante; revolver.
rivoltellata [ri-vol-tel-là-ta] *s.f.* colpo di rivoltella; revolverata.
rivolto [ri-vòl-to] *agg.* volto, girato: — *indietro.*
rivoltolare [ri-vol-to-là-re] *v.tr.* [*io rivòltolo ecc.*] voltolare di nuovo o più volte ♦ **rivoltolarsi** *v.rifl.* voltolarsi di nuovo o più volte: — *nel letto.*
rivoltoso [ri-vol-tó-so] *agg.* e *s.m.* che/chi promuove o partecipa a una rivolta: *i rivoltosi si sono arresi.*
rivoluzionare [ri-vo-lu-zio-nà-re] *v.tr.* [*io rivoluzióno ecc.*] **1** trasformare, rinnovare radicalmente un ordine preesistente: — *il costume* **2** (*fig.*) mettere sottosopra, in disordine: — *la casa.*
rivoluzionario [ri-vo-lu-zio-nà-rio] *agg.* **1** di una rivoluzione: *capo —* **2** (*fig.*) che rinnova o mira a rinnovare radicalmente un ordine prestabilito: *atteggiamento —* ♦ *s.m.* [f. *-a*] fautore di una rivoluzione.
rivoluzionarismo [ri-vo-lu-zio-na-rì-ʃmo] *s.m.* l'ideologia e l'azione di chi si propone di modificare l'assetto politico e sociale mediante una rivoluzione.
rivoluzione [ri-vo-lu-zió-ne] *s.f.* **1** rivolgimento violento dell'ordine politico-sociale vigente: *lo scoppio di una —* **2** (*estens.*) trasformazione rapida e radicale di un sistema: — *tecnologica* **3** (*estens.*) profondo, radicale rinnovamento: — *spirituale, culturale* **4** (*fig.*) confusione, scompi-

glio **5** (*fis.*) movimento di un corpo che gira intorno al proprio asse | (*astr.*) l'orbita ellittica compiuta da un corpo celeste intorno a un altro: *la — della Terra intorno al Sole.*

rivulsione → revulsione.

rivulsivo → revulsivo.

rizo- primo elemento di parole composte della terminologia scientifica, che significa 'radice' (*rizoma*).

rizoforacee [ri-ʒo-fo-rà-ce-e] *s.f.pl.* (*bot.*) famiglia di piante dicotiledoni tropicali che contribuiscono alla formazione delle mangrovie.

rizoma [ri-ʒò-ma] *s.m.* [pl. *-mi*] (*bot.*) fusto allungato di piante erbacee perenni, strisciante sul terreno o sotterraneo, ricco di sostanze di riserva.

rizomatoso [ri-ʒo-ma-tó-so] *agg.* (*bot.*) che ha rizomi; che ha forma di rizoma.

rizostomee [ri-ʒo-stò-me-e] *s.f.pl.* (*zool.*) ordine di celenterati scifozoi che vivono a piccola profondità nei mari caldi e temperati.

rizzare [riz-zà-re] *v.tr.* **1** mettere ritto, alzare: — *un palo* | — *gli orecchi*, (*fig.*) mettersi in ascolto | — *la cresta*, (*fig.*) divenire arrogante **2** innalzare, costruire: — *un muro* ♦ **rizzarsi** *v.rifl.* levarsi in piedi; mettersi in posizione eretta ♦ *v. intr.pron.* innalzarsi | di capelli, divenire irti.

RNA [/ ɛrreɛnne'a /] *s.m.invar.* (*biol.*) acido ribonucleico di struttura simile a quella del DNA e avente analoghe funzioni.

ro → rho.

roano [ro-à-no] *agg.* e *s.m.* si dice di cavallo dal mantello a peli bianchi, neri e rossicci.

roast beef [/ 'rɔzbif /] *loc.sost.m.invar.* (*ingl.*) carne di manzo arrostita, ben rosolata all'esterno e al sangue all'interno.

roba [rò-ba] *s.f.* **1** termine generico per indicare qualsiasi oggetto o insieme di oggetti: *non toccare quella* — | — *da mangiare*, cibi | — *da matti*, (*fam.*) si dice di cosa fuori del comune, incredibile. DIM. *robetta* PEGG. *robaccia* **2** l'insieme dei possedimenti, dei beni, degli effetti personali: *radunare la propria — e andarsene* **3** merce in genere: — *di scarto* **4** (*gerg.*) droga.

robinia [ro-bì-nia] *s.f.* (*bot.*) genere di piante arboree o arbustacee, con fiori bianchi profumati raccolti in grappoli.

robiola [ro-biò-la] *s.f.* formaggio grasso e molle di sapore delicato.

robivecchi [ro-bi-vèc-chi] *s.m.* chi compra e rivende roba usata; rigattiere.

roboante → reboante.

robot [/ ro'bo /] *s.m.invar.* **1** macchina in grado di svolgere alcune funzioni o attività che sono tipiche dell'uomo; automa meccanico **2** (*fig.*) persona che ubbidisce passivamente.

robotica [ro-bò-ti-ca] *s.f.* **1** la teoria e la tecnica della costruzione dei robot **2** automazione industriale in cui robot sofisticati sostituiscono l'uomo in alcune fasi produttive.

robotico [ro-bò-ti-co] *agg.* [pl.m. *-ci*] di robot, relativo alla robotica: *tecnologia robotica.*

robotizzare [ro-bo-tiʒ-ʒà-re] *v.tr.* dotare di robot: — *una produzione* ♦ **robotizzarsi** *v.intr. pron.* **1** detto di una produzione industriale, automatizzarsi coll'introduzione di robot **2** (*fig.*) diventare come un robot; disumanizzarsi.

robustezza [ro-bu-stéz-za] *s.f.* **1** l'essere robusto; qualità di ciò che è robusto: *la — di una struttura* **2** (*fig.*) vigore morale, intellettuale, espressivo: — *d'ispirazione.*

robusto [ro-bù-sto] *agg.* **1** che ha forza e resistenza, vigoroso; di cose, solido, resistente: *braccia robuste* | *pasto* —, abbondante **2** (*fig.*) detto di dote morale e intellettuale, salda, solida: *una robusta intelligenza* □ **robustamente** *avv.*

rocaille [/ rɔ'kaj /] *agg.* e *s.f.* (*fr.*) tipo di decorazione usata in Francia nel sec. XVIII; originata da certe architetture da giardino estrose e bizzarre, venne estesa a mobili e oggetti di arredamento.

rocambolesco [ro-cam-bo-lé-sco] *agg.* [pl.m. *-schi*] si dice di azione difficile e rischiosa, condotta con audacia: *fuga rocambolesca* □ **rocambolescamente** *avv.*

rocca[1] [ròc-ca] *s.f.* **1** fortezza costruita in luoghi elevati a scopo di difesa | nei toponimi designa borghi o cittadine sorti intorno a fortezze o in luogo elevato: *Rocca di Papa* **2** cima isolata di monte, con pareti ripide e nude.

rocca[2] [róc-ca] *s.f.* attrezzo per la filatura a mano, costituito da una canna che a un'estremità presenta una rigonfiatura attorno a cui si avvolge il fiocco da filare.

roccaforte [roc-ca-fòr-te] *s.f.* [pl. *roccheforti* o *roccaforti*] **1** fortezza; cittadella fortificata **2** (*fig.*) luogo di maggior forza, di maggior sostegno: *Ginevra fu la — del calvinismo.*

rocchettaro → rockettaro.

rocchetto [roc-chét-to] *s.m.* piccolo cilindro di legno su cui è avvolto il filo per cucire | (*elettr.*) bobina: — *d'induzione.*

rocchio [ròc-chio] *s.m.* (*arch.*) blocco cilindrico di pietra che compone il fusto di una colonna.

roccia [ròc-cia] *s.f.* [pl. *-ce*] **1** (*geol.*) aggregato minerale di massa cospicua, che rappresenta il principale elemento costitutivo della crosta terrestre: — *metamorfica* | (*estens.*) grosso blocco di pietra viva affiorante sulla superficie terrestre: *strada scavata nella* — **2** in alpinismo, parete rocciosa molto scoscesa **3** (*fig.*) persona fisicamente o psicologicamente molto salda: *un uomo che è una* —.

rocciatore [roc-cia-tó-re] *s.m.* [f. *-trice*] scalatore che pratica l'alpinismo su roccia.

roccioso [roc-ció-so] *agg.* **1** costituito da roccia o prevalentemente di rocce: *terreno* — **2** (*fig.*) saldo, immodificabile: *atteggiamento* — □ **rocciosamente** *avv.* in modo solido, immodificabile.

rock [/ rɔk /] *s.m.invar.* (*ingl.*) genere musicale derivato dal rock and roll con l'introduzione di tecniche elettroniche | Usato anche come *agg.invar.*: *cantante* —.

rock and roll [/ 'rɔkɛnd'rl /], o rock'n roll, *loc.sost.m.invar.* (*ingl.*) genere di musica leggera originario degli Stati Uniti, caratterizzato da una

forte accentuazione del ritmo | ballo a tempo di rock and roll.
rocker [/ ˈrɔker /] *s.m.* e *f.invar.* (*ingl.*) chi compone o esegue musica rock.
rockettaro [roc-ket-tà-ro], o **rocchettaro**, *s.m.* [f. *-a*] **1** (*scherz.*) compositore, esecutore di musica rock **2** fanatico di musica rock.
rock'n roll → **rock and roll**.
rock-star [/ rɔkˈstar /] *loc.sost.f.invar.* (*ingl.*) cantante, musicista rock di grande successo.
roco [rò-co] *agg.* [pl.m. *-chi*] si dice di voce bassa e poco limpida o di suono poco chiaro; rauco □ **rocamente** *avv.*
rococò [ro-co-cò] *s.m.* stile architettonico e decorativo nato agli inizi del sec. XVIII come evoluzione del barocco; è caratterizzato da linee eleganti e capricciose ♦ *agg.* si dice di ciò che appartiene a questo stile | (*estens.*) si dice di cosa bizzarra, eccessivamente capricciosa: *un'ornamentazione —*.
rodaggio [ro-dàg-gio] *s.m.* **1** (*mecc.*) periodo iniziale di funzionamento dei motori a combustione interna, durante il quale le varie parti si adattano reciprocamente: *un'automobile in —* **2** (*fig.*) periodo di allenamento o di adattamento fisico e psicologico.
rodare [ro-dà-re] *v.tr.* [*io ròdo ecc.*] **1** sottoporre a rodaggio un motore, una macchina **2** (*fig.*) adattare a un nuovo uso, a un nuovo ambiente.
rodeo [/ roˈdeo /] *s.m.invar.* (*sp.*) negli USA e in Messico, esibizione di cow-boy che cavalcano senza sella e domano cavalli selvatici.
rodere [ró-de-re] *v.tr.* [pres. *io ródo ecc.*; pass.rem. *io rósi, tu rodésti ecc.*; part.pass. *róso*] **1** rosicchiare con i denti **2** (*scherz.*) mangiare **3** consumare lentamente; corrodere (anche *fig.*): *il sospetto rode l'animo* ♦ **rodersi** *v.rifl.* consumarsi interiormente per pensieri tormentosi, assillanti; struggersi.
rodigino [ro-di-gì-no] *agg.* di Rovigo ♦ *s.m.* [f. *-a*] nativo, abitante di Rovigo.
rodilegno [ro-di-lé-gno] *s.m.invar.* (*zool.*) insetto che, grazie alle forti mandibole, rode il legno scavandovi gallerie.
rodimento [ro-di-mén-to] *s.m.* il rodere o il rodersi.
rodio [rò-dio] *s.m.* elemento chimico di simbolo *Rh*; è un metallo raro più duro del platino, usato nei catalizzatori, per rivestire apparecchi speciali e in oreficeria.
roditori [ro-di-tó-ri] *s.m.pl.* (*zool.*) ordine di mammiferi di piccole o medie dimensioni, caratterizzati da forti denti incisivi a crescita continua, atti a rodere (*p.e.* coniglio, scoiattolo, castoro, topo).
rododendro [ro-do-dèn-dro] *s.m.* pianta arborea o arbustacea con fiori rossi o rosei, comune sulle Alpi.
rodomontata [ro-do-mon-tà-ta] *s.f.* (*scherz.*) azione, discorso da rodomonte; spacconata.
rodomonte [ro-do-món-te] *s.m.* (*scherz.*) chi si vanta con arroganza di imprese straordinarie; spaccone, smargiasso.
roentgen e *deriv.* → **röntgen** e *deriv.*
rogante [ro-gàn-te] *s.m.* (*dir.*) il notaio che ha steso un atto | la parte che chiede la stesura dell'atto notarile.
rogare [ro-gà-re] *v.tr.* [*io rògo, tu ròghi ecc.*] (*dir.*) **1** stendere un atto (da parte di un notaio) **2** chiedere a un'autorità giudiziaria il compimento di determinati atti processuali (da parte di un altro organo giudiziario).
rogatario [ro-ga-tà-rio] *s.m.* (*dir.*) chi stende un atto notarile su richiestra del rogante.
rogatoria [ro-ga-tò-ria] *s.f.* (*dir.*) la richiesta di un giudice a un altro giudice di compiere quegli atti processuali per i quali egli non è competente.
rogatorio [ro-ga-tò-rio] *agg.* (*dir.*) si dice di atto compiuto mediante rogatoria.
rogito [rò-gi-to] *s.m.* (*dir.*) atto notarile.
rogna [ró-gna] *s.f.* **1** (*med.*) malattia della pelle provocata da parassiti; scabbia **2** (*bot.*) malattia provocata da un fungo che intacca il tronco: *la — dell'olivo* **3** (*fig.*) cosa o persona che dà molto fastidio | *cercar rogne*, cercare guai.
rognone [ro-gnó-ne] *s.m.* il rene dell'animale macellato.
rognoso [ro-gnó-so] *agg.* **1** malato di rogna **2** (*fig.*) si dice di persona fastidiosa o difficile da trattare; di lavoro, che comporta fastidi o difficoltà □ **rognosamente** *avv.* in maniera fastidiosa.
rogo [rò-go] *s.m.* [pl. *-ghi*] **1** catasta di legna su cui si bruciavano i cadaveri o i condannati a morte | (*estens.*) la pena dell'essere bruciati in un rogo, prevista nel Medioevo e in età rinascimentale per alcuni delitti: *condannare al —* **2** violento incendio: *scampò al — della sua casa.*
rollare *v.intr.* [*io ròllo ecc.*; aus. *avere*] detto di nave o di aereo, oscillare nel rollio.
rollata [rol-là-ta] *s.f.* ciascuna delle oscillazioni laterali della nave o dell'aereo soggetti a rollio.
roll-bar [/ rolˈbar /] *s.m.invar.* (*ingl.*) (*aut.*) dispositivo di sicurezza dei veicoli fuoristrada e da rally, costituito da una solida struttura tubolare ad arco che passa sopra le teste dei passeggeri, proteggendoli in caso di ribaltamento.
rollè [rol-lè] *s.m.* pezzo di carne di petto di vitello, pollo o tacchino farcita, arrotolata e arrostita.
rollino → **rullino**.
rollio [rol-lì-o] *s.m.* movimento di oscillazione attorno al proprio asse longitudinale, cui sono soggetti navi e aerei.
rom[1] [rɔm] *agg.* e *s.m.* e *f.invar.* (*etnol.*) zingaro.
ROM[2] [ròm] *agg.* e *s.f.invar.* (*inform.*) si dice di memoria a sola lettura.
romando [ro-màn-do] *agg.* che appartiene o si riferisce alla lingua franco-provenzale diffusa nella Svizzera occidentale | nell'uso comune: *Svizzera romanda*, l'intera parte della Svizzera di lingua francese ♦ *s.m.* lingua romanda.
romanesco [ro-ma-né-sco] *agg.* [pl.m. *-schi*] si dice di ciò che è tipico della cultura popolare di Roma medievale, moderna e contemporanea:

teatro — | si dice di cosa tipica della città di Roma o del circondario: *carciofi romaneschi* ♦ *s.m.* dialetto parlato a Roma.

romanico [ro-mà-ni-co] *agg.* e *s.m.* [pl.m. *-ci*] termine che definisce l'architettura e la scultura dell'Europa occidentale dalla fine del sec. X all'inizio del XIII: *al — seguì il gotico.*

romanista [ro-ma-nì-sta] *s.m.* e *f.* [pl.m. *-sti*] **1** studioso di diritto romano **2** studioso di lingue e letterature romanze **3** studioso di storia romana | cultore di Roma e delle sue tradizioni.

romanistica [ro-ma-nì-sti-ca] *s.f.* **1** complesso degli studi di diritto romano **2** disciplina che studia le lingue e letterature romanze; filologia romanza.

romanità [ro-ma-ni-tà] *s.f.* **1** l'essere romano | lo spirito, la civiltà di Roma antica **2** l'insieme dei popoli influenzati dalla civiltà romana: *il cristianesimo si diffuse in tutta la —.*

romanizzare [ro-ma-niʒ-ʒà-re] *v.tr.* rendere romano; infondere i caratteri della civiltà di Roma antica ♦ **romanizzarsi** *v.rifl.* acquisire i caratteri della civiltà di Roma antica.

romanizzazione [ro-ma-niʒ-ʒa-zió-ne] *s.f.* il romanizzare, il romanizzarsi, l'essere romanizzato.

romano[1] [ro-mà-no] *agg.* **1** dell'antica Roma: *diritto —* | *numeri romani*, quelli rappresentati da lettere (*I, V, X, L, C, D, M*) **2** della Roma moderna: *la periferia —* | *pagare alla romana*, ognuno la sua parte **3** della chiesa di Roma: *rito —* ♦ *s.m.* [f. *-a*] **1** cittadino di Roma antica **2** nativo, abitante di Roma moderna.

romano[2] *s.m.* il peso della stadera, che corre lungo il braccio maggiore.

romano-barbarico [ro-mà-no-bar-bà-ri-co] *agg.* [pl.m. *-ci*] (*st.*) che si riferisce alla civiltà, alle istituzioni stabilitesi in Europa in seguito alle invasioni barbariche dei territori dell'impero romano: *arte romano-barbarica.*

romanticheria [ro-man-ti-che-rì-a] *s.f.* comportamento caratterizzato da un eccesso di sentimentalismo | atto pieno di smancerie, svenevole.

romanticismo [ro-man-ti-ci-ʃmo] *s.m.* **1** *Romanticismo*, movimento culturale sorto in Germania alla fine del sec. XVIII; si contrapponeva all'illuminismo e al classicismo, esaltando la creazione individuale, il sentimento e le forze istintive della vita; in politica, difendeva l'identità dei singoli popoli **2** l'atteggiamento spirituale dei romantici; l'insieme dei caratteri dell'arte romantica **3** (*estens.*) eccessiva sentimentalità; sentimentalismo.

romantico [ro-màn-ti-co] *agg.* [pl.m. *-ci*] **1** che è proprio dei romantici, del Romanticismo: *letteratura romantica* **2** che segue il Romanticismo o vi si ispira: *scrittore —* **3** incline al sentimentalismo, alla malinconia; appassionato e sognante: *un temperamento —* **4** che ispira sentimenti malinconici o effusioni amorose: *un luogo —* ♦ *s.m.* [f. *-a*] **1** esponente del Romanticismo **2** persona incline al sentimentalismo, alla malinconia; sognatore | *fare il —*, (*scherz.*) assumere toni affettatamente sentimentali □ **romanticamente** *avv.* **1** al modo dei romantici **2** con romanticismo, sentimentalmente.

romanticume [ro-man-ti-cù-me] *s.m.* atteggiamento di sentimentalismo deteriore.

romanza [ro-màn-ʒa] *s.f.* (*mus.*) composizione per canto e accompagnamento strumentale, di carattere lirico | aria di carattere lirico-patetico propria del melodramma ottocentesco.

romanzare [ro-man-ʒà-re] *v.tr.* dare carattere di romanzo a un evento, a un soggetto storico, a una biografia ecc., elaborandolo liberamente.

romanzato [ro-man-ʒà-to] *agg.* si dice di opera che presenti qualcuno dei caratteri tipici del romanzo: *biografia romanzata.*

romanzesco [ro-man-ʒé-sco] *agg.* [pl.m. *-schi*] **1** che riguarda i romanzi: *letteratura romanzesca* **2** (*fig.*) si dice di fatto o situazione reale talmente strani, eccezionali o avventurosi che sembrano tratti da un romanzo: *vita romanzesca* □ **romanzescamente** *avv.*

romanziere [ro-man-ʒiè-re] *s.m.* [f. *-a*] scrittore di romanzi.

romanzo[1] [ro-màn-ʒo] *agg.* che si riferisce alle lingue derivate dal latino o a una di esse | *filologia romanza*, la disciplina che studia le lingue derivate dal latino e le loro letterature.

romanzo[2] *s.m.* **1** componimento narrativo in prosa, di ampio respiro, imperniato sulle vicende di uno o più personaggi; il genere di questi componimenti: *i romanzi di Balzac* | *— storico*, in cui le vicende dei personaggi sono calate in un'epoca storica **2** (*estens.*) si dice di opera letteraria in prosa della letteratura classica, dalla trama avventurosa e complessa: *il — alessandrino* **3** (*fig.*) vicenda complessa e avvincente come quelle dei romanzi: *una vita che è un —*, storia inventata, fandonia.

rombare [rom-bà-re] *v.intr.* [*io rómbo ecc.*; aus. *avere*] produrre un rumore forte e cupo, che rintrona a lungo: *romba il cannone.*

rombencefalo [rom-ben-cè-fa-lo] *s.m.* (*anat.*) la parte posteriore dell'encefalo embrionale dei vertebrati, da cui si originano il midollo allungato e il cervelletto.

rombico [róm-bi-co] *agg.* [pl.m. *-ci*] di rombo, a forma di rombo.

rombo[1] [róm-bo] *s.m.* rumore cupo e forte, per lo più di breve durata: *il — dei cannoni.*

rombo[2] *s.m.* **1** (*geom.*) parallelogramma che ha i quattro lati uguali; losanga **2** (*mar.*) ciascuna delle trentadue parti in cui si può dividere la rosa dei venti | (*estens.*) qualsiasi direzione indicata dalla bussola.

rombo[3] *s.m.* (*zool.*) nome comune di alcuni pesci marini teleostei commestibili, con corpo appiattito romboidale.

romboedro [rom-bo-è-dro] *s.m.* (*geom.*) poliedro avente come facce sei rombi uguali.

romboidale [rom-boi-dà-le] *agg.* che ha forma di romboide.

romboide [rom-bòi-de] *s.m.* (*geom.*) parallelogramma che non sia un quadrato, un rettangolo o un rombo.
romeno [ro-mè-no], o rumeno, *agg.* della Romania ♦ *s.m.* **1** [f. *-a*] nativo, abitante della Romania **2** lingua neolatina parlata in Romania.
romito [ro-mì-to] *agg.* (*lett.*) solitario, appartato ♦ *s.m.* (*lett.*) eremita.
romitorio [ro-mi-tò-rio] *s.m.* **1** eremitaggio, eremo **2** (*fig.*) luogo isolato e solitario.
rompere [róm-pe-re] *v.tr.* [pres. *io rómpo ecc.*; pass.rem. *io ruppi, tu rompésti ecc.*; part.pass. *rótto*] **1** fare a pezzi, mandare in frantumi; spaccare: — *un piatto* | — *gli argini*, detto di fiume, straripare | *rompersi l'osso del collo*, (*fig.*) fare una brutta caduta | *rompersi il capo*, (*fig.*) scervellarsi | — *gli indugi*, (*fig.*) passare all'azione | — *il muso a qlcu.*, (*fig.*) picchiarlo di santa ragione | — *il ghiaccio*, (*fig.*) in un rapporto interpersonale, vincere il disagio iniziale | — *le uova nel paniere*, (*fig.*) guastare i progetti altrui | — *i ponti*, (*fig.*) troncare ogni rapporto | — *le scatole*, (*fam.*) importunare, seccare **2** interrompere: — *il silenzio* **3** non rispettare, non osservare; violare: — *i patti* ♦ *v.intr.* [aus. *avere*] **1** interrompere i rapporti con qlcu.: — *con il fidanzato* **2** (*lett.*) prorompere, erompere: — *in pianto* **3** (*fam.*) annoiare, seccare: *non rompermi!* ♦ **rompersi** *v. intr.pron.* **1** andare in pezzi **2** (*fam.*) seccarsi, non poterne più.
rompibile [rom-pì-bi-le] *agg.* che si può rompere.
rompicapo [rom-pi-cà-po] *s.m.* [pl. *-pi*] **1** fastidio, preoccupazione che assilla **2** gioco enigmistico di difficile soluzione | (*estens.*) questione, problema che non si riesce a risolvere.
rompicollo [rom-pi-còl-lo] *s.m.* [pl. *-li*] **1** [anche *f.*; pl. *invar.*] persona scapestrata, sconsiderata **2** nella loc. avv. *a rompicollo*, a rotta di collo, precipitosamente: *correre a* —.
rompighiaccio [rom-pi-ghiàc-cio] *s.m.invar.* nave con scafo molto robusto attrezzata per aprirsi la rotta in mari o laghi ghiacciati.
rompiscatole [rom-pi-scà-to-le] *agg.* e *s.m.* e *f.invar.* (*fam.*) si dice di persona molesta e importuna.
roncinato [ron-ci-nà-to] *agg.* **1** ripiegato a uncino; uncinato **2** (*bot.*) si dice di foglia con margine a lobi acuti e rivolti verso la base.
ronco [rón-co] *s.m.* [pl. *-chi*] grosso squalo commestibile di colore bruno violaceo sul dorso e giallastro sul ventre.
roncola [rón-co-la] *s.f.* attrezzo per potare e tagliare rami, consistente in una lama ricurva fissata a un manico.
roncolare [ron-co-là-re] *v.tr.* [*io róncolo ecc.*] tagliare o potare le piante con la roncola.
roncolata [ron-co-là-ta] *s.f.* colpo dato con la roncola o con il roncolo.
roncolo [rón-co-lo] *s.m.* coltello da giardinaggio a lama ricurva con chiusura a scatto.
ronda [rón-da] *s.f.* servizio di vigilanza o di ispezione territoriale svolto da militari; la pattuglia che compie tale servizio: *andare di* —.
rondella [ron-dèl-la] *s.f.* (*mecc.*) piastrina metallica ad anello che si pone tra il dado di un bullone o la testa della vite e i pezzi da collegare; rosetta.
rondine [rón-di-ne] *s.f.* uccello migratore con dorso nero-azzurro, petto bianco, lunghe ali appuntite e coda forcuta | *a coda di* —, si dice di ciò che termina a due punte | *prov.*: *una — non fa primavera*, un fatto isolato non consente di trarre conclusioni generali.
rondinotto [ron-di-nòt-to] *s.m.* il piccolo della rondine.
rondò[1] [ron-dò] *s.m.* movimento conclusivo del concerto e della sonata, costruito su un tema principale ripetuto e alternato con altri temi da esso derivati.
rondò[2] *s.m.* piazzale con al centro un'aiuola o uno spartitraffico circolare.
rondone [ron-dó-ne] *s.m.* uccello migratore di aspetto simile alla rondine, ma più grosso.
ronfare [ron-fà-re] *v.intr.* [*io rónfo ecc.*; aus. *avere*] (*fam.*) **1** russare molto forte **2** (*estens.*) detto del gatto, fare le fusa.
röntgen [/ 'rœntgen /], o **roentgen**, *s.m.invar.* (*ted.*) (*fis.*) unità di misura della dose di esposizione a una radiazione X o gamma | Anche come *agg.invar.*: *raggi* —, raggi X.
ronzare [ron-ʒà-re] *v.intr.* [*io rónʒo ecc.*; aus. *avere*] **1** detto di insetti come api, mosche, vespe ecc., emettere un rumore vibrante, sordo e prolungato | (*estens.*) si dice di tutto ciò che produce un rumore sordo e vibrante: *sentirsi — le orecchie* **2** (*fig.*) girare intorno a un luogo o a una persona: — *intorno a una donna* **3** (*fig.*) mulinare, affollarsi: *pensieri che ronzano nella testa*.
ronzino [ron-ʒì-no] *s.m.* cavallo di poco pregio o malconcio, sfiancato.
ronzio [ron-ʒì-o] *s.m.* **1** un ronzare prolungato: *il — del calabrone* **2** (*estens.*) rumore di sottofondo; brusio: *il — della strada*.
roof-garden [/ ruf'garden /] *loc.sost.m.invar.* terrazza molto ampia ornata di piante e fiori, collocata all'ultimo piano di un edificio e adibita a ristorante o bar.
rorido [rò-ri-do] *agg.* (*lett.*) bagnato, cosparso di rugiada.
rosa [rò-ʃa] *s.f.* **1** (*bot.*) genere di piante arbustive con fiori profumati che variano per dimensioni, forma e colore: — *canina*, rosa selvatica **2** il fiore di tale genere di piante: *cogliere una* — | *essere fresco come una* —, avere un aspetto fresco e riposato | *non sono tutte rose e fiori*, (*fig.*) si dice di situazione che, con aspetti positivi, ne presenta anche di negativi | *acqua di rose*, essenza di rose: *all'acqua di rose*, (*fig.*) si dice di cose fatte con superficialità, in modo semplicistico. DIM. *rosetta*, *rosellina* | *prov.*: *non c'è — senza spine*, non c'è cosa bella che non procuri qualche pena **3** figura o formazione che ha una certa somiglianza con il fiore o con la distribuzione dei petali intorno agli stami | — *dei venti*, (*geog.*) disegno a stella che

rappresenta le direzioni del vento **4** (*fig.*) cerchia di persone all'interno della quale si deve scegliere uno o più elementi: *la — dei favoriti* ♦ *s.m.* colore intermedio fra il bianco e il rosso, che è quello più comune delle rose ♦ *agg.invar.* che è color rosa: *vestito —* | *maglia —*, la maglia indossata dal ciclista che occupa il primo posto nella classifica del giro d'Italia | *romanzo —*, di argomento amoroso, sentimentale.
rosacee [ro-ʃà-ce-e] *s.f.pl.* (*bot.*) famiglia di piante dicotiledoni arboree, arbustive o erbacee, coltivate come piante fruttifere (melo, pero, ciliegio, pesco, lampone ecc.), ornamentali (rosa) o da legno.
rosaceo [ro-ʃà-ceo] *agg.* (*non com.*) di rosa; di color rosa | *acne rosacea*, (*med.*) nome che si dà all'acne caratterizzata da eruzioni rosso-violacee.
rosaio [ro-ʃà-io] *s.m.* pianta o piantagione di rose.
rosario [ro-ʃà-rio] *s.m.* **1** pratica devozionale mariana, consistente nella recita di una serie di Pater, Ave e Gloria accompagnata dalla meditazione dei misteri della vita di Gesù e della Madonna: *recitare il —* | *la corona del —*, catenella con cinquanta grani piccoli intercalati da quattro più grandi, con una crocetta e una medaglietta, per tenere il conto delle preghiere del rosario **2** (*fig.*) insieme di cose che si susseguono; sequela: *un — di insulti.*
rosatello [ro-ʃa-tèl-lo] *s.m.* vino dal colore rosato.
rosato [ro-ʃà-to] *agg.* **1** di color rosa: *labbra rosate* **2** che contiene essenza di rose: *acqua rosata* ♦ *s.m.* vino di color rosso chiaro.
rosé [/ ro'ze /] *agg.* e *s.m.invar.* (*fr.*) si dice di vino rosato.
roseo [rò-ʃe-o] *agg.* di color rosa (anche *fig.*): *un — avvenire*, che si preannuncia felice.
roseola [ro-ʃè-o-la] *s.f.* (*med.*) lesione cutanea tondeggiante di color rosso, tipica del tifo, delle malattie esantematiche e della sifilide.
roseto [ro-ʃé-to] *s.m.* piantagione di rose; rosaio.
rosetta [ro-ʃét-ta] *s.f.* **1** in gioielleria, forma speciale di taglio dei diamanti e delle pietre preziose **2** distintivo in forma di piccola coccarda proprio di alcune onorificenze **3** piccolo panino rotondo, dalla superficie intagliata a forma di rosa **4** (*mecc.*) rondella.
rosicare [ro-si-cà-re] *v.tr.* [*io rósico, tu rósichi ecc.*] **1** rodere a poco a poco; rosicchiare **2** (*fig. scherz.*) guadagnare poco alla volta | *prov.*: *chi non risica non rosica*, non c'è guadagno senza rischio.
rosicchiamento [ro-sic-chia-mén-to] *s.m.* (*non com.*) il rosicchiare, l'essere rosicchiato; il rumore del rosicchiare.
rosicchiare [ro-sic-chià-re] *v.tr.* [*io rosìcchio ecc.*] **1** rodere di continuo, a poco a poco: *— una carota* **2** ottenere lentamente qualche vantaggio.
rosicoltore [ro-ʃi-col-tó-re] *s.m.* chi coltiva rose.
rosmarino [ro-ʃma-rì-no] *s.m.* pianta arbustacea con piccole foglie lineari fortemente aromatiche, usate come aromatizzante in cucina.
rosolaccio [ro-ʃo-làc-cio] *s.m.* papavero.
rosolare [ro-ʃo-là-re] *v.tr.* [*io ròʃolo ecc.*] far cuocere a fuoco vivace una vivanda finché prenda un colore rossiccio: *— le salsicce* ♦ **rosolarsi** *v. intr.pron.* cuocersi a fuoco lento: *l'arrosto si sta rosolando.*
rosolata [ro-ʃo-là-ta] *s.f.* rosolatura rapida.
rosolatura [ro-ʃo-la-tù-ra] *s.f.* il rosolare, il rosolarsi, l'essere rosolato.
rosolia [ro-ʃo-lì-a] *s.f.* (*med.*) malattia infettiva molto contagiosa, propria dell'infanzia, che si manifesta con piccole macchie rosse sulla pelle.
rosolio [ro-ʃò-lio] *s.m.* qualsiasi liquore a bassa gradazione alcolica, molto zuccherato e aromatizzato con essenze.
rosone [ro-ʃó-ne] *s.m.* (*arch.*) **1** nelle chiese romaniche e gotiche, grande finestra circolare posta sopra la porta principale **2** elemento decorativo a forma di rosa.
rospo [rò-spo] *s.m.* **1** nome comune di alcune specie di piccoli anfibi dal corpo tozzo e con la pelle viscida; vivono in luoghi umidi e si nutrono di insetti | *ingoiare un —*, (*fig.*) tollerare una cosa sgradita | *fuori il —!*, (*fig.*) si dice per invitare una persona a dire qlco. che vorrebbe tacere **2** (*fig.*) persona brutta **3** *coda di —*, (*region.*) rana pescatrice.
rossastro [ros-sà-stro] *agg.* di colore tendente al rosso, ma un po' spento o non uniforme: *un bagliore —.*
rosseggiante [ros-seg-giàn-te] *agg.* (*lett.*) di color rosso o che tende al rosso.
rossetto [ros-sét-to] *s.m.* **1** matita o bastoncino usati per ravvivare il colore delle labbra **2** piccolo pesce di mare vivente in grandissimi branchi.
rossiccio [ros-sìc-cio] *agg.* [pl.f. *-ce*] che tende al rosso; di colore rosso sbiadito: *pelo —.*
rossino [ros-sí-no] *agg.* nella loc. *mal —*, (*med.*) grave malattia infettiva che colpisce piante e animali e può trasmettersi anche all'uomo.
rosso [rós-so] *agg.* **1** uno dei sette colori dell'iride; è il colore del sangue, della porpora, delle ciliege: *inchiostro —* | *diventare —*, arrossire, manifestare vergogna o imbarazzo | *locale a luci rosse*, che proietta film pornografici | *carne rossa*, bovina, equina o suina | *vedere —*, (*fig.*) essere accecato dall'ira **2** (*comm.*) si dice di cifra o numero che si riferisce a un debito ♦ *s.m.* **1** il colore rosso: *un — cupo* **2** [f. *-a*] persona di capelli rossi **3** (*fam.*) il tuorlo dell'uovo **4** (*pop.*) aderente a un partito di sinistra **5** il colore di metà dei numeri della roulette: *puntare sul —* **6** nei semafori, luce che impone di fermarsi: *passare col —* **7** (*comm.*) posizione di debito in un conto: *essere in —* **8** vino rosso: *una bottiglia di —.*
rossore [ros-só-re] *s.m.* colore acceso della pelle per infiammazione o congestione | arrossamento del viso, come manifestazione di pudore o imbarazzo.

rosta [rò-sta] *s.f.* (*arch.*) inferriata o transenna di legno a forma di ventaglio, posta al di sopra di una porta principale.

rosticceria [ro-stic-ce-rì-a] *s.f.* locale in cui si preparano e si vendono vivande calde, in particolare arrosti e fritture.

rosticciere [ro-stic-ciè-re] *s.m.* [f. *-a*] chi gestisce una rosticceria.

rostrato [ro-strà-to] *agg.* munito di rostro: *navi rostrate* | *colonna rostrata*, innalzata dai romani in occasione di una vittoria navale e ornata coi rostri delle navi nemiche.

rostro [rò-stro] *s.m.* **1** (*zool.*) becco ricurvo degli uccelli rapaci | apparato boccale sporgente e uncinato di alcuni insetti **2** (*edil.*) elemento aggettante a sprone, posto alla base dei ponti per facilitare il flusso dell'acqua **3** sprone di bronzo o di ferro che armava la prora delle navi antiche.

rota [rò-ta] *s.f.* **1** (*lett.*) ruota **2** *Sacra Rota*, tribunale supremo della Chiesa e massimo organo giudicante nelle materie disciplinate dal diritto canonico.

rotabile [ro-tà-bi-le] *agg.* e *s.f.* si dice di strada che si può percorrere con veicoli a ruote.

rotacismo [ro-ta-cì-ʃmo] *s.m.* (*ling.*) il passaggio di un suono a erre.

rotacizzare [ro-ta-ciʒ-ʒà-re] *v.tr.* (*ling.*) modificare un suono per rotacismo ♦ **rotacizzarsi** *v. intr.pron.* (*ling.*) detto di suono, modificarsi per rotacismo, trasformarsi in erre.

rotacizzazione [ro-ta-ciʒ-ʒa-zió-ne] *s.f.* il rotacizzare, il rotacizzarsi, l'essere rotacizzato.

rotaia [ro-tà-ia] *s.f.* **1** ciascuna delle due guide d'acciaio su cui si muovono treni, tram e sim. | *uscire dalle rotaie*, deragliare **2** il solco lasciato da una ruota nel terreno.

rotante [ro-tàn-te] *agg.* che ruota.

rotativa [ro-ta-tì-va] *s.f.* (*tip.*) macchina per la stampa a cilindri rotanti, usata per le pubblicazioni a elevata tiratura (giornali, riviste ecc.).

rotativo [ro-ta-tì-vo] *agg.* **1** dotato di movimento rotatorio **2** che avviene per rotazione, per avvicendamento: *sistema agrario* —.

rotatoria [ro-ta-tò-ria] *s.f.* circolazione di un veicolo intorno a un'isola rotazionale.

rotatorio [ro-ta-tò-rio] *agg.* si dice del moto di un corpo celeste intorno a un asse o di un corpo intorno a un punto fisso: *il moto — degli astri.*

rotazionale [ro-ta-zio-nà-le] *agg.* **1** (*astr.*) rotatorio **2** *isola* —, zona rialzata al centro di un incrocio stradale, intorno alla quale i veicoli devono girare.

rotazione [ro-ta-zió-ne] *s.f.* **1** il ruotare, l'essere ruotato | (*astr.*) movimento di un corpo celeste intorno al suo asse: *la — della Terra* | *solido di* —, (*mat.*) figura solida ottenuta facendo ruotare un'area piana intorno a un asse giacente sullo stesso suo piano **2** in ginnastica, movimento circolare di un arto o di altra parte del corpo: — *delle braccia* **3** (*fig.*) avvicendamento, ricambio: — *delle cariche* | — *agraria*, sistema agricolo basato sull'alternanza di colture diverse sullo stesso terreno.

roteamento [ro-tea-mén-to] *s.m.* (*non com.*) roteazione.

roteare [ro-te-à-re] *v.tr.* [*io ròteo ecc.*] volgere intorno con rapidità: — *gli occhi* ♦ *v.intr.* [aus. *avere*] volare in cerchio descrivendo larghe ruote: *l'aquila rotea.*

roteazione [ro-te-a-zió-ne] *s.f.* il roteare, l'essere roteato.

rotella [ro-tèl-la] *s.f.* **1** piccola ruota che è parte di un congegno o di un meccanismo: *pattini a rotelle* | *avere qualche — in meno*, (*fig.*) essere bizzarro, stravagante **2** (*anat.*) rotula.

rotismo [ro-tì-ʃmo], o **ruotismo**, *s.m.* sistema di ruote dentate ingrananti fra loro in modo che il moto di una determina il moto di tutte le altre.

roto- primo elemento di parole composte, che indica presenza di ruote, di rotismi o movimento rotatorio (*rotocalcografia*).

rotocalco [ro-to-càl-co] *s.m.* [pl. *-chi*] **1** rotocalcografia **2** periodico stampato in rotocalco.

rotocalcografia [ro-to-cal-co-gra-fì-a] *s.f.* (*tip.*) procedimento di stampa per grandi tirature, derivato dalla calcografia, nel quale l'incisione è fatta su un cilindro di rame.

rotocalcografico [ro-to-cal-co-grà-fi-co] *agg.* [pl.m. *-ci*] di rotocalcografia, per la rotocalcografia: *macchina rotocalcografica.*

rotolamento [ro-to-la-mén-to] *s.m.* il rotolare, il rotolarsi, l'essere rotolato.

rotolare [ro-to-là-re] *v.tr.* [*io ròtolo ecc.*] spingere in avanti un corpo tondeggiante facendolo ruotare su sé stesso: — *una botte* ♦ *v.intr.* [aus. *essere*] avanzare girando su sé stesso: — *giù per le scale* ♦ **rotolarsi** *v.rifl.* girare su sé stesso stando disteso: — *per terra.*

rotolio [ro-to-lì-o] *s.m.* un rotolare continuato.

rotolo [rò-to-lo] *s.m.* **1** involto di forma cilindrica **2** il materiale, la cosa arrotolata: — *di stoffa.* DIM. *rotolino* **3** *andare a rotoli*, (*fam.*) in rovina, in malora.

rotolone [ro-to-ló-ne] *s.m.* il cadere rotolando; il rotolarsi: *fare rotoloni sulla neve.*

rotonda [ro-tón-da] *s.f.* **1** edificio o costruzione di forma più o meno circolare **2** piattaforma, terrazza di forma circolare.

rotondeggiante [ro-ton-deg-giàn-te] *agg.* che ha forma più o meno rotonda; tondeggiante.

rotondetto [ro-ton-dét-to] *agg.* di conformazione che tende al tondo, al pingue; pienotto: *viso* —.

rotondità [ro-ton-di-tà] *s.f.* **1** l'essere rotondo **2** *pl.* (*scherz.*) le forme o le parti tondeggianti di un corpo; curve: *le — femminili.*

rotondo [ro-tón-do] *agg.* **1** che ha forma circolare, sferica o cilindrica; tondo: *mento* — **2** (*fig.*) che ha un andamento largo, armonico: *stile* — ♦ *s.m.* ciò che ha forma rotonda o rotondeggiante; rotondità.

rotore [ro-tó-re] *s.m.* **1** parte rotante di una macchina elettrica **2** (*aer.*) grande elica a pale orizzontali che sostiene l'elicottero e lo fa spostare.

rotta[1] [rót-ta] *s.f.* **1** breccia prodotta negli argini di un fiume dalla pressione delle acque in piena **2** grave disfatta; sconfitta: *la — di Caporetto* **3** *a — di collo*, (*fam.*) a precipizio, di gran fretta: *correre a — di collo.*

rotta[2] *s.f.* **1** percorso lungo il quale procede una nave o un aeromobile: *seguire una —; invertire la —*, (*fig.*) cambiare radicalmente atteggiamento, comportamento | *— di sicurezza*, quella che consente di attraversare tratti di mare minati | *— di collisione*, quella che porta a una collisione **2** tracciato che sulle carte di navigazione indica la direzione da seguire: *tracciare la —.*

rottamaggio [rot-ta-màg-gio] *s.m.* raccolta, selezione e commercio di rottami da riutilizzare.

rottamaio [rot-ta-mà-io] *s.m.* [f. *-a*] chi svolge l'attività del rottamaggio.

rottamare [rot-ta-mà-re] *v.tr.* smontare una macchina per recuperarne i materiali.

rottamazione [rot-ta-ma-zió-ne] *s.f.* rottamaggio.

rottame [rot-tà-me] *s.m.* **1** cosa o parte di una cosa rotta e inutilizzabile: *rottami di ferro* **2** (*fig.*) si dice di persona moralmente o fisicamente distrutta: *quell'uomo è un —.*

rottamista [rot-ta-mì-sta] *s.m.* e *f.* [pl.m. *-sti*] rottamaio.

rotto [rót-to] *agg.* **1** ridotto in pezzi; non più utilizzabile: *vaso —* | (*fig.*) stanco, fiaccato, indebolito: *ossa rotte dalla fatica* **2** si dice di persona che ha resistenza o ha fatto l'abitudine a qlco.: *un uomo — a tutto* **3** (*fig.*) interrotto: *silenzio — da un urlo* ♦ *s.m.* **1** (*ant.*) rottura | oggi solo nella loc. fig.: *per il — della cuffia*, a mala pena, a stento **2** *pl.* quantità imprecisata che si aggiunge a un numero determinato: *un milione e rotti.*

rottura [rot-tù-ra] *s.f.* **1** il rompere, il rompersi, l'essere rotto: *la — degli argini* | *— di scatole*, (*fig. fam.*) seccatura, noia **2** frattura: *la — di un braccio* **3** brusca cessazione di rapporti, relazioni, accordi: *— diplomatica* **4** nell'ippica, interruzione del trotto e passaggio al galoppo.

rotula [rò-tu-la] *s.f.* (*anat.*) osso piatto di forma rotondeggiante situato nella parte anteriore del ginocchio.

roulette [/ ru'lɛt /] *s.f.invar.* (*fr.*) **1** gioco d'azzardo che si fa gettando una pallina su un piatto girevole diviso in 36 scomparti numerati e colorati di rosso e di nero: *giocare alla —* **2** *— russa*, scommessa per cui ci si punta alla tempia una pistola caricata con un solo colpo e si preme il grilletto dopo aver fatto girare a caso il tamburo.

roulotte [/ ru'lɔt /] *s.f.invar.* (*fr.*) rimorchio trainato da un'autovettura, attrezzato per servire da abitazione nei campeggi o per lunghi viaggi.

round [/ 'raund /] *s.m.invar.* (*ingl.*) (*sport*) ciascuna delle parti in cui si divide un incontro di pugilato; ripresa.

routinario [rou-ti-na-rio; / ruti'narjo /] *agg.* di routine, fatto secondo una routine: *procedimento —.*

routine [/ ru'tin /] *s.f.invar.* (*fr.*) **1** ritmo monotono e ripetitivo di vita o di lavoro: *la — di ogni giorno* **2** pratica, esperienza | *essere di —*, si dice di qlco. che si fa comunemente, e che non dovrebbe creare imprevisti.

rovello [ro-vèl-lo] *s.m.* (*lett.*) rabbia, stizza, tormento interiore.

rovente [ro-vèn-te] *agg.* detto di metallo, scaldato fino a diventare rosso: *ferro —* | (*estens.*) caldissimo, infocato (anche *fig.*): *passione —.*

rovere [ró-ve-re] *s.m.* [anche *f.*] varietà di quercia dal legno pregiato.

roverella [ro-ve-rèl-la] *s.f.* varietà di quercia con tronco molto nodoso e foglie pelose nella parte interna.

rovesciamento [ro-ve-scia-mén-to] *s.m.* il rovesciare, il rovesciarsi, l'essere rovesciato: *— della situazione.*

rovesciare [ro-ve-scià-re] *v.tr.* [*io rovèscio ecc.*] **1** voltare sottosopra, capovolgere; mettere all'esterno ciò che è interno: *— le tasche* | *— una situazione*, (*fig.*) farla mutare completamente **2** far cadere ciò che stava in piedi: *— il governo*, costringerlo alle dimissioni | volgere, piegare all'indietro: *— la testa sul cuscino* **3** versare, far cadere un liquido o un materiale incoerente: *— del vino* **4** (*fig.*) riversare su qlcu. accuse, insulti e sim. ♦ **rovesciarsi** *v.intr.pron.* **1** capovolgersi: *la barca si è rovesciata* **2** cadere giù: *la pioggia si rovescia* | detto di un liquido o un materiale incoerente, versarsi **3** (*fig.*) affluire, convergere tumultuosamente: *— nella piazza.*

rovesciata [ro-ve-scià-ta] *s.f.* nel calcio, tiro al volo di un giocatore che, distendendosi orizzontalmente, calcia il pallone inviandolo dietro le proprie spalle.

rovescio [ro-vè-scio] *agg.* [pl.f. *-sce*] voltato in modo contrario al normale: *maglia rovescia* | *punto —*, nel lavoro a maglia, punto che appare sul diritto nel modo in cui di solito è sull'altro lato | *alla rovescia*, in modo inverso, contrario a quello giusto, usuale: *fare tutto alla rovescia* ♦ *s.m.* **1** dissesto, rovina finanziaria: *— di fortuna* **2** la parte opposta a quella diritta; il lato di sotto o di dietro: *il — della mano* | in un tessuto, il lato che nella confezione rimarrà all'interno | *il — della medaglia*, (*fig.*) l'aspetto negativo di una situazione **3** nel lavoro a maglia, punto rovescio: *un diritto e un —* **4** nel tennis, colpo vibrato con la faccia esterna della racchetta **5** un cadere violento e improvviso: *— di pioggia.*

roveto [ro-vé-to] *s.m.* luogo pieno di rovi; insieme di rovi.

rovina [ro-vì-na] *s.f.* **1** il rovinare, il rovinarsi, l'essere rovinato; crollo, distruzione: *una casa in —* **2** cosa che è crollata; materiale rovinato al suolo | *pl.* i resti di ciò che è crollato; macerie, ruderi: *le rovine di Troia* 3 (*fig.*) disgrazia, danno irreparabile; sfacelo: *Waterloo fu la — di Napoleone* | persona o cosa che è causa di grave danno, di perdizione: *il gioco è la — di molti.*

rovinare [ro-vi-nà-re] *v.tr.* 1 recare rovina a qlcu. o a qlco.; danneggiare, distruggere: — *la reputazione di qlcu.* 2 far crollare; demolire: — *un muro* 3 (*fig.*) mandare in miseria, in fallimento: *il gioco lo ha rovinato* ♦ *v.intr.* [aus. *essere*] crollare; andare in rovina: *la casa rovinò al suolo* ♦ **rovinarsi** *v.rifl.* o *intr.pron.* 1 procurarsi un danno irreparabile: — *con il fumo* 2 guastarsi, sciuparsi: *i libri con l'umidità si rovinano.*

rovinato [ro-vi-nà-to] *agg.* 1 che è andato in rovina; diroccato: *un campanile* — 2 che ha subìto un danno; guastato: *un uomo* —, che ha perso ogni avere.

rovinio [ro-vi-nì-o] *s.m.* un cadere continuato e rumoroso: — *di pietre.*

rovinoso [ro-vi-nó-so] *agg.* 1 che produce rovina; funesto, disastroso: *un affare* — 2 furioso, impetuoso: *una pioggia rovinosa* □ **rovinosamente** *avv.* 1 in modo rovinoso, disastroso 2 impetuosamente, violentemente.

rovistare [ro-vi-stà-re] *v.tr.* cercare minutamente e diligentemente; frugare: — *nei cassetti.*

rovo [ró-vo] *s.m.* (*bot.*) genere di piante erbacee o arbustacee con fusto spinoso e frutto costituito da un insieme di minuscole drupe; vi appartengono il lampone e il rovo di macchia.

royalties [/ 'rɔjaltiz /] *s.f.pl.* (*ingl.*) (*dir.*) compenso pagato al proprietario di risorse naturali o all'autore di un'opera dell'ingegno per il diritto di sfruttamento commerciale.

rozza [ròz-za] *s.f.* cavallo vecchio e malandato, senza più vigore.

rozzezza [roʒ-ʒéz-za] *s.f.* l'essere rozzo; grossolanità.

rozzo [róʒ-ʒo] *agg.* 1 si dice di cosa ancora ruvida, non ben levigata o rifinita: *muro* —, non intonacato 2 (*fig.*) non ingentilito, non raffinato, non dirozzato: *un uomo* — | sgarbato, maleducato: *modi rozzi* □ **rozzamente** *avv.*

ruba [rù-ba] *s.f.* solo nella loc. *andare a ruba*, essere molto richiesto.

rubacchiare [ru-bac-chià-re] *v.tr.* [*io rubàcchio ecc.*] rubare qua e là, poco per volta ma con frequenza.

rubacuori [ru-ba-cuò-ri] *s.m.* e *f.invar.* (*scherz.*) persona che fa innamorare di sé molti o molte: *essere un* — | Usato anche come *agg.invar.*: *un sorriso* —.

rubamazzetto [ru-ba-maz-zét-to] *s.m.* lo stesso che *rubamazzo.*

rubamazzo [ru-ba-màz-zo] *s.m.* gioco di carte in cui chi ha una carta uguale alla prima del mazzo dell'avversario fa proprio il mazzo dell'avversario.

rubare [ru-bà-re] *v.tr.* 1 appropriarsi in modo illecito di beni altrui; sottrarre ad altri qlco. con l'astuzia o con la frode: — *il portafoglio* 2 (*fig.*) sottrarre, portar via quanto appartiene ad altri: — *un'idea*, attuarla spacciandola per propria | — *il tempo a qlcu.*, farglielo perdere.

ruberia [ru-be-rì-a] *s.f.* il rubare; ladreria.

rubiacee [ru-bià-ce-e] *s.f.pl.* (*bot.*) famiglia di piante dicotiledoni, per lo più arboree o arbustive, con foglie intere, fiori piccoli; vi appartengono il caffè e la china.

rubicondo [ru-bi-cón-do] *agg.* si dice di viso o guance dal colorito rosso intenso; anche, di persona con tali caratteristiche.

rubidio [ru-bì-dio] *s.m.* elemento chimico di simbolo *Rb*; è un metallo alcalino simile al potassio, usato nella produzione del vetro e della ceramica.

rubigine [ru-bì-gi-ne] *s.f.* (*med.*) macchia della cornea.

rubinetteria [ru-bi-net-te-rì-a] *s.f.* insieme di rubinetti di un impianto per l'erogazione di liquidi o di gas.

rubinetto [ru-bi-nét-to] *s.m.* dispositivo che, in una tubazione, interrompe o regola il flusso di un liquido o di un gas: *chiudere il* —.

rubino [ru-bì-no] *s.m.* 1 pietra preziosa di colore rosso vivo trasparente 2 piccolo cuscinetto (originariamente di rubino naturale) in cui girano i perni del rotismo degli orologi meccanici.

rubizzo [ru-bìz-zo] *agg.* si dice di persona, spec. anziana, dall'aspetto colorito e sano.

rublo [rù-blo] *s.m.* unità monetaria russa.

rubrica [ru-brì-ca] *s.f.* 1 quaderno con margini a scaletta contrassegnati dalle lettere dell'alfabeto, sul quale si scrivono indirizzi, appunti ecc.: — *telefonica.* DIM. *rubrichetta* 2 parte di un giornale o di una trasmissione radiotelevisiva riservata a un particolare argomento: — *settimanale.*

rubricare [ru-bri-cà-re] *v.tr.* [*io rubrìco, tu rubrìchi ecc.*] annotare in una rubrica | (*estens.*) classificare, archiviare.

rubricazione [ru-bri-ca-zió-ne] *s.f.* il rubricare, l'essere rubricato.

rubricista [ru-bri-cì-sta] *s.m.* [pl. *-sti*] 1 [anche *f.*] redattore di una rubrica di giornale, di radio o di televisione: — *sportivo* 2 (*eccl.*) liturgista.

ruche [/ ryʃ /] *s.f.invar.* guarnizione di tessuto increspato per indumenti femminili; gala.

ruchetta [ru-chét-ta] *s.f.* erba aromatica lievemente piccante che si mescola con l'insalata.

rucola [rù-co-la] *s.f.* (*region.*) ruchetta.

rude [rù-de] *agg.* (*lett.*) 1 duro, faticoso: *un lavoro* — | scomodo, disagevole: *vita* — 2 forte e risoluto: *piglio* — | (*estens.*) rozzo, scortese, brusco: *un uomo — ma schietto* □ **rudemente** *avv.*

rudere [rù-de-re] *s.m.* (spec. *pl.*) avanzo, rovina di edifici o di statue antiche: *i — di Roma* | *essere un* —, (*fig.*) si dice di persona fisicamente assai malandata.

rudezza [ru-déz-za] *s.f.* l'essere rude.

rudimentale [ru-di-men-tà-le] *agg.* 1 limitato ai primi rudimenti; elementare: *una conoscenza — dell'inglese* 2 appena abbozzato, informe: *lavoro* — 3 (*biol.*) si dice di organo non ben svi-

luppato rispetto a quelli omologhi di specie affini □ **rudimentalmente** *avv.*
rudimento [ru-di-mén-to] *s.m.* (spec. *pl.*) **1** primo ammaestramento in una disciplina; principio elementare di un'arte o di una scienza: *apprendere i primi rudimenti* **2** ciò che è appena abbozzato: *i rudimenti di un lavoro.*
ruffianata [ruf-fia-nà-ta] *s.f.* azione da ruffiano.
ruffianeggiare [ruf-fia-neg-già-re] *v.intr.* [*io ruffianéggio ecc.*; aus. *avere*] fare il ruffiano, comportarsi da ruffiano.
ruffianeria [ruf-fia-ne-rì-a] *s.f.* l'essere ruffiano; azione, modo da ruffiano.
ruffianesco [ruf-fia-né-sco] *agg.* [pl.m. *-schi*] da ruffiano.
ruffiano [ruf-fià-no] *s.m.* [f. *-a*] **1** mezzano degli amori altrui **2** (*estens.*) chi aiuta altri in un intrigo | persona che ricorre all'adulazione e al servilismo per ottenere il favore altrui.
ruga [rù-ga] *s.f.* grinza che si forma sulla pelle del viso, per la contrazione dei muscoli o per vecchiaia.
rugbista [rug-bì-sta; / reg'bista /] *s.m.* e *f.* [pl.m. *-sti*] giocatore di rugby.
rugbistico [rug-bì-sti-co] *agg.* [pl.m. *-ci*] che riguarda il rugby.
rugby [/ 'rɛgbi /] *s.m.invar.* (*ingl.*) (*sport*) gioco che si svolge tra due squadre di quindici giocatori; lo scopo è di portare la palla con le mani oltre la meta o calciarla nella porta avversaria.
rugghiare [rug-ghià-re] *v.intr.* [*io rùgghio ecc.*; aus. *avere*] (*lett.*) si dice del verso del cinghiale | (*estens.*) emettere un rumore cupo e prolungato.
ruggine [rùg-gi-ne] *s.f.* **1** sostanza di colore bruno-rossastro, che si forma per ossidazione sulla superficie del ferro esposto all'aria e all'umidità | Usato anche come *agg.* del colore della ruggine: *tessuto —* **2** (*fig.*) astio, rancore: *avere della — con qlcu.* **3** (*agr.*) malattia dei cereali dovuta a un fungo parassita; si manifesta con macchie rossicce sulle foglie.
rugginosità [rug-gi-no-si-tà] *s.f.* (*bot.*) alterazione della buccia di alcuni frutti (mele, pere, pesche ecc.) che si copre di chiazze marroni.
rugginoso [rug-gi-nó-so] *agg.* **1** coperto di ruggine: *ferro —* **2** che ha il colore della ruggine: *macchia rugginosa.*
ruggire [rug-gi-re] *v.intr.* [*io ruggisco, tu ruggisci ecc.*; aus. *avere*] **1** emettere un ruggito o dei ruggiti, detto del leone, della tigre e altre belve **2** (*estens.*) detto dell'uomo, emettere grida rauche e irose; parlare con ira: *— di rabbia* **3** (*fig.*) riferito a elementi o fenomeni naturali, rumoreggiare minacciosamente: *il vento ruggiva.*
ruggito [rug-gi-to] *s.m.* **1** il verso sonoro, profondo e prolungato del leone **2** (*estens.*) grido di rabbia: *il — della folla* **3** (*fig.*) fragore di elementi infuriati: *il — del mare.*
rugiada [ru-già-da] *s.f.* insieme di goccioline che si formano di notte per la condensazione del vapore acqueo atmosferico a contatto con oggetti posti sul terreno: *erba umida di —.*
rugiadoso [ru-gia-dó-so] *agg.* (*lett.*) **1** della rugiada **2** bagnato di rugiada: *foglie rugiadose* **3** (*fig.*) rigoglioso, fresco: *frutto —.*
rugosità [ru-go-si-tà] *s.f.* l'essere rugoso; grinzosità: *la — della pelle.*
rugoso [ru-gó-so] *agg.* coperto di rughe: *volto —* | (*estens.*) coperto di pieghe, di grinze; grinzoso: *la scorza rugosa di un tronco* □ **rugosamente** *avv.*
rullaggio [rul-làg-gio] *s.m.* (*aer.*) corsa di un velivolo con le ruote a contatto del suolo, prima del decollo o dopo l'atterraggio: *pista di —.*
rullante [rul-làn-te] *s.m.* (*mus.*) nella batteria, tamburo con spirali metalliche che aumentano l'effetto di rullio.
rullare [rul-là-re] *v.intr.* [aus. *avere*] **1** detto di tamburo battuto a colpi rapidissimi, emettere un caratteristico suono cupo e cadenzato **2** (*aer.*) eseguire il rullaggio **3** di nave, rollare.
rullata [rul-là-ta] *s.f.* il rullare, detto di aereo.
rullatrice [rul-la-trì-ce] *s.f.* (*mecc.*) macchina con cui si esegue la filettatura di viti per deformazione plastica del materiale.
rullatura [rul-la-tù-ra] *s.f.* **1** (*agr.*) lavorazione del terreno per mezzo di rulli allo scopo di frantumare le zolle dopo l'aratura **2** (*mecc.*) curvatura di lamiere mediante una macchina a rulli d'acciaio **3** (*mecc.*) filettatura di viti effettuata mediante rullatrice.
rullino [rul-lì-no], o rollino, *s.m.* rotolo di pellicola fotografica.
rullio [rul-lì-o] *s.m.* **1** un rullare prolungato di tamburi **2** (*mar.*) rollio.
rullo [rùl-lo] *s.m.* **1** il rullare del tamburo **2** qualsiasi attrezzo, strumento o parte di macchina di forma cilindrica, troncoconica o conica che agisce ruotando intorno al proprio asse | *— compressore,* pesante cilindro di ghisa usato per compattare pavimentazioni stradali o terreni; (*fig.*) si dice di chi travolge ogni ostacolo pur di realizzare i propri scopi **3** rotolo di carta usato per la stampa di giornali **4** (*cine., foto.*) rotolo di pellicola.
rum, o rhum, *s.m.* acquavite ottenuta dalla distillazione della melassa di canna da zucchero fermentata.
rumba [rùm-ba] *s.f.* danza di origine afro-cubana, caratterizzata dal movimento ondulatorio del bacino.
rumeno → **romeno**.
ruminanti [ru-mi-nàn-ti] *s.m.pl.* (*zool.*) sottordine di mammiferi erbivori dallo stomaco diviso in quattro cavità e atto a ruminare; vi appartengono il bue, la pecora, il cammello ecc.
ruminare [ru-mi-nà-re] *v.tr.* [*io rùmino ecc.*] **1** detto degli animali ruminanti, far tornare il cibo dal rumine alla bocca per una nuova masticazione **2** (*fig.*) meditare a lungo; rimuginare.
ruminazione [ru-mi-na-zió-ne] *s.f.* (*zool.*) il ruminare.
rumine [rù-mi-ne] *s.m.* (*zool.*) la prima delle quattro cavità dello stomaco dei ruminanti.
rumore [ru-mó-re] *s.m.* **1** denominazione gene-

rica di ogni fenomeno acustico dovuto a vibrazioni irregolari e che produce una sensazione sgradevole: *il — del treno* | *inquinamento da —*, presenza nell'ambiente di rumori eccessivi. DIM. *rumorino* 2 (*ling.*) nella teoria della comunicazione, qualsiasi elemento che disturba il messaggio 3 (*fig.*) scalpore, risonanza: *un fatto che farà —*.

rumoreggiare [ru-mo-reg-già-re] *v.intr.* [*io rumoréggio ecc.*; aus. *avere*] produrre un rumore prolungato | (*estens.*) far tumulto, manifestare rumorosamente: *la folla rumoreggiava minacciosa.*

rumorio [ru-mo-rì-o] *s.m.* rumore sordo, prolungato e confuso.

rumorista [ru-mo-rì-sta] *s.m.* e *f.* [pl.m. *-sti*] tecnico addetto alla produzione di rumori durante rappresentazioni teatrali, trasmissioni radiofoniche o registrazioni sonore di film.

rumorosità [ru-mo-ro-si-tà] *s.f.* l'essere rumoroso; caratteristica di ciò che è rumoroso: *la — di un motore.*

rumoroso [ru-mo-ró-so] *agg.* 1 che fa gran rumore: *risate rumorose* 2 che è pieno di rumori: *strade rumorose* □ **rumorosamente** *avv.*

runa [rù-na] *s.f.* (*ling.*) ciascuno dei segni che costituivano l'antico alfabeto germanico, diffusosi in area scandinava.

runico [rù-ni-co] *agg.* [pl.m. *-ci*] (*ling.*) che si riferisce alle rune: *alfabeto —*.

ruolino [ruo-lì-no] *s.m.* piccolo ruolo, piccolo registro | *— di marcia*, in cui sono segnati i nomi e i compiti dei militari che formano una colonna in marcia; (*fig.*) elenco dei compiti da assolvere.

ruolo [ruò-lo] *s.m.* 1 elenco ufficiale delle persone facenti parte dell'organico di un'impresa, un ente, un'amministrazione: *i ruoli dell'esercito* | *di —*, (*assol.*) si dice di dipendente pubblico che ricopre stabilmente un posto: *professore di —* 2 (*dir.*) registro in cui sono iscritte le cause giudiziarie da trattare 3 funzione assunta da un individuo all'interno di un gruppo: *assumere il — di capo* | (*fig.*) parte, funzione: *giocare un — importante* 4 il personaggio interpretato da un attore in un film o in uno spettacolo: *recitare nel — di Medea* 5 (*sport*) compito che in una squadra è attribuito al singolo giocatore: *il — di portiere.*

ruota [ruò-ta] *s.f.* 1 organo meccanico a forma di disco che gira attorno a un asse passante per il suo centro; è l'elemento portante o motore dei veicoli e trova applicazione in un grandissimo numero di meccanismi: *le ruote dell'automobile*; *le ruote dentate di un ingranaggio* | *— libera*, meccanismo che permette il movimento della ruota posteriore di una bicicletta, anche a pedali fermi; *a — libera*, (*fig.*) in modo incontrollato, senza alcun freno: *parlare a — libera* | *mettere il bastone tra le ruote*, (*fig.*) intralciare | *essere l'ultima — del carro*, (*fig.*) contare poco o nulla | *seguire a —*, si dice di un ciclista che segue un altro a brevissima distanza; (*fig.*) si dice di chiunque segue un altro da vicino. DIM. *ruotina*, *rotella* 2 urna girevole da cui si estraggono i numeri del lotto | (*estens.*) le sedi di estrazione: *la — di Napoli* 3 nei conventi di clausura, cilindro girevole situato in un'apertura del muro, mediante il quale si passa roba dall'esterno all'interno 4 supplizio in cui il condannato, con braccia e gambe spezzate, veniva legato a una ruota posta in cima a un palo 5 ogni cosa avente forma circolare | *fare la —*, si dice del pavone e del tacchino che aprono la coda a ventaglio; (*fig.*) si dice di persona che si pavoneggia | *a —*, a forma di cerchio: *gonna a —*.

ruotare [ruo-tà-re] *v.intr.* [*io ruòto ecc.*] girare intorno al proprio asse o intorno a un altro corpo: *la Luna ruota intorno alla Terra* ♦ *v.tr.* far ruotare qlco.: *— il busto.*

ruotismo → **rotismo**.

rupe [rù-pe] *s.f.* balza rocciosa, ripida e scoscesa di un monte: *gettarsi da una —*.

rupestre [ru-pè-stre] *agg.* di rupe, costituito di rupi: *paesaggio —* | *arte —*, il complesso delle manifestazioni artistiche preistoriche incise sulla roccia: *pittura —*.

rupia [ru-pì-a] *s.f.* unità monetaria di India, Pakistan, Indonesia e altri paesi asiatici e africani.

rurale [ru-rà-le] *agg.* della campagna: *popolazione —* ♦ *s.m.* e *f.* chi vive in campagna o vi lavora.

ruralità [ru-ra-li-tà] *s.f.* carattere rurale: *la — di un'usanza.*

ruscello [ru-scèl-lo] *s.m.* piccolo corso d'acqua. DIM. *ruscelletto.*

rush [/ raʃ /] *s.m.invar.* (*ingl.*) 1 (*sport*) scatto finale di un atleta o di un cavallo in una gara 2 (*fig.*) l'impegno finale profuso per completare un lavoro.

ruspa [rù-spa] *s.f.* macchina cingolata a motore usata per lavori di scavo, sollevamento e trasporto di terreno.

ruspante [ru-spàn-te] *agg.* si dice di pollo libero di razzolare sul terreno | (*fig. fam.*) naturale, genuino, non artefatto: *un ragazzo dai modi ruspanti.*

ruspare [ru-spà-re] *v.intr.* [aus. *avere*] 1 rastrellare il terreno per cercare le castagne dopo la raccolta 2 detto di polli, razzolare ♦ *v.tr.* spianare il terreno con la ruspa.

ruspista [ru-spì-sta] *s.m.* [pl. *-sti*] operaio addetto alla manovra di una ruspa.

russare [rus-sà-re] *v.intr.* [aus. *avere*] respirare rumorosamente nel sonno.

russo [rùs-so] *agg.* della Russia | *insalata russa*, piatto freddo costituito da verdure cotte tagliate a piccoli pezzi e amalgamate con maionese ♦ *s.m.* 1 [f. *-a*] abitante, nativo della Russia 2 lingua del gruppo slavo parlata in Russia.

rusticale [ru-sti-cà-le] *agg.* (*lett.*) rustico, rusticano | *poesia —*, di argomento campagnolo.

rusticano [ru-sti-cà-no] *agg.* da persona rustica, campagnola.

rustichezza [ru-sti-chéz-za] *s.f.* l'essere rustico nel carattere, nei modi.
rusticità [ru-sti-ci-tà] *s.f.* l'essere rustico | (*fig.*) grossolanità, rozzezza: — *di modi.*
rustico [rù-sti-co] *agg.* [pl.m. *-ci*] **1** di campagna: *fondo* — | *stile* —, che ricorda quello campagnolo | *pizza rustica*, torta salata **2** (*fig.*) riferito a persona, poco socievole, scontroso: *un carattere* — | (*estens.*) semplice, alla buona: *una cena rustica* **3** detto di cose, grezzo, non rifinito: *facciata rustica*, senza intonaco ♦ *s.m.* **1** costruzione annessa a una villa o a una fattoria, usata come deposito per attrezzi o come alloggio per i contadini **2** *pl.* (*gastr.*) pasticcini salati di pasta sfoglia farcita □ **rusticamente** *avv.*
ruta [rù-ta] *s.f.* pianta erbacea con foglie aromatiche e fiori color giallo verdastro; se ne ricava un olio essenziale impiegato in medicina e in liquoreria.
rutacee [ru-tà-ce-e] *s.f.pl.* (*bot.*) famiglia di piante dicotiledoni con foglie alterne ricche di ghiandole oleifere; vi appartengono gli agrumi.
rutenio [ru-tè-nio] *s.m.* elemento chimico di simbolo *Ru*; è un metallo raro del gruppo del platino, poco reattivo, usato in gioielleria e nella fabbricazione di catalizzatori e di leghe per contatti elettrici.
rutilante [ru-ti-làn-te] *agg.* (*lett.*) rosso splendente; fiammeggiante.
ruttare [rut-tà-re] *v.intr.* [aus. *avere*] fare rutti.
rutto [rùt-to] *s.m.* aria emessa bruscamente e rumorosamente dalla bocca. DIM. *ruttino.*
ruttore [rut-tó-re] *s.m.* (*elettr.*) dispositivo per interrompere automaticamente i circuiti elettrici.
ruvidezza [ru-vi-déz-za] *s.f.* l'essere ruvido: *la — di una superficie* | (*fig.*) scontrosità, spigolosità: — *di modi.*
ruvidità [ru-vi-di-tà] *s.f.* (*lett.*) ruvidezza.
ruvido [rù-vi-do] *agg.* **1** che ha una superficie non levigata; scabro: *pelle ruvida* **2** (*fig.*) brusco, scontroso, poco cortese: *un uomo* — □ **ruvidamente** *avv.*
ruzzare [ruʒ-ʒà-re] *v.intr.* [aus. *avere*] correre e saltare per gioco.
ruzzolare [ruz-zo-là-re] *v.intr.* [aus. *essere*] cadere rotolando; precipitare: — *per le scale.*
ruzzolata [ruz-zo-là-ta] *s.f.* il ruzzolare: *fare una — sulla neve.*
ruzzolio [ruz-zo-lì-o] *s.m.* (*tosc.*) un ruzzolare prolungato.
ruzzolone [ruz-zo-ló-ne] *s.m.* caduta fatta ruzzolando.
ruzzoloni [ruz-zo-ló-ni] *avv.* ruzzolando: *cader*—.

S

s *s.f.* o *m.* diciannovesima lettera dell'alfabeto il cui nome è *esse*; rappresenta la fricativa dentale sorda (*sale, naso, rosso, pasto*) o la fricativa dentale sonora (*viso, cosmo, sgombro*).
sabato [sà-ba-to] *s.m.* sesto giorno della settimana.
sabaudo [sa-bàu-do] *agg.* di casa Savoia: *stato —*.
sabba [sàb-ba] *s.m.* [pl.invar. o *sàbbati*] convegno notturno di streghe e demoni per celebrare un rito in onore del diavolo.
sabbatico [sab-bà-ti-co] *agg.* [pl.m. *-ci*] nella loc. *anno sabbatico*, (*relig.*) per gli antichi ebrei, quello che ricorreva ogni sette anni e in cui era prescritto il condono dei debiti | oggi, anno di congedo retribuito cui hanno diritto periodicamente i docenti universitari per dedicarsi alla ricerca.
sabbia [sàb-bia] *s.f.* **1** insieme incoerente di granuli provenienti dalla disgregazione di rocce sedimentarie: *granelli di —* | *sabbie mobili*, massa di sabbia instabile in cui si affonda; (*fig.*) situazione di difficoltà da cui è difficile tirarsi fuori | *costruire sulla —*, (*fig.*) su fragili basi **2** (*med.*) concrezioni granulose che possono formarsi nelle vie biliari e urinarie ♦ *agg.invar.* si dice di colore beige chiaro con sfumature grigie.
sabbiare [sab-bià-re] *v.tr.* [*io sàbbio ecc.*] (*tecn.*) sottoporre a sabbiatura.
sabbiato [sab-bià-to] *agg.* (*tecn.*) si dice di materiale che, sottoposto a sabbiatura, ha acquistato una caratteristica opacità: *oro —*.
sabbiatura [sab-bia-tù-ra] *s.f.* **1** metodo terapeutico consistente nel ricoprire una parte del corpo con sabbia calda e asciutta: *fare le sabbiature* **2** (*tecn.*) finitura superficiale di pezzi metallici per mezzo di un getto di sabbia | procedimento per rendere opaca la superficie di un oggetto metallico o di un vetro.
sabbione [sab-bió-ne] *s.m.* **1** distesa di sabbia **2** sabbia grossolana mista a terra.
sabbioso [sab-bió-so] *agg.* **1** ricco di sabbia; costituito da sabbia: *terreno —* **2** simile alla sabbia: *materiale —*.
sabino [sa-bì-no] *agg.* della Sabina, regione storica dell'Italia centrale, o dei suoi abitanti ♦ *s.m.* [f. *-a*] appartenente alla popolazione sabina.
sabotaggio [sa-bo-tàg-gio] *s.m.* **1** (*dir.*) reato commesso da chi danneggia impianti, edifici, macchine di un'azienda o di pubblica utilità **2** (*estens.*) qualsiasi azione volta a ostacolare l'attività di qlcu. o la realizzazione di qlco.
sabotare [sa-bo-tà-re] *v.tr.* [*io sabòto ecc.*] **1** (*dir.*) compiere atti di sabotaggio **2** (*estens.*) danneggiare, ostacolare intenzionalmente: *— l'opera del governo*.
sabotatore [sa-bo-ta-tó-re] *agg.* e *s.m.* [f. *-trice*] che/chi compie un sabotaggio.
sacca [sàc-ca] *s.f.* **1** borsa o sacco molto capace; bisaccia: *— da viaggio*. DIM. *sacchetta* **2** (*fig.*) insenatura, rientranza: *le sacche di un fiume* | *— d'aria*, (*aer.*) vuoto d'aria **3** (*mil.*) spazio in cui viene accerchiato l'esercito nemico: *una — di resistenza* **4** (*scient.*) cavità a forma di sacco in organi o tessuti animali o vegetali.
saccari- → **saccaro-**.
saccaride [sac-cà-ri-de] *s.m.* (*chim.*) carboidrato, zucchero.
saccarifero [sac-ca-rì-fe-ro] *agg.* **1** che contiene zucchero: *bietola saccarifera* **2** inerente alla produzione dello zucchero: *industria saccarifera*.
saccarificare [sac-ca-ri-fi-cà-re] *v.tr.* [*io saccarìfico, tu saccarìfichi ecc.*] (*chim.*) trasformare i polisaccaridi in zuccheri semplici.
saccarificazione [sac-ca-ri-fi-ca-zió-ne] *s.f.* (*chim.*) operazione del saccarificare.
saccarimetria [sac-ca-ri-me-trì-a], o **saccarometria**, *s.f.* (*chim.*) analisi per determinare la quantità di zuccheri contenuta in una soluzione.
saccarina [sac-ca-rì-na] *s.f.* (*chim.*) dolcificante usato nell'industria farmaceutica.
saccaro-, o **saccari-**, primo elemento di parole scientifiche, che significa 'zucchero' (*saccaromicete, saccarifero*).
saccaroide [sac-ca-ròi-de] *agg.* (*geol.*) si dice di calcari cristallini di aspetto simile allo zucchero: *marmo —*.
saccarometria → **saccarimetria**.
saccaromicete [sac-ca-ro-mi-cè-te] *s.m.* (*biol.*) blastomicete.
saccarosio [sac-ca-rò-ʃio] *s.m.* (*chim.*) denominazione scientifica dello zucchero comune.
saccatura [sac-ca-tù-ra] *s.f.* (*meteor.*) zona di bassa pressione che presenta una caratteristica forma allungata.
saccente [sac-cèn-te] *agg.* e *s.m.* e *f.* che/chi presume di sapere ma non sa; che/chi ostenta presuntuosamente ciò che sa □ **saccentemente** *avv.*
saccenteria [sac-cen-te-rì-a] *s.f.* l'essere saccente; modo di fare da saccente.

saccheggiare [sac-cheg-già-re] *v.tr.* [*io sacchéggio ecc.*] **1** predare portando scompiglio e rovina: — *una città* **2** (*estens.*) derubare, rapinare: — *un negozio* | (*scherz.*) prendere da un luogo quanto è in esso contenuto: — *la dispensa* **3** (*fig.*) appropriarsi di idee, espressioni altrui; copiare sfacciatamente: — *un autore.*
saccheggiatore [sac-cheg-gia-tó-re] *agg.* e *s.m.* [f. *-trice*] che/chi saccheggia.
saccheggio [sac-chég-gio] *s.m.* il saccheggiare, l'essere saccheggiato.
sacchetto [sac-chét-to] *s.m.* piccolo sacco di carta o plastica usato per conservare o trasportare cose minute: *un — di caramelle* | *a* —, a forma di piccolo sacco.
sacciforme [sac-ci-fór-me] *agg.* (*scient.*) a forma di sacco.
sacco [sàc-co] *s.m.* [pl. *-chi*] **1** recipiente di tela, carta o plastica, lungo e stretto, aperto in alto, usato per conservare o trasportare materiali sciolti o incoerenti: *un — di cemento* | *mettere nel* —, (*fig.*) ingannare | *vuotare il* —, (*fig.*) dire senza riserve tutto quello che si pensa; confessare tutto | *cogliere qlcu. con le mani nel* —, (*fig.*) sorprenderlo in flagrante. DIM. *sacchetto* **2** quantità di roba contenuta in un sacco: *un — di patate* **3** (*fig. fam.*) grande quantità: *avere un — di soldi* | *un* —, (*fam.*) molto: *mi piace un* — **4** tela ruvida, grossolana con cui si fanno i sacchi | (*estens.*) abito confezionato con tela molto rozza, indossato dagli appartenenti ad alcuni ordini religiosi **5** (*estens.*) nome di oggetti a forma di sacco o adibiti a uso analogo: — *da montagna*, zaino di tela usato da alpinisti e gitanti per trasportare indumenti, viveri, attrezzi; — *da bivacco*, sacco di tela gommata in cui l'alpinista si infila per passare le notti all'addiaccio; — *a pelo*, sacco da bivacco foderato di pelliccia oppure imbottito di piuma | *colazione al* —, quella preparata a casa e consumata durante una gita o un'escursione **6** (*scient.*) cavità, anatomica o patologica, in tessuti animali o vegetali: — *lacrimale* **7** (*antiq.*) saccheggio: *il — di Roma* | *mettere a* —, saccheggiare.
saccoccia [sac-còc-cia] *s.f.* [pl. *-ce*] (*region.*) larga tasca d'abito o di soprabito.
saccone [sac-có-ne] *s.m.* grosso sacco imbottito di paglia o foglie di granturco, usato un tempo come materasso.
saccopelista [sac-co-pe-lì-sta] *s.m.* e *f.* [pl.m. *-sti*] turista estivo che dorme all'aperto facendo uso di un sacco a pelo.
sacculo [sàc-cu-lo] *s.m.* (*anat.*) vescicola fibrosa a forma di sacchetto situata nell'orecchio interno.
sacello [sa-cèl-lo] *s.m.* **1** presso i romani, recinto all'aperto con un'ara consacrata a una divinità **2** piccola chiesa isolata, per lo più costruita in memoria di qlco. o di qlcu.
sacerdotale [sa-cer-do-tà-le] *agg.* del sacerdote, da sacerdote: *missione* —.
sacerdote [sa-cer-dò-te] *s.m.* **1** (*relig.*) ministro di un culto, la cui funzione è quella di celebrare i riti | nel cattolicesimo e in altre chiese cristiane, chi ha ricevuto il sacramento dell'ordine e perciò può celebrare la messa e amministrare i sacramenti **2** (*fig.*) chi esercita un'attività o coltiva una disciplina sentendosi come investito di una missione sacra: *un — dell'arte.*
sacerdotessa [sa-cer-do-tés-sa] *s.f.* nelle religioni pagane, donna investita di dignità sacerdotale.
sacerdozio [sa-cer-dò-zio] *s.m.* **1** ufficio e dignità di sacerdote | nel cattolicesimo, il sacramento dell'ordine sacro: *ricevere il* — **2** (*fig.*) missione, vocazione: *l'insegnamento per lui è un* —.
Sacher [/ 'saker /] *agg.* e *s.f.invar.* (*ted.*; *gastr.*) nome di una torta a base di cioccolato, farcita di marmellata e ricoperta di glassa al cioccolato.
sacrale[1] [sa-crà-le] *agg.* che ha carattere sacro; relativo a cerimonia sacra: *formula* —.
sacrale[2] *agg.* (*anat.*) che si riferisce all'osso sacro: *vertebre sacrali.*
sacralgia [sa-cral-gì-a] *s.f.* (*med.*) dolore nella regione sacrale.
sacralità [sa-cra-li-tà] *s.f.* carattere sacro o sacrale: *la — di un luogo.*
sacralizzare [sa-cra-liʒ-ʒà-re] *v.tr.* (*non com.*) rendere sacro, attribuire carattere sacro; consacrare.
sacralizzazione [sa-cra-liz-za-zió-ne] *s.f.* (*med.*) fusione dell'ultima o delle due ultime vertebre lombari con l'osso sacro.
sacramentale [sa-cra-men-tà-le] *agg.* (*teol.*) che appartiene, si riferisce a un sacramento: *grazia* —.
sacramento [sa-cra-mén-to] *s.m.* **1** (*teol.*) rito istituito da Gesù Cristo per trasmettere la grazia all'uomo: *amministrare, ricevere i sacramenti* | *i sette sacramenti*, nel cattolicesimo, battesimo, cresima, eucaristia, penitenza o riconciliazione, unzione degli infermi, ordine e matrimonio | *fare qlco. con tutti i sacramenti*, (*fig. fam.*) col massimo scrupolo **2** il sacramento dell'eucaristia | l'ostia consacrata: *l'esposizione del Sacramento.*
sacrario [sa-crà-rio] *s.m.* **1** presso i romani, luogo dove si custodivano gli arredi sacri; anche, luogo della casa in cui si custodivano i simulacri dei Lari **2** (*estens.*) edificio dedicato alla memoria di qlcu. che è fatto oggetto di pubblici onori: — *dei caduti* **3** (*fig.*) intimità gelosamente custodita: *nel — della coscienza.*
sacrestia e *deriv.* → **sagrestia** e *deriv.*
sacrificale [sa-cri-fi-cà-le] *agg.* (*relig.*) relativo a un sacrificio pagano: *rito* —.
sacrificare [sa-cri-fi-cà-re] *v.tr.* [*io sacrìfico, tu sacrìfichi ecc.*] **1** nelle religioni antiche, offrire in sacrificio: — *un agnello* **2** (*estens.*) rinunciare a qlco. per un fine particolare, per un ideale, una necessità: — *la vita per gli altri* **3** mettere una persona o una cosa in una condizione che non la valorizzi; sprecare: — *un quadro in un angolo buio* | costringere una persona in una situazione di disagio: *essere sacrificato in una casa troppo piccola* ♦ *v.intr.* [aus. *avere*] nelle religioni antiche,

offrire un sacrificio: — *agli dei* ♦ **sacrificarsi** *v. rifl.* **1** offrirsi in sacrificio, immolarsi: *Cristo si sacrificò per gli uomini* **2** (*estens.*) accettare rinunce, disagi per il bene altrui o per un ideale: — *per i figli*.
sacrificato [sa-cri-fi-cà-to] *agg.* **1** offerto in sacrificio **2** (*estens.*) pieno di rinunce, di disagi: *vita sacrificata* | impiegato male, non valorizzato: *una stanza sacrificata*.
sacrificio [sa-cri-fi-cio], lett. **sacrifizio**, *s.m.* **1** (*relig.*) offerta fatta dall'uomo a una divinità; la cerimonia, il rito con cui si fa l'offerta: *il — di un bue*; — *umano*, in cui la vittima è un essere umano | nella religione cristiana, la morte di Gesù Cristo sulla croce per la redenzione dell'umanità | nel cattolicesimo, la messa in quanto rinnova il sacrificio della croce **2** (*estens.*) offerta di cosa non materiale fatta alla divinità: *offrire in — le proprie sofferenze* **3** (*estens.*) offerta della vita per un fine particolare: *fare — di sé* **4** privazione, rinuncia: *fare sacrifici per studiare*.
sacrilegio [sa-cri-lè-gio] *s.m.* **1** profanazione con atti o parole di persona, cosa o luogo sacri: *commettere un —* **2** (*fig.*) grave mancanza di rispetto verso persone, cose o valori.
sacrilego [sa-crì-le-go] *agg.* [pl.m. *-ghi*] che costituisce un sacrilegio: *azione sacrilega* | colpevole di sacrilegio: *persona sacrilega*.
sacripante [sa-cri-pàn-te] *s.m.* **1** (*scherz.*) uomo di robusta corporatura, forte e valoroso **2** (*spreg.*) smargiasso.
sacrista [sa-crì-sta] *s.m.* [pl. *-sti*] (*lett.*) sagrestano.
sacro[1] [sà-cro] *agg.* **1** che si riferisce, che appartiene alla divinità; che riguarda la religione e il culto: *luogo —*; *arte sacra*, quella di soggetto religioso; *musica sacra*, quella composta per accompagnare i riti religiosi; *la sacra scrittura*, la Bibbia; *la sacra famiglia*, Gesù, Maria e Giuseppe; *il — fonte*, quello battesimale **2** consacrato: *il mirto era — a Venere* **3** (*estens.*) inviolabile, intoccabile: *i più sacri diritti dell'uomo* | in usi scherz.: *il sonno per me è —!* ♦ *s.m.* ciò che è sacro: *il — e il profano*.
sacro[2] *agg.* e *s.m.* (*anat.*) si dice dell'osso formato dall'insieme delle vertebre terminali della colonna vertebrale.
sacrosanto [sa-cro-sàn-to] *agg.* **1** sacro e santo **2** (*estens.*) inviolabile: *la libertà è un diritto —* | certissimo; indubitabile: *verità sacrosanta*.
sadico [sà-di-co] *agg.* [pl.m. *-ci*] del sadismo; che dimostra sadismo: *gusto —* ♦ *s.m.* [f. *-a*] (*psicol.*) chi è affetto da sadismo | (*estens.*) chi si diverte a tormentare gli altri □ **sadicamente** *avv.*
sadismo [sa-dì-ʃmo] *s.m.* **1** (*psicol.*) perversione sessuale per cui il soggetto prova piacere nell'infliggere maltrattamenti, violenze fisiche e umiliazioni **2** (*estens.*) crudeltà sottile e gratuita; piacere di tormentare gli altri.
sadomasochismo [sa-do-ma-ʃo-chì-ʃmo] *s.m.* (*psicol.*) perversione sessuale per cui si associano sadismo e masochismo in uno stesso soggetto.
sadomasochista [sa-do-ma-ʃo-chì-sta] *s.m.* e *f.* [pl.m. *-sti*] (*psicol.*) chi è affetto da sadomasochismo | Usato anche come *agg.* in luogo di *sadomasochistico*.
sadomasochistico [sa-do-ma-so-chì-sti-co] *agg.* [pl.m. *-ci*] (*psicol.*) caratterizzato da sadomasochismo, che dimostra sadomasochismo.
saetta [sa-ét-ta] *s.f.* **1** (*lett.*) freccia, dardo **2** folgore, fulmine | *rapido come una —*, velocissimo.
saettare [sa-et-tà-re] *v.tr.* [*io saétto ecc.*] **1** (*lett.*) colpire, uccidere con saette | (*assol.*) lanciare saette **2** (*estens.*) scagliare, lanciare qlco. a modo di saette (anche *fig.*): — *sguardi feroci*.
saettato [sa-et-tà-to] *agg.* (*bot.*) sagittato.
saettiforme [sa-et-ti-fór-me] *agg.* (*bot.*) sagittato.
saettone [sa-et-tó-ne] *s.m.* **1** (*zool.*) biacco **2** (*arch.*) elemento diagonale di rinforzo di travi o capriate.
safari [sa-fà-ri] *s.m.* spedizione di caccia grossa in Africa | — *fotografico*, spedizione in una zona ricca di animali, allo scopo di fotografarli nel loro ambiente naturale.
safena [sa-fè-na] *s.f.* (*anat.*) ciascuna delle due vene sottocutanee degli arti inferiori, che si originano dalle vene dorsali del piede.
saffico [sàf-fi-co] *agg.* [pl.m. *-ci*] **1** di Saffo, poetessa greca vissuta nel sec. VII a.C.; relativo alla poesia, allo stile di Saffo **2** (*estens.*) relativo al saffismo; lesbico: *amore —*.
saffismo [saf-fi-ʃmo] *s.m.* omosessualità femminile.
saga [sà-ga] *s.f.* narrazione epica propria delle antiche letterature nordiche: *la — dei Nibelunghi* | (*estens.*) ampio racconto della storia di un popolo, di una famiglia, di un gruppo sociale.
sagace [sa-gà-ce] *agg.* **1** (*lett.*) si dice di cane che ha buon fiuto **2** (*fig.*) astuto e intelligente, acuto: *investigatore —* | che rivela sagacia: *risposta —* □ **sagacemente**.
sagacia [sa-gà-cia] *s.f.* l'essere sagace | (*fig.*) astuzia, acume, perspicacia.
sagacità [sa-ga-ci-tà] *s.f.* (*lett.*) sagacia.
saggezza [sag-géz-za] *s.f.* capacità di agire, valutare, consigliare con prudenza ed equilibrio | la sapienza che deriva dall'esperienza: *la — dei vecchi*.
saggiare [sag-già-re] *v.tr.* [*io sàggio ecc.*] **1** verificare con procedimenti tecnici la qualità di un prodotto, in particolare la purezza di un metallo prezioso: — *il platino* **2** (*fig.*) valutare, sperimentare, mettere alla prova: — *le proprie forze* | — *il terreno*, sondare le opinioni, la disponibilità.
saggiatore [sag-gia-tó-re] *s.m.* **1** [f. *-trice*] chi saggia la purezza dei metalli preziosi **2** piccola bilancia di precisione per saggiare i metalli preziosi.
saggiatura [sag-gia-tù-ra] *s.f.* **1** l'operazione di saggiare i metalli preziosi **2** il segno che resta sul metallo saggiato.
saggiavino [sag-gia-vì-no] *s.m.invar.* in enologia, tubetto di vetro con un rigonfiamento a

un'estremità, usato per prelevare piccole quantità di vino da una botte, per prove di assaggio.
saggina [sag-gì-na] *s.f.* pianta erbacea annuale con foglie lineari; si usa per fabbricare scope e spazzole.
sagginale [sag-gi-nà-le] *s.m.* **1** fusto secco della saggina **2** zufolo ricavato dalla canna della saggina.
saggio[1] [sàg-gio] *agg.* [pl.f. *-ge*] dotato di saggezza: *un vecchio* — | fatto con saggezza, che esprime o rivela saggezza: *parole sagge* ♦ *s.m.* [f. *-a*] persona saggia: *comportarsi da* — | esperto al di sopra delle parti, chiamato a dare un parere su una questione controversa: *commissione di saggi* □ **saggiamente** *avv.*
saggio[2] *s.m.* **1** prova, esperimento per determinare la qualità, le proprietà, il valore di qlco.: *fare il — di un nuovo prodotto* **2** parte o esemplare di un tutto da prendere in esame; campione: *un — di vino* | *copia di* —, esemplare di un libro, di una rivista, di una pubblicazione, inviato gratuitamente dall'editore per propaganda **3** dimostrazione delle attitudini personali, del profitto scolastico ecc.: *dare un — della propria bravura* | — *ginnico, musicale*, manifestazione pubblica in cui gli allievi eseguono esercizi per mostrare quanto hanno imparato **4** scritto di carattere critico su un particolare argomento: *un — su Dante* **5** (*econ.*) tasso: — *di interesse.*
saggista [sag-gì-sta] *s.m.* e *f.* [pl.m. *-sti*] autore di saggi critici.
saggistica [sag-gì-sti-ca] *s.f.* l'attività del saggista; l'arte di scrivere saggi | i saggi come genere letterario.
saggistico [sag-gì-sti-co] *agg.* [pl.m. *-ci*] relativo alla saggistica: *letteratura saggistica.*
sagittale [sa-git-tà-le] *agg.* in anatomia: *sezione* —, quella condotta lungo il piano ideale verticale che divide il corpo umano in due metà simmetriche; *sutura* —, quella che unisce le due ossa parietali del cranio.
sagittaria [sa-git-tà-ria] *s.f.* pianta erbacea perenne acquatica con foglie nastriformi o sagittate, diffusa nelle regioni temperate.
Sagittario [Sa-git-tà-rio] *s.m.* (*astr.*) costellazione e segno dello zodiaco in cui il Sole transita tra il 23 novembre e il 21 dicembre.
sagittato [sa-git-tà-to] *agg.* (*bot.*) che ha forma di freccia: *foglia sagittata.*
sagola [sà-go-la] *s.f.* (*mar.*) funicella di canapa bianca o catramata adibita a usi vari su navi e imbarcazioni.
sagoma [sà-go-ma] *s.f.* **1** linea, profilo di un mobile, di una vettura, di un'opera architettonica, di un oggetto: *la — di un armadio* **2** bersaglio il cui contorno ricorda la forma umana, usato per il tiro a segno **3** (*fam. scherz.*) si dice di persona bizzarra, divertente: *che — che sei!*
sagomare [sa-go-mà-re] *v.tr.* [*io sàgomo ecc.*] foggiare secondo una sagoma prefissata; modellare secondo una determinata linea: — *un mobile.*
sagomato [sa-go-mà-to] *agg.* che ha una determinata sagoma; modellato: *cornice ben sagomata* ♦ *s.m.* cartellone pubblicitario montato su intelaiature sagomate.
sagomatura [sa-go-ma-tù-ra] *s.f.* **1** l'operazione del sagomare **2** sagoma, profilo, contorno.
sagra [sà-gra] *s.f.* festa popolare con fiera e mercato: *la — dell'uva.*
sagrato [sa-grà-to] *s.m.* spazio consacrato antistante alla chiesa, spesso sopraelevato di qualche gradino rispetto al livello della strada.
sagrestano [sa-gre-stà-no], o **sacrestano**, *s.m.* laico che ha l'incarico di tenere in ordine la sagrestia e gli arredi sacri.
sagrestia [sa-gre-stì-a], o **sacrestia**, *s.f.* locale annesso alla chiesa, in cui si custodiscono gli addobbi sacri, i paramenti e le vesti liturgiche.
sagrino [sa-grì-no] *s.m.* squalo con pinne dorsali munite di aculei.
sahariana [sa-ha-rià-na] *s.f.* ampia giacca o camicia di tela con quattro grandi tasche applicate sul davanti e cintura alla vita.
sahariano [sa-ha-rià-no] *agg.* del deserto africano del Sahara.
saia [sà-ia] *s.f.* **1** armatura dei tessuti dal tipico andamento diagonale **2** tessuto dotato di tale armatura.
saint-honoré [/ sɛntɔnɔ're /] *s.m.invar.* (*fr.*) dolce di pasta sfoglia ricoperto di crema e panna, guarnito con piccoli bignè alla crema.
saio [sà-io] *s.m.* tonaca monacale confezionata con panno rozzo | *vestire il* —, (*fig.*) monacarsi.
sakè [sa-kè] *s.m.invar.* bevanda alcolica distillata dal riso, tipica del Giappone.
sala[1] [sà-la] *s.f.* **1** ampio ambiente interno di edifici o appartamenti, destinato a usi che prevedono la presenza di numerose persone: — *da ricevimento, da ballo*; — *d'aspetto*, per il pubblico in attesa; — *di lettura, di consultazione*, nelle biblioteche, il locale dove si leggono i libri richiesti; — *operatoria*, quella dove il chirurgo opera i pazienti; — *stampa*, locale a uso dei giornalisti presso sedi di istituzioni o in occasione di particolari manifestazioni; — *giochi*, locale pubblico attrezzato con biliardini, videogiochi ecc.; — *corse*, locale in cui si raccolgono scommesse sui risultati delle corse ippiche. DIM. *saletta* **2** sala di spettacolo: *è vietato fumare in* — | il pubblico di una sala di spettacolo: *la — applaudì fragorosamente* **3** (*mar.*) locale di una nave adibito a determinati usi: — *macchine.*
sala[2] *s.f.* organo di collegamento rigido tra due ruote; asse, assale.
salacca [sa-làc-ca] *s.f.* (*pop.*) sarda, aringa o altro pesce simile conservato sotto sale o affumicato.
salace [sa-là-ce] *agg.* scurrile, lascivo: *storiella* — | mordace, pungente: *battuta* —.
salacità [sa-la-ci-tà] *s.f.* l'essere salace.
salamandra [sa-la-màn-dra] *s.f.* (*zool.*) genere di anfibi urodeli dal corpo allungato provvisto di coda con quattro zampe corte.

salamanna [sa-la-màn-na] *s.f.* vite e uva bianca da tavola con grossi acini.
salame [sa-là-me] *s.m.* **1** carne di maiale tritata e salata, insaccata con aggiunta di grasso, pepe e talvolta aromi. DIM. *salamino* **2** (*fig.*) persona sciocca o impacciata.
salamelecco [sa-la-me-lèc-co] *s.m.* [pl. *-chi*] saluto eccessivamente cerimonioso: *fare mille salamelecchi.*
salamoia [sa-la-mò-ia] *s.f.* soluzione acquosa concentrata di sale da cucina, usata per la conservazione di alcuni cibi.
salare [sa-là-re] *v.tr.* condire un cibo col sale; cospargere di sale un alimento per conservarlo.
salariale [sa-la-rià-le] *agg.* che si riferisce al salario, ai salari: *aumento —.*
salariare [sa-la-rià-re] *v.tr.* [*io salàrio ecc.*] dare un salario per prestazioni continuative di lavoro manuale.
salariato [sa-la-rià-to] *agg.* retribuito con un salario: *lavoro —* ♦ *s.m.* [f. *-a*] chi periodicamente riceve un salario per un lavoro che svolge continuativamente.
salario [sa-là-rio] *s.m.* rimunerazione periodica spettante al lavoratore dipendente, in particolare all'operaio | *— d'ingresso*, salario inferiore ai minimi sindacali attribuito temporaneamente ai giovani lavoratori per favorire l'occupazione.
salassare [sa-las-sà-re] *v.tr.* **1** (*med.*) sottoporre a salasso **2** (*fig. scherz.*) far spendere, spillare molto denaro: *in quel ristorante salassano.*
salasso [sa-làs-so] *s.m.* **1** (*med.*) antica terapia che consiste nel far defluire il sangue da una vena mediante l'inserimento di un ago, praticando una incisione o applicando delle sanguisughe **2** (*scherz.*) spesa eccessiva: *il conto è stato un —.*
salatino [sa-la-tì-no] *s.m.* pasticcino salato.
salato [sa-là-to] *agg.* **1** che contiene sale: *acqua salata* **2** condito, insaporito con sale: *formaggio —* | si dice di vivanda in cui è stato messo troppo sale: *minestra salata* **3** conservato sotto sale: *pesce —* **4** (*fig.*) caro di prezzo: *conto —* ♦ *s.m.* **1** cibo dal sapore salato: *preferire il — al dolce* **2** carne di maiale salata e insaccata; affettato: *servire i salati.*
salatura [sa-la-tù-ra] *s.f.* **1** operazione del salare cibi per conservarli **2** (*chim.*) aggiunta di sali in una soluzione per ottenerne la precipitazione.
salciccia e *deriv.* → **salsiccia** e *deriv.*
salda [sàl-da] *s.f.* soluzione acquosa di materiali viscosi, usata per dare rigidità ai tessuti o alla biancheria stirata; appretto.
saldare [sal-dà-re] *v.tr.* **1** congiungere insieme due o più parti in modo da formare un corpo solo: *— un osso fratturato* | unire pezzi metallici mediante saldatura **2** (*fig.*) connettere le parti di un tutto: *i capitoli sono ben saldati tra loro* **3** pareggiare il dare e l'avere; pagare interamente, pagare l'ultima quota di quanto dovuto: *— il conto*; *— una partita*, chiudere i conti ♦ **saldarsi** *v.intr.pron.* **1** detto di elementi staccati, ricongiungersi, riunirsi | (*med.*) detto di ferite, rimarginarsi, cicatrizzarsi **2** (*fig.*) collegarsi, connettersi.
saldatore [sal-da-tó-re] *s.m.* **1** operaio specializzato nell'eseguire saldature **2** utensile per eseguire saldature: *— elettrico*, saldatrice.
saldatrice [sal-da-trì-ce] *s.f.* macchina per la saldatura elettrica.
saldatura [sal-da-tù-ra] *s.f.* **1** congiungimento fisso di pezzi metallici mediante il calore, con o senza l'apporto di altro metallo: *— per fusione*, ottenuta colando materiale d'apporto (*p.e.* stagno) tra i pezzi da unire; *— autogena*, senza materiale d'apporto | il punto in cui due parti sono state saldate o si sono congiunte **2** (*fig.*) collegamento, connessione tra le parti di un tutto: *la — dei vari episodi di un romanzo.*
saldezza [sal-déz-za] *s.f.* l'essere saldo (anche *fig.*): *— di propositi.*
saldo[1] [sàl-do] *agg.* **1** robusto, resistente: *una trave salda* | (*estens.*) stabile, sicuro: *tenersi ben —*, bene aggrappato, in modo da non cadere **2** (*fig.*) fermo, costante, irremovibile: *principio —* □ **saldamente** *avv.*
saldo[2] *s.m.* **1** (*econ.*) somma algebrica degli addebiti e degli accrediti di un conto **2** importo residuo dopo la corresponsione di acconti: *il — di un conto* | estinzione di un debito residuo, e anche di un debito nel suo insieme: *provvedere al — di una fattura*, al suo pagamento **3** (spec. *pl.*) merci che si vendono in liquidazione: *saldi di fine stagione.*
sale [sà-le] *s.m.* **1** (*chim.*) composto organico o inorganico risultante dalla combinazione di un acido con una base: *— marino*, cloruro di sodio ricavato dall'acqua del mare; *— da cucina, da tavola, comune*, cloruro di sodio; *— inglese, amaro*, solfato di magnesio usato come purgante; *sali da bagno*, quelli alcalini, solubili in acqua, dotati di proprietà tonificanti e detergenti; *mettere sotto —*, salare | *i sali*, quelli ammoniacali, di odore acre, usati per rianimare persone svenute **2** nell'uso corrente, il cloruro di sodio, usato per dar sapore ai cibi o conservarli: *— grosso, fino* | *restare di —*, (*fig.*) impietrito, di sasso **3** (*fig.*) senno, saggezza: *non avere — in zucca* **4** (*fig.*) spirito, arguzia: *discorso senza —.*
salentino [sa-len-tì-no] *agg.* del Salento, regione della Puglia: *penisola salentina* ♦ *s.m.* [f. *-a*] nativo, abitante del Salento.
salesiano [sa-le-ʃià-no] *agg.* **1** di san Francesco di Sales (1567-1622) **2** che appartiene o si riferisce alla congregazione fondata da S. Giovanni Bosco nel sec. XIX per l'educazione dei giovani, ispirata alla spiritualità di san Francesco di Sales: *scuola salesiana* ♦ *s.m.* [f. *-a*] membro di una congregazione salesiana.
salgemma [sal-gèm-ma] *s.m.* minerale formato da cloruro di sodio in cristalli cubici o in masse compatte incolori o giallastre.
salice [sà-li-ce] *s.m.* (*bot.*) genere di alberi dai rami flessibili, con foglie allungate dal caratteristico colore verde-grigio | *— piangente*, con rami penduli.

saliceto [sa-li-cé-to] *s.m.* terreno piantato a salici.
salicilato [sa-li-ci-là-to] *s.m.* (*chim.*) sale o estere dell'acido salicilico; alcuni salicilati sono usati come conservanti, altri in medicina come antireumatici.
salicile [sa-li-cì-le] *s.m.* (*chim.*) radicale monovalente derivato dall'acido salicilico.
salicilico [sa-li-cì-li-co] *agg.* [pl.m. *-ci*] (*chim.*) **1** si dice di un ossiacido presente nel salice, usato in farmacia e nell'industria delle conserve alimentari **2** si dice di estere dell'acido salicilico.
saliente [sa-lièn-te] *agg.* **1** (*lett.*, *scient.*) che sale: *arco ogivale —* **2** che forma un rilievo, una sporgenza **3** (*fig.*) notevole, rilevante: *i punti salienti di un discorso* ♦ *s.m.* **1** elemento che sale verso l'alto **2** prominenza, sporgenza: *— roccioso* **3** nelle fortificazioni, struttura sporgente a pianta triangolare che serviva per la difesa delle mura esterne.
saliera [sa-liè-ra] *s.f.* recipiente per il sale da cucina.
salifero [sa-lì-fe-ro] *agg.* che contiene o produce sale; che riguarda la produzione del sale: *giacimento —*.
salificare [sa-li-fi-cà-re] *v.tr.* [*io salìfico, tu salìfichi ecc.*] (*chim.*) trasformare in sale mediante reazione chimica: *— un acido.*
salificazione [sa-li-fi-ca-zió-ne] *s.f.* (*chim.*) operazione del salificare.
salina [sa-lì-na] *s.f.* **1** impianto per l'estrazione del sale dalle acque del mare **2** deposito naturale di sali vari, formatosi per evaporazione di acque marine **3** giacimento, miniera di salgemma.
salinità [sa-li-ni-tà] *s.f.* il contenuto di sali disciolti nelle acque di fiumi, laghi e mari.
salino [sa-lì-no] *agg.* **1** di sale, di sali: *contenuto —* **2** che contiene sale, sali: *soluzione salina.*
Salio [sà-lio] *s.m.* (spec. *pl.*) nell'antica Roma, sacerdote del dio Marte e del dio Quirino.
salire [sa-lì-re] *v.intr.* [pres. *io salgo, tu sali, egli sale, noi saliamo, voi salite, essi sàlgono*; pass.rem. *io salìi, tu salisti ecc.*; pres.congiunt. *io salga..., noi saliamo, voi saliate, essi sàlgano*; part.pres. *salènte* o *salïènte*; ger. *salèndo*; aus. *essere*] **1** spostarsi dal basso verso l'alto, per lo più con movimento graduale; montare: *— per le scale, in cima a un monte, su una sedia* | *— in cattedra, sul pulpito*, (*fig.*) assumere atteggiamenti da saccente | *— al trono*, (*fig.*) diventare re **2** alzarsi nell'aria, sollevarsi, ascendere: *l'aquila sale a grandi altezze* **3** raggiungere una certa altezza: *il monte Bianco sale fino a quasi 5000 metri* | essere in salita: *la strada sale ancora* **4** (*fig.*) pervenire a una condizione migliore, più elevata: *— nella considerazione generale* | *— agli onori degli altari*, essere dichiarato santo **5** (*fig.*) crescere, aumentare: *i prezzi tendono a —* ♦ *v.tr.* percorrere in salita: *— le scale.*
saliscendi [sa-li-scén-di] *s.m.* **1** congegno di chiusura per porte e finestre **2** dispositivo applicato a lampade per regolarne a piacere l'altezza dal soffitto **3** serie continua di salite e discese.
salita [sa-lì-ta] *s.f.* **1** il salire: *— in ascensore* | *in —*, che sale, che viene salendo; (*fig.*) che comporta delle difficoltà: *sentiero in —*; *una vita sempre in —* **2** qualsiasi tratto o percorso che sale: *arrivare in cima alla —*.
saliva [sa-lì-va] *s.f.* liquido prodotto dalle ghiandole salivari, che costituisce un notevole coadiuvante della masticazione e della digestione.
salivare [sa-li-và-re], o **salivale**, *agg.* della saliva, che concerne la saliva: *secrezione —*.
salivaria [sa-li-và-ria] *s.f.* pianta di origine africana, dalla cui radice si ricava una sostanza usata come antinevralgico e per favorire la digestione.
salivatorio [sa-li-va-tò-rio] *agg.* che stimola, che facilita la secrezione di saliva.
salivazione [sa-li-va-zió-ne] *s.f.* secrezione di saliva.
salma [sàl-ma] *s.f.* la spoglia mortale dell'uomo, il cadavere: *inumazione della —*.
salmastro [sal-mà-stro] *agg.* che sa di sale, di salsedine; che contiene sale: *acque salmastre*, le acque di laguna, meno salate di quelle marine ♦ *s.m.* sapore, odore di salsedine: *l'aria sa di —*.
salmerie [sal-me-rì-e] *s.f.pl.* (*mil.*) l'insieme dei carri e degli animali da soma usati per rifornire di viveri, munizioni, bagagli le truppe; le cose così trasportate.
salmì [sal-mì] *s.m.* (*gastr.*) modo di cucinare la selvaggina tagliandone la carne a pezzetti, facendola marinare in vino, verdure e aromi e infine cuocendola lentamente nello stesso infuso: *lepre in —*.
salmistrare [sal-mi-strà-re] *v.tr.* (*gastr.*) trattare la lingua di bue con sale e salnitro, lasciandola poi alcuni giorni a marinare in una salamoia e infine lessandola.
salmo [sàl-mo] *s.m.* **1** ognuna delle antiche poesie religiose ebraiche raccolte in uno dei libri della Bibbia **2** (*mus.*) composizione vocale per solista o coro, sul testo latino dei salmi.
salmodia [sal-mo-dì-a] *s.f.* il canto o la lettura recitata dei salmi; il modo di cantarli.
salmodiale [sal-mo-dià-le] *agg.* relativo a salmodia.
salmodiare [sal-mo-dià-re] *v.intr.* [*io salmòdio ecc.*; aus. *avere*] cantare o recitare salmi, di solito in coro.
salmonato [sal-mo-nà-to] *agg.* si dice di trota la cui carne ha la colorazione rosea tipica della carne di salmone.
salmone [sal-mó-ne] *s.m.* grosso pesce dalle carni rosee e prelibate; vive nell'Atlantico settentrionale e risale i fiumi nel periodo della riproduzione | Usato come *agg.*, di colore tra il roseo e l'arancione: *una camicia color —*.
salmonella [sal-mo-nèl-la] *s.f.* (*biol.*) genere di batteri patogeni per l'uomo e molti animali, responsabile di vari tipi d'infezione intestinale.
salmonellosi [sal-mo-nel-lò-ʃi] *s.f.* (*med.*, *vet.*) nome con cui si indicano le infezioni intestinali dovute a salmonelle.
salmonicoltura [sal-mo-ni-col-tù-ra] *s.f.* alleva-

mento di trote e altri pesci appartenenti ai salmonidi.

salmonidi [sal-mò-ni-di] *s.m.pl.* (*zool.*) famiglia di pesci a cui appartengono trote e salmoni.

salnitro [sal-nì-tro] *s.m.* nitrato di potassio, usato un tempo per preparare esplosivi, oggi come concime.

salodiese [sa-lo-dié-se] *agg.* di Salò, comune in provincia di Brescia ♦ *s.m.* e *f.* chi abita o è nato a Salò.

salomonico [sa-lo-mò-ni-co] *agg.* [pl.m. *-ci*] **1** di Salomone, antico re d'Israele, dotato di eccezionale sapienza e saggezza **2** (*fig.*) assolutamente giusto e imparziale; *giudizio* — □ **salomonicamente** *avv.* con assoluta imparzialità.

salone [sa-ló-ne] *s.m.* **1** ampio locale di rappresentanza in palazzi o case signorili: — *delle feste* | in appartamenti, stanza più grande delle altre, che fa da salotto o da sala da pranzo. DIM. *saloncino* **2** mostra, esposizione di prodotti commerciali di uno specifico settore industriale: *il — dell'automobile* **3** (*region.*) negozio di barbiere | — *di bellezza*, locale in cui vengono effettuati trattamenti estetici.

saloon [/ sa'lun /] *s.m.invar.* (*ingl.*) locale pubblico per la vendita e il consumo di alcolici, tipico dei villaggi degli Stati Uniti d'America all'epoca della conquista dell'Ovest (sec. XIX).

salopette [/ salɔ'pɛt /] *s.f.invar.* (*fr.*) indumento costituito da pantaloni con pettorina e bretelle.

salottiero [sa-lot-tiè-ro] *agg.* che frequenta i salotti mondani; frivolo, superficiale: *pettegolezzi salottieri.*

salotto [sa-lòt-to] *s.m.* **1** sala di ricevimento o di conversazione, in appartamenti privati o anche in alberghi, circoli ecc.: *ricevere gli ospiti in* —. DIM. *salottino* **2** (*estens.*) il mobilio che costituisce l'arredamento di un salotto: *comprare un — nuovo* **3** riunione periodica in una casa privata, a fini di intrattenimento o culturali; la gente che vi partecipa: *tenere* —; — *letterario* | *da* —, (*spreg.*) frivolo, superficiale: *discorsi da* —.

salpare [sal-pà-re] *v.tr.* far salire in superficie un oggetto che era sul fondo del mare: — *l'ancora* ♦ *v.intr.* [aus. *essere*] partire, prendere il largo: — *da Genova.*

salpinge [sal-pìn-ge] *s.f.* **1** tromba bronzea diritta, usata nella Grecia antica **2** (*anat.*) ciascuno dei due condotti che uniscono l'utero all'ovaia; tuba | condotto uditivo, che unisce l'orecchio medio con la faringe.

salpingite [sal-pin-gì-te] *s.f.* (*med.*) infiammazione della salpinge uditiva o uterina.

salsa[1] [sàl-sa] *s.f.* condimento semiliquido, di varia composizione, usato per migliorare il gusto delle vivande: — *piccante* | — *di pomodoro*, sugo di pomodoro; anche, conserva di pomodoro passato | *cucinare qlco. in tutte le salse*, (*fig.*) presentare sempre la stessa cosa sotto aspetti diversi. DIM. *salsetta, salsina.*

salsa[2] *s.f.* (*geol.*) eruzione di acqua melmosa contenente cloruro di sodio, mista a gas; il cono fangoso che essa produce.

salsamenteria [sal-sa-men-te-rì-a] *s.f.* (*region.*) salumeria.

salsedine [sal-sè-di-ne] *s.f.* **1** l'essere ricco di elementi salini | salinità **2** il sale presente in acque, terreni e anche nell'aria.

salsese [sal-sé-se] *agg.* di Salsomaggiore, comune in provincia di Parma ♦ *s.m.* e *f.* chi abita o è nato a Salsomaggiore.

salsiccia [sal-sìc-cia], pop. **salciccia**, *s.f.* [pl. *-ce*] carne suina tritata, salata, aromatizzata e insaccata nell'intestino del suino stesso: — *di maiale.*

salsicciotto [sal-sic-ciòt-to], pop. **salcicciotto**, *s.m.* sorta di grossa salsiccia che si mangia cruda | *essere, sembrare un* —, (*fig.*) si dice di cosa o persona grossa e tonda.

salsiera [sal-siè-ra] *s.f.* recipiente di forma e materiale vari usato per portare in tavola le salse.

salso [sàl-so] *agg.* che contiene sale; salmastro: *acqua salsa* ♦ *s.m.* salsedine; sapore di sale: *un cibo che sa di* —.

salsoiodico [sal-so-iò-di-co] *agg.* [pl.m. *-ci*] si dice di acque o fanghi termali che contengono cloruro e ioduro di sodio | si dice di cura praticata con tali acque o fanghi.

saltabecca [sal-ta-béc-ca] *s.f.* (*pop.*) cavalletta.

saltabeccare [sal-ta-bec-cà-re] *v.intr.* [*io saltabécco, tu saltabécchi ecc.*; aus. *avere*] (*pop.*) camminare, procedere a salti come una cavalletta.

saltamartino [sal-ta-mar-tì-no] *s.m.* **1** nome popolare del grillo e della cavalletta **2** (*fig.*) bambino irrequieto, sempre in moto **3** giocattolo a molla a forma di ranocchio.

saltare [sal-tà-re] *v.intr.* [aus. *essere* nei sign. 1 e 2; *essere* o *avere* nel sign. 3; *avere* nel sign. 4] **1** staccarsi di slancio dal suolo; spostarsi con un balzo: — *dalla sedia*; — *sul treno*, salirvi d'un balzo; — *addosso a qlcu.*, aggredirlo fisicamente o verbalmente; — *al collo di qlcu.*, aggredirlo o abbracciarlo; — *giù dal letto*, alzarsi in fretta | — *dalla gioia*, (*fig.*) essere felicissimo | — *fuori*, (*fig.*) comparire d'un tratto | — *agli occhi*, (*fig.*) apparire evidente | — *in mente, in testa*, (*fig.*) si dice di idee che si manifestano in modo improvviso: *ma cosa ti salta in mente?* **2** schizzar via: *è saltato un bottone* | esplodere: *è saltata la polveriera* | di congegno elettrico, circuito, collegamento, rompersi, interrompersi: *sono saltate le linee telefoniche* | *far — qlcu.*, (*fig.*) fargli perdere il posto che occupava | *far — il banco*, (*fig.*) sbancare, giocando d'azzardo **3** (*fig.*) passare bruscamente da un punto a un altro: — *dal quarto all'ottavo capitolo* | — *di palo in frasca*, cambiare argomento in modo illogico e imprevedibile **4** (*sport*) eseguire l'esercizio ginnico o atletico del salto: — *in alto, in lungo, con l'asta* ♦ *v.tr.* **1** superare, oltrepassare con un salto: — *un muro* | — *il fosso*, (*fig.*) prendere una decisione difficile **2** (*fig.*) omettere, tralasciare: — *una parola, una riga* | — *il pasto*, non mangiare | — *una classe, un anno*, fare in un solo anno due anni di un corso regolare di studi 3 (*gastr.*) cuocere in tegame, con olio o burro, su fiamma viva: — *gli spinaci*.

saltarello e *deriv.* → **salterello** e *deriv.*

saltatore [sal-ta-tó-re] *agg.* [f. *-trice*] che salta: *insetti saltatori* ♦ *s.m.* 1 chi salta | (*sport*) atleta specialista nel salto 2 *pl.* (*zool.*) ortotteri | anuri.

saltellamento [sal-tel-la-mén-to] *s.m.* il saltellare.

saltellare [sal-tel-là-re] *v.intr.* [*io saltèllo ecc.*; aus. *avere*] procedere a piccoli salti: — *qua e là*.

saltello [sal-tèl-lo] *s.m.* piccolo salto.

saltelloni [sal-tel-ló-ni] *avv.* a saltelli: *correre (a)* —.

salterellare [sal-te-rel-là-re], o **saltarellare**, *v. intr.* [*io salterèllo ecc.*; aus. *avere*] fare piccoli e rapidi salti.

salterello [sal-te-rèl-lo], o **saltarello**, *s.m.* 1 piccolo salto; saltello 2 danza popolare dell'Italia centrale affine alla tarantella 3 fuoco artificiale costituito da un involucro di carta contenente polvere e che esplode saltellando.

salterio [sal-tè-rio] *s.m.* 1 (*mus.*) strumento di origine ebraica, costituito da numerose corde tese su una cassa triangolare o trapezoidale messe in vibrazione con le dita o con un plettro 2 (*relig.*) la raccolta dei salmi biblici.

salticchiare [sal-tic-chià-re] *v.intr.* [*io saltìcchio ecc.*; aus. *avere*] saltellare, salterellare.

saltico [sàl-ti-co] *s.m.* [pl. *-ci*] piccolo ragno dal corpo bianco e nero.

saltimbanco [sal-tim-bàn-co] *s.m.* [pl. *-chi*] 1 chi si esibisce sulle piazze o nei baracconi in giochi di forza o agilità 2 (*spreg.*) chi esercita un'attività o una professione in modo poco serio.

saltimbocca [sal-tim-bóc-ca] *s.m.invar.* (*gastr.*) fettina di vitello, guarnita con prosciutto e salvia, cotta in tegame.

salto [sàl-to] *s.m.* 1 il saltare; balzo: *spiccare un* — | — *nel buio*, (*fig.*) risoluzione presa alla cieca | *fare un* — *in un luogo, da qlcu.*, (*fig.*) recarvisi in fretta e per breve tempo | *fare due, quattro salti*, (*fig.*) ballare un po' e per divertimento. DIM. *saltello* 2 (*sport*) specialità atletica praticata in diverse forme: — *in alto, con l'asta, in lungo, triplo* | — *mortale*, esercizio consistente nell'eseguire una capriola in aria; *fare i salti mortali*, (*fig.*) fare di tutto per riuscire in qlco. 3 (*estens.*) brusco dislivello: *fra le due stanze c'è un* — 4 (*fig.*) passaggio rapido da un punto a un altro, da una condizione a un'altra: — *di temperatura* | — *di qualità*, improvviso e notevole miglioramento qualitativo | *a salti*, in modo discontinuo e irregolare: *il lavoro procede a salti* 5 (*fig.*) omissione, lacuna: — *di parola nel testo*.

saltrato® [sal-trà-to] *s.m.* (spec. *pl.*) sale da bagno profumato con proprietà emollienti e decongestionanti.

saltuarietà [sal-tu-a-rie-tà] *s.f.* l'essere saltuario.

saltuario [sal-tu-à-rio] *agg.* che è senza continuità e regolarità nel tempo; fatto di tanto in tanto: *lavoro* — □ **saltuariamente** *avv.* a intervalli irregolari.

saluberrimo [sa-lu-bèr-ri-mo] *agg.superl.* di *salubre*.

salubre [sa-lù-bre o sàlubre] *agg.* [superl. *salubèrrimo*] che giova alla salute; sano, salutare: *clima* —.

salubrità [sa-lu-bri-tà] *s.f.* l'essere salubre.

salumaio [sa-lu-mà-io] *s.m.* [f. *-a*] salumiere.

salume [sa-lù-me] *s.m.* (spec. *pl.*) denominazione generica di ogni prodotto della lavorazione della carne suina.

salumeria [sa-lu-me-rì-a] *s.f.* negozio in cui si vendono salumi; pizzicheria.

salumiere [sa-lu-miè-re] *s.m.* [f. *-a*] chi vende salumi; pizzicagnolo.

salumificio [sa-lu-mi-fì-cio] *s.m.* stabilimento per la preparazione di salumi.

salutare[1] [sa-lu-tà-re] *agg.* 1 che dà salute; che giova alla salute: *clima* — 2 (*fig.*) utile, giovevole: *avvertimento* —.

salutare[2] *v.tr.* 1 rivolgere parole o fare un gesto per esprimere affetto o rispetto, quando si incontra o si lascia qlcu.: — *qlcu. con un cenno del capo*; — *cordialmente* | (*mil.*) rendere onore a qlcu. o qlco. con i gesti regolamentari: — *la bandiera* 2 (*estens.*) far visita a qlcu.: *passare a* — *un amico* 3 (*estens.*) accogliere festosamente: — *l'arrivo dei soldati* | acclamare, proclamare: — *qlcu. vincitore* ♦ **salutarsi** *v.rifl.rec.* scambiarsi saluti | *non* — *più*, (*fig.*) essere in lite, avere rotto ogni rapporto.

salute [sa-lù-te] *s.f.* 1 stato, condizione di un organismo: *essere in buona, cattiva* — | stato di benessere di un organismo; buona salute: *essere in* —; *scoppiare di* —, essere sanissimo | *bere alla* — *di qlcu.*, fare un brindisi in suo onore 2 (*lett.*) salvezza: *la* — *dell'anima* ♦ *inter.* esprime augurio, saluto, meraviglia ecc.: —, *ragazzi!*; —*!*, a chi starnuta; *alla* —*!*, quando si fa un brindisi.

salutismo [sa-lu-tì-ʃmo] *s.m.* atteggiamento di attenzione scrupolosa alla conservazione della salute, sia sul piano preventivo sia su quello terapeutico.

salutista [sa-lu-tì-sta] *s.m.* e *f.* [pl.m. *-sti*] 1 chi ha grande cura della propria salute 2 chi fa parte dell'Esercito della Salvezza.

salutistico [sa-lu-tì-sti-co] *agg.* [pl.m. *-ci*] che riguarda la conservazione della salute.

saluto [sa-lù-to] *s.m.* 1 il salutare; le parole o il gesto con cui si saluta: *rivolgere il* —; *fare un cenno di* — | *togliere il* — *a qlcu.*, non salutarlo più; troncare ogni rapporto con lui 2 (spec. *pl.*) formula di cortesia usata sia a voce, sia per iscritto a chiusura di lettere e cartoline: *affettuosi, distinti saluti* 3 discorso di accoglienza in occasione di riunioni pubbliche, convegni, cerimonie: *il* — *delle autorità*.

salva [sàl-va] *s.f.* 1 insieme di più colpi sparati contemporaneamente da più bocche da fuoco | sparo simultaneo di più armi da fuoco caricate solo a polvere, in segno di saluto, d'onore, di festa: *sparare a salve*, senza proiettili 2 (*fig.*) l'esplodere simultaneo di qlco.: *una — di fischi, di applausi.*

salvabile [sal-và-bi-le] *agg.* che si può salvare ♦ *s.m.* ciò che può essere salvato: *salvare il —.*

salvacondotto [sal-va-con-dót-to] *s.m.* permesso di transito accordato a chi debba recarsi o passare in un luogo nel quale altrimenti non potrebbe entrare.

salvadanaio [sal-va-da-nà-io] *s.m.* piccolo recipiente in cui si introducono, attraverso una fessura, monete che si vogliono risparmiare: *— di terracotta.*

salvadoregno [sal-va-do-ré-gno *o* salvado-règno] *agg.* del Salvador ♦ *s.m.* [f. *-a*] nativo, abitante del Salvador.

salvagente [sal-va-gèn-te] *s.m.* [pl. *invar.*; nel sign. 1, anche *-ti*] **1** oggetto galleggiante, per lo più a forma di ciambella, usato per imparare a nuotare o come mezzo di salvataggio **2** piccolo marciapiede al centro di una strada, per proteggere chi scende dal tram o vi sale.

salvagocce [sal-va-góc-ce] *s.m.invar.* tappo speciale o collarino che si applica a bottiglie, teiere ecc., per evitare lo scolo delle gocce | Usato anche come *agg.*: *tappo —.*

salvaguardare [sal-va-guar-dà-re] *v.tr.* custodire, difendere, tutelare: *— i propri diritti* ♦ **salvaguardarsi** *v.rifl.* difendersi, tutelarsi.

salvaguardia [sal-va-guàr-dia] *s.f.* custodia, tutela, difesa: *la — dell'ambiente naturale.*

salvamotore [sal-va-mo-tó-re] *s.m.invar.* sistema di protezione di un motore elettrico, che interrompe la corrente in caso di sensibili variazioni di tensione.

salvapunte [sal-va-pùn-te] *s.m.invar.* **1** cappuccio di protezione per la punta di matite o penne **2** piccola mezzaluna di metallo o di gomma che si applica sotto le punte delle scarpe per evitarne il logoramento.

salvare [sal-và-re] *v.tr.* **1** mettere in salvo; sottrarre a un grave pericolo: *— la vita a qlcu.*; *i naufraghi furono salvati* | *— l'anima*, (*relig.*) morire in grazia di Dio evitando la dannazione eterna **2** preservare da un danno; proteggere: *la vernice salva il metallo dalla ruggine* | *— l'onore, la faccia*, uscire onorevolmente da un insuccesso **3** (*inform.*) registrare su supporto magnetico i dati presenti nella memoria di lavoro ♦ **salvarsi** *v.rifl.* **1** mettersi in salvo, sottrarsi a un grave pericolo: *si salvi chi può!* **2** (*relig.*) evitare la dannazione eterna **3** preservarsi, andare esente: *— dalle critiche.*

salvastrella [sal-va-strèl-la] *s.f.* pianta erbacea perenne con infiorescenze a capolino e foglie aromatiche commestibili.

salvatacco [sal-va-tàc-co] *s.m.* [pl. *-chi*] copertura di gomma o di metallo che si applica al bordo del tacco delle scarpe per limitarne il logoramento.

salvataggio [sal-va-tàg-gio] *s.m.* il salvare, l'essere salvato | complesso di operazioni per soccorrere persone in pericolo: *scialuppa di —.*

salvatelecomando [sal-va-te-le-co-màn-do] *s.m.* involucro di gomma per proteggere da urti e cadute il telecomando del televisore.

salvatore [sal-va-tó-re] *s.m.* [f. *-trice*] chi salva | *il Salvatore*, Gesù Cristo.

salvavita [sal-va-vì-ta] *agg.invar.* che può salvare la vita: *farmaci —* ♦ *s.m.invar.* (*elettr.*) interruttore automatico che interrompe l'erogazione della corrente quando vi è una piccola scarica verso terra.

salve [sàl-ve] *inter.* formula di saluto e di augurio: *—, amici!*

salvezza [sal-véz-za] *s.f.* **1** l'essere salvo; il salvarsi, l'essere salvato: *pensare alla propria —* **2** persona o cosa che salvi o abbia salvato: *fu la sua —* | *àncora di —*, (*fig.*) rimedio estremo.

salvia [sàl-via] *s.f.* pianta erbacea con foglie vellutate di color verde pallido e fiori violacei, coltivata per le foglie aromatiche usate in cucina e in medicina.

salvietta [sal-viét-ta] *s.f.* (*region.*) tovagliolo. DIM. *salviettina.*

salvifico [sal-vì-fi-co] *agg.* [pl.m. *-ci*] (*lett.*) atto a procurare la salvezza dell'anima.

salvo [sàl-vo] *agg.* **1** che è scampato a un pericolo; incolume, illeso: *arrivare sano e —* | *aver salva la vita*, ottenere di non essere ucciso **2** (*teol.*) che ha ottenuto, che ottiene la salvezza dell'anima ♦ *s.m.* solo nella loc. *in salvo*, al sicuro: *mettersi in —* ♦ *prep.* eccetto, tranne: *— lui, erano tutti presenti* | *— errori e omissioni*, (*comm.*) clausola cautelativa apposta su fatture, estratti-conto ecc.

samara [sa-mà-ra] *s.f.* (*bot.*) frutto secco indeiscente.

samario [sa-mà-rio] *s.m.* elemento chimico di simbolo *Sm*; è un metallo delle terre rare.

samaritano [sa-ma-ri-tà-no] *agg.* della regione o della città di Samaria, in Palestina ♦ *s.m.* **1** [f. *-a*] nativo, abitante della regione o della città di Samaria **2** lingua semitica parlata in Samaria.

samba [sàm-ba] *s.f.* o *m.* [pl. *le sambe* o *i samba*] danza di origine brasiliana con accompagnamento sincopato.

sambernardo → **sanbernardo**.

sambuca[1] [sam-bù-ca] *s.f.* **1** (*mus.*) antico strumento a corde, di origine fenicia **2** antica macchina da guerra consistente in una specie di ponte levatoio che si abbassava dalle torri d'assedio sulle mura delle città nemiche.

sambuca[2] *s.f.* liquore simile all'anisetta.

sambuco[1] [sam-bù-co] *s.m.* [pl. *-chi*] (*bot.*) genere di piante arbustacee o arboree proprie delle regioni temperate e subtropicali, con foglie imparipennate e fiori raccolti in cime o in pannocchie.

sambuco[2] *s.m.* [pl. *-chi*] (*mar.*) grande barca a vele latine usata nel mar Rosso e sulle coste africane dell'oceano Indiano.

samovar [sa-mo-vàr] *s.m.invar.* fornelletto a spirito sormontato da un recipiente di metallo, usato dai russi per farvi bollire l'acqua per il tè.

sampietrino [sam-pie-trì-no], o **sanpietrino**,

s.m. elemento di pietra lavica dura, a tronco di piramide, usato nella pavimentazione di strade e piazze nei centri storici.
samurai [sa-mu-rài] *s.m.* in Giappone, termine che indicava i nobili appartenenti alla casta dei guerrieri.
san *agg.* troncamento di *santo.*
sanabile [sa-nà-bi-le] *agg.* che si può sanare (anche *fig.*): *ferita, conflitto* —.
sanare [sa-nà-re] *v.tr.* **1** rendere sano, guarire: *il tempo sana i dolori* **2** porre rimedio a una situazione irregolare o difficile: — *un dissidio* | — *un bilancio*, riportarlo in pareggio **3** (*dir.*) rendere nuovamente valido ed efficace: — *un atto* **4** bonificare: — *un terreno paludoso.*
sanatoria [sa-na-tò-ria] *s.f.* (*dir.*) atto con cui l'autorità competente rende legittime situazioni altrimenti illegali per inosservanza di una o più prescrizioni.
sanatorio [sa-na-tò-rio] *agg.* (*dir.*) che ha lo scopo di sanare: *provvedimento* — ♦ *s.m.* (*med.*) casa di cura per malati di tubercolosi.
sanbernardo [san-ber-nàr-do], o **san Bernardo, sambernardo,** *s.m.* [pl. *invar.* o *-di*] cane grande e massiccio con pelo bruno macchiato di bianco; è impiegato per il soccorso in montagna.
sancire [san-cì-re] *v.tr.* [*io sancisco, tu sancisci ecc.*] **1** stabilire, approvare solennemente; rendere operante mediante una legge: — *un'alleanza* **2** rendere stabile, confermare: *uso sancito dalla tradizione.*
sancta sanctorum [/ 'sankta sank'tɔrum /] *loc.sost.m.invar.* (*lat.*) **1** nell'Antico Testamento, la parte più interna e sacra del tempio di Gerusalemme **2** (*fig. scherz.*) luogo in cui solo poche persone possono entrare.
sanculotto [san-cu-lòt-to] *s.m.* (*st.*) durante la rivoluzione francese, termine spregiativo con cui gli aristocratici chiamavano i rivoluzionari.
sandalo[1] [sàn-da-lo] *s.m.* **1** albero dal legno bianco, originario della Malesia | *olio di* —, distillato dal legno e dalle radici della pianta, usato in profumeria e in medicina **2** albero dal legno rosso, originario dell'India.
sandalo[2] *s.m.* calzatura estiva costituita da una suola fermata al piede da strisce di cuoio. DIM. *sandaletto.*
sandalo[3], o **sandolo,** *s.m.* piccola barca a remi dal fondo piatto, in uso nella laguna veneta per il trasporto di merci.
sandolino [san-do-lì-no] *s.m.* piccola e leggera imbarcazione da diporto, stretta, lunga e a fondo piatto, per una o due persone.
sandolo → **sandalo**[3].
sandracca [san-dràc-ca] *s.f.* resina secreta da alcune conifere dell'Africa e dell'India, usata per preparare vernici e ceralacca.
sandwich [/ 'sɛndwitʃ /] *s.m.invar.* (*ingl.*) panino imbottito con salumi, formaggio o altro ♦ *agg.invar.* solo nella loc.: *uomo* —, uomo che gira per le strade recando un cartellone pubblicitario davanti e uno dietro.
sanfedismo [san-fe-dì-ʃmo] *s.m.* **1** movimento reazionario guidato dal cardinale F. Ruffo, che organizzò i popolani napoletani nell'"Esercito della Santa Fede" per combattere la Repubblica del 1799 **2** associazione a impronta reazionaria e antiliberale sorta nello Stato pontificio dopo la restaurazione del 1815 **3** (*estens.*) tendenza reazionaria, antiliberale e clericale.
sanfedista [san-fe-dì-sta] *s.m.* e *f.* [pl.m. *-sti*] **1** (*st.*) seguace del sanfedismo **2** (*estens.*) reazionario, clericale.
sanforizzazione [san-fo-riʒ-ʒa-zió-ne] *s.f.* procedimento per rendere irrestringibili i tessuti di cotone.
sangallo [san-gàl-lo] *s.m.* tipo di ricamo, con disegni traforati, eseguito a cordoncino; il tessuto così ricamato.
sangiovese [san-gio-vé-se] *s.m.* vitigno coltivato originariamente in Toscana e in Romagna ma oggi diffuso in quasi tutta l'Italia | il vino rosso e asciutto che se ne ricava.
sangria [/ san'gria /] *s.f.invar.* (*sp.*) bevanda tipica spagnola composta di vino rosso, gin o brandy, limone e frutta a pezzetti in infusione con un po' di zucchero.
sangue [sàn-gue] *s.m.* [solo *sing.*] **1** (*anat.*) liquido viscoso rosso che circola nell'apparato cardiovascolare dei vertebrati, trasportando gas, principi nutritivi, ormoni e prodotti del metabolismo: — *venoso, arterioso*; *trasfusione di* — | *al* —, detto di carne poco cotta: *bistecca al* — **2** in molte locuzioni è usato per indicare ferimento o uccisione: *fatto di* —, ferimento od omicidio; *picchiare qlcu. a* —, fino a farlo sanguinare; *sporcarsi le mani di* —, macchiarsi di un omicidio; *lavare un'offesa col* (o *nel*) —, vendicandola in modo cruento; *soffocare una rivolta nel* —, sterminando i rivoltosi **3** in alcune locuzioni è simbolo di grande sofferenza, fisica o morale: *sudare* —, sostenere una gran fatica; *succhiare il* — *a qlcu.*, sfruttarlo | può anche assumere il significato di indole, carattere di una persona: *avere qlco. nel* —, avere una forte predisposizione a tale cosa; *avere il* — *caldo*, un temperamento facile all'ira o alla passione amorosa; — *freddo*, perfetta padronanza di sé; *fare qlco. a* — *freddo*, in modo premeditato; *non avere* — *nelle vene*, essere pavido; *guastarsi il* —, tormentarsi, crucciarsi; *farsi cattivo* —, amareggiarsi, adirarsi; *il riso fa buon* —, fa bene, giova allo spirito; *sentirsi rimescolare il* —, sentirsi prendere dallo sdegno; *sentirsi gelare il* —, restare sbigottiti per lo spavento; *non esserci, non correre buon* —, non avere buoni rapporti con qlcu. **4** (*fig.*) discendenza, legame di parentela; razza, stirpe: *la voce del* —, tendenza istintiva a riconoscere e ad amare i propri parenti; *essere di* — *nobile, reale*, discendere da una famiglia nobile, reale; *avere il* — *blu*, essere di nobile stirpe; *buon* — *non mente*, si dice di giovane in cui compaiono attitudini positive per le quali già si distinguevano i genitori; — *misto*, meticcio | Usato come *agg.invar.* che ha un colore rosso vi-

vo e intenso simile a quello del sangue: *rosso* —.
sanguifero [san-guì-fe-ro] *agg.* (*anat.*) che porta il sangue, in cui circola il sangue: *vasi sanguiferi*.
sanguigna [san-guì-gna] *s.f.* ocra di colore rossastro con cui si fanno pastelli per disegnare; il pastello stesso | il disegno eseguito con tale pastello.
sanguigno [san-guì-gno] *agg.* **1** (*anat.*) di sangue, del sangue: *vaso* — **2** (*med.*) che ha molto sangue | *uomo, temperamento* —, (*fig.*) focoso, impetuoso.
sanguinaccio [san-gui-nàc-cio] *s.m.* **1** (*region.*) salume insaccato composto di un impasto a base di sangue di maiale **2** vivanda a base di sangue di maiale fritto e salato **3** dolce a base di sangue di maiale, cioccolato e zucchero.
sanguinamento [san-gui-na-mén-to] *s.m.* perdita di sangue da una ferita.
sanguinante [san-gui-nàn-te] *agg.* **1** che versa sangue, grondante di sangue: *mani sanguinanti* **2** (*fig.*) tormentato da un profondo dolore: *cuore* —.
sanguinare [san-gui-nà-re] *v.intr.* [*io sànguino ecc.*; aus. *avere*] **1** versare, buttare sangue: *ferita che sanguina* **2** (*fig.*) dare un profondo dolore: *offesa che sanguina* | *mi sanguina il cuore*, provo un grandissimo dolore.
sanguinaria [san-gui-nà-ria] *s.f.* pianta erbacea a fiori bianchi il cui rizoma contiene un latice rosso usato in medicina e come colorante.
sanguinario [san-gui-nà-rio] *agg.* e *s.m.* [f. *-a*] che/chi per natura è portato a ferire o a uccidere: *un dittatore* —.
sanguinella [san-gui-nèl-la] *s.f.* **1** arbusto con frutti nerastri, fiori bianchi e rami rossi **2** erba con fusto, foglie e fiori rosso scuri.
sanguinello [san-gui-nèl-lo] *s.m.* varietà di arancio che dà arance dalla polpa color rosso.
sanguinolento [san-gui-no-lèn-to] *agg.* pieno di sangue; che cola sangue: *carne sanguinolenta*.
sanguinoso [san-gui-nó-so] *agg.* **1** pieno di sangue; insanguinato: *ferita sanguinosa* **2** (*fig.*) caratterizzato da grande spargimento di sangue; cruento: *una battaglia sanguinosa* □ **sanguinosamente** *avv.*
sanguisuga [san-gui-sù-ga] *s.f.* **1** piccolo verme degli anellidi che vive nelle acque stagnanti, nutrendosi del sangue degli animali a cui si attacca **2** (*fig.*) persona che spilla continuamente denaro.
sanie [sà-nie] *s.f.* (*lett.*) sostanza sierosa purulenta che cola da ferite o ulcere; pus.
sanificare [sa-ni-fi-cà-re] *v.tr.* [*io sanìfico, tu sanìfichi ecc.*] sottoporre a sanificazione.
sanificazione [sa-ni-fi-ca-zió-ne] *s.f.* insieme dei procedimenti e dei trattamenti con cui si rende igienico un impianto destinato all'industria alimentare.
sanità [sa-ni-tà] *s.f.* **1** l'essere sano, dal punto di vista fisico o psichico: — *di corpo, di mente* **2** (*estens.*) salubrità **3** (*fig.*) l'essere sano moralmente; integrità: — *di costumi* **4** l'insieme delle funzioni, delle persone e dei mezzi che hanno il compito di tutelare la salute di una comunità: *ministero della* —.
sanitario [sa-ni-tà-rio] *agg.* **1** che riguarda la sanità e l'igiene; che tutela la sanità pubblica: *assistenza sanitaria*; *ufficiale* —, medico preposto a un ufficio di sanità periferico; *cordone* —, sistema di controlli sanitari intesi a circoscrivere una malattia infettiva **2** igienico: *impianti sanitari*, quelli destinati all'igiene personale e all'eliminazione dei rifiuti organici ♦ *s.m.* **1** (*burocr.*) medico **2** *pl.* impianti sanitari, igienici: *i sanitari del bagno* □ **sanitariamente** *avv.*
sannita [san-nì-ta] *agg.* [pl.m. *-i*] del Sannio, antica regione italica corrispondente a parte degli attuali Abruzzo, Molise e Campania ♦ *s.m.* e *f.* [pl.m. *-i*] chi apparteneva alla popolazione stanziata nel Sannio.
sannitico [san-nì-ti-co] *agg.* [pl.m. *-ci*] del Sannio, dei sanniti: *guerre sannitiche*, le tre guerre combattute dai romani contro i sanniti nel IV-III sec. a.C.
sano [sà-no] *agg.* **1** in buona salute, privo di malattie: *un bambino* — | — *e salvo*, illeso | — *e vegeto*, si dice per lo più di persona anziana che gode buona salute ed è molto attiva | — *come un pesce*, sanissimo **2** che giova alla salute; salutare: *un clima* — **3** (*fig.*) onesto, moralmente retto: *uomo di sani principi* **4** intatto, intero: *mangiare un pollo* — | *di sana pianta*, interamente, completamente □ **sanamente** *avv.*
sanpietrino → **sampietrino**.
sansa [sàn-sa] *s.f.* residuo della spremitura dell'olio dalle olive, dal quale si ricava un olio di qualità inferiore (*olio di* —).
sanscrito [sàn-scri-to] *s.m.* antica lingua dell'India, di ceppo indoeuropeo | Usato anche come *agg.*: *letteratura sanscrita*.
sans façon [/ sanfa'sɔn /] *loc.avv.* in modo raffazzonato; sbrigativamente e senza cura: *fare una cosa alla* —.
sansino [san-sì-no] *s.m.* ciò che resta delle olive dopo la spremitura dell'olio di sansa, cioè dopo la seconda spremitura | olio ottenuto dalla terza spremitura delle olive.
sansone [san-só-ne] *s.m.* (*fam.*) uomo dotato di forza eccezionale | *prov.*: *muoia Sansone con tutti i filistei*, si dice di chi, pur di danneggiare gli altri, non si preoccupa di recare danno anche a sé stesso.
santabarbara [san-ta-bàr-ba-ra] *s.f.* [pl. *santebarbare*] **1** deposito di munizioni sulle navi da guerra **2** (*fig.*) situazione critica che può esplodere da un momento all'altro.
santerello [san-te-rèl-lo], o **santarello**, *s.m.* [f. *-a*] (*iron.*) chi ostenta un'ingenuità o una pietà religiosa che in realtà non possiede.
santiddio [san-tid-dì-o], o **sant'Iddio**, *inter.* esclamazione di disappunto, di sorpresa: —, *quant'è tardi!*
santificante [san-ti-fi-càn-te] *agg.* che santifica, che rende santo: *grazia* —.
santificare [san-ti-fi-cà-re] *v.tr.* [*io santìfico, tu santìfichi ecc.*] **1** rendere santo (anche *assol.*): *la*

preghiera santifica **2** dichiarare e riconoscere come santo; canonizzare **3** osservare le solennità religiose secondo le prescrizioni della chiesa: — *le feste* | onorare, venerare devotamente: *sia santificato il nome di Dio* ♦ **santificarsi** *v.rifl.* progredire nella via della perfezione spirituale; divenire santo.

santificazione [san-ti-fi-ca-zió-ne] *s.f.* il santificare, il santificarsi, l'essere santificato: *la — delle feste.*

santino [san-tì-no] *s.m.* piccolo rettangolo di carta o cartoncino su cui è riprodotta l'immagine di un santo.

santissimo [san-tìs-si-mo] *agg.* si dice della Trinità e dell'eucaristia (abbr. *SS.*): *il — Sacramento*, l'eucaristia ♦ *s.m.* l'ostia consacrata: *adorare il —.*

santità [san-ti-tà] *s.f.* **1** l'essere santo; qualità propria di Dio e di ciò che a lui è consacrato: *la — della preghiera* | condizione, qualità di chi vive in comunione con Dio: *morire in odore di —*, essendo considerato santo **2** qualità che rende degno di onore e rispetto: *la — della famiglia* **3** *Santità*, titolo attribuito al papa.

santo [sàn-to] *agg.* [al m. si tronca in *san* davanti ai nomi che cominciano per consonante, con esclusione di *s* impura; f. regolare] **1** (*teol.*) che è degno di venerazione religiosa; che è dotato di santità: *la santa messa*; *anno —*, giubileo; *settimana santa*, quella precedente la Pasqua; *acqua santa*, benedetta; *olio —*, consacrato; *il — padre*, il papa | nel cattolicesimo, si dice di chi è stato canonizzato dalla chiesa: *— Stefano, sant'Andrea, san Giovanni* **2** (*estens.*) giusto, buono: *un sant'uomo* | *parole sante!*, giustissime | sacro: *il giuramento è —* **3** (*fam.*) con valore rafforzativo: *lavorare tutto il — giorno*; *di santa ragione*, con forza, ben bene | (*fam.*) usato in esclamazioni di disappunto o sorpresa: *santa pazienza!* ♦ *s.m.* **1** (*teol.*) nel cattolicesimo, chi è stato canonizzato dalla chiesa: *il culto dei santi* | *non sapere a che — votarsi*, (*fig.*) non sapere a chi rivolgersi in un bisogno urgente | *avere qualche — in Paradiso*, (*fig.*) qualche persona influente da cui si può essere raccomandati **2** (*estens.*) persona pia, buona: *quell'uomo è un —* □ **santamente** *avv.* in modo santo, con santità.

santone [san-tó-ne] *s.m.* **1** in Oriente, persona, per lo più di età avanzata, dedita a pratiche ascetiche e oggetto di grande venerazione **2** (*fig. spreg.*) capo carismatico di una comunità.

santuario [san-tu-à-rio] *s.m.* **1** luogo sacro | (*fig.*) luogo reale o ideale in cui si custodiscono i sentimenti più intimi: *il — della coscienza* **2** chiesa che custodisce reliquie di un santo o che è sorta in un luogo dove si sarebbero verificate apparizioni celesti: *il — di Loreto, di Fatima.*

sanzionare [san-zio-nà-re] *v.tr.* [*io sanzióno ecc.*] **1** approvare d'autorità; ratificare, sancire **2** (*non com.*) colpire con sanzioni.

sanzionatorio [san-zio-na-tó-rio] *agg.* (*dir.*) che si riferisce a sanzione | che tende a sanzionare.

sanzione [san-zió-ne] *s.f.* **1** approvazione di una legge o di un provvedimento da parte di un'autorità; ratifica **2** (*dir.*) misura punitiva da applicare in caso di inosservanza di una norma | (spec. *pl.*) in diritto internazionale, misure di ritorsione adottate da uno stato nei confronti di un altro.

sapere[1] [sa-pé-re] *v.tr.* [pres. *io so, tu sai, egli sa, noi sappiamo, voi sapéte, essi sanno*; fut. *io saprò ecc.*; pass.rem. *io sèppi, tu sapésti, egli sèppe,... essi sèppero*; pres.congiunt. *io sàppia,... essi sàppiano*; pres.cond. *io saprèi ecc.*; imp. *sappi, sappiate*; ger. *sapèndo*; part.pres. *sapiente*; part.pass. *saputo*] **1** avere cognizioni e nozioni acquisite attraverso lo studio, l'apprendimento; conoscere: *— a memoria* **2** avere cognizioni e nozioni acquisite attraverso la pratica e l'esperienza: *un artigiano che sa il suo mestiere* | *saperne una più del diavolo*, (*fig.*) essere molto astuto | *saperla lunga*, essere furbo | *— il fatto proprio*, essere abile nel proprio mestiere **3** essere, venire a conoscenza di qlco.; essere informato; apprendere: *— una notizia dai giornali* | *far —*, informare | *non si sa mai*, per esprimere precauzione o incertezza | *non volerne — di qlcu. o di qlco.*, disinteressarsene, non curarsene | *sappi, sappiate che...*, formula con cui si esprime con risolutezza la propria idea | *che io sappia, per quanto ne so, per quel che ne so*, per ciò che è in mia conoscenza | *Dio solo lo sa*, nessuno lo sa: *Dio solo sa dove si sono cacciati* **4** essere ben cosciente, rendersi conto di qlco.: *so di aver fatto male* | *non — come, che fare*, essere incerto sulla via da seguire | *lo sapevo, si sapeva*, espressioni usate per indicare che si poteva o doveva prevedere ciò che è accaduto | *non si sa mai*, non si può prevedere: *non si sa mai cosa può succedere* | *un certo non so che*, qlco. di indefinito **5** essere in grado, essere capace: *non sa parlare in inglese* | *saperci fare*, essere abile; essere capace di trarre vantaggio dalle situazione ♦ *v.intr.* [aus. *avere*] **1** conoscere per avere studiato; essere dotto, esperto: *un uomo che sa* | *— di latino, di pittura*, averne nozione, pratica **2** avere sapore o odore: *un cibo che sa di bruciato* | *non — di nulla*, non avere alcun sapore, essere scipito **3** (*fig.*) avere l'impressione; sembrare: *mi sa che hai ragione tu.*

sapere[2] *s.m.* [solo *sing.*] il complesso delle conoscenze; la dottrina, lo scibile: *i campi del —.*

sapidità [sa-pi-di-tà] *s.f.* l'essere sapido.

sapido [sà-pi-do] *agg.* **1** (*lett.*) che ha sapore; gustoso, saporito **2** (*fig.*) arguto, spiritoso: *uno scrittore —.*

sapiente [sa-pièn-te] *agg.* **1** che è dotato di sapienza; dotto, saggio **2** esperto, competente: *un — amministratore* **3** che rivela dottrina, saggezza o abilità: *risposta —* ♦ *s.m.* persona dotata di sapienza; dotto, saggio: *i sapienti dell'antichità* □ **sapientemente** *avv.* con saggezza | abilmente.

sapientone [sa-pien-tó-ne] *agg.* e *s.m.* [f. *-a*] che/chi fa sfoggio di una sapienza che spesso non ha.

sapienza [sa-pièn-za] *s.f.* **1** perfetto grado di conoscenza; l'essere sapiente **2** il possedere grandi capacità di discernimento, accompagnate da doti morali; saggezza.

saponaceo [sa-po-nà-ce-o] *agg.* che ha l'aspetto o le proprietà del sapone: *sostanza saponacea.*

saponaria [sa-po-nà-ria], o **saponaia**, *s.f.* **1** pianta erbacea rizomatosa, con foglie lanceolate, fiori color rosa; dalle radici si estrae la saponina **2** polvere sgrassante, ricavata dalle radici della saponaria e di piante affini.

saponario [sa-po-nà-rio] *agg.* di sapone, che riguarda il sapone: *prodotto —.*

saponata [sa-po-nà-ta] *s.f.* soluzione schiumosa di acqua e sapone.

sapone [sa-pó-ne] *s.m.* **1** nome dei sali alcalini di acidi grassi, di consistenza pastosa o solida, usati come detergenti: *— in polvere, da bucato* **2** pezzo di sapone. DIM. *saponetta* (f.).

saponetta [sa-po-nét-ta] *s.f.* **1** pezzo di sapone profumato per toletta **2** orologio piatto da tasca in uso spec. nel sec. XIX.

saponiera [sa-po-niè-ra] *s.f.* piccola scatola di metallo, vetro o materia plastica usata per tenervi il sapone; portasapone.

saponiere [sa-po-niè-re] *s.m.* **1** chi è addetto alla fabbricazione di saponi **2** fabbricante o commerciante di saponi.

saponiero [sa-po-niè-ro] *agg.* del sapone, che riguarda la produzione industriale del sapone: *industria saponiera.*

saponificare [sa-po-ni-fi-cà-re] *v.tr.* [*io saponìfico, tu saponìfichi ecc.*] sottoporre al processo di saponificazione; ridurre in sapone.

saponificazione [sa-po-ni-fi-ca-zió-ne] *s.f.* **1** (*chim.*) reazione da cui si ottiene sapone e glicerina **2** (*estens.*) riduzione di una sostanza a sapone.

saponificio [sa-po-ni-fì-cio] *s.m.* stabilimento in cui si fabbrica il sapone.

saponina [sa-po-nì-na] *s.f.* (*chim.*) polvere solubile con proprietà detergenti e schiumogene.

saponoso [sa-po-nó-so] *agg.* di sapone, che ha l'aspetto o le proprietà del sapone: *sostanza saponosa.*

sapore [sa-pó-re] *s.m.* **1** la sensazione prodotta dalle sostanze sugli organi del gusto; la proprietà delle sostanze di produrre tale sensazione: *avere, perdere —; — gradevole; il — del caffè* **2** tono, carattere: *parole di — amaro* | capacità di suscitare interesse; vivacità, brio: *racconto senza —*, banale, sciocco; *dar — a qlco.*, renderla interessante, attraente.

saporito [sa-po-rì-to] *agg.* **1** che ha sapore o un buon sapore; gustoso: *un piatto —* **2** si dice di cibo salato più del giusto, ma non sgradevole: *un brodo —* **3** (*fig.*) arguto, vivace: *una storiella saporita* | fatto con gusto, con piacere: *un sonno —* □ **saporitamente** *avv.* **1** con ricchezza di sapori; anche, in modo piuttosto salato: *mangiare —* **2** (*fig.*) con gusto: *dormire —.*

saporoso [sa-po-ró-so] *agg.* (*non com.*) che ha molto sapore o sapore gradevole; saporito, sapido (anche *fig.*): *un aneddoto —*, vivace e arguto.

sapro- primo elemento di parole composte della terminologia scientifica, che significa 'decomposizione, putrefazione' (*saprofito*).

saprofago [sa-prò-fa-go] *agg.* [pl.m. *-gi*] (*biol.*) si dice di organismo che si nutre di sostanze organiche in decomposizione.

saprofilo [sa-prò-fi-lo] *agg.* (*biol.*) si dice di organismo che vive in ambienti ricchi di sostanze organiche in decomposizione.

saprofitico [sa-pro-fì-ti-co] *agg.* [pl.m. *-ci*] (*biol.*) relativo a saprofito, a saprofitismo.

saprofito [sa-prò-fi-to], o **saprofita**, *agg.* e *s.m.* [pl.m. *-ti*] (*bot.*) si dice di organismo vegetale che si nutre di organismi morti o di sostanze organiche in decomposizione.

sapropel [sa-pro-pèl] *s.m.invar.* (*geol.*) melma nerastra formata da gusci di microrganismi e da alghe unicellulari in putrefazione; da essa deriva il petrolio.

saputello [sa-pu-tèl-lo] *agg.* e *s.m.* [f. *-a*] si dice di bambino o ragazzo che assume arie da grande e presume di sapere tutto.

saputo [sa-pù-to] *agg.* **1** (*lett.*) che sa, che conosce | saggio **2** (*spreg.*) che presume di sapere tutto, d'intendersi di tutto ♦ *s.m.* [f. *-a*] persona saputa. DIM. *saputello.*

sarabanda [sa-ra-bàn-da] *s.f.* **1** (*mus.*) ballo in origine di carattere sfrenato, poi stilizzatosi in una danza di movimento lento e grave **2** (*fig.*) confusione di persone o cose in movimento: *una — di bambini.*

saracchio [sa-ràc-chio] *s.m.* erba perenne della macchia mediterranea, le cui foglie sono utilizzate per lavori di intreccio.

saracco [sa-ràc-co] *s.m.* [pl. *-chi*] sega a mano, dalla lama di forma rettangolare o trapezoidale.

saraceno [sa-ra-cè-no] *s.m.* [f. *-a*] nel Medioevo e nel Rinascimento, musulmano ♦ *agg.* **1** dei saraceni; che appartiene ai saraceni: *pirateria saracena* **2** *grano —*, pianta erbacea coltivata in località alpine.

saracinesca [sa-ra-ci-né-sca] *s.f.* **1** lamiera o griglia d'acciaio snodabile, usata come chiusura di locali a piano terra: *abbassare la —* **2** in idraulica, dispositivo che serve a regolare il flusso di un liquido in una condotta in pressione.

sarago [sà-ra-go] *s.m.* [pl. *-ghi*] pesce marino dal corpo appiattito di colore argenteo con striature scure; ha carni pregiate.

sarcasmo [sar-cà-ʃmo] *s.m.* **1** ironia pungente, amara: *rispondere con —* **2** frase, parola sarcastica.

sarcastico [sar-cà-sti-co] *agg.* [pl.m. *-ci*] che esprime, che contiene sarcasmo: *tono —* □ **sarcasticamente** *avv.*

sarchiare [sar-chià-re] *v.tr.* [*io sàrchio ecc.*] smuovere il terreno in superficie sminuzzandone le zolle.

sarchiatrice [sar-chia-trì-ce] *s.f.* macchina agricola che esegue la sarchiatura; zappatrice.

sarchiatura [sar-chia-tù-ra] *s.f.* operazione del sarchiare.
sarchiello [sar-chièl-lo] *s.m.* piccolo sarchio usato per lavori di giardinaggio.
sarchio [sàr-chio] *s.m.* attrezzo agricolo a forma di zappa da un lato, di bidente dall'altro, usato per la sarchiatura.
sarco- primo elemento di parole composte, che significa 'carne, muscolo' (*sarcoma*).
sarcofago [sar-cò-fa-go] *s.m.* [pl. *-gi* o *-ghi*] (*archeol.*) imponente cassa sepolcrale in pietra o marmo, usata nell'antichità classica e nel Medioevo.
sarcoide [sar-còi-de] *s.m.* (*med.*) termine con cui si designano i noduli presenti in alcune malattie della pelle.
sarcoma [sar-cò-ma] *s.m.* [pl. *-mi*] (*med.*) tumore maligno del tessuto connettivo.
sarda [sàr-da] *s.f.* piccolo pesce marino di colore azzurro argenteo; si consuma fresco o conservato sott'olio.
sardanapalesco [sar-da-na-pa-lé-sco] *agg.* [pl. m. *-schi*] (*lett.*) lussuoso e dissoluto come i costumi dell'antico re assiro Sardanapalo.
sardanapalo [sar-da-na-pà-lo] *s.m.* (*lett.*) si dice di chi conduce vita fastosa e viziosa.
sardegnolo [sar-de-gnò-lo] *agg.* (*pop.*) della Sardegna, sardo (detto soprattutto di animali): *somarelli sardegnoli*.
sardella [sar-dèl-la] *s.f.* (*pop.*) sarda.
sardina [sar-dì-na] *s.f.* lo stesso che *sarda* | *stare come le sardine*, (*fig.*) pigiati, accalcati.
sardismo [sar-dì-ʃmo] *s.m.* movimento autonomista sviluppatosi in Sardegna a partire dal primo dopoguerra.
sardo [sàr-do] *agg.* della Sardegna ♦ *s.m.* **1** [f. *-a*] nativo, abitante della Sardegna **2** insieme dei dialetti parlati in Sardegna.
sardonia [sar-dò-nia] *s.f.* (*bot.*) varietà di ranuncolo velenoso alla quale un'antica credenza attribuiva il potere di provocare brusche contrazioni dei muscoli facciali (il cosiddetto *riso* o *ghigno sardonico*).
sardonico [sar-dò-ni-co] *agg.* [pl.m. *-ci*] che esprime derisione e sarcasmo; beffardo, maligno: *riso, ghigno —*.
sargasso [sar-gàs-so] *s.m.* alga marina con piccole vesciche piene d'aria che la fanno galleggiare sull'acqua.
sari [sà-ri] *s.m.* abito femminile indiano, costituito da una pezza di cotone o seta che si avvolge intorno al corpo lasciando libera una spalla.
sarmatico [sar-mà-ti-co] *agg.* [pl.m. *-ci*] della Sarmazia o dei sarmati, antico popolo nomade di stirpe iranica: *pianura sarmatica*.
sarmento [sar-mén-to] *s.m.* tralcio della vite, lungo e flessibile | (*estens.*) ramo di altre piante, lungo e ricadente verso terra.
sarta [sàr-ta] *s.f.* **1** donna che confeziona abiti femminili | creatrice di moda, stilista. DIM. *sartina* **2** costumista.
sartia [sàr-tia] *s.f.* (*mar.*) ciascuno dei cavi fissi di canapa o acciaio che sostengono trasversalmente gli alberi delle navi.
sartiame [sar-tià-me] *s.m.* (*mar.*) l'insieme delle sartie di una nave.
sarto [sàr-to] *s.m.* **1** chi confeziona abiti da uomo o da donna | chi crea modelli e ne cura la realizzazione; stilista **2** costumista.
sartoria [sar-to-rì-a] *s.f.* **1** laboratorio di sarto o di sarta; casa di moda: *— da donna* **2** arte, lavoro del sarto; l'insieme dei sarti e delle attività che riguardano la confezione degli abiti: *la — italiana*.
sartoriale [sar-to-rià-le] *agg.* che concerne la sartoria, l'attività dei sarti.
sartorio [sar-tò-rio] *s.m.* (*anat.*) muscolo flessore della coscia.
sartotecnica [sar-to-tèc-ni-ca] *s.f.* la sartoria come insieme delle tecniche e delle attività sartoriali.
sartù [sar-tù] *s.m.* (*gastr.*) sformato di riso al sugo con funghi, mozzarella e uova, specialità della cucina napoletana.
sassaia [sas-sà-ia] *s.f.* **1** luogo sassoso **2** riparo di grossi massi costruito lungo i fiumi.
sassaiola [sas-sa-iò-la] *s.f.* fitto lancio di sassi contro qlcu. o qlco.
sassaiolo [sas-sa-iò-lo] *agg.* che sta, che vive tra i sassi: *colombo —*.
sassata [sas-sà-ta] *s.f.* colpo inferto lanciando un sasso: *prendere a sassate qlcu.*
sasseto [sas-sé-to] *s.m.* sassaia.
sassifraga [sas-sì-fra-ga] *s.f.* (*bot.*) genere di piante erbacee perenni montane con foglie carnose e fiori bianchi, gialli o rosa.
sasso [sàs-so] *s.m.* **1** roccia, pietra; anche, blocco di roccia, macigno | *restare di —*, (*fig.*) immobile, senza parlare, per stupore o paura **2** piccolo frammento di pietra; ciottolo: *tirare un —* | *tirare il — e nascondere la mano*, (*fig.*) colpire, danneggiare qlcu. o qlco. cercando di nascondere la propria responsabilità. DIM. *sassolino*.
sassofonista [sas-so-fo-nì-sta], o **saxofonista**, *s.m.* e *f.* [pl.m. *-sti*] chi suona il sassofono.
sassofono [sas-sò-fo-no], o **saxofono** [sa-xò-fo-no], *s.m.* (*mus.*) strumento aerofono ad ancia semplice, molto usato nel jazz e nella musica leggera; ne esistono molti tipi.
sassofrasso [sas-so-fràs-so] *s.m.* albero dell'America settentrionale dalla cui radice si estrae un olio essenziale usato in medicina.
sassola [sàs-so-la] *s.f.* **1** (*mar.*) grossa cucchiaia di legno per liberare il fondo dell'imbarcazione dall'acqua **2** (*estens.*) cucchiaia usata per trasferire da un recipiente all'altro polveri, granaglie ecc.
sassolino [sas-so-lì-no] *s.m.* liquore dolce all'anice.
sassone [sàs-so-ne] *agg.* relativo alla Sassonia, regione storica e geografica della Germania centrale ♦ *s.m.* **1** [anche *f.*] abitante della Sassonia, antica e moderna **2** lingua degli antichi sassoni | dialetto tedesco parlato oggi in Sassonia.

sassoso [sas-só-so] *agg.* pieno di sassi: *terreno* —.
Satana [Sà-ta-na] *s.m.* il demonio | il capo dei demoni, Lucifero.
satanasso [sa-ta-nàs-so] *s.m.* **1** (*pop.*) Satana **2** (*fig.*) persona prepotente, violenta: *urlare come un* — | persona molto esuberante e dinamica: *quel ragazzo è un* —.
satanico [sa-tà-ni-co] *agg.* [pl.m. *-ci*] **1** di Satana: *il regno — del male* **2** diabolico, perfido: *riso, ghigno* —.
satanismo [sa-ta-nì-ʃmo] *s.m.* culto tributato a Satana; culto delle forze diaboliche.
satellite [sa-tèl-li-te] *s.m.* **1** (*astr.*) corpo celeste che ruota intorno a un pianeta: *i satelliti di Giove* | *— artificiale*, (*aer.*) apparecchiatura messa in orbita intorno a un corpo celeste da un razzo vettore, per scopi scientifici o militari | *via* —, detto di telecomunicazione in cui un satellite artificiale fa da ponte **2** (*fig.*) stato, paese dominato politicamente da un'altra nazione ♦ *agg.* che dipende strettamente da altri, soprattutto in ambito politico o economico: *stato, quartiere* —.
satin [/ sa'tɛn /] *s.m.invar.* (*fr.*) tessuto di cotone lucido che imita la seta, usato soprattutto per fodere.
satinare [sa-ti-nà-re] *v.tr.* **1** rendere tessuti, carte ecc. lucidi e lisci come la seta mediante calandratura **2** (*mecc.*) rifinire una superficie metallica mediante spazzole rotanti.
satinato [sa-ti-nà-to] *agg.* **1** sottoposto a satinatura: *alluminio* — **2** (*fig.*) morbido, liscio e lucente come la seta: *pelle satinata*.
satinatrice [sa-ti-na-trì-ce] *s.f.* macchina usata per satinare.
satinatura [sa-ti-na-tù-ra] *s.f.* l'operazione del satinare.
satinella [sa-ti-nèl-la] *s.f.* tessuto di seta leggera.
satira [sà-ti-ra] *s.f.* **1** genere letterario che ritrae con intenti critici e morali personaggi e ambienti reali, in toni che vanno dall'ironia all'invettiva **2** componimento poetico di genere satirico: *le satire di Giovenale* **3** (*estens.*) l'insieme di scritti, disegni e spettacoli che mirano a mettere in ridicolo comportamenti o concezioni altrui: *— politica*.
satireggiare [sa-ti-reg-già-re] *v.intr.* [*io satiréggio ecc.*; aus. *avere*] fare della satira.
satiresco [sa-ti-ré-sco] *agg.* [pl.m. *-schi*] (*lett.*) di satiro, da satiro | *dramma* —, opera teatrale di carattere farsesco dell'antica Grecia.
satiriasi [sa-ti-rì-a-ʃi] *s.f.* (*med.*) spinta ossessiva nell'uomo a ricercare esperienze sessuali; corrisponde alla ninfomania della donna.
satirico [sa-tì-ri-co] *agg.* [pl.m. *-ci*] di satira; che ha carattere di satira: *tono* — | di satire: *scrittore* — ♦ *s.m.* scrittore di satire: *i satirici latini* □ **satiricamente** *avv.*
satiro [sà-ti-ro] *s.m.* **1** (*mit.*) divinità greco-latina dei boschi rappresentata come un uomo con orecchie, coda ed estremità inferiori caprine o equine **2** (*fig.*) uomo morbosamente lascivo o lussurioso.
satollare [sa-tol-là-re] *v.tr.* [*io satóllo ecc.*] dare cibo a qlcu. finché sia sazio; saziare ♦ **satollarsi** *v.rifl.* mangiare a sazietà, riempirsi di cibo: *— di leccornie*.
satollo [sa-tól-lo] *agg.* che ha mangiato a sazietà, pieno di cibo: *sentirsi* —.
satrapia [sa-tra-pì-a] *s.f.* (*st.*) provincia dell'antico impero persiano governata da un satrapo | dignità, carica di satrapo.
satrapo [sà-tra-po] *s.m.* [pl. *-pi*] **1** (*st.*) governatore di una provincia dell'antico impero persiano **2** (*fig.*) persona che approfitta del grande potere che ha per spadroneggiare sugli altri.
saturare [sa-tu-rà-re] *v.tr.* [*io sàturo ecc.*] **1** (*chim., fis.*) portare a saturazione **2** (*fig.*) riempire al massimo, rendere saturo: *— la mente di nozioni* ♦ **saturarsi** *v.rifl.* o *intr.pron.* riempirsi al massimo, diventare saturo: *l'aria si è saturata di umidità*.
saturazione [sa-tu-ra-zió-ne] *s.f.* **1** (*chim., fis.*) presenza della massima quantità possibile di una sostanza in un determinato ambiente | *— del mercato*, (*econ.*) esaurimento della capacità di assorbimento di un prodotto **2** (*fig.*) limite estremo di sazietà, di sopportazione: *giungere a* —.
saturnale [sa-tur-nà-le] *agg.* (*lett.*) relativo al dio romano Saturno e al suo culto ♦ *s.m.pl.* solenne festa religiosa che si celebrava nell'antica Roma in onore di Saturno.
saturnia [sa-tùr-nia] *s.f.* (*zool.*) genere di grosse farfalle notturne dalle ali castane con macchie rotonde scure.
saturniano [sa-tur-nià-no] *agg.* del pianeta Saturno ♦ *s.m.* [f. *-a*] immaginario abitante di Saturno.
saturnino [sa-tur-nì-no] *agg.* **1** (*non com.*) del pianeta Saturno **2** (*lett.*) malinconico, triste **3** (*med.*) relativo al piombo: *intossicazione saturnina*.
saturnio [sa-tùr-nio] *agg.* (*lett.*) del dio Saturno, sacro a Saturno.
saturnismo [sa-tur-nì-ʃmo] *s.m.* (*med.*) intossicazione cronica da piombo.
Saturno [Sa-tùr-no] *s.m.* (*astr.*) nel sistema solare, il sesto pianeta in ordine di distanza dal Sole.
saturo [sà-tu-ro] *agg.* **1** (*chim., fis.*) portato a saturazione: *soluzione satura* **2** (*fig.*) che contiene qlco. in grande quantità; pieno, ricolmo: *stanza satura di gas*.
saudita [sau-dì-ta] *agg.* [pl.m. *-i*] relativo alla dinastia di Ibn Saud (1880-1953); che riguarda il territorio e la popolazione su cui regna tale dinastia: *Arabia Saudita* ♦ *s.m.* e *f.* [pl.m. *-i*] chi abita o è nato in Arabia Saudita.
sauna [sàu-na] *s.f.* pratica fisioterapica consistente in un bagno di vapore seguito da una doccia fredda | il locale in cui si effettua tale pratica.
sauri [sàu-ri] *s.m.pl.* (*zool.*) sottordine di rettili

dal corpo allungato coperto di squame cornee, a cui appartengono la lucertola e il ramarro.
saurischi [sau-rì-schi] *s.m.pl.* (*zool.*) gruppo di rettili fossili comprendente alcune specie di dinosauri.
sauro [sàu-ro] *agg.* si dice di mantello equino di colore rossastro o biondo e di cavallo che ha tale mantello ♦ *s.m.* cavallo con mantello sauro.
sauté [/ so'te /] *agg.invar.* (*fr.*) (*gastr.*) rosolato velocemente a fuoco alto; saltato: *patate* —.
savana [sa-và-na] *s.f.* (*geog.*) tipo di vegetazione caratteristica delle zone tropicali, costituita da piante erbacee e arbustive a rapido sviluppo.
savio [sà-vio] *agg.* **1** che ha integre le facoltà mentali, che è sano di mente **2** (*estens.*) saggio: *persona, consiglio* — ♦ *s.m.* **1** [f. *-a*] chi è sano di mente **2** [f. *-a*] uomo di grande senno ed esperienza: *i savi dell'antica Grecia* □ **saviamente** *avv.*
savoiardo [sa-vo-iàr-do] *agg.* **1** della Savoia, regione delle Alpi Occidentali **2** sabaudo ♦ *s.m.* **1** [f. *-a*] nativo, abitante della Savoia **2** il dialetto di tipo franco-provenzale parlato nella Savoia **3** biscotto di pasta leggera di forma lunga e tondeggiante alle estremità.
savoir-faire [/ savwar'fɛr /] *loc.sost.m.invar.* (*fr.*) modo di fare che consente di destreggiarsi in ogni occasione; tatto.
savonarola [sa-vo-na-rò-la] *s.f.* tipo di sedia rinascimentale costituita da due fasce di listelli di legno curvati e incrociati a X.
sax *s.m.invar.* sassofono.
saxhorn [/ saks'ɔrn /] *s.m.invar.* (*mus.*) strumento aerofono di ottone; ha bocchino a forma di tazza e tubo conico ravvolto su sé stesso, terminante in un ampio padiglione che sbocca sopra la testa del suonatore.
saxofono e *deriv.* → **sassofono** e *deriv.*
saziare [sa-zià-re] *v.tr.* [*io sàzio ecc.*] **1** soddisfare l'appetito, la fame di qlcu.; rendere sazio (anche *assol.*): — *un affamato*; *la polenta sazia* **2** (*fig.*) appagare, soddisfare pienamente (desideri, aspirazioni ecc.): — *l'orgoglio* ♦ **saziarsi** *v.rifl.* **1** mangiare a sazietà **2** (*fig.*) appagarsi, soddisfarsi; stancarsi: *non — mai di fare qlco.*
sazietà [sa-zie-tà] *s.f.* l'essere sazio: *provare* — | *a* —, fino a essere sazio, in grande abbondanza: *bere a* —.
sazio [sà-zio] *agg.* **1** che ha soddisfatto completamente il desiderio di cibo: *essere, sentirsi* — **2** (*fig.*) che ha appagato pienamente il desiderio di qlco., fin quasi a esserne stanco: — *di divertimenti* □ **saziamente** *avv.*
sbaccellare [ʃbac-cel-là-re] *v.tr.* [*io ʃbaccèllo ecc.*] levare dal baccello, sgranare: — *i fagioli*.
sbaciucchiamento [ʃba-ciuc-chia-mén-to] *s.m.* l'atto dello sbaciucchiare, dello sbaciucchiarsi.
sbaciucchiare [ʃba-ciuc-chià-re] *v.tr.* [*io ʃbaciùcchio ecc.*] baciare ripetutamente, continuamente ♦ **sbaciucchiarsi** *v.rifl.rec.* baciarsi ripetutamente, continuamente.
sbadataggine [ʃba-da-tàg-gi-ne] *s.f.* **1** l'essere sbadato; disattenzione, distrazione **2** atto da sbadato.
sbadato [ʃba-dà-to] *agg.* **1** che agisce e parla senza mettere attenzione a ciò che fa; distratto **2** che è conseguenza di sbadataggine: *una risposta sbadata* ♦ *s.m.* [f. *-a*] persona sbadata □ **sbadatamente** *avv.*
sbadigliare [ʃba-di-glià-re] *v.intr.* [*io ʃbadìglio ecc.*; aus. *avere*] fare sbadigli.
sbadiglio [ʃba-dì-glio] *s.m.* atto involontario che consiste nello spalancare la bocca respirando profondamente; è segno di sonno, fame, noia.
sbafare [ʃba-fà-re] *v.tr.* (*fam.*) **1** mangiare avidamente e in abbondanza **2** mangiare a spese d'altri: — *un pranzo*.
sbafata [ʃba-fà-ta] *s.f.* (*fam.*) abbondante mangiata, di solito a spese altrui.
sbafatore [ʃba-fa-tó-re] *s.m.* [f. *-trice*] (*fam.*) chi è solito mangiare a sbafo; scroccone.
sbaffo [ʃbàf-fo] *s.m.* macchia a forma di baffo.
sbafo [ʃbà-fo] *s.m.* solo nella loc. *a* —, a spese altrui.
sbagliare [ʃba-glià-re] *v.intr.* [*io ʃbàglio ecc.*; aus. *avere*] **1** commettere errori; comportarsi in modo errato, inopportuno: *ha sbagliato, ma ora è pentito* **2** fare qlco. in modo errato: — *a scrivere* ♦ *v.tr.* **1** scambiare, prendere una cosa o una persona per un'altra: — *strada*; — *numero*, al telefono, comporne uno per un altro | scegliere male: — *professione* **2** ottenere un risultato diverso da quello giusto o desiderato: — *i conti* ♦ **sbagliarsi** *v.intr.pron.* ingannarsi nel giudizio.
sbagliato [ʃba-glià-to] *agg.* **1** scambiato con qlco. d'altro o con altri: *strada, persona sbagliata* | (*estens.*) scelto male: *un momento* — **2** erroneo, non esatto: *conti sbagliati* **3** che è fatto male: *lavoro* —.
sbaglio [ʃbà-glio] *s.m.* **1** lo sbagliare, lo sbagliarsi; errore: — *di calcolo*; *commettere uno* — | scambio, equivoco: — *di persona* **2** colpa: — *giovanile*.
sbalestrare [ʃba-le-strà-re] *v.tr.* [*io ʃbalèstro ecc.*] **1** fare andare altrove, lontano; spostare d'autorità: — *un impiegato in una sede lontana* **2** (*fig.*) mettere in difficoltà, in confusione: *il chiasso mi sbalestra*.
sbalestrato [ʃba-le-strà-to] *agg.* smarrito, a disagio: *sentirsi* — | scombussolato: *famiglia sbalestrata* ♦ *s.m.* [f. *-a*] persona spostata, un po' squilibrata.
sballare [ʃbal-là-re] *v.tr.* tirar fuori qlco. da un imballaggio ♦ *v.intr.* [aus. *avere*] **1** in alcuni giochi di carte, perdere oltrepassando il punteggio massimo stabilito **2** (*fam.*) sbagliare per eccesso nel fare un calcolo o nel formulare un'ipotesi.
sballato [ʃbal-là-to] *agg.* **1** tirato fuori da un imballaggio: *merci sballate* **2** (*mecc.*) detto di un organo o di un pezzo, avere un gioco eccessivo rispetto alla norma **3** (*fam.*) si dice di ciò che è irragionevole, privo di buon senso: *ragionamento* — **4** (*gerg.*) di persona, che è sotto l'effetto di allucinogeni.

sballo [ʃbàl-lo] *s.m.* **1** l'operazione di sballare una merce **2** (*gerg.*) l'effetto allucinatorio prodotto da una sostanza stupefacente | (*fig.*) situazione eccitante e fuori dal comune: *ragazzi, che —!*

sballottamento [ʃbal-lot-ta-mén-to] *s.m.* lo sballottare, l'essere sballottato.

sballottare [ʃbal-lot-tà-re] *v.tr.* [*io ʃballòtto ecc.*] **1** agitare, muovere rapidamente qua e là qlco. che si tiene tra le mani | scuotere, far traballare: *l'autobus in corsa sballottava i passeggeri* **2** spingere ripetutamente in diverse direzioni: *nave sballottata dalle onde.*

sballottolare [ʃbal-lot-to-là-re] *v.tr.* [*io ʃballòttolo ecc.*] (*non com.*) sballottare.

sbalordimento [ʃba-lor-di-mén-to] *s.m.* lo sbalordire, lo sbalordirsi, l'essere sbalordito.

sbalordire [ʃba-lor-dì-re] *v.tr.* [*io ʃbalordisco, tu ʃbalordisci ecc.*] stupire, impressionare vivamente: *la notizia ci ha sbalordito* ♦ *v.intr.* [aus. *essere*], **sbalordirsi** *v.intr.pron.* restare vivamente impressionato e stupito.

sbalorditivo [ʃba-lor-di-tì-vo] *agg.* che fa sbalordire, che stupisce profondamente; straordinario: *un coraggio —.*

sbalordito [ʃba-lor-dì-to] *agg.* molto sorpreso; sconcertato.

sbalzare[1] [ʃbal-zà-re] *v.tr.* far balzare lontano: *essere sbalzato da cavallo.*

sbalzare[2] *v.tr.* lavorare a sbalzo.

sbalzato [ʃbal-zà-to] *agg.* lavorato a sbalzo: *argento —.*

sbalzo[1] [ʃbàl-zo] *s.m.* **1** movimento brusco e improvviso; sussulto, scossone **2** (*fig.*) variazione improvvisa: *— di temperatura* | *a sbalzi*, irregolarmente, senza continuità.

sbalzo[2] *s.m.* **1** elemento architettonico sporgente dal corpo di una struttura **2** tecnica di lavorazione di lastre metalliche con cui si ottengono figure in rilievo su una faccia.

sbancamento [ʃban-ca-mén-to] *s.m.* opera di scavo del suolo di vaste dimensioni, effettuata per lavori edili o stradali.

sbancare[1] [ʃban-cà-re] *v.tr.* [*io ʃbanco, tu ʃbanchi ecc.*] **1** nei giochi d'azzardo, vincere tutta la somma di cui dispone il banco (anche *assol.*) **2** (*estens.*) rovinare economicamente: *i debiti lo hanno sbancato* ♦ *v.intr.* [aus. *essere*], **sbancarsi** *v.intr.pron.* **1** nei giochi d'azzardo, si dice del banco che perde tutta la somma di cui dispone **2** (*estens.*) spendere o perdere tutto il proprio denaro.

sbancare[2] *v.tr.* effettuare uno sbancamento: *— un terreno.*

sbandamento[1] [ʃban-da-mén-to] *s.m.* **1** l'azione e l'effetto dello sbandare (detto di un veicolo) **2** (*fig.*) disorientamento morale, ideologico, culturale.

sbandamento[2] *s.m.* **1** lo sbandarsi, detto di truppe e reparti militari **2** (*fig.*) disgregazione di un gruppo sociale; confusione, scompiglio morale, ideologico.

sbandare[1] [ʃban-dà-re] *v.intr.* [aus. *avere*] **1** detto di navi, inclinarsi su un fianco | detto di autoveicoli, deviare dalla propria traiettoria **2** (*fig.*) orientarsi verso idee, pratiche, metodi peggiori di quelli seguiti in precedenza.

sbandare[2] *v.tr.* (*non com.*) disperdere un gruppo di persone ♦ **sbandarsi** *v.intr.pron.* **1** detto di un gruppo di persone, di un reparto militare, disperdersi, sciogliersi disordinatamente **2** (*fig.*) detto di un nucleo sociale, familiare ecc., dividersi, disgregarsi.

sbandata [ʃban-dà-ta] *s.f.* **1** lo sbandare di un veicolo **2** (*fig.*) inclinazione repentina verso idee o comportamenti nuovi, diversi e peggiori di quelli soliti: *— politica* | *prendere una — per qlcu.*, (*fam.*) innamorarsene in modo intenso e improvviso.

sbandato [ʃban-dà-to] *agg.* e *s.m.* **1** che/chi è uscito dal proprio gruppo disperdendosi: *un soldato —* **2** (*fig.*) che/chi è confuso, disorientato moralmente, ideologicamente.

sbandieramento [ʃban-die-ra-mén-to] *s.m.* lo sbandierare (anche *fig.*): *lo — di una virtù.*

sbandierare [ʃban-die-rà-re] *v.tr.* [*io ʃbandièro ecc.*] **1** far sventolare una bandiera o delle bandiere in segno di festa **2** (*fig.*) ostentare, sfoggiare: *— il proprio coraggio.*

sbandierata [ʃban-die-rà-ta] *s.f.* grande sventolio di bandiere.

sbandieratore [ʃban-die-ra-tó-re] *s.m.* [f. *-trice*] chi si esibisce in prove di abilità volteggiando una o più bandiere.

sbando *s.m.* sbandamento morale, ideologico: *gioventù allo —* | (*estens.*) caos, disordine.

sbaraccare [ʃba-rac-cà-re] *v.tr.* [*io ʃbaracco, tu ʃbaracchi ecc.*] (*fam.*) rimuovere energicamente cose o persone dal loro posto: *— un accampamento* | (*assol.*) raccogliere le proprie cose e andarsene.

sbaragliare [ʃba-ra-glià-re] *v.tr.* [*io ʃbaràglio ecc.*] sconfiggere, annientare: *— il nemico.*

sbaraglio [ʃba-rà-glio] *s.m.* lo sbaragliare, l'essere sbaragliato | *andare, buttarsi, mandare allo —*, (*fig.*) esporsi, esporre a grave rischio o pericolo.

sbarazzare [ʃba-raz-zà-re] *v.tr.* sgombrare, liberare: *— una stanza* ♦ **sbarazzarsi** *v.rifl.* liberarsi di qlco. o di qlcu.: *— di un importuno.*

sbarazzino [ʃba-raz-zì-no] *agg.* e *s.m.* [f. *-a*] si dice benevolmente di ragazzo spigliato e vivace, che ne combina di tutti i colori ♦ *agg.* di sbarazzino, da sbarazzino: *un'aria sbarazzina.*

sbarbare [ʃbar-bà-re] *v.tr.* **1** svellere dalle barbe, strappare dalle radici; sradicare, estirpare: *— una pianta* **2** ripulire una radice dalle barbe | nella lavorazione dei cappelli di feltro, togliere le irregolarità del pelo **3** radere la barba: *sbarbarsi il viso* ♦ **sbarbarsi** *v.rifl.* radersi la barba.

sbarbatello [ʃbar-ba-tèl-lo] *s.m.* ragazzo pretenzioso che cerca di comportarsi come un adulto.

sbarbettatura [ʃbar-bet-ta-tù-ra] *s.f.* (*agr.*) eliminazione delle radici superficiali che si forma-

no nelle piante al disopra del punto d'innesto.
sbarbicare [ʃbar-bi-cà-re] *v.tr.* [*io ʃbàrbico, tu ʃbàrbichi ecc.*] sbarbare; sradicare, estirpare.
sbarbino [ʃbar-bì-no] *s.m.* [f. *-a*] (*sett.*) ragazzo o ragazza vivace e intraprendente.
sbarcare [ʃbar-cà-re] *v.tr.* [*io ʃbarco, tu ʃbarchi ecc.*] **1** scaricare merci, far scendere persone da un'imbarcazione **2** (*fig.*) trascorrere, passare alla meglio: — *l'inverno* | — *il lunario*, campare a stento, giorno per giorno ♦ *v.intr.* [aus. *essere*] **1** scendere da una nave o un'altra imbarcazione o da altri mezzi di trasporto: — *dall'aereo* **2** (*mil.*) mettere piede sul territorio nemico, giungendo con mezzi navali.
sbarcatoio [ʃbar-ca-tó-io] *s.m.* passerella su cui passano, per giungere a terra, passeggeri e merci sbarcati da una nave.
sbarco [ʃbàr-co] *s.m.* [pl. *-chi*] lo sbarcare, l'essere sbarcato | (*mil.*) lo sbarcare, su territorio nemico, di truppe impiegate in un'azione offensiva | *mezzo da* —, galleggiante semovente messo in mare in prossimità della costa per portare a terra uomini e materiali.
sbarellare [ʃba-rel-là-re] *v.intr.* [*io ʃbarèllo ecc.*; aus. *avere*] (*fam.*) **1** barcollare **2** (*fig.*) agire o parlare in modo sconnesso.
sbarra [ʃbàr-ra] *s.f.* **1** spranga, asta metallica o d'altro materiale: *le sbarre del passaggio a livello* | *dietro le sbarre*, (*fig.*) in prigione. DIM. *sbarretta* **2** la barriera che nelle aule giudiziarie delimita il luogo in cui stanno gli imputati | *mettere alla* —, (*fig.*) sottoporre a giudizio pubblico **3** (*sport*) attrezzo usato nel sollevamento pesi; bilanciere | nella ginnastica artistica, barra metallica posta a due metri e mezzo di altezza, su cui si eseguono esercizi di appoggio e oscillazione **4** (*arald.*) pezza onorevole posta diagonalmente nello scudo dal cantone superiore sinistro all'inferiore destro **5** linea tracciata per traverso su un foglio | sbarretta.
sbarramento [ʃbar-ra-mén-to] *s.m.* **1** lo sbarrare: *disporre uno* — | *diga di* —, diga che interrompe il corso di un fiume per formare un lago artificiale | *fuoco di* —, (*mil.*) concentrazione del tiro di artiglieria in una zona, per impedire l'accesso al nemico **2** ostacolo che impedisce il passaggio.
sbarrare [ʃbar-rà-re] *v.tr.* **1** chiudere con una o più sbarre; sprangare: — *il portone* **2** (*estens.*) impedire un passaggio; bloccare con uno sbarramento: — *una strada* | ostacolare: — *il passo* **3** spalancare (detto degli occhi): — *gli occhi per lo stupore* **4** segnare con sbarre trasversali: — *una casella*.
sbarrato [ʃbar-rà-to] *agg.* barrato: *assegno* — ♦ *s.m.* (*arald.*) scudo coperto di sei barre alternate di smalto differente.
sbarretta [ʃbar-rét-ta] *s.f.* lineetta verticale od obliqua usata come segno grafico per indicare separazione.
sbassare [ʃbas-sà-re] *v.tr.* rendere basso o più basso: — *un tavolo*.
sbastire [ʃba-stì-re] *v.tr.* [*io ʃbastisco, tu ʃbastisci ecc.*] disfare un'imbastitura.
sbatacchiamento [ʃba-tac-chia-mén-to] *s.m.* lo sbatacchiare, l'essere sbatacchiato.
sbatacchiare [ʃba-tac-chià-re] *v.tr.* [*io ʃbatàcchio ecc.*] sbattere, agitare con violenza: — *un tappeto*.
sbattere [ʃbàt-te-re] *v.tr.* [coniugato come *battere*] **1** battere con forza o ripetutamente: *porta che sbatte*; — *le palpebre*, chiuderle e aprirle più volte rapidamente **2** scagliare con violenza: *le onde sbatterono la barca sugli scogli* | — *qlco. in faccia a qlcu.*, (*fig.*) dirgli apertamente qlco. di sgradevole | — *qlcu. fuori della porta*, cacciarlo in malo modo | — *qlcu. in un luogo*, (*fam.*) costringerlo ad andarvi, a restarvi **3** agitare sostanze liquide o semisolide per amalgamarle o farle montare; frullare: — *la panna* ♦ *v.intr.* [aus. *avere*] agitarsi, urtare con violenza: *la finestra sbatte per il vento* | *sbattersene*, (*pop.*) infischiarsene.
sbattitura [ʃbat-ti-tù-ra] *s.f.* lo sbattere, l'essere sbattuto: *la* — *delle uova*.
sbattiuova [ʃbat-ti-uò-va] *s.m.invar.* arnese da cucina per amalgamare o montare le uova, la panna ecc.; frullino.
sbattuta [ʃbat-tù-ta] *s.f.* lo sbattere una sola volta o per breve tempo: *dare una* — *al tappeto*.
sbattuto [ʃbat-tù-to] *agg.* **1** frullato: *uovo* — **2** (*fig.*) che mostra stanchezza, abbattimento: *viso* —.
sbavamento [ʃba-va-mén-to] *s.m.* emissione di bava.
sbavare [ʃba-và-re] *v.intr.* [aus. *avere*] **1** emettere bava: *la lumaca sbava* | (*fig. fam.*) provare un desiderio acuto, spasmodico per qlco.: — *per un modello nuovo di macchina* **2** detto di colore, spandersi oltre la linea di contorno: *la vernice ha sbavato* ♦ *v.tr.* **1** sporcare di bava: *il cane ha sbavato il tappeto* **2** (*metall.*) liberare dalle bave o sbavature un pezzo fuso o stampato ♦ **sbavarsi** *v.rifl.* sporcarsi di bava.
sbavatura [ʃba-va-tù-ra] *s.f.* **1** lo sbavare; traccia di bava: *la* — *delle lumache* **2** traccia lasciata da un colore che si spande oltre la linea di contorno **3** (*fig.*) inutile lungaggine in uno scritto, in un discorso | imperfezione, lieve difetto **4** (*metall.*) incrostazione o imperfezione intorno a un pezzo fuso.
sbeccare [ʃbec-cà-re] *v.tr.* [*io ʃbécco, tu ʃbécchi ecc.*] rompere un recipiente di ceramica o di vetro facendogli perdere il beccuccio o scheggiandone l'orlo.
sbeffeggiamento [ʃbef-feg-gia-mén-to] *s.m.* lo sbeffeggiare, l'essere sbeffeggiato.
sbeffeggiare [ʃbef-feg-già-re] *v.tr.* [*io ʃbeffèggio ecc.*] beffare, irridere con malignità.
sbeffeggiatore [ʃbef-feg-gia-tó-re] *s.m.* [f. *-trice*] (*non com.*) chi sbeffeggia.
sbellicarsi [ʃbel-li-càr-si] *v.intr.pron.* [*io mi ʃbellìco, tu ti ʃbellìchi ecc.*] solo nella loc. *sbellicarsi dalle risa*, ridere a crepapelle.

sbendare [ʃben-dà-re] *v.tr.* [*io ʃbèndo ecc.*] liberare da una benda o dalle bende.

sberla [ʃbèr-la] *s.f.* schiaffo, ceffone: *prendere a sberle qlcu.*

sberleffo [ʃber-lèf-fo] *s.m.* boccaccia, smorfia; gesto di scherno: *fare uno —.*

sbevazzare [ʃbe-vaz-zà-re] *v.intr.* [aus. *avere*] bere molto e disordinatamente.

sbiadire [ʃbia-dì-re] *v.tr.* [*io ʃbiadisco, tu ʃbiadisci ecc.*] far perdere il colore: *il sole fa sbiadire i tessuti* ♦ *v.intr.* [aus. *essere*], **sbiadirsi** *v.intr.pron.* perdere il colore, scolorire (anche *fig.*): *ricordi che sbiadiscono.*

sbiadito [ʃbia-dì-to] *agg.* **1** che ha perduto il suo colore originale; scolorito: *fotografia sbiadita* **2** (*fig.*) che manca di brio, di originalità; scialbo: *stile —.*

sbiancante [ʃbian-càn-te] *agg.* che rende bianco: *l'azione — di un detersivo* ♦ *s.m.* prodotto per sbiancare.

sbiancare [ʃbian-cà-re] *v.tr.* [*io ʃbianco, tu ʃbianchi ecc.*] rendere bianco; candeggiare ♦ *v. intr.* [aus. *essere*], **sbiancarsi** *v.intr.pron.* diventare bianco | (*estens.*) impallidire: *— in volto.*

sbianchimento [ʃbian-chi-mén-to] *s.m.* **1** lo sbianchire, lo sbianchirsi, l'essere sbianchito **2** (*foto.*) immersione in acqua delle immagini negative per ridurne il grado di annerimento.

sbianchire [ʃbian-chì-re] *v.tr.* [*io ʃbianchisco, tu ʃbianchisci ecc.*] **1** rendere bianco, sbiancare **2** (*estens.*) lessare senza far raggiungere la cottura completa; sbollentare: *— la carne.*

sbieco [ʃbiè-co] *agg.* [pl.m. *-chi*] storto, obliquo: *linea sbieca* | *di —*, di traverso, obliquamente | *guardare di —*, con gli occhi di traverso; (*fig.*) con malanimo.

sbigottimento [ʃbi-got-ti-mén-to] *s.m.* sbalordimento, smarrimento.

sbigottire [ʃbi-got-tì-re] *v.tr.* [*io ʃbigottisco, tu ʃbigottisci ecc.*] turbare, sconcertare, sbalordire: *notizie che sbigottiscono* ♦ *v.intr.* [aus. *essere*], **sbigottirsi** *v.intr.pron.* provare turbamento; rimanere sconcertato, attonito: *— al pensiero della morte.*

sbigottito [sbi-got-tì-to] *agg.* stupito, attonito, sbalordito: *sguardo —.*

sbilanciamento [ʃbi-lan-cia-mén-to] *s.m.* lo sbilanciare, lo sbilanciarsi, l'essere sbilanciato.

sbilanciare [ʃbi-lan-cià-re] *v.tr.* [*io ʃbilàncio ecc.*] **1** far perdere l'equilibrio spostando il peso da una parte: *il carico sbilancia l'automobile* **2** (*fig.*) squilibrare, dissestare: *una spesa che sbilancia l'economia familiare* ♦ **sbilanciarsi** *v.intr.pron.* dire, fare qlco. oltre i limiti della prudenza; compromettersi: *in certi casi, è meglio non —.*

sbilancio [ʃbi-làn-cio] *s.m.* (*econ.*) differenza negativa, deficit di bilancio.

sbilenco [ʃbi-lèn-co] *agg.* [pl.m. *-chi*] storto, che pende da una parte: *tavolo —.*

sbirciare [ʃbir-cià-re] *v.tr.* [*io ʃbìrcio ecc.*] guardare di sfuggita in modo da non essere notato | guardare di nascosto: *— attraverso le imposte.*

sbirciata [ʃbir-cià-ta] *s.f.* lo sbirciare una sola volta e frettolosamente. DIM. *sbirciatina.*

sbirro [ʃbìr-ro] *s.m.* **1** in età medievale e rinascimentale, guardia armata addetta all'ordine pubblico **2** (*gerg.*) poliziotto, secondino.

sbizzarrire [ʃbiʒ-ʒar-rì-re] *v.tr.* [*io ʃbiʒʒarrisco, tu ʃbiʒʒarrisci ecc.*] (*non com.*) far passare i capricci, la bizzarria a qlcu. ♦ **sbizzarrirsi** *v.intr.pron.* soddisfare i propri capricci, il proprio estro: *— a dipingere.*

sbloccaggio [ʃbloc-càg-gio] *s.m.* (*tecn.*) sblocco.

sbloccamento [ʃbloc-ca-mén-to] *s.m.* sblocco.

sbloccare [ʃbloc-cà-re] *v.tr.* [*io ʃblòcco, tu ʃblòcchi ecc.*] liberare da un blocco: *— il freno* | (*fig.*) risolvere eliminando un impedimento: *— una situazione* ♦ **sbloccarsi** *v.rifl.* o *intr.pron.* **1** tornare a normali condizioni di funzionamento dopo un blocco: *la linea telefonica s'è sbloccata* | (*fig.*) uscire da una situazione di stallo: *la trattativa non si sblocca* **2** (*estens.*) superare un blocco psicologico, un imbarazzo.

sblocco [ʃblòc-co] *s.m.* [pl. *-chi*] lo sbloccare, lo sbloccarsi, l'essere sbloccato.

sbobba [ʃbòb-ba] *s.f.* (*fam.*) brodaglia | minestra o altro cibo disgustoso.

sbobinamento [ʃbo-bi-na-mén-to] *s.m.* l'operazione e il risultato dello sbobinare.

sbobinare [ʃbo-bi-nà-re] *v.tr.* (*fam.*) riportare per iscritto il contenuto di discorsi, interviste, conferenze registrati su nastro magnetico.

sboccare [ʃboc-cà-re] *v.intr.* [*io ʃbócco, tu ʃbócchi ecc.*; aus. *essere*] uscire all'aperto dopo un percorso al chiuso: *— in aperta campagna* | detto di corsi d'acqua, sfociare, immettersi: *il Tevere sbocca nel Tirreno* | di strade, aver termine: *via Torino sbocca in piazza Duomo* | detto di gruppi di persone in movimento, giungere in un luogo dopo un determinato percorso: *il corteo sboccò in piazza* ♦ *v.tr.* togliere un po' di liquido da una bottiglia, da un fiasco.

sboccataggine [ʃboc-ca-tàg-gi-ne] *s.f.* l'esprimersi in un linguaggio sboccato.

sboccato [ʃboc-cà-to] *agg.* **1** che si esprime in modo triviale, scurrile: *una persona sboccata* **2** rotto all'imboccatura; sbeccato: *un recipiente —* □ **sboccatamente** *avv.* in modo sboccato, scurrile.

sbocciare [ʃboc-cià-re] *v.intr.* [*io ʃbòccio ecc.*; aus. *essere*] **1** aprirsi (detto dei fiori) **2** (*fig.*) cominciare a manifestarsi, nascere; fiorire: *speranze che sbocciano.*

sboccio [ʃbòc-cio] *s.m.* lo sbocciare dei fiori.

sbocco [ʃbóc-co] *s.m.* [pl. *-chi*] **1** lo sboccare; il luogo dove sbocca un corso d'acqua, una strada ecc. | uscita: *strada senza —*, chiusa **2** *— di sangue*, (*pop.*) emottisi **3** (*fig.*) possibilità di soluzione, espansione: *un'attività senza sbocchi* **4** (*econ.*) opportunità di vendita: *cercare sbocchi all'estero.*

sbocconcellare [ʃboc-con-cel-là-re] *v.tr.* [*io ʃbocconcèllo ecc.*] **1** mangiare a piccoli bocconi, per lo più di malavoglia **2** (*estens.*) scheggiare l'orlo di recipienti di ceramica o di vetro; sbeccare.

sbollentare [ʃbol-len-tà-re] *v.tr.* [*io ʃbollènto ecc.*] immergere cibi nell'acqua bollente per brevissimo tempo; scottare.

sbollire [ʃbol-lì-re] *v.intr.* [*io ʃbollisco, tu ʃbollisci ecc.*; anche *io ʃbóllo ecc.*; aus. *avere* nel sign. 1, *essere* nel sign. 2] **1** cessare di bollire **2** (*fig.*) attenuarsi, placarsi: *l'ira è sbollita.*

sbolognare [ʃbo-lo-gnà-re] *v.tr.* [*io ʃbológno ecc.*] (*fam.*) **1** appioppare a qlcu. qlco. che non si vuol tenere, perché non piace o non serve **2** (*fig.*) liberarsi di una persona non gradita: — *un seccatore* | *sbolognarsela*, svignarsela.

sbornia [ʃbòr-nia] *s.f.* ubriacatura; sbronza: *prendere una* —.

sborniarsi [ʃbor-niàr-si] *v.rifl.* [*io mi ʃbòrnio ecc.*] prendere una sbornia; ubriacarsi.

sborsare [ʃbor-sà-re] *v.tr.* [*io ʃbórso ecc.*] versare una somma di denaro; spendere: — *sei milioni.*

sbottare [ʃbot-tà-re] *v.intr.* [*io ʃbòtto ecc.*; aus. *essere*] scoppiare; prorompere: — *a piangere* | (*fam.*) sfogarsi dicendo liberamente quello che si pensa.

sbotto [ʃbòt-to] *s.m.* improvvisa e prorompente manifestazione di sentimenti, impulsi ecc. fino a quel momento trattenuti: — *di risa.*

sbottonare [ʃbot-to-nà-re] *v.tr.* [*io ʃbottóno ecc.*] aprire la parte abbottonata di un indumento: — *la giacca*; *fa caldo, è meglio sbottonarsi* ♦ **sbottonarsi** *v.rifl.* (*fam.*) manifestare liberamente ciò che si pensa: *un tipo che non si sbottona.*

sbottonatura [ʃbot-to-na-tù-ra] *s.f.* lo sbottonare, lo sbottonarsi, l'essere sbottonato.

sbozzare [ʃboz-zà-re] *v.tr.* [*io ʃbòzzo ecc.*] **1** sgrossare (con riferimento a materiale che va poi scolpito, sagomato): — *un blocco di marmo* **2** (*estens.*) abbozzare un dipinto, un disegno **3** (*fig.*) delineare le linee generali di un progetto, di uno scritto.

sbozzatore [ʃboz-za-tó-re] *agg.* e *s.m.* [f. *-trice*] che/chi sbozza il marmo o altro materiale preparando il pezzo che verrà poi lavorato o rifinito.

sbozzimare [ʃboʒ-ʒi-mà-re] *v.tr.* [*io ʃbòʒʒimo ecc.*] togliere la bozzima ai filati o ai tessuti.

sbozzimatura [ʃboʒ-ʒi-ma-tù-ra] *s.f.* lo sbozzimare, l'essere sbozzimato.

sbozzolare [ʃboz-zo-là-re] *v.intr.* [*io ʃbòzzolo ecc.*; aus. *avere*] uscire dal bozzolo, detto della farfalla del baco da seta.

sbracamento [ʃbra-ca-mén-to] *s.m.* (*fam.*) perdita di compostezza, di autocontrollo | perdita di motivazione, di volontà.

sbracare [ʃbra-cà-re] *v.tr.* [*io ʃbraco, tu ʃbrachi ecc.*] liberare dall'imbracatura ♦ **sbracarsi** *v.rifl.* (*fam.*) **1** togliersi i calzoni o altri indumenti, o slacciarseli per star più libero e comodo **2** perdere l'autocontrollo, lasciarsi andare.

sbracato [ʃbra-cà-to] *agg.* (*fam.*) **1** che ha i calzoni cascanti | (*estens.*) che ha gli abiti in disordine e sbottonati **2** (*fig.*) sguaiato, sboccato: *essere — nel parlare.*

sbracciarsi [ʃbrac-ciàr-si] *v.rifl.* o *intr.pron.* [*io mi ʃbràccio ecc.*] **1** tirarsi su le maniche; indossare abiti senza maniche **2** agitare le braccia con ampi movimenti: — *a salutare* **3** (*fig.*) affaccendarsi ostentatamente: — *per farsi notare.*

sbracciato [ʃbrac-cià-to] *agg.* si dice di persona con le braccia scoperte o di indumento senza maniche o con maniche molto corte: *abito* —.

sbraciare [ʃbra-cià-re] *v.tr.* [*io ʃbràcio ecc.*] smuovere la brace accesa perché bruci meglio.

sbraitare [ʃbrai-tà-re] *v.intr.* [*io ʃbràito ecc.*; aus. *avere*] gridare sguaiatamente, esprimendo collera, risentimento.

sbranamento [ʃbra-na-mén-to] *s.m.* lo sbranare, lo sbranarsi, l'essere sbranato.

sbranare [ʃbra-nà-re] *v.tr.* **1** dilaniare con i denti, con gli artigli (detto di animali feroci e di rapaci): *il lupo sbranò la pecora* **2** (*iperb.*) aggredire verbalmente in modo rabbioso ♦ **sbranarsi** *v.rifl.rec.* **1** farsi a pezzi, distruggersi (anche *fig.*): *i popoli si sbranano con le guerre* **2** (*iperb.*) manifestarsi reciproca ostilità, cercando di danneggiarsi: *in quell'ufficio si sbranano.*

sbreccare [ʃbrec-cà-re] *v.tr.* [*io ʃbrécco, tu ʃbrécchi ecc.*] rompere l'orlo di un piatto o di un altro recipiente di ceramica.

sbreccato [ʃbrec-cà-to] *agg.* con l'orlo rotto, detto di recipiente di ceramica.

sbriciare [ʃbri-cià-re] *v.tr.* [*io ʃbrìcio ecc.*] frantumare, sbriciolare ♦ **sbriciarsi** *v.intr.pron.* andare in frantumi, ridursi in briciole.

sbriciolamento [ʃbri-cio-la-mén-to] *s.m.* lo sbriciolare, lo sbriciolarsi, l'essere sbriciolato.

sbriciolare [ʃbri-cio-là-re] *v.tr.* [*io ʃbrìciolo ecc.*] **1** ridurre in briciole, sminuzzare: — *il pane* | (*estens.*) distruggere completamente: *la bomba ha sbriciolato la casa* **2** (*fam.*) sporcare di briciole: — *il pavimento* ♦ **sbriciolarsi** *v.intr.pron.* ridursi in briciole: *la torta si è sbriciolata.*

sbrigare [ʃbri-gà-re] *v.tr.* [*io ʃbrigo, tu ʃbrighi ecc.*] portare a termine qlco.: — *una pratica*, eseguirla; — *un cliente*, servirlo | — *la posta*, leggerla ed evaderla | *sbrigarsela*, risolvere qlco. in poco tempo ♦ **sbrigarsi** *v.rifl.* affrettarsi: *sbrìgati, noi andiamo!*

sbrigativo [ʃbri-ga-tì-vo] *agg.* **1** che può essere sbrigato rapidamente: *lavoro* — **2** che sbriga alla svelta, con risolutezza; energico, deciso: *un uomo* —; *modi sbrigativi* **3** (*estens.*) superficiale, poco approfondito: *giudizio* — □ **sbrigativamente** *avv.*

sbrigliare [ʃbri-glià-re] *v.tr.* [*io ʃbrìglio ecc.*] liberare dalle briglie | (*fig.*) lasciare libero da ogni freno: — *la fantasia* ♦ **sbrigliarsi** *v.intr.pron.* sfrenarsi, sfogarsi liberamente.

sbrigliato [ʃbri-glià-to] *agg.* libero da ogni freno; sfrenato: *fantasia sbrigliata.*

sbrinamento [ʃbri-na-mén-to] *s.m.* **1** operazione con cui si eliminano i depositi di ghiaccio dalle pareti interne dei frigoriferi **2** (*fig.*) negli

autoveicoli, il disappannare le superfici interne del lunotto e del parabrezza.
sbrinare [ʃbri-nà-re] *v.tr.* compiere l'operazione di sbrinamento: *— il frigorifero.*
sbrinatore [ʃbri-na-tó-re] *s.m.* **1** dispositivo per lo sbrinamento dei frigoriferi domestici **2** negli autoveicoli, dispositivo termico per disappannare le superfici del lunotto e del parabrezza.
sbrinatura [ʃbri-na-tù-ra] *s.f.* sbrinamento.
sbrindellare [ʃbrin-del-là-re] *v.tr.* [*io ʃbrindèllo ecc.*] ridurre a brandelli, lacerare.
sbrindellato [ʃbrin-del-là-to] *agg.* lacero, stracciato: *abito —.*
sbrodolamento [ʃbro-do-la-mén-to] *s.m.* lo sbrodolare, lo sbrodolarsi, l'essere sbrodolato (anche *fig.*).
sbrodolare [ʃbro-do-là-re] *v.tr.* [*io ʃbròdolo ecc.*] sporcare di brodo, di sugo; insudiciare ♦ **sbrodolarsi** *v.rifl.* insudiciarsi mangiando o bevendo.
sbrodolatura [ʃbro-do-la-tù-ra] *s.f.* **1** lo sbrodolare, lo sbrodolarsi | macchia lasciata da ciò con cui ci si è sbrodolati: *una — di sugo sulla camicia* **2** (*fig.*) lungaggine nel parlare o nello scrivere.
sbrodolone [ʃbro-do-ló-ne] *s.m.* [f. *-a*] chi si macchia gli indumenti mangiando o bevendo.
sbrogliare [ʃbro-glià-re] *v.tr.* [*io ʃbròglio ecc.*] **1** sciogliere nodi, grovigli: *— la matassa,* dipanare l'intreccio dei fili | (*fig.*) risolvere: *— una questione intricata* **2** liberare da ingombri, sgombrare: *— un cassetto* ♦ **sbrogliarsi** *v.rifl.* togliersi da una situazione intricata | *sbrogliarsela,* togliersi d'impaccio.
sbronza [ʃbrón-za *o* ʃbrónʒa] *s.f.* (*fam.*) sbornia, ubriacatura.
sbronzarsi [ʃbron-zàr-si *o* ʃbronʒàrsi] *v.rifl.* [*io mi ʃbrónzo* (o *io mi ʃbrónʒo*) *ecc.*] (*fam.*) prendere una sbornia, ubriacarsi.
sbronzo [ʃbrón-zo *o* ʃbrónʒo] *agg.* (*fam.*) ubriaco.
sbruffare [ʃbruf-fà-re] *v.tr.* spruzzare un liquido dalla bocca o dal naso: *— il vino sulla tovaglia.*
sbruffo [ʃbrùf-fo] *s.m.* lo sbruffare; il liquido sbruffato.
sbruffonata [ʃbruf-fo-nà-ta] *s.f.* atto, detto da sbruffone; spacconata.
sbruffone [ʃbruf-fó-ne] *s.m.* [f. *-a*] chi racconta fanfaronate; spaccone.
sbruffoneria [ʃbruf-fo-ne-rì-a] *s.f.* carattere di chi è sbruffone | atto da sbruffone; sbruffonata.
sbucare [ʃbu-cà-re] *v.intr.* [*io ʃbuco, tu ʃbuchi ecc.*; aus. *essere*] **1** uscire fuori da una buca, da un foro, da una galleria: *il treno sbucò in aperta campagna* **2** (*fig.*) comparire all'improvviso: *da dove sbuchi?*
sbucciapatate [ʃbuc-cia-pa-tà-te] *s.m.invar.* arnese da cucina che serve a sbucciare le patate.
sbucciare [ʃbuc-cià-re] *v.tr.* [*io ʃbùccio ecc.*] **1** privare della buccia: *— un'arancia* **2** (*estens.*) produrre una escoriazione: *sbucciarsi un ginocchio.*
sbucciatura [ʃbuc-cia-tù-ra] *s.f.* **1** l'operazione dello sbucciare: *la — delle patate* **2** escoriazione, abrasione: *— al ginocchio.*
sbudellamento [ʃbu-del-la-mén-to] *s.m.* lo sbudellare, l'essere sbudellato.
sbudellare [ʃbu-del-là-re] *v.tr.* [*io ʃbudèllo ecc.*] **1** aprire il ventre a un animale per levarne le viscere; sventrare **2** (*fam.*) ferire gravemente al ventre una persona ♦ **sbudellarsi** *v.rifl.* (*non com.*) ferirsi al ventre | *— dalle risa,* (*fig.*) ridere a crepapelle; sbellicarsi.
sbuffare [ʃbuf-fà-re] *v.intr.* [aus. *avere*] **1** mandar fuori il fiato con impeto, rumorosamente: *— per il caldo* **2** emettere fumo a tratti: *la locomotiva sbuffa.*
sbuffata [ʃbuf-fà-ta] *s.f.* lo sbuffare, detto di persona.
sbuffo [ʃbùf-fo] *s.m.* **1** lo sbuffare; l'aria, il fumo o il vapore sbuffato: *— di fumo, di vento* **2** rigonfiamento tondeggiante di un abito o di una sua parte.
sbugiardare [ʃbu-giar-dà-re] *v.tr.* dimostrare che una persona è bugiarda.
sbullonare [ʃbul-lo-nà-re] *v.tr.* [*io ʃbullóno ecc.*] privare dei bulloni.
sburocratizzare [ʃbu-ro-cra-tiʒ-ʒà-re] *v.tr.* semplificare, snellire o eliminare le procedure burocratiche.
sburrare [ʃbur-rà-re] *v.tr.* scremare il latte, per ricavarne burro o panna.
sbuzzare [ʃbuʒ-ʒà-re] *v.tr.* (*pop.*) **1** aprire il ventre di polli, pesci ecc.; sventrare **2** (*estens.*) ferire gravemente al ventre.
scabbia [scàb-bia] *s.f.* (*med.*) malattia della pelle, prodotta da un acaro; si manifesta con bollicine e forte prurito | (*vet.*) analoga malattia che colpisce alcuni animali domestici.
scabbioso [scab-bió-so] *agg.* e *s.m.* [f. *-a*] che/chi è affetto da scabbia.
scabiosa [sca-bió-sa] *s.f.* pianta erbacea con infiorescenza a capolino di color viola chiaro.
scabrezza [sca-bréz-za] *s.f.* l'essere scabro, ruvido: *la — di una superficie.*
scabro [scà-bro] *agg.* **1** ruvido, irregolare al tatto: *muro —* **2** (*lett.*) detto di terreno, brullo, desolato **3** (*fig.*) di stile, conciso, disadorno.
scabrosità [sca-bro-si-tà] *s.f.* **1** l'essere scabroso (anche *fig.*): *la — di un film* **2** sporgenza di una superficie | (*tecn.*) irregolarità che presenta una superficie metallica dopo essere stata lavorata.
scabroso [sca-bró-so] *agg.* **1** scabro, ruvido, non levigato: *metallo —* **2** (*estens.*) difficile, malagevole: *sentiero —* **3** (*fig.*) delicato a trattarsi; scandaloso: *argomento —* □ **scabrosamente** *avv.*
scacchiare [scac-chià-re] *v.tr.* [*io scàcchio ecc.*] (*agr.*) compiere l'operazione della scacchiatura.
scacchiatura [scac-chia-tù-ra] *s.f.* (*agr.*) potatura con la quale si asportano dalla vite o da altre piante i germogli infruttiferi.
scacchiera [scac-chiè-ra] *s.f.* tavola quadrata, di legno o altro materiale, divisa in 64 riquadri al-

ternativamente bianchi e neri su cui si gioca a dama o a scacchi.

scacchiere [scac-chiè-re] *s.m.* vasta regione che costituisce un teatro reale o potenziale di azioni belliche: *lo — atlantico.*

scacchista [scac-chì-sta] *s.m.* e *f.* [pl.m. *-sti*] giocatore di scacchi.

scacchistico [scac-chì-sti-co] *agg.* [pl.m. *-ci*] del gioco degli scacchi; degli scacchisti: *convegno —.*

scacciacani [scac-cia-cà-ni] *agg.* o *s.m.* e *f.* si dice di rivoltella a salve, usata per intimorire o come arma giocattolo.

scacciamosche [scac-cia-mó-sche] *s.m.invar.* qualsiasi arnese che serve per scacciare le mosche.

scacciapensieri [scac-cia-pen-siè-ri] *s.m.invar.* strumento musicale tipico del folklore siciliano, costituito da una laminetta d'acciaio che si fa vibrare con un dito, appoggiando ai denti il supporto.

scacciare [scac-cià-re] *v.tr.* [*io scàccio ecc.*] **1** allontanare, cacciare via bruscamente: *— di casa* **2** (*fig.*) far passare, allontanare: *un passatempo che scaccia la noia.*

scaccino [scac-cì-no] *s.m.* chi è addetto alle pulizie e alla sorveglianza di una chiesa.

scacco [scàc-co] *s.m.* [pl. *-chi*] **1** *pl.* gioco che si fa fra due persone che muovono a turno su una scacchiera, secondo determinate regole, i pezzi di cui dispongono: *partita a scacchi* **2** ciascuno dei 32 pezzi con cui si gioca a scacchi **3** mossa con cui nel gioco si minaccia direttamente il re o un altro pezzo importante dell'avversario; (*fig.*) sconfitta, insuccesso mortificante: *subire uno —* | *— matto* (o *scaccomatto*), lo scacco che fa vincere la partita **4** ciascuno dei 64 quadretti bianchi e neri in cui è divisa la scacchiera | (*estens.*) piccolo riquadro, quadratino: *abito a scacchi.*

scaccolarsi [scac-co-làr-si] *v.rifl.* [*io mi scàccolo ecc.*] (*pop.*) togliersi le caccole dal naso.

scaccomatto [scac-co-màt-to] *s.m.* [solo *sing.*] scacco matto.

scadente [sca-dèn-te] *agg.* di poco pregio, di cattiva qualità: *merce —.*

scadenza [sca-dèn-za] *s.f.* **1** compimento del termine di tempo entro cui si deve soddisfare un obbligo, un impegno: *cambiale in —* **2** (*estens.*) impegno da adempiere entro una determinata scadenza: *essere assillato dalle scadenze* **3** termine di tempo posto allo svolgimento di un'attività, alla realizzazione di un programma, alla durata di una carica: *a breve, a lunga —*, con un termine di tempo vicino, lontano.

scadenzare [sca-den-zà-re] *v.tr.* [*io scadènzo ecc.*] (*burocr.*) porre una scadenza a qlco.

scadenzario [sca-den-zà-rio] *s.m.* (*burocr.*) registro delle scadenze future.

scadere [sca-dé-re] *v.intr.* [coniugato come *cadere*; aus. *essere*] **1** perdere il pregio, il valore, l'interesse; decadere: *usanze che vanno scadendo* **2** di cambiali, obbligazioni, contratti, giungere al termine fissato per il pagamento o l'estinzione | (*estens.*) non essere più valido per avere superato i limiti di tempo prefissati: *il farmaco è scaduto.*

scadimento [sca-di-mén-to] *s.m.* lo scadere; decadenza, perdita di qualità.

scafandro [sca-fàn-dro] *s.m.* **1** apparecchiatura impermeabile indossata dai palombari **2** (*estens.*) ogni equipaggiamento che protegga il corpo in ambienti particolari: *lo — degli astronauti.*

scaffalare [scaf-fa-là-re] *v.tr.* **1** disporre degli scaffali lungo le pareti di un ambiente: *— il corridoio* **2** collocare qlco. negli scaffali: *— i libri.*

scaffalatura [scaf-fa-la-tù-ra] *s.f.* **1** lo scaffalare **2** l'insieme degli scaffali: *— mobile, fissa.*

scaffale [scaf-fà-le] *s.m.* mobile o struttura costituiti da una serie di ripiani sovrapposti, sui quali si ripongono libri o altri oggetti.

scafo [scà-fo] *s.m.* **1** l'insieme delle strutture che costituiscono il corpo galleggiante di un natante **2** il corpo centrale di un idrovolante o di un carro armato.

-scafo secondo elemento di parole composte, che significa 'mezzo marino' (*batiscafo, motoscafo*).

scafocefalia [sca-fo-ce-fa-lì-a] *s.f.* (*med.*) alterazione della forma del cranio, che si presenta allungato in alto e compresso ai lati.

scafoide [sca-fòi-de] *agg.* e *s.m.* (*anat.*) si dice di un ossicino presente nel carpo e nel tarso, la cui forma ricorda quella di uno scafo.

scafopodi [sca-fò-po-di] *s.m.pl.* (*zool.*) classe di molluschi marini caratterizzati dal corpo allungato e protetto da una conchiglia tubolare aperta alle estremità.

scagionare [sca-gio-nà-re] *v.tr.* [*io scagióno ecc.*] liberare da un'accusa, discolpare: *— un imputato* ♦ **scagionarsi** *v.rifl.* giustificarsi, discolparsi.

scaglia [scà-glia] *s.f.* **1** squama dei pesci e dei rettili **2** piccola lamina lucente di metallo | frammento di metallo, pietra o altro materiale: *sapone in scaglie.*

scagliare[1] [sca-glià-re] *v.tr.* [*io scàglio ecc.*] gettare, lanciare lontano da sé con violenza; scaraventare (anche *fig.*): *— un sasso, insulti* ♦ **scagliarsi** *v.rifl.* **1** avventarsi, buttarsi: *— contro l'avversario* **2** (*fig.*) assalire con minacce, ingiurie.

scagliare[2] *v.tr.* [*io scàglio ecc.*] rompere in scaglie, scheggiare ♦ **scagliarsi** *v.intr.pron.* rompersi in scaglie, in schegge: *unghie che si scagliano.*

scagliola [sca-gliò-la] *s.f.* **1** gesso puro a presa rapida usato per stucchi, ingessature ecc. **2** erba annua originaria delle Canarie, i cui semi sono usati come mangime per uccelli.

scaglionamento [sca-glio-na-mén-to] *s.m.* lo scaglionare, il dislocare secondo scaglioni: *lo — delle ferie.*

scaglionare [sca-glio-nà-re] *v.tr.* [*io scaglióno ecc.*] disporre a scaglioni | disporre a intervalli determinati nello spazio o nel tempo: *— i pagamenti.*

scaglione[1] [sca-glió-ne] *s.m.* **1** gradino, scalino | ripiano sul fianco di un monte **2** gruppo che succede a un altro a un determinato intervallo: — *di soldati di leva* | (*fig.*) ciascuna delle parti in cui si considera suddiviso un insieme; blocco: *lavori eseguiti in tre scaglioni* **3** (*econ.*) ciascuno dei gruppi di valori compresi tra un minimo e un massimo di una data grandezza: — *di reddito, di età.*

scaglione² *s.m.* (*zool.*) ciascuno dei quattro denti canini del cavallo maschio.

scaglioso [sca-glió-so] *agg.* **1** ricoperto di scaglie, squamoso **2** che si scompone in scaglie: *roccia scagliosa.*

scagnozzo [sca-gnòz-zo] *s.m.* (*spreg.*) chi esegue ciecamente gli ordini di un potente; tirapiedi.

scala [scà-la] *s.f.* **1** struttura costituita da una o più serie di gradini, che permette di salire o scendere a livelli diversi **2** apparecchio mobile formato da due montanti paralleli collegati da elementi trasversali che fungono da scalini: — *a pioli, di corda* | — *a libretto*, scala che si apre a V rovesciata e non ha bisogno di appoggio | — *mobile*, nastro trasportatore a gradini, che consente di passare da un piano a un altro. DIM. *scaletta* **3** (*fig.*) successione di elementi dello stesso genere, disposti secondo un ordine progressivo: — *dei colori*, serie di colori posti in gradazione, dal più chiaro al più scuro **4** (*scient.*) successione convenzionale di valori che esprimono l'intensità di un fenomeno: — *Mercalli, Richter*, dei terremoti | — *musicale*, successione di suoni ordinati secondo intervalli stabiliti, che sta alla base di un sistema musicale | — *mobile*, (*econ.*) sistema di adeguamento dell'importo di stipendi, salari e pensioni all'aumento del costo della vita **5** rapporto tra le misure reali e quelle della rappresentazione cartografica: — *uno a centomila*, quando le distanze riportate sulla carta sono centomila volte più piccole che nella realtà **6** la parte di uno strumento di misurazione su cui si leggono i valori della grandezza misurata: *la — graduata della bilancia* | (*fig.*) misura, dimensione: *su larga, vasta —*, in grande; *su* (o *in*) — *ridotta*, in piccolo.

scalandrone [sca-lan-dró-ne] *s.m.* (*mar.*) larga passerella mobile che collega la banchina con la nave che vi è attraccata.

scalare¹ [sca-là-re] *agg.* **1** disposto a scala; graduato: *imposte scalari* **2** si dice di contabilità che presenta determinazione del saldo o degli interessi dopo ogni movimento **3** (*fis.*) si dice di grandezze il cui valore è un numero reale: *la temperatura è una grandezza —* ♦ *s.m.* in contabilità, rappresentazione dei movimenti di un conto seguiti ogni volta dal saldo aggiornato.

scalare² *v.tr.* **1** salire, per lo più con una scala, sulla sommità di qlco. | arrampicarsi: — *un muro* | fare un'ascensione alpinistica di una certa difficoltà: — *il monte Bianco* **2** disporre in scala, secondo un ordine crescente o decrescente: — *i colori* **3** (*estens.*) togliere, detrarre: — *ventimila lire dal conto.*

scalata [sca-là-ta] *s.f.* lo scalare, l'arrampicarsi su qlco. (anche *fig.*): — *al potere* | ascensione alpinistica di una certa difficoltà: *la — dell'Himalaia.*

scalatore [sca-la-tó-re] *s.m.* [f. *-trice*] **1** chi compie scalate; alpinista **2** corridore ciclista particolarmente abile sui percorsi in salita.

scalcagnato [scal-ca-gnà-to] *agg.* **1** si dice di scarpa deformata e logora nel calcagno **2** (*estens.*) si dice di persona malridotta, male in arnese.

scalcare [scal-cà-re] *v.tr.* [*io scalco, tu scalchi ecc.*] (*gastr.*) trinciare le carni cucinate per servirle ai banchetti.

scalciare [scal-cià-re] *v.intr.* [*io scàlcio ecc.*; aus. *avere*] tirare, sferrare calci.

scalcinare [scal-ci-nà-re] *v.tr.* togliere la calcina: — *un intonaco.*

scalcinato [scal-ci-nà-to] *agg.* **1** senza calcina, senza intonaco: *muro —* **2** (*fig.*) mal ridotto, malandato.

scalcinatura [scal-ci-na-tù-ra] *s.f.* lo scalcinare; la parte scalcinata: *le scalcinature di un muro.*

scaldaacqua [scal-da-àc-qua] *s.m.invar.* apparecchio per scaldare acqua: — *elettrico, a gas.*

scaldabagno [scal-da-bà-gno] *s.m.* [pl. *invar.* o *-i*] scaldaacqua per il bagno.

scaldaletto [scal-da-lèt-to] *s.m.* [pl. *invar.* o *-i*] arnese di vario tipo che si introduce fra le lenzuola per scaldare il letto.

scaldamuscoli [scal-da-mù-sco-li] *s.m.invar.* calza di lana senza il pedule che copre la gamba tra la caviglia e la coscia; viene indossata da ballerini e ginnasti durante gli allenamenti.

scaldapiatti [scal-da-piàt-ti] *s.m.invar.* apparecchio col quale si scaldano i piatti o si tengono in caldo le vivande da portare in tavola.

scaldapiedi [scal-da-piè-di] *s.m.invar.* arnese per tenere caldi i piedi: — *elettrico.*

scaldare [scal-dà-re] *v.tr.* **1** far diventare caldo o più caldo; riscaldare: — *la minestra*; *fuoco che scalda la sala* | — *il motore*, avviarlo e tenerlo acceso per qualche tempo prima di partire | — *i banchi*, (*scherz.*) si dice di alunni negligenti | — *i muscoli*, (*sport*) fare esercizi di riscaldamento prima dell'inizio di una gara **2** (*assol.*) emanare calore: *la stufa non scalda* **3** (*fig.*) infiammare, eccitare: — *la folla* ♦ *v.intr.* [aus. *avere*] (*mecc.*) diventare troppo caldo, surriscaldarsi: *un motore che scalda molto* ♦ **scaldarsi** *v.rifl.* procurarsi calore: — *al sole* ♦ *v. intr.pron.* **1** diventare caldo o più caldo: *l'aria si è scaldata* **2** (*fig.*) accalorarsi, eccitarsi: *perché ti scaldi tanto?*

scaldata [scal-dà-ta] *s.f.* lo scaldare, per lo più in fretta: *dare una — alla minestra.*

scaldavivande [scal-da-vi-vàn-de] *s.m.invar.* apparecchio usato per tenere in caldo le vivande.

scaldino [scal-dì-no] *s.m.* recipiente di rame che, riempito di carboni accesi, veniva usato per scaldarsi le mani o riscaldare il letto | apparecchio elettrico con analoga funzione.

scalea [sca-lè-a] *s.f.* (*arch.*) scalinata monumentale esterna.

scaleno [sca-lè-no] *agg.* **1** (*mat.*) si dice di

triangolo con i tre lati disuguali o di trapezio con i lati disuguali 2 *muscolo* —, (*anat.*) nome di due muscoli della regione laterale del collo.
scaleo [sca-lè-o] *s.m.* 1 scala doppia; scala a libretto 2 panchetto munito di due o tre gradini, usato per raggiungere i ripiani più alti.
scaletta [sca-lét-ta] *s.f.* 1 elenco schematico degli argomenti da sviluppare in un discorso 2 (*cine.*) elaborazione sommaria del soggetto di un film, con l'indicazione delle scene e degli ambienti.
scalfire [scal-fì-re] *v.tr.* [*io scalfisco, tu scalfisci ecc.*] incidere, intaccare leggermente (anche *fig.*): — *la pelle*; *una reputazione mai scalfita*, mai messa in discussione.
scalfittura [scal-fit-tù-ra] *s.f.* lo scalfire, l'essere scalfito | ferita leggera, superficiale.
scaligero [sca-lì-ge-ro] *agg.* 1 relativo ai Della Scala, signori di Verona nei secc. XIII e XIV | (*estens.*) di Verona o relativo a essa 2 del teatro alla Scala di Milano: *la stagione scaligera.*
scalinata [sca-li-nà-ta] *s.f.* scala di notevoli proporzioni, per lo più esterna.
scalino [sca-lì-no] *s.m.* 1 ciascuno dei brevi ripiani che costituiscono una rampa di scale; gradino | la piccola altezza che segna il dislivello fra due piani calpestabili: *lo — del marciapiede* 2 (*fig.*) grado, livello: *il primo — di una carriera.*
scalmana [scal-mà-na] *s.f.* (*pop.*) malessere provocato da un'infreddatura presa mentre si era accaldati | vampa di calore al viso.
scalmanarsi [scal-ma-nàr-si] *v.intr.pron.* 1 fare qlco. correndo e sudando | (*estens.*) darsi un gran da fare per raggiungere un fine 2 agitarsi nel parlare.
scalmanato [scal-ma-nà-to] *agg.* 1 sudato e trafelato 2 (*fig.*) agitato, turbolento ♦ *s.m.* [f. *-a*] persona esagitata, turbolenta: *una folla di scalmanati.*
scalmiera [scal-miè-ra] *s.f.*, o **scalmiere** *s.m.* (*mar.*) incavo o forcella metallica che trattiene il remo durante la voga.
scalmo [scàl-mo] *s.m.* (*mar.*) 1 ciascuno degli elementi di legno che costituiscono le costole delle navi prive di struttura metallica 2 cavicchio a cui si assicura il remo durante la voga.
scalo [scà-lo] *s.m.* qualsiasi porto, aeroporto o stazione ferroviaria con impianti per l'arrivo e la partenza di merci e passeggeri | *fare* —, di nave che entra o sosta in un porto; di aereo o treno che compie una fermata intermedia | *senza* —, senza fermate intermedie | — *merci*, parte delle stazioni e dei porti riservata al carico e allo scarico di merci.
scalogna [sca-ló-gna] *s.f.* (*fam.*) disdetta, sfortuna.
scalognato [sca-lo-gnà-to] *agg.* disgraziato, sfortunato.
scalone [sca-ló-ne] *s.m.* (*arch.*) scala di notevoli proporzioni all'interno di edifici monumentali.
scaloppina [sca-lop-pì-na] *s.f.* fettina di carne magra di vitello, cotta in tegame e condita in vari modi.
scalpellare [scal-pel-là-re] *v.tr.* [*io scalpèllo ecc.*] 1 lavorare, incidere con lo scalpello: — *il marmo* 2 in chirurgia, incidere o asportare una parte di osso con lo scalpello.
scalpellatura [scal-pel-la-tù-ra] *s.f.* lavorazione, incisione eseguita con lo scalpello.
scalpellino [scal-pel-lì-no] *s.m.* 1 operaio che lavora la pietra o il marmo 2 (*spreg.*) scultore di nessun valore.
scalpello [scal-pèl-lo] *s.m.* 1 utensile d'acciaio con un'estremità affilata, usato per incidere e lavorare materiali duri e compatti | *l'arte dello* —, la scultura 2 strumento chirurgico per incidere le ossa.
scalpicciare [scal-pic-cià-re] *v.intr.* [*io scalpìccio ecc.*; aus. *avere*] camminare stropicciando i piedi.
scalpiccio [scal-pic-cì-o] *s.m.* uno scalpicciare continuato; il rumore che si fa scalpicciando.
scalpitare [scal-pi-tà-re] *v.intr.* [*io scàlpito ecc.*; aus. *avere*] 1 di cavallo, pestare il suolo con gli zoccoli mostrando irrequietezza 2 (*fig.*) di persona, mostrare impazienza, smania di fare qlco.
scalpitio [scal-pi-tì-o] *s.m.* uno scalpitare frequente e continuo.
scalpo [scàl-po] *s.m.* 1 (*etnol.*) cuoio capelluto strappato dal cranio del nemico vinto e conservato come trofeo 2 (*med.*) la parte di cuoio capelluto incisa chirurgicamente.
scalpore [scal-pò-re] *s.m.* manifestazione di risentimento, d'indignazione | risonanza: *fare* —, destare grande interesse e curiosità.
scaltrezza [scal-tréz-za] *s.f.* l'essere scaltro; astuzia, furberia.
scaltrire [scal-trì-re] *v.tr.* [*io scaltrisco, tu scaltrisci ecc.*] rendere scaltro, avveduto ♦ **scaltrirsi** *v.rifl.* diventare scaltro o più scaltro | acquistare abilità, sicurezza.
scaltrito [scal-trì-to] *agg.* esperto, abile, avveduto: *essere — nel mestiere.*
scaltro [scàl-tro] *agg.* 1 che parla e agisce con accortezza | astuto, furbo 2 che è espressione di scaltrezza: *comportamento* — □ **scaltramente** *avv.*
scalzacane [scal-za-cà-ne], o **scalzacani**, *s.m.* [pl. *invar.* o *-ni*] (*spreg.*) 1 persona di bassa condizione | individuo malvestito, male in arnese 2 chi è incompetente nella sua professione.
scalzare [scal-zà-re] *v.tr.* 1 togliere le scarpe e le calze a qlcu. 2 (*estens.*) levare terra o altro materiale intorno a qlco., privandola del sostegno: — *un albero* | (*fig.*) indebolire: — *qlcu. da una carica*, fargliela perdere ♦ **scalzarsi** *v.rifl.* togliersi le scarpe e le calze.
scalzo [scàl-zo] *agg.* 1 senza scarpe né calze 2 si dice di chi appartiene a ordini religiosi la cui regola è particolarmente rigorosa: *carmelitane scalze.*
scambiare [scam-bià-re] *v.tr.* [*io scàmbio ecc.*] 1 dare o prendere una cosa in cambio di un'altra:

— *l'orologio con un anello* | — *due parole*, conversare per breve tempo **2** confondere una cosa o una persona con un'altra: *è facile scambiare i due fratelli* ♦ **scambiarsi** *v.rifl.rec.* darsi, farsi qlco. a vicenda: — *delle confidenze.*
scambievole [scam-bié-vo-le] *agg.* mutuo, reciproco: *affetto* — □ **scambievolmente** *avv.* l'un l'altro, reciprocamente.
scambio [scàm-bio] *s.m.* **1** lo scambiare, lo scambiarsi, l'essere scambiato: — *di merci, di opinioni*; — *di persona*, confusione di una persona con un'altra | cessione di un bene in cambio di un altro; compravendita | *mezzo di* —, (*econ.*) bene comunemente accettato in cambio di qualsiasi altro **2** congegno che permette di far passare un convoglio ferroviario o tranviario da un binario all'altro mediante rotaie mobili.
scambista [scam-bì-sta] *s.m.* e *f.* [pl.m. *-sti*] **1** chi manovra gli scambi nelle ferrovie **2** (*econ.*) chi opera nel mercato dei cambi.
scamiciarsi [sca-mi-ciàr-si] *v.rifl.* [*io mi scamìcio ecc.*] mettersi in maniche di camicia.
scamiciato [sca-mi-cià-to] *agg.* in maniche di camicia | (*estens.*) scomposto nel vestire ♦ *s.m.* abito femminile senza maniche, abbottonato davanti.
scamorza [sca-mòr-za] *s.f.* formaggio simile alla mozzarella, fatto con latte di vacca o misto di vacca e capra.
scamosciare [sca-mo-scià-re] *v.tr.* [*io scamòscio* o *scamóscio ecc.*] trattare le pelli con oli di pesce per renderle vellutate come la pelle di camoscio.
scamosciato [sca-mo-scià-to] *agg.* si dice di qualsiasi pelle conciata in modo da assomigliare a quella del camoscio.
scamozzare [sca-moz-zà-re] *v.tr.* [*io scamòzzo ecc.*] (*agr.*) recidere la parte superiore di una pianta o di un ramo.
scampagnata [scam-pa-gnà-ta] *s.f.* gita in campagna.
scampanare [scam-pa-nà-re] *v.intr.* [aus. *avere*] **1** sonare a distesa le campane **2** di abito, allargarsi verso il basso in forma di campana ♦ *v.tr.* allargare un abito verso il fondo.
scampanata [scam-pa-nà-ta] *s.f.* uno scampanare lungo e festoso.
scampanato [scam-pa-nà-to] *agg.* si dice di vestito o gonna allargati verso il basso; svasato.
scampanatura [scam-pa-na-tù-ra] *s.f.* forma a campana di un abito o di una parte di esso.
scampanellare [scam-pa-nel-là-re] *v.intr.* [*io scampanèllo ecc.*; aus. *avere*] suonare forte e a lungo un campanello.
scampanellata [scam-pa-nel-là-ta] *s.f.* suono forte e prolungato di un campanello.
scampanellio [scam-pa-nel-lì-o] *s.m.* uno scampanellare continuo.
scampanio [scam-pa-nì-o] *s.m.* uno scampanare prolungato.
scampare [scam-pà-re] *v.intr.* [aus. *essere*] **1** sfuggire a un rischio mortale: — *a una strage, al terremoto* **2** trovare rifugio: — *all'estero* ♦ *v.tr.* **1** liberare, salvare da mali e pericoli: — *qlcu. dalla morte* | *Dio ci* (o *ce ne*) *scampi!*, per esprimere la speranza di non incorrere in un pericolo **2** evitare, scansare (un male, un danno): — *la prigione* | *scamparla, scamparsela (bella)*, salvarsi, evitare un grave pericolo.
scampato [scam-pà-to] *agg.* di rischio, danno, che è stato evitato: *uno* — *pericolo* ♦ *agg.* e *s.m.* [f. *-a*] che/chi si è salvato: *gli scampati al naufragio.*
scampo[1] [scàm-po] *s.m.* lo scampare; il mezzo, il modo per scampare: *cercare* — *nella fuga* | *non c'è* — (o *via di* —)*!*, la situazione è disperata.
scampo[2] *s.m.* piccolo crostaceo marino biancorosato dalle carni pregiate.
scampolo [scàm-po-lo] *s.m.* **1** piccolo taglio di tessuto che avanza da una pezza **2** (*fig.*) avanzo: *negli scampoli di tempo.*
scanalare [sca-na-là-re] *v.tr.* incavare un materiale duro, eseguendo uno o più solchi in senso longitudinale: — *una colonna.*
scanalato [sca-na-là-to] *agg.* fornito di una o più scanalature.
scanalatrice [sca-na-la-trì-ce] *s.f.* macchina per eseguire scanalature su metallo o su legno.
scanalatura [sca-na-la-tù-ra] *s.f.* l'operazione dello scanalare | lo stretto incavo che ne risulta: *infilare la lastra nella* —.
scandagliare [scan-da-glià-re] *v.tr.* [*io scandàglio ecc.*] **1** misurare la profondità delle acque: — *il fondo del mare* **2** (*fig.*) cercare di conoscere, saggiare: — *le intenzioni di qlcu.*
scandaglio [scan-dà-glio] *s.m.* strumento per misurare la profondità delle acque.
scandalismo [scan-da-lì-ʃmo] *s.m.* tendenza a dare particolare rilievo a fatti o notizie che suonino scandalosi.
scandalista [scan-da-lì-sta] *s.m.* e *f.* [pl.m. *-sti*] chi suscita scandali per trarre profitto dalla curiosità del pubblico.
scandalistico [scan-da-lì-sti-co] *agg.* [pl.m. *-ci*] che tende a sollevare scandali o a diffonderne la notizia: *stampa scandalistica.*
scandalizzare [scan-da-liʒ-ʒà-re] *v.tr.* dare, provocare scandalo: — *il pubblico* ♦ **scandalizzarsi** *v.intr.pron.* rimanere profondamente turbato, disorientato: — *alle parole di qlcu.*
scandalo [scàn-da-lo] *s.m.* **1** profondo turbamento causato da comportamenti contrari alla decenza, alla morale, al senso di giustizia; la persona o la cosa che è motivo di scandalo: *dare* —; *quel libro è un vero* —*!* | *la pietra dello* —, (*fig.*) persona o cosa che dà scandalo **2** (*estens.*) evento che provoca una vivace reazione nell'opinione pubblica: *tutti i giornali hanno parlato dello* — | clamore indesiderato intorno a un fatto: *fare uno* —; *soffocare uno* —, metterlo a tacere.
scandaloso [scan-da-ló-so] *agg.* **1** che dà scandalo, che è motivo di scandalo: *spettacolo* — **2** (*iperb.*) esagerato: *una fortuna scandalosa* □ **scandalosamente** *avv.*
scandinavo [scan-di-nà-vo] *agg.* della Scandi-

navia: *popoli scandinavi* ♦ *s.m.* [f. *-a*] abitante, nativo della Scandinavia.
scandio [scàn-dio] *s.m.* elemento chimico di simbolo *Sc*; è un metallo delle terre rare.
scandire [scan-dì-re] *v.tr.* [*io scandisco, tu scandisci ecc.*] **1** analizzare dei versi di tipo quantitativo nella loro composizione metrica; leggerli metricamente: — *un esametro* | — *il tempo*, (*mus.*) marcarlo con l'accento della voce o con il gesto **2** (*estens.*) pronunciare le parole spiccandone le sillabe **3** (*tv*) decomporre l'immagine da trasmettere in un gran numero di punti.
scannare[1] [scan-nà-re] *v.tr.* **1** uccidere recidendo la gola, sgozzare (soprattutto animali) | (*estens.*) ammazzare barbaramente qlcu. **2** (*fig.*) far pagare un prezzo eccessivo: *in quel ristorante scannano.*
scannare[2] *v.tr.* (*ind. tess.*) svolgere il filo dai cannelli.
scannatoio [scan-na-tó-io] *s.m.* luogo in cui si scannano bestie da macello.
scanner [/ 'skanner /] *s.m.invar.* (*ingl.*) **1** apparecchio elettronico per l'esplorazione di una zona o di uno strato particolare di un materiale o di un corpo **2** (*inform.*) periferica di un elaboratore in grado di riconoscere immagini grafiche e di acquisirle e trasmetterle come dati; lettore ottico.
scannerizzare [scan-ne-riʒ-ʒà-re] *v.tr.* (*inform.*) sottoporre a lettura ottica un'immagine o un testo, mediante uso dello scanner.
scanno [scàn-no] *s.m.* **1** sedile, seggio, per lo più di grandi dimensioni: *gli scanni del parlamento* **2** (*region.*) panca, sgabello.
scansafatiche [scan-sa-fa-tì-che] *s.m.* e *f.invar.* chi non ha voglia di lavorare; fannullone.
scansare [scan-sà-re] *v.tr.* **1** spostare, allontanare: — *il tavolo dal muro* **2** evitare, schivare: — *i pericoli* ♦ **scansarsi** *v.rifl.* tirarsi da parte: *scansatevi, arriva un camion!*
scansia [scan-sì-a] *s.f.* mobile a ripiani per contenere libri o altri oggetti.
scansione [scan-sió-ne] *s.f.* pronuncia distinta e staccata: *la — delle sillabe.*
scanso [scàn-so] *s.m.* solo nella loc. *a scanso di*, per evitare: *a — di equivoci.*
scantinato [scan-ti-nà-to] *s.m.* vano situato sotto il pianterreno di un edificio.
scantonare [scan-to-nà-re] *v.intr.* [*io scantóno ecc.*; aus. *avere*] girare rapidamente dietro un angolo o svignarsela per evitare di incontrare qlcu.: *mi vide e scantonò* | (*fig.*) sottrarsi a una responsabilità.
scanzonato [scan-zo-nà-to] *agg.* che tratta con sorridente disinvoltura qualsiasi problema, anche serio: *un ragazzo —.*
scapaccione [sca-pac-ció-ne] *s.m.* colpo dato a mano aperta dietro il capo.
scapato [sca-pà-to] *agg.* e *s.m.* [f. *-a*] (*fam.*) che/chi ha poco giudizio; sventato.
scapestrataggine [sca-pe-stra-tàg-gi-ne] *s.f.* **1** l'essere scapestrato **2** azione da scapestrato.
scapestrato [sca-pe-strà-to] *agg.* e *s.m.* [f. *-a*] che/chi conduce una vita disordinata, sregolata | scavezzacollo ♦ *agg.* proprio di chi è scapestrato: *condotta scapestrata.*
scapezzare [sca-pez-zà-re] *v.tr.* [*io scapézzo ecc.*] (*agr.*) potare i rami di una pianta fino al tronco | (*estens.*) mozzare qlco. nella parte superiore.
scapicollarsi [sca-pi-col-làr-si] *v.intr.pron.* [*io mi scapicòllo ecc.*] correre a precipizio giù per luoghi ripidi: — *per le scale* | (*fig.*) affannarsi per fare qlco.: — *per concludere un lavoro.*
scapicollo [sca-pi-còl-lo] *s.m.* luogo scosceso, in forte pendio | *a —*, a precipizio.
scapigliare [sca-pi-glià-re] *v.tr.* [*io scapìglio ecc.*] spettinare, arruffare i capelli a qlcu.; scarmigliare ♦ **scapigliarsi** *v.rifl.* o *intr.pron.* spettinarsi, arruffarsi i capelli.
scapigliato [sca-pi-glià-to] *agg.* **1** spettinato, arruffato: *testa scapigliata* **2** (*fig.*) scapestrato ♦ *agg.* e *s.m.* [f. *-a*] appartenente al movimento della scapigliatura: *poeta —.*
scapigliatura [sca-pi-glia-tù-ra] *s.f.* movimento letterario e artistico fiorito in Lombardia nella seconda metà dell'Ottocento, caratterizzato da un forte anticonformismo.
scapitare [sca-pi-tà-re] *v.intr.* [*io scàpito ecc.*; aus. *avere*; per lo più usato con la particella *ci*] subire un danno materiale o morale; rimetterci: *non fare questo, perché ci scapiteresti.*
scapito [scà-pi-to] *s.m.* danno materiale o morale: *uscirne senza guadagno e senza —* | *a — di*, con danno, pregiudizio di: *lo ha fatto a — del suo buon nome.*
scapo [scà-po] *s.m.* **1** (*bot.*) stelo privo di foglie che sostiene un fiore o un'infiorescenza **2** (*arch.*) il fusto di una colonna.
scapocchiare [sca-poc-chià-re] *v.tr.* [*io scapòcchio ecc.*] togliere la capocchia: — *un chiodo.*
scapola [scà-po-la] *s.f.* (*anat.*) osso piatto triangolare che si articola con la clavicola e con l'omero e forma la spalla.
scapolare[1] [sca-po-là-re] *agg.* (*anat.*) della scapola: *regione —.*
scapolare[2] *s.m.* **1** parte dell'abito monastico costituita da due bande di stoffa riunite attorno al collo e ricadenti sulle spalle e sul petto **2** piccola immagine sacra che si porta al collo.
scapolare[3] *v.intr.* [*io scàpolo ecc.*; aus. *avere* ed *essere*] (*fam.*) sfuggire a una situazione rischiosa: — *da un pericolo* ♦ *v.tr.* (*fam.*) scampare: *l'ha scapolata per miracolo* | *scapolarsela*, andarsene alla chetichella.
scapolo [scà-po-lo] *agg.* e *s.m.* si dice di uomo non sposato, celibe | — *impenitente*, (*scherz.*) che persiste nell'intenzione di non sposarsi.
scapolone [sca-po-ló-ne] *s.m.* (*scherz.*) uomo non più giovane rimasto celibe.
scappamento [scap-pa-mén-to] *s.m.* (*mecc.*) il sistema che regola l'espulsione dei gas di scarico nei motori a combustione interna.
scappare [scap-pà-re] *v.intr.* [aus. *essere*] **1** al-

lontanarsi in fretta, fuggire: — *di casa*; — *di prigione*, evadere | *di qui non si scappa*, (*fig.*) si dice di situazione che non lascia scelta **2** andare via in fretta: *è tardi, devo —* **3** (*fig.*) sfuggire: *lasciarsi — l'occasione* **4** uscire, sbucar fuori: *la camicia gli scappava dai pantaloni* **5** di stimolo fisico, farsi sentire in modo incontenibile: — *da ridere.*

scappata [scap-pà-ta] *s.f.* l'andare di corsa e per breve tempo in un luogo: *fare una — a casa.*

scappatella [scap-pa-tèl-la] *s.f.* mancanza, trasgressione non grave; in particolare, breve infedeltà coniugale.

scappatoia [scap-pa-tó-ia] *s.f.* espediente per sottrarsi a una difficoltà, a un pericolo: *trovare una —.*

scappellare [scap-pel-là-re] *v.tr.* [*io scappèllo ecc.*] privare del cappello, del cappuccio o di un'altra copertura: — *un fungo* ♦ **scappellarsi** *v.rifl.* togliersi il cappello per salutare cerimoniosamente.

scappellata [scap-pel-là-ta] *s.f.* lo scappellarsi; saluto cerimonioso.

scappellotto [scap-pel-lòt-to] *s.m.* lieve scapaccione dato senza voler far male.

scappottare [scap-pot-tà-re] *v.tr.* [*io scappòtto ecc.*] scoprire una macchina togliendo o abbassando la capote.

scappucciare [scap-puc-cià-re] *v.tr.* [*io scappùccio ecc.*] togliere il cappuccio: — *la penna.*

scapricciarsi [sca-pric-ciàr-si] *v.rifl.* [*io mi scaprìccio ecc.*] togliersi un capriccio: — *a fare qlco.*

scarabeidi [sca-ra-bèi-di] *s.m.pl.* (*zool.*) famiglia di insetti coleotteri con corpo tozzo ricoperto da un tegumento molto duro e ali atte al volo.

scarabeo [sca-ra-bè-o] *s.m.* **1** insetto coleottero dal corpo grosso e tozzo ricoperto da un tegumento durissimo **2** (*estens.*) pietra dura, amuleto o gioiello in forma di scarabeo.

scarabocchiare [sca-ra-boc-chià-re] *v.tr.* [*io scarabòcchio ecc.*] fare scarabocchi: — *un foglio* | (*fig.*) scrivere male, senza voglia.

scarabocchio [sca-ra-bòc-chio] *s.m.* **1** macchia, sbavatura d'inchiostro | sgorbio, parola illeggibile: *questa firma è uno —* **2** disegno brutto, mal fatto.

scaracchiare [sca-rac-chià-re] *v.intr.* [*io scaràcchio ecc.*; aus. *avere*] (*pop.*) sputare scatarrando.

scaracchio [sca-ràc-chio] *s.m.* (*pop.*) sputo catarroso.

scarafaggio [sca-ra-fàg-gio] *s.m.* insetto con corpo appiattito di colore nero che infesta case e magazzini.

scaramantico [sca-ra-màn-ti-co] *agg.* [pl.m. *-ci*] di scaramanzia: *rito, gesto —* □ **scaramanticamente** *avv.*

scaramanzia [sca-ra-man-zì-a] *s.f.* l'insieme dei gesti rituali che, nella credenza popolare, servono ad allontanare la sfortuna e il malocchio.

scaramuccia [sca-ra-mùc-cia] *s.f.* [pl. *-ce*] **1** breve scontro tra pattuglie o reparti di eserciti nemici **2** (*fig.*) breve polemica, schermaglia.

scaraventare [sca-ra-ven-tà-re] *v.tr.* [*io scaravènto ecc.*] scagliare, gettare con violenza: — *un libro contro il muro* ♦ **scaraventarsi** *v.rifl.* scagliarsi con violenza: — *giù dalla macchina.*

scarceramento [scar-ce-ra-mén-to] *s.m.* scarcerazione.

scarcerare [scar-ce-rà-re] *v.tr.* [*io scàrcero ecc.*] far uscire dal carcere; liberare.

scarcerazione [scar-ce-ra-zió-ne] *s.f.* dimissione dal carcere.

scardassare [scar-das-sà-re] *v.tr.* sfioccare con lo scardasso.

scardassatura [scar-das-sa-tù-ra] *s.f.* operazione dello scardassare; cardatura.

scardasso [scar-dàs-so] *s.m.* attrezzo provvisto di punte d'acciaio, usato per sfioccare le fibre tessili.

scardinamento [scar-di-na-mén-to] *s.m.* lo scardinare, l'essere scardinato.

scardinare [scar-di-nà-re] *v.tr.* [*io scàrdino ecc.*] **1** strappare con violenza dai cardini: — *una porta* **2** (*fig.*) demolire, dimostrare infondato: — *le accuse* ♦ **scardinarsi** *v.intr.pron.* uscire dai cardini: *l'imposta si è scardinata.*

scardola [scàr-do-la] *s.f.* pesce d'acqua dolce con dorso convesso e grandi occhi rossi, abbastanza comune in Italia.

scarica [scà-ri-ca] *s.f.* **1** sparo simultaneo di più armi da fuoco; rapida successione di colpi sparati da una stessa arma: *una — di mitra* **2** gran quantità di colpi o cose che si abbattono in modo violento: *una — di pugni, di insulti* **3** — *elettrica*, passaggio di corrente fra due corpi a diverso potenziale elettrico.

scaricabarili [sca-ri-ca-ba-rì-li], o **scaricabarile**, *s.m.* gioco di ragazzi che consiste nel mettersi a coppie schiena contro schiena, intrecciando poi le braccia e sollevandosi a vicenda | *fare, giocare a —*, (*fig.*) scaricare uno sull'altro responsabilità, colpe.

scaricamento [sca-ri-ca-mén-to] *s.m.* lo scaricare, l'essere scaricato.

scaricare [sca-ri-cà-re] *v.tr.* [*io scàrico, tu scàrichi ecc.*] **1** levare il carico: — *un camion* | deporre un carico: — *le casse sul marciapiede* **2** riversare i propri contenuti: *la fognatura scarica nel fiume* **3** far ricadere su altri un onere, un gravame: — *le responsabilità* | — *qlcu.*, (*fam.*) levarselo di torno **4** togliere la carica a un'arma da fuoco: — *il fucile* **5** far perdere la carica a un apparecchio elettrico: — *una batteria* **6** scagliare qlco. contro qlcu.: *gli scaricò addosso una gragnola di pugni* ♦ **scaricarsi** *v.rifl.* liberarsi di un carico: — *di un peso* | (*fig.*) sgravarsi di un obbligo morale: — *di un dovere* ♦ *v.intr.pron.* **1** riversarsi (detto di fiumi e altri corsi d'acqua) **2** perdere la carica elettrica: *la batteria si è scaricata.*

scaricatoio [sca-ri-ca-tó-io] *s.m.* **1** spiazzo adibito allo scarico **2** condotto in cui si riversano acque di rifiuto; fogna.

scaricatore [sca-ri-ca-tó-re] *agg.* [f. *-trice*] che scarica: *canale —* ♦ *s.m.* **1** operaio addetto al carico e allo scarico delle merci **2** qualsiasi dispositivo che esegue o facilita operazioni di scarico.

scarico [scà-ri-co] *agg.* [pl.m. *-chi*] privo di carico o di carica: *autocarro, accumulatore* — ♦ *s.m.* **1** operazione del togliere un carico: *lo — della nave* **2** il materiale di rifiuto e il luogo in cui si scarica: — *di rottami* **3** il riversarsi di un fluido fuori da un luogo chiuso; il condotto stesso attraverso cui il liquido si riversa | *tubo di* —, negli autoveicoli, tubi attraverso il quale escono i gas di scarico **4** (*comm.*) registrazione di un'uscita: — *merci dal magazzino.*

scarificare [sca-ri-fi-cà-re] *v.tr.* [*io scarìfico, tu scarìfichi ecc.*] **1** (*med.*) incidere gli strati superficiali della cute **2** (*estens.*) scalfire la corteccia degli alberi per farne sgorgare la linfa **3** (*agr.*) lavorare il terreno con lo scarificatore.

scarificatore [sca-ri-fi-ca-tó-re] *s.m.* macchina agricola costituita da coltelli lunghi e robusti, per rompere la crosta del terreno senza rivoltarlo.

scarificatura [sca-ri-fi-ca-tù-ra] *s.f.* **1** lavorazione del terreno eseguita dallo scarificatore **2** in arboricoltura, scalfittura che si pratica sulla corteccia degli alberi per farne sgorgare la linfa.

scarificazione [sca-ri-fi-ca-zió-ne] *s.f.* (*med.*) incisione superficiale nella pelle a scopo diagnostico o terapeutico.

scarlattina [scar-lat-tì-na] *s.f.* (*med.*) malattia infantile epidemica, che si manifesta con febbre alta, mal di gola, arrossamento e successiva desquamazione della pelle.

scarlatto [scar-làt-to] *agg.* di colore rosso vivo ♦ *s.m.* colore rosso vivo e splendente.

scarmigliare [scar-mi-glià-re] *v.tr.* [*io scarmìglio ecc.*] scompigliare, arruffare i capelli ♦ **scarmigliarsi** *v.rifl.* o *intr.pron.* spettinarsi, scompigliarsi i capelli.

scarmigliato [scar-mi-glià-to] *agg.* arruffato: *capelli scarmigliati* | di persona, che ha i capelli in disordine: *essere tutto* —.

scarnatura [scar-na-tù-ra] *s.f.* nella concia delle pelli, raschiatura dello strato adiposo dalla parte interna delle pelli.

scarnificare [scar-ni-fi-cà-re] *v.tr.* [*io scarnìfico, tu scarnìfichi ecc.*] asportare le parti carnose; spolpare: — *un osso.*

scarnificazione [scar-ni-fi-ca-zió-ne] *s.f.* lo scarnificare, l'essere scarnificato.

scarnire [scar-nì-re] *v.tr.* [*io scarnisco, tu scarnisci ecc.*] togliere, asportare la carne che sta intorno: — *un osso.*

scarno [scàr-no] *agg.* **1** molto magro: *volto* — **2** (*estens.*) insufficiente, scarso: *documentazione scarna* **3** (*fig.*) sobrio, spoglio: *stile* —.

scarola [sca-rò-la] *s.f.* varietà di indivia | (*region.*) varietà di lattuga o cicoria.

scarpa [scàr-pa] *s.f.* **1** calzatura di cuoio o altro materiale che protegge il piede fino alla caviglia o, in certe fogge, anche più su: — *da uomo*; *scarpe da tennis* | *fare le scarpe a qlcu.*, (*fig.*) mostrarglisi amico e poi danneggiarlo. DIM. *scarpetta, scarpina* ACCR. *scarpone* (m.) **2** (*fig. fam.*) si dice di persona inetta, incapace: *essere una* — **3** cuneo che si pone sotto le ruote dei veicoli per tenerli fermi su un pendio.

scarpaio [scar-pà-io], region. **scarparo**, *s.m.* **1** venditore ambulante di scarpe **2** chi ripara scarpe; calzolaio.

scarpata[1] [scar-pà-ta] *s.f.* superficie molto inclinata di un terreno; forte pendio.

scarpata[2] *s.f.* colpo dato con una scarpa.

scarpetta [scar-pét-ta] *s.f.* **1** scarpa da bambino o scarpa femminile elegante | scarpa bassa e leggera che permette grande agilità nei movimenti: — *da ballo* **2** *fare la* —, (*fam.*) raccogliere con un pezzo di pane il sugo rimasto nel piatto.

scarpiera [scar-piè-ra] *s.f.* mobiletto in cui si ripongono le scarpe.

scarpinare [scar-pi-nà-re] *v.intr.* [aus. *avere*] camminare a lungo e faticosamente.

scarpinata [scar-pi-nà-ta] *s.f.* camminata lunga e disagevole.

scarpone [scar-pó-ne] *s.m.* grossa scarpa robusta a tomaia alta, che si usa in montagna, per marce militari ecc. | — *da sci*, scarpa alta e rigida a cui si fissano gli sci. DIM. *scarponcino.*

scarrozzare [scar-roz-zà-re] *v.tr.* [*io scarròzzo ecc.*] portare in giro con un veicolo: *farsi — per la città* ♦ *v.intr.* [aus. *avere*] andare qua e là con un veicolo.

scarrozzata [scar-roz-zà-ta] *s.f.* (*fam.*) passeggiata in carrozza, in automobile o con altro veicolo.

scarrucolare [scar-ru-co-là-re] *v.intr.* [*io scarrùcolo ecc.*; aus. *avere*] di funi o catene, scorrere rapidamente in una carrucola facendola girare ♦ *v.tr.* levare dalla gola della carrucola.

scarseggiare [scar-seg-già-re] *v.intr.* [*io scarséggio ecc.*; aus. *avere*] essere, divenire scarso; avere una cosa in misura insufficiente: *i viveri scarseggiano.*

scarsezza [scar-séz-za] *s.f.* scarsità.

scarsità [scar-si-tà] *s.f.* insufficienza, mancanza: — *di manodopera.*

scarso [scàr-so] *agg.* **1** manchevole, insufficiente; povero di qlco.: *vitto* —; *essere — in matematica*, non sufficientemente preparato **2** inferiore di poco alla misura esatta: *sette etti scarsi* □ **scarsamente** *avv.*

scartabellare [scar-ta-bel-là-re] *v.tr.* [*io scartabèllo ecc.*] sfogliare in fretta e disordinatamente alla ricerca di qlco.: — *un manuale.*

scartafaccio [scar-ta-fàc-cio] *s.m.* grosso quaderno per minute o appunti | libro non rilegato o sgualcito.

scartamento [scar-ta-mén-to] *s.m.* la distanza fra le rotaie di una strada ferrata: — *ridotto*, distanza minore di quella normale.

scartare[1] [scar-tà-re] *v.tr.* **1** togliere un oggetto dalla carta che lo avvolge: — *un pacco* **2** nei giochi di carte, eliminare o sostituire una carta non

utile **3** escludere, mettere da parte | respingere: *— una proposta.*
scartare[2] *v.intr.* [aus. *avere*] detto di animale o veicolo, fare un brusco spostamento laterale: *il cavallo scartava di continuo* ♦ *v.tr.* nel calcio, superare l'avversario conservando la palla al piede mediante un rapido spostamento laterale; dribblare.
scartavetrare [scar-ta-ve-trà-re] *v.tr.* [*io scartavétro ecc.*] cartavetrare.
scartavetrata [scar-ta-ve-trà-ta] *s.f.* lo scartavetrare alla meglio, in fretta.
scartavetratura [scar-ta-ve-tra-tù-ra] *s.f.* operazione e risultato dello scartavetrare.
scartina [scar-tì-na] *s.f.* nei giochi di carte, carta di poco valore.
scarto[1] [scàr-to] *s.m.* **1** la scelta e l'eliminazione di una cosa fra le altre; la cosa scartata: *scarti di magazzino* **2** nei giochi di carte, atto dello scartare; la carta scartata.
scarto[2] *s.m.* **1** improvviso movimento laterale; deviazione: *il cavallo ebbe un brusco —* **2** differenza rispetto a un certo punteggio: *vincere con uno — di due punti* | (*mat.*) differenza tra il valore assunto da una variabile e un valore fisso preso come riferimento: *— dalla media.*
scartocciare [scar-toc-cià-re] *v.tr.* [*io scartòccio ecc.*] svolgere, disfare un cartoccio | *— il granturco*, liberare le pannocchie dalle brattee.
scartoffia [scar-tòf-fia] *s.f.* (spec. *pl.*) carte su cui si studia o si lavora (per lo più *scherz.*).
scassare [scas-sà-re] *v.tr.* **1** dissodare il terreno in profondità **2** (*fam.*) rompere, rendere inutilizzabile: *ha scassato la valigia* ♦ **scassarsi** *v. intr.pron.* (*fam.*) rompersi, guastarsi: *l'orologio si è scassato.*
scassato [scas-sà-to] *agg.* **1** dissodato **2** (*fam.*) guasto, malridotto: *bicicletta scassata.*
scassinamento [scas-si-na-mén-to] *s.m.* lo scassinare, l'essere scassinato.
scassinare [scas-si-nà-re] *v.tr.* aprire porte, finestre, cassetti con la forza o manomettendo la serratura: *— una cassaforte.*
scassinatore [scas-si-na-tó-re] *s.m.* [f. *-trice*] chi scassina a scopo di furto.
scasso [scàs-so] *s.m.* **1** lo scassinare: *furto con —* **2** dissodamento di un terreno agricolo: *lavoro di —.*
scatafascio → **catafascio**.
scatarrare [sca-tar-rà-re] *v.intr.* [aus. *avere*] (*fam.*) espellere catarro tossendo.
scatenamento [sca-te-na-mén-to] *s.m.* lo scatenare, lo scatenarsi (spec. *fig.*): *lo — delle passioni.*
scatenare [sca-te-nà-re] *v.tr.* [*io scatèno ecc.*] eccitare, aizzare: *— l'odio contro il nemico* ♦ **scatenarsi** *v.intr.pron.* **1** agire, muoversi con violenza, con impeto: *la folla si scatenò* | *si scatena il temporale*, comincia a infuriare **2** darsi alla pazza gioia, abbandonarsi a manifestazioni di sfrenata euforia **3** (*fam.*) mettere in atto tutte le proprie capacità; infiammarsi: *quando parla di jazz, si scatena.*
scatenato [sca-te-nà-to] *agg.* che non ha freno, incontenibile: *passioni scatenate* | *diavolo —*, (*scherz.*) si dice di persona vivace e intraprendente, o anche agitata, eccitata.
scatofagia [sca-to-fa-gì-a] *s.f.* (*med.*) coprofagia.
scatola [scà-to-la] *s.f.* **1** recipiente fornito di coperchio, usato per riporvi o trasportare oggetti vari: *— di cartone* | *comperare a — chiusa*, senza controllare la qualità della merce | *cibi in —*, preparati e conservati in recipienti metallici chiusi ermeticamente. DIM. *scatoletta* ACCR. *scatolona, scatolone* (m.) **2** ciò che è contenuto in una scatola: *mangiarsi una — di cioccolatini* **3** oggetto, congegno a forma di scatola: *la — del cambio*, in un'automobile; *— armonica, musicale*, carillon | *— cranica*, (*anat.*) l'insieme delle ossa che racchiudono il cervello | *— nera*, negli aerei, l'involucro in cui sono racchiusi gli strumenti che registrano i dati di volo **4** si usa nelle loc. pop.: *rompere le scatole a qlcu.*, infastidirlo, seccarlo; *averne piene le scatole*, non poterne più di qlcu. o qlco.
scatolame [sca-to-là-me] *s.m.* **1** assortimento, insieme di scatole **2** generi alimentari conservati in scatola.
scatolato [sca-to-là-to] *agg.* confezionato, conservato in scatola: *cibo —.*
scatoletta [sca-to-lét-ta] *s.f.* piccola scatola contenente prodotti alimentari conservati: *— di tonno.*
scatolificio [sca-to-li-fì-cio] *s.m.* fabbrica di scatole.
scatologia [sca-to-lo-gì-a] *s.f.* lo scrivere o il parlare scherzosamente di escrementi o di altri argomenti triviali.
scatologico [sca-to-lò-gi-co] *agg.* [pl.m. *-ci*] di scatologia, relativo a scatologia: *linguaggio —.*
scattante [scat-tàn-te] *agg.* che ha i riflessi pronti; agile, svelto: *atleta —* | di auto o motoveicolo, che è dotato di un'ottima ripresa.
scattare [scat-tà-re] *v.intr.* [aus. *essere* o *avere* nel sign. 1, *essere* negli altri sign.] **1** di molle e congegni vari, liberarsi bruscamente dallo stato di tensione: *far — il grilletto* **2** (*estens.*) balzare, slanciarsi: *— in piedi* | in una corsa, aumentare sensibilmente la velocità in breve spazio: *— in vista del traguardo* **3** passare a un livello superiore in una serie progressiva di valori: *l'inflazione è scattata di un punto* **4** (*fig.*) prorompere in un'improvvisa manifestazione d'ira: *un tipo che scatta facilmente* ♦ *v.tr.* agire sullo scatto di una macchina fotografica per riprendere un'immagine: *— una fotografia.*
scattista [scat-tì-sta] *s.m.* e *f.* [pl.m. *-sti*] atleta dotato di scatto | nell'atletica leggera, specialista nelle gare di velocità su breve percorso.
scatto [scàt-to] *s.m.* **1** lo scattare di molle, congegni; il congegno stesso che funziona scattando e il rumore che produce nello scattare: *lo — di una molla* **2** movimento brusco o improvviso; slancio: *podista dotato di —* | *di —*, improvvisamente e rapidamente: *partire di —* | *a scatti*, con brusche interruzioni e riprese: *parlare a scatti* **3**

(*fig.*) improvvisa manifestazione di collera: — *d'ira* 4 (*fig.*) mutamento di livello, salto quantitativo: — *di anzianità* 5 unità tariffaria del servizio telefonico: *una telefonata di 20 scatti.*

scaturigine [sca-tu-rì-gi-ne] *s.f.* (*lett.*) 1 sorgente 2 (*fig.*) origine.

scaturire [sca-tu-rì-re] *v.intr.* [*io scaturisco, tu scaturisci ecc.*; aus. *essere*] 1 zampillare, uscire fuori (detto di liquidi): *l'acqua scaturisce dalla roccia* 2 (*fig.*) avere origine, derivare: *sono scaturiti nuovi elementi.*

scautismo e *deriv.* → **scoutismo** e *deriv.*

scavalcamento [sca-val-ca-mén-to] *s.m.* lo scavalcare, l'essere scavalcato.

scavalcare [sca-val-cà-re] *v.tr.* [*io scavalco, tu scavalchi ecc.*] 1 superare un ostacolo passandogli sopra: — *un muretto* 2 passare avanti agli altri; sorpassare 3 buttar giù da cavallo; disarcionare.

scavare [sca-và-re] *v.tr.* 1 formare una cavità nel suolo o in un oggetto asportandone il materiale: — *un pozzo, il tronco di un albero* | *scavarsi la fossa*, (*fig.*) danneggiarsi irreparabilmente 2 (*fig.*) approfondire, indagare a fondo: *a forza di —, la verità è venuta a galla* 3 portare alla luce cose sepolte: — *un tesoro* | (*assol.*) fare degli scavi archeologici.

scavato [sca-và-to] *agg.* smagrito, smunto: *volto —.*

scavatore [sca-va-tó-re] *agg.* e *s.m.* [f. *-trice*] che/chi scava: *macchina scavatrice* ♦ *s.m.* 1 operaio addetto a lavori di scavo 2 macchina scavatrice.

scavatrice [sca-va-trì-ce] *s.f.* macchina per scavare.

scavatura [sca-va-tù-ra] *s.f.* lo scavare; la terra o il materiale che si è scavato.

scavezzacollo [sca-vez-za-còl-lo] *s.m.* e *f.* [pl. *-li*] giovane scapestrato e imprudente | *correre a —*, precipitosamente.

scavezzare [sca-vez-zà-re] *v.tr.* [*io scavèzzo ecc.*] spezzare la cima degli alberi; scapezzare | (*estens.*) rompere, spezzare in genere: *scavezzarsi il collo.*

scavo [scà-vo] *s.m.* 1 lo scavare 2 il luogo dove si scava e le cose scavate: — *archeologico*; *visitare gli scavi.*

scazzarsi [scaz-zàr-si] *v.intr.pron.* (*volg.*) litigare, arrabbiarsi con qlcu.

scazzo [scàz-zo] *s.m.* (*volg.*) litigio, alterco.

scazzottare [scaz-zot-tà-re] *v.tr.* [*io scazzòtto ecc.*] (*pop.*) prendere a cazzotti, a pugni ♦ **scazzottarsi** *v.rifl.rec.* (*pop.*) prendersi a cazzotti.

scazzottata [scaz-zot-tà-ta] *s.f.* (*pop.*) scontro, rissa a cazzotti, a pugni | scarica di cazzotti.

scazzottatura [scaz-zot-ta-tù-ra] *s.f.* (*pop.*) lo stesso che *scazzottata.*

sceccario [scec-cà-rio] *s.m.* libretto di assegni.

scegliere [scé-glie-re] *v.tr.* [pres. *io scélgo, tu scégli ecc.*; fut. *io sceglierò ecc.*; pass.rem. *io scélsi, tu scegliésti ecc.*; cond. *io sceglierèi ecc.*; congiunt.pres. *io scélga ecc.*; part.pass. *scélto*] 1 selezionare tra più persone o cose quella che ha determinati requisiti: — *un appartamento, una segretaria* 2 separare la parte migliore da quella peggiore prendendo la prima: — *la frutta* 3 optare, preferire: *sceglierei di morire piuttosto che vivere così.*

sceiccato [sceic-cà-to] *s.m.* 1 grado, dignità di sceicco 2 territorio che costituisce il dominio di uno sceicco.

sceicco [sce-ìc-co] *s.m.* [pl. *-chi*] nel mondo arabo, titolo dato ai capi delle tribù o a persone notevoli per virtù o dottrina.

scekerare e *deriv.* → **shakerare** e *deriv.*

scelleratàggine [scel-le-ra-tàg-gi-ne] *s.f.* scelleratezza.

scelleratezza [scel-le-ra-téz-za] *s.f.* 1 l'essere scellerato 2 azione da scellerato: *compiere una —.*

scellerato [scel-le-rà-to] *agg.* che rivela grande malvagità; iniquo, nefando: *uomo —*; *azioni scellerate* ♦ *s.m.* [f. *-a*] persona di grande malvagità □ **scelleratamente** *avv.*

scellino [scel-lì-no] *s.m.* 1 unità monetaria dell'Austria 2 moneta divisionale inglese, pari alla decima parte della sterlina.

scelta [scél-ta] *s.f.* 1 lo scegliere; la possibilità di scegliere: *fare una —* | *a —*, con facoltà di scegliere liberamente: *prendine uno a —* 2 ciò che è stato scelto | *di prima, seconda —*, rispettivamente, di qualità migliore o meno buona.

scelto [scél-to] *agg.* 1 che è frutto di una scelta; che è di qualità superiore alla media: *merce scelta* 2 (*estens.*) elegante, raffinato, distinto: *pubblico —* 3 che è bene addestrato in una determinata disciplina o attività: *tiratore —.*

scemare [sce-mà-re] *v.intr.* [*io scémo ecc.*; aus. *essere*] diminuire di intensità, di quantità, di qualità: — *di prestigio.*

scemata [sce-mà-ta] *s.f.* (*fam.*) azione, frase da scemo; sciocchezza.

scemenza [sce-mèn-za] *s.f.* (*fam.*) 1 l'essere scemo, insulso; stupidità 2 atto, frase da scemo: *non dire scemenze!*

scemo [scé-mo] *agg.* 1 (*fam.*) sciocco, insulso: *persona scema*; *che — questo libro!* 2 (*non com.*) non pieno, non intero | *arco —*, (*arch.*) arco a sesto ribassato, cioè con altezza minore del raggio ♦ *s.m.* [f. *-a*] persona sciocca.

scempiaggine [scem-piàg-gi-ne] *s.f.* sciocchezza, stupidaggine.

scempiare [scem-pià-re] *v.tr.* [*io scémpio ecc.*] rendere scempio, semplice ♦ **scempiarsi** *v.intr.pron.* diventare scempio.

scempio[1] [scém-pio] *agg.* semplice, non doppio.

scempio[2] *s.m.* 1 (*lett.*) strazio, massacro: *fare — dei traditori* | strage 2 (*fig.*) distruzione, deturpazione: — *del paesaggio.*

scena [scè-na] *s.f.* 1 la parte del teatro nella quale recitano gli attori: *mettere in —*, rappresentare a teatro; *andare in —*, di un lavoro teatrale, essere rappresentato | *entrare in —*, (*fig.*) entrare a far parte di una realtà, intervenire a modificare una situazione **2** la ricostruzione sul palcoscenico dell'ambiente in cui si svolge l'azione **3** l'agire dei personaggi sul palcoscenico | — *muta*, senza dialogo: *far — muta*, (*fig.*) non aprir bocca, non saper rispondere **4** ciascuna delle parti in cui si divide un atto di una rappresentazione teatrale: *la — finale dell'atto* | — *madre*, quella principale | *colpo di* —, (*fig.*) cambiamento repentino e inatteso di una situazione **5** (*cine.*) serie di inquadrature che si svolge nel medesimo luogo e nel medesimo tempo **6** fatto, evento naturale o della vita reale che si offre alla vista: *una — incantevole* **7** (*fig.*) finzione, simulazione: *non credetegli, è tutta* —; *fare* —, fare colpo, fare effetto **8** manifestazione eccessiva, esagerata; scenata: — *di gelosia*.

scenario [sce-nà-rio] *s.m.* **1** l'insieme del fondale e delle quinte del palcoscenico **2** (*fig.*) paesaggio naturale molto suggestivo: *il grandioso — delle Alpi* | quadro complessivo in cui si collocano e si spiegano eventi isolati.

scenata [sce-nà-ta] *s.f.* rimprovero violento; litigio, alterco: *fare una — a qlcu.*

scendere [scén-de-re] *v.intr.* [pres. *io scéndo ecc.*; pass.rem. *io scési, tu scendésti ecc.*; part.pass. *scéso*] **1** andare da un luogo più alto a uno più basso; spostarsi dal nord verso il sud: — *in cantina; i barbari scesero in Italia* | smontare: — *dal treno* | — *in campo*, disporsi a sostenere un combattimento, una gara | — *in piazza*, partecipare a una manifestazione di protesta che si svolge all'aperto | — *in un albergo*, fermarsi, prendere alloggio durante un viaggio **2** (*fig.*) piegarsi, indursi: — *a patti* | abbassarsi: — *agli insulti* **3** (*fig.*) pervenire a una condizione inferiore: — *di grado* | calare, diminuire: *la febbre è scesa* **4** venire giù, ricadere: *un abito che scende fino ai piedi* ♦ *v.tr.* percorrere andando verso il basso: — *le scale*.

scendiletto [scen-di-lèt-to] *s.m.invar.* tappetino che si stende accanto al letto per poggiarvi i piedi quando ci si alza.

sceneggiare [sce-neg-già-re] *v.tr.* [*io scenéggio ecc.*] elaborare in scene un soggetto teatrale o un'opera letteraria, scrivendo i dialoghi e le indicazioni per la rappresentazione.

sceneggiata [sce-neg-già-ta] *s.f.* **1** tipo di rappresentazione teatrale napoletana che si fonda sul tema di una canzone di successo **2** (*estens.*) messinscena, situazione fittizia creata per confondere, per far colpo.

sceneggiato [sce-neg-già-to] *s.m.* rappresentazione televisiva di un soggetto narrativo: *uno — in quattro puntate*.

sceneggiatore [sce-neg-gia-tó-re] *s.m.* [f. *-trice*] chi scrive sceneggiature.

sceneggiatura [sce-neg-gia-tù-ra] *s.f.* **1** suddivisione in scene di un'opera teatrale o cinematografica **2** copione di un film o di una trasmissione radiotelevisiva.

scenetta [sce-nét-ta] *s.f.* **1** breve azione scenica a carattere comico **2** situazione della vita reale involontariamente comica: *una gustosa* —.

scenico [scè-ni-co] *agg.* [pl.m. *-ci*] di scena, della scena: *allestimento* —.

scenografia [sce-no-gra-fì-a] *s.f.* **1** l'arte di creare e di realizzare scene **2** l'insieme degli elementi che costituiscono l'ambiente scenico.

scenografico [sce-no-grà-fi-co] *agg.* [pl.m. *-ci*] **1** di scenografia, relativo a una scenografia: *studio* — **2** (*fig.*) si dice di situazione, evento che colpisce per certi aspetti spettacolari: *un tramonto* — □ **scenograficamente** *avv.*

scenografo [sce-nò-gra-fo] *s.m.* [f. *-a*] chi disegna o realizza le scene.

scenotecnica [sce-no-tèc-ni-ca] *s.f.* l'arte, la tecnica di creare l'ambiente scenico.

scentrare [scen-tra-re] *v.tr.* [*io scèntro ecc.*] alterare la centratura ♦ **scentrarsi** *v.intr.pron.* perdere la centratura.

scentrato [scen-tra-to] *agg.* privo di centratura; non esattamente al centro: *mi pare che il perno sia* —.

sceriffo[1] [sce-rìf-fo] *s.m.* negli Stati Uniti, capo della polizia di una contea.

sceriffo[2] *s.m.* nel mondo musulmano, discendente di Maometto.

scernere [scèr-ne-re] *v.tr.* [pres. *io scèrno ecc.*; pass.rem. (rar.) *io scèrsi* o *scernéi* o *scernètti, tu scernésti ecc.*; part.pass. (rar.) *scernito*] (*lett.*) **1** distinguere con gli occhi o con l'udito **2** scegliere, selezionare.

scervellarsi [scer-vel-lar-si] *v.intr.pron.* [*io mi scervèllo ecc.*] cercare affannosamente la soluzione di un problema; lambiccarsi il cervello.

scervellato [scer-vel-la-to] *agg.* e *s.m.* [f. *-a*] che/chi è senza cervello; sbadato.

scesa [scé-sa] *s.f.* **1** lo scendere **2** luogo in pendio, discesa.

scetticismo [scet-ti-cì-ʃmo] *s.m.* **1** dottrina filosofica che sostiene l'impossibilità di una conoscenza certa **2** (*estens.*) tendenza a dubitare di tutto; incredulità abituale.

scettico [scèt-ti-co] *agg.* [pl.m. *-ci*] **1** (*filos.*) dello scetticismo, attinente allo scetticismo **2** (*estens.*) che dubita di tutto; incredulo: *atteggiamento* —; *essere — su qlco.* ♦ *s.m.* **1** seguace dello scetticismo **2** (*estens.*) persona scettica □ **scetticamente** *avv.*

scettro [scèt-tro] *s.m.* **1** bastone che è attributo dell'autorità regia: — *regale* **2** (*fig.*) preminenza, primato: *lo — della bellezza*.

sceverare [sce-ve-rà-re] *v.tr.* [*io scévero ecc.*] (*lett.*) separare distinguendo: — *il bene dal male*.

scevro [scé-vro] *agg.* (*lett.*) privo, esente: — *di colpe*.

scheda [schè-da] *s.f.* **1** rettangolo di cartoncino usato per trascrivere dati e annotazioni: *le schede di un catalogo* | — *bibliografica*, che contiene i dati bibliografici di un libro | — *segnaletica*, quella su cui la polizia registra i dati di un pregiudicato | — *telefonica*, scheda magnetica che permette di effettuare conversazioni telefoniche da apparecchi pubblici. DIM. *schedina* **2** modulo stampato usato per svolgere pratiche burocratiche, per raccogliere dati ecc. | — *elettorale*, usata per votare: — *bianca*, quella su cui l'elettore non ha espresso alcuna indicazione; — *nulla*, non valida perché contenente errori o irregolarità **3** (*inform.*) componente hardware di un elaboratore contenente un circuito stampato atto a svolgere una particolare funzione: — *madre*, su cui sono montati i componenti principali del sistema; — *grafica*, per elaborare immagini e schemi grafici.

schedare [sche-dà-re] *v.tr.* [*io schèdo ecc.*] trascrivere, registrare su scheda: — *i libri di una biblioteca* | trascrivere in uno schedario nomi di persone aggiungendovi brevi note informative.

schedario [sche-dà-rio] *s.m.* **1** insieme di schede disposte secondo un ordine determinato: *lo — di una biblioteca* **2** mobile o anche ufficio in cui si conservano le schede.

schedato [sche-dà-to] *agg.* registrato, trascritto su scheda: *dati schedati* ♦ *s.m.* [f. *-a*] persona le cui generalità risultano negli schedari della polizia.

schedatura [sche-da-tù-ra] *s.f.* l'operazione dello schedare.

schedina [sche-dì-na] *s.f.* (*pop.*) foglietto predisposto per partecipare ai giochi del totocalcio, totip ed enalotto: *giocare la —*.

scheggia [schég-gia] *s.f.* [pl. *-ge*] frammento irregolare, appuntito e tagliente, staccatosi da un corpo di materiale solido: — *di legno*.

scheggiare [scheg-già-re] *v.tr.* [*io schéggio ecc.*] far saltar via una o più schegge dalla superficie di un oggetto: — *un piatto* ♦ **scheggiarsi** *v.intr.pron.* rompersi in schegge: *il bicchiere si è scheggiato*.

scheggiato [scheg-già-to] *agg.* che presenta una o più scheggiature: *un vaso tutto —*.

scheggiatura [scheg-gia-tù-ra] *s.f.* **1** distacco di uno o più frammenti da un oggetto **2** il punto da cui si è staccata una scheggia.

scheletrato [sche-le-trà-to] *s.m.* protesi odontoiatrica mobile che collega più denti colmando lo spazio lasciato dai denti mancanti.

scheletrico [sche-lè-tri-co] *agg.* [pl.m. *-ci*] **1** dello scheletro: *sistema —* **2** (*estens.*) simile a uno scheletro; magrissimo: *viso —* **3** (*fig.*) essenziale, conciso: *annotazione scheletrica* □ **scheletricamente** *avv.*

scheletrire [sche-le-trì-re] *v.tr.* [*io scheletrisco, tu scheletrisci ecc.*] ridurre come uno scheletro: *il male lo ha scheletrito* ♦ **scheletrirsi** *v.intr.pron.* diventare come uno scheletro, magrissimo.

scheletrito [sche-le-trì-to] *agg.* **1** magrissimo: *corpo —* | secco, spoglio: *un albero —* **2** (*fig.*) ridotto all'essenziale, conciso: *una prosa scheletrita*.

scheletro [schè-le-tro] *s.m.* **1** negli animali vertebrati e nell'uomo, l'impalcatura ossea sulla quale appoggiano tutte le parti molli del corpo | *sembrare uno —*, si dice di persona magrissima **2** (*estens.*) ossatura, struttura di sostegno: *lo — di una nave* **3** (*fig.*) canovaccio, trama: *lo — di un'opera*.

schema [schè-ma] *s.m.* [pl. *-mi*] **1** rappresentazione semplificata e funzionale di un oggetto, di un meccanismo, di un processo. DIM. *schemino* **2** piano preliminare di un lavoro; abbozzo: *lo — di un discorso* **3** insieme di regole; modello.

schematicità [sche-ma-ti-ci-tà] *s.f.* l'essere schematico.

schematico [sche-mà-ti-co] *agg.* [pl.m. *-ci*] che rappresenta i tratti essenziali di qlco., lasciando da parte l'accessorio: *progetto —* □ **schematicamente** *avv.*

schematismo [sche-ma-ti-ʃmo] *s.m.* l'essere schematico; modo di procedere per modelli rigidi e astratti.

schematizzare [sche-ma-tiʒ-ʒà-re] *v.tr.* rappresentare in forma schematica: — *un fenomeno*.

schematizzazione [sche-ma-tiʒ-ʒa-zió-ne] *s.f.* lo schematizzare, l'essere schematizzato.

scherma [schér-ma] *s.f.* **1** arte del combattere con armi bianche (fioretto, spada, sciabola) | disciplina sportiva in cui i contendenti si affrontano con tali armi **2** nel pugilato, arte di schivare i colpi dell'avversario e mandare a segno i propri.

schermaggio [scher-màg-gio] *s.m.* (*tecn.*) protezione di un dispositivo mediante uno schermo; lo schermo protettivo.

schermaglia [scher-mà-glia] *s.f.* **1** nella scherma, serie alterna di colpi, finte e parate **2** (*fig.*) contrasto di opinioni o di sentimenti espressi in modo abile e sottile.

schermare [scher-mà-re] *v.tr.* [*io schérmo ecc.*] proteggere per mezzo di uno schermo: — *una lampada*.

schermata [scher-mà-ta] *s.f.* videata.

schermatura [scher-ma-tù-ra] *s.f.* **1** operazione dello schermare; schermaggio **2** il mezzo usato per schermare qlco.

schermirsi [scher-mìr-si] *v.rifl.* [*io mi schermisco, tu ti schermisci ecc.*] proteggersi, difendersi: — *da un attacco* | (*fig.*) sottrarsi, eludere: — *da un complimento*.

schermitore [scher-mi-tó-re] *s.m.* **1** [f. *-trice*] chi pratica la scherma **2** pugile dotato di una buona scherma.

schermo [schér-mo] *s.m.* **1** riparo, difesa, protezione (anche *fig.*): *farsi — con la mano* | dispositivo che impedisce il passaggio di qlco.: — *elettrico* **2** (*cine.*) riquadro di tela bianca su cui si proiettano le immagini al cinema **3** (*estens.*) sala di proiezione: *il film sarà presto sugli schermi* | cinema, arte cinematografica: *adattare un romanzo per lo —* | *il grande —*, il cinema **4** negli apparecchi televisivi o radioscopici e nei sistemi di elaborazione dei dati, superficie fluorescente su cui appaiono le immagini | *il piccolo —*, la televisione.

schermografia [scher-mo-gra-fì-a] *s.f.* (*med.*) ripresa fotografica di immagini radiologiche che

passano su uno schermo fluorescente: *fare la — al torace.*
schermografico [scher-mo-grà-fi-co] *agg.* [pl. m. *-ci*] (*med.*) relativo alla schermografia: *esame —.*
schernire [scher-nì-re] *v.tr.* [*io schernisco, tu schernisci ecc.*] farsi beffe di qlcu. con atti o parole sprezzanti: *— l'avversario.*
scherno [schér-no] *s.m.* **1** lo schernire; le parole, i gesti con cui si schernisce: *grida di —* **2** la persona o la cosa che viene schernita: *essere lo — di tutti.*
scherzare [scher-zà-re] *v.intr.* [*io schérzo ecc.*; aus. *avere*] **1** giocare con vivacità e allegria: *i bambini scherzano volentieri* **2** esprimersi e comportarsi senza serietà; prendersi gioco di qlcu. o qlco.: *— su tutto | non scherzo!*, dico davvero, sul serio | *— con il fuoco*, (*fig.*) esporsi imprudentemente a un pericolo grave.
scherzo [schér-zo] *s.m.* **1** lo scherzare: *volgere qlco. in — | saper stare allo —*, non offendersi | *neppure per —*, assolutamente no **2** ciò che è fatto o detto per scherzare, per burla: *— di cattivo gusto.* DIM. *scherzetto* **3** (*estens.*) imprevisto poco gradito: *il vino fa brutti scherzi* **4** (*fig.*) cosa facile, da nulla: *è uno — riuscirci* **5** breve componimento poetico di tono scherzoso: *gli scherzi di G. Giusti* **6** (*mus.*) componimento brioso, sia come composizione autonoma sia come parte di una composizione in più tempi.
scherzoso [scher-zó-so] *agg.* **1** che scherza volentieri: *ragazzo —* **2** detto o fatto per scherzo: *gesto —* □ **scherzosamente** *avv.*
schettinare [schet-ti-nà-re] *v.intr.* [*io schèttino ecc.*; aus. *avere*] pattinare con i pattini a rotelle.
schettino [schèt-ti-no] *s.m.* (spec. *pl.*) pattino a rotelle.
schiacciamento [schiac-cia-mén-to] *s.m.invar.* lo schiacciare, lo schiacciarsi, l'essere schiacciato | *— polare*, (*astr.*) appiattimento dei corpi celesti ai poli.
schiaccianoci [schiac-cia-nó-ci] *s.m.invar.* arnese da tavola che serve per rompere noci, mandorle, noccioline.
schiacciante [schiac-ciàn-te] *agg.* che non lascia possibilità di obiettare; evidente, inoppugnabile: *prova, vittoria —.*
schiacciapatate [schiac-cia-pa-tà-te] *s.m.invar.* arnese da cucina per schiacciare le patate lesse.
schiacciare [schiac-cià-re] *v.tr.* [*io schiàccio ecc.*] **1** comprimere qlco. con forza in modo da appiattirlo o romperlo: *— le patate | — un sonnellino, un pisolino*, (*fig.*) fare una breve dormita | *— la palla*, nel tennis, nel ping-pong, nella pallavolo, colpire la palla dall'alto verso il basso **2** (*estens.*) spingere, pigiare: *— un pulsante* **3** (*fig.*) opprimere, sopraffare: *responsabilità che schiacciano* ♦ **schiacciarsi** *v.intr.pron.* perdere la forma originaria appiattendosi.
schiacciasassi [schiac-cia-sàs-si] *s.m.invar.* rullo compressore usato per costipare lo strato superficiale delle strade non asfaltate.
schiacciata [schiac-cià-ta] *s.f.* **1** lo schiacciare una volta o in fretta **2** focaccia appiattita **3** nel tennis, nella pallavolo e in altri sport, colpo violento inferto alla palla dall'alto verso il basso.
schiacciato [schiac-cià-to] *agg.* **1** che ha perduto la sua forma primitiva; ammaccato: *una mela tutta schiacciata* **2** appiattito: *naso —.*
schiaffare [schiaf-fà-re] *v.tr.* (*fam.*) porre, gettare senza attenzione o riguardo: *— la roba in un sacco | — qlcu. dentro, in prigione*, imprigionarlo.
schiaffeggiare [schiaf-feg-già-re] *v.tr.* [*io schiaffèggio ecc.*] **1** colpire con schiaffi, prendere a schiaffi **2** (*lett.*) battere con violenza: *le onde schiaffeggiano gli scogli.*
schiaffo [schiàf-fo] *s.m.* **1** percossa data sulla faccia a mano aperta: *prendere uno a schiaffi | avere una faccia da schiaffi*, essere indisponente e irritante. DIM. *schiaffetto* ACCR. *schiaffone* **2** (*fig.*) smacco, umiliazione: *ricevere uno — morale.*
schiamazzare [schia-maz-zà-re] *v.intr.* [aus. *avere*] emettere gridi confusi e molesti: *le galline, le oche schiamazzano* | (*estens.*) gridare scompostamente e con voce sgraziata: *smettetela di —!*
schiamazzo [schia-màz-zo] *s.m.* insieme di gridi confusi e molesti prodotti da volatili o persone che schiamazzano.
schiantare [schian-tà-re] *v.intr.* [aus. *essere*] (*fam.*) scoppiare, crepare, morire: *— dalla fatica* ♦ *v.tr.* spezzare, rompere con violenza: *un fulmine ha schiantato l'albero | — il cuore*, (*fig.*) provocare un grande dolore ♦ **schiantarsi** *v.intr.pron.* spezzarsi, rompersi violentemente; sbattere violentemente e finire a pezzi: *— contro un albero.*
schianto [schiàn-to] *s.m.* **1** lo schiantare, lo schiantarsi, l'essere schiantato | il rumore secco di cosa che si schianti o scoppi: *lo — della bomba | di —*, all'improvviso, di colpo **2** (*fig.*) dolore acuto: *provare uno — al cuore* **3** (*fig. fam.*) persona o cosa molto bella: *quella ragazza è uno —.*
schiappa [schiàp-pa] *s.f.* (*fam.*) persona inetta, incapace.
schiarimento [schia-ri-mén-to] *s.m.* lo schiarire, lo schiarirsi.
schiarire [schia-rì-re] *v.tr.* [*io schiarisco, tu schiarisci ecc.*] rendere chiaro o più chiaro (anche *fig.*): *— i capelli*; *schiarirsi le idee | schiarirsi la voce*, renderla più nitida con un leggero colpo di tosse ♦ *v.intr.* [aus. *essere*], **schiarirsi** *v.intr.pron.* diventare chiaro o più chiaro: *un colore che schiarisce facilmente* | farsi chiaro, rasserenarsi: *il cielo si sta schiarendo* ♦ *v.intr.impers.* [aus. *essere* e *avere*] tornare sereno | farsi giorno: *in estate schiarisce presto.*
schiarita [schia-rì-ta] *s.f.* **1** il rasserenarsi del cielo **2** (*fig.*) l'appianarsi di divergenze; distensione: *una — nei rapporti.*
schiaritura [schia-ri-tù-ra] *s.f.* operazione dello schiarire: *— di un colore.*
schiatta [schiàt-ta] *s.f.* (*lett.*) stirpe, discendenza.
schiattare [schiat-tà-re] *v.intr.* [aus. *essere*] scoppiare, crepare (spec. *fig.*): *— d'invidia.*

schiavismo [schia-vì-ʃmo] *s.m.* sistema politico e sociale basato sulla schiavitù.
schiavista [schia-vì-sta] *s.m.* e *f.* [pl.m. *-sti*] **1** sostenitore, difensore dello schiavismo **2** chi tende a trattare gli altri come schiavi | Usato anche come *agg.*: *stati schiavisti.*
schiavistico [schia-vì-sti-co] *agg.* [pl.m. *-ci*] dello schiavismo; da schiavista: *teorie schiavistiche.*
schiavitù [schia-vi-tù] *s.f.* **1** l'essere schiavo; la condizione di chi è schiavo: *ridurre in —* **2** (*estens.*) mancanza di libertà politica **3** (*fig.*) l'essere vittima di passioni, vizi, consuetudini: *la — della droga.*
schiavizzare [schia-viʒ-ʒà-re] *v.tr.* ridurre in schiavitù, rendere schiavo | (*iperb.*) trattare in modo dispotico: *— i figli.*
schiavizzazione [schia-viʒ-ʒa-zió-ne] *s.f.* (*non com.*) lo schiavizzare, l'essere schiavizzato.
schiavo [schià-vo] *agg.* e *s.m.* [f. *-a*] **1** si dice di chi è privo della libertà e appartiene ad altri come una cosa: *gli schiavi dell'antichità* **2** (*estens.*) si dice di chi è soggetto alla volontà altrui; di chi si lascia dominare da una determinata condizione o consuetudine: *un popolo —*; *essere — dell'alcol.*
schidione [schi-dió-ne] *s.m.* lungo spiedo per infilare e arrostire a fuoco vivo carni varie.
schiena [schiè-na] *s.f.* **1** la parte posteriore del tronco, dalle spalle ai fianchi; dorso: *avere mal di —* | curvare la —, (*fig.*) sottomettersi | *voltare la —*, (*fig.*) fuggire, andarsene | *voltare la — a qlcu.*, abbandonarlo, tradirlo | *rompersi la —*, (*fig.*) lavorare duramente | *colpire, pugnalare alla —*, tradire **2** la groppa degli animali: *— di mulo.*
schienale [schie-nà-le] *s.m.* **1** parte di un sedile a cui si appoggia la schiena; spalliera **2** la schiena di un animale, anche come pezzo di carne macellata.
schienata [schie-nà-ta] *s.f.* **1** colpo dato con la schiena **2** (*sport*) colpo della lotta con cui si pone l'avversario con la schiena a terra.
schiera [schiè-ra] *s.f.* **1** insieme di uomini armati disposti secondo un determinato ordine: *una — di fanti* **2** moltitudine di persone o animali | *a —*, in gruppo: *case a —*, abitazioni unifamiliari affiancate.
schieramento [schie-ra-mén-to] *s.m.* **1** disposizione delle truppe di fronte al nemico | (*sport*) disposizione di una squadra in campo **2** (*fig.*) insieme di persone o forze che sostengono un'idea o un interesse: *lo — dei partiti democratici.*
schierare [schie-rà-re] *v.tr.* [*io schièro ecc.*] **1** disporre in schiere: *— l'esercito* **2** (*estens.*) disporre in un determinato ordine: *— i giocatori in campo* ♦ **schierarsi** *v.rifl.* **1** disporsi in schiere: *— in combattimento* **2** (*fig.*) prendere posizione: *— contro la pena di morte.*
schiettezza [schiet-téz-za] *s.f.* l'essere schietto (spec. *fig.*): *parlare con —.*
schietto [schièt-to *o* schiétto] *agg.* **1** puro, genuino; che non presenta contaminazioni: *parlare un italiano —*, privo di inflessioni dialettali o straniere **2** (*fig.*) sincero, franco: *un uomo —* □ **schiettamente** *avv.* sinceramente, francamente: *parlare —.*
schifare [schi-fà-re] *v.tr.* **1** disdegnare, disprezzare: *— una persona* **2** fare schifo, disgustare: *un comportamento che schifa* ♦ **schifarsi** *v.intr.pron.* (*fam.*) provare schifo, disgusto: *— di un ambiente.*
schifato [schi-fà-to] *agg.* disgustato, nauseato.
schifezza [schi-féz-za] *s.f.* **1** l'essere schifoso **2** cosa che fa schifo: *questo libro è una —.*
schifiltosità [schi-fil-to-si-tà] *s.f.* l'essere schifiltoso.
schifiltoso [schi-fil-tó-so] *agg.* e *s.m.* [f. *-a*] che/chi ha gusti difficili; schizzinoso: *essere — nel mangiare*; *fare lo —* □ **schifiltosamente** *avv.*
schifio [schi-fì-o] *s.m.* (*scherz.*) usato nell'espressione *finire a —*, finire malamente.
schifo[1] [schì-fo] *s.m.* **1** senso di disgusto provocato da cosa o persona moralmente o fisicamente ripugnante: *sentire —* | *fare —*, (*iperb.*) si dice di cosa brutta, di persona sudicia o di chi ha dato cattiva prova di sé: *un romanzo che fa —* | *che —!*, esclamazione di disgusto o riprovazione **2** persona o cosa schifosa: *questo film è uno —.*
schifo[2] *s.m.* **1** piccola imbarcazione per pesca costiera o per gare sportive **2** *volta a —*, (*arch.*) che assomiglia a una chiglia.
schifosità [schi-fo-si-tà] *s.f.* l'essere schifoso.
schifoso [schi-fó-so] *agg.* **1** che fa schifo: *ambiente —* | (*iperb.*) pessimo, bruttissimo: *film —* **2** (*fam.*) esagerato: *avere una fortuna schifosa* □ **schifosamente** *avv.*
schiniere [schi-niè-re] *s.m.* nelle armature dell'età classica e medievale, la parte che proteggeva la gamba.
schioccare [schioc-cà-re] *v.intr.* [*io schiòcco, tu schiòcchi ecc.*; aus. *avere*] fare uno schiocco: *la frusta schiocca* ♦ *v.tr.* muovere, sfregare in modo da produrre uno schiocco: *— le dita, la lingua*; *— un bacio*, dare un bacio producendo uno schiocco.
schiocco [schiòc-co] *s.m.* [pl. *-chi*] rumore secco, simile a un piccolo e rapido scoppio: *— di frusta.*
schiodare [schio-dà-re] *v.tr.* [*io schiòdo ecc.*] liberare dai chiodi: *— il coperchio di una cassa* ♦ **schiodarsi** *v.intr.pron.* **1** perdere i chiodi, con distacco delle parti connesse: *il tavolo si è schiodato* **2** (*fig. fam.*) cambiare posizione; alzarsi, muoversi: *non — dalla sedia per ore.*
schioppettata [schiop-pet-tà-ta] *s.f.* colpo di schioppo, di fucile: *sparare una —.*
schioppo [schiòp-po] *s.m.* **1** antica arma da fuoco portatile ad avancarica, con accensione a miccia **2** (*fam.*) fucile da caccia | *a un tiro di —*, a breve distanza.
schiribizzo [schi-ri-bìʒ-ʒo] *s.m.* ghiribizzo.
schisi [schì-ʃi] *s.f.* (*med.*) fessura patologica congenita: *— vertebrale.*
schistosoma [schi-sto-sò-ma] *s.m.* [pl. *-mi*] (*biol.*) bilarzia.

schistosomiasi [schi-sto-so-mì-a-ʃi] *s.f.* (*med.*) bilarziosi.
schitarrare [schi-tar-rà-re] *v.intr.* [aus. *avere*] (*spreg.*) suonare male e a lungo la chitarra.
schiudere [schiù-de-re] *v.tr.* [coniugato come *chiudere*] aprire lentamente o in parte: — *le labbra* ♦ **schiudersi** *v.intr.pron.* aprirsi, manifestarsi (anche *fig.*): *per lui si schiude l'avvenire.*
schiuma [schiù-ma] *s.f.* **1** insieme di bollicine d'aria che si formano sulla superficie di un liquido fortemente agitato o in ebollizione: *la — della birra, delle onde* **2** bava che si forma sulla bocca degli animali | *avere la — alla bocca*, (*fig.*) detto di persona, essere in preda all'ira **3** (*fig.*) la parte peggiore, la feccia: *la — della società* **4** — *di mare*, (*min.*) altro nome della *sepiolite.*
schiumaiola [schiu-ma-iò-la], o **schiumarola**, *s.f.* paletta bucherellata per schiumare il brodo e togliere il fritto dall'olio bollente.
schiumare [schiu-mà-re] *v.tr.* liberare dalla schiuma: — *il latte* ♦ *v.intr.* [aus. *avere*] **1** fare schiuma: *un sapone che schiuma molto* **2** emettere bava | — *di rabbia*, (*fig.*) essere fuori di sé dalla rabbia.
schiumarola → **schiumaiola**.
schiumogeno [schiu-mò-ge-no] *agg.* che produce schiuma: *sostanze schiumogene* ♦ *s.m.* apparecchio antincendio che emette un getto di schiuma; estintore.
schiumosità [schiu-mo-si-tà] *s.f.* l'essere schiumoso.
schiumoso [schiu-mó-so] *agg.* **1** simile a schiuma: *crema schiumosa* **2** che fa, produce schiuma; pieno di schiuma: *detersivo, liquido* —.
schiusa [schiù-sa] *s.f.* lo schiudersi | uscita dall'uovo: *la — dei pulcini.*
schiuso [schiù-so] *agg.* (*lett.*) aperto, dischiuso: *fiore* —.
schivabile [schi-và-bi-le] *agg.* che si può schivare: *pericolo* —.
schivare [schi-và-re] *v.tr.* evitare, scansare: — *un colpo.*
schivata [schi-và-ta] *s.f.* movimento fatto per schivare.
schivo [schi-vo] *agg.* **1** che cerca di evitare qlco.: — *di complimenti* **2** (*assol.*) ritroso, timido: *un ragazzo* —.
schizo- primo elemento di parole composte della terminologia scientifica, che significa 'scissione, divisione' o anche 'dissociazione' (*schizofrenia*).
schizoficee [schi-ʒo-fi-ce-e] *s.f.pl.* (*bot.*) classe di alghe unicellulari contenenti un pigmento azzurro, dette anche *alghe azzurre.*
schizofrenia [schi-ʒo-fre-nì-a] *s.f.* (*psich.*) psicosi grave caratterizzata dalla disgregazione della struttura psichica, che si manifesta con dissociazione e autismo.
schizofrenico [schi-ʒo-frè-ni-co] *agg.* [pl.m. *-ci*] (*psich.*) di schizofrenia, relativo alla schizofrenia ♦ *agg.* e *s.m.* [f. *-a*] (*psich.*) che/chi è affetto da schizofrenia.
schizoide [schi-ʒòi-de] *agg.* (*psich.*) si dice di condizione psichica caratterizzata da tendenza all'isolamento psichico ♦ *s.m.* e *f.* chi presenta caratteri schizoidi.
schizomania [schi-ʒo-ma-nì-a] *s.f.* (*psich.*) sindrome episodica di tipo schizoide.
schizomiceti [schi-ʒo-mi-cè-ti] *s.m.pl.* (*bot.*) classe di organismi vegetali unicellulari privi di clorofilla.
schizzare [schiz-zà-re] *v.intr.* [aus. *essere*] **1** detto di liquido, uscir fuori d'improvviso con forza; zampillare **2** (*estens.*) saltare, balzar via di scatto: — *fuori dal cespuglio* ♦ *v.tr.* **1** spruzzare: — *fango* **2** bagnare, sporcare con schizzi di liquido: — *d'inchiostro il grembiule* **3** (*fig.*) disegnare a tratti rapidi e sommari | descrivere a grandi linee: — *un progetto* ♦ **schizzarsi** *v.rifl.* o *intr.pron.* sporcarsi con schizzi di liquido: — *di vernice.*
schizzata [schiz-zà-ta] *s.f.* lo schizzare di un liquido | ciò che schizza o viene schizzato; schizzo: *una — di fango.*
schizzato [schiz-zà-to] *agg.* (*gerg.*) nervoso, stressato.
schizzetto [schiz-zét-to] *s.m.* **1** pompetta a siringa usata per spruzzare liquidi all'interno di cavità **2** giocattolo con una pompetta per schizzare acqua.
schizzinoso [schiz-zi-nó-so] *agg.* e *s.m.* [f. *-a*] che/chi ha gusti troppo esigenti; difficilmente contentabile: *non fare lo —!*
schizzo [schìz-zo] *s.m.* **1** lo schizzare; il liquido schizzato: — *d'acqua, di vernice.* DIM. *schizzetto* **2** (*fig.*) disegno appena abbozzato: *uno — a carboncino* | descrizione sintetica; primo abbozzo: *lo — di un romanzo.*
schola cantorum [/ 'skɔla kan'tɔrum /] *loc. sost.f.invar.* (*lat.*) scuola corale e coro destinati ad accompagnare le funzioni religiose.
sci *s.m.* **1** lunga e sottile assicella di legno o di altro materiale leggero e flessibile, con punta ricurva, che si fissa allo scarpone per scivolare sulla neve: *un paio di* —; — *alpinismo*, che abbina ascensioni alpinistiche a discese fuori pista; — *estremo*, genere di sci alpinismo in cui si affrontano le maggiori difficoltà possibili | — *d'acqua*, attrezzo analogo con cui si scivola sull'acqua trainati da un motoscafo **2** sport praticato con gli sci: *gare di* —.
scia [scì-a] *s.f.* **1** solco spumeggiante lasciato da un natante sull'acqua **2** (*estens.*) traccia di fumo, di vapore, di odore che rimane nell'aria dopo un passaggio: *lasciare una — di profumo* | *seguire la — di qlcu.*, (*fig.*) seguirne le orme, imitarlo.
scià [scià] *s.m.* titolo con cui si denominava il sovrano dell'Iran.
sciabica [scià-bi-ca] *s.f.* **1** rete a strascico per la pesca del pesce minuto **2** l'imbarcazione da cui si cala in mare tale rete **3** (*zool.*) gallinella d'acqua.
sciabile [sci-à-bi-le] *agg.* si dice della neve su cui si può sciare agevolmente.

sciabola [scià-bo-la] *s.f.* arma da punta e da taglio con lunga lama un po' ricurva, oggi usata nello sport della scherma e nelle parate militari.
sciabolare [scia-bo-là-re] *v.tr.* [*io sciàbolo ecc.*] colpire con la sciabola | — *giudizi*, (*fig.*) dare giudizi severi in modo avventato ♦ *v.intr.* [aus. *avere*] tirare sciabolate.
sciabolata [scia-bo-là-ta] *s.f.* colpo dato con la sciabola | (*fig.*) giudizio aspro e avventato.
sciabolatore [scia-bo-la-tó-re] *s.m.* [f. *-trice*] chi pratica la scherma con la sciabola.
sciabordare [scia-bor-dà-re] *v.tr.* [*io sciabórdo ecc.*] agitare un liquido scuotendo il recipiente | agitare qlco. immersa in un liquido: — *la biancheria nella tinozza.*
sciabordio [scia-bor-dì-o] *s.m.* uno sciabordare continuo.
sciacallaggio [scia-cal-làg-gio] *s.m.* azione, comportamento da sciacallo: *episodi di* —.
sciacallo [scia-càl-lo] *s.m.* **1** mammifero carnivoro dal pelame rossiccio, simile al lupo, ma più piccolo; si nutre di carogne **2** (*fig.*) chi approfitta di sciagure altrui per rubare.
sciacquare [sciac-quà-re] *v.tr.* [*io sciàcquo ecc.*] lavare sommariamente con acqua; ripassare in acqua una cosa già lavata per eliminare i residui di detersivo: — *i piatti, i panni* | *sciacquarsi la bocca*, fare sciacqui con acqua o con una soluzione medicamentosa ♦ **sciacquarsi** *v.rifl.* lavarsi sommariamente; lavare il corpo con acqua per togliere i residui di sapone.
sciacquata [sciac-quà-ta] *s.f.* lo sciacquare, lo sciacquarsi una volta e in fretta. DIM. *sciacquatina.*
sciacquatura [sciac-qua-tù-ra] *s.f.* **1** lo sciacquare **2** l'acqua usata per sciacquare | — *di piatti*, (*fig.*) brodo lungo e di sapore poco gradevole.
sciacquio [sciac-quì-o] *s.m.* **1** uno sciacquare continuato **2** rumore lieve di onde.
sciacquo [sciàc-quo] *s.m.* **1** lavaggio della bocca con acqua o con soluzioni medicamentose **2** liquido con cui ci si sciacqua la bocca: *sciacqui medicamentosi.*
sciacquone [sciac-quó-ne] *s.m.* dispositivo che consente di scaricare a comando l'acqua nei gabinetti.
sciagura [scia-gù-ra] *s.f.* grave disgrazia: — *aerea.*
sciagurataggine [scia-gu-ra-tàg-gi-ne] *s.f.* l'essere sciagurato | azione, comportamento da sciagurato.
sciagurato [scia-gu-rà-to] *agg.* **1** colpito da sciagura; sventurato, disgraziato: *uomo* — | che è causa di sciagura, che comporta sciagure; malaugurato: *giorno* — **2** malvagio, scellerato: *padre* — ♦ *s.m.* [f. *-a*] **1** persona colpita da una sciagura, sventurata **2** persona malvagia, scellerata | (*fam.*) persona che dimostra mancanza di serietà □ **sciaguratamente** *avv.* **1** disgraziatamente: — *non ci siamo riusciti* **2** scelleratamente: *comportarsi* —.
scialacquamento [scia-lac-qua-mén-to] *s.m.* lo scialacquare, l'essere scialacquato.
scialacquare [scia-lac-quà-re] *v.tr.* [*io scialàcquo ecc.*] spendere denaro senza misura; sperperare (anche *assol.*): *gente abituata a* —.
scialacquatore [scia-lac-qua-tó-re] *s.m.* [f. *-trice*] chi scialacqua denaro.
scialacquone [scia-lac-quó-ne] *s.m.* [f. *-a*] (*fam.*) scialacquatore.
scialare [scia-là-re] *v.intr.* [aus. *avere*] spendere con eccessiva larghezza; sperperare | vivere nell'abbondanza.
scialbo [sciàl-bo] *agg.* **1** smorto, sbiadito, pallido: *uno — sole invernale* **2** (*fig.*) insignificante, privo di vivacità, di qualità: *persona scialba.*
scialitico [scia-lì-ti-co] *agg.* [pl.m. *-ci*] si dice di lampada usata in chirurgia per illuminare il campo operatorio senza formare ombre.
sciallato [scial-là-to] *agg.* a forma di scialle: *bavero* —.
scialle [sciàl-le] *s.m.* indumento femminile che si porta sulle spalle, di forma quadrata, triangolare o semirotonda spesso ornato di frange | *bavero a* —, quello i cui risvolti scendono fino a incrociarsi sul petto.
scialo [scià-lo] *s.m.* **1** spreco, sperpero **2** sfarzo, lusso smodato.
scialuppa [scia-lùp-pa] *s.f.* imbarcazione di servizio di cui si servono le navi all'ancora per operazioni di sbarco | imbarcazione di salvataggio.
sciamanesimo → **sciamanismo**.
sciamanico [scia-mà-ni-co] *agg.* [pl.m. *-ci*] di sciamano, relativo allo sciamanismo.
sciamanismo [scia-ma-nì-ʃmo], o **sciamanesimo** [scia-ma-né-ʃi-mo], *s.m.* (*etnol.*) complesso di credenze e pratiche magico-religiose che si incentra sulla figura dello sciamano.
sciamannato [scia-man-nà-to] *agg.* e *s.m.* [f. *-a*] (*region.*) che/chi è trascurato, sciatto, disordinato nel vestire e nella persona in generale.
sciamano [scia-mà-no] *s.m.* (*etnol.*) presso varie popolazioni extra-europee, individuo dotato di facoltà taumaturgiche e divinatorie.
sciamare [scia-mà-re] *v.intr.* [aus. *avere* ed *essere*] **1** detto delle api, riunirsi in sciame per abbandonare il vecchio alveare e formare una nuova colonia **2** (*fig.*) di persone, muoversi, allontanarsi a frotte.
sciame [scià-me] *s.m.* **1** gruppo di api operaie che, al seguito d'una regina, abbandonano un alveare per fondarne un altro **2** (*estens.*) folto gruppo di insetti volanti: *uno — di moscerini* **3** (*fig.*) insieme di molte persone o cose in movimento: *uno — di ragazzi* | *a sciami*, in gran quantità.
sciamito [scià-mi-to] *s.m.* tessuto di seta pesante, simile al velluto, per lo più di color rosso amaranto, usato per paramenti e abiti sontuosi.
sciampo [sciàm-po] *s.m.* shampoo.
sciancato [scian-cà-to] *agg.* **1** si dice di persona storpia, che cammina male per una menomazione alle gambe **2** (*scherz.*) si dice di oggetto traballante: *mobile* — ♦ *s.m.* [f. *-a*] persona sciancata.
sciangai [scian-gài] *s.m.* gioco da tavola che

consiste nel lasciar cadere alla rinfusa numerosi bastoncini e nel sollevarli poi a uno a uno, senza muovere quelli sottostanti o vicini.

sciantosa [scian-tó-sa] *s.f.* (*antiq.*) canzonettista di caffè concerto e di locali con spettacoli di varietà.

sciantung [sciàn-tung] *s.m.invar.* shantung.

sciapo [scià-po] *agg.* (*region.*) scarso di sale; scipito.

sciarada [scia-rà-da] *s.f.* **1** gioco enigmistico che consiste nell'indovinare una parola risultante dall'unione di più parole (p.e. *firma-mento*) **2** (*fig.*) problema di difficile soluzione; rompicapo.

sciare[1] [sci-à-re] *v.intr.* [*io scìo ecc.*; aus. *avere*] (*mar.*) eseguire, con i remi, la manovra inversa a quella del vogare, per fermare l'imbarcazione.

sciare[2] *v.intr.* [*io scìo ecc.*; aus. *avere*] percorrere con gli sci un terreno coperto di neve | praticare lo sport dello sci | — *sull'acqua*, praticare lo sci nautico.

sciarpa [sciàr-pa] *s.f.* **1** fascia di lana o seta che si avvolge intorno al collo per ripararsi dal freddo o per ornamento **2** fascia portata a tracolla o alla vita da funzionari pubblici e ufficiali.

sciata [sci-à-ta] *s.f.* lo sciare; il percorso che si compie sciando: *fare una lunga —.*

sciatalgia [scia-tal-gì-a] *s.f.* (*med.*) sciatica.

sciatica [scià-ti-ca] *s.f.* (*med.*) nevralgia del nervo sciatico.

sciatico [scià-ti-co] *agg.* [pl.m. *-ci*] (*anat.*) si dice di ciascuno dei nervi dell'ischio; ischiatico.

sciatore [sci-a-tó-re] *s.m.* [f. *-trice*] chi scia; chi pratica lo sport dello sci.

sciatorio [sci-a-tò-rio] *agg.* relativo allo sport dello sci, agli sciatori.

sciatteria [sciat-te-rì-a] *s.f.* l'essere sciatto | cosa sciatta.

sciatto [sciàt-to] *agg.* **1** si dice di chi è trascurato nel vestire, nella cura della persona o nell'attività che svolge: *un uomo —* **2** che è fatto in modo trasandato e approssimativo: *lavoro —* □ **sciattamente** *avv.*

sciattone [sciat-tó-ne] *s.m.* [f. *-a*] (*fam.*) persona molto sciatta.

scibile [scì-bi-le] *s.m.* tutto ciò che la mente umana può conoscere: *i rami dello —.*

sciccheria [scic-che-rì-a] *s.f.* (*fam.*) eleganza: *che —!* | cosa molto elegante: *quest'anello è una —.*

sciccoso [scic-có-so] *agg.* (*scherz.*) elegante.

sciente [scièn-te] *agg.* (*lett.*) che sa, conscio □ **scientemente** *avv.* consapevolmente, di proposito.

scientificità [scien-ti-fi-ci-tà] *s.f.* carattere scientifico: *la — di un metodo.*

scientifico [scien-tì-fi-co] *agg.* [pl.m. *-ci*] **1** che è proprio della scienza; che tratta di scienza: *libro —* **2** che adotta metodi di ricerca e di studio validi per la scienza: *attività scientifica* | *polizia scientifica*, reparto della polizia che per le indagini si avvale di mezzi tecnologici avanzati **3** che ha per oggetto le scienze naturali, fisiche e matematiche: *studi scientifici* □ **scientificamente** *avv.* sotto l'aspetto scientifico; con rigore scientifico.

scientismo [scien-tì-ʃmo] *s.m.* orientamento di pensiero per cui l'unica conoscenza valida è quella delle scienze naturali.

scientista [scien-tì-sta] *s.m.* e *f.* [pl.m. *-sti*] seguace, fautore dello scientismo.

scienza [scièn-za] *s.f.* **1** complesso organico e sistematico delle conoscenze che si posseggono intorno a un determinato ordine di fenomeni: *i progressi della —; scienze naturali, storiche, umane* | *— pura*, che è fine a sé stessa | *— applicata*, che ha per oggetto l'applicazione pratica delle scoperte scientifiche **2** cognizioni, sapere: *avere la — infusa*, (*fam.*) si dice di chi presume di sapere tutto | *essere un'arca di —, un pozzo di —*, (*scherz.*) una persona molto dotta | *uomo di —*, scienziato **3** *pl.* disciplina scolastica che comprende le scienze naturali, la chimica e la geografia astronomica.

scienziato [scien-zià-to] *s.m.* [f. *-a*] chi si dedica alla ricerca scientifica; studioso di una scienza.

scifozoi [sci-fo-ʒò-i] *s.m.pl.* (*zool.*) classe di animali celenterati a cui appartengono varie specie di meduse comuni nei nostri mari.

sciistico [sci-ì-sti-co] *agg.* [pl.m. *-ci*] che riguarda lo sport dello sci: *gara sciistica.*

sciita [sci-ì-ta] *s.m.* e *f.* [pl.m. *-ti*] seguace di una frazione dell'Islam che riconosce come califfi soltanto Alì, cugino e genero di Maometto, e i suoi discendenti in linea maschile.

scilinguagnolo [sci-lin-guà-gno-lo] *s.m.* parlantina: *avere lo — sciolto.*

scillaro [scìl-la-ro] *s.m.* crostaceo marino commestibile dal corpo tozzo di color bruno a linee e macchie rosse.

scimitarra [sci-mi-tàr-ra] *s.f.* corta sciabola a lama curva, usata dai turchi e da altri popoli orientali.

scimmia [scìm-mia] *s.f.* **1** nome generico di mammiferi superiori con quattro o due estremità prensili, dentatura completa, occhi frontali, arti anteriori più lunghi dei posteriori. DIM. *scimmietta* ACCR. *scimmione* (m.) **2** (*fig.*) persona brutta, dispettosa e maligna.

scimmiesco [scim-mié-sco] *agg.* [pl.m. *-schi*] di scimmia, da scimmia: *andatura scimmiesca.*

scimmione [scim-mió-ne] *s.m.* [f. *-a*] scimmia di grandi dimensioni | (*estens.*) persona grossa e brutta.

scimmiottare [scim-miot-tà-re] *v.tr.* [*io scimmiòtto ecc.*] **1** imitare malamente, in modo goffo e pedestre: *— usanze straniere* **2** rifare il verso a qlcu. per prenderlo in giro: *— un collega.*

scimmiottatura [scim-miot-ta-tù-ra] *s.f.* lo scimmiottare.

scimmiotto [scim-miòt-to] *s.m.* **1** scimmia giovane; piccola scimmia | *fare lo —*, (*fig.*) scimmiottare **2** (*fig.*) persona brutta, mal fatta.

scimpanzé [scim-pan-zé] *s.m.* **1** grossa scimmia antropomorfa diffusa in Africa, con pelame bruno, labbra e orecchie grandi 2 (*fig.*) persona dall'aspetto scimmiesco.

scimunitaggine [sci-mu-ni-tàg-gi-ne] *s.f.* l'essere scimunito | frase, atto da scimunito.

scimunito [sci-mu-nì-to] *agg.* e *s.m.* [f. *-a*] che/chi è incapace di ragionare; scemo.

scindere [scìn-de-re] *v.tr.* [pass.rem. *io scissi, tu scindésti ecc.*; part.pass. *scisso*] 1 dividere, separare nettamente (spec. *fig.*): — *le proprie responsabilità* 2 (*chim.*) frazionare un composto negli elementi componenti ♦ **scindersi** *v.intr.pron.* separarsi, dividersi nettamente.

scindibile [scin-dì-bi-le] *agg.* che si può scindere.

scintigrafia [scin-ti-gra-fì-a] *s.f.* (*med.*) esame di un organo mediante introduzione in vena di una sostanza radioattiva.

scintilla [scin-tìl-la] *s.f.* 1 particella infuocata che si stacca dal carbone ardente o da altri materiali incandescenti 2 sprazzo luminoso provocato da una scarica elettrica nell'aria o in un altro gas 3 (*fig.*) illuminazione improvvisa delle facoltà intellettuali o creative: *la — dell'ispirazione poetica* 4 (*fig.*) fatto di poco conto da cui ha origine un evento importante: *la — che fece scoppiare la guerra.*

scintillante [scin-til-làn-te] *agg.* sfavillante, luccicante: *occhi scintillanti.*

scintillare [scin-til-là-re] *v.intr.* [aus. *avere*] 1 mandare scintille 2 (*fig.*) mandare bagliori di luce simili a scintille: *le stelle scintillano* | luccicare: *occhi che scintillano di gioia.*

scintillio [scin-til-lì-o] *s.m.* uno scintillare intenso e frequente.

scintoismo [scin-to-ì-ʃmo], o **shintoismo**, *s.m.* religione nazionale del Giappone, caratterizzata da un politeismo naturalistico, dal culto degli antenati e dal riconoscimento dell'origine divina dell'imperatore.

scintoista [scin-to-ì-sta], o **shintoista**, *s.m.* e *f.* [pl.m. *-sti*] seguace dello scintoismo | Usato anche come *agg.*: *politeismo —.*

scintoistico [scin-to-ì-sti-co] *agg.* [pl.m. *-ci*] che si riferisce allo scintoismo e agli scintoisti.

scioccante [scioc-càn-te], o **shockante**, *agg.* che sciocca; impressionante, sconvolgente: *un'esperienza —.*

scioccare [scioc-cà-re], o **shockare**, *v.tr.* [*io sciòcco, tu sciòcchi ecc.*] provocare uno shock; scuotere, emozionare fortemente: *la notizia l'ha scioccato.*

scioccato [scioc-cà-to], o **shockato**, *agg.* in stato di shock; fortemente scosso e impressionato.

sciocchezza [scioc-chéz-za] *s.f.* 1 l'essere sciocco: *una — imperdonabile* | atto, frase da sciocco: *dire sciocchezze* 2 cosa da nulla, di poco valore: *regalare una —; costare una —*, un prezzo irrisorio. DIM. *sciocchezzuola.*

sciocchezzaio [scioc-chez-zà-io] *s.m.* (*non com.*) raccolta, insieme di sciocchezze: *quel giornale è uno —.*

sciocco [sciòc-co] *agg.* [pl.m. *-chi*] poco intelligente, poco accorto: *uomo —* | che denota scarsa intelligenza: *risposta sciocca.* DIM. *scioccherello, sciocchino* ♦ *s.m.* [f. *-a*] persona sciocca □ **scioccamente** *avv.*

sciogliere [sciò-glie-re] *v.tr.* [pres. *io sciòlgo, tu sciògli ecc.*; fut. *io scioglierò ecc.*; pass.rem. *io sciòlsi, tu sciogliésti ecc.*; part.pass. *sciòlto*] 1 svolgere, disfare un nodo: *sciogliersi i lacci delle scarpe* 2 slegare: — *il cane* | — *la lingua a qlcu.*, farlo parlare | — *i muscoli*, renderli agili ed elastici massaggiandoli o effettuando determinati esercizi 3 (*fig.*) liberare da un legame, da un vincolo morale: — *da un voto* 4 liquefare, fondere: *il sole scioglie la neve* | portare a soluzione una sostanza immergendola in un liquido: — *lo zucchero nel caffè* 5 far decadere, annullare: — *un contratto* | far cessare un rapporto associativo: — *una società*; — *le camere*, detto del capo dello stato, far cessare l'attività del parlamento indicendo nuove elezioni | porre fine a una riunione: — *la seduta* 6 risolvere: — *un problema* | — *una sigla*, sostituire a ogni lettera la parola intera corrispondente ♦ **sciogliersi** *v.rifl.* liberarsi, svincolarsi: — *da un patto* ♦ *v.intr.pron.* liquefarsi, fondersi: *il burro si è sciolto* | — *in lacrime*, (*fig.*) piangere a lungo.

scioglilingua [scio-gli-lìn-gua] *s.m.invar.* serie di parole disposte in modo che risulti difficile pronunciarle rapidamente.

scioglimento [scio-gli-mén-to] *s.m.* 1 lo sciogliere, lo sciogliersi, l'essere sciolto 2 (*fig.*) epilogo, conclusione: *lo — di un dramma.*

sciolta [sciòl-ta] *s.f.* (*fam.*) diarrea.

scioltezza [sciol-téz-za] *s.f.* 1 l'essere sciolto, agile nei movimenti: *eseguire un esercizio con —*; — *di mano*, abilità manuale nel dipingere o nel sonare uno strumento musicale 2 (*fig.*) disinvoltura: — *di modi.*

sciolto [sciòl-to] *agg.* 1 disciolto: *sale — nel mare* 2 libero da qualsiasi legame (anche *fig.*): *capelli sciolti*; *movimenti sciolti*, armoniosi e spediti | *a briglia sciolta*, di gran galoppo; (*fig.*) senza freno 3 (*comm.*) sfuso: *merci sciolte* □ **scioltamente** *avv.* in modo sciolto, disinvolto; senza impacci.

scioperante [scio-pe-ràn-te] *agg.* e *s.m.* e *f.* che/chi partecipa a uno sciopero.

scioperare [scio-pe-rà-re] *v.intr.* [*io sciòpero ecc.*; aus. *avere*] fare uno sciopero.

scioperataggine [scio-pe-ra-tàg-gi-ne] *s.f.* l'essere scioperato, il non avere voglia di lavorare.

scioperato [scio-pe-rà-to] *agg.* che non vuole lavorare; che conduce una vita inconcludente, disordinata e dissipata: *gente scioperata* | Usato anche come *s.m.* [f. *-a*]: *vita da —.*

sciopero [sciò-pe-ro] *s.m.* astensione volontaria dal lavoro, attuata da lavoratori dipendenti come forma di pressione per ottenere miglioramenti economici o normativi oppure per conseguire obiettivi di ordine sociale o politico: *diritto di —*; — *generale*, di tutte le categorie di lavoratori; — *selvaggio*, attuato in modi e tempi imprevedibili | — *bianco*, attuato applicando alla lettera i regolamenti, in modo da rallentare la produzione o peggiorare il servizio | — *della fame*, astensione volontaria dal cibo per protesta.

sciorinamento [scio-ri-na-mén-to] *s.m.* (*non com.*) lo sciorinare, l'essere sciorinato.

sciorinare [scio-ri-nà-re] *v.tr.* **1** (*lett.*) stendere, mettere ad asciugare all'aria aperta: — *il bucato* **2** (*fig.*) mettere in mostra, ostentare: — *la propria cultura* **3** (*fig.*) dare, dire, fare in grande quantità: — *consigli*.

sciovia [sci-o-vì-a] *s.f.* impianto funicolare per il traino in salita degli sciatori.

sciovinismo [scio-vi-nì-ʃmo] *s.m.* nazionalismo fazioso e fanatico.

sciovinista [scio-vi-nì-sta] *s.m.* e *f.* [pl.m. *-sti*] chi ha un comportamento improntato a sciovinismo | Usato anche come *agg.*: *atteggiamento* —.

sciovinistico [scio-vi-nì-sti-co] *agg.* [pl.m. *-ci*] di sciovinista, da sciovinista: *discorso* —.

scipitaggine [sci-pi-tàg-gi-ne] *s.f.* scipitezza | atto, detto scipito.

scipitezza [sci-pi-téz-za] *s.f.* l'essere scipito.

scipito [sci-pì-to] *agg.* **1** senza sapore; insipido, sciapo **2** (*fig.*) sciocco, insulso: *umorismo* —.

scippare [scip-pà-re] *v.tr.* commettere uno scippo ai danni di qlcu.

scippatore [scip-pa-tó-re] *s.m.* [f. *-trice*] chi compie uno scippo.

scippo [scìp-po] *s.m.* furto compiuto in una strada strappando un oggetto a qlcu. e fuggendo velocemente.

sciroccata [sci-roc-cà-ta] *s.f.* burrasca di vento di scirocco; mareggiata provocata dallo scirocco.

sciroccato [sci-roc-cà-to] *agg.* e *s.m.* [f. *-a*] (*gerg.*) si dice di persona balorda, confusa e un po' tonta, come se fosse stata stordita da un forte scirocco.

scirocco [sci-ròc-co] *s.m.* vento caldo umido che spira da sud-est, tipico delle regioni mediterranee.

sciroppare [sci-rop-pà-re] *v.tr.* [*io sciròppo ecc.*] conservare la frutta nello sciroppo: — *le pesche* | *sciropparsi qlcu., qlco.*, (*scherz.*) sopportarli pazientemente.

sciroppato [sci-rop-pà-to] *agg.* conservato nello sciroppo: *frutta sciroppata*.

sciroppo [sci-ròp-po] *s.m.* soluzione molto concentrata di zucchero in acqua, usata nella fabbricazione di bibite o in farmaceutica: — *di amarene, per la tosse*.

sciropposo [sci-rop-pó-so] *agg.* **1** denso come uno sciroppo: *liquore* — **2** (*fig.*) lezioso, dolciastro: *racconto* —.

scisma [scì-ʃma] *s.m.* [pl. *-smi*] **1** separazione da una chiesa o da una confessione religiosa: — *d'oriente* **2** (*estens.*) scissione in un partito politico o in un movimento culturale.

scismatico [sci-ʃmà-ti-co] *agg.* [pl.m. *-ci*] di scisma; che segue uno scisma: *dottrina scismatica* ♦ *s.m.* chi segue o promuove uno scisma.

scissile [scìs-si-le] *agg.* (*scient.*) che si può scindere, che si scinde facilmente.

scissione [scis-sió-ne] *s.f.* **1** lo scindere, lo scindersi, l'essere scisso | — *nucleare*, lo stesso che *fissione* **2** (*biol.*) riproduzione cellulare consistente nella divisione della cellula in due parti.

scissionismo [scis-sio-nì-ʃmo] *s.m.* tendenza a provocare scissioni ideologiche, politiche.

scissionista [scis-sio-nì-sta] *s.m.* e *f.* [pl.m. *-sti*] chi appartiene a un movimento scissionistico o sostiene la necessità di una scissione.

scissionistico [scis-sio-nì-sti-co] *agg.* [pl.m. *-ci*] di scissionismo, che riguarda lo scissionismo.

scissiparo [scis-sì-pa-ro] *agg.* (*zool.*) si dice di animale che si riproduce per scissione.

scisso [scìs-so] *agg.* separato, diviso: *un partito — in varie correnti*.

scissura [scis-sù-ra] *s.f.* (*anat.*) fenditura, solco: — *cerebrale*.

scisto [scì-sto] *s.m.* (*geol.*) roccia metamorfica che contiene minerali lamellari o fibrosi e che si sfalda facilmente.

scistosità [sci-sto-si-tà] *s.f.* proprietà delle rocce di sfaldarsi secondo piani paralleli: *piani di* —.

scistoso [sci-stó-so] *agg.* che ha natura di scisto: *rocce scistose*.

sciupare [sciu-pà-re] *v.tr.* **1** ridurre in cattivo stato, rovinare: — *l'abito nuovo* **2** sprecare: — *tempo* ♦ **sciuparsi** *v.intr.pron.* **1** rovinarsi, sgualcirsi: *la gonna si è sciupata* **2** deperire fisicamente: — *per il troppo lavoro*.

sciupato [sciu-pà-to] *agg.* **1** rovinato, in cattive condizioni: *cappotto* — **2** deperito: *volto* —.

sciupio [sciu-pì-o] *s.m.* uno sciupare continuato; spreco: — *di denaro*.

sciupone [sciu-pó-ne] *agg.* e *s.m.* [f. *-a*] che/chi sciupa o spreca molto.

sciuscià [sciu-scià] *s.m.* ragazzo che, nell'immediato dopoguerra, per vivere faceva il lustrascarpe o si dedicava a piccoli traffici.

scivolare [sci-vo-là-re] *v.intr.* [*io scìvolo ecc.*; aus. *essere*] **1** scorrere agevolmente su una superficie liscia o in declivio: *la slitta scivola sulla neve* **2** cadere a terra per il venir meno dell'aderenza al terreno: — *su una buccia di banana* **3** sfuggire: *il sapone scivola di mano* **4** (*fig.*) spostarsi a poco a poco da un argomento a un altro: *il discorso scivolò sulla politica*.

scivolata [sci-vo-là-ta] *s.f.* lo scivolare per un tratto: *fare una* —.

scivolo [scì-vo-lo] *s.m.* piano inclinato che serve a far scendere in acqua imbarcazioni o idrovolanti | piano inclinato su cui i bambini si lasciano scivolare per gioco.

scivolone [sci-vo-ló-ne] *s.m.* **1** caduta fatta scivolando **2** (*fig.*) grave errore | sconfitta inaspettata.

scivolosità [sci-vo-lo-si-tà] *s.f.* l'essere scivoloso.

scivoloso [sci-vo-ló-so] *agg.* **1** si dice di superficie su cui è facile scivolare; sdrucciolevole: *terreno* — **2** viscido: *le anguille sono scivolose*.

sclera [sclè-ra] *s.f.* (*anat.*) membrana bianca e

opaca che costituisce l'involucro esterno del globo oculare.
sclerite [scle-rì-te] *s.f.* (*med.*) infiammazione della sclera.
sclero- primo elemento di parole composte della terminologia scientifica, che significa 'durezza, rigidità' (*sclerodermia*), oppure sta per 'sclera' (*sclerotomia*).
sclerodermia [scle-ro-der-mì-a] *s.f.* (*med.*) indurimento della cute e del tessuto sottocutaneo.
scleroma [scle-rò-ma] *s.m.* [pl. *-mi*] (*med.*) sclerosi.
sclerosi [scle-rò-ʃi] *s.f.* **1** (*med.*) indurimento patologico delle strutture organiche determinato da ipertrofia del tessuto connettivo | *— a placche* o *multipla*, malattia caratterizzata da lesioni sclerotiche nell'encefalo e nel midollo spinale **2** (*fig.*) irrigidimento, perdita di elasticità: *la — della burocrazia*.
sclerotica [scle-rò-ti-ca] *s.f.* sclera.
sclerotico [scle-rò-ti-co] *agg.* [pl.m. *-ci*] di sclerosi (anche *fig.*): *processo —* ♦ *agg.* e *s.m.* [f. *-a*] (*med.*) che/chi è affetto da sclerosi.
sclerotizzare [scle-ro-tiʒ-ʒà-re] *v.tr.* **1** (*med.*) produrre sclerosi **2** (*fig.*) irrigidire, privare di elasticità ♦ **sclerotizzarsi** *v.intr.pron.* **1** (*med.*) diventare sclerotico **2** (*fig.*) irrigidirsi, perdere elasticità.
sclerotomia [scle-ro-to-mì-a] *s.f.* (*med.*) incisione chirurgica della sclera.
scocca [scòc-ca] *s.f.* l'insieme della struttura e del rivestimento esterno della carrozzeria di un autoveicolo.
scoccare [scoc-cà-re] *v.tr.* [*io scòcco, tu scòcchi ecc.*] **1** lanciare, scagliare con l'arco **2** (*fig.*) mandare, indirizzare: *— un bacio* **3** battere le ore: *l'orologio scocca le tre* ♦ *v.intr.* [aus. *essere*] **1** scattare (detto di congegni a molla) **2** guizzare, balenare: *scoccò una scintilla* **3** suonare, detto di ore: *scocca il mezzogiorno*.
scocciante [scoc-ciàn-te] *agg.* (*fam.*) che arreca fastidio, noia: *una persona —*.
scocciare [scoc-cià-re] *v.tr.* (*fam.*) dar noia, fastidio; seccare ♦ **scocciarsi** *v.intr.pron.* (*fam.*) seccarsi, annoiarsi: *— di aspettare*.
scocciato [scoc-cià-to] *agg.* (*fam.*) seccato, annoiato.
scocciatore [scoc-cia-tó-re] *s.m.* [f. *-trice*] (*fam.*) persona molesta e importuna; seccatore.
scocciatura [scoc-cia-tù-ra] *s.f.* (*fam.*) seccatura, noia, fastidio.
scodella [sco-dèl-la] *s.f.* piatto fondo o tazza senza manico in cui si servono alimenti liquidi | (*estens.*) la quantità di cibo contenuta in una scodella: *una — di minestra*. DIM. *scodellina, scodellino* (m.).
scodellare [sco-del-là-re] *v.tr.* [*io scodèllo ecc.*] **1** versare in una scodella un cibo liquido o semiliquido: *— la zuppa* **2** (*fig. fam.*) dire, fare con prontezza e facilità: *— bugie*.
scodinzolamento [sco-din-zo-la-mén-to] *s.m.* lo scodinzolare.
scodinzolare [sco-din-zo-là-re] *v.intr.* [*io scodìnzolo ecc.*; aus. *avere*] **1** dimenare, agitare rapidamente la coda, detto soprattutto del cane che fa festa **2** (*fig.*) di persona, fare moine, cerimonie eccessive: *guardala come scodinzola!*
scodinzolio [sco-din-zo-lì-o] *s.m.* uno scodinzolare continuato.
scoglia [scò-glia] *s.f.* lo strato superficiale della pelle che certi rettili perdono durante la muta annuale.
scogliera [sco-gliè-ra] *s.f.* serie di scogli vicini tra loro; tratto scoglioso di un litorale | *— corallina*, cordone di scogli costituiti da colonie di coralli; barriera corallina.
scoglio [scò-glio] *s.m.* **1** roccia che emerge dalle acque del mare, un fiume o un lago **2** (*fig.*) impedimento, ostacolo: *superare lo — degli esami*.
scoglioso [sco-glió-so] *agg.* pieno di scogli; formato di scogli: *costa scogliosa*.
scoiattolo [sco-iàt-to-lo] *s.m.* agile mammifero arboricolo, con muso appuntito, coda lunga e folta, pelo fulvo.
scolabottiglie [sco-la-bot-tì-glie] *s.m.invar.* attrezzo costituito da un supporto verticale da cui sporge una serie di asticelle inclinate, sulle quali si infilano capovolte le bottiglie lavate, per lasciarle scolare.
scolapasta [sco-la-pà-sta] *s.m.invar.* colapasta.
scolapiatti [sco-la-piàt-ti] *s.m.* arnese da cucina in cui si mettono a scolare i piatti appena lavati.
scolaposate [sco-la-po-sà-te] *s.m.invar.* arnese da cucina in cui si mettono a scolare le posate appena lavate.
scolare[1] [sco-là-re] *agg.* (*non com.*) di scuola | *età —*, l'età in cui si deve frequentare la scuola dell'obbligo.
scolare[2] *v.tr.* [*io scólo ecc.*] **1** fare uscire lentamente e interamente il liquido contenuto in recipienti: *— i fiaschi* | far colare il liquido di cui sono impregnati o bagnati cibi o verdure: *— l'insalata* **2** (*scherz.*) bere fino all'ultima goccia: *scolarsi una bottiglia di vino* ♦ *v.intr.* [aus. *essere*] **1** di liquido, uscire fuori a poco a poco, defluire lentamente **2** di oggetto bagnato, perdere pian piano il liquido che contiene: *mettere i piatti a —*.
scolaresca [sco-la-ré-sca] *s.f.* il complesso degli scolari di una classe o di una scuola.
scolaretto [sco-la-rét-to] *s.m.* [f. *-a*] scolaro delle prime classi elementari | *comportarsi come uno —*, si dice di persona timida e impacciata.
scolarità [sco-la-ri-tà] *s.f.* il fenomeno della frequenza dei corsi scolastici: *indice di —*.
scolarizzare [sco-la-riʒ-ʒà-re] *v.tr.* mettere in condizione di poter usufruire dell'insegnamento scolastico; sottoporre all'obbligo scolastico.
scolarizzazione [sco-la-riʒ-ʒa-zió-ne] *s.f.* lo scolarizzare, l'essere scolarizzato.
scolaro [sco-là-ro] *s.m.* [f. *-a*] **1** chi frequenta una scuola elementare o media **2** allievo, discepolo di un artista, di un grande maestro: *uno — di Giotto*.

scolastica [sco-là-sti-ca] *s.f.* il pensiero filosofico e teologico elaborato in età medievale, che indaga fondamentalmente il rapporto tra la rivelazione divina e le varie scienze e discipline.
scolastico [sco-là-sti-co] *agg.* [pl.m. *-ci*] **1** di scuola, della scuola: *anno, libro* — **2** (*spreg.*) legato ai canoni della scuola, agli schemi dell'insegnamento: *cultura scolastica* **3** (*filos.*) della scolastica: *pensiero* — ♦ *s.m.* (*filos.*) seguace della scolastica.
scolatoio [sco-la-tó-io] *s.m.* ciò che serve per far scolare o attraverso cui scolano dei liquidi.
scolatura [sco-la-tù-ra] *s.f.* lo scolare | il liquido scolato.
scoliosi [sco-liò-ʃi] *s.f.* (*med.*) deviazione laterale della colonna vertebrale.
scoliotico [sco-liò-ti-co] *agg.* [pl.m. *-ci*] (*med.*) di scoliosi: *alterazioni scoliotiche* ♦ *agg.* e *s.m.* [f. *-a*] che/chi è affetto da scoliosi.
scollacciarsi [scol-lac-ciàr-si] *v.rifl.* [*io mi scollàccio ecc.*] vestirsi con abiti troppo scollati.
scollacciato [scol-lac-cià-to] *agg.* **1** di abito, eccessivamente scollato | di donna, che indossa vestiti troppo scollati **2** (*fig. fam.*) licenzioso, spinto: *un film* —.
scollacciatura [scol-lac-cia-tù-ra] *s.f.* scollatura eccessiva.
scollamento [scol-la-mén-to] *s.m.* **1** lo scollare, lo scollarsi di parti incollate insieme **2** (*med.*) distacco, traumatico o chirurgico, di due strati anatomici: — *di due muscoli* **3** (*fig.*) perdita di coesione, di unità.
scollare[1] [scol-là-re] *v.tr.* [*io scòllo ecc.*] tagliare un indumento in modo che si apra sul collo e sul petto, o anche sulla schiena.
scollare[2] *v.tr.* [*io scòllo ecc.*] **1** staccare due cose, due parti incollate insieme: — *un francobollo dalla busta* **2** (*med.*) distaccare chirurgicamente due elementi anatomici uniti ♦ **scollarsi** *v.intr.pron.* separarsi, detto di cose incollate o di elementi strettamente uniti.
scollato [scol-là-to] *agg.* si dice di indumento femminile aperto sul collo, sul petto o sulla schiena; di donna, che indossa un abito di tale taglio.
scollatura[1] [scol-la-tù-ra] *s.f.* **1** lo scollare un indumento **2** apertura degli abiti femminili sul collo, sul petto o anche sulla schiena: — *a V, quadrata, rotonda.*
scollatura[2] *s.f.* lo scollare, lo scollarsi di due parti unite.
scollegare [scol-le-gà-re] *v.tr.* [*io scollégo, tu scolléghi ecc.*] separare ciò che era collegato.
scollo [scòl-lo] *s.m.* l'apertura degli abiti intorno al collo: *uno — molto profondo.*
scolmatore [scol-ma-tó-re] *agg.* e *s.m.* si dice di canale che serve a scaricare in parte le acque di un fiume perché non straripi.
scolo [scó-lo] *s.m.* **1** lo scolare di liquidi; il luogo dove i liquidi scolano: *canale di* — | il liquido stesso che scola: *lo — finisce in mare* **2** (*pop.*) blenorragia.
scolopendra [sco-lo-pèn-dra] *s.f.* animale dal morso velenoso, diffuso nei paesi caldi, con corpo allungato diviso in anelli.
scolopio [sco-lò-pio] *s.m.* religioso appartenente alla congregazione delle Scuole Pie, fondata a Roma nel 1617 da san Giuseppe Calasanzio.
scolorare [sco-lo-rà-re] *v.tr.* [*io scolóro ecc.*] far perdere il colore; far diventare pallido, sbiadito; scolorire: *il sole scolora i tessuti* ♦ **scolorarsi** *v. intr.pron.* perdere il colore | diventare pallido; scolorirsi.
scolorimento [sco-lo-ri-mén-to] *s.m.* lo scolorire, lo scolorirsi, l'essere scolorito.
scolorina® [sco-lo-rì-na] *s.f.* preparato chimico usato per scolorire macchie d'inchiostro o scritture.
scolorire [sco-lo-rì-re] *v.tr.* [*io scolorisco, tu scolorisci ecc.*] far perdere il colore; far diventare pallido, sbiadito (anche *fig.*): *il tempo scolorisce i ricordi* ♦ *v.intr.* [aus. *essere*], **scolorirsi** *v.intr.pron.* perdere il colore, sbiadirsi: — *in volto.*
scolorito [sco-lo-rì-to] *agg.* che ha perso colore; sbiadito (anche *fig.*): *ricordo* —; *viso — per la paura*, impallidito.
scolpare [scol-pà-re] *v.tr.* [*io scólpo ecc.*] liberare qlcu. da una colpa; giustificare ♦ **scolparsi** *v.rifl.* giustificarsi, discolparsi.
scolpire [scol-pì-re] *v.tr.* [pres. *io scolpisco, tu scolpisci ecc.*; pass.rem. *io scolpii, tu scolpisti ecc.*; part.pass. *scolpito*] **1** realizzare un'opera scultoria; raffigurare nel marmo o in altro materiale: — *una statua* | (*estens.*) incidere: — *il proprio nome su un albero* **2** (*fig.*) imprimere, fissare fortemente: — *un ricordo nella mente.*
scolpito [scol-pì-to] *agg.* **1** decorato con sculture; effigiato in una scultura: *colonna scolpita* **2** (*fig.*) ben impresso: *ricordo — nella memoria.*
scolta [scól-ta] *s.f.* (*lett.*) vedetta, sentinella.
scombiccherare [scom-bic-che-rà-re] *v.tr.* [*io scombìcchero ecc.*] (*fam.*) scarabocchiare, disegnare o scrivere in fretta e male.
scombinamento [scom-bi-na-mén-to] *s.m.* (*non com.*) lo scombinare, l'essere scombinato; pasticcio, disguido.
scombinare [scom-bi-nà-re] *v.tr.* **1** mettere in disordine, sottosopra: *il vento scombina i fogli* **2** mandare a monte: — *un accordo.*
scombinato [scom-bi-nà-to] *agg.* confusionario, sconclusionato, incoerente: *ragionamento* —; *vita scombinata*, disordinata, sregolata.
scombro [scóm-bro], o **sgombro**, *s.m.* pesce di mare commestibile dal corpo fusiforme, di media grandezza, di colore blu o verde a strisce nere sul dorso.
scombussolamento [scom-bus-so-la-mén-to] *s.m.* lo scombussolare, l'essere scombussolato: — *di stomaco.*
scombussolare [scom-bus-so-là-re] *v.tr.* [*io scombùssolo ecc.*] mettere sottosopra; frastornare, turbare: *i viaggi lo scombussolano*; — *piani, programmi*, mandarli all'aria.
scombussolio [scom-bus-so-lì-o] *s.m.* grossa confusione, grande scombussolamento.

scommessa [scom-més-sa] *s.f.* 1 accordo fra due o più persone, con il quale ciascuna s'impegna a pagare all'altra una determinata somma di denaro o ad assolvere certi obblighi se le sue previsioni risulteranno erronee: *vincere, perdere una —* 2 il puntare somme di denaro in giochi d'azzardo, corse di cavalli, incontri sportivi ecc. | la somma che viene pattuita: *una — di due milioni* 3 (*fig.*) impresa difficile, dall'esito incerto.

scommettere [scom-mét-te-re] *v.tr.* [coniugato come *mettere*] 1 fare una scommessa: *— una cena* | (*assol.*) dare per certo: *scommetto che oggi verrà* 2 puntare una somma al gioco (anche *assol.*): *— su un cavallo.*

scommettitore [scom-met-ti-tó-re] *s.m.* [f. *-trice*] chi fa una scommessa o scommette abitualmente.

scomodare [sco-mo-dà-re] *v.tr.* [*io scòmodo ecc.*] 1 arrecare fastidio, disturbo, incomodo: *scusa se ti ho scomodato* 2 (*fig.*) rivolgersi a persone importanti per questioni banali: *— il presidente* | chiamare in causa: *non c'è bisogno di — Einstein per questo calcolo* ♦ **scomodarsi** *v.rifl.* andare incontro a un disagio, prendersi il disturbo di fare qlco.: *la ringrazio, ma non doveva —* | in frasi di cortesia, muoversi, alzarsi dal posto in cui si è seduti: *non si scomodi!*

scomodità [sco-mo-di-tà] *s.f.* l'essere scomodo; situazione scomoda: *abitare così lontano è una —.*

scomodo[1] [scò-mo-do] *agg.* 1 non comodo, disagevole: *letto, viaggio —* 2 in posizione non comoda, disagevole: *stare —* 3 (*fig.*) si dice di persona che crea problemi: *un tipo —; avversario —*, che dà filo da torcere □ **scomodamente** *avv.*

scomodo[2] *s.m.* disturbo, disagio: *non vorrei che ciò fosse di —.*

scompaginamento [scom-pa-gi-na-mén-to] *s. m.* lo scompaginare, lo scompaginarsi, l'essere scompaginato.

scompaginare [scom-pa-gi-nà-re] *v.tr.* [*io scompàgino ecc.*] 1 guastare l'ordine, l'equilibrio, la disposizione di qlco.; dissestare una struttura, un'organizzazione: *— un progetto* 2 (*tip.*) disfare l'impaginatura, spaginare 3 rovinare la legatura di un libro, di un quaderno ♦ **scompaginarsi** *v.intr.pron.* scomporsi, disgregarsi.

scompaginato [scom-pa-gi-nà-to] *agg.* 1 si dice di libro, quaderno con le pagine slegate 2 (*fig.*) in disordine, sconvolto: *un piano —.*

scompagnare [scom-pa-gnà-re] *v.tr.* dividere cose che formano un tutt'uno; spaiare: *— un paio di calze.*

scompagnato [scom-pa-gnà-to] *agg.* 1 spaiato, incompleto: *guanti scompagnati* 2 (*lett.*) disgiunto, separato.

scomparire [scom-pa-rì-re] *v.intr.* [coniugato come *apparire*; aus. *essere*] sparire, sottrarsi alla vista, non esserci più: *— all'orizzonte* | (*eufem.*) morire: *— giovanissimo.*

scomparsa [scom-pàr-sa] *s.f.* 1 lo scomparire | *scrittoio a —*, che si può ripiegare all'interno di un mobile 2 (*eufem.*) morte: *la sua — ci addolora.*

scomparso [scom-pàr-so] *agg.* che non esiste più: *una specie scomparsa* ♦ *s.m.* [f. *-a*] (*dir.*) persona non rintracciabile nel luogo del suo domicilio e di cui non si hanno più notizie.

scompartimento [scom-par-ti-mén-to] *s.m.* ogni parte in cui è suddivisa qlco.: *— ferroviario.*

scomparto [scom-pàr-to] *s.m.* 1 scompartimento: *armadio a quattro scomparti* 2 (*arch.*) ciascuna delle partizioni di una parete muraria, variamente rilevate o colorate.

scompensare [scom-pen-sà-re] *v.tr.* [*io scompènso ecc.*] alterare, rompere l'equilibrio: *— il carico di una nave* | (*med.*) provocare uno scompenso.

scompensato [scom-pen-sà-to] *agg.* privo di compensazione, non equilibrato ♦ *agg.* e *s.m.* (*med.*) che/chi è affetto da scompenso cardiaco.

scompenso [scom-pèn-so] *s.m.* 1 mancanza di equilibrio, di compensazione 2 (*med.*) insufficienza funzionale di un organo: *— cardiaco.*

scompigliamento [scom-pi-glia-mén-to] *s.m.* lo scompigliare, lo scompigliarsi, l'essere scompigliato.

scompigliare [scom-pi-glià-re] *v.tr.* [*io scompìglio ecc.*] sconvolgere turbando una disposizione, un ordine: *— i capelli*, arruffarli; *— le idee di qlcu.*, confonderle ♦ **scompigliarsi** *v.intr.pron.* scompaginarsi, arruffarsi: *i capelli si scompigliano al vento.*

scompigliato [scom-pi-glià-to] *agg.* messo a soqquadro, pieno di disordine e confusione.

scompiglio [scom-pì-glio] *s.m.* lo scompigliare; disordine, confusione: *portare lo — in casa.*

scompisciarsi [scom-pi-sciàr-si] *v.intr.pron.* [*io mi scompìscio ecc.*] (*pop.*) orinarsi addosso | *— dalle risa*, (*fig.*) ridere a crepapelle, in modo irrefrenabile.

scomponibile [scom-po-nì-bi-le] *agg.* che si può scomporre: *mobile —.*

scomponibilità [scom-po-ni-bi-li-tà] *s.f.* l'essere scomponibile.

scomporre [scom-pór-re] *v.tr.* [coniugato come *porre*] 1 separare le parti che formano un tutto: *— un numero in fattori* 2 (*fig.*) turbare: *la notizia non lo scompose* ♦ **scomporsi** *v.intr.pron.* 1 separarsi nelle parti di cui era costituito 2 (*fig.*) perdere la compostezza; turbarsi: *ascoltò senza —.*

scomposizione [scom-po-ʃi-zió-ne] *s.f.* lo scomporre, l'essere scomposto.

scompostezza [scom-po-stéz-za] *s.f.* l'essere scomposto | mancanza di equilibrio, di compostezza formale: *la — di quella pittura.*

scomposto [scom-pó-sto] *agg.* 1 diviso negli elementi che lo compongono 2 scompigliato, disordinato: *capigliatura scomposta* | privo di compostezza; sconveniente: *posizione scomposta* □ **scompostamente** *avv.*

scomputare [scom-pu-tà-re] *v.tr.* [*io scòmputo ecc.*] detrarre, togliere dal computo: *— dal totale.*

scomputo [scòm-pu-to] *s.m.* lo scomputare, l'essere scomputato; detrazione da un totale.
scomunica [sco-mù-ni-ca] *s.f.* **1** pena comminata dalla chiesa che esclude chi ne è colpito dalla comunione dei fedeli e dalla partecipazione ai sacramenti **2** (*estens.*) condanna di posizioni ideologiche, politiche.
scomunicare [sco-mu-ni-cà-re] *v.tr.* [*io scomùnico, tu scomùnichi ecc.*] **1** (*eccl.*) colpire con scomunica **2** (*estens.*) mettere al bando, censurare: *— un'ideologia.*
scomunicato [sco-mu-ni-cà-to] *agg.* colpito da scomunica ♦ *s.m.* [f. *-a*] persona colpita da scomunica.
sconcertante [scon-cer-tàn-te] *agg.* che sconcerta, che turba.
sconcertare [scon-cer-tà-re] *v.tr.* [*io sconcèrto ecc.*] turbare, disorientare: *il suo rifiuto lo sconcertò.*
sconcertato [scon-cer-tà-to] *agg.* turbato, confuso: *restare —.*
sconcerto [scon-cèr-to] *s.m.* turbamento, disorientamento: *uno — generale.*
sconcezza [scon-céz-za] *s.f.* l'essere sconcio: *la — di un gesto* | azione, parola sconcia: *dire sconcezze.*
sconciare [scon-cià-re] *v.tr.* [*io scóncio ecc.*] (*non com.*) conciare male; guastare, rovinare.
sconcio [scón-cio] *agg.* [pl.f. *-ce*] turpe, osceno: *libro —* ♦ *s.m.* cosa indecente, vergognosa: *è uno — vivere così* | (*fig.*) cosa malfatta, brutta □ **sconciamente** *avv.*
sconclusionatezza [scon-clu-ʃio-na-téz-za] *s.f.* l'essere sconclusionato.
sconclusionato [scon-clu-ʃio-nà-to] *agg.* **1** privo di coerenza, di senso: *discorso —* **2** che agisce o ragiona in modo incoerente: *individuo —* □ **sconclusionatamente** *avv.*
scondito [scon-dì-to] *agg.* non condito o poco condito.
sconfessare [scon-fes-sà-re] *v.tr.* [*io sconfèsso ecc.*] ritrattare: *— la propria fede* | non confermare le parole o le azioni di qlcu.; disconoscere: *— l'operato della propria famiglia.*
sconfessione [scon-fes-sió-ne] *s.f.* lo sconfessare, l'essere sconfessato.
sconficcare [scon-fic-cà-re] *v.tr.* [*io sconficco, tu sconficchi ecc.*] togliere ciò che è conficcato: *— i chiodi.*
sconfiggere [scon-fig-ge-re] *v.tr.* [pres. *io sconfiggo, tu sconfiggi ecc.*; pass.rem. *io sconfissi, tu sconfiggésti ecc.*; part.pass. *sconfitto*] **1** vincere, sbaragliare in battaglia | (*estens.*) superare, battere in competizioni sportive o politiche **2** (*fig.*) eliminare, debellare: *— la corruzione.*
sconfinamento [scon-fi-na-mén-to] *s.m.* lo sconfinare, l'essere sconfinato.
sconfinare [scon-fi-nà-re] *v.intr.* [aus. *avere*] **1** oltrepassare dei confini; entrare nel territorio di un altro stato, in una proprietà altrui **2** (*fig.*) uscire dai limiti assegnati o previsti: *— dall'argomento.*
sconfinato [scon-fi-nà-to] *agg.* che è senza confini, senza limiti | (*fig.*) grandissimo: *cultura sconfinata* □ **sconfinatamente** *avv.*
sconfitta [scon-fìt-ta] *s.f.* **1** disfatta di un esercito in battaglia | insuccesso in una competizione sportiva, politica o di altro genere: *subire una —* **2** (*fig.*) eliminazione di un male, di una piaga sociale o morale: *la — dell'analfabetismo.*
sconfitto [scon-fìt-to] *agg.* vinto, battuto ♦ *s.m.* [f. *-a*] chi ha subito una sconfitta.
sconfortante [scon-for-tàn-te] *agg.* che sconforta, scoraggia.
sconfortare [scon-for-tà-re] *v.tr.* [*io sconfòrto ecc.*] demoralizzare, scoraggiare ♦ **sconfortarsi** *v.intr.pron.* abbattersi, avvilirsi.
sconfortato [scon-for-tà-to] *agg.* scoraggiato, avvilito.
sconforto [scon-fòr-to] *s.m.* avvilimento, scoramento: *essere preso dallo —.*
scongelamento [scon-ge-la-mén-to] *s.m.* lo scongelare, l'essere scongelato.
scongelare [scon-ge-là-re] *v.tr.* [*io scongèlo ecc.*] **1** riportare a temperatura ambiente ciò che era stato congelato: *— il pesce* **2** rendere nuovamente disponibile qlco.: *— beni, crediti* | sbloccare: *— prezzi, salari.*
scongiurare [scon-giu-rà-re] *v.tr.* **1** (*lett.*) compiere esorcismi **2** (*fig.*) chiedere con insistenza, supplicare: *lo scongiurò di aiutarlo* **3** (*fig.*) evitare, allontanare: *— un pericolo.*
scongiuro [scon-giù-ro] *s.m.* lo scongiurare spiriti maligni, forze malefiche | gesto superstizioso contro la iettatura o contro l'avverarsi di qualche calamità: *fare uno —.*
sconnessione [scon-nes-sió-ne] *s.f.* l'essere sconnesso.
sconnesso [scon-nès-so *o* sconnésso] *agg.* **1** mal connesso: *un tavolato —* **2** (*fig.*) che manca di connessione logica, di coerenza: *discorso —.*
sconnettere [scon-nèt-te-re *o* sconnéttere] *v.tr.* [coniugato come *annettere*] disgiungere, disunire: *— le assi di un tavolato* ♦ *v.intr.* [aus. *avere*] non connettere, sragionare: *quell'uomo sconnette* ♦ **sconnettersi** *v.intr.pron.* disgiungersi, disunirsi.
sconosciuto [sco-no-sciù-to] *agg.* **1** non conosciuto, ignoto: *terre sconosciute* | privo di notorietà: *un attore —* **2** non ancora identificato: *un virus —* ♦ *s.m.* [f. *-a*] persona che non si conosce: *non parlo a uno —* | *illustre —*, (*iron.*) persona di cui non si è mai sentito parlare.
sconquassare [scon-quas-sà-re] *v.tr.* **1** scuotere violentemente in modo da fracassare: *i bombardamenti sconquassarono le case* **2** (*fig.*) scombussolare: *il viaggio mi ha sconquassato* ♦ **sconquassarsi** *v.intr.pron.* rovinarsi per effetto di colpi o urti.
sconquassato [scon-quas-sà-to] *agg.* **1** rovinato, sgangherato: *un armadio tutto —* **2** (*fig.*) scombussolato, frastornato: *sentirsi —.*
sconquasso [scon-quàs-so] *s.m.* **1** lo sconquassare, l'essere sconquassato: *la bufera ha fatto*

un grande — **2** (*fig.*) grave disordine, scompiglio: *uno — generale.*

sconsacrare [scon-sa-crà-re] *v.tr.* (*relig.*) privare un luogo o un oggetto del suo carattere sacro: — *una chiesa.*

sconsacrazione [scon-sa-cra-zió-ne] *s.f.* (*relig.*) lo sconsacrare, l'essere sconsacrato.

sconsideratezza [scon-si-de-ra-téz-za] *s.f.* l'essere sconsiderato; sventatezza, avventatezza.

sconsiderato [scon-si-de-rà-to] *agg.* **1** che agisce senza riflettere, senza discernimento: *ragazzo* — **2** fatto o detto senza riflettere, senza prudenza: *gesto* — ♦ *s.m.* [f. *-a*] persona sconsiderata, avventata: *comportarsi da* — □ **sconsideratamente** *avv.*

sconsigliabile [scon-si-glià-bi-le] *agg.* che non è consigliabile.

sconsigliare [scon-si-glià-re] *v.tr.* [*io sconsìglio ecc.*] non consigliare: — *un albergo* | raccomandare di non dire o fare qlco.; dissuadere, distogliere: — *dall'accettare.*

sconsolante [scon-so-làn-te] *agg.* che rattrista grandemente; sconfortante.

sconsolato [scon-so-là-to] *agg.* **1** che non può trovare conforto, che non può essere consolato **2** che mostra sconforto; triste, desolato: *espressione sconsolata* □ **sconsolatamente** *avv.*

scontabile [scon-tà-bi-le] *agg.* che si può scontare: *cambiale* —.

scontare [scon-tà-re] *v.tr.* [*io scónto ecc.*] **1** (*fin.*) anticipare o farsi anticipare il pagamento di un credito non ancora scaduto in cambio della corresponsione di un interesse: — *una cambiale* **2** detrarre da un conto; ribassare: — *il prezzo di un prodotto* **3** pagare, espiare la pena per un reato commesso: — *tre anni di carcere* | (*estens.*) subire la conseguenza di qlco.: — *in vecchiaia i vizi di gioventù.*

scontato [scon-tà-to] *agg.* **1** detratto da un importo: *debito* — | *prezzi scontati*, ribassati **2** previsto, prevedibile: *risultato* — | *dare per* —, considerare come già avvenuto.

scontentare [scon-ten-tà-re] *v.tr.* [*io scontènto ecc.*] rendere, lasciare scontento; non accontentare, non appagare: — *i clienti*; *decisione che scontenta tutti.*

scontentezza [scon-ten-téz-za] *s.f.* la condizione di chi è scontento; insoddisfazione.

scontento [scon-tèn-to] *agg.* non contento, insoddisfatto ♦ *s.m.* sentimento di insoddisfazione e di disappunto.

sconto [scón-to] *s.m.* **1** (*dir.*) contratto con cui una banca, previa deduzione dell'interesse, anticipa al cliente l'importo di un credito | *tasso di* —, la percentuale d'interesse richiesto da una banca nel prestare denaro **2** deduzione di un importo da altro importo: *somma a — di un debito* **3** diminuzione del prezzo praticata dal venditore all'acquirente: — *del 25%.*

scontrarsi [scon-tràr-si] *v.intr.pron.* [*io mi scóntro ecc.*] **1** detto di veicolo, cozzare violentemente contro qlco.: *l'automobile si scontrò con un tram* **2** (*fig.*) entrare in conflitto di interessi, di idee: — *con qlcu. su un problema* ♦ *v.rifl.rec.* **1** detto di veicoli, urtarsi, cozzare l'uno contro l'altro **2** (*estens.*) affrontarsi, azzuffarsi in una lotta, in un combattimento **3** (*fig.*) discordare, divergere profondamente: *pareri che si scontrano.*

scontrino [scon-trì-no] *s.m.* biglietto di ricevuta che attesta l'adempimento di un obbligo o dà diritto a una prestazione: *munirsi di — alla cassa.*

scontro [scón-tro] *s.m.* **1** urto, cozzo violento di veicoli: — *automobilistico* **2** (*estens.*) combattimento, battaglia: — *a fuoco*, a colpi di armi da fuoco **3** (*fig.*) contrasto violento: *avere uno — in famiglia.*

scontrosaggine [scon-tro-sàg-gi-ne] *s.f.* **1** l'essere scontroso; carattere, temperamento scontroso **2** azione, discorso da persona scontrosa.

scontrosità [scon-tro-si-tà] *s.f.* **1** l'essere scontroso **2** atto, discorso da scontroso.

scontroso [scon-tró-so] *agg.* che si imbroncia, si impermalisce facilmente; privo di cordialità: *uomo, carattere* — ♦ *s.m.* [*f. -a*] persona scontrosa: *non fare lo —!* □ **scontrosamente** *avv.*

sconveniente [scon-ve-nièn-te] *agg.* che contrasta con la correttezza, con la decenza; indecoroso, indecente: *contegno* — □ **sconvenientemente** *avv.*

sconvenienza [scon-ve-nièn-za] *s.f.* mancanza di correttezza, di decoro: *la — di un gesto* | atto o detto sconveniente: *fare delle sconvenienze.*

sconvenire [scon-ve-nì-re] *v.intr.* [coniugato come *convenire*; aus. *essere*] (*lett.*) essere in contrasto col decoro, con la morale; non essere opportuno, adatto.

sconvolgente [scon-vol-gèn-te] *agg.* che sconvolge, impressiona, turba profondamente: *esperienza* —.

sconvolgere [scon-vòl-ge-re] *v.tr.* [coniugato come *volgere*] **1** mettere sottosopra, provocare grande disordine e scompiglio: — *un piano* **2** (*fig.*) turbare gravemente: *la notizia sconvolse tutti.*

sconvolgimento [scon-vol-gi-mén-to] *s.m.* lo sconvolgere, l'essere sconvolto; grave perturbamento.

sconvolto [scon-vòl-to] *agg.* messo sottosopra, a soqquadro: *paese — dalla guerra* | (*fig.*) gravemente turbato: *una mente sconvolta.*

scoop [/ skup /] *s.m.invar.* (*ingl.*) notizia sensazionale pubblicata da un giornale prima di tutti gli altri.

scoordinato [sco-or-di-nà-to] *agg.* che manca di coordinazione, che si muove in modo non coordinato: *un atleta* — □ **scoordinatamente** *avv.*

scoordinazione [sco-or-di-na-zió-ne] *s.f.* mancanza di coordinazione nei movimenti del corpo.

scooter [/ 'skuter /] *s.m.invar.* (*ingl.*) **1** motoretta **2** imbarcazione a vela capace di slittare sul ghiaccio sotto l'azione del vento.

scopa[1] [scó-pa] *s.f.* pianta arbustacea usata per confezionare scope per la pulizia dei pavimenti.

scopa[2] *s.f.* arnese per spazzare il pavimento,

consistente in una sorta di grossa spazzola su cui si innesta un lungo manico. DIM. *scopetta, scopino* (m.).

scopa³ *s.f.* gioco che si pratica fra due persone o due coppie con le carte italiane che si distribuiscono ai giocatori tre per volta: *partita a —.*

scopare [sco-pà-re] *v.tr.* [*io scópo ecc.*] **1** spazzare con la scopa: *— il pavimento* **2** (*volg.*) possedere sessualmente | (*assol.*) avere un rapporto sessuale.

scopata [sco-pà-ta] *s.f.* **1** lo scopare in fretta, alla meglio **2** (*volg.*) coito.

scopatura [sco-pa-tù-ra] *s.f.* lo scopare, lo spazzare.

scoperchiare [sco-per-chià-re] *v.tr.* [*io scopèrchio ecc.*] togliere il coperchio; portar via ciò che fa da copertura: *— una pentola* ♦ **scoperchiarsi** *v.intr.pron.* rimanere privo del coperchio o di ciò che fa da copertura: *la casa si è scoperchiata.*

scoperta [sco-pèr-ta] *s.f.* lo scoprire, l'essere scoperto: *— scientifica* | *che —!, bella —!,* (*iron.*) si dice a chi proclama come nuove delle cose che sono del tutto ovvie.

scoperto [sco-pèr-to] *agg.* **1** non coperto; privo o privato di copertura, di riparo: *carrozza scoperta* | *assegno —*, privo di copertura finanziaria | *giocare a carte scoperte*, mettendole in tavola in modo che tutti i giocatori possano vederle; (*fig.*) agire lealmente, senza sotterfugi **2** di persona o parte del corpo, non riparato da indumenti: *braccia scoperte; capo —*, senza cappello | *andare a viso —, a fronte scoperta,* (*fig.*) si dice di chi, avendo la coscienza a posto, può sostenere senza timore gli sguardi altrui ♦ *s.m.* **1** luogo non riparato, non difeso: *dormire allo —* **2** mancanza di fondi in conto corrente: *uno — di molti milioni* □ **scopertamente** *avv.* in modo scoperto, esplicito: *agire —.*

scopettone [sco-pet-tó-ne] *s.m.* spazzolone per pulire i pavimenti.

-scopia secondo elemento di termini scientifici, che indica esame compiuto mediante la sola vista o con l'ausilio di mezzi ottici (*necroscopia, radioscopia*).

scopiazzare [sco-piaz-zà-re] *v.tr.* copiare male e senza discernimento: *— qua e là.*

scopiazzatore [sco-piaz-za-tó-re] *s.m.* [f. *-trice*] chi scopiazza.

scopiazzatura [sco-piaz-za-tù-ra] *s.f.* lo scopiazzare | la cosa, l'opera scopiazzata: *una banale —.*

-scopio secondo elemento di parole composte di origine greca o di formazione moderna, che designa strumenti con i quali si possono compiere particolari osservazioni (*microscopio, periscopio*).

scopo [scò-po] *s.m.* ciò a cui si tende, che si desidera ottenere; fine: *prefiggersi uno —* | persona o cosa a cui è finalizzato tutto un modo di agire: *lo — di tutta una vita.*

scopofilia [sco-po-fi-lì-a] *s.f.* (*psicol.*) voyeurismo.

scopofilo [sco-pò-fi-lo] *s.m.* [f. *-a*] (*psicol.*) voyeur.

scopone [sco-pó-ne] *s.m.* variante del gioco della scopa che si gioca in quattro distribuendo in una sola volta tutte le carte del mazzo.

scoppiare¹ [scop-pià-re] *v.intr.* [*io scòppio ecc.*; aus. *essere*] **1** spaccarsi, rompersi con violenza e all'improvviso; esplodere: *è scoppiata una bomba* **2** (*fig.*) prorompere: *— a piangere* **3** (*fig.*) non poterne più: *— di caldo; — dalle risa,* ridere smodatamente; *mangiare fino a —*, a crepapelle; *— di salute*, essere in condizioni di salute eccellenti | essere sovraffollato: *la sala scoppiava di gente* **4** (*sport*) cedere per stanchezza: *il corridore scoppiò a metà salita* **5** manifestarsi con subitanea violenza: *sta per — un temporale.*

scoppiare² *v.tr.* [*io scòppio ecc.*] separare cose che formano una coppia; spaiare.

scoppiettamento [scop-piet-ta-mén-to] *s.m.* (*non com.*) lo scoppiettare.

scoppiettante [scop-piet-tàn-te] *agg.* che scoppietta, crepitante (anche *fig.*): *una risata —.*

scoppiettare [scop-piet-tà-re] *v.intr.* [*io scoppiétto ecc.*; aus. *avere*] **1** mandare brevi scoppi secchi, crepitare (detto di ciò che brucia o anche della fiamma): *la legna bruciava scoppiettando* **2** (*fig.*) risonare, riecheggiare ripetutamente: *scoppiettavano frizzi e risate.*

scoppiettio [scop-piet-tì-o] *s.m.* uno scoppiettare vivace e frequente.

scoppio [scòp-pio] *s.m.* **1** lo scoppiare, il rompersi violentemente e con gran rumore; esplosione: *lo — di una caldaia, di una mina* | *motore a —*, che funziona con miscela detonante | *a — ritardato*, si dice di bomba la cui esplosione avviene dopo un certo tempo dalla percussione della spoletta; (*fig.*) con ritardo rispetto al tempo normale: *ridere a — ritardato* **2** (*estens.*) il rumore prodotto dallo scoppio di qlco.: *sentire uno —* **3** (*fig.*) l'insorgere improvviso di un evento: *lo — della guerra* | il manifestarsi violento di un sentimento: *— d'ira.*

scoppola [scòp-po-la] *s.f.* **1** (*region.*) scappellotto dato sulla nuca; colpo, botta | (*fig.*) grave perdita o danno **2** (*roman.*) berretto.

scoprimento [sco-pri-mén-to] *s.m.* lo scoprire, il togliere quanto copre: *lo — di una statua.*

scoprire [sco-prì-re] *v.tr.* [coniugato come *coprire*] **1** togliere a una cosa ciò che la copre, la nasconde, la ripara; togliere i panni che coprono il corpo o una parte di esso: *— la pentola; — le braccia; scoprirsi il capo*, togliersi il cappello | *— una statua*, inaugurarla togliendole il velo che la copriva **2** lasciare indifeso, senza protezione: *— il fianco*, (*fig.*) esporsi a critiche **3** lasciar vedere: *— una carta* | *— le carte*, (*fig.*) render note le proprie intenzioni **4** (*fig.*) palesare, manifestare: *— i propri sentimenti* **5** giungere alla conoscenza di fatti, cose, luoghi prima sconosciuti: *— la verità; Colombo scoprì l'America* | *— l'acqua calda*, (*fig. iron.*) presentare come nuove e originali cose ovvie e banali **6** individuare, identificare: *— il col-*

pevole | riconoscere in qlcu. qualità prima ignorate: — *la lealtà di una persona* ♦ **scoprirsi** *v. rifl.* **1** liberarsi dei panni che coprono il corpo o una parte di esso; togliersi indumenti pesanti indossandone di più leggeri: *è ancora presto per* — **2** (*fig.*) manifestare, rivelare le proprie intenzioni, il proprio pensiero: *con noi non ha voluto* — **3** uscire allo scoperto; esporsi a un attacco: *il pugile si scoprì e finì al tappeto.*

scopritore [sco-pri-tó-re] *s.m.* [f. *-trice*] chi scopre, chi fa conoscere cose prima ignote.

scoraggiamento [sco-rag-gia-mén-to] *s.m.* stato d'animo di chi è scoraggiato.

scoraggiante [sco-rag-giàn-te] *agg.* che scoraggia, che deprime: *risultato* —.

scoraggiare [sco-rag-già-re] *v.tr.* [*io scoràggio ecc.*] **1** togliere coraggio, infondere sfiducia; deprimere: *le difficoltà lo scoraggiano* **2** (*estens.*) frenare, sconsigliare: *la crisi politica scoraggia gli investimenti* ♦ **scoraggiarsi** *v.intr.pron.* perdere coraggio, abbattersi.

scoraggiato [sco-rag-già-to] *agg.* che ha perduto coraggio o fiducia; abbattuto, avvilito.

scoramento [sco-ra-mén-to] *s.m.* stato d'animo di chi è privo di fiducia, triste, avvilito: *farsi prendere dallo* —.

scorazzare → **scorrazzare.**

scorbutico [scor-bù-ti-co] *agg.* [pl.m. *-ci*] (*med.*) di scorbuto, relativo allo scorbuto ♦ *agg.* e *s.m.* [f. *-a*] **1** (*med.*) che/chi è affetto da scorbuto **2** (*fig.*) che/chi ha un carattere scontroso e scostante: *non fare lo* —! □ **scorbuticamente** *avv.* in modo scontroso.

scorbuto [scor-bù-to *o* scòrbuto] *s.m.* (*med.*) malattia dovuta a carenza di vitamina C, che si manifesta con dimagrimento, ulcerazioni ed emorragie delle gengive e degli organi interni.

scorciamento [scor-cia-mén-to] *s.m.* (*non com.*) lo scorciare, il rendere più corto.

scorciare [scor-cià-re] *v.tr.* [*io scórcio ecc.*] accorciare, rendere più corto: — *le maniche di una giacca* ♦ **scorciarsi** *v.intr.pron.* diventare più corto, più breve: *in autunno le giornate si scorciano.*

scorciatoia [scor-cia-tó-ia] *s.f.* **1** la via che unisce due luoghi con un percorso più breve rispetto alla strada principale: *prendere una* — **2** (*fig.*) espediente, mezzo più rapido per raggiungere uno scopo.

scorcio [scór-cio] *s.m.* **1** rappresentazione grafica di una figura, in modo che alcune parti appaiano più vicine | *di* —, con una forte angolazione; (*fig.*) di sfuggita **2** spazio limitato di visuale: *vedere uno — di mare* **3** ultima parte di un periodo di tempo: *lo — dell'estate.*

scordare[1] [scor-dà-re] *v.tr.* [*io scòrdo ecc.*] lasciar cadere dalla memoria; dimenticare: — *un appuntamento* ♦ **scordarsi** *v.intr.pron.* dimenticarsi.

scordare[2] *v.tr.* [*io scòrdo ecc.*] far perdere l'accordatura: — *una chitarra* ♦ **scordarsi** *v.intr. pron.* perdere l'accordatura: *il pianoforte s'è scordato.*

scordato [scor-dà-to] *agg.* che ha perso l'accordatura; stonato: *un violino* —.

scordatura [scor-da-tù-ra] *s.f.* il perdere l'accordatura (detto di uno strumento musicale).

scoreggia [sco-rég-gia], o **scorreggia**, *s.f.* [pl. *-ge*] (*pop.*) emissione rumorosa di gas intestinali; peto.

scoreggiare [sco-reg-già-re], o **scorreggiare**, *v.intr.* [*io scoréggio ecc.*; aus. *avere*] (*pop.*) fare scoregge.

scorfano [scòr-fa-no] *s.m.* (*spreg.*) persona molto brutta.

scorgere [scòr-ge-re] *v.tr.* [pres. *io scòrgo, tu scòrgi ecc.*; pass.rem. *io scòrsi, tu scorgésti ecc.*; part.pass. *scòrto*] **1** riuscire a vedere, a distinguere: — *una luce in lontananza*; — *qlcu. tra la folla*; *entrò in casa senza farsi* —, senza farsi vedere **2** (*fig.*) discernere, individuare con la mente; accorgersi di qlco.: — *un pericolo.*

scoria [scò-ria] *s.f.* **1** prodotto di scarto della fusione o della raffinazione di un metallo | — *vulcanica*, (*geol.*) materiale frammentario eruttato dai vulcani durante la fase esplosiva | *scorie radioattive*, (*fis.*) i materiali radioattivi che si formano durante una reazione nucleare **2** (*fig.*) residuo inutile o dannoso: *liberarsi dalle scorie di una cultura libresca.*

scorificare [sco-ri-fi-cà-re] *v.tr.* [*io scorìfico, tu scorìfichi ecc.*] (*metall.*) liberare un minerale dalla sua ganga; ridurre in scorie.

scorificazione [sco-ri-fi-ca-zió-ne] *s.f.* (*metall.*) operazione e risultato dello scorificare.

scornare [scor-nà-re] *v.tr.* [*io scòrno ecc.*] colpire con le corna ♦ **scornarsi** *v.intr.pron.* **1** rompersi le corna **2** (*fig.*) fallire in un'impresa rimanendo deluso.

scornato [scor-nà-to] *agg.* **1** con le corna rotte **2** (*fig.*) beffato, deluso.

scorniciare [scor-ni-cià-re] *v.tr.* [*io scornìcio ecc.*] **1** togliere dalla cornice: — *un ritratto* **2** modellare a forma di cornice.

scorno [scòr-no] *s.m.* vergogna, umiliazione, beffa che consegue a un insuccesso.

scorpacciata [scor-pac-cià-ta] *s.f.* mangiata abbondante e ingorda (anche *fig.*): *una — di ciliegie, di film.*

scorpione [scor-pió-ne] *s.m.* **1** animale degli artropodi dal corpo nero e appiattito, provvisto anteriormente di due pinze e posteriormente di un sottile prolungamento terminante in un aculeo velenoso **2** *Scorpione*, (*astr.*) costellazione e segno dello zodiaco in cui il Sole transita tra il 23 ottobre e il 22 novembre.

scorpionidi [scor-piò-ni-di] *s.m.pl.* (*zool.*) ordine di aracnidi diffusi nei luoghi caldi di tutto il mondo; hanno corpo diviso in cefalotorace e addome.

scorporare [scor-po-rà-re] *v.tr.* [*io scòrporo ecc.*] **1** togliere dei beni da un complesso patrimoniale

unitario 2 (*estens.*) separare, togliere da un insieme.
scorporo [scòr-po-ro] *s.m.* l'operazione dello scorporare; la parte che viene scorporata.
scorrazzare [scor-raz-zà-re], o **scorazzare** *v. intr.* [aus. *avere*] 1 correre qua e là per gioco, per divertimento: *i bambini scorrazzano in giardino* 2 vagare per un territorio predando.
scorrazzata [scor-raz-zà-ta], o **scorazzata**, *s.f.* lo scorrazzare un poco | (*estens.*) breve escursione, gita rapida: *una — in macchina.*
scorreggia e *deriv.* → **scoreggia** e *deriv.*
scorrere [scór-re-re] *v.intr.* [coniugato come *correre*; aus. *essere*] 1 muoversi lungo un tracciato, in un condotto, su una superficie; fluire: *il sangue scorre nelle vene* 2 (*estens.*) procedere senza intoppi, agevolmente (anche *fig.*): *una frase che scorre* 3 (*fig.*) trascorrere, passare: *ore che scorrono lente* ♦ *v.tr.* leggere in fretta, superficialmente: *— il giornale.*
scorreria [scor-re-rì-a] *s.f.* incursione in un territorio o in un tratto di mare a scopo di saccheggio e di devastazione.
scorrettezza [scor-ret-téz-za] *s.f.* 1 mancanza di correttezza; inesattezza, errore 2 l'essere scorretto, poco educato: *— di comportamento* | azione, discorso scorretti, scortesi.
scorretto [scor-rèt-to] *agg.* 1 che non è corretto, che presenta errori: *traduzione scorretta* 2 di azione, scortese, sleale: *gioco —*, falloso | di persona, che si comporta con slealtà □ **scorrettamente** *avv.*
scorrevole [scor-ré-vo-le] *agg.* 1 che scorre: *porta —* 2 che scorre facilmente, senza intoppi: *traffico —* | (*fig.*) che si svolge, si sviluppa con fluidità: *prosa —* □ **scorrevolmente** *avv.*
scorrevolezza [scor-re-vo-léz-za] *s.f.* l'essere scorrevole.
scorribanda [scor-ri-bàn-da] *s.f.* scorreria di una banda di armati | (*scherz.*) rapida incursione in una zona, una località: *fare una — in città.*
scorrimento [scor-ri-mén-to] *s.m.* lo scorrere, il trascorrere: *lo — delle acque, del tempo.*
scorsa [scór-sa] *s.f.* lo scorrere in fretta con gli occhi; rapida lettura: *dare una — a un giornale.*
scorso [scór-so] *agg.* passato, trascorso: *l'anno —* ♦ *s.m.* errore involontario dovuto a fretta o disattenzione: *— di penna.*
scorsoio [scor-só-io] *agg.* solo nella loc. *nodo —*, nodo tale da formare un laccio che si stringe quanto più si tira.
scorta [scòr-ta] *s.f.* 1 l'azione di scortare per sorvegliare o proteggere; la persona, le persone o i mezzi che compiono tale azione: *— armata; essere di —, fare la — a qlcu.* | *— d'onore*, reparto in armi che rende onore a un'autorità e l'accompagna in cerimonie ufficiali 2 provvista di denaro, viveri o altri beni da utilizzare in caso di necessità: *esaurire le scorte* | *ruota di —*, in un autoveicolo, ruota di riserva da utilizzare in caso di foratura 3 *pl.* in una fabbrica, giacenze di prodotti finiti da smerciare.
scortare [scor-tà-re] *v.tr.* [*io scòrto ecc.*] accompagnare per sorvegliare, proteggere, rendere onore.
scortecciare [scor-tec-cià-re] *v.tr.* [*io scortéccio ecc.*] 1 privare della corteccia: *— un tronco* 2 (*estens.*) togliere l'intonaco di un muro, la vernice di una parete ecc. ♦ **scortecciarsi** *v.intr.pron.* perdere la corteccia | (*estens.*) perdere l'intonaco, scrostarsi.
scortecciatrice [scor-tec-cia-trì-ce] *s.f.* macchina usata nell'industria della cellulosa per eseguire la scortecciatura delle piante.
scortese [scor-té-ʃe] *agg.* privo di garbo, di cortesia; villano: *persona, gesto —* □ **scortesemente** *avv.*
scortesia [scor-te-ʃì-a] *s.f.* 1 l'essere scortese 2 atto, parola scortese: *fare, dire una —.*
scorticamento [scor-ti-ca-mén-to] *s.m.* lo scorticare, lo scorticarsi, l'essere scorticato.
scorticare [scor-ti-cà-re] *v.tr.* [*io scórtico, tu scórtichi ecc.*] 1 scuoiare un animale ucciso 2 (*estens.*) produrre una lacerazione della pelle: *scorticarsi un braccio* ♦ **scorticarsi** *v.intr.pron.* lacerarsi la pelle.
scorticatura [scor-ti-ca-tù-ra] *s.f.* 1 lo scorticare 2 (*med.*) abrasione.
scortichino [scor-ti-chì-no] *s.m.* 1 chi scortica gli animali macellati 2 coltello per scorticare.
scorza [scòr-za] *s.f.* 1 rivestimento del fusto e delle radici degli alberi; corteccia | buccia grossa di alcuni frutti: *— di limone.* DIM. *scorzetta* 2 (*estens.*) pelle di alcuni pesci e serpenti 3 (*fig.*) aspetto esteriore: *non badate alla —.*
scorzetta [scor-zét-ta] *s.f.* 1 scorza sottile 2 pezzetto di buccia di un frutto: *— di limone.*
scoscendimento [sco-scen-di-mén-to] *s.m.* 1 crollo, frana di masse rocciose 2 luogo scosceso.
scosceso [sco-scé-so] *agg.* dirupato, ripido, erto: *pendio —.*
scosciare [sco-scià-re] *v.tr.* [*io scòscio ecc.*] staccare le cosce di un pollo o di un altro animale, prima o dopo la cottura ♦ **scosciarsi** *v.intr.pron.* nella danza, eseguire una spaccata.
scosciata [sco-scià-ta] *s.f.* scoscio, spaccata.
scosciato [sco-scià-to] *agg.* si dice di indumento che lascia molto scoperte le cosce; sgambato: *un costume da bagno molto —.*
scoscio [scò-scio] *s.m.* 1 nella danza, spaccata 2 incavatura dei calzoni tra le cosce.
scossa [scòs-sa] *s.f.* 1 lo scuotere, lo scuotersi, l'essere scosso | movimento, sussulto improvviso: *— di terremoto* | *— elettrica*, sensazione provocata sull'organismo da una scarica di corrente elettrica. DIM. *scossetta* ACCR. *scossone* (m.) 2 (*fig.*) dolore, turbamento grave: *la notizia provocò in tutti una forte —.*
scosso [scòs-so] *agg.* turbato, impressionato: *rimanere molto —.*
scossone [scos-só-ne] *s.m.* scossa violenta, sobbalzo: *gli scossoni del treno.*
scostamento [sco-sta-mén-to] *s.m.* 1 lo scostare, lo scostarsi 2 (*mat., stat.*) differenza dei valo-

ri veri di una grandezza rispetto a quelli medi calcolati.
scostante [sco-stàn-te] *agg.* che suscita antipatia; poco socievole: *un individuo —.*
scostare [sco-stà-re] *v.tr.* [*io scòsto ecc.*] allontanare una cosa da un'altra: — *una sedia dal muro* ♦ **scostarsi** *v.rifl.* allontanarsi, farsi da parte: — *dal tavolo.*
scostumatezza [sco-stu-ma-téz-za] *s.f.* l'essere scostumato; detto, atto da scostumato.
scostumato [sco-stu-mà-to] *agg.* che si comporta in modo contrario alle norme della morale e del costume: *persona scostumata* | (*estens.*) vizioso, immorale: *vita scostumata* ♦ *s.m.* [f. *-a*] persona scostumata □ **scostumatamente** *avv.*
scotch [/ skɔtʃ /] *s.m.invar.* (*ingl.*) **1** whisky scozzese **2** nastro autoadesivo trasparente.
scotennare [sco-ten-nà-re] *v.tr.* [*io scoténno ecc.*] **1** togliere la cotenna ad animali: — *il maiale* **2** asportare il cuoio capelluto del nemico ucciso o catturato: *i pellirosse scotennavano i nemici.*
scotennatura [sco-ten-na-tù-ra] *s.f.* lo scotennare | (*etnol.*) l'usanza di scotennare il nemico ucciso o catturato.
scoto [scò-to] *agg.* e *s.m.* [f. *-a*] **1** appartenente ad un antico popolo celtico **2** (*lett.*) scozzese.
scotofobia [sco-to-fo-bì-a] *s.f.* (*psicol.*) paura morbosa del buio.
scotola [scò-to-la] *s.f.* larga stecca di legno con cui si batte il lino o la canapa per separare le fibre legnose dalle fibre tessili.
scotoma [sco-tò-ma] *s.m.* [pl. *-mi*] (*med.*) perdita della vista in un'area limitata del campo visivo.
scotta [scòt-ta] *s.f.* (*mar.*) cavo di manovra della parte inferiore della vela, che serve a tenerla distesa al vento.
scottadito [scot-ta-dì-to] solo nella loc. *a —*, usata in riferimento a vivande che vanno mangiate caldissime: *costolette a —.*
scottante [scot-tàn-te] *agg.* **1** che scotta, che brucia (anche *fig.*): *offesa —* **2** (*fig.*) che suscita grande preoccupazione: *problema —.*
scottare [scot-tà-re] *v.tr.* [*io scòtto ecc.*] causare un'ustione, una bruciatura: *scottarsi un dito* | (*estens.*) far cuocere per brevissimo tempo una vivanda: — *le uova* ♦ *v. intr.* [aus. *avere* nei sign. 1 e 2, *essere* nel sign. 3] **1** emanare molto calore, essere molto caldo: *il sole scotta* | *gli scotta la terra sotto i piedi*, (*fig.*) si dice di chi ha fretta di andarsene **2** (*fig.*) interessare vivamente, preoccupare: *problema che scotta* | essere di provenienza illecita: *denaro che scotta* **3** (*fig.*) colpire nel vivo, irritare fortemente: *la verità gli scotta* ♦ **scottarsi** *v.rifl.* **1** prodursi un'ustione, una bruciatura: — *con la sigaretta* **2** (*fig.*) avere un'esperienza spiacevole che lascia il segno: *mi sono già scottato troppe volte.*
scottata [scot-tà-ta] *s.f.* lo scottare una vivanda: *dare una — alla carne.* DIM. *scottatina.*
scottato [scot-tà-to] *agg.* **1** bruciato, ustionato **2** cotto per brevissimo tempo: *bistecca scottata* **3** (*fig.*) danneggiato; deluso, amareggiato: *rimanere — da un'esperienza.*
scottatura [scot-ta-tù-ra] *s.f.* **1** bruciatura, ustione: *pomata contro le scottature* **2** (*fig.*) esperienza spiacevole; grave danno o delusione.
scotto[1] [scòt-to] *agg.* si dice di vivanda troppo cotta: *riso —.*
scotto[2] *s.m.* solo nella loc. *pagare lo —*, subire una conseguenza svantaggiosa.
scout [/ 'skaut /] *s.m.* e *f.invar.* (*ingl.*) abbr. di *boy-scout* ♦ *agg.invar.* che si riferisce ai boy-scout: *raduno —.*
scoutismo [scou-ti-ʃmo; / skau'tizmo /], o scautismo, *s.m.* movimento che mira all'educazione dei giovani promuovendo uno stile di vita a contatto della natura.
scoutistico [scou-ti-sti-co; / skau'tistiko /], o scautistico, *agg.* [pl.m. *-ci*] dello scoutismo.
scovare [sco-và-re] *v.tr.* [*io scóvo ecc.*] **1** stanare, far uscire dal covo: — *una lepre* **2** (*fig.*) riuscire a trovare qlcu. o qlco. dopo lunghe e pazienti ricerche; scoprire: — *un posticino tranquillo.*
scovolino [sco-vo-lì-no] *s.m.* spazzolino per pulire cavità lunghe e strette, come bottiglie, canne di fucili, cannelli di pipe.
scovolo [scó-vo-lo] *s.m.* lunga spazzola di forma cilindrica, usata per pulire l'interno delle bocche da fuoco.
scozzare [scoz-zà-re] *v.tr.* [*io scòzzo ecc.*] mescolare le carte da gioco.
scozzese [scoz-zé-se] *agg.* della Scozia | *tessuto —*, a riquadri di colori diversi ♦ *s.m.* **1** [anche *f.*] abitante, nativo della Scozia | (*fig.*) persona molto avara **2** lingua del gruppo gaelico parlata in Scozia.
scozzonare [scoz-zo-nà-re] *v.tr.* [*io scozzóno ecc.*] domare o ammaestrare cavalli e altri animali da sella e da tiro.
scozzonatura [scoz-zo-na-tù-ra] *s.f.* lo scozzonare, l'essere scozzonato.
scozzone [scoz-zó-ne] *s.m.* chi per mestiere scozzona cavalli e altre bestie.
scrambler [/ 'skrembler /] *s.m.invar.* (*ingl.*) **1** (*sport*) moto da cross **2** apparecchio elettronico usato per decifrare messaggi in codice.
scranna [scràn-na] *s.f.* sedia dottorale con braccioli e spalliera alta.
scranno [scràn-no] *s.m.* scanno.
scratching [/ 'skrettʃiŋg /] *s.m. invar.* (*ingl.*) tecnica di manipolazione dei dischi microsolco, usata dai disk-jockey per aggiungere un effetto ritmico di rumore alla musica riprodotta.
screanzato [scre-an-zà-to] *agg.* e *s.m.* [f. *-a*] che/chi è senza creanza; maleducato.
screditare [scre-di-tà-re] *v.tr.* [*io scrédito ecc.*] far perdere il credito, il prestigio; rovinare la reputazione: *lo screditò davanti a tutti* ♦ **screditarsi** *v.intr.pron.* perdere di credito, rovinarsi la reputazione.
screditato [scre-di-tà-to] *agg.* che ha perso credito, stima, reputazione.
screening [/ 'skriniŋg /] *s.m.invar.* (*ingl.*) **1**

(*med.*) diagnosi precoce dei componenti di una popolazione o di un gruppo ritenuto a rischio, al fine di identificare i portatori di malattia e curarli 2 (*estens.*) qualsiasi indagine che mira a selezionare, a vagliare preventivamente.
scremare [scre-mà-re] *v.tr.* [*io scrèmo ecc.*] **1** togliere la panna, la crema del latte **2** (*fig.*) vagliare, selezionare un insieme.
scremato [scre-mà-to] *agg.* si dice di latte cui è stata tolta la panna, la crema.
scrematura [scre-ma-tù-ra] *s.f.* lo scremare, l'essere scremato.
screpolare [scre-po-là-re] *v.tr.* [*io scrèpolo ecc.*] produrre crepe sottili, minute fenditure: *il freddo screpola la pelle* ♦ **screpolarsi** *v.intr.pron.* fendersi in crepe sottili: *l'intonaco si è screpolato.*
screpolatura [scre-po-la-tù-ra] *s.f.* il punto dove una superficie è screpolata: *le screpolature di un quadro.*
screziare [scre-zià-re] *v.tr.* [*io scrèzio ecc.*] macchiare, cospargere di vari colori.
screziato [scre-zià-to] *agg.* striato di vari colori; a macchie o striature di colore diverso dal fondo: *cavallo dal mantello* —.
screziatura [scre-zia-tù-ra] *s.f.* striatura di vari colori; complesso di chiazze o striature di colore diverso dal fondo.
screzio [scrè-zio] *s.m.* disaccordo, dissapore tra persone che erano in buona armonia.
scriba [scrì-ba] *s.m.* [pl. *-bi*] **1** prima dell'invenzione della stampa, scrivano di professione, amanuense **2** (*st.*) dotto ebraico seguace del farisaismo.
scribacchiare [scri-bac-chià-re] *v.tr.* [*io scribàcchio ecc.*] scrivere svogliatamente, senza impegnarsi | scrivere cose di scarso valore.
scribacchino [scri-bac-chì-no] *s.m.* [f. *-a*] **1** scrittore di poco conto **2** impiegato dalle mansioni assai modeste.
scricchiolamento [scric-chio-la-mén-to] *s.m.* lo scricchiolare; rumore di cosa che scricchiola.
scricchiolare [scric-chio-là-re] *v.intr.* [*io scrìcchiolo ecc.*; aus. *avere*] **1** produrre un rumore secco e crepitante (detto di cosa dura o secca che si fende o rompe): *il ghiaccio scricchiola sotto gli scarponi* | cigolare: *sedia che scricchiola* **2** (*fig.*) dare segni di cedimento: *regime che comincia a* —.
scricchiolio [scric-chio-lì-o] *s.m.* uno scricchiolare continuato e insistente.
scricciolo [scrìc-cio-lo] *s.m.* **1** uccello molto piccolo con becco sottile e appuntito, piumaggio bruno rossiccio superiormente e biancastro inferiormente **2** (*fig.*) persona molto piccola e mingherlina.
scrigno [scrì-gno] *s.m.* cassetta, forziere per conservare gioielli o altri oggetti preziosi.
scriminatura [scri-mi-na-tù-ra] *s.f.* la riga con cui nel pettinarsi si spartiscono i capelli.
scrimolo [scrì-mo-lo] *s.m.* (*geog.*) cresta montuosa dal profilo angolare assai acuto.
scristianizzare [scri-stia-niʒ-ʒà-re] *v.tr.* eliminare i fondamenti cristiani di un popolo o di un paese ♦ **scristianizzarsi** *v.rifl.* rinnegare, abbandonare la fede cristiana.
scristianizzazione [scri-stia-niʒ-ʒa-zió-ne] *s.f.* lo scristianizzare, lo scristianizzarsi, l'essere scristianizzato.
scriteriato [scri-te-rià-to] *agg.* e *s.m.* [f. *-a*] che/chi è o agisce senza criterio, senza prudenza: *ragazzo* —.
scritta [scrìt-ta] *s.f.* parola o frase che figura su un foglio, un cartello, un'insegna: — *pubblicitaria.*
scritto [scrìt-to] *agg.* **1** rappresentato, espresso per mezzo della scrittura: *ordine* — | *lingua scritta*, quella propria della scrittura, più regolata di quella parlata | *legge scritta*, quella fissata in forma codificata (si contrappone a *legge naturale*) **2** che reca segni di scrittura: *foglio* — **3** nella scuola e nei concorsi pubblici, che si fa mediante scrittura, non oralmente: *esame* — **4** (*fig.*) impresso, marcato: *portare qlco. — nel cuore* | ben visibile, evidente: *bugia scritta in fronte* **5** (*fig.*) destinato, decretato: *era — che dovesse accadere* ♦ *s.m.* **1** la scrittura: *uno — illeggibile*; *mettere per* — (o *per iscritto*), scrivere **2** ogni cosa espressa mediante la scrittura: *decifrare uno* — | qualsiasi opera di scrittura: *gli scritti minori dell'Ariosto.*
scrittoio [scrit-tó-io] *s.m.* tavolo per scrivere; scrivania.
scrittore [scrit-tó-re] *s.m.* [f. *-trice*] chi scrive opere che hanno un intento artistico: — *di romanzi, di commedie.*
scrittorio [scrit-tò-rio] *agg.* che viene adoperato per scrivere: *materiale* — ♦ *s.m.* nel Medioevo, il locale in cui gli amanuensi svolgevano il loro lavoro.
scrittura [scrit-tù-ra] *s.f.* **1** lo scrivere; il sistema, il modo di scrivere: — *a mano* **2** espressione scritta: *affidare i propri ricordi alla* — | (*estens.*) qualsiasi testo scritto: *leggere un'antica scrittura*; *Sacra Scrittura*, la Bibbia **3** (*dir.*) documento scritto in cui si certificano fatti, si effettuano dichiarazioni ecc.: — *privata*, redatta da privati; — *pubblica*, redatta da un notaio o da altro pubblico ufficiale **4** contratto con cui viene ingaggiato un artista dello spettacolo: *ottenere una* — **5** registrazione su appositi libri amministrativi: *scritture contabili.*
scritturabile [scrit-tu-rà-bi-le] *agg.* che si può scritturare.
scritturale [scrit-tu-rà-le] *agg.* che è proprio della Sacra Scrittura, che a essa si riferisce; biblico: *tradizione* —.
scritturare [scrit-tu-rà-re] *v.tr.* **1** ingaggiare un artista con una scrittura **2** registrare nei libri contabili; contabilizzare.
scritturazione [scrit-tu-ra-zió-ne] *s.f.* **1** lo scritturare un attore, un cantante ecc. **2** lo scritturare dati contabili.
scrivania [scri-va-nì-a] *s.f.* mobile per ufficio o per studio, costituito da un piano orizzontale per scrivere e da uno o più cassetti.

scrivano [scri-và-no] *s.m.* [f. *-a*] impiegato che si occupa della stesura o della copiatura di atti e documenti.
scrivente [scri-vèn-te] *s.m.* e *f.* (*burocr. ling.*) colui che scrive.
scrivere [scrì-ve-re] *v.tr.* [pass.rem. *io scrissi, tu scrivésti ecc.*; part.pass. *scritto*] **1** tracciare sulla carta o su un'altra superficie segni grafici che rappresentano convenzionalmente parole, suoni musicali o altro: — *a penna*; — *le note sul pentagramma* **2** fissare un contenuto di pensiero usando una o più frasi mediante la scrittura: — *un articolo*; — *su un argomento* | (*assol.*) scrivere lettere: — *a casa* **3** (*fig.*) fissare profondamente, imprimere: — *nel cuore*.
scroccare [scroc-cà-re] *v.tr.* [*io scròcco, tu scròcchi ecc.*] (*fam.*) ottenere qlco. a spese altrui: — *un pranzo* | (*estens.*) ricevere senza merito: — *lo stipendio*.
scroccatore [scroc-ca-tó-re] *s.m.* [f. *-trice*] chi abitualmente cerca di scroccare; scroccone.
scrocchiare [scroc-chià-re] *v.intr.* [*io scròcchio ecc.*; aus. *avere*] (*fam.*) scricchiolare.
scrocchio [scròc-chio] *s.m.* (*fam.*) rumore prodotto da cose che scrocchiano.
scrocco[1] [scròc-co] *s.m.* [pl. *-chi*] (*fam.*) lo scroccare: *bere a* —, a spese altrui.
scrocco[2] *s.m.* [pl. *-chi*] scatto; rumore di uno scatto | *coltello a* —, a serramanico | *serratura a* —, in cui la serratura scatta con una semplice spinta, senza uso di chiave.
scroccone [scroc-có-ne] *s.m.* [f. *-a*] scroccatore.
scrofa [scrò-fa] *s.f.* femmina del maiale.
scrofola [scrò-fo-la] *s.f.* (*fam.*) scrofolosi.
scrofolosi [scro-fo-lò-ʃi] *s.f.* (*med.*) tubercolosi delle linfoghiandole.
scrofularia [scro-fu-là-ria] *s.f.* (*bot.*) genere di piante erbacee che contengono sostanze tossiche.
scrollamento [scrol-la-mén-to] *s.m.* (*non com.*) lo scrollare, lo scrollarsi.
scrollare [scrol-là-re] *v.tr.* [*io scròllo ecc.*] scuotere energicamente: — *un albero* | — *il capo*, muoverlo a destra e a sinistra in segno di diniego | — *le spalle*, alzarle in segno di indifferenza | *scrollarsi di dosso qlco.*, scuoterlo via, liberarsene (anche *fig.*): — *di dosso la paura*.
scrollata [scrol-là-ta] *s.f.* lo scrollare, lo scrollarsi: — *di spalle*.
scrollo [scròl-lo] *s.m.* scrollata.
scrosciante [scro-sciàn-te] *agg.* che scroscia; impetuoso: *pioggia* —; *applausi scroscianti*, molto calorosi.
scrosciare [scro-scià-re] *v.intr.* [*io scròscio ecc.*; aus. *essere* e *avere*] **1** detto di acqua, cadere o irrompere con impeto e rumorosamente **2** (*fig.*) succedersi a ritmo continuo e rapido, producendo un rumore simile a quello dell'acqua che scroscia: *gli applausi scrosciarono a lungo*.
scroscio [scrò-scio] *s.m.* **1** lo scrosciare: — *di pioggia* **2** (*tv*) breve interruzione del segnale video, cui si accompagna un crepitio sonoro dell'audio.
scrostamento [scro-sta-mén-to] *s.m.* (*non com.*) scrostatura.
scrostare [scro-stà-re] *v.tr.* [*io scròsto ecc.*] **1** togliere la crosta a una ferita **2** (*estens.*) asportare lo strato superficiale di qlco.: — *l'intonaco di un muro* ♦ **scrostarsi** *v.intr.pron.* perdere la crosta, lo strato superficiale: *il muro si è scrostato*.
scrostato [scro-stà-to] *agg.* rovinato in superficie: *un quadro* —.
scrostatura [scro-sta-tù-ra] *s.f.* lo scrostare, lo scrostarsi; la parte scrostata.
scroto [scrò-to] *s.m.* (*anat.*) sacco cutaneo che contiene i testicoli.
scrupolo [scrù-po-lo] *s.m.* **1** dubbio, inquietudine che fa temere di agire o di aver agito male: *persona senza scrupoli*, disonesta | *farsi* — *di qlco.*, farsene un motivo di colpa, preoccuparsene **2** cura estrema: *lavoro eseguito con* —.
scrupolosità [scru-po-lo-si-tà] *s.f.* l'essere scrupoloso.
scrupoloso [scru-po-ló-so] *agg.* **1** che è pieno di scrupoli: *uomo* — **2** coscienzioso, meticoloso: *un impiegato* — | che è fatto coscienziosamente, diligentemente: *lavoro* — □ **scrupolosamente** *avv.* con diligenza, coscienziosamente.
scrutare [scru-tà-re] *v.tr.* osservare con attenzione cercando di capire o scoprire qlco.: — *una persona*.
scrutatore [scru-ta-tó-re] *agg.* [f. *-trice*] che scruta, che indaga: *guardare con occhio* — ♦ *s.m.* **1** chi scruta **2** chi, durante le operazioni elettorali, controlla la correttezza del loro svolgimento e al termine esegue lo scrutinio dei voti.
scrutinare [scru-ti-nà-re] *v.tr.* fare lo scrutinio dei voti espressi in una votazione.
scrutinatore [scru-ti-na-tó-re] *s.m.* [f. *-trice*] chi compie lo scrutinio dei voti in una votazione; scrutatore.
scrutinio [scru-tì-nio] *s.m.* **1** il controllo e il computo dei voti espressi in un'elezione **2** valutazione del profitto degli alunni di una classe alla fine di un trimestre, di un quadrimestre o di un intero anno scolastico.
scucchia [scùc-chia] *s.f.* (*dial.*) mento sporgente.
scucire [scu-cì-re] *v.tr.* [*io scùcio ecc.*] **1** togliere una cucitura a un abito o a una sua parte; staccare parti cucite insieme **2** (*fam.*) sborsare | spillare, far sborsare ♦ **scucirsi** *v.intr.pron.* perdere la cucitura.
scucito [scu-cì-to] *agg.* che presenta delle scuciture.
scucitura [scu-ci-tù-ra] *s.f.* lo scucire, lo scucirsi; la parte scucita: *una* — *nella manica sinistra*.
scuderia [scu-de-rì-a] *s.f.* **1** complesso di locali adibiti a stalla per l'allevamento dei cavalli | organizzazione per l'allevamento e l'addestramento dei cavalli da corsa **2** negli sport motoristici, organizzazione di una casa che cura tutte le attività concernenti le corse | *ordini di* —, (*fig.*) disposizioni impartite dal vertice di un'organizzazione a cui tutti i membri devono attenersi.

scudetto [scu-dét-to] *s.m.* **1** distintivo a forma di piccolo scudo | distintivo tricolore portato sulla maglia dagli atleti della squadra vincitrice di un campionato nazionale: *vincere lo —*, vincere un campionato nazionale **2** (*zool.*) scutello.
scudiero [scu-diè-ro] *s.m.* **1** nel Medioevo, giovane di nobile famiglia che accompagnava un cavaliere **2** titolo di dignitari di corte che presiedevano alle scuderie di un sovrano.
scudisciare [scu-di-scià-re] *v.tr.* [*io scudìscio ecc.*] percuotere con lo scudiscio.
scudisciata [scu-di-scià-ta] *s.f.* colpo di scudiscio.
scudiscio [scu-dì-scio] *s.m.* robusto frustino di legno o di cuoio usato per incitare il cavallo.
scudo[1] [scù-do] *s.m.* **1** nelle antiche armature, arma difensiva per proteggersi dai colpi del nemico: *— di cuoio* | *alzata, levata di scudi*, (*fig.*) atto di aperta ribellione **2** (*estens.*) struttura di rivestimento, di protezione: *— termico* | *— spaziale*, nel linguaggio giornalistico, sistema difensivo costituito da satelliti spaziali per neutralizzare eventuali attacchi nemici **3** (*fig.*) difesa, riparo: *farsi — del corpo di qlcu.* **4** stemma gentilizio, blasone **5** (*zool.*) parte dorsale della corazza delle tartarughe.
scudo[2] *s.m.* nome di monete di varia natura e valore | moneta d'argento di cinque lire in corso in Italia fino alla seconda guerra mondiale.
scuffia [scùf-fia] *s.f.* **1** (*dial.*) cuffia **2** (*pop.*) innamoramento, cotta | sbornia **3** *fare —*, (*mar.*) detto di un'imbarcazione, capovolgersi.
scuffiare [scuf-fià-re] *v.intr.* [*io scùffio ecc.*; aus. *avere*] (*mar.*) di imbarcazione, capovolgersi, ribaltarsi.
scugnizzo [scu-gnìz-zo] *s.m.* monello napoletano | (*estens.*) ragazzo vivace e irrequieto.
sculacciare [scu-lac-cià-re] *v.tr.* [*io sculàccio ecc.*] picchiare sul sedere con la mano aperta: *— un bambino.*
sculacciata [scu-lac-cià-ta] *s.f.* colpo o insieme di colpi dati sculacciando: *prendere a sculacciate.*
sculaccione [scu-lac-ció-ne] *s.m.* forte colpo dato sul sedere con la mano aperta.
sculettare [scu-let-tà-re] *v.intr.* [*io sculétto ecc.*; aus. *avere*] camminare dimenando i fianchi e il sedere.
scultore [scul-tó-re] *s.m.* [f. *-trice*] chi scolpisce, chi esercita l'arte della scultura.
scultoreo [scul-tò-re-o], o **scultorio**, *agg.* **1** di scultura, che riguarda la scultura: *arte scultorea* **2** (*estens.*) che sembra opera di scultura: *corpo —* **3** (*fig.*) di forte rilievo; lapidario: *stile —.*
scultura [scul-tù-ra] *s.f.* **1** l'arte, la tecnica di formare immagini scavando o plasmando un materiale: *— in marmo, in legno, in bronzo* **2** opera scultorea: *mostra di sculture* | l'insieme delle opere di un autore o di un'epoca: *la — di Canova.*
scuocere [scuò-ce-re] *v.intr.* [coniugato come *cuocere*; aus. *essere*], **scuocersi** *v.intr.pron.* cuocere eccessivamente, passare di cottura.
scuoiamento [scuo-ia-mén-to] *s.m.* lo scuoiare, l'essere scuoiato.
scuoiare [scuo-ià-re] *v.tr.* [*io scuòio ecc.*] togliere la pelle a un animale ucciso o macellato: *— una lepre.*
scuoiatore [scuo-ia-tó-re] *s.m.* in macelleria e in conceria, operaio addetto allo scuoiamento degli animali.
scuola [scuò-la] *s.f.* **1** istituzione educativa che ha il compito di trasmettere alle nuove generazioni i fondamenti della cultura e del sapere | il complesso delle istituzioni scolastiche: *— materna, elementare, media*; *— pubblica*, quella statale o dipendente da altri enti pubblici; *— privata*, gestita da privati | *— dell'obbligo*, che per legge deve essere frequentata da tutti i cittadini **2** (*estens.*) organizzazione con lo scopo di insegnare una qualche attività o pratica: *— di taglio, di canto* **3** il luogo, l'edificio dove ha sede una scuola: *accompagnare i figli a —* | il complesso dei docenti e degli alunni di una singola scuola: *fare una gita con la —* **4** indirizzo di studi: *— umanistica, scientifica, tecnica* **5** (*fig.*) ammaestramento, pratica, esercizio: *la — della vita* **6** insieme di artisti, scrittori, scienziati ecc. che seguono un medesimo indirizzo; l'indirizzo stesso: *la — medica salernitana* | l'insieme dei discepoli di un grande maestro: *la — di Platone.*
scuolabus [scuò-la-bus *o* scuolabùs] *s.m.invar.* autobus o pulmino che porta gli scolari da casa a scuola e viceversa.
scuolaguida [scuo-la-guì-da] *s.f.* insegnamento della guida automobilistica.
scuotere [scuò-te-re] *v.tr.* [pres. *io scuòto ecc.*; pass.rem. *io scòssi, tu scuotésti ecc.*; part.pass. *scòsso*] **1** agitare con forza, movendo da una parte all'altra o dall'alto in basso e viceversa: *— un ramo, i tappeti* | *— la testa*, per esprimere dubbio o diniego | *— le spalle*, alzarle in segno di indifferenza | *— qlcu.*, (*fig.*) sollecitarlo ad agire, ad abbandonare uno stato di inerzia **2** (*estens.*) far cadere agitando fortemente: *— la polvere dal tappeto* | (*fig.*) allontanare, mandar via: *scuotersi di dosso la paura* **3** (*fig.*) agitare, turbare: *essere scosso dall'accaduto* ♦ **scuotersi** *v.intr.pron.* **1** sobbalzare: *— a un rumore*; *— dal sonno*, risvegliarsi bruscamente **2** (*fig.*) agitarsi, turbarsi: *non — per nulla.*
scuotimento [scuo-ti-mén-to] *s.m.* lo scuotere, lo scuotersi, l'essere scosso.
scure [scù-re] *s.f.* **1** attrezzo da boscaiolo e da carpentiere, simile all'accetta ma più grande, con tagliente diritto o arcuato **2** antica arma da guerra che nella forma richiama questo attrezzo **3** (*fig.*) si dice di provvedimento che esercita dei tagli, che riduce fortemente: *la — delle tasse si abbatte sui salari.*
scuretto [scu-rét-to] *s.m.* **1** fascia in rilievo che si colloca alla sommità di una parete per sottolineare la partizione dello spazio **2** imposta interna di una finestra o di una porta a vetri; scuro.

scurino [scu-rì-no] *s.m.* imposta interna di una finestra; scuretto.
scurire [scu-rì-re] *v.tr.* [*io scurisco, tu scurisci ecc.*] rendere scuro, far diventare più scuro: *— i capelli* ♦ *v.intr.* [aus. *essere*], **scurirsi** *v.intr.pron.* diventare scuro o più scuro: *l'argento col tempo scurisce* ♦ *v.intr.impers.* [aus. *essere* e *avere*] venir notte, imbrunire: *manca poco a —.*
scuro [scù-ro] *agg.* **1** che è poco o male illuminato; buio, oscuro: *notte scura* **2** di colore non chiaro; tendente al nero: *vestito —* | *rosso, verde —*, di tonalità cupa **3** (*fig.*) fosco, corrucciato: *farsi — in viso* ♦ *s.m.* **1** buio, tenebra **2** parte scura, in ombra (di quadro, disegno ecc.): *i chiari e gli scuri* **3** colore scuro: *vestire di —* **4** imposta interna di una finestra o di una porta a vetri.
scurrile [scur-rì-le] *agg.* licenzioso, volgare, triviale: *parole scurrili.*
scurrilità [scur-ri-li-tà] *s.f.* l'essere scurrile; gesto o parola scurrile.
scusa [scù-ʃa] *s.f.* **1** lo scusare, lo scusarsi: *chiedere —* **2** le parole o gli atti con cui uno si scusa: *accettare le scuse* **3** motivo che costituisce una parziale discolpa; attenuante: *ha una — nella giovane età* **4** motivo fittizio con cui si cerca di nascondere quello vero; pretesto: *troverò una — per parlargli.*
scusabile [scu-ʃà-bi-le] *agg.* che può essere scusato: *dimenticanza —.*
scusante [scu-ʃàn-te] *s.f.* giustificazione, scusa: *non avere scusanti.*
scusare [scu-ʃà-re] *v.tr.* **1** discolpare, giustificare un comportamento altrui: *— i propri figli* **2** perdonare (per lo più in formule di cortesia): *scusi se disturbo* | *scusa, scusi, scusate se è poco!*, (*iron.*) per sottolineare qlco. che è eccessivo ♦ **scusarsi** *v. rifl.* chiedere scusa, giustificarsi: *— per il ritardo.*
scutellaria [scu-tel-là-ria] *s.f.* (*bot.*) genere di piante erbacee dalle foglie grandi e ovali e dai fiori in infiorescenze allungate, con calice a forma di scodella.
scutello [scu-tèl-lo] *s.m.* (*zool.*) ciascuna delle scaglie cornee di cui sono ricoperti i piedi degli uccelli.
sdaziare [ʃda-zià-re] *v.tr.* [*io ʃdàzio ecc.*] svincolare dal dazio una merce per farla entrare in un territorio.
sdebitarsi [ʃde-bi-tàr-si] *v.rifl.* [*io mi ʃdébito ecc.*] liberarsi dai debiti | (*fig.*) disobbligarsi: *non sa come —.*
sdegnare [ʃde-gnà-re] *v.tr.* [*io ʃdégno ecc.*] **1** disprezzare, disdegnare: *— le lusinghe* **2** provocare sdegno, irritazione: *parole che sdegnarono i presenti* ♦ **sdegnarsi** *v.intr.pron.* indignarsi, adirarsi, offendersi: *— con* (o *contro*) *qlcu.*
sdegnato [ʃde-gnà-to] *agg.* pieno di sdegno; offeso.
sdegno [ʃdé-gno] *s.m.* vivo risentimento e irritazione verso qlco. che offende il senso morale: *provare —; atto di —.*
sdegnosità [ʃde-gno-si-tà] *s.f.* l'essere sdegnoso; alterezza.
sdegnoso [ʃde-gnó-so] *agg.* **1** che prova sdegno verso qlco.: *un uomo — di ogni compromesso* | (*assol.*) altero, sprezzante **2** che mostra, esprime sdegno: *sguardo —* □ **sdegnosamente** *avv.*
sdentare [ʃden-tà-re] *v.tr.* [*io ʃdènto ecc.*] togliere, rompere i denti a un attrezzo, a una macchina ♦ **sdentarsi** *v.intr.pron.* perdere i denti.
sdentati [ʃden-tà-ti] *s.m.pl.* (*zool.*) ordine di mammiferi privi di denti o con denti rudimentali.
sdentato [ʃden-tà-to] *agg.* che non ha i denti, che ha perduto i denti: *un vecchio —.*
sdilinquimento [ʃdi-lin-qui-mén-to] *s.m.* lo sdilinquirsi; smanceria, svenevolezza.
sdilinquirsi [ʃdi-lin-quìr-si] *v.intr.pron.* [*io mi ʃdilinquisco, tu ti ʃdilinquisci ecc.*] **1** indebolirsi; andare in deliquio: *— dalla fame* **2** (*fig.*) perdersi in smancerie, in effusioni.
sdoganamento [ʃdo-ga-na-mén-to] *s.m.* l'operazione di sdoganare.
sdoganare [ʃdo-ga-nà-re] *v.tr.* compiere le operazioni doganali prescritte per importare merci estere: *— un carico.*
sdolcinatezza [ʃdol-ci-na-téz-za] *s.f.* l'essere sdolcinato; parola, atto sdolcinato.
sdolcinato [ʃdol-ci-nà-to] *agg.* lezioso, stucchevole: *sentimentalismo —.*
sdolcinatura [ʃdol-ci-na-tù-ra] *s.f.* atto, detto sdolcinato.
sdoppiamento [ʃdop-pia-mén-to] *s.m.* lo sdoppiare, lo sdoppiarsi | *— della personalità*, (*psicol.*) comparsa in una persona di atteggiamenti e comportamenti contrastanti fra loro.
sdoppiare¹ [ʃdop-pià-re] *v.tr.* [*io ʃdóppio ecc.*] rendere semplice ciò che è doppio: *— un filo.*
sdoppiare² *v.tr.* dividere in due ciò che è unitario, semplice ♦ **sdoppiarsi** *v.intr.pron.* dividersi in due.
sdraia [ʃdrà-ia] *s.f.* sedia costituita da un telaio pieghevole su cui è fissata una tela pesante; sedia a sdraio.
sdraiare [ʃdra-ià-re] *v.tr.* [*io ʃdràio ecc.*] coricare, mettere a giacere: *— qlcu. sul letto* ♦ **sdraiarsi** *v.rifl.* stendersi, mettersi a giacere: *— sul prato.*
sdraiato [ʃdra-ià-to] *agg.* che giace disteso; coricato: *stare — sull'erba.*
sdraio [ʃdrà-io] *s.m.* lo sdraiarsi, lo stare sdraiato | *sedia a —*, costruita in modo che ci si possa sdraiare; sdraia.
sdrammatizzare [ʃdram-ma-tiʒ-ʒà-re] *v.tr.* attenuare la drammaticità, la gravità di un evento, di una situazione.
sdrucciolare [ʃdruc-cio-là-re] *v.intr.* [*io ʃdrùcciolo ecc.*; aus. *essere*] scivolare su una superficie liscia o viscida: *— sul ghiaccio* | (*estens.*) cadere scivolando: *— dalle scale.*
sdrucciolevole [ʃdruc-cio-lé-vo-le] *agg.* su cui è facile sdrucciolare; viscido: *strada —.*

sdrucciolio [ʃdruc-cio-lì-o] *s.m.* uno sdrucciolare ripetuto.
sdrucciolo [ʃdrùc-cio-lo] *agg.* (*gramm.*) di parola, che ha l'accento sulla terzultima sillaba.
sdrucire [ʃdru-cì-re] *v.tr.* [*io ʃdrucisco, tu ʃdrucisci ecc.* (anche *io ʃdrùcio ecc.*)] scucire strappando: — *un vestito* ♦ **sdrucirsi** *v.intr.pron.* strapparsi, lacerarsi.
sdrucito [ʃdru-cì-to] *agg.* lacero, strappato: *cappotto* —.
sdrucitura [ʃdru-ci-tù-ra] *s.f.* lo sdrucire, l'essere sdrucito | la parte sdrucita; strappo: *una — sulla giacca.*
se[1] [sé] *cong.* **1** posto che, ammesso che (con valore condizionale): *se avessi studiato di più, saresti stato promosso* | *se mai* (o *semmai*), nel caso che: *se mai venisse, chiamami*; con valore di 'tutt'al più': *siamo noi, semmai, che abbiamo bisogno di te* | *se non*, tranne che: *non devi far altro se non portare pazienza* | *se non altro*, almeno, per lo meno: *se non altro è onesto* **2** fosse che, avvenisse che (con valore desiderativo): *se vincessi alla lotteria!* **3** dato che, dal momento che (con valore causale): *se lo sapeva, perché non me lo ha detto?* **4** con valore concessivo, nelle loc. *se anche, se pure*: *se pure si pentisse, ormai è troppo tardi* **5** preceduto da *come*, introduce una proposizione comparativa ipotetica: *ti comporti come se non te ne importasse nulla* **6** introduce proposizioni dubitative e interrogative indirette: *mi domando se sia una buona idea* ♦ *s.m.invar.* **1** incertezza, esitazione: *mettere da parte i se e i ma* **2** condizione: *accetto, ma c'è un se.*
se[2] *pron.pers.m.* e *f. di terza pers.sing.* e *pl.* si usa in luogo della forma pronominale atona *si* davanti ai pron. pers. *lo, la, li, le* e alla particella *ne*, in posizione sia enclitica sia proclitica: *se la vide brutta*; *se li intascò*; *godersela*; *se ne andò.*
sé *pron.pers.rifl.m.* e *f. di terza pers.sing.* e *pl.* si usa solo quando si riferisce al soggetto della proposizione, altrimenti è sostituito da *lui, lei, loro*; è sempre sostituito da *loro* quando vi sia reciprocità d'azione (*si consultarono tra loro* e non *tra sé*); si usa nei complementi retti da preposizione, spesso rafforzato da *stesso* o *medesimo*: *essere soddisfatto di sé*; *far parlare di sé*; *allontanare da sé* | come compl. oggetto, in luogo della forma atona *si*, per conferire particolare risalto (spesso seguito da *stesso* o *medesimo*): *agendo così danneggia sé*; *ingannare sé stessi* | *essere pieno di sé*, avere una grande opinione di sé stessi | *pensare soltanto a sé*, comportarsi egoisticamente | *stare a sé, vivere a sé*, si dice di persona che ama stare per proprio conto | *chiuso in sé*, di persona che non ama confidarsi con altri | *far parte per sé stesso*, non far lega con altri | *tenere per sé qlco.*, non rivelarla ad altri | *dentro di sé, fra sé e sé*, nel proprio intimo | *in sé, in sé stesso, di per sé*, si dice di cosa che viene considerata soltanto nella sua essenza | *essere in sé*, essere nel possesso delle proprie facoltà mentali | *uscire di sé*, perdere il controllo dei propri nervi | *essere fuori di sé*, non riuscire a dominarsi per collera, dolore, follia ecc. | *rientrare in sé, tornare in sé*, rinvenire; riacquistare il controllo dei propri nervi | *a sé*, a parte, separatamente: *un caso a sé* | *da sé*, da solo, senza l'aiuto di altri: *fare una cosa da sé* | *va da sé che*, è logico, è fuori discussione che: *va da sé che provvederò io a tutto.*
sebaceo [se-bà-ce-o] *agg.* di sebo: *cisti sebacea* | *ghiandole sebacee*, (*anat.*) piccole ghiandole della pelle che secernono sebo.
sebbene [seb-bè-ne] *cong.* benché, quantunque (introduce prop. concessive): — *tardasse, lo aspettai.*
sebo [sè-bo] *s.m.* sostanza grassa secreta dalle ghiandole sebacee a protezione della pelle.
seborrea [se-bor-rè-a] *s.f.* (*med.*) eccessiva secrezione delle ghiandole sebacee.
seborroico [se-bor-ròi-co] *agg.* [pl.m. *-ci*] (*med.*) relativo o conseguente a seborrea: *eczema* —.
secante [se-càn-te] *agg.* e *s.f.* (*geom.*) si dice di ogni retta o segmento che taglia una qualsiasi linea ♦ *s.f.* (*mat.*) funzione trigonometrica reciproca del coseno.
secca [séc-ca] *s.f.* **1** zona di mare poco profondo, dove la navigazione risulta ostacolata: *incagliarsi in una* — **2** mancanza o scarsità d'acqua: *un torrente in* —.
seccante [sec-càn-te] *agg.* importuno, noioso; spiacevole: *situazione* —.
seccare [sec-cà-re] *v.tr.* [*io sécco, tu sécchi ecc.*] **1** rendere secco, inaridire: *il sole ha seccato l'erba* | far asciugare al sole o al forno frutta, verdura o altri cibi per conservarli **2** prosciugare: — *uno stagno* **3** (*fig.*) importunare, infastidire: *non mi —!* ♦ *v.intr.* [aus. *essere*] diventare secco: *i fiori recisi seccano presto* ♦ **seccarsi** *v.intr.pron.* **1** diventare secco, inaridirsi: *l'erba si è seccata* **2** prosciugarsi, diventare asciutto: *il torrente si è seccato*; *mi si è seccata la gola* **3** (*fig.*) irritarsi, infastidirsi: *seccarsi ad* (o *di*) *aspettare.*
seccato [sec-cà-to] *agg.* annoiato, irritato, infastidito.
seccatore [sec-ca-tó-re] *s.m.* [f. *-trice*] chi secca, importuna, infastidisce: *liberarsi di un* —.
seccatura [sec-ca-tú-ra] *s.f.* cosa, situazione seccante; fastidio, noia.
secchezza [sec-chéz-za] *s.f.* l'essere secco: — *del clima* | (*fig.*) essenzialità, stringatezza: — *di stile, di modi.*
secchia [séc-chia] *s.f.* **1** secchio per attingere acqua: *una — di rame* **2** (*estens.*) quantità di liquido contenuta in una secchia.
secchiata [sec-chià-ta] *s.f.* quantità di liquido contenuta in un secchio.
secchiello [sec-chièl-lo] *s.m.* **1** piccolo secchio destinato a usi particolari: — *per il ghiaccio*; — *da spiaggia*, per giochi di bambini **2** borsa da donna a forma di secchio.
secchio [séc-chio] *s.m.* **1** recipiente di forma troncoconica o cilindrica, munito di un manico semicircolare, destinato a contenere liquidi o altri materiali: — *di alluminio, di plastica.* DIM. *sec-*

chiello **2** (*estens.*) la quantità di liquido o di altro materiale contenuta in un secchio: *versare un — d'acqua.*

secchione [sec-chió-ne] *s.m.* [f. *-a*] (*gerg.*) alunno che si applica nello studio in modo esagerato; sgobbone.

secco [séc-co] *agg.* [pl.m. *-chi*] **1** privo d'acqua, d'umidità; asciutto, essiccato: *terreno, clima —*; *frutta secca* | *pasticceria secca*, priva di ripieni come panna, crema o cioccolata **2** molto magro: *un ragazzo lungo e —* **3** (*fig.*) risoluto, deciso: *risposta secca* | *fare — qlcu.*, (*fam.*) ucciderlo fulmineamente | *restarci —*, (*fam.*) morire sul colpo **4** detto di vino o di altra bevanda alcolica, non dolce **5** che sta o è considerato da solo; senza aggiunte | *ambo, terno —*, nel gioco del lotto, ambo, terno giocati senza puntare su altre combinazioni ♦ *s.m.* **1** luogo senz'acqua: *tirare in — una barca* **2** siccità, mancanza d'acqua: *il fiume è in —* | *a —*, senz'acqua o altri liquidi: *lavare, lavaggio a —*, per immersione in sostanze solventi o mediante procedimenti chimici; *pittura a —*, fatta su intonaco secco (in contrapposizione alla *pittura a fresco*) | *restare a — di qlco.*, non averne più □ **seccamente** *avv.* in modo secco, brusco, deciso: *rispondere —*.

seccume [sec-cù-me] *s.m.* (*spreg.*) insieme di cose secche.

secentesco [se-cen-té-sco], meno com. **seicentesco**, *agg.* [pl.m. *-schi*] del Seicento, del sec. XVII: *la letteratura secentesca.*

secentesimo [se-cen-tè-ʃi-mo], o **seicentesimo**, *agg.num.ord.* che in una serie occupa il posto numero seicento.

secentismo [se-cen-tì-ʃmo], meno com. **seicentismo**, *s.m.* il gusto tipico della letteratura e dell'arte del Seicento, tendente all'artificio e alla bizzarria.

secentista [se-cen-tì-sta], meno com. **seicentista**, *s.m.* e *f.* [pl.m. *-sti*] scrittore, artista del Seicento; rappresentante del secentismo.

secernere [se-cèr-ne-re] *v.tr.* [pres. *io secèrno ecc.*; part.pass. *secrèto*] (*biol.*) elaborare ed emettere particolari sostanze: *il fegato secerne la bile.*

secessione [se-ces-sió-ne] *s.f.* il distaccarsi di un gruppo dall'unità politica o sociale a cui appartiene | *guerra di —*, (*st.*) quella combattuta negli Stati Uniti d'America (1861-1865) tra gli stati schiavisti del Sud e quelli antischiavisti del Nord.

secessionismo [se-ces-sio-nì-ʃmo] *s.m.* tendenza a distaccarsi dal gruppo sociale o dalla corrente ideologica cui si appartiene.

secessionista [se-ces-sio-nì-sta] *s.m.* e *f.* [pl.m. *-sti*] fautore di una secessione | Usato anche come *agg.* in luogo di *secessionistico.*

secessionistico [se-ces-sio-nì-sti-co] *agg.* [pl.m. *-ci*] del secessionismo o dei secessionisti.

seco [sé-co] *pron.* (*lett.*) con sé.

secolare [se-co-là-re] *agg.* **1** che ha uno o più secoli di vita, che dura da secoli: *albero, tradizione —* **2** che avviene ogni secolo: *celebrazione —* **3** che appartiene al secolo, al mondo; laico, non religioso: *potere —* | *clero —*, i sacerdoti non appartenenti a un ordine o una congregazione **4** (*lett.*) mondano, terreno (si contrappone a *spirituale*): *beni secolari* ♦ *s.m.* (spec. *pl.*) laico, non ecclesiastico.

secolarità [se-co-la-ri-tà] *s.f.* l'essere secolare, il durare da secoli: *la — di un'istituzione.*

secolarizzare [se-co-la-riʒ-ʒà-re] *v.tr.* (*eccl.*) sottoporre a secolarizzazione.

secolarizzazione [se-co-la-riʒ-ʒa-zió-ne] *s.f.* (*eccl.*) provvedimento con il quale chi ha ricevuto gli ordini religiosi viene ridotto allo stato laicale, oppure degli edifici destinati al culto vengono adibiti a usi profani.

secolo [sè-co-lo] *s.m.* **1** periodo di tempo di cent'anni **2** *pl.* tempo lunghissimo indeterminato: *un'usanza che dura da secoli* | *alla fine dei secoli*, alla fine del mondo **3** il secolo in cui si vive, l'epoca a cui si appartiene: *l'avvenimento del —*, che è ritenuto il più importante del proprio tempo; *il male del —*, nel sec. XIX la tubercolosi, nel XX i tumori; *il — dei lumi*, l'Illuminismo **4** (*iperb.*) periodo di tempo assai lungo: *è un — che non ti vedo* **5** (*lett.*) il mondo, la vita terrena (in contrapposizione alla vita religiosa): *le vanità del —* | *al —*, locuzione usata per introdurre il nome che un religioso aveva prima di entrare in convento.

seconda [se-cón-da] *s.f.* **1** la seconda marcia nel cambio degli autoveicoli e dei motocicli: *innestare la —* **2** (*sport*) una delle posizioni della scherma e della ginnastica | *tiro, punizione di —*, nel calcio, punizione che non può essere battuta direttamente a rete **3** la seconda classe di un corso di studi: *— elementare* **4** *in —*, in seconda posizione, secondo di grado: *comandante in —* **5** (*mus.*) nel sistema tonale, intervallo tra due suoni la cui distanza è costituita da 2 note (p.e. do-re) | Nella loc. prep. *a — di*, conformemente a, in rapporto a: *a — dei casi* | nella loc. cong. *a — che*, secondo che: *a — che lo voglia o no.*

secondamento [se-con-da-mén-to] *s.m.* (*med.*) espulsione della placenta e degli altri annessi embrionali subito dopo il parto.

secondario [se-con-dà-rio] *agg.* **1** che viene come secondo in una successione: *scuola secondaria* **2** che ha importanza o valore minore; non fondamentale: *una questione secondaria* | *proposizione secondaria*, (*gramm.*) dipendente, subordinata **3** (*med.*) si dice di fatto patologico che insorge come conseguenza di un altro **4** (*econ.*) l'industria, in contrapposizione all'agricoltura (primario) e ai servizi (terziario) □ **secondariamente** *avv.* **1** in secondo luogo | in grado minore, in modo poco rilevante **2** in un secondo tempo, successivamente.

secondino [se-con-dì-no] *s.m.* (*fam.*) agente di custodia; guardia carceraria.

secondo[1] [se-cón-do] *agg.num.ord.* **1** che in una serie occupa il posto numero due **2** (*estens.*) altro, nuovo: *per lui è stata una seconda madre* | *— fine*, scopo nascosto, diverso da quello dichiarato 3 minore, inferiore per importanza o per grado: *albergo di seconda categoria* | *in — luogo*, enunciando fatti, ragioni, argomenti di importanza minore ♦ *avv.* in secondo luogo (in correlazione con *primo*): *non vengo, primo perché ho da fare e — perché non mi divertirei* ♦ *s.m.* 1 unità di misura del tempo corrispondente alla sessantesima parte di un primo: *un primo e due secondi* | *in un —*, (*fig.*) in brevissimo tempo 2 (*mat.*) unità di misura degli angoli, corrispondente a 1/3600 di grado 3 la seconda portata di vivande: *come — prenderò il pollo* 4 (*sport*) ciascuno dei due assistenti di un pugile durante l'incontro.

secondo[2] *prep.* 1 nel modo richiesto da, conformemente a: *agire — la legge* 2 stando a: *— alcuni..., — altri...*, stando a ciò che dicono o pensano | in base a: *— le circostanze* | in rapporto a, in proporzione a: *spendere — le possibilità*.

secondogenito [se-con-do-gè-ni-to] *agg.* e *s.m.* [f. *-a*] si dice del figlio nato per secondo.

secrétaire [/ sekre'tɛr /] *s.m.invar.* (*fr.*) mobile con molti cassetti e un piano ribaltabile per scrivere.

secretivo [se-cre-tì-vo] *agg.* (*biol.*) che secerne; relativo alla secrezione: *organo —*.

secreto [se-crè-to] *s.m.* (*biol.*) il prodotto di una secrezione.

secretore [se-cre-tó-re] *agg.* [f. *-trice*] (*biol.*) che secerne: *apparato —*.

secretorio [se-cre-tò-rio] *agg.* (*biol.*) della secrezione, che concerne la secrezione: *attività secretoria*.

secrezione [se-cre-zió-ne] *s.f.* (*biol.*) produzione, da parte di determinate cellule e ghiandole, di particolari sostanze (enzimi, muco, sudore ecc.) | la sostanza secreta: *una — sierosa*.

sedano [sè-da-no] *s.m.* 1 pianta erbacea con foglie aromatiche e grosse costole commestibili 2 (spec. *pl.*) tipo di pasta corta a forma cilindrica.

sedare [se-dà-re] *v.tr.* [*io sèdo ecc.*] calmare, placare: *— il dolore* | reprimere: *— una rivolta*.

sedativo [se-da-tì-vo] *agg.* che serve a calmare: *l'effetto — di un farmaco* ♦ *s.m.* farmaco dall'effetto calmante.

sede [sè-de] *s.f.* 1 (*ant.*) seggio; oggi usato solo in alcune locuzioni: *Santa Sede, Sede Apostolica*, il governo della chiesa cattolica 2 luogo di residenza: *— legale*, (*dir.*) il domicilio della persona giuridica | città, edificio dove risiede un ente, un ufficio: *la — del governo, di una società* 3 luogo in cui è collocata una cosa: *il cervello è la — dell'intelligenza* | *— stradale*, carreggiata 4 ambiente, momento opportuno per fare, dire qlco.: *non è questa la — per parlare di ciò* | *in separata —*, (*fig.*) privatamente | *in — di*, durante lo svolgimento di un'attività o di una procedura: *in — di trattativa*.

sedentarietà [se-den-ta-rie-tà] *s.f.* l'essere sedentario.

sedentario [se-den-tà-rio] *agg.* 1 che si svolge in prevalenza stando seduti; che comporta poco movimento: *lavoro —* 2 che ha sede stabile (contrapposto a *nomade*): *tribù sedentarie* ♦ *agg.* e *s.m.* [f. *-a*] che/chi si muove poco o conduce una vita poco attiva.

sedentarizzazione [se-den-ta-riʒ-ʒa-zió-ne] *s.f.* (*antrop.*) trasformazione di un gruppo umano da nomade a sedentario.

sedere[1] [se-dé-re] *v.intr.* [pres. *io sièdo, tu sièdi, egli siède, noi sediamo, voi sedéte, essi sièdono*; pass.rem. *io sedéi* o *sedètti, tu sedésti ecc.*; fut. *io sederò* (o *siederò*) *ecc.*; pres.congiunt. *io sièda..., noi sediamo, voi sediate, essi sièdano*; cond. *io sederèi* (o *siederèi*) *ecc.*; imp. *sièdi, sedéte*; ger. *sedèndo*; aus. *essere*] 1 poggiare su un piano le parti posteriori del corpo, tenendo le ginocchia piegate o accavallate: *— su una sedia, per terra*; *— a tavola*, per consumare il pasto 2 (*estens.*) esercitare una funzione sedendo su un seggio: *— in parlamento*; *— in tribunale*, essere giudice; *— sul trono*, regnare ♦ **sedersi** *v.intr.pron.* mettersi a sedere: *prego, si sieda*.

sedere[2] *s.m.* 1 atto del sedere 2 la parte del corpo su cui si sta seduti; deretano. DIM. *sederino*.

sedia [sè-dia] *s.f.* mobile su cui ci si siede, costituito da un piano orizzontale che poggia su quattro gambe e da una spalliera: *— di legno, impagliata, a dondolo* | *— elettrica*, dispositivo per l'esecuzione di condanne a morte per mezzo di una scarica elettrica | *— gestatoria*, la sedia a braccioli sulla quale il papa era portato in processione nelle feste solenni. DIM. *sediolina*.

sedicente [se-di-cèn-te] *agg.* si dice di chi si attribuisce titoli e qualifiche che non ha: *il — dottore*.

sedicesimo [se-di-cè-ʃi-mo] *agg.num.ord.* che in una serie occupa il posto numero sedici ♦ *s.m.* 1 (*tip.*) foglio di stampa ripiegato a formare sedici pagine | *in —*, formato di un libro che si ottiene piegando il foglio di stampa tre volte 2 (*mus.*) semicroma.

sedici [sé-di-ci] *agg.num.card.invar.* numero naturale corrispondente a una decina più sei unità.

sedile [se-dì-le] *s.m.* qualsiasi oggetto fatto perché ci si possa sedere: *— di legno*; *il — di un'automobile*.

sedimentare [se-di-men-tà-re] *v.intr.* [*io sediménto ecc.*; aus. *essere* e *avere*] depositarsi sul fondo, detto di particelle solide sospese in un liquido.

sedimentario [se-di-men-tà-rio] *agg.* (*geol.*) si dice di rocce formatesi per sedimentazione.

sedimentazione [se-di-men-ta-zió-ne] *s.f.* 1 processo di deposito, sul fondo di un recipiente, delle particelle solide sospese in un liquido 2 (*geol.*) processo per cui il materiale in sospensione nelle acque fluviali e marine si deposita sul fondo.

sedimento [se-di-mén-to] *s.m.* 1 deposito lasciato in fondo a un recipiente da particelle solide in sospensione 2 (*geol.*) massa di particelle organiche o inorganiche che si accumulano sul fondo di un bacino.

sedimentologia [se-di-men-to-lo-gì-a] *s.f.* bran-

ca della geologia che studia le rocce sedimentarie.
sediolino [se-dio-lì-no] *s.m.* (*aer.*) sedile per piloti in aeroplani e veicoli spaziali.
sediolo [se-diò-lo] *s.m.* (*sport*) carrozzino leggerissimo a due ruote per una sola persona, usato nelle corse al trotto.
sedizione [se-di-zió-ne] *s.f.* tumulto di popolo contro l'autorità costituita; ribellione: *reprimere una —.*
sedizioso [se-di-zió-so] *agg.* **1** che è causa o effetto di sedizione: *radunata sediziosa* **2** detto di persona, che suscita o partecipa a sedizioni; turbolento, rissoso | Usato anche come *s.m.* [f. *-a*]: *un gruppo di sediziosi* □ **sediziosamente** *avv.*
seducente [se-du-cèn-te] *agg.* che seduce, affascina: *persona —.*
sedurre [se-dùr-re] *v.tr.* [pres. *io seduco, tu seduci ecc.*; pass.rem. *io sedussi, tu seducésti ecc.*; part.pass. *sedótto*] **1** indurre in errore qlcu. dopo averlo avvinto con allettamenti: *— con la speranza di facili guadagni* **2** far innamorare qlcu. con lusinghe e promesse ingannevoli | (*estens.*) affascinare, attrarre: *una musica che seduce.*
seduta [se-dù-ta] *s.f.* **1** riunione di un'assemblea o di un gruppo di persone per discutere e deliberare: *aprire, sciogliere una —* | *— stante*, (*fig.*) subito, sul momento: *è stato licenziato — stante* | *— spiritica*, riunione durante la quale si svolgono pratiche di spiritismo **2** ciascuna delle volte che un cliente s'incontra con un professionista per una consultazione, una visita.
seduttivo [se-dut-tì-vo] *agg.* che tende a sedurre, che esercita seduzione: *atteggiamento —.*
seduttore [se-dut-tó-re] *agg.* e *s.m.* [f. *-trice*] che/chi seduce.
seduzione [se-du-zió-ne] *s.f.* **1** il sedurre, l'essere sedotto: *forza di —* | la cosa stessa che seduce: *le seduzioni della vita* **2** fascino, attrattiva: *la — del successo.*
sefardita [se-far-dì-ta] *s.m.* e *f.* [pl.m. *-ti*] termine con cui si indicano gli ebrei spagnoli e i loro discendenti.
sega [sé-ga] *s.f.* **1** utensile usato per tagliare vari materiali, costituito da una lama di acciaio munita di denti, inserita in un telaio o in un manico: *— a mano*; *— da falegname, da macellaio* | *coltello a —*, con la lama dentata. DIM. *seghetta, seghetto* (m.) **2** macchina che ha impieghi simili alla sega a mano; segatrice **3** *pesce —*, grosso pesce marino con lungo prolungamento della mascella, simile alla lama di una sega.
segaccio [se-gàc-cio] *s.m.* sega a mano per legno con lama trapezoidale e denti grandi.
segale [sé-ga-le], o **segala**, *s.f.* pianta erbacea simile al grano da cui si ricava una farina usata per fare un tipo particolare di pane.
segaligno [se-ga-lì-gno] *agg.* **1** (*non com.*) di segale: *pane —* **2** (*fig.*) magro, asciutto: *avere un fisico —.*
segare [se-gà-re] *v.tr.* [*io ségo, tu séghi ecc.*] **1** tagliare con una sega: *— un tronco* **2** (*estens.*) recidere, tagliare **3** (*iperb.*) stringere tanto forte da lasciare il segno sulla pelle: *corda che sega i polsi.*
segatrice [se-ga-trì-ce] *s.f.* macchina per segare; sega meccanica.
segatura [se-ga-tù-ra] *s.f.* **1** il segare; taglio, recisione **2** l'insieme dei minuti frammenti che si producono segando il legno.
seggetta [seg-gét-ta] *s.f.* sedia contenente un vaso da notte per i bisogni corporali degli infermi.
seggio [sèg-gio] *s.m.* **1** (*lett.*) sedia imponente; trono: *— reale* **2** sedia su cui si esercita un ufficio importante: *il — del presidente* **3** (*estens.*) ciascuno dei posti di cui si compone un organo collegiale **4** *— elettorale*, commissione preposta a raccogliere e a scrutinare i voti di un'elezione.
seggiola [sèg-gio-la] *s.f.* sedia.
seggiolino [seg-gio-lì-no] *s.m.* **1** piccola sedia con braccioli per bambini, usato sulle autovetture | sedia pieghevole e trasportabile **2** sedile basso usato nei mezzi di trasporto.
seggiolone [seg-gio-ló-ne] *s.m.* sedia alta con piano d'appoggio anteriore che permette ai bambini piccoli di mangiare senza cadere.
seggiovia [seg-gio-vì-a] *s.f.* funivia per il trasporto di persone, costituita da un cavo metallico a cui sono fissati sedili opportunamente distanziati.
segheria [se-ghe-rì-a] *s.f.* stabilimento nel quale si segano tronchi d'albero per ricavarne legname da costruzione | reparto o stabilimento per la lavorazione del legno con seghe meccaniche.
seghetta [se-ghét-ta] *s.f.* anello metallico, seghettato all'interno, che si mette nella parte anteriore del muso degli animali da tiro per governarli.
seghettare [se-ghet-tà-re] *v.tr.* [*io seghétto ecc.*] intagliare qlco. per renderla dentellata come la lama di una sega.
seghettato [se-ghet-tà-to] *agg.* dentellato come la lama di una sega: *foglia seghettata.*
seghetto [se-ghét-to] *s.m.* piccola sega a mano per metalli.
segmentale [seg-men-tà-le] *agg.* di segmento; relativo a un segmento.
segmentare [seg-men-tà-re] *v.tr.* [*io segménto ecc.*] **1** dividere in segmenti **2** (*fig.*) suddividere una parte già divisa.
segmentazione [seg-men-ta-zió-ne] *s.f.* **1** il segmentare, il segmentarsi, l'essere segmentato **2** (*biol.*) l'inizio dello sviluppo dell'embrione, consistente nella divisione dell'uovo in un certo numero di cellule (blastomeri).
segmento [seg-mén-to] *s.m.* **1** (*geom.*) tratto di retta compreso fra due punti | *— circolare*, porzione di piano limitata da un arco di circonferenza e dalla sua corda **2** (*zool.*) ciascuno degli anelli costituenti il corpo del verme.
segnalare [se-gna-là-re] *v.tr.* **1** indicare con segnale o segnali: *— un pericolo* | (*assol.*) comunicare mediante segnali, fare segnalazioni **2** (*estens.*) comunicare, rendere noto: *— una perturbazione atmosferica* **3** (*fig.*) indicare all'attenzione altrui; mettere in evidenza: *— i migliori collaboratori* | *— un candidato*, raccomandarlo

♦ **segnalarsi** *v.rifl.* distinguersi, farsi notare: — *per particolari capacità.*

segnalatore [se-gna-la-tó-re] *s.m.* **1** persona addetta alle segnalazioni **2** strumento per segnalazioni: — *acustico.*

segnalazione [se-gna-la-zió-ne] *s.f.* **1** il segnalare, il trasmettere segnali; l'insieme dei segnali usati per segnalare: — *acustica, ottica* **2** (*estens.*) comunicazione: *la — del sopraggiungere di un uragano* **3** (*fig.*) raccomandazione: *ricevere una —.*

segnale [se-gnà-le] *s.m.* **1** segno convenzionale per indicare o far conoscere qlco.: *fare, ricevere un —; — orario*, trasmissione per radio o televisione dell'ora esatta; *segnali stradali*, l'insieme delle segnalazioni per gli utenti della strada **2** apparecchio o dispositivo ottico o acustico che serve per dare segnali | — *d'allarme*, dispositivo istallato sulle carrozze ferroviarie che blocca immediatamente il convoglio **3** (*elettr.*) tensione, corrente, flusso di radioonde all'entrata o all'uscita di un'apparecchiatura: — *audio, video.*

segnaletica [se-gna-lè-ti-ca] *s.f.* insieme di segnali: — *ferroviaria, nautica, stradale.*

segnaletico [se-gna-lè-ti-co] *agg.* [pl.m. *-ci*] che serve a segnalare | *dati segnaletici*, quelli (come l'altezza, il colore degli occhi e dei capelli o, anche, fotografie) che permettono di riconoscere una persona.

segnalibro [se-gna-lì-bro] *s.m.* cartoncino che si mette tra le pagine di un libro per ritrovare il punto voluto.

segnalinee [se-gna-lì-ne-e] *s.m.invar.* (*sport*) guardalinee.

segnaposto [se-gna-pó-sto] *s.m.invar.* biglietto o targhetta indicante il posto assegnato a ciascun partecipante in riunioni, congressi, pranzi ufficiali.

segnaprezzo [se-gna-prèz-zo] *s.m.invar.* cartellino indicante il prezzo di una merce esposta al pubblico.

segnapunti [se-gna-pùn-ti] *s.m.* **1** [anche *f.*] chi è addetto a segnare i punti di una partita di pallacanestro **2** tavola, pallottoliere o altro oggetto su cui si segnano i punti conseguiti dai concorrenti nel corso di un gioco.

segnare [se-gnà-re] *v.tr.* [*io ségno ecc.*] **1** notare, distinguere, indicare con uno o più segni: — *un itinerario sulla carta* | contrassegnare, marcare: — *il bestiame con un marchio* **2** (*estens.*) prendere nota di qlco.; registrare: — *un indirizzo sull'agenda* **3** indicare, mostrare: *l'orologio segna le tre* | — *a dito*, additare pubblicamente **4** dare il segnale, annunciare: *la campanella segna la fine della lezione* | (*fig.*) rappresentare, costituire: *un atto che segnò l'inizio della rivolta* **5** lasciare il segno su qlco.: *le sofferenze segnano il viso* **6** (*sport*) nei giochi di squadra, realizzare un punto ♦ **segnarsi** *v.rifl.* farsi il segno della croce.

segnatasse [se-gna-tàs-se] *s.m.invar.* francobollo che gli uffici postali applicano sulla corrispondenza non sufficientemente affrancata e che il destinatario paga al momento del ritiro.

segnato [se-gnà-to] *agg.* **1** che ha, che porta un segno, un marchio: *un viso — dagli anni* **2** stabilito, deciso: *la sua sorte è segnata* □ **segnatamente** *avv.* in modo particolare; specialmente, principalmente.

segnatura [se-gna-tù-ra] *s.f.* **1** nelle biblioteche, sigla usata per la catalogazione di un libro, riportata nel catalogo e sul libro stesso **2** nel calcio e in altri giochi, ciascuno dei punti ottenuti da una squadra nel corso della partita.

segnavento [se-gna-vèn-to] *s.m.invar.* dispositivo di lamiera a forma di banderuola, posto sulla sommità di un edificio per indicare la direzione del vento.

segnico [sé-gni-co] *agg.* [pl.m. *-ci*] in semiologia, che concerne il segno, i segni.

segno [sé-gno] *s.m.* **1** impronta lasciata da qlco.; elemento che serve a distinguere o a indicare: *il — dei passi sulla neve*; *fare un — di penna* | — *di riconoscimento*, qualsiasi cosa che serva a far riconoscere una persona | *il — della croce*, gesto rituale dei cristiani tracciato con la mano destra | *segni particolari di una persona*, connotati fisici peculiari (macchie, nei, cicatrici ecc.) | *lasciare il —*, (*fig.*) si dice di fatto che ha conseguenze, che resta nella memoria **2** ogni figura o espressione grafica usata convenzionalmente per rappresentare qlco.; simbolo: *il — dell'addizione* | — *zodiacale*, ciascuna delle dodici figure zodiacali che rappresentano i dodici archi di cerchio in cui astronomi e astrologi avevano diviso lo zodiaco **3** in semiologia, tutto ciò che serve per capire e trasmettere un'informazione: *le luci del semaforo sono segni* | *segni linguistici*, le parole e le frasi **4** indizio: *dare segni di pazzia* | *buon —!, cattivo —!*, si dice di indizio favorevole, sfavorevole | *in — di*, come dimostrazione, come attestazione di: *in — di amicizia* | *non dare segni di vita*, sembrare morto **5** bersaglio: *tiro a —* | *colpire, cogliere nel —*, (*fig.*) indovinare esattamente qlco. | *essere fatto — a* (o *di*) *qlco.*, essere oggetto di: *essere fatto — di insulti* **6** limite, punto: *è presuntuoso a tal — da non ammettere mai i suoi errori* | *passare il —*, esagerare, superare i limiti della buona creanza | *raccontare per filo e per —*, con tutti i particolari e con ordine | *perdere il —*, non trovare il punto in cui si è arrivati leggendo.

sego [sé-go] *s.m.* grasso animale giallastro e pastoso, usato come lubrificante o per fabbricare candele, sapone ecc.

segoso [se-gó-so] *agg.* che contiene sego; che ha sapore o aspetto di sego: *brodo —.*

segregante [se-gre-gàn-te] *agg.* che segrega | (*dir.*) si dice di sistema carcerario che comporta l'isolamento dei detenuti.

segregare [se-gre-gà-re] *v.tr.* [*io sègrego, tu sègreghi ecc.*] allontanare, separare dagli altri: — *i malati contagiosi* ♦ **segregarsi** *v.intr.pron.* appartarsi, isolarsi.

segregazione [se-gre-ga-zió-ne] *s.f.* il segregare, il segregarsi, l'essere segregato| — *razziale*, sepa-

razione forzata degli individui di colore, attuata da governi razzisti in paesi a popolazione mista.
segregazionismo [se-gre-ga-zio-nì-ʃmo] *s.m.* politica di segregazione razziale.
segregazionista [se-gre-ga-zio-nì-sta] *s.m.* e *f.* [pl.m. *-sti*] chi sostiene, pratica il segregazionismo.
segregazionistico [se-gre-ga-zio-nì-sti-co] *agg.* [pl.m. *-ci*] proprio del segregazionismo, dei segregazionisti: *politica segregazionistica.*
segreta [se-gré-ta] *s.f.* cella isolata e per lo più senza finestre, in cui un tempo si tenevano chiusi taluni prigionieri.
segretariale [se-gre-ta-rià-le] *agg.* di segreteria o di segretario: *mansioni segretariali.*
segretariato [se-gre-ta-rià-to] *s.m.* ufficio, carica di segretario generale di una grande organizzazione; la sede in cui il segretario generale svolge le sue mansioni e il personale che a lui fa capo: *il — delle Nazioni Unite.*
segretario [se-gre-tà-rio] *s.m.* [f. *-a*] **1** chi, in un ufficio, cura gli affari correnti, sbriga la corrispondenza, tiene nota degli impegni, risponde al telefono: *il — del direttore* **2** chi ha il compito di redigere i verbali e i resoconti di riunioni, assemblee | chi, in enti pubblici o privati, tiene i registri, comunica le deliberazioni, rilascia documenti ecc.: *— comunale* | *— di redazione*, in giornali e riviste, chi cura i rapporti con i collaboratori e gli altri aspetti organizzativi **3** chi dirige l'attività di un'organizzazione, un'associazione, un partito: *il — generale dell'ONU* | *— di stato*, in alcuni stati (*p.e.* Stati Uniti, Vaticano), il ministro degli esteri.
segreteria [se-gre-te-rì-a] *s.f.* **1** ufficio, carica di segretario; la sede in cui lavora un segretario e l'insieme degli impiegati che da lui dipendono **2** *— di stato*, il dicastero che, in alcuni paesi (*p.e.* Stati Uniti, Vaticano), presiede ai rapporti con l'estero **3** *— telefonica*, apparecchio in grado di rispondere automaticamente alle telefonate con un messaggio registrato in precedenza e di registrare le comunicazioni di chi chiama.
segretezza [se-gre-téz-za] *s.f.* **1** l'essere segreto: *la — di un incontro* | *in tutta —*, in gran segreto **2** la capacità di serbare un segreto: *contare sulla — di qlcu.*
segreto[1] [se-gré-to] *agg.* **1** (*lett.*) appartato, nascosto **2** conosciuto da pochi; che va tenuto nascosto: *colloquio —* **3** non accessibile o accessibile soltanto a poche persone: *archivio —* **4** che tiene nascosta la vera identità: *agente —* | *servizi segreti*, organismi dello stato preposti alla difesa dello stato e delle sue istituzioni, che operano segretamente, reperendo notizie riservate ecc. □ **segretamente** *avv.* in segreto, di nascosto.
segreto[2] *s.m.* **1** cosa che non si vuole o non si può rivelare, divulgare: *custodire, svelare un —*; *— professionale*, di cui si viene a conoscenza nell'esercizio della propria professione; *— di stato*, notizia che deve rimanere segreta per la sicurezza dello stato | *in —*, *in gran —*, di nascosto **2** ogni espediente, mezzo o artificio che si tiene celato per utilità, per prudenza o per raggiungere determinati scopi: *un — del mestiere.*
seguace [se-guà-ce] *s.m.* [anche *f.*] chi segue e sostiene una dottrina, una scuola, un maestro: *i seguaci di Cristo.*
seguente [se-guèn-te] *agg.* che viene subito dopo in un ordine o nel tempo, nello spazio; successivo: *giorno, pagina, capitolo —.*
segugio [se-gù-gio] *s.m.* **1** cane da caccia dall'odorato finissimo, con muso lungo, ampie orecchie pendenti, pelo raso **2** (*scherz.*) agente investigativo dotato di molto fiuto.
seguire [se-guì-re] *v.tr.* [*io séguo ecc.*; pass.rem. *io seguìi, tu seguisti ecc.*] **1** andare, tener dietro a qlcu. o a qlco.; accompagnare: *il cane segue il padrone* | *— di nascosto*, pedinare **2** procedere in una determinata direzione, prendendo qlco. come punto di riferimento: *— un sentiero* **3** (*estens.*) accompagnare con lo sguardo; non perdere di vista, sorvegliare: *— una scena con gli occhi* | (*fig.*) tenersi al corrente: *— le novità editoriali* **4** assistere a un evento che ha una certa durata nel tempo: *— una lezione*; *— un corso*, frequentarlo **5** (*fig.*) attenersi, conformarsi (a un modello, una dottrina, un'idea): *— un consiglio*, attenervisi; *— la moda*, uniformarvisi; *— un metodo*, metterlo in pratica; *— un esempio*, imitarlo ♦ *v.intr.* [aus. *essere*] **1** venire dopo nel tempo, nello spazio o in un ordine; accadere successivamente o in conseguenza di qlco.: *alla pioggia segue il sereno* **2** continuare, avere séguito: *l'articolo segue a pag. 5.*
seguitare [se-gui-tà-re] *v.tr.* [*io séguito ecc.*] continuare: *— il discorso* ♦ *v.intr.* [aus. *essere* e *avere*] proseguire, continuare.
seguito [sé-gui-to] *s.m.* **1** l'insieme delle persone che accompagnano o scortano un alto personaggio: *il — di un ministro* **2** l'insieme di coloro che sono fautori di una dottrina, seguaci di un personaggio: *idee che trovano —* **3** serie di cose che si succedono; sequenza: *un — di disgrazie* **4** la parte seguente; continuazione: *leggere il — della storia* | *di —*, subito dopo, senza interruzione | *in —*, poi, più avanti | *in — a*, per conseguenza di, a causa di | *far — a*, (*burocr.*) rispondere, riferirsi a **5** (*fig.*) effetto, conseguenza: *l'incidente non ebbe —.*
sei [sèi] *agg.num.card.invar.* numero naturale corrispondente a cinque unità più una.
seicentesco → **secentesco.**
seicentesimo → **secentesimo.**
seicentismo e *deriv.* → **secentismo** e *deriv.*
seicento [sei-cèn-to] *agg.num.card.invar.* **1** numero corrispondente a sei volte cento **2** *il Seicento*, il sec. XVII.
selaci [se-là-ci] *s.m.pl.* (*zool.*) ordine di pesci cartilaginei marini di notevoli dimensioni, con corpo fusiforme e bocca armata di denti aguzzi; vi appartengono gli squali.
selce [sél-ce] *s.f.* **1** (*geol.*) roccia sedimentaria molto dura, usata nelle pavimentazioni stradali, come materiale da costruzione, nella fabbrica-

zione di macine ecc. **2** ciottolo di selce | blocchetto squadrato di selce o di altra pietra dura, per pavimentare strade, rivestire scarpate ecc.
selciare [sel-cià-re] *v.tr.* [*io sélcio ecc.*] ricoprire il suolo di strade, piazze con lastre di selce o di altra pietra dura.
selciato [sel-cià-to] *s.m.* pavimentazione stradale costituita da selci o da altre pietre dure | (*estens.*) pavimentazione stradale.
selcio [sél-cio] *s.m.* (*region.*) selce per pavimentazione stradale.
seleniano [se-le-nià-no] *s.m.* [f. *-a*] immaginario abitante della Luna ♦ *agg.* detto di ipotetiche forme di vita lunari.
selenio [se-lè-nio] *s.m.* elemento chimico di simbolo *Se*; è un non-metallo che trova impiego come semiconduttore e nella colorazione di vetri, ceramiche ecc.
seleno- primo elemento di parole composte della terminologia scientifica, che significa 'luna, lunare' (*selenografia*).
selenografia [se-le-no-gra-fì-a] *s.f.* studio e descrizione cartografica della Luna.
selenologia [se-le-no-lo-gì-a] *s.f.* branca dell'astronomia che ha per oggetto di studio la Luna.
selettività [se-let-ti-vi-tà] *s.f.* l'essere selettivo | proprietà di una sostanza o di un dispositivo di operare selezioni.
selettivo [se-let-tì-vo] *agg.* **1** capace di selezionare: *mente selettiva* | basato sulla selezione: *criterio —* | incline a selezionare, a scegliere: *essere — nelle proprie scelte* **2** si dice di apparecchio o sostanza che presenta selettività □ **selettivamente** *avv.* con criterio, in modo selettivo.
selettore [se-let-tó-re] *s.m.* qualsiasi dispositivo che consente di operare una selezione | organo che, nella commutazione telefonica automatica, consente di scegliere la linea ricercata dall'utente.
selezionare [se-le-zio-nà-re] *v.tr.* [*io selezióno ecc.*] operare una selezione, scegliendo il meglio o quanto è richiesto: *— gli allievi migliori.*
selezionato [se-le-zio-nà-to] *agg.* scelto | *razze selezionate*, (*zootec.*) razze di animali domestici migliorate mediante un processo di selezione.
selezionatore [se-le-zio-na-tó-re] *agg.* e *s.m.* [f. *-trice*] che/chi seleziona ♦ *s.m.* (*sport*) tecnico che seleziona gli atleti con cui formare una squadra rappresentativa.
selezione [se-le-ziò-ne] *s.f.* **1** scelta degli elementi migliori o che presentano determinate caratteristiche: *— di concorrenti*; *— attitudinale*, volto ad accertare le attitudini psicofisiche delle persone da assumere o da arruolare; *— naturale*, (*biol.*) processo per cui gli animali e i vegetali maggiormente dotati hanno più probabilità di sopravvivenza | in telefonia: *— diretta*, teleselezione; *— passante*, sistema di selezione telefonica per cui un centralino passa automaticamente, a chi chiama dall'esterno, i singoli utenti interni **2** insieme di cose o persone scelte per un dato scopo: *la — azzurra*, (*sport*) la squadra nazionale.
self-control [/ sɛlf'kɔntrol /] *s.m.invar.* (*ingl.*) controllo di sé; autocontrollo.
self-made man [/ sɛlf'meidmɛn /] *loc. sost.m.invar.* (*ingl.*) uomo che si è fatto da sé, che deve il proprio successo sociale o professionale esclusivamente ai meriti e agli sforzi personali.
self-service [/ sɛlf'sɛrvis /] *s.m.invar.* (*ingl.*) ristorante o altro esercizio in cui i clienti si servono da sé.
sella [sèl-la] *s.f.* **1** sedile di cuoio che si fissa sul dorso della cavalcatura: *cavallo da —*, atto a essere cavalcato; *montare in —*, a cavallo | *rimettersi in —*, (*fig.*) riguadagnare una posizione perduta o che si stava per perdere **2** sedile della bicicletta o della motocicletta; sellino **3** valico montano ampio e poco profondo **4** *— turcica*, (*anat.*) cavità nel corpo dello sfenoide nella quale è contenuta l'ipofisi.
sellaio [sel-là-io] *s.m.* artigiano che fabbrica o ripara selle, valigie e altri oggetti di cuoio.
sellare [sel-là-re] *v.tr.* [*io sèllo ecc.*] provvedere di sella: *— un cavallo.*
sellatura [sel-la-tù-ra] *s.f.* l'operazione del sellare.
selleria [sel-le-rì-a] *s.f.* **1** bottega del sellaio | la tecnica di fabbricazione delle selle e dei finimenti; l'insieme di tali prodotti **2** (*estens.*) il rivestimento interno degli autoveicoli **3** in una scuderia, locale adibito a deposito di selle e finimenti.
sellino [sel-lì-no] *s.m.* **1** sedile, generalmente molleggiato, di bicicletta o motocicletta **2** nei finimenti da tiro del cavallo, parte che cinge la schiena.
seltz → **selz**.
selva [sél-va] *s.f.* **1** bosco fitto ed esteso; foresta **2** (*fig.*) quantità di cose fitta come una selva; moltitudine confusa: *una — di cifre.*
selvaggina [sel-vag-gì-na] *s.f.* denominazione generica degli animali selvatici che si cacciano e si mangiano.
selvaggio [sel-vàg-gio] *agg.* [pl.f. *-ge*] **1** che vive, che cresce nelle selve: *animale —* **2** (*estens.*) non coltivato; deserto, disabitato: *landa selvaggia* **3** che è estraneo alla civiltà moderna; primitivo: *tribù selvaggia* | (*estens.*) rozzo, zotico **4** (*fig.*) crudele, efferato: *un — omicidio* **5** incontrollato, non regolamentato: *ristrutturazione selvaggia* | si dice di forme di sciopero attuate indipendentemente dal sindacato, oppure di forme di sciopero particolarmente svantaggiose per l'azienda ♦ *s.m.* [f. *-a*] **1** chi conduce una vita primitiva: *i selvaggi dell'Amazzonia* **2** (*fig.*) persona ribelle, non socievole o maleducata: *quei bambini sono dei piccoli selvaggi* □ **selvaggiamente** *avv.* in modo selvaggio; da selvaggio | (*fig.*) con furia selvaggia: *infierire — su qlco.*
selvatichezza [sel-va-ti-chéz-za] *s.f.* l'essere selvatico.
selvatico [sel-và-ti-co] *agg.* [pl.m. *-ci*] **1** si dice di pianta o animale che nasce e cresce liberamente, senza l'intervento dell'uomo: *rose selvatiche*; *coniglio —* **2** (*estens.*) di animale, poco docile; di persona, non socievole, ritrosa **3** detto di luogo,

ricco di vegetazione spontanea; incolto, selvaggio □ **selvaticamente** *avv.*

selvaticume [sel-va-ti-cù-me] *s.m.* (*spreg.*) insieme di cose, persone o animali selvatici.

selvicoltura [sel-vi-col-tù-ra], o **silvicoltura**, *s.f.* scienza che studia la coltivazione e la conservazione dei boschi.

selz [sèlz], o **seltz**, *s.m.* acqua resa gassosa con l'aggiunta di anidride carbonica, usata per preparare bevande: *vermut con —*.

semaforista [se-ma-fo-rì-sta] *s.m.* e *f.* [pl.m. *-sti*] chi è addetto alla manovra o alla manutenzione di semafori o altre apparecchiature di segnalazione.

semaforizzare [se-ma-fo-riʒ-ʒà-re] *v.tr.* provvedere di semafori; regolamentare mediante semafori: *— il traffico.*

semaforo [se-mà-fo-ro] *s.m.* **1** apparecchio che regola il traffico stradale emettendo luci di colore verde, giallo e rosso **2** stazione radiotelegrafica e telefonica, posta in punti ben visibili di una costa, che serve per segnalazioni alle navi e per rilievi meteorologici.

semantica [se-màn-ti-ca] *s.f.* ramo della linguistica che studia il significato delle parole e delle frasi | settore della semiotica che studia la relazione tra i segni e ciò a cui essi si riferiscono.

semanticità [se-man-ti-ci-tà] *s.f.* l'essere semantico; la proprietà di ciò che ha un significato.

semantico [se-màn-ti-co] *agg.* [pl.m. *-ci*] **1** relativo alla semantica: *studio —* **2** che riguarda il significato di una parola: *mutamento —*.

sembiante [sem-biàn-te] *s.m.* (*lett.*) riferito a persona, sembianza | riferito a cosa, aspetto esterno, apparenza.

sembianza [sem-biàn-za] *s.f.* **1** aspetto, espressione del volto; sembiante **2** l'aspetto esteriore di una persona | (*estens.*) apparenza: *nascondersi sotto le sembianze dell'amicizia.*

sembrare [sem-brà-re] *v.intr.* [*io sémbro ecc.*; aus. *essere*] avere l'aspetto o l'apparenza; parere: *— un tipo intelligente* ♦ *v.intr.impers.* [aus. *essere*] dare l'impressione: *sembra che il peggio sia passato.*

seme [sé-me] *s.m.* **1** (*bot.*) parte del frutto dalla cui germinazione ha origine una nuova pianta: *— di mela; il — del grano*, il chicco; *il — della ciliegia*, il nocciolo | *olio di semi*, ricavato dai semi oleosi di varie piante **2** semente (con valore collettivo): *spargere il —* **3** (*fig.*) origine, principio, causa: *il — dell'odio* **4** ciascuno dei quattro simboli delle carte da gioco napoletane (denari, bastoni, spade, coppe) o francesi (cuori, quadri, fiori, picche) **5** sperma: *la banca del —*.

semeiotica [se-me-iò-ti-ca] *s.f.* parte della medicina che studia i sintomi delle malattie a scopo diagnostico.

semeiotico [se-me-iò-ti-co] *agg.* [pl.m. *-ci*] che riguarda la semeiotica.

sementa [se-mén-ta] *s.f.* (*agr.*) l'operazione del seminare, soprattutto il grano.

semente [se-mén-te] *s.f.* (*agr.*) insieme di semi della stessa specie destinati alla semina.

semenza [se-mèn-za] *s.f.* **1** (*agr.*) semente **2** (*pop.*) semi di zucca salati e abbrustoliti **3** piccolo chiodo a testa piatta usato in calzoleria **4** denominazione delle perle di piccolissimo formato.

semenzaio [se-men-zà-io] *s.m.* (*agr.*) vivaio in cui si mettono a coltura i semi per far nascere le piantine destinate al trapianto.

semenzale [se-men-zà-le] *s.m.* (*agr.*) la piantina appena nata dal seme.

semestrale [se-me-strà-le] *agg.* **1** che dura un semestre: *corso —* **2** che avviene ogni semestre: *pagamento —* □ **semestralmente** *avv.* ogni sei mesi.

semestralità [se-me-stra-li-tà] *s.f.* pagamento, rata semestrale.

semestre [se-mè-stre] *s.m.* **1** periodo di sei mesi: *il secondo — dell'anno* **2** (*estens.*) somma che si paga o si riscuote ogni sei mesi; semestralità: *un — d'affitto.*

semi- primo elemento di parole composte, che vale 'mezzo, per metà' (*semicerchio, semidio*), oppure 'in parte, quasi' (*semiserio*).

-semia secondo elemento di parole composte della terminologia linguistica, che significa 'significato' (*polisemia*).

semiala [se-mi-à-la] *s.f.* (*aer.*) ciascuna delle due parti in cui la fusoliera divide un'ala.

semianalfabeta [se-mi-a-nal-fa-bè-ta] *agg.* e *s.m.* e *f.* [pl.m. *-ti*] che/chi sa a malapena leggere e scrivere; ignorante.

semianalfabetismo [se-mi-a-nal-fa-be-tì-ʃmo] *s.m.* condizione di semianalfabeta.

semiaperto [se-mi-a-pèr-to] *agg.* aperto a metà; un po' aperto: *finestra semiaperta.*

semiasse [se-mi-às-se] *s.m.* (*mecc.*) ognuno degli alberi che negli autoveicoli trasmettono il moto dal differenziale alle ruote.

semiautomatico [se-mi-au-to-mà-ti-co] *agg.* [pl.m. *-ci*] si dice di lavorazione oppure di macchina, di meccanismo solo in parte automatico: *arma semiautomatica.*

semibarbaro [se-mi-bàr-ba-ro] *agg.* e *s.m.* [f. *-a*] quasi barbaro; rozzo e incivile.

semibiscroma [se-mi-bi-scrò-ma] *s.f.* (*mus.*) valore di una nota o di una pausa corrispondente a 1/64 della semibreve.

semibreve [se-mi-brè-ve] *s.f.* (*mus.*) il maggior valore di una nota o di una pausa (pari a un tempo di 4/4); intero.

semicerchio [se-mi-cér-chio] *s.m.* **1** (*geom.*) figura piana racchiusa da una semicirconferenza **2** (*estens.*) mezzo cerchio, mezza circonferenza: *disporsi a —*.

semichiuso [se-mi-chiù-so] *agg.* chiuso a metà; quasi chiuso: *occhi semichiusi.*

semicingolato [se-mi-cin-go-là-to] *agg.* e *s.m.* si dice di autoveicolo militare in cui le ruote posteriori sono sostituite da cingoli.

semicircolare [se-mi-cir-co-là-re] *agg.* in forma di semicirconferenza, di semicerchio: *piazza —*.

semicircolo [se-mi-cìr-co-lo] *s.m.* mezzo circolo; semicerchio.
semicirconferenza [se-mi-cir-con-fe-rèn-za] *s.f.* (*geom.*) ciascuna delle due parti in cui una circonferenza è divisa da due punti diametralmente opposti.
semiconduttore [se-mi-con-dut-tó-re] *s.m.* (*fis.*) sostanza dalla resistività intermedia tra quella dei metalli e quella degli isolanti.
semiconsonante [se-mi-con-so-nàn-te] *s.f.* (*ling.*) semivocale.
semiconsonantico [se-mi-con-so-nàn-ti-co] *agg.* [pl.m. *-ci*] (*ling.*) di semiconsonante, che è semiconsonante: *un fonema —*.
semicroma [se-mi-crò-ma] *s.f.* (*mus.*) valore di una nota o di una pausa corrispondente a 1/16 della semibreve.
semicrudo [se-mi-crù-do] *agg.* cotto parzialmente, quasi crudo.
semicupio [se-mi-cù-pio] *s.m.* **1** vasca da bagno in cui ci si immerge parzialmente stando seduti **2** il bagno fatto in tale vasca: *fare un —*.
semideponente [se-mi-de-po-nèn-te] *agg.* e *s.m.* nella grammatica latina, si dice di verbo che si coniuga come deponente nel perfetto e nei tempi da esso derivati, e come attivo negli altri tempi.
semidetenzione [se-mi-de-ten-zió-ne] *s.f.* (*dir.*) sanzione che in taluni casi può sostituire le pene detentive; comporta l'obbligo di trascorrere almeno 10 ore al giorno in carcere | la condizione di chi è sottoposto a tale sanzione; semilibertà.
semidiametro [se-mi-dià-me-tro] *s.m.* la metà del diametro.
semidio [se-mi-dì-o] *s.m.* [pl. *semidèi*] nella mitologia greco-romana, essere umano figlio di un dio e di una mortale, o di una dea e di un mortale: *Enea era un —*.
semidistrutto [se-mi-di-strùt-to] *agg.* distrutto parzialmente: *palazzo —*.
semiellisse [se-mi-el-lìs-se] *s.m.* (*geom.*) ciascuna delle due parti in cui è divisa un'ellisse dal suo asse maggiore.
semiesonero [se-mi-e-ʃò-ne-ro] *s.m.* esonero limitato alla metà dell'obbligo totale | (*estens.*) esenzione, dispensa parziale.
semifinale [se-mi-fi-nà-le] *s.f.* (*sport*) ultima fase di selezione per l'ammissione dei concorrenti alla gara finale: *entrare in —*.
semifinalista [se-mi-fi-na-lì-sta] *s.m.* e *f.* [pl.m. *-sti*] concorrente che arriva alle semifinali.
semifreddo [se-mi-fréd-do] *agg.* e *s.m.* si dice di dolce simile al gelato, da cui si differenzia per alcuni ingredienti e per la temperatura meno bassa a cui è tenuto.
semigrasso [se-mi-gràs-so] *agg.* si dice di prodotto alimentare che contiene una quantità media di grassi: *formaggio —*.
semilavorato [se-mi-la-vo-rà-to] *agg.* e *s.m.* si dice di prodotto industriale che necessita di un'ulteriore lavorazione per diventare un prodotto finito.
semilibertà [se-mi-li-ber-tà] *s.f.* (*dir.*) regime carcerario che consente al detenuto di trascorrere parte del giorno fuori dal carcere.
semiliquido [se-mi-lì-qui-do] *agg.* quasi liquido: *sostanza —*.
semiluna [se-mi-lù-na] *s.f.* (*scient.*) mezzaluna.
semilunare [se-mi-lu-nà-re] *agg.* che ha forma di mezzaluna | in anatomia: *osso —*, piccolo osso del polso; *valvole semilunari*, formazioni membranose del cuore che regolano il passaggio del sangue.
semilunio [se-mi-lù-nio] *s.m.* il periodo in cui la Luna è al primo o all'ultimo quarto e appare illuminata solo per metà.
semimetallo [se-mi-me-tàl-lo] *s.m.* (*chim.*) elemento fornito di proprietà metalliche (*p.e.* conducibilità elettrica) e non metalliche (*p.e.* fragilità): *l'antimonio è un —*.
semiminima [se-mi-mì-ni-ma] *s.f.* (*mus.*) valore di una nota o di una pausa corrispondente a 1/4 della semibreve.
semimpermeabile [se-mim-per-me-à-bi-le] *agg.* parzialmente impermeabile.
semina [sé-mi-na] *s.f.* **1** il seminare: *fare la —* **2** il tempo in cui si semina.
seminabile [se-mi-nà-bi-le] *agg.* che si può seminare: *terreno —*.
seminale [se-mi-nà-le] *agg.* **1** (*bot.*) del seme; che contiene semi **2** (*anat.*) che riguarda il seme, lo sperma: *liquido —*.
seminare [se-mi-nà-re] *v.tr.* [*io sémino ecc.*] **1** porre il seme di una pianta nella terra per farlo germogliare: *— il grano nel campo* (o *il campo a grano*) **2** (*fig.*) diffondere, provocare, suscitare: *— odio* **3** (*fam.*) in una gara di corsa, lasciare molto indietro gli avversari: *— il gruppo* | far perdere le proprie tracce: *— gli inseguitori*.
seminariale [se-mi-na-rià-le] *agg.* di seminario, che si riferisce a un seminario (come incontro di studio): *corso —*.
seminarile [se-mi-na-rì-le] *agg.* di seminario, relativo a un seminario (come istituto di preparazione al sacerdozio): *collegio —*.
seminario [se-mi-nà-rio] *s.m.* **1** istituto per la preparazione spirituale e culturale degli aspiranti al sacerdozio **2** esercitazione universitaria su un argomento specialistico | (*estens.*) riunione di studio che ha lo scopo di aggiornare un gruppo ristretto di persone su un determinato argomento.
seminarista [se-mi-na-rì-sta] *s.m.* [pl. *-sti*] allievo di un seminario religioso.
seminativo [se-mi-na-tì-vo] *agg.* e *s.m.* si dice di terreno agrario atto a essere seminato; di prodotto agricolo destinato alla semina.
seminato [se-mi-nà-to] *agg.* **1** che è stato cosparso di semi: *campo — a grano* **2** (*aral.*) si dice dello scudo e delle pezze cosparsi di piccole figure come gigli, stelle ecc. ♦ *s.m.* terreno seminato | *uscire dal —*, (*fig.*) uscire dall'argomento in questione; divagare.
seminatore [se-mi-na-tó-re] *s.m.* [f. *-trice*] chi semina.

seminatrice [se-mi-na-trì-ce] *s.f.* (*agr.*) macchina per seminare.
seminfermità [se-min-fer-mi-tà] *s.f.* infermità parziale: — *di mente.*
seminoma [se-mi-nò-ma] *s.m.* [pl. *-mi*] (*med.*) tumore del testicolo.
seminomade [se-mi-nò-ma-de] *agg.* (*antrop.*) **1** si dice di popolazione che vive in parte di agricoltura, praticata in sedi fisse, e in parte di allevamento, che comporta spostamenti stagionali **2** proprio di tali gruppi: *abitudini seminomadi* ♦ *s.m.* e *f.* chi fa vita seminomade.
seminomadismo [se-mi-no-ma-dì-ʃmo] *s.m.* (*antrop.*) il modo di vivere proprio dei gruppi umani seminomadi.
seminterrato [se-min-ter-rà-to] *s.m.* piano di un edificio che si trova in parte sotto il livello del suolo.
seminudo [se-mi-nù-do] *agg.* quasi nudo; vestito con indumenti ridottissimi, oppure molto laceri.
semiologia [se-mio-lo-gì-a] *s.f.* **1** nelle scienze umane, lo stesso che *semiotica* **2** (*med.*) lo stesso che *semeiotica.*
semiologico [se-mio-lò-gi-co] *agg.* [pl.m. *-ci*] di semiologia, relativo alla semiologia.
semiologo [se-miò-lo-go] *s.m.* [f. *-a*; pl.m. *-gi*] **1** studioso di semiologia, di semiotica **2** medico specializzato in semeiotica.
semiopaco [se-mi-o-pà-co] *agg.* [pl.m. *-chi*] parzialmente opaco; semitrasparente.
semioscurità [se-mi-o-scu-ri-tà] *s.f.* parziale oscurità; scarsità di luce.
semiosi [se-miò-ʃi] *s.f.* (*ling.*) il processo per cui a un'espressione si fa corrispondere un senso, a un significante un significato o viceversa.
semiotica [se-miò-ti-ca] *s.f.* la scienza generale dei segni, linguistici e non linguistici, per mezzo dei quali avviene la comunicazione.
semiotico [se-miò-ti-co] *agg.* [pl.m. *-ci*] relativo alla semiosi o alla semiotica.
semiparassita [se-mi-pa-ras-sì-ta] *agg.* [pl.m. *-ti*] (*biol.*) si dice di organismo animale o vegetale parzialmente parassita ♦ *s.m.* (*zool.*) animale semiparassita ♦ *s.f.* (*bot.*) pianta semiparassita.
semiperimetro [se-mi-pe-rì-me-tro] *s.m.* (*geom.*) la metà del perimetro di una figura piana.
semipermeabile [se-mi-per-me-à-bi-le] *agg.* (*fis.*) si dice di una membrana che si lascia attraversare da certe sostanze ma non da altre.
semipettinato [se-mi-pet-ti-nà-to] *agg.* e *s.m.* si dice di filato che non passa per l'ultimo stadio di finitura e si impiega soprattutto per stoffe d'arredamento.
semipiano [se-mi-pià-no] *s.m.* (*geom.*) ciascuna delle due parti in cui un piano è diviso da una retta in esso giacente.
semipieno [se-mi-piè-no] *agg.* pieno a metà; quasi pieno.
semiprodotto [se-mi-pro-dót-to] *s.m.* (*mat.*) il risultato di una moltiplicazione diviso per due.
semiprofessionista [se-mi-pro-fes-sio-nì-sta] *agg.* e *s.m.* e *f.* [pl.m. *-sti*] (*sport*) si dice di atleta legato da contratto a una società sportiva, ma libero di esercitare un'altra attività lavorativa.
semipubblico [se-mi-pùb-bli-co] *agg.* [pl.m. *-ci*] **1** aperto solo a una determinata categoria di pubblico: *un locale* — **2** che è noto solo in determinati ambienti; che non è ancora del tutto ufficiale.
semiraffinato [se-mi-raf-fi-nà-to] *agg.* si dice di prodotto alimentare o industriale che viene commercializzato dopo aver subito un processo parziale di raffinazione: *zucchero* —.
semiretta [se-mi-rèt-ta] *s.f.* (*geom.*) ciascuna delle due parti in cui una retta è divisa da un punto.
semirigido [se-mi-rì-gi-do] *agg.* (*tecn.*) composto di parti rigide e di parti flessibili: *struttura semirigida.*
semirimorchio [se-mi-ri-mòr-chio] *s.m.* la parte posteriore di un autoarticolato, collegata a snodo con la cabina motrice.
semiscoperto [se-mi-sco-pèr-to] *agg.* mezzo scoperto, quasi scoperto.
semisecco [se-mi-séc-co] *agg.* [pl.m. *-chi*] che è poco dolce, quasi secco (detto di vino).
semiserio [se-mi-sè-rio] *agg.* che sta tra il serio e lo scherzoso: *tono* — | *opera semiseria*, opera musicale in parte drammatica e in parte buffa.
semisfera [se-mi-sfè-ra] *s.f.* (*geom.*) ciascuna delle due parti in cui una sfera è divisa da un piano che passa per il suo centro.
semisferico [se-mi-sfè-ri-co] *agg.* [pl.m. *-ci*] che ha forma di semisfera.
semisolido [se-mi-sò-li-do] *agg.* parzialmente solido, non del tutto solido: *sostanza semisolida.*
semisomma [se-mi-sóm-ma] *s.f.* (*mat.*) la metà di una somma.
semita [se-mì-ta] *s.m.* e *f.* [pl.m. *-ti*] appartenente a un gruppo etnico-linguistico originario dell'area mediorientale, il quale, secondo la Bibbia, discenderebbe da Sem, figlio di Noè | Usato anche come *agg.* in luogo di *semitico.*
semitappa [se-mi-tàp-pa] *s.f.* nel ciclismo, ciascuna delle due parti in cui talora è divisa una tappa, avente ognuna una propria classifica.
semitico [se-mì-ti-co] *agg.* [pl.m. *-ci*] dei semiti; che si riferisce alla loro storia, alla loro civiltà | *lingue semitiche*, famiglia di lingue a cui appartengono l'ebraico, l'aramaico e l'arabo ♦ *s.m.* la famiglia delle lingue semitiche.
semitono [se-mi-tò-no] *s.m.* intervallo musicale di mezzo tono.
semitrasparente [se-mi-tra-spa-rèn-te] *agg.* parzialmente trasparente.
semiufficiale [se-mi-uf-fi-cià-le] *agg.* quasi ufficiale; che non ha caratteristiche di ufficialità ma proviene da fonte autorevole: *un'investitura* —.
semivocale [se-mi-vo-cà-le] *s.f.* (*ling.*) suono che viene articolato con una apertura intermedia fra quella delle vocali e quella delle consonanti e che si appoggia sempre a una vocale che precede o a una che segue (*p.e.* la *i* di *laido* e la *u* di *aura*, op-

pure la *i* di *piatto* e la *u* di *uomo*); semiconsonante.
semivocalico [se-mi-vo-cà-li-co] *agg.* [pl.m. *-ci*] di semivocale, che è semivocale: *fonema* —.
semivuoto [se-mi-vuò-to] *agg.* mezzo vuoto, quasi vuoto.
semmai [sem-mài] *cong.* nel caso che, qualora (con valore ipotetico): — *non potessi venire, avvisami* ♦ *avv.* tutt'al più, caso mai: *è lui,* —, *che ti deve chiedere scusa.*
semola [sé-mo-la] *s.f.* **1** prodotto intermedio della macinazione del grano duro, che con ulteriore macinazione si trasforma in farina: *pane di* — | crusca **2** (*dial.*) semolino.
semolato [se-mo-là-to] *agg.* si dice di zucchero raffinato.
semolino [se-mo-lì-no] *s.m.* **1** prodotto intermedio della macinazione del grano duro, di pezzatura più piccola di quella della semola, usato per minestre e altre pietanze **2** la minestra fatta con tale prodotto: — *in brodo.*
semoloso [se-mo-ló-so] *agg.* **1** che contiene semola **2** simile a semola.
semovente [se-mo-vèn-te] *agg.* che si muove da sé: *macchina* — | *cannone* —, (*mil.*) montato sullo scafo di un carro armato | *pontone* —, (*mar.*) che ha una certa autonomia di movimento.
sempiterno [sem-pi-tèr-no] *agg.* (*lett.*) eterno.
semplice [sém-pli-ce] *agg.* **1** formato di un solo elemento (si contrappone talora a *doppio*, talaltra a *composto*): *filo* —; *foglia* — | *carta* —, (*burocr.*) non bollata | *corsa* —, di sola andata **2** (*fig.*) facile, elementare: *problema* — | senza ricercatezza, senza affettazione: *abitudini semplici* **3** detto di persona, sincero, schietto; ingenuo: *un uomo* — **4** che non implica nulla di più (sempre preposto al sostantivo): *un* — *sospetto* | con valore enfatico, si unisce a *puro*: *questa è la pura e* — *verità* **5** che occupa il grado più basso di una gerarchia (posposto al sostantivo): *soldato, operaio* — **6** in grammatica: *preposizione* —, non articolata; *tempi semplici*, le forme verbali non composte, cioè non costruite mediante l'ausiliare ♦ *s.m.* e *f.* chi ha l'animo schietto, puro; anche, chi è ingenuo e senza malizia; inesperto □ **semplicemente** *avv.* **1** con semplicità, con naturalezza: *vestire* — **2** soltanto, esclusivamente: *volevo* — *aiutarlo.*
semplicione [sem-pli-ció-ne] *agg.* e *s.m.* [f. *-a*] si dice di persona molto semplice, ingenua.
sempliconeria [sem-pli-cio-ne-rì-a] *s.f.* l'essere semplicione; eccessiva ingenuità, dabbenaggine.
sempliciotto [sem-pli-ciòt-to] *agg.* e *s.m.* [f. *-a*] che/chi è molto ingenuo e sprovveduto.
semplicismo [sem-pli-cì-ʃmo] *s.m.* modo troppo semplice di considerare le cose; superficialità: *risolvere tutto con* —.
semplicista [sem-pli-cì-sta] *s.m.* e *f.* [pl.m. *-sti*] chi vede tutto con semplicismo.
semplicistico [sem-pli-cì-sti-co] *agg.* [pl.m. *-ci*] fatto con semplicismo, che rivela semplicismo: *atteggiamento* — □ **semplicisticamente** *avv.*
semplicità [sem-pli-ci-tà] *s.f.* **1** l'essere semplice, facile, agevole: *problema della massima* — **2** l'essere di animo semplice; naturalezza, schiettezza, sobrietà: *gente di grande* —.
semplificare [sem-pli-fi-cà-re] *v.tr.* [*io semplìfico, tu semplìfichi ecc.*] rendere semplice o più semplice; facilitare, snellire: — *un servizio* | — *una frazione*, (*mat.*) ridurla a forma più semplice dividendo numeratore e denominatore per un divisore comune ♦ **semplificarsi** *v.intr.pron.* divenire più semplice, più chiaro: *la faccenda si semplifica.*
semplificativo [sem-pli-fi-ca-tì-vo] *agg.* atto a semplificare.
semplificatore [sem-pli-fi-ca-tó-re] *agg.* e *s.m.* [f. *-trice*] che/chi semplifica: *essere un* —.
semplificazione [sem-pli-fi-ca-zió-ne] *s.f.* il semplificare, il semplificarsi, l'essere semplificato.
sempre [sèm-pre] *avv.* **1** senza interruzione, senza fine (indica una continuità ininterrotta nel tempo): *è* — *stato così*; *l'amerò ora e* — | *per* —, senza limiti di tempo, per l'eternità | *da* —, fin dalle lontane origini, dall'inizio: *è così da* — | *di* —, di ogni tempo, di ogni occasione: *essere quello di* — **2** seguito da comparativo, dà all'espressione un valore di continuità: *spero andrà* — *meglio* **3** può indicare il perdurare o il ripetersi di una situazione: *le condizioni sono* — *gravi* | in frasi enfatiche: *sei* — *il solito!* **4** con valore di 'tuttavia, nondimeno' (in unione con una cong. avversativa): *è vecchio, ma pur* — *in gamba* | Nella loc. cong. — *che*, purché, ammesso che (con valore condizionale): *è possibile,* — *che tu lo voglia.*
sempreverde [sem-pre-vér-de] *agg.* e *s.m.* e *f.* si dice di pianta che non perde le foglie durante l'inverno e conserva la chioma sempre verde (*p.e.* l'alloro, il pino).
semprevivo [sem-pre-vì-vo] *s.m.* piccola pianta erbacea perenne con foglie carnose a rosetta.
sempronio [sem-prò-nio] *s.m.* persona qualsiasi che non si sa o non si vuole determinare meglio (è usato solo in unione con *tizio* e con *caio*).
senape [sè-na-pe] *s.f.* **1** genere di piante erbacee delle quali alcune specie hanno semi con proprietà medicinali **2** salsa di farina di senape; mostarda | Usato come *agg.invar.* di colore tra il giallo e il marrone, come quello della salsa di senape.
senario [se-nà-rio] *s.m.* **1** nella metrica greca e latina, verso di sei piedi uguali **2** nella metrica italiana, verso che ha l'ultimo accento ritmico sulla quinta sillaba | — *doppio*, dodecasillabo.
senato [se-nà-to] *s.m.* **1** nella Roma antica, l'assemblea degli anziani, con poteri consultivi e deliberativi **2** negli stati moderni a regime bicamerale, uno dei due rami del parlamento | la sede dove i senatori si riuniscono; l'adunanza stessa **3** — *accademico*, organo deliberante di un'università, costituito dai presidi delle facoltà e dal rettore.
senatoconsulto [se-na-to-con-sùl-to] *s.m.* nel-

l'antica Roma, parere espresso formalmente dal senato.

senatore [se-na-tó-re] *s.m.* [f. *-trice*, con riferimento agli stati moderni] membro di un senato: *essere eletto —*.

senatoriale [se-na-to-rià-le] *agg.* del senato; di senatore: *dignità —*.

senatorio [se-na-tò-rio] *agg.* (*lett.*) del senato; di senatore: *ordine —*.

senegalese [se-ne-ga-lé-se] *agg.* del Senegal ♦ *s.m.* e *f.* chi è nato o abita nel Senegal.

senescente [se-ne-scèn-te] *agg.* (*lett.*) che invecchia, detto di persona.

senescenza [se-ne-scèn-za] *s.f.* l'insieme dei processi di involuzione biologica delle cellule e degli organismi, caratteristico dell'invecchiamento.

senile [se-nì-le] *agg.* di vecchio, da vecchio: *malattia —*.

senilismo [se-ni-lì-ʃmo] *s.m.* vecchiaia precoce.

senilità [se-ni-li-tà] *s.f.* vecchiaia | *— precoce*, senilismo.

senilizzazione [se-ni-liʒ-ʒa-zió-ne] *s.f.* invecchiamento generazionale delle persone che operano in un settore produttivo: *la — dell'artigianato.*

senior [/ 'sɛnjor /] *agg.invar.* (*lat.*) più anziano, più vecchio (si contrappone a *junior*; si usa posposto ai nomi propri di persona per distinguere due membri omonimi della stessa famiglia) ♦ *agg.* e *s.m.* e *f.* [pl. *seniòres*] (*sport*) si dice di atleta che per requisiti tecnici particolari o per età fa parte di una categoria superiore.

senno [sén-no] *s.m.* **1** la facoltà, la capacità d'intendere | *perdere il —, uscir di —*, impazzire; *tornare in —*, rinsavire **2** avvedutezza, prudenza: *un giovane pieno di —*.

sennò [sen-nò], o **se no**, *avv.* in caso contrario, altrimenti: *vieni con me, — non vado neanch'io.*

sennonché [sen-non-ché], o **se non che**, *cong.* **1** ma (con valore avversativo): *volevo venire, — me ne è mancato il tempo* **2** eccetto che, fuorché (con valore eccettuativo): *non posso far altro, — partire.*

seno [sé-no] *s.m.* **1** il petto (soprattutto della donna): *stringere un figlio al —* | (*estens.*) le mammelle | il ventre, il grembo femminile: *portare un figlio in —*, durante la gravidanza **2** (*fig.*) parte intima dell'animo, o anche di un ambiente, di una struttura: *nutrire un sentimento in —; tornare in — alla famiglia* | parte interna di qlco.: *nel — della terra* | *in — a*, all'interno di un determinato ambiente: *una proposta nata in — all'assemblea* **3** (*anat.*) denominazione generica di varie piccole cavità del corpo umano **4** (*geog.*) insenatura di mare o di lago molto più piccola del golfo **5** (*mat.*) funzione trigonometrica che in un triangolo rettangolo esprime il rapporto tra la misura del cateto opposto a un angolo di ampiezza data e la misura dell'ipotenusa.

senoatriale [se-no-a-trià-le] *agg.* (*anat.*) che concerne il seno venoso e l'atrio destro del cuore: *nodo —*, struttura da cui prende origine il ritmo cardiaco.

senologia [se-no-lo-gì-a] *s.f.* (*med.*) disciplina che studia fisiologia, anatomia e patologia dell'apparato mammario.

sensale [sen-sà-le] *s.m.* mediatore nella compravendita di prodotti agricoli e di bestiame.

sensatezza [sen-sa-téz-za] *s.f.* l'essere sensato: *la — di un ragionamento.*

sensato [sen-sà-to] *agg.* che ha buon senso; che denota buon senso: *ragazzo —* □ **sensatamente** *avv.* con buon senso.

sensazionale [sen-sa-zio-nà-le] *agg.* che suscita viva impressione, che fa colpo: *avvenimento —* □ **sensazionalmente** *avv.*

sensazionalismo [sen-sa-zio-na-lì-ʃmo] *s.m.* tendenza a diffondere notizie sensazionali o a far apparire sensazionali o clamorosi notizie o fatti che non sono tali.

sensazionalistico [sen-sa-zio-na-lì-sti-co] *agg.* [pl.m. *-ci*] che fa del sensazionalismo, ispirato a sensazionalismo: *stampa sensazionalistica.*

sensazione [sen-sa-zió-ne] *s.f.* **1** informazione ricevuta dal sistema nervoso quando uno stimolo esterno agisce su uno degli organi di senso: *— visiva, di freddo* **2** coscienza di una modificazione dello stato psichico: *avere la — di un gran vuoto* **3** (*fig.*) l'avvertire, il presentire qlco.; impressione: *la — di non riuscire* | *fare —*, destare grande interesse, stupore | *a —*, che suscita impressione, che fa effetto: *scena a —*.

senseria [sen-se-rì-a] *s.f.* l'opera del sensale; il compenso che spetta al sensale per la sua mediazione.

sensibile [sen-sì-bi-le] *agg.* **1** che può essere percepito attraverso i sensi: *mondo, esperienza —* **2** evidente, chiaramente percepibile; notevole, rilevante: *miglioramento, differenza —* **3** che ha la capacità di sentire, di percepire; che risponde in modo intenso a uno stimolo: *l'occhio è — alla luce* | (*estens.*) di strumento, congegno, che ha la proprietà di registrare le minime variazioni di un fenomeno: *termometro —* | (*foto.*) si dice di pellicola, lastra, carta che si lascia impressionare dalla luce **4** (*fig.*) detto di persona, che ha particolare capacità di sentire e di comprendere: *persona di animo —* □ **sensibilmente** *avv.* **1** attraverso i sensi: *conoscere —* **2** (*estens.*) notevolmente: *è — cresciuto.*

sensibilità [sen-si-bi-li-tà] *s.f.* **1** l'essere sensibile: *— d'animo; la — di uno strumento* **2** (*fisiol.*) la facoltà, propria degli organismi animali, di percepire gli stimoli esterni o interni mediante gli organi sensoriali: *— tattile.*

sensibilizzare [sen-si-bi-liʒ-ʒà-re] *v.tr.* **1** rendere sensibile o più sensibile a uno stimolo: *— una lastra fotografica* **2** rendere qlcu. cosciente e partecipe di un fatto, di un'idea: *— l'opinione pubblica a un problema* ♦ **sensibilizzarsi** *v. rifl.* rendersi consapevole, partecipe: *— al punto di vista altrui* ♦ *v. intr. pron.* (*biol.*) subire un processo di sensibilizzazione.

sensibilizzazione [sen-si-bi-liʒ-ʒa-zió-ne] *s.f.* il sensibilizzare, l'essere sensibilizzato | (*biol.*) reattività dell'organismo nei confronti di determinate sostanze.

sensismo [sen-sì-ʃmo] *s.m.* (*filos.*) dottrina che fa derivare la conoscenza solo dall'esperienza sensibile.

sensista [sen-sì-sta] *s.m.* e *f.* [pl.m. *-sti*] (*filos.*) seguace del sensismo | Usato anche come *agg.*: *poetica —*.

sensistico [sen-sì-sti-co] *agg.* [pl.m. *-ci*] (*filos.*) del sensismo, relativo al sensismo.

sensitiva [sen-si-tì-va] *s.f.* (*bot.*) piccola pianta originaria del Brasile, le cui foglie si ripiegano su sé stesse al minimo contatto.

sensitività [sen-si-ti-vi-tà] *s.f.* l'essere sensitivo.

sensitivo [sen-si-tì-vo] *agg.* **1** atto a sentire, a percepire attraverso i sensi; che riguarda l'attività dei sensi: *facoltà sensitiva* **2** detto di persona, sensibile, emotivo ♦ *s.m.* [f. *-a*] persona dotata di facoltà paranormali; medium.

senso [sèn-so] *s.m.* **1** facoltà propria degli organismi animali di avvertire l'azione prodotta da stimoli esterni o interni; ciascuna delle strutture anatomiche che raccolgono tali stimoli: *i sensi sono la vista, il gusto, il tatto, l'udito, l'olfatto*; *avere un sesto —*, avere notevole capacità d'intuito; *perdere, riacquistare i sensi*, perdere, riprendere conoscenza **2** *pl.* appetiti carnali, sensualità: *i piaceri dei sensi* **3** percezione, sensazione fisica: *provare un — di stanchezza*; *far —*, provocare disgusto, ribrezzo | stato d'animo, sentimento: *provare un — di pietà* | *buon —*, equilibrio nel giudicare, nell'agire; assennatezza **4** il significato di una parola, di una frase, di un discorso, di un testo: *— proprio, figurato*; *parole prive di —* | *doppio —*, frase che si presta a una duplice interpretazione, di cui una per lo più maliziosa | *in un certo —*, sotto un certo aspetto | *ai sensi della legge*, (*burocr.*) in conformità alla legge **5** direzione di un movimento: *andare in — contrario* | nella segnaletica stradale: *— vietato*, direzione di marcia obbligatoria; *— unico*, strada percorribile solo in una direzione.

sensore [sen-só-re] *s.m.* (*tecn.*) dispositivo che rileva i valori di una grandezza fisica (temperatura, pressione ecc.) o i suoi cambiamenti, e li trasmette a un sistema di controllo.

sensoriale [sen-so-rià-le] *agg.* **1** relativo agli organi di senso e alle loro funzioni: *recettori sensoriali* **2** del senso, dei sensi: *dati sensoriali*.

sensorio [sen-sò-rio] *agg.* del senso, dei sensi | *apparato —*, organo di senso o l'insieme degli organi di senso ♦ *s.m.* (*med.*) il complesso delle capacità sensoriali e psichiche dell'organismo.

sensorizzare [sen-so-riʒ-ʒà-re] *v.tr.* dotare di sensori.

sensuale [sen-su-à-le] *agg.* **1** dei sensi, che concerne la soddisfazione dei sensi: *appetito —* **2** incline ai piaceri dei sensi | che rivela sensualità, che suscita il desiderio dei sensi: *voce —* □ **sensualmente** *avv.*

sensualità [sen-sua-li-tà] *s.f.* l'essere sensuale.

sentenza [sen-tèn-za] *s.f.* **1** (*dir.*) giudizio emesso da un giudice: *pronunciare una —*; *— di assoluzione* **2** frase concisa e incisiva che enuncia una verità o una norma morale; massima | *sputare sentenze*, (*fig.*) esprimere giudizi presuntuosi e inopportuni.

sentenziare [sen-ten-zià-re] *v.tr.* e *intr.* [*io sentènzio ecc.*; aus. dell'intr. *avere*] **1** emettere una sentenza **2** esprimere giudizi presuntuosi e inopportuni; parlare in tono sentenzioso.

sentenziosità [sen-ten-zio-si-tà] *s.f.* l'essere sentenzioso.

sentenzioso [sen-ten-zió-so] *agg.* **1** che contiene sentenze, massime: *uno scritto —* **2** che fa ampio uso di sentenze; che parla con tono cattedratico: *un discorso —* □ **sentenziosamente** *avv.* con tono sentenzioso.

sentiero [sen-tiè-ro] *s.m.* **1** strada stretta e sommariamente tracciata; viottolo **2** (*fig.*) via, cammino: *seguire il retto —*.

sentimentale [sen-ti-men-tà-le] *agg.* **1** che concerne i sentimenti: *vita —* **2** che prova sentimenti, affetti teneri, malinconici: *una persona —* | che manifesta, ispira tali sentimenti o è l'effetto di tali sentimenti: *canzone, sguardo —* ♦ *s.m.* e *f.* persona sentimentale, romantica: *essere un —* □ **sentimentalmente** *avv.* in modo sentimentale.

sentimentalismo [sen-ti-men-ta-lì-ʃmo] *s.m.* tendenza verso una sentimentalità eccessiva, affettata; romanticheria | atto, parola sentimentale.

sentimentalista [sen-ti-men-ta-lì-sta] *s.m.* e *f.* [pl.m. *-sti*] **1** chi ostentatamente si atteggia a persona sentimentale: *fare il —* **2** (*estens.*) chi dà eccessiva importanza ai sentimenti.

sentimentalistico [sen-ti-men-ta-lì-sti-co] *agg.* [pl.m. *-ci*] proprio del sentimentalismo; da sentimentalista.

sentimentalità [sen-ti-men-ta-li-tà] *s.f.* l'essere sentimentale, per lo più in modo affettato o esagerato.

sentimento [sen-ti-mén-to] *s.m.* **1** stato o moto affettivo dell'animo: *— di gioia* **2** affettività, sensibilità: *canzone piena di —* **3** modo di sentire, di valutare soggettivamente qlco.: *— religioso*; *persona di nobili sentimenti*.

sentina [sen-tì-na] *s.f.* **1** il fondo dello scafo di una nave, dove si raccolgono le acque di scolo **2** (*fig.*) ricettacolo di brutture e scelleratezze: *una — di vizi*.

sentinella [sen-ti-nèl-la] *s.f.* soldato armato posto di guardia a un luogo | *essere di —*, fare la guardia.

sentire[1] [sen-tì-re] *v.tr.* [*io sènto ecc.*] **1** percepire con i sensi; avvertire sensazioni indotte da uno stimolo interno o esterno: *— caldo, un odore, un dolore* **2** udire, ascoltare: *— un rumore*; *— qlcu. che grida* | *sentirci bene*, avere l'udito buono | *non — ragione*, ostinarsi in un'idea | *farsi —*, affermare con decisione le proprie ragioni | *— messa*, assistervi **3** informarsi, venire a sapere; avvertire, presentire: *senti che cosa ne pensa* **4** provare sentimenti e reazioni emotive intime; avere coscienza di un proprio stato interiore: *— simpatia per qlcu.*; *— mancanza* ♦ **sentirsi** *v.rifl.* **1** provare una sensazione fisica: *— stanco* **2** essere in un determinato stato d'animo: *— turbato* | *sentirsela*, avere la forza, il coraggio di fare qlco. | *sentirsi in debito verso qlcu.*, riconoscersi obbligato nei suoi confronti.

sentire[2] *s.m.* (*lett.*) sentimento morale, sensibilità: *un uomo d'alto —*.

sentito [sen-tì-to] *agg.* **1** udito: *cose sentite e risentite* | *per — dire*, per conoscenza indiretta **2** vivo, sincero (in formule epistolari): *sentiti auguri* □ **sentitamente** *avv.* vivamente, sinceramente (in formule epistolari): *ringrazio —*.

sentore [sen-tó-re] *s.m.* **1** sensazione, impressione indistinta; notizia vaga, incerta: *avere — di qlco.* **2** (*lett.*) odore.

senza [sèn-za] *prep.* **1** indica mancanza, esclusione, privazione (si unisce ai pronomi personali o dimostrativi mediante la prep. *di*): *rimase — soldi*; *che cosa farei — di te?* | in loc. che hanno valore aggettivale o avverbiale: *— tregua*, incessantemente; *— indugio*, subito; *— dubbio*, *senz'altro*, sicuramente **2** introduce una proposizione con valore modale: *uscì — pagare*; *partì — che fossimo avvertiti*.

senzadio [sen-za-dì-o] *s.m.* e *f.invar.* chi non crede in Dio, chi non ha alcun sentimento religioso.

senzapatria [sen-za-pà-tria] *s.m.invar.* **1** chi non ha patria; apolide **2** (*spreg.*) chi non ha sentimenti patriottici; chi rinnega la propria patria.

senzatetto [sen-za-tét-to] *s.m.* e *f.invar.* chi è privo di una casa dove dormire.

senziente [sen-zièn-te] *agg.* (*lett.*) che sente; che è dotato di sensi e sensibilità.

sepalo [sè-pa-lo] *s.m.* (*bot.*) ciascuna delle foglioline che formano il calice del fiore.

separabile [se-pa-rà-bi-le] *agg.* che si può separare.

separare [se-pa-rà-re] *v.tr.* [*io sepàro ecc.*] **1** dividere, allontanare cose o persone unite o vicine: *— la crusca dalla farina*; *— i litiganti* **2** distinguere, sceverare: *— il bene dal male* ♦ **separarsi** *v.rifl.* e *rifl.rec.* porre termine a una compagnia, a una convivenza: *marito e moglie si sono separati* | lasciarsi, allontanarsi: *— dai parenti*.

separatezza [se-pa-ra-téz-za] *s.f.* (*non com.*) la condizione di chi vive separato dagli altri.

separatismo [se-pa-ra-tì-ʃmo] *s.m.* tendenza di un gruppo etnico o religioso minoritario a sottrarsi dalla sovranità dello stato a cui appartiene o a ottenere una certa autonomia: *— politico*, *religioso*.

separatista [se-pa-ra-tì-sta] *s.m.* e *f.* [pl.m. *-sti*] fautore del separatismo | Usato anche come *agg.* separatistico.

separatistico [se-pa-ra-tì-sti-co] *agg.* [pl.m. *-ci*] del separatismo, dei separatisti.

separato [se-pa-rà-to] *agg.* che sta a sé, che vive lontano: *coniugi separati* | *in separata sede*, in altro luogo, altrove; anche, in privato, senza testimoni ♦ *s.m.* [f. *-a*] coniuge separato □ **separatamente** *avv.* a parte: *preparare la salsa —* | uno alla volta: *convocare i testimoni —*.

separatore [se-pa-ra-tó-re] *agg.* e *s.m.* [f. *-trice*] che/chi separa ♦ *s.m.* (*chim.*) dispositivo che serve a separare sostanze diverse.

separazione [se-pa-ra-zió-ne] *s.f.* il separare, il separarsi, l'essere separato: *ritrovarsi dopo una lunga —* | *— legale*, (*dir.*) cessazione della convivenza di due coniugi disposta dal tribunale su richiesta di uno di essi o di entrambi.

séparé [/ sepaˈre /] *s.m.invar.* (*fr.*) nei locali pubblici, camera o salottino isolati dal resto dell'ambiente; parte di un locale isolata mediante paraventi o tramezzi.

sepiolite [se-pio-lì-te] *s.f.* (*min.*) silicato idrato di magnesio presente in masse leggere e compatte entro strati argillosi; è detta anche *schiuma* o *spuma di mare*.

sepolcrale [se-pol-crà-le] *agg.* **1** di sepolcro, da sepolcro: *monumento*, *iscrizione —* **2** (*fig.*) cupo, pauroso, profondo: *silenzio —*.

sepolcreto [se-pol-cré-to] *s.m.* **1** luogo in cui sono riuniti molti sepolcri di età antica; necropoli **2** la parte dell'altare in cui sono conservate le reliquie di un santo.

sepolcro [se-pól-cro] *s.m.* costruzione funebre di particolare valore artistico o storico | *Santo Sepolcro*, quello di Cristo a Gerusalemme.

sepolto [se-pól-to] *agg.* **1** che è posto nella tomba; seppellito | *morto e —*, (*fig.*) si dice di persona o cosa completamente dimenticata **2** (*estens.*) nascosto sotto terra o dentro, sotto altre cose; sommerso, celato: *tesoro —*; *segreto — nel cuore*.

sepoltura [se-pol-tù-ra] *s.f.* l'azione del seppellire; la cerimonia che l'accompagna: *la — di una salma* | *dar —*, seppellire.

seppellimento [sep-pel-li-mén-to] *s.m.* il seppellire, l'essere seppellito; sepoltura.

seppellire [sep-pel-lì-re] *v.tr.* [pres. *io seppellisco*, *tu seppellisci ecc.*; part. pass. *seppellito* o *sepólto*] **1** deporre nella tomba: *— le salme* **2** sotterrare, nascondere sotto terra: *— un tesoro* | coprire di terra o di altro; sommergere: *la valanga ha sepolto il villaggio* **3** (*fig.*) dimenticare: *— vecchi rancori* ♦ **seppellirsi** *v.rifl.* appartarsi, isolarsi: *— in campagna* | sprofondarsi, immergersi: *— tra i libri*.

seppia [sép-pia] *s.f.* mollusco marino commestibile a forma di sacco ovale, con bocca munita di tentacoli e conchiglia interna (*osso di —*): *inchiostro di —*, sostanza nera secreta dal mollusco. DIM. *seppiolina* ♦ *agg.* e *s.m.invar.* si dice di colore di tonalità grigio-bruna.

seppiato [sep-pià-to] *agg.* di color seppia.

seppure [sep-pù-re] *cong.* anche se (con valore condizionale o dubitativo): *finirò, — dovessi lavorare tutta la notte*.

sepsi [sè-psi] *s.f.* (*med.*) infezione generalizzata all'intero organismo.
sequela [se-què-la] *s.f.* successione di cose o fatti analoghi, per lo più molesti: *una — di disgrazie.*
sequenza [se-quèn-za] *s.f.* **1** successione ordinata di cose o fatti **2** (*cine.*) serie di inquadrature successive sullo stesso episodio o argomento: *una — drammatica* **3** nel linguaggio tecnico e scientifico, successione di operazioni o fenomeni: *— di lavorazione.*
sequenziale [se-quen-zià-le] *agg.* relativo a una sequenza, che segue una sequenza: *ciclo —.*
sequenzialità [se-quen-zia-li-tà] *s.f.* carattere di ciò che è in sequenza.
sequestrabile [se-que-strà-bi-le] *agg.* che si può sequestrare.
sequestrante [se-que-stràn-te] *agg.* e *s.m.* che/chi sequestra.
sequestrare [se-que-strà-re] *v.tr.* [*io sequèstro ecc.*] **1** (*dir.*) sottoporre a sequestro: *— un'arma* | (*estens.*) togliere, requisire **2** privare illegalmente qlcu. della libertà personale: *— una persona* **3** (*scherz.*) bloccare, costringere a rimanere in un luogo: *il maltempo ci sequestrò in albergo.*
sequestratario [se-que-stra-tà-rio] *s.m.* chi è incaricato di custodire un oggetto sequestrato.
sequestrato [se-que-strà-to] *agg.* si dice di cosa o persona sottoposta a sequestro ♦ *s.m.* [f. *-a*] **1** (*dir.*) la persona o la parte a carico della quale è stato disposto il sequestro di un bene **2** chi è vittima di un sequestro di persona.
sequestratore [se-que-stra-tó-re] *s.m.* [f. *-trice*] chi chiede un sequestro o lo esegue per conto dell'autorità | chi compie un sequestro di persona.
sequestro [se-què-stro] *s.m.* (*dir.*) provvedimento cautelare con cui il giudice sottrae un bene alla disponibilità di chi lo detiene o ordina il ritiro di cose pertinenti a un reato: *eseguire un —* | *— di persona,* (*dir.*) reato commesso da chi priva illecitamente qlcu. della libertà personale.
sequoia [se-quò-ia] *s.f.* albero gigantesco con foglie persistenti di color verde lucente, originario della California.
sera [sé-ra] *s.f.* **1** l'ultima parte del giorno compresa fra il tramonto e l'inizio della notte | *sul far della —*, all'imbrunire | *mattina e —*, sempre | *i giornali della —*, quelli che escono nel pomeriggio **2** (*estens.*) lo spazio di tempo compreso tra la cena e la mezzanotte circa | *abito da —*, adatto a ricevimenti formali.
seraccata [se-rac-cà-ta] *s.f.* insieme di seracchi; parte di ghiacciaio coperta di seracchi.
seracco [se-ràc-co] *s.m.* [pl. *-chi*] blocco o cumulo di ghiaccio prodotto da una spaccatura longitudinale e trasversale del ghiacciaio, nei tratti in più forte pendenza.
serafico [se-rà-fi-co] *agg.* [pl.m. *-ci*] **1** dei serafini; da serafino **2** (*fig.*) che non si scompone mai; assolutamente tranquillo: *starsene tutto —* | candido, ingenuo: *espressione serafica* □ **seraficamente** *avv.* in modo serafico, senza scomporsi.
serafino [se-ra-fi-no] *s.m.* (*teol.*) angelo appartenente al più elevato dei cori angelici.
serale [se-rà-le] *agg.* di sera, della sera: *ore serali* | che avviene, si svolge di sera: *spettacolo —.*
serata [se-rà-ta] *s.f.* **1** la sera, con riferimento alla durata, al modo di trascorrerla: *una — con gli amici* **2** festa, ricevimento, spettacolo serale: *— danzante* | *— di gala*, rappresentazione, ballo di grande solennità ed eleganza | *— d'onore*, rappresentazione teatrale o spettacolo in onore di un artista | *— di beneficenza*, il cui incasso verrà devoluto in beneficenza.
serbare [ser-bà-re] *v.tr.* [*io sèrbo ecc.*] **1** mettere da parte una cosa per altra occasione o perché particolarmente cara: *— gli avanzi del pasto* **2** (*fig.*) conservare, custodire: *— gratitudine* ♦ **serbarsi** *v.rifl.* restare: *— onesto.*
serbatoio [ser-ba-tó-io] *s.m.* **1** cisterna o recipiente per tenere in deposito liquidi o gas: *il — della benzina* **2** bacino, deposito per la raccolta di grandi masse d'acqua.
serbo[1] [sèr-bo] *s.m.* solo nelle loc. *avere, tenere, mettere in —*, serbare, conservare.
serbo[2] *agg.* della Serbia: *popolo —* ♦ *s.m.* [f. *-a*] abitante, nativo della Serbia.
serbocroato [ser-bo-cro-à-to] *agg.* proprio dei serbi e dei croati | *lingua serbocroata*, lingua slava meridionale distinta in tre varianti regionali ♦ *s.m.* lingua serbocroata.
serenata [se-re-nà-ta] *s.f.* **1** canto con accompagnamento di strumenti che si eseguiva o si faceva eseguire di notte sotto le finestre della donna amata **2** (*mus.*) composizione vocale e strumentale in origine da eseguire all'aperto.
serenissimo [se-re-nìs-si-mo] *agg.* titolo che si dava ai sovrani e ai principi di sangue reale | *la Serenissima*, la Repubblica di Venezia.
serenità [se-re-ni-tà] *s.f.* l'essere sereno: *la — del cielo; — di spirito.*
sereno [se-ré-no] *agg.* **1** limpido, chiaro, senza nubi: *mattino —* | *a ciel —*, all'aperto: *fulmine a ciel —*, (*fig.*) fatto improvviso, specialmente spiacevole **2** (*fig.*) esente da preoccupazioni, dolori, turbamenti; tranquillo: *animo —* | *giudizio —*, imparziale ♦ *s.m.* cielo sereno: *è tornato il sereno* □ **serenamente** *avv.* con tranquillità interiore; senza turbamenti: *vivere —* | imparzialmente: *giudicare —.*
sergente [ser-gèn-te] *s.m.* **1** sottufficiale comandante di squadra: *— maggiore*, sottufficiale di grado immediatamente superiore a sergente **2** (*fig.*) persona autoritaria e dispotica **3** morsetto da falegname per tenere fermi due pezzi incollati.
serial [/ 'sɛrjal /] *s.m.invar.* (*ingl.*) trasmissione radiofonica o telefilm a episodi in cui ricorre lo stesso protagonista.
seriale [se-rià-le] *agg.* **1** relativo a una serie; disposto in serie | *musica —*, quella il cui principio costruttivo si basa su una successione rigorosamente preordinata di suoni, detta serie **2** (*inform.*) si dice di dispositivo che tratta i dati in

maniera sequenziale, uno dopo l'altro; si contrappone a *parallelo*: *stampante* — □ **serialmente** *avv.* in serie.

serialità [se-ria-li-tà] *s.f.* carattere di ciò che è seriale.

seriare [se-rià-re] *v.tr.* [*io sèrio ecc.*] (*stat.*) disporre, ordinare secondo una serie.

sericeo [se-rì-ceo] *agg.* (*bot.*) si dice di organo vegetale coperto di peli lucidi che danno l'idea di un tessuto di seta.

serico [sè-ri-co] *agg.* [pl.m. *-ci*] di seta, della seta *industria serica.*

sericolo [se-rì-co-lo] *agg.* che riguarda la coltura dei bachi da seta.

sericoltore [se-ri-col-tó-re] *s.m.* [f. *-trice*] chi pratica la sericoltura.

sericoltura [se-ri-col-tù-ra] *s.f.* l'allevamento dei bachi da seta.

serie [sè-rie] *s.f. invar.* **1** successione ordinata e continua: *— di persone, di dati, di fatti* | *— di francobolli*, l'insieme di tutti i francobolli di diverso valore facciale che appartengono alla stessa emissione | *in —*, in ordine continuato, senza interruzioni | *produzione in —*, produzione di oggetti in grandi quantità e secondo uno stesso modello **2** l'insieme dei fascicoli di una rivista, contraddistinti da numeri progressivi | *— televisiva*, serial **3** (*sport*) ciascuno dei gruppi in cui vengono suddivisi, in base al loro valore, atleti o squadre: *campionato di — A.*

serietà [se-rie-tà] *s.f.* **1** l'essere serio: *agire con —* **2** gravità, importanza: *la — di un problema.*

serigrafia [se-ri-gra-fì-a] *s.f.* procedimento di stampa in cui si fa passare l'inchiostro attraverso un tessuto di seta fissato a un telaio di legno | la stampa ottenuta con tale procedimento.

serigrafico [se-ri-grà-fi-co] *agg.* [pl.m. *-ci*] relativo alla serigrafia: *tecnica serigrafica.*

serio [sè-rio] *agg.* **1** che affronta la vita e i suoi problemi con coscienza dei propri doveri e compiti; che dimostra impegno e rettitudine: *professionista —; proposta seria* **2** che ha un'espressione preoccupata, accigliata o anche triste: *volto —* **3** grave, preoccupante: *malattia seria; problema —* **4** che non ha carattere o contenuto scherzoso, comico: *film —* ♦ *s.m.* ciò che è serio: *parlare tra il — e il faceto* | *sul —*, davvero, senza scherzi: *dici sul —?* | *fare sul —*, non scherzare; anche, essere coerenti e decisi nella propria azione | *prendere qlco. sul —*, affrontarla con impegno □ **seriamente** *avv.* **1** con serietà: *lavorare —* **2** in modo grave, preoccupante: *essere ammalato —.*

seriore [se-rió-re] *agg.* posteriore, più tardo.

serioso [se-rió-so] *agg.* serio, grave in modo ostentato: *espressione seriosa* □ **seriosamente** *avv.*

serliana [ser-lià-na] *s.f.* (*arch.*) apertura tripartita la cui parte centrale culmina in un arco a pieno centro; questo poggia su due trabeazioni sostenute da colonne che delimitano le due parti laterali.

sermone [ser-mó-ne] *s.m.* (*lett.*) **1** predica: *il — durante la messa.* DIM. *sermoncino* **2** (*scherz.*) lungo rimprovero, paternale: *fare un — a qlcu.*

serotino [se-rò-ti-no] *agg.* **1** tardivo, che matura tardi: *fichi serotini* **2** (*lett.*) della sera, vespertino.

serpa [sèr-pa] *s.f.* nelle carrozze, cassetta a due posti riservata al cocchiere.

serpaio [ser-pà-io] *s.m.* **1** luogo pieno di serpi; nido di serpi **2** cacciatore o addomesticatore di serpenti.

serpe [sèr-pe] *s.f.* serpente non grande e non velenoso | (*fig.*) persona ipocrita e infida: *nutrire una — in seno*, beneficare una persona che poi si rivelerà nemica.

serpeggiamento [ser-peg-gia-mén-to] *s.m.* il serpeggiare; andamento sinuoso.

serpeggiante [ser-peg-giàn-te] *agg.* che serpeggia, che procede in modo tortuoso, sinuoso.

serpeggiare [ser-peg-già-re] *v.intr.* [*io serpéggio ecc.*; aus. *avere*] **1** procedere tortuosamente come i serpenti; avanzare con andamento sinuoso: *il sentiero sale serpeggiando* **2** (*fig.*) insinuarsi, diffondersi in modo rapido e nascosto: *il malcontento serpeggia tra la folla.*

serpentaria [ser-pen-tà-ria] *s.f.* pianta erbacea con rizoma contorto su sé stesso e fiori rosei raccolti in spiga.

serpentario[1] [ser-pen-tà-rio] *s.m.* uccello rapace africano che si nutre di serpenti e altri piccoli vertebrati.

serpentario[2] *s.m.* istituto di ricerca dove si allevano serpenti a scopo di studio.

serpente [ser-pèn-te] *s.m.* **1** nome generico con cui si designano vari rettili a corpo cilindrico, privi di zampe, che strisciano tortuosamente sul terreno: *— velenoso* | *— boa*, boa | *— a sonagli*, crotalo | *— dagli occhiali*, cobra | *velenoso come un —*, (*fig.*) si dice di persona maligna e perfida. DIM. *serpentello* **2** pelle conciata di serpente: *borsa di —* **3** (*fig.*) persona maligna e subdola, o anche sveglia e furba.

serpentesco [ser-pen-té-sco] *agg.* [pl.m. *-schi*] da serpente (solo *fig.*): *astuzia serpentesca.*

serpentiforme [ser-pen-ti-fór-me] *agg.* che ha forma di serpente.

serpentina [ser-pen-tì-na] *s.f.* **1** linea o traiettoria serpeggiante: *strada a —* **2** tubo a spirale; serpentino: *la — del frigorifero.*

serpentino[1] [ser-pen-tì-no] *agg.* di serpente, da serpente; simile a serpente: *lingua serpentina*, malefica.

serpentino[2] *s.m.* piccolo tubo a spirale in cui si fa passare un liquido o un gas perché si riscaldi o si raffreddi più rapidamente.

serpentone [ser-pen-tó-ne] *s.m.* **1** grosso serpente **2** lungo corteo ad andamento serpeggiante **3** rialzo in muratura che delimita la corsia di una strada.

serpillo [ser-pìl-lo] *s.m.* varietà di timo con foglie ovali e fusto strisciante, coltivata per l'olio aromatico che se ne ricava.

serqua [sér-qua] *s.f.* (*pop.*) dozzina.
serra [sèr-ra] *s.f.* **1** sbarramento per regolare un corso d'acqua **2** costruzione con pareti e soffitto di materiale trasparente per la coltivazione di fiori o piante in condizioni climatiche controllate **3** *effetto* —, (*geog.*) fenomeno naturale in cui la concentrazione di anidride carbonica nell'atmosfera permette il passaggio delle radiazioni solari ma trattiene quelle che dal suolo e dall'atmosfera tendono a disperdersi nello spazio, determinando di conseguenza un aumento della temperatura di superficie.
serradadi [ser-ra-dà-di] *s.m.* attrezzo per stringere i dadi dei bulloni.
serrafilo [ser-ra-fì-lo] *s.m.* pinzetta o morsetto per tenere serrati i fili elettrici.
serraggio [ser-ràg-gio] *s.m.* (*tecn.*) l'operazione di serrare, di stringere: — *delle viti.*
serraglio[1] [ser-rà-glio] *s.m.* il complesso degli animali appartenenti a un circo.
serraglio[2] *s.m.* **1** palazzo degli antichi sultani di Costantinopoli **2** harem.
serramanico [ser-ra-mà-ni-co] *s.m.* solo nella loc. *coltello a* —, coltello la cui lama è ripiegabile nel manico.
serramentista [ser-ra-men-tì-sta] *s.m.* [pl. *-i*] operaio specializzato nell'installazione e la manutenzione di serramenti.
serramento [ser-ra-mén-to] *s.m.* [pl. *i serramenti*; con valore collettivo, *le serramenta*] nome generico di ogni struttura mobile destinata a chiudere finestre, porte, sportelli.
serranda [ser-ràn-da] *s.f.* **1** chiusura a saracinesca: *alzare, abbassare la* — **2** chiusino dell'apertura del forno.
serrare [ser-rà-re] *v.tr.* [*io sèrro ecc.*] **1** chiudere completamente con una chiave o con altro mezzo: — *il portone* **2** chiudere stringendo; stringere: — *i pugni*; — *un bullone* | — *le file*, diminuire la distanza tra persona e persona; (*fig.*) stringersi compatti **3** intensificare, accelerare: — *il ritmo* | — *il nemico*, incalzarlo.
serrata [ser-rà-ta] *s.f.* sospensione dell'attività aziendale attuata dai datori di lavoro come forma di pressione sui lavoratori o sui pubblici poteri.
serrate [ser-rà-te] *s.m.* (*sport*) vigorosa azione d'attacco condotta da una squadra in un momento decisivo per le sorti di una partita.
serrato [ser-rà-to] *agg.* **1** chiuso, stretto: *pugni serrati* **2** fitto: *schiere serrate* **3** rapido, concitato: *ritmo* — **4** incalzante, stringente: *interrogatorio* —.
serratura [ser-ra-tù-ra] *s.f.* congegno meccanico o elettromeccanico per chiudere a chiave porte, cancelli, casseforti ecc.: — *a lucchetto*; *forzare una* — | — *a combinazione*, tipo di serratura che si apre combinando su un dispositivo una serie di lettere e/o numeri.
serto [sèr-to] *s.m.* (*lett.*) corona, ghirlanda: — *di fiori* | — *regale*, corona regale.
serva [sèr-va] *s.f.* **1** donna priva di libertà; schiava **2** (*pop.*) donna di servizio, domestica | (*spreg.*) donnetta: *pettegolezzi da* —. DIM. *servetta.*
servaggio [ser-vàg-gio] *s.m.* (*lett.*) servitù.
servalo [ser-và-lo] *s.m.* felino africano simile a un grosso gatto; gattopardo africano.
servente [ser-vèn-te] *agg.* **1** (*ant.*) servizievole | *cavalier* —, cicisbeo **2** (*dir.*) si dice di un fondo assoggettato a una servitù a vantaggio di un altro.
servigio [ser-vì-gio] *s.m.* azione compiuta disinteressatamente in favore di qlcu.: — *reso alla patria.*
servile [ser-vì-le] *agg.* **1** di servo, proprio dei servi: *condizione* — | *lavori servili*, quelli che impegnano essenzialmente le forze fisiche **2** (*spreg.*) da servo; privo di dignità, meschino: *animo* — **3** (*gramm.*) si dice dei verbi che reggono comunemente un altro verbo di modo infinito (*dovere, potere, volere*) □ **servilmente** *avv.*
servilismo [ser-vi-lì-ʃmo] *s.m.* tendenza a una forma di eccessiva sottomissione nei confronti di chi esercita un potere, per paura, interesse o mancanza di personalità.
servilità [ser-vi-li-tà] *s.f.* l'essere servile; lo stato di chi serve senza dignità.
servire [ser-vì-re] *v.tr.* [*io sèrvo ecc.*] **1** essere assoggettato alla volontà altrui: — *lo straniero* **2** essere al servizio di qlcu., detto di domestici: — *come maggiordomo* **3** prestare la propria opera alle dipendenze o in favore di un ente, un'istituzione: — *la patria* | — *messa*, rispondere alle orazioni e assistere il celebrante **4** detto del personale di negozi, soddisfare i clienti: *la signora è stata servita?* | essere fornitore abituale: *quel sarto mi serve da sempre* **5** portare in tavola vivande o bevande: — *il pranzo* **6** nel calcio e in altri sport con la palla, passarla al compagno libero | nel tennis, effettuare la battuta ♦ *v.intr.* [aus. *essere* nei sign. 1 e 2, *avere* nel sign. 3] **1** giovare, essere utile: *i pettegolezzi servono a poco* | svolgere una determinata funzione: *per aprire serve la chiave* **2** (*fam.*) occorrere: *mi servono mille lire* ♦
servirsi *v.intr.pron.* **1** usare, adoperare; valersi, giovarsi: — *dell'automobile, di una guida* **2** prendere ciò che viene offerto: *prego, si serva.*
servita [ser-vì-ta] *s.m.* [pl. *-ti*] religioso dell'ordine dei Servi di Maria.
servito [ser-vì-to] *agg.* **1** detto di persona, che è stato servito; che ha ricevuto quanto ordinato o richiesto: *la signora è servita* **2** detto di cibo, pronto per essere consumato: *il pranzo è* — **3** nel poker e in altri giochi di carte, si dice del giocatore che non vuole cambiare le carte ricevute.
servitore [ser-vi-tó-re] *s.m.* [f. *-trice*] **1** (*antiq.*) chi presta servizio presso privati; domestico, cameriere **2** (*fig.*) chi rende servigi a una causa, un ideale; chi si adopera per essi: *fedele* — *della patria.*
servitù [ser-vi-tù] *s.f.* **1** condizione di servo; schiavitù: *liberare dalla* — **2** prigionia, cattività: *un tigrotto nato in* — **3** il complesso delle persone di servizio: *una* — *numerosa* **4** (*dir.*) limitazione del diritto di proprietà su un bene, a vantaggio o per la necessità di un altro bene.

servizievole [ser-vi-zié-vo-le] *agg.* che fa volentieri servizi, che cerca di rendersi utile: *un tipo —.*
servizio [ser-vì-zio] *s.m.* **1** il lavoro svolto alle dipendenze di un ente pubblico: *prendere —* | il lavoro domestico svolto in casa privata: *donna di —* | *porta, scala di —*, in alberghi e locali pubblici, quella riservata ai fornitori e al personale **2** l'attività di chi fa parte di un corpo militare: *prestare — in aeronautica* | ogni singola prestazione a cui è comandato un militare: *— di sentinella; essere in —* | *— civile*, quello che viene prestato dagli obbiettori di coscienza in sostituzione del servizio militare e che consiste in attività socialmente utili | *fuori —*, riferito a macchina, sistema ecc., non funzionante **3** prestazione del cameriere in un ristorante: *nel conto è incluso il —* **4** atto utile o gradito; favore: *fammi questo —.* DIM. *servizietto* **5** *— pubblico*, qualsiasi prestazione fornita da un ente pubblico per soddisfare un'esigenza della collettività: *— postale* **6** in enti o aziende, l'ufficio o l'insieme degli uffici che svolge una determinata funzione: *— vendite* **7** *pl.* (*econ.*) l'insieme delle attività lavorative (scuola, trasporti, telecomunicazioni, pubblica amministrazione, spettacolo ecc.) che non rientrano né nell'agricoltura né nell'industria; terziario **8** insieme funzionale di oggetti, impianti, strutture destinati a un determinato uso: *— da tavola* | *servizi igienici*, gli impianti per i bisogni fisiologici e l'igiene personale: *appartamento con doppi servizi* | *area, stazione di —*, lungo le strade e le autostrade, spiazzo munito di attrezzature per il rifornimento e l'assistenza agli autoveicoli **9** (*giorn.*) articolo o filmato su un determinato avvenimento o argomento: *— sportivo* **10** (*sport*) il lancio iniziale della palla nel tennis, nel ping-pong, nella pallavolo e in altri sport.
servo [sèr-vo] *s.m.* [f. *-a*] **1** chi è privo di libertà, soggetto ad altri; schiavo | *— di Dio*, persona per la quale sia stato avviato il processo di beatificazione **2** nomi di appartenenti a ordini religiosi: *Servi di Maria* ♦ *agg.* (*lett.*) schiavo: *popolo — dello straniero.*
servofreno [ser-vo-fré-no *o* servofrèno] *s.m.* (*aut.*) meccanismo che serve a ridurre lo sforzo necessario ad azionare i freni degli autoveicoli.
servosterzo [ser-vo-stèr-zo] *s.m.* (*aut.*) meccanismo che serve a ridurre lo sforzo necessario ad azionare il volante degli autoveicoli.
sesamo [sè-ʃa-mo] *s.m.* pianta erbacea dai cui semi si ricava un olio commestibile.
sesquipedale [se-squi-pe-dà-le] *agg.* (*lett.*) enorme, smisurato: *un errore —.*
sessagenario [ses-sa-ge-nà-rio] *agg.* e *s.m.* (*lett.*) che/chi ha sessant'anni di età.
sessagesimale [ses-sa-ge-ʃi-mà-le] *agg.* che si esprime in sessantesimi di unità | *sistema —*, sistema di numerazione a base sessanta, usato nella misurazione degli angoli e nella suddivisione dell'ora e del minuto.
sessagesimo [ses-sa-gè-ʃi-mo] *agg.* (*lett.*) sessantesimo.
sessanta [ses-sàn-ta] *agg.num.card.invar.* numero naturale corrispondente a sei decine.
sessantenne [ses-san-tèn-ne] *agg.* e *s.m.* e *f.* che/chi ha sessant'anni.
sessantennio [ses-san-tèn-nio] *s.m.* periodo di sessant'anni.
sessantesimo [ses-san-tè-ʃi-mo] *agg.num.ord.* che in una serie occupa il posto numero sessanta.
sessantina [ses-san-tì-na] *s.f.* complesso di sessanta o di circa sessanta unità: *una — di persone* | *essere sulla —*, avere circa sessant'anni.
sessantottesco [ses-san-tot-té-sco] *agg.* [pl.m. *-schi*] del sessantotto, che si riferisce alla contestazione giovanile iniziata nel 1968: *movimento —.*
sessantottino [ses-san-tot-tì-no] *s.m.* [f. *-a*] chi ha partecipato al movimento di contestazione giovanile del 1968.
sessile [sès-si-le] *agg.* (*bot.*) si dice di foglia o fiore privo di picciolo o peduncolo, che si attacca direttamente al ramo.
sessione [ses-sió-ne] *s.f.* serie di sedute di un'assemblea, un collegio, una commissione ecc., durante un determinato periodo: *— autunnale d'esami.*
sessismo [ses-sì-ʃmo] *s.m.* tendenza a discriminare un sesso rispetto all'altro, in particolare quello femminile.
sessista [ses-sì-sta] *agg.* e *s.m.* e *f.* [pl.m. *-sti*] che/chi inclina al sessismo.
sesso [sès-so] *s.m.* **1** il complesso delle caratteristiche strutturali e funzionali che distinguono in una stessa specie i maschi e le femmine: *— maschile, femminile; il — debole, il gentil —*, (*scherz.*) le donne **2** l'insieme dei fenomeni e dei problemi attinenti alla vita sessuale: *parlare di —* | l'attività sessuale stessa: *fare del —* **3** gli organi genitali.
sessuale [ses-su-à-le] *agg.* del sesso, relativo al sesso: *organi, rapporti sessuali* □ **sessualmente** *avv.* dal punto di vista sessuale.
sessualità [ses-sua-li-tà] *s.f.* **1** (*biol.*) l'avere caratteri sessuali: *la — dei gameti* **2** complesso dei caratteri sessuali e dei fenomeni relativi al sesso: *studi sulla —.*
sessualizzazione [ses-sua-liʒ-ʒa-zió-ne] *s.f.* (*biol.*) in certi animali inferiori, processo di acquisizione dei caratteri sessuali.
sessuato [ses-su-à-to] *agg.* (*biol.*) si dice di organismo provvisto di organi sessuali di riproduzione (in contrapposizione ad *asessuato*).
sessuofobia [ses-suo-fo-bì-a] *s.f.* (*psicol.*) avversione patologica nei riguardi del sesso | (*estens.*) atteggiamento intransigente di condanna nei confronti del sesso.
sessuofobico [ses-suo-fò-bi-co] *agg.* [pl.m. *-ci*] (*psicol.*) relativo a sessuofobia.
sessuofobo [ses-su-ò-fo-bo] *s.m.* [f. *-a*] (*psicol.*) chi è affetto da sessuofobia.
sessuologia [ses-suo-lo-gì-a] *s.f.* scienza che studia le manifestazioni della sessualità umana sia sul piano fisiologico sia su quello patologico.

sessuologo [ses-su-ò-lo-go] *s.m.* [f. *-a*; pl.m. *-gi*] studioso, esperto di sessuologia.
sessuomane [ses-su-ò-ma-ne] *s.m.* e *f.* che dimostra sessuomania.
sessuomania [ses-suo-ma-nì-a] *s.f.* interesse morboso verso ciò che riguarda il sesso.
sesta [sè-sta] *s.f.* **1** (*eccl.*) l'ora canonica corrispondente al mezzogiorno **2** (*mus.*) nel sistema tonale, intervallo tra due suoni la cui distanza è costituita da 6 note (p.e.: do-la).
sestante [se-stàn-te] *s.m.* strumento per misurare angoli, in particolare l'altezza apparente degli astri sopra l'orizzonte.
sesterzio [se-stèr-zio] *s.m.* moneta romana originariamente d'argento, più tardi d'ottone.
sestetto [se-stét-to] *s.m.* **1** (*mus.*) composizione per sei voci o strumenti | complesso musicale di sei voci o strumenti **2** gruppo di sei persone che fanno qlco. insieme.
sestiere [se-stiè-re] *s.m.* (*st.*) ciascuno dei sei rioni in cui erano divise alcune città.
sestina [se-stì-na] *s.f.* **1** (*metr.*) strofa di sei versi dei quali i primi quattro a rima alternata e gli ultimi due a rima baciata **2** componimento lirico con strofe di sei versi non rimati, in cui la parola finale di ogni verso della prima strofa si ripete, in diverso ordine, nelle altre.
sesto[1] [sè-sto] *agg.num.ord.* che in una serie occupa il posto numero sei | *sesta malattia*, (*med.*) malattia infettiva esantematica dell'infanzia | — *grado*, nell'alpinismo, il grado di massima difficoltà di una scalata | *sesta rima*, (*metr.*) sestina.
sesto[2] *s.m.* **1** ordine, assetto, disposizione: *mettere in — i propri affari*, sistemarli; *rimettersi in —*, ritornare in una situazione normale dal punto di vista economico, della salute ecc. **2** (*arch.*) curvatura di un arco: *arco a tutto —*, semicircolare; *arco a — acuto*, di forma ogivale, tipico dello stile gotico.
sestuplo [sè-stu-plo] *agg.* sei volte più grande ♦ *s.m.* quantità sei volte più grande.
set [/ sɛt /] *s.m.invar.* (*ingl.*) **1** insieme di più elementi che costituiscono un tutto unitario o una gamma completa: *un — di chiavi per bulloni* **2** (*sport*) ciascuna delle partite in cui si divide un incontro di tennis **3** (*cine.*) luogo in cui vengono effettuate le riprese di un film.
seta [sé-ta] *s.f.* filamento sottilissimo e lucente secreto dal baco da seta per costruirsi il bozzolo e usato come fibra tessile | (*estens.*) tessuto fabbricato con tale fibra: *cravatta di —* | *— artificiale*, raion | *di —*, (*fig.*) si dice di cosa morbida e lucente come la seta.
setacciare [se-tac-cià-re] *v.tr.* [*io setàccio ecc.*] **1** far passare attraverso il setaccio: *— la farina* **2** (*fig.*) esaminare minuziosamente; vagliare, perquisire: *— un quartiere.*
setacciatura [se-tac-cia-tù-ra] *s.f.* l'operazione del setacciare; vagliatura.
setaccio [se-tàc-cio] *s.m.* attrezzo costituito da una rete tesa su un cerchio di materiale rigido, usato per separare le parti più fini o meno dense di qlco. dalle altre: *il — della farina* | *passare al —*, (*fig.*) esaminare minuziosamente.
setale [se-tà-le] *s.m.* filo che costituisce la parte terminale della lenza e unisce il galleggiante all'amo.
set ball [/ 'setbɔ:l /] *loc.sost.m.invar.* (*ingl.*) (*sport*) nel tennis e nella pallavolo, palla giocando la quale uno dei due avversari può aggiudicarsi il set.
sete [sé-te] *s.f.* **1** bisogno di bere, che si manifesta con una sensazione di arsura alla bocca e alla gola: *soffrire la —* | (*estens.*) riferito a piante o terreni, bisogno di acqua **2** (*fig.*) brama, avidità: *— di gloria, di vendetta.*
seteria [se-te-rì-a] *s.f.* **1** manifattura di seta **2** (spec. *pl.*) assortimento di filati e tessuti di seta: *negozio di seterie.*
seticoltura [se-ti-col-tù-ra] *s.f.* sericoltura.
setificio [se-ti-fì-cio] *s.m.* stabilimento in cui si lavora la seta.
setola[1] [sé-to-la] *s.f.* pelo rigido e resistente del dorso dei maiali, dei cinghiali o della coda dei cavalli, usato per fabbricare spazzole e pennelli | (*scherz.*) capello o pelo di barba ispido.
setola[2] *s.f.* (*vet.*) screpolatura della pelle o dello zoccolo dei cavalli.
setoloso [se-to-ló-so] *agg.* pieno, coperto di setole: *il dorso — del cinghiale* | duro e ispido come setola: *capelli setolosi.*
setoluto [se-to-lù-to] *agg.* molto setoloso; coperto di peli ispidi come setole.
setoso *agg.* che ha l'aspetto, la consistenza della seta.
set point [/ 'setpɔint /] *loc.sost.m. invar.* (*ingl.*) (*sport*) nel tennis e nella pallavolo, il punto finale del set, quello che consente di aggiudicarselo.
setta [sèt-ta] *s.f.* **1** insieme di persone che seguono una dottrina religiosa nata per distacco da un'altra già diffusa e affermata: *— ereticale* | (*spreg.*) gruppo politico o ideologico intollerante, chiuso in sé stesso **2** società segreta: *le sette della carboneria.*
settaggio [set-tàg-gio] *s.m.* l'operazione e il risultato del settare.
settanta [set-tàn-ta] *agg.num.card.invar.* numero naturale corrispondente a sette decine.
settantenne [set-tan-tèn-ne] *agg.* e *s.m.* e *f.* che/chi ha settant'anni.
settantennio [set-tan-tèn-nio] *s.m.* periodo di settant'anni.
settantesimo [set-tan-tè-ʃi-mo] *agg.num.ord.* che in una serie occupa il posto numero settanta.
settantina [set-tan-tì-na] *s.f.* complesso di settanta o circa settanta unità: *una — di invitati* | *essere sulla —*, avere circa settant'anni.
settare [set-tà-re] *v.tr.* [*io sétto ecc.*] predisporre un'apparecchiatura a funzionare secondo determinati standard | (*inform.*) specificare i parametri o assegnare i valori alle variabili che regolano il funzionamento di un programma.
settario [set-tà-rio] *agg.* **1** di setta, che concerne

le sette: *movimento* — **2** (*estens.*) fazioso, intransigente: *spirito* — ♦ *s.m.* [f. *-a*] individuo fazioso.
settarismo [set-ta-rì-ʃmo] *s.m.* l'essere settario, l'atteggiamento di chi è settario.
settato [set-tà-to] *agg.* (*scient.*) provvisto di setti.
sette [sèt-te] *agg.num.card.invar.* numero naturale corrispondente a sei unità più una.
settebello [set-te-bèl-lo] *s.m.* nel gioco della scopa, il sette di denari o di quadri che ha il valore di un punto.
settecentesco [set-te-cen-té-sco] *agg.* [pl.m. *-schi*] del Settecento (sec. XVIII).
settecentesimo [set-te-cen-tè-ʃi-mo] *agg.num. ord.* che in una serie occupa il posto numero settecento.
settecentista [set-te-cen-tì-sta] *s.m.* e *f.* [pl.m. *-sti*] scrittore o artista del Settecento | studioso della cultura del Settecento.
settecento [set-te-cèn-to] *agg.num.card.invar.* numero naturale corrispondente a sette volte cento | *il Settecento*, il sec. XVIII.
sette e mezzo [sèt-te e mèʒ-ʒo] *loc.sost.m.invar.* gioco con le carte in cui si devono raggiungere i sette punti e mezzo, evitando di oltrepassarli.
settembre [set-tèm-bre] *s.m.* nono mese dell'anno.
settembrino [set-tem-brì-no] *agg.* di settembre: *sole* — | *fichi settembrini*, che maturano in settembre.
settemviro e *deriv.* → **settenviro** e *deriv.*
settenario [set-te-nà-rio] *agg.* e *s.m.* (*metr.*) si dice di verso il cui ultimo accento ritmico cade sulla sesta sillaba.
settennale [set-ten-nà-le] *agg.* **1** che dura sette anni: *contratto* — **2** che accade ogni sette anni: *rinnovo — della carica.*
settennato [set-ten-nà-to] *s.m.* settennio; si dice della durata di una carica politica: *il — del presidente della Repubblica.*
settennio [set-tèn-nio] *s.m.* periodo di sette anni.
settentrionale [set-ten-trio-nà-le] *agg.* **1** che è posto a nord, a settentrione: *la facciata — dell'edificio* **2** che proviene dal nord: *venti settentrionali* **3** che abita nella parte a nord di un continente, di un paese: *popoli settentrionali* **4** che è proprio del settentrione di un paese: *usanza* — ♦ *s.m.* e *f.* chi è nativo del settentrione di un paese.
settentrionalismo [set-ten-trio-na-lì-ʃmo] *s.m.* **1** tendenza a favorire il predominio economico del Nord dell'Italia rispetto al Sud **2** voce o locuzione tipica delle regioni settentrionali d'Italia entrata nell'italiano comune.
settentrione [set-ten-trió-ne] *s.m.* **1** punto cardinale rivolto verso la costellazione dell'Orsa Minore; nord: *casa esposta a* — **2** regione situata a nord; insieme di regioni situate a nord: *il — dell'Europa* | in particolare, l'Italia settentrionale: *trasferirsi nel* —.
settenvirato [set-ten-vi-rà-to], o **settemvirato**, *s.m.* (*st.*) magistratura collegiale dell'antica Roma, formata da sette persone.
settenviro [set-tèn-vi-ro], o **settemviro**, *s.m.* membro di un settenvirato.
sette-ottavi [sèt-te ot-tà-vi] *s.m.* completo femminile formato da gonna o abito intero e giacca di un ottavo più corta.
setter [sèt-ter] *s.m.invar.* cane da ferma con pelo lungo, morbido e ondulato.
setticemia [set-ti-ce-mì-a] *s.f.* (*med.*) infezione caratterizzata dalla presenza di germi patogeni nel sangue.
setticlavio [set-ti-clà-vio] *s.m.* (*mus.*) l'insieme delle sette chiavi musicali in corrispondenza con l'estensione delle voci umane di basso, baritono, tenore, contralto, mezzosoprano, soprano, violino.
settico [sèt-ti-co] *agg.* [pl.m. *-ci*] (*med.*) **1** relativo a infezione | *stato* —, condizione di un organismo colpito da sepsi **2** che contiene germi.
settile [sèt-ti-le] *agg.* **1** che è tagliato in lamine sottili | *opera* —, tipo di mosaico parietale, formato da marmi e pietre di varia forma e colore **2** si dice di materiale che si può tagliare facilmente.
settima [sèt-ti-ma] *s.f.* (*mus.*) nel sistema tonale, intervallo tra due suoni la cui distanza è costituita da 7 note (p.e.: do-si).
settimana [set-tì-ma-na] *s.f.* **1** periodo di sette giorni compreso tra il lunedì e la domenica | *fine* —, week-end | *Settimana Santa*, quella compresa tra la domenica delle palme e la Pasqua | — *lavorativa*, il periodo di giorni (cinque o sei) in cui sono distribuite le ore di lavoro settimanali **2** paga, salario di una settimana di lavoro: *riscuotere la* — **3** periodo di sei o sette giorni in cui si svolgono determinate operazioni o manifestazioni: — *musicale*; — *bianca*, quella che si passa sulla neve in località sciistiche **4** gioco di ragazzi, detto anche *mondo* o *campana.*
settimanale [set-ti-ma-nà-le] *agg.* di una settimana, della settimana: *paga* — | che avviene ogni settimana: *riunione* —; *rivista* —, che si pubblica ogni settimana ♦ *s.m.* pubblicazione periodica che esce una volta alla settimana: *un — politico* □ **settimanalmente** *avv.* ogni sette giorni: *essere pagato* —.
settimino[1] [set-ti-mì-no] *agg.* e *s.m.* [f. *-a*] si dice di bambino nato dopo sette mesi di gravidanza.
settimino[2] *s.m.* (*mus.*) composizione per sette voci o per sette strumenti | complesso di sette esecutori.
settimo [sèt-ti-mo] *agg.num.ord.* che in una serie occupa il posto numero sette.
setto [sèt-to] *s.m.* **1** (*anat.*) lamina che divide in due parti una cavità o separa fra loro due cavità: — *nasale* **2** (*zool.*) membrana che divide i vari segmenti del corpo degli anellidi **3** (*bot.*) ciascuna delle pareti che dividono un frutto in varie logge **4** (*tecn.*) struttura, elemento con funzione di diaframma.
settore[1] [set-tó-re] *s.m.* chi seziona, chi taglia | — *anatomico*, chi prepara i cadaveri sezionati per le lezioni di anatomia | Usato anche come *agg.*: *pe-*

rito —, medico che fa l'autopsia dei cadaveri a fini legali.

settore[2] *s.m.* **1** in geometria: — *circolare*, porzione di cerchio limitata da un arco e da due raggi **2** spazio a forma di settore circolare; spazio o zona in qualche modo delimitata: *i posti del — centrale* **3** (*fig.*) ramo, campo di un'attività: — *pubblico, privato* **4** (*inform.*) parte di una traccia di un disco magnetico.

settoriale [set-to-rià-le] *agg.* che riguarda un determinato settore; relativo a singoli settori: *economia* — □ **settorialmente** *avv.* in modo settoriale; per settori.

settorialismo [set-to-ria-lì-ʃmo] *s.m.* la tendenza a tenere presenti interessi settoriali piuttosto che generali.

settrice [set-trì-ce] *s.f.* (*geom.*) curva per mezzo della quale si risolve il problema di dividere un angolo in due o più parti uguali | Anche come *agg.f.*: *curva* —.

settuagenario [set-tua-ge-nà-rio] *agg.* e *s.m.* [f. *-a*] (*lett.*) che/chi ha settant'anni di età.

severità [se-ve-ri-tà] *s.f.* l'essere severo; rigore, rigidità di giudizio e di atteggiamento: *trattare qlcu. con* —.

severo [se-vè-ro] *agg.* **1** che impone con rigore e fermezza il rispetto di norme morali o di comportamento: *padre, giudice* — **2** (*estens.*) grave, duro, rigoroso: *aspetto, sguardo* — **3** semplice, sobrio: *palazzo* — **4** rilevante: *una sconfitta severa* □ **severamente** *avv.*

sevizia [se-vì-zia] *s.f.* (spec. *pl.*) maltrattamento fisico e morale di efferata crudeltà; tortura.

seviziare [se-vi-zià-re] *v.tr.* [*io sevìzio ecc.*] sottoporre a sevizie | violentare, usare violenza carnale.

seviziatore [se-vi-zia-tó-re] *s.m.* [f. *-trice*] chi sevizia.

sex-appeal [/ sɛksap'pil /] *s.m.invar.* (*ingl.*) capacità di esercitare una forte attrazione erotica.

sex-shop [/ 'sɛksʃɔp /] *s.m.invar.* (*ingl.*) negozio specializzato nella vendita di materiale erotico e pornografico.

sex symbol [/ sɛks'simbol /] *loc.sost.m.invar.* (*ingl.*) personaggio maschile o femminile la cui immagine, diffusa dai mass media, costituisce un modello di attrattiva erotica.

sexy [/ 'sɛksi /] *agg.invar.* (*ingl.*) **1** provocante, dotato di sex-appeal: *vestito, attrice* — **2** erotico: *film* —.

sezionamento [se-zio-na-mén-to] *s.m.* il sezionare, l'essere sezionato.

sezionare [se-zio-nà-re] *v.tr.* [*io sezióno ecc.*] **1** dividere in sezioni **2** (*med.*) sottoporre ad autopsia; anatomizzare.

sezione [se-zió-ne] *s.f.* **1** suddivisione, ripartizione: *capitolo terzo,* — *prima* | ciascuna delle parti in cui è diviso un complesso, un'unità amministrativa, scolastica ecc.: *la quinta — del tribunale*; *la — B del liceo* | — *elettorale*, parte di una circoscrizione elettorale **2** (*med.*) taglio eseguito su un cadavere per studio o autopsia **3** (*geom.*) operazione che consiste nel tagliare una figura solida con un piano o con una retta; il risultato che ne deriva: *la — di una sfera* | — *aurea*, (*mat.*) parte di un segmento che è media proporzionale fra l'intero segmento e la parte restante **4** (*mus.*) parte di un'orchestra sinfonica che raggruppa strumenti affini: — *degli archi, dei legni* | nel jazz: — *melodica*, gli strumenti a fiato; — *ritmica*, la batteria, il pianoforte, alcuni strumenti a pizzico e il bassotuba.

sfaccendare [sfac-cen-dà-re] *v.intr.* [*io sfaccèndo ecc.*; aus. *avere*] lavorare attivamente per sbrigare le faccende domestiche.

sfaccendato [sfac-cen-dà-to] *agg.* e *s.m.* [f. *-a*] che/chi non ha nulla da fare | che/chi non ha voglia di far nulla; fannullone.

sfaccettare [sfac-cet-tà-re] *v.tr.* [*io sfaccétto ecc.*] tagliare e lavorare una superficie di pietra preziosa o di cristallo in modo da rilevarne vari piani o faccette.

sfaccettato [sfac-cet-tà-to] *agg.* **1** tagliato, lavorato a faccette: *cristallo* — **2** (*fig.*) ricco di aspetti e sfumature: *una questione sfaccettata.*

sfaccettatura [sfac-cet-ta-tù-ra] *s.f.* lo sfaccettare; la parte sfaccettata (anche *fig.*): *problema con molte sfaccettature.*

sfacchinare [sfac-chi-nà-re] *v.intr.* [aus. *avere*] (*fam.*) compiere un lavoro da facchino; sgobbare.

sfacchinata [sfac-chi-nà-ta] *s.f.* (*fam.*) lavoro faticoso; grande sforzo: *arrivare lassù è una bella* —.

sfacciataggine [sfac-cia-tàg-gi-ne] *s.f.* l'essere sfacciato | azione sfacciata: *che —, mentire in questo modo!*

sfacciato [sfac-cià-to] *agg.* **1** privo di ritegno, di pudore; sfrontato: *atteggiamento* — **2** si dice di cavallo che ha una chiazza bianca sulla fronte ♦ *s.m.* [f. *-a*] persona sfacciata □ **sfacciatamente** *avv.* in modo sfacciato: *mentire* —.

sfacelo [sfa-cè-lo] *s.m.* stato e processo di disfacimento, di decadimento: *un corpo in* — | (*fig.*) dissoluzione, rovina: *lo — dell'impero romano.*

sfagiolare [sfa-gio-là-re] *v.intr.* [*io sfagiòlo ecc.*; aus. *essere*] (*fam.*) incontrare il gusto di qlcu.; andare a genio, piacere: *quel tizio non mi sfagiola.*

sfagliare [sfa-glià-re] *v.tr.* e *intr.* [*io sfàglio ecc.*; aus. dell'intr. *avere*] **1** nei giochi di carte, scartare **2** fare uno scarto, un balzo (detto di animale).

sfaldabile [sfal-dà-bi-le] *agg.* soggetto a sfaldarsi.

sfaldamento [sfal-da-mén-to] *s.m.* lo sfaldare, lo sfaldarsi.

sfaldare [sfal-dà-re] *v.tr.* dividere in falde ♦ **sfaldarsi** *v.intr.pron.* **1** dividersi in falde: *l'ardesia si sfalda con facilità* **2** (*fig.*) disgregarsi: *il partito si sta sfaldando.*

sfaldatura [sfal-da-tù-ra] *s.f.* **1** sfaldamento **2** (*min.*) proprietà di un minerale di suddividersi facilmente secondo determinate superfici piane.

sfalsare [sfal-sà-re] *v.tr.* mettere due o più oggetti l'uno sopra l'altro o l'uno dietro l'altro, in modo che non risultino allineati: — *i ripiani di uno scaffale.*

sfamare [sfa-mà-re] *v.tr.* nutrire in modo da togliere la fame: — *un'intera popolazione* | (*estens.*) mantenere, sostentare: — *la famiglia* ♦ **sfamarsi** *v.rifl.* togliersi la fame, saziarsi | (*estens.*) mantenersi, sostentarsi: *per — deve accettare qualsiasi lavoro.*

sfangare [sfan-gà-re] *v.tr.* [*io sfango, tu sfanghi ecc.*; aus. *essere* o *avere*] (*fam.*) cavarsela, sottrarsi a un pericolo, a una difficoltà (spec. nelle forme *sfangarla, sfangarsela*).

sfare [sfà-re] *v.tr.* [*io sfàccio, tu sfai ecc.*; coniugato come *fare*] disfare ♦ **sfarsi** *v.intr.pron.* **1** sciogliersi, liquefarsi: *la neve si è sfatta al primo sole* **2** perdere di compattezza, di consistenza: *il budino s'è tutto sfatto.*

sfarfallamento [sfar-fal-la-mén-to] *s.m.* lo sfarfallare.

sfarfallare [sfar-fal-là-re] *v.intr.* [aus. *avere*] **1** detto della crisalide, uscire come farfalla dal bozzolo **2** svolazzare come una farfalla | (*fig.*) comportarsi con leggerezza e volubilità **3** detto di lampada, avere un tremolio nella luce | detto di motore, avere vibrazioni irregolari.

sfarfallone [sfar-fal-ló-ne] *s.m.* (*fam.*) errore linguistico grossolano; svarione.

sfarinamento [sfa-ri-na-mén-to] *s.m.* lo sfarinare, lo sfarinarsi, l'essere sfarinato.

sfarinare [sfa-ri-nà-re] *v.tr.* ridurre in farina, in polvere simile a farina: — *il grano, le patate* ♦ **sfarinarsi** *v.intr.pron.* ridursi in polvere simile a farina.

sfarinato [sfa-ri-nà-to] *agg.* **1** ridotto in farina, in polvere simile a farina **2** si dice di frutta dalla polpa granulosa e cedevole: *pere, mele sfarinate.*

sfarzo [sfàr-zo] *s.m.* lusso vistoso, appariscente: *lo — di una cerimonia.*

sfarzosità [sfar-zo-si-tà] *s.f.* l'essere sfarzoso: *la — di un ricevimento* | ostentazione di lusso: *rifuggire dalle —.*

sfarzoso [sfar-zó-so] *agg.* pieno di sfarzo, fatto con sfarzo: *palazzo —* □ **sfarzosamente** *avv.*

sfasamento [sfa-ʃa-mén-to] *s.m.* **1** (*fis.*) differenza di fase fra due grandezze alternate di ugual periodo **2** (*fig. fam.*) disorientamento, stordimento: *attraversare un periodo di —.*

sfasare [sfa-ʃà-re] *v.tr.* **1** (*fis.*) mettere fuori fase | variare la fase di una corrente alternata **2** (*fig., fam.*) scombussolare, disorientare.

sfasato [sfa-ʃà-to] *agg.* **1** detto di motore, che è fuori fase **2** (*fig. fam.*) scombussolato, disorientato: *sentirsi —.*

sfasatura [sfa-ʃa-tù-ra] *s.f.* sfasamento.

sfasciacarrozze [sfa-scia-car-ròz-ze] *s.m.invar.* chi acquista vecchie automobili per smontarle e rivenderne i pezzi ancora utilizzabili; autodemolitore.

sfasciamento [sfa-scia-mén-to] *s.m.* lo sfasciare, lo sfasciarsi, l'essere sfasciato.

sfasciare[1] [sfa-scià-re] *v.tr.* [*io sfàscio ecc.*] togliere la fascia o le fasce, liberare dalla fasciatura: — *la caviglia slogata.*

sfasciare[2] *v.tr.* [*io sfàscio ecc.*] **1** rompere: — *una sedia* **2** (*fig.*) rovinare, distruggere: — *la famiglia* ♦ **sfasciarsi** *v.intr.pron.* **1** rompersi, fracassarsi: *la macchina si sfasciò contro l'albero* **2** (*fig.*) andare in rovina, crollare.

sfasciato [sfa-scià-to] *agg.* **1** libero, privo delle fasce **2** rovinato, distrutto: *veicolo —.*

sfascio [sfà-scio] *s.m.* **1** il risultato dello sfasciare; distruzione **2** (*fig.*) sfacelo, rovina: *un paese ormai allo —.*

sfascismo [sfa-scì-ʃmo] *s.m.* nel linguaggio giornalistico, l'atteggiamento di chi non si preoccupa di contribuire coi propri comportamenti allo sfascio delle istituzioni, anzi pensa e agisce come se fossero già allo sfascio.

sfasciume [sfa-sciù-me] *s.m.* (*spreg.*) cosa sfasciata, insieme di cose sfasciate.

sfatare [sfa-tà-re] *v.tr.* dimostrare falsa o inattendibile una notizia, una credenza: — *una leggenda.*

sfaticato [sfa-ti-cà-to] *agg.* e *s.m.* [f. *-a*] (*fam.*) fannullone, scansafatiche.

sfatto [sfàt-to] *agg.* disfatto; guasto, sciupato: *letto, volto —.*

sfavillante [sfa-vil-làn-te] *agg.* splendente, raggiante: *volto — di gioia.*

sfavillare [sfa-vil-là-re] *v.intr.* [aus. *avere*] **1** mandare, sprigionare faville | (*estens.*) risplendere di luce viva, abbagliante: *il sole sfavilla nel cielo* **2** (*fig.*) illuminarsi, come espressione di un intenso stato d'animo: *occhi che sfavillano di gioia.*

sfavillio [sfa-vil-lì-o] *s.m.* uno sfavillare continuato.

sfavore [sfa-vó-re] *s.m.* solo nelle loc. *a* (o *in*) —, a danno, a svantaggio: *risultato a nostro —.*

sfavorevole [sfa-vo-ré-vo-le] *agg.* non favorevole; ostile, contrario: *momento, vento —* □ **sfavorevolmente** *avv.*

sfavorire [sfa-vo-rì-re] *v.tr.* [*io sfavorisco, tu sfavorisci ecc.*] non favorire, danneggiare.

sfebbrare [sfeb-brà-re] *v.intr.* [*io sfèbbro ecc.*; aus. *essere*] non avere più febbre: *il malato è sfebbrato.*

sfegatarsi [sfe-ga-tàr-si] *v.intr.pron.* [*io mi sfégato ecc.*] (*fam.*) darsi da fare per qlco. con passione, con impegno.

sfegatato [sfe-ga-tà-to] *agg.* (*fam.*) appassionato, accanito, fanatico: *un tifoso —.*

sfenodonte [sfe-no-dón-te] *s.m.* rettile dell'ordine dei rincocefali, di cui esiste una sola specie vivente nella Nuova Zelanda.

sfenoide [sfe-nòi-de] *s.m.* (*anat.*) osso della base del cranio, formato da un corpo centrale e tre coppie di appendici disposte simmetricamente.

sfera [sfè-ra] *s.f.* **1** (*geom.*) solido geometrico la cui superficie esterna ha tutti i punti equidistanti da un punto interno, detto *centro* | (*estens.*) corpo di forma sferica; globo, palla: — *di cristallo*; — *celeste*, la sfera ideale, concentrica alla Terra, sulla quale sembrano disposti i corpi celesti. DIM. *sferetta* **2** (*fig.*) livello, ambiente sociale: *le alte sfere della finanza* | ambito, settore: — *d'influenza* **3** (*region.*) lancetta dell'orologio.

sfericità [sfe-ri-ci-tà] *s.f.* forma, conformazione sferica.
sferico [sfè-ri-co] *agg.* [pl.m. *-ci*] di sfera, relativo a una sfera: *superficie sferica* | che ha forma di sfera: *corpo* — □ **sfericamente** *avv.*
sferisterio [sfe-ri-stè-rio] *s.m.* campo per vari giochi col pallone, per il tamburello o per la pelota.
sferoidale [sfe-roi-dà-le] *agg.* di sferoide; che ha forma di sferoide.
sferoide [sfe-ròi-de] *s.m.* corpo di forma simile alla sfera: — *terrestre*, il globo del nostro pianeta.
sferometro [sfe-rò-me-tro] *s.m.* strumento per la misurazione del raggio di curvatura di una superficie.
sferragliare [sfer-ra-glià-re] *v.intr.* [*io sferràglio ecc.*; aus. *avere*] mandare un rumore forte di ferraglie mosse: *il treno sferragliava.*
sferrare [sfer-rà-re] *v.tr.* [*io sfèrro ecc.*] **1** togliere i ferri dagli zoccoli di un animale: — *un mulo* **2** (*fig.*) tirare, lanciare con gran forza: — *un calcio* ♦ **sferrarsi** *v.rifl.* o *intr.pron.* detto di animale, perdere un ferro o i ferri dagli zoccoli.
sferruzzare [sfer-ruz-zà-re] *v.intr.* [aus. *avere*] lavorare alacremente con i ferri da maglia.
sferza [sfèr-za] *s.f.* scudiscio, frusta | (*estens.*) frustata, percossa: *la — della critica.*
sferzante [sfer-zàn-te] *agg.* che colpisce come una sferza: *pioggia* — | (*fig.*) aspro, pungente, bruciante: *rimprovero* —.
sferzare [sfer-zà-re] *v.tr.* [*io sfèrzo ecc.*] **1** colpire con la sferza: — *il cavallo* | (*estens.*) colpire, battere con violenza: *la grandine sferza i tetti* **2** (*fig.*) biasimare, riprendere aspramente: — *il malcostume.*
sferzata [sfer-zà-ta] *s.f.* **1** colpo di sferza **2** (*fig.*) rimprovero aspro e pungente; critica severa.
sfiammare [sfiam-mà-re] *v.tr.* calmare, eliminare un'infiammazione ♦ **sfiammarsi** *v.intr.pron.* diventare meno infiammato, cessare di essere infiammato: *la ferita va sfiammandosi.*
sfiancamento [sfian-ca-mén-to] *s.m.* (*non com.*) lo sfiancare, lo sfiancarsi.
sfiancare [sfian-cà-re] *v.tr.* [*io sfianco, tu sfianchi ecc.*] stremare, affaticare: — *un cavallo* ♦ **sfiancarsi** *v.intr.pron.* spossarsi, logorarsi per l'eccessivo sforzo.
sfiancato [sfian-cà-to] *agg.* sfinito, spossato.
sfiatamento [sfia-ta-mén-to] *s.m.* lo sfiatare, lo sfiatarsi.
sfiatare [sfia-tà-re] *v.intr.* [aus. *avere*] **1** emettere vapori, gas ecc.: *una tubazione che sfiata* **2** uscire fuori da un'apertura: *il gas sfiatava lentamente* ♦ **sfiatarsi** *v.intr.pron.* **1** perdere il timbro e l'intensità del suono (detto di strumenti a fiato) **2** (*fig. fam.*) perdere il fiato parlando, gridando; sgolarsi.
sfiatato [sfia-tà-to] *agg.* che ha perso il timbro e l'intensità del suono: *tromba sfiatata* | (*fam.*) che non ha più fiato, che è senza voce: *cantante* —.
sfiatatoio [sfia-ta-tó-io] *s.m.* apertura praticata in un ambiente chiuso per far uscire aria, gas o vapore.
sfiatatura [sfia-ta-tù-ra] *s.f.* **1** sfiatamento **2** fessura, apertura da cui sfiata un gas.
sfiato [sfià-to] *s.m.* sfiatatoio.
sfibbiare [sfib-bià-re] *v.tr.* [*io sfibbio ecc.*] slacciare sciogliendo la fibbia o le fibbie: — *le scarpe*; *sfibbiarsi la cintura.*
sfibrante [sfi-bràn-te] *agg.* che logora le forze fisiche o psichiche: *lavoro, attesa* —.
sfibrare [sfi-brà-re] *v.tr.* **1** ridurre in frammenti fibrosi; diminuire la consistenza fibrosa: — *il legno, la canapa* **2** (*estens.*) logorare le forze fisiche o psichiche di un organismo: *un lavoro che sfibra* ♦ **sfibrarsi** *v.intr.pron.* ridursi allo stremo delle forze; sfinirsi.
sfibrato [sfi-brà-to] *agg.* snervato, spossato: *sentirsi* —.
sfida [sfì-da] *s.f.* **1** invito a battersi in duello o a competere in gare sportive o altre prove: — *elettorale* **2** competizione sportiva: *assistere a una* — **3** (*fig.*) provocazione: *tono, sguardo di* —.
sfidante [sfi-dàn-te] *agg.* e *s.m.* e *f.* che/chi sfida a duello o a una prova sportiva: *squadra, pugile* —.
sfidare [sfi-dà-re] *v.tr.* **1** invitare un avversario a battersi in duello, a misurarsi in una gara sportiva o in una prova di altro genere: — *al biliardo* **2** (*estens.*) invitare qlcu. a fare qlco. che si pensa sia impossibile: *vi sfido a dimostrarmi il contrario* | *sfido!, sfido io!*, (*fam.*) per sottolineare che una cosa è ovvia, inevitabile, e non poteva andare diversamente **3** (*fig.*) affrontare con audacia una forza avversa, un pericolo: — *il mare in tempesta* ♦ **sfidarsi** *v.rifl.rec.* invitarsi reciprocamente a battersi con le armi o a misurarsi in una competizione.
sfiducia [sfi-dù-cia] *s.f.* mancanza di fiducia: *guardare a un'iniziativa con* — | *voto di* —, quello con cui il parlamento toglie il proprio sostegno al governo, mettendolo nella condizione di doversi dimettere.
sfiduciare [sfi-du-cià-re] *v.tr.* [*io sfidùcio ecc.*] far perdere la fiducia ♦ **sfiduciarsi** *v.intr.pron.* perdere la fiducia.
sfiduciato [sfi-du-cià-to] *agg.* avvilito, scoraggiato.
sfiga [sfì-ga] *s.f.* (*gerg.*) sfortuna, iella.
sfigato [sfi-gà-to] *agg.* e *s.m.* [f. *-a*] (*gerg.*) sfortunato, iellato.
sfigmo- primo elemento di parole composte della terminologia medica, che significa 'pulsazione' (*sfigmomanometro*).
sfigmomanometro [sfig-mo-ma-nò-me-tro] *s.m.* (*med.*) apparecchio per misurare la pressione arteriosa.
sfigurare [sfi-gu-rà-re] *v.tr.* deturpare, rovinare la figura, l'aspetto | (*iperb.*) stravolgere, alterare l'espressione del volto: *la rabbia lo sfigurava* ♦ *v.intr.* [aus. *avere*] fare una brutta figura; dare una cattiva impressione: *teme di — al confronto.*

sfigurato [sfi-gu-rà-to] *agg.* deturpato, rovinato nell'aspetto: *cadavere* — | (*iperb.*) stravolto: *viso — dal dolore.*

sfilacciare [sfi-lac-cià-re] *v.tr.* [*io sfilàccio ecc.*] ridurre in filacce: — *un pezzo di stoffa* ♦ **sfilacciarsi** *v.intr.pron.* **1** ridursi in filacce: *tessuto che si sfilaccia* **2** (*fig.*) disgregarsi, scomporsi.

sfilacciato [sfi-lac-cià-to] *agg.* **1** che perde i fili: *tessuto* — **2** (*fig.*) sconnesso, disorganico: *una prosa sfilacciata.*

sfilacciatura [sfi-lac-cia-tù-ra] *s.f.* lo sfilacciare, lo sfilacciarsi, l'essere sfilacciato | la parte sfilacciata.

sfilare[1] [sfi-là-re] *v.tr.* **1** togliere una cosa infilata: — *le perle della collana* **2** togliere di dosso: *sfilarsi il vestito* **3** togliere qualche filo da un tessuto per eseguire lavori di ricamo: — *la tela* ♦ **sfilarsi** *v.intr.pron.* **1** uscire, sfuggire dal filo: *le perle si sono sfilate* **2** perdere i fili, sfilacciarsi: *un tessuto che si sfila facilmente.*

sfilare[2] *v.intr.* [aus. *essere* e *avere*] **1** procedere in fila; detto di reparti militari, squadre sportive ecc., passare disposti in ordine davanti a superiori o a un pubblico **2** (*fig.*) susseguirsi: *i ricordi sfilavano nella mente.*

sfilata [sfi-là-ta] *s.f.* **1** il procedere disposti in fila: *la — dei soldati* | — *di moda*, presentazione di modelli portati da indossatori o da indossatrici che sfilano davanti al pubblico **2** serie di cose poste in fila: *una — di case.*

sfilatino [sfi-la-tì-no] *s.m.* (*region.*) pane di forma allungata e sottile.

sfilatura [sfi-la-tù-ra] *s.f.* lo sfilare, lo sfilarsi | la parte sfilata: — *nella calza*, smagliatura.

sfilza [sfil-za] *s.f.* lunga filza, gran quantità: *una — di errori.*

sfinare [sfi-nà-re] *v.tr.* (*fam.*) far diventare o apparire magro, più magro: *il nero sfina* ♦ *v.rifl.* dimagrirsi: *crescendo si è sfinato.*

sfinge [sfin-ge] *s.f.* **1** nella mitologia greca, mostro alato con corpo di leone e volto di donna | nell'antico Egitto, mostro favoloso con corpo leonino e testa umana **2** (*fig.*) persona enigmatica, che non lascia scorgere i propri pensieri e sentimenti **3** nome attribuito a un genere di farfalle crepuscolari dal corpo fusiforme e ali strette.

sfingeo [sfin-geo] *agg.* (*lett.*) di sfinge | (*fig.*) misterioso, enigmatico.

sfinimento [sfi-ni-mén-to] *s.m.* stato di grande stanchezza fisica o psichica.

sfinire [sfi-nì-re] *v.tr.* [*io sfinisco, tu sfinisci ecc.*] far perdere le forze; spossare: *la febbre l'ha sfinito* ♦ **sfinirsi** *v.intr.pron.* perdere le forze: — *di lavoro.*

sfinitezza [sfi-ni-téz-za] *s.f.* l'essere sfinito; stato di grande debolezza.

sfinito [sfi-nì-to] *agg.* privo di forze, molto debole.

sfintere [sfin-tè-re] *s.m.* (*anat.*) anello muscolare che, contraendosi, provoca la chiusura dell'orifizio a cui sta intorno: — *anale.*

sfioccamento [sfioc-ca-mén-to] *s.m.* operazione preliminare della filatura con cui si riduce la fibra tessile in fiocchi.

sfioccare [sfioc-cà-re] *v.tr.* [*io sfiòcco, tu sfiòcchi ecc.*] ridurre in forma di fiocco; sfilacciare: *pennello sfioccato* ♦ **sfioccarsi** *v.intr.pron.* rompersi in fiocchi: *nuvole che si sfioccano al vento.*

sfioramento [sfio-ra-mén-to] *s.m.* lo sfiorare, il toccare appena.

sfiorare [sfio-rà-re] *v.tr.* [*io sfióro ecc.*] **1** passare vicino toccando appena; rasentare: — *con la mano* **2** (*fig.*) toccare di sfuggita: — *un argomento* **3** (*fig.*) essere sul punto di conseguire: — *la vittoria.*

sfiorire [sfio-rì-re] *v.intr.* [*io sfiorisco, tu sfiorisci ecc.*; aus. *essere*] **1** perdere i fiori; perdere i petali, appassire: *le rose sono sfiorite* **2** (*fig.*) perdere la freschezza e lo splendore giovanili: *bellezza che comincia a —.*

sfiorito [sfio-rì-to] *agg.* appassito (anche *fig.*): *bellezza sfiorita.*

sfioritura [sfio-ri-tù-ra] *s.f.* lo sfiorire.

sfirena [sfi-rè-na] *s.f.* pesce di mare dal corpo allungato, con muso stretto e bocca grande, velocissimo e forte predatore.

sfittare [sfit-tà-re] *v.tr.* rendere sfitto ♦ **sfittarsi** *v.intr.pron.* restare sfitto.

sfittire [sfit-tì-re] *v.tr.* [*io sfittisco, tu sfittisci ecc.*] rendere meno fitto, più rado.

sfitto [sfit-to] *agg.* non affittato: *appartamento —.*

sfizio [sfì-zio] *s.m.* capriccio, voglia: *togliersi uno* — | *per* —, per puro capriccio.

sfiziosità [sfi-zio-si-tà] *s.f.* cosa sfiziosa; in particolare, ricercatezza alimentare, mangiarino.

sfizioso [sfi-zió-so] *agg.* che soddisfa una voglia, un capriccio; che piace, attrae, perché originale.

sfocare [sfo-cà-re], o **sfuocare**, *v.tr.* [*io sfuòco* o *sfòco, tu sfuòchi* o *sfòchi ecc.*] (*foto.*) non mettere a fuoco un'immagine, facendola così risultare sbiadita e confusa.

sfocato [sfo-cà-to], o **sfuocato**, *agg.* **1** non nitido, dai contorni confusi;: *fotografia sfocata* **2** (*fig.*) poco chiaro; non ben definito: *personaggio un po' —.*

sfocatura [sfo-ca-tù-ra] *s.f.* (*foto.*) l'essere sfocato.

sfociare [sfo-cià-re] *v.intr.* [*io sfócio ecc.*; aus. *essere*, non com. *avere*] **1** detto di corso d'acqua, mettere foce, sboccare: *il Po sfocia nell'Adriatico* **2** (*fig.*) avere come esito, andare a finire, risolversi: *l'incidente stava sfociando in una guerra.*

sfoderabile [sfo-de-rà-bi-le] *agg.* che si può sfoderare: *divano —.*

sfoderare[1] [sfo-de-rà-re] *v.tr.* [*io sfòdero ecc.*] **1** estrarre dal fodero: — *la spada* **2** (*fig.*) tirare fuori inaspettatamente o al momento opportuno; ostentare, sfoggiare: — *il più bel sorriso.*

sfoderare[2] *v.tr.* [*io sfòdero ecc.*] togliere la fodera, la copertura: — *una giacca.*

sfoderato [sfo-de-rà-to] *agg.* senza fodera: *soprabito —.*

sfogare [sfo-gà-re] *v.tr.* [*io sfógo, tu sfóghi ecc.*] dare libero sfogo a sentimenti o stati d'animo prima repressi o controllati: — *l'ira* ♦ *v.intr.* [aus. *essere*] uscir fuori liberamente: *il fumo sfoga dal camino* ♦ **sfogarsi** *v.intr.pron.* 1 esprimere liberamente risentimenti, malumori: — *con qlcu.* | — *su qlcu.*, riversare ingiustamente su di lui il proprio malumore 2 soddisfare un desiderio, un impulso; scaricare un'energia repressa: — *a cantare*; *bere per* —.

sfoggiare [sfog-già-re] *v.intr.* [*io sfòggio ecc.*; aus. *avere*] fare sfoggio: — *nel vestire* | (*assol.*) vivere in modo sfarzoso e appariscente: *gente abituata a* — ♦ *v.tr.* mettere in mostra con compiacimento ciò che si ha di bello, di elegante: — *un abito nuovo* | (*fig.*) ostentare le proprie capacità e qualità: — *la propria erudizione.*

sfoggio [sfòg-gio] *s.m.* ostentazione: *fare — di cultura.*

sfoglia [sfò-glia] *s.f.* 1 lamina sottile: *le sfoglie della cipolla.* DIM. *sfoglietta* 2 strato di pasta all'uovo assottigliata col matterello | *pasta* —, pasta dolce o salata a base di burro e farina, che cuocendo si divide in strati leggeri.

sfogliare[1] [sfo-glià-re] *v.tr.* [*io sfòglio ecc.*] togliere le foglie, i petali: — *una margherita* ♦ **sfogliarsi** *v.intr.pron.* perdere le foglie, i petali.

sfogliare[2] *v.tr.* [*io sfòglio ecc.*] voltare, scorrendole in fretta, le pagine di un album, di un libro, di un giornale; leggere qua e là, saltando le pagine: — *una rivista* ♦ **sfogliarsi** *v.intr.pron.* ridursi in strati sottili, in sfoglie: *un dolce che si sfoglia nel tagliarlo.*

sfogliata[1] [sfo-glià-ta] *s.f.* lo scorrere in fretta un libro, una rivista.

sfogliata[2] *s.f.* dolce di pasta sfoglia con un ripieno.

sfogliatella [sfo-glia-tèl-la] *s.f.* piccolo dolce napoletano fatto di pasta sfoglia avvolta su sé stessa e farcita con un ripieno a base di ricotta, canditi e spezie varie.

sfogliatrice [sfo-glia-trì-ce] *s.f.* macchina per tagliare il legno in fogli.

sfogliatura[1] [sfo-glia-tù-ra] *s.f.* l'operazione di togliere le foglie a una pianta: — *del gelso* | — *del granturco*, la sua scartocciatura.

sfogliatura[2] *s.f.* sfaldatura dei formaggi cotti dovuta a difetto di lavorazione.

sfogo [sfó-go] *s.m.* [pl. *-ghi*] 1 lo sfogare; l'apertura attraverso cui qlco. può sfogare: *valvola di* — | *cortile senza* —, piccolo, angusto 2 (*estens.*) sbocco: *la Svizzera non ha sfoghi sul mare* 3 (*fig.*) lo sfogarsi: — *di rabbia* 4 (*pop.*) eruzione cutanea: *avere uno — sul viso.*

sfolgorante [sfol-go-ràn-te] *agg.* fulgido, splendente: *bellezza* —.

sfolgorare [sfol-go-rà-re] *v.intr.* [*io sfólgoro ecc.*; aus. *avere*] risplendere come folgore; risplendere di una luce molto intensa (anche *fig.*): *il sole sfolgora nel cielo*; *sguardo che sfolgora di gioia.*

sfolgorio [sfol-go-rì-o] *s.m.* uno sfolgorare continuo: *lo — delle stelle.*

sfollagente [sfol-la-gèn-te] *s.m.invar.* bastone rivestito di gomma, usato dalle forze di polizia per disperdere assembramenti e ristabilire l'ordine.

sfollamento [sfol-la-mén-to] *s.m.* 1 allontanamento di persone dai centri abitati per misura di sicurezza 2 riduzione di personale in un ente, in un'azienda.

sfollare [sfol-là-re] *v.intr.* [*io sfóllo ecc.*; aus. *essere* e *avere*] 1 diradarsi (detto di folla): *la gente sta sfollando* 2 allontanarsi da luoghi abitati a causa di guerra o calamità naturali ♦ *v.tr.* 1 sgombrare un luogo in cui ci si era ammassati: *il pubblico sfolla lo stadio* | far allontanare da un luogo le persone che vi si trovano: — *la popolazione* 2 diradare un bosco mediante il taglio dei polloni superflui ♦ **sfollarsi** *v.intr.pron.* svuotarsi di gente: *la sala si sta sfollando.*

sfollato [sfol-là-to] *agg.* e *s.m.* [f. *-a*] che/chi ha dovuto allontanarsi dal proprio luogo di residenza per evitare pericoli bellici o in seguito a calamità naturali.

sfoltimento [sfol-ti-mén-to] *s.m.* lo sfoltire, lo sfoltirsi, l'essere sfoltito.

sfoltire [sfol-tì-re] *v.tr.* [*io sfoltisco, tu sfoltisci ecc.*] rendere meno folto; diradare: *farsi — i capelli* | riferito a persone, ridurre di numero: — *il personale* ♦ **sfoltirsi** *v.intr.pron.* diventare meno folto; diradarsi.

sfoltita [sfol-tì-ta] *s.f.* lo sfoltire un po', alla meglio: *farsi dare una — ai capelli.*

sfondamento [sfon-da-mén-to] *s.m.* 1 lo sfondare, lo sfondarsi, l'essere sfondato 2 (*mil.*) rottura del fronte nemico.

sfondare [sfon-dà-re] *v.tr.* [*io sfóndo ecc.*] 1 rompere il fondo: — *una scatola* | (*estens.*) sfasciare, sformare: — *una valigia* | — *le scarpe*, consumarne la suola 2 (*estens.*) schiantare, far cedere con un colpo o un urto violento un elemento di chiusura o di riparo: — *il portone*, forzarlo; — *un muro*, abbatterlo 3 (*mil.*) spezzare in uno o più punti il fronte dello schieramento nemico ♦ *v. intr.* [aus. *avere*] (*fam.*) affermarsi, avere successo: *riuscire a* — ♦ **sfondarsi** *v.intr.pron.* rompersi, cedere nel fondo: *la cesta si sfondò per il peso.*

sfondato [sfon-dà-to] *agg.* 1 con il fondo rotto; rotto, sfasciato | *ricco* —, (*fam.*) ricchissimo 2 (*fig. fam.*) insaziabile, ingordo.

sfondo [sfón-do] *s.m.* 1 la parte più lontana di un dipinto, di una fotografia: *uno — di montagne* | nella scena teatrale, il fondale 2 (*estens.*) la parte più lontana del campo visivo rispetto a chi guarda: *una casa sullo — del mare* 3 (*fig.*) ambiente storico, sociale, culturale.

sfondone [sfon-dó-ne] *s.m.* (*fam.*) errore grossolano, sproposito: *dire uno* —.

sforacchiare [sfo-rac-chià-re] *v.tr.* [*io sforàcchio ecc.*] bucherellare, forare qua e là.

sforare [sfo-rà-re] *v.tr.* [*io sfóro ecc.*; aus. *avere*] superare i limiti prefissati di tempo, spazio o spesa: — *di un'ora.*

sforbiciare [sfor-bi-cià-re] *v.tr.* [*io sfòrbicio ecc.*] tagliare, tagliuzzare con le forbici ♦ *v.intr.* [aus. *avere*] (*sport*) eseguire una sforbiciata.

sforbiciata [sfor-bi-cià-ta] *s.f.* 1 lo sforbiciare in fretta, alla meglio: *dare una — ai capelli* | colpo di forbici 2 (*sport*) rapido movimento a forbice delle gambe.
sformare [sfor-mà-re] *v.tr.* [*io sfórmo ecc.*] 1 deformare; far perdere la forma: — *un cappello* 2 togliere dalla forma: — *un dolce* ♦ **sformarsi** *v. intr.pron.* perdere la forma, deformarsi: *le scarpe si sono sformate.*
sformato [sfor-mà-to] *agg.* che ha perduto la forma ♦ *s.m.* (*gastr.*) pietanza cotta al forno o a bagnomaria in uno stampo: — *di riso.*
sfornare [sfor-nà-re] *v.tr.* [*io sfórno ecc.*] 1 togliere dal forno: — *il pane* 2 (*fig.*) produrre in abbondanza e con velocità: — *un libro all'anno.*
sfornito [sfor-nì-to] *agg.* sprovvisto, privo, mancante: *essere — di contanti* | (*assol.*) non fornito, mal fornito: *negozio —.*
sfortuna [sfor-tù-na] *s.f.* cattiva fortuna, sorte avversa: *avere — al gioco; essere perseguitato dalla —* | avvenimento, circostanza sfavorevole: *è stata una — averlo incontrato.*
sfortunato [sfor-tu-nà-to] *agg.* 1 che ha sfortuna: *essere — negli affari* 2 che non ha avuto buon esito o successo: *matrimonio —* | malaugurato, infausto: *un anno —* □ **sfortunatamente** *avv.* per sfortuna, malauguratamente; purtroppo.
sforzare [sfor-zà-re] *v.tr.* [*io sfòrzo ecc.*] 1 sottoporre a uno sforzo: — *il motore, la voce* 2 costringere, far forza su qlcu.: — *il bambino a mangiare* ♦ **sforzarsi** *v.intr.pron.* impegnarsi in ogni modo, fare tutti gli sforzi possibili: — *di non piangere.*
sforzato [sfor-zà-to] *agg.* forzato, non spontaneo: *sorriso —.*
sforzo [sfòr-zo] *s.m.* 1 intensa applicazione di forza o di impegno: — *muscolare; uno — di volontà* | *costare —*, richiedere particolare impegno | *senza —*, facilmente | *che —!, bello —!*, (*iron.*) si dice a chi ha compiuto un'azione che in realtà non richiedeva alcun impegno o fatica 2 sollecitazione a cui è sottoposto un meccanismo o un organo meccanico: *motore sotto —.*
sfottere [sfót-te-re] *v.tr.* [*io sfòtto ecc.*] (*pop.*) prendere in giro, deridere ♦ **sfottersi** *v.rifl.rec.* (*pop.*) prendersi in giro a vicenda.
sfottimento [sfot-ti-mén-to] *s.m.* (*pop.*) lo sfottere, l'essere sfottuto; canzonatura, presa in giro.
sfottitura [sfot-ti-tù-ra] *s.f.* (*pop.*) sfottimento; atto, discorso con cui si sfotte.
sfottò [sfot-tò] *s.m.* (*pop.*) presa in giro, canzonatura.
sfracellare [sfra-cel-là-re] *v.tr.* [*io sfracèllo ecc.*] rompere rovinosamente, ridurre a pezzi; fracassare: *la macchina gli sfracellò un braccio* ♦ **sfracellarsi** *v.intr.pron.* andare in pezzi, fracassarsi.
sfrangiare [sfran-già-re] *v.tr.* [*io sfràngio ecc.*] fornire di frangia l'orlo di un tessuto ♦ **sfrangiarsi** *v.intr.pron.* sfilacciarsi a forma di frangia.
sfrangiato [sfran-già-to] *agg.* sfilacciato a forma di frangia.
sfrangiatura [sfran-gia-tù-ra] *s.f.* lo sfrangiare, lo sfrangiarsi | la parte sfrangiata.
sfrattare [sfrat-tà-re] *v.tr.* mandar via da un immobile con un atto dell'autorità giudiziaria chi lo ha in locazione: — *un inquilino* ♦ *v.intr.* [aus. *avere*] 1 andarsene da un alloggio in seguito a un'intimazione dell'autorità giudiziaria 2 (*estens.*) abbandonare alla svelta un luogo, un posto (spesso *scherz.*): *sfratta dalla mia poltrona!*
sfrattato [sfrat-tà-to] *agg.* e *s.m.* [f. *-a*] che/chi ha subito uno sfratto.
sfratto [sfràt-to] *s.m.* lo sfrattare, l'essere sfrattato; intimazione di lasciare un immobile locato: *subire lo —.*
sfrecciare [sfrec-cià-re] *v.intr.* [*io sfréccio ecc.*; aus. *avere*] correre velocemente: *le automobili sfrecciano sull'autostrada.*
sfregamento [sfre-ga-mén-to] *s.m.* 1 lo sfregare 2 (*med.*) rumore che si rileva all'auscultazione in corrispondenza di membrane sierose infiammate (pleura, pericardio).
sfregare [sfre-gà-re] *v.tr.* [*io sfrégo, tu sfréghi ecc.*] 1 passare e ripassare la mano o un oggetto sulla superficie di qlco.; strofinare: *sfregarsi gli occhi; — l'argento per lucidarlo* 2 strisciare facendo una certa pressione; fregare: — *un fiammifero contro il muro* | produrre uno o più freghi su una superficie; graffiare.
sfregatura [sfre-ga-tù-ra] *s.f.* lo sfregare | il segno lasciato sfregando.
sfregiare [sfre-già-re] *v.tr.* [*io sfrègio* o *sfrégio ecc.*] deturpare con uno o più sfregi: — *un monumento* ♦ **sfregiarsi** *v.rifl.* o *intr.pron.* prodursi uno sfregio: — *in viso.*
sfregiato [sfre-già-to] *agg.* deturpato da uno o più sfregi: *viso —* ♦ *s.m.* [f. *-a*] chi ha il viso deturpato da uno sfregio.
sfregiatore [sfre-gia-tó-re] *s.m.* [f. *-trice*] chi sfregia.
sfregio [sfré-gio *o* sfrègio] *s.m.* 1 ferita che deturpa i tratti del viso; la cicatrice che ne rimane | (*estens.*) taglio, graffio, macchia fatti su immagini od opere d'arte per deturparle: *manifesto pieno di sfregi* 2 (*fig.*) grave offesa, insulto: *ricevere uno —.*
sfrenare [sfre-nà-re] *v.tr.* [*io sfréno* o *sfrèno ecc.*] lasciare libero da ogni freno; scatenare: — *i propri istinti* ♦ **sfrenarsi** *v.intr.pron.* comportarsi senza moderazione o controllo; scatenarsi: *i bambini si sfrenano facilmente.*
sfrenatezza [sfre-na-téz-za] *s.f.* l'essere sfrenato, senza alcuna moderazione o controllo | (spec. *pl.*) atto privo di ritegno e misura: *abbandonarsi a sfrenatezze.*
sfrenato [sfre-nà-to] *agg.* privo di qualsiasi freno (anche *fig.*): *corsa sfrenata; lusso —* □ **sfrenatamente** *avv.* senza alcun freno o controllo.
sfrido [sfrì-do] *s.m.* 1 calo quantitativo che una merce, un materiale, un prodotto subisce durante la lavorazione o il trasporto 2 l'insieme dei residui di lavorazione di fibre tessili, carta, legname ecc.

sfriggere [sfrìg-ge-re] *v.intr.* [coniugato come *friggere*; aus. *avere*] fare un rumore crepitante, come i grassi che friggono.
sfrigolare [sfri-go-là-re] *v.intr.* [*io sfrìgolo ecc.*; aus. *avere*] sfriggere.
sfritto [sfrìt-to] *agg.* si dice di olio già usato per friggere.
sfrondare [sfron-dà-re] *v.tr.* [*io sfróndo ecc.*] **1** privare delle fronde: — *un ramo* **2** (*fig.*) togliere ciò che è superfluo, non essenziale: — *un articolo* ♦ **sfrondarsi** *v.intr.pron.* perdere le fronde: *in autunno gli alberi si sfrondano.*
sfrondato [sfron-dà-to] *agg.* **1** privo di fronde **2** (*fig.*) alleggerito del superfluo, ridotto all'essenziale.
sfrondatura [sfron-da-tù-ra] *s.f.* operazione dello sfrondare.
sfrontatezza [sfron-ta-téz-za] *s.f.* l'essere sfrontato | azione da sfrontato.
sfrontato [sfron-tà-to] *agg.* **1** di persona, insolente, sfacciato **2** di cosa, che rivela mancanza di ritegno, di pudore: *comportamento* — ♦ *s.m.* [f. *-a*] persona sfrontata □ **sfrontatamente** *avv.*
sfruttabile [sfrut-tà-bi-le] *agg.* che si può sfruttare.
sfruttamento [sfrut-ta-mén-to] *s.m.* lo sfruttare, l'essere sfruttato.
sfruttare [sfrut-tà-re] *v.tr.* **1** coltivare, far fruttare un terreno o altro bene naturale: — *una risorsa* **2** (*fig.*) trarre profitto dal lavoro altrui senza offrire un'adeguata remunerazione | approfittare senza scrupoli di qlco. o di qlcu.: — *l'ingenuità altrui*; — *una donna*, farsi mantenere da lei **3** (*estens.*) saper utilizzare, mettere a profitto: — *un'occasione.*
sfruttatore [sfrut-ta-tó-re] *agg.* e *s.m.* [f. *-trice*] che/chi sfrutta.
sfuggente [sfug-gèn-te] *agg.* **1** elusivo, evasivo; non chiaro, non leale: *sguardo* — **2** poco marcato, appena accennato: *mento* —; *fronte* —, bassa e inclinata all'indietro.
sfuggevole [sfug-gé-vo-le] *agg.* che sfugge facilmente (anche *fig.*): *ricordo* — □ **sfuggevolmente** *avv.* in modo sfuggevole, di sfuggita.
sfuggire [sfug-gì-re] *v.intr.* [*io sfuggo, tu sfuggi ecc.*; aus. *essere*] **1** sottrarsi a qlcu. o a qlco.: — *agli inseguitori, alla giustizia* **2** cadere, scivolare via: — *di mano* | scappare, uscire inavvertitamente: *lasciarsi* — *un'occasione*, perderla, non approfittarne | passare inosservato; dimenticare: *non gli sfugge nulla* ♦ *v.tr.* evitare, scansare: — *un pericolo.*
sfuggita [sfug-gì-ta] *s.f.* nella loc. avv. *di* —, fuggevolmente, rapidamente, in fretta: *vedere qlcu. di* —.
sfumare [sfu-mà-re] *v.intr.* [aus. *essere*] **1** dileguarsi, dissiparsi: *la nebbia comincia a* — | (*fig.*) andare in fumo, svanire: *l'affare è sfumato* **2** divenire gradatamente più tenue: *un rosso che sfuma nel rosa* | divenire meno preciso, meno netto nei contorni: *una figura che sfuma* ♦ *v.tr.* diminuire gradatamente la tonalità e l'intensità di linee, colori, suoni | attenuare gradatamente il volume di una esecuzione discografica fino ad annullare il sonoro | — *i capelli*, tagliarli con la sfumatura.
sfumato [sfu-mà-to] *agg.* **1** andato in fumo, svanito: *progetto* — **2** di colore, che passa gradatamente da un tono all'altro | di figura, che presenta contorni indistinti | (*fig.*) vago, non ben definito: *ricordo* —.
sfumatura [sfu-ma-tù-ra] *s.f.* **1** (*pitt.*) passaggio graduale da un colore a un altro o da un tono a un altro dello stesso colore | ciascuna delle varie tonalità di un determinato colore: *le sfumature del verde* **2** (*mus.*) passaggio graduale da una nota a un'altra **3** taglio di capelli a gradazione sulla nuca: — *alta, bassa* **4** (*fig.*) differenza lieve, dettaglio: *differenziarsi solo per qualche* — **5** (*fig.*) accenno, riferimento velato: *una* — *di gelosia.*
sfuocare e *deriv.* → **sfocare** e *deriv.*
sfuriarsi [sfu-riàr-si] *v.intr.pron.* [*io mi sfùrio ecc.*] (*fam.*) perdere il controllo di sé abbandonandosi ad atti violenti.
sfuriata [sfu-rià-ta] *s.f.* **1** manifestazione violenta di collera; aspro e violento rimbrotto: *fare una* — **2** (*estens.*) esplosione violenta, ma di breve durata, di fenomeni meteorologici: *una* — *di vento.*
sfuso [sfù-ʃo] *agg.* **1** liquefatto, sciolto: *burro* — **2** (*estens.*) si dice di merce venduta non confezionata: *vino* —.
sgabello [ʃga-bèl-lo] *s.m.* piccolo sedile senza spalliera né braccioli; panchetto per appoggiarvi i piedi.
sgabuzzino [ʃga-buʒ-ʒì-no] *s.m.* stanza piccola e stretta usata come ripostiglio.
sgambata [ʃgam-bà-ta] *s.f.* (*sport*) corsa di riscaldamento che fanno i cavalli o anche gli atleti prima di una gara.
sgambato [ʃgam-bà-to] *agg.* si dice di indumento che presenta sgambatura; scosciato.
sgambatura [ʃgam-ba-tù-ra] *s.f.* apertura di un indumento in corrispondenza della coscia e che può estendersi fino all'anca: *una* — *molto alta.*
sgambettare [ʃgam-bet-tà-re] *v.intr.* [*io ʃgambétto ecc.*; aus. *avere*] **1** muovere, dimenare le gambe stando sdraiati **2** (*estens.*) camminare a passi corti e rapidi ♦ *v.tr.* gettare a terra con uno sgambetto: — *un avversario.*
sgambetto [ʃgam-bét-to] *s.m.* **1** mossa con cui si intralcia il passo a qlcu. per farlo cadere | *fare lo* — *a qlcu.*, (*fig.*) avvantaggiarsi su di lui con mezzi sleali **2** (*sport*) colpo della lotta giapponese e della lotta libera.
sganasciare [ʃga-na-sciàr-si] *v.intr.pron.* [*io mi ʃganàscio ecc.*] slogarsi le ganasce | — *dalle risa*, (*iperb.*) ridere a crepapelle.
sganascione [ʃga-na-sció-ne], region. **sganassone**, *s.m.* ceffone.
sganciabile [ʃgan-cià-bi-le] *agg.* che si può sganciare.
sganciamento [ʃgan-cia-mén-to] *s.m.* lo sganciare, lo sganciarsi, l'essere sganciato.

sganciare [ʃgan-cià-re] *v.tr.* [*io ʃgàncio ecc.*] **1** staccare da un gancio; liberare dai ganci: — *il rimorchio dalla motrice*; — *una bomba*, lanciarla da un aereo **2** (*fam.*) sborsare denaro ♦ **sganciarsi** *v.rifl.* o *intr.pron.* **1** liberarsi, sciogliersi dal gancio o dai ganci **2** (*fig.*) liberarsi di qlcu., rompere i rapporti: — *dagli amici*.
sgancio [ʃgàn-cio] *s.m.* sganciamento di ordigni esplosivi.
sgangherare [ʃgan-ghe-rà-re] *v.tr.* [*io ʃgànghero ecc.*] levare dai gangheri, scardinare | (*estens.*) sfasciare.
sgangherato [ʃgan-ghe-rà-to] *agg.* **1** divelto dai cardini | (*estens.*) sconquassato, sconnesso: *tavolo* — | (*fig.*) scorretto e disordinato: *prosa sgangherata* **2** scomposto, smodato: *risata sgangherata* □ **sgangheratamente** *avv.*
sgarbataggine [ʃgar-ba-tàg-gi-ne] *s.f.* sgarbatezza.
sgarbatezza [ʃgar-ba-téz-za] *s.f.* l'essere sgarbato | atto o discorso sgarbato; sgarbataggine.
sgarbato [ʃgar-bà-to] *agg.* **1** privo di garbo, sgraziato: *un gesto* — **2** poco garbato, poco cortese: *impiegato* — | che denota scortesia: *risposta sgarbata* ♦ *s.m.* [f. *-a*] persona sgarbata □ **sgarbatamente** *avv.*
sgarberia [ʃgar-be-rì-a] *s.f.* atto, comportamento sgarbato; villania.
sgarbo [ʃgàr-bo] *s.m.* maniera di trattare ineducata, priva di garbo | azione, parola, comportamento scortese; villania.
sgarbugliare [ʃgar-bu-glià-re] *v.tr.* [*io ʃgarbùglio ecc.*] sciogliere, districare un garbuglio | (*fig.*) chiarire, risolvere.
sgargiante [ʃgar-giàn-te] *agg.* appariscente, vistoso: *vestito* —.
sgarrare [ʃgar-rà-re] *v.intr.* [aus. *avere*] (*fam.*) sbagliare, mancare d'esattezza: *non — di un secondo* | detto di persona, sbagliare, venir meno al proprio dovere.
sgarrettare [ʃgar-ret-tà-re] *v.tr.* [*io ʃgarrétto ecc.*] **1** tagliare i garretti a un animale **2** in arboricoltura, recidere le piantine fino al piede, allo scopo di rinforzarle.
sgarro [ʃgàr-ro] *s.m.* **1** (*fam.*) lo sgarrare; il venir meno al proprio dovere: *punire uno* — **2** nel gergo della malavita, offesa, infrazione di un codice di comportamento.
sgasare [ʃga-ʃà-re] *v.tr.* liberare l'anidride carbonica contenuta in una bevanda gassata agitandola o aggiungendovi del limone ♦ **sgasarsi** *v. intr.pron.* (*gerg.*) perdere l'entusiasmo, l'euforia.
sgattaiolare [ʃgat-ta-io-là-re] *v.intr.* [*io ʃgattàiolo ecc.*; aus. *avere* o *essere*] passare agilmente attraverso aperture molto strette, come fa il gatto | (*estens.*) allontanarsi quatto quatto: — *senza che nessuno se ne accorga*.
sgavazzare [ʃga-vaz-zà-re] *v.intr.* [aus. *avere*] (*fam.*) godersela, spassarsela.
sgelare [ʃge-là-re] *v.tr.* e *intr.* [*io ʃgèlo ecc.*; aus. dell'intr. *avere* o *essere*] (*fam.*) disgelare.
sghembo [ʃghém-bo] *agg.* non diritto; obliquo, storto: *muro* —; *di* — di sghimbescio, di sbieco ♦ *avv.* di traverso, obliquamente: *camminare* —.
sgherro [ʃghèr-ro] *s.m.* **1** un tempo, uomo d'armi al servizio di un privato **2** (*spreg.*) poliziotto, guardia armata.
sghignazzamento [ʃghi-gnaz-za-mén-to] *s.m.* lo sghignazzare; sghignazzata.
sghignazzare [ʃghi-gnaz-zà-re] *v.intr.* [aus. *avere*] ghignare rumorosamente; ridere sguaiatamente e con scherno.
sghignazzata [ʃghi-gnaz-zà-ta] *s.f.* lo sghignazzare; risata sguaiata e di scherno.
sghimbescio [ʃghim-bè-scio] *agg.* nelle loc. *di* (o *a*) *sghimbescio*, di traverso, obliquamente.
sghiribizzo [ʃghi-ri-bìʒ-ʒo] *s.m.* ghiribizzo.
sgobbare [ʃgob-bà-re] *v.intr.* [*io ʃgòbbo ecc.*; aus. *avere*] (*fam.*) lavorare molto, con grande fatica e sacrificio.
sgobbata [ʃgob-bà-ta] *s.f.* (*fam.*) lo sgobbare; lavoro, studio prolungato e senza pause.
sgobbone [ʃgob-bó-ne] *s.m.* [f. *-a*] chi lavora o studia con assiduità e grande applicazione (per lo più *spreg.*).
sgocciolare [ʃgoc-cio-là-re] *v.intr.* [*io ʃgócciolo ecc.*; aus. *essere* o *avere*] cadere in gocciole, gocciolare: *è sgocciolata acqua sul pavimento* ♦ *v.tr.* perdere gocce, lasciar cadere a gocce (anche *assol.*): *la candela sgocciola cera*; *il rubinetto sta sgocciolando*.
sgocciolatoio [ʃgoc-cio-la-tó-io] *s.m.* **1** qualsiasi recipiente in cui viene raccolto un liquido che sgocciola **2** attrezzo di cucina su cui si mettono a sgocciolare le stoviglie appena lavate.
sgocciolatura [ʃgoc-cio-la-tù-ra] *s.f.* **1** lo sgocciolare **2** le gocce rimaste sul fondo di un recipiente | l'impronta lasciata da gocce cadute.
sgocciolio [ʃgoc-cio-lì-o] *s.m.* uno sgocciolare continuo.
sgocciolo [ʃgóc-cio-lo] *s.m.* sgocciolatura | *essere agli sgoccioli*, (*fig.*) essere prossimo alla conclusione.
sgolarsi [ʃgo-làr-si] *v.intr.pron.* [*io mi ʃgólo ecc.*] affaticare la gola gridando o parlando a voce alta: — *per farsi sentire* | (*estens.*) parlare molto e a lungo.
sgomberare → **sgombrare**.
sgombero [ʃgóm-be-ro] *s.m.* **1** lo sgomberare **2** operazione militare consistente nell'evacuare da una zona i suoi abitanti o nel portare via da un luogo malati, feriti, materiali ecc.
sgombraneve [ʃgom-bra-né-ve] *s.m.invar.* tipo di autoveicolo in grado di sgombrare la neve dalle strade.
sgombrare [ʃgom-brà-re], o **sgomberare**, *v.tr.* [*io ʃgómbro ecc.*] **1** liberare, vuotare un luogo, un ambiente da persone od oggetti che lo ingombrano (anche *fig.*): — *una stanza*; — *la mente dai pensieri* **2** evacuare persone: — *gli abitanti da un quartiere*.
sgombro[1] [ʃgóm-bro] *agg.* non ingombro, libero: *appartamento* —; *mente sgombra*, non of-

fuscata da preoccupazioni ♦ *s.m.* lo sgombrare.
sgombro[2] → **scombro**.
sgomentare [ʃgo-men-tà-re] *v.tr.* [*io ʃgoménto ecc.*] spaventare, sbigottire: *la notizia lo ha sgomentato* ♦ **sgomentarsi** *v.intr.pron.* provare sgomento.
sgomento [ʃgo-mén-to] *s.m.* stato di forte turbamento psichico; spavento, sbigottimento ♦ *agg.* sgomentato, spaventato: *sguardo —*.
sgominare [ʃgo-mi-nà-re] *v.tr.* [*io ʃgòmino ecc.*] sbaragliare, mettere in rotta: *— i nemici*.
sgomitare [ʃgo-mi-tà-re] *v.tr.* [*io ʃgómito ecc.*] colpire coi gomiti | (*assol.*) farsi largo fra la gente a gomitate (anche *fig.*): *— per affermarsi*.
sgomitolare [ʃgo-mi-to-là-re] *v.tr.* [*io ʃgomìtolo ecc.*] svolgere, disfare un gomitolo.
sgommare [ʃgom-mà-re] *v.intr.* [*io ʃgómmo ecc.*; aus. *avere*] (*fam.*) fare una sgommata.
sgommata [ʃgom-mà-ta] *s.f.* (*fam.*) stridio provocato dai pneumatici di un veicolo che affronta una curva a velocità sostenuta o parte da fermo accelerando rapidamente.
sgonfiare [ʃgon-fià-re] *v.tr.* [*io ʃgónfio ecc.*] **1** vuotare in tutto o in parte un recipiente elastico dell'aria o del gas di cui era gonfio: *— un canotto* **2** (*estens.*) eliminare o ridurre un gonfiore: *l'antibiotico sgonfierà l'ascesso* ♦ **sgonfiarsi** *v. intr.pron.* **1** perdere la gonfiezza: *il pallone si è sgonfiato* | perdere il gonfiore: *la gengiva si è sgonfiata* **2** (*fig.*) perdere la presunzione, la sicurezza.
sgonfiatura [ʃgon-fia-tù-ra] *s.f.* lo sgonfiare, lo sgonfiarsi.
sgonfio [ʃgón-fio] *agg.* privo di gonfiezza, poco gonfio: *pneumatico —* | non gonfio, senza gonfiore: *il piede è già —*.
sgorbia [ʃgòrbia] *s.f.* scalpello con la lama a sezione curva, usato in falegnameria, nella tecnica delle incisioni ecc.
sgorbiare [ʃgor-bià-re] *v.tr.* [*io ʃgòrbio ecc.*] riempire di sgorbi, scarabocchiare.
sgorbio [ʃgòr-bio] *s.m.* **1** macchia d'inchiostro fatta scrivendo; scarabocchio | (*estens.*) parola illeggibile **2** (*estens.*) scritto, disegno o altra cosa brutta, mal fatta: *quello — sarebbe un ritratto?* **3** (*fig.*) persona brutta, deforme.
sgorgare [ʃgor-gà-re] *v.intr.* [*io ʃgórgo, tu ʃgórghi ecc.*; aus. *essere*] uscire a fiotti e con impeto; zampillare: *l'acqua sgorga dalla fonte* | (*fig.*) scaturire: *parole che sgorgano dal cuore* ♦ *v.tr.* sturare, liberare da un ingorgo: *— un tubo otturato*.
sgottare [ʃgot-tà-re] *v.tr.* [*io ʃgótto ecc.*] (*mar.*) liberare dall'acqua il fondo di un'imbarcazione.
sgozzamento [ʃgoz-za-mén-to] *s.m.* lo sgozzare, l'essere sgozzato.
sgozzare [ʃgoz-zà-re] *v.tr.* [*io ʃgózzo ecc.*] tagliare la gola, scannare: *— un agnello*.
sgradevole [ʃgra-dé-vo-le] *agg.* che non è gradito, che spiace: *sapore, odore —* | (*estens.*) fastidioso, molesto: *persona —* □ **sgradevolmente** *avv.*
sgradevolezza [ʃgra-de-vo-léz-za] *s.f.* l'essere sgradevole.
sgradito [ʃgra-dì-to] *agg.* che non piace, che provoca fastidio: *regalo —*.
sgraffignare [ʃgraf-fi-gnà-re] *v.tr.* (*fam.*) portare via con lestezza; rubare: *— il portafoglio*.
sgraffio [ʃgràf-fio] *s.m.* (*fam.*) graffio.
sgrammaticato [ʃgram-ma-ti-cà-to] *agg.* si dice di persona che fa molti errori di grammatica o di scritto, discorso pieno di errori.
sgrammaticatura [ʃgram-ma-ti-ca-tù-ra] *s.f.* errore di grammatica.
sgranare[1] [ʃgra-nà-re] *v.tr.* togliere i semi delle piante leguminose dal baccello; togliere i grani da un frutto: *— i piselli*; *— il granturco*; *— il cotone*, separare i semi dalle fibre | *— il rosario*, (*fig.*) recitarlo, facendo scorrere i grani della corona tra le dita | *— gli occhi*, (*fig.*) spalancarli in segno di meraviglia.
sgranare[2] *v.tr.* rompere, rovinare la grana di un materiale, di un prodotto: *— il legno, un formaggio* ♦ **sgranarsi** *v.intr.pron.* rovinarsi nella grana, perdere la compattezza della struttura: *un minerale che si sgrana facilmente*.
sgranare[3] *v.tr.* (*mecc.*) staccare due parti di un ingranaggio che si trovano a contatto ♦ **sgranarsi** *v.intr.pron.* (*mecc.*) staccarsi da un ingranaggio: *la catena si è sgranata*.
sgranato [ʃgra-nà-to] *agg.* tolto dal baccello o dal frutto: *fagioli sgranati* | *occhi sgranati*, (*fig.*) spalancati per la meraviglia.
sgranatrice [ʃgra-na-trì-ce] *s.f.* **1** (*agr.*) apparecchio, formato da un disco girevole scanalato o dentato, usato per staccare le cariossidi del granturco dalle pannocchie **2** (*tess.*) macchina per sgranare il cotone.
sgranatura [ʃgra-na-tù-ra] *s.f.* lo sgranare, con riferimento ai legumi, al granturco e al cotone.
sgranchire [ʃgran-chì-re] *v.tr.* [*io ʃgranchisco, tu ʃgranchisci ecc.*] ♦ **sgranchirsi** *v.rifl.* sciogliere i muscoli e le articolazioni intorpiditi facendo del moto: *— le gambe*; *sgranchirsi un po'*.
sgranocchiare [ʃgra-noc-chià-re] *v.tr.* [*io ʃgranòcchio ecc.*] (*fam.*) mangiare qlco. che scrocchia sotto i denti: *— caramelle*.
sgrassaggio [ʃgras-sàg-gio] *s.m.* nella pulitura superficiale di un prodotto, il trattamento chimico di sgrassatura.
sgrassare [ʃgras-sà-re] *v.tr.* togliere il grasso: *— il brodo*.
sgrassatura [ʃgras-sa-tù-ra] *s.f.* lo sgrassare, l'essere sgrassato.
sgravare [ʃgra-và-re] *v.tr.* alleggerire, alleviare da un peso, da un onere (spec. *fig.*): *— da una preoccupazione* ♦ **sgravarsi** *v.rifl.* o *intr.pron.* **1** liberarsi (spec. *fig.*): *— di un rimorso* **2** (*pop.*) partorire.
sgravio [ʃgrà-vio] *s.m.* lo sgravare, lo sgravarsi, l'essere sgravato | alleggerimento o eliminazione di un onere fiscale: *— d'imposta*.
sgraziataggine [ʃgra-zia-tàg-gi-ne] *s.f.* l'essere sgraziato; atto di persona sgraziata.
sgraziato [ʃgra-zià-to] *agg.* senza grazia, privo

di armonia e bellezza: *voce sgraziata* □ **sgraziatamente** *avv.*

sgretolamento [ʃgre-to-la-mén-to] *s.m.* lo sgretolare, lo sgretolarsi, l'essere sgretolato.

sgretolare [ʃgre-to-là-re] *v.tr.* [*io ʃgrétolo ecc.*] rompere in piccoli frammenti; frantumare: *le infiltrazioni d'acqua sgretolano l'intonaco* ♦ **sgretolarsi** *v.intr.pron.* rompersi in piccoli frammenti; frantumarsi.

sgretolato [ʃgre-to-là-to] *agg.* ridotto in piccoli frammenti, frantumato.

sgridare [ʃgri-dà-re] *v.tr.* rimproverare, riprendere gridando.

sgridata [ʃgri-dà-ta] *s.f.* lo sgridare; rimprovero, rabbuffo: *dare una —.*

sgrommare [ʃgrom-mà-re] *v.tr.* [*io ʃgrómmo ecc.*] pulire dalla gromma: *— una botte.*

sgrondare [ʃgron-dà-re] *v.intr.* [*io ʃgróndo ecc.*; aus. *avere*] **1** cadere dalle gronde, grondare (detto di acqua) **2** far sì che l'acqua o un altro liquido scoli da un recipiente o da un oggetto che ne è impregnato: *mettere a — la biancheria* ♦ *v.tr.* far scolare il liquido rimasto in un recipiente; sgocciolare: *— un fiasco.*

sgroppare [ʃsgrop-pà-re] *v.tr.* [*io ʃgròppo ecc.*] rovinare la groppa del cavallo o di una bestia da soma | (*estens.*) sfiancare, stancare ♦ *v.intr.* [aus. *avere*] detto del cavallo, inarcare la groppa per disarcionare il cavaliere ♦ **sgropparsi** *v.intr.pron.* stancarsi, sfiancarsi.

sgroppata [ʃgrop-pà-ta] *s.f.* **1** lo sgroppare, l'inarcare la groppa (detto di cavallo) **2** cavalcata breve e veloce **3** (*sport*) breve corsa di allenamento.

sgropponata [ʃgrop-po-nà-ta] *s.f.* (*fam.*) lo sgropponare; grossa fatica.

sgrossamento [ʃgros-sa-mén-to] *s.m.* l'operazione, il processo dello sgrossare.

sgrossare [ʃgros-sà-re] *v.tr.* [*io ʃgròsso ecc.*] **1** dare una prima forma a un oggetto togliendone le parti eccedenti: *— un tronco d'albero* **2** (*fig.*) dirozzare, rendere meno grossolano | impartire a qlcu. le nozioni elementari di un'arte, di una disciplina ♦ **sgrossarsi** *v.intr.pron.* dirozzarsi.

sgrovigliare [ʃgro-vi-glià-re] *v.tr.* [*io ʃgrovìglio ecc.*] sciogliere un groviglio: *— una matassa.*

sgrugnare [ʃgru-gnà-re] *v.tr.* (*pop.*) colpire qlcu. sul grugno ♦ **sgrugnarsi** *v.intr.pron.* battere, rompersi il grugno (anche *fig.*): *vuol far di testa sua? lascia che si sgrugni.*

sguaiataggine [ʃgua-ia-tàg-gi-ne] *s.f.* l'essere sguaiato | atteggiamento, discorso sguaiato.

sguaiato [ʃgua-ià-to] *agg.* scomposto, volgare: *riso —* ♦ *s.m.* [f. *-a*] chi si comporta o parla in modo volgare, sconveniente □ **sguaiatamente** *avv.*

sguainare [ʃguai-nà-re] *v.tr.* [*io ʃguaìno* o *ʃguàino ecc.*] togliere dalla guaina, dal fodero: *— la spada.*

sgualcire [ʃgual-cì-re] *v.tr.* [*io ʃgualcisco, tu ʃgualcisci ecc.*] raggrinzare, spiegazzare: *— il vestito* ♦ **sgualcirsi** *v.intr.pron.* raggrinzarsi, spiegazzarsi.

sgualcito [ʃgual-cì-to] *agg.* raggrinzato, spiegazzato.

sgualcitura [ʃgual-ci-tù-ra] *s.f.* **1** lo sgualcire, lo sgualcirsi **2** spiegazzatura, parte sgualcita: *le sgualciture di un vestito.*

sgualdrina [ʃgual-drì-na] *s.f.* (*spreg.*) donna di facili costumi | (*estens.*) prostituta.

sguancio [ʃguàn-cio] *s.m.* **1** linea, struttura obliqua: *muro a —* **2** riferito a porte o a finestre, strombatura.

sguardo [ʃguàr-do] *s.m.* **1** il rivolgere gli occhi verso un punto o in una direzione; il guardare: *fissare lo —; non degnare di uno —* | il guardare rapidamente, in fretta; occhiata: *dare uno — al giornale* **2** il modo in cui si guarda: *— pieno di dolcezza.*

sguarnire [ʃguar-nì-re] *v.tr.* [*io ʃguarnisco, tu ʃguarnisci ecc.*] **1** togliere una guarnizione o le guarnizioni: *— un abito* **2** (*estens.*) privare qlco. di ciò che costituisce il suo corredo ordinario, abituale: *— la nave delle alberature* **3** privare di forze e mezzi di difesa militari: *— il fronte di truppe.*

sguarnito [ʃguar-nì-to] *agg.* **1** privo di guarnizione o di guarnizioni: *cappellino —* **2** (*estens.*) privo di ciò che serve e di solito si ha: *casa sguarnita* **3** privo di difesa, di guarnigione: *fortezza sguarnita.*

sguattero [ʃguàt-te-ro] *s.m.* [f. *-a*] addetto ai servizi di pulizia della cucina; lavapiatti.

sguazzare [ʃguaz-zà-re] *v.intr.* [aus. *avere*] **1** stare nell'acqua muovendosi vivacemente ma senza nuotare | *— nell'oro,* (*fig.*) essere molto ricco **2** (*fig.*) trovarsi a proprio agio: *— nei pettegolezzi.*

sguinciare [ʃguin-cià-re] *v.tr.* [*io ʃguìncio ecc.*] tagliare a sguincio, obliquamente.

sguincio [ʃguìn-cio] *s.m.* (*non com.*) sguancio; linea, struttura obliqua.

sguinzagliare [ʃguin-za-glià-re] *v.tr.* [*io ʃguinzàglio ecc.*] **1** sciogliere dal guinzaglio: *— il cane* **2** (*fig.*) mandare alla ricerca, all'inseguimento: *— la polizia.*

sgusciare[1] [ʃgu-scià-re] *v.intr.* [*io ʃgùscio ecc.*; aus. *essere*] scivolare via sfuggendo alla presa: *— di mano* | detto di persona o di animale, sgattaiolare.

sgusciare[2] *v.tr.* [*io ʃgùscio ecc.*] togliere qlco. dal guscio: *— le uova sode* ♦ *v.intr.* [aus. *essere*] detto di pulcini, uscire dal guscio dell'uovo.

sgusciatrice [ʃgu-scia-trì-ce] *s.f.* (*agr.*) macchina che serve a separare i semi minuti delle erbe foraggere dalle loro infiorescenze.

sgusciatura [ʃgu-scia-tù-ra] *s.f.* lo sgusciare, l'essere sgusciato: *la — dei piselli.*

shake [/ ˈʃeik /] *s.m.invar.* (*ingl.*) ballo moderno di ritmo veloce fortemente cadenzato.

shaker [/ ˈʃɛker /] *s.m.invar.* (*ingl.*) recipiente in cui si mescolano gli ingredienti di un cocktail.

shakerare [sha-ke-ra-re; / ʃekeˈrare /], o **scekerare**, *v.tr.* scuotere con lo shaker gli ingredienti di un cocktail, per mescolarli.

shampoo [/ 'ʃampo /] *s.m.invar.* (*ingl.*) **1** miscela schiumogena detergente usata per lavare i capelli **2** (*estens.*) l'operazione del lavare i capelli con lo shampoo: *fare lo —*.
shantung [/ 'ʃantung /] *s.m.invar.* (*ingl.*) tessuto di seta a superficie ineguale.
share [/ 'ʃɛr /] *s.m.invar.* (*ingl.*) nelle rilevazioni degli ascolti televisivi, la percentuale di spettatori sintonizzati su un canale in una determinata fascia oraria.
sherry [/ 'ʃɛrri /] *s.m.invar.* (*ingl.*) vino liquoroso prodotto in Spagna.
shetland [/ 'ʃɛtland /] *s.m.invar.* (*ingl.*) lana pregiata ricavata dalle pecore delle isole Shetland; filato o tessuto di tale lana.
shintoismo e *deriv.* → **scintoismo** e *deriv.*
shock [/ ʃɔk /] *s.m.invar.* (*ingl.*) **1** (*med.*) reazione organica violenta indotta da uno stimolo intenso di natura fisica o psichica: *— anafilattico* **2** (*estens.*) emozione improvvisa e violenta: *la notizia fu per lui uno —*.
shockare e *deriv.* → **scioccare** e *deriv.*
shocking [/ 'ʃɔkiŋg /] *agg.invar.* (*ingl.*) impressionante, molto emozionante | *rosa —*, vivo.
shockterapia [shock-te-ra-pi-a; / ʃɔktera'pia /] *s.f.* (*med.*) terapia di malattie mentali che consiste nel provocare nel paziente forti shock nervosi.
shopper [/ 'ʃɔpper /] *s.m.invar.* (*ingl.*) sacchetto in plastica che i negozianti forniscono ai clienti per riporvi gli acquisti.
shopping [/ 'ʃɔppiŋg /] *s.m.invar.* (*ingl.*) l'andare in giro per negozi a fare acquisti.
shopping center [/ 'ʃɔppiŋg 'sɛnter /] *loc.sost.m.invar.* (*ingl.*) complesso di negozi e servizi; centro commerciale.
short [/ ʃɔrt /] *s.m.invar.* (*ingl.*) cortometraggio pubblicitario.
shorts [/ ʃɔrts /] *s.m.pl.* (*ingl.*) calzoncini corti per uomo o per donna.
show [/ 'ʃɔ /] *s.m.invar.* (*ingl.*) spettacolo di varietà teatrale o televisivo.
show business [/ ʃɔ'biznis /] *loc.sost.m.invar.* (*ingl.*) l'industria dello spettacolo; l'attività economica collegata al mondo dello spettacolo.
showgirl [/ 'ʃɔgɛrl /] *s.f.invar.* (*ingl.*) donna di spettacolo in grado di intrattenere il pubblico incentrando su di sé il programma di uno show.
showman [/ 'ʃɔmɛn /] *s.m.invar.* (*ingl.*) uomo di spettacolo in grado di intrattenere il pubblico incentrando su di sé il programma di uno show.
show-room [/ 'ʃɔrum /] *s.m.invar.* (*ingl.*) salone in cui si espongono prodotti.
shuttle [/ ʃatl /] *s.m.invar.* (*ingl.*) navetta spaziale.
si[1] *s.m.* nota musicale, la settima della scala di do.
si[2] *pron.pers.rifl.m.* e *f. di terza pers.sing.* e *pl.* **1** forma complementare atona del pron. pers. *sé*; si usa come compl. oggetto con i verbi riflessivi e con i verbi riflessivi reciproci: *si veste con gusto*; *aiutarsi a vicenda* | come compl. di termine con i verbi riflessivi apparenti: *prepararsi il pranzo*; *farsi una posizione* | nella coniugazione dei verbi intransitivi pronominali: *si pentì amaramente*; *dimenticarsi di qlco.* | in presenza delle forme pronominali atone *la*, *lo*, *li*, *le*, e della particella *ne*, viene sostituito da *se*: *se li scambiarono* | accompagnato dai pronomi personali atoni *mi*, *ti*, *ci*, *vi*, *gli* si pospone a essi: *gli si gettò contro* **2** unito a un verbo di terza pers. sing. dà a esso valore impers.: *si dice*; *si parte tra poco* | nell'uso toscano si riferisce anche a un soggetto di prima pers. pl.: *noi si pensava che saresti venuto* **3** unito a un verbo transitivo attivo di terza pers. sing. o pl., conferisce valore passivo: *si vendono quadri*; *vendesi appartamento* **4** con valore intensivo e con sfumatura affettiva: *si è mangiato un pollo intero!*
sì[1] *avv.* **1** si usa nelle risposte come affermazione (può essere ripetuto o rafforzato): *"Hai capito?" "Sì"*; anche, *"Sì, sì"*, *"Sì certo"*, *"Sì davvero"* | *far cenno di sì*, annuire | *dire di sì*, acconsentire | *rispondere di sì*, affermativamente | *sperare, credere di sì*, che sia così | *se sì*, in caso affermativo: *se sì, ti telefonerò* | *e sì che*, e dire che **2** contrapposto a *no*: *un giorno sì e uno no*, a giorni alterni | *sì e no*, a malapena | *più sì che no*, probabilmente sì **3** con valore di *davvero*, in espressioni enfatiche: *questa sì che è bella!* ♦ *s.m.invar.* **1** risposta affermativa, positiva: *aspettare un sì*; *stare tra il sì e il no*, essere incerto; *decidersi per il sì*, decidere di fare qlco. | *la lingua del sì*, l'italiano **2** *pl.* voti favorevoli: *si sono avuti tre sì e quattro no* | Usato come *agg.invar.* (*fam.*) positivo, favorevole: *una giornata sì*.
sì[2] *avv.* (*lett.*) così ♦ *cong.* (*lett.*) così (seguito da *che* o *da* introduce proposizioni consecutive): *fare sì che tutto finisca presto*.
sia *cong.* con valore correlativo disgiuntivo: *ne parlerò — agli uni — agli altri*.
sial [sì-al] *s.m.* (*geol.*) strato esterno del globo terrestre, costituito prevalentemente da composti di silicio e alluminio.
sialico [si-à-li-co] *agg.* [pl.m. *-ci*] (*geol.*) del sial; che costituisce il sial: *minerale —*.
siamese [sia-mé-se] *agg.* **1** del Siam, paese attualmente denominato Thailandia | *gemelli siamesi*, nati con una parte del corpo congiunta | *gatto —*, gatto di razza pregiata con occhi azzurri e pelo color avana ♦ *s.m.* e *f.* **1** abitante, nativo del Siam **2** lingua parlata nel Siam.
sibarita [si-ba-rì-ta] *s.m.* e *f.* [pl.m. *-ti*] **1** abitante dell'antica Sibari **2** (*fig. lett.*) persona amante del lusso, dei piaceri più raffinati.
siberiano [si-be-rià-no] *agg.* della Siberia | *freddo —*, (*fig.*) assai intenso ♦ *s.m.* [f. *-a*] abitante, nativo della Siberia.
sibilante [si-bi-làn-te] *agg.* e *s.f.* (*ling.*) in fonetica, si dice di consonante fricativa la cui articolazione avviene all'altezza degli incisivi superiori o della parte anteriore del palato e produce un caratteristico effetto di sibilo (in it. la *s*, sorda e sonora, e il suono iniziale di parole come *sciame*, *scena*) ♦ *s.f.* consonante sibilante.
sibilare [si-bi-là-re] *v.intr.* [*io sìbilo ecc.*; aus. *avere*] emettere sibili: *il vento sibila*.

sibilla [si-bìl-la] *s.f.* **1** nell'antichità classica, nome di donne che si credeva fossero dotate di qualità profetiche: *la Sibilla Cumana* **2** (*scherz.*) donna che predice l'avvenire; indovina.

sibillino [si-bil-lì-no] *agg.* **1** da sibilla: *responso —* **2** (*fig.*) oscuro, enigmatico: *discorso —* □ **sibillinamente** *avv.* enigmaticamente.

sibilo [sì-bi-lo] *s.m.* fischio sottile e acuto: *il — di un proiettile.*

sic [/ sik /] *avv.* (*lat.*) così, proprio così (si usa fra parentesi, per avvertire che quanto si è scritto si scrive o è stato detto proprio così).

sicario [si-cà-rio] *s.m.* chi uccide su mandato di altri.

sicché [sic-ché] *cong.* e quindi, e perciò (con valore conclusivo): *pioveva, — non uscimmo* | (*assol.*) per sollecitare a rispondere, a parlare, a decidere: *"Sicché, la finisci o no?".*

siccità [sic-ci-tà] *s.f.* mancanza assoluta o scarsezza di piogge per un periodo di tempo prolungato | aridità, secchezza dell'aria o del terreno.

siccome [sic-có-me] *cong.* poiché, giacché (con valore causale): *— insisti, accetto.*

sic et simpliciter [/ 'siketsim'plitʃiter /] *loc.avv.* (*lat.*) senz'altro, senza ulteriori aggiunte.

siciliano [si-ci-lià-no] *agg.* della Sicilia ♦ *s.m.* **1** [f. *-a*] abitante, nativo della Sicilia **2** denominazione comune dei dialetti parlati in Sicilia.

sicofante [si-co-fàn-te] *s.m.* **1** nell'antica Grecia, il privato cittadino che denunciava alle autorità l'autore di un reato **2** (*estens. lett.*) spia, delatore; calunniatore.

sicomoro [si-co-mò-ro] *s.m.* **1** grande albero africano dal cui legno gli egizi ricavavano i sarcofaghi per le mummie **2** il frutto di tale albero.

siconio [si-cò-nio] *s.m.* (*bot.*) l'infiorescenza propria del fico; il tipo di frutto che ne deriva.

sicosi [si-cò-ʃi] *s.f.* (*med.*) malattia della pelle caratterizzata da un'infiammazione suppurativa dei follicoli dei peli.

siculo [sì-cu-lo] *agg.* **1** che è proprio o si riferisce alla popolazione stanziatasi in Sicilia prima della colonizzazione greca (sec. VIII a.C.) **2** (*lett.* o *scherz.*) siciliano ♦ *s.m.* [f. *-a*] **1** appartenente alla popolazione sicula **2** (*lett.* o *scherz.*) siciliano.

sicumera [si-cu-mè-ra] *s.f.* ostentata sicurezza di sé, presunzione altezzosa.

sicura [si-cù-ra] *s.f.* congegno di sicurezza delle armi da fuoco portatili o dell'apertura di porte e altri sistemi | (*estens.*) la levetta che aziona tale congegno: *mettere la —.*

sicurezza [si-cu-réz-za] *s.f.* **1** condizione di ciò che è sicuro, che non presenta rischi: *la — di un viaggio, di un impianto* | *uscita di —*, nei locali pubblici, uscita utilizzabile in caso di pericolo | *valvola di —*, che impedisce lo scoppio di una caldaia, di una pentola a vapore ecc. | *cassetta di —*, in cui vengono custoditi valori, gioielli, documenti ecc., di solito all'interno di una banca | *— pubblica*, l'ordine pubblico e l'osservanza delle leggi, il cui controllo è affidato all'*autorità di pubblica —* | *— sociale*, l'insieme delle prestazioni previdenziali e assistenziali offerte dallo stato ai cittadini **2** qualità di chi è sicuro di sé e delle proprie azioni: *guidare con —* **3** certezza: *avere la — di riuscirci.*

sicuro [si-cù-ro] *agg.* **1** che non presenta alcun pericolo: *un impianto —* **2** che non nutre alcun timore, che non corre pericoli; protetto: *vivere una vita sicura* **3** che ha, che dimostra abilità, padronanza, perizia: *è molto — nel suo lavoro* | *essere — di sé, del fatto proprio*, consapevole delle proprie capacità **4** certo, indubitabile; efficace: *un rimedio —* | *di —*, con certezza: *verrà di —* ♦ *avv.* certamente: *"Verrai?" "Sicuro!"* ♦ *s.m.* [solo *sing.*] ciò che è sicuro, certo | luogo, condizione che non presenta pericoli: *mettere al —* | *andare sul —*, (*fig.*) non correre rischi □ **sicuramente** *avv.* **1** in modo sicuro, con sicurezza: *agire —* **2** certamente: *partirò — domani.*

sicurtà [si-cur-tà] *s.f.* (*ant.*) sicurezza | in uso solo nel linguaggio delle assicurazioni: *polizza di —.*

sidecar [/ 'saidkar /] *s.m.invar.* (*ingl.*) motocicletta con carrozzino laterale per il passeggero.

siderale [si-de-rà-le] *agg.* (*astr.*) delle stelle, degli astri: *spazio —* | *anno —*, il tempo impiegato dalla Terra per compiere il suo giro intorno al Sole.

sidereo [si-dè-reo] *agg.* **1** (*lett.*) delle stelle, stellare **2** (*astr.*) siderale: *anno —.*

sidero- primo elemento di parole composte della terminologia scientifica, che significa 'ferro' (*siderosi*).

siderofilia [si-de-ro-fi-lì-a] *s.f.* (*biol.*) tendenza di alcuni microrganismi a preferire acque o terreni ricchi di minerali ferrosi.

siderografia [si-de-ro-gra-fì-a] *s.f.* arte dell'incisione su lastre di acciaio.

siderurgia [si-de-rur-gì-a] *s.f.* settore della metallurgia che concerne la produzione e la lavorazione industriale dell'acciaio e della ghisa.

siderurgico [si-de-rùr-gi-co] *agg.* [pl.m. *-ci*] della siderurgia: *industria siderurgica* ♦ *s.m.* [f. *-a*] operaio che lavora nell'industria siderurgica.

sidro [sì-dro] *s.m.* bevanda leggermente alcolica ottenuta dalla fermentazione di succhi di frutta.

siemens [/ 'simens /] *s.m.invar.* (*ted.*) unità di misura della conduttanza elettrica nel Sistema Internazionale.

siepe [siè-pe] *s.f.* **1** fila di arbusti o altre piante disposti fittamente per limitare o recintare, o come ornamento di viali e giardini **2** (*sport*) nei concorsi ippici, ostacolo costituito da una siepe naturale o artificiale.

siero [siè-ro] *s.m.* **1** la parte liquida di un fluido biologico che risulta dopo la sua coagulazione: *— del sangue, del latte* **2** (*med.*) siero del sangue di animali immunizzati, che si usa per la sieroterapia: *— antivipera.*

siero- primo elemento di parole composte della medicina e della biologia, che indica presenza di siero o relazione con il siero.

sierodiagnosi [sie-ro-di-à-gno-ʃi] *s.f.* (*med.*) accertamento diagnostico di malattie infettive, basato sulla identificazione dei relativi anticorpi.

sieroglobulina [sie-ro-glo-bu-lì-na] *s.f.* (*chim.*, *biol.*) ciascuna delle proteine presenti nel siero del sangue, con funzione di trasporto dei grassi e di difesa immunologica.
sierologia [sie-ro-lo-gì-a] *s.f.* ramo della biologia che studia le proprietà e la costituzione chimica del siero del sangue.
sieronegatività [sie-ro-ne-ga-ti-vi-tà] *s.f.* (*med.*) la condizione di chi è sieronegativo.
sieronegativo [sie-ro-ne-ga-tì-vo] *agg.* (*med.*) si dice di chi è risultato negativo a una sierodiagnosi, e non è quindi portatore del microrganismo patogeno in esame.
sieropositività [sie-ro-po-ʃi-ti-vi-tà] *s.f.* (*med.*) la condizione di chi è sieropositivo.
sieropositivo [sie-ro-po-ʃi-tì-vo] *agg.* (*med.*) si dice di chi è risultato positivo a una sierodiagnosi, ed è quindi portatore del microrganismo patogeno in esame.
sieroproteina [sie-ro-pro-te-ì-na] *s.f.* (*chim.*, *biol.*) ogni proteina presente nel siero del sangue.
sierosa [sie-ró-sa] *agg.* e *s.f.* (*anat.*) si dice della membrana di rivestimento delle cavità del corpo umano.
sieroso [sie-ró-so] *agg.* **1** che è simile a siero: *liquido —* **2** che contiene siero: *versamento —*.
sieroterapia [sie-ro-te-ra-pì-a] *s.f.* terapia contro le malattie infettive basata sulla somministrazione di sieri ricchi di anticorpi contro gli agenti patogeni specifici.
sierra [/ 'sjerra /] *s.f.* (*sp.*) in Spagna e in America latina, catena montuosa con cresta molto frastagliata.
siesta [/ 'sjesta /] *s.f.* (*sp.*) breve riposo pomeridiano: *fare la —*.
siffatto [sif-fàt-to] *agg.* (*non com.*) così fatto; tale.
sifilide [si-fì-li-de] *s.f.* (*med.*) malattia infettiva a decorso cronico intermittente, trasmessa per via sessuale.
sifilitico [si-fi-lì-ti-co] *agg.* [pl.m. *-ci*] della sifilide ♦ *agg.* e *s.m.* [f. *-a*] che/chi è affetto da sifilide.
sifiloma [si-fi-lò-ma] *s.m.* [pl. *-mi*] (*med.*) particolare ulcera della cute o delle mucose, che rappresenta la prima manifestazione clinica della sifilide.
sifonamento [si-fo-na-mén-to] *s.m.* (*ing.*) complesso delle opere idrauliche che è necessario realizzare per incanalare nel sottosuolo corsi d'acqua che scorrono in un territorio urbano.
sifone [si-fó-ne] *s.m.* **1** conduttura idraulica a forma di U rovesciata, per portare un liquido da un livello a un altro inferiore, valicando un ostacolo **2** contenitore di selz o acqua gassata **3** prodotto ottenuto dal mosto che si impiega nella preparazione di vini liquorosi.
sigaraio [si-ga-rà-io] *s.m.* [f. *-a*] operaio addetto alla lavorazione industriale del tabacco.
sigaretta [si-ga-rét-ta] *s.f.* **1** rotolino cilindrico di tabacco trinciato che si fuma avvolto in un foglietto di carta sottile **2** (*estens.*) qualsiasi oggetto la cui forma richiami quella di una sigaretta: *una — di cioccolato.*
sigaretto [si-ga-rét-to] *s.m.* sigaretta rivestita da una foglia di tabacco.
sigaro [sì-ga-ro] *s.m.* **1** rotolo di una o più foglie di tabacco, che si fuma: *— toscano* **2** nell'alpinismo, piccola guglia rocciosa a forma di sigaro.
sigillante [si-gil-làn-te] *s.m.* materiale plastico a base di silicone, usato per chiudere ermeticamente le fessure dei serramenti o di altre strutture.
sigillare [si-gil-là-re] *v.tr.* **1** imprimere un sigillo; chiudere con un sigillo: *— un documento* **2** (*estens.*) chiudere ermeticamente: *— un barattolo* **3** (*dir.*) apporre i sigilli, per disposizione dell'autorità giudiziaria: *— un appartamento.*
sigillatura [si-gil-la-tù-ra] *s.f.* il sigillare, l'essere sigillato.
sigillo [si-gìl-lo] *s.m.* **1** attrezzo di pietra o metallo sulla cui superficie è inciso a incavo un simbolo o un segno distintivo; si imprime su cera o ceralacca per salvaguardare l'integrità di plichi, documenti da spedire, oppure per garantirne l'integrità **2** la cera, la ceralacca o gli altri materiali su cui è impresso un sigillo **3** (*estens.*) qualsiasi tipo di chiusura ermetica **4** (*fig.*) impronta, segno inconfondibile: *nelle opere di Michelangelo c'è il — della sua grandezza* **5** (*dir.*) segno materiale che l'autorità giudiziaria fa apporre sugli accessi a locali o a edifici per impedirne la violazione.
sigla [sì-gla] *s.f.* **1** la lettera o le lettere iniziali di una o più parole usate come abbreviazione di una denominazione **2** firma abbreviata, composta per lo più dalle iniziali di nome e cognome **3** *— musicale*, breve motivo musicale che apre o chiude una trasmissione radiotelevisiva.
siglare [si-glà-re] *v.tr.* contrassegnare con una sigla; apporre una sigla: *— un documento* | *— un accordo*, firmarlo provvisoriamente, in attesa di approvazione definitiva.
siglario [si-glà-rio] *s.m.* elenco di sigle, con le relative denominazioni per esteso.
sigma [sìg-ma] *s.m.invar.* **1** [anche *f.*] nome della diciottesima lettera dell'alfabeto greco **2** (*anat.*) parte terminale del colon discendente che precede il retto.
significante [si-gni-fi-càn-te] *agg.* (*lett.*) importante, significativo ♦ *s.m.* (*ling.*) l'elemento formale, fonico o grafico, che, insieme al significato, costituisce il segno linguistico.
significare [si-gni-fi-cà-re] *v.tr.* [*io signìfico, tu signìfichi ecc.*] **1** manifestare, esprimere un significato, un contenuto, un messaggio, un'informazione: *il rosso del semaforo significa alt* | (*estens.*) essere indizio, segnale, simbolo: *un silenzio che significa disapprovazione* **2** (*fig.*) valere, equivalere: *quel posto significa la sicurezza.*
significatività [si-gni-fi-ca-ti-vi-tà] *s.f.* (*non com.*) l'essere significativo; qualità di ciò che è significativo.
significativo [si-gni-fi-ca-tì-vo] *agg.* **1** che ha particolare significato o importanza: *successo —* **2** ricco di significato; espressivo: *parole significative* □ **significativamente** *avv.*

significato [si-gni-fi-cà-to] *s.m.* **1** il contenuto semantico di un segno linguistico (parola, frase ecc.) o anche di altri mezzi d'espressione (simboli, segnali, gesti ecc.): *il — di un'espressione*; *— proprio, figurato* **2** (*fig.*) valore, importanza: *ciò ha grande —*.

signora [si-gnó-ra] *s.f.* **1** appellativo di riguardo con cui ci si rivolge o ci si riferisce a una donna sposata e che si premette al cognome, al nome e a eventuali titoli **2** (*estens.*) moglie: *come sta la sua —?* **3** la padrona di casa rispetto al personale di servizio **4** donna in genere: *parrucchiere per —* **5** donna raffinata nei modi e nei gusti: *è una vera —* | donna ricca, benestante, agiata: *fare la —* **6** (*lett.*) padrona, dominatrice: *Cartagine era la — del Mediterraneo* | *Nostra Signora*, la Madonna.

signore [si-gnó-re] *s.m.* **1** appellativo di riguardo con cui ci si rivolge o ci si riferisce a un uomo, e che si premette al cognome, al nome e a eventuali titoli **2** uomo in genere: *un — ha chiesto di te* **3** uomo raffinato nei modi e nei gusti: *si comporta da —* | uomo ricco, benestante, agiato: *vivere da —* | *pl.* l'insieme delle persone ricche: *i signori e la povera gente* **4** *pl.* insieme di persone di entrambi i sessi: *i signori possono accomodarsi* **5** il padrone di casa rispetto al personale di servizio **6** (*st.*) chi esercitava l'autorità su un territorio; nobile | chi reggeva una signoria; principe: *Gian Galeazzo Visconti fu — di Milano* **7** (*lett.*) padrone, dominatore | *il Signore*, *Nostro Signore*, per antonomasia, Dio.

signoreggiare [si-gno-reg-già-re] *v.tr.* [*io signoréggio ecc.*] (*lett.*) tenere in signoria; dominare (anche *fig.*): *— una città* ♦ *v.intr.* [aus. *avere*] (*lett.*) esercitare una signoria, un dominio: *Roma signoreggiò sul Mediterraneo.*

signoria [si-gno-rì-a] *s.f.* **1** (*lett.*) autorità, dominio, potere assoluto: *gli Angiò esercitarono la loro — su Napoli* **2** (*st.*) forma di governo di tipo monarchico assolutistico che soppiantò in molte città italiane le istituzioni comunali: *la — dei Medici a Firenze* **3** titolo onorifico attribuito un tempo ai signori e alle persone autorevoli: *Sua Signoria* | oggi, forma allocutiva dell'uso epistolare burocratico: *la Signoria Vostra.*

signorile [si-gno-rì-le] *agg.* **1** che è proprio o si riferisce a un antico signore feudale o rinascimentale: *palazzo —* **2** di signore, da signore: *avere modi signorili* □ **signorilmente** *avv.*

signorilità [si-gno-ri-li-tà] *s.f.* l'essere signorile: *— d'animo.*

signorina [si-gno-rì-na] *s.f.* **1** appellativo di riguardo e di cortesia con cui ci si rivolge o ci si riferisce a una donna non sposata **2** ragazza giovane non ancora sposata | fanciulla entrata nel periodo della pubertà: *diventare —*. DIM. *signorinella, signorinetta* **3** donna che non si è sposata; nubile.

signorino [si-gno-rì-no] *s.m.* **1** (*antiq.*) appellativo di riguardo per il giovane figlio del padrone di casa **2** (*iron.*) giovanetto delicato, esigente e di gusti difficili.

signornò [si-gnor-nò] *avv.* nel linguaggio militare, forma di risposta negativa assoluta usata da chi si rivolge a un superiore.

signorotto [si-gno-ròt-to] *s.m.* (*spreg.*) nobile di importanza secondaria, ma arrogante e violento | (*estens.*) notabile, possidente di campagna.

signorsì [si-gnor-sì] *avv.* nel linguaggio militare, forma di risposta affermativa assoluta usata da chi si rivolge a un superiore.

silente [si-lèn-te] *agg.* (*lett.*) tacito, silenzioso.

silenziatore [si-len-zia-tó-re] *s.m.* **1** dispositivo che riduce il rumore dello scarico dei gas nelle automobili; marmitta **2** dispositivo che si applica alla bocca delle armi da fuoco per attutire il rumore dello sparo.

silenzio [si-lèn-zio] *s.m.* **1** assenza di suoni, rumori e voci: *il — della notte*; *— di tomba*, assoluto **2** il tacere; lo smettere di parlare o di cantare, gridare, suonare: *fate —!* **3** il tacere su un determinato argomento: *passare sotto — qlco.*, non parlarne intenzionalmente | il non dare notizie di sé: *un — che dura da mesi* | *— stampa*, mancata pubblicazione sulla stampa, per scelta o per divieto, di notizie relative a un fatto importante; anche, l'astenersi dal fare dichiarazioni ai giornalisti **4** (*mil.*) il segnale del riposo eseguito con la tromba: *suonare il —*.

silenziosità [si-len-zio-si-tà] *s.f.* l'essere silenzioso.

silenzioso [si-len-zió-so] *agg.* **1** che sta in silenzio; taciturno: *ragazzo —* | *protesta silenziosa*, (*fig.*) tacita, non chiassosa **2** che non fa rumore, che fa poco rumore: *congegno —* | quieto, non disturbato da rumori: *strada silenziosa* □ **silenziosamente** *avv.* in silenzio, in modo silenzioso: *il ruscello scorreva —*.

silfide [sìl-fi-de] *s.f.* **1** nelle leggende nordiche, la compagna del silfo **2** (*fig.*) donna snella e aggraziata.

silfo [sìl-fo] *s.m.* nelle leggende nordiche, spirito, genio dell'aria, delle foreste o delle acque.

silhouette [/ si'lwɛt /] *s.f.* (*fr.*) **1** ritratto o figura di profilo, di cui sono disegnati solo i contorni; sagoma **2** (*estens.*) profilo del corpo, soprattutto femminile: *una bella —*.

silicatico [si-li-cà-ti-co] *agg.* [pl.m. *-ci*] (*chim.*) che è composto di silice o di silicati.

silicato [si-li-cà-to] *s.m.* (*chim.*) nome comune di tutti i sali degli acidi silicici.

silice [sì-li-ce] *s.f.* (*min.*) biossido di silicio, presente in molti minerali e nelle sabbie, in varietà cristalline (quarzo, selce) o amorfe (opale, forma fossile).

siliceo [si-lì-ceo] *agg.* di silice, che contiene silice: *rocce silicee.*

silicico [si-lì-ci-co] *agg.* [pl.m. *-ci*] di silicio: *acido —*.

silicio [si-lì-cio] *s.m.* elemento chimico di simbolo *Si*; è un non-metallo, costituente fondamentale di molte rocce e minerali.

silicizzazione [si-li-ciʒ-ʒa-zió-ne] *s.f.* (*geol.*) processo di fossilizzazione in cui atomi di silicio si sostituiscono agli atomi di carbonio delle sostanze organiche.

silicone [si-li-có-ne] *s.m.* (*chim.*) nome di polimeri organici del silicio, di origine sintetica, con proprietà e applicazioni assai varie (lubrificanti, vernici, isolanti, resine ecc.).

siliconico [si-li-cò-ni-co] *agg.* [pl.m. *-ci*] (*chim.*) di silicone, costituito di silicone.

silicosi [si-li-cò-ʃi] *s.f.* (*med.*) malattia polmonare provocata da una prolungata esposizione alla polvere di silice.

siliqua [sì-li-qua] *s.f.* (*bot.*) frutto secco, di forma allungata, che giunto a maturità si apre lungo due linee longitudinali.

sillaba [sìl-la-ba] *s.f.* (*ling.*) unità fonetica fondamentale costituita da uno o più suoni che si pronunciano con la stessa emissione di voce: *dividere una parola in sillabe* | *non dire* —, (*fig.*) rimanere in silenzio | *non capire una* —, (*fig.*) non capire nulla.

sillabare [sil-la-bà-re] *v.tr.* [*io sìllabo ecc.*] pronunciare o scrivere le sillabe d'una parola staccandole una dall'altra | imparare a leggere seguendo il metodo sillabico; compitare.

sillabario [sil-la-bà-rio] *s.m.* libro sul quale si impara a leggere e scrivere, seguendo il metodo sillabico.

sillabazione [sil-la-ba-zió-ne] *s.f.* il sillabare, l'essere sillabato.

sillabico [sil-là-bi-co] *agg.* [pl.m. *-ci*] di sillaba, delle sillabe; formato di sillabe | *grafia, scrittura sillabica*, quella in cui gli elementi rappresentati sono le sillabe e non i singoli suoni, come nelle scritture alfabetiche □ **sillabicamente** *avv.* per mezzo di sillabe.

silloge [sìl-lo-ge] *s.f.* (*lett.*) antologia, florilegio.

sillogismo [sil-lo-gì-ʃmo] *s.m.* **1** (*filos.*) argomentazione logica mediante la quale da due premesse si deduce una conclusione **2** (*estens.*) ragionamento.

sillogistica [sil-lo-gì-sti-ca] *s.f.* (*filos.*) parte della logica che tratta della natura e delle forme del sillogismo.

sillogistico [sil-lo-gì-sti-co] *agg.* [pl.m. *-ci*] di sillogismo; che si basa su sillogismi: *dimostrazione sillogistica* □ **sillogisticamente** *avv.* in modo sillogistico; per sillogismi.

sillogizzare [sil-lo-giʒ-ʒà-re] *v.intr.* [aus. *avere*] ragionare per sillogismi | (*fig.*) ragionare sottilmente, almanaccare.

silo [sì-lo] *s.m.* [pl. *sili* o, alla sp., *silos*] **1** costruzione cilindrica in lamiera o in muratura, per la conservazione e il deposito di foraggi, cereali, minerali ecc. **2** (*mil.*) pozzo che contiene la rampa di lancio di un missile **3** parcheggio urbano disposto su più piani.

silo-, o xilo-, primo elemento di parole composte, che vale 'legno' o indica relazione con il legno (*silografia*).

silofago → **xilofago**.

silofono e *deriv.* → **xilofono** e *deriv.*

silografia [si-lo-gra-fì-a], o xilografia, *s.f.* procedimento di stampa che usa come matrice una tavoletta di legno duro su cui si intaglia l'immagine o la scrittura da riprodurre | (*tip.*) la matrice incisa nel legno; anche, stampa realizzata con tale tecnica: *una — cinquecentesca.*

silografico [si-lo-grà-fi-co], o xilografico, *agg.* [pl.m. *-ci*] di silografia, relativo alla silografia; ottenuto mediante silografia: *tecnica silografica.*

silologia [si-lo-lo-gì-a], o xilologia, *s.f.* studio del legno dal punto di vista botanico o dei suoi usi industriali.

silologico [si-lo-lò-gi-co], o xilologico, *agg.* [pl.m. *-ci*] che concerne la silologia: *studi silologici.*

silologo [si-lò-lo-go], o xilologo, *s.m.* [f. *-a*; pl.m. *-gi*] studioso di silologia.

silometro [si-lò-me-tro] *s.m.* (*mar.*) strumento usato per misurare la velocità delle navi.

silos → **silo**.

siloteca [si-lo-tè-ca], o xiloteca, *s.f.* luogo dove si raccoglie il legno per studi botanici o tecnologici.

siluramento [si-lu-ra-mén-to] *s.m.* il silurare, l'essere silurato (anche *fig.*): *il — di un'iniziativa.*

silurante [si-lu-ràn-te] *agg.* si dice di nave, aereo o altro mezzo da guerra che impiega siluri ♦ *s.f.* nave da guerra armata principalmente di siluri.

silurare [si-lu-rà-re] *v.tr.* **1** (*mil.*) colpire un obiettivo con uno o più siluri **2** (*fig.*) boicottare, far fallire un'iniziativa: — *un progetto* | screditare, danneggiare una persona che ricopre un incarico di prestigio: — *un dirigente.*

siluriano [si-lu-rià-no] *agg.* e *s.m.* si dice del secondo periodo geologico dell'era paleozoica: *fossile —.*

siluriforme [si-lu-ri-fór-me] *agg.* che ha forma di siluro.

silurista [si-lu-rì-sta] *s.m.* [pl. *-sti*] (*mar. mil.*) marinaio specializzato nella preparazione, nella manutenzione e nell'uso dei siluri.

siluro [si-lù-ro] *s.m.* **1** grossa arma a forma di cilindro affusolato, contenente una carica di esplosivo; viene lanciata contro obiettivi subacquei o di superficie **2** (*fig.*) azione che mira a danneggiare o screditare chi ricopre un incarico di responsabilità, di prestigio o anche un'iniziativa, un'impresa, un'attività ecc.

silvano [sil-và-no] *agg.* (*lett.*) di selva, delle selve.

silvestre [sil-vè-stre] *agg.* (*lett.*) di selva, delle selve | che vive, che cresce nelle selve; silvano: *fauna, pianta —.*

silvia [sìl-via] *s.f.* (*zool.*) genere di piccoli uccelli passeriformi dal corpo corto con zampe esili, coda diritta e becco sottile, a cui appartengono il beccafico e la capinera.

silvicolo [sil-vì-co-lo] *agg.* delle selve; che vive nelle selve.

silvicoltura → **selvicoltura**.

sim- → **sin-**.

simbionte [sim-bión-te] *s.m.* (*biol.*) ogni individuo animale o vegetale che vive in simbiosi.

simbiosi [sim-biò-ʃi] *s.f.* **1** (*biol.*) forma di vita associata fra animali o vegetali di specie diversa, con beneficio reciproco 2 (*fig.*) rapporto molto stretto tra persone o cose diverse: *coppia che vive in —*.

simbiotico [sim-biò-ti-co] *agg.* [pl.m. *-ci*] di simbiosi (anche *fig.*): *rapporto —*.

simboleggiare [sim-bo-leg-già-re] *v.tr.* [*io simboléggio ecc.*] rappresentare, manifestare con simboli: *la colomba simboleggia la pace.*

simbolicità [sim-bo-li-ci-tà] *s.f.* l'essere simbolico.

simbolico [sim-bò-li-co] *agg.* [pl.m. *-ci*] 1 di simbolo; che ha natura o valore di simbolo: *dono —* 2 che si esprime mediante simboli o fa uso di simboli: *linguaggio —*; *logica simbolica*, logica matematica □ **simbolicamente** *avv.*

simbolismo [sim-bo-lì-ʃmo] *s.m.* 1 l'essere simbolo, l'avere carattere simbolico; l'essere costituito da simboli: *il — del linguaggio* 2 l'uso di un particolare sistema di segni; il complesso dei segni usati: *il — della matematica* 3 in arte, la tendenza a esprimersi attraverso simboli | (*st.*) movimento letterario sorto nell'Ottocento in Francia, che tendeva a usare un linguaggio analogico e metaforico.

simbolista [sim-bo-lì-sta] *s.m.* e *f.* [pl.m. *-sti*] esponente, seguace del simbolismo | Usato anche come *agg.* in luogo di *simbolistico*.

simbolistico [sim-bo-lì-sti-co] *agg.* [pl.m. *-ci*] (*lett.*) del simbolismo; proprio di un artista simbolista: *movimento —*.

simbolizzare [sim-bo-liʒ-ʒà-re] *v.tr.* [*io simboliʒʒo ecc.*] 1 (*scient.*) rappresentare mediante simboli; attribuire valore simbolico 2 (*non com.*) simboleggiare.

simbolizzazione [sim-bo-liʒ-ʒa-zió-ne] *s.f.* il simbolizzare, l'essere simbolizzato.

simbolo [sìm-bo-lo] *s.m.* 1 oggetto, individuo o altra cosa concreta che può sintetizzare ed evocare una realtà più vasta o un'entità astratta; emblema: *il verde è — della speranza* 2 segno convenzionale usato per esprimere in forma sintetica un ente matematico, una grandezza fisica, un elemento chimico ecc.: *— astronomico* 3 (*ling.*) ogni segno del linguaggio scritto o parlato.

simbologia [sim-bo-lo-gì-a] *s.f.* insieme organico di simboli concernenti una data materia o argomento: *— matematica.*

similare [si-mi-là-re] *agg.* dello stesso tipo, affine.

similarità [si-mi-la-ri-tà] *s.f.* (*non com.*) l'essere similare.

simile [sì-mi-le] *agg.* 1 che presenta analogie e somiglianze con un'altra cosa o persona; analogo: *oggetti simili*; *l'anatra è — all'oca* 2 tale, siffatto: *con gente — meglio non avere a che fare* 3 (*geom.*) si dice di enti geometrici che hanno forma uguale e grandezza diversa: *triangoli simili* ♦ *s.m.* ogni essere della stessa specie; ogni uomo per un altro uomo: *ogni — ama il suo —* | *... e simili*, per indicare genericamente individui o cose analoghe ad altre precedentemente dette □ **similmente** *avv.* in modo simile; analogamente.

similitudine [si-mi-li-tù-di-ne] *s.f.* 1 (*non com.*) rassomiglianza 2 figura retorica che consiste nell'accostare due entità sulla base di un rapporto di somiglianza; in genere è introdotta da *come*, *simile a* (p.e. *parla come se fosse un genio*) 3 (*mat.*) relazione fra due enti tale che sia costante il rapporto fra gli elementi lineari dell'uno e i corrispondenti dell'altro.

similoro [si-mi-lò-ro] *s.m.invar.* nome generico di alcune leghe di rame e zinco che hanno colore simile all'oro.

similpelle [si-mil-pèl-le] *s.m.invar.* materiale artificiale di aspetto e consistenza simili a quelli della pelle naturale.

simmetria [sim-me-trì-a] *s.f.* 1 corrispondenza esatta di grandezze, forme e posizioni tra gli elementi di un insieme: *la — di una facciata* | (*biol.*) corrispondenza tra parti simili che si riscontra nell'aspetto di molti organismi vegetali e animali 2 (*fig.*) disposizione armonica delle parti che costituiscono un insieme: *la perfetta — della "Divina Commedia" —*.

simmetrico [sim-mè-tri-co] *agg.* [pl.m. *-ci*] che ha simmetria; che è disposto in simmetria: *figure simmetriche* □ **simmetricamente** *avv.*

simonia [si-mo-nì-a] *s.f.* (*relig.*) peccato in cui incorre chi pratica il commercio di beni spirituali o di cariche ecclesiastiche.

simoniaco [si-mo-nì-a-co] *agg.* e *s.m.* [f. *-a*; pl.m. *-ci*] che/chi compie simonia ♦ *agg.* che ha carattere di simonia: *vendita simoniaca.*

simpatetico [sim-pa-tè-ti-co] *agg.* [pl.m. *-ci*] che s'accorda perfettamente col pensiero o col carattere, le caratteristiche, le qualità di una persona o di una cosa □ **simpateticamente** *avv.*

simpatia [sim-pa-tì-a] *s.f.* 1 sentimento di attrazione istintiva verso una persona o di adesione nei confronti di una cosa: *provare —*; *andare a —*, comportarsi, giudicare con parzialità a seconda della simpatia che si nutre 2 qualità di chi o di ciò che è simpatico: *uomo di grande —*.

simpatico[1] [sim-pà-ti-co] *agg.* [pl.m. *-ci*] 1 che ispira simpatia; affabile, cortese: *essere — a tutti.* ACCR. *simpaticone* | (*estens.*) piacevole, gradevole: *trascorrere una serata simpatica* 2 *inchiostro —*, costituito da composti incolori nel momento in cui si usano, ma che diventano leggibili dopo opportuni trattamenti ♦ *s.m.* [f. *-a*] persona simpatica □ **simpaticamente** *avv.*

simpatico[2] *agg.* e *s.m.* [pl.m. *-ci*] (*med.*) si dice del sistema nervoso che presiede alle funzioni della vita vegetativa.

simpatizzante [sim-pa-tiʒ-ʒàn-te] *agg.* e *s.m.* e *f.* che/chi guarda con favore a un partito, a un'ideologia, senza però avervi parte attiva.

simpatizzare [sim-pa-tiʒ-ʒà-re] *v.intr.* [aus. *avere*] 1 entrare in rapporto di reciproca simpatia: *— con i nuovi compagni* 2 essere disposto favorevolmente verso qlco.: *— per un partito.*

simpetalo [sim-pè-ta-lo] *agg.* (*bot.*) si dice di fiore che ha i petali uniti fra loro.

simposio [sim-pò-ʃio] *s.m.* 1 (*lett.*) banchetto,

convito 2 (*fig.*) congresso di studiosi: *un — di medicina.*

simulacro [si-mu-là-cro] *s.m.* (*lett.*) 1 immagine, statua raffigurante una divinità, un eroe, un personaggio illustre: — *marmoreo* 2 (*fig.*) immagine esteriore, parvenza, apparenza.

simulare [si-mu-là-re] *v.tr.* [*io sìmulo ecc.*] 1 manifestare sentimenti insinceri; fingere: — *amicizia per qlcu.* | mostrare ciò che non si ha, cercare di far credere qlco. che non è: — *la pazzia* 2 (*estens.*) imitare: — *il canto degli uccelli* 3 (*scient.*) riprodurre artificialmente le condizioni in cui si svolge un processo o un fenomeno, per studiarne e verificarne gli effetti: — *il volo spaziale.*

simulato [si-mu-là-to] *agg.* non vero; finto, insincero □ **simulatamente** *avv.* con simulazione, falsamente.

simulatore [si-mu-la-tó-re] *s.m.* 1 [f. *-trice*] chi simula 2 (*tecn.*) sistema o impianto per la simulazione sperimentale: — *di volo.*

simulazione [si-mu-la-zió-ne] *s.f.* 1 il simulare, l'essere simulato; finzione: *una — perfetta* | — *di reato*, (*dir.*) delitto compiuto da chi afferma falsamente che è avvenuto un reato o ne simula le tracce 2 (*scient.*) analisi di un fenomeno, di un processo o di un sistema effettuata attraverso la costruzione di un modello matematico che lo simuli.

simultaneità [si-mul-ta-nei-tà] *s.f.* coincidenza degli eventi nel tempo; contemporaneità.

simultaneo [si-mul-tà-neo] *agg.* che avviene nel medesimo tempo, in coincidenza con un'altra cosa: *l'arrivo — di due treni*; *traduzione simultanea*, eseguita nello stesso momento in cui qlcu. parla □ **simultaneamente** *avv.*

sin-, o **sim-**, prefisso di parole composte che indica unione, connessione, contemporaneità; la *n* si assimila dinanzi a *l* e *m* (*sillogismo, simmetria*), passa a *m* dinanzi a *b* e *p* (*simbolo, simpatia*) e talvolta cade dinanzi a *s* seguita da consonante (*sistema*).

sinagoga [si-na-gò-ga] *s.f.* edificio in cui si pratica il culto della religione ebraica.

sinalefe [si-na-lè-fe] *s.f.* fusione in un'unica sillaba metrica della vocale o del dittongo finale di una parola con la vocale o il dittongo iniziale della parola seguente (p.e. *mi ritrovai per una selva oscura*; DANTE *Inf.* I, 2).

sinapsi [si-nà-psi] *s.f.* (*fisiol.*) collegamento fra due fibre nervose, che assicura la trasmissione dell'impulso nervoso.

sinartrosi [si-nar-trò-ʃi] *s.f.* (*anat.*) articolazione priva di movimenti (p.e. quelle della volta cranica).

sincerare [sin-ce-rà-re] *v.tr.* [*io sincèro ecc.*] (*lett.*) convincere qlcu. della verità di qlco. ♦ **sincerarsi** *v.rifl.* accertarsi, assicurarsi: — *personalmente di un fatto.*

sincerità [sin-ce-ri-tà] *s.f.* l'essere sincero; franchezza, schiettezza.

sincero [sin-cè-ro] *agg.* 1 che non mente, non inganna; franco, leale: *amico* — 2 reale, non simulato: *augurio* — | (*estens.*) genuino, non artefatto: *vino* — □ **sinceramente** *avv.* in modo sincero: *si è espresso* — | in verità: —, *non so che fare.*

sincinesia [sin-ci-ne-ʃì-a] *s.f.* (*fisiol.*) disturbo motorio che consiste nell'impossibilità di compiere un gesto volontario senza effettuarne contemporaneamente un altro involontario; si osserva in alcune forme di paralisi.

sinclinale [sin-cli-nà-le] *s.f.* (*geol.*) piega degli strati rocciosi con la convessità rivolta verso il basso.

sincopare [sin-co-pà-re] *v.tr.* [*io sìncopo ecc.*] 1 (*ling.*) ridurre una parola mediante sincope 2 (*mus.*) dare a un brano musicale un ritmo caratterizzato da sincopi.

sincopato [sin-co-pà-to] *agg.* 1 si dice di parola che ha subito una sincope 2 si dice di brano musicale in cui sia frequente la sincope.

sincope [sìn-co-pe] *s.f.* 1 (*ling.*) caduta di un suono o gruppo di suoni all'interno di una parola (p.e. *spirto* da *spirito*) 2 (*mus.*) effetto ritmico dovuto alla sfasatura di un suono rispetto alla regola implicita in una misura data 3 (*med.*) sospensione improvvisa dell'attività cardiocircolatoria e respiratoria.

sincretismo [sin-cre-tì-ʃmo] *s.m.* 1 mescolanza, fusione di dottrine religiose o filosofiche di origine diversa 2 (*ling.*) unione in una stessa forma grammaticale di funzioni diverse.

sincretistico [sin-cre-tì-sti-co] *agg.* [pl.m. *-ci*] di sincretismo, relativo a sincretismo; caratterizzato da sincretismo: *religione sincretistica.*

sincronia [sin-cro-nì-a] *s.f.* 1 l'essere sincrono; sincronismo: *movimenti in* — 2 (*ling.*) lo stato, l'assetto di una lingua in un dato momento, considerato indipendentemente dall'evoluzione storica della lingua stessa (si contrappone a *diacronia*).

sincronico [sin-crò-ni-co] *agg.* [pl.m. *-ci*] 1 che avviene nello stesso tempo; sincrono 2 (*ling.*) che riguarda la sincronia | *linguistica sincronica*, quella che studia i fatti linguistici così come si presentano a un certo momento in una lingua □ **sincronicamente** *avv.*

sincronismo [sin-cro-nì-ʃmo] *s.m.* 1 l'essere sincrono; contemporaneità, simultaneità nell'accadere o nello svolgersi di fatti o di movimenti 2 (*fis.*) condizione di due fenomeni periodici che abbiano uguale periodo 3 (*cine.*) la perfetta contemporaneità tra le immagini e i suoni a esse relativi.

sincronizzare [sin-cro-niʒ-ʒà-re] *v.tr.* rendere sincroni due o più movimenti o i funzionamenti di due o più congegni, meccanismi ecc. ♦ **sincronizzarsi** *v.rifl.* o *intr.pron.* diventare sincrono.

sincronizzato [sin-cro-niʒ-ʒà-to] *agg.* che è stato messo e rimane in sincronia: *movimenti sincronizzati* | *marce sincronizzate*, quelle di auto e motoveicoli i cui ingranaggi sono sincronizzati | *nuoto* —, disciplina sportiva che prevede l'esecu-

zione in acqua di figure accompagnate dalla musica.
sincronizzatore [sin-cro-niʒ-ʒa-tó-re] *s.m.* denominazione generica di qualsiasi dispositivo che ha la funzione di sincronizzare due o più movimenti.
sincronizzazione [sin-cro-niʒ-ʒa-zió-ne] *s.f.* il sincronizzare, il sincronizzarsi, l'essere sincronizzato.
sincrono [sìn-cro-no] *agg.* **1** che avviene nello stesso momento, nello stesso intervallo di tempo | (*fis.*) che ha il medesimo periodo: *oscillazioni sincrone* **2** (*tecn.*) che si muove, agisce, funziona in maniera coordinata col muoversi, agire, funzionare di un altro elemento: *meccanismo —*.
sincrotrone [sin-cro-tró-ne] *s.m.* (*fis.*) acceleratore di particelle di forma circolare, usato per accelerare, a elevate energie, elettroni e protoni.
sindacabile [sin-da-cà-bi-le] *agg.* che si può sindacare; criticabile.
sindacale[1] [sin-da-cà-le] *agg.* di un sindacato, dei sindacati; del sindacalismo: *libertà sindacali.*
sindacale[2] *agg.* **1** relativo al sindaco di un comune: *ordinanza —* **2** relativo ai sindaci di una società: *collegio —*.
sindacalismo [sin-da-ca-lì-ʃmo] *s.m.* movimento che mira a tutelare gli interessi dei lavoratori nei confronti dei datori di lavoro, mediante la loro organizzazione in sindacati.
sindacalista [sin-da-ca-lì-sta] *s.m.* e *f.* [pl.m. *-sti*] dirigente, funzionario di un'organizzazione sindacale; chi si dedica all'attività sindacale.
sindacalizzare [sin-da-ca-liʒ-ʒà-re] *v.tr.* **1** rendere cosciente dei diritti dei lavoratori e della necessità dell'organizzazione sindacale **2** organizzare in sindacato: *— una categoria* ♦ **sindacalizzarsi** *v.rifl.* acquisire coscienza sindacale.
sindacalizzazione [sin-da-ca-liʒ-ʒa-zió-ne] *s.f.* il sindacalizzare, il sindacalizzarsi, l'essere sindacalizzato.
sindacare [sin-da-cà-re] *v.tr.* [*io sìndaco, tu sìndachi ecc.*] **1** (*ammin.*) rivedere, controllare l'attività di enti, amministrazioni o singoli funzionari, impiegati **2** (*fig.*) passare al vaglio con minuziosa severità; criticare: *— la condotta di qlcu.*
sindacato[1] [sin-da-cà-to] *agg.* sottoposto a controllo amministrativo: *società sindacate* ♦ *s.m.* controllo di tipo giuridico-amministrativo esercitato su un'attività finanziaria o contabile.
sindacato[2] *s.m.* associazione di lavoratori dipendenti o di lavoratori autonomi, di datori di lavoro, costituita per tutelare gli interessi economici e professionali della categoria: *il — degli edili.*
sindaco [sìn-da-co] *s.m.* [pl. *-ci*] **1** capo dell'amministrazione di un comune, oggi eletto direttamente dai cittadini **2** nelle società di capitale, nelle cooperative e in altre associazioni, ciascuno dei membri dell'organo che esercita il controllo sull'attività degli amministratori.
sindattilia [sin-dat-ti-lì-a] *s.f.* (*med.*) anomalia congenita consistente nella fusione di due o più dita della mano o del piede.
sindone [sìn-do-ne] *s.f.* nell'antico mondo ebraico, lenzuolo di lino entro cui si avvolgeva il cadavere.
sindrome [sìn-dro-me] *s.f.* (*med.*) il complesso dei sintomi che denunciano una situazione morbosa senza costituire di per sé una malattia autonoma: *— emorragica* | in alcune espressioni è sinonimo di malattia: *— di Down*, malattia congenita di origine cromosomica che causa ritardo mentale e tratti somatici di tipo mongoloide | *— di astinenza*, complesso di disturbi che insorgono in individui intossicati per improvvisa privazione della sostanza cui sono assuefatti.
sinecura [si-ne-cù-ra] *s.f.* **1** un tempo, beneficio ecclesiastico senza obblighi di uffici e di cura di anime **2** (*estens.*) incarico remunerato che non comporta grandi carichi e responsabilità di lavoro.
sineddoche [si-nèd-do-che] *s.f.* figura retorica che trasferisce il significato da una parola a un'altra sulla base di un rapporto di contiguità quantitativa (*p.e.* la parte per il tutto, il tutto per la parte, l'individuo per la specie ecc.).
sine die [/ sine' die /] *loc.avv.* (*lat.*) a tempo indeterminato, senza che sia stato fissato una scadenza: *rinviare una riunione —*.
sinedrio [si-nè-drio] *s.m.* nell'antica Grecia, assemblea politica o religiosa dei rappresentanti delle città | presso gli antichi ebrei, supremo consesso politico, religioso e giudiziario.
sineresi [si-nè-re-ʃi] *s.f.* **1** figura metrica per cui, nel verso, si pronunciano come facenti parte di un'unica sillaba due o più vocali appartenenti alla stessa parola ma a due sillabe diverse **2** (*chim.*, *fis.*) separazione spontanea del solvente da una massa colloidale con conseguente raggrinzimento di questa.
sinergia [si-ner-gì-a] *s.f.* **1** (*med.*) azione simultanea di due o più agenti diversi sull'organismo, che ne potenzia i singoli effetti; sinergismo **2** (*estens.*) integrazione di varie attività produttive volta al conseguimento di una maggiore efficienza e di risultati economicamente più vantaggiosi.
sinergico [si-nèr-gi-co] *agg.* [pl.m. *-ci*] (*med.*) che presenta o provoca sinergia.
sinergismo [si-ner-gì-ʃmo] *s.m.* (*med.*) sinergia.
sinestesi [si-ne-stè-ʃi] *s.f.* (*psicol.*) fenomeno per cui una sensazione corrispondente a un dato senso viene associata a quella di un senso diverso (*p.e.* un certo suono induce la sensazione di un certo colore).
sinestesia [si-ne-ste-ʃì-a] *s.f.* **1** (*psicol.*) sinestesi **2** figura retorica che consiste nell'associare due termini che si riferiscono a sfere sensoriali diverse.
sinfonia [sin-fo-nì-a] *s.f.* **1** composizione musicale per orchestra, che nella forma in uso fra la metà del sec. XVIII e la metà del XIX si articola in tre o quattro movimenti **2** (*estens.*) il pezzo strumentale posto a introduzione di un melo-

dramma; ouverture **3** (*fig.*) insieme armonico di cose: *una — di luci.*
sinfonico [sin-fò-ni-co] *agg.* [pl.m. *-ci*] che ha carattere o forma di sinfonia: *musica sinfonica.*
sinfonietta [sin-fo-ni-ét-ta] *s.f.* (*mus.*) composizione simile alla sinfonia, ma più breve e destinata a un organico orchestrale ridotto.
singhiozzare [sin-ghioz-zà-re] *v.intr.* [*io singhiózzo ecc.*] **1** piangere con singhiozzi **2** avere il singhiozzo: *appena mangia, comincia a —.*
singhiozzo [sin-ghióz-zo] *s.m.* **1** rapida inspirazione per improvvisa contrazione del diaframma, accompagnata da un suono particolare | *a —, a singhiozzi*, a sbalzi, in maniera discontinua: *sciopero a —* **2** il succedersi rapido di inspirazioni ed espirazioni convulse provocate dal pianto: *scoppiare in singhiozzi.*
single [/ siŋgl /] *s.m.* e *f.invar.* (*ingl.*) persona che vive da sola.
singolare [sin-go-là-re] *agg.* **1** (*lett.*) proprio di una sola cosa o persona; individuale **2** unico nel suo genere; particolare, insolito, strano: *un caso —* ♦ *agg.* e *s.m.* si dice di forma grammaticale che indica una sola cosa o una sola persona: *aggettivo —* ♦ *s.m.* (*sport*) nel tennis, partita disputata tra due giocatori □ **singolarmente** *avv.* **1** a uno a uno, individualmente: *rispondere —* **2** particolarmente, straordinariamente: *episodio — strano.*
singolarità [sin-go-la-ri-tà] *s.f.* l'essere singolare; originalità, peculiarità: *la — di un carattere.*
singolo [sìn-go-lo] *agg.* **1** considerato a sé; separato dagli altri, isolato: *i singoli elementi di un insieme* **2** unico: *documento in singola copia* | predisposto per una sola persona: *camera singola* ♦ *s.m.* **1** l'individuo: *la libertà del —* **2** nelle carrozze letto, scompartimento predisposto per un solo viaggiatore **3** (*sport*) imbarcazione da regata per un solo vogatore | nel tennis, partita disputata tra due giocatori; singolare.
singulto [sin-gùl-to] *s.m.* (*lett.*) singhiozzo.
siniscalco [si-ni-scàl-co] *s.m.* [pl. *-chi*] nelle corti medievali, titolo spettante al maestro di casa o ad alti dignitari.
sinistra [si-nì-stra] *s.f.* **1** la mano sinistra; il lato, la direzione a essa corrispondenti: *scrivere con la —; voltare a —* | *a destra e a —*, (*fig.*) qui e là, dappertutto **2** l'insieme dei partiti progressisti, i cui deputati siedono tradizionalmente alla sinistra del presidente | (*estens.*) la parte progressista di un partito, di un movimento: *la — cattolica.*
sinistrare [si-ni-strà-re] *v.tr.* colpire, danneggiare gravemente: *l'alluvione ha sinistrato la città.*
sinistrato [si-ni-strà-to] *agg.* e *s.m.* [f. *-a*] che/chi è stato danneggiato da un sinistro: *casa sinistrata; i sinistrati del terremoto.*
sinistro [si-nì-stro] *agg.* **1** si dice di ciò che nel corpo umano sta dalla parte del cuore e anche di tutto ciò che si trova nel lato o nella direzione corrispondente (si contrappone a *destro*): *braccio —; il lato — della strada* **2** (*fig.*) di cattivo augurio, funesto: *un — presagio* | minaccioso, truce, bieco: *un individuo —* ♦ *s.m.* **1** (*burocr.*) disastro, incidente: *— stradale* **2** (*sport*) nel pugilato, il pugno sinistro e il colpo sferrato con tale pugno: *un — al mento* | nel calcio, il piede sinistro e il tiro eseguito con tale piede: *tirare di —* □ **sinistramente** *avv.* in modo sinistro, minaccioso; funestamente.
sinistrorso [si-ni-stròr-so] *agg.* **1** che procede da destra a sinistra: *scrittura sinistrorsa* **2** (*scient.*, *tecn.*) che gira nel senso opposto a quello delle lancette dell'orologio: *vite sinistrorsa.*
sino → **fino**[1].
sino- primo elemento di parole composte, che significa 'Cina' o fa riferimento alla Cina (*sinologo*).
sinodale [si-no-dà-le] *agg.* del sinodo; prescritto da un sinodo.
sinodico [si-nò-di-co] *agg.* [pl.m. *-ci*] (*astr.*) relativo alla congiunzione di due o più astri | *mese —*, intervallo fra due noviluni successivi; lunazione.
sinodo [sì-no-do] *s.m.* concilio ecclesiastico: *— diocesano*, riunione dei sacerdoti di una diocesi.
sinologia [si-no-lo-gì-a] *s.f.* studio della lingua, della cultura e della civiltà cinese.
sinologo [si-nò-lo-go] *s.m.* [f. *-a*; pl.m. *-gi* o *-ghi*] studioso di sinologia.
sinonimia [si-no-ni-mì-a] *s.f.* (*ling.*) uguaglianza di significato tra due o più vocaboli: *la — tra "viso" e "volto".*
sinonimico [si-no-nì-mi-co] *agg.* [pl.m. *-ci*] (*ling.*) di sinonimo, dei sinonimi; relativo alla sinonimia: *espressione sinonimica* □ **sinonimicamente** *avv.* per mezzo di un sinonimo.
sinonimo [si-nò-ni-mo] *agg.* e *s.m.* (*ling.*) si dice di parola che ha sostanzialmente lo stesso significato di un'altra: *"faccia" e "viso" sono sinonimi.*
sinopia [si-nò-pia] *s.f.* **1** varietà di ocra rossa | *filo della —*, corda sottile che muratori e falegnami colorano di ocra rossa e poi tendono per tracciare linee diritte **2** disegno preparatorio di un affresco, eseguito sull'intonaco.
sinopsi [si-nò-psi] *s.f.* soggetto cinematografico allo stato di abbozzo.
sinora → **finora.**
sinossi [si-nòs-si] *s.f.* esposizione sintetica e sistematica di una materia; compendio: *— di storia.*
sinottico [si-nòt-ti-co] *agg.* [pl.m. *-ci*] che permette di avere una visione simultanea delle varie parti di un complesso | *carte sinottiche*, quelle a uso dei naviganti, che presentano le condizioni meteorologiche di varie regioni in un dato momento | *tavole sinottiche*, esposizione sommaria di una materia su fogli divisi in colonne | *Vangeli sinottici*, i tre Vangeli di Matteo, Marco e Luca, nei quali l'esposizione presenta uno svolgimento in gran parte parallelo □ **sinotticamente** *avv.* in forma sinottica, per sinossi.
sinovia [si-nò-via] *s.f.* (*anat.*) liquido giallastro e viscoso che è presente nelle cavità delle articolazioni e ne facilita i movimenti.
sinoviale [si-no-vià-le] *agg.* (*anat.*) di sinovia: *liquido —* | *membrane sinoviali*, sottili membrane

delle cavità articolari che secernono la sinovia.
sinovite [si-no-vì-te] *s.f.* (*med.*) infiammazione della membrana sinoviale.
sintagma [sin-tàg-ma] *s.m.* [pl. - *mi*] (*ling.*) combinazione di due o più elementi linguistici dotata di valore sintattico autonomo, compiuto.
sintagmatico [sin-tag-mà-ti-co] *agg.* [pl.m. *-ci*] (*ling.*) relativo a sintagma.
sintassi [sin-tàs-si] *s.f.* **1** (*ling.*) lo studio delle relazioni che si istituiscono nella frase tra le parti che la compongono | l'insieme delle norme che, in generale o in una data lingua, regolano le relazioni anzidette: *la — del nome, del verbo* | il testo che studia tali norme o le ordina ed espone a scopo didattico: *consultare una — latina* **2** (*estens.*) il complesso delle relazioni significative o funzionali che si stabiliscono tra le componenti di una rappresentazione pittorica, teatrale, cinematografica ecc.
sintattica [sin-tàt-ti-ca] *s.f.* settore della semiotica che studia le relazioni tra i segni indipendentemente dal loro significato e da chi ne fa uso.
sintattico [sin-tàt-ti-co] *agg.* [pl.m. *-ci*] di sintassi, della sintassi: *regole sintattiche* □ **sintatticamente** *avv.* dal punto di vista sintattico.
sinterizzazione [sin-te-riʒ-ʒa-zió-ne] *s.f.* (*metall.*) processo di produzione di oggetti mediante compressione e riscaldamento di polveri metalliche, ceramiche o di altra natura.
sintesi [sìn-te-ʃi] *s.f.* **1** processo di unificazione di varie parti in un tutto | (*estens.*) fusione di diversi elementi essenziali e caratteristici; il risultato di tale fusione: *il Medioevo è — di romanità e germanesimo* **2** (*estens.*) compendio, esposizione riassuntiva: *avere capacità di —* | *in —*, in modo breve e conciso: *esporre in —* **3** (*chim.*) processo di preparazione di un composto chimico mediante una o più reazioni fra elementi o sostanze naturali: *prodotto di —* | *— clorofilliana*, (*chim.*, *biol.*) fotosintesi **4** (*estens.*) riproduzione artificiale di qualcosa di esistente in natura.
sinteticità [sin-te-ti-ci-tà] *s.f.* l'essere sintetico; qualità di ciò che è sintetico: *— di un giudizio.*
sintetico [sin-tè-ti-co] *agg.* [pl.m. *-ci*] **1** che costituisce una sintesi o risulta da una sintesi **2** (*estens.*) conciso, essenziale: *un — riepilogo dei fatti* **3** (*chim.*) si dice di sostanze o di materiali ottenuti artificialmente mediante sintesi chimiche: *fibre sintetiche* □ **sinteticamente** *avv.* **1** in sintesi, in modo sintetico: *riferire —* **2** (*chim.*) per via di sintesi: *sostanze ottenute —.*
sintetizzare [sin-te-tiʒ-ʒà-re] *v.tr.* **1** riunire in sintesi; esporre in forma sintetica, riassumere: *— un discorso* **2** (*chim.*) ottenere, produrre per sintesi: *— un composto.*
sintetizzatore [sin-te-tiʒ-ʒa-tó-re] *s.m.* (*mus.*) strumento elettronico costituito da un insieme coordinato di moduli in grado di produrre una gamma vastissima di suoni e timbri.
sintetizzazione [sin-te-tiʒ-ʒa-zió-ne] *s.f.* il sintetizzare, l'essere sintetizzato.
sintoamplificatore [sin-to-am-pli-fi-ca-tó-re] *s.m.* apparecchio che comprende in un unico sistema un amplificatore e un sintonizzatore.
sintomaticità [sin-to-ma-ti-ci-tà] *s.f.* l'essere sintomatico.
sintomatico [sin-to-mà-ti-co] *agg.* [pl.m. *-ci*] **1** (*med.*) che riguarda i sintomi, che costituisce un sintomo: *disturbo —* | *terapia sintomatica*, che si limita a combattere i sintomi di una malattia, senza affrontarne le cause **2** (*fig.*) che è indizio di qlco.; significativo: *è — che non abbia risposto.*
sintomatologia [sin-to-ma-to-lo-gì-a] *s.f.* (*med.*) il complesso dei sintomi di una malattia.
sintomo [sìn-to-mo] *s.m.* **1** (*med.*) fenomeno con cui si manifesta una malattia **2** (*fig.*) indizio, segno: *i primi sintomi della rivolta.*
sintonia [sin-to-nì-a] *s.f.* **1** (*fis.*) uguaglianza di periodo tra grandezze o fenomeni periodici; sincronismo | *mettere in —*, (*telecom.*) accordare il circuito ricevente con la frequenza d'onda della stazione trasmittente **2** (*fig.*) corrispondenza, accordo, armonia: *essere in — con qlcu.*
sintonizzare [sin-to-niʒ-ʒà-re] *v.tr.* **1** in radiotecnica, mettere in sintonia due circuiti oscillanti **2** (*fig.*) armonizzare: *— i movimenti del corpo* ♦ **sintonizzarsi** *v.intr.pron.* **1** mettersi in sintonia: *— su un canale televisivo* **2** (*fig.*) armonizzarsi, essere in accordo: *— con le idee di qlcu.*
sintonizzatore [sin-to-niʒ-ʒa-tó-re] *s.m.* in un apparecchio radioricevente, il dispositivo che consente di sintonizzarsi su diverse radiofrequenze | l'apparecchio radioricevente stesso.
sintonizzazione [sin-to-niʒ-ʒa-zió-ne] *s.f.* il sintonizzare, il sintonizzarsi, l'essere sintonizzato.
sinuosità [si-nuo-si-tà] *s.f.* l'essere sinuoso: *la — di una strada di montagna* | la parte sinuosa: *le — di una costa.*
sinuoso [si-nu-ó-so] *agg.* che presenta curve frequenti: *sentiero —* □ **sinuosamente** *avv.*
sinusite [si-nu-ʃì-te] *s.f.* (*med.*) infiammazione, acuta o cronica delle cavità ossee poste vicino al naso.
sinusoidale [si-nu-ʃoi-dà-le] *agg.* (*mat.*) che ha forma di sinusoide.
sinusoide [si-nu-ʃòi-de] *s.f.* (*mat.*) diagramma della funzione trigonometrica seno, che ha un andamento regolare a onde.
sionismo [sio-nì-ʃmo] *s.m.* movimento politico e culturale ebraico che mirava a ricondurre gli ebrei nell'antica terra di Israele | dopo la fondazione dello stato d'Israele (1948), corrente internazionale d'opinione che sostiene il diritto alla sua esistenza.
sionista [sio-nì-sta] *s.m.* e *f.* [pl.m. *-sti*] fautore, sostenitore del sionismo | Usato anche come *agg.*: *movimento —.*
sionistico [sio-nì-sti-co] *agg.* [pl.m. *-ci*] che riguarda il sionismo, i sionisti: *tendenze sionistiche.*
sipariettto [si-pa-riét-to] *s.m.* (*teat.*) **1** sipario supplementare leggero calato fra un quadro e l'altro per consentire i cambiamenti di scena **2** nella rivista, breve intermezzo eseguito durante un cambio di scena.

sipario [si-pà-rio] *s.m.* (*teat.*) grande tendaggio di stoffa pesante che chiude il palcoscenico: *alzare, calare il* —, cominciare, finire la rappresentazione.
siparista [si-pa-rì-sta] *s.m.* e *f.* [pl.m. -*sti*] nei teatri, chi è addetto alla manovra del sipario.
sire [sì-re] *s.m.* (*lett.*) signore; re, sovrano.
sirena[1] [si-rè-na] *s.f.* **1** nella mitologia classica, creatura che ammaliava i naviganti, con l'aspetto di fanciulla nella parte superiore del corpo e di pesce nella parte inferiore. DIM. *sirenetta* **2** (*estens.*) donna affascinante, ammaliatrice.
sirena[2] *s.f.* apparecchio acustico capace di produrre suoni prolungati e forti, usato come segnale: *la — della fabbrica, della polizia.*
sirenetta [si-re-nét-ta] *s.f.* **1** ragazza bella e seducente **2** (*mus.*) organetto con uno o più registri per imitare il canto degli uccelli.
siriano [si-rià-no] *agg.* della Siria, come stato moderno: *l'economia siriana* ♦ *s.m.* **1** [f. -*a*] nativo, abitante della Siria **2** dialetto arabo parlato attualmente in Siria.
siringa [si-rìn-ga] *s.f.* **1** (*mus.*) strumento aerofono a fiato formato da una serie di canne di lunghezza decrescente, otturate in fondo e poste l'una accanto all'altra **2** apparecchio di vetro o plastica terminante con un ago forato, usato per iniettare liquidi medicinali nell'organismo o per prelevarne sangue o altri liquidi organici **3** arnese di cucina usato per introdurre la crema nei dolci o decorare torte, tartine ecc.
siringare [si-rin-gà-re] *v.tr.* [*io siringo, tu siringhi ecc.*] (*med.*) introdurre l'ago di una siringa in una cavità dell'organismo per introdurvi o asportarne liquidi.
sirma [sìr-ma] *s.f.* (*metr.*) nella canzone lirica, la seconda parte della stanza, dopo la fronte.
sirtaki [/ sir'taki *o* sirta'ki /] *s.m.invar.* canto e danza popolare greci.
sirte [sìr-te] *s.f.* (*lett.*) **1** banco sabbioso mobile, pericoloso per la navigazione; secca **2** (*fig.*) insidia.
sirventese [sir-ven-té-se] *s.m.* componimento poetico in uso nei secc. XIII-XV, di argomento morale, religioso o politico, in forma non fissa.
sisma [sì-ʃma] *s.m.* [pl. -*ʃmi*] movimento di una parte più o meno vasta della crosta terrestre; terremoto, scossa tellurica.
sismicità [si-ʃmi-ci-tà] *s.f.* l'essere soggetto a sismi; caratteristica di un'area sismica.
sismico [sì-ʃmi-co] *agg.* [pl.m. -*ci*] di terremoto, relativo ai movimenti tellurici: *fenomeno* —; *zona sismica*, dove i terremoti avvengono con una certa frequenza.
sismo-, **-sismo**, primo e secondo elemento di parole composte del linguaggio scientifico; indica 'terremoto, movimento tellurico' (*sismografia; bradisismo*).
sismografia [si-ʃmo-gra-fì-a] *s.f.* tecnica di registrazione dei sismi per mezzo del sismografo.
sismografo [si-ʃmò-gra-fo] *s.m.* strumento usato per registrare le vibrazioni della crosta terrestre.
sismogramma [si-ʃmo-gràm-ma] *s.m.* [pl. -*mi*] registrazione grafica delle vibrazioni della crosta terrestre ottenuta mediante sismografo.
sismologia [si-ʃmo-lo-gì-a] *s.f.* scienza che studia le scosse telluriche e gli altri movimenti spontanei della crosta terrestre.
sismologo [si-ʃmò-lo-go] *s.m.* [f. -*a*; pl.m. -*gi*] studioso di sismologia.
sissignore [sis-si-gnó-re] *avv.* certo, proprio così (in usi enfatici): *me ne vado, —!*
sistema [si-stè-ma] *s.m.* [pl. -*mi*] **1** ciò che è costituito da più elementi interdipendenti, uniti tra loro in modo organico: — *economico, monetario*; — *solare*, (*astr.*) il Sole e l'insieme di pianeti, satelliti e altri corpi celesti che gravitano intorno a esso | complesso organico di dottrine filosofiche di un autore: *il — hegeliano* |(*mat.*) complesso di enti geometrici e matematici messi in relazione reciproca: *un — di assi cartesiani* | (*biol.*) complesso delle parti di un organismo che concorrono allo svolgimento di una determinata funzione; apparato: — *circolatorio* | (*geog.*) complesso degli elementi omogenei di un territorio: — *idrografico* **2** l'organizzazione politica, economica e sociale di uno stato: — *capitalistico* **3** complesso di procedimenti finalizzati alla realizzazione di un progetto; metodo: — *di irrigazione* **4** nei giochi basati sui pronostici, qualsiasi metodo statistico che consente di giocare applicando una certa razionalità **5** (*inform.*) insieme dei componenti hardware di un elaboratore | — *operativo*, insieme di programmi che gestisce le risorse di un elaboratore (memorie periferiche, programmi, dati ecc.) e tutte le operazioni di input e output possibili con esse.
sistemare [si-ste-mà-re] *v.tr.* [*io sistèmo ecc.*] **1** dare un'organizzazione sistematica a una materia; organizzare più elementi in un sistema **2** mettere in ordine, a posto: — *la casa, gli appunti* | definire, regolare, risolvere: — *una vertenza* **3** collocare in un alloggio: — *i terremotati in albergo* **4** procurare un lavoro: — *un figlio in banca* **5** far sposare, soprattutto in modo economicamente vantaggioso: *ha sistemato tutte e tre le figlie* **6** (*fam.*) punire; dare una lezione a qlcu.: *ora lo sistemo io!* ♦ **sistemarsi** *v.rifl.* **1** mettersi a posto; trovare un alloggio: — *in periferia* **2** trovare un impiego: — *nell'azienda del padre* **3** sposarsi, metter su famiglia: *i suoi figli si sono tutti sistemati.*
sistemata [si-ste-mà-ta] *s.f.* il sistemare o il sistemarsi in fretta, alla meglio.
sistematica [si-ste-mà-ti-ca] *s.f.* (*scient.*) metodo per ordinare un insieme di conoscenze in un sistema | — *botanica, zoologica*, ramo della biologia che classifica gli organismi vegetali o animali in base alle loro affinità; tassonomia.
sistematicità [si-ste-ma-ti-ci-tà] *s.f.* qualità di ciò che è sistematico.
sistematico [si-ste-mà-ti-co] *agg.* [pl.m. -*ci*] **1** che costituisce un sistema o appartiene a un sistema: *ordine* — **2** eseguito secondo un sistema;

che avviene secondo precise leggi: *metodo, fenomeno —* | metodico, meticoloso: *persona sistematica* **3** fatto per principio, per partito preso: *opposizione sistematica* □ **sistematicamente** *avv.* **1** in modo sistematico, secondo un sistema: *procedere —* **2** sempre, regolarmente: *arrivare — in ritardo* | per principio, per partito preso: *si rifiuta — di rispondere.*

sistematizzare [si-ste-ma-tiʒ-ʒà-re] *v.tr.* rendere sistematico; ordinare, classificare secondo un determinato sistema.

sistemazione [si-ste-ma-zió-ne] *s.f.* il sistemare, il sistemarsi, l'essere sistemato: *— razionale.*

sistemica [si-stè-mi-ca] *s.f.* sistemistica.

sistemico [si-stè-mi-co] *agg.* [pl.m. *-ci*] **1** di un sistema, che concerne un sistema **2** sistemistico.

sistemista [si-ste-mì-sta] *s.m.* e *f.* [pl.m. *-sti*] **1** (*inform.*) analista di sistemi **2** nei giochi basati su pronostici, chi utilizza un sistema per effettuare le giocate.

sistemistica [si-ste-mì-sti-ca] *s.f.* scienza, teoria dei sistemi.

sistola [sì-sto-la] *s.f.* **1** ugello metallico munito di valvola che si applica a un tubo di gomma o di plastica per regolare e dirigere un getto d'acqua **2** l'intero tubo munito di tale ugello.

sistole [si-sto-le] *s.f.* (*fisiol.*) il movimento di contrazione del cuore per cui il sangue viene espulso dalle sue cavità (si oppone a *diastole*).

sistolico [si-stò-li-co] *agg.* [pl.m. *-ci*] (*fisiol.*) relativo a sistole: *fase sistolica.*

sitar [si-tàr *o* sìtar] *s.m.invar.* (*mus.*) strumento cordofono tradizionale dell'India del nord, simile a un grande liuto con manico lungo e cassa armonica ricavata da una zucca.

sitibondo [si-ti-bón-do] *agg.* (*lett.*) assetato.

sit-in [/ 'sitin /] *loc.sost.m.invar.* (*ingl.*) manifestazione di protesta che consiste nell'occupare in gruppo un suolo pubblico sedendosi a terra, eventualmente facendo resistenza passiva all'ordine di sgombrare.

sito [sì-to] *agg.* (*lett., burocr.*) situato, posto, collocato ♦ *s.m.* **1** (*lett., region.*) luogo, località **2** (*biol.*) particella non suddivisibile di un gene.

sitofobia [si-to-fo-bì-a] *s.f.* (*med.*) avversione morbosa per il cibo.

sitologia [si-to-lo-gì-a] *s.f.* scienza dell'alimentazione; dietetica.

sitomania [si-to-ma-nì-a] *s.f.* (*med.*) processo morboso che consiste nel bisogno insaziabile di mangiare.

situare [si-tu-à-re] *v.tr.* [*io sìtuo ecc.*] porre, collocare in un luogo, per lo più stabilmente ♦ **situarsi** *v.rifl.* o *intr.pron.* porsi, collocarsi in un dato luogo.

situazionale [si-tua-zio-nà-le] *agg.* di situazione, che riguarda una situazione.

situazione [si-tua-zió-ne] *s.f.* stato, condizione: *— difficile* | *essere, mostrarsi all'altezza della —*, comportarsi in maniera adeguata alle circostanze | *— patrimoniale*, documento che espone il valore del patrimonio di un azienda in un determinato momento.

sizigia [si-ʒì-gia] *s.f.* [pl. *-gie*] (*astr.*) allineamento di un pianeta, o della Luna, con la Terra e il Sole.

skai® *s.m.* tipo di similpelle robusta per valigeria e arredamento.

skate-board [/ 'skeitbord /] *loc.sost.m.invar.* (*ingl.*) sorta di monopattino consistente in un'assicella montata su quattro piccole ruote.

skeleton [/ 'skɛlitn /] *s.m.invar.* (*ingl.*) slittino monoposto da neve e ghiaccio con pattini d'acciaio.

sketch [/ skɛtʃ /] *s.m.invar.* (*ingl.*) breve scena o dialogo teatrale, radiofonico o televisivo di carattere comico; scenetta.

ski-lift [/ 'ski:lift /] *s.m.invar.* (*ingl.*) sciovia.

skinhead [/ 'skinhed /] *s.m. invar.* (*ingl.*) giovane appartenente a bande di teppisti filonazisti, che si distinguono per i capelli rasati e l'abbigliamento nero o bruno, in pelle o stoffe pesanti.

ski-pass [/ ski'pas /] *s.m.invar.* (*ingl.*) tessera di abbonamento per l'uso degli impianti di risalita di una zona sciistica: *— giornaliero.*

skipper [/ 'skipper /] *s.m.invar.* (*ingl.*) (*mar.*) la persona che dirige la manovra in una barca a vela da regata | capitano di piccolo bastimento da carico.

slabbrare [ʃlab-brà-re] *v.tr.* rompere all'orlo, ai margini ♦ **slabbrarsi** *v.intr.pron.* rompersi negli orli, lacerarsi ai bordi.

slabbratura [ʃlab-bra-tù-ra] *s.f.* lo slabbrare, lo slabbrarsi; il punto in cui una cosa è slabbrata.

slacciare [ʃlac-cià-re] *v.tr.* [*io ʃlàccio ecc.*] sciogliere, liberare da ciò che tiene allacciato: *— la cinta* ♦ **slacciarsi** *v.intr.pron.* sciogliersi da ciò che tiene allacciato: *mi si è slacciata la scarpa.*

slalom [ʃlà-lom] *s.m.invar.* (*sport*) gara di sci alpino che si effettua su un percorso a passaggi obbligati | nel calcio, serie di dribbling a serpentina con i quali un giocatore supera più avversari | *fare lo —*, (*fig.*) serie di rapidi cambiamenti per evitare situazioni imbarazzanti.

slalomista [ʃla-lo-mì-sta] *s.m.* e *f.* [pl.m. *-sti*] (*sport*) atleta specialista in gare di slalom.

slanatura [ʃla-na-tù-ra] *s.f.* operazione industriale con la quale si separa la lana dalla pelle di animali macellati.

slanciare [ʃlan-cià-re] *v.tr.* [*io ʃlàncio ecc.*] (*non com.*) lanciare con forza ♦ **slanciarsi** *v.rifl.* o *intr.pron.* **1** gettarsi avanti con forza; avventarsi, scagliarsi **2** (*fig.*) protendersi, innalzarsi: *il campanile si slancia verso il cielo.*

slanciato [ʃlan-cià-to] *agg.* alto e snello (detto sia di persona sia di struttura architettonica).

slancio [ʃlàn-cio] *s.m.* **1** lo slanciare, lo slanciarsi; balzo | *prendere lo —*, la rincorsa | *di —*, di scatto **2** (*fig.*) impulso vivo, improvviso e incontenibile: *— d'affetto* **3** aspetto di ciò che è slanciato: *lo — della guglia.*

slang [/ slɛŋ /] *s.m.invar.* (*ingl.*) gergo.

slargarsi [ʃlar-gàr-si] *v.intr. pron.* [*io mi ʃlargo, tu ti ʃlarghi ecc.*] diventare più largo: *a un certo punto la strada si slarga.*

slargo [ʃlàr-go] *s.m.* [pl. *-ghi*] punto in cui una strada, una valle si slargano: *dopo la curva c'è uno —*.
slattamento [ʃlat-ta-mén-to] *s.m.* svezzamento.
slavato [ʃla-và-to] *agg.* **1** sbiadito, pallido: *biondo —* **2** (*fig.*) scialbo, poco espressivo: *viso, stile —*.
slavina [ʃla-vì-na] *s.f.* frana di neve polverosa che scivola da un pendio montano.
slavismo [ʃla-vì-ʃmo] *s.m.* **1** (*ling.*) parola, locuzione, costrutto propri di una lingua slava penetrati in una lingua non slava **2** tendenza dei popoli slavi a costituirsi in unità etnica e politica.
slavista [ʃla-vì-sta] *s.m.* e *f.* [pl.m. *-sti*] studioso di slavistica.
slavistica [ʃla-vì-sti-ca] *s.f.* scienza che studia le lingue e le letterature slave.
slavo [ʃlà-vo] *agg.* che è proprio delle popolazioni di lingua slava: *mitologia slava* | *lingue slave*, gruppo di lingue indoeuropee parlate nell'Europa centro-orientale (ne fanno parte il bulgaro, il polacco, il russo, il ceco, il serbocroato ecc.) ♦ *s.m.* **1** [f. *-a*] chi appartiene a un popolo di lingua slava **2** la lingua slava, il complesso delle lingue slave.
slavofono [ʃla-vò-fo-no] *agg.* e *s.m.* [f. *-a*] che/chi parla una lingua slava.
sleale [ʃle-à-le] *agg.* **1** che manca di lealtà, onestà, correttezza: *gente —* **2** che è fatto senza lealtà: *azione —* □ **slealmente** *avv.*
slealtà [ʃleal-tà] *s.f.* l'essere sleale | azione sleale.
sleeping-car [/ 'slipiŋg 'kar /] *s.m.invar.* (*ingl.*) carrozza-letto, vagone-letto.
slegare [ʃle-gà-re] *v.tr.* [*io ʃlégo, tu ʃléghi ecc.*] sciogliere, liberare da un legame: *— un pacco, il cane* ♦ **slegarsi** *v.rifl.* liberarsi da un legame: *riuscire a —*.
slegato [ʃle-gà-to] *agg.* **1** non legato: *un pacco —* | non rilegato: *un libro —* **2** (*fig.*) incoerente, sconnesso: *frasi slegate*.
slegatura [ʃle-ga-tù-ra] *s.f.* **1** lo slegare **2** (*fig.*) mancanza di connessione, di coerenza: *le slegature di un discorso*.
sleppa [ʃlèp-pa] *s.f.* (*region.*) **1** sberla, manrovescio; botta **2** (*fig.*) gran quantità.
slip [/ slip /] *s.m.pl.* (*ingl.*) mutandine molto corte e aderenti, usate come indumento intimo o come costume da bagno.
slitta [ʃlìt-ta] *s.f.* **1** veicolo a trazione animale con due lunghi pattini al posto delle ruote, per trasportare persone o cose su terreni nevosi o ghiacciati. DIM. *slittina, slittino* (m.) **2** (*mecc.*) elemento rettilineo su cui scorre il pattino.
slittamento [ʃlit-ta-mén-to] *s.m.* lo slittare: *lo — di un veicolo*.
slittare [ʃlit-tà-re] *v.intr.* [aus. *avere* nel sign. 1; anche *essere* negli altri sign.] **1** andare in slitta **2** (*estens.*) scivolare su una superficie umida o viscida: *la macchina slitta sul ghiaccio* | detto delle ruote di un veicolo, girare a vuoto, non far presa **3** (*fig.*) allontanarsi dalle posizioni consuete o tradizionali: *un partito che slitta verso destra* **4** (*fig.*) venire rimandato: *il termine slitta di un mese*.
slittino [ʃlit-tì-no] *s.m.* **1** piccola slitta usata dai bambini per scivolare in discesa sulla neve **2** (*sport*) slitta monoposto o biposto con cui si effettuano gare su apposite piste ghiacciate.
slogamento [ʃlo-gà-mén-to] *s.m.* lo slogare, lo slogarsi, l'essere slogato.
slogan [/ 'zlɔgan /] *s.m.invar.* (*ingl.*) espressione, frase sintetica e molto espressiva per fini pubblicitari o di propaganda: *— elettorale*.
slogare [ʃlo-gà-re] *v.tr.* [*io ʃlògo, tu ʃlòghi ecc.*] provocare, produrre una slogatura ♦ **slogarsi** *v.intr.pron.* subire, riportare una slogatura: *— una caviglia*.
slogato [ʃlo-gà-to] *agg.* si dice di arto che ha subito una slogatura.
slogatura [ʃlo-ga-tù-ra] *s.f.* distorsione o lussazione di un'articolazione.
sloggiare [ʃlog-già-re] *v.tr.* [*io ʃlòggio ecc.*] costringere a lasciare un alloggio, un luogo; cacciar via: *— qlcu. da un appartamento* ♦ *v.intr.* [aus. *avere*] lasciare un alloggio; andar via da un posto: *l'hanno costretto a —* | *sloggia!*, (*fam.*) vattene!
slot [/ slɒt /] *s.m.invar.* in informatica, parte hardware di un computer predisposta per inserirvi una scheda.
slot-machine [/ zlɔt maʃ'ʃin /] *s.f.invar.* (*ingl.*) denominazione generica di macchine a gettone per giocare d'azzardo.
slovacco [ʃlo-vàc-co] *agg.* [pl.m. *-chi*] della Slovacchia ♦ *s.m.* **1** [f. *-a*] nativo, abitante della Slovacchia **2** lingua slava parlata in Slovacchia.
sloveno [ʃlo-vè-no] *agg.* della Slovenia: *lingua slovena* ♦ *s.m.* **1** [f. *-a*] nativo, abitante della Slovenia **2** lingua slava parlata in Slovenia.
slow [/ zlo /] *s.m.invar.* (*ingl.*) (*mus.*) **1** indicazione di tempo lento nella musica leggera **2** fox-trot lento.
smaccato [ʃmac-cà-to] *agg.* esagerato, sfacciato: *lodi smaccate* □ **smaccatamente** *avv.*
smacchiare [ʃmac-chià-re] *v.tr.* [*io ʃmàcchio ecc.*] pulire togliendo le macchie: *— un vestito*.
smacchiatore [ʃmac-chia-tó-re] *s.m.* **1** [f. *-trice*] preparato chimico che serve a smacchiare.
smacchiatura [ʃmac-chia-tù-ra] *s.f.* l'operazione del togliere le macchie.
smacco [ʃmàc-co] *s.m.* [pl. *-chi*] sconfitta, insuccesso: *subire un —*.
smagliante [ʃma-gliàn-te] *agg.* splendente, sfavillante (anche *fig.*): *sorriso —*.
smagliare [ʃma-glià-re] *v.tr.* [*io ʃmàglio ecc.*] **1** rompere, disfare le maglie di una catena o di un tessuto **2** (*med.*) provocare delle smagliature ♦ **smagliarsi** *v.intr.pron.* **1** rompersi per una smagliatura **2** (*med.*) presentare delle smagliature.
smagliato [ʃma-glià-to] *agg.* si dice di indumento o di tessuto cutaneo che presenta smagliature.
smagliatura [ʃma-glia-tù-ra] *s.f.* **1** strappo in un tessuto prodotto dalla rottura di una o più maglie: *una — nella calza* **2** (*med.*) lesione degli strati superficiali della cute, che si presenta come una cicatrice madreperlacea.

smagnetizzare [ʃma-gne-tiʒ-ʒà-re] *v.tr.* (*fis.*) operare la smagnetizzazione di un corpo ♦ **smagnetizzarsi** *v.intr.pron.* perdere in tutto o in parte la magnetizzazione.
smagnetizzatore [ʃma-gne-tiʒ-ʒa-tó-re] *s.m.* dispositivo installato su registratori magnetici che serve a cancellare da un nastro suoni e immagini precedentemente registrati.
smagnetizzazione [ʃma-gne-tiʒ-ʒa-zió-ne] *s.f.* (*fis.*) riduzione o annullamento della magnetizzazione di un corpo.
smagrire [ʃma-grì-re] *v.tr.* [*io ʃmagrisco, tu ʃmagrisci ecc.*] **1** rendere magro: *la malattia l'ha smagrito* **2** impoverire, sfruttare eccessivamente: — *un terreno* ♦ *v.intr.* [aus. *essere*], **smagrirsi** *v.intr.pron.* diventare magro, dimagrire.
smaliziare [ʃma-li-zià-re] *v.tr.* [*io ʃmalìzio ecc.*] rendere meno ingenuo, più esperto; scaltrire ♦ **smaliziarsi** *v.intr.pron.* scaltrirsi, diventare esperto.
smaliziato [ʃma-li-zià-to] *agg.* scaltrito, esperto: *un commerciante* — | non più ingenuo, che ha acquistato malizia: *una bambina smaliziata.*
small [/ smɔl /] *agg.* (*ingl.*) nel linguaggio commerciale, si dice di capo d'abbigliamento di taglia piccola.
smaltare [ʃmal-tà-re] *v.tr.* ricoprire, ornare di smalto: *smaltarsi le unghie.*
smaltatore [ʃmal-ta-tó-re] *s.m.* [f. *-trice*] chi esegue lavori di smaltatura.
smaltatrice [ʃmal-ta-trì-ce] *s.f.* apparecchiatura con cui si effettua la smaltatura delle copie fotografiche.
smaltatura [ʃmal-ta-tù-ra] *s.f.* **1** l'operazione del ricoprire di smalto una superficie | il rivestimento, lo strato di smalto **2** (*foto.*) lucidatura di una copia fotografica ottenuta con trattamento chimico.
smaltimento [ʃmal-ti-mén-to] *s.m.* lo smaltire, l'essere smaltito.
smaltire [ʃmal-tì-re] *v.tr.* [*io ʃmaltisco, tu ʃmaltisci ecc.*] **1** digerire: *cibi difficili da* — **2** (*fig.*) far passare, far sbollire: — *la rabbia* **3** vendere completamente, esaurire: *la merce è stata smaltita* **4** scaricare acque, immondizie ecc.; eliminare materiali vari: — *i rifiuti* **5** (*fig.*) far defluire, decongestionare: — *il traffico* **6** (*fig.*) sbrigare, evadere: — *la corrispondenza.*
smaltitoio [ʃmal-ti-tó-io] *s.m.* luogo in cui vengono convogliate le acque di scolo, perché il terreno le assorba: — *dei liquami.*
smalto [ʃmàl-to] *s.m.* **1** sostanza vetrosa che viene applicata su ceramiche e oggetti metallici, a scopo protettivo, impermeabilizzante o decorativo | — *per unghie*, vernice cosmetica usata dalle donne per laccare le unghie **2** (*fig.*) energia, alto rendimento: *perdere lo* —, non avere più il vigore, l'entusiasmo di un tempo **3** (*anat.*) il tessuto bianco che forma lo strato esterno della corona del dente **4** (*arald.*) l'oro, l'argento e gli altri colori negli stemmi.
smammare [ʃmam-mà-re] *v.intr.* [aus. *avere*] (*pop.*) togliersi di mezzo, andarsene: *smamma!*
smanacciare [ʃma-nac-cià-re] *v.intr.* [*io ʃmanàccio ecc.*; aus. *avere*] (*fam.*) muovere, agitare le mani ♦ *v.tr.* manipolare qlco. maldestramente: — *un congegno.*
smanacciata [ʃma-nac-cià-ta] *s.f.* lo smanacciare | colpo dato con la mano.
smanceria [ʃman-ce-rì-a] *s.f.* (spec. *pl.*) gesto, atteggiamento lezioso; moina: *perdersi in smancerie.*
smanceroso [ʃman-ce-ró-so] *agg.* pieno di smancerie; smorfioso, lezioso: *comportamento* —.
smaneggiare [ʃma-neg-già-re] *v.tr.* [*io ʃmanéggio ecc.*] maneggiare in modo improprio, eccessivo, maldestro.
smanettare [ʃma-net-tà-re] *v.intr.* [*io ʃmanétto ecc.*; aus. *avere*] azionare ripetutamente la manopola dell'acceleratore della motocicletta.
smangiare [ʃman-già-re] *v.tr.* [*io ʃmàngio ecc.*] corrodere, consumare: *la ruggine smangia il ferro.*
smangiucchiare [ʃman-giuc-chià-re] *v.tr.* [*io ʃmangiùcchio ecc.*] mangiucchiare.
smania [ʃmà-nia] *s.f.* **1** agitazione che non lascia quiete; insofferenza, irrequietezza: *la — dell'attesa* | *dare in smanie*, manifestare grande nervosismo, estrema agitazione **2** (*fig.*) desiderio intenso, voglia impaziente: — *di successo.*
smaniare [ʃma-nià-re] *v.intr.* [*io ʃmànio ecc.*; aus. *avere*] **1** essere in preda alla smania; agitarsi: — *per la febbre* **2** (*fig.*) essere preso da un forte desiderio per qlco.: — *di fare un viaggio.*
smanioso [ʃma-nió-so] *agg.* **1** che smania: *un malato* — **2** (*fig.*) che è preso dal forte desiderio di qlco.: *essere — di ritornare a casa* □ **smaniosamente** *avv.*
smantellamento [ʃman-tel-la-mén-to] *s.m.* lo smantellare, l'essere smantellato (anche *fig.*): — *di un'accusa.*
smantellare [ʃman-tel-là-re] *v.tr.* [*io ʃmantèllo ecc.*] **1** demolire, abbattere, diroccare opere in muratura: — *una fortezza* **2** (*estens.*) demolire: — *una nave* | (*estens.*) sciogliere un'organizzazione: — *i servizi segreti* **3** (*fig.*) dimostrare l'infondatezza di qlco.: — *un'accusa.*
smarcamento [ʃmar-ca-mén-to] *s.m.* (*sport*) lo smarcare, lo smarcarsi, l'essere smarcato.
smarcare [ʃmar-cà-re] *v.tr.* [*io ʃmarco, tu ʃmarchi ecc.*] (*sport*) liberare un compagno di squadra dalla marcatura dell'avversario con un passaggio ben calibrato ♦ **smarcarsi** *v.intr.pron.* (*sport*) liberarsi dalla marcatura di un avversario.
smargiassata [ʃmar-gias-sà-ta] *s.f.* atto, detto da smargiasso; spacconata.
smargiasseria [ʃmar-gias-se-rì-a] *s.f.* (*non com.*) l'essere uno smargiasso | atteggiamento da smargiasso; smargiassata.
smargiasso [ʃmar-giàs-so] *s.m.* chi si vanta, attribuendosi imprese grandiose o qualità eccezionali; gradasso, spaccone: *fare lo* —.
smarginatura [ʃmar-gi-na-tù-ra] *s.f.* (*bot.*) piccola incisione alla sommità di un organo.

smarrimento [ʃmar-ri-mén-to] *s.m.* **1** lo smarrire, l'essere smarrito: *lo — di un documento* **2** (*fig.*) turbamento, sconcerto dovuto a timore o confusione: *avere un attimo di —* | improvvisa e momentanea perdita di lucidità, di coscienza o di memoria: *andare soggetto a smarrimenti.*
smarrire [ʃmar-rì-re] *v.tr.* [*io ʃmarrisco, tu ʃmarrisci ecc.*] non trovare più qlco. che si aveva con sé; perdere: *— il portafoglio* | *— la via*, non ritrovare la strada giusta | *— la ragione*, (*fig.*) impazzire ♦ **smarrirsi** *v.intr.pron.* **1** perdersi, non trovare più la strada: *— nel bosco* **2** (*fig.*) turbarsi, confondersi, sbigottirsi: *a quella domanda si smarrì.*
smarrito [ʃmar-rì-to] *agg.* **1** che non si trova più: *ufficio oggetti smarriti*, che custodisce oggetti rinvenuti sui mezzi o nei locali pubblici, in attesa che i proprietari passino a ritirarli **2** (*fig.*) che è in preda a smarrimento, che è in uno stato di confusione o turbamento.
smascellarsi [ʃma-scel-làr-si] *v.intr.pron.* [*io mi ʃmascèllo ecc.*] solo in loc. del tipo *smascellarsi dalle risa, dal ridere*, ridere smodatamente; sganasciarsi.
smascheramento [ʃma-sche-ra-mén-to] *s.m.* lo smascherare, lo smascherarsi, l'essere smascherato (anche *fig.*).
smascherare [ʃma-sche-rà-re] *v.tr.* [*io ʃmàschero ecc.*] **1** togliere a qlcu. la maschera, il travestimento **2** (*fig.*) rendere manifesta la vera natura di qlco., la reale identità di qlcu.; scoprire: *— un imbroglione* ♦ **smascherarsi** *v. rifl.* **1** togliersi la maschera **2** (*fig.*) rivelare, soprattutto involontariamente, la propria identità, le proprie intenzioni.
smash [/ smɛʃ /] *s.m.invar.* (*ingl.*) nel tennis, colpo vibrato dall'alto verso il basso; schiacciata.
smatassare [ʃma-tas-sà-re] *v.tr.* (*non com.*) svolgere un filo avvolto a matassa.
smaterializzare [ʃma-te-ria-liʒ-ʒà-re] *v.tr.* privare di consistenza materiale ♦ **smaterializzarsi** *v.rifl.* o *intr.pron.* perdere consistenza materiale | (*estens.*) divenire immateriale, spiritualizzarsi.
smaterializzazione [ʃma-te-ria-liʒ-ʒa-zió-ne] *s.f.* lo smaterializzare, lo smaterializzarsi, l'essere smaterializzato.
smazzata [ʃmaz-zà-ta] *s.f.* nel gioco delle carte, la distribuzione di un mazzo di carte; mano.
smembramento [ʃmem-bra-mén-to] *s.m.* lo smembrare; divisione, dispersione: *lo — di una famiglia.*
smembrare [ʃmem-brà-re] *v.tr.* [*io ʃmèmbro ecc.*] **1** (*non com.*) fare a pezzi **2** (*fig.*) dividere un tutto organico e coerente in più parti: *— una nazione.*
smemorataggine [ʃme-mo-ra-tàg-gi-ne] *s.f.* l'essere smemorato; il non avere memoria | atto da smemorato; dimenticanza grave.
smemoratezza [ʃme-mo-ra-téz-za] *s.f.* l'essere smemorato; smemorataggine.
smemorato [ʃme-mo-rà-to] *agg.* e *s.m.* [f. *-a*] **1** che/chi ha perduto la memoria **2** che/chi facilmente dimentica le cose.
smentire [ʃmen-tì-re] *v.tr.* [*io ʃmentisco, tu ʃmentisci ecc.*] **1** affermare, dimostrare la falsità di quanto è stato detto o scritto; contraddire: *— una notizia* **2** ritrattare: *— una testimonianza* **3** venir meno a qlco., non esserne all'altezza: *— la propria fama* ♦ **smentirsi** *v.rifl.* **1** affermare qlco. che contraddice quanto affermato in precedenza: *il testimone si è smentito più volte* **2** fare o dire qlco. che contrasta con il proprio abituale modo di agire, di parlare; contraddirsi: *non smentirsi mai.*
smentita [ʃmen-tì-ta] *s.f.* lo smentire; parole o fatti con cui si smentisce: *la — del primo ministro.*
smeraldino [ʃme-ral-dì-no] *agg.* di color smeraldo, verde vivo.
smeraldo [ʃme-ràl-do] *s.m.* pietra preziosa di colore verde intenso, trasparente | *di —*, (*fig.*) di colore simile a quello dello smeraldo: *acqua di —* | Anche come *agg.invar.*: *occhi —.*
smerciabile [ʃmer-cià-bi-le] *agg.* che si può smerciare; vendibile: *prodotto —.*
smerciabilità [ʃmer-cia-bi-li-tà] *s.f.* l'essere smerciabile; vendibilità.
smerciare [ʃmer-cià-re] *v.tr.* [*io ʃmèrcio ecc.*] vendere come merce: *— i propri prodotti all'estero.*
smercio [ʃmèr-cio] *s.m.* lo smerciare; vendita: *lo — di un prodotto.*
smergo [ʃmèr-go] *s.m.* [pl. *-ghi*] (*zool.*) genere di uccelli nuotatori simili alle anatre, provvisti di lungo becco uncinato.
smerigliare [ʃme-ri-glià-re] *v.tr.* [*io ʃmeriglio ecc.*] sottoporre a smerigliatura.
smerigliato [ʃme-ri-glià-to] *agg.* **1** trattato con lo smeriglio: *vetro —*, reso ruvido e semiopaco **2** ricoperto di polvere di smeriglio: *carta smerigliata.*
smerigliatrice [ʃme-ri-glia-trì-ce] *s.f.* macchina utensile usata per smerigliare.
smerigliatura [ʃme-ri-glia-tù-ra] *s.f.* operazione con cui si lavorano con lo smeriglio, o con altri abrasivi, superfici di pietra, metallo o vetro.
smeriglio[1] [ʃme-rì-glio] *s.m.* (*min.*) varietà granulare del corindone; la polvere che se ne ricava è usata come abrasivo | Anche come *agg.invar.*: *carta, tela —*, carta, tela su cui è stato incollato uno strato di polvere di smeriglio; *mola —*, costituita da polvere di smeriglio e cementante.
smeriglio[2] *s.m.* piccolo falco dal dorso color piombo, con lunga striatura nera all'estremità della coda.
smeriglio[3] *s.m.* pesce cartilagineo d'alto mare di grandi dimensioni, con muso molto allungato.
smerlare [ʃmer-là-re] *v.tr.* [*io ʃmèrlo ecc.*] rifinire con un ricamo a smerli: *— un lenzuolo.*
smerlatura [ʃmer-la-tù-ra] *s.f.* lo smerlare; rifinitura a smerli.
smerlettare [ʃmer-let-tà-re] *v.tr.* [*io ʃmerlétto ecc.*] smerlare.
smerlo [ʃmèr-lo] *s.m.* ricamo a festoni eseguito lungo l'orlo di un capo di biancheria.

smesso [ʃmés-so] *agg.* che non si usa, che non si mette più (detto spec. di indumenti).

smettere [ʃmét-te-re] *v.tr.* [coniugato come *mettere*] 1 interrompere, sospendere qlco. temporaneamente o per sempre: — *un lavoro* | *smettila!, smettetela!*, ingiunzioni per far cessare qlcu. da ciò che sta facendo o dicendo 2 detto di abiti, non portarli più, cessare di usarli ♦ *v.intr.* [aus. *avere*] interrompere, cessare di fare qlco.: *non smette di piovere.*

smezzare [ʃmeʒ-ʒà-re] *v.tr.* [*io ʃmèʒʒo ecc.*] 1 dividere, spezzare a metà; tagliare in due parti 2 consumare fino a metà: — *un fiasco di vino.*

smidollare [ʃmi-dol-là-re] *v.tr.* [*io ʃmidóllo ecc.*] 1 privare del midollo o della midolla 2 (*fig.*) rendere fiacco, privare del vigore ♦ **smidollarsi** *v. intr.pron.* perdere vigore, snervarsi.

smidollato [ʃmi-dol-là-to] *agg.* 1 svuotato del midollo 2 (*fig.*) privo di energie, snervato; debole, privo di carattere ♦ *s.m.* [f. *-a*] persona smidollata.

smielare [ʃmie-là-re] *v.tr.* [*io ʃmièlo ecc.*] svuotare dal miele i favi dell'alveare.

smielato [ʃmie-là-to] *agg.* 1 vuoto, privo di miele 2 (*region.*) dolce come il miele | (*estens.*) dolcissimo, troppo dolce.

smilitarizzare [ʃmi-li-ta-riʒ-ʒà-re] *v.tr.* ridurre alla condizione di civili persone o corpi militari o militarizzati| liberare un territorio da strutture e installazioni militari.

smilitarizzato [ʃmi-li-ta-riʒ-ʒà-to] *agg.* si dice di territorio liberato da installazioni militari.

smilitarizzazione [ʃmi-li-ta-riʒ-ʒa-zió-ne] *s.f.* lo smilitarizzare, l'essere smilitarizzato: *la — della polizia.*

smilzo [ʃmìl-zo] *agg.* esile, sottile: *ragazzo —.*

sminare [ʃmi-nà-re] *v.tr.* liberare dalle mine una zona di terra o d'acqua.

sminuire [ʃmi-nu-ì-re] *v.tr.* [*io ʃminuisco, tu ʃminuisci ecc.*] diminuire, rendere minore; far apparire di minor valore: — *i meriti di qlcu.* ♦ **sminuirsi** *v.rifl.* stimarsi meno di quanto si vale.

sminuzzamento [ʃmi-nuz-za-mén-to] *s.m.* lo sminuzzare, lo sminuzzarsi, l'essere sminuzzato; spezzettamento.

sminuzzare [ʃmi-nuz-zà-re] *v.tr.* ridurre in pezzetti minuti; spezzettare, sbriciolare: — *il pane* ♦ **sminuzzarsi** *v.intr.pron.* ridursi, frantumarsi in minuscoli pezzi.

smistamento [ʃmi-sta-mén-to] *s.m.* lo smistare, l'essere smistato: — *della corrispondenza.*

smistare [ʃmi-stà-re] *v.tr.* dividere, separare persone o cose inviando ciascuna alla sua destinazione: — *la posta* | — *il pallone*, nel calcio e in altri sport di squadra, passarlo a uno dei compagni.

smisurato [ʃmi-ʃu-rà-to] che va molto oltre le misure normali; grandissimo, enorme, immenso: *spazio* — | (*fig.*) straordinario, eccezionale: *avidità smisurata* □ **smisuratamente** *avv.*

smithsonite [smith-so-ni-te; / zmitso'nite /] *s.f.* (*min.*) carbonato di zinco che si presenta in stalattiti o in ammassi di rena; è uno dei minerali di zinco più ricercati.

smitizzare [ʃmi-tiʒ-ʒà-re] *v.tr.* privare del carattere di mito ciò che era stato mitizzato.

smitizzazione [ʃmi-tiʒ-ʒa-zió-ne] *s.f.* il processo con cui si smitizza, si ridimensiona qlco.

smobilitare [ʃmo-bi-li-tà-re] *v.tr.* [*io ʃmobìlito ecc.*] 1 riportare in assetto di pace reparti militari precedentemente mobilitati: — *l'esercito* 2 (*fig.*) ricondurre alla situazione di normalità ciò che era in stato di mobilitazione: — *l'opinione pubblica.*

smobilitazione [ʃmo-bi-li-ta-zió-ne] *s.f.* lo smobilitare, l'essere smobilitato: — *generale*, operazione con cui le forze armate, terminato un conflitto, vengono riportate in assetto di pace.

smobilizzo [ʃmo-bi-lìʒ-ʒo] *s.m.* (*fin.*) trasformazione di beni capitali o di titoli in moneta.

smoccolare [ʃmoc-co-là-re] *v.tr.* [*io ʃmòccolo* o *ʃmóccolo ecc.*] togliere la parte carbonizzata dello stoppino di una candela o di un lume a petrolio ♦ *v.intr.* colare, detto di cera.

smodato [ʃmo-dà-to] *agg.* che passa la giusta misura; che manca di moderazione; esagerato: *ambizione smodata* □ **smodatamente** *avv.*

smoderato [ʃmo-de-rà-to] *agg.* senza moderazione, senza misura; smodato □ **smoderatamente** *avv.*

smog [/ zmɔg /] *s.m.invar.* (*ingl.*) coltre di nebbia densa e scura, che ristagna spesso sui grandi centri industriali o urbani.

smoking [/ 'zmɔkiŋg /] *s.m.invar.* (*ingl.*) giacca maschile da sera, tradizionalmente nera o bianca, con risvolti di seta lucida; il completo costituito da tale giacca e pantaloni neri.

smollicare [ʃmol-li-cà-re] *v.tr.* [*io ʃmollico, tu ʃmollichi ecc.*] ridurre in molliche; sbriciolare: — *il pane* ♦ **smollicarsi** *v.intr.pron.* ridursi in molliche.

smonacarsi [ʃmo-na-càr-si] *v.rifl.* [*io mi ʃmònaco, tu ti ʃmònachi ecc.*] abbandonare lo stato e l'abito monacale.

smontabile [ʃmon-tà-bi-le] *agg.* che si può smontare e rimontare: *armadio —.*

smontaggio [ʃmon-tàg-gio] *s.m.* operazione e risultato dello smontare una macchina, una struttura.

smontare [ʃmon-tà-re] *v.tr.* [*io ʃmónto ecc.*] 1 scomporre un congegno, una macchina, una struttura nelle sue parti: — *gli scaffali* 2 (*fig.*) dimostrare falso; demolire: — *una tesi* 3 far tornare allo stato liquido una sostanza emulsionata: — *la panna* 4 (*fig.*) privare di entusiasmo; scoraggiare: *parole che smontano* ♦ *v.intr.* [aus. *essere* nei sign. 1 e 2, *essere* o *avere* nel sign. 3] 1 scendere da un mezzo di trasporto: — *dal treno* 2 terminare il proprio turno: — *alle otto* 3 tornare liquido, detto di sostanza montata ♦ **smontarsi** *v.rifl.* o *intr.pron.* 1 tornare liquido (detto di sostanza montata, come la panna) 2 (*fig.*) perdere l'entusiasmo; scoraggiarsi: — *alla prima difficoltà.*

smorfia[1] [ʃmòr-fia] *s.f.* **1** contrazione del viso che ne altera il normale atteggiamento: — *di rabbia* | *fare le smorfie*, alterare il viso per gioco, per scherzo; fare le boccacce **2** moina, atto lezioso e svenevole.
smorfia[2] *s.f.* (*merid.*) nome dato al libro dei sogni da cui si ricavano i numeri per il lotto.
smorfioso [ʃmor-fió-so] *agg.* e *s.m.* [f. *-a*] che/chi ha l'abitudine di fare smorfie, moine: *fare la smorfiosa*. DIM. *smorfiosetto* □ **smorfiosamente** *avv.* da smorfioso.
smorto [ʃmòr-to] *agg.* molto pallido (riferito a persona): *volto* —; *essere — per la paura* | di colore, sbiadito.
smorzamento [ʃmor-za-mén-to] *s.m.* lo smorzare, l'essere smorzato; attenuazione.
smorzare [ʃmor-zà-re] *v.tr.* [*io ʃmòrzo ecc.*] **1** attenuare, attutire, rendere meno intenso: — *le tinte, il suono* **2** (*fis.*) attenuare le oscillazioni; diminuire l'intensità di un fenomeno periodico fino all'annullamento **3** (*region.*) spegnere: — *il fuoco, la rabbia* ♦ **smorzarsi** *v.intr.pron.* **1** attenuarsi: *l'entusiasmo si è smorzato* **2** (*region.*) spegnersi.
smorzata [ʃmor-zà-ta] *s.f.* (*sport*) nel tennis, nel ping-pong, nella pallavolo, respinta con la quale si manda la palla a cadere appena al di là della rete.
smorzato [ʃmor-zà-to] *agg.* tenue, attenuato: *suono* —, ovattato; *colore* —, non vivace.
smorzatura [ʃmor-za-tù-ra] *s.f.* smorzamento, attenuazione.
smosciare [ʃmo-scià-re] *v.tr.* [*io smóscio ecc.*] (*fam.*) far diventare moscio | (*fig.*) svigorire; ammosciare ♦ **smosciarsi** *v.intr.pron.* (*fam.*) diventare moscio | perdere energie, vigore.
smottamento [ʃmot-ta-mén-to] *s.m.* lento scivolamento lungo un pendio o un argine di uno strato di terreno argilloso o sabbioso.
smottare [ʃmot-tà-re] *v.intr.* [*io ʃmòtto ecc.*; aus. *essere*] subire uno smottamento; franare.
smozzicare [ʃmoz-zi-cà-re] *v.tr.* [*io ʃmózzico, tu ʃmózzichi ecc.*] tagliare, ridurre in molti piccoli pezzi: — *il pane* | — *le frasi, le parole*, (*fig.*) spezzettarle o pronunciarle male, in modo confuso.
smozzicato [ʃmoz-zi-cà-to] *agg.* (*fam.*) spezzettato: *un discorso* —.
smunto [ʃmùn-to] *agg.* magro e pallido; emaciato: *essere — in viso*.
smuovere [ʃmuò-ve-re] *v.tr.* [coniugato come *muovere*] **1** muovere, rimuovere; spostare di poco e con fatica: — *un masso, un armadio* | rimuovere in superficie: — *la terra* | — *le acque*, (*fig.*) movimentare un ambiente; attirare l'attenzione su un problema **2** (*fig.*) rimuovere da un proposito, da un'opinione: — *qlcu. da un proposito* ♦ **smuoversi** *v. rifl.* mutare opinione, proposito: *non si smuove per nulla*.
smussamento [ʃmus-sa-mén-to] *s.m.* lo smussare, l'essere smussato.
smussare [ʃmus-sà-re] *v.tr.* **1** arrotondare un angolo vivo, uno spigolo, una punta **2** (*fig.*) attenuare, mitigare: — *le asprezze del discorso* ♦ **smussarsi** *v.intr.pron.* perdere il filo o l'acutezza della punta, detto di coltello o altro utensile.
smussato [ʃmus-sà-to] *agg.* che ha punte o spigoli arrotondati.
smussatura [ʃmus-sa-tù-ra] *s.f.* lo smussare, l'essere smussato; la parte smussata.
snack [/ znɛk /] *s.m.invar.* (*ingl.*) spuntino.
snack bar [/ ˈsnakbar /] *loc.sost.m.invar.* (*ingl.*) bar in cui è possibile fare uno spuntino consumando panini imbottiti, tartine ecc.
snaturamento [ʃna-tu-ra-mén-to] *s.m.* lo snaturare, lo snaturarsi, l'essere snaturato | travisamento.
snaturare [ʃna-tu-rà-re] *v.tr.* far cambiare natura a qlcu. o a qlco., di solito in peggio; alterare profondamente: *la vita in città lo ha snaturato* ♦ **snaturarsi** *v.intr.pron.* cambiare in peggio la propria natura.
snaturato [ʃna-tu-rà-to] *agg.* **1** che ha perduto in tutto o in parte la propria natura: *paesaggio* — **2** che non rispetta i sentimenti propri della natura umana; disumano, degenerato: *padre* — ♦ *s.m.* [f. *-a*] persona snaturata, disumana.
snebbiare [ʃneb-bià-re] *v.tr.* [*io ʃnébbio ecc.*] rendere chiaro, lucido: — *la mente*.
snellezza [ʃnel-léz-za] *s.f.* l'essere snello; linea snella | (*fig.*) elegante essenzialità: — *di stile*.
snellimento [ʃnel-li-mén-to] *s.m.* lo snellire, l'essere snellito (spec. *fig.*): — *della burocrazia*.
snellire [ʃnel-lì-re] *v.tr.* [*io ʃnellisco, tu ʃnellisci ecc.*] **1** rendere o far sembrare snello o più snello: *un abito che snellisce* **2** (*fig.*) rendere più agile ed efficiente; sveltire: — *le procedure* ♦ **snellirsi** *v.intr.pron.* dimagrire.
snello [ʃnèl-lo] *agg.* **1** che è sciolto e svelto nei movimenti **2** alto e sottile; slanciato: *un fisico* —.
snervamento [ʃner-va-mén-to] *s.m.* lo snervare, lo snervarsi.
snervante [ʃner-vàn-te] *agg.* che snerva, che fiacca; estenuante, spossante: *caldo, attesa* —.
snervare [ʃner-và-re] *v.tr.* [*io ʃnèrvo ecc.*] **1** privare di energia fisica o morale; fiaccare: *un caldo che snerva* **2** in macelleria, togliere o tagliare nervi e tendini alla carne ♦ **snervarsi** *v.intr.pron.* perdere le energie fisiche e morali; logorarsi: — *per l'attesa*.
snervato [ʃner-và-to] *agg.* che ha perso ogni energia; estenuato.
snidare [ʃni-dà-re] *v.tr.* far uscire dal nido o dalla tana; stanare: — *una lepre* | (*fig.*) far uscire qlcu. da un nascondiglio, da un rifugio: — *i banditi dal covo*.
sniffare [ʃnif-fà-re] *v.tr.* **1** (*fam.*) annusare, fiutare **2** (*gerg.*) assumere cocaina aspirandola dal naso.
sniffata [ʃnif-fà-ta] *s.f.* (*gerg.*) lo sniffare cocaina.
snob [/ znɔb /] *s.m.* e *f.invar.* (*ingl.*) chi ostenta raffinatezza di modi, di gusti ecc.: *fare lo* — | Usato anche come *agg.invar.*: *modi, linguaggio* —.
snobbare [ʃnob-bà-re] *v.tr.* [*io ʃnòbbo ecc.*] di-

sinteressarsi di qlco. o qlcu. per sottolineare sprezzantemente la propria superiorità: — *un invito.*

snobismo [ʃno-bì-ʃmo] *s.m.* l'essere snob; atteggiamento da snob.

snobistico [ʃno-bì-sti-co] *agg.* [pl.m. *-ci*] proprio di persona snob: *atteggiamento —.*

snocciolamento [ʃnoc-cio-la-mén-to] *s.m.* lo snocciolare, l'essere snocciolato.

snocciolare [ʃnoc-cio-là-re] *v.tr.* [*io ʃnòcciolo ecc.*] **1** privare del nocciolo: — *le olive* **2** (*fig.*) raccontare apertamente; spiattellare: — *i segreti altrui* | dire velocemente e senza interruzioni una cosa dopo l'altra: — *una serie di insulti.*

snocciolatoio [ʃnoc-cio-la-tó-io] *s.m.* arnese che serve a snocciolare piccoli frutti.

snodabile [ʃno-dà-bi-le] *agg.* che si può snodare; pieghevole e orientabile per mezzo di snodi: *braccio —*, di un attrezzo, di una lampada ecc.

snodare [ʃno-dà-re] *v.tr.* [*io ʃnòdo ecc.*] **1** disfare, sciogliere i nodi: — *una corda* **2** rendere pieghevole per mezzo di snodi; articolare ♦ **snodarsi** *v.intr.pron.* **1** detto di nodo o di cosa annodata, sciogliersi **2** (*non com.*) svolgersi, stendersi | avere un tracciato sinuoso, serpeggiante: *il sentiero si snoda nella valle* **3** muoversi articolando gli snodi di cui è costituito; articolarsi.

snodato [ʃno-dà-to] *agg.* **1** sciolto da nodi **2** straordinariamente agile, sciolto: *un acrobata —* **3** che ha uno o più snodi; articolato: *tubo, raccordo —.*

snodo [ʃnò-do] *s.m.* **1** (*mecc.*) organo di collegamento che consente di accoppiare due elementi con possibilità di parziale rotazione | punto in cui qlco. si snoda **2** con riferimento a strade, svincolo.

snudare [ʃnu-dà-re] *v.tr.* estrarre un'arma dal fodero; sguainare: — *la spada.*

so- primo elemento di parole composte, che significa 'sotto, al di sotto, di sotto in su' (*soccombere, sobbarcare, sobbalzare*), oppure ha valore attenuativo (*sorridere, socchiudere*); determina il raddoppiamento della consonante iniziale dell'elemento con cui si fonde.

soap opera [/ sop 'ɔpera /] *loc.sost.f.invar.* (*ingl.*) sceneggiato televisivo o radiofonico in molte puntate, caratterizzato da un intreccio di vicende sentimentali.

soave [so-à-ve] *agg.* che dà sensazioni fisiche o spirituali piacevoli e delicate: *voce —* □ **soavemente** *avv.* delicatamente.

soavità [soa-vi-tà] *s.f.* qualità di ciò che è soave; grazia, piacevolezza delicata: *la — di uno sguardo.*

sobbalzare [sob-bal-zà-re] *v.intr.* [aus. *avere*] detto di cosa, fare sobbalzi, traballare: *il tram sobbalzava sulle rotaie* | detto di persona, fare un sobbalzo; trasalire: — *di paura.*

sobbalzo [sob-bàl-zo] *s.m.* movimento improvviso in direzione verticale | riferito a persona, piccolo balzo che scuote il corpo intero; sussulto.

sobbarcare [sob-bar-cà-re] *v.tr.* [*io sobbarco, tu sobbarchi ecc.*] (*non com.*) caricare qlcu. di un peso, di una responsabilità ♦ **sobbarcarsi** *v.rifl.* sottoporsi a una fatica, assumere un onere: — *a impegni gravosi.*

sobbollire [sob-bol-lì-re] *v.intr.* [*io sobbóllo ecc.*; aus. *avere*] **1** stare per bollire; bollire leggermente (detto di liquidi): *il vino sobbolle nei tini* **2** (*fig., lett.*) detto di sentimenti, essere sul punto di manifestarsi: *l'ira gli sobbolliva nell'animo.*

sobborgo [sob-bór-go] *s.m.* [pl. *-ghi*] piccolo centro abitato nelle immediate vicinanze di una grande città | quartiere della periferia suburbana.

sobillamento [so-bil-la-mén-to] *s.m.* sobillazione, istigazione.

sobillare [so-bil-là-re] *v.tr.* istigare, incitare alla ribellione, a manifestazioni ostili: — *alla rivolta.*

sobillatore [so-bil-la-tó-re] *agg.* e *s.m.* [f. *-trice*] che/chi sobilla; istigatore.

sobillazione [so-bil-la-zió-ne] *s.f.* l'attività di chi sobilla, di chi fa leva sul malcontento altrui per creare disordine, conflitti; istigazione.

sobrietà [so-brie-tà] *s.f.* qualità di chi o di ciò che è sobrio; moderazione, misura: — *nel bere.*

sobrio [sò-brio] *agg.* **1** non alterato dagli effetti dell'alcol; lucido: *restare —* **2** temperante e controllato nel mangiare e nel bere: *vita sobria* **3** (*fig.*) semplice, misurato: *arredamento —* □ **sobriamente** *avv.*

socchiudere [soc-chiù-de-re] *v.tr.* [coniugato come *chiudere*] chiudere solo in parte, lasciando uno spiraglio; accostare: — *la finestra, gli occhi.*

socchiuso [soc-chiù-so] chiuso solo in parte; accostato.

soccombente [soc-com-bèn-te] *agg.* e *s.m.* e *f.* (*lett.*) che/chi soccombe.

soccombere [soc-cóm-be-re] *v.intr.* [*io soccómbo ecc.*; pass.rem. *io soccombéi* o *soccombètti, tu soccombesti ecc.*; part.pass. *soccombuto*, raro; aus. *essere*] (*lett.*) **1** essere costretto a sottostare a una forza superiore; cedere: — *al nemico* | — *in giudizio*, perdere la causa **2** morire, perire.

soccorrere [soc-cór-re-re] *v.tr.* [coniugato come *correre*] portare aiuto a qlcu.; aiutare, assistere: — *un ferito.*

soccorritore [soc-cor-ri-tó-re] *agg.* e *s.m.* [f. *-trice*] che/chi soccorre.

soccorso [soc-cór-so] *s.m.* **1** il soccorrere; aiuto prestato a chi versa in gravi necessità o in pericolo: *chiedere —*; — *stradale* | *pronto —*, le prime cure che si prestano a feriti, a persone colpite da malore; il reparto ospedaliero attrezzato per prestare tali cure **2** (spec. *pl.*) persona o cosa che soccorre, o serve a soccorrere: *l'arrivo dei soccorsi.*

socialdemocratico [so-cial-de-mo-crà-ti-co] *agg.* e *s.m.* [f. *-a*; pl.m. *-ci*] che/chi s'ispira ai principi della socialdemocrazia o appartiene a un partito socialdemocratico.

socialdemocrazia [so-cial-de-mo-cra-zì-a] *s.f.* l'ala più moderata del movimento socialista, fautrice di un programma di riforme sociali all'interno delle istituzioni democratico-liberali.

sociale [so-cià-le] *agg.* **1** che vive in società, in comunità organizzate: *l'uomo è un animale* — **2** che riguarda la società umana, e in particolare i rapporti tra gli individui e i gruppi: *convenzioni sociali* | *scienze sociali*, le scienze che studiano i fenomeni della vita associata (sociologia, antropologia culturale, economia ecc.) | *giustizia* —, l'equa distribuzione dei beni economici **3** che mira ad assicurare migliori condizioni di vita alle classi meno abbienti: *politica* — **4** (*dir.*) che concerne una società, un'associazione o i loro membri: *capitale* — ♦ *s.m.* la sfera, l'ambito dei problemi sociali: *impegnarsi nel* — □ **socialmente** *avv.* **1** in modo sociale **2** dal punto di vista sociale: *lavoro — utile*.

socialismo [so-cia-lì-ʃmo] *s.m.* nome generico con cui si designano i movimenti e i sistemi politico-sociali che si propongono come fine primario la realizzazione della giustizia sociale.

socialista [so-cia-lì-sta] *agg.* [pl.m. *-sti*] del socialismo; ispirato al socialismo, fautore del socialismo: *partito* —; *idee socialiste* ♦ *s.m.* e *f.* appartenente a un partito socialista o socialdemocratico.

socialità [so-cia-li-tà] *s.f.* l'essere sociale; la tendenza dell'uomo a vivere in società.

socializzare [so-cia-liʒ-ʒà-re] *v.tr.* **1** rendere sociale, trasferire a una collettività: — *le informazioni* | (*econ.*) trasferire un bene a un ente pubblico affinché lo metta a disposizione della società ♦ *v.intr.* [aus. *avere*] (*psicol.*) sviluppare rapporti sociali con gli appartenenti alla comunità in cui ci si inserisce.

socializzazione [so-cia-liʒ-ʒa-zió-ne] *s.f.* **1** operazione e risultato del socializzare **2** (*psicol.*) inserimento in una società o in una comunità: *facilità di* —.

società [so-cie-tà] *s.f.* **1** l'insieme di tutti gli esseri umani, in quanto uniti da vincoli naturali e da interessi generali comuni: *la — civile* | (*zool.*) raggruppamento di più individui della stessa specie: *la — delle api* **2** gruppo più o meno ampio di uomini uniti da tradizioni, usi e costumi comuni: *la — medievale*; *la — americana, industriale* | *la buona* —, l'ambiente delle persone ricche e influenti | *giochi di* —, passatempi da salotto **3** associazione di più persone che si propongono un fine comune: — *sportiva, musicale* | — *segreta*, associazione politica clandestina in contrasto con l'ordine costituito | *l'onorata* —, la mafia **4** (*dir.*) unione di più persone che hanno messo dei beni in comune per esercitare un'attività economica di cui divideranno gli utili; l'impresa, l'azienda che ne deriva: — *editoriale, finanziaria*; — *per azioni*, nella quale le quote di partecipazione dei soci sono rappresentate da azioni.

societario [so-cie-tà-rio] *agg.* (*dir.*) che si riferisce a società, proprio della società: *l'assetto — di un'impresa*.

socievole [so-cié-vo-le] *agg.* **1** che ama la compagnia; che ha facilità di rapporti con gli altri: *un tipo* — **2** che tende per natura a vivere in società coi suoi simili; sociale: *l'uomo è un essere* — □ **socievolmente** *avv.*

socievolezza [so-cie-vo-léz-za] *s.f.* l'essere socievole.

socio [sò-cio] *s.m.* [f. *-a*] **1** chi è membro di un'associazione, di un circolo, di un club **2** (*dir.*) chi fa parte di una società: *i soci di una cooperativa* **3** chi fa società con qlcu. | (*spreg.*) complice.

socio- primo elemento di parole composte, che indica 'società' o è abbreviazione di *sociale* (*sociologia, sociolinguistica*).

sociobiologia [so-cio-bio-lo-gì-a] *s.f.* studio delle basi biologiche del comportamento e dell'organizzazione sociale degli organismi viventi, incluso l'uomo.

socioculturale [so-cio-cul-tu-rà-le] *agg.* sociale e culturale insieme: *ambiente* —.

socioeconomico [so-cio-e-co-nò-mi-co] *agg.* [pl.m. *-ci*] sociale ed economico insieme: *sviluppo* —.

sociolinguistica [so-cio-lin-guì-sti-ca] *s.f.* branca della linguistica che studia il rapporto tra linguaggio e società.

sociolinguistico [so-cio-lin-guì-sti-co] *agg.* [pl.m. *-ci*] relativo alla sociolinguistica.

sociologia [so-cio-lo-gì-a] *s.f.* scienza che studia i fenomeni sociali nei loro rapporti con le strutture in cui è organizzato un determinato corpo sociale (istituzioni, ceti, gruppi ecc.).

sociologico [so-cio-lò-gi-co] *agg.* [pl.m. *-ci*] di sociologia, relativo alla sociologia: *metodo* — □ **sociologicamente** *avv.* dal punto di vista sociologico; con i metodi della sociologia.

sociologismo [so-cio-lo-gì-ʃmo] *s.m.* la tendenza a considerare ogni attività umana come determinata esclusivamente da fatti e circostanze sociali.

sociologo [so-ciò-lo-go] *s.m.* [f. *-a*; pl.m. *-gi*] studioso, esperto di sociologia.

sociometria [so-cio-me-trì-a] *s.f.* metodo di misurazione degli aspetti quantitativi dei fenomeni sociali.

sociopolitico [so-cio-po-lì-ti-co] *agg.* [pl.m. *-ci*] sociale e politico insieme.

sociosanitario [so-cio-sa-ni-tà-rio] *agg.* che riguarda l'assistenza medica pubblica.

socratico [so-crà-ti-co] *agg.* [pl.m. *-ci*] di Socrate, filosofo ateniese (469-399 a.C.) | *metodo* —, la maieutica ♦ *s.m.* seguace di Socrate.

soda [sò-da] *s.f.* **1** (*chim.*) carbonato di sodio in polvere bianca, usato nella fabbricazione del vetro e come detersivo | — *caustica*, idrossido di sodio, molto corrosivo, impiegato nell'industria dei saponi, della carta, in tintoria ecc. **2** (*estens.*) acqua gassata con aggiunta di carbonato di sodio, bevuta come dissetante o usata per diluire bevande alcoliche: *whisky e* —.

sodaglia [so-dà-glia] *s.f.* terreno sassoso e incolto.

sodale [so-dà-le] *s.m.* e *f.* (*lett.*) amico, compagno.

sodalizio [so-da-lì-zio] *s.m.* **1** associazione, società: — *sportivo* **2** legame di interessi, di amicizia.

soddisfacente [sod-di-sfa-cèn-te] *agg.* che soddisfa, che dà soddisfazione | positivo, benché non eccellente: *risultato —.*

soddisfacimento [sod-di-sfa-ci-mén-to] *s.m.* il soddisfare: *il — di un desiderio.*

soddisfare [sod-di-sfà-re] *v.tr.* e *intr.* [pres. *io soddisfàccio* o *soddisfò* o *soddisfo, tu soddisfài* o *soddisfi, egli soddisfà* o *soddisfa, noi soddisfacciamo,* fam. *soddisfiamo, voi soddisfate, essi soddisfanno* o *soddìsfano*; fut. *io soddisfarò,* fam. *soddisferò ecc.*; congiunt.pres. *io soddisfàccia* o *soddisfi..., noi soddisfacciamo,* fam. *soddisfiamo, voi soddisfacciate,* fam. *soddisfiate, essi soddisfàcciano* o *soddìsfino*; cond.pres. *io soddisfarei,* fam. *soddisferei, tu soddisfaresti,* fam. *soddisferesti ecc.*; le altre forme coniugate come *fare*; aus. *avere*] **1** dare soddisfazione; fare ciò che è dovuto, richiesto; adempiere: *— a un desiderio*; *— una domanda* | *— un debito,* pagarlo **2** accontentare, appagare: *— il pubblico.*

soddisfatto [sod-di-sfàt-to] *agg.* appagato nei propri desideri; contento: *mostrarsi —.*

soddisfazione [sod-di-sfa-zió-ne] *s.f.* **1** il soddisfare, l'essere soddisfatto; adempimento | riparazione: *chiedere — di un'offesa* **2** stato d'animo di chi è soddisfatto; contentezza: *la — di vincere* | *non c'è —,* non c'è gusto.

sodico [sò-di-co] *agg.* [pl.m. *-ci*] (*chim.*) di sodio, che contiene sodio: *cloruro —.*

sodio [sò-dio] *s.m.* elemento chimico di simbolo *Na*; è un metallo alcalino, bianco, presente nell'acqua marina allo stato di cloruro di sodio.

sodo [sò-do] *agg.* duro, consistente: *carne soda* | *uova sode,* bollite col guscio finché non si siano completamente rapprese ♦ *avv.* **1** con forza: *picchiare —* | duramente, con intensità: *lavorare —* **2** profondamente: *dormire —* ♦ *s.m.* terreno duro, fermo, resistente: *costruire sul —* | *venire al —,* al punto essenziale.

sodomia [so-do-mì-a] *s.f.* rapporto sessuale per via anale | (*estens.*) omosessualità maschile.

sodomita [so-do-mì-ta] *s.m.* [pl. *-ti*] chi pratica la sodomia.

sodomitico [so-do-mì-ti-co] *agg.* [pl.m. *-ci*] di sodomita, da sodomita.

sodomizzare [so-do-miʒ-ʒà-re] *v.tr.* sottoporre a sodomia.

sodomizzazione [so-do-miʒ-ʒa-zió-ne] *s.f.* il sodomizzare, l'essere sodomizzato.

sofà [so-fà] *s.m.* sedile imbottito a più posti provvisto di spalliera e braccioli; divano.

sofferente [sof-fe-rèn-te] *agg.* **1** che soffre di una malattia fisica: *essere — di cuore* **2** che esprime sofferenza: *volto —* ♦ *s.m.* e *f.* persona che soffre per malattia.

sofferenza [sof-fe-rèn-za] *s.f.* il soffrire; dolore fisico o morale: *vita piena di sofferenze.*

soffermare [sof-fer-mà-re] *v.tr.* [*io soffèrmo ecc.*] trattenere, fermare per breve tempo (anche *fig.*): *— l'attenzione* ♦ **soffermarsi** *v.intr.pron.* fermarsi un poco, indugiare (anche *fig.*): *— su un argomento importante.*

sofferto [sof-fèr-to] *agg.* si dice di ciò che è concepito, raggiunto con sforzo, con travaglio: *vittoria sofferta* | che manifesta sofferenza, travaglio profondo: *sguardo —.*

soffiare [sof-fià-re] *v.intr.* [*io sóffio ecc.*; aus. *avere*] emettere aria con forza da una piccola apertura lasciata tra le labbra; spostare aria con un attrezzo: *— su una candela* | *— sul fuoco,* (*fig.*) fomentare discordie | detto di vento, spirare, tirare ♦ *v.tr.* **1** espirare con forza, mandar fuori dai polmoni: *— fumo dal naso* | *soffiarsi il naso,* espellere con forza l'aria dalle narici per farne uscire anche il muco | *— il vetro,* eseguirne la soffiatura **2** (*fig.*) dire in segreto, insinuare con intenzione maligna: *— qlco. nell'orecchio* | (*gerg.*) fare la spia **3** nel gioco della dama, togliere all'avversario una pedina con la quale avrebbe dovuto mangiare un pezzo **4** (*estens.*) sottrarre con astuzia o destrezza: *— il portafogli a qlcu.*

soffiata [sof-fià-ta] *s.f.* **1** il soffiare una volta: *una — di naso.* DIM. *soffiatina* **2** suggerimento **3** (*gerg.*) comunicazione di una notizia riservata | delazione, spiata.

soffiato [sof-fià-to] *agg. nella loc. vetro —,* lavorato artigianalmente mediante soffiatura.

soffiatore [sof-fia-tó-re] *s.m.* operaio che soffia il vetro.

soffiatura [sof-fia-tù-ra] *s.f.* **1** il soffiare **2** nella lavorazione del vetro, operazione con cui si introduce aria nella massa vetrosa fusa attraverso un tubo di ferro, allo scopo di modellarla nel modo desiderato.

soffice [sòf-fi-ce] *agg.* **1** cedevole alla pressione; morbido, molle: *cuscino —* **2** (*fig.*) morbido, flessibile.

soffietto [sof-fiét-to] *s.m.* **1** piccolo mantice per ravvivare il fuoco o per spargere polveri insetticide e simili **2** involucro formato da più liste articolate che, montate su un telaio snodabile, possono essere estese o ripiegate a pacchetto: *il — delle vecchie macchine fotografiche* | *porta a —,* porta interna che, aperta, si raccoglie a pacchetto contro uno dei montanti laterali **3** articolo di giornale che tende a mettere qlcu. o qlco. in una luce favorevole presso il pubblico.

soffio [sóf-fio] *s.m.* **1** atto del soffiare; il fiato emesso, l'aria spostata nel soffiare: *spegnere un fiammifero con un —*; *— di vento* | *in un —,* (*fig.*) in un attimo | *di un —,* (*fig.*) di pochissimo: *mancare il bersaglio di un —* **2** (*med.*) rumore anormale che rivela il difettoso funzionamento di un organo: *avere un — al cuore.*

soffione [sof-fió-ne] *s.m.* **1** canna di ferro con cui si soffia sul fuoco per attizzarlo **2** (*geol.*) getto naturale di vapore acqueo che esce ad alta temperatura e pressione da fenditure del suolo **3** (*bot.*) pianta erbacea perenne con foglie dentate e fiori gialli.

soffitta [sof-fit-ta] *s.f.* **1** (*edil.*) vano compreso tra l'ultimo piano dell'edificio e il tetto **2** (*teat.*) la parte superiore del palcoscenico adibita ai servizi.

soffittare [sof-fit-tà-re] *v.tr.* (*edil.*) fornire di soffitto: — *una stanza.*
soffittatura [sof-fit-ta-tù-ra] *s.f.* l'operazione del soffittare; ciò che costituisce un soffitto: *una — con travi a vista.*
soffitto [sof-fit-to] *s.m.* **1** (*edil.*) la superficie inferiore, visibile dal basso, della copertura di un locale **2** in alpinismo, sporgenza ad angolo retto di una parete rocciosa.
soffocamento [sof-fo-ca-mén-to] *s.m.* il soffocare, l'essere soffocato (anche *fig.*): *il — delle libertà.*
soffocante [sof-fo-càn-te] *agg.* **1** che dà la sensazione di soffocare; opprimente: *caldo —* **2** che priva di libertà; repressivo: *regime —.*
soffocare [sof-fo-cà-re] *v.tr.* [*io sòffoco, tu sòffochi ecc.*] **1** impedire la respirazione, momentaneamente o fino a uccidere: — *stringendo alla gola* | — *le fiamme,* (*fig.*) spegnerle **2** (*fig.*) reprimere qlco. per impedire che si sviluppi, si divulghi: — *uno scandalo, una rivolta* ♦ *v.intr.* [aus. *essere*], **soffocarsi** *v.intr.pron.* respirare con fatica, non riuscire a respirare, morire per soffocamento.
soffocato [sof-fo-cà-to] *agg.* si dice di suono attutito o di voce trattenuta, impedita: *rumore, grido —.*
soffocazione [sof-fo-ca-zió-ne] *s.f.* il soffocare, l'essere soffocato.
soffriggere [sof-frìg-ge-re] *v.tr.* [coniugato come *friggere*] far friggere lentamente, a fuoco moderato: — *le cipolle* ♦ *v.intr.* [aus. *avere*] friggere lentamente, a fuoco moderato.
soffrire [sof-frì-re] *v.tr.* [coniugato come *offrire*] **1** provare un dolore fisico o morale; patire: — *la fame* | — *le pene dell'inferno,* (*fig.*) sopportare grandi patimenti fisici o morali **2** essere sottoposto a una condizione materiale o spirituale dolorosa: — *la solitudine* **3** essere particolarmente sensibile a qlco.: — *il caldo* | *non poter — qlcu., qlco.,* non sopportarli ♦ *v.intr.* [aus. *avere*] **1** sentire dolore fisico o morale; patire: — *per la malattia; finire di —,* (*eufem.*) morire **2** essere soggetto a un disturbo, a una malattia: — *di cuore.*
soffritto [sof-frìt-to] *s.m.* battuto di cipolla ed erbe odorose fatto soffriggere con olio o burro e piccoli pezzetti di lardo o pancetta.
soffuso [sof-fù-ʃo] *agg.* (*lett.*) cosparso, colorato leggermente: *cielo di un azzurro —* | *luce soffusa,* attenuata, diffusa uniformemente.
sofisma [so-fì-ʃma] *s.m.* [pl. *-smi*] **1** (*filos.*) argomentazione solo apparentemente valida, ma in realtà fallace **2** (*estens.*) ragionamento capzioso, che ha lo scopo di ingannare.
sofista [so-fì-sta] *s.m.* [pl. *-sti*] **1** (*filos.*) filosofo greco seguace della sofistica **2** (*estens.*) chi si vale di sofismi, di ragionamenti sottili e ingannevoli.
sofistica [so-fì-sti-ca] *s.f.* corrente filosofica greca (v sec. a.C.) che sosteneva la relatività della conoscenza e della morale.
sofisticare [so-fi-sti-cà-re] *v.intr.* [*io sofistico, tu sofistichi ecc.*; aus. *avere*] usare sofismi; sottilizzare, cavillare: — *su ogni questione* | *v.tr.* contraffare sostanze o prodotti alimentari; adulterare: — *il vino.*
sofisticato [so-fi-sti-cà-to] *agg.* **1** detto di sostanza o prodotto alimentare, contraffatto, adulterato, non genuino: *vino —* **2** ricercato; artificioso, affettato: *modi sofisticati* | estremamente elaborato, raffinato, perfezionato: *un congegno —.*
sofisticatore [so-fi-sti-ca-tó-re] *s.m.* [f. *-trice*] chi sofistica un prodotto alimentare.
sofisticazione [so-fi-sti-ca-zió-ne] *s.f.* **1** adulterazione di prodotti o sostanze alimentari **2** raffinatezza ricercata.
sofisticheria [so-fi-sti-che-rì-a] *s.f.* **1** qualità di chi, di ciò che è sofistico o sofisticato **2** ragionamento sofistico, cavilloso.
sofistico [so-fì-sti-co] *agg.* [pl.m. *-ci*] **1** (*filos.*) di sofista, da sofista: *insegnamento —* | che costituisce o contiene un sofisma: *ragionamento —* **2** che trova da ridire in ogni cosa; cavilloso, pedante ♦ *s.m.* [f. *-a*] persona sofistica, cavillosa, schizzinosa □ **sofisticamente** *avv.*
sofrologia [so-fro-lo-gì-a] *s.f.* (*psicol.*) tecnica di rilassamento che si fonda sull'azione combinata di parole e musica per infondere calma ai pazienti.
soft [/ sɔft /] *agg.invar.* (*ingl.*) che dà sensazioni gradevoli e non forti; morbido, attenuato (si oppone a *hard*): *musica, illuminazione —.*
softball [/ 'sɔftbɔl /] *s.m.invar.* (*ingl.*) gioco simile al baseball, che si gioca però su un campo di dimensioni inferiori con palle più grosse e morbide e mazze più corte.
soft-core [/ soft'kɔr /] *agg.invar.* (*ingl.*) si dice di pubblicazione o spettacolo pornografico in cui il realismo della rappresentazione è alquanto mitigato.
software [/ 'softwɛr /] *s.m.invar.* (*ingl.*) (*inform.*) l'insieme dei programmi che consentono il funzionamento di un elaboratore elettronico (si contrappone a *hardware*, che designa la pura macchina).
softwarista [soft-wa-ri-sta; / softwe'rista /] *s.m.* e *f.* [pl.m. *-sti*] specialista nella preparazione di software.
soggettista [sog-get-tì-sta] *s.m.* e *f.* [pl.m. *-sti*] chi scrive soggetti per il cinema, la radio, la televisione.
soggettivismo [sog-get-ti-vì-ʃmo] *s.m.* **1** (*filos.*) ogni dottrina che neghi l'esistenza di criteri di verità e di valore indipendenti dal soggetto **2** (*estens.*) tendenza a interpretare ogni cosa in modo soggettivo.
soggettivistico [sog-get-ti-vì-sti-co] *agg.* [pl.m. *-ci*] (*filos.*) del soggettivismo, relativo al soggettivismo; proprio di chi è soggettivista: *atteggiamento —.*
soggettività [sog-get-ti-vi-tà] *s.f.* l'essere soggettivo, carattere soggettivo: — *di giudizio.*
soggettivo [sog-get-tì-vo] *agg.* **1** che è proprio di un individuo, che dipende dal suo modo di sentire e di pensare, quindi non ha validità per

tutti (si contrappone a *oggettivo*) **2** (*gramm.*) che concerne il soggetto: *proposizione soggettiva*, che funge da soggetto di un'altra proposizione **3** (*psicol.*) che si basa sull'introspezione: *metodo —*
□ **soggettivamente** *avv.*

soggetto[1] [sog-gèt-to] *agg.* **1** sottoposto a un'autorità, a determinati obblighi o condizioni: *popolo — allo straniero* **2** (*estens.*) che facilmente va incontro a eventi, manifestazioni negative: *zona soggetta ad alluvioni*.

soggetto[2] *s.m.* **1** argomento, tema: *il — di una conversazione*; *catalogo per soggetti*, in una biblioteca, quello in cui i libri sono schedati per argomenti | (*teat.*, *cine.*) trama, canovaccio in base a cui verrà scritto il copione definitivo | (*mus.*) tema fondamentale della fuga **2** (*filos.*) l'essere pensante, contrapposto all'oggetto del pensiero **3** (*gramm.*) in una proposizione, la persona o la cosa con cui si accorda il verbo **4** individuo, persona in genere (soprattutto in connotazioni negative): *un — difficile* | (*med.*) individuo, persona, (con riferimento a particolari condizioni patologiche): *— linfatico* | *— giuridico*, (*dir.*) persona o ente in quanto titolare di diritti.

soggezione [sog-ge-zió-ne] *s.f.* **1** l'essere soggetto, sottomesso: *— allo straniero* **2** senso d'imbarazzo, di timore che si prova di fronte a persone importanti o in ambienti diversi dal proprio: *mettere, avere —*; *mettersi in —*, intimidirsi.

sogghignare [sog-ghi-gnà-re] *v.intr.* [aus. *avere*] fare sogghigni.

sogghigno [sog-ghì-gno] *s.m.* ghigno appena accennato; sorriso astioso, maligno o amaro.

soggiacere [sog-gia-cé-re] *v.intr.* [coniugato come *giacere*; aus. *essere* o *avere*] essere soggetto, sottoposto: *— alla volontà altrui*.

soggiogare [sog-gio-gà-re] *v.tr.* [*io soggiógo, tu soggióghi ecc.*] ridurre in proprio potere; assoggettare, sottomettere: *— qlcu. con lo sguardo*.

soggiogatore [sog-gio-ga-tó-re] *agg.* e *s.m.* [f. *-trice*] (*lett.*) che/chi soggioga: *Cesare fu il — della Gallia*.

soggiornare [sog-gior-nà-re] *v.intr.* [*io soggiórno ecc.*; aus. *avere*] stare, dimorare: *— un mese al mare*.

soggiorno [sog-giór-no] *s.m.* **1** il dimorare per un certo periodo in una località diversa da quella di residenza, a scopo di riposo e di svago: *— estivo* **2** ambiente della casa nel quale si sta abitualmente durante il giorno | l'arredamento destinato a tale stanza: *un — in rovere*.

soggiungere [sog-giùn-ge-re] *v.tr.* e *intr.* [coniugato come *giungere*; aus. dell'intr. *avere*] aggiungere qlco. a quanto già detto.

soggolo [sog-gó-lo] *s.m.* **1** benda che nell'abito monacale fascia il collo e circonda il viso, talora scendendo fino sul petto **2** striscia di cuoio che passando sotto il mento assicura al capo certi cappelli; sottogola **3** parte dei finimenti del cavallo costituita da una striscia di cuoio che passa sotto la gola dell'animale e si unisce alla testiera.

soglia [sò-glia] *s.f.* **1** lastra di pietra o tavola di legno che regge gli stipiti e limita inferiormente il vano della porta; la porta stessa: *— di marmo*; *varcare la —*, entrare | (*fig.*) ingresso, inizio: *la — della vecchiaia*, gli anni in cui si comincia a invecchiare **2** (*geog.*) area, zona di passaggio, di transizione e separazione nello stesso tempo **3** (*scient.*) il valore minimo che una grandezza deve raggiungere per risultare apprezzabile o misurabile | *— di udibilità*, valore minimo di intensità perché un suono possa essere percepito dall'orecchio umano | *— del dolore*, (*med.*) il grado minimo di intensità perché uno stimolo nervoso sia capace di provocare dolore.

soglio [sò-glio] *s.m.* (*lett.*) **1** trono, seggio **2** dignità, potere di un sovrano: *il — pontificio*, la dignità, il potere papale.

sogliola [sò-glio-la] *s.f.* pesce di mare dalle carni pregiate, con corpo ovale molto appiattito ed entrambi gli occhi situati sul lato destro del corpo.

sognante [so-gnàn-te] *agg.* che appare immerso nel sogno: *sguardo —* | onirico, fantastico: *atmosfera —*.

sognare [so-gnà-re] *v.tr.* [*io sógno ecc.*] **1** vedere, immaginare in sogno: *— di volare* **2** desiderare con viva immaginazione: *— una bella casa*; *non me lo sogno neanche*, non lo farei mai, oppure non posso nemmeno sperarlo; *non me lo sono mica sognato*, è accaduto realmente; *l'aumento se lo può sognare*, non l'avrà mai ♦ *v.intr.* [aus. *avere*; se costruito con la particella pron., *essere*] fare sogni: *sogna tutte le notti* | *mi sembra di —*, si dice di fronte a cosa straordinaria o meravigliosa | *— a occhi aperti*, fantasticare.

sognatore [so-gna-tó-re] *agg.* e *s.m.* [f. *-trice*] **1** che/chi sogna **2** (*fig.*) che/chi si abbandona a illusioni e fantasticherie, dimostrando scarso spirito pratico.

sogno [só-gno] *s.m.* **1** attività psichica che ha luogo durante il sonno, caratterizzata da emozioni, percezioni e pensieri strutturati in una successione di immagini non regolata dalla logica o dalle normali convenzioni: *fare un bel —* | con riferimento alla credenza che il sogno sia presagio di eventi futuri: *— premonitore*; *interpretare un —* | *sembrare un —*, *essere un —*, si dice di cosa straordinaria, inaspettata; anche, di persona o cosa bellissima: *quella ragazza è un —* | *neanche per —*, assolutamente no **2** immaginazione di cose irrealizzabili o considerate tali: *i sogni della giovinezza* | *di —*, meraviglioso: *una casa di —*.

soia [sò-ia] *s.f.* pianta erbacea annuale simile al fagiolo, dai cui semi si ricavano olio e farina.

soirée [/ swa're /] *s.f.invar.* (*fr.*) serata mondana; festa serale in ambiente elegante.

sol[1] [sòl] *s.m.invar.* (*mus.*) nota musicale, la quinta della scala di do.

sol[2] *s.m.invar.* (*chim.*) soluzione colloidale da cui è possibile separare, con opportuni trattamenti, la fase colloidale dispersa, detta *gel*.

solaio [so-là-io] *s.m.* **1** il vano compreso tra la copertura dell'ultimo piano e gli spioventi del tetto; soffitta **2** ciascuno dei piani orizzontali che suddividono verticalmente l'edificio, servendo da soffitto alle stanze sottostanti e da pavimento a quelle soprastanti.

solanacee [so-la-nà-ce-e] *s.f.pl.* (*bot.*) famiglia di piante dicotiledoni erbacee o legnose, a cui appartengono tra le altre la patata e il pomodoro.

solare[1] [so-là-re] *agg.* **1** del sole, relativo al Sole: *eclissi* —; *ora* —, il computo del tempo che si basa sul passaggio del Sole al meridiano del luogo | che trasforma in altra forma di energia le radiazioni del Sole; che utilizza l'energia così ottenuta: *pannello* — | *orologio* —, meridiana **2** (*fig.*) chiaro, evidente: *ragionamento* — | (*fig.*) positivo, ottimista: *carattere* —.

solare[2] e *deriv.* → **suolare** e *deriv.*.

solarità [so-la-ri-tà] *s.f.* (*lett.*) luminosità, splendore radioso.

solarium [so-là-rium] *s.m.invar.* **1** (*arch.*) terrazza esposta al sole, per la pratica dell'elioterapia **2** lettino solare.

solatio [so-la-tì-o] *agg.* (*lett.*) soleggiato; esposto al sole.

solcare [sol-cà-re] *v.tr.* [*io sólco, tu sólchi ecc.*] **1** fendere il terreno tracciando solchi: — *le zolle con l'aratro* **2** (*estens.*) imprimere tracce lunghe e profonde su una superficie: *le rughe gli solcano la fronte* | — *le acque, il mare*, (*lett.*) navigarvi.

solcato [sol-cà-to] *agg.* attraversato, inciso da solchi; rugoso: *fronte solcata.*

solcatura [sol-ca-tù-ra] *s.f.* il solcare, l'essere solcato | solco.

solco [sól-co] *s.m.* [pl. *-chi*] **1** apertura lunga e più o meno profonda scavata nel terreno con l'aratro o con altro strumento agricolo: *gettare il seme nel* — **2** (*estens.*) incavo lungo e profondo in una superficie: *i solchi delle rughe* **3** (*estens.*) lunga traccia: *il* — *della nave*, la scia **4** (*anat.*) nome che si dà alle fessure presenti sulla superficie di molti organi: *solchi cerebrali.*

soldataglia [sol-da-tà-glia] *s.f.* gruppo disordinato di soldati indisciplinati e violenti.

soldatesco [sol-da-té-sco] *agg.* [pl.m. *-schi*] di soldato, da soldato (per lo più *spreg.*): *linguaggio* —, volgare.

soldatessa [sol-da-tés-sa] *s.f.* (*non com.*) donna soldato.

soldatino [sol-da-tì-no] *s.m.* **1** soldato giovane e inesperto **2** modellino di soldato usato, soprattutto un tempo, per i giochi dei bambini: — *di piombo.*

soldato [sol-dà-to] *s.m.* **1** uomo che è parte di un esercito; militare | — *semplice*, chi milita nell'esercito senza ricoprire alcun grado. DIM. *soldatino* **2** (*pop.*) servizio militare: *fare il* —; *partire, andare* —, andare sotto le armi **3** (*fig. lett.*) chi combatte per la difesa di un ideale: *un* — *della libertà.*

soldo [sòl-do] *s.m.* **1** denominazione di diversi tipi di monete, in genere di scarso valore: *pagare quattro soldi*, (*fig.*) pochissimo; *non valere un* —, (*fig.*) non valere nulla **2** *pl.* (*fam.*) denaro: *guadagnare molti soldi*; *fare soldi*, arricchirsi **3** diaria dei soldati: *riscuotere il* — | *essere al* — *di qlcu.*, essere da lui pagato o favorito, per lo più in cambio di servigi illeciti o poco onorevoli.

sole [só-le] *s.m.* **1** (*astr.*) la stella a noi più vicina, attorno alla quale girano la Terra e gli altri corpi celesti del sistema detto appunto solare **2** ciò che si percepisce del Sole dalla Terra, con particolare riferimento alla luce, al calore, al suo moto apparente: *il tramonto del* —; *al sorgere del* —, all'alba; *al calar del* —, al tramonto; *contro* —, col sole di fronte, controluce | *occhiali da* —, con lenti colorate, per riparare gli occhi dalla luce troppo intensa | *colpo di* —, insolazione | *alla luce del* —, apertamente, senza sotterfugi | *prendere il* —, esporsi ai raggi solari per abbronzarsi | *cura del* —, elioterapia. DIM. *solicello* **3** in alcune espressioni è simbolo di bellezza, sapienza, perfezione ideale: *bello come il* —; *il* — *della libertà.*

solecismo [so-le-cì-ʃmo] *s.m.* (*ling.*) errore di grammatica o lessicale.

soleggiato [so-leg-già-to] *agg.* illuminato e riscaldato dai raggi solari; solatio: *luogo* —.

solenne [so-lèn-ne] *agg.* **1** che si celebra con cerimoniale e apparato grandiosi; che si compie con gran pompa: *cerimonia, giuramento* — **2** grave e imponente: *aspetto* — | (*estens.*) maestoso: *costruzione* — | (*scherz.*) grande, fuori del comune: *un* — *imbroglione* **3** (*mus.*) indicazione dinamica sullo spartito che prescrive un andamento grandioso e grave □ **solennemente** *avv.*

solennità [so-len-ni-tà] *s.f.* **1** l'essere solenne; atteggiamento, tono solenne: *la* — *di una cerimonia* **2** ricorrenza che viene celebrata in modo solenne | festa, festività: — *civile, religiosa.*

solennizzare [so-len-niʒ-ʒà-re] *v.tr.* celebrare con solennità; rendere solenne: — *una ricorrenza.*

solenoide [so-le-nòi-de] *s.m.* (*fis.*) dispositivo che genera un campo magnetico, costituito da un conduttore elettrico avvolto a elica su una struttura cilindrica.

solere [so-lé-re] *v.intr.* [*io sòglio, tu suòli, egli suòle, noi sogliamo, voi soléte, essi sògliono*; pass.rem. *io soléi, tu solésti ecc.*; pres.congiunt. *io sòglia.., noi sogliamo, voi sogliate, essi sògliano*; part.pass. *sòlito*; dif. del fut., condiz. pres., imp., part. pres. e di tutti i tempi composti; regge sempre un verbo all'inf.] (*lett.*) essere solito, usare: — *passeggiare dopo cena*; *come si suol dire*, come si dice comunemente.

solerte [so-lèr-te] *agg.* (*lett.*) che fa il proprio dovere con alacrità e impegno: *impiegato* — | che è fatto con cura, con diligenza: *studi solerti.*

solerzia [so-lèr-zia] *s.f.* l'essere solerte.

soletta [so-lét-ta] *s.f.* **1** suola mobile che si mette nella scarpa per ridurne lo spazio interno o per comodità e protezione del piede: — *ortopedica* **2** parte della calza che corrisponde alla pianta del piede.

solettare [so-let-tà-re] *v.tr.* [*io solétto ecc.*] dotare di soletta una scarpa.

solettatura [so-let-ta-tù-ra] *s.f.* l'applicare solette alle calzature.
solfa [sòl-fa] *s.f.* suono insistente e noioso | (*fig.*) discorso o vicenda che si ripete fino alla noia: *è sempre la solita —*.
solfanello → **zolfanello**.
solfara [sol-fà-ra] *s.f.* giacimento di zolfo di origine sedimentaria.
solfare [sol-fà-re] *v.tr.* [*io sólfo ecc.*] (*agr.*) cospargere di zolfo a scopo antiparassitario; solforare: *— le viti*.
solfataio [sol-fa-tà-io] *s.m.* operaio, minatore in una solfara o in una solfatara.
solfatara [sol-fa-tà-ra] *s.f.* (*geol.*) bacino vulcanico in fase di quiescenza caratterizzato da emissioni di vapore acqueo, anidride carbonica e acido solfidrico, che danno luogo alla deposizione di zolfo | la stessa emissione gassosa.
solfatazione [sol-fa-ta-zió-ne] *s.f.* **1** (*chim.*) formazione di solfati per reazione di un ossido e anidride solforica o per ossidazione di un solfuro **2** (*elettr.*) formazione anormale di solfato di piombo sulle piastre di un accumulatore.
solfato [sol-fà-to] *s.m.* (*chim.*) sale o estere dell'acido solforico.
solfeggiare [sol-feg-già-re] *v.tr.* e *intr.* [*io solféggio ecc.*; aus. dell'intr. *avere*] (*mus.*) leggere un brano musicale mediante il solfeggio; fare esercizi di solfeggio.
solfeggio [sol-fég-gio] *s.m.* (*mus.*) esercizio orale che consiste nel leggere o intonare le note di un brano musicale, pronunziandone il nome e rispettandone la durata.
solfidrico [sol-fi-dri-co] *agg.* (*chim.*) si dice di acido formato da due atomi di idrogeno e uno di zolfo, dall'odore caratteristico di uova marce.
solfifero [sol-fi-fe-ro] *agg.* che produce, che contiene zolfo: *deposito —*.
solfitare [sol-fi-tà-re] *v.tr.* trattare sostanze con zolfo o anidride solforosa; è operazione propria dell'enologia e di varie industrie alimentari.
solfitazione [sol-fi-ta-zió-ne] *s.f.* l'operazione del solfitare.
solfito [sol-fi-to] *s.m.* (*chim.*) sale dell'acido solforoso.
solforare [sol-fo-rà-re] *v.tr.* [*io sólforo ecc.*] **1** (*agr.*) solfare **2** (*chim.*) trattare con zolfo una sostanza, un prodotto.
solforato [sol-fo-rà-to] *agg.* che contiene zolfo; che è stato trattato con zolfo.
solforico [sol-fò-ri-co] *agg.* [pl.m. *-ci*] (*chim.*) si dice di composto dello zolfo esavalente: *anidride solforica*.
solforoso [sol-fo-ró-so] *agg.* (*chim.*) si dice di composto dello zolfo tetravalente: *anidride solforosa*, gas usato nell'industria chimica e alimentare.
solfuro [sol-fù-ro] *s.m.* (*chim.*) sale dell'acido solfidrico.
solidale [so-li-dà-le] *agg.* **1** che è concorde con le idee e le aspirazioni di altri e le sostiene: *essere — coi compagni* **2** (*mecc.*) si dice di pezzo rigidamente collegato con altri.
solidarietà [so-li-da-rie-tà] *s.f.* vincolo di assistenza reciproca che unisce degli individui tra loro: *— umana, sociale* | il condividere con altri sentimenti, opinioni, difficoltà e l'agire di conseguenza: *manifestazione di —*.
solidarismo [so-li-da-rì-ʃmo] *s.m.* tendenza a sentirsi solidali con altri.
solidaristico [so-li-da-rì-sti-co] *agg.* [pl.m. *-ci*] basato sulla solidarietà, sul solidarismo: *atteggiamento —*.
solidarizzare [so-li-da-riʒ-ʒà-re] *v.intr.* [aus. *avere*] essere, mostrarsi solidale; esprimere solidarietà: *— con qlcu.*
solidificabile [so-li-di-fi-cà-bi-le] *agg.* che si può solidificare.
solidificare [so-li-di-fi-cà-re] *v.tr.* [*io solidìfico, tu solidìfichi ecc.*] **1** (*fis.*) portare una sostanza dallo stato liquido a quello solido **2** (*fig.*) rendere consistente; consolidare, rinforzare: *— le basi di un'intesa* ♦ *v.intr.* [aus. *essere*], **solidificarsi** *v.intr.pron.* **1** (*fis.*) passare dallo stato liquido a quello solido **2** (*fig.*) diventare solido, più solido; consolidarsi, rinforzarsi.
solidificazione [so-li-di-fi-ca-zió-ne] *s.f.* il solidificare, il solidificarsi, l'essere solidificato; consolidazione.
solidità [so-li-di-tà] *s.f.* **1** l'essere solido, robusto; stabilità: *la — di un muro* **2** (*fig.*) fermezza, validità, fondatezza: *la — di un'argomentazione*.
solido [sò-li-do] *agg.* **1** (*fis.*) si dice di stato della materia nel quale le molecole sono molto coese fra loro: *il ghiaccio è acqua allo stato —* **2** (*geom.*) si dice di qualsiasi figura a tre dimensioni (lunghezza, larghezza, altezza): *il cubo è una figura solida* | *geometria solida*, parte della geometria che studia le figure solide **3** stabile, sicuro (anche *fig.*): *azienda finanziariamente solida* **4** (*fig.*) che ha buone basi, che è ben fondato: *cultura solida* ♦ *s.m.* **1** (*fis.*) corpo allo stato solido: *i solidi e i liquidi* **2** (*geom.*) figura con tre dimensioni: *la sfera è un —* □ **solidamente** *avv.* in modo solido | fermamente.
soliloquio [so-li-lò-quio] *s.m.* il parlare da solo, tra sé e sé.
solingo [so-lìn-go] *agg.* [pl.m. *-ghi*] (*poet.*) solitario (detto di luogo o persona).
solino [so-lì-no] *s.m.* **1** colletto di camicia da uomo che si può levare e mettere a piacere **2** ampio bavero azzurro listato di bianco, caratteristico dell'uniforme dei marinai.
solipsismo [so-li-psì-ʃmo] *s.m.* (*psicol.*) soggettivismo esasperato.
solipsistico [so-li-psì-sti-co] *agg.* [pl.m. *-ci*] del solipsismo; da solipsisti: *teoria solipsistica*.
solista [so-lì-sta] *agg.* e *s.m.* e *f.* [pl.m. *-sti*] **1** (*mus.*) si dice di cantante o strumentista che esegue la parte di un brano musicale destinata a una sola voce o a un solo strumento: *cantante —* **2** interprete che si esibisce in un'esecuzione individuale: *ballerina —*.

solistico [so-lì-sti-co] *agg.* [pl.m. *-ci*] di solista, da solista: *esecuzione solistica.*

solitario [so-li-tà-rio] *agg.* 1 che ama stare solo: *uomo —* | *navigatore —*, chi affronta una traversata governando da solo la propria barca a vela 2 di luogo, non frequentato 3 (*zool.*) si dice di animale che non vive in gruppo: *passero —* | (*bot.*) si dice di organo isolato: *fiore —* ♦ *s.m.* 1 brillante incastonato da solo in un anello o in altri gioielli; l'anello stesso 2 nome generico di diversi giochi di carte per un solo giocatore.

solito [sò-li-to] *agg.* che non è diverso dalle altre volte; abituale, consueto: *il — posto* | di persona, che rimane sempre la stessa, conservando nel tempo abitudini o caratteristiche: *il — scansafatiche* | di situazione o cosa che si ripete spesso: *essere alle solite* | *esser —*, avere l'abitudine, solere: *è — (di) dormire il pomeriggio* ♦ *s.m.* consuetudine, abitudine; ciò che accade o si fa abitualmente: *non è mio — sprecare il tempo* | *come il* (o *al*) —, come sempre | *di* (o *per il*) —, abitualmente, normalmente □ **solitamente** *avv.* di solito; abitualmente, normalmente.

solitudine [so-li-tù-di-ne] *s.f.* 1 lo stare, il vivere solo: *amare la —* 2 la condizione di un luogo solitario: *la — dei boschi.*

sollazzare [sol-laz-zà-re] *v.tr.* (*scherz.*) far divertire: *— la compagnia* ♦ **sollazzarsi** *v. intr.pron.* (*scherz.*) divertirsi, spassarsela.

sollazzevole [sol-laz-zé-vo-le] *agg.* (*lett.*) 1 che ama sollazzarsi, divertirsi 2 divertente, spassoso.

sollazzo [sol-làz-zo] *s.m.* (*lett.*) divertimento, svago, spasso: *dare —.*

sollecitare [sol-le-ci-tà-re] *v.tr.* [*io sollécito ecc.*] 1 stimolare a fare presto qlco.; richiedere che qlco. avvenga sollecitamente: *— qlcu. a rispondere*; *— una risposta* 2 chiedere con insistenza; esercitare pressioni per ottenere qlco. 3 (*mecc.*) sottoporre a sollecitazione.

sollecitazione [sol-le-ci-ta-zió-ne] *s.f.* 1 il sollecitare: *lettera di —* 2 stimolo, incitamento: *— culturale* 3 (*mecc.*) l'azione di una o più forze su un sistema.

sollecito[1] [sol-lé-ci-to] *agg.* 1 che agisce, opera con prontezza, con premura: *lavoratore —* 2 fatto con prontezza, con diligenza: *un — ritorno* □ **sollecitamente** *avv.* con sollecitudine, premurosamente; diligentemente.

sollecito[2] *s.m.* (*burocr.*) sollecitazione: *— di pagamento.*

sollecitudine [sol-le-ci-tù-di-ne] *s.f.* 1 l'essere sollecito; diligente prontezza nel fare: *— nel lavoro* 2 viva cura e attenzione nei confronti di qlcu. o qlco.; premura: *— verso i propri cari.*

solleone [sol-le-ó-ne] *s.m.* il sole dell'estate, soprattutto nelle ore intorno al mezzogiorno; grande calura estiva.

solleticamento [sol-le-ti-ca-mén-to] *s.m.* (*non com.*) il solleticare (anche *fig.*): *— della vanità.*

solleticare [sol-le-ti-cà-re] *v.tr.* [*io sollético, tu sollétichi ecc.*] 1 toccare in modo da provocare solletico: *— la pianta dei piedi* 2 (*fig.*) stimolare un sentimento con allettamenti, lusinghe: *— la vanità di qlcu.*

solletico [sol-lé-ti-co] *s.m.* [pl. *-chi*] sensazione nervosa provocata dal sentirsi sfiorare in certe parti del corpo; può produrre riso e movimenti convulsi: *fare il — a qlcu.*, toccarlo in modo da provocargli tale sensazione.

sollevamento [sol-le-va-mén-to] *s.m.* il sollevare, il sollevarsi, l'essere sollevato | *— pesi*, (*sport*) disciplina dell'atletica pesante che consiste nell'alzare da terra e portare sopra la testa a braccia tese un bilanciere alle cui estremità sono fissati dei pesi.

sollevare [sol-le-và-re] *v.tr.* [*io sollèvo ecc.*] 1 levare, portare, spostare verso l'alto; alzare: *— un peso* 2 (*fig.*) portare a una condizione migliore, più elevata: *— qlcu. dalla miseria* | alleggerire, liberare: *— qlcu. da un incarico*, liberarlo; anche, rimuoverlo, licenziarlo 3 (*fig.*) suscitare, avanzare: *— un dubbio* 4 far ribellare, far insorgere: *— il popolo contro gli invasori* ♦ **sollevarsi** *v.rifl.* o *intr.pron.* 1 innalzarsi: *l'aereo si sollevò dalla pista* 2 (*fig.*) riprendersi fisicamente o moralmente: *— dopo una disgrazia* 3 ribellarsi: *— in massa.*

sollevato [sol-le-và-to] *agg.* migliorato nelle condizioni fisiche o morali; libero da ansia, da timore: *sentirsi —.*

sollevatore [sol-le-va-tó-re] *agg.* e *s.m.* [f. *-trice*] (*non com.*) che/chi solleva | *— di pesi*, (*sport*) atleta che si dedica al sollevamento pesi.

sollevazione [sol-le-va-zió-ne] *s.f.* insurrezione, rivolta: *— di popolo* | manifestazione collettiva e vivace di contrarietà: *— popolare.*

sollievo [sol-liè-vo] *s.m.* l'essere, il sentirsi sollevato fisicamente o moralmente: *essere di — a qlcu.* | *tirare un respiro di —*, provare un senso di liberazione da affanni, preoccupazioni ecc.

solluchero [sol-lù-che-ro], o **sollucchero**, *s.m.* (*scherz.*) senso di intimo godimento che si prova nel vedersi soddisfatto nei desideri o solleticato nella vanità: *andare, mandare in solluchero*, provare, far provare tale sentimento.

solo [só-lo] *agg.* 1 senza compagnia, senz'altra persona: *vivere —* | che è o si sente isolato, abbandonato 2 senza la partecipazione, l'intervento di altri; con esclusione di altri: *essere il — responsabile* | *da — a —*, a quattrocchi | *parlare da —*, parlare ad alta voce senza interlocutori | *essersi fatto da —*, aver raggiunto un'ottima posizione sociale partendo dal nulla 3 unico, singolo: *una sola volta* 4 (*mus.*) solista: *brano per violino —* ♦ *avv.* solamente, soltanto: *ho detto — questo* | Nella loc. cong. *— che*, ma, però: *costa poco, — che non mi piace* | purché: *lo faccia entrare, — che la smetta* ♦ *s.m.* 1 [f. *-a*] oggetto, animale, persona unici: *sei il — a credermi* 2 (*mus.*) solista: *composizione per soli e orchestra* | *a —*, assolo □ **solamente** *avv.* soltanto, unicamente: *parlerò — con lui.*

solone [so-ló-ne] *s.m.* uomo giusto e saggio (per lo più *iron.*): *sentirsi un —*.
solstiziale [sol-sti-zià-le] *agg.* (*astr.*) del solstizio | *punti solstiziali*, i due punti dell'eclittica posti a 90° dai punti equinoziali.
solstizio [sol-stì-zio] *s.m.* (*astr.*) ciascuna delle due date dell'anno, il 22 dicembre e il 21 giugno, in cui si ha in ognuno dei due emisferi alternatamente la notte più lunga e il giorno più lungo | punto solstiziale.
soltanto [sol-tàn-to] *avv.* solo, solamente, unicamente: *ho fatto — un errore* | *— che*, purché: *potresti vincere — che tu lo voglia*.
solubile [so-lù-bi-le] *agg.* **1** (*chim.*) si dice di sostanza che può sciogliersi in un liquido (solvente): *lo zucchero è — in acqua* **2** (*fig.*) risolvibile: *un problema difficilmente —*.
solubilità [so-lu-bi-li-tà] *s.f.* l'essere solubile.
solubilizzare [so-lu-bi-liʒ-ʒà-re] *v.tr.* (*chim.*) rendere solubile, mediante trattamenti fisici o chimici, una sostanza insolubile.
solubilizzazione [so-lu-bi-liʒ-ʒa-zió-ne] *s.f.* **1** (*chim.*) operazione e risultato del solubilizzare **2** (*metall.*) trattamento termico per la diffusione omogenea dei componenti speciali in una lega.
soluto [so-lù-to] *agg.* (*lett.*) sciolto, libero ♦ *s.m.* (*chim.*) sostanza disciolta in un solvente, col quale forma una soluzione.
soluzione [so-lu-zió-ne] *s.f.* **1** scioglimento di una sostanza in un liquido | (*chim.*) miscela omogenea di una o più sostanze (soluti) disciolte entro un'altra sostanza (solvente) **2** il risolvere, l'essere risolto: *la — di un enigma* | (*mat.*) valore dell'incognita o delle incognite che verifica un'equazione o un sistema di equazioni **3** (*estens.*) decisione; accordo: *venire a una —* **4** *— di continuità*, interruzione in una continuità temporale o spaziale **5** (*comm.*) pagamento, assolvimento: *pagare in un'unica —*, in una sola volta.
solvente [sol-vèn-te] *agg.* **1** si dice di sostanza che ha la proprietà di sciogliere altre sostanze senza alterarne la natura chimica **2** (*comm.*) si dice di chi è in grado di pagare, di soddisfare gli obblighi assunti: *cliente —* ♦ *s.m.* (*chim.*) sostanza solvente.
solvenza [sol-vèn-za] *s.f.* (*comm.*) la qualità di chi è solvente.
solvibile [sol-vì-bi-le] *agg.* **1** che è in grado di soddisfare le obbligazioni assunte: *impresa —* **2** che può essere pagato: *debito —*.
solvibilità [sol-vi-bi-li-tà] *s.f.* (*comm.*) la qualità di chi è solvibile, di chi ha disponibilità di denaro.
soma [sò-ma] *s.f.* il carico che si pone sulla groppa di una bestia da trasporto | *bestia da —*, adatta, allenata a trasportare pesi.
somalo [sò-ma-lo] *agg.* della Somalia ♦ *s.m.* **1** [f. *-a*] nativo, abitante della Somalia **2** lingua parlata in Somalia.
somaraggine [so-ma-ràg-gi-ne] *s.f.* l'essere somaro, ignoranza.
somaro [so-mà-ro] *s.m.* [f. *-a*] **1** asino, ciuco (in quanto bestia da soma). DIM. *somarello* **2** (*fig.*) persona o scolaro ignorante. ACCR. *somarone*.
somatico [so-mà-ti-co] *agg.* [pl.m. *-ci*] (*biol.*) che si riferisce al corpo umano, alle sue fattezze: *caratteri somatici*, quelli caratteristici di una razza o di un individuo.
somatizzare [so-ma-tiʒ-ʒà-re] *v.tr.* (*med.*) trasformare un disturbo psichico in organico attraverso un processo di somatizzazione ♦ **somatizzarsi** *v.intr.pron.* detto di disturbo psichico, subire una somatizzazione.
somatizzazione [so-ma-tiʒ-ʒa-zió-ne] *s.f.* (*med.*) fenomeno per cui un disturbo della psiche determina uno stato di sofferenza organica e funzionale.
somato- primo elemento di parole composte della terminologia scientifica, che significa 'corpo' o ha attinenza con esso.
somatormone [so-ma-tor-mó-ne] *s.m.* (*biol.*) somatotropina.
somatotropina [so-ma-to-tro-pì-na] *s.f.* (*biol.*) ormone elaborato dall'ipofisi che stimola l'accrescimento corporeo; somatormone.
sombrero [som-bré-ro] *s.m.* cappello a larghe tese, con cupola alta, tipico dell'America centromeridionale.
somigliante [so-mi-gliàn-te] *agg.* che somiglia: *un'immagine molto —*, fedele alla realtà.
somiglianza [so-mi-gliàn-za] *s.f.* l'essere somigliante, il somigliarsi: *una vaga —* | *a —*, (*lett.*) in modo somigliante, simile: *Dio creò l'uomo a sua immagine e —*.
somigliare [so-mi-glià-re] *v.intr.* [*io somìglio ecc.*; aus. *avere* o *essere*] essere simile a qlcu. o a qlco. nell'aspetto o per determinate qualità; rassomigliare: *la bambina somiglia alla madre* ♦ *v.tr.* (*fam.*) essere simile a qlcu., a qlco.: *somiglia molto la nonna* ♦ **somigliarsi** *v.rifl.rec.* essere simili, rassomigliarsi.
somma [sóm-ma] *s.f.* **1** il risultato dell'addizione; anche, l'operazione del sommare, dell'addizionare: *fare una —* | *tirare le somme*, (*fig.*) concludere, fare il bilancio **2** quantità di denaro: *guadagnare una certa —*. DIM. *sommetta* **3** la sostanza, la conclusione di qlco.: *la — del ragionamento*.
sommare [som-mà-re] *v.tr.* [*io sómmo ecc.*] ridurre più quantità a una sola aggiungendo l'una all'altra; fare la somma, addizionare (anche *fig.*): *— le singole richieste* | *tutto sommato*, considerati i pro e i contro ♦ *v.intr.* [aus. *avere* o *essere*] ammontare, assommare: *le perdite sommano a tre miliardi*.
sommarietà [som-ma-rie-tà] *s.f.* (*non com.*) carattere di ciò che è sommario.
sommario[1] [som-mà-rio] *agg.* **1** fatto, esposto per sommi capi; sintetico, riassuntivo: *esame, racconto —* **2** (*dir.*) si dice di procedura che si svolge con rapidità, senza seguire il rito ordinario | *fare giustizia sommaria*, immediatamente, senza rispettare la procedura legale **3** (*estens.*)

fatto alla svelta, sbrigativo, approssimativo: *lavoro* — □ **sommariamente** *avv.*
sommario[2] *s.m.* **1** libro che offre una trattazione sintetica di una materia; compendio: — *di storia* **2** esposizione schematica degli argomenti trattati in un libro | indice **3** nei giornali, insieme di frasi poste sotto il titolo che lo spiegano più dettagliatamente.
sommatoria [som-ma-tò-ria] *s.f.* (*mat.*) somma algebrica di un numero finito o infinito di termini di una successione; è espressa dal simbolo Σ.
sommelier [/ sɔmɛ'lje /] *s.m.* e *f.invar.* (*fr.*) esperto nell'assaggio di vini.
sommergere [som-mèr-ge-re] *v.tr.* [coniugato come *immergere*] **1** far andare interamente sott'acqua; coprire completamente di acqua o altro liquido: *le onde sommersero la barca* **2** (*fig.*) avvolgere, circondare interamente: *essere sommersi dal cattivo odore* **3** (*fig.*) far scomparire: — *tutto nell'oblio* | oberare, soffocare: *essere sommerso dai debiti* ♦ **sommergersi** *v.rifl.* o *intr.pron.* (*non com.*) affondare (anche *fig.*): — *tra i libri.*
sommergibile [som-mer-gì-bi-le] *s.m.* mezzo navale che può navigare sia in superficie sia sott'acqua (a differenza del sottomarino che non è idoneo alla navigazione in superficie).
sommerso [som-mèr-so] *agg.* **1** coperto dalle acque: *terre sommerse* **2** (*fig.*) si dice di attività economica che sfugge agli obblighi fiscali e contributivi: *lavoro* —.
sommesso [som-més-so] *agg.* basso, leggero, appena avvertibile (detto di suono o della voce umana): *parlare in tono* — □ **sommessamente** *avv.*
sommier [/ sɔ'mje /] *s.m.invar.* (*fr.*) divano a forma di letto, senza spalliere né braccioli.
somministrare [som-mi-ni-strà-re] *v.tr.* dare, distribuire ad altri: — *le medicine al malato.*
somministratore [som-mi-ni-stra-tó-re] *agg.* e *s.m.* [f. *-trice*] che/chi somministra.
somministrazione [som-mi-ni-stra-zió-ne] *s.f.* il somministrare, l'essere somministrato: *la — di un farmaco* | distribuzione, rifornimento: — *di viveri.*
sommità [som-mi-tà] *s.f.* **1** il punto più alto, la parte più elevata; cima, vetta: *la — di un monte* **2** (*fig.*) la massima eccellenza; culmine, apice: *la — dell'arte.*
sommo [sóm-mo] *agg.* **1** il più alto, altissimo: *le somme vette dei monti* | (*fig.*) il più elevato, massimo: *il — bene; il — pontefice*, il papa; *il — poeta*, per antonomasia, Dante | *in — grado*, al massimo grado | *per sommi capi*, soffermandosi solo sui punti più importanti ♦ *s.m.* sommità: *il — della gloria* □ **sommamente** *avv.* in misura somma, massimamente.
sommossa [som-mòs-sa] *s.f.* insurrezione, rivolta: *domare una* —.
sommovimento [som-mo-vi-mén-to] *s.m.* il sommuovere, l'essere sommosso; spostamento: — *del terreno.*
sommozzatore [som-moz-za-tó-re] *s.m.* **1** esperto nuotatore subacqueo **2** appartenente a corpi speciali dell'esercito, della marina, dei vigili del fuoco ecc. addestrato a eseguire lavori subacquei.
sommuovere [som-muò-ve-re] *v.tr.* [coniugato come *muovere*] (*lett.*) **1** muovere con violenza, agitare: *il vento sommuove le acque* **2** (*fig.*) eccitare, sobillare: — *gli animi.*
sonagliera [so-na-gliè-ra] *s.f.* striscia di cuoio o tela a cui sono attaccati dei sonagli, che si mette al collo degli animali da lavoro per individuarne la presenza.
sonaglio [so-nà-glio] *s.m.* sferetta cava di metallo contenente una pallina che, scossa, urta contro le pareti producendo un suono squillante | *serpente a sonagli*, nome pop. del crotalo, per il suono che produce con gli anelli della coda.
sonante [so-nàn-te] *agg.* risonante | *moneta, denaro* —, (*fig.*) contante.
sonar [sò-nar] *s.m.invar.* (*mar.*) apparecchio per la localizzazione di corpi immersi che funziona con l'emissione di onde acustiche o ultrasoniche e la ricezione delle onde riflesse.
sonare e *deriv.* → **suonare** e *deriv.*
sonata [so-nà-ta] *s.f.* **1** suonata **2** (*mus.*) composizione per uno o più strumenti articolata in più tempi o movimenti: — *per pianoforte.*
sonatina [so-na-tì-na] (*mus.*) composizione, per lo più a carattere didattico, che presenta la struttura della sonata, ma è più breve e di più facile esecuzione.
sonda [són-da] *s.f.* denominazione generica di strumenti e dispositivi usati per esplorazioni, prelievi, immissioni, perforazioni: — *mineraria, medica* | — *atmosferica*, apparecchiatura portata in quota da un pallone o da un missile per lo studio dell'alta atmosfera o per rilevamenti meteorologici | — *spaziale*, veicolo spaziale senza persone a bordo, destinato allo studio dello spazio cosmico.
sondabile [son-dà-bi-le] *agg.* che si può sondare.
sondaggio [son-dàg-gio] *s.m.* **1** operazione di ricerca compiuta per mezzo di una sonda: — *marino* **2** (*fig.*) indagine, esplorazione compiuta per saggiare, conoscere qlco.: — *d'opinione.*
sondare [son-dà-re] *v.tr.* [*io sóndo ecc.*] **1** esaminare con una sonda: — *il sottosuolo* **2** (*fig.*) cercare di conoscere, di venire a sapere; saggiare, indagare: — *gli umori dell'opinione pubblica.*
sondriese [son-drié-se] *agg.* della città di Sondrio ♦ *s.m.* e *f.* chi abita o è nato nella città di Sondrio.
soneria → **suoneria**.
sonetto [so-nét-to] *s.m.* componimento poetico costituito da quattordici versi endecasillabi distinti in due quartine e due terzine.
sonicchiare → **suonicchiare**.
sonico [sò-ni-co] *agg.* [pl.m. *-ci*] (*scient.*) del suono: *velocità sonica.*
sonnacchioso [son-nac-chió-so] *agg.* **1** che sonnecchia; assonnato **2** (*fig.*) non vivace; lento, stentato □ **sonnacchiosamente** *avv.*

sonnambulismo [son-nam-bu-li-ʃmo] *s.m.* lo stato fisiologico o patologico di chi è sonnambulo.
sonnambulo [son-nàm-bu-lo] *agg.* e *s.m.* [f. *-a*] che/chi durante il sonno compie un'attività motoria (*p.e.* camminare, lavarsi ecc.) della quale non conserva ricordo al risveglio.
sonnecchiare [son-nec-chià-re] *v.intr.* [*io sonnécchio ecc.*; aus. *avere*] **1** dormire leggermente; cedere a tratti al sonno **2** (*fig.*) dimostrare indolenza; essere poco attivo.
sonnellino [son-nel-lì-no] *s.m.* sonno breve, in particolare quello del primo pomeriggio; dormitina, pisolino.
sonnifero [son-nì-fe-ro] *s.m.* preparato farmaceutico che, agendo sul sistema nervoso centrale, induce il sonno: *compressa di —*.
sonno [són-no] *s.m.* **1** fenomeno biologico periodico di riposo delle funzioni psicofisiche, caratterizzato dalla sospensione della coscienza e della volontà: *farsi un —*; *prendere —*, addormentarsi | *malattia del —*, (*med.*) malattia tropicale provocata dalla puntura della mosca tse-tse, che si manifesta con uno stato di profondo torpore | *l'ultimo, l'eterno —*, (*eufem.*) la morte **2** la sensazione di torpore e di stanchezza che induce a dormire: *cadere dal —*, non riuscire più a star svegli | *far venire, mettere —*, provocare sonnolenza; (*fig.*) causare noia | *morto di —*, (*fig.*) chi dormirebbe sempre; (*estens.*) persona torpida, priva di acume, di prontezza **3** (*fig.*) quiete, silenzio: *città immersa nel —* | inerzia: *il — della ragione*.
sonnolento [son-no-lèn-to] *agg.* che ha e manifesta desiderio e bisogno di sonno; assonnato | (*fig.*) poco vivace, inattivo, pigro: *una vita sonnolenta*.
sonnolenza [son-no-lèn-za] *s.f.* **1** torpore che precede o segue il sonno **2** (*fig.*) mancanza di vivacità; pigrizia, inerzia.
sonorità [so-no-ri-tà] *s.f.* qualità di ciò che è sonoro: *la — della voce*.
sonorizzare [so-no-riʒ-ʒà-re] *v.tr.* **1** (*ling.*) trasformare un suono sordo in sonoro **2** (*cine.*) dotare un film di colonna sonora ♦ **sonorizzarsi** *v.intr.pron.* (*ling.*) detto di consonante sorda, trasformarsi nella sonora corrispondente: *la 'c' del lat. 'lăcus' si è sonorizzata in 'lago'*.
sonorizzatore [so-no-riʒ-ʒa-tó-re] *s.m.* [f. *-trice*] (*cine.*) tecnico specializzato nell'approntamento del materiale necessario per la sonorizzazione di un film.
sonorizzazione [so-no-riʒ-ʒa-zió-ne] *s.f.* **1** (*cine.*) l'operazione e il risultato del sonorizzare **2** il fenomeno linguistico della trasformazione di una consonante sorda in sonora.
sonoro [so-nò-ro] *agg.* **1** relativo al suono; che emette, trasmette o riflette suoni: *onde sonore* **2** che ha suono forte e pieno, che risuona con forza: *applausi sonori*; *un — ceffone* **3** (*ling.*) si dice di suono la cui articolazione si produce con vibrazione delle corde vocali **4** (*cine.*) si dice di film nel quale le immagini sono accompagnate da suoni e parole in sincronismo con esse (si contrappone a *muto*) | *colonna sonora*, la parte sonora di un film; in particolare, la sua musica ♦ *s.m.* (*cine.*) **1** cinema sonoro: *l'avvento del —* **2** colonna sonora: *il — di un film* □ **sonoramente** *avv.*
sontuosità [son-tuo-si-tà] *s.f.* (*non com.*) l'essere sontuoso; lusso grandioso, sfarzo.
sontuoso [son-tu-ó-so] *agg.* fatto, allestito con ricchezza e lusso; sfarzoso □ **sontuosamente** *avv.*
sopire [so-pì-re] *v.tr.* [*io sopisco, tu sopisci ecc.*] calmare, placare: *— l'ira*.
sopore [so-pó-re] *s.m.* stato di abbandono fisico simile al sonno, ma in cui si verifica perdita solo parziale della coscienza.
soporifero [so-po-rì-fe-ro] *agg.* **1** che dà sopore, che favorisce il sonno; sonnifero **2** (*fig.*) noioso: *libro —*.
soppalcare [sop-pal-cà-re] *v.tr.* [*io soppalco, tu soppalchi ecc.*] fornire di soppalco: *— un locale*.
soppalco [sop-pàl-co] *s.m.* [pl. *-chi*] locale ricavato con una suddivisione orizzontale di ambienti di notevole altezza.
soppanno [sop-pàn-no] *s.m.* fodera pesante o imbottitura di un vestito; fodera delle scarpe.
sopperire [sop-pe-rì-re] *v.intr.* [*io sopperisco, tu sopperisci ecc.*; aus. *avere*] provvedere a una necessità; far fronte: *— a un bisogno*.
soppesare [sop-pe-ṣà-re] *v.tr.* [*io soppéso ecc.*] sentire e stimare il peso di un oggetto tenendolo in mano | (*fig.*) valutare, considerare con cura: *— i pro e i contro*.
soppiantare [sop-pian-tà-re] *v.tr.* sostituirsi, subentrare ad altri o ad altro.
soppiatto [sop-piàt-to] *agg.* solo nella loc. *di soppiatto*, di nascosto: *uscire di —*.
sopportabile [sop-por-tà-bi-le] *agg.* che si può sopportare; tollerabile: *una perdita —*.
sopportabilità [sop-por-ta-bi-li-tà] *s.f.* (*non com.*) l'essere sopportabile; tollerabilità.
sopportare [sop-por-tà-re] *v.tr.* [*io soppòrto ecc.*] **1** reggere, sostenere un peso: *— un carico* **2** soffrire, patire: *— sacrifici* **3** tollerare agevolmente: *— il caldo* | *non —*, detestare, odiare: *non sopporto gli ipocriti* **4** subire pazientemente: *ho sopportato a lungo*.
sopportazione [sop-por-ta-zió-ne] *s.f.* il sopportare | la capacità di sopportare con pazienza; tolleranza: *avere spirito di —*.
soppressare [sop-pres-sà-re] *v.tr.* [*io sopprèsso ecc.*] (*non com.*) pressare; mettere in pressa.
soppressata [sop-pres-sà-ta] *s.f.* salume di carne di maiale, tritata e variamente condita.
soppressione [sop-pres-sió-ne] *s.f.* il sopprimere, l'essere soppresso; eliminazione, abolizione: *la — di una legge*.
soppresso [sop-près-so] *agg.* abolito, eliminato.
sopprimere [sop-prì-me-re] *v.tr.* [coniugato come *opprimere*] **1** annullare, eliminare, abolire: *— un ufficio* **2** eliminare fisicamente una persona o un animale; uccidere.
soppunto [sop-pùn-to], o **sottopunto**, *s.m.* punto usato per cucire orli interni e risvolti di tessuto.

sopra [só-pra], lett. **sovra**, *avv.* **1** in luogo o posizione più elevata: *stare —* | preceduto dalla prep. *di* pleonastica: *il piano di —* **2** precedentemente: *gli esempi — citati* ♦ *prep.* [si unisce ai nomi direttamente o mediante la prep. *a*, ai pronomi personali quasi sempre mediante la prep. *di*] **1** in posizione più elevata rispetto ad altro, su (con riferimento a cose che sono a contatto): *il telefono è — la* (o *alla*) *scrivania*; *salire — una sedia* | in usi fig.: *giurare — qlcu.*, *— qlco.*, in nome di qlcu., per qlco.; *metterci una pietra —*, dimenticare ciò che è stato; *berci —*, per dimenticare qlco.; *dormirci —*, lasciar passare troppo tempo; anche, infischiarsene di qlco. **2** con riferimento a cose l'una delle quali ricopre o avvolge l'altra: *mettere un golf — la camicia* **3** con riferimento a cose messe l'una sull'altra: *piatti uno — l'altro* | con riferimento a cose o avvenimenti che si succedono rapidamente nel tempo o in gran numero: *fare debiti — debiti* **4** con riferimento a cose che non sono a contatto fra loro: *il ritratto era appeso — il caminetto* | in usi fig.: *una minaccia che pende — il capo*; *piangere — qlcu.*, *qlco.*, dolersi per qlcu., per qlco.; *passar — a qlco.*, non tenerne conto; *tornar — a qlco.*, riesaminarla; *averne fin — i capelli*, essere nauseato di qlco.; *— pensiero*, soprappensiero **5** (*fig.*) con riferimento a situazioni di superiorità, dominio, controllo: *non avere nessuno — di sé*; *vegliare — i figli* **6** con riferimento a cosa che scende dall'alto (anche *fig.*): *la nebbia calò — la valle*; *la responsabilità ricade — di noi* | (*estens.*) contro: *gettarsi*, *scagliarsi — qlcu.* **7** nelle immediate vicinanze ma in posizione più elevata: *la casa è — la ferrovia* **8** oltre, più (di un limite): *temperatura — lo zero* | nelle determinazioni geografiche, più a nord: *Bolzano è — Trento* | più di (per indicare una preferenza): *amare la famiglia — ogni cosa* **9** intorno a, riguardo a (per indicare materia, argomento): *esprimere un parere — una questione* **10** nella loc. *al di — di*: *numeri al di — di cento* ♦ *agg.invar.* superiore (anche preceduto da *di*): *il piano di —* ♦ *s.m.invar.* la parte superiore, ciò che sta sopra: *il — è di plastica.*

sopra-, o **sovra-**, primo elemento di parole composte nelle quali rappresenta la prep. *sopra* (*sopravveste*, *sopracciglio*, *soprannumero*; *soprannaturale*).

soprabito [so-prà-bi-to] *s.m.* qualsiasi indumento che si indossa nella mezza stagione sopra il vestito.

sopraccennato [so-prac-cen-nà-to] *agg.* e *s.m.* [f. *-a*] suaccennato: *l'argomento —*.

sopracciglio [so-prac-cì-glio] *s.m.* [pl. *i sopraccigli* o *le sopracciglia*] ognuno dei due archi, ricoperti di peli, che si trovano sul margine superiore dell'orbita dell'occhio: *inarcare le sopracciglia* | l'insieme dei peli che li ricoprono: *sopracciglia folte.*

sopracciliare [so-prac-ci-lià-re], o **sopraciliare**, *agg.* del sopracciglio; che si trova in corrispondenza del sopracciglio: *arcata —*.

sopraccitato [so-prac-ci-tà-to], o **sopracitato**, *agg.* e *s.m.* [f. *-a*] che/chi è stato citato precedentemente; succitato.

sopraccoperta [so-prac-co-pèr-ta], o **sovraccoperta**, *s.f.* **1** coperta leggera che si mette sopra ogni altra copertura del letto **2** foglio stampato che ricopre per protezione la copertina di un libro ♦ *avv.* (*mar.*) sul ponte di coperta: *stare —*.

sopraciliare → **sopracciliare**.

sopracitato → **sopraccitato**.

sopraddazio [so-prad-dà-zio] *s.m.* sovrimposta aggiunta al dazio.

sopraddetto [so-prad-dét-to] *agg.* e *s.m.* [f. *-a*] che/chi è stato detto, citato precedentemente; suddetto, succitato.

sopraddominante [so-prad-do-mi-nàn-te] *s.f.* (*mus.*) sesto grado della scala diatonica, così detto perché viene dopo la *dominante*.

sopraedificare e *deriv.* → **sopredificare** e *deriv.*

sopraelencato [so-pra-e-len-cà-to] *agg.* e *s.m.* [f. *-a*] che/chi è stato elencato precedentemente.

sopraelevare e *deriv.* → **soprelevare** e *deriv.*

sopraesposto [so-pra-e-spó-sto] *agg.* esposto sopra, in precedenza; suesposto: *il fatto —*.

sopraffare [so-praf-fà-re] *v.tr.* [*io sopraffàccio* o *sopraffò*, *tu sopraffài*, *egli sopraffà ecc.*; le altre forme coniugate come *fare*] avere la meglio su qlcu.; battere (anche *fig.*): *— l'avversario*; *essere sopraffatto dal sonno.*

sopraffattore [so-praf-fat-tó-re] *agg.* e *s.m.* [f. *-trice*] che/chi sopraffà; prepotente.

sopraffazione [so-praf-fa-zió-ne] *s.f.* il sopraffare; prepotenza, sopruso: *la — dei diritti altrui.*

sopraffiato [so-praf-fià-to] *s.m.* fiato grosso, fiatone | (*fig.*) ansia, preoccupazione.

sopraffilo [so-praf-fì-lo] *s.m.* cucitura a punti lunghi e radi, spesso diagonali, che si fa agli orli di tessuti per evitare che si sfilaccino.

sopraffino [so-praf-fì-no] *agg.* finissimo, di ottima qualità: *vino —* | raffinatissimo, molto acuto: *odorato —*.

sopraffondo [so-praf-fón-do] *s.m.* riquadro interno a una cornice; passe-partout.

sopraggitto [so-prag-gìt-to] *s.m.* cucitura a punti piccoli e fitti, con cui si uniscono i margini liberi di due lembi di stoffa.

sopraggiungere [so-prag-giùn-ge-re] *v.intr.* [coniugato come *giungere*; aus. *essere*] **1** giungere all'improvviso, inaspettatamente **2** venire ad aggiungersi ad altri o ad altro: *sono sopraggiunte complicazioni.*

sopraggiunta [so-prag-giùn-ta] *s.f.* aggiunta fatta a un'altra | *per —*, per di più, inoltre.

sopraindicato [so-pra-in-di-cà-to] *agg.* e *s.m.* [f. *-a*] che/chi è stato indicato precedentemente; suindicato.

sopralluogo [so-pral-luò-go] *s.m.* [pl. *-ghi*] ispezione compiuta dall'autorità giudiziaria o da periti direttamente nel luogo ove occorre effettuare un rilevamento.

sopraluce [so-pra-lù-ce] *s.m.invar.* (*edil.*) aper-

tura praticata sopra la porta di una stanza e chiusa da un vetro, per dare luce all'interno.
soprammenzionato [so-pram-men-zio-nà-to], o **sopramenzionato**, *agg.* e *s.m.* [f. *-a*] che/chi è stato menzionato in precedenza.
soprammercato [so-pram-mer-cà-to] *s.m.* solo nella loc. *per —*, per giunta, per di più: *avere il danno e la beffa per —*.
soprammobile [so-pram-mò-bi-le] *s.m.* piccolo oggetto destinato a essere collocato sopra un mobile a scopo decorativo.
sopranazionale [so-pra-na-zio-nà-le], o sovranazionale, *agg.* che è al di sopra delle singole nazioni.
soprannaturale [so-pran-na-tu-rà-le], o sovrannaturale, *agg.* che trascende la natura fisica e spirituale dell'uomo; che appartiene al mondo del divino: *visione —* ♦ *s.m.* ciò che trascende la realtà naturale; il mondo del divino.
soprанno [so-pràn-no] *agg.invar.* si dice di animale che ha passato l'anno di età.
soprannome [so-pran-nó-me] *s.m.* appellativo scherzoso o ingiurioso di una persona, che prende spunto da qualche sua caratteristica: *è conosciuto col — di Stanga*.
soprannominare [so-pran-no-mi-nà-re] *v.tr.* [coniugato come *nominare*] dare a qlcu. un soprannome.
soprannominato [so-pran-no-mi-nà-to] *agg.* che ha per soprannome; che è chiamato.
soprannumerario [so-pran-nu-me-rà-rio] *agg.* che è in soprannumero, che è in più rispetto al numero normale: *impiegato —*.
soprannumero [so-pran-nù-me-ro] *s.m.* il fatto di essere al di sopra del numero prestabilito; si usa quasi esclusivamente nella loc. *in soprannumero*: *docenti in —*.
soprano [so-prà-no] *s.m.* (*mus.*) **1** il registro più acuto delle voci femminili o bianche; la voce stessa che canta in tale registro **2** donna che canta con voce di soprano: *il grande — Maria Callas* ♦ *agg.invar.* (*mus.*) in una famiglia di strumenti, il tipo più acuto: *saxofono —*.
soprappensiero [so-prap-pen-siè-ro] *avv.* essendo immerso nei propri pensieri; senza fare attenzione a ciò che sta intorno: *essere —*; *fare qlco. —*, quasi senza accorgersene.
soprappeso [so-prap-pé-so], o sovrappeso, *s.m.* **1** peso che eccede quello normale, giusto, previsto: *essere in — di tre chili* **2** (*fig.*) ulteriore aggravio; sovraccarico.
soprappiù [so-prap-più], o sovrappiù, *s.m.* **1** ciò che è in più del normale, del necessario, del giusto: *lo stipendio per lui è un —* | *in —*, *per —*, per di più, per giunta.
soprascarpa [so-pra-scàr-pa] *s.f.* scarpa di materiale flessibile e impermeabile, che s'indossa sulla scarpa comune quando piove.
soprascritto [so-pra-scrìt-to] *agg.* che è scritto sopra.
soprassalto [so-pras-sàl-to] *s.m.* brusco e improvviso movimento; balzo improvviso, sussulto (anche *fig.*): *fare un —* | *di —*, all'improvviso, bruscamente: *svegliarsi di —*.
soprassaturazione [so-pras-sa-tu-ra-zió-ne] *s.f.* (*chim. fis.*) **1** fenomeno per cui una soluzione contiene disciolta una quantità di soluto superiore a quella sufficiente a saturarla **2** fenomeno per cui in particolari condizioni un vapore, benché raffreddato al di sotto della sua temperatura di condensazione, non passa allo stato liquido.
soprassaturo [so-pras-sà-tu-ro] *agg.* (*chim. fis.*) caratterizzato da soprassaturazione.
soprassedere [so-pras-se-dé-re] *v.intr.* [coniugato come *sedere*; aus. *avere*] astenersi dal fare qlco. rinviando ad altro tempo: *— su una decisione*.
soprassoglio [so-pras-sò-glio] *s.m.* rialzo supplementare provvisorio costruito con sacchi di terra sopra un argine.
soprastruttura → **sovrastruttura**.
sopratitolo → **soprattitolo**.
soprattacco [so-prat-tàc-co] *s.m.* [pl. *-chi*] tacco che si applica per rinforzo sul tacco originale della scarpa.
soprattassa [so-prat-tàs-sa], o sovrattassa, *s.f.* maggiorazione di un tributo in caso di omesso, ritardato o insufficiente pagamento.
soprattitolo [so-prat-ti-to-lo], o sopratitolo, *s.m.* in un articolo di giornale, titoletto introduttivo posto sopra il titolo principale; occhiello.
soprattutto [so-prat-tùt-to] *avv.* sopra ogni altra cosa, più di tutto; in modo particolare, specialmente.
sopravanzare [so-pra-van-zà-re] *v.tr.* superare: *— tutti* ♦ *v.intr.* [aus. *essere*] essere in eccedenza, in più; avanzare: *è sopravanzata molta roba*.
sopravento [so-pra-vèn-to] *avv.* dalla parte da cui soffia il vento, rispetto a un punto di riferimento: *navigare —* ♦ *agg.* e *s.m.invar.* si dice della parte di una nave o di un aereo che si trova in direzione del vento.
sopravvalutare [so-prav-va-lu-tà-re] *v.tr.* [coniugato come *valutare*] valutare qlcu. o qlco. più di quanto effettivamente valga o conti: *— una persona*.
sopravvalutazione [so-prav-va-lu-ta-zió-ne] *s.f.* il sopravvalutare, l'essere sopravvalutato.
sopravvenire [so-prav-ve-nì-re] *v.intr.* [coniugato come *venire*; aus. *essere*] **1** venire all'improvviso, inaspettatamente; sopraggiungere **2** accadere improvvisamente: *sono sopravvenute difficoltà*.
sopravvento [so-prav-vèn-to] *s.m.* vantaggio, superiorità, prevalenza: *prendere il — su qlcu.*
sopravveste [so-prav-vè-ste] *s.f.* veste che s'indossa sopra un'altra | nel Medioevo, veste che i cavalieri portavano sopra l'armatura.
sopravvissuto [so-prav-vis-sù-to] *agg.* e *s.m.* **1** che/chi è rimasto in vita dopo la morte di altri o dopo un evento calamitoso; superstite **2** (*fig.*) che/chi ha conservato mentalità e abitudini proprie di un'altra epoca e ormai superate.
sopravvivenza [so-prav-vi-vèn-za] *s.f.* il so-

pravvivere; il mantenersi in vita: *la — della specie.*
sopravvivere [so-prav-vì-ve-re] *v.intr.* [fut. *io sopravvivrò* o *sopravviverò ecc.*; cond.pres. *io sopravvivrèi* o *sopravviverèi ecc.*; le altre forme coniugate come *vivere*; aus. *essere*] **1** restare in vita dopo la morte di altri: *il padre è sopravvissuto ai figli* | (*fig.*) continuare idealmente a vivere anche dopo la morte di qlcu., la fine di qlco.: — *nella memoria* **2** rimanere in vita, scampando a un evento calamitoso: — *a un naufragio* **3** (*estens.*) mantenersi in vita: *mangia solo per* — | (*fig.*) rimanere in uso, continuare ad avere vita: *tradizioni che sopravvivono.*
sopredificare [so-pre-di-fi-cà-re], o **sopraedificare** [so-pra-e-di-fi-cà-re], *v.tr.* [*io sopredìfico, tu sopredìfichi ecc.*] costruire sopra un edificio già esistente.
sopredificazione [so-pre-di-fi-ca-zió-ne], o **sopraedificazione** [so-pra-e-di-fi-ca-zió-ne], *s.f.* il sopredificare; costruzione sopredificata.
soprelevare [so-pre-le-và-re], o **sopraelevare** [so-pra-e-le-và-re], *v.tr.* [*io soprelèvo ecc.*] **1** rialzare un edificio costruendovi sopra uno o più piani: — *la casa di un piano* **2** costruire al di sopra del livello normale: — *la ferrovia.*
soprelevata [so-pre-le-và-ta], o **sopraelevata** [so-pra-e-le-và-ta], *s.f.* strada, ferrovia che corre al di sopra del livello stradale normale.
soprelevazione [so-pre-le-va-zió-ne], o **sopraelevazione** [so-pra-e-le-va-zio-ne] *s.f.* il soprelevare; parte soprelevata.
soprintendente [so-prin-ten-dèn-te], o **sovrintendente**, *s.m.* **1** chi soprintende su qlcu. o su qlco. | chi è preposto alla gestione di un ente lirico **2** funzionario dello stato che dirige una soprintendenza **3** nella polizia di stato, il grado immediatamente superiore all'assistente, corrispondente a quello di brigadiere.
soprintendenza [so-prin-ten-dèn-za], o **sovrintendenza**, *s.f.* **1** il soprintendere, l'attività del soprintendere: *avere la — ai lavori* **2** nome degli uffici periferici o distaccati di taluni ministeri: — *scolastica* **3** carica e ufficio di un soprintendente.
soprintendere [so-prin-tèn-de-re], o **sovrintendere**, *v.intr.* [coniugato come *tendere*] avere il compito e la responsabilità di vigilare su qlcu. o su qlco. | (*estens.*) avere compiti di direzione e coordinamento: — *ai lavori.*
sopruso [so-prù-ʃo] *s.m.* prepotenza fatta abusando della propria forza, superiorità o autorità; sopraffazione.
soqquadro [soq-quà-dro] *s.m.* grande confusione, scompiglio: *mettere a* —, mettere in gran disordine; (*fig.*) turbare gravemente.
sor [sór] *s.m.* [f. *sora*] variante regionale di *signor*, propria dell'uso popolare centro-italiano.
sor- prefisso presente in parole composte formate in italiano o ricalcate sul francese; vale genericamente 'sopra' (*sorpassare*).
sorba [sòr-ba] *s.f.* il frutto del sorbo, che si coglie ancora acerbo e si fa maturare nella paglia.
sorbetteria [sor-bet-te-rì-a] *s.f.* (*non com.*) **1** assortimento di sorbetti, di granite **2** gelateria.
sorbetto [sor-bét-to] *s.m.* gelato, per lo più a base di succhi di frutta | (*estens.*) granita molto fine.
sorbire [sor-bì-re] *v.tr.* [*io sorbisco, tu sorbisci ecc.*] **1** bere lentamente: — *una bibita* **2** (*scherz.*) sopportare cose o persone fastidiose, noiose: *doversi — una predica.*
sorbitolo [sor-bi-tò-lo] *s.m.* (*chim.*) alcol contenuto in molti frutti; è usato nella preparazione di resine sintetiche, di alimenti per diabetici, e anche come emulsionante e plastificante.
sorbo [sòr-bo] *s.m.* piccolo albero con foglie pennate, fiori bianchi e piccoli frutti rossi commestibili.
sorbola [sòr-bo-la] *s.f.* il frutto del sorbo; sorba | *sorbole!* (*region.*) esclamazione di meraviglia.
sorcino [sor-cì-no] *agg.* (*non com.*) di sorcio, che ha il colore di un sorcio | *mantello* —, mantello degli equini di color grigio topo, frequente soprattutto negli asini.
sorcio [sór-cio] *s.m.* (*region.*) topo | *far vedere i sorci verdi a qlcu.*, (*fig. fam.*) farlo spaventare. DIM. *sorcetto, sorcino.*
sordastro [sor-dà-stro] *agg.* che è molto sordo ma non completamente | lievemente sordo.
sordidezza [sor-di-déz-za] *s.f.* l'essere sordido.
sordido [sòr-di-do *o* sórdido] *agg.* **1** sporco, lurido, squallido (anche *fig.*): *individuo, interesse* — **2** (*fig.*) gretto, avaro: *un — usuraio* □ **sordidamente** *avv.*
sordina [sor-dì-na] *s.f.* dispositivo per attutire il suono di uno strumento musicale: *la — della tromba* | *in* —, piano, senza far rumore; (*fig.*) di nascosto.
sordità [sor-di-tà] *s.f.* l'essere sordo.
sordo [sór-do] *agg.* **1** che ha perduto in tutto o in parte il senso dell'udito: — *dalla nascita, da un orecchio* | — *come una campana*, (*fam.*) completamente sordo **2** (*fig.*) che non presta ascolto; indifferente: — *alle preghiere* **3** riferito ad ambiente, privo di risonanza: *una sala sorda* | riferito a suono, rumore o voce, cupo, grave e prolungato: *grido* — **4** (*fig.*) non manifesto, ma tenace e profondo: *dolore, rancore* — **5** (*ling.*) si dice di suono la cui articolazione si produce senza vibrazione delle corde vocali ♦ *s.m.* [f. *-a*] persona sorda | *fare il* —, far finta di non sentire | *parlare ai sordi*, a chi non vuol sentire.
sordomutismo [sor-do-mu-tì-ʃmo] *s.m.* (*med.*) incapacità di parlare che accompagna la sordità congenita o acquisita prima dei tre anni.
sordomuto [sor-do-mù-to] *agg.* e *s.m.* [f. *-a*] che/chi è affetto da sordomutismo.
sordone[1] [sor-dó-ne] *s.m.* (*mus.*) strumento aerofono a doppio tubo della famiglia dell'oboe.
sordone[2] *s.m.* piccolo uccello dei passeriformi, frequente nelle zone alpine e appenniniche.
-sore → **-tore**.
sorella [so-rèl-la] *s.f.* **1** persona di sesso femminile legata ad altra persona da vincolo di parentela che deriva dall'essere nata dagli stessi genitori:

fratello e — | *essere come sorelle*, molto amiche. DIM. *sorellina* **2** (*fig.*) cosa molto affine a un'altra o che si accompagna frequentemente con un'altra: *la presunzione è — dell'ignoranza* ♦ *agg. pl.* che hanno le stesse origini o risultano strettamente affini: *civiltà sorelle* **3** suora (solo come appellativo, non seguito dal nome proprio).

sorellanza [so-rel-làn-za] *s.f.* rapporto intercorrente fra sorelle | (*estens.*) solidarietà tra donne.

sorellastra [so-rel-là-stra] *s.f.* chi è sorella in quanto figlia dello stesso padre ma non della stessa madre, o viceversa.

sorello [so-rèl-lo] *s.m.* pesce di mare commestibile dal corpo affusolato verdastro e argenteo.

sorgente [sor-gèn-te] *agg.* che sorge; che si leva, si innalza: *sole* — ♦ *s.f.* **1** il punto in cui l'acqua sgorga dal sottosuolo; fonte: *bere a una* — **2** (*estens.*) ciò da cui hanno origine calore, luce, radiazioni ecc.: — *luminosa*; — *di energia* **3** (*fig.*) causa, origine: — *di guadagno*.

sorgentizio [sor-gen-tì-zio] *agg.* di sorgente; che riguarda le sorgenti di un corso d'acqua: *bacino* —.

sorgere [sór-ge-re] *v.intr.* [pres. *io sórgo, tu sórgi ecc.*; pass.rem. *io sórsi, tu sorgésti ecc.*; part.pass. *sórto*; aus. *essere*] **1** detto di persona, levarsi in piedi, alzarsi | di luoghi o cose, essere in posizione elevata; innalzarsi, ergersi: *un paese che sorge a picco sul mare* | del Sole o di altri corpi celesti, apparire all'orizzonte, levarsi: *il Sole sorge dalle montagne* | detto dell'alba, spuntare **2** scaturire, avere origine (detto di corsi d'acqua): *il Po sorge dal Monviso* **3** (*fig.*) avere inizio, nascere: *mi sorge un dubbio* | Anche come *s.m.*: *il — del sole*.

sorgiva [sor-gì-va] *s.f.* (*lett.*) sorgente.

sorgivo [sor-gì-vo] *agg.* di sorgente: *acqua sorgiva*.

sorgo [sór-go] *s.m.* [pl. *-ghi*] (*bot.*) genere di piante dal culmo eretto terminante in una grande pannocchia.

soriano [so-rià-no] *agg.* e *s.m.* [f. *-a*] si dice di una varietà di gatto domestico dal mantello grigio-fulvo striato di nero.

sormontare [sor-mon-tà-re] *v.tr.* [*io sormónto ecc.*] salire al di sopra di qlco.; scavalcare, superare (spec. *fig.*): — *una difficoltà*.

sornione [sor-nió-ne] *agg.* che riesce a dissimulare le proprie intenzioni e il proprio pensiero dietro un atteggiamento apparentemente bonario: *aria sorniona*, di chi è sornione.

sorosio [so-rò-ʃio] *s.m.* (*bot.*) infruttescenza del gelso, dell'ananas e di altre piante.

sorpassare [sor-pas-sà-re] *v.tr.* **1** superare, sopravanzare (anche *fig.*): — *in altezza, in intelligenza* **2** detto di autoveicoli, superare: *è vietato — in curva*.

sorpassato [sor-pas-sà-to] *agg.* si dice di cosa superata, caduta in disuso; di persona, che ha idee, abitudini antiquate: *metodo* —.

sorpasso [sor-pàs-so] *s.m.* manovra con cui si supera un altro veicolo in marcia: *effettuare un* — | (*fig.*) superamento di un avversario effettuato conseguendo risultati migliori (più punti, voti, preferenze ecc.).

sorprendente [sor-pren-dèn-te] *agg.* che sorprende, stupisce; straordinario, eccezionale: *fatto* — □ **sorprendentemente** *avv.*

sorprendere [sor-prèn-de-re] *v.tr.* [coniugato come *prendere*] **1** cogliere sopraggiungendo inaspettatamente: *essere sorpreso nel sonno* | cogliere qlcu. all'improvviso, mentre sta compiendo qlco. d'illecito: — *qlcu. a rubare*; — *sul fatto, in flagrante* **2** causare viva e improvvisa meraviglia; stupire: *atteggiamento che sorprende* ♦ **sorprendersi** *v.intr.pron.* provare sorpresa; meravigliarsi, stupirsi: — *dell'accaduto*.

sorpresa [sor-pré-sa] *s.f.* **1** il sorprendere, sopraggiungendo o agendo inaspettatamente: *cogliere di* — **2** cosa o avvenimento che giunge inaspettato e che suscita meraviglia, stupore: *fare a qlcu. una* — **3** lo stato d'animo di chi è sorpreso; stupore, meraviglia: *la — fu grande*.

sorpreso [sor-pré-so] *agg.* che prova meraviglia e stupore per qlco. di inaspettato: *mostrarsi* — | che esprime tale sensazione: *volto* —.

sorreggere [sor-règ-ge-re] *v.tr.* [coniugato come *reggere*] **1** reggere dal di sotto, sostenere: — *un bambino* **2** (*fig.*) essere di sostegno, d'aiuto, di conforto: *mi sorregge la speranza*.

sorridente [sor-ri-dèn-te] *agg.* **1** che sorride; che esprime gioia, letizia: *viso* — **2** detto di luogo, ridente, ameno: *campagna* —.

sorridere [sor-rì-de-re] *v.intr.* [coniugato come *ridere*; aus. *avere*] **1** ridere leggermente, a fior di labbra: — *dolcemente* **2** (*fig. lett.*) arridere, apparire propizio: *la vita gli sorride*.

sorriso [sor-rì-ʃo] *s.m.* il sorridere, il modo in cui si sorride; riso leggero: *abbozzare un* —. VEZZ. *sorrisetto*.

sorsata [sor-sà-ta] *s.f.* il sorseggiare una volta; la quantità di liquido inghiottito sorseggiando.

sorseggiare [sor-seg-già-re] *v.tr.* [*io sorséggio ecc.*] bere a sorsi, lentamente e assaporando: — *il caffè*.

sorso [sór-so] *s.m.* **1** la quantità di liquido che si inghiotte in una volta: *bere a piccoli sorsi* | *in un* —, (*fig.*) tutto in una volta. DIM. *sorsetto* **2** (*estens.*) piccola quantità di liquido: *bere un — di vino*.

sorta [sòr-ta] *s.f.* specie, tipo: *gente di ogni* — | *una — di*, una specie di: *è una — di commedia* | *di* —, di nessuna specie (in frasi negative): *non c'è differenza di* —.

sorte [sòr-te] *s.f.* **1** forza misteriosa e imprevedibile che sembra regolare le vicende umane; destino: *la buona* — | condizione, vita futura: *temere per le sorti della patria* **2** caso: *ebbe la — di conoscerlo* | *a* —, a caso: *tirare a* —, sorteggiare.

sorteggiare [sor-teg-già-re] *v.tr.* [*io sortéggio ecc.*] estrarre per sorteggio.

sorteggio [sor-tég-gio] *s.m.* operazione con cui si affida al caso una scelta: *il — di un numero*.

sortilegio [sor-ti-lè-gio] *s.m.* pratica magica, incantesimo.

sortire [sor-tì-re] *v.tr.* [*io sortisco, tu sortisci ecc.*] avere come risultato; ottenere: *la cura non ha sortito effetto.*
sortita [sor-tì-ta] *s.f.* **1** uscita improvvisa di truppe da un luogo chiuso o assediato, per aprirsi un varco tra i nemici: *tentare una —* **2** comparsa di un attore sulla scena.
sorvegliante [sor-ve-gliàn-te] *s.m.* e *f.* chi sorveglia; chi è addetto alla sorveglianza di qlco.: *— ai lavori.*
sorveglianza [sor-ve-gliàn-za] *s.f.* il sorvegliare, l'essere sorvegliato.
sorvegliare [sor-ve-glià-re] *v.tr.* [*io sorvéglio ecc.*] osservare, seguire con attenzione qlcu. o qlco. per garantire la normalità di una situazione, seguire l'evoluzione di un procedimento: *— i bambini perché non si facciano male.*
sorvegliato [sor-ve-glià-to] *agg.* controllato, moderato, sobrio: *stile —* ♦ *s.m.* [f. *-a*] chi è sorvegliato.
sorvolare [sor-vo-là-re] *v.tr.* e *intr.* [*io sorvólo ecc.*; aus. dell'intr. *avere*] **1** volare sopra: *— il mare, un territorio* **2** (*fig.*) tralasciare: *— un argomento, su una questione* | *sorvoliamo!*, lasciamo perdere.
sorvolo [sor-vó-lo] *s.m.* il volare sopra un territorio.
SOS [/ ˈɛsseɔˈɛsse /] *s.m.* segnale di urgente richiesta di aiuto diffuso via radio dalle navi in pericolo | (*estens.*) qualsiasi richiesta di aiuto urgente: *lanciare l'—.*
sosia [sò-ʃia] *s.m.* e *f.invar.* persona tanto somigliante a un'altra da poter essere scambiata per essa.
sospendere [so-spèn-de-re] *v.tr.* [pres. *io sospèndo ecc.*; pass.rem. *io sospési, tu sospendésti ecc.*; part.pass. *sospéso*] **1** appendere, attaccare qlco. in alto, in modo che penda all'ingiù: *— un lampadario al soffitto* **2** (*fig.*) interrompere, rinviare: *— una riunione* **3** (*fig.*) privare per qualche tempo di una carica, di un impiego, di solito per punizione: *— un funzionario* **4** (*chim.*) disperdere un solido in un liquido senza che vi si sciolga.
sospensione [so-spen-sió-ne] *s.f.* **1** il sospendere, l'essere sospeso, appeso: *lampada a —* **2** interruzione, cessazione momentanea: *— delle ostilità* **3** provvedimento disciplinare per il quale una persona viene temporaneamente allontanata da un impiego, da un'attività **4** *puntini di —*, i tre punti con i quali convenzionalmente si indica che il discorso viene interrotto **5** (*chim.*) sistema eterogeneo costituito da un solido disperso in minutissime particelle in un liquido **6** (*mecc.*) collegamento elastico tra gli organi di una macchina, al fine di ridurre le vibrazioni: *le sospensioni dell'automobile.*
sospensiva [so-spen-sì-va] *s.f.* (*burocr.*) provvedimento con cui si sospende, si rinvia l'inizio di una discussione, di un esame; sospensione, dilazione, rinvio: *ottenere una —.*
sospensivo [so-spen-sì-vo] *agg.* che sospende, rinvia: *ordine —* | *puntini sospensivi*, di sospensione.
sospensorio [so-spen-sò-rio] *agg.* (*anat.*) si dice di muscolo che tiene sospeso un organo ♦ *s.m.* cintura per sorreggere lo scroto, usata soprattutto da ballerini e atleti.
sospeso [so-spé-so] *agg.* **1** appeso, sollevato: *— a un filo*, (*fig.*) in situazione molto incerta, precaria **2** interrotto, rinviato: *riunione sospesa* | *col fiato —*, trattenendo il respiro; (*fig.*) in ansia **3** incerto, ansioso: *stare con l'animo —* **4** che è stato colpito da provvedimento di sospensione: *un alunno —* ♦ *s.m.* **1** conto da saldare; pratica non definita: *avere molti sospesi* **2** (*fig.*) situazione sospesa; incertezza: *tenere in —.*
sospettabile [so-spet-tà-bi-le] *agg.* e *s.m.* e *f.* che/chi può essere sospettato.
sospettabilità [so-spet-ta-bi-li-tà] *s.f.* l'essere sospettabile.
sospettare [so-spet-tà-re] *v.tr.* [*io sospètto ecc.*] **1** ritenere colpevole in base a indizi: *— qlcu. di omicidio* **2** intuire attraverso indizi qlco. di spiacevole, di grave: *— un inganno* **3** immaginare, supporre: *nessuno sospetterebbe tanta energia* ♦ *v.intr.* [aus. *avere*] **1** fare supposizioni nei confronti di qlcu., ritenendolo colpevole: *tutti sospettavano di lui* **2** diffidare, avere paura: *— di tutto.*
sospettato [so-spet-tà-to] *agg.* e *s.m.* [f. *-a*] che/chi è sospettato di essere l'autore di un reato.
sospetto[1] [so-spèt-to] *agg.* **1** che desta diffidenza; che dà motivo di sospettare, di dubitare: *tipo, atteggiamento —* **2** di cui si teme l'esistenza: *una sospetta lesione* ♦ *s.m.* [f. *-a*] persona sospettata, sospettabile: *fermare i sospetti.*
sospetto[2] *s.m.* dubbio, supposizione nei riguardi di persone, cose o fatti, circostanze; timore ansioso, diffidenza: *destare sospetti.*
sospettosità [so-spet-to-si-tà] *s.f.* l'essere sospettoso; diffidenza.
sospettoso [so-spet-tó-so] *agg.* che tende a sospettare; diffidente | che esprime sospetto: *sguardo —* □ **sospettosamente** *avv.*
sospingere [so-spìn-ge-re] *v.tr.* [coniugato come *spingere*] **1** (*lett.*) spingere avanti senza scosse: *— un carro* **2** (*fig.*) far giungere, protendere: *— lo sguardo lontano.*
sospinto [so-spìn-to] *agg.* nella loc. *a ogni piè —*, a ogni passo; (*fig.*) continuamente.
sospirare [so-spi-rà-re] *v.intr.* [aus. *avere*] emettere uno o più sospiri, come manifestazione di pena, malinconia, ansia | (*fig.*) affliggersi: *— per la lontananza* ♦ *v.tr.* desiderare ardentemente; attendere a lungo e con ansia: *— le vacanze.*
sospiro [so-spì-ro] *s.m.* **1** inspirazione profonda seguita da un'espirazione più o meno prolungata: *— di sollievo* **2** (*lett.*) respiro: *mandare l'ultimo —*, spirare, morire.
sosta [sò-sta] *s.f.* **1** il sostare; arresto, fermata: *viaggio senza soste* | *divieto di —*, divieto di parcheggiare **2** interruzione momentanea; pausa: *il lavoro non dà —.*

sostantivale [so-stan-ti-và-le] *agg.* di sostantivo: *aggettivo in funzione —.*
sostantivare [so-stan-ti-và-re] *v.tr.* adoperare come sostantivo un'altra parte del discorso: — *un verbo.*
sostantivato [so-stan-ti-và-to] *agg.* si dice di parte del discorso usata in funzione di sostantivo: *infinito —.*
sostantivo [so-stan-tì-vo] *s.m.* (*gramm.*) parte variabile del discorso che denomina entità concrete o astratte (p.e. *uomo, cane, tavolo, bontà*).
sostanza [so-stàn-za] *s.f.* **1** ciò che costituisce l'essenza di una cosa e resta identica anche se cambiano le sue qualità esteriori **2** (*estens.*) parte o qualità fondamentale di qlco.: *la — di un discorso* | *in —*, in conclusione **3** (*chim.*) la materia, in quanto insieme di molecole di cui sono costituiti i corpi | — *cerebrale*, (*anat.*) l'insieme delle strutture che costituiscono il cervello **4** (*fam.*) la parte più importante e nutriente di un alimento: *un cibo di —* **5** (spec. *pl.*) ricchezza, beni.
sostanziale [so-stan-zià-le] *agg.* **1** (*filos.*) relativo alla sostanza **2** essenziale, fondamentale: *differenza —* □ **sostanzialmente** *avv.* in sostanza, fondamentalmente: *è — uguale.*
sostanzialità [so-stan-zia-li-tà] *s.f.* **1** (*filos.*) l'essere sostanziale **2** l'essere essenziale, molto importante: *la — di un problema.*
sostanziare [so-stan-zià-re] *v.tr.* [*io sostànzio ecc.*] (*lett.*) far diventare sostanziale, dotare di sostanza: — *le accuse con prove irrefutabili* ♦ **sostanziarsi** *v.intr.pron.* assumere sostanza, diventare sostanziale.
sostanziosità [so-stan-zio-si-tà] *s.f.* l'essere sostanzioso.
sostanzioso [so-stan-zió-so] *agg.* **1** che ha molta sostanza, che dà molto nutrimento: *cibo —* **2** (*estens.*) cospicuo: *compenso —* □ **sostanziosamente** *avv.*
sostare [so-stà-re] *v.intr.* [*io sòsto ecc.*; aus. *avere*] **1** fermarsi per qualche tempo in un luogo; fare una sosta: — *per riposarsi* | detto di un veicolo, fermarsi, parcheggiare **2** interrompere per poco un'attività, fare una pausa.
sostegno [so-sté-gno] *s.m.* **1** il sostenere; tutto ciò che sostiene, che è atto a sostenere: *pilastri di —* | (*estens.*) appoggio: *argomento a — di una tesi* | *insegnante di —*, quello che ha il compito di seguire gli alunni che hanno difficoltà fisiche o psichiche **2** (*fig.*) persona o cosa che costituisce un sostentamento materiale o morale: *essere il — della famiglia.*
sostenere [so-ste-né-re] *v.tr.* [coniugato come *tenere*] **1** tenere qlco. o qlcu. in una determinata posizione, sopportandone il peso; reggere: *i pilastri sostengono il ponte*; — *qlcu. per le braccia* **2** (*fig.*) soccorrere, aiutare: — *qlcu. in difficoltà* | favorire, appoggiare: *essere sostenuto dal partito* **3** (*fig.*) affermare con decisione; asserire apertamente: — *una teoria* **4** (*fig.*) assumersi un onere; affrontare una cosa difficoltosa: — *delle spese, gli esami* | — *una parte*, interpretarla ♦ **sostenersi** *v.rifl.* o *intr.pron.* **1** mantenersi ritto, in piedi: *non riuscire a —* **2** (*estens.*) mantenersi economicamente | mantenersi vigoroso, conservarsi in forze.
sostenibile [so-ste-nì-bi-le] *agg.* che si può sostenere (spec. *fig.*): *spesa, teoria —.*
sostenibilità [so-ste-ni-bi-li-tà] *s.f.* (*non com.*) l'essere sostenibile.
sostenitore [so-ste-ni-tó-re] *agg.* e *s.m.* [f. *-trice*] che/chi sostiene, favorisce, dà appoggio: — *di un'iniziativa.*
sostentamento [so-sten-ta-mén-to] *s.m.* il sostentare; ciò che sostenta, che serve a sostentare: *il — della famiglia.*
sostentare [so-sten-tà-re] *v.tr.* [*io sostènto ecc.*] fornire a qlcu. il necessario per vivere; mantenere.
sostentatore [so-sten-ta-tó-re] *s.m.* [f. *-trice*] chi sostenta ♦ *agg.* che vale a sostentare.
sostenuto [so-ste-nù-to] *agg.* **1** grave, austero: *contegno —* | solenne, elevato: *tono —* **2** elevato: *velocità sostenuta* **3** (*mus.*) indicazione sullo spartito che prescrive un'esecuzione più contenuta e lenta: *andante —* ♦ *s.m.* [f. *-a*] chi, essendo risentito, tiene un atteggiamento riservato: *fare il —.*
sostituente [so-sti-tu-èn-te] *s.m.* (*chim.*) si dice di atomo o gruppo atomico che in una molecola organica occupa il posto di un atomo d'idrogeno o di un altro gruppo.
sostituibile [so-sti-tu-ì-bi-le] *agg.* che può essere sostituito: *un pezzo —.*
sostituibilità [so-sti-tu-i-bi-li-tà] *s.f.* l'essere sostituibile.
sostituire [so-sti-tu-ì-re] *v.tr.* [*io sostituisco, tu sostituisci ecc.*] **1** mettere una persona o una cosa al posto di un'altra; cambiare: — *un vetro rotto* **2** prendere il posto di un'altra persona; stare al posto di un'altra cosa: *il supplente sostituisce il titolare* ♦ **sostituirsi** *v.rifl.* prendere il posto di un'altra persona o di un'altra cosa; subentrare: *il figlio si è sostituito al padre.*
sostitutivo [so-sti-tu-tì-vo] *agg.* atto a sostituire: *indennità sostitutiva.*
sostituto [so-sti-tù-to] *s.m.* [f. *-a*] **1** chi sostituisce una persona o collabora con lui: *il — del direttore* | — *procuratore della repubblica*, magistrato che sostituisce il procuratore nelle funzioni del pubblico ministero **2** (*mus.*) maestro che collabora col direttore nell'esecuzione di un'opera lirica.
sostituzione [so-sti-tu-zió-ne] *s.f.* il sostituire, l'essere sostituito: *la — di un pezzo.*
sostrato [so-strà-to] *s.m.* **1** (*geol.*) strato che sta sotto un altro strato **2** (*chim.*) sostanza su cui avvengono determinate reazioni **3** (*ling.*) la lingua diffusa in una data area prima che un'altra lingua si sovrapponesse a essa: *il — greco dei dialetti calabresi.*
sostruzione [so-stru-zió-ne] *s.f.* (*tecn.*) struttura che serve di base o di sostegno a una costruzione sovrastante.

sottabito [sot-tà-bi-to] *s.m.* sottoveste.
sottacere [sot-ta-cé-re] *v.tr.* [coniugato come *tacere*] (*lett.*) tacere, omettere deliberatamente qlco. che si dovrebbe dire.
sottaceto [sot-ta-cé-to] *avv.* sotto aceto, nell'aceto: *conservare un cibo —* | Usato anche come *agg.invar.*: *cetrioli —* ♦ *s.m.* (spec. *pl.*) verdura conservata sotto aceto e servita come contorno o con antipasti, aperitivi.
sottacqua [sot-tàc-qua] *avv.* sotto la superficie dell'acqua, in immersione nell'acqua: *nuotare —*.
sottana [sot-tà-na] *s.f.* **1** indumento femminile che si porta sotto la veste; sottoveste | (*estens.*) gonna, abito femminile in genere: *correre dietro alle sottane*, (*fig.*) essere donnaiolo **2** la veste tradizionale del clero secolare, chiusa sul davanti da una fila di bottoni.
sottecchi [sot-téc-chi] *avv.* nella loc. *di —*, con occhio quasi socchiuso: *guardare di —*; *fare qlco. di —*, (*fig.*) di nascosto.
sottendere [sot-tèn-de-re] *v.tr.* [coniugato come *tendere*] tendere sotto | *— un arco di curva*, (*geom.*) unirne i due punti estremi con un segmento rettilineo (corda).
sotterfugio [sot-ter-fù-gio] *s.m.* atto che si compie di nascosto per ingannare altri o per evitare un danno: *vivere di sotterfugi*; *servirsi di un —*, di un espediente.
sotterramento [sot-ter-ra-mén-to] *s.m.* il sotterrare, l'essere sotterrato.
sotterranea [sot-ter-rà-nea] *s.f.* linea ferroviaria che corre sotto terra; metropolitana.
sotterraneo [sot-ter-rà-neo] *agg.* che è sotto terra: *galleria sotterranea* | che proviene da sotto terra: *boato —* ♦ *s.m.* locale o insieme di locali di un edificio ricavati sotto terra: *i sotterranei del castello*.
sotterrare [sot-ter-rà-re] *v.tr.* [*io sottèrro ecc.*] **1** mettere, nascondere sotto terra: *— un tesoro* **2** seppellire: *— un morto*.
sotteso [sot-té-so] *agg.* **1** (*geom.*) si dice di arco di curva i cui estremi sono uniti da un segmento rettilineo (corda) **2** (*fig. lett.*) intriso, venato: *sguardo — di malinconia*.
sottigliezza [sot-ti-gliéz-za] *s.f.* **1** l'essere sottile: *la — di un filo* **2** (*fig.*) acutezza, finezza: *— di ragionamento* **3** argomentazione minuziosa, cavillosa: *perdersi in sottigliezze*.
sottile [sot-tì-le] *agg.* **1** che ha spessore o grossezza inferiore alla media: *lastra —* | *figura —*, snella | *aria —*, (*fig.*) fine | *voce —*, (*fig.*) debole e acuta **2** (*fig.*) acuto, penetrante: *profumo —* | minuzioso, analitico: *ragionamento —* ♦ *s.m.* solo nelle loc. *andare, guardare per il —*, badare alle minuzie, ai particolari □ **sottilmente** *avv.* con sottigliezza, con minuziosità: *ragionare —*.
sottiletta® [sot-ti-lét-ta] *s.f.* [pl. *sottilette*] formaggio fuso preparato sotto forma di fette sottili quadrangolari.
sottilizzare [sot-ti-liʒ-ʒà-re] *v.intr.* [*io sottilìʒʒo ecc.*; aus. *avere*] esaminare un argomento facendo osservazioni o distinzioni sottili, cavillose: *— su questioni poco importanti*.
sottinsù [sot-tin-sù], o **sotto in su**, *avv.* solo nella loc. avv. *di —*, dal basso verso l'alto: *guardare di —*.
sottintendere [sot-tin-tèn-de-re] *v.tr.* [coniugato come *intendere*] **1** tacere qlco. che si può facilmente intuire: *si sottintende*, non occorre dirlo, è ovvio | (*estens.*) comportare: *i diritti sottintendono dei doveri* **2** intendere qlco. che non è stata espressa, ma che si può intuire facilmente: *lasciar — qlco.*
sottinteso [sot-tin-té-so] *agg.* non espresso, non detto esplicitamente: *soggetto —* | *essere, restare —*, essere ovvio, già noto ♦ *s.m.* concetto non espresso, ma che si vuole far intuire: *parlare per sottintesi*.
sotto [sót-to] *avv.* **1** in luogo o posizione inferiore: *stare —* | preceduto dalla prep. *di* pleonastica: *il piano di —* | *— —*, (*fig.*) dentro di sé: *— —, avrebbe voluto venire* | *mettere —*, investire: *essere messo — da un camion*; *mettersi —*, (*fig.*) impegnarsi con tutte le energie in un lavoro | *esserci — qlco.*, di situazione non chiara, che appare losca **2** in seguito, successivamente: *come dimostrato qui —* ♦ *prep.* [si unisce ai nomi direttamente o mediante la prep. *a*, ai pronomi personali quasi sempre mediante la prep. *di*] **1** in posizione inferiore rispetto ad altro (con riferimento a cose che sono a contatto): *il quaderno è — il libro* **2** con riferimento a cose l'una delle quali avvolge l'altra: *la campagna è — uno strato di neve* **3** con riferimento a cose non in contatto fra loro: *lo sgabello è — la sedia*; *— le stelle*, all'aperto di notte | *— chiave*, all'interno di un vano chiuso a chiave; (*fig.*) al sicuro | *avere qlco. — gli occhi, — il naso*, vicinissimo **4** con riferimento a cose l'una delle quali travolge o grava sull'altra: *finire — un'automobile*; *mettere — i piedi*, calpestare; (*fig.*) umiliare, assoggettare; *andare sott'acqua*, sprofondare nell'acqua o immergersi sotto il pelo dell'acqua | con riferimento a situazioni di assoggettamento, subordinazione, dipendenza: *avere molti impiegati — di sé* | *— le armi*, nell'esercito, nella vita militare **5** con riferimento a cosa che subisce l'azione di un'altra che scende dall'alto: *stare — la pioggia* | con sfumatura modale: *viaggiare — scorta*; *accettare — condizione* **6** per indicare immediata vicinanza, in posizione inferiore: *urlare — le finestre*; *navigare — costa* | *farsi — (all'avversario)*, avvicinarsi per colpirlo **7** non oltre, meno di (per indicare un limite): *bambini — i tre anni*; *numeri al di — di cento* | nelle determinazioni geografiche, più a sud: *50 km — Bologna* **8** in prossimità, nell'imminenza (con valore temporale): *essere — Natale* ♦ *agg.invar.* inferiore (anche preceduto dalla prep. *di*): *la riga —*; *il piano di —* ♦ *s.m.invar.* ciò che sta sotto: *il — è di legno*.
sotto- primo elemento di parole composte nelle quali rappresenta la prep. *sotto* (*sottoveste, sottobosco, sottoproduzione, sottotenente*).

sottoalimentare [sot-to-a-li-men-tà-re] *v.tr.* [*io sottoaliménto ecc.*] **1** (*med.*) nutrire in misura inferiore al fabbisogno fisiologico **2** (*tecn.*) alimentare un motore, una macchina, un impianto con una quantità di carburante o di energia inferiore a quella necessaria.

sottoalimentato [sot-to-a-li-men-tà-to] *agg.* che soffre di sottoalimentazione: *popolazioni sottoalimentate* | (*tecn.*) alimentato insufficientemente: *un motore* —.

sottoalimentazione [sot-to-a-li-men-ta-zió-ne] *s.f.* alimentazione insufficiente.

sottobanco [sot-to-bàn-co] *avv.* di nascosto: *vendere, acquistare* — ♦ *s.m.* somma di denaro data di nascosto, in genere per ottenere un favore.

sottobicchiere [sot-to-bic-chiè-re] *s.m.* piattino che si mette sotto il bicchiere in tavola.

sottobordo [sot-to-bór-do] *avv.* (*mar.*) sotto il bordo di una nave, accosto a essa: *consegnare la merce* —.

sottobosco [sot-to-bò-sco] *s.m.* [pl. *-schi*] **1** insieme di erbe e di arbusti che crescono nei boschi di alberi d'alto fusto **2** (*fig.*) l'insieme delle persone che operano più o meno regolarmente all'ombra di un'attività, di un'organizzazione: *il — della finanza*.

sottobottiglia [sot-to-bot-tì-glia] *s.m.* piattino che si mette sotto la bottiglia in tavola.

sottobraccio [sot-to-bràc-cio] *avv.* col braccio passato tra il braccio e il fianco di un'altra persona: *camminare — con qlcu.*

sottocapo [sot-to-cà-po] *s.m.* (*mil.*) chi viene dopo il capo in ordine gerarchico: — *di stato maggiore*.

sottocchio [sot-tòc-chio] *avv.* sotto gli occhi, in posizione tale che consente di vedere, di controllare direttamente: *tenere — i bambini*.

sottoccupato [sot-toc-cu-pà-to] *agg.* e *s.m.* [f. *-a*] si dice di chi, per mancanza di lavoro, lavora un numero di ore settimanali inferiore al normale.

sottoccupazione [sot-toc-cu-pa-zió-ne] *s.f.* condizione di chi è sottoccupato; l'insieme dei sottoccupati.

sottochiave [sot-to-chià-ve] *avv.* in un luogo chiuso a chiave, ben custodito: *custodire i prigionieri* — | *tenere qlcu.* —, (*fig.*) non permettergli di uscire.

sottoclasse [sot-to-clàs-se] *s.f.* **1** (*mat.*) sottoinsieme **2** nella sistematica zoologica e botanica, ciascuna delle suddivisioni di una classe.

sottocommissione [sot-to-com-mis-sió-ne] *s.f.* ciascun gruppo in cui si divide una commissione: — *parlamentare*.

sottocoperta [sot-to-co-pèr-ta] *avv.* (*mar.*) sotto il ponte di coperta di una nave: *ritirarsi* —.

sottocoppa [sot-to-còp-pa] *s.m.invar.* **1** tipo di sottobicchiere un po' più grande del normale, per appoggiarvi una coppa **2** nelle macchine a lubrificazione forzata, la parte inferiore della coppa, in cui si raccoglie il lubrificante.

sottocosto [sot-to-cò-sto] *avv.* a prezzo inferiore a quello di costo: *vendere* — | Anche come *agg.invar.*: *merce* —.

sottocultura [sot-to-cul-tù-ra] *s.f.* **1** (*antrop.*) gruppo culturale all'interno di una comunità culturale più vasta **2** (*spreg.*) cultura scadente, deteriore.

sottocutaneo [sot-to-cu-tà-neo] *agg.* (*anat., med.*) che si trova sotto la pelle: *tessuto* — | *iniezione sottocutanea*, praticata sotto la pelle.

sottodominante [sot-to-do-mi-nàn-te] *s.f.* (*mus.*) quarto grado della scala musicale diatonica, così detto perché viene prima della *dominante*.

sottoelencato [sot-to-e-len-cà-to] *agg.* che è disposto o compreso in un elenco successivo.

sottoesporre [sot-to-e-spór-re] *v.tr.* [coniugato come *esporre*] (*foto.*) esporre per un tempo di posa insufficiente, cosicché l'immagine risulta troppo scura.

sottoesposizione [sot-to-e-spo-ʃi-zió-ne] *s.f.* (*foto.*) il sottoesporre.

sottofamiglia [sot-to-fa-mì-glia] *s.f.* nella sistematica zoologica e botanica, ciascuna delle suddivisioni di una famiglia.

sottofinestra [sot-to-fi-nè-stra] *s.f.invar.* vano corrispondente al lato interno del parapetto della finestra, in quanto attrezzato con uno scaffale o un armadietto.

sottofondo [sot-to-fón-do] *s.m.* **1** strato immediatamente sottostante a una superficie visibile | nelle pavimentazioni, lo strato di materiale interposto tra il fondo e il rivestimento esterno **2** (*fig.*) elemento, caratteristica non espressi in forma esplicita, ma che si colgono come presenti: *sguardo con un — di tristezza* **3** (*cine., tv*) l'insieme dei suoni e dei rumori inseriti in secondo piano nella colonna sonora.

sottogamba [sot-to-gàm-ba] *avv.* con grande leggerezza; sottovalutando l'importanza, le difficoltà: *prendere qlco.* —.

sottogenere [sot-to-gè-ne-re] *s.m.* ciascuna delle suddivisioni di un genere.

sottogola [sot-to-gó-la] *s.m.* o *f.invar.* **1** striscia fissata a un copricapo, che si fa passare sotto il mento **2** parte dei finimenti del cavallo costituita da una striscia di cuoio che passa sotto la gola.

sottogonna [sot-to-gòn-na *o* sottogónna] *s.f.* sottoveste a vita, che sta sotto la sola gonna.

sottogoverno [sot-to-go-vèr-no] *s.m.* la pratica politica di attribuire posti di potere in ministeri, enti, banche ecc. a chi è legato da rapporti di clientela con il partito o i partiti di governo.

sottogruppo [sot-to-grùp-po] *s.m.* **1** ciascuna delle parti in cui è diviso un gruppo **2** (*geog.*) parte secondaria di un gruppo montuoso.

sottoinsieme [sot-to-in-siè-me] *s.m.* (*mat.*) insieme i cui elementi sono a loro volta elementi di un altro insieme.

sottolineare [sot-to-li-ne-à-re] *v.tr.* [*io sottolineo ecc.*] **1** tracciare una linea sotto una parola o una frase scritta per darle risalto: — *gli errori di un*

compito 2 (*fig.*) mettere in rilievo, far risaltare, accentuare: — *l'importanza di un fatto.*
sottolineatura [sot-to-li-nea-tù-ra] *s.f.* 1 il segno, la linea che serve a sottolineare 2 (*fig.*) accentuazione, messa in evidenza.
sottolinguale [sot-to-lin-guà-le] *agg.* (*anat.*, *med.*) situato, localizzato sotto la lingua | *pillola* —, che si fa sciogliere sotto la lingua.
sottolio [sot-tò-lio] *avv.* nell'olio, sotto uno strato di olio: *conservare un cibo* — | Anche come *agg.invar.*: *sardine* —.
sottomano [sot-to-mà-no] *avv.* a portata di mano: *avere tutto* — | (*fig.*) a disposizione immediata: *non avere — capitali sufficienti.*
sottomarino [sot-to-ma-rì-no] *agg.* che sta sotto la superficie del mare: *cavo* — ♦ *s.m.* unità navale in grado di navigare in completa immersione.
sottomento [sot-to-mén-to] *s.m.* (*non com.*) pappagorgia, doppio mento.
sottomesso [sot-to-més-so] *agg.* 1 privo di libertà, di indipendenza; soggiogato: *popolo* — 2 docile, remissivo: *carattere* —.
sottomettere [sot-to-mét-te-re] *v.tr.* [coniugato come *mettere*] 1 presentare qlco. a qlcu. perché la esamini; sottoporre: — *il caso a un giudice* 2 assoggettare, asservire: — *un popolo* | costringere a sottostare; sottoporre: — *a sevizie* ♦ **sottomettersi** *v.rifl.* piegarsi al volere altrui.
sottomissione [sot-to-mis-sió-ne] *s.f.* 1 il sottomettere, il sottomettersi: *fare atto di — all'autorità* 2 l'essere sottomesso; umiltà, docilità d'animo.
sottomultiplo [sot-to-mùl-ti-plo] *agg.* e *s.m.* (*mat.*) si dice di numero o grandezza contenuti un numero esatto di volte in un altro numero o in un'altra grandezza: *il centimetro è — del metro.*
sottopancia [sot-to-pàn-cia] *s.m.invar.* finimento che, passando sotto la pancia del cavallo, assicura la sella sul dorso.
sottopassaggio [sot-to-pas-sàg-gio] *s.m.* 1 tratto di strada che passa sotto il piano di un'altra che la interseca 2 passaggio pedonale sotterraneo (in stazioni ferroviarie e in strade molto trafficate).
sottopasso [sot-to-pàs-so] *s.m.* sottopassaggio (spec. di autostrada).
sottopiatto [sot-to-piàt-to] *s.m.* piatto su cui si pone un altro piatto o una scodella in tavola.
sottoporre [sot-to-pór-re] *v.tr.* [coniugato come *porre*] 1 costringere ad affrontare, a subire qlco. di gravoso, spiacevole: — *a uno sforzo, a maltrattamenti* 2 sottomettere a un vaglio, a un giudizio; proporre: — *a qlcu. un progetto* ♦ **sottoporsi** *v.rifl.* accettare di affrontare qlco. di difficile, di gravoso; assoggettarsi: — *a un'operazione.*
sottoposto [sot-to-pó-sto] *agg.* e *s.m.* che/chi in un rapporto di lavoro è gerarchicamente subordinato ad altri.
sottopotere [sot-to-po-té-re] *s.m.* potere occulto parallelo a quello ufficiale, sul quale è in grado di influire.
sottoprezzo [sot-to-prèz-zo] *avv.* a prezzo inferiore a quello corrente: *vendere* —.
sottoprodotto [sot-to-pro-dót-to] *s.m.* 1 prodotto secondario ottenuto nel corso della lavorazione di altri prodotti: *un — della raffinazione del petrolio* 2 (*estens.*) prodotto di scarsa qualità.
sottoproduzione [sot-to-pro-du-zió-ne] *s.f.* (*econ.*) livello di produzione inferiore alle capacità produttive o insufficiente a soddisfare la domanda.
sottoproletariato [sot-to-pro-le-ta-rià-to] *s.m.* nelle moderne società industriali, lo strato più povero della popolazione.
sottopunto → **soppunto**.
sottordine [sot-tór-di-ne] *s.m.* 1 nella sistematica zoologica e botanica, suddivisione intermedia tra l'ordine e la famiglia 2 *in* —, in grado subordinato ad altri; in subordine.
sottoregno [sot-to-ré-gno] *s.m.* nella sistematica zoologica e botanica, ciascuna delle categorie in cui si suddivide un regno.
sottoscala [sot-to-scà-la] *s.m.invar.* spazio vuoto sotto una rampa di scala.
sottoscritto [sot-to-scrìt-to] *agg.* e *s.m.* [f. *-a*] (*burocr.*) termine con cui designa sé stesso chi redige una domanda in proprio nome.
sottoscrittore [sot-to-scrit-tó-re] *s.m.* [f. *-trice*] chi sottoscrive; firmatario | chi partecipa a una sottoscrizione.
sottoscrivere [sot-to-scrì-ve-re] *v.tr.* [coniugato come *scrivere*] 1 apporre la propria firma in calce a un documento, a un atto ecc. 2 (*fig.*) approvare, condividere: *non si può — tutto.*
sottoscrizione [sot-to-scri-zió-ne] *s.f.* raccolta di firme in calce a un documento | raccolta di contributi in denaro: *aprire una* —.
sottosegretario [sot-to-se-gre-tà-rio] *s.m.* nell'ordinamento italiano, collaboratore del ministro (segretario di stato) nella direzione di un dicastero.
sottosopra [sot-to-só-pra] *avv.* 1 con la parte di sopra messa sotto; alla rovescia: *girare — un materasso* 2 (*estens.*) in grande disordine: *mettere — una stanza* | (*fig.*) in stato di profondo turbamento, di viva agitazione: *sentirsi* —.
sottospecie [sot-to-spè-cie] *s.f.invar.* 1 nella sistematica zoologica e botanica, suddivisione di una specie 2 (*estens.*) suddivisione, raggruppamento di ordine inferiore a un altro 3 (*spreg.*) varietà inferiore, imitazione: *una — di porcellana.*
sottostante [sot-to-stàn-te] *agg.* posto, situato sotto, più in basso: *paesaggio* —.
sottostare [sot-to-stà-re] *v.intr.* [*io sottostò, tu sottostài, egli sottostà ecc.*; le altre forme coniugate come *stare*] essere alle dipendenze: — *ai superiori* | (*fig.*) essere soggetto, obbligato: — *a una regola.*
sottostimare [sot-to-sti-mà-re] *v.tr.* stimare, valutare meno del reale o del giusto; sottovalutare.
sottosuolo [sot-to-suò-lo] *s.m.* lo strato del terreno sottostante alla superficie del suolo.
sottosviluppato [sot-to-ʃvi-lup-pà-to] *agg.* 1 si

dice di paese o regione in condizioni di sottosviluppo economico **2** che presenta uno sviluppo fisico o psichico inferiore alla norma: *bambino* —.

sottosviluppo [sot-to-ʃvi-lùp-po] *s.m.* **1** mancato o insufficiente sviluppo **2** (*econ.*) condizione di povertà diffusa e di stagnazione economica in cui versano paesi o regioni di un paese.

sottotenente [sot-to-te-nèn-te] *s.m.* ufficiale dell'esercito del grado più basso della gerarchia degli ufficiali | — *di vascello*, (*mar.*) ufficiale della marina militare di grado corrispondente a quello di tenente dell'esercito.

sottoterra [sot-to-tèr-ra] *avv.* sotto la terra: *mettere* —, seppellire; *andare* —, morire; *essere* —, essere morto.

sottotetto [sot-to-tét-to] *s.m.* piano di un edificio immediatamente sottostante al tetto; solaio, soffitta.

sottotitolato [sot-to-ti-to-là-to] *agg.* dotato di sottotitoli: *film — per non udenti*.

sottotitolo [sot-to-tì-to-lo] *s.m.* **1** titolo secondario che spiega o amplia il titolo principale **2** (spec. *pl.*) scritta posta in sovraimpressione sul bordo inferiore delle immagini di un film, che ne traduce simultaneamente i dialoghi.

sottotraccia [sot-to-tràc-cia] *agg.invar.* si dice di impianto elettrico o idraulico le cui condutture sono disposte sotto la superficie esterna dei muri di un edificio.

sottovalutare [sot-to-va-lu-tà-re] *v.tr.* [*io sottovalùto* o *sottovàluto ecc.*] valutare troppo poco, meno del giusto; sottostimare: — *le capacità di una persona*.

sottovalutazione [sot-to-va-lu-ta-zió-ne] *s.f.* valutazione inferiore al valore reale.

sottovaso [sot-to-và-ʃo] *s.m.* vaso, piatto o altro recipiente che si tiene sotto un vaso da fiori.

sottovento [sot-to-vèn-to] *avv.* dalla parte opposta a quella da dove soffia il vento, rispetto a un punto di riferimento: *navigare* — ♦ *s.m.* il lato di una nave opposto a quello della direzione da cui soffia il vento.

sottoveste [sot-to-vè-ste] *s.f.* indumento intimo femminile senza maniche, per lo più con due spalline, che s'indossa sotto l'abito.

sottovia [sot-to-vì-a] *s.f.* o *m.* tratto di via che passa sotto il piano di un'altra che la interseca.

sottovoce [sot-to-vó-ce] *avv.* a voce molto bassa: *parlare* —.

sottovuoto [sot-to-vuò-to] *avv.* (*tecn.*) in condizioni di vuoto, di rarefazione dell'aria: *carne conservata* — | Anche con valore di *agg.*: *confezione* —.

sottraendo [sot-tra-èn-do] *s.m.* (*mat.*) il secondo termine di una differenza, quello che deve essere sottratto al diminuendo per ottenere il resto.

sottrarre [sot-tràr-re] *v.tr.* [coniugato come *trarre*] **1** levare, portar via da qlcu. o da qlco.: — *agli sguardi* | liberare, salvare: — *a* (o *da*) *un pericolo* **2** (*fig.*) rubare: — *il portafogli* **3** (*mat.*) determinare la differenza di due numeri togliendo dal più grande il più piccolo ♦ **sottrarsi** *v.rifl.* sfuggire, evitare qlco.: — *alla morte* | venir meno, mancare: — *a una responsabilità*.

sottrazione [sot-tra-zió-ne] *s.f.* **1** il sottrarre, il portar via **2** operazione aritmetica con cui si calcola la differenza fra due numeri (detti *minuendo* e *sottraendo*).

sottufficiale [sot-tuf-fi-cià-le] *s.m.* militare di grado intermedio tra la truppa e gli ufficiali (nell'esercito italiano il sergente, il sergente maggiore e il maresciallo).

soubrette [/ su'brɛt /] *s.f.invar.* (*fr.*) attrice che, negli spettacoli di varietà, recita, danza e canta, generalmente col ruolo di protagonista.

soufflé [/ suf'fle /] *s.m.invar.* (*fr.*) (*gastr.*) vivanda cotta al forno a base di alimenti diversi (in genere verdure), legati da besciamella, tuorli e albumi d'uovo montati a neve che rendono soffice il composto.

soul [/ 'saul /] *s.m.invar.* (*ingl.*) genere musicale di origine afroamericana con una forte impronta spirituale e religiosa | Usato anche come *agg.*: *musica* —.

sound [/ 'saund /] *s.m.invar.* (*ingl.*) nel jazz e poi anche nella musica leggera, la sonorità in quanto elemento caratteristico dello stile di un esecutore o di un complesso.

souplesse [/ su'plɛs /] *s.f.invar.* (*fr.*) (*sport*) **1** scioltezza, agilità: *correre in* — **2** (*fig.*) la capacità e il comportamento di chi sa adeguarsi alle circostanze, senza tuttavia venir meno ai propri principi; elasticità, adattabilità.

souvenir [/ suve'nir /] *s.m.invar.* (*fr.*) piccolo oggetto che ricorda un luogo o un paese che si è visitato; ricordo: *un — di Roma*.

sovente [so-vèn-te] *avv.* (*lett.*) spesso, di frequente.

soverchiante [so-ver-chiàn-te] *agg.* molto superiore; di gran lunga più grande: *avversari in numero* —.

soverchiare [so-ver-chià-re] *v.tr.* [*io sovèrchio ecc.*] (*lett.*) **1** andare al di sopra di qlco.; superare: *l'acqua soverchiò gli argini* **2** (*fig.*) opprimere, sopraffare: *lasciarsi* —.

soverchieria [so-ver-chie-rì-a] *s.f.* sopraffazione, sopruso.

soverchio [so-vèr-chio] *agg.* eccessivo, esagerato: *zelo* — ♦ *s.m.* ciò che avanza, è troppo; eccesso, esagerazione: *desiderare il* —.

sovescio [so-vè-scio] *s.m.* pratica agraria che consiste nel sotterrare le piante erbacee nel terreno in cui sono cresciute, per arricchirlo di sostanze organiche.

soviet [so-vièt] *s.m.invar.* (*st.*) organo del sistema amministrativo e politico dell'Unione Sovietica.

sovietico [so-viè-ti-co] *agg.* [pl.m. *-ci*] (*st.*) **1** dei soviet, fondato sui soviet: *rivoluzione sovietica* **2** (*estens.*) dell'Unione Sovietica: *il regime sovietico*.

sovra → **sopra**.

sovra- → **sopra-**.

sovrabbondante [so-vrab-bon-dàn-te] *agg.* più che abbondante; che supera il necessario: *alimentazione —*.
sovrabbondanza [so-vrab-bon-dàn-za] *s.f.* eccessiva quantità, grande abbondanza: *in —*, in grande quantità.
sovrabbondare [so-vrab-bon-dà-re] *v.intr.* [*io sovrabbóndo ecc.*; aus. *essere* e *avere*] esservi in grande abbondanza, in quantità assai superiore al bisogno | avere in grande abbondanza: *paese che sovrabbonda di mano d'opera.*
sovraccaricare [so-vrac-ca-ri-cà-re] *v.tr.* [*io sovraccàrico, tu sovraccàrichi ecc.*] caricare in modo eccessivo: *— un'automobile* | (*fig.*) imporre un onere troppo gravoso: *— gli alunni di compiti.*
sovraccarico [so-vrac-cà-ri-co] *agg.* [pl.m. *-chi*] carico in modo eccessivo: *essere — di lavoro* ♦ *s.m.* carico superiore al normale.
sovraccoperta → **sopraccoperta**.
sovraesporre e *deriv.* → **sovresporre** e *deriv.*
sovraffaticare [so-vraf-fa-ti-cà-re] *v.tr.* [*io sovraffatico, tu sovraffatichi ecc.*] affaticare, stancare eccessivamente ♦ **sovraffaticarsi** *v.rifl.* stancarsi, affaticarsi oltre misura.
sovraffollamento [so-vraf-fol-la-mén-to] *s.m.* affollamento eccessivo.
sovraffollato [so-vraf-fol-là-to] *agg.* eccessivamente affollato: *treno —*.
sovraintendere e *deriv.* → **soprintendere** e *deriv.*
sovralimentato [so-vra-li-men-tà-to] *agg.* **1** alimentato, nutrito eccessivamente **2** (*mecc.*) si dice di motore munito di sovralimentatore.
sovralimentatore [so-vra-li-men-ta-tó-re] *s.m.* (*mecc.*) dispositivo per la sovralimentazione dei motori a combustione interna.
sovralimentazione [so-vra-li-men-ta-zió-ne] *s.f.* **1** alimentazione, nutrizione eccessiva **2** (*mecc.*) alimentazione di un motore a combustione interna con aria o miscela carburata a pressione superiore a quella atmosferica.
sovranazionale e *deriv.* → **sopranazionale** e *deriv.*
sovranità [so-vra-ni-tà] *s.f.* l'essere sovrano; autorità, diritto, qualità di chi è sovrano: *la — del popolo.*
sovrannaturale → **soprannaturale**.
sovrano [so-vrà-no] *agg.* **1** (*lett.*) che è superiore a tutti | assoluto, totale: *un — disprezzo* **2** si dice di potere, diritto, che non derivino da altra autorità, che non dipendano da altro potere | che esercita un potere pieno e indipendente: *stato —* **3** che si riferisce al capo di uno stato monarchico: *per grazia sovrana* ♦ *s.m.* [f. *-a*] re: *l'incoronazione del —* □ **sovranamente** *avv.* **1** da sovrano **2** (*fig.*) in modo superiore.
sovraoccupazione [so-vra-oc-cu-pa-zió-ne] *s.f.* occupazione di lavoratori con orario di lavoro superiore a quello normale.
sovrappeso → **soprappeso**.
sovrappiù → **soprappiù**.
sovrapponibile [so-vrap-po-nì-bi-le] *agg.* che si può sovrapporre.
sovrappopolamento [so-vrap-po-po-la-mén-to] *s.m.* il sovrappopolarsi, l'essere sovrappopolato.
sovrappopolare [so-vrap-po-po-là-re] *v.tr.* [*io sovrappòpolo ecc.*] popolare in modo eccessivo rispetto alle risorse di un luogo ♦ **sovrappopolarsi** *v.intr.pron.* detto di luogo, riempirsi di popolazione in modo eccessivo.
sovrappopolato [so-vrap-po-po-là-to] *agg.* popolato eccessivamente: *paese —*.
sovrappopolazione [so-vrap-po-po-la-zió-ne] *s.f.* condizione di un paese sovrappopolato.
sovrapporre [so-vrap-pór-re] *v.tr.* [coniugato come *porre*] **1** mettere una cosa sopra un'altra, facendole combaciare: *— dei mattoni* **2** far prevalere: *— l'autorità centrale alle autonomie locali* ♦ **sovrapporsi** *v.intr.pron.* **1** porsi sopra ad altro **2** (*fig.*) aggiungersi ad altro; sopravvenire: *nuove difficoltà si sovrappongono* | aggiungersi superando, facendo scomparire: *rumore che si sovrappone alle voci.*
sovrapposizione [so-vrap-po-ʃi-zió-ne] *s.f.* il sovrapporre, il sovrapporsi.
sovrapposto [so-vrap-pó-sto] *agg.* posto sopra: *fucile a canne sovrapposte*, con le canne l'una sopra l'altra.
sovrapprezzo [so-vrap-prèz-zo] *s.m.* maggiorazione del prezzo.
sovrapproduzione [so-vrap-pro-du-zió-ne] *s.f.* (*econ.*) condizione di squilibrio di un sistema economico caratterizzata da una offerta complessiva superiore alla domanda.
sovrasensibile [so-vra-sen-sì-bi-le] *agg.* e *s.m.* (*filos.*) si dice di ciò che non può essere conosciuto mediante i sensi.
sovrastampa [so-vra-stàm-pa] *s.f.* il sovrastampare, l'essere sovrastampato.
sovrastampare [so-vra-stam-pà-re] *v.tr.* stampare una scritta o altro sopra un foglio già stampato, per cancellare o modificare la stampa primitiva.
sovrastante [so-vra-stàn-te] *agg.* **1** che sta sopra, che si innalza al di sopra **2** (*fig.*) che incombe, imminente: *un pericolo —*.
sovrastare [so-vra-stà-re] *v.tr.* e *intr.* [*io sovrasto, tu sovrasti ecc.*; aus. dell'intr. *essere*] **1** stare sopra: *il campanile sovrasta la chiesa* **2** (*fig.*) incombere: *pericolo che sovrasta* **3** (*fig.*) essere superiore, superare: *poeta che sovrasta tutti gli altri.*
sovrastimare [so-vra-sti-mà-re] *v.tr.* stimare, valutare più del reale o del giusto: *— il valore di un terreno.*
sovrastruttura [so-vra-strut-tù-ra], o **soprastruttura**, *s.f.* elemento costruttivo innalzato al di sopra di un'altra struttura che funge da sostegno.
sovrattassa → **soprattassa**.
sovreccitabile [so-vrec-ci-tà-bi-le] *agg.* che si eccita molto facilmente; ipersensibile, nervoso: *temperamento —*.
sovreccitare [so-vrec-ci-tà-re] *v.tr.* [*io sovrèccito ecc.*] provocare in qlcu. grande eccitazione nervosa, mettere in forte tensione ♦ **sovreccitarsi**

v.rifl. mettersi, entrare in uno stato di grande eccitazione.

sovreccitazione [so-vrec-ci-ta-zió-ne] *s.f.* stato di forte eccitazione nervosa.

sovresporre [so-vre-spór-re], o **sovraesporre**, *v.tr.* [coniugato come *esporre*] (*foto.*) esporre la pellicola a una quantità eccessiva di luce, così da far risultare falsati i colori dell'immagine.

sovresposizione [so-vre-spo-ʃi-zió-ne], o **sovraesposizione**, *s.f.* (*foto.*) il sovresporre, l'essere sovresposto.

sovresposto [so-vre-spó-sto], o **sovraesposto**, *agg.* (*foto.*) si dice di pellicola che sia stata esposta alla luce troppo a lungo; dell'immagine fotografica da essa ricavata.

sovrimposta [so-vrim-pò-sta] *s.f.* imposta addizionale.

sovrimpressione [so-vrim-pres-sió-ne] *s.f.* (*foto.*) impressione di una o più immagini su altre immagini precedentemente impresse sulla stessa pellicola.

sovrimpresso [so-vrim-près-so] *agg.* impresso sopra una precedente impressione.

sovrintendere e *deriv.* → **soprintendere** e *deriv.*

sovrumano [so-vru-mà-no] *agg.* **1** che supera i limiti e le capacità della natura umana: *potenze sovrumane* **2** (*iperb.*) straordinario, eccezionale: *sforzo —*.

sovvenire [sov-ve-nì-re] *v.tr.* [coniugato come *venire*] (*lett.*) aiutare, soccorrere ♦ *v.intr.* [aus. *avere* nel sign. 1, *essere* nel sign. 2] (*lett.*) **1** sopperire, venire in aiuto: — *ai bisognosi* **2** venire in mente, tornare alla memoria: *mi sovviene un ricordo.*

sovvenzionamento [sov-ven-zio-na-mén-to] *s.m.* il sovvenzionare, l'essere sovvenzionato; sovvenzione.

sovvenzionare [sov-ven-zio-nà-re] *v.tr.* [*io sovvenzióno ecc.*] aiutare con una sovvenzione; finanziare: — *un progetto.*

sovvenzione [sov-ven-zió-ne] *s.f.* denaro concesso come elargizione o come prestito a condizioni vantaggiose per il debitore: — *statale.*

sovversione [sov-ver-sió-ne] *s.f.* il sovvertire, l'essere sovvertito: — *dell'ordinamento dello stato.*

sovversivismo [sov-ver-si-vì-ʃmo] *s.m.* **1** l'essere sovversivo **2** tendenza, movimento sovversivo.

sovversivo [sov-ver-sì-vo] *agg.* che mira a sovvertire un ordinamento politico e sociale; sedizioso: *propaganda sovversiva* ♦ *s.m.* [f. *-a*] chi ha idee sovversive, chi svolge attività sediziose.

sovvertimento [sov-ver-ti-mén-to] *s.m.* il sovvertire, l'essere sovvertito.

sovvertire [sov-ver-tì-re] *v.tr.* [*io sovvèrto ecc.*] **1** sconvolgere profondamente un ordinamento vigente: — *le istituzioni* **2** (*estens.*) innovare, cambiare profondamente: — *le regole della prospettiva.*

sovvertitore [sov-ver-ti-tó-re] *agg.* e *s.m.* [f. *-trice*] che/chi sovverte: — *dell'ordine pubblico.*

sozzeria [soz-ze-rì-a], dial. **zozzeria**, *s.f.* (*region.*) azione, cosa sozza.

sozzo [sóz-zo], dial. **zozzo**, *agg.* **1** sudicio, sporco: *mani sozze di sangue* **2** (*fig.*) turpe, moralmente ripugnante: *un — individuo* □ **sozzamente** *avv.*

sozzone [soz-zó-ne], dial. **zozzone**, *agg.* e *s.m.* [f. *-a*] persona sozza fisicamente o moralmente.

sozzume [soz-zù-me] *s.m.* insieme di cose sozze; sudiciume.

sozzura [soz-zù-ra] *s.f.* **1** l'essere sozzo, sporco **2** cosa sozza, porcheria.

spaccalegna [spac-ca-lé-gna] *s.m.invar.* chi, per mestiere, spacca la legna da ardere.

spaccamontagne [spac-ca-mon-tà-gne] *s.m.invar.* (*fam.*) spaccone, gradasso.

spaccapietre [spac-ca-piè-tre] *s.m.invar.* operaio che spacca le pietre usate per la pavimentazione stradale.

spaccare [spac-cà-re] *v.tr.* [*io spacco, tu spacchi ecc.*] **1** spezzare, aprire, dividere in due o più parti con colpi violenti: — *la legna* | in loc.fig.: *un sole che spacca le pietre*, caldissimo; — *la faccia a qlcu.*, picchiarlo duramente; *un orologio che spacca il minuto*, esattissimo **2** (*fig.*) dividere nettamente in due o più gruppi di opinione: *una questione che spacca il paese* ♦ **spaccarsi** *v.intr.pron.* **1** rompersi, aprirsi, fendersi: *lo strato di ghiaccio potrebbe —* **2** (*fig.*) dividersi nettamente per divergenze d'opinione: *il partito si è spaccato.*

spaccata [spac-cà-ta] *s.f.* **1** lo spaccare in fretta, sommariamente **2** in ginnastica e nella danza, posizione in cui le gambe si divaricano al massimo.

spaccatimpani [spac-ca-tìm-pa-ni] *agg.invar.* (*iperb.*) molto rumoroso: *musica —*.

spaccato [spac-cà-to] *agg.* **1** diviso in due o più parti; rotto, spezzato: *legna spaccata* | (*fig.*) diviso da un contrasto, da un diverbio: *una famiglia spaccata* **2** (*fig. fam.*) identico, tale e quale: *è suo padre —* ♦ *s.m.* disegno o modellino in scala che rappresenta la struttura interna di un edificio, di una macchina, di un oggetto.

spaccatura [spac-ca-tù-ra] *s.f.* **1** lo spaccare, lo spaccarsi, l'essere spaccato; il punto in cui una cosa è spaccata: *una — nel terreno* **2** (*fig.*) contrasto, controversia; rottura di rapporti.

spacciare [spac-cià-re] *v.tr.* [*io spàccio ecc.*] **1** vendere rapidamente o in gran quantità: — *le rimanenze di magazzino* **2** commerciare, vendere illecitamente: — *droga*; — *monete false*, metterle in circolazione | diffondere, divulgare notizie non vere: — *menzogne* **3** far passare qlcu. o qlco. per quello che non è: — *qlcu. per genio* **4** (*fam.*) considerare un malato inguaribile: *il medico l'ha spacciato* ♦ **spacciarsi** *v.rifl.* far credere d'essere quello che non si è: — *per avvocato.*

spacciato [spac-cià-to] *agg.* (*fam.*) privo di ogni speranza di salvarsi, di evitare la morte: *dare qlcu. per —* | (*fig.*) rovinato, perduto, finito.

spacciatore [spac-cia-tó-re] *s.m.* [f. *-trice*] chi

spaccia moneta falsa, droga, merce d'illecita provenienza | — *di notizie false*, chi le diffonde.
spaccio [spàc-cio] *s.m.* **1** vendita al pubblico: — *di superalcolici* **2** lo spacciare; vendita illecita: — *di stupefacenti* **3** locale in cui si vende merce al minuto (per lo più all'interno di una comunità): *lo — della caserma*.
spacco [spàc-co] *s.m.* [pl. *-chi*] **1** spaccatura, fenditura: — *nel muro* **2** strappo, rottura netta: — *nei pantaloni* **3** apertura praticata in abiti maschili e femminili per rendere più agevoli i movimenti o per eleganza: *giacca con gli spacchi*.
spacconata [spac-co-nà-ta] *s.f.* atto, discorso da spaccone; smargiassata.
spaccone [spac-có-ne] *s.m.* [f. *-a*] smargiasso: *fare lo —*.
spada [spà-da] *s.f.* **1** arma bianca con lama dritta e appuntita di varia lunghezza, usata fin dall'antichità come arma da guerra: — *di bronzo*; *sguainare la —*, trarla dal fodero | *difendere a — tratta*, (*fig.*) con grande accanimento | — *di Damocle*, (*fig.*) si dice di un pericolo sempre sovrastante. DIM. *spadino* (m.) ACCR. *spadone* (m.) **2** (*sport*) una delle tre armi usate nella scherma, con lama a sezione triangolare, atta a colpire soltanto di punta **3** (*estens.*) spadaccino **4** *pl.* uno dei semi delle carte da gioco italiane **5** *pesce —*, grosso pesce di mare commestibile, che ha la mascella superiore prolungata e appuntita come una spada.
spadaccino [spa-dac-cì-no] *s.m.* [f. *-a*] chi sa maneggiare bene la spada.
spadacciola [spa-dac-ciò-la] *s.f.* pianta erbacea con foglie lineari e fiori di color rosa-violetto, simili a piccoli gladioli.
spadellare [spa-del-là-re] *v.tr.* e *intr.* [*io spadèllo ecc.*; aus. dell'intr. *avere*] **1** nel gergo dei cacciatori, sparare alla selvaggina senza colpirla **2** (*fam.*) trafficare in cucina.
spadino [spa-dì-no] *s.m.* spada piccola e corta, usata come accessorio di alcune uniformi di gala.
spadista [spa-dì-sta] *s.m.* e *f.* [pl.m. *-sti*] chi pratica lo sport della scherma con la spada.
spadona [spa-dó-na] *agg.* e *s.f.* si dice di una varietà di pera dalla forma allungata, con buccia verde chiaro e polpa molto sugosa.
spadroneggiare [spa-dro-neg-già-re] *v.intr.* [*io spadronéggio ecc.*; aus. *avere*] fare da padrone, comportandosi con prepotenza: — *in casa altrui*.
spaesato [spae-ʃà-to] *agg.* a disagio, smarrito e imbarazzato: *sentirsi —*.
spaghettata [spa-ghet-tà-ta] *s.f.* (*fam.*) mangiata di spaghetti.
spaghetteria [spa-ghet-te-rì-a] *s.f.* locale pubblico in cui vengono serviti prevalentemente piatti di spaghetti.
spaghettiera [spa-ghet-tiè-ra] *s.f.* recipiente da portata per servire in tavola gli spaghetti o altra pastasciutta.
spaghetto[1] [spa-ghét-to] *s.m.* (spec. *pl.*) pasta alimentare, di forma cilindrica lunga e sottile, che si mangia generalmente asciutta: *spaghetti al sugo*. DIM. *spaghettino*.
spaghetto[2] *s.m.* (*region.*) paura, fifa.
spaginare [spa-gi-nà-re] *v.tr.* [*io spàgino ecc.*] (*tip.*) disfare l'impaginazione di un testo per apportare modificazioni.
spagliare [spa-glià-re] *v.tr.* [*io spàglio ecc.*] liberare un oggetto dal rivestimento di paglia: — *i fiaschi* ♦ **spagliarsi** *v.intr.pron.* perdere il rivestimento di paglia: *le sedie si spagliano*.
spagnola [spa-gnò-la] *s.f.* febbre spagnola.
spagnolesco [spa-gno-lé-sco] *agg.* [pl.m. *-schi*] (*spreg.*) da spagnolo; conforme a modi altezzosi e boriosi che si consideravano propri degli spagnoli □ **spagnolescamente** *avv.*
spagnoletta [spa-gno-lét-ta] *s.f.* piccolo supporto cilindrico attorno a cui si avvolgono filati per cucire; il filato così confezionato.
spagnolismo [spa-gno-lì-ʃmo] *s.m.* **1** (*ling.*) ispanismo **2** usanza, moda venuta dalla Spagna.
spagnolo [spa-gnò-lo] *agg.* della Spagna ♦ *s.m.* **1** [f. *-a*] abitante, nativo della Spagna **2** la lingua nazionale della Spagna.
spago [spà-go] *s.m.* [pl. *-ghi*] funicella sottile formata da due o più capi ritorti: *legare con lo —* | il filo ritorto usato dai calzolai | *dare — a qlcu.*, (*fig. fam.*) incoraggiarlo a parlare liberamente o a prendersi confidenze.
spaiare [spa-ià-re] *v.tr.* [*io spàio ecc.*] separare ciò che è appaiato: — *gli orecchini*.
spaiato [spa-ià-to] *agg.* si dice di cose che sono state disunite e che prima formavano un paio: *scarpe spaiate*.
spalancare [spa-lan-cà-re] *v.tr.* [*io spalanco, tu spalanchi ecc.*] aprire completamente: — *la finestra* | — *gli occhi*, per vedere meglio o per meraviglia | — *la bocca*, per gridare, mangiare, sbadigliare, o per stupore | — *le braccia*, per abbracciare qlcu. o come espressione di rassegnazione ♦ **spalancarsi** *v.intr.pron.* aprirsi interamente.
spalancato [spa-lan-cà-to] *agg.* completamente aperto: *portone —*.
spalare [spa-là-re] *v.tr.* togliere, asportare con la pala: — *la neve*.
spalata [spa-là-ta] *s.f.* lo spalare un poco, rapidamente: *dare una — alla neve*.
spalatore [spa-la-tó-re] *s.m.* chi spala; operaio addetto a operazioni di spalatura.
spalatrice [spa-la-trì-ce] *s.f.* **1** macchina per spalare **2** (*agr.*) macchina che smuove mucchi di cereali per aerarli.
spalatura [spa-la-tù-ra] *s.f.* lo spalare, l'essere spalato: *la — della neve*.
spalla [spàl-la] *s.f.* **1** parte del corpo umano che va dall'attaccatura del braccio alla base del collo: — *destra, sinistra*; *portare qlco. a —*, poggiandola su una spalla | *pl.* la parte superiore del dorso, la schiena: *appoggiarsi con le spalle* | *colpire alle spalle*, da dietro; (*fig.*) a tradimento | *avere molti anni sulle spalle*, (*fig.*) essere in età avanzata | *avere, prendersi qlco. sulle spalle*, (*fig.*) assumerne il

peso, la responsabilità | *gettarsi qlco. dietro le spalle*, (*fig.*) non pensarci più | *alzare le spalle, stringersi nelle spalle*, per esprimere disinteresse, indifferenza o rassegnazione | *ridere alle spalle di qlcu.*, (*fig.*) burlarsi di lui a sua insaputa | *essere con le spalle al muro*, (*fig.*) non avere via d'uscita | *vivere alle spalle di qlcu.*, (*fig.*) farsi mantenere da lui | *volgere le spalle*, (*fig.*) fuggire | *voltare le spalle a qlcu.*, (*fig.*) abbandonarlo, negargli aiuto | *guardarsi le spalle*, (*fig.*) premunirsi contro pericoli imprevisti, contro attacchi a tradimento. DIM. *spalluccia* **2** negli animali macellati, la parte del dorso vicino all'attaccatura degli arti anteriori **3** la parte del vestito che copre la spalla: *la — della giacca* **4** il fianco, la parte superiore di una montagna o di una collina **5** attore che in una scenetta comica sostiene il comico principale, gli dà l'imbeccata **6** (*arch.*) ciascuno dei piedritti su cui poggiano le estremità di un ponte, di una volta, di un edificio.

spallata [spal-là-ta] *s.f.* spinta, urto dato con la spalla: *buttar giù la porta con una —*.

spalleggiare [spal-leg-già-re] *v.tr.* [*io spalléggio ecc.*] difendere, sostenere: *è spalleggiato dagli amici* ♦ **spalleggiarsi** *v.rifl.rec.* difendersi, sostenersi a vicenda.

spalletta [spal-lét-ta] *s.f.* parapetto in muratura che si costruisce ai lati di un ponte, sulla sponda di un corso d'acqua, al margine di un burrone ecc. | rilievo di terreno che fa da argine a un corso d'acqua.

spalliera [spal-liè-ra] *s.f.* **1** la parte di un sedile su cui si appoggia la schiena **2** ciascuna delle sponde che chiudono il letto da capo e da piedi **3** (*agr.*) intelaiatura alla quale si appoggiano piante da frutto o da fiore **4** (*sport*) arnese da ginnastica di forma simile a una scala a pioli, fissato verticalmente a una parete.

spallina [spal-lì-na] *s.f.* **1** striscia di tessuto che sormonta le spalle di varie uniformi civili e militari o di capi d'abbigliamento di foggia sportiva: *impermeabile con le spalline* **2** nastro o sottile striscia di tessuto che regge, passando sopra le spalle, alcuni indumenti femminili: *le spalline della sottoveste* **3** imbottitura applicata a giacche, cappotti e vari altri indumenti per rialzarne le spalle.

spalluccia [spal-lùc-cia] *s.f.* [pl. *-ce*] nella loc. *fare spallucce*, alzare le spalle in segno di disinteresse, noncuranza.

spalmare [spal-mà-re] *v.tr.* stendere sostanze semiliquide o pastose: *— il burro sul pane*.

spalto [spàl-to] *s.m.* **1** muro o massa di terra disposti a scarpata lungo il fronte di un'opera di fortificazione; bastione **2** *pl.* le gradinate di un grande stadio.

spampanare [spam-pa-nà-re] *v.tr.* [*io spàmpano ecc.*] (*agr.*) privare dei pampini: *— le viti* ♦ **spampanarsi** *v.intr.pron.* perdere i pampini (detto della vite) | allargare e abbassare i petali (detto di fiore prossimo alla sfioritura): *le rose cominciano a —*

spampanato [spam-pa-nà-to] *agg.* **1** che non ha più i pampini: *vite spampanata* **2** che ha i petali troppo aperti e prossimi ad avvizzire: *rosa spampanata*.

spanare [spa-nà-re] *v.tr.* logorare, guastare la filettatura di una vite, di un dado ♦ **spanarsi** *v. intr.pron.* detto di vite o di analogo elemento metallico, perdere la filettatura.

spanato [spa-nà-to] *agg.* si dice di vite, dado che ha perso la filettatura.

spanciare [span-cià-re] *v.intr.* [*io spàncio ecc.*; aus. *avere*] tuffarsi battendo la pancia sull'acqua ♦ **spanciarsi** *v.rifl.* ridere a crepapelle.

spanciata [span-cià-ta] *s.f.* **1** colpo dato battendo con la pancia tuffandosi in acqua in modo maldestro **2** (*fam.*) scorpacciata: *farsi una —*.

spandere [spàn-de-re] *v.tr.* [pass.rem. *io spandéi, tu spandésti ecc.*; part.pass. *spanto*] **1** stendere, spargere qlco. in modo uniforme su una superficie più o meno estesa: *— la cera sul pavimento* **2** versare, spargere: *— il vino sulla tovaglia* | *— lacrime*, piangere copiosamente | *spendere e —*, (*fam.*) sperperare **3** diffondere: *— un profumo delicato* **4** (*fig.*) divulgare, diffondere: *— voci* ♦ **spandersi** *v.intr.pron.* estendersi, allargarsi: *— a macchia d'olio*.

spandiconcime [span-di-con-cì-me] *s.m.invar.* macchina agricola usata per spandere il concime sul terreno.

spandisale [span-di-sà-le] *agg.* e *s.m.* e *f.invar.* si dice di macchina o dispositivo che serve a spandere sale sulle strade per favorire lo scioglimento del ghiaccio.

spanna [spàn-na] *s.f.* misura corrispondente all'apertura della mano distesa; altezza, lunghezza assai piccola: *un bambino alto una —*.

spannare [span-nà-re] *v.tr.* scremare, privare della panna: *— il latte*.

spannocchiare [span-noc-chià-re] *v.tr.* [*io spannòcchio ecc.*] liberare il granturco dai cartocci che avvolgono le pannocchie.

spannocchiatura [span-noc-chia-tù-ra] *s.f.* l'operazione di spannocchiare il granturco.

spaparacchiarsi [spa-pa-rac-chiàr-si] *v.rifl.* [*io mi spaparàcchio ecc.*] (*region.*) sdraiarsi comodamente.

spappolamento [spap-po-la-mén-to] *s.m.* lo spappolare, lo spappolarsi, l'essere spappolato | (*med.*) profonda alterazione della struttura di organi o tessuti anatomici provocata da schiacciamento: *— del fegato*.

spappolare [spap-po-là-re] *v.tr.* [*io spàppolo ecc.*] far perdere consistenza riducendo in poltiglia: *frutta spappolata* ♦ **spappolarsi** *v. intr.pron.* perdere forma e consistenza; ridursi a massa informe e sfatta | detto di organi o tessuti anatomici, subire lo spappolamento.

sparachiodi [spa-ra-chiò-di] *s.f.invar.* attrezzo simile a una pistola che utilizza la carica di una cartuccia per conficcare chiodi di ancoraggio in materiali duri (*p.e.* calcestruzzo, metallo).

sparagnino [spa-ra-gnì-no] *agg.* e *s.m.* [f. *-a*] (*fam.*) che/chi mostra un'eccessiva tendenza al risparmio; tirchio, avaro.
sparaneve [spa-ra-né-ve] *agg.invar.* solo nella loc. *cannone —*, dispositivo per produrre artificialmente la neve e spargerla sul terreno.
sparare[1] [spa-rà-re] *v.tr.* (*region.*) aprire con un lungo taglio il ventre di animali morti per estrarne le interiora; sventrare: *— il maiale.*
sparare[2] *v.tr.* e *intr.* **1** azionare un'arma da fuoco; farne partire un colpo: *— una fucilata* | *— a salve*, senza proiettili | *— a zero*, con l'alzo in posizione orizzontale, come quando si spara molto da vicino; (*fig.*) criticare con molta durezza: *— a zero sul governo* **2** (*fig.*) sferrare, assestare con violenza: *— calci* **3** (*fig.*) dire cose esagerate o inventate: *— fandonie* | *— un prezzo esorbitante*, richiederlo.
sparata [spa-rà-ta] *s.f.* **1** vanteria, smargiassata: *alle sue sparate non crede più nessuno* **2** (*fig.*) sfogo di collera, di malumore; scenata violenta.
sparato[1] [spa-rà-to] *s.m.* apertura sul davanti negli abiti da sera maschili | (*estens.*) il petto inamidato delle camicie che appare da tale apertura.
sparato[2] *agg.* (*fam.*) velocissimo: *partire —.*
sparatoria [spa-ra-tò-ria] *s.f.* fitto e continuo susseguirsi di spari; scambio di colpi d'arma da fuoco: *assistere a una —.*
sparecchiare [spa-rec-chià-re] *v.tr.* [*io sparécchio ecc.*] togliere dalla tavola stoviglie, posate e tovaglia.
spareggio [spa-rég-gio] *s.m.* **1** disparità, disuguaglianza | in un bilancio, disavanzo **2** (*sport*) incontro supplementare disputato tra due squadre o avversari che alla fine delle gare regolamentari siano a pari punti.
spargere [spàr-ge-re] *v.tr.* [pres. *io spargo, tu spargi ecc.*; pass.rem. *io sparsi, tu spargésti ecc.*; part.pass. *sparso*] **1** gettare qua e là: *— fiori* | (*estens.*) mandare, collocare in più parti: *— poliziotti per le strade* **2** versare: *— l'olio*; *— sangue*, ferire o uccidere **3** cospargere: *— di ghiaia il sentiero* **4** emanare, spandere: *— profumo* | (*fig.*) divulgare: *— notizie*; *— la voce*, far sapere in giro ♦ **spargersi** *v.intr.pron.* **1** andare qua e là; sparpagliarsi: *la comitiva si sparse per il borgo* **2** diffondersi: *notizie che si spargono rapidamente.*
spargimento [spar-gi-mén-to] *s.m.* lo spargere, lo spargersi, l'essere sparso | *— di sangue*, atto cruento, ferimento, uccisione.
spargipepe [spar-gi-pé-pe] *s.m.invar.* tappo dosatore di una pepiera; la pepiera stessa.
spargisale [spar-gi-sà-le] *s.m.invar.* **1** tappo dosatore di una saliera; la saliera stessa **2** veicolo attrezzato per spargere sale sulle strade quando la temperatura scende al di sotto dello zero, in modo che non vi si formi ghiaccio.
sparigliare [spa-ri-glià-re] *v.tr.* [*io sparìglio ecc.*] disfare, rompere una pariglia separando gli elementi che la compongono.
sparire [spa-rì-re] *v.intr.* [pres. *io sparisco, tu sparisci ecc.*; pass.rem. *io sparìi, tu sparisti ecc.*; part.pass. *sparito*; aus. *essere*] **1** sottrarsi improvvisamente alla vista altrui; scomparire: *— tra la folla* **2** (*estens.*) non esserci più: *l'umidità è sparita* | *— dalla faccia della terra*, (*fig.*) morire | *sparisci!*, (*fam.*) vattene subito!
sparizione [spa-ri-zió-ne] *s.f.* lo sparire; scomparsa: *una misteriosa —.*
sparlare [spar-là-re] *v.intr.* [aus. *avere*] **1** parlare male, malignamente: *— del prossimo* **2** parlare a sproposito, inopportunamente: *parla e sparla in ogni occasione.*
sparo [spà-ro] *s.m.* lo sparare; colpo, scarica di arma da fuoco | il rumore prodotto da un colpo di arma da fuoco: *udire degli spari.*
sparpagliamento [spar-pa-glia-mén-to] *s.m.* lo sparpagliare, lo sparpagliarsi, l'essere sparpagliato; spargimento, dispersione.
sparpagliare [spar-pa-glià-re] *v.tr.* [*io sparpàglio ecc.*] spargere qua e là senza ordine: *— le carte sulla scrivania* ♦ **sparpagliarsi** *v.rifl.* o *intr.pron.* disperdersi, andare qua e là: *la folla si sparpagliò per le vie.*
sparpagliato [spar-pa-glià-to] *agg.* sparso qua e là senza ordine.
sparring partner [/ 'sparriŋ 'partner /] *loc.sost.m.invar.* (*ingl.*) (*sport*) pugile che boxa con un altro pugile allo scopo di allenarlo.
sparso [spàr-so] *agg.* si dice di cose che sono poste qua e là senza ordine: *fogli sparsi sul tavolo.*
spartachismo [spar-ta-chì-ʃmo] *s.m.* movimento rivoluzionario socialista operante in Germania verso la fine della prima guerra mondiale.
spartano [spar-tà-no] *agg.* **1** dell'antica Sparta **2** (*fig.*) severo, austero (con riferimento alla sobrietà di vita e alla severità di costumi degli antichi spartani): *educazione spartana* ♦ *s.m.* [f. *-a*] abitante di Sparta □ **spartanamente** *avv.* secondo i costumi spartani; con durezza, severamente.
spartiacque [spar-ti-àc-que] *s.m.invar.* **1** linea che divide tra loro due bacini idrografici **2** (*fig.*) divisione netta, divergenza di fondo: *— ideologico.*
spartineve [spar-ti-né-ve] *s.m.invar.* spazzaneve.
spartire [spar-tì-re] *v.tr.* [*io spartisco, tu spartisci ecc.*] dividere in parti da distribuire: *— il bottino* | *non avere nulla da — con qlcu., con qlco.*, (*fig.*) non avervi niente a che fare.
spartito [spar-tì-to] *s.m.* (*mus.*) trascrizione per pianoforte di una composizione per orchestra | (*estens.*) partitura.
spartitraffico [spar-ti-tràf-fi-co] *s.m.invar.* rialzo sul piano stradale che serve a dividere le correnti di traffico | Usato anche come *agg.invar.*: *isola —.*
spartitura [spar-ti-tù-ra] *s.f.* **1** (*non com.*) spartizione **2** scriminatura, riga dei capelli.
spartizione [spar-ti-zió-ne] *s.f.* lo spartire, l'essere spartito; divisione.
sparto [spàr-to] *s.m.* **1** pianta erbacea con foglie dure e resistenti, tipica delle zone mediterranee; giunco marino **2** fibra molto resistente che

si ricava dalle foglie dello sparto, utilizzata per la fabbricazione di cordami, stuoie, reti da pesca.
sparuto [spa-rù-to] *agg.* **1** magro e pallido: *viso* — **2** esiguo, assai ridotto: *gruppo* —.
sparviere [spar-viè-re], o **sparviero**, *s.m.* **1** uccello rapace diurno con ali piuttosto corte e piumaggio grigio-plumbeo, striato di bruno sul petto **2** tavoletta quadrata con impugnatura sulla superficie inferiore, su cui il muratore mette la malta che gli serve di volta in volta.
spasimante [spa-ʃi-màn-te] *s.m.* e *f.* (*scherz.*) chi è innamorato, chi corteggia qlcu.
spasimare [spa-ʃi-mà-re] *v.intr.* [*io spàʃimo ecc.*; aus. *avere*] **1** patire dolori lancinanti, essere in preda a spasimi: — *dal* (o *per il*) *dolore* **2** (*fig.*) desiderare ardentemente: — *di ritornare in patria* | struggersi per un sentimento troppo intenso: — *d'amore*.
spasimo [spà-ʃi-mo] *s.m.* **1** dolore fisico molto forte, acuto: *morire fra atroci spasimi* **2** (*fig.*) tormento dell'animo; struggimento angoscioso: *gli spasimi della gelosia*.
spasmo [spà-ʃmo] *s.m.* (*med.*) contrazione involontaria e anomala di un muscolo, che può accompagnarsi a dolore acuto.
spasmodico [spa-ʃmò-di-co] *agg.* [pl.m. *-ci*] **1** (*med.*) di spasmo; caratterizzato o provocato da contrazione **2** di spasimo; lancinante, doloroso: *dolore* — | (*fig.*) angoscioso, affannoso: *ricerca spasmodica* □ **spasmodicamente** *avv.*
spassare [spas-sà-re] *v.tr.* (*non com.*) dare spasso, divertire ♦ **spassarsi** *v.intr.pron.* divertirsi | *spassarsela*, passare il tempo allegramente.
spassionato [spas-sio-nà-to] *agg.* che giudica senza passioni, con imparzialità: *un critico* — | sereno ed equo: *parere* — □ **spassionatamente** *avv.*
spasso [spàs-so] *s.m.* **1** divertimento, svago **2** (*fig.*) persona o cosa spassosa, divertente: *un film che è uno* — **3** *a* —, a passeggio: *portare a* — *i bambini* | *essere a* —, (*fig.*) essere disoccupato.
spassoso [spas-só-so] *agg.* che dà spasso, divertente: *un tipo* — □ **spassosamente** *avv.*
spastico [spà-sti-co] *agg.* [pl.m. *-ci*] (*med.*) di spasmo; provocato da spasmo: *colite spastica* ♦ *agg.* e *s.m.* [f. *-a*] si dice di chi è stato colpito da lesione cerebrale che ha determinato un'incapacità di controllo della muscolatura volontaria.
spato [spà-to] *s.m.* (*min.*) nome generico di minerali a struttura cristallina, facilmente sfaldabili secondo facce regolari.
spatola [spà-to-la] *s.f.* **1** attrezzo per manipolare materiali pastosi o per raccogliere piccole quantità di materiali polverulenti: — *da pittore* | *a* —, a forma di spatola. DIM. *spatoletta, spatolina* **2** negli sci, l'estremità anteriore, appuntita e ricurva verso l'alto.
spauracchio [spau-ràc-chio] *s.m.* persona o cosa che incute paura (solo *scherz.*): *lo* — *degli esami*.
spaurire [spau-rì-re] *v.tr.* [*io spaurisco, tu spaurisci ecc.*] impaurire, spaventare: — *un bambino* ♦ **spaurirsi** *v.intr.pron.* provare, avere paura.
spaurito [spau-rì-to] *agg.* pieno di paura, spaventato: *faccia spaurita*.
spavalderia [spa-val-de-rì-a] *s.f.* l'essere spavaldo: *dimostrare una grande* — | atto da spavaldo: *fare delle spavalderie*.
spavaldo [spa-vàl-do] *agg.* che ostenta o denota una sicurezza eccessiva, una baldanza provocatoria: *ragazzo, atteggiamento* — ♦ *s.m.* [f. *-a*] persona spavalda: *fare lo* — □ **spavaldamente** *avv.*
spaventapasseri [spa-ven-ta-pàs-se-ri] *s.m.* **1** fantoccio che si mette in mezzo ai campi per spaventare gli uccelli **2** (*fig.*) persona brutta, magra o malvestita.
spaventare [spa-ven-tà-re] *v.tr.* [*io spavènto ecc.*] incutere spavento; spaurire, atterrire: — *un bambino* | (*iperb.*) impensierire, preoccupare: *un'idea che spaventa* ♦ **spaventarsi** *v.intr.pron.* essere preso da spavento; impaurirsi: — *alla vista di qlco.* | (*iperb.*) preoccuparsi, allarmarsi.
spaventato [spa-ven-tà-to] *agg.* preso da spavento, pieno di paura.
spaventevole [spa-ven-té-vo-le] *agg.* (*non com.*) spaventoso.
spavento [spa-vèn-to] *s.m.* paura violenta e improvvisa causata dalla sensazione o dalla vista di un pericolo o di un danno: *mettere, provare* — | (*iperb.*) preoccupazione o anche impressione negativa, spiacevole: *magro da far* —.
spaventosità [spa-ven-to-si-tà] *s.f.* l'essere spaventoso.
spaventoso [spa-ven-tó-so] *agg.* **1** che incute spavento: *incubo* — | che desta profonda impressione: *disastro* — **2** (*fam.*) grandissimo, esagerato: *fame spaventosa* □ **spaventosamente** *avv.*
spaziale [spa-zià-le] *agg.* dello spazio, che riguarda lo spazio: *geometria* — | che si riferisce allo spazio cosmico: *navigazione* — □ **spazialmente** *avv.* dal punto di vista spaziale; per ciò che riguarda lo spazio.
spaziare [spa-zià-re] *v.tr.* [*io spàzio ecc.*] disporre due o più elementi a una certa distanza l'uno dall'altro | (*tip.*) distanziare convenientemente una parola o una lettera dall'altra ♦ *v.intr.* [aus. *avere*] **1** muoversi in un ampio spazio: *le aquile spaziano nel cielo* | estendersi per un grande spazio: *vista che spazia fino al mare* **2** (*fig.*) estendere i propri interessi in un ampio orizzonte di idee: — *in tutti i campi del sapere*.
spaziatore [spa-zia-tó-re] *agg.* [f. *-trice*] che serve a spaziare: *barra spaziatrice*, nella macchina per scrivere e nella tastiera di un elaboratore, quella che si preme per spaziare.
spaziatura [spa-zia-tù-ra] *s.f.* lo spaziare | la distribuzione degli spazi nella composizione tipografica o dattilografica.
spazieggiare [spa-zieg-già-re] *v.tr.* [*io spaziéggio ecc.*] (*tip.*) spaziare più del normale le singole lettere di una parola per metterla in risalto oppure per completare la giustezza di una riga.
spazientire [spa-zien-tì-re] *v.tr.* [*io spazientisco,*

tu spazientisci ecc.] far perdere la pazienza; irritare: *l'attesa spazientisce* ♦ **spazientirsi** *v.intr. pron.* perdere la pazienza.
spazientito [spa-zien-tì-to] *agg.* irritato.
spazio [spà-zio] *s.m.* 1 nell'intuizione comune, luogo vuoto entro cui si collocano e si muovono i corpi 2 (*astr.*) estensione in cui si muovono i corpi celesti 3 estensione circoscritta: *in questa stanza c'è poco —* 4 (*fig.*) possibilità, opportunità: *il mercato del lavoro non offre — ai giovani* 5 estensione di tempo: *lo — di un mese* 6 (*tip.*) ogni intervallo bianco fra parola e parola 7 (*mus.*) nel pentagramma, intervallo tra riga e riga.
spaziosità [spa-zio-si-tà] *s.f.* l'essere spazioso: *la — di una piazza.*
spazioso [spa-zió-so] *agg.* ampio, vasto: *un locale —* □ **spaziosamente** *avv.*
spazio-temporale [spà-zio-tem-po-rà-le] *loc. agg.* che concerne lo spazio e il tempo insieme.
spazzacamino [spaz-za-ca-mì-no] *s.m.* in passato, chi per mestiere puliva dalla fuliggine la canna dei camini.
spazzaneve [spaz-za-né-ve] *s.m.invar.* 1 grossa lama d'acciaio montata sulla parte inferiore di un veicolo per spostare la neve da un lato; spartineve | (*estens.*) il veicolo su cui è montato tale dispositivo 2 (*sport*) posizione sugli sci che consiste nell'allargare le code e nell'avvicinare le punte a scopo di rallentare la velocità: *scendere a —.*
spazzare [spaz-zà-re] *v.tr.* 1 pulire con la scopa o altro arnese: *— il pavimento* | (*fig.*) liberare da qlco.: *il vento spazza il cielo dalle nuvole* 2 togliere, portar via con la scopa o altro arnese: *— la neve* | *— via*, (*fig.*) distruggere: *il ciclone ha spazzato via interi paesi.*
spazzata [spaz-zà-ta] *s.f.* lo spazzare in fretta, alla meglio. DIM. *spazzatina.*
spazzatrice [spaz-za-trì-ce] *s.f.* autoveicolo impiegato nella pulizia delle strade.
spazzatura [spaz-za-tù-ra] *s.f.* 1 lo spazzare: *gli addetti alla — delle strade* 2 l'immondizia spazzata, i rifiuti: *bidone della —* | (*fig.*) cosa, roba di nessun valore.
spazzino [spaz-zì-no] *s.m.* chi, per mestiere, spazza le strade; netturbino.
spazzola [spàz-zo-la] *s.f.* 1 arnese costituito da un supporto su cui sono infissi setole, fili di saggina, plastica o altro materiale; è usato per togliere la polvere, lucidare, ravviare i capelli ecc. | *capelli a —*, tagliati corti e pari. DIM. *spazzoletta, spazzolina* ACCR. *spazzolona* 2 (*elettr.*) blocchetto di carbone o rame fissato all'estremità di un conduttore, usato per collegare due parti di un circuito elettrico 3 (*mus.*) bacchetta per strumenti a percussione, che porta all'estremità un pennello di fili metallici.
spazzolare [spaz-zo-là-re] *v.tr.* [*io spàzzolo ecc.*] pulire con la spazzola: *— le scarpe* | ravviare con la spazzola: *spazzolarsi i capelli.*
spazzolata [spaz-zo-là-ta] *s.f.* lo spazzolare in fretta, alla meglio: *dare una — al cappotto.* DIM. *spazzolatina.*
spazzolino [spaz-zo-lì-no] *s.m.* piccola spazzola per pulire i denti, le unghie od oggetti di dimensioni ridotte.
spazzolone [spaz-zo-ló-ne] *s.m.* grossa spazzola con lungo manico, usata per lavare o lucidare i pavimenti.
speaker [/ 'spiker /] *s.m.* e *f.invar.* (*ingl.*) annunciatore radiofonico o televisivo | durante una manifestazione, chi dà informazioni al pubblico attraverso gli altoparlanti.
specchiarsi [spec-chiàr-si] *v.rifl.* o *intr.pron.* [*io mi spècchio ecc.*] guardarsi in uno specchio o in un'altra superficie riflettente: *— nelle vetrine* | riflettersi: *le case si specchiano nel lago.*
specchiato [spec-chià-to] *agg.* integro, esemplare: *una specchiata onestà.*
specchiera [spec-chiè-ra] *s.f.* 1 grande specchio con cornice 2 tavolino con lo specchio e l'occorrente per acconciarsi | *armadio a —*, con le ante di specchio.
specchietto [spec-chiét-to] *s.m.* 1 piccolo specchio che le donne tengono nella borsetta | *— retrovisivo* o *retrovisore*, quello applicato agli automezzi per vedere i movimenti dei veicoli che seguono | *— per le allodole*, (*fig.*) espediente per attirare le persone ingenue e sprovvedute 2 prospetto riassuntivo: *lo — dei pronomi.*
specchio [spèc-chio] *s.m.* 1 lastra di vetro metallizzata nella parte posteriore che riflette le immagini: *guardarsi nello* (o *allo*) *—* | *tenere la casa come uno —*, (*fig.*) pulitissima | *— d'acqua*, tratto di mare o di lago. DIM. *specchietto* 2 (*estens.*) nome generico di strutture o dispositivi che presentano una superficie riflettente o semplicemente liscia 3 (*estens.*) prospetto, quadro: *lo — delle votazioni* 4 ampiezza di un'apertura o di un riquadro architettonico; vano, luce: *— della porta.*
special [/ 'spɛtʃal /] *s.m.invar.* (*ingl.*) programma televisivo in cui si esibisce un unico protagonista.
speciale [spe-cià-le] *agg.* 1 che riguarda un ambito, un uso determinato: *treno —; leggi speciali*, per fronteggiare un'emergenza | particolare, non comune: *trattamento —* | *in modo —* (o *in special modo*), particolarmente 2 di qualità ottima: *un vino —* ♦ *s.m.* programma televisivo in cui si affronta e si analizza un particolare argomento o problema: *uno — sulla droga* □ **specialmente** *avv.* in modo particolare, soprattutto.
specialista [spe-cia-lì-sta] *s.m.* e *f.* [pl.m. *-sti*] professionista specializzato in un determinato ramo: *— di ortopedia* | atleta che pratica una determinata specialità: *— dei cento metri piani.*
specialistico [spe-cia-lì-sti-co] *agg.* [pl.m. *-ci*] di specialista, da specialista.
specialità [spe-cia-li-tà] *s.f.* 1 settore di un'attività artistica, scientifica o professionale in cui si è particolarmente competenti: *la pittura di paesaggi è la sua —* 2 prodotto caratteristico; piatto tipico: *i tortellini sono una — emiliana* | *— farmaceutiche*, prodotti medicinali preconfezionati

e a formula costante **3** cosa ottima, eccellente: *questo vino è una —.*
specializzando [spe-cia-liʒ-ʒàn-do] *s.m.* [f. *-a*] chi è prossimo a conseguire una specializzazione.
specializzare [spe-cia-liʒ-ʒà-re] *v.tr.* delimitare un'attività in un campo ristretto e specifico; far acquisire una preparazione specialistica: *— la manodopera* ♦ **specializzarsi** *v.rifl.* o *intr.pron.* **1** dedicarsi a un settore particolare di attività, di studi, di produzione; conseguire una specializzazione: *— in fisica nucleare* **2** (*biol.*) nello sviluppo degli embrioni, passare da un'organizzazione semplice a una più complessa.
specializzato [spe-cia-liʒ-ʒà-to] *agg.* che ha conseguito una specializzazione: *operaio —.*
specializzazione [spe-cia-liʒ-ʒa-zió-ne] *s.f.* acquisizione di una particolare preparazione e competenza in un determinato settore: *— in chirurgia; corso di —.*
specie [spè-cie] *s.f.invar.* **1** insieme di individui con caratteri che li distinguono dagli altri dello stesso genere: *una — di animali, di piante* | *l'umana —*, gli uomini nel loro insieme **2** (*estens.*) tipo: *gente di ogni —* **3** (*lett.*) forma esteriore, apparenza: *il corpo di Cristo sotto le — del pane e del vino* | *una — di*, si dice di cosa che nell'aspetto ne ricorda vagamente un'altra analoga: *indossava una — di mantello* | *mi fa —*, (*fam.*) mi sorprende, mi meraviglia ♦ *avv.* specialmente: *non lo tollero, — da lui.*
specifica [spe-cì-fi-ca] *s.f.* (*comm., burocr.*) elenco, distinta di cose ben specificate: *— della merce spedita.*
specificare [spe-ci-fi-cà-re] *v.tr.* [*io specìfico, tu specìfichi ecc.*] precisare con chiarezza e abbondanza di particolari: *— come avvennero i fatti.*
specificativo [spe-ci-fi-ca-tì-vo] *agg.* che specifica, che vale a specificare.
specificato [spe-ci-fi-cà-to] *agg.* determinato con precisione; circostanziato □ **specificatamente** *avv.* in modo particolareggiato: *esporre — le circostanze.*
specificazione [spe-ci-fi-ca-zió-ne] *s.f.* lo specificare, l'essere specificato; descrizione, indicazione particolareggiata: *la — delle merci vendute* | *complemento di —*, (*gramm.*) quello che precisa il concetto espresso dal sostantivo da cui dipende.
specificità [spe-ci-fi-ci-tà] *s.f.* l'essere specifico; carattere specifico.
specifico [spe-cì-fi-co] *agg.* [pl.m. *-ci*] **1** caratteristico di una specie **2** (*estens.*) determinato, particolare: *caso —; accuse specifiche*, precise | *peso —*, (*fis.*) rapporto tra il peso di un corpo e il suo volume ♦ *s.m.* ciò che è specifico, particolare: *lo — di una situazione* | farmaco indicato contro una determinata patologia: *uno — per la colite* □ **specificamente** *avv.* in modo particolare, con preciso riferimento: *riferirsi a qlco. —.*
specillo [spe-cìl-lo] *s.m.* (*med.*) sonda metallica lunga e sottile, usata per esplorare ferite o recessi anatomici.
specimen [/ ˈspɛtʃimen /] *s.m.invar.* (*lat.*) saggio, campione | pubblicazione di poche pagine contenente saggi di un'opera editoriale in preparazione, distribuita a fini pubblicitari.
speciosità [spe-cio-si-tà] *s.f.* l'essere specioso.
specioso [spe-ció-so] *agg.* che è giusto e vero solo in apparenza: *pretesto —* □ **speciosamente** *avv.*
speck [/ ʃpɛk /] *s.m.invar.* (*ted.*) prosciutto crudo disossato e affumicato.
speco [spè-co] *s.m.* [pl. *-chi*] **1** (*lett.*) caverna, antro, spelonca **2** *— vertebrale*, (*anat.*) il canale formato dalla serie dei fori vertebrali, contenente il midollo spinale.
specola [spè-co-la] *s.f.* edificio destinato a osservatorio astronomico.
speculare[1] [spe-cu-là-re] *v.intr.* [*io spèculo ecc.*; aus. *avere*] **1** indagare con la ragione; ragionare filosoficamente: *— sulla natura dell'universo* **2** (*econ.*) fare una speculazione commerciale o finanziaria: *— in borsa* **3** (*estens.*) sfruttare possibilità che la situazione offre, favorevoli a sé e sfavorevoli ad altri ♦ *v.tr.* indagare con la ragione: *— i misteri della natura.*
speculare[2] *agg.* **1** dello specchio; che ha le proprietà di uno specchio: *superficie —* | *immagine —*, l'immagine di un oggetto quale viene riflessa da uno specchio **2** (*estens.*) perfettamente simmetrico: *finestre speculari* □ **specularmente** *avv.*
speculativo [spe-cu-la-tì-vo] *agg.* **1** che si riferisce alla speculazione filosofica | adatto, incline alla speculazione: *mente speculativa* **2** che concerne una speculazione commerciale o finanziaria □ **speculativamente** *avv.*
speculatore [spe-cu-la-tó-re] *agg.* e *s.m.* [f. *-trice*] chi fa speculazioni: *mente speculatrice* | (*estens.*) chi fa manovre speculative: *uno — senza scrupoli.*
speculatorio [spe-cu-la-tò-rio] *agg.* che riguarda una speculazione commerciale o finanziaria; speculativo.
speculazione [spe-cu-la-zió-ne] *s.f.* **1** la ricerca avente come unico scopo il conoscere, senza intenti pratici o applicazioni tecniche **2** (*econ.*) operazione commerciale o finanziaria che approfitta della crescita rapida di un prezzo per lucrare la differenza tra il prezzo di acquisto e quello di vendita: *— edilizia* **3** (*estens.*) attività, azione intesa a conseguire un vantaggio personale sfruttando senza scrupoli una situazione favorevole.
spedalità [spe-da-li-tà] *s.f.* (*burocr.*) il ricovero e la degenza in ospedale; il costo della degenza e delle cure.
spedire [spe-dì-re] *v.tr.* [*io spedisco, tu spedisci ecc.*] **1** inviare qlco. per mezzo della posta o mediante trasporti di altro genere: *— una raccomandata* **2** mandare con premura una persona in un luogo o da qlcu.: *— un proprio incaricato* | *— qlcu. all'altro mondo*, (*fig.*) ucciderlo.
speditezza [spe-di-téz-za] *s.f.* l'essere spedito; prontezza e celerità nel fare qlco.
spedito [spe-dì-to] *agg.* sciolto; svelto, veloce:

passo — | Usato anche come *avv.*: *parlare* — □ **speditamente** *avv.*

spedizione [spe-di-zió-ne] *s.f.* **1** lo spedire, l'essere spedito: *la — di un pacco* | ciò che viene spedito **2** viaggio di più persone per compiere un'impresa, soprattutto scientifica o militare: *la — dei Mille* **3** azione condotta da persone armate.

spedizioniere [spe-di-zio-niè-re] *s.m.* chi esegue spedizioni di merci per conto di terzi, curando le relative operazioni accessorie.

spegnare [spe-gnà-re] *v.tr.* [*io spégno ecc.*] liberare un oggetto dato in pegno, pagando la somma stabilita.

spegnere [spè-gne-re], tosc. o lett. spengere, *v.tr.* [pres. *io spèngo, tu spègni ecc.*; pass.rem. *io spènsi, tu spegnésti ecc.*; part.pass. *spènto*] **1** far cessare di ardere, di bruciare: — *un incendio, la sigaretta* **2** (*fig.*) far cessare, estinguere: — *la sete, un mutuo* | smorzare, attenuare a poco a poco: — *le polemiche* **3** interrompere il funzionamento di un apparecchio o dispositivo elettrico: — *la luce* ♦ **spegnersi** *v.intr.pron.* **1** cessare di ardere: *il fuoco si è spento* **2** (*fig.*) venir meno, estinguersi: *entusiasmo che si sta spegnendo* | morire: — *serenamente* **3** smettere di funzionare, detto di dispositivo elettrico o apparecchio azionato da un circuito elettrico: *la lampada si è spenta.*

spegnimento [spe-gni-mén-to] *s.m.* lo spegnere, lo spegnersi, l'essere spento.

spegnitoio [spe-gni-tó-io] *s.m.* arnese a forma di imbuto rovesciato, che si fissa in cima a una canna, usato per spegnere la fiamma di candele, lumi a petrolio ecc.

spelacchiare [spe-lac-chià-re] *v.tr.* [*io spelàcchio ecc.*] privare di parte del pelo ♦ **spelacchiarsi** *v. intr.pron.* perdere il pelo qua e là: *l'orsacchiotto comincia a* —.

spelacchiato [spe-lac-chià-to] *agg.* che ha perso il pelo qua e là; che ha pochi peli, poche penne: *pelliccia spelacchiata* | (*estens.*) che ha pochi capelli: *un vecchio* —.

spelare [spe-là-re] *v.tr.* [*io spélo ecc.*] privare del pelo; togliere, far cadere il pelo ♦ **spelarsi** *v.intr. pron.* perdere il pelo: *la pelliccia si sta spelando.*

speleo- primo elemento di parole composte del linguaggio scientifico, che vale 'caverna' (*speleologia*).

speleobiologia [spe-le-o-bio-lo-gì-a] *s.f.* branca della biologia che studia la vita nell'ambiente cavernicolo.

speleobotanica [spe-le-o-bo-tà-ni-ca] *s.f.* ramo della speleobiologia che studia le specie vegetali cavernicole.

speleologia [spe-le-o-lo-gì-a] *s.f.* scienza che studia le grotte, la loro origine e le loro caratteristiche fisiche, morfologiche e biologiche.

speleologico [spe-le-o-lò-gi-co] *agg.* [pl.m. *-ci*] riguardante la speleologia: *spedizione speleologica.*

speleologo [spe-le-ò-lo-go] *s.m.* [f. *-a*; pl.m. *-gi*] studioso, esperto di speleologia.

speleozoologia [spe-le-o-zo-o-lo-gì-a] *s.f.* ramo della speleobiologia che studia le specie animali cavernicole.

spellare [spel-là-re] *v.tr.* [*io spèllo ecc.*] **1** levare, strappare la pelle dal corpo di un animale ucciso: — *un coniglio* | riferito a persona, produrre un'escoriazione: *spellarsi le mani* **2** (*fig. fam.*) chiedere un prezzo, un compenso esagerato: *in quel negozio ti spellano!* ♦ **spellarsi** *v.intr.pron.* perdere la pelle: *i serpenti si spellano* | detto di persona, prodursi un'escoriazione: — *per il troppo sole.*

spellatura [spel-la-tù-ra] *s.f.* lo spellare, lo spellarsi, l'essere spellato | detto di persona, abrasione, escoriazione.

spelling [/ 'spɛlliŋm /] *s.m.invar.* (*ingl.*) pronuncia distaccata delle singole lettere che compongono una parola.

spelonca [spe-lón-ca] *s.f.* **1** antro naturale, profondo e vasto, nei fianchi di un monte; caverna, grotta **2** (*fig.*) abitazione tetra, squallida.

speme [spè-me] *s.f.* (*poet.*) speranza.

spendaccione [spen-dac-ció-ne] *s.m.* [f. *-a*] chi spende smodatamente, con eccessiva facilità.

spendere [spèn-de-re] *v.tr.* [pres. *io spèndo ecc.*; pass.rem. *io spési, tu spendésti ecc.*; part.pass. *spéso*] **1** dare, cedere denaro ad altri in pagamento di qlco.: — *ventimila lire*; — *in libri* | — *un occhio della testa, un patrimonio*, moltissimo | — *e spandere*, scialacquare, sperperare **2** (*fig.*) consumare, adoperare: — *molte energie* | — *una parola per qlcu.*, intervenire in suo favore.

spendereccio [spen-de-réc-cio] *agg.* [pl.f. *-ce*] che ama spendere molto, con facilità: *gente spendereccia.*

spendibile [spen-dì-bi-le] *agg.* che si può spendere.

spendibilità [spen-di-bi-li-tà] *s.f.* l'essere spendibile.

spengere e *deriv.* → **spegnere** e *deriv.*

spennacchiare [spen-nac-chià-re] *v.tr.* [*io spennàcchio ecc.*] privare di parte delle penne ♦ **spennacchiarsi** *v.intr.pron.* perdere parzialmente le penne.

spennacchiato [spen-nac-chià-to] *agg.* **1** che è privo di penne qua e là: *un gallo* — **2** (*scherz.*) che ha pochi capelli, che è privo di capelli: *testa spennacchiata.*

spennare [spen-nà-re] *v.tr.* [*io spénno ecc.*] **1** strappare le penne, privare delle penne: — *un pollo* **2** (*fig. fam.*) carpire denaro: *farsi — al gioco* ♦ **spennarsi** *v.intr.pron.* perdere le penne.

spennellare [spen-nel-là-re] *v.tr.* [*io spennèllo ecc.*] passare su una superficie un pennello intinto in un liquido: — *la parete di vernice.*

spennellata [spen-nel-là-ta] *s.f.* lo spennellare in fretta, alla meglio.

spennellatura [spen-nel-la-tù-ra] *s.f.* lo spennellare, l'essere spennellato | (*med.*) applicazione di medicamenti liquidi con un pennello.

spensierataggine [spen-sie-ra-tàg-gi-ne] *s.f.* spensieratezza abituale che confina con la leggerezza, con la negligenza | atto compiuto con leggerezza.

spensieratezza [spen-sie-ra-téz-za] *s.f.* l'essere spensierato.

spensierato [spen-sie-rà-to] *agg.* che non ha preoccupazioni; privo di pensieri gravi o fastidiosi: *un ragazzo* — □ **spensieratamente** *avv.*

spento [spèn-to *o* spénto] *agg.* **1** che non brucia più: *fuoco* — **2** (*fig.*) privo di luce, di vivezza: *sguardo* —; *colori spenti* **3** che non è in funzione (detto di dispositivo o apparecchio ecc.): *televisore, motore* —.

sperabile [spe-rà-bi-le] *agg.* che si può sperare: *un risultato* —.

speranza [spe-ràn-za] *s.f.* **1** lo sperare; l'attesa viva e fiduciosa di un bene futuro: *nutrire, infondere* — | *il colore della* —, il verde **2** (*teol.*) virtù teologale per la quale si attende con fiducia la vita eterna **3** cosa sperata: — *naufragata* | *giovane di belle speranze*, che sembra destinato a un brillante avvenire **4** persona, cosa in cui si spera: *questa è l'ultima* —.

speranzoso [spe-ran-zó-so] *agg.* pieno di speranza: *aspettare* —.

sperare [spe-rà-re] *v.tr.* [*io spèro ecc.*] attendere con fiducia che accada una cosa desiderata; credere che possa verificarsi un evento: — *di essere promosso* | — *di sì*, — *di no*, espressioni per esprimere la speranza che una cosa avvenga o no | *voglio sperarlo, spero bene*, per esprimere quasi una certezza ♦ *v.intr.* [aus. *avere*] nutrire speranza, fiducia: — *in Dio*.

sperdersi [spèr-der-si] *v.intr.pron.* [coniugato come *perdersi*] perdersi, smarrirsi (anche *fig.*): — *in una materia così vasta*.

sperduto [sper-dù-to] *agg.* solitario, isolato: *un paesino* — | *essere, sentirsi* —, solo e a disagio in un ambiente non familiare.

sperequato [spe-re-quà-to] *agg.* caratterizzato da sperequazione.

sperequazione [spe-re-qua-zió-ne] *s.f.* mancanza di uniformità, di adeguata distribuzione: — *della ricchezza*, ineguale distribuzione della ricchezza.

spergiurare [sper-giu-rà-re] *v.tr.* e *intr.* [aus. dell'intr. *avere*] giurare il falso | — *il nome di Dio*, giurare il falso in suo nome | *giurare e* —, affermare con ripetuti giuramenti.

spergiuro[1] [sper-giù-ro] *agg.* e *s.m.* [f. *-a*] che/chi giura il falso o non mantiene un giuramento.

spergiuro[2] *s.m.* giuramento falso.

spericolato [spe-ri-co-là-to] *agg.* che disprezza, che sfida il pericolo; che si espone temerariamente al pericolo: *guidatore* — | Usato anche come *s.m.* [f. *-a*]: *è uno* —! □ **spericolatamente** *avv.*

sperimentabile [spe-ri-men-tà-bi-le] *agg.* che si può sperimentare.

sperimentabilità [spe-ri-men-ta-bi-li-tà] *s.f.* l'essere sperimentabile.

sperimentale [spe-ri-men-tà-le] *agg.* **1** che si basa sull'esperimento, sulla sperimentazione: *metodo* — | *scienza* —, che verifica le proprie ipotesi mediante la sperimentazione **2** si dice di attività volta a sperimentare nuovi modi e mezzi in un determinato campo: *teatro* — | di luogo, che è sede di esperimenti: *centro* — **3** si dice di prototipo, modello ancora in fase di sperimentazione □ **sperimentalmente** *avv.*

sperimentalismo [spe-ri-men-ta-lì-ʃmo] *s.m.* caratteristica di una teoria, di una ricerca, di un'attività fondati sul metodo sperimentale | nelle arti e in letteratura, tendenza a ricercare nuove forme e tecniche d'espressione.

sperimentalista [spe-ri-men-ta-lì-sta] *s.m.* e *f.* [pl.m. *-sti*] seguace dello sperimentalismo.

sperimentalistico [spe-ri-men-ta-lì-sti-co] *agg.* [pl.m. *-ci*] relativo allo sperimentalismo, agli sperimentalisti.

sperimentare [spe-ri-men-tà-re] *v.tr.* [*io speriménto ecc.*] **1** verificare con esperimenti; mettere alla prova qlco. per giudicarne l'efficacia, la funzionalità: — *un prodotto* **2** (*fig.*) mettere alla prova le attitudini, i sentimenti di qlcu.: — *la fedeltà di un amico* **3** (*fig.*) conoscere per esperienza diretta; provare: — *la fatica*.

sperimentato [spe-ri-men-tà-to] *agg.* **1** che ha fatto esperienza; esperto, provetto: *un insegnante* — **2** che si è dimostrato efficiente; collaudato: *un rimedio* —.

sperimentatore [spe-ri-men-ta-tó-re] *s.m.* [f. *-trice*] chi sperimenta; chi fa esperimenti.

sperimentazione [spe-ri-men-ta-zió-ne] *s.f.* lo sperimentare, l'essere sperimentato; verifica per mezzo di esperimenti: *metodo di* — | — *didattica*, nelle scuole, la ricerca di nuove metodologie didattiche.

sperma [spèr-ma] *s.m.* [pl. *-mi*] (*biol.*) liquido organico viscoso, di colore biancastro, che contiene gli spermatozoi.

spermaceti [sper-ma-cè-ti] *s.m.* liquido grasso biancastro, che solidifica all'aria, ricavato dalla testa di alcuni cetacei (*p.e.* dal capodoglio) e usato per candele, cosmetici e come lubrificante.

spermatangio [sper-ma-tàn-gio] *s.m.* (*bot.*) apparato vegetale nel quale si formano i gameti maschili.

spermatico [sper-mà-ti-co] *agg.* [pl.m. *-ci*] (*biol.*) dello sperma, relativo allo sperma: *liquido* —.

spermato- primo elemento di parole composte del linguaggio scientifico, che significa 'seme'; indica relazione col seme o col gamete maschile (*spermatozoo*).

spermatofite [sper-ma-tò-fi-te] *s.f.pl.* (*bot.*) lo stesso che *fanerogame*.

spermatogenesi [sper-ma-to-gè-ne-ʃi] *s.f.* (*biol.*) processo di formazione degli spermatozoi.

spermatorrea [sper-ma-tor-rè-a] *s.f.* (*med.*) perdita involontaria di liquido seminale.

spermatozoo [sper-ma-to-ʒò-o] *s.m.* (*biol.*) cellula maschile fecondante.

spermicida [sper-mi-cì-da] *agg.* e *s.m.* [pl. *-di*] si dice di prodotto capace di distruggere gli spermatozoi, usato soprattutto a scopo anticoncezionale.

spermico [spèr-mi-co] *agg.* [pl. *-ci*] (*biol.*) spermatico.
spermina [sper-mì-na] *s.f.* (*biol.*) sostanza proteica presente nel liquido seminale.
spermio [spèr-mio] *s.m.* (*biol.*) spermatozoo.
spermiogenesi [sper-mio-gè-ne-ʃi] *s.f.* (*biol.*) spermatogenesi.
spermocoltura [sper-mo-col-tù-ra] *s.f.* (*med.*) coltura dello sperma per individuare eventuali germi patogeni.
speronamento [spe-ro-na-mén-to] *s.m.* lo speronare, l'essere speronato.
speronare [spe-ro-nà-re] *v.tr.* [*io speróno ecc.*] detto di nave, colpire un'altra nave con lo sperone o con la prora | (*estens.*) detto di autoveicolo, colpirne un altro nella fiancata.
speronato [spe-ro-nà-to] *agg.* **1** di animale, provvisto di sperone: *zampa speronata* **2** di edificio, rafforzato da speroni, da contrafforti.
sperone [spe-ró-ne] *s.m.* **1** arnese di metallo sul tacco dello stivale del cavaliere per stimolare il cavallo nei fianchi; sprone **2** (*mar.*) robusta prominenza nella prua delle navi da guerra usata per investire e danneggiare le navi nemiche **3** (*zool.*) robusto aculeo di forma conica sulla zampa del gallo e di altri uccelli | protuberanza cornea in prossimità dello stinco del bue e del cavallo **4** (*edil.*) rinforzo in muratura costruito trasversalmente a un muro.
sperperare [sper-pe-rà-re] *v.tr.* [*io spèrpero ecc.*] **1** dilapidare: — *il denaro* **2** (*estens.*) impiegare male, sprecare: — *le forze.*
sperperatore [sper-pe-ra-tó-re] *s.m.* [f. *-trice*] chi sperpera; scialacquatore.
sperperio [sper-pe-rì-o] *s.m.* uno sperperare continuo.
sperpero [spèr-pe-ro] *s.m.* lo sperperare; spreco.
spersonalizzare [sper-so-na-liʒ-ʒà-re] *v.tr.* **1** privare della personalità: *lavoro che spersonalizza* **2** rendere impersonale; togliere a qlco. un'impronta troppo personale: — *una questione* ♦ **spersonalizzarsi** *v.intr.pron.* perdere la personalità; rinunciare alla propria personalità.
spersonalizzazione [sper-so-na-liʒ-ʒa-zió-ne] *s.f.* lo spersonalizzare, lo spersonalizzarsi, l'essere spersonalizzato.
sperticarsi *v.intr.pron.* [*io mi spèrtico, tu ti spèrtichi ecc.*] fare qlco. in maniera eccessiva e affettata; profondersi: — *in elogi.*
sperticato [sper-ti-cà-to] *agg.* eccessivo, esagerato: *lodi sperticate.*
spesa [spé-sa] *s.f.* **1** lo spendere; la somma di denaro che si spende: *sostenere una* —; *spese postali* | *far fronte a una* —, riuscire a sostenerla | — *pubblica*, impiego da parte dello stato di risorse economiche nella produzione di servizi pubblici | *non badare a spese*, pagare qualsiasi somma | *a spese di* (o *a mie, tue, proprie spese*), a carico di; (*fig.*) a danno di: *imparare a proprie spese* | *fare le spese di qlco.*, (*fig.*) subirne le conseguenze negative **2** l'acquisto per il quale si spende: *fare spese* **3** l'acquisto di generi alimentari e di altri prodotti necessari al mantenimento della famiglia; anche, l'insieme delle provviste acquistate: *fare la* —; *uscire per la* — | *stare sulle spese*, essere fuori casa costretto a provvedere al proprio mantenimento.
spesare [spe-sà-re] *v.tr.* [*io spéso ecc.*] pagare le spese di qlcu.; mantenere a proprie spese.
spesato [spe-sà-to] *agg.* rimborsato delle spese: *viaggio* —.
spessimetro [spes-sì-me-tro] *s.m.* strumento per misurare piccoli spessori.
spesso [spés-so] *agg.* **1** denso: *sugo* — **2** fitto, folto: *alberi spessi* **3** di notevole spessore: *vetro* — | che ha un determinato spessore: *tavola spessa tre centimetri* **4** numeroso, frequente: *spesse volte* ♦ *avv.* di frequente: *incontrarsi* — | — *e volentieri*, assai frequentemente.
spessore [spes-só-re] *s.m.* **1** la distanza fra le due superfici esterne di un corpo; grossezza: *lo* — *di un cartone* **2** (*fig.*) consistenza, rilievo: *romanzo di un certo* —.
spettabile [spet-tà-bi-le] *agg.* rispettabile (usato solo negli indirizzi e all'inizio di lettere commerciali): — *ditta.*
spettacolare [spet-ta-co-là-re] *agg.* che ha le caratteristiche, l'attrattiva di uno spettacolo grandioso: *cerimonia* — | che attrae come fosse uno spettacolo: *gara* — □ **spettacolarmente** *avv.*
spettacolarità [spet-ta-co-la-ri-tà] *s.f.* qualità di ciò che è spettacolare.
spettacolarizzare [spet-ta-co-la-riʒ-ʒà-re] *v.tr.* rendere spettacolare, trasformare in una sorta di spettacolo: — *un evento* ♦ **spettacolarizzarsi** *v.intr.pron.* assumere i tratti, le dimensioni di uno spettacolo: *la politica si va spettacolarizzando.*
spettacolarizzazione [spet-ta-co-la-riʒ-ʒa-zió-ne] *s.f.* lo spettacolarizzare, lo spettacolarizzarsi, l'essere spettacolarizzato.
spettacolo [spet-tà-co-lo] *s.m.* **1** rappresentazione artistica davanti a un pubblico; manifestazione sportiva a cui assistono degli spettatori: — *teatrale*; *uno sport che fa* —; *il mondo dello* —, l'ambiente del teatro, del cinema, della televisione ecc.; *dar* —, (*fig.*) attirare su di sé l'attenzione degli altri | In funzione di *agg.* si dice di ciò che è stato trasformato impropriamente in spettacolo: *politica, giornalismo* — **2** cosa straordinaria o impressionante a vedersi: *lo* — *dell'aurora boreale.*
spettacoloso [spet-ta-co-ló-so] *agg.* che sorprende per la sua grandiosità: *festa spettacolosa.*
spettante [spet-tàn-te] *agg.* che spetta, che appartiene, che compete: *retribuzione* —.
spettanza [spet-tàn-za] *s.f.* (*burocr.*) **1** lo spettare a qlcu.; competenza, pertinenza: *questione di nostra* — **2** ciò che spetta per una prestazione eseguita: *liquidare una* —.
spettare [spet-tà-re] *v.intr.* [*io spètto ecc.*; aus. *essere*] competere; essere di pertinenza: *spetta a voi farlo.*
spettatore [spet-ta-tó-re] *s.m.* [f. *-trice*] **1** chi as-

siste a uno spettacolo **2** chi assiste a un determinato avvenimento: *essere — di una lite.*

spettegolare [spet-te-go-là-re] *v.intr.* [*io spettégolo ecc.*; aus. *avere*] fare pettegolezzi; sparlare: *— su tutti.*

spettinare [spet-ti-nà-re] *v.tr.* [*io spèttino ecc.*] scompigliare, mettere in disordine i capelli: *il vento mi ha spettinato* ♦ **spettinarsi** *v.rifl.* o *intr.pron.* scompigliarsi i capelli: *essersi tutto spettinato.*

spettinato [spet-ti-nà-to] *agg.* che ha i capelli scomposti, in disordine.

spettrale [spet-trà-le] *agg.* di spettro, da spettro; che somiglia a uno spettro: *figura —* | *luce —*, livida e irreale.

spettro [spèt-tro] *s.m.* **1** fantasma di una persona morta | *sembrare uno —*, si dice di persona magra ed emaciata **2** (*fig.*) grave minaccia incombente: *lo — della guerra* **3** (*fis.*) il risultato, sotto forma di diagramma o di figura, dell'analisi delle componenti di una radiazione: *— ottico* | *— acustico*, l'insieme delle frequenze che costituiscono un suono.

spettrografia [spet-tro-gra-fì-a] *s.f.* (*fis.*) insieme di tecniche per la produzione e la registrazione di spettri ottici o di altra natura.

spettrometria [spet-tro-me-trì-a] *s.f.* (*fis.*) tecnica e sistema per misurare le lunghezze d'onda e l'intensità delle righe degli spettri.

spettroscopia [spet-tro-sco-pì-a] *s.f.* branca della fisica e della chimica fisica che studia il modo di produzione delle radiazioni elettromagnetiche e la loro interazione con la materia.

spettroscopico [spet-tro-scò-pi-co] *agg.* [pl.m. *-ci*] (*fis.*) relativo alla spettroscopia o allo spettroscopio: *esame —.*

spettroscopio [spet-tro-scò-pio] *s.m.* (*fis.*) strumento costituito da un prisma ottico, che serve per l'osservazione e lo studio di uno spettro luminoso.

speziale [spe-zià-le] *s.m.* (*ant.*) **1** venditore di spezie, di erbe medicinali **2** farmacista; droghiere.

spezie [spè-zie] *s.f.pl.* il complesso degli aromi (pepe, cannella, noce moscata, chiodi di garofano ecc.) usati per insaporire e condire i cibi.

spezieria [spe-zie-rì-a] *s.f.* **1** (*pop.*) bottega dello speziale **2** (*pl.*) insieme, assortimento di spezie: *commerciare in spezierie.*

spezzare [spez-zà-re] *v.tr.* [*io spèzzo ecc.*] **1** dividere, rompere in pezzi: *— il pane, una lastra di vetro* | (*fam.*) fratturarsi un arto: *spezzarsi una gamba* | *— il cuore a qlcu.*, (*fig.*) dargli un forte dolore **2** (*estens.*) interrompere la continuità di qlco.: *— un viaggio in due tappe* ♦ **spezzarsi** *v.intr.pron.* rompersi: *la corda si è spezzata.*

spezzatino [spez-za-tì-no] *s.m.* (*gastr.*) pietanza di carne tagliata in piccoli pezzi cucinata in umido: *— di vitello.*

spezzato [spez-zà-to] *agg.* **1** diviso in parti; rotto: *braccio —* **2** (*estens.*) che manca di continuità, interrotto: *orario —*, orario di lavoro non continuato, interrotto da intervalli | *linea spezzata*, (*geom.*) composta da più segmenti non allineati ♦ *s.m.* abito maschile composto da giacca di colore e tessuto diversi da quelli dei pantaloni.

spezzettamento [spez-zet-ta-mén-to] *s.m.* lo spezzettare, lo spezzettarsi, l'essere spezzettato.

spezzettare [spez-zet-tà-re] *v.tr.* [*io spezzétto ecc.*] dividere in piccoli pezzi o in tante piccole parti: *— il pane* ♦ **spezzettarsi** *v.intr.pron.* dividersi, ridursi in pezzi, in piccole parti.

spezzettatura [spez-zet-ta-tù-ra] *s.f.* spezzettamento; la cosa spezzettata | (*fig.*) interruzione: *una partita piena di spezzettature.*

spezzino [spez-zì-no] *agg.* di La Spezia ♦ *s.m.* [f. *-a*] chi è nato o abita a La Spezia.

spezzone [spez-zó-ne] *s.m.* pezzo, parte di un tutto unitario: *— di pellicola.*

spia [spì-a] *s.f.* **1** chi di nascosto, per compenso o per malevolenza, riferisce notizie segrete o fatti compromettenti a chi possa valersene: *fare la —* | chi esercita lo spionaggio; agente segreto **2** (*fig.*) indizio, sintomo, segno rivelatore: *la disoccupazione è una — della crisi* **3** (*tecn.*) dispositivo di segnalazione, luminosa o acustica, delle condizioni di funzionamento di una macchina o di un impianto: *la — della benzina* | Usato anche come *agg.invar.*: *satellite —*, (*aer.*) satellite artificiale fornito di particolari apparecchiature di rilevamento di interesse militare.

spiaccicare [spiac-ci-cà-re] *v.tr.* [*io spiàccico, tu spiàccichi ecc.*] schiacciare, spappolare: *— una mosca sul muro* ♦ **spiaccicarsi** *v. intr.pron.* schiacciarsi, spappolarsi.

spiacente [spia-cèn-te] *agg.* che prova dispiacere, rammarico (per lo più in espressioni di cortesia): *essere — dell'accaduto.*

spiacere [spia-cé-re] *v.intr.* [coniugato come *piacere*; aus. *essere*] **1** provocare rammarico, rincrescimento | *mi spiace, se non ti spiace*, formule di cortesia per attenuare un rifiuto, per chiedere un permesso o un'approvazione: *mi spiace, non posso venire* **2** provocare viva contrarietà o amarezza: *spiace vedere simili cose.*

spiacevole [spia-cé-vo-le] *agg.* che dà dispiacere o fastidio; sgradito, increscioso: *situazione —.*

spiacevolezza [spia-ce-vo-léz-za] *s.f.* l'essere spiacevole, sgradito.

spiaggia [spiàg-gia] *s.f.* [pl. *-ge*] striscia pianeggiante, sabbiosa o ghiaiosa, che costeggia il mare (o un lago, un fiume): *prendere il sole sulla —*; *— libera*, non occupata da stabilimenti balneari | *ultima —*, (*fig.*) ultima occasione. DIM. *spiaggetta.*

spianare [spia-nà-re] *v.tr.* rendere piano; pareggiare: *— il terreno* | *— la pasta*, distenderla a sfoglia | *— il fucile, la pistola*, puntarli contro qlcu. | *— la strada, la via a qlcu.*, (*fig.*) agevolarlo rimuovendo ogni ostacolo e difficoltà.

spianata [spia-nà-ta] *s.f.* **1** lo spianare: *dare una — alla pasta* **2** spiazzo pianeggiante: *una grande —.*

spianatoia [spia-na-tó-ia] *s.f.* tavola di legno piallata su cui si fa la pasta e si tira la sfoglia.

spianatoio [spia-na-tó-io] *s.m.* qualsiasi strumento per spianare | (*fam.*) matterello.
spianatrice [spia-na-trì-ce] *s.f.* macchina per spianare il terreno o altre superfici.
spiano [spià-no] *s.m.* solo nella loc. *a tutto* —, al massimo, a tutta forza: *correre a tutto* —.
spiantare [spian-tà-re] *v.tr.* **1** sradicare; togliere una cosa conficcata: — *un albero* **2** (*fig.*) mandare in rovina, in miseria: — *la famiglia*.
spiantato [spian-tà-to] *agg.* e *s.m.* [f. *-a*] che/chi è in miseria: *sposare uno* —.
spiare [spi-à-re] *v.tr.* osservare attentamente e di nascosto il comportamento, l'attività altrui per scoprire, sapere qlco. o solo per guardare: — *il nemico*; — *dal buco della serratura*.
spiata [spi-à-ta] *s.f.* il fare la spia; delazione.
spiattellare [spiat-tel-là-re] *v.tr.* [*io spiattèllo ecc.*] **1** dire apertamente cose che dovrebbero essere tenute segrete: — *i fatti altrui* **2** mostrare apertamente: — *un documento sotto il naso*.
spiazzamento [spiaz-za-mén-to] *s.m.* lo spiazzare, l'essere spiazzato.
spiazzare [spiaz-zà-re] *v.tr.* nel calcio, nel tennis ecc., ingannare l'avversario inviando la palla dalla parte opposta a quella in cui se l'aspetta: — *il portiere* | (*fig.*) mettere in difficoltà: *una mossa che ha spiazzato tutti*.
spiazzo [spiàz-zo] *s.m.* spazio libero e piano di una certa ampiezza: — *in mezzo al bosco*.
spiccagnolo [spic-cà-gno-lo] *agg.* si dice di frutto la cui polpa si stacca con facilità dal nocciolo (*p.e.* pesca, albicocca).
spiccare [spic-cà-re] *v.tr.* [*io spicco, tu spicchi ecc.*] **1** staccare una cosa da un'altra a cui è attaccata: — *un frutto da un ramo* | — *le parole*, pronunciarle distintamente **2** compiere un movimento brusco staccandosi da terra: — *un salto* | — *il volo*, levarsi in volo, detto di uccelli; (*fig.*) fuggire, evadere da un luogo o da un ambiente **3** (*dir., comm.*) emettere: — *una fattura* ♦ *v.intr.* [aus. *avere*] fare spicco, distinguersi: *un colore che spicca*.
spiccato [spic-cà-to] *agg.* **1** che si distingue bene, che risalta: *contorno* — **2** marcato: *un accento dialettale* — | notevole: *uno* — *senso dell'umorismo* ♦ *s.m.* (*mus.*) colpo d'arco che si effettua sollevando l'arco dalle corde dopo ogni nota □ **spiccatamente** *avv.* **1** con forte spicco: *le figure risaltavano* — **2** in modo evidente, tipico: *caratteri* — *nordici*.
spicchio [spìc-chio] *s.m.* **1** ciascuna delle parti in cui è suddiviso internamente il frutto degli agrumi e dell'aglio; ciascuna delle parti di forma simile in cui si possono tagliare altri frutti: — *d'arancia, di pera*. DIM. *spicchietto* **2** (*estens.*) pezzo, parte di qlco., la cui forma assomiglia a quella di uno spicchio: *uno* — *di torta, di luna* | *a spicchi*, disposto, tagliato a forma di spicchi.
spicciare [spic-cià-re] *v.tr.* [*io spìccio ecc.*] (*fam.*) **1** rimettere in ordine: — *la cucina* **2** fare, finire in fretta: — *un lavoro* | — *qlcu.*, fare, dargli subito ciò che chiede, permettendogli così di andar via ♦ **spicciarsi** *v.intr.pron.* (*fam.*) sbrigarsi.
spicciativo [spic-cia-tì-vo] *agg.* sbrigativo, svelto: *sistema* — | che ha modi rapidi e bruschi: *un uomo* —.
spiccicare [spic-ci-cà-re] *v.tr.* [*io spìccico, tu spìccichi ecc.*] (*fam.*) staccare ciò che è appiccicato: — *i fogli l'uno dall'altro* | — *le parole*, (*fig.*) pronunciarle distintamente | *non* — *una parola*, (*fig.*) rimanere muto, non riuscire a parlare ♦ **spiccicarsi** *v.intr.pron.* (*fam.*) **1** staccarsi, separarsi: *il francobollo si è spiccicato* **2** (*fig.*) liberarsi da una persona noiosa o da una situazione imbarazzante: *non riuscire a* —.
spiccicato [spic-ci-cà-to] *agg.* (*region.*) identico, somigliantissimo: *è* — *(a) suo padre*.
spiccio [spìc-cio] *agg.* [pl.f. *-ce*] **1** rapido, sbrigativo: *avere modi spicci* | *andare per le spicce*, usare metodi sbrigativi **2** spicciolo: *denaro* — ♦ *s.m.* (spec. *pl.*) moneta spicciola: *non avere più spicci*.
spicciolato [spic-cio-là-to] *agg.* (*non com.*) diviso, separato | *alla spicciolata*, a piccoli gruppi, pochi per volta: *arrivare alla* —.
spicciolo [spìc-cio-lo] *agg.* **1** si dice di denaro minuto, in tagli o monete di modesto valore: *mille lire spicciole* **2** (*fig.*) semplice: *usare termini spiccioli* ♦ *s.m.* (spec. *pl.*) moneta spicciola: *rimanere senza spiccioli*.
spicco [spìc-co] *s.m.* [pl. *-chi*] l'emergere, il risaltare; rilievo: *un colore che fa* —.
spicconare [spic-co-nà-re] *v.tr.* [*io spiccóno ecc.*] abbattere a colpi di piccone ♦ *v.intr.* [aus. *avere*] lavorare col piccone: — *tutto il giorno*.
spider [/ ˈspaider /] *s.m.* o *f.invar.* (*ingl.*) automobile a due posti con carrozzeria scoperta.
spidocchiare [spi-doc-chià-re] *v.tr.* [*io spidòcchio ecc.*] togliere i pidocchi, liberare dai pidocchi ♦ **spidocchiarsi** *v.rifl.* levarsi i pidocchi.
spiedino [spie-dì-no] *s.m.* (spec. *pl.*) pietanza costituita da pezzetti di carne o pesce infilzati su piccoli spiedi e arrostiti.
spiedo [spiè-do] *s.m.* asta di ferro su cui si infilano carni, selvaggina o altro cibo da arrostire alla fiamma: *pollo allo* —. DIM. *spiedino*.
spiegabile [spie-gà-bi-le] *agg.* che si può spiegare; comprensibile.
spiegamento [spie-ga-mén-to] *s.m.* **1** lo schierare reparti militari in ordine di combattimento: — *di forze*, di truppe o forze di polizia **2** (*estens.*) impiego e anche esibizione di molti mezzi, di un gran numero di persone o cose.
spiegare [spie-gà-re] *v.tr.* [*io spiègo, tu spièghi ecc.*] **1** svolgere, allargare ciò che era piegato o avvolto: — *la tovaglia* | — *la voce*, (*fig.*) emetterla in tutta la sua sonorità | — *le vele*, distenderle; (*fig.*) salpare, partire | — *le ali*, allargarle per volare **2** (*fig.*) far comprendere, rendere chiaro ciò che è oscuro e difficile: — *un concetto* | indicare in modo particolareggiato: *mi spiegò come dovevo fare* ♦ **spiegarsi** *v.rifl.* esprimere il proprio pensiero: *spiegati meglio!* | *mi sono spiegato?*, si dice per sottolineare l'importanza o la gravità di

ciò che si è detto ♦ *v.rifl.rec.* venire a una spiegazione, a un chiarimento: *hanno litigato, ma poi si sono spiegati.*

spiegato [spie-gà-to] *agg.* svolto, aperto, allargato: *lenzuolo —* | *procedere a vele spiegate,* (*fig.*) andare avanti di gran carriera | *a voce spiegata,* a piena voce.

spiegazione [spie-ga-zió-ne] *s.f.* **1** lo spiegare illustrando, commentando: *la — di un testo* **2** ciò che serve a spiegare qlco.: *la — di un fenomeno* **3** precisazione, chiarimento: *chiedere una —.*

spiegazzamento [spie-gaz-za-mén-to] *s.m.* lo spiegazzare, lo spiegazzarsi, l'essere spiegazzato.

spiegazzare [spie-gaz-zà-re] *v.tr.* piegare malamente, sgualcire: *— un foglio* ♦ **spiegazzarsi** *v.intr.pron.* prendere delle brutte pieghe, sgualcirsi: *la giacca si è spiegazzata.*

spiegazzatura [spie-gaz-za-tù-ra] *s.f.* spiegazzamento | la parte spiegazzata.

spietato [spie-tà-to] *agg.* **1** che non ha pietà; crudele, inesorabile: *un dittatore —* **2** (*fig.*) accanito, ostinato: *concorrenza spietata; fare una corte spietata a qlcu.,* insistente, incessante □ **spietatamente** *avv.*

spifferare [spif-fe-rà-re] *v.tr.* [*io spìffero ecc.*] (*fam.*) raccontare, riferire senza riguardo cose riservate ♦ *v. intr.* [aus. *avere*] soffiare da una fessura (detto di aria, vento).

spiffero [spìf-fe-ro] *s.m.* (*fam.*) corrente d'aria che penetra attraverso una fessura: *stanza piena di spifferi.*

spiga [spì-ga] *s.f.* (*bot.*) infiorescenza con asse principale allungato che porta fiori senza picciolo: *— d'orzo* | l'infiorescenza del grano: *un campo di spighe* | *tessuto a —,* spigato; *pavimento a —,* con le mattonelle che s'incontrano ad angolo.

spigare [spi-gà-re] *v.intr.* [*io spigo, tu spighi ecc.*; aus. *essere* e *avere*] **1** di cereali, mettere la spiga: *il grano ha* (o *è*) *spigato* **2** (*estens.*) di ortaggi, invecchiare sulla pianta, cessando di essere commestibili.

spigato [spi-gà-to] *agg.* e *s.m.* si dice di tessuto lavorato a forma di spiga; spinato.

spigatura [spi-ga-tù-ra] *s.f.* lo spigare | la stagione in cui i cereali mettono la spiga.

spighetta [spi-ghét-ta] *s.f.* **1** (*bot.*) parte dell'infiorescenza delle graminacee racchiusa tra due glume e contenente uno o più fiori **2** cordoncino di seta, di cotone o di lana tessuto a spiga, usato per rifiniture o guarnizioni.

spigliatezza [spi-glia-téz-za] *s.f.* l'essere spigliato; disinvoltura.

spigliato [spi-glià-to] *agg.* che ha scioltezza di modi o facilità di parola; disinvolto: *ragazzo —* □ **spigliatamente** *avv.*

spignorare [spi-gno-rà-re] *v.tr.* [*io spignóro ecc.*] **1** liberare dal pignoramento **2** riscattare ciò che era stato dato come garanzia di un prestito.

spigola [spì-go-la] *s.f.* pesce di mare di medie dimensioni, dal corpo allungato di colore grigio argenteo e dalle carni pregiate; branzino.

spigolare [spi-go-là-re] *v.tr.* [*io spìgolo ecc.*; aus. *avere*] **1** raccogliere le spighe rimaste sul terreno dopo la mietitura **2** (*fig.*) andare raccogliendo qua e là: *— fatti curiosi.*

spigolatore [spi-go-la-tó-re] *s.m.* [f. *-trice*] chi spigola.

spigolatura [spi-go-la-tù-ra] *s.f.* **1** lo spigolare | ciò che si raccoglie spigolando **2** (spec. *pl.*) notizie, aneddoti raccolti qua e là: *spigolature letterarie.*

spigolo [spì-go-lo] *s.m.* linea in comune fra due facce consecutive di un solido: *gli spigoli del muro, del tavolo* | *— vivo,* non arrotondato | *smussare uno —,* arrotondarlo.

spigoloso [spi-go-ló-so] *agg.* **1** che ha molti spigoli; angoloso: *volto —* **2** (*fig.*) scontroso, intrattabile: *carattere —* □ **spigolosamente** *avv.*

spigrire [spi-grì-re] *v.tr.* [*io spigrisco, tu spigrisci ecc.*] rendere meno pigro ♦ **spigrirsi** *v.intr.pron.* diventare meno pigro.

spilla [spìl-la] *s.f.* **1** (*region.*) spillo **2** grosso spillo artisticamente lavorato che si appunta sugli indumenti per ornamento: *una — di brillanti.*

spillare[1] [spil-là-re] *v.tr.* **1** far uscire un liquido, per lo più vino, da una botte o da un altro recipiente **2** (*fig.*) carpire a poco a poco e con astuzia: *— denaro* ♦ *v.intr.* [aus. *essere* se il soggetto è il liquido, *avere* se il soggetto è il recipiente] uscire o lasciar uscire a gocce: *la birra è spillata dal barile; la botte ha spillato.*

spillare[2] *v.tr.* unire fogli di carta o altri elementi mediante spilli o punti metallici.

spillatrice [spil-la-trì-ce] *s.f.* strumento mediante il quale si cuciono insieme fogli o altri elementi con punti metallici.

spillatura [spil-la-tù-ra] *s.f.* **1** lo spillare botti **2** (*tecn.*) scarico dei materiali da una tramoggia **3** (*metall.*) colata di un metallo fuso.

spillo [spìl-lo] *s.m.* **1** sottile bastoncino d'acciaio, appuntito a un'estremità e munito di capocchia all'altra, per fissare provvisoriamente lembi di tessuto, fogli di carta ecc.: *appuntare con uno —; non avere neppure uno —,* (*fig.*) assolutamente nulla | *— da balia, di sicurezza,* doppio spillo ripiegato a molla, con chiusura di sicurezza | *tacchi a —,* sottili e appuntiti. DIM. *spillino* ACCR. *spillone* **2** spilla ornamentale.

spillone [spil-ló-ne] *s.m.* lungo spillo dalla capocchia artisticamente lavorata, usato nell'acconciatura femminile per fermare i capelli o per fissare il cappello.

spilluzzicare [spil-luz-zi-cà-re] *v.tr.* [*io spillùzzico, tu spillùzzichi ecc.*] mangiare in piccole quantità, prendere qua e là piccoli bocconi: *— un grappolo d'uva.*

spilorceria [spi-lor-ce-rì-a] *s.f.* l'essere spilorcio | azione da spilorcio.

spilorcio [spi-lòr-cio] *agg.* e *s.m.* [f. *-a*; pl.f. *-ce*] che/chi è estremamente avaro, anche nelle spese più insignificanti; taccagno, tirchio.

spilungone [spi-lun-gó-ne] *s.m.* [f. *-a*] persona molto alta e magra.

spina [spì-na] *s.f.* **1** organo legnoso e pungente di cui sono fornite alcune piante **2** *pl.* insieme di piante o rami spinosi: *cespuglio di spine* **3** (*estens.*) sensazione acuta di dolore fisico; fitta: *sentirsi una — fra le costole* **4** (*fig.*) profonda amarezza; cruccio: *avere una — nel cuore* | *stare sulle spine*, sentirsi a disagio, in grande ansietà **5** ognuno degli aculei che compongono lo scheletro dei pesci: *pesce pieno di spine* | *a — di pesce*, si dice di disegno o struttura i cui elementi si incontrano ad angolo, a due a due, lungo una retta: *tessuto a — di pesce* **6** (*anat.*) sporgenza ossea appuntita: *— della scapola* | *— dorsale*, serie delle apofisi spinose delle vertebre; anche, colonna vertebrale **7** elemento che collega un circuito elettrico con una rete di alimentazione quando venga inserito nella corrispondente presa | *— della botte*, la cannella della botte e il foro in cui essa si inserisce; *birra alla —*, spillata direttamente dal fusto che la contiene.

spinacio [spi-nà-cio] *s.m.* pianta erbacea annuale con foglie triangolari di color verde scuro, ricche di ferro: *spinaci al burro.*

spinale [spi-nà-le] *agg.* (*anat.*) della spina dorsale; della colonna vertebrale: *midollo —.*

spinare [spi-nà-re] *v.tr.* pulire, liberare dalle spine, dalla lisca: *— il pesce.*

spinarello [spi-na-rèl-lo] *s.m.* piccolo pesce di fiume o di mare, comune in Italia, dal corpo affusolato, provvisto di due o tre aculei mobili sul dorso.

spinato [spi-nà-to] *agg.* **1** munito di spine, di punte dure e acuminate | *filo —*, filo di ferro munito di punte simili a spine, usato per reticolati e recinzioni **2** si dice di tessuto a spina di pesce; spigato ♦ *s.m.* tessuto spinato.

spinello [spi-nèl-lo] *s.m.* (*gerg.*) sigaretta di hashish o marijuana.

spinetta [spi-nét-ta] *s.f.* (*mus.*) strumento a corde pizzicate e a tastiera, affine al clavicembalo ma molto più piccolo, in uso nei secc. XVII e XVIII.

spingarda [spin-gàr-da] *s.f.* **1** fucile di grosso calibro montato su un cavalletto a bordo di un battello, usato in passato per la caccia agli uccelli acquatici **2** antica macchina militare per lanciare grosse pietre | pezzo d'artiglieria del sec. XVI, simile al mortaio.

spingere [spìn-ge-re] *v.tr.* [*io spingo, tu spingi ecc.*; pass.rem. *io spinsi, tu spingésti ecc.*; part.pass. *spinto*] **1** esercitare una pressione su un corpo per farlo avanzare, spostarlo: *— un carretto*; *— la sedia verso la parete* **2** (*fig.*) indirizzare, far arrivare: *— lo sguardo lontano* **3** (*fig.*) incitare, indurre: *mi spinse a farlo* ♦ *v.intr.* [aus. *avere*] fare ressa, dare spinte: *non spingete, per favore!* ♦ **spingersi** *v.intr.pron.* **1** inoltrarsi: *— fino al bosco* **2** (*fig.*) andare, arrivare: *— oltre ogni limite.*

spinnaker [/ 'spinnaker /] *s.m.invar.* (*ingl.*) nelle imbarcazioni da regata, grande vela di taglio simmetrico che viene alzata a prora per sfruttare al massimo il vento di poppa.

spino [spì-no] *s.m.* **1** spina **2** pianta spinosa ♦ *agg.* spinoso (solo nel nome di varietà di frutti o di animali): *uva spina*; *porco —*, porcospino.

spinone [spi-nó-ne] *s.m.* cane domestico da ferma, adatto alla caccia; ha muso quadrato e pelame biancastro, folto e ispido.

spinosità [spi-no-si-tà] *s.f.* l'essere spinoso: *la — di un argomento.*

spinoso [spi-nó-so] *agg.* **1** irto di spine: *ramo —* **2** (*fig.*) pieno di difficoltà; scabroso: *questione spinosa.*

spinotto [spi-nòt-to] *s.m.* **1** (*mecc.*) perno che collega il pistone alla biella, lasciando ai due elementi libertà di movimento **2** (*elettr.*) elemento di un circuito elettrico che serve a stabilire il collegamento con un altro circuito.

spinta [spìn-ta] *s.f.* **1** lo spingere; urto che provoca uno spostamento: *dare una —* | *a —*, spingendo: *l'automobile è partita a —.* DIM. *spintarella* ACCR. *spintone* (m.) **2** impulso, scatto: *la — iniziale di un moto* | *mediano di —*, (*sport*) nel calcio, mediano adatto a impostare il gioco di attacco **3** (*fig.*) stimolo, incentivo: *— psicologica* **4** (*fig.*) raccomandazione: *far carriera a forza di spinte* **5** (*fis.*) pressione esercitata su una superficie | *— di Archimede*, (*fis.*) la forza dal basso verso l'alto esercitata dall'acqua su un corpo che vi sia immerso, e che è pari al peso dell'acqua spostata dal corpo stesso.

spintarella [spin-ta-rèl-la] *s.f.* raccomandazione, appoggio.

spinterogeno [spin-te-rò-ge-no] *s.m.* nelle automobili, apparecchio che trasforma la corrente a bassa tensione della batteria nella corrente ad alta tensione necessaria all'accensione.

spinto [spìn-to] *agg.* **1** incline, disposto: *sentirsi — a fare qlco.* **2** (*fig.*) licenzioso, scabroso: *barzellette spinte* **3** (*tecn.*) portato oltre i limiti normali: *motore —.*

spintonare [spin-to-nà-re] *v.tr.* [*io spintóno ecc.*] dare uno o più spintoni.

spintone [spin-tó-ne] *s.m.* **1** urto, spinta molto forte: *dare uno —* **2** (*fig.*) grossa raccomandazione: *far carriera a forza di spintoni.*

spiombare[1] [spiom-bà-re] *v.tr.* [*io spiómbo ecc.*] liberare qlco. dall'impiombatura o dai piombini: *— un pacco.*

spiombare[2] *v.tr.* [*io spiómbo ecc.*] spostare dalla linea a piombo ♦ *v.intr.* [aus. *avere*] non essere a piombo, non essere regolarmente verticale: *il muro spiomba.*

spionaggio [spio-nàg-gio] *s.m.* attività clandestina volta a conoscere aspetti segreti dell'organizzazione politica, militare o economica di uno stato | *— industriale*, quello volto a conoscere i segreti tecnici e organizzativi di un'impresa, a scopo di concorrenza | *romanzo di —*, genere letterario imperniato sulla figura dell'agente segreto.

spioncino [spion-cì-no] *s.m.* piccola apertura praticata in una porta, che permette di vedere chi sta dall'altra parte di essa.

spione [spi-ó-ne] *s.m.* [f. *-a*] persona che ha l'abitudine, il vizio di fare la spia.
spionistico [spio-nì-sti-co] *agg.* [pl.m. *-ci*] che riguarda le spie, lo spionaggio: *organizzazione spionistica.*
spiovente [spio-vèn-te] *agg.* **1** che ricade in giù: *barba —* **2** inclinato verso terra: *tetto —* **3** (*sport*) nei giochi di palla, si dice di tiro a parabola alta e stretta, per cui il pallone ricade quasi verticalmente: *pallone —*, tirato a spiovente ♦ *s.m.* **1** ciascuno dei piani inclinati che formano il tetto **2** versante di un monte su cui scorrono le acque scendendo a valle **3** (*sport*) pallone, tiro spiovente.
spiovere [spiò-ve-re] *v.intr.* [coniugato come *piovere*; aus. *essere*] **1** scolare, scorrere in giù: *l'acqua piovana spiove dal tetto* **2** (*estens.*) ricadere in giù: *capelli che spiovono sulle spalle* ♦ *v. intr.impers.* [aus. *essere* o *avere*] cessare di piovere: *è spiovuto da poco.*
spira [spì-ra] *s.f.* **1** ciascuno dei giri di una spirale: *le spire di una bobina* | *a spire*, a forma di spirale **2** ciascuno degli anelli che i serpenti formano quando si avvolgono su sé stessi.
spiraglio [spi-rà-glio] *s.m.* **1** piccola apertura in un muro, in una porta ecc., attraverso cui passano l'aria e la luce; anche, l'aria o la luce che entrano da tale apertura: *uno — di sole* **2** (*fig.*) tenue possibilità; barlume: *resta uno — di speranza.*
spiralato [spi-ra-là-to] *agg.* spiraliforme.
spirale [spi-rà-le] *agg.* **1** (*mat.*) si dice di curva piana che parte da un punto e gira all'infinito intorno a esso allontanandosene progressivamente **2** (*anat.*) si dice di formazione anatomica a forma di spirale ♦ *s.f.* **1** linea spirale **2** molla metallica avvolta a spirale **3** struttura, percorso, disposizione a forma di spirale: *spirali di fumo* | *a —*, a forma di spirale **4** (*med.*) dispositivo anticoncezionale intrauterino a forma di spirale **5** (*fig.*) serie di fatti concatenati in un fenomeno che cresce via via di intensità: *la — della violenza.*
spiraliforme [spi-ra-li-fór-me] *agg.* che ha forma di spirale.
spirare[1] [spi-rà-re] *v.intr.* [aus. *avere*] **1** soffiare, detto del vento: *vento che spira da levante* | *non spira buon vento*, (*fig.*) la situazione è difficile **2** (*lett.*) emanare, esalare: *spira un profumo di viole.*
spirare[2] *v.intr.* [aus. *essere*] esalare l'ultimo respiro; morire.
spiriforme [spi-ri-fór-me] *agg.* che ha forma di spira.
spirillo [spi-rìl-lo] *s.m.* (*biol.*) batterio a forma di spirale.
spiritaccio [spi-ri-tàc-cio] *s.m.* (*scherz.*) persona di molte risorse, ingegnosa e brillante.
spiritato [spi-ri-tà-to] *agg.* **1** invasato dal demonio **2** (*fig.*) fuori di sé, profondamente sconvolto: *apparire — per l'eccitazione* | che dimostra una grande agitazione interiore: *occhi spiritati* **3** (*fig.*) molto vivace; pieno di vita, di energia: *un bambino —* ♦ *s.m.* [f. *-a*] **1** indemoniato, ossesso **2** (*fig.*) persona di grande vitalità.
spiritello [spi-ri-tèl-lo] *s.m.* **1** folletto **2** (*fig.*) bambino vivacissimo.
spiritico [spi-rì-ti-co] *agg.* [pl.m. *-ci*] di spiritismo, che riguarda lo spiritismo: *seduta spiritica.*
spiritismo [spi-ri-tì-ʃmo] *s.m.* dottrina che interpreta i fenomeni paranormali come dovuti agli spiriti dei defunti.
spiritista [spi-ri-tì-sta] *s.m.* e *f.* [pl.m. *-sti*] chi studia e pratica lo spiritismo.
spiritistico [spi-ri-tì-sti-co] *agg.* [pl.m. *-ci*] attinente allo spiritismo, agli spiritisti.
spirito[1] [spì-ri-to], poet. **spirto**, *s.m.* **1** entità immateriale che si manifesta come pensiero e volontà e che costituisce col corpo l'insieme della persona: *i valori, le esigenze dello —* **2** (*relig.*) l'anima individuale; anche, la realtà divina e degli esseri soprannaturali | *Spirito Santo*, (*teol.*) la terza persona della Trinità | *povero di —*, si dice di chi ha un'anima semplice e perciò è più disponibile alla fede **3** anima di un defunto che si mostra ai vivi; fantasma, spettro: *vedere gli spiriti* **4** (*estens.*) disposizione, attitudine dell'animo: *buona condizione di —*; *avere — pratico* | complesso delle tendenze e delle disposizioni proprie di un periodo, di un'epoca, di un ambiente: *lo — dei tempi*; *— di corpo*, solidarietà che lega un gruppo, una categoria; *— di parte*, sentimento di chi antepone all'interesse generale quello del proprio gruppo **5** ingegno pronto, vivace; senso dell'umorismo: *uomo di —*; *presenza di —*, capacità di risolversi in una situazione imprevista; *battuta di —*, frase, motto arguto; *fare dello —*, dire cose divertenti; *— di patata*, (*fam.*) umorismo forzato, sciocco **6** persona dotata di particolari qualità intellettuali e morali: *uno — libero* **7** il significato autentico e profondo di un testo, che può anche essere in contrasto con quello della sua lettera: *lo — della legge.*
spirito[2] *s.m.* alcol etilico: *ciliegie sotto —* | alcol denaturato: *fornelletto a —.*
spirito[3] *s.m.* (*gramm.*) nella scrittura greca, segno che si pone sulle vocali iniziali di parola per indicare se il suono è aspirato o no: *— aspro, dolce.*
spiritosaggine [spi-ri-to-sàg-gi-ne] *s.f.* l'essere spiritoso | (*spreg.*) atto, detto spiritoso: *dire spiritosaggini.*
spiritoso [spi-ri-tó-so] *agg.* ricco di spirito, dotato d'umorismo; faceto: *risposta spiritosa* ♦ *s.m.* [f. *-a*] persona spiritosa □ **spiritosamente** *avv.*
spiritromba → **spirotromba**.
spiritual [/ ˈspiritʃual /] *s.m.invar.* (*ingl.*) canto religioso dei neri d'America.
spirituale [spi-ri-tu-à-le] *agg.* **1** dello spirito: *i piaceri spirituali* | *potere —*, quello del pontefice e della chiesa sulle anime **2** (*relig.*) che concerne la vita religiosa nei suoi aspetti di devozione e interiorità | che consta unicamente di spirito e non di materia: *la natura — dell'anima* □ **spiritualmente** *avv.* nello spirito, con lo spirito: *essere — vicini.*
spiritualismo [spi-ri-tua-lì-ʃmo] *s.m.* **1** indirizzo filosofico che si oppone al materialismo ri-

vendicando il carattere spirituale della realtà **2** (*estens.*) atteggiamento caratterizzato dall'esaltazione dei valori spirituali.

spiritualista [spi-ri-tua-lì-sta] *s.m.* e *f.* [pl.m. *-sti*] **1** seguace di una concezione spiritualistica **2** (*estens.*) chi considera i valori spirituali assolutamente superiori a quelli materiali | Usato anche come *agg.* in luogo di *spiritualistico.*

spiritualistico [spi-ri-tua-lì-sti-co] *agg.* [pl.m. *-ci*] relativo allo spiritualismo, agli spiritualisti.

spiritualità [spi-ri-tua-li-tà] *s.f.* **1** l'essere spirituale: *la — dell'anima* **2** inclinazione a dare particolare importanza ai valori e ai problemi spirituali, in particolare a quelli religiosi.

spiritualizzare [spi-ri-tua-liʒ-ʒà-re] *v.tr.* **1** rendere spirituale, liberare dal vincolo delle cose materiali **2** idealizzare: — *la persona amata.*

spiritualizzazione [spi-ri-tua-liʒ-ʒa-zió-ne] *s.f.* lo spiritualizzare, lo spiritualizzarsi, l'essere spiritualizzato.

spirocheta [spi-ro-chè-ta] *s.f.* (*biol.*) nome comune di un gruppo di microrganismi unicellulari a forma di spirale.

spiroidale [spi-roi-dà-le] *agg.* di forma simile a una spirale.

spirometria [spi-ro-me-trì-a] *s.f.* (*med.*) determinazione volumetrica della quantità d'aria che può essere inspirata ed espirata durante gli atti respiratori.

spirometro [spi-rò-me-tro] *s.m.* (*med.*) apparecchio per eseguire la spirometria.

spirotromba [spi-ro-tróm-ba], o **spiritromba**, *s.f.* (*zool.*) apparato boccale succhiatore dei lepidotteri.

spirto → **spirito**[1].

spizzicare [spiz-zi-cà-re] *v.tr.* [*io spìzzico, tu spìzzichi ecc.*] mangiare appena un po' o a piccoli bocconi.

spizzico [spìz-zi-co] *s.m.* [pl. *-chi*] solo nelle loc. avv. *a —, a spizzichi*, un poco alla volta.

splashdown [/ ˈsplɛʃdaun /] *s.m.invar.* (*ingl.*) arrivo in mare di capsule o navicelle di ritorno da un volo spaziale; ammaraggio.

spleen [/ splin /] *s.m.invar.* (*ingl.*) (*lett.*) stato d'animo di profonda malinconia e insoddisfazione.

splendente [splen-dèn-te] *agg.* che splende; luminoso, radioso: *occhi splendenti di felicità.*

splendere [splèn-de-re] *v.intr.* [*io splèndo ecc.*; pass.rem. *io splendéi* o *splendètti, tu splendésti ecc.*; non sono usati il part. pass. e i tempi composti] emanare luce intensa; brillare: *il sole splende in cielo.*

splendido [splèn-di-do] *agg.* **1** che ha o manda grande splendore **2** (*fig.*) bellissimo, stupendo: *un libro* — □ **splendidamente** *avv.*

splendore [splen-dó-re] *s.m.* **1** luce intensa e fulgente: *lo — dell'oro* **2** (*fig.*) carattere eccezionale, straordinario di qlco.; fulgore: *lo — della bellezza* | bellezza eccezionale: *uno — di ragazza* **3** magnificenza, sfarzo: *gli splendori della corte.*

splene [splè-ne] *s.m.* (*anat.*) milza.

splenetico [sple-nè-ti-co] *agg.* [pl.m. *-ci*] (*anat.*) della milza; splenico ♦ *agg.* e *s.m.* [f. *-a*] **1** (*med.*) che/chi è malato alla milza **2** (*fig.*) che/chi tende per temperamento alla malinconia.

splenico [splé-ni-co] *agg.* [pl.m. *-ci*] (*anat.*) della milza, che riguarda la milza ♦ *s.m.* [f. *-a*] (*med.*) chi è malato alla milza.

splenite [sple-nì-te] *s.f.* (*med.*) infiammazione della milza.

spleno- primo elemento di parole composte della terminologia scientifica, che significa 'milza' (*splenopatia*).

splenopatia [sple-no-pa-tì-a] *s.f.* (*med.*) termine generico per indicare qualunque malattia della milza.

spocchia [spòc-chia] *s.f.* eccessiva considerazione di sé; boria: *essere pieno di —.*

spocchione [spoc-chió-ne] *s.m.* [f. *-a*] (*fam.*) persona piena di spocchia; borioso.

spocchioso [spoc-chió-so] *agg.* pieno di spocchia; borioso: *tono* — □ **spocchiosamente** *avv.*

spodestare [spo-de-stà-re] *v.tr.* [*io spodèsto ecc.*] **1** privare del potere, dell'autorità; rimuovere qlcu. da una carica: — *un re dal trono* **2** privare qlcu. della proprietà di qlco.: — *qlcu. dei suoi beni.*

spoetizzante [spoe-tiʒ-ʒàn-te] *agg.* che spoetizza, che toglie l'incanto, l'atmosfera poetica.

spoetizzare [spoe-tiʒ-ʒà-re] *v.tr.* far dileguare l'incanto, l'atmosfera poetica che si era creata; disilludere: *discorsi che spoetizzano* ♦ **spoetizzarsi** *v.intr.pron.* disincantarsi, disilludersi.

spoglia [spò-glia] *s.f.* **1** ciò di cui qlcu. o qlco. si può spogliare; rivestimento esterno: *la — del granturco*, il cartoccio | *sotto mentite spoglie*, sotto false apparenze **2** (*lett.*) cadavere, salma.

spogliare [spo-glià-re] *v.tr.* [*io spòglio ecc.*] **1** togliere i vestiti, gli indumenti di dosso; svestire: — *il bambino* **2** (*estens.*) togliere un rivestimento, un ornamento: — *una parete dei quadri* **3** (*fig.*) privare di qlco. con violenza; defraudare: — *qlcu. dei suoi diritti* **4** esaminare attentamente degli scritti e registrarne i dati che interessano; fare lo spoglio: — *la corrispondenza* ♦ **spogliarsi** *v.rifl.* o *intr.pron.* **1** togliersi gli abiti di dosso **2** (*fig.*) privarsi volontariamente di qlco.: — *del patrimonio* **3** (*fig.*) liberarsi di un atteggiamento, di un'abitudine: — *dell'abituale riservatezza* **4** perdere il rivestimento esterno, diventare spoglio: *in autunno gli alberi si spogliano* | perdere la spoglia, cambiare pelle (detto di alcuni animali nel periodo della muta).

spogliarellista [spo-glia-rel-lì-sta] *s.m.* e *f.* [pl.m. *-sti*] ballerino o ballerina specializzati in spettacoli di spogliarello.

spogliarello [spo-glia-rèl-lo] *s.m.* spettacolo in cui un ballerino o una ballerina si spogliano a ritmo di musica; strip tease.

spogliatoio [spo-glia-tó-io] *s.m.* stanza in cui ci si spoglia o si depositano gli indumenti: *lo spogliatoio dello stadio.*

spogliatore [spo-glia-tó-re] *s.m.* [f. *-trice*] chi spoglia, chi fa degli spogli | chi deruba, chi compie furti sacrileghi: *— di tombe.*

spoglio1 [spò-glio] *agg.* disadorno, scarno: *stile —.*

spoglio2 *s.m.* esame, selezione, catalogazione di notizie, dati ecc.: *— dei voti*, scrutinio e conteggio dei voti.

spoiler [/ 'spɔiler /] *s.m.invar.* (*ingl.*) **1** (*aut.*) struttura rigida applicata sulla parte anteriore o posteriore della carrozzeria per deviare il flusso dell'aria e migliorare così l'aderenza al suolo o l'aerodinamicità **2** (*sport*) la parte posteriore degli scarponi da sci o di altre scarpe sportive, articolata per agevolare la mobilità della caviglia.

spola [spò-la] *s.f.* bobina di filo che s'introduce nella navetta e viene fatta passare avanti e indietro tra i fili dell'ordito durante la tessitura | *fare la —*, (*fig.*) andare e venire da un luogo all'altro.

spoletta [spo-lét-ta] *s.f.* **1** rocchetto inserito nella navicella delle macchine per cucire, attorno a cui s'avvolge uno dei due fili che servono a fare la cucitura **2** congegno che provoca l'esplosione dei proiettili d'artiglieria, delle bombe d'aereo ecc.

spolettare [spo-let-tà-re] *v.tr.* [*io spolétto ecc.*] munire di spoletta un ordigno esplosivo: *— un proiettile.*

spoliazione [spo-lia-zió-ne] *s.f.* sottrazione arbitraria di beni altrui; saccheggio.

spoliticizzare [spo-li-ti-ciʒ-ʒà-re] *v.tr.* privare di ogni carattere politico; sottrarre all'influsso della politica: *— la cultura* ♦ **spoliticizzarsi** *v.intr. pron.* perdere il carattere, gli interessi politici.

spoliticizzazione [spo-li-ti-ciʒ-ʒa-zió-ne] *s.f.* lo spoliticizzare, lo spoliticizzarsi, l'essere spoliticizzato.

spollonare [spol-lo-nà-re] *v.tr.* [*io spollóno ecc.*] (*agr.*) sottoporre a spollonatura: *— una pianta.*

spollonatura [spol-lo-na-tù-ra] *s.f.* (*agr.*) asportazione di polloni da una pianta per evitarne il depauperamento: *eseguire la — delle viti.*

spolmonarsi [spol-mo-nàr-si] *v.intr.pron.* [*io mi spolmóno ecc.*] parlare o gridare tanto da affaticare i polmoni; sgolarsi: *— a chiamare qlcu.*

spolpare [spol-pà-re] *v.tr.* [*io spólpo ecc.*] **1** privare della polpa: *— un frutto*; *— un osso*, togliere o mangiare la carne che vi è attaccata **2** (*fig. fam.*) spillare a qlcu. molto denaro.

spolpato [spol-pà-to] *agg.* privo della polpa, della carne: *osso —* | (*estens.*) magro, rinsecchito: *cavallo —.*

spolverare [spol-ve-rà-re] *v.tr.* [*io spólvero ecc.*] **1** ripulire dalla polvere: *— i mobili* **2** cospargere con una sostanza in polvere; spolverizzare: *— di zucchero il dolce.*

spolverata [spol-ve-rà-ta] *s.f.* **1** il togliere la polvere in fretta, sommariamente: *dare una — ai mobili* **2** il cospargere con una sostanza in polvere: *una — di zucchero* | sottile strato di sostanza polverulenta: *una — di neve.*

spolveratura [spol-ve-ra-tù-ra] *s.f.* **1** lo spolverare, l'essere spolverato: *la — dei mobili* | il cospargere con una sostanza in polvere; la sostanza stessa così cosparsa: *una — di cacao sulla torta* **2** (*fig.*) veloce e sommario ripasso di conoscenze: *dare una — alle proprie cognizioni di fisica.*

spolverino1 [spol-ve-rì-no] *s.m.* soprabito leggero | grembiule che indossano sull'abito i commessi di negozio, i magazzinieri.

spolverino2 *s.m.* **1** bastone con un mazzo di penne a un'estremità, usato per spolverare; piumino **2** recipiente con coperchio bucherellato per spolverare i dolci di zucchero, cacao ecc.

spolverizzare [spol-ve-riʒ-ʒà-re] *v.tr.* cospargere con una sostanza in polvere: *— di zucchero la torta.*

spolvero [spól-ve-ro] *s.m.* **1** lo spolverare: *straccio da —* **2** strato di una sostanza in polvere sparso su qlco.: *uno — di farina* **3** (*fig.*) infarinatura, conoscenza superficiale: *le sue cognizioni sono solo uno —* **4** tecnica di riporto di un disegno su una superficie che utilizza polvere di carbone o di gesso.

spompare [spom-pà-re] *v.tr.* [*io spómpo ecc.*] (*fam.*) indebolire, svigorire nel fisico o nella volontà: *la fatica lo ha spompato* ♦ **spomparsi** *v. intr.pron.* (*fam.*) perdere forza fisica o vigore morale.

spompato [spom-pà-to] *agg.* (*fam.*) spossato, sfinito | stanco, estenuato moralmente.

sponda [spón-da] *s.f.* **1** ciascuna delle strisce di terreno che fiancheggiano e delimitano uno specchio o un corso d'acqua; riva: *le sponde del lago* **2** la parte che delimita lateralmente una superficie, un'apertura ecc.; bordo: *le sponde del letto* | *gioco di —*, nel gioco del biliardo o delle bocce, tiro che sfrutta la respinta o la deviazione prodotta da una sponda.

spondaico [spon-dài-co] *agg.* [pl.m. *-ci*] (*metr.*) che ha forma o natura di spondeo.

spondeo [spon-dè-o] *s.m.* (*metr.*) piede della poesia greca e latina formato da due sillabe lunghe.

spondilite [spon-di-lì-te] *s.f.* (*med.*) processo infiammatorio delle vertebre.

spondilo [spòn-di-lo] *s.m.* (*antiq.*) vertebra.

spondilosi [spon-di-lò-ʃi] *s.f.* (*med.*) processo degenerativo delle vertebre.

sponsali [spon-sà-li] *s.m.pl.* (*lett.*) fidanzamento solenne | (*estens.*) il matrimonio, le nozze.

sponsor [/ 'spɔnsor /] *s.m.invar.* (*lat.*) operatore economico che allo scopo di ricavarne pubblicità finanzia attività sportive, culturali, di spettacolo.

sponsorizzare [spon-so-riʒ-ʒà-re] *v.tr.* fare da sponsor a qlcu., a qlco.: *— una squadra di calcio.*

sponsorizzatore [spon-so-riʒ-ʒa-tó-re] *agg.* e *s.m.* [f. *-trice*] che/chi sponsorizza.

sponsorizzazione [spon-so-riʒ-ʒa-zió-ne] *s.f.* lo sponsorizzare, l'essere sponsorizzato.

spontaneismo [spon-ta-ne-ì-ʃmo] *s.m.* l'atteggiamento politico di chi privilegia l'azione spontanea di piccoli gruppi rispetto a quella diretta da una struttura organizzata.

spontaneista [spon-ta-ne-ì-sta] *s.m.* e *f.* [pl.m. *-sti*] in politica, chi è fautore dello spontaneismo.
spontaneistico [spon-ta-ne-ì-sti-co] *agg.* [pl.m. *-ci*] di spontaneismo; da spontaneista: *atteggiamento —*.
spontaneità [spon-ta-nei-tà] *s.f.* l'essere spontaneo: *la — dei bambini.*
spontaneo [spon-tà-neo] *agg.* **1** che è detto o fatto di propria iniziativa; volontario: *rinuncia spontanea* **2** istintivo; privo di artificiosità e affettazione: *gesto —* | che si comporta o si esprime con spontaneità, con naturalezza: *un bambino molto —* **3** non dovuto all'opera dell'uomo: *vegetazione spontanea* □ **spontaneamente** *avv.*
spopolamento [spo-po-la-mén-to] *s.m.* lo spopolare, lo spopolarsi: *lo — delle campagne.*
spopolare [spo-po-là-re] *v.tr.* [*io spòpolo ecc.*] rendere poco o meno popolato: *il caldo spopola le città* | (*estens.*) rendere meno affollato, meno frequentato: *il maltempo ha spopolato le spiagge* ♦ *v.intr.* [aus. *avere*] (*fam.*) attrarre a sé gran folla; avere grande successo: *un cantante che spopola* ♦ **spopolarsi** *v.intr.pron.* divenire meno popolato, meno affollato, frequentato: *d'estate le città si spopolano.*
spopolato [spo-po-là-to] *agg.* poco popolato: *regione spopolata.*
spora [spò-ra] *s.f.* (*biol.*) cellula riproduttiva agamica in alcuni organismi vegetali e animali.
sporadicità [spo-ra-di-ci-tà] *s.f.* l'essere sporadico; carattere di ciò che è sporadico.
sporadico [spo-rà-di-co] *agg.* [pl.m. *-ci*] si dice di ciò che si verifica a intervalli irregolari; saltuario: *incontri sporadici* □ **sporadicamente** *avv.*
sporangio [spo-ràn-gio] *s.m.* (*bot.*) piccola capsula in cui si originano le spore.
sporcaccione [spor-cac-ció-ne] *agg.* e *s.m.* [f. *-a*] si dice di chi è molto sporco o si sporca facilmente | (*fig.*) si dice di chi fa cose turpi, oscene.
sporcare [spor-cà-re] *v.tr.* [*io spòrco, tu spòrchi ecc.*] **1** rendere sporco; insudiciare: *— il muro* **2** (*fig.*) macchiare moralmente: *— il proprio nome* ♦ **sporcarsi** *v.rifl.* o *intr.pron.* **1** imbrattarsi con qlco. di sudicio: *— di fango* **2** (*fig.*) macchiare la propria reputazione.
sporcizia [spor-cì-zia] *s.f.* **1** l'essere sporco | insieme di cose sporche: *che — in quella casa!* **2** (*fig.*) atto turpe; parola oscena.
sporco [spòr-co] *agg.* [pl.m. *-chi*] **1** sudicio: *abito — di catrame* | *avere la coscienza sporca*, (*fig.*) aver commesso qlco. di riprovevole ed esserne cosciente **2** (*fig.*) disonesto, turpe, osceno: *azione sporca* | *denaro —*, frutto di reato | *farla sporca*, comportarsi in modo disonesto ♦ *s.m.* sporcizia: *vivere nello —* □ **sporcamente** *avv.*
sporgente [spor-gèn-te] *agg.* che sporge; che viene in fuori: *cornicione —.*
sporgenza [spor-gèn-za] *s.f.* **1** l'essere sporgente **2** la cosa, la parte che sporge.
sporgere [spór-ge-re] *v.tr.* [coniugato come *porgere*] **1** metter fuori, protendere: *— la testa dal finestrino* **2** (*dir.*) presentare, avanzare: *— querela* ♦ *v.intr.* [aus. *essere*] tendere verso l'esterno, aggettare: *il davanzale sporge troppo* ♦ **sporgersi** *v.rifl.* protendersi in avanti: *— dal balcone.*
sporifero [spo-rì-fe-ro] *agg.* (*biol.*) che porta, che produce spore: *cellula sporifera.*
sporofillo [spo-ro-fìl-lo] *s.m.* foglia che produce spore.
sporogenesi [spo-ro-gè-ne-ʃi] *s.f.* (*biol.*) ogni processo che genera spore.
sporogonia [spo-ro-go-ni-a] *s.f.* (*biol.*) riproduzione per spore, propria di alcuni organismi vegetali e animali.
sporologia [spo-ro-lo-gì-a] *s.f.* ramo della botanica che studia le spore vegetali.
sporozoi [spo-ro-ʒò-i] *s.m.pl.* (*zool.*) classe di protozoi parassiti caratterizzati da una riproduzione alternata, ora agamica ora attraverso gameti.
sport [spòrt] *s.m.invar.* l'insieme degli esercizi fisici che si praticano, in gruppo o individualmente, per mantenere in efficienza il corpo: *fare dello —* | insieme di esercizi fisici in forma di gioco, individuale o collettivo: *— di squadra*; *— invernali*, praticati sulla neve.
sporta [spòr-ta] *s.f.* **1** sacca larga e robusta, di paglia, tela o plastica, usata per fare la spesa **2** quantità di roba contenuta in una sporta: *una — di arance* **3** (*fig.*) grande quantità | *darne, prenderne un sacco e una —*, dare, prendere molte botte.
sportellista [spor-tel-lì-sta] *s.m.* e *f.* [pl.m. *-sti*] impiegato che lavora agli sportelli a diretto contatto con il pubblico.
sportello [spor-tèl-lo] *s.m.* **1** piccola imposta che serve a chiudere o ad aprire un vano: *lo — di un armadio* | porta di accesso di automezzi, vetture ferroviarie e altri veicoli. DIM. *sportellino* ACCR. *sportellone* **2** in alcuni uffici, apertura attraverso cui gli impiegati comunicano con il pubblico: *gli sportelli di una banca* **3** ogni agenzia di una banca presso cui si possono compiere operazioni bancarie.
sportività [spor-ti-vi-tà] *s.f.* (*non com.*) l'essere sportivo | spirito sportivo: *accettare una sconfitta con —.*
sportivo [spor-tì-vo] *agg.* **1** che si riferisce allo sport, che riguarda lo sport: *giornale, campo —*; *auto sportiva*, adatta a gare automobilistiche **2** che pratica gli sport: *un ragazzo —* **3** conforme alle norme di lealtà e correttezza proprie dello sport: *battersi in modo —* | (*estens. fam.*) che accetta con animo distaccato anche le sconfitte **4** di capo di vestiario, pratico e comodo: *giacca sportiva* ♦ *s.m.* [f. *-a*] chi pratica lo sport o ne è appassionato □ **sportivamente** *avv.*
sportswear [/ ˈspɔːtswɛr /] *s.m.invar.* (*ingl.*) l'insieme degli articoli di abbigliamento per lo sport; abbigliamento sportivo.
sporulazione [spo-ru-la-zió-ne] *s.f.* (*biol.*) in botanica, produzione di spore | in zoologia, forma di riproduzione agamica, comune nei protozoi, mediante la quale una cellula dà origine contem-

poraneamente a parecchie cellule figlie in seguito a successive divisioni del nucleo.

sposa [spò-ʃa] *s.f.* **1** la donna nel giorno del matrimonio: *abito da* —. DIM. *sposina* **2** moglie: *dare la figlia in — a qlcu.* | *promessa* —, fidanzata.

sposalizio [spo-ʃa-lì-zio] *s.m.* cerimonia del matrimonio; nozze.

sposare [spo-ʃà-re] *v.tr.* [*io spòʃo ecc.*] **1** unirsi a qlcu. in matrimonio: — *una brava ragazza* **2** unire in matrimonio: *sono sposati da due anni* **3** dare in matrimonio: — *una figlia a uno straniero* **4** (*fig.*) abbracciare, sostenere: — *la causa della libertà* ♦ **sposarsi** *v.rifl.* e *rifl.rec.* unirsi in matrimonio: — *in chiesa, in comune*, con rito religioso, civile.

sposato [spo-ʃà-to] *agg.* e *s.m.* [f. *-a*] che/chi è unito in matrimonio; coniugato (in contrapposizione a *celibe* o *nubile*).

sposina [spo-ʃì-na] *s.f.* sposa molto giovane; donna appena sposata.

sposino [spo-ʃì-no] *s.m.* **1** (*non com.*) sposo molto giovane; uomo appena sposato **2** *pl.* coppia di coniugi appena sposati.

sposo [spò-ʃo] *s.m.* **1** l'uomo nel giorno del matrimonio **2** marito: *prendere in* — | *promesso* —, fidanzato **3** (*region.*) promesso sposo, fidanzato **4** *pl.* l'uomo e la donna nel giorno del matrimonio: *viva gli sposi!* | marito e moglie: *una giovane coppia di sposi.*

spossamento [spos-sa-mén-to] *s.m.* spossatezza.

spossante [spos-sàn-te] *agg.* che spossa, che stanca molto; estenuante: *viaggio* —.

spossare [spos-sà-re] *v.tr.* [*io spòsso ecc.*] ridurre in uno stato di estrema stanchezza e debolezza; estenuare, sfinire: *un lavoro che spossa* ♦ **spossarsi** *v.intr.pron.* perdere il vigore, le energie; indebolirsi, infiacchirsi: — *con un lavoro estenuante.*

spossatezza [spos-sa-téz-za] *s.f.* stato di grande stanchezza e debolezza.

spossessare [spos-ses-sà-re] *v.tr.* [*io spossèsso ecc.*] privare di un possesso, di una proprietà: — *qlcu. dei suoi beni* ♦ **spossessarsi** *v. rifl.* privarsi di ciò che si possiede.

spostamento [spo-sta-mén-to] *s.m.* lo spostare, lo spostarsi, l'essere spostato: — *di sede, di orario* | — *d'aria*, movimento violento di una massa d'aria provocato da un'esplosione.

spostare [spo-stà-re] *v.tr.* [*io spòsto ecc.*] togliere una cosa o una persona dalla posizione, dalla condizione in cui si trova e metterla in un altra: — *una sedia, un impiegato* | rinviare, differire: — *la partenza* ♦ **spostarsi** *v.rifl.* o *intr.pron.* mutare posto, posizione, condizione: *spòstati, mi impedisci di vedere!* | (*fig.*) indirizzarsi altrove: *l'interesse si è spostato su altre cose.*

spostato [spo-stà-to] *agg.* e *s.m.* [f. *-a*] si dice di chi non riesce a inserirsi nella vita sociale.

spot [/ spɔt /] *s.m.invar.* (*ingl.*) **1** (*elettron.*) punto luminoso prodotto da un pannello elettronico su uno schermo fluorescente **2** riflettore capace di emettere un fascio di luce molto concentrato **3** brevissimo comunicato pubblicitario radiotelevisivo.

spranga [spràn-ga] *s.f.* sbarra di legno o di ferro usata per chiudere porte, imposte ecc.

sprangare [spran-gà-re] *v.tr.* [*io sprango, tu spranghi ecc.*] **1** chiudere con una spranga: — *porte e finestre* **2** percuotere qlcu. con una spranga.

sprangata [spran-gà-ta] *s.f.* colpo dato con una spranga.

sprangato [spran-gà-to] *agg.* chiuso con spranghe: *uscio* —.

sprangatura [spran-ga-tù-ra] *s.f.* (*non com.*) lo sprangare, l'essere sprangato | ciò che serve a sprangare.

spray [/ 'sprai /] *s.m.invar.* (*ingl.*) contenitore a bomboletta che nebulizza un prodotto liquido o semiliquido; spruzzatore: *darsi la lacca con lo* — | Usato come *agg.invar.*: *bomboletta* —.

sprazzo [spràz-zo] *s.m.* **1** (*lett.*) getto d'acqua improvviso; spruzzo **2** fascio di luce che appare improvvisamente: *uno — di sole* **3** (*fig.*) breve e repentina manifestazione di un'idea, un sentimento ecc.: *uno — d'allegria* | *a sprazzi*, in modo sporadico, discontinuo.

sprecare [spre-cà-re] *v.tr.* [*io sprèco, tu sprèchi ecc.*] usare, spendere male: — *tempo, denaro* | non valorizzare, sciupare: — *la luce, una buona occasione* | — *fiato*, parlare inutilmente, senza essere ascoltati ♦ **sprecarsi** *v.intr.pron.* disperdere le proprie capacità.

sprecato [spre-cà-to] *agg.* usato male o per uno scopo che non lo merita; sciupato: *fatica sprecata.*

spreco [sprè-co] *s.m.* [pl. *-chi*] lo sprecare, l'essere sprecato; sperpero.

sprecone [spre-có-ne] *agg.* e *s.m.* [f. *-a*] che/chi spreca molto, soprattutto denaro; sciupone.

spregevole [spre-gé-vo-le] *agg.* degno di disprezzo; abietto, ignobile: *gesto* — □ **spregevolmente** *avv.*

spregevolezza [spre-ge-vo-léz-za] *s.f.* l'essere spregevole.

spregiare [spre-già-re] *v.tr.* [*io sprègio ecc.*] disprezzare, non tenere in alcun conto: — *gli onori.*

spregiativo [spre-gia-tì-vo] *agg.* che esprime disprezzo o con cui si esprime disprezzo: *uso — di un vocabolo* ♦ *s.m.* (*gramm.*) forma alterata di un sostantivo o di un aggettivo che esprime un'idea di negatività, peggior qualità o condizione (p.e.: *poeta/poetastro*; *uomo/omiciattolo*; *casa/casupola ecc.*) □ **spregiativamente** *avv.* con intenzione, con tono spregiativi | con funzione spregiativa: *usare un termine* —.

spregio [sprè-gio] *s.m.* (*lett.*) sentimento di disprezzo: *avere in* —, disprezzare; *fare qlco. per* —, in segno di disprezzo.

spregiudicatezza [spre-giu-di-ca-téz-za] *s.f.* l'essere spregiudicato; comportamento da spregiudicato.

spregiudicato [spre-giu-di-cà-to] *agg.* che non

ha o non dimostra pregiudizi, preconcetti, scrupoli di natura morale: *discorso, contegno* — ♦ *s.m.* [f. *-a*] persona spregiudicata □ **spregiudicatamente** *avv.*

spremere [sprè-me-re] *v.tr.* [coniugato come *premere*] **1** premere qlco. per farne uscire il liquido contenuto: — *le olive* | *spremersi il cervello, le meningi*, (*fig.*) pensare intensamente per risolvere un problema **2** (*fig.*) sfruttare finanziariamente; far sborsare denaro.

spremiagrumi [spre-mi-a-grù-mi] *s.m.* attrezzo o apparecchio per spremere il succo dagli agrumi.

spremifrutta [spre-mi-frùt-ta] *s.m.invar.* attrezzo o apparecchio per spremere il succo dalla frutta.

spremilimoni [spre-mi-li-mó-ni] *s.m.* spremiagrumi.

spremitura [spre-mi-tù-ra] *s.f.* lo spremere, l'essere spremuto: *la — delle olive* | (*estens.*) il liquido spremuto.

spremuta [spre-mù-ta] *s.f.* **1** lo spremere **2** bevanda che si ottiene spremendo un frutto sugoso: *— d'arancia.*

spremuto [spre-mù-to] *agg.* **1** che è stato estratto con la spremitura: *liquido —* **2** sottoposto a spremitura: *olive spremute.*

spretarsi [spre-tàr-si] *v.intr.pron.* [*io mi sprèto ecc.*] abbandonare lo stato sacerdotale.

spretato [spre-tà-to] *agg.* e *s.m.* che/chi ha abbandonato lo stato sacerdotale.

sprezzante [sprez-zàn-te] *agg.* che mostra, che ostenta disprezzo; altezzoso: *atteggiamento —* □ **sprezzantemente** *avv.*

sprezzare [sprez-zà-re] *v.tr.* [*io sprèzzo ecc.*] (*lett.*) disprezzare.

sprezzatura [sprez-za-tù-ra] *s.f.* (*lett.*) **1** l'essere sprezzante; atteggiamento sprezzante **2** atteggiamento di voluta e ostentata negligenza, proprio di chi si sente molto sicuro nel fare qlco.

sprezzo [sprèz-zo] *s.m.* **1** disprezzo; atteggiamento sprezzante: *trattare con —* **2** scarsa considerazione, noncuranza: *— del pericolo.*

sprigionamento [spri-gio-na-mén-to] *s.m.* lo sprigionare, lo sprigionarsi: *— di calore.*

sprigionare [spri-gio-nà-re] *v.tr.* [*io sprigióno ecc.*] emettere, emanare: *— calore* ♦ **sprigionarsi** *v.intr.pron.* uscire fuori con impeto.

sprimacciare [spri-mac-cià-re] *v.tr.* [*io sprimàccio ecc.*] battere o agitare un guanciale, un materasso, un piumino per renderlo più soffice.

sprint *s.m.invar.* **1** sforzo breve e intenso di un corridore o di un cavallo per superare un avversario **2** riferito ad automobile o motocicletta, capacità di rapida accelerazione; ripresa.

sprinter [/ 'sprinter /] *s.m.invar.* (*ingl.*) **1** corridore che ha molto sprint | velocista **2** cavallo da corsa particolarmente dotato per lo scatto e la velocità.

sprizzare [spriz-zà-re] *v.intr.* [aus. *essere*] uscire sotto forma di spruzzo ♦ *v.tr.* **1** fare uscire sotto forma di getto, di zampillo: *la falla sprizzava un getto d'acqua* **2** (*fig.*) manifestare, esprimere con esuberanza e vivacità: *— gioia.*

sprizzo [sprìz-zo] *s.m.* **1** getto di liquido che sprizza; spruzzo, zampillo: *uno — di sangue* **2** (*fig.*) breve e improvvisa manifestazione di qlco.; lampo: *uno — di gioia.*

sprofondamento [spro-fon-da-mén-to] *s.m.* **1** lo sprofondare, lo sprofondarsi, l'essere sprofondato | parte sprofondata di qlco. **2** (*geol.*) depressione dovuta al cedimento verticale del terreno: *fossa di —.*

sprofondare [spro-fon-dà-re] *v.tr.* [*io sprofóndo ecc.*] (*non com.*) far cadere in basso ♦ *v.intr.* [aus. *essere*] **1** abbassarsi nel sottosuolo: *il terreno è sprofondato* | cadere in una profondità; crollare rovinosamente: *la barca sprofondò nei flutti* **2** (*fig.*) lasciarsi assorbire, sopraffare da qlco.: *— nel sonno* ♦ **sprofondarsi** *v.rifl.* abbandonarsi pesantemente su qlco.: *— in una poltrona* | (*fig.*) dedicarsi con tutto l'impegno a qlco.: *— nello studio.*

sprofondo [spro-fón-do] *s.m.* **1** sprofondamento; voragine superficiale o sotterranea **2** (*fam.*) luogo remoto: *abitare allo —.*

sproloquiare [spro-lo-quià-re] *v.intr.* [*io sprolòquio ecc.*; aus. *avere*] fare uno sproloquio.

sproloquio [spro-lò-quio] *s.m.* discorso prolisso e inconcludente.

spronare [spro-nà-re] *v.tr.* [*io spróno ecc.*] **1** stimolare con lo sprone: *— il cavallo* **2** (*fig.*) incitare, incoraggiare: *— qlcu. allo studio.*

spronata [spro-nà-ta] *s.f.* **1** colpo dato con lo sprone **2** (*fig.*) incitamento: *quel ragazzo ha bisogno di una bella —.*

sprone [spró-ne] *s.m.* **1** sperone (come arnese per incitare il cavallo) | *dar di —*, spronare | *a spron battuto*, di gran galoppo; (*fig.*) immediatamente, senza indugio: *ubbidire a spron battuto* **2** (*fig.*) incitamento, stimolo: *essere di — a qlcu.* **3** in sartoria, carré **4** (*zool.*) sperone.

sproporzionato [spro-por-zio-nà-to] *agg.* **1** che manca di proporzione: *peso — all'altezza* **2** (*estens.*) eccessivo, esagerato: *spesa sproporzionata* □ **sproporzionatamente** *avv.*

sproporzione [spro-por-zió-ne] *s.f.* mancanza di proporzione.

spropositato [spro-po-ʃi-tà-to] *agg.* **1** pieno di spropositi: *un discorso —* **2** eccessivo, troppo grande: *prezzo —.*

sproposito [spro-pò-ʃi-to] *s.m.* **1** cosa fatta o detta non a proposito, inopportunamente: *lasciarsi sfuggire uno —* | *parlare a —*, inopportunamente **2** atto inconsulto, sconsiderato: *fare uno —* **3** grosso errore, strafalcione: *lettera piena di spropositi.*

sprovincializzare [spro-vin-cia-liʒ-ʒà-re] *v.tr.* far perdere a qlcu. o a qlco. i caratteri provinciali: *— la cultura* ♦ **sprovincializzarsi** *v.intr.pron.* perdere i caratteri provinciali.

sprovincializzazione [spro-vin-cia-liʒ-ʒa-zió-ne] *s.f.* lo sprovincializzare, lo sprovincializzarsi, l'essere sprovincializzato.

sprovvedutezza [sprov-ve-du-téz-za] *s.f.* l'essere sprovveduto, impreparato, inesperto.

sprovveduto [sprov-ve-dù-to] *agg.* e *s.m.* che/chi non ha l'esperienza o le qualità necessarie per affrontare certe situazioni o capire determinati problemi: *agire da —*.

sprovvisto [sprov-vì-sto] *agg.* **1** sfornito, mancante: *negozio — di pane* **2** *alla sprovvista*, di sorpresa: *cogliere qlcu. alla sprovvista*.

spruzzare [spruz-zà-re] *v.tr.* **1** gettare un liquido a spruzzi: *— la vernice sul muro* | (*estens.*) spargere una polvere a piccoli getti: *— il cacao sulla panna* **2** bagnare o macchiare qlco. con spruzzi di un liquido: *— la biancheria prima di stirarla* | (*estens.*) cospargere qlco. con piccoli getti di una polvere: *— una torta di zucchero* ♦ **spruzzarsi** *v.rifl.* o *intr.pron.* bagnarsi, macchiarsi con lo spruzzo di un liquido: *— di fango*.

spruzzata [spruz-zà-ta] *s.f.* **1** lo spruzzare; la sostanza spruzzata: *una — di lacca* **2** (*fig.*) pioggia fine e di breve durata. DIM. *spruzzatina*.

spruzzatore [spruz-za-tó-re] *s.m.* dispositivo per spargere un liquido in spruzzi; spray: *boccetta con —*.

spruzzatura [spruz-za-tù-ra] *s.f.* l'operazione dello spruzzare | la sostanza spruzzata e il segno che lascia su un oggetto.

spruzzo [sprùz-zo] *s.m.* getto d'acqua o d'altro liquido in gocce o schizzi minuti: *— di fango* | *verniciatura a —*, fatta spargendo la vernice con uno speciale attrezzo ad aria compressa che la nebulizza. DIM. *spruzzetto*.

spudoratezza [spu-do-ra-téz-za] *s.f.* l'essere spudorato.

spudorato [spu-do-rà-to] *agg.* che non ha pudore; impudico: *persona spudorata* | detto o fatto senza pudore; sfacciato: *menzogna spudorata* □ **spudoratamente** *avv.*

spugna [spù-gna] *s.f.* **1** (*zool.*) ogni organismo appartenente a un tipo di animali acquatici (poriferi) che hanno corpo sacciforme costituito di un insieme di fori e canali attraverso cui circola l'acqua **2** lo scheletro delle spugne, che per le sue proprietà assorbenti può essere impiegato come oggetto d'uso per prosciugare, pulire ecc.; sostanza od oggetto simile, prodotto sinteticamente: *asciugare con una —* | *bere come una —*, (*fig.*) abbondantemente; *essere una —*, (*fig.*) un gran bevitore | *dare un colpo di — su qlco.*, (*fig.*) cancellarne il ricordo, non parlarne più. DIM. *spugnetta* **3** tessuto morbido e assorbente, usato per asciugamani e accappatoi | *getto della —*, nel pugilato, l'atto del secondo di un pugile che lancia un asciugamani sul ring in segno di resa; *gettare la —*, (*fig.*) dichiararsi vinto, abbandonare un'impresa.

spugnatura [spu-gna-tù-ra] *s.f.* il bagnarsi, lo strofinarsi per mezzo di una spugna.

spugnosità [spu-gno-si-tà] *s.f.* l'essere spugnoso | parte, cosa spugnosa.

spugnoso [spu-gnó-so] *agg.* che ha l'aspetto e le caratteristiche della spugna: *tessuto —*.

spulare [spu-là-re] *v.tr.* liberare dalla pula: *— il grano*.

spulciare [spul-cià-re] *v.tr.* [*io spùlcio ecc.*] **1** liberare dalle pulci cercandole a una a una: *— un cane* **2** (*fig.*) esaminare minuziosamente in cerca di qlco.: *— l'elenco telefonico*.

spuma [spù-ma] *s.f.* **1** l'insieme delle bollicine che si formano sopra un liquido; schiuma: *la — della birra, delle onde* **2** bibita analcolica a base di acqua gassata, zucchero e aromi vari **3** *— di mare*, sepiolite, usata per fabbricare pipe.

spumante [spu-màn-te] *agg.* e *s.m.* si dice di vino che, in seguito a un processo di doppia fermentazione, produce, nel momento in cui si stappa, una spuma abbondante e leggera: *bottiglia di —*.

spumantizzazione [spu-man-tiʒ-ʒa-zió-ne] *s.f.* **1** processo naturale di doppia fermentazione a cui viene sottoposto un vino per ottenerne uno spumante **2** addizionamento di anidride carbonica a cui viene sottoposto un vino per conferirgli caratteristiche simili a quelle dello spumante.

spumare [spu-mà-re] *v.intr.* [aus. *avere*] far la spuma: *la birra spuma nei bicchieri*.

spumeggiante [spu-meg-giàn-te] *agg.* **1** che spumeggia: *un bicchiere — di champagne* **2** (*estens.*) leggero, vaporoso: *abito —* **3** (*fig.*) vivace, brillante: *umorismo —*.

spumeggiare [spu-meg-già-re] *v.intr.* [*io spuméggio ecc.*; aus. *avere*] fare molta spuma.

spumone [spu-mó-ne] *s.m.* dolce o gelato leggero e spumoso, fatto con chiare d'uovo o panna montata.

spumosità [spu-mo-si-tà] *s.f.* l'essere spumoso.

spumoso [spu-mó-so] *agg.* che produce molta spuma; spumeggiante: *una tazza di latte —*.

spuntare[1] [spun-tà-re] *v.tr.* **1** privare della punta, rompere la punta: *— una matita* | accorciare un poco tagliando la punta: *— i capelli* **2** (*fig.*) superare: *— una difficoltà* | riuscire a ottenere: *— un prezzo migliore* | *spuntarla*, averla vinta: *dopo tanto l'ha spuntata!* ♦ *v.intr.* [aus. *essere*] **1** mettere fuori la punta; cominciare ad apparire; nascere: *è spuntato un bocciolo; spunta il giorno* **2** apparire, venir fuori all'improvviso: *— da dietro un cespuglio* ♦ **spuntarsi** *v.intr.pron.* perdere la punta.

spuntare[2] *v.tr.* verificare un elenco contrassegnando ciascuno dei dati che sono stati controllati: *— i nomi degli invitati*.

spuntata [spun-tà-ta] *s.f.* lo spuntare, il tagliare la punta: *dare una — ai capelli*. DIM. *spuntatina*.

spuntato [spun-tà-to] *agg.* **1** senza punta: *matita spuntata* **2** staccato, non più appuntato: *fiocco —*.

spuntatura [spun-ta-tù-ra] *s.f.* **1** l'operazione dello spuntare; la parte che si elimina quando si spunta qlco.: *— di un albero*, cimatura **2** trinciato di tabacco ottenuto con le punte dei sigari **3** taglio di carne di bue o di maiale ricavato dalla punta delle costole.

spuntino [spun-tì-no] *s.m.* pasto leggero.

spunto [spùn-to] *s.m.* **1** (*teat.*) le prime parole d'una battuta suggerite all'attore per richiamargliela alla memoria | (*mus.*) le prime battute di una composizione **2** (*estens.*) elemento, motivo che fornisce l'occasione per dire, fare qlco.: *offrire uno —*.

spuntone [spun-tó-ne] *s.m.* **1** grossa spina molto aguzza **2** robusta punta di legno o di metallo **3** sporgenza acuminata di una roccia.

spupazzare [spu-paz-zà-re] *v.tr.* (*fam.*) **1** giocare con qlcu. come con un pupazzo: *— un bambino* **2** coccolare, vezzeggiare: *— una ragazza* ♦ **spupazzarsi** *v.intr.pron.* (*fam.*) divertirsi, sollazzarsi; amoreggiare.

spurgare [spur-gà-re] *v.tr.* [*io spurgo, tu spurghi ecc.*] pulire, purgare un canale, un passaggio da ciò che l'ostruisce: *— la fognatura*; *— i bronchi*, espellere il catarro ♦ **spurgarsi** *v.intr.pron.* espellere il muco; espettorare.

spurgo [spùr-go] *s.m.* [pl. *-ghi*] lo spurgare, lo spurgarsi, l'essere spurgato; la materia spurgata: *lo — delle fognature*.

spurio [spù-rio] *agg.* **1** non legittimo: *figlio —* **2** detto di opera d'arte, che non è dell'autore a cui viene attribuita; non autentico.

sputacchiare [spu-tac-chià-re] *v.intr.* [*io sputàcchio ecc.*; aus. *avere*] **1** sputare in continuazione qua e là **2** emettere schizzi di saliva nel parlare.

sputacchiera [spu-tac-chiè-ra] *s.f.* recipiente colmo di segatura, calce o altro, in cui si può sputare.

sputacchio [spu-tàc-chio] *s.m.* grosso e denso sputo.

sputafuoco [spu-ta-fuò-co] *s.m.* e *f.invar.* (*gerg.*) arma da fuoco.

sputare [spu-tà-re] *v.intr.* [aus. *avere*] emettere lo sputo; espettorare | *— su qlco., addosso a qlcu.*, (*fig.*) mostrare grande disprezzo nei confronti di qlco., di qlcu. | *— nel piatto in cui si mangia*, (*fig.*) parlare con disprezzo di ciò di cui si approfitta ♦ *v.tr.* **1** mandar fuori dalla bocca (anche *fig.*): *— un nocciolo*; *— insulti* | *— veleno*, (*fig.*) dire parole ingiuriose, piene di rabbia e d'invidia | *— sentenze*, (*fig.*) parlare con molta presunzione e pedanteria | *— sangue*, (*fig.*) impegnarsi e affaticarsi molto in qlco. | *— l'osso*, (*fig.*) restituire quanto s'è preso arbitrariamente; confessare qlco. taciuta a lungo **2** (*estens.*) buttar fuori, emettere con violenza: *il vulcano sputava fuoco*.

sputasentenze [spu-ta-sen-tèn-ze] *s.m.* e *f.invar.* (*fam.*) chi parla con ostentata autorità e dà giudizi e consigli, per lo più inutili o a sproposito.

sputato [spu-tà-to] *agg.* (*fam.*) si dice di chi è molto somigliante a qlcu. nel fisico o nel carattere: *quel ragazzo è suo padre —*.

sputo [spù-to] *s.m.* la saliva o l'espettorato che si emette dalla bocca: *— catarroso* | *cosa appiccicata con lo —*, (*fig.*) che si stacca facilmente.

sputtanamento [sput-ta-na-mén-to] *s.m.* (*volg.*) lo sputtanare, lo sputtanarsi, l'essere sputtanato.

sputtanare [sput-ta-nà-re] *v.tr.* (*volg.*) smascherare, svergognare qlcu., facendogli perdere la stima altrui ♦ **sputtanarsi** *v.rifl.* (*volg.*) agire in modo da perdere la stima altrui.

spy story [/ ˈspaiˈstɔːri /] *loc.sost.f.invar.* (*ingl.*) il genere letterario del romanzo di spionaggio.

squadernare [squa-der-nà-re] *v.tr.* [*io squadèrno ecc.*] **1** aprire un quaderno, un libro, un registro, un foglio ripiegato per mostrare quanto vi è scritto: *gli squadernò davanti la lettera* | (*fig.*) dire apertamente, spiattellare: *— la verità nuda e cruda* **2** squinternare ♦ **squadernarsi** *v.intr.pron.* squinternarsi.

squadra[1] [squà-dra] *s.f.* strumento a forma di triangolo rettangolo, adoperato per costruire o misurare angoli retti: *— da disegno, da muratore* | *a, in —*, ad angolo retto | *essere fuori —*, non essere ad angolo retto. DIM. *squadretta*.

squadra[2] *s.f.* **1** (*mil.*) la più piccola unità organica dell'esercito, comandata da un sergente o caporalmaggiore | *— mobile*, sezione operativa della polizia di stato **2** (*mil.*) complesso di due o più divisioni di navi da guerra o di aerei da combattimento agli ordini di un solo comandante **3** (*estens.*) gruppo organizzato di persone che lavorano per un fine comune: *una — d'operai* **4** (*sport*) gruppo di atleti che gareggiano insieme o individualmente per gli stessi colori: *— di calcio*; *la — italiana di nuoto*. DIM. *squadretta* ACCR. *squadrone* (m.) PEGG. *squadraccia*.

squadraccia [squa-dràc-cia] *s.f.* (*spreg.*) squadra d'azione fascista | (*estens.*) banda di teppisti.

squadrare [squa-drà-re] *v.tr.* **1** mettere a squadra; verificare ed eventualmente correggere un assetto che dovrebbe essere perpendicolare | *— un foglio da disegno*, tracciarvi il riquadro entro cui si farà il disegno **2** ridurre in forma o sezione più o meno quadrata: *— una lastra di marmo* **3** (*fig.*) misurare, guardare attentamente: *— qlcu. da capo a piedi*.

squadrato [squa-drà-to] *agg.* ridotto a forma o a sezione quadra: *pietra squadrata*.

squadratura [squa-dra-tù-ra] *s.f.* l'operazione dello squadrare: *— del legno*, riduzione dei tronchi in legname da costruzione.

squadriglia [squa-drì-glia] *s.f.* **1** piccola squadra: *una — di soldati* **2** (*mar.*) piccolo gruppo di navi da guerra leggere agli ordini di un solo comandante **3** (*aer.*) l'unità organica fondamentale dell'armata aerea, formata da quattro aerei.

squadrismo [squa-drì-ʃmo] *s.m.* **1** (*st.*) l'organizzazione delle squadre d'azione fasciste **2** (*estens.*) metodo d'azione politica basato sull'uso della violenza da parte di squadre organizzate.

squadrista [squa-drì-sta] *s.m.* [pl. *-sti*] membro di una squadra d'azione fascista.

squadristico [squa-drì-sti-co] *agg.* [pl.m. *-ci*] di squadrista, da squadrista.

squadro [squà-dro] *s.m.* **1** lo squadrare: *operazione di —* **2** strumento che serve a tracciare sul terreno punti allineati lungo due direzioni perpendicolari fra loro.

squadrone [squa-dró-ne] *s.m.* (*mil.*) reparto di

cavalleria composto da quattro plotoni, al comando di un capitano.

squagliare [squa-glià-re] *v.tr.* [*io squàglio ecc.*] sciogliere, liquefare: *il calore squaglia il burro* ♦ **squagliarsi** *v.intr.pron.* **1** sciogliersi, liquefarsi: *la neve si squaglia al sole* | **2** (*fig. fam.*) sdilinquirsi: *ogni volta che la vede si squaglia* **3** (*fig. fam.*) svignarsela, andarsene rapidamente o di nascosto: *squagliarsela alla chetichella.*

squalifica [squa-lì-fi-ca] *s.f.* **1** lo squalificare, l'essere squalificato **2** (*sport*) provvedimento disciplinare consistente nell'escludere un atleta o una squadra da una o più gare per un determinato periodo di tempo.

squalificare [squa-li-fi-cà-re] *v.tr.* [*io squalìfico, tu squalìfichi ecc.*] **1** dichiarare non qualificato, non idoneo | screditare: *un lavoro che squalifica* **2** (*sport*) comminare una squalifica ♦ **squalificarsi** *v.rifl.* screditarsi dimostrandosi inadatto a un lavoro, a un incarico, oppure indegno della stima altrui.

squalificato [squa-li-fi-cà-to] *agg.* che ha perso credito e stima ♦ *agg.* e *s.m.* [f. *-a*] (*sport*) che/chi ha subito una squalifica.

squaliformi [squa-li-fór-mi] *s.m.pl.* (*zool.*) ordine di pesci dal corpo fusiforme provvisto di due pinne dorsali e una caudale, con bocca ventrale armata di più file di denti triangolari aguzzi.

squallidezza [squal-li-déz-za] *s.f.* l'essere squallido.

squallido [squàl-li-do] *agg.* **1** spoglio di ogni grazia e ornamento; misero: *un ambiente* — **2** triste e desolato: *una vita squallida* **3** moralmente deprimente; abietto: *vicenda squallida* □ **squallidamente** *avv.*

squallidume [squal-li-dù-me] *s.m.* insieme di cose squallide | squallidezza.

squallore [squal-ló-re] *s.m.* l'essere squallido; stato di tristezza, di miseria, d'abbandono: *vivere nello* —.

squalo [squà-lo] *s.m.* nome generico di vari pesci cartilaginei, per lo più di grandi dimensioni, veloci, con dentatura da carnivori (*p.e.* pescecane, palombo, pesce martello).

squama [squà-ma] *s.f.* **1** (*zool.*) ciascuna delle formazioni piatte e dure che rivestono il corpo di rettili e pesci **2** (*bot.*) foglia trasformata in organo avvolgente di protezione per organi sotterranei o gemme **3** (*anat.*) parte laminare di un osso: — *del temporale.*

squamare [squa-mà-re] *v.tr.* togliere le squame, privare delle squame: — *un pesce* ♦ **squamarsi** *v.intr.pron.* perdere le squame.

squamati [squa-mà-ti] *s.m.pl.* (*zool.*) ordine di rettili dal corpo allungato coperto di squame o scudi cornei; vi appartengono le lucertole e i serpenti.

squamato [squa-mà-to] *agg.* fatto a squama; rivestito o decorato da ornamenti a forma di squama.

squamoso [squa-mó-so] *agg.* fatto a squame; coperto di squame: *pelle squamosa.*

squarciagola [squar-cia-gó-la] *s.m.* solo nella loc. avv. *a* —, a gran voce: *gridare a* —.

squarciamento [squar-cia-mén-to] *s.m.* lo squarciare, lo squarciarsi, l'essere squarciato.

squarciare [squar-cià-re] *v.tr.* [*io squàrcio ecc.*] aprire con violenza, provocando strappi e lacerazioni: *la pallottola gli squarciò il petto* ♦ **squarciarsi** *v.intr.pron.* fendersi, lacerarsi: *il lenzuolo si è squarciato.*

squarcio [squàr-cio] *s.m.* ampia e profonda fenditura.

squartamento [squar-ta-mén-to] *s.m.* **1** lo squartare, l'essere squartato **2** antica esecuzione capitale consistente nello smembrare il condannato mediante una violenta trazione dei quattro arti.

squartare [squar-tà-re] *v.tr.* tagliare in quarti o in grosse parti: — *un bue.*

squartatoio [squar-ta-tó-io] *s.m.* grosso coltello da macellaio, usato per squartare le bestie.

squartatore [squar-ta-tó-re] *agg.* e *s.m.* [f. *-trice*] che/chi squarta | che/chi uccide in modo violento e feroce.

squassamento [squas-sa-mén-to] *s.m.* (*non com.*) lo squassare, l'essere squassato; scuotimento violento.

squassare [squas-sà-re] *v.tr.* scuotere con violenza: *la tempesta squassava le vele.*

squattrinato [squat-tri-nà-to] *agg.* e *s.m.* [f. *-a*] che/chi non ha quattrini; spiantato.

squaw [/ skwɔ: /] *s.f.invar.* (*ingl.*) donna pellerossa.

squilibrare [squi-li-brà-re] *v.tr.* **1** far perdere l'equilibrio **2** (*fig.*) sbilanciare economicamente, dissestare ♦ **squilibrarsi** *v.intr.pron.* perdere l'equilibrio.

squilibrato [squi-li-brà-to] *agg.* privo di equilibrio; privo di giusta proporzione: *alimentazione squilibrata* ♦ *agg.* e *s.m.* [f. *-a*] che/chi non ha pieno controllo delle proprie facoltà mentali.

squilibrio [squi-lì-brio] *s.m.* **1** mancanza, perdita di equilibrio **2** (*fig.*) alterazione patologica delle facoltà psichiche: *dare segni di* — **3** (*fig.*) sproporzione, divario: — *economico tra nord e sud.*

squillante [squil-làn-te] *agg.* **1** acuto: *voce* — **2** (*fig.*) vivace: *colore* —.

squillare [squil-là-re] *v.intr.* [aus. *avere* o *essere*] emettere un suono acuto e limpido: *il telefono squilla.*

squillo [squìl-lo] *s.m.* suono acuto di breve durata, caratteristico di trombe, campanelli e sonerie: *gli squilli del telefono* | Usato anche come *agg.invar.* nella loc. *ragazza* —, ragazza che si prostituisce, rintracciabile telefonicamente.

squinternare [squin-ter-nà-re] *v.tr.* [*io squintèrno ecc.*] slegare i quinterni di un libro o di un fascicolo | (*estens.*) sconnettere ♦ **squinternarsi** *v.intr.pron.* scompaginarsi, sconnettersi: *l'agenda si è squinternata.*

squinternato [squin-ter-nà-to] *agg.* **1** scompaginato, slegato: *libro* — | (*estens.*) sconnesso: *ba-*

racca squinternata 2 (*fig.*) si dice di persona poco equilibrata, dalla vita e dal comportamento disordinati ♦ *s.m.* [f. *-a*] persona squinternata.
squisitezza [squi-ʃi-téz-za] *s.f.* 1 l'essere squisito: *la — di un cibo, di un gesto* 2 cosa squisita: *mangiare una —.*
squisito [squi-ʃì-to] *agg.* 1 eccellente, prelibato: *arrosto, vino —* 2 (*fig.*) che dimostra grande finezza; raffinato: *un uomo* — □ **squisitamente** *avv.* 1 in modo squisito 2 tipicamente: *virtù — femminile.*
squittio [squit-tì-o] *s.m.* uno squittire prolungato.
squittire [squit-tì-re] *v.intr.* [*io squittisco, tu squittisci ecc.*; aus. *avere*] 1 emettere suoni brevi e acuti; si dice del verso di vari animali, come la rondine, il pappagallo, il topo, il coniglio 2 (*scherz.*) detto di persona, parlare con voce stridula e petulante.
sradicamento [ʃra-di-ca-mén-to] *s.m.* lo sradicare, l'essere sradicato.
sradicare [ʃra-di-cà-re] *v.tr.* [*io ʃràdico, tu ʃràdichi ecc.*] 1 strappare una pianta con le sue radici; estirpare | (*fig.*) strappare una persona al suo ambiente familiare o sociale 2 (*fig.*) eliminare, distruggere: *— la corruzione* ♦ **sradicarsi** *v.rifl.* o *intr.pron.* 1 detto di pianta, svellersi dalle radici 2 (*fig.*) detto di persona, abbandonare il proprio ambiente familiare o sociale.
sradicato [ʃra-di-cà-to] *agg.* 1 estirpato, divelto: *albero —* 2 (*fig.*) si dice di persona che non ha o non sente legami con l'ambiente o la società in cui vive ♦ *s.m.* [f. *-a*] persona sradicata.
sragionare [ʃra-gio-nà-re] *v.intr.* [*io ʃragióno ecc.*; aus. *avere*] vaneggiare, farneticare: *la collera lo fa —.*
sregolatezza [ʃre-go-la-téz-za] *s.f.* 1 l'essere sregolato: *— di vita* 2 atto, comportamento sregolato.
sregolato [ʃre-go-là-to] *agg.* 1 che è senza regola; che eccede il giusto limite: *essere — nel bere* 2 scapestrato, moralmente disordinato: *fare una vita sregolata.*
srotolare [ʃro-to-là-re] *v.tr.* [*io ʃròtolo ecc.*] disfare un rotolo: *— una pergamena* ♦ **srotolarsi** *v. intr.pron.* svolgersi, detto di ciò che è arrotolato.
stabbiare [stab-bià-re] *v.intr.* [*io stàbbio ecc.*; aus. *avere*] detto di pecore e altri animali, passare la notte su un terreno concimandolo ♦ *v.tr.* far pernottare animali su un terreno per concimarlo.
stabbio [stàb-bio] *s.m.* 1 terreno recintato in cui si chiude il bestiame durante la notte perché lo concimi 2 letame di stalla; stallatico.
stabile [stà-bi-le] *agg.* 1 ben fermo, fisso; che non si muove, non oscilla: *ponteggio poco —* 2 (*fig.*) durevole, costante: *proposito —* | duraturo, definitivo: *non avere — dimora* 3 che non si modifica, non si altera: *colore, tinta —* 4 si dice di formazione od organizzazione musicale o teatrale che agisce o ha sede fissa in una determinata città: *teatro —* ♦ *s.m.* 1 edificio, fabbricato 2 teatro stabile: *lo — di Roma* □ **stabilmente** *avv.* in modo stabile, durevole.
stabilimento [sta-bi-li-mén-to] *s.m.* 1 fabbrica, opificio: *— siderurgico* 2 edificio o insieme di edifici attrezzati per un determinata attività: *— balneare* | *— carcerario*, carcere.
stabilire [sta-bi-lì-re] *v.tr.* [*io stabilisco, tu stabilisci ecc.*] 1 istituire, costituire in modo stabile; fissare: *— un ordine di lavoro* 2 rendere stabile, collocare durevolmente: *— la propria dimora in un luogo* 3 decidere, deliberare: *— le condizioni di un patto* ♦ **stabilirsi** *v.rifl.* prendere dimora stabile in una località: *— all'estero.*
stabilità [sta-bi-li-tà] *s.f.* l'essere stabile: *la — di un edificio, dei prezzi* | *— politica*, assetto durevole di un sistema politico o di governo.
stabilito [sta-bi-lì-to] *agg.* fissato, deciso: *giorno —.*
stabilizzante [sta-bi-liʒ-ʒàn-te] *agg* e *s.m.* (*chim.*) si dice di composto atto a impedire l'alterazione di materiali deperibili.
stabilizzare [sta-bi-liʒ-ʒà-re] *v.tr.* rendere stabile (anche *fig.*): *— una situazione* ♦ **stabilizzarsi** *v.intr.pron.* diventare stabile.
stabilizzatore [sta-bi-liʒ-ʒa-tó-re] *agg.* e *s.m.* [f. *-trice*] che/chi stabilizza ♦ *s.m.* 1 (*mar.*, *aer.*) dispositivo che serve a ridurre il rollio delle navi o a stabilizzare l'assetto di volo degli aerei 2 (*elettr.*) dispositivo che ha la funzione di inviare una tensione costante agli apparecchi utilizzatori, eliminando le variazioni della rete di alimentazione.
stabilizzazione [sta-bi-liʒ-ʒa-zió-ne] *s.f.* lo stabilizzare, lo stabilizzarsi, l'essere stabilizzato.
stabulazione [sta-bu-la-zió-ne] *s.f.* 1 l'alloggiare il bestiame nelle stalle 2 sistema di allevamento razionale di animali volto a favorirne la riproduzione e a evitarne le malattie: *— di bovini, di trote.*
stacanovismo [sta-ca-no-vì-ʃmo] *s.m.* zelo eccessivo nello svolgere il proprio lavoro.
stacanovista [sta-ca-no-vì-sta] *s.m.* e *f.* [pl.m. *-sti*] chi mostra eccessivo zelo nello svolgere il proprio lavoro.
stacanovistico [sta-ca-no-vì-sti-co] *agg.* [pl.m. *-ci*] relativo allo stacanovismo; da stacanovista.
staccabile [stac-cà-bi-le] *agg.* che si può staccare: *cedola —.*
staccare [stac-cà-re] *v.tr.* [*io stacco, tu stacchi ecc.*] 1 separare ciò che è attaccato o congiunto: *— un foglio dal blocco* | *— la frizione*, (*aut.*) agire sul pedale per consentire il cambio di marcia | *— la corrente*, toglierla 2 distogliere: *non — gli occhi da qlcu.* 3 distaccare, distanziare: *il corridore ha staccato il gruppo* 4 spiccare, emettere: *— un assegno* ♦ *v.intr.* [aus. *avere*] 1 spiccare, risaltare: *un colore che non stacca* 2 (*fam.*) terminare l'orario di lavoro: *— alle cinque* ♦ **staccarsi** *v. intr.pron.* 1 allontanarsi, separarsi: *— dalla famiglia* 2 venir via, cadere da sé: *il bottone s'è staccato.*
staccato [stac-cà-to] *agg.* disgiunto, separato: *un'opera a fascicoli staccati* ♦ *s.m.* (*mus.*) modo di esecuzione in cui si separano nettamente le note l'una dall'altra con una brevissima pausa.

stacciare [stac-cià-re] *v.tr.* [*io stàccio ecc.*] far passare attraverso lo staccio; setacciare.
staccio [stàc-cio] *s.m.* setaccio.
staccionata [stac-cio-nà-ta] *s.f.* **1** recinto formato da traverse di legno sostenute da pali che serve a delimitare un terreno **2** (*sport*) barriera, fatta con traverse di legno o sterpi, che funge da ostacolo nelle gare ippiche.
stacco [stàc-co] *s.m.* [pl. *-chi*] **1** lo staccare, lo staccarsi, l'essere staccato: *lo — dei biglietti* | *— d'abito*, il taglio di stoffa necessario alla confezione di un abito **2** (*fig.*) contrasto, risalto: *fare —*, risaltare **3** (*fig.*) intervallo, discontinuità: *fare uno — per il pranzo* | breve interruzione di un programma radiofonico o televisivo per trasmettere altro: *— pubblicitario* **4** (*cine.*) passaggio netto da un'inquadratura alla successiva, senza dissolvenze **5** (*sport*) nel salto, il momento in cui l'atleta si solleva da terra.
stadera [sta-dè-ra] *s.f.* bilancia con un solo piatto e un lungo braccio graduato sul quale scorre un peso equilibratore.
stadia [stà-dia] *s.f.* lunga asta graduata usata in operazioni di livellazione.
stadio [stà-dio] *s.m.* **1** campo attrezzato per lo svolgimento di manifestazioni sportive, provvisto di gradinate per il pubblico **2** periodo, fase: *malattia all'ultimo —* **3** (*aer.*) ciascuna delle parti di un missile o di un razzo vettore, che si staccano una volta esaurita la funzione propulsiva.
staff [/ staff /] *s.m.invar.* (*ingl.*) l'insieme dei collaboratori più vicini a chi dirige un lavoro o coordina un'attività.
staffa [stàf-fa] *s.f.* **1** ciascuno dei due grossi anelli metallici a fondo piatto in cui il cavaliere infila e appoggia i piedi | *perdere le staffe*, (*fig.*) abbandonarsi all'ira | *tenere il piede in due staffe*, (*fig.*) barcamenarsi fra due partiti opposti **2** nome di oggetti o parti di oggetti in cui si inserisce o s'appoggia il piede: *la — della vanga* | predellino della carrozza **3** (*tecn.*) elemento metallico piegato a U e fissato a una superficie, per ancorare tubi, pali ecc. **4** (*anat.*) uno dei tre ossicini dell'orecchio medio a forma di staffa.
staffetta [staf-fét-ta] *s.f.* **1** (*antiq.*) corriere, messaggero **2** (*sport*) gara podistica, di nuoto o di sci, in cui il tragitto è diviso in frazioni, che vanno percorse in successione da vari corridori della stessa squadra **3** (*fig.*) avvicendamento, alternanza ♦ *agg.invar.* si dice di veicoli che facciano da battistrada a una colonna motorizzata | *treno —*, quello che precede un convoglio speciale.
staffettista [staf-fet-tì-sta] *s.m.* e *f.* [pl.m. *-sti*] (*sport*) corridore di una gara a staffetta.
staffiere [staf-fiè-re] *s.m.* **1** (*st.*) servo che reggeva la staffa al cavaliere; palafreniere **2** (*estens.*) servitore di casa principesca o signorile.
staffilare [staf-fi-là-re] *v.tr.* **1** colpire, battere violentemente con lo staffile **2** (*fig.*) criticare violentemente.
staffilata [staf-fi-là-ta] *s.f.* **1** colpo di staffile **2** (*fig.*) aspra critica **3** nel linguaggio del calcio, violento tiro a rete.
staffile [staf-fì-le] *s.m.* **1** correggia di cuoio che unisce la staffa alla sella **2** (*estens.*) frusta costituita per lo più da una sola striscia di cuoio.
stafilococco [sta-fi-lo-còc-co] *s.m.* [pl. *-chi*] (*biol.*) genere di batteri caratterizzati da disposizione a grappolo.
stafisagria [sta-fi-ʃà-gria] *s.f.* (*bot.*) pianta erbacea con fusto peloso, fiori azzurri o violacei riuniti in grappolo.
stage [/ stedʒ /] *s.m.invar.* (*ingl.*) periodo di formazione o perfezionamento professionale trascorso presso un'università o un'azienda.
stagflazione [stag-fla-zió-ne] *s.f.* (*econ.*) situazione caratterizzata dalla presenza simultanea di stagnazione e inflazione.
staggiare [stag-già-re] *v.tr.* [*io stàggio ecc.*] (*agr.*) puntellare con pali i rami degli alberi carichi di frutti.
staggio [stàg-gio] *s.m.* asta di legno o altro materiale che funge da elemento di sostegno in una struttura: *gli staggi del telaio.*
stagionale [sta-gio-nà-le] *agg.* **1** che riguarda una stagione, le stagioni: *malattia —* | *primato —*, il risultato migliore ottenuto da un atleta nel corso di una stagione **2** che dura una stagione: *lavoro —*; *albergo —*, che apre solo nella stagione turistica ♦ *s.m.* e *f.* chi lavora solo in certe stagioni dell'anno.
stagionalità [sta-gio-na-li-tà] *s.f.* (*non com.*) l'essere stagionale.
stagionamento [sta-gio-na-mén-to] *s.m.* stagionatura.
stagionare [sta-gio-nà-re] *v.tr.* [*io stagióno ecc.*] conservare un prodotto in particolari condizioni ambientali perché acquisti col tempo certe qualità; far invecchiare: *— il vino, il legno* ♦ *v.intr.* [aus. *essere*], **stagionarsi** *v.intr.pron.* acquistare determinate qualità rimanendo in particolari condizioni ambientali per un certo periodo di tempo.
stagionato [sta-gio-nà-to] *agg.* **1** sottoposto a stagionatura; invecchiato: *vino —* **2** (*scherz.*) piuttosto maturo, avanti con gli anni (detto di persona): *uno scapolo —.*
stagionatura [sta-gio-na-tù-ra] *s.f.* lo stagionare; il periodo di tempo necessario perché certi prodotti acquistino determinate caratteristiche: *la — dei salumi.*
stagione [sta-gió-ne] *s.f.* **1** ciascuno dei quattro periodi di tre mesi, in cui si suddivide l'anno solare (primavera, estate, autunno, inverno) | *mezza —*, ognuna delle stagioni intermedie (primavera e autunno): *abito da mezza —*, né leggero né pesante **2** le particolari condizioni atmosferiche che caratterizzano ciascun periodo dell'anno: *— calda, umida*; *la — delle piogge* | *la bella, la buona —*, quando fa caldo e piove poco | *la brutta, la cattiva —*, caratterizzata da freddo e pioggia o neve **3** periodo in cui maturano determinati frutti; il tempo dedicato ai lavori agricoli di semi-

na e di raccolta: *la — dell'uva, della vendemmia* | *frutto di —*, caratteristico di una stagione | *frutto fuori —*, maturato prima o dopo il suo tempo **4** periodo dell'anno in cui si svolgono determinate attività: *— turistica, teatrale* | *bassa, alta —*, quella in cui l'attività turistica e alberghiera è ridotta o intensa **5** (*lett.*) epoca della vita: *la — della giovinezza.*

stagliarsi [sta-gliàr-si] *v.intr. pron.* [*io mi stàglio ecc.*] risaltare, spiccare: *la torre si staglia contro il cielo.*

stagnaio [sta-gnà-io] *s.m.* chi salda pezzi di metallo con lo stagno e fa lavori con latta e lamiera | (*estens.*) idraulico.

stagnante [sta-gnàn-te] *agg.* che ristagna: *odore —.*

stagnare[1] [sta-gnà-re] *v.tr.* **1** rivestire una superficie metallica con un sottile strato di stagno; saldare con lo stagno: *— una pentola* **2** chiudere ermeticamente le connessure di recipienti, serbatoi ecc., per impedire infiltrazioni o fuoriuscite di liquido.

stagnare[2] *v.intr.* [aus. *avere*] **1** restare fermo, non circolare, detto di fluidi: *l'acqua stagna nelle paludi* **2** (*fig.*) di attività economica, non avere sviluppi, non avere incremento ♦ *v.tr.* far cessare l'uscita di un liquido: *— il sangue di una ferita* ♦ **stagnarsi** *v.intr.pron.* cessare di sgorgare.

stagnatura [sta-gna-tù-ra] *s.f.* operazione del saldare o rivestire con lo stagno | lo strato di stagno applicato: *la pentola ha perduto la —.*

stagnazione [sta-gna-zió-ne] *s.f.* **1** ristagno, stasi **2** (*econ.*) situazione di tendenziale esaurimento della crescita economica.

stagnicoltura [sta-gni-col-tù-ra] *s.f.* allevamento di pesci d'acqua dolce in stagni naturali o artificiali.

stagnino [sta-gnì-no] *s.m.* (*region.*) stagnaio.

stagno[1] [stà-gno] *s.m.* elemento chimico di simbolo *Sn*; è un metallo bianco-argenteo, malleabile, usato per leghe, per saldature e per ricoprire altri metalli.

stagno[2] *s.m.* specchio d'acqua stagnante, poco profondo e poco esteso.

stagno[3] *agg.* che è a perfetta tenuta d'acqua o d'altro liquido; ermetico: *compartimento —.*

stagnola [sta-gnò-la] *s.f.* sottile foglio di stagno o altro metallo usato per avvolgere sostanze alimentari | Usato anche come *agg.invar.*: *carta —.*

staio [stà-io] *s.m.* **1** [pl.f. *staia*] misura di capacità per aridi in uso un tempo in Italia con valori diversi a seconda dei luoghi: *due staia di grano* **2** [pl. *stai*] recipiente di legno di forma cilindrica, per la misura di uno staio.

stalagmite [sta-lag-mì-te] *s.f.* (*geol.*) concrezione cristallina di calcite a forma di colonna o di cono che s'innalza dal pavimento delle grotte carsiche.

stalagmitico [sta-lag-mì-ti-co] *agg.* [pl.m. *-ci*] di stalagmite; che ha natura o forma di stalagmite.

stalattite [sta-lat-tì-te] *s.f.* (*geol.*) concrezione calcarea, analoga alla stalagmite, che pende dal soffitto delle grotte carsiche.

stalattitico [sta-lat-tì-ti-co] *agg.* [pl.m. *-ci*] di stalattite; che ha natura o forma di stalattite.

stalinismo [sta-li-nì-ʃmo] *s.m.* **1** pratica di governo dittatoriale adottata in URSS da I.V. Stalin (1879-1953) **2** (*estens.*) adozione dei metodi di governo propri di Stalin.

stalinista [sta-li-nì-sta] *agg.* [pl.m. *-sti*] dello stalinismo ♦ *agg.* e *s.m.* e *f.* sostenitore, fautore dello stalinismo.

stalla [stàl-la] *s.f.* ambiente attrezzato per il ricovero degli animali domestici, soprattutto bovini ed equini |(*estens.*) luogo sudicio: *questa camera è una —.*

stallatico [stal-là-ti-co] *agg.* [pl.m. *-ci*] di stalla ♦ *s.m.* letame di stalla; stabbio.

stalliere [stal-liè-re] *s.m.* chi ha cura dei cavalli di una stalla o di una scuderia.

stallo [stàl-lo] *s.m.* **1** sedile di legno provvisto di schienale e di braccioli, di solito allineato con altri a formare un ordine di posti; scanno: *lo — dei senatori* **2** nel gioco degli scacchi, particolare posizione del re per cui la partita risulta patta | *situazione di —*, (*fig.*) situazione di attesa, di ristagno.

stallone [stal-ló-ne] *s.m.* **1** cavallo maschio destinato alla riproduzione **2** (*scherz.*) uomo molto dotato sessualmente.

stamani [sta-mà-ni], lett. **stamane**, *avv.* questa mattina, nella mattina di oggi; stamattina.

stamattina [sta-mat-tì-na] *avv.* nella mattina di oggi; questa mattina.

stambecco [stam-béc-co] *s.m.* [pl. *-chi*] mammifero ruminante alpino simile alla capra, con pelame grigio-rossastro e lunghe corna anellate nel maschio.

stamberga [stam-bèr-ga] *s.f.* abitazione sudicia e squallida; tugurio: *abitare in una —.*

stambugio [stam-bù-gio] *s.m.* piccola stanza, molto buia e misera.

stame [stà-me] *s.m.* **1** filo dell'ordito **2** la parte più fine della lana; filo di lana sottile e resistente **3** (*bot.*) organo maschile del fiore, costituito dall'antera e dal filamento.

stamigna [sta-mì-gna], o **stamina**, *s.f.* tessuto di lana sottile e rado, ma molto resistente, usato soprattutto per confezionare setacci e bandiere.

staminale [sta-mi-nà-le] *agg.* (*bot.*) relativo allo stame.

staminifero [sta-mi-nì-fe-ro] *agg.* (*bot.*) si dice di fiore che porta stami.

stampa [stàm-pa] *s.f.* **1** tecnica che permette di riprodurre su carta o altro materiale quanto è scritto, disegnato, fotografato o inciso su una matrice **2** la pubblicazione di giornali, periodici, libri: *libertà di —*, libertà di esprimere idee e opinioni per mezzo della stampa | l'insieme delle pubblicazioni giornalistiche: *— quotidiana, periodica* **3** (*estens.*) il complesso dei giornalisti: *convocare la —* **4** riproduzione d'un disegno da una matrice: *una — del Settecento* **5** (*foto.*) processo con cui l'immagine negativa della pellicola viene trasformata in copia positiva | Usato come *agg.invar.* dei giornalisti, riservato ai giornalisti: *sala, comunicato* — | *conferenza* —, dichiarazioni rilasciate alla presenza di più giornalisti | *ufficio* —, ufficio di un ente, di un'azienda che ha il compito di trasmettere ai giornali notizie e comunicati ufficiali.

stampaggio [stam-pàg-gio] *s.m.* **1** lavorazione di metalli e materiali plastici che si esegue mediante presse e appositi stampi, per dare loro la forma voluta **2** stampa su tessuti.

stampante [stam-pàn-te] *s.f.* unità periferica di un elaboratore elettronico per stampare su carta le elaborazioni effettuate: — *ad aghi, laser, a getto d'inchiostro.*

stampare [stam-pà-re] *v.tr.* **1** imprimere; segnare con un'impronta: — *orme sul terreno* **2** riprodurre attraverso un procedimento di stampa: — *un libro* **3** dare alle stampe, pubblicare: — *un romanzo* **4** (*foto.*) trasferire l'immagine negativa, impressa sulla pellicola, su carta sensibile alla luce, trasformandola in positiva **5** eseguire la stampa di un testo, di un disegno su un supporto: — *un tessuto* **6** forgiare o riprodurre con procedimenti di stampaggio | — *moneta,* (*estens.*) emettere moneta da parte di uno stato ♦ **stamparsi** *v.intr.pron.* imprimersi, restare impresso: *immagine che si è stampata nella memoria.*

stampata [stam-pa-ta] *s.f.* stampa di un testo effettuata da stampante collegata a un elaboratore elettronico.

stampatello [stam-pa-tèl-lo] *agg.* e *s.m.* si dice di un carattere di scrittura manuale che imita il carattere della stampa: *scrivere in* —.

stampato [stam-pà-to] *agg.* **1** impresso mediante un procedimento di stampa o di stampaggio: *tessuto, circuito* — **2** (*fig.*) ben impresso, chiaramente visibile: *ricordo — nella memoria* ♦ *s.m.* **1** foglio o fascicolo stampato; modulo: *riempire l'apposito* — **2** tessuto stampato.

stampatore [stam-pa-tó-re] *s.m.* **1** chi stampa; chi è addetto alle macchine da stampa in una tipografia **2** operaio addetto a operazioni di stampaggio.

stampatrice [stam-pa-trì-ce] *s.f.* macchina per stampare copie fotografiche o pellicole cinematografiche positive.

stampella [stam-pèl-la] *s.f.* gruccia: — *per abiti.*

stamperia [stam-pe-rì-a] *s.f.* officina o reparto in cui vengono eseguiti lavori di stampa o stampaggio.

stampiglia [stam-pì-glia] *s.f.* sorta di timbro recante una dicitura.

stampigliare [stam-pi-glià-re] *v.tr.* [*io stampìglio ecc.*] timbrare con una stampiglia.

stampigliatrice [stam-pi-glia-trì-ce] *s.f.* macchina per eseguire stampigliature.

stampigliatura [stam-pi-glia-tù-ra] *s.f.* l'operazione dello stampigliare; la dicitura, il contrassegno stampigliato.

stampinare [stam-pi-nà-re] *v.tr.* riprodurre su una superficie mediante uno stampino: — *un disegno.*

stampino [stam-pì-no] *s.m.* **1** formina **2** lastra sottile di vario materiale, su cui è traforato un disegno o una scritta e che, ripassata con colore o inchiostro, serve a riprodurli su una superficie **3** punzone forato d'acciaio per fare buchi regolari nel cuoio o nel cartone.

stampo [stàm-po] *s.m.* **1** recipiente dove si cuociono o si versano sostanze semiliquide che, indurendosi, ne acquistano la forma: — *per budino.* DIM. *stampino* **2** matrice usata per lo stampaggio di pezzi di serie: — *per mattoni* **3** (*fig.*) tempra, carattere: *persona di vecchio* —.

stanare [sta-nà-re] *v.tr.* **1** far uscire dalla tana; snidare: — *una volpe* **2** (*fig.*) far uscire qlcu. dal luogo dove si è nascosto: — *i banditi.*

stanca [stàn-ca] *s.f.* **1** nell'alta marea, o nella piena di un fiume, il momento di stasi, in cui l'acqua ha raggiunto il livello massimo prima di decrescere **2** (*fig.*) ristagno di un'attività; stasi: *periodo di* —.

stancare [stan-cà-re] *v.tr.* [*io stanco, tu stanchi ecc.*] **1** logorare le forze fisiche o morali; affaticare: *lo studio stanca* **2** far venire meno la capacità di resistenza: — *il nemico* **3** (*estens.*) annoiare, infastidire (anche *assol.*): *le chiacchiere stancano* ♦ **stancarsi** *v.intr.pron.* **1** perdere le energie; affaticarsi: *non — di lavorare* **2** perdere la voglia, l'interesse; annoiarsi: — *di qlcu., di fare qlco.* | *non — di fare qlco.*, non cessare, non smettere.

stanchezza [stan-chéz-za] *s.f.* condizione di chi è stanco: — *fisica, mentale.*

stanco [stàn-co] *agg.* [pl.m. *-chi*] **1** affaticato e bisognoso di riposo: *ritornare — dal lavoro* | — *morto,* stanchissimo **2** privo di vitalità, esaurito: *uno scrittore dalla vena stanca* **3** che ha raggiunto il limite di sopportazione; che non ha più desiderio, interesse per qlco.: *essere — di qlcu.*, averne abbastanza □ **stancamente** *avv.*

stand [/ stend /] *s.m.invar.* (*ingl.*) in una fiera, un'esposizione, ciascuno dei settori riservati ai singoli espositori.

standard [stàn-dard] *s.m.invar.* **1** modello, tipo al quale ci si uniforma o che viene assunto come termine di riferimento **2** misura, valore, qualità medi: *un elevato — di vita* **3** campione di prodotto (*p.e.* grano, caffè) su cui si basano le classificazioni ufficiali di qualità | Usato anche come *agg.invar.* conforme a un determinato modello o tipo assunto come normale: *prodotto, formato* —.

standardizzare [stan-dar-diʒ-ʒà-re] *v.tr.* **1** conformare a uno standard; uniformare: — *la produzione* **2** (*fig.*) privare dei caratteri specifici; spersonalizzare: — *i gusti.*

standardizzato [stan-dar-diʒ-ʒà-to] *agg.* si dice di tutto ciò che si uniforma a un tipo, a un modello.

standardizzazione [stan-dar-diʒ-ʒa-zió-ne] *s.f.* lo standardizzare, l'essere standardizzato | fabbricazione di prodotti standardizzati.

stand-by [/ ˈstendbai /] *s.m.invar.* (*ingl.*) modo economico di viaggiare in aereo, consistente nel mettersi in lista d'attesa senza aver prenotato il volo.

standista [stan-dì-sta] *s.m.* e *f.* [pl.m. *-sti*] chi si occupa dell'allestimento di uno stand in un'esposizione | chi è titolare di uno stand | chi presenta o vende la merce in uno stand.

stanga [stàn-ga] *s.f.* **1** lunga sbarra di ferro o di legno usata per rinforzare la chiusura di porte e finestre. DIM. *stanghetta* **2** il braccio del carro al quali si attaccano gli animali da tiro: *le stanghe del carretto* **3** (*fig. fam.*) persona molto alta.

stangare [stan-gà-re] *v.tr.* [*io stango, tu stanghi ecc.*] **1** colpire con una stanga **2** (*fig.*) danneggiare economicamente.

stangata [stan-gà-ta] *s.f.* **1** colpo dato con una stanga **2** (*fig.*) danno di natura economica; batosta: *— fiscale* **3** (*sport*) nel calcio, tiro molto forte.

stanghetta [stan-ghét-ta] *s.f.* **1** barretta metallica della serratura che esce o rientra girando la chiave **2** ciascuna delle due asticelle degli occhiali **3** (*mus.*) linea verticale che sul rigo musicale delimita una battuta.

stangone [stan-gó-ne] *s.m.* [f. *-a*] (*fam.*) persona alta.

stannifero [stan-nì-fe-ro] *agg.* che contiene stagno.

stanotte [sta-nòt-te] *avv.* questa notte (quella in corso, quella appena passata o quella immediatamente futura).

stante [stàn-te] *agg.* **1** (*archeol.*) che sta ritto in piedi, detto di statua: *un Apollo —* **2** *a sé —*, che fa parte a sé: *un ufficio a sé —* | *seduta —*, immediatamente ♦ *prep.* a causa di: *— il cattivo tempo, la gita è rimandata* ♦ Nelle loc. cong. *— che, — il fatto che*, poiché, per il fatto che: *— che sei malato, ci andrò io.*

stantio [stan-tì-o] *agg.* che ha perso la freschezza, l'odore, il sapore originario (detto di alimento): *pane —* ♦ *s.m.* odore, sapore di roba stantia: *sapere di —.*

stantuffo [stan-tùf-fo] *s.m.* (*mecc.*) organo meccanico che scorre con moto alterno in un cilindro, esercitando una funzione di compressione e di aspirazione: *pompa a —.*

stanza [stàn-za] *s.f.* **1** luogo in cui ha sede un comando, un corpo militare: *reparto di — in città* **2** ciascuno degli ambienti interni di un edificio, divisi l'uno dall'altro da pareti: *appartamento di tre stanze.* DIM. *stanzetta, stanzino* (m.) ACCR. *stanzone* (m.) **3** (*metr.*) strofa di una canzone o di una ballata.

stanziale [stan-zià-le] *agg.* che dimora stabilmente in un luogo; permanente: *esercito —* | detto di uccelli o selvaggina, che non migrano.

stanziamento [stan-zia-mén-to] *s.m.* **1** lo stanziare una somma di denaro per una spesa specifica: *— di fondi per la costruzione di scuole* | la somma stanziata: *un forte —* **2** lo stanziarsi in una determinata zona.

stanziare [stan-zià-re] *v.tr.* [*io stànzio ecc.*] destinare una somma di denaro per un determinato scopo: *il governo ha stanziato mille miliardi per la sanità* ♦ **stanziarsi** *v.intr.pron.* stabilirsi, fissare la propria dimora.

stanziatore [stan-zia-tó-re] *agg.* e *s.m.* [f. *-trice*] che/chi stanzia: *ente —.*

stanzino [stan-zì-no] *s.m.* stanza molto piccola, per lo più senza finestra.

stappare [stap-pà-re] *v.tr.* togliere il tappo a qlco.: *— una bottiglia.*

star [/ star /] *s.f.invar.* (*ingl.*) stella del cinema; diva | (*estens.*) personaggio molto famoso, molto popolare: *una — del giornalismo.*

starare [sta-rà-re] *v.tr.* (*tecn.*) alterare la giusta taratura di un apparecchio ♦ **stararsi** *v.intr.pron.* di apparecchio, perdere la giusta taratura.

stare [stà-re] *v.intr.* [pres. *io sto* (con *o* aperta), *tu stài, egli sta, noi stiamo, voi state, essi stanno*; fut. *io starò ecc.*; pass.rem. *io stètti, tu stésti, egli stètte, noi stémmo, voi stéste, essi stèttero*; congiunt.pres. *io stia..., noi stiamo, voi stiate, essi stìano*; congiunt.imperf. *io stéssi ecc.*; cond. *io starèi ecc.*; imp. *sta* o *sta'* o *stai*; part.pass. *stato*] **1** (*assol.*) fermarsi interrompendo un movimento; restare immobile | restare dove si è: *preferisco partire piuttosto che —* **2** restare, rimanere, trattenersi (in un luogo, un ambiente, una situazione ecc.; è frequente la forma *starsene*): *— senza muoversi; starsene al sole; — attento* | permanere in una determinata posizione: *— seduto, a bocca aperta* | *— addosso a qlcu.*, (*fig.*) sollecitarlo, opprimerlo con richieste pressanti e continue | *lasciar —*, non toccare, non prendere; riferito a persona, non disturbarla: *è meglio lasciarlo —*; (*assol.*) desistere, tralasciare: *è il caso di lasciar —* | *saper, poter —, riuscire a —*, essere in grado di vivere, di resistere: *senza sigarette non può —* **3** trovarsi fisicamente in un luogo: *— a casa, in ufficio* | riferito a un oggetto, essere posto in un luogo: *dove sta il mio cappello?* **4** essere contenuto (per lo più con la particella avv. di luogo): *il 3 nel 12 ci sta 4 volte* | poter essere contenuto: *nel nuovo stadio ci stanno 90.000 spettatori* | *non — in sé*, (*fig.*) essere fuori di sé: *non — in sé dalla gioia* **5** (*mat.*) essere in rapporto di proporzione: *8 sta a 4 come 10 sta a 5* **6** abitare, risiedere; convivere: *sta in corso Cavour* | *— con qlcu., insieme con qlcu.*, fargli compagnia; oppure, essere in relazione amorosa con lui | *— con qlcu., dalla parte di qlcu.*, (*fig.*) parteggiare per lui **7** detto di edificio, ufficio, istituzione, avere sede: *il museo sta sul lato destro della piazza* **8** essere, trovarsi in una certa condizione fisica, psicologica, economica: *— bene in salute* **9** *— bene, male*, essere o non essere conveniente, opportuno: *sta male mettersi le dita nel naso* | detto di indumento o di accessorio d'abbigliamento, essere o no adatto: *il cappellino le sta bene; col pesce sta bene il vino bianco* **10** detto di una cosa, essere in un dato modo: *raccontare i fatti come stanno* | (*estens.*) consistere, essere: *qui sta il difficile* **11** essere in facoltà, dipendere: *non sta a me decidere* **12** in funzione di verbo fraseologico, seguito da un gerundio, indica azione continuativa: *sto leggendo*; *che stai facendo?* | seguito da *a* e l'infinito presente, sottolinea la durata dell'azione: — *a dormire* | seguito da *per* e infinito presente, indica l'imminenza dell'azione espressa dal verbo: — *per partire*.

starna [stàr-na] *s.f.* uccello dal corpo tozzo e arrotondato, con piccolo becco ricurvo e piumaggio grigio.

starnare [star-nà-re] *v.tr.* togliere le interiora agli uccelli appena uccisi, perché si conservino meglio e più a lungo.

starnazzare [star-naz-zà-re] *v.intr.* [aus. *avere*] **1** detto dei polli e altri gallinacei, agitare rapidamente le ali **2** (*scherz.*) far chiasso con grida e chiacchiere inutili.

starnutare [star-nu-tà-re] *v.intr.* [aus. *avere*] starnutire.

starnutire [star-nu-tì-re] *v.intr.* [*io starnutisco, tu starnutisci ecc.*; aus. *avere*] fare uno o più starnuti.

starnuto [star-nù-to] *s.m.* espirazione forte e rumorosa preceduta da una profonda inspirazione; è provocata da stimoli che irritano la mucosa nasale: *fare uno* —.

start [/ start /] *s.m.invar.* (*ingl.*) **1** (*cine.*) fotogramma iniziale di un film **2** (*sport*) segnale di partenza.

starter [/ ′starter /] *s.m.invar.* (*ingl.*) **1** chi dà il segnale di partenza nelle gare di corsa **2** (*aut.*) nei veicoli a motore, dispositivo che facilita l'avviamento.

stasare [sta-sà-re *o* staʃare] *v.tr.* liberare da ciò che intasa; sturare: — *un condotto*.

stasera [sta-sé-ra] *avv.* questa sera (quella in corso o quella appena trascorsa).

stasi [stà-ʃi] *s.f.* **1** (*med.*) rallentamento o ristagno di fluidi normalmente circolanti nell'organismo: — *venosa* **2** (*fig.*) rallentamento o arresto di un'attività, di uno sviluppo; ristagno: — *economica*.

-stasi, o **-stasia**, secondo elemento di parole composte della terminologia medica e scientifica, che indica 'cessazione, arresto' (*emostasi*).

statale [sta-tà-le] *agg.* dello stato; che è sotto il controllo, l'amministrazione dello stato: *ente, scuola, strada* — ♦ *s.m.* e *f.* chi è alle dipendenze di una amministrazione statale ♦ *s.f.* strada statale.

statalismo [sta-ta-lì-ʃmo] *s.m.* tendenza ad attribuire allo stato un largo potere in campo economico e sociale.

statalista [sta-ta-li-sta] *s.m.* e *f.* [pl.m. *-sti*] chi sostiene lo statalismo.

statalistico [sta-ta-lì-sti-co] *agg.* [pl.m. *-ci*] che concerne lo statalismo; che applica lo statalismo: *regime* —.

statalizzare [sta-ta-liʒ-ʒà-re] *v.tr.* rendere statale, di proprietà dello stato.

statalizzazione [sta-ta-liʒ-ʒa-zió-ne] *s.f.* lo statalizzare, l'essere statalizzato.

statica [stà-ti-ca] *s.f.* **1** (*fis.*) parte della meccanica che studia le condizioni di equilibrio dei corpi **2** (*ing.*) insieme delle condizioni di equilibrio e di stabilità di un edificio o di un'altra costruzione.

staticità [sta-ti-ci-tà] *s.f.* condizione di ciò che è statico.

statico [stà-ti-co] *agg.* [pl.m. *-ci*] **1** (*fis.*) relativo alla statica; che riguarda un sistema in quiete (si contrappone a *dinamico*) **2** che concerne la stabilità di un edificio o di un'altra costruzione **3** (*fig.*) privo di movimento, di sviluppo: *una politica statica* □ **staticamente** *avv.* **1** (*fis.*) relativamente alla statica **2** (*fig.*) immobilmente.

statino [sta-tì-no] *s.m.* (*burocr.*) piccolo prospetto che reca dati concernenti una rilevazione.

station-wagon [/ ′steʃʃon ′wɛgon /] *agg.* e *s.f.invar.* (*ingl.*) (*aut.*) si dice di autovettura con carrozzeria modificata nella parte posteriore rispetto al modello base, in modo da avere maggiore capacità di carico; familiare.

statista [sta-tì-sta] *s.m.* e *f.* [pl.m. *-sti*] chi governa, dirige uno stato.

statistica [sta-tì-sti-ca] *s.f.* **1** analisi quantitativa di fenomeni collettivi allo scopo di individuare le leggi o i modelli che permettono di spiegarli e di prevederli **2** raccolta sistematica e ordinata di dati: *la — delle nascite*.

statistico [sta-tì-sti-co] *agg.* [pl.m. *-ci*] relativo alla statistica; proprio della statistica: *metodo* — ♦ *s.m.* [f. *-a*] chi si occupa professionalmente di statistica □ **statisticamente** *avv.* dal punto di vista statistico | mediamente, secondo la media.

stativo [sta-tì-vo] *s.m.* supporto di vari strumenti ottici; treppiedi.

statizzare [sta-tiʒ-ʒà-re] *v.tr.* statalizzare.

statizzazione [sta-tiʒ-ʒa-zió-ne] *s.f.* statalizzazione.

stato [stà-to] *s.m.* **1** lo stare | in grammatica: *complemento di — in luogo*, quello indicante il luogo, reale o figurato, in cui è il soggetto o si compie l'azione; *verbi di* — (o *di quiete*), quelli che non indicano movimento **2** situazione, condizione: — *di salute, d'animo*; — *interessante*, (*fam.*) la condizione della donna incinta | — *di grazia*, (*fig.*) trovarsi in una condizione di particolare efficienza, ispirazione ecc. **3** situazione, condizione di una persona agli effetti anagrafici o giuridici; il documento ufficiale che attesta questa situazione o condizione: — *celibe, nubile*; — *di famiglia* | — *civile*, la posizione anagrafica di una persona; anche, l'ufficio del comune che registra la cittadinanza, le nascite, le morti e i matrimoni **4** condizione economica; posizione sociale: *migliorare il proprio* — | (*st.*) classe sociale: *primo, secondo, terzo* —, nella Francia prerivoluzionaria, la nobiltà, il clero, la borghesia; *il quarto* —, il proletariato **5** (*chim., fis.*) modo particolare in cui le molecole di una sostanza possono trovarsi associate: — *solido, liquido, gassoso* **6** — *maggiore*, l'insieme degli ufficiali destinati a coadiuvare l'autorità militare centrale **7** entità giuridica e politica che nasce dall'organizzazione della vita collettiva di un gruppo sociale nell'ambito di un territorio, sul quale essa esercita la sua sovranità; il territorio stesso: *lo — italiano; i confini dello —* | *— di diritto,* in cui tutti i cittadini, compreso chi esercita il potere politico, sono tenuti a rispettare le leggi e in cui vige la separazione dei poteri | *uomo di —,* statista. DIM. *staterello.*

statolatria [sta-to-la-trì-a] *s.f.* concezione che riconosce allo stato un'autorità assoluta e illimitata; culto dello stato.

statore [sta-tó-re] *s.m.* in una macchina elettrica rotante, la parte fissa.

statua [stà-tua] *s.f.* opera di scultura a tutto tondo, che raffigura persone o animali: *— di marmo; scolpire una —* | *— equestre,* in cui è raffigurato un personaggio a cavallo | *essere, sembrare una —,* (*fig.*) si dice di persona che sta assolutamente immobile. DIM. *statuina, statuetta.*

statuale [sta-tu-à-le] *agg.* dello stato, inteso come organizzazione politico-giuridica.

statuaria [sta-tu-à-ria] *s.f.* (*non com.*) l'arte di scolpire statue: *la — classica.*

statuario [sta-tu-à-rio] *agg.* **1** delle statue, che concerne le statue: *arte statuaria* **2** (*fig.*) solenne, maestoso come una statua: *fisico —.*

statuire [sta-tu-ì-re] *v.tr.* [*io statuisco, tu statuisci ecc.*] (*dir.*) stabilire, deliberare, decretare: *— con legge.*

statunitense [sta-tu-ni-tèn-se] *agg.* degli Stati Uniti d'America ♦ *s.m.* e *f.* chi è nato, chi abita negli Stati Uniti d'America.

statu quo → **status quo**.

statura [sta-tù-ra] *s.f.* **1** altezza di un individuo in posizione eretta: *essere alto di —* | altezza di un animale, considerata da terra alla spalla **2** (*fig.*) altezza d'animo o d'ingegno; levatura: *— intellettuale, morale.*

status [/ 'status /] *s.m.invar.* (*lat.*) situazione, posizione giuridica o sociale di un individuo o di un gruppo: *— giuridico.*

status quo [/ 'status'kwɔ /], o statu quo, *loc. sost.m.invar.* (*lat.*) la situazione che esisteva prima del verificarsi di un determinato evento: *tornare allo —* | situazione di fatto: *modificarelo —.*

status symbol [/ 'status 'simbol /] *loc.sost. m.invar.* (*ingl.*) oggetto, segno esteriore che rivelerebbe la posizione sociale di una persona: *la villa al mare è uno —.*

statutario [sta-tu-tà-rio] *agg.* di statuto, sancito da uno statuto: *norma statutaria.*

statuto [sta-tù-to] *s.m.* atto che contiene le norme fondamentali di un ente pubblico o privato | nell'Ottocento, carta costituzionale: *— albertino,* quello emanato dal re Carlo Alberto di Savoia il 4 marzo 1848 | *— regionale,* che regola l'organizzazione degli organi di una regione: *regioni a — ordinario, speciale.*

stavolta [sta-vòl-ta] *avv.* (*fam.*) questa volta.

stazionamento [sta-zio-na-mén-to] *s.m.* lo stazionare, il sostare; sosta | *freno di —,* freno a mano degli autoveicoli.

stazionare [sta-zio-nà-re] *v.intr.* [*io stazióno ecc.*; aus. *avere*] sostare, stare fermo in un luogo (detto spec. di veicoli).

stazionario [sta-zio-nà-rio] *agg.* **1** che tende a non mutare dimora: *uccello —* **2** (*fig.*) che non varia, che rimane pressoché costante: *condizioni di salute stazionarie.*

stazione [sta-zió-ne] *s.f.* **1** il complesso degli edifici e degli impianti presso cui si svolgono le operazioni di arrivo e partenza di mezzi di trasporto pubblico: *— ferroviaria, marittima.* DIM. *stazioncina* | un tempo, luogo attrezzato per il riposo o la sostituzione dei cavalli: *— di posta* **2** qualsiasi edificio o impianto fisso attrezzato per determinati servizi: *— meteorologica, radiofonica; — di servizio,* per il rifornimento di carburante e l'assistenza tecnica degli autoveicoli | *— dei carabinieri,* la più piccola unità operativa dei carabinieri sul territorio **3** località che presenta determinate particolarità ambientali e climatiche: *— marina, montana* | località adatta a soggiorni di villeggiatura e di cura: *— balneare, termale* **4** (*fisiol.*) la posizione del corpo umano: *— eretta, prona.*

stazza [stàz-za] *s.f.* **1** (*mar.*) volume complessivo degli spazi interni di una nave mercantile misurato in *tonnellate di stazza,* pari a 2,832 m^3 ciascuna **2** (*fig.*) corporatura robusta: *avere una bella —.*

stazzare [staz-zà-re] *v.tr.* misurare la stazza di una nave o di un'imbarcazione a vela ♦ *v.intr.* [aus. *avere*] avere una determinata stazza (detto di nave).

stazzo [stàz-zo] *s.m.* recinto all'aperto dove si raccoglie il bestiame durante la notte.

stazzonare [staz-zo-nà-re] *v.tr.* [*io stazzóno ecc.*] sgualcire.

stearico [ste-à-ri-co] *agg.* (*chim.*) si dice di acido ottenuto dalla saponificazione di grassi animali e vegetali e usato nella fabbricazione di candele e di appretti per tessuti | *candela stearica,* candela di stearina.

stearina [stea-rì-na] *s.f.* (*chim.*) gliceride dell'acido stearico | nome commerciale di una miscela solida di acidi grassi usata un tempo per fabbricare candele.

stecca [stéc-ca] *s.f.* **1** asticella lunga e sottile, per lo più di legno: *le stecche della persiana* **2** nome generico di vari attrezzi o elementi a forma di stecca: *le stecche dell'ombrello* | *stecche di balena,* lamine fatte con i fanoni della balena e usate per confezionare busti, ventagli ecc. | *— del biliardo,* l'asta con cui si colpisce la palla nel gioco del biliardo **3** (*med.*) tavoletta di legno o di altro materiale usata per immobilizzare un osso fratturato **4** (*estens.*) confezione contenente dieci o venticinque pacchetti di sigarette **5** (*fig.*) stonatura; nota o serie di note stonate o sbagliate.

steccare [stec-cà-re] *v.tr.* [*io stécco, tu stécchi ecc.*] **1** munire di stecche | cingere con uno steccato: *— un giardino* **2** (*med.*) applicare una stecca a un osso fratturato **3** (*fig.*) sbagliare, prendere male: *— una nota; — la palla,* nel tennis, colpirla col bordo della racchetta ♦ *v.intr.* [aus. *avere*] **1** nel gioco del biliardo, colpire male la palla **2** (*fig.*) stonare o sbagliare note nel canto.

steccata [stec-cà-ta] *s.f.* **1** steccato, stecconata **2** colpo dato con una stecca.

steccato [stec-cà-to] *s.m.* **1** barriera, recinzione fatta con stecconi o pali di legno affiancati e infissi nel terreno | riparo che limita i bordi della pista di un ippodromo **2** (*fig.*) barriera, divisione profonda: *fra loro esiste ormai uno* —.

stecchetto [stec-chét-to] *s.m.* nella loc. avv. *a* —, a corto di mezzi, di denaro, di cibo: *tenere a* —.

stecchino [stec-chì-no] *s.m.* stuzzicadenti.

stecchire [stec-chì-re] *v.tr.* [*io stecchisco, tu stecchisci ecc.*] uccidere sul colpo: *lo stecchì con una fucilata.*

stecchito [stec-chì-to] *agg.* **1** rinsecchito: *un albero* — **2** rigido come uno stecco | *morto* —, morto sul colpo.

stecco [stéc-co] *s.m.* [pl. *-chi*] ramoscello sfrondato e secco; bastoncino sottile e appuntito | *essere uno* —, (*fig.*) si dice di persona molto magra.

stecconata [stec-co-nà-ta] *s.f.*, o **stecconato** *s.m.*, steccato.

steccone [stec-có-ne] *s.m.* asse di legno stretta e generalmente appuntita usata per steccati e recinti.

stechiometria [ste-chio-me-trì-a] *s.f.* parte della chimica che studia le leggi che regolano i rapporti di combinazione delle molecole nelle reazioni.

stegomia [ste-go-mì-a] *s.f.* (*zool.*) genere di zanzare che con la puntura possono trasmettere alcune malattie infettive.

stegosauro [ste-go-sàu-ro] *s.m.* rettile fossile terrestre, del gruppo dei dinosauri, fornito di una cresta ossea lungo la spina dorsale.

stele [stè-le] *s.f.* [pl. *-le*] **1** lastra di pietra o marmo che reca un'iscrizione o immagini in rilievo: — *funebre* **2** (*bot.*) la zona centrale dei fusti e delle radici.

stella [stél-la] *s.f.* **1** corpo celeste formato da materia allo stato di plasma e caratterizzato dall'emissione di luce e altre radiazioni: *il Sole è una* —; — *polare*, nella costellazione dell'Orsa Minore, indica il Polo nord; — *cadente*, meteorite che attraversa l'atmosfera diventando incandescente | — *di Natale*, quella che avrebbe guidato i Magi verso la capanna di Betlemme | *salire, giungere alle stelle*, (*fig.*) arrivare molto in alto | *portare, levare alle stelle*, (*fig.*) esaltare, magnificare | *vedere le stelle*, (*fig.*) provare un dolore fisico acutissimo | *a* —, a forma di stella | *buona, cattiva* —, sorte propizia, sfavorevole. DIM. *stellina* **2** immagine, oggetto a forma di stella: *una — di carta*; *cacciavite a* — | — *filante*, rotolino di carta variamente colorato che si lancia per gioco a carnevale **3** distintivo, emblema a forma di stella: *la — di Davide* | simbolo di grado militare: *generale a tre stelle* | simbolo che indica la categoria o la qualità di alberghi e ristoranti: *albergo a quattro stelle* **4** personaggio dello spettacolo o dello sport: *le stelle di Hollywood* **5** in botanica: — *di Natale*, arbusto con infiorescenze a fiori piccoli gialli circondati da grandi brattee rosse disposte a stella; — *alpina*, pianta erbacea con fiori vellutati bianchi **6** — *di mare*, (*zool.*) invertebrato degli Echinodermi che ha il corpo a forma di stella.

stellare [stel-là-re] *agg.* **1** (*astr.*) di stella; relativo alle stelle: *grandezza* — **2** che ha forma simile a quella di una stella: *figura* — **3** spaziale: *guerre stellari.*

stellato [stel-là-to] *agg.* **1** pieno, cosparso di stelle: *cielo* — **2** in forma di stella o simile a una stella.

stelletta [stel-lét-ta] *s.f.* **1** distintivo a forma di stella a cinque punte che contraddistingue le forze armate italiane | distintivo di grado degli ufficiali dell'esercito **2** (*tip.*) asterisco.

stellina [stel-lì-na] *s.f.* **1** giovane attrice cinematografica **2** (spec. *pl.*) tipo di pastina per brodo a forma di piccole stelle.

stelloncino [stel-lon-cì-no] *s.m.* (*giorn.*) trafiletto, senza titolo, di cronaca mondana o di altro argomento leggero.

stelo [stè-lo] *s.m.* **1** (*bot.*) fusto delle piante erbacee; anche, il peduncolo dei fiori **2** (*estens.*) elemento di sostegno a forma di fusto | *lampada a* —, con fusto lungo e sottile che poggia sul pavimento **3** (*anat.*) la parte del pelo che sporge dall'epidermide.

stemma [stèm-ma] *s.m.* [pl. *-mi*] (*arald.*) emblema che costituisce il contrassegno di famiglie nobili, istituzioni, enti, associazioni e simili: *lo — dei Visconti.*

stemmato [stem-mà-to] *agg.* che reca uno stemma: *carta stemmata.*

stemperare [stem-pe-rà-re] *v.tr.* [*io stèmpero ecc.*] **1** diluire una sostanza solida in un liquido fino a formare un impasto: — *i colori nell'olio* | (*fig.*) rendere generico facendo perdere di forza, efficacia: — *un concetto* **2** togliere la tempera a un metallo: — *l'acciaio* ♦ **stemperarsi** *v.intr.pron.* perdere la tempera | perdere la punta.

stempiarsi [stem-piàr-si] *v.intr.pron.* [*io mi stèmpio ecc.*] perdere i capelli, a cominciare dalle tempie.

stempiato [stem-pià-to] *agg.* privo di capelli in prossimità delle tempie: *un uomo* —.

stempiatura [stem-pia-tù-ra] *s.f.* lo stempiarsi, l'essere stempiato: *una — accentuata.*

stendardo [sten-dàr-do] *s.m.* **1** insegna che contraddistingueva i reggimenti di cavalleria **2** gonfalone di enti pubblici o confraternite religiose, portato in cima a un'asta.

stendere [stèn-de-re] *v.tr.* [coniugato come *tendere*] **1** distendere, allungare: — *le gambe* | — *la mano*, chiedere l'elemosina **2** mettere a giacere: — *un ferito sulla barella* | (*estens.*) atterrare, abbattere: — *una persona con un pugno* **3** dispiegare, sciorinare: — *il bucato* | spiegare, svolgere qlco. che era ripiegato o ravvolto: — *la tovaglia sulla tavola* **4** spalmare, spianare: — *i colori sulla tela*; — *la pasta*, ridurla in sfoglia col matterello 5 mettere per iscritto; redigere: — *un contratto* ♦ **stendersi** *v.rifl.* porsi disteso: — *al sole* ♦ *v.intr.pron.* estendersi per un certo spazio: *la pianura si stende sino al mare.*

stendibiancheria [sten-di-bian-che-rì-a] *s.m.invar.* attrezzo su cui viene stesa la biancheria ad asciugare.

stenditoio [sten-di-tó-io] *s.m.* 1 locale attrezzato per stendere i panni 2 stendibiancheria.

steno- primo elemento di parole composte della terminologia scientifica e dotta, che significa 'restringimento, abbreviazione' (*stenografia*).

stenocardia [ste-no-car-dì-a] *s.f.* (*med.*) angina pectoris.

stenodattilografia [ste-no-dat-ti-lo-gra-fì-a] *s.f.* tecnica della stenografia abbinata a quella della dattilografia.

stenodattilografo [ste-no-dat-ti-lò-gra-fo] *s.m.* [f. *-a*] persona specializzata o diplomata in stenodattilografia.

stenografare [ste-no-gra-fà-re] *v.tr.* [*io stenògrafo ecc.*] scrivere con i caratteri e i segni della stenografia: — *un discorso.*

stenografia [ste-no-gra-fì-a] *s.f.* tecnica di scrittura manuale veloce che usa segni e abbreviazioni convenzionali di parole e frasi.

stenografico [ste-no-grà-fi-co] *agg.* [pl.m. *-ci*] di stenografia, della stenografia: *metodo* — | scritto con i segni della stenografia: *resoconto* — □ **stenograficamente** *avv.* per mezzo della stenografia.

stenografo [ste-nò-gra-fo] *s.m.* [f. *-a*] chi è in grado di scrivere usando la tecnica stenografica.

stenosi [ste-nò-ʃi] *s.f.* (*med.*) restringimento patologico di un orifizio o un condotto anatomico: — *bronchiale.*

stenotipia [ste-no-ti-pì-a] *s.f.* sistema di scrittura stenografica per mezzo di speciali macchine da scrivere.

stenotipista [ste-no-ti-pì-sta] *s.m.* e *f.* [pl.m. *-sti*] chi scrive in stenotipia.

stentare [sten-tà-re] *v.intr.* [*io stènto ecc.*; aus. *avere*] 1 incontrare difficoltà nel fare qlco.: — *a scrivere*; *si stenta a crederlo* 2 (*assol.*) versare in ristrettezze economiche: *una famiglia che stenta* | Con uso transitivo: — *la vita*, vivere tra gli stenti.

stentatezza [sten-ta-téz-za] *s.f.* l'essere stentato.

stentato [sten-tà-to] *agg.* 1 eseguito, ottenuto con fatica, a stento: *promozione stentata* | che manca di naturalezza: *sorriso* — 2 cresciuto male, a stento: *pianta stentata* 3 pieno di fatiche e di stenti: *vita stentata* □ **stentatamente** *avv.*

stento [stèn-to] *s.m.* 1 sofferenza, privazione dovuta a gravi ristrettezze economiche: *vita di stenti* 2 difficoltà, fatica nel fare qlco. | *a* —, a fatica.

stentoreo [sten-tò-reo] *agg.* (*lett.*) si dice di voce forte, potente.

steppa [stép-pa] *s.f.* vasta prateria incolta tipica di zone temperate soggette a lunghi periodi di siccità: *le steppe russe.*

steppico [stép-pi-co] *agg.* [pl.m. *-ci*] della steppa: *clima* —.

stepposo [step-pó-so] *agg.* che ha le caratteristiche della steppa: *regione stepposa.*

steradiante [ste-ra-diàn-te] *s.m.* (*mat.*) unità di misura degli angoli solidi nel Sistema Internazionale, pari all'angolo solido che ha il vertice nel centro di una sfera.

sterangolo [ste-ràn-go-lo] *s.m.* (*mat.*) angolo solido.

sterco [stèr-co] *s.m.* [pl. rar. *-chi*] escrementi degli animali e dell'uomo.

stercorario [ster-co-rà-rio] *agg.* (*lett.*) dello sterco; che si riferisce allo sterco | *scarabeo* —, (*zool.*) coleottero che depone le uova negli escrementi degli animali domestici.

stereo [stè-re-o] *agg.invar.* forma abbreviata di *stereofonico* ♦ *s.m.invar.* impianto stereofonico.

stereo- primo elemento di parole composte, che significa 'spaziale, tridimensionale' (*stereografia, stereoscopia*).

stereobate [ste-re-ò-ba-te] *s.m.* nell'architettura greca, basamento di una colonna o di un intero edificio.

stereocinematografia [stere-o-ci-ne-ma-to-gra-fì-a] *s.f.* cinematografia a effetto stereoscopico.

stereofonia [stere-o-fo-nì-a] *s.f.* tecnica di registrazione e riproduzione del suono che, utilizzando due o più canali, ricrea la percezione spaziale originaria del suono.

stereofonico [ste-re-o-fò-ni-co] *agg.* [pl.m. *-ci*] 1 che riguarda la stereofonia: *effetto* — 2 che è basato sulla stereofonia: *impianto* —, impianto per l'ascolto di musica che emette i suoni da due o più diffusori acustici.

stereofotografia [ste-re-o-fo-to-gra-fì-a] *s.f.* tecnica di ripresa di immagini accoppiate che danno la sensazione dello spazio tridimensionale | fotografia stereoscopica.

stereografia [ste-re-o-gra-fì-a] *s.f.* (*geom.*) metodo di rappresentazione grafica di un solido sopra un piano.

stereogramma [ste-reo-gràm-ma] *s.m.* [pl. *-mi*] (*mat.*) rappresentazione grafica tridimensionale di una funzione a due variabili.

stereometria [ste-re-o-me-trì-a] *s.f.* parte della geometria che ha per oggetto lo studio e la misurazione dei solidi.

stereoscopia [ste-re-o-sco-pì-a] *s.f.* 1 percezione della tridimensionalità di un oggetto mediante la visione binoculare 2 parte dell'ottica che studia le immagini e gli effetti tridimensionali 3 fotografia stereoscopica.

stereoscopico [ste-re-o-scò-pi-co] *agg.* [pl.m. *-ci*] che riguarda la stereoscopia: *effetto* — | *fotografia stereoscopica*, quella che, pur essendo stampata su una superficie piana, dà a chi la guarda la sensazione dello spazio tridimensionale.

stereoscopio [ste-re-o-scò-pio] *s.m.* strumento ottico, simile a un binocolo, mediante il quale si ha la sensazione di vedere un'immagine in rilievo.

stereotipare [ste-re-o-ti-pà-re] *v.tr.* [*io stereòtipo*

ecc.] (*tip.*) stampare col sistema della stereotipia.
stereotipato [ste-re-o-ti-pà-to] *agg.* 1 (*tip.*) stampato col sistema della stereotipia 2 (*fig.*) ripetuto, riprodotto sempre allo stesso modo, secondo un modello fisso; convenzionale: *frasi stereotipate.*
stereotipia [ste-re-o-ti-pì-a] *s.f.* (*tip.*) 1 procedimento di stampa da lastre di piombo fuse in un blocco unico 2 la lastra così ottenuta; la stampa effettuata con tali lastre.
stereotipico [ste-re-o-tì-pi-co] *agg.* [pl.m. *-ci*] (*tip.*) relativo alla stereotipia: *procedimento —.*
stereotipo [ste-re-ò-ti-po] *agg.* di stereotipia; ottenuto con procedimento stereotipico: *riproduzione stereotipa* ♦ *s.m.* 1 modello ricorrente e convenzionale di comportamento, di discorso 2 (*ling.*) successione fissa di parole (p.e. *atroce delitto, caso pietoso*).
sterile [stè-ri-le] *agg.* 1 incapace di concepire, di riprodursi; infecondo: *donna, uomo —* | *fiore —*, che non dà frutto 2 (*estens.*) improduttivo o scarsamente produttivo: *terreno —* 3 (*fig.*) senza risultato; inutile: *lavoro —* 4 (*med.*) sterilizzato, privo di germi: *ambiente —* □ **sterilmente** *avv.*
sterilità [ste-ri-li-tà] *s.f.* 1 l'essere sterile 2 assenza totale di germi o di altri microrganismi.
sterilizzare [ste-ri-liʒ-ʒà-re] *v.tr.* 1 rendere sterile; privare della capacità procreativa mediante sterilizzazione 2 liberare da germi e da altri microrganismi con appositi procedimenti: *— il latte.*
sterilizzatore [ste-ri-liʒ-ʒa-tó-re] *s.m.* 1 [f. *-trice*] chi sterilizza 2 apparecchio usato per la sterilizzazione | Usato anche come *agg.*: *macchina sterilizzatrice*, autoclave.
sterilizzazione [ste-ri-liʒ-ʒa-zió-ne] *s.f.* 1 procedimento che ha lo scopo di distruggere ogni forma di vita microbica in una sostanza o in un corpo 2 (*med.*) procedimento che rende la femmina o il maschio incapaci di procreare.
sterletto [ster-lét-to], o **sterlatto**, *s.m.* piccolo pesce simile allo storione, le cui uova forniscono la migliore qualità di caviale.
sterlina [ster-lì-na] *s.f.* unità monetaria del Regno Unito e di diversi altri paesi | Usato anche come *agg.*: *lira —*, lo stesso che *sterlina.*
sterminare [ster-mi-nà-re] *v.tr.* [*io stèrmino ecc.*] annientare, eliminare completamente: *— la selvaggina.*
sterminatezza [ster-mi-na-téz-za] *s.f.* l'essere sterminato, smisurato.
sterminato [ster-mi-nà-to] *agg.* immenso, senza confini o misura: *territorio —; numero — di persone.*
sterminatore [ster-mi-na-tó-re] *s.m.* [f. *-trice*] chi stermina | Usato anche come *agg.*: *guerra sterminatrice.*
sterminio [ster-mì-nio] *s.m.* annientamento, strage: *guerra di —* | *campi di —*, campi di concentramento nazisti destinati all'eliminazione fisica dei prigionieri.
sternale [ster-nà-le] *agg.* (*anat.*, *med.*) dello sterno; che riguarda lo sterno: *dolore —.*
sterno [stèr-no] *s.m.* (*anat.*) osso piatto situato nella parte anteriore e mediana del torace.
steroide [ste-ròi-de] *s.m.* (*chim.*) nome di diversi composti organici, naturali o sintetici, caratterizzati dalla presenza, nella molecola, di un gruppo pentaciclico.
steroideo [ste-roi-dè-o] *agg.* (*chim.*) di steroide, relativo a steroide.
sterpaglia [ster-pà-glia] *s.f.* groviglio di sterpi; terreno coperto di sterpi.
sterpaia [ster-pà-ia] *s.f.*, o **sterpaio** *s.m.*, terreno pieno di sterpi.
sterpame [ster-pà-me] *s.m.* insieme di sterpi.
sterpo [stèr-po] *s.m.* arbusto secco e spinoso; ramo secco.
sterposo [ster-pó-so] *agg.* pieno, ricoperto di sterpi: *terreno —.*
sterramento [ster-ra-mén-to] *s.m.* lo sterrare; sterro.
sterrare [ster-rà-re] *v.tr.* [*io stèrro ecc.*] rimuovere la terra spianando o scavando, in genere per preparare il terreno a una costruzione.
sterrato [ster-rà-to] *agg.* ottenuto con operazioni di sterro: *strada sterrata*, con il fondo in terra battuta ♦ *s.m.* terreno sterrato.
sterratore [ster-ra-tó-re] *s.m.* operaio che esegue lavori di sterro.
sterro [stèr-ro] *s.m.* operazione dello sterrare | la terra asportata sterrando.
sterzante [ster-zàn-te] *agg.* detto delle ruote, quelle sulle quali agisce lo sterzo.
sterzare [ster-zà-re] *v.intr.* [*io stèrzo ecc.*; aus. *avere*] 1 azionare lo sterzo per cambiare la direzione di un veicolo: *— a destra, a sinistra* 2 (*fig.*) mutare bruscamente indirizzo o tendenza.
sterzata [ster-zà-ta] *s.f.* 1 lo sterzare: *una brusca —* 2 (*fig.*) brusco mutamento di idee, di indirizzi.
sterzatura [ster-za-tù-ra] *s.f.* in selvicoltura, taglio parziale dei polloni di boschi cedui, per ricavarne pali.
sterzo [stèr-zo] *s.m.* meccanismo che permette di mutare la direzione di marcia di un veicolo agendo sulle ruote sterzanti (per lo più quelle anteriori): *lo — dell'automobile.*
stesso [stés-so] *agg.dimostr.* 1 indica identità rispetto a persona o cosa cui si fa o si è fatto riferimento: *abitare nella stessa casa; comportarsi nello — modo* | rafforzato da *medesimo*: *è la stessa medesima cosa* | *nello — tempo* (o *al tempo —*) contemporaneamente: *classico e al tempo — moderno* 2 proprio, appunto, in persona: *oggi —*, proprio oggi; *venne il presidente —*, il presidente in persona | rafforza un pronome personale: *io — non ne sapevo niente* 3 uguale, identico: *lo — peso, la stessa età* ♦ *pron.dimostr.* [f. *-a*] 1 la stessa persona: *non è più lo —*, non è più quello di una volta 2 la stessa cosa: *capitò anche a lui lo —* | *è lo —, fa lo —*, è indifferente | Usato anche nella loc. avv. *lo —*, (*fam.*) ugualmente: *verrò lo —.*

stesura [ste-sù-ra] *s.f.* 1 lo stendere uno scritto: *la — di un contratto* 2 redazione di un'opera letteraria: *le tre stesure dell'"Orlando furioso"*.
stetoscopia [ste-to-sco-pì-a] *s.f.* (*med.*) auscultazione con lo stetoscopio.
stetoscopio [ste-to-scò-pio] *s.m.* (*med.*) strumento usato dai medici per auscultare il cuore e gli organi della respirazione.
steward [/ 'stjuard /] *s.m.invar.* (*ingl.*) sugli aerei, assistente di volo | sulle navi, assistente di bordo.
stia [stì-a] *s.f.* gabbia in cui si tengono rinchiusi i polli per allevarli o per trasportarli.
stick [/ stik /] *s.m.invar.* (*ingl.*) confezione particolare di cosmetici e altri prodotti igienici in forma di piccolo cilindro.
sticometro [sti-cò-me-tro] *s.m.* (*tip.*) regolo graduato per misurare lo spazio che occuperà in una riga di stampa una riga del manoscritto da comporre.
stiepidire [stie-pi-dì-re] *v.tr.* [*io stiepidisco, tu stiepidisci ecc.*] rendere tiepido, meno freddo.
stigliare [sti-glià-re] *v.tr.* [*io stìglio ecc.*] sottoporre una fibra all'operazione di stigliatura: *— la canapa.*
stigliatura [sti-glia-tù-ra] *s.f.* nella lavorazione delle piante tessili, la separazione delle fibre dagli steli, che si compie a mano o a macchina.
stigma [stìg-ma], o **stimma**, *s.m.* [pl.f. *stigmate* o *stimmate* nei sign. 1 e 2; pl.m. *stimmi* nel sign. 3 e 4] 1 nella Grecia antica, il marchio che si imprimeva a fuoco sul bestiame o sulla fronte dei delinquenti e degli schiavi fuggitivi 2 *pl.* (*relig.*) le ferite nelle mani, nei piedi e nel costato di Cristo 3 (*bot.*) rigonfiamento del pistillo su cui si deposita il polline 4 (*zool.*) ciascuna delle piccole aperture laterali del corpo degli insetti, attraverso cui avviene la respirazione.
stigmatico [stig-mà-ti-co], o **stimmatico**, *agg.* [pl.m. *-ci*] 1 (*bot.*) dello stigma 2 (*fis.*) si dice di sistema ottico per cui a ogni punto reale corrisponde nell'immagine un punto ben determinato.
stigmatismo [stig-ma-tì-ʃmo] *s.m.* (*fis.*) proprietà di un sistema ottico di essere stigmatico.
stigmatizzare [stig-ma-tiʒ-ʒà-re] *v.tr.* biasimare energicamente, disapprovare con asprezza: *— il comportamento di qlcu.*
stilare [sti-là-re] *v.tr.* (*burocr.*) stendere un documento o una lettera ufficiale: *— un contratto.*
stile [stì-le] *s.m.* 1 la particolare forma in cui si concretizza l'espressione letteraria o artistica: *— elegante, epico, barocco* 2 modo abituale di comportarsi: *è nel suo — agire così* | eleganza, distinzione: *avere —* | *in grande —*, si dice di cosa fatta con grande profusione di mezzi 3 (*sport*) modo e tecnica di esecuzione di un esercizio o di un movimento: *salto in alto con — dorsale* | *— libero*, nel nuoto, il crawl 4 taglio, foggia particolare di un abito: *giacca di — inglese.*
stilema [sti-lè-ma] *s.m.* [pl. *-mi*] 1 (*ling.*) parola, frase, costrutto considerati come elementi dello stile 2 procedimento stilistico caratteristico di un autore, di una scuola, di un periodo storico.
stilettata [sti-let-tà-ta] *s.f.* 1 colpo di stiletto 2 (*estens.*) fitta, dolore molto acuto.
stiletto [sti-lét-to] *s.m.* sorta di pugnale dalla lama molto sottile e acuminata.
stilista [sti-lì-sta] *s.m.* e *f.* [pl.m. *-sti*] 1 chi ha grande cura dello stile 2 chi progetta e disegna la linea, le fogge delle collezioni di moda o degli accessori.
stilistica [sti-lì-sti-ca] *s.f.* 1 arte del dire o dello scrivere 2 studio storico-critico delle forme stilistiche proprie di uno scrittore o di una determinata epoca o scuola.
stilistico [sti-lì-sti-co] *agg.* [pl.m. *-ci*] dello stile, che riguarda lo stile: *tratto —* | che concerne la stilistica: *analisi stilistica* □ **stilisticamente** *avv.*
stilita [sti-lì-ta], o **stilite**, *s.m.* [pl. *-ti*] monaco della chiesa orientale che aveva scelto di vivere in cima a una colonna.
stilizzare [sti-liʒ-ʒà-re] *v.tr.* raffigurare, rappresentare qlco. riducendola agli elementi essenziali.
stilizzato [sti-liʒ-ʒà-to] *agg.* rappresentato nei suoi elementi essenziali, semplificato: *figura stilizzata.*
stilizzazione [sti-liʒ-ʒa-zió-ne] *s.f.* lo stilizzare, l'essere stilizzato.
stilla [stìl-la] *s.f.* (*lett.*) goccia | *a — a —*, a goccia a goccia.
stillante [stil-làn-te] *agg.* (*lett.*) gocciolante, coperto di stille.
stillare [stil-là-re] *v.tr.* mandar fuori a stille: *— sudore* ♦ *v.intr.* [aus. *essere*] uscire a stille; gocciolare: *la resina stilla dai tronchi.*
stillicidio [stil-li-cì-dio] *s.m.* 1 il cadere dell'acqua a goccia a goccia: *lo — di una grondaia* 2 (*fig.*) il ripetersi continuo, monotono e fastidioso di qlco.: *uno — di richieste.*
stilnovismo [stil-no-vì-ʃmo] *s.m.* 1 stilnovo 2 la maniera di poetare propria degli stilnovisti.
stilnovista [stil-no-vì-sta] *s.m.* [pl. *-sti*] poeta dello stilnovo | Usato anche come *agg.* in luogo di *stilnovistico.*
stilnovistico [stil-no-vì-sti-co] *agg.* [pl.m. *-ci*] che si riferisce allo stilnovo o agli stilnovisti: *gusto —.*
stilnovo [stil-nò-vo] *s.m.* maniera di poetare che accomunò alcuni autori italiani dei secc. XIII e XIV, fra i quali Dante.
stilo [stì-lo] *s.m.* 1 asticella d'osso o di metallo usata dagli antichi per scrivere sulle tavolette cerate | (*inform.*) attrezzo per descrivere linee e punti su una tavoletta grafica 2 il braccio graduato della stadera 3 arnese o sostegno a forma di asta 4 stiletto 5 (*bot.*) prolungamento del pistillo che regge lo stigma 6 (*zool.*) nome di appendici o peduncoli dell'addome di alcuni insetti.
stilobate [sti-lò-ba-te] *s.m.* (*arch.*) il basamento delle colonne del tempio greco | (*estens.*) la gradinata del tempio stesso.
stiloforo [sti-lò-fo-ro] *agg.* e *s.m.* (*arch.*) si dice di

elemento a forma di leone o altro animale che costituisce il basamento delle colonne in molte chiese romaniche e gotiche.
stilografica [sti-lo-grà-fi-ca] *s.f.* penna stilografica.
stilografico [sti-lo-grà-fi-co] *agg.* [pl.m. *-ci*] si dice di un tipo di penna dotato di serbatoio per l'inchiostro.
stiloide [sti-lòi-de] *agg.* (*anat.*) si dice di formazione allungata e sottile, simile a uno stilo: *apofisi — del radio.*
stima [stì-ma] *s.f.* **1** valutazione monetaria di un bene: *fare la — di un podere* | il prezzo determinato in seguito a tale valutazione: *— troppo bassa* **2** (*stat.*) assegnazione di valori numerici a uno o più parametri ignoti che si riferiscono a una popolazione, sulla base dei dati di un campione; il valore stesso assegnato **3** buona opinione, considerazione positiva di una persona: *avere — di qlcu.*
stimabile [sti-mà-bi-le] *agg.* **1** degno di stima: *persona —* **2** che può essere stimato, valutato: *patrimonio — in molti miliardi.*
stimare [sti-mà-re] *v.tr.* **1** determinare il prezzo, il valore di qlco.; valutare: *— un terreno* **2** credere, ritenere: *— qlcu. intelligente* **3** apprezzare molto: *tutti lo stimano* ♦ **stimarsi** *v.rifl.* ritenersi, considerarsi: *— fortunato.*
stimato [sti-mà-to] *agg.* **1** che gode di larga stima, di alta considerazione: *un professionista —* **2** ottenuto, stabilito per mezzo di una stima: *prezzo, valore —.*
stimatore [sti-ma-tó-re] *s.m.* [f. *-trice*] chi fa stime per professione: *— di gioielli.*
stimma e *deriv.* → **stigma** e *deriv.*
stimolante [sti-mo-làn-te] *agg.* **1** che stimola, che agisce come stimolo: *esempio —* | che suscita vivo interesse: *lettura —* **2** (*med.*) che stimola una determinata funzione: *farmaco —.*
stimolare [sti-mo-là-re] *v.tr.* [*io stìmolo ecc.*] **1** incitare, esortare: *— allo studio* **2** (*fig.*) eccitare, rendere più vivo un sentimento, una capacità: *— l'invidia, l'intelligenza* | suscitare una reazione dell'organismo: *— l'appetito.*
stimolatore [sti-mo-la-tó-re] *agg.* [f. *-trice*] che stimola ♦ *s.m.* **1** [f. *-trice*] chi stimola **2** (*med.*) apparecchio capace di sollecitare una funzione organica deficitaria | *— cardiaco*, pacemaker.
stimolazione [sti-mo-la-zió-ne] *s.f.* lo stimolare, l'essere stimolato.
stimolo [stì-mo-lo] *s.m.* **1** ciò che stimola; incitamento: *aver bisogno di stimoli* **2** impulso a soddisfare una necessità fisiologica: *lo — della fame* **3** qualsiasi fattore capace di eccitare un organo di senso.
stinco [stìn-co] *s.m.* [pl. *-chi*] la parte della gamba dal ginocchio alla caviglia | *non essere uno — di santo*, (*fig.*) si dice di persona ben lontana dal comportarsi in modo irreprensibile.
stingere [stìn-ge-re] *v.tr.* [coniugato come *tingere*] privare della tinta, scolorire ♦ *v.intr.* [aus. *essere*], **stingersi** *v.intr.pron.* scolorirsi: *il mio cappotto si è stinto.*
stinto [stìn-to] *agg.* scolorito; sbiadito.
stipare [sti-pà-re] *v.tr.* ammassare persone o cose in uno spazio ristretto: *— i libri in soffitta* ♦ **stiparsi** *v.intr.pron.* affollarsi, accalcarsi: *— nell'autobus.*
stipato [sti-pà-to] *agg.* pigiato, ammassato in un ambiente ristretto: *stare stipati in una piccola stanza* | molto affollato: *treno — di viaggiatori.*
stipendiare [sti-pen-dià-re] *v.tr.* [*io stipèndio ecc.*] assumere al proprio servizio corrispondendo uno stipendio.
stipendiato [sti-pen-dià-to] *agg.* e *s.m.* [f. *-a*] che/chi riceve uno stipendio.
stipendio [sti-pèn-dio] *s.m.* retribuzione mensile corrisposta a chi presta continuativamente un lavoro subordinato.
stipetto [sti-pét-to] *s.m.* (*mar.*) armadietto di bordo.
stipite [stì-pi-te] *s.m.* **1** ciascuno dei due elementi architettonici verticali, detti anche piedritti, che delimitano in larghezza il vano di una struttura in muratura: *gli stipiti di una porta* **2** (*bot.*) fusto legnoso che porta foglie solo al suo apice, come quello delle palme.
stipo [stì-po] *s.m.* piccolo armadio in cui si ripongono oggetti di valore, carte, documenti. DIM. *stipetto.*
stipsi [stì-psi] *s.f.* (*med.*) stitichezza.
stipula [stì-pu-la] *s.f.* (*burocr.*) stipulazione.
stipulare [sti-pu-là-re] *v.tr.* [*io stìpulo ecc.*] (*dir.*) redigere formalmente: *— un contratto.*
stipulazione [sti-pu-la-zió-ne] *s.f.* (*dir.*) lo stipulare, l'essere stipulato.
stiracalzoni [sti-ra-cal-zó-ni] *s.m.invar.* arnese consistente in due tavole di legno incernierate che, premute contro i pantaloni, ne ripristinano la piega.
stiracchiamento [sti-rac-chia-mén-to] *s.m.* lo stiracchiare, lo stiracchiarsi, l'essere stiracchiato.
stiracchiare [sti-rac-chià-re] *v.tr.* [*io stiràcchio ecc.*] **1** stendere gli arti per sgranchirli: *— le braccia* **2** stirare in fretta e alla meglio ♦ **stiracchiarsi** *v.rifl.* sgranchirsi.
stiracchiato [sti-rac-chià-to] stentato, sforzato: *ragionamento —.*
stiracchiatura [sti-rac-chia-tù-ra] *s.f.* interpretazione forzata; espressione stentata.
stiraggio [sti-ràg-gio] *s.m.* lo stirare, l'essere stirato.
stiramento [sti-ra-mén-to] *s.m.* **1** lo stirare, lo stirarsi, l'essere stirato **2** (*med.*) distensione brusca di muscoli o di tendini, con o senza lacerazione.
stirare [sti-rà-re] *v.tr.* **1** togliere le pieghe di un tessuto col ferro da stiro: *— la biancheria* **2** stendere le membra: *— le gambe* ♦ **stirarsi** *v.rifl.* o *intr.pron.* **1** distendere, allungare le membra per scioglierle dal torpore **2** procurarsi uno stiramento muscolare: *il giocatore si è stirato.*
stirato [sti-rà-to] *agg.* **1** spianato mediante sti-

ratura: *biancheria lavata e stirata* **2** (*med.*) che ha subìto uno stiramento.

stiratoio [sti-ra-tó-io] *s.m.* **1** (*ind. tess.*) la macchina per la stiratura dei nastri di cotone **2** tavolo da stiro.

stiratrice [sti-ra-trì-ce] *s.f.* **1** donna addetta allo stiro **2** (*ind. tess.*) stiratoio.

stiratura [sti-ra-tù-ra] *s.f.* lo stirare, l'essere stirato.

stireria [sti-re-rì-a] *s.f.* laboratorio o locale attrezzato per la stiratura a pagamento di biancheria e indumenti.

stiro [stì-ro] *s.m.* lo stirare; usato solo nella loc. *da —*: *ferro, tavolo da —*, per stirare.

stirpe [stìr-pe] *s.f.* **1** origine, discendenza: *famiglia di nobile —* | l'insieme degli individui che discendono da uno stesso capostipite **2** (*dir.*) il complesso delle persone che rappresentano la discendenza immediata del defunto.

stitichezza [sti-ti-chéz-za] *s.f.* difficoltà nell'evacuazione delle feci; stipsi.

stitico [stì-ti-co] *agg.* [pl.m. *-ci*] affetto da stitichezza.

stiva [stì-va] *s.f.* nelle navi e negli aeromobili, spazio interno nella parte bassa dello scafo, destinato ad accogliere il carico.

stivaggio [sti-vàg-gio] *s.m.* lo stivare; il disporre il carico nelle stive.

stivale [sti-và-le] *s.m.* calzatura che arriva sino al ginocchio o alla coscia: *stivali da caccia*; *stivali da pesca*, impermeabili | ... *dei miei stivali*, si dice di persona o cosa che si ritiene non valga nulla: *dottore dei miei stivali!* | *lo Stivale*, l'Italia, così detta per la sua forma. DIM. *stivaletto* ACCR. *stivalone.*

stivaletto [sti-va-lét-to] *s.m.* scarpa con o senza tacco, che arriva sino al collo del piede.

stivare [sti-và-re] *v.tr.* caricare nelle stive.

stizza [stìz-za] *s.f.* ira improvvisa e passeggera; rabbia: *un gesto di —*.

stizzire [stiz-zì-re] *v.tr.* [*io stizzisco, tu stizzisci ecc.*] far venire la stizza; indispettire, irritare ♦ *v.intr.* [aus. *essere*], **stizzirsi** *v.intr.pron.* lasciarsi prendere dalla stizza: *— per una contrarietà.*

stizzito [stiz-zì-to] *agg.* preso dalla stizza, pieno di stizza: *rispondere —*.

stizzoso [stiz-zó-so] *agg.* **1** che si stizzisce facilmente: *carattere —* | pieno di stizza: *parole stizzose* **2** (*fig. fam.*) insistente, fastidioso: *tosse stizzosa* □ **stizzosamente** *avv.* con stizza.

'sto [stó] *agg.dimostr.* variante popolare di *questo.*

stocastico [sto-cà-sti-co] *agg.* [pl.m. *-ci*] (*stat.*) probabilistico; relativo al calcolo delle probabilità.

stoccafisso [stoc-ca-fìs-so] *s.m.* merluzzo non salato, seccato all'aria dopo essere stato decapitato e sviscerato.

stoccaggio [stoc-càg-gio] *s.m.* (*comm.*) collocazione di scorte in magazzini, depositi, in attesa di venderle o usarle.

stoccare [stoc-cà-re] *v.tr.* [*io stòcco, tu stòcchi ecc.*] **1** colpire con lo stocco **2** (*sport*) nella scherma, portare una stoccata **3** (*fig.*) dare una stoccata, una frecciata.

stoccata [stoc-cà-ta] *s.f.* **1** colpo dato di punta con lo stocco o altra arma bianca **2** (*sport*) nella scherma, colpo valido che va a bersaglio a conclusione di un'azione | nel calcio, tiro forte e preciso verso la porta avversaria **3** (*fig.*) battuta pungente e sarcastica.

stocco [stòc-co] *s.m.* [pl. *-chi*] arma bianca più corta della spada, con lama più stretta e a sezione triangolare, per ferire di punta.

stock [/ stɔk /] *s.m.invar.* (*ingl.*) **1** (*comm.*) scorta di merci o di moneta; giacenza **2** (*estens.*) quantità notevole: *comprare uno — di calzini.*

stoffa [stòf-fa] *s.f.* **1** tessuto di spessore consistente per fare abiti, tappezzerie **2** (*fig.*) attitudine, disposizione naturale per una determinata attività: *avere la — del musicista* | (*assol.*) capacità notevole: *quel ragazzo ha della —*.

stoicismo [stoi-cì-ʃmo] *s.m.* **1** la dottrina della scuola stoica fondata da Zenone di Cizio nel sec. III a.C. **2** (*fig.*) impassibilità, fortezza di fronte al dolore fisico e alle avversità morali e spirituali.

stoico [stòi-co] *agg.* [pl.m. *-ci*] **1** (*filos.*) dello stoicismo: *scuola stoica* **2** (*fig.*) detto di chi sopporta con fermezza e impassibilità mali fisici e morali: *mostrarsi —* ♦ *s.m.* [f. *-a*] **1** filosofo che si ispira allo stoicismo **2** (*fig.*) chi sopporta con fermezza e impassibilità mali fisici e morali □ **stoicamente** *avv.* in modo stoico, con fortezza impassibile.

stoino [sto-ì-no], o **stuoino**, *s.m.* **1** piccola stuoia ruvida che si mette davanti alla porta d'ingresso di casa per pulirvisi le scarpe; zerbino **2** tenda di stuoia che si applica alle porte o alle finestre per ripararsi dal sole.

stola [stò-la] *s.f.* **1** (*lit.*) insegna dell'ordine sacro indossata da vescovi, sacerdoti e diaconi durante le funzioni liturgiche **2** striscia di pelliccia che le signore portano sulle spalle o intorno al collo: *— di visone.*

stolidità [sto-li-di-tà] *s.f.* **1** l'essere stolido **2** atto, frase di persona stolida.

stolido [stò-li-do] *agg.* stolto, sciocco: *parole stolide* ♦ *s.m.* [f. *-a*] persona stolida.

stolone [sto-ló-ne] *s.m.* **1** (*bot.*) ramo che cresce strisciando orizzontalmente sul terreno ed emette radici in corrispondenza di ogni nodo **2** (*zool.*) in alcuni invertebrati, prolungamento del corpo che dà origine a gemme dalle quali si formano nuovi individui.

stoltezza [stol-téz-za] *s.f.* **1** l'essere stolto **2** atto, frase da stolto.

stolto [stól-to] *agg.* **1** di persona, che dimostra poca intelligenza; sciocco **2** di cosa, che denota stoltezza: *una risposta stolta* ♦ *s.m.* [f. *-a*] persona stolta □ **stoltamente** *avv.* con stoltezza.

stoma [stò-ma] *s.m.* [pl. *-mi*] (*bot.*) ciascuna delle piccole aperture sull'epidermide delle parti aeree delle piante, attraverso le quali avvengono gli scambi gassosi con l'ambiente.

stomacale [sto-ma-cà-le] *agg.* (*non com.*) **1** dello stomaco **2** che fa bene allo stomaco.

stomacare [sto-ma-cà-re] *v.tr.* [*io stòmaco, tu stòmachi ecc.*] far rivoltare lo stomaco; disgustare (anche *fig.*): *cibo, spettacolo che stomaca* ♦ **stomacarsi** *v.intr.pron.* sentirsi rivoltare lo stomaco; disgustarsi.

stomachevole [sto-ma-ché-vo-le] *agg.* che stomaca; nauseante, schifoso: *odore* —.

stomachico [sto-mà-chi-co] *s.m.* [pl.m. *-ci*] (*med.*) farmaco che giova allo stomaco.

stomaco [stò-ma-co] *s.m.* [pl. *-chi* o *-ci*] **1** organo dell'apparato digerente, a forma di cornamusa, posto tra l'esofago e l'intestino | *a — vuoto, pieno*, prima o dopo aver mangiato | *avere uno — di struzzo*, (*fig.*) digerire con facilità qualsiasi cibo | *dar di* —, vomitare | *avere qlco. sullo* —, non averla digerita | *avere qlcu. sullo* —, (*fig.*) non sopportarlo **2** (*fig. fam.*) capacità di sopportare persone, situazioni che provocano disgusto o fastidio: *ci vuole — a tollerare certe cose*.

stomatite [sto-ma-tì-te] *s.f.* (*med.*) infiammazione delle mucose della bocca.

stomatologia [sto-ma-to-lo-gì-a] *s.f.* parte della medicina che studia le malattie della cavità orale.

stomatologico [sto-ma-to-lò-gi-co] *agg.* [pl.m. *-ci*] relativo alla stomatologia.

stomatologo [sto-ma-tò-lo-go] *s.m.* [f. *-a*; pl.m. *-gi*] medico specialista in stomatologia.

stonare [sto-nà-re] *v.tr.* [*io stòno ecc.*] eseguire una nota fuori tono, con un'altezza sbagliata: *un cantante che stona* ♦ *v.intr.* [aus. *avere*] contrastare sgradevolmente: *un colore che stona*.

stonata [sto-nà-ta] *s.f.* lo stonare; stonatura.

stonato [sto-nà-to] *agg.* **1** di persona, che stona, poco intonata; di strumento, che è male accordato, che non ha l'intonazione giusta | *nota stonata*, eseguita fuori tono; (*fig.*) cosa non opportuna, fuori luogo **2** (*fig.*) che non si armonizza col resto: *parole stonate* **3** (*fig.*) turbato, confuso: *sentirsi* —.

stonatura [sto-na-tù-ra] *s.f.* **1** lo stonare, l'essere stonato | nota stonata **2** (*fig.*) ciò che non s'accorda con l'insieme di cui è parte; cosa inopportuna: *quella cravatta è una* —.

stop [/ stɔp /] *s.m.invar.* (*ingl.*) **1** nel linguaggio telegrafico internazionale, termine usato per indicare il punto fermo **2** segnale stradale che impone l'arresto dei veicoli **3** ciascuno dei due fanalini posteriori degli autoveicoli che si illuminano in fase di frenata **4** (*sport*) nel calcio, il fermare la palla col piede o col petto.

stoppa [stóp-pa] *s.f.* sottoprodotto della pettinatura della canapa e del lino, usato per imbottiture, per rendere stagne le giunzioni di tubi e condutture ecc. | *essere come* —, *sembrare* —, si dice di cosa dura e filacciosa.

stoppaccio [stop-pàc-cio] *s.m.* batuffolo di stoppa con cui si stipava la carica nella canna di un'arma da fuoco ad avancarica | (*estens.*) batuffolo di stoppa che serve a otturare.

stoppaccioso [stop-pac-ció-so] *agg.* simile a stoppa; stopposo: *carne stoppacciosa*.

stoppare [stop-pà-re] *v.tr.* [*io stòppo ecc.*] **1** arrestare, bloccare **2** (*sport*) nel calcio, arrestare il pallone col piede o col petto.

stoppata [stop-pà-ta] *s.f.* (*sport*) nel gioco del calcio, lo stoppare.

stopper [/ 'stɔpper /] *s.m.invar.* (*ingl.*) (*sport*) nel calcio, giocatore della difesa che deve contrastare l'attaccante avversario più avanzato.

stoppia [stóp-pia] *s.f.* (spec. *pl.*) gli steli del grano o di altro cereale che restano nel campo dopo la mietitura.

stoppino [stop-pì-no] *s.m.* **1** fibra ritorta che serve da lucignolo nelle candele o nelle lampade a petrolio **2** miccia per fuochi d'artificio.

stopposo [stop-pó-so] *agg.* simile alla stoppa per colore o consistenza: *capelli stopposi*.

storcere [stòr-ce-re] *v.tr.* [coniugato come *torcere*] torcere con forza piegando da un lato: — *un chiodo* | *storcersi un piede, un polso*, slogarsi, lussarsi | — *gli occhi*, stralunarli | — *il naso, la bocca*, in segno di disgusto o disapprovazione ♦ **storcersi** *v.rifl.* o *intr.pron.* **1** di persona, contorcersi **2** di cosa, piegarsi malamente.

stordimento [stor-di-mén-to] *s.m.* lo stordire, lo stordirsi; stato di chi è stordito.

stordire [stor-dì-re] *v.tr.* [*io stordisco, tu stordisci ecc.*] **1** far perdere del tutto o in parte l'udito o la lucidità di mente; frastornare, intontire: *un baccano che stordisce* | privare dei sensi, far perdere la conoscenza: — *qlcu. con una bastonata* **2** (*fig.*) sbalordire, sconcertare: *la notizia lo stordì* ♦ **stordirsi** *v.rifl.* distrarsi da preoccupazioni, da pensieri tristi con forti emozioni.

storditaggine [stor-di-tàg-gi-ne] *s.f.* l'essere stordito | atto di persona stordita.

storditezza [stor-di-téz-za] *s.f.* l'essere stordito: *senso di* —.

stordito [stor-dì-to] *agg.* **1** sbalordito, intontito, frastornato: *rimanere* — | privo di sensi, tramortito: *cadere a terra* — **2** distratto, sbadato, sventato: *un ragazzo* — ♦ *s.m.* [f. *-a*] persona stordita.

storia [stò-ria] *s.f.* **1** l'accadere delle vicende umane, lo svolgersi delle civiltà: *la — dei popoli mediterranei* | (*estens.*) fatto, evento accaduto: *non è fantasia, è* — **2** racconto critico e sistematico delle vicende degne di memoria del passato: — *antica*; — *d'Italia, dell'arte*; *passare alla* —, essere degno di essere ricordato | come materia di insegnamento scolastico: *professore di* — **3** esposizione di fatti; racconto: *la — di un viaggio*; — *d'amore* | favola: *raccontare una — a un bambino* **4** serie di vicende personali: *la — della mia vita* | (*fam.*) relazione amorosa: *avere una — con qlcu.* **5** episodio, faccenda: *non voler sentir più parlare di una* — **6** frottola, fandonia: *raccontare solo storie* **7** *pl.* tergiversazione, obiezione pretestuosa: *fare delle storie* | lagnanza, lamentela: *quante storie per così poco!*

storicismo [sto-ri-cì-ʃmo] *s.m.* orientamento di

pensiero che valuta ogni manifestazione culturale rapportandola all'ambiente storico in cui si è formata.
storicista [sto-ri-cì-sta] *s.m.* e *f.* [pl.m. *-sti*] seguace dello storicismo | Usato anche come *agg.*: *concezione —*.
storicistico [sto-ri-ci-sti-co] *agg.* [pl.m. *-ci*] dello storicismo; che è fondato sullo storicismo.
storicità [sto-ri-ci-tà] *s.f.* **1** l'appartenere al divenire storico **2** veridicità storica: *la — di un avvenimento.*
storicizzare [sto-ri-ciʒ-ʒà-re] *v.tr.* interpretare alla luce di un periodo storico determinato: *— un'opera letteraria.*
storicizzazione [sto-ri-ciʒ-ʒa-zió-ne] *s.f.* lo storicizzare, l'essere storicizzato.
storico [stò-ri-co] *agg.* [pl.m. *-ci*] **1** della storia; che ha per oggetto la storia: *sviluppo —*; *ricerca storica* | *atlante —*, le cui tavole illustrano la situazione politica di una certa area geografica in un determinato periodo **2** che risale a epoche passate: *monumento —* **3** vero, realmente accaduto o esistito: *personaggio —* **4** degno di passare alla storia; memorabile: *giornata storica* ♦ *s.m.* [f. *-a*] studioso di storia, storiografo □ **storicamente** *avv.* **1** dal punto di vista della storia: *studiare — un problema* **2** di fatto, realmente: *personaggio — esistito.*
storiella [sto-rièl-la] *s.f.* racconto breve, per lo più aneddotico o umoristico: *una — divertente.* DIM. *storiellina.*
storiografia [sto-rio-gra-fì-a] *s.f.* la narrazione di eventi storici condotta secondo un determinato metodo | l'insieme delle opere storiche di un determinato periodo: *la — greca, romana.*
storiografico [sto-rio-grà-fi-co] *agg.* [pl.m. *-ci*] della storiografia, che concerne la ricerca storica: *attività storiografica.*
storiografo [sto-riò-gra-fo] *s.m.* [f. *-a*] chi fa studi storiografici; storico.
storione [sto-rió-ne] *s.m.* grosso pesce marino commestibile, che all'epoca della riproduzione risale i fiumi per deporvi le uova, dalle quali si ricava il caviale.
stormire [stor-mì-re] *v.intr.* [*io stormisco, tu stormisci ecc.*; aus. *avere*] produrre un rumore leggero e frusciante (detto di fronde e foglie agitate dal vento).
stormo [stór-mo] *s.m.* **1** (*ant.*) moltitudine di armati | *sonare le campane a —*, a martello, per radunare gente o anche in segno di festa **2** gruppo di uccelli o di insetti in volo: *uno — di cavallette* **3** (*aer.*) unità organica dell'aeronautica militare, costituita da più gruppi.
stornare [stor-nà-re] *v.tr.* [*io stórno ecc.*] (*fin.*) modificare lo stanziamento di un bilancio preventivo, trasferendo una somma da una voce di spesa a un'altra.
stornellata [stor-nel-là-ta] *s.f.* cantata di stornelli; insieme di stornelli.
stornellatore [stor-nel-la-tó-re] *s.m.* [f. *-trice*] chi canta, compone o improvvisa stornelli.
stornello [stor-nèl-lo] *s.m.* breve canto popolare tipico dell'Italia centrale, d'argomento amoroso o satirico.
storno[1] [stór-no] *agg.* si dice di cavallo con mantello grigio macchiettato di bianco.
storno[2] *s.m.* uccello con piumaggio scuro macchiettato di bianco e becco diritto e giallognolo.
storno[3] *s.m.* (*fin.*) lo stornare.
storpiamento [stor-pia-mén-to] *s.m.* storpiatura.
storpiare [stor-pià-re] *v.tr.* [*io stòrpio ecc.*] **1** rendere storpio **2** (*fig.*) realizzare male, deformare: *— le parole*, pronunciarle in modo errato ♦ **storpiarsi** *v.intr.pron.* divenire storpio.
storpiatura [stor-pia-tù-ra] *s.f.* lo storpiare, lo storpiarsi, l'essere storpiato.
storpio [stòr-pio] *agg.* e *s.m.* [f. *-a*] si dice di chi ha braccia o gambe mal conformate; sciancato.
storta[1] [stòr-ta] *s.f.* (*fam.*) distorsione a un arto: *prendere una —.*
storta[2] *s.f.* recipiente con fondo largo e piatto e lungo collo ripiegato verso il basso, usato un tempo nei laboratori chimici per distillare.
storto [stòr-to] *agg.* **1** che non è diritto: *gambe storte* | *fare la bocca storta*, storcerla in segno di disapprovazione, di disgusto **2** non allineato rispetto a un punto di riferimento: *il quadro è —* **3** (*fam.*) avverso: *una giornata storta* ♦ *avv.* in modo obliquo, non diritto: *camminare —* | *guardare —*, (*fig.*) con ostilità e malanimo.
stortura [stor-tù-ra] *s.f.* l'essere storto | cosa sbagliata, ingiusta; difetto: *— mentale.*
stoviglia [sto-vì-glia] *s.f.* (spec. *pl.*) nome generico con cui si designa il vasellame per la tavola e la cucina: *asciugare le stoviglie.*
stozzare [stoz-zà-re] *v.tr.* [*io stòzzo ecc.*] **1** lavorare con lo stozzo **2** (*mecc.*) eseguire scanalature mediante la stozzatrice.
stozzatrice [stoz-za-trì-ce] *s.f.* macchina utensile per la esecuzione di scanalature su superfici metalliche.
stozzo [stòz-zo] *s.m.* tipo di cesello per lavorare a sbalzo lastre di metallo.
stra- prefisso che indica superamento di un limite (*straripare*, *straordinario*), eccesso (*strafare*, *strapotere*); dà valore di superlativo agli aggettivi a cui è premesso (*strapieno*, *stracarico*).
strabico [strà-bi-co] *agg.* e *s.m.* [pl.m. *-ci*] che/chi è affetto da strabismo: *occhi strabici.*
strabiliante [stra-bi-liàn-te] *agg.* che fa strabiliare; meraviglioso: *una notizia —.*
strabiliare [stra-bi-lià-re] *v.tr.* [*io strabìlio ecc.*] far meravigliare; stupire: *strabilia con i suoi racconti* ♦ *v.intr.* [aus. *avere*] meravigliarsi grandemente; trasecolare: *a veder certe cose c'è da —.*
strabiliato [stra-bi-lià-to] *agg.* attonito, sbalordito, molto meravigliato: *rimanere —.*
strabismo [stra-bì-ʃmo] *s.m.* (*med.*) difetto dell'occhio dovuto a una deviazione degli assi oculari.
strabocchevole [stra-boc-ché-vo-le] *agg.* eccessivo, enorme, innumerevole: *folla —.*

strabuzzare [stra-buʒ-ʒà-re] *v.tr.* riferito agli occhi, stravolgere, stralunare.

stracarico [stra-cà-ri-co] *agg.* [pl.m. *-chi*] troppo carico.

straccare [strac-cà-re] *v.tr.* [*io stracco, tu stracchi ecc.*] (*region.*) stancare molto ♦ **straccarsi** *v. intr.pron.* stancarsi molto.

stracchino [strac-chì-no] *s.m.* formaggio non fermentato prodotto con latte di vacca, tipico della Lombardia.

stracciaiolo [strac-cia-iò-lo] *s.m.* [f. *-a*] straccivendolo, cenciaiolo.

stracciare [strac-cià-re] *v.tr.* [*io stràccio ecc.*] **1** strappare, lacerare: *— un foglio* | *stracciarsi le vesti*, (*fig.*) dare luogo a scomposte manifestazioni di dolore **2** estrarre la seta dai bozzoli col pettine **3** (*fig.*) battere, sconfiggere nettamente, soprattutto in una competizione sportiva: *— gli avversari* ♦ **stracciarsi** *v.intr.pron.* lacerarsi, strapparsi.

stracciatella [strac-cia-tèl-la] *s.f.* **1** minestra ottenuta gettando nel brodo bollente un impasto di uova sbattute e formaggio grana **2** gelato di crema con piccoli pezzi di cioccolato.

stracciato [strac-cià-to] *agg.* **1** strappato, fatto a brandelli: *abito —* | (*estens.*) si dice di persona che indossa vestiti laceri: *andare in giro tutto —* **2** (*fig.*) si dice di prezzo molto ribassato: *vendere a prezzi stracciati.*

straccio[1] [stràc-cio] *agg.* [pl.f. *-ce*] da buttar via, da farne stracci: *roba straccia* | *carta straccia*, cartastraccia.

straccio[2] *s.m.* **1** pezzo di tessuto logoro; pezza per pulire e spolverare | *ridursi uno —*, (*fig.*) diventare magro, deperito | *sentirsi uno —*, (*fig.*) estremamente debole. DIM. *straccetto* **2** nella loc. *uno — di*, (*fig. fam.*) per indicare cosa o persona di poco conto: *non avere neppure uno — di amico* **3** (spec. *pl.*) indumento logoro e dimesso: *vestire di stracci* **4** seta estratta dal bozzolo con il pettine.

straccione [strac-ció-ne] *s.m.* [f. *-a*] chi indossa abiti stracciati, logori | miserabile, pezzente.

straccivendolo [strac-ci-vén-do-lo] *s.m.* [f. *-a*] chi compra o rivende stracci.

stracco [stràc-co] *agg.* [pl.m. *-chi*] (*pop.*) stanco, sfinito □ **straccamente** *avv.*

stracotto [stra-còt-to] *agg.* troppo cotto ♦ *s.m.* pietanza di carne di manzo, cotta a lungo in casseruola con condimenti vari.

stracuocere [stra-cuò-ce-re] *v.tr.* [coniugato come *cuocere*] cuocere troppo, più del necessario.

strada [strà-da] *s.f.* **1** striscia spianata di terreno, battuta o lastricata o asfaltata, che serve da via di comunicazione: *— comunale, statale*; *— ferrata*, ferrovia | *codice della —*, quello che contiene le regole e le prescrizioni relative al traffico stradale | *tagliare la — a qlcu.*, porsi sul suo cammino in modo da ostacolarlo o costringerlo ad arrestarsi | *uomo della —*, l'uomo comune | *donna di —*, prostituta | *mettere qlcu. in mezzo alla —*, (*fig.*) gettarlo nella miseria. DIM. *stradina* ACCR. *stradone* (m.) **2** percorso per andare da un luogo a un altro; cammino, tragitto: *insegnare a qlcu. la —*; *— facendo*, durante il cammino | *andare per la propria —*, (*fig.*) tendere al proprio scopo senza badare ad altro | *essere sulla buona —*, (*fig.*) seguire un indirizzo giusto | *andare, finire fuori —*, (*fig.*) cadere in errore | *essere fuori —*, (*fig.*) sbagliarsi | *mettere fuori —*, (*fig.*) indurre in errore | *cercare, trovare la propria —*, (*fig.*) l'attività giusta da svolgere **3** passaggio, varco: *farsi — tra la folla* | *fare — a qlcu.*, (*fig.*) precederlo e guidarlo in un'attività | *fare, farsi —*, (*fig.*) fare carriera **4** (*fig.*) metodo, mezzo: *tentare ogni —*.

stradale [stra-dà-le] *agg.* della strada, che concerne la strada: *incidente —* | *carta —*, carta geografica su cui sono riportati i vari tipi di strade e le distanze chilometriche fra le città ♦ *s.f.* polizia stradale.

stradario [stra-dà-rio] *s.m.* elenco alfabetico delle vie e delle piazze di una città, con le indicazioni topografiche per localizzarle.

stradivario [stra-di-và-rio] *s.m.* violino o violoncello fabbricato dal liutaio cremonese Antonio Stradivari (1644-1737).

stradone [stra-dó-ne] *s.m.* strada larga che collega due centri abitati.

strafalcione [stra-fal-ció-ne] *s.m.* errore madornale: *uno scritto pieno di strafalcioni.*

strafare [stra-fà-re] *v.intr.* [*io strafàccio* o *strafò, tu strafai, egli strafà ecc.*; coniugato come *fare*; aus. *avere*] fare più di quanto sia necessario od opportuno: *non strafate!*

strafatto [stra-fàt-to] *agg.* troppo maturo (detto di frutto).

straforo [stra-fó-ro] *s.m.* solo nella loc. *di —*, (*fig.*) di nascosto, furtivamente: *vedersi di —*.

strafottente [stra-fot-tèn-te] *agg.* e *s.m.* e *f.* (*fam.*) che/chi dimostra una sfacciata e arrogante noncuranza degli altri, delle loro opinioni: *risposta —*; *fare lo —*.

strafottenza [stra-fot-tèn-za] *s.f.* (*fam.*) l'essere strafottente; atteggiamento strafottente: *rispondere con —*.

strafottersi [stra-fót-ter-si] *v.intr.pron.* [*io mi strafòtto ecc.*] (*volg.*) infischiarsi, mostrare totale disinteresse per qlcu. o qlco. (usato per lo più con la particella *ne*): *io me ne strafotto di lui.*

strage [strà-ge] *s.f.* **1** uccisione violenta di molte persone o animali: *— degli innocenti* | *— di stato*, nel linguaggio giornalistico, si dice di strage nella cui preparazione e realizzazione sono compromessi organi dello stato, come i servizi segreti **2** (*estens.*) distruzione di cose: *il fuoco ha fatto — di alberi* | *fare — di cuori*, (*fig.*) fare innamorare di sé molte persone **3** (*fig.*) esito gravemente negativo: *c'è stata una — agli esami*, numerose bocciature.

stragismo [stra-gì-ʃmo] *s.m.* nel linguaggio giornalistico, la pratica terroristica di provocare attentati e stragi al fine di destabilizzare la situazione politica.

stragista [stra-gì-sta] *s.m.* e *f.* [pl.m. *-sti*] nel lin-

guaggio giornalistico, chi è favorevole o pratica lo stragismo.
stragrande [stra-gràn-de] *agg.* grandissimo.
stralciare [stral-cià-re] *v.tr.* [*io stràlcio ecc.*] togliere via qlco. da un insieme: — *un passo da un testo*.
stralcio [stràl-cio] *s.m.* **1** lo stralciare, il togliere via da un insieme; ciò che si stralcia **2** liquidazione: *vendere a* —.
strale [strà-le] *s.m.* (*lett.*) freccia, saetta.
strallare [stral-là-re] *v.tr.* (*edil.*) fissare con stralli una struttura metallica per evitarne flessioni laterali.
strallo [stràl-lo] *s.m.* **1** (*mar.*) ciascuno dei cavi d'acciaio fissati alla coperta che sostengono l'albero della nave verso prora **2** (*edil.*) cavo d'acciaio per fissare una struttura metallica.
stralodare [stra-lo-dà-re] *v.tr.* [*io stralòdo ecc.*] lodare eccessivamente.
stralunamento [stra-lu-na-mén-to] *s.m.* (*non com.*) lo stralunare: — *d'occhi*.
stralunare [stra-lu-nà-re] *v.tr.* riferito agli occhi, sbarrarli e stravolgerli per una forte emozione o per un malore.
stralunato [stra-lu-nà-to] *agg.* stravolto, sconvolto: *espressione stralunata*.
stramaledire [stra-ma-le-dì-re] *v.tr.* [coniugato come *maledire*] (*fam.*) maledire con particolare veemenza.
stramazzare [stra-maz-zà-re] *v.intr.* [aus. *essere*] cadere a terra di colpo e pesantemente.
strambare [stram-bà-re] *v.intr.* [aus. *avere*] (*mar.*) compiere una strambata, detto della randa e dell'imbarcazione.
strambata [stram-bà-ta] *s.f.* (*mar.*) il rapido spostamento della randa da un bordo all'altro con il vento in poppa; può avvenire per errore o per una manovra di virata | (*estens.*) la manovra stessa.
stramberia [stram-be-rì-a] *s.f.* l'essere strambo | atto, discorso, comportamento da persona stramba: *è una delle sue solite stramberie*.
strambo [stràm-bo] *agg.* strano, stravagante, bizzarro: *comportamento* —.
strambotto [stram-bòt-to] *s.m.* breve componimento poetico di origine popolare e di contenuto amoroso o satirico.
strame [strà-me] *s.m.* stoppia falciata; erba secca che serve da foraggio o da lettiera per il bestiame.
stramonio [stra-mò-nio] *s.m.* (*bot.*) pianta erbacea medicinale con fiori a imbuto e frutti a capsula.
strampalataggine [stram-pa-la-tàg-gi-ne] *s.f.* (*non com.*) strampaleria.
strampalato [stram-pa-là-to] *agg.* strano, stravagante: *un tipo* —.
strampaleria [stram-pa-le-rì-a] *s.f.* l'essere strampalato | comportamento, discorso, ragionamento di persona strampalata.
stranezza [stra-néz-za] *s.f.* l'essere strano | atto, discorso, comportamento da persona strana: *fare, dire stranezze*.
strangolamento [stran-go-la-mén-to] *s.m.* lo strangolare, l'essere strangolato: *morire in seguito a* —.
strangolapreti [stran-go-la-prè-ti] *s.m.pl.* (*region.*) strozzapreti.
strangolare [stran-go-là-re] *v.tr.* [*io stràngolo ecc.*] **1** provocare la morte di qlcu. stringendogli con forza la gola con una corda o un laccio **2** (*estens.*) stringere al collo rendendo difficoltoso il respiro: *questo colletto mi strangola* **3** (*mar.*) stringere una vela con un cavo per sottrarla all'azione del vento.
strangolatore [stran-go-la-tó-re] *s.m.* [f. *-trice*] chi strangola.
stranguria [stran-gù-ria] *s.f.* (*med.*) disturbo della minzione, per cui l'urina fuoriesce con difficoltà, spesso a gocce.
straniamento [stra-nia-mén-to] *s.m.* lo straniare, lo straniarsi.
straniare [stra-nià-re] *v.tr.* [*io strànio ecc.*] allontanare, distogliere ♦ **straniarsi** *v.rifl.* allontanarsi, diventare estraneo: — *dagli amici*.
straniero [stra-niè-ro] *agg.* di un'altra nazione, di un altro paese: *territorio* — ♦ *s.m.* **1** [f. *-a*] chi appartiene a un'altra nazione: *gli stranieri visitano l'Italia* **2** (*estens.*) il nemico, l'invasore.
stranire [stra-nì-re] *v.tr.* [*io stranisco, tu stranisci ecc.*] far diventare strano, inquieto; innervosire: — *un bambino* ♦ **stranirsi** *v.intr.pron.* irritarsi, innervosirsi.
stranito [stra-nì-to] *agg.* nervoso, irritabile; intontito, smarrito: *essere — dal sonno*.
strano [strà-no] *agg.* insolito, singolare: *vestito, comportamento* — | *è — che*, stupisce che: *è — che non sia venuto* ♦ *s.m.* [solo *sing.*] ciò che si allontana dal normale, dal consueto: *lo — è questo* □ **stranamente** *avv.*
straordinarietà [stra-or-di-na-rie-tà] *s.f.* l'essere straordinario: *la — di un provvedimento*.
straordinario [stra-or-di-nà-rio] *agg.* **1** che non è ordinario, che non rientra nella normalità: *fenomeno* — | *treno* —, quello che funziona solo in particolari periodi | *lavoro* —, prestato oltre l'orario normale **2** grandissimo, eccezionale: *successo* — ♦ *s.m.* **1** lavoro prestato oltre l'orario normale; il compenso relativo: *fare un'ora di* — **2** [solo *sing.*] cosa straordinaria: *cosa ci trovi di —?* □ **straordinariamente** *avv.*
strapagare [stra-pa-gà-re] *v.tr.* [*io strapago, tu strapaghi ecc.*] pagare abbondantemente, più del dovuto.
straparlare [stra-par-là-re] *v.intr.* [aus. *avere*] (*fam.*) parlare troppo o a sproposito.
strapazzamento [stra-paz-za-mén-to] *s.m.* (*non com.*) lo strapazzare, lo strapazzarsi, l'essere strapazzato.
strapazzare [stra-paz-zà-re] *v.tr.* **1** maltrattare; rimproverare aspramente: — *i dipendenti* **2** usare senza cura; sciupare: — *i libri* **3** (*fig.*) eseguire male: — *una canzone* **4** affaticare eccessivamente: *un lavoro che strapazza* ♦ **strapazzarsi** *v.rifl.* affaticarsi troppo.

strapazzata [stra-paz-zà-ta] *s.f.* 1 rimprovero aspro: *prendersi una* — 2 fatica eccessiva: *la gita è stata una* —.
strapazzato [stra-paz-zà-to] *agg.* 1 malconcio, maltrattato | *uova strapazzate*, rimestate e sbattute prima e durante la cottura in tegame 2 pieno di strapazzi, di disagi: *vita strapazzata*.
strapazzo [stra-pàz-zo] *s.m.* 1 lo strapazzare | *medico, avvocato da* —, (*fig.*) di scarso valore 2 eccesso di fatica; disagio: *gli strapazzi del viaggio*.
strapieno [stra-piè-no] *agg.* molto pieno, pieno zeppo: *baule* — *di roba*.
strapiombare [stra-piom-bà-re] *v.intr.* [*io strapiómbo ecc.*; aus. *essere* e *avere*] non essere a piombo; presentare la parte superiore sporgente rispetto all'inferiore: *scoglio che strapiomba sul mare*.
strapiombo [stra-pióm-bo] *s.m.* 1 lo strapiombare 2 parete rocciosa sporgente oltre la perpendicolare: *roccia a* — 3 precipizio, scoscendimento: *cadere da uno* —.
strapotente [stra-po-tèn-te] *agg.* molto potente; potentissimo.
strapotere [stra-po-té-re] *s.m.* potere eccessivo.
strappacuore [strap-pa-cuò-re] *agg.invar.* che commuove profondamente: *scena* —.
strappalacrime [strap-pa-là-cri-me] *agg.invar.* che commuove fortemente; patetico: *un film* —.
strappamento [strap-pa-mén-to] *s.m.* lo strappare, lo strapparsi, l'essere strappato | *lesioni da* —, (*med.*) caratterizzate da lacerazione di tessuti.
strappare [strap-pà-re] *v.tr.* 1 staccare con un movimento rapido e deciso: — *le erbacce dal terreno* | (*estens.*) riferito a persona, portar via con forza, sottrarre: — *qlcu. alla morte*, salvarlo | (*fig.*) ottenere con l'insistenza o con la costrizione; carpire: — *una promessa* | — *le lacrime*, commuovere 2 stracciare, fare a pezzi: — *una lettera* | — *il cuore*, (*fig.*) commuovere profondamente ♦ **strapparsi** *v.rifl.* o *intr.pron.* 1 lacerarsi, rompersi: *la camicia si è strappata* 2 nel gergo sportivo, procurarsi uno strappo muscolare: *il giocatore si è strappato*.
strappata [strap-pà-ta] *s.f.* lo strappare; strappo.
strappato [strap-pà-to] *agg.* lacero; con uno o più strappi: *libro* —.
strappatura [strap-pa-tù-ra] *s.f.* 1 lo strappare, l'essere strappato | la parte strappata, strappo 2 (*ind. tess.*) scarto della lavorazione della canapa.
strappo [stràp-po] *s.m.* 1 lo strappare, l'essere strappato; forte tirata: *dare uno* — *alla corda* 2 lacerazione, squarcio: *rammendare uno* — | — *muscolare*, (*med.*) forte stiramento 3 (*fig.*) interruzione di rapporti; rottura: *uno* — *fra partiti* | *a strappi*, a più riprese, irregolarmente: *andare avanti a strappi* 4 (*fig.*) eccezione: — *alla regola* 5 (*fig. fam.*) passaggio automobilistico: *chiedere uno* — 6 tecnica con la quale si distacca un affresco dal muro.
strapuntino [stra-pun-tì-no] *s.m.* 1 seggiolino pieghevole o ribaltabile, usato nei mezzi di trasporto quando tutti i posti a sedere normali sono occupati 2 (*mar.*) il materasso che i marinai ricevono in dotazione per la branda.
straricco [stra-rìc-co] *agg.* [pl.m. *-chi*] ricchissimo.
straripamento [stra-ri-pa-mén-to] *s.m.* lo straripare.
straripare [stra-ri-pà-re] *v.intr.* [aus. *essere* o *avere*] detto delle acque di un fiume, traboccare oltre le rive, al di sopra degli argini.
strascicamento [stra-sci-ca-mén-to] *s.m.* lo strascicare, lo strascicarsi, l'essere strascicato.
strascicare [stra-sci-cà-re] *v.tr.* [*io stràscico, tu stràscichi ecc.*] 1 trascinare qlco. facendola strisciare per terra: — *i piedi*, camminare senza sollevarli da terra 2 (*fig.*) pronunciare lentamente, prolungando i suoni: — *le parole* ♦ *v.intr.* [aus. *avere*] toccare per terra: *un mantello che strascica sul pavimento*.
strascico [strà-sci-co] *s.m.* [pl. *-chi*] 1 lo strascicare | *rete a* —, rete da pesca che viene trascinata sul fondo a rimorchio di una o più barche | *parlare con lo* —, (*fig.*) strascicando le parole 2 parte di abiti da cerimonia o da sera che strascica per terra 3 ciò che si lascia dietro; residuo: *la lumaca lascia uno* — *di bava* 4 (*fig.*) conseguenza negativa: *gli strascichi della guerra*.
strasciconi [stra-sci-có-ni] *avv.* strascicando o strascicandosi: *procedere (a)* —.
strascinamento [stra-sci-na-mén-to] *s.m.* lo strascinare, l'essere strascinato.
strascinare [stra-sci-nà-re] *v.tr.* trascinare con fatica e sforzo: — *un sacco di cemento* ♦ **strascinarsi** *v.rifl.* o *intr.pron.* di persona, trascinarsi faticosamente: — *fino alla porta* | di cosa, andare per le lunghe: *una causa che si strascina da anni*.
strascinio [stra-sci-nì-o] *s.m.* uno strascinare prolungato o frequente: *un continuo* — *di sedie*.
strass [/ stras /] *s.m.invar.* (*ted.*) vetro ricco di piombo, lucentissimo e molto duro.
stratagemma [stra-ta-gèm-ma] *s.m.* [pl. *-mi*] astuzia, espediente ben congegnato: *fuggire con uno* —.
stratega [stra-tè-ga], o **stratego**, *s.m.* [pl. *-ghi*] 1 chi imposta e coordina le operazioni di guerra: *Annibale fu un grande* — 2 (*estens.*) persona capace di organizzare o di impostare il lavoro altrui in vista di un dato scopo.
strategia [stra-te-gì-a] *s.f.* 1 il modo di impostare e condurre le operazioni belliche da parte di un comandante in capo: *la* — *napoleonica* 2 (*fig.*) l'insieme dei mezzi e dei metodi necessari a conseguire un obiettivo durevole: — *politica, commerciale*.
strategico [stra-tè-gi-co] *agg.* [pl.m. *-ci*] 1 (*mil.*) che riguarda la strategia; fatto con strategia: *piano* — | *ritirata strategica*, ritirata volontaria, in vista di altre operazioni | *armi strategiche*, quelle che possono risolvere un conflitto 2 (*fig.*) abile, astuto: *mossa strategica* □ **strategicamente** *avv.* 1 dal punto di vista strategico 2 (*fig.*) abilmente, astutamente.
stratego → **stratega**.

stratificare [stra-ti-fi-cà-re] *v.tr.* [*io stratìfico, tu stratìfichi ecc.*] disporre a strati ♦ **stratificarsi** *v.intr.pron.* disporsi a strati.
stratificato [stra-ti-fi-cà-to] *agg.* disposto a strati: *rocce stratificate* | che è costituito da diversi strati di cellule: *tessuto* —.
stratificazione [stra-ti-fi-ca-zió-ne] *s.f.* **1** lo stratificare, lo stratificarsi, l'essere stratificato **2** (*geol.*) l'insieme degli strati geologici e la loro disposizione **3** (*fig.*) accumulazione di fasi successive.
stratiforme [stra-ti-fór-me] *agg.* (*scient.*) che è a strati; che ha forma di strato.
stratigrafia [stra-ti-gra-fì-a] *s.f.* **1** branca della geologia che studia e descrive la successione cronologica dei terreni depositatisi nel corso delle varie ere **2** (*archeol.*) descrizione degli strati del sottosuolo che contengono reperti di successive civiltà **3** (*med.*) tecnica radiografica mediante la quale si ottengono immagini di singoli strati degli organi interni.
stratigrafico [stra-ti-grà-fi-co] *agg.* [pl.m. *-ci*] che riguarda la stratigrafia.
strato [strà-to] *s.m.* **1** distesa di materiale omogeneo su una superficie: — *di vernice* **2** (*archeol.*) il livello di scavo in cui si rinvengono resti risalenti a una stessa epoca **3** (*geol.*) deposito di rocce sedimentarie esteso in lunghezza e in larghezza **4** (*meteor.*) insieme di nuvole basse, di forma piatta e allungata **5** (*estens.*) ceto, classe sociale: *gli strati più poveri della popolazione.*
stratocumulo [stra-to-cù-mu-lo] *s.m.* (*meteor.*) nuvola bassa, densa e scura, a forma di grosso globo o di rotolo.
stratonembo [stra-to-ném-bo] *s.m.* (*meteor.*) nembostrato.
stratopausa [stra-to-pàu-ʃa] *s.f.* strato, zona che separa l'alta atmosfera dalla stratosfera.
stratoreattore [stra-to-reat-tó-re] *s.m.* (*aer.*) aereo a reazione in grado di volare a quote stratosferiche.
stratosfera [stra-to-sfè-ra] *s.f.* strato dell'atmosfera situato fra i 15 e i 45 km di altitudine, caratterizzato da progressivo aumento della temperatura e scarsissima umidità.
stratosferico [stra-to-sfè-ri-co] *agg.* [pl.m. *-ci*] **1** della stratosfera; che avviene nella stratosfera: *fenomeno* — **2** (*fig.*) altissimo, spropositato, esorbitante: *somma stratosferica* **3** (*fig.*) troppo difficile; astruso, incomprensibile: *discorso* —.
strattonare [strat-to-nà-re] *v.tr.* [*io strattóno ecc.*] dare strattoni, soprattutto per ostacolare o impedire una corsa, un'azione.
strattone [strat-tó-ne] *s.m.* strappo, tirata molto forte; movimento brusco e violento: *liberarsi con uno* —.
stravaccarsi [stra-vac-càr-si] *v.intr.pron.* [*io mi stravacco, tu ti stravacchi ecc.*] (*fam.*) sdraiarsi o sedersi in modo scomposto: — *sul divano.*
stravagante [stra-va-gàn-te] *agg.* **1** che esce dai limiti prefissati o consueti **2** (*estens.*) strano, bizzarro: *uomo* — ♦ *s.m.* e *f.* persona stravagante: *fare lo* —.
stravaganza [stra-va-gàn-za] *s.f.* l'essere stravagante | atto, discorso stravagante.
stravecchio [stra-vèc-chio] *agg.* **1** molto vecchio: *vestito* — **2** invecchiato, stagionato: *vino* —.
stravedere [stra-ve-dé-re] *v.tr.* e *intr.* [coniugato come *vedere*; aus. dell'intr. *avere*] vedere anche ciò che non c'è | — *per qlcu.*, (*fig.*) amarlo o ammirarlo oltre misura.
stravincere [stra-vìn-ce-re] *v.tr.* [coniugato come *vincere*] vincere nettamente, superare di gran lunga: *la nostra squadra ha stravinto.*
stravizio [stra-vì-zio] *s.m.* abuso nel mangiare, nel bere o nell'attività sessuale: *fare uno* —.
stravolgere [stra-vòl-ge-re] *v.tr.* [coniugato come *volgere*] **1** storcere con forza: — *gli occhi* **2** (*fig.*) turbare, sconvolgere: *la notizia lo ha stravolto* **3** (*fig.*) interpretare arbitrariamente o erroneamente; travisare: — *il senso di una frase.*
stravolgimento [stra-vol-gi-mén-to] *s.m.* lo stravolgere, lo stravolgersi, l'essere stravolto.
stravolto [stra-vòl-to] *agg.* sconvolto, profondamente turbato: *mente stravolta.*
straziante [stra-ziàn-te] *agg.* che provoca o esprime un violento dolore fisico o morale: *grida strazianti.*
straziare [stra-zià-re] *v.tr.* [*io stràzio ecc.*] **1** tormentare crudelmente provocando ferite, mutilazioni: — *il corpo* **2** affliggere, addolorare profondamente: — *l'animo* **3** (*iperb.*) infastidire fortemente: *le sue chiacchiere straziano* **4** (*scherz.*) trattare, usare, eseguire malamente: — *una musica*, suonarla male; — *una lingua*, parlarla male.
straziato [stra-zià-to] *agg.* **1** dilaniato, lacerato: *corpo* — **2** profondamente tormentato: *animo* —.
strazio [strà-zio] *s.m.* **1** lo straziare, l'essere straziato; supplizio, tormento: *fare* — *di qlcu.* **2** (*iperb.*) fastidio molto forte: *che* — *quel film!*
strazza [stràz-za] *s.f.* ciò che resta dopo la filatura della seta; cascame.
streamer [/ ˈstrimer /] *s.m. invar.* (*ingl.*) (*inform.*) unità a nastro magnetico usata per l'archiviazione di riserva di grandi quantità di dati.
strega [stré-ga] *s.f.* **1** donna a cui la credenza popolare attribuiva poteri magici | *caccia alle streghe*, (*fig.*) persecuzione di persone o gruppi dettata da superstizione o da timori esagerati, infondati **2** nelle favole, donna vecchia e bruttissima, esercitante la magia per scopi malvagi | (*estens.*) donna maligna e cattiva; anche, donna vecchia e brutta.
stregare [stre-gà-re] *v.tr.* [*io strégo, tu stréghi ecc.*] **1** esercitare malefici, opere di magia contro qlco. o qlcu. **2** (*fig.*) affascinare, ammaliare: *lasciarsi* — *da una donna.*
stregato [stre-gà-to] *agg.* che è sotto l'influsso di malie, di incantesimi: *castello* — | (*fig.*) affascinato, ammaliato: *è rimasto* — *dalla sua bellezza.*

stregone [stre-gó-ne] *s.m.* **1** (*etnol.*) presso taluni popoli primitivi, individuo ritenuto in grado di comunicare con gli spiriti e di agire magicamente **2** (*estens.*) chi si dedica a pratiche magiche | guaritore, ciarlatano.

stregoneria [stre-go-ne-rì-a] *s.f.* **1** (*etnol.*) l'attività degli stregoni **2** complesso di credenze e pratiche superstiziose miranti a provocare morte, malattie, passioni amorose ecc.

stregonesco [stre-go-né-sco] *agg.* [pl.m. *-schi*] da stregone o da strega: *pratiche stregonesche.*

stregua [strè-gua] *s.f.* nella loc. *alla — di*, secondo il criterio usato per: *giudicare qlcu. alla — di tutti gli altri*; *considerare tutti alla stessa —*, allo stesso modo.

strelitzia [stre-lit-zia; / stre'littsja /] *s.f.* pianta ornamentale con grandi foglie, fiori a forma di uccello in volo e petali di color arancio e blu.

stremare [stre-mà-re] *v.tr.* [*io strèmo ecc.*] ridurre all'estremo delle forze; sfiancare, sfinire: *la malattia lo ha stremato.*

stremato [stre-mà-to] *agg.* privo di forze, esausto: *il ciclista giunse —.*

stremo [strè-mo] *s.m.* l'estremo limite delle forze fisiche o delle risorse economiche: *ridursi allo —.*

strenna [strèn-na] *s.f.* dono che si fa in occasione delle feste del Natale | titolo di pubblicazioni che escono per il capodanno.

strenuità [stre-nui-tà] *s.f.* (*lett.*) l'essere strenuo.

strenuo [strè-nuo] *agg.* (*lett.*) coraggioso e tenace: *uno — combattente* □ **strenuamente** *avv.*

strepitare [stre-pi-tà-re] *v.intr.* [*io strèpito ecc.*; aus. *avere*] fare strepito, fracasso | gridare: *cosa c'è da — tanto?*

strepitio [stre-pi-tì-o] *s.m.* strepito ripetuto e continuo.

strepito [strè-pi-to] *s.m.* rumore forte e confuso; fragore, schiamazzo: *lo — delle onde, della folla.*

strepitoso [stre-pi-tó-so] *agg.* **1** molto rumoroso, fragoroso: *applausi strepitosi* **2** (*fig.*) che ha grande risonanza; clamoroso: *vittoria strepitosa* □ **strepitosamente** *avv.*

streptococco [strep-to-còc-co] *s.m.* [pl. *-chi*] (*biol.*) batterio dalla forma tondeggiante che si dispone con gli altri in catena: *infezione da —.*

streptomicina [strep-to-mi-cì-na] *s.f.* (*chim.*, *biol.*) antibiotico elaborato da alcune varietà di actinomiceti, efficace nella cura di numerose infezioni.

stress [/ strɛs /] *s.m.invar.* (*ingl.*) (*med.*) ogni stimolo che, agendo sull'organismo, ne provochi una reazione nervosa | tensione nervosa, logorio causato da un ritmo di vita troppo intenso.

stressante [stres-sàn-te] *agg.* che provoca stress: *lavoro —.*

stressare [stres-sà-re] *v.tr.* [*io strèsso ecc.*] provocare, far subire uno stress: *lavoro che stressa* ♦ **stressarsi** *v.intr.pron.* sottoporsi a uno stress.

stressato [stres-sà-to] *agg.* sottoposto a stress: *sentirsi —.*

stretch [/ stretʃ /] *s.m.* (*ingl.*) tessuto sintetico con cui si confezionano capi d'abbigliamento elastici e aderenti | Usato come *agg.invar.* confezionato in stretch: *gonna —.*

stretching [/ 'strɛtʃiŋg /] *s.m.invar.* (*ingl.*) ginnastica che fa lavorare i muscoli in allungamento, così da conferire al fisico scioltezza e agilità.

stretta [strét-ta] *s.f.* **1** lo stringere con energia: *— di mano* | *fig.*) condizione di ristrettezza: *— economica* **2** fitta: *— allo stomaco* | turbamento, commozione: *provare una — al cuore* **3** (*fig.*) momento culminante, fase risolutiva: *giungere alla — finale*; *venire alle strette*, giungere alla conclusione | *mettere, essere alle strette*, in una situazione tale da non poter sfuggire **4** passaggio angusto, per lo più tra montagne: *la — delle Termopili.*

strettezza [stret-téz-za] *s.f.* **1** l'essere stretto: *la — di una strada* **2** (*fig.*) scarsità: *— di tempo* | (spec. *pl.*) indigenza, miseria: *vivere in strettezze.*

stretto[1] [strét-to] *agg.* **1** non largo, non ampio; angusto: *strada stretta*; *scarpe strette* | *essere, stare, andare —*, detto di indumento, essere troppo attillato **2** serrato con forza: *nodo —* | *a denti stretti*, (*fig.*) forzatamente: *ridere a denti stretti* | *avere il cuore — dall'angoscia, dall'emozione*, (*fig.*) in preda a tali sentimenti | *essere, tenersi —*, (*fig.*) essere parsimonioso **3** (*fig.*) rigoroso: *lutto —*, osservato con rigore; *significato — di un vocabolo*, quello letterale; *parlare il dialetto —*, il dialetto puro | *lo — necessario, lo — indispensabile*, nulla più di quanto serve **4** molto vicino, addossato: *tenersi — al muro* | (*fig.*) intimo, prossimo: *amicizia stretta* **5** in fonetica, si dice di vocale chiusa: *la "e" di "sera" è stretta* ♦ *avv.* strettamente: *abbracciare qlcu. — —* □ **strettamente** *avv.* **1** saldamente: *legare —* **2** (*fig.*) rigorosamente: *attenersi — alle regole* | assolutamente: *spese — necessarie.*

stretto[2] *s.m.* **1** (*geog.*) braccio di mare tra due terre, che mette in comunicazione due bacini o due mari diversi: *lo — di Messina* **2** (*mus.*) la parte conclusiva della fuga.

strettoia [stret-tó-ia] *s.f.* **1** tratto in cui una strada si restringe **2** (*fig.*) situazione difficile: *trovarsi in una —.*

stria [strì-a] *s.f.* **1** riga sottile che spicca su una superficie di colore diverso: *una — bianca nel cielo* **2** scanalatura di una colonna **3** (*anat.*) linea bianca o pigmentata della cute.

striare [stri-à-re] *v.tr.* [*io strio, tu strii ecc.*] segnare con una o più strie una superficie.

striato [stri-à-to] *agg.* **1** segnato, cosparso di strie: *tessuto —* **2** *corpo —*, (*anat.*) complesso di nuclei cerebrali con funzioni motorie; *muscoli striati*, quelli che presiedono ai movimenti volontari.

striatura [stria-tù-ra] *s.f.* **1** lo striare, l'essere striato **2** stria | insieme di strie su una superficie.

stricnina [stric-nì-na] *s.f.* alcaloide molto tossico estratto dalla noce vomica e da altri vegetali; è usato in medicina.

stricto sensu [/ 'striktosensu /] *loc.avv.* (*lat.*) in senso stretto, secondo il significato letterale.
stridente [stri-dèn-te] *agg.* violentemente discordante: *contrasto* —, evidente | disarmonico: *suoni stridenti.*
stridere [strì-de-re] *v.intr.* [rari il part. pass. *strìduto* e i tempi composti; aus. *avere*] **1** emettere suoni acuti e aspri: *le cicale stridono; la porta stride sui cardini* **2** (*fig.*) essere in forte contrasto, non armonizzarsi: *colori che stridono.*
stridio [stri-dì-o] *s.m.* uno stridere prolungato e insistente.
strido [strì-do] *s.m.* [pl. *le strida*, meno com. *gli stridi*] grido o suono acuto e aspro: *strida di bambini.*
stridore [stri-dó-re] *s.m.* rumore di cosa che stride: — *di ruote* | — *di denti*, rumore prodotto quando si digrignano i denti.
stridulo [strì-du-lo] *agg.* che ha suono acuto e aspro: *voce stridula* | che emette un suono acuto e aspro.
strigidi [strì-gi-di] *s.m.pl.* (*zool.*) famiglia di uccelli rapaci notturni, a cui appartengono, tra gli altri, il gufo, l'allocco, la civetta e il barbagianni.
striglia [strì-glia] *s.f.* spazzola per pulire il pelo di cavalli, muli e asini.
strigliare [stri-glià-re] *v.tr.* [*io strìglio ecc.*] **1** pulire con la striglia: — *il cavallo* **2** (*fig.*) rimproverare aspramente: *il padre lo ha strigliato.*
strigliata [stri-glià-ta] *s.f.* **1** colpo, passata di striglia **2** (*fig.*) aspro rimprovero, severa critica: *prendersi una* —. DIM. *strigliatina.*
strike [/ 'straik /] *s.m.invar.*(*ingl.*) **1** nel bowling, tiro della prima boccia col quale si abbattono tutti i birilli **2** nel baseball, lancio corretto della palla che viene mancata dal battitore avversario.
strillare [stril-là-re] *v.intr.* [aus. *avere*] **1** urlare con voce alta e acuta **2** (*fig.*) protestare vivacemente: — *per cose da nulla* ♦ *v.tr.* **1** dire a voce altissima: — *una notizia* **2** (*fam.*) sgridare: *la mamma l'ha strillata.*
strillata [stril-là-ta] *s.f.* grido, urlo | (*fam.*) sgridata, rimbrotto.
strillo [strìl-lo] *s.m.* **1** grido, urlo acuto: *fare uno* — **2** (*fam.*) rimprovero a voce molto alta.
strillone [stril-ló-ne] *s.m.* [f. *-a*] **1** (*fam.*) chi strilla molto o parla a voce troppo alta **2** un tempo, chi vendeva giornali per le strade annunciando ad alta voce le notizie più importanti.
striminzire [stri-min-zì-re] *v.tr.* [*io striminzisco, tu striminzisci ecc.*] stringere il corpo in modo da renderlo più sottile, più snello ♦ **striminzirsi** *v. rifl.* stringersi con un busto o con altro per sembrare più sottile.
striminzito [stri-min-zì-to] *agg.* **1** stretto, misero: *abito* — **2** gracile e magro: *ragazzo* —.
strimpellamento [strim-pel-la-mén-to] *s.m.* lo strimpellare.
strimpellare [strim-pel-là-re] *v.tr.* [*io strimpèllo ecc.*] suonare alla meglio uno strumento musicale: — *il pianoforte.*
strimpellata [strim-pel-là-ta] *s.f.* lo strimpellare; sonata fatta strimpellando.
strimpellatore [strim-pel-la-tó-re] *s.m.* [f. *-trice*] chi strimpella.
strinare [stri-nà-re] *v.tr.* passare alla fiamma polli e uccelli già spennati per eliminare le penne più piccole e i peli | — *la camicia*, bruciacchiarla stirandola col ferro troppo caldo.
strinato [stri-nà-to] *agg.* bruciacchiato: *camicia strinata.*
stringa [strìn-ga] *s.f.* **1** cordicella, legaccio per allacciare scarpe, busti e altri capi di vestiario **2** successione ordinata di simboli (matematici, logici, linguistici ecc.).
stringare [strin-gà-re] *v.tr.* [*io stringo, tu stringhi ecc.*] condensare, ridurre all'essenziale.
stringatezza [strin-ga-téz-za] *s.f.* brevità, concisione: *parlare con* —.
stringato [strin-gà-to] *agg.* condensato, succinto: *argomentazioni stringate.*
stringendo [strin-gèn-do] *s.m.invar.* (*mus.*) didascalia musicale dinamica che suggerisce di accelerare il tempo.
stringente [strin-gèn-te] *agg.* **1** urgente, incalzante: *necessità* — **2** di grande rigore logico; convincente: *argomentazione* —.
stringere [strìn-ge-re] *v.tr.* [pres. *io stringo, tu stringi ecc.*; pass.rem. *io strinsi, tu stringésti ecc.*; part.pass. *strétto*] **1** accostare con forza una cosa a un'altra; serrare più cose insieme: — *le labbra* | — *i denti*, (*fig.*) resistere in uno sforzo, proseguire in un tentativo **2** chiudere, serrare qlco. entro un'altra: — *qlcu. fra le braccia* **3** premere, serrare, comprimere: — *la mano a qlcu.* | — *il cuore*, (*fig.*) commuovere profondamente **4** costringere qlcu. ad accostarsi a qlco.: — *al muro* | — *d'assedio*, assediare **5** stipulare, concludere: — *un'alleanza* | — *un'amicizia*, avviare rapporti amichevoli con qlcu. **6** (*fig.*) riassumere sinteticamente: — *un discorso*; *stringi!*, si dice a chi si dilunga troppo nel parlare | *stringi stringi*, in conclusione, in sostanza **7** comprimere fino a fare male: *queste scarpe stringono* ♦ *v.intr.* [aus. *avere*] **1** incalzare, urgere: *il tempo stringe* **2** accostare, tendere verso un lato: — *in curva* ♦ **stringersi** *v.rifl.* **1** accostarsi, serrarsi: — *per far posto a qlcu.* | — *intorno a qlcu.*, stargli vicino per dimostrargli solidarietà, per proteggerlo **2** contrarsi, rannicchiarsi: — *nelle spalle*, per dimostrare disinteresse o impossibilità di fare qlco.
stringimento [strin-gi-mén-to] *s.m.* lo stringere | — *di cuore*, (*fig.*) senso di viva commozione.
stringinaso [strin-gi-nà-so] *s.m.invar.* **1** dispositivo a molla usato da tuffatori e subacquei per stringere le narici **2** *occhiali a* —, quelli senza stanghette tenuti sul naso da una molla.
stripparsi [strip-pàr-si] *v.intr.pron.* (*pop.*) mangiare moltissimo, a crepapelle.
strippata [strip-pà-ta] *s.f.* (*pop.*) mangiata molto abbondante.
strip-tease [/ strip'tiz /] *s.m.invar.* (*ingl.*) spogliarello.

striscia [strì-scia] *s.f.* [pl. *-sce*] **1** pezzo lungo e stretto di materiale vario: — *di carta, di stoffa*; *tagliare a strisce*. DIM. *strisciolina* **2** ciò che ha la forma di una striscia: *maglia a strisce*; *bandiera a stelle e strisce*, quella degli Stati Uniti d'America | — *di terra*, porzione lunga e stretta di territorio | *strisce pedonali*, quelle bianche che delimitano la zona destinata al passaggio dei pedoni **3** storiella a fumetti costituita da una serie di vignette allineate.

strisciamento [stri-scia-mén-to] *s.m.* lo strisciare, lo strisciarsi | (*fig.*) atteggiamento di servile adulazione.

strisciante [stri-sciàn-te] *agg.* **1** che striscia: *animale* —, rettile | *fusto* —, (*bot.*) che si sviluppa sul suolo **2** (*fig.*) servile, viscido: *un individuo* — **3** (*fig.*) si dice di fenomeno che si attua in forme non immediatamente apparenti, ma non per questo privo di effetti: *svalutazione* —.

strisciare [stri-scià-re] *v.intr.* [*io strìscio ecc.*; aus. *avere*] **1** muoversi su una superficie sfiorandola o sfregandola: *i rettili strisciano* **2** passare rasente, sfregare: — *contro un muro* **3** (*fig.*) comportarsi in modo servile: — *ai piedi di qlcu.* ♦ *v.tr.* **1** muovere strascinando: — *i piedi sul pavimento* **2** sfiorare, rasentare: *la pallottola gli strisciò il braccio* ♦ **strisciarsi** *v.rifl.* **1** strofinarsi, sfregarsi: *la borsa si è strisciata* **2** — *a qlcu.*, (*fig.*) stargli intorno adulandolo.

strisciata [stri-scià-ta] *s.f.* **1** lo strisciare | segno lasciato da qlco. che striscia. DIM. *strisciatina* **2** serie di fotogrammi aerei che riguardano tratti consecutivi di territorio **3** (*tip.*) prova di stampa nella fotocomposizione.

strisciatura [stri-scia-tù-ra] *s.f.* lo strisciare; strisciata.

striscio [strì-scio] *s.m.* **1** lo strisciare | *di* —, strisciando, sfiorando: *colpire di* — **2** segno fatto strisciando: *fare uno — sul muro* **3** (*med.*) tipo di analisi che si fa strisciando una piccola quantità di materiale organico su un vetrino da microscopio: — *di sangue*.

striscione [stri-sció-ne] *s.m.* grossa striscia di carta, tela o altro materiale, recante scritte o disegni, che viene esposta a fini pubblicitari, propagandistici o d'informazione: *lo — del traguardo*.

stritolamento *s.m.* [stri-to-la-mén-to] *s.m.* lo stritolare, lo stritolarsi, l'essere stritolato.

stritolare [stri-to-là-re] *v.tr.* [*io strìtolo ecc.*] ridurre in pezzi minuti; maciullare: — *una noce* | in espressioni iperboliche: *se lo trovo, lo stritolo!*

strizza [strìz-za] *s.f.* (*fam.*) paura.

strizzare [striz-zà-re] *v.tr.* stringere energicamente qlco. per farne uscire il liquido contenuto: — *i panni* | — *l'occhio*, fare l'occhiolino.

strizzata [striz-zà-ta] *s.f.* lo strizzare una volta o in fretta, alla meglio: *dare una — ai panni*. DIM. *strizzatina*.

strizzatura [striz-za-tù-ra] *s.f.* lo strizzare, lo spremere.

strizzone [striz-zó-ne] *s.m.* **1** strizzata forte **2** (*fam.*) dolore forte e improvviso.

stroboscopia [stro-bo-sco-pì-a] *s.f.* metodo che consiste nel rilevare i movimenti di un corpo rotante o vibrante per mezzo dello stroboscopio.

stroboscopio [stro-bo-scò-pio] *s.m.* apparecchio per la rilevazione della frequenza di fenomeni periodici, in particolare di un corpo rotante o vibrante.

strofe [strò-fe], o **strofa**, *s.f.* [pl. *-fe*] (*metr.*) insieme di versi uniti in base a un determinato ordine di rime e formanti un periodo ritmico; a seconda del numero dei versi, è detta *distico*, *terzina*, *quartina*, *sestina*, *ottava*.

strofico [strò-fi-co] *agg.* [pl.m. *-ci*] (*metr.*) della strofe; formato di strofe: *struttura strofica*.

strofinaccio [stro-fi-nàc-cio] *s.m.* straccio per pulire, lucidare, spolverare.

strofinamento [stro-fi-na-mén-to] *s.m.* lo strofinare, l'essere strofinato.

strofinare [stro-fi-nà-re] *v.tr.* fregare ripetutamente una superficie per pulirla, asciugarla o lucidarla: — *le scarpe* ♦ **strofinarsi** *v.rifl.* strusciarsi, fregarsi.

strofinata [stro-fi-nà-ta] *s.f.* lo strofinare una sola volta o in fretta, alla meglio: *dare una — al tavolo*.

strofinio [stro-fi-nì-o] *s.m.* **1** uno strofinare ripetuto e continuo **2** (*fis.*) sfregamento continuo di due superfici che si effettua per produrre elettricità statica.

stroma [strò-ma] *s.m.* [pl. *-mi*] in istologia, impalcatura fondamentale di un tessuto, di un organo.

strombare [strom-bà-re] *v.tr.* [*io strómbo ecc.*] praticare una strombatura: — *una finestra*.

strombatura [strom-ba-tù-ra] *s.f.* svasatura obliqua nello spessore del muro o attorno all'apertura di una porta o di una finestra, per migliorare l'illuminazione.

strombazzamento [strom-baz-za-mén-to] *s.m.* lo strombazzare, l'essere strombazzato.

strombazzare [strom-baz-zà-re] *v.tr.* rendere noto, vantare in modo esagerato e chiassoso: — *le qualità di un prodotto* ♦ *v.intr.* [aus. *avere*] sonare ripetutamente e fragorosamente il clacson di un autoveicolo.

strombazzata [strom-baz-zà-ta] *s.f.* lo strombazzare; strombazzamento.

strombazzatore [strom-baz-za-tó-re] *s.m.* [f. *-trice*] chi strombazza.

strombettare [strom-bet-tà-re] *v.intr.* [*io strombétto ecc.*; aus. *avere*] **1** sonare la tromba malamente **2** sonare ripetutamente il clacson di un autoveicolo.

strombettata [strom-bet-tà-ta] *s.f.* lo strombettare.

strombettio [strom-bet-tì-o] *s.m.* uno strombettare continuo.

strombo [stróm-bo] *s.m.* mollusco gasteropodo dei mari caldi con grossa conchiglia a spira, rosea all'interno, usata nella fabbricazione di cammei.

stroncare [stron-cà-re] *v.tr.* [*io strónco, tu strónchi ecc.*] **1** troncare con violenza, spezzare:

il fulmine ha stroncato un albero | (*fig.*) abbattere, annullare; anche, uccidere: *il dolore lo ha stroncato* 2 (*fig.*) far cessare in modo rapido: — *una rivolta* 3 (*fig.*) criticare violentemente: — *un film.*
stroncatore [stron-ca-tó-re] *s.m.* [f. *-trice*] (*non com.*) chi stronca | chi fa una critica molto violenta.
stroncatorio [stron-ca-tò-rio] *agg.* che stronca, critica aspramente: *un articolo* —.
stroncatura [stron-ca-tù-ra] *s.f.* lo stroncare, l'essere stroncato | (*fig.*) critica, recensione violentemente negativa.
strong [/ strɔŋg /] *agg.invar.* (*ingl.*) si dice di un tipo di carta particolarmente resistente: *carta extra* —.
stronzaggine [stron-zàg-gi-ne] *s.f.* (*volg.*) l'essere stupido, odioso | atto o detto stupido, odioso; stronzata.
stronzata [stron-zà-ta] *s.f.* (*volg.*) atto, detto di persona stupida, odiosa.
stronzio [stròn-zio] *s.m.* elemento chimico di simbolo *Sr*; è un metallo alcalino-terroso, bianco, ossidabile.
stronzo [strón-zo] *s.m.* (*volg.*) 1 escremento solido di forma cilindrica 2 (*fig.*) persona stupida, odiosa.
stropicciamento [stro-pic-cia-mén-to] *s.m.* stropicciatura.
stropicciare [stro-pic-cià-re] *v.tr.* [*io stropìccio ecc.*] 1 passare e ripassare con energia una cosa contro un'altra: *stropicciarsi le mani* | *stropicciarsi gli occhi*, fregare le mani sulle palpebre, per sonno o bruciore 2 (*fam.*) sgualcire, spiegazzare: *stropicciarsi la gonna.*
stropicciatura [stro-pic-cia-tù-ra] *s.f.* lo stropicciare, l'essere stropicciato.
stroppiare [strop-pià-re] *v.tr.* [*io stròppio ecc.*] (*pop.*) storpiare, rovinare | *prov.*: *il troppo stroppia*, qualunque eccesso è nocivo.
strozzamento [stroz-za-mén-to] *s.m.* lo strozzare, lo strozzarsi, l'essere strozzato | — *erniario*, (*med.*) fenomeno per cui un'ansa intestinale fuoriuscita dalla sua sede si rigonfia e si occlude.
strozzapreti [stroz-za-prè-ti] *s.m.pl.* (*region.*) 1 piccoli gnocchi di farina 2 grossi spaghetti grezzi tirati a mano con la pasta fatta in casa.
strozzare [stroz-zà-re] *v.tr.* [*io stròzzo ecc.*] 1 stringere la gola con le mani fino a uccidere | in espressioni iperboliche: *se lo incontro, lo strozzo!* 2 (*estens.*) soffocare, impedire il respiro, detto di cibo che si ferma in gola: *il boccone lo stava strozzando* 3 (*fig.*) prestare denaro a forte usura: *gli usurai strozzano la povera gente* ♦ **strozzarsi** *v.intr.pron.* 1 restare soffocato da un boccone che si ferma in gola 2 restringersi, ridurre il proprio diametro: *a un certo punto la strada si strozza.*
strozzato [stroz-zà-to] *agg.* 1 che presenta una strozzatura: *condotto* — | *ernia strozzata*, (*med.*) si dice di ansa intestinale uscita dalla sua sede per ernia e occlusa per strozzamento 2 si dice di voce che esce a stento dalla gola: *parole strozzate.*
strozzatura [stroz-za-tù-ra] *s.f.* 1 punto, tratto in cui qlco. si restringe: *la — di un tubo* 2 (*fig.*) impedimento, ostacolo: *le strozzature del traffico.*
strozzinaggio [stroz-zi-nàg-gio] *s.m.* l'attività dello strozzino; usura | comportamento da strozzino.
strozzinesco [stroz-zi-né-sco] *agg.* [pl.m. *-schi*] da strozzino.
strozzino [stroz-zì-no] *s.m.* [f. *-a*] 1 chi presta denaro a forte usura; usuraio 2 (*estens.*) chi vende qlco. a prezzi altissimi.
struccare [struc-cà-re] *v.tr.* [*io strucco, tu strucchi ecc.*] togliere il trucco dal viso ♦ **struccarsi** *v.rifl.* togliersi il trucco dal viso.
struccatura [struc-ca-tù-ra] *s.f.* lo struccare, lo struccarsi, l'essere struccato.
strudel [/ 'strudel /] *s.m.invar.* (*ted.*) dolce di pasta arrotolata, farcito di mele, uva passa, pinoli e cotto in forno.
struffolo [strùf-fo-lo] *s.m.* (spec. *pl.*) dolce napoletano fatto con palline di farina e uova, fritte e tenute insieme con miele.
struggente [strug-gèn-te] *agg.* che strugge, che tormenta: *nostalgia* —.
struggere [strùg-ge-re] *v.tr.* [pres. *io struggo, tu struggi ecc.*; pass.rem. *io strussi, tu struggésti ecc.*; part.pass. *strutto*] 1 (*non com.*) fondere con il calore: — *la cera* 2 (*fig.*) consumare lentamente, far soffrire: *un pensiero che strugge* ♦ **struggersi** *v.intr.pron.* 1 fondersi, sciogliersi con il calore 2 (*fig.*) consumarsi di passione, di desiderio; tormentarsi: — *d'amore.*
struggimento [strug-gi-mén-to] *s.m.* lo struggere, lo struggersi; sofferenza, tormento: *che — vederlo così!*
strumentale [stru-men-tà-le] *agg.* 1 relativo a uno strumento 2 eseguito con strumenti: *analisi chimica* —; *navigazione, volo* —, non a vista, condotti con i soli strumenti di bordo | (*mus.*) degli strumenti, dei soli strumenti: *concerto* — 3 che ha valore di strumento: *fare un uso — di qlco.*; *bene* —, (*econ.*) che serve per produrre altri beni □ **strumentalmente** *avv.* 1 per mezzo di uno strumento 2 dal punto di vista strumentale 3 in modo strumentale.
strumentalità [stru-men-ta-li-tà] *s.f.* l'essere strumentale; carattere strumentale.
strumentalizzare [stru-men-ta-liʒ-ʒà-re] *v.tr.* considerare qlco., qlcu. come uno strumento e servirsene per i propri scopi: — *la cultura, un'amicizia.*
strumentalizzazione [stru-men-ta-liʒ-ʒa-zió-ne] *s.f.* lo strumentalizzare, l'essere strumentalizzato.
strumentare [stru-men-tà-re] *v.tr.* [*io struménto ecc.*] scrivere la partitura di un brano musicale assegnando a ogni strumento la propria parte.
strumentario [stru-men-tà-rio] *s.m.* l'insieme degli strumenti usati per l'esercizio di un'arte o di una professione: — *chirurgico.*
strumentatore [stru-men-ta-tó-re] *s.m.* [f. *-trice*] chi strumenta un pezzo musicale.
strumentazione [stru-men-ta-zió-ne] *s.f.* 1

(*mus.*) l'arte, la pratica, il modo di strumentare **2** l'insieme degli strumenti di controllo di cui è dotata una macchina, un apparecchio, un impianto: *la — di una nave* **3** l'insieme degli strumenti e delle attrezzature necessari per svolgere un'attività.

strumentista [stru-men-tì-sta] *s.m.* e *f.* [pl.m. *-sti*] **1** chi, per professione, suona uno strumento musicale **2** tecnico specializzato nel progettare strumentazioni per impianti industriali.

strumento [stru-mén-to] *s.m.* [pl. *-ti*] **1** attrezzo, apparecchio atto all'esecuzione di determinate operazioni: *gli strumenti del fabbro* | *strumenti di bordo*, (*aer.*) quelli necessari per la navigazione aerea e il controllo degli impianti dell'aeromobile | *strumenti di misura*, destinati alla misurazione di grandezze misurabili | *strumenti musicali*, capaci di produrre suoni armonici: *strumenti a fiato, a corda, a percussione* **2** (*fig.*) mezzo per ottenere qlco.: *usare la propria autorità come — di sopraffazione* **3** atto pubblico redatto da un notaio **4** *complemento di —*, (*gramm.*) complemento di mezzo.

strusciamento [stru-scia-mén-to] *s.m.* lo strusciare; rumore prodotto strusciando qlco.: *uno — di piedi.*

strusciare [stru-scià-re] *v.tr.* [*io strùscio ecc.*] sfregare; strofinare; urtare di striscio: *— i piedi*; *— contro il muro* ♦ **strusciarsi** *v.intr.pron.* sfregarsi contro qlco. | *— a qlcu.*, (*fig.*) stargli intorno per ottenerne favori e protezione.

strusciata [stru-scià-ta] *s.f.* lo strusciare una volta.

strusciatura [stru-scia-tù-ra] *s.f.* lo strusciare | il segno prodotto strusciando.

struscio [strù-scio] *s.m.* (*merid.*) passeggiata dei giorni festivi per le vie principali dei centri di provincia.

strutto [strùt-to] *s.m.* grasso, usato in cucina, che si ottiene facendo fondere a forte calore i tessuti adiposi del maiale.

struttura [strut-tù-ra] *s.f.* **1** insieme organico di elementi, materiali o non materiali, in rapporto di coordinazione e interdipendenza reciproca: *la — del corpo umano* **2** ossatura, intelaiatura: *la — in ferro di un ponte* | *— portante*, (*edil.*) gli elementi che svolgono una funzione di sostegno rispetto all'insieme **3** locale, area attrezzati per una determinata attività: *strutture sportive* **4** (*econ.*) l'insieme dei rapporti di base che caratterizzano un sistema economico **5** (*ling.*) organizzazione degli elementi di una lingua: *la — sintattica dell'italiano* **6** *— algebrica*, (*mat.*) insieme in cui siano definite una o più leggi di composizione tra i suoi elementi.

strutturale [strut-tu-rà-le] *agg.* di struttura: *elemento —* | *analisi —*, (*chim.*) studio della struttura spaziale di molecole isolate o associate | *linguistica —*, strutturalismo linguistico □ **strutturalmente** *avv.*

strutturalismo [strut-tu-ra-lì-ʃmo] *s.m.* **1** teoria linguistica che considera le lingue come sistemi di elementi interagenti e interdipendenti **2** indirizzo filosofico e critico-letterario caratterizzato da un metodo di indagine volto a individuare relazioni costanti e sistematiche (strutture) tra i fenomeni.

strutturalista [strut-tu-ra-lì-sta] *s.m.* e *f.* [pl.m. *-sti*] seguace, rappresentante dello strutturalismo | Usato anche come *agg.* in luogo di *strutturalistico*: *indirizzo —*.

strutturalistico [strut-tu-ra-lì-sti-co] *agg.* [pl.m. *-ci*] dello strutturalismo, degli strutturalisti: *metodo —*.

strutturare [strut-tu-rà-re] *v.tr.* ordinare, disporre secondo un ordine, una struttura: *— un complesso architettonico* ♦ **strutturarsi** *v.intr.pron.* organizzarsi secondo una determinata struttura.

strutturato [strut-tu-rà-to] *agg.* organizzato secondo una determinata struttura; articolato.

strutturazione [strut-tu-ra-zió-ne] *s.f.* lo strutturare, lo strutturarsi, l'essere strutturato; il modo in cui una struttura è organizzata.

struzioniformi [stru-zio-ni-fór-mi] *s.m.pl.* (*zool.*) ordine di uccelli di grandi dimensioni, inetti al volo, buoni corridori, con gambe lunghe e piedi muniti di due dita.

struzzo [strùz-zo] *s.m.* uccello corridore africano, il più grande degli uccelli viventi, con lunghe zampe, lungo collo e testa piccola | *boa di —*, specie di stola fatta di piume di struzzo | *fare lo —*, (*fig.*) si dice di chi preferisce ignorare una situazione difficile piuttosto che affrontarla.

stuccare[1] [stuc-cà-re] *v.tr.* [*io stucco, tu stucchi ecc.*] **1** ricoprire con uno strato di stucco; riempire una cavità con lo stucco **2** decorare con stucchi: *— il soffitto di una sala.*

stuccare[2] *v.tr.* [*io stucco, tu stucchi ecc.*] riempire fino alla sazietà; venire a noia, disgusto: *i dolci alla lunga stuccano.*

stuccatore [stuc-ca-tó-re] *s.m.* [f. *-trice*] **1** chi fa lavori di stuccatura **2** chi fa stucchi per decorare pareti e soffitti.

stuccatura [stuc-ca-tù-ra] *s.f.* **1** lo stuccare, l'essere stuccato **2** strato di stucco indurito.

stucchevole [stuc-ché-vo-le] *agg.* che infastidisce, che dà nausea, noia, disgusto: *cibo —* □ **stucchevolmente** *avv.*

stucchevolezza [stuc-che-vo-léz-za] *s.f.* l'essere stucchevole; carattere stucchevole.

stucco[1] [stùc-co] *s.m.* [pl. *-chi*] **1** materiale di rivestimento o decorazione che si ottiene mescolando calce, polvere di marmo e sabbia: *decorazione a —* | (*estens.*) ornamento, decorazione fatta con lo stucco: *cornici di —* | *rimanere di —*, (*fig.*) sbalordito, meravigliato **2** nome di diversi materiali pastosi che esposti all'aria induriscono rapidamente; servono a riempire cavità o mascherare difetti superficiali: *— per legno, per metalli.*

stucco[2] *agg.* [pl.m. *-chi*] sazio e annoiato: *essere — di fare sempre le stesse cose.*

studentato [stu-den-tà-to] *s.m.* collegio universitario.

studente [stu-dèn-te] *s.m.* [f. *-essa*] chi è iscritto a una scuola media o a una università: *— liceale, universitario* | *casa dello —*, collegio universitario.

studentesco [stu-den-té-sco] *agg.* [pl.m. *-schi*] di studente, degli studenti: *movimento —*.

studiacchiare [stu-diac-chià-re] *v.tr.* e *intr.* [*io studiàcchio ecc.*; aus. dell'intr. *avere*] studiare poco e di malavoglia.

studiare [stu-dià-re] *v.tr.* [*io stùdio ecc.*] **1** applicare la mente al fine di apprendere un argomento, una disciplina, un'arte, con il sussidio di libri o altri strumenti: *— musica*; *— su un manuale* | *— la parte*, di un attore, prepararsi a una recita **2** (*assol.*) frequentare una scuola, seguire studi regolari: *— all'università* **3** (*estens.*) esaminare, indagare: *— un problema* | *studiarle tutte*, cercare, escogitare il modo per risolvere una difficoltà **4** (*fig.*) controllare, misurare: *— le maniere, le parole* ♦ *v.intr.* [aus. *avere*], **studiarsi** *v. intr.pron.* (*lett.*) ingegnarsi, sforzarsi: *— di fare meglio!* ♦ *v.rifl.* osservarsi con attenzione: *— allo specchio.*

studiato [stu-dià-to] ricercato, affettato: *un comportamento —*.

studicchiare [stu-dic-chià-re] *v.tr.* e *intr.* [*io studìcchio ecc.*; aus. dell'intr. *avere*] studiacchiare.

studio [stù-dio] *s.m.* **1** lo studiare; applicazione della mente per imparare, conoscere qlco.: *lo — delle leggi*; *lo — richiede impegno* | *borsa di —*, sovvenzione in denaro data a studenti meritevoli perché possano dedicarsi agli studi **2** ciò che è oggetto di studio: *studi scientifici* **3** *pl.* attività di chi segue i corsi regolari di una scuola o di un'università: *finire gli studi* **4** indagine, ricerca; scritto su un argomento: *fare lunghi studi*; *uno — su Dante* **5** (*mus.*) composizione vocale o strumentale che ha il fine di esercitare l'esecutore in una particolare tecnica **6** stanza dove si studia: *ritirarsi nello —* | i mobili che costituiscono l'arredamento di uno studio: *uno — in noce.* DIM. *studiolo* **7** luogo in cui un professionista o un artista svolgono la loro attività: *— legale, di pittore* **8** insieme di locali in cui si allestiscono spettacoli radiofonici e televisivi o si girano le scene di un film.

studiolo [stu-diò-lo] *s.m.* piccola stanza adibita a studio.

studioso [stu-dió-so] *agg.* che studia con diligenza e applicazione: *un ragazzo —* ♦ *s.m.* [f. *-a*] chi è dedito allo studio di una particolare disciplina: *uno — di fama mondiale.*

stufa [stù-fa] *s.f.* apparecchio per il riscaldamento degli ambienti domestici: *— elettrica.* DIM. *stufetta.*

stufare [stu-fà-re] *v.tr.* **1** riscaldare in una stufa **2** cuocere a fuoco lento e a lungo in una pentola chiusa: *— un pezzo di manzo* **3** (*fig. fam.*) seccare, infastidire: *le chiacchiere mi stufano* ♦ **stufarsi** *v.intr.pron.* (*fam.*) seccarsi, stancarsi.

stufato [stu-fà-to] *s.m.* pietanza di carne cotta a fuoco lento in un tegame ben chiuso: *— di manzo.*

stufo [stù-fo] *agg.* (*fam.*) annoiato, seccato, stanco: *essere — di qlco., di qlcu.*

stunt-car [/ ˈstantkar /] *s.m.invar.* (*ingl.*) automobile usata per girare scene cinematografiche che prevedono scontri, salti, incendi.

stunt-man [/ ˈstantmɛn /] *s.m.invar.* (*ingl.*) acrobata che esegue come controfigura le scene più movimentate e rischiose di un film (cadute, salti ecc.).

stuoia [stuò-ia] *s.f.* tessuto di giunchi, canne o paglia, usato come tappeto, per riparare dal sole o come materiale di rivestimento.

stuoino → **stoino**.

stuolo [stuò-lo] *s.m.* moltitudine, schiera: *uno — di ammiratori.*

stupefacente [stu-pe-fa-cèn-te] *agg.* che provoca stupore, che sbalordisce: *notizia —* ♦ *agg.* e *s.m.* si dice di sostanza naturale o sintetica che, agendo sul sistema nervoso centrale, determina uno stato di torpore o di ebbrezza.

stupefare [stu-pe-fà-re] *v.tr.* [*io stupefàccio* o *stupefò, tu stupefài, egli stupefà ecc.*; coniugato come *fare*] riempire di stupore, meravigliare.

stupefatto [stu-pe-fàt-to] *agg.* pieno di stupore; meravigliato: *rimanere —*.

stupefazione [stu-pe-fa-zió-ne] *s.f.* **1** (*non com.*) stupore **2** (*med.*) stato di intorpidimento o di ebbrezza causato da stupefacenti.

stupendo [stu-pèn-do] *agg.* che stupisce per la sua bellezza; splendido, meraviglioso: *quadro —* □ **stupendamente** *avv.*

stupidaggine [stu-pi-dàg-gi-ne] *s.f.* **1** l'essere stupido | atto, discorso stupido: *non dire stupidaggini!* **2** cosa di poco conto: *prendersela per una —*.

stupidario [stu-pi-dà-rio] *s.m.* (*non com.*) raccolta di detti, frasi, giudizi assurdi o ridicoli.

stupidata [stu-pi-dà-ta] *s.f.* atto, discorso stupido.

stupidità [stu-pi-di-tà] *s.f.* l'essere stupido: *una — incredibile.*

stupido [stù-pi-do] *agg.* **1** tardo nel comprendere, poco intelligente **2** che denota stupidità, scarsa intelligenza: *scherzo —* ♦ *s.m.* [f. *-a*] persona stupida: *non fare lo —!* □ **stupidamente** *avv.*

stupire [stu-pì-re] *v.tr.* [*io stupisco, tu stupisci ecc.*] riempire di stupore; meravigliare, sorprendere: *la sua abilità ci stupì* ♦ *v.intr.* [aus. *essere*], **stupirsi** *v.intr.pron.* esser preso da stupore; meravigliarsi: *non mi stupisco di nulla.*

stupito [stu-pì-to] *agg.* preso da stupore; meravigliato, sorpreso.

stupore [stu-pó-re] *s.m.* **1** meraviglia grande e improvvisa: *essere colto da —*; *esclamazione di —* **2** (*med.*) arresto della motilità volontaria, associato a un indebolimento dell'attività psichica.

stuprare [stu-prà-re] *v.tr.* violentare: *— una donna.*

stupratore [stu-pra-tó-re] *s.m.* chi commette uno stupro.

stupro [stù-pro] *s.m.* atto sessuale imposto con la violenza; violenza carnale.

stura [stù-ra] *s.f.* lo sturare un recipiente in modo che ne esca il liquido: *dare la — a una botte.*
sturabottiglie [stu-ra-bot-tì-glie] *s.m.invar.* arnese per togliere il tappo alle bottiglie; cavatappi.
sturalavandini [stu-ra-la-van-dì-ni] *s.m.invar.* attrezzo a ventosa per sturare lo scarico di lavandini.
sturare [stu-rà-re] *v.tr.* **1** stappare: — *una bottiglia* **2** liberare una conduttura da ciò che la ostruisce: — *il lavandino.*
sturbare [stur-bà-re] *v.tr.* **1** (*non com.*) disturbare, impedire, interrompere **2** (*region.*) turbare, sconvolgere ♦ **sturbarsi** *v.intr.pron.* (*region.*) turbarsi, sconvolgersi.
sturbo [stùr-bo] *s.m.* (*region.*) disturbo, sconvolgimento.
stuzzicadenti [stuz-zi-ca-dèn-ti] *s.m.invar.* stecchino per togliere i frammenti di cibo rimasti tra i denti.
stuzzicamento [stuz-zi-ca-mén-to] *s.m.* lo stuzzicare, l'essere stuzzicato.
stuzzicante [stuz-zi-càn-te] *agg.* stimolante, eccitante (anche *fig.*): *cibo, argomento —.*
stuzzicare [stuz-zi-cà-re] *v.tr.* [*io stùzzico, tu stùzzichi ecc.*] **1** toccare, frugare qua e là, di solito con un oggetto sottile e appuntito: *stuzzicarsi i denti* | toccare insistentemente, provocando irritazione, dolore: — *una ferita* **2** (*fig.*) molestare, punzecchiare con parole **3** (*fig.*) stimolare: — *l'appetito, la curiosità.*
stuzzichino [stuz-zi-chì-no] *s.m.* cibo che stuzzica l'appetito; spuntino.
styling [/ 'stailiŋ /] *s.m. invar.* (*ingl.*) nel disegno industriale, linea, stile che caratterizza un prodotto o una serie omogenea di prodotti.
su *prep.* [si unisce agli articoli determinativi *il, lo, la, i, gli, le* formando le prep. art. *sul, sullo, sulla, sui, sugli, sulle*; si unisce ai pronomi personali per mezzo della prep. *di*] **1** introduce una determinazione di luogo per indicare ciò sopra cui qlcu. o qlco. è, poggia, guarda, domina oppure si fonda, si basa e sim.; equivale a *sopra*: *lettera sul tavolo*; *finestra sul cortile*; *minaccia sul capo*; *credere sulla parola* **2** in dipendenza da verbi di movimento, introduce un moto a luogo: *salire su una montagna*; *mettere qlcu. sull'avviso* | con il valore di *verso, contro*: *dirigersi su una città*; *sparare sulla folla* **3** introduce l'argomento di un discorso, di uno scritto: *parlare su un tema*; *discutere su un fatto* | con sfumatura causale: *piangere su qlcu.* **4** esprime una determinazione approssimativa di tempo, con il valore di *intorno a, circa, verso*: *ritornare sulla mezzanotte*; *impiegare sulle tre ore* **5** esprime valore approssimativo rispetto a quantità, lunghezza, peso, età ecc.: *essere sui trent'anni*; *pesare sui venti chili*; *pagare sulle diecimila lire* **6** esprime la maniera in cui qlco. è o è fatta, oppure la modalità con cui un'azione si compie: *vestito su misura*; *spedizione su richiesta* ♦ *avv.* **1** in alto, verso l'alto (si contrappone a *giù*): *guardare su*; *i prezzi vanno su*, crescono; *figli da tirar su*, da crescere; *mettere su bottega*, aprirla **2** sopra: *un tavolo con su una lampada* **3** con ellissi del verbo in esortazioni, comandi: *su con la vita!*; *su, sbrigatevi!* **4** *su su*, indica movimento progressivo verso l'alto: *salire su su fino alla vetta* **5** *di su, da su*, dall'alto, da sopra; anche, dal nord: *venire da su* | *in su*, verso l'alto: *guardare in su*; *dal cento in su*, dal cento in poi ♦ *s.m.* la parte superiore: *il su della casa.*
suaccennato [su-ac-cen-nà-to] *agg.* di cui si è già parlato: *l'argomento —.*
suadente [sua-dèn-te] *agg.* (*lett.*) che persuade, che convince; allettante: *voce —.*
sub *s.m.* e *f.invar.* chi effettua immersioni subacquee; sommozzatore.
sub- prefisso di parole composte che indica posizione sottostante (*subacqueo*), posizione gerarchica inferiore (*subalterno*), trasmissione ad altri di un diritto o condizione (*sublocazione*).
subacqueo [su-bàc-queo] *agg.* che vive, sta o agisce sott'acqua: *piante subacquee*; *pesca subacquea*, sport che si pratica sott'acqua; *fucile —*, arma per praticare la pesca subacquea ♦ *s.m.* [f. *-a*] chi, per mestiere o per svago, effettua immersioni subacquee; sommozzatore.
subaffittare [su-baf-fit-tà-re] *v.tr.* affittare ad altri ciò che si è preso in affitto: — *un appartamento.*
subaffitto [su-baf-fit-to] *s.m.* la cessione in affitto di un bene da parte di chi lo ha in affitto.
subaffittuario [su-baf-fit-tu-à-rio] *s.m.* [f. *-a*] chi prende qlco. in subaffitto.
subaffluente [su-baf-flu-èn-te] *s.m.* (*geog.*) corso d'acqua affluente di un fiume che, a sua volta, è affluente di un altro.
subagente [su-ba-gèn-te] *s.m.* e *f.* persona che conclude contratti per conto di un agente.
subalpino [su-bal-pì-no] *agg.* (*geog.*) **1** che è ai piedi o in prossimità delle Alpi **2** piemontese.
subalternità [su-bal-ter-ni-tà] *s.f.* l'essere subalterno.
subalterno [su-bal-tèr-no] *agg.* sottoposto, subordinato ad altri: *ufficiale —*, il sottotenente e il tenente nell'esercito, il guardiamarina e il sottotenente di vascello in marina ♦ *s.m.* [f. *-a*] impiegato subalterno; subordinato.
subantartico [su-ban-tàr-ti-co] *agg.* [pl.m. *-ci*] (*geog.*) che è prossimo alle regioni antartiche.
subappaltare [su-bap-pal-tà-re] *v.tr.* dare in subappalto; anche, prendere in subappalto.
subappaltatore [su-bap-pal-ta-tó-re] *agg.* e *s.m.* [f. *-trice*] chi prende in subappalto.
subappalto [su-bap-pàl-to] *s.m.* (*dir.*) contratto in base al quale l'appaltatore cede a terzi in appalto l'esecuzione di un'opera, di un servizio che gli era stato appaltato.
subappenninico [su-bap-pen-nì-ni-co] *agg.* [pl.m. *-ci*] (*geog.*) che è ai piedi o in prossimità degli Appennini o si riferisce alla zona ai piedi degli Appennini: *paese —.*
subartico [su-bàr-ti-co] *agg.* [pl.m. *-ci*] (*geog.*) che è prossimo alle regioni artiche.
subatomico [su-ba-tò-mi-co] *agg.* [pl.m. *-ci*]

(*fis.*) relativo a fenomeni che avvengono in spazi di dimensioni inferiori a quelle degli atomi: *reazione subatomica* | si dice di particella costitutiva dell'atomo.

subbuglio [sub-bù-glio] *s.m.* agitazione, confusione, scompiglio: *mettere — in casa; avere lo stomaco in —*, in disordine.

subbuteo® [sub-bù-teo] *s.m.* gioco da tavolo che riproduce in scala ridotta un campo di calcio.

subconscio [sub-còn-scio] *agg.* [pl.f. *-sce* o *-scie*] (*psicol.*) che appartiene o si riferisce al subcosciente: *attività subconscia* ♦ *s.m.* (*psicol.*) subcosciente.

subcontinente [sub-con-ti-nèn-te] *s.m.* (*geog.*) parte di un continente omogenea per caratteristiche geografiche o etniche: *il — sudamericano.*

subcosciente [sub-co-scièn-te] *s.m.* (*psicol.*) sfera dell'attività psichica i cui eventi restano immediatamente al di sotto della sfera cosciente ♦ *agg.* (*psicol.*) che appartiene o si riferisce al subcosciente: *attività psichica —.*

subcostiero [sub-co-stiè-ro] *agg.* (*geog.*) detto di ciò che si trova nella zona di terraferma immediatamente alle spalle di quella costiera.

subdesertico [sub-de-ʃèr-ti-co] *agg.* [pl.m. *-ci*] (*geog.*) proprio delle regioni prossime a un deserto: *vegetazione subdesertica.*

subdolo [sùb-do-lo] *agg.* falso, ingannevole, infido: *uomo —; modi subdoli* □ **subdolamente** *avv.*

subentrare [su-ben-trà-re] *v.intr.* [*io subéntro ecc.*; aus. *essere*] succedere in un'attività, in una condizione ecc. (anche *fig.*): *al divertimento può — la noia.*

subequatoriale [su-be-qua-to-rià-le] *agg.* (*geog.*) che si trova tra l'equatore e i tropici; che è proprio di tale zona: *clima —.*

subinquilino [su-bin-qui-lì-no] *s.m.* [f. *-a*] persona alla quale l'inquilino ha affittato a sua volta un appartamento o una parte di esso.

subire [su-bì-re] *v.tr.* [*io subisco, tu subisci ecc.*] essere costretto a sopportare contro la propria volontà qlco. di gravoso, di sgradito: *— un danno; dover tacere e —* | riferito a persona, sopportarla: *— un vicino invadente.*

subissare [su-bis-sà-re] *v.tr.* **1** inabissare, sprofondare: *Dio subissò Lucifero* **2** (*fig.*) ricoprire, colmare: *— qlcu. di lodi.*

subisso [su-bìs-so] *s.m.* **1** grande rovina, sfacelo: *mandare in — un patrimonio* **2** (*fig.*) quantità enorme: *un — di applausi.*

subitaneità [su-bi-ta-nei-tà] *s.f.* l'essere subitaneo; la qualità di ciò che è subitaneo.

subitaneo [su-bi-tà-neo] *agg.* (*lett.*) che avviene d'improvviso; repentino: *cambiamento —.*

subito[1] [sù-bi-to] *avv.* **1** immediatamente: *vieni qui —* | come risposta a una chiamata o a un ordine: *"Vieni qui un momento" "Subito"* | *— prima*, immediatamente prima; *— dopo*, immediatamente dopo **2** in breve tempo: *asciugare —.*

subito[2] [su-bì-to] *agg.* ricevuto, patito: *danno, torto —.*

sub iudice [/ sub'iuditʃe /] *loc.avv.* (*lat.*) tuttora in discussione, pendente: *questione ancora —.*

sublacense [su-bla-cèn-se] *agg.* (*lett.*) di Subiaco, comune in provincia di Roma ♦ *s.m.* e *f.* (*lett.*) abitante, nativo di Subiaco.

sublimare [su-bli-mà-re] *v.tr.* **1** (*lett.*) rendere sublime; elevare moralmente | *— gli istinti*, (*psicoan.*) orientarli verso attività socialmente positive **2** (*chim., fis.*) far passare una sostanza direttamente dallo stato solido a quello aeriforme ♦ *v.intr.* [aus. *essere*] (*chim., fis.*) detto di sostanza, passare direttamente dallo stato solido a quello aeriforme ♦ **sublimarsi** *v.rifl.* o *intr.pron.* rendersi sublime; elevarsi moralmente: *— in un amore puro.*

sublimato [su-bli-mà-to] *s.m.* (*chim., fis.*) sostanza che ha subìto il processo della sublimazione.

sublimazione [su-bli-ma-zió-ne] *s.f.* **1** il sublimare, il sublimarsi; l'essere sublimato **2** (*chim., fis.*) passaggio diretto di una sostanza dallo stato solido a quello aeriforme **3** (*psicoan.*) processo per cui l'energia legata alle pulsioni sessuali e aggressive viene investita in attività socialmente positive.

sublime [su-blì-me] *agg.* **1** (*lett.*) molto alto, molto elevato: *vette sublimi* **2** (*fig.*) eccelso, nobilissimo: *esempio — di virtù* ♦ *s.m.* il sentimento che nasce alla vista di qualsiasi spettacolo grandioso.

subliminale [sub-li-mi-nà-le] *agg.* (*psicol.*) si dice di sensazione che rimane al di sotto del livello di coscienza.

sublimità [su-bli-mi-tà] *s.f.* l'essere sublime; qualità di ciò che è sublime.

sublocare [sub-lo-cà-re] *v.tr.* [*io sublòco, tu sublòchi ecc.*] dare in sublocazione; subaffittare.

sublocazione [sub-lo-ca-zió-ne] *s.f.* (*dir.*) la concessione in locazione di un bene da parte di chi lo ha a sua volta in locazione.

sublunare [sub-lu-nà-re] *agg.* che sta sotto la Luna: *mondo —*, la Terra.

submontano [sub-mon-tà-no] *agg.* (*geog.*) che si trova ai piedi di un monte o dei monti: *villaggio —.*

subnormale [sub-nor-mà-le] *agg.* di persona che presenta parametri fisici e psichici inferiori alla norma ♦ *s.m.* e *f.* persona subnormale.

subnucleare [sub-nu-cle-à-re] *agg.* (*fis.*) si dice di particella che ha dimensioni inferiori a quelle del nucleo atomico.

suboceanico [su-bo-ce-à-ni-co] *agg.* [pl.m. *-ci*] (*geog.*) che si trova sul fondo dell'oceano: *fauna suboceanica.*

subodorare [su-bo-do-rà-re] *v.tr.* [*io subodóro ecc.*] avere sentore di qlco. di nascosto; sospettare, presentire: *— un inganno.*

subordinante [su-bor-di-nàn-te] *agg.* che subordina | *congiunzione —*, (*gramm.*) congiunzione subordinativa.

subordinare [su-bor-di-nà-re] *v.tr.* [*io subórdino ecc.*] **1** posporre una cosa a un'altra; far dipen-

dere una cosa da un'altra: — *l'interesse personale a quello generale* **2** (*gramm.*) collegare due proposizioni mediante subordinazione.
subordinativo [su-bor-di-na-tì-vo] *agg.* che subordina; subordinante: *congiunzione subordinativa.*
subordinato [su-bor-di-nà-to] *agg.* che si trova in un rapporto di subordinazione: *lavoro* —, dipendente | *proposizione subordinata,* (*gramm.*) proposizione secondaria ♦ *agg.* e *s.m.* che/chi dipende da qlcu.: *impiegato* — □ **subordinatamente** *avv.*
subordinazione [su-bor-di-na-zió-ne] *s.f.* **1** il subordinare, l'essere subordinato: — *gerarchica* **2** (*gramm.*) il rapporto di dipendenza che lega alla proposizione principale le proposizioni secondarie.
subordine [su-bór-di-ne] *s.m.* solo nella loc. *in* —, subordinatamente, in second'ordine: *richiedere in — che...*
subornare [su-bor-nà-re] *v.tr.* [*io subórno ecc.*] (*dir.*) indurre un testimone o un perito a dichiarare il falso con l'offerta di denaro o di altro vantaggio.
subornazione [su-bor-na-zió-ne] *s.f.* (*dir.*) il reato commesso da chi suborna.
subpolare [sub-po-là-re] *agg.* (*geog.*) del territorio situato immediatamente al di sotto dei circoli polari, o di ciò che a esso si riferisce: *clima* —.
subsidente [sub-si-dèn-te] *agg.* (*geol.*) caratterizzato da subsidenza.
subsidenza [sub-si-dèn-za] *s.f.* (*geol.*) lento abbassamento di una parte della crosta terrestre.
subsonico [sub-sò-ni-co] *agg.* [pl.m. *-ci*] (*aer.*) si dice di velocità inferiore a quella del suono | *aereo* —, che non supera la velocità del suono.
substrato [sub-strà-to] *s.m.* **1** (*geol., chim.*) sostrato **2** (*elettr.*) supporto fisso su cui viene realizzato un circuito integrato.
subtotale [sub-to-tà-le] *s.m.* in contabilità, totale parziale.
subtropicale [sub-tro-pi-cà-le] *agg.* (*geog.*) del territorio vicino ai tropici, di ciò che a esso si riferisce: *clima* —.
subumano [su-bu-mà-no] *agg.* si dice di condizione inferiore a quella che si ritiene propria degli esseri umani.
suburbano [su-bur-bà-no] *agg.* che si trova nel suburbio, nelle vicinanze della città; periferico: *quartiere* —.
suburra [su-bùr-ra] *s.f.* quartiere malfamato di una città.
succedaneo [suc-ce-dà-neo] *agg.* e *s.m.* si dice di sostanza che può sostituirne un'altra; surrogato: *l'orzo è un — del caffè.*
succedere [suc-cè-de-re] *v.intr.* [pres. *io succèdo ecc.*; pass.rem. *io succèssi* o *succedéi* o *succedètti, tu succedésti ecc.*; part.pass. *succèsso* o *succeduto*] **1** prendere il posto di un altro, subentrargli: — *a un re* **2** venir dopo in ordine temporale: *a un temporale succede il sereno* **3** accadere: *che cosa è successo?* ♦ **succedersi** *v. rifl.rec.* susseguirsi: *eventi che si succedono.*
successione [suc-ces-sió-ne] *s.f.* **1** (*dir.*) il succedere a un altro in una carica, nella proprietà d'un bene, nella titolarità di un diritto ecc.: — *al trono*; — *ereditaria* | *guerra di* —, che ha origine da un contrasto per una successione al trono **2** il susseguirsi di elementi, eventi, fenomeni: *la — delle stagioni* **3** insieme ordinato di enti matematici in corrispondenza biunivoca con i numeri interi.
successivo [suc-ces-sì-vo] *agg.* seguente, susseguente: *giorno* — □ **successivamente** *avv.* dopo.
successo [suc-cès-so] *s.m.* **1** esito, risultato positivo: *svolgere un'attività con* — | vittoria: *la squadra è al primo* — **2** apprezzamento generale, notorietà: *avere* —; *professionista di* —, molto noto e particolarmente apprezzato **3** (*estens.*) ciò che ha riscosso successo: *i successi letterari dell'anno.*
successore [suc-ces-só-re] *agg.* e *s.m.* [f. *succeditrice*, non com.] che/chi succede a un altro: *il — di Carlo Alberto fu Vittorio Emanuele II.*
successorio [suc-ces-sò-rio] *agg.* (*dir.*) di successione, che concerne una successione: *diritto* —.
succhiare [suc-chià-re] *v.tr.* [*io sùcchio ecc.*] **1** far entrare nella bocca un liquido, aspirandolo a labbra strette: — *una bibita con la cannuccia* | — *il sangue a qlcu.,* (*fig.*) sfruttarlo **2** tenere in bocca qlco. facendola sciogliere lentamente: — *una caramella* | *succhiarsi il dito*, detto di bambini.
succhiata [suc-chià-ta] *s.f.* il succhiare una volta o brevemente, in fretta. DIM. *succhiatina.*
succhiellare [suc-chiel-là-re] *v.tr.* [*io succhièllo ecc.*] praticare fori col succhiello: — *un'asse.*
succhiello [suc-chièl-lo] *s.m.* utensile manuale provvisto di punta elicoidale per praticare fori di piccolo diametro nel legno e in altri materiali.
succhiotto [suc-chiòt-to], o **succhietto** [suc-chiét-to], *s.m.* tettarella di gomma, non bucata, che si dà da succhiare ai lattanti per tenerli calmi o farli addormentare più facilmente.
succiamele [suc-cia-mè-le] *s.m.invar.* (*bot.*) pianta parassita delle leguminose e di altre piante.
succinto [suc-cìn-to] *agg.* **1** si dice di indumento o abbigliamento ridotto che lascia scoperta gran parte del corpo: *abito* — **2** (*fig.*) breve, conciso: *discorso* — □ **succintamente** *avv.*
succitato [suc-ci-tà-to] *agg.* citato sopra o precedentemente: *capitolo, autore* —.
succlavio [suc-clà-vio] *agg.* (*anat.*) che si trova sotto la clavicola: *muscolo* —.
succo [sùc-co] *s.m.* [pl. *-chi*] **1** il sugo che si ricava dalla spremitura di frutti e ortaggi: — *di frutta, di pomodoro* **2** (*anat.*) il prodotto di alcune secrezioni ghiandolari: — *gastrico* **3** (*fig.*) sostanza, parte essenziale: *il — d'un discorso.*
succosità [suc-co-si-tà] *s.f.* l'essere succoso (anche *fig.*): *la — di un discorso.*
succoso [suc-có-so] *agg.* **1** che ha molto succo;

sugoso: *frutto* — 2 (*fig.*) sostanzioso e succinto: *discorso* — □ **succosamente** *avv.*

succube [sùc-cu-be], o **succubo** [f. *-a*], *s.m.* persona che soggiace alla volontà altrui: *uomo — della moglie.*

succulento [suc-cu-lèn-to] *agg.* 1 ricco di succo, succoso 2 (*estens.*) gustoso e sostanzioso: *pietanza succulenta.*

succulenza [suc-cu-lèn-za] *s.f.* 1 abbondanza di succo 2 l'essere gustoso e sostanzioso: *la — di un manicaretto.*

succursale [suc-cur-sà-le] *s.f.* sezione distaccata di un'azienda, di un ente; filiale: *la — di una banca.*

sud *s.m.* 1 punto cardinale che nell'emisfero australe è indicato dalla costellazione detta Croce del Sud; meridione | la direzione indicata da questo punto, opposta al nord: *polo* — 2 in un territorio la parte che si trova a sud, considerata in rapporto a quella settentrionale: *il — della Francia* 3 — *del mondo,* l'insieme dei paesi economicamente meno avanzati (situati perlopiù nell'emisfero australe).

sudafricano [su-da-fri-cà-no] *agg.* dell'Africa del sud; della Repubblica Sudafricana ♦ *s.m.* [f. *-a*] abitante, nativo dell'Africa del sud o della Repubblica Sudafricana.

sudamericano [su-da-me-ri-cà-no] *agg.* dell'America del sud ♦ *s.m.* [f. *-a*] abitante, nativo dell'America del sud.

sudanese [su-da-né-se] *agg.* del Sudan, che appartiene al Sudan ♦ *s.m.* e *f.* chi abita o è nato nel Sudan.

sudare [su-dà-re] *v.intr.* [aus. *avere*] 1 emettere sudore: — *per il caldo;* — *freddo,* per uno stato morboso, o per paura, emozione 2 (*fig.*) affaticarsi: — *sui libri* ♦ *v.tr.* 1 (*non com.*) trasudare: *le pareti sudano umidità* | — *sangue,* (*fig.*) faticare, soffrire molto per ottenere qlco. | — *sette camicie,* (*fig.*) faticare moltissimo 2 guadagnarsi qlco. lavorando, impegnandosi molto: *sudarsi il pane.*

sudario [su-dà-rio] *s.m.* presso alcuni popoli antichi, panno col quale si velava il volto della salma; lenzuolo funebre.

sudata [su-dà-ta] *s.f.* 1 il sudare abbondantemente 2 (*estens.*) sforzo intenso, grande fatica: *ha fatto una bella — per superare l'esame.*

sudaticcio [su-da-tìc-cio] *agg.* [pl.f. *-ce*] che è piuttosto sudato: *mani sudaticce* ♦ *s.m.* sudore: *puzzo di* —.

sudato [su-dà-to] *agg.* 1 bagnato di sudore: *essere tutto* — 2 (*fig.*) guadagnato con fatica; che è costato molto lavoro: *una promozione sudata.*

suddetto [sud-dét-to] *agg.* nominato precedentemente: *l'articolo* —.

sudditanza [sud-di-tàn-za] *s.f.* l'essere suddito | (*fig.*) stretta dipendenza, subalternità: — *psicologica.*

suddito [sùd-di-to] *s.m.* [f. *-a*] cittadino di uno stato retto a monarchia: — *britannico.*

suddividere [sud-di-vì-de-re] *v.tr.* [coniugato come *dividere*] dividere in parti minori ciò che è già stato diviso; anche, dividere, ripartire: — *una somma in parti uguali.*

suddivisibile [sud-di-vi-ʃì-bi-le] *agg.* che si può suddividere.

suddivisione [sud-di-vi-ʃió-ne] *s.f.* 1 divisione ulteriore 2 divisione.

sud-est [sud-èst], o **sudest**, *s.m.* (*geog.*) punto dell'orizzonte equidistante dal sud e dall'est.

sudiceria [su-di-ce-rì-a] *s.f.* 1 l'essere sudicio 2 atto, parola sudicia: *fare, dire sudicerie.*

sudicio [sù-di-cio] *agg.* [pl.f. *-ce* o *-cie*] 1 molto sporco, lurido; unto, macchiato: *casa sudicia* 2 (*fig.*) immorale, osceno: *atti, discorsi sudici* ♦ *s.m.* sporcizia, sudiciume: *vivere nel* — □ **sudiciamente** *avv.*

sudicione [su-di-ció-ne] *agg.* e *s.m.* [f. *-a*] 1 si dice di persona poco pulita; sporcaccione 2 (*fig.*) si dice di persona lasciva.

sudiciume [su-di-ciù-me] *s.m.* 1 sporcizia, lordura: *togliere il* — 2 (*fig.*) immoralità, indecenza 3 insieme di cose sudicie.

sudista [su-dì-sta] *s.m.* e *f.* [pl.m. *-sti*] nella guerra di secessione americana (1861-1865), chi apparteneva agli stati del sud o parteggiava per essi | Anche come *agg.*: *governo* —.

sud-occidentale [sud-oc-ci-den-tà-le], o **sudoccidentale**, *agg.* (*geog.*) del sud-ovest, che si trova a sud-ovest.

sudorazione [su-do-ra-zió-ne] *s.f.* la secrezione del sudore.

sudore [su-dó-re] *s.m.* liquido incoloro, a contenuto salino, prodotto dalle ghiandole sudoripare ed espulso attraverso la cute: *asciugarsi il* —; *essere in un bagno di* —, essere molto sudato | *costare* —, (*fig.*) molta fatica | *guadagnarsi il pane col — della fronte,* guadagnarsi la vita lavorando duramente.

sud-orientale [sud-o-rien-tà-le], o **sudorientale**, *agg.* (*geog.*) del sud-est, che si trova a sud-est.

sudorifero [su-do-rì-fe-ro] *agg.* sudoriparo.

sudoriparo [su-do-rì-pa-ro] *agg.* (*anat.*) che conduce o secerne sudore: *ghiandole sudoripare.*

sud-ovest [sud-ò-vest], o **sudovest**, *s.m.* (*geog.*) punto dell'orizzonte equidistante dal sud e dall'ovest.

su e giù *loc.sost.m.invar.* viavai: *per la strada era un continuo* —.

sufficiente [suf-fi-cièn-te] *agg.* 1 che basta al bisogno, che risponde alla necessità: *guadagno — a vivere* | nel linguaggio scolastico, che raggiunge il limite minimo per essere valutato positivamente: *compito* — 2 sdegnoso, sussiegoso: *tono* — ♦ *s.m.* 1 il necessario: *avere il — per vivere* 2 [anche *f.*] chi si comporta con sussiegosa degnazione: *fare il* — □ **sufficientemente** *avv.* a sufficienza.

sufficienza [suf-fi-cièn-za] *s.f.* 1 l'essere sufficiente | *a* —, quanto basta: *mangiare a* — 2 (*fig.*) sussiegosa degnazione: *aria di* — 3 votazione scolastica di sei decimi o equivalente a sei decimi: *ottenere la* —.

suffissale [suf-fis-sà-le] *agg.* (*ling.*) di suffisso, che è un suffisso: *elemento —*.
suffissare [suf-fis-sà-re] *v.tr.* (*ling.*) aggiungere un suffisso a una parola.
suffissazione [suf-fis-sa-zió-ne] *s.f.* (*ling.*) l'operazione di suffissare una parola.
suffisso [suf-fis-so] *s.m.* elemento linguistico che, posposto a un tema o a una radice, concorre alla formazione di una parola.
suffissoide [suf-fis-sòi-de] *s.m.* (*ling.*) secondo elemento di parole composte derivante da una parola autonoma, ma che si comporta come un suffisso (p.e. *-grafia* in *biografia*).
sufflè [suf-flè] *s.m.invar.* adattamento it. del fr. *soufflé*.
suffragare [suf-fra-gà-re] *v.tr.* [*io suffrago, tu suffraghi ecc.*] **1** appoggiare, sostenere con il proprio suffragio: *— una candidatura* | (*estens.*) rafforzare, rendere fondato: *— una tesi con ottimi argomenti* **2** (*lit.*) raccomandare a Dio con preghiere e opere caritatevoli le anime dei defunti.
suffragetta [suf-fra-gét-ta] *s.f.* (*scherz.*) nome dato alle donne che agli inizi del '900 lottavano per ottenere il diritto di voto.
suffragio [suf-frà-gio] *s.m.* **1** voto, dichiarazione di volontà | (*estens.*) parere favorevole **2** (*lit.*) preghiera od opera caritatevole a favore delle anime dei defunti: *messa di —*.
suffragismo [suf-fra-gì-ʃmo] *s.m.* il movimento dei suffragisti.
suffragista [suf-fra-gì-sta] *agg.* del suffragismo ♦ *agg.* e *s.m.* e *f.* [pl.m. *-sti*] sostenitore del movimento femminista che agli inizi del '900 si batteva per ottenere il diritto di voto alle donne.
suffrutice [suf-frù-ti-ce] *s.m.* (*bot.*) pianta con fusto legnoso solo alla base.
suffumicare [suf-fu-mi-cà-re] *v.tr.* [*io suffùmico, tu suffùmichi ecc.*] **1** esporre al fumo o a esalazioni di gas, vapori ecc. **2** riempire di fumo, soprattutto per disinfettare: *— una stanza*.
suffumicazione [suf-fu-mi-ca-zió-ne] *s.f.* l'operazione del suffumicare.
suffumigio [suf-fu-mì-gio] *s.m.* (spec.*pl.*) inalazione di vapori medicamentosi a scopo terapeutico o di disinfezione.
suggellare [sug-gel-là-re] *v.tr.* [*io suggèllo ecc.*] **1** (*lett.*) sigillare: *— una lettera* **2** (*fig.*) confermare definitivamente: *— un patto*.
suggello [sug-gèl-lo] *s.m.* **1** (*lett.*) sigillo **2** (*fig.*) gesto o parola che conferma definitivamente un accordo.
suggere [sùg-ge-re] *v.tr.* [*io suggo, tu suggi ecc.*; dif. del part. pass. e dei tempi composti] (*lett.*) succhiare.
suggerimento [sug-ge-ri-mén-to] *s.m.* il suggerire, l'essere suggerito; la cosa suggerita, consiglio.
suggerire [sug-ge-rì-re] *v.tr.* [*io suggerisco, tu suggerisci ecc.*] **1** far venire in mente; consigliare: *— un'idea* **2** rammentare a una persona qlco. che al momento non ricorda: *— un nome, una risposta*.
suggeritore [sug-ge-ri-tó-re] *s.m.* [f. *-trice*] chi suggerisce | chi in teatro suggerisce le battute agli attori.
suggestionabile [sug-ge-stio-nà-bi-le] *agg.* che si lascia suggestionare facilmente.
suggestionabilità [sug-ge-stio-na-bi-li-tà] *s.f.* l'essere suggestionabile; il lasciarsi suggestionare facilmente.
suggestionare [sug-ge-stio-nà-re] *v.tr.* [*io suggestióno ecc.*] influire su qlcu. e condizionarne il comportamento, ricorrendo alla suggestione; indurre abilmente qlcu. a comportarsi in un dato modo: *le sue parole lo suggestionarono* ♦ **suggestionarsi** *v.intr.pron.* cedere a una suggestione; credere qlco. di non vero per suggestione.
suggestionato [sug-ge-stio-nà-to] *agg.* che è in preda a suggestione | (*estens.*) fortemente impressionato.
suggestione [sug-ge-stió-ne] *s.f.* **1** processo psichico in virtù del quale un individuo accetta idee o opinioni altrui senza aver subito imposizioni né averne consapevolezza **2** (*fig.*) fascino, impressione forte e intensa: *la — della musica*.
suggestività [sug-ge-sti-vi-tà] *s.f.* qualità di ciò che è suggestivo.
suggestivo [sug-ge-stì-vo] *agg.* che esercita una suggestione; che evoca, sollecita emozioni: *ipotesi suggestiva* □ **suggestivamente** *avv.*
sughera [sù-ghe-ra] *s.f.* (*pop.*) quercia da sughero.
sughereto [su-ghe-ré-to] *s.m.*, o **sughereta** *s.f.*, bosco, piantagione di sugheri.
sughericoltura [su-ghe-ri-col-tù-ra] *s.f.* coltivazione dei sugheri.
sugherificio [su-ghe-ri-fì-cio] *s.m.* stabilimento dove si lavora il sughero.
sughero [sù-ghe-ro], *s.m.* **1** albero sempreverde con corteccia molto grossa e porosa e piccole foglie ovali **2** il materiale elastico e spugnoso ricavato dalla corteccia di tale albero e lavorato per vari usi: *tappo di —*.
sugli [sù-gli] *prep.art.m.pl.* composta da *su* e *gli*[1].
sugna [sù-gna] *s.f.* il grasso del maiale da cui si ricavano lo strutto da cucina e altri grassi per pomate, saponi ecc. | (*estens.*) lo strutto stesso: *condire con la —*.
sugo [sù-go] *s.m.* [pl. *-ghi*] **1** il succo contenuto nella frutta e nelle verdure: *il — della pesca, del pomodoro* **2** liquido denso e saporito emesso dalle vivande cotte: *il — dell'arrosto* **3** condimento per la pasta asciutta a base di pomodoro: *spaghetti al —* **4** (*fig.*) senso fondamentale, sostanza: *il sugo del discorso* | (*estens.*) ciò che dà senso, gusto a qlco.: *ironia senza —*, priva di mordente.
sugosità [su-go-si-tà] *s.f.* qualità di ciò che è sugoso.
sugoso [su-gó-so] *agg.* che contiene molto sugo: *arancia sugosa*.
sui *prep.art.m.pl.* composta di *su* e *i*[2].
suicida [sui-cì-da] *s.m.* e *f.* [pl.m. *-di*] chi si dà volontariamente la morte ♦ *agg.* di suicidio; che mira al suicidio: *mania —* | *commando —*, gruppo

di soldati o terroristi che compie un'azione in cui perderanno la vita.
suicidare [sui-ci-dà-re] *v.tr.* (*iron.*) nel linguaggio del giornalismo politico, uccidere qlcu. simulandone il suicidio: *lo hanno suicidato.*
suicidarsi [sui-ci-dàr-si] *v.rifl.* **1** uccidersi, togliersi volontariamente la vita **2** (*fig.*) provocare a sé stesso un danno gravissimo.
suicidio [sui-cì-dio] *s.m.* **1** atto con cui ci si dà volontariamente la morte **2** (*fig.*) atto con cui si provoca a sé un danno gravissimo: — *politico.*
suidi [sù-i-di] *s.m.pl.* (*zool.*) famiglia di mammiferi dal corpo tozzo coperto di setole, con muso a tronco di cono; vi appartengono, tra gli altri, il maiale e il cinghiale.
sui generis [/ sui'dʒɛneris /] *loc.agg.invar.* (*lat.*) si usa per indicare persona, cosa o qualità singolare, che non assomiglia ad altri: *sapore* —.
suindicato [su-in-di-cà-to] *agg.* indicato sopra, in precedenza; già citato.
suini [su-ì-ni] *s.m.pl.* (*zool.*) sottofamiglia dei suidi caratterizzata da zanne rivolte all'indietro; vi appartiene il maiale.
suino [su-ì-no] *agg.* di maiale, che riguarda il maiale: *carne suina* ♦ *s.m.* maiale: *allevamento di suini.*
suite [/ su'it /] *s.f.invar.* (*fr.*) **1** (*mus.*) serie di pezzi strumentali tratti da un'opera o da un balletto ed eseguiti in concerto **2** in un albergo elegante, appartamento di più vani.
sul *prep.art.m.sing.* composta di *su* e *il.*
sulfamidico [sul-fa-mì-di-co] *agg.* e *s.m.* [pl. *-ci*] (*chim.*) si dice di composto organico usato in medicina nelle terapie antibatteriche.
sulfureo [sul-fù-reo] *agg.* di zolfo, che contiene zolfo: *acque sulfuree.*
sulky [/ 'salki /] *s.m.* (*ingl.*) carrozzino leggero a due ruote, usato nelle corse al trotto; sediolo.
sulla [sùl-la] *prep.art.f.sing.* composta di *su* e *la*[1].
sulle [sùl-le] *prep.art.f.pl.* composta di *su* e *le*[1].
sullo [sùl-lo] *prep.art.m.sing.* composta di *su* e *lo*[1].
sultana [sul-tà-na] *s.f.* divano basso e rotondo che si colloca al centro della stanza; divano alla turca.
sultanato [sul-ta-nà-to] *s.m.* **1** territorio soggetto all'autorità di un sultano **2** dignità di sultano.
sultanina [sul-ta-nì-na] *agg.* e *s.f.* si dice di una varietà di uva bianca con acini piccoli, dolci e senza semi, adatta a essere seccata.
sultano [sul-tà-no] *s.m.* titolo degli imperatori turchi e di principi musulmani.
sumerico [su-mè-ri-co] *agg.* [pl.m. *-ci*] dei sumeri: *civiltà sumerica* ♦ *s.m.* lingua sumerica.
sumero [su-mè-ro] *agg.* e *s.m.* [f. *-a*] appartenente a una popolazione che nel IV e III millennio a.C. abitò la Mesopotamia meridionale ♦ *s.m.* lingua sumerica.
summa [sùm-ma] *s.f.* (*lett.*) termine con cui nel Medioevo erano indicate le trattazioni sistematiche di una disciplina: — *teologica.*
summenzionato [sum-men-zio-nà-to] *agg.* (*burocr.*) menzionato, nominato in precedenza.
summit [/ 'summit /] *s.m.* (*ingl.*) nel linguaggio politico e diplomatico, incontro al più alto livello; vertice.
sunnismo [sun-nì-ʃmo] *s.m.* corrente ortodossa dell'islamismo che attribuisce efficacia normativa ai detti o ai fatti di Maometto.
sunnita [sun-nì-ta] *agg.* del sunnismo ♦ *agg.* e *s.m.* e *f.* [pl.m. *-ti*] seguace del sunnismo.
sunnominato [sun-no-mi-nà-to] *agg.* (*burocr.*) nominato in precedenza.
sunnotato [sun-no-tà-to] *agg.* (*burocr.*) notato in precedenza.
sunteggiare [sun-teg-già-re] *v.tr.* [*io suntéggio ecc.*] riassumere: — *il capitolo di un libro.*
sunto [sùn-to] *s.m.* esposizione abbreviata, orale o scritta, di un testo; riassunto: *fare il — di un trattato.*
suo [sù-o] *agg.poss. di terza pers.sing.* [f. *sua*; pl.m. *suòi*; pl.f. *sue*] **1** che appartiene a lui, a lei: *la sua casa* **2** che è proprio di chi o di ciò di cui si parla: *i suoi occhi*; *la terra si coltiva per i suoi frutti*| in locuzioni reverenziali: *Sua Signoria*; *Sua Maestà* **3** indica relazione di parentela, d'affetto, d'amicizia, di lavoro: — *padre*; *un — amico*; *i suoi clienti* **4** (*estens.*) appropriato, adatto: *ogni pentola ha il — coperchio* | opportuno, idoneo: *ogni cosa va fatta a — tempo* ♦ *pron.poss. di terza pers. sing.* ha gli stessi usi e sign. dell'agg. ed è sempre preceduto dall'art. determ.: *non ho trovato le mie scarpe e ho preso le sue* | in loc. ellittiche: *i suoi* (genitori, parenti, amici ecc.); *la sua ultima* (lettera); *noi stiamo dalla sua* (parte); *ne ha combinato una delle sue* (sciocchezze, cattive azioni e simili); *ci ha rimesso del* —, dei suoi averi.
suocera [suò-ce-ra], *s.f.* la madre del marito o della moglie, rispetto all'altro coniuge | (*spreg.* o *scherz.*) donna litigiosa o autoritaria: *fare la* —.
suocero [suò-ce-ro] *s.m.* **1** il padre del marito o della moglie, rispetto all'altro coniuge **2** *pl.* il suocero e la suocera.
suola [suò-la] *s.f.* **1** la parte della scarpa che poggia sul terreno: — *di cuoio, di gomma* **2** (*estens.*) elemento, parte di un attrezzo che ne costituisce il fondo: *la — dell'aratro* **3** parte inferiore dello zoccolo del cavallo **4** (*gerg.*) imbroglio, raggiro.
suolare [suo-là-re], o **solare**[2], *v.tr.* [*io suòlo ecc.*] mettere la suola alle scarpe | risuolare.
suolatura [suo-la-tù-ra], o **solatura**, *s.f.* operazione del suolare le scarpe | la suola stessa: *una — sottile.*
suolo [suò-lo] *s.m.* **1** la superficie del terreno sul quale si sta o si cammina: *cadere al* — **2** il terreno in relazione a delle sue caratteristiche: — *pubblico, edificabile.*
suonare [so-nà-re], o **sonare**, *v.tr.* [*io suòno ecc.*] **1** fare in modo che uno strumento, un congegno acustico, un dispositivo emetta un suono: — *il campanello* | far funzionare uno strumento musicale: — *il violino* | eseguire un brano musicale: — *musica di Chopin* **2** annunciare, segnalare: *la tromba suona la ritirata* **3** (*fam.*) picchiare di

santa ragione: — *qlcu. per bene* ♦ *v.intr.* [aus. *avere* nei sign. 1 e 2; *essere* nel sign. 3; *essere* o *avere* nel sign. 4] **1** emettere, produrre un suono (detto di strumenti musicali, congegni acustici e oggetti in genere): *campane che suonano a festa*; *suona il telefono* **2** usare uno strumento musicale; eseguire musica su uno strumento: *saper* — | dare un concerto: *chi suona domani all'auditorium?* **3** essere annunciato da un suono: *è suonato mezzogiorno* | *è suonata l'ora*, (*fig.*) è arrivato il momento **4** dare un'impressione acustica più o meno gradevole: *parole che suonano bene*.

suonata [suo-nà-ta], o **sonata**, *s.f.* atto, effetto del sonare: — *di campanello*. DIM. *suonatina*.

suonato [suo-nà-to], o **sonato** *agg.* **1** compiuto, scoccato (detto di tempo): *sono le otto suonate* **2** (*fam.*) matto, scemo: *un tipo un po'* — | nel gergo pugilistico, si dice di pugile rintronato dai colpi ricevuti.

suonatore [suo-na-tó-re], o **sonatore**, *s.m.* [f. *-trice*] chi suona uno strumento musicale: — *di violino* | — *ambulante*, chi suona in strade o locali pubblici, chiedendo un'offerta a chi passa o a chi ascolta.

suoneria [suo-ne-rì-a], o **soneria**, *s.f.* congegno meccanico o elettrico che produce suoni mediante uno o più campanelli: — *d'allarme*.

suonicchiare [suo-nic-chià-re], o **sonicchiare**, *v.tr.* e *intr.* [*io suonìcchio ecc.*; aus. dell'intr. *avere*] suonare un poco, svogliatamente; strimpellare: — *il pianoforte*.

suono [suò-no] *s.m.* **1** (*fis.*) vibrazione prodotta da un corpo in regolare oscillazione, che dà una sensazione uditiva | la sensazione uditiva prodotta da tale vibrazione: — *acuto, basso*; *il — della voce* | *a suon di*, con l'accompagnamento di (anche *fig.*): *cantare al — dell'orchestra*; *mandare via a suon di botte* | *tecnico del* —, (*cine.*, *tv.*) tecnico che si occupa della registrazione o della riproduzione dei suoni **2** (*ling.*) la più piccola unità fonica di una lingua: — *vocalico*.

suora [suò-ra] *s.f.* religiosa che appartiene a una congregazione; monaca.

super [sù-per] *agg.invar.* di qualità superiore al normale; straordinario | *benzina* —, con un numero di ottani superiore al normale ♦ *s.f.invar.* (*fam.*) benzina super.

super- prefisso di parole di origine latina o di formazione moderna, che indica eccesso (*superallenamento*), preminenza (*superprefetto*), superamento di un limite (*supersonico*), qualità superiore, condizione straordinaria ecc. (*supermercato*).

superabile [su-pe-rà-bi-le] *agg.* che si può superare: *una difficoltà* —.

superaccessoriato [su-pe-rac-ces-so-rià-to] *agg.* nel linguaggio della pubblicità, che ha una dotazione straordinaria di accessori: *automobile superaccessoriata*.

superaffollamento [su-pe-raf-fol-la-mén-to] *s.m.* affollamento eccessivo.

superaffollato [su-pe-raf-fol-là-to] *agg.* eccessivamente affollato: *locale* —.

superalcolico [su-pe-ral-cò-li-co] *agg.* e *s.m.* [pl.m. *-ci*] si dice di bevanda a elevata gradazione alcolica: *il whisky è un* —.

superalimentazione [su-pe-ra-li-men-ta-zió-ne] *s.f.* alimentazione superiore al fabbisogno.

superallenamento [su-pe-ral-le-na-mén-to] *s.m.* (*sport*) allenamento troppo intenso o mal graduato che causa un affaticamento eccessivo del fisico.

superamento [su-pe-ra-mén-to] *s.m.* il superare, l'essere superato.

superare [su-pe-rà-re] *v.tr.* [*io sùpero ecc.*] **1** essere superiore per dimensioni o per quantità: *il monte Bianco supera in altezza il monte Rosa* **2** andare oltre, oltrepassare (anche *fig.*): — *il confine*; — *ogni limite* **3** riuscire superiore, vincere: *Giotto superò Cimabue* | — *sé stesso*, dare più di quanto si è sempre dato **4** affrontare vittoriosamente, con successo: — *una prova, un esame*.

superato [su-pe-rà-to] *agg.* antiquato, sorpassato: *opinioni superate*.

superattico [su-per-àt-ti-co] *s.m.* [pl. *-ci*] piano sovrastante il piano dell'attico | l'appartamento che vi è ricavato.

superautomatico [su-pe-rau-to-mà-ti-co] *agg.* altamente automatizzato.

superbia [su-pèr-bia] *s.f.* eccessiva stima di sé accompagnata da disprezzo per gli altri: *gonfio di* —; *montare, salire in* —, insuperbirsi | *peccato di* —, (*teol.*) il peccato capitale di nutrire un concetto così alto di sé da negare la propria dipendenza da Dio.

superbo [su-pèr-bo] *agg.* **1** che ha o dimostra superbia: *uomo* — **2** di qualità eccellente; eccezionale: *un lavoro* — **3** magnifico; imponente, grandioso: *palazzo* — ♦ *s.m.* [f. *-a*] persona superba □ **superbamente** *avv.* **1** in modo superbo; altezzosamente **2** magnificamente, splendidamente: *recitare* —.

superbollo [su-per-ból-lo] *s.m.* tassa maggiorata a cui sono assoggettate le autovetture con motore Diesel rispetto a quelle con motore a benzina.

superburocrate [su-per-bu-rò-cra-te] *s.m.* nell'uso giornalistico, dirigente statale di alto grado.

supercarburante [su-per-car-bu-ràn-te] *s.m.* benzina super.

supercarcere [su-per-càr-ce-re] *s.m.* nell'uso giornalistico, carcere di massima sicurezza.

superconduttività [su-per-con-dut-ti-vi-tà] *s.f.* (*fis.*) proprietà di alcuni materiali che hanno resistività elettrica e permeabilità magnetica pressoché nulle.

superconduttore [su-per-con-dut-tó-re] *s.m.* (*fis.*) conduttore elettrico costituito da materiale che presenta superconduttività.

superdonna [su-per-dòn-na] *s.f.* (*iron.*) donna che presume di avere doti eccezionali e crede perciò di essere superiore alle altre: *darsi arie di* —.

superdotato [su-per-do-tà-to] *agg.* e *s.m.* [f. *-a*] che/chi ha doti superiori alla media.

Super-Ego [/ 'super 'ɛgo /] *s.m.* (*psicoan.*) Super-Io.

superfetazione [su-per-fe-ta-zió-ne] *s.f.* **1** (*biol.*) anomalia per cui, dopo la fecondazione di un ovulo, se ne produce un altro che viene a sua volta fecondato | (*bot.*) fecondazione di un ovulo a opera di pollini di tipo diverso **2** (*arch.*) corpo di costruzione aggiunto a un edificio, guastandone la linea costruttiva originaria **3** (*fig.*) aggiunta superflua, ripetizione.

superficiale [su-per-fi-cià-le] *agg.* **1** che è alla superficie, che costituisce la superficie: *ferita, strato —* | *acque superficiali*, quelle che scorrono sulla superficie terrestre **2** (*fig.*) che non conosce, non esamina a fondo le cose; generico: *uomo, esame —* ♦ *s.m.* e *f.* persona superficiale □

superficialmente *avv.* **1** in superficie **2** (*fig.*) in modo trascurato, non profondo.

superficialità [su-per-fi-cia-li-tà] *s.f.* l'essere superficiale (spec. *fig.*): *peccare di —*.

superficie [su-per-fì-cie] *s.f.* [pl. *-ci* o *-cie*] **1** (*geom.*) estensione in lunghezza e in larghezza | (*estens.*) area: *la — di un rettangolo* **2** la parte di un corpo che costituisce il suo strato esterno: *— liscia, ruvida* | *— della Terra* (o *terrestre*), la sua superficie fisica, che comprende sia la parte solida sia quella liquida: *tornare, risalire in —*, risalire da un cavità sotterranea o riemergere dopo un'immersione **3** (*fig.*) apparenza, esteriorità: *fermarsi alla —* (o *in —*), non approfondire.

superfluità [su-per-flui-tà] *s.f.* **1** l'essere superfluo **2** (*non com.*) cosa superflua.

superfluo [su-pèr-fluo] *agg.* eccessivo, non necessario, inutile: *ricchezze superflue* ♦ *s.m.* ciò che è in più del necessario: *rinunciare al —*.

supergigante [su-per-gi-gàn-te] *agg.* (*sport*) si dice di gara di sci che associa le caratteristiche dello slalom gigante con quelle della discesa libera.

Super-Io [Sù-per-ì-o] *s.m.* (*psicoan.*) il sistema di divieti e regole morali e religiose che contrastano con le pulsioni degli istinti.

superiora [su-pe-rió-ra] *s.f.* religiosa che sta a capo di una comunità di suore | Usato anche come *agg.*: *madre —*.

superiore [su-pe-rió-re] *agg.* **1** che sta al di sopra, più in alto: *piano —*; *gli arti superiori* **2** che è più alto, più elevato: *statura — alla media* **3** (*fig.*) che è di qualità più pregiata, di capacità migliori; che è al di sopra per numero, posizione gerarchica o altro: *merce, avversario —* | *ufficiali superiori*, (*mil.*) nell'esercito, il maggiore, il tenente colonnello e il colonnello; in marina, il capitano di corvetta, il capitano di fregata e il capitano di vascello | *scuole medie superiori*, le scuole secondarie di secondo grado (licei, istituti tecnici, magistrali ecc.) | *istruzione —*, quella universitaria ♦ *s.m.* **1** chi, in una gerarchia, occupa un posto di grado più elevato: *chiedere il permesso ai superiori* **2** chi sta a capo di una comunità di religiosi □

superiormente *avv.* **1** nella parte più alta **2** con superiorità.

superiorità [su-pe-rio-ri-tà] *s.f.* l'essere superiore (spec. *fig.*): *— d'ingegno*.

superlativo [su-per-la-tì-vo] *agg.* superiore a tutti; eccellente, sublime: *bellezza superlativa* | *grado —*, (*gramm.*) grado dell'aggettivo e dell'avverbio che indica una qualità o un modo nel suo livello più elevato ♦ *s.m.* (*gramm.*) il grado superlativo dell'aggettivo e dell'avverbio: *— assoluto*, indica livello più elevato in senso assoluto (*p.e.* una casa *bellissima*); *— relativo*, indica livello più elevato in relazione ad altro (*p.e.* la sua casa è *la più bella* del villaggio).

superlavoro [su-per-la-vó-ro] *s.m.* lavoro eccessivo.

superleggero [su-per-leg-gè-ro] *agg.* e *s.m.* (*sport*) si dice di pugile appartenente a una categoria intermedia tra i pesi leggeri e i pesi welter.

superman [/ 'supermen /] *s.m.invar.* (*ingl.*) uomo eccezionalmente dotato dal punto di vista fisico.

supermarket [/ super'market /] *s.m.invar.* (*ingl.*) supermercato.

supermassimo [su-per-màs-si-mo] *agg.* e *s.m.* (*sport*) si dice di pugile appartenente a una categoria superiore a quella dei pesi massimi.

supermercato [su-per-mer-cà-to] *s.m.* grande emporio in cui il cliente si serve da solo e paga all'uscita; supermarket.

superno [su-pèr-no] *agg.* (*lett.*) posto in alto, superiore.

supernova [su-per-nò-va] *s.f.* (*astr.*) stella nova di eccezionale splendore, a causa di un fenomeno esplosivo che interessa tutto l'involucro esterno dell'astro.

supernutrizione [su-per-nu-tri-zió-ne] *s.f.* alimentazione superiore al fabbisogno; superalimentazione.

superomismo [su-pe-ro-mì-ʃmo] *s.m.* **1** (*filos.*) dottrina del superuomo **2** atteggiamento da superuomo.

superotto [su-pe-ròt-to] *agg.* e *s.m. invar.* (*cine.*) si dice di un tipo di pellicola da 8 mm che consente una migliore qualità dell'immagine rispetto al tipo tradizionale ♦ *s.f.* cinepresa che utilizza pellicole superotto.

superpetroliera [su-per-pe-tro-liè-ra] *s.f.* petroliera di stazza superiore a 70.000 tonnellate.

superpotenza [su-per-po-tèn-za] *s.f.* stato militarmente ed economicamente fortissimo.

superprefetto [su-per-pre-fèt-to] *s.m.* nell'amministrazione della pubblica sicurezza italiana, prefetto a cui sono stati conferiti poteri straordinari.

superprocura [su-per-pro-cù-ra] *s.m.* nell'organizzazione giudiziaria italiana, procura della repubblica a cui sono stati conferiti poteri straordinari.

supersonico [su-per-sò-ni-co] *agg.* [pl.m. *-ci*] (*fis.*) si dice di velocità superiore a quella del suono nell'aria (circa 1200 km/h); si contrappone a *subsonico* | (*estens.*) che è in grado di raggiungere tale velocità: *aereo* —.

superstar [/ super'star /] *agg.* e *s.m.* e *f.* (*ingl.*) si dice di personaggio del mondo dello spettacolo che gode di straordinario successo.

superstite [su-pèr-sti-te] *agg.* e *s.m.* e *f.* che/chi è sopravvissuto: *figlio* — ♦ *agg.* che resta, che rimane: *rovine superstiti.*

superstizione [su-per-sti-zió-ne] *s.f.* atteggiamento irrazionale che attribuisce a cause occulte o a influenze soprannaturali il verificarsi di avvenimenti negativi.

superstiziosità [su-per-sti-zio-si-tà] *s.f.* l'essere superstizioso; tendenza, atteggiamento di chi è superstizioso: *la — di certe pratiche.*

superstizioso [su-per-sti-zió-so] *agg.* 1 che segue le superstizioni; che compie abitualmente atti di superstizione 2 che deriva, che è dettato da superstizione: *pratica* — ♦ *s.m.* [f. *-a*] persona superstiziosa □ **superstiziosamente** *avv.* con superstizione, da superstizioso.

superstrada [su-per-strà-da] *s.f.* strada a scorrimento veloce, senza attraversamenti.

supertestimone [su-per-te-sti-mò-ne] *s.m.* nel linguaggio giornalistico, il testimone che durante le indagini o nel corso di un processo è in grado di presentare prove decisive.

superuomo [su-pe-ruò-mo] *s.m.* [pl. *superuomini*] persona che si crede superiore agli altri: *atteggiarsi a* —.

supervalutare [su-per-va-lu-tà-re] *v.tr.* [*io supervalùto* o *supervàluto ecc.*] sopravvalutare, soprattutto in senso economico: — *un bene.*

supervisionare [su-per-vi-ʃio-nà-re] *v.tr.* [*io supervi ʃióno ecc.*] fare la supervisione.

supervisione [su-per-vi-ʃió-ne] *s.f.* 1 l'attività del supervisore 2 nel teatro e in cinematografia, la direzione generale di uno spettacolo o di un film.

supervisore [su-per-vi-ʃó-re] *s.m.* 1 chi soprintende alla realizzazione di un'opera, di un programma; chi a questo scopo rivede e controlla il lavoro altrui 2 nel teatro e nel cinema, chi ha la direzione generale di uno spettacolo o di un film.

superwelter [su-per-wel-ter; / super'vɛlter /] *agg.* e *s.m.* (*sport*) si dice di pugile appartenente a una categoria intermedia tra i pesi welter e i pesi medi.

supino[1] [su-pì-no] *agg.* 1 si dice del corpo umano disteso sulla schiena, col viso rivolto in su: *dormire* — 2 (*fig.*) eccessivamente accondiscendente, servile: *obbedienza supina* □ **supinamente** *avv.* 1 con il corpo disteso sulla schiena: *giacere* — 2 (*fig.*) passivamente: *accettare tutto* —.

supino[2] *s.m.* (*gramm.*) nella lingua latina, forma del verbo che esprime un'azione o uno stato senza precisazioni di tempo.

suppellettile [sup-pel-lèt-ti-le] *s.f.* (spec. *pl.*) l'insieme degli oggetti che costituiscono l'arredamento di una casa, di un ufficio ecc. | (*archeol.*) l'insieme degli oggetti rinvenuti nello scavo di una tomba.

suppergiù [sup-per-giù] *avv.* (*fam.*) all'incirca, pressappoco: *erano — cento.*

supplementare [sup-ple-men-tà-re] *agg.* che ha funzione di supplemento; che serve a integrare una necessità straordinaria: *una razione — di cibo* | *angolo* —, (*geom.*) quello che, aggiunto all'angolo adiacente, forma un angolo piatto | *tempi supplementari*, (*sport*) supplemento di partita che si svolge dopo che nei tempi regolamentari la gara è finita in parità.

supplemento [sup-ple-mén-to] *s.m.* aggiunta con cui si integra o completa qlco.: — *di inchiesta* | pagamento aggiuntivo per godere di beni o servizi non compresi nel prezzo di base del bene o del servizio acquistato: *pagare il — rapido* | integrazione o aggiornamento di un'opera: — *a un'enciclopedia, di un giornale.*

supplente [sup-plèn-te] *agg.* e *s.m.* e *f.* che/chi esercita temporaneamente una funzione in assenza del titolare: *insegnante* —.

supplenza [sup-plèn-za] *s.f.* posto, funzione di supplente; la durata di tale incarico: — *scolastica.*

suppletivo [sup-ple-tì-vo] *agg.* che costituisce un supplemento; che serve a integrare: *elezioni suppletive*, secondo turno elettorale per effettuare un ballottaggio.

supplì [sup-plì] *s.m.* crocchetta di riso, con carne, mozzarella o altri ingredienti.

supplica [sùp-pli-ca] *s.f.* 1 parole, scritto con cui si supplica, si chiede un favore, una grazia 2 (*relig.*) preghiera per ottenere una grazia: — *alla Madonna.*

supplicante [sup-pli-càn-te] *agg.* e *s.m.* che/chi supplica: *sguardo* —.

supplicare [sup-pli-cà-re] *v.tr.* [*io sùpplico, tu sùpplichi ecc.*] chiedere qlco., pregare qlcu. umilmente e con fervore: — *il perdono da qlcu.*

supplice [sùp-pli-ce] *agg.* (*lett.*) che supplica, supplichevole: *occhi supplici* ♦ *s.m.* e *f.* (*lett.*) chi supplica, supplicante.

supplichevole [sup-pli-ché-vo-le] *agg.* che supplica, che ha tono di supplica: *voce* — □ **supplichevolmente** *avv.*

supplire [sup-plì-re] *v.intr.* [*io supplisco, tu supplisci ecc.*; aus. *avere*] compensare a una mancanza, a un'insufficienza con qualcos'altro; sopperire: — *con la volontà alla mancanza di doti* ♦ *v.tr.* sostituire una persona nelle sue mansioni, farne le veci: — *un insegnante.*

supplizio [sup-plì-zio] *s.m.* 1 grave pena corporale; tortura: *sottoporre qlcu. a* — 2 (*fig.*) patimento morale insopportabile; strazio: *veder soffrire i bambini è un* — | in usi iperb.: *che — questo film!.*

supponente [sup-po-nèn-te] *agg.* che manifesta supponenza: *individuo, tono* —.

supponenza [sup-po-nèn-za] *s.f.* atteggiamento di sdegnosa superiorità; arroganza, presunzione.

supporre [sup-pór-re] *v.tr.* [coniugato come *porre*] ipotizzare: — *che una data condizione sia vera* | presumere, immaginare: *suppongo che tu abbia appetito* | *supposto che...*, ammesso che.

supportare [sup-por-tà-re] *v.tr.* [*io suppòrto ecc.*] **1** dotare di un supporto **2** (*fig.*) sostenere.
supporter [/ sup'pɔrter /] *s.m.invar.* (*ingl.*) tifoso, sostenitore di una squadra sportiva.
supporto [sup-pòr-to] *s.m.* **1** elemento, parte di un oggetto che ha funzione di appoggio o sostegno: — *di legno, metallico* | — *magnetico*, (*inform.*) nastro o disco magnetico sui quali possono essere memorizzati e archiviati dei dati **2** (*fig.*) sostegno: *il — di prove inconfutabili* **3** (*mecc.*) sostegno di un perno o di altre parti mobili di una macchina.
suppositivo [sup-po-ʃi-tì-vo] *agg.* (*non com.*) che viene fatto e accettato per supposizione; che ha valore di supposizione: *ragionamento —*.
supposizione [sup-po-ʃi-zió-ne] *s.f.* il supporre, la cosa supposta; ipotesi: *una — fondata, assurda*.
supposta [sup-pó-sta] *s.f.* farmaco da somministrare per via rettale.
supposto [sup-pó-sto] *agg.* immaginato, ammesso per congettura; presunto.
suppurare [sup-pu-rà-re] *v.intr.* [aus. *essere* o *avere*] (*med.*) venire a suppurazione: *la ferita è suppurata*.
suppurativo [sup-pu-ra-tì-vo] *agg.* (*med.*) di suppurazione: *processo —* ♦ *agg.* e *s.m.* si dice di tutto ciò che facilita e accelera la suppurazione.
suppurazione [sup-pu-ra-zió-ne] *s.f.* (*med.*) processo infiammatorio con formazione di pus: *piaga venuta a —*.
supremazia [su-pre-ma-zì-a] *s.f.* potere assoluto, supremo; preminenza: — *economica*.
suprême [/ sy'prɛm /] *s.f.invar.* (*fr.*) (*gastr.*) pietanza a base di petto di pollo o di tacchino, cucinata in casseruola con una salsa assai densa.
supremo [su-prè-mo] *agg.* (*lett.*) **1** massimo, sommo: *l'Ente —*, Dio **2** (*fig.*) ultimo, estremo | *l'ora suprema*, quella della morte.
sur- prefisso presente in alcune formazioni verbali derivate dal francese (*surclassare, surgelare*); ha le stesse funzioni di *sor-*.
-sura → **-tura**.
surclassare [sur-clas-sà-re] *v.tr.* superare l'avversario o un concorrente in modo netto, con indiscutibile superiorità | (*estens.*) essere nettamente superiore a qlcu. in qlco.: — *tutti in qlco*.
surf [/ sɛrf /] *s.m.invar.* (*ingl.*) apposita tavola su cui si può restare in equilibrio planando velocemente sulla cresta delle onde del mare; lo sport così praticato.
surfing [/ 'sɛrfiŋ /] *s.m.* (*ingl.*) lo sport del surf.
surfista [sur-fi-sta] *s.m.* e *f.* [pl.m. *-sti*] (*sport*) chi pratica il surf.
surgelamento [sur-ge-la-mén-to] *s.m.* surgelazione.
surgelare [sur-ge-là-re] *v.tr.* sottoporre a surgelazione.
surgelato [sur-ge-là-to] *agg.* e *s.m.* si dice di alimento che, portato a temperatura bassissima, si può conservare per lungo tempo.
surgelazione [sur-ge-la-zió-ne] *s.f.* processo di congelamento a bassissima temperatura a cui vengono sottoposti alimenti crudi o precotti per garantirne la lunga conservazione.
surmenage [/ syrme'naʒ /] *s.m.invar.* (*ingl.*) sforzo, lavoro eccessivo | (*sport*) eccesso di allenamento; superallenamento.
surmolotto [sur-mo-lòt-to], o **surmulotto**, *s.m.* topo grosso e aggressivo; topo di fogna.
surplace [/ syr'plas /] *s.m.invar.* (*ingl.*) (*sport*) nelle gare di ciclismo su pista, posizione di equilibrio assunta dal corridore, a bicicletta ferma, per scattare nel momento più adatto a sorprendere l'avversario.
surplus [/ syr'ply /] *s.m.invar.* (*fr.*) **1** saldo attivo: — *della bilancia dei pagamenti* **2** eccedenza: *un — di prodotti*.
surreale [sur-re-à-le] *agg.* che oltrepassa la dimensione della realtà; che offre suggestioni fantastiche: *atmosfera —* ♦ *s.m.* ciò che è surreale.
surrealismo [sur-rea-lì-ʃmo] *s.m.* movimento artistico e letterario sorto in Francia dopo la prima guerra, che si proponeva di uscire dai rigidi schemi della razionalità e del realismo per indagare i significati più profondi dell'io.
surrealista [sur-rea-lì-sta] *s.m.* e *f.* [pl.m. *-sti*] seguace, fautore del surrealismo | Usato come *agg.* in luogo di *surrealistico*: *pittura —*.
surrealistico [sur-rea-lì-sti-co] *agg.* [pl.m. *-ci*] del surrealismo o dei surrealisti: *opera surrealistica*.
surrenale [sur-re-nà-le] *agg.* (*anat.*) del surrene, relativo al surrene.
surrene [sur-rè-ne] *s.m.* (*anat.*) ghiandola endocrina situata sul polo superiore del rene.
surrettizio [sur-ret-tì-zio] *agg.* (*dir.*) si dice di atto con cui si occulta intenzionalmente qualche particolare rilevante.
surriferito [sur-ri-fe-rì-to] *agg.* riferito sopra, precedentemente citato.
surriscaldamento [sur-ri-scal-da-mén-to] *s.m.* (*fis.*) processo di riscaldamento di un vapore saturo per alzarne la temperatura oltre quella di ebollizione della fase liquida.
surriscaldare [sur-ri-scal-dà-re] *v.tr.* **1** riscaldare eccessivamente (anche *fig.*): *atmosfera politica surriscaldata* **2** (*fis.*) sottoporre a surriscaldamento.
surroga [sùr-ro-ga] *s.f.* (*burocr.*) surrogazione.
surrogabile [sur-ro-gà-bi-le] *agg.* che si può surrogare; sostituibile: *prodotto —*.
surrogare [sur-ro-gà-re] *v.tr.* [*io surrògo, tu surròghi ecc.* (anche *io sùrrogo ecc.*)] **1** porre una cosa o una persona al posto di un'altra; sostituire: — *un prodotto con un altro* **2** (*dir.*) subentrare a qlcu. in un diritto: — *un creditore*.
surrogato [sur-ro-gà-to] *s.m.* ciò che può essere usato per sostituire qlco. di simile: *un — del caffè*.
surrogazione [sur-ro-ga-zió-ne] *s.f.* **1** il surrogare, l'essere surrogato **2** (*dir.*) subentro di un terzo nel pagamento di un debito.
suscettibile [su-scet-tì-bi-le] *agg.* **1** si dice di cosa capace di subire influenze che tendono a

modificarne la condizione: *situazione — di miglioramento* **2** riferito a persona, che si offende con facilità; permaloso.
suscettibilità [su-scet-ti-bi-li-tà] *s.f.* l'essere suscettibile, permaloso: *urtare la — di qlcu.*
suscitare [su-sci-tà-re] *v.tr.* [*io sùscito ecc.*] far nascere, destare, causare: *— il riso.*
suscitatore [su-sci-ta-tó-re] *agg.* [f. *-trice*] che suscita, fa nascere, desta: *parole suscitatrici di coraggio* ♦ *s.m.* [f. *-trice*] chi suscita, fa nascere: *— di scandali.*
susina [su-sì-na *o* suʃìna] *s.f.* frutto del susino; prugna.
susino [su-sì-no *o* suʃìno] *s.m.* albero con foglie grandi ovali, fiori bianchi e frutti dalla polpa dolce e sugosa; prugno.
suspense [/ sus'pɛns /] *s.f.invar.* (*ingl.*) stato d'animo di apprensione, di ansiosa incertezza | in un film, un racconto e sim., situazione che induce nello spettatore o nel lettore un sentimento di sospensione, di attesa: *un poliziesco ricco di —.*
suspicione [su-spi-ció-ne] *s.f.* solo nella loc. *legittima —,* (*dir.*) in un processo, legittimo sospetto che testimoni e giudici possano essere influenzati da circostanze ambientali.
susseguente [sus-se-guèn-te] *agg.* (*non com.*) che segue, che viene dopo; successivo: *i fatti susseguenti a un evento.*
susseguire [sus-se-guì-re] *v.tr.* e *intr.* [*io sussèguo ecc.*; aus. dell'intr. *essere*] (*non com.*) venire subito dopo ♦ **susseguirsi** *v.intr.pron.* venire l'uno dopo l'altro: *i giorni si susseguono uguali.*
sussidiare [sus-si-dià-re] *v.tr.* [*io sussìdio ecc.*] provvedere di un sussidio; sovvenzionare: *— un ente.*
sussidiario [sus-si-dià-rio] *agg.* che è di sussidio, aggiuntivo: *truppe sussidiarie* ♦ *s.m.* testo comprendente tutte le materie d'insegnamento, adottato nel secondo ciclo della scuola elementare.
sussidio [sus-sì-dio] *s.m.* **1** aiuto, soccorso: *truppe mandate in —* | *sussidi didattici,* il materiale di cui sono dotate le scuole e che serve a integrare l'insegnamento; *sussidi audiovisivi,* i mezzi audiovisivi utilizzati a fini didattici **2** aiuto in denaro: *— di disoccupazione.*
sussiego [sus-siè-go] *s.m.* [pl. *-ghi*] contegno da cui traspare una certa altezzosità: *rispondere con —.*
sussiegoso [sus-sie-gó-so] *agg.* pieno di sussiego: *modi sussiegosi* □ **sussiegosamente** *avv.*
sussistente [sus-si-stèn-te] *agg.* che sussiste; che ha validità: *ragione —.*
sussistenza [sus-si-stèn-za] *s.f.* **1** quanto occorre al sostentamento: *mezzi di —* | (*econ.*) il livello minimo di consumi, al di sotto del quale è impossibile la sopravvivenza: *salari fissati al livello di —* **2** (*mil.*) corpo preposto al vettovagliamento delle truppe.
sussistere [sus-sì-ste-re] *v.intr.* [aus. *essere*] esistere; essere valido, avere fondamento: *il fatto non sussiste.*
sussultare [sus-sul-tà-re] *v.intr.* [aus. *avere*] **1** trasalire, sobbalzare: *— di paura* **2** muoversi bruscamente, in particolare dal basso verso l'alto: *la terra sussultò.*
sussulto [sus-sùl-to] *s.m.* **1** piccolo balzo, trasalimento per un'improvvisa emozione: *nell'udire la notizia ebbe un —* **2** movimento repentino, scossone dal basso verso l'alto: *i sussulti del terremoto.*
sussultorio [sus-sul-tò-rio] *agg.* che dà sussulti, che si manifesta con sussulti | si dice del movimento dovuto a onde sismiche che si propagano per vibrazioni verticali: *terremoto —.*
sussumere [sus-sù-me-re] *v.tr.* ricondurre un concetto particolare nell'ambito di un concetto più generale.
sussurrare [sus-sur-rà-re] *v.tr.* **1** pronunziare a bassa voce; bisbigliare: *— qlco. all'orecchio* **2** dire di nascosto, soprattutto per criticare: *si sussurra che abbia perso tutto al gioco* ♦ *v.intr.* [aus. *avere*] **1** produrre un rumore lieve e indistinto: *le foglie sussurrano al vento* **2** criticare di nascosto: *si sussurra da tempo contro di lui.*
sussurro [sus-sùr-ro] *s.m.* il sussurrare; voce sommessa, indistinta | fruscio: *il — del vento.*
sutura [su-tù-ra] *s.f.* **1** (*med.*) l'operazione chirurgica del riunire mediante cucitura i margini di una ferita; la cucitura stessa **2** (*anat.*) articolazione in cui le ossa sono giustapposte senza possibilità di movimento: *le suture del cranio* **3** (*fig.*) collegamento, congiungimento.
suturare [su-tu-rà-re] *v.tr.* **1** chiudere, saldare con una sutura: *— una ferita* **2** (*fig.*) ricomporre, ricucire.
suvvia [suv-vì-a] *inter.* esprime esortazione o impazienza: *—, calmati!*
suzione [su-zió-ne] *s.f.* l'azione del succhiare; in particolare, detto di lattante, l'istinto del suggere dalla mammella.
svaccarsi [ʃvac-càr-si] *v.intr.pron.* (*pop.*) perdere la buona disposizione iniziale; lasciarsi andare a un comportamento passivo, negativo.
svaccato [ʃvac-cà-to] *agg.* (*pop.*) che si è lasciato andare, che non si impegna più; svogliato, passivo.
svagare [ʃva-gà-re] *v.tr.* [*io ʃvago, tu ʃvaghi ecc.*] distrarre la mente da pensieri, preoccupazioni; far divertire, ricreare: *un film che svaga* ♦ **svagarsi** *v.rifl.* **1** distrarsi, divertirsi: *— dipingendo* **2** perdere la concentrazione; distrarsi: *— durante lo studio.*
svagatezza [ʃva-ga-téz-za] *s.f.* (*lett.*) l'essere svagato.
svagato [ʃva-gà-to] *agg.* che non è concentrato su ciò che fa; distratto □ **svagatamente** *avv.*
svago [ʃvà-go] *s.m.* [pl. *-ghi*] **1** lo svagare, lo svagarsi: *prendersi un po' di —* **2** ciò che svaga; divertimento, passatempo: *città con pochi svaghi.*
svaligiamento [ʃva-li-gia-mén-to] *s.m.* lo svaligiare, l'essere svaligiato.
svaligiare [ʃva-li-già-re] *v.tr.* [*io ʃvalìgio ecc.*] de-

rubare portando via tutto quanto c'è di valore; saccheggiare: — *una banca.*
svaligiatore [ʃva-li-gia-tó-re] *s.m.* [f. *-trice*] chi svaligia.
svalutare [ʃva-lu-tà-re] *v.tr.* [*io ʃvalùto* o *ʃvàluto ecc.*] **1** attribuire un valore economico minore: — *un bene*; — *la moneta*, effettuarne la svalutazione **2** (*fig.*) sminuire, sottovalutare: — *i meriti di qlcu.* ♦ **svalutarsi** *v.intr.pron.* perdere di valore.
svalutazione [ʃva-lu-ta-zió-ne] *s.f.* perdita di valore di una moneta rispetto a un'altra moneta (o all'oro): *la — del franco rispetto al dollaro* | diminuzione del potere d'acquisto di una moneta a causa dell'inflazione.
svampito [ʃvam-pì-to] *agg.* e *s.m.* [f. *-a*] che/chi è svanito, superficiale: *sei proprio una svampita!*
svanire [ʃva-nì-re] *v.intr.* [*io ʃvanisco, tu ʃvanisci ecc.*; aus. *essere*] **1** perdere a poco a poco la forza, l'intensità: *la memoria svanisce con l'età* **2** sparire, scomparire: *l'uomo svanì nel buio* | cessare di esistere; perdersi: *la speranza è svanita.*
svanito [ʃva-nì-to] *agg.* **1** che ha perso la forza, l'intensità, il vigore: *profumo* — **2** si dice di persona che non ha più la pienezza delle sue forze mentali: *essere un po'* — | superficiale, privo di interessi; svampito **3** (*fig.*) scomparso, sfumato: *speranza svanita.*
svantaggiato [ʃvan-tag-già-to] *agg.* che è in svantaggio, in condizione di inferiorità rispetto ad altri: *sentirsi* —.
svantaggio [ʃvan-tàg-gio] *s.m.* **1** condizione sfavorevole, stato di inferiorità rispetto ad altri **2** in gare sportive, il distacco di punti o di tempo che separa un concorrente o una squadra da un altro concorrente o da un'altra squadra in posizione più favorevole.
svantaggioso [ʃvan-tag-gió-so] *agg.* che è causa di svantaggio; sfavorevole: *patto* — □ **svantaggiosamente** *avv.*
svaporare [ʃva-po-rà-re] *v.intr.* [*io ʃvapóro ecc.*; aus. *essere*] **1** di liquido, perdere l'odore o il sapore sotto forma di vapori; evaporare: *il profumo è svaporato* **2** (*fig.*) svanire: *la rabbia gli sta svaporando.*
svaporato [ʃva-po-rà-to] *agg.* **1** di liquido, che ha perso la sua parte essenziale, l'odore o il sapore, sotto forma di vapore: *liquore* — **2** (*fig.*) di persona, svanito, svampito: *una ragazza svaporata.*
svariare [ʃva-rià-re] *v.tr.* [*io ʃvàrio ecc.*] **1** rendere vario, più vario: — *i colori* **2** (*fig.*) divagare, divertire: — *i ragazzi* ♦ **svariarsi** *v.rifl.* distrarsi, svagarsi: *va al cinema per — un po'.*
svariato [ʃva-rià-to] *agg.* vario, molteplice: *un mazzo di fiori svariati* | *pl.* molti e diversi: *un'automobile prodotta in svariati modelli.*
svarione [ʃva-rió-ne] *s.m.* grosso errore, spec. linguistico; strafalcione.
svasamento [ʃva-ʃa-mén-to] *s.m.* svasatura.
svasare [ʃva-ʃà-re] *v.tr.* **1** riferito a pianta, toglierla da un vaso **2** modellare a forma di tronco di cono: — *una gonna*, farla più ampia verso il basso.
svasato [ʃva-ʃà-to] *agg.* fatto a forma di tronco di cono | *albero* —, coi rami tagliati in modo che formino un tronco di cono rovesciato | *gonna svasata*, scampanata.
svasatura [ʃva-ʃa-tù-ra] *s.f.* **1** lo svasare, l'essere svasato; la parte svasata **2** (*arch.*) forma dello spazio delimitata da archi, arcate o aperture a forte sguancio.
svaso [ʃvà-ʃo] *s.m.* (*arch.*) svasatura.
svastica [ʃvà-sti-ca] *s.f.* antico simbolo consistente in una croce uncinata; fu assunto come emblema dal nazismo.
svecchiamento [ʃvec-chia-mén-to] *s.m.* lo svecchiare; rinnovamento.
svecchiare [ʃvec-chià-re] *v.tr.* [*io ʃvècchio ecc.*] liberare dal vecchiume; rinnovare: — *il guardaroba, un'organizzazione.*
svecciare [ʃvec-cià-re] *v.tr.* [*io ʃvéccio ecc.*] (*agr.*) liberare dalla veccia: — *il grano.*
svecciatoio [ʃvec-cia-tó-io], o **svecciatore**, *s.m.* macchina agricola costituita da un tamburo cilindrico con la superficie interna alveolata, usata nell'industria della macinazione per separare il grano dai semi di veccia.
svedese [ʃve-dé-se] *agg.* della Svezia | *fiammifero* —, fiammifero di legno che si accende solo se sfregato su fosforo rosso ♦ *s.m.* **1** [anche *f.*] chi è nato o abita in Svezia **2** lingua parlata in Svezia **3** fiammifero svedese.
sveglia [ʃvé-glia] *s.f.* **1** lo svegliare, lo svegliarsi: *la — è alle sei* | *sveglia!*, (*fig.*) si dice a chi non vuole alzarsi o a chi si mostra svogliato e pigro **2** suoneria o altro segnale con cui si sveglia qlcu.: *dare, sonare la* — **3** orologio munito di suoneria che suona all'ora prestabilita: *mettere la* —, definire l'ora in cui si attiverà la suoneria.
svegliare [ʃve-glià-re] *v.tr.* [*io ʃvéglio ecc.*] **1** scuotere dal sonno; destare: — *qlcu. con un rumore* **2** (*fig.*) scuotere dal torpore, rendere più attivo: *la vita in città lo ha svegliato* ♦ **svegliarsi** *v.rifl.* **1** uscire dal sonno | *non — neppure con le cannonate*, avere un sonno pesantissimo **2** (*fig.*) uscire dal torpore, farsi più accorto; scaltrirsi.
sveglio [ʃvé-glio] *agg.* **1** che non dorme, che veglia: *restare — tutta la notte* **2** (*fig.*) d'ingegno pronto e vivace: *ragazzo* — **3** (*fig. fam.*) astuto, scaltro.
svelare [ʃve-là-re] *v.tr.* [*io ʃvélo ecc.*] rendere manifesto; rivelare: — *un segreto, un intenzione.*
svellere [ʃvèl-le-re] *v.tr.* [pres. *io ʃvèllo, tu ʃvèlli ecc.*; pass.rem. *io ʃvèlsi, tu ʃvelléssti ecc.*; congiunt.pres. *io ʃvèlla* o *ʃvèlga ecc.*; part.pass. *ʃvèlto*] (*lett.*) strappare con forza; sradicare.
sveltezza [ʃvel-téz-za] *s.f.* **1** l'essere svelto, rapido, veloce **2** (*estens.*) agilità, snellezza **3** (*fig.*) prontezza d'ingegno.
sveltimento [ʃvel-ti-mén-to] *s.m.* lo sveltire, lo sveltirsi.
sveltire [ʃvel-tì-re] *v.tr.* [*io ʃveltisco, tu ʃveltisci ecc.*] **1** rendere più svelto, più sveglio: *la vita di*

città l'ha sveltito 2 rendere rapido, veloce: — *il traffico* ♦ **sveltirsi** *v.intr.pron.* diventare svelto, pronto.
svelto [ʃvèl-to] *agg.* 1 che agisce con prontezza, rapidità | — *di mano*, che ha l'abitudine di rubare o di venire alle mani 2 veloce, spedito: *camminare con passo —; finire alla svelta*, rapidamente | *svelti!*, sbrigatevi!.
svenamento [ʃve-na-mén-to] *s.m.* lo svenare, lo svenarsi.
svenare [ʃve-nà-re] *v.tr.* [*io ʃvéno ecc.*] 1 uccidere tagliando le vene; dissanguare 2 (*fig.*) privare qlcu. di tutto ciò che possiede; portare alla rovina: *mi vuol —!* ♦ **svenarsi** *v.rifl.* 1 uccidersi tagliandosi le vene 2 (*fig.*) dare agli altri tutto ciò che si guadagna o si possiede: — *per la famiglia.*
svendere [ʃvén-de-re] *v.tr.* [coniugato come *vendere*] vendere sotto costo o a un prezzo inferiore a quello normalmente praticato.
svendita [ʃvén-di-ta] *s.f.* lo svendere, l'essere svenduto: — *di fine stagione.*
svenevole [ʃve-né-vo-le] *agg.* che ha o mostra una sensibilità eccessiva o affettata; sdolcinato, lezioso: *maniere svenevoli.*
svenevolezza [ʃve-ne-vo-léz-za] *s.f.* 1 l'essere svenevole 2 atto svenevole.
svenimento [ʃve-ni-mén-to] *s.m.* perdita momentanea dei sensi, della coscienza: *avere uno —.*
svenire [ʃve-nì-re] *v.intr.* [coniugato come *venire*; aus. *essere*] perdere i sensi: — *per la debolezza*; *sentirsi —.*
sventagliare [ʃven-ta-glià-re] *v.tr.* [*io ʃventàglio ecc.*] 1 far vento col ventaglio: *sventagliarsi il viso* 2 (*estens.*) agitare come un ventaglio: — *un biglietto da centomila* 3 allargare a ventaglio: *il tacchino sventaglia la coda* | (*estens.*) sparare a ventaglio: — *una raffica di mitra* ♦ **sventagliarsi** *v.rifl.* farsi vento col ventaglio.
sventagliata [ʃven-ta-glià-ta] *s.f.* 1 lo sventagliare 2 disposizione a ventaglio; insieme di cose disposte a ventaglio 3 raffica di un'arma automatica: — *di mitra.*
sventare [ʃven-tà-re] *v.tr.* [*io ʃvènto ecc.*] rendere vano, far fallire: — *un attentato.*
sventatezza [ʃven-ta-téz-za] *s.f.* 1 l'essere sventato 2 atto, comportamento da sventato.
sventato [ʃven-tà-to] *agg.* si dice di persona che agisce senza riflettere; incauto, sconsiderato ♦ *s.m.* [f. *-a*] persona sventata: *comportarsi da —* □ **sventatamente** *avv.*
sventola [ʃvèn-to-la] *s.f.* (*fam.*) 1 ventola | *orecchie a —*, con il padiglione molto sporgente in avanti 2 percossa data con la mano aperta; schiaffo.
sventolamento [ʃven-to-la-mén-to] *s.m.* lo sventolare, l'essere sventolato.
sventolare [ʃven-to-là-re] *v.tr.* [*io ʃvèntolo ecc.*] 1 agitare qlco. al vento: — *il fazzoletto* 2 far vento a qlcu., a qlco.: — *il fuoco*, per ravvivarlo 3 dare aria, ventilare: — *il grano*, rivoltarlo con la pala perché non ammuffisca ♦ **sventolarsi** *v.rifl.* farsi vento: — *col cappello* ♦ *v.intr.* [aus. *avere*] muoversi al vento: *bandiere che sventolano.*
sventolata [ʃven-to-là-ta] *s.f.* lo sventolare o lo sventolarsi una volta sola o per poco.
sventolio [ʃven-to-lì-o] *s.m.* un vivace e continuo sventolare: — *di bandiere.*
sventramento [ʃven-tra-mén-to] *s.m.* 1 lo sventrare, l'essere sventrato: *lo — di un pesce* 2 (*med.*) rilasciamento dei muscoli addominali.
sventrare [ʃven-trà-re] *v.tr.* [*io ʃvèntro ecc.*] 1 togliere le interiora a un animale prima di cucinarlo: — *un pollo* 2 trafiggere il ventre, ferendo o uccidendo 3 (*estens.*) demolire edifici e quartieri di una città per ragioni urbanistiche.
sventura [ʃven-tù-ra] *s.f.* 1 sorte avversa, sfortuna: *essere perseguitato dalla —* 2 avversità, sciagura: *essere colpito da gravi sventure* | *compagni di —*, persone che sopportano insieme qualche caso doloroso | *per colmo di —*, per somma disgrazia.
sventurato [ʃven-tu-rà-to] *agg.* 1 colpito, perseguitato dalla sventura; sfortunato: *giovane —* 2 (*lett.*) che arreca sventura: *giorno —*, in cui sia accaduta qualche disgrazia ♦ *s.m.* [f. *-a*] persona sventurata □ **sventuratamente** *avv.*
svenuto [ʃve-nù-to] *agg.* privo di sensi; colpito da svenimento.
sverginare [ʃver-gi-nà-re] *v.tr.* [*io ʃvérgino ecc.*] 1 togliere la verginità, deflorare 2 (*scherz.*) usare qlco. per la prima volta.
svergognare [ʃver-go-gnà-re] *v.tr.* [*io ʃvergógno ecc.*] 1 far vergognare qlcu. muovendogli aspri rimproveri: — *pubblicamente una persona* 2 smascherare le colpe, le malefatte di qlcu.: — *qlcu. davanti a tutti.*
svergognatezza [ʃver-go-gna-téz-za] *s.f.* qualità di chi è svergognato; impudenza, sfrontatezza.
svergognato [ʃver-go-gnà-to] *agg.* e *s.m.* [f. *-a*] che/chi non prova vergogna per ciò che di sconveniente fa o dice: *una ragazza svergognata* □ **svergognatamente** *avv.*
svernamento [ʃver-na-mén-to] *s.m.* lo svernare.
svernare [ʃver-nà-re] *v.intr.* [*io ʃvèrno ecc.*; aus. *avere*] trascorrere l'inverno in luoghi dal clima mite o più mite: *portare le pecore a — in pianura.*
sverniciare [ʃver-ni-cià-re] *v.tr.* [*io svernìcio ecc.*] togliere la vernice.
sverniciatore [ʃver-ni-cia-tó-re] *s.m.* solvente per togliere la vernice.
sverniciatura [ʃver-ni-cia-tù-ra] *s.f.* lo sverniciare, l'essere sverniciato.
sverzino [/ ʃver-ʒi-no /] *s.m.* spago ritorto che serve per fare il cordone della frusta; anche, la cordicella sottile di canapa posta in fondo al cordone per farla schioccare.
svestire [ʃve-stì-re] *v.tr.* [*io ʃvèsto ecc.*] togliere le vesti; spogliare: — *il bambino* ♦ **svestirsi** *v.rifl.* togliersi le vesti: — *per fare il bagno* | (*fig.*) deporre una carica, un titolo: — *della dignità sacerdotale.*
svestito [ʃve-stì-to] *agg.* privo di vesti; privo di rivestimento.

svestizione [ʃve-sti-zió-ne] *s.f.* lo svestire, lo svestirsi.
svettare [ʃvet-tà-re] *v.tr.* [*io ʃvétto ecc.*] tagliare la cima dei rami che crescono più lunghi degli altri, in modo da pareggiarli ♦ *v.intr.* [aus. *avere*] ergersi, protendersi verso l'alto: *torre che svetta nel cielo.*
svevo [ʃvè-vo] *agg.* **1** che si riferisce alla Svevia, regione storica della Germania sud-occidentale **2** della dinastia degli Hohenstaufen (casa di Svevia) ♦ *s.m.* [f. *-a*] **1** appartenente all'antica popolazione sveva **2** appartenente alla casa di Svevia.
svezzamento [ʃvez-za-mén-to] *s.m.* il periodo in cui il bambino passa da un'alimentazione esclusivamente lattea a una più ricca e varia.
svezzare [ʃvez-zà-re] *v.tr.* [*io ʃvézzo ecc.*] **1** far perdere un vizio, un'abitudine; disabituare a qlco.: — *qlcu. dal fumo* **2** cessare l'allattamento del bambino per abituarlo a un'alimentazione più varia ♦ **svezzarsi** *v.intr.pron.* perdere un vizio, un'abitudine.
sviamento [ʃvia-mén-to] *s.m.* **1** lo sviare, lo sviarsi, l'essere sviato **2** deragliamento di un veicolo che corre su binari.
sviare [ʃvi-à-re] *v.tr.* **1** far uscire dalla direzione, deviare (anche *fig.*): — *un colpo, le indagini* **2** (*fig.*) allontanare qlcu. dalle proprie occupazioni: — *un giovane dagli studi* | allontanare dalla retta via; corrompere: *le cattive compagnie lo hanno sviato* ♦ *v.intr.* [aus. *avere*], **sviarsi** *v. intr.pron.* **1** uscire di strada **2** abbandonare la retta via.
sviato [ʃvi-à-to] *agg.* e *s.m.* [f. *-a*] si dice di persona traviata, corrotta.
svicolare [ʃvi-co-là-re] *v.intr.* [*io ʃvìcolo ecc.*; aus. *essere* e *avere*] infilare un vicolo per evitare qlcu. | (*estens.*) sfuggire, svignarsela.
svignare [ʃvi-gnà-re] *v.intr.* [aus. *essere*] allontanarsi in fretta, di nascosto | *svignarsela*, andarsene di soppiatto: — *in punta di piedi.*
svigorire [ʃvi-go-rì-re] *v.tr.* [*io ʃvigorisco, tu ʃvigorisci ecc.*] togliere vigore, indebolire: — *il corpo, la mente* ♦ *v.intr.*, **svigorirsi** *v.intr.pron.* perdere vigore, indebolirsi.
svilimento [ʃvi-li-mén-to] *s.m.* lo svilire, l'essere svilito; svalutazione.
svilire [ʃvi-lì-re] *v.tr.* [*io ʃvilisco, tu ʃvilisci ecc.*] **1** togliere valore; rendere vile: — *un sentimento* **2** svalutare.
svillaneggiamento [ʃvil-la-neg-gia-mén-to] *s.m.* lo svillaneggiare, lo svillaneggiarsi, l'essere svillaneggiato.
svillaneggiare [ʃvil-la-neg-già-re] *v.tr.* [*io ʃvillanéggio ecc.*] trattare con villania; ingiuriare.
sviluppabile [ʃvi-lup-pà-bi-le] *agg.* che si può sviluppare.
sviluppare [ʃvi-lup-pà-re] *v.tr.* **1** (*lett.*) sciogliere un viluppo; svolgere: — *un groviglio* **2** trattare esaurientemente: — *un argomento* **3** far crescere, potenziare; — *un'attività* **4** (*foto.*) trattare la pellicola impressionata con una soluzione chimica che rende visibile l'immagine fotografica **5** (*geom.*) fare lo sviluppo d'una superficie: — *un cilindro su un piano* ♦ *v.intr.* [aus. *avere*], **svilupparsi** *v.intr.pron.* detto di organismi viventi, raggiungere la forma definitiva: *il bruco si sviluppa in farfalla* | riferito ad adolescente, giungere alla pubertà: *le bambine sviluppano presto* ♦ *v. rifl.* **1** crescere, ampliarsi: *l'azienda si sta sviluppando* **2** insorgere, manifestarsi: *l'infezione può — rapidamente.*
sviluppato [ʃvi-lup-pà-to] *agg.* **1** che ha raggiunto un buon grado di sviluppo: *paese economicamente —* **2** detto di persona, che è giunto alla pubertà: *ragazza sviluppata.*
sviluppatore [ʃvi-lup-pa-tó-re] *s.m.* **1** [f. *-trice*] chi sviluppa; in particolare, chi realizza uno sviluppo fotografico **2** soluzione chimica usata per sviluppare pellicole.
sviluppo [ʃvi-lùp-po] *s.m.* **1** lo sviluppare, lo svilupparsi; espansione, ampliamento: *industria in pieno —* | crescita economica e sociale: *paesi in via di —* **2** trattazione a voce o scritta di un argomento: *lo — di un tema* | (*mus.*) rielaborazione e intreccio di temi musicali già esposti **3** (*biol.*) insieme dei processi di crescita di un organismo: — *embrionale* | con riferimento al processo umano, crescita, maturazione: *l'età dello —*, la pubertà **4** (*foto.*) processo fotografico che permette di rendere visibile l'immagine latente di una pellicola **5** (*geom.*) l'operazione del riportare su un piano una superficie non piana.
svinare [ʃvi-nà-re] *v.tr.* togliere il vino dai tini dopo la fermentazione, per metterlo nelle botti.
svinatura [ʃvi-na-tù-ra] *s.f.* l'operazione con cui, dopo la fermentazione, si separa il vino dalle vinacce.
svincolare [ʃvin-co-là-re] *v.tr.* [*io ʃvìncolo ecc.*] liberare da un vincolo: — *un terreno da un'ipoteca* ♦ **svincolarsi** *v.rifl.* liberarsi da qlco. che trattiene, che impedisce il movimento: — *da una stretta.*
svincolo [ʃvìn-co-lo] *s.m.* lo svincolare | — *autostradale*, strada che permette di passare da un'autostrada a un'altra.
sviolinare [ʃvio-li-nà-re] *v.tr.* (*fam.*) lusingare, adulare: — *i superiori.*
sviolinata [ʃvio-li-nà-ta] *s.f.* (*fam.*) discorso fatto per adulare, per lusingare.
sviolinatura [ʃvio-li-na-tù-ra] *s.f.* (*fam.*) adulazione sfacciata.
svirgolare [ʃvir-go-là-re] *v.tr.* [*io ʃvìrgolo ecc.*] nel calcio, colpire di striscio il pallone.
svisamento [ʃvi-ʃa-mén-to] *s.m.* lo svisare, il travisare.
svisare [ʃvi-ʃà-re] *v.tr.* alterare, travisare: — *un fatto.*
sviscerare [ʃvi-sce-rà-re] *v.tr.* [*io ʃvìscero ecc.*] **1** togliere i visceri; sventrare **2** (*fig.*) esaminare, studiare a fondo: — *un problema.*
sviscerato [ʃvi-sce-rà-to] *agg.* **1** appassionato, profondo: *amore, attaccamento —* **2** (*spreg.*) eccessivo, esagerato *complimento —* □ **sviscerata-**

mente *avv.* in modo sviscerato; appassionatamente: *amare — qlcu.*

svista [ʃvì-sta] *s.f.* errore, per lo più non grave, dovuto a distrazione o fretta: *commettere una —.*

svitare [ʃvi-tà-re] *v.tr.* **1** allentare o togliere una vite o una madrevite o un dispositivo con attacco a vite: *— i bulloni* **2** staccare pezzi tenuti assieme da viti: *— una ruota* ♦ **svitarsi** *v.intr.pron.* allentarsi, detto di una vite.

svitato [ʃvi-tà-to] *agg.* **1** non più fissato da viti **2** (*fam.*) si dice di persona stravagante, bizzarra ♦ *s.m.* [f. *-a*] persona svitata.

svizzero [ʃvìz-ze-ro] *agg.* della Svizzera | *guardia svizzera*, corpo armato pontificio formato da soldati e ufficiali svizzeri, ai quali è affidata la custodia della persona del papa ♦ *s.m.* **1** [f. *-a*] nativo, abitante della Svizzera **2** soldato della guardia svizzera.

svogliataggine [ʃvo-glia-tàg-gi-ne] *s.f.* l'essere abitualmente svogliato.

svogliatezza [ʃvo-glia-téz-za] *s.f.* l'essere svogliato; il non avere voglia di fare: *— nello studio.*

svogliato [ʃvo-glià-to] *agg.* che non ha voglia di fare qlco. o che la fa senza interesse: *scolaro —* | annoiato, senza iniziativa; pigro: *sentirsi —* ♦ *s.m.* [f. *-a*] persona svogliata □ **svogliatamente** *avv.*

svolacchiare [ʃvo-lac-chià-re] *v.intr.* [*io ʃvolàcchio ecc.*; aus. *avere*] volare qua e là, con piccoli voli.

svolazzamento [ʃvo-laz-za-mén-to] *s.m.* (*non com.*) lo svolazzare.

svolazzare [ʃvo-laz-zà-re] *v.intr.* [aus. *avere*] **1** volare qua e là senza direzione (anche *fig.*): *— da un pensiero a un altro* **2** essere agitato, mosso disordinatamente dal vento: *i fogli svolazzavano per la stanza* **3** dibattere le ali.

svolazzo [ʃvo-làz-zo] *s.m.* **1** lo svolazzare **2** lembo svolazzante di abito **3** abbellimento calligrafico: *firma con lo —* **4** (*fig.*) ornamento superfluo: *prosa piena di svolazzi.*

svolgere [ʃvòl-ge-re] *v.tr.* [coniugato come *volgere*] **1** sciogliere, spiegare una cosa avvolta o ciò che è involto: *— un gomitolo* **2** (*fig.*) sviluppare, trattare per esteso: *— un tema* **3** (*fig.*) operare in un determinato campo; eseguire una serie di azioni per raggiungere un fine: *— un'attività, un lavoro* ♦ **svolgersi** *v.rifl.* dispiegarsi, distendersi: *il filo si svolge dal rocchetto* ♦ *v.intr.pron.* accadere, realizzarsi: *il lavoro si svolge regolarmente* | essere ambientato: *la storia di Giulietta e Romeo si svolge a Verona.*

svolgimento [ʃvol-gi-mén-to] *s.m.* **1** lo svolgere, lo svolgersi, l'essere svolto: *— di un lavoro* **2** nel linguaggio scolastico, il modo in cui uno studente esegue un lavoro su un tema proposto.

svolta [ʃvòl-ta] *s.f.* **1** lo svoltare: *divieto di —* **2** punto in cui una strada o un corso d'acqua descrive una curva: *strade piene di svolte* | *fare una —*, prendere una curva, svoltare **3** (*fig.*) momento in cui il corso degli avvenimenti muta profondamente: *— decisiva nella carriera* | momento in cui è necessario decidere: *essere a una —.*

svoltare [ʃvol-tà-re] *v.intr.* [*io ʃvòlto ecc.*; aus. *avere*] **1** cambiare direzione, curvare: *— a destra, a sinistra* **2** (*fig. fam.*) cambiare decisamente in meglio la propria condizione: *cambiando lavoro ha svoltato.*

svolto [ʃvòl-to] *agg.* trattato, sviluppato per esteso: *una raccolta di temi svolti.*

svoltolare [ʃvol-to-là-re] *v.tr.* [*io ʃvòltolo ecc.*] svolgere ciò che è avvolto o involto: *— un rotolo di carta.*

svuotamento [ʃvuo-ta-mén-to] *s.m.* lo svuotare, lo svuotarsi, l'essere svuotato.

svuotare [ʃvuo-tà-re] *v.tr.* [*io ʃvuòto ecc.*] vuotare completamente: *— una bottiglia.*

swahili [/ swa'hili /] *agg.invar.* (*ingl.*) si dice di ciò che appartiene o si riferisce a una popolazione bantu che abita l'Africa centrale: *lingua —* ♦ *s.m.invar.* **1** [anche *f.*] appartenente alla popolazione swahili **2** lingua del gruppo bantu.

swing [/ swiŋ /] *s.m.invar.* (*ingl.*) (*mus.*) nel jazz, particolare accentuazione dei tempi della battuta, da cui deriva una esecuzione pulsante.

switch [/ switʃ /] *s.m. invar.* (*ingl.*) interruttore | dispositivo per impostare il funzionamento di un congegno con una scelta tra due o più posizioni.

symposium [sym-pò-ʃium] *s.m.invar.* congresso di studiosi; simposio.

T

t *s.m.* o *f.* ventesima lettera dell'alfabeto il cui nome è *ti*; rappresenta la consonante occlusiva dentale sorda.
tabaccaio [ta-bac-cà-io] *s.m.* [f. *-a*] gestore di tabaccheria.
tabaccheria [ta-bac-che-rì-a] *s.f.* negozio in cui si vendono tabacchi e altri generi di monopolio statale.
tabacchicoltura [ta-bac-chi-col-tù-ra] *s.f.* coltivazione del tabacco.
tabacchiera [ta-bac-chiè-ra] *s.f.* piccola scatola per il tabacco da fiuto.
tabacchificio [ta-bac-chi-fì-cio] *s.m.* stabilimento per la lavorazione del tabacco.
tabacchino [ta-bac-chì-no] *s.m.* **1** operaio addetto alla lavorazione delle foglie di tabacco **2** (*region.*) tabaccaio.
tabacco [ta-bàc-co] *s.m.* [pl. *-chi*] **1** pianta erbacea con grandi foglie ovate **2** il prodotto, da fumo o da fiuto, che si ottiene medianti l'essiccazione e la lavorazione delle foglie di tabacco: — *da pipa* | *color* —, gradazione di marrone **3** (*estens.*) il fumare tabacco: *il — è dannoso alla salute.*
tabagico [ta-bà-gi-co] *agg.* [pl.m. *-ci*] che concerne il tabacco | (*med.*) che è causato dal tabacco: *intossicazione tabagica.*
tabagismo [ta-ba-gì-ʃmo] *s.m.* (*med.*) intossicazione cronica da tabacco.
tabagista [ta-ba-gì-sta] *s.m.* e *f.* [pl.m. *-sti*] chi è affetto da tabagismo.
tabarin [/ taba'rɛn /] *s.m.invar.* (*fr.*) locale notturno con numeri di varietà.
tabarro [ta-bàr-ro] *s.m.* **1** ampio e pesante mantello da uomo **2** (*scherz.*) cappotto molto pesante.
tabasco [ta-bà-sco] *s.m.* salsa piccante a base di aceto e peperoncini rossi.
tabella [ta-bèl-la] *s.f.* quadro, tavoletta, prospetto con indicazioni varie: *la — dei prezzi* | — *di marcia*, (*sport*) prospetto indicante l'ora in cui i corridori dovrebbero passare per certi punti del percorso; (*fig.*) prospetto che prevede i tempi per le singole fasi di una qualsiasi attività. DIM. *tabellina* ACCR. *tabellone* (m.).
tabellare [ta-bel-là-re] *agg.* **1** di tavoletta; ottenuto per mezzo di una tavoletta **2** che ha forma di tabella, di prospetto schematico.
tabellone [ta-bel-ló-ne] *s.m.* **1** grande tabella murale su cui si riportano informazioni in forma schematica **2** tavola usata per le affissioni **3** quadro al quale è fissato il cesto della pallacanestro.
tabernacolo [ta-ber-nà-co-lo] *s.m.* **1** nicchia, edicola con un'immagine sacra, posta a lato di una strada **2** edicola chiusa in cui, nelle chiese, si conservano le ostie consacrate **3** presso gli antichi romani, il padiglione da campo che ospitava il comandante dell'esercito.
tableau [/ ta'blo /] *s.m.invar.* (*fr.*) **1** il tappeto verde del gioco della roulette **2** tabella in cui compaiono i dati statistici relativi a un'attività economica.
tabloid [/ ta'blɔid /] *s.m.invar.* (*ingl.*) formato di giornale quotidiano ridotto rispetto a quello tradizionale; il giornale stesso | Usato anche come *agg.*: *formato —.*
tabù [ta-bù] *s.m.* **1** (*etnol.*) interdizione di carattere magico-religioso verso ciò che è sacro; la cosa, la persona, la situazione che ne sono oggetto **2** (*estens.*) ogni cosa su cui, per paura o per pudore, si preferisce tacere: — *sessuale* | (*scherz.*) cosa o persona inavvicinabile; situazione irrealizzabile: *viaggiare in aereo per me è un* — ♦ *agg.* che costituisce un tabù: *parola, persona —.*
tabula rasa [/ 'tabula 'raza /] *loc.sost.f.* (*lat.*) si dice di persona priva di idee e di cognizioni: *quel ragazzo è una* — | *far* —, (*fig.*) eliminare completamente.
tabulare[1] [ta-bu-là-re] *agg.* **1** che ha forma piatta, come quella di una tavola **2** relativo a una tabella, tabellare.
tabulare[2] *v.tr.* [*io tàbulo ecc.*] ordinare dati in forma tabellare.
tabulato [ta-bu-là-to] *s.m.* prospetto in forma di tabella ottenuto da una stampante di un elaboratore elettronico.
tabulatore [ta-bu-la-tó-re] *s.m.* dispositivo della macchina per scrivere che consente più avvii in punti fissi della stessa riga per incolonnare parole e numeri in forma di tabella.
tabulazione [ta-bu-la-zió-ne] *s.f.* l'operazione e il risultato del tabulare.
tac[1] *inter.* riproduce un rumore secco, come quello di una molla che scatta.
tac[2] *s.f.invar.* (*med.*) tomografia assiale computerizzata | l'apparecchiatura per eseguirla.
tacca [tàc-ca] *s.f.* **1** piccola incisione a forma di cuneo su una superficie: *una — su un pezzo di le-*

gno; — *di mira*, piccolo intaglio sull'estremità anteriore della canna di un'arma da fuoco, per facilitare il puntamento | nell'alpinismo, appoggio scavato nel ghiaccio o nella neve durante l'arrampicata **2** (*fig.*) difetto, imperfezione: *marmo pieno di tacche* | *persona di mezza* —, (*fig.*) di poco conto.

taccagneria [tac-ca-gne-rì-a] *s.f.* l'essere taccagno; tirchieria.

taccagno [tac-cà-gno] *agg.* che è restio a spendere; tirchio, spilorcio ♦ *s.m.* [f. *-a*] persona taccagna.

taccheggiare [tac-cheg-già-re] *v.tr.* e *intr.* [*io tacchéggio ecc.*; aus. dell'intr. *avere*] fare un taccheggio.

taccheggiatore [tac-cheg-gia-tó-re] *s.m.* [f. *-trice*] chi taccheggia.

taccheggio [tac-chég-gio] *s.m.* furto di merci esposte per la vendita.

tacchettare [tac-chet-tà-re] *v.intr.* [*io tacchétto ecc.*; aus. *avere*] far rumore coi tacchi camminando rapidamente.

tacchettio [tac-chet-tì-o] *s.m.* rumore prodotto da chi tacchetta.

tacchetto [tac-chét-to] *s.m.* **1** piccolo tacco di scarpe da donna **2** ciascuno dei piccoli tronchi di cono posti sotto le scarpette da calcio per favorirne la presa sul terreno.

tacchino [tac-chì-no] *s.m.* [f. *-a*] grosso uccello domestico commestibile; ha penne nerastre, testa e collo nudi rosso-violacei, coda che può essere eretta a ruota nel maschio.

taccia [tàc-cia] *s.f.* [pl. *-ce*] imputazione attribuita dalla voce pubblica; cattiva fama: *avere la — di bugiardo.*

tacciare [tac-cià-re] *v.tr.* [*io tàccio ecc.*] dare la taccia; accusare, incolpare: — *una persona di avarizia.*

tacco [tàc-co] *s.m.* [pl. *-chi*] **1** rialzo che si applica all'estremità posteriore della suola delle scarpe: — *alto, a spillo* | *alzare, battere i tacchi*, (*fig. fam.*) andarsene, svignarsela. DIM. *tacchetto* **2** cuneo di legno usato come fermo o come sostegno.

taccola [tàc-co-la] *s.f.* uccello simile al corvo, ma di minori dimensioni.

taccuino [tac-cu-ì-no] *s.m.* libretto, quadernetto per appunti.

tacere [ta-cé-re] *v.intr.* [pres. *io tàccio, tu taci, egli tace, noi taciamo, voi tacéte, essi tàcciono*; pass.rem. *io tàcqui, tu tacésti ecc.*; part.pass. *taciuto*; aus. *avere*] **1** non parlare; stare zitto | (*estens.*) non protestare, non ribellarsi: — *a lungo* | *prov.*: *chi tace acconsente* **2** smettere di parlare | *mettere a — qlco.*, evitare che se ne parli pubblicamente | *far — la voce della coscienza, i morsi della fame*, (*fig.*) reprimerli **3** (*estens.*) non farsi sentire o non farsi più sentire; essere silenzioso: *l'artiglieria ha taciuto tutta la notte* ♦ *v.tr.* passare sotto silenzio; non dire, non rivelare: — *i nomi dei complici* | omettere, tralasciare: — *un particolare.*

tacheometro [ta-che-ò-me-tro] *s.m.* strumento ottico impiegato in topografia per la misurazione rapida di angoli, dislivelli, distanze.

tachi- primo elemento di parole composte, che significa 'veloce' o 'velocità' (*tachicardia, tachimetro*).

tachicardia [ta-chi-car-dì-a] *s.f.* (*med.*) aumento della frequenza dei battiti del cuore.

tachicardico [ta-chi-càr-di-co] *agg.* (*med.*) di tachicardia; che presenta tachicardia ♦ *agg.* e *s.m.* [f. *-a*] che/chi soffre di tachicardia.

tachigrafia [ta-chi-gra-fì-a] *s.f.* tecnica di scrittura rapida che usa abbreviazioni e segni convenzionali; stenografia.

tachigrafo [ta-chì-gra-fo] *s.m.* tachimetro registratore.

tachilalia [ta-chi-la-lì-a] *s.f.* (*psicol.*) il parlare precipitoso e concitato, tipico di certe forme di nevrosi.

tachimetria [ta-chi-me-trì-a] *s.f.* (*fis.*) insieme delle tecniche e dei procedimenti di misurazione della velocità.

tachimetro [ta-chì-me-tro] *s.m.* apparecchio montato su un veicolo che ne misura la velocità.

tachipnea [ta-chi-pnè-a] *s.f.* (*med.*) aumento della frequenza degli atti respiratori.

tacitamento [ta-ci-ta-mén-to] *s.m.* il tacitare.

tacitare [ta-ci-ta-re] *v.tr.* [*io tàcito ecc.*] far tacere; mettere a tacere: — *uno scandalo.*

tacitiano [ta-ci-tià-no] *agg.* **1** dello storico latino Cornelio Tacito (54/55-120 ca), relativo alla sua opera, al suo stile **2** alla maniera di Tacito | (*estens.*) stringato, conciso: *prosa tacitiana.*

tacitismo [ta-ci-tì-ʃmo] *s.m.* **1** (*lett.*) lo studio e l'imitazione di Tacito **2** corrente storiografica dei secc. XVI-XVII ispirata al pensiero politico di Tacito.

tacito [tà-ci-to] *agg.* **1** (*lett.*) che tace, che non parla | che non fa rumore; silenzioso **2** (*fig.*) che è espresso in modo non palese, ma intuibile: — *accordo* □ **tacitamente** *avv.* in silenzio | segretamente, in maniera non esplicita.

taciturno [ta-ci-tùr-no] *agg.* che tace spesso, che parla poco.

tackle [/ 'teikl /] *s.m.invar.* (*ingl.*) nel calcio, intervento deciso su un avversario per togliergli la palla.

tae-kwon-do [/ tɛkwan'do /] *s.m. invar.* (*coreano*) arte marziale nella quale è ammesso qualsiasi colpo portato coi piedi o con le mani al fine di abbattere l'avversario.

tafano [ta-fà-no] *s.m.* insetto dittero, simile a una grossa mosca, che succhia il sangue del bestiame domestico e dell'uomo.

tafferuglio [taf-fe-rù-glio] *s.m.* zuffa, baruffa, tumulto: *scoppiò un* —.

taffettà [taf-fet-tà] *s.m.* tessuto di seta, oggi anche di fibra artificiale, compatto e frusciante, usato soprattutto per vestiti femminili.

tagico [ta-gì-co] *agg.* [pl.m. *-chi*] del Tagikistan, repubblica dell'Asia centrale; della popolazione che vi abita ♦ *agg.* e *s.m.* **1** [f. *-a*] che/chi è nato o abita in Tagikistan **2** lingua affine al persiano parlata in Tagikistan.

taglia [tà-glia] *s.f.* **1** premio che le autorità promettono a chi faccia arrestare un ricercato: *mettere una — su un bandito* **2** corporatura, complessione, dimensione fisica di una persona: *essere di — robusta* | misura di abito o di indumento, indicata con numeri convenzionali: *— forte*, misura grande **3** negli animali, l'altezza misurata dal punto più alto del garrese fino a terra.

tagliabordi [ta-gli-bór-di] *s.m.invar.* attrezzo munito di lama girevole, che si usa per tagliare l'erba ai margini delle aiuole; decespugliatore.

tagliaborse [ta-glia-bór-se] *s.m.* e *f.invar.* borseggiatore, ladro.

tagliaboschi [ta-glia-bò-schi] *s.m.invar.* chi per mestiere abbatte gli alberi e li taglia in pezzi trasportabili.

tagliacarte [ta-glia-càr-te] *s.m.invar.* arnese da scrivania usato per tagliare carte.

tagliacque [ta-gliàc-que] *s.m.invar.* opera in muratura, costruita a spigolo, che serve ad attenuare la pressione delle acque contro il pilone di un ponte.

tagliaerba [ta-glia-èr-ba] *s.m.invar.* **1** tosaerba **2** giardiniere addetto al taglio dell'erba di prati e giardini.

tagliafuoco [ta-glia-fuò-co] *s.m.invar.* **1** struttura che isola le varie parti di un edificio per evitare il propagarsi delle fiamme in caso di incendio **2** fascia di terreno diboscato per fermare il propagarsi di un incendio ♦ *agg.invar.* si dice di porta o paratia che serve a isolare locali in cui potrebbe svilupparsi un incendio.

taglialegna [ta-glia-lé-gna] *s.m.invar.* tagliaboschi.

tagliamare [ta-glia-mà-re] *s.m.invar.* (*mar.*) la parte anteriore della carena di una nave, che fende l'acqua.

tagliando [ta-gliàn-do] *s.m.* parte staccabile di una bolletta, di un biglietto; cedola.

tagliapietre [ta-glia-piè-tre] *s.m.invar.* spaccapietre.

tagliare [ta-glià-re] *v.tr.* [*io tàglio ecc.*] **1** dividere un corpo in più parti per mezzo di uno strumento affilato: *— un nastro*; *— con le forbici*; *— a fette, a pezzi* | *— un vestito*, ritagliarne le varie parti dalla stoffa | *— un diamante*, sfaccettarlo | *— il traguardo*, arrivarci per primo | *— la testa al toro*, (*fig.*) risolvere un problema in modo sbrigativo | *— i ponti*, (*fig.*) rompere i rapporti con qlcu. | *— la corda*, (*fig.*) andarsene precipitosamente | *— fuori*, isolare **2** (*assol.*) essere affilato, essere capace di fendere: *un rasoio che taglia poco* **3** produrre un taglio; praticare un'incisione: *tagliarsi un dito* **4** accorciare, abbreviare: *— i capelli* | *— le spese*, (*fig.*) ridurle drasticamente **5** interrompere, impedire: *— le comunicazioni* | togliere, eliminare: *— le scene di un film* | *— i viveri a qlcu.*, privarlo dei mezzi di sussistenza **6** attraversare, intersecare: *la retta taglia la circonferenza in due punti* | *— la strada a qlcu.*, passargli davanti di traverso; (*fig.*) ostacolarne i progetti | *— una curva*, percorrerla lambendone il bordo interno, invece di seguirne l'arco esterno **7** mescolare una sostanza da vendere con altre di più basso costo per ottenerne un lucro illecito | *— un vino*, mescolarlo con un altro per modificarne le qualità ♦ *v.intr.* [aus. *avere*] prendere la via più corta | *— corto*, (*fig.*) arrivare subito al dunque | *— diritto*, (*fig.*) mirare in maniera diretta a uno scopo ♦ **tagliarsi** *v.rifl.* fare un taglio su sé stesso: *si è tagliato e ha perso molto sangue*.

tagliasiepi [ta-glia-siè-pi] *s.m.* o *f.invar.* tosasiepi.

tagliasigari [ta-glia-sì-ga-ri] *s.m.invar.* arnese che serve per tagliare i sigari.

tagliata [ta-glià-ta] *s.f.* **1** il tagliare una sola volta e in modo rapido: *dare una — all'erba*. DIM. *tagliatina* **2** (*gastr.*) costata di manzo alla griglia che viene servita a fettine sottili, condita con olio e erbe aromatiche.

tagliatella [ta-glia-tèl-la] *s.f.* (spec. *pl.*) tipo di pasta alimentare all'uovo, in forma di nastro più o meno stretto.

tagliato [ta-glià-to] *agg.* **1** diviso: *cocomero — in due*; *città tagliata dal fiume* | inciso, intaccato: *viso — in più punti* | accorciato; interrotto: *cavo elettrico —* | miscelato: *vino —* **2** (*estens.*) che sembra prodotto da un taglio: *roccia tagliata a picco* | *palla tagliata*, (*sport*) colpita di taglio | *— con l'accetta*, (*fig.*) rozzo, grossolano: *un uomo — con l'accetta* **3** (*fig.*) adatto, idoneo: *essere — per qlco.*

tagliatore [ta-glia-tó-re] *s.m.* [f. *-trice*] persona addetta a lavori di taglio

tagliatrice [ta-glia-trì-ce] *s.f.* macchina per tagliare.

tagliaunghie [ta-glia-ùn-ghie] *s.m.invar.* arnese per tagliare le unghie.

tagliazolle [ta-glia-ʒòl-le] *s.m.invar.* arnese da giardinaggio usato per smuovere il terreno.

taglieggiare [ta-glieg-già-re] *v.tr.* [*io tagliéggio ecc.*] imporre versamenti di denaro illegittimi.

taglieggiatore [ta-glieg-gia-tó-re] *s.m.* [f. *-trice*] chi taglieggia.

tagliente [ta-glièn-te] *agg.* **1** che taglia bene; affilato: *lama —* **2** (*fig.*) mordace, pungente: *risposta —* ♦ *s.m.* taglio, filo: *il — del coltello*.

tagliere [ta-gliè-re] *s.m.* asse di legno duro sulla quale si tagliano i cibi. DIM. *taglierino*.

taglieria [ta-glie-rì-a] *s.f.* laboratorio in cui si effettua il taglio delle pietre preziose.

taglierina [ta-glie-rì-na] *s.f.* **1** qualsiasi macchina per tagliare materiali; in particolare, la macchina usata per tagliare la carta **2** (*cine.*) attrezzo per tagliare la pellicola in fase di montaggio.

taglierino [ta-glie-rì-no] *s.m.* (spec. *pl.*) tagliolino.

taglio [tà-glio] *s.m.* **1** l'operazione del tagliare | *strumenti da —*, atti a tagliare, come il coltello, la falce | *armi da —*, quelle con cui si vibrano colpi che tagliano, come il pugnale, la spada; armi bianche | *scuola di —*, scuola di sartoria in cui si insegna a tagliare gli abiti | *pietre da —*, che possono essere squadrate e utilizzate nell'edilizia | *vino da* —, usato per tagliarne altri | *dare un — netto a qlco.*, (*fig.*) troncarla bruscamente e definitivamente **2** il risultato del tagliare: — *profondo* | lesione, ferita prodotta da un oggetto tagliente: *procurarsi un — alla mano.* DIM. *taglietto* **3** la maniera in cui una cosa è tagliata | foggia, stile di un vestito: — *classico, sportivo* | forma data a una gemma; sfaccettatura: — *a brillante* | formato: *lastre dello stesso* — **4** (*estens.*) valore: *banconote di piccolo* — | (*fig.*) carattere, tono: *articolo di — ironico* **5** pezzo ritagliato da un tutto: *un — di stoffa*; *pizza a* —, venduta a porzioni **6** la parte affilata e tagliente di una lama: *colpire di* —, non con la punta, ma con la parte laterale; *arma a doppio* —, che ha due lati affilati; (*fig.*) mezzo di offesa che danneggia anche chi se ne serve | *di* —, (*fig.*) in modo che il piano di un elemento risulti perpendicolare rispetto alla lunghezza di un altro elemento: *mettere i libri di* —; *colpire la palla di* —, di striscio, imprimendole un effetto.

tagliola [ta-gliò-la] *s.f.* trappola a scatto per catturare la selvaggina.

tagliolino [ta-glio-lì-no] *s.m.* (spec. *pl.*) tipo di pasta alimentare, più stretto delle tagliatelle, che si mangia di solito in brodo.

taglione [ta-glió-ne] *s.m.* antichissima legge penale che impone al colpevole lo stesso danno che questi ha causato alla sua vittima.

tagliuzzamento [ta-gliuz-za-mén-to] *s.m.* il tagliuzzare, l'essere tagliuzzato.

tagliuzzare [ta-gliuz-zà-re] *v.tr.* tagliare minutamente.

taiga [tài-ga] *s.f.* foresta di abeti e betulle fitta e impraticabile, caratteristica delle zone interne della Siberia.

tailandese → **thailandese.**

tailleur [/ ta'jɛr /] *s.m.invar.* (*fr.*) completo da donna formato da una gonna diritta e da una giacca di taglio maschile.

talaltro [ta-làl-tro], o **tal altro**, *pron.indef.* [f. *-a*] qualche altro (si usa solo in correlazione con *taluno* o con *talvolta*): *taluno vuole questo, — quello*; *talvolta mi avvisa, talaltra no.*

talamo [tà-la-mo] *s.m.* **1** (*lett.*) letto nuziale; camera degli sposi | letto in genere **2** (*bot.*) parte superiore del peduncolo del fiore, che sostiene gli stami e i pistilli **3** (*anat.*) parte del diencefalo che svolge importanti funzioni di raccordo e integrazione fra gli emisferi cerebrali e le zone inferiori del sistema nervoso centrale.

talare [ta-là-re] *agg.* e *s.f.* si dice dell'abito tradizionale dei sacerdoti cattolici, lungo fino ai piedi.

talassemia [ta-las-se-mì-a] *s.f.* (*med.*) malattia ereditaria del sangue, caratterizzata da un'alterazione dei globuli rossi; anemia mediterranea.

talassemico [ta-las-sè-mi-co] *agg.* e *s.m.* [f. *-a*; pl.m. *-ci*] che/chi è affetto da talassemia.

talassico [ta-làs-si-co] *agg.* [pl.m. *-ci*] (*scient.*) del mare, che si riferisce al mare.

talasso- primo elemento di parole composte della terminologia scientifica che significa 'mare' (*talassobiologia*).

talassobiologia [ta-las-so-bio-lo-gì-a] *s.f.* parte della talassografia che studia gli organismi animali e vegetali che vivono nel mare.

talassofilia [ta-las-so-fi-lì-a] *s.f.* (*biol.*) tendenza di organismi animali o vegetali a vivere nel mare o nelle sue vicinanze.

talassofobia [ta-las-so-fo-bì-a] *s.f.* (*psicol.*) paura morbosa del mare e della navigazione.

talassografia [ta-las-so-gra-fì-a] *s.f.* oceanografia.

talassoterapia [ta-las-so-te-ra-pì-a] *s.f.* (*med.*) terapia basata sull'azione benefica dei bagni e del clima di mare.

talché [tal-ché], o **tal che**, *cong.* (*lett.*) cosicché, tanto che.

talco [tàl-co] *s.m.* **1** minerale di magnesio, biancastro, untuoso al tatto **2** la polvere del minerale, usata in cosmesi e come lubrificante secco.

tale [tà-le] *agg.* **1** di questa, di quella specie; che ha la natura o certe caratteristiche a cui si accenna nel discorso: *tali cose non si possono tollerare* **2** esprime eccesso, grado estremo (per lo più in correlazione con *che* o *da* consecutivi): *c'era un tal rumore che non si sentiva nulla*; *si è preso un tal spavento!* **3** esprime somiglianza, identità (in correlazione con *quale* e *tale*): *la figlia è tal quale la madre*; *a — domanda — risposta* ♦ *agg.dimostr.* quello, questo: *dette tali parole se ne andò* ♦ *agg.indef.* **1** con valore di *certo* (sempre preceduto al sing. dall'art. indeterm.): *un — signor Rossi* **2** preceduto dall'art. determ., indica una cosa o una persona in modo indeterminato: *vuole sapere quanto hai pagato la tal cosa* | preceduto da *questo* o *quello*, ha valore rafforzativo: *quel — amico* ♦ *pron.dimostr.* questa, quella persona: *lui è il — che cerchi* | *il tal dei tali*, persona che è superfluo nominare ♦ *pron.indef.* **1** preceduto dall'art. indeterm., indica persona indeterminata: *c'è una — di là che ti aspetta* **2** preceduto da *quel*, *quella*, indica persona nota o già nominata: *c'è quel — dell'assicurazione.*

talea [ta-lè-a] *s.f.* parte di una pianta che, interrata, emette radici e genera un nuovo individuo.

taleaggio [ta-le-àg-gio] *s.m.* (*agr.*) metodo di riproduzione attraverso talee.

taleggio [ta-lég-gio] *s.m.* formaggio tipico italiano, molle, grasso, a pasta cruda, fatto con latte vaccino intero.

talento [ta-lèn-to] *s.m.* **1** misura di peso e moneta usate anticamente presso gli ebrei, i babilonesi e i greci **2** (*estens.*) capacità, dono naturale: *avere — musicale* | inclinazione dell'animo: *seguire il proprio* — | ingegno, genialità: *un ragazzo di* — **3** (*estens.*) persona geniale, dotata di grandi capacità: *un — della pittura.*

talent-scout [/ 'talent 'skaut /] *s.m.* e *f.invar.* (*ingl.*) chi ricerca nuovi talenti da lanciare nel mondo dello spettacolo, dell'arte o dello sport.

talismano [ta-li-ʃmà-no] *s.m.* oggetto al quale si

attribuiscono poteri magici; amuleto, portafortuna.
talk show [/ tɔlk ʃo /] *loc.sost.m.invar.* (*ingl.*) spettacolo radiofonico o televisivo in cui un intrattenitore intervista contemporaneamente più personaggi.
tallero [tàl-le-ro] *s.m.* **1** moneta d'argento in uso in molti stati europei dalla fine del sec. XV al XIX **2** unità monetaria di alcuni stati moderni.
tallio [tàl-lio] *s.m.* elemento chimico di simbolo *Tl*; è un metallo tenero di colore simile all'argento che si usa nella produzione di insetticidi e di fuochi artificiali.
tallo [tàl-lo] *s.m.* (*bot.*) corpo delle piante inferiori, non differenziato in radice, fusto e foglie.
tallonamento [tal-lo-na-mèn-to] *s.m.* il tallonare, l'essere tallonato.
tallonare [tal-lo-nà-re] *v.tr.* [*io tallóno ecc.*] inseguire da vicino qlcu., stargli alle calcagna.
talloncino [tal-lon-cì-no] *s.m.* **1** piccola cedola o ricevuta | riquadro staccabile delle scatole dei medicinali, che il farmacista trattiene per il rimborso **2** annuncio pubblicitario su un giornale, a forma di rettangolo incorniciato.
tallone [tal-ló-ne] *s.m.* **1** la parte posteriore e inferiore del piede; calcagno: *girare sui talloni*, fare dietrofront | — *d'Achille*, (*fig.*) unico punto debole di qlcu. o di qlco. **2** nelle calze, il rinforzo posteriore della pianta del piede.
talmente [tal-mén-te] *avv.* in modo tale, così: *sono — triste!*; *il film era — bello che voglio rivederlo.*
talmud [tal-mùd] *s.m.invar.* il complesso delle dottrine e degli insegnamenti ebraici di carattere religioso, liturgico e giuridico posteriori alla Bibbia.
talora [ta-ló-ra] *avv.* qualche volta, a volte: *come — è accaduto.*
talpa [tàl-pa] *s.f.* **1** piccolo mammifero insettivoro, dal corpo tozzo coperto da una morbida pelliccia grigio-scura; scava gallerie sotterranee | *vederci come una —*, essere molto miope **2** escavatore di grande potenza per realizzare gallerie **3** (*gerg.*) chi, dall'interno di un ufficio, di un'organizzazione, fornisce segretamente informazioni riservate.
taluno [ta-lù-no] *agg.indef.* (solo *pl.*) alcuni, certi: *taluni errori non si rimediano* ♦ *pron.indef.* qualcuno: — *dei presenti parlò* | in correlazione con *talaltro*: *— sosteneva una cosa, talaltro il contrario.*
talvolta [tal-vòl-ta] *avv.* qualche volta, a volte: *capita — di sbagliare* | in usi correlativi: *— si esce, — si sta in casa.*
tamarindo [ta-ma-rìn-do] *s.m.* albero con fiori giallo-rossastri che danno frutti a baccello dalla polpa scura e acidula, usati per fare sciroppi.
tamarro [ta-màr-ro] *s.m.* [f. *a*] (*merid.*) zoticone, cafone.
tamburato [tam-bu-rà-to] *agg.* in falegnameria si dice di una struttura costituita da due fogli di compensato o di laminato plastico racchiudenti un telaio: *porta tamburata.*
tambureggiamento [tam-bu-reg-gia-mén-to] *s.m.* il tambureggiare (anche *fig.*): *un — di domande.*
tambureggiare [tam-bu-reg-già-re] *v.intr.* [*io tamburéggio ecc.*; aus. *avere*] suonare a tamburo | (*estens.*) crepitare fittamente (detto di armi da fuoco).
tamburellare [tam-bu-rel-là-re] *v.intr.* [*io tamburèllo ecc.*; aus. *avere*] battere su una superficie con colpi rapidi e frequenti: *— con le dita sul tavolo.*
tamburello [tam-bu-rèl-lo] *s.m.* **1** strumento musicale a percussione costituito da una membrana tesa su un cerchio di legno al quale sono fissati dei sonagli; si suona battendolo e agitandolo **2** cerchio di legno sul quale è tesa una membrana, usato per rilanciare la palla in un gioco che si fa in due o più persone; il gioco stesso: *giocare a —.*
tamburino [tam-bu-rì-no] *s.m.* **1** chi suona il tamburo in una banda **2** (*giorn.*) la lista degli spettacoli che compare su un quotidiano.
tamburo [tam-bù-ro] *s.m.* **1** strumento musicale a percussione, costituito da una cassa cilindrica chiusa alle estremità da due membrane sulle quali si batte con apposite bacchette: *il rullo del —*; *suonare a —*, colpendo ritmicamente un oggetto | *a — battente*, (*fig.*) senza indugio. DIM. *tamburino, tamburello* **2** suonatore di tamburo **3** nome di diversi oggetti, dispositivi, elementi che per la forma richiamano un tamburo | *— della cupola*, (*arch.*) la parte su cui poggia la volta | *— del freno*, (*aut.*) dispositivo fissato al mozzo della ruota, entro il quale si espandono le ganasce, producendo la frenata; *freno a —*, che sfrutta questo dispositivo | *— della pistola*, cilindretto rotante nel quale vengono caricate le cartucce; *pistola a —*, dotata di tale dispositivo.
tamerice [ta-me-rì-ce] *s.f.* albero con piccole foglie ovali di color verde opaco e fiori rosei.
tamil [tà-mil] *s.m.invar.* **1** [anche *f.*] chi appartiene a una popolazione dell'India meridionale e della parte settentrionale dell'isola di Ceylon **2** lingua preindeuropea parlata dai tamil.
tampinare [tam-pi-nà-re] *v.tr.* (*fam.*) **1** seguire con assiduità; pedinare **2** (*fig.*) assillare, molestare.
tamponamento [tam-po-na-mén-to] *s.m.* il tamponare, l'essere tamponato.
tamponare [tam-po-nà-re] *v.tr.* [*io tampóno ecc.*] **1** chiudere con un tampone: *— una ferita* | *— una falla*, chiudere con mezzi di fortuna una falla improvvisa; (*fig.*) rimediare in qualche modo a una manchevolezza, a una difficoltà **2** urtare contro un veicolo che precede.
tampone [tam-pó-ne] *s.m.* **1** (*med.*) grosso batuffolo di garza o di ovatta usato per arrestare un'emorragia o per medicare ferite | *— diagnostico*, quello usato per eseguire prelievi batteriologici all'interno di una cavità del corpo. DIM. *tamponcino* **2** assorbente intimo femminile costituito da un batuffolo compatto **3** cuscinetto

imbevuto di inchiostro per timbri | cuscinetto di carta assorbente per asciugare la scrittura a inchiostro ♦ *agg.invar.* che tampona, che risolve momentaneamente una difficoltà: *provvedimento —*.

tamtam [tam-tàm], o **tam-tam**, *s.m.invar.* **1** (*mus.*) strumento a percussione simile al gong **2** (*etnol.*) tipo di tamburo ricavato da un grosso tronco cavo, che viene percosso con bastoni ed è usato per trasmettere segnali a distanza | (*estens.*) il rumore prodotto da tale tamburo **3** (*fig.*) diffusione ampia e veloce di notizie, che avviene di persona in persona.

tana [tà-na] *s.f.* **1** buca riparata che serve da ricovero agli animali selvatici; covo **2** (*estens.*) nascondiglio di malviventi | (*fig.*) casa sporca, malsana; stamberga **3** in giochi di bambini, il punto, fissato in precedenza, in cui chi è inseguito si rifugia per salvarsi.

tanato- primo elemento di parole composte che significa 'morte'.

tanatofobia [ta-na-to-fo-bì-a] *s.f.* (*psicol.*) paura morbosa della morte.

tanatologia [ta-na-to-lo-gì-a] *s.f.* parte della medicina che studia le cause dirette della morte e i fattori di alterazione morfologica e chimico-fisica del cadavere.

tanatoscopia [ta-na-to-sco-pì-a] *s.f.* in medicina legale, l'insieme delle tecniche volte ad accertare lo stato di morte.

tanatosi [ta-na-tò-ʃi] *s.f.* (*zool.*) riflesso caratteristico degli insetti che consiste in una contrazione rapida del tronco e delle appendici e in un'assoluta immobilità; ha probabilmente una funzione protettiva.

tanca [tàn-ca] *s.f.* (*mar.*) cassa stagna per contenere liquidi usata sulle navi.

tandem [tàn-dem] *s.m.invar.* **1** bicicletta per due ciclisti posti uno dietro l'altro **2** (*estens.*) coppia molto affiatata di persone che svolgono una attività comune: *lavorare in —*.

tanfo [tàn-fo] *s.m.* puzzo intenso di aria stagnante.

tanga [tàn-ga] *s.m.invar.* costume da bagno di dimensioni ridottissime.

tangente [tan-gèn-te] *agg.* si dice di figura geometrica che abbia con un'altra un solo punto in comune: *retta — a una circonferenza* ♦ *s.f.* **1** (*geom.*) retta tangente a una curva | *filare, partire, andarsene per la —*, (*scherz.*) svignarsela in fretta; (*fig.*) divagare, uscire dal proposito **2** (*mat.*) nel triangolo rettangolo, funzione trigonometrica definita dal rapporto fra il cateto opposto e il cateto adiacente di un angolo acuto **3** (*estens.*) somma percepita illecitamente in relazione alla concessione di un appalto, una licenza, o per garantire a chi paga incolumità e sicurezza.

tangentoide [tan-gen-tòi-de] *s.f.* in trigonometria, diagramma della funzione tangente.

tangentopoli [tan-gen-tò-po-li] *s.f.* nell'uso giornalistico, il sistema di potere politico determinatosi in Italia nel corso degli anni Ottanta, fondato sul pagamento di tangenti ai partiti; lo scandalo che ne è derivato.

tangenza [tan-gèn-za] *s.f.* (*geom.*) l'essere tangente; condizione di ciò che è tangente.

tangenziale [tan-gen-zià-le] *agg.* **1** (*geom.*) della tangente **2** (*fig.*) marginale ♦ *s.f.* (*urban.*) strada di scorrimento veloce che evita l'attraversamento di un centro abitato □ **tangenzialmente** *avv.* **1** (*geom.*) secondo la tangente **2** (*fig.*) in modo marginale.

tanghero [tàn-ghe-ro] *s.m.* persona rozza e maleducata.

tangibile [tan-gì-bi-le] *agg.* immediatamente evidente, manifesto: *prove tangibili* □ **tangibilmente** *avv.*

tangibilità [tan-gi-bi-li-tà] *s.f.* (*non com.*) l'essere tangibile.

tango [tàn-go] *s.m.* [pl. *-ghi*] danza di origine popolare, introdotta in Europa dall'Argentina alla fine del sec. XIX; la musica che accompagna tale danza: *ballare un —*.

tangone [tan-gó-ne] *s.m.* (*mar.*) asta di legno sporgente oltre lo scafo di una nave per sostenere una vela o altro.

tanica [tà-ni-ca] *s.f.* recipiente di forma parallelepipeda usato per il trasporto di liquidi.

tank [/ tɛnk /] *s.m.invar.* (*ingl.*) **1** carro armato **2** (*non com.*) cisterna per liquidi.

tannico [tàn-ni-co] *agg.* [pl.m. *-ci*] (*chim.*) del tannino | *vino —*, ricco di tannino, di sapore aspro.

tannino [tan-nì-no] *s.m.* (*chim.*) composto vegetale che si usa per la concia delle pelli, per la fabbricazione di inchiostri e in medicina per le proprietà astringenti.

tantalio [tan-tà-lio] *s.m.* elemento chimico di simbolo *Ta*; è un metallo grigio lucente, piuttosto raro, usato per filamenti di lampade a raggi X, strumenti elettronici ecc.

tantino [tan-tì-no] *s.m.* [solo *sing.*] (*fam.*) una piccola parte o quantità; un po': *mangia almeno un —*.

tanto[1] [tàn-to] *agg.indef.* **1** [solo *sing.*] riferito a cosa, così grande; oppure, così lungo, ampio, forte, intenso ecc.: *c'era — vento*; *ho tanta fame* **2** molto, in gran quantità; in gran numero: *possedere — denaro* **3** in espressioni ellittiche: *è — che non mi scrive*, molto tempo; *non ci voleva — a capirlo*, molto acume; *guadagnare, spendere —*, molto denaro; *bere, mangiare —*, in gran quantità | col valore di *tante cose*: *ho fatto — per lui* | *è già —*, è già gran cosa | *a dir —*, al massimo | *giungere, arrivare a —*, a tal punto **4** in correlazione con *che* o *da* consecutivi: *c'era tanta gente che non si poteva entrare* **5** in correlazione con *quanto* nelle proposizioni comparative (per indicare corrispondenza di quantità): *non ho tanti libri quanti ne hai tu* **6** con valore di *altrettanto*: *si sono comportati come tanti sciocchi* | nella correlazione *tanto... tanto*, tanto... altrettanto: *tante parole, tanti errori* **7** indica numero o quantità generici, che non si può o non si vuol determinare: *erano cento e tante persone* | preceduto da *ogni*, in locuzioni distributive: *ogni tanti giorni* ♦ *pron.indef.* 1 *pl.* molti: *tanti dicono che non sia vero; un'automobile come tante* 2 in correlazione con *quanto*, per indicare corrispondenza di numero o di quantità: *tanti quanti ne occorrono* ♦ *pron.dimostr.* ciò, questo: *ti ho detto ciò che avevo da dirti, e — basta* | *per —*, lo stesso che *pertanto* | *— di guadagnato*, meglio così ♦ *s.m.* [solo *sing.*] 1 indica quantità determinata: *ne vorrei — così* | *non più di —*, non molto, poco: *non mi preoccupo più di —* 2 numero o quantità generici, indeterminati: *un — per cento, un — il mese* | *se — mi dà —*, (*fig.*) se le cose vanno così 3 (*fam.*) in usi enfatici, determinato da un compl. partitivo: *ascoltare con — d'orecchi*.

tanto[2] *avv.* 1 in tal modo, in tale misura; a tal punto: *non preoccuparti —; sono — stanco!* 2 in correlazione con *che* o *da* consecutivi: *è — pallido che sembra malato* 3 in correlazione con *quanto*: *non lavora — quanto potrebbe* | *non — per... quanto per...*, meno per... che per...: *l'ho fatto non — per lui, quanto per suo padre* | *—... quanto*, così... come, sia... sia: *mi piace — questo quanto quello* 4 molto, assai: *scusami —; l'ho fatto — volentieri* 5 solo, soltanto: *una volta — possiamo concedergliela* 6 comunque, in ogni modo: *è inutile che tu insista, — non l'avrai vinta* 7 tuttavia, nondimeno: *ho fatto di tutto, — già so che non otterrò nulla* 8 (*fam.*) con valore conclusivo: *prendilo pure, — ne ho un altro* 9 in loc. particolari: *di — in —, ogni —*, di quando in quando | *fino a — che*, finché | *— vale*, è lo stesso; è meglio: *se lo devi fare, — vale che lo faccia subito*.

tanzaniano [tan-za-nià-no] *agg.* della Tanzania ♦ *s.m.* [f. *-a*] chi è nato, chi vive in Tanzania.

tao [tà-o] *s.m.invar.* nel taoismo, il processo di mutamento e divenire di tutte le cose; si realizza nell'alternanza delle due forze complementari e opposte, lo yin e lo yang.

taoismo [ta-o-ì-ʃmo] *s.m.* antico sistema filosofico-religioso cinese che riconosce in un essere infinito e indeterminato il principio dell'ordine dell'universo.

taoista [ta-o-ì-sta] *s.m.* e *f.* [pl.m. *-sti*] chi segue le dottrine del taoismo | Usato anche come *agg.*: *religione —*.

taoistico [tao-ì-sti-co] *agg.* [pl.m. *-ci*] del taoismo, dei taoisti.

tapino [ta-pì-no] *agg.* e *s.m.* [f. *-a*] (*lett.*) misero, infelice.

tapioca [ta-piò-ca] *s.f.* farina alimentare ricavata dalle radici della manioca.

tapiro [ta-pì-ro] *s.m.* (*zool.*) mammifero di media grossezza, con muso fornito di una piccola proboscide, coda corta e pelame brunastro; la pelle viene usata in pelletteria.

tapis roulant [/ ta'pi ru'lan /] *loc.sost.m.invar.* (*fr.*) nastro trasportatore.

tappa [tàp-pa] *s.f.* 1 sosta durante un viaggio, una marcia, un'escursione: *fare — ogni due chilometri* | (*estens.*) la distanza percorsa tra una sosta e l'altra: *dividere un viaggio in cinque tappe; bruciare le tappe*, (*fig.*) procedere molto velocemente 2 fatto, momento fondamentale: *una — memorabile della storia* 3 (*sport*) in un giro ciclistico o automobilistico articolato in più giorni, la frazione percorsa ogni giorno: *corsa a tappe*.

tappabuchi [tap-pa-bù-chi] *s.m.* e *f.invar.* (*scherz.* o *spreg.*) persona che si suol chiamare all'ultimo momento per sostituirne un'altra.

tappare [tap-pà-re] *v.tr.* chiudere con un tappo: *— una bottiglia* | (*estens.*) chiudere un'apertura senza lasciare spiragli o fessure: *— porte e finestre* | *— qlcu. in un luogo*, rinchiudervelo | *tapparsi le orecchie, la bocca, gli occhi*, (*fig.*) non voler sentire, parlare, vedere | *— la bocca a qlcu.*, (*fig.*) impedendogli di continuare a parlare ♦ **tapparsi** *v.rifl.* ritirarsi in un luogo senza farsi mai vedere: *— in casa*.

tapparella [tap-pa-rèl-la] *s.f.* (*fam.*) persiana avvolgibile fatta di stecche incernierate tra loro.

tappato [tap-pà-to] agg. chiuso con un tappo: *un fiasco ben —*.

tappeto [tap-pé-to] *s.m.* 1 drappo di lana, di spessore piuttosto grosso, intessuto a motivi ornamentali, usato per coprire pavimenti: *— persiano* | *— verde*, il panno che ricopre il tavolo da gioco | *— erboso*, l'erba fitta dei prati | *mettere una questione sul —*, (*fig.*) affrontarla | *bombardamento a —*, (*mil.*) lancio simultaneo e sistematico di molte bombe contro un ampio bersaglio da parte di una formazione di aerei; *a —*, (*estens.*) in modo completo, sistematico: *perlustrazione a —*. DIM. *tappetino* 2 (*sport*) il materiale speciale, morbido ed elastico, che ricopre la piattaforma degli incontri di lotta: *mandare, mettere al —*, atterrare l'avversario nella lotta o nel pugilato | *mettere qlcu. al —*, (*fig.*) vincerlo completamente.

tappezzare [tap-pez-zà-re] *v.tr.* [*io tappézzo ecc.*] 1 ricoprire muri con carta, tessuto o, anche, con arazzi, rivestimenti in legno | rivestire con una tappezzeria mobili, poltrone, sedili di automobili 2 (*estens.*) ricoprire a mo' di tappezzeria: *manifesti che tappezzano le strade*.

tappezzeria [tap-pez-ze-rì-a] *s.f.* 1 tessuto o carta con cui si ricoprono le pareti delle stanze | rivestimento, in tessuto o in altro materiale, dell'interno di un'automobile 2 attività e tecnica del tappezziere 3 (*non com.*) negozio, laboratorio di tappezziere.

tappezziere [tap-pez-ziè-re] *s.m.* [f. *-a*] 1 artigiano che esegue rivestimenti di pareti con tessuti o carte da parati 2 artigiano che imbottisce e riveste sedie, poltrone e divani, e prepara e monta tende.

tappo [tàp-po] *s.m.* 1 accessorio che si applica a pressione o per avvitamento alla bocca di un recipiente per chiuderlo: *mettere, togliere il —* | *— a corona*, quello metallico, con bordo orlato, che si applica al collo della bottiglia mediante apposita macchina tappatrice. DIM. *tappetto* 2 (*estens.*) si dice di oggetto o sostanza che occluda un condotto: *il — del lavandino* 3 (*fig. scherz.*) persona di bassa statura.

tappone [tap-pó-ne] *s.m.* nel gergo del ciclismo, tappa molto lunga e impegnativa.

tara [tà-ra] *s.f.* 1 quanto si deve detrarre dal peso lordo di una merce per avere il peso netto: *far la — a qlco.*, misurarne la tara; (*fig.*) ridimensionarla 2 (*med.*) malattia o difetto fisico, per lo più ereditario.

tarallo [ta-ràl-lo] *s.m.* biscotto a ciambella tipico dell'Italia meridionale. DIM. *taralluccio.*

taralluccio [ta-ral-lùc-cio] *s.m.* piccolo tarallo | *finire a tarallucci e vino*, (*fig.*) comporre amichevolmente, con una rappacificazione o con un compromesso, un contrasto, una lite.

tarantella [ta-ran-tèl-la] *s.f.* danza popolare dell'Italia meridionale, dall'andamento molto vivace, eseguita da coppie di danzatori con accompagnamento di nacchere o tamburello.

tarantola [ta-ràn-to-la] *s.f.* grosso ragno peloso, giallo e nero, diffuso nell'Europa meridionale; il suo morso è velenoso ma non mortale.

tarare [ta-rà-re] *v.tr.* 1 misurare la tara 2 eseguire la taratura di uno strumento.

tarato [ta-rà-to] *agg.* 1 si dice di peso da cui sia stata detratta la tara o di strumento di misura che abbia subito la taratura 2 detto di persona, non sana fisicamente o moralmente.

taratura [ta-ra-tù-ra] *s.f.* operazione di graduazione di apparecchi o strumenti di misura.

tarchiato [tar-chià-to] *agg.* si dice di persona robusta e tozza.

tardare [tar-dà-re] *v.intr.* [aus. *avere*] arrivare con ritardo; fare o dire tardi qlco.: *— a un appuntamento, nei pagamenti* ♦ *v.tr.* ritardare, procrastinare: *— la consegna del lavoro.*

tardi [tàr-di] *avv.* 1 oltre il tempo debito, stabilito o conveniente: *arrivare —* | *prov.*: *chi — arriva male alloggia* 2 a ora tarda del mattino o della sera: *alzarsi, coricarsi —* | *sul —*, nelle ore avanzate del pomeriggio o della mattina: *vedersi sul —* | *a più —!*, come formula di saluto, in vista di un nuovo incontro molto prossimo | *al più —*, al massimo, non oltre un certo limite di tempo: *al più —, sarò di ritorno per le otto.* DIM. *tardino.*

tardivo [tar-dì-vo] *agg.* 1 che viene, che si manifesta in ritardo: *estate tardiva* 2 che giunge troppo tardi per essere efficace: *intervento —* □ **tardivamente** *avv.*

tardo [tàr-do] *agg.* 1 lento nel muoversi o nel fare qlco.: *una persona tarda nel decidere* | *— d'ingegno, di mente*, poco sveglio 2 tardivo: *rimedio —* 3 estremo, ultimo: *la tarda età*; *a tarda notte*, a notte inoltrata.

tardona [tar-dó-na] *s.f.* (*scherz.*) donna di mezza età che ostenta un comportamento giovanile.

targa [tàr-ga] *s.f.* 1 lastra, per lo più rettangolare, su cui è scritta una denominazione, una frase: *— stradale.* DIM. *targhetta* 2 tabella applicata a un veicolo sulla quale è riportata la sequenza di lettere e numeri di immatricolazione; la sequenza stessa 3 lastra di metallo prezioso con iscrizioni e fregi, che viene data come premio di una gara o come ricordo di un avvenimento.

targare [tar-gà-re] *v.tr.* [*io targo, tu targhi ecc.*] munire di targa un veicolo.

targato [tar-gà-to] *agg.* 1 munito di targa 2 (*scherz.*) che è originario, tipico di un luogo: *una pizza targata Napoli.*

target [/ 'target /] *s.m.invar.* (*ingl.*) (*comm.*) obiettivo prefissato nella campagna di vendita di un prodotto.

tariffa [ta-rìf-fa] *s.f.* 1 prezzo prefissato per un servizio, una prestazione: *— speciale, ridotta* 2 tariffario: *— doganale.*

tariffario [ta-rif-fà-rio] *agg.* che riguarda una tariffa: *accordo —* ♦ *s.m.* tabella dei prezzi unitari di merci, servizi, prestazioni, fissati inderogabilmente.

tarlare [tar-là-re] *v.intr.* [aus. *essere*], **tarlarsi** *v.intr.pron.* riempirsi di tarli; essere roso dai tarli o anche dalle tarme: *un legno che tarla facilmente* ♦ *v.tr.* di tarli o tarme, produrre guasti, tarlature.

tarlato [tar-là-to] *agg.* roso, infestato dai tarli o dalle tarme.

tarlatura [tar-la-tù-ra] *s.f.* il guasto, in forma di piccoli fori e gallerie, prodotto dai tarli nel legno | (*estens.*) il guasto prodotto da altri insetti in altri materiali.

tarlo [tàr-lo] *s.m.* 1 nome delle larve di varie specie di insetti che vivono nel legno rodendolo e scavandovi gallerie 2 (*fig.*) tormento, pena segreta che rode l'animo: *il — della gelosia.*

tarma [tàr-ma] *s.f.* nome di varie specie di insetti le cui larve rodono i peli delle pellicce e le fibre di origine animale; tignola.

tarmare [tar-mà-re] *v.intr.* [aus. *essere*], **tarmarsi** *v.intr.pron.* riempirsi di tarme; essere roso dalle tarme ♦ *v.tr.* di tarme, rodere tessuti.

tarmicida [tar-mi-cì-da] *agg.* e *s.m.* [pl.m. *-di*] si dice di sostanza usata per distruggere le tarme.

tarocco[1] [ta-ròc-co] *s.m.* [pl. *-chi*] ciascuna delle 22 carte figurate che, unite alle altre del mazzo normale da 56 carte, formano un mazzo speciale usato oggi in chiromanzia.

tarocco[2] *s.m.* [pl. *-chi*] nome di una varietà pregiata di arance coltivata in Sicilia.

tarpare [tar-pà-re] *v.tr.* tagliare la punta delle penne delle ali di un uccello, per impedirgli di volare | *— le ali a qlcu.*, (*fig.*) ostacolarlo, impedirgli di agire.

tarsia [tar-sì-a] *s.f.* l'arte dell'intarsiare; lavoro ottenuto intarsiando; intarsio.

tarso [tàr-so] *s.m.* (*anat.*) parte dello scheletro del piede situata tra la tibia e il perone da un lato, e il metatarso dall'altro.

tartagliamento [tar-ta-glia-mén-to] *s.m.* (*fam.*) il tartagliare.

tartagliare [tar-ta-glià-re] *v.tr.* e *intr.* [*io tartàglio ecc.*; aus. dell'intr. *avere*] (*fam.*) balbettare.

tartaglione [tar-ta-glió-ne] *s.m.* [f. *-a*] (*fam.*) chi tartaglia; balbuziente.

tartan [tàr-tan] *s.m.invar.* nome commerciale di

una resina di poliuretani adoperata per la pavimentazione di terreni per attività sportive.
tartana [tar-tà-na] *s.f.* **1** grossa barca da carico e da pesca, con un albero a vela latina **2** rete da strascico usata dalle paranze.
tartarico [tar-tà-ri-co] *agg.* [pl.m. *-ci*] (*chim.*) del tartaro | *acido* —, acido ottenibile dal tartaro greggio usato in farmacia, in fotografia e in tintoria.
tartaro[1] [tàr-ta-ro] *s.m.* **1** incrostazione di potassio e calcio che si forma nelle botti del vino durante la fermentazione **2** (*med.*) deposito di sali di calcio attorno al colletto dei denti **3** (*min.*) cristallizzazione sulle pareti di recipienti in cui sono state conservate acque ricche di bicarbonati.
tartaro[2], o tataro, *agg.* dei tartari, dei territori da essi abitati | *salsa tartara*, salsa maionese con aggiunta di capperi, prezzemolo, cipolline e senape ♦ *s.m.* [f. *-a*] **1** appartenente a una tribù mongola sottomessa da Gengis Khan (sec. XIII) **2** nativo, abitante di una repubblica centroasiatica facente parte della Russia.
tartaro[3] *s.m.* nella mitologia greco-romana, l'abisso in cui Giove precipitò i Titani | (*estens.*) l'inferno.
tartaruga [tar-ta-rù-ga] *s.f.* **1** nome comune dei rettili, acquatici e terrestri, che hanno il corpo racchiuso in un robusto scudo corneo dal quale sporgono capo, zampe e coda: *camminare come una* —, molto lentamente | *essere una* —, (*fig.*) si dice di chi è molto lento o pigro **2** materiale che si ricava dallo scudo osseo della tartaruga e con cui si fanno vari oggetti: *pettine di* —.
tartassamento [tar-tas-sa-mén-to] *s.m.* (*non com.*) il tartassare, l'essere tartassato.
tartassare [tar-tas-sà-re] *v.tr.* vessare, strapazzare.
tartina [tar-tì-na] *s.f.* crostino di pane spalmato di burro o salsa e guarnito di vari ingredienti.
tartufaia [tar-tu-fà-ia] *s.f.* terreno coltivato a tartufi.
tartufare [tar-tu-fà-re] *v.tr.* condire con tartufi.
tartuficoltura [tar-tu-fi-col-tù-ra] *s.f.* coltivazione del tartufi.
tartufo [tar-tù-fo] *s.m.* (*bot.*) fungo sotterraneo a forma di tubero, dal caratteristico profumo penetrante; è assai ricercato per condire vivande.
tasca [tà-sca] *s.f.* **1** sorta di sacchetto cucito a un vestito, usato per riporvi piccoli oggetti: *le tasche della giacca* | *conoscere qlco. come le proprie tasche*, perfettamente | *svuotare, ripulire le tasche a qlcu.*, (*fig.*) derubarlo di tutto il denaro che ha con sé | *non venirne in — nulla*, (*fig.*) non ricavare alcun vantaggio | *aver le tasche piene*, (*fig.*) essere stufo. DIM. *taschino* (m.) **2** (*estens.*) scompartimento interno di un portafoglio, una borsa, una valigia.
tascabile [ta-scà-bi-le] *agg.* di misura tale che si può tenere in tasca: *vocabolario* — ♦ *s.m.* libro di piccolo formato in edizione economica.
tascapane [ta-sca-pà-ne] *s.m.* borsa che militari, alpinisti, cacciatori portano a tracolla per mettervi cibo o altro.
taschino [ta-schì-no] *s.m.* piccola tasca posta in alto su uno o tutt'e due i petti delle giacche.
task-force [/ task fɔrs /] *loc.sost.f.invar.* (*ingl.*) **1** unità operativa di forze militari o di polizia, in grado di fronteggiare situazioni d'emergenza **2** (*estens.*) gruppo di tecnici e di esperti incaricato di definire strategie operative in ambito economico o industriale.
tasmaniano [ta-ʃma-nià-no] *agg.* della Tasmania ♦ *s.m.* [f. *-a*] abitante, nativo della Tasmania.
tassa [tàs-sa] *s.f.* **1** tributo imposto ai cittadini per l'uso di un servizio pubblico: *tasse scolastiche* **2** (*fam.*) imposta, tributo: *pagare le tasse*.
tassabile [tas-sà-bi-le] *agg.* che può essere soggetto a tassa.
tassametro [tas-sà-me-tro] *s.m.* apparecchio contatore installato sulle auto pubbliche per calcolare l'importo della corsa in relazione al tragitto e al tempo.
tassare [tas-sà-re] *v.tr.* sottoporre a tassa | (*estens.*) sottoporre a imposta ♦ **tassarsi** *v.rifl.* impegnarsi a pagare una quota come contributo per un'iniziativa a cui si aderisce.
tassata [tas-sà-ta] *s.f.* corrispondenza postale gravata di tassa.
tassatività [tas-sa-ti-vi-tà] *s.f.* l'essere tassativo.
tassativo [tas-sa-tì-vo] *agg.* che stabilisce qlco. in modo preciso e senza deroghe; obbligatorio: *pagare entro un termine* — □ **tassativamente** *avv.*
tassazione [tas-sa-zió-ne] *s.f.* il tassare, il tassarsi, l'essere tassato; imposizione fiscale: *reddito soggetto a* —.
tassellare [tas-sel-là-re] *v.tr.* [*io tassèllo ecc.*] applicare tasselli; tagliare tasselli.
tassello [tas-sèl-lo] *s.m.* **1** in muratura e falegnameria, blocchetto di materiale vario che si incastra in una struttura con funzioni di collegamento, copertura o restauro **2** pezzo che si taglia via da un cocomero o da una forma di formaggio per saggiarne la qualità **3** pezzo di stoffa sagomato, che si applica nei punti degli indumenti maggiormente sottoposti a usura.
tassi-, **-tassi** primo e secondo elemento di parole composte, che significa 'ordinamento, disposizione' (*tassidermia*; *ipotassi*); talvolta il secondo elemento assume la forma *-tassia* (*eterotassia*).
tassì [tas-sì] *s.m.* taxi.
tassidermia [tas-si-der-mì-a] *s.f.* l'arte di imbalsamare o impagliare gli animali.
tassista [tas-sì-sta] *s.m.* e *f.* [pl.m. *-sti*] chi per mestiere guida un taxi.
tasso[1] [tàs-so] *s.m.* mammifero carnivoro lungo circa 80 cm, che ha tronco robusto, zampe corte munite di forti unghie, pelame folto; cade in letargo d'inverno: *un pennello di peli di* —; *dormire come un* —, profondamente e a lungo.
tasso[2] *s.m.* albero sempreverde delle conifere, con foglie lineari di colore verde scuro e bacche

rosse | il legno di tale albero, duro ed elastico, usato per lavori di ebanisteria.

tasso[3] *s.m.* **1** espressione aritmetica percentuale, che misura la variazione di una grandezza nel tempo o la relazione tra due grandezze in un dato momento: *— di natalità*, rapporto tra il numero dei nati in un determinato periodo e la totalità della popolazione vivente; *— d'interesse*, rapporto tra l'interesse e il capitale prestato; *— glicemico*, (*med.*) quantità di glucosio presente nel sangue; *— di inquinamento*, quantità di sostanze inquinanti presenti nell'unità di volume d'aria o d'acqua **2** (*estens.*) percentuale, quantità: *un alto — di stupidità*.

tassobarbasso [tas-so-bar-bàs-so] *s.m.* pianta erbacea alta fino a un metro, con foglie grandi e lanuginose, fiori gialli a spiga o a grappolo.

tassonomia [tas-so-no-mì-a] *s.f.* classificazione e nomenclatura degli esseri viventi e delle specie fossili: *— zoologica, botanica* | (*estens.*) ordinamento sistematico.

tassonomico [tas-so-nò-mi-co] *agg.* [pl.m. *-ci*] della tassonomia, che riguarda la tassonomia: *criterio —*.

tastare [ta-stà-re] *v.tr.* toccare più volte e leggermente per sentire una cosa al tatto: *— un oggetto al buio* | *— il polso a qlcu.*, (*med.*) misurarne la frequenza e la forza dei battiti; (*fig.*) saggiarne le intenzioni | *— il terreno*, (*fig.*) indagare preventivamente su uno stato di cose o sulle intenzioni di qlcu.

tastata [ta-stà-ta] *s.f.* il tastare una volta, un poco, rapidamente.

tastiera [ta-stiè-ra] *s.f.* **1** (*mus.*) negli strumenti a tasti, l'insieme dei tasti bianchi e neri | negli strumenti a corda provvisti di manico, la parte del manico sulla quale si premono le corde con le dita | (spec. *pl.*) sintetizzatore di suoni che produce musica azionato da tastiere **2** l'insieme dei tasti di una macchina per scrivere, una calcolatrice, un telefono. DIM. *tastierina* **3** (*inform.*) periferica d'ingresso costituita da un insieme di tasti necessari a digitare dati e comandi.

tastierino [ta-stie-rì-no] *s.m.* **1** tastiera dotata di un piccolo numero di tasti: *il — del telefono* **2** *— numerico*, (*inform.*) sezione sulla destra della tastiera, in cui sono raggruppati i tasti dei numeri e delle operazioni aritmetiche.

tastierista [ta-stie-rì-sta] *s.m.* e *f.* [pl.m. *-sti*] (*mus.*) chi suona uno strumento a tasti.

tasto [tà-sto] *s.m.* **1** il tastare **2** negli strumenti come il pianoforte o l'organo, ciascuna delle leve che, premuta dalle dita dell'esecutore, muove il meccanismo che provoca il suono | (*fig.*) argomento; questione: *battere sempre sullo stesso —*; *toccare un — falso*, inopportuno **3** nelle macchine per scrivere, nelle calcolatrici ecc., piccola leva su cui si preme il dito per imprimere un comando.

tastoni [ta-stó-ni] *avv.* solo nella loc. *a tastoni*, tastando; (*fig.*) alla cieca.

tata [tà-ta] *s.f.* (*fam.*) bambinaia.

tataro → **tartaro**[2].

tattica [tàt-ti-ca] *s.f.* **1** (*mil.*) studio dell'impiego e del movimento delle unità terrestri, aeree e navali in un combattimento **2** (*estens.*) insieme di scelte e comportamenti finalizzati al raggiungimento di uno scopo: *— elettorale*; *— di gioco* **3** (*fig.*) modo di agire accorto e prudente.

tatticismo [tat-ti-cì-ʃmo] *s.m.* tendenza a usare eccessivamente mezzi ed espedienti tattici.

tattico [tàt-ti-co] *agg.* [pl.m. *-ci*] **1** (*mil.*) che concerne la tattica; che si riferisce a una singola operazione bellica: *esercitazione tattica*; *obiettivo —* **2** (*fig.*) si dice di azione studiata, accorta e prudente: *una mossa tattica* □ **tatticamente** *avv.* in modo conforme a una tattica; dal punto di vista tattico.

tattile [tàt-ti-le] *agg.* del tatto: *sensazione —*.

tattilità [tat-ti-li-tà] *s.f.* **1** possibilità di essere percepito mediante il tatto **2** sensibilità, facoltà tattile.

tatto [tàt-to] *s.m.* **1** il senso che, attraverso le terminazioni sensitive della pelle, permette di riconoscere la forma, la consistenza e le caratteristiche esterne degli oggetti: *un materiale ruvido al —* **2** (*fig.*) garbo, delicatezza, opportunità nel parlare o nel comportarsi: *mancare di —*.

tatuaggio [ta-tu-àg-gio] *s.m.* disegno o pittura indelebile, che si esegue sulla pelle mediante iniezione di sostanze coloranti o scarificazione.

tatuare [ta-tu-à-re] *v.tr.* [*io tàtuo ecc.*] ornare con uno o più tatuaggi ♦ **tatuarsi** *v.rifl.* praticarsi un tatuaggio.

tatuato [ta-tu-à-to] ♦ *agg.* ornato con uno o più tatuaggi.

tau [tàu] *s.m.* o *f.invar.* nome della diciannovesima lettera dell'alfabeto greco, resa *t* nei caratteri latini.

taumaturgia [tau-ma-tur-gì-a] *s.f.* la capacità di operare miracoli.

taumaturgico [tau-ma-tùr-gi-co] *agg.* [pl.m. *-ci*] da taumaturgo | che è dotato di potere miracoloso.

taumaturgo [tau-ma-tùr-go] *s.m.* [pl. *-gi* o *-ghi*] chi opera miracoli.

taurino [tau-rì-no] *agg.* da toro: *collo —*, tozzo e robusto.

tauromachia [tau-ro-ma-chì-a] *s.f.* spettacolo consistente in una battaglia fra tori o fra uomini e tori.

tauto- primo elemento di parole composte, che indica identità (*tautologia*).

tautologia [tau-to-lo-gì-a] *s.f.* proposizione in cui il predicato non aggiunge niente a quanto già espresso dal soggetto (p.e. *quel poeta è autore di poesie*).

tautologico [tau-to-lò-gi-co] *agg.* [pl.m. *-ci*] che costituisce tautologia: *proposizione tautologica* □ **tautologicamente** *avv.*

tavella [ta-vèl-la] *s.f.* (*edil.*) laterizio forato di piccolo spessore usato nell'orditura di tetti, soffittature ecc.

tavellone [ta-vel-ló-ne] *s.m.* (*edil.*) laterizio forato di notevole spessore e lunghezza, usato nella costruzione di solai.

taverna [ta-vèr-na] *s.f.* **1** osteria | bettola: *linguaggio da —* **2** locale per desinare, pubblico o privato, arredato in stile rustico.

tavola [tà-vo-la] *s.f.* **1** asse di legno stretta e lunga di piccolo spessore: *una — d'abete* | *calcare le tavole del palcoscenico*, (*fig.*) dedicarsi al teatro | *— a vela*, windsurf. DIM. *tavoletta* ACCR. *tavolona* PEGG. *tavolaccia* **2** tavolo: *— rettangolare, rotonda* | *— rotonda*, (*fig.*) convegno di esperti, riuniti per discutere su un problema particolare | *mettere le carte in —*, (*fig.*) dichiarare apertamente le proprie intenzioni **3** il tavolo a cui ci si siede per consumare i pasti: *— apparecchiata*; *amare la buona —*, amare la buona cucina | *— calda*, locale pubblico in cui si servono vivande calde pronte **4** piano per lo più di legno usato per scrivervi, dipingervi, incidervi su: *un dipinto su —*; *le tavole della legge*, quelle su cui erano scritti i dieci comandamenti dettati da Dio a Mosè | (*pitt.*) dipinto su tavola **5** pagina di un libro recante un'illustrazione o un prospetto: *— a colori*; *tavole fuori testo*, fogli inseriti in un volume con una numerazione propria **6** tabella: *— pitagorica*; *— delle abbreviazioni*.

tavolaccio [ta-vo-làc-cio] *s.m.* tavola di legno usata come giaciglio per detenuti o militari puniti.

tavolame [ta-vo-là-me] *s.m.* insieme di tavole da ponteggio o da costruzione.

tavolata [ta-vo-là-ta] *s.f.* (*fam.*) gruppo di parecchie persone sedute alla stessa tavola: *un'allegra —*.

tavolato [ta-vo-là-to] *s.m.* **1** pavimento fatto con tavole di legno; assito **2** (*geog.*) altopiano.

tavoletta [ta-vo-lét-ta] *s.f.* **1** piccola tavola | (*estens.*) confezione rettangolare di prodotti alimentari o farmaceutici: *— di cioccolato* | *— grafica*, (*inform.*) dispositivo di immissione di dati grafici costituito da un piccolo ripiano su cui è possibile tracciare punti, linee, figure con un stilo a esso collegato **2** (*pitt.*) dipinto eseguito su una tavola di piccole dimensioni | ciascuna parte di un polittico **3** la sedicesima parte del foglio base della carta topografica d'Italia dell'Istituto geografico militare (scala 1:25.000) **4** *andare a —*, nel gergo automobilistico, andare alla massima velocità tenendo schiacciato fino in fondo il pedale dell'acceleratore.

tavoliere [ta-vo-liè-re] *s.m.* **1** piano del tavolo del biliardo **2** (*geog.*) vasta regione bassa e piatta: *il — delle Puglie*.

tavolino [ta-vo-lì-no] *s.m.* piccolo tavolo usato soprattutto per scrivere o per studiare: *stare sempre al —*; *risolvere un problema a —*, (*fig.*) in teoria, senza considerare la situazione concreta. DIM. *tavolinetto*.

tavolo [tà-vo-lo] *s.m.* **1** mobile costituito da un piano orizzontale sostenuto per lo più da quattro gambe: *— quadrato*; *— da disegno, da gioco*; *— verde*, quello su cui si gioca alla roulette. DIM. *tavolino* **2** (*med.*) lettino rigido e attrezzato: *— operatorio*, quello su cui si dispone il paziente per l'intervento chirurgico.

tavolozza [ta-vo-lòz-za] *s.f.* **1** assicella di legno su cui i pittori mescolano i colori **2** (*estens.*) insieme di tinte e sfumature che caratterizzano uno stile pittorico.

taxacee [ta-xà-ce-e] *s.f.pl.* (*bot.*) famiglia di piante delle conifere a cui appartiene il tasso.

taxi [tà-xi] *s.m.* auto pubblica dotata di tassametro.

taylorismo [tay-lo-rì-ʃmo] *s.m.* (*econ.*) teoria dell'organizzazione del lavoro industriale basata sull'assegnazione a ciascun operaio di operazioni semplici, studiate in modo da eliminare i movimenti inutili.

tayloristico [tay-lo-rì-sti-co] *agg.* [pl.m. *-ci*] del taylorismo, che riguarda il taylorismo.

tazebao → **dazebao**.

tazza [tàz-za] *s.f.* **1** piccolo recipiente a bocca rotonda per lo più con un manico ad ansa. DIM. *tazzina* ACCR. *tazzona*, *tazzone* (m.) **2** la quantità di liquido contenuta nel recipiente stesso: *una — di brodo* **3** qualsiasi contenitore o dispositivo che per la forma ricorda una tazza: *— del gabinetto*.

tazzina [taz-zì-na] *s.f.* piccola tazza per bere il caffè; anche, il suo contenuto.

tbc [/ tibbit'tʃi /] *s.f.invar.* tubercolosi.

te [té] *pron.pers. di seconda pers.sing.* [forma complementare tonica del pron. pers. *tu*] **1** si usa come compl. oggetto quando gli si vuol dare particolare rilievo e nei complementi retti da preposizioni: *vogliono proprio te*; *per te sarebbe meglio*; *fallo da te*, da solo; *quanto a te, faremo i conti dopo*, per ciò che ti riguarda; *allora, per te è sbagliato?*, secondo il tuo parere **2** si usa come soggetto nelle esclamazioni e nelle comparazioni: *povero te!*; *ne so quanto te* | si usa invece di *tu* anche come soggetto in alcune espressioni particolari: *contento te contenti tutti* **3** si usa in luogo del pron. pers. *ti* in presenza delle forme pronominali atone *lo*, *la*, *li*, *le* e della particella *ne*: *te lo dico io*; *compratelo*; *studiatelo* | (*fam.*) con semplice valore rafforzativo: *e senza aggiungere altro, te lo mise fuori dalla porta*.

tè, o the, *s.m.* **1** arbusto sempreverde originario dell'Asia, con fiori bianchi e foglie lanceolate **2** le foglie disseccate e sbriciolate di tale arbusto; la bevanda che si ottiene per infusione di tali foglie: *una bustina di —*; *prendere il tè*; *l'ora del —*, quella in cui si prende abitualmente, nel pomeriggio; *servizio da —*, di stoviglie adatte a servire il tè.

tea [tè-a] *agg.f.* si dice di una rosa di colore giallo che ha un lieve profumo di tè.

teacee [te-à-ce-e] *s.f.pl.* (*bot.*) famiglia di piante dicotiledoni legnose, tropicali e subtropicali, con frutto a capsula, a cui appartengono il tè e la camelia.

team [/ tim /] *s.m.invar.* (*ingl.*) gruppo di persone organizzate per compiere insieme un'attività con razionale distribuzione dei compiti; équipe, squadra.

teatino [te-a-tì-no] *agg.* (*lett.*) di Chieti, chietino ♦ *s.m.* **1** (*lett.*) [f. *-a*] nativo, abitante di Chieti **2**

religioso della congregazione di chierici regolari fondata nel 1524 da san Gaetano da Thiene e da Pietro Carafa, arcivescovo di Chieti (poi papa Paolo IV).

teatrale [te-a-trà-le] *agg.* **1** di teatro, da teatro: *spettacolo, compagnia —* **2** (*fig.*) spettacolare, plateale: *gesto —* □ **teatralmente** *avv.* in modo teatrale (anche *fig.*): *comportarsi —.*

teatralità [te-a-tra-li-tà] *s.f.* l'essere teatrale.

teatrante [te-a-tràn-te] *s.m.* e *f.* **1** (*spreg.*) attore di scarse qualità **2** (*fig.*) chi si comporta in modo teatrale, plateale.

teatrino [te-a-trì-no] *s.m.* **1** teatro in miniatura con cui giocano i bambini **2** teatro di marionette.

teatro [te-à-tro] *s.m.* **1** edificio destinato alla rappresentazione di opere drammatiche e ad altri spettacoli pubblici: *il — greco di Taormina; — all'aperto* | *— di posa,* (*cine.*) vasto locale in cui si ricostruiscono ambienti scenografici che devono essere ripresi in un film; studio. DIM. *teatrino* **2** spettacolo teatrale: *fare il — in piazza* **3** l'insieme degli spettatori che assistono a uno spettacolo teatrale: *tutto il — applaudì* **4** produzione teatrale: *il — di Shakespeare; — di prosa* **5** attività professionale e artistica connessa con lo spettacolo: *gente di —,* attori, registi ecc.; *— stabile,* compagnia teatrale a sede fissa **6** (*fig.*) luogo in cui avviene o avvenne un fatto importante: *San Martino fu — di una famosa battaglia.*

teatro-danza [te-à-tro dàn-za] *loc.sost.m.* [pl. *teatri-danza*] genere di spettacolo che mira a fondere la danza con il canto e la recitazione.

teatro-tenda [te-à-tro tèn-da] *loc.sost.m.* [pl. *teatri-tenda*] tendone da circo impiantato stabilmente e utilizzato per spettacoli di prosa, rivista, concerti.

tebano [te-bà-no] *agg.* di Tebe, città della Beozia | di Tebe, città dell'Egitto ♦ *s.m.* [f. *-a*] nativo, abitante di Tebe della Beozia o di Tebe d'Egitto.

teca [tè-ca] *s.f.* **1** custodia, astuccio per oggetti rari o preziosi **2** reliquiario **3** (*biol.*) guscio che circonda un organo: *— cranica.*

-teca secondo elemento di parole composte, che significa 'deposito, collezione' (*pinacoteca*).

technicolor® [/ tekni'kɔlor /] *s.m.* (*ingl.*) procedimento di cinematografia a colori che utilizza una macchina da presa con tre pellicole in bianco e nero da cui si traggono i tre colori fondamentali, poi riversati su una pellicola unica per la proiezione.

techno-music [/ tekno'mjuzik /], abbr. **techno,** *s.f.invar.* (*ingl.*) musica da discoteca dai ritmi martellanti, realizzata esclusivamente con processi di sintesi elettronica.

teck → **tek.**

tecnezio [tec-nè-zio], o **tecneto,** *s.m.* elemento chimico radioattivo di simbolo *Tc*; è un metallo artificiale, di aspetto simile al platino.

-tecnia secondo elemento di parole composte, che significa 'tecnica' (*zootecnia*).

tecnica [tèc-ni-ca] *s.f.* **1** l'insieme delle regole pratiche da applicare nell'esercizio di un'attività intellettuale o manuale: *la — del disegno; — bancaria* **2** procedimento specifico seguito nell'esecuzione di un lavoro: *le tecniche di lavorazione del legno* | (*fam.*) metodo: *una — per conquistare le ragazze* **3** l'impiego della scienza a fini pratici; l'attività umana volta a creare congegni, a inventare macchine; tecnologia.

tecnicismo [tec-ni-cì-ʃmo] *s.m.* **1** applicazione rigorosa delle norme che regolano l'esecuzione di un'attività pratica | (*spreg.*) eccessiva importanza attribuita al fattore tecnico a scapito della creatività **2** (*ling.*) parola o locuzione che fa parte di un linguaggio tecnico | (*spreg.*) uso eccessivo di termini tecnici nel parlare o nello scrivere.

tecnicistico [tec-ni-cì-sti-co] *agg.* [pl.m. *-ci*] di tecnicismo, che mostra tecnicismo.

tecnicizzare [tec-ni-ciʒ-ʒà-re] *v.tr.* dare un carattere tecnico | organizzare tecnicamente ciò che prima era affidato all'estro o all'improvvisazione.

tecnico [tèc-ni-co] *agg.* [pl.m. *-ci*] **1** che riguarda l'esecuzione pratica di un'arte, di una scienza: *abilità tecnica* | *istituto —,* che prepara all'esercizio di una professione tecnica **2** proprio di una specifica arte o scienza: *strumenti tecnici; linguaggio —* | *disegno —,* rappresentazione grafica di un oggetto, destinata a mostrarne esattamente la forma, le parti costituenti e la funzione ♦ *s.m.* **1** chi è esperto in una particolare disciplina: *per realizzare il progetto occorrono tecnici di diversi rami* **2** lavoratore che svolge un'attività manuale per la quale possiede una specifica preparazione teorica oltre che pratica: *assumere operai, tecnici, ingegneri* □ **tecnicamente** *avv.* in modo tecnico | dal punto di vista tecnico: *un'esecuzione — perfetta.*

tecnigrafo [tec-nì-gra-fo] *s.m.* strumento usato nel disegno tecnico per tracciare rette parallele e perpendicolari.

tecno- primo elemento di parole composte, che significa 'tecnica' (*tecnologia*).

tecnocrate [tec-nò-cra-te] *s.m.* e *f.* chi esercita un potere a causa delle sue conoscenze tecniche.

tecnocratico [tec-no-crà-ti-co] *agg.* [pl.m. *-ci*] che riguarda la tecnocrazia.

tecnocrazia [tec-no-cra-zì-a] *s.f.* sistema politico fondato sulla gestione del potere da parte dei tecnici delle varie discipline | governo di tecnici.

tecnologia [tec-no-lo-gì-a] *s.f.* **1** studio teorico dei problemi generali della tecnica **2** studio dei materiali, delle macchine e dei procedimenti da impiegarsi nella produzione di beni e servizi **3** tecnica, metodo tecnico: *le tecnologie educative* | *le nuove tecnologie,* le applicazioni dell'informatica e della telematica alle diverse attività umane.

tecnologico [tec-no-lò-gi-co] *agg.* [pl.m. *-ci*] relativo alla tecnologia □ **tecnologicamente** *avv.*

tecnotronica [tec-no-trò-ni-ca] *s.f.* tecnologia che si avvale di sistemi elettronici di controllo e di automazione molto progrediti.

tedesco [te-dé-sco] *agg.* [pl.m. *-schi*] della Germania ♦ *s.m.* **1** [f. *-a*] nativo, abitante della Germania | (*fig. fam.*) persona metodica e disciplinata **2** lingua germanica parlata in Germania, Austria, Liechtenstein e in parte della Svizzera e dell'Alto Adige.

tediare [te-dià-re] *v.tr.* [*io tèdio ecc.*] provocare una sensazione di tedio ♦ **tediarsi** *v.intr.pron.* provare tedio.

tedio [tè-dio] *s.m.* sensazione tormentosa di stanchezza interiore e di disinteresse; noia intensa.

tediosità [te-dio-si-tà] *s.f.* l'essere tedioso.

tedioso [te-dió-so] *agg.* che provoca tedio.

tedoforo [te-dò-fo-ro] *agg.* e *s.m.* [f. *-a*] (*lett.*) che/chi porta una fiaccola: *— olimpico.*

teen-ager [/ tin'eidʒer /] *loc.sost.m.* e *f.invar.* (*ingl.*) giovane tra i tredici e i diciannove anni; adolescente.

tee-shirt [/ tiʃɛrt /], o T-shirt, *loc.sost.f.invar.* (*ingl.*) maglietta di cotone a maniche corte e di taglio diritto.

tegame [te-gà-me] *s.m.* recipiente da cucina rotondo e basso con uno o due manici | quantità di cibo contenuta in un tegame. DIM. *tegamino.*

tegamino [te-ga-mì-no] *s.m.* piccolo tegame; padellino: *uovo al —* **2** (*estens.*) quantità di cibo che può stare in un tegamino.

teglia [té-glia] *s.f.* recipiente da cucina basso e senza manici, rotondo o rettangolare, usato per cuocere in forno | quantità di cibo contenuta in una teglia.

tegola [té-go-la] *s.f.* (*edil.*) ciascuno degli elementi componibili di laterizio usati come copertura di tetti.

tegumento [te-gu-mén-to] *s.m.* (*biol.*) tessuto avente funzione di rivestimento di un organo o di un organismo.

teiera [te-iè-ra] *s.f.* bricco con coperchio e talora filtro, usato per preparare e servire il tè.

teina [te-ì-na] *s.f.* (*chim.*) caffeina del tè.

teismo [te-ì-ʃmo] *s.m.* ogni dottrina religiosa o filosofica che ammetta un Dio unico e trascendente.

teista [te-ì-sta] *s.m.* e *f.* [pl.m. *-sti*] (*relig., filos.*) chi professa il teismo.

teistico [te-ì-sti-co] *agg.* [pl.m. *-ci*] (*relig., filos.*) concernente il teismo.

tek [/ tɛk /], o teck, *s.m.invar.* legno che si ricava da un albero originario dell'Asia tropicale, durissimo, resistente, di colore bruno-giallastro, usato in ebanisteria e nelle costruzioni navali.

tela [té-la] *s.f.* **1** la più usata delle tre armature fondamentali dei tessuti (le altre sono il raso e la saia), a intreccio molto fitto, che conferisce la massima uniformità alla superficie tessuta; il tessuto realizzato con tale armatura: *— di lino*; *biancheria di —* | *— cerata*, resa impermeabile con uno strato di gomma o vernice | *— di ragno*, ragnatela | *— di Penelope*, (*fig.*) si dice di un lavoro interminabile o sottoposto a continui rifacimenti **2** (*pitt.*) riquadro di tela montato su un telaio di sostegno, usato per dipingervi | dipinto eseguito su una tela **3** (*teat.*) sipario.

telaio [te-là-io] *s.m.* **1** macchina per tessere che intreccia i fili dell'ordito con quelli della trama **2** struttura portante costituita da più pezzi rigidi connessi tra loro; intelaiatura, ossatura: *il — della finestra*; *della bicicletta.*

telato [te-là-to] *agg.* **1** che ha l'aspetto o la consistenza della tela: *carta telata* **2** che è rinforzato con tela: *gomma telata.*

tele-[1] primo elemento di parole composte, che significa 'a distanza, da lontano' (*telecomando*).

tele-[2] primo elemento di parole composte, che significa 'televisione' (*telefilm*).

teleabbonato [te-le-ab-bo-nà-to] *s.m.* [f. *-a*] chi è abbonato alla televisione mediante il pagamento di un canone.

teleallarme [te-le-al-làr-me] *s.m.* allarme che avverte in un luogo distante da quello in cui scatta.

telearma [te-le-àr-ma] *s.f.* [pl. *-mi*] ordigno bellico telecomandato a grande raggio d'azione.

teleavviso [te-le-av-vì-ʃo] *s.m.* servizio telefonico che consente di inoltrare a un utente in movimento un avviso di chiamata e un messaggio connesso.

telecabina [te-le-ca-bì-na] *s.f.* cabina di funivia o teleferica.

telecamera [te-le-cà-me-ra] *s.f.* apparecchiatura per la ripresa di immagini televisive che ne consente la registrazione o la trasmissione diretta.

telecinesi [te-le-ci-nè-ʃi] *s.f.* spostamento di oggetti dovuto a capacità paranormali; la capacità stessa.

telecinetico [te-le-ci-nè-ti-co] *agg.* [pl.m. *-ci*] di telecinesi, relativo alla telecinesi.

telecomandare [te-le-co-man-dà-re] *v.tr.* azionare a distanza uno strumento elettromeccanico mediante un dispositivo trasmettitore a esso collegato.

telecomandato [te-le-co-man-dà-to] *agg.* si dice di strumento elettromeccanico comandato a distanza.

telecomando [te-le-co-màn-do] *s.m.* dispositivo trasmittente usato per telecomandare.

telecomposizione [te-le-com-po-ʃi-zió-ne] *s.f.* (*tip.*) composizione a distanza ottenuta per mezzo di una tastiera collegata, mediante sistemi di telecomunicazione a una o più stampanti.

telecomunicazione [te-le-co-mu-ni-ca-zió-ne] *s.f.* qualunque sistema di comunicazione (*p.e.* il telefono, la televisione) che permetta di trasmettere suoni, immagini o dati a distanza.

teleconferenza [te-le-con-fe-rèn-za] *s.f.* conferenza fra gruppi di persone geograficamente distanti, realizzata per mezzo di sistemi di telecomunicazione.

telecontrollo [te-le-con-tròl-lo] *s.m.* controllo a distanza per mezzo di un sistema televisivo.

telecopia [te-le-cò-pia] *s.f.* copia ottenuta con la telecopiatrice; fax.

telecopiatrice [te-le-co-pia-trì-ce] *s.f.* apparecchiatura costituita da un dispositivo in grado di leggere disegni e scritture e di teletrasmetterli a un dispositivo ricevente che ne stampa copie; telefax.

telecronaca [te-le-crò-na-ca] *s.f.* ripresa e trasmissione commentata di un avvenimento mediante televisione.

telecronista [te-le-cro-nì-sta] *s.m.* e *f.* [pl.m. *-sti*] commentatore di una telecronaca; cronista televisivo.

telecuore [te-le-cuò-re] *s.m.* (*med.*) apparecchio radiologico che realizza immagini particolarmente nitide del profilo cardiaco | la radiografia così ottenuta.

telediffusione [te-le-dif-fu-ʃió-ne] *s.f.* diffusione di programmi televisivi.

teledipendente [te-le-di-pen-dèn-te] *agg.* e *s.m.* e *f.* videodipendente.

teledipendenza [te-le-di-pen-dèn-za] *s.f.* videodipendenza.

teledrin® [te-le-drìn] *s.m.invar.* **1** il sistema di teleavviso italiano **2** il ricevitore portatile del sistema di teleavviso.

teleelaborazione [te-le-e-la-bo-ra-zió-ne] *s.f.* (*inform.*) elaborazione dei dati fatta non dal terminale in uso ma da un elaboratore remoto.

telefax [te-le-fàx] *s.m.* **1** telecopiatrice **2** telecopia.

teleferica [te-le-fè-ri-ca] *s.f.* funicolare aerea per il trasporto di materiali o di persone.

teleferico [te-le-fè-ri-co] *agg.* [pl.m. *-ci*] relativo agli impianti di una teleferica o di teleferiche: *linea teleferica.*

telefilm [te-le-film] *s.m.invar.* film, per lo più breve, realizzato appositamente per la televisione.

telefonare [te-le-fo-nà-re] *v.tr.* e *intr.* [*io telèfono ecc.*; aus. dell'intr. *avere*] comunicare telefonicamente: — *una notizia*; — *a casa*; *se non vieni, telefona* ♦ **telefonarsi** *v.rifl.rec.* chiamarsi, parlarsi per telefono.

telefonata [te-le-fo-nà-ta] *s.f.* chiamata fatta per mezzo del telefono: *ricevere una* — | conversazione telefonica: *una — di mezz'ora*; — *urbana, interurbana*, tra abbonati appartenenti alla stessa o a diversa rete telefonica.

telefonia [te-le-fo-nì-a] *s.f.* sistema di trasmissione a distanza di suoni mediante il telefono.

telefonico [te-le-fò-ni-co] *agg.* [pl.m. *-ci*] **1** che riguarda il telefono, la telefonia: *impianto* —; *rete telefonica* | *elenco* —, elenco di nomi, indirizzi e numeri di telefono degli utenti di una rete **2** effettuato per mezzo del telefono: *conversazione telefonica* □ **telefonicamente** *avv.* mediante il telefono: *comunicare* —.

telefonino [te-le-fo-nì-no] *s.m.* telefono cellulare.

telefonista [te-le-fo-nì-sta] *s.m.* e *f.* [pl.m. *-sti*] **1** addetto al servizio telefonico **2** operaio addetto all'installazione e alla manutenzione di impianti telefonici.

telefono [te-lè-fo-no] *s.m.* **1** impianto che permette la trasmissione e la ricezione della voce a distanza convertendo le vibrazioni acustiche in oscillazioni di corrente elettrica e viceversa; (*estens.*) la rete, il servizio di telecomunicazione effettuato mediante questo impianto: *numero di* —, quello a più cifre che contraddistingue ciascun utente di una rete telefonica | *colpo di* —, (*fig.*) breve telefonata **2** l'apparecchio per mezzo del quale si effettuano le comunicazioni telefoniche: — *a disco, a tastiera*; — *cellulare*, piccolo radiotelefono portatile. DIM. *telefonino.*

telefoto [te-le-fò-to] *s.f.invar.* telefotografia.

telefotografia [te-le-fo-to-gra-fì-a] *s.f.* **1** sistema di teletrasmissione di fotografie attraverso una linea telefonica o telegrafica | la fotografia così trasmessa **2** fotografia effettuata con un teleobiettivo.

telegenico [te-le-gè-ni-co] *agg.* [pl.m. *-ci*] che, per la sua fisionomia, risulta particolarmente adatto alla ripresa televisiva.

telegiornale [te-le-gior-nà-le] *s.m.* notiziario giornaliero trasmesso per televisione.

telegrafare [te-le-gra-fà-re] *v.tr.* e *intr.* [*io telègrafo ecc.*; aus. dell'intr. *avere*] trasmettere per mezzo del telegrafo: — *una notizia*; *telegrafa appena arrivi.*

telegrafia [te-le-gra-fì-a] *s.f.* sistema di trasmissione a distanza di messaggi in codice mediante il telegrafo.

telegrafico [te-le-grà-fi-co] *agg.* [pl.m. *-ci*] **1** di telegrafo; relativo al telegrafo o alla telegrafia **2** trasmesso mediante il telegrafo **3** (*estens.*) conciso, stringato; breve: *stile* — □ **telegraficamente** *avv.* **1** per mezzo del telegrafo: *comunicare* — **2** (*fig.*) in modo conciso, essenziale: *parlare* —.

telegrafista [te-le-gra-fì-sta] *s.m.* e *f.* [pl.m. *-sti*] **1** addetto al servizio telegrafico **2** operaio che provvede all'installazione e alla manutenzione di impianti telegrafici.

telegrafo [te-lè-gra-fo] *s.m.* **1** impianto che permette la trasmissione e la ricezione a distanza di messaggi in codice costituiti da sequenze di segnali radio, elettrici, ottici o acustici; il servizio di telecomunicazione effettuato mediante questo impianto **2** l'apparecchio per mezzo del quale si effettuano le comunicazioni telegrafiche **3** edificio, ufficio dove sono in funzione apparecchi telegrafici.

telegramma [te-le-gràm-ma] *s.m.* [pl. *-mi*] comunicazione trasmessa per mezzo del telegrafo; il foglio su cui è trascritta la comunicazione, che viene recapitato al destinatario: *fare un* —; — *d'auguri.*

teleguida [te-le-guì-da] *s.f.* **1** il teleguidare, l'essere teleguidato **2** dispositivo che consente di teleguidare un mezzo semovente (aereo, automobile, nave).

teleguidare [te-le-gui-dà-re] *v.tr.* guidare a distanza, telecomandare apparecchiature mobili: — *un aeromodello.*

teleguidato [te-le-gui-dà-to] *agg.* guidato a distanza; telecomandato: *siluro* —.

teleinformatica [te-le-in-for-mà-ti-ca] *s.f.* telematica.

telelavoro [te-le-la-vò-ro] *s.m.* lavoro svolto a distanza dalla sede centrale e comunicato a essa tramite sistemi telematici; l'organizzazione che ne deriva.

telemarketing [/ tele'marketiŋg /] *s.m.invar.* (*ingl.*) promozione commerciale mirata, che si indirizza ai destinatari per mezzo di sistemi telematici.

telematica [te-le-mà-ti-ca] *s.f.* **1** disciplina che si occupa dell'integrazione tra telecomunicazioni ed informatica **2** gestione a distanza di sistemi informatici mediante reti di telecomunicazione **3** insieme dei servizi informatici fruibili attraverso le telecomunicazioni.

telematico [te-le-mà-ti-co] *agg.* [pl.m. *-ci*] relativo alla telematica ♦ *s.m.* [f. *-a*] esperto di telematica.

telematizzare [te-le-ma-tiʒ-ʒà-re] *v.tr.* applicare sistemi telematici a un servizio: — *le prenotazioni.*

telemedicina [te-le-me-di-cì-na] *s.f.* uso di strumenti telematici per effettuare analisi ed esami clinici a distanza.

telemetria [te-le-me-trì-a] *s.f.* tecnica di misurazione delle distanze mediante il telemetro.

telemetro [te-lè-me-tro] *s.m.* strumento ottico usato per misurare la distanza intercorrente tra l'osservatore e un punto lontano.

telencefalo [te-len-cè-fa-lo] *s.m.* (*anat.*) parte dell'encefalo costituita dai due emisferi cerebrali.

telenovela [/ teleno'vela /] *s.f.* [pl. *telenovelas*] (*sp.*) teleromanzo in moltissime puntate, dai toni sentimentali e ricco di colpi di scena, incentrato sulle vicende di una piccola comunità.

teleobbiettivo [te-le-ob-biet-ti-vo], o **teleobiettivo**, *s.m.* obiettivo fotografico dotato di una lunghezza focale maggiore di quella ordinaria, che gli conferisce un notevole potere di ingrandimento; usato per fotografare a grande distanza.

teleologia [te-le-o-lo-gì-a] *s.f.* (*filos.*) **1** la dottrina del finalismo **2** la proprietà di essere predisposto a un determinato fine.

teleologico [te-le-o-lò-gi-co] *agg.* [pl.m. *-ci*] (*filos.*) **1** che riguarda il fine, la finalità; che è ordinato a un fine **2** che ammette il finalismo nell'ordine delle cose; finalistico: *concezione teleologica del mondo* □ **teleologicamente** *avv.*

teleostei [te-le-ò-stei] *s.m.pl.* (*zool.*) sottoclasse di pesci caratterizzati da scheletro osseo; vi appartiene la maggior parte dei pesci fossili e viventi.

telepass® [te-le-pàss] *s.m.invar.* il sistema italiano di telepedaggio.

telepatia [te-le-pa-tì-a] *s.f.* fenomeno paranormale per cui tra due persone si stabilisce un contatto a distanza, così che l'una avverte ciò che pensa, sente o fa l'altra.

telepatico [te-le-pà-ti-co] *agg.* [pl.m. *-ci*] di telepatia, fatto per telepatia: *fenomeno* — □ **telepaticamente** *avv.*

telepedaggio [te-le-pe-dàg-gio] *s.m.* sistema radio-elettronico per il pagamento automatico del pedaggio autostradale senza fermarsi al casello.

telepilotare [te-le-pi-lo-tà-re] *v.tr.* [*io telepilòto ecc.*] teleguidare.

teleprocessing [/ telepro'sessiŋg /] *s.m.invar.* (*ingl.*) teleelaborazione.

telequiz [te-le-quìz] *s.m.invar.* gioco a quiz televisivo.

teleria [te-le-rì-a] *s.f.* assortimento di tele, di tessuti | negozio di telerie.

telericevente [te-le-ri-ce-vèn-te] *agg.* che serve a captare segnali teletrasmessi ♦ *s.f.* stazione telericevente.

telerilevamento [te-le-ri-le-va-mén-to] *s.m.* rilevamento a distanza di oggetti o fenomeni per mezzo di tecniche fotografiche, elettroniche ecc.: *satellite artificiale per il* —.

teleriscaldamento [te-le-ri-scal-da-mén-to] *s.m.* sistema di riscaldamento centralizzato di quartieri cittadini o di piccoli centri urbani, realizzato recuperando il vapore in eccesso prodotto nel raffreddamento di impianti industriali o centrali termoelettriche.

teleromanzo [te-le-ro-màn-ʒo] *s.m.* adattamento di un romanzo a spettacolo televisivo, generalmente in più puntate; sceneggiato.

teleschermo [te-le-schér-mo] *s.m.* **1** schermo dell'apparecchio televisivo **2** (*estens.*) televisione, mondo televisivo: *i divi del* —.

telescopia [te-le-sco-pì-a] *s.f.* osservazione effettuata mediante telescopi.

telescopico [te-le-scò-pi-co] *agg.* [pl.m. *-ci*] **1** proprio della telescopia **2** relativo al telescopio **3** (*tecn.*) si dice di dispositivo allungabile perché formato da due o più elementi che scorrono uno dentro l'altro: *antenna telescopica.*

telescopio [te-le-scò-pio] *s.m.* cannocchiale a forte ingrandimento | usato dagli astronomi per l'osservazione dei corpi celesti.

telescrivente [te-le-scri-vèn-te] *agg.* e *s.f.* si dice di macchina telegrafica munita di una tastiera su cui si digita il testo che la macchina ricevente riceve in codice telegrafico, decodifica e stampa.

telescuola [te-le-scuò-la] *s.f.* **1** insegnamento scolastico integrativo impartito attraverso la televisione **2** insieme di programmi televisivi realizzati a scopo didattico.

teleselettivo [te-le-se-let-tì-vo] *agg.* della teleselezione: *prefisso* —.

teleselezione [te-le-se-le-zió-ne] *s.f.* sistema di trasmissione telefonica che, mediante la composizione di un prefisso permette il collegamento diretto, senza l'interposizione di un centralino, con apparecchi di altra rete urbana interna o estera.

telesoccorso [te-le-soc-cór-so] *s.m.* servizio di soccorso a domicilio attivabile con un telecomando collegato telefonicamente a una centrale.

telesorveglianza [te-le-sor-ve-gliàn-za] *s.f.* sorveglianza a distanza effettuata con sistemi telematici.

telespettatore [te-le-spet-ta-tó-re] *s.m.* [f. *-trice*] spettatore di una trasmissione televisiva.

telestesia [te-le-ste-ʃì-a] *s.f.* fenomeno paranor-

male consistente nella visione o percezione a distanza, senza il concorso dei comuni organi di senso, di un fatto o di un oggetto.
teletex [te-le-tèx] *s.m.invar.* servizio telematico di comunicazione di testi scritti che costituisce un'evoluzione del telex, con cui può essere collegato.
teletext [te-le-tèxt] *s.m.invar.* sistema telematico che usa il televisore come periferica di uscita di informazioni trasmesse via etere: *televideo è un sistema di —.*
teletrasmettere[1] [te-le-tra-ʃmét-te-re] *v.tr.* [coniugato come *mettere*] trasmettere a distanza.
teletrasmettere[2] *v.tr.* [coniugato come *mettere*] trasmettere per televisione.
teletta [te-lét-ta] *s.f.* **1** tela di bassa qualità **2** tessuto rado e resistente usato in sartoria.
teleutente [te-le-u-tèn-te] *s.m.* e *f.* utente di un servizio televisivo.
televendita [te-le-vèn-di-ta] *s.f.* vendita effettuata presentando la merce nel corso di un'apposita trasmissione televisiva, durante la quale il telespettatore può prenotare telefonicamente l'acquisto.
televenditore [te-le-ven-di-tó-re] *s.m.* [f. *-trice*] chi effettua una televendita.
televideo® [te-le-vì-de-o] *s.m.invar.* denominazione del sistema di teletext italiano gestito dalla RAI.
televisione [te-le-vi-ʃió-ne] *s.f.* **1** sistema di impianti che permette la trasmissione e la ricezione a distanza di immagini e suoni convertiti in impulsi elettrici che viaggiano via radio o via cavo | l'ente, l'impresa che gestisce l'impianto: *lavorare alla —; la — pubblica, privata* | l'insieme delle persone e delle attività connesse: *il mondo della —* **2** l'insieme dei programmi trasmessi: *guardare la —* **3** (*fam.*) televisore: *accendere la —.*
televisivo [te-le-vi-ʃì-vo] *agg.* che concerne la televisione: *spettacolo —; apparecchio —*, televisore □ **televisivamente** *avv.* dal punto di vista televisivo | per mezzo della televisione.
televisore [te-le-vi-ʃó-re] *s.m.* apparecchio che riceve le immagini e i suoni trasmessi mediante il sistema della televisione.
telex [tè-lex] *s.m.invar.* **1** servizio di comunicazione diretta tra utenti di telescriventi collegate da una rete telegrafica comune **2** (*estens.*) testo, messaggio trasmesso con tale sistema ♦ *agg.* effettuato per mezzo di tale sistema: *servizio —.*
tellina [tel-lì-na] *s.f.* piccolo mollusco marino commestibile con conchiglia bivalve sottile e appiattita, di color grigio striato; è comune lungo le coste del Mediterraneo.
tellurico [tel-lù-ri-co] *agg.* [pl.m. *-ci*] che riguarda la terra e i fenomeni che avvengono nel suo interno: *movimento —*, terremoto; *scossa tellurica*, sismica.
tellurio [tel-lù-rio] *s.m.* elemento chimico di simbolo *Te*; è un non-metallo bianco, fragile, lucente, usato nella preparazione di leghe con rame e piombo.
telo [té-lo] *s.m.* pezzo di tela o di altro tessuto che può essere cucito insieme con altri in una confezione: *lenzuolo a due teli; — da bagno, da mare*, di spugna, usato per asciugarsi dopo un bagno o per sdraiarvisi a prendere il sole. ACCR. *telone.*
telofase [te-lo-fà-ʃe] *s.f.* (*biol.*) ultima fase della mitosi in cui i cromosomi si portano ai poli opposti della cellula e questa si divide nelle due cellule figlie.
telone [te-ló-ne] *s.m.* **1** telo di grandi dimensioni, spesso impermeabile, usato per riparare oggetti da conservare o trasportare **2** sipario del teatro a scorrimento verticale.
tema[1] [té-ma] *s.f.* [solo *sing.*] (*lett.*) timore: *parlare senza — di smentita.*
tema[2] [tè-ma] *s.m.* [pl. *-mi*] **1** argomento di un discorso o di uno scritto **2** argomento di un'esercitazione scolastica: *svolgere un —; andare fuori —*, non attenersi all'argomento | l'esercitazione stessa: *correggere i temi.* DIM. *temino* **3** (*mus.*) idea musicale compiuta, motivo: *— con variazioni; il — di Violetta nella Traviata* | (*estens.*) motivo fondamentale e ricorrente in un'opera letteraria o artistica, in un autore, in un movimento o periodo storico: *il — della solitudine in Petrarca* | *variazione sul —*, (*fig.*) modo diverso di trattare un argomento, senza nulla aggiungere alla trattazione **4** (*ling.*) la parte della parola che resta togliendo la desinenza.
tematica [te-mà-ti-ca] *s.f.* insieme di temi, di argomenti | l'insieme dei temi letterari o musicali più frequenti in un autore, un movimento o un periodo storico.
tematico [te-mà-ti-co] *agg.* [pl.m. *-ci*] relativo al tema.
temerarietà [te-me-ra-rie-tà] *s.f.* ardimento eccessivo che spinge ad affrontare un pericolo senza riflettere o senza fondato motivo: *il coraggio non è —* | atto di temerarietà.
temerario [te-me-rà-rio] *agg.* **1** che agisce con temerarietà | (*estens.*) sfrontato, impudente **2** che è fatto con temerarietà | (*estens.*) avventato, non ponderato ♦ *s.m.* [f. *-a*] persona temeraria □ **temerariamente** *avv.*
temere [te-mé-re] *v.tr.* [pres. *io témo ecc.*; pass.rem. *io teméi* o *temètti, tu temésti ecc.*] **1** aver timore di qlcu. o di qlco., oppure che qlco. avvenga o non avvenga: *— il maestro, un castigo; — di sbagliare* | prevedere, sospettare un evento sgradito: *— un inganno* | *non — qlcu., qlco.*, essere in grado di contrastarlo e di superarlo: *non — alcun avversario* | *non aver nulla da —*, non correre alcun pericolo **2** (*relig.*) rispettare: *— Dio* **3** patire, soffrire: *una pianta che teme il freddo* ♦ *v.intr.* [aus. *avere*] preoccuparsi: *— per qlcu., per la propria salute.*
temerità [te-me-ri-tà] *s.f.* temerarietà.
temibile [te-mì-bi-le] *agg.* che è da temersi; pericoloso.
temolo [tè-mo-lo] *s.m.* pesce d'acqua dolce dalle carni pregiate profumate di timo, di media gran-

dezza, con un'alta pinna dorsale; è comune nei corsi d'acqua dell'Italia settentrionale.
tempaccio [tem-pàc-cio] *s.m.* (*meteor.*) cattivo tempo.
tempera [tèm-pe-ra] *s.f.* **1** tecnica pittorica che usa l'acqua per sciogliere i colori e, come agglutinanti, diverse sostanze (chiara d'uovo, colla animale, latte ecc.) tranne l'olio | (*estens.*) il dipinto eseguito con tale tecnica **2** (*tecn.*) tempra.
temperamatite [tem-pe-ra-ma-tì-te] *s.m.invar.* piccolo attrezzo provvisto di una lametta, con il quale si temperano le matite facendole ruotare al suo interno.
temperamento [tem-pe-ra-mén-to] *s.m.* **1** l'insieme delle caratteristiche psicofisiche di un individuo, che ne determinano il comportamento; indole, carattere: *— collerico* | carattere, personalità spiccati: *avere —* **2** (*mus.*) sistema di intonazione degli strumenti per cui l'ottava viene divisa in dodici semitoni uguali.
temperamine [tem-pe-ra-mì-ne] *s.m.invar.* piccolo attrezzo a una o più lame per appuntire le mine di grafite.
temperante [tem-pe-ràn-te] *agg.* (*non com.*) dotato di temperanza; sobrio.
temperanza [tem-pe-ràn-za] *s.f.* capacità di dominarsi, di non eccedere nel soddisfacimento dei bisogni e dei desideri naturali | (*estens.*) moderazione, senso della misura.
temperare [tem-pe-rà-re] *v.tr.* [*io tèmpero ecc.*] **1** mitigare, frenare: *— l'ira* **2** aguzzare, fare la punta: *— la matita* **3** (*tecn.*) temprare ♦ **temperarsi** *v.rifl.* **1** contenersi, moderarsi **2** temprarsi.
temperato [tem-pe-rà-to] *agg.* **1** attenuato, non eccessivo: *un calore —* | *clima —*, (*geog.*) con temperatura media annua compresa fra i 10° e i 20° **2** (*fig.*) temperante, sobrio: *essere — nel bere* **3** (*tecn.*) che ha subìto la tempra: *acciaio —* **4** (*mus.*) si dice di strumento che ha subìto il temperamento □ **temperatamente** *avv.* con temperanza, moderatamente.
temperatura [tem-pe-ra-tù-ra] *s.f.* **1** (*fis.*) grandezza che misura lo stato termico di un corpo: *— di fusione, di ebollizione*; *— assoluta*, quella riferita a una scala centigrada in cui lo zero è pari a -273,15 °C **2** (*meteor.*) temperatura atmosferica: *— massima, minima*, relativamente a un determinato periodo di tempo in una certa zona **3** (*estens.*) grado di calore di un corpo o di un ambiente: *— alta, bassa* | *— ambiente*, quella abituale o media degli ambienti interni: *conservare a — ambiente* **4** (*med.*) livello termico del corpo umano: *misurare la —*; *— basale*, la temperatura interna abituale di un individuo | *avere la —*, (*fam.*) avere la febbre.
temperie [tem-pè-rie] *s.f.* **1** (*meteor.*) clima, stato dell'atmosfera **2** (*fig.*) clima, carattere di un particolare ambiente o periodo: *— culturale, politica.*
temperino [tem-pe-rì-no] *s.m.* **1** coltellino tascabile a serramanico **2** temperamatite.
tempesta [tem-pè-sta] *s.f.* **1** (*meteor.*) perturbazione atmosferica caratterizzata da forti venti e precipitazioni, accompagnata da un'agitazione violenta della superficie del mare; burrasca: *mare in —*; *— di vento*, senza precipitazioni; *— di sabbia*, caratteristica delle zone desertiche; *c'è aria di —*, (*fig.*) si dice quando si prevedono liti | *— magnetica*, (*fis.*) variazione improvvisa e di breve durata dei valori del campo magnetico terrestre | *prov.*: *chi semina vento raccoglie —*, chi agisce male subirà conseguenze ancor più negative **2** (*fig.*) agitazione, turbamento morale, spirituale: *avere il cuore in —* **3** fitta serie, gragnola: *una — di calci.*
tempestare [tem-pe-stà-re] *v.tr.* [*io tempésto ecc.*] colpire con forza, ripetutamente (anche *fig.*): *— qlcu. di domande.*
tempestato [tem-pe-stà-to] *agg.* colpito ripetutamente | (*fig.*) si dice di tessuto o di oggetto prezioso decorato fittamente con gemme: *anello — di rubini.*
tempestività [tem-pe-sti-vi-tà] *s.f.* qualità di chi o di ciò che è tempestivo.
tempestivo [tem-pe-stì-vo] *agg.* che avviene, è fatto, agisce al momento più opportuno □ **tempestivamente** *avv.* al momento giusto; presto, per tempo: *avvertire — qlcu.*
tempestoso [tem-pe-stó-so] *agg.* **1** che è agitato da una tempesta: *mare —* **2** (*fig.*) violento; contrastato: *un amore —* □ **tempestosamente** *avv.* in maniera tempestosa.
tempia [tèm-pia] *s.f.* ciascuna delle due regioni del capo poste tra l'occhio e l'orecchio.
tempietto [tem-piét-to] *s.m.* (*arch.*) costruzione che ripete in piccolo le forme dei templi dell'antichità classica.
tempio [tèm-pio] *s.m.* [pl. *-pi* o *-plì*] **1** edificio destinato al culto religioso. DIM. *tempietto* **2** (*fig.*) qualsiasi luogo dove si coltivi un valore degno di venerazione: *il tribunale è il — della giustizia.*
tempismo [tem-pì-ʃmo] *s.m.* comportamento o qualità di chi è tempista; tempestività.
tempista [tem-pì-sta] *s.m.* e *f.* [pl.m. *-sti*] chi sa intervenire al momento giusto; chi sa cogliere l'attimo opportuno.
templare [tem-plà-re] *agg.* che appartiene o si riferisce all'ordine religioso-militare del tempio di Gerusalemme, fondato nel sec. XII per la difesa dei luoghi santi, diffusosi poi in tutta Europa ♦ *s.m.* cavaliere appartenente all'ordine templare.
tempo [tèm-po] *s.m.* **1** successione continua di istanti in cui si svolgono gli eventi e le variazioni delle cose: *— passato, presente, futuro*; *il corso del —* | *il — non passa mai*, si dice quando ci si annoia | *perdere —*, oziare, fare cose inutili | *non c'è — da perdere*, bisogna fare in fretta | *non perdere —*, agire subito | *a — perso*, quando non si ha null'altro da fare | *prendere —*, temporeggiare | *ingannare, ammazzare il —*, fare qlco. per non annoiarsi | *dare, lasciare — al —*, lasciare che le cose vadano a posto da sé | *col —*, col passare del tem-

po | *senza* —, eterno; eternamente | *per* —, presto | *prov.*: *il — è denaro*, bisogna farne tesoro e non sciuparlo; *chi ha — non aspetti* —, non bisogna rimandare a dopo ciò che si può fare subito **2** il tempo in quanto oggetto di misurazione: *un giorno di* —; *l'orologio misura il* — **3** parte più o meno ampia del tempo; periodo: *per lungo* —; *dopo poco* —; *è tanto — che non si vede* | *ritagli di* —, intervalli tra un'occupazione e l'altra | *da* —, da un lungo periodo | — *fa, addietro*, in un passato non molto lontano | *un* —, in un passato lontano | *allo stesso* —, contemporaneamente | *è* —, è ora, è il momento | *in ogni* —, sempre **4** epoca, età: *i tempi antichi*; *stare, tenersi al passo coi tempi* | *del* —, di una certa epoca storica | *al — di qlcu.*, mentre era ancora vivo: *al — di re Umberto* **5** parte del tempo necessaria al verificarsi di un fenomeno, allo svolgimento di un'operazione, un'attività: *il fuoco non ebbe il — di propagarsi*; *c'è ancora* —; — *di cottura* | occasione, momento opportuno: *fare ogni cosa a suo* — | *c'è sempre* —, non c'è fretta | — *utile*, intervallo di tempo entro il quale si deve compiere una data azione | — *libero*, quello non dedicato al lavoro, che può essere impiegato per attività ricreative | — *pieno*, l'intera giornata lavorativa: *lavorare a — pieno*; *scuola a — pieno*, che continua nel pomeriggio | *in — reale*, immediatamente, in contemporanea | *tempi tecnici*, (*burocr.*) periodo di tempo necessario per compiere un'operazione | *in* —, *a* —, in tempo utile, senza ritardo **6** (*sport*) parte di tempo impiegata da un atleta nel portare a termine una gara di corsa: *far registrare un buon* —; *migliorare il proprio* —, abbassare il proprio record personale; — *massimo*, quello entro il quale gli atleti di una gara di corsa devono giungere al traguardo per non essere squalificati **7** ciascuna parte, da svolgere in dato momento, di cui si compone un'azione complessa; fase: *un pagamento in tre tempi* | parte di uno spettacolo cinematografico, teatrale, radiofonico o televisivo; atto | (*mus.*) ciascuna parte in cui si articola una composizione sinfonica o da camera; movimento | (*sport*) spazio di tempo assegnato a una gara sportiva; ciascuna delle parti in cui essa è divisa | (*mecc.*) nei motori a scoppio, suddivisione del ciclo termodinamico in cui si svolgono le varie fasi (aspirazione, compressione, scoppio e scarico): *motore a due, a quattro tempi* **8** (*mus.*) velocità di esecuzione di un brano; cadenza ritmica: — *di valzer*; *andare a* —, seguire bene il ritmo di una musica | ciascuna unità ritmica in cui si divide una battuta; struttura metrico-ritmica di un sistema di battute **9** (*gramm.*) nella coniugazione di un verbo, il sistema delle desinenze che serve a indicare il momento in cui avviene l'azione: *coniugare un verbo al — futuro* | *complemento, avverbio di* —, quelli che indicano una determinazione di tempo **10** le condizioni meteorologiche su un certo luogo in un determinato momento: — *cattivo, piovoso*; *previsioni del* — | — *da lupi*, pessimo | — *permettendo*, se le condizioni atmosferiche saranno buone | *speriamo che il — regga*, non peggiori | *fare il bello e il cattivo* —, (*fig.*) avere un'assoluta autorità in un campo | *lascia il — che trova*, non cambia nulla | *prov.*: *rosso di sera, bel — si spera*. PEGG. *tempaccio*.

temporale[1] [tem-po-rà-le] *agg.* **1** che ha una durata limitata nel tempo; effimero, caduco: *beni temporali* | *potere — dei papi*, la loro sovranità politica **2** (*gramm.*) che indica il tempo in cui avviene un'azione o si verifica una condizione: *avverbio* — | *proposizione* —, subordinata che esprime una circostanza di tempo anteriore, contemporanea o posteriore a quella espressa dalla reggente **3** (*scient.*) che riguarda la dimensione del tempo ♦ *s.f.* (*gramm.*) proposizione temporale.

temporale[2] *agg.* (*anat.*) della tempia, relativo alla tempia: *osso* —.

temporale[3] *s.m.* (*meteor.*) improvvisa e violenta perturbazione dell'atmosfera, accompagnata da lampi, tuoni e scrosci di pioggia, frequente soprattutto in estate.

temporalesco [tem-po-ra-lé-sco] *agg.* [pl.m. *-schi*] (*meteor.*) da temporale.

temporalità [tem-po-ra-li-tà] *s.f.* la condizione di ciò che è temporale, in opposizione a ciò che è eterno o spirituale.

temporaneità [tem-po-ra-nei-tà] *s.f.* l'essere temporaneo.

temporaneo [tem-po-rà-ne-o] *agg.* che ha durata limitata nel tempo, che non è definitivo □ **temporaneamente** *avv.* per un periodo limitato di tempo.

temporeggiamento [tem-po-reg-gia-mén-to] *s.m.* il temporeggiare.

temporeggiare [tem-po-reg-già-re] *v.intr.* [*io temporéggio ecc.*; aus. *avere*] indugiare, ritardare a fare qlco., aspettando il tempo più opportuno.

temporeggiatore [tem-po-reg-gia-tó-re] *s.m.* [f. *-trice*] chi temporeggia.

temporizzare [tem-po-riʒ-ʒà-re] *v.tr.* (*tecn.*) regolare a tempo.

temporizzatore [tem-po-riʒ-ʒa-tó-re] *s.m.* (*tecn.*) dispositivo che, emettendo impulsi a tempo predeterminato, consente l'accensione o lo spegnimento automatici di apparecchi o l'esecuzione automatica di operazioni; timer: *il — della lavastoviglie*.

temporizzazione [tem-po-riʒ-ʒa-zió-ne] *s.f.* (*tecn.*) l'operazione e il risultato del temporizzare.

tempra [tèm-pra] *s.f.* **1** (*tecn.*) trattamento termico di alcuni materiali (*p.e.* i metalli, il vetro) che consiste nel sottoporli a forte riscaldamento seguito da brusco raffreddamento, allo scopo di conferire loro proprietà particolari; tempera | la qualità che il materiale acquista in tale modo: *dare la — all'acciaio* **2** (*fig.*) complesso delle qualità di una persona; indole: *uomo di una — straordinaria*.

temprabile [tem-prà-bi-le] *agg.* (*tecn.*) che ha attitudine a essere temprato.

temprabilità [tem-pra-bi-li-tà] *s.f.* (*tecn.*) l'essere temprabile.

temprare [tem-prà-re] *v.tr.* [*io tèmpro ecc.*] **1** (*tecn.*) sottoporre a tempra **2** (*fig.*) fortificare, irrobustire nello spirito o nel corpo ♦ **temprarsi** *v.rifl.* o *intr.pron.* diventare più forte, fisicamente o moralmente: — *nelle avversità*.

temprato [tem-prà-to] *agg.* (*tecn.*) temperato | (*fig.*) fortificato.

tempuscolo [tem-pù-sco-lo] *s.m.* (*scient.*) intervallo di tempo infinitamente piccolo e praticamente non valutabile.

tenace [te-nà-ce] *agg.* **1** (*tecn.*) che tiene bene: *colla* — | che resiste alla deformazione: *metallo* — | che non si rompe facilmente: *filo* — **2** (*fig.*) forte, resistente; saldo nei propositi; costante: *volontà, un ragazzo* — □ **tenacemente** *avv.* in modo tenace (spec. *fig.*): *difendere — qlco.*

tenacia [te-nà-cia] *s.f.* l'essere tenace: *applicarsi con —.*

tenacità [te-na-ci-tà] *s.f.* l'essere tenace.

tenaglia [te-nà-glia] *s.f.* **1** (spec. *pl.*) attrezzo formato da due ganasce simmetriche, articolate mediante un perno, che serve per afferrare e stringere | *a* —, si dice di oggetto a forma di tenaglia o che funziona come una tenaglia | *manovra a* —, (*mil.*) movimento strategico con cui si attacca il nemico sui due fianchi **2** *pl.* (*pop.*) chele.

tenda [tèn-da] *s.f.* **1** drappo di tela che viene steso davanti a ciò che si vuole riparare o nascondere: *chiudere la* —; *mettere le tende alle finestre*; *tende alla veneziana*, veneziane. DIM. *tendina* ACCR. *tendone* (m.) **2** piccolo padiglione smontabile, formato da teli impermeabili sostenuto da pali, usato come abitazione da popoli nomadi e come ricovero provvisorio da soldati e campeggiatori: — *da campo*, militare; — *canadese*, a sezione triangolare | *piantare le tende*, accamparsi; (*fig.*) restare a lungo in un luogo o presso qlcu. | *levare le tende*, togliere il campo; (*fig.*) andarsene **3** — *a ossigeno*, (*med.*) padiglione in plastica che isola il letto di un paziente con difficoltà respiratorie, entro il quale viene diffusa una miscela gassosa ricca di ossigeno.

tendaggio [ten-dàg-gio] *s.m.* insieme di tende disposte a ornamento di un ambiente.

tendente [ten-dèn-te] *agg.* che tende, che mira: *azione — al bene* | che inclina, si avvicina: *rosso — al viola.*

tendenza [ten-dèn-za] *s.f.* **1** disposizione naturale, attitudine, inclinazione: *avere — per la musica* **2** orientamento ideologico: — *moderata* **3** orientamento dell'evoluzione di un fenomeno: *le tendenze della moda, del mercato.*

tendenziale [ten-den-zià-le] *agg.* che manifesta una determinata tendenza □ **tendenzialmente** *avv.*

tendenziosità [ten-den-zio-si-tà] *s.f.* l'essere tendenzioso.

tendenzioso [ten-den-zió-so] *agg.* che è suggerito da una determinata tendenza; non obiettivo, parziale: *notizie false e tendenziose* □ **tendenziosamente** *avv.*

tender [/ˈtɛnder /] *s.m.invar.* (*ingl.*) **1** carro ferroviario agganciato alla locomotiva a vapore per il trasporto di carbone **2** piccola imbarcazione rimorchiata da una più grande.

tendere [tèn-de-re] *v.tr.* [pres. *io tèndo ecc.*; pass.rem. *io tési, tu tendésti ecc.*; part.pass. *téso*] **1** dispiegare tirando; distendere: — *un elastico, un telo*; — *l'arco*, curvarlo tirandone a sé la corda | — *le reti*, per catturare pesci o uccelli; (*fig.*) preparare tranelli **2** (*fig.*) predisporre, preparare subdolamente qlco. di dannoso: — *un agguato* **3** protendere, allungare: — *le braccia* | — *l'orecchio*, ascoltare con attenzione ♦ *v.intr.* [aus. *avere*] mirare a un fine; cercare di ottenere qlco.: *ambedue tendevano a sposare la stessa ragazza* | inclinare, avvicinarsi: *un temperamento che tende alla malinconia*; *capelli che tendono al rosso* | (*mat.*) avvicinarsi indefinitamente: — *a un limite* ♦ **tendersi** *v.intr.pron.* entrare in tensione.

tendicatena [ten-di-ca-té-na] *s.m.invar.* dispositivo che in biciclette, motociclette ecc. serve a tener tesa e nella propria sede la catena di trasmissione.

tendina [ten-dì-na] *s.f.* **1** tenda leggera posta ai vetri interni delle finestre **2** (*foto.*) tipo di otturatore.

tendine [tèn-di-ne] *s.m.* (*anat.*) ciascuno dei cordoni di tessuto connettivo fibroso che congiungono i muscoli alle ossa.

tendineo [ten-dì-ne-o] *agg.* (*anat.*) del tendine.

tendinite [ten-di-nì-te] *s.f.* (*med.*) infiammazione di un tendine.

tendone [ten-dó-ne] *s.m.* **1** grande tenda circolare, con apposita intelaiatura metallica, usata per coprire circhi, padiglioni fieristici ecc. **2** grande telo usato per ricoprire carri, vetture, merci **3** sipario.

tendopoli [ten-dò-po-li] *s.f.* complesso di tende per abitazione e servizi allestito come residenza provvisoria di popolazioni costrette all'abbandono delle case.

tenebra [tè-ne-bra] *s.f.* (spec. *pl.*) **1** mancanza di ogni luce, oscurità totale: *le tenebre della notte*; *col favore delle tenebre*, approfittando del buio notturno **2** (*fig.*) oscurità intellettuale o morale: *le tenebre dell'ignoranza.*

tenebrosità [te-ne-bro-si-tà] *s.f.* (*non com.*) l'essere tenebroso (anche *fig.*): — *di pensieri.*

tenebroso [te-ne-bró-so] *agg.* **1** avvolto nelle tenebre: *mare* — **2** (*fig.*) misterioso e inquietante: *sguardo* — ♦ *s.m.* [f. *-a*] persona tenebrosa: *un bel* —.

tenente [te-nèn-te] *s.m.* (*mil.*) ufficiale di grado superiore a sottotenente e inferiore a capitano | — *di vascello*, nella marina militare, ufficiale con grado compreso tra sottotenente di vascello e capitano di corvetta | — *colonnello*, grado immediatamente inferiore a colonnello.

tenenza [te-nèn-za] *s.f.* ufficio e circoscrizione

dei carabinieri e della guardia di finanza comandati da un tenente.

tenere [te-né-re] *v.tr.* [pres. *io tèngo, tu tièni, egli tiène, noi teniamo, voi tenéte, essi tèngono*; fut. *io terrò ecc.*; pass.rem. *io ténni, tu tenésti ecc.*; pres.cong. *io tènga,...noi teniamo, voi teniate, essi tèngano*; cond.pres. *io terrèi ecc.*; imp. *tièni, tenéte*; part.pres. *tenènte*; part.pass. *tenuto*] **1** avere qlco. con sé e afferrarla in modo da non lasciarla sfuggire; reggere: — *un bastone in mano*; — *un bimbo in braccio* | — *testa a qlcu.*, resistergli | — *qlcu. a battesimo*, esserne il padrino, la madrina **2** mantenere, conservare: — *la rotta, il posto*; — *una nota*, (*mus.*) prolungarne il suono; — *la destra, la sinistra*, procedere lungo il lato destro, sinistro di una strada | rispettare, osservare: — *un segreto*; — *le distanze*, (*fig.*) trattare con distacco **3** mantenere in una posizione o in una condizione particolare: — *i libri in ordine*; — *qlcu. in attesa*; — *qlco., qlcu. in caldo*, (*fig.*) pronto per essere usato, impegnato | — *in considerazione, in conto*, considerare | — *da conto*, conservare con cura | — *d'occhio*, sorvegliare | — *a mente, a memoria*, ricordare | — *in pugno, a bada*, dominare, controllare | — *informato, al corrente*, informare | — *buono qlcu.*, mantenerselo amico per timore o per calcolo | — *qlcu. in sospeso*, non dargli una risposta definitiva; — *qlco. in sospeso*, non concluderlo, non definirlo | — *le mani a posto*, non percuotere, non toccare, non infastidire | — *la lingua a posto*, non parlar male di o a qlcu. **4** contenere: *il fiasco tiene due litri* | conservare qlco. in proprio possesso, per sé; avere: *questo libro non mi serve più, tienilo*; — *un giardiniere*, averlo alle proprie dipendenze | possedere e gestire: — *una trattoria*; — *banco*, (*fig.*) primeggiare in una conversazione **5** organizzare, fare: — *una conferenza* | — *compagnia a qlcu.*, passare del tempo insieme a qlcu. per distrarlo ♦ v.intr. [aus. *avere*] **1** resistere, far buona presa: *l'àncora tiene*; — *duro*, resistere a oltranza | contenere senza far uscire: *il serbatoio non tiene* **2** parteggiare: — *per una squadra* **3** dare importanza (usato spesso con la particella *ci*): — *alle apparenze*; *ci tengo molto agli amici* ♦ **tenersi** *v.rifl.* **1** attaccarsi, aggrapparsi: — *stretto al manubrio* **2** mantenersi in una data condizione o posizione: — *in piedi*; — *pronto* | — *al largo*, (*mar.*) navigare lontano dalla costa; (*fig.*) evitare: — *al largo da qlcu.* **3** trattenersi: — *a stento dal ridere* **4** attenersi ♦ *v.rifl.rec.* tenersi l'un l'altro: — *per mano*.

tenerezza [te-ne-réz-za] *s.f.* **1** l'essere tenero, non duro **2** (*fig.*) sentimento di affetto delicato; affettuosa commozione: *amare qlcu. con* —; *essere invaso da un'immensa* — **3** *pl.* atti, parole tenere: *dirsi delle tenerezze*.

tenero [tè-ne-ro] *agg.* **1** non duro, che si può facilmente scalfire, plasmare, lavorare: *legno* — | di cibo, che può essere facilmente tagliato o masticato: *carne tenera* **2** (*estens.*) giovane e delicato: *un* — *germoglio* | *tenera età*, infanzia **3** (*fig.*) dotato di tenerezza: *una madre tenera* che esprime tenerezza: *sguardo* — | indulgente: *è troppo* — *col figlio* ♦ *s.m.* **1** la parte tenera di qlco. **2** (*fig.*) affetto, simpatia: *c'è del* — *fra loro* □ **teneramente** *avv.* con tenerezza, affettuosamente: *amare* — *qlcu.*

tenerume [te-ne-rù-me] *s.m.* **1** insieme di cartilagini molli proprie dei tagli di carne destinati al bollito: — *di manzo* **2** insieme di cose tenere | (*fig.*) smancerie, sdolcinature.

tenia [tè-nia] *s.f.* genere di vermi parassiti dell'uomo e di animali domestici (il più noto è quello detto com. *verme solitario*).

teniasi [te-nì-a-ʃi] *s.f.* (*med.*) infestazione da tenie.

tennis [tèn-nis] *s.m.invar.* gioco fra due o quattro giocatori che si rimandano una palla per mezzo di racchette in un campo rettangolare diviso da una rete: *giocare a* —; *racchetta, palla da* — | impianto sportivo dove si trovano campi da tennis | — *da tavolo*, ping-pong, tennistavolo.

tennista [ten-nì-sta] *s.m.* e *f.* [pl.m. *-sti*] chi gioca al tennis.

tennistavolo [ten-ni-stà-vo-lo *o* ten-nis-tà-vo-lo] *s.m.invar.* tennis da tavolo; ping-pong.

tennistico [ten-nì-sti-co] *agg.* [pl.m. *-ci*] del tennis; da tennista: *gara tennistica*; *abbigliamento* —.

tenone [te-nó-ne] *s.m.* (*tecn.*) nel tipo più comune di incastro, l'elemento maschio che va a inserirsi nell'elemento femmina (*mortasa*).

tenore [te-nó-re] *s.m.* **1** tono, carattere: *il* — *di una lettera* | stile, livello: — *di vita* **2** percentuale di una sostanza contenuta in una soluzione, in una lega **3** (*mus.*) il registro più alto della voce maschile | chi canta con tale voce.

tenorile [te-no-rì-le] *agg.* (*mus.*) da tenore: *voce* —.

tensioattivo [ten-sio-at-tì-vo] *agg.* e *s.m.* (*chim., fis.*) si dice di sostanza che provoca in un liquido effetti di schiuma, emulsione, detersione ecc.

tensione [ten-sió-ne] *s.f.* **1** il tendere, l'essere teso **2** (*fig.*) stato psicologico temporaneo di ansietà, di eccitazione nervosa: *essere in* — *per gli esami* **3** (*fig.*) atmosfera carica di contrasti, di dissidi: *c'è* — *in famiglia* **4** (*chim., fis.*) reazione che si produce tra le molecole di un corpo solido sottoposto a una forza che tende a deformarlo **5** — *elettrica*, differenza di potenziale elettrico | *alta* —, ogni tensione elettrica superiore a 30.000 volt.

tensiostruttura [ten-sio-strut-tù-ra] *s.f.* (*edil.*) struttura capace di resistere soltanto a sollecitazioni di trazione, usata soprattutto per coperture sospese.

tensore [ten-só-re] *agg.* (*anat.*) che tende | *muscolo* —, che ha la funzione di tendere un organo: *muscolo* — *del timpano*.

tentabile [ten-tà-bi-le] *agg.* che si può tentare ♦ *s.m.* [solo *sing.*] ciò che si può tentare: *tentare il* —.

tentacolare [ten-ta-co-là-re] *agg.* **1** di tentacolo, che ha forma di tentacolo **2** (*fig.*) che attrae, coinvolge e corrompe: *città* — | che ha diramazioni che arrivano dappertutto: *organizzazione* —.

tentacolo [ten-tà-co-lo] *s.m.* **1** (*zool.*) organo flessibile di forma allungata, presente in numero vario sul corpo di alcune specie animali, con funzione prensile e di movimento **2** (*fig.*) cosa che avvinghia, che irretisce: *i tentacoli del male.*

tentare [ten-tà-re] *v.tr.* [*io tènto ecc.*] **1** cercare di realizzare; sperimentare, provare: — *un nuovo sistema; tentare la fuga* | prov.: *tentar non nuoce* **2** (*fig.*) cercare di indurre al male: — *l'innocenza altrui* | (*fig.*) allettare, invogliare: *una prospettiva che tenta.*

tentativo [ten-ta-tì-vo] *s.m.* atto del tentare: — *di rapina.*

tentatore [ten-ta-tó-re] *agg.* e *s.m.* [f. *-trice*] che/chi induce al male o alletta a far qlco.: *diavolo* —.

tentazione [ten-ta-zió-ne] *s.f.* il tentare, l'essere tentato; la cosa, l'occasione che tenta: *indurre, cadere in* —; *resistere alle tentazioni* | desiderio, voglia di fare qlco.; ciò che è oggetto di tale desiderio: *quei pasticcini sono una* —.

tentenna [ten-tén-na] *s.m.invar.* (*scherz.*) persona sempre indecisa, che cambia parere facilmente: *è un gran* —.

tentennamento [ten-ten-na-mén-to] *s.m.* il tentennare.

tentennante [ten-ten-nàn-te] agg. che tentenna.

tentennare [ten-ten-nà-re] *v.intr.* [*io tenténno ecc.*; aus. *avere*] **1** non essere ben saldo; oscillare: *un tavolino che tentenna; camminare tentennando*, barcollando **2** (*fig.*) essere indeciso, incerto; esitare, titubare ♦ *v.tr.* (*non com.*) far oscillare, dondolare: — *il capo.*

tentone [ten-tó-ne], o **tentoni**, *avv.* **1** tastando con le mani e coi piedi per non cadere; tastoni **2** (*fig.*) senza avere le idee chiare; a caso: *cercare* — *una risposta* | Usato nelle loc. avv. *a tentone, a tentoni*, a tastoni, a casaccio.

tentorio [ten-tò-rio] *s.m.* (*anat.*) prolungamento della dura madre che separa fra loro diverse strutture cerebrali: — *dell'ipofisi.*

tenue [tè-nu-e] *agg.* **1** lieve, debole, sottile (anche *fig.*): *un colore* —; *una* — *speranza* **2** *intestino* —, (*anat.*) parte dell'intestino compresa tra lo stomaco e il crasso **3** (*ling.*) detto di consonante; di intensità ridotta e di breve durata; scempio □ **tenuemente** *avv.*

tenuità [te-nui-tà] *s.f.* l'essere tenue.

tenuta [te-nù-ta] *s.f.* **1** atto, modo di tenere, di mantenere | (*mus.*) capacità di prolungare un suono | (*sport*) resistenza di un atleta a uno sforzo prolungato | (*estens.*) resistenza in un impegno, un'attività | — *dei libri contabili*, (*comm.*) il tenerli aggiornati e in ordine | — *di strada*, (*aut.*) capacità di non sbandare **2** proprietà di una chiusura o di un recipiente di impedire il passaggio o la fuoruscita di fluidi: *camera a* — *stagna* **3** vasto possedimento fondiario, per lo più coltivato **4** divisa militare: — *di gala* | abbigliamento, equipaggiamento: — *da sci.*

tenutario [te-nu-tà-rio] *s.m.* [f. *-a*] chi gestisce un locale equivoco: — *di bordello.*

tenuto [te-nù-to] *agg.* mantenuto; trattenuto | *essere, sentirsi* — *a*, essere obbligato, sentirsi in dovere di: *non siete tenuti a rispondermi.*

tenzone [ten-zó-ne] *s.f.* (*lett.*) **1** contesa, combattimento | *singolar* —, duello **2** disputa verbale aspra **3** scambio di poesie tra autori in contesa.

teo- primo elemento di parole composte, che significa 'dio' (*teologia*).

teocentrico [te-o-cèn-tri-co] *agg.* [pl.m. *-ci*] di teocentrismo, relativo a teocentrismo.

teocentrismo [te-o-cen-trì-ʃmo] *s.m.* concezione secondo la quale Dio è l'origine, il centro e il fine della realtà e dei valori spirituali.

teocratico [te-o-crà-ti-co] *agg.* [pl.m. *-ci*] di teocrazia.

teocrazia [te-o-cra-zì-a] *s.f.* forma di governo in cui il potere civile e politico è sottomesso al potere religioso.

teodolite [te-o-do-lì-te] *s.m.* strumento ottico a cannocchiale per la misurazione degli angoli, usato per rilievi topografici.

teofania [te-o-fa-nì-a] *s.f.* apparizione o manifestazione della divinità.

teogonia [te-o-go-nì-a] *s.f.* nelle religioni politeistiche, racconto dell'origine e della genealogia degli dei.

teologale [te-o-lo-gà-le] *agg.* della teologia; che concerne Dio | *virtù teologali*, nella dottrina cattolica, le tre virtù (fede, speranza e carità) che hanno per oggetto Dio.

teologia [te-o-lo-gì-a] *s.f.* scienza che studia Dio e i suoi rapporti col mondo.

teologico [te-o-lò-gi-co] *agg.* [pl.m. *-ci*] della teologia □ **teologicamente** *avv.* secondo la teologia.

teologizzare [te-o-lo-giʒ-ʒà-re] *v.intr.* [aus. *avere*] ragionare di teologia.

teologo [te-ò-lo-go] *s.m.* [f. *-a*; pl.m. *-gi*] studioso di teologia.

teorema [te-o-rè-ma] *s.m.* [pl. *-mi*] proposizione dimostrabile per deduzione da altre proposizioni precedentemente dimostrate o assunte come vere (postulati).

teoresi [te-o-rè-ʃi] *s.f.* (*filos.*) attività concettuale che l'uomo esplica avendo come fine il vero; si contrappone a *prassi.*

teoretica [te-o-rè-ti-ca] *s.f.* filosofia della conoscenza.

teoretico [te-o-rè-ti-co] *agg.* [pl.m. *-ci*] (*filos.*) che si riferisce alla teoresi; conoscitivo, speculativo □ **teoreticamente** *avv.* dal punto di vista teoretico.

teoria [te-o-rì-a] *s.f.* **1** insieme di norme e precetti che servono di guida alla pratica | complesso di idee, concezione | insieme di ipotesi volto a spiegare un determinato fenomeno | *in* —, teoricamente **2** processione, fila: *una* — *di automobili.*

teoricità [te-o-ri-ci-tà] *s.f.* l'essere teorico.
teorico [te-ò-ri-co] *agg.* [pl.m. *-ci*] che si basa sulla teoria: *insegnamento* — ♦ *s.m.* [f. *-a*] **1** chi formula una teoria filosofica **2** chi si basa solo sulla teoria ma manca di capacità pratiche □ **teoricamente** *avv.* dal punto di vista della teoria.
teorizzare [te-o-riʒ-ʒà-re] *v.tr.* formulare teoricamente ♦ *v.intr.* [aus. *avere*] trattare un argomento in modo puramente teorico.
teorizzazione [te-o-riʒ-ʒa-zió-ne] *s.f.* il teorizzare, l'essere teorizzato.
teosofia [te-o-so-fì-a *o* teoʃofia] *s.f.* **1** (*filos.*) la sapienza divina, a cui l'uomo può accedere solo attraverso l'esperienza mistica **2** dottrina che mescola credenze religiose e scienze occulte alla ricerca della sapienza e della conoscenza esoterica della divinità.
teosofico [te-o-sò-fi-co *o* teoʃòfico] *agg.* [pl.m. *-ci*] della teosofia.
tepalo [tè-pa-lo] *s.m.* (*bot.*) ciascuna delle parti del fiore che compongono il perigonio.
tepore [te-pó-re] *s.m.* calore non elevato e gradevole.
teppa [tép-pa] *s.f.* feccia, gentaglia, canaglia.
teppaglia [tep-pà-glia] *s.f.* teppa.
teppismo [tep-pì-ʃmo] *s.m.* **1** modo di agire proprio dei teppisti **2** l'insieme dei teppisti.
teppista [tep-pì-sta] *s.m.* e *f.* [pl.m. *-sti*] giovane delinquente che compie violenze e atti di vandalismo.
teppistico [tep-pì-sti-co] *agg.* [pl.m. *-ci*] da teppista.
tequila [/ te'kila /] *s.f.invar.* (*sp.*) acquavite messicana ad alta gradazione alcolica.
ter [/ tɛr /] *agg.invar.* (*lat.*) terzo (si usa nelle enumerazioni per indicare un elemento successivo a un altro contrassegnato con *bis*).
tera- primo elemento di parole della terminologia scientifica che anteposto a un'unità di misura ne moltiplica il valore per 10^{12} (p.e. *terawatt*, misura equivalente a un milione di milioni di watt).
terapeuta [te-ra-pèu-ta] *s.m.* e *f.* [pl.m. *-ti*] medico esperto di terapeutica.
terapeutica [te-ra-pèu-ti-ca] *s.f.* branca della medicina che studia e applica i metodi di cura delle malattie.
terapeutico [te-ra-pèu-ti-co] *agg.* [pl.m. *-ci*] della terapia.
terapia [te-ra-pì-a] *s.f.* **1** terapeutica **2** metodo di cura di una malattia; la cura stessa: *una — antibiotica* **3** (*fam.*) psicoterapia.
-terapia secondo elemento di parole composte, che significa 'metodo di cura'.
terapista [te-ra-pì-sta] *s.m.* e *f.* [pl.m. *-sti*] terapeuta | psicoterapista.
terato- primo elemento di parole composte che significa 'mostro, mostruosità'.
teratogeno [te-ra-tò-ge-no] *agg.* (*biol.*) si dice di fattore in grado di alterare il normale sviluppo di un embrione causando malformazioni mostruose nel nascituro.
teratologia [te-ra-to-lo-gì-a] *s.f.* (*biol.*) studio delle malformazioni e delle mostruosità animali e vegetali.
terbio [tèr-bio] *s.m.* elemento chimico di simbolo *Tb*; appartiene al gruppo delle terre rare.
teresina [te-re-ʃi-na] *s.f.* variante americana del poker che si gioca con alcune carte scoperte, senza poterle cambiare.
tergere [tèr-ge-re] *v.tr.* [pres. *io tèrgo, tu tèrgi ecc.*; pass.rem. *io tèrsi, tu tergésti ecc.*; part.pass. *tèrso*] (*lett.*) pulire asciugando: *— il sudore*.
tergicristallo [ter-gi-cri-stàl-lo] *s.m.* [pl. *invar.* o *-li*] asticella metallica munita di bordo gommato che scorre sul parabrezza dei veicoli, per mantenerli puliti in caso di pioggia o neve.
tergilunotto [ter-gi-lu-nòt-to] *s.m.* [pl. *invar.* o *-ti*] tergicristallo del lunotto posteriore degli autoveicoli.
tergiversare [ter-gi-ver-sà-re] *v.intr.* [*io tergivèrso ecc.*; aus. *avere*] prendere tempo, temporeggiare.
tergiversazione [ter-gi-ver-sa-zió-ne] *s.f.* il tergiversare.
tergo [tèr-go] *s.m.* [pl. *i tèrghi*, nel sign. 1 anche *le tèrga*] **1** (*lett.*) la parte posteriore del corpo; dorso, schiena **2** il rovescio, verso: *leggere a —*.
teriomorfismo [te-rio-mor-fì-ʃmo] *s.m.* nelle religioni politeistiche, l'attribuzione di natura o forma animale alla divinità: *il — della religione degli antichi egizi*.
teriomorfo [te-rio-mòr-fo] *agg.* si dice di divinità o figura mitologica che ha forma, aspetto di animale.
terital® [tè-ri-tal] *s.m.invar.* fibra poliestere usata per la fabbricazione di tessuti.
termale [ter-mà-le] *agg.* **1** relativo alle acque minerali che sgorgano calde alla sorgente: *cura* —, a base di acque termali; *stabilimento* —, in cui si praticano le cure termali; *località* —, ricca di acque e stabilimenti termali **2** relativo alle antiche terme.
termalismo [ter-ma-li-ʃmo] *s.m.* **1** insieme delle cure termali **2** l'insieme delle terme | turismo che si sviluppa intorno alle terme.
terme [tèr-me] *s.f.pl.* **1** stabilimento termale **2** presso gli antichi romani, complesso di edifici pubblici destinati a bagni caldi e freddi.
-termia secondo elemento di parole composte, che significa 'calore, temperatura'.
termico [tèr-mi-co] *agg.* [pl.m. *-ci*] del calore; che concerne il calore | *borsa termica*, borsa frigorifera | *bottiglia termica*, thermos | *lunotto* —, negli autoveicoli, vetro posteriore dotato di impianto elettrico per lo sbrinamento automatico.
-termico secondo elemento degli aggettivi composti corrispondenti ai nomi uscenti in *-termia*.
termidoro [ter-mi-dò-ro] *s.m.* undicesimo mese del calendario rivoluzionario francese (19 luglio - 17 agosto).
terminabile [ter-mi-nà-bi-le] *agg.* che ha un termine, che si può terminare.
terminal [/ 'tɛrminal /] *s.m.invar.* (*ingl.*) air terminal.

terminale [ter-mi-nà-le] *agg.* che si trova al termine; finale: *parte — di un ramo*; *fase — di una malattia*, quella che precede la morte; *malato —*, che si trova in tale fase ♦ *s.m.* (*inform.*) apparecchiatura che consente di prelevare o di introdurre informazioni da o in un elaboratore elettronico.

terminalista [ter-mi-na-lì-sta] *s.m.* e *f.* [pl.m. *-sti*] (*inform.*) tecnico addetto all'uso di un terminale.

terminare [ter-mi-nà-re] *v.tr.* [*io tèrmino ecc.*] portare a compimento; finire, ultimare: *— un lavoro, gli studi* ♦ *v.intr.* [aus. *essere*] arrivare al termine; essere concluso da qlco.; finire: *lo spettacolo termina a mezzanotte*; *il sentiero termina in una grotta.*

terminazione [ter-mi-na-zió-ne] *s.f.* estremità, parte finale: *terminazioni nervose* | (*ling.*) parte finale di una parola; desinenza.

termine [tèr-mi-ne] *s.m.* **1** il punto dello spazio o del tempo in cui qlco. cessa di essere; estremità: *al — della valle c'è un lago*; *giungere al — della vita*; *porre —*, metter fine; *condurre a —*, portare a compimento; *avere —*, finire; *volgere al —*, essere verso la fine **2** limite, confine fisico **3** limite di tempo entro il quale si deve fare qlco.; scadenza: *il — per l'iscrizione* | *contratto a —*, con scadenza fissata sin dal momento della stipulazione | *nel — di*, entro | *a breve, medio, lungo —*, a breve, media, lunga scadenza **4** *complemento di —*, (*gramm.*) quello che indica la persona o la cosa a cui è indirizzata l'azione espressa dal verbo **5** (spec. *pl.*) insieme dei limiti, delle condizioni, degli elementi convenuti che servono a definire una situazione, un accordo: *i termini di una questione, di un contratto*; *a termini di legge*, secondo quanto la legge prescrive **6** ciascuno degli elementi che si considerano parti integranti di un tutto: *i termini di un paragone* | in matematica: *i termini di un'addizione*, gli addendi; *i termini di una moltiplicazione*, i fattori; *ridurre ai minimi termini*, trasformare una frazione in un'altra di ugual valore in cui numeratore e denominatore siano primi tra loro; (*fig. fam.*) ridurre in piccole dimensioni o in cattive condizioni **7** parola, vocabolo | *moderare i termini*, moderare il proprio linguaggio | *senza mezzi termini*, con parole chiare, esplicite.

terminologia [ter-mi-no-lo-gì-a] *s.f.* insieme delle espressioni e dei vocaboli propri di una determinata scienza, arte o professione.

terminologico [ter-mi-no-lò-gi-co] *agg.* [pl.m. *-ci*] relativo a un termine, a una terminologia.

termitaio [ter-mi-tà-io] *s.m.* nido di termiti.

termite [tèr-mi-te] *s.f.* insetto simile alla formica, molto diffuso nei paesi caldi, che vive in enormi colonie nutrendosi di sostanze vegetali.

termo-, -termo primo e secondo elemento di parole composte, che significa 'calore, temperatura'.

termochimica [ter-mo-chì-mi-ca] *s.f.* disciplina che studia le manifestazioni termiche che accompagnano le reazioni chimiche.

termochimico [ter-mo-chì-mi-co] *agg.* [pl.m. *-ci*] che concerne la termochimica.

termocinetica [ter-mo-ci-nè-ti-ca] *s.f.* (*fis.*) parte della termologia che studia la propagazione del calore.

termocompressione [ter-mo-com-pres-sió-ne] *s.f.* (*fis.*) operazione consistente nel comprimere meccanicamente un vapore per elevarne la temperatura e la pressione.

termoconvertitore [ter-mo-con-ver-ti-tó-re] *s.m.* apparecchio per convertire l'energia termica in un altro tipo di energia e viceversa.

termoconvettore [ter-mo-con-vet-tó-re] *s.m.* apparecchio riscaldante o raffreddante costituito di tubi entro i quali circola un fluido caldo o freddo.

termocoperta [ter-mo-co-pèr-ta] *s.f.* coperta al cui interno passano una serie di resistenze elettriche isolate che servono a riscaldarla.

termocoppia [ter-mo-còp-pia] *s.f.* (*elettr.*) circuito costituito da due lastrine di metalli diversi, saldate alle estremità; coppia termoelettrica.

termodinamica [ter-mo-di-nà-mi-ca] *s.f.* parte della fisica che studia le trasformazioni di calore in lavoro e viceversa.

termodinamico [ter-mo-di-nà-mi-co] *agg.* [pl.m. *-ci*] (*fis.*) che riguarda la termodinamica.

termoelettricità [ter-mo-e-let-tri-ci-tà] *s.f.* (*fis.*) insieme delle interazioni di energia termica ed energia elettrica.

termoelettrico [ter-mo-e-lèt-tri-co] *agg.* [pl.m. *-ci*] **1** relativo alla termoelettricità **2** relativo a elettricità di origine termica: *centrale termoelettrica*, centrale dove si produce energia elettrica utilizzando energia termica.

termoelettrone [ter-mo-e-let-tró-ne] *s.m.* (*fis.*) elettrone emesso dalla superficie di un metallo riscaldato in ambiente rarefatto.

termoelettronica [ter-mo-e-let-trò-ni-ca] *s.f.* (*fis.*) studio dei fenomeni connessi all'effetto termoelettronico.

termoelettronico [ter-mo-e-let-trò-ni-co] *agg.* [pl.m. *-ci*] (*fis.*) relativo a termoelettroni: *effetto —*, quello relativo all'emissione di termoelettroni.

termoforo [ter-mò-fo-ro] *s.m.* apparecchio fatto come una termocoperta, ma molto più piccolo, usato per riscaldare una parte del corpo a scopo terapeutico.

termografia [ter-mo-gra-fì-a] *s.f.* tecnica per la visualizzazione delle radiazioni infrarosse emanate da corpi e sostanze, usata in vari settori scientifici e industriali; nella diagnostica medica, consente di rilevare alterazioni interne e neoplasie.

termografo [ter-mò-gra-fo] *s.m.* **1** strumento che registra variazioni di temperatura **2** apparecchio per eseguire la termografia.

termoisolante [ter-mo-i-ʃo-làn-te] *agg.* e *s.m.* si dice di materiale o di struttura capace di realizzare isolamento termico.

termolisi [ter-mò-li-ʃi] *s.f.* **1** (*fisiol.*) dispersione del calore organico **2** (*chim.*) alterazione di una sostanza, causata dal calore.

termologia [ter-mo-lo-gì-a] *s.f.* parte della fisica che studia i fenomeni riguardanti il calore.
termometria [ter-mo-me-trì-a] *s.f.* parte della termologia che si occupa della misurazione delle temperature.
termometrico [ter-mo-mè-tri-co] *agg.* [pl.m. *-ci*] della termometria; del termometro.
termometro [ter-mò-me-tro] *s.m.* **1** strumento per la misurazione della temperatura: *— a massima, a minima*, che dà l'indicazione della temperatura massima o minima raggiunta da un ambiente o da un corpo in un dato periodo di tempo | (*med.*) termometro a massima che registra le temperature comprese fra 35 °C e 42 °C **2** (*fig.*) fatto che dà la misura di un fenomeno: *i consumi sono il — del tenore di vita.*
termonucleare [ter-mo-nu-cle-à-re] *agg.* (*fis.*) **1** si dice delle reazioni nucleari di fusione che avvengono ad altissime temperature: *bomba —*, che utilizza l'energia di una reazione di fusione nucleare esplosiva **2** di impianto o apparato per mezzo del quale si ottiene energia termica da energia nucleare.
termoplastico [ter-mo-plà-sti-co] *agg.* [pl.m. *-ci*] (*chim.*) si dice di materiale che diventa malleabile e plastico con il riscaldamento e indurisce nuovamente se raffreddato.
termoregolatore [ter-mo-re-go-la-tó-re] *agg.* [f. *-trice*] e *s.m.* **1** (*mecc.*) si dice di dispositivo atto a misurare la temperatura e in grado di azionare altri dispositivi elettromeccanici di riscaldamento o refrigerazione **2** (*biol.*) si dice di centro nervoso che presiede alla termoregolazione.
termoregolazione [ter-mo-re-go-la-zió-ne] *s.f.* **1** (*biol.*) capacità di taluni animali (mammiferi, uccelli) di mantenere costante la temperatura interna del corpo, indipendentemente dal variare della temperatura esterna **2** (*mecc.*) regolazione automatica della temperatura mediante termoregolatori.
termos → thermos.
termosaldare [ter-mo-sal-dà-re] *v.tr.* saldare a caldo, per effetto dalla parziale fusione del materiale.
termosfera [ter-mo-sfè-ra] *s.f.* (*geog.*) zona dell'atmosfera terrestre compresa fra la mesosfera e l'esosfera.
termosifone [ter-mo-si-fó-ne] *s.m.* impianto per il riscaldamento di locali mediante circolazione di acqua o aria calda che da una caldaia centrale raggiungono i radiatori istallati nei vari ambienti | (*estens.*) ciascuno dei radiatori istallati.
termostato [ter-mò-sta-to] *s.m.* termoregolatore che serve a mantenere costante la temperatura di un ambiente.
termoventilatore [ter-mo-ven-ti-la-tó-re] *s.m.* stufetta elettrica provvista di ventola che accelera la circolazione dell'aria calda.
termoventilazione [ter-mo-ven-ti-la-zió-ne] *s.f.* riscaldamento di ambienti con circolazione forzata di aria calda.
termovisione [ter-mo-vi-ʃió-ne] *s.f.* tecnica per visualizzare le radiazioni termiche prodotte da un corpo, applicata in medicina o per scopi industriali e militari.
terna [tèr-na] *s.f.* gruppo di tre persone o cose.
ternario [ter-nà-rio] *agg.* che è composto di tre elementi.
terno [tèr-no] *s.m.* **1** nel gioco del lotto, combinazione di tre numeri estratti sulla stessa ruota | *un — al lotto*, (*fig.*) si dice di grossa e inaspettata fortuna: *l'eredità dello zio è per lui un — al lotto* **2** nel gioco della tombola, tre numeri estratti nella stessa fila di una cartella **3** fascicolo formato da tre fogli piegati insieme in modo da formare sei carte, cioè dodici pagine.
terra [tèr-ra] *s.f.* **1** *Terra*, (*astr.*) il pianeta del sistema solare su cui si svolge la vita degli uomini; il terzo in ordine di distanza dal sole: *la Terra ruota intorno al Sole* **2** la sede del genere umano: *gli uomini hanno popolato tutta la —* | *ci corre quanto dal cielo alla —*, (*iperb.*) c'è moltissima differenza | *non sta né in cielo né in —*, (*fig.*) non ha senso, è assurdo | *muovere cielo e —*, (*fig.*) darsi da fare in ogni modo per ottenere qlco. **3** la superficie del globo terrestre; il suolo su cui si cammina o su cui poggiano i corpi: *sollevarsi da —; sedersi per —; toccare —*, approdare, detto di imbarcazioni; atterrare, detto di velivoli; *rimanere a —*, perdere una nave, un aereo, un treno in partenza; *raso —*, rasente il suolo | *mettere qlcu. a —*, (*fig.*) ridurlo in cattivo stato fisico, morale o economico | *essere a —*, (*fig.*) stanco, demoralizzato o economicamente dissestato | *sentirsi mancare la — sotto i piedi*, (*fig.*) sentirsi perduto | *stare con i piedi sulla —, avere i piedi per —*, (*fig.*) essere realista **4** parte della superficie terrestre; paese, regione: *le terre polari*; *amare la propria —* | *— di nessuno*, zona neutra tra due eserciti contrapposti o tra due stati | *Terra Santa*, i luoghi della Palestina in cui visse Gesù Cristo | *— promessa*, quella che Dio promise ad Abramo e alla sua discendenza; (*estens.*) luogo o bene ardentemente atteso e desiderato | *far — bruciata*, (*fig.*) distruggere tutto **5** materiale incoerente e friabile che costituisce lo strato superficiale della crosta terrestre e contiene gli elementi necessari alla nutrizione delle piante; humus: *zolla di —* | lo stesso materiale in relazione all'attività agricola e di coltivazione delle piante: *zappare la —; — fertile* | terreno coltivabile; campagna; possedimento rurale: *i prodotti della —; i lavoratori della —*, i contadini; *avere un po' di —*, possedere del terreno coltivabile **6** *terre rare*, (*chim.*) gruppo di elementi, poco frequenti in natura, detti anche *lantanidi* **7** (*elettr.*) conduttore collegato al suolo con potenziale uguale a questo; il suolo considerato come conduttore rispetto al quale si misurano tutti gli altri potenziali: *presa a —* ♦ *agg.invar.* che si trova a livello del suolo: *piano —*, pianterreno | *terra terra*, rozzo, stupido, mediocre: *persona, discorso — —*.
terra-aria [tèr-ra-à-ria] *loc.agg.invar.* (*mil.*) si di-

ce di missile a testata esplosiva destinato a essere lanciato da terra verso bersagli aerei.

terracotta [ter-ra-còt-ta] *s.f.* [pl. *terrecotte*] argilla modellata e cotta nella fornace: *vaso di* — | oggetto artistico fatto di questo materiale: *una — smaltata*.

terracqueo [ter-ràc-que-o] *agg.* composto di terra e acqua: *il globo* —, la Terra.

terraferma [ter-ra-fér-ma] *s.f.* [pl. *terreferme*] terra, in contrapposizione al mare: *avvistare la* — | la parte continentale di una regione, in contrapposizione a quella insulare.

terraglia [ter-rà-glia] *s.f.* **1** varietà di ceramica porosa verniciata, impiegata nella fabbricazione di vasellame e articoli igienici invece della porcellana **2** *pl.* vasellame di questo materiale.

terramara [ter-ra-mà-ra] *s.f.* [pl. *terramare* o *terremare*] **1** caratteristica formazione a cumulo del terreno costituita dai resti di insediamenti preistorici **2** *pl.* resti di villaggi agricoli preistorici che risalgono alla media e tarda età del bronzo (1600-1200 a.C.).

terranova [ter-ra-nò-va] *s.m.invar.* grosso cane, simile al sanbernardo, ma con pelo uniformemente scuro, usato nel soccorso in acqua.

terrapieno [ter-ra-piè-no] *s.m.* terra ammassata come rinforzo o sostegno di muri, argini, fortificazioni, sedi stradali.

terrario [ter-rà-rio] *s.m.* installazione per l'allevamento di rettili nella quale si tenta di ricreare il loro ambiente naturale con terra, pietre e piante.

terra-terra [tèr-ra-tèr-ra] *loc.agg.invar.* (*mil.*) si dice di missile a testata esplosiva destinato a essere lanciato da terra su bersagli terrestri.

terrazza [ter-ràz-za] *s.f.* **1** superficie praticabile scoperta nel corpo di un edificio o a piano terra, recinta da parapetto. DIM. *terrazzina* **2** (*geog.*) ripiano orizzontale a una quota più elevata rispetto a quella del terreno circostante **3** ripiano ricavato in un terreno a forte pendenza e sostenuto da opere murarie, destinato a essere coltivato o edificato: *coltivazione a terrazze* **4** terrazzo.

terrazzamento [ter-raz-za-mén-to] *s.m.* **1** sistemazione di terreni a terrazze **2** (*geog.*) fenomeno di erosione che crea terrazze nelle valli o lungo le coste.

terrazzare [ter-raz-zà-re] *v.tr.* effettuare il terrazzamento.

terrazzato [ter-raz-zà-to] *agg.* sistemato a terrazze: *pendio* —.

terrazzino [ter-raz-zì-no] *s.m.* balcone.

terrazzo [ter-ràz-zo] *s.m.* **1** ripiano sporgente o rientrante rispetto al muro esterno di un edificio, cinto da ringhiera e sul quale si aprono porte-finestre. DIM. *terrazzino* **2** nell'alpinismo, spazio pianeggiante che interrompe la parete rocciosa, su cui è possibile sostare durante la scalata **3** terrazza.

terremotato [ter-re-mo-tà-to] *agg.* e *s.m.* [f. *-a*] che/chi è stato colpito da un terremoto: *zona terremotata*.

terremoto [ter-re-mò-to] *s.m.* **1** rapida e violenta vibrazione della crosta terrestre; sisma **2** (*fig.*) si dice di persona, animale o cosa che produce scompiglio: *quel bambino è un* —.

terreno[1] [ter-ré-no] *agg.* **1** che è di questa terra, di questo mondo, in contrapposizione a quanto è celeste, spirituale; mondano: *vita terrena* **2** che si trova al livello del suolo, della strada: *piano* —, pianterreno.

terreno[2] *s.m.* **1** la superficie della crosta terrestre; suolo, terra **2** porzione di terra più o meno estesa: — *argilloso, paludoso* | porzione di terra coltivata o coltivabile: — *fertile* | porzione di terra edificata o edificabile | *preparare il* —, (*fig.*) adoperarsi per facilitare il buon esito di qlco. che dovrà seguire| *tastare il* —, (*fig.*) cercare di conoscere qlcu. o qlco. prima di agire | *trovare il — adatto*, (*fig.*) l'ambiente, le condizioni favorevoli | — *di coltura*, (*biol.*) ogni materiale nutritivo su cui è possibile la crescita di microrganismi e di cellule in laboratorio **3** (*mil.*) campo di battaglia, zona di operazioni belliche: *guadagnare, perdere* —, avanzare, retrocedere; (*fig.*) avvantaggiarsi, restare indietro; migliorare, peggiorare nella propria situazione | (*sport*) campo di gioco: *giocare sul — avversario*; — *allentato*, reso molle dalla pioggia **4** (*fig.*) piano, ambito di un discorso, di una discussione, di un'azione.

terreo [tèr-re-o] *agg.* che ha l'aspetto o il colore della terra.

terrestre [ter-rè-stre] *agg.* **1** della Terra, relativo alla Terra: *la superficie, l'asse* — **2** di terra, della terra: *animali terrestri* ♦ *s.m.* e *f.* abitante della Terra; umano.

terribile [ter-rì-bi-le] *agg.* **1** che incute terrore, che dà angoscia: *sciagura, dubbio* — | (*iperb.*) straordinario, eccezionale: *un freddo* — **2** detto di persona, crudele, spietato: *un nemico* — | *maestro* —, troppo rigido | *bambino* —, (*scherz.*) discolo □ **terribilmente** *avv.* **1** in modo da terrorizzare: *sembianze — mostruose* **2** (*iperb.*) straordinariamente: *è — monotono*.

terriccio [ter-rìc-cio] *s.m.* strato superficiale del terreno, meno compatto di quello sottostante; humus | terra scelta e concimata, usata nel giardinaggio.

terricolo [ter-rì-co-lo] *agg.* (*biol.*) che vive sulla terra: *animale* —; *pianta terricola*.

terrier [/ ter'rje /] *s.m.invar.* (*fr.*) razza di cani da caccia dal corpo piuttosto corto e forte.

terriero [ter-riè-ro] *agg.* di terra, di terre: *proprietario* —, di terreni, di fondi.

terrificante [ter-ri-fi-càn-te] *agg.* che incute terrore: *scena* —.

terrificare [ter-ri-fi-cà-re] *v.tr.* [*io terrìfico, tu terrìfichi ecc.*] (*non com.*) incutere terrore; atterrire.

terrigno [ter-rì-gno] *agg.* che ha l'aspetto e il colore della terra; terroso.

terrina [ter-rì-na] *s.f.* (*region.*) piatto fondo che funge da zuppiera o insalatiera.

territoriale [ter-ri-to-rià-le] *agg.* di un territorio, del territorio: *estensione* — | che riguarda il territorio di uno stato o appartiene ad esso: *sovranità —*; *acque territoriali* □ **territorialmente** *avv.* rispetto al territorio.

territorialità [ter-ri-to-ria-li-tà] *s.f.* appartenenza a un territorio | *— di una legge*, principio per il quale una legge si applica a tutti coloro, cittadini o no, che si trovano su un dato territorio.

territorio [ter-ri-tò-rio] *s.m.* 1 porzione di terreno di notevole estensione: *— montuoso*, *pianeggiante* 2 zona costituente un'unità giurisdizionale e amministrativa: *— nazionale* 3 in etologia, area che un individuo o un gruppo animale difende dall'ingresso di individui estranei appartenenti alla stessa specie | (*ecol.*) ambiente: *i problemi del —* 4 nel baseball, campo di gioco.

terrone [ter-ró-ne] *agg.* e *s.m.* [f. *-a*] (*spreg.*) meridionale.

terrore [ter-ró-re] *s.m.* 1 sentimento di forte paura: *il — della morte*; *incutere —* 2 cosa o persona che incute terrore: *quell'insegnante è il — degli alunni* 3 metodo di governo basato su una feroce repressione.

terrorismo [ter-ro-rì-ʃmo] *s.m.* metodo di lotta politica basato su atti di violenza organizzata (attentati, omicidi, sabotaggi) al fine di rovesciare l'assetto politico-sociale esistente; l'insieme dei gruppi che praticano questo metodo | *— psicologico*, comportamento di chi induce terrore attraverso intimidazioni e pressioni psicologiche.

terrorista [ter-ro-rì-sta] *s.m.* e *f.* [pl.m. *-sti*] chi appartiene a un gruppo politico che pratica il terrorismo ♦ *agg.* terroristico.

terroristico [ter-ro-rì-sti-co] *agg.* [pl.m. *-ci*] 1 fondato sul terrore: *regime —* 2 relativo al terrorismo e ai terroristi: *attentato —* □ **terroristicamente** *avv.*

terrorizzare [ter-ro-riʒ-ʒà-re] *v.tr.* incutere, diffondere il terrore.

terroso [ter-ró-so] *agg.* 1 che contiene terra, che è sporco di terra 2 che ha aspetto simile a terra o proviene dalla terra: *sostanza terrosa.*

terso [tèr-so] *agg.* nitido, pulito: *aria tersa.*

terza [tèr-za] *s.f.* 1 la terza classe di una scuola: *essere promosso in —* 2 la terza marcia nel cambio delle auto e delle moto: *mettere la —* 3 (*mus.*) nel sistema tonale, intervallo tra due suoni la cui distanza è costituita da 3 note (p.e.: do-mi).

terzana [ter-zà-na] *agg.* e *s.f.* si dice di febbre malarica il cui accesso si verifica ogni terzo giorno, contando come primo il giorno dell'accesso precedente, perciò a giorni alterni.

terzetto [ter-zét-to] *s.m.* 1 (*mus.*) composizione a tre parti vocali; il gruppo dei tre esecutori 2 (*estens.*) insieme di tre persone accomunate da una caratteristica: *un — di mascalzoni.*

terziario [ter-zià-rio] *s.m.* 1 [f. *-a*] (*relig.*) membro di un terz'ordine: *— francescano* 2 (*geol.*) era terziaria; cenozoico 3 (*econ.*) settore terziario | *— avanzato*, quello che produce servizi caratterizzati dall'uso delle più avanzate tecnologie e dall'alta qualificazione professionale degli addetti ♦ *agg.* che viene per terzo, che occupa il terzo posto: *era terziaria* | *settore —*, (*econ.*) settore dei servizi, in quanto distinto da agricoltura (primario) e industria (secondario).

terzina [ter-zì-na] *s.f.* 1 (*metr.*) strofe di tre versi 2 (*mus.*) complesso di tre note di uguale valore che si esegue in un tempo corrispondente alla durata di due.

terzino [ter-zì-no] *s.m.* (*sport*) nel calcio, ciascuno dei due difensori più arretrati che agiscono sulle fasce laterali del campo: *— destro*, *sinistro.*

terzo [tèr-zo] *agg.num.ord.* che in una serie occupa il posto numero tre: *la terza classe* | *in — luogo*, nelle enumerazioni, al terzo posto | *roba di terz'ordine*, scadente | *terz'ordine*, nell'ambito di un ordine religioso, i laici che non entrano nell'ordine maschile (prim'ordine) o femminile (secondo ordine), ma si impegnano a vivere nel mondo secondo la spiritualità propria dell'ordine: *terz'ordine francescano* | *terza pagina*, nei giornali, la pagina riservata tradizionalmente alla cultura | *terza età*, la vecchiaia | *terza rima*, forma metrica costituita da una successione di terzine incatenate ♦ *s.m.* una terza persona, diversa da chi parla o da chi ascolta: *chiedere il parere di un —* | chi non è parte di un contratto, di un rapporto: *parlare con terzi*, *per conto terzi*, per conto di altre persone.

terzogenito [ter-zo-gè-ni-to] *agg.* e *s.m.* [f. *-a*] si dice del figlio nato per terzo.

terzomondismo [ter-zo-mon-dì-ʃmo] *s.m.* l'insieme dei problemi che riguardano il terzo mondo | atteggiamento di sostegno verso i paesi del terzo mondo.

terzomondista [ter-zo-mon-dì-sta] *agg.* che riguarda il terzo mondo, il terzomondismo ♦ *s.m.* [f. *-a*; pl.m. *-sti*] esperto di terzomondismo | sostenitore dei diritti del terzo mondo.

terzultimo [ter-zùl-ti-mo], o **terz'ultimo**, *agg.* e *s.m.* [f. *-a*] il terzo a partire dall'ultimo.

tesa [té-sa] *s.f.* parte sporgente del cappello che gira attorno alla base della cupola; falda.

tesare [te-sà-re] *v.tr.* [*io téso ecc.*] 1 tirare un cavo fino a dargli la tensione voluta: *— le funi* 2 (*mar.*) tendere una vela in modo che essa sia meno curva possibile sotto l'azione del vento.

tesaurizzare [te-ʃau-riʒ-ʒà-re] *v.tr.* e *intr.* [aus. dell'intr. *avere*] 1 (*econ.*) tenere ricchezza in forma di moneta 2 accumulare ricchezze | (*fig.*) far tesoro di qlco.

tesaurizzazione [te-ʃau-riʒ-ʒa-zió-ne] *s.f.* il tesaurizzare, l'essere tesaurizzato.

teschio [tè-schio] *s.m.* l'insieme delle ossa del capo; cranio | cranio di un cadavere.

tesi [tè-ʃi] *s.f.* 1 affermazione, enunciazione la cui validità si fonda su determinate argomentazioni: *confutare*, *sostenere una —* | (*estens.*) teoria, dottrina su un determinato argomento: *una — sull'origine della vita* 2 dissertazione scritta che deve essere presentata da uno studente a compimento di un corso di studi universitari: *— di laurea.* DIM. *tesina* 3 (*filos.*) il primo momen-

to del processo logico della dialettica, quello in cui si afferma una proposizione.
tesina [te-ʃì-na] *s.f.* nel linguaggio scolastico e universitario, breve dissertazione scritta che gli studenti devono o possono presentare e discutere preliminarmente o a complemento di un esame.
teso [té-so] *agg.* **1** in tensione fisica; tirato, rigido: *corda tesa*; *muscoli tesi* **2** in tensione psicologica: *sentirsi* — | che rivela tensione nervosa: *viso* — **3** che rivela atmosfera di tensione: *rapporti tesi* **4** allungato, proteso: *mano tesa*, per stringere quella altrui; anche, per offrire aiuto a qlcu. o chiedere l'elemosina; *stare con le orecchie tese*, (*fig.*) ascoltare attentamente | (*fig.*) indirizzato, inteso: *sforzi tesi alla realizzazione di un progetto*.
tesoreria [te-ʃo-re-rì-a] *s.f.* organo amministrativo che provvede alla gestione di cassa (incassi e pagamenti) dello stato e di altri enti pubblici.
tesoriere [te-ʃo-riè-re] *s.m.* **1** chi è a capo di una tesoreria **2** chi è incaricato della custodia di un tesoro.
tesoro [te-ʃò-ro] *s.m.* **1** grande quantità di oro, monete, oggetti preziosi riuniti insieme: *trovare un* — | oggetti preziosi, opere d'arte, arredi sacri e reliquie appartenenti a una chiesa o un santuario; (*estens.*) i locali in cui questi oggetti vengono conservati: *il — della basilica di S. Pietro* **2** erario pubblico: *ministero del* —, il dicastero responsabile della politica monetaria del governo e della emissione dei titoli di stato **3** (*fig.*) cosa a cui si attribuisce grande valore: *i tesori della scienza* | *fare — di qlco.*, tenerla in gran conto e valersene: *far — dei consigli altrui* | *caccia al* —, gioco in cui i concorrenti devono rintracciare degli oggetti che sono stati appositamente nascosti | *prov.*: *chi trova un amico trova un* — **4** (*fig.*) persona molto amata: — *mio!*; *un — di ragazza* | persona gentile, disponibile. DIM. *tesorino*, *tesoruccio*.
tessera [tès-se-ra] *s.f.* **1** piccolo rettangolo di cartoncino o di plastica con i dati anagrafici e la fotografia della persona a cui è intestato; serve come documento di riconoscimento o di associazione: — *di giornalista*; — *di abbonamento* | — *magnetica*, munita di banda magnetizzata che, identificata da un apposito apparecchio, consente al possessore di accedere a luoghi e servizi. DIM. *tesserina*, *tesserino* (m.) **2** ciascuno dei piccoli tasselli di pietra o altro materiale usati per comporre un mosaico **3** nome dei pezzi del gioco del domino.
tesseramento [tes-se-ra-mén-to] *s.m.* il tesserare: *campagna di* —, quella promossa da partiti, associazioni ecc. per procacciarsi nuovi iscritti.
tesserare [tes-se-rà-re] *v.tr.* [*io tèssero ecc.*] iscrivere a un'associazione, a un ente munendo di tessera: *essere tesserato presso una società sportiva* ♦ **tesserarsi** *v.intr.pron.* iscriversi a un'associazione, a un ente prendendone la tessera.
tesserato [tes-se-rà-to] *agg.* e *s.m.* [f. *-a*] che/chi è dotato di tessera essendo iscritto a un'associazione, a un ente.
tessere [tès-se-re] *v.tr.* [pres. *io tèsso ecc.*; pass.rem. *io tesséi*, *tu tessésti ecc.*; part.pass. *tessuto*] **1** intrecciare nel telaio, con la spola, i fili paralleli dell'ordito con i fili della trama per fare una stoffa: — *il lino* **2** (*estens.*) comporre a guisa di tessuto: — *una stuoia* **3** (*fig.*) comporre ordinatamente, con arte: — *un elogio* | (*fig.*) ordire, macchinare, tramare: — *congiure*.
tesserino [tes-se-rì-no] *s.m.* tessera.
tessile [tès-si-le] *agg.* che riguarda la tessitura: *industria* — | *prodotti tessili*, filati e tessuti | *fibre tessili*, che possono essere tessute ♦ *s.m.* **1** operaio, tecnico o industriale delle industrie tessili **2** *pl.* materiale prodotto dall'industria tessile.
tessitore [tes-si-tó-re] *s.m.* **1** [f. *-trice*] operaio addetto alla tessitura **2** (*estens.*) chi tesse; orditore: *Ulisse, — di inganni*.
tessitoria [tes-si-to-rì-a] *s.f.* stabilimento di tessitura | la bottega del tessitore e la sua attività.
tessitura [tes-si-tù-ra] *s.f.* **1** operazione, risultato, modo del tessere **2** stabilimento industriale in cui si tesse **3** (*estens.*) intreccio; lavoro d'intreccio **4** (*fig.*) trama, intreccio di un'opera letteraria **5** organizzazione, macchinazione: *la — di un complotto* **6** (*mus.*) ambito dei suoni, dal grave all'acuto, che una voce o uno strumento sono in grado di cantare o suonare; registro.
tessutale [tes-su-tà-le], o **tissutale**, *agg.* (*biol.*, *med.*) relativo a tessuto.
tessuto [tes-sù-to] *s.m.* **1** il manufatto ricavato dalla tessitura: — *impermeabile, di seta* | — *non* —, manufatto tessile prodotto con macchine diverse dal telaio (*p.e.* il feltro) **2** (*fig.*) insieme di elementi strettamente connessi: *il — di un'opera teatrale* | *il — urbano*, l'insieme degli elementi costitutivi della città **3** (*biol.*) insieme ordinato di cellule con struttura e funzioni analoghe: — *connettivo, muscolare*.
test [/ test /] *s.m.invar.* (*ingl.*) **1** insieme di domande standardizzate che servono a effettuare rilevamenti o valutazioni su una persona o su un gruppo di persone **2** accertamento, esperimento per trarre valutazioni su qlco.; esame, prova: — *nucleare*.
testa [tè-sta] *s.f.* **1** (*zool.*) la parte superiore o anteriore del corpo che contiene il cervello e i principali organi di senso | (*anat.*) parte superiore del corpo umano; capo: *mal di* —; *giramento di* —, vertigine; *dalla — ai piedi*, in tutto il corpo; *scuotere la* —, in segno di disapprovazione; *cacciatori di teste*, (*etnol.*) tribù che conservano, mummificate, le teste dei nemici uccisi; *voce di* —, (*mus.*) nel canto, tipo di emissione che si appoggia alla cavità faringea superiore; *domandare la — di qlcu.*, reclamarne la morte; (*estens.*) pretendere che sia esautorato; *scommettere, giocarsi la* —, (*iperb.*) per dire che si è sicuri di aver ragione. DIM. *testina*, *testolina* ACCR. *testona*, *testone* (m.) **2** zona del cranio umano rivestita di capelli: — *calva, bionda*; *grattarsi la* —, in segno di per-

plessità; *averne fin sopra la —*, non poterne più di qlco. | *lavata di —*, (*fig.*) energico rimprovero **3** (*fig.*) sede delle sensazioni, delle emozioni, delle funzioni intellettive umane: *colpo di —*, azione avventata; *fare di — propria*, agire senza accettare consigli; *passare per la —*, balenare improvvisamente; *dare alla —*, inebriare, esaltare; *far girare, far perdere la —*, far confondere, far innamorare; *dove hai la —?*, (*fam.*) si dice a chi è distratto; *non starci con la —*, (*fam.*) essere distratto o deconcentrato; *fare la — come un pallone, fare una — così*, (*fam.*) stordire con le chiacchiere; *avere la — a posto, sulle spalle*, essere saggio, equilibrato; *mettere la — a posto*, rinsavire; *mettersi in — qlco.*, convincersene; *mettersi in — di fare qlco.*, decidere di farla; *mettere qlco. in — a qlcu.*, fargliela capire o fargliela credere; *avere, entrare, far entrare in —*, in mente; *montarsi la —*, presumere troppo di sé; *andare a — alta*, (*fig.*) non avere da vergognarsi; *gettarsi a — bassa in qlco.*, dedicarvisi col massimo impegno; *piegare la —*, rassegnarsi, cedere; *non sapere dove sbattere la —*, non sapere dove trovare aiuto, quale soluzione adottare; *rompersi la —*, stillarsi il cervello per trovare la soluzione di qlco.; *tener — a un avversario*, fronteggiarlo efficacemente **4** persona, individuo: *pagare un tanto a —*; *— matta*, persona stravagante; *— calda*, persona impetuosa; *— dura*, persona ostinata; *— di legno, di rapa*, persona stupida; *— vuota*, persona superficiale o sciocca | *— di cuoio*, appartenente a un reparto militare o di polizia addestrato a operazioni di guerriglia **5** raffigurazione artistica della testa umana: *una — in bronzo* | *fare a — o croce*, gettare in alto una moneta perché, ricadendo a caso sull'una o sull'altra faccia, determini una decisione **6** parte anteriore o superiore di qlco.; estremità, testata: *la — di un chiodo*; *titoli di —*, didascalie iniziali di un film, di un programma televisivo; *essere, mettersi alla — di qlco.*, (*fig.*) alla guida, al comando | in ferrovia, parte iniziale del treno: *vettura di —*; *la carrozza ristorante è in —*; *stazione di —*, nella quale i binari non proseguono e il treno per ripartire deve invertire la marcia | (*mil.*) fronte, prima fila di un reparto: *la — di una colonna di soldati*; *— di ponte*, zona occupata di là da un corso d'acqua in territorio controllato dal nemico | (*sport*) prima posizione in una gara o una classifica: *essere, passare in —*; *teste di serie*, in un torneo a più gironi, i giocatori o le squadre migliori che vengono assegnati a gironi diversi affinché non si eliminino subito a vicenda; *arrivare — a —*, alla pari **7** *— di morto*, (*zool.*) nome di una grossa farfalla notturna **8** *— di moro*, color marrone scuro: *una borsa color — di moro*.

testacei [te-stà-cei] *s.m.pl.* (*zool.*) ordine di protozoi comuni nelle acque dolci stagnanti; vi appartengono alcuni tipi di amebe.

testa-coda [tè-sta-có-da] *loc.sost.m.invar.* sbandamento per cui un autoveicolo gira completamente su sé stesso.

testamentario [te-sta-men-tà-rio] *agg.* (*dir.*) del testamento; che avviene per testamento: *esecutore, lascito —*.

testamento [te-sta-mén-to] *s.m.* **1** (*dir.*) atto scritto con cui si dispone del proprio patrimonio per quando si sarà cessato di vivere | *— spirituale*, (*fig.*) i principi e i valori che una persona lascia in eredità ideale dopo la sua morte **2** (*relig.*) patto, alleanza tra Dio e l'uomo affidato alla Bibbia; ciascuna delle due parti della Bibbia: *Antico, Vecchio Testamento*, quello anteriore alla venuta di Gesù Cristo; *Nuovo Testamento*, quello che riguarda Gesù Cristo e i suoi apostoli.

testante [te-stàn-te] *agg.* e *s.m.* (*dir.*) si dice della persona che fa testamento; testatore.

testardaggine [te-star-dàg-gi-ne] *s.f.* l'essere testardo.

testardo [te-stàr-do] *agg.* e *s.m.* [f. *-a*] che/chi persiste in un'idea o in un comportamento anche contro evidenti difficoltà; ostinato, caparbio: *ragazzo — come un mulo* □ **testardamente** *avv.*

testare [te-stà-re] *v.tr.* [*io tèsto ecc.*] sottoporre a un test; verificare: *— un dispositivo, un programma informatico.*

testata [te-stà-ta] *s.f.* **1** la parte estrema, superiore o anteriore di qlco.: *la — del letto*; *— di un missile*, la parte anteriore dell'ultimo stadio, che contiene una carica esplosiva o porta un satellite artificiale | ognuna delle due parti estreme di elementi o costruzioni a sviluppo longitudinale: *— di una galleria*; *la — di un ponte*, ognuno dei due appoggi a terra | *la — di un molo*, l'estremità in mare **2** la parte alta della prima pagina di un giornale, contenente il nome del giornale | (*estens.*) giornale: *una — autorevole* **3** (*mecc.*) nei motori a combustione interna, blocco che costituisce la parete superiore dei cilindri **4** colpo dato con la testa: *dare una — contro il muro.*

testatore [te-sta-tó-re] *s.m.* [f. *-trice*] (*dir.*) chi fa o ha fatto testamento.

teste [tè-ste] *s.m.* e *f.* (*dir.*) testimone chiamato a deporre in un processo: *— d'accusa, a carico.*

testé [te-sté] *avv.* (*lett.*) poco fa.

tester [/ ˈtɛster /] *s.m.invar.* (*ingl.*) strumento portatile usato per verifiche e misurazioni di fenomeni elettrici.

testicolare [te-sti-co-là-re] *agg.* (*anat.*) relativo a testicolo.

testicolo [te-stì-co-lo] *s.m.* (*anat.*) ciascuna delle due ghiandole genitali maschili.

testiera [te-stiè-ra] *s.f.* **1** la parte del letto o del sedile che sta dietro alla testa; testata **2** testa di manichino usata da parrucchieri e modiste per disporvi parrucche o cappelli.

testimone [te-sti-mò-ne] *s.m.* e *f.* **1** la persona che assiste a un fatto o ne è a diretta conoscenza **2** (*dir.*) teste | persona che assiste alla stesura di un atto pubblico e lo sottoscrive: *far da — alle nozze* **3** (*estens.*) chi o ciò che può comprovare la verità, la validità di qlco.: *chiamare a — la propria coscienza* **4** ciò che attesta l'esistenza di qlco.; testimonianza: *rovine che sono testimoni di* *un'antica grandezza* **5** [solo *m.*] (*sport*) bastoncino che nelle corse a staffetta viene consegnato da un atleta al compagno che deve correre la successiva frazione di gara.

testimonial [/ testi'mɔnial /] *s.m.invar.* (*ingl.*) messaggio pubblicitario affidato a un personaggio famoso; il personaggio stesso che reclamizza il prodotto.

testimoniale [te-sti-mo-nià-le] *agg.* (*dir.*) di testimone, dei testimoni: *esame, prova —.*

testimonianza [te-sti-mo-niàn-za] *s.f.* **1** l'atto del testimoniare | la dichiarazione di un testimone: *— autorevole; falsa —* **2** (*estens.*) prova, attestazione: *— d'affetto* | segno, indizio: *una — di buona volontà.*

testimoniare [te-sti-mo-nià-re] *v.tr.* e *intr.* [*io testimònio ecc.*; aus. dell'intr. *avere*] **1** deporre, dichiarare in qualità di testimone: *— il vero; — su un fatto, a favore di qlcu.* **2** documentare, attestare: *una presenza testimoniata da molte tracce.*

testimonio [te-sti-mò-nio] *s.m.* **1** testimone **2** (*min.*) carota.

testina [te-stì-na] *s.f.* **1** testa piccola e graziosa **2** testa di agnello o vitello, macellata o cucinata **3** organo terminale di varie apparecchiature elettromeccaniche | *— del rasoio elettrico,* quella che contiene le lame | *— magnetica,* dispositivo che registra o cancella dati su un nastro magnetico.

testo [tè-sto] *s.m.* **1** l'insieme delle parole che compongono uno scritto o un discorso: *il — di una legge* **2** lo scritto nella sua forma originale, distinto da ciò che viene aggiunto come commento, spiegazione, traduzione: *traduzione con — a fronte; tavole fuori —* **3** libro autorevole, oggetto di studio: *i testi classici* | *— sacro,* libro che si considera rivelato o divinamente ispirato e che ha quindi valore normativo per una religione; (*scherz.*) si dice di libro basilare per una disciplina o un'attività | *far —,* essere un modello indiscusso, autorevole, esemplare | *libro di —,* quello ufficialmente usato da un docente come base di insegnamento di una materia **4** (*ling.*) qualsiasi enunciato linguistico in quanto venga sottoposto ad analisi **5** (*filol.*) il risultato della trasmissione scritta di un'opera.

testone [te-stó-ne] *s.m.* [f. *-a*] persona dalla testa grande | (*fig.*) persona stupida o testarda.

testosterone [te-sto-ste-ró-ne] *s.m.* (*chim. biol.*) ormone maschile indispensabile per il completo sviluppo e la normale funzionalità sessuale.

testuale [te-stu-à-le] *agg.* **1** (*ling., filol.*) che si riferisce al testo, che riguarda il testo: *critica —* **2** che riproduce esattamente un testo: *testuali parole* □ **testualmente** *avv.* in modo esattamente corrispondente, aderente a un testo: *riferire — qlco.*

testuggine [te-stùg-gi-ne] *s.f.* (*zool.*) tartaruga.

testura [te-stù-ra] *s.f.* (*lett.*) tessitura | struttura, intreccio.

teta [tè-ta] *s.m.* o *f.invar.* nome dell'ottava lettera dell'alfabeto greco.

tetanico [te-tà-ni-co] *agg.* [pl.m. *-ci*] (*med.*) del tetano; provocato dal tetano.

tetano [tè-ta-no] *s.m.* (*med.*) grave malattia infettiva caratterizzata da violente contrazioni muscolari.

tête-à-tête [/ teta'tɛt /] *loc.sost.m.invar.* (*fr.*) colloquio intimo fra due persone: *avere un — con qlcu.* ♦ *loc.avv.* e *agg.invar.* a tu per tu: *una cena —.*

tetra- primo elemento di parole composte, che significa 'quattro'.

tetraciclina [te-tra-ci-clì-na] *s.f.* (*chim.*) ciascuno degli appartenenti a una classe di antibiotici naturali o sintetici a largo spettro d'azione.

tetraedro [te-tra-è-dro] *s.m.* (*geom.*) poliedro con quattro facce triangolari.

tetraetile [te-tra-e-tì-le] *agg.* (*chim.*) si dice di composto la cui molecola contiene quattro gruppi etilici | *piombo —,* composto metallorganico usato come antidetonante per carburanti.

tetraggine [te-tràg-gi-ne] *s.f.* l'essere tetro.

tetragonale [te-tra-go-nà-le] *agg.* (*geom.*) che si riferisce a tetragono; che ha forma di tetragono.

tetragono [te-trà-go-no] *agg.* **1** (*geom.*) che ha quattro angoli **2** (*lett., fig.*) fermo, irremovibile, resistente ♦ *s.m.* (*geom.*) poligono con quattro angoli | solido con quattro spigoli.

tetragramma [te-tra-gràm-ma] *s.m.* [pl. *-mi*] parola di quattro lettere.

tetralogia [te-tra-lo-gì-a] *s.f.* **1** insieme di quattro opere, letterarie o musicali, che costituiscono un'unità o sono legate dalla stessa ispirazione **2** (*fig.*) serie composta da quattro elementi.

tetrametro [te-trà-me-tro] *agg.* e *s.m.* nella metrica classica, si dice di verso composto di quattro unità ritmiche.

tetrapak® [te-tra-pàk] *s.m.invar.* involucro poliedrico di carta paraffinata che serve per il trasporto e la conservazione di bevande (latte, succhi di frutta ecc.).

tetraplegia [te-tra-ple-gì-a] *s.f.* (*med.*) paralisi dei quattro arti.

tetraplegico [te-tra-plè-gi-co] *agg.* [pl.m. *-ci*] di tetraplegia ♦ *agg.* e *s.m.* [f. *-a*] che/chi è affetto da tetraplegia.

tetrapode [te-trà-po-de] *agg.* e *s.m.* (*zool.*) si dice di vertebrato che ha quattro arti, specie con riferimento ai rettili e agli anfibi.

tetrapodia [te-tra-po-dì-a] *s.f.* nella metrica classica, insieme di quattro piedi uguali.

tetrarca [te-tràr-ca] *s.m.* [pl. *-chi*] nel mondo antico, re che esercitava il dominio sulla quarta parte di un regno.

tetrarchia [te-trar-chì-a] *s.f.* ripartizione in quattro del territorio o del governo di uno stato.

tetrastico [te-trà-sti-co] *agg.* [pl.m. *-ci*] **1** (*metr.*) che consta di quattro versi: *strofa tetrastica* **2** (*arch.*) costituito da quattro parti o ordini: *porticato —.*

tetrastilo [te-trà-sti-lo] *agg.* (*archeol.*) che ha quattro colonne nella facciata: *tempio —.*

tetratomico [te-tra-tò-mi-co] *agg.* [pl.m. *-ci*] (*chim.*) formato da quattro atomi.
tetravaccino [te-tra-vac-cì-no] *s.m.* (*med.*) vaccino tetravalente.
tetravalente [te-tra-va-lèn-te] *agg.* 1 (*chim.*) che ha la proprietà di cedere, accettare o mettere in compartecipazione quattro elettroni di valenza: *elemento, gruppo* — 2 (*med.*) si dice di vaccino che comporta quattro immunizzazioni.
tetro [tè-tro] *agg.* (*lett.*) 1 scuro, buio; lugubre, pauroso: *un — carcere* 2 (*fig.*) cupo, triste: *essere d'umore* — □ **tetramente** *avv.*
tetta [tét-ta] *s.f.* (*fam.*) mammella di donna. DIM. *tettina* ACCR. *tettona.*
tettarella [tet-ta-rèl-la] *s.f.* cappuccio di gomma forato, a forma di capezzolo, che si applica al poppatoio, così che il lattante possa succhiarne il latte | succhiotto.
tettino [tet-tì-no] *s.m.* riparo sporgente da un muro, in genere moderatamente spiovente.
tetto [tét-to] *s.m.* 1 copertura di un edificio: *— a due spioventi; — di paglia* | copertura di un ambiente abitabile: *il — di una vettura.* DIM. *tettino, tettuccio* 2 (*estens.*) casa: *il — paterno* | *abbandono del — coniugale,* (*dir.*) violazione degli obblighi di assistenza familiare, che si realizza con l'abbandono del domicilio domestico 3 nel linguaggio degli alpinisti, tratto di roccia sporgente quasi ad angolo retto da una parete 4 (*fig.*) il punto più alto: *il — del mondo,* il monte più alto della terra | (*econ.*) limite massimo di una spesa, uno stanziamento ecc.: *il — dell'inflazione.*
tettoia [tet-tó-ia] *s.f.* 1 copertura parziale di un ambiente aperto, generalmente spiovente e sorretta da pilastri 2 ampia gronda; cornicione.
tettonica [tet-tò-ni-ca] *s.f.* branca della geologia che studia la struttura della crosta terrestre e le forze che ne determinano deformazioni e spostamenti.
tettonico [tet-tò-ni-co] *agg.* [pl.m. *-ci*] (*geol.*) relativo alla tettonica.
tettuccio [tet-tùc-cio] *s.m.* (*aut.*) la parte superiore dell'abitacolo dell'automobile: *— apribile,* parte del tetto mobile rispetto al resto.
teutonico [teu-tò-ni-co] *agg.* [pl.m. *-ci*] 1 che appartiene o si riferisce all'antica popolazione germanica dei Teutoni 2 (*spreg.* o *scherz.*) tedesco: *organizzazione teutonica.*
tev [/ tɛv /] *s.m.invar.* (*fis.*) unità di energia, usata in fisica nucleare, pari a un milione di milioni di volt-elettroni.
texano [te-xà-no] *agg.* del Texas ♦ *s.m.* [f. *-a*] nativo, abitante del Texas.
thai [thà-i] *agg. invar.* che appartiene o si riferisce a una famiglia etnolinguistica della penisola indocinese; siamese ♦ *s.m.invar.* 1 [anche *f.*] chi appartiene alla popolazione thai; siamese 2 lingua thai; siamese.
thailandese [thai-lan-dé-se], o tailandese, *agg.* della Thailandia ♦ *s.m.* 1 [anche *f.*] nativo, abitante della Thailandia 2 la lingua parlata in Thailandia.
the → **tè**.
thermos [thèr-mos], o termos, *s.m.invar.* recipiente termoisolante portatile per conservare caldi o freddi bevande o alimenti.
theta [thè-ta] *s.m.* o *f.invar.* nome dell'ottava lettera dell'alfabeto greco, resa con *th* nei caratteri latini.
thriller [/ 'triller /] *s.m.invar.* (*ingl.*) opera di genere poliziesco, con prevalenza di effetti di tensione e di violenza.
thrilling [/ 'trilliŋ /] *s.m.invar.* (*ingl.*) thriller.
ti[1] *pron.pers. di seconda pers.sing.* [forma complementare atona del pron.pers. *tu*] 1 si usa in luogo di *te* o *a te* quando non si vuol dare loro particolare rilievo: *ti richiamo domani*; *cosa ti ha detto?* | si usa nella coniugazione dei verbi riflessivi e intransitivi pronominali: *vestiti in fretta!*; *ti ricordi?* 2 esprime partecipazione diretta o indiretta all'azione espressa dal verbo: *ti sei preso il raffreddore* 3 con valore rafforzativo: *che ti immaginavi?*
ti[2] *s.f.* o *m.* nome della lettera *t.*
tiamina [ti-a-mì-na] *s.f.* (*chim.*) vitamina B_1.
tiara [tià-ra] *s.f.* 1 copricapo di antichi re e sacerdoti orientali; mitra 2 triregno.
tiaso [tì-a-ʃo] *s.m.* nell'antica Grecia, associazione religiosa dedita al culto dionisiaco; anche, la festa in onore di Dioniso, celebrata da tali associazioni.
tiberino [ti-be-rì-no] *agg.* del Tevere.
tibet [tì-bet] *s.m.invar.* stoffa di lana morbidissima e pregiata.
tibetano [ti-be-tà-no] *agg.* del Tibet ♦ *s.m.* 1 [f. *-a*] nativo, abitante nel Tibet 2 la lingua parlata nel Tibet.
tibia [tì-bia] *s.f.* 1 (*anat.*) osso che, insieme al perone, costituisce lo scheletro della gamba 2 nell'antichità classica, strumento musicale simile al flauto.
tibiale [ti-bià-le] *agg.* (*anat.*) della tibia.
tiburio [ti-bù-rio] *s.m.* (*arch.*) struttura che racchiude al suo interno una cupola.
tiburtino [ti-bur-tì-no] *agg.* di Tivoli ♦ *s.m.* [f. *-a*] abitante, nativo di Tivoli.
tic *inter.* riproduce un rumore lieve e secco ♦ *s.m.invar.* 1 (*med.*) contrazione frequente, rapida e involontaria di certi muscoli, spec. di quelli facciali, di origine nervosa 2 (*fig.*) abitudine singolare.
ticchettare [tic-chet-tà-re] *v.intr.* [*io ticchétto* ecc.; aus. *avere*] produrre un ticchettio.
ticchettio [tic-chet-tì-o] *s.m.* rumore prodotto da colpi frequenti, secchi e lievi: *il — della macchina per scrivere.*
ticchio[1] [tìc-chio] *s.m.* 1 tic 2 (*vet.*) abitudine di un animale di assumere posizioni anormali 3 (*fig.*) idea, voglia bizzarra; capriccio, ghiribizzo: *gli è saltato un — per la testa.*
ticchio[2] *s.m.* piccola macchia sul marmo o su frutti.

ticinese [ti-ci-né-se] *agg.* **1** del fiume Ticino **2** del Canton Ticino in Svizzera ♦ *s.m.* e *f.* chi è nato o abita nel Canton Ticino.
ticket [/ 'tiket /] *s.m.invar.* (*ingl.*) **1** biglietto, scontrino: *il — dell'autobus* **2** prezzo parziale di un servizio pubblico: *— sui medicinali.*
tic tac *loc.inter.* imita un rumore a colpi ritmici, secchi e lievi | Usato anche come *loc.sost.m.invar.*: *il — del pendolo.*
tie-break [/ tai'brɛk /] *s.m.invar.* (*ingl.*) (*sport*) nel tennis o nella pallavolo, gioco o set finale abbreviato.
tiepidezza [tie-pi-déz-za] *s.f.* l'essere tiepido.
tiepidità [tie-pi-di-tà] *s.f.* (*non com.*) tiepidezza.
tiepido [tiè-pi-do] *agg.* **1** non molto caldo: *caffè —.* DIM. *tiepidino* **2** (*fig.*) poco affettuoso; non entusiastico: *accoglienza tiepida* □ **tiepidamente** *avv.*
tifare [ti-fà-re] *v.tr.* e *intr.* [aus. *avere*] fare il tifo: *— per la squadra della propria città.*
tifernate [ti-fer-nà-te] *agg.* di Città di Castello, comune in provincia di Perugia ♦ *s.m.* e *f.* chi è nato o abita a Città di Castello.
tifico [tì-fi-co] *agg.* [pl.m. *-ci*] (*med.*) del tifo.
tiflo- primo elemento di parole composte della terminologia scientifica, che indica 'non vedente' o relazione coi non vedenti.
tiflografia [ti-flo-gra-fì-a] *s.f.* scrittura in rilievo, usata per i non vedenti.
tifo [tì-fo] *s.m.* **1** (*med.*) malattia infettiva caratterizzata da febbre elevata, cefalea e malessere generale **2** sostegno entusiastico tributato a una squadra sportiva, a un campione o anche a un personaggio popolare: *fare il — per il Milan.*
tifoide [ti-fòi-de], o **tifoideo** [ti-foi-dè-o], *agg.* (*med.*) che ha le caratteristiche del tifo: *febbre —.*
tifoidea [ti-foi-dè-a] *s.f.* febbre da infezione tifica.
tifone [ti-fó-ne] *s.m.* ciclone tropicale tipico dei mari dell'Asia sudorientale.
tifoseria [ti-fo-se-rì-a] *s.f.* insieme dei tifosi di una squadra sportiva.
tifoso [ti-fó-so] *agg.* e *s.m.* [f. *-a*] **1** (*med.*) che/chi è malato di tifo o di febbre tifoide **2** che/chi fa il tifo per una squadra sportiva, per un campione, per un personaggio popolare.
tigella [ti-gèl-la] *s.f.* (*region.*) sorta di schiacciata cotta tra due piastre, che si mangia con prosciutto o altro companatico.
tight [/ 'tait /] *s.m.invar.* (*ingl.*) abito maschile da cerimonia, composto di giacca nera a code e calzoni a righine verticali grigie e nere.
tigliacee [ti-glià-ce-e] *s.f.pl.* (*bot.*) famiglia di piante dicotiledoni a cui appartiene il tiglio.
tiglio [tì-glio] *s.m.* **1** albero con frutti a capsula, foglie cuoriformi e fiori giallastri profumatissimi, che forniscono un infuso leggermente sedativo **2** il legno del tiglio.
tiglioso [ti-glió-so] *agg.* duro, fibroso: *carne tigliosa.*
tigna [tì-gna] *s.f.* malattia della pelle localizzata nelle zone pelose che produce desquamazione, arrossamento e pustole.
tignola [ti-gnò-la] *s.f.* insetto le cui larve si nutrono di materiali di origine animale o vegetale danneggiandoli: *— della lana*, tarma.
tignosa [ti-gnó-sa] *s.f.* nome comune di funghi velenosi con cappello di colore bianco-verdastro, ocraceo o giallo e gambo provvisto di un anello e di una volva bianca.
tignoso [ti-gnó-so] *agg.* e *s.m.* [f. *-a*] **1** affetto da tigna **2** (*fig.*, *region.*) avaro | testardo, ostinato.
tigrato [ti-grà-to] *agg.* striato come il mantello della tigre: *gatto —.*
tigre [tì-gre] *s.f.* **1** felino asiatico grande e feroce, con manto fulvo a strisce scure, ventre, lati del muso e gola bianchi. DIM. *tigrotto* (m.) **2** (*fig.*) donna aggressiva e crudele.
tigrotto [ti-gròt-to] *s.m.* il piccolo della tigre.
tilde [tìl-de] *s.m.* o *f.* segno diacritico (~) che, sovrapposto a una lettera, ne indica una particolare pronuncia.
tilt [/ tilt /] *s.m.invar.* (*ingl.*) nei flipper, interruzione improvvisa del gioco che si ha quando il giocatore scuote con troppa energia il biliardino | *andare in —*, *fare —*, di un circuito elettrico o elettronico, subire un guasto; (*scherz.*) detto di persona, subire un blocco mentale, non capire più niente.
timballo [tim-bàl-lo] *s.m.* vivanda consistente in un involucro di pasta frolla o sfoglia ripieno di riso, carne, pesce o verdura, che si cuoce al forno.
timbrare [tim-brà-re] *v.tr.* apporre un timbro.
timbratura [tim-bra-tù-ra] *s.f.* il timbrare; stampigliatura.
timbrico [tìm-bri-co] *agg.* [pl.m. *-ci*] (*mus.*) che si riferisce al timbro.
timbro [tìm-bro] *s.m.* **1** attrezzo con una superficie recante scritte o disegni a rilievo che, inchiostrati, vengono riprodotti a pressione su carta; la scritta, il disegno così impressi | *— a secco*, che produce un'impressione a rilievo senza inchiostro **2** (*mus.*) qualità di un suono che, nella percezione, fonda l'individualità della fonte e la rende distinta da ogni altra: *il — di un violino*; *un bel — di voce* **3** (*fig.*) tono, tenore: *il — di un racconto.*
time out [/ 'taim 'aut /] *loc.sost.m.invar.* (*ingl.*) (*sport*) nella pallavolo e nella pallacanestro, breve sospensione del gioco richiesta dall'allenatore di una squadra.
timer [/ 'taimer /] *s.m.invar.* (*ingl.*) temporizzatore.
timidezza [ti-mi-déz-za] *s.f.* l'essere timido; il comportarsi da timido: *tacere per —.*
timido [tì-mi-do] *agg.* **1** schivo e riservato: *un ragazzo* **2** incerto, esitante: *un — saluto* ♦ *s.m.* [f. *-a*] persona timida □ **timidamente** *avv.* con timidezza.
timing [/ 'taimiŋ /] *s.m.invar.* (*ingl.*) serie di scadenze poste alle varie fasi di realizzazione di un progetto, un lavoro, un prodotto ecc.
timo[1] [tì-mo] *s.m.* (*anat.*) organo situato nel torace dietro lo sterno, che svolge un'importante funzione nella produzione degli anticorpi.
timo[2] *s.m.* (*bot.*) genere di arbusti sempreverdi

delle regioni mediterranee le cui foglie sono usate in gastronomia, profumeria e farmacia.
timocrazia [ti-mo-cra-zì-a] *s.f.* forma di governo nella quale il potere politico è esercitato solo dai cittadini forniti di un dato censo.
timone [ti-mó-ne] *s.m.* **1** stanga del carro o dell'aratro che serve di guida e a cui si attaccano gli animali da tiro **2** (*mar.*, *aer.*) organo mobile di un natante o di un velivolo, mediante il quale si mantiene o si varia la direzione del moto **3** (*fig.*) guida, direzione: *reggere il — dello stato*, governare.
timoneria [ti-mo-ne-rì-a] *s.f.* **1** (*mar.*; *aer.*) insieme degli organi che costituiscono e azionano un timone **2** (*aut.*) insieme degli organi che costituiscono e azionano lo sterzo.
timoniera [ti-mo-niè-ra] *s.f.* (*mar.*) locale sopraelevato di una nave, ove sono collocatla ruota del timone e gli altri organi di governo e comando.
timoniere [ti-mo-niè-re] *s.m.* [f. *-a*] (*mar.*) chi è addetto alla manovra del timone di un'imbarcazione.
timoniero [ti-mo-niè-ro] *agg.* del timone | che ha funzione di timone: *penne timoniere*, quelle della coda degli uccelli che servono da timone durante il volo.
timorato [ti-mo-rà-to] *agg.* che per timore di far cosa non giusta agisce con coscienza e scrupolo: *un ragazzo —* | *— di Dio*, che ha timore di Dio.
timore [ti-mó-re] *s.m.* **1** sentimento di apprensione e incertezza che si prova davanti a qlco. o qlcu. che rappresentino un pericolo o un danno veri o supposti; preoccupazione, trepidazione: *il — delle malattie*; *— di non essere promosso* **2** sentimento di rispetto e soggezione **3** *— di Dio*, (*teol.*) sottomissione fiduciosa dell'uomo a Dio.
timoroso [ti-mo-ró-so] *agg.* che è pieno di timore: *sguardo —* □ **timorosamente** *avv.* con timore.
timpanico [tim-pà-ni-co] *agg.* [pl.m. *-ci*] (*anat.*) che si riferisce al timpano: *membrana timpanica*.
timpano [tìm-pa-no] *s.m.* **1** (*anat.*) membrana in fondo al condotto uditivo esterno, che vibra per effetto delle onde sonore trasmettendo le vibrazioni alla catena degli ossicini | *cavità del —*, cavità contenente gli ossicini; orecchio medio | *rompere i timpani*, (*fig.*) assordare con grida o rumori molesti **2** (*mus.*) strumento a percussione costituito da una cassa metallica semisferica coperta da una pelle che si percuote con due mazze | (*lett.*) tamburo **3** (*arch.*) parete triangolare compresa fra la trabeazione orizzontale e le cornici oblique del frontone.
tinca [tìn-ca] *s.f.* pesce d'acqua dolce di media grandezza, dal corpo tozzo di color verde-oliva; si alleva nelle risaie dove distrugge le larve delle zanzare.
tinello [ti-nèl-lo] *s.m.* stanza adibita a soggiorno o saletta da pranzo.
tingere [tìn-ge-re] *v.tr.* [pres. *io tingo, tu tingi ecc.*; pass.rem. *io tinsi, tu tingésti ecc.*; part.pass. *tinto*] **1** dare a una cosa un colore diverso da quello che ha: *— una giacca di marrone*; *tingersi i capelli* **2** macchiare, sporcare; stingere **3** (*lett.*) colorare: *l'emozione le tinse il volto di rossore* ♦ **tingersi** *v.rifl.* **1** imbellettarsi | tingersi i capelli **2** (*fam.*) macchiarsi, sporcarsi ♦ *v.intr.pron.* colorarsi: *le nuvole si tingevano di rosa*.
tinnire [tin-nì-re] *v.intr.* [*io tinnisco, tu tinnisci ecc.*; aus. *avere*] (*lett.*) tintinnare, squillare con suoni brevi e argentini.
tino [tì-no] *s.m.* grande recipiente a forma di tronco di cono rovesciato che serve per la pigiatura dell'uva e la fermentazione del vino | recipiente di forma simile, usato per un'operazione industriale: *il — dell'altoforno*, nel quale vengono introdotti il carbone e il minerale di ferro.
tinozza [ti-nòz-za] *s.f.* recipiente simile al tino ma più largo e più basso, usato per fare il bucato e il bagno.
tinta [tìn-ta] *s.f.* **1** materia con cui si tinge: *un barattolo di —* **2** colore di un oggetto tinto: *una — vivace* | *mezza —*, colore non ben definito | *a — unita*, tutto dello stesso colore | *in —*, il cui colore lega con quello di un'altra cosa a cui si abbina **3** colore naturale: *la — di un fiore* **4** (*fig.*) modo di considerare e descrivere le cose: *vedere tutto a tinte fosche*, con pessimismo; *un romanzo a forti tinte*, con forti effetti drammatici.
tintarella [tin-ta-rèl-la] *s.f.* (*fam.*) abbronzatura.
tinteggiare [tin-teg-già-re] *v.tr.* [*io tintéggio ecc.*] dare la tinta; pitturare.
tinteggiatura [tin-teg-gia-tù-ra] *s.f.* il tinteggiare, l'essere tinteggiato.
tintin, o tin tin, *inter.* imita un suono squillante a colpi staccati | Usato anche come *s.m.invar.*: *il — del campanello*.
tintinnare [tin-tin-nà-re] *v.intr.* [aus. *avere* o *essere*] emettere ripetutamente un breve suono argentino.
tintinnio [tin-tin-nì-o] *s.m.* un tintinnare prolungato.
tinto [tìn-to] *agg.* **1** sottoposto a tintura **2** macchiato, sporco **3** (*lett.*) colorato.
tintore [tin-tó-re] *s.m.* [f. *-ra*] chi gestisce una tintoria.
tintoria [tin-to-rì-a] *s.f.* laboratorio dove si tingono tessuti, pelli | negozio che provvede alla smacchiatura, lavatura e stiratura di abiti.
tintura [tin-tù-ra] *s.f.* **1** operazione, modo, risultato del tingere: *la — delle pelli* | sostanza che serve a tingere: *— per capelli* | tinta, colore **2** soluzione alcolica di sostanze medicinali: *— di iodio*.
tio- primo elemento di parole composte della terminologia chimica, che significa 'zolfo' o stabilisce relazione con lo zolfo (*tioacido*).
tioacido [tio-à-ci-do] *s.m.* (*chim.*) acido in cui uno o più atomi di ossigeno sono stati sostituiti da altrettanti atomi di zolfo.
-tipia secondo elemento di parole composte, che significa 'stampa'.
tipicità [ti-pi-ci-tà] *s.f.* qualità di ciò che è tipico.
tipico [tì-pi-co] *agg.* [pl.m. *-ci*] **1** proprio di un tipo; caratteristico di qlcu. o qlco.: *segno —*; *cucina tipica* **2** che costituisce un tipo; caratteristi-

co, esemplare: *caso* — **3** che si conforma a un tipo: *contratto* — □ **tipicamente** *avv.*
tipizzare [ti-piʒ-ʒà-re] *v.tr.* uniformare a un tipo; standardizzare.
tipizzazione [ti-piʒ-ʒa-zió-ne] *s.f.* il tipizzare, l'essere tipizzato; standardizzazione.
tipo [tì-po] *s.m.* **1** modello da cui si traggono copie **2** (spec. *pl.*) carattere tipografico mobile **3** caso caratteristico di un determinato genere; esempio, modello: *un nuovo — di automobile*; *una giacca di — sportivo* | genere, specie: *frequenta persone del suo —* | —, *sul — di*, simile a: *una stoffa — grisaglia* **4** (*zool.*, *bot.*) categoria superiore alla classe e inferiore al regno **5** [f. *-a*, fam.] un tale, uno sconosciuto: *oggi un — ti ha cercato* | persona adatta: *era il — che cercava* | persona originale, bizzarra: *un — strano*; *è un —*, si dice di persona attraente pur non essendo bella. DIM. *tipetto*, *tipino* PEGG. *tipaccio* **6** (*teat.*) personaggio che risponde a uno stereotipo ♦ *agg.invar.* che fa da modello; tipico: *una domanda —*; *famiglia —*.
tipo-, **-tipo** primo e secondo elemento di parole composte, che significa 'tipo' (*prototipo*), 'stampo' (*tipografia*).
tipografia [ti-po-gra-fì-a] *s.f.* **1** procedimento di stampa con i caratteri in rilievo | (*estens.*) l'insieme delle arti grafiche **2** laboratorio o stabilimento in cui si stampa.
tipografico [ti-po-grà-fi-co] *agg.* [pl.m. *-ci*] della tipografia, della stampa: *carattere*, *errore* — □ **tipograficamente** *avv.* per quanto riguarda la stampa.
tipografo [ti-pò-gra-fo] *s.m.* [f. *-a*] chi esercita l'arte della stampa.
tipolitografia [ti-po-li-to-gra-fì-a] *s.f.* laboratorio o stabilimento che esegue lavori di tipografia e litografia.
tipologia [ti-po-lo-gì-a] *s.f.* [pl. *-gie*] classificazione e descrizione dei diversi tipi di una categoria.
tipologico [ti-po-lò-gi-co] *agg.* [pl.m. *-ci*] di tipologia: *studio* — □ **tipologicamente** *avv.* da un punto di vista tipologico.
tip tap, o **tippe tappe**, *loc.inter.* imita un rumore secco e ritmico ♦ *loc.sost.m.invar.* **1** il suono stesso: *si udì un fitto* — **2** ballo che si esegue battendo ritmicamente sul pavimento la punta e il tacco delle scarpe.
tir, o **TIR**, *s.m.invar.* autotreno o autoarticolato che effettua un trasporto merci internazionale in Europa.
tirabaci [ti-ra-bà-ci] *s.m.* (*scherz.*) ricciolo appiattito sulla fronte o sulla guancia.
tiraggio [ti-ràg-gio] *s.m.* aspirazione di aria in un camino.
tiralatte [ti-ra-làt-te] *agg.* e *s.m.invar.* si dice di pompetta per tirare artificialmente il latte dalle mammelle di una puerpera.
tiralinee [ti-ra-lì-ne-e] *s.m.invar.* strumento da disegno usato come guida per tracciare linee.
tiramisù [ti-ra-mi-sù] *s.m.invar.* semifreddo a base di pan di Spagna, mascarpone, uova, e spolverato di cacao.
tiranneggiare [ti-ran-neg-già-re] *v.tr.* e *intr.* [*io tirannéggio ecc.*; aus. dell'intr. *avere*] governare con modi tirannici: — *un popolo* | (*estens.*) trattare con eccessiva durezza: — *i figli*.
tirannesco [ti-ran-né-sco] *agg.* [pl.m. *-schi*] (*non com.*) tirannico.
tirannia [ti-ran-nì-a] *s.f.* **1** governo assoluto e dispotico; dittatura: *la — nazista* | (*estens.*) autorità prepotente; atto, comportamento da prepotente: *la — paterna*; *questa è una —!* **2** (*fig.*) drastica costrizione: *la — del tempo*.
tirannicida [ti-ran-ni-cì-da] *s.m.* e *f.* [pl.m. *-di*] uccisore di un tiranno.
tirannicidio [ti-ran-ni-cì-dio] *s.m.* uccisione di un tiranno.
tirannico [ti-ràn-ni-co] *agg.* [pl.m. *-ci*] proprio di un tiranno; dispotico □ **tirannicamente** *avv.*
tirannide [ti-ràn-ni-de] *s.f.* governo di un tiranno; tirannia.
tiranno [ti-ràn-no] *s.m.* [f. *-a*] **1** chi esercita una tirannia; despota, dittatore | (*estens.*) chi abusa della propria autorità in modo dispotico: *fare il — con i dipendenti* **2** (*fig.*) ciò che costituisce un forte condizionamento: *l'amore è —* ♦ *agg.* dispotico, prepotente: *un padrone —*.
tirannosauro [ti-ran-no-sàu-ro] *s.m.* grande dinosauro carnivoro americano del cretaceo, caratterizzato da un grosso cranio.
tirante [ti-ràn-te] *s.m.* dispositivo che agisce per trazione e serve a tenere unite o ferme più parti di una struttura o per tenere in tensione un elemento ad esso collegato.
tirapiedi [ti-ra-piè-di] *s.m.* e *f.* (*spreg.*) chi serve una persona secondandone senza dignità tutti i desideri.
tirapugni [ti-ra-pù-gni] *s.m.* arma illegale costituita da quattro anelli metallici in cui si infilano le dita strette a pugno.
tirare [ti-rà-re] *v.tr.* **1** imprimere a qlco. o a qlcu. un movimento per tenderlo, avvicinarlo a sé, trascinarlo nella propria direzione: — *una corda*; — *qlcu. per un braccio* | — *il fiato*, inspirare; respirare; (*fig.*) avere un momento di calma, di sollievo | — *qlcu. per i capelli*, (*fig.*) indurlo a fare qlco. sebbene riluttante | — *gli orecchi a qlcu.*, (*fig.*) ammonirlo, rimproverarlo | — *le reti*, portarle a riva o a bordo della barca per raccogliere il pesce | — *i remi in barca*, sollevarli dall'acqua e deporli sul fondo della barca; (*fig.*) desistere da un'impresa | — *qlcu. dalla propria parte*, (*fig.*) guadagnarsene l'appoggio | — *via*, togliere, asportare | — *giù*, prendere da un luogo in alto | — *su*, prendere da un luogo in basso; erigere, costruire; (*fig.*) risollevare l'umore di qlcu.: — *su un muro*; *le vacanze l'hanno tirato su*; *tirarsi su le calze*, indossarle; — *su un bambino*, (*fig.*) allevarlo; | *tirarsi dietro qlco.*, *qlcu.*, (*fam.*) portarlo con sé | *tirarsi addosso*, farsi cadere addosso; attirarsi: *si è tirato addosso mille critiche* **2** imprimere a qlco. un movimento, allontanandola da sé; lanciare: — *un sasso* | dare, portare: — *pugni* | — *fuori*, estrarre; (*fig.*) dire qlco. che si teneva nascosto: —

fuori la verità **3** di materiale o di oggetto deformabile, tenderlo, allungarlo: — *un elastico* | — *una riga*, tracciarla | — *in lungo*, (*fig.*) prolungare: — *in lungo una discussione* **4** ricavare una cosa da un'altra: — *le somme, le conseguenze* **5** portare a una determinata condizione: — *a cera i pavimenti* **6** stampare: *un quotidiano di cui si tirano centomila copie* **7** nel ciclismo, porsi in testa al gruppo e farne l'andatura ♦ *v.intr.* [aus. *avere*] **1** prendere e trascinare a sé, nella propria direzione | — *su col naso*, (*fam.*) inspirare rumorosamente | — *avanti*, (*fig.*) trascinare una vita stentata: *tira avanti come può* | — *diritto*, continuare per la propria strada; (*fig.*) tendere con decisione a un obbiettivo | — *via*, (*fig.*) agire in fretta e male | — *a campare*, vivere alla meglio **2** lanciare, scagliare: *una fionda che tira forte* | lanciare nei giochi: — *in porta*, lanciare la palla | lanciare con un'arma da getto o da sparo; usare un'arma per colpire: — *con l'arco* | mirare, tendere: — *al bersaglio* | — *a indovinare*, cercare di indovinare a casaccio **3** esercitare un'attrazione; essere molto richiesto: *un prodotto che tira* **4** spirare, soffiare: *tira vento* | *che aria tira?*, (*fig.*) come si prospetta la situazione? | avere tiraggio: *il camino non tira* **5** stringere; essere eccessivamente teso: *una gonna che tira in vita* **6** (*fig.*) contrattare al fine di ottenere uno sconto: — *sul prezzo* ♦ **tirarsi** *v.rifl.* muoversi, spostarsi: — *in là*, spostarsi di lato; — *su*, alzarsi; (*fig.*) sollevarsi fisicamente o moralmente | — *indietro*, spostarsi indietro; (*fig.*) rinunciare a qlco.; sottrarsi a un impegno.

tirassegno [ti-ras-sé-gno] *s.m.* l'attività di chi tira con un'arma contro un bersaglio; il luogo dove si svolge questa attività.

tirata [ti-rà-ta] *s.f.* **1** il tirare una sola volta: *una — di capelli*; — *d'orecchi*, (*fig.*) rimprovero | (*fam.*) singola inspirazione di fumo da una sigaretta, un sigaro ecc. **2** azione compiuta senza interruzione: *fare tutta una — da Milano a Parigi* **3** lungo discorso polemico | (*teat.*) monologo, battuta di notevole lunghezza.

tiratardi [ti-ra-tàr-di] *s.m.* e *f.* (*scherz.*) chi è solito far tardi.

tirato [ti-rà-to] *agg.* **1** teso: *corda tirata*; *viso — per la stanchezza* **2** sforzato, stentato: *un sorriso —* **3** avaro, tirchio.

tiratore [ti-ra-tó-re] *s.m.* [f. *-trice*] chi è abile nel tirare con armi da fuoco | *franco* —, cecchino; (*fig.*) parlamentare che, nelle votazioni a scrutinio segreto, vota diversamente dal suo gruppo.

tiratura [ti-ra-tù-ra] *s.f.* (*tip.*) stampa di più copie; il numero complessivo delle copie stampate: *giornale ad alta —*; *una — di ventimila copie*.

tiravolista [ti-ra-vo-lì-sta] *s.m.* e *f.* [pl.m. *-sti*] chi pratica lo sport del tiro a volo.

tirchieria [tir-chie-rì-a] *s.f.* (*fam.*) l'essere tirchio | atto da tirchio.

tirchio [tìr-chio] *agg.* e *s.m.* [f. *-a*] (*fam.*) che/chi è tirato nello spendere; taccagno. PEGG. *tirchiaccio*.

tiremmolla [ti-rem-mòl-la], o tira e molla, *s.m.invar.* (*fam.*) **1** continuo alternarsi di decisioni o azioni contrastanti tra loro: *accordarsi dopo un lungo —* **2** [anche *f.*] persona indecisa.

tireosi [ti-re-ò-ʃi] *s.f.* (*med.*) disfunzione della tiroide.

tireotropina [ti-reo-tro-pì-na] *s.f.* (*chim.*, *biol.*) proteina elaborata dall'ipofisi anteriore, che regola la funzione della tiroide; è detta anche *ormone tireotropo*.

tireotropo [ti-re-ò-tro-po] *agg.* (*med.*) che agisce sulla tiroide: *ormone* —, tireotropina.

tiretto [ti-rét-to] *s.m.* (*region.*) cassetto.

tiritera [ti-ri-tè-ra] *s.f.* filastrocca | (*estens.*) discorso lungo e noioso.

tiro [tì-ro] *s.m.* **1** il tirare: — *alla fune* | traino di un veicolo mediante animali; il veicolo trainato e gli animali che trainano: *cavalli da —*; *un — di buoi* **2** il lanciare; lo scagliare durante un gioco, con un'arma; ogni singolo lancio: *un — di dadi*; — *al piattello* | — *a segno*, tirassegno | — *a volo*, quello con armi da fuoco a bersagli volanti come piccioni o piattelli; il luogo dove si tengono tali esercitazioni | *essere a —*, *fuori —*, essere, non essere alla portata di un'arma; (*fig. fam.*) essere, non essere a portata di mano | *venire a —*, (*fig. fam.*) capitare sotto le mani | *a un — di schioppo*, molto vicino **3** (*fig.*) cattiva azione ai danni di qlcu.: *giocare un brutto — a qlcu.*

tirocinante [ti-ro-ci-nàn-te] *agg.* e *s.m.* e *f.* che/chi fa un tirocinio.

tirocinio [ti-ro-cì-nio] *s.m.* addestramento pratico in una professione o in un mestiere; il periodo dell'addestramento.

tiroide [ti-ròi-de] *s.f.* (*anat.*) ghiandola a secrezione interna, situata nella parte anteriore del collo, producente un ormone che presiede alla crescita dell'organismo.

tiroideo [ti-roi-dè-o] *agg.* (*med.*) della tiroide.

tiroidismo [ti-roi-dì-ʃmo] *s.m.* (*med.*) alterata funzionalità della tiroide.

tirolese [ti-ro-lé-se] *agg.* del Tirolo ♦ *s.m.* e *f.* abitante, nativo del Tirolo ♦ *s.f.* danza e melodia popolare del Tirolo, di movimento vivace.

tiroxina [ti-ro-xì-na] *s.f.* (*biol.*) ormone prodotto dalla tiroide; è usato come farmaco contro l'ipotiroidismo e l'obesità.

tirrenico [tir-rè-ni-co] *agg.* [pl.m. *-ci*] del mar Tirreno.

tirreno [tir-rè-no] *agg.* e *s.m.* [f. *-a*] che/chi apparteneva a una popolazione preindeuropea stanziata nell'Etruria.

tirso [tìr-so] *s.m.* **1** (*mit.*) asta attorcigliata a un'estremità da pampini e edera, attributo del dio greco Dioniso (a Roma, Bacco) **2** (*bot.*) pannocchia.

tisana [ti-ʃà-na] *s.f.* infuso o decotto di sostanze vegetali.

tisi [tì-ʃi] *s.f.* (*med.*) tubercolosi polmonare.

tisichezza [ti-ʃi-chéz-za] *s.f.* (*med.*) l'essere tisico | (*estens.*) debolezza estrema.

tisico [tì-ʃi-co] *agg.* [pl.m. *-ci*] **1** (*med.*) che è affetto da tisi **2** (*estens.*) debole, gracile ♦ *s.m.* [f. *-a*] persona affetta da tisi.

tisiologia [ti-ʃio-lo-gì-a] *s.f.* branca della medicina che riguarda lo studio e i sistemi di cura della tubercolosi.
tisiologo [ti-ʃiò-lo-go] *s.m.* [f. *-a*; pl.m. *-gi*] medico specialista in tisiologia.
tissulare [tis-su-là-re] *agg.* (*biol.*) di tessuto, che concerne i tessuti; tessutale.
tissutale → **tessutale**.
titanico [ti-tà-ni-co] *agg.* [pl.m. *-ci*] gigantesco, straordinario.
titanio [ti-tà-nio] *s.m.* elemento chimico di simbolo *Ti*; è un metallo d'aspetto argenteo, duro e leggero, usato per produrre leghe speciali.
titanismo [ti-ta-nì-ʃmo] *s.m.* (*lett.*) atteggiamento di ribellione verso tutto ciò che limita gli slanci vitali dell'uomo.
titano [ti-tà-no] *s.m.* persona che ha una forza eccezionale; persona che per le sue qualità straordinarie eccelle in un'attività.
titillamento [ti-til-la-mén-to] *s.m.* il titillare, l'essere titillato.
titillare [ti-til-là-re] *v.tr.* solleticare leggermente.
titolare[1] [ti-to-là-re] *agg.* e *s.m.* e *f.* **1** che/chi ricopre a pieno titolo un ufficio, un incarico: *professore —* **2** (*dir.*) che/chi è il legittimo soggetto di un rapporto giuridico: *il — di un diritto* | (*estens.*) proprietario: *il — di una tabaccheria.*
titolare[2] *v.tr.* [*io tìtolo ecc.*] fornire di titolo o di titoli un libro, un film ecc.; intitolare.
titolarità [ti-to-la-ri-tà] *s.f.* l'essere titolare.
titolato [ti-to-là-to] *agg.* e *s.m.* [f. *-a*] che/chi ha un titolo nobiliare.
titolatrice [ti-to-la-trì-ce] *s.f.* apparecchiatura cinematografica per la composizione e la ripresa di titoli e didascalie di un film.
titolatura [ti-to-la-tù-ra] *s.f.* il titolare, il modo di intitolare.
titolazione [ti-to-la-zió-ne] *s.f.* **1** titolatura **2** (*chim.*) determinazione del titolo di una sostanza in una lega, una soluzione, una miscela | (*ind. tess.*) determinazione del titolo di un filato.
titolista [ti-to-lì-sta] *s.m.* e *f.* [pl.m. *-sti*] **1** (*giorn.*) redattore che provvede alla formulazione dei titoli di un giornale **2** (*cine.*) chi cura la titolatura di un film.
titolo [tì-to-lo] *s.m.* **1** nome o breve frase con cui si indica il soggetto di un testo, di un'opera d'arte; intestazione delle varie parti di un libro: *il — di una poesia, di un quadro* | *titoli di testa, di coda*, didascalie che precedono o seguono un film o un programma televisivo **2** appellativo che spetta a una persona per il suo grado, gli studi compiuti, l'attività che esercita o suoi meriti particolari; documento che comprovi il diritto a ricevere un determinato appellativo: *— di studio*; *il — di campione europeo* | (*estens.*) nomea, fama: *il — d'eroe* **3** (*dir.*) fatto giuridico per effetto del quale un diritto viene attribuito a un soggetto; il documento che lo comprova: *il contratto di vendita è —* | (*estens.*) diritto, autorità che giustifica qlco.: *che — hai per farmi questo rimprovero?* | *a — di*, sotto forma di, con valore di: *far qlco. a — di amicizia* **4** (*fin.*) azione, obbligazione: *— di credito*, documento che contiene la promessa da parte di un debitore di compiere una prestazione: *— al portatore, nominativo*; *— di stato, del debito pubblico*, documento rappresentativo del debito dello stato verso un sottoscrittore di un prestito pubblico **5** nei concorsi pubblici, ogni qualifica documentata di un candidato che serve ad assegnargli una data valutazione: *un concorso per titoli* **6** (*chim.*) la percentuale di una determinata sostanza in una lega, una soluzione, una miscela | *— dell'oro*, rapporto in ventiquattresimi (carati) o in millesimi fra il peso dell'oro puro e quello complessivo della lega | (*ind. tess.*) grandezza che definisce il grado di finezza di un filato.
titolone [ti-to-ló-ne] *s.m.* titolo di giornale scritto a grandi lettere oppure altisonante.
titubante [ti-tu-bàn-te] *agg.* incerto, esitante.
titubanza [ti-tu-bàn-za] *s.f.* l'essere titubante; comportamento da persona titubante.
titubare [ti-tu-bà-re] *v.intr.* [*io tìtubo ecc.*; aus. *avere*] essere, mostrarsi incerto, dubbioso; esitare.
tivù [ti-vù] *s.f.* (*fam.*) televisione.
tizianesco [ti-zia-né-sco] *agg.* [pl.m. *-schi*] del pittore veneto Tiziano Vecellio (ca 1490-1576) | *biondo, rosso —*, colore biondo-fulvo, caratteristico delle capigliature femminili dei dipinti di Tiziano.
tizio [tì-zio] *s.m.* [f. *-a*] persona di poca importanza; persona che non si vuole o non si sa indicare con precisione: *è venuto un — a cercarlo*; *Tizio, Caio e Sempronio*, per indicare genericamente tre persone.
tizzo [tìz-zo] *s.m.* tizzone | *nero come un —*, nerissimo.
tizzone [tiz-zó-ne] *s.m.* pezzo di legno o di carbone che sta bruciando.
tmesi [tmè-ʃi] *s.f.* (*ling.*) divisione delle parti di una parola composta in parole distinte; è procedimento tipico del linguaggio poetico, frequente nelle lingue classiche | nella metrica italiana, la divisione in due parti, quasi sempre su basi etimologiche, di una parola, delle quali la prima è posta alla fine del verso e l'altra all'inizio del verso successivo.
to' [tò], o **toh**, *inter.* (*fam.*) **1** si dice nel porgere qlco. a qlcu.; equivale a *prendi, tieni*: *to' questi pochi soldi* | si dice anche nell'accompagnare un colpo: *to', prendi questo!* **2** con valore esclamativo, esprime meraviglia: *to', guarda chi si vede!*
toast [/ tɔst /] *s.m.invar.* (*ingl.*) panino imbottito tostato fatto con due fette di pane a cassetta.
toboga [to-bò-ga] *s.m.invar.* **1** slitta piccola e molto maneggevole **2** vagoncino di un otto volante | scivolo acquatico.
toc [tòc] *inter.* imita il rumore dei colpi battuti a una porta (è per lo più ripetuto).
tocai → **tokaj**.
toccamento [toc-ca-mén-to] *s.m.* (*non com.*) il toccare, il toccarsi, l'essere toccato.
toccante [toc-càn-te] *agg.* che tocca il cuore; commovente.

toccare [toc-cà-re] *v.tr.* [*io tócco, tu tócchi ecc.*] **1** essere a contatto con qlcu. o qlco.: *— con la mano; il tavolo tocca il muro; — con mano,* (*fig.*) accertarsi personalmente di qlco. | nella scherma, colpire l'avversario regolarmente | (*assol.*) in acqua, raggiungere coi piedi il fondo tenendo fuori la testa **2** (*estens.*) manomettere; usare: *non toccate le mie cose; non — libro,* non leggere, non studiare; *non — cibo,* non mangiare **3** raggiungere: *— il soffitto; — un porto,* farvi scalo; *— una città,* transitarvi; *— terra,* approdare; atterrare | *— il cielo con un dito,* (*fig.*) essere al massimo della felicità **4** (*fig.*) dire, fare qlco. che provochi risentimento o turbamento: *— qlcu. nei suoi interessi; — il cuore di qlcu.,* commuoverlo; *— nel vivo qlcu.,* colpirlo in un punto debole | (*assol.*) commuovere, colpire: *sono cose che toccano profondamente* **5** (*fig.*) riguardare, interessare: *un problema che tocca tutti* **6** (*fig.*) trattare brevemente: *— un argomento* ♦ *v.intr.* [aus. *essere*] **1** capitare: *— in sorte* **2** essere costretto: *mi tocca partire oggi* **3** appartenere; spettare: *il premio tocca a lui; tocca a te giocare* ♦ **toccarsi** *v.rifl.rec.* essere in contatto: *erano così vicini da —.*

toccasana [toc-ca-sà-na] *s.m.invar.* rimedio efficacissimo.

toccata [toc-cà-ta] *s.f.* **1** il toccare una volta. DIM. *toccatina* **2** (*mus.*) composizione per strumenti a tastiera: *— e fuga.*

toccato [toc-cà-to] *agg.* **1** nella scherma, colpito regolarmente **2** (*fig.*) colpito intimamente da un detto o da un fatto: *un uomo — negli affetti* **3** un po' matto; tocco.

tocco[1] [tóc-co] *agg.* [pl.m. *-chi*] **1** che non ha il cervello del tutto a posto; picchiato: *è un po' —* **2** ammaccato, detto di frutto.

tocco[2] *s.m.* [pl. *-chi*] **1** atto del toccare; toccata: *un — di cipria; un — di bacchetta magica* | *dare gli ultimi tocchi a un lavoro,* completarlo, rifinirlo **2** (*pitt.*) colpo di pennello: *schizzò il ritratto con pochi tocchi* | (*estens.*) modo di dipingere: *un pittore dal — inconfondibile* **3** (*mus.*) modo di suonare uno strumento **4** (*sport*) modo di colpire la palla **5** colpo secco battuto contro qlco. | rintocco.

tocco[3] [tòc-co] *s.m.* [pl. *-chi*] grosso pezzo: *un — di formaggio* | *un — di ragazza,* (*fig.*) una ragazza bella e prosperosa. DIM. *tocchetto, tocchettino.*

tocco[4] *s.m.* [pl. *-chi*] berretto tondo, senza tesa, usato dai magistrati, dagli avvocati e dai professori universitari quando indossano la toga.

toeletta → **toletta**.

toga [tò-ga] *s.f.* **1** ampio e lungo mantello di lana che gli antichi romani portavano sopra la tunica **2** lunga sopravveste nera indossata dai magistrati, dagli avvocati e dai professori universitari in occasioni solenni.

togato [to-gà-to] *agg.* **1** che indossa la toga **2** (*fig.*) solenne, aulico: *stile —.*

togliere [tò-glie-re] *v.tr.* [pres. *io tòlgo, tu tògli, egli tòglie, noi togliamo, voi togliéte, essi tòlgono;* pass.rem. *io tòlsi, tu togliésti ecc.;* congiunt.pres. *io tòlga..., noi togliamo, voi togliate, essi tòlgano;* part.pass. *tòlto*] **1** levare o portar via; rimuovere, eliminare: *— un tegame dal fornello; togliersi le scarpe; pensieri che tolgono il sonno* | *togliersi un capriccio,* soddisfarlo | *— di mezzo,* allontanare, sopprimere | *togliersi qlcu. dai piedi,* allontanarlo, mandarlo via | *togliersi il pane di bocca per qlcu.,* (*fig.*) fare grandi sacrifici per aiutarlo | *togliersi la maschera,* (*fig.*) rivelare la propria vera natura | *ciò non toglie che,* ciò non impedisce, non esclude che **2** privare qlcu. di qlco.: *— togliersi la vita,* uccidere, suicidarsi; *— il saluto a qlcu.,* non salutarlo più ♦ **togliersi** *v.rifl.* andarsene, scansarsi: *— dai piedi, di mezzo.*

toh → **to'**.

toilette [/ twa'lɛt /] *s.f.invar.* (*fr.*) toletta.

tokaj [to-kàj], o **tocai**, *s.m.* vitigno coltivato in Ungheria, Austria, Croazia e nel Friuli | il vino che se ne ricava, di colore ambrato, molto aromatico.

tolda [tòl-da] *s.f.* (*mar.*) coperta della nave.

tolemaico [to-le-mài-co] *agg.* [pl.m. *-ci*] di Claudio Tolomeo, astronomo di Alessandria d'Egitto (II sec. d.C.) | *sistema —,* concezione astronomica che considera la Terra al centro del sistema solare.

toletta [to-lét-ta], meno com. **toeletta**, *s.f.* **1** mobiletto con specchio, sul quale viene disposto tutto l'occorrente per pettinarsi e truccarsi **2** la stanza in cui, nei locali pubblici, si trovano i servizi igienici **3** l'insieme delle operazioni necessarie per abbigliarsi o truccarsi: *fare —* **4** abito, acconciatura femminile molto elegante.

tollerabile [tol-le-rà-bi-le] *agg.* che si può tollerare.

tollerabilità [tol-le-ra-bi-li-tà] *s.f.* l'essere tollerabile.

tollerante [tol-le-ràn-te] *agg.* che dimostra tolleranza.

tolleranza [tol-le-ràn-za] *s.f.* **1** la capacità fisica o spirituale di sopportare: *la — dell'organismo a un medicinale* **2** il permettere o il dimostrare comprensione per idee e atteggiamenti diversi dai propri; l'avere indulgenza per gli errori e i difetti altrui: *— religiosa; giudicare con —* | *casa di —,* bordello **3** lo scarto, la differenza ammessi rispetto a certi valori prestabiliti.

tollerare [tol-le-rà-re] *v.tr.* [*io tòllero ecc.*] avere tolleranza, sopportare | dimostrare tolleranza, comprendere, accettare.

tolto [tòl-to] *agg.* levato | Usato come *prep.,* tranne, eccetto, a eccezione di: *tolti due giorni, è piovuto tutto il mese* | Si usa come *s.m.* nella loc. *il mal —,* ciò che è stato rubato: *restituire il mal —.*

toluene [to-lu-è-ne] *s.m.* (*chim.*) idrocarburo aromatico contenuto nei petroli, nel catrame di carbon fossile e in varie resine, usato come solvente e nella preparazione del tritolo.

tomaia [to-mà-ia] *s.f.,* o **tomaio** *s.m.,* [pl.f. *le tomaia* o *le tomaie,* pl.m. *i tomai*] la parte superiore della scarpa che copre il piede.

tomba [tóm-ba] *s.f.* **1** luogo di sepoltura di una

salma: — *di famiglia* | *essere una* —, (*fig.*) saper conservare un segreto | *silenzio di* —, (*fig.*) assoluto | *portare un segreto nella* —, conservarlo fino alla morte **2** (*estens.*) morte: *il dolore lo ha portato alla* —.
tombale [tom-bà-le] *agg.* della tomba: *pietra* —.
tombarolo [tom-ba-rò-lo] *s.m.* [f. *-a*] (*region.*) chi scava abusivamente tombe antiche per asportarne oggetti da rivendere.
tombino [tom-bì-no] *s.m.* **1** elemento di chiusura di un pozzetto fognario **2** nelle costruzioni stradali, pozzetto per il deflusso dell'acqua.
tombola[1] [tóm-bo-la] *s.f.* gioco basato sull'estrazione a sorte di numeri tra l'1 e il 90; l'insieme degli oggetti (cartelle, numeri, tabellone) necessari per giocare: *far* —, vincere il gioco; (*fig.*) vincere clamorosamente.
tombola[2] *s.f.*, o **tombolo** *s.m.*, (*fam.*) caduta, capitombolo. ACCR. *tombolone* (m.).
tombolare [tom-bo-là-re] *v.intr.* [*io tómbolo ecc.*; aus. *essere*] (*fam.*) cadere; ruzzolare.
tombolata [tom-bo-là-ta] *s.f.* partita a tombola.
tombolo[1] → **tombola**[2].
tombolo[2] [tóm-bo-lo] *s.m.* cordone sabbioso che unisce un'isola alla terraferma; serie di dune poste in prossimità di un delta fluviale.
tombolo[3] *s.m.* **1** cuscino cilindrico posto a ciascun lato di un canapé; rullo **2** cilindro imbottito che serve da supporto per la produzione a mano di trine e merletti.
-tomia secondo elemento di parole composte, che significa 'taglio' (*anatomia*).
-tomico secondo elemento di aggettivi composti corrispondenti ai sostantivi in *-tomia* (*anatomico*).
tomino [to-mì-no] *s.m.* formaggio, preparato con latte di capra, che si conserva fermentato con pepe.
tomismo [to-mì-ʃmo] *s.m.* il sistema filosofico e teologico di san Tommaso d'Aquino (1225 ca - 1274).
tomista [to-mì-sta] *s.m.* e *f.* [pl.m. *-sti*] seguace del tomismo ♦ *agg.* tomistico: *dottrina* —.
tomistico [to-mì-sti-co] *agg.* [pl.m. *-ci*] relativo al tomismo o ai tomisti: *sistema* —.
tomo[1] [tò-mo] *s.m.* **1** ciascuna delle parti in cui si presenta fisicamente suddivisa un'opera a stampa: *il terzo volume è in due tomi* **2** volume, libro: *un grosso* —.
tomo[2] *s.m.* (*fam.*) persona singolare, bizzarra; tipo strano.
tomografia [to-mo-gra-fì-a] *s.f.* (*med.*) stratigrafia | — *assiale computerizzata*, tecnica radiologica per cui un organo viene esplorato da un sottilissimo fascio di raggi X e le informazioni ottenute vengono poi elaborate in immagini da un computer; tac.
tomografo [to-mò-gra-fo] *s.m.* (*med.*) apparecchio per eseguire la tomografia.
tonaca [tò-na-ca] *s.f.* **1** veste con maniche larghe, lunga fino ai piedi, indossata da preti, frati e monache **2** (*anat.*) tunica.
tonale [to-nà-le] *agg.* (*mus.*) che si riferisce al tono, alla tonalità: *accordo* —.
tonalismo [to-na-lì-ʃmo] *s.m.* (*mus.*) la caratteristica di tutte le composizioni che sono basate sul sistema tradizionale della tonalità.
tonalità [to-na-li-tà] *s.f.* **1** (*mus.*) il sistema di ordinamento e di relazioni reciproche fra le note che è stato alla base della musica occidentale dal '500 a oggi **2** tono di colore, gradazione di tinta: *una scura* — *di verde*.
tonante [to-nàn-te] *agg.* che tuona, risonante: *voce* —.
tonare → **tuonare**.
tondeggiante [ton-deg-giàn-te] *agg.* che ha forma arrotondata.
tondeggiare [ton-deg-già-re] *v.intr.* [*io tondéggio ecc.*; non sono usati i tempi composti] tendere a una forma tonda.
tondino [ton-dì-no] *s.m.* **1** qualsiasi oggetto di forma o sezione rotonda e piccolo spessore **2** (*metall.*) barra tonda d'acciaio di spessore compreso fra 5 e 30 mm.
tondo [tón-do] *agg.* che presenta una forma piena, circolare; rotondo: *viso* — | *un mese* — —, completo, preciso | *cifra tonda*, senza decimali; arrotondata | *carattere* —, (*tip.*) carattere con occhio diritto, contrapposto al corsivo | *parentesi tonde*, quelle formate da un tratto di linea curva ♦ *s.m.* **1** forma circolare, circolo; circonferenza: *disegnare un* — | *girare in* —, in cerchio. DIM. *tondino* **2** oggetto di forma o sezione rotonda **3** dipinto o bassorilievo di forma rotonda | *a tutto* —, detto di scultura, rifinita da tutti i lati, non appoggiata a una parete **4** (*tip.*) carattere tondo.
toner [/ ˈtɔnɛr /] *s.m.invar.* (*ingl.*) (*tecn.*) polvere cerosa, nera o colorata, usata come inchiostro nelle fotocopiatrici.
tonfano [tón-fa-no] *s.m.* (*tosc.*) punto di un fiume in cui l'acqua è più profonda; buca.
tonfare [ton-fà-re] *v.intr.* [*io tónfo ecc.*; aus. *essere*] fare un tonfo.
tonfete [tón-fe-te] *inter.* imita il rumore cupo e sordo di un corpo che cade pesantemente.
tonfo [tón-fo] *s.m.* rumore sordo e cupo prodotto da un corpo che cade pesantemente | la caduta che produce tale rumore: *fare un* —.
-tonia secondo elemento di parole composte che significa 'tensione, tono'.
tonica [tò-ni-ca] *s.f.* prima nota di una scala musicale, su cui si costruisce una tonalità e che dà il nome alla scala stessa.
tonicità [to-ni-ci-tà] *s.f.* l'essere tonico: — *di una sillaba, di un muscolo*.
tonico [tò-ni-co] *agg.* [pl.m. *-ci*] **1** (*ling.*) si dice di sillaba o vocale su cui cade l'accento | *accento* —, quello che determina l'intonazione di una parola **2** (*mus.*) che riguarda il tono: *nota tonica* **3** (*med.*) che ha un buon tono fisico **4** capace di stimolare l'attività organica, specie la digestione: *un amaro* — | *acqua tonica*, bibita analcolica dal sapore amarognolo ♦ *s.m.* **1** liquore, farmaco

tonico: *bere un* — **2** prodotto cosmetico per tonificare la pelle.

-tonico secondo elemento di aggettivi composti corrispondenti ai sostantivi in *-tonia*.

tonificante [to-ni-fi-càn-te] *agg.* che tonifica ♦ *s.m.* tonico.

tonificare [to-ni-fi-cà-re] *v.tr.* [*io tonìfico, tu tonìfichi ecc.*] dare tono, stimolare, rinvigorire: *l'aria di montagna tonifica l'organismo.*

tonnara [ton-nà-ra] *s.f.* impianto fisso per la pesca dei tonni.

tonnarello [ton-na-rèl-lo] *s.m.* (spec. *pl.*) tipo di pasta all'uovo caratteristica dell'Abruzzo, simile agli spaghetti ma a sezione quadrata (sono anche detti *tonnarelli alla chitarra*, perché preparati tagliando la sfoglia con un attrezzo chiamato *chitarra*).

tonnato [ton-nà-to] *agg.* (*gastr.*) condito con tonno: *salsa tonnata.*

tonné [ton-né] *agg.* (*gastr.*) tonnato.

tonneau [/ tonˈno /] *s.m.invar.* (*fr.*) **1** (*aut.*) capote **2** (*aer.*) manovra acrobatica consistente nel movimento a vite in direzione orizzontale; vite orizzontale.

tonnellaggio [ton-nel-làg-gio] *s.m.* **1** (*mar.*) volume in tonnellate di stazza di una nave mercantile | peso in tonnellate di una nave militare **2** portata di un carro ferroviario.

tonnellata [ton-nel-là-ta] *s.f.* misura di peso pari a mille chilogrammi; ha simbolo *t* | — *di stazza*, unità di misura del volume interno di una nave, pari a m^3 2,831.

tonno [tón-no] *s.m.* **1** grosso pesce commestibile di mare dal corpo fusiforme, con coda a forma di mezzaluna **2** le sue carni come cibo, che si consumano fresche o conservate: *scatoletta di* —.

tono [tò-no] *s.m.* **1** grado di elevazione di un suono; altezza: *toni acuti*, *gravi*, alti, bassi | *calare di* —, (*fig.*) scadere, peggiorare **2** (*estens.*) espressione, intonazione di una voce: *parlare con* — *imperioso*; *non rispondere con questo* — **3** (*fig.*) tenore, stile: *un albergo di* — *elevato*; *di un certo* —, elegante; *darsi un* —, darsi un contegno sussiegoso **4** (*mus.*) intervallo di seconda, pari a due semitoni | (*estens.*) nota, tonalità: *tra re e mi c'è un* — | *rispondere a* —, (*fig.*) a proposito; per le rime **5** in talune lingue (*p.e.* il cinese), variazione dell'altezza nella pronuncia delle parole, che distingue significati diversi **6** (*pitt.*) il colore considerato nella sua gradazione di luce, di chiaroscuro: *toni cupi*, *chiari* **7** (*med.*) condizione di tensione in cui si trovano gli organi del corpo: — *muscolare* | condizione di benessere, di buona funzionalità dell'organismo o di una sua parte: *una medicina che dà* — | — *cardiaco*, battito cardiaco.

-tono secondo elemento di parole composte che significa 'tono, accento' (*baritono*, *ossitono*).

tonometria [to-no-me-trì-a] *s.f.* in oculistica, misurazione della pressione interna dell'occhio.

tonsilla [ton-sìl-la] *s.f.* (*anat.*) ciascuna delle due piccole masse di tessuto linfatico poste in fondo alla bocca.

tonsillare [ton-sil-là-re] *agg.* (*med.*) delle tonsille, che riguarda le tonsille: *infiammazione* —.

tonsillectomia [ton-sil-lec-to-mì-a] *s.f.* (*med.*) asportazione chirurgica delle tonsille.

tonsillite [ton-sil-lì-te] *s.f.* (*med.*) infiammazione acuta o cronica delle tonsille.

tonsura [ton-sù-ra] *s.f.* chierica.

tonto [tón-to] *agg.* e *s.m.* [f. *-a*] (*fam.*) stupido, sciocco | *fare il finto* —, fingere di non capire. ACCR. *tontolone.*

tontolone [ton-to-ló-ne] *agg.* e *s.m.* [f. *-a*] (*fam.*) si dice di persona stupida, tarda a comprendere e ad agire.

top [/ tɔp /] *s.m.invar.* (*ingl.*) **1** indumento femminile senza maniche che copre il busto **2** il livello più alto, il vertice: *il* — *della classifica.*

topaia [to-pà-ia] *s.f.* **1** tana di topi **2** (*fig.*) luogo piccolo, sudicio e squallido.

topazio [to-pà-zio] *s.m.* **1** minerale in cristalli costituito da silicato di alluminio e fluoro; le varietà gialle e azzurre sono usate come gemme **2** (*estens.*) il colore giallo, tipico del topazio | Usato anche come *agg.invar.*: *giallo* —.

top class [/ tɔp klas /] *loc.sost.f.invar.* (*ingl.*) negli aerei passeggeri, la prima classe.

topiario [to-pià-rio] *agg.* si dice dell'arte di potare piante e arbusti in modo da dare loro forme particolari.

topica [tò-pi-ca] *s.f.* (*fam.*) azione o parola sbagliata, inopportuna.

topicida [to-pi-cì-da] *agg.* e *s.m.* [pl.m. *-di*] si dice di sostanza velenosa per uccidere i topi.

topico [tò-pi-co] *agg.* [pl.m. *-ci*] **1** (*med.*) locale: *medicamento* — **2** decisivo, di fondamentale importanza: *momento* —.

topless [/ ˈtɔples /] *s.m.invar.* (*ingl.*) costume da bagno femminile che lascia scoperto il seno.

top model [/ tɔp ˈmɔdel /] *loc.sost.f.invar.* (*ingl.*) indossatrice o fotomodella di grande successo.

topo [tò-po] *s.m.* piccolo mammifero roditore con pelo corto e folto, generalmente grigio, zampe anteriori più corte delle posteriori, muso aguzzo e coda lunga: — *di fogna* | — *d'albergo*, (*fig.*) ladro che ruba negli alberghi | — *di biblioteca*, (*fig.*) chi passa tutto il giorno nelle biblioteche. DIM. *topolino* | Usato anche come *agg.invar.*: *grigio* —, varietà di grigio simile al colore del pelo del topo.

topo-, -topo primo e secondo elemento di parole composte, che significa 'luogo' (*topografia*, *isotopo*).

topografia [to-po-gra-fì-a] *s.f.* **1** disciplina che studia i procedimenti e i sistemi necessari alla rappresentazione in scala di una zona di terreno; la rappresentazione grafica realizzata con metodi topografici **2** (*estens.*) configurazione di una città, in rapporto alla distribuzione di strade, piazze, edifici: *la* — *antica di Roma.*

topografico [to-po-grà-fi-co] *agg.* [pl.m. *-ci*] di topografia, relativo alla topografia: *rilievo* — □

topograficamente *avv.* secondo i criteri o i metodi topografici.
topografo [to-pò-gra-fo] *s.m.* [f. *-a*] studioso di topografia; chi esegue topografie.
topologia [to-po-lo-gì-a] *s.f.* **1** (*geog.*) studio delle caratteristiche del suolo e del paesaggio **2** (*mat.*) studio di certe proprietà geometriche delle figure piane e solide.
topologico [to-po-lò-gi-co] *agg.* [pl.m. *-ci*] di topologia, relativo alla topologia □ **topologicamente** *avv.* dal punto di vista topologico.
toponimo [to-pò-ni-mo] *s.m.* nome proprio di luogo (città, regione, fiume, monte ecc.).
toponomastica [to-po-no-mà-sti-ca] *s.f.* **1** ramo dell'onomastica che studia i nomi di luogo **2** il complesso dei nomi di luogo di una lingua, di un paese o di una regione.
toponomastico [to-po-no-mà-sti-co] *agg.* [pl.m. *-ci*] che concerne i toponimi, la toponomastica: *dizionario —.*
toporagno [to-po-rà-gno] *s.m.* (pl. *topiragni*) genere di piccoli mammiferi insettivori simili a topi, ma col muso più aguzzo e la coda pelosa.
topos [tò-pos] *s.m.* [pl. *tòpoi*] (*ret.*) concetto diffuso fino a divenire luogo comune | (*estens.*) situazione tematica ricorrente in un autore, in un genere, in un indirizzo artistico.
toppa [tòp-pa] *s.f.* **1** pezzo di tessuto o cuoio con cui si ripara uno strappo o un buco negli abiti o nelle scarpe. DIM. *toppetta* **2** (*fig.*) rimedio improvvisato e precario: *mettere una — a qlco.* **3** buco della serratura.
toppare [top-pà-re] *v.tr.* [*io tòppo ecc.*] (*gerg.*) sbagliare, fallire.
toppo [tòp-po] *s.m.* il troncone dell'albero tagliato che rimane nel terreno; ceppo | (*estens.*) qualunque pezzo di legno rozzamente tagliato: *il — dell'incudine.*
top rate [/ tɔp 'reit /] *loc.sost.m.invar.* (*ingl.*) il tasso massimo d'interesse attivo che le banche praticano ai loro clienti.
top secret [/ tɔp 'sekret /] *loc.agg.invar.* (*ingl.*) segretissimo, riservatissimo: *una notizia —.*
top ten [/ 'tɔpten /] *loc.sost.m.* o *f. invar.* (*ingl.*) i primi dieci titoli di una classifica di vendite discografiche.
torace [to-rà-ce] *s.m.* (*anat.*) la parte superiore del tronco compresa tra il diaframma e la radice del collo.
toracentesi [to-ra-cen-tè-ʃi *o* toracènteʃi], o toracocentesi, *s.f.* (*med.*) estrazione di liquido dalla cavità toracica, a scopo terapeutico o diagnostico, effettuata con un grosso ago inserito nello spazio intercostale.
toracico [to-rà-ci-co] *agg.* [pl.m. *-ci*] del torace: *cassa toracica.*
toraco- primo elemento di parole composte della terminologia medica, che significa 'torace'.
toracocentesi → **toracentesi**.
torba [tór-ba] *s.f.* carbon fossile di età recente, primo stadio di carbonizzazione dei resti vegetali.
torbida [tór-bi-da] *s.f.* in un corso d'acqua, l'insieme dei materiali minuti, come terra e sabbia, trasportati in sospensione dalla corrente.
torbidezza [tor-bi-déz-za] *s.f.* l'essere torbido.
torbidità [tor-bi-di-tà] *s.f.* (*scient.*) torbidezza.
torbido [tór-bi-do] *agg.* **1** si dice di liquido che contiene delle impurità e perciò è privo di chiarezza e trasparenza **2** (*fig.*) impuro: *sguardo —* | *tempi torbidi*, agitati, inquieti ♦ *s.m.* situazione poco chiara, poco onesta: *c'è del — in quell'ambiente* | *pescare nel —*, cercare di trarre vantaggio da situazioni poco chiare.
torbiera [tor-biè-ra] *s.f.* accumulo di torba.
torcente [tor-cèn-te] *agg.* che compie o determina una torsione: *momento —*, (*mecc.*) azione che causa la rotazione di una sezione di un solido rispetto a quella contigua.
torcere [tòr-ce-re] *v.tr.* [pres. *io tòrco, tu tòrci ecc.*; pass.rem. *io tòrsi, tu torcésti ecc.*; part.pass. *tòrto*] **1** avvolgere qlco. intorno a sé stessa: *— i panni bagnati* | *non — un capello*, (*fig.*) non fare alcun male | *dare filo da —*, (*fig.*) ostacolare, procurare noie o grattacapi **2** piegare, curvare: *— un ferro* ♦ **torcersi** *v.rifl.* contorcersi: *— dalle risa* ♦ *v.intr.pron.* storcersi, incurvarsi: *posate che si torcono con facilità.*
torchiare [tor-chià-re] *v.tr.* [*io tòrchio ecc.*] **1** spremere con il torchio: *— l'uva, le olive* **2** (*fig. fam.*) costringere qlcu. a una dura fatica | sottoporre a un interrogatorio lungo e approfondito.
torchiatura [tor-chia-tù-ra] *s.f.* l'operazione del torchiare; il liquido che se ne ricava.
torchio [tòr-chio] *s.m.* macchina capace di comprimere progressivamente materiali posti fra due piani paralleli, uno fisso, l'altro mobile: *— per l'uva; — tipografico* | *essere sotto —*, (*fig.*) si dice di chi viene sottoposto a un lavoro faticoso o a un interrogatorio pressante.
torcia [tòr-cia] *s.f.* [pl. *-ce*] fiaccola formata da stoppa e corde ritorte, imbevute di materiale infiammabile | *— elettrica*, lampada portatile a pile.
torcicollo [tor-ci-còl-lo] *s.m.* [pl. *-li*] (*med.*) posizione viziata del collo dovuta a contrazioni dei muscoli cervicali | il dolore che ne è l'effetto.
torciglione [tor-ci-glió-ne] *s.m.* cercine.
torcitura [tor-ci-tù-ra] *s.f.* **1** (*non com.*) il torcere **2** (*ind.tess.*) operazione che serve a conferire resistenza al filato mediante torsione delle fibre.
tordo [tór-do] *s.m.* **1** (*zool.*) uccello di media grandezza, commestibile, con becco diritto e piumaggio bruno **2** (*fig.*) persona sempliciotta.
-tore, o **-sore** (in derivati da verbi con tema terminante in *d-*), suffisso usato per formare aggettivi e sostantivi deverbali indicanti la persona o la cosa che compie l'azione espressa dal verbo (*lavoratore, amplificatore, invasore*).
toreador [/ torea'dor /] *s.m.invar.* (*sp.*) torero.
toreare [to-re-à-re] *v.intr.* [*io torèo ecc.*; aus. *avere*] combattere contro i tori nell'arena.
torello [to-rèl-lo] *s.m.* **1** toro giovane **2** (*fig.*) giovane robusto.

torero [to-rè-ro] *s.m.* chi combatte contro il toro nella corrida.
toreutica [to-rèu-ti-ca] *s.f.* l'arte di lavorare il metallo mediante cesello, sbalzo o incisione.
torico [tò-ri-co] *agg.* [pl.m. *-ci*] (*mat.*) relativo al toro: *anello —*.
torinese [to-ri-né-se] *agg.* di Torino ♦ *s.m.* **1** [anche *f.*] nativo, abitante di Torino **2** il dialetto di Torino.
torio [tò-rio] *s.m.* elemento chimico di simbolo *Th*; è un metallo radioattivo naturale, usato come catalizzatore e nei tubi a raggi X.
torma [tór-ma] *s.f.* massa di persone, animali o cose che procedono disordinatamente: *una — di cavalli*; *a torme*, a schiere.
tormalina [tor-ma-lì-na] *s.f.* minerale a base di silicio, duro e limpido, usato come gemma e come polarizzatore.
tormenta [tor-mén-ta] *s.f.* bufera di neve e vento caratteristica della montagna.
tormentare [tor-men-tà-re] *v.tr.* [*io torménto ecc.*] **1** torturare: *— i prigionieri con atroci supplizi* **2** (*estens.*) affliggere; molestare: *un rimorso che tormenta*; *— qlcu. con domande inutili* ♦ **tormentarsi** *v.rifl.* affliggersi, crucciarsi: *non tormentarti, tutto finirà bene.*
tormentato [tor-men-tà-to] *agg.* afflitto da tormenti: *una vita tormentata* | (*fig.*) accidentato: *percorso —*.
tormento [tor-mén-to] *s.m.* **1** strumento per torturare; la tortura stessa, supplizio: *il — della ruota* **2** (*estens.*) dolore fisico violento e continuato: *il — della sete* | violento e continuo dolore morale; strazio: *i tormenti della gelosia* | (*iperb.*) molestia, fastidio: *il — delle zanzare*; *la scuola è il suo —*.
tormentone [tor-men-tó-ne] *s.m.* **1** la larva del maggiolino, che corrode le radici delle piante **2** nel gergo giornalistico, serie di articoli polemici o di vignette satiriche sullo stesso soggetto, pubblicata per molti numeri da un giornale **3** (*fig. fam.*) fastidio ossessionante.
tormentoso [tor-men-tó-so] *agg.* che dà tormento: *un dubbio —* | tormentato: *una vita tormentosa* □ **tormentosamente** *avv.*
tornaconto [tor-na-cón-to] *s.m.* profitto, utile personale: *fare qlco. per —*.
tornado [tor-nà-do] *s.m.invar.* tromba d'aria a carattere distruttivo, tipica delle regioni equatoriali e tropicali americane.
tornante [tor-nàn-te] *agg.* che torna indietro ♦ *s.m.* curva a 180 gradi di una strada.
tornare [tor-nà-re] *v.intr.* [*io tórno ecc.*; aus. *essere*] **1** riportarsi nel luogo da cui si è partiti o ci si è allontanati; rientrare: *— in patria, a casa* | indicando il luogo da cui si proviene: *— da scuola, dall'estero* | indicando il mezzo di trasporto: *— in* (o *col*) *treno* | *— in sé*, riprendere conoscenza; (*fig.*) rinsavire | *— su*, si dice di cibo mal digerito **2** andare, venire di nuovo: *— sul luogo dell'incidente*; *torna a trovarmi* | *— con la mente*, ricordare | *— su un argomento*, riprenderlo in esame, rimetterlo in discussione | *— sulle proprie decisioni*, cambiare parere | *— alla carica*, (*fig.*) insistere per ottenere qlco. **3** ripresentarsi, ripetersi: *è tornata l'estate*; *un'occasione che non tornerà più* **4** (*fig.*) ridiventare: *— pulito*; *— povero* **5** (*fig.*) essere, riuscire; venire: *mi torna utile agire così*; *i conti non tornano.*
tornasole [tor-na-só-le] *s.m.invar.* (*chim.*) sostanza colorante di origine vegetale usata come indicatore nelle analisi chimiche, perché si colora in rosso in ambiente acido e in azzurro in ambiente alcalino: *cartine di —*.
tornata [tor-nà-ta] *s.f.* adunanza, seduta di un'assemblea, di un'accademia | *— elettorale*, ogni singolo turno elettorale.
tornello [tor-nèl-lo] *s.m.* congegno girevole posto all'ingresso di locali pubblici, che permette l'ingresso di una persona alla volta.
torneo [tor-nè-o] *s.m.* **1** spettacolo o esercizio militare, con duelli di uomini e cavalieri **2** in alcuni sport e giochi, serie di gare coordinate, tra squadre o singoli, da cui deve risultare un unico vincitore: *— di tennis, di scacchi.*
tornio [tór-nio] *s.m.* macchina utensile caratterizzata dal moto rotatorio del pezzo da lavorare e dal moto di avanzamento lineare dell'utensile, usata per produrre superfici cilindriche o coniche.
tornire [tor-nì-re] *v.tr.* [*io tornisco, tu tornisci ecc.*] **1** lavorare un pezzo al tornio: *— il legno* **2** (*fig.*) rifinire con accuratezza rendendo armonioso: *— una frase.*
tornito [tor-nì-to] *agg.* **1** lavorato al tornio: *un vaso —* **2** (*fig.*) si dice di parte del corpo dalle forme tonde e armoniose: *braccia tornite* **3** (*fig.*) rifinito con grande cura.
tornitore [tor-ni-tó-re] *s.m.* [f. *-trice*] chi lavora al tornio.
tornitura [tor-ni-tù-ra] *s.f.* l'operazione del tornire; il modo di tornire.
torno [tór-no] *s.m.* [solo *sing.*] giro | *in quel — di tempo*, in quel periodo | Usato in alcune loc. avv.: *— —*, (*fam.*) tutt'intorno | *di —*, d'attorno: *togliersi di — qlcu.*
toro¹ [tò-ro] *s.m.* **1** il maschio dei bovini destinato alla riproduzione | *essere, sembrare un —*, (*fam.*) si dice di persona robusta e potente | *tagliare la testa al —*, (*fig.*) risolvere una questione in maniera netta e decisa | *prendere il — per le corna*, (*fig.*) affrontare con decisione una situazione difficile. DIM. *torello* **2** *Toro*, (*astr.*) costellazione e segno dello zodiaco in cui il Sole transita tra il 21 aprile e il 20 maggio **3** nel gergo della borsa, tendenza al rialzo (si contrappone a *orso*).
toro² *s.m.* **1** (*mat.*) superficie generata dalla rotazione di una circonferenza intorno a una retta esterna che si trovi sullo stesso piano **2** nell'architettura classica, modanatura convessa nel basamento della colonna.
torpedine [tor-pè-di-ne] *s.f.* pesce cartilagineo dei fondi marini, con corpo a forma di disco e coda corta e carnosa; emette scariche elettriche.
torpediniera [tor-pe-di-niè-ra] *s.f.* piccola e velo-

ce nave da guerra armata in origine di siluri e impiegata oggi come unità di scorta.

torpedone [tor-pe-dó-ne] *s.m.* pullman.

torpidezza [tor-pi-déz-za] *s.f.* l'essere torpido; torpore.

torpido [tòr-pi-do] *agg.* colpito da torpore.

torpore [tor-pó-re] *s.m.* **1** diminuzione della sensibilità del corpo: *il freddo produce — alle membra* **2** (*fig.*) mancanza di vitalità, pigrizia mentale o spirituale: *scuotersi dal —*.

torr [tòrr] *s.m.* (*fis.*) unità di misura della pressione pari alla pressione barometrica di un millimetro di mercurio.

torre [tór-re] *s.f.* **1** costruzione a pianta circolare o poligonale, sviluppata maggiormente in altezza, annessa a un edificio o isolata come luogo di osservazione e di vigilanza: — *merlata*; — *campanaria*, campanile | — *di Babele*, (*fig.*) si dice di luogo in cui regna una grande confusione | *chiudersi in una — d'avorio*, (*fig.*) appartarsi, isolarsi dal mondo per dedicarsi ad attività intellettuali. DIM. *torretta* ACCR. *torrione* (m.) **2** cosa che ha forma o struttura di torre | — *di controllo*, in un aeroporto, costruzione in cui si trovano gli apparati e il personale per il controllo del movimento degli aerei | — *di lancio*, costruzione che serve per innalzare e lanciare missili **3** pezzo degli scacchi che può essere mosso solo in orizzontale o in verticale | (*arald.*) figurazione di una torre.

torrefare [tor-re-fà-re] *v.tr.* [coniugato come *fare*] sottoporre a torrefazione.

torrefazione [tor-re-fa-zió-ne] *s.f.* **1** procedimento con cui una sostanza viene sottoposta a secco a un'elevata temperatura; tostatura: — *del caffè* **2** impianto e locale in cui il caffè viene torrefatto e talora anche venduto e degustato.

torreggiare [tor-reg-già-re] *v.intr.* [*io torréggio* ecc.; aus. *avere*] elevarsi, sovrastare come torre.

torrente [tor-rèn-te] *s.m.* **1** corso d'acqua con forte pendenza soggetto a magre e a piene molto accentuate **2** (*estens.*) si dice di qualsiasi cosa che scenda, sgorghi, fuoriesca con impeto e abbondanza: *un — di lava, di parole.*

torrentizio [tor-ren-tì-zio] *agg.* da torrente: *corso d'acqua a regime —*.

torrenziale [tor-ren-zià-le] *agg.* fluente e impetuoso come l'acqua di un torrente: *pioggia, eloquenza —*.

torretta [tor-rét-ta] *s.f.* **1** piccola torre di palazzi o ville signorili **2** cosa che ha forma o struttura di piccola torre | nei carri armati, sovrastruttura centrale girevole contenente il pezzo di artiglieria più grande.

torrido [tòr-ri-do] *agg.* che è molto caldo: *giornata torrida*; *caldo —*, intenso, ardente | *zona torrida*, (*geog.*) la parte della Terra compresa tra i due tropici.

torrione [tor-rió-ne] *s.m.* **1** torre non molto alta e di solida costruzione **2** cosa che ha forma o struttura di torrione | sulle grandi navi da guerra, sovrastruttura corazzata al centro dello scafo, contenente gli organi principali di comando.

torrone [tor-ró-ne] *s.m.* dolce natalizio a base di zucchero, miele, mandorle, nocciole o pistacchi tostati, confezionato a stecche.

torsione [tor-sió-ne] *s.f.* **1** il torcere, il torcersi **2** in ginnastica, rotazione del corpo o di una parte di esso intorno al suo asse longitudinale: — *del busto* **3** (*fis.*) coppia di forze che agisce su un corpo solido nel piano di una sua sezione: *sollecitazione a —*.

torso [tór-so] *s.m.* **1** fusto di alcune piante erbacee, privato di foglie e fiori; parte centrale di alcuni frutti, contenente i semi. DIM. *torsolo* **2** (*fig. fam.*) persona buona a nulla, stupida o goffa **3** parte del corpo umano compresa fra il collo e il bacino; busto, tronco: *stare a — nudo.*

torsolo [tór-so-lo] *s.m.* (*pop.*) lo stesso che *torso*, nei sign. 1 e 2.

torta [tór-ta] *s.f.* **1** vivanda, dolce o salata, cotta al forno in uno stampo: — *di mele*; — *nuziale* | *spartirsi la —*, (*fig. fam.*) dividersi dei guadagni. DIM. *tortino* (m.) **2** *grafico a —*, grafico circolare diviso a spicchi, che rappresentano le parti quantitativamente diverse di un insieme.

tortellino [tor-tel-lì-no] *s.m.* (spec. *pl.*) piccolo involucro di pasta all'uovo ripieno di carne, formaggio o altro; si mangia in brodo o asciutto ed è una specialità della cucina emiliana.

tortello [tor-tèl-lo] *s.m.* (spec. *pl.*) involucro di pasta ripieno di ricotta, spinaci o altro; si mangia per lo più asciutto. DIM. *tortellino.*

tortiera [tor-tiè-ra] *s.f.* stampo per cuocere al forno le torte.

tortiglione [tor-ti-glió-ne] *s.m.* **1** cosa avvolta a spirale | *a —*, si dice di oggetti allungati e tortili: *lampadine a —* **2** (spec. *pl.*) pasta alimentare lunga e a forma di elica.

tortile [tòr-ti-le] *agg.* che è fatto a spirale: *colonna —*.

tortino [tor-tì-no] *s.m.* torta salata a base di vegetali e formaggi: — *di carciofi.*

torto[1] [tòr-to] *agg.* che ha subito una torsione; piegato, deviato.

torto[2] *s.m.* **1** ciò che è contrario al diritto, al giusto, al vero: *fare, ricevere, vendicare un —*, un'ingiustizia **2** stato, condizione contrari al diritto, al giusto, al vero: *essere in —*; *non avere tutti i torti*, avere una parte di ragione; *passare dalla parte del —*, eccedere nel difendere il proprio diritto, così da diventare ingiusto; *dar — a qlcu.*, disapprovare ciò che egli fa o dice.

tortora [tór-to-ra] *s.f.* uccello simile al piccione, ma più piccolo e snello, col piumaggio color nocciola chiaro. DIM. *tortorella* | Usato anche come *agg.invar.*: *color —*, del colore delle penne della tortora.

tortorata [tor-to-rà-ta] *s.f.* (*region.*) bastonata.

tortuosità [tor-tu-o-si-tà] *s.f.* l'essere tortuoso | curva, ansa: *un fiume pieno di —*.

tortuoso [tor-tu-ó-so] *agg.* **1** che procede a curve: *un sentiero —* **2** (*fig.*) complicato; ambiguo: *ragionamento —* □ **tortuosamente** *avv.*

tortura [tor-tù-ra] *s.f.* **1** tormento corporale inflitto all'imputato o al testimone di un processo per indurli a dire la verità **2** (*estens.*) supplizio fisico o morale praticato su qlcu. per estorcergli una confessione, per ottenere qlco. o per pura crudeltà; sevizia **3** (*iperb.*) sofferenza, fastidio: *che — doverlo ascoltare!*

torturare [tor-tu-rà-re] *v.tr.* **1** sottoporre alla tortura, a torture: *— i prigionieri* **2** (*fig.*) affliggere, tormentare ♦ **torturarsi** *v.rifl.* affliggersi, tormentarsi: *non torturarti inutilmente con questi pensieri.*

torvo [tór-vo] *agg.* bieco, minaccioso: *sguardo —* □ **torvamente** *avv.*

tosacani [to-ʃa-cà-ni] *s.m.invar.* **1** chi tosa i cani **2** (*spreg.*) barbiere poco abile nel suo mestiere.

tosaerba [to-ʃa-èr-ba] *s.m.* o *f.invar.* falciatrice a motore per prati e giardini.

tosare [to-ʃà-re] *v.tr.* [*io tóʃo ecc.*] **1** tagliare la lana alle pecore, il pelo ai cani ecc. **2** (*estens.*) tagliare in maniera uniforme siepi, manti erbosi.

tosasiepi [to-ʃa-siè-pi] *s.m.* o *f.invar.* cesoie a lame larghe, usate per tagliare e pareggiare le siepi.

tosato [to-ʃà-to] *agg.* che è stato sottoposto a tosatura: *pecora tosata.*

tosatore [to-ʃa-tó-re] *s.m.* [f. *-trice*] chi tosa animali per mestiere: *— di pecore.*

tosatrice [to-ʃa-trì-ce] *s.f.* **1** macchinetta per tosare pecore o altri animali **2** macchinetta usata dai barbieri per fare la sfumatura ai capelli sulla nuca **3** tosasiepi.

tosatura [to-ʃa-tù-ra] *s.f.* il tosare, l'essere tosato.

toscaneggiante [to-sca-neg-giàn-te] *agg.* che toscaneggia: *pronuncia —.*

toscaneggiare [to-sca-neg-già-re] *v.intr.* [*io toscanéggio ecc.*; aus. *avere*] imitare il toscano.

toscanismo [to-sca-nì-ʃmo] *s.m.* vocabolo, locuzione, costrutto propri del parlare toscano.

toscanità [to-sca-ni-tà] *s.f.* l'essere toscano.

toscanizzare [to-sca-niʒ-ʒà-re] *v.tr.* dar forma toscana alla lingua di un testo ♦ **toscanizzarsi** *v.intr.pron.* assumere forma simile a quella toscana.

toscanizzazione [to-sca-niʒ-ʒa-zió-ne] *s.f.* il toscanizzare, il toscanizzarsi.

toscano [to-scà-no] *agg.* della Toscana ♦ s.m. **1** [f. *-a*] abitante, nativo della Toscana **2** denominazione generica dei dialetti parlati in Toscana **3** tipo di sigaro italiano fatto con tabacco scuro e forte.

tosco[1] [tó-sco] *agg.* e s.m. [f. *-a*] (*lett.*) [pl.m. *-schi*] (*lett.*) toscano.

tosco[2] [tò-sco] *s.m.* [pl.m. *-schi*] (*lett.*) veleno.

tosse [tós-se] *s.f.* atto, volontario o riflesso, di emettere aria in modo brusco e rumoroso dalle vie respiratorie: *colpo di —* | la condizione patologica caratterizzata da frequenti colpi di tosse: *avere la —* | *— convulsa, canina, asinina*, pertosse. DIM. *tossetta.*

tossicchiare [tos-sic-chià-re] *v.intr.* [*io tossìcchio ecc.*; aus. *avere*] tossire leggermente e ripetutamente.

tossicità [tos-si-ci-tà] *s.f.* l'essere tossico.

tossico [tòs-si-co] *agg.* [pl.m. *-ci*] velenoso, nocivo ♦ *s.m.* **1** (*lett.*) veleno **2** [f. *-a*] (*gerg.*) tossicodipendente.

tossicodipendente [tos-si-co-di-pen-dèn-te] *agg.* e *s.m.* e *f.* che/chi è in condizione di tossicodipendenza.

tossicodipendenza [tos-si-co-di-pen-dèn-za] *s.f.* dipendenza dall'uso di sostanze stupefacenti.

tossicologia [tos-si-co-lo-gì-a] *s.f.* branca della farmacologia che studia la natura e gli effetti delle sostanze velenose e dei loro antidoti.

tossicologico [tos-si-co-lò-gi-co] *agg.* [pl.m. *-ci*] attinente alla tossicologia.

tossicologo [tos-si-cò-lo-go] *s.m.* [f. *-a*; pl.m. *-gi*] specialista di tossicologia.

tossicomane [tos-si-cò-ma-ne] *agg.* e *s.m.* e *f.* che/chi è affetto da tossicomania.

tossicomania [tos-si-co-ma-nì-a] *s.f.* uso abituale di sostanze stupefacenti che comporta intossicazione e dipendenza.

tossicosi [tos-si-cò-ʃi] *s.f.* (*med.*) termine generico che indica qualsiasi manifestazione patologica legata alla presenza di sostanze tossiche nell'organismo: *— gravidica.*

tossina [tos-sì-na] *s.f.* (*biol.*) sostanza proteica tossica di origine vegetale o animale.

tossire [tos-sì-re] *v.intr.* [*io tossisco, tu tossisci ecc.*; aus. *avere*] dare uno o più colpi di tosse.

tostacaffè [to-sta-caf-fè] *s.m.invar.* apparecchio per tostare il caffè.

tostapane [to-sta-pà-ne] *s.m.invar.* apparecchio per abbrustolire fette di pane.

tostare [to-stà-re] *v.tr.* [*io tòsto ecc.*] torrefare; abbrustolire.

tostatura [to-sta-tù-ra] *s.f.* il tostare, l'essere tostato.

tosto[1] [tò-sto] *avv.* (*lett.*) subito, presto.

tosto[2] *agg.* **1** (*pop.*) duro, sodo | *faccia tosta*, (*fig.*) sfrontatezza, impudenza: *avere faccia tosta*; persona sfrontata, impudente: *essere una faccia tosta* **2** (*gerg.*) risoluto ed energico.

tot [tòt] *agg.indef.* tanti (unito a sostantivi plurali, per indicare un numero imprecisato): *— milioni* ♦ *pron.indef.* un tanto, una certa quantità: *spendere un — al mese.*

totale [to-tà-le] *agg.* completo, intero, assoluto: *eclissi, silenzio —* ♦ *s.m.* il risultato di un'addizione; somma: *fare il —* □ **totalmente** *avv.*

totalità [to-ta-li-tà] *s.f.* **1** tutto l'insieme di qlco.; interezza: *valutare un'opera nella sua —* **2** l'insieme di tutte le persone o cose che si considerano: *la — dei presenti, dei casi.*

totalitario [to-ta-li-tà-rio] *agg.* che applica i principi del totalitarismo: *regime —.*

totalitarismo [to-ta-li-ta-rì-ʃmo] *s.m.* regime politico in cui tutti i poteri dello stato sono concentrati nelle mani di un gruppo dominante | dottrina politica fautrice di un sistema di questo tipo.

totalitaristico [to-ta-li-ta-rì-sti-co] *agg.* [pl.m. *-ci*] che concerne il totalitarismo.

totalizzante [to-ta-liʒ-ʒàn-te] *agg.* che riguarda, coinvolge tutto.
totalizzare [to-ta-liʒ-ʒà-re] *v.tr.* raggiungere un determinato totale.
totalizzatore [to-ta-liʒ-ʒa-tó-re] *s.m.* **1** sistema di scommesse nel quale la somma delle puntate viene divisa tra i vincitori **2** nell'ippica, organizzazione che sovrintende alle scommesse **3** dispositivo che somma automaticamente quantità numeriche, indicando sempre il totale.
totano [tò-ta-no] *s.m.* mollusco marino commestibile, simile a una piccola seppia.
totem [tò-tem] *s.m.invar.* (*etnol.*) presso vari popoli primitivi, essere o oggetto di culto che è considerato lo spirito custode di un clan.
totemico [to-tè-mi-co] *agg.* [pl.m. *-ci*] di totem, che concerne il totem.
totemismo [to-te-mì-ʃmo] *s.m.* (*etnol.*) la credenza e il culto del totem.
totip® [to-tip] *s.m.* concorso pubblico a premi, settimanale, abbinato ai pronostici sulle corse dei cavalli.
toto- primo elemento di parole composte che fanno riferimento a previsioni su eventi di vario genere (*totogoverno, totoelezioni*).
totocalcio® [to-to-càl-cio] *s.m.* concorso a premi abbinato ai pronostici sulle principali partite di calcio: *giocare, vincere al —*.
toto nero [tò-to né-ro] *loc.sost.m.* l'insieme delle scommesse clandestine sulle partite di calcio; totocalcio clandestino.
toupet [/ tu'pɛ /] *s.m.invar.* (*fr.*) ciuffo di capelli naturali o finti, che può essere aggiunto ad acconciature femminili per renderle più ricche | parrucca.
toupie [/ tu'pi /] *s.f.* (*fr.*) nell'industria del legno, macchina fresatrice impiegata per eseguire cornici, profili sagomati, scanalature.
tour [/ tur /] *s.m.invar.* (*fr.*) **1** giro turistico **2** (*sport*) il giro ciclistico di Francia.
tourbillon [/ turbi'jɔn /] *s.m.invar.* (*fr.*) **1** nel gioco del calcio, rapido attacco collettivo condotto con ripetuti spostamenti degli attaccanti per confondere la difesa avversaria: *fare il —* **2** (*fig.*) vertiginoso susseguirsi di dati, di fatti ecc.: *un — di notizie*.
tour de force [/ turde'fɔrs /] *loc.sost.m.invar.* (*fr.*) **1** (*sport*) prova di resistenza e di forza superiore alle prestazioni abituali **2** (*estens.*) sforzo prolungato e intenso.
tournée [/ tur'ne /] *s.f.invar.* (*fr.*) serie di spettacoli fatti da un artista o da una compagnia in giro per diverse città: *essere in —*.
tour operator [/ tur 'opereitor /] *loc.sost.m.* e *f.invar.* (*ingl.*) agente, operatore turistico.
tout court [/ tu'kur /] *loc.avv.* (*fr.*) in breve, semplicemente.
tovaglia [to-và-glia] *s.f.* drappo di tessuto, plastica o carta che si stende sulla tavola per apparecchiarla. DIM. *tovaglietta*.
tovagliato [to-va-glià-to] *s.m.* servizio di biancheria da tavola.
tovagliolo [to-va-gliò-lo] *s.m.* piccolo drappo quadrangolare, di solito confezionato con lo stesso tessuto della tovaglia a cui si accompagna, che si usa per la pulizia personale durante il pasto. DIM. *tovagliolino*.
toxoplasma [to-xo-plà-ʃma] *s.m.* [pl. *-mi*] (*zool.*) genere di protozoi parassiti di diversi mammiferi, tra cui l'uomo.
toxoplasmosi [to-xo-pla-ʃmò-ʃi] *s.f.* (*med., vet.*) infezione causata da toxoplasmi.
tozzo[1] [tòz-zo] *agg.* grosso e largo; massiccio: *uomo, edificio —*.
tozzo[2] *s.m.* pezzo di pane, per lo più raffermo | *per un — di pane*, (*fig.*) per pochissimo danaro.
tra → **fra**[1].
tra- prefisso di parole composte, che vale 'di là da, oltre', oppure 'attraverso, da un punto all'altro' (*trapassare*), denota una situazione intermedia (*tramortire*), significa 'in mezzo, tra diverse cose' (*tramezzare, trascegliere*); in quest'ultimo significato si alterna con *fra-* e *intra-* (*framezzare, intramezzare*).
traballamento [tra-bal-la-mén-to] *s.m.* il traballare.
traballante [tra-bal-làn-te] *agg.* che traballa; vacillante.
traballare [tra-bal-là-re] *v.intr.* [aus. *avere*] essere malfermo; vacillare, barcollare (anche *fig.*): *la sua sicurezza cominciò a —*.
trabeazione [tra-be-a-zió-ne] *s.f.* struttura architettonica orizzontale sostenuta da colonne.
trabiccolo [tra-bìc-co-lo] *s.m.* (*scherz.*) macchina, congegno di costruzione o funzionamento malsicuri: *quest'automobile è un —*.
traboccante [tra-boc-càn-te] *agg.* pieno al punto di traboccare.
traboccare [tra-boc-cà-re] *v.intr.* [*io trabócco, tu trabócchi ecc.*; aus. *essere* quando il soggetto è il materiale contenuto, *avere* quando il soggetto è il recipiente] uscire dai bordi di un recipiente troppo colmo (anche *fig.*): *l'acqua è traboccata dal vaso; una felicità che trabocca dagli occhi* | detto di recipiente, versare il proprio contenuto: *la pentola ha traboccato*.
trabocchetto [tra-boc-chét-to] *s.m.* **1** dispositivo consistente in un piano cedevole, che si apre sotto i piedi di chi vi passa sopra, facendolo precipitare **2** (*fig.*) insidia, tranello | Usato anche come *agg.invar.*: *domanda —*, fatta in modo da ingannare o confondere.
tracagnotto [tra-ca-gnòt-to], o **traccagnotto**, *agg.* e *s.m.* [f. *-a*] che/chi è basso e tarchiato.
tracannare [tra-can-nà-re] *v.tr.* bere avidamente, a grandi sorsate.
traccagnotto → **tracagnotto**.
traccheggiare [trac-cheg-già-re] *v.intr.* [*io tracchéggio ecc.*; aus. *avere*] prendere tempo per decidere o per evitare di impegnarsi in qlco.; temporeggiare, tergiversare.
traccia [tràc-cia] *s.f.* [pl. *-ce*] **1** impronta, segno lasciato dal passaggio di qlcu. o qlco.: *i cani fiutano le tracce della selvaggina*; *seguire, perdere le*

tracce | (*fig.*) ricordo, testimonianza, vestigio: *le tracce di un'antica civiltà* | (spec. *pl.*) nelle analisi chimiche, presenza di una sostanza in quantità minime: *tracce di albumina nel sangue* **2** schema, filo conduttore di un discorso, di uno scritto: *sviluppare una —* **3** scanalatura praticata in un muro per farvi passare i tubi di un impianto: *impianto sotto —* **4** immagine luminosa che compare su un monitor in corrispondenza al percorso di un pennello elettronico **5** luogo di un supporto di registrazione su cui vengono immessi i dati; pista: *le tracce di un floppy disk.*

tracciante [trac-ciàn-te] *agg.* che lascia una traccia | Anche *s.m.* si dice di proiettile che lascia una traccia luminosa.

tracciare [trac-cià-re] *v.tr.* [*io tràccio ecc.*] **1** lasciare dei segni per la futura realizzazione di qlco.: *— un percorso* **2** (*estens.*) disegnare: *— una linea* **3** (*fig.*) descrivere in modo sintetico, tratteggiare: *— un quadro della situazione.*

tracciato [trac-cià-to] *s.m.* **1** (*edil.*) l'insieme dei segni sul terreno che delimitano il percorso di una strada, il perimetro di un edificio da costruire ecc.: *il — dell'autostrada* **2** diagramma **3** (*sport*) percorso di una corsa **4** (*mar.*) linea che rappresenta la rotta su una carta nautica.

tracciatura [trac-cia-tù-ra] *s.f.* (*tecn.*) operazione che serve a segnare sulla superficie di un materiale grezzo le tracce e i punti di riferimento per il taglio e altre lavorazioni.

trachea [tra-chè-a] *s.f.* (*anat.*) organo dell'apparato respiratorio a forma di tubo, costituito da una serie di anelli cartilaginei, compreso fra la laringe e i bronchi.

tracheale [tra-che-à-le] *agg.* (*anat.*, *med.*) della trachea.

tracheite [tra-che-ì-te] *s.f.* (*med.*) infiammazione della trachea.

tracheotomia [tra-che-o-to-mì-a] *s.f.* (*med.*) operazione chirurgica che consiste nell'apertura della trachea per metterla in comunicazione diretta con l'esterno quando sia impossibile la respirazione naturale.

tracimare [tra-ci-mà-re] *v.intr.* [aus. *essere* o *avere*] straripare.

tracimazione [tra-ci-ma-zió-ne] *s.f.* il tracimare.

trackball [/ 'trɛkbol /] *s.m.invar.* (*ingl.*) (*inform.*) tipo di mouse che si usa facendo ruotare direttamente la sfera con le dita.

tracodonte [tra-co-dón-te] *s.m.* dinosauro erbivoro del cretaceo, eretto sulle zampe posteriori.

tracolla [tra-còl-la] *s.f.* **1** striscia di cuoio o di tessuto che, poggiando su una spalla sostiene borse, armi o altri oggetti | *a —*, appeso a una spalla per mezzo di una tracolla: *portare un fucile a —* **2** (*estens.*) borsa a tracolla.

tracollare [tra-col-là-re] *v.intr.* [*io tracòllo ecc.*; aus. *essere*] **1** pendere da un lato, perdere l'equilibrio: *la bilancia tracolla* **2** (*fig.*) precipitare, andare in rovina.

tracollo [tra-còl-lo] *s.m.* rovina, crollo: *— finanziario.*

tracotante [tra-co-tàn-te] *agg.* e *s.m.* e *f.* che/chi manifesta prepotenza e presunzione.

tracotanza [tra-co-tàn-za] *s.f.* l'essere tracotante.

trade mark [/ 'treid mark /] *loc.sost.m.invar.* (*ingl.*) marchio di fabbrica registrato.

trade union [/ treid'junjon /] *loc.sost.f.* (*ingl.*) [pl. *trade unions*] nei paesi anglosassoni, associazione di lavoratori, sindacato.

tradimento [tra-di-mén-to] *s.m.* il tradire, l'essere tradito | *alto —*, (*dir.*) delitto di tradimento contro lo Stato | *a —*, con l'inganno: *domanda a —*, ingannevole.

tradire [tra-dì-re] *v.tr.* [*io tradisco, tu tradisci ecc.*] **1** mancare a un dovere, a un obbligo morale: *— un giuramento, la fiducia*; *— un segreto*, rivelarlo; *— le attese*, deluderle **2** venir meno a un impegno di fedeltà o di solidarietà che si ha con qlcu.: *— i compagni*; *la moglie*, *il marito*, commettere adulterio **3** (*fig.*) venir a mancare, difettare: *la memoria può tradirmi* **4** manifestare involontariamente: *quel gesto tradì il suo stato d'animo* ♦ **tradirsi** *v.rifl.* manifestare involontariamente il proprio essere, il proprio pensiero: *con una parola si tradì.*

traditore [tra-di-tó-re] *agg.* e *s.m.* [f. *-trice*] che/chi tradisce: *— della patria.*

tradizionale [tra-di-zio-nà-le] *agg.* che è conforme alla tradizione: *una cerimonia —* □ **tradizionalmente** *avv.* secondo la tradizione.

tradizionalismo [tra-di-zio-na-lì-ʃmo] *s.m.* atteggiamento di chi è tradizionalista.

tradizionalista [tra-di-zio-na-lì-sta] *agg.* e *s.m.* e *f.* [pl.m. *-sti*] che/chi segue la tradizione, i valori tradizionali.

tradizionalistico [tra-di-zio-na-lì-sti-co] *agg.* [pl.m. *-ci*] del tradizionalismo, dei tradizionalisti □ **tradizionalisticamente** *avv.*

tradizione [tra-di-zió-ne] *s.f.* **1** la trasmissione del patrimonio culturale delle generazioni passate; il patrimonio stesso: *— orale*; *— religiosa, popolare* | consuetudine, abitudine: *— familiare* **2** (*teol.*) nel cristianesimo, il patrimonio di verità e di norme, trasmesso non dalla Bibbia ma dall'insegnamento della Chiesa **3** (*filol.*) l'insieme dei manoscritti e delle stampe che trasmettono un testo: *la — della "Divina Commedia".*

tradotta [tra-dót-ta] *s.f.* convoglio ferroviario riservato al trasporto di militari.

traducibile [tra-du-cì-bi-le] *agg.* che si può tradurre.

traducibilità [tra-du-ci-bi-li-tà] *s.f.* l'essere traducibile.

tradunionismo [tra-du-nio-nì-ʃmo; / treidun jo'nizmo /] *s.m.* il movimento sindacale delle trade unions.

tradurre [tra-dùr-re] *v.tr.* [pres. *io traduco, tu traduci ecc.*; pass.rem. *io tradussi, tu traducésti ecc.*; part.pass. *tradótto*] **1** il formulare in una determinata lingua un testo espresso originariamente in un'altra: *— un libro dal francese in inglese*; *— a senso*, liberamente; *— alla lettera*, rispettando rigorosamente l'originale | *— in cifre*, (*fig.*) esprimere numericamente | — *in pratica*, (*fig.*) attuare, realizzare **2** (*burocr.*) trasferire una persona: — *l'imputato in carcere* **3** (*inform.*) convertire dei dati da un formato in un altro, senza però modificarli.

traduttore [tra-dut-tó-re] *s.m.* **1** [f. *-trice*] chi ha fatto una traduzione; chi per mestiere fa traduzioni: *un buon* — | — *simultaneo*, chi esegue una traduzione simultanea **2** libro con traduzione di un testo classico, a uso degli studenti | — *elettronico*, apparecchio tascabile che consente di visualizzare la traduzione in più lingue di un certo numero di parole o di brevi frasi **3** (*inform.*) programma che traduce in un certo linguaggio un programma scritto in un linguaggio differente.

traduzione [tra-du-zió-ne] *s.f.* **1** il tradurre; il testo tradotto: *fare una — dal latino* | — *simultanea*, fatta da un interprete che traduce immediatamente ciò che dice un oratore, parlando contemporaneamente a lui **2** (*burocr.*) trasferimento di persone.

traente [tra-èn-te] *agg.* trainante ♦ *s.m.* e *f.* (*banc.*) chi emette una tratta.

trafelato [tra-fe-là-to] *agg.* affannato, ansante.

trafficante [traf-fi-càn-te] *s.m.* e *f.* chi esercita traffici illeciti: — *di droga*.

trafficare [traf-fi-cà-re] *v.intr.* [*io tràffico, tu tràffichi ecc.*; aus. *avere*] **1** commerciare in qlco.: — *in vini* | esercitare traffici illeciti **2** darsi da fare, affaccendarsi: — *tutto il giorno per casa* ♦ *v.tr.* fare traffico illecito di qlco.

trafficato [traf-fi-cà-to] *agg.* che ha un intenso traffico di veicoli: *viale* —.

traffichino [traf-fi-chì-no] *s.m.* [f. *-a*] (*fam.*) chi fa continuamente piccoli traffici, intrighi, imbrogli.

traffico [tràf-fi-co] *s.m.* [pl. *-ci*] **1** il trafficare, per lo più illecitamente: — *clandestino di diamanti* **2** movimento di mezzi di trasporto o di passeggeri o merci: — *aereo*, *mercantile* | movimento dei veicoli in una strada o in una città: *strada chiusa al* —; — *caotico* **3** (*telecom.*) volume del flusso di messaggi trasmessi.

trafficone [traf-fi-có-ne] *s.m.* [f. *-a*] (*fam.*) chi si dà da fare, spesso senza scrupoli, per conseguire il proprio vantaggio.

trafiggere [tra-fig-ge-re] *v.tr.* [coniugato come *figgere*] passare da parte a parte, ferendo gravemente; trapassare.

trafila [tra-fi-la] *s.f.* serie di operazioni da compiere, di difficoltà da superare per raggiungere uno scopo: *passare per la — dei vari uffici*.

trafilare [tra-fi-là-re] *v.tr.* ridurre in fili o in barre mediante trafilatura.

trafilatrice [tra-fi-la-trì-ce] *s.f.* macchina per trafilare metalli, materie plastiche ecc.

trafilatura [tra-fi-la-tù-ra] *s.f.* lavorazione consistente nel forzare un materiale a passare attraverso i fori di una trafilatrice, in modo che assuma la forma della sezione del foro stesso.

trafiletto [tra-fi-lét-to] *s.m.* breve notizia o commento pubblicato con un certo rilievo tipografico.

trafittura [tra-fit-tù-ra] *s.f.* il trafiggere, l'essere trafitto.

traforare [tra-fo-rà-re] *v.tr.* [*io trafóro ecc.*] **1** forare da parte a parte **2** eseguire un lavoro di traforo.

traforato [tra-fo-rà-to] *agg.* lavorato a fori: *calze traforate*.

traforo [tra-fó-ro] *s.m.* **1** il traforare, l'essere traforato | galleria scavata attraverso una montagna; tunnel: *il — del monte Bianco* **2** la tecnica di traforare secondo un determinato disegno la stoffa, il legno, l'avorio o altri materiali per scopi decorativi; il lavoro, il decoro eseguiti.

trafugamento [tra-fu-ga-mén-to] *s.m.* il trafugare, l'essere trafugato: — *della refurtiva*.

trafugare [tra-fu-gà-re] *v.tr.* [*io trafugo, tu trafughi ecc.*] sottrarre furtivamente: — *un quadro*.

tragedia [tra-gè-dia] *s.f.* **1** opera teatrale che narra gli esiti gravi e luttuosi delle vicende e delle passioni di personaggi importanti | la produzione, il genere tragico: *la — greca* **2** (*estens.*) avvenimento tragico, luttuoso **3** (*iperb.* o *scherz.*) contrarietà, contrattempo: *che — mangiare così male!* | *fare tragedie*, avere reazioni esagerate ai contrattempi.

tragediografo [tra-ge-diò-gra-fo] *s.m.* [f. *-a*] scrittore di tragedie.

traghettamento [tra-ghet-ta-mén-to] *s.m.* il traghettare, l'essere traghettato.

traghettare [tra-ghet-tà-re] *v.tr.* [*io traghétto ecc.*] trasportare da una sponda a un'altra con un'imbarcazione: — *due passeggeri*.

traghettatore [tra-ghet-ta-tó-re] *s.m.* [f. *-trice*] chi traghetta; chi è addetto ai traghetti.

traghetto [tra-ghét-to] *s.m.* imbarcazione che serve a traghettare: *traghetti per le isole* | Usato anche come *agg.invar.*: *nave* —.

tragicità [tra-gi-ci-tà] *s.f.* l'essere tragico.

tragico [trà-gi-co] *agg.* [pl.m. *-ci*] **1** di tragedia, di tragedie: *attore*, *stile* — **2** (*estens.*) luttuoso; doloroso: *un — episodio* ♦ *s.m.* **1** [f. *-a*] tragediografo **2** ciò che è tragico: *il comico e il* — □ **tragicamente** *avv.* in modo tragico | *morire* —, di morte violenta.

tragicomico [tra-gi-cò-mi-co] *agg.* [pl.m. *-ci*] **1** della tragicommedia **2** (*estens.*) che ha insieme aspetti comici e tragici.

tragicommedia [tra-gi-com-mè-dia] *s.f.* **1** componimento teatrale in cui si fondono elementi tragici e comici | la produzione, il genere tragicomico **2** (*estens.*) avvenimento tragico e comico insieme.

tragitto [tra-gìt-to] *s.m.* percorso, in relazione a un luogo di partenza e uno d'arrivo: *il — non è lungo*.

traguardo [tra-guàr-do] *s.m.* **1** (*sport*) punto di arrivo di una gara di corsa: *tagliare il* — **2** (*estens.*) punto di arrivo, meta: *il suo — è la laurea*.

traiettoria [tra-iet-tò-ria] *s.f.* linea descritta nello spazio da un punto o da un corpo mobile.

trailer [/ ˈtreiler /] *s.m.invar.* (*ingl.*) **1** rimorchio per autovetture, per lo più a due ruote **2** annuncio pubblicitario di film di imminente programmazione, che ne anticipa alcune sequenze.

traina [tråi-na] *s.f.* 1 corda, cavo con cui si esegue un traino | *pescare alla —*, pescare su una barca in moto trascinando la lenza in acqua 2 andatura irregolare del cavallo quando galoppa con le gambe anteriori e trotta con le posteriori.

trainante [trai-nàn-te] *agg.* 1 che traina 2 (*fig.*) che tira dietro di sé; che dà un impulso positivo: *un settore — dell'industria.*

trainare [trai-nà-re] *v.tr.* [*io tràino ecc.*] tirare un carico; rimorchiare.

trainer [/ 'treiner /] *s.m.invar.* (*ingl.*) (*sport*) allenatore.

training [/ 'treiniŋ /] *s.m.invar.* (*ingl.*) 1 tirocinio, addestramento 2 *— autogeno*, (*psicol.*) tecnica psicoterapeutica che mira a far raggiungere uno stato di rilassatezza.

traino [trài-no] *s.m.* 1 il trainare: *— animale, meccanico*, effettuato con animali o con veicoli a motore 2 ciò che viene trainato 3 (*fig.*) spinta, impulso: *fare da —.*

trait d'union [/ trɛdu'njɔn /] *loc.sost.m.invar.* (*fr.*) 1 trattino posto tra due parole che costituiscono, insieme, un'unità semantica (p.e. *vagone-ristorante*) 2 (*fig.*) persona o cosa che ne collega altre due.

tralasciare [tra-la-scià-re] *v.tr.* [*io tralàscio ecc.*] lasciare da parte, interrompere: *— gli studi* | non prendere in considerazione, omettere: *— un particolare.*

tralcio [tràl-cio] *s.m.* ramo verde di piante rampicanti: *— di vite.*

traliccio [tra-lìc-cio] *s.m.* struttura di sostegno fatta con profilati metallici: *i tralicci delle linee elettriche.*

tralice [tra-lì-ce] solo nella loc. avv. *in —*, di sbieco, obliquamente: *guardare in —*, con malevolenza.

tralignamento [tra-li-gna-mén-to] *s.m.* (*non com.*) il tralignare; degenerazione.

tralignare [tra-li-gnà-re] *v.intr.* [aus. *avere* o *essere*] allontanarsi, deviare dalle caratteristiche o dalle tradizioni della propria famiglia, della propria gente; degenerare.

tralucere [tra-lù-ce-re] *v.intr.* [coniugato come *rilucere*; mancano il part. pass. e i tempi composti] 1 mandare luce attraverso qlco.: *dalla tenda traluce un raggio di sole* 2 (*fig.*) trasparire, trapelare.

tram *s.m.invar.* mezzo di trasporto pubblico cittadino su rotaie.

trama [trà-ma] *s.f.* 1 il complesso dei fili che, intrecciati perpendicolarmente con l'ordito, formano il tessuto 2 (*fig.*) macchinazione, intrigo: *ordire una —* 3 (*fig.*) l'insieme delle vicende che costituiscono lo svolgimento di una narrazione, un'opera teatrale, un film 4 (*sport*) serie di azioni di gioco ben coordinate.

tramandare [tra-man-dà-re] *v.tr.* trasmettere di generazione in generazione la memoria di fatti, usi ecc.

tramare [tra-mà-re] *v.tr.* tessere inganni; complottare: *— nell'ombra*, di nascosto.

trambusto [tram-bù-sto] *s.m.* agitazione, confusione rumorosa di cose e persone.

tramestio [tra-me-stì-o] *s.m.* movimento rumoroso e disordinato di cose o persone.

tramezzare [tra-meʒ-ʒà-re] *v.tr.* [*io tramèʒʒo ecc.*] 1 interporre, intramezzare 2 (*edil.*) dividere con un tramezzo: *— un locale.*

tramezzino [tra-meʒ-ʒi-no] *s.m.* coppia di fette di pane a cassetta di forma triangolare, variamente farcita.

tramezzo [tra-mèʒ-ʒo] *s.m.* (*edil.*) sottile parete che non ha funzione portante ma divisoria.

tramite [trà-mi-te] *s.m.* mezzo: *diffondere una notizia per il — della radio* | *far da —*, da intermediario | Usato anche come *prep.*: *— qlcu.* o *qlco.*, per mezzo di qlcu. o qlco.

tramoggia [tra-mòg-gia] *s.f.* [pl. *-ge*] recipiente a forma di tronco di piramide o di tronco di cono rovesciato, impiegato per raccogliere materiali sciolti dall'alto e scaricarli dal basso.

tramontana [tra-mon-tà-na] *s.f.* vento freddo e secco che spira dal nord | (*estens.*) nord | *perdere la —*, (*fig. fam.*) perdere il controllo di sé.

tramontare [tra-mon-tà-re] *v.intr.* [*io tramónto ecc.*; aus. *essere*] 1 detto del Sole e degli astri, sparire sotto la linea dell'orizzonte terrestre: *d'estate il sole tramonta più tardi* 2 (*fig.*) declinare, venir meno, finire: *la sua notorietà tramontò presto.*

tramonto [tra-món-to] *s.m.* 1 il tramontare | l'insieme dei fenomeni atmosferici, di luce e di colore, che si verificano al tramontare del Sole: *un — magnifico* 2 (*fig.*) il declinare, il volgere al termine: *il — di una civiltà*; *il — della vita*, la vecchiaia | *viale del —*, (*fig.*) ultimo periodo di attività di un artista o uno sportivo, quando non ha più la bravura e la fama di un tempo.

tramortire [tra-mor-tì-re] *v.tr.* [*io tramortisco, tu tramortisci ecc.*] colpire qlcu. con forza facendogli perdere i sensi.

tramortito [tra-mor-tì-to] *agg.* privo di sensi, svenuto, stordito.

trampolieri [tram-po-liè-ri] *s.m.pl.* (*zool.*) nella vecchia classificazione, gruppo di uccelli caratterizzati da zampe, collo e becco lunghi e sottili (*p.e.* cicogna, gru, airone).

trampolino [tram-po-lì-no] *s.m.* 1 pedana, piattaforma da cui, in alcuni sport (tuffi, salto con gli sci ecc.), l'atleta si lancia o prende lo slancio 2 (*fig.*) persona, situazione che dà un forte impulso iniziale alla carriera, al successo di qlcu.

trampolo [tràm-po-lo] *s.m.* (spec. *pl.*) 1 ciascuno dei due lunghi bastoni muniti in alto di una mensoletta su cui si appoggiano i piedi, per camminare mantenendosi a distanza dal suolo 2 (*scherz.*) gamba lunghissima.

tramutare [tra-mu-tà-re] *v.tr.* mutare, trasformare: *— in gioia il dolore* ♦ **tramutarsi** *v. intr.pron.* mutarsi, trasformarsi: *il bruco si tramuta in farfalla.*

tramvai → **tranvai**.
tramvia → **tranvia**.
trance [/ trans /] *s.f.invar.* (*ingl.*) **1** stato psicofisico caratterizzato da insensibilità agli stimoli, perdita della coscienza, dissociazione psichica, nel quale cadono i medium durante le sedute spiritiche **2** (*fig.*) estasi, rapimento.
tranche [/ tranʃ /] *s.f.invar.* (*fr.*) **1** trancia **2** (*fin.*) quota, parte.
trancia [tràn-cia] *s.f.* [pl. *-ce*] **1** (*mecc.*) attrezzo o macchina per tagliare barre e lamiere metalliche mediante due lame che si chiudono a forbice; cesoia **2** fetta.
tranciare [tran-cià-re] *v.tr.* [*io tràncio ecc.*] (*mecc.*) tagliare con la trancia | (*estens.*) tagliare di netto.
tranciatura [tran-cia-tù-ra] *s.f.* (*mecc.*) operazione di taglio a profilo chiuso, che si esegue su lamiere o profilati per ricavarne elementi circolari o variamente sagomati o per praticarvi fori con un punzone; punzonatura.
trancio [tràn-cio] *s.m.* trancia, fetta.
tranello [tra-nèl-lo] *s.m.* accorgimento dissimulato e insidioso per catturare o aggredire qlcu. o per ingannarlo; trappola: *attirare qlcu., cadere in un —.*
trangugiare [tran-gu-già-re] *v.tr.* [*io trangùgio ecc.*] mangiare, inghiottire rapidamente: *— la minestra.*
tranne [tràn-ne] *prep.* eccetto, salvo: *tutti hanno accettato — loro due; tutti i giorni — la domenica* | Nella loc. cong. — *che*, a meno che, salvo che: *partirò, — che piova.*
tranquillante [tran-quil-làn-te] *s.m.* psicofarmaco che riduce gli eccessi di reattività emotiva o motoria; sedativo.
tranquillità [tran-quil-li-tà] *s.f.* l'essere tranquillo; calma, serenità: *la — delle acque; esaminare con — la situazione.*
tranquillizzante [tran-quil-liʒ-ʒàn-te] *agg.* che tranquillizza.
tranquillizzare [tran-quil-liʒ-ʒà-re] *v.tr.* rendere tranquillo; liberare da timori e preoccupazioni ♦ **tranquillizzarsi** *v.intr.pron.* diventare tranquillo; rassicurarsi.
tranquillo [tran-quìl-lo] *agg.* che non è turbato, che è in uno stato di serenità e di quiete fisica o morale; calmo: *il mare è —; avere la coscienza tranquilla* □ **tranquillamente** *avv.* in modo tranquillo | senza correre rischi: *potete — prendere quell'aeroplano.*
trans *s.m. invar.* nel linguaggio giornalistico, transessuale in origine maschio.
trans- prefisso di parole composte, che significa 'oltre, attraverso'; si trova al posto della variante *tras-* quando il secondo elemento comincia per vocale (*transatlantico, transalpino*) oppure in composti dotti (*translitterare*).
transalpino [tran-sal-pì-no] *agg.* che è di là dalle Alpi rispetto a Roma (*si oppone a cisalpino*) | che attraversa le Alpi | Usato anche come *s.m.* [f. *-a*]: *i transalpini*, per antonomasia, i francesi.
transaminasi [tran-sa-mi-nà-ʃi] *s.f.* **1** (*chim., biol.*) denominazione di diversi gruppi enzimatici che entrano nella sintesi degli amminoacidi; la loro presenza eccessiva nel sangue è indice di processi patologici in atto **2** (*estens.*) esame che quantifica la presenza di transaminasi nel sangue.
transappenninico [tran-sap-pen-nì-ni-co] *agg.* [pl.m. *-ci*] **1** che si trova al di là degli Appennini **2** che attraversa gli Appennini.
transatlantico [tran-sa-tlàn-ti-co] *agg.* [pl.m. *-ci*] che è di là dall'Atlantico | che attraversa l'Atlantico: *rotta transatlantica* ♦ *s.m.* grande nave passeggeri, lussuosa e veloce, utilizzata sulle rotte oceaniche.
transazione [tran-sa-zió-ne] *s.f.* **1** il transigere **2** (*dir.*) contratto col quale le parti, facendosi reciproche concessioni, pongono fine a una lite **3** (*comm.*) operazione di compravendita.
transcodificare [trans-co-di-fi-cà-re] *v.tr.* [*io transcodìfico, tu transcodìfichi ecc.*] effettuare una transcodificazione.
transcodificazione [trans-co-di-fi-ca-zió-ne] *s.f.* conversione o trasferimento di un messaggio da un codice o da un sistema a un altro.
transcontinentale [trans-con-ti-nen-tà-le] *agg.* che attraversa un continente.
transeat [/ 'transeat /] *inter.* (*lat.*) è concesso, sia pure, passi: *per questa volta —!*
transenna [tran-sèn-na] *s.f.* **1** (*arch.*) lastra di pietra lavorata, usata come parapetto o per recintare spazi riservati **2** barriera provvisoria elevata per regolare il traffico o per impedire al pubblico un transito, un accesso.
transennare [tran-sen-nà-re] *v.tr.* [*io transènno ecc.*] recintare con transenne.
transessuale [tran-ses-su-à-le] *agg.* e *s.m.* e *f.* si dice di persona che, dopo trattamenti medico-chirurgici, ha assunto caratteristiche anatomiche e fisiologiche dell'altro sesso.
transessualismo [tran-ses-sua-lì-ʃmo] *s.m.* lo stesso che *transessualità.*
transessualità [tran-ses-sua-li-tà] *s.f.* l'essere transessuale; il fenomeno dei transessuali.
transetto [tran-sèt-to *o* transétto] *s.m.* (*arch.*) in una chiesa a croce latina, la navata che rappresenta il braccio più corto della croce.
transeunte [tran-se-ùn-te] *agg.* (*lett.*) che passa, che è destinato a finire; transitorio (nel linguaggio filosofico, contrapposto a *eterno*): *la realtà —.*
transfer [/ 'transfer /] *s.m.invar.* (*ingl.*) **1** nel linguaggio turistico, il trasferimento dalla stazione, l'aeroporto o il porto all'albergo di soggiorno e viceversa **2** (*borsa*) trasferimento di un titolo **3** in psicopedagogia, lo stesso che *transfert.*
transferrina [trans-fer-rì-na] *s.f.* (*chim., biol.*) sostanza proteica del plasma che trasporta il ferro ai tessuti.
transfert [tràns-fert] *s.m.invar.* **1** (*psicoan.*) processo per cui un desiderio o un conflitto inconscio viene trasferito su una persona diversa da quella a cui è originariamente legato **2** in psicopedagogia, l'effetto prodotto da un compito

d'apprendimento su un altro compito d'apprendimento: — *positivo, negativo.*
transformer [/ trans'fɔrmer /] *s.m.invar.* (*ingl.*) giocattolo costituito di parti mobili che possono essere ricomposte in forme diverse.
transfuga [tràns-fu-ga] *s.m.* e *f.* [pl.m. *-ghi*] chi ha abbandonato un gruppo, un'ideologia per militare nel campo avverso.
transiberiano [tran-si-be-rià-no] *agg.* che attraversa la Siberia: *ferrovia transiberiana.*
transigere [tran-sì-ge-re] *v.tr.* [pres. *io transigo, tu transigi ecc.*; pass.rem. *io transigéi* o *transigètti, tu transigésti ecc.*; part.pass. *transatto*] (*dir.*) fare una transazione ♦ *v.intr.* [aus. *avere*] cedere, venire a patti: *princìpi su cui non si può* —.
transistor [/ tran'sistor /] *s.m.invar.* (*ingl.*) dispositivo elettronico in grado di amplificare la potenza di un segnale elettrico.
transistorizzare [tran-si-sto-riʒ-ʒà-re] *v.tr.* [*io transistoriʒʒo ecc.*] (*elettr.*) equipaggiare con transistor.
transitabile [tran-si-tà-bi-le] *agg.* attraverso cui si può transitare: *valico — con catene.*
transitabilità [tran-si-ta-bi-li-tà] *s.f.* l'essere transitabile.
transitare [tran-si-tà-re] *v.intr.* [*io trànsito ecc.*; aus. *essere*] passare per un luogo, per una strada, detto di veicoli: — *sull'autostrada.*
transitività [tran-si-ti-vi-tà] *s.f.* la proprietà di essere transitivo.
transitivo [tran-si-tì-vo] *agg.* **1** (*gramm.*) si dice di verbo che si costruisce col complemento oggetto **2** (*mat.*) si dice di proprietà che sussiste quando la relazione di A con B e di B con C implica la relazione di A con C.
transito [tràn-si-to] *s.m.* **1** passaggio attraverso un luogo, una strada: — *riservato ai pedoni*; — *interrotto* **2** (*astr.*) passaggio apparente di un corpo celeste sul meridiano del luogo, di un pianeta davanti al disco del Sole, di un satellite davanti al pianeta intorno al quale ruota **3** (*lett.*) morte.
transitorietà [tran-si-to-rie-tà] *s.f.* l'essere transitorio.
transitorio [tran-si-tò-rio] *agg.* non durevole, non definitivo; provvisorio: *soluzione transitoria* □ **transitoriamente** *avv.*
transizione [tran-si-zió-ne] *s.f.* passaggio da una situazione a un'altra: *epoca di* —.
translagunare [tranʃ-la-gu-nà-re] *agg.* che attraversa una laguna: *navigazione* —.
translitterare e *deriv.* → **traslitterare** e *deriv.*.
transnazionale [trans-na-zio-nà-le] *agg.* nel linguaggio politico, che va oltre la sfera di interessi di una singola nazione: *partito* —.
transoceanico [tran-so-ce-à-ni-co] *agg.* [pl.m. *-ci*] che attraversa un oceano: *rotte transoceaniche.*
transpadano → **traspadano.**
transumanza [tran-su-màn-za] *s.f.* trasferimento delle greggi verso i pascoli di montagna in estate, verso i pascoli di pianura in inverno.
transuranico [tran-su-rà-ni-co] *agg.* [pl.m. *-ci*] si dice di elemento chimico artificiale con numero atomico superiore a quello dell'uranio.
transustanziazione [tran-su-stan-zia-zió-ne] *s.f.* (*teol.*) la dottrina secondo la quale, all'atto della consacrazione eucaristica durante la messa, il pane e il vino diventano rispettivamente il corpo e il sangue di Cristo, pur conservando immutate le loro fattezze esterne.
trantran [tran-tràn], o **tran tran**, *s.m.invar.* il ritmo monotono di un'attività o della vita quotidiana.
tranvai [tran-vài], o **tramvai**, *s.m.* (*pop.*) tram.
tranvia [tran-vì-a], o **tramvia**, *s.f.* strada ferrata per il passaggio di tram.
tranviario [tran-vià-rio] *agg.* che riguarda i tram o le tranvie.
tranviere [tran-viè-re] *s.m.* chi è impiegato nei servizi tranviari.
trapanare [tra-pa-nà-re] *v.tr.* [*io tràpano ecc.*] forare col trapano: — *il legno, un dente.*
trapanatrice [tra-pa-na-trì-ce] *s.f.* trapano non portatile.
trapanazione [tra-pa-na-zió-ne] *s.f.* l'operazione e il risultato del trapanare.
trapano [trà-pa-no] *s.m.* macchina utensile, a mano o a motore, che serve per eseguire fori o anche operazioni di alesatura e fresatura: — *elettrico.*
trapassare [tra-pas-sà-re] *v.tr.* passare da parte a parte; trafiggere: *il proiettile gli trapassò un braccio* ♦ *v.intr.* [aus. *essere*] (*lett.*) passare ad altra vita, morire.
trapassato [tra-pas-sà-to] *agg.* passato da parte a parte ♦ *s.m.* **1** (*lett.*) defunto: *le anime dei trapassati* **2** (*gramm.*) tempo del verbo che indica un'azione precedente a un'altra già passata: — *prossimo.*
trapasso [tra-pàs-so] *s.m.* **1** il trapassare; passaggio: *rapido — da un'idea a un'altra* **2** (*lett.*) morte.
trapelare [tra-pe-là-re] *v.intr.* [*io trapélo ecc.*; aus. *essere*] **1** filtrare attraverso aperture piccolissime: *l'acqua trapela dal serbatoio* **2** (*fig.*) venirsi a sapere da piccoli indizi: *sguardo che non lascia — nulla.*
trapezio [tra-pè-zio] *s.m.* **1** (*geom.*) quadrangolo con due lati paralleli (basi) **2** attrezzo ginnico costituito da una sbarra orizzontale appesa a due funi parallele; è usato nel circo per esercizi acrobatici **3** (*anat.*) muscolo superficiale a forma di triangolo tra la nuca e la spalla.
trapezista [tra-pe-zì-sta] *s.m.* e *f.* [pl.m. *-sti*] acrobata che esegue esercizi al trapezio.
trapezoidale [tra-pe-zoi-dà-le] *agg.* che ha forma di trapezio.
trapezoide [tra-pe-zòi-de] *agg.* che ha forma di un trapezio; trapezoidale ♦ *s.m.* **1** figura geometrica irregolare simile al trapezio **2** (*anat.*) osso del carpo.
trapiantare [tra-pian-tà-re] *v.tr.* **1** (*agr.*) estrarre una pianta con tutte le radici da un terreno e collocarla in un altro **2** (*fig.*) trasferire e far at-

tecchire: — *un'usanza* **3** (*med.*) eseguire un trapianto: — *un rene* ♦ **trapiantarsi** *v.rifl.* trasferirsi definitivamente: — *in Australia.*

trapiantatoio [tra-pian-ta-tó-io] *s.m.* (*agr.*) sorta di paletta semicilindrica a punta tagliente, con cui si taglia e si preleva dal terreno una zolla con la piantina da trapiantare.

trapianto [tra-piàn-to] *s.m.* **1** (*agr.*) l'operazione e il risultato del trapiantare **2** (*med.*) in chirurgia, trasporto di un tessuto da una regione all'altra dello stesso organismo; anche, innesto di un organo di un individuo (donatore) in un altro (ricevente): *un — di pelle*; *— cardiaco.*

trapiantologia [tra-pian-to-lo-gì-a] *s.f.* (*med.*) settore della chirurgia che si occupa del trapianto di tessuti o di organi.

trappeto [trap-pé-to] *s.m.* (*merid.*) frantoio, torchio per le olive.

trappista [trap-pì-sta] *s.m.* [pl. *-sti*] frate dell'ordine cistercense riformato che osserva rigorosamente la regola benedettina.

trappola [tràp-po-la] *s.f.* **1** congegno usato per catturare animali: — *per topi* **2** (*fig.*) insidia, tranello: *cadere in —* **3** (*fam.*) apparecchio, macchina che funziona male: *un'automobile che è una —.*

trapunta [tra-pùn-ta] *s.f.* coperta imbottita e trapuntata.

trapuntare [tra-pun-tà-re] *v.tr.* ricamare | lavorare a trapunto.

trapuntatura [tra-pun-ta-tù-ra] *s.f.* operazione mediante la quale si legano tra loro parti di tessuto con punti di cucitura.

trapunto [tra-pùn-to] *agg.* ricamato, ornato (anche *fig.*): *tessuto —*; *cielo — di stelle* ♦ *s.m.* tipo di ricamo eseguito su due pezzi di stoffa sovrapposti e imbottiti: *lavorare a —.*

trarre [tràr-re] *v.tr.* [pres. *io traggo, tu trai, egli trae, noi traiamo, voi traéte, essi tràggono*; fut. *io trarrò ecc.*; pass.rem. *io trassi, tu traésti ecc.*; pres.congiunt. *io tragga,... noi traiamo, voi traiate, essi tràggano*; cond. *io trarrèi ecc.*; imp. *trai, traéte*; part.pass. *tratto*; le altre forme sono dal tema *trà-* (*traévo, traèndo ecc.*)] **1** portare, muovere, esercitando una certa forza, qlcu. o qlco. da un luogo a un altro, da una condizione a un'altra; tirare: — *la barca a riva*; — *in arresto*, arrestare; — *in inganno*, ingannare **2** tirare fuori, estrarre: — *la spada*; *brani tratti dal Vangelo* | emettere: — *un respiro di sollievo* | liberare: — *d'impaccio* **3** ricavare, ottenere (anche *fig.*): — *vantaggio da una circostanza*; — *le proprie conclusioni* ♦ **trarsi** *v.rifl.* **1** spostarsi, muoversi: — *in disparte*, *indietro* **2** togliersi, liberarsi: — *d'impaccio.*

tras- prefisso di parole composte che significa 'di là da, oltre', o anche 'attraverso'; è variante di *tra-* e *trans-*.

trasalimento [tra-sa-li-mén-to] *s.m.* il trasalire; emozione, spavento improvviso.

trasalire [tra-sa-lì-re] *v.intr.* [*io trasalisco, tu trasalisci ecc.*; aus. *essere* o *avere*] sussultare per un improvviso spavento.

trasandatezza [tra-ʃan-da-téz-za] *s.f.* l'essere trasandato.

trasandato [tra-ʃan-dà-to] *agg.* trascurato, sciatto: *un uomo — nel vestire.*

trasbordare [tra-ʃbor-dà-re] *v.tr.* [*io traʃbórdo ecc.*] far passare persone o cose da una nave a un'altra o da un mezzo di trasporto a un altro ♦ *v.intr.* [aus. *avere*] passare da una nave a un'altra, da un mezzo di trasporto a un altro.

trasbordo [tra-ʃbór-do] *s.m.* il trasbordare.

trascegliere [tra-scé-glie-re] *v.tr.* [coniugato come *scégliere*] (*non com.*) scegliere con cura tra più persone o cose.

trascendentale [tra-scen-den-tà-le] *agg.* **1** (*filos.*) si dice di proprietà che è comune a tutte le cose e trascende le categorie **2** (*estens.*) che supera la normalità, eccezionale: *questo vino non è niente di —.*

trascendentalità [tra-scen-den-ta-li-tà] *s.f.* l'essere trascendentale; carattere trascendentale.

trascendente [tra-scen-dèn-te] *agg.* **1** si dice di ciò che è di là dal mondo naturale e storico, in quanto realtà assoluta indipendente da esso; si dice anche di ciò che supera i limiti dell'esperienza sensibile: *il cristianesimo concepisce Dio come un essere —* **2** (*mat.*) non algebrico.

trascendentismo [tra-scen-den-tì-ʃmo] *s.m.* ogni dottrina che concepisca Dio come trascendente.

trascendenza [tra-scen-dèn-za] *s.f.* l'essere trascendente.

trascendere [tra-scén-de-re] *v.tr.* [coniugato come *scendere*] **1** superare, oltrepassare **2** (*filos.*) esistere al di fuori e al di sopra della realtà sensibile ♦ *v.intr.* [aus. *avere* e, se è espresso il compl. indiretto, anche *essere*] oltrepassare il giusto limite, eccedere: *so di avere trasceso e vi chiedo scusa*; *sono trascesi a vie di fatto.*

trascinamento [tra-sci-na-mén-to] *s.m.* **1** il trascinare, l'essere trascinato **2** in dispositivi che utilizzano nastri magnetici, la trazione del nastro **3** (*inform.*) spostamento del cursore o di una finestra sullo schermo.

trascinante [tra-sci-nàn-te] *agg.* che trascina; avvincente, esaltante: *una musica —.*

trascinare [tra-sci-nà-re] *v.tr.* **1** tirarsi dietro qlco. facendola strisciare per terra | — *le gambe*, muoverle con difficoltà | — *la vita*, (*fig.*) vivere stentatamente **2** (*estens.*) condurre a forza, contro la volontà: — *alla rovina la famiglia* **3** (*fig.*) avvincere, esaltare: — *il pubblico* ♦ **trascinarsi** *v.rifl.* o *intr.pron.* **1** strisciare faticosamente col corpo per terra: *il ferito si trascinò fino alla porta* **2** (*fig.*) protrarsi nel tempo troppo a lungo o stancamente: *una malattia che si trascina da mesi.*

trascinatore [tra-sci-na-tó-re] *s.m.* [f. *-trice*] chi trascina (spec. *fig.*): *un — di folle* ♦ *agg.* trascinante.

trascolorare [tra-sco-lo-rà-re] *v.intr.* [*io trascolóro ecc.*; aus. *essere*] *v.intr.pron.* (*lett.*) cambiar colore; arrossire o impallidire: — *per la paura.*

trascorrere [tra-scòr-re-re] *v.tr.* [coniugato come *correre*] passare il tempo: — *le vacanze in* *montagna* ♦ *v.intr.* [aus. *essere*] passare (detto del tempo): *sono trascorsi due mesi da allora.*

trascorso [tra-scór-so] *s.m.* esperienza passata, a volte negativa: *trascorsi di gioventù.*

trascrivere [tra-scrì-ve-re] *v.tr.* [coniugato come *scrivere*] **1** effettuare una trascrizione **2** (*inform.*) copiare da un supporto di registrazione a un altro.

trascrizione [tra-scri-zió-ne] *s.f.* **1** il copiare un testo; la copia ottenuta: *errore di —*; *una — fedele* **2** riscrittura di un testo secondo un sistema grafico diverso da quello dell'originale; traslitterazione: *— fonetica*, secondo l'alfabeto fonetico **3** (*dir.*) annotazione, nei pubblici registri, di atti ufficiali per assicurarne la pubblicità **4** (*mus.*) adattamento di un brano musicale a uno o più strumenti per i quali originariamente non era stato composto.

trascurabile [tra-scu-rà-bi-le] *agg.* che può essere trascurato; irrilevante: *errore —.*

trascurare [tra-scu-rà-re] *v.tr.* **1** non curare a sufficienza: *— i propri interessi* **2** tralasciare di fare o di dire qlco.; non tenere conto: *trascuriamo i particolari* ♦ **trascurarsi** *v.rifl.* non avere sufficiente cura di sé: *non devi trascurarti così.*

trascurataggine [tra-scu-ra-tàg-gi-ne] *s.f.* l'essere trascurato; azione da persona trascurata; sbadataggine.

trascuratezza [tra-scu-ra-téz-za] *s.f.* abitudine a trascurare; azione da persona trascurata.

trascurato [tra-scu-rà-to] *agg.* **1** non curato a sufficienza; negletto: *un giardino —*; *sentirsi —*, sentirsi trattato con poco riguardo o poco affetto **2** che opera con poca cura e attenzione: *— nel vestire* ♦ *s.m.* [f. *-a*] persona che ha poca cura di sé.

trasdurre [tra-ʃdùr-re] *v.tr.* [coniugato come *condurre*] (*fis.*) trasmettere energia da un punto a un altro di un sistema o da un sistema a un altro; trasformare una grandezza fisica in un'altra, una forma di energia in un'altra: *— energia meccanica in energia elettrica.*

trasecolare [tra-se-co-là-re] *v.intr.* [*io trasècolo ecc.*; aus. *essere* o *avere*] rimanere stupefatto.

trasecolato [tra-se-co-là-to] *agg.* sbalordito, stupefatto: *rimase —.*

trasferibile [tra-sfe-rì-bi-le] *agg.* che si può trasferire | cedibile ♦ *s.m.* lettera, cifra, disegno impresso su un supporto dal quale può essere trasferito su un altro.

trasferibilità [tra-sfe-ri-bi-li-tà] *s.f.* l'essere trasferibile.

trasferimento [tra-sfe-ri-mén-to] *s.m.* il trasferire, il trasferirsi, l'essere trasferito.

trasferire [tra-sfe-rì-re] *v.tr.* [*io trasferisco, tu trasferisci ecc.*] **1** spostare, mandare qlcu., qlco. da un luogo a un altro: *— un impiegato, un ufficio* | (*inform.*) spostare dati da una posizione a un'altra della stessa memoria o da una memoria a un'altra **2** (*dir.*) cedere, cambiare la titolarità: *— capitali* ♦ **trasferirsi** *v.rifl.* e *intr.pron.* cambiare domicilio, sede, ubicazione: *— a Napoli*; *il negozio si è trasferito in via Nazionale.*

trasferta [tra-sfèr-ta] *s.f.* **1** temporanea permanenza fuori sede per motivi di lavoro: *andare in —* | compenso spettante a titolo di rimborso a chi si è recato fuori sede per lavoro **2** (*sport*) nei campionati, ciascun incontro disputato su un campo di gioco avversario: *giocare in —.*

trasfigurare [tra-sfi-gu-rà-re] *v.tr.* far cambiare l'aspetto esteriore: *la felicità gli trasfigurò il volto* ♦ **trasfigurarsi** *v.intr.pron.* mutare aspetto: *— per il dolore.*

trasfigurato [tra-sfi-gu-rà-to] *agg.* mutato, irriconoscibile: *volto — per l'emozione.*

trasfigurazione [tra-sfi-gu-ra-zió-ne] *s.f.* **1** il trasfigurare, il trasfigurarsi, l'essere trasfigurato **2** la manifestazione di Gesù in gloria ai discepoli Pietro, Giovanni e Giacomo sul monte Tabor | opera figurativa che rappresenta tale evento: *la — di Raffaello.*

trasfondere [tra-sfón-de-re] *v.tr.* [coniugato come *fondere*] infondere in altri, detto di sentimenti, idee: *gli ha trasfuso il suo amore per l'arte.*

trasformabile [tra-sfor-mà-bi-le] *agg.* che si può trasformare: *una poltrona — in letto.*

trasformabilità [tra-sfor-ma-bi-li-tà] *s.f.* l'essere trasformabile.

trasformare [tra-sfor-mà-re] *v.tr.* [*io trasfórmo ecc.*] **1** far mutare forma, aspetto a qlco. o a qlcu.: *— la casa* | mutare l'animo, l'indole di qlcu.: *la ricchezza l'ha trasformato* **2** nel calcio e in altri giochi con la palla, mettere a segno un tiro piazzato: *— un rigore* ♦ **trasformarsi** *v.intr. pron.* cambiar forma, aspetto: *l'acqua si è trasformata in ghiaccio* | divenire diverso nel modo di apparire o, anche, di pensare, di agire: *quando è in gruppo si trasforma.*

trasformato [tra-sfor-mà-to] *agg.* che ha cambiato forma, aspetto, indole | (*sport*) realizzato: *rigore —.*

trasformatore [tra-sfor-ma-tó-re] *s.m.* **1** [f. *-trice*] chi trasforma **2** (*elettr.*) apparecchio atto a modificare la tensione e l'intensità di una corrente alternata.

trasformazione [tra-sfor-ma-zió-ne] *s.f.* cambiamento, mutamento.

trasformismo [tra-sfor-mì-ʃmo] *s.m.* metodo politico che consiste nello stabilire alleanze con partiti di ispirazione diversa dal proprio, pur di continuare a detenere il potere.

trasformista [tra-sfor-mì-sta] *agg.* trasformistico ♦ *s.m.* e *f.* [pl.m. *-sti*] **1** chi attua o sostiene il trasformismo in politica **2** chi cambia frequentemente opinione **3** artista di varietà che impersona una serie di ruoli diversi cambiando rapidamente costumi e trucchi.

trasformistico [tra-sfor-mì-sti-co] *agg.* [pl.m. *-ci*] del trasformismo □ **trasformisticamente** *avv.*

trasfusionale [tra-sfu-ʃio-nà-le] *agg.* (*med.*) relativo alla trasfusione del sangue: *centro —*, centro per la raccolta, la conservazione e la distribuzione del sangue.

trasfusione [tra-sfu-ʃió-ne] *s.f.* (*med.*) immissione di sangue altrui nella circolazione sanguigna di un individuo, come terapia in caso di emorragia o di grave anemia: *fare una —*.
trasfuso [tra-sfù-ʃo] *agg.* e *s.m.* [f. *-a*] che/chi è stato sottoposto a trasfusione di sangue.
trasgredire [tra-ʃgre-dì-re] *v.tr.* e *intr.* [*io traʃgredisco, tu traʃgredisci ecc.*; aus. dell'intr. *avere*] oltrepassare i limiti imposti; non obbedire, contravvenire: *— gli ordini, alla legge*.
trasgressione [tra-ʃgres-sió-ne] *s.f.* il trasgredire.
trasgressività [tra-ʃgres-si-vi-tà] *s.f.* l'essere trasgressivo.
trasgressivo [tra-ʃgres-sì-vo] *agg.* che trasgredisce: *comportamento —*.
trasgressore [tra-ʃgres-só-re] *s.m.* [f. *trasgreditrice*] chi trasgredisce.
traslare [tra-ʃlà-re] *v.tr.* trasportare, trasferire, detto di salme: *— le spoglie dei caduti nell'ossario* ♦ *v.intr.* [aus. *avere*] (*fis.*) muoversi con moto traslatorio: *la Luna trasla intorno alla Terra*.
traslato [tra-ʃlà-to] *agg.* **1** trasferito, detto di salme **2** metaforico, figurato: *il significato — di una parola* ♦ *s.m.* significato figurato di una parola.
traslatorio [tra-ʃla-tò-rio] *agg.* (*fis.*) di traslazione: *moto —*.
traslazione [tra-ʃla-zió-ne] *s.f.* **1** il traslare **2** (*mat.*) trasformazione geometrica di una figura che ne sposta i punti corrispondenti nella stessa direzione e alla stessa distanza **3** *moto di —*, (*fis.*) spostamento nello spazio di un corpo rigido che mantiene inalterati l'orientamento e la distanza reciproca delle sue parti.
traslitterare [tra-ʃlit-te-rà-re], meno com. **translitterare**, *v.tr.* [*io traʃlìttero ecc.*] trascrivere usando un alfabeto diverso da quello originale: *— un testo greco in alfabeto latino*.
traslitterazione [tra-ʃlit-te-ra-zió-ne], meno com. **translitterazione**, *s.f.* l'atto, l'effetto del traslitterare.
traslocare [tra-ʃlo-cà-re] *v.tr.* [*io traʃlòco, tu traʃlòchi ecc.*] trasferire in altra sede: *— un ufficio, i mobili* ♦ *v.intr.* [aus. *avere*] cambiare sede trasportando mobili e masserizie; trasferirsi: *hanno traslocato nella nuova casa*.
trasloco [tra-ʃlò-co] *s.m.* [pl. *-chi*] il traslocare: *fare un —; spese di —*.
traslucido [tra-ʃlù-ci-do] (*fis.*) si dice di corpo dotato di una particolare trasparenza, che consente di percepire la forma di un oggetto posto dietro di esso ma non di distinguerne i contorni.
trasmettere [tra-ʃmét-te-re] *v.tr.* [coniugato come *méttere*] **1** far passare ad altri o ad altro: *— una malattia; il motore trasmette il movimento alle ruote* **2** inoltrare, far pervenire: *— un plico, le istruzioni* **3** diffondere per mezzo di un sistema di comunicazione: *la radio ha trasmesso un programma di canzoni* ♦ **trasmettersi** *v. intr.pron.* passare da una persona o da una cosa a un'altra; diffondersi.
trasmettitore [tra-ʃmet-ti-tó-re] *agg.* e *s.m.* **1** [f. *-trice*] che/chi trasmette **2** (*telecom.*) detto di dispositivo che trasmette segnali a distanza.
trasmigrare [tra-ʃmi-grà-re] *v.intr.* [aus. *essere* o *avere*] **1** migrare **2** detto dell'anima (secondo la metempsicosi), passare dopo la morte da un corpo a un altro.
trasmigrazione [tra-ʃmi-gra-zió-ne] *s.f.* il trasmigrare.
trasmissibile [tra-ʃmis-sì-bi-le] *agg.* che si può trasmettere.
trasmissibilità [tra-ʃmis-si-bi-li-tà] *s.f.* l'essere trasmissibile: *la — di un diritto*.
trasmissione [tra-ʃmis-sió-ne] *s.f.* **1** il trasmettere, il trasmettersi **2** (*fis.*) propagazione di energia: *— della luce; — via radio, via cavo* **3** (*estens.*) programma radiofonico o televisivo **4** (*mecc.*) complesso delle operazioni e degli organi che servono a trasmettere il moto da un albero a un altro.
trasmittente [tra-ʃmit-tèn-te] *agg.* e *s.f.* (*telecom.*) si dice di dispositivo o stazione che trasmette segnali ad apparecchi riceventi.
trasmodare [tra-ʃmo-dà-re] *v.intr.* [*io traʃmòdo ecc.*; aus. *avere*] esagerare, passare i limiti: *— nel bere*.
trasognato [tra-so-gnà-to] *agg.* stordito, assorto, distratto.
traspadano [tra-spa-dà-no], o **transpadano**, *agg.* che è di là dal Po rispetto a Roma (si oppone a *cispadano*).
trasparente [tra-spa-rèn-te] *agg.* **1** si dice di corpo che si lascia attraversare da una radiazione, in particolare dalla luce, permettendo così di individuare in maniera più o meno nitida gli oggetti che stanno di là da esso: *vetro —; il corpo umano è — ai raggi X* **2** (*fig.*) che lascia intendere facilmente la sua natura, il suo significato: *un'allusione molto —* **3** (*fig.*) che è così come appare; schietto: *una persona —*.
trasparenza [tra-spa-rèn-za] *s.f.* **1** l'essere trasparente (anche *fig.*) | *guardare qlco. in —*, controluce **2** (*fig.*) onestà e pubblicità dei comportamenti: *l'attività politica richiede la massima —*.
trasparire [tra-spa-rì-re] *v.intr.* [coniugato come *apparire*; aus. *essere*] **1** apparire attraverso un corpo diafano, traforato o molto rado: *dai vetri appannati traspariva una luce debole* **2** (*fig.*) manifestarsi attraverso indizi, segni esteriori: *un uomo che non lascia — quello che pensa*.
traspirare [tra-spi-rà-re] *v.intr.* [aus. *essere*] uscire in forma di vapore, di odore: *un profumo intenso traspirava dai fiori* ♦ *v.tr.* sudare (per lo più *assol.*).
traspiratorio [tra-spi-ra-tò-rio] *agg.* che si riferisce alla traspirazione: *organo —*.
traspirazione [tra-spi-ra-zió-ne] *s.f.* il traspirare | sudorazione.
trasporre [tra-spór-re] *v.tr.* [coniugato come *porre*] **1** mutare l'ordine di qlco. all'interno di una serie: *— una parola in una frase* **2** disporre diversamente per adattare ad altre funzioni o destinazioni: *— una novella per il teatro*.

trasportabile [tra-spor-tà-bi-le] *agg.* che si può trasportare.

trasportare [tra-spor-tà-re] *v.tr.* [*io traspòrto ecc.*] **1** portare da un luogo a un altro: *— un pacco, un malato* | portare con sé, trascinare: *i fiumi trasportano detriti* **2** (*fig.*) portare altrove con la fantasia: *la poesia di Omero ci trasporta nell'antica Grecia* | (*assol.*) affascinare, avvincere: *una musica che trasporta* | *lasciarsi —*, lasciarsi vincere, prendere.

trasportatore [tra-spor-ta-tó-re] *agg.* e *s.m.* [f. *-trice*] che/chi trasporta: *nastro —*; *i trasportatori hanno scioperato.*

trasporto [tra-spòr-to] *s.m.* **1** il trasportare, l'essere trasportato | *mezzi di —*, l'insieme dei veicoli che vengono usati per trasportare persone o cose **2** *pl.* le attività che hanno la funzione di trasportare persone o cose: *ministero dei trasporti* **3** (*fig.*) entusiasmo, passione: *amare con —.*

trasposizione [tra-spo-ʃi-zió-ne] *s.f.* il trasporre; ciò che è stato trasposto: *la — televisiva di una commedia* | (*mus.*) trascrizione o esecuzione di un brano in una tonalità diversa da quella originale.

trassato [tras-sà-to] *agg.* e *s.m.* [f. *-a*] (*comm.*) trattario.

trastullare [tra-stul-là-re] *v.tr.* far divertire, distrarre: *— un bimbo* ♦ **trastullarsi** *v.rifl.* o *intr.pron.* divertirsi | (*estens.*) gingillarsi.

trastullo [tra-stùl-lo] *s.m.* il trastullare, il trastullarsi; gioco, divertimento, passatempo.

trasudare [tra-su-dà-re] *v.intr.* [aus. *essere*] filtrare, uscire a gocce, detto di liquido: *l'umidità trasuda dal muro* ♦ *v.tr.* lasciar filtrare: *il muro trasuda umidità* | (*fig.*) lasciar trapelare: *ogni sua parola trasuda invidia.*

trasversale [tra-ʃver-sà-le] *agg.* **1** che attraversa, che è posto di traverso: *strada —* **2** (*geom.*) che non è né parallelo né perpendicolare: *retta —* **3** (*fis.*) perpendicolare: *onde trasversali*, le cui vibrazioni avvengono su un piano perpendicolare alla direzione di propagazione **4** (*fig.*) indiretto: *vendetta —*, vendetta che colpisce i familiari della persona contro cui è rivolta **5** (*fig.*) che unifica virtualmente individui o gruppi appartenenti a schieramenti diversi: *partito —* ♦ *s.f.* (*geom.*) retta trasversale □ **trasversalmente** *avv.* in posizione o in direzione trasversale.

trasversalismo [tra-ʃver-sa-lì-ʃmo] *s.m.* (*polit.*) tendenza alla formazione di schieramenti d'opinione che non coincidono con i raggruppamenti politici istituzionali.

trasverso [tra-ʃvèr-so] *agg.* posto di traverso: *colon —*, (*anat.*) la parte mediana, trasversale, del colon.

trasvolare [tra-ʃvo-là-re] *v.tr.* [*io traʃvólo ecc.*] sorvolare facendo una trasvolata: *— il Pacifico, le Alpi.*

trasvolata [tra-ʃvo-là-ta] *s.f.* attraversamento in volo di una distesa d'acqua o di un territorio impervio di notevole estensione, su cui sarebbero impossibili atterraggi di fortuna: *la — dell'Atlantico.*

trasvolatore [tra-ʃvo-la-tó-re] *s.m.* [f. *-trice*] chi compie o ha compiuto una trasvolata.

tratta [tràt-ta] *s.f.* **1** tratto di linea ferroviaria: *la — Roma-Bologna* **2** compravendita di persone ridotte in schiavitù: *la — degli schiavi*; *la — delle bianche*, mercato illecito di donne bianche da avviare alla prostituzione **3** (*comm.*) tipo di cambiale che contiene l'ordine di pagare a una data persona una determinata somma, alla scadenza indicata.

trattabile [trat-tà-bi-le] *agg.* **1** che si può trattare; su cui si può trattare: *prezzo —* **2** (*fig.*) con cui si può trattare; affabile: *una persona —.*

trattamento [trat-ta-mén-to] *s.m.* **1** il trattare, l'essere trattato: *— chimico di un metallo* **2** modo di trattare: *un — familiare*; *— di favore*, di riguardo **3** (*inform.*) elaborazione **4** (*med.*) terapia **5** complesso delle condizioni praticate in un rapporto di lavoro: *migliorare il — di una categoria.*

trattare [trat-tà-re] *v.tr.* e *intr.* [aus. dell'intr. *avere*] **1** discutere, parlare o scrivere su un determinato argomento: *— una questione*; *— della situazione politica* | *si tratta di...*, con riferimento all'oggetto di un discorso, alla natura di un fatto: *si tratta di uno scherzo* **2** discutere per venire a un accordo; venire a patti (anche *assol.*): *— la pace*; *— sul prezzo* **3** essere in relazione, avere a che fare con qlcu.: *non tratto con certa gente* ♦ *v.tr.* **1** comportarsi in un determinato modo nei riguardi di qlcu.: *— qlcu. bene, male*; *— qlcu. come un amico, da bugiardo* **2** occuparsi di qlco., curarne lo svolgimento: *— un affare* **3** lavorare un materiale, sottoporlo a un determinato processo: *— il ferro con un antiruggine* **4** (*inform.*) elaborare **5** (*med.*) curare ♦ **trattarsi** *v.rifl.* curarsi, governarsi: *si tratta da signore.*

trattario [trat-tà-rio] *agg.* e *s.m.* [f. *-a*] (*comm.*) si dice del soggetto designato come pagatore in una tratta; trassato.

trattatista [trat-ta-tì-sta] *s.m.* e *f.* [pl.m. *-sti*] scrittore di trattati.

trattatistica [trat-ta-tì-sti-ca] *s.f.* l'arte, la tecnica di scrivere trattati; l'insieme dei trattati su un determinato argomento: *la — rinascimentale sull'amore.*

trattativa [trat-ta-tì-va] *s.f.* il trattare per venire a un accordo; negoziato: *aprire, interrompere una —*; *essere in trattative con qlcu.*

trattato [trat-tà-to] *s.m.* **1** opera di considerevole estensione che si occupa metodicamente di una disciplina o di una sua parte: *un — di zoologia, di ottica.* DIM. *trattatello* **2** accordo internazionale tra due o più stati mediante il quale essi assumono determinati obblighi e si riconoscono determinati diritti: *stipulare un — commerciale.*

trattazione [trat-ta-zió-ne] *s.f.* il trattare un argomento; il modo di trattarlo | trattato.

tratteggiare [trat-teg-già-re] *v.tr.* [*io trattéggio ecc.*] **1** disegnare con la tecnica del tratteggio |

(*estens.*) disegnare, abbozzare a grandi linee **2** (*fig.*) descrivere sommariamente ma con efficacia ed evidenza: — *il carattere di un personaggio.*

tratteggiato [trat-teg-già-to] *agg.* **1** tracciato con piccoli tratti: *segmento —* **2** disegnato col tratteggio: *una figura tratteggiata.*

tratteggio [trat-tég-gio] *s.m.* insieme di linee fitte parallele che in un disegno o in un'incisione indicano le ombre.

trattenere [trat-te-né-re] *v.tr.* [coniugato come *tenere*] **1** far rimanere: — *un amico a cena* | (*assol.*) costringere qlcu. in un determinato luogo: *l'indiziato fu trattenuto in questura* **2** tenere, conservare qlco. per sé o presso di sé: — *una ricevuta* | (*estens.*) effettuare una trattenuta: — *il dieci per cento sull'incasso* **3** tenere a freno; contenere: — *le lacrime, il respiro* ♦ **trattenersi** *v. rifl.* **1** rimanere, indugiare; fermarsi: — *a parlare con un amico* **2** frenarsi: *a stento si trattenne dal piangere.*

trattenimento [trat-te-ni-mén-to] *s.m.* l'insieme dei divertimenti con cui si intrattengono degli ospiti; festa: — *danzante, musicale.*

trattenuta [trat-te-nù-ta] *s.f.* la parte dedotta da una somma di denaro in pagamento e non erogata al beneficiario; ritenuta.

trattenuto [trat-te-nù-to] *s.m.* (*mus.*) didascalia che prescrive un'esecuzione più lenta di quella indicata dal tempo stabilito.

trattino [trat-tì-no] *s.m.* lineetta orizzontale che nella scrittura serve a unire due parole o a dividere o distinguere uno o più elementi di un parola.

tratto [tràt-to] *agg.* tirato fuori, estratto: *a spada tratta*, con la spada sguainata; (*fig.*) risolutamente: *difendere qlcu. a spada tratta* ♦ *s.m.* **1** linea, segno brevi e decisi: *cancellare con un — di penna; disegnare con pochi tratti.* DIM. *trattino* **2** (spec. *pl.*) lineamenti: *un volto dai tratti marcati* | (*fig.*) elementi essenziali caratteristici: *i tratti di una personalità, di un'epoca; descrivere a grandi tratti*, sommariamente **3** parte di un tutto; porzione: *un — di tubo; un — di mare* | *a un —, d'un —, tutt'a un —*, all'improvviso | *a tratti, di — in —*, a intervalli, discontinuamente.

trattore[1] [trat-tó-re] *s.m.* automezzo cingolato o con pneumatici speciali, dotato di un motore potente, che serve a trainare macchine agricole.

trattore[2] *s.m.* [f. *-trice*, raro] chi gestisce una trattoria; oste.

trattoria [trat-to-rì-a] *s.f.* locale pubblico dove si consumano pasti a pagamento.

trattorista [trat-to-rì-sta] *s.m.* e *f.* [pl.m. *-sti*] chi è addetto alla guida di un trattore.

tratturo [trat-tù-ro] *s.m.* sentiero per il passaggio delle greggi.

trauma [tràu-ma] *s.m.* [pl. *-mi*] **1** (*med.*) lesione determinata dall'azione violenta di agenti esterni: *le ferite, le contusioni, le ustioni sono traumi* | — *psichico*, emozione che incide profondamente sulla personalità del soggetto **2** (*fig.*) fatto negativo che abbatte, che provoca sconvolgimento: *la morte dell'amico è stato un — per lui.*

traumatico [trau-mà-ti-co] *agg.* [pl.m. *-ci*] provocato da trauma: *lesione traumatica* | (*fig.*) che costituisce un trauma: *esperienza traumatica* □ **traumaticamente** *avv.* in modo da provocare un trauma.

traumatismo [trau-ma-tì-ʃmo] *s.m.* (*med.*) effetto di un trauma.

traumatizzante [trau-ma-tiʒ-ʒàn-te] *agg.* che traumatizza.

traumatizzare [trau-ma-tiʒ-ʒà-re] *v.tr.* **1** provocare un trauma **2** (*fig.*) impressionare profondamente, sconvolgere: *una vicenda che ha traumatizzato tutti.*

traumatizzato [trau-ma-tiʒ-ʒà-to] *agg.* e *s.m.* [f. *-a*] che/chi ha subito un trauma fisico o psichico.

traumatologia [trau-ma-to-lo-gì-a] *s.f.* branca della medicina che studia gli effetti dei traumi e i mezzi per curarli.

traumatologico [trau-ma-to-lò-gi-co] *agg.* [pl.m. *-ci*] (*med.*) di traumatologia.

traumatologo [trau-ma-tò-lo-go] *s.m.* [f. *-a*; pl.m. *-gi*] medico specialista in traumatologia.

travagliare [tra-va-glià-re] *v.tr.* [*io travàglio ecc.*] (*lett.*) tormentare, molestare ♦ *v.intr.* [aus. *avere*] (*lett.*) soffrire, penare.

travagliato [tra-va-glià-to] *agg.* tormentato, agitato: *una vita travagliata.*

travaglio [tra-và-glio] *s.m.* patimento fisico o spirituale, grave e duraturo | (*med.*) la prima fase del parto, caratterizzata da contrazioni uterine progressivamente più frequenti.

travalicamento [tra-va-li-ca-mén-to] *s.m.* (*non com.*) il travalicare.

travalicare [tra-va-li-cà-re] *v.tr.* [*io travàlico, tu travàlichi ecc.*] (*lett.*) oltrepassare valicando: — *le Alpi* ♦ *v.intr.* [aus. *avere*] esagerare, passare il limite: *attenti a non —!*

travasare [tra-va-ʃà-re] *v.tr.* versare un liquido da un recipiente in un altro: — *il vino dalla damigiana nelle bottiglie.*

travaso [tra-và-ʃo] *s.m.* il travasare, l'essere travasato | — *di sangue*, (*med.*) fuoruscita di sangue dai vasi sanguigni.

travatura [tra-va-tù-ra] *s.f.* (*edil.*) l'insieme delle travi che formano l'intelaiatura di un solaio, di una copertura.

trave [trà-ve] *s.f.* **1** elemento delle costruzioni, costituito da un tronco d'albero squadrato o da analoghe strutture d'acciaio o di cemento armato, che si pone in opera per sostenere il peso delle strutture sovrastanti: *la — del tetto* | *non vedere la — nel proprio occhio*, (*fig.*) non accorgersi dei propri difetti. DIM. *travetto* (m.), *travicello* (m.) **2** attrezzo ginnico simile all'asse d'equilibrio.

traveggole [tra-vég-go-le] *s.f.pl.* usato solo nelle loc.: *avere le —*, vedere una cosa per un'altra; *far venire le —*, far vedere ciò che non è, far confondere.

traveller's cheque [/ 'traveller 'tʃɛk /], o travellers' cheque, *loc.sost.m.invar.* (*ingl.*) assegno turistico a circolazione internazionale.

traversa [tra-vèr-sa] *s.f.* **1** barra posta di traverso per sostegno o rinforzo di altri elementi di una struttura | sbarra usata per impedire l'accesso in un luogo: *chiudere una strada con traverse.* DIM. *traversina* (m.) **2** via trasversale rispetto a un'altra principale: *una — del corso* **3** striscia di tela o d'incerata che si pone di traverso nel letto di bambini o malati a fini igienici **4** nel gioco del calcio, la sbarra superiore della porta.

traversare [tra-ver-sà-re] *v.tr.* [*io travèrso ecc.*] (*non com.*) attraversare | *— una parete*, nell'alpinismo, percorrerla quasi orizzontalmente | *— una nave*, (*mar.*) ormeggiarla con una sola ancora, in posizione perpendicolare rispetto al vento o alla corrente.

traversata [tra-ver-sà-ta] *s.f.* **1** attraversamento di un tratto di mare o un altro specchio d'acqua tra due coste opposte, oppure il sorvolo di un territorio impervio di notevole estensione: *la — dell'Atlantico, del deserto* **2** in alpinismo, percorso orizzontale lungo un tratto di parete che non si può superare in arrampicata.

traversia [tra-ver-sì-a] *s.f.* **1** vento impetuoso che colpisce perpendicolarmente il litorale o la rotta seguita da una nave **2** *pl.* (*fig.*) avversità, disgrazie, vicende dolorose: *una vita piena di traversie.*

traversina [tra-ver-sì-na] *s.f.* **1** ciascuna delle travi sulle quali sono fissate le rotaie **2** (*mus.*) ciascuna delle sottili liste di metallo o di legno disposte trasversalmente sul manico di taluni strumenti a corda per facilitare l'impostazione delle dita.

traversino [tra-ver-sì-no] *s.m.* **1** (*mar.*) cavo di ormeggio disposto trasversalmente alla nave **2** (*mar.*) pezzo di metallo che si incastra in ogni maglia della catena dell'àncora, per irrobustirla **3** capezzale | (*mil.*) guanciale del letto dei soldati.

traverso [tra-vèr-so] *agg.* che è messo o che va da parte a parte, da un lato all'altro; trasversale: *palo —*; *flauto —*, che si suona in posizione trasversale ♦ *s.m.* (*mar.*) in una nave, la direzione perpendicolare a quella della linea di chiglia | *di* (o *per —*), trasversalmente: *mettersi di —* | *guardare qlcu. di —*, con sguardo obliquo; (*fig.*) con malevolenza | *prendere una parola, una frase di —*, (*fig.*) attribuirle senso malevolo | *andare di —*, detto di cibo o bevanda, finire nella laringe anziché nella faringe, provocando accessi di tosse.

traversone [tra-ver-só-ne] *s.m.* **1** (*sport*) nella scherma, fendente di sciabola tirato di traverso al petto dell'avversario | nel calcio, lancio del pallone da un punto laterale del campo verso la parte centrale; cross **2** gioco di carte simile al tressette.

travertino [tra-ver-tì-no] *s.m.* (*geol.*) roccia calcarea porosa, giallastra, formata per precipitazione da acque ricche di carbonato di calcio.

travesti [/ travɛs'ti /] *s.m.invar.* (*fr.*) (*teat.*) ruolo affidato a un attore di sesso diverso da quello del personaggio.

travestimento [tra-ve-sti-mén-to] *s.m.* **1** il travestire, il travestirsi **2** (*fig.*) mutamento dell'aspetto di qlco.

travestire [tra-ve-stì-re] *v.tr.* [*io travèsto ecc.*] **1** vestire qlcu. con abiti diversi da quelli che abitualmente indossa allo scopo di renderlo irriconoscibile **2** (*fig.*) cambiare nelle apparenze, alterare nell'aspetto; mascherare: *— il proprio stile* ♦ **travestirsi** *v.rifl.* **1** vestirsi con abiti diversi da quelli che si indossano abitualmente per rendersi irriconoscibile | praticare il travestitismo **2** (*fig.*) fingere idee, sentimenti, atteggiamenti che non sono suoi propri: *un egoista che si è travestito da filantropo.*

travestitismo [tra-ve-sti-tì-ʃmo] *s.m.* tendenza a indossare abiti e assumere atteggiamenti propri dell'altro sesso, per lo più come forma particolare di omosessualità.

travestito [tra-ve-stì-to] *agg.* e *s.m.* [f. *-a*] chi pratica il travestitismo.

travet [tra-vèt] *s.m.* (*non com.*) impiegato di basso grado che vive stentatamente del suo stipendio.

travetto [tra-vét-to] *s.m.* elemento in laterizio impiegato nella costruzione di solai.

traviamento [tra-via-mén-to] *s.m.* il traviare, il traviarsi, l'essere traviato.

traviare [tra-vià-re] *v.tr.* [*io travìo ecc.*] sviare, corrompere, trascinare al male ♦ *v.intr.* [aus. *avere*] allontanarsi dalla retta via ♦ **traviarsi** *v.intr.pron.* deviare dalla retta via; diventare corrotto: *— frequentando gente disonesta.*

traviato [tra-vià-to] *agg.* che si è allontanato dalla retta via; corrotto: *giovane —.*

travicello [tra-vi-cèl-lo] *s.m.* trave secondaria, di dimensioni ridotte, usata in edilizia come elemento dell'orditura del tetto.

travisamento [tra-vi-ʃa-mén-to] *s.m.* il travisare, l'essere travisato: *— della verità, delle parole.*

travisare [tra-vi-ʃà-re] *v.tr.* alterare, falsare, distorcere, per lo più intenzionalmente, il significato, il valore di qlco.: *— la storia, la realtà.*

travolgente [tra-vol-gèn-te] *agg.* forte, violento, impetuoso: *vento —* | (*fig.*) che trascina; affascinante, irresistibile: *comicità, bellezza —.*

travolgere [tra-vòl-ge-re] *v.tr.* [coniugato come *vòlgere*] **1** (*lett.*) volgere sottosopra; volgere per altro verso **2** abbattere, trascinare via con furia (anche *fig.*): *farsi — dalla passione.*

travolgimento [tra-vol-gi-mén-to] *s.m.* il travolgere, l'essere travolto: *— dei ripari.*

trazione [tra-zió-ne] *s.f.* **1** il trarre, l'essere tratto **2** forza necessaria per muovere e mantenere in moto un veicolo: *— animale, elettrica* | *a — anteriore, posteriore, integrale*, si dice di veicolo a seconda che il motore agisca sulle ruote anteriori, su quelle posteriori o su tutte **3** (*fis.*) sollecitazione a cui è sottoposto un corpo quando vi si applicano due forze eguali e contrarie tali da provocare un allungamento: *forza di —* **4** (*med.*) terapia ortopedica che consiste nell'applicare, con vari mezzi, una forza traente su ossa e articolazioni.

trazzera [traz-zè-ra] *s.f.* in Sicilia, pista tracciata attraverso i campi per il passaggio di greggi e mandrie; tratturo.
tre [tré] *agg.num.card.invar.* numero naturale corrispondente a due unità più una.
trealberi [tre-àl-be-ri] *s.m.invar.* (*mar.*) termine generico per indicare un veliero a tre alberi.
trebbia[1] [tréb-bia] *s.f.* **1** trebbiatrice **2** trebbiatura.
trebbia[2] *s.f.* (spec. *pl.*) residuo della lavorazione del malto, utilizzato come mangime.
trebbiano [treb-bià-no] *s.m.* vitigno di uva bianca, tipico dell'Italia settentrionale e centrale; il vino che se ne ricava.
trebbiare [treb-bià-re] *v.tr.* [*io trébbio ecc.*] battere il grano e altri cereali con bastoni o apposite macchine, per liberare i chicchi dall'involucro, dagli steli e dalle spighe.
trebbiatore [treb-bia-tó-re] *s.m.* [f. *-trice*] contadino, operaio agricolo che attende alle operazioni della trebbiatura.
trebbiatrice [treb-bia-trì-ce] *s.f.* macchina agricola per trebbiare.
trebbiatura [treb-bia-tù-ra] *s.f.* il trebbiare; tempo in cui si trebbia.
trebisonda [tre-bi-ʃón-da] *s.f.* solo nella loc. fam. *perdere la —*, confondersi, disorientarsi, perdere il controllo di sé.
treccia [tréc-cia] *s.f.* [pl. *-ce*] **1** gruppo di tre ciocche di capelli lunghi intrecciate, come acconciatura femminile: *farsi, sciogliersi le trecce.* DIM. *treccina, trecciolina* **2** (*estens.*) intreccio di fili, nastri, strisce di cuoio, paglia o altro **3** (*arch.*) motivo decorativo, dipinto o scolpito, che ripete la forma di una treccia **4** pane lavorato in forma di treccia | tipo di mozzarella a forma di treccia **5** filza di frutti secchi; resta: *una — di castagne.*
trecentesco [tre-cen-té-sco] *agg.* [pl.m. *-schi*] del Trecento: *pittura trecentesca.*
trecentista [tre-cen-tì-sta] *s.m.* e *f.* [pl.m. *-sti*] **1** scrittore o artista del Trecento: *i grandi trecentisti* **2** chi studia, chi è esperto della storia, della civiltà, dell'arte del Trecento.
trecento [tre-cèn-to] *agg.num.card.invar.* numero naturale corrispondente a tre volte cento unità | *il Trecento*, il sec. XIV: *la letteratura del Trecento.*
tredicenne [tre-di-cèn-ne] *agg.* e *s.m.* e *f.* che/chi ha tredici anni.
tredicesimo [tre-di-cè-ʃi-mo] *agg.num.ord.* che in una serie occupa il posto numero tredici | *tredicesima mensilità*, la retribuzione aggiuntiva alle dodici mensilità, che viene corrisposta ai lavoratori dipendenti in prossimità delle feste natalizie.
tredici [tré-di-ci] *agg.num.card.invar.* numero naturale corrispondente a dieci unità più tre.
tredicista [tre-di-cì-sta] *s.m.* e *f.* [pl.m. *-sti*] nel totocalcio, chi indovina i risultati delle tredici partite della schedina, realizzando una vincita di prima categoria.
trefolo [tré-fo-lo] *s.m.* **1** (*mecc.*) nei cavi d'acciaio, ciascuna delle funi elementari ottenute avvolgendo a spirale un certo numero di fili **2** filo di refe, di cotone o di altro materiale, avvolto disordinatamente.
trefoni [tre-fó-ni] *s.m.pl.* (*biol.*) sostanze organiche essenziali per lo sviluppo delle colture in vitro.
tregenda [tre-gèn-da] *s.f.* (*lett.*) **1** secondo credenze popolari nordiche, convegno notturno di diavoli, streghe e altri spiriti per compiere malefici | *notte di —*, (*fig.*) cupa, tempestosa, piena di brutti presagi **2** (*fig.*) pandemonio, caos.
treggia [trég-gia] *s.f.* [pl. *-ge*] sorta di slitta assai rudimentale, senza ruote, tirata da buoi, usata nelle regioni montuose per il trasporto di cose.
tregua [tré-gua *o* trègua] *s.f.* **1** sospensione temporanea delle attività belliche concordata tra le parti in conflitto: *una — di tre giorni* | (*estens.*) sospensione temporanea di un'attività conflittuale: *— politica, sindacale* **2** (*fig.*) interruzione momentanea di un evento, di una situazione sgradevole; sosta, requie: *la pioggia cade senza —.*
trekking [/ 'trɛkkiŋg /] *s.m.invar.* (*ingl.*) spedizione escursionistica di più giorni, per lo più in zone montagnose non battute, come pratica di turismo a contatto diretto con la natura.
tremante [tre-màn-te] *agg.* **1** che trema: *— di paura, per il freddo* **2** incerto, tremolante: *una calligrafia —.*
tremare [tre-mà-re] *v.intr.* [*io trèmo ecc.*; aus. *avere*] **1** essere scosso da una serie di rapide contrazioni muscolari (per freddo, paura, malattia ecc.): *— per l'emozione; — da capo a piedi, come una foglia*, fortemente **2** (*fig.*) avere paura; essere in ansia, trepidare: *un uomo che non trema mai* **3** detto di cosa, oscillare, essere agitato da scosse continue: *la terra tremò sotto i piedi* **4** (*fig.*) di suono, di luce, vibrare, essere discontinuo, non essere ben fermo: *voce che trema per l'emozione.*
tremarella [tre-ma-rèl-la] *s.f.* (*fam.*) stato di profonda agitazione dovuto a paura, talvolta accompagnato da un vero e proprio tremito.
trematodi [tre-ma-tò-di] *s.m.pl.* (*zool.*) classe di vermi platelminti dal corpo appiattito, parassiti di molti animali e anche dell'uomo.
tremebondo [tre-me-bón-do] *agg.* (*lett.*) tutto tremante per paura o viltà; dubbioso, timoroso.
tremendo [tre-mèn-do] *agg.* che incute terrore; spaventoso: *una tremenda sciagura* | (*fam.*) si usa per esprimere una qualità al massimo grado, per lo più negativa: *un freddo, un caldo, un dolore —*, intensissimo; *fame, sete tremenda*, grandissima; *bambino —*, vivacissimo □ **tremendamente** *avv.*: *fa — caldo.*
trementina [tre-men-tì-na] *s.f.* resina che cola dalle incisioni praticate nella corteccia di alcune varietà di pino, abete e larice, usata in medicina per le sue proprietà balsamiche.

tremito [trè-mi-to] *s.m.* brivido o tremore di una persona; tremolio, vibrazione di una cosa.
tremolante [tre-mo-làn-te] *agg.* un poco tremante: *fiamma, voce —*.
tremolare [tre-mo-là-re] *v.intr.* [*io trèmolo ecc.*; aus. *avere*] tremare leggermente e di frequente.
tremolio [tre-mo-lì-o] *s.m.* un tremolare continuo.
tremore [tre-mó-re] *s.m.* il tremare di una persona | (*fig.*) senso di intima trepidazione, di agitazione o paura: *affrontare una prova con —*.
tremulo [trè-mu-lo] *agg.* tremolante.
trench [/ trɛntʃ /] *s.m.invar.* (*ingl.*) impermeabile sportivo con cintura.
trend [/ trɛnd /] *s.m.invar.* (*ingl.*) (*stat.*) tendenza di un fenomeno a modificarsi (crescendo o decrescendo) o a mantenersi costante nel tempo.
trenetta [tre-nét-ta] *s.f.* (spec. *pl.*) tipo di pasta alimentare lunga e stretta; linguina.
trenino [tre-nì-no] *s.m.* **1** treno di dimensioni ridotte **2** treno giocattolo.
treno [trè-no] *s.m.* **1** convoglio di vagoni trainati da una motrice su una strada ferrata: *— merci; testa, coda del —*, rispettivamente la parte più vicina, più lontana dalla motrice **2** (*fig.*) successione, serie | *— di gomme*, la serie completa delle gomme di un autoveicolo.
trenta [trén-ta] *agg.num.card.invar.* numero naturale corrispondente a tre decine.
trentennale [tren-ten-nà-le] *agg.* che dura trent'anni: *guerra —* | che ricorre ogni trentennio: *celebrazione —* ♦ *s.m.* il trentesimo anniversario di un avvenimento.
trentenne [tren-tèn-ne] *agg.* e *s.m.* e *f.* che/chi ha trent'anni.
trentennio [tren-tèn-nio] *s.m.* periodo di trent'anni.
trentina [tren-tì-na] *s.f.* **1** complesso di trenta o circa trenta unità: *una — di ragazzi* **2** età di circa trent'anni.
trentino [tren-tì-no] *agg.* di Trento o del Trentino ♦ *s.m.* **1** [f. *-a*] abitante, nativo di Trento o del Trentino **2** dialetto parlato nel Trentino.
treonina [treo-nì-na] *s.f.* (*chim.*) amminoacido a quattro atomi di carbonio, costituente di quasi tutte le proteine, essenziale per gli organismi animali.
trepidante [tre-pi-dàn-te] *agg.* che è pieno di ansia e timore: *aspettava la notizia —* | che esprime trepidazione: *affetto, sguardo —*.
trepidare [tre-pi-dà-re] *v.intr.* [*io trèpido ecc.*; aus. *avere*] provare ansia e timore: *trepidare per la sorte dei figli*.
trepidazione [tre-pi-da-zió-ne] *s.f.* il trepidare; ansia, pena: *attendere con —*.
trepido [trè-pi-do] *agg.* (*lett.*) trepidante.
treppiede [trep-piè-de], o **treppiedi**, *s.m.* sostegno che poggia su tre piedi: *il — della macchina fotografica*.
trequarti [tre-quàr-ti] *s.m.* **1** soprabito che arriva sotto al ginocchio **2** nel rugby, ciascuno dei quattro giocatori che formano la linea di attacco.
tresca [tré-sca] *s.f.* **1** intrigo occulto e disonesto: *ordire una —* **2** relazione amorosa illecita: *avere una — con qlcu.*
trescare [tre-scà-re] *v.intr.* [*io trésco, tu tréschi ecc.*; aus. *avere*] **1** ordire una tresca **2** (*fig.*) avere una relazione amorosa illecita.
trespolo [tré-spo-lo] *s.m.* **1** supporto che poggia su tre piedi: *il — del pappagallo* **2** (*scherz.*) macchinario malandato; catorcio.
tressette [tres-sèt-te] *s.m.invar.* gioco di carte che si fa solitamente tra due coppie di giocatori: *— col morto*, giocato in tre, ma con le carte scoperte di un virtuale quarto giocatore.
trevisano [tre-vi-ʃà-no], o **trevigiano**, *agg.* di Treviso ♦ *s.m.* [f. *-a*] abitante, nativo di Treviso.
tri- primo elemento di parole composte che significa 'di tre, formato di tre' (*trisillabo, tridimensionale*).
triade [trì-a-de] *s.f.* complesso di tre elementi che costituiscono un insieme unitario.
triadico [tri-à-di-co] *agg.* [pl.m. *-ci*] che ha carattere di triade o costituisce una triade | in logica matematica, si dice di relazione a tre termini.
trial [/ 'trajal /] *s.m.invar.* (*ingl.*) (*sport*) **1** specialità del motociclismo le cui competizioni si svolgono su percorsi molto accidentati | (*estens.*) la motocicletta usata per tale specialità **2** nell'ippica, corsa di prova **3** in atletica, serie di gare in preparazione di incontri internazionali.
triangolare[1] [tri-an-go-là-re] *agg.* **1** che ha forma di triangolo: *scialle —* **2** (*fig.*) che interessa tre parti: *accordo —* | *incontro —*, (*sport*) disputato fra tre squadre ♦ *s.m.* (*sport*) incontro triangolare.
triangolare[2] *v.tr.* [*io triàngolo ecc.*; aus. *avere*] in geodesia e in topografia, rilevare per mezzo di una triangolazione: *— una zona* ♦ *v.intr.* [aus. *avere*] nel calcio, effettuare una triangolazione.
triangolazione [tri-an-go-la-zió-ne] *s.f.* **1** operazione geodetica e topografica consistente nel rilevamento di zone molto estese di terreno, suddivise a fine di misurazione in una rete di triangoli adiacenti **2** (*sport*) nel calcio, serie di passaggi consecutivi fra giocatori della stessa squadra.
triangolo [tri-àn-go-lo] *s.m.* **1** (*geom.*) poligono avente tre lati e tre angoli. DIM. *triangolino* **2** qualunque oggetto, elemento o disegno a forma di triangolo: *un — di stoffa, di terreno* **3** insieme di tre elementi disposti in modo da costituire i vertici di un ideale triangolo: *— industriale*, la zona fra le città di Torino, Milano e Genova, che è quella più industrializzata del territorio italiano | (*fam.*) relazione amorosa fra tre persone **4** (*mus.*) strumento a percussione dal suono molto acuto, costituito da una sbarra di metallo piegata a triangolo su cui si batte con una bacchetta.
triarchia [tri-ar-chì-a] *s.f.* potere congiunto di tre autorità.
triassico [tri-às-si-co], o **triasico**, *s.m.* il più antico periodo dell'era mesozoica.
triathlon [trì-a-thlon] *s.m.* disciplina sportiva

comprendente tre specialità (nuoto, ciclismo, corsa), le cui prove vengono svolte una di seguito all'altra, senza alcuna sosta.
triatomico [tri-a-tò-mi-co] *agg.* [pl.m. *-ci*] (*chim.*) si dice di molecola o di gruppo atomico costituito da tre atomi.
tribale [tri-bà-le] *agg.* di tribù; formato da tribù: *rito, società —.*
tribalismo [tri-ba-lì-ʃmo] *s.m.* (*etnol.*) organizzazione in tribù di un popolo.
tribolare [tri-bo-là-re] *v.intr.* [*io trìbolo ecc.*; aus. *avere*] essere travagliato, penare: *— tutta la vita* | *finire di —*, (*fam.*) si dice di persona che muore dopo aver molto sofferto.
tribolato [tri-bo-là-to] *agg.* afflitto da sofferenze e patimenti: *vita tribolata* ♦ *agg.* e *s.m.* [f. *-a*] che/chi soffre fisicamente o moralmente.
tribolazione [tri-bo-la-zió-ne] *s.f.* il tribolare; ciò che fa tribolare.
tribolo [trì-bo-lo] *s.m.* **1** (*bot.*) nome di diverse piante spinose **2** (*fig.*) tormento, preoccupazione, angustia: *una vita piena di triboli.*
tribordo [tri-bór-do] *s.m.* il lato destro di un'imbarcazione; dritta.
tribù [tri-bù] *s.f.* **1** (*etnol.*) raggruppamento sociale omogeneo per lingua, cultura e ordinamenti, guidato da un unico capo: *le antiche — germaniche* **2** (*st.*) nel mondo greco-romano, raggruppamento di cittadini in base all'appartenenza a gruppi gentilizi **3** (*fig. scherz.*) moltitudine di persone | famiglia molto numerosa: *è venuto lo zio con tutta la —* **4** nella sistematica zoologica, gruppo di rango inferiore all'ordine (talora alla famiglia o al genere); in quella botanica, suddivisione della sottofamiglia.
tribuna [tri-bù-na] *s.f.* **1** posto elevato dal quale gli oratori parlano al pubblico **2** palco riservato a determinate categorie di persone: *la — delle autorità* **3** nei campi sportivi, costruzione a gradinata per gli spettatori **4** (*arch.*) nelle basiliche paleocristiane, lo spazio del presbiterio e dell'abside, comprese le cappelle a raggiera che se ne dipartono.
tribunale [tri-bu-nà-le] *s.m.* **1** l'edificio in cui hanno sede gli uffici giudiziari: *recarsi in —* | *trascinare qlcu. in —*, (*fig.*) querelarlo **2** organo giudicante composto da tre magistrati, a cui, in una circoscrizione territoriale, compete di esercitare la giurisdizione civile e penale: *— ordinario, speciale, per i minorenni* | *— ecclesiastico*, organo della chiesa che giudica secondo il diritto canonico **3** (*fig.*) ente astratto a cui si deve render conto del proprio operato: *il — della coscienza.*
tribunato [tri-bu-nà-to] *s.m.* (*st.*) l'ufficio e la dignità di tribuno.
tribunesco [tri-bu-né-sco] *agg.* [pl.m. *-schi*] (*spreg.*) da tribuno; ampolloso, retorico: *eloquenza tribunesca* | demagogico: *piglio —.*
tribunizio [tri-bu-nì-zio] *agg.* **1** (*st.*) di tribuno: *potestà tribunizia*, il potere, la dignità dei tribuni della plebe **2** (*fig. spreg.*) da tribuno: *oratoria tribunizia.*
tribuno [tri-bù-no] *s.m.* **1** in Roma antica, titolo di vari magistrati: *— della plebe*, quello che difendeva i diritti della plebe contro gli abusi dei patrizi | (*estens.*) in epoca medievale e moderna, membro di particolari magistrature, anche straordinarie: *il — Cola di Rienzo* **2** (*fig.*) uomo politico dotato di eloquenza trascinante | (*spreg.*) politicante che sfrutta le proprie capacità oratorie a fini demagogici.
tributare [tri-bu-tà-re] *v.tr.* dare come tributo, rendere come omaggio: *— onori e lodi.*
tributario [tri-bu-tà-rio] *agg.* **1** che concerne i tributi: *diritto, sistema —*; *riforma tributaria*; *reato —*, violazione delle leggi fiscali perseguita penalmente | *polizia tributaria*, quella incaricata di accertare il rispetto delle leggi fiscali **2** soggetto al pagamento di un tributo o di tributi.
tributarista [tri-bu-ta-rì-sta] *agg.* e *s.m.* e *f.* [pl.m. *-sti*] che/chi è specialista di diritto tributario; che/chi si occupa di problemi tributari.
tributo[1] [tri-bù-to] *agg.* solo nella loc. *comizi tributi*, (*st.*) assemblee dell'antica Roma nelle quali si votava per tribù.
tributo[2] *s.m.* **1** (*st.*) contributo obbligatorio che lo stato prelevava dai cittadini o imponeva alle popolazioni sottomesse **2** (*dir.*) prestazione in denaro dovuta obbligatoriamente dal contribuente allo stato: *le tasse e le imposte sono tributi* **3** (*fig.*) offerta di qlco. fatta per assolvere a un dovere morale: *— di riconoscenza.*
tricche tracche [trìc-che tràc-che] *loc.sost.m.* (*pop.*) tric trac.
triceratopo [tri-ce-ra-tò-po o triceràtopo] *s.m.* dinosauro del cretaceo di grandi dimensioni, caratterizzato da testa munita di tre corna.
tricheco [tri-chè-co] *s.m.* [pl. *-chi*] **1** mammifero simile a una foca ma di maggiori dimensioni, con denti canini sporgenti come zanne **2** (*scherz.*) persona di corporatura grassa e tozza.
triciclo [tri-cì-clo] *s.m.* veicolo a tre ruote.
tricipite [tri-cì-pi-te] *agg.* e *s.m.* (*anat.*) si dice di muscolo composto di tre corpi muscolari (capi).
triclinio [tri-clì-nio] *s.m.* nella Roma antica, l'insieme dei tre divani collocati lungo tre lati della tavola, sui quali si disponevano i commensali | (*estens.*) ciascuno dei tre divani; la sala da pranzo.
tricloroetilene [tri-clo-ro-e-ti-lè-ne] *s.m.* (*chim.*) idrocarburo derivato dall'etilene, usato come solvente e smacchiante con il nome commerciale di trielina.
trico- primo elemento di parole composte, che significa 'pelo, capello'.
tricologia [tri-co-lo-gì-a] *s.f.* [pl. *-e*] branca della medicina che studia la struttura, le funzioni e le malattie dei peli e dei capelli.
tricologico [tri-co-lò-gi-co] *agg.* [pl.m. *-ci*] relativo alla tricologia.
tricologo [tri-cò-lo-go] *s.m.* [f. *-a*; pl.m. *-gi*] studioso, esperto di tricologia.
tricolore [tri-co-ló-re] *agg.* **1** che ha tre colori: *bandiera —* **2** (*fig.*) formato da tre partiti: *gover-*

no — ♦ *s.m.* bandiera di tre colori | la bandiera italiana.

tricoma [tri-cò-ma] *s.m.* [pl. *-mi*] **1** (*zool.*) pelo o setola; ciuffo di peli **2** (*bot.*) pelo.

tricorno [tri-còr-no] *s.m.* cappello a tre punte.

tricosi [tri-cò-ʃi] *s.f.* (*med.*) **1** presenza di peli in regioni del corpo che normalmente ne sono prive **2** qualsiasi malattia che interessa l'apparato pilifero.

tricot [/ tri'ko /] *s.m.invar.* (*fr.*) tessuto o indumento lavorato a maglia.

tricotteri [tri-còt-te-ri] *s.m.pl.* (*zool.*) ordine di insetti dal corpo allungato, con antenne filiformi e quattro ali membranose coperte da una lieve peluria; le larve, per lo più acquatiche, si fabbricano involucri con detriti vari.

tric trac, o tric-trac, *loc.sost.m.* **1** l'alternarsi di due rumori secchi: *il — degli zoccoli sul pavimento* **2** (*pop.*) petardo che esplode in una serie di colpi consecutivi.

tridente [tri-dèn-te] *s.m.* forcone con tre denti | (*estens.*) formazione che ricorda un tridente: — *stradale.*

tridentino [tri-den-tì-no] *agg.* (*lett.*) di Trento, trentino: *concilio* — | *Venezia Tridentina*, la regione denominata oggi Trentino-Alto Adige.

tridimensionale [tri-di-men-sio-nà-le] *agg.* a tre dimensioni: *immagine* —.

tridimensionalità [tri-di-men-sio-na-li-tà] *s.f.* la proprietà di ciò che è tridimensionale.

triduo [trì-du-o] *s.m.* nel culto cattolico, ciclo di riti o di preghiere che dura tre giorni.

trielina [tri-e-lì-na] *s.f.* tricloroetilene.

triennale [tri-en-nà-le] *agg.* **1** che dura tre anni: *contratto* — **2** che avviene, si fa ogni tre anni: *mostra — di pittura* ♦ *s.f.* manifestazione che si organizza ogni tre anni: *la — di Milano.*

triennio [tri-èn-nio] *s.m.* periodo di tempo di tre anni.

trifase [tri-fà-ʃe] *agg.* [pl. *-ʃi*] che ha tre fasi.

trifasico [tri-fà-ʃi-co] *agg.* [pl.m. *-ci*] (*chim., fis.*) che ha tre fasi, che avviene in tre fasi; che si riferisce a tre fasi: *sistema* — | *pillola trifasica*, (*med.*) antifecondativo a basso contenuto ormonico e a dosaggio diverso in relazione alle tre fasi del ciclo mestruale.

trifoglio [tri-fò-glio] *s.m.* pianta erbacea con foglie composte di tre o, assai raramente, quattro foglioline, e con fiori di vari colori.

trifolato [tri-fo-là-to] *agg.* si dice di carne o verdura tagliata a fettine sottili e cotta con olio, aglio e prezzemolo.

trifora [trì-fo-ra] *s.f.* finestra a tre luci divise da pilastri o colonnine | Usato anche come *agg.*: *finestra* —.

triforcuto [tri-for-cù-to] *agg.* che termina con tre punte.

trigemino [tri-gè-mi-no] *agg.* si dice di parto con tre nati ♦ *agg.* e *s.m.* (*anat.*) si dice del quinto paio dei nervi cranici, suddiviso in tre rami (nervo oftalmico, nervo mascellare e nervo mandibolare): *nevralgia del* —.

trigesimo [tri-gè-ʃi-mo] *agg.* (*lett.*) trentesimo ♦ *s.m.* il trentesimo giorno dopo la morte | cerimonia religiosa che si celebra per un defunto nel trentesimo giorno dalla sua morte.

triglia [trì-glia] *s.f.* pesce di mare lungo fino a 40 cm, di color rossiccio, col muso allungato dal profilo obliquo; ha carni pregiate | *far l'occhio di* —, (*fig. scherz.*) guardare con occhio languido, da innamorato.

trigliceride [tri-gli-ce-ri-de; / trigli'tʃeride /] *s.m.* (*chim.*) grasso neutro presente nel sangue umano.

triglifo [tri-gli-fo; / 'triglifo /] *s.m.* (*arch.*) elemento decorativo del fregio dorico, costituito da una lastra quadrangolare con tre scanalature verticali; si alterna con le metope.

trigonometria [tri-go-no-me-trì-a] *s.f.* parte della matematica che, utilizzando le relazioni intercorrenti fra i lati e gli angoli di un triangolo, si propone di calcolare i valori di tutti gli elementi di un triangolo quando ne siano noti tre, fra cui almeno un lato.

trigonometrico [tri-go-no-mè-tri-co] *agg.* [pl.m. *-ci*] relativo alla trigonometria.

trilaterale [tri-la-te-rà-le] *agg.* **1** che ha tre lati; trilatero **2** (*fig.*) che concerne tre parti: *accordo* —, stipulato fra tre contraenti.

trilinguismo [tri-lin-guì-ʃmo] *s.m.* uso abituale di tre lingue da parte di un individuo o all'interno di una comunità, di una regione.

trilione [tri-lió-ne] *s.m.* numero cardinale equivalente a un milione di bilioni; in Francia e negli Stati Uniti equivale a mille bilioni.

trillare [tril-là-re] *v.intr.* [aus. *avere*] **1** (*mus.*) eseguire un trillo **2** emettere un trillo, dei trilli: *gli usignoli trillano.*

trillo [trìl-lo] *s.m.* **1** (*mus.*) rapido alternarsi di una nota con un'altra superiore di un tono o di un semitono **2** (*estens.*) ogni suono che assomigli al trillo musicale: *il — del campanello, dell'allodola.*

trilobato [tri-lo-bà-to] *agg.* che ha tre lobi: *foglia trilobata.*

trilogia [tri-lo-gì-a] *s.f.* nella Grecia antica, insieme di tre tragedie di uno stesso autore su uno stesso soggetto: *l'"Orestea" è una — di Eschilo* | (*estens.*) complesso di tre opere letterarie o cinematografiche connesse per tematica: *la — dantesca*, la "Divina Commedia".

trimestrale [tri-me-strà-le] *agg.* **1** che dura tre mesi: *abbonamento* — **2** che avviene o si fa ogni tre mesi: *pagamento* — □ **trimestralmente** *avv.* ogni tre mesi.

trimestralizzare [tri-me-stra-liʒ-ʒà-re] *v.tr.* suddividere in trimestri; rendere trimestrale.

trimestralizzazione [tri-me-stra-liʒ-ʒa-zió-ne] *s.f.* suddivisione in trimestri.

trimestre [tri-mè-stre] *s.m.* **1** periodo di tempo di tre mesi **2** (*estens.*) attività di un trimestre: — *scolastico* | corrispettivo di tre mesi: *un — d'affitto.*

trimetro [trì-me-tro] *agg.* e *s.m.* (*metr. class.*) si

dice di successione di tre metri che forma un verso.
trimotore [tri-mo-tó-re] *agg.* e *s.m.* si dice di macchina o veicolo a tre motori.
Trimurti [tri-mùr-ti] *s.f.* (*relig.*) la triade divina dell'induismo, costituita da Brahma, Visnù e Siva.
trina [trì-na] *s.f.* merletto, pizzo.
trinca [trìn-ca] *s.f.* (*mar.*) legatura molto salda effettuata mediante cavo o catena.
trincare[1] [trin-cà-re] *v.tr.* [*io trinco, tu trinchi ecc.*] (*mar.*) legare con una o più trinche.
trincare[2] *v.tr.* [*io trinco, tu trinchi ecc.*] (*fam.*) bere alcolici con avidità e abbondantemente: — *un litro di vino.*
trincata [trin-cà-ta] *s.f.* (*fam.*) abbondante bevuta di vino o di altre bevande alcoliche.
trincea [trin-cè-a] *s.f.* **1** (*mil.*) opera di fortificazione consistente in un fosso scavato nel terreno e difeso da un parapetto | *guerra di* —, guerra statica, di posizione | (*estens.*) il fronte di guerra: *andare in* — | *essere in* —, (*fig.*) operare in condizioni difficili **2** scavo praticato nel terreno per costruire una strada o una ferrovia a un livello più basso del terreno circostante.
trinceramento [trin-ce-ra-mén-to] *s.m.* **1** il trincerare, il trincerarsi, l'essere trincerato **2** (*mil.*) fortificazione, luogo munito di trincee | insieme di trincee.
trincerare [trin-ce-rà-re] *v.tr.* [*io trincèro ecc.*] munire di una o più trincee ♦ **trincerarsi** *v.intr.pron.* **1** ripararsi in una trincea **2** (*fig.*) farsi scudo, farsi schermo di qlco.: — *dietro il segreto d'ufficio.*
trincetto [trin-cét-to] *s.m.* coltello per trinciare.
trinchetto [trin-chét-to] *s.m.* (*mar.*) in un veliero con tre o più alberi, il primo albero dalla prora | il pennone più basso di tale albero | la vela inferiore e più ampia di tale albero.
trinciapollo [trin-cia-pól-lo], o **trinciapolli**, *s.m.* robuste forbici a molla, usate per tagliare in pezzi il pollame.
trinciare [trin-cià-re] *v.tr.* [*io trìncio ecc.*] tagliare in piccoli pezzi o a strisce sottili: — *le foglie di tabacco* | — *i panni addosso a qlcu.*, (*fig.*) parlarne male | — *giudizi*, (*fig.*) giudicare avventatamente e con presunzione ♦ **trinciarsi** *v.intr.pron.* tagliuzzarsi.
trinciato [trin-cià-to] *agg.* tagliuzzato, sminuzzato ♦ *s.m.* tabacco da fumo tagliato a strisce sottili.
trinciatrice [trin-cia-trì-ce] *s.f.* macchina usata per trinciare materiali.
trinciatura [trin-cia-tù-ra] *s.f.* **1** l'operazione del trinciare **2** il materiale trinciato: — *di tabacco.*
trinità [tri-ni-tà] *s.f.* (*teol.*) **1** *Trinità*, nel cristianesimo, unità in tre persone distinte (il Padre, il Figlio e lo Spirito Santo) di Dio **2** nelle religioni politeistiche, triade.
trinitario [tri-ni-tà-rio] *agg.* (*teol.*) che si riferisce alla Trinità: *il dogma* —.
trinitrotoluene [tri-ni-tro-to-lu-è-ne] *s.m.* (*chim.*) composto organico in forma solida usato come esplosivo, noto col nome di *tritolo.*
trino [trì-no] *agg.* **1** (*lett.*) che è costituito di tre elementi; triplice **2** (*teol.*) che è costituito da tre persone distinte, secondo il dogma cristiano della Trinità: *Dio è uno e* —.
trinomio [tri-nò-mio] *s.m.* **1** (*mat.*) polinomio costituito da tre monomi **2** (*fig.*) insieme di tre elementi o di tre termini connessi intimamente.
trio [trì-o] *s.m.* **1** (*mus.*) composizione da camera per tre esecutori | complesso cameristico di tre esecutori **2** (*estens.*) gruppo di tre persone che svolgono insieme una determinata attività, che sono molto affiatate o che hanno in comune particolari caratteristiche; terzetto.
triodo [trì-o-do] *s.m.* (*fis.*) tubo elettronico a tre elettrodi.
trionfale [tri-on-fà-le] *agg.* **1** di trionfo: *marcia, ingresso* — **2** (*estens.*) degno di un trionfatore; splendido, grandioso: *ricevere un'accoglienza* — □ **trionfalmente** *avv.*
trionfalismo [tri-on-fa-lì-ʃmo] *s.m.* esaltazione eccessiva dei meriti e dei successi propri o del gruppo a cui si appartiene.
trionfalista [trion-fa-lì-sta] *s.m.* e *f.* [pl.m. *-sti*] chi assume atteggiamenti caratterizzati da trionfalismo.
trionfalistico [tri-on-fa-lì-sti-co] *agg.* [pl.m. *-ci*] caratterizzato da trionfalismo □ **trionfalisticamente** *avv.*
trionfante [tri-on-fàn-te] *agg.* **1** che trionfa **2** (*estens.*) esultante per un successo ottenuto: *annunciò — una promozione.*
trionfare [tri-on-fà-re] *v.intr.* [*io trionfo ecc.*; aus. *avere*] **1** in Roma antica, ottenere gli onori del trionfo **2** (*estens.*) riportare una grande vittoria, una clamorosa affermazione (anche *fig.*): *la verità trionfa sempre.*
trionfatore [tri-on-fa-tó-re] *agg.* e *s.m.* [f. *-trice*] che/chi trionfa.
trionfo [tri-ón-fo] *s.m.* **1** in Roma antica, il massimo onore concesso a un generale vittorioso contro nemici esterni **2** (*estens.*) vittoria gloriosa, successo strepitoso (anche *fig.*): *lo spettacolo fu un* — | *portare in — qlcu.*, alzarlo e portarlo sulle spalle, perché tutti possano acclamarlo **3** (*fig.*) glorificazione celeste: *il — dei beati* **4** rappresentazione artistica che ha per soggetto l'esaltazione di un santo, di un personaggio celebre, di una figura allegorica.
triossido [tri-òs-si-do] *s.m.* (*chim.*) composto la cui molecola contiene tre atomi di ossigeno.
trip [/ trip /] *s.m.invar.* (*ingl.*) nel gergo dei tossicodipendenti, lo stesso che *viaggio.*
tripartire [tri-par-tì-re] *v.tr.* [*io tripartisco, tu tripartisci ecc.*] (*non com.*) dividere in tre parti.
tripartitico [tri-par-tì-ti-co] *agg.* [pl.m. *-ci*] costituito da tre partiti.
tripartito[1] [tri-par-tì-to] *agg.* diviso in tre | *patto* —, sottoscritto da tre parti.
tripartito[2] *agg.* e *s.m.* si dice di governo formato da tre partiti.

tripartizione [tri-par-ti-zió-ne] *s.f.* divisione in tre parti.
tripla [trì-pla] *s.f.* nei concorsi basati su pronostici che contemplano tre probabilità, la combinazione che le comprende tutte e tre (1-X-2).
triplano [tri-plà-no] *s.m.* velivolo a tre piani alari sovrapposti, usato agli inizi dell'aeronautica.
tripletta [tri-plét-ta] *s.f.* **1** fucile da caccia a tre canne **2** in giochi o gare, insieme di tre risultati positivi | nel calcio, insieme di tre goal segnati da uno stesso giocatore durante una partita.
triplicare [tri-pli-cà-re] *v.tr.* [*io trìplico, tu trìplichi ecc.*] moltiplicare per tre; rendere triplo: *— i guadagni* ♦ **triplicarsi** *v.intr.pron.* accrescersi di tre volte: *la popolazione si è triplicata.*
triplice [trì-pli-ce] *agg.* **1** che si compone di tre parti o elementi **2** che avviene fra tre parti: *alleanza —*, sottoscritta da tre contraenti.
triplo [trì-plo] *agg.* **1** tre volte maggiore **2** triplice: *filo —* | ripetuto tre volte di seguito: *— salto mortale* | *salto —*, (*sport*) specialità maschile dell'atletica leggera consistente in una sequenza di tre salti in lungo ♦ *s.m.* quantità tre volte maggiore: *guadagnare il — di prima.*
tripode [trì-po-de] *s.m.* nell'antichità classica, treppiede di bronzo usato come sostegno di recipienti.
tripodia [tri-po-dì-a] *s.f.* nella metrica classica, successione di tre piedi uguali.
tripodico [tri-pò-di-co] *agg.* [pl.m. *-ci*] di tripodia, relativo a tripodia; costituito da tripodie: *metro —.*
tripolare [tri-po-là-re] *agg.* **1** (*elettr.*) che ha tre poli: *presa, cavo —* **2** (*fig.*) che si fonda su tre poli: *sistema politico —.*
tripolarismo [tri-po-la-rì-ʃmo] *s.m.* sistema politico tripolare.
triposto [tri-pó-sto] *agg.invar.* che è a tre posti: *divano —.*
trippa [trìp-pa] *s.f.* **1** stomaco di bovino macellato che, tagliato in strisce sottili e cucinato in vari modi, costituisce una vivanda tradizionale italiana **2** (*fam. scherz.*) pancia, ventre.
trippone [trip-pó-ne] *s.m.* (*scherz.*) **1** grossa pancia **2** [f. *-a*] persona con la pancia grossa.
tripsina [tri-psì-na] *s.f.* (*biol.*) enzima prodotto dal pancreas che, una volta secreto nell'intestino, agisce sulle sostanze proteiche scindendole fino ad amminoacidi.
tripudiare [tri-pu-dià-re] *v.intr.* [*io tripùdio ecc.*; aus. *avere*] esprimere in modo festoso ed esultante la propria gioia.
tripudio [tri-pù-dio] *s.m.* **1** il tripudiare: *un — di folla* **2** (*fig.*) aspetto festoso e gioioso: *il — della natura.*
trireattore [tri-re-at-tó-re] *agg.* e *s.m.* si dice di aereo dotato di tre reattori.
triregno [tri-ré-gno] *s.m.* (*eccl.*) alto copricapo rigido, con tre corone sovrapposte, che il papa portava in speciali funzioni solenni.
trireme [tri-rè-me] *s.f.* nave da guerra dell'antichità a tre ordini di remi.
tris *s.m.* **1** in alcuni giochi di carte, combinazione di tre carte dello stesso valore: *— d'assi* **2** tipo di scommessa ippica consistente nel pronosticare l'ordine d'arrivo dei primi tre cavalli in una corsa (detta *corsa tris*).
trisavolo [tri-ʃà-vo-lo] *s.m.* [f. *-a*] padre del bisnonno | (*estens.*) antenato.
trisdrucciolo [tri-ʃdrùc-cio-lo] *agg.* si dice di parola che ha l'accento tonico sulla quintultima sillaba (p.e. *comùnicaglielo*).
trisillabico [tri-sil-là-bi-co] *agg.* [pl.m. *-ci*] trisillabo.
trisillabo [tri-sìl-la-bo] *agg.* di tre sillabe: *parola trisillaba* ♦ *s.m.* **1** parola di tre sillabe **2** verso di tre sillabe; ternario.
trisomia [tri-so-mì-a] *s.f.* (*med.*) fenomeno patologico per cui si formano cellule che possiedono tre cromosomi omologhi anziché due.
tristanzuolo [tri-stan-zuò-lo] *agg.* (*lett.*) piuttosto cattivo.
triste [trì-ste] *agg.* **1** che è pervaso da un sentimento di dolore o di malinconia: *una persona —* | che esprime afflizione, mestizia: *occhi tristi* **2** che causa, ispira dolore o malinconia: *una — notizia*; *una musica —* □ **tristemente** *avv.*
tristezza [tri-stéz-za] *s.f.* **1** stato d'animo di chi è triste | condizione di ciò che fa essere triste: *la — della campagna abbandonata* **2** cosa, evento triste: *le tristezze della vita.*
tristo [trì-sto] *agg.* **1** che ha natura malvagia e scaltra; che è capace di azioni cattive: *un — figuro* **2** (*estens.*) che è fatto con malvagità, con malanimo: *un — consiglio.*
tritacarne [tri-ta-càr-ne] *s.m.invar.* apparecchio per tritare la carne.
tritaghiaccio [tri-ta-ghiàc-cio] *s.m.invar.* apparecchio per tritare il ghiaccio.
tritare [tri-tà-re] *v.tr.* ridurre in frammenti minuti, tagliando o pestando.
tritarifiuti [tri-ta-ri-fiù-ti] *s.m.invar.* apparecchio per tritare i rifiuti solidi.
tritato [tri-tà-to] *agg.* sminuzzato, tagliuzzato: *carne tritata.*
tritatura [tri-ta-tù-ra] *s.f.* il tritare, l'essere tritato | l'insieme dei minuzzoli di una cosa tritata: *— di carne.*
tritatutto [tri-ta-tùt-to] *s.m.invar.* apparecchio per tritare alimenti vari.
tritio → **trizio.**
trito [trì-to] *agg.* **1** tritato: *carne trita* **2** (*fig.*) logoro, abusato: *argomento — e ritrito* ♦ *s.m.* (*gastr.*) lo stesso che battuto: *— di cipolle.*
tritolo [tri-tò-lo] *s.m.* trinitrotoluene.
tritone [tri-tó-ne] *s.m.* **1** nella mitologia greca, divinità marina metà uomo e metà pesce **2** (*zool.*) genere di anfibi diffusi nelle acque dolci europee e asiatiche, di piccole dimensioni, con pelle viscida, arti poco sviluppati, coda compressa.
trittico [trìt-ti-co] *s.m.* [pl. *-ci*] **1** (*pitt.*) polittico composto da tre tavole **2** opera letteraria divisa in tre parti autonome ma complementari **3** og-

getto composto di tre parti complementari | insieme di tre oggetti uguali.
trittongo [trit-tòn-go] *s.m.* [pl. *-ghi*] complesso di tre suoni vocalici in una sola sillaba (p.e. *miei*).
tritume [tri-tù-me] *s.m.* **1** insieme di cose tritate **2** (*fig.*) insieme di minuzie, di inezie.
triturare [tri-tu-rà-re] *v.tr.* tritare minutamente, a lungo, con forza.
trituratore [tri-tu-ra-tó-re] *agg.* e *s.m.* [f. *-trice*] che/chi tritura: *macchina trituratrice*.
triturazione [tri-tu-ra-zió-ne] *s.f.* il triturare, l'essere triturato.
triumviro e *deriv.* → **triunviro** e *deriv.*
triunvirale [triun-vi-rà-le], o triumvirale, *agg.* di triunviro, dei triunviri.
triunvirato [triun-vi-rà-to], o triumvirato, *s.m.* **1** nell'antica Roma, collegio di tre magistrati **2** in epoca moderna, organo di governo costituito da tre membri | (*estens.*) gruppo di tre parigrado che esercitano congiuntamente una funzione direttiva.
triunviro [tri-ùn-vi-ro], o triumviro, *s.m.* ciascuno dei membri di un triunvirato.
trivalente [tri-va-lèn-te] *agg.* **1** che ha triplice valore, valenza, efficacia: *vaccino* — **2** (*chim.*) che ha tre elettroni di valenza.
trivalenza [tri-va-lèn-za] *s.f.* (*chim.*) la proprietà di essere trivalente.
trivella [tri-vèl-la] *s.f.* (*tecn.*) **1** perforatrice leggera per roccia **2** trapano a mano; succhiello.
trivellare [tri-vel-là-re] *v.tr.* [*io trivèllo ecc.*] **1** bucare, perforare con la trivella: — *una roccia* **2** (*lett.*) trapassare, ferire.
trivellazione [tri-vel-la-zió-ne] *s.f.* operazione con cui si trivellano terreni; sondaggio.
triviale [tri-vià-le] *agg.* da trivio; scurrile, volgare: *gesto* —; *persona* — □ **trivialmente** *avv.*
trivialità [tri-via-li-tà] *s.f.* **1** l'essere triviale: — *di modi* **2** atto, parola triviale: *dire* —.
trivio [trì-vio] *s.m.* **1** luogo dove si uniscono o si incrociano tre vie | *da* —, (*fig.*) triviale: *parole da* — **2** nelle scuole medievali, l'insieme delle tre arti liberali (grammatica, retorica e dialettica).
trizio [trì-zio], o tritio, *s.m.* (*chim.*) isotopo radioattivo dell'idrogeno, il cui simbolo è T.
trobadorico → **trovadorico**.
trocaico [tro-cài-co] *agg.* [pl.m. *-ci*] nella metrica classica, formato da trochei: *metro* —.
trocheo [tro-chè-o] *s.m.* nella metrica classica, piede formato da una sillaba lunga e una breve.
trochilidi [tro-chì-li-di] *s.m.pl.* (*zool.*) famiglia di uccelli di piccole dimensioni, con becco tubolare, piumaggio iridescente e lingua protrattile; vi appartiene il colibrì.
troclea [trò-cle-a] *s.f.* (*anat.*) articolazione fatta a guisa di puleggia: — *dell'omero, del femore*.
trofeo [tro-fè-o] *s.m.* **1** le armi del nemico vinto; spoglie: *trofei di guerra* | (*estens.*) la rappresentazione artistica di un trofeo | (*fig. lett.*) vittoria **2** (*estens.*) oggetto o composizione di oggetti che simboleggiano vittorie o successi conseguiti in campi specifici: — *di caccia, sportivo*.
-trofia secondo elemento di parole composte che significa 'nutrizione' (*atrofia, ipertrofia*).
trofico [trò-fi-co] *agg.* [pl.m. *-ci*] **1** (*biol.*) che riguarda l'alimentazione **2** (*med.*) che riguarda o che regola il trofismo.
-trofico secondo elemento di aggettivi composti corrispondenti ai sostantivi in *-trofia* (*atrofico, ipertrofico*).
-trofio secondo elemento di parole composte, che significa 'luogo di allevamento' (*orfanotrofio*).
trofismo [tro-fi-ʃmo] *s.m.* (*med.*) lo stato di nutrizione di un organo o di un organismo e l'insieme dei fenomeni a esso correlati.
trofo-, **-trofo** primo e secondo elemento di parole composte, che significa 'che nutre, che si nutre' (*trofoblasto, eterotrofo*).
trofoblasto [tro-fo-blà-sto] *s.m.* (*biol.*) l'insieme delle cellule che provvedono alla nutrizione dell'embrione prima che si sia formata la placenta.
troglodita [tro-glo-dì-ta] *s.m.* e *f.* [pl.m. *-ti*] **1** essere umano preistorico; cavernicolo **2** (*fig.*) persona rozza, incolta, incivile.
trogloditico [tro-glo-dì-ti-co] *agg.* [pl.m. *-ci*] proprio dei trogloditi.
trogolo [trò-go-lo] *s.m.* mangiatoia per suini.
troia [trò-ia] *s.f.* **1** (*pop.*) la femmina del maiale; scrofa **2** (*volg.*) prostituta.
troiaio [tro-ià-io] *s.m.* **1** (*pop.*) porcile | (*estens.*) luogo molto sudicio **2** (*volg.*) bordello.
troiano [tro-ià-no] *agg.* dell'antica città di Troia, nell'Asia Minore: *le guerre troiane* ♦ *s.m.* [f. *-a*] abitante, nativo dell'antica Troia.
troica [tròi-ca], o **troika**, *s.f.* **1** slitta o carrozza russa trainata da tre cavalli **2** (*fig.*) nel gergo politico, gruppo di tre persone che hanno funzioni di comando.
trolley [/ 'trɔllei /] *s.m.invar.* (*ingl.*) asta metallica che serve a collegare le motrici tranviarie e ferroviarie con i fili della linea elettrica aerea.
tromba [tróm-ba] *s.f.* **1** (*mus.*) strumento a fiato costituito da un tubo di ottone, dotato di pistoni, che termina allargandosi in un padiglione: *squillo di* — | *partire in* —, (*fam.*) lanciarsi in un'impresa con entusiasmo. DIM. *trombetta* **2** suonatore di tromba **3** oggetto o struttura che per forma o funzione ricorda una tromba: *le trombe dell'automobile*, il clacson | (*anat.*) struttura tubolare cava che si espande a un'estremità: — *d'Eustachio* | — *delle scale*, in un edificio, lo spazio vuoto intorno a cui si avvolgono le rampe | — *d'aria*, (*meteor.*) colonna d'aria in rapido e violento movimento di rotazione su sé stessa, che si forma al centro di un'area ciclonica e si sposta con questa; — *marina*, quella che si forma sulla superficie del mare, per cui l'acqua viene aspirata nel gorgo.
trombare [trom-bà-re] *v.tr.* [*io trómbo ecc.*] (*fam.*) bocciare a un esame, a un concorso, a una consultazione elettorale: *il candidato è stato trombato*.
trombettiere [trom-bet-tiè-re] *s.m.* soldato che trasmette i segnali e gli ordini con il suono della tromba.

trombettista [trom-bet-tì-sta] *s.m.* e *f.* [pl.m. *-sti*] suonatore di tromba.
trombina [trom-bì-na] *s.f.* (*chim. biol.*) enzima di natura proteica che si forma durante il processo di coagulazione del sangue.
trombo [tróm-bo] *s.m.* (*med.*) coagulo di sangue entro i vasi sanguigni.
trombocita [trom-bo-cì-ta], o **trombocito**, *s.m.* [pl. *-ti*] (*biol.*) piastrina del sangue.
tromboflebite [trom-bo-fle-bì-te] *s.f.* (*med.*) infiammazione di una vena con formazione di trombi.
trombone [trom-bó-ne] *s.m.* **1** strumento a fiato di ottone simile alla tromba ma di maggiori dimensioni e tonalità più bassa **2** suonatore di trombone **3** (*fig.*) persona che esprime enfaticamente idee banali **4** (*bot.*) specie di grosso narciso con lunga corolla a forma di tromba.
trombonista [trom-bo-nì-sta] *s.m.* e *f.* [pl.m. *-sti*] suonatore di trombone.
trombosi [trom-bò-ʃi] *s.f.* (*med.*) occlusione di un vaso sanguigno provocata dalla formazione di un trombo.
trompe-l'oeil [/ tromˈplɛj /] *loc.sost.m.invar.* (*fr.*) genere di pittura in cui la cura dei particolari e degli effetti prospettici dà l'illusione della realtà.
troncamento [tron-ca-mén-to] *s.m.* **1** il troncare, l'essere troncato **2** (*ling.*) caduta di uno o più suoni in fine di parola.
troncare [tron-cà-re] *v.tr.* [*io trónco, tu trónchi ecc.*] **1** tagliare, spezzare violentemente con un colpo netto; mozzare: — *un ramo* | (*estens.*) stroncare, stancare molto: *una salita che tronca le gambe* | — *le gambe a qlcu.*, (*fig.*) impedirgli di raggiungere il suo scopo **2** (*fig.*) interrompere bruscamente: — *un'amicizia* **3** (*ling.*) effettuare un troncamento.
tronchese [tron-ché-se] *s.m.* o *f.* (spec. *pl.*) tenaglia con ganasce taglienti per troncare fili e sbarre metallici.
tronchesina [tron-che-sì-na] *s.f.* (spec. *pl.*) tronchese di piccole dimensioni per tagliare le unghie.
tronchetto [tron-chét-to] *s.m.* **1** sezione di un tronco d'albero di piccole dimensioni | — *della felicità*, (*bot.*) varietà di dracena di cui si coltivano sezioni di tronco a scopo ornamentale **2** (*gastr.*) dolce o gelato a forma di rotolo, che si taglia a fette.
tronco[1] [trón-co] *agg.* [pl.m. *-chi*] **1** troncato; privato di una parte: *piramide tronca* **2** (*fig.*) interrotto, incompiuto: *parole tronche* | *lasciare in — qlco.*, interromperlo a mezzo | *licenziare in —*, senza preavviso **3** (*ling.*) si dice di parola terminante con vocale accentata.
tronco[2] *s.m.* [pl. *-chi*] **1** (*bot.*) fusto eretto e legnoso degli alberi e degli arbusti, da cui si dipartono i rami: *il — dell'ulivo*; *una capanna di tronchi* **2** (*anat.*) la parte del corpo umano compresa tra il collo e gli arti | (*estens.*) parte di una statua che rappresenta solo il tronco; torso **3** troncone | (*estens.*) parte o tratto di qlco.: — *ferroviario*, tratto di linea ferroviaria **4** (*geom.*) solido che si ottiene intersecando una piramide o un cono con un piano parallelo alla base.
troncoconico [tron-co-cò-ni-co] *agg.* [pl.m. *-ci*] (*geom.*) a forma di tronco di cono.
troncone [tron-có-ne] *s.m.* **1** sezione di un tronco d'albero di grandi dimensioni **2** parte di cose troncate o spezzate: *il — di una spada*.
-trone secondo elemento di parole composte che significa 'acceleratore di particelle' (*sincrotrone*).
troneggiare [tro-neg-già-re] *v.intr.* [*io tronéggio ecc.*; aus. *avere*] **1** stare come su un trono: *il presidente troneggiava sulla sua poltrona* **2** (*estens.*) sovrastare, dominare per statura o importanza; spiccare, far bella mostra di sé: *il panettone troneggiava sulla tavola*.
tronfio [trón-fio] *agg.* **1** gonfio di boria; pieno di sé: *aria tronfia*; *camminare tutto —* **2** (*fig.*) ridondante, ampolloso: *stile —*.
trono [trò-no] *s.m.* **1** seggio usato dai monarchi nelle cerimonie ufficiali: *sala del —* | seggio su cui si immagina seduta una divinità: *il — di Giove* **2** (*fig.*) l'istituzione monarchica; potere, dignità di monarca: *salire al —*; *erede al —* **3** *Troni*, (*relig.*) uno dei nove cori angelici.
-tropia secondo elemento di parole composte, che significa 'movimento, trasformazione' (*entropia*).
tropical [/ ˈtrɔpikal /] *s.m.invar.* (*ingl.*) bevanda a base di succo di frutti tropicali.
tropicale [tro-pi-cà-le] *agg.* del tropico, dei tropici: *regioni tropicali*; *malattia —* | (*estens.*) torrido: *afa —*.
tropico [trò-pi-co] *s.m.* [pl. *-ci*] **1** (*geog.*) ciascuno dei due paralleli terrestri che si trovano alla latitudine di 23° 27′ a nord (— *del Cancro*) e a sud (— *del Capricorno*) dell'equatore **2** *pl.* zone tropicali: *vivere ai tropici*.
-tropico secondo elemento di aggettivi composti corrispondenti ai sostantivi in *-tropia*.
tropina [tro-pì-na] *s.f.* (*chim.*) composto alcolico azotato da cui derivano vari alcaloidi, fra cui l'atropina e la cocaina.
tropismo [tro-pì-ʃmo] *s.m.* (*biol.*) fenomeno per cui un organismo vegetale o animale si muove in risposta a uno stimolo esterno: — *positivo*, *negativo*, secondo che l'organismo si orienti nella direzione dello stimolo o in quella opposta.
tropo [trò-po] *s.m.* (*ret.*) uso figurato di una parola.
tropo-, -tropo primo e secondo elemento di termini composti, che significa 'rivolgimento, trasformazione' (*troposfera*).
tropopausa [tro-po-pàu-ʃa] *s.f.* strato dell'atmosfera compreso tra la troposfera e la stratosfera.
troposfera [tro-po-sfè-ra] *s.f.* la parte più bassa e densa dell'atmosfera, dove si verificano i fenomeni meteorologici.
troppo [tròp-po] *agg.indef.* indica quantità o numero eccessivo: *c'è — traffico*; *hai fatto troppi errori* ♦ *pron.indef.* **1** quantità eccessiva di qlco.: *io bevo poco vino e tu —* **2** *pl.* numero eccessivo di persone: *troppi credono nella sua innocenza* ♦ *s.m.* cosa eccessiva e superflua: *il — stroppia* ♦

avv. eccessivamente; più del dovuto, del conveniente: *lavorare —; una birra — fredda; costare — poco* | *anche —, fin —*, più di quanto sarebbe bene, necessario o opportuno | *di —*, in più, in eccesso: *bere qualche bicchiere di —* | *pur —*, purtroppo.

troppopieno [trop-po-piè-no] *s.m.invar.* valvola, apertura di scarico che impedisce al liquido di superare il livello di sicurezza in vasche, serbatoi e sim..

trota [trò-ta] *s.f.* pesce commestibile d'acqua dolce, di media grandezza, con corpo slanciato coperto di caratteristiche macchiette rosse e nere sui fianchi | — *salmonata*, le cui carni ricordano per colore e sapore quelle del salmone.

troticoltura [tro-ti-col-tù-ra] *s.f.* allevamento di trote a scopo alimentare o di ripopolamento.

trottare [trot-tà-re] *v.intr.* [*io tròtto ecc.*; aus. *avere*] **1** andare al trotto, detto di cavallo e cavaliere **2** (*estens. fam.*) camminare, agire rapidamente.

trottata [trot-tà-ta] *s.f.* **1** corsa del cavallo al trotto; passeggiata fatta a cavallo, trottando **2** (*estens.fam.*) camminata molto rapida; sgobbata.

trottatore [trot-ta-tó-re] *s.m.* [f. *-trice*] cavallo addestrato per le corse al trotto.

trotterellare [trot-te-rel-là-re] *v.intr.* [*io trotterèllo ecc.*; aus. *avere*] **1** andare al piccolo trotto, detto di cavallo e cavaliere **2** (*estens.*) camminare a piccoli passi svelti.

trotto [tròt-to] *s.m.* andatura naturale del cavallo, intermedia tra il passo e il galoppo, caratterizzata dal movimento simultaneo degli arti accoppiati in diagonale: *andare al —; rompere il —*, passare al galoppo.

trottola [tròt-to-la] *s.f.* **1** giocattolo a forma di due coni accoppiati per la base, che si fa girare su sé stesso vorticosamente | *girare come una —*, (*fig.*) andare continuamente qua e là, essere sempre affaccendato **2** (*sport*) figura del pattinaggio in cui il pattinatore gira vorticosamente su sé stesso.

trotzkismo [trotz-ki-ʃmo; / trots'kizmo /], o trozkismo, *s.m.* la dottrina comunista di L. Trotzkij (1879-1940); il movimento ideologico-politico a essa ispiratosi.

trotzkista [trotz-ki-sta; / trots'kista /], o trozkista, *s.m.* e *f.* [pl.m. *-sti*] fautore, seguace del trotzkismo | Usato anche come *agg.*: *programma —*.

troupe [/ trup /] *s.f.invar.* (*fr.*) gruppo di attori, registi e tecnici che lavorano insieme per realizzare un film o uno spettacolo teatrale o televisivo.

trousse [/ trus /] *s.f.invar.* (*fr.*) **1** astuccio, valigetta per contenere materiali e strumenti per un determinato scopo: *una — da trucco* **2** borsetta rigida da sera per signora.

trovadore → **trovatore**.

trovadorico [tro-va-dò-ri-co], o trobadorico, *agg.* [pl.m. *-ci*] dei trovatori: *poesia trovadorica*, poesia per musica in lingua d'oc fiorita nei secc. XI-XIII presso le corti della Francia meridionale.

trovare [tro-và-re] *v.tr.* [*io tròvo ecc.*] **1** arrivare a individuare o ad avere una cosa o una persona che si cerca, si desidera, di cui si ha bisogno (anche *fig.*): *— un appartamento, un lavoro; — la pace; andare a — qlcu.*, andare a fargli visita | *prov.*: *chi trova un amico, trova un tesoro* **2** imbattersi in qlco. o in qlcu. senza averlo cercato (anche *fig.*): *— una chiave per terra; — la morte in un incidente* | *lascia il tempo che trova*, si dice di qlco. che non cambia nulla, è inefficace **3** scoprire, rintracciare con una razionale ricerca fisica o mentale: *— la soluzione di un problema* | ideare, inventare, escogitare: *— una scusa* **4** riuscire ad avere, poter disporre: *non — il tempo per fare qlco.* | (in senso più generico) avere: *trovarsi in tasca pochi spiccioli; — da ridire su tutto* **5** constatare che qlcu. o qlco. è, procede in un determinato modo: *— qlcu. molto cambiato; trovo che le cose stanno migliorando* | giudicare, ritenere: *trovammo il cibo eccellente* ♦ **trovarsi** *v.rifl.rec.* incontrarsi: *— all'aeroporto* | *— d'accordo*, essere d'accordo, concordare ♦ *v.intr.pron.* **1** essere in un certo luogo: *il monumento si trova al centro della piazza* **2** essere in una certa condizione, situazione: *— bene, male; — in pericolo.*

trovarobe [tro-va-rò-be] *s.m.* e *f.invar.* (*teat.*) chi procura tutti gli oggetti necessari all'allestimento di una rappresentazione teatrale, cinematografica o televisiva.

trovata [tro-và-ta] *s.f.* espediente per risolvere una situazione difficile.

trovatello [tro-va-tèl-lo] *s.m.* [f. *-a*] bambino abbandonato piccolissimo dai genitori alla pubblica assistenza.

trovatore [tro-va-tó-re], o trovadore, *s.m.* esponente della poesia trovadorica.

trozkismo e *deriv.* → **trotzkismo** e *deriv.*

truca [trù-ca], o truka, *s.f.* (*cine.*) stampatrice per pellicole cinematografiche che consente di ottenere effetti speciali (dissolvenze, sovrimpressioni ecc.).

truccare [truc-cà-re] *v.tr.* [*io trucco, tu trucchi ecc.*] **1** trasformare l'aspetto di una persona con cosmetici, parrucche o altri artifici; travestire: *— un bambino da clown* **2** dare il trucco: *truccarsi gli occhi* **3** conferire a qlco. un aspetto diverso da quello che ha al fine di trarre in inganno: *la nave spia era truccata da peschereccio* | *— i dadi, le carte*, modificarli per barare | *— un motore*, modificarlo per renderlo più potente **4** (*fig.*) predisporre o modificare segretamente qlco. per ottenerne un fraudolento vantaggio: *— i risultati di un referendum* ♦ **truccarsi** *v.rifl.* **1** trasformare il proprio aspetto con vari artifici; travestirsi: *il tenore si stava truccando da Otello* **2** darsi il trucco al viso: *— bene, troppo.*

truccato [truc-cà-to] *agg.* mascherato, travestito: *si presentò alla festa — da Arlecchino* | col trucco cosmetico: *occhi truccati* | manipolato fraudolentemente: *sorteggio —*.

truccatore [truc-ca-tó-re] *s.m.* [f. *-trice*] chi, per mestiere, trucca attori, cantanti e personaggi che devono comparire in scena o in televisione.

truccatura [truc-ca-tù-ra] *s.f.* **1** il truccare, il truccarsi, l'essere truccato **2** il materiale che serve a truccare o a truccarsi per esigenze sceniche.

trucco [trùc-co] *s.m.* [pl. *-chi*] **1** l'abbellire, l'abbellirsi il viso con l'applicazione di cosmetici: *ritoccare il —; — di scena* | (*estens.*) insieme di cosmetici usati per truccarsi: *togliersi il —* **2** (*fig.*) imbroglio, raggiro: *vincere con un —* | artificio con cui si altera la realtà, per simulare quanto non esiste: *i trucchi del prestigiatore* | *i trucchi del mestiere*, (*fig.*) espedienti con cui chi è molto abile in un'attività risolve le difficoltà che si presentano nel suo esercizio. DIM. *trucchetto*.

truce [trù-ce] *agg.* feroce, crudele: *un — delitto* | bieco, torvo: *uno sguardo —*.

trucidare [tru-ci-dà-re] *v.tr.* [*io trùcido ecc.*] uccidere barbaramente.

trucido [trù-ci-do] *agg.* (*region.*) truce.

truciolare [tru-cio-là-re] *agg.* fatto, composto di trucioli: *pannello —*.

truciolato [tru-cio-là-to] *s.m.* materiale da falegnameria costituito da trucioli di legno impastati con un collante e pressati in pannelli.

truciolo [trù-cio-lo] *s.m.* ricciolo di materiale asportato da un pezzo di legno o metallo nel lavorarlo.

truculento [tru-cu-lèn-to] *agg.* **1** (*lett.*) truce **2** crudele, violento: *un film —*.

truculenza [tru-cu-lèn-za] *s.f.* l'essere truculento.

truffa [trùf-fa] *s.f.* (*dir.*) reato commesso da chi, raggirando qlcu., ne ricava un profitto illecito | (*estens.*) frode, inganno, imbroglio.

truffaldino [truf-fal-di-no] *s.m.* [f. *-a*] imbroglione, truffatore ♦ *agg.* da truffatore: *impresa truffaldina*.

truffare [truf-fà-re] *v.tr.* imbrogliare con una truffa; sottrarre con truffa: *lo ha truffato di un milione*; *gli ha truffato un milione*.

truffato [truf-fà-to] *agg.* e *s.m.* [f. *-a*] che/chi è vittima di una truffa.

truffatore [truf-fa-tó-re] *s.m.* [f. *-trice*] chi truffa.

truismo [tru-ì-ʃmo] *s.m.* (*lett.*) verità ovvia, banalità.

truka → **truca**.

trullo [trùl-lo] *s.m.* costruzione di pietre a copertura conica, caratteristica di alcune località della Puglia.

trumeau [/ try'mo /] *s.m.invar.* (*fr.*) mobile costituito da una cassettiera sovrastata da un'alzata, collegate da una ribalta.

truppa [trùp-pa] *s.f.* **1** (spec. *pl.*) insieme di reparti militari: *le truppe dell'ONU* **2** insieme dei soldati che non siano né sottufficiali né ufficiali: *militari di —*; *graduati di —*, caporali e caporalmaggiori **3** (*scherz.*) gruppo numeroso di persone | *in —*, in gruppo.

trust [/ trast /] *s.m.invar.* (*ingl.*) (*econ.*) concentrazione di imprese sotto un'unica direzione, al fine di limitare la concorrenza e controllare il mercato.

tse-tse [/ tsɛt'tsɛ /], o **tze-tze**, *agg.invar.* solo nella loc. *mosca —*, insetto diffuso nelle zone tropicali che, con la sua puntura, può trasmettere la malattia del sonno.

T-shirt → **tee-shirt**.

-ttero, o -ptero, secondo elemento di parole composte, che significa 'ala' (*elicottero*).

tu *pron.pers.m.* e *f. di seconda pers.sing.* **1** si usa rivolgendo il discorso a persona con cui si è in familiarità; si impiega solo in funzione di soggetto o come predicativo (nelle altre funzioni è sostituito dalla forma tonica *te* o dalle forme atone *ti*, *te*): *non sei più tu!*; *è necessario che tu venga* **2** con valore impersonale: *sono cose alle quali tu non pensi finché non capitano*, non si pensa ♦ *s.m.*, il pronome *tu*: *dare del tu*, *parlare col tu*, rivolgersi a qlcu. con familiarità e confidenza | *essere*, *stare*, *trovarsi a tu per tu*, faccia a faccia (anche *fig.*): *trovarsi a tu per tu con la morte*.

tuareg [tu-à-reg], o **tuaregh**, *agg.invar.* relativo a una popolazione berbera del Sahara ♦ *s.m.invar.* **1** [anche *f.*] chi appartiene alla popolazione tuareg **2** la lingua parlata dai tuareg.

tuba [tù-ba] *s.f.* **1** nell'antichità greco-romana, tromba di guerra **2** (*mus.*) strumento a fiato della famiglia degli ottoni, con tubo conico, dotato di pistoni, terminante in un grande padiglione **3** cappello a cilindro **4** (*anat.*) tromba: *— uterina*.

tubare [tu-bà-re] *v.intr.* [aus. *avere*] **1** detto di colombi e tortore, emettere il verso grave e vibrante tipico del corteggiamento **2** (*fig. scherz.*) scambiarsi affettuosità, detto di innamorati.

tubatura [tu-ba-tù-ra] *s.f.* insieme di tubi che formano un sistema di distribuzione o di scarico di liquidi o gas.

tubazione [tu-ba-zió-ne] *s.f.* complesso di tubi per il trasporto di liquidi o gas, in gran quantità e a distanze elevate.

tuberacee [tu-be-rà-ce-e] *s.f.pl.* (*bot.*) famiglia di funghi degli ascomiceti, a cui appartiene il tartufo.

tubercolare [tu-ber-co-là-re] *agg.* **1** (*biol.*) di tubercolo **2** (*med.*) di tubercolosi.

tubercolato [tu-ber-co-là-to] *agg.* (*biol.*) dotato di tubercoli.

tubercolina [tu-ber-co-lì-na] *s.f.* (*chim.*, *biol.*) sostanza ottenuta con vari procedimenti da bacilli tubercolari o da prodotti del loro metabolismo, usata a scopo diagnostico.

tubercolo [tu-bèr-co-lo] *s.m.* **1** (*anat.*, *bot.*) piccola sporgenza tondeggiante sulla superficie di un organo **2** (*med.*) formazione patologica simile a un granuloma, tipica della tubercolosi.

tubercoloma [tu-ber-co-lò-ma] *s.m.* [pl. *-mi*] (*med.*) tumefazione costituita da un ammasso di tubercoli.

tubercolosario [tu-ber-co-lo-sà-rio] *s.m.* ospedale dove si curavano i malati di tubercolosi; sanatorio.

tubercolosi [tu-ber-co-lò-ʃi] *s.f.* (*med.*) infezione

dovuta al bacillo di Koch, che si manifesta con la formazione di particolari tubercoli; può colpire vari organi e soprattutto i polmoni: — *ossea*; — *polmonare*, tisi.

tubercoloso [tu-ber-co-ló-so] *agg.* (*med.*) che presenta tubercoli ♦ *agg.* e *s.m.* [f. *-a*] che/chi è affetto da tubercolosi.

tubercolotico [tu-ber-co-lò-ti-co] *agg.* [pl.m. *-ci*] (*med.*) che concerne la tubercolosi ♦ *agg.* e *s.m.* [f. *-a*] che/chi è affetto da tubercolosi.

tubero [tù-be-ro] *s.m.* (*bot.*) organo sotterraneo, derivante dalla trasformazione di un fusto o di una radice, ricco di sostanze amidacee.

tuberosa [tu-be-ró-sa] *s.f.* pianta erbacea ornamentale con fiori bianchi profumati raccolti in grappolo.

tuberosità [tu-be-ro-si-tà] *s.f.* **1** (*bot.*) l'essere tuberoso; l'aver natura di tubero **2** sporgenza, protuberanza di forma simile a un tubero.

tuberoso [tu-be-ró-so] *agg.* (*bot.*) che ha natura di tubero: *fusto* —.

tubetto [tu-bét-to] *s.m.* **1** piccolo tubo **2** cilindretto cavo, dotato di fondo e tappo, usato per contenere medicinali, caramelle, cosmetici: *il — del rossetto, delle compresse.* DIM. *tubettino* **3** piccolo tubo deformabile a pressione, usato per conservare sostanze pastose: *il — del dentifricio.*

tubino [tu-bì-no] *s.m.* abito femminile a tubo.

tubo [tù-bo] *s.m.* **1** condotto a sezione circolare usato per convogliare fluidi: — *di gomma*; *il — del gas.* DIM. *tubetto, tubicino* **2** elemento cavo di forma cilindrica che costituisce il componente di una struttura: *i tubi del telaio della bicicletta* **3** oggetto che per forma o funzione ricorda un tubo | *a* —, che ha forma di tubo: *gonna a* —, di foggia dritta e stretta **4** (*biol.*) organo con forma e funzione di condotto: — *digerente* **5** (*elettr.*) dispositivo costituito da un involucro di vetro che contiene degli elettrodi **6** (*pop.*) assolutamente niente (solo in frasi negative): *non capire un* —.

tubolare [tu-bo-là-re] *agg.* che ha forma di tubo: *lampada* — | che è formato da tubi: *impalcatura* — ♦ *s.m.* oggetto a forma di tubo | (*sport*) pneumatico leggero, cucito intorno alla camera d'aria, per biciclette da corsa.

tubulo [tù-bu-lo] *s.m.* **1** tubo sottile; tubicino **2** (*anat., bot.*) si dice di elemento di un organo avente forma cilindrica.

tucano [tu-cà-no] *s.m.* grande uccello dell'America meridionale, con piumaggio nero a chiazze colorate e un grosso becco giallo ricurvo a margini dentati.

tucul [tu-cùl] *s.m.invar.* abitazione a pianta circolare con tetto conico di paglia, tipica dell'Africa orientale | (*estens.*) analoga costruzione in villaggi turistici e campeggi.

tudertino [tu-der-tì-no] *agg.* di Todi, comune in provincia di Perugia ♦ *s.m.* [f. *-a*] chi abita, è nativo di Todi.

tufaceo [tu-fà-ce-o] *agg.* costituito da tufo, ricco di tufo: *terreno* —.

tuffare [tuf-fà-re] *v.tr.* immergere di colpo in un liquido: — *un remo nell'acqua* ♦ **tuffarsi** *v.rifl.* **1** lanciarsi di colpo nell'acqua immergendovisi completamente: *è pericoloso — in acque basse* **2** buttarsi verso il basso: — *nel vuoto* | (*estens.*) lanciarsi, precipitarsi: — *nella mischia* **3** (*fig.*) immergersi rapidamente, completamente: — *nello studio.*

tuffata [tuf-fà-ta] *s.f.* il tuffare, il tuffarsi una volta.

tuffatore [tuf-fa-tó-re] *s.m.* [f. *-trice*] (*sport*) chi esegue tuffi ♦ *agg.* (*zool.*) si dice di uccello capace di tuffarsi in acqua per predare.

tuffista [tuf-fì-sta] *s.m.* e *f.* [pl.m. *-sti*] (*sport*) atleta specializzato nei tuffi.

tuffo [tùf-fo] *s.m.* **1** il tuffare, il tuffarsi | breve bagno in mare, in piscina **2** (*sport*) esercizio consistente nel lanciarsi in acqua da un trampolino eseguendo in aria delle evoluzioni **3** (*estens.*) slancio, salto con caduta verso il basso: *con un — fu sul ladro* **4** (*fig.*) immersione rapida e completa: *un — nel passato* | — *al cuore*, (*fig.*) forte e improvvisa emozione.

tufo [tù-fo] *s.m.* (*geol.*) roccia formata per consolidamento di materiali incoerenti eruttati dai vulcani durante la fase esplosiva.

tugurio [tu-gù-rio] *s.m.* abitazione angusta e squallida.

tulio [tù-lio] *s.m.* elemento chimico di simbolo *Tm*; appartiene al gruppo dei lantanidi.

tulipano [tu-li-pà-no] *s.m.* pianta erbacea bulbosa con grandi foglie allungate e vistosi fiori di vario colore a forma di calice.

tulle [tùl-le] *s.m.* tessuto rado e trasparente formato da fili molto sottili intrecciati a rete: *un abito da sposa in* —.

tumefarsi [tu-me-fàr-si] *v.intr.pron.* [coniugato come *fare*] subire una tumefazione.

tumefatto [tu-me-fàt-to] *agg.* che presenta tumefazione; gonfio.

tumefazione [tu-me-fa-zió-ne] *s.f.* (*med.*) ingrossamento patologico di tessuti od organi.

tumescente [tu-me-scèn-te] *agg.* (*scient.*) gonfio, tumefatto.

tumescenza [tu-me-scèn-za] *s.f.* (*scient.*) l'essere tumescente; gonfiore.

tumidezza [tu-mi-déz-za] *s.f.* l'essere tumido; gonfiezza (anche *fig.*): — *di stile.*

tumido [tù-mi-do] *agg.* (*lett.*) gonfio; carnoso: *ventre* —; *labbra tumide.*

tumorale [tu-mo-rà-le] *agg.* (*med.*) di tumore: *formazione* —.

tumore [tu-mó-re] *s.m.* (*med.*) accumulo patologico di cellule di nuova formazione: — *maligno*, quello che può riprodursi dopo l'asportazione; cancro; — *benigno*, quello che non si riproduce dopo l'asportazione.

tumulare [tu-mu-là-re] *v.tr.* [*io tùmulo ecc.*] seppellire in una tomba.

tumulazione [tu-mu-la-zió-ne] *s.f.* il tumulare, l'essere tumulato.

tumulo [tù-mu-lo] *s.m.* (*archeol.*) cumulo di terra e pietre che alcuni popoli usavano elevare sul luogo di sepoltura | (*estens.*) sepolcro, tomba.

tumulto [tu-mùl-to] *s.m.* **1** movimento disordinato e rumoroso di più persone o cose **2** sommossa, sollevazione popolare **3** (*fig.*) agitazione dell'animo: *avere il cuore in —*.

tumultuante [tu-mul-tu-àn-te] *agg.* che è in tumulto: *folla —*.

tumultuare [tu-mul-tu-à-re] *v.intr.* [*io tumùltuo ecc.*; aus. *avere*] far tumulto.

tumultuoso [tu-mul-tu-ó-so] *agg.* che è in tumulto; che produce, costituisce, manifesta tumulto □ **tumultuosamente** *avv.*

tundra [tùn-dra] *s.f.* formazione vegetale caratteristica delle terre artiche aride, costituita di muschi, licheni e rari arbusti | la pianura dove si sviluppa tale vegetazione.

tuner [/ 'tuner /] *s.m.invar.* (*ingl.*) sintonizzatore.

tungsteno [tung-ste-no] *s.m.* elemento chimico di simbolo *W*; è un metallo grigio, usato per filamenti di lampade e nella preparazione di leghe resistentissime (è detto anche *wolframio*).

tunica [tù-ni-ca] *s.f.* **1** veste fino al ginocchio, di linea diritta ma ripresa in vita da una cintura, comune nell'abbigliamento greco-romano **2** (*estens.*) qualsiasi abito di linea simile all'antica tunica. DIM. *tunichetta* **3** (*anat.*, *bot.*) membrana di rivestimento.

tunicati [tu-ni-cà-ti] *s.m.pl.* (*zool.*) sottotipo di cordati comprendente molte specie marine in cui la corda dorsale è limitata alla regione della coda.

tunisino [tu-ni-ʃì-no] *agg.* **1** di Tunisi **2** della Tunisia ♦ *s.m.* [f. *-a*] abitante, nativo di Tunisi o della Tunisia.

tunnel [tùn-nel] *s.m.invar.* **1** galleria, traforo: *il — del monte Bianco* **2** nel calcio, il far passare la palla tra le gambe a un avversario **3** (*fig.*) situazione esistenziale da cui è difficile uscire: *il — della droga*.

tunnidi [tùn-ni-di] *s.m.pl.* (*zool.*) famiglia di pesci di grosse dimensioni, a cui appartiene il tonno.

tuo [tù-o] *agg.poss. di seconda pers.sing.* [sing.f. *tua*; pl.m. *tuòi*; pl.f. *tue*] **1** che appartiene a te: *la tua casa* **2** che è proprio di te, caratteristico, abituale di te: *le tue speranze*, *i tuoi gusti* **3** indica relazione d'affetto, di parentela, d'amicizia, di lavoro ecc.: *un — amico*; *la tua professoressa*; *i tuoi colleghi* ♦ *pron.poss. di seconda pers.sing.* ha gli stessi usi e sign. dell'agg. ed è sempre preceduto dall'art. determinativo: *il suo disegno è migliore del —* | in loc. ellittiche: *i tuoi* (genitori, parenti, amici, seguaci); *noi stiamo dalla tua* (parte); *ne hai fatta un'altra delle tue* (sciocchezze, cattive azioni).

tuonare [tuo-nà-re], o **tonare**, *v.intr.* [*io tuòno ecc.*; aus. *avere*] (*lett.*) **1** produrre un rumore fragoroso simile al tuono: *il cannone tuonava* **2** parlare con veemenza contro qlcu. ♦ *v.intr.impers.* [aus. *essere* o *avere*] prodursi il fragore del tuono: *ha* (o *è*) *tuonato per tutto il giorno*.

tuono [tuò-no] *s.m.* **1** fenomeno acustico che accompagna le scariche elettriche atmosferiche: *al lampo segue il —* | *tuoni e fulmini*, (*fig.*) azioni, parole irate e minacciose **2** (*estens.*) fragore cupo: *il — del cannone*.

tuorlo [tuòr-lo] *s.m.* la parte centrale dell'uovo, di colore giallo intenso, circondata dall'albume.

-tura, o -sura (in derivati da verbi con tema terminante in *-d*), suffisso usato per formare sostantivi femminili derivati da verbi (*tritatura*).

turacciolo [tu-ràc-cio-lo] *s.m.* tappo che si serra nel collo di una bottiglia, un fiasco ecc.

turare [tu-rà-re] *v.tr.* chiudere con un turacciolo; tappare: *— le bottiglie*; *— una falla* | *turarsi il naso*, chiuderselo per non sentire un cattivo odore | *— la bocca a qlcu.*, (*fig.*) costringerlo al silenzio | *turarsi le orecchie*, (*fig.*) rifiutarsi di sentire ♦ **turarsi** *v.intr.pron.* otturarsi, intasarsi.

turba[1] [tùr-ba] *s.f.* folla | (*spreg.*) accozzaglia di gente.

turba[2] *s.f.* (*med.*) disturbo, alterazione di una funzione fisiologica: *turbe digestive*, *psichiche*.

turbamento [tur-ba-mén-to] *s.m.* il turbare; il turbarsi: *essere in preda a un profondo —*.

turbante [tur-bàn-te] *s.m.* copricapo orientale costituito da una lunga fascia avvolta in più giri attorno alla testa.

turbare [tur-bà-re] *v.tr.* alterare una situazione precedentemente tranquilla o il normale svolgimento di un evento; mettere in agitazione: *— l'armonia della famiglia*; *fatti che turbano* ♦ **turbarsi** *v.intr.pron.* **1** alterarsi nella mente e nell'animo; mettersi in agitazione: *alla notizia si turbò profondamente* | esprimere nell'aspetto tale condizione: *— in volto* **2** minacciar tempesta, rannuvolarsi: *il cielo si è turbato*.

turbativa [tur-ba-tì-va] *s.f.* il turbare, l'impedire il normale svolgimento di qlco.

turbato [tur-bà-to] *agg.* in preda a turbamento; che mostra turbamento: *rimanere —*; *volto —* | scosso, agitato.

turbellari [tur-bel-là-ri] *s.m.pl.* classe di vermi platelminti di minuscole dimensioni, con corpo allungato e appiattito.

turbina [tur-bì-na] *s.f.* (*mecc.*) **1** macchina motrice che trasforma in lavoro meccanico l'energia posseduta da un fluido mediante l'azione di questo su una ruota a palette collegata a un albero motore: *— idraulica*, *a gas*, alimentata ad acqua, a gas; *motore a —* **2** (*estens.*) impianto che utilizza una o più turbine.

turbinare [tur-bi-nà-re] *v.intr.* [*io tùrbino ecc.*; aus. *avere*] girare vorticosamente, come un turbine (anche *fig.*): *il vento turbina*; *pensieri che turbinano nella mente*.

turbinato [tur-bi-nà-to] *s.m.* (*anat.*) ciascuna delle tre lamine ossee poste nella parete laterale delle fosse nasali.

turbine [tùr-bi-ne] *s.m.* **1** impetuoso vortice di vento: *alberi divelti da un —*; *un — di neve*, *di sabbia*, che trascina neve, sabbia **2** (*fig.*) tumulto di idee, di pensieri, di sentimenti: *il — della passione*.

turbinio [tur-bi-nì-o] *s.m.* un turbinare continuo.

turbinoso [tur-bi-nó-so] *agg.* vorticoso □ **turbinosamente** *avv.*
turbo [tùr-bo] *agg.* e *s.m.invar.* **1** si dice di motore sovralimentato mediante turbocompressore **2** [anche *s.f.invar.*] si dice di veicolo dotato di tale motore.
turbo- primo elemento di parole composte, che significa 'a turbina' (*turboreattore*).
turbocompresso [tur-bo-com-près-so] *agg.* (*mecc.*) si dice di motore a combustione interna dotato di turbocompressore.
turbocompressore [tur-bo-com-pres-só-re] *s.m.* (*mecc.*) **1** turbina usata come compressore **2** compressore azionato da una turbina a gas.
turbodiesel [tur-bo-die-sel; / turbo'dizel /] *agg.* e *s.m.invar.* **1** si dice di motore diesel sovralimentato mediante un turbocompressore **2** [anche *s.f.invar.*] si dice di autoveicolo dotato di tale tipo di motore.
turboelica [tur-bo-è-li-ca] *s.m.invar.* (*aer.*) gruppo motore per aerei, composto da una turbina a gas accoppiata a un'elica | aereo dotato di tale gruppo motore.
turbogetto [tur-bo-gèt-to] *s.m.* (*aer.*) motore a reazione dotato di turbocompressore; turboreattore | aereo dotato di tale motore.
turbolento [tur-bo-lèn-to] *agg.* **1** che turba l'ordine; irrequieto: *ragazzo* — **2** caratterizzato da disordini: *anni turbolenti* **3** (*fis.*) che presenta turbolenza.
turbolenza [tur-bo-lèn-za] *s.f.* **1** agitazione, disordine: *un'epoca di gravi turbolenze* **2** tendenza a suscitare disordini: *la — del popolo* **3** (*fis.*) moto disordinato di un fluido | — *atmosferica*, fenomeno atmosferico dovuto a scambi fra masse d'aria che si muovono con velocità diverse.
turbolocomotiva [tur-bo-lo-co-mo-tì-va] *s.f.* locomotiva a turbina, in grado di raggiungere alte velocità.
turbonave [tur-bo-nà-ve] *s.f.* nave con motore a turbina.
turbopropulsore [tur-bo-pro-pul-só-re] *s.m.* propulsore a turbina.
turboreattore [tur-bo-re-at-tó-re] *s.m.* (*aer.*) turbogetto.
turca [tùr-ca] *s.f.* ottomana.
turchese [tur-ché-se] *s.f.* o *m.* pietra dura, opaca, di colore azzurro intenso tendente al verde ♦ *agg.* e *s.m.* si dice del colore azzurro della turchese.
turchino [tur-chì-no] *agg.* di colore azzurro cupo ♦ *s.m.* il colore turchino.
turcico [tùr-ci-co] *agg.* solo nella loc. *sella turcica*, (*anat.*) fossetta in cui è collocata l'ipofisi.
turco [tùr-co] *agg.* [pl.m. *-chi*] della Turchia | *bagno* —, bagno di aria calda fatto a scopo igienico o terapeutico; il locale attrezzato per tale bagno; (*fig.*) grande sudata dovuta a fatica o a caldo eccessivo | *grano* —, granturco, mais | *alla turca*, alla maniera dei turchi: *sedere alla turca*, a gambe incrociate; *caffè alla turca*, infuso di caffè macinato finissimo direttamente in acqua calda; *divano alla turca*, ottomana; *gabinetto alla* —, privo di vaso e costituito semplicemente da una pedana | *cose turche*, (*scherz.*) terribili, irripetibili ♦ *s.m.* **1** [f. *-a*] nativo, abitante della moderna Turchia | appartenente a una popolazione di razza mongolica e religione musulmana diffusa attualmente in Asia e in Europa | *fumare come un* —, (*fig.*) in modo eccessivo | *bestemmiare come un* —, (*fig.*) dire bestemmie orribili **2** lingua affine al mongolo parlata dai turchi | *parlare* —, (*scherz.*) esprimersi in modo incomprensibile.
turgidezza [tur-gi-déz-za] *s.f.* l'essere turgido.
turgidità [tur-gi-di-tà] *s.f.* turgidezza.
turgido [tùr-gi-do] *agg.* rigonfio, pieno: *occhi turgidi di lacrime.*
turgore [tur-gó-re] *s.m.* turgidezza.
turibolo [tu-rì-bo-lo] *s.m.* (*lit.*) vaso di metallo con coperchio traforato, appeso a tre catenelle e contenente l'incenso da bruciare, in modo da farne uscire il fumo profumato; incensiere.
turione [tu-rió-ne] *s.m.* (*bot.*) pollone carnoso che si sviluppa dal rizoma di piante erbacee.
turismatica [tu-ri-ʃmà-tica] *s.f.* la gestione delle attività turistiche con l'ausilio di tecnologie informatiche.
turismo [tu-rì-ʃmo] *s.m.* **1** attività del tempo libero consistente nel visitare luoghi diversi da quelli abituali, a scopo di istruzione o di diletto: *fare del* — **2** (*estens.*) l'insieme delle attività e dei servizi connessi a tale pratica: *ente per il* —.
turista [tu-rì-sta] *s.m.* e *f.* [pl.m. *-sti*] chi viaggia per turismo.
turistico [tu-rì-sti-co] *agg.* [pl.m. *-ci*] che riguarda il turismo o i turisti: *attrezzature turistiche* | *menu* —, speciale per turisti, economico | *classe turistica*, su navi e aerei, quella intermedia tra la prima classe e la classe economica | *agenzia turistica*, agenzia che fornisce servizi turistici (organizzazione di viaggi, informazioni, prenotazioni ecc.) | *operatore* —, chi opera come organizzatore nel turismo □ **turisticamente** *avv.* dal punto di vista del turismo: *un paese — interessante.*
turkmeno [turk-mé-no] *agg.* [pl.m. *-chi*] del Turkmenistan, repubblica dell'Asia centrale; della popolazione che vi abita ♦ *agg.* e *s.m.* **1** [f. *-a*] che/chi è nato o abita in Turkmenistan **2** lingua affine al turco parlata in Turkmenistan.
turlupinare [tur-lu-pi-nà-re] *v.tr.* raggirare, ingannare qlcu. carpendone la buona fede.
turlupinatore [tur-lu-pi-na-tó-re] *s.m.* [f. *-trice*] chi turlupina, chi si fa malignamente gioco di qlcu.
turlupinatura [tur-lu-pi-na-tù-ra] *s.f.* il turlupinare, l'essere turlupinato; inganno, raggiro, imbroglio.
turnazione [tur-na-zió-ne] *s.f.* **1** l'organizzazione del lavoro basata sui turni **2** turnover.
turnista [tur-nì-sta] *agg.* e *s.m.* e *f.* [pl.m. *-sti*] che/chi lavora facendo i turni.
turno [tùr-no] *s.m.* l'ordine con cui ci si alterna con altri nello svolgere un'attività o nel fruire di qlco.; ciascuno dei periodi di tempo ricorrenti se-

condo tale ordine: *essere di —*; *— di guardia* | *fare a —*, alternarsi | *a —*, l'uno dopo l'altro | *è il mio —*, tocca a me.
turnover [/ turn'ɔver /], o turn over, *s.m.invar.* (*ingl.*) (*econ.*) ricambio di personale in un certo settore in un dato periodo.
turpe [tùr-pe] *agg.* vergognoso, osceno.
turpiloquio [tur-pi-lò-quio] *s.m.* **1** linguaggio osceno; uso di tale linguaggio **2** (*dir.*) reato commesso da chi usa in luogo pubblico un linguaggio contrario alla pubblica decenza.
turpitudine [tur-pi-tù-di-ne] *s.f.* (*lett.*) **1** l'essere turpe: *la — di un individuo* **2** azione, parola turpe: *dire turpitudini.*
turritano [tur-ri-tà-no] *agg.* **1** della città sarda di Porto Torres, in provincia di Sassari **2** della zona compresa nell'antico giudicato di Torres ♦ *s.m.* [f. *-a*] nativo, abitante di Porto Torres.
turrito [tur-rì-to] *agg.* munito di torri.
tuta [tù-ta] *s.f.* indumento intero, con apertura sul davanti, confezionato con tessuto resistente all'usura e alle macchie: *la — del meccanico* | *— da ginnastica*, in due pezzi, indossata da chi fa sport | *— spaziale*, indossata dagli astronauti. DIM. *tutina.*
tutela [tu-tè-la] *s.f.* **1** (*dir.*) istituto per cui un minore o un incapace viene affidato a un tutore che lo rappresenti negli atti di rilievo giuridico e ne amministri i beni **2** (*estens.*) protezione, salvaguardia: *la — del verde pubblico* | *a — di*, a difesa di: *a — della giustizia.*
tutelare[1] [tu-te-là-re] *v.tr.* [*io tutèlo ecc.*] **1** (*dir.*) esercitare la tutela di un minore o di un incapace **2** (*estens.*) difendere, proteggere, salvaguardare: *— i propri interessi* ♦ **tutelarsi** *v.rifl.* premunirsi, cautelarsi: *— da un rischio.*
tutelare[2] *agg.* **1** (*dir.*) relativo alla tutela: *giudice —* **2** che protegge, che tutela: *le divinità tutelari di Roma.*
tutelato [tu-te-là-to] *agg.* e *s.m.* [f. *-a*] che/chi è fatto oggetto di tutela.
tutina [tu-tì-na] *s.f.* **1** indumento in un unico pezzo dal collo ai piedi per bambini piccoli **2** body.
tutor [/ 'tjutor /] *s.m.invar.* (*ingl.*) docente universitario che guida uno studente in una specifica ricerca.
tutoraggio [tu-to-ràg-gio] *s.f.* l'attività, l'ufficio del tutor.
tutore [tu-tó-re] *s.m.* [f. *-trice*] **1** (*dir.*) chi è incaricato dal giudice della tutela di un minore o di un incapace **2** (*estens.*) protettore, difensore | *— dell'ordine*, chi svolge attività di pubblica sicurezza **3** (*agr.*) palo che serve a sostenere le piante giovani o quelle rampicanti **4** tutor.
tutorial [/ tu'tɔrial /] *s.m.invar.* (*ingl.*) (*inform.*) programma di facile uso che guida l'utente nell'apprendimento di un programma complesso.
tutorio [tu-tò-rio] *agg.* (*dir.*) proprio del tutore.
tuttalpiù [tut-tal-più], o tutt'al più, *avv.* al massimo, male che vada: *— arriverò un po' in ritardo.*
tuttavia [tut-ta-vì-a] *cong.* ciononostante, pure (con valore avversativo): *non è il meglio, — non è disprezzabile* | in correlazione con cong. concessive: *benché fosse tardi, — restò ancora a parlare* | rafforzato da *pure*: *parlò abilmente, pur — non convinse.*
tutti [tùt-ti] *s.m.* (*mus.*) didascalia che, nelle composizioni per orchestra o per coro, prescrive l'intervento di tutto il complesso orchestrale o corale.
tutto [tùt-to] *agg.* [in funzione attributiva è seguito dall'art. o dal pron. dimostrativo, ma li rifiuta con i nomi di città e piccole isole e in alcune altre espressioni] **1** riferito a un sostantivo sing., indica un'intera quantità o un'intera estensione (nello spazio o nel tempo): *tutta la torta*; *percorrere tutta la strada*; *leggere — il tempo*; *— Petrarca*, l'intera sua opera | in funzione predicativa: *il pane che c'è è — in tavola* | rafforzato da *quanto* o *intero*: *ha sofferto per tutta quanta la vita*; *ha speso lo stipendio — intero* | in altre loc., con valore intensivo: *a tutt'oggi*, fino a oggi; *a tutta velocità*, alla maggiore velocità possibile **2** riferito a un sostantivo pl. o a un nome collettivo, indica la totalità delle persone o delle cose considerate: *parlare a tutti i cittadini*; *spendere tutti i soldi* | in funzione predicativa: *i ragazzi stanno tutti studiando* | seguito dalla congiunzione *e* e da un numerale cardinale, indica che un determinato numero di persone o di cose sono considerate nel loro complesso: *tutti e tre i fratelli* | *essere, fare tutt'uno*, essere una sola cosa | in usi ellittici: *una volta per tutte*, una volta per sempre; *inventarle, pensarle tutte*, tutte le astuzie, le trovate possibili **3** riferito a un sostantivo pl., può valere 'qualsiasi, ogni': *riceve visite a tutte le ore*; *in tutti i modi*, comunque | *di — punto*, perfettamente **4** con valore intensivo assume significato equivalente a quello degli avv. 'interamente, completamente': *era tutta felice*; *la nave era inclinata tutta su un fianco* | *la figlia è tutta la madre*, le somiglia moltissimo | *essere — naso*, *tutt'occhi*, *tutta bocca*, averli molto grandi | in usi fig.: *essere tutt'occhi*, *tutt'orecchi*, guardare, ascoltare con moltissima attenzione; *essere — d'un pezzo*, essere inflessibile, incorruttibile; *essere — casa*, *famiglia*, *lavoro*, essere interamente dedito alla casa, alla famiglia, al lavoro | *— il* (o *al*) *contrario*, proprio il contrario | *tutt'altro*, ben diverso: *essere di tutt'altro parere* | *del —*, assolutamente, interamente: *sono del — insoddisfatto* | *tutt'a un tratto*, improvvisamente ♦ *pron.indef.* **1** ogni cosa, per lo più con valore indeterminato: *— è bello per lui*; *penserò a — io* | *prima di —*, *innanzi —*, prima di ogni altra cosa | *ecco —*, *questo è —*, non c'è altro da aggiungere | *e non è —!*, c'è dell'altro | *— sta che, a...*, l'importante è che...; tutto dipende da...: *— sta che non se la prenda* | *saper fare di —*, ogni genere di lavoro | *fare di —*, adoperare ogni mezzo: *fece di — per salvarlo* | *esser capace di —*, di qualsiasi azione, soprattutto negativa | *mangiare di —*, senza alcuna preferenza o limitazione | *in —*, complessivamente: *saremo stati cento in —* | *in — e per —*, completamente, perfettamente: *copia*

è in — e per — identica all'originale | *con — che,* sebbene: *con — che fosse stanco, ci accompagnò* | *— sommato,* in somma, in complesso | *— compreso,* senza spese aggiuntive **2** *pl.* tutte le persone: *sono arrivati tutti* ♦ *s.m.invar.* l'intero, il totale; l'insieme, il complesso: *riceverà il — fra due giorni; formare un —* | *tentare il — per —,* rischiare ogni cosa.

tuttofare [tut-to-fà-re], o tutto fare, *agg.invar.* che si presta a ogni servizio: *un impiegato —.*

tuttologo [tut-tò-lo-go] *s.m.* [f. *-a*; pl.m. *-gi*] (*iron.*) chi scrive di tutto o si esprime pubblicamente su tutto.

tuttora [tut-tó-ra] *avv.* ancora: *le conseguenze si avvertono —.*

tuttotondo [tut-to-tón-do], o tutto tondo, *s.m.invar.* tipo di scultura nella quale la figura è rifinita e osservabile da tutti i lati: *scultura a —.*

tutù [tu-tù] *s.m.* il costume delle ballerine di danza classica, con corpetto aderente e gonna corta e leggera, composta di vari strati di tulle.

TV [/ tiv'vu /] *s.f.invar.* televisione.

tv-movie [/ tivvu'muvi /] *loc.sost.m. invar.* (*ingl.*) film realizzato appositamente per essere trasmesso in televisione.

tweed [/ twid /] *s.m.invar.* (*ingl.*) tessuto sportivo di lana, a trama grossa e a due o più colori, fabbricato in Scozia.

tweeter [/ 'twiter /] *s.m.invar.* (*ingl.*) negli impianti ad alta fedeltà, altoparlante per la riproduzione dei suoni ad alta frequenza.

twin-set [/ twin'set /] *loc.sost.m.invar.* (*ingl.*) completo da donna, costituito da un pullover chiuso con mezze maniche e da un cardigan a maniche lunghe.

twist [/ twist /] *s.m.invar.* (*ingl.*) ballo dal ritmo molto vivace, di origine nordamericana, di successo negli anni Sessanta.

tze-tze → **tse-tse**.

tzigano → **zigano**.

U

u *s.m.* o *f.* ventunesima lettera dell'alfabeto che rappresenta la vocale chiusa velare (*uva, innocuo*) o la semiconsonante velare (*uomo, iniquo*) | *inversione a U*, svolta di un veicolo che inverte la direzione di marcia.

uadi [uà-di] *s.m.invar.* corso d'acqua caratteristico dell'Africa settentrionale e dell'Arabia, con alveo sempre asciutto tranne che durante la stagione delle piogge.

ubbia [ub-bì-a] *s.f.* opinione negativa infondata, pregiudizio.

ubbidire e *deriv.* → **obbedire** e *deriv.*

ubertà [u-ber-tà] *s.f.* (*lett.*) fertilità del terreno; lo stato di prosperità e d'abbondanza che ne consegue.

ubertoso [u-ber-tó-so] *agg.* (*lett.*) fertile.

ubicare [u-bi-cà-re] *v.tr.* [*io ùbico, tu ùbichi ecc.*] (*burocr.*) porre in un luogo, situare, detto di case, terreni ecc.

ubicato [u-bi-cà-to] *agg.* (*burocr.*) situato, posto.

ubicazione [u-bi-ca-zió-ne] *s.f.* (*burocr.*) il luogo, il sito in cui è posto un edificio, un fondo.

ubi consistam [/ ubikon'sistam /] *loc.sost.m.invar.* (*lat.*) punto d'appoggio; base, fondamento: *la sua tesi manca di un —.*

-ubile suffisso che serve a formare aggettivi che esprimono possibilità, qualità ecc. (*solubile, volubile*).

ubiquità [u-bi-qui-tà] *s.f.* (*teol.*) la qualità di Dio di essere presente in ogni luogo; onnipresenza | l'essere presente contemporaneamente in più luoghi, come facoltà dei santi | *avere il dono dell'—*, (*scherz.*) essere presente dappertutto.

ubriacare [u-bri-a-cà-re] *v.tr.* [*io ubriaco, tu ubriachi ecc.*] **1** rendere ubriaco: *basta un bicchiere di vino a ubriacarlo* **2** (*fig.*) stordire, frastornare: *— qlcu. di chiacchiere* ♦ **ubriacarsi** *v. rifl.* o *intr.pron.* diventare ubriaco: *ha il vizio di —.*

ubriacatura [u-bri-a-ca-tù-ra] *s.f.* l'ubriacarsi, l'essere ubriaco.

ubriachezza [u-bri-a-chéz-za] *s.f.* lo stato di chi è ubriaco.

ubriaco [u-bri-à-co] *agg.* [pl.m. *-chi*] **1** si dice di chi si trova in uno stato di alterazione delle facoltà psichiche dovuto ad assunzione eccessiva di alcolici: *— fradicio*, completamente ubriaco **2** (*fig.*) stordito, frastornato: *essere — di sonno* | esaltato da un sentimento intenso: *essere — di gioia* ♦ *s.m.* [f. *-a*] persona ubriaca.

ubriacone [u-bri-a-có-ne] *s.m.* [f. *-a*] chi ha l'abitudine di ubriacarsi.

uccellagione [uc-cel-la-gió-ne] *s.f.* **1** la pratica di uccellare **2** l'insieme dei volatili catturati uccellando.

uccellare [uc-cel-là-re] *v.intr.* [*io uccèllo ecc.*; aus. *avere*] andare a caccia di uccelli con reti, panie o altro, senza usare armi: *— col falcone* ♦ *v.tr.* (*lett.*) lusingare qlcu. per beffarlo.

uccellatore [uc-cel-la-tó-re] *s.m.* [f. *-trice*] chi pratica la caccia agli uccelli per catturarli vivi.

uccelletto [uc-cel-lét-to] *s.m.* nella loc. *fagioli all'—*, (*gastr.*) lessati e soffritti con pomodoro, salvia, olio, sale e pepe.

uccelliera [uc-cel-liè-ra] *s.f.* grande gabbia per gli uccelli.

uccellino [uc-cel-lì-no] *s.m.* **1** uccello piccolo **2** uccello appena nato.

uccello [uc-cèl-lo] *s.m.* **1** animale vertebrato oviparo dal corpo coperto di penne e piume, con becco corneo e arti anteriori trasformati in ali: *il volo, il canto degli uccelli* | *— delle tempeste*, procellaria | *— mosca*, colibrì | *— del malaugurio*, (*pop.*) civetta; (*fig.*) si dice di chi preannuncia disgrazie o eventi sgraditi | *libero come un —*, (*fig.*) di chi non è soggetto a nessuna limitazione | *uccel di bosco*, (*fig.*) di chi si è reso irreperibile | *a volo d'—*, (*fig.*) dall'alto; di sfuggita, rapidamente. DIM. *uccelletto, uccellino* PEGG. *uccellaccio* **2** *pl.* (*zool.*) la classe dei vertebrati ovipari a cui appartiene ogni uccello.

-ucchiare suffisso verbale che ha valore attenuativo o esprime una certa continuità dell'azione (*sbaciucchiare, mangiucchiare*).

uccidere [uc-cì-de-re] *v.tr.* [pass.rem. *io uccisi, tu uccidésti ecc.*; part.pass. *ucciso*] **1** privare della vita; portare alla morte; far perire: *— col veleno, in battaglia, a tradimento; il gelo ha ucciso i germogli* **2** (*fig.*) spegnere; opprimere: *— la libertà; una noia che uccide* ♦ **uccidersi** *v.rifl.* togliersi la vita; suicidarsi: *— col gas* ♦ *v.rifl.rec.* darsi vicendevolmente la morte.

-uccio suffisso che serve a formare diminutivi di sostantivi e aggettivi, con valore sia dispregiativo sia vezzeggiativo (*calduccio, vestituccio*).

uccisione [uc-ci-sió-ne] *s.f.* l'uccidere, l'essere ucciso: *l'— di una persona.*

ucciso [uc-cì-so] *agg.* e *s.m.* [f. *-a*] che/chi è stato privato della vita.

uccisore [uc-ci-só-re] *s.m.* chi ha ucciso.

-ucolo suffisso che serve a formare alterati di sostantivi, con valore spregiativo (*poetucolo*).
ucraino [u-cra-ì-no, *anche* u-cràì-no] *agg.* dell'Ucraina ♦ *s.m.* **1** [f. *-a*] abitante, nativo dell'Ucraina **2** lingua slava orientale, affine al russo, parlata in Ucraina.
udente [u-dèn-te] *agg.* e *s.m.* e *f.* che/chi ha l'uso dell'udito: *non* —, sordo.
udibile [u-dì-bi-le] *agg.* che può essere udito.
udibilità [u-di-bi-li-tà] *s.f.* **1** l'essere udibile **2** (*fis.*) proprietà di un fenomeno ondulatorio che si propaga in un mezzo di essere percepito dall'orecchio umano.
udienza [u-dièn-za] *s.f.* **1** (*non com.*) l'udire, il dare ascolto: *dare* — **2** il permesso di essere ricevuti da personaggi che occupano alte cariche; il colloquio che ne consegue: — *pontificia*; *chiedere un'*—; — *privata*, riservata a una sola persona o a un gruppo ristretto **3** (*dir.*) ogni seduta giornaliera del dibattimento penale; nelle cause civili, l'espletamento degli adempimenti istruttori: — *a porte chiuse*, in cui non è ammesso il pubblico.
udire [u-dì-re] *v.tr.* [pres. *io òdo, tu òdi, egli òde, noi udiamo, voi udite, essi òdono*; in tutta la coniugazione, *ò-* in posizione tonica, *u-* in posizione atona; fut. *io udirò* o *udrò ecc.*; cond. *io udirèi* o *udrèi ecc.*; part.pres. *udènte*] **1** percepire suoni per mezzo dell'udito: — *un rumore* **2** venire a sapere; conoscere per sentito dire: *avevo udito del suo successo* **3** (*non com.*) ascoltare: — *un teste* | dare ascolto, accogliere: *non — i consigli*.
uditivo [u-di-tì-vo] *agg.* dell'udito: *apparato* —.
udito [u-dì-to] *s.m.* il senso con cui si percepiscono i suoni, il cui organo è costituito dall'orecchio: — *fine*, acuto.
uditore [u-di-tó-re] *s.m.* [f. *-trice*] **1** (spec. *pl.*) chi ode, chi ascolta; chi assiste a un discorso, a una conferenza: *l'oratore invitò gli uditori a fare silenzio* **2** chi può frequentare le lezioni in una scuola senza esservi iscritto **3** il primo gradino della carriera dei magistrati.
uditorio [u-di-tò-rio] *s.m.* insieme di uditori, di persone che ascoltano: *parlare a un folto* —.
uf, o **uff** o **uffa**, *inter.* esprime noia, fastidio, impazienza e sim.: —, *come sei noioso!*
ufficiale¹ [uf-fi-cià-le] *agg.* **1** fatto dall'autorità competente nelle forme dovute, con garanzia di autenticità e certezza: *comunicato, visita* — **2** (*estens.*) fatto in pubblico, reso noto a tutti: *fidanzamento* — **3** (*sport*) valido ai fini di un campionato, di una classifica □ **ufficialmente** *avv.* in forma ufficiale: *essere — invitato*; *comunicare — una notizia*.
ufficiale² *s.m.* **1** chi esercita un pubblico ufficio: — *sanitario* **2** militare che ricopre un grado da sottotenente o da guardiamarina in su **3** grado di alcuni ordini cavallereschi: *grand'ufficiale*.
ufficialità [uf-fi-cia-li-tà] *s.f.* qualità, condizione di ciò che è ufficiale: *l'— di una notizia*.
ufficializzare [uf-fi-cia-liʒ-ʒà-re] *v.tr.* conferire carattere di ufficialità; rendere pubblico: — *una nomina*.
ufficializzazione [uf-fi-cia-liʒ-ʒa-zió-ne] *s.f.* l'ufficializzare, l'essere ufficializzato.
ufficiare e *deriv.* → **officiare** e *deriv.*
ufficiatura [uf-fi-cia-tù-ra], od **officiatura**, *s.f.* celebrazione degli uffici del culto: — *solenne, funebre*.
ufficio [uf-fì-cio] *s.m.* **1** dovere morale, compito derivante da un incarico: *l'imparzialità è — del giudice* **2** incarico, carica; funzione che da essi deriva: *accettare un* —; *l'— di direttore* | *d'*—, con l'autorità che l'ufficio consente: *difensore d'*—, assegnato dal tribunale a chi ne è sprovvisto **3** organo di una struttura burocratica o aziendale: — *delle imposte* | (*estens.*) l'insieme degli impiegati che fanno parte di tale organo; i locali dove lavorano: — *postale* **4** (*lit.*) cerimonia religiosa: — *funebre*.
ufficiosità [uf-fi-cio-si-tà] *s.f.* l'essere ufficioso.
ufficioso [uf-fi-ció-so] *agg.* che è abbastanza sicuro, pur non essendo ufficiale: *notizie ufficiose* □ **ufficiosamente** *avv.* in forma, in via ufficiosa; non ufficialmente.
uffizio [uf-fì-zio] *s.m.* variante antiq. di *ufficio*, ma ancora ricorrente nell'uso ecclesiastico (*recitare l'*—) o in talune denominazioni (*il Sant'Uffizio*).
ufo¹ [ù-fo] solo nella loc. avv. *a ufo*, senza spese, senza pagare: *mangiare a* —.
ufo², o **UFO**, *s.m.invar.* **1** oggetto volante non identificabile **2** (*estens.*) astronave o essere vivente extraterrestre.
ufologia [u-fo-lo-gì-a] *s.f.* l'insieme delle ricerche su tutto ciò che riguarda gli UFO e la loro ipotetica origine extraterrestre.
ufologico [u-fo-lò-gi-co] *agg.* [pl.m. *-ci*] **1** che riguarda l'ufologia, gli ufologi: *convegno* — **2** che riguarda gli ufo: *avvistamento* —.
ufologo [u-fò-lo-go] *s.m.* [f. *-a*; pl.m. *-gi*] esperto o appassionato di ufologia.
ugandese [u-gan-dé-se] *agg.* dell'Uganda ♦ *s.m.* e *f.* abitante, nativo dell'Uganda.
ugello [u-gèl-lo] *s.m.* (*mecc.*) dispositivo che si applica alla parte terminale di un condotto, per incrementare la velocità di uscita del fluido o per disperderne il getto.
uggia [ùg-gia] *s.f.* [pl. *-ge*] senso di noia accompagnato da fastidio: *il tempo piovoso mette* — | antipatia: *avere, prendere in — qlcu.*
uggiolare [ug-gio-là-re] *v.intr.* [*io ùggiolo ecc.*; aus. *avere*] guaire piano e lamentosamente (detto dei cani).
uggiosità [ug-gio-si-tà] *s.f.* l'essere uggioso; carattere uggioso.
uggioso [ug-gió-so] *agg.* che fa venire l'uggia; noioso: *giornata uggiosa*.
-uglio suffisso usato per formare sostantivi con valore collettivo, talora con sfumatura spregiativa (*cespuglio, intruglio, rimasuglio*).
ugola [ù-go-la] *s.f.* **1** (*anat.*) appendice carnosa situata in fondo alla bocca, nella parte centrale

del velo palatino 2 (*estens.*) gola | — *d'oro*, (*fig.*) cantante che possiede una bellissima voce | *bagnarsi l'*—, (*scherz.*) bere.

ugonotto [u-go-nòt-to] *agg.* e *s.m.* [f. *-a*] aderente al movimento calvinista sviluppatosi in Francia fra il XVI e il XVII sec.

ugro-finnico [u-gro-fìn-ni-co], o **ugrofinnico**, *agg.* [pl.m. *-ci*] che concerne alcuni popoli originari della Russia del nord e stanziati in Europa settentrionale e orientale ♦ *s.m.* 1 [f. *-a*] chi appartiene alle popolazioni ugro-finniche 2 gruppo di lingue della famiglia uralica, comprendente l'ungherese, il finlandese, l'estone e il lappone.

uguaglianza [u-gua-gliàn-za], o eguaglianza, *s.f.* 1 la proprietà di non differire da altro o da altri, in tutto o per determinate caratteristiche; identità: — *di forma* 2 carattere di ciò che è sempre lo stesso; uniformità, omogeneità: — *di stile* 3 principio etico-politico secondo il quale tutti gli uomini hanno la stessa dignità umana e sociale e gli stessi diritti; parità 4 (*mat.*) relazione tra enti formalmente identici, isomorfi, congruenti, che gode delle proprietà riflessiva, simmetrica e transitiva: *segno di* —, il segno = | relazione tra due espressioni algebriche che, pur essendo formalmente diverse, assumono lo stesso valore numerico: *i membri dell'*—, ciascuna delle due espressioni.

uguagliare [u-gua-glià-re], o eguagliare, *v.tr.* [*io uguàglio ecc.*] 1 rendere uguale: *la morte uguaglia tutti* 2 rendere uniforme; pareggiare: — *una siepe* 3 giudicare uguale: *nessun poeta italiano può essere uguagliato a Dante* 4 arrivare a essere uguale: — *qlcu. in bellezza* | — *un primato*, (*sport*) raggiungere un risultato uguale al primato ♦ **uguagliarsi** *v.intr.pron.*. essere uguali, pareggiarsi: *le entrate e le uscite si uguagliano.*

uguale [u-guà-le], meno com. eguale, *agg.* 1 caratterizzato da uguaglianza: *il tuo vestito è — al mio*; — *per età, di statura* | *quasi* —, molto simile | *uguali come due gocce d'acqua*, (*fig.*) perfettamente identici 2 uniforme, omogeneo: *la legge è — per tutti*; *voce sempre* —, monotona 3 che gode di uguaglianza etico-politica: *tutti gli uomini sono uguali* 4 (*mat.*) si dice di una grandezza legata a un'altra da una relazione di uguaglianza ♦ *avv.* (*fam.*) ugualmente: *sono bravi* — ♦ *s.m.* 1 [anche *f.*] (spec. *pl.*) chi appartiene allo stesso ceto o classe sociale o grado: *trattare solo con i propri uguali* | *non avere uguali*, essere superiore a tutti gli altri 2 con valore neutro, la stessa cosa: *che tu venga o no per me è* — 3 (*mat.*) il segno d'uguaglianza (=) □ **ugualmente** *avv.* 1 in ugual modo, nella stessa misura: *sono — belli* 2 malgrado tutto, lo stesso: *riuscirete — a farcela.*

ugualitario → **egualitario.**

ugualitarismo → **egualitarismo.**

uh *inter.* esprime dolore, disgusto, meraviglia: *uh, che male!*; *uh, quante sorprese!*

ukulele [u-ku-lè-le] *s.m.* o *f.invar.* piccola chitarra a quattro corde e a plettro, di origine hawaiana.

ulcera [ùl-ce-ra] *s.f.* (*med.*) lesione della pelle o delle mucose caratterizzata da difficoltà di cicatrizzazione | ulcera gastro-duodenale: *soffrire di* —.

ulcerante [ul-ce-ràn-te] *agg.* (*med.*) che provoca ulcerazioni.

ulcerare [ul-ce-rà-re] *v.tr.* [*io ùlcero ecc.*] (*med.*) ledere producendo un'ulcera: — *la pelle* ♦ *v.intr.* [aus. *essere*] (*med.*) degenerare in ulcera ♦ **ulcerarsi** *v.intr.pron.* (*med.*) essere leso da ulcera: *il tessuto si è ulcerato.*

ulcerativo [ul-ce-ra-tì-vo] *agg.* (*med.*) relativo a ulcera o a ulcerazione: *processo* — | che provoca ulcera o ulcerazione: *sostanze ulcerative.*

ulcerato [ul-ce-rà-to] *agg.* (*med.*) leso da un'ulcera.

ulcerazione [ul-ce-ra-zió-ne] *s.f.* (*med.*) processo di formazione di un'ulcera; l'ulcera stessa.

ulceroso [ul-ce-ró-so] *agg.* (*med.*) di ulcera, da ulcera: *lesione ulcerosa* ♦ *agg.* e *s.m.* [f. *-a*] (*med.*) che/chi è affetto da ulcera.

ulivo e *deriv.* → **olivo** e *deriv.*

ulna [ùl-na] *s.f.* (*anat.*) osso che, insieme al radio, costituisce lo scheletro dell'avambraccio e forma con l'estremità superiore la sporgenza del gomito.

ulnare [ul-nà-re] *agg.* (*anat.*) dell'ulna.

ulteriore [ul-te-rió-re] *agg.* che si aggiunge a uno o più precedenti; successivo, nuovo: *indagini ulteriori* □ **ulteriormente** *avv.* oltre, di più, ancora: *la situazione è — peggiorata.*

ultima [ùl-ti-ma] *s.f.* (*fam.*) in una sequenza di fatti, il più recente in ordine di tempo; novità: *ti racconto l'*— | la barzelletta più recente: *la sai l'—?*

ultimare [ul-ti-mà-re] *v.tr.* [*io ùltimo ecc.*] condurre a termine; finire, concludere: — *un lavoro.*

ultimativo [ul-ti-ma-tì-vo] *agg.* che ha carattere di ultimatum: *richiesta ultimativa.*

ultimatum [/ ulti'matum /] *s.m.invar.* (*lat.*) 1 (*dir.*) intimazione con la quale uno stato fa conoscere a un altro le proprie condizioni irrevocabili circa una data questione, minacciando di ricorrere alla forza se tali richieste non saranno accolte entro un dato termine di tempo: *dare l'*— 2 (*estens.*) richiesta perentoria.

ultimazione [ul-ti-ma-zió-ne] *s.f.* (*non com.*) l'ultimare, l'essere ultimato; compimento: *l'— di un lavoro.*

ultimissima [ul-ti-mìs-si-ma] *s.f.* (spec. *pl.*) notizia recentissima: *le ultimissime dall'estero.*

ultimo [ùl-ti-mo] *agg.* 1 che viene dopo tutti gli altri nel tempo, nello spazio o in una serie: *l'— giorno dell'anno*; *arrivare* —, *per* — | *all'— momento*, allo scadere del tempo disponibile | *le ultime volontà*, le disposizioni testamentarie | *esalare l'— respiro*, morire | *non è ancora detta l'ultima parola*, (*fig.*) la situazione può ancora cambiare | *in ultima analisi*, in definitiva 2 che è il più recente, il più nuovo, il più moderno: *l'ultima guerra*; *l'ultima moda* 3 (*fig.*) che importa, vale meno di tutti gli altri: *per lui lo studio è l'ultima preoccupazione* 4 (*fig.*) che è il più improbabile, il più imprevedibile: *ha fatto l'ultima cosa che io mi aspettassi* ♦ *s.m.* 1 la persona o la cosa che viene dopo tutte le altre nel tempo, nello spazio, in una serie, in importanza: *l'— della classe*; *l'— del mese* | *l'— arrivato*, (*fig.*) la persona meno esperta, meno nota **2** punto, momento estremo | *all'—*, *in —*, alla fine | *fino all'—*, fino alla fine □ **ultimamente** *avv.* negli ultimi tempi; di recente: *— ho fatto molti viaggi*.

ultimogenito [ul-ti-mo-gè-ni-to] *agg.* e *s.m.* [f. *-a*] si dice di figlio nato per ultimo.

ultra [/ ul'tra /] *agg.* e *s.m.* e *f.* [pl. *ultras*; / ul 'tra /] (*fr.*) **1** in Francia, sostenitore della destra reazionaria **2** appartenente a una formazione politica estremista **3** sostenitore fanatico di un club sportivo.

ultrà [ul-trà] *agg.* e *s.m.* e *f.* ultra.

ultra-, o **oltra-**, primo elemento di parole composte, che significa 'oltre, al di là' (*ultraterreno*) o 'eccessivamente' (*ultrasensibile*).

ultracentenario [ul-tra-cen-te-nà-rio] *agg.* e *s.m.* [f. *-a*] che/chi ha più di cento anni di età.

ultracustica [ul-tra-cù-sti-ca] *s.f.* (*fis.*) settore dell'acustica che studia i fenomeni relativi agli ultrasuoni.

ultradestra [ul-tra-dè-stra] *s.f.* in politica, l'estrema destra.

ultramicroscopico [ul-tra-mi-cro-scò-pi-co] *agg.* [pl.m. *-ci*] relativo all'ultramicroscopio, effettuato mediante ultramicroscopio: *osservazione ultramicroscopica* | osservabile solo con l'ultramicroscopio: *particelle ultramicroscopiche*.

ultramicroscopio [ul-tra-mi-cro-scò-pio] *s.m.* microscopio che permette di vedere particelle invisibili coi normali microscopi.

ultramoderno [ul-tra-mo-dèr-no] *agg.* modernissimo, che risponde ai più moderni criteri.

ultramondano → **oltremondano**.

ultramontano [ul-tra-mon-tà-no] *agg.* che sta al di là dei monti; oltramontano | (*estens.*) straniero.

ultrapastorizzazione [ul-tra-pa-sto-riʒ-ʒa-zió-ne] *s.f.* trattamento di sterilizzazione del latte consistente nel sottoporlo per un periodo inferiore a un secondo alla temperatura di 150 °C; serve per ottenere latte a lunga conservazione.

ultrapiatto [ul-tra-piàt-to] *agg.* che ha una forma molto schiacciata | *orologio —*, con la cassa dallo spessore di pochi millimetri.

ultrapotente [ul-tra-po-tèn-te] *agg.* potentissimo.

ultrarapido [ul-tra-rà-pi-do] *agg.* rapidissimo | *pellicola ultrarapida*, (*foto.*) che ha sensibilità assai elevata.

ultrasensibile [ul-tra-sen-sì-bi-le] *agg.* sensibilissimo.

ultrasinistra [ul-tra-si-nì-stra] *s.f.* in politica, l'estrema sinistra.

ultrasonico [ul-tra-sò-ni-co] *agg.* [pl.m. *-ci*] **1** (*fis.*) che concerne gli ultrasuoni **2** supersonico: *aereo —*.

ultrasonografia [ul-tra-so-no-gra-fì-a] *s.f.* (*med.*) ecografia.

ultrasonoro [ul-tra-so-nò-ro] *agg.* (*fis.*) degli ultrasuoni.

ultrasuono [ul-tra-suò-no] *s.m.* (*fis.*) vibrazione meccanica elastica della materia, simile a una vibrazione sonora, ma avente una frequenza superiore a quella massima percepibile dall'orecchio umano.

ultrasuonoterapia [ul-tra-suo-no-te-ra-pì-a] *s.f.* (*med.*) terapia consistente nell'applicazione locale di ultrasuoni.

ultraterreno [ul-tra-ter-ré-no] *agg.* che è oltre le cose della terra: *mondo —* | *la vita ultraterrena*, la vita dopo la morte.

ultravioletto [ul-tra-vio-lét-to] *s.m.* (*fis.*) radiazione elettromagnetica di frequenza superiore a quella dell'estremo violetto dello spettro visibile, ma inferiore a quella dei raggi röntgen | Usato anche come *agg.*: *raggi ultravioletti*.

ululare [u-lu-là-re] *v.intr.* [*io ùlulo ecc.*; aus. *avere*] **1** emettere urli prolungati e lamentosi (detto del cane e del lupo) **2** (*estens.*) produrre suoni prolungati, simili a lamenti: *il vento ululava nella notte*.

ululato [u-lu-là-to] *s.m.* l'ululare | (*estens.*) suono prolungato e lamentoso: *l'— della sirena d'allarme*.

ulvacee [ul-và-ce-e] *s.f.pl.* (*bot.*) famiglia di alghe verdi diffuse in tutti i mari temperati; la specie più nota è la *lattuga di mare*.

umanesimo [u-ma-né-ʃi-mo] *s.m.* **1** *Umanesimo*, movimento culturale affermatosi in Italia dalla metà del sec. XIV e poi diffusosi in Europa, il quale, partendo da uno studio rinnovato del mondo classico, mirava a rivalutare i valori propriamente terreni dell'esperienza umana **2** (*estens.*) qualsiasi concezione che riconosce la centralità dell'uomo nella realtà **3** (*estens.*) interesse per la cultura classica.

umanista [u-ma-nì-sta] *s.m.* e *f.* [pl.m. *-sti*] esponente dell'umanesimo | Usato anche come *agg.* in luogo di *umanistico*.

umanistico [u-ma-nì-sti-co] *agg.* [pl.m. *-ci*] **1** relativo all'Umanesimo e agli umanisti **2** che concerne la cultura classica | *discipline, facoltà umanistiche*, quelle letterarie, storiche, filosofiche, giuridiche, in contrapposizione a quelle scientifiche.

umanità [u-ma-ni-tà] *s.f.* **1** la natura, l'essenza propria dell'uomo: *— e divinità di Cristo* **2** il complesso di tutti gli uomini, il genere umano: *un benefattore dell'—* **3** sentimento di fratellanza e solidarietà fra gli uomini: *trattare qlcu. con profonda —*.

umanitario [u-ma-ni-tà-rio] *agg.* animato, ispirato da sentimento di umanità; inteso a migliorare le condizioni di vita degli uomini: *spirito, scopo —*; *iniziativa umanitaria*.

umanitarismo [u-ma-ni-ta-rì-ʃmo] *s.m.* spirito, comportamento umanitario.

umanitaristico [u-ma-ni-ta-rì-sti-co] *agg.* [pl.m. *-ci*] dell'umanitarismo.

umanizzare [u-ma-niʒ-ʒà-re] *v.tr.* **1** rendere umano, rispettoso della dignità umana: *— le condizioni di vita dei profughi* **2** dotare di qualità, di caratteristiche umane: *nelle favole gli animali vengono umanizzati.*

umano [u-mà-no] *agg.* **1** dell'uomo, degli uomini: *l'animo —; anatomia umana* | *essere —*, l'uomo, la donna | *il genere —*, il complesso di tutti gli esseri umani | *umane lettere*, (*lett.*) gli studi umanistici | *scienze umane*, gruppo di discipline che studiano l'uomo come individuo o come essere sociale (filosofia, sociologia, psicologia, pedagogia, antropologia culturale ecc.) **2** conforme alla natura dell'uomo: *sbagliare è —* **3** simile a quello dell'uomo: *sembianze umane* **4** che rivela sentimenti di umanità: *un giudice, un trattamento —* ♦ *s.m.* **1** (solo *sing.*) ciò che è proprio dell'uomo: *l'— e il divino* **2** (spec. *pl.*) essere umano: *gli umani e gli alieni* □ **umanamente** *avv.* **1** secondo le capacità, i limiti umani: *fare quanto è — possibile* **2** con umanità: *trattare qlcu. —.*

umanoide [u-ma-nòi-de] *agg.* e *s.m.* e *f.* che/chi ha aspetto o caratteri quasi umani: *un mostro umanoide.*

umbertino [um-ber-tì-no] *agg.* proprio dell'epoca in cui regnò in Italia Umberto I (1878-1900): *architettura umbertina.*

umbone [um-bó-ne] *s.m.* **1** piastra di metallo che si applicava nella parte centrale dello scudo **2** (*bot.*) prominenza centrale di alcuni organi vegetali **3** (*zool.*) zona rilevata da cui hanno inizio gli anelli concentrici che ornano le valve dei lamellibranchi.

umbratile [um-brà-ti-le], od **ombratile**, *agg.* (*lett.*) **1** che è in ombra; ombroso **2** (*fig.*) solitario e schivo; timido, introverso: *una vita —.*

umbro [ùm-bro] *agg.* dell'Umbria ♦ *s.m.* **1** [f. *-a*] abitante, nativo dell'Umbria | chi apparteneva a un'antica popolazione italica, il cui territorio originario si estendeva dall'Adriatico al Tevere **2** dialetto parlato in Umbria | lingua del gruppo italico parlata dagli antichi Umbri.

-ume suffisso di sostantivi derivati in genere da aggettivi, con valore collettivo-spregiativo (*luridume, marciume*).

umettare [u-met-tà-re] *v.tr.* [*io umétto ecc.*] bagnare leggermente, inumidire: *— le labbra.*

umidiccio [u-mi-dìc-cio] *agg.* [pl.f. *-ce*] spiacevolmente umido: *mani umidicce.*

umidificare [u-mi-di-fi-cà-re] *v.tr.* [*io umidìfico, tu umidìfichi ecc.*] rendere umido o più umido aumentando la quantità di vapore acqueo nell'aria: *— un ambiente.*

umidificatore [u-mi-di-fi-ca-tó-re] *s.m.* **1** apparecchio per umidificare l'aria in un ambiente **2** apparecchio per erogare lentamente acqua a una pianta conservandola umida per lungo tempo.

umidificazione [u-mi-di-fi-ca-zió-ne] *s.f.* l'umidificare, l'essere umidificato.

umidità [u-mi-di-tà] *s.f.* **1** l'essere umido: *l'— di un panno* | contenuto di acqua o di un altro liquido in una sostanza, in un corpo: *misurare l'— del terreno* **2** presenza di vapore acqueo: *l'— della notte.*

umido [ù-mi-do] *agg.* **1** leggermente bagnato o impregnato di acqua o di altro liquido: *occhi umidi di pianto; panno —* **2** caratterizzato dalla presenza di molto vapore acqueo: *clima —* ♦ *s.m.* **1** [solo *sing.*] umidità: *l'— nuoce ai mobili* **2** intingolo, a base di sugo di pomodoro, olio e verdure, nel quale si fanno cuocere a lungo certi cibi: *baccalà in —.*

umile [ù-mi-le] *agg.* **1** si dice di chi non si inorgoglisce di virtù, meriti o successi personali: *il vero sapiente è —; essere — di cuore* **2** sottomesso, deferente: *essere — coi superiori* **3** che denota umiltà: *sguardo —* **4** modesto; misero: *compiere i lavori più umili* **5** di basso livello sociale: *umili origini* ♦ *s.m.* e *f.* persona umile □ **umilmente** *avv.*

umiliante [u-mi-liàn-te] agg. che umilia, mortifica: *un patto, un lavoro —.*

umiliare [u-mi-lià-re] *v.tr.* [*io umìlio ecc.*] **1** avvilire, mortificare qlcu., indicandogli i difetti o gli errori: *offese che umiliano* **2** sottomettere, reprimere: *— l'orgoglio* ♦ **umiliarsi** *v.rifl.* **1** riconoscere i propri limiti: *chi si umilia sarà esaltato* | sottovalutarsi, disistimarsi: *non serve a nulla —* **2** fare atto di sottomissione | prostrarsi in atto di devozione.

umiliazione [u-mi-lia-zió-ne] *s.f.* **1** l'umiliare, l'umiliarsi, l'essere umiliato **2** ciò che umilia: *subire un'—.*

umiltà [u-mil-tà] *s.f.* **1** l'essere umile, non orgoglioso, non superbo: *l'— è una virtù cristiana* **2** riverenza, sottomissione: *presentarsi a qlcu. con —* **3** l'essere modesto, misero: *l'— di una casa* **4** bassa condizione sociale: *— di natali.*

umorale [u-mo-rà-le] *agg.* **1** che riguarda gli umori: *liquido —* **2** che cambia facilmente umore; che denota volubilità: *persona, atteggiamento —.*

umore [u-mó-re] *s.m.* **1** liquido presente in alcune cavità od organi di animali o vegetali: *— acqueo*, liquido incolore contenuto nella camera anteriore dell'occhio | *— vitreo*, sostanza gelatinosa trasparente che occupa gran parte del globo oculare **2** (*lett.*) acqua, sostanza liquida **3** (*psicol.*) disposizione permanente o transitoria verso un certo stato d'animo: *persona di — malinconico; essere di buon —* | tendenza, capriccio: *gli umori del pubblico.*

umorismo [u-mo-rì-ʃmo] *s.m.* attitudine a considerare la realtà sotto aspetti bizzarri o singolari, la quale, muovendo il riso, consente una più arguta comprensione di essa; spirito: *avere senso dell'—; fare dell'—.*

umorista [u-mo-rì-sta] *agg.* e *s.m.* e *f.* [pl.m. *-sti*] **1** che/chi è dotato di umorismo **2** che/chi crea testi o disegni umoristici.

umoristico [u-mo-rì-sti-co] *agg.* [pl.m. *-ci*] **1** dell'umorismo: *vena umoristica* **2** che è fatto o detto con umorismo: *racconto, disegno —* □ **umoristicamente** *avv.*

un → **uno**.
unanime [u-nà-ni-me] *agg.* che manifesta unanimità: *giudizio* — □ **unanimemente** *avv.*
unanimismo [u-na-ni-mì-ʃmo] *s.m.* nel linguaggio politico, la tendenza a cercare l'unanimità dei consensi, anche solo apparente, soffocando il dibattito.
unanimistico [u-na-ni-mì-sti-co] *agg.* [pl.m. *-ci*] nel linguaggio politico, che è frutto di unanimismo, che è apparentemente o falsamente unanime.
unanimità [u-na-ni-mi-tà] *s.f.* concordia generale di opinioni, volontà, sentimenti: — *di intenti* | *all'*—, senza voti contrari: *approvare all'*—.
una tantum [/ una'tantum /] *loc.agg.* e *sost.m.invar.* (*lat.*) si dice di assegnazione o prelievo di denaro fatti una sola volta, con carattere straordinario.
uncinare [un-ci-nà-re] *v.tr.* [*io uncino ecc.*] afferrare con un uncino | agganciare.
uncinato [un-ci-nà-to] *agg.* piegato a forma di uncino; munito di uncini | *croce uncinata*, quella con le estremità piegate ad angolo retto; la svastica | *parentesi uncinate*, quelle curvate a spigolo.
uncinetto [un-ci-nét-to] *s.m.* sorta di bastoncino con punta a forma di uncino, usato per fare pizzi, lavori a maglia o a rete: *lavorare all'*—.
uncino [un-cì-no] *s.m.* **1** attrezzo ricurvo e appuntito che si applica a bastoni o pertiche per prendere e tirare: *ripescare qlco. con l'*— | (*estens.*) gancio appuntito, rampino: *a* —, a forma di uncino **2** (*bot.*) organo a forma di uncino che serve alla pianta per attaccarsi ai sostegni.
undecimo [un-dè-ci-mo] *agg.num.ord.* (*lett.*) undicesimo.
under [/ 'ander /] *prep.* (*ingl.*) (*sport*) **1** si dice di squadra composta di atleti al di sotto di una determinata età: *l'Italia — 21* **2** si dice di atleta che appartiene a una squadra così composta: *un giocatore — 23*.
underground [/ ander'graund /] *agg.invar.* (*ingl.*) si dice di attività artistica indipendente e non tradizionale: *cinema, musica* —.
understatement [/ anders'teitment /] *s.m.invar.* (*ingl.*) affermazione, descrizione volutamente incompleta o eufemistica, ironicamente riduttiva | atteggiamento antiretorico e alieno da qualsiasi ostentazione.
undicenne [un-di-cèn-ne] *agg.* e *s.m.* e *f.* che/chi ha undici anni di età.
undicesimo [un-di-cè-ʃi-mo] *agg.num.ord.* che in una serie occupa il posto numero undici.
undici [ùn-di-ci] *agg.num.card.invar.* numero naturale corrispondente a una decina più una unità.
ungarico [un-gà-ri-co] *agg.* [pl.m. *-ci*] ungherese.
ungaro [ùn-ga-ro] *agg.* e *s.m.* [f. *-a*] magiaro | ungherese.
ungere [ùn-ge-re] *v.tr.* [pres. *io ungo, tu ungi ecc.*; pass.rem. *io unsi, tu ungésti ecc.*; part.pass. *unto*] **1** spalmare o insudiciare di materia grassa: — *la teglia di burro; ungersi il vestito* | lubrificare **2** (*fig.*) adulare o fare promesse, regali a qlcu. per cercare di ottenerne favori **3** (*relig.*) segnare qlcu. con olio consacrato nell'insignirlo di una dignità o nell'impartirgli un sacramento ♦ **ungersi** *v.rifl.* o *intr.pron.* spalmarsi o insudiciarsi di sostanze grasse.
ungherese [un-ghe-ré-se] *agg.* dell'Ungheria | magiaro ♦ *s.m.* **1** [anche *f.*] abitante, nativo dell'Ungheria | magiaro **2** lingua parlata in Ungheria.
unghia [ùn-ghia] *s.f.* **1** formazione cornea dell'epidermide che riveste l'estremità dorsale delle dita dell'uomo e di moltissimi animali: *le unghie delle mani*; — *incarnita*, unghia che penetra lateralmente nella carne e causa infiammazione | *mostrare le unghie*, (*fig.*) mostrarsi aggressivo | *difendersi con le unghie e con i denti*, (*fig.*) strenuamente, con ogni mezzo **2** (*fig.*) piccola quantità; distanza minima: *ci manca un'*— **3** nome che si dà a oggetti o a loro parti simili a un'unghia.
unghiata [un-ghià-ta] *s.f.* **1** colpo inferto con le unghie **2** unghiatura.
unghiatura [un-ghia-tù-ra] *s.f.* **1** lesione cutanea causata dalle unghie **2** (*tecn.*) augnatura **3** linguetta o piccolo incavo su cui agire con un'unghia per muovere un oggetto (coperchio di portacipria, lama di temperino ecc.).
unghiello [un-ghièl-lo] *s.m.* unghia allungata, stretta, incurvata propria dei rettili, degli uccelli e di gran parte dei mammiferi; artiglio.
unghione [un-ghió-ne] *s.m.* **1** artiglio di animali **2** unghia grande e robusta caratteristica di taluni mammiferi; zoccolo.
unghiuto [un-ghiù-to] *agg.* che ha unghie lunghe e robuste: *animale* —.
ungitura [un-gi-tù-ra] *s.f.* l'ungere, lo spalmare di sostanze grasse; lubrificazione.
ungueale [un-gue-à-le] *agg.* (*anat.*) dell'unghia.
unguento [un-guèn-to] *s.m.* preparato farmaceutico costituito da un miscuglio untuoso in cui è incorporata la sostanza medicinale.
ungula [ùn-gu-la] *s.f.* (*zool.*) zoccolo, unghione.
ungulato [un-gu-là-to] *s.m.* (*zool.*) mammifero caratterizzato da unghie a forma di zoccolo (*p.e.*: elefante, cavallo, maiale, pecora).
uni- primo elemento di parole composte, che significa 'uno, formato da uno' (*unicellulare*).
uniate [u-nià-te] *agg.* e *s.m.* si dice di ciascuna delle chiese orientali con rito proprio che, in età moderna, hanno ristabilito la comunione con la chiesa di Roma: *la chiesa — armena*.
unicamerale [u-ni-ca-me-rà-le] *agg.* monocamerale.
unicellulare [u-ni-cel-lu-là-re] *agg.* (*biol.*) si dice di organismo costituito da una sola cellula.
unicellulato [u-ni-cel-lu-là-to] *agg.* (*biol.*) unicellulare.
unicità [u-ni-ci-tà] *s.f.* caratteristica di chi, di ciò che è unico: *l'— di un'opera d'arte*.
unico [ù-ni-co] *agg.* [pl.m. *-ci*] che è senza uguali;

che è il solo esistente: *un'opera unica nel suo genere; l'— esemplare in vendita; figlio —*, che non ha fratelli o sorelle; *numero —*, di giornale o rivista che si pubblica una sola volta; *atto —*, opera teatrale in un solo atto; *strada a senso —*, in cui è consentita la circolazione in un solo senso di marcia | (*estens.*) insuperabile, straordinario: *un ragazzo —; più unico che raro*, rarissimo, eccezionale ♦ *s.m.* [f. *-a*] **1** chi è il solo in qlco.: *sei l'— a pensarla così* **2** ciò che è il solo esistente: *è l'— che abbiamo* □ **unicamente** *avv.* solamente, esclusivamente: *lo farò — per te.*

unicorno [u-ni-còr-no] *agg.* (*zool.*) che ha un solo corno: *il rinoceronte indiano è —* ♦ s.m. mitico animale dal corpo di cavallo, con un lungo corno in fronte; liocorno.

unicum [/ 'unikum /] *s.m.invar.* (*lat.*) fatto, oggetto, esemplare unico.

unidimensionale [u-ni-di-men-sio-nà-le] *agg.* che ha una sola dimensione.

unidirezionale [u-ni-di-re-zio-nà-le] *agg.* che si svolge, è diretto, impostato in una sola direzione.

unifamiliare [u-ni-fa-mi-lià-re] *agg.* che serve per una sola famiglia: *villa —.*

unificabile [u-ni-fi-cà-bi-le] *agg.* che si può unificare.

unificare [u-ni-fi-cà-re] *v.tr.* [*io unìfico, tu unìfichi ecc.*] ridurre a unità | ridurre a un tipo unico; standardizzare: *— i dati di un archivio* ♦ **unificarsi** *v.rifl.* e *rifl.rec.* riunirsi, fondersi in un insieme omogeneo: *l'Italia si unificò nel 1861.*

unificativo [u-ni-fi-ca-tì-vo] *agg.* che tende a unificare, che ha il potere di unificare.

unificato [u-ni-fi-cà-to] *agg.* ridotto a unità: *trasmissione a reti unificate*, (*tv*) effettuata mediante un collegamento tra reti diverse | standardizzato.

unificatore [u-ni-fi-ca-tó-re] *agg.* e *s.m.* [f. *-trice*] che/chi unifica: *principio —.*

unificazione [u-ni-fi-ca-zió-ne] *s.f.* l'unificare, l'unificarsi, l'essere unificato: *l'— politica dell'Europa.*

uniformare [u-ni-for-mà-re] *v.tr.* [*io unifórmo ecc.*] **1** rendere uniforme: *— le leggi* **2** rendere conforme: *— la propria condotta alle leggi* ♦ **uniformarsi** *v.rifl.* adattarsi, conformarsi: *— a una decisione.*

uniformazione [u-ni-for-ma-zió-ne] *s.f.* l'uniformare, l'uniformarsi, l'essere uniformato.

uniforme[1] [u-ni-fór-me] *agg.* **1** che ha la stessa forma; uguale: *pezzi uniformi* **2** senza cambiamenti nello spazio o nel tempo; omogeneo, costante: *paesaggio, ritmo —* □ **uniformemente** *avv.*

uniforme[2] *s.f.* abito particolare, uguale per tutti coloro che fanno parte di un determinato corpo militare o civile; divisa: *l'— dei carabinieri, dei ferrovieri* | *alta —*, quella prescritta per i militari nelle cerimonie più solenni.

uniformità [u-ni-for-mi-tà] *s.f.* **1** l'essere uniforme: *l'— del terreno* **2** accordo, concordanza: *— di opinioni.*

unigenito [u-ni-gè-ni-to] *agg.* e *s.m.* che/chi è l'unico generato: *Gesù Cristo, figlio — di Dio.*

unilaterale [u-ni-la-te-rà-le] *agg.* **1** che riguarda uno solo dei lati: *pleurite —* **2** (*dir.*) che concerne una sola delle parti: *negozio giuridico —* **3** (*fig.*) che considera un solo lato di una questione; parziale, arbitrario: *giudizio —* □ **unilateralmente** *avv.*

unilateralità [u-ni-la-te-ra-li-tà] *s.f.* l'essere unilaterale.

uninominale [u-ni-no-mi-nà-le] *agg.* si dice di sistema elettorale in cui ogni partito presenta un solo candidato per collegio.

unione [u-nió-ne] *s.f.* **1** l'unire, l'unirsi, l'essere uniti: *l'— di due pezzi meccanici; — coniugale* | prov.: *l'— fa la forza* **2** (*fig.*) coesione, continuità: *tra i capitoli del libro c'è scarsa —* | concordia, accordo: *in famiglia regna un'— perfetta* **3** associazione di persone o enti aventi interessi comuni: *— delle Camere di commercio* | forma di integrazione economica fra due o più stati: *— doganale*, prevede libero scambio al loro interno e l'adozione di un'unica tariffa doganale esterna; *— economica*, prevede una politica economica comune; *— monetaria*, prevede l'adozione di una moneta unica.

uniparo [u-nì-pa-ro] *agg.* (*zool.*) si dice di animale che partorisce un solo figlio a ogni parto.

unipolare [u-ni-po-là-re] *agg.* si dice di dispositivo elettrico munito di un solo polo.

unire [u-nì-re] *v.tr.* [*io unisco, tu unisci ecc.*] **1** mettere insieme due o più cose in modo che appaiano o diventino una cosa sola: *— due tavole, dei fogli* | (*estens.*) aggregare, associare: *— le forze; — l'utile al dilettevole* | (*fig.*) possedere contemporaneamente: *unisce alla bellezza una grande intelligenza* **2** legare due o più persone con un vincolo di natura morale o legale: *li unisce il comune interesse; — in matrimonio*, sposare **3** collegare, mettere in comunicazione cose distanti tra loro: *— due punti con una linea* ♦ **unirsi** *v. rifl.* e *rifl.rec.* **1** congiungersi con qlcu.; legarsi reciprocamente con vincoli di natura morale o legale: *— in un'alleanza* **2** mettersi insieme con altri, accompagnarsi: *si unì a noi per passare la serata* **3** associarsi: *il bello si unisce all'utile* **4** fondersi, mescolarsi: *le acque dei due fiumi si uniscono vicino alla foce.*

unisessuale [u-ni-ses-su-à-le] *agg.* (*biol.*) che presenta caratteri e organi sessuali di un solo sesso; unisessuato: *pianta, animale —.*

unisessuato [u-ni-ses-su-à-to] *agg.* (*biol.*) unisessuale.

unisex [ù-ni-sex, *anche* unisèx] *agg.invar.* adatto a persone di entrambi i sessi: *moda —.*

unisono [u-nì-so-no] *agg.* (*mus.*) si dice di suoni simultanei che hanno la stessa altezza ♦ *s.m.* (*mus.*) esecuzione contemporanea di più suoni di uguale altezza: *suonare all'—* | *all'—*, (*fig.*) in pieno accordo: *pensare all'—.*

unità [u-ni-tà] *s.f.* **1** l'essere uno solo, unicità; l'essere un tutt'uno, unitarietà: *l'— culturale di* *un popolo* | *— di tempo, di luogo, d'azione,* le tre regole per cui una tragedia doveva essere imperniata su una sola azione, svolgersi in un solo luogo e nell'arco di un solo giorno **2** unificazione, unitarietà politica: *l'— d'Italia* **3** solidarietà, intesa: *governo di — nazionale* | concordia, armonica coesione: *— d'intenti* | organicità, coerenza: *l'— di un'opera letteraria* **4** (*mat.*) il numero naturale più piccolo, che rappresenta l'elemento singolo: *il numero 8 è formato da 7 — più una* **5** *— di misura,* in metrologia, grandezza di una certa specie assunta come riferimento per la valutazione delle altre grandezze della stessa specie: *il metro è l'— di misura della lunghezza* | (*fig.*) elemento di confronto, criterio di valutazione | *— monetaria,* (*econ.*) la moneta base di un sistema monetario: *la lira è l'— monetaria italiana* **6** elemento che, pur essendo parte di un insieme, resta distinto, autonomo, compiuto in sé stesso: *la frase è un'— sintattica* **7** insieme di servizi medici all'interno di una struttura sanitaria: *— di rianimazione*; *— sanitaria locale,* struttura locale del servizio sanitario nazionale **8** (*inform.*) dispositivo hardware dotato di una funzionalità specifica: *— centrale,* componente fondamentale di un elaboratore che ospita l'insieme dei circuiti necessari a coordinare ed eseguire le operazioni del sistema; *— periferica,* componente di un sistema di elaborazione che serve a inviare dati all'unità centrale (*— di ingresso, di input*) o a riceverli da essa (*— di uscita, di output*) **9** (*mil.*) reparto funzionale operativo: *— navale* | mezzo navale; aeromobile: *un'— dell'aviazione civile.*

unitarietà [u-ni-ta-rie-tà] *s.f.* l'essere unitario; carattere unitario.

unitario [u-ni-tà-rio] *agg.* **1** che è formato da una singola unità; che costituisce un tutt'uno **2** che tende all'unità, all'unificazione; che s'ispira a criteri di unità: *sforzo —* | *soluzione unitaria,* soluzione unica di problemi diversi **3** che riguarda l'unità, che si riferisce a un'unità: *prezzo, costo —,* quello relativo al singolo prodotto o a una quantità di prodotto pari all'unità di misura **4** armonico, fuso, organico: *stile —* □ **unitariamente** *avv.*

unitarismo [u-ni-ta-rì-ʃmo] *s.m.* tendenza a conseguire risultati unitari, a raggiungere soluzioni unitarie.

unito [u-nì-to] *agg.* **1** che è strettamente collegato, congiunto con altro: *pezzi di corda uniti insieme* | unico, compatto: *a tinta unita,* di un solo colore e senza disegni **2** (*fig.*) si dice di persone, gruppi o enti legati da vincoli morali o legali che li rendono solidali tra loro: *una famiglia unita* □ **unitamente** *avv.* **1** in modo compatto, uniforme: *stendere — il colore* **2** insieme con, congiuntamente a: *riceverete il libro — al catalogo.*

univalve [u-ni-vàl-ve] *agg.* **1** (*zool.*) si dice di mollusco provvisto di una sola valva **2** (*bot.*) si dice di organo vegetale o di frutto che si apre da una sola parte.

universale [u-ni-ver-sà-le] *agg.* **1** che concerne tutto l'universo: *legge di gravitazione —* **2** che riguarda l'umanità intera, che è valido per tutti gli uomini: *principio, valore —* | *giudizio —,* quello che Dio pronunzierà alla fine del mondo su tutti gli uomini | *storia —,* di tutti i popoli della terra in tutti i tempi **3** che concerne un insieme di persone o cose considerate nella loro totalità; generale, unanime: *consenso —* | *suffragio —,* diritto di voto esteso a tutti i cittadini che abbiano raggiunto un'età stabilita | *erede —,* (*dir.*) di tutte le sostanze **4** che è versato in ogni scienza e disciplina; che si allarga a considerare i più svariati rami dello scibile: *il genio — di Leonardo* **5** (*filos.*) si dice di ciò che è comune a tutti gli oggetti o individui di un insieme omogeneo | che è valido in una generalità di casi senza eccezioni di sorta **6** *donatore —,* (*med.*) che ha sangue del gruppo 0 il quale può essere trasfuso a chiunque; *recettore —,* (*med.*) che ha sangue del gruppo AB e perciò può ricevere sangue da chiunque **7** si dice di attrezzo, apparecchio, dispositivo che si può adattare a usi o situazioni differenti ♦ *s.m.* (*filos.*) concetto generale e astratto che si applica a tutti i membri di una stessa classe □ **universalmente** *avv.* da parte di tutti; dappertutto: *un principio — accettato.*

universalismo [u-ni-ver-sa-lì-ʃmo] *s.m.* **1** tendenza a riferirsi all'universalità, superando ogni particolarismo **2** (*filos.*) dottrina che considera principi, teorie e istituzioni da un punto di vista universale, valido per tutti.

universalista [u-ni-ver-sa-lì-sta] *s.m.* e *f.* [pl.m. *-sti*] fautore dell'universalismo.

universalistico [u-ni-ver-sa-lì-sti-co] *agg.* [pl.m. *-ci*] che tende all'universalismo; che è ispirato a principi di universalismo.

universalità [u-ni-ver-sa-li-tà] *s.f.* **1** caratteristica di ciò che è universale: *l'— di un concetto* **2** insieme di cose o persone considerate nella loro totalità: *l'— degli uomini.*

universalizzare [u-ni-ver-sa-liʒ-ʒà-re] *v.tr.* rendere universale | (*estens.*) generalizzare, estendere a tutti: *— la cultura* ♦ **universalizzarsi** *v. intr.pron.* diventare universale | generalizzarsi, estendersi a tutti.

universalizzazione [u-ni-ver-sa-liʒ-ʒa-zió-ne] *s.f.* l'universalizzare, l'universalizzarsi, l'essere universalizzato.

universiade [u-ni-ver-sì-a-de] *s.f.* (spec. *pl.*) competizione sportiva analoga alle olimpiadi, riservata a studenti universitari.

università [u-ni-ver-si-tà] *s.f.* istituzione didattica e scientifica, articolata in facoltà, che organizza il più elevato livello di studi, al termine del quale rilascia un diploma di laurea: *l'— di Bologna*; *iscriversi all'—.*

universitario [u-ni-ver-si-tà-rio] *agg.* dell'università: *corso, studente —* ♦ *s.m.* [f. *-a*] studente di università.

universo [u-ni-vèr-so] *s.m.* **1** l'insieme di tutto ciò che esiste; mondo, natura, creato: *l'origine* *dell'—* **2** (*fig.*) mondo, reale o immaginario, tipico di una o di un insieme di persone: *l'— del bambino* **3** (*stat.*) l'insieme di tutti gli elementi ai quali si estende una legge statistica, o degli elementi che rappresentano tutte le possibili manifestazioni di un fenomeno.

univocità [u-ni-vo-ci-tà] *s.f.* l'essere univoco | unicità; mancanza di ambiguità: *— di interpretazioni.*

univoco [u-nì-vo-co] *agg.* [pl.m. *-ci*] **1** che ha un solo significato, un'unica interpretazione possibile: *frasi univoche* | che ammette una sola definizione o denominazione: *concetto —* | *in modo —*, in un solo modo, senza alternative o ambiguità **2** *corrispondenza univoca,* (*mat.*) quella che si realizza quando un elemento di un insieme è il corrispondente di più elementi di un altro insieme □ **univocamente** *avv.*

unno [ùn-no] *s.m.* [f. *-a*] appartenente a un'antica popolazione nomade originaria dell'Asia, che nei secc. IV e V dilagò entro i confini dell'Impero romano: *Attila, re degli unni* ♦ *agg.* degli unni.

uno [ù-no] [come agg. num. e art. maschile si tronca in *un* davanti a vocale, consonante o gruppo consonantico che non sia *i* semiconsonante, *s* impura, *z, x, pn, ps, gn, sc* (*un amico, un cane, un brigante, un plico*; ma: *uno iettatore, uno sbaglio, uno zaino, uno xilofono, uno pneumotorace, uno pseudonimo, uno gnocco, uno sceriffo*); come agg. num. si tronca anche in alcune locuzioni come: *l'un* (o *l'uno*) *per cento, per mille*; *un* (o *uno*), *due e tre*; come pron. maschile, nell'uso comune si ha sempre la forma intera (eccettuate le loc.: *l'un l'altro, l'un con l'altro, l'un contro l'altro*); il numerale e l'articolo femminile *una* hanno l'elisione davanti a s. o agg. che cominci per vocale accentata (*un'àncora*), ma non sempre se comincia per vocale non accentata (*un'amica* o *una amica*), mentre non si elidono mai davanti a *i* semiconsonante (*una iettatura*); sempre *una* davanti a consonante e come pronome; pl.m. *uni* e pl.f. *une* nelle locuzioni *gli uni e gli altri, le une e le altre*; pl.m. *uni* ('i numeri 1'): *cinque uni*] *agg.num.card.* numero naturale corrispondente all'unità | rafforzato da *solo, soltanto* e sim., indica l'unicità della persona o della cosa cui ci si riferisce: *una volta sola* | *uno per tutti, tutti per uno*, si dice stringendo un patto di solidarietà | *essere tutt'uno*, essere una sola cosa, la stessa cosa | si usa nella loc. agg. *uno o due*, per indicare un numero molto basso o una piccola quantità indeterminata: *invitare uno o due amici* ♦ *art.indeterm.* [f. *una*] **1** serve a indicare una persona o una cosa in modo indeterminato: *un bambino piangeva*; *vuoi una tazza di tè?* | in locuzioni temporali: *un giorno, un tempo, una volta* | in locuzioni che esprimono una quantità indeterminata: *un po', un poco* **2** premesso a una determinazione di quantità, indica approssimazione: *una mezz'ora*; *disterà un venti chilometri* ♦ *pron.indef.* [f. *una*] **1** un tale, un certo, una certa persona: *è venuto uno a cercarlo* | in costruzioni partitive: *verrà scelto uno di voi* | in correlazione con *altro*: *l'uno o l'altro, è lo stesso* | *l'un l'altro, l'un con l'altro*, reciprocamente, vicendevolmente: *aiutarsi l'un l'altro* **2** con valore impers.: *se uno vuole, può farlo*, se si vuole, si può fare.

unticcio [un-tìc-cio] *agg.* [pl.f. *-ce*] un po' unto, leggermente unto: *mani unticce* ♦ *s.m.* sostanza grassa, untume.

unto [ùn-to] *agg.* cosparso o insudiciato di grasso | *— e bisunto*, molto sporco ♦ *s.m.* **1** materiale grasso che unge: *una macchia di —* **2** (*relig.*) chi, mediante unzione, è stato investito di una particolare missione: *l'Unto del Signore,* Cristo.

untore [un-tó-re] *s.m.* [f. *-trice*] durante la peste, chi era sospettato di diffondere l'epidemia ungendo muri e porte con sostanze infette.

untume [un-tù-me] *s.m.* materiale grasso che unge, che sporca.

untuosità [un-tu-o-si-tà] *s.f.* l'essere untuoso.

untuoso [un-tu-ó-so] *agg.* **1** che unge **2** (*fig.*) falsamente cortese e mellifluo, subdolamente servile.

unzione [un-zió-ne] *s.f.* **1** l'ungere, l'ungersi, l'essere unto **2** (*relig.*) l'ungere con olio consacrato | *— degli infermi* o *estrema —*, uno dei sette sacramenti, che si amministra ai malati gravi o anziani.

uomo [uò-mo] *s.m.* [pl. *uomini*] **1** (*scient.*) mammifero caratterizzato da posizione eretta, linguaggio articolato, grande sviluppo del cervello, elevate attività psichiche, capacità di trasmettere in modo elaborato esperienze e conoscenze acquisite **2** ogni essere umano, senza riguardo al sesso; la specie umana: *i diritti dell'—* | *a memoria d'—*, per quanto sia possibile ricordare del passato | *andare a passo d'—*, si dice di veicolo che procede a velocità assai ridotta | *l'— del Medioevo, del Rinascimento*, il tipo di uomo che riassume in sé i valori di quelle epoche storiche **3** essere umano adulto di sesso maschile: *abito da —*; *comportarsi da —*, virilmente; *parlare da — a —*, in tutta franchezza | *— d'affari*, operatore economico; *— di legge*, giurista, avvocato; *— di chiesa*, ecclesiastico; *— di lettere*, letterato; *— di mare*, esperto della navigazione; *— di fatica*, addetto a lavori pesanti; *— forte*, chi usa o propugna metodi autoritari; *— d'onore, di rispetto*, chi fa parte di un'organizzazione mafiosa | *come un sol —*, si dice di più persone che agiscono di perfetta intesa. DIM. *ometto* ACCR. *omone* PEGG. *omaccio, omuncolo* **4** soggetto, persona: *è l'— che mi serve* **5** compagno, convivente, marito di una donna **6** addetto a un servizio: *l'— del gas* | componente di una formazione militare: *un equipaggio di trenta uomini* | componente di una squadra sportiva maschile.

uopo [uò-po] *s.m.* (*lett.*) bisogno, necessità: *essere d'uopo*, essere necessario; *all'uopo*, allo scopo; anche, al momento opportuno.

uosa [uò-ʃa] *s.f.* (spec. *pl.*) **1** ghetta **2** gambaletto di tela robusta, usato sopra lo scarpone da alpinisti, cacciatori ecc. **3** nelle antiche armature, scarpa di ferro attaccata alla gambiera.

uovo [uò-vo] *s.m.* [pl. *le uova*] **1** (*biol.*) gamete femminile, di dimensioni variabili secondo la specie, con citoplasma ricco di riserve nutritive, che ha origine nell'ovaio e da cui, all'interno o all'esterno del corpo materno, si forma, con l'apporto del gamete maschile, l'embrione dell'animale **2** l'uovo degli animali ovipari, che viene espulso dal corpo materno prima che l'embrione si sviluppi: — *di pesce, d'insetto* **3** uovo di gallina, usato dall'uomo come alimento: *l'albume, il tuorlo dell'*—; — *sodo, strapazzato*; *pasta all'*—, fatta con farina, acqua e uova | *rompere le uova nel paniere a qlcu.*, (*fig.*) rovinare i suoi progetti | — *di Colombo*, (*fig.*) soluzione facilissima a cui nessuno prima aveva pensato | *essere pieno come un* —, (*fig.*) avere mangiato moltissimo | *testa d'*—, (*fig. scherz.*) intellettuale. DIM. *ovetto* **4** (*estens.*) oggetto a forma di uovo di gallina: — *di cioccolato, di pasqua*, dolce tradizionale della Pasqua, a forma d'uovo, cavo all'interno e contenente una sorpresa.

uperizzazione [u-pe-riʒ-ʒa-zió-ne] *s.f.* ultrapastorizzazione.

upgrade [/ 'apgreid /] *s.m.invar.* (*ingl.*) (*inform.*) aggiunta di nuovi elementi hardware o software in un sistema di elaborazione per aumentarne le capacità.

uppercut [/ 'upperkut /] *s.m.invar.* (*ingl.*) (*sport*) nel pugilato, colpo al mento sferrato dal basso verso l'alto; montante.

upupa [ù-pu-pa] *s.f.* uccello diurno di media grandezza con becco lungo e sottile, penne del capo erigibili e piumaggio fulvo a striature bianche e nere.

-ura suffisso usato per formare sostantivi aventi valore collettivo (*capigliatura*).

uragano [u-ra-gà-no] *s.m.* **1** (*meteor.*) ciclone tropicale caratteristico del mar delle Antille, con vento che raggiunge velocità superiori ai 120 km orari **2** (*estens.*) violenta tempesta con pioggia e turbini di vento **3** (*fig.*) grande fragore, scroscio: *un — di applausi*.

uralico [u-rà-li-co] *agg.* [pl.m. *-ci*] dei monti Urali, del loro territorio.

uraniano [u-ra-nià-no] *agg.* relativo al pianeta Urano.

uranifero [u-ra-nì-fe-ro] *agg.* (*min.*) che contiene uranio.

uranio [u-rà-nio] *s.m.* elemento chimico di simbolo *U*; è un metallo radioattivo naturale di colore bianco argenteo, duro, pesante, usato nella produzione di energia nucleare.

Urano [u-rà-no] *s.m.* (*astr.*) nel sistema solare, il settimo pianeta in ordine di distanza dal Sole.

urano- primo elemento di parole composte della terminologia scientifica, che significa 'cielo' (*uranolite*).

uranoscopia [u-ra-no-sco-pì-a] *s.f.* osservazione astronomica del cielo.

urbanesimo [ur-ba-né-ʃi-mo] *s.m.* fenomeno demografico per cui si verifica una concentrazione di popolazione nelle città, dovuta all'immigrazione dalle campagne.

urbanista [ur-ba-nì-sta] *s.m.* e *f.* [pl.m. *-sti*] chi si occupa di urbanistica.

urbanistica [ur-ba-nì-sti-ca] *s.f.* disciplina che studia e progetta la formazione, la trasformazione e il funzionamento delle città.

urbanistico [ur-ba-nì-sti-co] *agg.* [pl.m. *-ci*] che riguarda l'urbanistica, gli urbanisti.

urbanità [ur-ba-ni-tà] *s.f.* cortesia, civiltà di modi: *rispondere con* —.

urbanizzare [ur-ba-niʒ-ʒà-re] *v.tr.* dare a un centro abitato l'assetto della città; rendere edificabile una zona, dotandola delle infrastrutture (strade, illuminazione, fognature) ♦ **urbanizzarsi** *v.intr.pron.* assumere l'assetto tipico della città.

urbanizzazione [ur-ba-niʒ-ʒa-zió-ne] *s.f.* l'urbanizzare, l'essere urbanizzato | concentrazione di masse rurali in centri urbani.

urbano [ur-bà-no] *agg.* **1** della città: *agglomerato* —; *telefonata urbana*, che si svolge all'interno della rete telefonica di un comune; *nettezza urbana*, organizzazione che si occupa della pulizia di una città **2** cortese, civile: *modi urbani* □ **urbanamente** *avv.* civilmente, cortesemente.

urbe [ùr-be] *s.f.* (*lett.*) città | *l'Urbe*, Roma.

urbi et orbi [/ 'urbie' tɔrbi /] *loc.avv.* e *agg.invar.* (*lat.*) si dice della solenne benedizione papale impartita ai fedeli di Roma e del mondo | (*scherz.*) si dice di cosa detta a tutti, pubblicamente: *ha sbandierato la notizia* —.

urbinate [ur-bi-nà-te] *agg.* di Urbino ♦ *s.m.* e *f.* abitante, nativo di Urbino | *l'Urbinate*, per antonomasia, Raffaello Sanzio.

urea [u-rè-a *o* ù-rea] *s.f.* (*biol. chim.*) sostanza organica azotata, cristallina, incolore presente nelle urine dei mammiferi; prodotta per sintesi, viene usata nell'industria della plastica, degli esplosivi e dei fertilizzanti.

ureico [u-rèi-co] *agg.* [pl.m. *-ci*] (*chim.*) dell'urea.

uremia [u-re-mì-a] *s.f.* (*med.*) accumulo nel sangue di scorie azotate dovuto a insufficienza renale.

ureterale [u-re-te-rà-le] *agg.* (*med.*) dell'uretere.

uretere [u-re-tè-re] *s.m.* (*anat.*) canale escretore del rene che porta l'urina alla vescica.

uretra [u-rè-tra] *s.f.* (*anat.*) canale escretore che dalla vescica porta l'urina all'esterno.

uretrale [u-re-trà-le] *agg.* (*anat.*) dell'uretra.

urgente [ur-gèn-te] *agg.* che dev'essere fatto, risolto al più presto; impellente: *un affare, una necessità* — | che ha diritto di precedenza su altri: *telegramma* — □ **urgentemente** *avv.* con urgenza.

urgenza [ur-gèn-za] *s.f.* l'essere urgente; necessità indilazionabile di qlco.: *aver — di partire*; *d'*—, *con* —, molto sollecitamente, al più presto | *provvedimento d'*—, adottato con procedura assai rapida in una situazione di necessità.

urgere [ùr-ge-re] *v.intr.* [pres. *io urgo, tu urgi ecc.*; mancano il pass. rem., l'imp., il part. pass. e i tempi composti] **1** essere urgente, immediata-

mente necessario: *urge sangue* 2 essere pressante; incalzare: *un bisogno che urge*.
-urgia secondo elemento di parole composte, che significa 'opera, lavorazione' (*metallurgia*).
-urgico secondo elemento di aggettivi derivati da sostantivi formati con '*-urgia*' (*metallurgico*).
-urgo secondo elemento di sostantivi corrispondenti ad altri sostantivi formati con *-urgia* (*chirurgo*).
-uria secondo elemento di parole composte, che fa riferimento all'urina o alla funzione urinaria.
uricemia [u-ri-ce-mì-a] *s.f.* (*med.*) percentuale di acido urico contenuto nel sangue.
urico [ù-ri-co] *agg.* [pl.m. *-ci*] (*chim.*) si dice dell'acido organico presente nelle urine dell'uomo e degli altri mammiferi.
urina [u-rì-na], od **orina**, *s.f.* liquido fisiologico giallastro a reazione acida contenente le scorie metaboliche e risultante dalla filtrazione del sangue operata dal rene; viene depositato nella vescica attraverso gli ureteri ed espulso attraverso l'uretra.
urinare → **orinare**.
urinario [u-ri-nà-rio] *agg.* dell'urina, che riguarda l'urina: *apparato —*; *vie urinarie*, l'insieme dei condotti che convogliano l'urina.
urlare [ur-là-re] *v.intr.* [*io ùrlo ecc.*; aus. *avere*] 1 di animale, emettere urli: *il lupo e la scimmia urlano* 2 dell'uomo, mandare urla, gridare; parlare concitatamente e ad alta voce: *— di gioia*, *a squarciagola* ♦ *v.tr.* dire ad alta voce: *— un nome*.
urlatore [ur-la-tó-re] *agg.* e *s.m.* [f. *-trice*] che/chi urla.
urlo [ùr-lo] *s.m.* [pl. *le urla*, quelle dell'uomo, se considerate collettivamente; *gli urli*, degli animali o anche dell'uomo, ma considerati singolarmente] 1 grido forte e prolungato: *l'— dello sciacallo*; *cacciare un —* | (*estens.*) discorso concitato pronunciato ad alta voce: *lo investì con le sue urla*. PEGG. *urlaccio* 2 (*fig.*) rumore forte, acuto e prolungato: *l'— della sirena*.
urna [ùr-na] *s.f.* 1 vaso di terracotta: *— cineraria*, destinata ad accogliere le ceneri di un defunto | cassa contenente le spoglie di un santo 2 cassetta provvista di un'apertura per introdurvi o estrarne oggetti: *— elettorale*; *andare alle urne*.
uro-[1] primo elemento di parole composte, che significa 'urina, apparato urinario, minzione', oppure 'urea, acido urico'.
uro-[2], **-uro**, primo e secondo elemento di parole composte, che significa 'coda' (*urogallo*, *paguro*).
urodeli [u-ro-dè-li] *s.m.pl.* (*zool.*) ordine di anfibi simili alla lucertola, viventi nelle regioni tropicali e temperate.
urogallo [u-ro-gàl-lo] *s.m.* gallo cedrone.
urogenitale [u-ro-ge-ni-tà-le] *agg.* (*anat.*, *med.*) che riguarda l'apparato urinario e quello genitale.
urografia [u-ro-gra-fì-a] *s.f.* (*med.*) procedimento radiografico che, mediante un mezzo di contrasto, consente la visualizzazione delle vie urinarie.
urologia [u-ro-lo-gì-a] *s.f.* branca della medicina che studia le malattie dell'apparato urinario.
urologico [u-ro-lò-gi-co] *agg.* [pl.m. *-ci*] che riguarda l'urologia.
urologo [u-rò-lo-go] *s.m.* [f. *-a*; pl.m.*-gi*] medico specialista in urologia.
urrà [ur-rà], o **hurrà**, *inter.* esclamazione di plauso o di gioia: *—, ce l'abbiamo fatta!*
ursidi [ùr-si-di] *s.m.pl.* (*zool.*) famiglia di mammiferi carnivori, alla quale appartengono le varie specie di orsi.
urtante [ur-tàn-te] ♦ *agg.* che urta, che dà molestia od offende; indisponente: *un contegno —*.
urtare [ur-tà-re] *v.tr.* 1 dare un urto; sbattere: *— lo scalino con un piede*; *— un piede contro lo scalino* 2 (*fig.*) irritare, infastidire: *— l'altrui suscettibilità*; *— i nervi*, innervosire ♦ *v.intr.* [aus. *avere*] 1 cozzare contro qlco.: *— contro un sasso* 2 (*fig.*) imbattersi in un ostacolo: *— nell'incomprensione altrui* | essere in contrasto: *— con la logica* ♦ **urtarsi** *v.intr.pron.* irritarsi, offendersi: *— per la maleducazione di qlcu.* ♦ *v.rifl.rec.* 1 scontrarsi: *i due veicoli si urtarono violentemente* 2 (*fig.*) venire a contrasto: *— per una questione da nulla*.
urtata [ur-tà-ta] *s.f.* l'urtare; urto.
urtato [ur-tà-to] *agg.* irritato, stizzito: *mostrarsi —*.
urticacee [ur-ti-cà-ce-e], od **orticacee**, *s.f.pl.* (*bot.*) famiglia di piante erbacee dicotiledoni a foglie alterne, a cui appartengono l'ortica e la parietaria.
urticante → **orticante**.
urto [ùr-to] *s.m.* 1 collisione più o meno violenta di due corpi; forte e brusca spinta improvvisa: *— frontale*; *dare un — a qlcu.* 2 assalto violento di truppe; scontro | *massa d'—*, contingente di truppe impiegato per spezzare il fronte nemico 3 (*fis.*) fenomeno che si verifica quando due corpi, dotati di moto relativo, vengono a contatto e in un tempo brevissimo subiscono una sensibile variazione di velocità 4 in medicina: *dose d'—*, quantità elevata di un farmaco somministrata per ottenere un effetto intenso; *terapia d'—*, effettuata con dosi elevate di farmaco 5 (*fig.*) contrasto, profondo dissenso: *mettersi in — con qlcu.*
uruguaiano [u-ru-gua-ià-no], o **uruguayano**, *agg.* dell'Uruguay ♦ *s.m.* [f. *-a*] abitante, nativo dell'Uruguay.
usabile [u-ʃà-bi-le] *agg.* che si può usare.
usa e getta [ù-ʃa e gèt-ta] *loc.agg.invar.* monouso.
usanza [u-ʃàn-za] *s.f.* 1 modo di vivere o di agire praticato in una determinata epoca o civiltà o presso un gruppo sociale; consuetudine, costume: *usanze medievali*, *popolari* 2 abitudine, pratica: *l'— di fare lunghe passeggiate* | moda: *l'— dei tacchi alti*.

usare [u-ʃà-re] *v.tr.* **1** servirsi di qlco.; impiegare, adoperare: — *l'automobile*; — *le buone maniere* | — *la cortesia di*..., fare la cortesia di...: *mi useresti la cortesia di consegnare questa lettera?* | — *violenza a qlcu.*, ricorrere alla forza per costringerlo a fare qlco.; — *violenza a una donna*, violentarla; — *violenza a sé stessi*, imporsi qlco. **2** essere solito, avere la consuetudine di (seguito da un infinito): *usa levarsi di buon'ora* | *si usa*, è di moda, è costume: *qui si usa ringraziare con un biglietto* ♦ *v.intr.* [aus. *avere*] **1** valersi, servirsi, fare uso di qlco.: — *della propria autorità* **2** andare di moda; essere in uso: *una pettinatura che usa molto.*

usato [u-ʃà-to] *agg.* **1** si dice di ciò che non è più nuovo, che è più o meno consumato: *vestito* — **2** (*lett.*) solito, abituale ♦ *s.m.* **1** l'ordinario, il solito, il consueto: *fare tutto secondo l'*— **2** ciò che è usato: *il mercato dell'*—.

usbeco [u-ʃbè-co], o **uzbeco**, *agg.* [pl.m. *-chi*] dell'Uzbechistan, repubblica dell'Asia centrale; della popolazione che vi abita ♦ *agg.* e *s.m.* [f. *-a*] che/chi è nato o abita in Uzbechistan.

usbergo [u-ʃbèr-go] *s.m.* [pl. *-ghi*] (*lett.*) armatura, corazza | (*fig.*) difesa, protezione.

uscente [u-scèn-te] *agg.* **1** si dice di periodo di tempo, che sta per finire o è appena terminato: *l'anno* — **2** che sta per lasciare o ha da poco lasciato un ufficio, una carica: *il consigliere* —.

usciere [u-sciè-re] *s.m.* [f. *-a*] impiegato con l'incarico di dare informazioni al pubblico, accompagnare e annunciare i visitatori, prestare servizi minuti.

uscio [ù-scio] *s.m.* porta.

uscire [u-scì-re] *v.intr.* [pres. *io èsco, tu èsci, egli èsce, noi usciamo, voi uscite, essi èscono*; in tutta la coniugazione, quando il tema è tonico ha la forma *esc-*, quando è atono ha la forma *usc-*; aus. *essere*] **1** andare o venire fuori da un luogo chiuso, circoscritto o idealmente delimitato: — *di* (o *da*) *casa*; — *sulla strada, all'aperto*; *chi entra e chi esce*, si dice per indicare un continuo andirivieni | — *dall'ospedale*, venire dimesso | — *dal carcere*, venire scarcerato | — *di scena*, detto di un attore, andar via dalla scena; (*fig.*) detto di personaggio importante, ritirarsi | — *in mare*, lasciare il porto, andare in mare aperto | — *dalla vista*, non essere più visibile | — *di bocca*, (*fig.*) essere detto inavvertitamente | — *dagli occhi, dalle orecchie*, (*fig.*) si dice di ciò che si è visto, udito in abbondanza, fino alla noia | — *dal seminato*, (*fig.*) divagare; tralignare | (*sport*) effettuare una uscita **2** andare fuori da casa per svolgere un'attività piacevole: — *per le compere* **3** allontanarsi, distaccarsi da un gruppo, da un'organizzazione di persone: — *da un partito* **4** (*fig.*) cessare di trovarsi in un determinato stato, in una data situazione o condizione: — *dall'inverno*; — *sano e salvo da un incidente*; — *di sé*, infuriarsi; — *di senno*, impazzire | *uscirne*, svincolarsi da una situazione difficile: *uscirne con onore*; *uscirne per il rotto della cuffia*, cavarsela a stento **5** detto di una sostanza, venir fuori da dove è contenuta; fuoriuscire: *far* — *l'acqua dal serbatoio*; *il fumo esce dal camino* | essere prodotto: *dalla fabbrica escono mille pezzi al giorno* | essere pubblicato: *oggi i giornali non sono usciti* | di fiumi o strade, sfociare, sboccare **6** provenire, avere origine: *parole che escono dal cuore* | derivare come conseguenza; nascere: *talvolta dal male esce il bene* | (*fam.*) risultare; ricavarsi: *da un metro di stoffa non può* — *un vestito* **7** dire inaspettatamente; sbottare: — *in un grido* | *uscirsene*, (*fam.*) dire o fare qlco. in modo brusco, imprevisto: *se ne uscì con una risata* **8** essere estratto in un sorteggio **9** (*gramm.*) di parola, avere una specifica terminazione: — *in consonante* **10** (*inform.*) interrompere l'esecuzione di un programma o smettere di usare un ambiente.

uscita [u-scì-ta] *s.f.* **1** l'uscire: *l'*— *degli spettatori* | *libera* —, facoltà di uscire liberamente dalla caserma o dal collegio concessa a militari o collegiali | nel calcio, l'azione con cui il portiere s'allontana dalla linea di porta per intercettare il pallone: — *di piede* **2** passaggio attraverso cui si esce da un luogo chiuso, circoscritto: — *di sicurezza* | *via d'*—, (*fig.*) possibilità di soluzione **3** l'erogazione di una somma e la somma erogata; spesa: *le entrate superano le uscite* **4** (*fig.*) frase inaspettata: *un'*— *infelice* **5** (*gramm.*) terminazione di un vocabolo **6** (*inform.*) lo stesso che *output.*

usignolo [u-ʃi-gnò-lo], lett. **usignuolo**, *s.m.* piccolo uccello con piumaggio bruno rossiccio sul dorso e grigio biancastro sul petto, dal canto molto melodioso.

uso[1] [ù-ʃo] *agg.* (*lett.*) abituato, solito: *un uomo* — *alle fatiche.*

uso[2] *s.m.* **1** l'usare, l'adoperare qlco.; il modo di usarla, lo scopo per cui si usa: *medicine per* — *esterno*; *fare* — *di qlco.*, servirsene; *essere fuori* —, essere inutilizzabile, guasto; *a* — *di*, concepito, previsto per: *un libro a* — *dei licei* | esercizio, pratica continuata: *le lingue straniere si imparano con l'uso* | significato, senso di una parola, di un'espressione: — *figurato* **2** capacità, facoltà, possibilità di usare: *perdere l'*— *di un arto*; *stanza con* — *di cucina* **3** (*dir.*) diritto reale su un bene altrui, in virtù del quale il titolare ha facoltà di goderne i frutti **4** (*dir.*) norma giuridica consuetudinaria, non scritta, risultante dalla pratica ripetuta di determinati comportamenti da parte della collettività **5** modo di comportarsi generalmente seguito in un dato luogo o tempo, o presso determinati gruppi sociali; usanza, consuetudine: *è d'*— *ricambiare gli auguri*; *tornare in* —, tornare di moda.

ussaro [ùs-sa-ro] *s.m.* in alcuni eserciti europei del passato, soldato di cavalleria leggera: *gli ussari di Napoleone.*

ustascia [u-stà-scia] *s.m.invar.* **1** slavo balcanico che lottava contro la dominazione turca **2** membro di un'organizzazione nazionalista croata che si pose al servizio dei nazifascisti.

ustionare [u-stio-nà-re] *v.tr.* [*io ustióno ecc.*] produrre ustioni ♦ **ustionarsi** *v.rifl.* prodursi ustioni.
ustionato [u-stio-nà-to] *agg.* e *s.m.* [f. *-a*] che/chi ha riportato ustioni.
ustione [u-stió-ne] *s.f.* (*med.*) scottatura, bruciatura: — *di primo, secondo, terzo grado*, a seconda che produca eritemi, vesciche, necrosi.
ustorio [u-stò-rio] *agg.* che serve a bruciare | *specchio* —, specchio concavo usato per concentrare i raggi solari su un oggetto infiammabile e bruciarlo.
usuale [u-ʃu-à-le] *agg.* che si usa comunemente; solito, abituale, consueto □ **usualmente** *avv.* secondo gli usi, le consuetudini | di solito.
usucapione [u-ʃu-ca-pió-ne] *s.f.* (*dir.*) modo di acquisto della proprietà di un bene attraverso il suo possesso continuato.
usufruibile [u-ʃu-fru-ì-bi-le] *agg.* di cui si può usufruire.
usufruire [u-ʃu-fru-ì-re] *v.intr.* [*io uʃufruisco, tu uʃufruisci ecc.*; aus. *avere*] **1** (*dir.*) avere in usufrutto **2** (*estens.*) godere, valersi di qlco.: — *di un privilegio.*
usufrutto [u-ʃu-frùt-to] *s.m.* (*dir.*) diritto reale di godere di un bene altrui, e dei relativi frutti, senza poter apportare modifiche alla sua destinazione economica.
usufruttuario [u-ʃu-frut-tu-à-rio] *agg.* e *s.m.* [f. *-a*] (*dir.*) che/chi gode di un bene in usufrutto.
usura[1] [u-ʃù-ra] *s.f.* **1** interesse eccessivo, illegale che si richiede per un prestito di denaro: *prestare a* — **2** l'attività e il reato di chi presta denaro a interesse troppo alto: *esercitare l'—.*
usura[2] *s.f.* consumo che un oggetto subisce a causa di un uso prolungato; logorio: *l'— dei freni.*
usuraio [u-ʃu-rà-io] *s.m.* [f. *-a*] chi esercita l'usura; strozzino.
usurare [u-ʃu-rà-re] *v.tr.* sottoporre a usura, logorare ♦ **usurarsi** *v.intr.pron.* subire l'usura, logorarsi.
usurpare [u-ʃur-pà-re] *v.tr.* appropriarsi con la violenza o con l'inganno di un bene, di un diritto o di una funzione altrui: — *il trono*; *fama usurpata*, immeritata.
usurpativo [u-ʃur-pa-tì-vo] *agg.* (*non com.*) di usurpazione; che tende a usurpare: *pretese usurpative.*
usurpatore [u-ʃur-pa-tó-re] *agg.* e *s.m.* [f. *-trice*] che/chi usurpa.
usurpazione [u-ʃur-pa-zió-ne] *s.f.* **1** l'usurpare, l'essere usurpato **2** (*dir.*) esercizio abusivo di poteri, attribuzioni o funzioni.
utensile[1] [u-tèn-si-le] *s.m.* arnese o attrezzo, d'uso manuale o montato su una macchina, con cui si esegue una lavorazione ♦ *agg.* solo nella loc. *macchina* —, qualunque macchina usata per lavorare materiali solidi mediante asportazione di trucioli.
utensile[2] [u-ten-sì-le] *s.m.* nome generico degli oggetti usati nei lavori domestici.
utensileria [u-ten-si-le-rì-a] *s.f.* insieme di utensili.
utente [u-tèn-te] *s.m.* chi si serve di un bene o di un servizio.
utenza [u-tèn-za] *s.f.* **1** l'uso di un bene o di un servizio **2** l'insieme degli utenti.
uterino [u-te-rì-no] *agg.* (*anat.*) dell'utero.
utero [ù-te-ro] *s.m.* (*anat.*) organo cavo dell'apparato genitale femminile dei mammiferi che serve ad accogliere l'ovulo fecondato per tutto il periodo della gestazione.
utile [ù-ti-le] *agg.* **1** che può essere usato; che può servire: *un regalo* — | *tempo, spazio* —, disponibili per qlco. **2** che apporta un vantaggio, un profitto; che è di giovamento, efficace: *il suo aiuto è tornato* — **3** di persona, che è d'aiuto: *renditi —!*; *posso esserle —?* ♦ *s.m.* **1** ciò che è vantaggioso, giovevole: *unire l'— al dilettevole* **2** (*econ.*) differenza positiva tra ricavi e costi derivanti da un'attività economica; guadagno, profitto □ **utilmente** *avv.*
utilità [u-ti-li-tà] *s.f.* **1** l'essere utile; qualità di ciò che è utile **2** ciò che di utile si ricava da qlco.; vantaggio, profitto | *software, programma di* —, (*inform.*) l'insieme dei programmi che integrano il software di base svolgendo funzioni di servizio.
utilitaria [u-ti-li-tà-ria] *s.f.* autovettura di cilindrata e dimensioni ridotte e di costi contenuti.
utilitarismo [u-ti-li-ta-rì-ʃmo] *s.m.* (*filos.*) dottrina che pone come criterio dell'azione l'utile individuale o sociale inteso come benessere durevole.
utilitarista [u-ti-li-ta-rì-sta] *s.m.* e *f.* [pl.m. *-sti*] **1** chi agisce solo in vista del proprio tornaconto personale **2** (*filos.*) seguace, fautore dell'utilitarismo.
utilitaristico [u-ti-li-ta-rì-sti-co] *agg.* [pl.m. *-ci*] dell'utilitarismo, degli utilitaristi; da utilitarista: *morale utilitaristica.*
utilities [/ u'tilitiz /] *s.f.pl.* (*ingl.*) (*inform.*) complesso dei programmi di utilità.
utilizzabile [u-ti-liʒ-ʒà-bi-le] *agg.* che può essere utilizzato.
utilizzabilità [u-ti-liʒ-ʒa-bi-li-tà] *s.f.* l'essere utilizzabile.
utilizzare [u-ti-liʒ-ʒà-re] *v.tr.* rendere utile, porre a frutto; usare, impiegare: — *gli scarti.*
utilizzatore [u-ti-liʒ-ʒa-tó-re] *agg.* e *s.m.* che/chi utilizza.
utilizzazione [u-ti-liʒ-ʒa-zió-ne] *s.f.* l'utilizzare, l'essere utilizzato.
utilizzo [u-ti-lìʒ-ʒo] *s.m.* utilizzazione.
-uto suffisso usato per formare aggettivi che esprimono la natura o la forma caratteristica di una persona, di una cosa (*barbuto, cornuto, ossuto*).
utopia [u-to-pì-a] *s.f.* ideale irrealizzabile, progetto inattuabile.
utopico [u-tò-pi-co] *agg.* [pl.m. *-ci*] utopistico □ **utopicamente** *avv.*

utopista [u-to-pì-sta] *s.m.* e *f.* [pl.m. *-sti*] chi ha ideali irrealizzabili.
utopistico [u-to-pì-sti-co] *agg.* [pl.m. *-ci*] di utopia, da utopista; irrealizzabile □ **utopisticamente** *avv.*
uva [ù-va] *s.f.* il frutto della vite, costituito da un grappolo composto di acini: *— bianca, nera*; *— passa*, che viene fatta appassire per essere consumata come frutta secca; *— da tavola*, adatta per essere mangiata. DIM. *uvetta.*
uvetta [u-vét-ta] *s.f.* uva passa.
uvulare [u-vu-là-re] *agg.* **1** (*med.*) che riguarda l'ugola: *infiammazione —* **2** (*ling.*) si dice di suono che si articola all'altezza dell'ugola: *la r — francese.*
uxoricida [u-xo-ri-cì-da] *s.m.* [pl.m. *-di*] chi commette uxoricidio.
uxoricidio [u-xo-ri-cì-dio] *s.m.* uccisione della propria moglie.
uxorio [u-xò-rio] *agg.* (*dir.*) della moglie: *patrimonio —* | *vivere more —*, vivere come marito e moglie senza essere coniugati.
uzbeco → usbeco.
-uzzo suffisso che serve a formare diminutivi di sostantivi e aggettivi con valore spregiativo o vezzeggiativo (*pietruzza, labbruzzo*).

V

v ventiduesima lettera dell'alfabeto il cui nome è *vu*; rappresenta la consonante fricativa labiodentale sonora.
va' *inter.* (*fam.*) esprime meraviglia, stupore: *va', che bello!*
vacante [va-càn-te] *agg.* non occupato: *cattedra* — | *sede* —, si dice del periodo compreso tra la morte di un papa o di un vescovo e l'elezione del successore.
vacanza [va-càn-za] *s.f.* **1** l'essere vacante **2** sospensione temporanea dell'attività negli uffici e nelle scuole per ragioni di riposo o per una ricorrenza: *domani è* — **3** *pl.* periodo di riposo concesso a chi lavora o studia: *vacanze estive.*
vacanziere [va-can-ziè-re] *s.m.* [f. *-a*] chi va in vacanza (con riferimento alle vacanze di massa).
vacanziero [va-can-ziè-ro] *agg.* (*non com.*) che va in vacanza: *folla vacanziera* | proprio delle vacanze: *vita vacanziera.*
vacazione [va-ca-zió-ne] *s.f.* (*dir.*) periodo che intercorre tra la pubblicazione di una legge e la sua entrata in vigore.
vacca [vàc-ca] *s.f.* **1** femmina adulta dei bovini che ha già figliato | *le vacche grasse, le vacche magre,* (*fig.*) simboli rispettivamente dell'abbondanza e della carestia **2** *pl.* bachi da seta che non fanno il bozzolo | *andare in* —, detto dei bachi da seta, non fare il bozzolo.
vaccaio [vac-cà-io], o **vaccaro**, *s.m.* guardiano di vacche, mandriano.
vaccata [vac-cà-ta] *s.f.* (*volg.*) azione o cosa malfatta, porcheria | grossa sciocchezza, sproposito: *dire una* —.
vacchetta [vac-chét-ta] *s.f.* pelle conciata di vacca, usata in pelletteria.
vacchino [vac-chì-no] *agg.* e *s.m.* (*non com.*) si dice di formaggio fatto con latte di vacca.
vaccina [vac-cì-na] *s.f.* **1** vacca **2** (*estens.*) carne di vacca o di manzo | sterco di bovino.
vaccinare [vac-ci-nà-re] *v.tr.* somministrare un vaccino all'uomo o a un animale per renderlo immune da una malattia: — *un cane* | *essere vaccinato contro qlco.*, (*fig.*) si dice di chi, per aver già conosciuto una situazione negativa, sa difendersene.
vaccinaro [vac-ci-nà-ro] *s.m.* (*ant.*) macellaio | Usato come *agg.* nella loc. *coda alla vaccinara,* (*gastr.*) coda di manzo cotta in umido, piatto tipico della cucina romana.
vaccinazione [vac-ci-na-zió-ne] *s.f.* il vaccinare, l'essere vaccinato: — *antivaiolosa.*
vaccinico [vac-cì-ni-co] *agg.* [pl.m. *-ci*] di vaccino, che concerne il vaccino: *pus* —.
vaccino [vac-cì-no] *agg.* di vacca: *latte* — | bovino: *bestiame* — ♦ *s.m.* (*med.*) preparato a base di materiale infettivo (*p.e.* virus, tossine ecc.) non patogeno, che stimola l'organismo a produrre gli anticorpi in grado di neutralizzare l'infezione corrispondente: — *antitetanico.*
vaccinoprofilassi [vac-ci-no-pro-fi-làs-si] *s.f.* (*med.*) profilassi attuata con l'impiego di vaccini.
vaccinoterapia [vac-ci-no-te-ra-pì-a] *s.f.* (*med.*) terapia attuata con l'impiego di vaccini.
vacillamento [va-cil-la-mén-to] *s.m.* il vacillare.
vacillante [va-cil-làn-te] *agg.* che vacilla; debole, incerto: *una fede* —.
vacillare [va-cil-là-re] *v.intr.* [aus. *avere*] **1** non stare saldo in piedi; barcollare: — *per l'ubriachezza* | riferito a cose, oscillare, ondeggiare: *la fiamma vacilla* **2** (*fig.*) venire meno; essere incerto, malsicuro: *la memoria gli vacilla* | essere in crisi, in pericolo: *un potere che vacilla.*
vacuità [va-cui-tà] *s.f.* vuotaggine, futilità; mancanza di idee, contenuti, sentimenti: *la* — *di un ragionamento.*
vacuo [và-cu-o] *agg.* privo di idee, di contenuti, di sentimenti; futile: *un uomo* — | *sguardo* —, inespressivo □ **vacuamente** *avv.*
vacuolare [va-cu-o-là-re] *agg.* (*scient.*) dei vacuoli; caratterizzato dalla presenza di vacuoli: *struttura* —.
vacuolo [va-cù-o-lo] *s.m.* **1** piccola cavità presente in materiali porosi o spugnosi **2** (*biol.*) cavità che si trova nel citoplasma delle cellule, contenente un liquido.
vacuometro [va-cu-ò-me-tro] *s.m.* (*fis.*) strumento per la misurazione di pressioni inferiori a quella atmosferica.
vademecum [va-de-mè-cum] *s.m.invar.* manuale tascabile contenente notizie utili oppure nozioni relative a una tecnica, a un'attività: *il* — *dell'agricoltore.*
vado [và-do] *s.m.* (*lett.*) guado.
va e vieni [va e viè-ni] *loc.sost.m.invar.* viavai, andirivieni: *un* — *di gente.*
vagabondaggine [va-ga-bon-dàg-gi-ne] *s.f.* l'essere vagabondo.

vagabondaggio [va-ga-bon-dàg-gio] *s.m.* **1** il vagabondare; il fare vita da vagabondo: *darsi al —* | la presenza di vagabondi in una comunità, considerata come una piaga sociale: *combattere il —* **2** (*estens.*) il vagare, il viaggiare da un luogo a un altro: *un — per l'Europa.*

vagabondare [va-ga-bon-dà-re] *v.intr.* [*io vagabóndo ecc.*; aus. *avere*] **1** fare il vagabondo, vivere da vagabondo **2** (*estens.*) vagare, aggirarsi, viaggiare da un luogo all'altro: *— per l'Italia* | (*fig.*) passare da un argomento all'altro, da un'idea all'altra: *— con la fantasia.*

vagabondo [va-ga-bón-do] *agg.* che va errando qua e là, che si sposta continuamente: *vita vagabonda* ♦ *s.m.* [f. *-a*] **1** chi non ha una dimora fissa né un lavoro ed erra senza meta | chi non ha voglia di lavorare **2** (*estens.*) chi viaggia continuamente.

vagante [va-gàn-te] *agg.* che vaga: *mina —*, non ancorata, alla deriva; (*fig.*) si dice di cosa o persona che, sfuggita a ogni controllo, rappresenta un pericolo.

vagare [va-gà-re] *v.intr.* [*io vago, tu vaghi ecc.*; aus. *avere*] andare qua e là, spostarsi da un luogo a un altro senza meta; aggirarsi (anche *fig.*): *— per la città*; *— con la fantasia.*

vagheggiamento [va-gheg-gia-mén-to] *s.m.* il vagheggiare, l'essere vagheggiato: *il — di un amore.*

vagheggiare [va-gheg-già-re] *v.tr.* [*io vaghéggio ecc.*] **1** contemplare con compiacenza, con amore, con desiderio: *— la donna amata* **2** (*fig.*) immaginare qlco. che si desidera intensamente; sognare: *— la vittoria.*

vagheggiato [va-gheg-già-to] *agg.* che è oggetto di vagheggiamento; desiderato, sognato: *un successo a lungo —.*

vagheggiatore [va-gheg-gia-tó-re] *s.m.* [f. *-trice*] (*lett.*) chi vagheggia | corteggiatore.

vagheggino [va-gheg-gì-no] *s.m.* uomo vacuo e leggero, che fa il galante con ogni donna | (*estens.*) corteggiatore.

vaghezza [va-ghéz-za] *s.f.* **1** l'essere vago, indefinito, indeterminato: *— di propositi* **2** (*lett.*) leggiadria, grazia: *la — di un sorriso* **3** (*lett.*) voglia, desiderio capriccioso.

vagina [va-gì-na] *s.f.* (*anat.*) canale muscolo-membranoso dell'apparato genitale femminile, che va dall'utero alla vulva.

vaginale [va-gi-nà-le] *agg.* (*anat., med.*) della vagina, relativo alla vagina: *infiammazione —.*

vaginismo [va-gi-nì-ʃmo] *s.m.* (*med.*) condizione spastica della muscolatura vaginale che rende impervio il canale vaginale.

vaginite [va-gi-nì-te] *s.f.* (*med.*) infiammazione della vagina.

vagire [va-gì-re] *v.intr.* [*io vagisco, tu vagisci ecc.*; aus. *avere*] piangere, detto di neonati.

vagito [va-gì-to] *s.m.* il pianto dei neonati | *i primi vagiti di un'arte*, (*fig. lett.*) i primordi, le prime manifestazioni.

vaglia[1] [và-glia] *s.f.* solo nelle loc. *di vaglia, di gran vaglia*, di pregio, di grande pregio: *uno scrittore di —.*

vaglia[2] *s.m.invar.* denominazione generica di alcuni titoli di credito | *— postale*, titolo dell'amministrazione delle poste che consente di effettuare pagamenti da un luogo a un altro.

vagliare [va-glià-re] *v.tr.* [*io vàglio ecc.*] **1** passare al vaglio un materiale incoerente, per selezionare la parte utile o dividerlo secondo le dimensioni dei singoli elementi; setacciare: *— l'avena* **2** (*fig.*) esaminare in modo attento e accurato; sottoporre a una critica minuziosa: *— una proposta.*

vagliata [va-glià-ta] *s.f.* il vagliare una volta, in modo sommario e frettoloso.

vagliatura [va-glia-tù-ra] *s.f.* l'operazione del vagliare; setacciatura.

vaglio [và-glio] *s.m.* **1** attrezzo o apparecchiatura usato per la vagliatura, il cui organo essenziale è costituito da una serie di griglie, reti o lamiere forate, attraverso cui passano gli elementi via via più piccoli del materiale: *— per il grano* **2** (*fig.*) esame accurato, critica minuziosa: *il — degli esperti.*

vago [và-go] *agg.* [pl.m. *-ghi*] **1** non molto chiaro, incerto, indefinito: *un — sospetto* **2** (*lett.*) leggiadro, grazioso **3** (*poet.*) che vaga; errante ♦ *s.m.* **1** ciò che è indeterminato, impreciso: *restare nel —* **2** (*anat.*) nervo misto che si estende dal midollo allungato fin sotto il diaframma e si dirama nei diversi organi del collo, del torace e dell'addome | Usato anche come *agg.*: *nervo —* □ **vagamente** *avv.* in modo vago; senza precisione: *ricordare qlco. —.*

vagolare [va-go-là-re] *v.intr.* [*io vàgolo ecc.*; aus. *avere*] (*lett.*) vagare lentamente, con incertezza.

vagonata [va-go-nà-ta] *s.f.* quantità di materiale o di merce che può essere contenuta in un vagone | (*estens.*) grande quantità.

vagoncino [va-gon-cì-no] *s.m.* veicolo della teleferica per il trasporto di materiali.

vagone [va-gó-ne] *s.m.* **1** veicolo ferroviario rimorchiato, per il trasporto di persone o di merci; carrozza, vettura ferroviaria: *— ristorante*, dove si servono pasti. DIM. *vagoncino* **2** (*estens.*) quantità di merci trasportata da un vagone: *un — di legname* | (*fig. fam.*) grande quantità: *un — di parole.*

vagotomia [va-go-to-mì-a] *s.f.* (*med.*) interruzione chirurgica del tratto di vago che innerva lo stomaco, allo scopo di ridurre la secrezione acida in casi di ulcera.

vaio[1] [và-io] *agg.* (*lett.*) di colore tendente al nero | di colore bianco screziato di macchie scure ♦ *s.m.* (*lett.*) colore vaio.

vaio[2] *s.m.* scoiattolo siberiano dal mantello grigio.

vaiolato [va-io-là-to] *agg.* rigato, screziato, macchiettato: *foglie vaiolate.*

vaiolatura [va-io-la-tù-ra] *s.f.* **1** comparsa di macchie e poi di corrosione su un pezzo metallico **2** (*bot.*) lo stesso che *vaiolo.*

vaiolo [va-iò-lo] *s.m.* **1** (*med.*) malattia infettiva virale contagiosa, caratterizzata dall'eruzione di pustole che lasciano cicatrici deturpanti **2** (*agr.*) nome generico di diverse malattie delle piante: *— della vite.*

vaioloide [va-io-lòi-de] *s.f.* (*med.*) forma attenuata di vaiolo, che colpisce prevalentemente persone vaccinate da lungo tempo.

vaioloso [va-io-ló-so] *agg.* (*med.*) relativo al vaiolo: *virus —* ♦ *agg.* e *s.m.* [f. *-a*] (*med.*) che/chi è affetto da vaiolo.

vairone [vai-ró-ne] *s.m.* piccolo pesce d'acqua dolce con corpo affusolato di colore verdastro sul dorso, argenteo sul ventre e una fascia scura sui fianchi.

valanga [va-làn-ga] *s.f.* **1** massa di neve che precipita a valle, trascinando con sé rocce, sassi, alberi: *essere travolti da una —* **2** (*fig.*) quantità enorme, straripante, che travolge: *una — di lettere.*

valchiria [val-chì-ria], o **walchiria**, **walkiria**, *s.f.* **1** nella mitologia germanica, ciascuna delle vergini guerriere che accompagnavano i caduti in battaglia nel Walhalla, il paradiso degli eroi **2** (*fam. scherz.*) ragazza o donna alta, bionda e robusta.

valdese [val-dé-se] *agg.* che appartiene al movimento di rinnovamento religioso fondato nel sec. XII dal mercante lionese Pietro Valdo, successivamente trasformatosi in chiesa ♦ *s.m.* e *f.* seguace della chiesa valdese.

valdostano [val-do-stà-no] *agg.* della Val d'Aosta | *cotoletta alla valdostana*, ricoperta con fontina fusa ♦ *s.m.* **1** [f. *-a*] abitante, nativo della Val d'Aosta **2** dialetto franco-provenzale parlato nella Val d'Aosta.

valenciennes [/ valan'sjɛn /] *s.m.invar.* (*fr.*) merletto molto fine lavorato a fuselli in filato di cotone, con motivi floreali su fondo a rete: *uno scialle di —* | Usato anche come *agg. invar.*: *merletto —.*

valente [va-lèn-te] *agg.* che vale; bravo, abile nella sua professione, arte o attività: *un artigiano —* □ **valentemente** *avv.*

valentia [va-len-tì-a] *s.f.* qualità di chi è valente; bravura, capacità, abilità.

valenza [va-lèn-za] *s.f* **1** (*chim.*) la proprietà di un atomo o di un radicale di combinarsi con altri, definita dal numero di elettroni che l'atomo o il radicale cede, acquista o mette in compartecipazione **2** (*fig.*) significato, valore: *le valenze di un fenomeno.*

valere [va-lé-re] *v.intr.* [pres. *io valgo, tu vali, egli vale, noi valiamo, voi valéte, essi vàlgono*; fut. *io varrò ecc.*; pass.rem. *io valsi, tu valésti ecc.*; pres.congiunt. *io valga..., noi valiamo, voi valiate, essi vàlgano*; cond. *io varrèi ecc.*; part.pass. *valso*; aus. *essere*] **1** avere forza, autorità, merito, pregio: *un professore che vale molto*; *un anello che vale una fortuna* | *vale tant'oro quanto pesa*, (*fig.*) si dice di persona preziosa per le sue qualità | *non — un fico secco*, (*fig.*) non avere alcun valore | *tanto vale*, è lo stesso, è quasi meglio: *tanto vale andarsene* **2** avere efficacia, validità | giovare, servire: *non — a nulla* | *far — le proprie ragioni*, farne riconoscere la validità | *farsi —*, farsi rispettare **3** equivalere a, corrispondere a: *un miglio vale circa 1600 metri* | significare: *"cuore" può — "coraggio"* | *vale a dire*, per introdurre la spiegazione di una precedente affermazione | *uno vale l'altro*, per indicare due persone o cose che si equivalgono ♦ *v.tr.* (*lett.*) fare avere, procurare: *il suo romanzo gli ha valso un premio* ♦ **valersi** *v.intr.pron.* servirsi, avvantaggiarsi: *— di un consiglio.*

valeriana [va-le-rià-na] *s.f.* **1** (*bot.*) genere di piante erbacee perenni, con foglie pennate e fiori bianchi o rosati **2** la droga costituita dalle radici e dai rizomi disseccati della varietà detta officinale.

valerianacee [va-le-ria-nà-ce-e] *s.f.pl.* (*bot.*) famiglia di piante erbacee dicotiledoni, a cui appartengono la valeriana e la valerianella.

valerianella [va-le-ria-nèl-la] *s.f.* pianta erbacea con foglie ovali di colore verde scuro disposte a rosetta.

valetudinario [va-le-tu-di-nà-rio] *agg.* e *s.m.* [f. *-a*] (*lett.*) si dice di chi, pur non essendo malato, è debole di salute; malaticcio.

valevole [va-lé-vo-le] *agg.* che vale; utile, efficace, valido: *un incontro — per la qualificazione.*

valgismo [val-gì-ʃmo] *s.m.* (*med.*) condizione di un arto valgo.

valgo [vàl-go] *agg.* [pl.m. *-ghi*] (*med.*) si dice di arto o segmento di arto che ha l'asse deviato verso l'esterno rispetto alla linea mediana del corpo: *ginocchio —.*

valicabile [va-li-cà-bi-le] *agg.* che si può valicare: *un passo —.*

valicare [va-li-cà-re] *v.tr.* [*io vàlico, tu vàlichi ecc.*] passare al di là di un ostacolo, oltrepassarlo | attraversare una catena montuosa: *— le Alpi.*

valico [và-li-co] *s.m.* [pl. *-chi*] il valicare; varco, luogo per il quale si passa | la depressione di una cresta montuosa attraverso la quale si passa da una valle a un'altra: *— alpino* | *— di frontiera*, luogo vigilato in cui è possibile passare la frontiera.

validazione [va-li-da-zió-ne] *s.f.* (*mat.*) procedimento che rende valido; prova, dimostrazione.

validità [va-li-di-tà] *s.f.* l'essere valido; il periodo di tempo per cui qlco. è valido: *la — di un documento.*

valido [và-li-do] *agg.* **1** accettato come vero o come buono: *principio —* | che vale; valevole: *biglietto — tre giorni* **2** efficace: *un — aiuto* **3** che ha valore giuridico; conforme alle regole: *documento —* **4** vigoroso, forte, gagliardo: *un uomo —* **5** che ha valore, pregio: *un'opera valida* □ **validamente** *avv.* **1** con efficacia: *difendere — qlco.* **2** con validità giuridica: *un documento redatto —.*

valigeria [va-li-ge-rì-a] *s.f.* **1** insieme, assorti-

mento di valigie **2** fabbrica di valigie; negozio dove si vendono valigie.
valigia [va-lì-gia] *s.f.* [pl. *-gie* o *-ge*] contenitore a forma di parallelepipedo, in cuoio, munito di uno o due manici, tela o altro, usato per portare abiti e oggetti in viaggio | *fare le valigie*, mettere in valigia ciò che si deve portare con sé; (*fig.*) andarsene. DIM. *valigetta*.
valigiaio [va-li-già-io] *s.m.* [f. *-a*] chi fabbrica o vende valigie, bauli, borse.
vallata [val-là-ta] *s.f.* valle ampia e aperta: — *fertile*.
valle [vàl-le] *s.f.* **1** (*geog.*) ampia e profonda depressione della superficie terrestre delimitata da due pendici montuose: *una — ricca di acque* | *a —*, in basso, giù; (*fig.*) con riferimento a una situazione, a un ragionamento, si dice di ciò che costituisce la fase finale, il punto di arrivo: *cercare le cause a —* | *per monti e per valli*, (*fig.*) dappertutto **2** depressione paludosa nei pressi di un delta fluviale o di una laguna | — *da pesca*, zona di laguna cintata dove si pratica la vallicoltura.
vallea [val-lè-a] *s.f.* (*lett.*) valle, vallata.
valletta [val-lét-ta] *s.f.* ragazza che aiuta il presentatore di uno spettacolo televisivo.
valletto [val-lét-to] *s.m.* nel Medioevo e fino al '700, paggio, staffiere, giovane servitore.
vallicoltura [val-li-col-tù-ra] *s.f.* allevamento di pesci in valli lagunari.
valligiano [val-li-già-no] *agg.* della valle, delle valli ♦ *s.m.* [f. *-a*] abitante, nativo di una valle.
vallisneria [val-li-ʃnè-ria] *s.f.* pianta acquatica con foglie nastriformi e piccoli fiori peduncolati, diffusa nelle acque dolci stagnanti.
vallivo [val-lì-vo] *agg.* **1** si dice per lo più del terreno basso e paludoso del fondovalle **2** di valle lagunare: *pesca valliva*.
vallo [vàl-lo] *s.m.* **1** (*st.*) palizzata, recinto difensivo costruito intorno all'accampamento romano | cinta muraria **2** (*estens. lett.*) ogni trinceramento difensivo.
vallone[1] [val-ló-ne] *s.m.* **1** valle stretta e profonda **2** depressione delle zone montuose, con solco stretto e pareti quasi a picco.
vallone[2] *agg.* [f. *-a*] della popolazione di lingua francese che occupa la zona sud-orientale del Belgio ♦ *s.m.* **1** [anche *f.*] appartenente alla popolazione vallone **2** il dialetto parlato dai valloni.
valore [va-ló-re] *s.m.* **1** (*econ.*) caratteristica di un bene per cui esso è scambiabile con una quantità di altri beni (*— di scambio*), o può soddisfare un bisogno (*— d'uso*) | (*estens.*) l'equivalente in denaro del bene stesso, il suo prezzo: *oggetto di inestimabile —* | *— di mercato*, il denaro normalmente ottenibile dalla vendita di qlco. | *— nominale*, detto di monete, titoli ecc., quello stabilito all'atto dell'emissione; *— reale*, il valore effettivo **2** tutto ciò che ha un valore definito e può essere oggetto di negoziazione | *pl.* gioielli, oggetti preziosi | *valori bollati*, (*burocr.*) marche da bollo, francobolli e carte bollate **3** ciò per cui una persona, una cosa, una situazione sono apprezzabili: *il — affettivo di qlco.* **4** (*estens.*) qualsiasi qualità positiva, considerata come elemento di riferimento per un giudizio: *valori umani*, gli ideali a cui aspira l'uomo nella sua vita **5** coraggio, ardire, eroismo: *resistere con —* | *valor militare*, quello dimostrato in guerra **6** riferito a cosa, validità, efficacia: *il — di un documento* | significato, funzione: *participio con — di aggettivo* **7** (*scient.*) misura di una grandezza fisica; determinazione assunta da una variabile: *il — di un'incognita* **8** (*mus.*) durata di una nota: *una semibreve ha il — di due minime*.
valorizzare [va-lo-riʒ-ʒà-re] *v.tr.* far acquistare valore, far aumentare di valore: *— un terreno* | mettere in risalto, far figurare meglio: *— una persona*, darle le occasioni per esprimere le sue capacità ♦ **valorizzarsi** *v.intr.pron.* accrescere di valore, di importanza.
valorizzatore [va-lo-riʒ-ʒa-tó-re] *agg.* e *s.m.* [f. *-trice*] che/chi valorizza.
valorizzazione [va-lo-riʒ-ʒa-zió-ne] *s.f.* il valorizzare, il valorizzarsi, l'essere valorizzato: *la — di una zona*.
valorosità [va-lo-ro-si-tà] *s.f.* (*non com.*) l'essere valoroso; valore.
valoroso [va-lo-ró-so] *agg.* di persona, che ha valore e coraggio: *soldato —* | di azione, che rivela valore, coraggio: *un — comportamento* □ **valorosamente** *avv.*
valpolicella [val-po-li-cèl-la] *s.m.* denominazione dei vini bianchi e rossi asciutti prodotti nell'omonima zona in provincia di Verona.
valsente [val-sèn-te] *s.m.* (*non com.*) importo in denaro corrispondente al valore commerciale (oggi solo *scherz.*).
valuta [va-lù-ta] *s.f.* **1** moneta, carta moneta | moneta nazionale: *cambio della —* | *valute forti, deboli*, quelle che tendono, rispettivamente, ad aumentare o a diminuire di valore nei confronti delle altre **2** (*banc.*) il giorno a partire dal quale incominciano a decorrere gli interessi su una somma: *accreditare con — primo ottobre*.
valutabile [va-lu-tà-bi-le] *agg.* che si può valutare.
valutare [va-lu-tà-re] *v.tr.* [*io valùto* (anche *vàluto*) *ecc.*] **1** attribuire un valore a qlco.: *— un terreno* **2** (*fig.*) stimare, apprezzare: *— in base al merito* **3** (*fig.*) prendere in considerazione; vagliare: *— ogni indizio*.
valutario [va-lu-tà-rio] *agg.* che si riferisce alla valuta, alle valute: *sistema —*.
valutativo [va-lu-ta-tì-vo] *agg.* di valutazione, atto a valutare: *criterio —*.
valutazione [va-lu-ta-zió-ne] *s.f.* il valutare, l'essere valutato: *la — di un immobile*; *criteri di —*.
valva [vàl-va] *s.f.* **1** (*bot.*) ciascuna delle parti o sezioni in cui si divide il guscio di capsule o legumi **2** (*zool.*) ciascuna delle due parti che formano la conchiglia dei molluschi bivalvi (*p.e.* ostrica e brachiopodi) **3** (*mecc.*) parte di mac-

china, attrezzo che può divaricarsi rispetto a un'altra.
valvare [val-và-re] *agg.* (*scient.*) della valva, delle valve: *superficie* —.
valvassino [val-vas-sì-no] *s.m.* nel sistema feudale, il vassallo del valvassore.
valvassore [val-vas-só-re] *s.m.* nel sistema feudale, il vassallo del vassallo del signore.
valvola [vàl-vo-la] *s.f.* **1** (*mecc.*) dispositivo per regolare il passaggio di un fluido in una conduttura: — *a farfalla* **2** (*elettr.*) in un impianto, dispositivo che interrompe il passaggio della corrente in caso di sovraccarichi; fusibile **3** (*anat.*) formazione membranosa o muscolare che, in un organo cavo, fa passare i liquidi in una sola direzione: *valvole cardiache.*
valvolare [val-vo-là-re] *agg.* della valvola, concernente la valvola o le valvole.
valzer [vàl-zer] *s.m.invar.* danza di ritmo ternario diffusa dalla fine del '700 alla seconda metà dell'800: *i* — *di Strauss.*
vamp *s.f.invar.* donna dalla bellezza vistosa e aggressiva, dotata di grande potere di seduzione.
vampa [vàm-pa] *s.f.* **1** grande fiamma; fiammata improvvisa e violenta: *le vampe di un incendio* | ondata di aria caldissima: *la* — *del forno* **2** fiammata che si sprigiona da un'arma da fuoco al momento dello sparo **3** (*estens.*) arrossamento improvviso del volto, causato da un forte afflusso di sangue.
vampata [vam-pà-ta] *s.f.* **1** fiammata improvvisa; ondata di calore; vampa: *una* — *di aria calda* **2** (*fig.*) ondata di sentimenti: *una* — *d'ira.*
vampiresco [vam-pi-ré-sco] *agg.* [pl.m. *-schi*] relativo ai vampiri; da vampiro: *denti vampireschi* □ **vampirescamente** *avv.* alla maniera dei vampiri.
vampirismo [vam-pi-ri-ʃmo] *s.m.* **1** secondo una superstizione popolare, il comportarsi da vampiro **2** (*psich.*) forma di necrofilia che consiste nell'uccidere una donna per congiungersi con il suo cadavere.
vampiro [vam-pì-ro] *s.m.* **1** secondo una superstizione popolare, persona morta il cui cadavere vaga di notte succhiando il sangue dei vivi **2** (*fig.*) sfruttatore insaziabile; strozzino.
van [/ van /] *s.m.invar.* autofurgone o rimorchio per il trasporto di animali.
vanadio [va-nà-dio] *s.m.* elemento chimico di simbolo *V*; è un metallo duro, argenteo, difficilmente fusibile, usato per acciai speciali e catalizzatori.
vanagloria [va-na-glò-ria] *s.f.* orgoglio di chi si vanta di qualità e meriti inesistenti: *peccare di* —.
vanagloriarsi [va-na-glo-riàr-si] *v.intr.pron.* [*io mi vanaglòrio ecc.*] mostrare vanagloria; vantarsi per cose da nulla o per meriti inesistenti.
vanaglorioso [va-na-glo-rió-so] *agg.* che pecca, che è pieno di vanagloria: *uomo* — ♦ *s.m.* [f. *-a*] persona vanagloriosa □ **vanagloriosamente** *avv.* con vanagloria.
vandalico [van-dà-li-co] *agg.* [pl.m. *-ci*] **1** dei vandali: *invasioni vandaliche* **2** (*fig.*) degno di un vandalo; barbaro, distruttore: *atto* — □ **vandalicamente** *avv.*
vandalismo [van-da-lì-ʃmo] *s.m.* la tendenza a devastare e rovinare per puro gusto di distruzione; comportamento da vandalo: *atti di* —.
vandalo [vàn-da-lo] *s.m.* [f. *-a*] **1** chi apparteneva all'antica popolazione germanica che nel V sec. d.C. invase e devastò l'Italia **2** (*fig.*) chi deturpa, rovina cose di valore per ignoranza, inciviltà o puro gusto di distruzione.
vandeano [van-de-à-no] *agg.* della Vandea, regione della Francia centro-occidentale ♦ *s.m.* [f. *-a*] **1** abitante, nativo della Vandea **2** (*fig.*) reazionario accanito; legittimista (con riferimento al fatto che tale regione insorse nel 1793 contro la rivoluzione in difesa della monarchia).
vaneggiamento [va-neg-gia-mén-to] *s.m.* il vaneggiare.
vaneggiare [va-neg-già-re] *v.intr.* [*io vanéggio ecc.*; aus. *avere*] pensare o dire cose prive di senso, assurde | parlare in modo sconnesso, farneticare: *la febbre lo fa* —.
vanerello [va-ne-rèl-lo] *agg.* (*non com.*) sciocchino, vanitoso, fatuo: *una ragazza vanerella.*
vanesio [va-nè-ʃio] *agg.* e *s.m.* [f. *-a*] si dice di persona fatua, vanitosa.
vanessa [va-nés-sa] *s.f.* nome di alcune specie di farfalle diurne dalle grandi ali vivacemente colorate.
vanga [vàn-ga] *s.f.* attrezzo agricolo per dissodare il terreno, costituito da una lama, per lo più triangolare, fissata a un robusto manico.
vangare [van-gà-re] *v.tr.* [*io vango, tu vanghi ecc.*] lavorare la terra con la vanga: — *l'orto.*
vangata [van-gà-ta] *s.f.* ciascuno dei movimenti con cui si pianta la vanga nel terreno.
vangatrice [van-ga-trì-ce] *s.f.* macchina agricola per vangare automaticamente il terreno.
vangatura [van-ga-tù-ra] *s.f.* l'operazione del vangare.
vangelo [van-gè-lo] *s.m.* **1** la notizia dell'avvento del regno di Dio e della redenzione degli uomini compiuta da Gesù Cristo: *annunciare il* — **2** il testo scritto che tramanda il racconto della vita, morte, resurrezione di Gesù Cristo e la sua dottrina: *vangeli canonici*, quelli di Matteo, Marco, Luca, Giovanni, riconosciuti come autentici; *vangeli apocrifi*, quelli non inclusi nel canone del Nuovo Testamento **3** il brano di uno dei vangeli letto durante la messa: *il* — *di oggi* **4** (*fig. fam.*) verità sacrosanta, affermazione indiscutibile: *quello che dice è* —!
vanghettare [van-ghet-tà-re] *v.tr.* [*io vanghétto ecc.*] vangare superficialmente col vanghetto.
vanghetto [van-ghét-to] *s.m.* piccola vanga con la quale si smuove solo uno strato superficiale di terra.
vangile [van-gì-le] *s.m.* staffa metallica che sporge lateralmente dal manico della vanga, su cui si preme con il piede per rendere più profonda la penetrazione nel terreno.

vanificare [va-ni-fi-cà-re] *v.tr.* [*io vanìfico, tu vanìfichi ecc.*] rendere inutile, vano: — *un tentativo.*
vaniglia [va-nì-glia] *s.f.* **1** pianta rampicante con foglie oblunghe, fiori profumati e lunghi frutti a capsula **2** l'essenza che si ricava dal frutto di tale pianta, usata nell'industria dolciaria e in profumeria.
vanigliato [va-ni-glià-to] *agg.* aromatizzato con l'aggiunta di vaniglia: *zucchero* —.
vanillina [va-nil-lì-na], o **vaniglina**, *s.f.* (*chim.*) composto aromatico, estratto dalla vaniglia o prodotto per sintesi, usato in profumeria, in liquoreria e nell'industria dolciaria.
vaniloquio [va-ni-lò-quio] *s.m.* discorso futile e frivolo, oppure sconclusionato: *il — di un folle.*
vanità [va-ni-tà] *s.f.* **1** compiacimento eccessivo di sé e delle proprie doti; presunzione, fatuità: *solleticare la — di qlcu.* | desiderio di piacere: *la — di una ragazza* **2** l'essere inutile, inefficace: *la — di uno sforzo* **3** l'essere caduco, labile, effimero: *la — dei beni terreni* | (*estens.*) cosa caduca, effimera: *abbandonare le* —.
vanitoso [va-ni-tó-so] *agg.* pieno di vanità, che dimostra vanità: *uomo* — ♦ *s.m.* [f. *-a*] persona vanitosa: *fare il* — □ **vanitosamente** *avv.*
vanni [vàn-ni] *s.m.pl.* (*poet.*) ali.
vano [và-no] *agg.* **1** inutile, inefficace, infruttuoso: *vane proteste* **2** privo di fondamento, di contenuto: *vani timori* | caduco, effimero: *le vane gioie terrene* **3** leggero, frivolo; vanitoso: *una donna vana* ♦ *s.m.* **1** spazio vuoto; apertura in una struttura muraria: *il — della finestra* | spazio destinato a un certo uso: — *portabagagli* **2** stanza: *un appartamento di sette vani* □ **vanamente** *avv.* inutilmente: *tentò — di dissuaderlo.*
vantaggio [van-tàg-gio] *s.m.* **1** qualità o fatto che pone qlcu. in posizione di superiorità o in condizione favorevole rispetto a un altro; privilegio: *il — dell'esperienza* **2** utilità, frutto, profitto: *trarre — da qlco.* | *andare, venire a — di qlcu., di qlco.*, a suo favore **3** la distanza o l'intervallo di tempo che separa persone o veicoli che fanno lo stesso percorso; nelle gare di corsa, il distacco acquistato sull'avversario: *due minuti di* — | in un gioco, numero di punti che si ha in più dell'avversario: *portarsi in* —, superare nel punteggio l'avversario.
vantaggioso [van-tag-gió-so] *agg.* che arreca vantaggio; favorevole, conveniente: *un affare* — □ **vantaggiosamente** *avv.*
vantare [van-tà-re] *v.tr.* **1** lodare, esaltare qlcu. o qlco. per suscitare ammirazione; magnificare, decantare: — *i propri meriti* **2** dichiarare di possedere, o possedere realmente, qlco. che costituisce un motivo di orgoglio: — *nobili origini* **3** avanzare fondata pretesa di qlco.: — *un credito* ♦ **vantarsi** *v.rifl.* o *intr.pron.* compiacersi di meriti, capacità proprie; andare fiero, orgoglioso: *è uno sciocco che non fa che* —.
vanteria [van-te-rì-a] *s.f.* il vantarsi di meriti e qualità inesistenti, il magnificare le proprie azioni; millanteria.
vanto [vàn-to] *s.m.* **1** il vantarsi: *menar — di qlco.* **2** ciò che è motivo di orgoglio o di gloria; pregio, merito: *avere il — dell'onestà.*
vanvera [vàn-ve-ra] solo nella loc. avv. *a* —, senza riflettere, a casaccio: *parlare a* —.
vapoforno [va-po-fór-no] *s.m.* forno a vapore usato per la cottura del pane | (*estens.*) panetteria.
vapore [va-pó-re] *s.m.* **1** sostanza aeriforme che si sviluppa da un liquido per ebollizione o per evaporazione, o da un solido per sublimazione: — *acqueo* | *cuocere al* —, cucinare i cibi col calore del vapore acqueo | *a tutto* —, (*fig.*) con la massima celerità **2** nave a vapore: *la partenza del* — **3** (spec. *pl.*) nebbia poco densa; fumo: *vapori dell'incenso* | esalazione: *vapori mefitici.*
vaporetto [va-po-rét-to] *s.m.* piccola nave a vapore, adibita alla navigazione lacustre o fluviale | motonave di piccole dimensioni.
vaporiera [va-po-riè-ra] *s.f.* (*antiq.*) locomotiva a vapore.
vaporizzare [va-po-riʒ-ʒà-re] *v.tr.* **1** ridurre un liquido in vapore o in goccioline minutissime; nebulizzare: — *un profumo* **2** (*tecn.*) sottoporre all'azione del vapore: — *un tessuto*, per migliorarlo ♦ *v.intr.* [aus. *essere*], **vaporizzarsi** *v.intr.pron.* evaporare, trasformarsi in vapore.
vaporizzatore [va-po-riʒ-ʒa-tó-re] *s.m.* **1** apparecchio usato per vaporizzare un liquido; nebulizzatore **2** recipiente pieno d'acqua che si applica ai termosifoni per umidificare l'aria.
vaporizzazione [va-po-riʒ-ʒa-zió-ne] *s.f.* riduzione di un liquido in piccolissime particelle mediante il vaporizzatore.
vaporosità [va-po-ro-si-tà] *s.f.* l'essere vaporoso.
vaporoso [va-po-ró-so] *agg.* **1** leggerissimo e trasparente; soffice, morbido: *tessuto* — **2** (*fig.*) vago, indeterminato: *concetti vaporosi* □ **vaporosamente** *avv.* in modo leggero, soffice.
varano [va-rà-no] *s.m.* rettile squamato diffuso nell'Africa settentrionale e nell'Asia sudorientale; la sua pelle, nota come *pelle di lucertola*, è usata in pelletteria.
varare [va-rà-re] *v.tr.* **1** far scendere in mare un natante appena costruito: — *una petroliera* **2** (*fig.*) dare inizio, attuazione a qlco.: — *un programma* | — *una legge*, promulgarla.
varata [va-rà-ta] *s.f.* **1** nelle cave di marmo, il distacco e la discesa di una falda **2** nella tecnica mineraria, metodo di abbattimento di rocce per mezzo di mine sistemate negli strati più profondi del terreno.
varcabile [var-cà-bi-le] *agg.* che si può varcare: *confini non varcabili.*
varcare [var-cà-re] *v.tr.* [*io varco, tu varchi ecc.*] valicare, superare, oltrepassare: — *l'oceano.*
varco [vàr-co] *s.m.* [pl. *-chi*] **1** il varcare, il passare | *aspettare qlcu. al* —, appostarsi per sorprenderlo; (*fig.*) aspettare il momento opportuno per metterlo alla prova **2** apertura, passaggio disagevole: *aprirsi un — tra la folla.*

varecchi [va-rèc-chi] *s.m.pl.* ceneri di una varietà di alghe usate come fertilizzante.
varechina [va-re-chì-na], o **varecchina**, *s.f.* soluzione diluita di ipoclorito sodico usata per il suo potere sbiancante e antisettico; candeggina.
varia [/ 'varja /] *s.f.pl.* (*lat.*) cose varie, come titolo di libri o intestazione di rubriche che trattano argomenti vari.
variabile [va-rià-bi-le] *agg.* che varia, che può variare; mutevole, instabile: *prezzo* — | *parti variabili del discorso*, (*gramm.*) quelle che variano nella forma o nella desinenza | *grandezze variabili*, (*mat.*) quelle che possono assumere valori diversi ♦ *s.f.* (*mat.*) grandezza che può assumere tutti i valori appartenenti a un dato insieme □ **variabilmente** *avv.*
variabilità [va-ria-bi-li-tà] *s.f.* l'essere variabile: — *del tempo*.
variante [va-riàn-te] *s.f.* **1** modificazione di un tipo fondamentale o di qlco. precedentemente fissato, stabilito: *apportare una* — **2** (*ling.*) ciascuna delle forme diverse con cui si può presentare lo stesso vocabolo (p.e. *olivo* e *ulivo*); — *grafica*, se la differenza è limitata alla grafia (p.e. *cachi* e *kaki*) **3** (*filol.*) ciascuna delle diverse lezioni che si trovano nei vari manoscritti o stampe che tramandano uno stesso testo.
variantistica [va-rian-tì-sti-ca] *s.f.* (*filol.*) teoria e prassi dello studio delle varianti.
varianza [va-riàn-za] *s.f.* **1** (*chim.*) il numero dei fattori (temperatura, pressione e composizione) che si possono far mutare in un sistema in equilibrio senza modificarne il numero delle fasi **2** in statistica: *analisi della* —, procedura per verificare se uno o più fattori influenzano un fenomeno che è oggetto d'indagine.
variare [va-rià-re] *v.tr.* [*io vàrio ecc.*] **1** cambiare, modificare qlco.: — *un programma* **2** rendere vario, apportare cambiamenti, per evitare l'uniformità: — *i cibi* ♦ *v.intr.* [aus. *avere* con soggetto di persona, *essere* con soggetto di cosa] **1** diventare diverso, cambiare, mutare: *il tempo varia spesso* **2** essere diverso, presentare differenze: — *da paese a paese*.
variato [va-rià-to] *agg.* vario; non uniforme, non monotono: *alimentazione variata* □ **variatamente** *avv.*
variatore [va-ria-tó-re] *s.m.* (*tecn.*) dispositivo che ha la funzione di variare, regolare, controllare una grandezza: — *di velocità*.
variazione [va-ria-zió-ne] *s.f.* **1** il variare; cambiamento, mutamento: *variazioni climatiche* **2** (*mus.*) modificazione di un tema musicale di base che resta tuttavia riconoscibile (spec. *pl.*); successione di brani musicali elaborati su un tema comune.
varice [va-rì-ce] *s.f.* (*med.*) dilatazione permanente di un tratto di vena, per lo più delle gambe: *soffrire di varici*.
varicella [va-ri-cèl-la] *s.f.* (*med.*) malattia infettiva dell'infanzia, di origine virale; si manifesta con febbre leggera e vescicole sulla pelle.
varicocele [va-ri-co-cè-le] *s.m.* (*med.*) varice dei vasi del cordone spermatico.
varicoso [va-ri-có-so] *agg.* (*med.*) si dice di vena che presenta varici.
variegato [va-rie-gà-to] *agg.* **1** di colore vario, per lo più a strisce; screziato, policromo: *marmo* — **2** (*fig.*) che presenta vari aspetti; non uniforme: *un ambiente* — □ **variegatamente** *avv.*
variegatura [va-rie-ga-tù-ra] *s.f.* l'essere variegato; aspetto di cosa variegata: *la — di un tessuto*.
varietà[1] [va-rie-tà] *s.f.* **1** l'essere vario; molteplicità di aspetti sotto i quali si presenta una cosa singola: *la — del paesaggio* **2** diversità di più cose messe a confronto; assortimento: *la — dei tipi umani* **3** ogni oggetto o individuo dotato di caratteristiche che lo differenziano da altri della stessa specie: — *di marmo* **4** (*scient.*) suddivisione di una specie.
varietà[2] *s.m.* spettacolo di carattere leggero, composto da numeri di vario genere.
vario [và-rio] *agg.* **1** che ha in sé aspetti diversi; che si manifesta in modi mutevoli: *umore* —, incostante **2** molteplice (con un'idea di pluralità e diversità): *parlare di varie cose* ♦ *s.m.* ciò che cambia, mutevole: *il bello e il* — ♦ *s.f.pl.* cose diverse, di vario genere | *varie ed eventuali*, formula con cui si chiudono gli ordini del giorno di assemblee, riunioni ecc., per indicare la possibilità di discutere di argomenti non previsti □ **variamente** *avv.* in modo vario, in vari modi: *interpretare — una notizia*.
variometro [va-riò-me-tro] *s.m.* **1** (*fis.*) strumento atto a segnalare le variazioni di una grandezza fisica **2** (*aer.*) strumento per la navigazione aerea che indica la velocità di variazione della quota di volo; è detto anche *indicatore di salita e discesa*.
variopinto [va-rio-pìn-to] *agg.* di vari colori: *tessuto* —.
varismo [va-rì-ʃmo] *s.m.* (*med.*) condizione di un arto varo.
varo[1] [và-ro] *s.m.* **1** l'operazione del varare, che conclude la costruzione di un natante: *la cerimonia del* — **2** (*fig.*) inaugurazione, prima prova di qlco.: *il — di un nuovo sistema*.
varo[2] *agg.* (*med.*) si dice di arto o segmento di arto che ha l'asse deviato verso l'interno, ossia verso la linea mediana del corpo: *ginocchio* —.
vasaio [va-ʃà-io] *s.m.* [f. *-a*] fabbricante, venditore di vasi di terracotta o di ceramica.
vasale [va-ʃà-le] *agg.* (*anat.*) che concerne i vasi; costituito da vasi: *pareti vasali*.
vasca [và-sca] *s.f.* **1** recipiente, in genere grande e fisso, destinato a contenere acqua o altri liquidi: — *da bagno*, recipiente di ceramica usato per la pulizia personale. DIM. *vaschetta* **2** (*sport*) piscina | (*estens.*) la lunghezza del lato maggiore di una piscina: *fare dieci vasche*, percorrere a nuoto la piscina dieci volte nel senso della lunghezza.
vascello [va-scèl-lo] *s.m.* la nave più grande e

potente della marina velica da guerra, con tre alberi e tre ordini di cannoni.

vaschetta [va-schét-ta] *s.f.* contenitore usato per la confezione e il trasporto di prodotti alimentari; anche, il contenuto di una vaschetta: *comprare una — di gelato.*

vascolare [va-sco-là-re] *agg.* **1** che riguarda la decorazione dei vasi di terracotta o di ceramica: *pittura —* **2** (*biol.*) che concerne i vasi sanguigni e linfatici: *sistema —.*

vascolarizzato [va-sco-la-riʒ-ʒà-to] *agg.* (*anat.*) che presenta vasi sanguigni: *tessuto fortemente —.*

vascolarizzazione [va-sco-la-riʒ-ʒa-zió-ne] *s.f.* (*anat.*) presenza di vasi sanguigni in un tessuto.

vascolopatia [va-sco-lo-pa-tì-a] *s.f.* (*med.*) denominazione generica che indica una malattia dei vasi sanguigni.

vasectomia [va-ʃec-to-mì-a] *s.f.* (*med.*) intervento chirurgico con cui si tagliano o legano i canali spermatici nell'uomo, per renderlo sterile.

vasectomizzare [va-ʃec-to-miʒ-ʒà-re] *v.tr.* (*med.*) sottoporre a vasectomia.

vaselina [va-ʃe-lì-na], pop. vasellina, *s.f.* sostanza organica semisolida, untuosa, formata da una miscela di idrocarburi; è usata come lubrificante e come eccipiente per pomate, unguenti ecc.

vasellame [va-ʃel-là-me] *s.m.* assortimento di piatti, scodelle e altre stoviglie per uso di cucina e di tavola: *— di terracotta.*

vasellina → **vaselina.**

vasistas [/ vazis'tas /] *s.m.invar.* (*fr.*) battente a vetri posto al di sopra di finestre o porte, con la base inferiore incernierata e quella superiore apribile verso l'interno.

vaso [và-ʃo] *s.m.* **1** nome generico di recipienti di varia forma e materiale usati per contenere oggetti o a scopo ornamentale: *— di rame* | *— sacro,* ogni recipiente destinato alla celebrazione della messa | *— da notte,* orinale. DIM. *vasetto, vasino* **2** contenitore cilindrico di vetro per prodotti alimentari: *— di marmellata* **3** nei servizi igienici, parte dell'impianto che raccoglie e smaltisce i rifiuti **4** (*biol.*) ciascuno dei canali o condotti degli organismi animali e vegetali: *vasi sanguigni.*

vasoattivo [va-ʃo-at-tì-vo] *agg.* (*med.*) che agisce sulla motilità dei vasi.

vasocostrittore [va-ʃo-co-strit-tó-re] *agg.* e *s.m.* [f. *-trice*] (*med.*) si dice di ciò che ha la proprietà di restringere i vasi sanguigni.

vasocostrizione [va-ʃo-co-stri-zió-ne] *s.f.* (*med.*) riduzione del calibro dei vasi sanguigni.

vasodilatatore [va-ʃo-di-la-ta-tó-re] *agg.* e *s.m.* [f. *-trice*] (*med.*) si dice di ciò che ha la proprietà di dilatare i vasi sanguigni.

vasodilatazione [va-ʃo-di-la-ta-zió-ne] *s.f.* (*med.*) aumento del calibro dei vasi sanguigni.

vasomotilità [va-ʃo-mo-ti-li-tà] *s.f.* (*med.*) l'attitudine dei vasi sanguigni a modificare le proprie dimensioni.

vasomotore [va-ʃo-mo-tó-re] *agg.* (*anat.*) si dice di nervo o centro nervoso che determina i fenomeni di vasomotilità.

vasomotorio [va-ʃo-mo-tò-rio] *agg.* (*med.*) che riguarda la vasomotilità: *disturbo —.*

vasoresezione [va-ʃo-re-se-zió-ne] *s.f.* (*med.*) vasectomia.

vasospasmo [va-ʃo-spà-ʃmo] *s.m.* (*med.*) accentuata contrazione della parete dei vasi sanguigni.

vassallaggio [vas-sal-làg-gio] *s.m.* **1** (*st.*) condizione di dipendenza del vassallo dal feudatario **2** (*estens.*) soggezione servile ai voleri altrui; sudditanza: *— economico.*

vassallatico [vas-sal-là-ti-co] *agg.* [pl.m. *-ci*] (*st.*) di vassallo, che si riferisce al vassallaggio: *tributo —.*

vassallo [vas-sàl-lo] *s.m.* **1** nell'età feudale, chi riceveva l'investitura di un feudo dal signore, al quale restava legato da un rapporto di dipendenza **2** (*estens.*) dipendente, suddito | (*spreg.*) servo ♦ *agg.* che è subordinato, sottoposto: *paese —.*

vassoiata [vas-so-ià-ta] *s.f.* (*non com.*) la quantità di cose che entrano in un vassoio.

vassoio [vas-só-io] *s.m.* grande piatto piano, di forma e materiale vari, usato per portare vivande od oggetti vari: *— d'argento.*

vastità [va-sti-tà] *s.f.* **1** l'essere vasto: *la — dell'universo* **2** spazio vasto, superficie di grande estensione: *le — marine.*

vasto [và-sto] *agg.* **1** che si estende per grande spazio; ampio: *un — territorio* **2** (*fig.*) di grande entità: *disastro di vaste proporzioni,* molto grave | *su vasta scala,* in grandi proporzioni, in quantità ingente □ **vastamente** *avv.*

vate [và-te] *s.m.* (*lett.*) **1** profeta **2** poeta di alta ispirazione; poeta animato da impegno civile.

vaticanista [va-ti-ca-nì-sta] *s.m.* e *f.* [pl.m. *-sti*] studioso dell'attività religiosa e politica del Vaticano | giornalista corrispondente dal Vaticano.

vaticano [va-ti-cà-no] *agg.* della Città del Vaticano: *musei vaticani.*

vaticinare [va-ti-ci-nà-re] *v.tr.* [*io vaticìno* o *vatìcino ecc.*] (*lett.*) predire, profetizzare.

vaticinio [va-ti-cì-nio] *s.m.* il predire cose future | ciò che viene predetto: *il — si avverò.*

vattelappesca [vat-te-lap-pé-sca] *avv.* (*fam.*) vallo a indovinare; chi lo sa: *— dov'è andato tuo fratello.*

vatusso → **watusso.**

vaudeville [/ vod'vil /] *s.m.invar.*(*fr.*) **1** commedia brillante e leggera, ricca di equivoci e situazioni piccanti; pochade **2** canzone popolare francese di carattere satirico.

ve [vé] *pron.pers.m.* e *f. di seconda pers.pl.* [atono; usato come compl. di termine in luogo del pron. pers. *vi* in presenza delle forme pronominali atone *lo, la, li, le* e della particella *ne,* in posizione sia proclitica sia enclitica] a voi: *ve lo dissi; dicendovelo* ♦ *avv.* [usato al posto dell'avv. *vi* in presenza delle forme pronominali atone *lo, la, li, le* e della particella *ne,* in posizione sia proclitica sia enclitica]: qui, in questo luogo; lì, in quel luogo, nel luogo di cui si parla; *ve lo misi io*; *ve ne sono diversi*.

ve', o veh, *inter.* esprime ammonimento o rafforza un'affermazione, una negazione: *attento, —!*

vecchia [vèc-chia] *s.f.* donna di età molto avanzata. DIM. *vecchierella, vecchietta, vecchina*.

vecchiaia [vec-chià-ia] *s.f.* **1** fase avanzata della vita naturale: *gli acciacchi della —*; *morire di —*, non per malattia, ma per l'età molto avanzata **2** (con valore collettivo) i vecchi: *rispettare la —*.

vecchierello [vec-chie-rèl-lo] *s.m.* [f. *-a*] vecchio d'aspetto mite, fragile.

vecchietto [vec-chiét-to] *s.m.* [f. *-a*] vecchio di piccola statura, di corporatura esile.

vecchiezza [vec-chiéz-za] *s.f.* l'essere vecchio.

vecchio[1] [vèc-chio] *agg.* **1** che si trova nell'ultimo periodo della vita naturale; con significato più ampio, anziano: *il mio — nonno*; *sentirsi —*; *essere più — di qlcu.*, essere maggiore di età | posposto al nome di artisti, di personaggi storici, serve a distinguerli da altri, dello stesso nome, vissuti in età posteriore: *Plinio il Vecchio*, contrapposto a Plinio il Giovane **2** che mostra i caratteri della vecchiaia: *viso —* **3** che dura da molto tempo: *una vecchia abitudine* | *cappotto —*, consumato e malandato **4** che ha lunga pratica ed esperienza: *essere — del mestiere* **5** di un altro tempo, di un'altra epoca; non attuale: *— stile* **6** si dice di prodotto sottoposto a invecchiamento, a stagionatura: *vino —* ♦ *s.m.* **1** [f. *-a*] chi si trova nella vecchiaia: *un povero —*. DIM. *vecchierello, vecchietto* **2** [f. *-a*] persona che svolge un lavoro da lungo tempo o che ha notevole anzianità in un servizio: *i vecchi dell'azienda* **3** [solo *sing.*] ciò che è vecchio, superato: *il — e il nuovo*.

vecchione [vec-chió-ne] *s.m.* [f. *-a*] uomo molto vecchio.

vecchiotto [vec-chiòt-to] *agg.* di persona, piuttosto vecchia, attempata | di cosa, fuori moda.

vecchiume [vec-chiù-me] *s.m.* insieme di cose vecchie | insieme di idee, di usanze antiquate, superate.

veccia [véc-cia] *s.f.* [pl. *-ce*] pianta erbacea con foglie pennate e fiori violacei, usata come foraggio.

vece [vé-ce] *s.f.* **1** (*lett.*) mutazione, avvicendamento **2** *in — di*, in luogo, in cambio di: *in — mia* (o *in mia —*), al posto mio **3** *pl.* mansioni, funzioni esercitate da un sostituto: *fare le veci del sindaco*.

vedente [ve-dèn-te] *agg.* e *s.m.* e *f.* che/chi ha l'uso della vista | *non vedente*, (*eufem.*) cieco.

vedere[1] [ve-dé-re] *v.tr.* [pres. *io védo, tu védi, egli véde, noi vediamo, voi vedéte, essi védono*; fut. *io vedrò ecc.*; pass.rem. *io vidi, tu vedésti ecc.*; congiunt.pres. *io véda,... noi vediamo, voi vediate, essi védano*; cond.pres. *io vedrèi ecc.*; imp. *védi, vedéte*; ger. *vedèndo*; part.pres. *vedènte*; part.pass. *visto* o *veduto*] **1** percepire con l'occhio: *— un albero*; *— da lontano* | *— qlco. con i propri occhi*, essere presente, testimone | *non poter — qlcu.*, (*fig.*) averlo in antipatia | *chi s'è visto, s'è visto*, (*fig. fam.*) vada come vada | *vederne di tutti i colori*, assistere a fatti d'ogni genere | *vedersela brutta*, correre un grave rischio | *— lontano*, (*fig.*) prevedere **2** (*assol.*) avere la facoltà, la capacità visiva (anche *vederci*): *non vederci da un occhio* | *non vederci per la fame*, (*fig.*) essere molto affamato | *vederci doppio*, (*fig.*) essere ubriaco, avere le traveggole | *non — più lontano del proprio naso*, (*fig.*) mancare di lungimiranza **3** incontrare: *— un amico a teatro* | *guarda chi si vede!*, (*fam.*) salutando qlcu. che non ci si aspettava di incontrare **4** guardare con attenzione per acquisire una conoscenza; prendere in considerazione, in esame: *— i conti*, controllarli | *— una commedia, una partita*, assistervi | *— una mostra*, visitarla | *farsi — dal dottore*, farsi visitare| *la vedremo!*, *si vedrà!*, in tono di sfida, di minaccia **5** scorgere con la fantasia, col presentimento; immaginare: *vedersi perduto* | *non — l'ora di fare qlco.*, (*fig.*) essere ansioso di farla **6** riconoscere, comprendere, giudicare: *non vedi come sei stanco?* | giudicare adatto: *non ti ci vedo a fare quel lavoro* | *— bene, male qlcu., qlco.*, giudicarli bene, male | *visto che*, dato che, poiché | *a ragion veduta*, dopo aver considerato ogni circostanza, ogni implicazione **7** cercare, fare in modo di: *vedi di deciderti*; *vedi tu*, decidi tu **8** spartire, avere in comune: *non avere nulla a che — con qlcu.*, non avere rapporti con lui ♦ **vedersi** *v.rifl.* **1** percepire con gli occhi la propria immagine: *— nello specchio* **2** scoprirsi, trovarsi, sentirsi: *— perduto* **3** riconoscersi: *mi vedo in questa descrizione* ♦ *v.rifl.rec.* incontrarsi: *— a casa di qlcu.*

vedere[2] *s.m.* parere, opinione: *a mio —*.

vedetta [ve-dét-ta] *s.f.* **1** luogo elevato da cui si può osservare il territorio circostante | *stare di —*, (*fig.*) stare all'erta **2** persona che sta di vedetta **3** (*mar.*) piccola nave usata per la vigilanza costiera.

vedette [/ ve'dɛt /] *s.f.invar.* (*fr.*) **1** nel mondo dello spettacolo, artista di grande successo **2** (*estens.*) personaggio di spicco in un determinato campo.

vedova [vé-do-va] *s.f.* donna a cui è morto il marito. DIM. *vedovella* | *— nera*, nome comune di un ragno americano di colore nero, dal morso velenoso.

vedovanza [ve-do-vàn-za] *s.f.* l'essere vedovo o vedova; condizione vedovile: *un periodo di —*.

vedovile [ve-do-vì-le] *agg.* di vedova o vedovo: *stato —*, *pensione —*.

vedovo [vé-do-vo] *agg.* che ha perduto, per morte, il marito o la moglie: *restare —* ♦ *s.m.* uomo a cui è morta la moglie.

vedretta [ve-drét-ta] *s.f.* piccolo ghiacciaio situato su un ripido pendio o in una conca.

veduta [ve-dù-ta] *s.f.* **1** spazio che si abbraccia

con la vista; panorama: *dalla terrazza si gode di una bella* — **2** quadro o fotografia che raffigura un paesaggio o la parte di una città: *una — di Venezia* **3** *pl.* modo di vedere; idee, opinioni: *essere di larghe vedute*, avere una mentalità aperta.

vedutismo [ve-du-tì-ʃmo] *s.m.* genere di pittura, diffuso in Italia nel Settecento, che riproduceva vedute prospettiche di edifici e di paesaggi.

vedutista [ve-du-tì-sta] *s.m.* e *f.* [pl.m. *-sti*] pittore di vedute.

veemente [ve-e-mèn-te] *agg.* impetuoso, travolgente, violento: *una — invettiva* □ **veementemente** *avv.*

veemenza [ve-e-mèn-za] *s.f.* l'essere veemente: *— di sentimenti.*

vegetale [ve-ge-tà-le] *agg.* **1** che è proprio o si riferisce agli organismi viventi che non appartengono al regno animale: *regno —* **2** che si ottiene da tali organismi: *fibra —* | in contrapposizione a ciò che è di origine animale: *grassi vegetali* ♦ *s.m.* ogni organismo vivente che appartiene al regno vegetale; pianta.

vegetaliano [ve-ge-ta-lià-no] *s.m.* [f. *-a*] chi pratica il vegetalismo

vegetalismo [ve-ge-ta-lì-ʃmo] *s.m.* tipo di vegetarianismo che abolisce dalla dieta anche i prodotti di origine animale, come latte, burro, formaggi, uova ecc.

vegetalista [ve-ge-ta-lì-sta] *s.m.* e *f.* [pl.m. *-sti*] vegetaliano.

vegetare [ve-ge-tà-re] *v.intr.* [*io vègeto ecc.*; aus. *avere*] **1** detto di vegetali, vivere, crescere e svilupparsi **2** (*fig.*) condurre una vita puramente vegetativa: *un malato ridotto a —* | condurre una vita inerte, inattiva.

vegetarianismo [ve-ge-ta-ria-nì-ʃmo], o vegetarismo, *s.m.* regime alimentare a base di prodotti vegetali, dal quale sono escluse le carni.

vegetariano [ve-ge-ta-rià-no] *agg.* e *s.m.* [f. *-a*] che/chi pratica una dieta da cui sono escluse le carni.

vegetarismo → vegetarianismo.

vegetativo [ve-ge-ta-tì-vo] *agg.* **1** che è proprio dei vegetali | *riproduzione vegetativa*, tipo di riproduzione dei vegetali che avviene senza l'intervento dei gameti **2** negli organismi animali, che si riferisce alle funzioni della sola vita organica (*p.e.* respirazione, circolazione): *vita vegetativa* □ **vegetativamente** *avv.* per ciò che riguarda la vita vegetativa.

vegetazione [ve-ge-ta-zió-ne] *s.f.* **1** il vegetare; sviluppo di un vegetale: *clima adatto alla —* **2** l'insieme dei vegetali che vivono in un luogo; flora: *— mediterranea.*

vegeto [vè-ge-to] *agg.* **1** di pianta, che cresce bene; prospero, rigoglioso **2** (*fig.*) di persona, che ha salute e forza anche in età avanzata: *un vecchietto —* | *vivo e —*, si dice di chi è in perfetta salute dopo essere stato creduto malato o addirittura morto.

vegeto-minerale [vè-ge-to mi-ne-rà-le], o **vegetominerale**, *agg.* solo nella loc. *acqua —*, soluzione di acetato di piombo usata come medicamento per contusioni e distorsioni.

veggente [veg-gèn-te] *s.m.* e *f.* **1** (*lett.*) profeta **2** indovino, mago.

veggenza [veg-gèn-za] *s.f.* capacità di prevedere il futuro: *la — dei profeti.*

veglia [vé-glia] *s.f.* l'essere sveglio; lo stare sveglio di notte: *fare la — a un malato*; *— funebre*, il trascorrere la notte pregando accanto a un defunto.

vegliardo [ve-gliàr-do] *s.m.* vecchio che ispira rispetto, venerazione.

vegliare [ve-glià-re] *v. intr.* [*io véglio ecc.*; aus. *avere*] **1** essere desto, sveglio; stare sveglio di notte: *— fino all'alba* **2** (*fig.*) vigilare, fare attenzione: *— sui figli* ♦ *v.tr.* assistere di notte: *— un infermo.*

veglione [ve-glió-ne] *s.m.* festa da ballo che si tiene in locali pubblici e si prolunga nel corso della notte: *— di carnevale.*

veglionissimo [ve-glio-nìs-si-mo] *s.m.* gran veglione; in particolare, il veglione di San Silvestro.

veh → ve'.

veicolare[1] [vei-co-là-re] *agg.* **1** di veicolo o di veicoli: *circolazione —* **2** (*scient.*) che riguarda o costituisce un mezzo di propagazione, di diffusione: *attività —.*

veicolare[2] *v.tr.* [*io veìcolo ecc.*] trasportare facendo da veicolo: *gli insetti possono — malattie* | (*fig.*) trasmettere, comunicare: *— nuove idee.*

veicolo [ve-ì-co-lo] *s.m.* **1** qualsiasi mezzo di trasporto meccanico guidato dall'uomo: *— a motore*; *— spaziale*, per il volo nello spazio extra-atmosferico **2** (*estens.*) mezzo per propagare, diffondere qlco.: *un — dell'elettricità* | (*med.*) qualsiasi agente o mezzo che trasporti organismi patogeni e possa trasmettere un contagio: *— d'infezione.*

veilleuse [/ ve'jɛz /] *s.f.invar.* (*fr.*) lampada notturna a luce tenue, che non disturba il sonno.

vela [vé-la] *s.f.* **1** ampia tela di canapa sagomata che si applica agli alberi o ai pennoni di un'imbarcazione e che sfrutta il vento ai fini della propulsione: *barca a —* | *nave sotto —*, con le vele spiegate | *alzare le vele*, metterle al vento; (*fig.*) accingersi a una nuova opera, intraprenderla | *ammainare le vele*, toglierle al vento | *far —*, salpare, navigare | *a gonfie vele*, col favore del vento; (*fig.*) in modo favorevole, benissimo: *andare a gonfie vele* **2** (*lett.*) imbarcazione a vela **3** lo sport che si pratica con imbarcazioni a vela: *gara di —* **4** *volo a —*, volo con alianti.

velaccino [ve-lac-cì-no] *s.m.* (*mar.*) pappafico.

velaccio [ve-làc-cio] *s.m.* (*mar.*) nei velieri a vele quadre, ognuna delle vele poste sopra la gabbia, con il rispettivo pennone.

velame[1] [ve-là-me] *s.m.* (*lett.*) **1** ciò che vela; velo **2** (*fig.*) ciò che nasconde qlco.; apparenza sotto cui si cela qlco.

velame² *s.m.* insieme delle vele di un'imbarcazione: *aumentare il —.*
velare¹ [ve-là-re] *v.tr.* [*io vélo ecc.*] **1** coprire con un velo o altro, per nascondere, proteggere, ornare: *velarsi il volto* | *— una luce,* schermarla **2** (*estens.*) coprire con uno strato sottile simile a un velo: *lacrime che velano gli occhi* **3** (*fig.*) annebbiare, offuscare; rendere spento, privo di vivacità, di sonorità: *lo sguardo era velato di tristezza* **4** (*fig.*) nascondere, celare, dissimulare: *— i propri sentimenti* ♦ **velarsi** *v.rifl.* coprirsi con un velo ♦ *v.intr.pron.* **1** coprirsi di uno strato sottile simile a un velo: *— di rugiada* **2** (*fig.*) annebbiarsi, offuscarsi; perdere chiarezza e forza: *gli si velò la voce.*
velare² *agg.* **1** (*anat.*) del velo palatino **2** (*ling.*) si dice di suono articolato fra il dorso della lingua e il velo del palato (p.e. *c* e *g* in *collo* e in *gallo*) ♦ *s.f.* (*ling.*) consonante velare.
velario [ve-là-rio] *s.m.* tendaggio usato per riparare o per nascondere; sipario.
velarizzazione [ve-la-riʒ-ʒa-zió-ne] *s.f.* (*ling.*) processo per cui il punto di articolazione di un suono si sposta verso il velo del palato (*p.e.* la pronuncia di *n* quando preceda immediatamente una consonante velare: *anca, angolo*).
velatino [ve-la-tì-no] *s.m.* **1** in sartoria, tela rada e rigida usata per confezionare modelli **2** nelle riprese cinematografiche, schermo di garza che si pone davanti alla sorgente luminosa per diffonderne più uniformemente la luce.
velato [ve-là-to] *agg.* **1** coperto da un velo, da un drappo: *una donna velata* **2** (*estens.*) che sembra coperto da un velo: *cielo —* **3** (*fig.*) offuscato, attenuato: *voce velata* **4** (*fig.*) celato, non esplicito: *minaccia velata* **5** leggero, trasparente (detto di indumenti femminili) □ **velatamente** *avv.* copertamente, in modo non esplicito: *insinuare — qlco.*
velatura¹ [ve-la-tù-ra] *s.f.* **1** il velare, l'essere velato **2** strato sottile steso su una superficie: *una — di cipria* **3** (*fig.*) offuscamento.
velatura² *s.f.* (*mar.*) l'insieme delle vele di un bastimento | il complesso delle vele che un bastimento ha spiegate in un dato momento: *— ridotta.*
velcro® [vèl-cro] *s.m.invar.* dispositivo di chiusura rapida per vestiti, borse, calzature, costituito da due nastri di tessuto sintetico che si uniscono tra loro a pressione.
veleggiare [ve-leg-già-re] *v.intr.* [*io veléggio ecc.*; aus. *avere*] **1** navigare con un'imbarcazione a vela: *— nell'Adriatico* **2** detto di velivoli, volare senza motore: *gli alianti veleggiano* **3** (*lett.*) di uccelli, volare ad ali aperte.
veleggiatore [ve-leg-gia-tó-re] *s.m.* aliante in grado di sfruttare modeste correnti ascendenti.
veleggio [ve-lég-gio] *s.m.* il veleggiare | il volo degli uccelli con le ali aperte.
velenifero [ve-le-nì-fe-ro] *agg.* che contiene o produce veleno: *ghiandole velenifere.*
veleno [ve-lé-no] *s.m.* **1** qualsiasi sostanza che, introdotta nell'organismo, può causare gravissimi danni o anche la morte: *il — della vipera* **2** (*estens.*) ogni sostanza che nuoce all'organismo: *la nicotina è un — per i polmoni* **3** (*estens.*) si dice di cibo o bevanda molto amara: *questo caffè è un —!* **4** (*fig.*) passione o sentimento dannoso, maligno: *il — dell'odio* **5** (*fig.*) astio, rancore, odio: *parole piene di —* | *masticare —,* inghiottire rabbia, rodersi di livore senza sfogarsi | *sputare —,* parlare con rancore.
velenosità [ve-le-no-si-tà] *s.f.* l'essere velenoso: *la — di un fungo.*
velenoso [ve-le-nó-so] *agg.* **1** che è un veleno o contiene veleno: *fungo —* | che inietta, che trasmette veleno: *morso —* **2** (*fig.*) pieno di astio, di livore: *parole velenose* □ **velenosamente** *avv.* con livore; in modo astioso: *rispondere —.*
veletta [ve-lét-ta] *s.f.* piccolo velo che si portava appuntato sul cappello e talvolta calato a coprire il viso.
velico [vè-li-co] *agg.* [pl.m. *-ci*] **1** della vela, delle vele: *sistema —* **2** che riguarda le imbarcazioni a vela; che si effettua con imbarcazioni a vela: *sport —.*
veliero [ve-liè-ro] *s.m.* nave, bastimento a vela.
velina [ve-lì-na] *s.f.* **1** carta velina **2** copia su carta velina di un dattiloscritto: *la — di una lettera* **3** (*giorn.*) comunicazione inviata da fonte governativa, contenente suggerimenti sul modo di dare e commentare una notizia.
velinare [ve-li-nà-re] *v.tr.* nel linguaggio giornalistico, dare una notizia conformandosi a una velina, alle direttive di un centro di potere.
velino [ve-lì-no] *agg.* solo nella loc. *carta velina,* carta leggerissima, usata per copie dattiloscritte o per l'imballaggio di oggetti fragili.
velismo [ve-lì-ʃmo] *s.m.* lo sport della navigazione a vela.
velista [ve-lì-sta] *s.m.* e *f.* [pl.m. *-sti*] chi pratica il velismo.
velivolo [ve-lì-vo-lo] *s.m.* aerodina ad ali fisse (aeroplano, idrovolante, aliante).
velleità [vel-lei-tà] *s.f.* desiderio ambizioso ma inconcludente; aspirazione troppo superiore alle reali capacità personali: *— artistiche.*
velleitario [vel-lei-tà-rio] *agg.* **1** che ha delle velleità: *un individuo —* **2** che ha carattere di velleità: *progetti velleitari* ♦ *s.m.* [f. *-a*] persona velleitaria □ **velleitariamente** *avv.*
velleitarismo [vel-lei-ta-rì-ʃmo] *s.m.* atteggiamento di chi ha aspirazioni o programmi ambiziosi, ma infondati e irrealizzabili; caratteristica di ciò che è velleitario: *il — di un progetto.*
vellicare [vel-li-cà-re] *v.tr.* [*io vèllico, tu vèllichi ecc.*] (*lett.*) **1** toccare in modo leggero provocando il solletico: *— con una piuma* **2** (*fig.*) stimolare, eccitare piacevolmente: *— la fantasia.*
vello [vèl-lo] *s.m.* (*lett.*) la massa di pelo dell'animale da lana; la pelle intera di tale animale: *— di pecora.*
vellutare [vel-lu-tà-re] *v.tr.* (*ind. tessile*) rendere un tessuto simile al velluto.

vellutato [vel-lu-tà-to] *agg.* **1** che ha le qualità o l'apparenza del velluto: *stoffa vellutata* | si dice di organo vegetale coperto da una peluria fitta e morbida: *foglie vellutate* **2** (*fig.*) liscio e morbido come velluto: *pelle vellutata* | *voce vellutata*, calda e armoniosa **3** di colore, che ha i riflessi del velluto: *nero —*.

vellutatura [vel-lu-ta-tù-ra] *s.f.* (*ind. tessile*) operazione di finitura superficiale di alcuni tessuti volta a ottenere un aspetto simile a quello del velluto.

vellutino [vel-lu-tì-no] *s.m.* **1** velluto leggero **2** guarnizione di velluto per abiti da donna.

velluto [vel-lù-to] *s.m.* **1** tessuto ricoperto di pelo corto, fitto e molto morbido: *— a coste* | *di —*, (*fig.*) vellutato: *guance di —* **2** (*fig.*) si dice di cosa liscia e morbidissima: *una pelle che è un —*.

velo [vé-lo] *s.m.* **1** tessuto finissimo e trasparente di seta o cotone: *il — della sposa* **2** drappo che ripara o cela qlco.: *— religioso*, quello che portano le suore o le monache | *prendere il —*, farsi suora o monaca **3** strato molto sottile che ricopre qlco.: *avere un — di tristezza negli occhi* | *zucchero a —*, finissimo **4** (*fig.*) ciò che impedisce la conoscenza di qlco.: *— di mistero* | *stendere un — pietoso su qlco.*, tacere particolari dolorosi, narrando un fatto **5** (*fig.*) apparenza ingannevole: *un — di generosità che copre l'egoismo* **6** *— pendulo, palatino*, (*anat.*) lamina muscolo-membranosa che pende dal fondo del palato e separa la bocca dalle fosse nasali.

veloce [ve-ló-ce] *agg.* **1** che si sposta con moto rapido: *automobile —*; *— come il vento*, velocissimo **2** che è compiuto con celerità: *una mossa —* **3** che agisce con rapidità: *un ingegno —* **4** che passa in fretta: *i giorni scorrono veloci* **5** (*mus.*) indicazione dinamica che prescrive l'esecuzione rapida di un brano □ **velocemente** *avv.*

velocimetria [ve-lo-ci-me-trì-a] *s.f.* tecnica per misurare a distanza la velocità di un corpo in movimento.

velocimetro [ve-lo-cì-me-tro] *s.m.* strumento per misurare a distanza la velocità di un mezzo mobile.

velocipede [ve-lo-cì-pe-de] *s.m.* antico modello di bicicletta con la ruota anteriore molto più grande di quella posteriore.

velocista [ve-lo-cì-sta] *s.m.* e *f.* [pl.m. *-sti*] (*sport*) atleta specializzato nelle corse podistiche di velocità | ciclista specializzato nelle gare di velocità su pista.

velocità [ve-lo-ci-tà] *s.f.* **1** l'essere veloce; rapidità, celerità: *la — del fulmine* | *gara di —*, (*sport*) quella su percorso breve, in cui si mette alla prova la velocità e non la resistenza degli atleti **2** (*fis.*) rapporto tra lo spazio percorso da un corpo mobile e il tempo impiegato a percorrerlo: *la — della luce* | *alta —*, in ferrovia, tecnologia che permette ai treni di viaggiare a una velocità doppia o tripla di quella tradizionale: *treni ad alta —*.

velocizzare [ve-lo-ciʒ-ʒà-re] *v.tr.* rendere più veloce; accelerare, sveltire: *— una procedura* ♦ **velocizzarsi** *v.intr.pron.* divenire più veloce.

velocizzazione [ve-lo-ciʒ-ʒa-zió-ne] *s.f.* il velocizzare, il velocizzarsi, l'essere velocizzato.

velodromo [ve-lò-dro-mo] *s.m.* **1** pista a tracciato ellittico per gare ciclistiche **2** stadio in cui si trova tale pista.

velopendulo [ve-lo-pèn-du-lo] *s.m.* (*anat.*) velo pendulo.

velours [/ veˈlur /] *s.m.invar.* (*fr.*) tessuto di lana peloso e morbido, simile al velluto.

veltro [vèl-tro *o* véltro] *s.m.* (*lett.*) cane da caccia assai veloce, simile al levriero.

vena [vé-na] *s.f.* **1** (*anat.*) vaso o canale membranoso che porta il sangue dalla periferia al cuore: *— giugulare*; *tagliarsi le vene* | *sentirsi ribollire il sangue nelle vene*, (*fig.*) sentirsi scosso per sdegno o ira **2** venatura: *le vene della pietra* **3** rigagnolo sotterraneo di acqua sorgiva: *acqua di —* **4** filone sotterraneo di un minerale: *una — di rame* **5** (*fig.*) traccia, sfumatura: *una — di malinconia* **6** (*fig.*) felice disposizione a fare qlco.: *essere in — di scherzi* | ispirazione creativa; estro: *— poetica*.

venale [ve-nà-le] *agg.* **1** di vendita | che si vende, che si può vendere: *merce —* **2** (*spreg.*) fatto per denaro, a fine di lucro: *amore —* **3** (*fig.*) si dice di persona che agisce per lucro, che è molto avida di denaro: *gente —* □ **venalmente** *avv.*

venalità [ve-na-li-tà] *s.f.* l'essere venale: *la — di uno scrittore*.

venare [ve-nà-re] *v.tr.* [*io véno ecc.*] segnare con venature ♦ **venarsi** *v.intr.pron.* **1** coprirsi di venature **2** (*fig.*) essere caratterizzato da particolari tonalità, sfumature: *— di malinconia*.

venato [ve-nà-to] *agg.* **1** segnato da venature: *marmo —* **2** (*fig.*) che reca il segno, la traccia di qlco.: *un canto — di tristezza*.

venatorio [ve-na-tò-rio] *agg.* relativo alla caccia o ai cacciatori: *concorso —*.

venatura [ve-na-tù-ra] *s.f.* **1** segno ramificato, di colore diverso dal fondo, che percorre la superficie di un legno, di un marmo ecc. **2** (*fig.*) lieve traccia, sfumatura: *una — di tristezza*.

vendemmia [ven-dém-mia] *s.f.* **1** la raccolta dell'uva: *fare la —* | la quantità di uva raccolta: *una — ricca* | il periodo dell'anno in cui si fa la raccolta **2** (*fig.*) gran quantità di cose guadagnate o realizzate; messe: *una — di premi*.

vendemmiaio [ven-dem-mià-io] *s.m.* nome del primo mese del calendario rivoluzionario francese (22 settembre - 21 ottobre).

vendemmiare [ven-dem-mià-re] *v.tr.* [*io vendémmio ecc.*] **1** raccogliere l'uva matura: *— la vigna* **2** (*fig.*) conseguire in gran quantità: *— successi* ♦ *v.intr.* [aus. *avere*] **1** fare la vendemmia: *è tempo di —* **2** (*fig.*) fare grossi guadagni.

vendemmiatore [ven-dem-mia-tó-re] *s.m.* [f. *-trice*] chi vendemmia.

vendemmiatrice [ven-dem-mia-trì-ce] *s.f.* macchina agricola che serve a vendemmiare automaticamente.

vendere [vén-de-re] *v.tr.* [pres. *io véndo ecc.*; pass.rem. *io vendéi* o *vendètti, tu vendésti ecc.*; part.pass. *venduto*] **1** cedere ad altri la proprietà di qlco. ricevendone un corrispettivo: *— la casa*; *— in contanti, a rate* | *sapersi —*, (*fig.*) sapersi valorizzare | *— cara la pelle*, (*fig.*) difendersi accanitamente prima di cedere | *— fumo*, (*fig.*) raccontare fandonie **2** esercitare un'attività commerciale determinata: *— frutta e verdura* **3** fare commercio di ciò che non dovrebbe essere oggetto di lucro: *— la coscienza* | *— l'anima al diavolo*, (*fig.*) essere disposto a tutto pur di conseguire un fine ♦ **vendersi** *v.rifl.* fare mercato della propria dignità.

vendetta [ven-dét-ta] *s.f.* **1** danno morale o materiale che si arreca ad altri per avere soddisfazione di un danno subìto: *propositi di —* | *— trasversale*, compiuta colpendo non la persona, ma i suoi parenti **2** la punizione inflitta dalla giustizia divina: *temere la — di Dio* | *gridare —*, meritare il giusto castigo (detto di crimini e, in senso scherz., di cose malfatte o di pessimo gusto).

vendeuse [/ vaɴ'dœz /] *s.f.invar.* (*fr.*) l'incaricata delle vendite in una sartoria; commessa di un negozio elegante di abbigliamento.

vendibile [ven-dì-bi-le] *agg.* che può essere venduto, smerciato.

vendicare [ven-di-cà-re] *v.tr.* [*io véndico, tu véndichi ecc.*] far vendetta in nome di qlcu. o di qlco.; punire una colpa con la vendetta: *— un'offesa* ♦ **vendicarsi** *v.rifl.* dare il contraccambio di un torto subito: *— di un affronto*.

vendicatività [ven-di-ca-ti-vi-tà] *s.f.* l'essere vendicativo.

vendicativo [ven-di-ca-tì-vo] *agg.* che è portato alla vendetta: *un uomo —* | che è ispirato dal desiderio di vendetta; che è fatto per vendetta: *atto —* ♦ s.m. [f. *-a*] persona vendicativa.

vendicatore [ven-di-ca-tó-re] *agg.* e *s.m.* [f. *-trice*] (*lett.*) che/chi vendica, compie una vendetta.

vendicchiare [ven-dic-chià-re] *v.tr.* [*io vendìcchio ecc.*] vendere con difficoltà; vendere qlco. ogni tanto.

vendifumo [ven-di-fù-mo] *s.m.* e *f. invar.* chi è solito vantare capacità e meriti che non possiede; chi fa promesse vane.

vendita [vén-di-ta] *s.f.* **1** il vendere, l'essere venduto: *— all'ingrosso*; *prezzo di —*, al quale si vende qlco. | *mettere in — qlco.*, offrirla all'acquisto | *essere in —*, essere offerto all'acquisto **2** quantità di merce venduta: *vendite in aumento*.

venditore [ven-di-tó-re] *s.m.* [f. *-trice*] proprietario o gestore di un negozio | *— di fumo*, (*fig.*) millantatore, ciarlatano.

-vendolo secondo elemento di parole composte, che significa 'venditore' (*fruttivendolo*).

venduto [ven-dù-to] *agg.* **1** che è stato messo in vendita e comprato: *un oggetto — a buon prezzo* **2** detto di persona, che si è lasciato corrompere: *un funzionario —* ♦ *s.m.* (*comm.*) la merce venduta: *l'entità del —*.

veneficio [ve-ne-fi-cio] *s.m.* (*antiq.*) omicidio commesso col veleno: *reo di —*.

venefico [ve-nè-fi-co] *agg.* [pl.m. *-ci*] **1** velenoso: *preparato —* **2** (*estens.*) non salutare, molto nocivo: *aria venefica* **3** (*fig.*) moralmente dannoso: *dottrina venefica*.

venerabile [ve-ne-rà-bi-le] *agg.* **1** che è degno di essere venerato: *un vecchio —* | *età —*, degna di rispetto perché molto avanzata **2** titolo d'onore di congregazioni religiose: *la — Confraternita della Misericordia* ♦ *s.m.* (*eccl.*) persona morta in odore di santità e non ancora beatificata □ **venerabilmente** *avv.*

venerabilità [ve-ne-ra-bi-li-tà] *s.f.* l'essere venerabile: *la — di un santo*.

venerando [ve-ne-ràn-do] *agg.* che si deve venerare: *un vecchio —* | *età veneranda*, molto avanzata.

venerare [ve-ne-rà-re] *v.tr.* [*io vènero ecc.*] fare oggetto di devozione, di ossequio: *— la Madonna*.

veneratore [ve-ne-ra-tó-re] *agg.* e *s.m.* [f. *-trice*] (*lett.*) che/chi manifesta venerazione.

venerazione [ve-ne-ra-zió-ne] *s.f.* il venerare, l'essere venerato; sentimento di profonda devozione: *fare oggetto di —*.

venerdì [ve-ner-dì] *s.m.* il quinto giorno della settimana.

venere [vè-ne-re] *s.f.* **1** *Venere*, (*astr.*) nel sistema solare, il secondo pianeta in ordine di distanza dal Sole **2** donna eccezionalmente bella: *non è una —*, (*eufem.*) si dice di donna piuttosto brutta | *monte di —*, (*anat.*) cuscinetto adiposo situato nella regione pubica femminile.

venereo [ve-nè-re-o] *agg.* che riguarda l'amore fisico | *malattie veneree*, che si contraggono attraverso rapporti sessuali.

venereologia [ve-ne-re-o-lo-gì-a] *s.f.* (*med.*) studio delle malattie veneree e delle relative terapie.

venetico [ve-nè-ti-co] *agg.* [pl.m. *-ci*] degli antichi veneti: *iscrizioni venetiche* ♦ *s.m.* la lingua degli antichi veneti.

veneto [vè-ne-to] *agg.* **1** del Veneto: *i dialetti veneti* **2** della città di Venezia: *la Repubblica Veneta* **3** venetico ♦ *s.m.* **1** [f. *-a*] abitante, nativo del Veneto **2** appartenente alla popolazione illirica sbarcata nel 1200 a.C. ca sulle coste adriatiche settentrionali **3** l'insieme dei dialetti parlati nel Veneto.

veneziana [ve-ne-zià-na] *s.f.* **1** dolce molto soffice, cosparso di chicchi di zucchero **2** serramento costituito da stecche in alluminio o plastica, variamente inclinabili.

veneziano [ve-ne-zià-no] *agg.* di Venezia | *alla veneziana*, alla maniera dei veneziani: *fegato alla veneziana*, fegato di vitello cotto con olio e cipolla ♦ *s.m.* **1** [f. *-a*] abitante, nativo di Venezia **2** dialetto parlato a Venezia.

venia [vè-nia] *s.f.* (*lett.*) perdono per una colpa non grave: *chiedere —*.

veniale [ve-nià-le] *agg.* **1** (*relig.*) si dice di peccato non grave, che non fa perdere la grazia divi-

na 2 (*estens.*) non grave; che merita indulgenza, perdono: *mancanza* — □ **venialmente** *avv.*
venialità [ve-nia-li-tà] *s.f.* l'essere veniale.
venire [ve-nì-re] *v.intr.* [pres. *io vèngo, tu vièni, egli viène, noi veniamo, voi venite, essi vèngono*; fut. *io verrò ecc.*; pass.rem. *io vénni, tu venisti ecc.*; pres.congiunt. *io vènga..., noi veniamo, voi veniate, essi vèngano*; cond. *io verrèi ecc.*; imp. *vièni, venite*; part.pres. *veniènte*; part.pass. *venuto*; aus. *essere*] 1 recarsi nel luogo dove si trova o dove va la persona a cui si parla o la persona che parla: *veniamo con voi*; *mi venne vicino* | *venir su*, (*fig.*) detto di bambini, piccoli di animali o piante giovani, crescere 2 giungere, arrivare: — *da Milano*; *il mese che viene*, quello prossimo | provenire, derivare: — *da buona famiglia*; *una parola che viene dal latino* | *far* —, mandare a chiamare; anche, provocare: *far — il medico*; *far — i brividi* | — *a sapere*, essere messo al corrente di un fatto | — *al mondo*, nascere | — *alla luce*, nascere; essere scoperto, rivelato: *far — alla luce nuovi fatti* | — *a capo di un problema*, risolverlo | — *al dunque*, arrivare al nocciolo di una questione | — *a patti*, giungere a un compromesso| — *alle mani*, azzuffarsi | — *in odio*, diventare odioso | — *a noia*, cominciare ad annoiare | — *in possesso di qlco.*, diventarne proprietario 3 sopraggiungere, manifestarsi: *mi è venuta un'idea!*; *gli è venuta la febbre* | *non mi viene*, (*fam.*) non mi torna alla mente | — *da...*, sentire l'impulso: *mi viene da piangere* 4 riuscire: — *male* | dare come risultato: *ho fatto la divisione e mi è venuto 7* | essere estratto: *è venuto il numero undici* | — *a costare*, costare complessivamente: *quanto viene?*, (*fam.*) quanto costa? 5 seguito da avv. o da prep. assume diversi significati: — *giù*, cadere, scendere | — *via*, di persona, allontanarsi; di cosa, staccarsi: *la maniglia è venuta via* | — *prima, dopo*, precedere, seguire; avere maggiore, minore importanza: *la salute viene prima di tutto* | — *meno*, di persona, svenire; di cosa, mancare: *gli vennero meno le forze* 6 seguito da un gerundio, indica azione ripetuta, continuativa: — *dicendo* 7 seguito da un part. pass., sostituisce l'aus. *essere* nella coniugazione passiva dei verbi nei tempi semplici: *verrò trasferito altrove* ♦ **venirsi** *v.intr.pron.* [sempre con la particella *ne*] andare in un luogo; allontanarsi da un luogo | *venirsene fuori con una battuta*, dirla inaspettatamente ♦ *s.m.* lo spostarsi, il muoversi in una data direzione | *un andare e venire*, un movimento continuo e alternato: *un andare e — di gente.*
venoso [ve-nó-so] *agg.* (*anat.*) delle vene | *sangue* —, che scorre nelle vene e nelle arterie polmonari.
ventaglio [ven-tà-glio] *s.m.* 1 arnese per farsi vento; è costituito da una striscia di seta o altro materiale incollata su stecche che si imperniano a un'estremità, così da potersi aprire e chiudere | *a* —, si dice di tutto ciò che si diparte a raggiera da un punto: *il pavone apre la coda a* — 2 (*fig.*) ampia gamma: *un — di proposte.*
ventata [ven-tà-ta] *s.f.* 1 colpo di vento 2 (*fig.*) moto improvviso e intenso: *una — di popolarità.*
ventennale [ven-ten-nà-le] *agg.* 1 che dura vent'anni: *periodo* — 2 che ricorre ogni vent'anni ♦ *s.m.* il ventesimo anniversario di un avvenimento: *il — della resistenza.*
ventenne [ven-tèn-ne] *agg.* e *s.m.* e *f.* che/chi ha venti anni.
ventennio [ven-tèn-nio] *s.m.* periodo di vent'anni: *il — fascista.*
ventesimo [ven-tè-ʃi-mo] *agg.num.ord.* che in una serie occupa il posto numero venti | *il — secolo*, gli anni dal 1901 al 2000.
venti [vén-ti] *agg.num.card.* numero naturale corrispondente a due decine.
venticinquennale [ven-ti-cin-quen-nà-le] *agg.* 1 che dura venticinque anni: *periodo* — 2 che ricorre ogni venticinque anni: *celebrazione* — ♦ *s.m.* il venticinquesimo anniversario di un avvenimento: *il — della repubblica.*
venticinquennio [ven-ti-cin-quèn-nio] *s.m.* periodo di venticinque anni.
venticinquesimo [ven-ti-cin-què-ʃi-mo] *agg. num.ord.* che in una serie occupa il posto numero venticinque ♦ *s.m.* 1 la venticinquesima parte dell'unità 2 venticinquesimo anniversario: — *di nozze.*
ventilabro [ven-ti-là-bro] *s.m.* larga pala usata per ventilare il grano o altri cereali.
ventilare [ven-ti-là-re] *v.tr.* [*io vèntilo ecc.*] 1 far circolare l'aria in un ambiente chiuso; aerare: *far — una stanza* 2 di grano o altri cereali, gettarli in aria con la pala facendoli investire da una corrente d'aria, per separare i chicchi dalla pula 3 (*fig.*) proporre, prospettare, avanzare: — *una proposta.*
ventilato [ven-ti-là-to] *agg.* arieggiato, arioso: *zona ventilata.*
ventilatore [ven-ti-la-tó-re] *s.m.* apparecchio elettrico costituito da una ventola il cui movimento crea una corrente d'aria.
ventilazione [ven-ti-la-zió-ne] *s.f.* 1 il ventilare; aerazione: *impianto di* — | lo spirare del vento: *in spiaggia c'è* — 2 — *polmonare*, (*med.*) il rinnovamento dell'aria che si opera nei polmoni mediante la respirazione.
ventina [ven-tì-na] *s.f.* complesso di venti o circa venti unità: *una — di persone* | *essere sulla* —, avere circa vent'anni.
ventino [ven-tì-no] *s.m.* 1 moneta da venti centesimi | (*estens.*) moneta di poco valore 2 (*region.*) misura di capacità pari a 2 decilitri.
ventiquattrore [ven-ti-quat-tró-re], o **ventiquattr'ore**, *s.f.* 1 gara sportiva che dura 24 ore 2 valigetta usata per brevi viaggi.
vento [vèn-to] *s.m.* 1 (*meteor.*) spostamento di masse d'aria, dovuto a differenze di temperatura e di pressione: *l'alzarsi del* —; — *di terra, di mare*, che proviene da terra, dal mare; *colpo di* —, movimento d'aria improvviso e violento | — *favorevole, contrario*, che spira in senso favorevole o contrario alla navigazione | *qual buon — ti por-*

ta?, (*fam.*) si dice a chi arriva inaspettato e gradito | *buttare al* —, (*fig.*) sprecare | *parlare al* —, (*fig.*) senza essere ascoltato. DIM. *venticello* PEGG. *ventaccio* 2 aria, corrente d'aria: *far* —, far muovere aria con un ventaglio o sim. 3 (*eufem.*) peto.

ventola [vèn-to-la] *s.f.* 1 arnese simile a un ventaglio aperto, usato per ravvivare il fuoco nei caminetti 2 arnese che si appende ai muri delle chiese per sostenere le candele 3 (*mecc.*) organo girante dei ventilatori o di altri apparecchi, a forma di elica o di ruota a palette radiali | (*estens.*) ventilatore centrifugo.

ventolana [ven-to-là-na] *s.f.* pianta erbacea con foglie lineari e infiorescenza formata da tante spighette (*fam.* Graminacee).

ventosa [ven-tó-sa] *s.f.* 1 piccola coppa di gomma che, premuta su una superficie piana e liscia, vi rimane attaccata 2 (*zool.*) in alcuni animali, organo che serve per afferrare o per aderire a qlco.: *le ventose dei polpi.*

ventosità [ven-to-si-tà] *s.f.* 1 l'essere ventoso 2 l'eliminazione dei gas accumulati nell'intestino; flatulenza.

ventoso[1] [ven-tó-so] *agg.* di vento, del vento: *moto* — | che è battuto dal vento, che è esposto al vento: *collina ventosa* | in cui c'è vento: *giornata ventosa.*

ventrale [ven-trà-le] *agg.* del ventre: *pinne ventrali.*

ventre [vèn-tre] *s.m.* 1 parte cava del corpo dell'uomo o di un animale, contenente l'intestino, lo stomaco e altri visceri; la parte esterna corrispondente; addome, pancia: *basso* —, la parte inferiore del ventre; (*fig.*) i genitali | *il — molle di qlco.*, (*fig.*) la sua parte più delicata 2 il grembo materno 3 (*estens.*) l'interno di qlco.; cavità: *il — della Terra* 4 (*fig.*) la parte rigonfia di un oggetto: *il — di una botte* | (*aer.*, *mar.*) la parte inferiore panciuta di uno scafo, di una fusoliera; stiva.

ventresca [ven-tré-sca] *s.f.* la carne del ventre del tonno conservata sott'olio.

ventricolare [ven-tri-co-là-re] *agg.* di ventricolo, relativo a un ventricolo: *cavità* —.

ventricolo [ven-trì-co-lo] *s.m.* (*anat.*) cavità all'interno di un organo: — *cardiaco*, ciascuna delle due cavità principali del cuore.

ventriera [ven-triè-ra] *s.f.* 1 (*non com.*) panciera 2 borsa di pelle o di tessuto a forma di larga fascia che si portava un tempo legata alla vita per tenervi denaro o piccoli oggetti.

ventriglio [ven-trì-glio] *s.m.* (*zool.*) parte dello stomaco degli uccelli fornita di potenti muscoli che possono triturare cibi durissimi.

ventriloquo [ven-trì-lo-quo] *agg.* e *s.m.* [f. *-a*] si dice di persona che sa parlare a labbra semichiuse e ferme, così che la sua voce non sembra provenire dagli organi vocali.

ventura [ven-tù-ra] *s.f.* (*lett.*) 1 sorte, destino: *compagno di* — 2 buona sorte, destino propizio; fortuna.

venturo [ven-tù-ro] *agg.* (*lett.*) che verrà, che deve venire: *il mese* —, quello che sta per giungere, il prossimo.

venturoso [ven-tu-ró-so] *agg.* (*lett.*) fortunato.

venula [vè-nu-la] *s.f.* 1 (*anat.*) piccola vena 2 (*med.*) apparecchio per il prelievo del sangue dalle vene, costituito da un tubo di vetro provvisto di un ago cavo.

venusiano [ve-nu-ʃià-no] *agg.* (*astr.*) del pianeta Venere: *l'atmosfera venusiana* ♦ *s.m.* [f. *-a*] ipotetico abitante di Venere.

venustà [ve-nu-stà] *s.f.* (*lett.*) l'essere venusto; bellezza, grazia.

venusto [ve-nù-sto] *agg.* (*lett.*) di forme aggraziate; bello: *donna venusta* □ **venustamente** *avv.*

venuta [ve-nù-ta] *s.f.* il venire: *aspettare la — di qlcu.*

venuto [ve-nù-to] *s.m.* [f. *-a*] chi è giunto in un luogo: *i nuovi venuti* | *il primo* —, (*fig.*) persona di scarso valore o rilievo: *non è il primo* —.

vera [vé-ra *o* vèra] *s.f.* 1 fede matrimoniale 2 parapetto in muratura attorno alla bocca di un pozzo.

verace [ve-rà-ce] *agg.* 1 (*lett.*) che ha in sé verità, che è fonte di verità 2 che risponde al vero; non falso: *amicizia* — | di persona, che dice il vero: *testimone* — 3 (*region.*) genuino, di sicura origine: *un napoletano* — □ **veracemente** *avv.*

veracità [ve-ra-ci-tà] *s.f.* l'essere verace; carattere verace.

veranda [ve-ràn-da] *s.f.* loggia o balconata chiusa con tende o vetrate. DIM. *verandina.*

veratro [ve-rà-tro] *s.m.* (*bot.*) genere di piante erbacee con foglie ovali scanalate e fiori bianchi o rosso-bruni in grappolo, con proprietà medicinali.

verbale[1] [ver-bà-le] *agg.* 1 espresso a voce; orale: *ordine* — 2 fatto di parole, che si manifesta con parole: *un'offesa* — 3 (*gramm.*) del verbo, che concerne il verbo: *forme verbali* | *predicato* —, nell'analisi logica, il predicato costituito dal verbo non accompagnato da aggettivo o complemento predicativo □ **verbalmente** *avv.* a parole, a voce: *comunicare qlco.* —.

verbale[2] *s.m.* documento che registra quanto è stato dichiarato oralmente in una riunione, in un dibattimento: *il — di un processo*; *mettere qlco. a* —, inserirla in tale documento.

verbalizzare [ver-ba-liʒ-ʒà-re] *v.tr.* 1 mettere a verbale: — *le deposizioni* 2 esprimere con parole: — *un'idea* ♦ *v.intr.* [aus. *avere*] redigere un verbale.

verbalizzazione [ver-ba-liʒ-ʒa-zió-ne] *s.f.* il verbalizzare, l'essere verbalizzato.

verbasco [ver-bà-sco] *s.m.* [pl. *-schi*] (*bot.*) genere di piante erbacee di origine mediterranea, con fiori a corolle e frutti a capsula.

verbena [ver-bè-na] *s.f.* (*bot.*) genere di piante erbacee perenni, con piccoli fiori in spiga di vario colore.

verbenacee [ver-be-nà-ce-e] *s.f.pl.* (*bot.*) famiglia di piante dicotiledoni per lo più di origine tropicale, a cui appartiene la verbena.

verbo [vèr-bo] *s.m.* [pl. *i vèrbi*] **1** (*lett.*) parola (per lo più in frasi negative): *non farne — con nessuno* | *ripetere — a —*, parola per parola **2** (*teol.*) la seconda persona della Trinità **3** (*gramm.*) parte variabile del discorso che indica un'azione o uno stato del soggetto: *"vedere" e "sentire" sono verbi.*

verbosità [ver-bo-si-tà] *s.f.* l'essere verboso: *la — di uno scrittore.*

verboso [ver-bó-so] *agg.* che si dilunga inutilmente nello scrivere o nel parlare: *oratore —* | detto di scritto o discorso, prolisso: *prosa verbosa* □ **verbosamente** *avv.*

verdastro [ver-dà-stro] *agg.* di colore che tende al verde; verde con sfumature d'altro colore ♦ *s.m.* colore verdastro.

verde [vér-de] *agg.* **1** detto del colore dell'iride intermedio tra il giallo e l'azzurro; è il colore dell'erba: *— bottiglia, — acqua, — oliva*, a seconda della gradazione e tonalità | *zona —*, in una città, zona a traffico limitato | *tappeto —*, panno che si pone sul tavolo da gioco **2** di persona o di volto umano, pallidissimo, livido **3** di vegetale, che non è ancora maturo o ancora secco: *grano, legna —* **4** (*estens.*) di territorio, ricco di vegetazione: *valle —* **5** (*fig. lett.*) giovanile, pieno di vigore: *anni verdi* **6** che riguarda l'agricoltura o gli agricoltori: *piano —* **7** che si riferisce o appartiene al movimento politico dei verdi: *partito —* **8** ecologico, non inquinante: *benzina —* ♦ *s.m.* **1** il colore verde: *il — dei prati* **2** parte verde di qlco.: *il — del cetriolo* | *essere al —*, (*fig.*) essere senza un soldo **3** le piante, i prati; zona riservata a prati e ad alberi: *il — pubblico* **4** luce verde del semaforo stradale: *passare col —* **5** [anche *f.*] chi appartiene al movimento politico che si batte per la difesa dell'ambiente.

verdea [ver-dè-a] *s.f.* vitigno molto resistente e produttivo, coltivato in Puglia, che dà un'uva da tavola di polpa molto consistente; l'uva stessa e il vino secco che se ne ricava.

verdeggiante [ver-deg-giàn-te] *agg.* verde e rigoglioso: *prato —.*

verdeggiare [ver-deg-già-re] *v.intr.* [*io verdéggio ecc.*; aus. *avere*] **1** (*lett.*) apparire verde, rigoglioso: *la pianura verdeggiava sotto il sole* **2** tendere al colore verde.

verdemare [ver-de-mà-re], o **verde mare**, *agg.invar.* di colore verde simile a quello dell'acqua del mare ♦ *s.m.invar.* colore verdemare.

verderame [ver-de-rà-me] *s.m.invar.* **1** (*agr.*) solfato di rame usato come anticrittogamico **2** la patina verdastra che si forma col tempo sulla superficie degli oggetti di rame e di ottone.

verdesca [ver-dé-sca] *s.f.* grosso squalo dal corpo affusolato, con pinne lunghissime; è assai vorace e pericoloso.

verdetto [ver-dét-to] *s.m.* **1** (*dir.*) la risposta dei giurati ai quesiti posti dal giudice: *pronunciare il —* **2** (*estens.*) qualsiasi decisione stabilita da una giuria o da un arbitro: *— di parità* **3** (*fig.*) giudizio: *il — dei posteri.*

verdiano [ver-dià-no] *agg.* del compositore Giuseppe Verdi (1813-1901), che si riferisce alla sua opera, al suo stile: *i cori verdiani* ♦ *s.m.* [f. *-a*] ammiratore, seguace di Verdi: *verdiani e wagneriani.*

verdicchio [ver-dìc-chio] *s.m.* vitigno coltivato nelle Marche che produce un'uva verde-giallastra; l'uva e il vino che se ne ricava.

verdiccio [ver-dìc-cio] *agg.* [pl.f. *-ce*] che tende al verde; di color verde sbiadito.

verdino [ver-dì-no] *agg.* che tende al verde; di colore verde pallido: *un celeste —* ♦ *s.m.* colore verdino.

verdognolo [ver-dó-gno-lo] *agg.* di color verde pallido o livido; che tende al verde: *liquido —* ♦ *s.m.* colore verdognolo.

verdolino [ver-do-lì-no] *agg.* di colore leggermente verde; verde molto chiaro: *acqua verdolina* ♦ *s.m.* **1** colore verdolino **2** (*zool.*) lo stesso che *verzellino.*

verdone [ver-dó-ne] *agg.* di colore verde intenso ♦ *s.m.* **1** colore verdone **2** uccello con piumaggio giallo-verdastro, becco grosso e coda forcuta; ha canto melodioso **3** (*gerg.*) banconota da un dollaro.

verdura [ver-dù-ra] *s.f.* nome generico e collettivo degli erbaggi e degli ortaggi usati per l'alimentazione umana: *zuppa di —* (o *di verdure*).

verduraio [ver-du-rà-io] *s.m.* [f. *-a*] (*region.*) chi vende verdure.

verduzzo [ver-dùz-zo] *s.m.* vitigno coltivato nel Friuli, con grappoli di colore giallo-verde; l'uva e il vino che se ne ricava.

verecondia [ve-re-cón-dia] *s.f.* virtù di chi rifugge da ciò che offende il pudore; pudicizia.

verecondo [ve-re-cón-do] *agg.* **1** che è dotato di verecondia: *una ragazza vereconda* **2** (*estens.*) che esprime verecondia: *sguardo —* **3** (*fig.*) modesto, discreto □ **verecondamente** *avv.*

verga [vér-ga] *s.f.* **1** bacchetta lunga e sottile, bastone flessibile: *la — del pastore* **2** pezzo di metallo ridotto a forma di verga: *una — d'oro* **3** scettro o bastone, come insegna di comando: *la — pastorale*, il pastorale del vescovo.

vergare [ver-gà-re] *v.tr.* [*io vérgo, tu vérghi ecc.*] **1** segnare, listare con righe sottili: *— un tessuto* **2** scrivere a mano.

vergatino [ver-ga-tì-no] *agg.* si dice di un tipo di carta sottile ma resistente, vergata, particolarmente adatta per copie dattiloscritte ♦ *s.m.* tessuto di lino o di canapa a righe.

vergato [ver-gà-to] *agg.* detto di tessuto, a strisce, a righe | si dice di un tipo di carta che, osservata in controluce, presenta una caratteristica vergatura.

vergatura [ver-ga-tù-ra] *s.f.* **1** l'operazione del vergare una stoffa o una carta **2** l'insieme delle linee che si scorgono guardando controluce alcuni tipi di carta, come quella fabbricata a mano.

verginale [ver-gi-nà-le], o **virginale**, *agg.* **1** da vergine; che si addice a una vergine: *pudore —* **2** (*fig. lett.*) candido, puro.

vergine [vér-gi-ne] *agg.* **1** si dice di donna che

non ha mai avuto rapporti sessuali **2** (*estens.*) si dice di ciò che è rimasto allo stato naturale: *foresta* —, mai diboscata; *lana* —, pura lana | *nastro, dischetto* —, supporto di registrazione mai inciso **3** (*fig.*) integro moralmente; intatto, puro: *animo* — **4** in merceologia, si dice di olio d'oliva non manipolato chimicamente ♦ *s.f.* **1** donna vergine | *la Vergine*, Maria, madre di Gesù. DIM. *verginella* **2** *Vergine*, (*astr.*) costellazione e segno dello zodiaco in cui il Sole transita dal 24 agosto al 22 settembre.

verginella [ver-gi-nèl-la] *s.f.* (*iron.*) ragazza che si finge ingenua e casta.

vergineo → **virgineo**.

verginità [ver-gi-ni-tà] *s.f.* **1** stato di chi è vergine **2** (*fig.*) integrità morale | *rifarsi una* —, (*scherz.*) riconquistare la buona reputazione.

vergogna [ver-gó-gna] *s.f.* **1** sentimento di mortificazione derivante dalla consapevolezza che un'azione, un discorso, propri o di altri, sono sconvenienti, ingiusti o indecenti: *provare* — *di* (o *per*) *qlco.* **2** senso di timidezza, impaccio: *avere* — *di tutto* **3** disonore, infamia: *coprirsi di* — | *che* —!, esclamazione di rimprovero, d'indignazione **4** (*estens.*) cosa o persona che rechi vergogna: *essere la* — *della famiglia*.

vergognarsi [ver-go-gnàr-si] *v.intr.pron.* [*io mi vergógno ecc.*] **1** sentire vergogna: — *di qlcu.* **2** avere pudore, soggezione; non osare: — *di parlare in pubblico*.

vergognoso [ver-go-gnó-so] *agg.* **1** si dice di persona che prova e mostra vergogna: *un bambino* — **2** che esprime o provoca vergogna: *atteggiamento* — ♦ *s.m.* [f. *-a*] persona vergognosa: *fare il* — □ **vergognosamente** *avv.* **1** in modo vergognoso **2** (*iron.*) sfacciatamente: *una persona — ricca*.

veridicità [ve-ri-di-ci-tà] *s.f.* l'essere veridico.

veridico [ve-rì-di-co] *agg.* [pl.m. *-ci*] che dice la verità; veritiero: *testimone* —.

verifica [ve-rì-fi-ca] *s.f.* accertamento, riscontro, controllo: — *fiscale*.

verificabile [ve-ri-fi-cà-bi-le] *agg.* che si può verificare: *fatto* —.

verificabilità [ve-ri-fi-ca-bi-li-tà] *s.f.* l'essere verificabile.

verificare [ve-ri-fi-cà-re] *v.tr.* [*io verìfico, tu verìfichi ecc.*] **1** accertare la veridicità, l'esattezza, la legittimità di qlco.: — *una notizia* | accertare l'efficienza, la sicurezza: — *un motore* **2** provare la verità di un enunciato scientifico: — *una teoria* ♦ **verificarsi** *v.intr.pron.* **1** avverarsi, trovare conferma: *le previsioni si sono verificate* **2** accadere, avvenire: *si è verificato un incidente*.

verificatore [ve-ri-fi-ca-tò-re] *agg.* [f. *-trice*] addetto a una verifica ♦ *s.m.* nelle fabbriche, operaio che verifica prodotti lavorati e strumenti | nelle ferrovie e nelle aziende tranviarie, chi controlla l'efficienza delle varie parti che compongono le vetture.

verismo [ve-rì-ʃmo] *s.m.* **1** movimento letterario italiano sviluppatosi negli ultimi decenni dell'Ottocento; produsse una narrativa che tendeva a una rappresentazione impersonale della realtà | movimento pittorico italiano del secondo Ottocento, caratterizzato dall'adesione ai dati dell'esperienza **2** carattere di un'opera artistica che si propone di essere il più aderente possibile alla realtà: *un film di grande* —.

verista [ve-rì-sta] *s.m.* e *f.* [pl.m. *-sti*] seguace, esponente del verismo | Usato anche come *agg.*: *uno scrittore* — | in luogo di *veristico*: *arte* —.

veristico [ve-rì-sti-co] *agg.* [pl.m. *-ci*] del verismo, dei veristi: *gusto* — □ **veristicamente** *avv.* secondo i dettami del verismo.

verità [ve-ri-tà] *s.f.* **1** qualità di ciò che è vero: *la — di una notizia*; *la — di una teoria* **2** ciò che è vero in assoluto o rispetto a determinati fatti: *la ricerca della* — | — *di fede*, (*teol.*) attingibile solo mediante la fede | — *rivelata*, (*teol.*) quella che Dio ha fatto conoscere agli uomini attraverso la rivelazione | *macchina della* —, apparecchio usato per verificare la sincerità delle persone interrogate attraverso l'analisi delle loro reazioni psicofisiche.

veritiero [ve-ri-tiè-ro] *agg.* che dice la verità: *testimone* — | che è conforme alla verità: *affermazione veritiera*.

verme [vèr-me] *s.m.* **1** nome generico di animali invertebrati dal corpo molle, contrattile, privo di zampe: — *di terra*, lombrico; — *solitario*, (*pop.*) tenia | *avere i vermi*, (*fam.*) avere parassiti nell'intestino | *fare i vermi*, (*fam.*) imputridire | *strisciare come un* —, (*fig.*) umiliarsi indecorosamente | *nudo come un* —, (*fig.*) completamente nudo **2** (*fig.*) persona abietta e vile: *è un* —!

vermeil [/ ver'mɛj /] *s.m.invar.* (*fr.*) argento dorato usato nel Settecento per fabbricare suppellettili e oggi soprattutto per medaglie.

vermena [ver-mè-na] *s.f.* (*lett.*) ramoscello giovane e flessibile.

vermentino [ver-men-tì-no] *s.m.* vitigno coltivato in Liguria, Toscana e Sardegna, che dà un'uva bianca; l'uva e il vino che se ne ricava.

vermicello [ver-mi-cèl-lo] *s.m.* (spec. *pl.*) pasta alimentare secca simile agli spaghetti, ma più spessa.

vermicolare [ver-mi-co-là-re] *agg.* che ha forma di verme; vermiforme | *solchi vermicolari*, (*geol.*) scanalature prodotte sulle rocce del deserto dalla sabbia trasportata dal vento.

vermiforme [ver-mi-fór-me] *agg.* che ha forma di verme: *appendice* —.

vermifugo [ver-mì-fu-go] *agg.* e *s.m.* [pl.m. *-ghi*] si dice di farmaco che uccide i vermi parassiti dell'intestino e ne favorisce l'espulsione.

vermiglio [ver-mì-glio] *agg.* (*lett.*) di colore rosso carico ♦ *s.m.* il colore vermiglio.

verminosi [ver-mi-nò-ʃi] *s.f.* (*med., vet.*) nome generico delle affezioni parassitarie.

verminoso [ver-mi-nó-so] *agg.* (*non com.*) pieno di vermi | *prov.*: *il medico pietoso fa la piaga verminosa*.

vermut [vèr-mut] *s.m.invar.* vino liquoroso, bianco o rosso, ad alta gradazione alcolica; si beve come aperitivo.
vernaccia [ver-nàc-cia] *s.f.* [pl. *-ce*] vitigno che dà un'uva bianca, originario della Liguria; l'uva e il vino che se ne ricavano.
vernacolare [ver-na-co-là-re] *agg.* che concerne il vernacolo; che è in vernacolo: *poesia —.*
vernacolo [ver-nà-co-lo] *s.m.* il parlare proprio di un luogo (ha valore più ristretto rispetto a *dialetto*): *i vernacoli toscani.*
vernalizzare [ver-na-liʒ-ʒà-re] *v.tr.* (*agr.*) sottoporre a vernalizzazione.
vernalizzazione [ver-na-liʒ-ʒa-zió-ne] *s.f.* (*agr.*) trattamento consistente nel sottoporre semi in fase di germinazione a particolari condizioni di temperatura e umidità, così che anticipino il loro sviluppo.
vernice¹ [ver-nì-ce] *s.f.* **1** soluzione che, stesa su un oggetto, forma una pellicola che colora o protegge l'oggetto stesso: *— a olio*; *dare una mano di —*, passarla **2** pelle conciata d'animale resa lucida e brillante con una speciale verniciatura: *borsa di —* **3** (*estens.*) sottile rivestimento superficiale **4** (*scherz.*) belletto, trucco **5** (*fig.*) apparenza superficiale: *una — di buona educazione.*
vernice² *s.f.* (*non com.*) vernissage: *la — di una mostra.*
verniciare [ver-ni-cià-re] *v.tr.* [*io vernìcio ecc.*] coprire di uno strato di vernice: *— le porte* ♦ **verniciarsi** *v.rifl.* (*scherz.*) imbellettarsi, truccarsi.
verniciata [ver-ni-cià-ta] *s.f.* verniciatura fatta in fretta.
verniciatore [ver-ni-cia-tó-re] *s.m.* **1** [f. *-trice*] chi è addetto a operazioni di verniciatura **2** apparecchio per verniciare: *— a spruzzo.*
verniciatura [ver-ni-cia-tù-ra] *s.f.* **1** operazione del verniciare: *— a spruzzo* | lo strato di vernice: *la — si è scrostata* **2** (*fig.*) patina superficiale: *una — di cultura.*
vernissage [/ vɛrnisˈsaʒ /] *s.m.invar.* (*fr.*) inaugurazione di una mostra d'arte.
verno [vèr-no] *s.m.* (*poet.*) inverno | freddo invernale.
vero [vé-ro] *agg.* **1** che possiede realmente la qualità che gli si attribuisce: *il — padre* **2** effettivo, reale; autentico, genuino: *il suo — nome*; *vera lana* | esatto, giusto: *il — significato di una parola* | usato come rafforzativo della qualità di una persona o di una cosa: *un — artista* (talora rafforzato con *proprio*: *un — e proprio spavento*) **3** conforme alla realtà dei fatti, realmente accaduto: *incredibile ma —* | *non mi pare —*, mi pare impossibile perché troppo bello ♦ *s.m.* **1** ciò che è vero in assoluto o in relazione a determinati fatti; verità: *non dire il —*, mentire | *a onor del —*, volendo dire le cose come stanno: *a onor del — avevi ragione* **2** realtà concreta: *dipingere dal —*, ispirandosi alla realtà □ **veramente** *avv.* **1** realmente, secondo verità: *essere — dispiaciuto* **2** usato come rafforzativo: *qlco. di — interessante* | usato in interrogazioni di meraviglia: *hai — fatto questo?* | usato per esprimere una riserva: *— io non sono d'accordo.*
verone [ve-ró-ne] *s.m.* (*poet.*) balcone, loggia.
veronica¹ [ve-rò-ni-ca] *s.f.* pianta erbacea perenne con piccoli fiori azzurri raccolti in spiga.
veronica² *s.f.* tela di lino con la quale, secondo il racconto dei Vangeli apocrifi, la Veronica asciugò il volto di Gesù durante la salita al Calvario e sulla quale sarebbe rimasta miracolosamente impressa l'immagine del viso del Cristo.
veronica³ *s.f.invar.* **1** figura della corrida nella quale il torero attende l'assalto del toro tenendo stesa la cappa davanti a sé con le due mani **2** (*sport*) nel tennis, colpo consistente in una volée alta di rovescio.
verosimigliante [ve-ro-si-mi-gliàn-te] *agg.* verosimile.
verosimiglianza [ve-ro-si-mi-gliàn-za] *s.f.* l'essere verosimile: *la — di un racconto.*
verosimile [ve-ro-sì-mi-le] *agg.* che ha l'aspetto del vero, che può essere vero: *un'ipotesi —* □ **verosimilmente** *avv.* in modo verosimile; probabilmente.
verricello [ver-ri-cèl-lo] *s.m.* piccolo argano con tamburo ad asse orizzontale.
verro [vèr-ro] *s.m.* maiale adulto non castrato, adibito alla riproduzione.
verruca [ver-rù-ca] *s.f.* (*med.*) escrescenza cutanea provocata da un virus.
verrucoso [ver-ru-có-so] *agg.* coperto, pieno di verruche.
versaccio [ver-sàc-cio] *s.m.* smorfia accompagnata da suoni sguaiati, fatta per disgusto o come segno di disprezzo.
versamento [ver-sa-mén-to] *s.m.* **1** il versare, il versarsi, l'essere versato **2** (*comm.*) consegna di una somma di denaro: *fare un — in banca* | la somma versata **3** (*med.*) raccolta di liquido in una cavità dell'organismo.
versante [ver-sàn-te] *s.m.* ciascuno dei fianchi di un monte o di una catena montuosa: *il — orientale del Cervino* | *sul — di*, (*fig.*) per quanto riguarda: *sul — economico ci sono difficoltà.*
versare [ver-sà-re] *v.tr.* [*io vèrso ecc.*] **1** far uscire un liquido o un materiale incoerente dal recipiente in cui è contenuto, mettendolo in un altro, spargendolo, facendolo cadere su qlco.: *— il vino nei bicchieri*; *— il sale sulla tovaglia* | *— lacrime*, piangere | *— fiumi di inchiostro*, (*fig.*) scrivere moltissimo **2** far affluire un liquido in un contenitore o in un luogo di raccolta: *il canale versa le sue acque in un bacino* **3** depositare, erogare, corrispondere una somma di denaro: *— un milione* ♦ *v.intr.* [aus. *avere*] **1** di contenitore, lasciar sfuggire parte del contenuto; perdere: *la botte versa* **2** trovarsi in un particolare stato (usato solo in espressioni di contenuto negativo): *— in cattive condizioni economiche* ♦ **versarsi**

v.intr.pron. **1** uscir fuori da un recipiente | (*fig.*) riversarsi: *la gente si versa in strada* **2** immettersi con le proprie acque (detto di corso d'acqua): *il Po si versa nell'Adriatico.*

versatile [ver-sà-ti-le] *agg.* che ha attitudini molteplici; che nutre e coltiva interessi diversi: *una mente —.*

versatilità [ver-sa-ti-li-tà] *s.f.* l'essere versatile, di carattere versatile: *— d'ingegno.*

versato [ver-sà-to] *agg.* che ha inclinazione naturale per una disciplina, un'attività e la svolge con facilità: *essere — in matematica.*

verseggiare [ver-seg-già-re] *v.tr.* [*io verséggio ecc.*] mettere o ridurre in versi ♦ *v.intr.* [aus. *avere*] comporre versi.

verseggiatore [ver-seg-gia-tó-re] *s.m.* [f. *-trice*] chi verseggia, chi compone versi | poeta tecnicamente abile ma carente di ispirazione.

versetto [ver-sét-to] *s.m.* ciascuna delle brevi frasi numerate in cui sono suddivisi i capitoli della Bibbia e del Corano.

versicolore [ver-si-co-ló-re] *agg.* (*lett.*) di colore vario, cangiante.

versificare [ver-si-fi-cà-re] *v.tr.* e *intr.* [*io versìfico, tu versìfichi ecc.*; aus. dell'intr. *avere*] verseggiare.

versificatore [ver-si-fi-ca-tó-re] *s.m.* [f. *-trice*] verseggiatore.

versificatorio [ver-si-fi-ca-tò-rio] *agg.* del versificare; che concerne la versificazione: *tecnica versificatoria.*

versificazione [ver-si-fi-ca-zió-ne] *s.f.* il versificare; il modo, la tecnica di comporre versi: *regole di —.*

versione [ver-sió-ne] *s.f.* **1** traduzione da una lingua in un'altra, fatta per esercizio scolastico: *— dall'italiano all'inglese* | trasposizione di un testo da una forma d'arte in un'altra: *la — cinematografica di un'opera teatrale* **2** modo d'interpretare, di raccontare un fatto: *dare la propria —* **3** insieme di modifiche apportate a un oggetto rispetto al prototipo da cui deriva; l'oggetto così modificato: *la — sportiva di una vettura di serie.*

verso[1] [vèr-so] *s.m.* **1** (*metr.*) unità di base del testo poetico costituita da un certo numero di parole che, nella metrica tradizionale, corrispondono a un numero determinato di sillabe e rispettano un certo ritmo: *— endecasillabo*; *versi sciolti*, non legati da rima | *pl.* poesia, composizione poetica; l'insieme delle composizioni di un poeta: *i versi di Montale.* DIM. *versetto* **2** modulazione del grido degli uccelli; suono emesso da un animale: *il — della civetta* **3** esclamazione, suono inarticolato: *un — di disprezzo* **4** gesto tipico di una persona fatto per maleducazione: *per favore, non fate versi* | *fare il — a qlcu.*, imitarne la voce e i gesti caratteristici **5** senso, orientamento: *andare nello stesso —* | *il — del pelo, di una stoffa*, l'orientamento dei peli o della trama | *prendere qlcu. per il suo —*, saper trattare con lui | *trovare il — di fare qlco.*, trovare il modo di farla | *non esserci — di fare qlco.*, non riuscirci in nessun modo | *per un —*, da una parte: *per un — sono contento, per l'altro no.*

verso[2] *agg.* (*lett.*) voltato, riverso | *pollice —*, con la punta rivolta verso il basso; nell'antica Roma esprimeva condanna ♦ *s.m.* **1** la parte posteriore di un foglio **2** il rovescio di una moneta o di una medaglia.

verso[3] *prep.* **1** in direzione di, alla volta di (introduce un compl. di moto a luogo): *andare — Milano* | si unisce ai pron. pers. per lo più mediante la prep. *di*: *guardate — di me* **2** dalle parti di, nei pressi di (introduce un compl. di stato in luogo): *— via Garibaldi* **3** poco prima o poco dopo; circa a, intorno a (introduce un compl. di tempo determinato): *ti telefonerò — le dieci* | in prossimità di, intorno a (introduce un compl. di età): *— i trent'anni* **4** nei riguardi di, nei confronti di: *pietà — chi soffre.*

versta [vèr-sta] *s.f.* unità di misura russa di distanza, equivalente a poco più di un chilometro.

versus [/ 'versus /] *prep.* (*lat.*) (*scient.*) contro, in opposizione a: *maschile — femminile.*

vertebra [vèr-te-bra] *s.f.* (*anat.*) ciascuno dei segmenti ossei, di forma cilindrica o ad anello, che formano la colonna vertebrale.

vertebrale [ver-te-brà-le] *agg.* (*anat., med.*) della vertebra; che riguarda le vertebre: *lesione —* | che è formato da vertebre: *colonna —*, l'asse principale dello scheletro dei vertebrati.

vertebrati [ver-te-brà-ti] *s.m.pl.* (*zool.*) sottotipo di cordati caratterizzati da uno scheletro osseo o cartilagineo, il cui asse è formato da vertebre; vi appartengono mammiferi, uccelli, rettili, anfibi, pesci e ciclostomi.

vertebrato [ver-te-brà-to] *agg.* si dice di animale fornito di colonna vertebrale.

vertenza [ver-tèn-za] *s.f.* controversia, lite pendente: *— sindacale.*

vertere [vèr-te-re] *v.intr.* [*io vèrto ecc.*; dif. del part. pass. e dei tempi composti] **1** avere come argomento, riguardare: *— sulla politica internazionale* **2** essere in corso, essere pendente: *tra i due ex-soci verte una lite.*

verticale [ver-ti-cà-le] *agg.* **1** perpendicolare al piano dell'orizzonte (contrapposto a *orizzontale*) **2** (*estens.*) eretto, ritto; che si svolge secondo una linea verticale: *strutture verticali* | *organizzazione —*, basata sulla gerarchia ♦ *s.f.* **1** retta verticale: *la — a un piano* **2** esercizio ginnico che consiste nel mettersi a testa in giù reggendosi sulle mani: *fare la —* □ **verticalmente** *avv.* in posizione, in direzione verticale: *discendere —.*

verticalismo [ver-ti-ca-lì-ʃmo] *s.m.* (*arch.*) il prevalere delle linee, delle strutture verticali: *il — degli edifici gotici.*

verticalità [ver-ti-ca-li-tà] *s.f.* l'essere verticale, lo stare in posizione verticale.

verticalizzare [ver-ti-ca-liʒ-ʒà-re] *v.tr.* **1** (*econ.*) integrare fasi successive del processo produttivo **2** (*sport*) nel calcio, dare profondità al gioco,

svolgerlo lungo l'asse verticale del campo: — *le azioni*.
vertice [vér-ti-ce] *s.m.* **1** la sommità, il punto più alto; cima: *il — di una scala* **2** (*fig.*) punto o livello più alto; culmine, apice: *il — della carriera* **3** (*fig.*) il livello più alto dell'amministrazione di uno stato, di un partito ecc.; il complesso dei dirigenti di un organismo: *incontro al —* | riunione dei massimi dirigenti; summit: *convocare un —* **4** (*geom.*) il punto d'incontro dei lati di un angolo o di un poligono, o degli spigoli, delle facce di un poliedro: *il — di un triangolo*.
verticismo [ver-ti-cì-ʃmo] *s.m.* tendenza a concentrare il potere decisionale di un'organizzazione solo nel suo vertice: *— politico*.
verticistico [ver-ti-cì-sti-co] *agg.* [pl.m. *-ci*] **1** caratterizzato da verticismo: *organizzazione verticistica* **2** relativo al vertice politico: *contrasti verticistici*.
vertigine [ver-tì-gi-ne] *s.f.* **1** (spec. *pl.*) sensazione che il corpo o gli oggetti circostanti ruotino od oscillino: *soffrire di vertigini* **2** (*fig.*) turbamento o esaltazione di fronte a qlco. di sconvolgente: *la — del potere*.
vertiginoso [ver-ti-gi-nó-so] *agg.* **1** che dà, che può dare le vertigini: *altezza vertiginosa* **2** (*fig.*) tanto rapido o grande da frastornare; velocissimo, enorme: *ritmo —; prezzi vertiginosi* □ **vertiginosamente** *avv.*
verve [/ vɛrv /] *s.f.invar.* estro, vena: *scrivere con —* | brio, vivacità: *un attore che ha —*.
verza [vér-ʒa] *s.f.* varietà di cavolo con larghe foglie biancastre increspate avvolte a globo.
verzellino [ver-ʒel-lì-no] *s.m.* piccolo uccello dal piumaggio verde sul dorso e nero sulla coda e sulle ali, con becco rigonfio e coda biforcuta.
verziere [ver-ʒiè-re] *s.m.* (*lett.*) giardino, frutteto, orto.
verzura [ver-ʒù-ra] *s.f.* (*lett.*) insieme di erbe, di germogli, di piante verdeggianti; vegetazione.
vescia [vé-scia] *s.f.* [pl. *-sce*] fungo biancastro di forma globosa, commestibile nel primo periodo del suo sviluppo.
vescica [ve-scì-ca] *s.f.* **1** (*anat.*, *zool.*) qualsiasi organo cavo a pareti sottili che raccoglie prodotti di secrezione liquida | *— urinaria*, sacco muscolo-membranoso situato nella cavità pelvica, nel quale si raccoglie l'urina **2** (*med.*) nome generico delle bolle di liquido che si formano sulla cute per scottature o sfregamenti: *una — a un piede*. DIM. *vescichetta*.
vescicale [ve-sci-cà-le] *agg.* (*anat.*, *med.*) che riguarda la vescica urinaria: *spasmo —*.
vescicante [ve-sci-càn-te] *agg.* che provoca vesciche: *l'ortica ha un effetto —*.
vescicatorio [ve-sci-ca-tò-rio] *agg.* e *s.m.* si dice di sostanza fortemente revulsiva, che provoca vesciche sulla pelle: *gas —*.
vescicazione [ve-sci-ca-zió-ne] *s.f* (*med.*) **1** il formarsi di vesciche **2** l'applicazione di sostanze vescicanti a scopo terapeutico.
vescicola [ve-scì-co-la] *s.f.* **1** vescichetta **2** (*med.*) piccolo rigonfiamento della pelle pieno di liquido sieroso.
vescicolare [ve-sci-co-là-re] *agg.* che riguarda la vescica o le vesciche.
vescovado [ve-sco-và-do], o **vescovato**, *s.m.* **1** dignità, ufficio di vescovo; episcopato: *innalzare al —* **2** territorio sottoposto alla giurisdizione di un vescovo | l'edificio in cui il vescovo risiede; palazzo vescovile.
vescovile [ve-sco-vì-le] *agg.* del vescovo, dei vescovi: *palazzo —*.
vescovo [vé-sco-vo] *s.m.* (*eccl.*) chi ha il governo di una diocesi e può amministrare tutti i sacramenti: *— di Roma*, il papa | in alcune chiese riformate, l'ecclesiastico che presiede a una diocesi o a una comunità.
vespa[1] [vè-spa] *s.f.* insetto imenottero di colore nero e giallo, con una forte strozzatura tra torace e addome; le femmine hanno un pungiglione velenoso | *avere un vitino di —*, (*fig.*) di donna, avere la vita molto sottile.
vespa[2]® *s.f.* motociclo carenato di fabbricazione italiana, di piccola cilindrata.
vespaio [ve-spà-io] *s.m.* nido di vespe: *distruggere un —* | *suscitare un —*, (*fig.*) una reazione clamorosa, una quantità di commenti e critiche.
vespasiano [ve-spa-ʃià-no] *s.m.* orinatoio pubblico maschile.
vespero [vè-spe-ro] *s.m.* (*lett.*) vespro, crepuscolo.
vespertilionidi [ve-sper-ti-liò-ni-di] *s.m.pl.* (*zool.*) famiglia di mammiferi chirotteri a cui appartengono i comuni pipistrelli.
vespertino [ve-sper-tì-no] *agg.* (*lett.*) relativo al vespro; della sera: *messa vespertina*.
vespidi [vè-spi-di] *s.m.pl.* (*zool.*) famiglia di insetti imenotteri aculeati di cui fa parte la vespa.
vespro [vè-spro] *s.m.* **1** (*lett.*) l'ora del tramonto; il crepuscolo **2** (*lit.*) l'ora canonica che si recita verso il tramonto.
vessare [ves-sà-re] *v.tr.* [*io vèsso ecc.*] sottoporre qlcu. a imposizioni o maltrattamenti continui, abusando della propria autorità; angariare: *— i sudditi*.
vessatore [ves-sa-tó-re] *s.m.* [f. *-trice*] (*lett.*) chi vessa ♦ *agg.* vessatorio.
vessatorio [ves-sa-tò-rio] *agg.* che vessa, che tende a vessare: *imposizioni vessatorie*.
vessazione [ves-sa-zió-ne] *s.f.* il vessare, l'essere vessato; angheria.
vessillifero [ves-sil-lì-fe-ro] *s.m.* **1** portabandiera **2** (*fig.*) chi si fa promotore e propugnatore di un'idea, di una dottrina.
vessillo [ves-sìl-lo] *s.m.* **1** qualsiasi stendardo militare; bandiera: *il — tricolore* **2** (*fig.*) insegna, simbolo: *il — della libertà*.
vestaglia [ve-stà-glia] *s.f.* indumento da casa aperto davanti, per lo più lungo e ampio: *stare in —*. DIM. *vestaglietta*.
vestale [ve-stà-le] *s.f.* **1** (*st.*) vergine romana addetta al culto di Vesta e custode del fuoco sacro

della città 2 (*fig.*) custode rigorosa di un principio, di un ideale, di un'istituzione.
veste [vè-ste] *s.f.* 1 abito, vestito: *una — logora* 2 (spec. *pl.*) il complesso degli indumenti indossati da una persona: *indossare ricche vesti* 3 (*estens.*) ciò che serve a ricoprire, rivestire qlco.: *la — di un fiasco*, il rivestimento di paglia | *— tipografica*, aspetto materiale di un libro 4 (*fig.*) forma, apparenza esteriore: *la — della generosità che nasconde l'egoismo* 5 (*fig.*) qualità, facoltà, funzione: *intervenire in — ufficiale, nella — di magistrato* | autorità, diritto, competenza: *avere la — per fare qlco.* 6 (*fig.*) espressione: *dare — poetica ai pensieri.*
vestiario [ve-stià-rio] *s.m.* 1 il complesso dei vestiti di una persona, il suo guardaroba: *rinnovare il —* | assortimento di indumenti: *capi di —* 2 il complesso dei costumi indossati dagli attori sulla scena.
vestibilità [ve-sti-bi-li-tà] *s.f.* proprietà di un abito di vestire la persona, di adattarsi bene alla sua corporatura.
vestibolare [ve-sti-bo-là-re] *agg.* relativo al vestibolo | *apparato —*, (*anat.*) la parte dell'orecchio interno sede della sensibilità spaziale e dell'equilibrio.
vestibolo [ve-stì-bo-lo] *s.m.* 1 ampio vano che precede le scale in palazzi, teatri ecc. 2 (*anat.*) nome di alcune cavità che danno adito ad altre maggiori.
vestigio [ve-stì-gio] *s.m.* [pl. *i vestigi* o *le vestigia*] traccia, segno; ricordo: *le vestigia di un'antica civiltà.*
vestire [ve-stì-re] *v.tr.* [*io vèsto ecc.*] 1 coprire qlcu. con vestiti: *— i bambini* | (*estens.*) procurare vestiti a qlcu.: *spendere per — i figli* 2 (*estens.*) confezionare vestiti per qlcu.: *— le attrici* 3 portare indosso; mettersi, indossare: *— l'uniforme* | *— la toga*, fare il magistrato 4 detto di abito, adattarsi al corpo: *una giacca che veste bene* ♦ *v.intr.* [aus. *avere*] portare indosso abiti di un certo tipo, abbigliarsi in un certo modo: *— a lutto* ♦ **vestirsi** *v.rifl.* 1 indossare un vestito o un altro indumento: *— per uscire* 2 abbigliarsi in un certo modo: *— bene* | *saper —*, saper scegliere gli abiti adatti al proprio tipo 3 (*estens.*) fornirsi di abiti: *— da un buon sarto* ♦ *v.intr.pron.* (*lett.*) rivestirsi, coprirsi, ornarsi ♦ *s.m.* abbigliamento, vestiario: *spendere per il —* | modo di vestire: *una ragazza ricercata nel —.*
vestito[1] [ve-stì-to] *agg.* 1 che ha indosso gli abiti: *essere — e pronto per uscire* 2 che indossa determinati abiti: *essere — a festa.*
vestito[2] *s.m.* qualsiasi indumento che si indossa sopra la biancheria intima e sotto il soprabito; abito: *— da lavoro*; *— da uomo*, giacca, calzoni e talvolta gilè. DIM. *vestitino.*
vestizione [ve-sti-zió-ne] *s.f.* (*eccl.*) la cerimonia con la quale viene consegnato l'abito religioso a un novizio o a una novizia.
veterano [ve-te-rà-no] *s.m.* [f. *-a*] 1 militare che presta servizio da molto tempo | ex-soldato ormai anziano: *un — dell'ultima guerra* 2 (*fig.*) chi da molto tempo esercita una professione, svolge un'attività o pratica uno sport.
veterinaria [ve-te-ri-nà-ria] *s.f.* scienza che studia la fisiologia e la patologia degli animali domestici | corso di studi universitari che riguarda questa scienza: *laurea in —.*
veterinario [ve-te-ri-nà-rio] *s.m.* [f. *-a*] chi è laureato in veterinaria ed esercita professionalmente questa scienza ♦ *agg.* che si riferisce alla veterinaria, ai veterinari: *medicina veterinaria.*
vetero- primo elemento di parole composte, che significa 'vecchio, antico' (*veterotestamentario*).
veterotestamentario [ve-te-ro-te-sta-men-tà-rio] *agg.* relativo all'Antico Testamento.
veto [vè-to] *s.m.* 1 atto formale che impedisce l'esecuzione di un provvedimento o di una deliberazione 2 (*estens.*) divieto, rifiuto.
vetraio [ve-trà-io] *s.m.* [f. *-a*] 1 operaio addetto alle operazioni di lavorazione del vetro 2 chi vende, taglia e applica lastre di vetro.
vetrario [ve-trà-rio] *agg.* che riguarda la lavorazione del vetro: *industria vetraria.*
vetrata [ve-trà-ta] *s.f.* chiusura costituita da vetri sostenuti da un telaio: *la — di una veranda.*
vetrato [ve-trà-to] *agg.* 1 che ha vetri, fornito di vetri: *una porta vetrata* 2 che contiene vetro, cosparso di vetro: *carta vetrata*, carta cosparsa di minutissimi frammenti di vetro.
vetreria [ve-tre-rì-a] *s.f.* fabbrica o negozio di vetri o di oggetti di vetro.
vetrificare [ve-tri-fi-cà-re] *v.tr.* [*io vetrìfico, tu vetrìfichi ecc.*] 1 far diventare vetro o simile a vetro 2 coprire con una patina vitrea: *— il parquet* ♦ **vetrificarsi** *v.intr.pron.* diventare di vetro o simile a vetro.
vetrificazione [ve-tri-fi-ca-ziò-ne] *s.f.* il vetrificare, il vetrificarsi, l'essere vetrificato.
vetrina [ve-trì-na] *s.f.* 1 parte del negozio in cui si espongono le merci perché possano essere viste da chi passa; la vetrata che protegge tale parte del negozio: *la — del gioielliere* | *mettersi in —*, (*fig.*) mettersi in mostra, pavoneggiarsi 2 (*fig.*) luogo, manifestazione che costituisce la migliore rassegna di attività, prodotti e sim.: *la — della moda italiana* 3 mobile a vetri per conservare oggetti fragili o di valore: *le vetrine di un museo.* DIM. *vetrinetta* 4 vernice vetrosa che si spalma sugli oggetti di ceramica prima di cuocerli al forno perché acquistino lucentezza e impermeabilità.
vetrinare [ve-tri-nà-re] *v.tr.* nella lavorazione della ceramica, spalmare di vetrina.
vetrinatura [ve-tri-na-tù-ra] *s.f.* operazione del vetrinare.
vetrinista [ve-tri-nì-sta] *s.m.* e *f.* [pl.m. *-sti*] chi, per professione, allestisce le vetrine dei negozi.
vetrinistica [ve-tri-nì-sti-ca] *s.f.* l'arte di disporre le merci in vetrina.
vetrino [ve-trì-no] *s.m.* (*scient.*) lastrina di vetro su cui si pongono i preparati da osservare al microscopio.

vetriolo [ve-tri-ò-lo] *s.m.* (*chim.*) nome di alcuni solfati metallici cristallizzati e idratati | acido solforico: *deturpare qlcu. col* — | *al* —, (*fig.*) si dice di parole particolarmente offensive.

vetro [vé-tro] *s.m.* **1** materiale solido composto di vari silicati che si presenta come una massa omogenea, dura, fragile, trasparente, impermeabile, resistente ai reagenti chimici; è usato come materiale isolante e protettivo e per fabbricare oggetti: *lampadario di* — | — *temperato*, resistente agli urti | *lana di* —, vetro in fili sottilissimi, usato per imbottiture e come isolante | *essere di* —, (*fig.*) essere molto fragile **2** oggetto di vetro: *i vetri di Murano* | lastra di vetro che si inserisce nel telaio di una finestra, di uno sportello: *armadio a vetri* **3** frammento di vetro, di un oggetto di vetro spezzato: *tagliarsi con un* —.

vetrocamera [ve-tro-cà-me-ra] *s.f.* (*edil.*) struttura che consiste in due lastre di vetro parallele sigillate ermeticamente; se ne fanno finestre e vetrate capaci di garantire l'isolamento termico e acustico.

vetrocemento [ve-tro-ce-mén-to] *s.m.* (*edil.*) struttura costituita da lastre di vetro inserite in un'armatura di cemento armato; è usata per consentire l'illuminazione naturale di un ambiente.

vetroceramica [ve-tro-ce-rà-mi-ca] *s.f.* materiale a struttura vetrosa e cristallina, dotato delle proprietà del vetro e della ceramica; è usato per fabbricare stoviglie resistenti al fuoco e nell'industria elettronica e spaziale.

vetroresina [ve-tro-rè-ʃi-na] *s.f.* materiale dotato di grande resistenza meccanica, costituito da una materia plastica rinforzata da fibre di vetro.

vetroso [ve-tró-so] *agg.* **1** costituito da vetro; che contiene vetro: *materiale* — **2** che è simile a vetro.

vetta [vét-ta] *s.f.* **1** parte superiore; cima, sommità: *le vette delle Alpi*; *la — del campanile* **2** (*fig.*) primo posto, posizione di preminenza: *essere in — alla classifica* | (spec. *pl.*) grado sommo; culmine, apice: *le vette del sapere*.

vettore [vet-tó-re] *s.m.* **1** (*fis.*) ente geometrico che descrive una grandezza dotata di valore numerico, direzione e verso **2** (*comm.*) chi trasporta merci per conto di terzi ♦ *agg.* [f. *vettrice*] che trasporta | *razzo* —, (*aer.*) quello che trasporta fuori dall'atmosfera terrestre un veicolo spaziale.

vettoriale [vet-to-rià-le] *agg.* (*fis.*) di vettore, relativo a vettori: *grandezza* —.

vettovaglia [vet-to-và-glia] *s.f.* (spec. *pl.*) il complesso dei viveri necessari al sostentamento di un reparto militare, di una comunità.

vettovagliamento [vet-to-va-glia-mén-to] *s.m.* approvvigionamento di viveri, di vettovaglie.

vettura [vet-tù-ra] *s.f.* **1** carrozza ferroviaria o tranviaria: — *ristorante* **2** autovettura, automobile: — *da corsa*.

vetturale [vet-tu-rà-le] *s.m.* chi, dietro compenso, trasportava merci o persone su animali o su carri.

vetturino [vet-tu-rì-no] *s.m.* guidatore di vetture pubbliche a cavalli.

vetustà [ve-tu-stà] *s.f.* l'essere vetusto; antichità: *la — di una tradizione*.

vetusto [ve-tù-sto] *agg.* (*lett.*) molto antico, che appartiene a tempi remoti: *templi vetusti*.

vezzeggiamento [vez-zeg-gia-mén-to] *s.m.* il vezzeggiare, l'essere vezzeggiato.

vezzeggiare [vez-zeg-già-re] *v.tr.* [*io vezzéggio ecc.*] fare le moine a qlcu.; fare oggetto qlcu. di attenzioni e affettuosità; coccolare: — *un bambino*.

vezzeggiativo [vez-zeg-gia-tì-vo] *agg.* che tende a vezzeggiare: *atto* — ♦ *s.m.* (*gramm.*) forma alterata di un sostantivo o di un aggettivo, che suggerisce un'idea di grazia, piccolezza e affetto (p.e. *fratellino*, *nasetto*).

vezzo [véz-zo] *s.m.* **1** abitudine, modo abituale di comportarsi: *ha il — di piegare la testa* | brutta abitudine, vizio: *il — di mangiarsi le unghie* **2** *pl.* smancerie, moine, leziosaggini: *basta con questi vezzi* | attrattive femminili; grazia **3** monile da portare al collo: *un — di perle*.

vezzosità [vez-zo-si-tà] *s.f.* l'essere vezzoso.

vezzoso [vez-zó-so] *agg.* **1** pieno di grazia e di bellezza **2** lezioso, affettato, smanceroso: *modi vezzosi*. DIM. *vezzosetto* ♦ *s.m.* [f. *-a*] chi assume modi leziosi e affettati: *fare la vezzosa* □ **vezzosamente** *avv.*

vi *pron.pers. di seconda pers.pl.* [forma compl. atona del pron. pers. *voi*] **1** voi (si usa come compl. oggetto, in posizione sia proclitica sia enclitica): *vi chiamano*; *faremo in modo di accontentarvi* | si usa nella coniugazione dei verbi rifl. e degli intr. pron.: *vestitevi*; *vi pentirete* **2** a voi (si usa come compl. di termine, in posizione sia proclitica sia enclitica): *vi racconterò tutto*; *posso dirvi ogni cosa* **3** esprime una sfumatura di interesse, di partecipazione all'azione indicata dal verbo: *godetevi le vacanze*; *vi prenderete un raffreddore* ♦ *pron.dimostr.* riferito a cosa, equivale a *ciò* preceduto da prep.; è sinonimo di *ci*: *non vi trovo niente da ridere* ♦ avv. è usato con verbi di stato e di moto (meno frequentemente di *ci*) qui, in questo luogo; là, in quel luogo: *vi abito da tre anni* | con valore pleonastico: *qui non vi è nulla da vedere* | si unisce spesso al verbo *essere*: *non v'è modo di fargliela capire*.

via[1] [vì-a] *s.f.* **1** striscia di terreno, delimitata e spianata, che collega diversi punti di un centro abitato o diversi abitati, e consente il traffico; strada: — *di città* | è comune nelle denominazioni di strade: *la via Aurelia*. DIM. *viuzza* **2** sentiero, pista; varco, passaggio: *aprirsi una — tra la folla* | *dare — libera*, (*fig.*) autorizzare: *dare — libera al progetto* | —, *per* —, per mezzo di: *trasmissioni — satellite*; per indicare un percorso precisandone una tappa intermedia: *Milano-Roma — Firenze* **3** tragitto, percorso, itinerario: *la — di casa* | nell'alpinismo, percorso per raggiungere una vetta: *tracciare una* — **4** cammino, viaggio: *mettersi in* — | *per* —, lungo la strada | *essere in — di miglioramento*, (*fig.*) in condizioni progressivamente migliori | *foglio di* —, (*dir.*) documento con cui l'autorità impone alle persone pericolose di ritornare al comune di origine **5** (*fig.*) carriera: *una laurea che apre molte vie* **6** (*fig.*) modo di vivere, dal punto di vista morale: *la retta* — **7** (*fig.*) modo di giungere a qlco.; sistema, mezzo, maniera: *una — di scampo*; *non c'è — di mezzo* | *adire le vie legali*, fare ricorso ai tribunali | *passare a vie di fatto*, venire alle mani | *vie traverse*, mezzi illeciti, sotterfugi | *in — eccezionale*, eccezionalmente | *per — di*, (*fam.*) a causa di: *litigare per — dei soldi* **8** (*med.*) condotto dell'organismo; passaggio tra l'esterno e l'interno del corpo: *le vie respiratorie* **9** — *lattea*, (*astr.*) agglomerato di stelle, di cui fa parte il Sole; galassia.

via[2] *avv.* **1** esprime allontanamento; è usato per lo più con verbi di moto: *correre, volar* —; talvolta come semplice rafforzativo: *cacciar* — | *andar* —, andarsene: *macchie che non vanno* —; *una merce che va* —, che si vende molto | *dar* —, cedere; regalare: *dar — tutto* | *portar* —, prendere con sé; riferito a tempo, impegnare: *un lavoro che porta — un anno* | *mandar* —, licenziare: *mandare — la domestica*; far scomparire: *la trielina manda — le macchie di grasso* | *tirar* —, far qlco. in fretta e male: *lavoro tirato* — | *essere* —, (*fam.*) non essere nella propria sede abituale **2** sottintendendo il verbo *andare* o sim., per indicare rapidità d'azione: — *di corsa!* **3** con valore simile a *eccetera, così di seguito*: — *dicendo*; *e così* — **4** — —, progressivamente: — — *che le ore passano* ♦ *inter.* **1** per cacciare qlcu.: —, *andatevene!* **2** per incitare, incoraggiare, esortare: —, *sbrigatevi* **3** per concludere un discorso: —, *non se ne parli più!* **4** per esprimere incredulità, disapprovazione, impazienza: —, *non ci credo!* **5** per dare il segnale d'inizio di una gara, di un gioco ecc.: *uno, due, tre,* —*!* ♦ *s.m.* segnale di inizio dato ai concorrenti di una gara, di un gioco: *al* —, *i corridori scattarono* | *dare il* —, (*fig.*) dare inizio: *dare il — ai lavori*.

viabilità [vi-a-bi-li-tà] *s.f.* **1** l'essere percorribile; possibilità di transito: — *interrotta* **2** complesso e stato delle vie di un territorio; rete stradale: *una regione con una buona* — **3** il complesso delle norme e attività relative a vie e strade.

via crucis [/ ˈvia ˈkrutʃis /] *loc.sost.f.invar.* (*lat.*) **1** (*relig.*) esercizio di pietà che consiste nel meditare sulla passione di Cristo davanti a tutte le immagini (stazioni) che ne raffigurano gli episodi principali **2** (*fig.*) serie di sofferenze, di umiliazioni: *una vita che è una* —.

viado [/ viˈado /] *s.m.* [pl., più com. del sing., *viados*] (*sp.*) transessuale di origine sudamericana che esercita la prostituzione.

viadotto [vi-a-dót-to] *s.m.* ponte che permette a una strada o a una ferrovia di superare una valle o una depressione del terreno.

viaggiante [vi-ag-giàn-te] *agg.* **1** che viaggia **2** che svolge il suo lavoro viaggiando: *personale* —, quello che presta servizio sui mezzi, in contrapposizione a quello che svolge compiti a terra.

viaggiare [vi-ag-già-re] *v.intr.* [*io viàggio ecc.*; aus. *avere*] **1** detto di persona, spostarsi da un luogo a un altro con un mezzo di trasporto: — *in treno, per lavoro* | (*assol.*) fare viaggi: *mi piace* — **2** detto di cosa, spostarsi lungo un percorso con una certa velocità: *il treno viaggia con ritardo* | essere trasportato: *la merce viaggia a rischio del committente* **3** (*fig.*) spostarsi con l'immaginazione: — *con la fantasia* **4** (*gerg.*) subire gli effetti di stupefacenti.

viaggiatore [vi-ag-gia-tó-re] *agg.* [f. *-trice*] che viaggia | *commesso* —, rappresentante di prodotti | *piccione* —, appositamente addestrato, serve per portare messaggi ♦ *s.m.* **1** chi viaggia su mezzi di trasporto pubblici **2** chi compie viaggi di esplorazione, scoperta o anche di turismo **3** commesso viaggiatore.

viaggio [vi-àg-gio] *s.m.* **1** il viaggiare: *mettersi in* —; — *di studio* **2** il tragitto che si compie per portare oggetti da un posto all'altro: *per il trasloco furono necessari tre viaggi* | *fare un — a vuoto*, (*fig.*) recarsi in un luogo senza concludere nulla **3** (*fig.*) spostamento immaginario: — *nel tempo* **4** (*gerg.*) effetto dell'assunzione di stupefacenti.

viale [vi-à-le] *s.m.* strada urbana larga e alberata | strada in un parco. DIM. *vialetto* ACCR. *vialone*.

viandante [vi-an-dàn-te] *s.m.* e *f.* chi compie un lungo viaggio a piedi.

viario [vi-à-rio] *agg.* che riguarda le vie; stradale: *rete viaria*.

viatico [vi-à-ti-co] *s.m.* **1** (*relig.*) l'ultima comunione che un cristiano riceve per prepararsi alla morte: *ricevere il* — **2** (*fig.*) quanto può servire di sostegno in un'impresa; conforto, sollievo.

viavai [vi-a-vài] *s.m.* **1** l'andare e venire di più persone; andirivieni, passaggio continuo: *un — di gente* **2** movimento alternato continuo di un organo meccanico: *il — della spola*.

vibrafono [vi-brà-fo-no] *s.m.* (*mus.*) strumento a percussione munito di risuonatori formati da piccole eliche a motore elettrico.

vibrante [vi-bràn-te] *agg.* **1** che vibra | (*estens.*) che risuona con energia: *una voce* — **2** (*fig.*) che esprime forza e intensità di sentimenti; palpitante: *una — commozione* ♦ *agg.* e *s.f.* (*ling.*) si dice di consonante articolata mediante la vibrazione di un organo della fonazione (*p.e.* la lingua): *la "r" è una* —.

vibrare [vi-brà-re] *v.tr.* **1** scagliare con forza: — *una freccia* | dare con forza: — *un colpo* **2** mettere in vibrazione; far risuonare ♦ *v.intr.* [aus. *avere*] **1** muoversi con vibrazioni: *un motore che vibra* **2** (*estens.*) risuonare: *le note vibrano* **3** (*fig. lett.*) fremere, palpitare: — *d'ira*.

vibratile [vi-brà-ti-le] *agg.* che vibra, che può vibrare | *ciglia vibratili*, appendici, dotate di movimento vibratorio, che sono gli organi di moto di alcuni microrganismi.

vibrato [vi-brà-to] *agg.* **1** lanciato, scagliato **2** messo in vibrazione, fatto vibrare **3** (*fig.*) concitato, vigoroso: *una vibrata protesta* ♦ *s.m.* (*mus.*) effetto musicale costituito da un'intensa oscillazione del suono □ **vibratamente** *avv.* in modo energico, vigoroso: *reagire —.*
vibratore [vi-bra-tó-re] *s.m.* (*tecn.*) **1** apparecchio che genera vibrazioni **2** vibromassaggiatore.
vibratorio [vi-bra-tò-rio] *agg.* relativo a vibrazione; che consiste di vibrazioni: *movimento —.*
vibrazione [vi-bra-zió-ne] *s.f.* **1** oscillazione di piccola ampiezza e alta frequenza: *— sismica* **2** (*estens.*) tremolio: *— della luce* **3** (*fig.*) accento, intonazione fremente: *una — di sdegno nella voce.*
vibrione [vi-bri-ó-ne] *s.m.* (*biol.*) genere di batteri a forma di bastoncino leggermente ricurvo, con un ciglio a un'estremità: *il — del colera.*
vibrissa [vi-brìs-sa] *s.f.* (*zool.*) ciascuno dei peli lunghi, con funzione tattile, di cui sono forniti molti mammiferi (*p.e.* i baffi del gatto).
vibro- primo elemento di parole composte della terminologia tecnica e scientifica, che significa 'vibrazione' (*vibromassaggio*).
vibrocoltivatore [vi-bro-col-ti-va-tó-re] *s.m.* (*agr.*) tipo di erpice provvisto di lame elastiche rettangolari di acciaio che, lavorando ad alta velocità, entrano in vibrazione e sminuzzano le zolle.
vibromassaggiatore [vi-bro-mas-sag-gia-tó-re] *s.m.* vibratore per massaggi terapeutici.
vibromassaggio [vi-bro-mas-sàg-gio] *s.m.* massaggio terapeutico effettuato con apposito vibratore.
vibrometro [vi-brò-me-tro] *s.m.* (*fis.*) strumento per misurare le vibrazioni meccaniche di strutture solide.
vicariale [vi-ca-rià-le] *agg.* relativo, appartenente a un vicario.
vicariato [vi-ca-rià-to] *s.m.* (*eccl.*) giurisdizione e ufficio di vicario | il territorio sottoposto alla giurisdizione di un vicario e la sede che egli occupa.
vicario [vi-cà-rio] *s.m.* chi fa le veci di un superiore, esercitandone temporaneamente i poteri ♦ *agg.* che fa le veci di un altro.
vice [vì-ce] *s.m.* e *f.invar.* (*fam.*) persona che fa le veci di un'altra; sostituto.
vice- primo elemento di parole composte, che premesso a nomi di carica o ufficio indica la persona che fa le veci del titolare, o che è di grado immediatamente inferiore a lui (*vicesindaco*; *vicepreside*).
vicebrigadiere [vi-ce-bri-ga-diè-re] *s.m.* (*mil.*) grado della guardia di finanza e dei carabinieri immediatamente inferiore a quello di brigadiere.
vicecommissario [vi-ce-com-mis-sà-rio] *s.m.* funzionario di grado immediatamente inferiore a quello di commissario.
vicedirettore [vi-ce-di-ret-tó-re] *s.m.* [f. *-trice*] chi fa le veci del direttore e lo coadiuva nelle sue funzioni.
vicenda [vi-cèn-da] *s.f.* **1** successione o avvicendamento alternato di cose, avvenimenti, fatti: *una lunga — sentimentale* | *a —*, scambievolmente, a turno: *aiutarsi a —* **2** (*agr.*) rotazione agraria **3** fatto, caso: *le vicende della vita.*
vicendevole [vi-cen-dé-vo-le] *agg.* reciproco, scambievole: *un — rispetto* □ **vicendevolmente** *avv.* a vicenda; reciprocamente: *aiutarsi —.*
viceparroco [vi-ce-pàr-ro-co] *s.m.* [pl.m. *-ci*] (*eccl.*) sacerdote che aiuta il parroco o ne fa le veci.
vicepreside [vi-ce-prè-si-de] *s.m.* e *f.* professore che, in assenza del preside, ne fa le veci.
vicepresidente [vi-ce-pre-si-dèn-te] *s.m.* e *f.* chi, in assenza del presidente, ne fa le veci.
vicepresidenza [vi-ce-pre-si-dèn-za] *s.f.* ufficio, carica e sede del vicepresidente.
vicequestore [vi-ce-que-stó-re] *s.m.* funzionario che fa le veci del questore.
viceré [vi-ce-ré] *s.m.* chi governa in nome del re una parte remota del regno o una colonia.
vicesegretario [vi-ce-se-gre-tà-rio] *s.m.* [f. *-a*] impiegato o funzionario di grado immediatamente inferiore a quello di segretario: *il — di un partito.*
vicesindaco [vi-ce-sìn-da-co] *s.m.* [pl. *-ci*] chi fa le veci del sindaco.
viceversa [vi-ce-vèr-sa] *avv.* **1** in direzione opposta; al contrario: *andare da Torino a Milano e —* **2** (*fam.*) invece.
vichianesimo [vi-chia-né-ʃi-mo] *s.m.* l'indirizzo di pensiero che trae origine dalle teorie di G.B. Vico sulla filosofia, sulla storia, sull'arte.
vichiano [vi-chià-no] *agg.* di G.B. Vico, filosofo napoletano (1668-1744); relativo al suo pensiero, alle sue dottrine ♦ *s.m.* [f. *-a*] seguace, sostenitore delle teorie di Vico.
vichingo [vi-chìn-go] *agg.* [pl.m. *-ghi*] **1** che appartiene a una popolazione guerriera di stirpe germanica, protagonista dell'espansione scandinava dei secoli VIII-XI: *navi vichinghe* **2** (*scherz.*) della Scandinavia ♦ *s.m.* [f. *-a*] **1** appartenente alla popolazione vichinga **2** (*scherz.*) scandinavo | persona alta e bionda.
vicinale [vi-ci-nà-le] *agg.* **1** (*non com.*) che collega località vicine | *strada —*, (*dir.*) strada privata di campagna sulla quale è consentito il passaggio pubblico **2** (*chim.*) si dice di gruppi collegati ad atomi di carbonio adiacenti.
vicinanza [vi-ci-nàn-za] *s.f.* **1** l'essere vicino nello spazio o nel tempo: *la — degli esami* **2** (*fig.*) prossimità ideale; affinità: *— di opinioni* **3** *pl.* i luoghi vicini; i dintorni: *le vicinanze di Genova.*
vicinato [vi-ci-nà-to] *s.m.* **1** l'essere vicini di casa o confinanti: *rapporti di buon —* **2** il gruppo di case vicine e la gente che vi abita: *tutto il — era alle finestre.*
vicino [vi-cì-no] *agg.* **1** che non è lontano nello spazio o nel tempo: *il palazzo —*; *un uomo — ai cinquanta* **2** (*fig.*) che ha stretti rapporti di parentela o di amicizia: *un parente —* | che partecipa ai sentimenti di qlcu.: *vi siamo vicini* **3** (*fig.*) simile, affine: *idee vicine* ♦ *s.m.* [f. *-a*] chi è o abita

vicino: *il — di casa* ♦ *avv.* a poca distanza, non lontano: *abitare —* | *farsi —*, avvicinarsi | *da —*, da breve distanza: *conoscere qlcu. da —*, personalmente, bene | nella loc. prep. *— a*, presso: *— a Pavia.*
vicissitudine [vi-cis-si-tù-di-ne] *s.f.* (spec. *pl.*) vicenda non lieta; traversia: *le vicissitudini della vita.*
vico [vì-co] *s.m.* [pl. *-chi*] **1** in epoca preromana, romana e medievale, territorio urbano o rurale sede di una comunità dotata di un'organizzazione amministrativa e giurisdizionale autonoma **2** (*region.*) vicolo.
vicolo [vì-co-lo] *s.m.* via molto stretta e di secondaria importanza | *— cieco*, senza uscita; (*fig.*) situazione difficile, da cui non si sa come uscire: *finire in un — cieco.* DIM. *vicoletto.*
videata [vi-de-à-ta] *s.f.* l'insieme di dati visualizzati tutti in una volta sullo schermo di un terminale.
video [vì-de-o] *s.m.* [pl. *invar.*] **1** procedimento e apparato per la trasmissione a distanza di immagini; risultato visibile di tale trasmissione: *il — funziona* **2** lo schermo di un televisore o di un terminale **3** (*estens.*) videoterminale **4** videoclip ♦ *agg.invar.* del video: *segnale —*, videosegnale.
video- primo elemento di parole composte che si riferiscono a dispositivi che utilizzano uno schermo video per la ricezione, diffusione o visualizzazione di immagini o dati (*videocassetta, videoterminale*); può anche indicare relazione con la vista (*videoleso*).
videoamatore [vi-de-o-ama-tó-re] *s.m.* [f. *-trice*] dilettante che gira film con la videocamera.
video art [/ video′art /] *loc.sost.m. invar.* (*ingl.*) corrente artistica nata negli anni Settanta che usa la televisione per produrre registrazioni audiovisive, sia astratte sia figurative.
videocamera [vi-de-o-cà-me-ra] *s.f.* **1** telecamera dotata di monitor **2** sistema di videoregistrazione costituito da una telecamera e da un videoregistratore portatili.
videocassetta [vi-de-o-cas-sét-ta] *s.f.* cassetta contenente un nastro magnetico per videoregistrazioni che si possono rivedere su un normale televisore.
videocitofono [vi-de-o-ci-tò-fo-no] *s.m.* citofono collegato a un impianto televisivo a circuito chiuso.
videoclip [vi-de-o-clìp] *s.m.invar.* brevissimo film che accompagna un brano di musica leggera.
videoconferenza [vi-de-o-con-fe-rén-za] *s.f.* forma di teleconferenza che consente di trasmettere, oltre alle voci, anche le immagini.
videodipendente [vi-de-o-di-pen-dèn-te] *agg.* e *s.m.* e *f.* che/chi è condizionato psicologicamente dalla televisione al punto da non riuscire a farne a meno; teledipendente.
videodipendenza [vi-de-o-di-pen-dèn-za] *s.f.* condizione di chi è videodipendente.
videodisco [vi-de-o-dì-sco] *s.m.* disco magnetico per videoregistrazioni, che si possono rivedere su un normale televisore collegato ad apposito lettore.
videoenciclopedia [vi-de-o-en-ci-clo-pe-dì-a] *s.f.* enciclopedia multimediale realizzata su videocassetta o videodisco.
videofilm [vi-de-o-fìlm] *s.m. invar.* film realizzato con sistemi di videoregistrazione e destinato esclusivamente alla circolazione in videocassette.
videofrequenza [vi-de-o-fre-quèn-za] *s.f.* frequenza delle onde elettromagnetiche usate per la trasmissione a distanza di immagini.
videogame [/ video′geim /] *s.m.invar.* (*ingl.*) videogioco.
videogioco [vi-de-o-giò-co] *s.m.* [pl. *-chi*] gioco elettronico che simula su un monitor o su un normale teleschermo, gli eventi di una gara determinati attraverso appositi comandi.
videografica [vi-de-o-grà-fica] *s.f.* grafica realizzata per mezzo di computer o sistemi televisivi.
videoleso [vi-de-o-lé-ʃo] *agg.* e *s.m.* [f. *-a*] (*med.*) che/chi ha una menomazione nella vista.
videolettore [vi-de-o-let-tó-re] *s.m.* videoriproduttore.
videolibro [vi-de-o-lì-bro] *s.m.* testo registrato su videodisco e che può essere letto su un videoriproduttore.
videomagnetico [vi-de-o-ma-gnè-ti-co] *agg.* [pl.m. *-ci*] relativo alla registrazione su nastro magnetico di videosegnali.
videomusic [/ video′mjuzik /] *s.f.invar.* (*ingl.*) videomusica ♦ *s.m.invar.* videoclip musicale.
videomusica [vi-de-o-mù-ʃi-ca] *s.f.* l'esecuzione di brani musicali in forma di videoclip.
videonastro [vi-de-o-nà-stro] *s.m.* nastro magnetico per la registrazione di videosegnali.
videonoleggiatore [vi-de-o-no-leg-gia-tó-re] *s.m.* [f. *-trice*] chi esercita l'attività del videonoleggio.
videonoleggio [vi-de-o-no-lég-gio] *s.m.* **1** attività commerciale consistente nel noleggiare videocassette **2** negozio in cui si effettua tale attività.
videoproiettore [vi-de-o-pro-iet-tó-re] *s.m.* apparecchio televisivo che proietta le immagini su uno schermo esterno, consentendo notevoli ingrandimenti.
videoregistrare [vi-de-o-re-gi-strà-re] *v.tr.* effettuare una videoregistrazione.
videoregistratore [vi-de-o-re-gi-stra-tó-re] *s.m.* apparecchio per videoregistrazione.
videoregistrazione [vi-de-o-re-gi-stra-zió-ne] *s.f.* registrazione magnetica di videosegnali che consenta la riproduzione delle immagini su uno schermo televisivo.
videoriparatore [vi-de-o-ri-pa-ra-tó-re] *s.m.* tecnico specializzato nella riparazione di televisori.
videoriproduttore [vi-de-o-ri-pro-dut-tó-re] *s.m.* apparecchio per videoriproduzione costituito da un lettore di immagini registrate e da un riproduttore di esse.
videoriproduzione [vi-de-o-ri-pro-du-zió-ne]

s.f. riproduzione di videosegnali ottenuta mediante videoriproduttore.
videorivista [vi-de-o-ri-vì-sta] *s.f.* periodico a cui è abbinata una videocassetta.
videoscopia [vi-de-o-sco-pì-a] *s.f.* (*med.*) ispezione della cavità cava di un organo mediante videoscopio.
videoscopio [vi-de-o-scò-pio] *s.m.* (*med.*) sonda endoscopica con all'estremità una telecamera miniaturizzata che consente di ispezionare la cavità dell'organo raggiunto.
videoscrittura [vi-de-o-scrit-tù-ra] *s.f.* sistema di scrittura mediante elaboratore elettronico; word processing.
videosegnale [vi-de-o-se-gnà-le] *s.m.* segnale elettrico in cui la telecamera o il videoregistratore traducono l'immagine e che il videoriproduttore può ritrasformare in immagine.
videotape [/ video'teip /] *s.m. invar.* (*ingl.*) **1** videonastro **2** (*estens.*) videoregistrazione.
videoteca [vi-de-o-tè-ca] *s.f.* **1** raccolta di videonastri; il luogo in cui si conserva tale raccolta **2** negozio specializzato nella vendita di videocassette registrate.
videotel® [vi-de-o-tèl] *s.m.invar.* denominazione del sistema videotex italiano gestito dalla SIP.
videotelefonia [vi-de-o-te-le-fo-nì-a] *s.f.* sistema di comunicazione televisiva attraverso la rete telefonica.
videotelefono [vi-de-o-te-lè-fo-no] *s.m.* telefono collegato a un impianto televisivo a circuito chiuso che consente di vedere la persona con cui si parla.
videoterminale [vi-de-o-ter-mi-nà-le] *s.m.* terminale di un elaboratore elettronico che visualizza i dati e le operazioni su un apposito schermo; terminale video.
videotex [vi-de-o-tèx] *s.m.invar.* servizio telematico interattivo che consente di accedere a informazioni di banche dati visualizzandole su televisori adattati.
videotext [vi-de-o-tèxt] *s.m.invar.* qualunque sistema telematico interattivo che usa il televisore come periferica di uscita delle informazioni.
vidimare [vi-di-mà-re] *v.tr.* [*io vìdimo ecc.*] (*burocr.*) convalidare con un bollo, con una firma ecc.; vistare, autenticare: — *un documento.*
vidimazione [vi-di-ma-zió-ne] *s.f.* (*burocr.*) il vidimare, l'essere vidimato; autenticazione, convalida.
vieppiù [viep-più] *avv.* (*lett.*) sempre più, molto più.
vietare [vie-tà-re] *v.tr.* [*io vièto ecc.*] proibire, non permettere, impedire a qlcu. di fare qlco.: — *l'ingresso* | *nulla vieta*, non c'è alcuna proibizione o impedimento.
vietato [vie-tà-to] *agg.* proibito: *film — ai minori.*
vietcong [viet-còng] *agg.* e *s.m.invar.* (*st.*) che/chi apparteneva al Fronte di liberazione del Vietnam meridionale nella guerra contro il governo locale e gli alleati statunitensi (1957-1975).
vietnamita [viet-na-mì-ta] *agg.* [pl.m. *-ti*] del Vietnam, stato della penisola indocinese ♦ *s.m.* **1** [anche *f.*] abitante, nativo del Vietnam **2** lingua parlata in Vietnam.
vieto [viè-to] *agg.* (*spreg.*) antiquato, superato: *un — pregiudizio.*
vigente [vi-gèn-te] *agg.* che è in vigore (detto di leggi, usanze e sim.): *norme vigenti.*
vigenza [vi-gèn-za] *s.f.* (*burocr.*) l'essere vigente.
vigere [vì-ge-re] *v.intr.* [si usa solo nelle terze persone sing. e pl. del pres. e imperf. indic. e congiunt., nel part. pres. e nel ger. pres.] essere in vigore (detto di leggi, usanze e sim.): *una norma che vige da molti anni.*
vigesimo [vi-gè-ʃi-mo] *agg.num.ord.* (*lett.*) ventesimo.
vigilante [/ vidʒi'lante /] *s.m.* [pl. *vigilantes*] (*sp.*) agente di un corpo di polizia privata, addetto alla sorveglianza di banche, residenze private ecc.
vigilanza [vi-gi-làn-za] *s.f.* **1** il vigilare; sorveglianza, controllo | — *speciale*, (*dir.*) la sorveglianza stabilita dalla legge, a cui possono essere sottoposte le persone pericolose **2** cura, attenzione scrupolosa: *occorre la massima —.*
vigilare [vi-gi-là-re] *v.intr.* [*io vìgilo ecc.*; aus. *avere*] **1** (*lett.*) stare sveglio, vegliare **2** sorvegliare; fare attenzione, badare: — *che i bambini non si facciano male*; — *al buon andamento degli affari.*
vigilato [vi-gi-là-to] *agg.* sorvegliato, controllato | *libertà vigilata*, (*dir.*) misura di sicurezza non detentiva che limita la libertà personale ♦ *s.m.* [f. *-a*] chi è sottoposto a vigilanza speciale.
vigilatrice [vi-gi-la-trì-ce] *s.f.* donna che ha funzioni di vigilanza e assistenza ai bambini: — *d'infanzia.*
vigile [vì-gi-le] *agg.* che vigila; attento, accorto: *occhio —* ♦ *s.m.* [f. *invar.* o pop. *-essa*] chi fa parte di determinati corpi di guardie: — *urbano*, guardia di polizia locale che ha il compito di far rispettare i regolamenti di polizia urbana; — *del fuoco*, addetto allo spegnimento degli incendi e al soccorso urgente in caso di calamità pubblica.
vigilia [vi-gì-lia] *s.f.* **1** (*relig.*) giorno che precede una festa solenne, per il quale la Chiesa prescriveva l'astinenza dalle carni o il digiuno: *la — di Natale* | (*estens.*) l'astinenza dalle carni, il mangiare di magro: *fare —* **2** (*estens.*) il giorno o il periodo di tempo che precede un evento: *la — della guerra.*
vigliaccata [vi-gliac-cà-ta] *s.f.* (*pop.*) azione da vigliacco.
vigliaccheria [vi-gliac-che-rì-a] *s.f.* **1** l'essere vigliacco; viltà: *agire con —* **2** azione da vigliacco: *commettere una —.*
vigliaccio [vi-gliàc-cio] *s.m.* ciò che rimane delle spighe dopo che sono state battute.
vigliacco [vi-gliàc-co] *agg.* e *s.m.* [f. *-a*; pl.m. *-chi*] che/chi manca di coraggio, evita ogni pericolo e subisce passivamente sopraffazioni e prepotenze; vile, codardo: *gente vigliacca* | che/chi è prepotente con i deboli: *comportarsi da —* □ **vigliaccamente** *avv.* con vigliaccheria.

vigna [vì-gna] *s.f.* l'insieme delle viti; vigneto: *coltivare un terreno a —.*
vignaiolo [vi-gna-iò-lo] *s.m.* [f. *-a*] chi cura la vigna.
vigneto [vi-gné-to] *s.m.* terreno più o meno esteso coltivato a vite: *i vigneti del Chianti.*
vignetta [vi-gnét-ta] *s.f.* **1** piccola incisione ornamentale in un libro antico **2** (*estens.*) piccola illustrazione, per lo più di carattere satirico o umoristico, stampata in libri o giornali: *una — spiritosa* **3** in un francobollo, la parte stampata.
vignettista [vi-gnet-tì-sta] *s.m.* e *f.* [pl.m. *-sti*] chi disegna vignette umoristiche.
vigogna [vi-gó-gna] *s.f.* **1** mammifero ruminante delle Ande che fornisce lana particolarmente fine e soffice, molto pregiata **2** la stoffa tessuta con la lana di vigogna **3** (*estens.*) tessuto compatto e leggermente lucido di lana rasata.
vigore [vi-gó-re] *s.m.* **1** forza vitale di un organismo animale o vegetale: *il — della gioventù* **2** (*fig.*) forza, energia, efficacia: *il — dello stile* **3** di leggi, decreti ecc., validità, piena efficacia: *entrare in —.*
vigoria [vi-go-rì-a] *s.f.* vigore, energia: *— fisica.*
vigorosità [vi-go-ro-si-tà] *s.f.* (*non com.*) l'essere vigoroso: *la — delle membra.*
vigoroso [vi-go-ró-so] *agg.* che ha vigore, che è pieno di vigore: *tempra vigorosa* □ **vigorosamente** *avv.*
vile [vì-le] *agg.* **1** di persona, che manca di coraggio; codardo, vigliacco: *un — calunniatore* **2** di cosa o atto, che denota viltà: *una — calunnia* **3** (*lett.*) di merce, che vale pochissimo: *roba —* ♦ *s.m.* e *f.* persona vile: *comportarsi da —* □ **vilmente** *avv.*
vilipendere [vi-li-pèn-de-re] *v.tr.* [*io vilipèndo ecc.*; pass.rem. *io vilipési, tu vilipendésti ecc.*; part.pass. *vilipéso*] (*lett.*) offendere, disprezzare in modo grave e manifesto: *— le istituzioni.*
vilipendio [vi-li-pèn-dio] *s.m.* il vilipendere, l'essere vilipeso | *reato di —,* (*dir.*) consistente nel manifestare pubblicamente disprezzo verso persone, istituzioni o cose tutelate dalla legge: *— della religione.*
vilipeso [vi-li-pé-so] *agg.* disprezzato, oltraggiato.
villa [vìl-la] *s.f.* casa signorile, circondata da un giardino o da un parco: *una — al mare.* DIM. *villetta, villino* (m.).
villaggio [vil-làg-gio] *s.m.* **1** centro abitato di limitate dimensioni: *un — di campagna; lo scemo del —,* (*fig.*) persona sciocca | *— globale,* il mondo considerato come un unico villaggio, per effetto dei mezzi di comunicazione telematica **2** nome di quartieri o di gruppi di edifici urbani destinati a una certa categoria di persone: *— olimpico* | *— turistico,* complesso di bungalow con servizi e attrezzature per brevi soggiorni di vacanza **3** (*etnol.*) abitato umano nelle civiltà primitive: *— villanoviano.*
villanata [vil-la-nà-ta] *s.f.* atto, discorso da villano: *dire una —.*
villaneggiare [vil-la-neg-già-re] *v.tr.* [*io villanéggio ecc.*] (*lett.*) svillaneggiare; insultare.
villanella [vil-la-nèl-la] *s.f.* (*mus.*) composizione vocale di origine napoletana in voga nei secc. XVI e XVII.
villanesco [vil-la-né-sco] *agg.* [pl.m. *-schi*] (*spreg.*) da villano; rozzo, incivile: *un fare —* □ **villanescamente** *avv.*
villania [vil-la-nì-a] *s.f.* **1** l'essere villano; scortesia, cafonaggine: *una — intollerabile* **2** atto o detto offensivo; sgarbo: *ricevere una —.*
villano [vil-là-no] *s.m.* [f. *-a*] **1** (*lett.*) contadino **2** (*spreg.*) persona rozza, priva di garbo e cortesia; cafone: *non fare il —!* | *— rifatto,* si dice di chi è salito socialmente, ma ha conservato animo e modi rozzi. PEGG. *villanaccio* ♦ *agg.* rozzo, scortese, maleducato: *un atto —* □ **villanamente** *avv.*
villanoviano [vil-la-no-vià-no] *agg.* e *s.m.* si dice della più importante cultura della prima età del ferro in Italia (sec. IX-VIII a.C.).
villanzone [vil-lan-zó-ne] *s.m.* [f. *-a*] persona molto villana, screanzata.
villeggiante [vil-leg-giàn-te] *s.m.* e *f.* chi va o è in villeggiatura.
villeggiare [vil-leg-già-re] *v.intr.* [*io villéggio ecc.*; aus. *avere*] trascorrere un periodo di tempo in campagna, al mare o in montagna, per riposarsi: *— in Versilia.*
villeggiatura [vil-leg-gia-tù-ra] *s.f.* il villeggiare; anche, il luogo e il tempo in cui si villeggia: *località di —; andare in —.*
villereccio [vil-le-réc-cio] *agg.* [pl.f. *-ce*] (*lett.*) di campagna; campagnolo.
villetta [vil-lét-ta] *s.f.* piccola casa unifamiliare, sita in un luogo di villeggiatura, con giardinetto.
villico [vìl-li-co] *s.m.* [pl. *-ci*] (*lett.* o *scherz.*) contadino, abitante di villaggio.
villino [vil-lì-no] *s.m.* piccola casa unifamiliare di città, di una certa eleganza, con giardino.
villo [vìl-lo] *s.m.* (*anat., biol.*) ciascuna delle piccole sporgenze di forma cilindrica presenti nella mucosa dell'intestino tenue e in altri tessuti animali e vegetali.
villosità [vil-lo-si-tà] *s.f.* l'essere villoso; massa di peli | (*anat.*) l'insieme dei villi.
villoso [vil-ló-so] *agg.* **1** (*anat., bot.*) si dice di organo provvisto di villi **2** coperto di vello: *un montone —* | riferito all'uomo, peloso: *braccia villose* □ **villosamente** *avv.*
villotta [vil-lòt-ta] *s.f.* (*mus.*) composizione polifonica su testi poetici di origine popolare; si diffuse in tutta l'Italia settentrionale (secc. XV-XVI).
viltà [vil-tà] *s.f.* **1** l'essere vile; codardia, vigliaccheria: *— d'animo; atto di —* **2** azione da vile: *commettere una —.*
vilucchio [vi-lùc-chio] *s.m.* pianta erbacea rampicante spontanea, con fiori bianchi a forma di campana.
viluppo [vi-lùp-po] *s.m.* **1** gruppo, ammasso intricato di fili o altro; groviglio: *un — di sterpi* **2** (*fig.*) confusione inestricabile: *un — di idee.*

vimine [vì-mi-ne] *s.m.* (spec. *pl.*) ramo sottile e flessibile di alcune specie di salice, adoperato per fare canestri, sedie ecc.: *una culla di vimini*.
vinaccia [vi-nàc-cia] *s.f.* [pl. *-ce*] (spec. *pl.*) ciò che rimane dell'uva pigiata (graspi, bucce ecc.) dopo che ne è stato ricavato il mosto.
vinaio [vi-nà-io] *s.m.* [f. *-a*] chi vende vino all'ingrosso o al minuto.
vinario [vi-nà-rio] *agg.* del vino: *consumo* —.
vinavil® [vi-na-vìl] *s.m.invar.* colla a freddo costituita da una sospensione acquosa di acetato di polivinile.
vincastro [vin-cà-stro] *s.m.* (*lett.*) bacchetta di vinco usata dai pastori per guidare il gregge.
vincente [vin-cèn-te] *agg.* e *s.m.* e *f.* che/chi vince: *numero* — | *essere un* —, si dice di chi per natura è portato ad affermarsi, ad avere successo.
vincere [vìn-ce-re] *v.tr.* [pres. *io vinco, tu vinci ecc.*; pass.rem. *io vinsi, tu vincésti ecc.*; part.pass. *vinto*] **1** battere, superare: — *il nemico* | (*fig.*) sopraffare: *essere vinto dal sonno* **2** portare a termine con successo, superando l'opposizione, la concorrenza di altri: — *una guerra, un concorso, una causa* | ottenere in una competizione, in un concorso e sim.: — *un premio* | *vincerla*, riuscire nel proprio scopo | *prov.*: *chi la dura la vince*, con la costanza si ottiene ciò che si vuole **3** essere superiore in qlco.: *nessuno lo vince in astuzia* **4** superare, aver ragione di ciò che si oppone: — *l'indifferenza generale* **5** convincere, persuadere: *lasciarsi — dalle moine* **6** dominare, tenere a freno: — *la sete, la timidezza* ♦ *v.intr.* [aus. *avere*] avere la meglio, prevalere; riportare la vittoria: *vinca il migliore* ♦ **vincersi** *v.rifl.* dominarsi.
vincheto [vin-ché-to] *s.m.* luogo molto umido dove crescono vinchi, spontanei o coltivati.
vincisgrassi [vin-ci-sgràs-si] *s.m.* (*gastr.*) specialità marchigiana consistente in un pasticcio di lasagne all'uovo con sugo di fegatini di pollo e animelle.
vincita [vìn-ci-ta] *s.f.* **1** il vincere al gioco: — *al lotto* **2** la cosa, la somma vinta: *una — di parecchi milioni*.
vincitore [vin-ci-tó-re] *agg.* e *s.m.* [f. *-trice*] che/chi vince: *vincitori e vinti*.
vinco [vìn-co] *s.m.* [pl. *-chi*] salice | (*estens.*) ramoscello di salice; vimine.
vincolante [vin-co-làn-te] *agg.* che vincola, che comporta un obbligo: *parere* —, tale che, chiedendolo, ci si obbliga a seguirlo.
vincolare *v.tr.* [*io vìncolo ecc.*] **1** (*lett.*) stringere, legare **2** (*estens.*) limitare, impedire, impacciare: — *i movimenti* **3** (*fig.*) obbligare con vincoli morali o legali: — *qlcu. a osservare il giuramento* **4** (*mecc.*) assoggettare un corpo o un sistema a un vincolo.
vincolatività [vin-co-la-ti-vi-tà] *s.f.* l'essere vincolativo; carattere vincolativo.
vincolativo [vin-co-la-tì-vo] *agg.* atto a vincolare: *contratto* —.
vincolato [vin-co-là-to] *agg.* **1** legato, obbligato: — *da una promessa* | sottoposto a condizione: *deposito bancario* —, che non si può ritirare prima di una data scadenza **2** (*mecc.*) soggetto a vincolo: *sistemi vincolati*.
vincolismo [vin-co-lì-ʃmo] *s.m.* tendenza a sottoporre determinati settori di attività economica e sociale a un regime vincolistico.
vincolistico [vin-co-lì-sti-co] *agg.* [pl.m. *-ci*] si dice di disciplina giuridica che pone limitazioni legali in un campo precedentemente lasciato alla libera iniziativa dei soggetti: *regime — degli affitti*.
vincolo [vìn-co-lo] *s.m.* **1** ciò che vincola; legame **2** (*fig.*) ciò che costringe a un comportamento, per un obbligo morale o giuridico: — *di gratitudine*; *i vincoli del matrimonio* **3** (*dir.*) limitazione del diritto di proprietà su un bene: — *ipotecario* | situazione di un bene di rilievo artistico e ambientale sottoposto dall'autorità pubblica a limiti di trasformazione, destinazione o trasferimento **4** (*mecc.*) qualsiasi limitazione alla libertà di movimento di un corpo o di un sistema.
vindice [vìn-di-ce] *agg.* (*lett.*) che vendica o rivendica.
vinea [vì-nea] *s.f.* presso gli antichi romani, macchina bellica da assedio costituita da una tettoia mobile sotto la quale i soldati si riparavano per andare all'assalto delle mura.
vinello [vi-nèl-lo] *s.m.* vino leggero ma piacevole a bersi.
vinicolo [vi-nì-co-lo] *agg.* che riguarda il vino e la sua produzione: *consorzio* —.
vinifero [vi-nì-fe-ro] *agg.* che produce vino.
vinificare [vi-ni-fi-cà-re] *v.intr.* [*io vinìfico, tu vinìfichi ecc.*; aus. *avere*] produrre vino.
vinificatore [vi-ni-fi-ca-tó-re] *s.m.* produttore di vino.
vinificazione [vi-ni-fi-ca-zió-ne] *s.f.* l'insieme delle operazioni del vinificare.
vinilazione [vi-ni-la-zió-ne] *s.f.* (*chim.*) introduzione, mediante reazione chimica, di un gruppo vinilico in una molecola.
vinile [vi-nì-le] *s.m.* (*chim.*) radicale organico insaturo formato da due atomi di carbonio, uniti da un doppio legame, e tre di idrogeno; è il costituente fondamentale di molte resine sintetiche; è detto anche *gruppo vinilico*.
vinilico [vi-nì-li-co] *agg.* [pl.m. *-ci*] (*chim.*) di vinile; che comprende uno o più vinili | *gruppo* —, vinile.
vinilpelle® [vi-nil-pèl-le] *s.f.* prodotto che imita la pelle conciata.
vinismo [vi-nì-ʃmo] *s.m.* (*med.*) intossicazione cronica da vino; alcolismo, etilismo.
vino [vì-no] *s.m.* **1** bevanda alcolica ottenuta dalla fermentazione del mosto d'uva: — *secco, amabile, da dessert*; *i fumi del* —, i suoi effetti inebrianti; *reggere il* —, avere la capacità di berne in quantità senza ubriacarsi | *vin brûlé*, vino bollito con zucchero, cannella e chiodi di garofano, che si beve caldo. DIM. *vinello* **2** bevanda alcoli-

ca ottenuta da frutti fermentati: *— di mele*, sidro; *— di riso*, sakè.

vinolento [vi-no-lèn-to] *agg.* (*lett.*) che abitualmente eccede nel bere | ubriaco.

vinolenza [vi-no-lèn-za] *s.f.* (*lett.*) l'essere vinolento.

vinoso [vi-nó-so] *agg.* **1** del vino, relativo al vino: *fermentazione vinosa* **2** che ha caratteristiche simili a quelle del vino: *succo —*.

vinsanto [vin-sàn-to], o **vin santo**, *s.m.* vino bianco secco, di elevata gradazione alcolica, prodotto in Toscana e in Umbria con uve bianche passite.

vinto [vìn-to] *agg.* **1** sopraffatto, sconfitto, battuto: *il nemico —* | *darsi per —*, cedere, arrendersi **2** portato a compimento con successo: *una battaglia vinta* | *dar partita vinta a qlcu.*, riconoscere la sua superiorità | *darla vinta a qlcu.*, accondiscendere alle sue pretese | *darle tutte vinte a qlcu.*, accontentarlo sempre | *averla vinta*, riuscire nel proprio intento, spuntarla **3** conquistato in seguito a una vittoria: *il premio —* ♦ *s.m.* [f. *-a*] chi è stato superato, battuto: *guai ai vinti!* | *un —*, (*fig.*) si dice di chi non è riuscito a realizzare le proprie aspirazioni.

viola[1] [vi-ò-la] *s.f.* **1** (*bot.*) genere di piante erbacee perenni | *— odorata, mammola*, con un breve rizoma, foglie cuoriformi e fiori più o meno profumati, violetti o bianchi | *— del pensiero*, con fiori simili a quelli della viola mammola, ma più grossi, di vari colori, vellutati e non profumati **2** il fiore della viola | (*estens.*) nome generico anche di altri fiori quali la violacciocca, il garofano selvatico ecc. ♦ *s.m.invar.* colore tra il rosso scuro e il turchino, caratteristico della viola mammola; violetto ♦ *agg.invar.* di colore viola: *un abito —*.

viola[2] *s.f.* (*mus.*) **1** strumento cordofono ad arco della famiglia del violino, di taglia e suono intermedio fra questo e il violoncello **2** (*estens.*) violista: *la prima — di un'orchestra*.

violacciocca [vio-lac-ciòc-ca], o **violaciocca**, *s.f.* **1** pianta erbacea, spontanea, con fiori profumati di vario colore raccolti in grappolo **2** il fiore di questa pianta.

violacee [vio-là-ce-e] *s.f.pl.* (*bot.*) famiglia di piante dicotiledoni a cui appartiene la viola.

violaceo [vio-là-ce-o] *agg.* di colore viola o tendente al viola.

violaciocca → **violacciocca**.

violare [vio-là-re] *v.tr.* [*io vìolo ecc.*] **1** contaminare, guastare con la violenza ciò che è integro: *— l'onore altrui* | *— una donna*, violentarla | *— una tomba*, profanarla **2** penetrare con la forza in un luogo, invadere illegalmente: *— i confini* | *— la rete avversaria*, (*sport*) segnare un goal **3** non rispettare, trasgredire: *— i patti*.

violato [vio-là-to] *agg.* (*lett.*) **1** che ha colore tendente al viola **2** che ha un profumo di viola: *zucchero —*, profumato con essenza di violetta.

violatore [vio-la-tó-re] *agg.* e *s.m.* [f. *-trice*] che, chi viola: *— di un diritto*.

violazione [vio-la-zió-ne] *s.f.* il violare, l'essere violato: *— di una tomba* | *— di domicilio*, (*dir.*) il reato di chi si introduce illegalmente in un luogo di privata dimora.

violentare [vio-len-tà-re] *v.tr.* [*io violènto ecc.*] costringere con la violenza; sottoporre a violenza fisica o morale: *— le coscienze* | usare violenza carnale, stuprare: *— una donna*.

violentatore [vio-len-ta-tó-re] *agg.* e *s.m.* [f. *-trice*] che/chi violenta.

violento [vio-lèn-to] *agg.* **1** si dice di persona che ricorre alla forza per imporre la propria volontà: *un uomo prepotente e —* **2** proprio di persona violenta; fondato sulla violenza; detto, fatto con violenza: *mezzi violenti* | *morte violenta*, provocata da un incidente o da un atto di violenza **3** (*estens.*) che abbatte e distrugge; impetuoso: *un — assalto* **4** (*fig.*) forte, intenso, carico: *una luce violenta* ♦ *s.m.* [f. *-a*] persona violenta: *è sempre stato un —* □ **violentemente** *avv.*

violenza [vio-lèn-za] *s.f.* **1** l'essere violento: *la — di un uomo*; *la — di una malattia* **2** azione violenta, aggressiva, sopraffattrice: *— morale*; *usare —* **3** *— carnale*, (*dir.*) il delitto consistente nel costringere qlcu. a un rapporto sessuale.

violetta [vio-lét-ta] *s.f.* **1** nome comune della viola mammola **2** profumo ricavato dalla viola mammola.

violetto [vio-lét-to] *s.m.* uno dei sette colori dell'iride, l'ultimo in ordine di lunghezza d'onda; viola ♦ *agg.* di colore viola: *tessuto —*.

violinista [vio-li-nì-sta] *s.m.* e *f.* [pl.m. *-sti*] chi suona il violino.

violinistico [vio-li-nì-sti-co] *agg.* [pl.m. *-ci*] relativo al violino, ai violinisti: *tecnica violinistica*.

violino [vio-lì-no] *s.m.* **1** (*mus.*) strumento cordofono ad arco, il più acuto e piccolo dei moderni strumenti ad arco occidentali: *concerto per — e orchestra* | *chiave di —*, quella che indica la nota sol sulla seconda riga del pentagramma **2** (*estens.*) violinista: *il primo — dell'orchestra*.

violista [vio-lì-sta] *s.m.* e *f.* [pl.m. *-sti*] chi suona la viola.

violoncellista [vio-lon-cel-lì-sta] *s.m.* e *f.* [pl.m. *-sti*] chi suona il violoncello.

violoncello [vio-lon-cèl-lo] *s.m.* (*mus.*) **1** strumento cordofono ad arco simile al violino, ma più grande e di registro più grave, che si suona tenendolo appoggiato a terra con un puntale **2** (*estens.*) violoncellista.

viottolo [vi-òt-to-lo] *s.m.* strada stretta e serpeggiante di campagna o di montagna; sentiero.

vip *s.m.* e *f.invar.* persona importante, che gode di prestigio, di notorietà pubblica | Usato anche come *agg.invar.*: *locale —*.

vipera [vì-pe-ra] *s.f.* (*zool.*) genere di rettili squamati ovovivipari diffusi nelle regioni temperate del Mediterraneo, in Asia Minore e in India, con corpo cilindrico, testa triangolare, lingua bifida e bocca armata di due denti; hanno morso velenosissimo: *— comune*, aspide | *essere una —*, (*fig.*)

si dice di persona maligna, perfida o, anche, aggressiva.

viperaio [vi-pe-rà-io] *s.m.* **1** covo di vipere **2** cacciatore di vipere.

viperidi [vi-pè-ri-di] *s.m.pl.* (*zool.*) famiglia di rettili provvisti di due denti veleniferi a cui appartengono il crotalo e le vipere.

viperina [vi-pe-rì-na] *s.f.* pianta erbacea bienne o perenne, con fusto ramoso, foglie lanceolate, fiori in pannocchia.

viperino [vi-pe-rì-no] *agg.* **1** di vipera **2** (*fig.*) maligno, perfido: *lingua viperina.*

viraggio [vi-ràg-gio] *s.m.* (*chim.*) repentino cambiamento di colore di un indicatore che segnala il compiersi di una reazione | (*foto.*) trattamento chimico che dà alla stampa una determinata tonalità.

virago [vi-rà-go] *s.f.invar.* donna mascolina (per lo più *scherz.*).

virale [vi-rà-le] *agg.* (*med.*) di virus; relativo a virus | dovuto a virus: *epatite —.*

virare [vi-rà-re] *v.intr.* [aus. *avere*] **1** (*mar.*) manovrare con le vele in modo che il natante cambi direzione; riferito a imbarcazioni non a vela, mutare rotta: *— di poppa*; *— di bordo* invertire la rotta **2** (*aer.*) manovrare in modo che l'aereo muti direzione **3** (*sport*) nel nuoto, effettuare la virata **4** (*fig.*) mutare direzione, indirizzo **5** (*chim.*) passare da un colore a un altro, detto di una soluzione | (*foto.*) assumere una determinata tonalità, detto di pellicola sottoposta a viraggio.

virata [vi-rà-ta] *s.f.* **1** (*mar.*, *aer.*) il virare **2** (*sport*) nel nuoto, inversione di direzione dopo aver toccato il bordo della piscina.

viremia [vi-re-mì-a] *s.f.* (*med.*) presenza di virus nel sangue.

virente [vi-rèn-te] *agg.* (*poet.*) verdeggiante.

virescenza [vi-re-scèn-za] *s.f.* (*bot.*) trasformazione patologica di fiori o infiorescenze in appendici verdi.

virgiliano [vir-gi-lià-no] *agg.* del poeta latino Publio Virgilio Marone (70-19 a.C.), o che si riferisce al suo stile, alla sua opera: *il sentimento — della natura* □ **virgilianamente** *avv.* alla maniera di Virgilio.

virginale → **verginale**.

virgineo [vir-gì-ne-o], o **vergineo**, *agg.* (*lett.*) di vergine, che si addice a una vergine; verginale | (*estens.*) candido, limpido, puro.

virginia [vir-gì-nia] *s.m.invar.* **1** tipo di tabacco dolce molto aromatico **2** sigaro confezionato con tale tabacco | Usato anche come *agg.invar.*: *sigari, sigarette, tabacco —.*

virgola [vìr-go-la] *s.f.* **1** segno d'interpunzione [,] che indica la pausa più breve in un periodo: *mettere una —* | *non cambiare neanche una —*, (*fig.*) non cambiare nulla, in uno scritto, in un discorso. DIM. *virgoletta* **2** (*mat.*) segno che in un numero separa l'intero dai decimali **3** nelle acconciature femminili, ciocca di capelli a forma di virgola.

virgoletta [vir-go-lét-ta] *s.f.pl.* ciascuno dei due segni grafici [''] tra cui si chiude una citazione, un discorso diretto, una parola o una frase a cui si attribuisce un significato particolare: *mettere tra virgolette.*

virgolettare [vir-go-let-tà-re] *v.tr.* [*io virgolétto ecc.*] chiudere tra virgolette: *— una parola.*

virgolettato [vir-go-let-tà-to] *agg.* **1** chiuso tra virgolette **2** (*estens.*) riportato fedelmente.

virgolettatura [vir-go-let-ta-tù-ra] *s.f.* il virgolettare, l'essere virgolettato | parola o brano tra virgolette.

virgulto [vir-gùl-to] *s.m.* (*lett.*) piccola pianta giovane.

viridario [vi-ri-dà-rio] *s.m.* nell'antica casa romana, giardino interno.

virile [vi-rì-le] *agg.* **1** da uomo; maschile, mascolino: *aspetto —* | *membro —*, pene **2** da uomo adulto: *voce —* **3** (*fig.*) proprio di persona coraggiosa e decisa: *comportamento —* □ **virilmente** *avv.*

virilismo [vi-ri-lì-ʃmo] *s.m.* (*med.*) presenza di caratteristiche fisiche e psichiche maschili in soggetti di sesso femminile.

virilità [vi-ri-li-tà] *s.f.* **1** l'età dell'uomo adulto in cui si raggiunge il completo sviluppo fisico e psichico **2** prestanza sessuale del maschio **3** (*fig.*) coraggio, forza d'animo: *affrontare con — i dolori.*

viriloide [vi-ri-lòi-de] *agg.* (*med.*) si dice di donna che presenta caratteri di virilismo.

virogenesi [vi-ro-gè-ne-ʃi] *s.f.* (*biol.*) processo di riproduzione dei virus.

viroide [vi-ròi-de] *s.m.* (*biol.*) **1** agente patogeno simile a un virus **2** ogni specifico biologico impiegato per indurre un'immunizzazione.

virologia [vi-ro-lo-gì-a] *s.f.* ramo della microbiologia che studia i virus e le malattie da essi provocate.

virologico [vi-ro-lò-gi-co] *agg.* [pl.m. *-ci*] che si riferisce alla virologia: *esame —.*

virologo [vi-rò-lo-go] *s.m.* [f. *-a*; pl.m. *-gi*] studioso di virologia.

virosi [vi-rò-ʃi] *s.f.* (*med.*) malattia da virus.

virtù [vir-tù] *s.f.* **1** la disposizione costante della volontà alla legge morale; l'abitudine di fare il bene: *un esempio di —* | nella teologia cristiana: *— cardinali*, prudenza, giustizia, fortezza e temperanza, che l'uomo può praticare con le sue sole forze; *— teologali*, fede, speranza e carità, infuse da Dio per grazia **2** (*estens.*) ogni buona qualità o pregio dell'animo umano: *la — della pazienza* | *fare di necessità —*, adattarsi alle necessità **3** riferito a donna, castità **4** (*lett.*) valore militare **5** potere attivo, efficacia; facoltà, capacità: *le — di un'acqua minerale* | *in* (o *per*) *— di*, in forza, a opera di: *in — dei poteri conferiti.*

virtuale [vir-tu-à-le] *agg.* **1** che esiste in potenza ma non si è ancora realizzato; potenziale: *capacità —* **2** (*mat.*) che potrebbe esistere: *ente —* **3** (*fis.*) che si potrebbe effettuare: *lavoro —* | (*scient.*) fittizio, non reale: *immagine —* | *realtà*

—, simulazione con tecniche elettroniche multimediali di una realtà che dà la sensazione di essere effettiva □ **virtualmente** *avv.*

virtualità [vir-tu-a-li-tà] *s.f.* l'essere virtuale; potenzialità.

virtuosismo [vir-tu-o-sì-ʃmo] *s.m.* **1** eccezionale capacità tecnica in un artista o in un atleta; sfoggio di tale capacità: *— pianistico* **2** (*estens.*) straordinaria abilità.

virtuosistico [vir-tu-o-sì-sti-co] *agg.* [pl.m. *-ci*] **1** eseguito con virtuosismo: *una performance virtuosistica* **2** che costituisce un virtuosismo □ **virtuosisticamente** *avv.*

virtuoso [vir-tu-ó-so] *agg.* **1** che si comporta secondo virtù: *uomo —* **2** conforme a virtù: *atto —* **3** che dimostra virtuosismo: *cantante —* ♦ *s.m.* [f. *-a*] **1** persona virtuosa **2** artista o atleta di eccezionali capacità tecniche: *un — del pallone* □ **virtuosamente** *avv.*

virulento [vi-ru-lèn-to] *agg.* **1** (*biol.*) si dice di microrganismo che presenta virulenza: *microbo —* | (*estens.*) si dice di malattia infettiva particolarmente acuta **2** (*fig.*) aspro, violento: *linguaggio —.*

virulenza [vi-ru-lèn-za] *s.f.* **1** (*biol.*) accentuata attività patogena di un microrganismo **2** alto grado di tossicità di un veleno **3** (*fig.*) asprezza, violenza: *la — d'una polemica.*

virus [vì-rus] *s.m.invar.* **1** (*biol.*) agente patogeno costituito dall'unione di una proteina con un acido nucleico, che vive e si replica solo a spese di una cellula vivente: *il — dell'influenza* **2** (*inform.*) programma che entra in un sistema di elaborazione provocando malfunzionamento e perdite di dati.

visagismo [vi-ʃa-gì-ʃmo] *s.m.* l'arte di valorizzare un viso, con un trucco sapiente e una giusta pettinatura.

visagista [vi-ʃa-gì-sta] *s.m.* e *f.* [pl.m. *-sti*] estetista specializzato in visagismo.

vis-à-vis [/ viza'vi /] *loc.avv.* (*fr.*) faccia a faccia; di fronte: *trovarsi — con l'avversario.*

viscaccia [vi-scàc-cia] *s.f.* [pl. *-ce*] mammifero roditore delle pampas argentine, con folto mantello grigio e bianco.

viscerale [vi-sce-rà-le] *agg.* **1** relativo ai visceri **2** (*fig.*) istintivo e profondo: *amore —* □ **visceralmente** *avv.*

viscere [vì-sce-re] *s.m.* [pl. *i vìsceri* nel sign. proprio; *le vìscere* nel sign. proprio e fig.] **1** nei vertebrati, ciascuno degli organi contenuti nella cavità toracica e addominale: *il cuore e l'intestino sono visceri* **2** *pl.* (*lett.*) utero, grembo **3** *pl.* (*fig.*) la parte più interna di qlco.: *le viscere della terra.*

vischio [vì-schio] *s.m.* [pl. *-schi*] **1** arbusto parassita sempreverde con foglie carnose lanceolate, e frutti a forma di piccole bacche bianche; i rami si usano come ornamento **2** la sostanza appiccicosa che si estrae dalle bacche.

vischiosità [vi-schio-si-tà] *s.f.* l'essere vischioso; carattere vischioso: *la — del miele.*

vischioso [vi-schió-so] *agg.* **1** si dice di sostanza appiccicosa come quella estratta dalle bacche di vischio; viscoso: *un liquido —* **2** (*fis.*) viscoso □ **vischiosamente** *avv.*

viscidità [vi-sci-di-tà] *s.f.* l'essere viscido, scivoloso.

viscido [vì-sci-do] *agg.* **1** che dà al tatto una sgradevole sensazione di umido, molle e scivoloso: *le serpi sono viscide* | che presenta una superficie scivolosa: *strada viscida* **2** (*fig.*) subdolo, ipocrita: *un — adulatore* □ **viscidamente** *avv.*

visciola [vì-scio-la] *s.f.* frutto del visciolo; amarena, marasca.

visciolata [vi-scio-là-ta] *s.f.* confettura, sciroppo o bibita a base di visciole.

visciolato [vi-scio-là-to] *s.m.* liquore a base di visciole.

visciolo [vì-scio-lo] *s.m.* varietà di ciliegio i cui frutti (visciole) si distinguono in amarene e marasche.

viscoelasticità [vi-sco-e-la-sti-ci-tà] *s.f.* (*fis.*) proprietà di alcuni materiali che possono subire deformazioni elastiche associate a deformazioni viscose.

viscoelastico [vi-sco-e-là-sti-co] *agg.* [pl.m. *-ci*] (*fis.*) caratterizzato da viscoelasticità: *materiale —.*

vis comica [/ vis'kɔmika /] *loc.sost.f.invar.* (*lat.*) spirito umoristico particolarmente intenso e vivace: *la — dei racconti di Gadda.*

visconte [vi-scón-te] *s.m.* nella gerarchia nobiliare, titolo immediatamente superiore a quello di barone e inferiore a quello di conte.

viscosa [vi-scó-sa] *s.f.* liquido denso ottenuto dal trattamento della cellulosa con soda caustica; è la materia prima per la produzione del rayon; la fibra tessile stessa.

viscosimetria [vi-sco-si-me-trì-a] *s.f.* misurazione della viscosità di un liquido.

viscosimetro [vi-sco-sì-me-tro] *s.m.* strumento per misurare la viscosità di un liquido.

viscosità [vi-sco-si-tà] *s.f.* **1** vischiosità **2** (*fis.*) il minore o maggiore grado di scorrevolezza di un fluido.

viscoso [vi-scó-so] *agg.* **1** vischioso **2** (*fis.*) si dice di sostanza caratterizzata da alta viscosità □ **viscosamente** *avv.*

visibile [vi-ʃi-bi-le] *agg.* **1** che può essere percepito dalla vista umana: *— a occhio nudo*, senza strumenti ottici **2** che si può visitare: *un'esposizione — nel pomeriggio* | si dice di spettacolo del quale è permessa la visione: *un film — a tutti* **3** (*estens.*) chiaro, palese: *una — emozione* □ **visibilmente** *avv.* in modo da poter essere veduto; manifestamente: *è — emozionato.*

visibilio [vi-ʃi-bì-lio] *s.m.* **1** gran quantità, gran numero: *un — di gente* **2** *andare in —*, provare straordinario piacere o meraviglia; entusiasmarsi.

visibilità [vi-ʃi-bi-li-tà] *s.f.* **1** l'essere visibile: *la — di un'insegna* **2** possibilità di vedere, di essere visto: *la — in curva è ridotta* | il grado di trasparenza dell'atmosfera rispetto alla vista umana: *la nebbia riduce la —.*

visiera [vi-ʃiè-ra] *s.f.* **1** nelle armature, la parte dell'elmo che si calava sul viso **2** elemento trasparente e mobile del casco che si mette davanti agli occhi **3** piccola tesa rigida a mezzaluna sul davanti di alcuni copricapi.

visigotico [vi-ʃi-gò-ti-co] *agg.* [pl.m. *-ci*] dei visigoti: *la dominazione visigotica.*

visigoto [vi-ʃi-gò-to] *agg.* e *s.m.* [f. *-a*] che/chi apparteneva a un'antica popolazione germanica che costituiva il ramo occidentale dei goti: *le invasioni dei visigoti.*

visionare [vi-ʃio-nà-re] *v.tr.* [*io viʃióno ecc.*] **1** vedere in visione privata un film da parte di un pubblico specializzato: — *in anteprima* **2** (*estens.*) prendere visione di qlco.; esaminare per operare una scelta: — *la merce.*

visionario [vi-ʃio-nà-rio] *agg.* e *s.m.* [f. *-a*] **1** che/chi ha allucinazioni visive **2** (*estens.*) si dice di persona che crede reali cose inesistenti, o che ha progetti irrealizzabili | si dice di artista dotato di grande fantasia visiva e di opera d'arte in cui prevalgano immagini fantastiche, oniriche □ **visionariamente** *avv.*

visione [vi-sió-ne] *s.f.* **1** (*fisiol.*) processo che trasforma in sensazioni visive l'energia luminosa raccolta dall'occhio: *la — dell'uomo è tridimensionale* **2** il vedere, il percepire con la vista: — *diretta* | osservazione attenta, esame: *prendere — di qlco.* **3** (*fig.*) quadro complessivo di una situazione o di un fenomeno: — *d'insieme* **4** ciò che si vede; scena che colpisce: *una — raccapricciante* **5** (*cine.*) proiezione di un film al pubblico: *prima —*, prima presentazione al pubblico **6** il vedere in sogno o per allucinazione; ciò che si percepisce: *avere una —* **7** (*relig.*) fenomeno mistico consistente nel percepire fisicamente l'immagine di realtà soprannaturali: *le visioni di santa Teresa* **8** (*estens.*) capacità di intuire con ragionevolezza un complesso di eventi: *una sicura — del futuro.*

visir [vi-ʃìr] *s.m.invar.* (*st.*) nel mondo islamico, ministro dell'impero ottomano: *gran —*, primo ministro.

visita [vì-ʃi-ta] *s.f.* **1** il recarsi e il trattenersi per qualche tempo presso qlcu. o in un luogo: *la — di un museo.* DIM. *visitina* **2** (*med.*) insieme delle osservazioni che il medico compie sul paziente per accertarne le condizioni di salute: — *specialistica* | *marcare —*, detto di soldato, dichiararsi ammalato e richiedere una visita medica **3** ispezione: — *doganale.*

visitare [vi-ʃi-tà-re] *v.tr.* [*io vìʃito ecc.*] **1** fare una visita a qlcu. o qlco.: — *Taormina* **2** sottoporre a visita medica: *farsi —.*

visitatore [vi-ʃi-ta-tó-re] *s.m.* chi si reca in visita presso qlcu.; chi visita musei, esposizioni e simili.

visivo [vi-ʃi-vo] *agg.* della vista, relativo alla vista o alla visione: *campo —*, lo spazio che si abbraccia con l'occhio immobile | *arti visive*, le arti figurative □ **visivamente** *avv.* **1** relativamente alla vista **2** per mezzo della vista: *percepire —* **3** in modo che stimoli la vista: *rappresentare —.*

viso [vì-so] *s.m.* volto, faccia: *un — affilato* | *un — acqua e sapone*, non truccato | *fare buon — a cattivo gioco*, saper accettare i momenti di difficoltà. DIM. *visetto, visino.*

visone [vi-ʃó-ne] *s.m.* piccolo mammifero carnivoro con pelo bruno, morbido e lucente | la pelliccia che se ne ricava.

visonetto [vi-ʃo-nét-to] *s.m.* pelliccia che imita quella di visone, ma molto meno pregiata.

visore [vi-ʃó-re] *s.m.* **1** (*foto.*) apparecchio per guardare in trasparenza diapositive e negativi fotografici **2** microlettore **3** video; visualizzatore.

vispo [vì-spo] *agg.* pronto e vivace, pieno di vita e di brio: *un bambino —.*

vissuto [vis-sù-to] *agg.* che ha esperienza della vita: *un uomo —* | si dice di ciò di cui si è avuta esperienza diretta: *vita vissuta* ♦ *s.m.* (*psicol.*) ciò che si vive quotidianamente; ciò che, pur passato, è ben presente nella coscienza: *il — familiare.*

vista [vì-sta] *s.f.* **1** il vedere; il senso che dà la facoltà di vedere: — *debole*; *perdere la —*, diventare cieco; *occhiali da —*, per correggere difetti visivi | *avere la — lunga*, (*fig.*) essere lungimirante | *a — d'occhio*, per quanto l'occhio può spaziare: *crescere a — d'occhio*, (*fig.*) molto rapidamente | *punto di —*, (*fig.*) modo di valutare le cose, opinione **2** possibilità di vedere: *ostruire la —* | *perdere di — qlcu.*, (*fig.*) non sapere più niente di lui | *conoscere qlcu. di —*, (*fig.*) solo superficialmente | *essere in —*, (*fig.*) essere imminente; anche, essere conosciuto: *un personaggio in —* | *avere in —*, (*fig.*) aspettarsi per un imminente futuro: *ha in — una promozione* | *in — di*, (*fig.*) nell'imminenza di; in considerazione di: *comprare i regali in — del Natale* | *guardare a —*, tenere continuamente sott'occhio | *sparare a —*, senza preavviso **3** ciò che si vede, spazio visibile; veduta, scena: *dalla finestra si gode una bella —* **4** (*lett.*) apparenza, aspetto esteriore | *far bella —*, far bella mostra **5** occhiata, rapido esame | *a prima —*, alla prima occhiata, sulle prime.

vistare [vi-stà-re] *v.tr.* (*burocr.*) mettere il visto a un documento; vidimare: — *un certificato.*

visto [vì-sto] *agg.* guardato, considerato | *ben, mal —*, bene, male accetto | *mai —*, nuovo; eccezionale: *un successo mai —* | *— che*, dato che, dal momento che ♦ *s.m.* (*burocr.*) formula con cui si attesta di aver letto e approvato un documento: *apporre il —* | permesso di ingresso o transito che uno Stato rilascia a stranieri: *chiedere il — per la Cina.*

vistosità [vi-sto-si-tà] *s.f.* l'essere vistoso.

vistoso [vi-stó-so] *agg.* **1** che attira la vista, l'attenzione; appariscente: *un ornamento —* **2** (*estens.*) di grande entità; ingente: *un — premio* □ **vistosamente** *avv.*

visuale [vi-ʃu-à-le] *agg.* proprio della vista, che

riguarda il vedere | *angolo —*, la prospettiva sotto cui si vede qlco.; punto di vista ♦ *s.f.* vista, prospettiva; possibilità di vedere: *togliere la —* □ **visualmente** *avv.* relativamente alla vista, alla visuale.

visualità [vi-ʃu-a-li-tà] *s.f.* carattere di ciò che si percepisce con la vista | effetto visuale prodotto da un'immagine (si riferisce alla moderna grafica, al design ecc.).

visualizzare [vi-ʃu-a-liʒ-ʒà-re] *v.tr.* **1** esprimere per mezzo di immagini: *— i dati con un grafico* **2** rendere visibile: *— un corpo trasparente* **3** far comparire su un teleschermo.

visualizzatore [vi-ʃu-a-liʒ-ʒa-tó-re] *s.m.* (*elettron.*) dispositivo di una calcolatrice o di un elaboratore elettronico che visualizza sul video i risultati delle elaborazioni effettuate; display.

visualizzazione [vi-ʃu-a-liʒ-ʒa-zió-ne] *s.f.* il visualizzare, l'essere visualizzato.

visura [vi-ʃù-ra] *s.f.* (*burocr.*) visione, ispezione | *— catastale*, controllo dei dati del catasto relativi a un immobile.

visus [vì-ʃus] *s.m.invar.* (*lat.*) (*fisiol.*) capacità dell'apparato visivo di percepire immagini distinte | misura dell'acuità visiva espressa in decimi.

vita[1] [vì-ta] *s.f.* **1** lo stato di attività naturale di un organismo che si conserva, si sviluppa, si riproduce e ha relazioni con l'ambiente e altri organismi: *la — dell'uomo, degli animali, delle piante*; *essere in fin di —*, sul punto di morire; *non dare segni di —*, sembrare morto | *togliere la — a qlcu.*, ucciderlo; *togliersi la —*, suicidarsi | *perdere la —*, morire | *dare la — a qlcu.*, procrearlo | *dare la — per qlcu., qlco.*, morire per qlcu., qlco. | *questione di — o di morte*, di capitale importanza | *dovere la — a qlcu.*, aver evitato la morte per merito di qlcu. | *dar — a qlco.*, generarla, promuoverla | *prov.*: *finché c'è — c'è speranza* **2** il vivere particolare di ogni individuo: *— agiata*; *la — del contadino* | *a —*, per tutta la durata della vita: *senatore a —* | *avere una doppia —*, avere un modo di vivere segreto diverso da quello pubblico | *costo della —*, spesa sostenuta da una famiglia per i beni e i servizi necessari al sostentamento | *— da cani*, piena di disagi | *— da re*, piena di agi | *fare la —*, (*gerg.*) darsi alla prostituzione | *cambiare —*, redimersi | *— natural durante*, per tutta la vita **3** esistenza dopo la morte: *la — eterna* | *passare a miglior —*, morire **4** il corso delle cose umane, il mondo: *conoscere la —* **5** il complesso delle attività di un ente, di un'istituzione; la durata di tali attività, di un fenomeno ecc.: *la — di un partito* **6** salute, vitalità: *un ragazzo pieno di —* | animazione, fermento: *una strada piena di —* | espressività, vivacità: *uno sguardo senza —* **7** si dice di ciò che dà significato all'esistenza: *quella donna è la sua —* **8** ciò che è necessario materialmente per vivere: *guadagnarsi la —* **9** biografia: *narrare la — di Napoleone.*

vita[2] *s.f.* la parte incavata del corpo umano sopra i fianchi; anche, la parte dell'indumento che la ricopre: *abito con la — stretta* | *punto —*, il punto di un abito all'altezza della vita. DIM. *vitino* (m.).

vitacee [vi-tà-ce-e] *s.f.pl.* (*bot.*) famiglia di piante dicotiledoni a cui appartiene la vite.

vitaiolo [vi-ta-iò-lo] *s.m.* (*scherz.*) chi fa vita mondana; viveur.

vitalba [vi-tàl-ba] *s.f.* arbusto rampicante comune nei boschi, con fiori bianchi molto profumati raccolti in pannocchie e foglie pennate; le cime giovani sono commestibili.

vitale [vi-tà-le] *agg.* **1** della vita, attinente alle funzioni di un organismo vivente: *principio —* | *spazio —*, quello necessario alla vita di un individuo in una società **2** che dà e mantiene la vita, che è indispensabile alla vita: *l'acqua è — per l'uomo* **3** (*fig.*) di fondamentale importanza, essenziale: *una questione —* **4** che ha vitalità: *una persona —* □ **vitalmente** *avv.* relativamente alla vita.

vitalismo [vi-ta-lì-ʃmo] *s.m.* manifestazione di vitalità; dinamismo, esuberanza.

vitalista [vi-ta-lì-sta] *s.m.* e *f.* [pl.m. *-sti*] sostenitore del vitalismo.

vitalistico [vi-ta-lì-sti-co] *agg.* [pl.m. *-ci*] di vitalismo; che dimostra vitalismo.

vitalità [vi-ta-li-tà] *s.f.* **1** l'essere vitale; capacità di vivere **2** (*estens.*) vigoria, vivacità, energia: *un uomo senza —* | (*fig.*) attitudine a mantenersi operante, efficiente: *la — di una teoria.*

vitalizio [vi-ta-lì-zio] *agg.* che dura tutta la vita: *socio —* ♦ *s.m.* (*dir.*) contratto con cui si cedono beni in cambio di una rendita vitalizia.

vitalizzare [vi-ta-liʒ-ʒà-re] *v.tr.* rendere vitale ♦ **vitalizzarsi** *v.intr.pron.* divenire vitale.

vitamina [vi-ta-mì-na] *s.f.* (*biol.*) ciascuna delle sostanze organiche indispensabili per i processi biochimici delle cellule animali; sono contenute in quasi tutti gli alimenti: *— A.*

vitaminico [vi-ta-mì-ni-co] *agg.* [pl.m. *-ci*] delle vitamine: *complesso — B* | che contiene vitamine, ricco di vitamine: *alimento —.*

vitaminizzare [vi-ta-mi-niʒ-ʒà-re] *v.tr.* arricchire con vitamine: *— il latte.*

vitaminizzato [vi-ta-mi-niʒ-ʒà-to] *agg.* arricchito con vitamine: *latte —.*

vitaminologia [vi-ta-mi-no-lo-gì-a] *s.f.* parte della biologia e della medicina che studia le vitamine e la loro azione sull'organismo.

vite[1] [vì-te] *s.f.* **1** pianta legnosa rampicante con rami nodosi (tralci) dotati di viticci prensili e foglie (pampini) palmate; i suoi frutti (uva) sono bacche succose (acini) riunite in grappoli: *potare le viti* **2** nome di varie piante che somigliano alla vite: *— americana*, pianta ornamentale.

vite[2] *s.f.* **1** (*mecc.*) organo di collegamento costituito da un corpo cilindrico (gambo) con una sporgenza elicoidale (filetto), dotato a un'estremità di un ingrossamento (testa) che ne consente la rotazione: *allentare una —* | *a —*, a spirale: *chiusura a —* | *giro di —*, (*fig.*) irrigidimento, inasprimento di una disciplina, di un regime autoritario ecc. 2 (*aer.*) manovra acrobatica di un aereo che scende verticalmente con moto elicoidale.

vitella [vi-tèl-la] *s.f.* vacca giovane: — *da latte.* DIM. *vitellina* | la carne di vitello o vitella macellati: *costolette di* —.

vitello [vi-tèl-lo] *s.m.* 1 il nato della vacca, maschio o femmina, finché conserva la dentizione di latte. DIM. *vitellino* ACCR. *vitellone* 2 la carne dell'animale macellato: *arrosto di* — 3 la pelle conciata dell'animale: *scarpe di* —.

vitellone [vi-tel-ló-ne] *s.m.* 1 vitello che ha superato un anno di età | la carne dell'animale macellato 2 (*fig.*) giovane di provincia ozioso e frivolo, incapace di affrontare la vita.

viteria [vi-te-rì-a] *s.f.* l'insieme dei vari tipi di viti usate nei collegamenti meccanici.

viticcio [vi-tìc-cio] *s.m.* ciascuna delle appendici, filiformi e prensili, che costituiscono gli organi di sostegno delle piante rampicanti.

viticolo [vi-tì-co-lo] *agg.* che concerne la viticoltura: *industria viticola.*

viticoltore [vi-ti-col-tó-re] *s.m.* agricoltore che si dedica alla coltura della vite.

viticoltura [vi-ti-col-tù-ra] *s.f.* 1 coltivazione della vite: *dedicarsi alla* — 2 scienza e tecnica della coltivazione della vite: *esperto in* —.

vitigno [vi-tì-gno] *s.m.* ciascuna delle diverse varietà di vite.

vitiligine [vi-ti-lì-gi-ne] *s.f.* (*med.*) difetto di pigmentazione della pelle, di origine incerta, che si manifesta con chiazze biancastre di varia grandezza e dal contorno irregolare.

vitivinicolo [vi-ti-vi-nì-co-lo] *agg.* che riguarda la coltivazione della vite e la produzione di vino: *cooperativa vitivinicola.*

vitivinicoltura [vi-ti-vi-ni-col-tù-ra] *s.f.* il complesso delle attività relative alla coltivazione della vite e alla produzione del vino.

vitrectomia [vi-trec-to-mì-a] *s.f.* (*med.*) operazione di microchirurgia oculare che consiste nell'asportazione del corpo vitreo e nella sua sostituzione con una soluzione fisiologica.

vitreo [vì-tre-o] *agg.* 1 del vetro: *splendore* — 2 simile al vetro: *trasparenza vitrea* | *occhi vitrei*, immobili e inespressivi | *corpo* —, (*anat.*) massa trasparente e gelatinosa che riempie la cavità del bulbo oculare tra la retina e il cristallino.

vitta [vìt-ta] *s.f.* 1 nell'antica Roma, benda che le matrone e le vestali portavano attorno al capo | la benda usata dai sacerdoti pagani nei sacrifici 2 (*bot.*) ciascuno dei canali secretori nel frutto delle ombrellifere.

vittima [vìt-ti-ma] *s.f.* 1 animale o essere umano offerto in sacrificio a una divinità 2 (*estens.*) chi perde la vita o subisce danni in un incidente, una grave calamità ecc.: *le vittime della guerra* 3 chi subisce la persecuzione altrui o soffre le conseguenze di un'azione negativa: *essere* — *di una calunnia* | *fare la* —, (*fam.*) si dice di chi si sente, o vuol sembrare, perseguitato o trascurato.

vittimismo [vit-ti-mì-ʃmo] *s.m.* il fare la vittima; la disposizione ad atteggiarsi a vittima delle circostanze o dell'ostilità altrui.

vittimista [vit-ti-mì-sta] *s.m.* e *f.* [pl.m. *-sti*] chi indulge al vittimismo, chi ama atteggiarsi a vittima.

vittimistico [vit-ti-mì-sti-co] *agg.* [pl.m. *-ci*] da vittimista; improntato a vittimismo: *atteggiamento* — □ **vittimisticamente** *avv.*

vittimizzare [vit-ti-miʒ-ʒà-re] *v.tr.* (*non com.*) 1 considerare, presentare come una vittima 2 imporre a qlcu. un trattamento repressivo, umiliante: — *i bambini.*

vitto [vìt-to] *s.m.* l'insieme dei cibi che costituiscono il nutrimento giornaliero necessario al sostentamento: — *abbondante.*

vittoria [vit-tò-ria] *s.f.* il vincere, il riuscire vincitore in un confronto, una gara, una controversia: *la* — *in una causa; una* — *della medicina* | *avere la* — *in pugno*, essere certi di vincere | *cantare* —, (*fig.*) esultare per aver vinto | — *di Pirro,* (*fig.*) quella che procura più perdite ai vincitori che ai vinti.

vittoriano [vit-to-rià-no] *agg.* che appartiene o si riferisce al regno della regina Vittoria d'Inghilterra (1837-1901): *età vittoriana.*

vittorioso [vit-to-rió-so] *agg.* 1 di vittoria: *grida vittoriose* 2 che ha riportato la vittoria: *atleta* — 3 in cui si è riportata la vittoria: *incontro* — 4 di chi ha vinto: *ritorno* — □ **vittoriosamente** *avv.* riportando vittoria: *tagliare* — *il traguardo.*

vituperando [vi-tu-pe-ràn-do] *agg.* (*lett.*) che deve essere vituperato.

vituperare [vi-tu-pe-rà-re] *v.tr.* [*io vitùpero ecc.*] coprire di vituperi, di insulti; infamare, screditare gravemente: — *ingiustamente qlcu.*

vituperevole [vi-tu-pe-ré-vo-le] *agg.* (*lett.*) degno di vituperazione; vituperabile: *comportamento* —.

vituperio [vi-tu-pè-rio] *s.m.* 1 ingiuria, grave insulto, improperio: *coprire qlcu. di vituperi* 2 persona o cosa che arreca vituperio o che è motivo di vergogna: *essere il* — *della famiglia.*

viuzza [vi-ùz-za] *s.f.* via angusta, vicolo.

viva [vì-va] *inter.* esprime approvazione, giubilo: — *l'Italia!*

vivacchiare [vi-vac-chià-re] *v.intr.* [*io vivàcchio ecc.*; aus. *avere*] (*fam.*) vivere stentatamente, tirare avanti alla meglio.

vivace [vi-và-ce] *agg.* 1 detto di persona, che ha grande vitalità, grandi energie; di bambino, esuberante e irrequieto 2 (*eufem.*) che manifesta animosità, asprezza polemica: *un* — *battibecco* 3 che rivela prontezza, acume, brio: *un'intelligenza* — 4 splendente, vivido, intenso: *luce* — | *allegro* —, (*mus.*) indicazione dinamica di un brano musicale da eseguirsi con movimento veloce e animato □ **vivacemente** *avv.*

vivacità [vi-va-ci-tà] *s.f.* l'essere vivace.

vivacizzare [vi-va-ciʒ-ʒà-re] *v.tr.* rendere vivace; animare, movimentare, rallegrare: — *la festa.*

vivagno [vi-và-gno] *s.m.* margine laterale, più fitto, di una pezza di tessuto; cimosa.

vivaio [vi-và-io] *s.m.* 1 impianto di vasche in cui si allevano pesci, molluschi o crostacei 2 (*agr.*) terreno in cui si coltivano varietà differenti di piante, fino al trapianto in un luogo stabile 3 (*fig.*) ambiente in cui si formano individui destinati a distinguersi per capacità particolari: *un — di grandi artisti.*

vivaismo [vi-va-ì-ʃmo] *s.m.* attività industriale che impianta vivai zootecnici o agricoli per la vendita su larga scala.

vivaista [vi-va-ì-sta] *s.m.* e *f.* [pl.m. *-sti*] persona addetta a un vivaio di pesci o di piante.

vivaistica [vi-va-ì-sti-ca] *s.f.* attività di coltivazione in vivaio di piante.

vivaistico [vi-va-ì-sti-co] *agg.* [pl.m. *-ci*] che concerne i vivai di pesci o di piante.

vivanda [vi-vàn-da] *s.f.* cibo preparato per essere mangiato: *una — raffinata.*

vivandiere [vi-van-diè-re] *s.m.* [f. *-a*] chi, un tempo, si occupava della vendita o della distribuzione di vivande ai soldati nelle caserme, negli accampamenti ecc.

vivente [vi-vèn-te] *agg.* che vive, che è in vita: *organismo —* ♦ *s.m.* e *f.* persona che è in vita.

vivere[1] [vì-ve-re] *v.intr.* [pass.rem. *io vissi, tu vivésti ecc.*; fut. *io vivrò ecc.*; part.pass. *vissuto*; aus. *essere*] 1 di organismi vegetali o animali, avere vita, essere in vita: *la tigre vive in Asia* 2 dell'uomo, esistere, condurre la propria vita; si dice con riferimento alla durata della vita o al modo o luogo in cui si vive: *— ottant'anni*; *— in campagna, del proprio lavoro* | *— alla giornata*, procurandosi i mezzi di sostentamento di giorno in giorno; (*estens.*) condurre l'esistenza senza programmi precisi | *— di illusioni*, (*fig.*) nutrirsene | *— per qlcu.*, dedicargli tutte le proprie cure; *— per qlco.*, farne il fine della propria esistenza 3 realizzare il minimo delle condizioni necessarie alla vita: *ha appena di che —* | *non lasciar — qlcu.*, dargli fastidio in continuazione 4 comportarsi come è richiesto dalle convenzioni sociali: *saper —* 5 (*fig. lett.*) durare: *la sua gloria vivrà eternamente* ♦ *v.tr.* 1 trascorrere (col compl. oggetto interno): *— una vita serena* 2 passare: *— un brutto momento* 3 (*fig.*) sentire intense emozioni, sentimenti profondi: *— il dolore degli altri.*

vivere[2] *s.m.* [solo *sing.*] 1 il fatto di vivere; vita | il modo di vivere: *quieto —* 2 ciò che è necessario per vivere: *il — è più caro di una volta.*

viveri [vì-ve-ri] *s.m.pl.* l'insieme dei cibi necessari per il sostentamento di una comunità; provviste: *razionamento dei —* | *tagliare i — a qlcu.*, (*fig.*) privarlo dei mezzi di sussistenza.

viverridi [vi-vèr-ri-di] *s.m.pl.* (*zool.*) famiglia di mammiferi carnivori asiatici e africani, di piccole e medie dimensioni, a cui appartengono, tra gli altri, lo zibetto e la mangusta.

viveur [/ vi'vɛr /] *s.m.invar.* (*fr.*) chi fa vita mondana, abbandonandosi ai piaceri; vitaiolo.

vivezza [vi-véz-za] *s.f.* 1 vivacità: *— di colori* 2 caratteristica di una rappresentazione figurativa che riproduce un soggetto in modo che paia vivo o reale: *la — di un ritratto.*

vivibile [vi-vì-bi-le] *agg.* che si può vivere; che è facile o gradevole da vivere: *un'esistenza —* | in cui è gradevole vivere, abitare: *una città —* □ **vivibilmente** *avv.* in modo che si possa vivere agevolmente.

vivibilità [vi-vi-bi-li-tà] *s.f.* l'essere vivibile: *la precaria — delle periferie urbane.*

vividezza [vi-vi-déz-za] *s.f.* l'essere vivido; carattere vivido.

vivido [vì-vi-do] *agg.* 1 intenso, luminoso, smagliante: *colore —* 2 (*fig.*) pronto, acuto: *ingegno —* □ **vividamente** *avv.*

vivificare [vi-vi-fi-cà-re] *v.tr.* [*io vivìfico, tu vivìfichi ecc.*] 1 (*estens.*) rendere vitale, vivace o più vitale, più vivace; rinvigorire, corroborare: *— le piante* 2 (*fig.*) dare vivacità, rendere interessante: *— un ambiente.*

vivificativo [vi-vi-fi-ca-tì-vo] *agg.* (*lett.*) capace di vivificare; vivificatore.

vivificatore [vi-vi-fi-ca-tó-re] *agg.* e *s.m.* [f. *-trice*] che/chi vivifica: *spirito —.*

vivifico [vi-vì-fi-co] *agg.* [pl.m. *-ci*] (*lett.*) che dà vita; vivificatore.

vivinatalità [vi-vi-na-ta-li-tà] *s.f.* (*stat.*) la quantità dei nati vivi | *quoziente di —*, in una determinata collettività, il rapporto tra il numero dei nati vivi e il numero complessivo dei nati, in un dato periodo di tempo.

viviparità [vi-vi-pa-ri-tà] *s.f.* (*biol.*) la condizione degli animali vivipari o delle piante vivipare.

viviparo [vi-vì-pa-ro] *agg.* e *s.m.* (*zool.*) si dice di animale il cui embrione si sviluppa nel corpo materno nutrendosi dalla placenta, e il piccolo nasce completamente formato: *i mammiferi sono vivipari.*

vivisezionare [vi-vi-se-zio-nà-re] *v.tr.* [*io viviseziónо ecc.*] 1 sottoporre a vivisezione: *— un animale* 2 (*fig.*) esaminare con estrema accuratezza in ogni sua parte: *— un testo.*

vivisezione [vi-vi-se-ziò-ne] *s.f.* 1 dissezione anatomica di animali vivi a scopo di studio: *campagna anti —* 2 (*fig.*) esame critico minuzioso e accurato.

vivo [vì-vo] *agg.* 1 che vive; vivente | *non c'era anima viva*, non c'era nessuno | *farsi —*, dare notizie di sé | *essere — e vegeto*, in ottime condizioni di salute | *essere più morto che —*, (*iperb.*) essere tramortito dalla paura | *carne viva*, privata dell'epidermide 2 (*estens.*) che dura tuttora, che è in uso: *una tradizione viva* | *lingua viva*, che si parla ancora oggi (contrapposta a *lingua morta*) 3 vivace: *uno sguardo —* 4 (*fig.*) forte, intenso: *un — rincrescimento* | *cuocere a fuoco —*, a fiamma intensa ♦ *s.m.* 1 (spec. *pl.*) individuo vivente: *i vivi e i morti* 2 parte vitale e sensibile di un organismo: *il — della carne* | *pungere sul —*, (*fig.*) colpire nel punto debole | *entrare nel — della questione*, (*fig.*) affrontarne il punto più importante 3 *dal —*, prendendo a modello la realtà: *disegno dal*

— □ **vivamente** *avv.* in modo vivace; intensamente, calorosamente: *protestare* —.

vivucchiare [vi-vuc-chià-re] *v.intr.* [*io vivùcchio ecc.*; aus. *avere*] vivere stentatamente, miseramente.

viziare [vi-zià-re] *v.tr.* [*io vìzio ecc.*] **1** indulgere nei confronti di qlcu., consentendogli abitudini e comportamenti poco corretti: — *i figli* **2** (*dir.*) rendere invalido: — *un contratto* **3** causare un vizio, un difetto in qlco.; rendere di minor pregio: *un restauro che vizia l'opera* ♦ **viziarsi** *v. intr.pron.* prendere vizi o difetti.

viziato [vi-zià-to] *agg.* **1** detto di persona, che ha abitudini e comportamenti poco corretti dovuti a un'educazione troppo indulgente: *ragazzo* — **2** riferito a cosa, che presenta difetti, imperfezioni | detto dell'aria, malsana, irrespirabile o maleodorante **3** (*dir.*) che presenta un vizio che ne inficia la validità: *un contratto* —.

vizio [vì-zio] *s.m.* **1** cattiva abitudine, nociva a sé o agli altri: *il — del bere* | *prov.*: *l'ozio è il padre dei vizi*, l'inattività spinge al vizio. DIM. *vizietto* **2** difetto, imperfezione: *un — di lavorazione* **3** (*dir.*) mancanza di un requisito di forma o di sostanza che invalida un atto giuridico: — *di procedura* **4** errore, scorrettezza: — *di ortografia.*

viziosità [vi-zio-si-tà] *s.f.* l'essere vizioso; carattere vizioso: *la — di un ragionamento.*

vizioso [vi-zió-so] *agg.* **1** che ha vizi, pieno di vizi: *un uomo* — | dedito al vizio: *vita viziosa.* DIM. *viziosetto* **2** difettoso, scorretto: *ragionamento* —, ragionamento errato, basato su errati presupposti | *circolo* —, (*fig.*) situazione senza via d'uscita ♦ *s.m.* [f. *-a*] persona corrotta, depravata □ **viziosamente** *avv.*

vizzo [vìz-zo] *agg.* che ha perduto la freschezza; appassito, avvizzito, flaccido: *volto* —.

vocabolario [vo-ca-bo-là-rio] *s.m.* **1** dizionario: — *della lingua italiana.* DIM. *vocabolarietto* **2** il complesso dei vocaboli e delle locuzioni di una lingua; lessico: *la ricchezza del — italiano* | il complesso dei vocaboli e delle locuzioni usati da una persona o propri di un autore: *avere un — povero.*

vocabolaristico [vo-ca-bo-la-rì-sti-co] *agg.* [pl.m. *-ci*] (*spreg.*) da vocabolarista, da vocabolario: *linguaggio* —.

vocabolo [vo-cà-bo-lo] *s.m.* parola considerata come unità lessicale, con forma, significati, usi determinati: *l'origine di un* —.

vocale[1] [vo-cà-le] *agg.* **1** della voce, che concerne la voce: *corde vocali* **2** (*mus.*) per voce, per canto: *musica* — □ **vocalmente** *avv.* a voce; oralmente.

vocale[2] *s.f.* **1** (*ling.*) il suono prodotto con un'emissione d'aria che non incontra occlusioni o restringimenti nel canale e nella cavità orale: — *aperta, chiusa* **2** ciascuno dei segni grafici che rappresentano tali suoni.

vocalico [vo-cà-li-co] *agg.* [pl.m. *-ci*] (*ling.*) che si riferisce alle vocali: *suono* —.

vocalismo [vo-ca-lì-ʃmo] *s.m.* (*ling.*) il sistema vocalico di una lingua: *il — dell'italiano.*

vocalist [/ ˈvəʊkalist /] *s.m.* e *f.invar.* (*ingl.*) cantante solista di musica jazz, pop, rock | corista.

vocalista [vo-ca-lì-sta] *s.m.* e *f.* [pl.m. *-sti*] adattamento dell'inglese *vocalist.*

vocalizzare [vo-ca-liʒ-ʒà-re] *v.tr.* (*ling.*) trasformare un suono consonantico in suono vocalico ♦ *v.intr.* [aus. *avere*] (*mus.*) fare vocalizzi ♦ **vocalizzarsi** *v.intr.pron.* (*ling.*) detto di suono consonantico, divenire vocalico.

vocalizzo [vo-ca-lìʒ-ʒo] *s.m.* (*mus.*) melodia eseguita cantando su una o più vocali, a scopo didattico.

vocativo [vo-ca-tì-vo] *agg.* e *s.m.* (*gramm.*) si dice di uno dei casi della declinazione indoeuropea, che esprime invocazione a qlcu. o qlco.

vocazionale [vo-ca-zio-nà-le] *agg.* (*relig.*) che concerne una vocazione.

vocazione [vo-ca-ziò-ne] *s.f.* **1** (*relig.*) chiamata da parte di Dio alla vita religiosa o al servizio della chiesa o del prossimo: *avere la* — **2** (*estens.*) inclinazione naturale verso un'arte, una professione, una disciplina: *fare qlco. per* —.

voce [vó-ce] *s.f.* **1** suono prodotto dalla laringe quando il flusso espiratorio incontra le corde vocali e le fa vibrare; il timbro di tale suono: *il tono della* — | *parlare sotto* —, con voce molto bassa | *essere senza* —, essere afono | *mutare* —, degli adolescenti, acquistare il timbro di voce di un adulto | *a* —, oralmente | *a viva* —, parlando direttamente | *un filo di* —, una voce esile | *fare la — grossa*, (*fig.*) cercare di imporsi, assumere un atteggiamento minaccioso | *dare una — a qlcu.*, (*fam.*) chiamarlo. DIM. *vocina* ACCR. *vocione* (m.) **2** (*estens.*) il verso degli animali: *la — del leone* **3** (*estens.*) il suono di uno strumento musicale: *la — del violino* | (*lett.*) rumore o suono prodotto da una cosa: *la — del mare* **4** (*fig.*) persona che parla: *si levò una* — **5** (*fig.*) ammonimento, richiamo; insegnamento: *la — della coscienza* **6** (*fig.*) notizia di fonte indeterminata, non accertata: *corre — che...* | *passare la* —, diffondere una parola d'intesa **7** (*non com.*) diritto di parola | *avere — in capitolo*, (*fig.*) avere autorità, essere ascoltato **8** vocabolo, termine: — *antiquata* | nella lessicografia, la trattazione di un lemma; il lemma stesso: *compilare una* — **9** (*gramm.*) forma verbale: *'ho' è — del verbo 'avere'* **10** ciascun elemento dotato di una propria denominazione, inserito in un elenco: *le voci di un bilancio* **11** (*mus.*) ognuna delle parti di una composizione polifonica | parte vocale: *concerto per orchestra e — solista.*

vociare[1] [vo-cià-re] *v.intr.* [*io vócio ecc.*; aus. *avere*] parlare a voce alta facendo confusione; schiamazzare.

vociare[2] *s.m.* il rumore prodotto dal parlare a voce alta.

vocianesimo [vo-cia-né-ʃi-mo] *s.m.* il movimento culturale che fece capo alla rivista fiorentina «La Voce» (1908-1916).

vociano [vo-cià-no] *agg.* che concerne la rivista «La Voce», pubblicata a Firenze dal 1908 al 1916 ♦ *agg.* e *s.m.* [f. *-a*] si dice di scrittore che collaborò a tale rivista: *i poeti vociani.*

vociferare [vo-ci-fe-rà-re] *v.tr.* [*io vocìfero ecc.*] spargere, diffondere una notizia, per lo più poco sicura: *si vocifera che...*

vociferazione [vo-ci-fe-ra-zió-ne] *s.f.* il vociferare; il diffondere notizie infondate.

vocio [vo-cì-o] *s.m.* un vociare continuo.

vodka [/ ˈvɔdka /] *s.f.invar.* (*russo*) acquavite ottenuta dalla distillazione di mosti fermentati di cereali o patate.

voga [vó-ga] *s.f.* **1** (*mar.*) il vogare; movimento dei remi che fa avanzare un'imbarcazione **2** (*fig.*) moda, usanza; popolarità: *canzone in —.*

vogare [vo-gà-re] *v.intr.* [*io vógo, tu vóghi ecc.*; aus. *avere*] (*mar.*) muovere i remi per far avanzare un'imbarcazione; remare.

vogata [vo-gà-ta] *s.f.* **1** il vogare **2** la singola spinta data con il remo per far avanzare la barca.

vogatore [vo-ga-tó-re] *s.m.* **1** [f. *-trice*] chi voga; rematore **2** attrezzo per la ginnastica che permette di eseguire movimenti analoghi a quelli di chi voga.

voglia [vò-glia] *s.f.* **1** desiderio di qlco.; capriccio, impulso passeggero: *— di dormire, di un gelato* | *levarsi la — di qlco.*, soddisfarne il desiderio | *morire dalla — di qlco.*, (*iperb.*) desiderarla ardentemente **2** volontà, propensione, buona disposizione: *avere — di studiare* | *fare qlco. contro —*, malvolentieri | *avere — a...*, (*fam.*) insistere inutilmente in un tentativo: *hai — a strillare, non ti sente nessuno* **3** (*fam.*) desiderio impellente di mangiare o bere qlco. di particolare, che sarebbe tipico delle gestanti | (*estens.*) malformazione cutanea nel bambino che, secondo la credenza popolare, sarebbe dovuta al desiderio, rimasto insoddisfatto della madre, di mangiare o bere una determinata cosa: *una — di fragola sul viso.*

voglioso [vo-glió-so] *agg.* **1** che ha molte voglie: *essere — di divertimenti* **2** che mostra o esprime voglia: *sguardo —* □ **vogliosamente** *avv.* con voglia, con entusiasmo.

voi [vói] *pron.pers.m. e f. di seconda pers.pl.* **1** si usa come soggetto rivolgendo il discorso a più persone: *se voi lo consentirete, noi lo impediremo; voi qui?; poveri voi!* | dopo i verbi *essere, parere, sembrare ecc.* con valore predicativo: *siete voi?, non sembrate più voi* **2** si usa come complemento (come compl. oggetto o come compl. di termine è sostituito dalle forme atone *ve, vi* quando non si vuol dare particolare rilievo al pronome): *ho chiamato voi* (*vi ho chiamato*); *il regalo è stato fatto a voi* (*vi è stato fatto*); *posso venire con voi?; da voi*, a casa vostra **3** nell'uso antico o, ancora oggi, in quello pop. merid., si impiega come pron. personale riferito a una singola persona, in segno di deferenza (invece di *lei*) **4** con valore impersonale: *quando voi considerate che...*, quando si considera.

voialtri [voi-àl-tri], o voi altri, *pron.pers.m.pl.* [f. *-e*] rafforzativo del pron. pers. *voi*, usato per stabilire una contrapposizione: *— vi divertite, noi lavoriamo.*

voilà [/ vwaˈla /] *inter.* (*fr.*) si usa per indicare il rapido compimento di un'azione: *—, il problema è risolto!*

voile [/ vwal /] *s.m.invar.* (*fr.*) tessuto leggerissimo trasparente.

volano [vo-là-no] *s.m.* **1** mezza sfera di sughero o di gomma, che nel gioco del badminton si lancia con una racchetta **2** (*mecc.*) organo rotante costituito da una corona circolare collegata a un mozzo da razze o da un disco; si usa come accumulatore di energia cinetica e come uniformatore del moto rotatorio.

volant [/ voˈlan /] *s.m.invar.* (*fr.*) guarnizione di stoffa arricciata o pieghettata per vestiti femminili; gala.

volante[1] [vo-làn-te] *agg.* **1** che vola: *insetto —* **2** (*estens.*) che non ha una collocazione fissa, un punto di riferimento stabile; non definitivo: *presa —; foglio —*, foglio inserito in un libro di cui non fa parte **3** che si sposta rapidamente da un luogo a un altro: *la* (*squadra*) *—*, squadra di polizia per interventi immediati.

volante[2] *s.m.* (*mecc.*) l'impugnatura circolare collegata a un mozzo centrale con cui si aziona lo sterzo degli autoveicoli: *stare al —*, guidare un autoveicolo.

volantinaggio [vo-lan-ti-nàg-gio] *s.m.* distribuzione di volantini ai passanti: *fare —.*

volantinare [vo-lan-ti-nà-re] *v.tr.* divulgare, propagandare per mezzo di volantini | (*assol.*) fare volantinaggio: *— davanti alle scuole.*

volantino *s.m.* foglietto stampato distribuito al pubblico a scopo di pubblicità o di propaganda.

volare [vo-là-re] *v.intr.* [*io vólo ecc.*; aus. *avere*, negli usi estens. e fig. *essere*] **1** librarsi e muoversi nell'aria (detto di uccelli e altri animali alati): *le zanzare volano* | *non si sente — una mosca*, (*fig.*) c'è un gran silenzio **2** (*aer.*) sollevarsi da terra e muoversi nell'atmosfera o nello spazio (detto di aeromobili, di veicoli spaziali o delle persone che vi si trovano): *non aver mai volato*, non aver mai viaggiato in aereo **3** spostarsi nell'aria con le ali (detto di esseri mitici o immaginari): *le streghe volano* | *— in cielo*, (*fig. eufem.*) morire **4** (*estens.*) venire sospinto in aria (detto di cose leggere): *piume che volano* **5** (*estens.*) di cosa lanciata in aria, compiere una traiettoria: *il pallone volò fuori dal campo* **6** (*estens.*) cadere giù, precipitare verso il basso: *— dal quarto piano* **7** (*fig.*) muoversi a grande velocità: *— sull'autostrada* **8** (*fig.*) detto di parole, essere scambiate ad alta voce: *volarono insulti pesanti* | diffondersi, spargersi velocemente: *la notizia è volata* **9** (*fig.*) riandare, ritornare, rivolgersi con la mente: *— con la memoria alla gioventù* **10** (*fig.*) trascorrere, passare velocemente: *il tempo vola.*

volata [vo-là-ta] *s.f.* **1** corsa assai rapida: *fare una* — | *di* —, di corsa; molto velocemente **2** nel ciclismo, lo scatto finale in prossimità del traguardo: *battere gli avversari in* —.

volatile [vo-là-ti-le] *agg.* (*chim.*) si dice di sostanza che evapora rapidamente, anche a temperatura ambiente: *l'etere è* — ♦ *s.m.* uccello.

volatilità [vo-la-ti-li-tà] *s.f.* (*chim.*) proprietà delle sostanze volatili.

volatilizzare [vo-la-ti-liʒ-ʒà-re] *v.tr.* (*chim.*) rendere volatile una sostanza, farla evaporare ♦ *v. intr.* [aus. *essere*], **volatilizzarsi** *v.intr.pron.* **1** evaporare rapidamente **2** (*fig.*) scomparire improvvisamente, dileguarsi (detto di persona): *il ladro si è volatilizzato.*

volatilizzazione [vo-la-ti-liʒ-ʒa-zió-ne] *s.f.* (*chim.*) il volatilizzare, il volatilizzarsi; evaporazione.

volatore [vo-la-tó-re] *agg.* e *s.m.* [f. *-trice*] che/chi vola, riferito a uccelli: *il falco è un buon* —.

vol-au-vent [/ volo'van /] *s.m.invar.* (*fr.*) preparazione culinaria costituita da un involucro di pasta da farcire con ripieno di verdura, carne, frattaglie ecc.

volée [/ vo'le /] *s.f.invar.* (*fr.*) nel tennis, colpo al volo: — *di rovescio.*

volemia [vo-le-mì-a] *s.f.* (*fisiol.*) la quantità complessiva di sangue presente in un organismo.

volente [vo-lèn-te] *agg.* (*non com.*) che vuole | — *o nolente*, che voglia o non voglia.

volenteroso → **volonteroso.**

volentieri [vo-len-tiè-ri] *avv.* **1** di buona voglia, con piacere: *lavorare* — | *spesso e* —, (*fam.*) molto frequentemente **2** come risposta affermativa: "*Vuoi uscire?*" "*Volentieri!*".

volere[1] [vo-lé-re] *v.tr.* [pres. *io vòglio, tu vuòi, egli vuòle, noi vogliamo, voi voléte, essi vògliono*; fut. *io vorrò ecc.*; pass.rem. *io vòlli, tu volésti, egli vòlle, noi volémmo, voi voléste, essi vòllero*; pres.congiunt. *io vòglia, tu vòglia ecc.*; cond. *io vorrèi ecc.*; part.pres. *volènte*; ger. *volèndo*; part. pass. *voluto*; usato come verbo indipendente, richiede l'ausiliare *avere*; come verbo servile, assume l'ausiliare richiesto dal verbo all'infinito con cui si accompagna (p.e. *il caso ha voluto che ci rivedessimo*; *sono voluto andarci da solo*)] **1** (*assol.*) essere risoluto a fare, a ottenere qlco.: — *è potere*, con la volontà si supera ogni ostacolo; *capacità d'intendere e di* —, (*dir.*) la condizione per cui una persona è responsabile delle proprie azioni | specificando ciò che si intende ottenere: — *fatti, non parole* | preceduto da negazione, non ammettere, non permettere: *non — scuse* | preceduto da negazione e seguito da un verbo all'infinito o da una proposizione oggettiva, rifiutare di fare qlco. o non accettare che altri faccia qlco.: *non — vedere qlcu.*; *non — che i figli partano* | *senza* —, involontariamente, senza intenzione: *fare del male senza* — **2** disporre, determinare in un certo modo (detto di una forza superiore alla volontà dell'uomo): *la sorte ha voluto così* | preceduto da negazione e avendo come soggetto una cosa, esprime una resistenza alla volontà dell'uomo, che rende inutili i suoi sforzi: *un mal di denti che non vuol passare* **3** desiderare più o meno intensamente: — *la rovina di qlcu.*; — *qlcu. come socio* | *ce n'è quanto ne vuoi*, in abbondanza | — *una persona*, cercare di lei per parlarle | *volevo dire*, formula per correggere o precisare il proprio discorso | *prov.*: *chi troppo vuole, nulla stringe* **4** (*lett.*) ritenere: *molti lo vogliono innocente* | (*estens.*) tramandare, affermare: *la leggenda vuole che...* **5** permettere, consentire; accettare, gradire: *se mio padre vuole, esco*; *vuol favorire?* | *se Dio vuole*, come augurio o ringraziamento: *ce l'abbiamo fatta, se Dio vuole!* | *qui ti voglio!*, si dice aspettando di vedere come una persona si comporterà **6** richiedere, pretendere: — *troppo* | esigere un certo prezzo: *quanto vuole per la radio?* | *prov.*: *anche l'occhio vuole la sua parte*, anche l'aspetto esteriore ha la sua importanza **7** per conferire efficacia all'espressione: *non — credere ai propri occhi*; *non vorrei sbagliarmi*, spero di non sbagliare | per indicare l'imminenza di un evento o la sua probabilità: *sembra che voglia piovere* **8** *volerci*, essere necessario, opportuno: *ci vorrebbe un amico* | *ci vuol altro che...*, per indicare che una persona o una cosa non è adatta: *ci vuol altro che parole* | *volercene*, occorrere, essere necessario: *ce n'è voluto per convincerli!* **9** *voler bene, male*, provare un sentimento di affetto, di odio | *volerne a qlcu.*, serbargli rancore per qlco. **10** *voler dire*, significare: *che cosa vuol dire questa parola?* **11** usato nella seconda pers. sing. del pres. indic. ha funzione di congiunzione correlativa: *vuoi... vuoi...*, sia... sia...: *vuoi per un motivo, vuoi per un altro...*

volere[2] *s.m.* volontà: *rispettare il — di qlcu.*

volframio → **wolframio.**

volgare [vol-gà-re] *agg.* **1** (*non com.*) del volgo, relativo al volgo | *lingua* —, l'italiano scritto, dalle origini fino al Rinascimento, contrapposto al latino: *le opere in — di Dante* **2** (*estens.*) sguaiato, triviale: *gesto* — | comune, privo di qualsiasi valore; spregevole: *una — imitazione* □ **volgarmente** *avv.* **1** in modo triviale: *parlare* — **2** comunemente: *il pollice è — detto 'dito grosso'.*

volgarismo [vol-ga-rì-ʃmo] *s.m.* parola, espressione propria della lingua volgare entrata nel latino medievale.

volgarità [vol-ga-ri-tà] *s.f.* **1** l'essere volgare; grossolanità, mancanza di finezza: — *d'animo* **2** atto, parola volgare: *dire* —.

volgarizzamento [vol-ga-riʒ-ʒa-mén-to] *s.m.* **1** il tradurre in volgare dal latino **2** (*estens.*) l'opera tradotta in volgare: *un — dal latino.*

volgarizzare [vol-ga-riʒ-ʒà-re] *v.tr.* **1** esporre in forma accessibile a un pubblico non specializzato nozioni difficili e complesse; divulgare: — *una scienza* **2** tradurre in una lingua volgare, dal latino o dal greco.

volgarizzatore [vol-ga-riʒ-ʒa-tó-re] *s.m.* [f. *-trice*] **1** chi divulga tra il pubblico nozioni difficili 2 chi un tempo traduceva in volgare, spec. dal latino o dal greco.

volgarizzazione [vol-ga-riʒ-ʒa-zió-ne] *s.f.* 1 il volgarizzare, il divulgare: *la — della fisica quantistica* 2 volgarizzamento.

volgata → **vulgata**.

volgere [vòl-ge-re] *v.tr.* [pres. *io vòlgo, tu vòlgi ecc.*; pass.rem. *io vòlsi, tu volgésti ecc.*; part.pass. *vòlto*] 1 piegare, indirizzare verso un luogo o un punto: *— lo sguardo lontano*; *— il pensiero a qlco.* | *— le spalle*, mostrare le spalle a qlcu. 2 (*fig.*) portare qlco. da una condizione a un'altra, trasformarne l'aspetto, l'uso; mutare: *— tutto in burla* ♦ *v.intr.* [aus. *avere*] 1 piegare verso un luogo, una direzione; essere orientato: *la strada volge a sinistra* 2 avvicinarsi, approssimarsi: *— alla fine* | tendere: *il tempo volge al brutto* | Usato come *s.m.*: *il volger degli anni* ♦ **volgersi** *v.rifl.* 1 voltarsi, girarsi in una direzione, verso qlcu.: *— indietro* 2 (*fig.*) indirizzare la propria attività, dedicarsi a qlco.: *— agli studi* ♦ *v.intr.pron.* rivolgersi, riversarsi.

volgo [vól-go] *s.m.* [pl. *-ghi*] (*lett.*) 1 popolo, folla, moltitudine 2 (*spreg.*) la parte più rozza del popolo: *i pregiudizi del —* | l'insieme dei membri di una collettività: *il — dei letterati.*

volicchiare [vo-lic-chià-re] *v.intr.* [*io volìcchio ecc.*; aus. *avere*] volare malamente, a tratti.

voliera [vo-liè-ra] *s.f.* grande gabbia per gli uccelli; uccelliera.

volitare [vo-li-tà-re] *v.intr.* [*io vòlito ecc.*; aus. *avere*] (*lett.*) volare cambiando frequentemente direzione; svolazzare, detto specialmente dei pipistrelli e delle farfalle.

volitività [vo-li-ti-vi-tà] *s.f.* (*non com.*) qualità di chi, di ciò che è volitivo: *la — di un atto.*

volitivo [vo-li-tì-vo] *agg.* 1 che ha grande forza di volontà; determinato, deciso: *carattere —* 2 della volontà, relativo alla volontà: *atto —* ♦ *s.m.* [f. *-a*] persona dotata di grande forza di volontà □ **volitivamente** *avv.*

volizione [vo-li-zió-ne] *s.f.* l'atto del volere, in quanto porta al compimento di una determinata azione.

volley-ball [/ ˈvɔllibol /], abbrev. **volley**, *s.m.invar.* (*ingl.*); (*sport*) pallavolo.

vollista [vol-lì-sta] *s.m.* e *f.* [pl.m. *-sti*] (*sport*) pallavolista.

volo [vó-lo] *s.m.* 1 la capacità di volare: *il — è proprio degli uccelli* 2 l'azione del volare: *il — della rondine*| il movimento di un aeromobile o un altro oggetto nell'atmosfera: *alzarsi in —* | *— radente*, di uccello o aeromobile, volo a bassissima quota | *al —*, immediatamente: *capire al —*; *prendere qlco. al —*, riceverla da qlcu. che l'ha tirata, senza lasciarla cadere | *a — d'uccello*, dall'alto | *prendere il —*, alzarsi in volo; (*fig.*) fuggire, sparire: *i ladri hanno preso il —* 3 (*estens.*) stormo: *un — d'uccelli* 4 (*estens.*) detto di cosa o di persona, l'essere lanciato in altezza o il cadere dall'alto: *il — della palla*; *fare un — dalla finestra*, precipitare | viaggio a bordo di un aeromobile: *due ore di —* | corsa di trasporto aereo: *il — da Torino è in ritardo* 5 (*fig.*) lo spaziare liberamente con la mente: *i voli della fantasia* | *volo pindarico*, brusco passaggio da un argomento all'altro, nel parlare o nello scrivere.

volontà [vo-lon-tà] *s.f.* 1 la capacità di volere, di decidere consapevolmente il proprio comportamento in vista di uno scopo: *una — di ferro*; *forza di —* 2 atto del volere: *fare qlco. di propria —* | *a —*, a piacere, quanto se ne vuole: *mangiare a —* 3 ciò che è oggetto del volere: *dettare le ultime —*, le disposizioni testamentarie 4 buona disposizione a fare qlco.: *avere — di studiare* | *buona —*, bontà di propositi, impegno | *cattiva —*, tendenza a sottrarsi ai propri doveri.

volontariato [vo-lon-ta-rià-to] *s.m.* 1 il prestare servizio come volontario, detto di civili o militari; il periodo di servizio prestato: *due anni di —* | l'insieme del personale volontario 2 prestazione volontaria di lavoro fatta per acquisire la pratica necessaria a un'attività professionale; la durata di tale prestazione 3 attività volontaria e gratuita che gruppi di cittadini, riuniti in associazioni, svolgono per la collettività.

volontarietà [vo-lon-ta-rie-tà] *s.f.* carattere volontario: *la — di una scelta.*

volontario [vo-lon-tà-rio] *agg.* 1 che è fatto consapevolmente e deliberatamente: *omicidio —* 2 (*fisiol.*) si dice di muscolo la cui contrazione è controllata dalla volontà 3 spontaneo, non forzato, non obbligatorio: *offerta volontaria* ♦ *agg.* e *s.m.* [f. *-a*] che/chi compie la propria attività di propria volontà; si dice di soldato che si è arruolato senza esservi obbligato: *un gruppo di volontari* | che/chi offre la propria opera liberamente e senza retribuzione: *infermiere —* □ **volontariamente** *avv.* di propria spontanea volontà: *presentarsi —.*

volontarismo [vo-lon-ta-rì-ʃmo] *s.m.* 1 dottrina filosofica che afferma il primato della volontà sull'intelletto, dell'azione sulla conoscenza: *il — nietzschiano* 2 l'atteggiamento di chi presume di controllare o risolvere ogni situazione con la sola volontà.

volontaristico [vo-lon-ta-rì-sti-co] *agg.* [pl.m. *-ci*] del volontarismo; che si basa sul volontarismo: *atteggiamento —.*

volonteroso [vo-lon-te-ró-so], o **volenteroso**, *agg.* 1 che è frutto di buona volontà: *un impegno —* 2 pieno di buona volontà: *uno studente —* □ **volonterosamente** *avv.* 1 in modo volonteroso, con buona volontà: *prestarsi —* 2 volentieri.

volpacchiotto [vol-pac-chiòt-to] *s.m.* [f. *-a*] volpe giovane.

volpe [vól-pe] *s.f.* 1 mammifero carnivoro, comune nelle zone boscose, con corpo snello, muso aguzzo, gambe corte, lunga coda folta; è tradizionalmente simbolo dell'astuzia | *far come la — con l'uva* (*fig.*), disprezzare ciò che non si può ottenere. ACCR. *volpone* (m.) 2 la pelliccia, molto pregiata, di tale animale: *un collo di —* 3 (*fig.*) persona molto astuta: *è una vecchia —*.

volpino [vol-pì-no] *agg.* da volpe: *muso —* | *cane —*, piccolo cane con pelo lungo e folto, coda arrotolata e muso aguzzo.

volpone [vol-pó-ne] *s.m.* [f. *-a*] persona astuta e sorniona.

volsco [vòl-sco] *agg.* [pl.m. *-sci*] che si riferisce a un'antica popolazione italica di stirpe osco-umbra, stanziata nel Lazio nord-orientale ♦ *s.m.* [f. *-a*] chi apparteneva alla popolazione volsca.

volt [vòlt] *s.m.invar.* nel Sistema Internazionale, unità di misura della differenza di potenziale elettrico, pari alla differenza di potenziale esistente tra due punti di un conduttore che, percorso dalla corrente costante di 1 ampere, dissipa la potenza di 1 watt.

volta[1] [vòl-ta] *s.f.* 1 (*non com.*) il voltare, il voltarsi | *dar di — il cervello*, (*fam.*) impazzire 2 (*tip.*) la facciata del foglio di stampa impressa per seconda 3 direzione verso cui si va, ci si volge: *partire alla — di Milano* 4 (*fig.*) momento in cui a qlcu. tocca di fare qlco.; turno: *parlare a propria —* 5 (*estens.*) tempo, momento in cui avviene o è avvenuto un fatto; occasione, circostanza: *ti ricordi quella —?* | *una —*, un tempo: *c'era una —...*, inizio tradizionale delle fiabe | *tutto in una —*, tutto insieme | *— per —, un po' per —*, a gradi, a più riprese, via via | *uno, due per —, alla —*, con valore distributivo | *una buona —, una — tanto*, per esprimere impazienza, fastidio: *obbedisci una — tanto!* | *una — per tutte*, riferito a cosa stabilita in modo definitivo, per sempre | *a volte, delle volte*, talora, talvolta 6 preceduto da un numerale, indica ripetizione (anche in usi iperb.): *gliel'ho detto mille volte!*

volta[2] *s.f.* 1 (*arch.*) copertura curva di un edificio o di un ambiente; anche, la sola superficie concava interna di tale copertura: *— a botte* | *a —*, si dice di costruzione a forma di volta: *tomba a —* 2 (*estens.*) nome generico di cose a forma di volta: *la — del cielo* | in anatomia: *— palatina*, l'arco del palato duro; *— plantare*, l'incavo della pianta del piede.

voltafaccia [vol-ta-fàc-cia] *s.m.invar.* cambiamento improvviso di idee, di atteggiamenti; il venir meno a impegni o a promesse: *— politico.*

voltafieno [vol-ta-fiè-no] *s.m.invar.* macchina agricola usata per rivoltare il fieno rimasto sui campi dopo la falciatura, al fine di favorirne l'essiccamento.

voltagabbana [vol-ta-gab-bà-na] *s.m.* e *f.invar.* chi cambia opinione secondo le convenienze.

voltaggio [vol-tàg-gio] *s.m.* differenza di potenziale elettrico; tensione elettrica.

voltametro [vol-tà-me-tro] *s.m.* (*fis.*) strumento per determinare la quantità di elettricità che attraversa un elettrolita in un certo periodo di tempo.

voltampere [vol-tam-pe-re; / voltam'pɛr /] *s.m.invar.* (*fis.*) unità di misura della potenza di una corrente elettrica alternata; è pari a un volt moltiplicato per un ampere.

voltamperometro [vol-tam-pe-rò-me-tro] *s.m.* (*fis.*) strumento che misura la potenza di una corrente elettrica alternata.

voltare [vol-tà-re] *v.tr.* [*io vòlto ecc.*] 1 volgere in un altro senso; orientare altrove: *— la testa* 2 dirigere: *— la prua verso la costa* 3 spostare, girare qlco. in modo che presenti il lato opposto: *— una moneta* | *— pagina*, (*fig.*) cambiare abitudini; considerare definitivamente conclusa un'esperienza | *— gabbana*, (*fig.*) cambiare opinione o partito 4 girare, oltrepassare: *— l'angolo* ♦ *v. intr.* [aus. *avere*] piegare in una certa direzione: *la strada volta a sinistra* ♦ **voltarsi** *v.rifl.* girarsi, volgersi: *— indietro* | *— e rivoltarsi nel letto*, non riuscire a prendere sonno | *— contro qlcu.*, ribellarglisi.

voltastomaco [vol-ta-stò-ma-co] *s.m.* [pl. *invar.*] (*fam.*) nausea, conato di vomito: *dare il —* | (*fig.*) ripugnanza, ribrezzo: *un cinismo che fa venire il —*.

voltata [vol-tà-ta] *s.f.* 1 il voltare 2 svolta, curva di una strada: *una — pericolosa.*

volteggiamento [vol-teg-gia-mén-to] *s.m.* (*non com.*) il volteggiare.

volteggiare [vol-teg-già-re] *v.intr.* [*io voltéggio ecc.*; aus. *avere*] 1 compiere ampi giri nell'aria: *— nel cielo* 2 eseguire volteggi su un attrezzo ginnico | (*estens.*) fare giravolte, muoversi girando, cambiando direzione: *i danzatori volteggiano.*

volteggio [vol-tég-gio] *s.m.* 1 esercizio ginnico che consiste nel compiere figure acrobatiche appoggiandosi su un attrezzo con le sole braccia 2 (*aer.*) evoluzione acrobatica con capovolgimento dell'aereo.

voltelettrone [vol-te-let-tró-ne] *s.m.* (*fis.*) lo stesso che *elettronvolt.*

volterriano [vol-ter-rià-no] *agg.* 1 relativo allo scrittore e pensatore francese Voltaire (1694-1778): *il sensismo —* 2 che ricorda il pensiero, lo spirito, lo stile di Voltaire | (*fig.*) scettico, ironico, irreligioso: *spirito —* ♦ *s.m.* [f. *-a*] seguace, continuatore del pensiero di Voltaire.

voltmetro [vòlt-me-tro], o **voltimetro** [vol-tì-me-tro], **voltometro** [vol-tò-me-tro], *s.m.* (*fis.*) strumento per misurare la differenza di potenziale tra due punti di un circuito elettrico.

volto [vól-to] *s.m.* (*lett.*) 1 viso, faccia: *un — triste* 2 (*fig.*) aspetto esteriore, modo di presentarsi di qlco.: *i mille volti della realtà* 3 (*fig.*) carattere, natura: *il suo vero —*.

voltolare [vol-to-là-re] *v.tr.* [*io vòltolo ecc.*] voltare e rivoltare ripetutamente su sé stesso ♦ **voltolarsi** *v.rifl.* rotolarsi, rivoltarsi più volte: *— nel letto.*

voltometro → **voltmetro**.

voltura [vol-tù-ra] *s.f.* 1 (*dir.*) registrazione catastale del trasferimento di proprietà di un bene immobile | analoga registrazione riguardante beni mobili 2 (*burocr.*) cambiamento di intestazione di un contratto di utenza: *la — della luce.*

volturare [vol-tu-rà-re] *v.tr.* (*burocr.*) sottoporre a voltura: — *un terreno.*
volubile [vo-lù-bi-le] *agg.* **1** (*bot.*) si dice di pianta o di organo che si avvolge a spirale attorno a un sostegno (*p.e.* i viticci) **2** (*fig.*) che cambia spesso opinione o atteggiamento; mutevole, incostante: *un tipo* — □ **volubilmente** *avv.* con volubilità, senza costanza.
volubilità [vo-lu-bi-li-tà] *s.f.* l'essere volubile; incostanza, mutevolezza: — *di carattere.*
volume [vo-lù-me] *s.m.* **1** la porzione di spazio occupata da un corpo; la misura di tale porzione: *il — di una sfera* | — *specifico*, (*fis.*) rapporto tra il volume e la massa di un corpo **2** (*estens.*) quantità di spazio indeterminata; mole, massa di qlco.: *la paglia occupa molto —* **3** (*fig.*) quantità, intensità, detto di elementi o fenomeni immateriali: — *di affari* **4** l'intensità di un suono: — *alto, basso* | (*estens.*) il dispositivo che regola l'intensità sonora negli apparecchi di riproduzione acustica **5** (*arch.*) il rapporto tra i pieni e i vuoti, all'esterno e all'interno di un edificio | (*scult.*) la resa dei piani e del rilievo **6** libro: *leggere un — di giardinaggio* | ciascuna delle parti in cui è suddivisa un'opera di grandi dimensioni; tomo: *una enciclopedia in dieci volumi.* DIM. *volumetto.*
volumetria [vo-lu-me-trì-a] *s.f.* misurazione dei volumi di masse architettoniche | distribuzione dei volumi in un insieme architettonico.
volumetrico [vo-lu-mè-tri-co] *agg.* [pl.m. *-ci*] **1** che concerne la misurazione del volume: *calcolo* — | *analisi volumetrica*, (*chim.*) volumetria **2** che concerne il volume o i volumi: *effetto* —.
voluminosità [vo-lu-mi-no-si-tà] *s.f.* l'essere voluminoso.
voluminoso [vo-lu-mi-nó-so] *agg.* che ha un notevole volume, che occupa molto spazio: *pacco* — □ **voluminosamente** *avv.*
voluta [vo-lù-ta] *s.f.* **1** spira, avvolgimento, giro: *volute di fumo* **2** (*scult.*, *arch.*) elemento decorativo curvilineo o spiraliforme: *le volute del capitello ionico.*
voluto [vo-lù-to] *agg.* che risponde al volere, all'intenzione, al desiderio: *ottenere l'effetto* — | (*estens.*) forzato e poco spontaneo; artefatto: *un atteggiamento* — □ **volutamente** *avv.* intenzionalmente: *stile — semplice.*
voluttà [vo-lut-tà] *s.f.* **1** il piacere che deriva dal soddisfacimento dei desideri sessuali; appagamento dei sensi: *abbandonarsi alla* — **2** (*estens.*) piacere, godimento intenso: *assaporare un cibo con* —.
voluttuario [vo-lut-tu-à-rio] *agg.* che soddisfa bisogni non indispensabili; non necessario: *bene* —.
voluttuosità [vo-lut-tuo-si-tà] *s.f.* l'essere voluttuoso.
voluttuoso [vo-lut-tuó-so] *agg.* (*lett.*) di persona, incline ai piaceri dei sensi | di cosa, che dà, rivela voluttà, che è piena di voluttà: *sguardo* — □ **voluttuosamente** *avv.*
volva [vòl-va] *s.f.* in alcuni funghi, sorta di membrana alla base del gambo, generalmente a forma di coppa.
volvaria [vol-và-ria] *s.f.* fungo caratterizzato da un'ampia volva alla base del gambo.
volvolo [vòl-vo-lo] *s.m.* (*med.*) torsione di un'ansa dell'intestino che provoca occlusione intestinale.
vomere [vò-me-re] *s.m.* organo principale dell'aratro costituito da una lama d'acciaio che taglia orizzontalmente la terra.
vomica [vò-mi-ca] *s.f.* (*med.*) emissione improvvisa e abbondante, attraverso la bocca, di materiale purulento raccoltosi nell'interno dei polmoni o dei bronchi.
vomico [vò-mi-co] *agg.* [pl.m. *-ci*] che provoca il vomito | *noce vomica*, seme di un albero asiatico, da cui si estrae la stricnina.
vomitare [vo-mi-tà-re] *v.tr.* [*io vòmito ecc.*] **1** emettere dalla bocca il contenuto dello stomaco: — *il pranzo* | *far —, far venire da —*, (*fig.*) si dice di persona o cosa che suscita grande disgusto: *solo a vederlo mi viene da* — **2** (*estens.*) emettere, gettare fuori con violenza: *il vulcano vomitò lava* | (*fig.*) proferire parole, espressioni violente: — *bestemmie.*
vomitaticcio [vo-mi-ta-tìc-cio] *s.m.* ciò che è stato vomitato.
vomitativo [vo-mi-ta-tì-vo] *agg.* che provoca il vomito; emetico.
vomitatorio [vo-mi-ta-tò-rio] *agg.* che provoca il vomito; vomitativo.
vomitevole [vo-mi-té-vo-le] *agg.* **1** che suscita il vomito **2** (*fig.*) ributtante, disgustoso: *uno spettacolo* —.
vomito [vò-mi-to] *s.m.* **1** evacuazione del contenuto gastrico dalla bocca: *conato di* — | *far venire il* —, (*fig.*) provocare ribrezzo, disgustare **2** (*estens.*) la materia vomitata.
vomizione [vo-mi-zió-ne] *s.f.* (*med.*) il vomitare.
vongole [vón-go-le] *s.f.pl.* (*zool.*) famiglia di molluschi bivalvi commestibili: *spaghetti alle vongole.*
vorace [vo-rà-ce] *agg.* che ha bisogno di una grande quantità di cibo per saziarsi (detto di animale): *lupo* — | (*estens.*) ingordo, avido nel mangiare (detto di persona): *bambino* — □ **voracemente** *avv.* con voracità (anche *fig.*): *leggere* —.
voracità [vo-ra-ci-tà] *s.f.* l'essere vorace: *mangiare con* — | (*fig.*) l'essere avido, insaziabile: *la — di uno strozzino.*
voragine [vo-rà-gi-ne] *s.f.* baratro profondo nel terreno (anche *fig.*): *la frana ha aperto una —; la — del debito pubblico.*
-voro secondo elemento di parole composte, che significa 'che mangia, che consuma, che assorbe' (*carnivoro, idrovoro*).
vorticale [vor-ti-cà-le] *agg.* che si muove in vortice; rotazionale: *moto* —.
vorticare [vor-ti-cà-re] *v.intr.* [*io vòrtico, tu vòrtichi ecc.*; aus. *avere*] girare vorticosamente: *le foglie vorticavano nell'aria.*

vortice [vòr-ti-ce] *s.m.* **1** movimento rapido a spirale di una massa d'aria, d'acqua e sim.; la massa stessa che così si muove: — *d'acqua* **2** (*estens.*) movimento rapido e vorticoso: *il — della danza* **3** (*fig.*) forza travolgente: *il — della passione*.

vorticoso [vor-ti-có-so] *agg.* **1** che è pieno di vortici; che produce vortici: *vento —* **2** (*estens.*) che si muove come un vortice, con continue rotazioni: *danza vorticosa* **3** (*fig.*) che non ha tregua; velocissimo, incalzante: *ritmo di vita —* □ **vorticosamente** *avv.*

voscenza [vo-scèn-za] *s.f.* (*dial.*) vostra eccellenza; titolo usato in Sicilia nel rivolgersi a persone di riguardo.

vossignoria [vos-si-gno-rì-a] *s.f.* la signoria vostra (titolo usato in passato nel rivolgersi a persone di riguardo).

vostro [vò-stro] *agg.poss. di seconda pers.pl.* **1** che appartiene a voi; indica proprietà, possesso: *il — cane* **2** che è proprio di voi, particolare di voi o abituale di voi: *il — entusiasmo*; *la vostra lettera* **3** indica relazione di parentela, d'affetto, d'amicizia, di lavoro ecc.: *— padre*; *il — medico*; *i vostri clienti* ♦ *pron.poss. di seconda pers.pl.* ha gli stessi usi e sign. dell'agg. ed è sempre preceduto dall'art. determ.: *la nostra casa è più piccola della vostra* | in locuzioni ellittiche: *sto dalla vostra* (parte); *ne avete fatta un'altra delle vostre* (sciocchezze); *spendete del —*, dei vostri averi.

votante [vo-tàn-te] *agg.* e *s.m.* e *f.* che/chi ha il diritto di voto; che/chi prende parte a una votazione: *la percentuale dei votanti*.

votare [vo-tà-re] *v.tr.* [*io vóto ecc.*] **1** offrire in voto | (*estens.*) consacrare, dedicare: *— la vita alla patria* **2** sottoporre a votazione: *— una legge* | approvare, deliberare: *la legge è stata votata* | sostenere con il proprio voto: *— un candidato* ♦ *v.intr.* [aus. *avere*] dare il proprio voto, prendere parte a una votazione: *— a favore* ♦ **votarsi** *v.rifl.* promettersi in voto | (*estens.*) consacrarsi, dedicarsi: *— al sacrificio* | *non sapere a che santo —*, non sapere a chi rivolgersi in una situazione difficile.

votazione [vo-ta-zió-ne] *s.f.* **1** procedimento di scelta fra candidati o deliberazione effettuati dai membri di un corpo elettorale o di un organo collegiale: *— segreta* | il risultato di tale operazione: *— favorevole* **2** il complesso dei voti riportati da uno studente in un esame o da un candidato in un concorso: *avere una buona —*.

votivo [vo-tì-vo] *agg.* (*relig.*) che si riferisce a un voto; che viene offerto come voto: *altare —* □ **votivamente** *avv.* per voto.

voto [vó-to] *s.m.* **1** (*relig.*) promessa solenne di compiere un atto di culto, di carità o di rinuncia in segno di riconoscenza o per ottenere la liberazione da un male: *fare un — alla Madonna*; *sciogliere da un —*, liberare dall'obbligo di adempierlo | *— di povertà, castità, obbedienza*, i tre voti emessi da chi entra nella vita religiosa | *prendere i voti*, entrare in una congregazione o in un ordine religioso **2** la cosa che si offre per voto: *portare un — alla Madonna* **3** (*fig. lett.*) preghiera, vivo desiderio, augurio: *fare voti di pronta guarigione* **4** espressione della volontà in procedimenti elettivi o deliberativi; ogni singolo suffragio espresso in una votazione: *lo scrutinio dei voti*; *mettere ai voti* | *— di scambio*, voto concesso a un candidato in cambio della promessa di futuri favori in caso di elezione **5** nell'uso scolastico, valutazione di merito: *prendere un buon —*. PEGG. *votaccio*.

voucher [/ ˈvautʃer /] *s.m.invar.* (*ingl.*) ricevuta di pagamento o prenotazione rilasciata da un'agenzia turistica, con cui il turista ottiene all'estero una serie di servizi (alberghi, ristoranti ecc.).

voyeur [/ vwaˈjɛr /] *s.m.invar.* (*fr.*) chi prova piacere nello spiare atti intimi e rapporti sessuali compiuti da altri; guardone.

voyeurismo [vo-yeu-ri-smo; / vwajɛˈrizmo /] *s.m.* la perversione sessuale del voyeur.

vu *s.f.* o *m.* nome della lettera *v* | *— doppia*, nome della lettera *w*.

vu cumprà [vu cum-prà] *loc.sost. invar.* espressione con cui vengono definiti popolarmente i venditori ambulanti nordafricani.

vudu [vù-du], o **vudù**, *s.m.invar.* **1** religione animistica e magica diffusa ad Haiti **2** ciascuno degli spiriti oggetto di culto in tale religione | Usato anche come *agg.invar.* del vudu: *magia —*.

vulcanesimo → **vulcanismo**.

vulcanico [vul-cà-ni-co] *agg.* [pl.m. *-ci*] **1** di vulcano, proprio dei vulcani; relativo al vulcanismo: *fenomeno —* **2** (*fig.*) traboccante di idee, di iniziative; ricco di fantasia e di vitalità: *un ingegno —* □ **vulcanicamente** *avv.* dal punto di vista vulcanico | (*fig.*) in modo vulcanico.

vulcaniforme [vul-ca-ni-fór-me] *agg.* che ha forma di vulcano.

vulcanismo [vul-ca-nì-ʃmo], o **vulcanesimo** [vul-ca-né-ʃi-mo], *s.m.* (*geol.*) l'insieme dei fenomeni collegati all'effusione di magmi sulla crosta terrestre.

vulcanite [vul-ca-nì-te] *s.f.* (*geol.*) nome generico di ogni roccia effusiva.

vulcanizzare [vul-ca-niʒ-ʒà-re] *v.tr.* sottoporre a vulcanizzazione: *— il caucciù*.

vulcanizzato [vul-ca-niʒ-ʒà-to] *agg.* che è stato sottoposto a vulcanizzazione: *gomma vulcanizzata*.

vulcanizzazione [vul-ca-niʒ-ʒa-zió-ne] *s.f.* **1** trattamento chimico-termico a base di zolfo, a cui si sottopongono le gomme naturali per aumentarne l'elasticità e la resistenza **2** il complesso dei procedimenti per mettere a nuovo pneumatici deteriorati.

vulcano [vul-cà-no] *s.m.* **1** apertura di varia forma della crosta terrestre dalla quale fuoriescono lava ed emanazioni gassose: *— attivo*, che dà luogo a fenomeni eruttivi | *essere un —*, (*fig.*) si dice di persona piena di idee e iniziative **2** montagna derivata dalla solidificazione dei materiali eruttati.

vulcanologia [vul-ca-no-lo-gì-a] *s.f.* branca della geofisica che studia i fenomeni dovuti o connessi con l'attività dei vulcani.

vulcanologico [vul-ca-no-lò-gi-co] *agg.* [pl.m. *-ci*] relativo alla vulcanologia: *ricerche vulcanologiche.*

vulcanologo [vul-ca-nò-lo-go] *s.m.* [f. *-a*; pl.m. *-gi*] studioso, esperto di vulcanologia.

vulgata [vul-gà-ta], o **volgata**, *s.f.* **1** la versione latina della Bibbia, testo ufficiale dalla chiesa cattolica romana fino all'ultimo concilio **2** (*filol.*) il testo corrente di un'opera, nella forma trasmessa dalla tradizione: *la — dantesca.*

vulgato [vul-gà-to] *agg.* (*lett.*) divulgato, conosciuto | (*filol.*) si dice di testo diffuso da una tradizione manoscritta o a stampa.

vulnerabile [vul-ne-rà-bi-le] *agg.* **1** che può essere ferito: *animo facilmente —*, molto sensibile **2** (*estens.*) che può essere attaccato e danneggiato; debole: *il punto — di una fortificazione* **3** (*fig.*) con riferimento a idee, teorie ecc., che si può facilmente mettere in discussione, criticare: *il lato — di un ragionamento.*

vulnerabilità [vul-ne-ra-bi-li-tà] *s.f.* l'essere vulnerabile.

vulva [vùl-va] *s.f.* (*anat.*) l'insieme degli organi genitali esterni femminili.

vulvare [vul-và-re] *agg.* (*anat.*, *med.*) della vulva, relativo alla vulva: *canale —.*

vulvaria [vul-và-ria] *s.f.* pianta erbacea con foglie ovali e fiori che emanano un odore sgradevole.

vulvite [vul-vì-te] *s.f.* (*med.*) infiammazione acuta o cronica della vulva.

vuotaggine [vuo-tàg-gi-ne] *s.f.* **1** l'essere vuoto, vacuo, privo di idee, di interesse **2** cosa insulsa, inconsistente.

vuotare [vuo-tà-re] *v.tr.* [*io vuòto ecc.*] rendere vuoto; privare del contenuto: *— un cassetto* | *— le tasche a qlcu.*, fargli spendere tutto il denaro che ha ♦ **vuotarsi** *v.intr.pron.* diventare vuoto, svuotarsi: *d'estate le città si vuotano*, si spopolano.

vuotazucchine [vuo-ta-zuc-chì-ne] *s.m.invar.* coltello da cucina con lama a sezione semicircolare, usato per togliere la parte interna alle zucchine.

vuotezza [vuo-téz-za] *s.f.* l'essere vuoto, vuotaggine (spec. *fig.*): *— di idee.*

vuoto [vuò-to] *agg.* **1** che non contiene nulla; che è privo del proprio contenuto: *bottiglia vuota* | *a mani vuote*, (*fig.*) senza aver ottenuto quello che si sperava; senza portare regali: *tornare a mani vuote; presentarsi a mani vuote* | *testa vuota*, (*fig.*) persona stupida o leggera **2** (*fig.*) privo, mancante: *frasi vuote di senso* | privo di significato, di idee, di contenuti: *una vita vuota* ♦ *s.m.* **1** spazio vuoto; cavità: *un — nel muro* **2** (*fig.*) mancanza, carenza: *— di potere* | *lasciare un — incolmabile*, morire suscitando un grande rimpianto **3** recipiente vuoto: *— a rendere*, da restituire al venditore **4** spazio libero, sgombro, non occupato da corpi solidi: *precipitare nel —* **5** (*fis.*) condizione di uno spazio privo di materia e di radiazioni, o contenente solo gas molto rarefatti: *confezione sotto —*, preparazione di prodotti in recipienti chiusi privati d'aria **6** nella loc. avv. *a —*, inutilmente, invano, senza effetto: *parlare a —* | *girare a —*, detto di ruote, ingranaggi, girare senza collegamenti con altri organi meccanici; (*fig.*) agire senza costrutto o risultati soddisfacenti | *assegno a —*, (*banc.*) privo di copertura presso la banca.

W

w *s.f.* o *m.* ventitreesima lettera dell'alfabeto, il cui nome è *vu doppio*.
wafer [wa-fer; / 'vafer /] *s.m.invar.* biscotto formato da due cialde friabili che racchiudono uno strato di crema o cioccolato.
wagon-lit [/ vagon'li /] *s.m.invar.* (*fr.*) carrozza ferroviaria attrezzata a cabine con uno, due o tre letti; carrozza-letto, vettura-letto.
walchiria → valchiria.
walhall [/ 'valal /], o **walhalla** [/ va'lalla /], *s.m.invar.* (*ted.*) nella mitologia germanica, il paradiso degli eroi morti in battaglia.
walkie-cup [/ 'wɔlki'kap /] *s.f.invar.* (*ingl.*) bicchiere di cartone cerato con coperchio e cannuccia.
walkie-talkie [/ 'wɔlki'tɔlki /] *s.m.invar.* (*ingl.*) radio ricetrasmittente portatile.
walkiria → valchiria.
walkman [/ 'wɔlkmen /] *s.m.invar.* (*ingl.*) apparecchio portatile per l'ascolto di cassette registrate.
wand [/ wand /] *s.m. invar.* (*ingl.*) piccolo lettore ottico a forma di matita, usato alle casse dei negozi per rilevare i codici a barre degli articoli venduti.
war game [/ wɔr'gεim /] *loc.sost.m. invar.* (*ingl.*) **1** battaglia simulata, eseguita nelle accademie militari come esercitazione **2** qualunque gioco che simuli uno scontro armato.
water [/ 'vater /] *s.m.invar.* (*ingl.*) il vaso di maiolica del gabinetto all'inglese.
water-closet [/ vater'klɔzet /] *s.m.invar.* (*ingl.*) gabinetto all'inglese, con vaso di maiolica e sciacquone.
waterloo [/ vater'lo /] *s.f.invar.* (*ingl.*) sconfitta grave, definitiva; disfatta.
waterproof [/ wɔter'pruf /] *agg.invar.* (*ingl.*) impermeabile.
watt [/ vat /] *s.m.* (*fis.*) unità di misura della potenza elettrica nel Sistema Internazionale, pari alla potenza che produce l'energia di 1 joule in 1 secondo.
wattora [wat-to-ra; / vat'tora /] *s.f.* (*fis.*) unità di misura di energia pari all'energia fornita in 1 ora dalla potenza di 1 watt.
watusso [wa-tus-so; / va'tusso /], o **vatusso**, *agg.* e *s.m.* [f. *-a*] appartenente a una popolazione di origine etiopica stanziata in Ruanda, Burundi e Uganda, caratterizzata da altissima statura.
weekend [/ wi'kεnd /], anche **week-end**, *s.m.invar.* (*ingl.*) il fine settimana, in quanto destinato al riposo e allo svago: *andare in campagna per il —.*
Weltanschauung [/ 'vεltanʃaung /] *s.f.* (*ted.*) (*filos.*) concezione, visione del mondo propria di un individuo, di un popolo o di un'età storica.
welter [wel-ter; / 'vεlter /] *s.m.invar.* (*sport*) nel pugilato e nella lotta, categoria di peso intermedia tra i leggeri e i superwelter | (*estens.*) atleta che rientra in tale categoria | Usato anche come *agg.invar.*: *peso —.*
West [/ wεst /] *s.m.invar.* (*ingl.*) le regioni occidentali degli Stati Uniti e del Canada: *la conquista del —.*
western [/ 'wεstern /] *agg.* e *s.m.invar.* (*ingl.*) si dice di film ambientato nelle regioni occidentali degli Stati Uniti della seconda metà del sec. XIX, che narra storie di sceriffi, cow-boy e pellirosse.
whisky [/ 'wiski /] *s.m.invar.* (*ingl.*) acquavite ottenuta dalla distillazione di mosti fermentati di uno o più cereali, spec. orzo, granturco, avena; è tipica della Scozia.
whist [/ wist /] *s.m.invar.* (*ingl.*) gioco di carte inglese simile al bridge.
winchester® [/ win'tʃεster /] *s.m.invar.* (*ingl.*) carabina a ripetizione di fabbricazione statunitense, diffusa per la maneggevolezza e rapidità di fuoco.
windsurf [/ wind'sεrf /] *s.m.invar.* (*ingl.*) **1** tavola galleggiante munita di pinna, in cui è inserito un albero con vela a tasca; tavola a vela **2** lo sport del windsurf.
windsurfista [wind-sur-fi-sta; / windsεr'fista /] *s.m.* e *f.* [pl.m. *-sti*] (*sport*) chi pratica il windsurf.
wolframio [wol-fra-mio; / vol'framjo /], o **volframio**, *s.m.* (*chim.*) tungsteno.
wolframite [wol-fra-mi-te; / volfra'mite /] *s.f.* (*min.*) minerale che si presenta in forma di cristalli tabulari o masse colonnari; è importante per l'estrazione del tungsteno (o wolframio).
word processing [/ wɔrd'prosesiŋg /] *loc.sost. m.invar.* (*ingl.*) tecnica che consente di scrivere utilizzando un word processor; videoscrittura.
word processor [/ wɔrd'prosesor /] *loc.*

sost.m.invar. (*ingl.*) sistema costituito di componenti hardware e software mediante il quale è possibile elaborare testi; videoscrittura.
workshop [/ 'wɔrkʃop /] *s.m.invar.* (*ingl.*) gruppo di lavoro; seminario di studi.
work station [/ wɔrk'stɛʃʃon /] *loc.sost.f. invar.* (*ingl.*) (*inform.*) terminale con proprie capacità di elaborazione, oppure computer autonomo di elevata potenza e ampio corredo di periferiche, configurato per essere utilizzato per uno specifico tipo di applicazioni.
wrestling [/ 'wrestliŋ /] *s.m. invar.* (*ingl.*) la lotta libera eseguita come forma di spettacolo.
würstel [/ 'vyrstel /] *s.m.invar.* (*ted.*) salsiccia lunga e sottile di carne bovina; è tipica della Germania e dell'Austria.

X

x *s.f.* o *m.* ventiquattresima lettera dell'alfabeto, il cui nome è *ics* | a *x*, a croce: *gambe a x*, storte, deformi | *X*, (*biol.*) simbolo del cromosoma femminile | *raggi X*, (*fis.*) raggi röntgen | *x*, nei pronostici del totocalcio, indica pareggio ♦ In funzione di *agg.* si usa per indicare persona o cosa indeterminata o sconosciuta: *fattore X* | *ora X*, l'ora decisiva o molto attesa.

xantelasma [xan-te-là-ʃma] *s.m.* [pl. *-ʃmi*] (*med.*) xantoma della palpebra.

xanto- primo elemento di parole composte della terminologia scientifica, che significa 'giallo' (*xantofilla*).

xantoficee [xan-to-fì-ce-e] *s.f.pl.* (*bot.*) classe di alghe unicellulari o pluricellulari, che hanno colore verde giallastro per la presenza di xantofilla.

xantofilla [xan-to-fìl-la] *s.f.* (*chim.*, *biol.*) pigmento giallo presente nelle foglie insieme alla clorofilla; appare nelle foglie caduche in autunno.

xantoma [xan-tò-ma] *s.m.* [pl. *-mi*] (*med.*) piccolo tumore cutaneo di colore giallastro, dovuto ad accumulo di derivati del colesterolo.

xantopsia [xan-to-psì-a] *s.f.* (*med.*) disturbo visivo per cui gli oggetti appaiono colorati di giallo.

xenartri [xe-nàr-tri] *s.m.pl.* (*zool.*) ordine di mammiferi con dentatura ridotta o incompleta; vi appartengono il formichiere, l'armadillo e il bradipo.

xeno [xè-no] *s.m.* elemento chimico di simbolo *Xe*; è uno dei gas rari che si trovano nell'atmosfera.

xeno- primo elemento di parole composte, che significa 'straniero, estraneo, ospite' (*xenofobia*).

xenobio [xe-nò-bio] *s.m.* in biogeografia, organismo insediato eccezionalmente in un ambiente a cui, di norma, è estraneo.

xenobiotico [xe-no-bi-ò-ti-co] *agg.* e *s.m.* [pl.m. *-ci*] si dice di sostanza priva di valore nutritivo, perciò inutilizzabile dal punto di vista energetico e nei processi di biosintesi.

xenobionte [xe-no-bi-ón-te] *s.m.* lo stesso che *xenobio.*

xenoecologia [xe-no-e-co-lo-gì-a] *s.f.* ramo dell'ecologia che studia le condizioni ambientali dello spazio extraterrestre e le possibilità che l'uomo ha di adattarvisi.

xenoecologico [xe-no-e-co-lò-gi-co] *agg.* [pl.m. *-ci*] relativo alla xenoecologia.

xenoecologo [xe-no-e-cò-lo-go] *s.m.* [f. *-a*; pl.m. *-gi*] studioso di xenoecologia.

xenofobia [xe-no-fo-bì-a] *s.f.* odio, avversione per gli stranieri e per tutto ciò che è straniero.

xenofobico [xe-no-fò-bi-co] *agg.* [pl.m. *-ci*] di xenofobia, da xenofobo.

xenofobo [xe-nò-fo-bo] *agg.* e *s.m.* [f. *-a*] che/chi prova xenofobia ♦ *agg.* che è ispirato a xenofobia: *leggi xenofobe.*

xenogamia [xe-no-ga-mì-a] *s.f.* (*bot.*) impollinazione incrociata che si compie tra fiori portati da individui diversi di una stessa specie.

xenoglossia [xe-no-glos-sì-a] *s.f.* fenomeno di tipo medianico per cui una persona, in particolari circostanze, parla una o più lingue che normalmente ignora.

xenotrapianto [xe-no-tra-piàn-to] *s.m.* (*med.*) trapianto di un organo tra individui di specie diverse.

xeres [xè-res] *s.m.invar.* vino secco spagnolo di gradazione elevata.

xero- primo elemento di parole composte, che significa 'secco, arido' (*xerofito*), oppure 'a secco' (*xerografia*).

xerobio [xe-rò-bio] *agg.* (*biol.*) che vive in ambiente arido: *flora xerobia* ♦ *s.m.* ambiente biologico caratterizzato da scarsezza d'acqua.

xerocopia [xe-ro-cò-pia] *s.f.* copia xerografica, fotocopia.

xerocopiatrice [xe-ro-co-pia-trì-ce] *s.f.* macchina per fare xerocopie; fotocopiatrice.

xeroderma [xe-ro-dèr-ma] *s.m.* [pl. *-mi*] (*med.*) affezione cutanea caratterizzata da abnorme secchezza della pelle e fine desquamazione.

xerofito [xe-rò-fi-to] *agg.* (*bot.*) si dice di organismo vegetale che si adatta a un clima e a un suolo costantemente aridi.

xerografia [xe-ro-gra-fì-a] *s.f.* procedimento di stampa a secco effettuato con macchine che utilizzano l'elettricità statica; si impiega per la riproduzione di documenti.

xerografico [xe-ro-grà-fi-co] *agg.* [pl.m. *-ci*] relativo alla xerografia: *procedimento* — | ottenuto per mezzo della xerografia: *copia xerografica.*

xerosfera [xe-ro-sfè-ra] *s.f.* (*geog.*) l'ambiente climatico dei deserti.

xerotermo [xe-ro-tèr-mo] *agg.* (*biol.*) si dice di organismo vegetale che si adatta a un clima con forti escursioni termiche, e prevalentemente secco.

xi *s.m.* o *f.invar.* nome della quattordicesima lettera dell'alfabeto greco, resa *x* nei caratteri latini.
xilema [xi-lè-ma] *s.m.* [pl. *-mi*] (*bot.*) la parte legnosa dei vegetali.
xilematico [xi-le-mà-ti-co] *agg.* [pl.m. *-ci*] (*bot.*) relativo allo xilema; legnoso.
xilene [xi-lè-ne] *s.m.* (*chim.*) nome comune a tre derivati del benzene, usati come solventi e nella produzione di materie plastiche.
xilo- → **silo-**.
xilofago [xi-lò-fa-go], o silofago, *agg.* [pl.m. *-gi*] (*zool.*) si dice di animale che si ciba di legno: *i tarli sono xilofagi.*
xilofonista [xi-lo-fo-nì-sta], o silofonista, *s.m.* e *f.* [pl.m. *-sti*] suonatore di xilofono.
xilofono [xi-lò-fo-no], o silofono, *s.m.* strumento musicale costituito da una serie di tavolette di legno di diversa lunghezza disposte in scala; si percuotono con due mazzuoli.
xilografia e *deriv.* → **silografia** e *deriv.*
xilologia e *deriv.* → **silologia** e *deriv.*
xilomarimba [xi-lo-ma-rìm-ba] *s.f.* (*mus.*) strumento che può offrire sia le caratteristiche sonore dello xilofono, sia quelle della marimba; largamente impiegato nel jazz, è talora usato anche nella musica colta contemporanea.
xilosio [xi-lò-ʃio] *s.m.* (*chim.*) zucchero a cinque atomi di carbonio, usato nella concia delle pelli e nell'alimentazione dei diabetici.
xiloteca → **siloteca.**
xografia [xo-gra-fì-a] *s.f.* (*foto.*) sistema di stampa a effetto tridimensionale che si ottiene da due fotografie stereoscopiche dello stesso soggetto.

Y

y *s.f.* o *m.* venticinquesima lettera dell'alfabeto, il cui nome è *ipsilon.*
yacht [/ jɔt /] *s.m.invar.* (*ingl.*) grossa imbarcazione privata da diporto; panfilo.
yachting [/ 'jɔttiŋg /] *s.m.invar.* (*ingl.*) la navigazione da diporto | lo sport della navigazione da diporto.
yak [/ jak /] *s.m.invar.* (*zool.*) mammifero ruminante del Tibet, simile a un grosso bue gibboso, con mantello scuro, testa piccola, corna lisce.
yang [/ jang /] *s.m.invar.* (*cin.*) nel taoismo, una delle due energie complementari e opposte che determinano il mutamento e il divenire di tutte le cose; rappresenta il principio maschile e positivo (si contrappone a *yin*).
yankee [/ 'jɛŋki /] *agg.* e *s.m.* e *f.invar.* (*ingl.*) (*scherz.* o *spreg.*) statunitense: *accento* —.
yard [/ jard /] *s.m.* o *f.invar.* (*ingl.*) unità di misura lineare inglese, pari a m 0,914.
yemenita [ye-me-nì-ta] *agg.* [pl.m. *-ti*] dello Yemen del nord o dello Yemen del sud ♦ *s.m.* e *f.* abitante, nativo dello Yemen.
yen [/ jɛn /] *s.m.invar.* (*giapp.*) unità monetaria del Giappone.
yeti [yè-ti] *s.m.* essere immaginario simile a un uomo gigantesco che si dice sia stato avvistato nel versante sud dell'Himalaia; è detto *l'abominevole uomo delle nevi.*
yiddish [/ 'jiddiʃ /] *s.m.* (*ingl.*) lingua popolare parlata dalla comunità degli ebrei tedeschi e slavi; è un dialetto tedesco che fonde antichi elementi ebraico-aramaici con altri neolatini e slavi | Anche come *agg.invar.*: *cultura* —.
yin [/ jin /] *s.m.invar.* (*cin.*) nel taoismo, una delle due energie complementari e opposte che determinano il mutamento e il divenire di tutte le cose; rappresenta il principio femminile e negativo (si contrappone a *yang*).
yoga [yò-ga] *s.m.invar.* metodo di autodisciplina induista che, con l'esercizio di virtù etiche e di tecniche fisiche, mira a condurre lo spirito alla concentrazione, alla contemplazione e all'unione con l'Assoluto | (*estens.*) insieme di esercizi respiratori e ginnici ispirati alle tecniche dello yoga ♦ *agg.invar.* dello yoga: *posizioni* —.
yogin [yo-gin; / 'jɔgin /] *s.m.* e *f.invar.* chi pratica lo yoga.
yogurt [yò-gurt] *s.m.invar.* latte coagulato per azione di fermenti.
yogurtiera [yo-gur-tiè-ra] *s.f.* piccolo elettrodomestico per preparare in casa lo yogurt.
yorkshire terrier [/ 'jɔrkʃair 'tɛrrier /], abbr. **yorkshire**, *loc.sost.m.invar.* (*ingl.*) piccolo cane da salotto, dal folto pelame blu acciaio, con macchie dorate sulla testa.
yo-yo® [/ jo'jɔ /] *s.m.invar.* (*ingl.*) giocattolo costituito da un disco di legno o plastica con una scanalatura, entro cui si avvolge una cordicella, in modo che, lasciando cadere il disco, questo rotola lungo la cordicella e dopo, per inerzia, si riavvolge all'insù.
yprite → **iprite.**
ytterbio → **itterbio.**
yttrio → **ittrio.**
yucca [yuc-ca] *s.f.* (*bot.*) genere di piante perenni diffuse nell'America settentrionale, con foglie coriacee e fiori in pannocchie; da alcune specie si ricavano fibre tessili.
yuppie [/ 'juppi /] *s.m.* e *f.invar.* (*ingl.*) (*scherz.* o *spreg.*) giovane manager efficiente e carrierista.
yuppismo [yup-pì-ʃmo] *s.m.* (*scherz.* o *spreg.*) atteggiamento da yuppie.

Z

z *s.f.* o *m.* ventiseiesima e ultima lettera dell'alfabeto, il cui nome è *zeta*; rappresenta il suono affricato dentale, sordo o sonoro.
zabaione [ʒa-ba-ió-ne] *s.m.* crema a base di uova, zucchero e marsala: *gelato allo* — | (*estens.*) liquore a base di zabaione: *un bicchierino di* —.
zabro [ʒà-bro] *s.m.* insetto coleottero di piccole dimensioni di colore nerastro, dannoso alle piante di frumento.
zacchera [zàc-che-ra] *s.f.* schizzo di fango sui vestiti o sulle scarpe.
zaffata [ʒaf-fà-ta] *s.f.* **1** ondata improvvisa di cattivo odore: *una — di tanfo* **2** getto o spruzzo di liquido o gas: *una — di fumo.*
zafferanato [ʒaf-fe-ra-nà-to] *agg.* (*non com.*) **1** che contiene zafferano: *risotto* — **2** che ha il colore dello zafferano.
zafferano [ʒaf-fe-rà-no] *s.m.* **1** pianta erbacea con fiori a imbuto, i cui stimmi essiccati danno una polvere gialla molto aromatica, usata in medicina e in cucina **2** la polvere stessa: *risotto allo* — ♦ *agg.invar.* di colore giallo simile a quello dello zafferano.
zaffiro [ʒaf-fì-ro] *s.m.* **1** varietà di corindone di colore azzurro trasparente, usata come pietra preziosa **2** colore azzurro limpido e trasparente.
zaffo [ʒàf-fo] *s.m.* **1** tappo di legno rivestito di stoppa usato per chiudere il foro della botte **2** batuffolo di cotone o garza che si usa per tamponare emorragie o per medicazioni.
zagaglia [ʒa-gà-glia] *s.f.* arma primitiva simile a una lancia piccola e leggera, con punta di ferro a foglia di olivo.
zagara [ʒà-ga-ra] *s.f.* il fiore dell'arancio e del limone.
zaino[1] [ʒài-no] *s.m.* sacco di materiale impermeabile o di grossa tela che si porta appeso alle spalle; è usato da soldati, alpinisti, escursionisti. DIM. *zainetto.*
zaino[2] *agg.* si dice del mantello del cavallo, quando è di colore unico, senza macchie.
zairese [ʒai-ré-se] *agg.* dello Zaire ♦ *s.m.* e *f.* abitante, nativo dello Zaire.
zambiano [ʒam-bià-no] *agg.* dello Zambia ♦ *s.m.* [f. *-a*] abitante, nativo dello Zambia.
zampa [ʒàm-pa] *s.f.* **1** ciascuno degli arti degli animali; in particolare, la parte dell'arto che tocca terra: *le zampe posteriori dei quadrupedi* | in cucina, la parte inferiore dell'arto: *una — di maiale arrosto* | *zampe di gallina*, (*fig.*) rughe sottili intorno agli occhi | *a — di gallina*, (*fig.*) si dice di scrittura brutta e illeggibile. DIM. *zampetta, zampino* (m.) ACCR. *zampone* (m.) **2** (*scherz.*) gamba dell'uomo: *camminare a quattro zampe*, carponi **3** gamba, piede di un mobile: *le zampe del tavolo.*
zampare [ʒam-pà-re] *v.intr.* [aus. *avere*] detto di cavallo, battere il terreno da fermo, con la zampa anteriore, per inquietudine o impazienza.
zampata [ʒam-pà-ta] *s.f.* **1** colpo dato con la zampa **2** (*estens.*) riferito a persona, calcio o pestata violenta (per lo più *scherz.*) **3** orma lasciata dalla zampa di un animale.
zampettare [ʒam-pet-tà-re] *v.intr.* [*io zampétto ecc.*; aus. *avere*] **1** camminare muovendo rapidamente le zampe (detto di animali piccoli) **2** (*scherz.*) camminare a piccoli passi, saltellare.
zampetto [ʒam-pét-to] *s.m.* (*gastr.*) zampa macellata e lessata del maiale, del vitello o dell'agnello.
zampillante [ʒam-pil-làn-te] *agg.* che zampilla: *acqua* —.
zampillare [ʒam-pil-là-re] *v.intr.* [aus. *essere* o *avere*] uscir fuori a zampillo: *l'acqua zampilla.*
zampillio [ʒam-pil-lì-o] *s.m.* **1** insieme di molti zampilli **2** uno zampillare continuo.
zampillo [ʒam-pil-lo] *s.m.* getto sottile di acqua o altro liquido che esce da una stretta apertura e si innalza per ricadere poi in basso: *gli zampilli della fontana.*
zampino [ʒam-pì-no] *s.m.* piccola zampa | *mettere lo — in una faccenda*, (*fig.*) intromettervisi | *prov.*: *tanto va la gatta al lardo che ci lascia lo* —.
zampirone [ʒam-pi-ró-ne] *s.m.* spirale composta di sostanze la cui combustione produce un fumo che allontana zanzare e altri insetti.
zampogna [ʒam-pó-gna] *s.f.* strumento a fiato costituito da una o più canne sonore fissate ad altrettante aperture di un otre di pelle, dentro cui si accumula l'aria che il suonatore vi immette da un cannello o con un mantice.
zampognaro [ʒam-po-gnà-ro] *s.m.* suonatore di zampogna.
zampone [ʒam-pó-ne] *s.m.* (*gastr.*) salume fresco di pasta grossa, insaccato nella cotenna della zampa del maiale, che si mangia lessato e affettato.

zana [ʒà-na] *s.f.* (*tosc.*) cesta ovale poco profonda, fatta di stecche di legno intrecciate.

zanca [ʒàn-ca] *s.f.* (*tecn.*) estremità ricurva di una leva o di un'asta.

zangola [ʒàn-go-la] *s.f.* apparecchio costituito da un recipiente cilindrico in cui, con un agitatore, si sbatte la crema di latte per trasformarla in burro.

zanna [ʒàn-na] *s.f.* **1** ciascuno dei due denti grossi e lunghi che sporgono dalla bocca di alcuni animali: *le zanne dell'elefante* **2** (*estens.*) ciascuno dei canini dei grandi carnivori: *le zanne del leone* **3** (*scherz.* o *spreg.*) ciascuno dei denti dell'uomo, soprattutto se lunghi e grossi | *mostrare le zanne*, (*fig.*) assumere un atteggiamento minaccioso.

zannata [ʒan-nà-ta] *s.f.* **1** colpo di zanna **2** il segno lasciato da tale colpo.

zannesco [ʒan-né-sco] *agg.* [pl.m. *-schi*] (*non com.*) di zanni, da zanni: *scherzo —*.

zanni [ʒàn-ni] *s.m.* (*teat.*) personaggio della commedia dell'arte del servo scaltro e imbroglione o del servo sciocco.

zannuto [ʒan-nù-to] *agg.* **1** che è fornito di zanne **2** (*scherz.* o *spreg.*) si dice di persona che abbia denti lunghi e grossi.

zanzara [ʒan-ʒà-ra] *s.f.* insetto dal corpo sottile con zampe e antenne lunghe, frequente nei luoghi umidi; la femmina punge l'uomo e gli animali per succhiarne il sangue | *— anofele*, che trasmette il morbo della malaria.

zanzaricida [ʒan-ʒa-ri-cì-da] *agg.* e *s.m.* [pl.m. *-di*] si dice di insetticida per zanzare.

zanzariera [ʒan-ʒa-riè-ra] *s.f.* velo leggero o fitta rete metallica che si mette intorno al letto o alle finestre per difendersi dalle zanzare.

zanzarifugo [ʒan-ʒa-rì-fu-go] *agg.* e *s.m.* [pl.m. *-ghi*] si dice di prodotto che tiene lontano le zanzare.

zappa [ʒàp-pa] *s.f.* attrezzo agricolo manuale che consiste in una lama, trapezoidale o rettangolare, leggermente incurvata, infilata in un manico di legno; serve a rompere le zolle, fare solchi ecc. | *darsi la — sui piedi*, (*fig.*) danneggiare involontariamente sé stesso.

zappare [ʒap-pà-re] *v.tr.* **1** lavorare la terra con la zappa: *— l'orto* **2** (*fig.*) esercitare un'attività o usare uno strumento in modo rozzo, da incompetente: *non suona, zappa.*

zappata [ʒap-pà-ta] *s.f.* **1** colpo dato con la zappa **2** il lavorare la terra con la zappa: *l'orto ha bisogno di una —*.

zappaterra [ʒap-pa-tèr-ra] *s.m.invar.* **1** chi zappa la terra; contadino **2** (*fig.*) persona rozza, ignorante.

zappatore [ʒap-pa-tó-re] *s.m.* [f. *-trice*] chi per mestiere zappa la terra; contadino ♦ *agg.* che zappa.

zappatura [ʒap-pa-tù-ra] *s.f.* **1** lo zappare, l'essere zappato **2** la terra smossa zappando.

zappettare [ʒap-pet-tà-re] *v.tr.* [*io zappétto ecc.*] lavorare il terreno in superficie con la zappa.

zappettatura [ʒap-pet-ta-tù-ra] *s.f.* lo zappettare, l'essere zappettato.

zapping [/ ˈdzɛppiŋ /] *s.m. invar.* (*ingl.*) cambio frenetico dei canali televisivi effettuato col telecomando.

zappone [ʒap-pó-ne] *s.m.* zappa dalla lama più lunga, stretta e robusta del normale, usata per lavori di sterro su terreni sassosi e duri.

zar [ʒar] *s.m.invar.* titolo che in passato si dava all'imperatore di Russia e al re di Bulgaria.

zara [ʒà-ra] *s.f.* gioco d'azzardo, fatto con tre dadi, diffuso in Italia nel Medioevo.

zarina [ʒa-rì-na] *s.f.* **1** imperatrice di Russia **2** moglie dello zar.

zarista [ʒa-rì-sta] *agg.* [pl.m. *-sti*] dello zar, del tempo degli zar: *la Russia —* ♦ *agg.* e *s.m.* e *f.* sostenitore, fautore dello zar.

zarzuela [/ ʒarˈʒwela /] *s.f.* (*mus.*) rappresentazione drammatica spagnola di antica tradizione e a carattere popolare, in cui parti parlate si alternano a parti cantate.

zattera [ʒàt-tera] *s.f.* (*mar.*) galleggiante piatto senza sponde, usato per il trasporto di merci o come imbarcazione di fortuna. ACCR. *zatterone* (m.).

zatterante [ʒat-te-ràn-te] *s.m.* nelle valli da pesca, operaio che compie lavori di scavo del fondo stando su una zattera.

zatterino [ʒat-te-rì-no] *s.m.* piccola zattera usata per la pulizia dello scafo delle navi.

zatterone [ʒat-te-ró-ne] *s.m.* (spec. *pl.*) calzatura femminile con suola di sughero molto alta.

zavorra [ʒa-vòr-ra] *s.f.* **1** l'insieme dei pesi imbarcati nelle stive di uno scafo per assicurarne la stabilità: *caricare la —* **2** negli aerostati, insieme di sacchetti di sabbia o di altro materiale che equilibra la differenza tra la forza ascensionale e il carico **3** (*fig. spreg.*) cosa o persona ingombrante, inutile, priva di valore: *fra i suoi collaboratori c'è molta —*.

zavorramento [ʒa-vor-ra-mén-to] *s.m.* l'operazione di zavorrare una nave o un aerostato.

zavorrare [ʒa-vor-rà-re] *v.tr.* [*io ʒavòrro ecc.*] caricare con zavorra una nave o un aerostato.

zazzera [ʒàʒ-ʒe-ra] *s.f.* capigliatura, soprattutto maschile, lunga sino al collo | (*scherz.* o *spreg.*) capigliatura lunga e disordinata: *avere la —*.

zazzeruto [ʒaʒ-ʒe-rù-to] *agg.* e *s.m.* (*scherz.* o *spreg.*) che/chi porta la zazzera.

zebedei [ʒe-be-dèi] *s.m.pl.* (*pop.*) testicoli.

zebra [ʒè-bra] *s.f.* **1** mammifero africano simile al cavallo, caratteristico per il mantello a fondo chiaro con strisce nere **2** *pl.* nella segnaletica stradale, zona riservata al passaggio dei pedoni.

zebrato [ʒe-brà-to] *agg.* striato come il mantello della zebra: *tessuto —*, a righe bianche e nere | *attraversamento —*, passaggio pedonale.

zebratura [ʒe-bra-tù-ra] *s.f.* **1** il disegno a strisce bianche e nere del mantello delle zebre **2** qualsiasi disegno a strisce chiare e scure.

zebù [ʒe-bù] *s.m.* mammifero ruminante simile al bue, con una gobba adiposa sul dorso, diffuso in Asia e in Africa come bestia da soma e da tiro.

zecca[1] [ʒéc-ca] *s.f.* istituzione pubblica cui è affidata la coniazione di monete metalliche, medaglie, sigilli, timbri ecc.: — *clandestina*, in cui si produce moneta falsa | *nuovo di* —, (*fig.*) si dice di cosa appena acquistata o di idea originale, di cosa mai sentita prima: *una bicicletta nuova di* —.

zecca[2] *s.f.* piccolo parassita cutaneo di molti vertebrati terrestri, dei quali succhia il sangue; ha corpo piatto e ovale con dorso coperto da un robusto scudo.

zecchinetta [ʒec-chi-nét-ta] *s.f.* gioco d'azzardo con le carte.

zecchino [ʒec-chì-no] *s.m.* nome del ducato d'oro veneto del sec. XVI e di altre monete auree di pari valore | *oro* —, oro purissimo.

zefir [ʒe-fir] *s.m.* tessuto leggero di cotone, a righe o a piccoli quadretti.

zefiro [ʒè-fi-ro], o **zeffiro**, *s.m.* (*lett.*) vento primaverile dolce e leggero, che soffia da ponente | (*estens.*) qualsiasi vento leggero; brezza.

zeiformi [ʒei-fór-mi] *s.m.pl.* (*zool.*) ordine di pesci marini con corpo compresso lateralmente, testa grossa, bocca protrattile, pinna dorsale a raggi spinosi.

zeismo [ʒe-ì-ʃmo] *s.m.* (*med.*) tipo di pellagra provocata da un'alimentazione basata quasi esclusivamente sul granturco.

zelante [ʒe-làn-te] *agg.* **1** che ha, mostra zelo per qlco.: *una persona* — | che sostiene con zelo un'idea, una causa: *uno — difensore* **2** che svolge con zelo le mansioni affidategli: *un impiegato* — | (*spreg.*) che svolge un compito con zelo eccessivo, rendendosi ridicolo □ **zelantemente** *avv.*

zelatore [ʒe-la-tó-re] *s.m.* [f. *-trice*] chi, facendo parte di talune associazioni religiose cattoliche, si dedica alla diffusione di una particolare devozione o alla raccolta di sussidi per iniziative della chiesa.

zelo [ʒè-lo] *s.m.* **1** impegno assiduo e diligente nell'operare, nell'agire, nel perseguire un fine: *lavorare con* — | (*iron.*) impegno eccessivo, ostentato: *troppo —!* **2** entusiasmo, fervore con cui si segue un'idea o ci si adopera per una causa: — *religioso*.

zen [ʒèn] *s.m.* scuola religiosa buddhista originaria della Cina, i cui adepti mirano a cogliere l'essere in ogni cosa attraverso una pratica contemplativa ♦ *agg.* relativo allo zen: *arte* —.

zenit [ʒè-nit] *s.m.invar.* (*astr.*) il punto della volta celeste perpendicolare al luogo in cui si trova l'osservatore.

zenitale [ʒe-ni-tà-le] *agg.* (*astr.*) dello zenit, relativo allo zenit: *distanza* —, distanza angolare dallo zenit; *stella* —, stella che passa allo zenit.

zenzero [ʒèn-ʒe-ro] *s.m.* pianta aromatica originaria delle regioni tropicali dell'Asia, dal cui rizoma si ricava una droga piccante | la droga ricavata da tale pianta.

zeolite [ʒeo-lì-te] *s.f.* nome generico di un gruppo di minerali costituiti da silicati idrati.

zeppa [ʒép-pa] *s.f.* **1** cuneo di legno usato per otturare fessure o per dare stabilità a mobili traballanti | *mettere una — a qlco.*, (*fig.*) cercare di rimediare alla meglio a un guasto, a una situazione difficile **2** rialzo di legno o di sughero sotto sandali e zoccoli **3** (*fig.*) parola o frase inserita in un discorso senza alcuna ragione.

zeppelin [ʒèp-pe-lin] *s.m. invar.* grande dirigibile rigido, usato come aeromobile da bombardamento nel corso della prima guerra mondiale, poi come mezzo di trasporto passeggeri.

zeppo[1] [ʒép-po] *agg.* molto pieno, gremito: *scaffale — di libri* | *pieno* —, pienissimo.

zeppo[2] *s.m.* (*region.*) rametto; pezzettino di legno.

zeppola [ʒép-po-la] *s.f.* (spec. *pl.*) frittella dolce tipica di alcune regioni dell'Italia meridionale.

zerbino [ʒer-bi-no] *s.m.* piccolo e spesso tappeto rettangolare, che si pone davanti alle porte perché chi entra vi si pulisca le scarpe.

zerbinotto [ʒer-bi-nòt-to] *s.m.* (*spreg.*) giovane eccessivamente elegante e galante; bellimbusto, damerino.

zero [ʒè-ro] *s.m.* [pl. *-ri*] **1** numero iniziale della successione dei numeri naturali; nel linguaggio comune, indica anche assenza di quantità: *molte culture ignorano lo* — | (*estens.*) niente, nulla: *non valere uno* — **2** il punto di partenza di una serie, di una successione; lo stato iniziale di una grandezza variabile: *il termometro segna* — | *sparare a* —, con l'arma in posizione orizzontale; (*fig.*) polemizzare aspramente contro qlcu. | *tagliare i capelli a* —, rasarli completamente | *ripartire da* —, dal nulla o dal punto di partenza **3** il punto più basso nelle vecchie votazioni scolastiche **4** (*estens.*) la totale assenza di valore; nullità: *essere uno* — ♦ *agg.num.card.invar.* indica una quantità nulla: — *punti* | *l'ora* —, il momento finale di un conteggio alla rovescia.

zero zero sette [ʒè-ro ʒè-ro sèt-te], anche nella grafia **007**, *loc.sost.m.invar.* (*scherz.*) agente segreto.

zeta [ʒè-ta] *s.f.* o *m.invar.* **1** nome della lettera *z* | *dall'a alla* —, (*fig.*) dal principio alla fine **2** nome della lettera dell'alfabeto greco resa con *z* nei caratteri latini.

zetacismo [ʒe-ta-cì-ʃmo] *s.m.* **1** (*ling.*) trasformazione di una o più consonanti nel suono *z* **2** (*med.*) pronuncia difettosa del suono *z*.

zeugma [ʒèug-ma] *s.m.* [pl. *-mi*] figura retorica consistente nel far dipendere da un unico termine due o più parole o enunciati, di cui uno solo è pertinente (p.e. *parlare e lacrimar vedrai insieme* DANTE *Inf.* XXXIII 9, dove *vedrai* si adatta soltanto a *lacrimar*, non a *parlare*).

zeuzera [ʒeu-ʒè-ra] *s.f.* farfalla dalle ali di color bianco screziato, le cui larve scavano gallerie negli alberi da frutto causando gravi danni alle colture.

zia [ʒì-a] *s.f.* la sorella del padre o della madre, rispetto ai figli di questi | (*estens.*) la moglie dello zio. DIM. *zietta*.
zibaldone [ʒi-bal-dó-ne] *s.m.* (*lett.*) libro, quaderno in cui si annotano senza ordine appunti, notizie, pensieri.
zibellina [ʒi-bel-lì-na] *s.f.* (*ind. tessile*) operazione di finitura per conferire a un tessuto di lana un aspetto simile a quello di una pelliccia a pelo raso | (*estens.*) tessuto di lana pregiata che ha subito tale trattamento.
zibellino [ʒi-bel-lì-no] *s.m.* piccolo mammifero carnivoro siberiano con corpo allungato, zampe corte e pelliccia morbida molto pregiata.
zibetto [ʒi-bét-to] *s.m.* **1** mammifero carnivoro notturno dei paesi orientali dal pelo grigio maculato **2** il prodotto secreto da alcune ghiandole di questo animale, dall'odore intensissimo di muschio; è usato in profumeria.
zibibbo [ʒi-bìb-bo] *s.m.* vitigno del tipo moscato con uva ad acini grossi e ovali, di sapore dolcissimo | l'uva e il vino che se ne ricava.
zigano [ʒi-gà-no], o tzigano, *s.m.* [f. *-a*] **1** zingaro delle regioni danubiane **2** (*estens.*) suonatore ambulante di violino ♦ *agg.* che è proprio degli zigani: *violino —*.
zigena [ʒi-gè-na] *s.f.* nome di alcune specie di piccole farfalle diurne comuni sui prati, con ali strette a colori vivaci.
ziggurat [ʒig-gu-ràt] *s.m.* o *f.invar.* (*archeol.*) costruzione tipica dell'antica Mesopotamia costituita da una serie di terrazze sovrapposte di ampiezza decrescente, sulla cui sommità sorgeva il santuario.
zigo- primo elemento di parole composte della moderna terminologia scientifica, che significa 'coppia simmetrica' o 'accoppiamento, unione, congiunzione' (*zigomorfo*, *zigote*).
zigofillacee [ʒi-go-fil-là-ce-e] *s.f.pl.* (*bot.*) famiglia di piante dicotiledoni diffuse nei luoghi aridi e salati della zona tropicale.
zigomatico [ʒi-go-mà-ti-co] *agg.* [pl.m. *-ci*] dello zigomo, che riguarda lo zigomo: *muscolo —*.
zigomiceti [ʒi-go-mi-cè-ti] *s.m.pl.* (*bot.*) ordine di funghi dei ficomiceti, detti comunemente *muffe bianche*.
zigomo [ʒì-go-mo] *s.m.* [pl. *-mi*] (*anat.*) ciascuna delle due sporgenze dell'osso mascellare superiore, sotto le orbite: *zigomi alti*.
zigomorfia [ʒi-go-mor-fì-a] *s.f.* (*bot.*) caratteristica del fiore zigomorfo.
zigomorfo [ʒi-go-mòr-fo] *agg.* (*bot.*) si dice di organo vegetale (fiore, foglia ecc.) che può essere diviso in parti simmetriche da un solo piano di simmetria.
zigosi [ʒi-gò-ʃi] *s.f.* (*biol.*) forma di riproduzione sessuale nella quale il gamete maschile e quello femminile si fondono a formare lo zigote.
zigote [ʒi-gò-te], o zigoto, *s.m.* (*biol.*) cellula con nucleo a doppia serie di cromosomi, originata dalla fusione del gamete maschile con quello femminile.
zigotico [ʒi-gò-ti-co] *agg.* [pl.m. *-ci*] (*biol.*) dello zigote, che si riferisce allo zigote.
zigoto → **zigote**.
zigrinare [ʒi-gri-nà-re] *v.tr.* **1** conciare una pelle o trattare una tela in modo da conferirle l'aspetto granuloso e ruvido dello zigrino **2** (*tip.*) stampare un tratteggio fittissimo.
zigrinato [ʒi-gri-nà-to] *agg.* **1** che ha l'aspetto dello zigrino: *tela zigrinata* **2** (*tip.*) che presenta fitte righe parallele.
zigrinatura [ʒi-gri-na-tù-ra] *s.f.* lo zigrinare, l'essere zigrinato.
zigrino [ʒi-grì-no] *s.m.* **1** la pelle di alcuni squali, granulosa ruvida e dura; conciata e lavorata, è usata per rivestire oggetti ornamentali **2** la pelle di alcuni animali resa ruvida e granulosa con la conciatura.
zigzag [ʒig-ʒàg], o **zig zag**, *s.m.invar.* linea o movimento che procede spezzandosi in direzioni opposte e formando angoli come la Z: *lo — di un sentiero* | *a —*, con continui cambiamenti di direzione: *camminare a —*.
zigzagare [ʒig-ʒa-gà-re] *v.intr.* [*io ʒigʒago, tu ʒigʒaghi ecc.*; aus. *avere*] procedere a zig zag: *camminare zigzagando*.
zimarra [ʒi-màr-ra] *s.f.* **1** lunga veste con bavero e maniche larghe che in passato le persone di riguardo portavano come un soprabito **2** veste da camera, vestaglia **3** (*scherz.*) cappotto lungo e malandato.
zimasi [ʒi-mà-ʃi] *s.f.* (*chim.*, *biol.*) complesso di vari enzimi presenti nelle cellule del lievito, che promuovono la fermentazione alcolica.
zimbello [ʒim-bèl-lo] *s.m.* **1** uccello vivo legato a un filo, che si faceva svolazzare per attirare altri uccelli nella rete **2** (*fig.*) qualsiasi mezzo usato per allettare | oggetto di scherno: *essere lo — di tutti*.
zimino [ʒi-mì-no] *s.m.* salsa a base di spinaci, aglio, prezzemolo e altre verdure, usata come condimento di piatti di pesce | la pietanza condita con tale salsa.
zimo- primo elemento di parole composte della terminologia scientifica, che indica 'fermento, enzima' (*zimoterapia*).
zimogeno [ʒi-mò-ge-no] *agg.* (*biol.*) si dice del potere di produrre enzimi, proprio di determinate cellule o ghiandole ♦ *s.m.* **1** ogni microrganismo che induce un processo fermentativo **2** proenzima.
zimoterapia [ʒi-mo-te-ra-pì-a] *s.f.* (*med.*) terapia basata sull'azione di fermenti.
zincaggio [ʒin-càg-gio] *s.m.* (*chim.*) metodo di separazione dell'argento dal piombo, consistente nell'aggiungere al piombo fuso una piccola quantità di zinco che trascina l'argento in superficie.
zincare [ʒin-cà-re] *v.tr.* [*io ʒinco, tu ʒinchi ecc.*] ricoprire con uno strato di zinco: *— una lamiera*.
zincato [ʒin-cà-to] *agg.* ricoperto di zinco: *ferro —*.
zincatura [ʒin-ca-tù-ra] *s.f.* **1** (*tecn.*) operazione

consistente nel ricoprire oggetti di ferro o di acciaio con uno strato di zinco a scopo protettivo 2 lo strato di zinco che ricopre tali oggetti.
zinco [ʒìn-co] *s.m.* elemento chimico di simbolo *Zn*; è un metallo bianco azzurrognolo, usato per produrre oggetti d'uso o per ricoprire altri metalli a scopo protettivo.
zincografia [ʒin-co-gra-fì-a] *s.f.* (*tip.*) procedimento chimico per ricavare, da fotografie e disegni, matrici incise su lastre di zinco.
zincografico [ʒin-co-grà-fi-co] *agg.* [pl.m. *-ci*] relativo alla zincografia: *processo* — | ottenuto tramite la zincografia: *riproduzione zincografica.*
zincotipia [ʒin-co-ti-pì-a] *s.f.* **1** zincografia **2** laboratorio per fotoincisioni su zinco **3** la stampa ottenuta dalla fotoincisione su zinco.
zingaresco [ʒin-ga-ré-sco] *agg.* [pl.m. *-schi*] da zingaro: *vita zingaresca* ♦ *s.m.* la lingua degli zingari □ **zingarescamente** *avv.*
zingaro [ʒìn-ga-ro] *s.m.* [f. *-a*] **1** appartenente a una popolazione nomade di origine indiana diffusa nel Vicino Oriente, in Europa, nell'Africa del nord e in America: *una carovana di zingari* | *vita da* —, caratterizzata da continui spostamenti. DIM. *zingarello* **2** (*fig.*) persona dall'aspetto disordinato, trasandato | persona che si sposta continuamente da un luogo all'altro.
zingiberacee [ʒin-gi-be-rà-ce-e] *s.f.pl.* (*bot.*) famiglia di piante monocotiledoni tropicali a cui appartiene lo zenzero.
zinnia [ʒìn-nia] *s.f.* pianta erbacea ornamentale con infiorescenze a capolino di vario colore.
zio [ʒì-o] *s.m.* il fratello del padre o della madre, rispetto ai figli di questi | (*estens.*) marito della zia. DIM. *zietto.*
-zione suffisso di sostantivi derivati da verbi, che indicano l'atto, l'effetto dell'azione verbale (*correzione, guarnizione*).
zip [ʒip] *s.m.invar.* chiusura lampo.
zipolo [ʒì-po-lo] *s.m.* bastoncino di legno con un'estremità leggermente conica, con cui si chiude il foro di spillatura della botte.
zircone [ʒir-có-ne] *s.m.* (*min.*) silicato di zirconio, incolore o variamente colorato, usato come pietra semipreziosa.
zirconio [ʒir-cò-nio] *s.m.* elemento chimico di simbolo *Zr*; è un metallo bianco argenteo, duro, poco fusibile, con proprietà simili all'acciaio inossidabile.
zirlare [ʒir-là-re] *v.intr.* [aus. *avere*] detto del tordo, emettere zirli | (*estens.*) detto di cacciatore, imitare per richiamo il verso del tordo.
zirlo [ʒìr-lo] *s.m.* il verso acuto del tordo.
zitella [ʒi-tèl-la] *s.f.* (*spreg.* o *scherz.*) donna nubile, non giovane, a cui si attribuisce, come luogo comune, un carattere bisbetico, acido. ACCR. *zitellona.*
zitellaggio [ʒi-tel-làg-gio] *s.m.* condizione di zitella.
zitellesco [ʒi-tel-lé-sco] *agg.* [pl.m. *-schi*] (*scherz.* o *spreg.*) da zitella; bisbetico, acido: *modi zitelleschi.*
zitellona [ʒi-tel-ló-na] *s.f.* (*scherz.* o *iron.*) donna non sposata di età avanzata.
zitellone [ʒi-tel-ló-ne] *s.m.* (*scherz.* o *spreg.*) uomo non sposato di età avanzata.
zito [ʒì-to] *s.m.* (spec. *pl.*) pasta alimentare secca, lunga, bucata, di diametro maggiore rispetto ai bucatini.
zittire [ʒit-tì-re] *v.tr.* far tacere qlcu. emettendo un sibilo sordo | far ammutolire, togliere la parola: — *qlcu. con lo sguardo* ♦ *v.intr.* [*io ʒittisco, tu ʒittisci ecc.*; aus. *avere*] **1** emettere un sibilo sordo per far tacere qlcu., o per manifestargli disapprovazione: *il pubblico cominciò a* — **2** tacere, far silenzio: *tutti zittirono.*
zitto [ʒìt-to] *agg.* che tace, che non parla: *stare* — | *far stare* — *qlcu.*, farlo tacere; impedirgli di protestare; convincerlo a non divulgare segreti: *lo hanno pagato per farlo stare* — ♦ *inter.* per intimare il silenzio o per minacciare: —, *o guai a te!*
zizzania [ʒiʒ-ʒà-nia] *s.f.* **1** erba delle graminacee che infesta i campi di grano **2** (*fig.*) discordia, contrasto: *seminare* —.
zoantari [ʒo-an-tà-ri] *s.m.pl.* (*zool.*) sottoclasse di celenterati a cui appartengono, tra gli altri, le madrepore e le attinie.
zoccola [zòc-co-la *o* ʒòccola] *s.f.* **1** (*pop.*) topo di fogna **2** (*volg.*) prostituta.
zoccolatura [ʒoc-co-la-tù-ra] *s.f.* (*arch.*) motivo che corre lungo la base di una parete, con funzione decorativa o protettiva.
zoccolo [ʒòc-co-lo] *s.m.* **1** calzatura estiva in cui la suola è costituita da un pezzo di legno e la tomaia da una striscia di cuoio: *andare con gli zoccoli.* DIM. *zoccoletto* **2** (*zool.*) grande unghia dura e resistente di cavalli, buoi, pecore ecc. **3** zolla di terra che si stacca dal terreno insieme all'erba o a una pianta **4** (*estens.*) strato di terra o di neve che si attacca alla suola delle scarpe **5** basamento: *lo* — *di una colonna* **6** (*edil.*) la parte inferiore e talvolta sporgente di un muro perimetrale | striscia ornamentale o protettiva di marmo, legno o altro alla base delle pareti di una stanza; battiscopa **7** (*geol.*) substrato rigido della crosta terrestre | — *continentale*, zona che congiunge la piattaforma continentale al letto profondo dell'oceano **8** nelle lampade elettriche, il supporto che si avvita o si innesta nel portalampada.
zodiacale [ʒo-di-a-cà-le] *agg.* dello zodiaco: *segno* —.
zodiaco [ʒo-dì-a-co] *s.m.* **1** (*astr.*) fascia del cielo, limitata da due cerchi paralleli all'eclittica, che si suddivide in 12 parti, ciascuna caratterizzata da una costellazione (Ariete, Toro ecc.) **2** in astrologia, il complesso delle dodici costellazioni o segni dello zodiaco.
zoea [ʒo-è-a] *s.f.* (*zool.*) stadio larvale della maggior parte dei crostacei decapodi.
zoepica [ʒo-è-pi-ca] *s.f.* la poesia epica che ha come protagonisti gli animali.
-zoico secondo elemento di aggettivi e nomi composti della terminologia scientifica, che indi-

ca relazione col comparire della vita nelle diverse ere geologiche (*mesozoico*).

zoidiofilia [ʒoi-dio-fi-lì-a] *s.f.* (*bot.*) impollinazione operata da animali.

zoidiofilo [ʒoi-diò-fi-lo] *agg.* (*bot.*) si dice di pianta la cui impollinazione avviene per opera di animali.

zolfanello [ʒol-fa-nèl-lo] *s.m.* fiammifero di legno con la capocchia di zolfo.

zolfo [ʒól-fo] *s.m.* elemento chimico di simbolo *S*; è un non-metallo solido, giallo, insolubile in acqua, che ha numerosissime applicazioni industriali.

zolla [ʒòl-la] *s.f.* **1** pezzo di terra compatta che l'aratro o altro strumento stacca dal terreno: — *erbosa* **2** pezzo compatto di un'altra sostanza o materia: — *di zucchero*. DIM. *zolletta*.

zolletta [ʒol-lét-ta] *s.f.* cubetto di zucchero compresso.

zombi [ʒóm-bi] *s.m.* e *f.invar.* **1** secondo alcuni culti magico-religiosi delle Antille, spirito dell'aldilà incarnatosi in un cadavere | (*estens.*) il cadavere a cui lo spirito ha ridato vita **2** (*fig.*) persona apatica, passiva, incapace di reazioni.

zompare [zom-pà-re] *v.intr.* [*io zómpo ecc.*; aus. *essere* e *avere*] (*dial.*) saltare.

zona [ʒò-na] *s.f.* **1** parte di superficie delimitata; striscia, fascia: *una — illuminata* | *— terrestre*, (*geog.*) ognuna delle cinque fasce (*zone glaciali, zone temperate, zona equatoriale*) in cui si divide la superficie terrestre **2** regione, tratto di territorio circoscritto: *— montuosa* | *— sismica*, territorio in cui è maggiore la possibilità di movimenti tellurici | *— franca*, (*dir.*) parte del territorio di uno stato considerata fuori della linea doganale | *— calda*, regione soggetta a tensioni politiche, etniche, economiche ecc. | *— d'influenza*, (*fig.*) settore in cui si esplica il potere o il predominio di qlcu. | *— depressa*, caratterizzata da un livello di attività economica e da un tenore di vita molto bassi **3** area urbana: *— residenziale*, destinata esclusivamente a uso abitativo; *— disco*, in cui alle auto è consentita una sosta limitata indicata dal disco orario **4** nel calcio, nella pallacanestro e in altri giochi di squadra, la parte del campo controllata da un giocatore: *essere fuori —* | *gioco a —*, nel calcio, tattica di gioco per cui i difensori controllano non gli avversari ma una data zona del campo.

zonale [ʒo-nà-le] *agg.* (*burocr.*) di zona: *commissariato —*.

zonizzare [ʒo-niʒ-ʒà-re] *v.tr.* suddividere un'area urbana in più zone secondo la loro diversa funzione e destinazione.

zonizzazione [ʒo-niʒ-ʒa-zió-ne] *s.f.* suddivisione di una città o di un'area urbana in zone a funzione e destinazione differenziata (zona residenziale, industriale, commerciale ecc.).

zonzo [ʒón-ʒo] solo nella loc. *andare a —*, passeggiare senza meta, andare qua e là.

zoo [ʒò-o] *s.m.invar.* recinto in cui vivono e sono esposti al pubblico animali esotici, selvatici o rari, in ambienti che talora ricreano quello di provenienza; giardino zoologico.

zoo-, -zoo primo e secondo elemento di parole composte della terminologia scientifica, che significa 'animale' o indica genericamente rapporto con la vita animale (*zoologia, zootecnia*).

zoocenosi [ʒo-o-ce-nò-ʃi] *s.f.* raggruppamento di animali che convivono in un certo ambiente.

zoocida [ʒo-o-cì-da] *agg.* e *s.m.* [pl.m. *-di*] antiparassitario.

zoocoltura [ʒo-o-col-tù-ra] *s.f.* branca della zootecnia che studia l'allevamento e l'utilizzazione di alcuni animali utili all'uomo (polli, pesci, api ecc.).

zoocoro [ʒo-o-cò-ro] *agg.* (*bot.*) si dice di pianta il cui polline è disseminato da animali.

zoofagia [ʒo-o-fa-gì-a] *s.f.* il nutrirsi di animali; condizione degli organismi zoofagi.

zoofago [ʒo-o-fà-go] *agg.* [pl.m. *-gi*] si dice di animale o pianta che si nutre di animali.

zoofilia [ʒo-o-fi-lì-a] *s.f.* **1** l'essere zoofilo; amore per gli animali **2** (*psicol.*) forma di perversione sessuale per cui si prova attrazione per gli animali.

zoofilo [ʒo-ò-fi-lo] *agg.* e *s.m.* [f. *-a*] **1** che/chi ama e protegge gli animali **2** (*psicol.*) che/chi è attratto sessualmente dagli animali.

zoofobia [ʒo-o-fo-bì-a] *s.f.* (*psicol.*) paura morbosa degli animali o di determinate specie di animali.

zoofobo [ʒo-ò-fo-bo] *agg.* e *s.m.* [f. *-a*] che/chi soffre di zoofobia.

zoogeno [ʒo-ò-ge-no] *agg.* (*geol.*) si dice di roccia formata all'accumulo di resti di animali fossili.

zoogeografia [ʒo-o-ge-o-gra-fì-a] *s.f.* scienza che studia la ripartizione delle varie forme di vita animale sulla Terra.

zooglea [ʒo-o-glè-a] *s.f.* (*biol.*) aggregazione di batteri in una massa gelatinosa da essi stessi prodotta.

zoognostica [ʒo-o-gnò-sti-ca] *s.f.* scienza applicata che studia i caratteri morfologici e fisiologici degli animali, la loro patologia e le loro attitudini, determinandone il valore funzionale e commerciale.

zoolatria [ʒo-o-la-trì-a] *s.f.* culto reso agli animali, proprio di molte religioni primitive.

zoologia [ʒo-o-lo-gì-a] *s.f.* branca della biologia che studia la vita del mondo animale in tutte le sue manifestazioni.

zoologico [ʒo-o-lò-gi-co] *agg.* [pl.m. *-ci*] della zoologia, che concerne la zoologia: *scienze zoologiche* | *giardino —*, zoo.

zoologo [ʒo-ò-lo-go] *s.m.* [f. *-a*; pl.m. *-gi*] studioso, esperto di zoologia.

zoom [/ zum /] *s.m.invar.* (*ingl.*) obiettivo fotografico e cinematografico a lunghezza focale variabile, che consente di ampliare o ridurre l'inquadratura mantenendo a fuoco l'immagine.

zoomorfismo [ʒo-o-mor-fi-ʃmo] *s.m.* stile figurativo basato sulla rappresentazione di animali | rappresentazione di divinità in aspetto di animale.
zoomorfo [ʒo-o-mòr-fo] *agg.* che ha forma di animale: *idolo —.*
zoomorfosi [ʒo-o-mor-fò-ʃi] *s.f.* (*biol.*) mutamento della normale conformazione di una pianta a opera di animali parassiti.
zoonimo [ʒo-ò-ni-mo] *s.m.* nome di animale, in quanto oggetto di studio linguistico.
zoonomo [ʒo-ò-no-mo] *s.m.* [f. *-a*] tecnico specializzato nell'ottimizzazione degli allevamenti animali, attraverso la particolare cura dell'alimentazione, la riproduzione e l'organizzazione ambientale.
zoonosi [ʒo-o-nò-ʃi] *s.f.* (*med.*) qualsiasi malattia infettiva degli animali trasmissibile all'uomo.
zoopaleontologia [ʒo-o-pa-le-on-to-lo-gi-a] *s.f.* studio paleontologico degli animali fossili.
zooparassita [ʒo-o-pa-ras-sì-ta] *s.m.* [pl. *-ti*] parassita degli animali.
zooplancton [ʒo-o-plànc-ton] *s.m.* (*biol.*) la componente animale del plancton.
zoosafari [ʒo-o-sa-fà-ri], o **zoo safari**, *s.m.* parco custodito diviso in recinti al cui interno vivono in relativa libertà animali esotici, visitabile in automobile o in pullman.
zoospora [ʒo-o-spò-ra] *s.f.* **1** (*bot.*) spora provvista di flagelli **2** (*biol.*) in molte specie di protozoi, cellula provvista di flagelli che le consentono una certa mobilità.
zootecnia [ʒo-o-tec-nì-a] *s.f.* scienza applicata che si occupa della riproduzione degli animali utili all'uomo, del miglioramento delle specie e della loro utilizzazione.
zootecnico [ʒo-o-tèc-ni-co] *agg.* [pl.m. *-ci*] di zootecnia, relativo alla zootecnia ♦ *s.m.* [f. *-a*] esperto di zootecnia.
zootomia [ʒo-o-to-mì-a] *s.f.* **1** dissezione degli animali **2** anatomia comparata.
zoppaggine [ʒop-pàg-gi-ne] *s.f.* (*non com.*) l'essere zoppo.
zoppicante [ʒop-pi-càn-te] *agg.* che zoppica (anche *fig.*): *scolaro — in matematica.*
zoppicare [ʒop-pi-cà-re] *v.intr.* [*io ʒòppico, tu ʒòppichi ecc.*; aus. *avere*] **1** camminare con difficoltà e in modo irregolare per infermità o imperfezione degli arti: *— dalla nascita* **2** (*estens.*) essere instabile; traballare (detto di mobili): *una sedia che zoppica* **3** (*fig.*) essere incerto, lacunoso o difettoso in qlco.: *— in latino.*
zoppiconi [ʒop-pi-có-ni] *avv.* zoppicando: *camminare —.*
zoppo [ʒòp-po] *agg.* **1** che ha il difetto di zoppicare: *rimanere —* **2** (*estens.*) che ha gambe di lunghezza diseguale; instabile, traballante, detto di mobili: *un tavolino —* **3** (*fig.*) difettoso, incompleto, imperfetto: *ragionamento —* ♦ *s.m.* [f. *-a*] chi cammina zoppicando | *prov.*: *chi va con lo — impara a zoppicare*, chi frequenta una cattivo compagno ne prende i difetti.
zoratteri [ʒo-ràt-te-ri] *s.m.pl.* (*zool.*) ordine di piccoli insetti delle regioni calde, privi di ali o con ali membranose e pelose, e apparato boccale masticatore.
zorilla [ʒo-rìl-la] *s.f.* mammifero carnivoro africano simile a una puzzola, con pelo lungo bruno, striato o macchiato di bianco.
zoroastrismo [ʒo-roa-strì-ʃmo] *s.m.* sistema religioso persiano, fondato nel sec. VI a.C. da Zoroastro; si caratterizza per il dualismo tra il principio del bene e quello del male.
zostera [ʒo-stè-ra] *s.f.* erba marina con foglie sottili in forma di nastri, le quali, essiccate, si usano come materiale da imballaggio.
zoticaggine [ʒo-ti-càg-gi-ne] *s.f.* l'essere zotico.
zotichezza [ʒo-ti-chéz-za] *s.f.* **1** l'essere zotico **2** atto, discorso da zotico.
zotico [ʒò-ti-co] *agg.* [pl.m. *-ci*] villano, rozzo, incivile: *un uomo —* ♦ *s.m.* [f. *-a*] persona zotica. ACCR. *zoticone* □ **zoticamente** *avv.*
zozza [ʒòʒ-ʒa] *s.f.* (*tosc.*) miscuglio di bevande alcoliche di pessima qualità.
zozzo e *deriv.* → **sozzo** e *deriv.*
zuavo [ʒu-à-vo] *s.m.* soldato di un corpo di fanteria francese, creato in Algeria nel 1830 | (*estens.*) militare di corpi di fanteria, equipaggiati in modo simile agli zuavi francesi ♦ *agg.* degli zuavi | *alla zuava*, alla maniera degli zuavi: *calzoni alla zuava*, calzoni ampi che terminano sotto il ginocchio, trattenuti da una fascia stretta.
zucca [ʒùc-ca] *s.f.* **1** pianta erbacea annua con foglie pelose, fiori gialli, frutti commestibili di varie forme e dimensioni | *semi di —*, brustolini | *fiori di —*, (*gastr.*) vivanda costituita dai fiori della zucca fritti **2** (*estens.*) il frutto commestibile della zucca: *— fritta* **3** (*scherz.*) la testa: *— pelata* | *non avere sale in —*, essere privo di buon senso | *è proprio una —!*, si dice di persona tarda di mente, sciocca. ACCR. *zuccone.*
zuccata [ʒuc-cà-ta] *s.f.* (*scherz.*) colpo dato con la testa contro qlco.: *dare una — nel muro.*
zuccheraggio [ʒuc-che-ràg-gio] *s.m.* pratica enologica consistente nell'aggiungere zucchero al mosto per aumentarne la gradazione alcolica.
zuccherare [ʒuc-che-rà-re] *v.tr.* [*io ʒùcchero ecc.*] addolcire con lo zucchero un cibo o una bevanda: *— il tè.*
zuccherato [ʒuc-che-rà-to] *agg.* **1** addolcito con lo zucchero: *caffè —* **2** (*fig.*) mellifluo, sdolcinato; zuccheroso: *parole zuccherate.*
zuccheriera [ʒuc-che-riè-ra] *s.f.* recipiente in cui si tiene lo zucchero.
zuccheriere [ʒuc-che-riè-re] *s.m.* **1** industriale che opera nel settore della produzione dello zucchero **2** operaio addetto all'estrazione dello zucchero.
zuccheriero [ʒuc-che-riè-ro] *agg.* che riguarda lo zucchero e la sua produzione: *industria zuccheriera.*
zuccherifero [ʒuc-che-rì-fe-ro] *agg.* saccarifero.

zuccherificio [ʒuc-che-ri-fi-cio] *s.m.* stabilimento per la produzione dello zucchero.
zuccherino [ʒuc-che-ri-no] *agg.* **1** che contiene zucchero: *sostanza zuccherina* **2** dolce come lo zucchero: *pera zuccherina* ♦ *s.m.* **1** pasticca, confetto di zucchero: *mangiare uno —* | *non è uno —!*, (*fig.*) non è cosa piacevole o facile **2** (*fig.*) contentino con cui si cerca di far accettare a qlcu. una cosa sgradevole: *dare un premio come —*.
zucchero [ʒùc-che-ro] *s.m.* **1** sostanza dolce, bianca e cristallina, estratta dalla barbabietola o dalla canna da zucchero, che serve a dolcificare cibi e bevande: *un cucchiaio di —* | *— filato*, ridotto a soffice matassa con un trattamento centrifugante | *— a velo*, molto fino, usato in pasticceria per spolverizzare i dolci | *— caramellato*, caramello | *carta da —*, quella di colore azzurro scuro, usata in passato per incartare lo zucchero; il colore stesso: *vestito carta da —* **2** (*chim.*) nome generico dei composti della classe dei carboidrati o glucidi: *dieta con pochi zuccheri* **3** (*fig.*) cibo o bevanda molto dolce: *questa pesca è uno —* **4** (*fig.*) persona di carattere dolce e amabile; anche, persona melliflua: *sembra severo, ma è uno —*.
zuccheroso [ʒuc-che-ró-so] *agg.* molto dolce, pieno di zucchero | (*fig.*) mellifluo, sdolcinato: *tono —*.
zucchetto [ʒuc-chét-to] *s.m.* copricapo a forma di piccola calotta sferica, portato dagli ecclesiastici | copricapo della stessa foggia portato dagli ebrei osservanti | (*estens.*) qualsiasi copricapo di forma simile.
zucchina [ʒuc-chì-na] *s.f.*, o **zucchino**, *s.m.*, varietà di zucca con fiori gialli, che produce frutti allungati, dal sapore delicato | il frutto di questa pianta: *zucchine ripiene*.
zucconaggine [ʒuc-co-nàg-gi-ne] *s.f.* l'essere zuccone.
zuccone [ʒuc-có-ne] *s.m.* [f. *-a*] persona lenta a capire, di scarsa intelligenza ♦ *agg.* poco intelligente, ottuso.
zuccotto [ʒuc-còt-to] *s.m.* dolce semifreddo a forma di calotta, farcito con panna, cioccolato e canditi.
zuffa [ʒùf-fa] *s.f.* **1** combattimento disordinato e violento; mischia **2** litigio violento in cui si viene alle mani; rissa: *la discussione degenerò in —* | (*estens.*) discussione aspra e accanita.
zufolare [ʒu-fo-là-re] *v.intr.* [*io zùfolo ecc.*; aus. *avere*] suonare lo zufolo ♦ *v.tr.* fischiettare: *— una canzonetta*.
zufolo [ʒù-fo-lo] *s.m.* **1** strumento popolare a fiato, costituito da una canna con un taglio trasversale all'imboccatura e uno o più fori **2** fischietto.
zulu [ʒù-lu] *s.m.* e *f.invar.* chi appartiene a una popolazione sudafricana stanziata nel Natal ♦ *agg.invar.* relativo agli zulu.
zulù [ʒu-lù] *s.m.* e *f.* persona rozza e ignorante.
zum [ʒum] *inter.* voce onomatopeica con cui si intende riprodurre il suono di vari strumenti a percussione (piatti, grancassa ecc.).
zumare [ʒu-mà-re] *v.tr.* e *intr.* [aus. dell'intr. *avere*] (*cine.*) effettuare una ripresa con lo zoom, portando velocemente in primo piano il soggetto: *— su un attore*.
zumata [ʒu-mà-ta] *s.f.* lo zumare: *fare una —*.
zuppa [ʒùp-pa] *s.f.* **1** nome generico di vari tipi di minestre in brodo: *— di verdura* | *fare la — nel latte*, intingervi pane, biscotti | *— inglese*, dolce di crema e savoiardi inzuppati di liquore. DIM. *zuppetta* **2** (*fig.*) mescolanza disordinata di cose eterogenee; pasticcio.
zuppetta [ʒup-pét-ta] *s.f.* zuppa preparata alla buona | *fare la —*, bagnare pane o biscotti nel latte, nel vino, nel sugo.
zuppiera [ʒup-piè-ra] *s.f.* recipiente con coperchio, usato per servire la minestra: *una — d'argento*.
zuppo [ʒùp-po] *agg.* inzuppato, fradicio d'acqua: *essere tutto —*.
zuzzurellone [ʒuʒ-ʒu-rel-ló-ne] *s.m.* [f. *-a*] (*tosc.*) persona adulta sempre pronta a giocare e a scherzare come un bambino.

Le illustrazioni sono di tipo rigorosamente lessicografico: scelta dei soggetti e struttura delle tavole sono subordinate all'esigenza di offrire nomenclature che facciano da supporto alla consultazione delle voci e completino le informazioni, specie di carattere tecnico e scientifico, contenute nel dizionario.

- *in bianco e nero* architettura, riproduzione del suono e dell'immagine, telecomunicazioni, astronautica, elaboratori elettronici e periferiche, fotografia, fonti energetiche, botanica, anatomia
- *a colori* piante, fiori, frutti, funghi, mammiferi, anfibi, rettili, pesci, molluschi, artropodi, insetti, uccelli, minerali, le tonalità del colore, segnali stradali, bandiere

- *Disegni di*: Ernesto Patrizi • Alberto Agazzani, Cinzia Antinori, Amalia Arosio, Michele Bernardi, Lucia Brunelli, Mario Mosconi

ARCHITETTURA RELIGIOSA

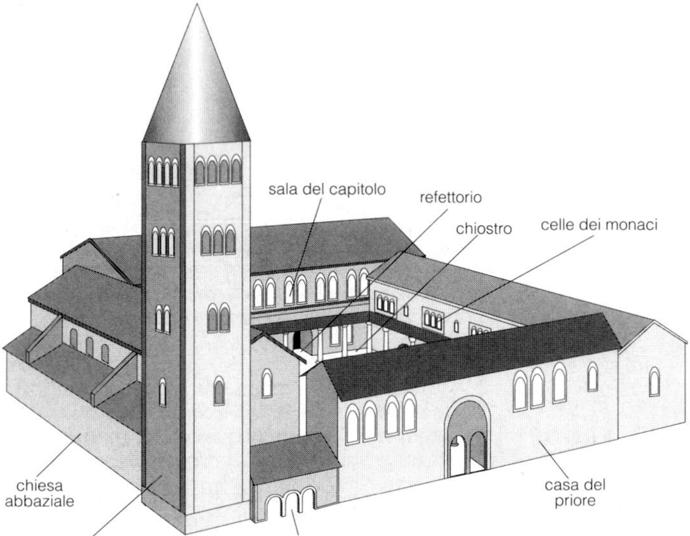

ABBAZIA

SINAGOGA

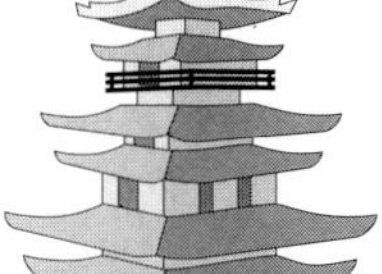

PAGODA

MOSCHEA

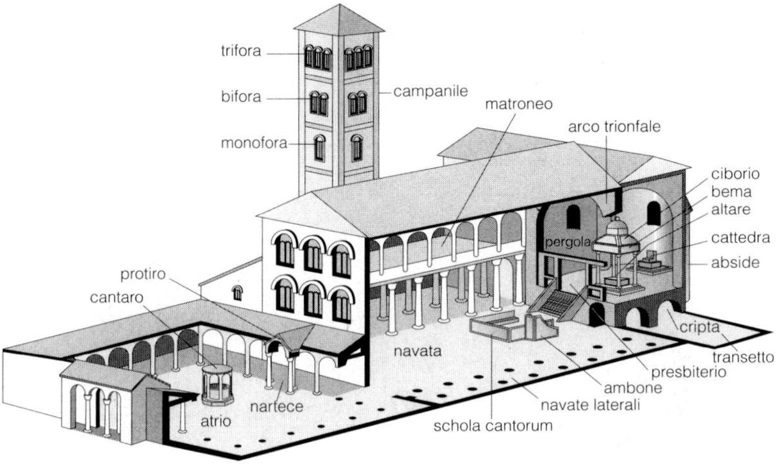

BASILICA ROMANICA

CATTEDRALE GOTICA

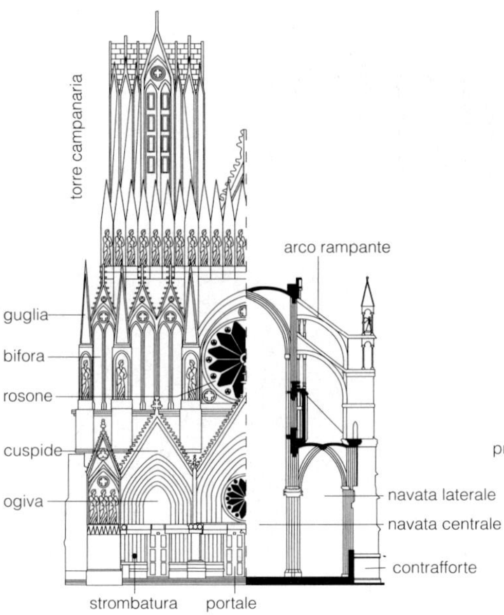

PIANTA BASILICA

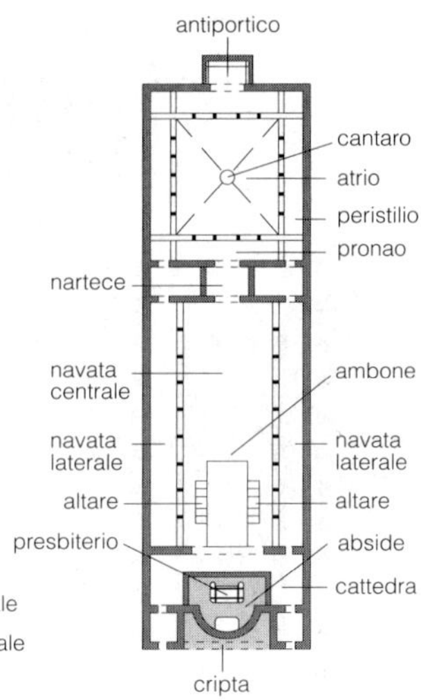

ARCHITETTURA GRECA

ORDINI

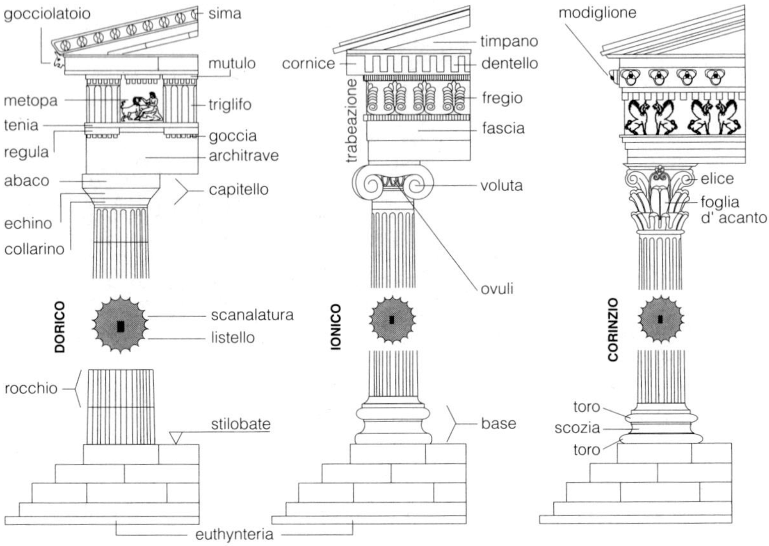

TEMPIO

ALZATO

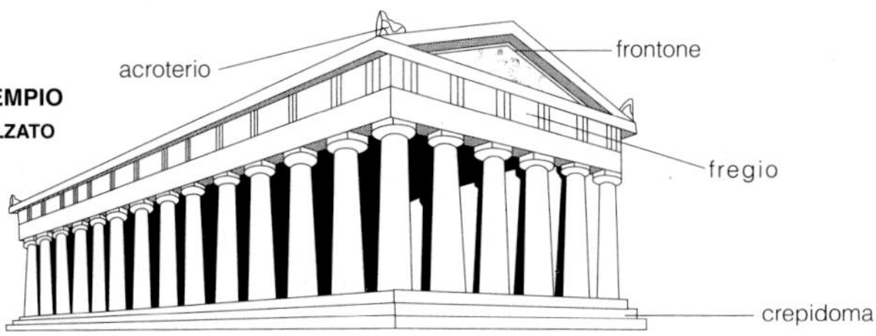

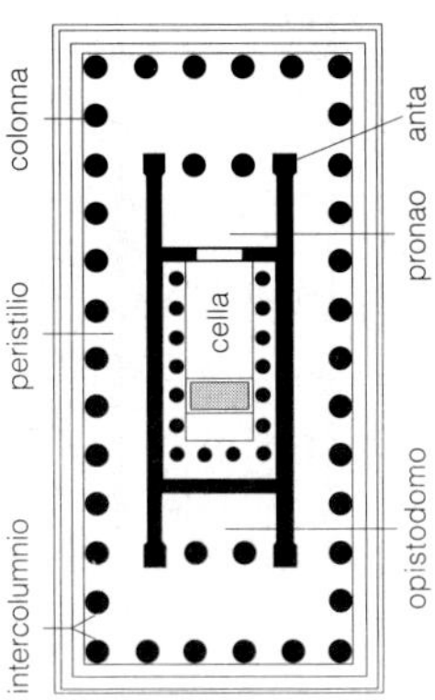

pianta

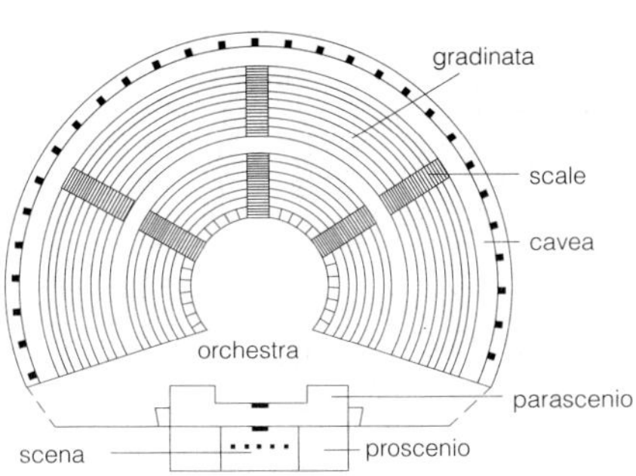

TEATRO

ARCHITETTURA ROMANA

CIRCO ROMANO

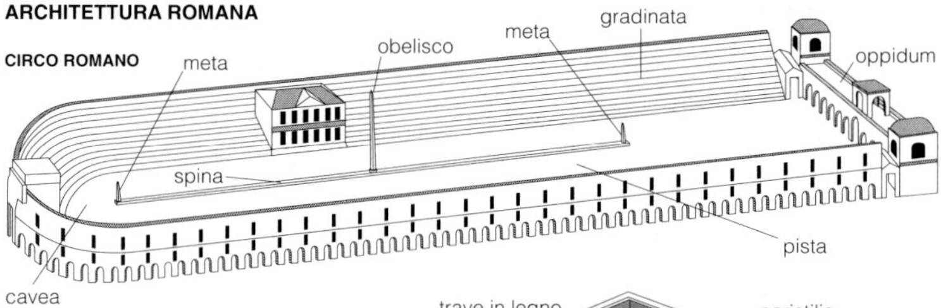

CASA ROMANA

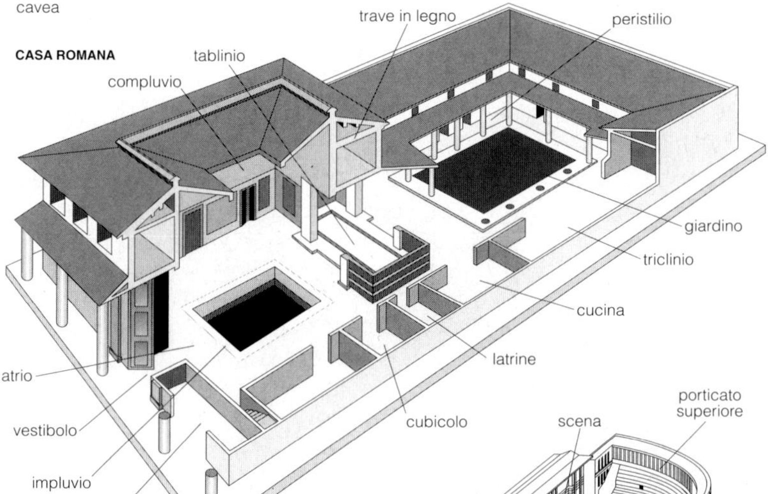

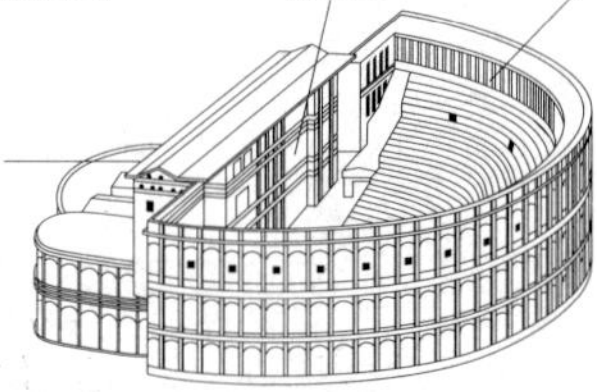

TEATRO

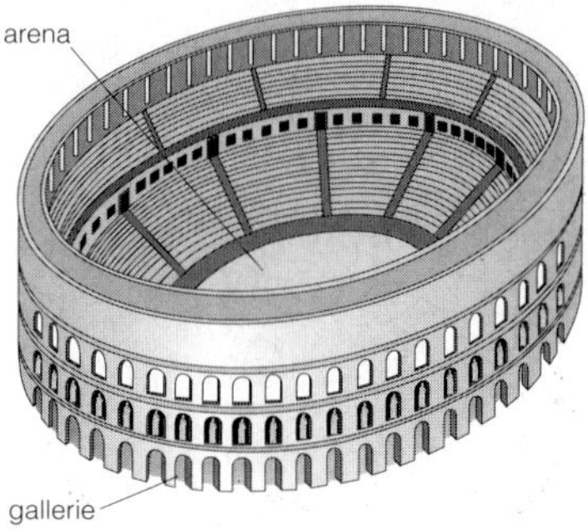

ANFITEATRO

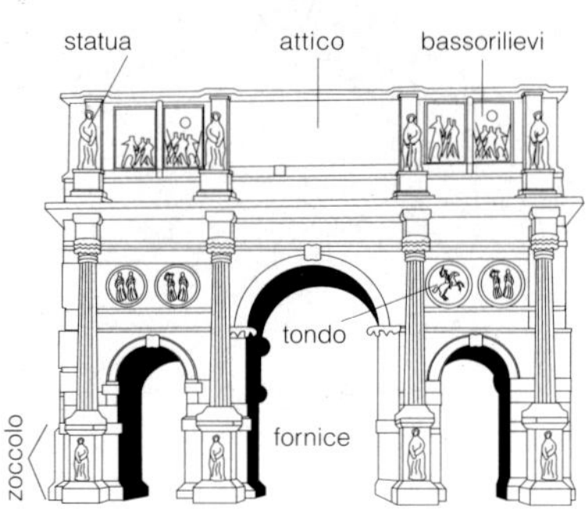

ARCO DI TRIONFO

ARCHITETTURA MILITARE

CASTELLO

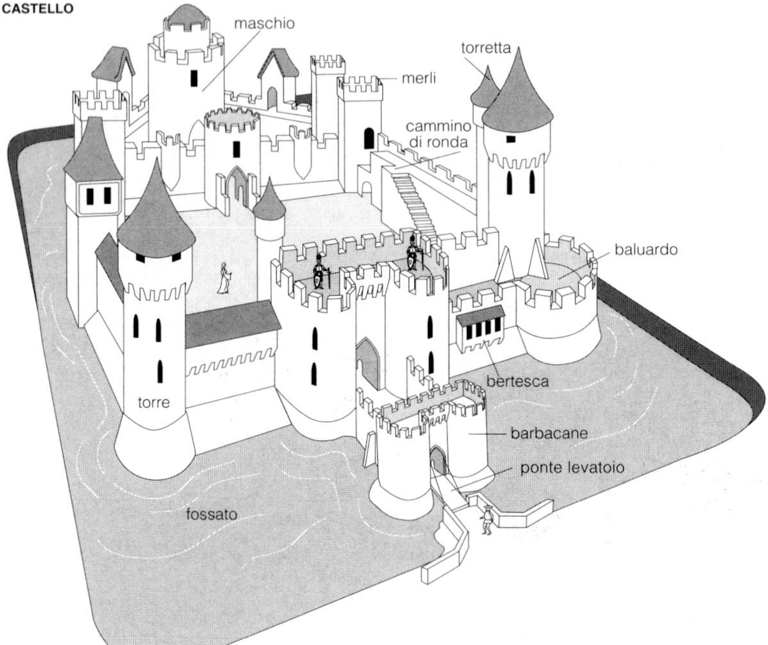

FORTIFICAZIONE

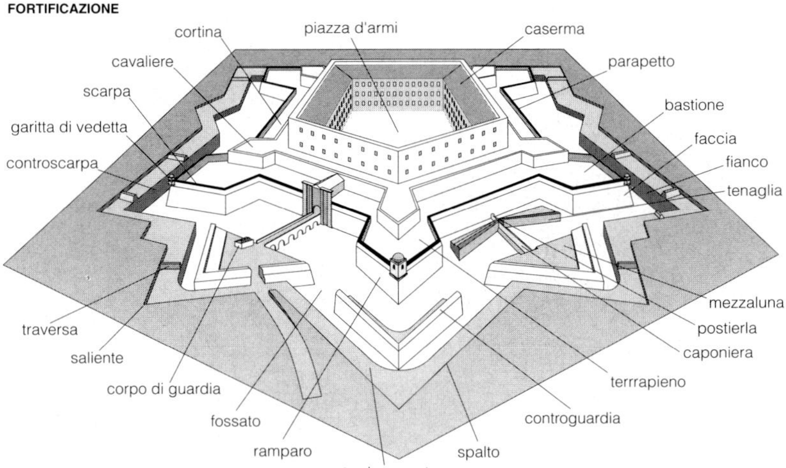

ARCO

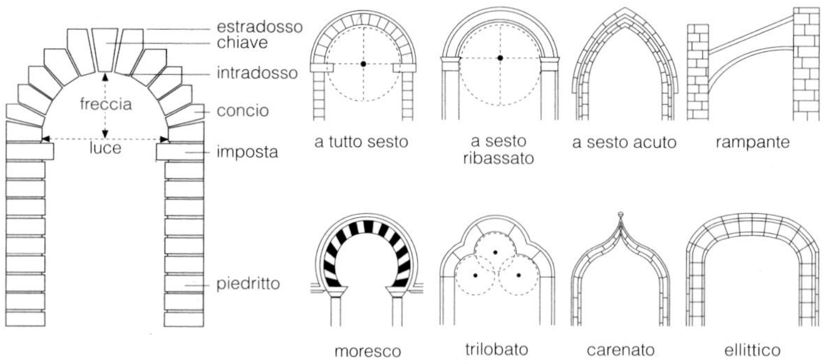

CUPOLA

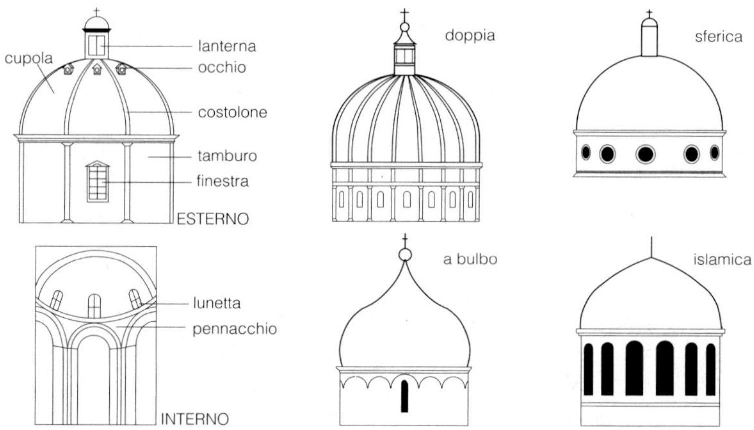

VOLTA

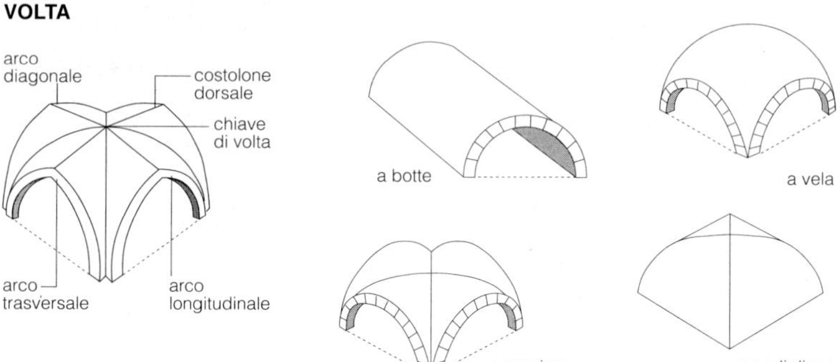

RIPRODUZIONE DEL SUONO E DELL'IMMAGINE

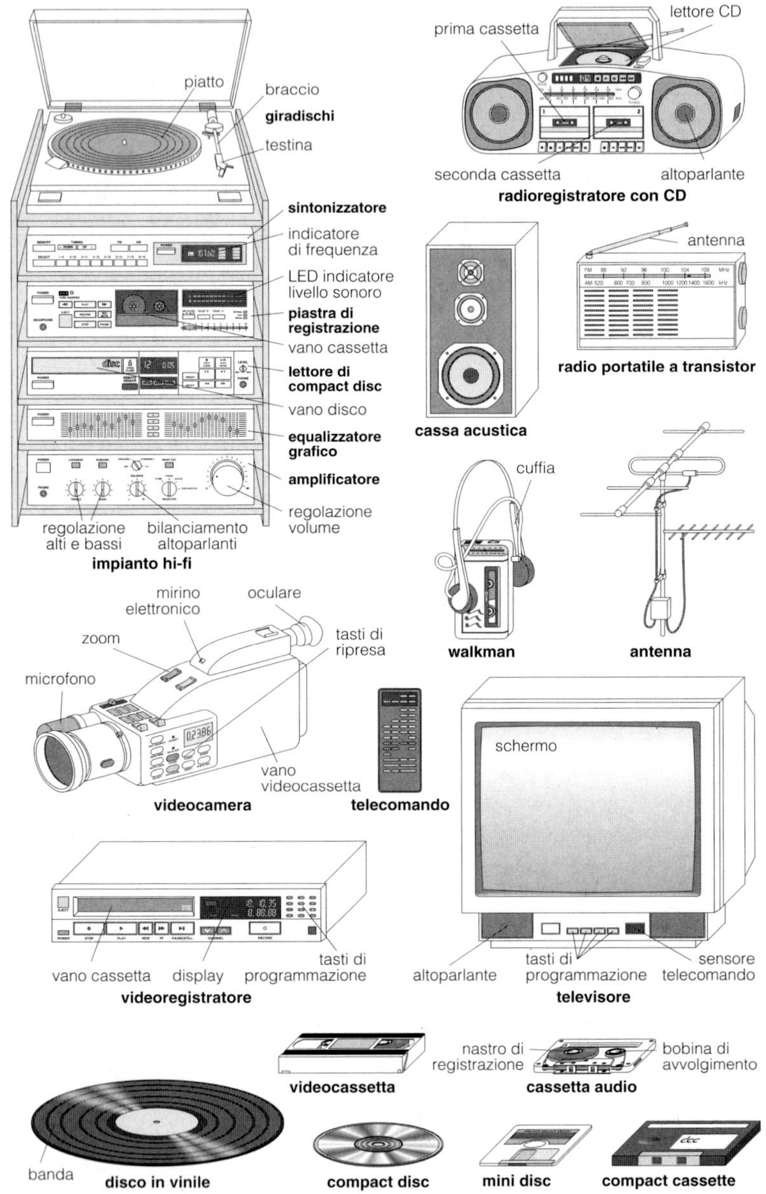

TELEFONIA

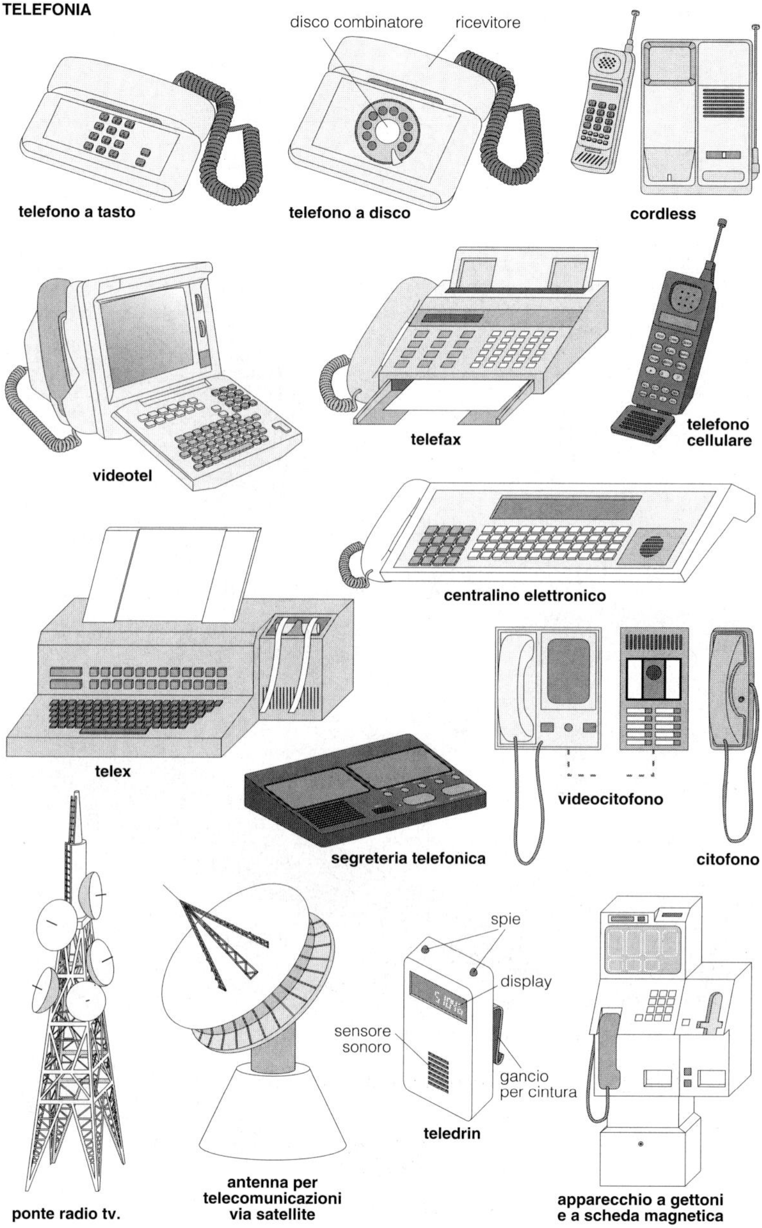
disco combinatore
ricevitore
telefono a tasto
telefono a disco
cordless
videotel
telefax
telefono cellulare
centralino elettronico
telex
segreteria telefonica
videocitofono
citofono
spie
display
sensore sonoro
gancio per cintura
teledrin
ponte radio tv.
antenna per telecomunicazioni via satellite
apparecchio a gettoni e a scheda magnetica

SATELLITI METEOROLOGICI E DI TELECOMUNICAZIONE

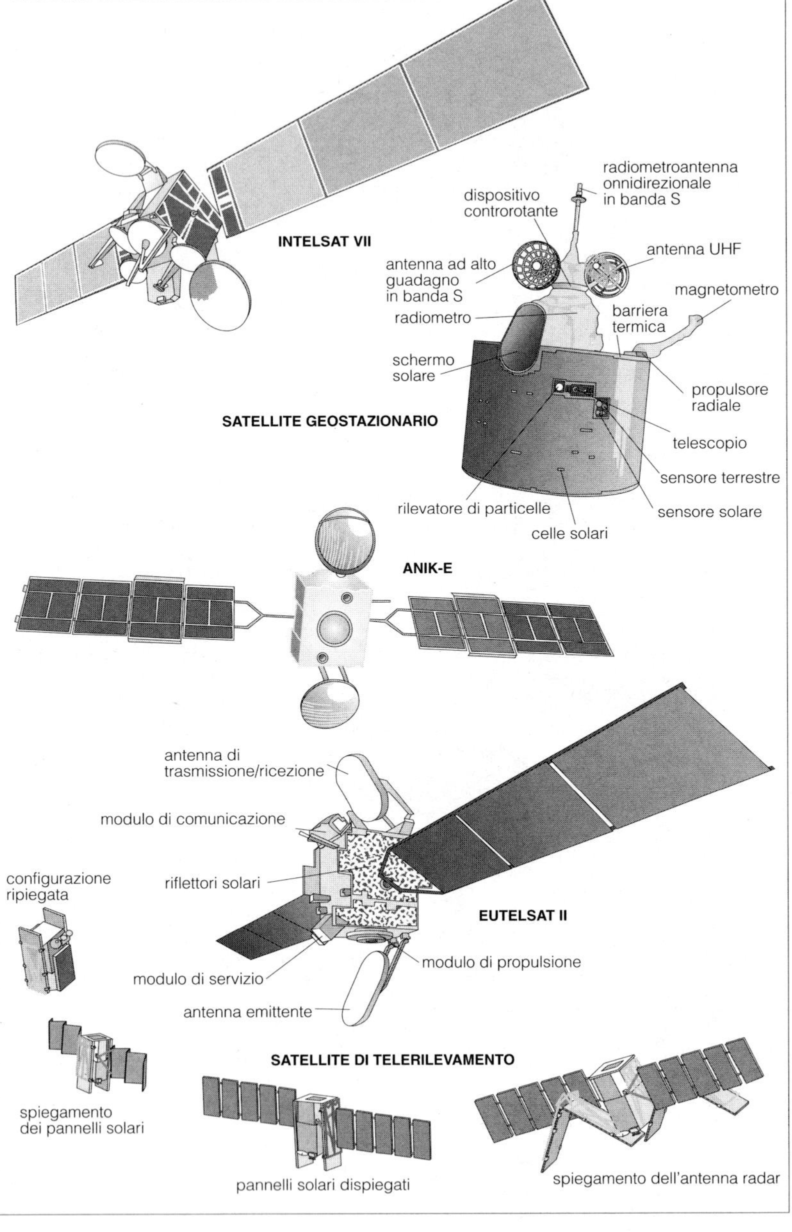

SONDE SPAZIALI E TRASMISSIONE VIA SATELLITE

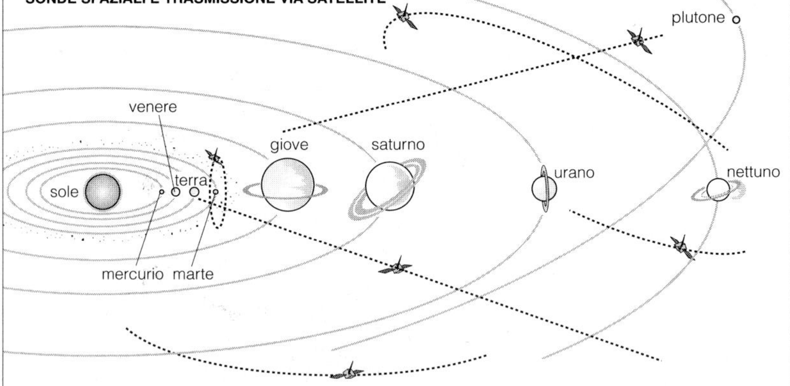

TELECOMUNICAZIONI VIA SATELLITE

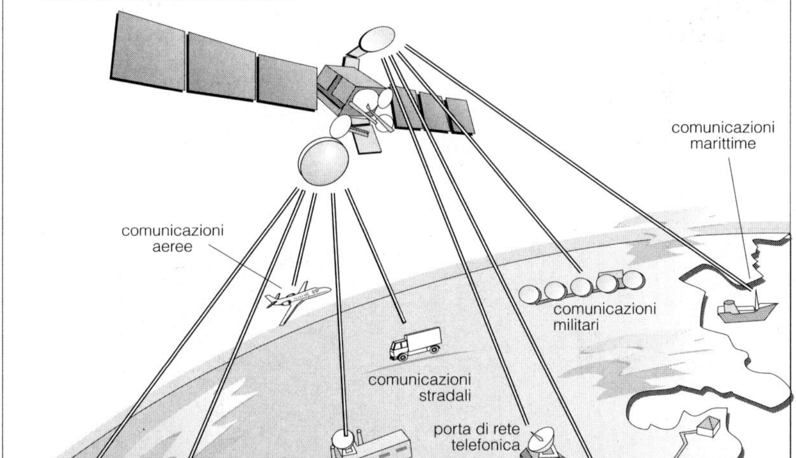

ASTRONAUTICA

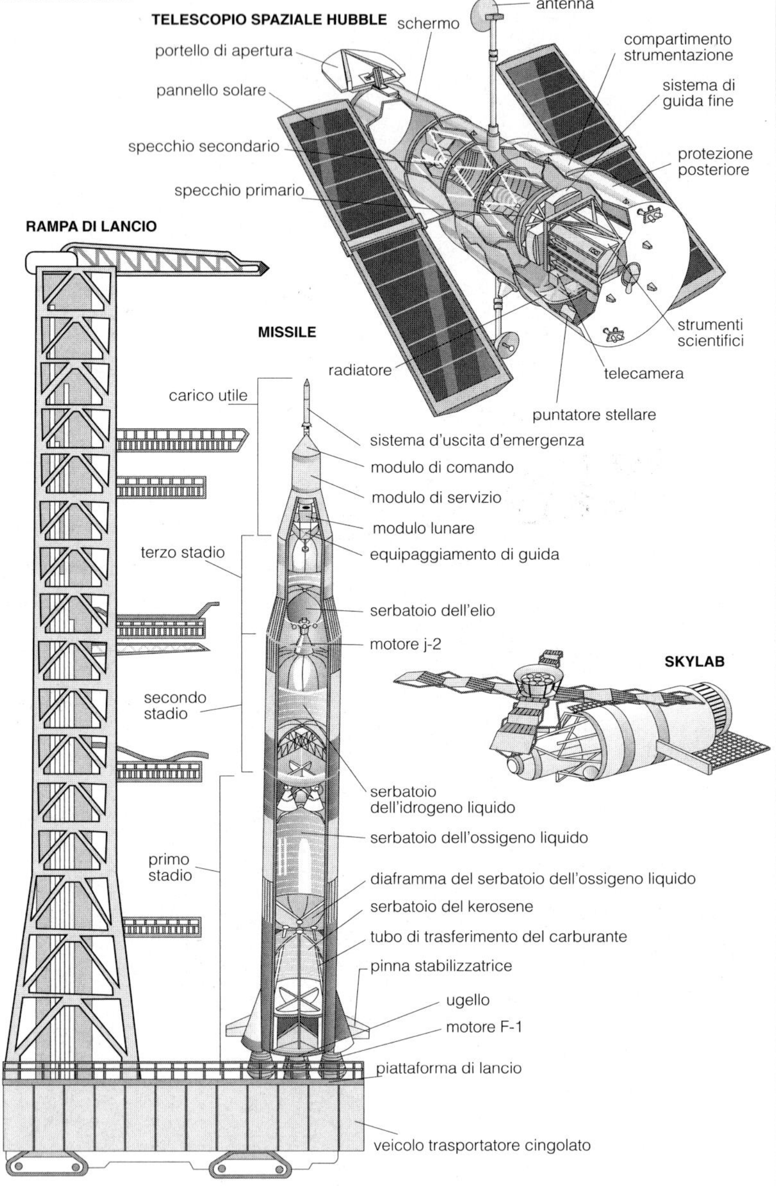

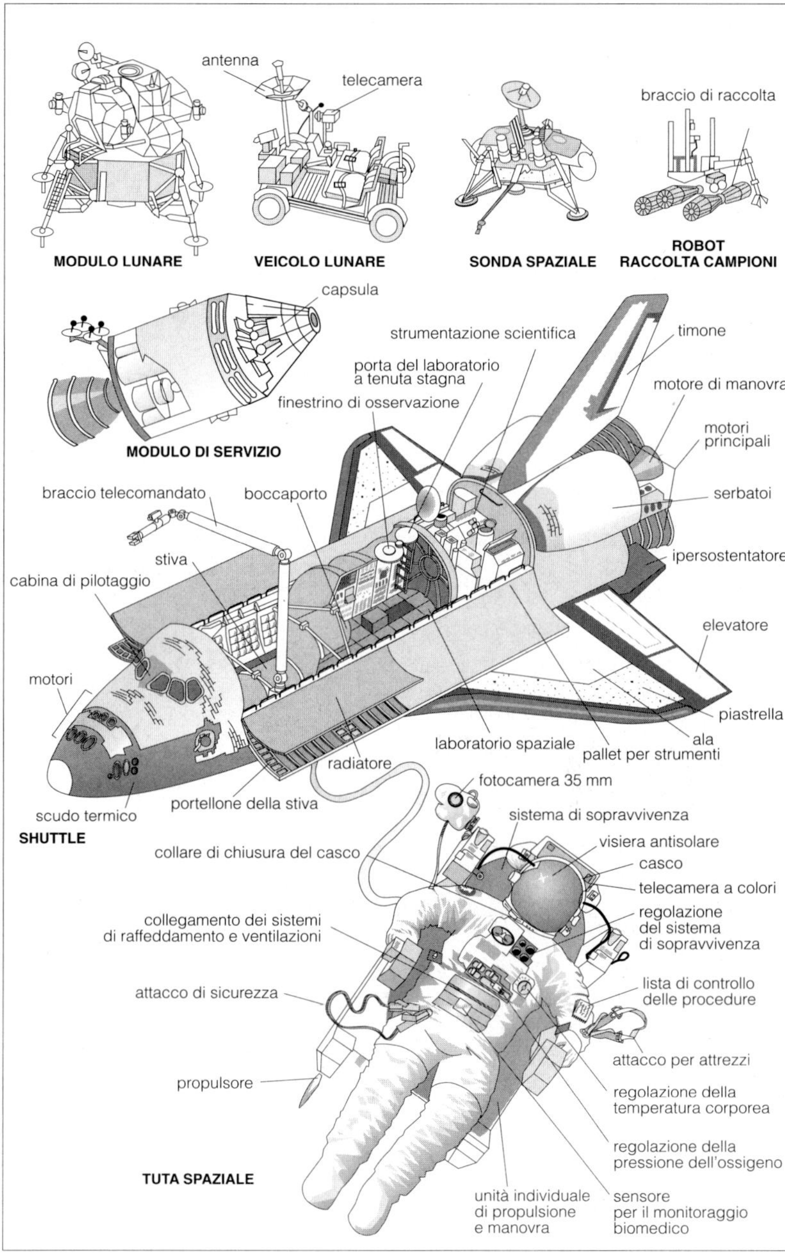
antenna
telecamera
braccio di raccolta
MODULO LUNARE
VEICOLO LUNARE
SONDA SPAZIALE
ROBOT
RACCOLTA CAMPIONI
capsula
MODULO DI SERVIZIO
strumentazione scientifica
timone
porta del laboratorio
a tenuta stagna
finestrino di osservazione
motore di manovra
motori
principali
serbatoi
braccio telecomandato
boccaporto
ipersostentatore
stiva
cabina di pilotaggio
elevatore
motori
piastrella
ala
laboratorio spaziale
pallet per strumenti
radiatore
scudo termico
portellone della stiva
SHUTTLE
fotocamera 35 mm
sistema di sopravvivenza
visiera antisolare
collare di chiusura del casco
casco
telecamera a colori
regolazione
del sistema
di sopravvivenza
collegamento dei sistemi
di raffeddamento e ventilazioni
attacco di sicurezza
lista di controllo
delle procedure
attacco per attrezzi
propulsore
regolazione della
temperatura corporea
regolazione della
pressione dell'ossigeno
TUTA SPAZIALE
unità individuale
di propulsione
e manovra
sensore
per il monitoraggio
biomedico

ELABORATORI ELETTRONICI E PERIFERICHE

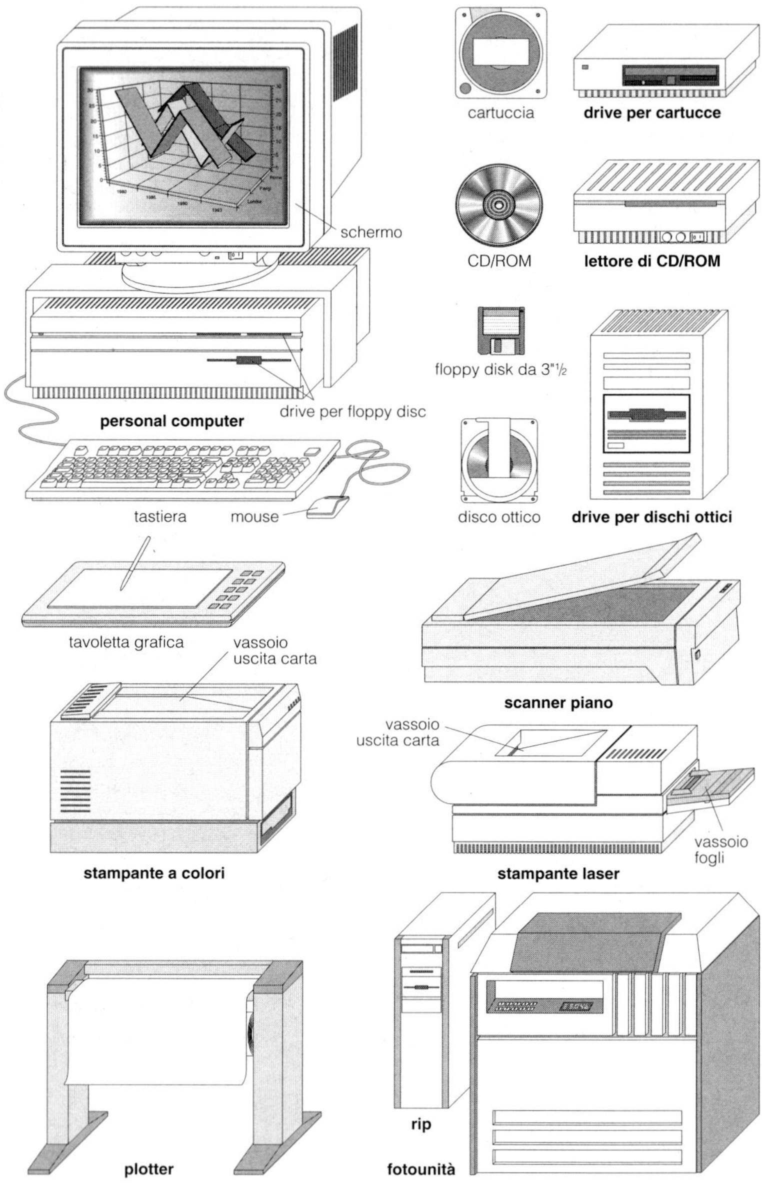

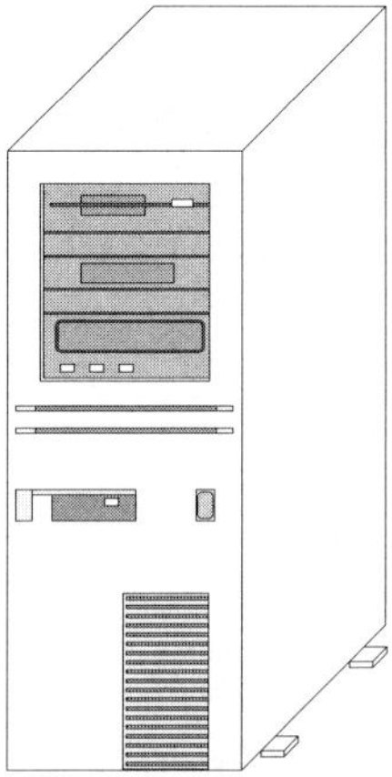

server

floppy disk da 5"¾

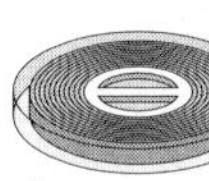

disco magnetico

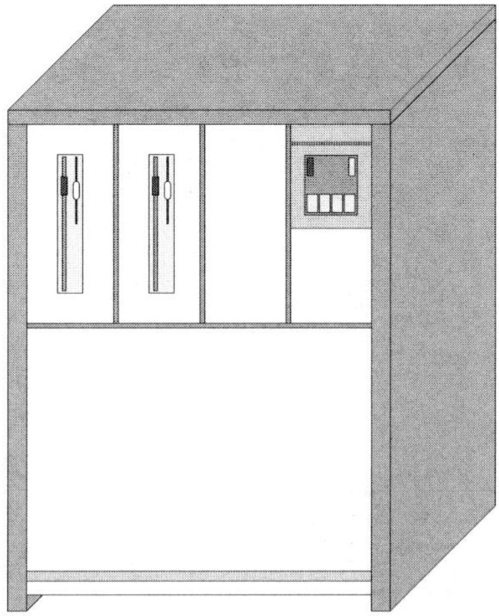

unità centrale o processore

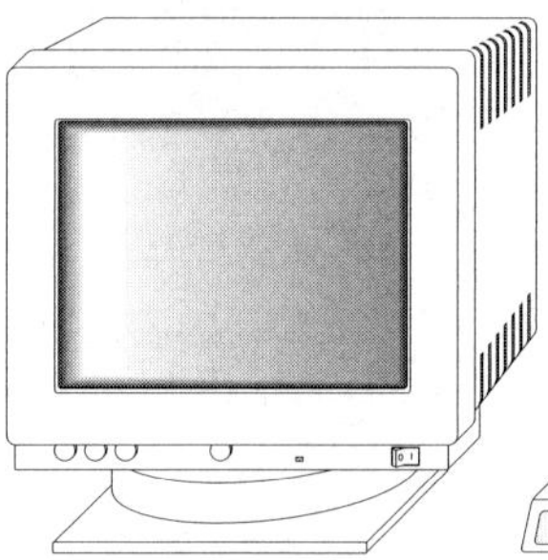

video terminale

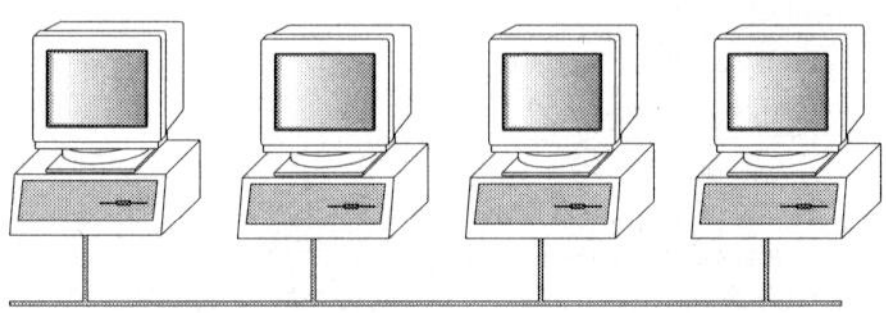

collegamenti in rete Eternet

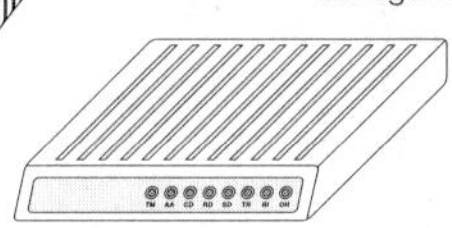

modem

palm top

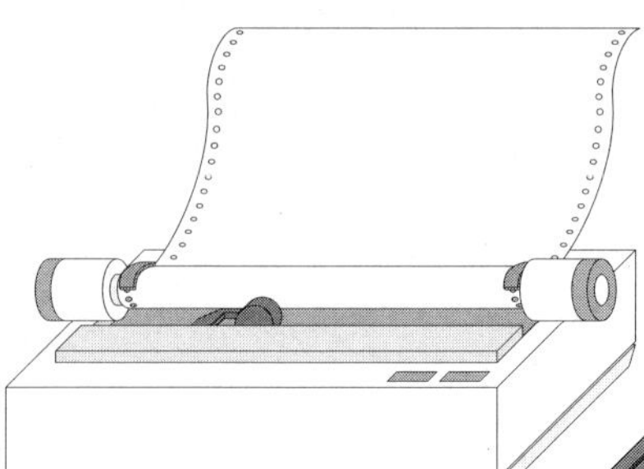

stampante ad aghi

lap top, computer portatile

FOTOGRAFIA

MACCHINE FOTOGRAFICHE

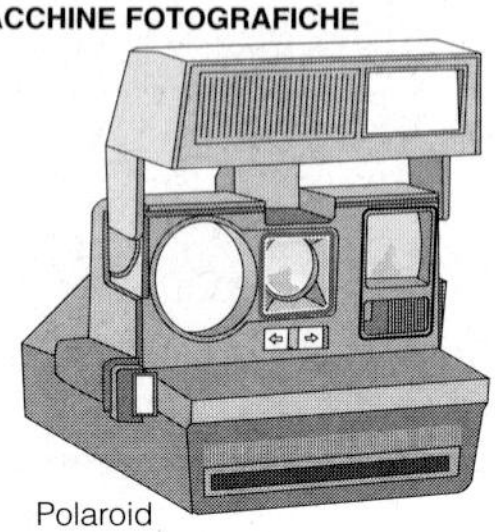

Polaroid

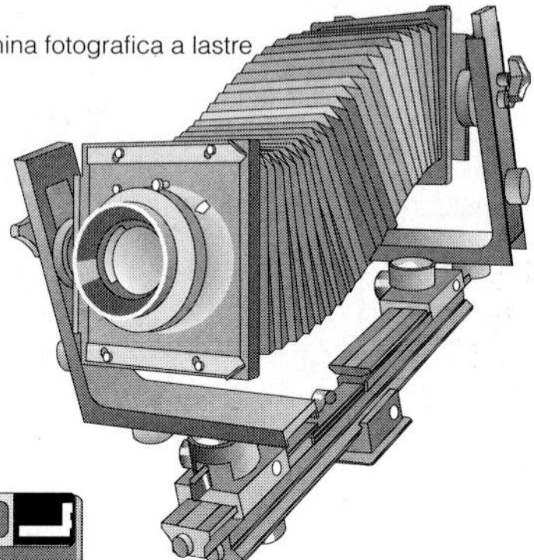

macchina fotografica a lastre

macchina fotografica autofocus

macchina fotografica reflex biottica

macchina fotografica reflex (6x6)

CAVALLETTO

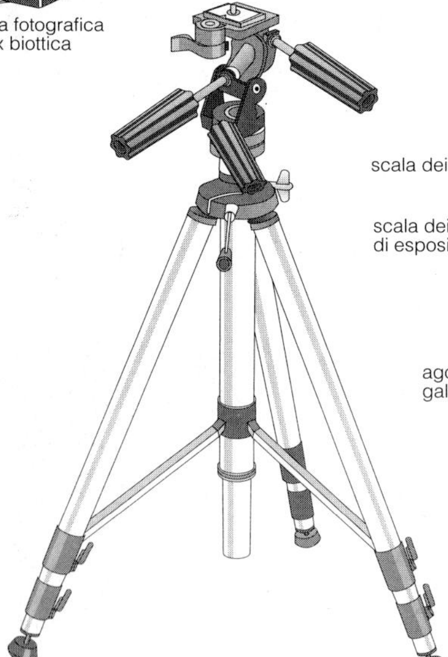

ESPOSIMETRO

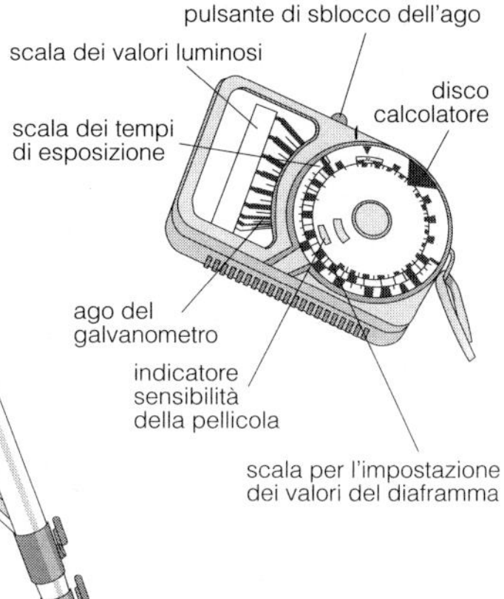

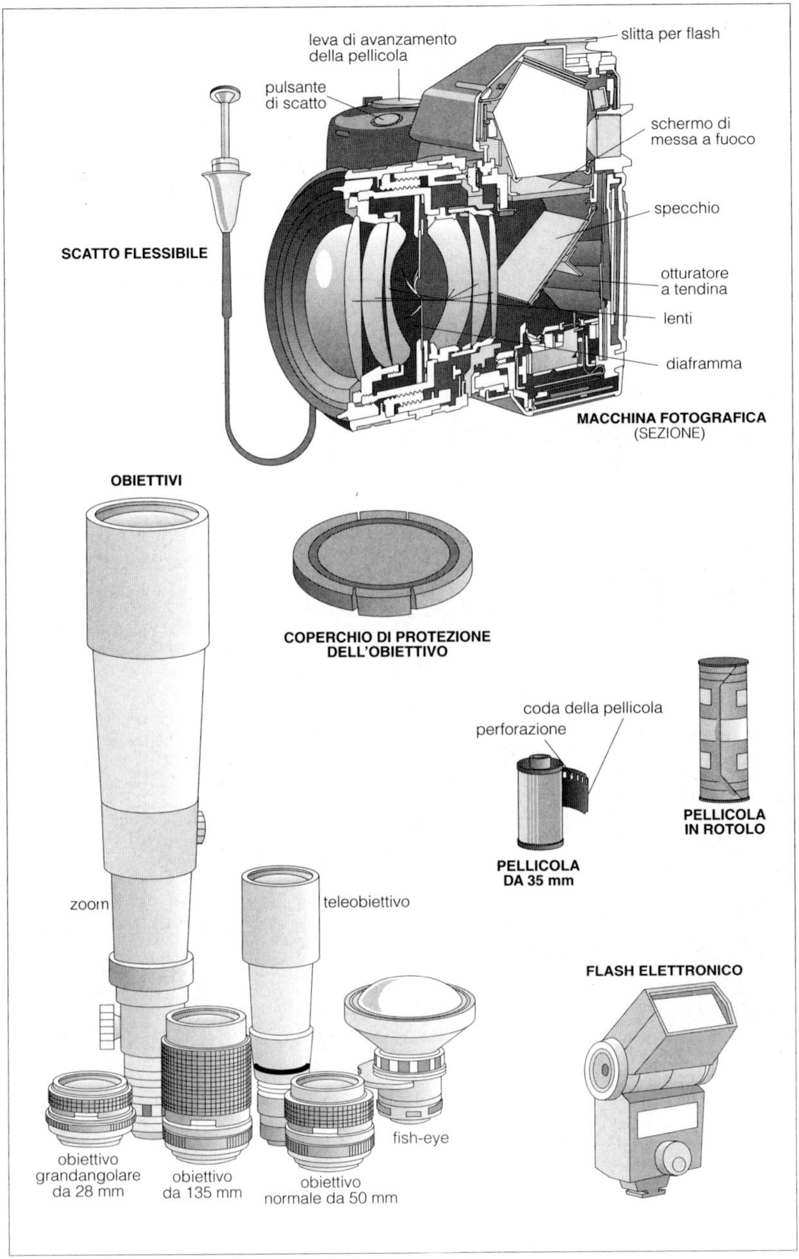
leva di avanzamento della pellicola
slitta per flash
pulsante di scatto
schermo di messa a fuoco
specchio
SCATTO FLESSIBILE
otturatore a tendina
lenti
diaframma
MACCHINA FOTOGRAFICA
(SEZIONE)
OBIETTIVI
COPERCHIO DI PROTEZIONE DELL'OBIETTIVO
coda della pellicola
perforazione
PELLICOLA IN ROTOLO
PELLICOLA DA 35 mm
zoom
teleobiettivo
FLASH ELETTRONICO
fish-eye
obiettivo grandangolare da 28 mm
obiettivo da 135 mm
obiettivo normale da 50 mm

FONTI ENERGETICHE. ENERGIA IDROELETTRICA

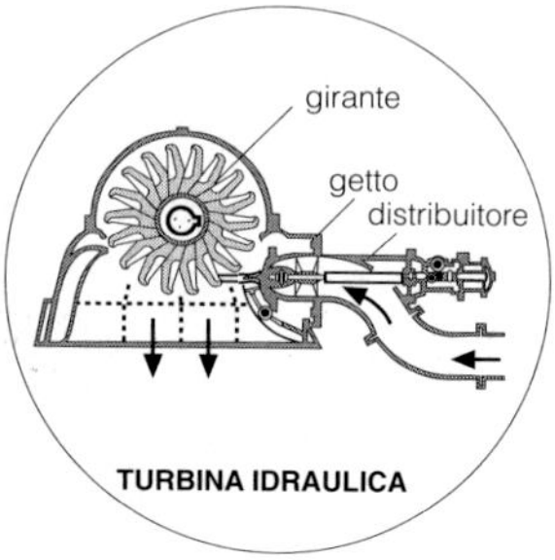

TURBINA IDRAULICA

SEZIONE TRASVERSALE DI UNA DIGA A GRAVITÀ E FASI DELLA PRODUZIONE DI ELETTRICITÀ

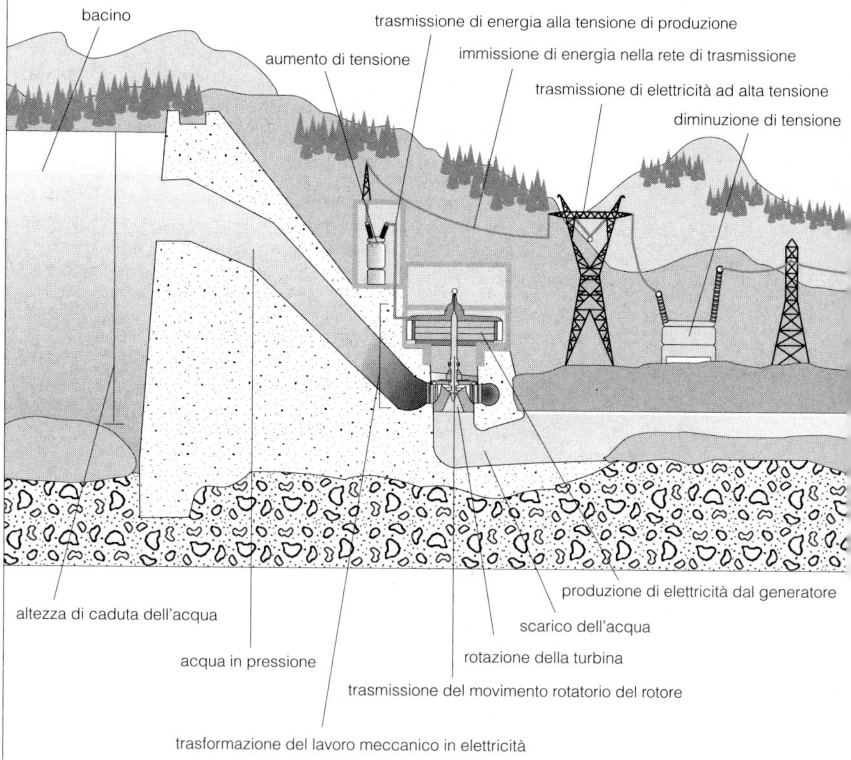

ERGIA EOLICA

MULINO A VENTO

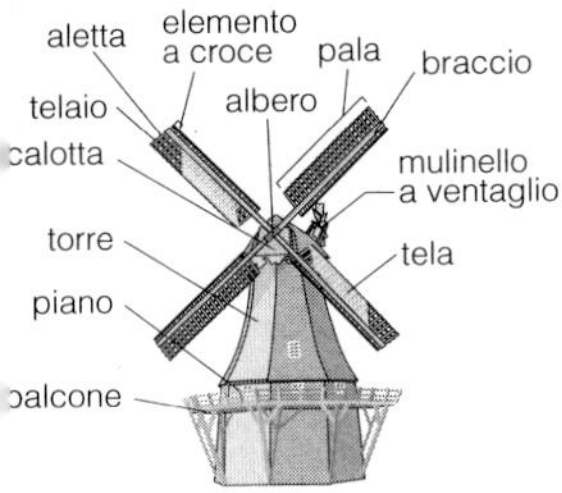

TURBINA AD ASSE VERTICALE

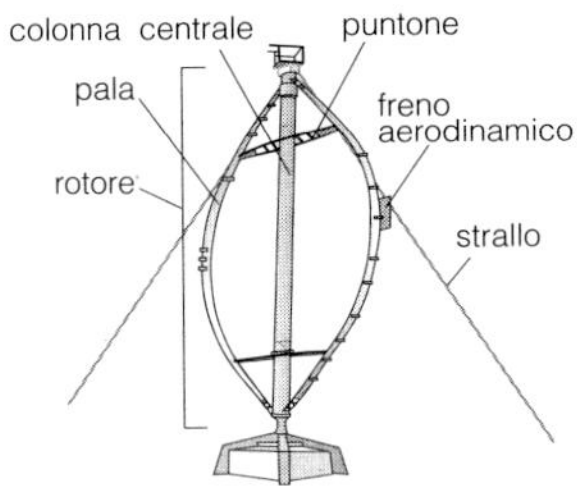

TURBINA AD ASSE ORIZZONTALE

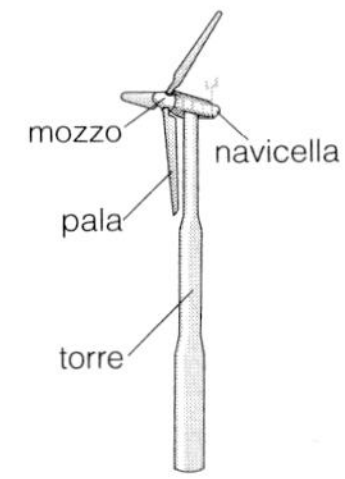

ERGIA SOLARE

CENTRALE A PANNELLI SOLARI

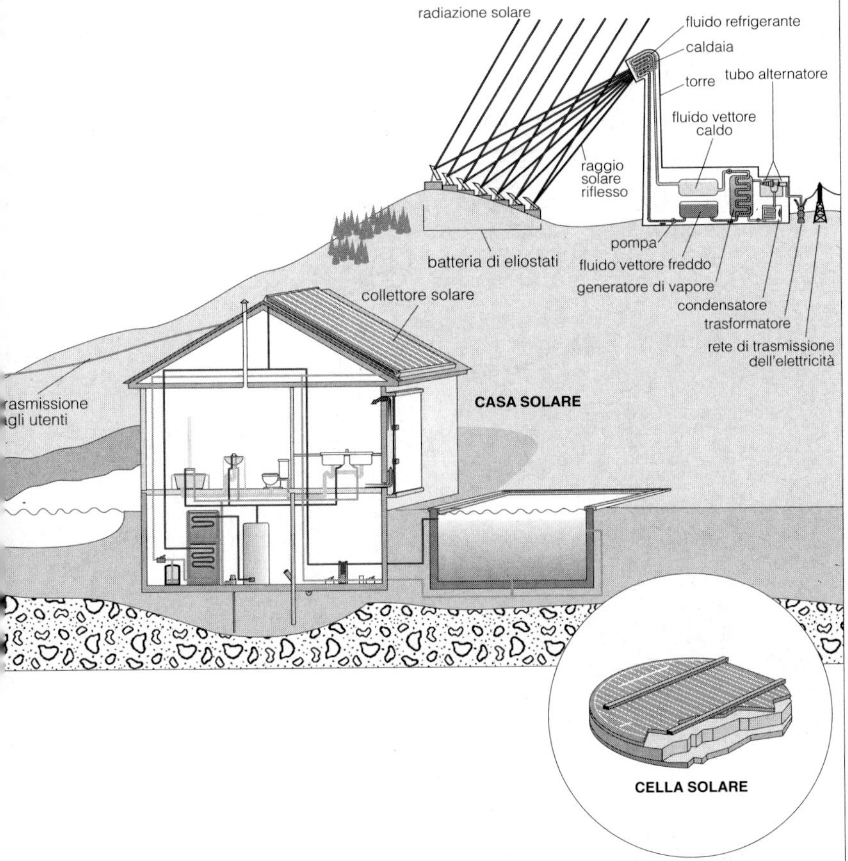

PETROLIO

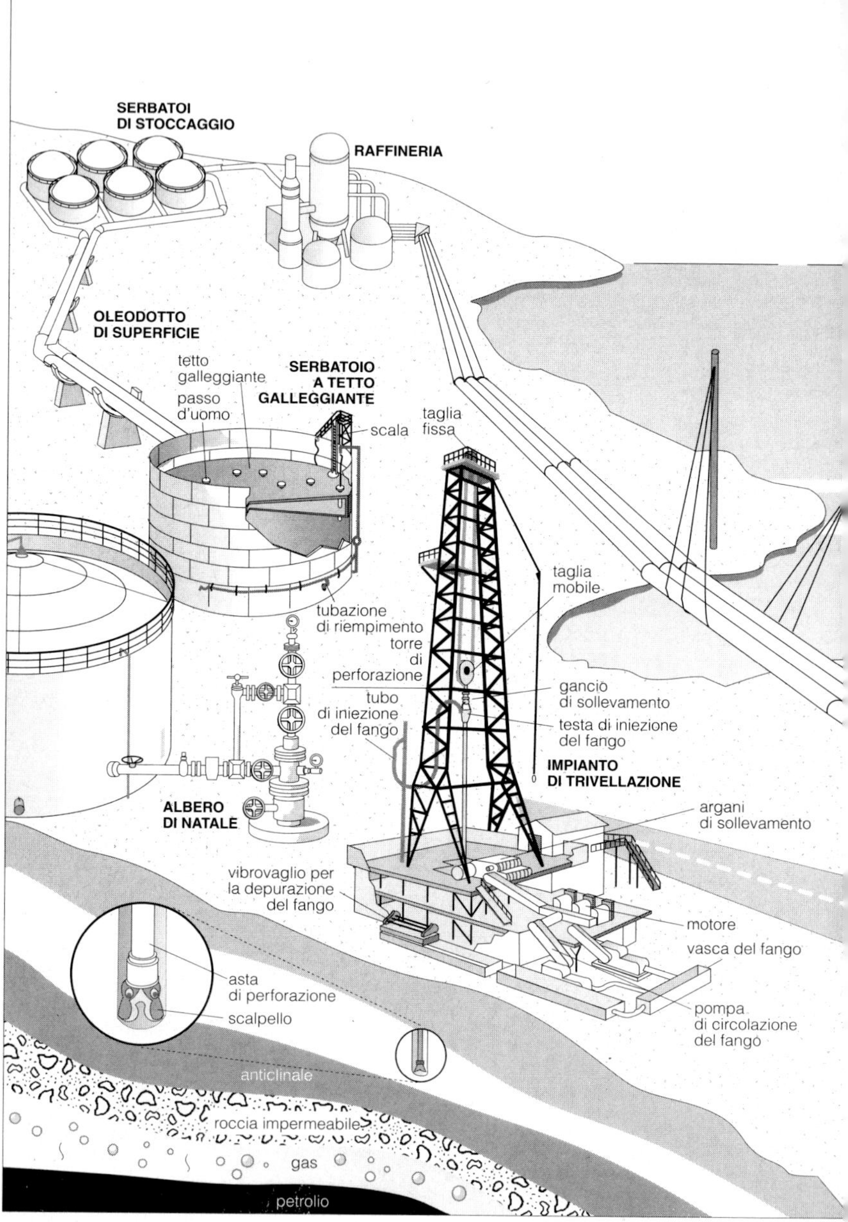

SERBATOI
DI STOCCAGGIO
RAFFINERIA
OLEODOTTO
DI SUPERFICIE
tetto
galleggiante
SERBATOIO
A TETTO
GALLEGGIANTE
passo
d'uomo
scala
taglia
fissa
taglia
mobile
tubazione
di riempimento
torre
di
perforazione
gancio
di sollevamento
tubo
di iniezione
del fango
testa di iniezione
del fango
IMPIANTO
DI TRIVELLAZIONE
ALBERO
DI NATALE
argani
di sollevamento
vibrovaglio per
la depurazione
del fango
motore
vasca del fango
asta
di perforazione
scalpello
pompa
di circolazione
del fango
anticlinale
roccia impermeabile
gas
petrolio

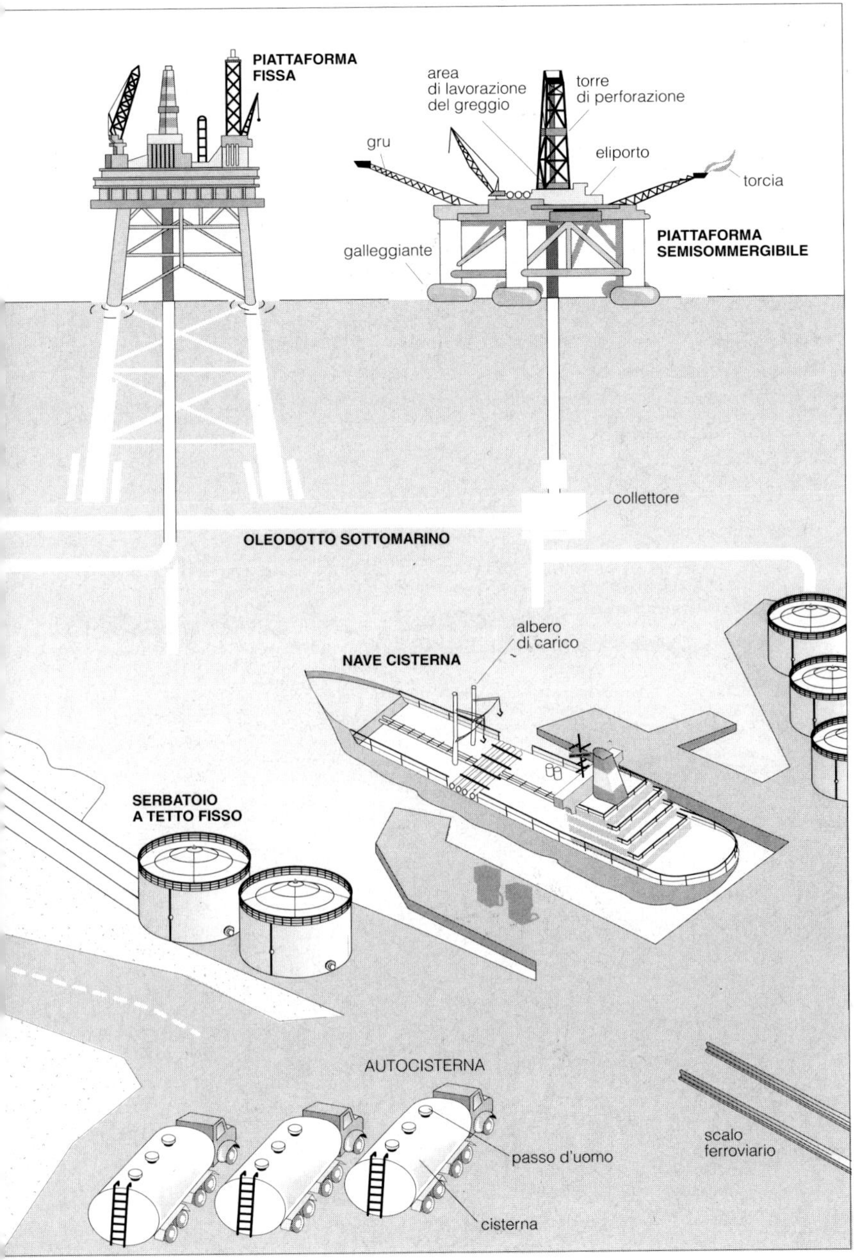
PIATTAFORMA
FISSA
area
di lavorazione
del greggio
torre
di perforazione
gru
eliporto
torcia
galleggiante
PIATTAFORMA
SEMISOMMERGIBILE
collettore
OLEODOTTO SOTTOMARINO
albero
di carico
NAVE CISTERNA
SERBATOIO
A TETTO FISSO
AUTOCISTERNA
scalo
ferroviario
passo d'uomo
cisterna

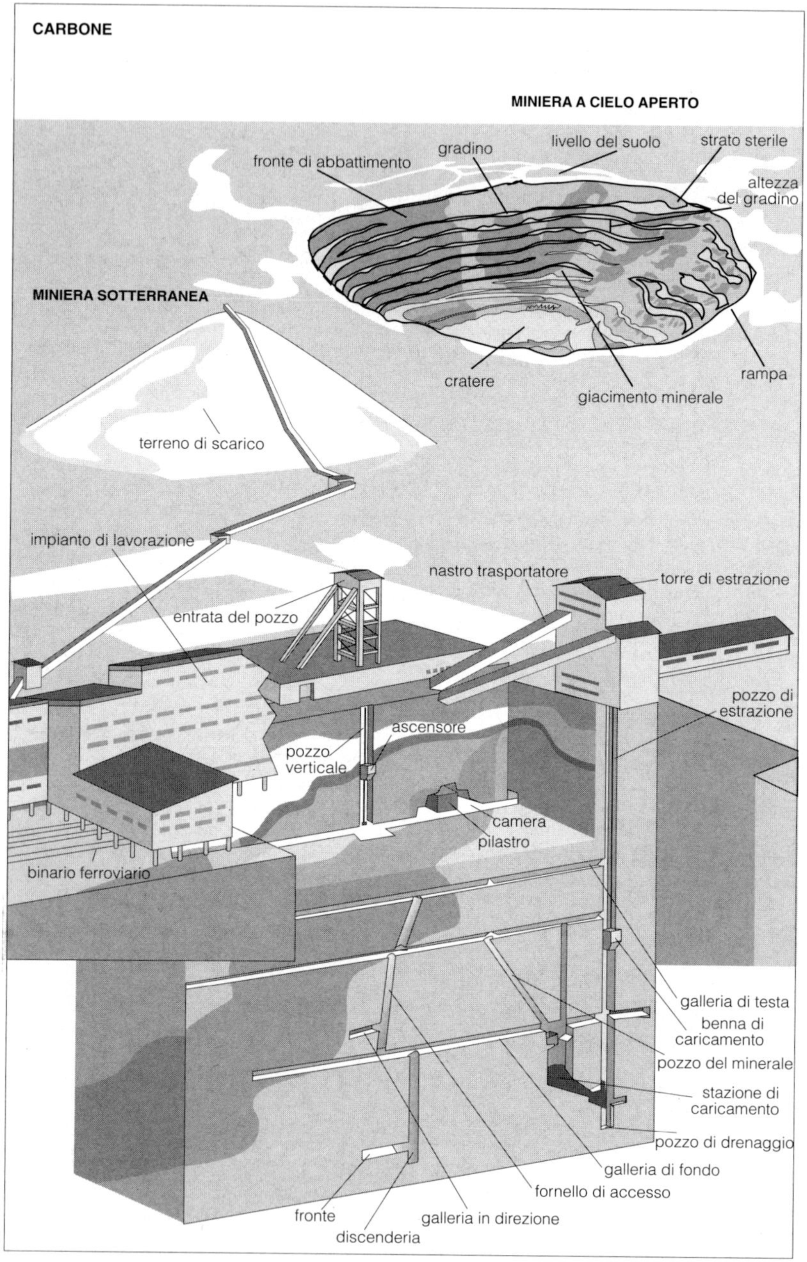
CARBONE
MINIERA A CIELO APERTO
fronte di abbattimento
gradino
livello del suolo
strato sterile
altezza del gradino
MINIERA SOTTERRANEA
cratere
giacimento minerale
rampa
terreno di scarico
impianto di lavorazione
nastro trasportatore
torre di estrazione
entrata del pozzo
pozzo di estrazione
ascensore
pozzo verticale
camera
pilastro
binario ferroviario
galleria di testa
benna di caricamento
pozzo del minerale
stazione di caricamento
pozzo di drenaggio
galleria di fondo
fornello di accesso
fronte
galleria in direzione
discenderia

ENERGIA NUCLEARE

CENTRALE ELETTRONUCLEARE

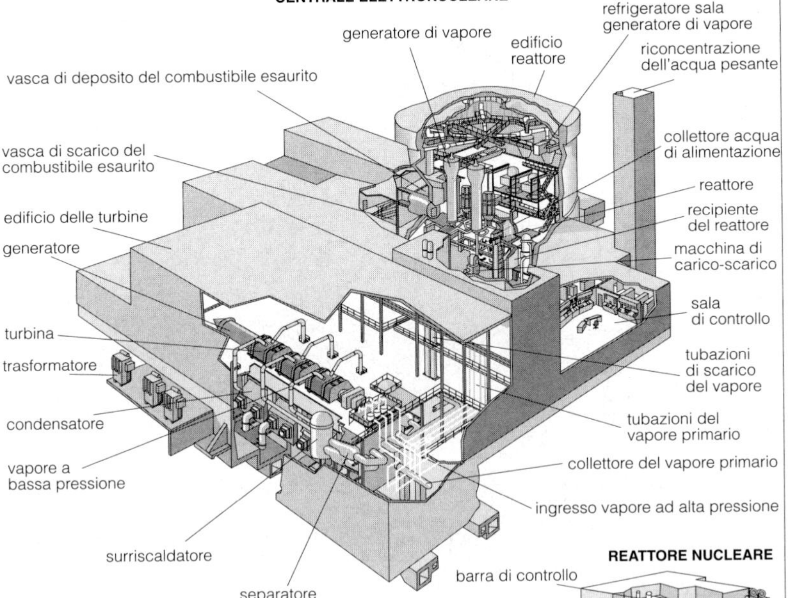

REATTORE NUCLEARE

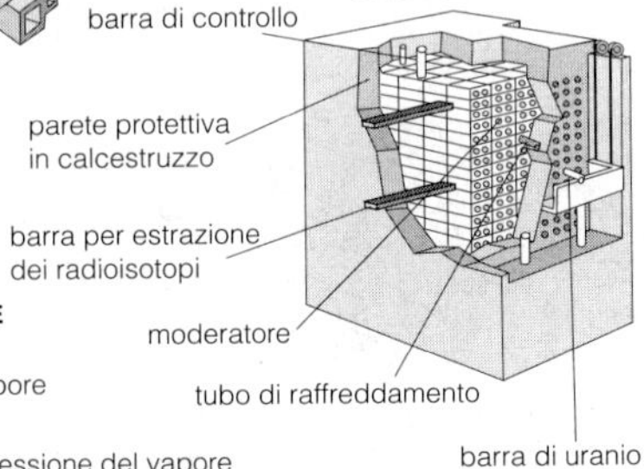

PRODUZIONE DI ELETTRICITÀ DA ENERGIA NUCLEARE

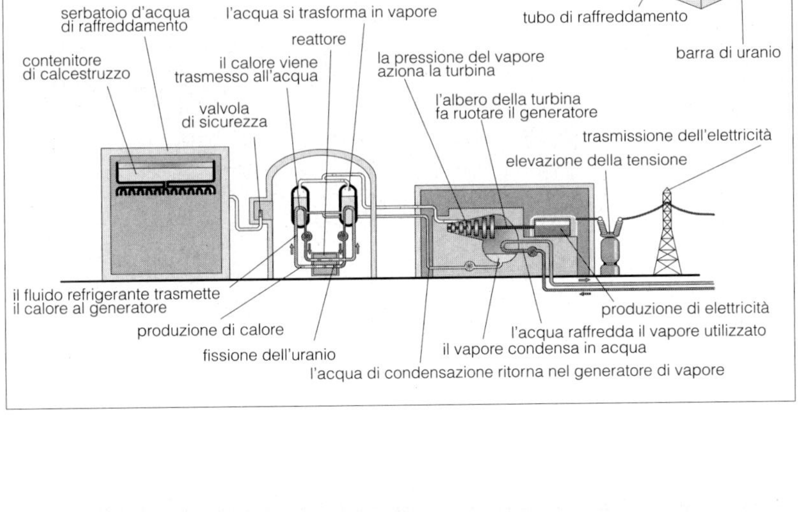

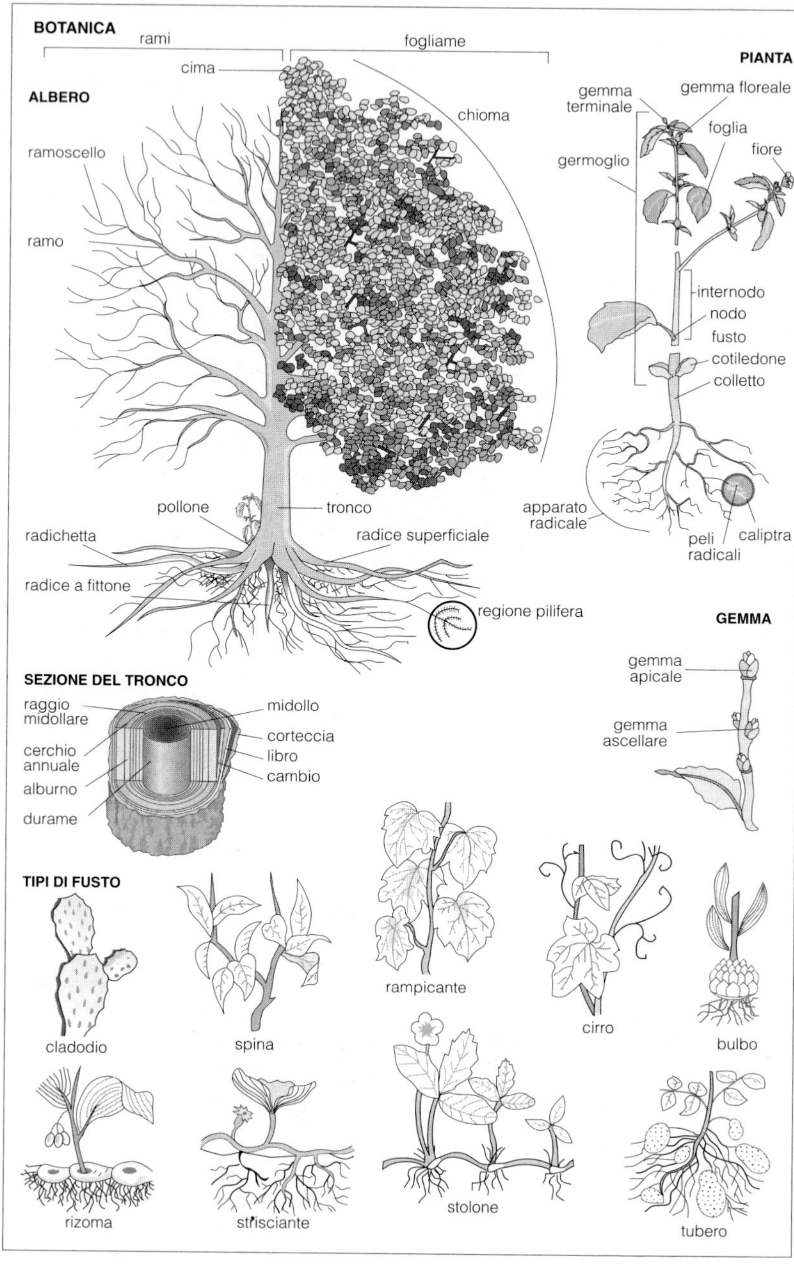
BOTANICA
rami
fogliame
cima
ALBERO
chioma
ramoscello
ramo
pollone
tronco
radichetta
radice superficiale
radice a fittone
regione pilifera
PIANTA
gemma terminale
gemma floreale
foglia
fiore
germoglio
internodo
nodo
fusto
cotiledone
colletto
apparato radicale
peli radicali
caliptra
GEMMA
gemma apicale
gemma ascellare
SEZIONE DEL TRONCO
raggio midollare
midollo
corteccia
cerchio annuale
libro
cambio
alburno
durame
TIPI DI FUSTO
cladodio
spina
rampicante
cirro
bulbo
rizoma
strisciante
stolone
tubero

FOGLIE E RADICI

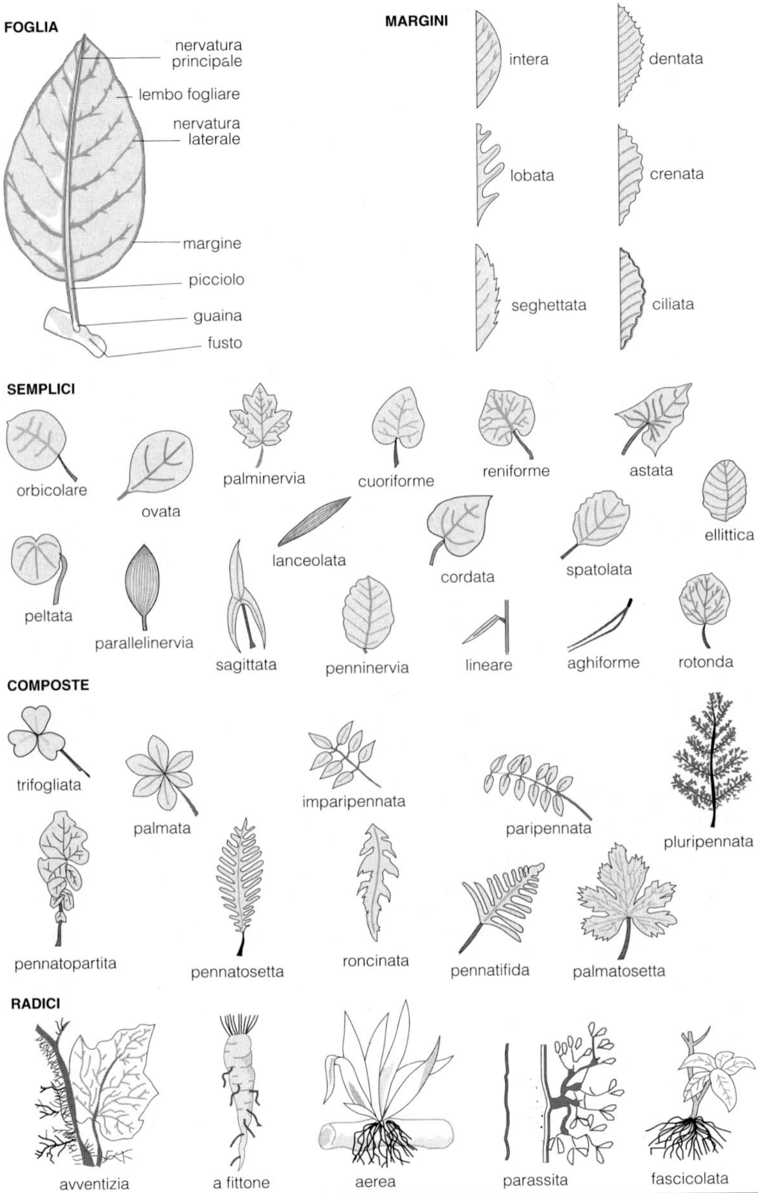

FIORE

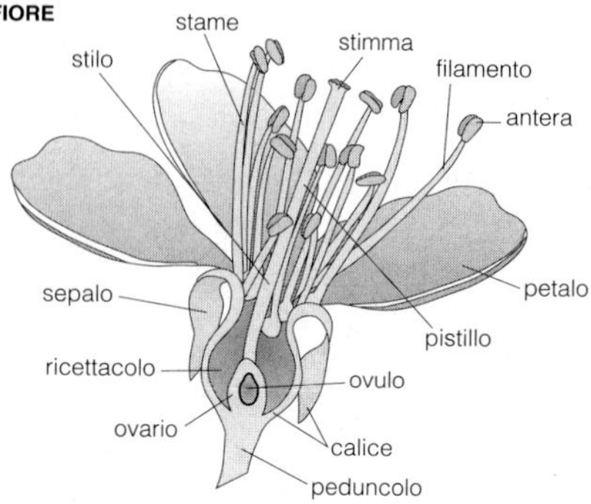

INFIORESCENZE

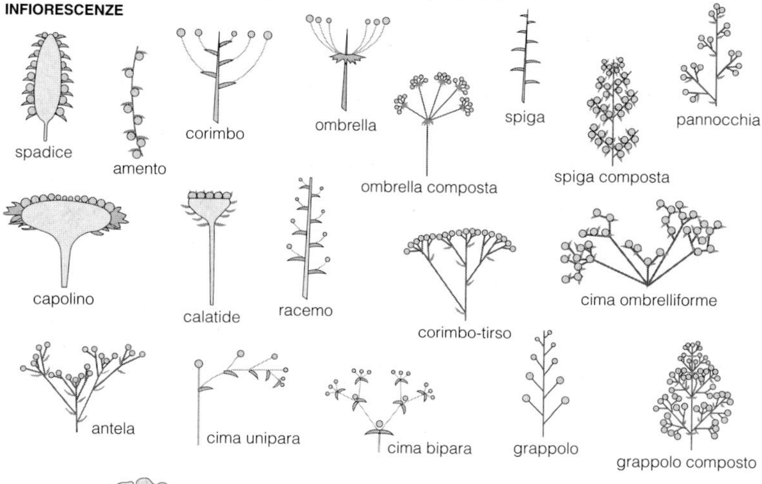

COROLLE

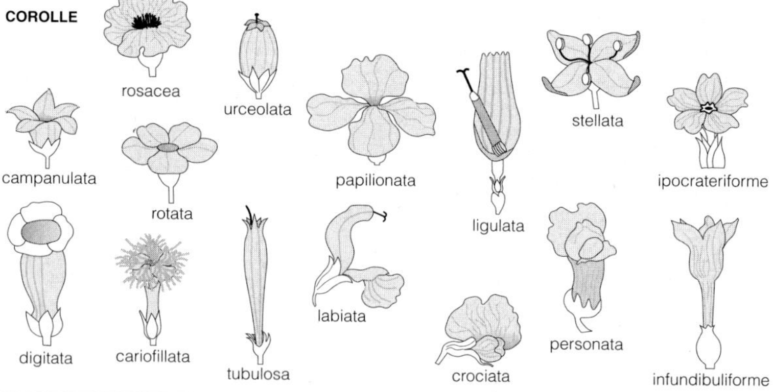

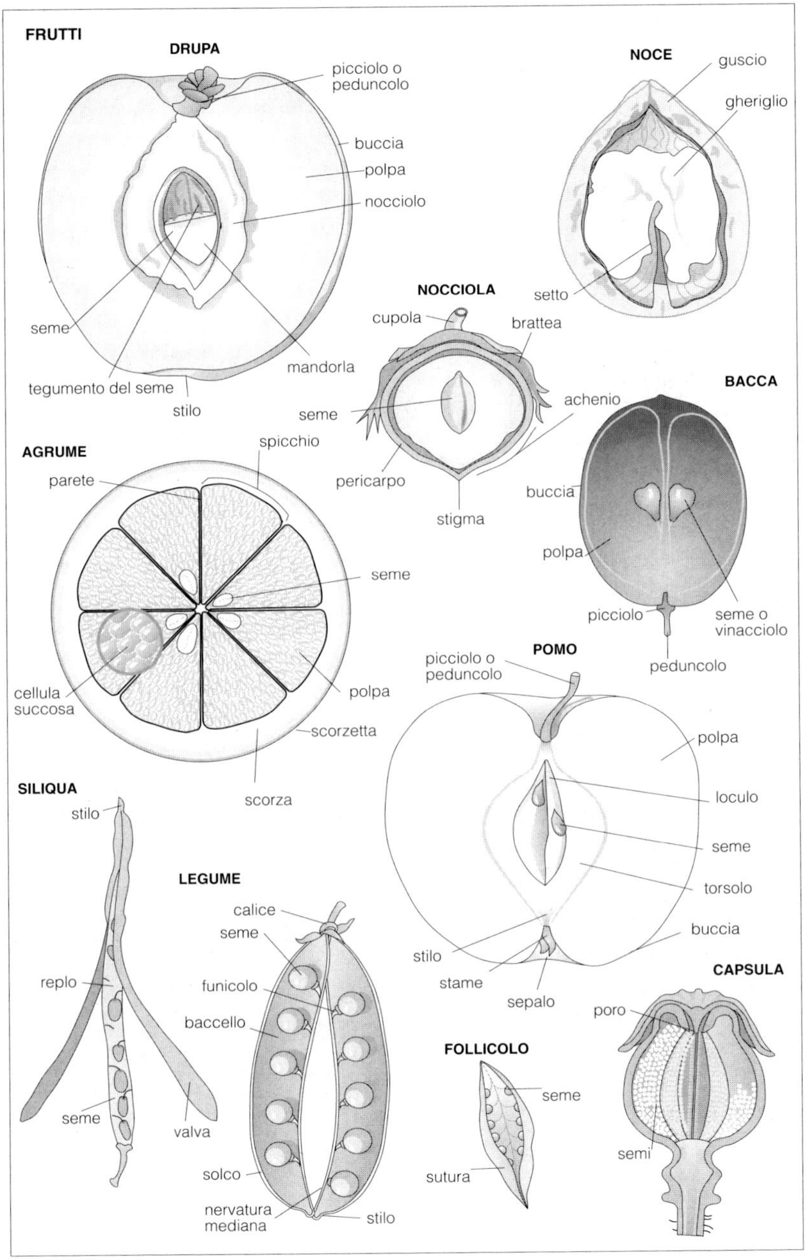

FRUTTI
DRUPA
picciolo o peduncolo
buccia
polpa
nocciolo
seme
mandorla
tegumento del seme
stilo
NOCE
guscio
gheriglio
setto
NOCCIOLA
cupola
brattea
seme
achenio
pericarpo
stigma
BACCA
buccia
polpa
picciolo
seme o vinacciolo
peduncolo
AGRUME
spicchio
parete
seme
cellula succosa
polpa
scorzetta
scorza
POMO
picciolo o peduncolo
polpa
loculo
seme
torsolo
buccia
stilo
stame
sepalo
SILIQUA
stilo
replo
seme
valva
LEGUME
calice
seme
funicolo
baccello
solco
nervatura mediana
stilo
FOLLICOLO
seme
sutura
CAPSULA
poro
semi

ANATOMIA

SISTEMA SCHELETRICO

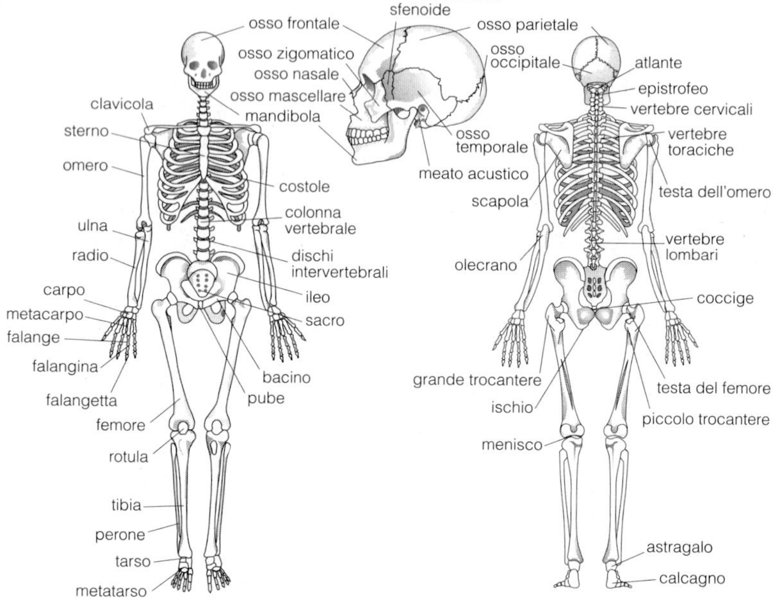

SISTEMA MUSCOLARE

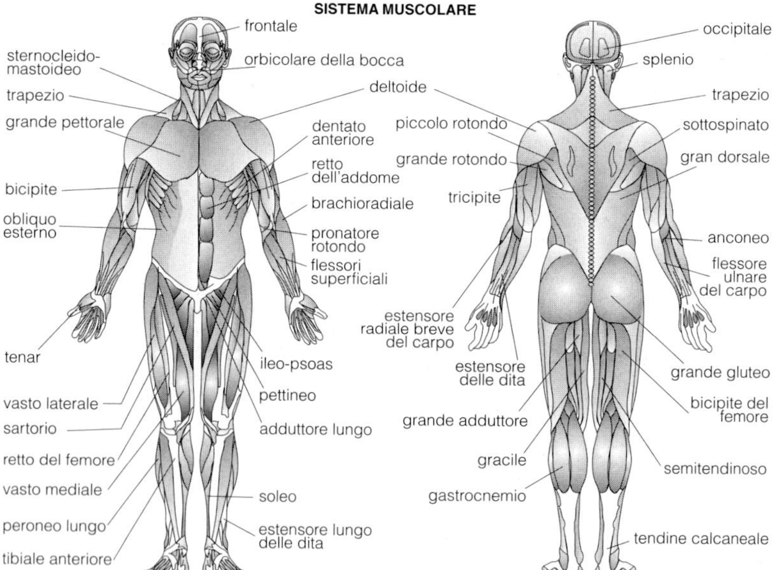

CUORE

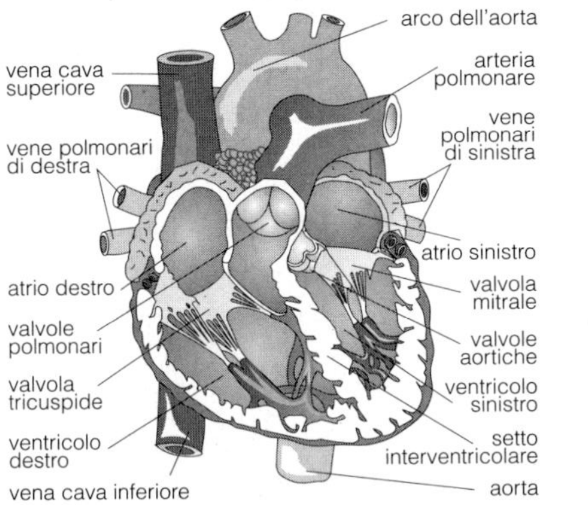

SISTEMA CIRCOLATORIO

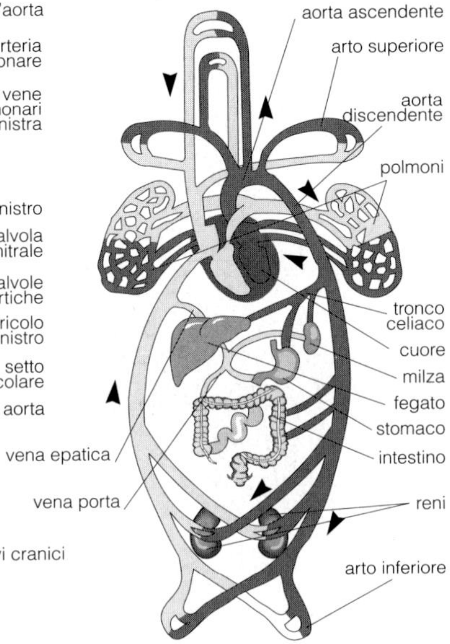

SISTEMA NERVOSO PERIFERICO

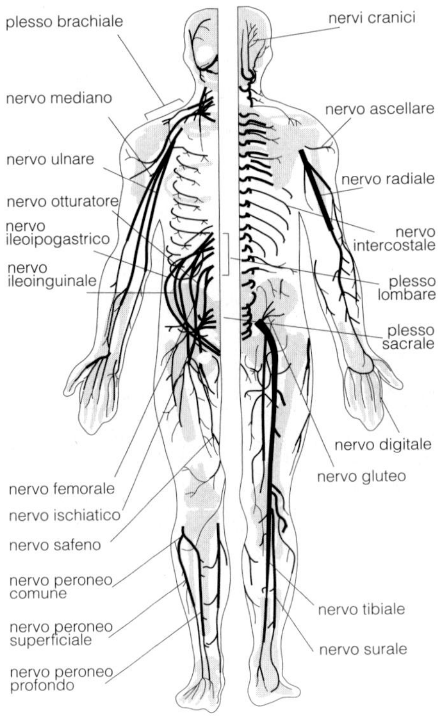

CERVELLO

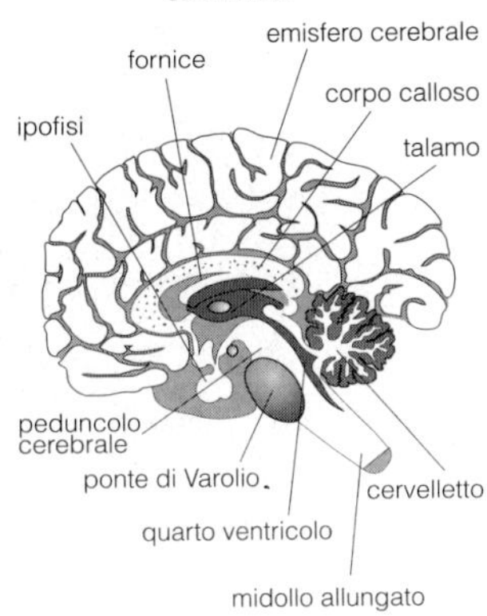

APPARATO GENITALE MASCHILE

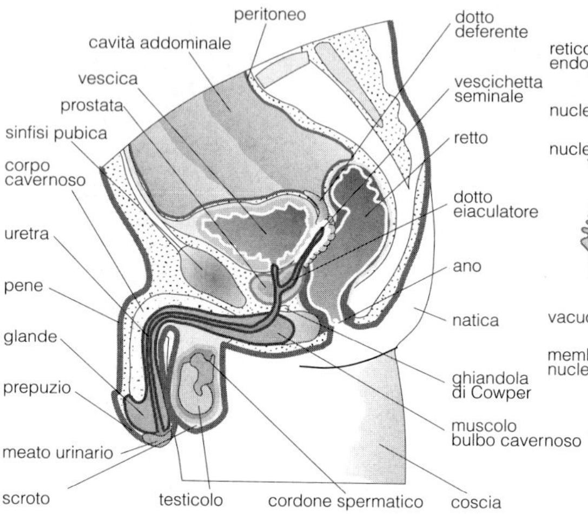

CELLULA

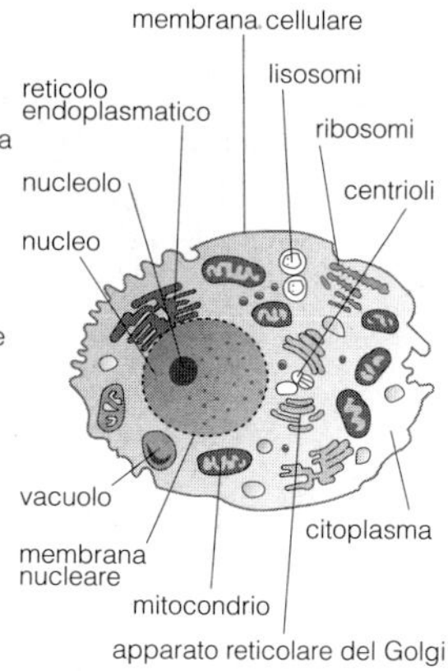

SPERMATOZOO

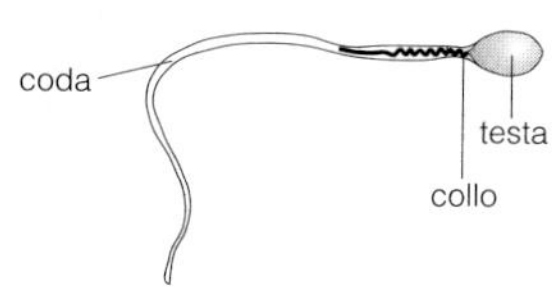

APPARATO GENITALE FEMMINILE

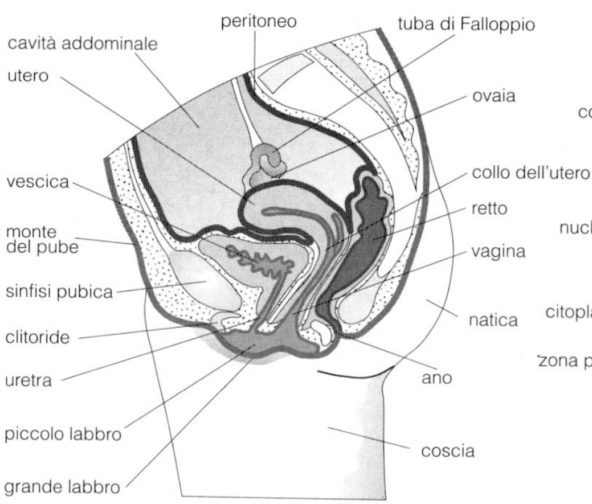

OVULO

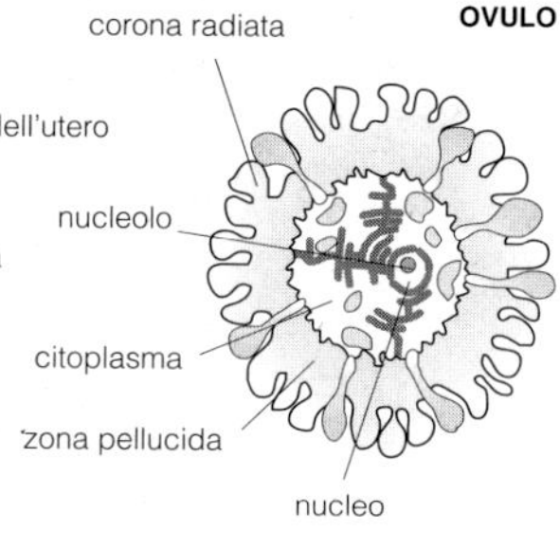

APPARATO DIGERENTE

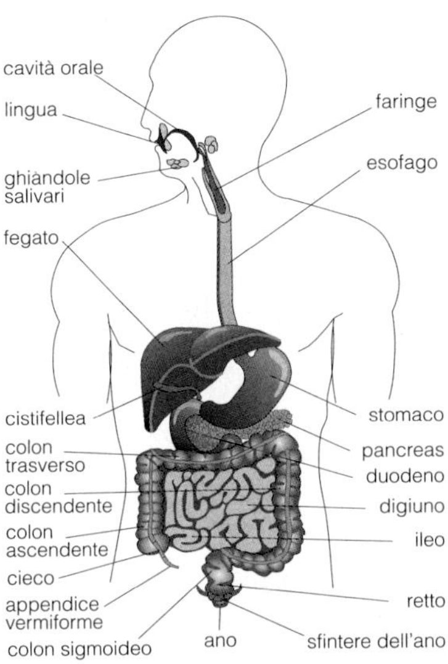

APPARATO RESPIRATORIO

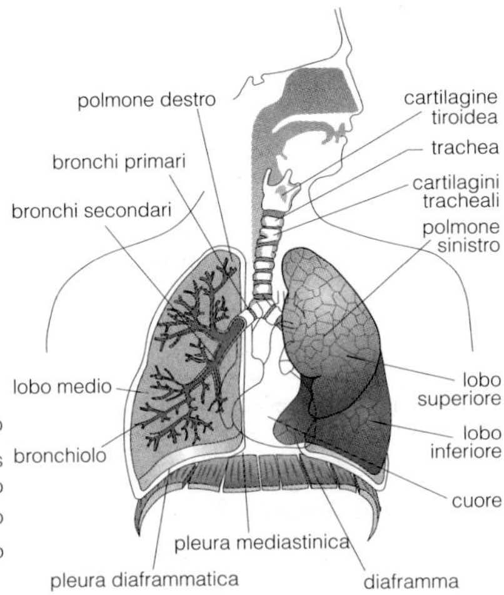

APPARATO URINARIO

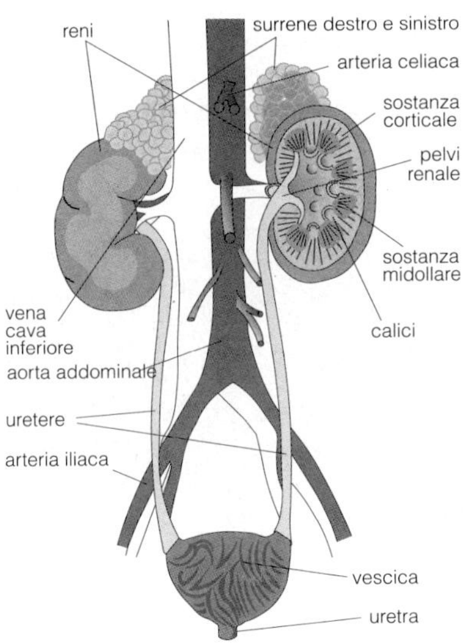

SISTEMA ENDOCRINO

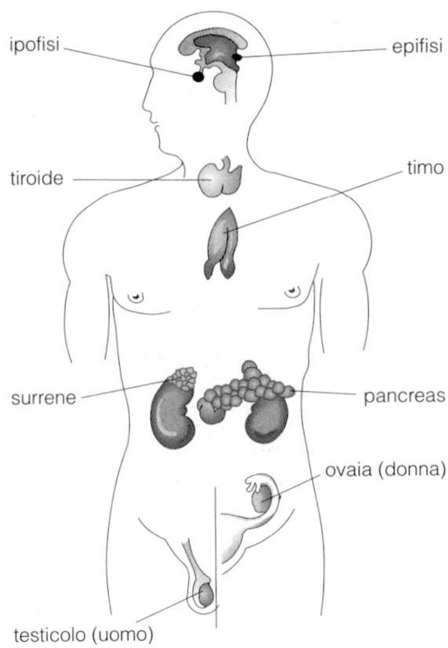

ORECCHIO

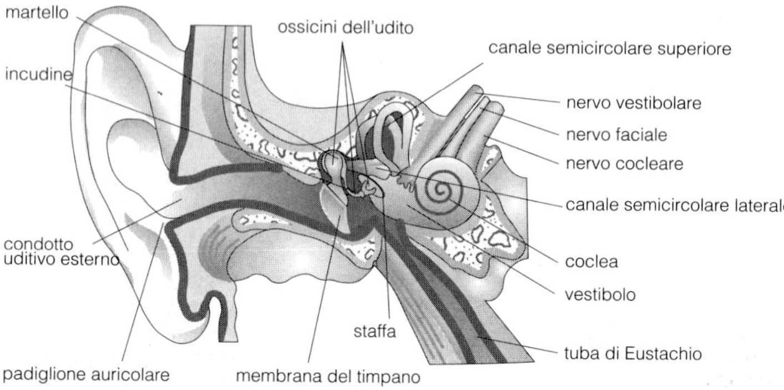

OCCHIO

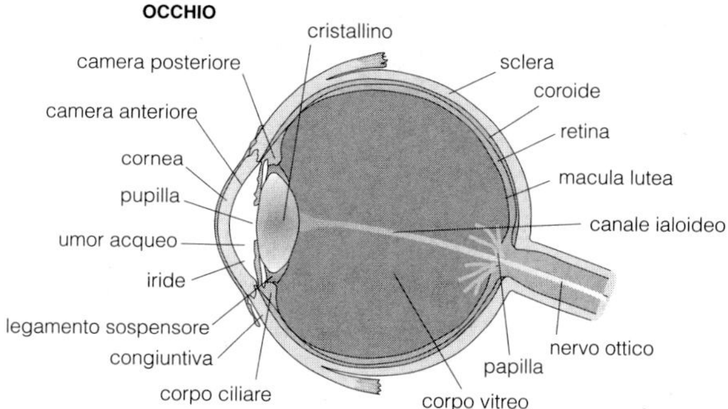

CAVITÀ ORALE E NASALE

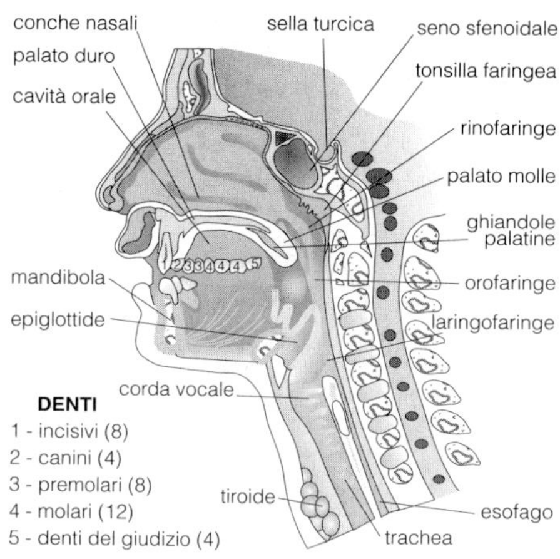

DENTI

1 - incisivi (8)
2 - canini (4)
3 - premolari (8)
4 - molari (12)
5 - denti del giudizio (4)

CUTE

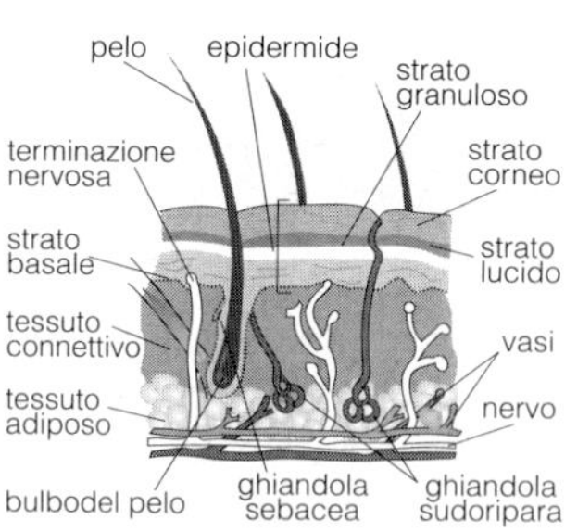

SPECIE COLTIVATE E PIANTE UTILI

FIORI DA GIARDINO
fucsia
mimosa
lillà
gelsomino
begonia
rosa
glicine
geranio
viola del pensiero
ortensia
crisantemo
azalea
gardenia
zinnia
dalia
magnolia
ibisco
gerbera
camelia
margherita
petunia
garofano
tulipano
giacinto
PIANTE GRASSE
agave
fico d'India
giglio
gladiolo
cactus

FIORI SELVATICI
stella alpina
fiordaliso
pratolina
anemone
giunchiglio
malva
campanula
bucaneve
mughetto
giaggiolo
papavero
primula
ciclamino
ginestra
rosa canina
violetta
nontiscordardime
genziana
oleandro
orchidea
rododendro
erica
PIANTE ACQUATICHE
calta
loto
papiro
ninfea

FRUTTI
mirtillo nero
lampone
mora
ribes rosso
ribes nero
gelso
fragola di bosco
uva spina
sorba
kiwi
corbezzola
litchi
melagrana
ananas
cachi
avocado
mango
fico d'India
dattero
papaia
mandorla
noce
nocciola
castagna
pinolo
pistacchio
noce del
Brasile
arachide

FUNGHI
COMMESTIBILI
porcino
porcino nero
ovolo buono
gallinaccio
champignon
chiodini
prataiolo
russula
colombina
lattario delizioso
spugnole
colombina dorata
VELENOSI
ovolo malefico
poveraccio delle coliche
tignosa verdognola
porcino malefico

MAMMIFERI
rinoceronte
zebra
elefante
antilope
cammello
ippopotamo
gazzella
cinghiale
lama
giraffa
cervo
bisonte
muflone
stambecco
cercopiteco
gorilla
scimpanzè
camoscio
orango

talpa
riccio
canguro
ornitorinco
armadillo
pipistrello
formichiere
marmotta
topo
pangolino
tasso
lepre
bradipo
scoiattolo
leone
volpe
ghepardo
tigre
lupo
panda
leopardo
orso
foca
dugongo
balena
orca
delfino

CANI
alano
terranova
S.Bernardo
bulldog
collie
dobermann
schnauzer
pastore tedesco
boxer
bracco italiano
mastino napoletano
fox-terrier
husky
pointer
coker spaniel
setter irlandese
bassotto
barboncino
pechinese
levriero russo
GATTI
soriano
persiano
siamese
angora

ANFIBI
salamandra
rana
rospo
ululone
tritone
proteo
raganella
RETTILI
testuggine greca
caimano
coccodrillo
tartaruga marina
iguana
pitone
cobra
basilisco
boa
ramarro
geco
serpente corallo
camaleonte
lucertola
vipera comune

PESCI

squalo
lampreda di mare
razza
latimeria
trota
neoceratodo
storione
anguilla
salmone
carpa
luccio
tonno
sardina
acciuga
triglia
sogliola
cernia
sgombro
murena
orata
cefalo
rombo
pagello
merluzzo
branzino
pesce spada

INVERTEBRATI - MOLLUSCHI

ARTROPODI

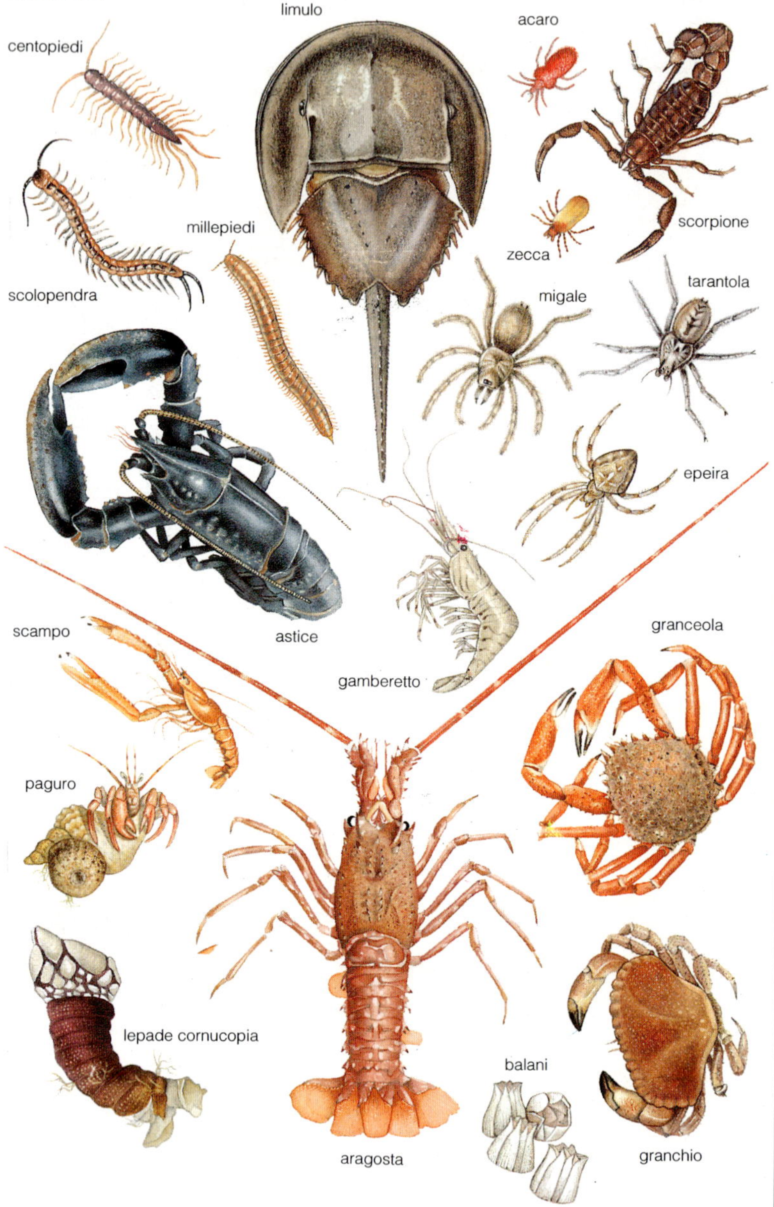
limulo
acaro
centopiedi
scorpione
zecca
millepiedi
scolopendra
migale
tarantola
epeira
astice
scampo
gamberetto
granceola
paguro
lepade cornucopia
balani
aragosta
granchio

INSETTI

libellula
locusta
grillo
cimice
afide
forficula
cavalletta
cicala
cetonia
coccinella
termite
blatta
scarabeo
mantide
sfinge
formica
zigena
ape
licena
vespa
zanzara
efemera
bombo
mosca
macaone
AA

UCCELLI

avvoltoio
falco
albatro
pellicano
sparviero
aquila
barbagianni
cormorano
gufo
pinguino
pernice
civetta
ibis
airone
cicogna
emù
fenicottero
kiwi
gru
folaga
struzzo

gabbiano
colibrì
cuculo
pappagallo
pavoncella
pulcinella di mare
upupa
tucano
martin pescatore
picchio
gazza
rondine
germano reale
scricciolo
canarino
fringuello
cinciallegra
capinera
pettirosso
cornacchia
passero
tordo
corvo
merlo
usignolo

MINERALI E CRISTALLI

MONOMETRICO

salgemma

fluorite

granato

blenda/sfalerite

pirite

MONOCLINO

gesso

ortoclasio

realgar

TRICLINO

calcantite

cianite

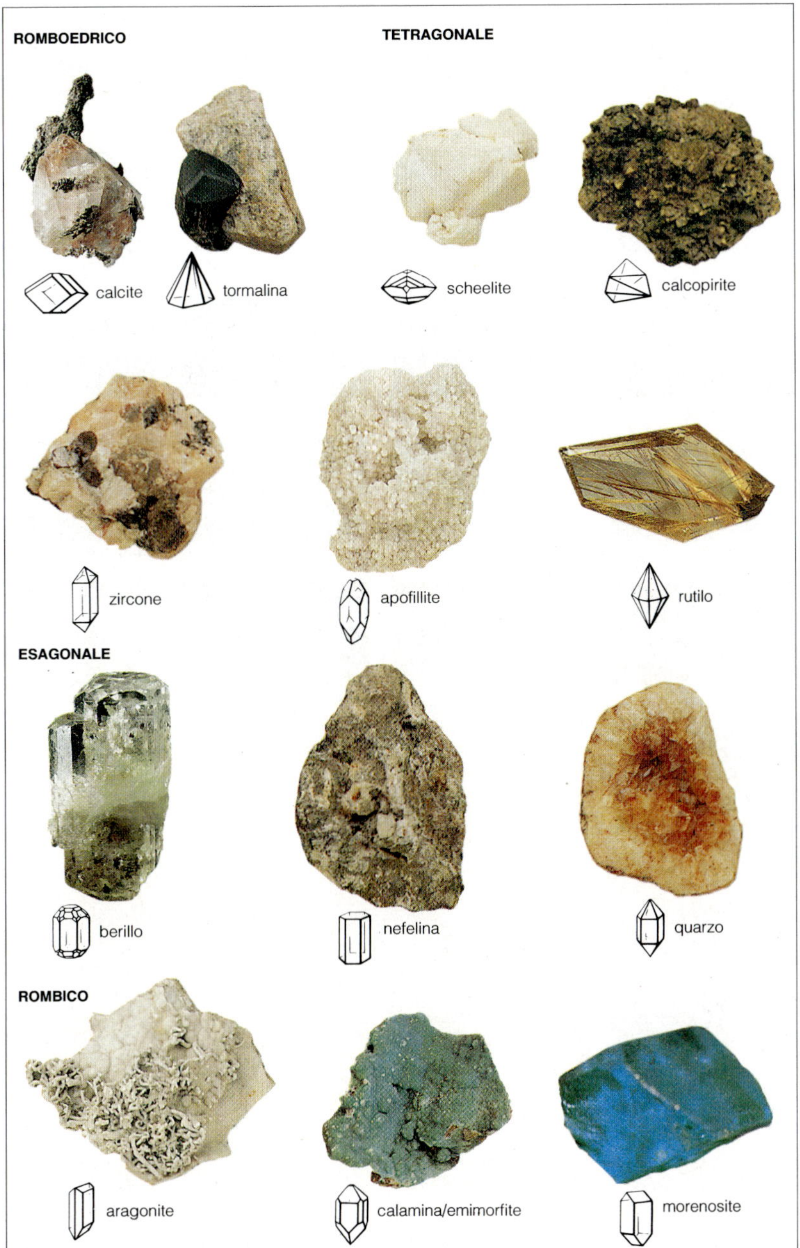
ROMBOEDRICO
TETRAGONALE
calcite
tormalina
scheelite
calcopirite
zircone
apofillite
rutilo
ESAGONALE
berillo
nefelina
quarzo
ROMBICO
aragonite
calamina/emimorfite
morenosite

COLORI

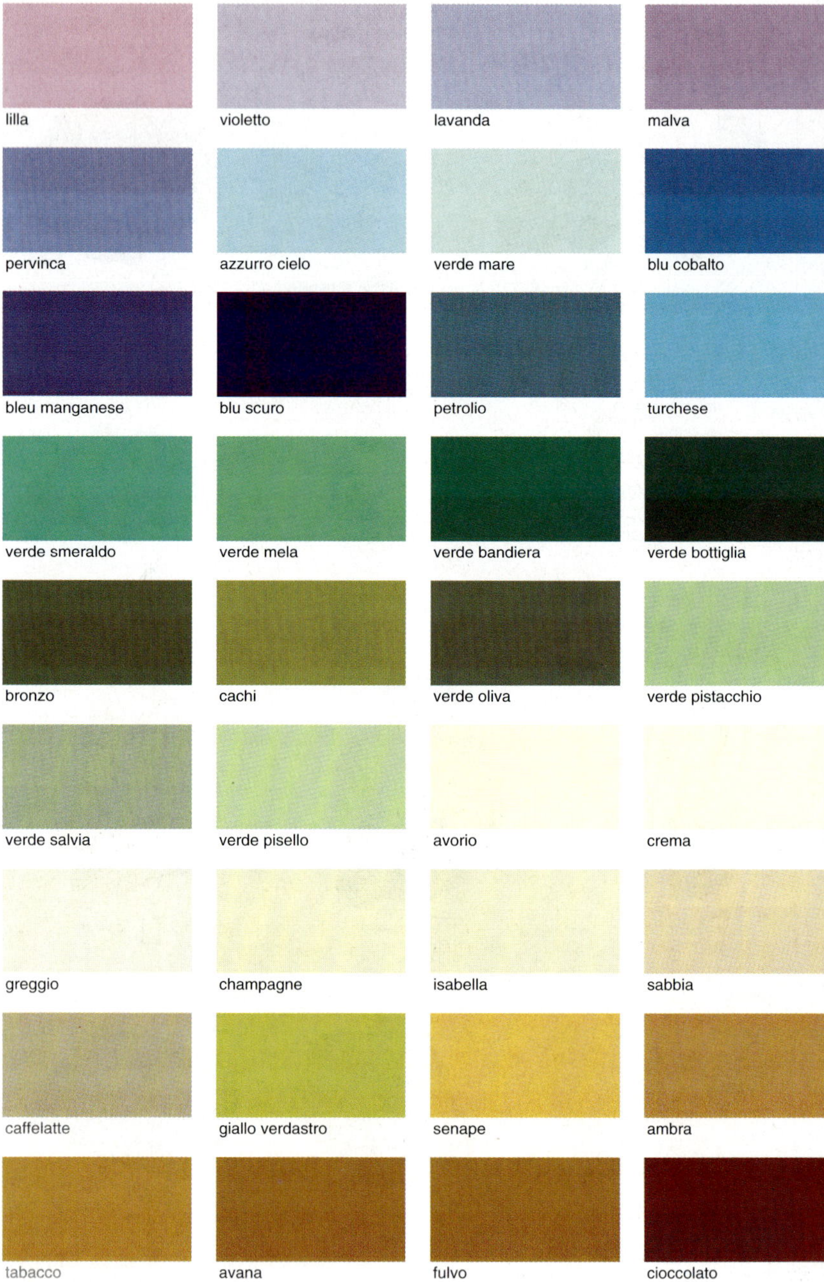
lilla
violetto
lavanda
malva
pervinca
azzurro cielo
verde mare
blu cobalto
bleu manganese
blu scuro
petrolio
turchese
verde smeraldo
verde mela
verde bandiera
verde bottiglia
bronzo
cachi
verde oliva
verde pistacchio
verde salvia
verde pisello
avorio
crema
greggio
champagne
isabella
sabbia
caffelatte
giallo verdastro
senape
ambra
tabacco
avana
fulvo
cioccolato

noce
testa di moro
antracite
ardesia
grigio topo
grigio tortora
grigio perla
carnicino
rosa carne
rosa pesca
salmone
rosa antico
fucsia
ciclamino
amaranto
viola
porpora
granato
bordeaux
scarlatto
magenta
vermiglio
ciliegia
corallo
mattone
ruggine
ocra gialla
arancio
albicocca
zafferano
cammello
giallo oro
giallo cromo
giallo canarino
giallo limone
paglierino

SEGNALI STRADALI
SEGNALI DI PERICOLO
pericolo generico
strada dissestata
dosso
cunetta
curva pericolosa
tornante o serie di curve
strettoia
incrocio con strade senza diritto di precedenza
rotatoria
incrocio
semaforo
10%
salita o discesa
strada scivolosa
banchina cedevole
manto stradale ghiaioso
molo o canale senza protezione
caduta massi
ponte mobile
passaggio a livello senza barriere
passaggio a livello con barriere
possibile attraversamento di animali domestici o selvatici
scuola
passaggio pedonale
pista ciclabile
aeroporto
raffiche di vento
pericolo di incendio
SEGNALI TEMPORANEI
pericolo generico
lavori in corso
strada dissestata
doppio senso di circolazione
strettoia
restringimento da un solo lato
SEGNALI DI PRECEDENZA
STOP
stop
dare la precedenza
dare la precedenza nelle strettoie
precedenza nelle strettoie
diritto di precedenza
fine del diritto di precedenza

SEGNALI STRADALI

SEGNALI DI DIVIETO E DI OBBLIGO

svolta · uso dei segnali acustici · sosta · sosta e stazionamento · accesso · transito generico

transito di autovetture · transito di autopullman · transito di autocarri · transito di motoveicoli · transito di biciclette · limite massimo di velocità

limite di larghezza · limite di altezza · limite di peso per assale · sorpasso · sorpasso per autocarri · trasporto di materiali pericolosi

alt stazione · alt polizia · mantenere la distanza minima · fine di ogni divieto · fine del limite di velocità · fine del divieto di sorpasso

proseguire diritti o svoltare nelle direzioni indicate · rotatoria

velocità minima · fine della velocità minima · viale pedonale · pista ciclabile · catene o pneumatici da neve · parcheggio

SEGNALI DI INDICAZIONE SERVIZI

informazioni · riparazioni · rifornimento · ristorante · pronto soccorso · camping · motel

BANDIERE

Afghanistan
Albania
Algeria
Andorra
Angola
Antigua e Barbuda
Arabia Saudita
Argentina
Armenia
Australia
Austria
Azerbaigian
Bahama
Bahrein
Bangladesh
Barbados
Belgio
Belize
Benin
Bhutan
Bielorussia
Birmania
Bolivia
Bosnia - Erzegovina
Botswana
Brasile
Brunei
Bulgaria
Burkina Faso
Burundi
Cambogia
Camerun
Canada
Capo Verde
Ceca, Repubblica
Centrafricana, Repubblica
Ciad
Cile
Cina
Cipro
Città del Vaticano
Colombia
Comore
Congo
Corea del Nord
Corea del Sud
Costa d'Avorio
Costa Rica
Croazia
Cuba
Danimarca
Dominica
Dominicana, Repubbblica
Ecuador
Egitto
El Salvador
Emirati Arabi Uniti
Eritrea
Estonia
Etiopia
Figi
Filippine
Finlandia
Francia
Gabon
Gambia
Georgia
Germania
Ghana
Giamaica

BANDIERE

Giappone
Gibuti
Giordania
Gran Bretagna
Grecia
Grenada
Guatemala
Guinea
Guinea-Bissau
Guinea Equatoriale
Guyana
Haiti
Honduras
India
Indonesia
Iran
Iraq
Irlanda
Islanda
Israele
Italia
Iugoslavia
Kazakistan
Kenya
Kirghizistan
Kiribati
Kuwait
Laos
Lesotho
Lettonia
Libano
Liberia
Libia
Liechtenstein
Lituania
Lussemburgo
Macedonia
Madagascar
Malawi
Malaysia
Maldive
Mali
Malta
Marocco
Marshall
Mauritania
Maurizio
Messico
Micronesia
Moldavia
Monaco
Mongolia
Mozambico
Namibia
Nauru
Nepal
Nicaragua
Niger
Nigeria
Norvegia
Nuova Zelanda
Oman
Paesi Bassi
Pakistan
Panamá
Papua Nuova Guinea
Paraguay
Perú
Polonia
Portogallo

BANDIERE

Qatar
Romania
Ruanda
Russia
Saint Kitts e Nevis
Saint Lucia
Saint Vincent e Grenadine
Salomone
Samoa Occidentali
San Marino
São Tomé e Príncipe
Senegal
Seychelles
Sierra Leone
Singapore
Siria
Slovacchia
Slovenia
Somalia
Spagna
Srī Lanka
Stati Uniti d'America
Sudafrica
Sudan
Suriname
Svezia
Svizzera
Swaziland
Tadžikistan
Taiwan
Tanzania
Thailandia
Togo
Tonga
Trinidad e Tobago
Tunisia
Turchia
Turkmenistan
Tuvalu
Ucraina
Uganda
Ungheria
Uruguay
Uzbekistan
Vanuatu
Venezuela
Vietnam
Yemen
Zaire
Zambia
Zimbabwe
UE
Nazioni Unite

APPENDICI

- GRAMMATICA ESSENZIALE DI RIFERIMENTO
- SIGLE E ABBREVIAZIONI
- SENTENZE E FRASI PROVERBIALI LATINE

INDICE

1. L'ORTOGRAFIA

L'**ortografia** è la parte della grammatica che stabilisce le regole dello scrivere correttamente in relazione all'uso dei segni grafici e d'interpunzione.
Nelle lingue storiche non c'è mai corrispondenza perfetta tra il sistema dei suoni e il sistema dei segni. Può accadere che un suono possa essere rappresentato da più segni o che un segno rappresenti più suoni. Il suono /k/ viene reso in italiano con il segno *c* davanti ad *a*, *o*, *u*; con il digramma *ch* davanti a *e*, *i*; con il segno *q* quando è seguito dal suono /w/, ma solo in determinate parole (p.e. in *quota* ma non in *cuore*). Così, sono solo ragioni storiche a far sì che, a parità di pronuncia, *coscienza* si scriva col trigramma *sci* mentre *adolescenza* richieda il digramma *sc*. Dubbi di questo tipo li risolve il dizionario. Ci sono però altri aspetti che concernono l'ortografia e a cui il dizionario non dà risposta o dà risposte molto parziali. Ci riferiamo soprattutto a elementi, per così dire, accessori della scrittura, come l'accento, l'apostrofo, i segni di interpunzione, oppure a convenzioni come la sillabazione e l'uso delle maiuscole. Questi aspetti non riguardano di fatto la grafia delle singole parole, ma incidono comunque sulla correttezza dell'espressione scritta.

L'ACCENTO

Polisillabi

L'**accento** è il rafforzamento della voce nella pronuncia della sillaba di una parola. In tutte le parole con due o più sillabe ce n'è sempre una che porta l'accento. Questo accento è l'accento tonico della parola. La sillaba che porta l'accento tonico si chiama sillaba tonica; una sillaba priva di accento è una sillaba atona.
Le parole composte di due o più sillabe si dicono *tronche* se l'accento cade sull'ultima sillaba, *piane* se cade sulla penultima, *sdrucciole* se cade sulla terzultima, *bisdrucciole* se cade sulla quartultima.
Tutti i polisillabi hanno dunque un accento tonico, ma nell'ortografia dell'italiano esso viene marcato obbligatoriamente solo sulle parole tronche. È questo l'accento grafico, che può essere grave [`], acuto [´] o, oggi poco usato, circonflesso [ˆ].
L'accento grave si sovrappone a *a*, *i*, *u*, *e* aperta, *o* aperta; l'accento acuto a *e* chiusa, *o* chiusa; l'accento circonflesso può essere impiegato solo su *i* finale di parola quando risulta dalla fusione di *-ii* (p.e. *princip*î, da *principii*; *dissid*î da *dissidii* ecc.).

Monosillabi

Le parole monosillabe possono essere pronunciate nella frase con un accento loro proprio (come *re*, *fu*) oppure possono non avere un accento loro proprio e poggiare sull'accento tonico della parola che segue o che precede. I monosillabi del primo tipo sono monosillabi forti, quelli del secondo tipo monosillabi deboli. Nell'ortografia dell'italiano, però, l'accento grafico si segna solo su taluni monosillabi, non perché siano forti o deboli, ma solo perché altrimenti si confonderebbero con altri monosillabi che hanno la stessa grafia. Infatti *re* si scrive senza accento pur essendo un monosillabo forte. *Là* è un monosillabo forte, ma si scrive con l'accento perché altrimenti si confonderebbe con *la* articolo. E così per *dì* 'giorno' e *di* preposizione, *dà* voce del verbo "dare" e *da* preposizione, *è* voce del verbo "essere" ed *e* congiunzione ecc. Vi sono poi altri monosillabi come *ciò, già, giù, più, può* che si scrivono con l'accento solo per evitare che possano essere letti /ˈtʃio/, /ˈdʒia/, /ˈdʒiu/, /ˈpiu/, /ˈpuo/ invece di /tʃɔ/, /dʒa/, /dʒu/,/pju/, /pwɔ/. A loro volta *qui* e *qua* si scrivono senza accento perché sarebbe impossibile leggerli /ˈkui/, /ˈkua/: infatti, se si pronunciassero in questo modo, si scriverebbero *cui* e *cua*.

	monosillabi accentati		*non accentati*
dà	voce del verbo "dare"	*da*	preposizione
dì	"giorno"	*di*	preposizione
è	voce del verbo "essere"	*e*	congiunzione
là	avverbio	*la*	articolo
lì	avverbio	*li*	pronome
né	congiunzione	*ne*	pronome
sé	pronome	*se*	congiunzione
sì	affermazione (*dimmi di sì*)	*si*	pronome
tè	bevanda (*bere un tè*)	*te*	pronome

E inoltre *ciò, già, giù, più, può* e qualche altro poco comune come *piè, scià* ecc.

L'APOSTROFO

Elisione

L'**elisione** è il fenomeno per cui si verifica la caduta di una vocale atona in fine di parola davanti alla vocale iniziale della parola successiva. Nella scrittura l'elisione viene rappresentata dall'**apostrofo**.

Quando nella frase si incontrano due vocali alla fine e all'inizio di due parole successive l'elisione in certi casi è obbligatoria, in altri è facoltativa, in altri invece non è consentita. Per esempio *di* si elide sempre (*muro d'orto, pene d'amore*), *da* in genere no (*agire da ingenuo, comportarsi da amico*; si elide solo in locuzioni come *fin d'ora, d'allora in poi, d'altronde* ecc.); *senza* si elide obbligatoriamente in *senz'altro*, ma non altrettanto in *senza aiuto, senza invidia* ecc.; *tutto* si elide in determinate locuzioni come *tutt'altro, tutt'al più, tutt'e due*, ma non negli altri casi (*tutto asciutto, tutto incluso*); *povero* si elide solo in *pover'uomo*. Dunque non esiste una regola nell'uso dell'apostrofo? Una regola assoluta no. Però può essere utile sapere che certe parole di norma subiscono l'elisione davanti a vocale. Oltre alla preposizione di, di cui abbiamo già detto, si elidono obbligatoriamente:

1. gli articoli singolari lo e la e le preposizioni articolate formate con essi (*allo, alla, dello, della, dallo, dalla* ecc.): *l'uomo, l'alba, la vita dell'uomo, la luce dell'alba*.
2. l'articolo indeterminativo una: *un'ape, un'oca*.
3. come e ci davanti alle voci del verbo "essere": *com'eravamo, c'era*.
4. gli aggettivi quello, bello, santo: *quell'orto, bell'uomo, sant'Onofrio*.

Non si elidono mai le vocali che sono desinenze del plurale (*amori infelici*, non **amor'infelici*) o sono parte di una desinenza verbale (*mangiava erba*, non **mangiav'erba*).

Troncamento

Un fenomeno analogo a quello dell'elisione è il **troncamento**. Esso si verifica quando cade la sillaba o la vocale finale di una parola all'interno della frase. Nella grafia, a differenza di quanto avviene per l'elisione, il troncamento non è evidenziato da alcun segno. Perché una parola possa subire il troncamento sono necessarie di norma alcune condizioni:

1. che nella forma piena la sua sillaba finale non sia accentata;

2. che la vocale o la sillaba finale (che cadono) siano precedute dai suoni *l*, *r*, *n* (*male/mal*, *vale/val*, *andare/andar*, *cuore/cuor*, *dottore/dottor*, *grande/gran*, *santo/san*), e in poesia anche da *m* (*andiamo/andiam*, *facciamo/facciam*);
3. che sia al singolare (*cuor contento*, non **cuor contenti*);
4. che sia al maschile e non al femminile (*un bel ragazzo*, non **una bel ragazza*; fanno eccezione *tale* e *quale*, che hanno la forma tronca anche al femminile, e *suor*);
5. che la parola successiva non cominci con i suoni *s* impura, *sc(i)*, *gn*, *pn*, *ps*, *x*, *z* (*un cavallo* ma non **un gnomo* o **un zotico*).

Quando il troncamento riguarda l'intera sillaba esso non avviene davanti a parola che comincia per vocale (*frate Anselmo* non **fra Anselmo*, *sant'Antonio* non **san Antonio*; *un grand'amore* non **un gran amore*; *quell'attore* non **quel attore*).

Parole che obbligatoriamente subiscono il troncamento sono:
1. uno articolo maschile e gli aggettivi maschili alcuno, nessuno, ciascuno: *un cane*, *un urlo*, *alcun uomo*, *nessun bisogno*;
2. buono, maschile singolare: *buon uomo*, *buon compleanno*;
3. bello, quello, santo, maschili singolari (solo davanti a consonante): *un bel colpo*, *quel posto*, *san Paolo*;
4. i nomi frate (davanti a consonante) e suora (davanti a vocale e consonante): *fra Giovanni*, *suor Albina*, *suor Tarcisia*.

Il troncamento è facoltativo:
1. con gli aggettivi tale e quale, anche al femminile: *tal uomo* e *tale uomo*, *tal cosa* e *tale cosa*, *qual età* e *quale età*;
2. con l'aggettivo grande: *un gran palazzo* e *un grande palazzo*; al femminile è preferibile usare solo la forma piena: *una grande cantante*.

I troncamenti di cui abbiamo finora parlato possono avvenire soltanto all'interno della frase; ossia, una parola può subire il troncamento solo quando è seguita da un'altra parola. Vi sono invece alcune parole che possono esistere nella forma tronca anche in fine di frase. Per esempio, si può dire: *Se c'è del formaggio, posso mangiarne un poco?* Ma si può anche dire: *Se c'è del formaggio, posso mangiarne un po'?* Un'altra particolarità delle parole di questo tipo è che il troncamento è indicato dal segno dell'apostrofo. Le parole che si comportano in questa maniera sono le seguenti: po', per *poco*; di', da', fa', sta', va' (troncamenti di *dici*, *dai*, *fai*, *stai*, *vai*, forme dell'imperativo dei verbi *dire*, *dare*, *fare*, *stare*, *andare*); nell'uso familiare, be' per *bene* (*be', cosa c'è?*) e to' per *togli* (*to', chi si vede!*).

Non sempre è facile stabilire quando si verifichi elisione e quando troncamento, e di conseguenza quando vada usato l'apostrofo e quando no. Facciamo un esempio: *buon anno* si scrive con o senza apostrofo? Cioè: *buon* davanti a un nome maschile che comincia per vocale è una forma tronca, e si scrive senza apostrofo, o è avvenuta un'elisione e allora si scrive con l'apostrofo? Si unisca a *buon* una parola maschile che cominci per consonante, per esempio *Natale*. Si avrà *buon Natale*: dunque esiste la forma tronca del maschile, che si potrà usare perciò anche davanti alle parole maschili che cominciano per vocale (allora si scrive *buon anno*, senza apostrofo). Se invece si hanno dei dubbi su come si scrive *buon'azione* (così o senz'apostrofo?), si cerchi una parola femminile che comincia per consonante e si provi se va bene con *buon*. Per esempio, *buon merenda*: come si vede, non va bene, dunque non esiste una forma femminile tronca *buon*. Ne consegue che in *buon'azione* la caduta della vocale è dovuta a elisione e non a troncamento. È perciò obbligatorio l'uso dell'apostrofo.
Lo stesso ragionamento si potrebbe ripetere per un (esattamente come *un* si comportano alcun, ciascun, nessun) e per tal e qual. Per evitare di sbagliare, basta tener conto di queste due regole pratiche: 1. l'articolo *un* si scrive con l'apostrofo solo se è seguito da una parola femminile che comincia per vocale (*un'attrice*, ma *un attore*); 2. le forme *tal* e *qual* rifiutano sempre l'apostrofo (*qual è*, *tal era*).

L'INTERPUNZIONE

L'**interpunzione**, o **punteggiatura**, è il procedimento con il quale vengono separati, per mezzo di appositi segni, i vari elementi che costituiscono un testo scritto (parole, proposizioni, periodi). Questi segni sono il punto, la virgola, i due punti, il trattino ecc. Fine dell'interpunzione è di rendere evidente la struttura sintattica del testo.
Ecco una descrizione degli usi dei vari segni, anche se le regole della punteggiatura non sono mai rigide:

Il **punto** [.] È detto anche "punto fermo" ed è certamente il più importante segno di punteggiatura. Infatti si usa a conclusione di una frase o di un periodo. Si impiega anche nelle abbreviazioni (*sig., sig.ra, dott.* ecc.). Quando la frase si chiude con una abbreviazione (*Sono metalli: il ferro, il rame, l'argento, l'oro ecc.*), il punto della parola abbreviata fa anche da punto fermo.
La **virgola** [,] Questo segno indica una pausa breve. Si usa 1. nelle enumerazioni, cioè quando si elencano più elementi senza fare uso della congiunzione *e* (*Milano, Bergamo, Brescia, Como, Pavia sono città della Lombardia*); 2. quando ci si rivolge a qualcuno interpellandolo (*Guarda, Francesco, che bel panorama!*) 3. prima di un'apposizione, cioè di un sostantivo che determina un nome (*Leopardi nacque a Recanati, cittadina delle Marche*) 4. per delimitare un inciso (*Questi comportamenti, come ho già detto, non mi piacciono*) 5. per separare tra loro alcune proposizioni (*Sebbene sia molto ricco, è di una grande avarizia*).
La virgola non si usa invece 1. per separare il soggetto dal verbo, tranne che non ci sia un inciso (**Mario, cantò* è in casi normali sbagliato; *Mario, che lo sapeva fare meglio degli altri, cantò* è corretto perché il soggetto e il verbo sono separati da un inciso); 2. per separare il nome dall'aggettivo (**la rosa, gialla* in casi normali è sbagliato); 3. più in generale, per separare tutti quegli elementi della frase che dal punto di vista logico sono strettamente connessi fra loro, a meno che non siano separati da un inciso (in **Giovanni ama, la matematica* oppure **Le arance maturano, in autunno* l'uso della virgola è sbagliato; invece non lo è in *Giovanni, tra le altre cose, ama la matematica*; *Le arance maturano, per quanto io ne sappia, in autunno*).
Il **punto e virgola** [;] È un segno più forte della virgola e meno forte del punto fermo. Si usa soprattutto per separare dei periodi piuttosto complessi, quando lo stacco logico tra essi non è così marcato da richiedere il punto fermo (*Dopo quello che era accaduto nessuno di noi aveva più voglia di scherzare; passarono molti giorni prima che ritrovassimo la consueta allegria*).
I **due punti** [:] Si usano soprattutto 1. per introdurre il discorso diretto (*Le ho chiesto: "Dove vai in vacanza?" Ha risposto: "Fatti miei!"*) 2. per introdurre la spiegazione, una precisazione o la conseguenza di ciò che si è detto immediatamente prima (*Cadendo si è fatto male al ginocchio: solo una piccola distorsione*; *Era una bella giornata di sole: decidemmo di fare una gita*).
Il **punto interrogativo** [?] Si scrive alla fine di una domanda (*Chi è venuto?*).
Il **punto esclamativo** [!] Contrassegna un'esclamazione o anche un ordine, un'invocazione (*Caspita!*; *Uscite immediatamente di qui!*; *Ti prego, aiutami!*). Talora viene usato insieme al punto interrogativo per esprimere meraviglia, sorpresa (*Che cosa?!*).
I **puntini di sospensione** [...] Si usano 1. quando non si vuole completare una parola o una frase per ragioni di convenienza o perché sarebbe superfluo, e si ritiene che chi leggerà possa ricostruire facilmente la parola o le parole mancanti (*Chi ben comincia...*, senza concludere *è a metà dell'opera;* oppure *A buon intenditor...* , senza aggiungere *poche parole*; 2. quando per opportunità, incertezza, indecisione si interrompe il discorso o si cambia la frase che si aveva in mente in un primo momento (*Io voglio... cioè, mi piacerebbe che fosse così*).
Le **virgolette** [" "] Le virgolette si impiegano sempre in coppia 1. per delimitare il discorso diretto e, più in generale, quando si riporta una parola o una frase, un discorso di un'altra persona o qualcosa che si è letto, usando proprio le stesse parole che sono

state dette o scritte (*Brenno, capo dei Galli, ai Romani che protestavano per il saccheggio della città rispose: "Guai ai vinti!"*; *Su tutti i muri della città si poteva leggere "W gli Alpini"*); 2. per mettere in evidenza una o più parole nella frase quando si usano in un significato molto particolare (*Marco "si spazzolò" da solo tutta la cena,* dato che "spazzolare" si usa qui nel significato gergale di 'mangiare rapidamente'; *Il castoro è un animale "ingegnere",* ovviamente non perché sia laureato in ingegneria, ma perché rodendo i tronchi degli alberi li riduce in pezzi di varia grandezza con cui costruisce dighe nei fiumi, facendo così un'opera di ingegneria); 3. con i titoli delle opere (*Renzo e Lucia sono personaggi dei "Promessi sposi"*).

Il **trattino** [-] Si usa 1. per delimitare un inciso quando la virgola non costituirebbe uno stacco sufficientemente forte (*Sono proprio io - rispose l'uomo - la persona che state cercando*) 2. con taluni composti, specialmente se la composizione è occasionale (*La Juve prepara la squadra anti-Milan*; *Alla festa erano state invitate tutte le persone-bene della città*) 3. tra due nomi propri quando sono messi in rapporto (*l'autostrada Milano-Torino*); 4. nella stampa si usa come segno per spezzare la parola nell'andare accapo; nella scrittura a mano può usarsi sia il trattino sia il segno =.

Le **parentesi** [( )] La funzione delle parentesi è quella di delimitare un inciso 1. perché l'inciso contiene un'informazione accessoria, non essenziale alla comprensione della frase: *Giuseppe Garibaldi (1807-1882) è la figura più popolare del nostro Risorgimento*; *Rimini (Forlì) è una famosissima località balneare dell'Adriatico* 2. quando l'inciso, se non fosse chiuso ben visibilmente tra parentesi, potrebbe far perdere il filo del discorso: *Il gioco del calcio (mi riferisco al gioco che si faceva a Firenze tra due squadre di venticinque giocatori ciascuna, non al calcio di oggi) risale agli inizi del XV secolo.*

LA SILLABAZIONE

La divisione in sillabe delle parole è molto importante nella scrittura perché, nell'andare a capo, le parole possono essere spezzate solo mantenendo intatta l'unità della sillaba. Per andare a capo correttamente, osserva questo decalogo:

1. I digrammi e i trigrammi non si dividono mai.
2. I dittonghi e i trittonghi sono ugualmente indivisibili.
3. Due suoni vocalici appartengono sempre a sillabe diverse (*pa-u-ra, bo-a-to*).
4. Una consonante semplice (non doppia) compresa tra due vocali (o due dittonghi) fa sillaba con la vocale (o dittongo) che segue (*e-tà, uo-vo, a-ria*).
5. Una vocale o un dittongo a inizio di parola, seguito da una consonante semplice che è seguita a sua volta da un'altra vocale o dittongo, fa sillaba a sé (*a-mo, e-lio, ie-ri*).
6. Le consonanti doppie appartengono a sillabe diverse (*at-tac-co, cas-set-ta*).
7. Quando si incontrano due consonanti all'interno di una parola esse appartengono alla stessa sillaba se ci sono parole italiane abbastanza comuni che cominciano con quelle due consonanti (*posta* si divide *po-sta* perché ci sono moltissime parole italiane che cominciano con *st-*; *pepsico* si divide *pe-psi-co* perché esiste *psicologia*, parola abbastanza comune, che comincia con *ps-*). Le due consonanti appartengono invece a sillabe diverse quando non ci sono parole italiane che cominciano con quelle due consonanti o, se ci sono, sono rare (*portare* si divide *por-ta-re* perché non c'è nessuna parola italiana che comincia con *rt-*; *aritmetica* si divide *a-rit-me-ti-ca* perché non c'è nessuna parola italiana abbastanza comune che comincia con *tm-*).
8. La stessa regola precedente vale per l'incontro di tre consonanti (*costruire* si divide *co-stru-i-re* perché ci sono molte parole italiane che cominciano con il gruppo *str-*; *comprare* si divide *com-pra-re* perché non c'è nessuna parola italiana che comincia con *mpr-*).
9. Le parole composte si separano nel punto di congiunzione dei due elementi da cui sono formate, anche in contrasto con le regole fin qui definite, quando la giuntura è particolarmente sentita (*sublunare* si dividerà *sub-lu-na-re* e non *su-blu-na-re*, anche se esistono molte parole italiane che iniziano con *bl-*; *subentrare* invece può essere diviso *su-ben-tra-re*).

10. È buona abitudine non andare mai a capo con una sola vocale. Comunque, in caso di dubbio, piuttosto che rischiare di commettere un errore, è preferibile spezzare la parola alla sillaba successiva!

L'USO DELLE MAIUSCOLE

Nello scrivere si usano normalmente le lettere minuscole. Le maiuscole si impiegano all'inizio di ogni periodo, cioè quando si comincia a scrivere, o dopo un punto fermo (o un punto interrogativo o un punto esclamativo quando hanno la stessa funzione del punto fermo). La lettera maiuscola si impiega anche dopo i due punti e le virgolette, quando si riportano le parole di qualcuno. Si scrivono inoltre con l'iniziale maiuscola:
1. i nomi propri di persona (nomi di battesimo, cognomi, soprannomi e pseudonimi): *Alberto, Giovanni, Bianchi, Rossi, Gambadilegno, lo Squalo*;
2. i nomi propri di cosa (edifici, monumenti, reliquie ecc.): *il Pantheon, la Scala, la Sindone*;
3. i nomi propri geografici o astronomici (nomi di paesi, regioni, città, mari, fiumi, laghi, monti, strade, piazze, pianeti, stelle ecc.): *la Spagna, il Monferrato, Trieste, l'Arno, il Monviso, il monte Fumaiolo, piazza Mazzini* (anche *Piazza Mazzini*), *corso Libertà* (anche *Corso Libertà*), *il pianeta Terra, la stella Vega*;
4. i nomi dei punti cardinali quando indicano una regione, un'area geografica: *il Sud dell'Italia*; *il fascino dell'Oriente*;
5. i nomi di popoli storici (i nomi di popoli moderni oggi si scrivono per lo più con la minuscola): *gli Etruschi, i Romani, i Longobardi*; ma *gli americani, i francesi, i giapponesi*;
6. i nomi di enti, istituzioni, società: *l'Ufficio del Registro, la Cassa di Risparmio, la Scuola Media "D.Alighieri"*;
7. i titoli di libri, giornali o i nomi di opere d'arte: *La Divina Commedia, La Gazzetta dello Sport, la Pietà di Michelangelo*;
8. i nomi di feste: *il Natale, l'Epifania, il Carnevale*;
9. i nomi dei secoli o di grandi epoche storiche: *il Trecento, l'Ottocento, il Novecento, l'Umanesimo, il Risorgimento*;
10. le lettere che costituiscono una sigla: *ONU* (Organizzazione delle Nazioni Unite), *CISL* (Confederazione Italiana Sindacati Lavoratori), *GB* (Gran Bretagna);
11. il nome di *Dio* e della *Madonna* (ma *dio* si scrive con lettera minuscola quando è nome comune: *gli dei pagani, il dio Apollo*). Con il nome dei santi è preferibile scrivere *san* minuscolo quando ci si riferisce al santo, *San* maiuscolo quando è il nome di una chiesa o il giorno della festa del santo: *i santi Pietro e Paolo*; *a Milano visitammo Sant'Ambrogio*; *a San Benedetto la rondine sotto il tetto*.

L'uso della maiuscola è obbligatorio nei casi che sono stati elencati. Ma la lettera maiuscola può essere adoperata anche con i nomi comuni di persona, quando ci si riferisce a una persona particolare verso cui si intende esprimere reverenza. Per esempio, una persona di fede monarchica scriverà *il Re*, mentre chi è di sentimenti repubblicani preferirà scrivere *il re*, con la minuscola; e così c'è chi preferisce scrivere *il Papa* e chi invece scrive *il papa*. Con i nomi che indicano concetti astratti a cui si attribuisce un particolare valore è preferibile, ma non obbligatorio, usare la maiuscola (*La bilancia è il simbolo della Giustizia*; *La Legge è uguale per tutti*). Si può adoperare la maiuscola anche con i pronomi personali e con i pronomi e gli aggettivi possessivi quando si riferiscono a Dio, la Madonna, i santi o a persone di riguardo (*Padre nostro che sei nei cieli, sia fatta la Tua volontà*; *Spero di incontrarLa al più presto, intanto La saluto molto distintamente, Suo Tal dei Tali*); ma in questi ultimi casi la tendenza moderna è quella di adoperare la lettera minuscola.

2. LA FRASE

La **frase** è un'espressione linguistica dotata di senso compiuto. Una frase è costituita di tante **proposizioni** quanti sono i predicati che contiene al suo interno. Una frase è *semplice* se costituita di un'unica proposizione, *composta* se costituita di più proposizioni tutte coordinate fra loro, *complessa* se costituita di più proposizioni di cui almeno una in rapporto di subordinazione sintattica.

Gli elementi essenziali della proposizione sono il **soggetto** e il **predicato**. Il predicato (*verbale* o *nominale*) è ciò che viene affermato a proposito di quell'elemento della proposizione con cui esso si accorda. L'elemento della proposizione con cui il predicato si accorda è il soggetto.

Gli elementi della proposizione che servono di completamento al nucleo soggetto-predicato costituiscono i complementi.
Tra i complementi rivestono un rilievo particolare:
— il **complemento oggetto**, l'elemento della proposizione su cui ricade in maniera diretta l'azione espressa dal predicato verbale;
— il **complemento di termine**, l'elemento della proposizione, introdotto dalla preposizione *a*, che indica la persona o la cosa a cui è indirizzata l'azione o a cui si riferisce la condizione espressa dal predicato.

Si intende per **concordanza** il complesso delle norme che regolano l'accordo delle parole nella frase. Gli elementi su cui si fonda la concordanza delle parole sono il genere (maschile o femminile) e il numero (singolare o plurale); per i verbi di modo finito la concordanza riguarda invece la persona (prima, seconda o terza) e il numero (singolare o plurale).

AGGETTIVO E NOME

L'aggettivo assume lo stesso genere e numero del nome a cui si riferisce. Se si riferisce a più nomi, va sempre al plurale: maschile, se i nomi sono tutti maschili oppure maschili e femminili; femminile, se i nomi sono tutti femminili:

Il vestit*o* e il cappott*o* grig*i*.
I pantalon*i* e la giacc*a* grig*i*.
Le calz*e* e il cappell*o* grig*i*.
La camici*a* e la cravatt*a* grigi*e*.
Le calz*e*, le bretell*e* e il fazzolett*o* grig*i*.
Il cappell*o*, i guant*i* e la cintur*a* grig*i*.

VERBO E SOGGETTO

I verbi di modo finito si accordano col soggetto nella persona e nel numero. Quando un verbo ha più soggetti l'accordo del verbo con essi avviene nel seguente modo:

1. Quando uno dei soggetti è di prima persona (singolare o plurale) il verbo va sempre alla prima persona plurale:

Tu ed io siamo amici.
Io e lui non lo siamo.
Né noi né lui partiremo domani.
Voi ed io resteremo qui.
Né Carla né io studiamo molto.
Noi e loro ci vediamo spesso.

2. Quando i soggetti sono di seconda e terza persona (singolare o plurale) il verbo va sempre alla seconda persona plurale:

Tu e lui siete cugini?
Tu e i tuoi amici fate troppo chiasso.
Voi e il professore siete in classe.
Né voi né loro andrete in viaggio.

3. Quando i soggetti sono tutti di terza persona (singolare o plurale) il verbo va alla terza persona plurale:

Giorgio e Giorgia vanno d'accordo.
Rocco e i suoi fratelli non abitano qui.
Militari e ragazzi pagano metà biglietto.

4. Quando un soggetto singolare è accompagnato da un complemento di compagnia, il verbo va al singolare (*Tu con lui puoi contare su di noi*, non **Tu con lui potete contare su di noi*).

5. Quando il soggetto è di genere singolare, ma di valore collettivo, è permessa la concordanza a senso (*Un gruppo di ragazzi parlavano ad alta voce*).

PARTICIPIO PASSATO E SOGGETTO

Il participio passato concorre alla formazione dei tempi composti e della coniugazione passiva.
Quando il participio passato segue l'ausiliare *essere*, esso si accorda col soggetto in genere e numero; se i soggetti sono più d'uno le regole dell'accordo sono le stesse di quelle dell'aggettivo quando si riferisce a più nomi:

Franco è partito.
Maria è partita.
I ragazzi sono interrogati.
Le ragazze sono interrogate.
Franco e Maria sono arrivati.
Maria e Monica sono arrivate.

Quando il participio passato segue l'ausiliare *avere* resta di norma invariato, qualunque sia il genere e il numero del soggetto:

Franco ha corso.
Maria ha corso.
I ragazzi hanno corso.
Le ragazze hanno corso.
Franco ha mangiato la mela.
Maria ha mangiato la mela.
I ragazzi hanno mangiato la mela.
Le ragazze hanno mangiato la mela.

Ma se nella frase è presente un complemento oggetto costituito dai pronomi personali atoni *lo*, *la*, *li*, *le*, è obbligatorio l'accordo del participio passato col complemento oggetto:

Nessuno aveva chiamato i ragazzi.
Nessuno l*i* aveva chiamat*i*.
Nessuno aveva chiamato le ragazze.
Nessuno l*e* aveva chiamat*e*.

Con gli altri pronomi personali atoni complemento oggetto (*mi*, *ti*, *ci*, *vi*) il participio può accordarsi col complemento oggetto o restare invariato:

Sono Franco: mi hai chiamato?
Sono Maria: mi hai chiamata?

Sono Maria: mi hai chiamato?
Siamo Franco e Maria: ci hai chiamati?
Siamo Franco e Maria: ci hai chiamato?

Quando il participio passato è usato da solo, cioè senza ausiliare, si accorda in genere e numero col nome a cui si riferisce, comportandosi di fatto come un aggettivo:

Dato il momento, non è opportuno insistere.
Vista la situazione, è meglio smettere.
Considerati i fatti, è preferibile lasciar perdere.
Valutate le circostanze, conviene rinunciare.

4. IL NOME

Si definiscono **nomi** o **sostantivi** quelle parole che hanno la funzione di designare le persone, gli animali o le cose (oggetti, fatti, avvenimenti, azioni, sentimenti, concetti, idee ecc.).

LA FORMAZIONE DEL FEMMINILE

La maggioranza dei nomi che designano esseri animati ha una forma per il maschile e una forma per il femminile (*nomi a genere differenziato*). L'elemento che le distingue è la desinenza. Ma esistono anche molti nomi che hanno una stessa forma sia al maschile sia al femminile (*nomi ambigeneri*). Altri sono di genere grammaticale maschile o femminile, ma designano tanto l'individuo maschio quanto l'individuo femmina (*nomi promiscui*). Per un certo numero di nomi, infine, il passaggio dal maschile al femminile avviene con l'impiego di una parola di altra radice (*nomi indipendenti*).

Nomi a genere differenziato

I nomi di questo tipo hanno, come abbiamo già detto, una forma per il maschile e una per il femminile. Si classificano in base alle desinenze.

maschile		*femminile*	
-o	*maestro* *ragazzo*	-a	*maestra* *ragazza*

Tra i nomi a genere differenziato, quelli in *-o*/*-a* sono di gran lunga i più numerosi.

-e	*cameriere* *panettiere* *padrone*	-a	*cameriera* *panettiera* *padrona*

Questa classe di nomi è sufficientemente numerosa. Tuttavia molti nomi che hanno il maschile in *-e* conservano la stessa forma al femminile (*giovane*, *insegnante*, *sorvegliante* ecc.).

-o/-e/-a	*avvocato* *leone* *poeta*	-essa	*avvocatessa* *leonessa* *poetessa*
	gallo *eroe* *Andrea*	-ina	*gallina* *eroina* *Andreina*

I femminili in *-essa* di persona indicano per lo più nomi di attività, professioni. Nei femminili dei nomi in *-ina* è implicita una sfumatura di diminutivo.

-tore	*direttore* *pittore* *salvatore*	-trice	*direttrice* *pittrice* *salvatrice*

Alcuni nomi maschili in *-tore* hanno il femminile in *-tora*: *tintore/tintora, pastore/pastora, impostore/impostora*. Altri hanno sia la forma *-trice*, sia la forma *-tora*, di uso più popolare: *tessitore/tessitrice/tessitora*.

maschile		*femminile*	
-sore	*difensore* *persuasore*	-itrice	*difenditrice* *persuaditrice*
Casi particolari			
	dio re abate cane		dea regina badessa cagna

Nomi ambigeneri

Questi nomi hanno al singolare la forma del maschile identica a quella del femminile.

maschile/femminile	*tipo*	
-e	nomi in *-ante*	*cantante* *mendicante* *negoziante*
	nomi in *-ente*	*dirigente* *parente* *presidente*
	aggettivi sostantivati	*colpevole* *industriale* *milanese*
	altri nomi	*erede* *nipote* *nomade* *preside* *testimone*
-a	nomi in *-ista*	*analista* *artista* *ciclista*
	nomi col suffissoide *-cida*	*omicida* *liberticida*
	nomi col suffissoide *-iatra*	*odontoiatra* *pediatra*
	altri nomi	*astronauta* *atleta* *cineasta* *collega*

Nomi promiscui

Tra i nomi a genere differenziato ve ne sono molti di animali: *gatto/gatta, cane/cagna, orso/orsa, cavallo/cavalla, asino/asina* ecc. Il primo nome di ogni coppia designa un individuo maschio, il secondo un individuo femmina. La forma maschile, oltre all'individuo maschio, può anche designare l'animale in generale (*il cane è un animale fedele*). Per molti altri animali, invece, esiste un unico nome per designare sia l'individuo maschio sia l'individuo femmina. *Volpe* è un nome di genere grammaticale femminile (*la volpe*) ma designa tanto la volpe femmina quanto la volpe maschio; la stessa cosa vale

per *talpa*, *pantera*, *rana*, *vespa*, *zanzara* e tanti altri. Allo stesso modo, *grillo* è un nome di genere grammaticale maschile (*il grillo*) ma designa sia il grillo maschio sia il grillo femmina; e così per *falco*, *cigno*, *gufo*, *usignolo*, *sciacallo* e vari altri.
I nomi di animali che hanno una sola forma per indicare sia l'individuo maschio, sia l'individuo femmina si chiamano **nomi promiscui**. Con i nomi di questo tipo, se intendiamo specificare il sesso dell'animale, dobbiamo usare delle locuzioni: *la volpe maschio*, *la volpe femmina* oppure *il maschio della volpe*, *la femmina della volpe*.

Nomi indipendenti
Ci sono dei nomi in cui il passaggio dal maschile al femminile comporta l'impiego di una parola che ha radice diversa. Ad esempio, il nome femminile corrispondente al maschile *fratello* è *sorella*, non **fratella*; la femmina del *toro* è la *vacca*, non la **tora*.
I nomi che al femminile hanno una radice diversa da quella del corrispondente nome maschile si dicono **nomi indipendenti**.

	maschile	*femminile*
Nomi di persona	uomo	donna
	maschio	femmina
	padre	madre
	papà, babbo	mamma
	fratello	sorella
	marito	moglie
	genero	nuora
	frate	suora
	maschile	*femminile*
Nomi di animali	becco	capra
	fuco	ape
	maiale, porco	scrofa
	montone	pecora
	toro	vacca

Falsi femminili
Ci sono dei nomi di cose che differiscono esclusivamente per la desinenza del maschile e del femminile. Non si tratta però di passaggio dal maschile al femminile, ma di nomi di differente significato. Ad esempio:

busto	'un busto di marmo'	*busta*	'una busta da lettera'
collo	'il collo della camicia'	*colla*	'attaccare con la colla'
tappo	'un tappo di sughero'	*tappa*	'una tappa a cronometro'

In altre coppie dello stesso tipo abbiamo apparentemente due nomi, ma in realtà si tratta dello stesso nome, una volta in forma grammaticale maschile un'altra in forma grammaticale femminile. A seconda del caso il nome acquista significato diverso:

buco	'un buco nel muro'	*buca*	'una buca nel terreno'
finale	'il finale di una corsa'	*finale*	'la finale del torneo'
fine	'un film a lieto fine'	*fine*	'la fine del mondo'
fronte	'il fronte di guerra'	*fronte*	'un bacio sulla fronte'
fosso	'saltare un fosso'	*fossa*	'scavare una fossa'

Sono in qualche modo apparentabili ai nomi di questo tipo quelli che al maschile indicano l'albero e al femminile il frutto: *l'arancio/l'arancia*, *il banano/la banana*, *il ciliegio/la ciliegia*, *il melo/la mela*, *il noce/la noce*, *il pero/la pera* ecc.

LA FORMAZIONE DEL PLURALE

La grandissima maggioranza dei nomi ha una forma per il **singolare** (quando cioè il nome designa una sola persona, animale o cosa) e una forma per il **plurale** (quando il nome designa due o più persone, animali o cose): *il cacciatore, il cane, la preda; i cacciatori, i cani, le prede*. L'elemento che distingue il singolare dal plurale è la desinenza. Alcuni nomi hanno invece la forma del plurale identica a quella del singolare: *il re, la gru, la tribù; i re, le gru, le tribù*. Altri hanno una forma per il singolare e due per il plurale: *il braccio, i bracci, le braccia*. Altri, due forme per il singolare e due per il plurale: *orecchio, orecchia, orecchi, orecchie*. Altri sono difettivi, mancano cioè del plurale o del singolare: *gennaio, ossigeno; le ferie, le forbici*.

Nomi in -a

La desinenza *-a* è tipica del femminile, anche se sono abbastanza numerosi i nomi maschili con questa terminazione. La desinenza del plurale dei nomi in *-a* differisce a seconda che il nome sia maschile o femminile.

	singolare		*plurale*	
maschile	-a	*atleta*	-i	*atleti*
		tema		*temi*
femminile	-a	*atleta*	-e	*atlete*
		rosa		*rose*

Casi particolari: i nomi femminili *arma* e *ala* hanno i plurali *armi* e *ali*.

maschile	-ca	*gerarca*	-chi	*gerarchi*
		monarca		*monarchi*
femminile	-ca	*barca*	-che	*barche*
		sacca		*sacche*
maschile	-ga	*collega*	-ghi	*colleghi*
		transfuga		*transfughi*
femminile	-ga	*collega*	-ghe	*colleghe*
		fuga		*fughe*

Caso particolare: il plurale maschile di *belga* è *belgi*, il plurale femminile è regolarmente *belghe*.

femminile	-cìa	*farmacia*	-cìe	*farmacie*
		scia		*scie*
	-gìa	*bugia*	-gìe	*bugie*
		nostalgia		*nostalgie*
femminile	-cia	*faccia*	-ce	*facce*
		provincia		*province*
	-gia	*frangia*	-ge	*frange*
		pioggia		*piogge*

Molti nomi in *-cia*, *-gia* hanno il plurale *-cie*, *-gie*. Vedi qui di seguito.

Nell'ortografia dell'italiano c'è incertezza sul plurale dei nomi terminanti in *-cia* e *-gia* (in cui le coppie di lettere *ci* e *gi* hanno valore di digramma). In alcuni casi il plurale è obbligatoriamente *-ce* e *-ge*, in altri è obbligatoriamente *-cie* e *-gie*, in altri ancora si può avere sia una forma sia l'altra. Per non sbagliare si può osservare la seguente regola pratica: quando *-cia, -gia* sono preceduti da una vocale si scriverà al plurale *-cie*, *-gie* (*la mi-*

cia/le micie, la ciliegia/le ciliegie); quando sono preceduti da consonante si scriverà invece *-ce, -ge* (*la miccia/le micce, la scheggia/le schegge*). Comunque, le grafie *-cie, -gie* sono assolutamente obbligatorie solo con i plurali dei seguenti nomi: *acacia, audacia, camicia, ferocia, bambagia.*

Nomi in -o
La desinenza *-o* è tipica dei nomi maschili.

	singolare		*plurale*	
maschile	-o	*libro* *muro*	-i	*libri* *muri*
maschile	-io	*brusio* *ronzio*	-ìi	*brusii* *ronzii*
maschile	-io	*arbitrio* *principio*	-i/-ii/î	*arbitri/-ii/-î* *principi/-ii/î*

Le uscite del plurale *-ii* e *-î* sono antiquate, per cui normalmente non si usano. Quando la parola con desinenza plurale *-i* si confonde con un altra (*arbìtri/àrbitri, princìpi/prìncipi*), è bene distinguerla mediante l'accento, proprio come abbiamo appena fatto. Se neppure l'accento è utile a distinguere, si può usare il plurale in *-ii* (*assassinii/assassini*).

maschile	-cio	*edificio* *micio*	-ci	*edifici* *mici*
	-gio	*pertugio* *rifugio*	-gi	*pertugi* *rifugi*
	-glio	*aglio* *figlio*	-gli	*agli* *figli*
maschile	-co	*fico* *solco*	-chi	*fichi* *solchi*
		elastico *medico*	-ci	*elastici* *medici*
	-go	*fungo* *lago*	-ghi	*funghi* *laghi*
		asparago *radiologo*	-gi	*asparagi* *radiologi*

Sul plurale dei nomi in *-co* e *-go* vedi la nota alla fine dello specchietto.

Casi particolari	il centinaio	le centinaia
	il dio	gli dei
	la eco	gli echi
	la mano	le mani
	il migliaio	le migliaia
	il miglio	le miglia
	il paio	le paia
	il riso (ridere)	le risa
	il tempio	i templi
	l'uomo	gli uomini
	l'uovo	le uova

Alcuni nomi in *-co* e in *-go* hanno il plurale in *-chi* e *-ghi,* altri hanno il plurale in *-ci* e *-gi.*

Purtroppo non esiste una regola che permetta, in questi casi, di prevedere con assoluta sicurezza l'uscita del plurale. Si possono però dare delle indicazioni di massima: per i nomi in *-co* si può dire che, in generale, quando il nome è piano ha il plurale in *-chi* (*fico/fichi*, *sbocco/sbocchi*), quando è sdrucciolo ha il plurale in *-ci* (*monaco/monaci*, *ottico/ottici*), ma vi sono numerosi nomi che contravvengono a questa classificazione (per es.: *porco/porci*, *greco/greci*, *carico/carichi*, *pizzico/pizzichi*). Per i nomi in *-go* l'uscita del plurale è per lo più *-ghi* (*mago/maghi*, *spago/spaghi*); è invece *-gi* nei nomi composti col suffissoide *-logo* (solo se indicano persona: *biologo/biologi*, *musicologo/musicologi*; ma *catalogo/cataloghi*, *dialogo/dialoghi*) e col suffissoide *-fago* (*esofago/esofagi*, *sarcofago/sarcofagi*). Anche qui con qualche eccezione: per es. il plurale di *asparago* è *asparagi*. C'è ancora da aggiungere che sono molti i nomi in *-co* e in *-go* che formano il plurale sia in un modo sia nell'altro. Per tutti questi casi è la pratica della lingua la migliore maestra: e se non basta la pratica, sarà il dizionario a risolvere i dubbi.

Nomi in -e

I nomi che hanno l'uscita in *-e* sono maschili e femminili.

	singolare		*plurale*	
maschile	-e	*cortile*	-i	*cortili*
		mare		*mari*
femminile		*botte*		*botti*
		nave		*navi*
femminile	-cie	*superficie*	-ci	*superfici*
	-gie	*effigie*	-gi	*effigi*
	-glie	*moglie*	-gli	*mogli*

Caso particolare: il plurale di *la specie* è *le specie*.

Nomi invariabili

I nomi che hanno la forma del plurale identica a quella del singolare possono essere classificati secondo i seguenti tipi:

1. tutti i monosillabi	*il re*	*i re*
	lo gnu	*gli gnu*
	la gru	*le gru*
2. tutti i polisillabi tronchi	*l'età*	*le età*
	il bignè	*i bignè*
	la virtù	*le virtù*
3. i nomi col singolare in *-i*	*l'analisi*	*le analisi*
	l'ipotesi	*le ipotesi*
	la tesi	*le tesi*
4. i nomi femminili in *-ie* (esclusi *-cie, -gie, -glie*)	*la barbarie*	*le barbarie*
	la carie	*le carie*
	la serie	*le serie*
5. i nomi accorciati	*l'auto[mobile]*	*le auto[mobili]*
	la bici[cletta]	*le bici[clette]*
	il cinema[tografo]	*i cinema[tografi]*
6. nomi comuni già nomi propri	*la biro*	*le biro*
	il sosia	*i sosia*
	il pulcinella	*i pulcinella*
7. nomi maschili di animali in *-a*	*il boa*	*i boa*
	il gorilla	*i gorilla*
	il puma	*i puma*

8. altri nomi maschili in *-a*	*il boia*	*i boia*
	il vaglia	*i vaglia*
	il cruciverba	*i cruciverba*
9. nomi di origine straniera (che hanno conservato la forma d'origine)	*il bar*	*i bar*
	il film	*i film*
	lo sport	*gli sport*

Nomi con doppio plurale

Un certo numero di nomi maschili in *-o* ha due forme di plurale, una regolare maschile in *-i*, una femminile in *-a*: *il ginocchio*, *i ginocchi*, *le ginocchia*; *il calcagno*, *i calcagni*, *le calcagna* (la forma *calcagna* si usa solo nelle locuzioni *essere*, *stare alle calcagna di qualcuno*, *avere qualcuno alle calcagna* ecc.). In questi due casi non c'è comunque differenza di significato tra le due forme del plurale; nei nomi sottoelencati, invece, alle due forme del plurale corrispondono differenti significati:

il braccio	i bracci	*i bracci del lampadario, della croce, del candelabro ecc.*
	le braccia	*le braccia dell'uomo*
il budello	i budelli	*le strade lunghe e strette sono dei budelli*
	le budella	*sentirsi strappare le budella dalla pancia*
il ciglio	i cigli	*i cigli delle strade, dei burroni*
	le ciglia	*le ciglia dell'occhio*
il corno	i corni	*i corni della luna, dell'incudine*
	le corna	*le corna degli animali*
il dito	i diti	*i diti pollici, indici, medi, anulari e mignoli* (considerati singolarmente)
	le dita	*le dita della mano* (nell'insieme)
il filo	i fili	*i fili d'erba, di ferro, della luce ecc.*
	le fila	*le fila del formaggio, di una congiura, di un partito*
il fondamento	i fondamenti	*i fondamenti del sapere, di una scienza, di una teoria*
	le fondamenta	*le fondamenta di un edificio*
il grido	i gridi	*gridi di animali*
	le grida	*grida umane*
il labbro	i labbri	*i labbri di una ferita, di un vaso*
	le labbra	*le labbra della bocca*

il lenzuolo	i lenzuoli	*dieci lenzuoli di lino* (non considerati a coppie)
	le lenzuola	*le lenzuola del letto* (una coppia)
il membro	i membri	*i membri di un'associazione, del parlamento*
	le membra	*le membra del corpo umano*
il muro	i muri	*i muri maestri*
	le mura	*le mura della città; le mura della casa* (in senso collettivo)
l'osso	gli ossi	*i cani mangiano gli ossi* (considerati separatamente)
	le ossa	*le ossa del corpo* (l'ossatura)
l'urlo	gli urli	*urli di animali*
	le urla	*urla umane*

Nomi con doppio singolare e doppio plurale
Alcuni nomi hanno quattro forme, due per il singolare e due per il plurale: *l'orecchio, l'orecchia, gli orecchi, le orecchie*; *la strofa, la strofe, le strofe, le strofi*. In questi casi non c'è differenza di significato tra le due forme di ciascun numero. C'è invece differenza di significato in questi altri casi:

il frutto / i frutti	'il frutto in quanto è il prodotto di una pianta': *la mela è il frutto del melo*; *un albero carico di frutti*;
la frutta / le frutta	'il frutto o l'insieme dei frutti in quanto si mangiano' (il plurale non è comune): *comprare, mangiare la frutta*.
il legno / i legni	'il legno in quanto materiale; oggetto, pezzo di legno': *una trave di legno*; *forare un legno*;
la legna / le legna	'pezzi di legno da ardere': *una catasta di legna*.

Nomi difettivi
Ci sono dei nomi che hanno solo la forma del singolare o solo quella del plurale. Questo dipende per lo più dalla cosa che il nome designa: per esempio, se il nome designa una cosa unica in natura (*l'equatore*) o è un nome collettivo, dunque che già indica più cose, ed è di genere grammaticale singolare (*cordame*), non può esserci plurale; analogamente, se il nome designa una cosa che già è fatta di due elementi (*le pinze, i pantaloni*), o è un nome collettivo di genere grammaticale plurale (*le masserizie*), non può avere singolare. Proprio perché c'è una logica nel fatto che il nome sia difettivo del plurale o del singolare, con la maggioranza dei nomi difettivi è piuttosto difficile commettere errori. Ecco, tuttavia, una serie di nomi, tutti molto comuni, che sono soltanto plurali, ma che nell'uso parlato sono invece usati spesso al singolare:

le forbici	i calzoni
le pinze	i pantaloni
le tenaglie	le mutande
le cesoie	gli occhiali
le redini	le manette

Il plurale dei nomi composti

In generale, il plurale dei nomi composti si forma allo stesso modo di quello degli altri nomi, soprattutto quando il nome composto è da lungo tempo nell'italiano:

la cassapanca	*le cassapanche*
il francobollo	*i francobolli*
il passaporto	*i passaporti*
il girasole	*i girasoli*
il pescecane	*i pescecani*

Se invece il nome è di formazione recente tende a restare invariato al plurale:

l'antifurto	*gli antifurto*
il bloccasterzo	*i bloccasterzo*
il fuoribordo	*i fuoribordo*
il tergilunotto	*i tergilunotto*
il tritaghiaccio	*i tritaghiaccio*

Inoltre, quando il nome composto è maschile ed ha come secondo elemento un nome che invece è femminile, il plurale resta comunque invariato:

il doposcuola	*i doposcuola*
il parapioggia	*i parapioggia*
il portacenere	*i portacenere*
il salvagente	*i salvagente*
il sottobottiglia	*i sottobottiglia*

Se i due elementi che formano il nome composto sono nome + aggettivo (proprio in questa successione), in genere si volgono al plurale tutt'e due:

il ferrovecchio	*i ferrivecchi*
il pellerossa	*i pellirosse*
la roccaforte	*le roccheforti*
la terracotta	*le terrecotte*
la terraferma	*le terreferme*

Quando la successione è aggettivo + nome la formazione del plurale avviene per lo più secondo la maniera più comune, cioè il primo elemento resta invariato (*il biancospino/i biancospini*), a meno che il primo elemento non sia l'aggettivo *mezzo*: in questo caso si volgono al plurale tutt'e due i componenti del nome (ma non sempre):

la mezzacalzetta	*le mezzecalzette*
la mezzanotte	*le mezzenotti*
il mezzofondista	*i mezzofondisti*
il mezzogiorno	*i mezzogiorni*
il mezzolitro	*i mezzilitri*

Nomi composti con capo-

Dobbiamo considerare a parte i nomi composti con *capo*, facendo una prima distinzione fra quelli che indicano persona di sesso maschile, quelli che indicano persona di sesso femminile e quelli che indicano cosa. Tra i nomi che indicano persona, facendo poi una seconda distinzione a seconda che essi siano composti con *capo* + nome di cosa o *capo* + nome di persona; tra i nomi di cosa a seconda che siano composti con *capo* + nome di genere maschile o *capo* + nome di genere femminile.

1. persona di sesso maschile		
a) *capo* + nome di cosa	*il capobanda*	*i capibanda*
	il capoclasse	*i capiclasse*
	il capotavola	*i capitavola*
b) *capo* + nome di persona	*il capocameriere*	*i capicamerieri*
	il capooperaio	*i capioperai*
	il caporedattore	*i capiredattori*
2. persona di sesso femminile		
a) *capo* + nome di cosa	*la capoclasse*	*le capoclasse*
	la caposala	*le caposala*
	la capoturno	*le capoturno*
b) *capo* + nome di persona	*la capocameriera*	*le capocameriere*
	la capooperaia	*le capooperaie*
	la caporedattrice	*le caporedattrici*
3. nome di cosa		
a) *capo* + nome maschile	*il capolavoro*	*i capolavori*
	il capoluogo	*i capoluoghi*
b) *capo* + nome femminile	*il capolettera*	*i capilettera*
	il capolinea	*i capilinea*

Altri casi

Si tenga inoltre presente che: 1. i nomi formati da verbo + verbo non cambiano al plurale (*il dormiveglia/i dormiveglia*, *il parapiglia/i parapiglia*); 2. i nomi nati dall'accorpamento di più parole come *capodanno*, *ficodindia*, *pomodoro* non hanno tutti lo stesso comportamento nella formazione del plurale, per cui è necessario conoscere il loro plurale caso per caso (il plurale di queste tre parole è *i capodanni*, *i fichidindia*, *i pomodori*).

5. L'ARTICOLO

L'**articolo** è quella parte del discorso che, messa davanti a un nome, serve a renderlo in maniera determinata o indeterminata.

LE FORME

Gli articoli si distinguono in *determinativi* e *indeterminativi*, a seconda che rendano il nome in forma determinata o indeterminata.

articolo	determinativo		indeterminativo	
	maschile	*femminile*	*maschile*	*femminile*
singolare	il, lo, l'	la, l'	un, uno	una, un'
plurale	i, gli	le		

Quando esistono più forme dell'articolo per lo stesso numero e genere (per esempio, il maschile *il, lo, l'*), l'uso dell'una o dell'altra forma dipende dal suono o dal gruppo di suoni con cui ha inizio la parola successiva. Gli specchietti seguenti illustrano le regole di combinazione delle varie forme dell'articolo.

articoli determinativi			
masch.sing.	*masch.pl.*	*suoni iniziali*	
lo	gli	s (impura)	*lo sblocco, lo scarpone, lo scheletro, lo slittino, lo sradicare, lo studio, lo svago; gli sblocchi, gli scarponi*
		z	*lo zampillo, lo zio, lo zoo, lo zucchero; gli zampilli, gli zii*
		x	*lo xilofono, lo xilografo; gli xilofoni, gli xilografi*
		pn	*lo pneumatico; gli pneumatici*
		ps	*lo psicologo, lo psichiatra; gli psicologi, gli psichiatri*
		gna, gne gni, gno	*lo gnaulare, lo gneis, lo gnomo, lo gnu;*

articoli determinativi			
masch.sing.	*masch.pl.*	*suoni iniziali*	
		gnu	*gli gnomi, gli gnu*
		scia, sce *sci, scio*	*lo scialle, lo sceicco,* *lo scippo, lo sciopero,*
		sciu	*lo sciupio;* *gli scialli, gli sceicchi*
		ia, ie *io, iu*	*lo iato, lo iettatore,* *lo iodio, lo iugoslavo;* *gli iettatori, gli iugoslavi*
l'	gli	davanti a vocale	*l'albero, l'elettrauto, l'imbuto,* *l'orto, l'uovo, l'urto;* *gli alberi, gli imbuti*
il	i		in tutti gli altri casi
femm.sing.	*femm.pl.*		
la	le		davanti a tutte le consonanti e ai dittonghi *ia-*, *ie-*, *io-*, *iu-*
l'	le		davanti a vocale

articoli indeterminativi		
maschile	*suoni iniziali*	
uno	*s* (impura)	*uno sblocco, uno scarpone,* *uno scheletro, uno slittino*
	z	*uno zampillo, uno zio, uno zoo*
	x	*uno xilofono, uno xilografo*
	pn	*uno pneumatico*
	ps	*uno psicologo, uno psichiatra*
	gna, gne *gni, gno* *gnu*	*uno gnomo, uno gnu*
	scia, sce *sci, scio* *sciu* *ia, ie* *io, iu*	*uno scialle, uno sceicco,* *uno scippo, uno sciopero,* *uno sciupio* *uno iato, uno iettatore,* *uno iugoslavo*
un		in tutti gli altri casi

articoli indeterminativi	
femminile	
una	davanti a tutte le consonanti e ai dittonghi *ia-*, *ie-*, *io-*, *iu-*
un'	davanti a vocale

A proposito dell'uso delle forme degli articoli osserviamo:

1. Le parole che iniziano coi dittonghi *ia, ie, io, iu* hanno rispetto all'uso delle forme dell'articolo un comportamento diverso da quello delle parole che iniziano con la vocale *i*: *lo Ionio* e non **il Ionio*, *uno iugoslavo* e non **un iugoslavo*. Questo avviene perché la *i* del dittongo è una semiconsonante e non una vocale.
2. Un tempo le forme *gli* e *le* si apostrofavano davanti a parole che iniziavano, rispettivamente, per *i* e per *e* (*gl'insegnanti, l'erbe*). Oggi quest'uso si considera antiquato, per cui è preferibile non apostrofare mai *gli* e *le*, neppure davanti a *i* e *e* (*gli insegnanti, le erbe*).
3. La parola *dei*, plurale di *dio*, richiede l'articolo *gli* e non *i*: *gli dei dell'Olimpo.*

USI PARTICOLARI

Nell'uso dell'articolo determinativo con i **nomi propri di persona** valgono le seguenti regole: se ci riferiamo a una persona di sesso maschile, si può premettere al cognome, specialmente se si tratta di un personaggio illustre (*il Petrarca, il Leopardi*), ma oggi quest'uso è in ribasso. L'articolo continua invece a essere usato davanti al cognome di persone di sesso femminile, siano o no celebri (*la Callas, la Bianchi*), e quando il cognome è riferito a più persone (*i De Filippo, gli Alberti*). In molte regioni italiane l'articolo viene impiegato anche davanti ai nomi di battesimo (*il Francesco, la Daniela*), ma quest'uso non è dell'italiano standard. Quando un cognome o un nome sono preceduti da un titolo, da una qualifica, da un attributo l'articolo è obbligatorio: *il professor Rossi, il dottor Balanzone, la segretaria Carla, il bell'Antonio*; fanno eccezione alcuni titoli come *don, mastro, fra*: *don Giovanni, mastro Geppetto, fra Galdino.*

Con i **nomi propri geografici** è difficile definire una regola generale nell'uso dell'articolo. I nomi di alcuni paesi (*gli Stati Uniti, le Filippine*) ne sono sempre preceduti, mentre *Israele* lo rifiuta in ogni caso; ma in genere essi prendono o non prendono l'articolo a seconda delle particolari espressioni (*i re di Francia, le città della Francia*). I nomi di alcune isole accettano l'articolo (*la Sicilia, l'Elba*), altri lo rifiutano (*Cipro, Capri*). Tra i nomi di città la grande maggioranza non vuole l'articolo, ma alcune lo richiedono (*L'Aquila, La Spezia, La Valletta, L'Aia, Il Cairo*). I nomi dei monti, dei fiumi e dei laghi lo richiedono sempre (*il Monviso, il Po, il Trasimeno*). Tuttavia, anche quei nomi geografici che di norma rifiutano l'articolo, quando sono accompagnati da un attributo o da un complemento, è regola che debbano esserne preceduti (*la bellissima Capri, la Roma dei papi*).

Quando un **nome di parentela** è preceduto da un aggettivo possessivo, in genere rifiuta l'articolo determinativo (*mio padre, tua sorella*); ma lo richiede se il nome è al plurale (*i miei nonni, i nostri cugini*), se è accompagnato da un attributo (*il nostro caro zio*), se è un alterato (*la mia cara cuginetta*) e sempre con *mamma* e *papà* (*la mia mamma, il tuo papà*). Vi sono però delle differenze nei vari usi regionali.

L'**aggettivo** è quella parte del discorso che, unita a un nome con cui si accorda in numero e in genere, lo qualifica (*aggettivi qualificativi*) o lo determina (*aggettivi determinativi*, che si distinguono a loro volta in *possessivi*, *dimostrativi*, *indefiniti*, *interrogativi*, *esclamativi* e *numerali*).

AGGETTIVI QUALIFICATIVI

Le classi

In relazione al modo in cui si forma il femminile e il plurale, gli aggettivi possono essere distinti in tre classi.

		singolare		plurale	
1ª CLASSE	maschile	-o	*alto* *tosco-emiliano*	-i	*alti* *tosco-emiliani*
	femminile	-a	*alta* *tosco-emiliana*	-e	*alte* *tosco-emiliane*
2ª CLASSE	maschile	-e	*forte* *terrestre*	-i	*forti* *terrestri*
	femminile	-e	*agrodolce*	-i	*agrodolci*
3ª CLASSE	maschile	-a	*conformista* *realista*	-i	*conformisti* *realisti*
	femminile	-a	*conformista* *realista*	-e	*conformiste* *realiste*

Come si può vedere gli aggettivi formano il femminile e il plurale sostanzialmente allo stesso modo dei nomi. Si tenga inoltre presente che:

1. gli aggettivi che hanno il maschile singolare in *-co* hanno il maschile plurale in *-ci* se sono sdruccioli (*acrobàtico/acrobàtici*, *sfèrico/sfèrici*), in *-chi* se sono piani (*opàco/opachi*, *spòrco/spòrchi*), con alcune eccezioni (*càrico/càrichi*, *dimèntico/dimèntichi* ecc.; oppure *amìco/amìci*, *grèco/grèci*), proprio come avviene per i nomi.
2. gli aggettivi in *-go* hanno il maschile plurale in *-ghi*, tranne i composti con *-fago* (*fillofago*, *lotofago* ecc.) che hanno il maschile plurale in *-gi*.
3. la regola pratica suggerita a proposito dei plurali dei nomi in *-cia* e in *-gia* vale anche per i femminili plurali degli aggettivi in *-cio* e in *-gio*:

a)	*riccio*	*ricci*	*selvaggio*	*selvaggi*
	riccia	*ricce*	*selvaggia*	*selvagge*
b)	*fenicio*	*fenici*	*bigio*	*bigi*
	fenicia	*fenicie*	*bigia*	*bigie*

4. sono invariabili, hanno cioè un'unica uscita per il maschile e il femminile, il singolare e il plurale:

a) alcuni aggettivi di colori: **amaranto**, **avana**, **blu**, **indaco**, **lilla**, **rosa**, **viola**; b) alcuni aggettivi composti: **ammodo**, **dabbene**, **dappoco**, **perbene**; c) l'aggettivo **pari**, con i suoi composti **impari** e **dispari**; d) l'aggettivo **arrosto**.

5. gli aggettivi composti di due o più altri aggettivi formano il femminile e il plurale modificando solo la desinenza dell'ultimo aggettivo:

austro-ungarico	*austro-ungarica*	*tosco-emiliano*	*tosco-emiliana*
austro-ungarici	*austro-ungariche*	*tosco-emiliani*	*tosco-emiliane*

6. l'aggettivo **bello** rispetta al maschile singolare la regola del troncamento. Al maschile plurale ha due forme: **bei** e **begli**. Si usa *bei* davanti ai nomi che al singolare richiedono la forma tronca *bel*; si usa *begli* davanti ai nomi che al singolare richiedono invece la forma *bello* (piena o apostrofata):

bel paese	*bello spettacolo*	*bell'augurio*
bei paesi	*begli spettacoli*	*begli auguri*

La posizione dell'aggettivo

L'aggettivo qualificativo segue, in genere, il nome a cui si riferisce: *aula scolastica*, *acido solforico*. La sequenza sostantivo-aggettivo è l'unica possibile per la maggioranza degli aggettivi italiani. Normalmente infatti non si può dire *la scolastica aula* né *il solforico acido*. Vi sono però molti aggettivi che possono essere usati sia prima sia dopo il nome: *una bella ragazza/una ragazza bella*, *un pessimo affare/un affare pessimo*, *un distinto signore/un signore distinto*. In questi casi non c'è differenza sostanziale di significato fra le due costruzioni: tuttavia, nella sequenza aggettivo-nome la qualità che l'aggettivo attribuisce al nome ha un valore tendenzialmente descrittivo (cioè l'aggettivo "descrive" una qualità); nella sequenza nome-aggettivo l'aggettivo ha invece una funzione tendenzialmente restrittiva (cioè "restringe" l'ambito, ossia distingue una persona o una cosa che ha una determinata qualità nell'insieme di tutte le persone o cose dello stesso tipo). La differenza tra valore descrittivo e valore restrittivo è particolarmente evidente nelle espressioni *dolci acque* e *acque dolci*. Nel primo caso l'aggettivo *dolce* "descrive" la sensazione di piacevolezza, di tranquillità che una distesa o un corso d'acqua ispirano; nel secondo distingue le acque sorgive, dei fiumi o dei laghi da quelle del mare, che sono invece salate. In un caso come questo la posizione dell'aggettivo incide dunque addirittura sul significato. Un esempio ancora più rimarchevole di differenza di significato a seconda che l'aggettivo preceda o segua il nome si ha con *povero*: *un pover'uomo* è un uomo sventurato, misero, meschino; un *uomo povero* è un uomo privo di mezzi materiali.

I gradi dell'aggettivo qualificativo

L'aggettivo qualificativo esprime una qualità del nome: *un ragazzo alto*, *un bravo dottore*, *una bella casa*. In queste espressioni la qualità del nome è espressa in modo generico: non è specificato, infatti, né come il ragazzo sia alto, né come il dottore sia bravo, né come la casa sia bella; né se quel ragazzo sia più o meno alto di altri, quel dottore più o meno bravo di altri, quella casa più o meno bella di altre.
Quando l'aggettivo esprime una qualità senza alcuna gradazione si dice che è di **grado positivo**.

Il comparativo

Consideriamo invece il caso in cui l'aggettivo serva a stabilire un paragone:

a) Giovanna è più studiosa di Maria
Giovanna è meno studiosa di Maria
Giovanna è studiosa come Maria

b) Francesca è più intelligente che studiosa
Francesca è meno intelligente che studiosa
Francesca è tanto intelligente quanto studiosa

c) Ora Rosanna è più carina di prima
Ora Rosanna è meno carina di prima
Ora Rosanna è carina come prima

In tutti questi casi l'aggettivo stabilisce una comparazione fra due termini **(primo** e **secondo termine di paragone)**: negli esempi del punto a) il primo termine è *Giovanna*, il secondo *Maria*; negli esempi del punto b) il primo termine è *intelligente*, il secondo *studiosa*; negli esempi del punto c) il primo termine è *ora*, il secondo è *prima*.
Quando un aggettivo stabilisce un confronto fra due termini in base a una qualità, oppure stabilisce un confronto fra due qualità, si dice di **grado comparativo**.
Se la qualità è più accentuata in relazione al primo termine abbiamo un **comparativo di maggioranza**, se è meno accentuata in relazione al primo termine abbiamo un **comparativo di minoranza**, se ha la stessa intensità nel primo come nel secondo abbiamo un **comparativo di uguaglianza**.

COMPARATIVO DI MAGGIORANZA/MINORANZA

1. più/meno [aggettivo] di [nome/pronome]
Il cane è più fedele del gatto
Luisa è meno magra di lei

2. più/meno [aggettivo] di [avverbio]
(Oggi) il mare è più calmo di ieri
(Ora) la piazza è meno affollata di prima

3. più/meno [aggettivo] che [aggettivo]
Un fare più rispettoso che amichevole
Un oggetto meno pratico che utile

4. più/meno [aggettivo] che [preposizione + nome/pronome]
È più comodo viaggiare in treno che con l'automobile
È meno difficile parlare a un ministro che a lui

COMPARATIVO DI UGUAGLIANZA

1. (così) [aggettivo] come [nome/pronome]
Una ragazza (così) bella come una Madonna

2. così [aggettivo] come [aggettivo]
Un alunno così volenteroso come intelligente

3. (tanto) [aggettivo] quanto [nome/pronome]
Mio figlio è (tanto) alto quanto me

4. tanto [aggettivo] quanto [aggettivo]
Una vicenda tanto assurda quanto divertente

5. altrettanto [aggettivo] quanto [nome/pronome/aggettivo]
Il gelato alla crema è altrettanto buono quanto quello alla frutta

---

Il superlativo

L'aggettivo può anche esprimere una qualità nel suo livello più elevato, rispetto a un determinato insieme: *Paolo è il più bravo alunno della sua classe*; *Marte è il pianeta meno distante (di tutti gli altri pianeti) dalla terra*; oppure in senso assoluto: *Paolo è un alunno bravissimo.*

Quando un aggettivo esprime una qualità nel suo livello più elevato si dice di **grado superlativo**.
Il superlativo che esprime preminenza rispetto a un determinato insieme (nominato esplicitamente o sottinteso) è il **superlativo relativo**; quello che esprime preminenza in senso assoluto è il **superlativo assoluto**.
Il superlativo relativo si forma con *più* o *meno* + l'aggettivo di grado positivo, come per il comparativo, ma deve essere preceduto dall'articolo determinativo. Il superlativo assoluto si forma normalmente aggiungendo il suffisso *-issimo* al tema dell'aggettivo di grado positivo (ma alcuni aggettivi formano il superlativo col suffisso *-errimo*, altri col suffisso *-entissimo*); si può anche formare facendo precedere all'aggettivo i prefissi *arci-*, *iper-*, *sopra-*, *sovra-*, *stra-*, *ultra-*, con *molto*, *assai*, *tutto*, *completamente*, *veramente* ecc. + l'aggettivo, usando l'aggettivo in forma raddoppiata o rinforzato da un altro aggettivo.

SUPERLATIVO RELATIVO

il più/meno [aggettivo] di [nome/pronome]
L'Etna è il più attivo dei vulcani italiani
La Valle d'Aosta è la meno estesa delle nostre regioni
Giorgio è il più spericolato di noi

il più/meno [aggettivo] fra/tra [nome/pronome]
Il cavallo è il più intelligente fra gli animali
Diego è il meno alto tra voi

il più/meno [aggettivo] [nome]
L'Etna è il più attivo vulcano italiano
Sandro è il fratello meno giovane

[aggettivo] + -issimo
I grattacieli di New York sono altissimi
Paperon dei Paperoni è ricchissimo

arci-/iper-/sopra-/sovra-/stra- + [aggettivo]
Un personaggio arcinoto (= *notissimo*)
Un vino stravecchio (= *vecchissimo*)

molto/assai + [aggettivo]
Un treno molto veloce (= *velocissimo*)
Una storia assai triste (= *tristissima*)

tutto + [aggettivo]
Maria è tutta contenta (= *contentissima*)
L'insegnante era tutto soddisfatto (= *soddisfattissimo*)

[aggettivo] + [aggettivo]
Un brodo caldo caldo (= *caldissimo*)
Essere bagnato fradicio (= *bagnatissimo*)

Gli aggettivi che hanno il superlativo in *-errimo* invece che in *-issimo* sono:

acre	acerrimo	
aspro	asperrimo	(ma è più com. asprissimo)
celebre	celeberrimo	
integro	integerrimo	

misero	miserrimo	(si usa anche miserissimo)
salubre	saluberrimo	

Gli aggettivi che hanno il superlativo in *-entissimo* sono:

benefico	beneficentissimo
malefico	maleficentissimo
magnifico	magnificentissimo
munifico	munificentissimo
benevolo	benevolentissimo
malevolo	malevolentissimo

Alcuni aggettivi, oltre alla forma regolare del comparativo e del superlativo, ne hanno un'altra costituita da un'unica parola, la cui radice è diversa da quella dell'aggettivo di grado positivo.

positivo	*comp. di magg.*	*superl. relat.*	*superl. assol.*
buono	più buono o migliore	il più buono o il migliore	buonissimo o ottimo
cattivo	più cattivo o peggiore	il più cattivo o il peggiore	cattivissimo o pessimo
grande	più grande o maggiore	il più grande o il maggiore	grandissimo o massimo
piccolo	più piccolo o minore	il più piccolo o il minore	piccolissimo o minimo
alto	più alto o superiore	il più alto o il superiore	altissimo o supremo
basso	più basso o inferiore	il più basso o l'inferiore	bassissimo o infimo

Non tutti gli aggettivi qualificativi hanno il grado comparativo e superlativo, ma solo quelli che esprimono una qualità graduabile (cioè che può esistere in quantità maggiore o minore). Una statua di marmo può essere *bella*, *più bella* di un'altra o *bellissima*, ma non può essere **più marmorea* di un'altra: o è di marmo, e allora si dice che è *marmorea*, o non lo è, e allora sarà di un altro materiale. Gli aggettivi che indicano materia non sono infatti graduabili; e così gli aggettivi che indicano una forma geometrica. Una figura non può essere **più triangolare* di un'altra: o è *triangolare* o non lo è. Vi sono poi degli aggettivi che nel grado positivo esprimono un valore assoluto (*enorme*, *immenso*, *infinito* ecc.): neppure questi hanno il comparativo e il superlativo. Così come non possono averlo gli aggettivi *anteriore*, *interiore*, *posteriore*, *postumo*, che esprimono già un contenuto comparativo.

Non tutti gli aggettivi che esprimono una qualità graduabile hanno tuttavia un superlativo assoluto in *-issimo*. Mancano, ad es., di questa forma del superlativo gli aggettivi in

-*uo* (*arduo, cospicuo, equo, iniquo, perspicuo* ecc.) e in -*eo* (*ateo, estraneo, idoneo, omogeneo* ecc.). Questi aggettivi formano il superlativo assoluto con *molto, assai* ecc.

AGGETTIVI POSSESSIVI

Gli aggettivi che indicano la persona o la cosa a cui qualcuno o qualcosa appartiene o con cui qualcuno o qualcosa ha relazione, consuetudine si chiamano **aggettivi possessivi**.
L'aggettivo possessivo è di prima persona quando l'appartenenza o la relazione, la consuetudine è riferita a chi parla, di seconda persona quando è riferita a chi ascolta, di terza persona quando è riferita a cose o a persone diverse da chi parla o da chi ascolta.

persona	*masch.sing.*	*femm.sing.*	*masch.pl.*	*femm.pl.*
1ª singolare	mio	mia	miei	mie
2ª singolare	tuo	tua	tuoi	tue
3ª singolare	suo	sua	suoi	sue
1ª plurale	nostro	nostra	nostri	nostre
2ª plurale	vostro	vostra	vostri	vostre
3ª plurale	loro		loro	

L'aggettivo proprio può sostituire le forme dell'aggettivo possessivo di terza persona singolare e plurale a condizione che esso si riferisca al soggetto della frase:

Luigi ha pagato di tasca sua	oppure	*di tasca propria*
Passarono da noi le loro vacanze	oppure	*le proprie vacanze*
Ho pranzato a casa sua	ma non	**a casa propria*

È preferibile usare *proprio* invece di *suo, loro* quando:
1. usando *suo, loro* potrebbe non esser chiaro a chi l'aggettivo possessivo si riferisca: *Francesco parlò con Giuseppe, poi telefonò a sua sorella*. Qui non è chiaro se Francesco telefonò alla propria sorella o alla sorella di Giuseppe. Se invece si dice: *Francesco parlò con Giuseppe, poi telefonò alla propria sorella*, è assolutamente chiaro che a ricevere la telefonata fu la sorella di Francesco, non quella di Giuseppe.
2. quando il soggetto della frase è indefinito: *Ognuno ha il diritto di seguire la propria strada*; *Nessuno rinuncia volentieri ai propri privilegi*; *Le persone si accorgono difficilmente dei propri difetti*.

Può essere usato come aggettivo possessivo anche altrui. Si riferisce a qualcosa che appartiene o che ha relazione con un altro o con altri. Ha un'unica forma, senza distinzione di genere e di numero:

Acconsentire agli altrui desideri
Fare la volontà altrui

AGGETTIVI DIMOSTRATIVI

Gli aggettivi che servono a indicare la collocazione di qualcuno o di qualcosa nello spazio o nel tempo, rispetto a chi parla o a chi ascolta, si chiamano **aggettivi dimostrativi**.
I più importanti aggettivi dimostrativi sono *questo, codesto* e *quello*.

masch.sing.	*femm.sing.*	*masch.pl.*	*femm.pl.*
questo	questa	questi	queste
codesto	codesta	codesti	codeste
quello, quel	quella	quei, quegli	quelle

Questo indica una persona o una cosa vicina a chi parla; *codesto* indica una persona o una cosa vicina a chi ascolta; *quello* indica una persona o una cosa lontana da chi parla. Nell'italiano di oggi *codesto* è usato molto raramente (è comune solo in Toscana): il suo significato viene reso, a seconda dei casi, con *questo* o con *quello*. Oltre a indicare collocazione nello spazio o nel tempo, gli aggettivi dimostrativi *questo* e *quello* si usano anche per indicare una persona o una cosa di cui si sia già parlato in precedenza o di cui si parlerà in seguito: *Il nonno ripeteva quelle frasi in ogni circostanza*, cioè le frasi di cui si è già detto; *Nel buio si sentirono all'improvviso queste parole: "Alto là! Fermi tutti!"*, cioè le parole che saranno poi riportate nel discorso.

Con lo stesso significato di *questo* si possono impiegare **tale**, **simile**, **siffatto**, **cosiffatto**, **cotale**, per indicare una persona o una cosa di cui si sia già parlato in precedenza: *Guidare senza patente è un reato. Questo* (*tale/simile/siffatto/cosiffatto/cotale*) *reato è punito con l'arresto*; *E' una persona spregevole. Questo* (*un tale/simile/siffatto/cosiffatto/cotale*) *individuo non voglio neanche vederlo.*

Sono aggettivi dimostrativi anche **stesso** e **medesimo**, i quali esprimono una relazione di identità: *È noioso fare sempre le stesse cose*; *Gianni e Giovanni sono la medesima persona*. Ma *stesso* può anche essere impiegato con funzione di rafforzativo: *Verrò io stesso a prenderti*; *La stessa popolazione ne restò molto colpita.*

AGGETTIVI INDEFINITI

Gli aggettivi che accompagnano il nome esprimendo un'idea generica di qualità o di quantità si chiamano **aggettivi indefiniti**.

masch.sing.	*femm.sing.*	*masch.pl.*	*femm.pl.*
qualche	qualche		
alcuno	alcuna	alcuni	alcune
certo	certa	certi	certe
tale	tale	tali	tali
taluno	taluna	taluni	talune
certuno	certuna	certuni	certune
quale	quale	quali	quali
altro	altra	altri	altre
altrui		altrui	
qualunque	qualunque		
qualsiasi	qualsiasi		
qualsivoglia	qualsivoglia		
ogni	ogni		
ciascuno	ciascuna		
ciascheduno	ciascheduna		
tutto	tutta	tutti	tutte

A proposito degli aggettivi indefiniti sopraelencati, osserviamo:

1. **qualche**: è sempre e solo singolare. Quando indica una quantità indeterminata (*Si videro dopo qualche giorno*) è sempre sostituibile con alcuno (*Si videro dopo alcuni giorni*).
2. **alcuno**: da notare il suo uso in correlazione con *altro* (*Alcuni ragazzi partirono, altri ragazzi restarono*). In frasi negative equivale a *nessuno* (*Nella sala non era rimasta alcuna persona*, cioè nessuna persona).
3. **certo**: ha valore di aggettivo indefinito solo se precede il nome (*una certa idea, un certo fatto*); quando segue il nome ha valore di aggettivo qualificativo ed equivale a "sicuro, indubitabile" (*un'idea certa, un fatto certo*).

4. **tale**: da notare l'espressione *tale e quale*, che esprime un rapporto di identità (*Padre e figlio sono proprio tali e quali*).
5. **certuno**: è forma composta di *certo* e *uno*. È variante piuttosto rara di *certo* (*Certune persone sarebbe meglio non frequentarle*).
6. **taluno**: è forma composta di *tale* e *uno*. Si usa piuttosto raramente ed equivale a *certo, alcuno* (*Taluni libri bisognerebbe leggerli e rileggerli*).
7. **quale**: con valore di aggettivo indefinito si usa solo in correlazione o come rafforzativo di *tale* (*I fatti si verificarono tali e quali li avevamo previsti*).
8. **altro**: esprime un concetto di diversità rispetto a quanto già è stato detto o viene sottinteso. Da notare che viene spesso usato in correlazione (*l'una e l'altra persona*; *alcune persone... altre persone*).
9. **altrui**: ha un'unica forma per il maschile, il femminile, il singolare e il plurale, ed equivale a "di un altro, di un'altra, di altri, di altre, degli altri" (*la roba altrui, i fatti altrui*).
10. **qualunque, qualsiasi, qualsivoglia**: hanno lo stesso significato, ma *qualsivoglia* non è di uso comune. Queste tre forme sono solo singolari, ma possono accompagnarsi anche a nomi plurali, purché l'aggettivo segua il nome (*Mangeremmo una qualsiasi cosa*; *Mangeremmo delle cose qualsiasi*).
11. **ogni, ciascuno, ciascheduno**: il primo dei tre è di uso molto più comune rispetto agli altri due. Devono necessariamente precedere il nome a cui si riferiscono (*Ogni cosa a suo tempo*; *Distribuì una caramella a ciascun bambino*).

Aggettivi indefiniti negativi

Esprimono un concetto di assenza, di mancanza. Si usano soltanto al singolare.

masch.sing.	*femm.sing.*
nessuno	nessuna
veruno	veruna

A proposito degli aggettivi indefiniti negativi, osserviamo:
1. **nessuno**: in frasi negative equivale ad *alcuno* (*A quell'ora non partiva nessun treno*; la frase *A quell'ora non partiva alcun treno* sarebbe di tono più elevato, meno familiare).
2. **veruno**: è di uso raro.

Aggettivi indefiniti di quantità

Esprimono una quantità genericamente determinata.

masch.sing.	*femm.sing.*	*masch.pl.*	*femm.pl.*
poco	poca	pochi	poche
alquanto	alquanta	alquanti	alquante
parecchio	parecchia	parecchi	parecchie
molto	molta	molti	molte
troppo	troppa	troppi	troppe
diverso	diversa	diversi	diverse
vario	varia	vari	varie
		più	
tanto	tanta	tanti	tante
altrettanto	altrettanta	altrettanti	altrettante

A proposito degli aggettivi indefiniti di quantità, osserviamo:
1. **poco**, **alquanto**, **parecchio**, **molto**, **troppo**: esprimono una gradazione quantitativa, dal livello più basso a quello quello più alto (*Allo spettacolo erano presenti poche/alquante/parecchie/molte/troppe persone*).
2. **diverso, vario**: hanno valore di aggettivi indefiniti solo quando precedono il nome a cui si riferiscono (*Parlò con diverse persone*; *Un ombrello a spicchi di vari colori*), ed

equivalgono ad *alquanto, parecchio*. Se seguono il nome sono aggettivi qualificativi e significano "differente" (*Parlai con persone diverse*).

3. **più**: in funzione di aggettivo indefinito si usa solo al plurale ed equivale ad *alquanto* (*In lontananza si vedevano più barche*).

4. **tanto**: se è in correlazione con *che* o con *quanto* significa "così grande, così abbondante, così numeroso" (*Giorgio ha tanti soldi che non sa cosa farci*); altrimenti equivale a *molto* (*Giorgio ha tanti soldi*).

5. **altrettanto**: si usa sempre in correlazione (*Tante cose hai dato a lui, altrettante cose devi dare a lei*).

AGGETTIVI INTERROGATIVI ED ESCLAMATIVI

Gli aggettivi che servono a porre una domanda o a esprimere un'esclamazione sono rispettivamente gli **aggettivi interrogativi** ed **esclamativi**.

<table>
<tr><th>masch.sing.</th><th>femm.sing.</th><th>masch.pl.</th><th>femm.pl.</th></tr>
<tr><td>quale</td><td>quale</td><td>quali</td><td>quali</td></tr>
<tr><td colspan="2">che</td><td colspan="2">che</td></tr>
<tr><td>quanto</td><td>quanta</td><td>quanti</td><td>quante</td></tr>
</table>

A proposito di **che** osserviamo che ha gli stessi usi e significati di *quale* (*che giorno?* equivale sostanzialmente a *quale giorno?*), tranne quando è in funzione esclamativa davanti a un aggettivo (si può dire *che bello!* ma non **quale bello!*). Nell'espressione interrogativa *che cosa*, il *che* può venire omesso (*Cosa?*; *Dimmi cosa vuoi*).

AGGETTIVI NUMERALI

Gli **aggettivi numerali** indicano delle quantità numerabili.

Numerali cardinali

Di solito sono chiamati semplicemente "numeri": sono *uno, due, tre, quattro, cinque* ecc. Tranne *uno*, che ha il femminile *una*, tutti gli altri numerali cardinali sono invariabili (*diciotto ragazzi, diciotto ragazze*). *Milione* e *miliardo*, che sono in realtà dei nomi, formano regolarmente il plurale (*milioni, miliardi*).
I numerali cardinali si possono scrivere in lettere o in cifre. Nella scrittura corrente, a meno che non si tratti di date o di usi tecnici e scientifici, si consiglia di scrivere i numeri in lettere (*una classe di ventidue alunni* è preferibile a *una classe di 22 alunni*).

Numerali ordinali

Sono *primo, secondo, terzo, quarto, quinto* ecc., e indicano la collocazione di qualcuno o di qualcosa in una sequenza numerica. Formano regolarmente il femminile e il plurale. I numerali ordinali si possono scrivere in lettere o in cifre (usando la numerazione romana: I, II, III, IV, V ecc.; oppure, ma meno comunemente, quella araba, con l'aggiunta della letterina in esponente: III *capitolo* oppure *3º capitolo*). Nella scrittura corrente si preferisce scrivere l'ordinale per esteso e non in cifre (*la terza giornata di campionato*), a meno che non si tratti di nome di papa, re, imperatore e simili (*Paolo* VI, *Elisabetta* II) o dell'indicazione di un secolo (*il* XX *secolo*, ma è anche comune *il ventesimo secolo*).

7. IL PRONOME

Il **pronome** è quella parte del discorso che sostituisce il nome o altre parti del discorso.
A seconda del loro tipo i pronomi si distinguono in *personali*, *possessivi*, *dimostrativi*, *indefiniti*, *relativi*, *interrogativi* ed *esclamativi*.

PRONOMI PERSONALI

I pronomi personali hanno forme diverse a seconda che siano o no soggetto della proposizione; che siano di prima, seconda o terza persona singolare o plurale; alcuni a seconda che siano maschili o femminili e che si riferiscano a persone o a cose. Esistono inoltre delle forme toniche e delle forme atone.

Pronomi personali soggetto

persona		
1ª singolare		io
2ª singolare		tu
3ª singolare	*maschile*	egli, lui, esso
	femminile	ella, lei, essa
1ª plurale		noi
2ª plurale		voi
3ª plurale	*maschile*	essi, loro
	femminile	esse, loro

In italiano, a differenza di quanto avviene in altre lingue come il francese o l'inglese, il pronome personale soggetto di solito viene omesso: *Quando (io) lavoro, (io) non vorrei essere disturbato.* È invece obbligatorio usare il pronome personale: 1. quando si succedono frasi che hanno diverso soggetto (*Lui va in montagna, io vado al mare*); 2. quando si vuole mettere in particolare rilievo la parte che il soggetto ha nell'azione (*Sei stato tu a dire questo*, cioè sei stato proprio tu e non altri), dopo *anche*, *neanche*, *pure* ecc. (*È venuta anche lei*); 3. tutte le volte che la mancanza del pronome renderebbe la frase ambigua, non chiara (*È bene che vada*: chi deve andare, io tu, lui o lei?).
I pronomi personali soggetto possono essere rafforzati da *stesso* (*io stesso*, *tu stesso*, *lui stesso* ecc.) oppure da *altri* (soltanto *voi* e *noi*: *voialtri*, *noialtri*, scritti in grafia unita).

A proposito delle forme di terza persona singolare e plurale, osserviamo:

1. **egli, lui, esso**: nel passato si prescriveva l'uso di *egli* quando ci si riferiva a persona, l'uso di *esso* quando ci si riferiva ad animale o a cosa (l'uso di *lui* come soggetto era sconsigliato). Oggi *egli* si usa sempre più raramente, anche nella lingua scritta, e il suo posto è preso da *lui*.
2. **ella, lei, essa**: vale quanto è stato detto a proposito di *egli*, *lui* ed *esso*, con la sola differenza che *essa* può essere riferito anche a persona.
3. **essi, esse, loro**: *loro* può essere usato solo in riferimento a persone.
4. in tutti i casi in cui nella frase è obbligatorio usare il pronome personale soggetto di terza persona, le uniche forme consentite sono *lui*, *lei*, *loro*: *Io vado, lui resta*; *Noi siamo italiani, loro francesi*.

Pronomi personali complemento

Esistono due serie di pronomi personali complemento: la serie tonica (in cui il pronome ha un accento suo proprio e ha pertanto un certo rilievo nella frase: *dài il libro a me*) e la serie atona (in cui il pronome si appoggia nella pronuncia al verbo che lo segue o che lo precede, cioè è in posizione proclitica o enclitica, ed ha perciò un rilievo minore: *dammi il libro*). I pronomi atoni, detti anche **particelle pronominali**, si possono usare solo per rendere il complemento oggetto e il complemento di termine.

persona		*forme toniche*	*forme atone*	
			compl. ogg.	*compl. di term.*
1ª singolare		me	mi	mi (*a me*)
2ª singolare		te	ti	ti (*a te*)
3ª singolare	*maschile*	lui, esso	lo	gli (*a lui*)
	femminile	lei, essa	la	le (*a lei*)
1ª plurale		noi	ci	ci (*a noi*)
2ª plurale		voi	vi	vi (*a voi*)
3ª plurale	*maschile*	loro, essi	li	
	femminile	loro, esse	le	

Ed ecco una serie di frasi in cui si mostra l'uso della forma tonica e della forma atona dei pronomi personali complemento:

Lucia chiama *me.*	Lucia *mi* chiama.
Antonio ha telefonato *a me.*	Antonio *mi* ha telefonato.
Il nonno vuole *te.*	Il nonno *ti* vuole.
Parleranno *a te.*	*Ti* parleranno.
Ho chiamato *lui.*	*L(o)*'ho chiamato.
Ho chiamato *lei.*	*L(a)*'ho chiamata.
Chiama *lui.*	Chiama*lo*.
Chiama *lei.*	Chiama*la*.
Ho consegnato il pacco *a lui.*	*Gli* ho consegnato il pacco.
Ho consegnato il pacco *a lei.*	*Le* ho consegnato il pacco.
Accompagnerà *noi.*	*Ci* accompagnerà.
Dovrà accompagnare *noi.*	Dovrà accompagnar*ci*.
Porterà dei dolci *a noi.*	*Ci* porterà dei dolci.
Sto aspettando *voi.*	*Vi* sto aspettando.

Non vuole salutare *voi*.	Non vuole salutar*vi*.
Dirà tutto *a voi*.	*Vi* dirà tutto.
Invitammo *loro* (dei ragazzi).	*Li* invitammo.
Invitammo *loro* (delle ragazze).	*Le* invitammo.

Pronomi riflessivi

Quando l'azione compiuta dal soggetto ricade su un pronome che si riferisce al soggetto stesso, questo pronome prende il nome di **pronome riflessivo**.

La forma dei pronomi riflessivi è diversa da quella dei pronomi personali complemento soltanto nella terza persona singolare e plurale.

persona	*forma tonica*	*forma atona*
1ª singolare	me	mi
2ª singolare	te	ti
3ª singolare	sé	si
1ª plurale	noi	ci
2ª plurale	voi	vi
3ª plurale	sé	si

Ecco una serie di frasi in cui si mostra l'uso della forma tonica e della forma atona dei pronomi riflessivi (la forma tonica è in questo caso accompagnata dal rafforzativo *stesso*):

Sto rovinando *me stesso*.	*Mi* sto rovinando.
Conosci *te stesso*?	*Ti* conosci?
Lui ha mascherato *sé stesso*.	Lui *si* è mascherato.
Lei ha mascherato *sé stessa*.	Lei *si* è mascherata.
Noi controlliamo *noi stessi*.	Noi *ci* controlliamo.
Voi sottovalutate *voi stessi*.	Voi *vi* sottovalutate.
Essi lodano *sé stessi*.	Essi *si* lodano.

Ne

La particella atona *ne* può corrispondere al pronome personale di terza persona (singolare o plurale) preceduto dalle preposizioni *di* o *da*:

Ha parlato *di lui*.	*Ne* ha parlato.
È innamorato *di lei*.	*Ne* è innamorato.
Siamo contenti *di loro*.	*Ne* siamo contenti.
Fu conquistata *da lui*.	*Ne* fu conquistata.
Riceve aiuto *da loro*.	*Ne* riceve aiuto.

Coppie di pronomi atoni

Quando due pronomi personali vengono usati in coppia il primo è sempre un complemento di termine, il secondo (a meno che non sia *ne*) è sempre complemento oggetto. Nello specchietto che segue sono elencate tutte le possibili combinazioni delle coppie di pronomi atoni:

me lo	te lo	glielo	se lo	ce lo	ve lo
me la	te la	gliela	se la	ce la	ve la
me li	te li	glieli	se li	ce li	ve li
me le	te le	gliele	se le	ce le	ve le
me ne	te ne	gliene	se ne	ce ne	ve ne

Ed ecco alcuni gruppi di frasi in cui si mostra il meccanismo del passaggio dai pronomi personali tonici alle corrispondenti coppie di pronomi atoni:

Ha parlato *a me di lui*	Ricorda *a noi* l'appuntamento!
Mi ha parlato di lui	Ricorda*ci* l'appuntamento!
Me ne ha parlato	Ricorda*celo*!
Ha regalato *a lei* un anello	Affido *a voi* il cane
Le ha regalato un anello	*Vi* affido il cane
Glielo ha regalato	*Ve lo* affido

I pronomi allocutivi
Quando i pronomi personali sono usati per rivolgere la parola a qualcuno prendono il nome di **pronomi allocutivi.**
Il pronome allocutivo di confidenza è il *tu*, nei rapporti formali si usa invece il *lei*.

PRONOMI POSSESSIVI

I pronomi possessivi hanno esattamente le stesse forme dell'aggettivo possessivo. Il pronome possessivo è obbligatoriamente preceduto dall'articolo.

persona	*masch. sing.*	*femm. sing.*	*masch. pl.*	*femm. pl.*
1ª singolare	il mio	la mia	i miei	le mie
2ª singolare	il tuo	la tua	i tuoi	le tue
3ª singolare	il suo	la sua	i suoi	le sue
1ª plurale	il nostro	la nostra	i nostri	le nostre
2ª plurale	il vostro	la vostra	i vostri	le vostre
3ª plurale	il loro	la loro	i loro	le loro

Proprio
Può sostituire le forme del pronome possessivo di terza persona singolare e plurale solo se si riferisce al soggetto della frase, soprattutto se il soggetto è indefinito:

Tu ami il tuo paese, gli altri amano il proprio.
Tutti ci hanno rimesso del proprio.

PRONOMI DIMOSTRATIVI

I pronomi dimostrativi fondamentali (questo, codesto e quello) conservano lo stesso significato di quando sono usati come aggettivi. A essi bisogna aggiungere stesso e medesimo.

Pronomi dimostrativi riferiti a persona
I pronomi dimostrativi *questo* e *quello* possono essere riferiti sia a persona sia a cosa. Sono riferibili esclusivamente a persona, ma solo nella lingua scritta, questi altri pronomi:

masch. sing.	*femm. sing.*	*masch. pl.*	*femm. pl.*
questi			
quegli			
costui	costei	costoro	costoro
colui	colei	coloro	coloro

A proposito di questi pronomi osserviamo:

1. **questi, quegli**: si usano solo come soggetto; il primo si riferisce a persona vicina, il secondo a persona lontana; non hanno né il femminile né il plurale.
2. **colui, colei, coloro**: sono impiegati soprattutto in unione con il pronome relativo *che* (*colui che, colei che, coloro che*).

Ciò
È un pronome dimostrativo invariabile ed equivale a "questa cosa" o "quella cosa".

Lo
Come pronome dimostrativo equivale a "ciò"; si usa come sostituente di un'intera proposizione o di una sua parte, o anche per anticipare qualcosa che si sta per dire:

– Ti ha detto che partirà?	– Sì, mi ha detto *che partirà*. – Sì, me *lo* ha detto.
– Sapevi che non sarebbe venuto?	– Sapevo *che non sarebbe venuto*. – *Lo* sapevo.
– È una bella giornata?	– Sì, è *una bella giornata*. – Sì, *lo* è.

Lo ha capito che non eri contento.
Chi ve *lo* dice che non ci riuscirete?

Ne
La particella pronominale *ne*, oltre a essere pronome personale, può anche avere valore di pronome dimostrativo ed equivalere a *di questo, di quello, di ciò* o *da questo, da quello, da ciò*.

Non so nulla del suo lavoro. Non so nulla *di questo*. Non *ne* so nulla.	È stato rovinato dal gioco. È stato rovinato *da quello*. *Ne* è stato rovinato.

PRONOMI INDEFINITI

Il pronome indefinito è quello che designa una persona, un animale o una cosa in modo indeterminato, imprecisato.

masch. sing.	*femm. sing.*	*masch. pl.*	*femm. pl.*
qualcuno	qualcuna		
qualcheduno	qualcheduna		
qualcosa			
qualche cosa			
che			
uno	una	gli uni	le une
alcuno	alcuna	alcuni	alcune
alcunché			
		certi	certe
		certuni	certune
tale	tale	tali	tali
taluno	taluna	taluni	talune
altro	altra	altri	altre
altri, altrui			
chiunque	chiunque		
chicchessia			
checché			

masch. sing.	*femm. sing.*	*masch. pl.*	*femm. pl.*
ciascuno	ciascuna		
ciascheduno	ciascheduna		
ognuno	ognuna		
tutto	tutta	tutti	tutte

A proposito dei pronomi indefiniti sopraelencati, osserviamo:

1. **qualcuno**, **qualcheduno**: hanno lo stesso significato, ma *qualcheduno* è di uso meno comune; si riferiscono soltanto a persona.
2. **qualcosa**, **qualche cosa**: è preferibile l'accordo di genere maschile (*Comprarono qualcosa e lo mangiarono*), anche se l'accordo al femminile è comunque permesso (*Comprarono qualcosa e la mangiarono*).
3. **che**: si trova solo in espressioni di questo tipo: *un che*, *un certo che*, *un non so che* ecc.
4. **alcuno**: è comune soprattutto al plurale in correlazione con *altri* (*alcuni... altri...*).
5. **certi**, **certuni**: equivalgono ad *alcuni*; *certuni* è di uso poco comune.
6. **tale**: si usa per indicare una persona che non si conosce o che non si vuole nominare.
7. **altro**: fa parte di varie correlazioni (*l'uno... l'altro...*; *gli uni... gli altri...*; *altri... altri...*).
8. **altri**, **altrui**: sono pronomi singolari, entrambi di uso letterario; *altri* è usato solo come soggetto (*Altri si occuperà di lui*), *altrui* come complemento (*Non fate male altrui*).
9. **chiunque**, **chicchessia**: hanno più o meno lo stesso significato e si riferiscono soltanto a persona; *chicchessia* è però di uso antiquato.
10. **checché**: equivale a 'qualsiasi cosa' e si usa quasi esclusivamente in incisi come *checché se ne dica*, *checché tu ne pensi* e simili.
11. **ciascuno**, **ciascheduno**, **ognuno**: indicano una singola persona o cosa che fanno parte di un insieme; *ciascheduno* è di uso poco comune.

Pronomi indefiniti negativi

masch. sing.	*femm. sing.*
nessuno	nessuna
niente	
nulla	

Pronomi indefiniti quantitativi

masch. sing.	*femm. sing.*	*masch. pl.*	*femm. pl.*
poco	poca	pochi	poche
alquanto	alquanta	alquanti	alquante
parecchio	parecchia	parecchi	parecchie
molto	molta	molti	molte
troppo	troppa	troppi	troppe
tanto	tanta	tanti	tante
altrettanto	altrettanta	altrettanti	altrettante

PRONOMI RELATIVI

Si dice **pronome relativo** quel pronome che stabilisce una relazione tra la frase a cui esso appartiene e la frase a cui appartiene il nome a cui il pronome si riferisce.

Pronomi relativi variabili

masch. sing.	*femm. sing.*	*masch. pl.*	*femm. pl.*
il quale	la quale	i quali	le quali

Pronomi relativi invariabili

I pronomi relativi invariabili, che possono essere usati in sostituzione di *il quale, la quale, i quali, le quali* sono che per il soggetto e il complemento oggetto, cui per gli altri complementi.

Ho incontrato tuo fratello, *che* [il quale] mi ha raccontato tutto.
Il film *che* [il quale] abbiamo visto è di un regista americano.
Il dottore *a cui* [al quale] si sono rivolti è molto bravo.
San Giovanni è il santo *di cui* [del quale] oggi ricorre la festa.
Firenze è la città *in cui* [nella quale] andremo in gita.
Sono poche le persone *con cui* [con le quali] si è in vera amicizia.
Non conosco i motivi *per cui* [per i quali] hanno litigato.

A proposito di *che* e *cui*, osserviamo:

1. **che**: oltre a sostituire un singolo nome, può sostituire un'intera proposizione: *Dovremo rinunciare alla gita, il che* (cioè il fatto che dovremo rinunciare alla gita) *mi dispiace*; *Sono stato sgarbato, del che* (cioè del fatto che sono stato sgarbato) *ti chiedo scusa*.
2. **cui**: quando è complemento di termine, può essere usato anche senza la preposizione *a*, ma si tratta di uso poco comune: *Molte delle persone cui* (o *a cui*) *mandammo l'invito, non hanno ancora risposto*. Quando *cui* è collocato tra l'articolo determinativo e un nome equivale a 'nel quale, della quale, dei quali, delle quali': *Il ragazzo il cui padre ha protestato è Giorgio* (*il cui padre* equivale a *il padre del quale*); *Gli atleti le cui vittorie onorano lo sport sono degni della nostra ammirazione* (*le cui vittorie* equivale a *le vittorie dei quali*).

Chi

È un particolare tipo di pronome relativo-indefinito, soltanto singolare, che può riferirsi solo a essere animato (maschile o femminile). La sua particolarità consiste nel fatto che unisce in un'unica forma sia il pronome dimostrativo sia il pronome relativo. Infatti corrisponde a *colui il quale* (*colui che*) o a *colei la quale* (*colei che*).

Colui che entra per ultimo chiuda la porta.
Chi entra per ultimo chiuda la porta.

Ha dato il suo aiuto a *colei la quale* glielo ha chiesto.
Ha dato il suo aiuto a *chi* glielo ha chiesto.

Si sposerà con *colei la quale* egli vorrà.
Si sposerà con *chi* egli vorrà.

Il premio sarà di *colui il quale* se lo sarà meritato.
Il premio sarà di *chi* se lo sarà meritato.

Quanto

Equivale a "tutto quello che, tutto ciò che".

Ho *tutto ciò che* mi serve.
Ho *quanto* mi serve.

Questo è *tutto quello che* ho di più caro.
Questo è *quanto* ho di più caro.

Quanti

Equivale a "tutti quelli che, tutti coloro che".

Tutti quelli che chiederanno saranno accontentati.
Quanti chiederanno saranno accontentati.

Tutti coloro che lo desiderano possono entrare.
Quanti lo desiderano possono entrare.

PRONOMI INTERROGATIVI

Al pari degli aggettivi interrogativi i pronomi interrogativi hanno la funzione di rivolgere una domanda, in forma diretta o indiretta.

masch. sing.	*femm. sing.*	*masch. plur.*	*femm. plur.*
chi	chi	chi	chi
che			
quale	quale	quali	quali
quanto	quanta	quanti	quante

A proposito dei pronomi interrogativi sopraelencati osserviamo:

1. **chi**: si riferisce solo a esseri animati e può essere usato sia come soggetto sia come complemento: *Chi è stato?*; *A chi ti sei rivolto?*; *Con chi pranzerai?*; *Non riesco a capire a chi ti riferisci*.
2. **che**: ha valore di 'quale cosa", per cui può riferirsi soltanto a cose: *Che dici?*; *Non so che fare*.
3. **quale**, **quanto**: si usano per chiedere rispettivamente l'identità o il numero, la quantità di persone o cose.
4. Tutti i pronomi interrogativi possono essere usati anche come **pronomi esclamativi**: *A chi l'hai detto!*; *Quanti sono!*

8. IL VERBO

Il **verbo** è quella parte del discorso che esprime l'azione compiuta o subita dal soggetto, lo stato in cui il soggetto si trova, oppure il modo di essere del soggetto.

LE CONIUGAZIONI

Il verbo è la parte del discorso di gran lunga più variabile. Le forme del verbo cambiano in relazione al soggetto (prima, seconda, terza persona singolare o plurale), al modo (indicativo, congiuntivo, condizionale ecc.), al tempo (presente, imperfetto, futuro ecc.), alla forma attiva o passiva. L'insieme di tutte le forme di un verbo costituisce la sua **coniugazione**.

PROSPETTO DEI MODI E DEI TEMPI DEL VERBO

	presente	passato		futuro	
		Tempi semplici	*Tempi composti*	*Tempi semplici*	*Tempi composti*
indicativo	presente		passato prossimo	futuro semplice	futuro anteriore
		imperfetto	trapassato prossimo		
		passato remoto	trapassato remoto		
congiuntivo	presente		passato		
		imperfetto	trapassato		
condizionale	presente		passato		
imperativo	presente				
infinito	presente		passato		
participio	presente		passato		
gerundio	presente		passato		

Gli ausiliari

Per la formazione dei tempi composti i verbi fanno ricorso agli ausiliari *avere* o *essere*, per la formazione delle forme passive a quelle dell'ausiliare *essere*.

LA CONIUGAZIONE DEL VERBO **ESSERE**

INDICATIVO	Tempi semplici	Tempi composti
	presente	*passato prossimo*
	io sono	io sono stato
	tu sei	tu sei stato
	egli è	egli è stato
	noi siamo	noi siamo stati
	voi siete	voi siete stati
	essi sono	essi sono stati
	imperfetto	*trapassato prossimo*
	io ero	io ero stato
	tu eri	tu eri stato

	egli era	egli era stato
	noi eravamo	noi eravamo stati
	voi eravate	voi eravate stati
	essi erano	essi erano stati
	passato remoto	*trapassato remoto*
	io fui	io fui stato
	tu fosti	tu fosti stato
	egli fu	egli fu stato
	noi fummo	noi fummo stati
	voi foste	voi foste stati
	essi furono	essi furono stati
	futuro semplice	*futuro anteriore*
	io sarò	io sarò stato
	tu sarai	tu sarai stato
	egli sarà	egli sarà stato
	noi saremo	noi saremo stati
	voi sarete	voi sarete stati
	essi saranno	essi saranno stati
CONGIUNTIVO	*presente*	*passato*
	che io sia	che io sia stato
	che tu sia	che tu sia stato
	che egli sia	che egli sia stato
	che noi siamo	che noi siamo stati
	che voi siate	che voi siate stati
	che essi siano	che essi siano stati
	imperfetto	*trapassato*
	che io fossi	che io fossi stato
	che tu fossi	che tu fossi stato
	che egli fosse	che egli fosse stato
	che noi fossimo	che noi fossimo stati
	che voi foste	che voi foste stati
	che essi fossero	che essi fossero stati
CONDIZIONALE	*presente*	*passato*
	io sarei	io sarei stato
	tu saresti	tu saresti stato
	egli sarebbe	egli sarebbe stato
	noi saremmo	noi saremmo stati
	voi sareste	voi sareste stati
	essi sarebbero	essi sarebbero stati
IMPERATIVO	*presente*	
	–	
	sii tu	
	sia egli	
	siamo noi	
	siate voi	
	siano essi	
INFINITO	*presente*	*passato*
	essere	essere stato

PARTICIPIO	*presente* essente	*passato* stato
GERUNDIO	*presente* essendo	*passato* essendo stato

LA CONIUGAZIONE DEL VERBO **AVERE**

INDICATIVO	Tempi semplici	Tempi composti
	presente io ho tu hai egli ha noi abbiamo voi avete essi hanno	*passato prossimo* io ho avuto tu hai avuto egli ha avuto noi abbiamo avuto voi avete avuto essi hanno avuto
	imperfetto io avevo tu avevi egli aveva noi avevamo voi avevate essi avevano	*trapassato prossimo* io avevo avuto tu avevi avuto egli aveva avuto noi avevamo avuto voi avevate avuto essi avevano avuto
	passato remoto io ebbi tu avesti egli ebbe noi avemmo voi aveste essi ebbero	*trapassato remoto* io ebbi avuto tu avesti avuto egli ebbe avuto noi avemmo avuto voi aveste avuto essi ebbero avuto
	futuro semplice io avrò tu avrai egli avrà noi avremo voi avrete essi avranno	*futuro anteriore* io avrò avuto tu avrai avuto egli avrà avuto noi avremo avuto voi avrete avuto essi avranno avuto
CONGIUNTIVO	*presente* che io abbia che tu abbia che egli abbia che noi abbiamo che voi abbiate che essi abbiano	*passato* che io abbia avuto che tu abbia avuto che egli abbia avuto che noi abbiamo avuto che voi abbiate avuto che essi abbiano avuto
	imperfetto che io avessi che tu avessi che egli avesse	*trapassato* che io avessi avuto che tu avessi avuto che egli avesse avuto

	che noi avessimo che voi aveste che essi avessero	che noi avessimo avuto che voi aveste avuto che essi avessero avuto
CONDIZIONALE	*presente* io avrei tu avresti egli avrebbe noi avremmo voi avreste essi avrebbero	*passato* io avrei avuto tu avresti avuto egli avrebbe avuto noi avremmo avuto voi avreste avuto essi avrebbero avuto
IMPERATIVO	*presente* – abbi tu abbia egli abbiamo noi abbiate voi abbiano essi	
INFINITO	*presente* avere	*passato* avere avuto
PARTICIPIO	*presente* avente	*passato* avuto
GERUNDIO	*presente* avendo	*passato* avendo avuto

Coniugazioni regolari

In italiano i verbi vengono classificati a seconda della desinenza dell'infinito. L'infinito può terminare in *-are*, in *-ere* o in *-ire*; abbiamo dunque tre coniugazioni: la prima in *-are* (*amare, lodare, giocare* ecc.), la seconda in *-ere* (*temere, scrivere, ridere* ecc.), la terza in *-ire* (*servire, dormire, aprire* ecc.).
Le coniugazioni dei verbi sono **regolari** quando tutte le forme conservano la stessa radice e le desinenze sono quelle standard di ciascuna coniugazione.

LA PRIMA CONIUGAZIONE (VERBI IN **-ARE**: *AMARE*)		
INDICATIVO	Tempi semplici	Tempi composti
	presente io am-o tu am-i egli am-a noi am-iamo voi am-ate essi am-ano	*passato prossimo* io ho amato tu hai amato egli ha amato noi abbiamo amato voi avete amato essi hanno amato
	imperfetto io am-avo tu am-avi egli am-ava noi am-avamo voi am-avate essi am-avano	*trapassato prossimo* io avevo amato tu avevi amato egli aveva amato noi avevamo amato voi avevate amato essi avevano amato

	passato remoto	*trapassato remoto*
	io am-ai	io ebbi amato
	tu am-asti	tu avesti amato
	egli am-ò	egli ebbe amato
	noi am-ammo	noi avemmo amato
	voi am-aste	voi aveste amato
	essi am-arono	essi ebbero amato
	futuro semplice	*futuro anteriore*
	io am-erò	io avrò amato
	tu am-erai	tu avrai amato
	egli am-erà	egli avrà amato
	noi am-eremo	noi avremo amato
	voi am-erete	voi avrete amato
	essi am-eranno	essi avranno amato
CONGIUNTIVO	*presente*	*passato*
	che io am-i	che io abbia amato
	che tu am-i	che tu abbia amato
	che egli am-i	che egli abbia amato
	che noi am-iamo	che noi abbiamo amato
	che voi am-iate	che voi abbiate amato
	che essi am-ino	che essi abbiano amato
	imperfetto	*trapassato*
	che io am-assi	che io avessi amato
	che tu am-assi	che tu avessi amato
	che egli am-asse	che egli avesse amato
	che noi am-assimo	che noi avessimo amato
	che voi am-aste	che voi aveste amato
	che essi am-assero	che essi avessero amato
CONDIZIONALE	*presente*	*passato*
	io am-erei	io avrei amato
	tu am-eresti	tu avresti amato
	egli am-erebbe	egli avrebbe amato
	noi am-eremmo	noi avremmo amato
	voi am-ereste	voi avreste amato
	essi am-erebbero	essi avrebbero amato
IMPERATIVO	*presente*	
	–	
	am-a tu	
	am-i egli	
	am-iamo noi	
	am-ate voi	
	am-ino essi	
INFINITO	*presente*	*passato*
	am-are	avere amato
PARTICIPIO	*presente*	*passato*
	am-ante	am-ato
GERUNDIO	*presente*	*passato*
	am-ando	avendo amato

LA SECONDA CONIUGAZIONE (VERBI IN **-ERE**: *TEMERE*)

INDICATIVO	Tempi semplici	Tempi composti
	presente	*passato prossimo*
	io tem-o	io ho temuto
	tu tem-i	tu hai temuto
	egli tem-e	egli ha temuto
	noi tem-iamo	noi abbiamo temuto
	voi tem-ete	voi avete temuto
	essi tem-ono	essi hanno temuto
	imperfetto	*trapassato prossimo*
	io tem-evo	io avevo temuto
	tu tem-evi	tu avevi temuto
	egli tem-eva	egli aveva temuto
	noi tem-evamo	noi avevamo temuto
	voi tem-evate	voi avevate temuto
	essi tem-evano	essi avevano temuto
	passato remoto	*trapassato remoto*
	io tem-etti (tem-ei)	io ebbi temuto
	tu tem-esti	tu avesti temuto
	egli tem-ette (tem-é)	egli ebbe temuto
	noi tem-emmo	noi avemmo temuto
	voi tem-este	voi aveste temuto
	essi tem-ettero (tem-erono)	essi ebbero temuto
	futuro semplice	*futuro anteriore*
	io tem-erò	io avrò temuto
	tu tem-erai	tu avrai temuto
	egli tem-erà	egli avrà temuto
	noi tem-eremo	noi avremo temuto
	voi tem-erete	voi avrete temuto
	essi tem-eranno	essi avranno temuto
CONGIUNTIVO	*presente*	*passato*
	che io tem-a	che io abbia temuto
	che tu tem-a	che tu abbia temuto
	che egli tem-a	che egli abbia temuto
	che noi tem-iamo	che noi abbiamo temuto
	che voi tem-iate	che voi abbiate temuto
	che essi tem-ano	che essi abbiano temuto
	imperfetto	*trapassato*
	che io tem-essi	che io avessi temuto
	che tu tem-essi	che tu avessi temuto
	che egli tem-esse	che egli avesse temuto
	che noi tem-essimo	che noi avessimo temuto
	che voi tem-este	che voi aveste temuto
	che essi tem-essero	che essi avessero temuto
CONDIZIONALE	*presente*	*passato*
	io tem-erei	io avrei temuto
	tu tem-eresti	tu avresti temuto
	egli tem-erebbe	egli avrebbe temuto

	noi tem-eremmo	noi avremmo temuto
	voi tem-ereste	voi avreste temuto
	essi tem-erebbero	essi avrebbero temuto
IMPERATIVO	*presente*	
	–	
	tem-i tu	
	tem-a egli	
	tem-iamo noi	
	tem-ete voi	
	tem-ano essi	
INFINITO	*presente*	*passato*
	tem-ere	avere temuto
PARTICIPIO	*presente*	*passato*
	tem-ente	tem-uto
GERUNDIO	*presente*	*passato*
	tem-endo	avendo temuto

LA TERZA CONIUGAZIONE (VERBI IN **-IRE**: *SERVIRE*)

INDICATIVO	Tempi semplici	Tempi composti
	presente	*passato prossimo*
	io serv-o	io ho servito
	tu serv-i	tu hai servito
	egli serv-e	egli ha servito
	noi serv-iamo	noi abbiamo servito
	voi serv-ite	voi avete servito
	essi serv-ono	essi hanno servito
	imperfetto	*trapassato prossimo*
	io serv-ivo	io avevo servito
	tu serv-ivi	tu avevi servito
	egli serv-iva	egli aveva servito
	noi serv-ivamo	noi avevamo servito
	voi serv-ivate	voi avevate servito
	essi serv-ivano	essi avevano servito
	passato remoto	*trapassato remoto*
	io serv-ii	io ebbi servito
	tu serv-isti	tu avesti servito
	egli serv-ì	egli ebbe servito
	noi serv-immo	noi avemmo servito
	voi serv-iste	voi aveste servito
	essi serv-irono	essi ebbero servito
	futuro semplice	*futuro anteriore*
	io serv-irò	io avrò servito
	tu serv-irai	tu avrai servito
	egli serv-irà	egli avrà servito
	noi serv-iremo	noi avremo servito
	voi serv-irete	voi avrete servito
	essi serv-iranno	essi avranno servito

CONGIUNTIVO	*presente* che io serv-a che tu serv-a che egli serv-a che noi serv-iamo che voi serv-iate che essi serv-ano	*passato* che io abbia servito che tu abbia servito che egli abbia servito che noi abbiamo servito che voi abbiate servito che essi abbiano servito
	imperfetto che io serv-issi che tu serv-issi che egli serv-isse che noi serv-issimo che voi serv-iste che essi serv-issero	*trapassato* che io avessi servito che tu avessi servito che egli avesse servito che noi avessimo servito che voi aveste servito che essi avessero servito
CONDIZIONALE	*presente* io serv-irei tu serv-iresti egli serv-irebbe noi serv-iremmo voi serv-ireste essi serv-irebbero	*passato* io avrei servito tu avresti servito egli avrebbe servito noi avremmo servito voi avreste servito essi avrebbero servito
IMPERATIVO	*presente* – serv-i tu serv-a egli serv-iamo noi serv-ite voi serv-ano essi	
INFINITO	*presente* serv-ire	*passato* avere servito
PARTICIPIO	*presente* serv-ente	*passato* serv-ito
GERUNDIO	*presente* serv-endo	*passato* avendo servito

Verbi in "-ire" col presente in "-isco"

Moltissimi verbi della coniugazione in *-ire* aggiungono, in alcune forme dell'indicativo presente, del congiuntivo presente e dell'imperativo, l'elemento *-isc-* tra la radice e la desinenza. Negli altri tempi si comportano regolarmente.

INDICATIVO *presente*	CONGIUNTIVO *presente*	IMPERATIVO
io cap-isc-o	che io cap-isc-a	–
tu cap-isc-i	che tu cap-isc-a	cap-isc-i tu
egli cap-isc-e	che egli cap-isc-a	cap-isc-a egli
noi cap-iamo	che noi cap-iamo	cap-iamo noi
voi cap-ite	che voi cap-iate	cap-ite voi
essi cap-isc-ono	che essi cap-isc-ano	cap-isc-ano essi

Ecco alcuni dei più comuni verbi in *-ire* che hanno il presente in *-isco*: *abbellire*, *agire*, *arricchire*, *approfondire*, *chiarire*, *colpire*, *costruire*, *definire*, *digerire*, *finire*, *fiorire*, *ga-*

rantire, guarire, impedire, indebolire, istruire, marcire, obbedire, preferire, pulire, punire, reagire, restituire, sostituire, sparire, spedire, stabilire, tradire, ubbidire, unire.

Coniugazioni irregolari

Le coniugazioni dei verbi sono **irregolari** quando o tutte le forme non conservano la stessa radice o le desinenze non sono quelle standard di ciascuna coniugazione. Tutte le forme dei verbi a coniugazione irregolare sono riportate nel dizionario.

VERBI PREDICATIVI E VERBI COPULATIVI

A seconda del loro significato e della loro funzione nella frase i verbi possono essere distinti in due grandi categorie. La prima, di gran lunga più numerosa, abbraccia tutti i verbi che da soli o uniti a un complemento oggetto esprimono un senso compiuto, cioè dicono, dichiarano qualcosa del soggetto (l'uccello *vola*, il pesce *nuota*, il gatto *fa le fusa*, i topi *amano il formaggio*). Poiché in latino "dire, dichiarare" si dice PRAEDICARE, questi sono detti **verbi predicativi**.

La seconda comprende quei verbi che, non esprimendo un senso compiuto, hanno la funzione di collegare il soggetto a un aggettivo o a un altro nome che li accompagna (il leone *è* coraggioso, i cani *sono* fedeli, il serpente *stava* immobile, i criceti *sembrano* topi). Il verbo in questi casi fa da legame tra il soggetto e ciò che viene detto del soggetto, cioè il suo predicato. Poiché in latino "legame, vincolo" si dice COPULA, questi verbi sono chiamati **verbi copulativi**.

I verbi copulativi possono essere distinti in:

1. **copulativi veri e propri**: *essere, stare, restare, sembrare, diventare* ecc.
2. **appellativi**: *chiamare, appellare* ecc.
3. **elettivi**: *eleggere, nominare, creare* ecc.
4. **estimativi**: *stimare, reputare, giudicare, considerare* ecc.

VERBI TRANSITIVI E INTRANSITIVI

Un'altra importantissima maniera di classificare i verbi si fonda sul fatto che possono o non possono essere seguiti da un complemento oggetto. I verbi che possono reggere un complemento oggetto si chiamano **verbi transitivi**. Prendono il nome di "transitivi" perché quando il verbo è seguito dal complemento oggetto (*Luigi mangia la mela*), è come se l'azione "passasse" dal soggetto sul complemento oggetto (in latino TRANSIRE significa 'passare'). I verbi transitivi formano i tempi composti con l'ausiliare *avere*. I verbi che non possono essere seguiti da un complemento oggetto si chiamano **verbi intransitivi** (*Carlo corre, Ugo piange, Fabio verrà*). Alcuni verbi intransitivi formano i tempi composti con l'ausiliare *avere*, altri con l'ausiliare *essere* (*Carlo ha corso, Ugo ha pianto, Fabio sarà venuto*). Per ogni verbo intransitivo il dizionario prescrive l'uso di *essere* o *avere*.

Tutti i verbi transitivi possono essere usati anche senza complemento oggetto (*Luigi mangia, Marisa legge, Piera scrive*). In questo caso si dice che sono usati **in forma assoluta**.

Alcuni verbi normalmente intransitivi possono reggere come complemento oggetto un nome che ha la stessa radice del verbo (*vivere una vita serena*) o ha con il verbo una strettissima relazione di significato (*piangere lacrime amare*). In questi casi il verbo diventa transitivo e si dice che regge il **complemento oggetto interno**.

Molti verbi sono transitivi o intransitivi a seconda del loro significato: *girare* è intransitivo nel significato di 'ruotare' (*il mondo gira*), è transitivo nel significato di 'far ruotare' (*girare la chiave*); *passare* è intransitivo nel significato di 'trascorrere' (*il tempo passa*), transitivo in quello di 'dare, porgere' (*passami l'acqua*).

FORMA ATTIVA E FORMA PASSIVA

Una successiva distinzione riguarda i verbi transitivi, che possono presentarsi in forma attiva o in forma passiva. Il verbo è nella forma attiva quando l'azione è compiuta dal soggetto, nella forma passiva quando l'azione è subita dal soggetto.

Marco legge il giornale (*attivo*)
Il giornale è letto da Marco (*passivo*)
Il cane rosica l'osso (*attivo*)
L'osso è rosicato dal cane (*passivo*)
Il vento batteva le imposte (*attivo*)
Le imposte erano battute dal vento (*passivo*)

Il passivo si forma ricorrendo alla coniugazione dell'ausiliare *essere*, a cui si fa seguire il participio passato del verbo. I verbi transitivi hanno dunque una coniugazione attiva e una coniugazione passiva.

Il passivo si può anche formare usando il verbo **venire** invece dell'ausiliare *essere* (*La porta è chiusa/viene chiusa*; *Un romanzo che è molto letto/che viene molto letto*).
Un'altra maniera di creare una costruzione passiva, nonostante la forma del verbo resti attiva, è con il pronome personale **si** combinato con un verbo di terza persona singolare o plurale (*Una casa che è affittata/che viene affittata/che si affitta*; *Parole che sono dette/che vengono dette/che si dicono*).
Bisogna infine ricordare la possibilità di formare, con certi particolari verbi, il passivo mediante il verbo **andare** usato come ausiliare: *La lettera andò perduta* (=fu perduta); in certi casi al valore passivo si unisce il significato di "dovere": *Una regola che non va dimenticata* (= che non deve essere dimenticata).

VERBI PRONOMINALI

Si definiscono genericamente pronominali i verbi le cui forme sono accompagnate da un pronome riflessivo: *mi lavo*, *ci siamo spaventati*, *addormentatevi*, *si sono abbracciati* ecc. I verbi pronominali si distinguono in **riflessivi** e **intransitivi pronominali**.

I riflessivi

Un verbo è riflessivo quando l'azione che esso esprime, compiuta dal soggetto, si "riflette", cioè ricade sul soggetto stesso: *io mi lavo* (io lavo me stesso), *tu ti asciughi* (tu asciughi te stesso), *lui si veste* (lui veste sé stesso), *noi ci pettiniamo* (noi pettiniamo noi stessi). Possono avere la forma riflessiva solo i verbi transitivi.
Quando l'azione, compiuta da più soggetti, ricade scambievolmente su di essi abbiamo un **riflessivo reciproco**: *Cesare e Antonio si salutano* (salutano l'un l'altro); *Eravamo amici ma ora non ci parliamo più* (non parliamo più l'uno all'altro); *Dicono di amarsi invece si odiano* (dicono di amarsi l'un l'altro invece si odiano l'un l'altro).
Se l'azione compiuta dal soggetto non ricade direttamente sul soggetto, ma comunque va a suo vantaggio, a suo beneficio abbiamo un **riflessivo apparente**: *Luisa si pettinava i capelli* (pettinava i capelli a sé stessa); *Marco sta pulendosi le scarpe* (sta pulendo le scarpe a sé stesso). Le corrispondenti frasi col riflessivo vero e proprio sarebbero: *Luisa si pettinava* (pettinava sé stessa); *Marco sta pulendosi* (sta pulendo sé stesso).
I tempi composti dei verbi riflessivi si formano sempre con l'ausiliare *essere*.

Gli intransitivi pronominali

Gli intransitivi pronominali sono verbi intransitivi che si coniugano con la particella pronominale, ma senza che questa svolga una particolare funzione: *Mi congratulo con*

te (non significa *congratulo me stesso con te); *Giorgio si vergogna* (non significa *vergogna sé stesso); *Il mare si sta agitando* (non significa *sta agitando sé stesso).
Le forme dei verbi intransitivi pronominali sono identiche a quelle dei verbi riflessivi. Anche gli intransitivi pronominali richiedono sempre l'ausiliare *essere*.

VERBI IMPERSONALI

Ogni verbo ha normalmente un soggetto, espresso o sottinteso. Talvolta, però, il verbo non ha un soggetto determinato; ciò avviene per esempio nelle seguenti frasi: *È piovuto tutto il giorno*; *Nevica sulle montagne*; *Fa un caldo terribile*. I verbi di questo tipo si dicono impersonali. Oltre *piovere*, *nevicare*, *far caldo*, altri verbi impersonali sono *tuonare*, *grandinare*, *far freddo*, *far giorno*, *far notte*, *albeggiare* ecc. Come si sarà notato, tutti questi verbi indicano dei fenomeni naturali.
Osserviamo adesso queste altre frasi: *Bisogna andare*; *È opportuno che tu parta*; *È necessario che lui venga*. Anche in questo caso *bisogna*, *è opportuno*, *è necessario* sono usati impersonalmente: in realtà questo è un uso solo apparentemente impersonale, perché in questo caso è la proposizione che segue a fare da soggetto, cioè *'andare' bisogna*, *'che tu parta' è opportuno*, *'che lui venga' è necessario*.
Ma qualsiasi verbo può essere costruito in forma impersonale: basta premettere la particella pronominale si alle forme della terza persona singolare: *Si mangia alle otto*; *Domani si vedrà*; *Si vive una sola volta*. I verbi che sono usati impersonalmente formano i tempi composti con l'ausiliare *essere* (*è tuonato*, *è stato necessario*, *si è parlato*); quelli che indicano fenomeni naturali possono prendere anche l'ausiliare *avere* (*è piovuto*, *ha piovuto*).

VERBI SERVILI

Quando i verbi *dovere*, *volere*, *potere*, *solere*, *sapere* sono costruiti con un verbo di modo infinito, hanno la funzione di esprimere la particolare modalità dell'azione, cioè se il soggetto ha necessità di compierla (*deve*), ha volontà di compierla (*vuole*), ha possibilità di compierla (*può*), ha l'abitudine di compierla (*suole*), ha la capacità di compierla (*sa*):

devo andare	(necessità)
voglio andare	(volontà)
posso andare	(possibilità)
soglio andare	(abitudine)
so andare	(capacità)

Poiché questi verbi svolgono per così dire "un servizio" nei confronti dei verbi da cui sono seguiti, si chiamano **verbi servili**. Nei tempi composti i verbi servili *dovere*, *potere*, *volere*, *sapere* prendono preferibilmente l'ausiliare richiesto dal verbo che essi reggono (*solere* è difettivo dei tempi composti):

ho dovuto gridare	(*gridare* richiede l'ausiliare *avere*)
sono dovuto partire	(*partire* richiede l'ausiliare *essere*)
ho voluto farlo	(*fare* richiede l'ausiliare *avere*)
sono voluto andare	(*andare* richiede l'ausiliare *essere*)
non *ho* potuto negare	(*negare* richiede l'ausiliare *avere*)
non *sono* potuto venire	(*venire* richiede l'ausiliare *essere*)
hanno saputo parlare	(*parlare* richiede l'ausiliare *avere*)
non *è* saputo riuscire	(*riuscire* richiede l'ausiliare *essere*)

Tuttavia è possibile impiegare l'ausiliare *avere* anche quando il verbo che segue il verbo servile dovrebbe essere costruito con l'ausiliare *essere*. Si può dire perciò sia *sono dovu-*

to partire sia *ho dovuto partire*, sia *sono voluto andare* sia *ho voluto andare*, sia *non sono potuto venire* sia *non ho potuto venire*, sia *non son saputo arrivare* sia *non ho saputo arrivare.*

VERBI FRASEOLOGICI

I verbi fraseologici, come i verbi ausiliari e servili, si impiegano anch'essi in unione con un altro verbo di modo indefinito (infinito o gerundio) per esprimere:

1. Un'azione prossima a iniziare (*stare per*, *essere per*, *essere sul punto di*, *accingersi a* ecc.):
   Lo spettacolo *stava* per incominciare.
   Il treno *era* lì lì *per giungere*.

2. Un'azione che inizia (*cominciare a*, *mettersi a*, *accingersi a* ecc.):
   Il pubblico *cominciò a* fischiare.
   Il cavallo *si mise a* correre.

3. Un'azione che si svolge (*stare*, *andare* ecc.+ gerundio):
   L'uccellino *sta* beccando.
   Va dicendo cose non vere.

4. Un'azione che continua (*continuare a*, *seguitare a* ecc.):
   Continua a piovere da due giorni.
   La folla *seguitava ad* affluire sulla piazza.

5. Un'azione che finisce: (*finire di*, *cessare di*, *smettere di* ecc.):
   Il bambino *finì di* piangere.
   Il gatto *ha smesso di* miagolare.

USO DELL'INDICATIVO

L'indicativo è il modo del verbo che esprime la realtà, la certezza. Dispone di otto tempi, quattro semplici (presente, imperfetto, passato remoto e futuro semplice) e quattro composti (passato prossimo, trapassato prossimo, trapassato remoto e futuro anteriore).

Presente

Il presente si usa fondamentalmente per indicare un evento che si verifica nel momento stesso in cui si parla: *Carlo scrive* (mentre io dico ciò).
Si usa anche per esprimere un evento che avviene abitualmente: *In montagna d'inverno nevica*; o per affermare qualcosa che è vera sempre: *I fiori d'arancio sono molto profumati*.
Nel racconto di fatti accaduti nel passato, l'uso del presente invece di un tempo passato serve a dare evidenza, immediatezza al racconto stesso: *Dante nasce a Firenze nel 1265, muore a Ravenna nel 1321*. Il presente di questo tipo si chiama **presente storico**.

Soprattutto nell'uso parlato è molto comune l'uso del presente per indicare un'azione che si svolgerà nel futuro: *L'estate prossima vado in vacanza in Sardegna*; *La prossima volta mi comporto in modo diverso*.

Futuro semplice

Il futuro semplice indica un evento che si verificherà posteriormente al momento in cui lo si enuncia: *Presto compirà diciotto anni*; *La prossima estate faremo un viaggio in roulotte*.
Il futuro può anche essere usato per indicare un evento che si verifica nello stesso mo-

mento in cui parliamo; in questo caso però esprime un dubbio, non una certezza: *Mio figlio starà studiando* (credo che stia studiando, ma non ne sono certo).

Imperfetto
L'imperfetto indica un evento che ha avuto una certa durata o si è ripetuto più volte nel passato: *Un raggio di luce illuminava la stanza* (azione durativa); *Per andare in città prendevamo il treno delle otto* (azione ripetuta).
Un altro tipo di imperfetto, anche questo molto comune, è quello storico o narrativo: *Dante nasceva a Firenze nel 1265.*

Passato remoto
Il passato remoto indica un evento accaduto precedentemente al tempo che noi prendiamo a riferimento, e concluso in sé stesso (cioè che non produce più alcun effetto sul presente): *Secondo la leggenda Romolo e Remo fondarono Roma*; *Coppi fu campione del mondo di ciclismo.* Nella lingua di oggi l'uso del passato remoto sta perdendo sempre più terreno a vantaggio del passato prossimo.

Passato prossimo
Il passato prossimo è il tempo con cui si indica un'azione accaduta da poco nel passato e che produce ancora effetti sul presente: *Stanotte ho dormito poco* (e perciò ho ancora sonno, mi sento stanco); *Siamo arrivati a Bologna ieri sera* (ed ora siamo ancora a Bologna).
Ma, come si è già detto, nell'italiano contemporaneo il passato prossimo si usa sempre più frequentemente al posto del passato remoto: *Secondo la leggenda Romolo e Remo hanno fondato Roma*; *Coppi è stato campione del mondo di ciclismo.*

Futuro anteriore
Il futuro anteriore si usa per indicare un evento che si verificherà nel futuro, ma precedentemente a un altro evento che si verificherà anch'esso nel futuro (questo sarà espresso con il futuro semplice): *Andrà a giocare dopo che avrà finito di studiare* (sia l'azione dello studiare sia quella del giocare avverrano nel futuro, ma l'azione del giocare avverrà solo quando l'azione dello studiare sarà terminata).

Trapassato prossimo
Il trapassato prossimo indica un evento accaduto nel passato precedentemente a un altro evento accaduto anch'esso nel passato: *Era contento perché aveva preso un bel voto* (il fatto di prendere un bel voto è accaduto prima del fatto che fosse contento). Il trapassato prossimo è perciò sempre riferito a un altro tempo passato, imperfetto (come nel caso precedente) o passato remoto: *Era appena tornato a casa, quando lo chiamarono al telefono.*

Trapassato remoto
Il trapassato remoto ha lo stesso valore del trapassato prossimo, ma ormai è di uso solo scritto. Il tempo passato a cui può riferirsi il trapassato remoto è solo il passato remoto: *Quando ebbe finito di mangiare, uscì per una breve passeggiata.*

USO DEL CONGIUNTIVO

In contrapposizione all'indicativo che è il modo del verbo che esprime la realtà, la certezza, il congiuntivo è il modo che esprime il dubbio, l'incertezza, la possibilità, il timore, il desiderio. Il congiuntivo ha quattro tempi, due semplici (presente e imperfetto) e due composti (passato e trapassato).

Sono sicuro che *è* così	Non sono sicuro che *sia* così
La vicenda *è* conclusa	Spero che la vicenda *sia* conclusa

Non *può* farcela	Temo che non *possa* farcela
Sapevo che *veniva*	Desideravo che *venisse*
Dio non *vuole* che...	Dio non *voglia* che...
Siamo andati via	*Fossimo andati* via!

Per lo più la proposizione che ha un verbo al modo congiuntivo dipende da un'altra proposizione (com'è nei primi quattro esempi della colonna di destra), ma può anche essere indipendente (come negli ultimi due).
Quando il congiuntivo è in una proposizione indipendente, il presente e l'imperfetto si usano in riferimento al presente, il passato e il trapassato in riferimento al passato.

presente	Che tu sia benedetto!
	Fossi matto?
passato	Che ci siano andati anche loro?
	Avessimo potuto evitarlo!

Il congiuntivo nelle dipendenti
L'uso dei tempi del congiuntivo nelle proposizioni dipendenti rispetta per lo più le seguenti regole:
1. quando il verbo al congiuntivo dipende da un tempo presente, se si vuole esprimere contemporaneità rispetto a questo, si deve usare il presente del congiuntivo, se si vuole esprimere anteriorità si deve usare il passato:

Non so *(presente)* che cosa succeda *(contemporaneità)*
Non so *(presente)* che cosa sia successo *(anteriorità)*

2. quando il verbo al congiuntivo dipende da un tempo passato, se si vuole esprimere contemporaneità rispetto a questo, si deve usare l'imperfetto del congiuntivo, se si vuole esprimere anteriorità, si deve usare il trapassato:

Non sapevo *(passato)* che cosa succedesse *(contemporaneità)*
Non sapevo *(passato)* che cosa fosse successo *(anteriorità)*

3. in dipendenza da un tempo futuro si usa il congiuntivo (passato) solo nel caso che si voglia esprimere anteriorità. Per esprimere contemporaneità si usa invece l'indicativo futuro:

Non saprò *(futuro)* che cosa sia successo *(anteriorità)*
Non saprò *(futuro)* che cosa succederà *(contemporaneità)*

USO DEGLI ALTRI MODI

Descriviamo ora sommariamente l'uso degli altri modi e tempi del verbo.

Condizionale
È il modo che esprime l'eventualità, la possibilità legata a una certa condizione. Il condizionale dispone di un tempo semplice (presente) e di un tempo composto (passato).
Il presente esprime l'eventualità nel presente: *mangerei volentieri un panino* (se lo avessi, se potessi mangiarlo). Il passato esprime l'eventualità nel passato: *avrei mangiato volentieri un panino* (se lo avessi avuto, se avessi potuto mangiarlo).

Imperativo
L'imperativo ha un solo tempo (presente) ed esprime un ordine da eseguire. Poiché non si può impartire un ordine a sé stessi l'imperativo manca della prima persona: *àlzati in piedi!*; *uscite via di qui!*; *vadano via!*

La seconda persona singolare dell'imperativo negativo si rende con la forma dell'infinito presente preceduta da *non*: *non andare!*, *non parlare!*, *non saltare!*

Infinito
L'infinito si usa soprattutto in proposizioni che dipendono da altre. Ha un tempo semplice (presente) e uno composto (passato). Il presente esprime contemporaneità o posteriorità rispetto al tempo della proposizione da cui l'infinito dipende: *Chiede di parlare*; *Prometto di venire*. Il passato esprime invece anteriorità: *Dice di aver mangiato*; *Spera di essere piaciuto*.
L'infinito presente può anche svolgere le funzioni di un nome: *Il viaggiare è molto istruttivo*; *Dipende da noi l'andare o il restare*.

Participio
Il participio ha due tempi, il presente e il passato. A parte l'uso del participio passato nella formazione dei tempi composti e nella coniugazione passiva, le forme del participio assolvono per lo più alla funzione di aggettivo: *la squadra vincente*, *l'alunno promosso*; o di nomi: *il vincente*, *i promossi*. In certi casi l'uso del participio come nome è talmente stabilizzato nella lingua che non si avverte più il valore di participio: *il dirigente*, *l'insegnante*, *il sorvegliante* ecc.

Gerundio
Il gerundio ha un tempo semplice (presente) e uno composto (passato). Il presente esprime contemporaneità rispetto al tempo della proposizione da cui il gerundio dipende: *Viene correndo*; *Lavora ascoltando la radio*. Il passato esprime anteriorità: *Avendo viaggiato si sentiva stanco*; *Aveva male a un piede essendo caduto*.
Di grande importanza nell'italiano è la perifrasi di *stare* + il gerundio presente, che esprime un'azione nella sua durata: *sta leggendo*; *stava mangiando*.

IL PERIODO IPOTETICO

Prende il nome di **periodo ipotetico** un insieme di due proposizioni strettamente legate fra loro, di cui una (subordinata) esprime la condizione da cui dipende o potrebbe dipendere quanto è affermato nell'altra (reggente).
Nel periodo ipotetico la proposizione subordinata si chiama **protasi**, la proposizione reggente si chiama **apodosi**.

> Se vuoi (PROTASI), pranziamo insieme (APODOSI).
> Se piovesse (PROTASI), usciremmo con l'ombrello (APODOSI).
> Se fossimo andati (PROTASI), lo avremmo incontrato (APODOSI).
> Nel caso che arrivasse (PROTASI), sarebbe il benvenuto (APODOSI).
> È in grado di farlo (APODOSI), purché lo voglia (PROTASI).
> Volendo (= se vuole, PROTASI), lo può fare (APODOSI).
> Restaurata (= se fosse restaurata, PROTASI), sarebbe una bellissima casa (APODOSI).
> A parlargli (= se gli si parla, PROTASI), sembra un brav'uomo (APODOSI).

Tradizionalmente si classificano tre tipi di periodo ipotetico. Il primo tipo è quello in cui sia la protasi sia l'apodosi sono al modo indicativo (nell'apodosi è anche possibile un imperativo). È detto della *realtà* perché la protasi è presentata come un fatto reale:

> Se ho fame, mangio.
> Se avrò fame, mangerò.
> Se hai fame, mangia!

Il secondo tipo ha l'imperfetto del congiuntivo nella protasi e il condizionale presente nell'apodosi. Poiché l'ipotesi che si fa è espressa come possibile, questo tipo è detto della *possibilità*:

Se avessi fame, mangerei.
Se volessi, potrei farlo.
Se ti decidessi, saresti ancora in tempo.

Il terzo tipo è detto dell'*irrealtà* perché la condizione che si esprime riguarda qualcosa che avrebbe dovuto o potuto accadere nel passato, ma che non è accaduto, quindi la conseguenza è una conseguenza irreale. In questo caso la protasi è al congiuntivo trapassato, l'apodosi al condizionale presente o passato:

Se avessi avuto fame, avrei mangiato.
Se avessi voluto farlo, avrei potuto.
Se lo avessi fatto, non sarei in queste condizioni.

9. L'AVVERBIO

L'**avverbio** è quella parte invariabile del discorso che serve a determinare un verbo, un aggettivo o un altro avverbio circa il modo, il tempo, il luogo, la quantità ecc.

LE FORME DELL'AVVERBIO

Dal punto di vista della loro forma gli avverbi si distinguono in avverbi *semplici*, *composti* e *derivati*.

Gli avverbi semplici

Sono quegli avverbi che non derivano da altre parole, né sono scomponibili in radice e desinenza. Eccone alcuni: *adesso, assai, bene, così, domani, dopo, dove, forse, fuori, già, giù, gratis, ieri, insieme, ora, lì, meglio, meno, no, non, oggi, più, poi, presso, presto, quando, quanto, quasi, sempre, sì, sotto, su, subito, tanto, tardi.*

Gli avverbi composti

Derivano dalla fusione di due o più parole autonome. Eccone alcuni: *abbastanza, accanto, addosso, affatto, allora, almeno, ancora, appena, apposta, appunto, attraverso, dappertutto, davvero, finora, frattanto, indietro, infine, inoltre, intanto, invano, malgrado, nemmeno, neppure, oltremodo, peraltro, perfino, perlomeno, stamane, stasera, stavolta, suppergiù, talora.*

Gli avverbi derivati

Sono quelli che derivano da una parola, per lo più un aggettivo, mediante l'aggiunta dei suffissi *-mente* oppure *-oni*. Eccone alcuni: *allegramente, bruscamente, celermente, delicatamente, familiarmente, gioiosamente, ingenuamente, logicamente, miseramente, ostinatamente, pacificamente, scioccamente, tranquillamente, unicamente; balzelloni, barcolloni, bocconi, carponi, dondoloni, ginocchioni, girandoloni, penzoloni, rotoloni, saltelloni, tastoni, tentoni.*

Le locuzioni avverbiali

Si definisce **locuzione** una combinazione fissa di due o più parole che ha autonomia di significato, proprio come fosse una parola singola. Le locuzioni avverbiali hanno nella frase la funzione di un avverbio: *all'improvviso* 'improvvisamente', *di solito* 'solitamente', *in un batter d'occhio* 'istantaneamente' ecc.

Aggettivi usati come avverbi

Molti aggettivi qualificativi possono essere usati nella frase come avverbi. In questo caso sono invariabili. Ecco alcuni esempi:

basso	*L'aeroplano volava basso.*
chiaro	*Mi piace parlar chiaro.*
corto	*Dovete tagliar corto.*

duro	*È necessario lavorare duro.*
leggero	*Preferiamo mangiar leggero.*
sodo	*Ha dormito sodo tutta la notte.*
storto	*Mi guardano sempre storto.*

I TIPI DI AVVERBI

La classificazione degli avverbi data nel precedente paragrafo si riferiva alla maniera della loro formazione. Ora li considereremo in base al loro significato, cioè al particolare punto di vista secondo cui modificano la parola a cui riferiscono.

Avverbi di modo
Indicano il modo in cui si svolge l'azione espressa dal verbo (*guida bene, accade raramente, cantò melodiosamente, ridemmo a più non posso, abbiamo dormito sodo*). La categoria degli avverbi di modo è la più numerosa di tutte: oltre a molti avverbi semplici, composti e a molte locuzioni avverbiali, sono avverbi di modo la grande maggioranza degli avverbi in *-mente*, tutti quelli in *-oni* e tutti gli aggettivi usati avverbialmente.

Avverbi di luogo
Specificano il luogo in cui si svolge l'azione o dove si colloca una persona o una cosa. Ecco quelli usati più frequentemente: *accanto, addosso, altrove, appresso, attorno, attraverso, avanti, ci, dappertutto, davanti, dentro, dietro, dinanzi, dintorno, dirimpetto, dove, dovunque, entro, fuori, giù, indietro, innanzi, intorno, là, laggiù, lassù, lì, lontano, ne, ovunque, presso, qua, quaggiù, quassù, qui, sopra, sotto, su, vi, via.* Sono numerose le locuzioni avverbiali di luogo: *per di qua, per di là, in giù, in su, al di sopra, al di sotto, all'intorno, nei pressi* ecc.

Avverbi di tempo
Determinano il tempo in cui si svolge l'azione espressa dal verbo. Eccone un elenco tra quelli più comunemente usati: *adesso, allora, ancora, anzitempo, appena, dapprima, dianzi, domani, domattina, dopo, finora, frattanto, già, ieri, infine, intanto, oggi, ora, ormai, poi, presto, prima, quindi, sempre, spesso, stamane, stamattina, stanotte, stasera, talora, tardi, tuttora.*
Sono anche numerose le locuzioni avverbiali con valore temporale: *un giorno, una volta, di tanto in tanto, di buon'ora, per tempo, di notte, d'inverno, un anno fa, alla fine, mai e poi mai, or ora, adesso adesso* ecc.

Avverbi di quantità
Indicano una quantità, ma in modo indefinito, imprecisato. Questi sono i più comuni: *abbastanza, almeno, alquanto, altrettanto, appena, assai, meno, molto, niente, nulla, parecchio, più, piuttosto, poco, quasi, soltanto, tanto, troppo.*
Sono locuzioni avverbiali di quantità: *all'incirca, press'a poco, su per giù, più o meno, per un poco, per un pelo, né tanto né poco* ecc.

Avverbi di giudizio
Si usano per affermare, negare o mettere in dubbio. Eccone un elenco:

a) affermativi: *appunto, certamente, certo, davvero, esattamente, naturalmente, ovviamente, proprio, sì, sicuramente, sicuro, sissignore.*
b) negativi: *affatto, mica, neanche, nemmeno, neppure, no, non, nossignore.*
c) dubitativi: *eventualmente, forse, magari, possibilmente, probabilmente, quasi.*

Locuzioni avverbiali: *per l'appunto, di sicuro, senza dubbio, niente affatto, neanche per idea, manco a dirlo* ecc.

Avverbi interrogativi

Introducono una domanda diretta che riguarda il modo *(come?)*, il luogo *(dove?)*, il tempo *(quando?)*, la misura o la quantità *(quanto?)*, la causa *(perché?)*. Possono essere tutti rafforzati da *mai*.

Come stai?	Come mai (=perché) sei partito?
Dove vai in vacanza?	Dove mai ti sei cacciato?
Quando ritorni?	Quando mai ho detto queste cose?
Quanto costa?	Quanto ti sono costati mai?
Perché taci?	Perché mai non dici una parola?

I GRADI DELL'AVVERBIO

Allo stesso modo degli aggettivi qualificativi, numerosi avverbi hanno un grado positivo, un grado comparativo e un grado superlativo:

dolcemente	più dolcemente	dolcissimamente
facilmente	più facilmente	facilissimamente
lontano	più lontano	lontanissimo
naturalmente	più naturalmente	naturalissimamente
presto	più presto	prestissimo

Comparativi e superlativi particolari

Gli avverbi corrispondenti agli aggettivi *buono, cattivo, grande* ecc. formano alcune forme del comparativo e del superlativo da una radice diversa da quella dell'avverbio di grado positivo.

bene	meglio	benissimo o ottimamente
male	peggio	malissimo o pessimamente
molto	più	moltissimo
poco	meno	pochissimo
grandemente	maggiormente	massimamente

10. LA PREPOSIZIONE

La **preposizione** è quella parte invariabile del discorso che introduce un elemento che serve a completare il significato di un verbo, di un nome o di un'intera proposizione.
Le preposizioni si distinguono in *proprie* e *improprie*.

PREPOSIZIONI PROPRIE

Le preposizioni proprie sono in tutto nove: di, a, da, in, con, su, per, fra o tra. Si chiamano così perché queste parole vengono usate esclusivamente come preposizioni (a parte *su*, che può essere anche avverbio).

Qui di seguito sono elencati i complementi introdotti dalle preposizioni proprie:

a	causa	*svegliarsi a un rumore*
	distanza	*la casa è a due chilometri*
	distributivo	*due volte al giorno*
	fine	*andare a caccia*
	limitazione	*coraggioso a parole*
	mezzo o strumento	*mulino a vento*
	modo	*pagare a rate*
	modo-mezzo	*andare a piedi*
	moto a luogo	*andare a casa*
	pena	*condanna all'esilio*
	predicativo	*portare qualcuno ad esempio*
	qualità	*gonna a quadri*
	stato in luogo	*vivere a Parigi*
	tempo determinato	*telefonare alle cinque*
	termine	*scrivere a un amico*
	vantaggio e svantaggio	*parlare a loro favore/sfavore*
con	circostanza	*uscire con la pioggia*
	circostanza-causa	*stare a letto con la febbre*
	compagnia	*passeggiare con Marta*
	concessivo	*con i soldi che ha sembra uno straccione*
	limitazione	*con la salute va meglio*
	mezzo	*scrivere con la penna*
	modo	*trattare con familiarità*
	qualità	*un uomo col cuore d'oro*
	relazione	*litigare con tutti*
	unione	*andar fuori con l'ombrello*
da	agente	*essere visitato dal dottore*
	allontanamento	*uscire dal tracciato*

	causa	*tremare dal freddo*
	causa efficiente	*essere preso dalla paura*
	fine	*sala da pranzo*
	limitazione	*cieco da un occhio*
	mezzo	*riconoscere dalla voce*
	misura	*una lampadina da cento candele*
	modo	*vita da cani*
	moto a luogo	*andare dall'avvocato*
	moto da luogo	*uscire dal negozio*
	moto per luogo	*passare dal cortile*
	origine	*santa Caterina da Siena*
	qualità	*una ragazza dai capelli biondi*
	stato in luogo	*incontrarsi dal notaio*
	stima o prezzo	*un francobollo da mille lire*
	tempo continuato	*l'aspetta da un mese*
di	abbondanza e privazione	*una zona ricca/povera d'acqua*
	allontanamento	*andare via di casa*
	argomento	*discutere di politica*
	causa	*scoppiare di caldo*
	colpa	*reo di tradimento*
	denominazione	*il paese di Cuccagna*
	distributivo	*di due in due*
	età	*una ragazza di quindici anni*
	fine	*segnale d'allarme*
	limitazione	*tardo d'ingegno*
	materia	*campana di bronzo*
	mezzo	*bagnare d'acqua*
	misura	*un pacco di dieci chili*
	modo	*andare di corsa*
	moto da luogo	*uscire di casa*
	origine	*essere di Bari*
	paragone	*più bella di una regina*
	partitivo	*il più bravo di tutti*
	pena	*multare di un milione*
	qualità	*un giovane d'ingegno*
	specificazione	*un piatto di pastasciutta*
	tempo continuato	*un'attesa di due anni*
	tempo determinato	*giocare di domenica*
fra/tra	causa	*fra tutti gli impegni non ha mai tempo*
	compagnia	*trovarsi fra amici*
	distanza	*la piazza è fra cento metri*
	distributivo	*dividere fra molti*
	moto per luogo	*passare tra la folla*
	partitivo	*chi verrà tra voi?*
	stato in luogo	*avere un oggetto fra le mani*
	tempo determinato	*ci vedremo fra una settimana*
in	fine	*accorrere in aiuto*
	limitazione	*bravo in matematica*
	luogo-causa	*tormentarsi nel dubbio*
	mezzo	*viaggiare in treno*
	modo	*ascoltare in silenzio*
	moto a luogo	*entrare in porto*

	predicativo	*prendere una donna in moglie*
	stato in luogo	*abitare in città*
	tempo continuato	*finire in un mese*
	tempo determinato	*comincerà in settembre*
per	causa	*gridare per il dolore*
	distributivo	*in fila per tre*
	fine	*lottare per la sopravvivenza*
	limitazione	*uguali per età*
	mezzo	*afferrare per le braccia*
	misura	*correre per cinque chilometri*
	moto a luogo	*partire per la campagna*
	moto per luogo	*passare per Genova*
	predicativo	*passare per pazzo*
	sostituzione o scambio	*prendere fischi per fiaschi*
	stato in luogo circ.	*vagabondare per la città*
	stima e prezzo	*vendere per diecimila lire*
	tempo continuato	*parlare per due ore*
	tempo determinato	*un appuntamento per le sette*
	vantaggio/svantaggio	*simpatia/antipatia per qualcuno*
su	argomento	*un libro sugli animali*
	misura	*alto sui due metri*
	modo	*vestito su misura*
	moto a luogo	*salire su un albero*
	stato in luogo	*una terrazza sul mare*
	tempo continuato	*impiegare sulle due ore*
	tempo determinato	*arrivare sulla mezzanotte*

PREPOSIZIONI IMPROPRIE

Si dicono preposizioni improprie quelle preposizioni che in origine non avevano questo valore: gran parte di esse continuano infatti ad avere anche altri valori (sono avverbi, congiunzioni ecc.). Eccone un elenco: *anzi*, *attraverso*, *avanti*, *contro*, *dietro*, *dinanzi*, *dopo*, *durante*, *eccetto*, *fuorché*, *fuori*, *lungo*, *malgrado*, *mediante*, *nonostante*, *oltre*, *presso*, *rasente*, *raso*, *salvo*, *secondo*, *senza*, *sopra*, *sotto*, *tolto*, *tramite*, *tranne*, *verso*.

Ed ecco alcune frasi che esemplificano il loro uso:

Il ladro fuggì *attraverso* i campi.
Ha lottato da solo *contro* tutti.
La strada corre *lungo* il fiume.
Uscì *nonostante* il pericolo.
Secondo me è tutto sbagliato.
La gatta è *sopra* il tetto.
Si precipitò *verso* la porta.

Locuzioni preposizionali

Si definiscono così delle locuzioni che hanno nella frase lo stesso valore di una preposizione. Eccone un elenco: *a causa di*, *a favore di*, *accanto a*, *al di là di*, *al di qua di*, *contro a*, *davanti a*, *dentro di*, *di là da*, *di qua da*, *dietro a*, *difronte a*, *fino da*, *fuori da*, *fuori di*, *in cima a*, *in conseguenza di*, *in fondo a*, *in luogo di*, *in mezzo a*, *in quanto a*, *insieme con*, *intorno a*, *invece di*, *oltre a*, *per effetto di*, *prima di*, *sino a*, *sopra a*, *sotto a*.

Ed ecco alcuni esempi del loro uso:

Non arrivarono *a causa del* maltempo.
È finito *contro al* muro.
Stava sempre *fuori di* casa.
In cima alla torre sventolava una bandiera.
Un paese nascosto *in mezzo alle* montagne.
È uscito *insieme con* gli amici.
Le falene ruotano *intorno alla* luce.
Prima di te nessuno c'era riuscito.

11. LA CONGIUNZIONE

La **congiunzione** è quella parte invariabile del discorso che unisce due o più termini all'interno di una proposizione o due o più proposizioni all'interno di un periodo.
Rispetto alla loro funzione sintattica distinguiamo *congiunzioni coordinative* e *congiunzioni subordinative.*

In relazione alla loro forma potremmo invece distinguere le congiunzioni in congiunzioni semplici, congiunzioni composte e locuzioni congiuntive.
Le **congiunzioni semplici** sono quelle costituite da un'unica parola e che non derivano dall'unione di altre parole. Ecco le più importanti: *anche, anzi, che, come, così, dopo, dove, dunque, e, ma, magari, mentre, né, o, onde, ove, però, poi, pure, se, sia.*
Le **congiunzioni composte** sono quelle costituite da due o più parole unite a formare un'unica parola. Ecco le più usate: *affinché, allora, ancora, appena, benché, cosicché, difatti, dimodoché, eppure, finché, fuorché, giacché, infatti, laddove, neanche, nemmeno, neppure, oppure, ossia, ovvero, perché, perciò, pertanto, poiché, quando, quantunque, sebbene, seppure, sicché, siccome, tuttavia.*
Le **locuzioni congiuntive** sono costituite da due o più parole scritte separatamente. Eccone alcune: *fintanto che, in modo che, malgrado che, nonostante che, per il fatto che, per la qual cosa, sempre che, visto che.*

CONGIUNZIONI COORDINATIVE

Le congiunzioni coordinative sono quelle che uniscono fra loro due o più elementi di una proposizione che hanno la stessa funzione (*Ho conosciuto Pina* e *Tina*, dove *Pina* e *Tina* sono entrambi complemento oggetto dello stesso verbo); oppure due o più proposizioni con lo stesso valore sintattico all'interno di un periodo (*Le ho conosciute* e *le ricordo con piacere,* ma *loro non si ricordano di me*, dove abbiamo un periodo costituito di tre proposizioni di pari importanza sintattica, collegate la prima e la seconda mediante la congiunzione *e*, la seconda e la terza mediante la congiunzione *ma*).
Le congiunzioni coordinative possono essere classificate in base al tipo di legame logico che stabiliscono tra gli elementi che collegano.

Copulative

Congiungono due termini della stessa importanza; possono essere positive (*e/ed, anche, pure, inoltre, come* ecc.) o negative (*né, neanche, neppure, nemmeno* ecc.):

Salutò *e* uscì.
Ieri è piovuto, *anche* oggi piove.
È un luogo bellissimo, *inoltre* è tranquillo.
Non l'ho mai saputo *né* sospettato.
Non l'ho invitata: *neanche* ci penso.
Lei è veneta *come* me.

Disgiuntive
Congiungono sintatticamente due elementi che si escludono sul piano logico (*o*, *oppure*, *ovvero* ecc.):

Scegli questo *o* quello.
Non ho deciso se scrivere *oppure* telefonare.

Avversative
Congiungono nella frase due elementi che si contrappongono l'uno all'altro (*ma*, *però*, *anzi*, *invece*, *mentre*, *quando*, *tuttavia*, *eppure*, *bensì* ecc.):

Non preferisco fare questo *ma* quello.
Sei libero, *però* non approfittartene.
Doveva andare a scuola, *invece* dorme.

Correlative
Stabiliscono una relazione, una corrispondenza fra due o più termini, in senso affermativo, negativo o disgiuntivo (*e... e*, *sia... sia*, *tanto... quanto*, *così... come*, *né... né*, *o... o*, *o... oppure* ecc.):

Mi piace *sia* la carne *sia* il pesce.
O ora *o* mai più.
Non ci aiutarono *né* lui *né* lei.
È *tanto* bella *quanto* oca.

Dichiarative o esplicative
Collegano due elementi di cui il secondo costituisce la spiegazione del primo (*cioè*, *infatti*, *vale a dire*, *ossia* ecc.):

Black, *cioè* il mio cane, abbaia tutto il giorno.
Non riconosce il suo padrone: *infatti* è un cane stupido.
Non resterà più con me: *vale a dire* lo regalerò a te.

Conclusive
Congiungono due proposizioni di cui la seconda esprime una conclusione, una conseguenza della prima (*dunque*, *pertanto*, *perciò*, *quindi*, *sicché* ecc.):

Non ho mai recitato in un film: *dunque* non sono un attore.
Non ho mai cantato a Sanremo: *sicché* non sono un cantante.
Non ho mai giocato in nazionale: *quindi* non sono un calciatore.
Non sono nulla di tutto questo: *perciò* mi sento così triste.

CONGIUNZIONI SUBORDINATIVE

Le congiunzioni subordinative collegano tra loro due proposizioni all'interno dello stesso periodo, instaurando un rapporto di dipendenza logica e sintattica della proposizione introdotta dalla congiunzione (*proposizione subordinata* o *dipendente*) rispetto all'altra (*proposizione reggente*).
Come per le coordinative, le congiunzioni subordinative possono essere classificate in base alla natura del legame logico che instaurano.

Causali
Introducono una subordinata in cui viene spiegata la causa di quanto viene affermato

nella reggente (*perché, giacché, ché, siccome, dato che, visto che, per il fatto che, quando, se* ecc.):

Lo faccio *perché* mi piace.
Siccome insisti, accetto.

Comparative
Introducono una proposizione dipendente in cui viene stabilito un paragone con quanto è detto nella reggente (*come, più che, meno che, tanto quanto, meglio che* ecc.):

Si divertì *come* non si era mai divertito prima.
Eseguì il lavoro *meglio che* poteva.

Concessive
Introducono una proposizione subordinata in cui è contenuta una circostanza contrastante, che tuttavia non è sufficiente a impedire che si verifichi quanto è espresso dalla reggente (*sebbene, seppure, pure, nonostante, benché, quantunque, malgrado che, anche se* ecc.):

Sebbene fosse tardi, c'era ancora luce.
Nonostante sia un bugiardo, mi resta simpatico.

Condizionali
La dipendente introdotta espone la condizione che è necessaria perché si verifichi quanto è contenuto nella reggente (*se, purché, pur di, qualora, quando, a condizione che, supposto che* ecc.):

Se mancasse lui, l'impresa non riuscirebbe.
Verrò *a condizione che* ci sia anche lei.

Consecutive
Nella dipendente viene indicata la conseguenza di quanto è espresso dalla reggente (*tanto... che, tanto... da, così... che, cosicché, di modo che, a tal punto che, troppo/poco... perché* ecc.):

È *così* strano *da* non sembrare vero.
Ho *tanto* sonno *che* dormirei anche in piedi.

Dichiarative
Introducono una subordinata in cui è dichiarato qualcosa (*che, come*):

Disse *che* sarebbe partito.
Non ti accorgi *come* sei stupido.

Eccettuative, limitative
Nella subordinata introdotta viene espressa un'eccezione o una limitazione a quanto contenuto nella reggente (*fuorché, tranne che, eccetto che, salvo che, a meno che, senza che, per quanto* ecc.):

Farebbe di tutto *fuorché* arrendersi.
Non ottiene nulla *a meno che* non minacci.

Finali
Introducono una proposizione dipendente in cui è indicato il fine, lo scopo per cui il

fatto espresso dalla reggente si verifica, si realizza (*affinché*, *che*, *acciocché*, *per*, *perché* ecc.):

Si rivolse a me *affinché* lo aiutassi.
Lo ha detto *perché* noi lo sapessimo.

Interrogative, dubitative
La dipendente introdotta pone in forma indiretta una domanda o esprime un dubbio, un timore (*che*, *se*, *perché*, *quanto*, *quando*, *come* ecc.):

Dimmi *se* mi vuoi bene.
Le chiese *come* stava.

Modali
Introducono una proposizione subordinata nella quale viene indicato il modo in cui si verifica quanto è contenuto nella reggente (*come*, *come se*, *siccome*, *quasi*, *comunque* ecc.):

Lo amava *come* fosse un figlio.
La trattò *quasi* non la conoscesse.

Temporali
Nella subordinata introdotta si specificano le circostanze di tempo relative all'azione espressa dalla reggente (*quando*, *che*, *appena*, *appena che*, *come*, *allorché*, *mentre*, *finché*, *allorquando* ecc.):

Quando si mangia non si parla.
Finché c'è vita c'è speranza.

12. L'INTERIEZIONE

L'**interiezione** o **esclamazione** è quella parte invariabile del discorso che esprime una reazione improvvisa per manifestare gioia, meraviglia, sorpresa, dubbio, disappunto, ira, odio, dolore o un qualsiasi altro sentimento o sensazione immediati. A seconda del loro tipo le interiezioni possono essere distinte in *locuzioni proprie*, *improprie* e *locuzioni interiettive.*

Interiezioni proprie
Sono quelle parole che hanno nella lingua sempre e solo valore di interiezione: *ah*, *ahi*, *alé*, *eh*, *boh*, *deh*, *eh*, *ehi*, *ehm*, *oh*, *ohi*, *puah*, *uffà* ecc.

Interiezioni improprie
Sono nomi, aggettivi, verbi, avverbi che all'occasione possono essere usate come interiezioni: *accidenti!*, *adagio!*, *attento!*, *attenzione!*, *basta!*, *dannazione!*, *ecco!*, *fantastico!*, *grazie!*, *maledetti!*, *misericordia!*, *pietà!*, *perdono!*, *pronto!* (nell'uso telefonico), *salute!*, *somaro!*, *via!*, *viva!*, *zitto!* ecc.
Nel gruppo delle interiezioni improprie possiamo considerare quelle parole che usiamo come saluto: *arrivederci*, *buongiorno*, *buonasera*, *ciao*, *salve*, *salute* ecc.

Locuzioni interiettive
Sono costituite da un insieme di due o più parole che hanno, nel loro insieme, valore di interiezione: *Dio ce ne guardi!*, *Dio mio!*, *per amor del cielo!*, *per carità!*, *santo cielo!*, *santa pazienza!* ecc.

a 1 anno 2 ara 3 (*fis.*) accelerazione 4 la (nota musicale).
A 1 Austria (targa auto) 2 (*fis.*) ampere; numero di massa 3 autostrada.
Å angstrom.
A.A. 1 Accademia Aeronautica 2 Alto Adige.
AAS Azienda Autonoma di Soggiorno.
AAST Azienda Autonoma di Soggiorno e Turismo.
AA.VV. Autori Vari.
ABC (*ingl.*) *American Broadcasting Company* (Compagnia americana di radiodiffusione).
ABI Associazione Bancaria Italiana.
ABS (*ted.*; *aut.*) *Anti-Blockier System* (Sistema antibloccaggio [dei freni]).
a.C. avanti Cristo.
Ac (*chim.*) attinio.
ACI 1 Automobile Club d'Italia 2 Azione Cattolica Italiana.
ACLI Associazioni Cristiane dei Lavoratori Italiani.
ACRI Associazione fra le Casse di Risparmio Italiane.
ACTH (*ingl.*) *Adreno Corticc Tropic Hormone* (ormone adrenocorticotropo).
A.D. (*lat.*) *Anno Domini* (nell'anno del Signore) dopo Cristo.
ADP (*ingl.*) *Adenosine Diphosphate* (adenosindifosfato).
AFI Alfabeto Fonetico Internazionale.
Ag (*chim.*) argento.
AG Agrigento (targa auto).
A.G. Autorità Giudiziaria.
AGESCI Associazione Guide e Scouts Cattolici Italiani.
AGIP Azienda Generale Italiana Petroli.
AGIS Associazione Generale Italiana dello Spettacolo.
Ah amperora.
A.I. Aeronautica Italiana.
AIA Associazione Italiana Arbitri.
AIAC Associazione Italiana Agenti Cambio.
AIACE Associazione Italiana Amici del Cinema d'Essai.
AIDO Associazione Italiana Donatori di Organi.
AIDS (*ingl.*) *Acquired Immune Deficiency Syndrome* (Sindrome da immunodeficienza acquisita).
AIE Associazione Italiana Editori.
AIED Associazione Italiana Educazione Demografica.
AIMA Azienda [Statale] per gli Interventi sul Mercato Agricolo.
AIRC Associazione Italiana per la Ricerca sul Cancro.
a.l. anno luce.
al alinea.
Al (*chim.*) alluminio.
AL (targa auto) 1 Alessandria 2 Albania.
ALFA [Romeo] Anonima Lombarda Fabbrica Automobili [Romeo].
all. allegato.
a.m. (*lat.*) *ante meridiem* (antimeridiano); nell'uso anglosassone.
Am (*chim.*) americio.
AM (*ingl.*) *Amplitude Modulation* (Modulazione d'ampiezza).
A.M. 1 Accademia Militare 2 Aeronautica Militare (AM targa auto).
AMDI Associazione Medici Dentisti Italiani.
AN Ancona (targa auto).
ANA Associazione Nazionale Alpini.
ANAS Azienda Nazionale Autonoma delle Strade.
ANB Associazione Nazionale Bersaglieri.
ANC 1 Associazione Nazionale Carabinieri 2 (*ingl.*) *African National Congress* (Congresso nazionale africano).
ANCI Associazione Nazionale Comuni Italiani.
ANCR Associazione Nazionale Combattenti e Reduci.
AND Andorra (targa auto).
ANIC Associazione Nazionale dell'Industria Chimica.
ANICA Associazione Nazionale Industrie Cinematografiche e Affini.
ANM Associazione Nazionale Magistrati.
ANMI Associazione Nazionale Marinai d'Italia.
ANPAC Associazione Nazionale Piloti Aviazione Civile.
ANPI Associazione Nazionale Partigiani d'Italia.
ANSA Agenzia Nazionale Stampa Associata (Agenzia d'informazioni giornalistiche).
AO Aosta (targa auto).
AP Ascoli Piceno (targa auto).
API 1 Anonima Petroli Italiana 2Associazione Piccole [e Medie] Industrie.
APSA Amministrazione del Patrimonio della Sede Apostolica.
APT Azienda di Promozione Turistica.
AQ L'Aquila (targa auto).
Ar (*chim.*) argo.
A.R. 1 Altezza Reale 2 Andata e Ritorno 3 Avviso di Ricevimento.
AR Arezzo (targa auto).
arc (*mat.*) arco.
ARCI Associazione Ricreativa Culturale Italiana.
art. articolo.
artt. articoli.
As (*chim.*) arsenico.
A.S. Altezza Serenissima.
A.S. Allievo Sottufficiale.
ASA (*ingl.*) *American Standard Association* (Associazione americana per la standardizzazione

[di misure, strumenti e sim.]).
ASCII (*ingl.*; *inform.*) *American Standard Code for Information Interchange* (Codifica standard americana per lo scambio di informazioni).
ASST Azienda di Stato per i Servizi Telefonici.
At (*chim.*) astato.
AT Asti (targa auto).
A.T. Antico Testamento.
ATA Associazione Trasporto Aereo.
ATI Aero Trasporti Italiani.
atm (*fis.*) atmosfera.
ATM Azienda Tranviaria Municipale.
ATP (*ingl.*) *Adenosine Triphosphate* (adenosintrifosfato).
Au (*chim.*) oro.
A.U. Allievo Ufficiale.
a.u.c. (*lat.*) *ab urbe condita* (dalla fondazione di Roma).
A.U.C. Allievo Ufficiale di Complemento.
AUS Australia (targa auto).
a.v. *lat.*: *ad vocem* (alla voce; in enciclopedie e dizionari).
AV Avellino (targa auto).
AVIS Associazione Volontari Italiani del Sangue.
az. (*borsa*) azione.
AZ sigla internazionale dell'Alitalia.

B **1** Belgio (targa auto) **2** (*chim.*) boro **3** (*fis.*) bel **4** si (nota musicale).
Ba (*chim.*) bario.
BA Bari (targa auto).
BASIC (*ingl.*; *inform.*) *Beginner's All-purpose Symbolic Instruction Code* (Codifica di istruzioni simbolica universale per principianti); linguaggio di programmazione di uso generale.
BBC (*ingl.*) *British Broadcasting Corporation* (Ente britannico di radiodiffusione).
Be (*chim.*) berillio.
BENELUX *Belgique - Nederland - Luxembourg* (Belgio, Paesi Bassi, Lussemburgo); alleanza economica.
BG (targa auto) **1** Bergamo **2** Bulgaria.
Bi (*chim.*) bismuto.
BI Biella (targa auto).
B.I. Banca d'Italia.
BIGE (*fr.*) *Billet Individuel Groupe Etudiant* (Biglietto individuale gruppo studenti).
BIN Banca di Interesse Nazionale.
Bk (*chim.*) berkelio.
BL Belluno (targa auto).
B.M. Banca mondiale.
BMW (*ted.*) *Bayerische Motoren Werke* (Fabbrica bavarese motori).
BN Benevento (targa auto).
BNA Banca Nazionale dell'Agricoltura.
BNL Banca Nazionale del Lavoro.
BO Bologna (targa auto).
BOT Buono Ordinario del Tesoro.
BP (*ingl.*) *British Petroleum* ([Compagnia] britannica del petrolio).
B.P.L. Buono Per Lire (in cambiali).
Bq (*fis.*) becquerel.
Br (*chim.*) bromo.
BR **1** Brindisi (targa auto) **2** Brigate Rosse (organizzazione terroristica; anche B.R.) **3** Brasile (targa auto).
BS Brescia (targa auto).
BT Buono del Tesoro.
BTN Buono del Tesoro Novennale.
BTO Buono del Tesoro Ordinario.
BTP Buono del Tesoro Poliennale.
BTQ Buono del Tesoro Quadriennale.
B.U. Bollettino Ufficiale.
B.V. Beata Vergine.
B.V.M. Beata Vergine Maria.
BZ Bolzano (targa auto).

c comma.
C **1** (*chim.*) carbonio **2** (*fis.*) coulomb **3** (*inform.*) linguaggio di programmazione **4** Cuba (targa auto) **5** do (nota musicale).
°C grado Celsius.
c.a. **1** (*fis.*) corrente alternata **2** corrente anno **3** (alla) cortese attenzione.
Ca (*chim.*) calcio.
C.A. **1** Corte d'Appello **2** Consorzio Agrario.
CA Cagliari (targa auto).
cab. cablogramma.
CAB Codice di Avviamento Bancario.
cad. cadauno.
CAD (*ingl.*; *inform.*) *Computer Aided Design* (Progettazione assistita dall'elaboratore).
CAI Club Alpino Italiano.
cal caloria.
Cal grande caloria.
cap. capitolo.
C.A.P. Codice di Avviamento Postale.
C.A.R. Centro Addestramento Reclute.
CARIPLO Cassa di Risparmio delle Provincie Lombarde.
CATV (*ingl.*) *Cable TV* (televisione via cavo).
CB **1** Campobasso (targa auto) **2** (*ingl.*) *Citizen Band* (Banda cittadina); nelle radiotrasmissioni.
CBS (*ingl.*) *Columbia Broadcasting System* (Rete televisiva di Los Angeles).
c.c. corrente continua.
cc **1** centimetro cubo **2** commi.
c/c conto corrente.
C.C. **1** Corpo Consolare (CC targa auto) **2** Corte Costituzionale **3** Corte di Cassazione **4** Corte dei Conti **6** Codice Civile.
CC Carabinieri.
CCIAA Camera di Commercio, Industria, Artigianato e Agricoltura.
CCISS Centro Coordinamento Informazioni Sicurezza Stradale.
CCT Certificato di Credito del Tesoro.
cd (*fis.*) candela.
Cd (*chim.*) cadmio.
C.D. **1** Corpo Diplomatico (CD targa auto) **2** Commissione Disciplinare **3** Comitato Direttivo.
CD Compact Disc.
C. d'A. **1** Corte d'Assise **2** Corte d'Appello **3** Corpo d'Armata **4** Consiglio d'Amministrazione **5** Consiglio d'Azienda.
c.d.d. come dovevasi dimostrare.
C.d.L. Camera del Lavoro.
CDP Cassa Depositi e Prestiti.
C.d.R. Cassa di Risparmio.
CD-ROM (*ingl.*) *CD-Read-Only-Memory* (Compact-disc a memoria di sola lettura).
C.d.S. **1** Codice della Strada **2** Consiglio di Sicurezza **3** Consiglio di Stato.

CDU Classificazione Decimale Universale.
Ce (*chim.*) cerio.
C.E. 1 Consiglio d'Europa 2 Comitato Esecutivo.
CE Caserta (targa auto).
CECA Comunità Europea del Carbone e dell'Acciaio.
ced. cedola.
CED 1 Comunità Europea di Difesa 2 Centro Elaborazione Dati.
CEE Comunità Economica Europea.
CEI Conferenza Episcopale Italiana.
CENSIS Centro Studi Investimenti Sociali.
CESIS Comitato Esecutivo per i Servizi di Informazione e di Sicurezza.
CESPE Centro Studi di Politica Economica.
Cf (*chim.*) californio.
C.F. Codice fiscale.
cfr. (*lat.*) *confer* (confronta).
C.F.S. Corpo Forestale dello Stato (anche targa auto).
cg (*fis.*) centigrammo.
CGE Compagnia Generale di Elettricità.
CGIL Confederazione Generale Italiana del Lavoro.
CGS, cgs sistema centimetro-grammo-secondo (di unità di misura).
CH (targa auto) 1 Chieti 2 (*fr.*) *Confédération Helvétique* (Confederazione elvetica).
Ci (*fis.*) curie.
CIA (*ingl.*) *Central Intelligence Agency* (Ufficio centrale d'informazione); servizi segreti USA.
CIIS Comitato Interministeriale per l'Informazione e la Sicurezza.
C.I.L. Corpo Italiano di Liberazione.
CIM 1 Centro di Igiene Mentale 2 Commissione Italiana di Metrologia.
CIO Comitato Internazionale Olimpico.
CIP Comitato Interministeriale Prezzi.
CIPE Comitato Interministeriale per la Programmazione Economica.
CISAL Confederazione Italiana Sindacati Autonomi dei Lavoratori.
CISL Confederazione Italiana Sindacati Lavoratori.
CISNaL Confederazione Italiana Sindacati Nazionali Lavoratori.
CIT Compagnia Italiana Turismo.
cl (*fis.*) centilitro.
Cl (*chim.*) cloro.
CL 1 Caltanissetta (targa auto) 2 Comunione e Liberazione.
CLN Comitato di Liberazione Nazionale.
c.m. corrente mese.
cm (*fis.*) centimetro.
Cm (*chim.*) curio.
C.M. Circolare Ministeriale.
CN 1 Cuneo (targa auto) 2 Codice della Navigazione.
CNA Confederazione Nazionale dell'Artigianato.
CNEL Consiglio Nazionale dell'Economia e del Lavoro.
CNEN Comitato Nazionale per l'Energia Nucleare (→ ENEA).
CNR Consiglio Nazionale delle Ricerche.
c/o (*ingl.*) *care of* (presso).
Co (*chim.*) cobalto.
CO Como (targa auto).
COBAR Consiglio di Base di Rappresentanza (del personale militare).
COBAS Comitato di Base.
COBOL (*ingl.*; *inform.*) *Common Business Oriented Language* (Linguaggio [di programmazione] orientato alle procedure amministrative correnti).
COCER Consiglio Centrale di Rappresentanza (del personale militare).
Cod. Civ. Codice Civile.
Cod. Comm. Codice di Commercio.
Cod. Dir. Can. Codice di Diritto Canonico.
Cod. Pen. Codice Penale.
Cod. Proc. Civ. Codice di Procedura Civile.
Cod. Proc. Pen. Codice di Procedura Penale.
COIR Consiglio Intermedio di Rappresentanza (del personale militare).
CONAD Consorzio Nazionale Dettaglianti.
CONFAPI Confederazione [Nazionale] delle Associazioni della Piccola [e Media] Industria (organizzazione imprenditoriale).
CONI Comitato Olimpico Nazionale Italiano.
CONSOB Commissione Nazionale per le Società e la Borsa.
Co.Re.Co. Comitato Regionale di Controllo.
cos (*mat.*) coseno.
cosec (*mat.*) cosecante.
cotg (*mat.*) cotangente.
C.P. 1 Casella Postale 2 Codice Penale 3 Consiglio Provinciale 4 Capitaneria di Porto (CP targa auto).
CP Cattolici Popolari.
C.P.C. Codice di Procedura Civile.
cpi (*ingl.*; *inform.*) *characters per inch* (caratteri per pollice).
C.P.M. Codice Penale Militare.
C.P.P. 1 Codice di Procedura Penale 2 Comitato Provinciale Prezzi.
C.P.R. (*mil.*) Camera di Punizione di Rigore.
C.P.S. (*mil.*) Camera di Punizione Semplice.
cps (*ingl.*; *inform.*) *Characters per second* (caratteri al secondo).
CPU (*ingl.*; *inform.*) *Central Processing Unit* (Unità centrale di elaborazione).
Cr (*chim.*) cromo.
CR Cremona (targa auto).
CRACIS Corsi Richiamo e Aggiornamento Culturale d'Istruzione Secondaria.
CRAL Circolo Ricreativo Assistenziale Lavoratori.
CREDIT Credito Italiano.
CRI Croce Rossa Italiana (anche targa auto).
c.s. come sopra.
Cs (*chim.*) cesio.
C.S. 1 Codice della Strada 2 Consiglio di Sicurezza.
CS 1 Cosenza (targa auto) 2 Repubblica Ceca.
CSI Comunità di Stati Indipendenti.
CSM Consiglio Superiore della Magistratura.
CSN Consiglio Sanitario Nazionale.
CSS Consiglio Superiore di Sanità.
CT Catania (targa auto).
C.T. Commissario Tecnico.
CTE Certificati del Tesoro in ECU.

CTR Certificati del Tesoro Reali.
Cu (*chim.*) rame.
C.U. Commissario Unico.
CUN Consiglio Universitario Nazionale.
CUS Centro Universitario Sportivo.
CV 1 cavallo vapore 2 (Stato della) Città del Vaticano (targa delle auto private).
c.v.d. come volevasi dimostrare.
c.vo corsivo.
CZ Catanzaro (targa auto).

D 1 Germania (targa auto) 2 Diretto (treno) 3 (*chim.*) deuterio 4 re (nota musicale).
DAMS Discipline delle Arti, della Musica, dello Spettacolo (Facoltà universitaria).
DAT *ingl.*: *Digital Audio Tape* (nastro a registrazione digitale).
dB (*fis.*) decibel.
d.C. dopo Cristo.
D.C. Democrazia Cristiana.
D.D.L., d.d.l. disegno di legge.
DDT diclorodifeniltricloroetano (insetticida).
DEA (*ingl.*) *Drug Enforcement Administration* (Direzione federale per la vigilanza sui narcotici).
dg (*fis.*) decigrammo.
D.I. Decreto Interministeriale.
DIA Dipartimento Investigativo Antimafia.
DIGOS Divisione Investigazioni Generali e Operazioni Speciali (della polizia).
div. 1 (*borsa*) dividendo 2 (*fis.*) divergenza.
D.J. Disk Jockey.
DK Danimarca (targa auto).
dl (*fis.*) decilitro.
D.L. Decreto Legge.
D.lg. Decreto legislativo.
dm decimetro.
D.M. Decreto Ministeriale.
DNA 1 (*ingl.*) *Deoxyribo Nucleic Acid* (Acido desossiribonucleico) 2 Direzione Nazionale Anticrimine.
D.O.C. Denominazione d'Origine Controllata.
D.O.C.G. Denominazione di Origine Controllata e Garantita.
DOS (*ingl.*; *inform.*) *Disk Operating System* (Sistema operativo su disco).
DP Decreto Presidenziale.
D.P.R. Decreto del Presidente della Repubblica.
DSE Dipartimento Scuola Educazione (della RAI).
D.T. Direttore Tecnico.
Dy (*chim.*) disprosio.

e 1 (*mat.*) numero irrazionale equivalente approssimativamente a 2,7182818 2 strada della rete viaria europea 3 mi (nota musicale).
E 1 Spagna (targa auto) 2 Est 3 (*fis.*) campo elettrico; costante dielettrica 4 (*chim.*) additivo alimentare.
E.A. Ente Autonomo.
EBU 1 (*ingl.*) *European Boxing Club* (Unione pugilistica europea) 2 (*ingl.*) *European Broadcasting Union* (Unione europea di radiodiffusione).
EC Eurocity (treno rapido internazionale europeo).
ECA Ente Comunale di Assistenza.
ecc. eccetera.
ECG elettrocardiogramma.
ECU (*ingl.*) *European Currency Unit* (Unità monetaria europea).
EDP (*ingl.*; *inform.*) *Electronic Data Processing* (Elaborazione elettronica dei dati).
E.E. Escursionisti Esteri (EE targa auto).
EEG elettroencefalogramma.
E.I. Esercito Italiano (anche targa auto).
EN Enna (targa auto).
ENAL Ente Nazionale Assistenza Lavoratori.
ENALC Ente Nazionale Addestramento Lavoratori del Commercio.
ENAOLI Ente Nazionale per l'Assistenza agli Orfani dei Lavoratori Italiani.
ENAPI Ente Nazionale dell'Artigianato e delle Piccole Industrie.
ENASARCO Ente Nazionale di Assistenza per gli Agenti e Rappresentanti di Commercio.
ENEA [Comitato nazionale per la ricerca e lo sviluppo] dell'Energia Nucleare e delle Energie Alternative (ex CNEN).
ENEL Ente Nazionale per l'Energia Elettrica.
ENI Ente Nazionale Idrocarburi.
ENIC Ente Nazionale Industrie Cinematografiche.
ENIT Ente Nazionale Italiano per il Turismo.
ENPA Ente Nazionale Protezione Animali.
ENPAM Ente Nazionale di Previdenza e Assistenza Medici.
ENPAS Ente Nazionale di Previdenza e Assistenza [per i dipendenti] Statali.
ENPDEP Ente Nazionale di Previdenza per i Dipendenti da Enti di diritto Pubblico.
ENPI Ente Nazionale Prevenzione Infortuni.
E.O. Estremo Oriente.
E.P.T. Ente Provinciale per il Turismo.
Er (*chim.*) erbio.
ERIT Ente Riscossione Imposte e Tasse.
Es (*chim.*) einstenio.
ESA (*ingl.*) *European Space Agency* (Ente spaziale europeo).
ESP *ingl.*: *Extra Sensory Perception* (Percezione extra-sensoriale).
ET Egitto (targa auto).
ETA (*basco*) *Euzkadi Ta Arkatasuna* (Patria basca e libertà); organizzazione clandestina per l'indipendenza dei paesi baschi.
etc. (*lat.*) *et cetera* (eccetera).
ETI Ente Teatrale Italiano.
Eu (*chim.*) europio.
EU Europa.
EURATOM Comunità Europea dell'energia Atomica.
eV (*fis.*) elettronvolt.
EXP [treno] espresso.

F 1 (*chim.*) fluoro 2 (*fis.*) farad, faraday; forza 3 Francia (targa auto) 4 (*logica*) falso 5 fa (nota musicale).
°F (*fis.*) grado Fahrenheit.
FAI Fondo Ambiente Italiano.
FAO (*ingl.*) *Food and Agriculture Organisation* (Organizzazione [ONU] per l'alimentazione e l'agricoltura).
F.B.I. (*ingl.*) *Federal Bureau of Investigation* (Ufficio federale investigativo).
F.C. Fuori Corso (di studenti universitari).
FCI Federazione Ciclistica Italiana.
Fe (*chim.*) ferro.
FE Ferrara (targa auto).
FF.AA. Forze Armate.

FG Foggia (targa auto).
FI Firenze (targa auto).
FIAT Fabbrica Italiana Automobili Torino.
FIBS Federazione Italiana Baseball Softball.
FIC Federazione Italiana Canottaggio.
FIDAL Federazione Italiana di Atletica Leggera.
F.I.d.C. Federazione Italiana della Caccia.
FIEG Federazione Italiana Editori Giornali.
FIFA (*fr.*) *Fédération Internationale Football Association* (Federazione internazionale del calcio).
FIG Federazione Italiana del Golf.
FIGC Federazione Italiana Gioco Calcio.
FIHP Federazione Italiana Hockey e Pattinaggio.
FIN Federazione Italiana Nuoto.
FIOM Federazione Impiegati e Operai Metallurgici (CGIL).
FIP 1 Federazione Italiana Pallacanestro 2 Federazione Italiana della Pubblicità.
FIPA Federazione Internazionale dei Produttori Agricoli.
FIPAV Federazione Italiana Pallavolo.
FIPS Federazione Italiana della Pesca Sportiva.
FIR Federazione Italiana Rugby.
FIS Federazione Italiana Scherma.
FISAFS Federazione Italiana Sindacati Autonomi Ferrovie dello Stato.
FISE Federazione Italiana Sport Equestri.
FISG Federazione Italiana Sport Ghiaccio.
FISI Federazione Italiana Sport Invernali.
FISN Federazione Italiana Sci Nautico.
FIT Federazione Italiana Tennis.
FITAV Federazione Italiana Tiro a Volo.
FITET Federazione Italiana Tennis Tavolo.
FIV Federazione Italiana Vela.
FL Liechtenstein (targa auto).
FLM Federazione Lavoratori Metalmeccanici (CGIL - CISL - UIL).
FLN Fronte di Liberazione Nazionale.
fm (*fis.*) fermi; fathom.
Fm (*chim.*) fermio.
F.M. (*ingl.*) *Frequency Modulation* (Modulazione di frequenza).
FMI 1 Fondo Monetario Internazionale 2 Federazione Motociclistica Italiana.
FNOM Federazione Nazionale degli Ordini dei Medici.
FNSI Federazione Nazionale della Stampa Italiana.
FO Forlì (targa auto).
FOFI Federazione (Nazionale) degli Ordini dei Farmacisti Italiani.
FORTRAN (*ingl.*; *inform.*) *Formula Translating System* (Sistema traduttore di formule); linguaggio di programmazione.
FPI 1 Federazione Pugilistica Italiana 2 Federazione Pensionati Italiani (CGIL - CISL - UIL).
Fr 1 (*chim.*) francio 2 (*fis.*) franklin.
FR Frosinone (targa auto).
FS Ferrovie dello Stato.
FSI Federazione Scacchistica Italiana.
FSM Federazione Sindacale Mondiale.
FUAN Fronte Universitario di Azione Nazionale.
FUCI Federazione Universitaria Cattolica Italiana.
FULAT Federazione Unitaria dei Lavoratori degli Aerotrasporti (CGIL - CISL - UIL).
FULC Federazione Unitaria Lavoratori Chimici (CGIL - CISL - UIL).
FULS Federazione Unitaria Lavoratori dello Spettacolo.
FULTA Federazione Unitaria Lavoratori Tessili e dell'Abbigliamento (CGIL - CISL - UIL).
FUORI Fronte Unitario Omosessuale Rivoluzionario Italiano.

g 1 giorno 2 (*fis.*) accelerazione di gravità; grammo.
G 1 (*chim.*) guanina 2 (*fis.*) gauss 3 sol (nota musicale).
Ga (*chim.*) gallio.
GATT (*ingl.*) *General Agreement on Tariffs and Trade* (Accordo generale sulle tariffe e sul commercio).
GB Regno Unito di Gran Bretagna e Irlanda del Nord (targa auto).
GBZ Gibilterra (targa auto).
Gd (*chim.*) gadolinio.
G. di F. Guardia di Finanza.
Ge (*chim.*) germanio.
GE Genova (targa auto).
GEPI 1 Gestione Editoriale Periodici Italiani 2 Gestione Esercizio Partecipazioni Industriali.
GESCAL Gestione Case per Lavoratori.
GESTAPO (*ted.*) *Geheime Staats Polizei* (Polizia segreta di stato), nella Germania nazista.
GeV (*fis.*) gigaelettronvolt.
GICO Gruppo d'Intervento contro la Criminalità Organizzata (della Guardia di finanza).
GIP Giudice per le indagini preliminari.
GIS Gruppo d'Intervento Speciale (della Polizia di stato).
G.M. Gran Maestro (di ordini cavallereschi).
GO Gorizia (targa auto).
G.P. Gran Premio.
GPL 1 Gas di Petrolio Liquefatti 2 Gas Propano Liquido.
GR 1 Grosseto (targa auto) 2 Grecia (targa auto) 3 Giornale Radio.
G.R.A. Grande Raccordo Anulare.
grad (*fis.*) gradiente.
G.T. 1 Gran Turismo 2 Giudice Tutelare.
G.T.I. Gran Turismo Internazionale.
G.U. Gazzetta Ufficiale.
GUF Gruppi Universitari Fascisti.
GULAG (*russo*) *Glavnoe Upravlenie [Isprovitel'notrudovych] Lagerei* (Amministrazione generale dei campi di lavoro correzionali), nell'Unione Sovietica.
GW (*fis.*) gigawatt.
Gy (*fis.*) gray.

h 1 altezza 2 ora 3 etto.
H 1 Ungheria (targa auto) 2 (*ingl.*) *Hospital* (Ospedale) 3 (*chim.*) idrogeno 4 (*fis.*) campo magnetico; henry.
ha ettaro.

H.B. (*ingl.*) *Hard Black* (durezza media di matite).
Hct ematocrito.
HDTV (*ingl.*) *High Definition TV* (Televisione ad alta definizione).
He (*chim.*) elio.
Hf (*chim.*) afnio.
HF (*ingl.*) *High Frequency* (alta frequenza).
hg (*fis.*) ettogrammo.
Hg (*chim.*) mercurio.
H.H. (*ingl.*) *Double Hard* (durezza doppia [di matite]).
H.H.H. (*ingl.*) *Triple Hard* (durezza tripla [di matite]).
HIFI (*ingl.*) *High Fidelity* (alta fedeltà).
HIV (*ingl.*) *Human Immunodeficency Virus* (virus dell'immunodeficienza umana); virus dell'AIDS.
hl (*fis.*) ettolitro.
hm (*fis.*) ettometro.
Ho (*chim.*) olmio.
HP (*ingl.*) *Horse Power* (cavallo vapore).
HR Croazia (targa auto).
Hz (*fis.*) hertz.

i [servizio] informazioni.
I **1** Italia (targa auto) **2** (*chim.*) iodio **3** (*fis.*) intensità di corrente elettrica.
IA Intelligenza Artificiale.
IACP Istituto Autonomo per le Case Popolari.
IATA (*ingl.*) *International Air Transport Association* (Associazione internazionale del trasporto aereo).
IBI Istituto Bancario Italiano.
ibid. (*lat.*) *ibidem* (nello stesso luogo).
IBM (*ingl.*) *International Business Machines* ([Società] internazionale macchine per uffici).
IC (*ingl.*) *Intercity* (Treno rapido città-città).
ICCREA Istituto di Credito delle Casse Rurali e Artigiane.
ICCRI Istituto di Credito delle Casse di Risparmio Italiane.
ICI Imposta Comunale sugli Immobili.
ICIAP Imposta Comunale [per l'esercizio di] Imprese, Arti e Professioni.
id. idem.
i.e. (*lat.*) *id est* (cioè).
IFI Istituto Finanziario Italiano.
IG sigla internazionale dell'Alisarda.
IGE Imposta Generale sull'Entrata.
IGM **1** Istituto Geografico Militare **2** Ispettorato Generale della Motorizzazione.
IHS (*lat.*) *Jesus Hominum Salvator* (Gesù redentore degli uomini).
IL Israele (targa auto).
ILOR Imposta Locale sui Redditi.
IM Imperia (targa auto).
IMCTC Istpettorato [Generale] della Motorizzazione Civile e dei Trasporti in Concessione.
IMI **1** Istituto Militare Italiano **2** Istituto Mobiliare Italiano.
in (*ingl.*) *inch* (pollice).
In (*chim.*) indio.
INA Istituto Nazionale Assicurazioni.
INADEL Istituto Nazionale per l'Assistenza ai Dipendenti degli Enti Locali.
INAIL Istituto Nazionale per l'Assicurazione contro gli Infortuni sul Lavoro.
INAPLI Istituto Nazionale per l'Addestramento e il Perfezionamento dei Lavoratori dell'Industria.
INAS Istituto Nazionale Assistenza Sociale (patronato CISL).
INCA Istituto Nazionale Confederale di Assistenza (patronato CGIL).
IND India (targa auto).
INPDAI Istituto Nazionale di Previdenza per i Dirigenti di Aziende Industriali.
INPGI Istituto Nazionale di Previdenza dei Giornalisti Italiani.
INPS Istituto Nazionale Previdenza Sociale.
INRI (*lat.*) *Jesus Nazarenus Rex Judeorum* (Gesù Nazareno Re dei Giudei).
INT Istituto Nazionale Trasporti.
INTELSAT (*ingl.*) *International Telecommunications Satellite [Consortium]* ([Consorzio] internazionale per le telecomunicazioni via satellite).
INVIM [Imposta comunale] sull'Incremento di Valore degli Immobili.
I/O (*ingl.*) *Input/Output* (entrata/uscita).
IOR Istituto Opere di Religione (istituto bancario del Vaticano).
Ir (*chim.*) iridio.
IR Iran (targa auto).
IRA (*ingl.*) *Irish Republican Army* (Esercito repubblicano irlandese) Organizzazione armata clandestina.
IRI Istituto per la Ricostruzione Industriale
IRL Irlanda (targa auto).
IRPEF Imposta sul Reddito delle Persone Fisiche.
IRPEG Imposta sul Reddito delle Persone Giuridiche.
IRQ Iraq (targa auto).
IRRSAE Istituto Regionale per la Ricerca, la Sperimentazione e l'Aggiornamento Educativo.
IS (targa auto) **1** Isernia **2** Islanda.
ISBN (*ingl.*) *International Standard Book Number* (Codice numerico internazionale per l'identificazione dei libri).
ISEF Istituto Superiore di Educazione Fisica.
ISI Imposta Straordinaria sugli Immobili.
ISO (*ingl.*) *International Standards Organization* (Organizzazione internazionale di standardizzazione).
ISS Istituto Superiore di Sanità.
ISPT Istituto Superiore delle Poste e delle Telecomunicazioni.
ISTAT Istituto [Centrale] di Statistica.
ITAV Ispettorato delle Telecomunicazioni e dell'Assistenza al Volo.
ITC Istituto Tecnico Commerciale.
ITG Istituto Tecnico per Geometri.
ITIS Istituto Tecnico Industriale Statale.
ITST Istituto Tecnico di Stato per il Turismo.
ITT (*ingl.*) *International Telephone and Telegraph* ([Società] internazionale dei telefoni e dei telegrafi).
IVA Imposta sul Valore Aggiunto.
IVECO (*ingl.*) *Industrial Vehicles Company* (Società di veicoli industriali); appartenente al gruppo Fiat.

J 1 (*fis.*) joule 2 Giappone (targa auto).
JR (*lat.*) *junior* (il più giovane) junior.

K (*chim.*) potassio.
Kal. (*lat.*) *kalendae* (calende); nelle iscrizioni latine.
K.D. (*ingl.*; *sport*) *Knock-Down* (colpo che manda al tappeto).
keV (*fis.*) kiloelettronvolt.
kg kilogrammo.
KGB (*russo*) *Komitet Gosudarstvennoj Bezopasnosti* (Comitato di Sicurezza dello Stato); servizi segreti dell'URSS.
kgf (*fis.*) kilogrammo-forza.
kgm (*fis.*) kilogrammetro.
kgp (*fis.*) kilogrammo-peso.
kHz (*fis.*) kilohertz, chilohertz.
KLM (*oland.*) *Koninklijke Luchtvaart Maatschappij* (Reale compagnia olandese di navigazione aerea).
km (*fis.*) kilometro.
kmq (*fis.*) kilometro quadrato.
K.O. (*ingl.*; *sport*) *Knock-Out* (fuori combattimento).
Kr (*chim.*) cripto.
kV (*fis.*) kilovolt.
kW (*fis.*) kilowatt.
kWh (*fis.*) kilowattora.

l 1 litro; lunghezza 2 lira.
L 1 Lussemburgo (targa auto) 2 lira 3 (*ingl.*) *Large* (grande); nelle taglie dei capi d'abbigliamento.
La (*chim.*) lantanio.
LAFTA (*ingl.*) *Latin America Free Trade Association* (Associazione latino-americana di libero scambio).
LASER (*ingl.*) *Light Amplification by Stimulated Emission of Radiation* (Amplificazione della luce per mezzo di emissione simulata di radiazione).
lb (*ingl.*) *pound* (libbra).
LC Lecco (targa auto).
LCD (*ingl.*) *Liquid Crystal Display* (Visore a cristalli liquidi).
LE Lecce (targa auto).
LED (*ingl.*) *Light-Emitting Diode* (Diodo emettitore di luce).
LF (*ingl.*) *Low Frequency* (Bassa frequenza).
Li (*chim.*) litio.
LI Livorno (targa auto).
LIPU Lega Italiana per la Protezione degli Uccelli.
Lit. Lire Italiane.
LL. leggi.
LL.AA. Loro Altezze.
LL.PP. Lavori Pubblici.
lm (*fis.*) lumen (unità di misura del flusso luminoso).
ln (*mat.*) logaritmo naturale.
LO Lodi (targa auto).
LOC Lega Obiettori di Coscienza (contro il servizio militare).
log logaritmo decimale.
LP (*ingl.*) *Long Playing* (Lunga esecuzione); nei microsolchi.
LSD (*ingl.*) *Lysergic Acid Diethylamide* (dietilammide dell'acido lisergico).
LT Latina (targa auto).
Ltd (*ingl.*) *limited* ([Società a responsabilità] limitata).
Lu (*chim.*) lutezio.
LU Lucca (targa auto).
LUCE L'Unione Cinematografica Educativa (istituto cinematografico).
Lw (*chim.*) laurenzio.
lx (*fis.*) lux (unità di misura dell'illuminamento).

m metro; massa.
M 1 (*ingl.*) *Medium* (media); nelle taglie dei capi d'abbigliamento 2 Malta (targa auto).
mA (*fis.*) milliampere.
MC (targa auto) 1 Macerata 2 Monaco (principato).
M.C.D. (*mat.*) Massimo Comun Divisore.
mCi (*fis.*) millicurie.
M.C.L. Movimento Cristiano dei Lavoratori.
m.c.m. (*mat.*) minimo comune multiplo.
Md (*chim.*) mendelevio.
M.E. 1 Movimento Europeo 2 Medio Evo.
ME Messina (targa auto).
M.E.C. Mercato Comune Europeo.
MeV (*fis.*) megaelettronvolt.
MEX Messico (targa auto).
MF Modulazione di frequenza.
M.F.E. Movimento Federalista Europeo.
mg (*fis.*) milligrammo.
Mg (*chim.*) magnesio.
MGM Metro Goldwyn Mayer.
mi miglio.
MI Milano (targa auto).
MIB Indice [azionario della] Borsa [valori di] Milano.
min minuto.
MIT (*ingl.*) *Massachusetts Institute of Technology* (Istituto di tecnologia del Massachusetts).
MKSA, **mksa** (*fis.*) sisteme di unità di misura metro-kilogrammo-secondo-ampere.
ml (*fis.*) millilitro.
mm millimetro.
M.M. Marina Militare (MM targa auto).
Mn (*chim.*) manganese.
MN Mantova (targa auto).
Mo (*chim.*) molibdeno.
MO Modena (targa auto).
MOC Mineralometria Ossea Computerizzata.
M.P. (*ingl.*) *Military Police* (Polizia Militare).
mq metro quadrato.
Mr. (*ingl.*) *Mister* (Signore).
Mrs. (*ingl.*) *Mistress* (Signora).
ms. manoscritto.
ms millisecondo.
MS Massa Carrara (targa auto).
MSI-DN Movimento Sociale Italiano-Destra Nazionale.
mss. manoscritti.
Mt (*fis.*) megaton.
MT Matera (targa auto).
mV (*fis.*) millivolt.
mW (*fis.*) milliwatt.
MW (*fis.*) megawatt.
MWh (*fis.*) megawattora.

n numero.
N 1 Nord 2 Norvegia (targa auto) 3 (*fis.*) newton 4 (*chim.*) azoto.
nA (*fis.*) nanoampere.
Na (*chim.*) sodio.
NA Napoli (targa auto).
NAD Nucleo Anti-Droga (dei Carabinieri).
NAP Nuclei Armati Proletari (gruppo terroristico).
NAR Nuclei Armati Rivoluzionari (gruppo terroristico).
NAS Nucleo Anti-Sofisticazioni (dei Carabinieri).
NASA (*ingl.*) *National Aeronautic and Space Administration* (Ente nazionale aeronautico e spaziale [USA]).
NATO (*ingl.*) *North Atlantic Treaty Organization* (Organizzazione del trattato nord atlantico).
Nb (*chim.*) niobio.
N.B. Nota bene.
NBC (*ingl.*) *National Broadcasting Company* (Compagnia nazionale di radiodiffusione [negli USA]).

N.C. (*ingl.*) *North Carolina* (Carolina del Nord).
NCEU Nuovo Catasto Edilizio Urbano.
nCi (*fis.*) nanocurie.
NCT Nuovo Catasto Territoriale.
Nd (*chim.*) neodimio.
N.D. 1 (*lat.*) *Nobilis Domina* (Nobildonna) 2 North Dakota.
N.d.A. Nota dell'Autore.
N.d.E. Nota dell'Editore.
N.d.R. Nota della Redazione.
N.d.T. Nota del Traduttore.
Ne (*chim.*) neon.
NE Nord-Est.
nF (*fis.*) nanofarad.
N.H. New Hampshire.
NH (*lat.*) *Nobilis Homo* (Nobiluomo).
Ni (*chim.*) nichel.
NL Paesi Bassi (targa auto).
nm (*fis.*) nanometro.
NN (*lat.*) *nescio nomen* (non conosco il nome) di paternità ignota.
NNE Nord-Nord-Est.
NNO Nord-Nord-Ovest.
No (*chim.*) nobelio.
NO Nord-Ovest.
NO Novara (targa auto).
NOCS Nucleo Operativo Centrale di Sicurezza (dei Carabinieri).
NOE Nucleo Operativo Ecologico (dei Carabinieri).
Np 1 (*fis.*) neper 2 (*chim.*) nettunio.
ns (*fis.*) nanosecondo.
N.S. Nostro Signore.
N.S.G.C. Nostro Signore Gesù Cristo.
N.T. 1 Nuovo Testamento 2 Non Trasferibile (assegno).
NTPA Nucleo per la Tutela del Patrimonio Artistico.
NU Nettezza Urbana.
NU Nuoro (targa auto).
NW (*ingl.*) *North-West* (Nord-Ovest).
NZ Nuova Zelanda.

O 1 Ovest 2 (*chim.*) ossigeno.
obbl. (*borsa*) obbligazione.
OC Onde Corte.
OCSE Organizzazione per la Cooperazione e lo Sviluppo Economico.
O.d.G. Ordine del Giorno.
OK (*ingl.*) *Oll Korrect*, alterazione di *all correct* (Tutto giusto); sigla anglosassone di assenso, autorizzazione e sim.
OL Onde Lunghe.
OLP Organizzazione per la Liberazione della Palestina.
OM Onde medie.
O.M. 1 Ordinanza Ministeriale 2 Ospedale Militare.
OMS Organizzazione Mondiale della Sanità.
ONU Organizzazione delle Nazioni Unite.
OO.PP. Opere Pubbliche.
OO.RR. Ospedali Riuniti.
OPEC (*ingl.*) *Organization of Petroleum Exporting Countries* (Organizzazione dei paesi esportatori di petrolio).
OR Oristano (targa auto).
Os (*chim.*) osmio.
OS (*ingl.*; *inform.*) *Operating System* (Sistema operativo).
OSA Organizzazione degli Stati Americani.

p. pagina.
P 1 Portogallo (targa auto) 2 Parcheggio.
P2 Propaganda 2 (loggia massonica).
P38 (*ted.*) *Pistole 1938* (Pistola 1938).
Pa 1 (*chim.*) protoattinio 2 (*fis.*) pascal.
PA Palermo (targa auto).
PAK Pakistan (targa auto).
PAL (*ingl.*) *Phase Alternating Line* (Linea a fase alternata); sistema di televisione a colori.
Pb (*chim.*) piombo.
pc (*fis.*) parsec.
p.c. per conoscenza.
PC Piacenza (targa auto).
P.C. Personal Computer.
p.c.c. per copia conforme.
PCI Partito Comunista Italiano.
PCUS Partito Comunista dell'Unione Sovietica.
Pd (*chim.*) palladio.
PD Padova (targa auto).
P.d'A. Partito d'Azione.
PDS Partito Democratico della Sinistra.
PE Pescara (targa auto).
pF (*fis.*) picofarad.
P.G. Procura Generale.
PG Perugia (targa auto).
pH (*lat.*) *potentia Hydrogenii* (potenziale idrogeno) misura del grado di acidità delle soluzioni.
P.I. Pubblica Istruzione.
PI Pisa (targa auto).
PIL Prodotto Interno Lordo.
PIN Prodotto Interno Netto.
PL 1 Prodotto Lordo 2 Polonia (targa auto).
PLI Partito Liberale Italiano.
Pm (*chim.*) promezio.
p.m. (*lat.*) *post meridiem* (pomeridiano); nell'uso anglosassone.
P.M. 1 Pubblico Ministero 2 Polizia Militare 3 Pontefice Massimo.
PN Pordenone (targa auto).
PNF Partito Nazionale Fascista.
PNL Prodotto Nazionale Lordo.
PNN Prodotto Nazionale Netto.
Po (*chim.*) polonio.
P.O. Box (*ingl.*) *Post Office Box* (Casella postale).
pp. pagine.
PPI Partito Popolare Italiano
PP.SS. Partecipazioni Statali.
PP.TT. Poste e Telegrafi.
pr. (*borsa*) privilegiato.
Pr (*chim.*) praseodimio.
P.R. 1 Partito Radicale 2 Procuratore della Repubblica 3 (*ingl.*) *Public Relations* (Pubbliche Relazioni).
PR Parma (targa auto).
PRA Pubblico Registro Automobilistico.
PRG Piano Regolatore Generale.
PRI Partito Repubblicano Italiano.
priv. (*borsa*) [azione] privilegiata.
P.S. 1 Polizia di Stato 2 (*lat.*) *Post Scriptum* (scritto dopo, poscritto).
PS Pesaro e Urbino (targa auto).
P.S.d'A. Partito Sardo d'Azione.
PSDI Partito Socialista Democratico Italiano.
PSI Partito Socialista Italiano.
PSL Prodotto Sociale Lordo.
PSN Prodotto Sociale Netto.
Pt (*chim.*) platino.
P.T. 1 Posta e Telecomunicazioni 2 Polizia Tributaria.
PT Pistoia (targa auto).
Pu (*chim.*) plutonio.
P.U. Polizia Urbana.
pulsar (*ingl.*) *Pulsating Star* (Stella pulsante).
p.v. prossimo venturo.
PV Pavia (targa auto).
PVC (*ingl.*) *Poly-Vinyl-Chloride* (Polivinilcloruro).

PZ Potenza (targa auto).

q (*fis.*) quintale.
QANTAS (*ingl.*) *Queensland And Northern Territory Aerial Services* (Servizi aerei del Queensland e dei territori settentrionali); linee aeree australiane.
Q.B. Quanto basta (in farmacia e nelle ricette di cucina).
Q.I. (*ingl.*) *Quotient Intelligence* (Quoziente d'intelligenza).
QWERTY prime lettere della 2 riga nella tastiera standard inglese (macchine per scrivere, calcolatori ecc.).
QZERTY prime lettere della 2 riga nella tastiera standard italiana (macchina per scrivere, calcolatori ecc.).

r recto.
R 1 Romania (targa auto) 2 Röntgen.
RA (targa auto) 1 Ravenna 2 Argentina.
R.A. Ritenuta d'Acconto.
Ra (*chim.*) radio.
racc. raccomandata.
rad (*mat.*) radiante.
RADAR (*ingl.*) *Radio Detecting and Ranging* (Radio rivelatore e localizzatore).
R.A.F. 1 (*ingl.*) *Royal Air Force* (Reale forza aerea); aviazione militare del Regno Unito 2 (*ted.*) *Rote Armee Fraktion* (Frazione dell'Armata rossa) Organizzazione terroristica nella Germania.
RAI Radio Audizioni Italiane.
RAI TV Radio Televisione Italiana.
RAM (*ingl.*) *Random Access Memory* (Memoria ad accesso casuale) negli elaboratori.
RAS Riunione Adriatica di Sicurtà.
R.A.U. Repubblica Araba Unita.
Rb (*chim.*) rubidio.
R.C. Responsabilità Civile.
RC (targa auto) 1 Reggio Calabria 2 Repubblica Nazionale Cinese; Taiwan.
R.C.A. Responsabilità Civile Autoveicoli.
RCH Cile (targa auto).
rd (*fis.*) rad.
Rd (*fis.*) rutherford.
RD Regio Decreto.
RDL Regio Decreto Legge.
Re (*chim.*) renio.
RE Reggio Emilia (targa auto).
REM (*ingl.*) *Rapid Eye Movements* (Movimenti rapidi dell'occhio); stadio di sonno profondo.
Rev. Reverendo.
RF Radio frequenza.
RG Ragusa (targa auto).
Rh 1 (*chim.*) rodio 2 (*lat.*; *fisiol.*) *[Macacus] Rhesus* ([Macaco Rhesus]); antigene dei globuli rossi.
R.I. 1 Repubblica Italiana 2 Rhode Island.
RI Rieti (targa auto).
RMN Risonanza Magnetica Nucleare.
Rn (*chim.*) radon (rado).
RN Rimini (targa auto).
RNA (*ingl.*) *Ribonucleic Acid* (Acido ribonucleico).
RO Rovigo (targa auto).
ROM (*ingl.*) *Read Only Memory* (Memoria a sola lettura); negli elaboratori elettronici.
ROS Raggruppamento Operativo Speciale (dei Carabinieri).
R.R. Ricevuta di ritorno.
R.S.I. Repubblica Sociale Italiana (Repubblica di Salò).
RSM Repubblica di San Marino.
RSVP (*fr.*) *Repondez S'il Vous Plait* (Si prega di rispondere).
Ru (*chim.*) rutenio.
R.U. Regno Unito (di Gran Bretagna e Irlanda del Nord; → U.K.).
RVM Registrazione Video Magnetica.
Ry (*fis.*) rydberg.
RX Raggi X.

s. seguente.
s (*fis.*) secondo.
S 1 (*chim.*) zolfo 2 (*fis.*) siemens 3 Sud 4 Svezia (targa auto) 5 (*ingl.*) *Small* (piccola); nelle taglie dei capi d'abbigliamento.
s.a. senza anno.
SA (targa auto) 1 Salerno 2 Arabia Saudita.
S.A. 1 Società Anonima 2 Sua Altezza.
SAA (*ingl.*) *South Africans Airways* (Linee aeree sudafricane).
SAAB (*sved.*) *Svenska Aeroplan Aktie-Bolaget* (Società svedese per la costruzione di aeroplani e automobili).
SABENA (*fr.*) *Société Anonyme Belge d'Exploitation de la Navigation Aérienne* (Società anonima belga per l'esercizio della navigazione aerea).
SAFFA Società Anonima Fabbriche Fiammiferi e Affini.
SAI Società Assicuratrice Industriale.
SALT (*ingl.*) *Strategic Arms Limitation Talks* (Trattative per la limitazione delle armi strategiche); negoziati USA-URSS.
SAPA Società in Accomandita Per Azioni.
S.A.R. Sua Altezza Reale.
SAS Società in Accomandita Semplice.
Sb (*chim.*) antimonio.
s.b.f. salvo buon fine.
Sc (*chim.*) scandio.
SCV Stato della Città del Vaticano (targa delle auto pubbliche).
s.d. senza data.
Se (*chim.*) selenio.
S.E. Sua Eccellenza.
SE Sud Est.
SEAT Società Elenchi (Ufficiali) degli Abbonati al Telefono.
SEATO (*ingl.*) *South East Asia Treaty Organization* (Organizzazione del trattato per l'Asia sudorientale).
sec (*mat.*) secante.
sec. secolo.
SECAM (*fr.*) *Séquentiel Couleur à Mémoire* (Sequenziale colore a memoria); sistema di televisione a colori.
S.Em. Sua Eminenza.
sen (*mat.*) seno.
sez. sezione.
SF Finlandia (targa auto).
sg. seguente.
sh. (*ingl.*) *shilling* (scellino).
Si (*chim.*) silicio.
SI 1 Siena (targa auto) 2 Sistema Internazionale (di unità di misura).
SIAE Società Italiana Autori ed Editori.
SID Servizio Informazioni Difesa.
SIFAR Servizio Informazioni Forze Armate.
SILP Sindacato Italiano Lavoratori Postelegrafonici.
SIMCA (*fr.*) *Société Industrielle de Mécanique et Carrosserie*

Automobile (Società industriale di meccanica e carrozzeria automobilistica).
sin (*mat.*) seno.
SIP Società Idroelettrica Piemonte (oggi Società Italiana Per l'esercizio delle telecomunicazioni).
SIPRA Società Italiana Pubblicità per Azioni (già Società Italiana Pubblicità Radiofonica).
SIRTI Società Italiana Reti Telefoniche Interurbane.
S.I.S. Servizio Informazioni Sicurezza.
SISDE Servizio per l'Informazione e la Sicurezza Democratica.
SISMI Servizio per l'Informazione e la Sicurezza Militare.
SIULP Sindacato Italiano Unitario dei Lavoratori di Polizia.
s.l. senza luogo.
s.l.m. sul livello del mare.
SLO Slovenia (targa auto).
Sm (*chim.*) samario.
S.M. 1 Sua Maestà 2 Stato Maggiore 3 Sue Mani.
SMAU Salone [internazionale sistemi per l'informatica] Macchine, Arredamento Ufficio.
SME Sistema Monetario Europeo.
S.M.O.M. Sovrano Militare Ordine di Malta.
Sn (*chim.*) stagno.
SNALS Sindacato Nazionale Autonomo Lavoratori Scuola.
SNAM Società Nazionale Metanodotti.
s.n.c. società in nome collettivo.
SO 1 Sondrio (targa auto) 2 Sud Ovest.
Soc. Società.
SOCOF Sovrimposta Comunale sul reddito dei Fabbricati.
SONAR (*ingl.*) *Sound Navigation and Ranging* (Navigazione e localizzazione per mezzo del suono).
SOS Segnale dell'alfabeto Morse costituito da 3 punti, tre linee, tre punti, interpretato per lo più come sigla dell'ingl. *Save Our Souls* (Salvate le nostre anime); richiesta internazionale di soccorso.
s.p. senza prezzo.
SP La Spezia (targa auto).
S.P. Strada Provinciale.
S.p.A. Società per Azioni.
SPM Sue Proprie Mani.
S.P.Q.R. (*lat.*) *Senatus Populusque Romanus* (Il senato e il popolo romano).
SQ Repubblica di Slovacchia (targa auto).
Sr (*chim.*) stronzio.
SR 1 Siracusa (targa auto) 2 (*lat.*) *Senior* (il più vecchio) senior.
S.r.l. Società a responsabilità limitata.
ss. seguenti.
S.S. 1 Sua Santità 2 Santa Sede 3 Strada Statale 4 (*ted.*) *Schutz Staffeln* (Squadre di sicurezza [naziste]).
SS 1 Sassari (targa auto) 2 Santi, Sante 4 Santissimo, Santissima.
SSE Sud-Sud-Est.
SSN Servizio Sanitario Nazionale.
SSO Sud-Sud-Ovest.
SS.PP. Santi Padri.
STANDA Società Tutti Articoli Nazionali Dell'Arredamento [Abbigliamento].
START (*ingl.*) *Strategic Arms Reduction Talks* (Trattative per la riduzione delle armi strategiche).
STET Società Torinese per l'Esercizio Telefonico (oggi Società finanziaria telefonica).
SU Russia (targa auto).
SUNIA Sindacato Unitario Nazionale Inquilini e Assegnatari.
S.V. Signoria Vostra.
SV Savona (targa auto).
SVP (*ted.*) *Sudtiroler Volkspartei* (Partito popolare sudtirolese).

t 1 (*fis.*) tempo; tonnellata.
T 1 Tabacchi (rivendita) 2 (*chim.*) trizio; timina 3 (*ingl.*; *logica*) *True* (vero).
Ta (*chim.*) tantalio.
TA Taranto (targa auto).
tab. tabella.
TAC Tomografia Assiale Computerizzata.
TAR Tribunale Amministrativo Regionale.
TASCO Tassa per i Servizi Comunali.
Tb (*chim.*) terbio.
TBC Tubercolosi.
Tc (*chim.*) tecnezio.
TCI Touring Club Italiano.
Te (*chim.*) tellurio.
TE Teramo (targa auto).
TEE (*Trans Europe Express* (Treno espresso transeuropeo).
TEN Trans Euro Notte (vetture letto di treni transeuropei).
TeV (*fis.*) Teraelettronvolt.
tg (*mat.*) tangente.
TG Telegiornale.
Th (*chim.*) torio.
Ti (*chim.*) titanio.
TIR (*fr.*) *Transports Internationaux Routiers* (Trasporti internazionali su strada).
TJ Repubblica Popolare Cinese (targa auto).
Tl (*chim.*) tallio.
Tm (*chim.*) tulio.
tn (*fis.*) tonnellata USA.
TN Trento (targa auto).
TNT Trinitrotoluene (tritolo).
TO Torino (targa auto).
ton (*fis.*) tonnellata britannica.
TP Trapani (targa auto).
TR (targa auto) 1 Terni 2 Turchia.
TS Trieste (targa auto).
T.U. Testo Unico.
TUT Tariffa Urbana a Tempo (del telefono).
TV 1 Treviso (targa auto) 2 Televisione.
TVC Televisione a Colori.
TWA (*ingl.*) *Trans World Airlines* (Linee aeree intercontinentali). Compagnia aerea USA.

U (*chim.*) uranio.
UCI Unione Ciclistica Internazionale.
UCIGOS Ufficio Centrale per le Investigazioni Generali e le Operazioni Speciali (della Polizia di Stato).
UD Udine (targa auto).
UDI Unione Donne Italiane.
UEFA (*ingl.*) *Union of European Football Associations* (Unione delle federazioni di calcio europee).
UEO Unione dell'Europa Occidentale.
UFO (*ingl.*) *Unidentified Flying Object* (Oggetto volante non identificato.
UHF (*ingl.*) *Ultra High Frequency* (Frequenza ultra alta).
UHT (*ingl.*) *Ultra High Temperature* (temperatura ultra alta).
UIC 1 Ufficio Italiano dei Cambi 2 Unione Italiana Ciechi.
UIL Unione Italiana del Lavoro.

UISP Unione Italiana Sport Popolare.
UITAS Unione Italiana Tiro a Segno.
U.K. (*ingl.*) *United Kingdom* (Regno Unito di Gran Bretagna e Irlanda del Nord; → R.U.).
UNESCO (*ingl.*) *United Nations Educational, Scientific and Cultural Organization* (Organizzazione delle Nazioni Unite per l'istruzione, la scienza, la cultura).
UNICEF (*ingl.*) *United Nations International Children's Emergency Found* (Fondo internazionale di emergenza delle Nazioni Unite per l'infanzia).
UPI Unione delle Province d'Italia.
UPIM Unico Prezzo Italiano di Milano.
URAR Ufficio Registro Abbonamenti Radio [e Televisione].
URSS Unione delle Repubbliche Socialiste Sovietiche.
u.s. ultimo scorso.
U.S. Unione Sportiva.
USA (*ingl.*) *United States of America* (Stati Uniti d'America).
USIS (*ingl.*) *United States Information Service* (Servizio informazione degli Stati Uniti).
USL Unità Sanitaria Locale.
USPI Unione della Stampa Periodica Italiana.
USSL Unità Socio-Sanitaria Locale.
UTET Unione Tipografico-Editrice Torinese.
UTIF Ufficio Tecnico delle Imposte di Fabbricazione.
UV **1** ultravioletto **2** (*foto.*) filtro per assorbire l'eccesso delle radiazioni ultraviolette **3** (*fr.*) *Union Valdôtaine* (Unione valdostana).
UVA Ultravioletto prossimo (3000-4000 Å).
UVB Ultravioletto lontano (2000-3000 Å).
UVC Ultravioletto estremo (40-2000 Å).

v **1** verso **2** vedi **3** (*fis.*) velocità.
V **1** (*fis.*) volt **2** (*chim.*) vanadio **3** (*logica*) vero.
V.A. Vostra Altezza.
VA **1** Varese (targa auto) **2** Voltampere.
V.A.M. Vigilanza Aeronautica Militare.
VAT (*ingl.*) *Value Added Tax* (Imposta sul valore aggiunto).
VC Vercelli (targa auto).
V.E. Vostra Eccellenza.
VE Venezia (targa auto).
V.Em. Vostra Eminenza.
VES Velocità di Eritrosedimentazione.
VF **1** Vigili del Fuoco (anche targa auto) **2** Videofrequenza.
V.G. Vostra Grazia.
VHF (*ingl.*) *Very High Frequency* (Altissima frequenza).
VI Vicenza (targa auto).
VIP (*ingl.*) *Very Important Person* (Persona molto importante).
VLF (*ingl.*) *Very Low Frequency* (Bassissima frequenza).
VR Verona (targa auto).
VS. vostro.
V.S. **1** Vostra Signoria **2** Vostra Santità.
V.T. Vecchio Testamento.
VT Viterbo (targa auto).
V.U. Vigile Urbano.
VV Vibo Valentia (targa auto).

W **1** (*ingl.*) *West* (Ovest) **2** (*fis.*) watt **3** (*chim.*) wolframio (tungsteno) **4** Evviva.
WASP (*ingl.*) *White Anglo-Saxon Protestant* (Bianco anglo-sassone protestante).
Wb (*fis.*) weber.
WBA (*ingl.*) *World Boxing Association* (Associazione pugilistica mondiale).
WBC (*ingl.*) *World Boxing Council* (Consiglio mondiale pugilistico).
w.c. (*ingl.*) *water closet* (gabinetto con acqua); gabinetto.
Wh (*fis.*) wattora.
WL (*fr.*) *Wagons-Lits* (Carrozze letto).
WWF (*ingl.*) *World Wildlife Found* (Fondo mondiale per la natura).

Xe (*chim.*) xeno.
XL (*ingl.*) *Extra Large* (molto grande); nelle taglie di capi di abbigliamento.
XS (*ingl.*) *Extra Small* (molto piccola); nelle taglie di capi di abbigliamento.

Y (*chim.*) ittrio.
Yb (*chim.*) itterbio.
YCI Yacht Club d'Italia.
yd (*ingl.*) *yard* (iarda).
YU Iugoslavia (targa auto).
YV Venezuela (targa auto).

Z (*fis.*) numero atomico.
ZA Sudafrica (targa auto).
Z.d.G. Zona di Guerra.
Zn (*chim.*) zinco.
Zr (*chim.*) zirconio.
ZTL Zona a Traffico Limitato.

Absit iniuria verbis "Non ci sia offesa nelle parole"
Adattamento di una frase di Tito Livio (IX, 19, 15 e XXXVI, 7, 7). È formula che si impiega quando si teme che le proprie parole possano sonare offesa per qualcuno.

Alea jacta est "Il dado è tratto"
Frase che secondo Svetonio (*Vita di Cesare*, 32) sarebbe stata pronunciata da Giulio Cesare nell'attraversare con le truppe il Rubicone, fiume che le leggi romane vietavano di varcare in armi. Si usa per sottolineare che si è presa una decisione irrevocabile.

Audaces fortuna juvat "La fortuna aiuta gli audaci"
Motto celeberrimo tratto dall'*Eneide* di Virgilio (X, 284), dove propriamente si legge *Audentes fortuna juvat*. Chi ha il coraggio di rischiare finisce per avere la fortuna dalla sua.

Aurea mediocritas "Un'aurea via di mezzo"
Espressione derivata da Orazio (*Odi*, II, 10, 5), divenuta proverbiale per definire un'esistenza vissuta all'insegna della tranquillità, lontana dalle ambizioni e da ogni eccesso.

Carpe diem "Cogli l'attimo che fugge"
Famoso invito di Orazio (*Odi*, I, 11, 8) a godere la vita giorno per giorno, senza confidare nel futuro.

Castigat ridendo mores "Corregge i costumi ridendo"
Frase che il letterato francese Jean de Santeuil (XVII sec.) coniò per un busto del celebre arlecchino Domenico Biancolelli. Si dice quando una critica o un ammonimento sono espressi in tono scherzoso, bonario.

Cicero pro domo sua "Cicerone per la sua casa"
Titolo di un'orazione di Cicerone, pronunciata nel 57 a.C. per riottenere il suolo su cui sorgeva la casa che gli era stata bruciata durante l'esilio. Si impiega soprattutto quando si vuole sottolineare che certe prese di posizione o certe difese, all'apparenza disinteressate, nascondono in realtà la difesa di un interesse.

Cogito, ergo sum "Penso, dunque esisto"
Constatazione fondamentale dell'esistenza di un soggetto pensante, sulla quale Renato Cartesio costruì il suo sistema filosofico.

De gustibus non est disputandum " Non bisogna discutere sui gusti"
Proverbio latino-medievale che si cita a fronte di scelte altrui che non condividiamo, ma che rinunciamo a criticare.

Divide et impera "Dividi e regna"
Massima attribuita da taluni a Filippo di Macedonia, da altri a Luigi XI re di Francia. Definisce una maniera di gestire il potere che mette i sudditi gli uni contro gli altri, rendendoli così più deboli rispetto al sovrano.

Dulcis in fundo "Il dolce viene alla fine"
Espressione di origine medievale impiegata per rimarcare che una vicenda, un evento riservano nel finale una sorpresa piacevole. Ha significato opposto a *In cauda venenum*.

Dura lex sed lex "È una legge dura, ma è la legge"
Sentenza che deriva da Ulpiano. Sottolinea la necessità di ubbidire alle leggi anche quando esse siano gravose.

Errare humanum est, perseverare autem diabolicum "Errare è cosa umana, perseverare nell'errore è diabolico"
Adagio derivato probabilmente da un passo di sant'Agostino. Di solito se ne cita soltanto la prima parte, per esprimere o invitare alla tolleranza di fronte agli errori altrui o ai propri.

Escusatio non petita, accusatio manifesta "Scusa non richiesta, accusa manifesta"
Adagio medievale che riprende un topos già diffuso in età classica, secondo il quale chi si scusa senza esserne richiesto dichiara di fatto la propria colpevolezza.

Est modus in rebus "C'è una misura nelle cose"
Famoso detto di Orazio (*Satire*, I, 1, 106), che esprime l'ideale classico del giusto mezzo. Si dice per raccomandare moderazione o deplorarne la mancanza.

Faber est suae quisque fortunae "Ciascuno è artefice del proprio destino"
Massima attribuita ad Appio Claudio Cieco dallo Pseudo-Sallustio (*Epistula ad Cesarem*, 1,1,2). Il destino di ciascuno è affidato alle sue scelte e alle sue decisioni, non alla cieca sorte.

Fiat voluntas tua "Sia fatta la tua volontà"
Frase evangelica (*Matteo* 6,10 e 26,42) che esprime un atteggiamento di rassegnata ubbidienza.

Frangar non flectar "Mi spezzerò ma non mi piegherò"
Motto derivato dagli scrittori latini (Seneca,

Ovidio). Dichiara una volontà indomabile di coerenza.

Gratis et amore Dei "Gratuitamente e per amore di Dio"
Locuzione usata nel linguaggio familiare quando si dà o si riceve qualcosa gratuitamente.

Gutta cavat lapidem "La goccia scava la pietra"
Notissimo proverbio presente in molti scrittori latini. Si dice a proposito di un'azione lenta ma tenace, che alla fine raggiunge lo scopo.

Homo homini lupus "L'uomo è lupo per l'altro uomo"
Parole di Plauto (*Asinaria*, 495) divenute proverbiali in seguito alla loro ripresa da parte del filosofo inglese Th. Hobbes. Si impiegano quando si vuole rimarcare che la lotta per la vita rende i rapporti umani spietatamente concorrenziali.

In cauda venenum "Nella coda sta il veleno"
Espressione di origine medievale che allude alla coda velenosa dello scorpione. Si impiega per dire che alla fine di una vicenda viene la sorpresa sgradita. Ha significato opposto a *Dulcis in fundo*.

In dubio pro reo "Nel dubbio si decida a favore dell'imputato"
Motto giuridico che esprime la necessità di assumere, nel dubbio della colpevolezza, la presunzione d'innocenza.

In hoc signo vinces "In questo segno vincerai"
Traduzione latina della frase greca che Costantino avrebbe letto intorno alla croce apparsagli in visione nel 312 d.C., poco prima della battaglia contro Massenzio.

In medio stat virtus "La virtù sta nel mezzo"
Sentenza che traduce in latino un proverbio greco risalente ad Aristotele. Viene usata per dire che la scelta, l'alternativa più giusta è quella equidistante dalle ipotesi estreme.

In vino veritas "Nel vino sta la verità"
Espressione di origine medievale che si riferisce al fatto che chi ha bevuto parla in genere senza inibizioni, e di conseguenza rivela verità che da sobrio tenderebbe a tenere nascoste.

Laudator temporis acti "Uno che loda i tempi passati"
Espressione, derivata da Orazio (*Arte poetica*, 173), con la quale si suole indicare chi, in genere vecchio e brontolone, condanna il presente in nome di una supposta superiorità del passato.

Lupus in fabula "Il lupo nel discorso"
Espressione già presente in vari autori latini (Terenzio, Cicerone ecc.). Si dice al sopraggiungere improvviso di una persona proprio nel momento in cui se ne sta parlando. L'origine dell'espressione potrebbe avere relazione con la natura totemica del lupo, propria di alcune culture, per effetto della quale il solo nominarlo equivarrebbe a evocarlo.

Medice, cura te ipsum! "Medico, cura te stesso!"
Motto del *Vangelo* di Luca (4,23) derivato da un proverbio ebraico. Si usa per stigmatizzare il comportamento di chi dà consigli agli altri quando avrebbe tanto bisogno di riceverne lui.

Melius abundare quam deficere "Meglio eccedere che scarseggiare"
Proverbio di origine medievale che sottolinea il fatto che è preferibile superare la giusta misura piuttosto che rischiare di non raggiungerla.

Mens sana in corpore sano "Mente sana in corpo sano"
Adagio derivato da Giovenale (*Satire*, X, 356). Intende rimarcare che la sanità del corpo è una condizione importante per la salute dello spirito.

Mutatis mutandis "Cambiate le cose che devono essere cambiate"
Si dice quando si mettono in relazione due situazioni analoghe ma non identiche, assimilabili solo a patto di tener conto delle loro differenze.

Nemo propheta in patria "Nessuno è profeta in patria"
Espressione di origine evangelica riferita al fatto che la predicazione di Cristo fosse rifiutata proprio nella sinagoga di Nazareth. Si usa per sottolineare che è più facile trovare riconoscimenti o successo al di fuori che non all'interno del proprio ambiente.

Nihil sub sole novum (novi) "Non v'è nulla di nuovo sotto il sole"
Parole dell'*Ecclesiaste* (I, 10) con cui si allude al perenne ripetersi nella vita umana di fatti e circostanze analoghi.

Nosce te ipsum "Conosci te stesso"
Traduzione latina della regola di saggezza posta a epigrafe sul tempio di Delfi. La conoscenza della propria natura, dei propri desideri e dei propri limiti è essenziale per il raggiungimento dell'equilibrio e della felicità.

Omnia munda mundis "Tutto è puro per i puri"
Sentenza derivata dall'epistola di san Paolo a Tito. Per chi ha purezza e semplicità di cuore ogni cosa è semplice e pura. Nei *Promessi sposi* di A. Manzoni (cap. VIII) fra Cristoforo usa questa sentenza per far tacere lo scrupoloso fra Fazio, scandalizzato per il fatto che Lucia e Agnese fossero ospitate nel convento durante la notte.

O tempora, o mores! "O tempi, o costumi!"
Esclamazione con cui Cicerone deplorava la corruzione dei suoi tempi. Si può riferire alla corruzione di qualsiasi epoca.

Panem et circenses "Pane e giochi del circo"
Parole con cui Giovenale (*Satire*, X, 81) lamentava il fatto che il popolo romano, una volta forte e glorioso nelle armi, reclamasse ai suoi tempi solo cibo e spettacoli. L'espressione si usa ancora oggi quando il malcontento popolare tende a essere sopito da chi governa con un eccesso di spettacoli e altre concessioni demagogiche.

Per aspera ad astra "Attraverso le asperità si arriva alle stelle"

L'espressione è di origine incerta, ma il concetto è presente in molti scrittori greci e latini. Esprime l'idea che qualsiasi conquista è raggiungibile solo a prezzo di grandi sacrifici e molte difficoltà.

Prima digestio fit in ore "La prima digestione avviene in bocca"
Precetto della medicina medievale che invita a mangiare adagio e a masticare a lungo prima di inghiottire.

Rem tene, verba sequentur "Abbi ben chiara la cosa da dire, le parole verranno da sé"
Precetto attribuito a Catone il Censore. Sottolinea la necessità di aver chiari i contenuti dei propri discorsi e di non preoccuparsi delle parole che dovranno esprimerli.

Risus abundat in ore stultorum "Il riso abbonda sulla bocca degli sciocchi"
Proverbio latino-volgare che riprende un concetto largamento diffuso in età classica. È l'uomo sciocco e di poco conto a ridere in ogni occasione, anche in quelle più inopportune.

Semel in anno licet insanire "Una volta all'anno è lecito fare il pazzo"
Sentenza proverbiale di origine medievale, derivata probabilmente da un passo di Seneca riportato da sant'Agostino (*De Civitate Dei*, VI, 10). Si usa, ripetendo anche soltanto le prime tre parole, per giustificare il fatto che una volta tanto si sia ecceduto in qualcosa, che ci si sia concessa una licenza occasionale.

Sic transit gloria mundi "Così passa la gloria del mondo"
Parole che il cerimoniere ripete tre volte davanti al pontefice neoeletto. La frase intende ricordare il carattere effimero degli onori terreni, anche di quelli più elevati.

Si parva licet componere magnis "Se è permesso paragonare le cose piccole con le grandi"
L'espressione deriva dalle *Georgiche* di Virgilio (4,176), nelle quali la laboriosità delle api è paragonata a quella dei Ciclopi che preparano i fulmini nella fucina di Vulcano. Si impiega per lo più in forma accorciata (*Si parva licet*), quasi per chiedere scusa di effettuare un paragone con qualcosa che è incomparabilmente più grande o importante.

Si vis pacem, para bellum "Se vuoi la pace, prepara la guerra"
Sentenza il cui concetto è presente in molti autori greci e latini. Il modo più efficace per garantirsi la pace è il dotarsi di una forza militare che scoraggi le intenzioni aggressive del nemico.

Tertium non datur "Non si dà una terza possibilità"
In filosofia esprime il principio, dedotto dalla logica aristotelica, secondo il quale una proposizione può essere o vera o falsa, non esistendo altre alternative. Nell'uso corrente si usa per affermare che non ci sono altre possibilità oltre le due enunciate.

Tu quoque, Brute, fili mi "Anche tu, Bruto, figlio mio"
Frase che Giulio Cesare avrebbe pronunciato riconoscendo tra i congiurati che lo stavano pugnalando anche il figlio adottivo Marco Giunio Bruto. Esprime la sorpresa di sentirsi traditi anche da una persona alla quale si era legati da vincoli profondi d'affetto.

Ubi maior minor cessat "Quando c'è chi vale più, chi vale meno deve mettersi da parte"
Proverbio di origine medievale.

Unicuique suum "A ciascuno il suo"
Motto del diritto romano e principio fondamentale della giustizia. Si ripete, soprattutto in versione italiana, per sottolineare che a ciascuno va dato secondo quanto gli spetta.

Vade retro Satana "Vai indietro, Satana"
Variante delle parole con cui Cristo, secondo il racconto evangelico (*Matteo*, IV, 10; *Marco*, VIII, 33), respinse il demonio che lo tentava nel deserto. La frase si usa scherzosamente, citando anche solo le prime due parole, per allontanare qualcuno che ci alletta con proposte che per dovere siamo costretti a respingere.

Vanitas vanitatum, et omnia vanitas "Vanità delle vanità, e tutto è vanità"
Parole dell'*Ecclesiaste* (I, 2) con le quali si dichiara l'assoluta caducità delle cose terrene. Comunemente si citano solo le prime due parole.

Veni, vidi, vici! "Venni, vidi, vinsi!"
Celebre frase con la quale Giulio Cesare annunziò al senato la sua vittoria su Farnace presso Zela nel Ponto (47 a.C.). La si usa quando si vuole alludere alla rapidità di un successo.

Verba volant, scripta manent "Le parole volano, gli scritti rimangono"
Proverbio di origine medievale che raccomanda di non fidarsi di patti o promesse fatti solo a voce, non messi per iscritto.

Vox clamantis in deserto "La voce di uno che chiama nel deserto"
Espressione di origine biblica (*Isaia*, 40,3) con cui Giovanni Battista, secondo il racconto evangelico, definisce sé stesso che predica la venuta di Cristo. Oggi si usa in riferimento a chi parla o ammonisce gli altri senza trovare alcun ascolto.

Vox populi, vox Dei "Voce di popolo, voce di Dio"
Espressione proverbiale di origine medievale, usata per dire che un'opinione condivisa da tutti ha fondamento di verità.

Finito di stampare
il 12 settembre 1994
dalla Garzanti Editore s.p.a.
Milano

GERMANIA
Reno
Lago di Costanza
BERNA
LIECHT.
Inn
AUSTRI
L. di Ginevra
SVIZZERA
Alto Adige
Trentino
Ticino
Lago Maggiore
Valle d'Aosta
Aosta
Lago di Como
Trento
Friuli-Venezia Giulia
LUBIAN
SLOVEN
Milano
Lago di Garda
Piave
Trieste
FRANCIA
Po
Lombardia
Veneto
Adige
Venezia
Rodano
Torino
Piemonte
Po
Cherso
Emilia-Romagna
Liguria
Genova
Bologna
SAN MARINO
G. di Genova
MONACO
Arno
Firenze
I. Lu
Golfo del Leone
Mar Ligure
Ancona
Toscana
Lago Trasimeno
Marche
Is. d'Elba
Perugia
Umbria
Corsica (Fr.)
Giglio
Tevere
L'Aquila
Abruzzo
CITTÀ DEL VATICANO
ROMA
ITALIA
Lazio
Molise
Bocche di Bonifacio
Campobasso
Asinara
Volturno
Alghero
Is. Ponziane
Ischia
Napoli
Minorca (Sp.)
Capri
Tirso
Sardegna
Mar Tirreno
Cagliari
Is. Eolie
MAR
Is. Egadi
Palermo
Canale di Sicilia
ALGERI
Sicilia
MEDIT
TUNISI
Pantelleria
ALGERIA
TUNISIA
MALTA
Lampedusa
VALLETTA